Wendl/Staudigl
Das Unterhaltsrecht in der familienrichterlichen Praxis

Das Unterhaltsrecht in der familienrichterlichen Praxis

Die neuere Rechtsprechung des Bundesgerichtshofs
und die Leitlinien der Oberlandesgerichte zum Unterhaltsrecht
und zum Verfahren in Unterhaltsprozessen

Begründet von

Philipp Wendl und Siegfried Staudigl

von

RiBGH **Hans-Joachim Dose**, Karlsruhe;
VRiOLG **Dr. Peter Gerhardt**, München;
RiOLG a. D. **Werner Gutdeutsch**, München;
RA, FA für Familien- und Steuerrecht **Jürgen Kemper**, Überlingen;
VRiOLG **Dieter Pauling**, München;
VRiOLG a. D. **Harald Scholz**, Ratingen und
VRiOLG Dr. **Wolfgang Thalmann**, Freiburg/Br.

6., völlig überarbeitete und erweiterte Auflage

Verlag C. H. Beck München 2004

Zitiervorschlag:

Wendl/Bearbeiter – z. B.

Wendl/Kemper, Unterhaltsrecht, § 1 Rn. 119

Verlag C. H. Beck im Internet:
beck.de

ISBN 3 406 50494 9

Wilhelmstraße 9, 80801 München

Satz und Druck: Druckerei C. H. Beck Nördlingen
(Adresse wie Verlag)

Gedruckt auf säurefreiem, alterungsbeständigem Papier
(hergestellt aus chlorfrei gebleichtem Zellstoff)

Vorwort zur 6. Auflage

Die 5. Auflage hat erfreulicherweise wie die früheren Auflagen eine so gute Aufnahme in der Praxis gefunden, dass sie trotz eines Nachdrucks seit über einem Jahr vergriffen ist. Wenn Autoren und Verlag erst jetzt die Neuauflage vorlegen können, hängt dies nicht nur mit zahlreichen wichtigen Änderungen der Rechtsprechung zusammen, die im Verlauf des Jahres 2003 veröffentlicht wurden, in erster Linie mussten **die zum 1. 7. 2003 geänderten unterhaltsrechtlichen Tabellen und Leitlinien** abgewartet werden.

Auch mehrere Gesetzesänderungen haben dazu geführt, dass diese 6. Auflage in großen Teilen völlig neu bearbeitet werden musste. Zu erwähnen sind einerseits die große Schuldrechts- sowie die ZPO-Reform, andererseits die Änderung des § 1612 b V BGB, die erneut geänderten Vorschriften des Einkommensteuerrechts über den Familienlastenausgleich und die einschlägigen Änderungen der Insolvenzordnung. Umfangreiche Grundsatzentscheidungen, insbesondere zu den ehelichen Lebensverhältnissen beim Ehegattenunterhalt und zur Inhaltskontrolle von Eheverträgen traten hinzu.

Die zahlreichen Rechenbeispiele des Buches wurden auf Euro umgestellt. Natürlich sind in diesem Zusammenhang die seit 1. 7. 2003 geltenden neuen unterhaltsrechtlichen Leitlinien entsprechend der seit diesem Zeitpunkt bestehenden einheitlichen Leitlinienstruktur ebenso eingearbeitet wie die neue Düsseldorfer und Berliner Tabelle.

Die lebhafte Rechtsprechung des Bundesgerichtshofs und des Bundesverfassungsgerichts führte neben den schon erwähnten Gesetzesänderungen zu **umfangreichen Überarbeitungen in nahezu allen Kapiteln,** so etwa hinsichtlich des Wohnwerts bei Verwandtenunterhalt, der Veräußerung des Familienheims, der Bereinigung des Nettoeinkommens, der Leistungsfähigkeit des verheirateten Pflichtigen beim Verwandtenunterhalt, der Fragen des Elternunterhalts, der Mangelfallproblematik, des Mindestunterhalts und der Probleme der Abänderungsklage z. B. wegen Änderung höchstrichterlicher Rechtsprechung. Schließlich konnte auch die von den Lesern immer wieder gewünschte Erweiterung des Kapitels Auslandsberührung durch zusätzliche Länderdarstellungen realisiert werden. Erstmals aufgenommen wurden nun Kurzdarstellungen zum Unterhaltsrecht der Länder Bosnien-Herzegowina, Griechenland, Kroatien, Montenegro, Serbien und Slowenien; die Länderdarstellungen zu Frankreich, Österreich, Schweiz und der Türkei wurden wegen mittlerweile erfolgter Gesetzesänderungen in diesen Ländern umfangreich überarbeitet.

Dies betrifft auch den Rechtsprechungsanhang, in dem – eine der herausragenden Besonderheiten dieses Buches – wichtige einschlägige Entscheidungen auszugsweise und mit Zwischenüberschriften versehen abgedruckt sind, auf die in den Fußnoten Bezug genommen wird. Insgesamt **63 neue Grundsatzentscheidungen** von Mitte 1999 bis zum 7. 5. 2003 wurden in diesen Teil R anlässlich der Neuauflage eingefügt, gleichzeitig konnten allerdings zahlreiche ältere Entscheidungen gestrichen werden. Rechtsprechung und Literatur konnten bis Oktober 2003 berücksichtigt werden; im Übrigen befindet sich diese Ausgabe auf dem Rechtsstand vom 1. 7. 2003.

Im Autorenteam haben sich bedeutsame Veränderungen ergeben: Unser langjähriger Mitarbeiter *Otto Haußleiter* ist ruhestandsbedingt ausgeschieden, seinen Part hat der nunmehr beim Familiensenat des BGH tätige Mitautor *Hans Joachim Dose* weitestgehend übernommen. Entsprechend der erheblich angestiegenen Bedeutung der Einkommensermittlung Selbstständiger und Gewerbetreibender wurden die einschlägigen Abschnitte in § 1 des Handbuches umfassend neu gestaltet und erheblich erweitert. Hierfür konnte in Herrn Rechtsanwalt *Jürgen Kemper* ein erfahrener Fachmann gewonnen werden, der als Fachanwalt für Familien- wie für auch Steuerrecht diese Thematik bereits mehrfach auf Fortbildungsveranstaltungen der Kammerorganisationen dargestellt hat.

Vorwort

Die Autoren danken erneut für zahlreiche Hinweise, die uns aus dem Kreis der Leser erreicht haben und bitten darum, auch die Neuauflage kritisch zu begleiten. Unserer besonderer Dank gilt aber unseren Ehefrauen für viel Geduld und großes Verständnis der bei dieser Auflage besonders zeitraubenden Autorentätigkeit sowie den Mitarbeiterinnen und Mitarbeitern des Lektorates unter Leitung von Herrn Tischler für vielfältige Unterstützung.

München, im Dezember 2003 Die Autoren

Hinweise für die Benutzung der 6. Auflage

Die Gerichtsentscheidungen sind dann mit Doppelfundstellen aus den Zeitschriften FamRZ und NJW zitiert, wenn sie nicht (auszugsweise) im Anhang R abgedruckt wurden; andernfalls ist eine Fundstelle und der Verweis auf die Ziffer im Teil R angegeben. Bei den Seitenangaben erfolgt eine Angabe der Folgeseiten nur dann, wenn sich die konkret zitierte Stelle weder auf der ersten noch auf der zweiten Seite der zitierten Entscheidung befindet.

Rund 370 der wichtigsten Entscheidungen des BGH und des Bundesverfassungsgerichts sind im **Rechtsprechungsanhang R** auszugsweise enthalten. Dieser Anhang bildet eines der konzeptionellen Merkmale des Handbuches und soll es dem Praktiker ermöglichen, zentrale Passagen aus der Judikatur sofort nachzuschlagen. Eine Umfrage unter Beziehern der 3. Auflage hatte ja ergeben, dass dieser Rechtsprechungsteil sehr geschätzt wird. Sein Umfang hat sich in der 6. Auflage verringert, da durch die Entwicklung in der neuesten Rechtsprechung einige ältere, in den Fußnoten nicht mehr zitierte Entscheidungen gestrichen werden konnten. Insgesamt 63 neue wichtige Entscheidungen aus den letzten Jahren wurden nachgetragen. Die Nummerierung dieser Entscheidungsauszüge (R 1–R 594) weist deshalb Lücken auf; sie enthält auch zusätzliche Entscheidungen, die innerhalb der fortlaufenden Zählung mit Großbuchstaben gekennzeichnet sind (etwa R 528 A) – dies ist dadurch verursacht, dass die Entscheidungen streng nach dem Datum sortiert sind und einige ältere Entscheidungen nachträglich eingefügt wurden. Einen schnellen Überblick bietet die am Ende des Anhangs R abgedruckte Konkordanzliste.

Damit der Umfang der Neuauflage nicht so groß wird, wurde auch bei dieser Auflage auf den Abdruck der meisten unterhaltsrechtlichen Tabellen und Leitlinien verzichtet, zumal diese in einer Beilage zur NJW sowie durch die Veröffentlichungen in der FamRZ allen Praktikern leicht zugängig sind. Der **Anhang L** enthält deshalb nur noch die aktuelle Fassung der Düsseldorfer Tabelle sowie der Berliner Tabelle.

Die Randnummern sind in jedem der 8 Hauptparagraphen durchgezählt. An verschiedenen Stellen befinden sich Lücken in der Randnummernzählung; diese sollen Platz für Erweiterung der entsprechenden Kommentierungsabschnitte in späteren Auflagen bieten, ohne dass dann die bisher vorhandene Randnummernzählung geändert werden müsste.

Querverweisungen innerhalb eines Hauptkapitels geben nur die jeweilige Randnummer an, bei einer Verweisung auf eine Stelle in einem anderen Hauptkapitel ist zusätzlich auch der Paragraph angegeben (Beispiel: vergleiche eingehend Rn 1/393).

Paragraphen sind grundsätzlich wie folgt zitiert: § 1361 IV 3 BGB – die römischen Ziffern bezeichnen also die Absätze der einzelnen Paragraphen, die arabischen Zahlen die Sätze der einzelnen Absätze.

Da sich dieses Handbuch schon von seiner Konzeption her schwerpunktmäßig mit der Rechtsprechung – insbesondere der des Bundesgerichtshofes – auseinandersetzt, wurde auf ein Literaturverzeichnis bewusst verzichtet. Einschlägige Literatur ist in den Fußnoten nachgewiesen.

Inhaltsübersicht

Inhaltsverzeichnis

§ 3 Familienunterhalt

§ 4 Ehegattenunterhalt

A. Allgemeines zur Struktur des Anspruchs

B. Einzelne Ansprüche und Unterhaltsverhältnis

§ 5 Rangverhältnisse und Mangelfälle

§ 7 Auslandsberührung

§ 8 Verfahrensrecht

1. Abschnitt: Verfahrensgegenstand, Zuständigkeit und Gericht

2. Abschnitt: Schaffung und Abänderung von Unterhaltstiteln

Abkürzungsverzeichnis

AVAG	Anerkennungs- und Vollstreckungsausführungsgesetz vom 30. 5. 1988 (BGBl. I 662)
AUG	Auslandsunterhaltsgesetz vom 19. 12. 1986 (BGBl. I 2563)
BL	Unterhaltsrechtliche Leitlinien der Familiensenate des Kammergerichts Berlin
BraL	Unterhaltsleitlinien des OLG Brandenburg
BrL	Leitlinien zum Unterhaltsrecht der Familiensenate des Hanseatischen OLG in Bremen
BT	Berliner Tabelle – als Vortabelle zur Düsseldorfer Tabelle –
CL	Unterhaltsrechtliche Leitlinien des OLG Celle
DrL	Unterhaltsleitlinien des OLG Dresden
DL	Leitlinien zum Unterhalt, herausgegeben von den Senaten für Familiensachen des OLG Düsseldorf
DT	Düsseldorfer Tabelle
EuGVÜ	Europäisches Übereinkommen über die gerichtliche Zuständigkeit und Vollstreckung gerichtlicher Entscheidungen in Zivil- und Handelssachen
FGB	Familiengesetzbuch der ehemaligen DDR
FL	Unterhaltsgrundsätze des OLG Frankfurt am Main
HaL	Unterhaltsrechtliche Grundsätze des OLG Hamburg
HL	Leitlinien zum Unterhaltsrecht der Familiensenate des OLG Hamm
HÜÜ 73	Haager Übereinkommen über das auf Unterhaltspflichten anwendbare Recht vom 2. 10. 1973
HUVÜ 73	Haager Übereinkommen über die Anerkennung und Vollstreckung von Unterhaltsentscheidungen vom 2. 10. 1973
IPR	Internationales Privatrecht
IZPR	Internationales Zivilprozessrecht
KL	Unterhaltsrichtlinien der Familiensenate des OLG Köln
KobL	Unterhaltsleitlinien des OLG Koblenz
NaL	Unterhaltsleitlinien des OLG Naumburg
OL	Unterhaltsrechtliche Leitlinien der Familiensenate des OLG Oldenburg
RL	Unterhaltsrechtliche Grundsätze des OLG Rostock zum Kindesunterhalt
SaL	Unterhaltsrechtliche Leitlinien des Saarländischen OLG
SchL	Unterhaltsrechtliche Leitlinien des Schleswig-Holsteinischen OLG
SL (SüdL)	Süddeutsche Leitlinien
ThL	Unterhaltsrechtliche Leitlinien der Familiensenate des Thüringer OLG

Im Übrigen gilt das Abkürzungsverzeichnis der FamRZ.

§ 1 Die Ermittlung des unterhaltsrechtlich relevanten Einkommens

1. Abschnitt: Überblick und Grundlagen

I. Der Unterhaltsanspruch

1. Unterhaltsberechtigungen

Gegenstand des vorliegenden Buches sind die auf Ehe, Verwandtschaft und gemeinsamer Elternschaft beruhenden Unterhaltsansprüche. Wer nicht in der Lage ist, für sich selbst aufzukommen, ist auf fremde Hilfe angewiesen. Nach dem Subsidiaritätsprinzip (s. Rn. 6/500 f.) sind dafür in erster Linie die im Gesetz vorgesehenen Unterhaltspflichtigen zuständig. Für Ansprüche innerhalb der Familie enthält das deutsche Unterhaltsrecht jedoch **keine Generalklausel,** die den Kreis der Berechtigten und Verpflichteten festlegt. So wird Geschwistern, Onkeln, Tanten, Nichten, Neffen, Vettern und Cousinen kein Unterhalt geschuldet. Ausgehend von drei Grundverhältnissen, nämlich der Ehe, der Verwandtschaft und gemeinsamer Elternschaft regelt das Gesetz bestimmte Notfälle und legt fest, wer in welchem Umfang unterhaltsberechtigt und unterhaltsverpflichtet ist. 1

Der Unterhalt **minderjähriger Kinder** beruht auf §§ 1601 ff. BGB. Die Eltern trifft hier nach § 1603 II 1 eine gesteigerte Unterhaltspflicht (Rn. 2/247). Der Elternteil, der das Kind betreut, erfüllt schon dadurch seine Unterhaltspflicht (§ 1606 III 2 BGB). Der Barunterhalt wird daher in der Regel in voller Höhe vom anderen Elternteil geschuldet. Der Unterhalt minderjähriger Kinder wird in § 2 A Abschnitte 1–5, 7 und 8 (Rn. 2/1 und 2/486) behandelt. Zu den Besonderheiten des Kindesunterhalts in den neuen Bundesländern s. den 8. Abschnitt in § 6 ab Rn. 6/620.

Der Unterhalt **volljähriger Kinder** richtet sich ebenfalls nach §§ 1601 ff. BGB und ist daher mit dem Unterhalt der minderjährigen Kinder identisch (Rn. 2/17). Die Eltern haften nach § 1606 III 1 BGB nunmehr gemeinsam für den Barunterhalt. Den Eltern wird ein höherer Selbstbehalt zugestanden (Rn. 2/417). Im Mangelfall haben der Ehegatte und minderjährige Kinder nach § 1609 BGB Vorrang (Rn. 2/429 f.). Der Unterhalt volljähriger Kinder wird in § 2 A Abschnitt 1–4 und 6–8 (Rn. 2/1 und 2/330) behandelt. Zu den Besonderheiten in den neuen Bundesländern s. auch hier den 8. Abschnitt in § 6 ab Rn. 6/620. 1 a

Auch der Unterhaltsanspruch von **Eltern gegen ihre Kinder** und die Unterhaltsansprüche von Verwandten in gerader Linie ab dem zweiten Grad beruhen auf den §§ 1601 ff. BGB. Bei diesen Ansprüchen wird auf den Eigenbedarf des Pflichtigen noch stärker Rücksicht genommen (s. Rn. 2/620). Insgesamt s. dazu § 2 B (Rn. 2/600).

Der **Familienunterhalt** nach § 1360 BGB soll den gesamten Lebensbedarf der Familie einschließlich des Bedarfs der Kinder bei bestehender Lebensgemeinschaft sichern. Er ist nicht auf eine Geldrente gerichtet, sondern auf Bedarfsbefriedigung durch häusliche Arbeitsleistungen und finanzielle Beiträge. Dieser Anspruch wird in § 3 behandelt (Rn. 3/1).

Der Unterhalt **getrennt lebender Ehegatten** nach § 1361 BGB ist durch Zahlung einer Geldrente zu leisten (§ 1361 IV 1 BGB), weil jetzt die häusliche Gemeinschaft aufgelöst ist. Der in der Ehe bisher nicht erwerbstätige Ehegatte wird in § 1361 II BGB besonders geschützt (s. Rn. 4/16). Der Trennungsunterhalt wird im 1. Abschnitt des § 4 B (Rn. 4/1 a) behandelt. 1 b

Der Unterhalt **geschiedener Ehegatten** nach §§ 1569 ff. BGB betrifft die Zeit nach Rechtskraft der Scheidung. Es handelt sich dabei um einen neuen, eigenständigen Anspruch, der nicht mit dem Anspruch auf Familien- oder Trennungsunterhalt identisch ist

(Rn. 4/14). Jetzt wirkt sich aus, dass die Verantwortung der Eheleute füreinander nach der Scheidung nur noch in abgeschwächter Form vorhanden ist. Ein Anspruch besteht nur, wenn der Berechtigte nach der Scheidung nicht selbst für seinen Unterhalt sorgen kann (§ 1569 BGB). Das ist der Fall,

- wenn von dem Bedürftigen wegen
  - Kinderbetreuung (§ 1570 BGB; Rn. 4/64 f.),
  - Alters (§ 1571 BGB; Rn. 4/88 f.) oder
  - Krankheit oder Gebrechen (§ 1572 BGB; Rn. 4/96 f.)

  eine Erwerbstätigkeit nicht erwartet werden kann,
- wenn der Bedürftige keine angemessene Erwerbstätigkeit zu finden vermag (§ 1573 I BGB; Rn. 4/104),
- wenn die Einkünfte aus einer angemessenen Erwerbstätigkeit zum vollen Unterhalt nach § 1578 BGB nicht ausreichen (Aufstockungsunterhalt; § 1573 II BGB; Rn. 4/122),
- wenn der Bedürftige zur Erlangung einer angemessenen Erwerbstätigkeit einen Ausbildungsbedarf hat (§ 1575 BGB; Rn. 4/131 f., 144) oder
- wenn aus sonstigen schwerwiegenden Gründen die Versagung von Unterhalt grob unbillig wäre (§ 1576 BGB; Rn. 4/160).

Der nacheheliche Unterhalt wird im 2. Abschnitt von § 4 B behandelt.

Wurde die Ehe in den alten Bundesländern **vor dem 1. 7. 1977** geschieden, gilt nach Art. 12 Nr. 3 Abs. 2 S. 1 des 1. EheRG noch das frühere verschuldensabhängige Unterhaltsrecht (§§ 58 f. EheG). Die Düsseldorfer Tabelle[1] sieht in B II 1 dazu folgende Regeln vor:

- Bei Ansprüchen nach §§ 58, 59 EheG wird Unterhalt in gleicher Höhe geschuldet, wie er nach dem neuen Recht zu zahlen wäre.
- Bei Ansprüchen nach § 60 EheG ist in der Regel die Hälfte des nach den §§ 58, 59 geschuldeten Unterhalts zu zahlen.
- Bei Ansprüchen nach § 61 EheG entscheidet die Billigkeit. Obergrenze ist der nach §§ 59, 60 EheG geschuldete Unterhalt.

Diese Regelung erscheint sachgerecht und wird, soweit ersichtlich, auch überall so praktiziert.

Für Unterhaltsansprüche von Ehegatten, die vor dem 3. 10. 1990 in der früheren DDR geschieden worden sind, ist nach Art. 234 § 5 EGBGB noch das FGB-DDR maßgeblich. Diese Ansprüche sind in der Vorauflage im 8. Abschnitt von § 6 ab Rn. 6/650 behandelt.

Nach § 1313 BGB kann eine fehlerhaft zustande gekommene Ehe durch ein Gestaltungsurteil mit Wirkung ex nunc aufgehoben werden.[2] Der Unterhalt von Ehegatten, **deren Ehe aufgehoben** wurde folgt grundsätzlich den Vorschriften über den nachehelichen Unterhalt (§ 1318 I BGB). Unterhalt steht nach § 1318 II BGB uneingeschränkt allerdings nur dem hinsichtlich des Aufhebungsanspruches gutgläubigen Ehegatten zu. Wer die Aufhebbarkeit kannte, kann Unterhalt nur verlangen, wenn auch der andere bösgläubig war. Die Interessen gemeinsamer Kinder haben jedoch Vorrang.

1 c **Elternschaftsunterhalt.** Sind oder waren die Eltern eines Kindes nicht miteinander verheiratet, gewährt § 1615 l BGB Unterhaltsansprüche für den betreuenden Elternteil. Dieser Unterhalt, der im 10. Abschnitt von § 6 (Rn. 6/750) näher behandelt wird, hat seine Wurzel in der gemeinsamen Elternschaft.

2. Struktur des Unterhaltsanspruchs

1 d Der Unterhaltsanspruch unterscheidet sich grundlegend von allen anderen auf Zahlung einer Geldsumme gerichteten Ansprüchen dadurch, dass beim Verpflichteten immer auch seine **Leistungsfähigkeit,** beim Berechtigten auch dessen **Bedürftigkeit** vorliegen muss. Während es bei schuldrechtlichen Ansprüchen auf diese Zusatzfragen nicht ankommt, stehen sie im Unterhaltsrecht im Vordergrund aller Streitigkeiten. Zunächst sind daher stets die Einkommens- und Vermögensverhältnisse auf beiden Seiten sorgfältig zu klären. In der

[1] Abgedruckt im Anhang L
[2] Vgl. OLG Frankfurt FamRZ 2002, 705

Regel sind sie auch für die Höhe des Unterhalts maßgeblich, die nur in Ausnahmefällen unabhängig vom Einkommen des Verpflichteten festgelegt wird (Rn. 1/8, 2/368).

Der Unterhaltsanspruch wird nicht als Einheit gesehen sondern entsteht für jeden Zeitabschnitt neu, in dem seine Voraussetzungen vorliegen. Wegen der monatlichen Zahlungsweise (§ 1361 IV 2, § 1612 III 1 BGB) geschieht dies also von Monat zu Monat. Deshalb schafft ein klagabweisendes Urteil keine Rechtskraft für die Zukunft, so dass eine neue Leistungsklage für spätere Zeiträume nicht an die Voraussetzungen des § 323 ZPO gebunden ist.[3] Für die einzelnen Unterhaltsrechtsverhältnisse gibt es zum Teil gemeinsame Regeln, etwa auf dem Gebiet der Einkommensermittlung (Rn. 8 ff.), zum Teil bestehen aber auch ganz erhebliche Unterschiede, die auf die verschiedenen Unterhaltstatbestände zurückzuführen sind. Das gilt vor allem für die Höhe des Unterhalts, die Dispositionsfreiheit der Parteien, die Verwirkung usw.

3. Prüfungsschema

Wegen der Abhängigkeit des Unterhaltsanspruches von den beiderseitigen Einkommens- und Vermögensverhältnissen ist bei der rechtlichen Beurteilung stets das folgende **Prüfungsschema** zu beachten: 2

- Ist der Tatbestand einer **konkreten Anspruchsgrundlage** (Unterhaltsanspruchsnorm, §§ 1601, 1360 a, 1361, 1569 ff., 1615 l BGB) erfüllt?
- Wie hoch ist der **Bedarf des Berechtigten** (= Bedarfsstufe)? Die Höhe bestimmt sich nach den konkreten Lebensverhältnissen, wie sie sich aus den Einkommens- und Vermögensverhältnissen der Parteien ergeben (Rn. 2/205, 2/360, 4/166).
- Ist der **Berechtigte** in Höhe seines Bedarfs auch bedürftig, d. h. kann er seinen Bedarf nicht auch ganz oder jedenfalls teilweise durch eigene Einkünfte decken (= Stufe der Bedürftigkeit)?
- Ist der **Verpflichtete** in dieser Höhe ohne Beeinträchtigung seines angemessenen eigenen Bedarfs auch leistungsfähig (= Leistungsstufe, Prüfung der Leistungsfähigkeit)?
- Bestehen für den konkreten Fall weitere für oder gegen den Unterhaltsanspruch sprechende Voraussetzungen oder sonstige Besonderheiten? Dabei handelt es sich im Wesentlichen um
  - die Verwirkung (vgl. Rn. 4/596 f.),
  - den Verzug (vgl. Rn. 6/115 f.),
  - die Rückforderung (vgl. Rn. 6/200 f.),
  - die Aufrechnung (Rn. 6/300 ff.),
  - die Mangelverteilung (vgl. Rn. 5/11 f.),
  - die Rangfolge (vgl. Rn. 5/35 f.) und
  - den Unterhaltsanspruch bei Gütergemeinschaft (Rn. 6/400 ff.).
- Abschließend ist das Ergebnis nach den jeweiligen Umständen des Einzelfalles stets auf seine Angemessenheit und Ausgewogenheit hin zu überprüfen, und zwar gleichgültig, ob es sich um einen sogenannten Mangelfall handelt[4] oder nicht.[5]

4. Höhe des Unterhalts und Zahlungsweise

- Beim Ehegattenunterhalt richtet sich die Höhe gemäß §§ 1361 I, 1578 BGB nach den **ehelichen Lebensverhältnissen.** Dieser Begriff umschreibt somit eine zentrale Frage des Unterhaltsrechts. Zwar besteht auch nach der neuesten Rechtsprechung des BGH zur Anrechnungs- und Differenzmethode[6] Übereinstimmung, dass sich der Unterhalt in der Regel nach einer Quote dieser ehelichen Lebensverhältnisse bemisst. Maßgeblich für die Bemessung der ehelichen Lebensverhältnisse sind aber nicht nur die Bareinkünf- 2 a

[3] BGH, FamRZ 1982, 259
[4] BGH, FamRZ 2003, 363 mit Anm. Scholz FamRZ 2003, 514; BGH, FamRZ 1992, 539, 541
[5] BGH, FamRZ 1987, 456, 459
[6] BGH, FamRZ 2001, 986 = R 563

te, die während der Ehe zur Deckung des Lebensbedarfs zur Verfügung standen, sondern auch Haushalts- und Kinderbetreuungsleistungen des nicht erwerbstätigen Ehegatten (Rn. 4/30, 32, 172, 359).

- Beim Kindesunterhalt richtet sich die Höhe nach dem Einkommen des Verpflichteten und den im jeweiligen OLG-Bezirk geltenden Tabellen und Leitlinien, die sich durchweg den Werten der Düsseldorfer Tabelle anschließen (Rn. 2/122 f.).
- Bei den Unterhaltsansprüchen sonstiger Verwandter richtet sich die Höhe nach der Lebensstellung des Bedürftigen und der Leistungsfähigkeit des Berechtigten[7] (s. Rn. 2/612 und 2/616).
- Beim Unterhalt wegen gemeinsamer Elternschaft kommt es auf den Verdienstausfall des Berechtigten an (Rn. 6/764), weil § 1615 l III 1 BGB auf den Verwandtenunterhalt verweist.[8]

In der Regel wird eine monatlich im Voraus fällige Geldrente – also **Barzahlung** – geschuldet; §§ 1361 IV, 1585 I, 1612 I und III. **Fällig** ist der Unterhaltsanspruch danach ab dem konkreten Tag, von dem ab Unterhalt geschuldet wird. In der gerichtlichen Praxis wird der erste Monat getrennt nach Tagen abgerechnet, wenn der Unterhaltszeitraum nach dem ersten Tag begann. Für den Familien-, Kindes- und Trennungsunterhalt tritt **Verzug** nach der für diese Berechtigungen maßgeblichen neuen Regelung in § 1613 I 2 BGB stets schon mit dem Ersten des Monats ein, in dem Auskunft verlangt wurde, Verzug entstand oder Rechtshängigkeit eingetreten ist, sofern der Anspruch dem Grunde nach bestand. Nur beim nachehelichen Unterhalt kommt es nach § 1585 b II BGB noch konkret auf den Tag an, an dem Verzug entstanden oder Rechtshängigkeit eingetreten ist (s. Rn. 6/100 a). Der Titel für den weiteren Unterhalt kann sich dann aber auch beim nachehelichen Unterhalt jeweils auf den Ersten eines jeden Monats beziehen.

Die Zahlung des geschuldeten Geldbetrages richtet sich nach § 270 BGB. Diese Bestimmung gilt auch für Unterhaltsverpflichtungen.[9] Das Geld hat der Schuldner daher auf seine Kosten und seine Gefahr an den Wohnsitz des Gläubigers zu schicken. Leistungsort ist nach § 269 I BGB der Wohnsitz des Schuldners. Für die Rechtzeitigkeit der Leistung kommt es daher ausschließlich darauf an, ob das Geld rechtzeitig **abgesandt** wurde. Ein am Monatsersten fälliger Unterhalt ist daher spätestens an diesem Tag abzusenden.[10]

2 b Unterhaltszahlungen erfolgen regelmäßig unbar durch **Kontoüberweisungen.** Da Barzahlung geschuldet wird, liegt hierin lediglich eine Leistung an Erfüllungs Statt. Dies kann zu Problemen führen, wenn der Unterhalt auf ein überzogenes Konto überwiesen wird und die Bank keine Verfügung über das Guthaben zulässt. War die Kontenüberweisung nicht vereinbart, muss der Unterhaltsverpflichtete ein zweites Mal zahlen.[11] Überweisungen auf ein Konto müssen daher vorher abgesprochen werden.

2 c Mit der Umstellung der deutschen Währung von DM auf **Euro** (Art. 10, 15 EuroVO) ist dieser gesetzliches Zahlungsmittel geworden. Alle Verträge und Vollstreckungstitel mit DM-Beträgen werden auf den Euro umgerechnet (Art. 14 EuroVO).[12] Dies ist nur eine **Währungsumstellung.** Die Werte bleiben unverändert, es kann daher nicht zu Äquivalenzänderungen kommen. Die Vertragskontinuität bleibt gewahrt.

5. Härteregelungen

2 d Bei schuldhaften Verfehlungen des Unterhaltsberechtigten oder grober Unbilligkeit aus anderen Gründen kann der Unterhalt ganz oder jedenfalls zum Teil entfallen. Beim Ehegattenunterhalt richtet sich dies nach §§ 1361 III, 1579 BGB (Rn. 4/37 ff., 4/596 ff.), beim Verwandtenunterhalt nach § 1611 BGB (Rn. 2/478 ff., 2/626 ff.).

---

[7] BGH, FamRZ 2003, 860; 2002, 1698 = R 580 c
[8] Vgl. BGH, FamRZ 1998, 541 = R 520
[9] OLG Köln FamRZ 1990, 1243
[10] OLG Köln, FamRZ 1990, 1243; a. A. Palandt-Diederichsen, § 1612 Rn. 4 unter Hinweis auf AG Überlingen FamRZ 1985, 1143
[11] Vgl. OLG Hamm, FamRZ 1988, 499
[12] 1 Euro = 1,95583 DM

6. Unterhalt und Sozialhilfe

Nach § 11 I BSHG ist Hilfe zum Lebensunterhalt „dem zu gewähren, der seinen notwendigen Unterhalt nicht oder nicht ausreichend aus eigenen Kräften und Mitteln, vor allem aus seinem Einkommen und Vermögen, beschaffen kann". Diese Hilfe (= Sozialhilfe) ist jedoch nach § 2 BSHG nachrangig.[13] Gesetzliche Ansprüche auf Unterhalt haben Vorrang. Wird gleichwohl Sozialhilfe geleistet, weil der Unterhaltsschuldner seiner Verpflichtung nicht nachkommt, geht der Unterhaltsanspruch nach § 91 I BSHG auf den Träger der Sozialhilfe über und kann dann von diesem durchgesetzt werden.[14] Das Verhältnis von Unterhalt und Sozialhilfe wird in Rn. 6/500 f. näher behandelt. 2 e

7. Gerichtliches Verfahren

Alle Unterhaltssachen sind Familiensachen. Nach § 23 a Nr. 2 und 3 GVG, § 23 b I Nr. 5, 6 und 13 GVG, § 621 I Nr. 4, 5 und 11 ZPO gehören sie zur ausschließlichen Zuständigkeit des Familiengerichts. Es gilt das Verfahrensrecht der ZPO. Unterhalt für ein minderjähriges Kind kann neben dem ordentlichen Verfahren wahlweise auch in einem stark vereinfachten Verfahren nach §§ 645 f. ZPO geltend gemacht werden (s. Rn. 8/321). Das gerichtliche Verfahren wird in § 8 behandelt (Rn. 8/1 ff.). 2 f

II. Zu den Tabellen und Leitlinien der Oberlandesgerichte

1. Die Bedeutung von Tabellen und Leitlinien in der Praxis

Weil das Gesetz zur Bestimmung des angemessenen Unterhalts keine festen Maßstäbe, sondern nur ausfüllungsbedürftige unbestimmte Rechtsbegriffe enthält, sind von den Oberlandesgerichten im Interesse einer Einheitlichkeit der Rechtsprechung der Instanzgerichte und der Rechtssicherheit (Berechenbarkeit gleich liegender typischer Fälle) Unterhaltstabellen und Leitlinien entwickelt worden. Für die Zeit ab dem 1. Juli 2003 haben sich die Oberlandesgerichte auf eine einheitliche Leitlinienstruktur[15] geeinigt und ihre Leitlinien auch inhaltlich weitgehend angeglichen. Die Tabellen und Leitlinien besitzen **keinen Rechtssatzcharakter** und keine einer Rechtsnorm vergleichbare Verbindlichkeit. Es handelt sich um Hilfsmittel, die der Richter zur Ausfüllung des unbestimmten Rechtsbegriffs „angemessener Unterhalt" verwendet, um eine möglichst gleichmäßige Behandlung gleichartiger Lebenssachverhalte zu erreichen. Im Abänderungsverfahren ist das Gericht wegen des fehlenden Rechtssatzcharakters nicht verpflichtet, die im Ersturteil herangezogenen Leitlinien oder Tabellen zugrunde zu legen. Es kann daher beim Ehegattenunterhalt ohne weiteres die Beteiligungsquote geändert oder von der Differenzmethode zur Anrechnungsmethode übergegangen werden, soweit dies sachlich veranlasst ist (Rn. 8/162 b).[16] 3

Die **Leitlinien** enthalten Hinweise zur Rechtsanwendung in Standardsituationen. Den **Tabellen** ist der konkret geschuldete Unterhalt bei feststehendem Einkommen zu entnehmen. Beim Kindesunterhalt hat sich die Düsseldorfer Tabelle (s. Rn. 2/209) bundesweit durchgesetzt. Sie beruht auf Koordinierungsgesprächen zwischen Richtern der Familiensenate an den Oberlandesgerichten Düsseldorf, Hamm und Köln sowie der Unterhaltskommission des Deutschen Familiengerichtstages e. V. unter Berücksichtigung einer Umfrage bei allen übrigen Oberlandesgerichten. Ausgangspunkt sind die nach § 1612 a BGB in der RegelbetragVO festgelegten Beträge (näher dazu s. Rn. 2/206). Auch die Tabellen der neuen Bundesländer lehnen sich eng an die Düsseldorfer Tabelle an. Für das Gebiet der neuen Bundesländer enthält die Berliner Vortabelle vorgeschaltete Einkommensgruppen, 4

[13] BGH, FamRZ 2000, 1358, 1359 = R 543
[14] OLG Celle NJW-RR 2001, 1154
[15] FamRZ 2003, 909
[16] BGH, FamRZ 2001, 1687 = R 566; 1990, 1085; 1990, 981

deren dritte der Gruppe 1 der Düsseldorfer Tabelle entspricht. Abweichungen ergeben sich wegen des wirtschaftlichen Gefälles lediglich bei den Bedarfsbeträgen und den Selbstbehalten (näher dazu s. Rn. 6/622).

Nach ständiger Rechtsprechung des BGH ist eine Orientierung des Tatrichters an Tabellen und Leitlinien revisionsrechtlich bedenkenfrei, sofern nicht im Einzelfall besondere Umstände eine Abweichung erfordern.[17] Die Anwendung von Tabellen und Leitlinien obliegt dem tatrichterlichen Ermessen. Revisionsrechtlich kann nur überprüft werden, ob die Richtwerte den anzuwendenden Rechtsvorschriften entsprechen, ob ein entsprechender Lebenserfahrungssatz aufgestellt werden kann, ob besondere Umstände des Einzelfalls hinreichend berücksichtigt sind und ob sich das Gericht an die selbstgesetzten Maßstäbe gehalten hat.[18]

5 Aus den Vorbemerkungen der Tabellen und Leitlinien ist ersichtlich, dass sie auch von ihren Verfassern nur in diesem Sinn als Orientierungshilfe gemeint sind und so verstanden werden sollen. Auf dieser Basis sind die Tabellen und Leitlinien neben der Rechtsprechung des BGH wichtige Erkenntnisquellen nicht nur für Richter und Rechtsanwälte, sondern auch für die Betroffenen selbst. Die mit der Veröffentlichung der Leitlinien erfolgte Aufdeckung der früher oft nur schwer erkennbaren allgemeinen Maßstäbe hat auch durch die dadurch ausgelösten Diskussionen eine Annäherung der Rechtsprechung in den einzelnen Oberlandesgerichtsbezirken zur Folge. Entsprechend haben sich inzwischen die Oberlandesgerichte Bamberg, Karlsruhe, München, Nürnberg, Stuttgart und Zweibrücken weitgehend auf gemeinsame Süddeutsche Leitlinien[19] geeinigt.

2. Tabellen zum Unterhaltsbedarf

6 Am verbreitetsten ist die Düsseldorfer Tabelle, die inzwischen von allen Oberlandesgerichten als Richtschnur genommen und in unterschiedlichem Umfang durch je eigene oberlandesgerichtliche Leitlinien ergänzt bzw. zu einzelnen Punkten abgeändert wird. Derzeit gibt es folgende, in der Praxis verwendete Tabellen zum Unterhalt:

- Die Düsseldorfer Tabelle, Stand 1. 7. 2003,[20] künftig abgekürzt DT. In dieser Auflage des Handbuchs abgedruckt in Rn. 2/209 sowie im Anhang L.
- Die Berliner Vortabelle zur Düsseldorfer Tabelle für das Beitrittsgebiet, Stand 1. 7. 2003, abgedruckt im Anhang L.[21]

Andere Tabellenwerke als die Düsseldorfer Tabelle, ergänzt um die Berliner Vortabelle für die neuen Bundesländer, werden in der Praxis der Familiengerichte nicht mehr angewandt.

3. Oberlandesgerichtliche Leitlinien zum Unterhaltsrecht

7 Inzwischen haben nahezu alle deutschen Oberlandesgerichte Leitlinien entwickelt, die sich aus Gründen der Übersichtlichkeit und zur weiteren Angleichung ab dem 1. Juli 2003 an eine gemeinsam festgelegte Struktur[22] halten. Es liegen vor:

- Unterhaltsrechtliche Leitlinien der Familiensenate in Süddeutschland – Oberlandesgerichte Bamberg, Karlsruhe, München, Nürnberg, Stuttgart und Zweibrücken –, Stand 1. 7. 2003,[23] abgekürzt SüdL. Diese aber auch alle anderen Leitlinien sind unter *www.beck.de* abrufbar.[24]

---

[17] BGH, FamRZ 1985, 354; FamRZ 1983, 678 = R 168 a

[18] BGH, FamRZ 1983, 678 = R 168 a

[19] FamRZ 2003, 910 Stand 1. 7. 2003

[20] FamRZ 2003, 903. In der NJW sind die Tabellen und Leitlinien in einer eigenen Beilage zu Heft 8/2003 abgedruckt worden, die jedoch nicht zur Einbindung in den Jahrgang vorgesehen war

[21] FamRZ 2003, 906

[22] Bundeseinheitliche Struktur für unterhaltsrechtliche Leitlinien, FamRZ 2003, 909

[23] FamRZ 2003, 910 (zum OLG Nürnberg vgl. zusätzlich FamRZ 2003, 1813); sämtliche Leitlinien sind auch in der Beilage zu NJW 32/2003 bzw FPR 8/2003 enthalten

[24] Zu den SüdL vgl. z. B.: www.olg-karlsruhe.de (unter Rechtsprechung); „www.justiz.bayern.de/olgm"; „www.justiz.bayern.de/olgn"; www.olg-stuttgart.de (unter Rechtsprechung)

- Unterhaltsrechtliche Leitlinien der Familiensenate des Kammergerichts Berlin, Stand 1. 7. 2003,[25] abgekürzt BL.
- Unterhaltsleitlinien des OLG Brandenburg,[26] Stand 1. 7. 2003, abgekürzt BraL.
- Leitlinien zum Unterhaltsrecht der Familiensenate des Hanseatischen Oberlandesgerichts in Bremen, Stand 1. 7. 2003,[27] abgekürzt BrL.
- Unterhaltsrechtliche Leitlinien des Oberlandesgerichts Celle, Stand 1. 7. 2003,[28] abgekürzt CL.
- Unterhaltsleitlinien des OLG Dresden, Stand 1. 7. 2003, abgekürzt DrL.[29]
- Leitlinien der Familiensenate des Oberlandesgerichts Düsseldorf zum Unterhaltsrecht, Stand 1. 7. 2003,[30] abgekürzt DL.
- Unterhaltsgrundsätze des OLG Frankfurt a. M., Stand 1. 7. 2003,[31] abgekürzt FL.
- Unterhaltsrechtliche Grundsätze der Familiensenate des Hanseatischen Oberlandesgerichts Hamburg, Stand 1. 7. 2003,[32] abgekürzt HaL.
- Leitlinien zum Unterhaltsrecht der Familiensenate des Oberlandesgerichts Hamm, Stand 1. 7. 2003,[33] abgekürzt HL.
- Thüringer Tabelle zum Unterhaltsrecht des OLG Jena, Stand 1. 7. 2003,[34] abgekürzt ThL.
- Unterhaltsleitlinien des OLG Koblenz, Stand 1. 7. 2003, abgekürzt Kol[34a]
- Unterhaltsrichtlinien der Familiensenate des Oberlandesgerichts Köln, Stand 1. 7. 2003,[35] abgekürzt KL.
- Unterhaltsleitlinien des OLG Naumburg, Stand 1. 7. 2003,[36] abgekürzt NaL.
- Unterhaltsrechtliche Leitlinien der Familiensenate des OLG Oldenburg, Stand 1. 7. 2003,[37] abgekürzt OL.
- Unterhaltsrechtliche Grundsätze des OLG Rostock, Stand 1. 7. 2003,[38] abgekürzt RL.Unterhaltsrechtliche Leitlinien des Saarländischen Oberlandesgerichts, Stand 1. 7. 2003,[39] abgekürzt SaL.
- Unterhaltsrechtliche Leitlinien des Schleswig-Holsteinischen Oberlandesgerichts, Stand 1. 7. 2003,[40] abgekürzt SchL.

III. Zum anrechenbaren monatlichen Nettoeinkommen

Die Einkommensermittlung erfolgt für Berechtigte und Verpflichtete nach den **gleichen allgemeinen Grundsätzen.** Es macht zunächst auch keinen Unterschied, ob die Höhe von Familienunterhalt, Ehegattenunterhalt oder Kindesunterhalt bestimmt werden soll. Erst bei 8

[25] FamRZ 2003, 1070; vgl. auch die Homepage im Internet: „www.kammergericht.de“
[26] FamRZ 2003, 1432; vgl. auch die Homepage im Internet: „olg.brandenburg.de“
[27] FamRZ 2003, 1718; vgl. auch die Homepage im Internet: „www.bremen.de/web/owa/einrichtung?pi_id=117461“
[28] FamRZ 2003, 1160; vgl. auch die Homepage im Internet: „www.oberlandesgericht-celle.niedersachsen.de“
[29] FamRZ 2003, 1357; vgl. auch die Homepage im Internet: „www.justiz.sachsen.de/gerichte/homepages/olg/“
[30] FamRZ 2003, 1250; vgl. auch die Homepage im Internet: „www.olg-duesseldorf.nrw.de/“
[31] FamRZ 2003, 1528; vgl. auch die Homepage im Internet: „www.olg-frankfurt.justiz.hessen.de“
[32] FamRZ 2003, 1809; vgl. auch die Homepage im Internet: „fhh.hamburg.de/stadt/Aktuell/justiz/gerichte/oberlandesgericht/start.html“
[33] FamRZ 2003, 1436; vgl. auch die Homepage im Internet: „www.olg-hamm.nrw.de“
[34] FamRZ 2003, 1169; vgl. auch die Homepage im Internet: „www.thueringen.de/olg/“
[34a] „www. olgko.justiz.rlp.de“
[35] FamRZ 2003, 1361; vgl. auch die Homepage im Internet: „www.olg-koeln.nrw.de“
[36] FamRZ 2003, 1722
[37] FamRZ 2003, 1164; vgl. auch die Homepage im Internet: c„www.oberlandesgericht-oldenburg.niedersachsen.de“ (unter Informationen)
[38] FamRZ 2003, 1629
[39] FamRZ 2003, 1076
[40] FamRZ 2003, 1624

der später zu prüfenden Bedarfsstufe ist zu entscheiden, ob alle ermittelten Einkünfte für die Unterhaltsbestimmung maßgeblich sein sollen. Dies kann wegen der unterschiedlichen Ausgestaltung der Unterhaltsansprüche beim Kindes- und Ehegattenunterhalt und auch beim sonstigen Verwandtenunterhalt abweichend zu beurteilen sein (vgl. Rn. 18 f.). Auf eine genaue Einkommensermittlung kann nur in Ausnahmefällen verzichtet werden. Beim **Ehegattenunterhalt** ist dies möglich, wenn das Einkommen des Verpflichteten so hoch ist, dass anstelle des Quotenunterhalts der konkrete Bedarf festgestellt werden muss[41] (s. Rn. 4/366 f.). Beim **Kindesunterhalt** kann auf die Einkommensermittlung verzichtet werden, wenn der Verpflichtete seine uneingeschränkte Leistungsfähigkeit einräumt und nur der Bedarf des Berechtigten festzustellen ist.[42]

1. Grundsatz der unterschiedslosen Erfassung aller Einkünfte aus allen Einkommensarten

9 Bei der Einkommensermittlung gilt sowohl für den Berechtigten als auch für den Verpflichteten der Grundsatz der unterschiedslosen Erfassung aller unterhaltsrechtlich relevanten Einkünfte, d. h. es sind auf beiden Seiten grundsätzlich **alle zufließenden Einkünfte** anzurechnen, gleichgültig welcher Art sie sind und aus welchem Anlass sie gezahlt werden.[43] Selbst regelmäßige Gewinne eines Skatspielers sind heranzuziehen.[44] Zu erfassen sind somit alle Einkünfte aus allen Einkunftsarten. Innerhalb jeder Einkunftsart zählen dazu alle aus dieser Einkunftsart zufließenden Einkünfte, z. B. beim Arbeitseinkommen (Rn. 55 f.) u. a. auch Sonderzuwendungen, Zulagen, Spesen, Prämien, Weihnachtsgeld, Urlaubsgeld, Auslösungen, Überstundenvergütungen sowie sonstige Nebeneinnahmen. Sogar die Tilgungsanteile einer Leibrente sind zu berücksichtigen.[45] Dabei trifft sowohl den Unterhaltspflichtigen als auch den Berechtigten eine Obliegenheit, alle ihm zumutbaren Einkünfte zu erzielen. Sie sind verpflichtet, sowohl ihre Arbeitskraft als auch ihr Vermögen so gut wie möglich einzusetzen. Kommen sie dieser Pflicht nicht nach, können ihnen unter besonderen Voraussetzungen **fiktive Einkünfte** zugerechnet werden. Beim Verpflichteten erhöhen diese zusätzlichen Einkünfte sein anrechenbares Einkommen (Rn. 387 ff.), beim Berechtigten mindern sie die Bedürftigkeit (Rn. 419 ff.).

2. Zur Berechnung des anrechenbaren Nettoeinkommens

10 Maßgeblich für die Unterhaltsberechnung ist nur der Teil des Einkommens, der zur Deckung des laufenden Lebensbedarfs zur Verfügung steht und dafür eingesetzt wurde oder bei Anlegung eines objektiven Maßstabs dafür eingesetzt werden könnte.[46] Es ist dies das **unterhaltsrechtlich relevante Nettoeinkommen.** Bei den nicht anzurechnenden Einkommensteilen handelt es sich um folgende typische Abzugsposten vom Bruttoeinkommen (vgl. Rn. 586 f.):

- Zahlungen für **Lohn- oder Einkommensteuer,** Solidaritätszuschlag und Kirchensteuer (Rn. 558).
- **Vorsorgeaufwendungen** für Krankheit, Pflegebedürftigkeit, Invalidität, Alter und Arbeitslosigkeit (Rn. 596 f.).
- Aufwendungen, die zur Erzielung des Einkommens erforderlich sind. Es handelt sich hierbei im Wesentlichen um **Werbungskosten.**[47] Bei Einkünften aus abhängiger Arbeit werden die Werbungskosten auch berufsbedingte oder ausbildungsbedingte Aufwendun-

---

[41] BGH, FamRZ 1994, 1169 = R 481, OLG Köln FamRZ 2002, 326; OLG Hamm FamRZ 1999, 723
[42] BGH, FamRZ 1983, 473; OLG Düsseldorf FamRZ 1991, 806
[43] BGH, FamRZ 1986, 780 = R 301 a; FamRZ 1983, 670 = R 149 b; FamRZ 1981, 541
[44] OLG Düsseldorf FamRZ 1994, 896
[45] BGH, FamRZ 1994, 228 = R 471 c
[46] BGH, FamRZ 1986, 780 = R 301 a
[47] BGH, FamRZ 1988, 159, 161 = R 346 f.

gen genannt (Rn. 87). Bei Einkünften von bilanzierenden und nicht bilanzierenden Unternehmern oder Freiberuflern und Landwirten heißen sie Betriebsausgaben (Rn. 111, 163, 183). Bei den übrigen Einkunftsarten heißen sie wie im Steuerrecht Werbungskosten.
- Regelmäßiger Mehrbedarf beim Ehegattenunterhalt (Rn. 605 f.), mit Ausnahme von trennungsbedingtem Mehrbedarf.
- Berücksichtigungsfähige Zins- und Tilgungsleistungen bei Schulden (Rn. 614 f.).
- Beim Ehegattenunterhalt zusätzlich:
  - Berücksichtigungsfähige Aufwendungen des Verpflichteten zur Vermögensbildung, soweit unterhaltsrechtlich dem Berechtigten eine Fortsetzung der Vermögensbildung zugemutet werden kann (Rn. 4/200 f.).
  - Der Kindesunterhalt, soweit er dem Gesetz oder einer Vereinbarung entspricht. Freiwillige Mehrleistungen sind Geschenke, die dem Ehegatten nicht einkommensmindernd entgegengehalten werden dürfen.[48]

3. Zum monatlichen Nettoeinkommen

Der geschuldete Unterhalt ist jeweils monatlich im Voraus zu zahlen; § 1361 IV S. 2, 11 § 1585 I S. 2, § 1612 I und III BGB. Die unterhaltsrechtlich relevante Zeiteinheit ist somit der Monat. Für den rückständigen Unterhalt ab Verzugseintritt (§§ 1613 I, 1585 b II BGB) kann das anrechenbare Einkommen konkret ermittelt werden. Für den künftigen Unterhalt muss wegen dessen Abhängigkeit von den beiderseitigen Einkünften hingegen vorausschauend geprüft werden, welches Einkommen dem Verpflichteten und dem Berechtigten in Zukunft monatlich zur Verfügung stehen wird. Diese Zukunftsprognose beruht auf den Werten der Vergangenheit, die bei unverändertem Bezug ohne weiteres der Berechnung auch des zukünftigen Unterhalts zugrunde gelegt werden können. Gab es im Prüfungszeitraum **außerordentliche Einnahmen oder Ausgaben,** mit deren Wiederholung nicht zu rechnen ist, muss das Ergebnis um diese Zahlungsvorgänge bereinigt werden. Gleiches gilt, wenn künftig, z. B. wegen eines Wechsels der Steuerklasse, höhere Abzüge geschuldet sind. Das unbereinigte Ergebnis kann dann nur für den im Prüfungszeitraum geschuldeten Unterhalt gelten, nicht aber für die Zukunft.

Das in der Vergangenheit liegende Monatseinkommen, das zum Ausgangspunkt der 12 Unterhaltsberechnung für die Zukunft werden soll, bemisst sich wegen der Unregelmäßigkeit nahezu aller Einkünfte bei Arbeitnehmern nach dem Durchschnitt des letzten Jahreseinkommens. Dazu können entweder die letzten 12 Monate vor der Unterhaltsbestimmung oder **das letzte abgelaufene Kalenderjahr** herangezogen werden. Bei im Wesentlichen gleich bleibenden Einkünften empfiehlt es sich, von dem letzten abgelaufenen Kalenderjahr auszugehen. Auf diesem Weg können die einzelnen Faktoren des Einkommens am besten und sichersten berücksichtigt werden. Dies gilt auch bei Arbeitnehmern, denn bei ihnen gibt es ebenfalls unregelmäßige Zahlungen (z. B. Steuererstattungen, Steuernachzahlungen, Sonderzuwendungen), mit denen so problemlos ein Durchschnittseinkommen gebildet werden kann.[49] Die Heranziehung des Kalenderjahres ist bei Arbeitnehmern auch deshalb sinnvoll, weil es dann in der Regel genügt, zur Einkommensermittlung die Lohnsteuerkarte heranzuziehen.

Eine **Korrektur** des nach dem abgelaufenen Kalenderjahr berechneten durchschnittlichen 13 Einkommens muss aber dann erfolgen, wenn feststeht, dass sich das Einkommen nicht unwesentlich und nachhaltig geändert hat.[50] In einem solchen Fall muss auf die neue Situation konkret reagiert werden. Oft wird nichts anderes übrigbleiben, als auf Grund aktueller Einkommensbelege für kurze Zeitabschnitte ein fiktives Durchschnittseinkommen zu errechnen. Wird jedoch nur geltend gemacht, dass Änderungen zu erwarten sind und lässt sich deren Umfang noch nicht konkret bestimmen, muss wegen der Unsicherheit von Zukunftsprognosen jeder Art deren Eintritt abgewartet werden. Anschließend kann eine Änderung nach § 323 ZPO erfolgen (Rn. 8/157, 8/160).

[48] OLG Karlsruhe, FamRZ 1985, 286, 288; OLG Zweibrücken, FamRZ 1982, 1016
[49] OLG München FamRZ 1984, 173
[50] OLG München a.a.O.

14 Bei den jährlich schwankenden Einkünften von **Gewerbetreibenden, Freiberuflern,** bilanzierenden Unternehmern oder bei schwankenden **Miet- oder Kapitaleinkünften** ist ein möglichst zeitnaher Mehrjahresdurchschnitt, im Regelfall ein Durchschnitt aus den letzten drei Jahren zu bilden, damit nicht ein zufällig günstiges oder ungünstiges Jahr als Maßstab für die Zukunft dient[51] (vgl. Rn. 274 f.). Wegen der hier bestehenden Abhängigkeit von den Einnahmen-Überschuss-Rechnungen sind in diesen Fällen stets abgeschlossene Kalenderjahre zugrunde zu legen. Wenn mit einer stetigen Weiterentwicklung der Einkünfte zu rechnen ist, kann im Einzelfall auch das zuletzt erreichte Einkommen der Berechnung zugrunde gelegt werden.[52] Bei Vorliegen besonderer Umstände, vor allem bei sehr schwankenden Einkünften kann auch ein Zeitraum von mehr als drei Jahren herangezogen werden (Fünfjahresdurchschnitt). Wie weit in die Vergangenheit zurückgegangen werden soll, ist Sache des Tatrichters.[53] Auch die mit einiger Sicherheit vorauszusehende künftige Entwicklung ist in die Betrachtung einzubeziehen. Dazu gehört auch ein mit hoher Wahrscheinlichkeit eintretender und nicht abzuwendender Einkommensrückgang, auf den sich die Eheleute auch bei Fortbestehen der Ehe hätten einrichten müssen.[54] Das kann aber nicht ohne weiteres auch für einen Einkommensrückgang gelten, der so einschneidend ist, dass er den erreichten Lebensstandard grundlegend verändert, und der von unabsehbarer Dauer und ohne Aussicht auf Besserung ist. Unter solchen Umständen gewinnt die unterhaltsrechtliche Erwerbsobliegenheit besondere Bedeutung, wonach ein Unterhaltspflichtiger seine Arbeitskraft und sonstige zu Gebote stehenden Einkommensquellen so gut wie möglich einzusetzen hat, um den einmal erreichten Lebensstandard zu halten.[55] Ausnahmsweise kann auch bei einem Selbstständigen nur vom Einkommen des letzten Jahres ausgegangen werden, wenn nach der Anlaufphase eine stabile Aufwärtsentwicklung eingetreten ist.[56]

15 Das durchschnittliche Monatseinkommen ergibt sich bei Arbeitnehmern, indem ihr Jahreseinkommen durch 12 geteilt wird. Bei Selbstständigen werden die zusammengerechneten Jahresgewinne durch die Zahl der Monate des Prüfungszeitraumes geteilt. Ein regelmäßiges wöchentliches Einkommen wird auf das Jahr hochgerechnet und durch 12 geteilt. Ein wöchentliches Arbeitslosengeld von 300 EUR ergibt somit ein Monatseinkommen von 300 × 52 : 12 = 1300 EUR. Zum Prüfungszeitraum für Arbeitnehmer s. näher Rn. 50 f. und bei Freiberuflern Rn. 274 f.

4. Zur Berücksichtigung von Abfindungen und einmaligen höheren Zuwendungen

16 Höhere einmalige Sonderzuwendungen, wie z. B. aus Anlass eines Jubiläums, als Abfindung bei Arbeitsplatzverlust auf Grund eines Sozialplanes oder aus Anlass der Aufhebung eines Arbeitsvertrages oder als Übergangsbeihilfe der Bundeswehr, sind auf mehrere Jahre zu verteilen.[57] Eine Abfindung bei Beginn des Vorruhestandes ist auf die Zeit bis zur erwarteten Verrentung aufzuteilen.[58] Eine Abfindung, die auf Grund einer früheren unzumutbaren Tätigkeit gezahlt wird, ist in vollem Umfang zu berücksichtigen, da es sich insoweit um zumutbares Einkommen handelt.[59] Die **Abfindungssumme selbst,** nicht nur etwaige Zinseinkünfte, ist im Rahmen einer sparsamen Wirtschaftsführung zur Deckung des nach den früheren ehelichen Lebensverhältnissen bemessenen Unterhaltsbedarfs aller Berechtigten und des Verpflichteten zu verwenden. Der **Verpflichtete** ist aber bei

[51] BGH, FamRZ 1986, 48, 51 = R 275 d; FamRZ 1985, 471 = R 252 a; FamRZ 1985, 357 = R 243 a
[52] BGH, FamRZ 1985, 471 = R 252 a
[53] BGH, FamRZ 1985, 357 = R 243 a
[54] BGH, FamRZ 2003, 590 = R 586
[55] BGH, FamRZ 1993, 1304
[56] OLG Hamm, FamRZ 1997, 310 bei einem Arzt
[57] BGH, FamRZ 1987, 930; FamRZ 1987, 359 = R 321 a; FamRZ 1982, 250 = R 98 b + c
[58] OLG Karlsruhe FamRZ 2001, 1615; OLG Frankfurt FamRZ 2000, 611
[59] OLG Koblenz FamRZ 2002, 325

beengten wirtschaftlichen Verhältnissen nicht gehalten, die ihm aus der Abfindung zur Verfügung stehenden Mittel bis zum vollständigen Verbrauch einzusetzen, um die aus dem verminderten laufenden Einkommen nicht mehr finanzierbaren Ansprüche des Berechtigten weiter zu bezahlen, wenn dem Verpflichteten selbst nur ein Betrag in der Größenordnung des sogenannten „billigen Eigenbedarfs" verbleibt.[60] Eine Verteilung auf mehrere Jahre kommt auch bei überdurchschnittlich hohen Erträgen aus selbstständiger Erwerbstätigkeit in Betracht.[61]

17 Eine Abfindung dient als Ersatz des fortgefallenen Arbeitseinkommens dazu, dass eine Zeit lang die bisherigen wirtschaftlichen Verhältnisse aufrechterhalten werden können. Sie ist deshalb zeitlich so zu verteilen, dass der angemessene Bedarf des Berechtigten und des Verpflichteten in bisheriger Höhe sichergestellt wird. Erst nach Ablauf dieser Zeit erfolgt eine Anpassung des Unterhalts an die veränderten Verhältnisse.[62] Bei gesteigerter Unterhaltspflicht gegenüber minderjährigen Kindern sind die Mittel für den eigenen Bedarf sparsam einzusetzen, um den notwendigen Unterhalt des minderjährigen Kindes nach Möglichkeit bis zur Volljährigkeit sicherzustellen[63] (s. auch Rn. 71 f.).

IV. Unterschiedliche Berücksichtigung der Einkünfte bei der Berechnung des Kindesunterhalts und des Ehegattenunterhalts

1. Berücksichtigung der Einkünfte beim Kindesunterhalt

18 Für die Berechnung des Kindesunterhalts spielen uneingeschränkt alle Nettoeinkünfte des Verpflichteten und alle Nettoeinkünfte des Kindes eine Rolle. Der Bedarf **minderjähriger Kinder** ergibt sich aus der Düsseldorfer Tabelle (s. Rn. 6), wobei für die Einordnung in die unterschiedlichen Einkommensgruppen ohne Einschränkung alle Einkünfte des Verpflichteten maßgeblich sind (Rn. 9).

Soweit sich der Unterhaltsbedarf **volljähriger Kinder** auf Grund von unterhaltsrechtlichen Leitlinien nach festen Bedarfssätzen bemisst, sind die Einkünfte eines Verpflichteten für die Bedarfsfeststellung an sich ohne Bedeutung. Sind allerdings beide Eltern barunterhaltspflichtig, müssen für die Berechnung des jeweiligen Unterhaltsanteils alle Einkünfte beider Eltern ermittelt und berücksichtigt werden (Rn. 2/433).

19 Im Rahmen der **Bedürftigkeitsprüfung** sind uneingeschränkt alle Einkünfte des Kindes bedürftigkeitsmindernd mit der Anrechnungsmethode vom Bedarf des Kindes abzuziehen[64] (weiter dazu Rn. 2/86). Zur Beurteilung der **Leistungsfähigkeit** des Verpflichteten sind ebenfalls ohne Einschränkung alle Einkünfte des Verpflichteten bedeutsam.[65] Unterste Opfergrenze ist der Selbstbehalt des Verpflichteten (Rn. 5/1).

2. Berücksichtigung der Einkünfte beim Ehegattenunterhalt

20 Der Unterhaltsbedarf des Berechtigten bemisst sich sowohl beim Trennungsunterhalt (§ 1361 BGB) als auch beim nachehelichen Unterhalt (§ 1578 BGB) nach den ehelichen Lebensverhältnissen. Nach der neuesten Rechtsprechung des BGH[66] sind unter diesen Lebensverhältnissen allgemein diejenigen Einkommens- und Vermögensverhältnisse, aber auch die Leistungen eines Ehegatten im Haushalt und bei der Kindererziehung zu verstehen, die während der Ehe den Lebensstandard der Ehegatten nachhaltig geprägt haben. Beim Ehegattenunterhalt ist deswegen auch weiterhin zu unterscheiden zwischen den Einkünften,

---

[60] BGH, FamRZ 1990, 269, 271 = R 405 b
[61] BGH, FamRZ 1982, 250 = R 98 c
[62] BGH, FamRZ 1987, 359 = R 321 a
[63] BGH, FamRZ 1987, 930 = R 328 a
[64] BGH, FamRZ 1988, 159; FamRZ 1980, 1109
[65] BGH, FamRZ 1982, 250 = NJW 1982, 822
[66] BGH, FamRZ 2001, 986 = R 563

die die ehelichen Lebensverhältnisse geprägt haben, und solchen, für die dieses nicht zutrifft. Der Begriff der **prägenden Einkünfte** wird somit zu einem entscheidenden Differenzierungsmerkmal bei der Berechnung des Ehegattenunterhalts. Für deren Bemessung ist der Lebenszuschnitt maßgebend, den die Eheleute während ihres Zusammenlebens in der Ehe – also bis zur Trennung – durch ihre Leistungen begründet haben, wobei eine normale Entwicklung der wirtschaftlichen Verhältnisse bis zur Rechtskraft der Scheidung grundsätzlich miteinbezogen werden soll.[67] Maßgeblich sind beim Trennungsunterhalt die nachhaltig prägenden Einkünfte im **Zeitpunkt** der Entscheidung, beim nachehelichen Unterhalt im Zeitpunkt der Scheidung. Weiter dazu 4/30 f. und 4/166 f.

21 Bei der Bedarfsbemessung sind daher grundsätzlich nur prägende Einkünfte zu berücksichtigen.

– In der sog. **Alleinverdienerehe** sind dies nach der neuesten Rechtsprechung des BGH[68] aber nicht nur die prägenden Einkünfte des Verpflichteten. Jedenfalls dann, wenn der unterhaltsberechtigte Ehegatte nach der Scheidung ein Einkommen erzielt oder erzielen kann, das gleichsam als Surrogat des Wertes seiner bisherigen (Haushalts-)Tätigkeit angesehen werden kann, hat dieses Einkommen auch schon die ehelichen Lebensverhältnisse geprägt und ist deswegen in die Unterhaltsberechnung nach der Differenzmethode einzubeziehen (vgl. Rn. 4/179 ff.). Kann der Unterhaltsberechtigte allerdings auch fortlaufend kein eigenes Einkommen erzielen, bemisst sich der Bedarf allein aus den Einkommens- und Vermögensverhältnissen des Unterhaltspflichtigen. Dann wird der Unterhaltsbedarf durch Multipplikation des prägenden Einkommens des Verpflichteten mit der Ehegattenquote ($^3/_7$) berechnet (vgl. DT B I 1 a).

Beispiel:
Erwerbseinkommen des Verpflichteten: 3500;
Berechtigter ohne eigenes Einkommen;
Unterhaltsbedarf des Berechtigten (Bonus $^1/_7$): 3500 × 3 : 7 = 1500.

22 – In der **Doppelverdienerehe** sind die prägenden Einkünfte beider Ehegatten maßgeblich.[69] Die Bedarfsbemessung kann auf der Grundlage der Einkünfte beider Ehegatten unter Berücksichtigung des jedem Ehegatten auf sein Einkommen zustehenden Erwerbstätigenbonus erfolgen. Auf den so errechneten Betrag ist das eigene Einkommen des Berechtigten anzurechnen. Dieses gilt auch für das nach der neuesten Rechtsprechung des BGH (Rn. 21) anrechenbare Einkommen des Unterhaltsberechtigten, das dieser nach der Scheidung erzielt oder erzielen kann und das als Surrogat des Wertes seiner bisherigen (Haushalts-)Tätigkeit angesehen werden kann. Es prägt also bereits die ehelichen Lebensverhältnisse und erhöht damit den Unterhaltsbedarf. Einfacher lässt sich der Unterhaltsbedarfs nach der **Differenzmethode** ermitteln. Dieses erfolgt durch Multipplikation der Differenz der beiden prägenden Einkünfte mit der Ehegattenquote, vgl. DT B I 1 b) aa).

Beispiel:
Erwerbseinkommen M 3500; Erwerbseinkommen F 700;
Unterhaltsbedarf: (3500 × $^3/_7$ = 1500) + (700 × $^4/_7$ = 400) = 1900 – 700 = 1200 (Rn. 26);
Unterhaltsanspruch (Differenzmethode Bonus $^1/_7$): 3500 – 700 = 2800 × 3 : 7 = 1200.

Der Erwerbstätigenbonus ist vom bereinigten Nettoeinkommen abzuziehen (Rn. 4/377). Bei Mischeinkünften darf er nur vom Erwerbseinkommen, nicht hingegen von sonstigen Einkünften abgezogen werden.[70] Hat der Verpflichtete prägende Erwerbseinkünfte und der Berechtigte prägende Renteneinkünfte,[71] so ist nur das Erwerbseinkommen des Verpflichteten vor der Unterhaltsberechnung um $^1/_7$ bzw. $^1/_{10}$ (zur Höhe vgl. Rn. 4/380) zu bereinigen (vgl. zum Erwerbstätigenbonus allgemein Rn. 1/94 a; 4/373 f.). Der Unterhaltsbedarf beträgt dann $^1/_2$ aus der Differenz beider Einkünfte.[72]

[67] BGH, FamRZ 1999, 367 = R 530; 1986, 437 = R 288 a
[68] BGH, FamRZ 2001, 986 = R 563
[69] BGH, FamRZ 1989, 838 = R 341
[70] BGH, FamRZ 1991, 1163, 1166 = R 437 c
[71] BGH, FamRZ 1982, 894; OLG Hamm FamRZ 1998, 295
[72] BGH, FamRZ 1989, 1160, 1162 = R 395 d; DT B I 1 a

Beispiel:
Nettoeinkommen M 3500 – $^1/_7$ (= 500) = 3000; prägende Rente F 1000;
Unterhaltsanspruch: 3000 – 1000 = 2000 : 2 = 1000.

Der berechtigte Ehegatte ist **bedürftig,** wenn und soweit er seinen Unterhaltsbedarf nicht durch anrechenbare eigene Einkünfte decken kann. Hierzu zählen auf dieser Stufe alle nicht prägenden Einkünfte des Berechtigten, denn prägende Einkünfte wurden bereits auf der Stufe der Bedarfsbemessung (Rn. 21, 22) im Weg der Differenzmethode unterhaltsmindernd berücksichtigt. Die Berücksichtigung der nicht prägenden Einkünfte erfolgt nach der **Anrechnungsmethode,** d. h. durch Abzug von dem Unterhaltsbedarf, der zuvor errechnet worden ist. Auch nicht prägende Erwerbseinkünfte sind vor Anrechnung um $^1/_7$ bzw. $^1/_{10}$ (als Arbeitsanreiz) zu bereinigen (Rn. 4/375). 23

Beispiel:
Prägendes Erwerbseinkommen M 3500;
nicht prägendes Erwerbseinkommen F 1400 – $^1/_7$ (= 200) = 1200;
Unterhalt: 3500 × 3 : 7 = 1500 – 1200 = 300.

Bei prägenden und nicht prägenden Einkünften des Berechtigten sind die Differenzmethode und die Anrechnungsmethode **nebeneinander** anzuwenden. 24

Beispiel:
Prägendes Erwerbseinkommen M 3500;
prägendes Erwerbseinkommen F 700;
Unterhaltsbedarf: 3500 – 700 = 2800 × $^3/_7$ = 1200;
nicht prägendes Erwerbseinkommen F 700 – $^1/_7$ (100) = 600;
Unterhalt: 1200 – 600 = 600.

Bei der abschließenden Beurteilung der **Leistungsfähigkeit** des Verpflichteten sind alle Einkünfte des Verpflichteten, also sowohl prägende wie nicht prägende Einkünfte, heranzuziehen.[73] Die unterste Opfergrenze des Verpflichteten ist sein Selbstbehalt (Rn. 5/1).

Anstelle der Differenzmethode und der Anrechnungsmethode wird teilweise auch die **Additionsmethode** zur Unterhaltsberechnung herangezogen.[74] Diese Methode (näher dazu Rn. 4/386) unterscheidet sich nur in den einzelnen Rechenschritten von der oben dargestellten Berechnung, führt aber – bei beiderseits bereinigtem Einkommen – stets zum gleichen Ergebnis.[75] Im zuletzt dargestellten Beispiel rechnet die Additionsmethode 3500 × 6: 7 + 700 × 6 : 7 = 3000 + 600 = 3600 : 2 (Halbteilungsprinzip) = 1800 (Bedarf) – 1400 (Gesamteinkommen F) × 6 : 7 = 1800 – 1200 = 600 DM. 25

Eine weitere Variante gibt es in **DL B 25**. Danach beträgt der Bedarf des Berechtigten $^3/_7$ der Erwerbseinkünfte des anderen Ehegatten und $^4/_7$ der eigenen Einkünfte sowie $^1/_2$ des sonstigen Einkommens beider Eheleute, soweit die Einkünfte und geldwerten Vorteile prägend waren. Prägendes Erwerbseinkommen des Berechtigten ist hierauf voll anzurechnen, nichtprägendes mit $^6/_7$. Mit dem hier gegebenen Beispiel wäre daher so zu rechnen: 3500 × 3 : 7 + 700 × 4 : 7 = 1500 + 400 = 1900 – 700 (prägendes Einkommen F) – 600 ($^6/_7$ nicht prägendes Einkommen F) = 600 DM. Also der gleiche Betrag. 26

3. Zusammenfassendes Ergebnis

Die Einkünfte sind in **unterschiedlichem Umfang** zur Unterhaltsberechnung heranzuziehen, je nachdem, ob es sich um Kindesunterhalt oder Ehegattenunterhalt handelt. Hiergegen wird in der Praxis oft verstoßen, vor allem wenn im gleichen Verfahren sowohl Ehegattenunterhalt und Kindesunterhalt verlangt wird. 27

– Beim **Kindesunterhalt** sind auf allen Stufen alle Einkünfte des Verpflichteten und des Berechtigten maßgeblich.

---

[73] BGH, FamRZ 1986, 780 = R 301 a; FamRZ 1985, 354 = R 222 d
[74] Vgl. Mayer, FamRZ 1992, 138; Gerhardt, FamRZ 1993, 261
[75] BGH, FamRZ 2001, 986, 988 = R 563

– Beim **Ehegattenunterhalt** ist zu differenzieren in prägende und nicht prägende Einkünfte. Auf der Stufe der Bedarfsbemessung dürfen nur prägende Einkünfte des Verpflichteten und des Berechtigten verwendet werden. Prägende Einkünfte des Berechtigten werden auf dieser Stufe mit der Differenzmethode berücksichtigt. Nicht prägende Einkünfte des Berechtigten werden auf der Bedürftigkeitsstufe mit der Anrechnungsmethode auf den festgestellten Bedarf verrechnet. Bei der Prüfung der **Leistungsfähigkeit** sind alle Einkünfte des Verpflichteten, also sowohl prägende wie nicht prägende Einkünfte, bedeutsam. Näher dazu Rn. 4/228 f.

V. Ermittlung der unterhaltsrechtlich relevanten Einkünfte anhand steuerrechtlicher Unterlagen

1. Darlegungen der Parteien zum unterhaltsrechtlich relevanten Einkommen

28 Den Unterhaltsberechtigten trifft die **Darlegungs- und Beweislast** für das Einkommen des Verpflichteten, nach dem sich die Höhe seines Bedarfs bemisst. Er hat ferner die Darlegungs- und Beweislast für seine Bedürftigkeit sowie für die tatbestandlichen Voraussetzungen einer unterhaltsrechtlichen Anspruchsnorm (Rn. 6/703 f.). Der Verpflichtete hat die Darlegungs- und Beweislast für eine von ihm behauptete Leistungsunfähigkeit (Rn. 6/710 f.). Da die Unterhaltsbeteiligten die genauen Einkommensverhältnisse des jeweils anderen nicht oder nur teilweise kennen, sind sie gegenseitig zur vollständigen Angabe über ihren Einkommens- und Vermögensverhältnissen verpflichtet. Sie können daher zur Vorbereitung eines Unterhaltsverfahrens Auskunft und die Vorlage entsprechender Unterlagen verlangen (Rn. 561 f.). Der Berechtigte kann seinen Auskunfts- und Unterhaltsanspruch auch mit einer Stufenklage geltend machen (Rn. 8/213 f.). Im Rahmen des Auskunftsanspruchs hat der jeweils Berechtigte gegenüber dem anderen einen Anspruch auf Vorlage einer systematischen Aufstellung der erforderlichen Angaben, die ihm ohne übermäßigen Arbeitsaufwand die Berechnung des Unterhaltsanspruchs ermöglicht (s. Rn. 561).[76]

29 Die Einkommensberechnungen erfolgen in aller Regel so, wie auch dem **Finanzamt** gegenüber abgerechnet wird. Häufig werden die Angaben aus den Steuererklärungen oder den für die Finanzverwaltung erstellten Bilanzen einfach übernommen. Im Unterhaltsverfahren müssen die Einnahmen und die behaupteten Aufwendungen allerdings im Einzelnen so dargestellt werden, dass die allein steuerrechtlich beachtlichen Aufwendungen von solchen, die unterhaltsrechtlich bedeutsam sind, abgegrenzt werden können.[77]

30 Eine nur ziffernmäßige Aneinanderreihung einzelner Kostenarten wie Abschreibungen, allgemeine Kosten, Kosten für Versicherungen usw. genügt solchen Anforderungen nicht.[78] Steuerrechtlich beachtliche Aufwendungen oder Abschreibungen können ganz oder teilweise unberücksichtigt bleiben, wenn ihre unterhaltsrechtliche Abzugsfähigkeit nicht näher dargelegt wird. Das Gericht kann z. B. Bewirtungs- oder Repräsentationskosten unberücksichtigt lassen oder die Abschreibungsbeträge für einen Pkw kürzen und die Abschreibungszeit verlängern.[79]

Die erforderlichen Darlegungen können auch nicht durch einen Antrag auf Vernehmung eines Steuerberaters oder Sachverständigen ersetzt werden.[80] Eine Beweiserhebung durch Zeugenvernehmung oder Sachverständigengutachten kommt erst in Betracht, wenn und soweit vom Gegner die Richtigkeit **detailliert** behaupteter Ausgaben bestritten wird.[81]

---

[76] BGH, FamRZ 1983, 996, 998 = R 178 c
[77] BGH, FamRZ 1987, 46, 48 = R 313 b; FamRZ 1980, 770
[78] BGH, FamRZ 1980, 770
[79] BGH, FamRZ 1987, 46, 48 = R 313 b
[80] BGH, FamRZ 1980, 770
[81] BGH, FamRZ 1980, 770

2. Richterliche Ermittlung unterhaltsrechtlich relevanter Einkünfte und Vorlage von Unterlagen

In der Praxis bereitet die Ermittlung der unterhaltsrechtlich relevanten Einkünfte oft große Schwierigkeiten, weil die Unterhaltsbeteiligten hierzu nur ungenaue, verschleiernde, unvollständige und – nicht selten – auch bewusst falsche Angaben machen. Subjektiv ist dies als Auswirkung des „Scheidungskampfes" und der gegensätzlichen Interessen und Erwartungen im „Unterhaltsstreit" zwar verständlich, rechtlich erfüllt das Verhalten aber oft den Tatbestand eines versuchten Prozessbetruges. Dieser Umstand verpflichtet das Gericht zur genauen Nachprüfung unzuverlässiger Angaben. Zuverlässige Feststellungen hierzu lassen sich in der Regel nur anhand **schriftlicher Unterlagen** treffen, deren Beschaffung und unterhaltsrechtliche Auswertung deshalb zu den wichtigsten richterlichen Aufgaben gehört. Zu solchen Unterlagen zählen in der Regel Verdienstbescheinigungen des Arbeitgebers und Steuerbescheide (Einkommensteuer) mit entsprechenden Steuererklärungen nebst dazugehörigen Belegen und Unterlagen, die für die steuerlichen Ermittlungen oder aus wirtschaftlichen Gründen notwendig sind, wie Aufzeichnungen, Gewinn- und Verlustrechnungen, Bilanzen u. ä. Eine Verpflichtung zur Vorlage solcher Belege, auch der Steuerbescheide und Erklärungen, besteht nach den §§ 1361 IV, 1580 S. 2, 1605 I 2 BGB (s. Rn. 661).[82] 31

Vom Gericht kann die Vorlage solcher Belege nach § 273 ZPO **von Amts wegen** oder auf Antrag nach § 421 ZPO angeordnet werden. Die Vorlage von Handelsbüchern (§ 238 HGB) kann auch in Unterhaltssachen nach § 258 HGB verlangt werden. Kommt eine Partei einer solchen Anordnung nicht nach, so können entsprechend § 427 ZPO die Behauptungen des Beweisführers über den Inhalt der zurückgehaltenen Unterlagen als bewiesen angesehen werden. Das Gericht kann auch ohne entsprechenden Antrag einer Partei eine Gehaltsauskunft bei einer Behörde einholen, wenn – wie in der Regel – die Einkommensverhältnisse in dem Verfahren eine Rolle spielen.[83] Neben den materiellrechtlichen Verpflichtungen zur Auskunft nach §§ 1361 IV, 1580, 1605 BGB wurde durch das Gesetz zur Vereinheitlichung des Unterhalts minderjähriger Kinder auch eine prozessuale Auskunftspflicht der Parteien und Dritter in § 643 ZPO geschaffen. (s. Rn. 661). Die nach dieser Vorschrift erlassene Aufforderung zur Auskunft ist nicht anfechtbar.[84] Auf die Zulässigkeit der Stufenklage hat das Auskunftsrecht des Gerichts keinen Einfluss.[85] 32

3. Unterhaltsrechtliche Relevanz steuerrechtlich erfasster Einkünfte

Das Einkommen wird auch im Steuerrecht regelmäßig genau erfasst. Es stehen daher meist **steuerrechtliche Unterlagen** zur Überprüfung der unterhaltsrechtlichen Angaben zur Verfügung. Um die Angaben in solchen steuerrechtlichen Unterlagen besser auf ihre unterhaltsrechtliche Relevanz überprüfen und auswerten zu können, ist es hilfreich, wenn man Sinn, Zweck und Bedeutung solcher Angaben im Rahmen der steuerrechtlichen Ermittlungen versteht und wenn man die Positionen kennt, bei denen die entsprechenden Angaben mit besonderer Aufmerksamkeit auf ihre unterhaltsrechtliche Relevanz überprüft werden müssen. Denn das unterhaltsrechtlich relevante Einkommen ist nicht identisch mit dem steuerpflichtigen Einkommen.[86] 33

Die zu versteuernden Einkünfte eines Verpflichteten sind in der Regel wesentlich geringer als das Einkommen, nach dem sich der Unterhalt bemisst.[87] Mit einem Schlagwort lässt sich sagen, dass **das Steuerrecht großzügiger** ist als das Unterhaltsrecht. Unterhaltsrechtlich wird einerseits zusätzlich vieles als Einkommen angerechnet, was nicht versteuert werden muss, z. B. Wohngeld (Rn. 452), BAföG-Leistungen (Rn. 456), teilweise Renten 34

[82] BGH, FamRZ 2002, 666; FamRZ 1982, 680, 682; FamRZ 1982, 151
[83] BGH, FamRZ 1986, 885 = NJW 1986, 3080
[84] OLGR Celle 1999, 304
[85] OLG Naumburg FamRZ 2000, 101
[86] BGH, FamRZ 1998, 357 = R 515 a; FamRZ 1987, 46, 48 = R 313 b; FamRZ 1980, 770
[87] BGH, FamRZ 1997, 281, 283 = R 509 g

(Rn. 438 ff.) u. ä. Andererseits wird nicht alles, was steuerrechtlich als Werbungskosten oder Betriebsausgaben abgezogen werden kann, auch unterhaltsrechtlich als berechtigter Abzugsposten anerkannt. Es gibt auch eine Vielzahl von steuerspezifischen Absetzungs- und Abschreibungsmöglichkeiten zur Konjunkturbelebung oder Vermögensbildung, die zum Schutz der Unterhaltsberechtigten nicht einkommensmindernd berücksichtigt werden dürfen[88] (s. Rn. 578 ff.).

35 Wegen der besonders in Bezug auf **Abschreibungen** im Steuerrecht herrschenden Großzügigkeit (vgl. Rn. 150 ff., 195, 243 ff.) dürfen unterhaltsrechtlich nur solche Beträge abgeschrieben werden, die für die Erhaltung der Einkommensquelle tatsächlich erforderlich sind bzw. waren. Alles, was darüber hinausgeht und aus wirtschaftspolitischen Gründen auf eine Steuerersparnis hinausläuft, der Vermögensmehrung dient oder in sonstiger Weise zu einer unterhaltsrechtlich nicht zumutbaren Minderung des Unterhaltsanspruchs führt, hat außer Betracht zu bleiben (s. Rn. 102, 147, 195 f.).[89]

36 Auch bei **Einkünften aus Vermietung und Verpachtung** wirken sich erfahrungsgemäß Abschreibungen für die Abnutzung (AfA) von Gebäuden sowie Instandsetzungskosten erheblich zugunsten des Steuerpflichtigen aus, ohne dass diese in gleicher Weise unterhaltsrechtlich berücksichtigt werden dürfen. So berühren z. B. die Abschreibungen für die Abnutzung von Gebäuden das unterhaltsrechtlich maßgebliche Einkommen nicht, weil ihnen lediglich eine pauschal vermutete Wertminderung von Vermögensgegenständen zugrunde liegt. Die zulässigen steuerlichen Pauschalen gehen vielfach über das tatsächliche Ausmaß einer Wertminderung hinaus. Außerdem kann eine solche Wertminderung durch eine günstige Entwicklung des Immobilienmarktes ausgeglichen werden. Steuerlich anerkannte Verluste aus Vermietung oder Verpachtung sowie aus Beteiligungen sind unterhaltsrechtlich nur dann zu berücksichtigen, wenn der Unterhaltspflichtige substantiiert darlegt, wie sich die Beträge im Einzelnen zusammensetzen, und wenn eine Prüfung der einzelnen Positionen ergibt, dass sie nach unterhaltsrechtlichen Grundsätzen anerkennungsfähig sind. Dabei sind Positionen, die keine Vermögenseinbuße zum Gegenstand haben oder nicht der tatsächlichen Wertminderung oder Nutzung entsprechen, nicht zu berücksichtigen.[90] **Instandsetzungskosten** oder sonstige Investitionen können nur insoweit einkommensmindernd berücksichtigt werden, als es sich um notwendigen Erhaltungsaufwand handelt und nicht um Aufwand für Vermögensbildung, wie er etwa vorliegt, wenn Ausbauten und wertsteigernde Verbesserungen vorgenommen worden sind.[91] Dennoch ist es ratsam, die handelsrechtlichen und steuerrechtlichen Belege wegen ihres meist unersetzlichen informativen Wertes für die Einkommensermittlung heranzuziehen. Es ist aber wichtig, bei der unterhaltsrechtlichen Bewertung jeder Einzelnen steuerrechtlichen Einkunftsart immer wieder an die unterschiedlichen steuerrechtlichen Ermittlungsarten zu denken und dabei aufmerksam die jeweiligen unterhaltsrechtlichen Besonderheiten zu erkennen und korrigierend zu berücksichtigen.

4. Steuerrechtliche und unterhaltsrechtliche Einkunftsarten

37 Die nahezu lückenlose Einkommenserfassung im Steuerrecht legt es nahe, die hierzu entwickelte Systematik auch für das Unterhaltsrecht heranzuziehen. Das Steuerrecht kennt sieben Einkunftsarten (§ 2 EStG):
- Einkünfte aus Land- und Forstwirtschaft.
- Einkünfte aus Gewerbebetrieb.
- Einkünfte aus selbstständiger Arbeit.
- Einkünfte aus nichtselbstständiger Arbeit.
- Einkünfte aus Kapitalvermögen.
- Einkünfte aus Vermietung und Verpachtung.
- Sonstige Einkünfte im Sinn des § 22 EStG.

---

[88] BGH a.a.O.
[89] BGH, FamRZ 1998, 357 = R 515; FamRZ 1987, 46, 48 = R 313 b; FamRZ 1980, 770
[90] OLGR Koblenz 2002, 46
[91] BGH, FamRZ 1984, 39, 41 = NJW 1984, 303

Die Einkünfte aus den drei ersten Einkunftsarten werden wegen der Art ihrer Ermittlung als **Gewinn** bezeichnet (§ 2 II Nr. 1 EStG). Die Gewinnermittlung erfolgt je nach Größe und Art des Betriebes im Weg des Betriebsvermögensvergleichs (Bilanzierung; § 4 I EStG) oder auf vereinfachte Weise durch eine Einnahmen-Überschuss-Rechnung (§ 4 III EStG). Gewinn nach der zuletzt genannten Methode ist die Summe der Betriebseinnahmen abzüglich aller Betriebsausgaben. Die Einkünfte aus den vier weiteren Einkunftsarten sind wegen der Art ihrer Ermittlung so genannte **Überschusseinkünfte.** Überschuss ist die Summe aller Einnahmen abzüglich der Werbungskosten (§ 2 II Nr. 2 EStG). **38**

Die steuerrechtlich relevanten Einkünfte sind also in allen Fällen sogenannte **Reineinkünfte,** die sich errechnen aus der Summe aller zugeflossenen, zu versteuernden Bruttoeinnahmen abzüglich Aufwendungen, die zur Erwerbung, Sicherung oder Erhaltung der Einnahmen notwendig waren. Das sind alle Betriebsausgaben und Werbungskosten. Die gleiche Weise der Einkommensermittlung gilt im Prinzip auch für die unterhaltsrechtlich relevanten Einkünfte. Auch diese sind Reineinkünfte, d. h. Bruttoeinnahmen abzüglich Werbungskosten oder Betriebsausgaben. Beim Arbeitseinkommen werden die Werbungskosten im Unterhaltsrecht als **berufsbedingte Aufwendungen** bezeichnet. Zu den steuerrechtlich relevanten Einkunftsarten kommen unterhaltsrechtlich noch vermögenswerte Vorteile wie z. B. **Wohnvorteile** (Rn. 311 f.), nicht zu versteuernde Einkommensteile und **fiktives Einkommen** aus unterlassener zumutbarer Erwerbstätigkeit (Rn. 486 f.) sowie aus nicht verantwortlich genutztem Vermögen (Rn. 425 f.) hinzu. Einer besonderen Erörterung bedürfen auch Einkünfte aus **unzumutbarer Erwerbstätigkeit,** weil diese nach den §§ 242 BGB, 1577 II BGB nur unter besonderen Bedingungen und ggf. nur teilweise anzurechnen sind (Rn. 540 f.).[92] **39**

5. Gliederung der unterhaltsrechtlich relevanten Einkünfte

Aus Gründen der unterhaltsrechtlichen Praxis hält sich die Gliederung der Einkünfte in § 1 dieses Buches nicht an die im Steuerrecht vorgegebene Reihenfolge der einzelnen Einkunftsarten. Übereinstimmung besteht jedoch mit der Art und Weise der jeweils im Steuerrecht durchzuführenden Einkommensermittlung bei den verschiedenen Einkunftsarten. Werden die hier zu ermittelnden Einkünfte nach sachlichen Gesichtspunkten geordnet, kann man von Erwerbseinkünften, Vermögenseinkünften, Erwerbsersatzeinkünften sowie sonstigen Einkünften sprechen. **40**

Erwerbseinkünfte sind alle Einkünfte, die auf dem Einsatz der Arbeits- und Leistungskraft beruhen. Unterhaltsrechtlich gibt es für Erwerbseinkünfte beim Ehegattenunterhalt als Besonderheit den sogenannten „Erwerbstätigenbonus“ (Rn. 4/373). Diesen gibt es nicht bei den übrigen Einkünften. Zu den Erwerbseinkünften zählen: **41**
- Einkünfte aus abhängiger Arbeit (siehe Rn. 46).
- Einkünfte von Freiberuflern, sonstigen Selbstständigen und Gewerbetreibenden, die nicht buchführungspflichtig sind und auch freiwillig keine Bücher führen (siehe Rn. 110 f.).
- Einkünfte von Vollkaufleuten, Gewerbetreibenden und sonstigen Selbstständigen, die ihren Gewinn nach § 5 EStG durch Betriebsvermögensvergleich ermitteln (Rn. 110 f.). Bei dieser Einkunftsart ist zu berücksichtigen, dass es sich genau genommen um eine Mischung von Erwerbseinkünften und Vermögenseinkünften handelt, weil der Gewinn auch auf dem investierten Kapital beruht. Diese Einkünfte werden unterhaltsrechtlich zu den Erwerbseinkünften gerechnet, wenn und soweit auch der persönliche Leistungseinsatz für die Gewinnerzielung bedeutsam ist.
- Einkünfte aus Land- und Forstwirtschaft (Rn. 285).

Bei den **Vermögenseinkünften** handelt es sich im Wesentlichen um alle Nutzungen aus einem Vermögen oder Kapital einschließlich der Gebrauchsvorteile eines Vermögens. Unterhaltsrechtlich sind in diesem Zusammenhang auch die Probleme einer zumutbaren, aber unterlassenen Vermögensverwertung zu erörtern. **42**

---

[92] OLG Karlsruhe NJW 2002, 900; OLG Köln FamRZ 2002, 463; OLG Celle FamRZ 2002, 694

Die bedeutsamsten Vermögenseinkünfte sind:
- Einkünfte aus Vermietung und Verpachtung (Rn. 293).
- Wohnvorteil als Gebrauchsvorteil eines Vermögens (Rn. 311).
- Einkünfte aus Kapital (Zinsen oder Dividenden) (Rn. 403).
- Zurechenbare Einkünfte aus unterlassener zumutbarer Vermögensverwertung (Rn. 425).

43 Bei den **Erwerbsersatzeinkünften** handelt es sich um Einkommen aus einer früheren Erwerbstätigkeit, die wegen Alters oder Invalidität beendet wurde oder wegen Krankheit oder Arbeitslosigkeit vorübergehend unterbrochen ist. Hierzu zählen:
- Einkünfte aus Renten und Pensionen (Rn. 438).
- Einkünfte aus vergleichbaren Erwerbsersatzleistungen, wie etwa Arbeitslosengeld, Krankengeld usw. (Rn. 80).

44 Zu den **sonstigen Einkünften** zählen insbesondere:
- Alle sozialstaatlichen Zuwendungen wie Wohngeld, BAföG, Kindergeld und Pflegegeld (Rn. 451).
- Steuerrechtliche Vorteile (Rn. 570).
- Freiwillige unentgeltliche Zuwendungen Dritter (Rn. 468).
- Zuwendungen eines neuen Partners an den Berechtigten sowie fiktive Einkünfte für Gegenleistungen des Berechtigten an den neuen Partner (Rn. 472 ff.).
- Einkünfte aus Unterhaltszahlungen (Rn. 479).

45 Abschließend werden noch einige sozialstaatliche Leistungen erwähnt, die unterhaltsrechtlich nicht als Einkommen gewertet werden (Rn. 483). Gesondert erörtert wird die unterhaltsrechtlich bedeutsame fiktive Zurechnung erzielbarer Einkünfte bei unterlassener zumutbarer Erwerbstätigkeit (Rn. 486 ff.) und die Anrechnung von Einkünften aus unzumutbarer Erwerbstätigkeit (Rn. 540). Da es sich bei den hier beschriebenen Einkünften um Reineinkünfte und nicht um Nettoeinkünfte handelt, sind diese noch zu vermindern um die Einkommensteile, die für Unterhaltszwecke nicht zur Verfügung stehen (Rn. 586).

2. Abschnitt: Einkünfte aus abhängiger Arbeit sowie Nebeneinkünfte und Lohnersatzleistungen bei oder nach einem bestehenden Arbeitsverhältnis

I. Überblick

1. Bruttoeinnahmen und berufsbedingte Aufwendungen

46 Die Einkünfte aus abhängiger Arbeit sind **Überschusseinkünfte** (Rn. 38). Sie errechnen sich aus der Summe aller Bruttoeinnahmen eines Kalenderjahres abzüglich aller in dem gleichen Kalenderjahr entstandener Ausgaben, die notwendig waren, um dieses Einkommen zu erwerben oder zu erhalten. Diese Ausgaben werden **berufsbedingte Aufwendungen** oder wie im Steuerrecht Werbungskosten genannt. Zu ermitteln ist somit der Überschuss, der sich nach Abzug der berufsbedingten Aufwendungen ergibt.

47 Zu den Bruttoeinnahmen zählen grundsätzlich alle Einkünfte, die ein Arbeitnehmer aus einem Arbeits- oder Dienstverhältnis laufend, unregelmäßig oder einmalig bezieht, einschließlich Sonderzuwendungen, Zulagen, Zuschlägen, Zuschüssen, Sachbezügen, sonstigen Nebeneinnahmen[1] und Steuererstattungen.[2] Es kommt auch nicht darauf an, ob die Erwerbstätigkeit legal oder als **„Schwarzarbeit"** ausgeübt wird.[3] Da „Schwarzarbeit" allerdings jederzeit folgenlos beendet werden darf, weil sie gesetzwidrig und damit auch unzumutbar ist, können Einkünfte daraus nicht bei der Berechnung des künftigen Unterhalts-

[1] BGH, FamRZ 1986, 780 = R 301 a
[2] OLGR Hamm 2001, 47; vgl. auch Rn. 582
[3] OLG Nürnberg EzFamR aktuell 1997, 339

anspruchs berücksichtigt werden.[4] Stammen die „schwarzen" Einkünfte nur aus einer Nebentätigkeit, sind jedoch die in Rn. 74 f. dazu entwickelten Grundsätze zu beachten. Das laufende Entgelt sowie gesetzliche oder tarifliche Zulagen oder Zuwendungen sind in der Regel anhand der **Verdienstbescheinigungen** des Arbeitgebers, der Lohnsteuerkarte (Rn. 679) oder des **Steuerbescheides** nebst **Steuererklärung** festzustellen. Zwischen den Berufseinnahmen und den berufsbedingten Aufwendungen muss ein zweckbedingter wirtschaftlich notwendiger Zusammenhang bestehen.

Anders als im Steuerrecht, das Werbungskosten in der Regel anerkennt, wenn der Pflichtige sie als berufsnotwendig bezeichnet, sind **berufsbedingte Aufwendungen** unterhaltsrechtlich stets vom Gericht auf ihre objektive Notwendigkeit und Angemessenheit zu überprüfen und gegebenenfalls nach einer Schätzung gemäß § 287 ZPO (Rn. 6/728) herabzusetzen. Deshalb sind genaue Darlegungen zur Notwendigkeit und zur Höhe der berufsbedingten Aufwendungen erforderlich, wenn ein konkreter Abzug über die gängigen Pauschalen hinaus (Rn. 94 f.) verlangt wird. 48

2. Nicht berufsbedingte Aufwendungen

Nicht zu den berufsbedingten Aufwendungen zählen vor allem die Ausgaben für die **Vermögensbildung** und alle Kosten der **privaten Lebensführung,** wie Aufwendungen für Ernährung, Wohnung, Kleidung, Repräsentation, Kinder und für Wirtschaftsgüter, deren Nutzung im privaten Bereich üblich ist. Betreffen sogenannte gemischte Aufwendungen sowohl die private Lebensführung als auch den beruflichen Bereich, so sind sie grundsätzlich überhaupt nicht absetzbar. Ausnahmsweise ist eine Aufteilung in einen nicht absetzbaren Anteil für die private Lebensführung und einen abziehbaren berufsbedingten Anteil zulässig, wenn objektive Merkmale und Unterlagen eine zutreffende und leicht nachprüfbare Trennung und Anteilsschätzung nach § 287 ZPO (Rn. 6/728) ermöglichen. Dies kann der Fall sein bei Kraftfahrzeug- (Rn. 96 ff.), Telefon- (Rn. 105) und Reisekosten (Rn. 107 a), wenn genaue und zuverlässige Einzelangaben vorliegen. 49

II. Der Prüfungszeitraum

Vgl. zunächst Rn. 11 f. In der Praxis der Instanzgerichte wird aus Gründen der Praktikabilität das jeweils **zuletzt abgelaufene Kalenderjahr** als Beurteilungszeitraum bevorzugt.[5] Dabei werden auch die erst in der Jahresmitte oder am Jahresende bezogenen Sonderzuwendungen in vollem Umfang mit einbezogen.[6] Dieser Weg bietet erhebliche Vorteile. Das Jahreseinkommen lässt sich ohne weiteres entweder der Lohnsteuerkarte (Rn. 679) oder der Gehaltsabrechnung für den Dezember entnehmen, wenn darin auch die aufgelaufenen Jahresbeträge ausgewiesen werden. Zusätzlich braucht in der Regel nur nach etwaigen Steuernachzahlungen oder -erstattungen gefragt zu werden. Werden dagegen die vergangenen letzten 12 Monate herangezogen, müssen zunächst alle Monatsabrechnungen beschafft und sodann alle Einzelbeträge jeweils zusammengerechnet werden. Dies kann bei einmaligen Sonderzahlungen zu Schwierigkeiten führen, weil sie normalerweise auf das Kalenderjahr umzulegen sind. 50

Sind nach dem Kalenderjahr, das der Beurteilung zugrunde liegt, durch **Lohnerhöhungen** oder -ermäßigungen, Änderungen der Steuerklasse u. ä. wesentliche Veränderungen eingetreten, muss den veränderten Einkünften durch Zu- oder Abschläge Rechnung getragen werden. Hat etwa ein bisher gut verdienender Verpflichteter kurz vor der mündlichen Verhandlung das Rentenalter erreicht und verfügt er nur über eine bescheidene Rente, darf für die in der Zukunft liegenden Zeiträume nur von der Rente ausgegangen werden. Für 51

[4] OLG Hamm – 1 UF 259/77 – nicht veröff.
[5] BGH, FamRZ 1983, 996; OLG Frankfurt FamRZ 1989, 1300, OLG Hamm FamRZ 1986, 1102; OLG München, FamRZ 1984, 173
[6] OLG Hamburg, FamRZ 1997, 574

die Zeit bis zur Verrentung ist der Unterhalt dagegen noch nach den Einkünften des vergangenen Kalenderjahres zu bestimmen.

52 Manchmal verändert sich das unterhaltsrechtlich relevante Einkommen mehrmals im Kalenderjahr erheblich. Auch in diesen Fällen sollte in der Regel auf den Jahresdurchschnitt abgestellt werden.

Beispiel:
Zu Beginn des Jahres beträgt das relevante Einkommen 2100 EUR. Im Mai fällt eine bisher berücksichtigte Verbindlichkeit von 300 EUR weg, von September bis November gibt es nur Arbeitslosengeld von monatlich 1300 EUR, im Dezember wurden 2400 EUR verdient.

53 Vielfach wird in diesen Fällen der Unterhalt für die einzelnen Zeitabschnitte getrennt berechnet, also von Januar bis Mai aus 2100 EUR, von Juni bis August aus 2400 EUR, von September bis November aus 1300 EUR und für die folgende Zeit aus 2400 EUR. Dieses umständliche Verfahren bürgt nur scheinbar für größere Gerechtigkeit. Der Berechtigte erhält ständig wechselnde Beträge und kann sich daher nur schlecht auf seine Zukunft einstellen. Das nur in einem Monat erzielte Einkommen von 2400 EUR kann nicht ohne weiteres als dauerhaft erzielbar behandelt werden. Sowohl für die Vergangenheit als auch für die Zukunft sollte daher selbst in solchen Fällen von dem **Durchschnittseinkommen** von 2100 × 5 (Januar bis Mai) + 2400 × 3 (Juni bis August) + 1300 × 3 (September bis November) + 2400 (Dezember) = 10 500 + 7200 + 3900 + 2400 = 24 000 : 12 = 2000 EUR ausgegangen werden.[7] Eine andere Beurteilung der zukünftigen Unterhaltsansprüche ist nur dann veranlasst, wenn sich zusätzliche Anhaltspunkte dafür ergeben, dass das im Dezember erzielte Einkommen von 2400 EUR nicht mehr absinken kann. Ist etwa der Verpflichtete Beamter mit diesem Einkommen geworden, wäre es richtig, für die Vergangenheit vom Durchschnittseinkommen aber für die ab Januar des Folgejahres fällig werdenden Unterhaltsansprüche ausschließlich von dem nunmehr erzielten Einkommen von 2400 EUR auszugehen.

54 Bei Auseinandersetzungen, die sich in die Länge ziehen, kann es erforderlich werden, den Prüfungszeitraum zu verändern und dem Zeitablauf anzupassen. Wurde etwa im Oktober 2001 Trennungsunterhalt für die Zeit ab der Trennung im Juni 2001 auf der Basis der durchschnittlichen Einkünfte des Jahres 2000 geltend gemacht und kommt es 2001 nicht mehr zum Verfahrensabschluss, so sollte sofort mit Beginn des Jahres 2002 der Unterhalt nach den Einkünften 2001 neu berechnet werden. Die neu berechneten Einkünfte sind dann nicht nur für die Zukunft, sondern auch für die Rückstände aus dem Jahr 2001 maßgeblich. Das führt in der Regel schon deswegen zu gerechteren Ergebnissen, weil der Unterhalt für das abgelaufene Jahr nach dem konkret erzielten Einkommen errechnet werden kann und es deswegen keiner Prognose bedarf. Für den künftigen Unterhalt bildet das zeitnähere Einkommen ebenfalls eine bessere Grundlage für die Zukunftsprognose. Wenn sich allerdings nur wenig verändert hat, empfiehlt es sich nicht, den Prüfungszeitraum im laufenden Verfahren zu verändern.

III. Typische Bruttoeinnahmen

1. Barbezüge aller Art

55 – Löhne, Gehälter, Provisionen, Tantiemen,[8] Prämien für besondere Leistungen, Umsatz- und Gewinnbeteiligungen,[9] nebst Zuschlägen, Zulagen und Sonderzuwendungen aller Art[10] sowie der Wehrsold nach dem Wehrsoldgesetz.
– Beamtengehalt nebst Ortszuschlag,[11] einschließlich kinderbezogener Bestandteile der Dienstbezüge,[12] auch wenn sie erst durch eine weitere Ehe und daraus hervorgegangene

[7] OLG Zweibrücken FamRZ 2000, 112
[8] OLGR Frankfurt 1997, 166
[9] BGH, FamRZ 1982, 680
[10] BGH, FamRZ 1986, 780 = 301 a; FamRZ 1982, 250 = NJW 1982, 822
[11] OLG Köln, FamRZ 1983, 750; KL 1.1
[12] BGH, FamRZ 1989, 172 = R 380 a

Kinder begründet wurden.[13] Zum Einkommen zählt sogar der Zuschlag zum Ortszuschlag, den der in einer neuen Ehe verheiratete Beamte für ein bei ihm lebendes Stiefkind erhält, auch wenn er nicht unterhaltsverpflichtet ist.[14] Stehen beide Elternteile im öffentlichen Dienst, ist der nur einmal ausbezahlte kindbezogene Teil des Familienzuschlages zwischen den Eltern aufzuteilen.
- Die Haushalts- und Erziehungszulage eines Beamten der Europäischen Kommission.[15]
- Entgelt für Arbeit in einer Behindertenwerkstatt.[16]
- Kinderzuschüsse, die das Kindergeld übersteigen.[17] Das ergibt sich jetzt ausdrücklich aus § 1612 c BGB.
- Erhöhte Auslandsdienstbezüge nebst Zuschlägen und Zulagen, die dem Ausgleich der besonderen materiellen und immateriellen Belastungen infolge des Dienstes im Ausland dienen.[18] Zum Ausgleich für schwierige Lebensbedingungen kann jedoch ein Teil anrechnungsfrei bleiben.[19] In vollem Umfang können der Kaufkraftausgleich und ein Mietzuschuss unberücksichtigt bleiben, wenn schon nach § 287 ZPO angenommen werden kann, dass damit nur ein tatsächlich vorhandener Mehraufwand abgedeckt wird.[20]
- Urlaubs- und Weihnachtsgeld sowie sonstige Sonderzuwendungen.[21] Dabei dürfen nicht die im Monat der Auszahlung einbehaltenen Steuern, sondern nur die aufs ganze Jahr bezogenen Steuern abgesetzt werden. Näheres zu den Steuern s. Rn. 558 f.
- Berufsübliche Prämien wie Treue- und Leistungsprämien; Prämien wegen Verbesserungsvorschlägen, Umsatzbeteiligungen u. ä.[22]
- 13. oder 14. Monatsgehalt.[23]
- Monatszulagen.[24]
- Krankenversicherungszuschüsse des Arbeitgebers für einen privat krankenversicherten Arbeitnehmer.[25] Abzugsfähig sind dann allerdings die gesamten Krankenversicherungsbeiträge.
- Fliegerzulagen und Fliegeraufwandsentschädigungen nach dem Soldatenversorgungsgesetz. Die Mehraufwendungen zum Erhalt der fliegerischen Leistungsfähigkeit können pauschal mit 1/3 gemäß § 287 ZPO geschätzt werden.[26]
- Streckengeld eines Postbediensteten.[27] Der Arbeitnehmer muss belegen, dass diese Zahlungen durch erhöhte berufsbedingte Aufwendungen verbraucht werden.
- Vermögenswirksame Leistungen des Arbeitnehmers mit Ausnahme der Sparzulagen. Diese sind nicht als Einkommen anzurechnen, weil es sich der Sache nach um eine dem Konsum nicht zur Verfügung stehende staatliche Prämie zur Förderung der Vermögensbildung handelt.[28] Beim Ehegattenunterhalt wird allerdings regelmäßig davon auszugehen sein, dass insoweit keine prägenden Einkünfte vorliegen (vgl. Rn. 20).

---

13 BGH, FamRZ 1990, 981, 983 = R 416 d
14 BGH, FamRZ 1989, 172 = R 380 a
15 OLG Koblenz, FamRZ 1995, 1374
16 Der Auffassung des OLG Oldenburg, FamRZ 1996, 625, eine bedarfsmindernde Anrechnung dürfe nicht erfolgen, weil das Entgelt nur eine Anerkennung darstelle und die Eingliederung in das Erwerbsleben vorbereiten solle, kann nicht gefolgt werden
17 BGH, FamRZ 1981, 28 = NJW 1981, 172; FamRZ 1980, 1112 = NJW 1981, 167
18 BGH, FamRZ 1980, 342, 344 = R 36 a; OLGR Hamm 1999, 90; OLG Koblenz FamRZ 2000, 1154; OLG Stuttgart FamRZ 2002, 820
19 OLG Köln, FamRZ 1991, 940
20 OLG Bamberg, FamRZ 1997, 1339
21 BGH, FamRZ 1982, 250 = NJW 1982, 822; FamRZ 1991, 416, 418 = NJW 1991, 1049; OLG München FamRZ 1996, 307
22 BGH, FamRZ 1970, 636 = NJW 1971, 137; FamRZ 1982, 250 = NJW 1982, 822
23 BGH, FamRZ 1970, 636 = NJW 1971, 137
24 BGH, FamRZ 1982, 887 = NJW 1982, 1983
25 OLG Hamm FamRZ 2001, 370
26 BGH, FamRZ 1994, 21 = R 466 a
27 OLG Köln vom 23. 11. 1978 – 21 UF 86/78 –
28 BGH, DAVorm 1982, 263; FamRZ 1980, 984. Das OLG Hamburg lässt in FamRZ 1997, 574 nur die staatliche Sparprämie unberücksichtigt, rechnet aber die Arbeitgebersparzulage an

- Arbeitgeberzahlungen für eine als betriebliche Altersversorgung ausgestaltete Direktversicherung.[29]
- Ministerialzulage.[30]
- Heimarbeiterzuschlag.
- Abgeordnetenentschädigungen und Kostenpauschale zur Abgeltung typischer mandatsbedingter Aufwendungen. Der Abgeordnete muss darlegen und belegen, in welchem Umfang er durchschnittlich die Aufwandsentschädigung oder Kostenpauschale für mandatsbedingte Aufwendungen benötigt.[31]
- Sitzungsgelder bei Mitwirkung in kommunalen Gebietsvertretungen.[32]
- Entschädigungen für Schöffentätigkeit und für die Führung einer Vormundschaft[33] sowie für ähnliche ehrenamtliche Tätigkeiten.
- Vergütungen des Krankenhauspersonals aus Liquidationseinnahmen der Chefärzte oder aus einem Mitarbeiterfonds (Liquidationspool).
- Trinkgelder einschließlich der Anteile aus einem Trinkgeldpool. Besteht Streit über die Höhe der Trinkgelder, darf nicht einfach eine Schätzung nach § 287 ZPO erfolgen, wenn konkrete Beweisangebote vorliegen.[34]
- Erfindervergütungen.
- Übergangsbeihilfe der Bundeswehr für einen ausgeschiedenen Soldaten.[35]
- Krankenhaustagegelder aus einem privaten Versicherungsvertrag.[36]
- Steuererstattungen (dazu s. Rn. 583 f.).

2. Zweckbestimmte Entgelte für berufsbedingte Mehraufwendungen wie Spesen, Reisekosten und Auslösungen

56 Spesen und Reisekosten sind durch Geschäfts- oder Dienstreisen veranlasste Aufwendungen. Meist sind es Fahrtkosten, zusätzlicher Aufwand für die Verpflegung, Übernachtungskosten sowie sonstige Nebenkosten. Dazu können auch die Kosten für Wochenendheimfahrten bei einer längeren Reise gehören.

57 **Unterhaltsrechtlich** werden Spesen und Reisekosten zunächst als Einkommen behandelt. Die durch die beruflich veranlasste Reise tatsächlich entstandenen und nachgewiesenen Aufwendungen sind jedoch grundsätzlich in vollem Umfang abzuziehen, etwa die Fahrtkosten bei Sitzungsgeldern.[37] Wenn solche Entgelte im konkreten Fall oder nach der Lebenserfahrung nur einen tatsächlich anfallenden Mehraufwand abdecken, können sie daher unterhaltsrechtlich von vorneherein unberücksichtigt bleiben[38] (vgl. Rn. 70). Wenn bei bescheiden bemessenen Pauschalvergütungen nur geringe Überschüsse verbleiben, können diese Beträge ebenfalls wegen Geringfügigkeit anrechnungsfrei bleiben.[39]

58 **Auslösungen,** manchmal heißt es auch Auslösen, sind Entschädigungen, die private Arbeitgeber ihren Arbeitnehmern zum Ausgleich für Mehraufwendungen infolge auswärtiger Beschäftigung zahlen. Dies gilt auch bei Beschäftigungen im Ausland. Auslösungen sind steuerfrei, soweit sie konkret entstandenen Mehraufwand ausgleichen. Zahlt der Arbeitgeber höhere Auslösungen, als es dem tatsächlichen Mehraufwand entspricht, sind diese insoweit steuerpflichtig. Zahlt er geringere Auslösungen, zählt der Fehlbetrag zu den abziehbaren Werbungskosten des Arbeitnehmers. Unterhaltsrechtlich gilt für die Auslösungen im Prinzip

---

29 OLG München, FamRZ 1997, 613
30 OLG Köln, FamRZ 1982, 706
31 BGH, FamRZ 1986, 780 = R 301 b
32 BGH, FamRZ 1983, 670, 672 = R 149 b; FamRZ 1986, 780 = NJW-RR 1986, 1002; OLG Bamberg FamRZ 1999, 1082
33 BGH, FamRZ 1983, 670, 673 = R 149 d
34 BGH, FamRZ 1991, 182, 184 = R 430 c
35 BGH, FamRZ 1987, 930; OLG Naumburg FamRZ 2003, 474
36 BGH, FamRZ 1994, 626; FamRZ 1987, 930; FamRZ 1987, 36; OLG Bremen FamRZ 1991, 86
37 BGH, FamRZ 1983, 670, 672 = R 149 b
38 OLG Köln FamRZ 2003, 602; OLG Frankfurt FamRZ 1994, 1031
39 BGH, FamRZ 1983, 670, 673 = R 149 b

das Gleiche wie für Spesen (Rn. 56). Sind Auslösungen erkennbar höher als der tatsächliche Mehraufwand, empfiehlt sich eine konkrete Berechnung, wobei der Betrag, der den tatsächlichen Aufwand übersteigt, zum Einkommen gerechnet werden muss.[40] Der anrechenbare Differenzbetrag kann nach § 287 ZPO geschätzt werden (Rn. 6/728).

In Einzelfällen haben diese zweckbestimmten Entgelte auch eine **häusliche Ersparnis** 59
bei den privaten Lebenshaltungskosten zur Folge. Diese Ersparnis kann bis zu 1/3 oder 1/2 der Aufwandsentschädigung betragen.[41] Sie ist dann ebenfalls nach § 287 ZPO zu schätzen und zum Einkommen zu rechnen. Eine solche **Ersparnisschätzung** wird allerdings in der Regel nur bei Abwesenheitsspesen angebracht sein,[42] wie bei Tagesspesen, Essensspesen, Trennungsentschädigungen, Auslösungen, Montageprämien und Aufwandsentschädigungen. Fraglich ist eine häusliche Ersparnis bei Übernachtungsgeldern, Kleider- und Schmutzzulagen. Allenfalls bei gehäuften häuslichen Abwesenheiten sollte darüber nachgedacht werden, ob sich dadurch Einsparungen an Wasser-, Strom- und Heizkosten ergeben. Im Allgemeinen sollte derartiges kleinliches Nachrechnen vermieden werden. Zu den besonderen Problemen beim Ersatz von Fahrtkosten s. Rn. 96 f.

In der gerichtlichen Praxis ist festzustellen, dass vielfach erbittert um die Anrechnung von 60
Spesen und Auslösen beim Einkommen gerungen wird. Der damit verbundene Aufwand an Zeit und Energie lohnt sich jedoch nur selten. In der Regel entsprechen die Spesen dem entstandenen Aufwand. Es hat sich daher bei vielen Instanzgerichten eine Faustregel entwickelt, die von der Bewertung im Steuerrecht ausgeht. Handelt es sich um **steuerfreie** Spesen, Reisekosten und Auslösungen, wird vermutet, dass nur entstandener Aufwand abgedeckt wurde. In diesen Fällen erfolgt von vornherein keine Anrechnung. Nur bei **steuerpflichtigem** Kostenersatz erfolgt eine Zurechnung zum Einkommen mit der Folge, dass der tatsächliche Aufwand geprüft werden muss.

Andere Gerichte sind weniger großzügig. Sie rechnen pauschal 1/3 der Spesen zum 61
Einkommen.[43] Diese Regelung erscheint bedenklich, weil dabei nicht genügend beachtet wird, dass selbst eine nachgewiesene Ersparnis vielfach als Einkommen aus „unzumutbarer Tätigkeit" angesehen werden muss und deshalb nach § 242 BGB nicht angerechnet werden kann (Rn. 540 f.). Dieser Gesichtspunkt kann in Betracht kommen, wenn eine besonders lästige Reisetätigkeit vorliegt oder wenn ein Fernfahrer, statt sich im Hotel einzuquartieren, die Nacht in seinem Lastzug verbringt.

Wenn der Unterhaltsberechtigte auf einen unter Beweis gestellten substantiierten Tatsa- 62
chenvortrag des Verpflichteten zu Fahrtkostenerstattungen, Spesen oder Auslösungen nur mit einem allgemeinen Bestreiten reagiert, kann das Gericht diesen Tatsachenvortrag ohne Beweisaufnahme seiner Entscheidung zugrunde legen.[44] Im Allgemeinen sollte kleinliches Nachrechnen in diesem Bereich vermieden werden. Dies gilt vor allem, wenn nur der Kindesunterhalt zu bestimmen ist, weil das zusätzlich zu berücksichtigende Einkommen nicht immer zu einer höheren Leistungsgruppe führt. Der mit der Überprüfung verbundene Arbeitsaufwand lohnt sich normalerweise nur bei den oft mit großzügigem Spesenersatz verbundenen Aufenthalten im Ausland.

3. Die Leitlinien zu den Spesen, Reisekosten, Auslösen

Nach der neu vereinbarten bundeseinheitlichen Leitlinienstruktur werden die Spesen, 63
Reisekosten und Auslösungen jeweils unter **Ziff. 1.4** geregelt.

- Nach SüdL 1.4 gelten Spesen und Reisekosten sowie Auslösen in der Regel als Einkommen. Damit zusammenhängende Aufwendungen, vermindert um häusliche Ersparnisse, sind jedoch abzuziehen. Bei Aufwendungspauschalen (außer Kilometergeld) kann 1/3 als Einkommen angesetzt werden.

---

[40] BGH, FamRZ 1980, 342 = R 36 a zu Auslandsentschädigungen; FamRZ 1986, 780 = R 301 b zur Aufwandsentschädigung eines Abgeordneten

[41] BGH, VRS 1960, 801

[42] OLG Bamberg, FamRZ 1982, 519

[43] OLG Stuttgart FamRZ 2002, 820; OLGR Braunschweig 1995, 262

[44] BGH, FamRZ 1990, 266 = R 389 a

- Nach BL 1.4 sind Auslösungen und Spesen nach den Umständen des Einzelfalls anzurechnen. Soweit solche Zuwendungen geeignet sind, laufende Unterhaltungskosten zu sparen, ist diese Ersparnis nach den Umständen des Einzelfalls zu schätzen und dem Einkommen zuzurechnen.
- Nach BraL 1.4 wird im Zweifel davon ausgegangen, dass eine Ersparnis eintritt oder Überschüsse verbleiben, die mit 1/3 der Nettobeträge dem Einkommen zuzurechnen sind.
- Nach CL 1.4 werden Spesen und Auslösungen pauschal zu 1/3 dem Einkommen hinzugerechnet, soweit nicht nachgewiesen wird, dass die Zulagen notwendigerweise in weitergehendem Umfang verbraucht werden und keine häusliche Ersparnis eintritt.
- Nach DL 1.4 sind Auslösungen und Spesen nach den Umständen des Einzelfalls anzurechnen. Soweit solche Zuwendungen geeignet sind, laufende Lebenshaltungskosten zu ersparen, ist diese Ersparnis in der Regel mit 1/3 des Nettobetrages zu bewerten und dem anrechenbaren Einkommen zuzurechnen.
- Nach DrL 1.4 gelten der Ersatz für Spesen und Reisekosten sowie Auslösungen in der Regel als Einkommen. Damit zusammenhängende Aufwendungen, vermindert um häusliche Ersparnisse, sind jedoch abzuziehen. Bei Aufwendungspauschalen (außer Kilometergeld) kann 1/3 als Einkommen angesetzt werden.
- Nach FL 1.4 ist über die Anrechenbarkeit von Spesen und Auslösungen nach Maßgabe des Einzelfalls zu entscheiden. Als Anhaltspunkt kann eine anzurechnende häusliche Ersparnis (also nicht nur reine Übernachtungskosten oder Fahrtkosten) von einem Drittel in Betracht kommen.
- Nach HL 1.4 ist über die Anrechnung von Auslösungen und Spesen nach Maßgabe des Einzelfalls zu entscheiden. Im Zweifel kann davon ausgegangen werden, dass eine Ersparnis eintritt, die mit 1/3 der Nettobeträge zu bewerten und insoweit dem anrechenbaren Einkommen zuzurechnen ist.
- Nach KL 1.4 sind Spesen und Auslösungen i. d. R. als Einkommen anzurechnen, wobei damit zusammenhängende Aufwendungen, vermindert um häusliche Ersparnis, abzuziehen sind.
- Nach NaL 1.4 werden Auslösungen und Spesen pauschal dem Einkommen zugerechnet, soweit dadurch laufende Lebenshaltungskosten erspart werden, im Allgemeinen 1/3.
- Nach OL 1.4 werden Auslösungen, Spesen usw. in der Regel zu 1/3 angerechnet.
- Nach SchlL 1.4 gelten Ersatz für Spesen und Reisekosten sowie Auslösungen in der Regel als Einkommen. Damit zusammenhängende Aufwendungen, vermindert um häusliche Ersparnis, sind jedoch abzuziehen. Die Ersparnis wird in der Regel mit 1/3 bewertet und (außer Kilometergeld) insoweit dem Einkommen hinzugerechnet.
- Nach RL 1.4 und ThL 1.4 gelten Ersatz für Spesen und Reisekosten sowie Auslösungen in der Regel als Einkommen. Damit zusammenhängende Aufwendungen, vermindert um häusliche Ersparnis, sind abzuziehen. Bei Aufwendungspauschalen (ausgenommen Kilometergeld) kann 1/3 als Einkommen angesetzt werden.

4. Vergütungen und Zuschläge für Überstunden, Mehrarbeit, Urlaubsabgeltung und sonstige überobligationsmäßige Belastungen, wie bei Zuschlägen für Schicht-, Nacht-, Feiertags- und Sonntagsarbeit sowie bei Zulagen für Schmutz-, Schwer- und Schwerstarbeit

64 Solche Vergütungen sind in der Regel, auch wenn sie ganz oder teilweise steuerfrei gewährt werden, voll anzurechnen, wenn sie berufstypisch sind und entweder in geringem Umfang anfallen oder zumindest das im Beruf des Pflichtigen übliche Maß nicht übersteigen.[45] Im Regelfall wird man Überstunden bis zu 10% der normalen Arbeitszeit als Überstunden in geringem Umfang ansehen können und voll anrechnen.[46] Bei Berufskraftfahrern können in der Regel Überstunden **bis zu 25%** der normalen Arbeitszeit noch als

[45] BGH, FamRZ 1983, 886; FamRZ 1982, 779; FamRZ 1980, 984
[46] OLG Nürnberg EzFamR aktuell 2000, 292

berufstypisch beurteilt werden.[47] Wegen der gesteigerten Unterhaltspflicht gegenüber minderjährigen Kindern (§ 1603 II BGB) können dem Unterhaltspflichtigen unter Umständen auch weitergehende Überstunden zumutbar sein.[48]

65 Geht das Überstundenmaß oder die sonstige Mehr- bzw. Sonderarbeit deutlich über diesen üblichen Rahmen hinaus, sind sie wie Einkünfte aus **unzumutbarer Arbeit** zu bewerten und nach Treu und Glauben unter Berücksichtigung der Umstände des Einzelfalls anzurechnen.[49] Beim unterhaltsberechtigten Ehegatten erfolgt eine Anrechnung unzumutbarer Überstunden nach § 1577 Abs. 2 BGB, sonst nach Billigkeit gemäß § 242 BGB (s. Rn. 540 f.).

66 Ähnliches gilt bei Zuschlägen für **Schicht-, Sonntags-, Feiertags- und Nachtarbeit** sowie bei Zuschlägen für sonstige überobligationsmäßige Belastungen. Sie sind voll anzurechnen, wenn sie berufstypisch sind und in geringem Umfang anfallen.[50] Übersteigen sie dieses Maß, können sie ebenfalls wie Einkünfte aus unzumutbarer Erwerbstätigkeit behandelt werden. Es handelt sich dann auch insoweit um Einkünfte aus überobligationsmäßigen Leistungen mit der Folge, dass der Mehrverdienst um einen gewissen „Bonus" vermindert werden kann. Nach OLG München[51] kann in solchen Fällen etwa ein Drittel der Zuschläge als Kompensation für die erheblichen Belastungen anrechnungsfrei verbleiben. Der Pflichtige soll sich hierdurch eine etwas aufwändigere Freizeit und Erholungsgestaltung leisten können und einen Anreiz erhalten, die belastenden Schicht- und Feiertagsarbeiten im Interesse der Unterhaltsberechtigten auch weiterhin auszuüben. Dieses gilt allerdings nicht für geldwerte Versorgungsleistungen (an einen neuen Partner), die regelmäßig am Wochenende erbracht werden[52] (vgl. Rn. 474).

67 **Urlaubsabgeltung:** Auch Einkünfte, die durch Verzicht auf den tarifgemäßen Urlaub erzielt werden (sog. Urlaubsabgeltung), sind wie Einkünfte aus unzumutbarer Arbeit (Rn. 540 f.) zu behandeln. Sie resultieren aus überobligationsmäßigen Anstrengungen, weil einem Arbeitnehmer nach allgemeiner Überzeugung und sozialer Gepflogenheit ein Verzicht auf den Jahresurlaub nicht zugemutet werden kann.[53] Wenn nur ein Anteil des Jahresurlaubs abgegolten wurde, weil dieser ohnehin nicht mehr fristgerecht angetreten werden konnte, bestehen keine Bedenken, die Hälfte des ausgezahlten Betrages als unterhaltsrelevantes Einkommen zu berücksichtigen.[54]

68 Ist festzustellen, dass es sich um Einkünfte aus überobligationsmäßiger und damit **unzumutbarer Tätigkeit** handelt, können vom Berechtigten und vom Verpflichteten die zum Mehrverdienst führenden belastenden Umstände (hohe Überstunden, Urlaubsverzicht, Schichtarbeit, Schmutzarbeit und dergleichen) jederzeit beendet werden.[55] Aus diesem Grund können solche Einkünfte beim Ehegattenunterhalt auch **nicht als prägend** angesehen werden und sind bei der Bestimmung der ehelichen Lebensverhältnisse vollständig außer Betracht zu lassen.[56] Näher dazu Rn. 4/258 und 4/545.

5. Sachbezüge, d. h. zusätzliche Leistungen des Arbeitgebers, die in einem geldwerten Vorteil bestehen

69 Die Bewertung der Sachbezüge erfolgt mit dem Betrag, der am Verbrauchsort für eine vergleichbare Ware oder Leistung üblicherweise zu zahlen ist. Dieser Wert ist nach § 287 ZPO zu schätzen. Anzurechnen ist die durch die Sachzuwendung eingetretene **Ersparnis.** Sachbezüge sind:

---

47 OLG Köln, FamRZ 1984, 1109; OLG Hamm FamRZ 2000, 605
48 OLG Hamm FamRZ 2001, 565; OLG Nürnberg FuR 1997, 154; OLGR Hamm 1994, 91
49 BGH, FamRZ 1980, 984; FamRZ 1979, 210; OLG Stuttgart FamRZ 1995, 1487
50 OLG Naumburg DAVorm 1992, 1121
51 OLG München, NJW 1982, 835
52 OLG Hamm FamRZ 1995, 1152
53 OLG Köln, FamRZ 1984, 1108
54 BGH NJW-RR 1992, 1282
55 BGH, FamRZ 1983 146, 148 = R 142 b + d; OLG Hamburg, FamRZ 1984, 1257
56 BGH, FamRZ 1985, 360, 362 = R 244 b

- Freie Wohnung (oder Unterkunft),[57] Zuschüsse zu den Energiekosten, zur Verpflegung und zu den Aufwendungen für Dienstpersonal.[58]
- Verbilligte Dienst- oder Werkswohnung oder sonstige Miet- und Wohnvorteile.
- Verbilligter Warenbezug und sonstige Einkaufs- oder Sonderrabatte.[59]
- Deputate in der Land- und Forstwirtschaft.
- Unentgeltliche Überlassung eines Dienst- oder Geschäftswagens für private Zwecke.[60] Auch wenn der Arbeitgeber einen Betriebs-Pkw nur für die Fahrten zwischen Wohnung und Arbeitsstätte unentgeltlich zur Verfügung stellt, ist dies ein geldwerter Vorteil, der zu schätzen und anzurechnen ist.
- Jahreswagenvorteil.[61]
- Gewährung von Zuschüssen für private Anschaffungen.
- Privater Anteil der vom Arbeitgeber übernommenen festen und laufenden Kosten eines Telefonanschlusses in der Wohnung des Arbeitnehmers.
- Aufwendungen des Arbeitgebers für Verpflegungsmehraufwendungen und für doppelte Haushaltsführung.
- Verbilligte Überlassung von Aktien zu einem Vorzugskurs.
- Zuschüsse des Arbeitgebers zur freiwilligen Weiterversicherung in der Altersversorgung.
- Freifahrten und Freiflüge für private Zwecke.

70 Bei den Sachbezügen kommt es zunächst darauf an, ob ein tatsächlich entstandener beruflicher Mehraufwand abgegolten werden soll. Wird z. B. ein beruflicher Mehraufwand für einen Auslandsaufenthalt mit berufsbedingten Repräsentationspflichten durch zusätzliche Sachleistungen des Arbeitgebers wie freie Wohnung, Dienstwagen und sonstige Zuschüsse ausgeglichen, sind die Sachleistungen unterhaltsrechtlich genauso wenig zu bewerten wie der Aufwand.[62] Handelt es sich jedoch um zusätzliche Leistungen (z. B. freie Kost und Wohnung), sind sie zu bewerten. Dazu können die Bewertungsrichtlinien des Steuer- und Sozialversicherungsrechts herangezogen werden. Sie sind realistisch und werden jeweils den Marktpreisen angepasst.

6. Einmalige Zahlungen und Sonderzuwendungen wie z. B. Abfindungen u. ä.

71 Abfindungen (vgl. zunächst Rn. 16) haben Lohnersatzfunktion und sind deshalb als Einkommen zu bewerten. Sie sind, wie sonstige einmalige Zuwendungen, je nach Höhe auf einen größeren Zeitraum (ein Jahr und länger) angemessen zu verteilen.[63] Ein verhältnismäßig geringer Einmalbetrag hat keine Auswirkung auf das Folgejahr.[64] Im Einzelnen zählen hierzu:

- Gratifikationen[65] und Jubiläumszuwendungen.[66]
- Abfindungen bei Verlust eines Arbeitsplatzes auf Grund eines Sozialplans.[67]
- Austrittsvergütungen, die ein Arbeitnehmer bei vorzeitiger Beendigung seines Arbeitsverhältnisses aus gesundheitlichen Gründen von der Versorgungskasse seines Arbeitgebers erhält.[68]

---

[57] OLG Bremen vom 20. 7. 1977 – WF 37/77 –
[58] BGH, FamRZ 1983, 352 = R 154 c
[59] OLG Hamm FamRZ 1999, 166
[60] OLG Hamburg EzFamR aktuell 2001, 45; OLGR Frankfurt 1997, 166; OLG Köln FamRZ 1981, 489; OLG Hamburg FamRZ 1987, 1044
[61] AG Essen FamRZ 1990, 195 (ca. 195 EUR mtl. = alle 8 Jahre Neuwagen erspart); AG Stuttgart FamRZ 1990, 195 (20% Rabatt jährlich)
[62] BGH, FamRZ 1983, 352 = R 154 c; OLG Köln FamRZ 2003, 602 (zu Reisekosten)
[63] BGH, FamRZ 1987, 930; FamRZ 1987, 358; FamRZ 1982, 250, 252 = R 98 b; OLG Karlsruhe FamRZ 2001, 1615
[64] BGH, FamRZ 1988, 1039
[65] LG Mainz DAVorm 1974, 42 (Sommergratifikation)
[66] BGH, FamRZ 1970, 636 = NJW 1971, 137
[67] BGH, FamRZ 1982, 250, 252 = R 98 b
[68] OLG Köln, FamRZ 1998, 619

– Sonstige Abfindungen, Übergangsgelder oder Übergangsbeihilfen bei Entlassung aus einem Dienst- oder Arbeitsverhältnis oder aus der Bundeswehr.[69]

72 Ein **Abfindungsbetrag** wegen Ausscheidens aus dem Erwerbsleben ist auf eine längere Zeit zu verteilen. Ist die Abfindung nicht mehr vorhanden, kann sich der Unterhaltsschuldner insoweit auf Leistungsunfähigkeit nur berufen, wenn er nicht unterhaltsbezogen leichtfertig oder verantwortungslos gehandelt hat.[70] Die Abfindungssumme selbst, nicht nur die Zinseinkünfte, ist im Rahmen einer sparsamen Wirtschaftsführung zur Deckung des nach den früheren ehelichen Lebensverhältnissen bemessenen Unterhaltsbedarfs aller zu verwenden. Die Abfindung dient als Ersatz des fortgefallenen Arbeitseinkommens dazu, dass die bisherigen wirtschaftlichen Verhältnisse vorübergehend aufrechterhalten werden können.[71] Sie ist deshalb zeitlich so zu verteilen, dass der angemessene Bedarf des **Berechtigten und des Verpflichteten** in bisheriger Höhe sichergestellt wird.[72] Erst nach Ablauf dieser Zeit erfolgt eine Anpassung des Unterhalts an die veränderten Verhältnisse.[73] Bei älteren Arbeitnehmern ist die Abfindung auf die Zeit bis zum Rentenbeginn zu verteilen.[74] Eine Übergangsbeihilfe der Bundeswehr, die in einer Summe ausgezahlt wird,[75] dient dazu, die Zeit bis zum Erwerb eines neuen Arbeitsplatzes zu überbrücken. Endet der Zeitraum der Arbeitslosigkeit früher als vermutet, ist der verbliebene Teil der Abfindung nicht dem neuen Arbeitseinkommen hinzuzurechnen sondern verbleibt dem Unterhaltspflichtigen als gewöhnliches Vermögen,[76] wenn er nicht zur Aufstockung des neuen Einkommens auf das frühere Maß erforderlich ist.[77]

73 Bei beengten wirtschaftlichen Verhältnissen ist der Verpflichtete jedoch nicht gehalten, die ihm aus der Abfindung zur Verfügung stehenden Mittel bis zum vollständigen Verbrauch einzusetzen, um die aus dem verminderten laufenden Einkommen nicht mehr finanzierbaren Ansprüche des Berechtigten nach dem früheren Erwerbseinkommen weiter zu bezahlen, wenn dem Verpflichteten selbst nur ein Betrag in der Größenordnung des sogenannten „billigen Eigenbedarfs" verbleibt.[78] Bei gesteigerter Unterhaltspflicht gegenüber minderjährigen Kindern sind die Mittel für den eigenen Bedarf sparsam einzusetzen, um den notwendigen Unterhalt des minderjährigen Kindes nach Möglichkeit bis zur Volljährigkeit sicherzustellen.[79]

7. Einkünfte aus Nebentätigkeiten und sonstiger Zweitarbeit neben einer hauptberuflichen Tätigkeit

74 Bei Einnahmen aus **Nebentätigkeiten** zusätzlich zu einem regulären Arbeitsverhältnis sind in der Regel Zumutbarkeitsgesichtspunkte zu berücksichtigen.[80] Sie sind zumindest teilweise anzurechnen, vor allem, wenn sie die ehelichen Lebensverhältnisse geprägt haben. Besteht die Nebentätigkeit neben einer tarifüblich vollen Haupttätigkeit, handelt es sich um eine überobligationsmäßige zusätzliche Arbeitsbelastung, die mit der Situation eines Überstunden leistenden Arbeitnehmers vergleichbar ist (Rn. 64). Prüfungsmaßstab ist der Rechtsgedanke des § 1577 II BGB, der auch im Verwandtenrecht gilt.[81] Der Umfang der

[69] BGH, FamRZ 1987, 930; OLG Naumburg FamRZ 2003, 474
[70] OLG München, FamRZ 1998, 559
[71] OLGR Koblenz 2000, 143; OLG Frankfurt FamRZ 2000, 611
[72] OLG Dresden FamRZ 2000, 1433
[73] BGH, FamRZ 1987, 359
[74] OLG Karlsruhe FamRZ 2001, 1615 (8 Jahre und 8 Monate); OLG Frankfurt FuR 2001, 371 ($6^1/_4$ Jahre); OLG Hamm FamRZ 1999, 233; OLG Koblenz, FamRZ 1991, 573 (6 Jahre)
[75] OLG Naumburg FamRZ 2003, 474
[76] OLGR Frankfurt 2001, 262
[77] OLG Dresden FamRZ 2000, 1433
[78] BGH, FamRZ 1990, 269 = R 405 b
[79] BGH, FamRZ 1987, 930; OLG Hamm, FamRZ 1997, 1169; OLG Brandenburg FamRZ 1995, 1220
[80] BGH, FamRZ 1988, 156; FamRZ 1983, 152
[81] BGH, FamRZ 1995, 475 = R 491 b

Anrechnung richtet sich daher nach Treu und Glauben unter Berücksichtigung der Umstände des Einzelfalls.[82]

75 Was dem einzelnen nach der jeweils geltenden Sozialauffassung an Arbeit zumutbar ist, ist bei abhängiger Arbeit weitgehend durch Tarifverträge oder Gesetze geregelt. **Grundsätzlich** besteht bei abhängiger Arbeit nur eine Verpflichtung zu tarifgemäßer oder dienstzeitgemäßer Erwerbstätigkeit.[83] Geht der Unterhaltspflichtige aber einer nicht vollschichtigen Erwerbstätigkeit nach, obwohl er dazu in der Lage ist, muss er in der restlichen Arbeitszeit zusätzliche Nebentätigkeit übernehmen, um den Unterhalt seiner Kinder sicherzustellen.[84] Im Einzelfall kann es bei entsprechender tatrichterlicher Würdigung trotz hoher Zusatzbelastungen zumutbar und gerechtfertigt sein, die Einkünfte so lange voll anzurechnen, wie sie tatsächlich erzielt werden.[85] Bei dieser Abwägung ist auch zu berücksichtigen, dass sich eine volle Anrechnung von Einkünften aus einer Nebentätigkeit auf Dauer zuungunsten des Berechtigten als nebentätigkeitshemmend auswirken wird, weil bei voller Anrechnung der Anreiz zu überobligationsmäßigen Leistungen entfällt. Da die Erbringung solcher überobligationsmäßigen Leistungen vom Berechtigten nicht verlangt werden kann, können sie vom Verpflichteten stets eingeschränkt oder aufgegeben werden. Eine dadurch bedingte Minderung des Gesamteinkommens und damit des Unterhalts ist mit der Abänderungsklage geltend zu machen.[86] Ein vollschichtig tätiger Arbeitnehmer mit tariflichem Einkommen ist regelmäßig auch bei gesteigerter Unterhaltspflicht **gegenüber minderjährigen Kindern** (§ 1603 II BGB) nicht verpflichtet, eine zusätzliche Nebentätigkeit aufzunehmen. Im Einzelnen ist dieses in der Rechtsprechung der Oberlandesgerichte allerdings umstritten.[87]

76 Hat der Verpflichtete viele Jahre lang bis in die Zeit nach der Trennung der Parteien eine zusätzliche Wochenendarbeit ausgeübt, kann es fraglich sein, ob dies als überobligationsmäßige Nebentätigkeit zu beurteilen ist. Es liegt nahe, davon auszugehen, dass die aus einem derart beständigen Nebenerwerb erzielten Einkünfte die für das Maß des Unterhalts entscheidenden Lebensverhältnisse geprägt haben.[88] Ergibt die tatrichterliche Beurteilung allerdings, dass es sich hierbei um eine unzumutbare überobligationsmäßige Tätigkeit gehandelt hat, dann müssen die daraus erzielten Einkünfte bei der Bestimmung der **ehelichen Lebensverhältnisse** vollständig außer Betracht bleiben.[89] In **Mangelfällen** ist eine Anrechnung (zumindest in größerem Umfang) eher zumutbar.[90] Beim Verpflichteten sind Nebeneinkünfte in der Regel nicht mehr zu berücksichtigen, wenn der Berechtigte nur einer Teilzeitarbeit nachgeht und mit den hieraus erzielten Einkünften den nach dem Haupteinkommen des Verpflichteten berechneten Bedarf decken kann.[91]

77 Zur **Höhe** hält das OLG München bei zusätzlichen Einkünften aus Nebentätigkeiten (Kommentatortätigkeit neben Beamtentätigkeit) einen Abschlag von 1/3 der Nebeneinkünfte nach Treu und Glauben für angemessen.[92] Nach dem OLG Köln in KL 1.3 ist nach Billigkeit

---

[82] BGH, FamRZ 1980, 984

[83] BVerfG FamRZ 2003, 661

[84] BGH FuR 2001, 224

[85] BVerfG FamRZ 2003, 661, 662; BGH, FamRZ 1983, 152; OLGR Zweibrücken 2001, 157

[86] BGH, FamRZ 1988, 156; FamRZ 1983, 152

[87] OLGR Nürnberg 2002, 215 (allgemein nicht zumutbar); OLG Koblenz FamRZ 2002, 965 (nur für Leistungsfähigkeit); OLG Celle FamRZ 2002, 694 (nicht zumutbar); OLG Koblenz FamRZ 2002, 481 (geringer Nebenverdienst zumutbar); KGR Berlin 2002, 146 (neben Kindeserziehung); OLG Düsseldorf FamRZ 2001, 1477 (leichte Erwerbstätigkeit neben Erwerbsunfähigkeitsrente); OLG Stuttgart FuR 2001, 569 (Nebentätigkeit eines Arbeitslosen bis zur Anrechnungsgrenze); OLG Hamm FamRZ 2001, 565 (bis insgesamt 200 Std. monatlich); OLG Hamm FuR 2001, 559 (bis zum Regelbetrag)

[88] BVerfG FamRZ 2003, 661, 662; vgl. auch OLG Saarbrücken FF 2001, 23 mit Anm. Büttner

[89] BGH, FamRZ 1985, 360, 362 = R 244 b; FamRZ 1983, 146, 148 = R 142 d + e; dazu s. auch OLG Hamburg, FamRZ 1996, 217 zu einem Busfahrer, der am Wochenende noch als Schiffsführer tätig war; zur Nebentätigkeit als Discjockey vgl. OLG Stuttgart, FamRZ 1995, 1487; OLGR Hamm 2000, 346 (Einnahmen als Hobbymusiker)

[90] BGH, FamRZ 1983, 569, 571; OLG Celle FamRZ 2000, 1430

[91] OLG Koblenz, FamRZ 1991, 1440

[92] OLG München, FamRZ 1982, 801

unter Berücksichtigung der Umstände des Einzelfalles (hohe Schuldenbelastung, Sicherung des Mindestbedarfs, übermäßige Arbeitsleistung auch des Berechtigten) zu entscheiden. Einkommen aus unzumutbarer Erwerbstätigkeit kann dabei unberücksichtigt bleiben (vgl. Leitlinien der Oberlandesgerichte Nr. 7). Nach dem OLG Köln[93] sind Nebeneinkünfte beim Ehegattenunterhalt nicht einkommenserhöhend zu berücksichtigen, wenn sie während des Zusammenlebens nicht zum Familienunterhalt, sondern im Wesentlichen zur Vermögensbildung verwendet wurden.

Einkünfte aus **Werkstudentenarbeit** oder ähnliche Nebeneinkünfte bei Schülern, Lehr- 78
lingen und Studenten: Allgemein sind Schüler, Lehrlinge und Studenten nicht verpflichtet, durch eigene Erwerbstätigkeit zu ihrem Unterhalt beizutragen, denn ihre Haupttätigkeit in Schulbesuch, Ausbildung, Fortbildung und Studium ist als volle Arbeitstätigkeit anzusehen, der sie sich mit ganzer Kraft widmen müssen.[94] Entsprechend umfasst auch die öffentlich-rechtliche Ausbildungsförderung nach § 11 I BAföG mit den Kosten für Lebensunterhalt und Ausbildung den gesamten Unterhaltsbedarf. Es ist im konkreten Einzelfall zu prüfen, ob die Nebentätigkeit im Hinblick auf Art, Ziel, Dauer, Intensität und Stand der Ausbildung oder des Studiums einerseits sowie Art und Umfang der Nebentätigkeit andererseits ohne Gefährdung von Ausbildung oder Studium möglich und zumutbar ist. Während der **Schulzeit** ist eine Nebentätigkeit generell unzumutbar.[95] So bleibt auch der Betrag anrechnungsfrei, den sich der Schüler als Taschengeld durch Austragen von Zeitungen verdient. Zwischen Abitur und Studium ist dem Schüler eine Erholungszeit von ca. 3 Monaten zuzubilligen, in der eine Nebentätigkeit nicht verlangt werden kann.[96] Erst bei einer weiteren Verzögerung ist eine vorübergehende Tätigkeit zumutbar, die auch aus einfacher Hilfsarbeit bestehen kann. Nach allgemeiner Auffassung trifft einen **Studenten** neben dem Studium in der Regel keine Erwerbsobliegenheit. Denn er soll sich, auch im Interesse des Unterhaltspflichtigen, mit ganzer Kraft sowie dem gehörigen Fleiß und der gebotenen Zielstrebigkeit dem Studium widmen, um dieses innerhalb angemessener und üblicher Dauer zu beenden. Das gilt auch für die Zeit der Semesterferien, die neben der notwendigen Erholung der Wiederholung und Vertiefung des Stoffes dient, soweit sie nicht ohnehin durch studienbedingte Arbeiten (Hausarbeiten) ausgefüllt ist. Übt ein Student gleichwohl eine (Neben-)Erwerbstätigkeit aus, so stellt die Vergütung, die er hierfür erhält, grundsätzlich Einkommen aus überobligationsmäßiger Tätigkeit dar. Die Anrechnung solcher Einkünfte aus unzumutbarer Tätigkeit bestimmt sich auch im Verwandtenunterhaltsrecht nach dem – hier entsprechend heranzuziehenden – Rechtsgedanken des § 1577 Abs. 2 BGB. Danach bleiben Einkünfte anrechnungsfrei, soweit der Unterhaltsverpflichtete nicht den vollen Unterhalt leistet, § 1577 Abs. 2 Satz 1 BGB. Darüber hinaus kommt eine Anrechnung insoweit in Betracht, als dies unter Berücksichtigung der beiderseitigen wirtschaftlichen Verhältnisse der Billigkeit entspricht, § 1577 Abs. 2 Satz 2 BGB.[97] Ausnahmen kommen allenfalls bei Mithilfe im elterlichen Betrieb, bei eigener Unterhaltspflicht gegenüber minderjährigen Kindern[98] und in den ersten Studiensemestern in Betracht. In der Regel wird die Nebentätigkeit jedenfalls dann nicht mehr zumutbar sein, wenn sie eine zielstrebige Ausbildung, vor allem einen bevorstehenden Examensabschluss, verzögern oder gefährden würde.[99]

Ist dem Schüler oder Studenten im Einzelfall eine Nebentätigkeit ganz oder teilweise 79
zumutbar, sind die Einkünfte daraus auf seinen Bedarf anzurechnen, weil Einkünfte aus zumutbarer Tätigkeit nach §§ 1602, 1577 I BGB grundsätzlich anzurechnen sind. Nur ausnahmsweise kann bei geringfügigen Einkünften von einer Anrechnung abgesehen werden, wenn mit den Einnahmen Kosten einhergehen oder diese eine pauschale Taschengeld-

---

[93] OLG Köln, FamRZ 1998, 1427

[94] BGH, FamRZ 1995, 475, 477 = R 491 b; OLG Celle FamRZ 2001, 1640, 1641; OLG Hamm, FamRZ 1997, 231; OLGR Düsseldorf 1993, 8

[95] OLGR Zweibrücken 2001, 157; OLG Köln FamRZ 1996, 1101; KG FamRZ 1982, 516

[96] KG FamRZ 1985, 962

[97] BGH, FamRZ 1995, 475 = R 491 b

[98] OLG Hamm FamRZ 1992, 469

[99] BGH, FamRZ 1983, 140; FamRZ 1980, 126; OLG Hamm FamRZ 1992, 469

erhöhung rechtfertigen können.[100] So ist das Entgelt aus einer solchen Nebentätigkeit stets voll anzurechnen, wenn der Student „bummelt“ und seiner Ausbildungsverpflichtung nicht in einer von ihm zu erwartenden Weise nachkommt.

Ist die Nebentätigkeit hingegen **unzumutbar,** sind gleichwohl erzielte Einkünfte nach dem Rechtsgedanken des § 1577 II BGB zu beurteilen.[101] Soweit durch Unterhalt und unzumutbare Arbeit nicht der volle Bedarf gedeckt ist, unterbleibt eine Anrechnung. Ist der Bedarf überschritten, erfolgt die Anrechnung gemäß § 1577 II S. 2 BGB nach Billigkeit. Nach OLG Köln[102] soll ein Verdienst aus Werkstudenten- und Schülerarbeit weitgehend anrechnungsfrei bleiben. Zu empfehlen ist es jedoch, in allen Fällen bei Einkünften eines Werkstudenten zwischen Art, Ziel und Dauer der Ausbildung einerseits und den Belangen des Berechtigten und des Verpflichteten andererseits abzuwägen. Dabei kann es auch auf die Höhe der Einkünfte ankommen.[103] Je nach dem Ergebnis dieser Abwägung können die Einkünfte ganz oder teilweise anrechnungsfrei bleiben, oder aber auch in vollem Umfang angerechnet werden. So kann etwa nach Ablauf der Regelstudienzeit bei einem ausnahmsweise noch unterhaltsberechtigten Studenten das Nebeneinkommen nunmehr voll angerechnet werden.[104] Nicht vertretbar ist es, bei einem Studenten, dem monatlich ca. 500 EUR zur Verfügung stehen, Einkünfte von monatlich ca. 180 EUR grundsätzlich im Hinblick auf den Selbstbehalt eines Erwerbstätigen anrechnungsfrei zu lassen.[105] Die Verwendung für besondere Wünsche (z. B. Urlaubsreisen) spricht nicht für eine Anrechnung nach Billigkeitsgesichtspunkten.[106] Für eine Nichtanrechnung kann auch sprechen, dass die Eltern überdurchschnittlich gut verdienen.[107] S. auch Rn. 452 f. Die Darlegungslast für die nur ausnahmsweise in Betracht kommende Anrechnung von Schülereinkünften trägt der Unterhaltspflichtige.[108]

8. Sozialleistungen mit Lohnersatzfunktion

80 Sozialleistungen werden entsprechend ihrem Leistungszweck danach unterschieden, ob sie eine Lohnersatzfunktion haben oder eine Unterhaltsersatzfunktion. Diese Differenzierung ist vor allem bedeutsam für die Beantwortung der Frage, ob und in welchem Umfang Sozialleistungen unterhaltsrechtlich als Einkommen anzurechnen sind. Sozialleistungen mit Lohnersatzfunktion sind unterhaltsrechtlich als Einkommen anzurechnen. Soweit nur eine Unterhaltsersatzfunktion besteht, wie etwa bei der Sozialhilfe, erfolgt keine Anrechnung (vgl. Rn. 483). Zu den Sozialleistungen mit Lohnersatzfunktion zählen:

81 a) **Arbeitslosengeld** nach § 117 SGB III.[109] Der Anspruch setzt voraus, dass der Arbeitslose arbeitsfähig ist und sich der Arbeitsvermittlung zur Verfügung stellt, seine Arbeitskraft also dem Arbeitsmarkt anbietet. Das Arbeitslosengeld ist ein Ausgleich für entgangenen Arbeitsverdienst, hat mithin Lohnersatzfunktion.[110] Es ist auch dann voll anzurechnen, wenn es Ersatz für eine an sich unzumutbar gewesene Tätigkeit ist.[111] Beim Ehegattenunterhalt

---

[100] OLG Düsseldorf FamRZ 1986, 590

[101] BGH, FamRZ 1995, 475, 477 = R 491 c; OLG Hamm FamRZ 1998, 767; FamRZ 1997, 1496; FamRZ 1997, 232; OLGR Karlsruhe 1998, 46

[102] FamRZ 1996, 1101

[103] OLG Celle FamRZ 2001, 1640, 1641 (16 000 DM jährlich); OLG Hamm FamRZ 1998, 767 (350 DM mtl. anrechnungsfrei); OLG Schleswig FamRZ 1996, 814 (600 DM mtl. anrechnungsfrei)

[104] LG Hamburg, FamRZ 1997, 1421

[105] BGH, FamRZ 1995, 475 = R 491 b

[106] BGH, FamRZ 1995, 475, 478 = R 491 c; OLG Köln FamRZ 1996, 1101 (Verwendung für PKW, Motorrad)

[107] OLG Hamm, FamRZ 1994, 1279

[108] OLG Zweibrücken FamRZ 2001, 103

[109] BGH, FamRZ 1987, 456, 458 = R 329 a; NJW 1984, 1811 = R 207

[110] BGH, NJW 1984, 1811 = R 207; Leitlinien der Oberlandesgerichte Nr. 2.1

[111] OLG Düsseldorf FamRZ 2002, 99; OLGR München 1996, 150; OLG Hamburg, FamRZ 1992, 1308; OLG Stuttgart, FamRZ 1996, 415; a. A. OLG Köln FamRZ 2001, 625; FamRZ 1994, 897

wird kein Erwerbstätigenbonus vorweg abgezogen.[112] Kosten, die bei der Suche nach einer neuen Stelle entstehen, sind jedoch abzuziehen (Rn. 102 Stichwort „Anzeigen").

Insolvenzgeld (früher Konkursausfallgeld) ist wie Arbeitslosengeld als Erwerbsersatzeinkommen zu behandeln[113] (Rn. 86).

b) Arbeitslosenhilfe wird nach §§ 19 I Nr. 6 SGB I, 190 ff., 194 SGB III gewährt, wenn auf Arbeitslosengeld kein Anspruch mehr besteht und der Arbeitslose außerdem bedürftig ist. Sie tritt nach Ablauf der Arbeitslosenunterstützung an die Stelle des weggefallenen Verdienstes und hat insofern ebenfalls **Lohnersatzfunktion.** Andererseits ist sie als subsidiäre Leistung ausgestaltet (§§ 193 f. SGB III), auf die Unterhaltsansprüche des Arbeitslosen angerechnet werden können. Insoweit ist die Arbeitslosenhilfe eine Unterhaltsersatzleistung. Aufseiten des **Unterhaltspflichtigen** ist Arbeitslosenhilfe daher als Einkommen zu berücksichtigen.[114] 82

Aufseiten des **Unterhaltsberechtigten** ist die Arbeitslosenhilfe dagegen nur eine subsidiäre Sozialleistung mit Unterhaltsersatzfunktion. Kann der Berechtigte seinen Unterhaltsanspruch noch nicht durchsetzen, kann ihm das Arbeitsamt nach § 203 I 1 SGB III zur Vermeidung von Härten die Arbeitslosenhilfe zahlen. Mit Leistungsanzeige an den Verpflichteten (§ 203 I 3 SGB III) geht der entsprechende Unterhaltsanspruch auf den Bund über. Wegen dieser Subsidiarität und dem Forderungsübergang mindert die Arbeitslosenhilfe nicht die Bedürftigkeit des Berechtigten und zählt daher nicht zu den Einkünften nach § 1577 I BGB.[115] Der BGH hat es in der zuletzt zitierten Entscheidung offengelassen, ob die Arbeitslosenhilfe dann als Einkommen des Berechtigten zu berücksichtigen ist, wenn das Arbeitsamt den Unterhaltsanspruch nicht auf den Bund überleitet. Die Frage dürfte jedenfalls für solche Zeiten zu bejahen sein, für die eine Überleitung und damit ein Forderungsübergang nicht mehr möglich ist, weil sonst der Berechtigte Unterhalt und zuzüglich Arbeitslosenhilfe erhalten würde.[116] Zu Recht weist der BGH allerdings darauf hin, dass ohne einen entsprechenden Sachvortrag der Parteien nicht davon ausgegangen werden kann, das Arbeitsamt werde von einer Überleitung absehen.[117] Nach § 203 I 5 SGB III ist das Arbeitsamt sogar verpflichtet, den Ersatzanspruch geltend zu machen. 83

Bei gleichzeitigem Bezug von Arbeitslosenhilfe durch den Berechtigten ist das Ergebnis der Unterhaltsberechnung stets auf seine Angemessenheit zu überprüfen, denn dem Berechtigten kann sonst zusammen mit der Arbeitslosenhilfe mehr Geld zur Verfügung stehen als dem Unterhaltspflichtigen.

c) Krankengeld, Krankentagegeld und **Krankenhaustagegeld**[118] sind ebenfalls Lohnersatzleistungen und als Einkommen anzurechnen.[119] Abgezogen werden jedoch krankheitsbedingte Mehrkosten.[120] Gleiches gilt für die Lohnfortzahlung im Krankheitsfall. Auch insoweit ist bei Ehegattenunterhalt der Erwerbstätigenbonus nicht abzuziehen.[121] 84

d) Erziehungsgeld ist in der Regel wegen § 9 S. 1 BErzGG nicht als Einkommen anzurechnen, denn danach werden Unterhaltspflichten durch die Zahlung des Erziehungs- 85

---

[112] OLG Karlsruhe, FamRZ 1998, 746; OLG Stuttgart, FamRZ 1996, 415; OLGR München 1996, 150; OLGR Hamburg 1996, 8

[113] OLG Hamburg EzFamR aktuell 2001, 45

[114] BGH, FamRZ 1996, 1067, 1069; FamRZ 1987, 456, 458 = R 329 a; NJW 1984, 1811 = R 207; BSG, FamRZ 1985, 379; Leitlinien der Oberlandesgerichte Nr. 2.2

[115] BGH, FamRZ 1996, 1067, 1070, FamRZ 1987, 456 = R 329 a; vgl. auch BVerfG FamRZ 1993, 164

[116] OLG Schleswig FamRZ 1985, 68; vgl. auch SüdL 2.2: Arbeitslosenhilfe gehört danach auch beim Berechtigten zum Einkommen, wenn der Unterhaltsanspruch nicht mehr übergeleitet werden kann oder feststeht, dass er nicht übergeleitet werden wird; so auch BraL 2.2, CL 2.2, DrL 2.2, DL 2.2, FL 2.2, HL 2.2, KL 2.2, NaL 2.2

[117] BGH, FamRZ 1987, 456 = R 329 a

[118] OLG Bremen FamRZ 1991, 86

[119] OLG Köln FamRZ 2001, 177; OLG Karlsruhe FamRZ 2000, 1091; Leitlinien der Oberlandesgerichte Nr. 2.1

[120] BGH, FamRZ 1987, 36, 38 = R 310 b; KGR 2002, 163

[121] OLG Hamburg, FamRZ 1992, 1308; OLGR Hamburg 1996, 8

geldes nicht berührt.[122] Dagegen zählt es nach § 9 S. 2 BErzGG als Einkommen bei gesteigerter Unterhaltspflicht gegenüber einem minderjährigen Kind (§ 1603 II BGB)[123] und im Rahmen einer Billigkeitsabwägung nach den §§ 1361 III, 1579[124] und 1611 I BGB. Zum Pflege- und Erziehungsgeld nach §§ 23 III, 39 SGB VIII (KJHG) (s. Rn. 463 a).

86 Außerdem sind wegen der **Lohnersatzfunktion** anzurechnen:
- Renten aus der gesetzlichen Unfallversicherung.[125]
- Kurzarbeitergeld,[126] Schlechtwettergeld,[127] Streikgeld.[128]
- Insolvenzgeld nach §§ 3 Nr. 10, 183 ff. SGB III[129] (früheres Konkursausfallgeld nach §§ 141 a, 141 b AFG).[130]
- Ausbildungsvergütungen (zu Ausbildungsbeihilfen vgl. Rn. 467) und Anlernzuschüsse sind anrechenbares Einkommen nach Vorabzug ausbildungsbedingter Aufwendungen.[131]
- Unterhaltszuschüsse für Beamte im Vorbereitungsdienst u. ä.[132]
- Stipendien.[133]
- Überbrückungsgeld eines Strafgefangenen für den Entlassungsmonat, in dem das Überbrückungsgeld ausbezahlt wird, das sogenannte Hausgeld bleibt anrechnungsfrei (vgl. Rn. 485 b).[134]

Bezüge aus Renten, Pensionen und ähnlichen Leistungen, die genau genommen auch Lohnersatzleistungen sind, werden in Rn. 438 gesondert erörtert.

IV. Berufs- und ausbildungsbedingte Aufwendungen

1. Berufs- und ausbildungsbedingte Aufwendungen als Abzugsposten

87 Berufsbedingte Aufwendungen sind vom Einkommen abziehbare Werbungskosten, weil sie zur Einkommenserzielung notwendig sind.[135] Sie werden in fast allen OLG-Bezirken zusätzlich zum Erwerbstätigenbonus (Rn. 94 a, 4/373, 378), und zwar vor diesem (Rn. 4/377), vom Einkommen abgezogen.[136] Die für berufsbedingte Aufwendungen benötigten Einkünfte können zur Bestreitung der Kosten der allgemeinen Lebensführung nicht verwendet werden und mindern deshalb das unterhaltsrechtlich relevante Einkommen.[137] Erfahrungsgemäß gibt es bei Einkünften aus abhängiger Arbeit berufsbedingte Aufwendungen für **Fahrten zur Arbeitsstätte,** außerhäusliche Verpflegung, erhöhten Kleiderverschleiß, Beiträge zu Berufsverbänden u. ä. Steuerrechtlich entspricht dem die Zuerkennung der Werbungskostenpauschale nach § 9 a EStG in Höhe von jährlich 1044 EUR, sofern nicht konkret höhere Aufwendungen geltend gemacht und belegt werden. Bei der unterhaltsrechtlichen Einkommensermittlung sind zu den berufsbedingten Aufwendungen auch

---

[122] BVerfG FamRZ 2000, 1149 m. w. N.
[123] OLGR Dresden 2000, 426; OLGR Koblenz 2000, 335; OLGR Hamm 2000, 59; OLG Nürnberg, FamRZ 1998, 981; Leitlinien der Oberlandesgerichte Nr. 2.5
[124] OLGR Zweibrücken 2000, 430
[125] BGH, FamRZ 1982, 252 = R 100; OLGR Naumburg 1997, 337; vgl. auch Rn. 339 f
[126] So auch LSG München InVo 2002, 157
[127] OLG Zweibrücken FamRZ 2000, 112
[128] So BSGE 19, 230; zum Steuerrecht BFHE 184, 474
[129] Zur Höhe BSG ArbuR 2002, 359; LSG Celle ZInsO 2002, 392
[130] OLG Hamburg EzFamR aktuell 2001, 45
[131] BGH, FamRZ 1988, 159 = R 346 b; FamRZ 1981, 541; OLG Naumburg FamRZ 2001, 1480; OLG Hamm FamRZ 1998, 1612
[132] OLG Braunschweig NJW 1955, 1599
[133] Vgl. BVerfG FamRZ 1998, 893; BFHE 197, 85 (ERASMUS)
[134] BGH, FamRZ 2002, 813 = R 573; FamRZ 1982, 792, 794; FamRZ 1982, 913 = NJW 1982, 2491; vgl. auch OLG Karlsruhe, FamRZ 1998, 45; siehe auch Rn. 385 b
[135] BGH, FamRZ 1988, 159, 161
[136] So jetzt auch das OLG Frankfurt/M. (FL 15.5)
[137] SüdL 10.2; BL 10.2; BrL 10.2; CL 10.2; DL 10.2; FL 10.2; HaL 10.2; KL 10.2; SchL 10.2; OL 10.2

Kinderbetreuungskosten zu rechnen, wenn die Betreuung durch Dritte infolge der Berufstätigkeit erforderlich wird[138] (Rn. 107).

88 Unterhaltsrechtlich sind solche Aufwendungen im Einzelnen **darzulegen** und entweder der Höhe nach pauschaliert (s. Rn. 89) geltend zu machen oder konkret aufzuschlüsseln und nachzuweisen (siehe Rn. 95). Für ausbildungsbedingte Aufwendungen von Lehrlingen oder Studenten und Schülern mit eigenen Einkünften gilt im Prinzip das Gleiche[139] (genaueres s. Rn. 2/91 f.). Grundsätzlich gilt, dass berufsbedingte Aufwendungen nur dann berücksichtigt werden können, wenn solche tatsächlich entstanden sind. Der BGH[140] lässt insoweit eine Schätzung nach § 287 ZPO zu (s. dazu Rn. 6/733). Die Pauschalierungen in den Leitlinien sind Orientierungshilfen für die gebotene Schätzung. Erhält der Arbeitnehmer eine Entschädigung und ist diese etwa gleich hoch wie der nachgewiesene Mehraufwand, kann die Entschädigung unberücksichtigt bleiben, weil sich die Beträge gegenseitig aufheben. Bei nicht Erwerbstätigen, etwa Rentnern und Pensionisten, kann es keine abziehbaren berufsbedingten Aufwendungen geben.[141]

2. Zur Pauschalierung berufsbedingter Aufwendungen

89 Da einerseits im Zusammenhang mit einer Erwerbstätigkeit regelmäßig berufsbedingte Aufwendungen entstehen und andererseits ein konkreter Nachweis oft mühsam und schwer ist, erkennt die Praxis überwiegend eine **Pauschalierung** berufsbedingter Aufwendungen an, wenn auch in unterschiedlichem Umfang. Die Leitlinien der Oberlandesgerichte sehen teilweise eine solche Pauschalierung vor, wenn keine höheren berufsbedingten Aufwendungen behauptet und nachgewiesen werden. Voraussetzung ist aber, dass überhaupt berufsbedingte Aufwendungen entstanden sind, die sich von den privaten Lebenshaltungskosten eindeutig abgrenzen lassen und dieses vorgetragen ist.[142] Nach der neu vereinbarten bundeseinheitlichen Leitlinienstruktur werden die berufsbedingten Aufwendungen jeweils unter **Ziff. 10.2.1** geregelt (vgl. Rn. 7).

- Nach SüdL kann bei Vorliegen entsprechender Anhaltspunkte eine Pauschale von 5% des Nettoeinkommens angesetzt werden. Übersteigen die berufsbedingten Aufwendungen diese Pauschale, so sind sie im Einzelnen darzulegen.
- Nach BL kann ohne Nachweis eine Pauschale von 5%, mindestens 50 EUR, bei geringfügiger Teilzeitarbeit auch weniger, und höchstens 150 EUR monatlich geschätzt werden. Höhere Aufwendungen können auf konkreten Nachweis berücksichtigt werden.
- Nach BraL können berufsbedingte Aufwendungen in der Regel mit 5% des Nettoeinkommens angesetzt werden, wenn hinreichende Anhaltspunkte für eine Schätzung bestehen. Im **Mangelfall** oder bei höheren Aufwendungen sind sämtliche Aufwendungen für eine Schätzung (§ 287 ZPO) darzulegen und nachzuweisen.
- Nach CL kann bei Vorliegen entsprechender Anhaltspunkte vom Einkommen aus nichtselbstständiger Erwerbstätigkeit eine Pauschale von 5% des Nettoeinkommens angesetzt werden. Übersteigen die berufsbedingten Aufwendungen diese Pauschale, so sind sie im Einzelnen darzulegen.
- Nach DL, die sich auf Ziff. A 3 der DT beziehen, sind berufsbedingte Aufwendungen, die sich von den privaten Lebenshaltungskosten nach objektiven Merkmalen eindeutig abgrenzen lassen, vom Einkommen abzuziehen. Bei entsprechenden Anhaltspunkten kann eine Pauschale von 5% des Nettoeinkommens – mindestens 50 EUR, bei geringfügiger Teilzeitarbeit auch weniger, und höchstens 150 EUR monatlich – geschätzt werden. Übersteigen die berufsbedingten Aufwendungen die Pauschale, sind sie insgesamt nachzuweisen. Dies gilt somit für alle Oberlandesgerichte, die die Düsseldorfer Tabelle uneingeschränkt anwenden.

---

138 Leitlinien der Oberlandesgerichte Nr. 10.3
139 Leitlinien der Oberlandesgerichte Nr. 13.2
140 BGH, FamRZ 1981, 541, 543 = NJW 1981, 2462
141 BGH, FamRZ 1982, 579, 581
142 OLG Braunschweig FamRZ 1995, 356; OLG Karlsruhe FamRZ 1992, 344

- Nach FL kann bei Vorliegen entsprechender Anhaltspunkte eine Pauschale von 5% des Nettoeinkommens abgesetzt werden. Übersteigen die berufsbedingten Aufwendungen diese Pauschale, so sind sie im Einzelnen darzulegen.
- Nach KL sind berufsbedingte Aufwendungen, die sich von den privaten Lebenshaltungskosten eindeutig abgrenzen lassen, vom Einkommen abzuziehen, wenn sie konkret dargelegt und belegt werden. Eine Schätzung gem. § 287 ZPO kommt in Betracht.
- Nach NaL kann in der Regel eine Pauschale von 5% ohne betragsmäßige Begrenzung angesetzt werden. Werden höhere Aufwendungen geltend gemacht oder liegt ein Mangelfall vor, sind die (gesamten) Aufwendungen im Einzelnen darzulegen und nachzuweisen.
- Nach OL ist das durchschnittliche Nettoeinkommen in der Regel zu bereinigen um die „allgemeine Unkostenpauschale" von 5% (bei Vollzeittätigkeit mindestens 50 EUR, höchstens 150 EUR), sofern die Einkünfte aus Erwerbstätigkeit erzielt und keine höheren Spesen bzw. Auslösungen gezahlt werden. Dies gilt auch neben dem **Erwerbstätigenbonus** von $^1/_7$ und im Mangelfall.

90 **Gegen eine Pauschalierung** sprechen sich die Oberlandesgerichte Bremen (BrL), Dresden (DrL), Hamm (HL), Jena (ThL), Köln (KL), Rostock (RL) und Schleswig (SchL) vgl. Rn. 94 aus. Eine Schätzung nach § 287 ZPO ist bei konkretem Vortrag aber zulässig.

91 Der BGH[143] hat in einer früheren Entscheidung zu **ausbildungsbedingten** Aufwendungen ausgeführt, dass solche grundsätzlich zum Ausgleich eines erhöhten Bedarfs von der Ausbildungsvergütung abgezogen werden können, jedoch nicht pauschal in Höhe der Hälfte der Vergütung angenommen werden dürfen. Sie sind vielmehr entsprechend den besonderen Verhältnissen des Einzelfalls festzustellen,[144] wobei jedoch Richtsätze, die auf die gegebenen Verhältnisse abgestellt sind und der Lebenserfahrung entsprechen, als Anhalt dienen können, falls nicht im Einzelfall besondere Umstände eine Abweichung bedingen. Der BGH hatte damals einen Betrag von 120 DM akzeptiert. In einer weiteren Entscheidung[145] hat der BGH den Abzug einer Pauschale von 145 DM für ausbildungsbedingte Aufwendungen rechtlich für bedenkenfrei gehalten.

92 Der BGH hat zwar bisher noch nicht ausdrücklich darüber entschieden, ob **berufsbedingte** Aufwendungen pauschal abgezogen werden können oder stets konkret darzulegen und zu berechnen sind.[146] Er hat andererseits in einer Reihe von Entscheidungen die pauschale Kürzung des Nettoeinkommens um 5% bis 10% für berufsbedingte Aufwendungen als im Rahmen des tatrichterlichen Ermessens liegend akzeptiert.[147] In einer weiteren Entscheidung[148] hat er eine den Pauschalabzug von 5% versagende OLG-Entscheidung aufgehoben und ausgeführt, dass der Pauschalabzug berechtigt sei, weil sich die Parteien auf den Pauschalabzug verständigt hätten. Ein entsprechender Parteiwille sei zu beachten.

93 Werden berufsbedingte Aufwendungen nach einer prozentualen Pauschale (etwa 5%) des Nettoeinkommens bemessen, dann ist vor der Berechnung der Pauschale das Bruttoeinkommen **um Steuern und Vorsorgeaufwendungen zu bereinigen.**

Beispiel:
Bruttoeinkommen = 70 564–19 331 (Lohnsteuer) – 1546,48 (Kirchensteuer) – 6582,92 (Rentenversicherung) – 1513,74 (Arbeitslosenversicherung) – 512 (Krankenversicherung) = 41 077,86 : 12 = 3423,16 × 5% = 171,15 EUR. Das bereinigte Nettoeinkommen beträgt 3423,16 – 171,15 = 3252,01 EUR.

94 Mit der Inanspruchnahme einer Pauschale sind **alle berufsbedingten Aufwendungen** aus abhängiger Arbeit abgegolten. Es kann dann neben der Pauschale nicht auch noch konkret abgerechnet werden. Werden über die Pauschale hinausgehende berufsbedingte Aufwendungen geltend gemacht, sind die gesamten berufsbedingten Aufwendungen kon-

---

143 BGH, FamRZ 1981, 541, 543 = NJW 1981, 2462
144 So auch OLG Dresden FamRZ 1999, 1351
145 BGH, FamRZ 1988, 159 = R 346 b
146 BGH, FamRZ 1986, 790
147 BGH, FamRZ 2002, 536, 537 = R 572 a; 1984, 151, 153 = NJW 1984, 294, 296; FamRZ 1982, 887; FamRZ 1982, 579, 581
148 BGH, FamRZ 1986, 790

kret darzulegen und in nachgewiesener Höhe abzuziehen. Es geht daher nicht an, neben der Pauschale von 5% auch noch den Beitrag für die Gewerkschaft als berufsbedingte Aufwendung abzuziehen.

Da mit dem Abzug einer Pauschale alle berufsbedingten Aufwendungen abgegolten sind, ist zweifelhaft, ob daneben noch ein **Erwerbstätigenbonus** in der üblichen Höhe von 1/7 (bzw. 1/10) abgesetzt werden darf.[149] Nach der Rechtsprechung des BGH muss dem Unterhaltspflichtigen bei der Bemessung des ehebedingten Unterhaltsbedarfs ein die Hälfte des verteilungsfähigen Einkommens „maßvoll übersteigender Betrag" verbleiben.[150] Diesen Berufstätigenbonus hat der BGH aber stets damit begründet, dass der mit der Erwerbstätigkeit verbundene höhere Aufwand abzugelten und zugleich ein Anreiz für die weitere Erwerbstätigkeit zuzubilligen sei.[151] Sind berufsbedingte Kosten bereits in voller Höhe vom Einkommen abgezogen worden, wird deswegen teilweise vertreten, den nur noch als Anreiz zur Erwerbstätigkeit dienenden Bonus geringer zu bemessen.[152] Diese Rechtsprechung hat der BGH[153] zwar ausdrücklich gebilligt (1/9 statt 1/7), zugleich aber darauf hingewiesen, dass die Höhe des Erwerbstätigenbonus allein im Ermessen des Tatrichters steht und deswegen nur bedingt nachprüfbar ist. Bei besonders beengten wirtschaftlichen Verhältnissen soll neben dem Vorwegabzug ein weiterer Bonus sogar ganz entfallen;[154] im Regelfall reicht hingegen der bloße Abzug berufsbedingter Kosten, auch wenn er mit 5% pauschaliert ist, dem doppelten Zweck des Erwerbstätigenbonus nicht.[155] Nach dieser Rechtsprechung sollte es beim Abzug eines (ggf. auf 1/10 verringerten) Erwerbstätigenbonus auch neben pauschalen berufsbedingten Auslagen bleiben (vgl. auch Rn. 4/380 ff.). Die Unterscheidung zwischen berufsbedingten Auslagen und Erwerbstätigenbonus ist auch deswegen geboten, weil bei dem Einkommen Selbstständiger regelmäßig schon die berufsbedingten Auslagen berücksichtigt sind, der Erwerbstätigenbonus aber noch abgesetzt werden muss.[156] 94 a

3. Konkrete Bemessung berufsbedingter Aufwendungen

Werden berufsbedingte Aufwendungen konkret geltend gemacht, was auch bei den Oberlandesgerichten möglich ist, die eine pauschale Geltendmachung anerkennen (siehe Rn. 89), dann müssen alle berufsbedingten Aufwendungen nach Grund und Höhe **dargelegt** und bei Bestreiten nachgewiesen werden.[157] Die behaupteten Aufwendungen müssen eindeutig von privaten Lebenshaltungskosten abgegrenzt werden können. Es darf sich also nicht um sogenannte Mischaufwendungen handeln. Für eine solche konkrete Geltendmachung gibt es eine Reihe von typischen Einzelpositionen, die in Rn. 102 f. zusammengestellt sind und erörtert werden. Bei jeder dieser Positionen sind Grund und Höhe entsprechend den besonderen Verhältnissen des Einzelfalls vom Gericht festzustellen. Dabei können dem Richter Richtsätze, die auf die gegebenen Verhältnisse abgestellt sind und der Lebenserfahrung entsprechen, als Anhalt dienen.[158] Die Höhe eines behaupteten und dem Grunde nach nachgewiesenen Aufwandes kann nach § 287 ZPO (Rn. 6/728 f.) geschätzt werden. Wenn der Berechtigte den unter Beweis gestellten substantiierten Tatsachenvortrag nur allgemein und unsubstantiiert bestreitet, kann das Gericht den Tatsachenvortrag ohne Beweisaufnahme seiner Entscheidung zugrunde legen.[159] 95

---

149 BGH, FamRZ 1993, 1304 = R 465 c; dafür OLG Düsseldorf FamRZ 1999, 1349, OLG München FamRZ 1993, 328

150 BGH, FamRZ 1990, 1090 = R 424 b; FamRZ 1990, 503 = R 413; FamRZ 1989, 842 (selbst mit 1/7 bemessen)

151 BGH, FamRZ 1992, 539 = R 444 c; FamRZ 1988, 265; FamRZ 1985, 161, 164; FamRZ 1981, 1165

152 BGH, FamRZ 1990, 1090; OLG Karlsruhe FamRZ 1996, 350

153 BGH, FamRZ 1997, 806 = R 512 b; FamRZ 1990, 989; FamRZ 1990, 979

154 BGH, FamRZ 1992, 539; OLG Koblenz FamRZ 1995, 169

155 BGH, FamRZ 1991, 670 = R 431 a; FamRZ 1991, 170; FamRZ 1990, 1085

156 Vgl. Leitlinien der Oberlandesgerichte Nr. 15.2

157 OLG Dresden FamRZ 2001, 47

158 BGH, FamRZ 1981, 541, 543 = NJW 1981, 2462

159 BGH, FamRZ 1990, 266 = R 389 a

4. Berechnung von Fahrtkosten

96 Grundsätzlich besteht die Verpflichtung, für Fahrten zwischen Wohn- und Arbeitsstätte die billigeren **öffentlichen Verkehrsmittel** zu benützen. Die dadurch entstehenden Kosten sind grundsätzlich anzuerkennen.[160] Allerdings kann einen Unterhaltsschuldner bei besonders hohen Fahrtkosten nach § 1603 II BGB ausnahmsweise sogar die Obliegenheit treffen, in die Nähe seiner Arbeitsstelle umzuziehen.[161] Kann die Arbeitsstätte mit einem billigeren öffentlichen Verkehrsmittel erreicht werden, dürfen Kraftfahrzeugkosten nicht als Bedarfsposten geltend gemacht werden.[162] Dabei kommt es stets aber auch auf die wirtschaftlichen Verhältnisse des Unterhaltspflichtigen an.[163] Auch für dienstliche Fahrten muss sich der Pflichtige mit dem Verkehrsmittel begnügen, dessen dienstliche Notwendigkeit vom Dienstherrn anerkannt wird. Wenn der Dienstherr zeitsparende Pkw-Reisen im Dienst nicht nach den Reisekostenvorschriften ersetzt, muss davon ausgegangen werden, dass er die Zeitersparnis dienstlich nicht für notwendig hält.[164] In all diesen Fällen dürfen trotz Benutzung des eigenen Pkw nur die Kosten abgezogen werden, die bei Benutzung öffentlicher Verkehrsmittel entstanden wären.[165]

97 Der Ersatz von **Kraftfahrzeugkosten** (vgl. auch Rn. 229) kann nur verlangt werden, wenn die Arbeitsstätte mit öffentlichen Verkehrsmitteln nicht oder nur in verkehrsmäßig nicht zumutbarer Weise erreicht werden kann, wenn das Fahrzeug auch während der Berufstätigkeit beruflich benötigt wird (z. B. im Außendienst oder bei mehreren Beschäftigungsorten) oder wenn der Verpflichtete aus persönlichen Gründen (z. B. Krankheit, Gehbehinderung oder sonstige wesentliche Körperbehinderung) auf die Benutzung eines Pkw dringend angewiesen ist.[166] Gleiches kann gelten, wenn der Unterhaltspflichtige im Schichtdienst arbeitet und deswegen auf die Benutzung seines PKW angewiesen ist.[167] Im Mangelfall kann allerdings auch bei längerer Fahrtzeit die Benutzung öffentlicher Verkehrsmittel zumutbar sein.[168] Teilweise wird auch die Höhe der Kilometerkosten reduziert.[169]

98 Wird ein Pkw – wie meist – auch privat genutzt, sind die Gesamtkosten im Verhältnis der beruflichen und privaten Nutzung aufzuteilen.[170] Dazu ist festzustellen, wie viele Kilometer jährlich gefahren werden und welcher Anteil davon dienstlich veranlasst ist. Nur die Kosten des beruflichen Anteils können abgezogen werden. Sie sind auf der Grundlage entsprechender Feststellungen nach § 287 ZPO zu schätzen, wenn eine eindeutige Abgrenzung der berufsbedingten Fahrten von den privaten Lebenshaltungskosten nicht möglich ist.[171] Nach BGH[172] ist bei einem Nettoeinkommen des Mannes von ca. 1600 EUR und der Frau von ca. 1400 EUR die Haltung eines Pkw den ehelichen Lebensverhältnissen zuzurechnen. Für die berufsbedingten Fahrten zur Arbeitsstelle können dann nicht die gesamten Betriebskosten, sondern nur die durch solche Fahrten entstehenden **Mehrkosten** vom Einkommen abgezogen werden.

---

160 BGH, FamRZ 1998, 1501 = R 521 b

161 BGH, FamRZ 1998, 1501 = R 521 b; OLG Koblenz FamRZ 1994, 1609; a. A. OLG Hamm FamRZ 2001, 46

162 BGH, FamRZ 1998, 1501 = R 521 b; FamRZ 1984, 988, 990 = R 191 c; FamRZ 1982, 360, 362; OLG Dresden FamRZ 1999, 1528; FamRZ 1999, 1351 (jeweils zur Darlegungslast); OLG Hamburg ZfJ 1999, 354; OLG Hamm FamRZ 1996, 958; OLG Karlsruhe FamRZ 1981, 783 (Entfernung 3 km)

163 BGH, FamRZ 1989, 483

164 OLG Köln, FamRZ 1982, 707

165 OLG Karlsruhe FuR 2001, 565

166 OLG Hamm NJW-RR 1998, 724

167 BGH NJW-RR 1995, 129; OLG Naumburg FamRZ 1998, 558

168 OLG Brandenburg FamRZ 1999, 1010

169 OLGR Hamm 2000, 276: Bei längerer Strecke als 20 km/täglich Reduzierung von 0,42 DM/km auf 0,35 DM/km

170 BGH, NJW-RR 1992, 1282; FamRZ 1982, 360, 362 = R 101 c

171 OLG München, FamRZ 1984, 173

172 BGH, FamRZ 1984, 988, 990 = R 191 c

Bei berechtigter Pkw-Benutzung zählen zu den abziehbaren Aufwendungen sowohl die Betriebskosten als auch die **Anschaffungskosten.**[173] Für eine notwendig werdende Neuanschaffung dürfen Rücklagen gebildet werden,[174] was aber nicht neben Kreditkosten für das alte Auto in Betracht kommt.[175] Die Anschaffungskosten eines Pkw können aber auch auf die voraussichtliche Laufzeit des Fahrzeugs umgelegt und wie bei Abschreibungen abgesetzt werden. Außerdem sind sie im Verhältnis der beruflichen zur privaten Nutzung aufzuteilen. Die Betriebskosten (Steuer, Versicherung, Treibstoff, Wartung und Reparaturen) sind entweder konkret abzurechnen oder können nach § 287 ZPO geschätzt werden (vgl. auch Rn. 604 a). Nach dem BGH[176] können für die gesamten Pkw-Kosten „mangels sonstiger konkreter Anhaltspunkte“ auch die Kostenansätze nach § 9 III des Gesetzes über die Entschädigung von Zeugen und Sachverständigen (ZSEG) herangezogen werden, die seinerzeit für Zeugen einen Satz von 0,40 DM für jeden angefangenen Kilometer vorsahen (Sachverständigen wurde schon damals ein Satz von 0,52 DM/km ersetzt). In der gegenwärtigen Fassung sieht § 9 III Nr. 2 ZSEG für Zeugen einen Satz von 0,21 EUR/km vor, was die Betriebskosten und die Abnutzung des KFZ ersetzt. Für Sachverständige (§ 9 III Nr. 1 ZSEG) ist zur Abgeltung der Anschaffungs-, Unterhaltungs- und Betriebskosten sowie der Abnutzung eine Satz von 0,27 EUR/km vorgesehen. Wird nach dieser Pauschale abgerechnet, sind damit alle Pkw-Kosten einschließlich der Anschaffungskosten abgegolten. 99

Entsprechend lehnen sich einige Leitlinien der Oberlandesgerichte (nach der neuen einheitlichen Leitlinienstruktur jeweils unter **Ziff. 10.2.2**) an die Höhe der Entschädigung für Sachverständige an und setzen für notwendige berufsbedingte Fahrtkosten regelmäßig **0,27 EUR**/km ab. Das gilt für die SüdL, CL, DrL, FL, und RL.

Teilweise wird in Anlehnung der Entschädigung für Zeugen regelmäßig **0,21 EUR**/km abgesetzt. Das gilt für DL und KL (nach § 9 III Nr. 2 ZSEG).

Andere Pauschalen sind festgelegt in BraL (0,22 EUR/km), HL (0,24 EUR/km), ThL (0,22 EUR/km), NaL (0,22 EUR/km neben Finanzierungskosten!), OL (0,30 EUR/km!) und SchL (0,26 EUR/km).[177]

Wurde das Fahrzeug mit einem beim Einkommen abgezogenen Kredit angeschafft, sind diese Pauschalen ungeeignet, weil damit die Anschaffungskosten doppelt berücksichtigt würden. In einem solchen Fall ist auf die reinen Betriebskosten abzustellen.[178] Bei Benutzung anderer Fahrzeuge können nur entsprechend geringere Pauschalen berücksichtigt werden. Das OLG Karlsruhe[179] ging bei Benutzung eines Motorrades von 0,24 DM/km aus.

Die berufsbedingt gefahrenen Kilometer sind substantiiert darzulegen und zu belegen. 100
Wegen der Wochenenden, der Urlaubs- und Feiertage ist der Jahresdurchschnitt zu errechnen. Bei normaler Arbeitszeit ergeben sich etwa **220 Arbeitstage** im Jahr. Liegt die Arbeitsstätte von der Wohnung 15 km entfernt, ergibt sich ein monatlicher Aufwand von 15 × 2 × 220 × 0,27 : 12 = 148,50 EUR. Ergibt sich bei **weiten Entfernungen** eine unangemessen hohe Belastung, muss darüber nachgedacht werden, ob der Wechsel in eine näher gelegene Wohnung oder Arbeitsstelle zumutbar ist[180] (vgl. Rn. 96). „Echte“ Fahrtkosten

---

173 OLG Dresden FamRZ 2000, 1176; OLGR Karlsruhe 1999, 276; OLG Hamm FamRZ 1998, 1512

174 BGH, FamRZ 1982, 360, 362 = R 101 c

175 OLG Hamm FamRZ 1997, 835

176 BGH, FamRZ 1994, 87 = R 468 b

177 Vgl. auch OLGR Karlsruhe 1999, 276

178 OLG Hamm, FamRZ 1997, 835. Das OLG schätzte die reinen Betriebskosten nach § 287 ZPO auf 0,15 DM pro Entfernungskilometer. Dies dürfte zu niedrig sein. Besser wäre es ohnehin gewesen, den Kredit nicht zu berücksichtigen und die Pauschale heranzuziehen. Ein anderer Senat des OLG Hamm – FamRZ 1997, 836 – will festgestellt haben, dass die „festen Kosten bei höherer Fahrleistung anteilig sinken“. Dies ist jedenfalls für die dort angegebene Strecke von täglich 84 km nicht nachvollziehbar. Das OLG Naumburg – FamRZ 1998, 558 – hat daher konsequent für eine einfache Strecke von 85 km täglich die dort übliche Pauschale von 0,45 DM/km uneingeschränkt zugestanden

179 FuR 2001, 565

180 BGH, FamRZ 1998, 1501 = R 521 b; dagegen OLG Hamm FamRZ 2001, 46

von monatlich 227 EUR sind nach dem OLG Hamm[181] noch nicht zu beanstanden. Im Mangelfall hinsichtlich Kindesunterhalts hat das OLG Koblenz[182] die rechnerischen Fahrtkosten von rd. 500 EUR auf ein Viertel reduziert.

101 Fahrtkosten sind nicht abziehbar, wenn und soweit sie durch **Kilometergeldzahlungen** oder sonstige Fahrtkostenerstattungen des Arbeitgebers gedeckt werden. Werden die Aufwendungen für Anschaffung und Haltung eines Pkw in Anlehnung an ADAC-Tabellen geschätzt, so sind in einer solchen Schätzung in der Regel die vollen Anschaffungs- und Betriebskosten enthalten. Deshalb ist zu beachten, dass Zuschüsse des Arbeitgebers zu den Anschaffungskosten zu berücksichtigen sind.[183]

5. Zusammenstellung weiterer berufsbedingter oder ausbildungsbedingter Aufwendungen

102 • **Abschreibungen** oder AfA (Absetzungen für Abnutzung) bezüglich der Anschaffungskosten von berufsbedingt benötigten Gegenständen. Genaueres zur AfA Rn. 150 ff., 195, 243 ff. Abschreibungen sind bei Einkünften aus abhängiger Arbeit selten. Ausnahmsweise können darunter z. B. die Anschaffungskosten für ein beruflich benötigtes Auto (Rn. 97 f.), für notwendige Einrichtungsgegenstände eines beruflich benötigten eigenen Arbeitszimmers (Rn. 104) oder für sonstige wichtige Gegenstände oder Werkzeuge wie z. B. für das Musikinstrument eines Musikers fallen. Bei der Abschreibung handelt es sich um die Verteilung der Anschaffungskosten auf eine pauschale Gesamtzeit der Verwendung. Das kann auch unterhaltsrechtlich sinnvoll und geboten sein, damit der Unterhaltsanspruch nicht zu sehr durch solche einmaligen Ausgaben gemindert wird. Eine Bindung an steuerliche Abschreibungssätze besteht nicht.[184] Steuerlich wirksame Abschreibungen können unterhaltsrechtlich übernommen werden, wenn es dadurch nicht zu Verfälschungen der unterhaltsrechtlichen Leistungsfähigkeit kommt und sie sich im Wesentlichen mit einer tatsächlichen Verringerung der für den Lebensbedarf verfügbaren Mittel decken. Dies gilt für die geringfügigen Wirtschaftsgüter im Jahr der Anschaffung und für die linearen Abschreibungen beweglicher Wirtschaftsgüter, soweit sie einen tatsächlichen Wertverlust der Wirtschaftsgüter widerspiegelt. Bezüglich der linearen Abschreibung eines Pkw der gehobenen Klasse ist von einer Nutzungsdauer von mindestens zehn Jahren auszugehen.[185] Dabei hat der Unterhaltspflichtige darzulegen, dass und weshalb der Zeitraum der Abschreibung und der tatsächlichen Lebensdauer der betroffenen Güter deckungsgleich sind. Im Zweifel kann 1/3 des steuerlichen Abschreibungsbetrages dem unterhaltspflichtigen Einkommen zugeschlagen werden.[186] Die Verteilung ist unter unterhaltsrechtlichen Zumutbarkeitsgesichtspunkten bei Berücksichtigung der beiderseitigen Interessen vorzunehmen. Das OLG Hamm[187] erkennt für Musiker einer Tanzband nur 2/3 der steuerlichen Abschreibungen an. Für Selbstständige vgl. Rn. 243 f.

• Anzeigen und sonstige **Bewerbungskosten** eines Arbeitslosen oder Arbeitsuchenden; z. B. auch entsprechende Schreib- und Telefonkosten, Reisekosten für Vorstellungsgespräche u. ä.

103 • **Arbeitsmittel,** wie Aufwendungen für **Fachliteratur,**[188] die nicht dienstlich zur Verfügung steht, oder für spezifische **Berufskleidung,** die von den durchschnittlichen Verhältnissen im Sozialbereich des Pflichtigen erheblich abweicht,[189] oder für Werkzeuge und Gegenstände, die dringend zur Berufsausübung benötigt werden, z. B. das Instrument

[181] OLG Hamm, FamRZ 1997, 356
[182] FamRZ 1994, 1609
[183] BGH, FamRZ 1982, 579, 581 = R 117 c
[184] BGH, FamRZ 2003, 741, 743; FamRZ 1984, 39
[185] OLGR Koblenz 2002, 46
[186] OLG Köln FamRZ 2002, 819
[187] OLGR Hamm 1999, 124
[188] OLG Karlsruhe FamRZ 1999, 1276; BGH NJW-RR 1992, 1282 (konkreter Nachweis erforderlich); FamRZ 1984, 374 a. E.
[189] OLG Köln, FamRZ 1982, 706

eines Musikers u. ä. In der Regel sind solche Arbeitsmittel vom Arbeitgeber zu stellen und deshalb nur ausnahmsweise abziehbar.

- **Arbeitsgerichtsprozess,** z. B. Kosten eines Kündigungsschutzprozesses[190] oder eines Folgeprozesses.
- **Arbeitszimmer.** In der Regel sind Aufwendungen hierfür nur ausnahmsweise abziehbar,[191] wenn der Arbeitgeber ein solches nicht zur Verfügung stellt, obwohl es dringend benötigt wird, wie es z. B. bei Provisionsvertretern und Heimarbeitern möglich sein kann. Bei nur gelegentlichem beruflichem Arbeiten zu Hause entfällt ein zwingendes Erfordernis für ein Arbeitszimmer.[192] Ein Abzug entfällt außerdem, wenn die private Wohnung zum Arbeiten (z. B. bei Heimarbeit) genutzt wird, weil das Arbeitszimmer von der privaten Nutzung klar abgegrenzt sein müsste. Wird die Absetzbarkeit anerkannt, sind auch beruflich dringend benötigte **Einrichtungsgegenstände** absetzbar. 104
- **Beiträge** zu berufswichtigen Verbänden wie Gewerkschaften,[193] Beamtenbund, Richterbund, Ärztekammer u. a.,[194] aber auch zur Sterbegeldkasse.[195]
- **Betriebsrat.** Abziehbar sind Aufwendungen, die notwendig mit einer Betriebsratstätigkeit zusammenhängen.
- **Doppelte Haushaltsführung.** Mehraufwendungen für einen doppelten Haushalt sind unterhaltsrechtlich nur abziehbar, wenn sowohl die Begründung als auch die Aufrechterhaltung einer doppelten Haushaltsführung beruflich notwendig ist und ein Umzug an den Beschäftigungsort nicht möglich oder nicht zumutbar ist. In der Regel wird eine solche Notwendigkeit nur bei verheirateten Ehegatten, die nicht getrennt leben, oder im Interesse von Kindern bejaht werden können. Bei getrennt lebenden oder geschiedenen Ehegatten setzt eine Berücksichtigung voraus, dass die Kosten niedrig sind und besondere persönliche Gründe die doppelte Haushaltsführung gerechtfertigt erscheinen lassen.[196] Bei nachgewiesener berechtigter doppelter Haushaltsführung sind abziehbar die tatsächlichen Kosten der zweiten Unterkunft am Beschäftigungsort, Mehraufwendungen für Verpflegung und Kosten für wöchentliche Familienheimfahrten. Zuschüsse des Arbeitgebers sind anzurechnen.[197] 105
- Fachliteratur (siehe dazu Rn. 103).
- Fehlgelder bei der Kassenführung durch Arbeitnehmer sind abziehbar, wenn sie nach vertraglicher Vereinbarung vom Arbeitnehmer zu tragen sind und der Fehlbestand nachgewiesen ist.
- Fernsprechgebühren sind nur absetzbar, wenn nachgewiesen werden kann, dass Telefongespräche dringend für berufliche Zwecke geführt werden müssen.[198] Im Zweifel handelt es sich um Kosten der privaten Lebensführung. Nur ausnahmsweise wird der berufliche Anteil eindeutig vom privaten Anteil abgegrenzt und geschätzt werden können.
- **Fortbildungskosten** sind Aufwendungen, die erforderlich sind, um in einem bereits ausgeübten Beruf auf dem laufenden zu bleiben und den jeweiligen Anforderungen dieses Berufs gerecht zu werden.[199] Dazu zählt der Besuch von notwendigen Fachtagungen und Fachlehrgängen. Abziehbar sind Lehrgangskosten, Tagungsgebühr, Fahrt, Verpflegungs- und Übernachtungskosten, abzüglich der vom Arbeitgeber übernommenen oder erstatteten Leistungen sowie einer etwaigen häuslichen Ersparnis (vgl. Rn. 59). Die Fortbildung ist auch bei vorübergehender Einkommensminderung hinzunehmen, wenn der Mindestunterhalt gewahrt bleibt und die Unterhaltsreduzierung bei Abwägung der gegenseitigen Interessen zumutbar ist.[200] 106

---

[190] Vgl. aber OLG Dresden FamRZ 2000, 1433; OLG Hamm FamRZ 1996, 1017
[191] OLG Bamberg FamRZ 1987, 1295
[192] OLG Köln, FamRZ 1983, 750, 753
[193] OLG Frankfurt, DAV 1983, 92; OLG Köln FamRZ 1985, 1166; OLG Hamm 4 UF 225/77
[194] OLG Köln, FamRZ 1983, 751, 753
[195] OLG Hamm 4 UF 225/77
[196] OLG Zweibrücken, FamRZ 1997, 837
[197] BGH, FamRZ 1990, 266
[198] OLG Bamberg FamRZ 1987, 1295
[199] OLGR Hamm FamRZ 1997, 280
[200] OLG Bamberg FamRZ 2000, 307

- Instandhaltungs- und Reparaturkosten sind nur abziehbar, wenn sie sich auf berufsnotwendige Arbeitsmittel und sonstige berufsnotwendige Gegenstände beziehen.

107 • **Kinderbetreuungskosten** können vom Einkommen abgezogen werden, wenn sie dem Sorgeberechtigten für die Betreuung seiner Kinder entstehen, damit er einer Erwerbstätigkeit nachgehen kann (z. B. Kosten einer Ganztagsschule oder Entgelt für Pflege- oder Aufsichtsperson u. ä.).[201] Die Anrechnung solcher Kosten als berufsbedingte Aufwendung wird dem Grundsatz von Treu und Glauben besser gerecht als die Nichtanrechnung eines Teils des Einkommens wegen unzumutbarer Erwerbstätigkeit. Nach der Rechtsprechung des BGH kann sogar ein offenbar pauschaler Betreuungsbonus gewährt werden, wenn die Betreuung zwar ohne konkreten Kostenaufwand, jedoch unter besonderen Erschwernissen erfolgt.[202] Nach der einheitlichen Leitlinienstruktur der Oberlandesgerichte werden die Kinderbetreuungskosten unter **Ziff. 10.3** geregelt. Nach SüdL, CL, DrL, DL, FL, HL, KL, NaL, RL und SchL sind Kinderbetreuungskosten abzugsfähig, soweit die Betreuung durch Dritte infolge der Berufstätigkeit erforderlich ist. Außerdem kann ein Kinderbetreuungsbonus angesetzt werden. Die ThL begrenzen den Abzug auf monatlich bis zu 160 €. Ein Freibetrag für Kinderbetreuungskosten kann auch dann gerechtfertigt sein, wenn die neue Ehefrau unentgeltlich Betreuungsleistungen für Kinder aus der 1. Ehe des Verpflichteten erbringt.[203] S. auch Rn. 557 b und Rn. 4/193.

- Prozesskosten und Rechtsberatungskosten in Arbeitsgerichtsverfahren, z. B. wegen Kündigung. Absetzbar sind auch die Kosten des Scheidungsverfahrens[204] einschließlich der notwendigen Folgesachen. Die Kosten des Unterhaltsverfahrens sind hingegen nicht abzugsfähig, weil sonst der Unterhaltsberechtigte über den Unterhalt den gegen ihn geführten Prozess mitfinanzieren würde.
- Reinigungskosten bei spezieller Berufskleidung, falls nicht vom Arbeitgeber ersetzt. Allerdings fielen diese auch bei Normalkleidung an,[205] es sei denn, außergewöhnliche berufliche Verschmutzung verursache erhöhten Reinigungsbedarf.

107 a • **Reisekosten** für beruflich veranlasste Reisen. Hierzu gehören u. a. Fahrtkosten, Mehraufwendungen für Verpflegung, Übernachtungskosten, Nebenkosten und unter Umständen auch Kosten für Zwischenheimfahrten. Erstattungen durch den Arbeitgeber sind anzurechnen.[206] Im Übrigen vgl. Rn. 56 f., 97.

- Repräsentations- und Bewirtungskosten sind regelmäßig nicht abziehbare Kosten der privaten Lebensführung. Dies gilt auch, wenn sie der Förderung des Berufs dienen. Die Rechtsprechung ist insoweit sehr zurückhaltend.[207]

108 • Steuerberatungskosten sind anzuerkennen, wenn die Zuziehung eines Steuerberaters zweckdienlich erscheint. Außerdem kommen geringere Steuern auch dem anderen Ehepartner zugute. Das OLG Hamm[208] lehnt die Berücksichtigung dieser Kosten bei Arbeitnehmern grundsätzlich ab, wenn nur eine „ganz normale Steuererklärung“ abzugeben war. Dies ist abzulehnen, weil sich immer erst nach der Beratung ergeben kann, ob steuerliche Besonderheiten vorliegen. Wenn die Kosten für eine normale Haushaltsführung erforderlich sind und nicht aus dem üblichen Haushaltsetat finanziert werden können, kann ausnahmsweise ein Abzug in Betracht kommen.

- Taxifahrten, wenn sie beruflich unbedingt notwendig waren und nicht als unangemessen anzusehen sind.
- **Umzugskosten** können berücksichtigt werden, wenn und soweit sie beruflich veranlasst waren, z. B. durch Betriebsverlegung an einen anderen Ort, nicht bei Wohnungswechsel innerhalb desselben Ortes. Dies kommt auch in Betracht, wenn der

---

[201] OLG Köln EzFamR aktuell 2002, 71
[202] BGH, FamRZ 2001, 350, 352 = R 551 c; 1991, 182, 184 = R 430 b mit weiteren Nachweisen; vgl. aber OLGR Hamm 2001, 89
[203] BGH, FamRZ 1995, 537 = R 493 b
[204] OLG Karlsruhe NJW-RR 1998, 578
[205] OLG Schleswig DAVorm 1987, 268, 270
[206] OLGR Braunschweig 1995, 262
[207] BGH, FamRZ 1987, 46 = R 313 b
[208] OLG Hamm, FamRZ 1992, 1177; so auch OLG Frankfurt JurBüro 1988, 360

Umzug notwendig ist, um am neuen Ort eine Erwerbstätigkeit aufzunehmen.[209] Die Kosten sind konkret nachzuweisen. Erstattungen durch den Arbeitgeber sind anzurechnen.

- Unfallkosten, wenn der Unfall sich im Beruf oder während einer beruflich veranlassten Fahrt ereignet, jedoch nur, soweit nicht vom Arbeitgeber oder einem ersatzpflichtigen Dritten ersetzt. Im Übrigen kann ein unfallbedingter Mehrbedarf der Verletztenrente aus der gesetzlichen Rentenversicherung gegengerechnet werden.[210]
- Verpflegungsmehraufwendungen, wenn sie auf Dienstreisen, anlässlich einer zu berücksichtigenden doppelten Haushaltsführung (siehe oben), anlässlich sonstiger berufsbedingter längerer Abwesenheit von zu Hause oder bei ständig wechselnden Arbeitsstellen entstehen.

6. Berufsbedingte Aufwendungen, für die Zulagen (Auslands-, Kleider-, Schmutzzulagen) oder ähnliche Entgelte (Aufwandsentschädigungen, Spesen, Reisekosten) gezahlt werden

Wie schon in Rn. 57 ausgeführt wurde, sind solche Zulagen und Entgelte zunächst 109
unabhängig von ihrer Zweckbestimmung als Entschädigung für berufsbedingte Aufwendungen voll dem Bruttoeinkommen zuzurechnen. Als Ausgleich kann der tatsächlich beruflich entstandene Aufwand vom Gesamteinkommen abgezogen werden, wenn er unbestritten oder nachgewiesen ist.[211] Sind die pauschalen Entschädigungen und die berufsbedingten Aufwendungen – wie in der Regel – der Höhe nach unterschiedlich, so ist die Differenz als Einkommen (wenn die Entschädigung höher ist) oder als Ausgabe (wenn die Aufwendungen höher sind) zu berücksichtigen. Sind die Entschädigungen und der Aufwand im Wesentlichen gleich, so können beide Posten unterhaltsrechtlich unberücksichtigt bleiben.[212] Zur Darlegungs- und Beweislast vgl. Rn. 62.

Der BGH hat als berücksichtigungsfähige Aufwendungen u. a. anerkannt:

- Bei behaupteten besonderen Repräsentationskosten im Ausland die Kosten für Dienstpersonal, Taxifahrten, Casinobeitrag und Betrag für deutsche Delegation.[213]
- Bei der Mitwirkung an Sitzungen einer kommunalen Bezirksvertretung die Fahrtkosten, Kosten für gelegentliche Stärkungen während der Sitzung und einen an die Partei abzuführenden Geldbetrag.[214] Umgekehrt ist die Aufwandsentschädigung (Kostenpauschale) eines Bundestagsabgeordneten,[215] eines Landtagsabgeordneten (Bayern)[216] sowie eines Bürgermeisters oder Kreisrats (Bayern)[217] als Einkommen behandelt worden, soweit sie nicht durch konkreten Aufwand aufgezehrt wird. Das OLG Hamm[218] hat die Anrechnung bei einem Gemeinderatsmitglied abgelehnt, weil die Kostenpauschale für die Deckung der Aufwendungen bestimmt und dafür auch nötig sei.
- Die Entschädigungen für eine Schöffentätigkeit und für die Führung einer Vormundschaft hat der BGH nach Sachlage im Hinblick auf fast gleich hohe konkrete Mehrausgaben unberücksichtigt gelassen.[219]

---

209 BGH, FamRZ 1983, 29 = R 138
210 BGH, FamRZ 1982, 252
211 BGH, FamRZ 1983, 352 = R 154 c; FamRZ 1980, 342, 344
212 BGH, FamRZ 1983, 670 = R 149 d
213 BGH, FamRZ 1983, 352 = R 154 c
214 BGH, FamRZ 1983, 670 = R 149 b
215 OLG Stuttgart FamRZ 1994, 1251
216 BGH, FamRZ 1986, 780; OLG Bamberg FamRZ 1986, 1144
217 OLG Bamberg 1999, 1082
218 OLG Hamm FamRZ 1980, 997
219 BGH, FamRZ 1983, 670 = R 149 d

3. Abschnitt: Gewinneinkünfte – Einkommensermittlung durch Betriebsvermögensvergleich –

I. Die steuerlichen Gewinnermittlungsarten

110 Das Einkommensteuerrecht unterteilt die sieben in § 2 I EStG aufgeführten Einkunftsarten (Rn. 37) in **Gewinneinkünfte** und **Überschusseinkünfte.**

Gemäß § 2 II EStG sind Gewinneinkünfte

- Einkünfte aus Land- und Forstwirtschaft (§ 13 EStG)
- Einkünfte aus Gewerbebetrieb (§ 15 EStG)
- Einkünfte aus selbstständiger Arbeit (§ 18 EStG).

Anders als bei den Überschusseinkünften, bei denen die Einkünfte durch Ermittlung des Überschusses der (zugeflossenen) Einnahmen über die (abgeflossenen) Werbungskosten (= berufsbedingte Aufwendungen) ermittelt werden, sind die Einkünfte aus Land- und Forstwirtschaft, Gewerbebetrieb und selbstständiger Arbeit durch Feststellung des Gewinns nach §§ 4 ff. EStG zu ermitteln. Dies geschieht im Regelfall durch den Betriebsvermögensvergleich, der in diesem Abschnitt dargestellt wird.

111 Ausnahmsweise können jedoch gemäß § 4 III EStG auch Gewinneinkünfte entsprechend den Überschusseinkünften durch **Ermittlung des Überschusses der** (zugeflossenen) **Einnahmen über die** (abgeflossenen) **Betriebsausgaben** (Rn. 183 ff.) ermittelt werden. Eine weitere Sonderregelung gilt für die Einkünfte aus Land- und Forstwirtschaft, die je nach Umfang durch Betriebsvermögensvergleich, Einnahmen-Überschuss-Rechnung oder nach **Durchschnittssätzen** (Rn. 199) festzustellen sind.

Unabhängig von der Art der Gewinnermittlung können an Gewinneinkünften mehrere Personen in Form einer Personengesellschaft beteiligt sein. In diesem Fall wird der Gewinn wie bei Einzelpersonen für die Personengesellschaft festgestellt und im Wege der **gesonderten und einheitlichen Gewinnfeststellung** den Beteiligten zugeschrieben.

Sofern der Steuerpflichtige seiner Verpflichtung zur Einkommensermittlung nicht nachkommt, kann dieses vom Finanzamt durch **Schätzung** (Rn. 202) festgestellt werden.

Die besonderen Arten der Einkommensermittlung werden im 4. Abschnitt dargestellt. Mit der unterhaltsrechtlichen Bewertung der steuerlichen Einkommensermittlung befasst sich der 5. Abschnitt.

II. Überblick zum Personenkreis und zur Einkommensermittlung

1. Zum Personenkreis

112 Einkünfte aus Gewerbebetrieb sind gemäß § 15 EStG insbesondere:

- Einkünfte aus gewerblichen Unternehmen
- Gewinnanteile der Gesellschafter von Personengesellschaften.

Nach § 15 II EStG ist Gewerbebetrieb eine selbstständige nachhaltige Betätigung, die mit Gewinnerzielungsabsicht unternommen wird und sich als Beteiligung am allgemeinen wirtschaftlichen Verkehr darstellt, wenn die Betätigung weder der Land- und Forstwirtschaft gemäß § 13 EStG noch der Selbstständigen Tätigkeit nach § 18 EStG zuzuordnen ist. Gewerbetreibende sind u. a. Kaufleute, Handwerker und Fabrikanten. Die steuerrechtliche Bedeutung der Zuordnung zu den gewerblichen Einkünften liegt in den Vorschriften zur Gewinnermittlung und der Belastung gewerblicher Einkünfte mit Gewerbesteuer.

Auch Kapitalgesellschaften, deren Einkommen nach dem Körperschaftssteuergesetz zur Besteuerung veranlagt wird (Rn. 408), ermitteln dieses Einkommen gemäß § 8 KStG nach den Vorschriften des EStG.

2. Umfang der Einkünfte aus Gewerbebetrieb

Alle Einkünfte, die im Rahmen eines Gewerbebetriebs erzielt werden, sind gewerbliche Einkünfte, auch wenn sie für sich gesehen einer anderen Einkunftsart zuzurechnen wären. **113**

Beispiel:
Ein Kraftfahrzeughändler vermietet zu seinem Betriebsvermögen gehörende Garagen an Privatpersonen. Die Mieten sind nicht nach § 21 EStG als Mieteinkünfte sondern als gewerbliche Einkünfte im Sinn des § 15 EStG zu erfassen und zu versteuern.
Ein Fabrikant legt betrieblich eingenommene Gelder als Festgeld an. Die Zinsen sind nicht nach § 20 EStG als Kapitaleinkünfte sondern als gewerbliche Einkünfte im Sinn des § 15 EStG zu erfassen und zu versteuern.

Auch an sich nicht gewerbliche Einkünfte einer Kapitalgesellschaft sowie einer GmbH & Co KG werden nach § 15 III Nr. 2 EStG steuerlich grundsätzlich wie Einkünfte aus Gewerbebetrieb behandelt. **114**

Löhne, Gehälter, Mieten und Zinsen, die eine Personengesellschaft an ihre Gesellschafter zahlt, sind gemäß § 15 I Nr. 2 EStG bei der steuerlichen Gewinnermittlung als sogenannte „Vorabvergütung" den gewerblichen Einkünften der Gesellschaft zuzurechnen und im Rahmen der Gesonderten und einheitlichen Gewinnfeststellung (Rn. 206) auf die betreffenden Gesellschafter zu verteilen. **115**

Beispiel:[1]
An der ABC-Altenpflegeheim KG sind die Gesellschafter A, B und C beteiligt. Die KG ist von der Gewerbesteuer befreit. A hat als Komplementär die Geschäfte der KG geführt und dafür 60 000 € entnommen, die als „Gehalt" verbucht wurden. B hat der oHG das Betriebsgebäude für 48 000 € pa. vermietet, C hat für ein der oHG gewährtes Darlehen 6000 € Zinsen erhalten. In der betriebswirtschaftlichen Gewinnermittlung sind neben den sonstigen Betriebsausgaben auch diese Beträge abgezogen worden. Der verbleibende Gewinn ist mit 100 000 € ausgewiesen. Die Einkünfte aus Gewerbebetrieb betragen 100 000 € + 60 000 € + 48 000 € + 6000 € = 214 000 €.

Es wäre falsch, derartige Einkünfte außerhalb der steuerlichen Gewinnermittlung noch einmal bei den jeweiligen Einkunftsarten – Nichtselbstständige Arbeit, Vermietung und Verpachtung, Kapitalvermögen – zu erfassen, da sie damit doppelt berücksichtigt würden.

3. Gesetzliche Grundlagen der Gewinnermittlung

Nach der Definition des § 4 I EStG ist der Gewinn der Unterschiedsbetrag zwischen dem Betriebsvermögen am Schluss des Wirtschaftsjahres und dem Betriebsvermögen am Schluss des vorangegangenen Wirtschaftsjahrs, vermehrt um den Wert der Entnahmen und vermindert um den Wert der Einlagen. Dies entspricht genau dem System der Feststellung des Zugewinns im ehelichen Güterrecht. **116**

Familienrecht: Zugewinnausgleich		**Steuerrecht: Betriebsvermögensvergleich**	
	Endvermögen		Betriebsvermögen am Jahresende
–	Anfangsvermögen	–	Betriebsvermögen am Vorjahresende
+	Minderungen nach § 1375 BGB	+	Entnahmen
–	Schenkungen und Erbschaften	–	Einlagen
=	Zugewinn	=	Gewinn

§ 4 I EStG stellt wie das eheliche Güterrecht auf Stichtage ab. Dem Endvermögen entspricht das Betriebsvermögen am Jahresende, das Anfangsvermögen das Betriebsvermögen am Ende des Vorjahres. Dem Zugewinn entspricht der steuerliche Gewinn, wobei dieser allerdings im Gegensatz zu jenem durchaus negativ, also ein Verlust sein kann.

Ähnlich den Regelungen der §§ 1374 II, 1375 II BGB für den Zugewinnausgleich gibt es auch beim Betriebsvermögensvergleich für die Gewinnermittlung unerhebliche Vorgänge,

[1] Ausführlich mit Lösung Rn. 207

nämlich Entnahmen und Einlagen (Rn. 176ff.). Wie im ehelichen Güterrecht die Vermögensveränderungen unberücksichtigt bleiben, die ihre Ursache außerhalb der Ehe haben, sind bei der Gewinnermittlung durch Betriebsvermögensvergleich Vorgänge irrelevant, die nicht betrieblich veranlasst sind.

117 Bei Gewerbetreibenden, die auf Grund gesetzlicher Vorschriften verpflichtet sind, Bücher zu führen und regelmäßig Abschlüsse zu machen oder dies freiwillig tun, ist gemäß § 5 I EStG das Betriebsvermögen anzusetzen, das nach den handelsrechtlichen Grundsätzen ordnungsgemäßer Buchführung auszuweisen ist. Entsprechend kodifiziert § 140 AO die steuerliche Verpflichtung zu Buchführung und Jahresabschluss für den, der dies auf Grund anderer Gesetze zu tun hat.

Für Gewerbetreibende gelten die §§ 238ff. HGB. Danach sind die ordnungsmäßige Buchführung (§ 238 HGB) und die Erstellung eines Jahresabschlusses, bestehend aus der Bilanz und der Gewinn- und Verlustrechnung (§ 242 HGB) vorgeschrieben.

Für Gewerbetreibende, die nicht unter §§ 238ff. HGB fallen, gilt § 5 EStG nur dann, wenn sie freiwillig Bücher führen und regelmäßig Abschlüsse machen. Darunter fallen in erster Linie Selbstständige im Sinn des § 18 EStG.

4. Ausnahmeregelungen

118 Für sonstige Gewerbetreibende besteht eine Verpflichtung zur Buchführung und zur Erstellung eines Jahresabschlusses nur, wenn

- der Umsatz 260 000 € oder
- der Gewinn 25 000 €

pro Jahr übersteigt. Dies ergibt sich aus § 141 AO, der in solchen Fällen die §§ 238 bis 240 I, §§ 243 bis § 256 HGB für entsprechend anwendbar erklärt. Eine Verpflichtung, neben der Bilanz auch eine Gewinn- und Verlustrechnung aufzustellen, besteht nicht, da auf § 242 Abs. 2 HGB nicht verwiesen wird.

Nachdem infolge der Änderung des HGB der Kreis der Kaufleute die Gewerbetreibenden unabhängig von der Art des Gewerbes erfasst, dürfte § 141 AO nur insoweit von Bedeutung sein, als präzise definiert ist, wer nicht buchführungs- und abschlusspflichtig ist.

III. Der Jahresabschluss

1. Handelsbilanz[2]

119 Nach § 247 HGB sind in die Handelsbilanz aufzunehmen

- das Anlagevermögen,
- das Umlaufvermögen,
- das Eigenkapital,
- die Schulden und
- die Rechnungsabgrenzungsposten.

Außerdem können Rückstellungen gebildet werden (§ 249 HGB).

Wie das Anlage- und Umlaufvermögen und die Schulden zu bewerten sind, ist im HGB ebenso geregelt wie Einzelheiten zur Bildung von Rechnungsabgrenzungsposten und Rückstellungen. Die nach diesen Grundsätzen erstellte Bilanz heißt „Handelsbilanz". Die Handelsbilanz soll dem Kaufmann selbst und seinen Geschäftspartnern, vorrangig den Kreditgebern regelmäßig Aufschluss über sein Vermögen geben. Die handelsrechtlichen Vorschriften für die Bilanz sind deshalb vom Prinzip vorsichtiger Bewertung geprägt;[3] Gewinn und Vermögen sollen eher zu niedrig als zu hoch angesetzt werden.

---

[2] Die Vorschriften des HGB für die Bilanz und Gewinn- und Verlustrechnung gelten an sich nur für Kapitalgesellschaften, werden jedoch in den Grundzügen generell angewandt

[3] Schmidt/Weber-Grellet EStG § 5 Rn. 77 und 381; Baumbach/Hopt/Merkt HGB, § 243 Rn. 9 und § 252 Rn. 10ff.

Die Bilanz ist nach § 266 I HGB in Kontenform aufzustellen, und sieht wie nachfolgend dargestellt aus:[4] 120

AKTIVA	PASSIVA
A. Anlagevermögen Immaterielle Vermögensgegenstände Sachanlagen Finanzanlagen	A. Eigenkapital[5] Gezeichnetes Kapital Kapitalrücklage Gewinnrücklagen Gewinnvortrag/Verlustvortrag Jahresüberschuss/Jahresfehlbetrag
B. Umlaufvermögen Vorräte Forderungen Wertpapiere Schecks, Kassenbestand, Guthaben	B. Rückstellungen C. Verbindlichkeiten
C. Rechnungsabgrenzungsposten	D. Rechnungsabgrenzungsposten

Auf der linken Seite steht immer das positive Vermögen (Aktivkonten), auf der rechten Seite stehen die Schulden und das Eigenkapital (Passivkonten). Da das Vermögen abzüglich der Schulden den Wert des Unternehmens ausmacht, stellt das **Eigenkapital** den Wert des Unternehmens dar. Es wird daher bei buchmäßiger Überschuldung negativ, kann dann auf der linken Seite der Bilanz stehen.

Das mag verwirren: obwohl doch das Eigenkapital den Wert des Betriebs darstellt, wird es wie die Schulden auf der Passivseite geführt. Dies erklärt man sich am besten damit, dass die Bilanz die betriebliche Sphäre darstellt. Das Kapital sind also die „Schulden", die der Betrieb bei seinem Inhaber hat.

Beispiel: 121
U will einen Handelsbetrieb eröffnen. Er beschafft sich dazu ein Gebäude zum Kaufpreis von 800 000 €, Büroinventar für 50 000 €, Kraftfahrzeuge für 100 000 € und Waren für den Weiterverkauf für 200 000 €. Aus einer Erbschaft und Ersparnissen hat er 100 000 €, von denen er 50 000 € auf das betriebliche Girokonto einzahlt und 50 000 € für die Anschaffungen verwendet. Im Übrigen finanziert er das Anlagevermögen durch Bankkredit. Die für die Verarbeitung bestimmten Waren erwirbt er auf Ziel.

Seine Eröffnungsbilanz sind dem gemäß so aus:

Aktiva		**Passiva**	
Anlagevermögen		**Eigenkapital**	
Maschinen	800 000	Kapital	100 000
Inventar	50 000		
Kraftfahrzeuge	100 000		
		Verbindlichkeiten	
Umlaufvermögen		Verbindlichkeiten aus Lieferung	
Waren	200 000	und Leistung	200 000
Girokonto	50 000	Langfristige Verbindlichkeiten	900 000
	1 200 000		**1 200 000**

Die von U vorgenommene Einlage ist in das Betriebsvermögen gegangen und dort in den bilanzierten Aktiva enthalten. Das Kapital beinhaltet keinen eigenen Ver- 122

[4] In verkürzter Form

[5] Die Gliederung des Eigenkapitals gilt für Kapitalgesellschaften. Bei Einzelunternehmen wird das Kapital nur nach (Vorjahres-)Kapital und (Jahres-)Gewinn/Verlust untergliedert. Bei den Personengesellschaften wird in der Regel für jeden Gesellschafter gesondert das Festkapital und das Variable Kapital ausgewiesen

mögenswert[6] sondern stellt spiegelbildlich das Nettovermögen dar: Übersteigen die Aktiva die Passiva, ist also das Nettovermögen positiv, so steht das Kapital auf der Passivseite, also „im Minus". Würden dagegen die Passiven die Aktiven übersteigen, müsste das Kapital die werthaltigeren Passiven ausgleichen, wäre deshalb auf der Aktivseite aufzuführen. Da man es zum Zweck der Erhaltung der Bilanzstruktur auf der rechten Seite bei den Passiva stehen lässt, spricht man vom **negativen Kapital.**

123 **Beispiel:**
Am Jahresende wird der Bestand des Betriebsvermögens festgestellt. Nach Berücksichtigung der Abschreibungen ergeben sich beim Anlagevermögen

• für das Gebäude	780 000 €
• für das Inventar	45 000 €
• für die Kraftfahrzeuge	80 000 €
Beim Umlaufvermögen sind zu erfassen	
• Waren	40 000 €
• Girokonto	5 000 €

Die Bilanz stellt sich daher dar:

Aktiva		**Passiva**		
Anlagevermögen		**Eigenkapital**		
Gebäude	780 000	Anfangskapital	100 000	
Inventar	45 000	Gewinn/Verlust	– 105 000	
Kraftfahrzeuge	80 000			– 5 000
Umlaufvermögen		**Verbindlichkeiten**		
Rohwaren	40 000	Verbindlichkeiten aus Lief.		
Girokonto	5 000	und Leistung		100 000
		Langfr. Verbindlichkeiten		855 000
	950 000			**950 000**

Die Verbindlichkeiten bei Banken und Lieferanten übersteigen mit 955 000 € das Aktivvermögen von 950 000 € um 5000 €, der Betrieb ist also bei steuerlichen Ansätzen um diesen Betrag überschuldet, das Kapital mit 5000 € negativ. Im Fall einer Insolvenz hätte der persönlich haftende Betriebsinhaber 5000 € aus dem Privatvermögen einzuschießen.

2. Die Steuerbilanz

124 Gemäß § 5 I EStG ist das in der Handelsbilanz festgestellte Betriebsvermögen auch für die nach § 4 I EStG für die Ermittlung des steuerlichen Gewinns zu erstellende Steuerbilanz maßgeblich.[7] Das handelsrechtliche Prinzip vorsichtiger Bewertung läuft jedoch dem Interesse des Fiskus zuwider, da der Gewinn für die steuerlich relevanten Einkünfte maßgeblich ist und demzufolge nicht zu gering sondern möglichst realistisch festgestellt werden soll. Die handelsrechtlichen Vorschriften sind daher u. a. durch § 5 II bis VI, § 6 und § 7 EStG modifiziert.

Da es auf Grund des in den maßgeblichen Vorschriften des HBG und des EStG vorhandenen Spielraums möglich ist, eine beiden Gesetzen entsprechende Bilanz, also eine **Einheitsbilanz** aufzustellen,[8] findet man Handels- und Steuerbilanzen bei kleineren Unternehmen höchst selten nebeneinander.

---

[6] Insoweit missverständlich die Ausführungen von Schürmann in FamRZ 2002, 1149 ff., 1151
[7] Einzelheiten und Besonderheiten der Maßgeblichkeit der Handelsbilanz bleiben hier unerörtert
[8] Baumbach/Hopt/Merkt § 242 Rn. 6

Da im Unterhaltsrecht das zur Verfügung stehende Einkommen zum Zweck angemessener Verteilung auf den Unterhaltspflichtigen und die Unterhaltsberechtigten möglichst sachgerecht ermittelt werden soll, ist die Handelsbilanz als Mittel zur Feststellung des unterhaltsrechtlich relevanten Einkommens weniger geeignet als die Steuerbilanz.[9] Muss man ausnahmsweise auf eine Handelsbilanz zurückgreifen, bedürfen die Daten besonders sorgfältiger Überprüfung.[10]

Die im HGB vorgeschriebene Gliederung der Bilanz (Rn. 120) wird üblicherweise auch für die Steuerbilanz verwendet, auch wenn dafür keine verbindlichen Vorschriften bestehen. Die Grundstruktur ist allgemeingültig, die Untergliederung erfolgt darüber hinaus nach branchenspezifischen Bedürfnissen oder Vorgaben. **125**

Aufgrund des Zusammenhangs zwischen Bilanz einerseits und Gewinn- und Verlustrechnung andererseits gelten die vorstehenden Ausführungen in gleicher Weise für die steuerrechtliche Gewinn- und Verlustrechnung.

3. Gewinn- und Verlustrechnung

Zum ordnungsgemäßen kaufmännischen Jahresabschluss gehört nach § 242 II HGB die Gegenüberstellung der Aufwendungen und Erträge, die sogenannte Gewinn- und Verlustrechnung. Während die Bilanz statisch das Betriebsvermögen zum jeweiligen Bilanzstichtag darstellt, werden in der Gewinn- und Verlustrechnung alle Erträge und Aufwendungen des abgelaufenen Wirtschaftsjahres erfasst. **126**

Gemäß § 275 I HGB ist die Gewinn- und Verlustrechnung in Staffelform aufzustellen. In II und III ist detailliert beschrieben, wie die einzelnen Erlöse und Aufwendungen aufzuführen sind. Der Übersichtlichkeit halber wird nachfolgend eine stark verkürzte Gewinn- und Verlustrechnung nach dem Gesamtkostenverfahren dargestellt und wegen der Darstellung im Detail auf die gesetzliche Vorschrift verwiesen.

Umsatzerlöse
Veränderungen des Warenbestands
Sonstige betriebliche Erträge
Materialaufwand
Personalaufwand
Abschreibungen
Sonstige betriebliche Aufwendungen
Erträge aus Beteiligungen
Zinsen und ähnliche Erträge
Zinsen und ähnliche Aufwendungen
Außerordentliche Erträge und Aufwendungen
Steuern vom Einkommen und Ertrag[11]
Gewinn

Sowohl die Bilanz als auch die Gewinn- und Verlustrechnung weisen den Gewinn aus. Wenn die Buchführung zwischen zwei Bilanzstichtagen einerseits, die Feststellung des Betriebsvermögens zu diesen Zeitpunkten andererseits ordnungsgemäß war, so müssen die Auswirkungen der einzelnen Geschäftsvorfälle auf das Betriebsvermögen logischerweise zu demselben Ergebnis führen wie der Bestandsvergleich, da die Summe der Erträge und der Gesamtaufwand in der Gewinn- und Verlustrechung das Anfangsvermögen in der Bilanz erhöhen, bzw. verringern (Rn. 146). **127**

[9] Herrschende Meinung, statt vieler: Strohal: Unterhaltsrechtlich relevantes Einkommen bei Selbstständigen, 2. Auflage Rn. 57

[10] Borth in Schwab: Handbuch des Familienrechts, Teil IV Rn. 662

[11] Beim Einzelunternehmen und bei Personengesellschaften findet sich hier nur die Gewerbesteuer, die Einkommensteuer ist kein betrieblicher Aufwand. Wenn sie aus betrieblichen Mittels bezahlt wird, ist sie als Privatentnahme zu buchen

IV. Die Doppelte Buchführung

1. Vorbemerkung

128 Auch soweit keine Verpflichtung zur Buchführung nach § 238 HGB oder § 141 AO besteht, zeichnen Gewerbetreibende wie Selbstständige die Geschäftsvorfälle ihres Betriebs in der Form der **doppelten Buchführung** auf, da die EDV-Buchführung, derer sie sich in der Regel bedienen, entsprechend aufgebaut ist. Die **einfache Buchführung** genügt nur unter besonderen Verhältnissen, etwa in Kleinbetrieben des Einzelhandels oder Handwerks, die aber in der Regel nicht buchführungspflichtig sind.[12] Da die Buchführung die Grundlage für die Gewinn- und Verlustrechnung ist und auch der überwiegende Teil der Posten der Bilanz aus der Buchführung entnommen werden, ist es für das Verständnis des Jahresabschlusses unverzichtbar, sich mit den Grundlagen der Buchführung vertraut zu machen.

2. Grundzüge der doppelten Buchführung

129 Während die Geschäftsvorfälle in der einfachen Buchführung nur auf **Bestandskonten** erfasst werden, werden in der doppelten Buchführung sowohl Bestandskonten als auch **Erfolgskonten** bebucht. Bestandskonten gehören zur Bilanz, Erfolgskonten zur Gewinn- und Verlustrechnung.

Beispiel:
In der einfachen Buchführung wird eine Überweisung vom Geschäftskonto nur dort als Vermögensminderung bzw. Abfluss gebucht. In der doppelten Buchführung muss dagegen zwingend eine Gegenbuchung erfolgen, z. B. auf dem Kassenkonto (Bestandskonto), wenn der Betrag in die Geschäftskasse eingelegt wurde, auf dem Konto „Mieten" (Erfolgskonto), wenn damit die Geschäftsmiete bezahlt wurde oder auf dem Privatkonto (Bestandskonto), wenn das Geld zu betriebsfremden Zwecken entnommen wurde.

130 Zu Beginn eines Wirtschaftsjahres werden die Bilanzposten aus der Schlussbilanz des Vorjahres in die Buchführung übernommen. Wie die Bilanz selbst gliedert sich die Buchführung in Konten auf. Die Aktiva, also das positive Vermögen, stehen wie in der Bilanz auf der linken Seite, die Passiva, also die Schulden und das Eigenkapital, finden sich auf der rechten Seite. In der Buchführung werden jedoch nicht die Begriffe „Aktiva" und „Passiva" aus der Bilanz verwandt sondern **„Soll" und „Haben"** aus der Gewinn- und Verlustrechnung. Aktiva stehen also im „Soll", Passiva im „Haben".[13]

Die laufenden Geschäftsvorfälle werden zwingend doppelt erfasst, nämlich einmal im „Soll" und einmal im „Haben". Wie das obige Beispiel zeigt, ist aber unterschiedlich, ob der Geschäftsvorfall mit Buchung und Gegenbuchung auf Bestandskonten oder mit einer Buchung auf einem Bestandskonto und mit der Gegenbuchung auf einem Erfolgskonto zu buchen ist.

Wird durch einen Geschäftsvorfall nur ein Bestandskonto berührt, die dort eintretende Vermögensänderung also nicht durch Änderung eines anderen Bestands kompensiert, so ändert sich um den Buchungsbetrag das Betriebsvermögen. Eine Bestandsbuchung im Soll ergibt sich aus einer Vermögensmehrung, eine Buchung im Haben aus einer Vermögensminderung in der Bilanz, die Gegenbuchung im Soll führt zu einem Aufwand, im Haben zu einem Ertrag in der Gewinn- und Verlustrechnung. Die durch eine Buchung verursachten

---

12 Baumbach/Hopt/Merkt § 238 Rn. 12

13 Durch den täglichen Umgang mit dem eigenen Girokonto verbindet man mit dem Begriff „Haben" das Guthaben, mit dem Begriff „Soll" das überzogene Konto, also die Schulden. Dass genau das Gegenteil richtig ist, verdeutlicht man sich am schnellsten und einfachsten damit, dass das Spar- und Girokonto ein Konto der Bank ist. „Soll" auf dem Girokonto bedeutet für die Bank, dass der Kontoinhaber an sie zahlen soll, das Guthaben hat also die Bank. „Haben" dagegen besagt, dass sie an den Kunden zu zahlen hat

Veränderungen in der Bilanz einerseits und der Gewinn- und Verlustrechnung andererseits sind in jedem Fall betragsmäßig identisch.

In der Buchführung werden alle Geschäftsvorfälle erfasst, die das Betriebsvermögen betreffen. Dies können sein: 131

- Vermögensverlagerungen (keine Veränderung des Betriebsvermögens)
- Entnahmen und Einlagen (außerbetrieblich bedingte Veränderung des Betriebsvermögens)
- Aufwendungen und Erträge (betrieblich bedingte Veränderung des Betriebsvermögens).

Drei Grundprinzipien sind für die doppelte Buchführung charakteristisch: 132

- Die Kontenform der Bilanz bleibt auch in der laufenden Buchführung erhalten, indem für jeden Bilanzposten – sowohl Aktiva als auch Passiva – ein eigenes Konto mit „Soll" und „Haben" eröffnet wird. Bestandserhöhungen werden daher auf dem jeweiligen Konto im „Soll", Bestandsminderungen im „Haben" gebucht. In der laufenden Buchhaltung wird – außer bei Stornierung fehlerhafter Buchungen – nicht saldiert.
- Jeder „Soll" – Buchung ist zwingend eine „Haben" – Buchung zugeordnet und umgekehrt, so dass auch in der laufenden Buchführung das Gleichgewicht immer erhalten bleibt.
- Wenn beide Buchungen auf Bestandskonten erfolgen, ergibt sich nur eine qualitative aber keine quantitative Änderung des Betriebsvermögens, also kein Gewinn oder Verlust. Wird ein Geschäftsvorfall dagegen auf einem Bestands- und einem Erfolgskonto erfasst, ergibt sich daraus eine quantitative Veränderung des Betriebsvermögens, also ein Gewinn oder Verlust.

3. Buchungen auf Bestandskonten

Beispiel: 133

Bei U ergeben sich folgende Geschäftsvorfälle:

1. Vom Girokonto hebt U 500 € ab und legt sie in die Bürokasse.
2. U kauft eine einen Schreibtischsessel für 1160 € brutto und lässt den Kaufpreis von seinem Girokonto abbuchen.
3. U schafft einen PKW an. Seine Bank überweist den Kaufpreis von brutto 34 800 € unmittelbar von seinem Darlehenskonto.[14]
4. U erhöht seinen Lagerbestand durch Ankauf von Waren für 23 200 € brutto.
5. Die laufende Rate in Höhe von 10 000 € für das Darlehen wird vom Girokonto abgebucht.

Diese Geschäftsvorfälle werden in der Buchführung – im sogenannten „Buchungssatz" – wie folgt erfasst: 134

Kasse	500	S	Girokonto	500	H

Obwohl das Girokonto in der Eröffnungsbilanz mit einem Guthaben auf der Aktivseite, in der Buchführung also im Soll steht, wird der entnommene Betrag nicht dort im Minus gebucht sondern im Haben, also der Passivseite. Dies lässt sich anhand der sogenannten „T-Konten", der Darstellung der Einzelkonten darstellen:

Girokonto

	Übertrag in Kasse 500 €

(Haben = Vermögensminderung auf dem Girokonto)

Kasse

Übertrag vom Girokonto 500 €	

(Soll = Vermögensmehrung in der Kasse)

[14] Die umsatzsteuerliche Sonderregelung für betrieblich und privat genutzte PKW bleibt hier zur Vereinfachung unberücksichtigt

Erst in der Bilanz erfolgt die Zusammenfassung je nach Saldo auf der Aktiv- oder Passivseite.

Die Buchungssätze für die weiteren Geschäftsvorfälle lauten:

Inventar	1 000	S	Girokonto	1 160	H
Vorsteuer	160	S			

Kraftfahrzeuge	30 000	S	Langfr. Verbindl.	34 800	H
Vorsteuer	4 800	S			

Die vorstehenden Buchungen zeigen, dass beim bilanzierenden Unternehmer der Abzugsmöglichkeit der an die Lieferanten bezahlten **Umsatzsteuer** – der sogenannten **Vorsteuer**[15] – dadurch Rechnung getragen wird, dass nur die verbleibende Vermögensmehrung durch die angeschafften Wirtschaftsgüter im Anlage- oder Umlaufvermögen erfasst wird. Die Vermögensminderung durch die an den Lieferanten gezahlte oder geschuldete Vorsteuer wird durch die gleichzeitige Erfassung als Forderung gegenüber dem Finanzamt kompensiert.[16]

135 Auch die Zahlung der **Tilgungsrate** führt nicht zu Gewinn oder Verlust. Gemäß § 362 BGB erlischt durch die Tilgung (= Zahlung vom Girokonto) die Verbindlichkeit (= anteilige Rückführung des Darlehens).

Langfr. Verbindlichk.	10 000	S	Girokonto	10 000	H

136 Fasst man die dargestellten Buchungen in einer „Zwischenbilanz" zusammen, so ergibt sich folgende Darstellung:[17]

Anlagevermögen		**Kapital**	
2) Sessel	+ 1 000		
3) Kraftfahrzeuge	+ 30 000		
Umlaufvermögen		**Verbindlichkeiten**	
1) Girokonto	– 500	3) Langfristige Verb.	+ 34 800
1) Kasse	+ 500	4) Verb. aus Lief. + Leist.	– 23 200
2) Girokonto	– 1 160	5) Langfristige Verb.	+ 10 000
5) Girokonto	– 10 000		
2) Vorsteuer	+ 160		
3) Vorsteuer	+ 4 800		
4) Warenbestand	+ 20 000		
4) Vorsteuer	+ 3 200		
Summe Aktivbuchungen	**48 000**	**Summe Passivbuchungen**	**48 000**

Dem Prinzip der doppelten Buchführung entsprechend sind die Summen von „Soll"- und „Haben"-Buchungen gleich. Da nur Bestandskonten angesprochen worden sind, heben sich Vermögensmehrungen und Minderungen per Saldo auf. Es gibt weder Gewinn noch Verlust.

[15] Die Abzugsfähigkeit der Vorsteuer setzt nach § 14 UStG die Vorlage einer Rechnung mit ausgewiesener Umsatzsteuer voraus

[16] Ausführlich dazu Rn. 166

[17] Die Ziffern bei den Bilanzposten beziehen sich auf die Nummern des Beispielsfalls

4. Buchungen auf Erfolgskonten

Dies ist anders, wenn die Geschäftsvorfälle auf Erfolgskonten gegenzubuchen sind. **137**

Beispiele:
1. U bezahlt die Miete von 3000 € netto für das Ladengeschäft per Dauerauftrag von seinem Girokonto.
2. U schuldet am Monatsende Löhne/Gehälter von 10 000 € netto zzgl. 6000 € Lohnsteuer pp. und 8000 € Sozialabgaben (AG + AN). Die Löhne und Gehälter zahlt er noch am Monatsletzten aus.
3. U verkauft aus seinen Beständen Waren mit dem Buchwert von 20 000 € zum Verkaufspreis von 50 000 € zzgl. USt.

Im Fall 1. verringert sich der Bestand des Girokontos um 3480 €, im Fall 2 um 10 000 €. Hier erhöhen sich die Verbindlichkeiten um 14 000 €, da die Lohnsteuer pp. und die Sozialabgaben am 15. des folgenden Monats abgeführt werden müssen. Im Fall 3 vermindert sich der Warenbestand um 20 000 €, die Forderungen erhöhen sich um 58 000 €. Auch die Umsatzsteuer und die Vorsteuer werden auf den Bestandskonten erfasst. Erfasst man die Geschäftsvorfälle in unserer „Zwischenbilanz" nur mit den Bestandsbuchungen, würde sich dies so darstellen:

Anlagevermögen		**Kapital**	
Umlaufvermögen		**Verbindlichkeiten**	
1) Girokonto	– 3 480	2) Verb. Lohnnebenkosten	+ 14 000
1) Vorsteuer	+ 480	3) Umsatzsteuer	+ 8 000
2) Girokonto	– 10 000		
3) Warenbestand	– 20 000		
3) Forderungen aus L+L	+ 58 000		
Summe Aktivbuchungen	**+ 25 000**	**Summe Passivbuchungen**	**+ 22 000**

Im Gegensatz zu den reinen Bestandsbuchungen heben sich Vermögensmehrungen und Vermögensminderungen nicht auf. Da die Bilanz jedoch im Gleichgewicht bleiben muss, können die Gegenbuchungen nur beim Kapital erfolgen. Dies ist auch folgerichtig: das Kapital gibt den Bestand des Betriebsvermögens wieder. Vermögensmehrungen oder -minderungen senken oder steigern also das Kapital. Die Vorgänge haben also das Betriebsvermögen um 3000 € erhöht; diese Vermögensmehrung ist nach der Definition des § 4 EStG der Gewinn. **138**

Anlagevermögen		**Kapital**	
		Gewinn	+ 3 000
Umlaufvermögen		**Verbindlichkeiten**	
1) Girokonto	– 3 480	2) Verb. Lohnnebenkosten	+ 14 000
1) Vorsteuer	+ 480	3) Umsatzsteuer	+ 8 000
2) Girokonto	– 10 000		
3) Warenbestand	– 20 000		
3) Forderungen aus L+L	+ 58 000		
Summe Aktivbuchungen	**+ 25 000**	**Summe Passivbuchungen**	**+ 25 000**

5. Die Gewinn- und Verlustrechnung

Die Geschäftsvorfälle, die das Betriebsvermögen verändern, werden jedoch nicht auf dem zum Kapital gehörenden Bestandskonto gegengebucht; dort wird erst beim Jahresabschluss **139** der Saldo als Gewinn oder Verlust erfasst. In der Buchführung wird das Kapitalkonto in **Ertrags- und Aufwandskonten** der Gewinn- und Verlustrechnung untergliedert, die zum einen den Erfordernissen des § 275 HGB entsprechen müssen und sich im Übrigen nach den Bedürfnissen des Buchführenden bezüglich der Spezifizierung seiner Buchführung richten. Die in den Beispielen dargestellten Geschäftsvorfälle werden dem gemäß wie folgt gebucht:

Miete[18]	3 000	S	Girokonto	3 480	H
Vorsteuer[19]	480	S			

Löhne/Gehälter	10 000	S	Girokonto	10 000	H
Lohnsteuer	6 000	S	Verbindlichkeiten	14 000	H
Sozialabgaben	8 000				

Wareneinsatz[20]	20 000	S	Waren	20 000	H

Forderungen	58 000	S	*Erlöse*	50 000	H
			Umsatzsteuer	8 000	H
					H

140 Wie das Kapital in der Bilanz spiegelbildlich den Gesamtwert des Vermögens darstellt, entspricht der Vermögensänderung im Einzelfall spiegelbildlich die Erfassung des erlöswirksamen Vorgangs außerhalb der Bilanz in der Gewinn- und Verlustrechnung. So geht vom Konto des U die Miete mit 3000 € netto ab. Die Buchung des Betrags im Haben des Girokontos mindert dessen Bestand und damit das Betriebsvermögen. Die Gegenbuchung auf dem Erfolgskonto spiegelt diesen Vorgang als Aufwand in dem Erfolgskonto der Gewinn- und Verlustrechnung.[21]

6. Das Privatkonto oder das Variable Kapitalkonto

141 Nicht nur Erträge und Aufwendungen sondern auch Entnahmen und Einlagen verändern das Betriebsvermögen und damit das Kapitalkonto. Um gemäß § 4 Abs. 1 EStG die durch Entnahmen und Einlagen bedingten Kapitalveränderungen von denen zu unterscheiden, die auf Erträge oder Aufwendungen zurückzuführen sind, wird das Kapitalkonto nicht nur in die Konten der Gewinn- und Verlustrechnung untergliedert. Es werden also auch für Privatentnahmen und -einlagen entsprechende Unterkonten gebildet. Beim Einzelunternehmer sind dies die Privatkonten.[22]

---

18 Zur besseren Übersicht sind in dieser Darstellung die Erfolgskonten immer kursiv dargestellt

19 Auch bei der Erfassung von Aufwand und Ertrag werden die Umsatzsteuer und Vorsteuer auf Bestandskonten gebucht, weil die dem Kunden in Rechnung gestellte Umsatzsteuer an das Finanzamt abgeführt werden muss, während die dem Unternehmer in Rechnung gestellte Vorsteuer mit der Umsatzsteuer verrechnet bzw. vom Finanzamt zurückgefordert werden kann. Die **Umsatzsteuer** ist daher beim bilanzierenden Unternehmer **erfolgsneutral**

20 zum Warenkonot und Wareneinsatz vgl. Rn 173 f.

21 Die bezahlte Umsatzsteuer wird als Vorsteuer (Forderung gegenüber dem Finanzamt) aktiviert, der Vorgang bleibt erfolgsneutral

22 Bei Personengesellschaften werden statt dessen Variable Kapitalkonten geführt

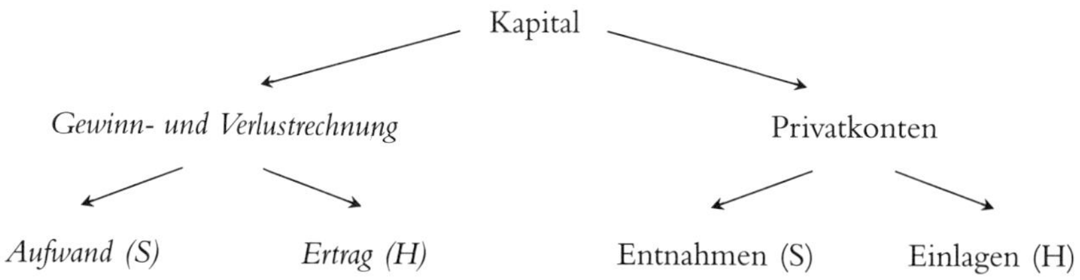

Auch das Privatkonto kann wieder in Unterkonten aufgeteilt werden, vorrangig in Einlagen und Entnahmen, darüber hinaus jedoch in beliebig viele Unterkonten (Rn. 177).

a) Bareinzahlungen und Barauszahlungen 142

Beispiel:

1. Um einen finanziellen Engpass zu überbrücken, überweist U von seinem privaten Girokonto 5000 € auf das Geschäftskonto.
2. U hebt vom Geschäftskonto 3000 € für seinen Privatbedarf ab.

Durch die Einlage von 5000 € erhöht sich das Guthaben auf dem Geschäftskonto und damit das Betriebsvermögen, während die Entnahme von 3000 € das Guthaben und damit das Betriebsvermögen mindert. Da das Kapital spiegelbildlich den Wert des Betriebsvermögens darstellt, verändert sich betragsgleich das Kapital, wie es auch durch die Erträge und Aufwendungen geschieht. Versteht man das Eigenkapital sinnbildlich als Schulden des Betriebs gegenüber seinem Inhaber (Rn. 121), so erhöhen sich diese bei jeder Einlage und verringern sich bei jeder Entnahme. Das **Privatkonto** ist ein **Bestandskonto.**

Die Beispielsfälle 1. und 2. werden daher wie folgt erfasst:

Girokonto	3 000	S	Privateinlagen	3 000	H
Privatentnahmen	5 000	S	Girokonto	5 000	H

b) Private Nutzung und Entnahme betrieblicher Wirtschaftsgüter[23] 143

Beispiel:

1. U nutzt das betriebliche Telefon auch privat. Er schätzt die auf die privaten Telefonate anfallenden Kosten auf 200 € p. a.
2. U entnimmt einen im Anlagevermögen mit 1000 € erfassten Schreibtisch; der Teilwert zuzüglich Umsatzsteuer beträgt 1392 €.

Der private Kostenanteil wird nicht von den Betriebsausgaben abgezogen sondern mit den Selbstkosten des U als Ertrag erfasst, als ob er diese Leistung – Überlassung des Telefons – an einen Dritten erbracht hätte. Der fiktive Ertrag wird gleichzeitig als Entnahme erfasst, so dass wie folgt zu buchen ist:

Privatentnahmen	236	S	*Unentgeltl. Wertabgabe*	200	H
			Umsatzsteuer	36	H

Die Entnahme ist gemäß § 6 I 4 EStG mit dem **Teilwert** anzusetzen. Das ist gemäß § 6 I 3 EStG der Betrag, den ein Erwerber des ganzen Betriebs im Rahmen des Gesamtkaufpreises für das einzelne Wirtschaftsguts ansetzen würde. **Obergrenze** für den Teilwert sind die **Wiederbeschaffungskosten, Untergrenze** ist der **Einzelveräußerungspreis.**[24] Die

[23] Einzelheiten dazu in Rn. 179 ff.
[24] Schmidt/Glanegger § 6 Rn. 226 und 228

Entnahme unterliegt gemäß § 3 I b 1 UStG der Umsatzsteuer, so dass sie in der Buchführung wie folgt zu erfassen ist:

Privatentnahmen	1 392	S	*Unentgeltl. Wertabgabe*	1 200	H
			Umsatzsteuer	192	H
Abgang Anlagevermögen	1 000	S	Anlagevermögen	1 000	H

144 U bucht wie bei einer Veräußerung an einen Dritten einen Nettoertrag von 1200 €. Diesem steht nur ein Aufwand aus dem Abgang aus dem Anlagevermögen in Höhe von 1000 € gegenüber. Die Differenz zwischen dem Buchwert und dem Teilwert des Anlagevermögens – die sogenannte **„Stille Reserve"** – stellt einen steuerpflichtigen Ertrag dar. Der entnommene Gegenstand ist mit dem Teilwert und der zu zahlenden Umsatzsteuer als Privatentnahme zu buchen. U wird also so behandelt, als hätte er einen Bruttoerlös von 1392 € erzielt und diesen Betrag seinem Geschäftskonto entnommen, um den Schreibtisch zu diesem Betrag zu erwerben.

7. Entwicklung des Jahresabschlusses aus der Buchführung

145 Zur Erstellung des Jahresabschlusses werden die während des Geschäftsjahres in der Buchführung erfassten Konten saldiert und nach Bestandskonten und Erfolgskonten getrennt. Die Bestandskonten gehen in die Bilanz ein, die Erfolgskonten in die Gewinn- und Verlustrechnung. In der Bilanz findet man daher nur die durch die Buchungsvorgänge des abgelaufenen Geschäftsjahres geänderten Vermögenswerte, die Änderungsvorgänge selbst verschwinden durch den Abschluss der Konten. Da sie aber spiegelbildlich durch die Gegenbuchungen auf den in die Gewinn- und Verlustrechnung eingegangenen Erfolgskonten erfasst worden sind, kann man die Vermögensveränderungen dort, erfasst und saldiert nach den verursachenden Geschäftsvorfällen entnehmen.

Wenn – was in aller Regel der Fall ist – die Erträge sowie die dadurch verursachten Vermögensmehrungen einerseits und die Aufwendungen und die dadurch bedingten Vermögensminderungen andererseits sich nicht decken, so ergibt sich als Differenz der Gewinn oder Verlust. Da wiederum alle auf den Erfolgskonten erfassten und in die Gewinn- und Verlustrechnung eingegangenen Erträge den auf den Bestandskonten erfassten Vermögensmehrungen entsprechen, während alle auf den Erfolgskonten erfassten und in die Gewinn- und Verlustrechnung eingegangenen Aufwendungen den auf den Bestandskonten erfassten Vermögensminderungen entsprechen ist die Differenz in der Bilanz und in der Gewinn- und Verlustrechnung betragsmäßig gleich.

146 Der Zusammenhang zwischen Vorjahresbilanz, Buchführung, Gewinn- und Verlustrechnung und Schlussbilanz lässt sich so darstellen:

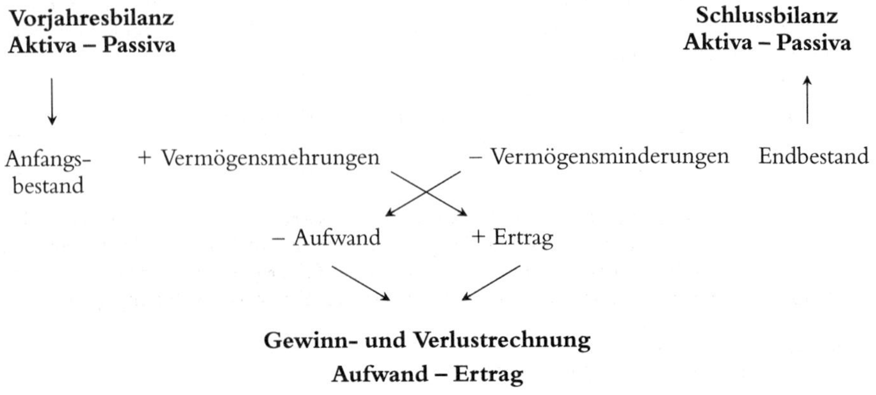

Die Vermögensmehrungen (= Bestand) im Soll werden als Ertrag (= Gewinn- und Verlustrechnung) im Haben, Vermögensminderungen (= Bestand) im Haben werden als Aufwand (= Gewinn- und Verlustrechnung) im Soll gebucht.

V. Die steuerliche Behandlung des Anlagevermögens

1. Definition

Das Steuerrecht unterscheidet zwischen **Umlaufvermögen** und **Anlagevermögen.** 147
Während das Umlaufvermögen selbst Gegenstand der betrieblichen Tätigkeit – Anschaffung und Veräußerung beim Handelsbetrieb, bzw. Anschaffung, Verarbeitung und Veräußerung beim Werkunternehmen – darstellt, dient das Anlagevermögen dem eigentlichen Betriebszweck. Lediglich diese Kriterien sind für die Unterscheidung von Umlauf- und Anlagevermögen von Bedeutung. Selbst **gleichartige Wirtschaftsgüter** können in ein- und demselben Betrieb **einmal Umlaufvermögen, ein andermal Anlagevermögen** sein.

Beispiel:
K ist selbstständiger Fahrzeugmechaniker. Er betreibt eine Werkstatt und befasst sich außerdem mit der Anschaffung und Veräußerung von Gebrauchtfahrzeugen. Zu seinem Betriebsvermögen gehört u. a. ein Kleinlastwagen, den K für den Einkauf von Ersatzteilen, etc. einsetzt. Außerdem hat er 20 Fahrzeuge gebraucht erworben, instandgesetzt und zum Zwecke der Weiterveräußerung bereitgestellt.

Der Kleinlastwagen gehört zum Anlagevermögen; alle übrigen Fahrzeuge sind Umlaufvermögen.

Beispiel:
Der Immobilienmakler M betreibt sein Büro in einem ausschließlich zu diesem Zweck genutzten Reihenhaus. Neben der Vermittlung von Immobilienkaufverträgen erwirbt M Wohneigentum in Versteigerungen, um es weiterzuveräußern. Gegenwärtig befinden sich aus solchen Geschäften in seinem Betriebsvermögen zwei Eigentumswohnungen.

Das Reihenhaus, in dem M sein Büro betreibt, dient der Ausübung seines Berufes und ist deshalb Anlagevermögen. Die beiden Eigentumswohnungen sind Objekte seiner Tätigkeit – Ankauf und Verkauf von Immobilien – und somit Umlaufvermögen.

2. Arten des Anlagevermögens

Das Steuerrecht unterscheidet zwischen 148
- beweglichem und unbeweglichem Anlagevermögen
- abnutzbarem und nicht abnutzbarem Anlagevermögen.

Unbewegliches Anlagevermögen sind Grundstücke und Gebäude, die im Gegensatz zum Zivilrecht nicht als einheitlicher Gegenstand angesehen werden sondern unterschiedlich zu behandeln sind. Sogar einzelne Gebäudeteile können bei unterschiedlicher Nutzung selbstständige Wirtschaftsgüter sein.

Beispiel:
R kauft ein Grundstück und errichtet darauf ein Wohn- und Geschäftshaus. Im Erdgeschoss richtet er seine Anwaltskanzlei ein, im gleich großen Obergeschoss befindet sich seine Familienwohnung.

Das erste Geschoss des Hauses ist abnutzbares unbewegliches Anlagevermögen; das Obergeschoss gehört zum Privatvermögen. Das Grundstück ist hälftig unbewegliches nicht abnutzbares Anlagevermögen und hälftig Privatvermögen.

3. Anschaffungskosten in der Bilanz[25]

Bei der Gewinnermittlung durch Betriebsvermögensvergleich ist der Zufluss und Abfluss 149
von Geldmitteln ohne Bedeutung. Die Anschaffung eines Wirtschaftsguts[26] hat keinen

---

[25] Die Umsatzsteuer bleibt bei den nachfolgenden Ausführungen unberücksichtigt, da sie sich auf die maßgeblichen Probleme nicht auswirkt

[26] Steuerrechtliche Bezeichnung vgl. § 6 EStG

Einfluss auf den Gewinn; sie schlägt sich daher nicht in der Gewinn- und Verlustrechnung nieder. Dem durch die Anschaffung des neuen Wirtschaftsguts verursachten Mehrwert des Anlagevermögens steht eine Minderung des Geldvermögens gegenüber.

In der Buchführung stellt sich die Anschaffung eines Lkw so dar:

Kraftfahrzeuge	60 000	S	Bank	60 000	H

Dem Zuwachs im Anlagevermögen (Kraftfahrzeuge im Soll) steht ein Abgang im Umlaufvermögen (Girokonto im Haben) gegenüber, das Betriebsvermögen ändert sich also nicht.

4. Absetzung für Abnutzung in der Bilanz und der Gewinn- und Verlustrechnung

150 Der Begriff **„Abschreibung"** stammt aus dem Bilanzrecht des HGB, wo es in § 253 I Satz 1 heißt:

„Vermögensgegenstände sind höchstens mit den Anschaffungs- oder Herstellungskosten, vermindert um die Abschreibungen nach den Absätzen 2 und 3 anzusetzen."

Die Handelsbilanz soll zum maßgeblichen Stichtag, insbesondere zum Ende eines Wirtschaftsjahres, den Wert des Handelsunternehmens für den Unternehmer selbst, insbesondere aber auch für Kreditgeber, Geschäftspartner und Anteilseigner darstellen. Da der Wertansatz zum Schutz der Gläubiger gemäß § 252 I Nr. 4 HGB vorsichtig zu erfolgen hat, die Wirtschaftgüter also keinesfalls überbewertet werden dürfen,[27] müssen Wertminderungen der ursprünglich mit den Anschaffungskosten bilanzierten Wirtschaftsgüter durch angemessene Abschläge, eben die „Abschreibungen" korrigiert werden.

151 Die dem § 252 HGB entsprechende Bewertungsvorschrift des Bilanzsteuerrechts findet sich in § 6 EStG. Danach sind Wirtschaftsgüter des Anlagevermögens, die der Abnutzung unterliegen, mit den Anschaffungs- oder Herstellungskosten vermindert um die **Absetzung für Abnutzung** anzusetzen. Anstelle des Begriffs der Abschreibung ist also bei abnutzbaren Wirtschaftsgütern von der „Absetzung für Abnutzung" die Rede, die unter der Abkürzung **„AfA"** geläufiger ist.

Im EStG finden sich im ausführliche Regelungen zur AfA. In § 7 EStG werden aufgeführt:[28]

- in Abs. 1 Satz 1 bis 3 die lineare AfA,
- in Abs. 1 Satz 5 die AfA nach Maßgabe der Leistung,
- in Abs. 1 Satz 6 die AfA für außergewöhnliche technische oder wirtschaftliche Abnutzung,
- in Abs. 2 die degressive AfA.

152 Eine dem § 253 IV HGB entsprechende Generalklausel „Abschreibung im Rahmen vernünftiger kaufmännischer Beurteilung" kennt das Steuerrecht nicht.

Auch die für Höhe der Jahres-AfA maßgebliche **betriebsgewöhnliche Nutzungsdauer** ist nicht in das Belieben des Steuerpflichtigen gestellt, sondern in vom Bundesministerium der Finanzen herausgegebenen AfA-Tabellen[29] geregelt. Diese sind für die AfA ausnahmsweise nicht maßgeblich, wenn im Einzelfall der Steuerpflichtige geltend macht, dass in seinem Betrieb die betriebsgewöhnliche Nutzungsdauer auf Grund höherer Beanspruchung des Wirtschaftsguts geringer ist. Änderungen der in den Tabellen geregelten Nutzungsdauer erfolgen mit genereller Wirkung aus technischen[30] oder steuerlichen[31] Gründen.

[27] Näheres siehe Baumbach/Hopt/Merkt § 252 Rn. 12

[28] Sonderregeln gelten gemäß § 7 Abs. 4 und 5 und § 7b EStG für Gebäude. Gemäß §§ 7c bis k EStG, §§ 75 ff. EStDV und anderen Gesetzen, etwa dem Fördergebietsgesetz, können in bestimmten Fällen Sonderabschreibungen vorgenommen werden

[29] Die Tabellen enthalten aufgegliedert nach einer Vielzahl von Gewerbebetrieben verbindliche Regeln für die Nutzungsdauer der dort verwendeten Wirtschaftsgüter

[30] Z. B. Verkürzung der AfA für Computer auf drei Jahre

[31] Z. B. Verlängerung der Nutzungsdauer langlebiger Wirtschaftsgüter durch die Steuerreform zum 1. 1. 2001

Beispiel:
U macht geltend, eine mit der betriebsgewöhnlichen Nutzungsdauer von 12 Jahren in der AfA-Tabelle verzeichnete Maschine werde bei ihm im Dreischichtbetrieb 24 Stunden täglich eingesetzt. Die Nutzungsdauer betrage deshalb nur vier Jahre.

Die Erfassung der Wertminderung in den Bestandsbuchungen erfolgt durch Buchung im Haben, also auf der Passivseite. Die Gegenbuchung wird auf dem Erfolgskonto „Absetzung für Abnutzung" im Soll vorgenommen. Bei einer Nutzungsdauer von vier Jahren ergibt sich für den LKW (Rn. 149):

AfA Kraftfahrzeuge	15 000	S	Kraftfahrzeuge	15 000	H

Der durch die Habenbuchung verringerte Bestand wird beim Jahresabschluss in die Bilanz übernommen. Die Buchung der AfA wird als Aufwand in der Gewinn- und Verlustrechnung erfasst. Nach der **Wertverzehrthese**[32] wird die AfA als Wertverzehr und dieser als betrieblicher Aufwand deklariert. **153**

5. Lineare AfA

Die Grundregeln der steuerlichen AfA in finden sich in § 7 EStG. Es heißt dort in Abs. 1: **154**
„Bei Wirtschaftsgütern, deren Verwendung oder Nutzung durch den Steuerpflichtigen zur Erzielung von Einkünften sich erfahrungsgemäß auf einen Zeitraum von mehr als einem Jahr erstreckt, ist jeweils für ein Jahr der Teil der Anschaffungs- oder Herstellungskosten abzusetzen, der bei gleichmäßiger Verteilung dieser Kosten auf die Gesamtdauer der Verwendung oder Nutzung auf ein Jahr entfällt (Absetzung für Abnutzung in gleichen Jahresbeträgen). Die Absetzung bemisst sich hierbei nach der betriebsgewöhnlichen Nutzungsdauer des Wirtschaftsgutes."

Diese Methode wird als lineare Abschreibung bezeichnet. Die jährliche AfA bemisst sich für die gesamte Nutzungsdauer mit einer gleich bleibenden Quote der Anschaffungskosten. Die AfA und der jeweilige Restwert stellen sich bei einem am 1. 1. 01 für 10 000 € angeschafften Wirtschaftsgut mit einer Nutzungsdauer von 10 Jahren wie folgt dar:

Jahr	AfA (Gewinn- und Verlustrechnung)	Restwert (Bilanz)
01	1 000 €	9 000 €
02	1 000 €	8 000 €
usw.	usw.	usw.
08	1 000 €	2 000 €
09	1 000 €	1 000 €
10	1 000 €	0 €

6. Degressive AfA

Während die lineare AfA auch bei Überschusseinkünften (z. B. Vermietung, Nichtselbstständige Tätigkeit) möglich ist, gibt es nur bei den Gewinneinkünften (Land- und Forstwirtschaft, Gewerbebetrieb, Selbstständige Arbeit) die degressive Abschreibung, die in § 7 II EStG so definiert wird: **155**
*„Bei **beweglichen Wirtschaftsgütern des Anlagevermögens** kann der Steuerpflichtige statt der Absetzung für Abnutzung in gleichen Jahresbeträgen die Absetzung für Abnutzung in fallenden Jahresbeträgen bemessen."*

Mit der degressiven AfA wird wirtschaftlich dem Umstand Rechnung getragen, dass die meisten betrieblichen Wirtschaftsgüter in der ersten Zeit nach der Anschaffung überdurch-

[32] Schmidt/Drenseck EStG § 7 Rn. 3

schnittlich viel an Wert verlieren.[33] Notwendige Voraussetzung für die Inanspruchnahme der degressiven AfA ist dies allerdings nicht.

Die degressive AfA errechnet sich mit einem festen Prozentsatz vom jeweiligen Wert beim Beginn der AfA-Periode, also den Anschaffungskosten im ersten, dem jeweiligen Restbuchwert in den folgenden Jahren; der Prozentsatz darf höchstens das Zweifache der linearen AfA-Rate und 20% betragen.[34] Zu dem Zeitpunkt, zu dem die lineare Abschreibung auf der Basis des vorhandenen Restwertes und der Restnutzungsdauer günstiger wird, kann auf die lineare Abschreibung übergegangen werden (§ 7 III EStG). Tabellarisch ergibt sich gegenüber dem vorangehenden Beispiel:

Jahresende	AfA	Restwert
01	2 000 €	8 000 €
02	1 600 €	6 400 €
03	1 280 €	5 120 €
04	1 024 €	4 096 €
05	819 €	3 277 €
06	655 €	2 622 €
07	655 €	1 967 €
08	655 €	1 312 €
09	655 €	657 €
10	657 €	0 €
	10 000 €	

In den ersten vier Jahren sind die AfA-Raten höher, danach niedriger als bei der linearen AfA.[35] Der linearen und der degressiven AfA ist gemeinsam, dass sie über die Dauer der betriebsgewöhnlichen Nutzungsdauer den steuerlichen Wert des abnutzbaren Vermögens Jahr für Jahr verringern und als Betriebsausgaben abzugsfähig sind, bis die Summe der AfA-Beträge die Anschaffungskosten kompensiert hat.

7. Sonderabschreibungen und Ansparrücklage

156 **a) Sonderabschreibungen.** Sonderabschreibungen sind auf Grund unterschiedlicher steuerlicher Vorschriften möglich. Sie sind gemäß § 7 a VIII EStG nur zulässig, wenn die Wirtschaftsgüter in ein besonderes, laufend zu führendes Verzeichnis aufgenommen werden, das den Tag der Anschaffung oder Herstellung, die Anschaffungs- oder Herstellungskosten, die betriebsgewöhnliche Nutzungsdauer und die Höhe der Sonderabschreibungen enthält, soweit dies nicht bereits aus der Buchführung ersichtlich ist. Am meisten werden die Sonderabschreibungen zur Förderung kleiner und mittlerer Betriebe nach § 7 g EStG in Anspruch genommen.

Nach dieser Vorschrift können bei neuen beweglichen Wirtschaftsgütern des Anlagevermögens unter bestimmten Voraussetzungen im Jahr der Anschaffung oder Herstellung und in den folgenden vier Jahren neben der linearen oder degressiven Abschreibung Sonderabschreibungen bis zu insgesamt 20% der Anschaffungs- oder Herstellungskosten vorgenommen werden.

Beispiel:
Der Unternehmer U, der die Voraussetzungen des § 7 g EStG erfüllt, hat im Jahr 01 eine neue Maschine für 100 000 € angeschafft, nachdem sich auf Grund eines außergewöhnlichen Auftrags ein

[33] Schmidt/Drenseck EStG § 7 Rn. 130
[34] Für bis 31. 12. 2000 angeschaffte Wirtschaftsgüter das Dreifache und 30%
[35] Der Zeitpunkt hängt von der jeweiligen Nutzungsdauer ab

überdurchschnittlicher Gewinn abgezeichnet hat. Nach der maßgeblichen AfA-Tabelle beträgt die betriebsgewöhnliche Nutzungsdauer der Maschine 5 Jahre, die jährliche AfA bei linearer Absetzung also 20%. U kann nimmt daneben die Sonder-AfA nach § 7g EStG gleich ersten Jahr voll in Anspruch.

Jahr	lineare AfA	AfA § 7 g EStG
01	20 000	20 000
02	20 000	
03	20 000	
04	20 000	
05	0	

Durch die Inanspruchnahme der Sonderabschreibung sind bereits nach dem vierten Jahr der fünfjährigen Nutzungsdauer alle Anschaffungskosten abgeschrieben, es ist keine AfA mehr einkommens- und steuermindernd anzusetzen. Auch bei Inanspruchnahme der Sonderabschreibung kann das Wirtschaftsgut insgesamt nur zu 100% abgesetzt werden. Der Vorteil liegt in dem durch die Verschiebung der anteiligen Steuerlast bedingten Liquidität und dem Zinsvorteil. Auch kann die degressive AfA zur Verlagerung von steuerlichem Einkommen und Vermeidung von Einkommensspitzen eingesetzt werden.

Seit dem 1. 1. 2000 kann die Sonderabschreibung nach § 7g EStG nur in Anspruch genommen werden, wenn zuvor für das angeschaffte Wirtschaftsgut eine **Ansparrücklage** gebildet worden war.

b) Ansparabschreibung/Ansparrücklage. Die früher sogenannte „Ansparabschreibung" ist keine Abschreibung oder AfA sondern eine Rücklage für eine künftige Anschaffung. Unter bestimmten betrieblichen Gegebenheiten können nach § 7g III EStG solche Rücklagen gebildet werden. Der Steuerpflichtige kann nach dieser Vorschrift schon vor einer Investition steuermindernde Rücklagen bilden. Diese Rücklage darf 40%[36] der Anschaffungs- bzw. Herstellungskosten des innerhalb der zwei folgenden Jahre anzuschaffenden Wirtschaftsgutes nicht überschreiten. Die Rücklage ist aufzulösen, sobald die AfA für das begünstigte Wirtschaftsgut in Anspruch genommen wird oder das zweite auf die Anschaffung folgende Jahr abläuft, ohne dass die Anschaffung erfolgt wäre. In diesem Fall 6% Zinsen pro Jahr zuzurechen. Wenn die zu versteuernden Einkünfte in der Progressionszone liegen, führt die Auflösung der Ansparrücklage zu einer höheren Belastung als durch ihre Bildung erspart wurde. Die Bildung einer Ansparrücklage ist zulässig, ohne dass die Investitionsabsicht glaubhaft gemacht werden muss.[37] **157**

8. Sofortabschreibung bei Geringwertigen Wirtschaftsgütern

Die gesetzlichen Bestimmungen für die ratenweise Absetzung für Abnutzung gelten zunächst unabhängig von der Höhe der Anschaffungs- oder Herstellungskosten. Aus Gründen der Vereinfachung können jedoch selbstständig nutzbare Wirtschaftsgüter des Anlagevermögens bei Anschaffungskosten bis zu 410 € netto[38] gemäß § 6 Abs. 2 EStG im Jahr der Anschaffung abgeschrieben werden.[39] Jedoch ist in diesem Fall ein Verzeichnis zu führen, wenn die Anschaffungskosten mehr als 60 € betragen. Das Verzeichnis wird in der Regel dadurch ersetzt, dass für derartige Anschaffungen in der Buchführung ein eigenes Konto eingerichtet wird.[40] **158**

[36] Bis 2000 50%
[37] BFH BStBl 2002, 385
[38] Auch wenn kein Vorsteuerabzug zulässig ist (EStR Abschnitt 86 Absatz IV)
[39] Schmidt/Glanegger EStG § 6 Rn. 455 ff.
[40] Schmidt/Glanegger EStG § 6 Rn. 457

9. Veräußerungserlöse

159 Im Gegensatz zur Anschaffung kann die Veräußerung bei der Gewinnermittlung durch Betriebsvermögensvergleich zu steuerlich relevanten Gewinnen oder Verlusten führen, da der Veräußerungserlös in der Regel nicht mit dem in der letzten Bilanz erfassten Wert, dem sogenannten Buchwert übereinstimmt. Die jährlich als AfA gewinnmindernd erfasste Wertminderung ist pauschaliert; auch bei zufällig der tatsächlich eingetretenen Wertminderung entsprechender AfA bestimmt das Verkaufsgeschick des Steuerpflichtigen und die Marktlage den Veräußerungserlös.

Beispiel:
Der Unternehmer hat einen für 30 000 € angeschafften Pkw linear mit 16,67% p. a. abgesetzt; der Buchwert beträgt, als U den Pkw nach drei Jahren verkauft, noch 15 000 €. Er erzielt beim Verkauf einen Erlös von 20 000 €.[41]

Die Gewinnauswirkung zeigt sich am einfachsten in der entsprechenden Buchung:[42]

Girokonto	20 000	S	Kraftfahrzeuge	15 000	H
			Gewinn	5 000	H

Das Vermögen erhöht sich um 20 000 € durch den Geldzufluss und verringert sich um 15 000 € durch Verkleinerung des Pkw-Bestandes. Die positive Differenz ergibt den Gewinn in der Bilanz.

Beispiel:
Wie vor, jedoch erzielt U beim Verkauf nur 10 000 €.

Dieser Fall ist in der Buchführung wie folgt zu erfassen:

Girokonto	10 000	S	Kraftfahrzeuge	15 000	H
Verlust	5 000	S			H

Saldiert man beide Positionen, also die AfA über die gesamte tatsächliche Nutzungsdauer und den Veräußerungsgewinn, bzw. Verlust, so hat sich von der Anschaffung bis zum Verkauf der genaue wirtschaftliche Wertverlust steuermindernd ausgewirkt.

	Ausgangsfall	Variante
Anschaffungskosten	30 000 €	30 000 €
Veräußerungserlös	– 20 000 €	– 10 000 €
Aufwand	**10 000 €**	**20 000 €**
AfA	– 15 000 €	– 15 000 €
Gewinn/Verlust	+ 5 000 €	– 5 000 €
Aufwand	**10 000 €**	**20 000 €**

Auch bei nicht abnutzbaren Wirtschaftsgütern können durch die Veräußerung steuerpflichtige Erlöse entstehen, wenn der Veräußerungserlös wegen eines besonders günstigen Kaufpreises oder zwischenzeitlicher Wertsteigerung über den Anschaffungskosten liegt

Beispiel:
1. U hat in einer Zwangsversteigerung ein Grundstück für 175 000 € zzgl. 5000 € Erwerbsnebenkosten erworben. Da er es entgegen seiner ursprünglichen Planung nicht benötigt, verkauft er es nach neun Monaten zum tatsächlichen Verkehrswert für 250 000 €.

---

[41] Die Umsatzsteuer wird in diesem Beispiel vernachlässigt
[42] Zum besseren Verständnis ist die Buchung gekürzt dargestellt

2. U hat eine Lizenz für die Herstellung und den Verkauf einer Software für 10 000 € erworben. Durch eine gute Markteinführung werden ihm für die Lizenz ein Jahr später 60 000 € geboten, als er sie wegen einer betrieblichen Umstrukturierung zum Verkauf anbietet.

Im Fall 1) sind die den Buchwert von 180 000 € übersteigenden 70 000 €, im Fall 2) 50 000 € steuerpflichtige Erlöse. Die Differenz zwischen Veräußerungserlös und Buchwert bezeichnet man als **Stille Reserven,** die beim Abgang aus dem Betriebsvermögen **aufgedeckt** und versteuert werden.

10. Finanzierung

Die Aufnahme und die Tilgung von Krediten ist steuerlich irrelevant, da sie sich aus- **160**
schließlich auf der Vermögensebene abspielt. Sie beeinflusst daher den Gewinn nicht. Nur die Zinsen sind als Aufwand steuerlich relevant. Bei Annuitätendarlehen sind daher bereits in der Buchführung Zins- und Tilgungsanteil auseinander zu halten.

Beispiel:
U nimmt am 31. 12. einen Kredit von 10 000 € auf, der mit 8% p. a. zu verzinsen und in 36 zum Monatsende fälligen gleich bleibenden Raten in Höhe von 313,36 € zurückzuzahlen ist. Der Kredit wird auf das betriebliche Girokonto ausgezahlt; von diesem Konto werden die monatlichen Annuitäten abgebucht.

Die Kreditaufnahme wird wie folgt gebucht:

Girokonto	10 000	S	Langfr. Verbindlichkeit	10 000	H

Die monatlichen Raten sind in Zins und Tilgung aufzuteilen: **161**
31. 1.

Langfr. Verbindlichkeit	246,70	S	Girokonto	313,36	H
Zinsen	66,66				

28. 2.

Langfr. Verbindlichkeit	248,34	S	Girokonto	313,36	H
Zinsen	65,02				

31. 3.

Langfr. Verbindlichkeit	250,00	S	Girokonto	313,36	H
Zinsen	63,36				

etc.
Im Jahresabschluss sind die Tilgungen nur aus dem Vergleich zwischen dem Anfangs- und Endbestand zu entnehmen, da die einzelnen Beträge mit dem Anfangsbestand saldiert werden und nur der sich daraus ergebende Endbestand übernommen wird. Die Summe der Zinszahlungen findet sich dagegen in der Gewinn- und Verlustrechnung als Aufwandsposten.

VI. Unterhaltsrechtlich relevante Merkmale der Gewinnermittlung durch Betriebsvermögensvergleich

1. Periodengerechte Gewinnermittlung

a) Grundsatz. Das wesentliche und prinzipielle Merkmal der Bilanz mit Gewinn- und **162**
Verlustrechnung besteht im „Stichtagsprinzip“ und der periodengerechten Gewinnermitt-

lung. In der Bilanz werden alle aktiven und passiven Vermögenswerte, die den Wert des Betriebes ausmachen, zum Bilanzstichtag erfasst. Die Bilanz gibt – wenn auch zu steuerlichen Buchwerten – wieder, was ein Käufer des Unternehmens am Bilanzstichtag als Kaufpreis bezahlen würde.

Dem trägt die periodengerechte Gewinnermittlung Rechnung: nicht der Zufluss oder Abfluss von Geldmitteln ist für das Betriebsvermögen maßgeblich sondern die Erhöhung oder Verminderung des Vermögens, die nicht notwendig zeitgleich erfolgen müssen. Ertrag und Aufwand in der Gewinn- und Verlustrechnung decken sich daher ebenfalls nicht notwendig zeitlich mit dem Zufluss von Betriebseinnahmen oder dem Abfluss von Betriebsausgaben.[42a]

163 **b) Forderungen und Verbindlichkeiten.** Dementsprechend werden alle Betriebseinnahmen und Betriebsausgaben bereits beim Entstehen der ursächlichen Forderungen und Verbindlichkeiten in die Gewinn- und Verlustrechnung aufgenommen werden, auch wenn der Zu- oder Abfluss bereits vor Beginn oder erst nach Ende des maßgeblichen Geschäftsjahres erfolgt ist. In der Gewinn- und Verlustrechnung ist deshalb auch nicht von Betriebseinnahmen und Betriebsausgaben sondern von **Ertrag** und **Aufwand** die Rede.

Beispiel:
U hat für K ein umfangreiches Gutachten erstellt. Nach Fertigstellung und Übergabe übersendet er am 28. 11. 2002 die Ausfertigungen mit einem abschließenden Schreiben und seiner Honorarrechnung über 23 200 € brutto. K bezahlt diese am 20. 1. 2003.
Von dem eingegangenen Honorar bezahlt U die Rechnung für die Wartung seiner EDV-Anlage, die Anfang Dezember 2002 durchgeführt und am 23. 12. 2002 mit 4640 € in Rechnung gestellt wurde.

Wenn U seinen Gewinn nach § 4 I EStG durch Betriebsvermögensvergleich ermittelt, sind sowohl das Honorar als Erlös als auch die erhaltene Rechnung als Aufwand im Jahr 2002 zu erfassen, auch wenn die Bezahlung erst im Jahr 2003 zu einer Betriebseinnahme, bzw. Betriebsausgabe führt. Die Leistungen sind in 2002 erbracht, die Gegenleistungen werden geschuldet.

Würde U zum 31. 12. 2001 seinen Betrieb mit allen Aktiven und Passiven verkaufen, so würde der Käufer die Honorarforderung erwerben und das im Januar 2003 zufließende Honorar vereinnahmen dürfen, ohne die dafür ursächliche Leistung noch erbringen zu müssen, wie er andererseits auch die Verbindlichkeit gegenüber dem EDV-Betrieb übernehmen und im Januar begleichen müsste, obwohl der Vorteil nicht mehr ihm zugute kommt. Der Wert des Unternehmens erhöht sich also durch die Forderungen und vermindert sich durch die Verbindlichkeiten bereits bei ihrer Entstehung und nicht erst bei der Erfüllung, also dem Zu- oder Abfluss.

Dem gemäß hat U die Forderung als Aktiv- die Verbindlichkeit als Passiv-Posten in die Bilanz zum 31. 12. 2001 einzustellen und das Honorar als Erlös, die Rechnung für die EDV-Wartung als Aufwand in der Gewinn- und Verlustrechnung 2001 zu erfassen.

In der Buchführung stellen sich die Bildung von Forderungen und Verbindlichkeiten so dar:

Forderungen	23 200	S	*Erlöse aus Gutachten*	20 000	H
			Umsatzsteuer	3 200	H

Instandhaltungskosten	4 000	S	Verbindlichkeiten aus Lieferungen und Leistungen	4 640	H
Vorsteuer	640	S			

Zum Zeitpunkt des Entstehens der Forderung erfolgt also die Berücksichtigung für Ertrags- und Umsatzsteuer.[43]

42a Die Begriffe „Betriebseinnahmen“ und „Betriebsausgaben“ werden hier nur im Sinne des Zu- und Abflusses von Geldmitteln verwendet

43 Zur Ist-Versteuerung siehe Rn. 166

Wenn dann später die Zahlungen eingehen, bzw. geleistet werden, sind diese Vorgänge **erfolgsneutral,** also ohne Gewinnauswirkung zu erfassen. Dies erfolgt durch die **Auflösung** der Forderungen und Verbindlichkeiten: 164

Girokonto	23 200	S	Forderungen	23 200	H

Verbindlichkeiten	4 640	S	Girokonto	4 640	H

Wenn die Erfüllung der Forderung und der Verbindlichkeiten nicht in demselben Geschäftsjahr erfolgt, in dem sie gebildet wurden, werden sie beim Jahresabschluss in die Bilanz aufgenommen. Der Ertrag, bzw. der Aufwand wird dementsprechend in der Gewinn- und Verlustrechnung bereits erfasst, ohne dass der Zufluss oder der Abfluss erfolgt wäre.

c) Wertberichtigungen. Der Tatsache, dass sich nicht mit Sicherheit prognostizieren lässt, dass die sich als Ertrag verbuchten Forderungen auch realisieren lassen, trägt das Bilanzrecht dadurch Rechnung, dass Wertberichtigungen gewinnmindernd gebucht werden. Durch **Einzelwertberichtigung** wird eine Forderung korrigiert, die ganz oder teilweise uneinbringlich geworden ist; durch **Pauschalwertberichtigung** wird der Forderungsbestand zum Ende des Geschäftsjahres um 1% verringert, um voraussichtlichen Ausfällen Rechnung zu tragen. Gewinnauswirkung hat nur die Veränderung der Wertberichtigung gegenüber dem Vorjahr. Nur die Vermögensveränderung stellt nach der Definition in § 4 EStG einen Gewinn oder Verlust dar; dies gilt auch für die Gewinnauswirkung einzelner Bilanzposten. 165

d) Umsatzsteuer. Bei der Gewinnermittlung durch Betriebsvermögensvergleich wirken sich umsatzsteuerliche Vorgänge nicht auf den Gewinn aus. Zwar entsteht mit Erbringung und Abrechnung einer umsatzsteuerpflichtigen Leistung eine Forderung in Höhe des Bruttobetrages. Gleichzeitig entsteht jedoch gegenüber dem Finanzamt eine Verbindlichkeit in Höhe der vereinnahmten Umsatzsteuer, so dass Forderung und Verbindlichkeit sich aufheben, sich also nicht auf den Gewinn auswirken. Dasselbe gilt umgekehrt im Hinblick auf Vorsteuer. Mit Erbringung und Abrechnung einer umsatzsteuerpflichtigen Leistung gegenüber dem Steuerpflichtigen entsteht für diesen eine Verbindlichkeit in Höhe des Bruttobetrages, gleichzeitig jedoch eine Forderung in Höhe der anteiligen Umsatzsteuer gegenüber dem Finanzamt auf Erstattung der Vorsteuer, so dass sich auch hier beide Posten gewinnmäßig neutralisieren. 166

Dies gilt auch in den Fällen der **Ist-Versteuerung** gemäß § 20 UStG.[44] In diesem Fall wird die Umsatzsteuer, die als Forderung gewinnerhöhend erfasst aber noch nicht eingenommen ist, als „nicht fällige Umsatzsteuer" gewinnmindernd passiviert.

e) Rechnungsabgrenzungsposten. Der periodengerechten Gewinnermittlung tragen auch Rechnungsabgrenzungsposten nach § 250 HGB und § 5 V EStG Rechnung. Rechnungsabgrenzungsposten sind zu bilden, wenn Einnahmen oder Ausgaben für einen Zeitraum getätigt werden, der das Ende des Geschäftsjahrs überdauert. 167

Beispiele:[45]
Am 1. 10. zahlt U Versicherungsprämien in Höhe von 6000 € für die folgenden zwölf Monate. Der auf das laufende Wirtschaftsjahr entfallende Anteil ist als Betriebsausgabe zu buchen; der für das folgende Jahr bezahlte Anteil ist durch Rechnungsabgrenzung gewinnneutral zu erfassen und im folgenden Jahr gewinnmindernd aufzulösen.
Für eine für 18 Monate vermietete Baumaschine hat der Vermieter die gesamte Miete in Höhe von 24 000 € bereits bei Übergabe am 30. 6. im Voraus bezahlt bekommen. Nur in Höhe des auf das Wirtschaftsjahr entfallenden Anteils ist die Miete als Ertrag zu buchen. Die Miete für die Zeit nach Abschluss des Geschäftsjahres ist gewinnneutral abzugrenzen und im folgenden Jahr gewinnerhöhend aufzulösen.

---

[44] Betrifft insbesondere freiwillig bilanzierende Freiberufler

[45] Zur Vereinfachung der Darstellung bleibt die Umsatzsteuer unberücksichtigt

In der Buchführung erfolgt die Erfassung dieser Vorgängen so:

Versicherungsbeiträge	2 000	S	Girokonto	6 000	H
Aktive Rechnungsabgrenzung	4 000	S			

Girokonto	24 000	S	*Erlöse aus Vermietung*	8 000	H
			Passive Rechnungsabgrenzung	16 000	

Erst bei der Auflösung im folgenden Jahr erfolgt die Erfassung des zeitanteiligen Aufwands, bzw. Ertrages:

Versicherungsbeiträge	4 000	S	Aktive Rechnungsabgr.	4 000	H
Pass. Rechnungsabgr.	16 000	S	*Erlöse aus Vermietung*	16 000	

Zu Lasten der Bilanzposten – also ohne Zufluss oder Abfluss – werden die dem neuen Wirtschaftsjahr zuzuordnenden Erträge bzw. Aufwendungen gebucht. Obwohl durch die Auflösung der Rechnungsabgrenzungsposten keine Einnahmen oder Ausgaben anfallen, wird ein Aufwand gebucht und geht in die Gewinnermittlung ein. Die Bildung und Auflösung von Rechnungsabgrenzungsposten verlagert die Betriebsausgaben in den Zeitraum der wirtschaftlichen Zugehörigkeit. Die Aufnahme der Rechnungsabgrenzungsposten in die Bilanz erfasst den Anspruch auf kostenlose, da bereits bezahlte zu beanspruchende Gegenleistung, bzw. zu erbringende Leistung einen positiven, bzw. negativen Vermögenswert.

168 **f) Kurzfristige und regelmäßige Rückstellungen.** Die Bildung von Rückstellungen ist in § 249 HGB geregelt. Nach dem Grundsatz vorsichtiger Bewertung des Betriebsvermögens muss unter den kodifizierten Voraussetzungen für **dem Betrag und/oder der Höhe nach ungewissen Aufwand** eine Vermögensminderung erfasst werden, und zwar in dem Jahr, dem dieser Aufwand wirtschaftlich zugerechnet werden muss. Da der Grundsatz vorsichtiger Bewertung steuerrechtlich nur eingeschränkt gilt, wird § 249 HGB in § 5 III–IVb EStG modifiziert.

Wenn der erwartete Geschäftvorfall eintritt, für den die Rückstellung gebildet worden ist, darf dieser bis zum Betrag der Rückstellung nicht erneut als Aufwand gebucht werden, die Rückstellung ist aufzulösen. Tritt er nicht ein, so ergibt die Auflösung der Rückstellung einen außerordentlichen Ertrag.

169 **Beispiele:**

1. Für das abgelaufene Jahr ist Gewerbesteuer in Höhe 2000 € nachzuzahlen.
2. Es werden für den Jahresabschluss Steuerberatungskosten von voraussichtlich 8000 € anfallen.

Die Verpflichtung zur Zahlung der Gewerbesteuer, die sich aus dem Jahresgewinn errechnet, entsteht erst mit dem Ablauf des Wirtschaftsjahrs, also erst nach Ablauf des Veranlagungszeitraums. Sie ist aber dem abgelaufenen Geschäftsjahr wirtschaftlich zuzuordnen. Der Kaufmann hat den Jahresabschluss für das abgelaufenen Geschäftsjahr zu erstellen; die Tätigkeit des Steuerberaters kann aber erst nach Vorliegen aller Daten, also nach Jahresabschluss aufnehmen. Es liegen also zum Jahresende noch keine Verbindlichkeiten vor. Um die Kosten in die Gewinn- und Verlustrechnung einbuchen zu können, bucht man entsprechende Rückstellungen auf einem Bestandskonto vermögensmindernd gegen.

Gewerbesteuer	2 000	S	GewSt-Rückstellung	2 000	H
Abschlusskosten	8 000	S	Rückstellung für Abschlusskosten	8 000	H

Wie bei den Verbindlichkeiten erfolgt die **Auflösung von Rückstellungen erfolgsneutral.**

GewSt-Rückstellung	2 000	S	Girokonto	2 000	H
Rückst. für Abschlusskosten	8 000	S	Girokonto	8 000	H

170 **g) Langfristige und unregelmäßige Rückstellungen.** Während die Rückstellungen für Gewerbesteuer und Abschlusskosten jährlich gebildet und jährlich wieder aufgelöst werden, bleiben Gewährleistungs- und Pensionsrückstellungen über mehrere Geschäftsjahre hinweg zum Teil langfristig bestehen. Ihre Bildung unterscheidet sich nicht von den regelmäßigen kurzfristigen Rückstellungen.

Die **unveränderte Übernahme einer Rückstellung** hat **keine Gewinnauswirkung,** da gemäß § 4 EStG nur die Änderung des Betriebsvermögens als Gewinn oder Verlust zu erfassen ist. Soweit sich die Rückstellung später als begründet erweist, ist sie **erfolgsneutral aufzulösen.** War sie der Höhe oder gar dem Grunde nach unnötig, entsteht ein **periodenfremder Ertrag.**

Beispiel:
U hat auf Grund eines selbstständigen Beweisverfahrens im Jahre 02 50 000 € für Gewährleistungen auf in 01 erbrachte Leistungen zurückgestellt.[46] Im anschließenden Prozess wird im Dezember 04 ein Vergleich abgeschlossen auf Grund dessen U an den A Anfang 05 20 000 € zahlt.

In der Buchführung werden die Vorgänge wie folgt erfasst:
Zum 31. 12. 01 wird die Rückstellung gebildet:

Gewährleistungen	50 000	S	Rückstellung	50 000	H

Die Rückstellung (= Bestandskonto) geht vermögensmindernd in die Bilanz, die zu erwartenden Betriebsaugaben für die Durchführung der Gewährleistung oder Erstattung des Werklohns werden als Aufwand in der Gewinn- und Verlustrechnung erfasst.

Zum 31. 12. 02 und zum 31. 12. 03 wird der Posten unverändert übernommen. Es tritt dadurch keine Vermögensänderung ein, dem gemäß ist auch kein diesbezüglicher Gewinn oder Verlust zu verzeichnen.

Durch den Vergleich im Jahr 04 wird aus der ungewissen Verbindlichkeit eine gewisse in Höhe von 20 000 €; die darüber hinausgehende Rückstellung ist aufzulösen.[47]

Rückstellungen	50 000	S	Verbindlichkeiten	20 000	H
			Periodenfremder Ertrag	30 000	H

Die in 01 um 50 000 € vorgenommene Verminderung des Einkommens wird durch die Erfassung eines fiktiven Ertrags in Höhe von 30 000 € auf den tatsächlich begründeten Aufwand von 20 000 € reduziert. In 05 wird erfolgsneutral die Betriebsausgabe erfasst.

Verbindlichkeiten	20 000	S	Bank	20 000	H

171 Von der Gewährleistungsrückstellung unterscheidet sich die Pensionsrückstellung (Rn. 270) dadurch, dass sie in der Regel stufenweise gebildet und auch stufenweise wieder aufgelöst wird. Für jedes Jahr der Betriebszugehörigkeit des begünstigten Arbeitnehmers kann der Unternehmer den Betrag als (Personal-)Aufwand buchen, den er ansparen müsste, um den daraus resultierenden Anteil an der Betriebsrente bei Fälligkeit abdecken zu können. Ein hoher Betrag entsteht nur in dem Jahr der erstmaligen Bildung der Pensionsrückstellung, da die Betriebsrente in der Regel erst nach längerer Betriebszugehörigkeit zugesagt wird

[46] Die rückstellungsfähigen Verfahrenskosten bleiben außer Betracht
[47] Jetzt eventuell anfallende Umsatzsteuer/Vorsteuer bleibt zur Vereinfachung außer Ansatz

und die Rentenverpflichtung im ersten Jahr für die bereits erfüllte Betriebszugehörigkeit rückwirkend entsteht. Nur die Bildung und die jährliche Erhöhung stellt betrieblichen Aufwand dar.

172 **h) Sonderposten mit Rücklageanteil.** Sonderposten mit Rücklagenanteil werden gebildet, um

- an sich steuerpflichtige Auflösung stiller Reserven aus Veräußerung (Rn. 159) von betrieblichen Grundstücken oder Gebäuden[48] sowie Aufwuchs bei land- oder forstwirtschaftlichem Grundbesitz gemäß § 6 b EStG steuerfrei auf Ersatzbeschaffungen zu übertragen oder
- Ansparrücklagen nach § 7 g EStG (Rn. 154) gewinnmindernd zu erfassen.

Sie werden daher wie Rückstellungen behandelt, d. h. sind nach Realisierung der Investition oder Ablauf der gesetzlichen Frist aufzulösen.

Beispiel:
U hat vor Jahrzehnten für – umgerechnet – 10 000 € ein Betriebsgrundstück erworben. Er verkauft dieses zum Verkehrswert von 100 000 € im Jahr 01 und erwirbt für 120 000 € im Jahr 02 ein Ersatzgrundstück.

An sich würde der die bilanzierten Anschaffungskosten übersteigende Anteil am Veräußerungserlös als steuerpflichtiger Gewinn zu erfassen sein (Rn. 159). Dies wird vermieden, in dem dieser Teil als Sonderposten mit Rücklagenanteil gebucht wird.

Bank	100 000	S	Grundstück	10 000	H
			SoPo	90 000	H

Bei Anschaffung des Ersatzgrundstücks ist der Sonderposten aufzulösen.

Grundstück	30 000	S	Bank	120 000	H
SoPo	90 000	S			

Von den Anschaffungskosten wird nur die den Sonderposten mit Rücklagenanteil übersteigende Betrag als Grundstück aktiviert. Die in dem alten Grundstück ruhenden Stillen Reserven werden ohne Aufdeckung und Versteuerung auf das neue Grundstück übertragen. Würde das neue Grundstück verkauft, wären dann auch die stillen Reserven aus dem alten Grundstück zu versteuern. Das gilt auch dann, wenn die Neuinvestition nicht innerhalb der gesetzlichen Fristen[49] erfolgt.

2. Wareneinkauf, Bestandsveränderungen und Inventur

173 Da bei der Gewinnermittlung durch Betriebsvermögensvergleich das Betriebsvermögen zum jeweiligen Bilanzstichtag zu bewerten ist, ergibt sich zwingend, dass Wertveränderungen **Gewinnauswirkung** haben. Der Bestand kann **durch qualitative oder quantitative Veränderungen des Umlaufvermögens** erhöht oder verringert werden.

Qualitative Änderung ist z. B. die AfA (Rn. 150 ff.) beim Anlagevermögen. Beim Umlaufvermögen führt die Verarbeitung zu einer Neubewertung. Auch die Reduzierung des Teilwerts durch Sinken des Marktpreises für die Neuanschaffung führt zu einer – geringeren – Neubewertung in der Bilanz.[50]

Beispiel:
F ist als Zulieferer für einen Metallverarbeitungsbetrieb tätig. Er verzinkt gleichartige Eisenteile, die er unbehandelt anschafft und nach Verarbeitung mit Gewinn weiterveräußert. Aus der Buchführung ergibt sich

---

[48] Nur bei Gewinnermittlung durch Betriebsvermögensvergleich möglich
[49] Vier Jahre, bei Neuerrichtung von Gebäuden sechs Jahre
[50] Schmidt/Glanegger § 6 EStG Rn. 320 ff.

- ein Anfangsbestand[51] unbehandelter Teile von 10 000 Stück mit Gesamtwert von 8000 € und
- ein Anfangsbestand verarbeiteter Teile von 5000 Stück mit Gesamtwert von 12 000 €.
- ein Zukauf unbehandelter Teile von 100 000 Stück mit Gesamtwert von 80 000 €,
- ein Verkauf verarbeiteter Teile von 90 000 Stück mit Gesamtwert von 270 000 €,

Die Inventur am Jahresende ergibt

- einen Endbestand unbehandelter Teile von 15 000 Stück mit Gesamtwert von 12 000 € und
- einen Endbestand verarbeiteter Teile von 10 000 Stück mit Gesamtwert von 28 000 €.

Die **Anschaffung von Wirtschaftsgütern des Umlaufvermögens** hat bei der Gewinnermittlung durch Betriebsvermögensvergleich **keinen Einfluss auf den Gewinn.** Der Einkauf wird zwar zunächst mit den Einkaufspreisen als Aufwand gebucht, z. B.:[52] 174

Wareneinkauf	80 000	S	Girokonto	80 000	H

Der Verkauf wird mit den Verkaufspreisen als Ertrag erfasst:

Erlöse aus Verkauf	270 000	S	Bank	270 000	H

Obwohl dem aus dem Verkauf erzielten Erlös der Abgang der verkauften Waren gegenüber steht, wird der Warenausgang nicht als Aufwand gewinnmindernd gebucht, weil der Warenbestand mit dem Einkaufspreis, der Warenverkauf mit dem Verkaufspreis erfasst wird. Es müsste als bei jedem Verkauf der Einkaufspreis des verkauften Gegenstands ermittelt und gegengebucht werden. Auch die qualitative Wertsteigerung durch die Verarbeitung wird nicht laufend ermittelt.

Stattdessen wird am Ende des Geschäftjahrs im Wege der **Inventur** festgestellt, was an Waren noch vorhanden ist. Auch werden dabei die Werte festgestellt.

Die Differenz zum Anfangsbestand erhöht oder vermindert die Betriebsausgaben.

Endbestand unbehandelter Werkstücke	12 000
./. Anfangsbestand	– 8000
Bestandsveränderung	+ 4000

Endbestand verarbeiteter Werkstücke	28 000
./. Anfangsbestand	– 12 000
Bestandsveränderung	+ 16 000

Die im Wege der vom Steuerpflichtigen vorgenommenen Inventur ermittelte Veränderung des Warenbestands wird eingebucht:

Warenbestand, unbeh.	4 000	S	*Bestandsveränderung*	4 000	H
Warenbestand, verarb.	16 000	S	*Bestandsveränderung*	16 000	H

In diesem Beispielsfall verändert sich auf die Weise der aus der Buchführung ermittelte Gewinn um

- quantitative Erhöhung des gesamten Lagerbestandes,
- qualitative Wertsteigerung durch Verarbeitung und
- Teilwertveränderungen.

---

[51] Die Posten der Vorjahresbilanz werden im Wege der Eröffnungsbuchung (= EB) in die Buchführung übernommen (vgl. Rn. 130)

[52] Umsatzsteuer bleibt zur Vereinfachung unberücksichtigt; vgl. dazu Rn. 166

3. Gewillkürtes Betriebsvermögen

175 Dem Betriebsvermögen steht das steuerrechtlich irrelevante Privatvermögen gegenüber. Die Zuordnung von Wirtschaftsgütern ist mitunter nicht einfach, da viele Wirtschaftsgüter nicht ausschließlich betrieblich oder ausschließlich privat genutzt werden.

Bei der Gewinnermittlung durch Betriebsvermögensvergleich wird unterschieden zwischen

- notwendigem Betriebsvermögen
- notwendigem Privatvermögen und
- gewillkürtem Betriebsvermögen.

Notwendiges Betriebsvermögen stellen nach der Rechtsprechung des BFH die Wirtschaftsgüter dar, die funktional auf den Einsatz im Betrieb ausgerichtet sind und bei denen diese Bestimmung objektiv erkennbar ist. Zum **notwendigen Privatvermögen** gehören solche Wirtschaftsgüter, die keinen anzuerkennenden funktionalen Bezug zum Betrieb aufweisen, die also der privaten Lebensführung des Steuerpflichtigen und seiner Angehörigen dienen.

Nach Abschnitt 13 Abs. 1 der Einkommensteuerrichtlinien ist bei betrieblich und privat genutzten Wirtschaftsgütern notwendiges Privatvermögen, was zu weniger als 10% betrieblich, notwendiges Betriebsvermögen, was zu mehr als 50% betrieblich genutzt wird. Bei 10–50% betrieblicher Nutzung kann gewillkürtes Betriebsvermögen geschaffen werden.

Als **gewillkürtes Betriebsvermögen** kommen solche Wirtschaftsgüter in Betracht, die bestimmt und geeignet sind, den Betrieb zu fördern. Die Verknüpfung mit der Ausübung des Betriebs ist daher weniger eng als beim notwendigen Betriebsvermögen.[53]

Beispiel:
U erwirbt ein Mehrfamilienwohnhaus. Die Wohnungen vermietet er an seine Arbeiter und ihre Familien zum ortsüblichen Mietzins.

Das Wohnhaus ist kein notwendiges Betriebsvermögen. Seine Erwerbstätigkeit kann U genauso gut ausüben, wenn seine Arbeiter auf dem freien Markt Wohnungen nehmen. Der betriebliche Zusammenhang reicht jedoch für Gewillkürtes Betriebsvermögen aus, wenn U das Wohnhaus im Anlagevermögen aktiviert.

VII. Entnahmen und Einlagen

1. Entnahmen

176 Das Betriebsvermögen ändert sich nicht nur aus betrieblicher Veranlassung durch Erträge oder Aufwand sondern auch durch nicht betrieblich veranlasste Vorgänge. Bei der Buchung der Geschäftsvorfälle ist aus der Veränderung der Bestandskonten nicht ersichtlich, ob diese betriebsbedingt oder privat veranlasst sind. Gemäß § 4 I EStG müssen aber die privaten von den betriebsbedingten Vermögensänderungen unterschieden werden (Rn. 116). Bereits in der Buchführung werden daher die vermögensändernden Geschäftsvorfälle auf einem der Gewinn- und Verlustrechnung zugeordneten Erfolgskonto oder einem der Bilanz zugeordneten Privatkonto gegengebucht. Die **Summe der Privatentnahmen** und die **Summe der Privateinlagen** eines Geschäftsjahres finden sich deshalb **in der Bilanz beim Kapital.**

§ 4 I 2 EStG definiert als **Entnahmen alle Wirtschaftsgüter,**[54] nämlich

- Barentnahmen
- Waren
- Erzeugnisse
- Nutzungen
- Leistungen.

---

[53] Beispiele siehe EStR Abschnitt 13 Abs. 9
[54] ABC der Entnahmen bei Schmidt/Glanegger § 6 Rn. 425

Wenn im Fall einer Entnahme der **Buchwert,** also der Betrag, mit dem das entnommenen Wirtschaftsgut in einer auf diesen Tag zu erstellenden Bilanz aufzunehmen wäre, vom Teilwert (Rn. 143) abweicht, ergibt sich ein Gewinn oder Verlust. 177

a) Barentnahmen. Bei Barentnahmen sind Buchwert und Teilwert gleich, sie sind daher immer erfolgsneutral[55] (Rn. 142). 178

Nicht auf Grund steuerlicher Vorschriften sondern zum Zwecke einer übersichtlicheren Erfassung der Privatentnahmen werden diese häufig weiter aufgeschlüsselt. So sehen z. B. die gängigen DATEV-Kontenrahmen SKR 03 und SKR 04 vor:

- Privatentnahmen allgemein (enthält nicht nur Barentnahmen!)
- Privatsteuern
- beschränkt abzugsfähige Sonderausgaben
- unbeschränkt abzugsfähige Sonderausgaben
- Zuwendungen, Spenden
- Außergewöhnliche Belastungen
- Unentgeltliche Wertabgaben
- Grundstücksaufwand.[56]

Ob von diesen **Buchungsmöglichkeiten** Gebrauch gemacht wird oder ob sogar weitere Unterkonten eingerichtet werden, ist in keiner Weise vorgeschrieben sondern steht **im Belieben des Steuerpflichtigen.** Es besteht auch keine Notwendigkeit, eingerichtete Konten regelmäßig zu bebuchen. So kann er zum Beispiel bei entsprechendem Guthaben die Einkommenssteuervorauszahlungen vom Betriebskonto, bei fehlender Liquidität vom Privatkonto überweisen. Privat veranlasste Zahlungen führen u. U. zu steuerschädlichen Überentnahmen (Rn. 260).

b) Entnahmen von Anlagevermögen. Entnahmen von Anlagevermögen und Umlaufvermögen sind erfolgsneutral, wenn **Buchwert und Teilwert** (Rn. 143) des entnommenen Wirtschaftsgutes **gleich** sind, sie haben jedoch Gewinnauswirkung, wenn der Buchwert nicht mit dem Teilwert übereinstimmt. 179

Beispiel:
U schenkt einen bisher ausschließlich betrieblich genutzten PKW seinem Sohn zum Staatsexamen. Das Fahrzeug war für 24 000 € angeschafft worden und wird durch Absetzung für Abnutzung in der Bilanz noch mit 12 000 € geführt. Der Teilwert[57] beträgt

a) 12 000 €, b) 16 000 € bzw. c) 8 000 €.

Im Fall a) ergibt sich weder ein Gewinn noch ein Verlust, da Buchwert und Teilwert übereinstimmen. Im Fall b) liegt der Teilwert um 4000 € über dem Buchwert. Durch den tatsächlichen Wertverzehr übersteigende AfA-Raten haben sich **Stille Reserven** gebildet, die bei der Entnahme – wie bei einem Verkauf – aufgelöst und versteuert werden.[58] Im Fall c) ist der Teilwert geringer als der Buchwert; die AfA-Raten waren geringer als der tatsächliche Wertverzehr. Die durch die Entnahme aufgedeckte Differenz wird als erlösschmälernder Aufwand erfasst.

c) Entnahmen von Umlaufvermögen. Auch Umlaufvermögen ist bei der Entnahme mit dem Teilwert anzusetzen. Wäre U in dem unter Rn. 179 dargestellten Beispiel Kfz-Händler und gehörte der PKW zu seinem Gebrauchtwagenbestand, so wäre der Teilwert des Fahrzeugs ebenfalls in Ansatz zu bringen. 180

Für die in der Praxis regelmäßig vorkommenden Entnahmen von selbst hergestellten Lebensmitteln werden von den Oberfinanzdirektionen Pauschalwerte zugrundegelegt, die jährlich an die wirtschaftliche Entwicklung angepasst werden. Bei diesen Schätzwerten sind nicht nur die Kosten des Wareneinkaufs sondern auch die Verarbeitungs-[59] und die anteiligen Gemeinkosten[60] berücksichtigt.

---

[55] Sie ändern den Gewinn nicht
[56] Für privaten Grundbesitz
[57] Hier gleich dem Einzelveräußungspreis, Schmidt/Glanegger § 6 Rn. 228
[58] Bei umsatzsteuerpflichtigen Unternehmer fallen auch 16% Umsatzsteuer an
[59] Insbesondere Lohnkosten, Hilfsstoffe
[60] Alle betrieblichen Festkosten

Die Pauschalen beruhen auf Erfahrungswerten und bieten dem Steuerpflichtigen die Möglichkeit, die Warenentnahmen monatlich pauschal zu verbuchen. Sie entbinden ihn damit von der Aufzeichnung einer Vielzahl von Einzelentnahmen. Diese Regelung dient der Vereinfachung und lässt keine Zu- und Abschläge wegen individueller persönlicher Ess- oder Trinkgewohnheiten zu. Auch Krankheit und Urlaub rechtfertigen keine Änderung der Pauschbeträge. Die Pauschbeträge sind Jahreswerte für eine Person. Für Kinder von über 2 bis zu 12 Jahren ist die Hälfte des jeweiligen Wertes anzusetzen. Tabakwaren sind in den Pauschbeträgen nicht enthalten. Soweit diese entnommen werden, sind die Pauschbeträge entsprechend zu erhöhen (Schätzung). Die pauschalen Werte berücksichtigen im jeweiligen Gewerbezweig das allgemein übliche Warensortiment. Bei gemischten Betrieben (Metzgerei oder Bäckerei mit Lebensmittelangebot oder Gastwirtschaft) ist nur der jeweils höhere Pauschbetrag der entsprechenden Gewerbeklasse anzusetzen.

Für 2002 und 2003 gelten folgende Werte für den Eigenverbrauch (Jahresbetrag pro erwachsene Person):

Gewerbezweig	**Jahreswerte für eine Person ohne Umsatzsteuer (in €)**		
	ermäßigter Steuersatz	**voller Steuersatz**	**insgesamt**
Bäckerei	696	156	852
Fleischerei	672	504	1 176
Gast- und Speisewirtschaften			
a) mit Abgabe von kalten Speisen	792	840	1 632
b) mit Abgabe von kalten und warmen Speisen	1 008	1 452	2 460
Getränkeeinzelhandel	0	276	276
Konditorei und Café	804	384	1 188
Milch, Milcherzeugnisse, Fettwaren und Eier (Einzelhandel)	408	48	456
Nahrungs- und Genussmittel (Einzelhandel)	1 092	360	1 452
Obst, Gemüse, Südfrüchte und Kartoffeln (Einzelhandel)	228	108	336

181 **d) Nutzungs- und Leistungsentnahmen.** Die Nutzung betrieblicher Wirtschaftsgüter und die Inanspruchnahme von betrieblichen Leistungen ist als Entnahme zu erfassen. Da sich der Wert der Nutzungen und Leistungen nicht in der Bilanz verkörpert, führen derartige Entnahmen mit ihrem vollen Wert zu steuerpflichtigen Erlösen. der Unternehmer wird im Ergebnis so behandelt, als hätte er die Nutzungen oder Leistungen einem fremden Dritten gegen Entgelt gewährt und den daraus erzielten Erlös entnommen. Allerdings bleibt die dabei zu erzielende Gewinnspanne außer Ansatz; es werden die Selbstkosten angesetzt.

Bei dem in der Praxis häufigsten Fall, der **privaten Nutzung eines betrieblichen PKW** gilt seit dem 1. 1. 1996 § 6 I Nr. 4 Satz 3 EStG, wonach bei betrieblicher und privater Nutzung eines betrieblichen Fahrzeugs für den **Privatanteil monatlich 1% des Bruttolistenpreises** einschließlich Sonderausstattung anzusetzen sind, sofern der Steuerpflichtige nicht ein ordnungsgemäßes **Fahrtenbuch** führt und dadurch die Aufteilung der betrieblichen und privaten Nutzung belegen kann. Dazu kommen **0,03% pro Entfernungskilometer** abzüglich der Kilometerpauschale von 0,36 € bzw. 0,40 € (Rn. 279) pro Entfernungskilometer, wenn das Fahrzeug – auch nur gelegentlich – für **Fahrten zwischen Wohnung und Arbeitsstätte** benutzt wird. Der Listenpreis ist auch Gebrauchtfahrzeugen oder mit Rabatt erworbenen Fahrzeugen anzusetzen.

Der Umfang des **Privatanteils** an den Kosten privater und betrieblicher **Telefonnutzung** wird dagegen geschätzt.

2. Einlagen

Einlagen bestehen nicht ausschließlich in **Bareinzahlungen.** In Betracht kommen nach § 4 I 5 EStG daneben alle **sonstigen Wirtschaftsgüter.**[61] **182**

Wie Barentnahmen führen auch Bareinzahlungen weder zu Ertrag noch zu Aufwand. Auch für Einlagen können in der Buchführung beliebige Unterkonten geführt werden, was nur sinnvoll ist, wenn es sich um regelmäßige Einlagen handelt. So wird in den DATEV-Kontenrahmen SKR 03 und SKR 04 auch nur ein Konto „Grundstücksertrag"[62] genannt. Privat verauslagte Betriebsausgaben werden als Privateinlage erfasst, wenn der Steuerpflichtige sich die verauslagten Kosten nicht aus dem Betriebsvermögen (Kasse, Bank) erstatten lässt.

Beispiel:
U benutzt für eine Geschäftsreise den PKW seiner Ehefrau, weil sich das Geschäftsfahrzeug in der Reparatur befindet. Die Kosten für die Übernachtung zahlt er mit seiner privaten Kreditkarte. Auf der Rückfahrt wird er unverschuldet in einen Unfall verwickelt; der Unfallverursacher flüchtet unerkannt. Das Fahrzeug erleidet einen Totalschaden. Es besteht keine Kaskoversicherung.

U kann die Kosten der PKW Nutzung mit einem Pauschalbetrag von 0,30 €/km als Einlage buchen, ebenso die Übernachtungskosten. Der Wert des Fahrzeugs vor dem Unfall wird als „Aufwandseinlage" gebucht.[63]

4. Abschnitt: Sonstige Gewinneinkünfte – Einkommensermittlung durch Einnahmen-Überschuss-Rechnung und nach Durchschnittssätzen sowie das Einkommen von Personengesellschaften –

I. Einnahmen-Überschuss-Rechnung

1. Gesetzliche Grundlagen und Personenkreis

Die Gewinnermittlung durch Einnahmen-Überschuss-Rechnung stellt die **Ausnahme gegenüber** der Gewinnermittlung durch **Betriebsvermögensvergleich** dar. Nur in den Fällen, in denen sich nicht aus den im 3. Abschnitt dargelegten Vorschriften die Verpflichtung zur Gewinnermittlung durch Betriebsvermögensvergleich ergibt, darf der Steuerpflichtige gemäß **§ 4 III EStG** als Gewinn den **Überschuss der Einnahmen über die Ausgaben** ansetzen.[1] **183**

Nach § 140 AO i. V. m. §§ 1, 238 HGB ist jeder Gewerbetreibende von der Einnahmen-Überschuss-Rechnung ausgeschlossen und zur Gewinnermittlung durch Betriebsvermögensvergleich verpflichtet, wenn sein Unternehmen einen kaufmännischen Geschäftsbetrieb erfordert oder im Handelsregister eingetragen ist.

Nach § 141 AO kommt bei **Gewerbetreibenden** die Einnahmen-Überschuss-Rechnung nur in Betracht, wenn
- die Umsätze 260 000 €
  oder
- der Gewinn 25 000 €

---

[61] ABC der Einlagen bei Schmidt/Glanegger § 6 Rn. 440
[62] Für privaten Grundbesitz
[63] Schmidt/Glanegger § 6 Rn. 440 „Aufwandseinlage"
[1] Schmidt/Heinicke § 4 Rn. 4

im Wirtschaftsjahr, bei Einkünften aus **Land- und Forstwirtschaft**

- selbstbewirtschaftete land- und forstwirtschaftliche Flächen mit einem Wirtschaftswert von mehr als 20 500 €
  oder
- der Gewinn 25 000 €

im Kalenderjahr nicht übersteigen.

184 Diese Einschränkungen gelten nach den Vorschriften der Abgabenordnung nicht für **Einkünfte aus selbstständiger Arbeit.** Derartige Einkünfte erzielen nach § 18 EStG unter anderem

- Wissenschaftler, Künstler, Schriftsteller, Lehrende und Erzieher,
- Ärzte, Zahnärzte, Tierärzte, Rechtsanwälte, Notare, Patentanwälte, Steuerberater
- Vermessungsingenieure, Ingenieure, Architekten,
- Heilpraktiker, Krankengymnasten sowie
- Journalisten, Dolmetscher und Übersetzer,

sofern sie in keinem Anstellungsverhältnis[2] stehen.

185 **Selbstständige** sind von der Gewinnermittlung durch Einnahmen-Überschuss-Rechnung nur nach § 5 I EStG ausgeschlossen, d. h. wenn sie freiwillig Bücher führen und Abschlüsse machen. Buchführung in diesem Sinn ist die doppelte Buchführung unter Zugrundelegung der periodengerechten Gewinnermittlung.[3]

Die **Einnahmen-Überschuss-Rechnung** ist **für Selbstständige der Regelfall,** für Gewerbetreibende die Ausnahme.

2. Die Methode der Gewinnermittlung und Unterschied zur Gewinn- und Verlustrechnung

186 In der Einnahmen-Überschuss-Rechnung sind alle **Einnahmen** und **Ausgaben** zu erfassen, soweit es sich nicht um solche handelt, die im Namen und für Rechnung eines anderen vereinnahmt oder verausgabt werden, wie z. B. Fremdgelder oder Gerichtskosten bei Rechtsanwälten. **Einnahmen** sind in § 4 III nicht definiert. In entsprechender Anwendung von § 8 I EStG[4] sind es

„alle Güter, die in Geld oder Geldeswert bestehen und dem Steuerpflichtigen im Rahmen einer der Einkunftsarten zugeflossen sind."

Eine klare Unterscheidung zwischen Betriebsausgaben und Aufwendungen gibt das EStG nicht.[5] Jedoch wird man in Parallele zur Unterscheidung vorn Erträgen und Aufwand als Aufwand die wirtschaftliche Auswirkung und als Betriebsausgabe den Abfluss von Geld oder Geldeswert anzusehen haben.[6]

Während also in der Gewinn- und Verlustrechnung unabhängig vom Zeitpunkt des Zuflusses oder Abflusses der Einnahmen und Betriebsausgaben diese als **Ertrag und Aufwand** erfasst werden, sobald sie sich im Betriebsvermögen auswirken (Rn. 162), werden in der Einnahmen-Überschuss-Rechnung gemäß § 11 I Satz 1 und II Satz 1 EStG **Einnahmen** und **Ausgaben** aufgezeichnet, die als **innerhalb des Kalenderjahres bezogen** gelten, **in dem sie** dem Steuerpflichtigen **zu- bzw. abgeflossen** sind.

187 Das **Zuflussprinzip** in der Einnahmen-Überschuss-Rechnung wird jedoch in § 11 EStG insoweit eingeschränkt, als **regelmäßig wiederkehrende Einnahmen,** die kurz vor Beginn oder kurze Zeit nach Beendigung des Kalenderjahres fällig werden, als in dem Kalenderjahr getätigt gelten, dem sie wirtschaftlich zuzuordnen sind, mithin **periodengerecht** erfasst werden.

Beispiel:

1. U zahlt die Miete für seinen Laden an V durch Dauerauftrag zum Ersten des jeweiligen Monats. Wegen des Neujahrstages buchte die Bank die Januarmiete bereits am 31. 12. 01 von seinem Konto ab.

---

[2] Zur Scheinselbstständigkeit Schmidt EStG § 18 Rn. 5
[3] Schmidt/Weber-Grellet § 5 Rn. 15; BFH, BStBl II 1990, 287
[4] Schmidt/Heinicke § 4 Rn. 420
[5] Vgl. § 4 IV EStG
[6] Zu den Besonderheiten beim Anlagevermögen vgl. Rn. 193 ff. und Entnahmen Rn. 196 f.

2. Mit K hat U in einem Unternehmensberatervertrag vereinbart, dass er monatlich im Voraus ein Pauschalhonorar erhält. Da K über die Jahreswende verreist, überweist er vor seiner Abreise das Januarhonorar an U, auf dessen Konto es kurz vor Jahresende eingeht.

Bei strenger Anwendung des Zuflussprinzips müsste U das Honorar in 2001 als Erlös, die Miete als Betriebsausgabe erfassen. Gemäß § 11 EStG gilt jedoch für derartige Fälle nicht das Zuflussprinzip sondern ausnahmsweise die **periodengerechte Gewinnermittlung.** Voraussetzung ist allerdings, dass die **Zahlungen kurz vor oder nach dem Jahreswechsel** erfolgen, wobei nur ein **Zeitraum von höchstens zehn Tagen** als kurz gilt. Abgeführte Lohnsteuern und Sozialabgaben – fällig am 15. des Folgemonats – werden daher erst im Folgejahr erfasst, auch wenn sie wirtschaftlich dem Kalenderjahr zuzuordnen sind.

Unter diese Regelung fallen auch
- Zinsen
- Zahlung von Arbeitslohn
- Honorarzahlungen der kassenärztlichen Vereinigung.

3. Steuerliche Unterlagen

Eine Bilanz braucht bei der Gewinnermittlung durch Einnahmen-Überschuss-Rechnung nicht aufgestellt zu werden, da das Betriebsvermögen und seine Veränderungen für die Gewinnermittlung ohne Bedeutung sind. Nach § 4 III EStG besteht nicht einmal die Notwendigkeit irgendwelche Aufzeichnungen zu fertigen. Es muss kein Kassenbuch geführt und keine Inventur gemacht werden; es wäre steuerrechtlich nicht zu beanstanden, wenn lediglich eine Belegsammlung vorgelegt würde, aus der sich die betrieblichen Einnahmen und Ausgaben ersehen lassen.[7] **188**

Dennoch bestehen auch bei der Gewinnermittlung durch Einnahmen-Überschuss-Rechnung Aufzeichnungspflichten; es sind gemäß Abschnitt H 142 der aktuellen Einkommensteuerrichtlinien u. a. zu führen:
- Verzeichnis sofort abgeschriebener Geringwertiger Wirtschaftsgüter nach § 6 II EStG
- Verzeichnis nicht abnutzbarer Anlagegüter gemäß § 4 III Satz 5 EStG
- Anlageverzeichnis für degressive und Sonder-AfA
- besondere Aufzeichnungen für Entnahmen und Einlagen gemäß § 4 Abs. 4a Satz 6 EStG.

Wenn Einkünfte in unterhaltsrechtlich relevanter Höhe erzielt werden, dürfte der Steuer- und Unterhaltspflichtige nicht nur eine Einnahmen-Überschuss-Rechnung sondern auch **Buchführungsunterlagen** besitzen, die von gleicher Qualität sind, wie die bei der Gewinnermittlung durch Betriebsvermögensvergleich. **In aller Regel** wird wie beim bilanzierenden Steuerpflichtigen auf eine **EDV-Buchführung** zurückgegriffen werden können. **189**

Die EDV-Buchführung baut auf demselben **Kontenrahmen** auf **wie** die **Doppelte Buchführung** für die Gewinn- und Verlustrechnung.[8] Sie unterscheidet sich ausschließlich dadurch, dass die Geschäftsvorfälle erst zum Zeitpunkt des Zuflusses oder Abflusses erfasst werden.[9] Forderungen und Verbindlichkeiten, Rechnungsabgrenzungsposten, Rückstellungen etc. werden daher nicht bebucht. Die Konten des Anlagevermögens und teilweise des Umlaufvermögens (Kasse, Banken) sowie die Privatkonten werden bebucht, in der Einnahmen-Überschuss-Rechnung am Jahresende aber nicht ausgedruckt.

Zu Kontrollzwecken (Abstimmung der Buchungen) werden sie jedoch mit der Einnahmen-Überschuss-Rechnung als „**Sonstige Konten**" erfasst und ausgedruckt.

---

[7] Schmidt/Heinicke § 4 Rn. 374 f.
[8] In aller Regel wird der Kontenrahmen SKR 03 verwendet
[9] Zu den Besonderheiten beim Anlagevermögen vgl. Rn. 193 ff. und Entnahmen von betrieblichen Wirtschaftsgütern vgl. Rn. 196 f.

4. Unterschiede zur Gewinn- und Verlustrechnung

190 **a) Zuflussprinzip. Einnahmen und Ausgaben** werden bei der Gewinnermittlung durch Einnahmen-Überschuss-Rechnung **zum Zeitpunkt des Zu- oder Abflusses** erfasst. Auf die Auswirkung auf das Betriebsvermögen kommt es nicht an, eine Zuordnung zu Jahr der wirtschaftlichen Veranlassung erfolgt nicht.[10] Der Steuerpflichtige, der seinen Gewinn durch Einnahmen-Überschuss-Rechnung ermittelt, hat es in der Hand, den **Gewinn** auf das folgende Jahr zu **verschieben,** dass er

- Betriebseinnahmen erst im Folgejahr einzieht,
- im Folgejahr fällige Rechnungen schon vor Jahresende bezahlt,
- Vorschüsse auf ihm noch nicht erbrachte Leistungen zahlt.

Umgekehrt kann er **Gewinne** in ein früheres Jahr **vorziehen,** indem er

- auf noch nicht abgeschlossene Leistungen Vorschüsse einzieht,
- Rechnungen trotz Fälligkeit erst im Folgejahr bezahlt.

Während dies bei der Gewinnermittlung durch Betriebsvermögensvergleich eine Steuerverkürzung darstellen würde, ist es in der Einnahmen-Überschuss-Rechnung erlaubt.

191 Der **Totalgewinn,** also der gesamte Gewinn zwischen Beginn und Beendigung der Einkunftserzielung ist mit dem durch Betriebsvermögensvergleich ermittelten Gewinn gleich.[11] Dies gilt zum größten Teil auch in kurzen Zeitabschnitten, da der Bildung der für die periodengerechte Gewinnermittlung erforderlichen Bilanzposten die Auflösung der entsprechenden Posten aus dem Vorjahr gegenübersteht (Rn. 164, 167 und 169).

192 Während die **Umsatzsteuer,** die **Vorsteuer** und die **Zahlung oder Erstattung von Umsatzsteuer** in der Gewinn- und Verlustrechnung keine Auswirkungen auf den Gewinn haben, werden sie in der Einnahmen-Überschuss-Rechnung beim Zufluss als Einnahme, beim Abfluss als Ausgabe behandelt. Durch **Anschaffung hochwertiger Anlagegüter** kann daher auf Grund der sofort nach Vorlage der Rechnung mit Umsatzsteuerausweis abzugsfähigen Vorsteuer eine gravierende Gewinnverschiebung herbeigeführt werden, ohne dass steuerrechtlich zu beanstanden wäre.

Beispiel:
Der nicht bilanzierungspflichtige Selbstständige U kauft am 1. 12. 02 einen ausschließlich betrieblich genutzten PKW für 60 000 € zuzüglich 9600 € Umsatzsteuer.

Die im Kaufpreis enthaltene **Vorsteuer** kann U in der Einnahmen-Überschuss-Rechnung für 02 **gewinnmindernd** als Betriebsausgabe ansetzen, sobald ihm die Rechung mit ausgewiesener Umsatzsteuer vorliegt. Im Januar des folgenden Jahres mindert sie die von U zu zahlende Umsatzsteuer und erhöht damit den Gewinn. Im Gegensatz zur Gewinnermittlung durch Betriebsvermögensvergleich, bei der die Umsatzsteuer gewinnneutral behandelt wird (Rn. 166), wirkt sie sich in der Einnahmen-Überschuss-Rechnung auf den Gewinn aus.

Umgekehrt wirkt sich die eingenommene Umsatzsteuer gewinnerhöhend aus:

Beispiel:
R erhält am 27. 12. 02 ein Anwaltshonorar von 1000 € zuzüglich 160 € Umsatzsteuer.

Die Umsatzsteuer erhöht das Einkommen von R, obwohl sie bereits im Januar des folgenden Jahres an das Finanzamt abgeführt wird und das Einkommen des R wieder mindert.

193 Während in der Gewinn- und Verlustrechnung durch Rechnungsabgrenzung **Vorauszahlungen von Jahresbeiträgen** u. ä. auf das laufende und folgende Jahr, **Disagio** und **Leasingsonderzahlungen** auf mehrere Jahre verteilt werden, stellen sie in der Einnahmen-Überschuss-Rechnung **sofort abzugsfähige Betriebsausgaben** dar.[12]

---

[10] Schmidt/Heinicke § 4 Rn. 370 f.
[11] Schmidt/Heinicke § 4 Rn. 10
[12] Schmidt/Heinicke § 4 Rn. 385

Beispiel:
U nimmt für die Anschaffung einer Maschine einen Kredit in Höhe von 100 000 € auf. Die Bank zahlt den Betrag an den Lieferanten und bucht vom Geschäftskonto das vereinbarte Disagio von 10% = 10 000 € ab. Die Laufzeit für das Darlehen beträgt fünf Jahre.

Während das Disagio für das zweite bis fünfte Jahr in der Bilanz im Wege der Rechnungsabgrenzung gewinnerhöhend zu aktivieren und Jahr für Jahr mit 2000 € aufzulösen ist (Rn. 167), kann es in der Einnahmen-Überschuss-Rechnung sofort als Betriebsausgabe angezogen werden.

b) Umlaufvermögen. Während die **Anschaffung** von Umlaufvermögen in der Ge- **194**
winn- und Verlustrechnung nicht zu einer Gewinnminderung führt (Rn. 174), stellen die Anschaffungskosten in der Einnahmen-Überschuss-Rechnung zum Zeitpunkt des Abflusses eine gewinnmindernde Betriebsausgabe dar. Durch **Erhöhung des Vorrates** an hochwertigem Umlaufvermögen lassen sich daher u. U. massive Gewinnverschiebungen herbeiführen.

Beispiel:
Um das in diesem Jahr überdurchschnittlich hohe Einkommen zu kompensieren kauft und bezahlt der Zahnarzt Z zum Ende im Dezember einen für sieben Jahre reichenden Vorrat an Zahngold.

Der Bundesfinanzhof hat das Vorliegen einer sofort abzugsfähigen Betriebsausgabe bejaht.[13]

Qualitative Bestandsveränderungen durch Verarbeitung von Umlaufvermögen (Rn. 174) wirken sich dagegen in der Einnahmen-Überschuss-Rechnung nicht auf Gewinn aus, ebenso wenig Veränderungen des Marktwertes bereits angeschaffter Warenvorräte. Die Wertsteigerung wirkt sich erst bei der Veräußerung aus.

c) Das Anlagevermögen in der Einnahmen-Überschussrechnung. Bei Aufwen- **195**
dungen für die **Anschaffung von** Wirtschaftsgütern des Anlagevermögens wird das **Zuflussprinzip durchbrochen.** Obwohl die Anschaffungskosten Ausgaben im Sinn des § 11 II EStG sind, darf der Steuerpflichtige sie erst im Jahr der Veräußerung als Betriebsausgabe berücksichtigen, gemäß § 4 III Satz 3 EStG bei abnutzbaren Wirtschaftsgütern des Anlagevermögens nicht die Anschaffungskosten sondern nur die **AfA gemäß § 7 EStG** wie eine Betriebsausgabe berücksichtigen.

Beispiel:
A hat Anfang Januar 2001 zum Betrieb einer Arztpraxis ein Geschäftshaus erworben. Die Anschaffungskosten betrugen umgerechnet 300 000 €, A hat den Betrag aus einer Erbschaft auf das Praxiskonto eingezahlt und von dort bei Fälligkeit von Kaufpreis und diversen Anschaffungsnebenkosten die Überweisungen getätigt. Von den Anschaffungskosten entfielen 100 000 € auf das Grundstück. Ende Dezember 2003 verkauft er das Objekt zum Preis von 360 000 €. Auf das Grundstück entfallen davon 120 000 €.

Jahr	Vorgang	Betrag	Gewinnauswirkung
2001	Kauf		
	Grundstück	100 000 €	
	Gebäude	200 000 €	0 €
2001	AfA § 7 IV EStG	6 000 €	– 6 000 €
2002	AfA § 7 IV EStG	6 000 €	– 6 000 €
2003	AfA § 7 IV EStG	6 000 €	– 6 000 €
2003	Verkauf		
	Grundstück	120 000 €	+ 20 000 €
	Gebäude	240 000 €	+ 58 000 €

[13] BFH BStBl 1994 II, 750

Obwohl aus betrieblicher Veranlassung im Jahr 2001 umgerechnet 300 000 € abgeflossen sind, darf A diese nicht als Betriebsausgabe absetzen. Gemäß § 4 III Satz 4 EStG dürfen die **Anschaffungskosten für das Grundstück** erst **bei der Veräußerung,** die **für das Gebäude** nur im Wege der **AfA nach § 7 IV EStG** einkommensmindernd als Betriebsausgabe angesetzt werden.

Beim Grundstück ist der anteilige Verkaufspreis von 120 000 € als Einnahme, der anteilige Kaufpreis von 100 000 € als Ausgabe anzusetzen. Daraus ergibt sich ein Veräußerungsgewinn von 20 000 €. Beim Gebäude stellt ebenfalls der anteilige Verkaufspreis von 240 000 € eine Einnahme dar. Die Differenz zwischen dem Verkehrswert 240 000 € und dem Buchwert von 182 000 € ergibt den Veräußerungsgewinn von 64 000 €.

Durch diese Sondervorschriften erfolgt eine **Gleichstellung** mit der Behandlung **des Anlagevermögens** in der Gewinnermittlung durch **Betriebsvermögensvergleich.**

Es gibt jedoch in der Einnahmen-Überschuss-Rechnung **kein gewillkürtes Betriebsvermögen,** da zu seiner Bildung die Aktivierung in der Bilanz erforderlich ist (Rn. 175).

196 Die **„Wertverzehrthese"**, die besagt, dass die Anschaffung abnutzbarer Wirtschaftsgüter eine Vermögensumschichtung darstellt und erst der quantitative oder qualitative Wertverzehr durch die Abnutzung einen steuerlich relevanten Aufwand ausmacht, ist **nicht anwendbar,** da auch der Wertverzehr keinen Geldabfluss, also keine Betriebsausgabe im Sinn der Einnahmen-Überschuss-Rechnung darstellt. Nach der **„Aufwandsverteilungsthese"**[14] stellen die Anschaffungskosten an sich sofort abzugsfähige Betriebsausgaben dar, die jedoch auf Grund der gesetzlichen Bestimmungen über die betriebsübliche Nutzungsdauer verteilt werden müssen.

197 **d) Entnahmen und Einlagen.** Der Gewinn ergibt sich in der Einnahmen-Überschuss-Rechnung aus dem Überschuss der Einnahmen über die Betriebsausgaben. Nur diese sind daher bei der Gewinnermittlung zu erfassen. **Privat veranlasste** Entnahmen oder Einlagen von Geld oder Geldeswerten sind daher **ohne Relevanz.** Einer ausdrücklichen Regelung, dass sie sich nicht auf den Gewinn auswirken dürfen, wie sie für die Gewinnermittlung durch Betriebsvermögensvergleich in § 4 I EStG enthalten ist, bedarf es für die Einnahmen-Überschuss-Rechnung daher nicht. Entnahmen und Einlagen brauchten daher bis 1999 nicht aufgezeichnet werden und erschienen nicht in der Einnahmen-Überschuss-Rechnung.

Dies hat sich durch die Einfügung des § 4 IV a EStG geändert, der in Absatz 6 eine gesonderte Aufzeichnung von Einnahmen und Ausgaben zum Zweck der Ermittlung von Überentnahmen vorschreibt.[15]

Es gibt in der Einnahmen-Überschuss-Rechnung **keine Privatkonten,** da diese zu der Bilanz zugeordneten Bestandskonten gehören (Rn. 141). Da in der Regel auch für die Aufzeichnung zur Einnahmen-Überschuss-Rechnung die doppelte Buchführung verwendet wird (Rn. 190), werden **in der Buchführung** auch die **Privatkonten** geführt und bebucht und neben der Einnahmen-Überschuss-Rechnung als **„Sonstige Konten"** ausgedruckt.[16]

198 Anders ist es jedoch bei der **Entnahme oder der privaten Nutzung von Wirtschaftsgütern.** Diese führen zu unentgeltlichen Wertabgaben, die wie in der Gewinnermittlung durch **Betriebsvermögensvergleich** behandelt werden (Rn. 179–181). Für die Einkommensermittlung ist jedoch nicht die Entnahme als solche sondern nur die Gewinnauswirkung der Entnahmehandlung, nämlich die **Aufdeckung stiller Reserven** (Rn. 144 und 159), entscheidend. Sie wird – wie in der Gewinn- und Verlustrechnung beim Ertrag – in der Einnahmen-Überschuss-Rechnung **bei den Einnahmen erfasst.**[17]

---

[14] Vgl. dazu im einzelnen Schmidt/Drenseck § 7 Rn. 3; Kemper FuR 2003, 113 ff. und 168 ff., FamRZ 2003, 1430

[15] Nach Auffassung von Strohal Rn. 140 besteht die Aufzeichnungspflicht nur im Fall von Überentnahmen vor. Dies ist nicht zutreffend, da nur anhand der Aufzeichnung der Entnahmen und Einlagen im Vergleich mit dem Gewinn festgestellt werden kann, ob Überentnahmen vorliegen. Zutreffend Schmidt/Heinicke § 4 Rn. 376

[16] Wegen der Einzelheiten kann daher auf Rn. 178 verwiesen werden

[17] Die Gleichbehandlung ergibt sich aus der Gleichstellung der Einnahmen-Überschuss-Rechnung mit dem Betriebsvermögensvergleich in § 4 III Satz 3 und 4 EStG

II. Gewinnermittlung nach Durchschnittssätzen

1. Zum Personenkreis und zur Einkommensermittlung

Zum Personenkreis, der seine Gewinne nach Durchschnittssätzen gemäß § 13 a EStG ermitteln kann, zählen ausschließlich **Land- und Forstwirte.** Voraussetzung ist aber, dass 199
- keine Verpflichtung zur Buchführung und zum Jahresabschluss besteht (§ 13 a Abs. 1 Nr. 1 EStG) und
- ein im Einzelnen gesetzlich bestimmter Umfang der Landwirtschaft nicht überschritten wird (§ 13 a Abs. 1 Nr. 2–4 EStG).

Landwirte, die buchführungspflichtig sind und einen Jahresabschluss machen müssen, haben dies auch zum Zweck der Gewinnermittlung zu tun.[18] Besteht eine solche Verpflichtung nicht, werden jedoch die in § 13 a Abs. 1 Nr. 2–4 EStG vorgegebenen Werte überschritten, so besteht auch für Land- und Forstwirte die Verpflichtung zur Gewinnermittlung durch Einnahmen-Überschuss-Rechnung nach § 4 Abs. 3 EStG (Rn. 183 ff.).

2. Die Ermittlung der Durchschnittssätze

Gemäß § 13 a III EStG setzt sich der Durchschnittssatzgewinn zusammen aus 200
- dem Grundbetrag (IV),
- den Zuschlägen für Sondernutzungen (V),
- den nach VI zu ermittelnden Gewinnen,
- den vereinnahmten Miet- und Pachtzinsen,
- den vereinnahmten Kapitalerträgen, die sich aus Kapitalanlagen von Veräußerungserlösen im Sinne des Absatzes 6 Satz 1 Nr. 2 ergeben.

Die Höhe des Grundbetrags richtet sich bei der landwirtschaftlichen Nutzung nach dem Hektarwert der selbst bewirtschafteten Fläche. Je Hektar sind zwischen 205 € und 512 € anzusetzen.[19]

Was tatsächlich aus der landwirtschaftlichen Nutzung erwirtschaftet worden ist, ist nur in den Fällen von steuerlicher Relevanz, in denen der Landwirt freiwillig oder auf Grund gesetzlicher Vorschriften seinen Gewinn durch Einnahmen-Überschuss-Rechnung oder Bilanz mit Gewinn- und Verlustrechnung ermittelt. Der nach Durchschnittsätzen ermittelte Gewinn hat mit den realen Verhältnissen nichts gemein. 201

III. Einkommensermittlung durch Schätzung

Soweit die Finanzbehörde den Gewinn nicht ermitteln oder berechnen kann, hat sie nach § 162 AO die **Besteuerungsgrundlagen** zu **schätzen.** Geschätzt wird nicht der Gewinn als solcher, geschätzt werden dürfen **nur Tatsachen.**[20] Dies ist regelmäßig der Fall, wenn dem Steuerpflichtigen die genaue Ermittlung der einkunftsrelevanten Tatsachen nicht möglich oder nicht zuzumuten ist. 202

Beispiel:
A hat seine Praxis und seine Wohnung im selben Gebäude. An die Telefonanlage sind die Telefongeräte der Wohnung und der Praxis angeschlossen.

Die Finanzbehörde wird den privaten Anteil an den Telefonkosten nach ihren Erfahrungssätzen schätzen.[21]

---

[18] Schmidt/Seeger § 13 EStG Rn. 5 ff.; In diesem Fall kann auf die Ausführungen zur Gewinnermittlung im 3. Abschnitt verwiesen werden

[19] Stand 2003

[20] Klein, Abgabenordnung, 7. Aufl., § 162 Nr. 2

[21] BFH BStBl 1979, 149; vgl. auch Rn. 180

Sofern die vom Steuerpflichtigen erteilten **Auskünfte nicht ausreichen** oder **Unterlagen,** die der Steuerpflichtige zu führen hat, **nicht vorgelegt** werden oder es ihnen an Beweiskraft ermangelt, können die gesamten Besteuerungsgrundlagen **geschätzt** werden.

IV. Wechsel der Gewinnermittlungsart

203 Steuerpflichtige, die nicht auf Grund der gesetzlichen Bestimmungen zur Gewinnermittlung durch Betriebsvermögensvergleich verpflichtet sind, können durch die **Art ihrer Aufzeichnungen** die **Art der Gewinnermittlung** bestimmen. Freiwillige Buchführung mit Abschlusserstellung zwingt zur Gewinnermittlung durch durch Betriebsvermögensvergleich[22] (Rn. 185). Der Wechsel der Gewinnermittlungsart ist nur zum Beginn eines Wirtschaftsjahres möglich. Durch **Zurechnungen und Abrechnungen** wird gewährleistet, dass das tatsächliche Einkommen auch im Übergangszeitraum der Besteuerung zugrundegelegt wird.[23]

V. Ermittlung des Einkommen von Personengesellschaften

1. Gesetzliche Grundlagen und Personenkreis

204 Personengesellschaften, nämlich
- Gesellschaften bürgerlichen Rechts,
- Partnerschaftsgesellschaften,
- offenen Handelsgesellschaften,
- Kommanditgesellschaften[24]

sind als solche nicht einkommensteuerpflichtig; in § 1 I EStG werden nur natürliche Personen aufgeführt. Sie gehören auch nicht zu den Kapitalgesellschaften, die ihr Einkommen nach dem Körperschaftsteuergesetz zu versteuern haben. Steuerpflichtig sind die einzelnen Gesellschafter mit ihren jeweiligen Gewinnanteilen.[25] Steuerlich werden diese Personenvereinigungen als **Mitunternehmerschaften bezeichnet.**[26]

205 Eine **Personengesellschaft** die nur **aus Selbstständigen** im Sinn des § 18 EStG besteht, erzielt Einkünfte aus selbstständiger Tätigkeit. Wenn jedoch auch nur einem der Gesellschafter die Qualifikation des § 18 EStG fehlt oder er gewerbliche Einkünfte erzielt, sind die gesamten Einkünfte der Personengesellschaft gewerbliche Einkünfte.[27]

Beispiele:
1. Die Architekten A und B üben ihren Beruf gemeinsam in einer Gesellschaft bürgerlichen Rechts aus. Nach dem Tod von A geht der Anteil auf seine Ehefrau F über, die als gelernte Steuerfachangestellte im Anstellungsverhältnis die Buchhaltung der GbR und die rechnerische Abwicklung der Bauvorhaben übernommen hatte. B führt mit F die Gesellschaft weiter.
2. Die Architekten A und B üben ihren Beruf gemeinsam in einer Gesellschaft bürgerlichen Rechts aus. Außerdem erwerben sie Mehrfamilienhäuser und verkaufen diese nach Umbau und Renovierung als Eigentumswohnungen weiter.

Im Fall 1 erzielt die GbR gewerbliche Einkünfte, weil F keinen freien Beruf i. S. d. § 18 EStG ausübt. Im Fall 2 erzielt die GbR neben den Einkünften aus § 18 EStG auch aus dem Immobiliengeschäft Einkünfte aus gewerblicher Tätigkeit. In beiden Fällen sind die gesamten Einkünfte der GbR solche aus Gewerbebetrieb.

---

[22] Schmidt/Heinicke § 4 Rn. 377
[23] Einzelheiten EStR 2001, Amtliche Hinweise Abschnitt 17
[24] Auch GmbH & Co KG
[25] Anders bei der Gewerbesteuer: steuerpflichtig ist nach § 5 GewStG das Unternehmen
[26] Schmidt § 15 EStG Rn. 160
[27] Und damit auch gewerbesteuerpflichtig!

2. Gesonderte und einheitliche Gewinnfeststellung

Die Ermittlung der Gewinnanteile aus einer Mitunternehmerschaft erfolgt in zwei Stufen. Zunächst wird nach den Gewinnermittlungsvorschriften des Einkommensteuergesetzes der Gewinn des Unternehmens festgestellt. Dieser wird dann gemäß § 180 AO in der gesonderten und einheitlichen Gewinnfeststellung auf die einzelnen Mitunternehmer verteilt, wobei dann auch deren gesellschaftsrechtlich nicht dem Unternehmen zuzurechnenden **Sonderbetriebseinnahmen** und **Sonderbetriebsausgaben** erfasst werden. Diese sind durch **Sonderbilanzen** zu ermitteln, für die die Grundsätze des Einkommensteuerrechts in gleicher Weise gelten, wie für die Gewinnermittlung im Allgemeinen. **206**

Beispiel:
An der ABC-Altenpflegeheim KG sind die Gesellschafter A, B und C beteiligt. Die KG ist von der Gewerbesteuer befreit. A hat als Komplementär die Geschäfte der KG geführt und dafür 60 000 € entnommen, die als „Gehalt" verbucht wurden. B hat der oHG das Betriebsgebäude vermietet; die oHG hat ihm dafür 48 000 € auf sein privates Girokonto überwiesen. C hat für ein der oHG gewährtes Darlehen 16 000 € Zinsen erhalten. In der betriebswirtschaftlichen Gewinnermittlung sind neben den sonstigen Betriebsausgaben auch diese Beträge abgezogen worden. Der verbleibende Gewinn ist mit 120 000 € ausgewiesen.
Für eine Haftpflichtversicherung für die Risiken aus der Geschäftsführertätigkeit hat A 2000 € aufwenden müssen. Für das der oHG vermietete Gebäude hatte B Erhaltungsaufwendungen in Höhe von 20 000 €. C, der als einziger Gesellschafter auswärts wohnt, hat für die Teilnahme an den Gesellschafterversammlungen steuerlich abzugsfähige Reiskosten in Höhe von 2500 € gehabt. Nach den gesellschaftlichen Vereinbarungen gehen diese Kosten zu Lasten der Gesellschafter.
Die gesonderte und einheitliche Gewinnfeststellung ergibt folgendes Bild: **207**

ABC oHG

A	B	C
Anteil am lfd. Gewinn	Anteil am lfd. Gewinn	Anteil am lfd. Gewinn
40 000 €	40 000 €	40 000 €
+	+	+
Tätigkeitsvergütung	Mieten	Zinsen
60 000 €	48 000 €	17 000
–	–	–
Versicherungsprämien	Instandhaltungskosten	Reisekosten
2 000 €	20 000 €	3 000 €
=	=	=
Gewerbliche Einkünfte	**Gewerbliche Einkünfte**	**Gewerbliche Einkünfte**
98 000 €	**68 000 €**	**54 000 €**

Die Einkünfte der oHG aus Gewerbebetrieb belaufen sich auf 220 000 € und sind den Gesellschaftern nach dem vorstehend erläuterten Schlüssel zuzurechnen. Die Gesellschafter erzielen mit ihren **Vorabvergütungen** keine Einkünfte aus nichtselbstständiger Tätigkeit, Vermietung und Verpachtung oder Kapitalvermögen.

Soweit sich für einzelnen Gesellschafter **andere Wertansätze als in der Bilanz** ergeben, ist dies in **Ergänzungsbilanzen** darzustellen. Die daraus resultierenden Gewinne oder Verluste ebenfalls in die Gesonderte und einheitliche Gewinnfeststellung eingehen. **208**

Beispiel:
D übernimmt den Anteil des C an der ABC oHG. Für dessen Anteil am Betriebsvermögen mit einem Buchwert von 100 000 € zahlt D entsprechend dem Verkehrswert 200 000 €.

Soweit der Kaufpreis auf abnutzbare Wirtschaftsgüter des Anlagevermögens entfällt, hat D auch die Differenz zwischen dem Buchwert und seinen Anschaffungskosten in einer Ergänzungsbilanz darzustellen. Er kann die daraus resultierende **zusätzliche AfA** einkommensmindernd berücksichtigen.

5. Abschnitt: Gewinneinkünfte im Unterhaltsrecht

I. Vorbemerkung

1. Verwertbarkeit steuerlicher Einkommensermittlung im Unterhaltsrecht

209 Trotz aller Kritik an der Verwertbarkeit der steuerlichen Einkommensermittlung stellt diese in der Praxis die unverzichtbare Basis für die Feststellung des unterhaltsrechtlichen Einkommens[1] dar. Die Auffassung, es müsse zur Ermittlung des unterhaltsrechtlich relevanten Einkommen eine „Unterhaltsbilanz" erstellt werden,[2] hat sich nicht durchgesetzt. Dass kaum ein Steuerberater über ausreichende unterhaltsrechtliche Kenntnisse verfügt,[3] ist sicher zutreffend. Entscheidend ist aber wohl eher, dass der Aufwand und die damit verbundenen Kosten in keinem vertretbaren Verhältnis zu dem angestrebten Nutzen stehen.[4]

Es wird daher auch in Zukunft kein Weg daran vorbeigehen, die steuerlichen Unterlagen daraufhin zu prüfen, ob und in welchen Punkten die steuerlichen Grundlagen zu modifizieren sind. Dass das steuerrechtlich relevante Einkommen und das unterhaltsrechtlich relevanten nicht immer identisch sind,[5] ist zutreffend. Dies ist aber kein „Privileg" der Gewinneinkünfte.

Beispiel:
A bezieht ein Jahresbruttogehalt von 32 000 €. Er erhält netto 17 600 € ausgezahlt. Die Arbeitnehmerbeiträge zur Sozialversicherung belaufen sich auf 6300,00 € Unstreitig bestehende berufsbedingte Aufwendungen hat er nicht näher substantiiert.

Das Finanzamt erkennt ohne Nachweis an

– für berufsbedingte Aufwendungen (Werbungskosten)	1 004 €
– für Vorsorgeaufwendungen[6]	2 001 €

Unterhaltsrechtlich sind abzugsfähig

– berufsbedingte Aufwendungen (Rn. 89)	880 €
– für Vorsorgeaufwendungen (Rn. 596 ff.)	6 300 €

210 Je nach Lage des Einzelfalls kann das steuerlich relevante Einkommen auch bei Nichtselbstständigen höher oder niedriger als das unterhaltsrechtliche sein. Dagegen ist die Schlussfolgerung[7] unzutreffend – zumindest nicht allgemein gültig –, dass das steuerlich ermittelte (Netto-)Einkommen bei Gewerbetreibenden und Selbstständigen das (unterhaltsrechtliche) Mindesteinkommen darstellt.

Beispiel:
U bebaut ein zum Betriebsvermögen gehörendes Grundstück mit einem Wohnhaus zum Zweck privater Nutzung. Die im Jahr 1970 angefallenen Anschaffungskosten des Grundstücks haben 20 000 € betragen; der Verkehrswert (Teilwert) zum Zeitpunkt der Bebauung beträgt 80 000 €.

Unterhaltsrechtlich findet kein Zufluss von verfügbarem Einkommen statt; es liegt lediglich eine Vermögensverlagerung vor. Einkommensteuerrechtlich führt die Entnahme von Betriebsvermögen in das Privatvermögen zur Aufdeckung stiller Reserven, d. h. zu

---

[1] Zur Unverwertbarkeit der Handelsbilanz vgl. Rn. 124
[2] Nickl, Die unterhaltsrechtliche Bilanz als Basis der Einkommensermittlung bei selbstständigen Unterhaltsverpflichteten, Bremen 1987
[3] Strohal Rn. 272
[4] Für eine einzige Einkommensermittlung wären wenigstens drei Unterhaltsbilanzen aufzustellen
[5] Ständige Rechtsprechung: FamRZ 2003, 741 = FRP 2003, 327 = R 590
[6] § 10 III EStG: Grundhöchstbetrag (Nr. 1) 1334 € + hälftiger Höchstbetrag (Nr. 4) 667 €; der Vorwegabzug (Nr. 2) entfällt durch Pauschalanrechnung der Arbeitgeberbeiträge
[7] BGH a.a.O.

einem Gewinn in Höhe der Differenz zwischen Anschaffungskosten und Teilwert, hier 60 000 €.[8]

2. Vorbehalt der Nachprüfung

Im 3. Abschnitt (Rn. 110 ff.) ist dargestellt, dass im Gegensatz zum bei der handelsrechtlichen Gewinnermittlung maßgeblichen Vorsichtsprinzip (Rn. 124) bei der steuerlichen Gewinnermittlung durch Betriebsvermögensvergleich nach §§ 4, 5 EStG oder Einnahmen-Überschuss-Rechnung nach § 4 III EStG ein möglichst realistisches Einkommen festgestellt wird. 211

Nicht immer jedoch ist der im steuerlichen Jahresabschluss und dem daraufhin erlassenen Steuerbescheid festgestellte Gewinn mit dem tatsächlichen steuerlichen Gewinn identisch. Das gilt insbesondere dann, wenn der Steuerbescheid[9] unter dem Vorbehalt der Nachprüfung steht. Gemäß § 164 AO erfolgt eine Steuerfestsetzung unter Nachprüfungsvorbehalt, wenn der Steuerfall nicht abschließend geprüft ist. In solchen Fällen ist der vom Steuerpflichtigen mit der Steuererklärung eingereichte Jahresabschluss allenfalls auf Förmlichkeiten und grobe Unrichtigkeiten überprüft worden. Der Vorbehalt der Nachprüfung bewirkt, dass die Steuerfestsetzung aufgehoben oder geändert werden kann.

Bis zu einer abschließenden Prüfung liegen dem Steuerbescheid (vgl. Fn. 5) somit lediglich die Buchführung des Steuerpflichtigen oder im Regelfall des Steuerberaters zu Grunde, die dieser anhand der ihm vom Steuerpflichtigen vorgelegten Unterlagen erstellt hat. Es ist davon auszugehen, dass ein versierter Steuerberater zwar keine Beihilfe zur Steuerhinterziehung leistet, jedoch steuerrechtliche Beurteilungsspielräume vollumfänglich zugunsten des Steuerpflichtigen ausschöpft. Was letztendlich steuerrechtlich Bestand behält, ergibt sich erst aus den Bescheiden, die auf Grund des Ergebnisses der Außenprüfung ohne Vorbehalt der Nachprüfung erlassen werden.[10]

3. Steuerliche Außenprüfung (Betriebsprüfung)

Eine Außenprüfung – im täglichen Sprachgebrauch „Betriebsprüfung" genannt – ist nach § 193 AO bei allen Steuerpflichtigen, die Einkünfte aus Gewerbebetrieb (Rn. 111), Land- und Forstwirtschaft (Rn. 199) oder selbstständiger Arbeit (Rn. 184) beziehen, ohne Einschränkung zulässig. Sie erfolgt, „wenn zu erwarten ist, dass eine größere Anzahl von Lebensvorgängen mit einem größeren Zeitaufwand zu prüfen ist",[11] als dies im Rahmen der Steuerveranlagung möglich wäre. 212

Nach § 3 der Betriebsprüfungsordnung werden untergliedert
- Großbetriebe
- Mittelbetriebe
- Kleinbetriebe und
- Kleinstbetriebe,

wobei die Zuordnung zu den einzelnen Klassen von den Finanzbehörden festgelegt wird.[12] Nur bei Großbetrieben erfolgt – in der Regel im dreijährigen Turnus – eine lückenlose Prüfung der Jahresabschlüsse. Bei den übrigen Betrieben liegt die Anordnung im Ermessen der Finanzbehörde, wobei davon auszugehen ist, dass dafür die Wahrscheinlichkeit der Erzielung erheblicher Nachzahlungen maßgeblich ist. Betriebsprüfungen kleinerer Betriebe werden insbesondere auch dann angeordnet, wenn sich aus Kontrollmitteilungen bei Prü-

---

[8] Dies gilt in gleicher Weise für Gewinn- und Verlustrechnung und Einnahmen-Überschuss-Rechnung

[9] Einkommensteuerbescheid beim Einzelunternehmer, Gesonderte und einheitliche Gewinnfeststellung bei Personengesellschaften

[10] Sofern nicht dagegen Einspruch eingelegt und ggfs. geklagt wird

[11] Klein AO, § 193 Nr. 1

[12] Zuletzt BStBl 2003 I, 108

fungen der Geschäftspartner Anhaltspunkte für Unregelmäßigkeiten bei der Gewinnermittlung ergeben.

4. Steuerhinterziehung

213 Allein die Möglichkeit zur Verschaffung von Schwarzgeld bei Gewerbetreibenden und Selbstständigen darf genauso wenig wie die Möglichkeit zur Schwarzarbeit[13] bei einem nichtselbstständig Tätigen Veranlassung zu Zurechnungen zum steuerlich ermittelten Einkommen geben, solange nicht konkrete Hinweise für solche Steuerhinterziehungen vorliegen.[14] Mit Freiheitsstrafe bis zu fünf Jahren oder mit Geldstrafe wird gemäß § 370 AO wegen Steuerhinterziehung bestraft, wer den Finanzbehörden über steuerlich erhebliche Tatsachen unrichtige oder unvollständige Angaben macht oder solche Tatsachen verschweigt; der Versuch ist strafbar. Bereits die Ausstellung falscher Belege oder Falschbuchungen werden gemäß § 379 AO als Steuergefährdung verfolgt.

II. Steuerrechtlich und unterhaltsrechtlich irrelevante Aufwendungen

214 Ein aus einer ordnungsgemäßen Buchführung entwickelter Jahresabschluss entspricht insoweit auch unterhaltsrechtlichen Anforderungen, als nicht betriebsbedingte Aufwendungen nicht als Betriebsausgaben erfasst werden dürfen. Ausschließlich persönlich bedingte Aufwendungen, die unterhaltsrechtlich nicht einkommensmindernd berücksichtigt werden dürfen, stellen auch steuerrechtlich keine einkommensmindernden Ausgaben dar.

Nach § 12 EStG dürfen u. a. Beträge, die für den Haushalt des Steuerpflichtigen und für den Unterhalt seiner Familienangehörigen aufgewendet werden, ebenso wenig bei den Einkünften abgezogen werden wie die Aufwendungen für die Lebensführung, die die wirtschaftliche oder gesellschaftliche Stellung des Steuerpflichtigen mit sich bringt, auch wenn diese zur Förderung des Berufs oder der Tätigkeit des Steuerpflichtigen erfolgen.

Rein privat veranlasste Ausgaben, etwa der Einkauf von Lebensmitteln für den Haushalt oder die Anschaffung privater Kleidung gehören daher nicht zu den Betriebsausgaben oder Werbungskosten sondern sind als Privatentnahme zu erfassen, sofern die Barzahlung aus der betrieblichen Kasse oder vom Geschäftskonto erfolgt.

Beispiel:
U kauft sich einen neuen Anzug und bezahlt dieses mit der Bankkarte, die für das Geschäftskonto ausgestellt ist. Der Betrag wird von diesem Konto abgebucht.

Der Vorgang ist als Privatentnahme zu erfassen. Buchungsmäßig steht ein solcher Vorgang einer privaten Geldentnahme gleich; wofür das Geld verwendet worden ist, ist steuerlich irrelevant. Derartige Vorgänge dürfen daher weder in der Gewinn- und Verlustrechnung noch in der Einnahmen-Überschussrechnung zu finden sein.

215 Nicht eindeutig beruflich bedingter Aufwand[15] stellt steuerlich weder Betriebsausgabe noch Werbungskosten dar.

Beispiel:
R macht geltend, dass er üblicherweise legere und preisgünstige Kleidung benutze, ausschließlich aus beruflicher Veranlassung in der Kanzlei teure Maßanzüge tragen müsse.

Die Nutzung der Anzüge wird steuerlich nicht als Betriebsausgabe anerkannt. Bei der Beurteilung der Abzugsfähigkeit derartiger Aufwendungen wird kein Unterschied zwischen

---

[13] Einzelheiten dazu bei Strohal, Rn. 246 ff.

[14] Dass angesichts der Höhe von Betriebsausgaben bei Gewerbetreibenden und Selbstständigen zu Werbungskosten beim Nichtselbstständigen Manipulationen in weitaus größerem Umfang möglich sind, steht außer Frage

[15] Beispiele aus der BFH-Rechtsprechung Schmidt/Drenseck § 12 Rn. 13; siehe EStR Abschnitt H 117 und 117 a

Selbstständigen und Nichtselbstständigen gemacht. Im Unterhaltsrecht wird man im Einzelfall entscheiden müssen, ob gemischte Aufwendungen anteilig anzurechen sind.

Nur wenn sich berufliche und private Nutzung abgrenzen und getrennt erfassen lassen, ist bei der steuerlichen Einkommensermittlung eine Aufteilung vorzunehmen, die entweder auf einer Schätzung beruht – wie etwa bei der privaten Nutzung des betrieblichen Telefons – oder auf Grund pauschalierter Berechnungsmethoden zu ermitteln ist, so beim privat und betrieblich genutzten PKW (Rn. 181 und 227).

Was ordnungsgemäß auf Privatkonten verbucht ist, beeinflusst den Gewinn nicht, wirkt sich also nicht auf das Einkommen aus.[16]

III. Unterhaltsrechtlich relevante Unterschiede zwischen Gewinn- und Verlustrechnung und Einnahmen-Überschussrechnung

Unabhängig davon, ob der Gewinn durch Gewinn- und Verlustrechnung oder durch Einnahmen-Überschuss-Rechnung ermittelt wird: der Gesamtgewinn von der Aufnahme bis zur Beendigung der Erwerbstätigkeit ist betragsmäßig identisch. Aus der unterschiedlichen Art der Gewinnermittlung ergeben sich jedoch zeitliche Verschiebungen. Während in der Gewinn- und Verlustrechnung der Eintritt der Vermögensmehrung maßgeblich ist, kommt es in der Einnahmen-Überschuss-Rechnung auf den Zufluss oder Abfluss der für eine Leistung zu erbringenden Geldzahlung an. 216

Soweit die Auswirkung eines Geschäftsvorfalls auf das Vermögen und der damit verbundene Zufluss oder Abfluss von Geldmitteln in ein und demselben Wirtschaftsjahr erfolgen, ergeben sich auch bei der Ermittlung des Jahresgewinns gegenüber der Einnahmen-Überschuss-Rechnung keine Unterschiede. Nur wenn zwischen der Vermögensänderung und dem Zu- oder Abfluss ein Bilanzstichtag liegt, ergeben sich vorübergehende Abweichungen.

Beispiele:
Der ausschließlich mit der Bauplanung beauftragte Architekt hat am 10. 11. 01 dem Auftraggeber die fertigen Planungsunterlagen übergeben und sein Honorar in Rechnung gestellt. Die Zahlung des Honorars geht auf seinem Konto
a) am 27. 12. 01
b) am 5. 1. 02
ein.

Für eine Gewinn- und Verlustrechnung ist die Forderung im November 01 erlöswirksam zu buchen; das Honorar wird also unabhängig vom Zeitpunkt des Zahlungseingangs in 01 erfasst.[17] Für eine Einnahmen-Überschuss-Rechnung wird erst der Zahlungseingang als Erlös verbucht; im Fall a) wird das Honorar daher in 01, im Fall b in 02 als Einkommen erfasst. Ein Unterschied zwischen dem durch Betriebsvermögensvergleich ermittelten Gewinn und der Einnahmen-Überschuss-Rechnung ergibt sich also nur, wenn der Zufluss oder Abfluss der Betriebseinnahmen oder Betriebsausgaben nicht in dem Wirtschaftsjahr erfolgen, dem der Aufwand oder Ertrag wirtschaftlich zuzuordnen ist.

Das für die Gewinnermittlung durch Betriebsvermögensvergleich maßgebliche Prinzip der periodengerechten Gewinnermittlung entspricht dem aus der Unterhaltsrechtsprechung zur Anrechnung von Steuern bekannten **Für-Prinzip** (Rn. 567). Die Einnahmen-Überschuss-Rechnung baut dagegen auf dem dem unterhaltsrechtlichen **In-Prinzip** entsprechenden Zufluss-Prinzip auf. 217

Bei der Erfassung von
- Forderungen und Verbindlichkeiten (Rn. 163; 1/253),
- Rechnungsabgrenzungsposten (Rn. 167; 1/255) und
- Rückstellungen (Rn. 168 ff.; 1/256).

[16] Rn. 116; Rn. 142 ff.; Rn. 176 ff.; Rn. 197 f.

[17] Würde die Zahlung bereits im November erfolgen, könnte auch direkt der Zahlungseingang als Erlös verbucht werden, da die zu bildende Forderung ja sonst in derselben Buchungsperiode wieder aufgelöst werden müsste

in der Bilanz werden in der Gewinn- und Verlustrechnung Erträge und Aufwendungen in dem Jahr gewinnwirksam gebucht, dem sie wirtschaftlich zuzuordnen sind, auch wenn der Zufluss oder Abfluss der in Geld oder Geldeswert bestehenden Betriebseinnahmen oder -ausgaben außerhalb des Jahres erfolgt sind.[18] Der in der Bilanz und der Gewinn- und Verlustrechnung festgestellte Gewinn basiert daher zu einem nicht unerheblichen Teil auf noch nicht geflossenen Einkünften, bzw. noch nicht bezahlten Schulden, was sich aber zum großen Teil durch die Auflösung entsprechender Bilanzposten aus dem Vorjahr bzw. innerhalb des Auskunftszeitraums ausgleicht.[19]

IV. Unterhaltsrechtliche Bewertung der Gewinnermittlung nach Durchschnittsätzen und durch Schätzung

1. Gewinnermittlung nach Durchschnittssätzen

218 Die Gewinnermittlung nach Durchschnittssätzen (Rn. 199 ff.) ist für die Berechnung des unterhaltsrechtlich relevanten Einkommens unbrauchbar.[20] Die Schätzwerte liegen weit unter dem tatsächlich zur Verfügung stehenden Einkommen. Soweit nicht auf Grund der erteilten Auskünfte (Rn. 285) ein Sachverständigengutachten Aufschluss geben kann, wird man allenfalls über die der tatsächlichen Lebensführung den konkreten Bedarf ermitteln können, wobei besonders zu berücksichtigen ist, dass Landwirte in großem Umfang den Lebensunterhalt aus dem eigenen Betrieb decken können.[21]

2. Steuerliche Gewinnschätzungen

219 Wenn mangels der nach der Abgabenordnung geschuldeten Mitwirkung der Gewinn von Gewerbetreibenden und Selbstständigen durch die Finanzbehörde geschätzt (Rn. 202) worden ist, liegen dieser Schätzung die für das steuerliche Einkommen maßgeblichen Kriterien zugrunde. Die Schätzung erfolgt auf der Basis des innerbetrieblichen Vergleichs mit Veranlagungszeiträumen, für die Gewinnermittlungen vorliegen, und dem Fremdvergleich mit vergleichbaren anderen Betrieben und auf der Basis der Richtwerte.

Mit der Schätzung greift die Finanzbehörde – insbesondere bei dem Verdacht von Steuerhinterziehungen – in der Regel sehr hoch, um die Abgabe einer Steuererklärung als das „kleinere Übel" zu erzwingen. Da ein Sachverständiger kaum bessere Möglichkeiten hat als die Finanzbehörden, wird man auf den Schätzbetrag zurückgreifen können.

Dabei muss man allerdings genau wie bei der regulären Gewinnermittlung die Erforderlichkeit unterhaltsrechtlich bedingter Korrekturen prüfen.

V. Posten der Gewinn- und Verlustrechnung und der Einnahmen-Überschussrechnung nach unterhaltsrechtlichen Kriterien[22]

1. Erträge/Einnahmen

220 **a) Umsatzerlöse.** Alle der betrieblichen Tätigkeit zuzuordnenden Betriebseinnahmen sind als Umsatzerlöse zu erfassen, in der Gewinn- und Verlustrechnung perioden-

---

[18] Einzelheiten sieh Rn. 183 ff. und 1/190 ff.

[19] Eine Gewinn- und Verlustrechnung lässt sich allerdings in der modernen EDV-Buchführung – z. B. DATEV – ohne Schwierigkeiten im Nachhinein als Einnahmen-Überschuss-Rechnung erstellen. Alle nicht im Geschäftsjahr zugeflossenen Einnahmen, bzw. abgeflossenen Ausgaben werden automatisch herausgerechnet

[20] Strohal Rn. 212; Heiß/Heiß 3. Kap. Rn. 342

[21] Schwab/Borth IV Rn. 689

[22] Soweit sich aus den folgenden Ausführungen nicht ausdrücklich etwas anderes ergibt, gelten sie für Gewinn- und Verlustrechnung und Einnahmen-Überschuss-Rechnung gleichermaßen

gerecht[23] zum Zeitpunkt des Entstehens der Forderung, in der Einnahmen-Überschuss-Rechnung zum Zeitpunkt des Zuflusses der Gegenleistung.[24] Zu den Umsatzerlösen gehören auch solche aus Nebenleistungen, wie etwa dem Kunden in Rechnung gestellte Verpackungs- und Transportkosten bei einem Handelsbetrieb. Inwieweit eine Untergliederung in einzelne Umsatzarten erfolgt, liegt im Belieben des Unternehmers und richtet sich in erster Linie nach betriebswirtschaftlichen Überlegungen.

Beispiel:
U betreibt einen Kraftfahrzeugwerkstatt und handelt mit Gebrauchfahrzeugen und Ersatzteilen.

U kann in seiner Buchführung und im Jahresabschluss alle Umsätze auf einem Konto erfassen oder aber untergliedern, z. B.
- Erlöse aus Verkauf von Kraftfahrzeugen
- Erlöse aus Verkauf von Ersatzteilen
- Erlöse aus Reparaturen

und mehr.

b) Erlöse aus Verkauf von Anlagevermögen. Der Verkauf von Anlagevermögen führt zu steuerpflichtigen Erlösen (Rn. 159), soweit stille Reserven aufgedeckt werden. Dies ist dann der Fall, wenn das Wirtschaftsgut beim Verkauf mehr als die Anschaffungskosten bringt oder durch Abschreibungen (AfA) der Buchwert unter dem Verkaufspreis liegt. 221

c) Erträge aus Bestandsveränderungen. Bei der Gewinnermittlung durch Betriebsvermögensvergleich führen alle Mehrungen des Betriebsvermögens, die nicht auf Einlagen zurückzuführen sind, zu Erträgen oder Aufwendungen, gleichgültig ob irgendwelche Geldmittel oder sonstige Vermögenswert dem Betrieb zugeflossen wären. In Betracht kommen (Rn. 173 f.) 222
- Wertsteigerung durch Verarbeitung
- Veränderung des Bestands durch nicht verbrauchten Wareneinkauf

Eine Wertzuschreibung bei gestiegenem Marktpreis von Umlaufvermögen kommt nur nach vorheriger Teilwertabschreibung und nur bis zur Höhe der Anschaffungskosten in Betracht.[25]

d) Erträge aus Herabsetzung oder Auflösung von Wertberichtigungen. Mit 1% der in der Bilanz ausgewiesenen **Nettoforderungen** (Rn. 165) aus Lieferungen und Leistungen kann eine erlösmindernde Wertberichtigung gebucht werden. Reduzieren sich in der Bilanz die Forderungen gegenüber dem Vorjahr, so reduziert sich auch die Wertberichtigung in entsprechendem Umfang und wird gewinnerhöhend aufgelöst. 223

Beispiel:
Gegenüber der Bilanz 01 mit Forderungen in Höhe von 250 000 € sind in der Bilanz 02 nur noch 200 000 € ausgewiesen. Die Wertberichtigung ist wie folgt aufzulösen:

Pauschalwertberichtigung	500	S	*Erlöse aus der Auflösung von PWB*[26]	500	H

Dasselbe gilt, wenn sich eine Forderung, für die wegen Illiquidität eines Schuldner eine Einzelwertberichtigung vorgenommen wurde, doch noch ganz oder teilweise erfüllt wird.

Beispiel:
U hat eine Forderung von netto 40 000 €[27] gegen einen Kunden im Jahr 01 im Wege der Einzelwertberichtigung vollständig ausgebucht, nachdem in der ersten nach Insolvenzeröffnung durchgeführten Gläubigerversammlung vom Insolvenzverwalter die Einstellung mangels Masse prognostiziert worden war. Erst in 02 stellte sich heraus, dass verbindlich mit einer Befriedigung in Höhe von 25% zu rechnen sei.

---

[23] Siehe dazu Rn. 261
[24] Vgl dazu Rn. 137; 163 f.; 253
[25] Schmidt/Heinicke § 4 Rn. 50
[26] Bei der Darstellung von Buchungssätzen wird für die Bestandskonten die Normalschrift, für Erfolgskonten die Kursivschrift gewählt. Zu den Grundlagen der Buchführung vgl. Rn 128 ff.
[27] Die Umsatzsteuer wird im Beispielsfall nicht dargestellt

U muss in den nächsten Bilanz gewinnerhöhend einbuchen, was die Forderung wert ist.

Forderungen	10 000	S	*Erlöse aus der Auflösung von Wertberichtigungen*	10 000	H

Unterhaltsrechtlich wird man mit der Wertberichtigung so verfahren, wie es mit den Forderungen geschieht (Rn. 253).

224 **e) Erträge aus der Auflösung von Sonderposten mit Rücklageanteil.** Sonderposten mit Rücklageanteil (Rn. 172) sind bei in der Gewinnermittlung durch Betriebsvermögensvergleich zulässigen Rücklagen nach § 6 b EStG aufzulösen, wenn die Ersatzbeschaffung nicht fristgerecht erfolgt oder die Rücklage nicht in vollem Umfang auf die Anschaffungskosten übertragen wird. Resultieren sie aus der Bildung einer auch in der Einnahmen-Überschuss-Rechnung möglichen Ansparrücklage nach § 7 g EStG, erfolgt die Auflösung im Jahr der Anschaffung des betreffenden Wirtschaftsgutes, spätestens mit Ablauf des zweiten Wirtschaftsjahres, das auf die Anschaffung folgt.

Wenn die gewinnmindernde Bildung der Rücklage unterhaltsrechtlich nicht anerkannt wurde, ist der aus der Auflösung entstandene Gewinn unterhaltsrechtlich zu kürzen.

225 **f) Sachbezüge.** Abgabe oder Nutzung von Umlaufvermögen zugunsten seiner Arbeitnehmer – sogenannte Sachbezüge – sind beim Arbeitgeber als umsatz- und einkommensteuerpflichtiger Erlös gewinnerhöhend zu buchen, wobei auch hier vielfach pauschaliert wird. Zu erwähnen sind vor allem:

- freie Kost,
- freie oder verbilligte Unterkunft,
- kostenloser oder verbilligter Warenbezug und
- private Nutzung betrieblicher Kraftfahrzeuge.

In der Gewinnberechnung des Arbeitgebers heben sich die Sachbezüge auf, da sie im Rahmen der Erträge als Erlöse, beim Aufwand in gleicher Höhe als Aufwand/Betriebsausgaben erfasst werden. Als Unkosten bleiben ihm die für die Bereitstellung der Sachbezüge angefallen Kosten (Wareneinkauf, Herstellungskosten etc.) Soweit es sich um Leistungen an fremde Arbeitnehmer des Unterhaltspflichtigen handelt, können daher die in den steuerlichen Unterlagen vorgegebenen Zahlen unbeanstandet übernommen werden, da der Arbeitgeber auch bei zu gering angesetzten Pauschalen keinen wirtschaftlichen Vorteil hätte sondern lediglich der Arbeitnehmer private Aufwendungen verbilligt erhielte.

Aufmerksamkeit ist aber geboten, wenn ein neuer Lebens- oder Ehepartner im Betrieb des Unterhaltspflichtigen – oder auch Unterhaltsberechtigten – tätig ist, dessen Einkommen ermittelt werden muss. In diesem Fall hat man, wenn das Arbeitsverhältnis nicht als berufsbedingt anerkennt, der einkommenserhöhende Sachbezug zu berücksichtigen, der Personalaufwand einschließlich des darin enthaltenen Sachbezugs jedoch dem Einkommen zu zuzurechnen.

226 **g) Versicherungsentschädigungen.** Werden Schäden an versicherten Wirtschaftsgütern instandgesetzt und die dadurch anfallenden Kosten ganz oder teilweise von einer Sach- oder Haftpflichtversicherung ersetzt, sind die Ersatzleistungen steuer- wie unterhaltsrechtlich relevante Erlöse und kompensieren die Instandsetzungskosten. Betriebseinnahme und Betriebsausgabe heben sich im Ergebnis auf.

Wird das beschädigte Wirtschaftgut nicht repariert kann eine Absetzung für Abnutzung in Höhe der Wertminderung erfolgen: Soweit diese sich nicht mit der Versicherungsleistung deckt, entstehen Aufwand/Betriebsausgabe oder Ertrag/Betriebseinnahme.

227 **h) Unentgeltliche Wertabgaben. aa) Grundlagen.** Während Barentnahmen (Rn. 178) oder privat veranlasste Abhebungen vom Geschäftskonto über das Privatkonto gebucht werden und den Gewinn nicht beeinflussen, verhält es sich anders, wenn betrieblich angeschaffte oder hergestellte Gegenstände zu privaten Zwecken entnommen (Rn. 179 f.) oder neben der betrieblichen Nutzung auch zu privaten Zwecken genutzt (Rn. 181) werden. In solchen Fällen werden nicht etwa die Betriebsausgaben anteilig gekürzt. Vielmehr werden alle zugrundeliegenden Aufwendungen als Betriebsausgaben erfasst, die privaten Entnahmen und Nutzungen also wie Leistungen an Dritte als Erlöse aufgeführt.

Da die privaten Entnahmen und Nutzungen von betrieblichen Wirtschaftsgütern als Erlöse zu erfassen sind, ist aus einem ordnungsgemäß erstellten Jahresabschluss zu erkennen, ob und in welcher Höhe privat bedingte Aufwendungen gebucht worden sind. Eine unterhaltsrechtliche Korrektur darf zur Vermeidung doppelter Berücksichtigung nur bei den Einnahmen und nicht bei den Betriebsausgaben erfolgen.

bb) Sachentnahmen. Bei Selbstständigen und Gewerbetreibenden kommen insbesondere in Betracht 228

- der private Verbrauch von Lebensmitteln und Getränken bei Gastwirten und einschlägigen Handelsbetrieben,
- der private Verbrauch von Arzneimitteln bei Apothekern und Ärzten,
- die private Nutzung des betrieblichen Telefons,
- die private Nutzung des betrieblichen Kraftfahrzeuges,
- die Entnahme von betrieblich genutzten Gegenständen ins Privatvermögen sowie
- der Einsatz von Betriebspersonal zu privaten Zwecken.

Der nach § 6 I Nr. 4 Satz 1 EStG für die Privatentnahmen anzusetzende Teilwert wird in diesen Fällen nicht tatsächlich ermittelt sondern vom Steuerpflichtigen geschätzt oder mit Pauschalbeträgen angesetzt. So wird z. B. der Eigenverbrauch von Lebensmitteln nach jährlich vom Bundesministerium der Finanzen festgesetzten Werten (Rn. 180) gebucht.

Bei korrekter Buchführung wird der Eigenverbrauch mit diesen Pauschalwerten als steuerpflichtige Einnahme erfasst.

Beispiel:
Der geschiedene Gastwirt lebt mit seiner Lebensgefährtin und deren beiden minderjährigen Kindern zusammen. Alle Mahlzeiten nehmen die vier Personen in der Gaststätte ein.

Der Eigenverbrauch für Gast- und Speisewirtschaften beträgt 2460 € für jede erwachsene Person, die Hälfte für das minderjährige Kind. Der monatliche Eigenverbrauch beträgt also 3 × 205 € = 615 € und ist wie folgt zu erfassen:

Privat (Kapital)	681	S	Eigenverbrauch	615	H
			Umsatzsteuer	76	H

Dadurch dass die Entnahme der Lebensmittel als umsatzsteuerpflichtiger Erlös gebucht wird, wird der Steuerpflichtige im Ergebnis so behandelt, als hätte er die für die Beköstigung seiner neuen Familie erforderlichen Lebensmittel zum Preis von 681 € monatlich = 7,56 € pro erwachsene Person und Tag aus versteuertem Einkommen erworben. Auf die Pauschalansätze wird man jedenfalls dann zurückgreifen können, wenn kein Mangelfall vorliegt.

Dagegen bedürfen die Entnahmen von Anlage- oder Umlaufvermögen einer sorgfältigen Prüfung, bei der man auch nicht immer auf den Teilwert abstellen kann. Es ist vielmehr festzustellen, was ein Nichtselbstständiger hätte aufwenden müssen.

Beispiel:
U stellt Motorrasenmäher her. Er entnimmt einen davon aus dem Lagerbestand
a) für seinen eigenen Hausgarten,
b) als Geschenk für eine gemeinnützige Einrichtung.
In der Buchführung wird der Vorgang nicht erfasst. In der Inventur finden sich nur die noch im Lager befindlichen Rasenmäher, die – für diesen Typ – zutreffend mit 300 € bewertet wurden. Der Ladenverkaufspreis beträgt 500 € netto.

Steuerlich wäre die Entnahme in beiden Fällen mit dem Teilwert anzusetzen gewesen. Unterhaltsrechtlich wird man zumindest im Fall a) den Verkaufspreis ansetzen müssen.[28]

cc) Nutzungsentnahmen. Wenn der Unterhaltspflichtige sein Telefon auch privat benutzt, insbesondere wenn die Privatwohnung an die Telefonanlage des Betriebs angeschlossen ist, wird der Privatanteil vom Finanzamt in der Regel geschätzt und[29] als Unentgeltliche Wertabgabe dem Gewinn zugerechnet. 229

---

[28] Zur Entnahme von Anlagevermögen vgl. das Beispiel Rn. 210
[29] Ggfs. zuzüglich der gesetzlichen Umsatzsteuer

Von größerer Bedeutung ist die Behandlung der gemischten Nutzung betrieblicher Kraftfahrzeuge.[30] Seit dem 1. 1. 1996 gilt die nunmehr in § 6 Absatz 1 Nr. 4 Satz 2 EStG kodifizierte Regelung, wonach bei betrieblicher und privater Nutzung eines betrieblichen Fahrzeugs für den Privatanteil monatlich 1% des Bruttolistenpreises einschließlich Sonderausstattung anzusetzen sind, sofern der Steuerpflichtige nicht ein ordnungsgemäßes Fahrtenbuch führt und dadurch die Aufteilung der betrieblichen und privaten Nutzung belegen kann. Dazu kommen 0,03% pro Entfernungskilometer abzüglich der Kilometerpauschale,[31] wenn das Fahrzeug – auch nur gelegentlich – für Fahrten zwischen Wohnung und Arbeitsstätte benutzt wird. Der Listenpreis ist auch Gebrauchtfahrzeugen oder mit Rabatt erworbenen Fahrzeugen anzusetzen.

Beispiel:
Der Landarzt A hat am 2. 1. 2002 einen Pkw – deutscher Listenpreis brutto 60 000 € – als Euroimport für 48 000 € angeschafft. Er schreibt das Fahrzeug linear mit jährlich 16,67% = 8000 € ab.[32] Steuer und Versicherungen betragen 2002 zusammen 1000 €. Laufende Kosten – Benzin, Inspektionen, Reifen, Wagenwäsche etc. – betrugen 5000 €.[33] Er ist mit dem Fahrzeug privat 15 000 km, zu Hausbesuchen und zu beruflich bedingten Veranstaltungen 30 000 km gefahren. Die Zahlen sind zutreffend geschätzt; ein Fahrtenbuch hat A nicht geführt. Die Praxis ist 10 km vom Wohnhaus entfernt; A hat an 250 Tagen gearbeitet. Auf die Fahrten zwischen Wohnung und Praxis entfallen also 5000 km.
Das Finanzamt berechnet dem A privat:

Pauschale 12% von 60 000 €	7 200 €
10 × 0,03% von 60 000 € × 12 Monate	2 160 €
./. 10 × 0,36 € × 250 Arbeitstage	– 900 €
steuerliches Mehreinkommen	8 460 €

A wird also behandelt als hätte er aus versteuertem Einkommen 8460 €[34] für die private Nutzung seines Fahrzeugs aufwenden müssen.
Unterhaltsrechtlich sind die beruflichen Fahrten einschließlich der Fahrten von und zur Arbeitsstätte berufsbedingte Aufwendungen, so dass sich folgende Berechnung ergibt:

laufende Kosten pro Jahr	5 000 €
feste Kosten pro Jahr	1 000 €
AfA (Nutzungsdauer 6 Jahre) 16,67% von 48 000 €	8 000 €
Kosten total	14 000 €
davon betrieblich 35/50 = 70%	9 800 €
und privat 15/50 = 30%	4 200 €

Während steuerlich als 8460 € einkommenserhöhend angesetzt werden, wären es unterhaltsrechtlich nur 4200 €.[35] Bei einer Pauschalberechnung ergeben sich 15 000 km × 0,27 €/km = 4050 €

Einkommensteuerrechtlich kann wegen der zwingenden Regelung in § 4 V Nr. 6 EStG die 1%-Regelung durch den Steuerpflichtigen nur durch Führung eines Fahrtenbuchs vermieden werden. Unterhaltsrechtlich ist diese Vorschrift nicht zwingend, so dass auch eine Schätzung nach § 287 ZPO in Betracht kommt. Dies ist dann geboten, wenn für die Ermittlung des unterhaltsrechtlichen Einkommens auf frühere Jahre zurückgegriffen wird, in denen kein Fahrtenbuch geführt wurde und der tatsächliche Anteil der privaten Nutzung nicht mehr genau ermittelt werden kann.

---

30 Ausführlich dazu Schöppe-Fredenburg in FuR 1998, 153
31 0,36 € für die ersten zehn, 0,40 € für alle weiteren Kilometer
32 Für nach dem 31. 12. 2000 angeschaffte PKW ist eine betriebsgewöhnliche Nutzungsdauer von sechs Jahren zugrundezulegen
33 Ärzte zahlen keine USt und haben keinen Vorsteuerabzug
34 Beim Umsatzsteuerpflichtigen kommen noch einmal 16% USt auf 80% des Nettoeigenverbrauchs dazu
35 Die hier dargestellte Problematik ergibt stellt sich in gleicher Weise, wenn einem Arbeitnehmer vom Arbeitgeber ein Betriebsfahrzeug für den Privatgebrauch und/oder die Fahrten zwischen Wohnung und Arbeitsstätte zur Verfügung gestellt wird vgl. Rn. 236

i) Zinsen und sonstige Kapitalerträge. Zinsen für betriebliche Bankguthaben oder sonstige Erträge aus angelegtem Betriebsvermögen sind immer Gewinneinkünfte gemäß § 2 II Nr. 1 EStG und nicht Einkünfte aus Kapitalvermögen nach § 20 EStG (Rn. 113). 230

j) Umsatzsteuer. Die mit der bei der Gewinnermittlung durch Betriebsvermögensvergleich mit den Forderungen erfasste Umsatzsteuer ist gewinnneutral, da ihr eine identische Verbindlichkeit gegenüber dem Finanzamt gegengebucht wird (Rn. 137 f.); 1/166). Sie wird als nicht fällige Umsatzsteuer gegengebucht, wenn dem Unternehmer gemäß § 20 UStG vom Finanzamt die **Ist-Versteuerung** gestattet ist,[36] d. h. zwar ihre Einkünfte periodengerecht erfassen und versteuern müssen, jedoch die Umsatzsteuer erst bei Vereinnahmung abzuführen haben. 231

Die Umsatzsteuer stellt jedoch in der Einnahmen-Überschuss-Rechnung zum Zeitpunkt des Zuflusses des Erlöses eine Betriebseinnahme dar und erhöht den Gewinn (Rn. 192). Da sie auch hier nur ein durchlaufender Posten ist, sollte sie bei der Ermittlung des unterhaltsrechtlichen Einkommens abgezogen werden.[37]

Unterhaltsrechtliche Änderungen bei der Umsatzsteuer müssen zwingend auch bei der Vorsteuer und den Umsatzsteuerzahlungen (Rn. 261) vorgenommen werden.

2. Aufwand/Betriebsausgaben

a) Allgemeines. Bei allen Betriebsausgaben kann man grundsätzlich die Frage stellen, ob es sich jeweils um berufsbedingten Aufwand handelt oder sie nur den persönlichen Bedarfsvorstellungen entsprechen. Dies gilt für z. B. die Größe und Ausstattung der Praxis oder des Büros von Freiberuflern. Obwohl die Anschaffungskosten von Anlagevermögen als solche den Gewinn nicht beeinflussen, wirken sie sich über Gebrauchs- und Unterhaltungskosten, AfA und eventuell Zinsen für Anschaffungskredite auf den Gewinn aus. Für die steuerliche Anerkennung sind weder Notwendigkeit, noch Angemessenheit, Üblichkeit oder Zweckmäßigkeit Voraussetzung.[38] Nur soweit durch die Betriebsausgaben die private Lebensführung des Steuerpflichtigen berührt wird, erfolgt nach § 4 V 7 EStG eine Angemessenheitsprüfung.[39] Diese erfolgt im Allgemeinen recht großzügig. Unterhaltsrechtlich wird man unter Umständen andere Maßstäbe anzusetzen haben. 232

Beispiel:
Der Arzt A least einen Mercedes der S-Klasse (Kaufpreis 100 000 €). Gewinnmindernd sind gegenüber einem kleineren Fahrzeug
- die Leasingsonderzahlung,
- die Leasingraten,
- die Kfz-Steuer und die Versicherungen
- die Verbrauchskosten.

Er nutzt das Fahrzeug für die Fahrten zwischen Wohnung und Praxis und für Hausbesuche. Längere Fahrten unternimmt er nur privat im Urlaub.

Bei der steuerlichen Angemessenheitsprüfung wird nicht zwischen Mercedes und Volkswagen unterschieden sondern zwischen einem üblichen Betriebsfahrzeug und einem Sport- oder Luxusfahrzeug.[40] Unterhaltsrechtlich wird man engere Grenzen ziehen müssen, vor allem auf die eheprägenden Verhältnisse abzustellen haben, sofern sich nicht die wirtschaftlichen Gegebenheiten nachhaltig verändert haben.

Das OLG Düsseldorf hat im Jahr 1981[41] entschieden, der Unterhaltspflichtige habe bei seinen Investitionsentscheidungen vorrangig seine Unterhaltsverpflichtungen zu berücksichtigen. Diese Auffassung ist zu Recht auf Kritik gestoßen.[42] Eine Überprüfung ist nur dann zulässig und geboten, wenn die Investitionen gegenüber früheren Jahren erst bei Absehbar-

[36] Die Sonderregelung gilt u. a. für freiwillig bilanzierende Selbstständige
[37] Vgl. den Beispielsfall in Rn. 192
[38] Schmidt/Heinicke § 4 Rn. 483
[39] Im Einzelnen dazu Schmidt/Heinicke § 4 Rn. 602
[40] Schmidt/Heinicke § 4 Rn. 602; ausführlich zu PKW BFH BStBl 1987 II S. 853
[41] FamRZ 1982, 1108 ff.
[42] Schwab/Borth Rn. IV 764; Maier S. 224 ff., Strohal Rn. 293

keit der Trennung erheblich zugenommen haben und/oder auch den privaten Bedürfnissen dienen.[43] Auch wird im Mangelfall ein strengerer Maßstab anzulegen sein.[44]

Grundsätzlich wird es dem Familienrichter schon mangels betriebswirtschaftlicher Sachkunde verwehrt sein, über das Unterhaltsrecht eine Investitionskontrolle auszuüben. Es wird jedoch Sache des Unterhaltspflichtigen sein, in begründeten Fällen die Berufsbedingtheit von Anschaffungen und Betriebsausgaben darzulegen und nachzuweisen, insbesondere dann, wenn sich gegenüber der Zeit des Zusammenlebens gravierende Abweichungen ergeben oder die Investitionen oder Betriebsausgaben in einem offensichtlichen Missverhältnissen zu den Erträgen stehen.

So wird man in dem obigen Beispiel unterschiedlich je nach dem entscheiden müssen, ob A bereits während des Zusammenlebens ein solches Fahrzeug benutzt oder dies erst nach der Trennung zur Einkommensminderung getan hat.

233 **b) Wareneinkauf.** Die Anschaffung von Vorratsvermögen wird in der Gewinn- und Verlustrechnung nur insoweit als Aufwand erfasst, als es im Geschäftsjahr verarbeitet oder verkauft worden ist. Dies erfolgt durch Erfassung der Bestandsveränderung mittels der Inventur[45] (Rn. 173 f.). Dabei werden auch Änderungen des Wertes des Umlaufvermögens erfasst. Schon weil der Stichtag für die Inventur bei der Überprüfung des Jahresabschlusses – sei es im Rahmen einer Betriebsprüfung (Rn. 212), sei es bei der Ermittlung des unterhaltsrechtlichen Einkommens – längst verstrichen ist, ist die Ermittlung des Warenbestands und die dadurch bedingte Gewinnveränderung nicht nachprüfbar. Eine unterhaltsrechtliche Kontrolle ist nur in eingeschränkten Maß möglich, in dem man den Wareneinsatz über mehrere Jahre vergleicht. Anhand der vom Bundesfinanzministerium alljährlich für die Betriebsprüfung (Rn. 212) herausgegebenen Richtsatzsammlung[46] lässt sich das Verhältnis von Wareneinsatz und Gewinn prüfen. Gegebenenfalls wird man eine Auskunft des Finanzamtes einholen oder ein Gutachten erstellen lassen müssen.

Bei der unterhaltsrechtlichen Auswertung der Einnahmen-Überschussrechnung (Rn. 194) ist zu prüfen, ob der Wareneinkauf nennenswert gestiegen ist, um auf Kosten des unterhaltsberechtigten Partners schon für spätere Jahre einzukaufen. Die **Anschaffung von Umlaufvermögen** ist in der Einnahmen-Überschuss-Rechnung ohne Einschränkung nach dem Zuflussprinzip zu erfassen. Die Sonderregelung des § 4 Abs. 3 Satz 4 EStG gilt nur für die Anschaffung von abnutzbarem **Anlage**vermögen. Beim Umlaufvermögen bietet sich eine Möglichkeit, durch Vorverlagerung von Betriebsausgaben das steuerliche Einkommen auf legale Weise erheblich zu mindern.[47]

234 **c) Aufwendungen für Hilfs- und Betriebsstoffe.** Die Anschaffung von Hilfs- und Betriebsstoffen führt in der Gewinn- und Verlustrechnung nicht zu einer Gewinnminderung. Sie werden zwar wie die zur Verarbeitung und/oder Weiterveräußerung bestimmten Waren bei der Anschaffung als Aufwand gebucht. Jedoch wird durch Inventur der Endbestand am Bilanzstichtag ermittelt und im Vergleich mit dem Vorjahresbestand festgestellt, was tatsächlich verbraucht worden ist. Auf diese Weise wird als Aufwand nur erfasst, was wirtschaftlich dem Geschäftsjahr zuzuordnen ist.[48]

Im Gegensatz dazu gilt auch hier in der Einnahmen-Überschussrechnung gilt das Zuflussprinzip. So werden z. B. die für die Anschaffung von Heizöl aufgewandten Kosten unabhängig von der Notwendigkeit der Anschaffung der jeweiligen Menge zum Zeitpunkt der Bezahlung der Rechnung als Betriebsausgabe erfasst.

Beispiel:
Der Inhaber eine kleinen Pension H deckt sich üblicherweise im April mit Heizöl ein, da es zu diesem Zeitpunkt erfahrungsgemäß am billigsten ist. Nach der Trennung von seiner Ehefrau tankt er am 31. 12. noch einmal voll und bezahlt den Kaufpreis von 3000 € noch am selben Tag.

---

[43] PKW, Büroausstattung, betrieblich genutztes Flugzeug
[44] Schwab/Borth a.a.O.
[45] Bestandsaufnahme am Ende des Wirtschaftsjahres; Schmidt/Glanegger § 6 Rn. 20
[46] Zuletzt BStBl 2002 I S. 566; abrufbar auch unter www.bundesfinanzministerium.de
[47] Schwab/Borth IV Rn. 755
[48] Zur Buchführung und Berechnungsmethode vgl. Rn. 173 und 174

Für die Einkommensermittlung sind diese 3000 € korrekt im laufenden Jahr gewinnmindernd einzubuchen. Legt man der Ermittlung des unterhaltsrechtlich relevanten Einkommens den zurückliegenden Dreijahreszeitraum zugrunde, reduziert sich das Durchschnittseinkommen um 1000 € p. a. Unterhaltsrechtlich wird man daher diesen Aufwand dem Einkommen zuschlagen müssen.[49]

Wäre der Hotelier zur Gewinnermittlung durch Betriebsvermögensvergleich verpflichtet, müsste er in der Bilanz den Heizölbestand am Jahresende in der Bilanz gewinnerhöhend erfassen. Der Einkauf würde sich – jedenfalls bei korrekter Inventur – nicht auf den Gewinn auswirken.

d) Personalkosten. Bei Personalkosten ist dann eine Überprüfung angesagt, wenn der neue Lebens- oder Ehepartner als Arbeitnehmer des Steuerpflichtigen beschäftigt ist. Das Finanzamt prüft nicht, ob der Steuerpflichtige nur das betriebsnotwendige Personal eingestellt hat. Kontrolliert wird allenfalls 235

- ob ein Scheinarbeitsverhältnis mit einer nahe stehenden Person – etwa dem nicht verheirateten Lebenspartner – zum Zweck der Einkommensverlagerung (Vermeidung des Progressionsnachteils) vorliegt oder
- beim Ehegattenarbeitsverhältnis unter Fremden übliche Bedingungen gelten.

Auch wenn steuerlich nur wirksam vereinbarte, tatsächlich ausgeübte und einem Fremdvergleich standhaltende Arbeitsverhältnisse zwischen Familienangehörigen anerkannt werden, ist der Missbrauch nicht selten, sei es dass das gesamte Arbeitsverhältnis fingiert ist, sei es dass dem nahe stehenden Arbeitnehmer Bezüge oder Vergünstigungen gewährt werden, die aus der persönlichen Beziehung, nicht aber aus dem Arbeitsverhältnis resultieren, wie etwa Direktversicherung oder betriebliche Altersversorgung. Durch ein solches Arbeitsverhältnis können u. U. auch mittelbare Folgekosten verursacht werden wie etwa zusätzlich Haftpflichtversicherungsprämien oder die Einrichtung eines zusätzlichen Arbeitsplatzes.

Abgesehen davon, dass das Finanzamt in der Regel kaum wissen wird, ob und mit welcher beschäftigten Person der nicht wiederverheiratete Steuerpflichtige eine private Beziehung unterhält, wird eine Feststellung des tatsächlich zu hohen Einkommens erst im Rahmen einer Betriebsprüfung erfolgen, die zum Zeitpunkt der Auskunftserteilung noch in ferner Zukunft liegen wird.

Soweit der neue Lebenspartner unverheiratet keinen Unterhaltsanspruch hat oder verheiratet dem bisherigen Ehepartner im Unterhaltsrang nachgeht, wird auch bei einem tatsächlich ausgeübten Arbeitsverhältnis zu prüfen sein, ob hier nicht die den früheren Ehepartner schützende gesetzliche Regelung der Rangfolge unterlaufen wird. Maßgeblich dürfte in einem solchen Fall sein, ob durch die Einstellung des Lebenspartners ein anderer Arbeitnehmer entlassen wurde oder die Einstellung eines anderen Arbeitnehmers eingespart werden konnte. Die Schaffung eines betrieblich nicht erforderlichen Arbeitsplatzes ist zwar steuerlich anerkennungsfähig, nicht aber unterhaltsrechtlich.

Wenn durch plötzlich gestiegene Personalkosten gravierende Einkommensminderungen eingetreten sind, kann sich unter Umständen auch die Frage stellen, ob der Unterhaltspflichtige/Unterhaltsberechtigte noch in ausreichendem Maße seiner eigenen Verpflichtung zur Erwerbstätigkeit nachkommt oder einen angestellten Mitarbeiter die ihm selbst obliegende Arbeit verrichten lässt.

Beispiel:
R hat nach der Trennung von seiner Ehefrau seine frühere Referendarin F nach ihrem zweiten Examen als Rechtsanwältin angestellt. Er unterhält mit ihr seit längerem eine Liebesbeziehung. Er zahlt ihr gegenüber üblichen 25 000 bis 30 000 € ein Jahresgehalt von brutto 40 000 €. Bis zur Einstellung von F hatte R eine durchschnittliche Wochenarbeitszeit von 50 Stunden. Durch die Tätigkeit von F braucht er nur noch 30 Stunden zu arbeiten. Die gewonnene Freizeit verbringt er mit F.

Bei Sachbezügen (Rn. 225) eines nahe stehenden Arbeitnehmers ist ggfs. die sachgerechte Bewertung zu prüfen. Nach Auffassung des OLG Frankfurt[50] richtet sich der Wert der

---

[49] Dasselbe Problem kann natürlich auftreten, wenn beim Unterhalt Vermietungseinkünfte eine Rolle spielen

[50] OLGR Frankfurt 1997, 166

Privatnutzung eines betrieblichen PKW danach, was der Unterhaltspflichtige dadurch erspart, dass ihm vom Arbeitgeber ein Fahrzeug für den Privatgebrauch zur Verfügung gestellt wird.

236 **e) Fahrzeugkosten.** Bei ordnungsgemäßer Buchführung wird der Anteil der privaten Nutzung eines betrieblichen PKW bei den Unentgeltlichen Wertabgaben (Rn. 227) einkommenserhöhend berücksichtigt, die Überlassung an den als Arbeitnehmer beschäftigten neuen (Ehe-)Partner. Eine Kürzung der Fahrzeugkosten kommt daher wohl nur in Betracht, wenn der Unternehmer ein unangemessen teures Fahrzeug mit entsprechend hohen Betriebsaugaben (Feste Kosten, AfA, lfd. Kosten) benutzt.[51]

237 **f) Reisekosten.** Reisekosten werden bei Gewerbetreibenden und Selbstständigen in gleicher Weise kritisch auf private Veranlassung geprüft wie beim Arbeitnehmer. Dies geschieht aber in der Regel erst im Rahmen einer Betriebsprüfung, so dass eine unterhaltsrechtliche Prüfung bei ungeprüften Jahreabschlüssen geboten sein kann, wenn Anlass zur Annahme von missbräuchlichem Ansatz besteht.

238 **g) Bewirtungskosten.** Gemäß § 4 V Nr. 2 EStG sind Bewirtungsaufwendungen nur mit 80% als Betriebsausgabe zu berücksichtigen, soweit sie angemessen und ihre betriebliche Veranlassung durch Angabe u. a. des Anlasses und der bewirteten Personen nachzuweisen. Inwieweit darüber hinaus unterhaltsrechtlich Zurechnungen erfolgen müssen, wird man im Einzelfall entscheiden müssen. Bei Zurechnungen ist der steuerliche Pauschalabzug von 20% zu berücksichtigen, soweit er bei der steuerlichen Gewinnermittlung bereits erfasst sein sollte (Rn. 240).

239 **h) Geschenke.** Geschenke an Personen, die nicht seine Arbeitnehmer sind, dürfen den Gewinn nicht mindern, es sei denn, dass sie 40 € pro Empfänger und Jahr nicht überschreiten. Geschenke an Arbeitnehmer sind bei diesem lohnsteuerpflichtig, für den Arbeitgeber Personalkosten (Rn. 233).

240 **i) Nicht abzugsfähige Betriebsausgaben.** In einer ordnungsgemäßen Buchführung werden nicht abzugsfähige Bewirtungskosten und nicht abzugsfähige Betriebsausgaben auf besonderen Konten erfasst, mindern aber nicht den im Jahresabschluss ausgewiesenen Gewinn.

241 **j) Instandhaltungskosten.** Den Positionen Instandsetzung und Instandhaltung ist jedenfalls dann unterhaltsrechtlich besondere Beachtung zu schenken, wenn diese außergewöhnlich hoch sind, insbesondere im Vergleich mit früheren Jahren. Selbst die Generalüberholung eines Gebäudes für etliche hunderttausend Euro kann unter steuerlichen Aspekten als sofort abzugsfähige Instandhaltung bei den Betriebsausgaben einkunftsmindernd erfasst werden, wobei es nicht darauf ankommt, ob diese Maßnahmen notwendig waren. Solange nichts Neues geschaffen sondern Vorhandenes ersetzt wird, handelt es sich um sofort abzugsfähige Betriebsausgaben, bzw. Werbungskosten.[52]

Es ist durchaus nicht ausgeschlossen, dass der Unterhaltspflichtige in dem für den Unterhaltsbedarf maßgeblichen Zeitraum – zufällig oder absichtlich – einmalig langfristig werterhaltende Maßnahmen vornimmt, die sich der Unterhaltsberechtigte dann zeitlebens anrechnen lassen müsste, wenn hier keine Korrekturen vorgenommen werden.

Grundsätzlich ist bei Instandsetzungsmaßnahmen größeren Umfangs zu überlegen, ob diese nicht über einen längeren Zeitraum zu verteilen, bzw. bei unterschiedlich hohen Aufwendungen in mehreren Jahren mit dem zu errechnenden Mittelwert in Ansatz zu bringen sind.[53]

Bei der Gewinnermittlung durch Betriebsvermögensvergleich kommt bei der Gewinnermittlung durch Betriebsvermögensvergleich außerdem eine Rückstellung (Rn. 168 ff.; Rn. 269) für unterlassene Aufwendungen für Instandhaltung in Betracht, wenn diese in den ersten drei Monaten des folgenden Jahres nachgeholt wird.[54]

242 **k) Mieten und Pachten, Leasing, Disagio.** Die Ausführungen zu den Personalkosten (Rn. 235) gelten auch bei Miet- und Pachtzinsen, wenn Vermieter oder Verpächter eine

---

51 Vgl dazu Rn. 232

52 Rechtsprechungsnachweise bei Kalthoener/Büttner Rn. 777, 945, 958, 966 f.

53 Diese gelten auch auch bei Einkünften aus Vermietung oder Verpachtung Rn. 338

54 Die für Instandhaltungen vom 4. bis 12. Monat des folgenden Jahres nach § 249 HGB zulässigen Rückstellungen dürfen in der Steuerbilanz nicht gebildet werden

nahe stehende Person ist. In solchen Fällen wird die Angemessenheit der Höhe der Miet- oder Pachtzinsen zu prüfen sein. Zu prüfen ist in solchen Fällen unter Umständen auch, ob das Objekt überhaupt benötigt wird, während dies bei Anmietung oder Anpachtung von Fremden sicherlich der unternehmerischen Entscheidung und nicht der unterhaltsrechtlichen Kontrolle unterliegt.

In der Einnahmen-Überschuss-Rechnung können wegen des Zu- und Abflussprinzips Mietvorauszahlungen (Rn. 193) unmittelbar als Betriebsausgabe gewinnmindernd angesetzt werden. Dies schafft die Möglichkeit, unterhaltsrechtlich irrelevante Betriebsausgaben in einem scheinbar unverdächtigen Posten unterzubringen. Dasselbe gilt für Leasing-Sonderzahlungen.

Entsprechend kann das Disagio in der Einnahmen-Überschuss-Rechnung sofort abzugsfähiger Aufwand sein, während es in der Bilanz über die Laufzeit des Darlehens aktiviert und zeitanteilig als Betriebsausgabe abgesetzt wird.

Beispiel:

1. A least im Jahr nach der Trennung einen Mercedes – Kaufpreis 45 000 € und leistet eine Leasingsonderzahlung von 10 000 €. Die Leasingraten betragen im ersten Jahr 14 400 €. Steuerlich sind für die Sonderzahlung und die laufenden Raten 24 400 € als Betriebsausgabe erfasst.
2. Für die Einrichtung eines neuen Behandlungszimmers nimmt er im Dezember ein Darlehen in Höhe von 40 000 € auf. Er erhält 90% ausgezahlt. Das Darlehen ist bei einer Laufzeit von 5 Jahren mit 6% zu verzinsen. Der Steuerberater hat die Zinsen für Dezember in Höhe von 400 € und das Disagio in Höhe von 4000 € als Betriebsausgabe gebucht.

Unterhaltsrechtlich sind die Leasingsonderzahlung und das Disagio zeitanteilig zu erfassen.[55]

l) Abschreibung/AfA. Die wirtschaftlichen Auswirkungen der Nutzung von Anlagevermögen bei der unterhaltsrechtlichen Einkommensermittlung zu erfassen, macht besondere Schwierigkeiten und ist deshalb in der Rechtsprechung und Literatur seit Jahren eines der umstrittensten Themen. **243**

Obwohl die mit der Anschaffung eines betrieblichen Wirtschaftsgutes verbundenen Ausgaben berufsbedingte Aufwendungen darstellen, die auch abgeflossen sind und die für den Unterhalt verfügbaren Mittel gemindert haben, werden sie selten als unterhaltsrechtlich relevant erörtert. Die Problematik wird nicht gesehen. Ebenso wenig wird der Zufluss des Erlöses bei der Veräußerung abnutzbarer Wirtschaftsgüter angesprochen.[56] Dagegen nimmt die Diskussion zur AfA breiten Raum ein.

Herrschende Auffassung ist lediglich, dass die AfA für Gebäude (Rn. 300) im Regelfall das unterhaltsrechtlich maßgebliche Einkommen nicht mindert. **244**

In den **unterhaltsrechtlichen Leitlinien**[57] der Oberlandesgerichte befassen sich ausdrücklich mit der AfA für bewegliche Wirtschaftsgüter im Unterhaltsrecht nur die Oberlandesgerichte Düsseldorf, Oldenburg, Hamburg und Schleswig.[58] Düsseldorf (Tz. 1.5) stellt auf den tatsächlichen Wertverzehr ab. Das OLG Oldenburg (Tz. 1.5.1) hält die AfA generell für korrigierungsbedürftig, ohne dazu nähere Ausführungen zu machen. Hamburg (Tz. 1.5) erkennt lineare Abschreibungen in der Regel an. In den Leitlinien des OLG Schleswig (Tz. 1.5) werden die steuerliche Abschreibungen in der Regel anerkannt, soweit sie nicht – wie etwa bei Gebäuden – sie erheblich über dem tatsächlichen Wertverlust liegen. **245**

Der BGH hat sich im Urteil 23. 4. 1980[59] zur AfA geäußert und festgestellt, dem durch das steuerliche Institut der Abschreibung pauschal berücksichtigten Verschleiß von Gegenständen des Anlagevermögens entspreche oft keine tatsächliche Wertminderung in Höhe des steuerlich anerkennungsfähigen Betrages, erst recht keine entsprechende Minderung des Einkommens, und diese Auffassung in **ständiger Rechtsprechung** bestätigt. Auch in seinem Urteil vom 19. 3. 2003[60] hält der BGH an der Wertverzehrthese fest, vertritt aber **246**

---

[55] Bei der Gewinnermittlung durch Bilanz wird dies durch Rechnungsabgrenzung (Rn. 167) erreicht.
[56] Wohl aber von Linderer in Heiß/Born Kap. 45 Rn. 26
[57] NJW Beilage zu Heft 32/2003 = FPR Beilage zu Heft 8/2003
[58] FamRZ 1998, 1095
[59] FamRZ 1980, 770
[60] FamRZ 2003, 741 = R 590 c

nun die Auffassung, dass die zur linearen Abschreibung von der Finanzverwaltung herausgegebenen AfA-Tabellen regelmäßig den tatsächlichen Wertverzehr wiedergeben. Dies ist bereits in der Vergangenheit von einer größeren Zahl der Gerichte vertreten worden.[61] Die Rechtsprechung verschiedener Oberlandesgerichte,[62] die eine pauschale AfA-Kürzung für geboten halten, dürfte damit überholt sein.

247 In der **Literatur** ist in den letzten Jahren zunehmend die Auffassung vertreten worden, dass die lineare AfA in die unterhaltsrechtliche Einkommensberechnung zu übernehmen ist.[63] Dass auch die degressive AfA unterhaltsrechtlich übernommen werden kann, wird nur vereinzelt vertreten[64]

248 Nach **herrschender Auffassung** ist für die Berechnung des Unterhalts auf das verfügbare Einkommen abzustellen. Berufsbedingte Aufwendungen sind als einkommensmindernd in Abzug zu bringen. Dass die Anschaffung und Nutzung betriebsnotwendigen Anlagevermögens auch berufsbedingt ist, sollte außer Frage stehen, wird aber nicht angemessen berücksichtigt, wenn die AfA pauschal verkürzt wird.

Beispiel:[65]
U erhält im Januar 01 für einem erledigten Auftrag einen hohen Werklohn, den er in Höhe von 30 000 € sofort für die Anschaffung eines ausschließlich betrieblich genutzten PKW ausgibt. Da das Geschäft im Jahr 04 schlecht gelaufen ist und das Fahrzeug nicht inzwischen nicht mehr benötigt wird, verkauft er es am 2. 1. 05 für 10 000 €.

Dass über den gesamten Zeitraum in Höhe der Differenz zwischen Anschaffungskosten und Veräußerungserlös von 20 000 € berufsbedingte Aufwendungen zu berücksichtigen sind, sollte außer Frage stehen. Von der nahe liegenden Möglichkeit, die Anschaffungskosten im Jahr 01 als einkommensmindernd und den Veräußerungserlös im Jahr 05 als einkommenserhöhend zu erfassen, wird im Unterhaltsrecht kein Gebrauch gemacht, obwohl es dem Zuflussprinzip entspräche: das verfügbare Einkommen hat sich im Jahr 01 um 20 000 € verringert, im Jahr 04 um 10 000 € erhöht.

249 Bei der Gewinnermittlung durch Betriebsvermögensvergleich[66] ist der Zufluss und Abfluss von Geldeswert ohne Bedeutung: ausschließlich die Veränderung des Betriebsvermögens ist maßgeblich. Durch die Anschaffung ergibt sich nur eine Vermögensverschiebung: das Guthaben auf dem Geschäftkonto verringert sich um den Betrag, mit dem der PKW ins Anlagevermögen aufzunehmen ist.

In die Bilanzen zum 31. 12. 01 bis 04 darf das Fahrzeug nur mit dem durch die Abnutzung verringerten Wert aufgenommen werden. Die Wertminderung wird nach der amtlichen AfA-Tabelle mit 1/6 der Anschaffungskosten, also 6000 €/Jahr angesetzt. Ende 04 beträgt der Buchwert somit 6000 €.

Am 2. 1. 05 erhöht sich das bilanzierte Vermögen um den erhaltenen Verkaufserlös von 10 000 € und verringert sich um den Buchwert des abgegebenen Fahrzeugs von 6000 € woraus sich ein Gewinn von 4000 € ergibt.

Wegen des Zusammenhangs zwischen Bilanz und Gewinn- und Verlustrechnung muss in der Buchführung[67] der im „Haben“ auf dem Konto „PKW“ gebuchte Minderwert in der Gewinn- und Verlustrechnung im „Soll“, also als Aufwand erfasst werden. Diese Methode deklariert die steuerliche Fachliteratur als **„Wertverzehrthese“**.[68]

250 Wenn U seinen Gewinn im Wege der Einnahmen-Überschuss-Rechnung (Rn. 183 ff.) ermitteln würde, käme es auf die Vermögensänderungen für die Gewinnermittlung nicht an, da das Vermögen in der Einnahmen-Überschuss-Rechnung nicht erfasst wird sondern der

---

[61] OLG Bremen FamRZ 1995, 935, OLG Bamberg FamRZ 1987, 1181; OLG Karlsruhe FamRZ 1990, 1234; OLG Frankfurt a. M. FuR 2002, 83; OLG München OLGR 2001, 98

[62] OLG Hamm in ständiger Rechtsprechung, zuletzt FamRZ 2002, 885, OLG Köln FamRZ 2002, 819; weitere Nachweise bei Kalthoener/Büttner Rn. 948

[63] Schwab/Borth IV 756; Heiß/Linderer Kap. 45 Rn. 26; Gerhardt 6. Kap. Rn. 64

[64] Weychardt FamRZ 1999, 1407; mit Einschränkungen Linderer a.a.O.

[65] Die Umsatzsteuer bleibt zur Vereinfachung unberücksichtigt

[66] Vgl. dazu Rn. 149 ff.

[67] Zu den Grundsätzen der Doppelten Buchführung vgl. Rn. 128–146

[68] Vgl. Rn. 153 und Schmidt/Drenseck § 7 Rn. 3

Gewinn sich aus der Gegenüberstellung der Einnahmen und der Betriebsausgaben ergibt. Jedoch dürfen gemäß § 4 III Satz 3 EStG auch hier die Anschaffungskosten nicht als Betriebsausgabe abgesetzt werden (Rn. 195 f.) sondern erst stattdessen über die betriebsgewöhnliche Nutzungsdauer verteilt die jährliche AfA. Auch in diesem Fall erhöht der den Buchwert übersteigende Teil des Veräußerungserlöses den Gewinn.

Da der Wertverzehr in der Einnahmen-Überschuss-Rechnung keine Rolle spielt, ist die Wertverzehrthese deshalb auch für die Behandlung der Anschaffungskosten für das Anlagevermögen ungeeignet. Plausibel ist hier nur die **Aufwandsverteilungsthese.**[69]

Da durch Erfassung des Gewinns oder Verlustes bei der Veräußerung eines AfA-fähigen **251** Wirtschaftsgutes die zu hohe oder zu niedrige AfA und damit in der Vergangenheit zu niedrige oder zu hohe Steuer kompensiert, dadurch also exakt der tatsächliche Aufwand für das genutzte Wirtschaftsgut als einkunftsmindernde Betriebausgabe erfasst wird, ist über die gesamte Nutzungsdauer gesehen der wirtschaftlich zutreffende Gewinn der Besteuerung zugrundegelegt worden.

Da auch die Unterhaltsverpflichtung in der Regel über einen längeren Zeitraum besteht, beim Gewerbetreibenden und Selbstständigen sogar nicht nach dem jeweiligen Jahresbetrag sondern nach einem mehrjährigen Mittelwert des Einkommens errechnet, wird sich häufig eine im Einzelfall zu hohe AfA ausgleichen. Dies gilt insbesondere dann, wenn man der Einkommensermittlung nicht mehr wie bisher einen Drei- sondern wie anlässlich des 14. Familiengerichtstages gefordert einen Fünfjahreszeitraum zugrundelegt.[70]

Die in der Rechtsprechung vorgenommenen Korrekturen wie Verlängerung der Nut- **252** zungsdauer[71] oder Umrechnung degressiver auf lineare AfA sind in aller Regel überflüssig. Übersehen wird nämlich meistens,[72] dass in Fällen linearer AfA bei unterhaltsrechtlich verlängerter Nutzungsdauer AfA-Raten zugerechnet werden müssen, wenn das Wirtschaftsgut steuerlich längst abgeschrieben ist, da nunmehr der unterhaltsrechtlich fingierte Restbuchwert weiter abgeschrieben werden muss.[73]

Mit aller Deutlichkeit ergibt sich aus dem Urteil des OLG Hamm vom 18. 1. 2002,[74] dass **253** diese Konsequenz nicht gesehen wird. Das OLG hat die teilweise Zurechnung der AfA eines Fahrzeugs zum Gewinn damit begründet, dass im Bestandsverzeichnis des Unterhaltspflichtigen weitere aber voll abgeschriebene Fahrzeuge enthalten seien, woraus sich ergebe, dass der Wertverzehr geringer sei als die steuerliche AfA. Nach Einschätzung des OLG sollte die Nutzungsdauer doppelt so lang sein wie steuerlich berücksichtigt. Hier hätte dann aber konsequenter Weise ein Wertverzehr für die steuerlich nicht mehr in der AfA erfassten Fahrzeuge vom steuerlichen Gewinn abgezogen werden müssen.

Beispiel:[75]
U hat im Betriebsvermögen drei jeweils für 10 000 € angeschaffte Fahrzeuge mit einer betriebsgewöhnlichen Nutzungsdauer von fünf Jahren. Zwei Fahrzeuge sind 01 angeschafft, ein drittes wurde im Jahr 06 dazugekauft. R schreibt linear ab und erteilt für die Jahre 06 bis 09 Auskunft.

Jahr	AfA 1	AfA 2	AfA 3	AfA total
01	2 000 €	2 000 €		4 000 €
02	2 000 €	2 000 €		4 000 €
03	2 000 €	2 000 €		4 000 €
04	2 000 €	2 000 €		4 000 €
05	2 000 €	2 000 €		4 000 €

[69] Vgl. Schmidt/Heinicke § 3 Rn. 2
[70] Empfehlungen des 14. Deutschen Familiengerichtstags in FamRZ 2002, 296
[71] Nicht mehr BGH vgl. FamRZ 2003, 741 = R 590 c
[72] Siehe dagegen zutreffend Weychardt a.a.O.
[73] Zutreffend Heiß/Linderer Kap. 45 Rn. 26
[74] FamRZ 2002, 885
[75] Ausführlich Kemper, FamRZ 2003, 1430

Jahr	AfA 1	AfA 2	AfA 3	AfA total
06			2 000 €	2 000 €
07			2 000 €	2 000 €
08			2 000 €	2 000 €

Für 06 bis 09 dürfen nach Auffassung des OLG Hamm nur zu 50% der AfA anerkannt werden, pro Jahr also 1000 €. Würde das Gericht seine Auffassung, die tatsächlich gegenüber der steuerlichen Erfassung verdoppelte Nutzungsdauer müsse unterhaltsrechtlich zu Korrekturen führen, konsequent anwenden, so hätte es auch die steuerlich bereits abgeschriebenen Anhänger berücksichtigen müssen, was zu folgender Berechnung geführt hätte:

Jahr	AfA 1	AfA 2	AfA 3	AfA total
01	1 000 €	1 000 €		
02	1 000 €	1 000 €		
03	1 000 €	1 000 €		
04	1 000 €	1 000 €		
05	1 000 €	1 000 €		
06	1 000 €	1 000 €	1 000 €	3 000 €
07	1 000 €	1 000 €	1 000 €	3 000 €
08	1 000 €	1 000 €	1 000 €	3 000 €

Statt einer Erhöhung des Dreijahresgewinns um 3000 € hätte eine Reduzierung um diesen Betrag erfolgen müssen[76].

254 Entsprechendes gilt, wenn die Nutzungsdauer unverändert bleibt, jedoch die vom Unterhaltspflichtigen vorgenommene degressive AfA bei der unterhaltsrechtlichen Einkommensermittlung kompensiert wird.

Bei degressiver AfA müssten die AfA-Raten bei der Unterhaltsberechnung erhöht werden, sobald die lineare AfA höher ist. Bei einem Wirtschaftsgut mit Anschaffungskosten von 100 000 € und zehnjähriger Nutzungsdauer ergeben sich damit im Vergleich folgende Entwicklungen:[77]

	lineare AfA	Restwert	degress. AfA	Restwert
01	10 000	90 000	20 000	80 000
02	10 000	80 000	16 000	64 000
03	10 000	70 000	12 800	51 200
04	10 000	60 000	10 240	10 240
05	10 000	50 000	8 192	40 960
06	10 000	40 000	6 554	32 768
07	10 000	30 000	6 554	26 114
08	10 000	20 000	6 554	19 660
09	10 000	10 000	6 554	6 552
10	10 000	0	6 552	0

[76] Im entschiedenen Fall hat das OLG Hamm den Dreijahresgewinn um 11 485 DM zu hoch angesetzt.

[77] Die Werte bei der degressiven AfA sind – steuerlich in diesem Maß unzulässig – wegen der Überschaubarkeit stark abgerundet

Die insbesondere in der Rechtsprechung übersehene Kompensation durch Berücksichtigung des Veräußerungserlöses[78] beim steuerlichen Einkommen zeigt sich in der nachfolgenden Gegenüberstellung:

Jahr	Lineare AfA	Degressive AfA	Einkommensänderung
01	– 10 000	– 20 000	– 10 000
02	– 10 000	– 16 000	– 6 000
03	– 10 000	– 12 800	– 2 800
Gesamt	– 30 000	– 48 800	– 18 800
Restbuchwert	+ 70 000	– 51 200	
Veräußerungserlös	+ 60 000	– 60 000	
Veräußerungs-gewinn/ -verlust	– 10 000	+ 8 800	+ 18 800

Die zunächst durch die AfA eingetretene Einkommensminderung wird bei der Veräußerung durch die unterschiedlich hohen Veräußerungsgewinne in gleicher Weise auf den tatsächlichen Aufwand reduziert. Der bei der steuerlichen Einkommensermittlung erfasste Veräußerungsgewinn muss unterhaltsrechtlich abgezogen werden, wenn in den Vorjahren die degressive AfA unterhaltsrechtlich nicht anerkannt, das Einkommen also um die AfA-Differenz erhöht wurde.[79]

Vor allem aber ist zu berücksichtigen, dass in der Mehrzahl der Fälle der Unterhaltspflichtige nicht nur einige wenige Wirtschaftsgüter steuerlich absetzt und darüber hinaus außer bei Neugründung des Unternehmens die Anschaffungen über Jahre verteilt sind. Den steuerlich absetzbaren Wirtschaftsgütern steht in der Regel eine weitaus größere Zahl an noch genutzten aber längst voll abgesetzten gegenüber, wie sich aus dem vorstehend (Rn. 251 f.) dargestellten Fall zeigt.[80] **255**

Macht der Unterhaltspflichtige von der Möglichkeit der degressiven AfA Gebrauch, wird er sich bei einem Teil derselben in der Anfangsphase mit über der linearen AfA liegenden Raten, bei anderen in späten Phase mit geringeren Raten bewegen. Wirtschaftsgüter, die früher angeschafft und ganz oder teilweise abgesetzt worden sind und stille Reserven enthalten, werden im unterhaltsrechtlich maßgeblichen Zeitraum unter Erzielung eines Veräußerungsgewinns verkauft.

Übersehen wird zumeist die Teil-Kompensation der AfA-Korrekturen bei der Veräußerung durch die – vom Unternehmer beabsichtigte – Reduzierung der Ertragsteuern. **256**

Beispiel:
Der nicht verheiratete Unterhaltspflichtige U hat bei Einkünften aus Gewerbebetrieb in Höhe von 80 000 € vor Gewerbesteuer.[81] Nach Abzug der Gewerbesteuer bleiben ca. 75 300 €. Da bei der Besteuerung 10 000 € (Sonderausgaben, Außergewöhnliche Belastungen, Freibeträge) einkommensmindernd zu berücksichtigen sind, bleiben 65 300 € zu versteuern. In der Bilanz ist sind steuerlich anerkannte Abschreibungen von 10 000 € enthalten, die unterhaltsrechtlich für nicht berücksichtigungsfähig angesehen werden.

Ohne die AfA hätte U vor Gewerbesteuer Einkünfte von 80 000 € + 10 000 € = 90 000 € gehabt. Statt 4700 € hätte die Gewerbeertragsteuer 6200 € betragen. Das verbleibende höhere Einkommen aus Gewerbetätigkeit wäre mit höheren Einkommensteuer, Solidaritätszuschlag und Kirchensteuer belastet gewesen:

[78] Bejahend jetzt bei der unterbewertem Umlaufvermögen BGH, FamRZ 2003, 741 (743)
[79] Kleinle und Weychardt a.a.O., Linderer a.a.O.; anders Fischer-Winkelmann a.a.O.
[80] Fischer-Winkelmann a.a.O.
[81] Hebesatz 350

Steuerbelastungsvergleich	bei 80 000 €	bei 90 000 €
./. Gewerbesteuer	4 700 €	6 200 €
./. außerbetriebliche Abzüge	10 000 €	10 000 €
zu versteuerndes Einkommen	65 300 €	73 800 €
ESt[82] – Soli – KiSt	21 600 €	25 270 €
Nettoeinkommen	43 700 €	48 080 €

Die unterhaltsrechtlich in Frage gestellte AfA von 10 000 € hat das Nettoeinkommen um gerade 4380 € gekürzt.

257 **n) Sofortabschreibung GWG.** Von der Möglichkeit, die Anschaffungskosten für geringwertige Wirtschaftsgüter im Jahr der Anschaffung voll abzuschreiben (Rn. 158) wird in der Praxis in der Regel Gebrauch gemacht. Zum einen führt die Sofortabschreibung zu sofortiger Gewinn- und Steuerminderung, zum andern erspart man sich Buchführungsaufwand. In aller Regel ist der Aufwand pro Jahr etwa gleich bleibend, so dass es sachgerecht ist, sie unterhaltsrechtlich zu übernehmen.[83] Das OLG Koblenz[84] setzt dagegen für die Anerkennung der Anschaffungskosten einen entsprechenden Wertverzehr voraus.[85]

258 **o) Telefon.** Der Privatanteil an betrieblichen Telefonkosten wird in einem korrekten Jahresabschluss bei den Erlösen auf dem Konto „Unentgeltliche Wertabgaben" erfasst (Rn. 227).

259 **p) Zinsaufwendungen.** Steuerlich stellen Zinsen für Kredite zum Zwecke der Anschaffung von betrieblich genutzten Wirtschaftsgütern Betriebsausgaben dar. Zu beachten ist, dass steuerlich unerheblich ist, ob die Kreditaufnahme notwendig ist. Betrieblich bedingte Kreditzinsen werden vom Finanzamt auch dann anerkannt, wenn der Steuerpflichtige das Wirtschaftsgut ohne Inanspruchnahme eines Kredites aus seinem Privatvermögen hätte bezahlen können.

Werden vom betrieblichen Kontokorrentkonto Privatentnahmen getätigt und gerät das Konto dadurch ins Minus oder erhöht sich solches, sind die auf die Privatentnahme entfallenden Zinsen nicht als Betriebsausgabe abzugsfähig. Zur Vermeidung dient das Zweikontenmodell, bei dem ein Konto für die Betriebseinnahmen und ein weiteres für die Betriebsausgaben verwendet wird. Das Betriebseinnahmenkonto wird im Plus gehalten; ausschließlich von diesem werden die Privatentnahmen getätigt. Wenn die Einnahmen zur Deckung des privaten und betrieblichen nicht ausreichen, wird das Betriebsausgabenkonto durch Finanzierung ausschließlich betrieblicher Ausgaben überzogen; die Zinsen dieses Kontos sind Betriebsausgaben.[86]

260 Bis Ende 1998 war es möglich, auf diese Weise unbegrenzt über Gewinn und Rücklagen hinaus alle Betriebseinnahmen privat zu entnehmen, auch wenn infolgedessen sämtliche betriebliche Aufwendungen mit Schulden finanziert werden mussten. Voraussetzung war lediglich, dass durch die Privatentnahme nicht unmittelbar zusätzliche Schulden entstanden. Mit dem sogenannten **Mehrkontenmodell** ließen sich private Schulden – meistens aus dem Bau des Wohnhauses – in betriebliche umwandeln. Der BFH hat diese Methode entgegen den ständigen Bestrebungen der Finazverwaltung mehrfach für zulässig erklärt, so

[82] Steuersätze für 2004
[83] Anders wird man entscheiden müssen, wenn ohne betrieblichen Anlass die Anschaffungskosten weit über denen früherer Jahre liegen
[84] FamRZ 2002, 887
[85] Auch für die unterhaltsrechtliche Behandlung dieses Problems erweist sich die Wertverzehrthese (Rn. 196) als zu starr
[86] Schmidt/Drenseck § 12 Rn. 25 „Zinsen"

dass der Gesetzgeber mit einer Ergänzung des § 4 EStG um den Abs. 4a eingegriffen hat. Zinsen werden seitdem nur noch eingeschränkt als betrieblich veranlasst anerkannt, wenn mehr privat entnommen worden ist als aus Einlagen, Rücklagen und Gewinn zur Verfügung stand.[87]

Unterhaltsrechtlich bleibt das Mehrkontenmodell insbesondere deshalb aktuell, weil Zinsen aus bis zum 31. 12. 1998 umgeschuldeten Privatkrediten auch gemäß § 52 XI EStG auch weiterhin als Betriebsausgaben anerkannt werden.

Auch bei steuerlicher Akzeptanz des Mehrkontenmodells muss man die umgeschuldeten Kredite unterhaltsrechtlich wie Privatschulden beurteilen und danach die unterhaltsrechtliche Relevanz prüfen.

q) Vorsteuer und gezahlte Umsatzsteuer. Während Vorsteuer und Umsatzsteuerzahlungen in der Gewinn- und Verlustrechnung nicht erscheinen,[88] werden sie in der Einnahmen-Überschussrechnung als Betriebseinnahmen, bzw. Betriebsausgaben erfasst. Obwohl es sich wirtschaftlich um durchlaufende Posten handelt, da der Steuerpflichtige die eingenommene Umsatzsteuer abführen muss und die gezahlte Vorsteuer verrechnen kann, ergeben sich durch die Erfassung in der Einnahmen-Überschussrechnung unter Umständen erhebliche Gewinnverschiebungen. 261

Beispiel:
Der nicht bilanzierende selbstständige S kauft am 20. 12. 2002 einen neuen PKW zur ausschließlich betrieblichen Nutzung für 50 000 € und eine EDV-Anlage mit Software für 25 000 € zuzüglich 8000 € + 4000 € Umsatzsteuer. Dadurch reduziert sich sein Gewinn um diese 12 000 €, nämlich die an die Lieferanten gezahlte Umsatzsteuer. Die kompensierende Gewinnerhöhung tritt erst im Jahr 2003 ein, wenn sich die als Betriebsausgabe zu buchende Umsatzsteuerzahlung um den anrechenbaren Vorsteuerbetrag vermindert.

Dass der Steuerpflichtige in einem solchen Fall die aus diesen 12 000 € resultierende Einkommensteuer erst ein Jahr später zahlen muss, trifft den Fiskus nicht besonders schwer. Wenn aber der Unterhaltsschuldner den Kauf in dem letzten für die Unterhaltsberechnung maßgeblichen Jahr ausführt, ist die Unterhaltseinbuße erheblich. Es ist meines Erachtens daher das einzig Sinnvolle, Umsatzsteuer, Vorsteuer und Umsatzsteuerzahlungen auch in der Einnahmen-Überschuss-Rechnung außer Betracht zu lassen, da es sich letztlich um durchlaufende Posten handelt.[89]

Bei Korrekturen der Vorsteuern und Umsatzsteuerzahlungen ist auch die Umsatzsteuer entsprechend zu korrigieren (Rn. 231).

r) Betriebliche Steuern. Beim Einzelunternehmer und bei gewerblichen Personengesellschaften wird hier die Gewerbesteuer erfasst. Sie stellt steuerlich eine Betriebsausgabe dar und ist auch unterhaltsrechtlich als berufsbedingter Aufwand anzuerkennen. In der Einnahmen-Überschuss-Rechnung werden alle im Lauf des Wirtschaftsjahres gezahlten Gewerbesteuern in der Regel auf ein Konto gebucht, gleichgültig, für welchen Zeitraum sie gezahlt wurden. In der Gewinn- und Verlustrechnung werden die Steuervorauszahlungen für das abgelaufene Wirtschaftsjahr sowie der als Rückstellung (Rn. 267) gegengebuchte noch offene Betrag erfasst. Gewerbesteuerzahlungen für frühere Jahre finden sich im Allgemeinen der besseren Übersicht wegen auf besonderen Konten. 262

Wenn auf diesen Konten Einkommensteuerzahlungen gebucht sind, verfälscht das den gewinn, da Einkommensteuern Privatsteuern sind, die bei Zahlung aus dem Betriebsvermögen auf einem Privatkonto (Rn. 1/178) gewinnneutral gebucht werden müssen.

---

87 Schmidt/Heinicke § 4 Rn. 522 ff.; Strohal Rn. 268

88 Mit Verbuchung der umsatzsteuerpflichtigen Forderung wird eine Verbindlichkeit gegenüber dem Finanzamt, mit Verbuchung der vor steuerbelasteten Verbindlichkeit eine Forderung gegen das Finanzamt gebucht. Es werden also nur Bestandskonten, keine Erfolgskonten berührt

89 So auch OLG Celle OLGR 1999, 271

VI. Bilanzposten in unterhaltsrechtlicher Betrachtung

1. Vorbemerkung

263 Die Bilanz als solche ist dient nicht der Gewinnermittlung sondern gibt den Stand des Betriebsvermögens am Bilanzstichtag zu steuerlichen Wertansätzen wieder (Rn. 124 ff.). Der in der Bilanz aufgeführte Gewinn ergibt sich theoretisch aus dem Betriebsvermögensvergleich mit Vorjahresbilanz; in der Praxis wird er aus der Gewinn- und Verlustrechnung eingebucht und separat beim Vorjahreskapital ausgewiesen (Rn. 145 f.).

Aus der Bilanz ist jedoch zu ersehen, inwieweit in der Gewinn- und Verlustrechnung Aufwand gewinnmindernd aufgezeichnet ist, der noch nicht als Betriebsausgabe ab-, bzw. Einnahme noch nicht zugeflossen ist. Die Bilanz erspart daher die umständliche Prüfung einzelner Posten der Gewinn- und Verlustrechnung auf Abweichungen vom In-Prinzip.

Beispiel:
Die Gewinn- und Verlustrechnung 02 weist einen Aufwand für Gewährleistungen in Höhe von 100 000 € aus. Die Bilanz enthält eine Rückstellung für Gewährleistungen in Höhe von 20 000 €, die in der Bilanz 01 noch nicht enthalten ist.

Da die Rückstellung im Jahr 02 gebildet worden ist, ist der verbuchte Aufwand in dieser Höhe noch nicht als Betriebsausgabe abgeflossen.[90] Eine bereits am Jahresbeginn bestehende Rückstellung wirkt sich auf den Gewinn nicht aus, da insoweit das Betriebsvermögen am Jahresanfang und am Jahresende gleich ist (Rn. 116).

Der Vergleich einzelner Posten in mehreren aufeinander folgend Bilanzen lässt sich zumeist erkennen, ob die Bildung und Auflösung per Saldo zu Gewinnveränderungen geführt hat.[91] Die Änderung eines Bilanzposten gegenüber dem Vorjahr ergibt, inwieweit sich innerhalb des Jahres eine Gewinnauswirkung ergeben hat. Häufig heben sich die Bildung von Bilanzposten und die Auflösung der Vorjahresposten auf.

Beispiel:
1. U zahlt für eine Betriebsausfallversicherung jährlich gleich bleibend jeweils am 1. September 12 000 €.
2. Am 31. 12. 01 verzeichnet U gewinnerhöhend noch nicht bezahlte Forderungen in Höhe von 100 000 €. Die in der Vorjahresbilanz mit 80 000 € ausgewiesen Forderungen sind im Lauf des Jahres bezahlt worden. Seinen am 31. 12. 01 bilanzierten unbezahlten Verbindlichkeiten in Höhe von 40 000 € steht die Begleichung der Vorjahresverbindlichkeiten in Höhe von 50 000 € gegenüber.

Zum 31. 12. 01 ist für den auf 02 entfallenden Anteil eine Rechnungsabgrenzung (Rn. 167, 268) in Höhe von 8000 € gewinnerhöhend einzubuchen. Sofern noch nicht in der Buchführung geschehen ist die Rechnungsabgrenzung aus der Vorjahresbilanz für die Monate 01–08 des laufenden Jahres gewinnmindernd auszubuchen.

Der Saldo aus der Bilanzierung der Forderungen und der Auflösung der Vorjahresforderungen mit + 20 000 €, stehen – 10 000 € Saldo aus Erfassung und Auflösung von Verbindlichkeiten gegenüber.

Soweit nicht bereits durch derartige Vorgänge die Unterschiede zwischen der periodengerechten Gewinnermittlung durch Betriebsvermögensvergleich und der dem Zuflussprinzip weitgehend entsprechenden Gewinnermittlung durch Einnahmen-Überschuss-Rechnung im Lauf eines Jahres kompensieren, tritt dieser Effekt umso stärker ein, je länger der Zeitraum ist über den der Gewinn ermittelt wird. Die Gewinnermittlung durch Betriebsvermögensvergleich führt nicht zu einem anderen Gewinn als die Einnahmen-Überschuss-Rechnung, er wird nur zeitlich verschoben erfasst.[92]

---

[90] Vgl. zu den steuerlichen Grundlagen Rn. 170
[91] Vgl. dazu die Beispiele in Rn. 265 und 267
[92] Vgl dazu nachfolgend Rn. 266–271

Eine Umrechnung der Gewinn- und Verlustrechnung in eine Einnahmen-Überschuss-Rechnung ist deshalb in der Regel nicht erforderlich.[93]

2. Anlagevermögen

Anschaffungskosten für Anlagevermögen wirken sich nicht unmittelbar (Rn. 149) sondern ausschließlich über die Absetzung für Abnutzung (Rn. 150 ff. und 1/241 ff.) gewinnmindernd aus. Bei der Veräußerung entsteht meistens ein Gewinn oder Verlust, da der Buchwert in der Regel nicht dem Veräußerungserlös entspricht. 264

3. Umlaufvermögen

Die Anschaffungskosten von Umlaufvermögen werden zwar als Aufwand gewinnmindernd erfasst. Durch Inventur und einzubuchende Bestandsveränderungen (Rn. 231) wirken sich im Jahresabschluss jedoch nur der tatsächliche Wareneinsatz und eventuelle Wertveränderungen auf den Gewinn aus. 265

Beim Wertansatz des Umlaufvermögens ist ein nicht unerheblicher Beurteilungsspielraum gegeben, so dass die vom Steuerpflichtigen und die vom Finanzamt vorgenommenen Wertansätze sich häufig deutlich unterscheiden. Je niedriger das Umlaufvermögen bewertet wird, umso geringer fällt der Gewinn aus. Dies wird jedoch beim Verkauf durch einen entsprechend höheren Gewinn wieder kompensiert. Zutreffend hat der BGH[94] die Bewertung des Umlaufvermögens für entscheidungsunerheblich angesehen. Dies gilt jedoch uneingeschränkt nur dann, wenn die Veräußerung in angemessener Zeit erfolgt und nicht zu niedrig bewertete Waren gehortet werden.[95]

4. Forderungen und Verbindlichkeiten

In aller Regel stellen die Bilanzposten „Forderungen" und „Verbindlichkeiten" vom Umfang her die größte Abweichung vom unterhaltsrechtlich maßgeblichen In-Prinzip dar. Für die Ermittlung des der Bilanz zugrundezulegenden Betriebsvermögens kommt auf das Entstehen und nicht auf die Realisierung der Forderungen und Verbindlichkeiten an (Rn. 163). Dem wird in der der Gewinn- und Verlustrechnung zugrundeliegenden Buchführung Rechnung getragen, indem bereits die Forderungen als Ertrag, die Verbindlichkeiten als Aufwand erfasst werden. Der in der Bilanz und der Gewinn- und Verlustrechnung festgestellte Gewinn basiert daher zu einem nicht unerheblichen Teil auf noch nicht geflossenen Einkünften, bzw. noch nicht bezahlten Schulden.[96] 266

Soweit Bildung und Auflösung der Forderungen und Verbindlichkeiten in demselben Wirtschaftsjahr erfolgen, heben sie sich auf. Es gibt also keinen Unterschied zur Einnahmen-Überschussrechnung. Erfolgt die Bezahlung der Forderung erst in einem späteren Wirtschaftsjahr, führt dies aber zu einer Vorverlagerung des Gewinns zum Zweck der periodengerechten Gewinnermittlung, läuft also dem unterhaltsrechtlichen In-Prinzip konträr zuwider. Dies gilt bei der Buchung von Verbindlichkeiten und ihrer Begleichung im Folgejahr mit umgekehrten Vorzeichen entsprechend. Hier werden Betriebsausgaben gewinnmindernd vorgezogen.

Unterhaltsrechtliche Korrekturen sind in der Regel nicht erforderlich (Rn. 263).

5. Anzahlungen

Bei der Gewinnermittlung durch Betriebsvermögensvergleich werden Anzahlungen als Passivposten erfasst. Damit wird dem Umstand Rechnung getragen, dass entweder die Leis- 267

---

[93] Im Rahmen einer DATEV-Buchführung aber durchaus möglich
[94] BGH, FamRZ 2003, 741 (743)
[95] Anders in der Einnahmen-Überschuss-Rechnung (Rn. 194)
[96] Vgl. dazu auch Rn. 216

tung, für die die Anzahlung erbracht ist, bereits vermögensmehrend gebucht oder aber noch geschuldet wird und damit das Betriebsvermögen vermindert. In der Einnahmen-Überschuss-Rechnung dagegen ist der als Anzahlung geleistete Geldeingang ohne Korrektur als Erlös erfasst.

Beispiel:
U hat einen Auftrag zur Herstellung und Montage von Fenstern für ein Bürogebäude erhalten. Der Festpreis beträgt 10 000 € Liefertermin ist der 1. 3. 02. Nach Auftragserteilung am 20. 12. 01 hat er eine Anzahlung von 1500 € erhalten.

Das Betriebsvermögen hat sich zum 31. 12. erhöht um die Einzahlung auf der Bank, es ist mit der Liefer- und Montageverpflichtung belastet, der nur noch die restliche Werklohnforderung gegenübersteht. Ein Unternehmenskäufer würde die Anzahlung kaufpreismindernd bewerten, da er die Gegenleistung insoweit unentgeltlich erbringen müsste. Unterhaltsrechtlich ist die steuerliche Behandlung zu übernehmen, es sei denn, dass man die gesamte Gewinnermittlung auf das Zuflussprinzip umstellen will (Rn. 263).

6. Rechnungsabgrenzungsposten

268 Bei den Rechnungsabgrenzungsposten handelt es sich in den meisten Fällen – z. B. Kfz-Steuern, betriebliche Versicherungen – um Jahresbeiträge, die regelmäßig anfallen. Soweit sich nicht die Auflösung und die Neubildung decken und dadurch periodengerechter Aufwand und tatsächlicher Mittelabfluss übereinstimmen, erfolgt in der Regel ein kurzfristiger Ausgleich, so dass unterhaltsrechtlich kein Handlungsbedarf bestehen dürfte. Dies lässt sich durch den Vergleich der entsprechenden Bilanzposten kontrollieren, da ja nach dem System der Gewinnermittlung durch Betriebsvermögensvergleich **nur die Veränderung des Betriebsvermögens** zu Gewinn oder Verlust führt.

Beispiel:
U zahlt die Versicherungsbeiträge für seinen Taxibetrieb zu unterschiedlichen Zeitpunkten während des Geschäftjahres. Während des unterhaltsrechtlichen Auskunftszeitraums 01–03 haben sich die Tarife und die Zahl der Versicherungsverträge mehrfach geändert. In der Gewinn- und Verlustrechnung sind im Jahresdurchschnitt Versicherungsbeiträge von 8000 € erfasst. In den Bilanzen sind für die Versicherungsbeiträge folgende aktive Rechnungsabgrenzungen aufgeführt:

01	2800 €
02	3700 €
03	2700 €

Aus der Bilanz 01 ergibt sich der Vorjahresbetrag mit 2400 €.[97]

In der Zeit vom 1. 1. 01 bis 31. 12. 03 hat sich dieser Bilanzposten daher um 2700 € (Anfangsvermögen) – 2400 € (Endvermögen) geändert; bei konsequenter Anwendung des Zuflussprinzips könnte U daher die Verringerung seines Einkommens um 300 €, jährlich also 100 € verlangen.

Das Resultat ergibt sich auch aus der Überlegung, dass zwar durch Bildung der aktiven Rechnungsabgrenzung (Rn. 167) in Höhe von 2700 € per 31. 12. 03 die tatsächlich abgeflossenen Versicherungsbeiträge um 2700 € gekürzt und erst in 04 als Aufwand gebucht werden dürfen, dass aber umgekehrt durch Auflösung des Bilanzpostens (Rn. 167) aus 00 im Jahr 01 ein gewinnmindernder Aufwand gebucht wurde, der tatsächlich bereits in 00 als Betriebsausgabe abgeflossen war.

7. Rückstellungen

269 Für kurzfristige und regelmäßige Rückstellungen (Rn. 168 f.) gelten die Ausführungen zur Rechnungsabgrenzung (Rn. 268) entsprechend: Im Allgemeinen werden bei der Ermittlung des unterhaltsrechtlichen Einkommen keine Korrekturen notwendig sein.

[97] Der Betrag ist aus den Buchführungsunterlagen 01 zu entnehmen, da der Bilanzposten als Anfangsbestand in das Buchführungskonto übernommen werden musste

Bei **Gewährleistungsrückstellungen** u. ä. (Rn. 170) muss zunächst geprüft werden, ob und wann sie aufgelöst wurden. Erfolgten Bildung und Auflösung im Auskunftszeitraum, dann besteht kein Handlungsbedarf, weil sich im Ergebnis nur der tatsächliche Aufwand gewinnmindernd ausgewirkt hat. Da in aller Regel zwischen dem Stichtag für die letzte Bilanz und der Entscheidung über den Unterhalt erhebliche Zeit verstrichen ist, sind bis dahin möglicherweise in der letzten Bilanz enthaltene Rückstellungen gewinnneutral oder gewinnerhöhend aufgelöst.[98] Die unterhaltsrechtliche Behandlung unterschiedlich: Wenn der Aufwand, für den die Rückstellung gebildet wurde, tatsächlich entstanden ist, wird man sie anerkennen, andernfalls einkommenserhöhend herausrechnen müssen.[99]

Zu beachten ist jedoch auch hier, dass nur die Bildung oder Erhöhung der Rückstellung gewinnwirksam ist. Sie darf daher, wenn sie in mehreren aufeinander folgenden Bilanzen steht, nicht mehrfach zugerechnet werden.

Dies zeigt sich insbesondere bei **Pensionsrückstellungen.** 270

Beispiel:
U hat seinem Prokuristen P anlässlich seiner 20-jährigen Betriebszugehörigkeit am 31. 12. 01 eine Betriebsrente von 400 € monatlich zugesagt. P ist in diesem Jahr 45 Jahre alt geworden.

Zum Zeitpunkt der Zusage hat P durch die Arbeitsleistung seit seinem Eintritt in das Unternehmen die Hälfte der Altersversorgung verdient. U muss gemäß § 6 a II EStG für die zugesagte Rente eine Rückstellung bilden und zwar in Höhe des durch versicherungsmathematisches Gutachten zu ermittelnden zeitanteiligen Teilwerts. Die Rückstellung mindert den Gewinn in der Bilanz, durch Erfassung entsprechender Personalkosten auch in der Gewinn- und Verlustrechnung. In den folgenden zwanzig Jahren erhöht sich die Rückstellung um den Beträge, um die sich die Anwartschaft jeweils erhöht. Nur diese Differenz wirkt sich gewinnmindernd aus:[100]

Bilanzstichtag	Rückstellung	Gewinnminderung
31. 12. 01	9 086 €	9 086 €
31. 12. 02	9 976 €	890 €
31. 12. 03	10 924 €	948 €
31. 12. 04	11 934 €	1 010 €
31. 12. 05	13 013 €	1 078 €

Die durch die Gewinnminderungen erzielten Steuereinsparungen werden dadurch kompensiert, dass bei Zahlung der Betriebsrente diese zwar als Aufwand gewinnmindernd erfasst wird, jedoch jährlich die gebildete Rückstellung zeitanteilig aufzulösen ist. In aller Regel wird die Einkommenserhöhung den Unterhaltsberechtigten nicht mehr zugute kommen, so dass in Höhe des Zuwachses der Rückstellungen im Auskunftszeitraum das unterhaltsrechtliche Gesamteinkommen zu erhöhen ist.[101]

Wird der Unterhaltsberechnung das Einkommen 01 bis 03 zugrundegelegt, so wäre es insgesamt um 10 924 €, das Jahreseinkommen also um 3641 € zu erhöhen. Im Zeitraum 02–04 wären es dagegen 2848 €, bzw. pro Jahr 949 €.

8. Wertberichtigungen

271 Wenn bei Erstellung der Bilanz bereits konkret abzusehen ist, dass eine Forderung nicht realisierbar ist, muss wegen des handelsrechtlichen Vorsichtsprinzips eine Wertberichtigung vorgenommen werden, d. h. die Forderung darf nur insoweit bilanziert werden, als mit einer Tilgung zu rechnen ist. Auch in der Steuerbilanz erfolgt in der Regel eine solche **Einzel-Wertberichtigung.**

---

98 Vgl. dazu das Beispiel in Rn. 170
99 Zu Rückstellungen Schwab/Borth IV Rn. 684 f.
100 Berechnung von Wolfgang Banzhaf, Wirtschaftsmathematiker in Stuttgart
101 Anders wird zu entscheiden sein, wenn zur Absicherung der späteren Pensionsverpflichtung tatsächliche Rücklagen gebildet werden

Die Tatsache, dass sich erfahrungsgemäß auch solche Forderungen z. T. nicht realisieren lassen, bei denen dies bei Erstellung der Bilanz noch nicht abzusehen ist, wird in der Steuerbilanz dadurch Rechnung getragen, dass eine **Pauschalwertberichtigung** vorgenommen wird. Früher durften 3%, neuerdings nur noch 1% angesetzt werden. Wenn diese Wertberichtigung – wie üblich – fortlaufend bilanziert wird, tritt eine Gewinnerhöhung oder Gewinnreduzierung nur in Höhe der Änderung des Betrags zum Vorjahr ein. In der Regel wird man daher die Pauschalwertberichtigung auch unterhaltsrechtlich akzeptieren können.

Aufmerksamkeit ist aber dann geboten, wenn erstmals in einem für die Unterhaltsberechnung maßgeblichen Jahr eine Wertberichtigung gebucht wird. Auch hohe Einzelwertberichtigungen können manipuliert sein.[102]

9. Kapital

272 Das Kapital (Rn. 120–123) stellt keinen eigenen Vermögenswert dar. Es ist ein fiktiver Posten, der den Wert des Unternehmens wiedergibt. In der Jahresbilanz natürlicher Personen und Personengesellschaften werden die Vermögensveränderungen gegenüber dem Vorjahr getrennt nach Gewinn, Einlagen und Entnahmen ausgewiesen (Rn. 145).

10. Privatentnahmen und Privateinlagen

273 Einlagen und Entnahmen dürfen gemäß § 4 I EStG den Gewinn nicht beeinflussen. Da sie jedoch Auswirkung auf das Betriebsvermögen haben, werden sie in der Buchführung erfasst. Die Höhe der Entnahmen wird nach herrschender Meinung zur Überprüfung des verfügbaren Einkommens herangezogen, wenn die steuerlichen Unterlagen nicht vollständig oder widersprüchlich sind.[103]

Gemäß § 4 Abs. 1 Satz 2 EStG sind Entnahmen alle Wirtschaftsgüter (Barentnahmen, Waren, Erzeugnisse, Nutzungen oder Leistungen), die der Steuerpflichtige dem Betrieb für sich, für seinen Haushalt oder für andere betriebsfremde Zwecke im Lauf des Wirtschaftsjahres entnommen hat.

Beispiele:

a) Barentnahmen:
Entnahme von Bargeld aus der Kasse oder Überweisung auf ein privates Konto,
Überweisung auf ein fremdes Konto ohne betriebliche Veranlassung,

b) Warenentnahmen:
Entnahme von Umlaufvermögen vor der Verarbeitung (z. B. Lebensmitteln) zum privaten Verbrauch,
Verzicht auf eine betriebliche Forderung aus privatem Anlass,
Bebauung eines betrieblichen Grundstücks mit einem privat genutzten oder privat vermieteten Wohnhaus,

c) Erzeugnisentnahmen:
Entnahme von verarbeitetem Umlaufvermögen (z. B. Backwaren) zum privaten Verbrauch,

d) Nutzungsentnahmen
Private Telefon- oder Fahrzeugnutzung,

e) Einsatz von betrieblichem Personal für private Zwecke.

Gemäß § 4 Abs. 1 Satz 5 EStG sind Einlagen alle Wirtschaftsgüter (Bareinzahlungen und sonstige Wirtschaftsgüter), die der Steuerpflichtige dem Betrieb im Laufe des Wirtschaftsjahres zugeführt hat.

Beispiele:

a) Bareinlagen:
Einlage von Bargeld in die Kasse oder Überweisung von einem privaten Konto,
Überweisung von einem fremden Konto ohne betriebliche Veranlassung,

b) Wareneinlagen:
Einlage von Umlaufvermögen zur Verarbeitung,

---

[102] Sie würden erst im Rahmen einer Außenprüfung gewinnerhöhend korrigiert

[103] Vgl. dazu Rn. 287

Einbringung einer privaten Forderung,
Einbringung eines privaten Grundstücks oder Gebäudes zur dauernden betrieblichen Nutzung
d) Nutzungseinlagen
Betriebliche Nutzung des privaten Telefons oder PKW
e) Einsatz von betrieblichem Personal für private Zwecke.

Neben Nutzungsentnahmen, die immer Gewinnauswirkung haben, ist auch bei Entnahmen von Anlage- oder Umlaufvermögen eine Gewinnauswirkung gegeben, wenn Buchwert und Teilwert nicht identisch sind (Rn. 210). Da die Gewinnauswirkung aber bei den Erträgen oder bei Aufwand erfasst wird, bedarf es insoweit keiner Kontrolle der Privatkonten.

VII. Berechnung des Einkommens

1. Prüfungszeitraum

Wegen der jährlich der Höhe nach stark schwankenden Einkünften von Gewerbetreibenden und Selbstständigen ist ein möglichst zeitnaher Mehrjahresdurchschnitt zu bilden, damit nicht ein zufällig günstiges oder ungünstiges Jahr als Maßstab für die Zukunft dient. Dies gilt vor allem dann, wenn in Zukunft mit weiteren Schwankungen zu rechnen ist.[104] Dies wird der Regelfall sein. Wenn mit einem stetigen Anstieg oder Rückgang der Einkünfte zu rechnen ist, kann im Einzelfall der Tatrichter auch das zuletzt erreichte Einkommen zugrundelegen.[105] 274

Beispiel:
A hat im Jahr 01 eine Facharztpraxis eröffnet. Im Jahr 04 erteilt er Auskunft über seine Einkommen bis 03. Es ergibt sich ein unterhaltsrechtlich relevantes Einkommen

• für 01	20 000 €
• für 02	50 000 €
• für 03	80 000 €.

Wenn keine Anhaltspunkte für einen Einkommensrückgang bestehen, wäre es unbillig, den Unterhalt aus 50 000 € zu berechnen.

Nach herrschender Auffassung und Rechtsprechung wird für die Ermittlung des unterhaltsrechtlich relevanten Einkommens ein Zeitraum von drei Jahren als erforderlich und ausreichend angesehen.[106] Im Hinblick auf die Besonderheiten bei Gewerbetreibenden und Selbstständigen ist der Empfehlung des 14. Familiengerichtstags zuzustimmen, dass ein Fünfjahreszeitraum zugrunde zu legen ist.[107] Dies gilt insbesondere bei starken Gewinnschwankungen, umfangreichen Abschreibungen und Rückstellungen, da sich im Fünfjahreszeitraum nahezu alle derartigen Einflüsse ausgleichen. Man wird auch dann auf den Fünfjahreszeitraum abstellen müssen, wenn Anlass zur Annahme besteht, dass in Kenntnis der bevorstehenden Unterhaltspflichten im Gegensatz zur früheren betrieblichen Praxis steuerlich legale Mittel der Gewinnverlagerung genutzt und die Gewinne durch strafrechtliche Methoden verkürzt hat.

2. Berücksichtigung von Verlusten aus anderen Wirtschaftjahren

Soweit in einem Wirtschaftsjahr die Aufwendungen/Betriebsausgaben Ertrag/Betriebseinnahmen übersteigen, entstehen „negative Einkünfte". Diese können gemäß § 2 II EStG zunächst in eingeschränktem Umfang mit positiven Einkünften aus derselben oder einer 274 a

[104] BGH, FamRZ 1986, 48 (51) = R 275 d; FamRZ 1985, 357 = R 243 a; FamRZ 1983, 680 = R 167 a
[105] BGH, FamRZ 1985, 471 = R 252 a; ausführlich dazu Strohal Rn. 206 ff.
[106] Kalthoener/Büttner Rn. 587 mit umfangreichen Nachweisen; Strohal Rn. 205; Schwab/Borth IV Rn. 738
[107] FamRZ 2002, 296

anderen Einkunftsart verrechnet werden. Im Fall der Zusammenveranlagung (Rn. 560) ist auch die Verrechnung mit positiven Einkünften des Ehepartners möglich.

Soweit danach noch negative Einkünfte verbleiben, können diese gemäß § 10d I EStG vom Gesamtbetrag der Einkünfte des unmittelbar vorangegangenen Wirtschaftsjahres (= Verlustrücktrag), weiter verbleibende in den folgenden Wirtschaftsjahren (= Verlustvortrag) abgezogen werden.

Die Verluste aus dem folgenden oder aus früheren Jahren erscheinen also nicht in den Gewinn- und Verlustrechnungen oder Einnahmen-Überschuss-Rechnungen; der Ausgleich erfolgt außerhalb des Jahresabschlusses im Rahmen der Steuerveranlagung. Der Verlustabzug beeinflusst nicht die Gewinnermittlung sondern nur die Höhe der Steuerbelastung.

Der Verlustabzug ist auch nicht auf Gewinneinkünfte (Rn. 110) beschränkt. Verluste – also negative Einkünfte – sind in allen Einkommensarten möglich.

3. Berücksichtigung außerbetrieblicher Aufwendungen

275 Da in der Gewinn- und Verlustrechnung und der Einnahmen-Überschuss-Rechnung alle berufsbedingten Aufwendungen enthalten sind, besteht kein Anlass, von dem ermittelten (Brutto-)Einkommen die 5%ige Pauschale für berufsbedingten Aufwand in Abzug zu bringen.

Abzugsfähig sind jedoch alle anderen Aufwendungen, die auch dem Nichtselbstständigen zustehen, vor allem

- Steuern (Rn. 591)
- Vorsorgeaufwendungen (Rn. 598)
- ehebedingte Verbindlichkeiten (Rn. 614).

Nach ständiger Rechtsprechung des BGH sind von den unterhaltsrechtlich bereinigten Gewinneinkünften die tatsächlich in den einzelnen Jahren des Prüfungszeitraums gezahlten Steuern abzuziehen und erstatteten Steuern zuzurechnen. Dies ist in Rechtsprechung und Literatur umstritten.[108]

Dagegen ist an Vorsorgeaufwendungen in Abzug zu bringen, was in dem Jahr, für das Unterhalt verlangt wird, entrichtet wurde oder voraussichtlich entrichtet werden muss.

VIII. Auskunfts- und Belegpflichten[110]

1. Allgemeines

276 Gewerbetreibende und Selbstständige sind nach denselben gesetzlichen Bestimmungen zur Erteilung von Auskünften und Vorlage von Belegen verpflichtet wie alle anderen am Unterhaltsverfahren beteiligten Personen. In erster Linie gelten deshalb die allgemeinen Grundsätze.[111] Die Auskunft ist zu erteilen durch Vorlage einer systematischen Aufstellung aller Angaben, die nötig sind, damit der Berechtigte ohne übermäßigen Arbeitsaufwand seinen Unterhaltsanspruch berechnen kann.

Eine Auskunftspflicht besteht nicht, wenn der maximale Unterhaltsbedarf abgedeckt ist.[112]

2. Besonderheiten des Auskunftsanspruchs gegenüber Gewerbetreibenden und Selbstständigen

277 Während bei Nichtselbstständigen auf das Einkommen der Letzten zwölf Monate abgestellt wird, sind Gewerbetreibende und Selbstständige verpflichtet über drei volle Geschäfts-

---

[108] Hierzu Rn 565
[109] – *nicht belegt* –
[110] Ausführlich Laws, Steuerliche Unterlagen im Unterhaltsrecht
[111] Ausführungen dazu im 12. Abschnitt Rn. 565 ff.
[112] BGH, FamRZ 1994, 1169 = NJW 1994, 2618 = R 481

jahre Auskunft zu erteilen.[113] Im Allgemeinen deckt sich das Geschäftsjahr von Gewerbetreibenden und Selbstständigen mit dem Kalenderjahr, jedoch können im Handelsregister eingetragene Unternehmen mit Zustimmung ein abweichendes Wirtschaftsjahr beantragen, wovon insbesondere bei saisonabhängigen Betrieben Gebrauch gemacht wird, um ein wirtschaftlich sinnvolles Ergebnis zu erzielen.

Beispiel:
Um die Winter- und Sommersaison vollständig zu erfassen, wählt der Hotelier den Zeitraum 1. 10. bis 30. 9. für das Wirtschaftsjahr.
Ein Hersteller von Tiefkühlkost beginnt das Wirtschaftsjahr am Schluss der Erntezeit 1. 10.

Unabhängig von den handelsrechtlichen und steuerrechtlichen Erfordernissen wird im Unterhaltsrecht die Erstellung des Jahresabschlusses innerhalb von sechs Monaten nach Ende des Wirtschaftsjahres verlangt.[114] Vorab die Vorlage einer Gewinn- und Verlustrechnung zu verlangen,[115] ist unsinnig, weil Bilanz und Gewinn- und Verlustrechnung miteinander verknüpft sind und in einem Zusammenhang erstellt werden (Rn. 145).

Für den Zeitraum zwischen dem Ablauf des letzten Geschäftsjahres und der Geltendmachung des Anspruchs besteht keine Auskunftspflicht.[116] Dem ist zuzustimmen: bei Gewerbetreibenden und Selbstständigen kann im Allgemeinen aus der Hochrechnung eines Jahresabschnitts auf ein volles Kalenderjahr kein verwertbares Ergebnis erzielt werden, weil die Einnahmen und Betriebsausgaben nur selten kontinuierlich über das Jahr verteilt anfallen. In Ausnahmefällen kann aber der Vergleich eines Zeitabschnitts mit dem entsprechenden Vorjahresabschnitt Aufschluss über die weitere Entwicklung geben, wenn etwa in der Eröffnungs- oder Anstiegsphase[117] eine Prognose überprüft werden soll.[118]

Die Auskunft darf sich weder auf die Wiedergabe der steuerlichen Daten beschränken, **278**
auch ist der Hinweis auf die Auskunfteinholung beim Steuerberater nicht ausreichend. Die Forderung auf Erstellung eines an unterhaltsrechtlichen Kriterien orientierten Jahresabschlusses[119] hat sich nicht durchgesetzt.[120] Sachgerecht erscheint die zur zur Einkommensermittlung durch Einnahmen-Überschuss-Rechnung ergangene Entscheidung des OLG München,[121] deren Leitsätze daher wiedergegeben werden:

1. Die Erteilung der Auskunft richtet sich im Unterhaltsrecht nach BGB §§ 260, 1580, 1605 Abs 1 und erfordert eine systematische Zusammenstellung aller erforderlichen Angaben, die notwendig sind, um dem Berechtigten ohne übermäßigen Arbeitsaufwand eine Berechnung seiner Unterhaltsanspruche zu ermöglichen.
2. Die Darstellung des Endergebnisses entsprechend einem Steuerbescheid genügt generell nicht; vielmehr müssen die gesamten Einnahmen und auch die damit zusammenhängenden Ausgaben niedergeschrieben werden.
3. Die Vorlage von Belegen soll dem Berechtigten nur die Überprüfung der Auskunft ermöglichen.
4. Um Kleinigkeiten im Auskunftsverfahren zu vermeiden, genügt es, in der Auskunft den Gewinn bzw Überschuss pauschal anzuführen und hinsichtlich der Einzelposten auf eine beigefügte Anlage, z. B. die Einnahmen-/Überschussrechnung oder die Aufstellung über Einnahmen und alle Werbungskosten, Bezug zu nehmen.

Diese Anforderungen können auf die Einkommensermittlung durch Betriebsvermögensvergleich übertragen werden, sofern man die systembedingte Abweichung vom unterhaltsrechtlichen In-Prinzip hinnimmt (Rn. 162 ff. und 1/260).

---

[113] OLG München FamRZ 1992, 1207; Borth Rn. 738, Strohal Rn. 205
[114] OLG München a.a.O.
[115] OLG Hamm FamRZ 1980, 455
[116] OLG München a.a.O.
[117] Strohal Rn. 206 f.
[118] Wegen der Möglichkeit zur Verschiebung von Einkünften müssen aber Einkommensrückgänge während der Auseinandersetzung äußerst zurückhaltend bewertet werden
[119] Nickl a.a.O.
[120] Strohal Rn. 272
[121] A.a.O.

3. Besonderheiten des Beleganspruchs gegenüber Gewerbetreibenden und Selbstständigen

279 Bei der in der überwiegenden Zahl der Fälle angewandten EDV Buchführung liegen vor oder können aus der Buchführung und dem Jahresabschluss „per Knopfdruck" erstellt werden:

Betriebsvermögensvergleich	**Einnahmen-Überschuss-Rechnung**
• Bilanz	• Einnahmen-Überschuss-Rechnung
• Gewinn- und Verlustrechnung	
• Bilanz nach Konten	• Einnahmen-Überschuss-Rechnung nach Konten
• Gewinn- und Verlustrechnung nach Konten	• Einnahmen-Überschuss-Rechnung mit Kontennachweis
• Bilanz mit Kontennachweis	• Sonstige Konten
• Gewinn- und Verlustrechnung mit Kontennachweis	
• Entwicklung des Anlagevermögens (Summenblatt und Einzelkonten)	• Entwicklung des Anlagevermögens (Summenblatt und Einzelkonten)

- Betriebwirtschaftliche Auswertungen
- Liquiditätsberechnungen
- Summen- und Saldenlisten
- Einzelkonten
- Lohn- und Gehaltsabrechnungen
- ggfs. Betriebsprüfungsberichte

Außerdem hat der Steuerpflichtige aufzubewahren

- Sparkassen- und Bankunterlagen;
- Kassenbuch und
- Einzelbelege.

Während die Bilanz, die Gewinn- und Verlustrechnung und die Einnahmen-Überschuss-Rechnung die aus der Buchführung und der Inventur[122] erfassten Daten in wenigen Sammelposten saldiert darstellen und deshalb zur unterhaltsrechtlichen Überprüfung ungeeignet sind, sind in den nach Konten gegliederten Abschlussunterlagen alle Positionen einzeln aufgeführt, für die nach Abschluss der Buchführung positive oder negative Salden vorhanden waren. In der Fassung „mit Kontennachweis" sind die Nummern der jeweiligen Einzelkonten aufgeführt.

280 Die Vorlage der Bilanz und Gewinn- und Verlustrechnung, bzw. der Einnahmen-Überschuss-Rechnung jeweils mit Kontennachweis sollten mit dem Beleganspruch verlangt werden, da aus ihnen erforderlichenfalls auf die Einzelkonten (Jahreskonten) der Buchführung zurückgegriffen werden kann, wenn dies zur Überprüfung unterhaltsrechtlicher Relevanz erforderlich erscheint. Auf den Einzelkonten sind alle einzelnen Buchungen unter Angabe von Gegenkonto, Datum und Einzelbeleg ausgewiesen, so dass jeder Geschäftsvorfall bis in seinen Ursprung zurückverfolgt werden kann.

Personalkosten werden allerdings in die Buchführung nur mit den monatlichen Gesamtbeträgen übernommen, soweit nicht zum Zweck betriebswirtschaftlicher Kontrolle eine Untergliederung[123] vorgenommen wurde. Hier muss man die Lohnabrechnungen verlangen, wenn z. B. der neue Lebens- oder Ehepartner beim Auskunftspflichtigen angestellt ist.

In der Praxis wird man zunächst die Bilanz mit Gewinn- und Verlustrechnung[124] – jeweils mit Kontennachweis – vorlegen lassen, um dann die Einzelposten auf unterhaltsrechtliche Relevanz zu prüfen. Soweit diese substantiiert bestritten werden, hat der Auskunftspflichtige durch Vorlage der detaillierten Unterlagen die betriebliche Veranlassung der Aufwendungen oder Betriebsausgaben darzulegen und zu beweisen.

---

[122] Eine Inventur findet nur bei der Gewinnermittlung durch Betriebsvermögensvergleich statt

[123] Z. B. Verwaltung, Produktion, Verkauf, Transportwesen o. ä.

[124] Bzw. Einnahmen-Überschuss-Rechnung

Die einzelnen Anlagegüter sind in einem Anlagenverzeichnis aufgeführt, in dem Anschaffungskosten, Zeitpunkt der Anschaffung, Nutzungsdauer, Abschreibungsart, Sonderabschreibungen und Veräußerungszeitpunkt eines jeden einzelnen Wirtschaftsgutes aufgezeichnet werden.

Da die Jahresabschlüsse erst im Rahmen einer Betriebsprüfung auf steuerliche Korrektheit 281
überprüft werden, ist auch Auskunft zu erteilen, ob hinsichtlich der Abschlüsse im Auskunftszeitraum eine Betriebsprüfung durchgeführt worden ist. Gegebenenfalls ist der Abschlussbericht vorzulegen.[125] Der Schlussbericht ist zwar kein formaler Bescheid sondern gibt dem Finanzamt lediglich die Veranlassung zur Abänderung der für den Prüfungszeitraum ergangenen Steuerbescheide; dem Bericht sind aber Einzelheiten zu den Ansätzen in der Bilanz und der Gewinn- und Verlustrechnung, bzw. in der Einnahmen-Überschuss-Rechnung zu entnehmen.

Die Betriebswirtschaftliche Auswertung (BWA) stellt für den jeweiligen Buchungszeit- 282
raum – in der Regel den Kalendermonat – Aufwand und Ertrag, bzw. Betriebseinnahmen und Betriebsausgaben gegenüber; insbesondere bei Unternehmen mit hohen und schwankenden Umsätzen ist die BWA für unterhaltsrechtliche Berechnungen ungeeignet (Rn. 274), auch wenn sie außer den Daten für den aktuellen Monat die jeweiligen Jahressummen enthält. Dazu kommt, dass häufig die AfA erst am Jahresende eingebucht wird und ebenso wenig wie nicht monatlich anfallende Betriebsausgaben (Urlaubsgeld, Weihnachtsgeld, Versicherungsbeiträge zeitanteilig gebucht werden.

Die Summen- und Saldenliste (SuSa) enthält eine Aufstellung aller bebuchten Konten und zwar die monatlichen Buchungen, die Jahressummen der jeweiligen Buchungen seit Beginn des Wirtschaftsjahres und den Saldo der bebuchten Konten zum Zeitpunkt der letzten Erfassung. Die SuSa ist ebenso wenig verwertbar wie die BWA.

Daneben sind – soweit erstellt, bzw. erlassen – vorhanden 283

- Einkommensteuererklärungen
- Einkommensteuerbescheide
- Gewerbesteuererklärungen
- Gewerbesteuerbescheide
- Umsatzsteuererklärungen
- Umsatzsteuerbescheide
- Umsatzsteuervoranmeldungen.

Die Steuererklärungen von Gewerbetreibende und Selbstständige dürften nahezu ausnahmslos mit Computerprogrammen erstellt sein, mit denen auch die Steuerberechnungen ausgedruckt werden können. Wenn also die Steuererklärung gefertigt, der Bescheid aber noch nicht erlassen ist, wird man vom Auskunftspflichtigen auch die Vorlage einer solchen Steuerberechnung verlangen können.

Für unterhaltsrechtliche Einkommensermittlung sind nur Einkommensteuerbescheide geeignet. Die Gewerbesteuer basiert zwar auch auf dem Gewinn aus dem Gewerbetrieb; dieser wird jedoch durch komplizierte Zu- und Abrechnungen modifiziert. Umsatzsteuerbescheide sind für die Einkommensermittlung ungeeignet. Die Umsatzsteuer ist gemäß § 4 I EStG in der Gewinnermittlung durch Betriebsvermögensvergleich gewinnneutral, in der Einnahmen-Überschuss-Rechnung durchlaufender Posten. Auf den Gewinn hat sie deshalb nur bei der Einnahmen-Überschuss-Rechnung vorübergehend Einfluss. Umsatzsteuervoranmeldungen basieren auf der monatlichen Buchführung, so dass – wenn überhaupt auf unterjährige Belege zurückgegriffen werden muss, zweckmäßigerweise auf die Betriebswirtschaftliche Auswertung und/oder Summen- und Saldenliste zurückgegriffen wird.

4. Besonderheiten bei Personengesellschaften

Personengesellschaften sind als Unternehmer umsatzsteuerpflichtig und gegebenenfalls als 284
Gewerbebetriebe gewerbesteuerpflichtig. Der Einkommensteuerpflicht unterliegen jedoch nur die einzelnen Gesellschafter. Für deren Einkommensermittlung liegen vor (Rn. 206):

---

[125] Strohal Rn. 162

- der Jahresabschluss der Gesellschaft,
- die gesonderte und einheitliche Gewinnfeststellung (Rn. 207),
- ggfs. Sonderbilanzen und
- ggfs. Ergänzungsbilanzen (Rn. 208).

Der Auskunftspflichtige hat im Hinblick auf die Daten der Gesellschaft bis zur Grenze seines gesellschaftsrechtlichen Auskunfts- und Kontrollrechtes die für die unterhaltsrechtliche Überprüfung seines Einkommens erforderlichen Auskünfte zu erteilen.[126] Daten, ausschließlich die anderen Gesellschafter betreffen, sind gegebenenfalls unkenntlich zu machen.[127]

5. Auskünfte von Land- und Forstwirten

285 Soweit Land- und Forstwirte ihren Gewinn durch Betriebsvermögensvergleich oder Einnahmen-Überschuss-Rechnung ermitteln (Rn. 183, 199), gelten die zu diesen Gewinnermittlungsarten erörterten Grundsätze ohne Abstriche. Wird der Gewinn dagegen nach Durchschnittssätzen ermittelt (Rn. 200), besteht kein Verpflichtung Aufzeichnungen zu machen oder Belege aufzubewahren. Eine solche Verpflichtung ergibt sich auch nicht aus den unterhaltsrechtlichen Bestimmungen. Wenn man es nicht vorzieht, den Unterhaltsbedarf im Wege der Schätzung aus der tatsächlichen Lebensführung zu ermitteln, ist über die einkommensrelevanten Daten Auskunft zu erteilen.[129]

6. Auskunftspflichten bei Schätzungen

286 Inwieweit über einkommensrelevante Tatsachen Auskünfte erteilt werden, wenn der Steuerpflichtige dieser Verpflichtung gegenüber der Finanzbehörde nicht nachgekommen ist, ist mehr als fraglich. Bei Zugrundelegung der steuerlichen Schätzung (Rn. 202) wird man ergänzende Auskünfte gleichwohl für unterhaltsrechtlich relevante Posten verlangen können.

IX. Alternative Methoden der Einkommensermittlung

1. Entnahmen als Grundlage der Einkommensermittlung

287 **a) Vorbemerkung.** Da sich die unterhaltsrechtliche Rechtsprechung mit der Ermittlung des unterhaltsrechtlich relevanten Einkommens bei Selbstständigen und Gewerbetreibenden aus dem steuerlichen Gewinn – insbesondere bei der Gewinnermittlung durch Betriebsvermögensvergleich – seit je her schwer tut, wird immer wieder die Frage aufgeworfen, ob die Entnahmen (Privatentnahmen) als unterhaltsrechtlich relevantes Einkommen angesetzt werden können.[130]

Herrschende Auffassung in Literatur und Rechtsprechung ist, dass die Entnahmen nur als Anhaltspunkt herangezogen werden können, insbesondere wenn der Gewinn nicht festgestellt werden kann oder Anhaltspunkte für Gewinnmanipulation vorliegen.[131]

Teilweise wird vertreten, dass die Entnahmen heranzuziehen sind, soweit sie den ausgewiesenen Gewinn überschreiten.[132] Der zutreffenden Beurteilung folgend, wird bei dieser

---

126 OLG Naumburg FamRZ 2001, 1303

127 BGH, FamRZ 1983, 680 (zum Einkommensteuerbescheid bei Zusammenveranlagung mit dem neuen Partner)

128 – *nicht belegt* –

129 Zu den erforderlichen Daten vgl. Heiß/Heiß 3. Kapitel Rn. 343

130 Zuletzt: Schürmann, Die Entnahmen – Einblick in die Lebensverhältnisse, FamRZ 2002, 1149

131 Borth Rn. 769 f.; Heiß/Linderer Kap. 45 Rn. 19 ff.; Gerhardt Kap. 6 Rn. 64; BayObLG v. 25. 4. 2002, BayObLGSt 2002, 71; OLG Frankfurt FuR 2001, 370 f.

132 Gerhardt ebenda

Auffassung zur Bedingung gemacht, dass der Unterhaltspflichtige sein Vermögen für den Unterhalt einsetzen muss.[133]

Wenn für die Bemessung des rückständigen Unterhalts die – zeitgleichen – Entnahmen als eheprägendes Einkommen zugrundegelegt werden, wird dies für die Zukunft jedenfalls in den Fällen verneint, in denen das Vermögen des Unterhaltspflichtigen durch Kredite bis an die Grenze belastet und/oder durch Verluste erschöpft ist.[134]

b) Einzelheiten. Privatentnahmen und Privateinlagen bestehen nicht nur in Geldzuflüssen, Geldabflüssen und der Erfassung der privaten Nutzung betrieblicher Wirtschaftsgüter (Rn. 273). Es trifft auch nicht zu, dass über die Privatentnahmen nur der tägliche Bedarf finanziert und über Einlagen nur andere Einkünfte in den Betrieb einfließen.[135] Ausnahmslos jede außerbetrieblich bedingte Änderung des Betriebsvermögens wird über die Entnahmen und Einlagen erfasst (Rn. 271). Die meisten Geschäftsvorfälle werden – da steuerlich ohne Belang – auf dem allgemeinen Privatkonto erfasst. 288

Ob der Steuerpflichtige seine Privatentnahmen bereits bei der Entnahme nach den im Kontenrahmen vorgegebenen Unterkonten (Rn. 178) spezifiziert, obliegt seiner freien Entscheidung ebenso wie, ob er dies regelmäßig tut. So wird er zur Vermeidung von steuerschädlichen Überentnahmen (Rn. 258) oder des Einblicks seiner Buchhaltung in seine privaten Verhältnisse die Einkommensteuervorauszahlungen nicht vom betrieblichen Konto vornehmen. Die Analyse der Privatentnahmen ist nicht weniger kompliziert als die der steuerlichen Gewinnermittlung.

Privatentnahmen liegen auch vor, wenn lediglich eine Umschichtung von betrieblichem Vermögen ins Privatvermögen vorgenommen wird, die unterhaltsrechtlich irrelevant ist.[136] Da Privatentnahmen Vermögensverfügungen sind, kann es Überschneidungen mit dem Zugewinn geben.

Beispiel:
Im den drei Jahren nach seiner Ehescheidung liefen die Geschäfte des U ausnehmend schlecht. Die Betriebseinnahmen deckten gerade einmal die Betriebsausgaben. Auf Drängen der Bank verkaufte U eine weitere kleinere Teilfläche des nicht mehr benötigten Lagerplatzes für 30 000 € an den Nachbarn zur Arrondierung dessen Privatgrundstücks. Beim Zugewinnausgleich war das Grundstück mit dem Verkehrswert berücksichtigt worden. Die Entnahmen in den drei Jahren betrugen 60 000 €.

Würde man den Unterhalt aus den Entnahmen berechnen, so würde die Ehefrau des U zum zweiten Mal an dem zur Deckung der Überentnahmen veräußerten Vermögen partizipieren.

Entnahmen und Einlagen steuern bei Selbstständigen und Gewerbetreibenden das Betriebsvermögen. Wie beim nichtselbstständig Tätigen die Vermögensbildung aber unterhaltsrechtlich nur bei entsprechenden Einkommensverhältnissen unterhaltsrechtlich zu berücksichtigen ist und das Vermögen nur ausnahmsweise für den Unterhalt herangezogen werden muss, muss man auch bei Selbstständigen und Gewerbetreibenden derselben Maßstäbe ansetzen. Nur soweit die Entnahmen dem gegebenenfalls unterhaltsrechtlich zu bereinigenden Gewinn entsprechen, sind sie verfügbares Einkommen. 289

Beispiel:
1. Der Angestellte A hat ein Jahresnettoeinkommen von 60 000 €. Er unterhält ein Gehaltskonto, auf das der Arbeitgeber monatlich das Nettogehalt überweist. Per Dauerauftrag gehen davon auf das Hauswirtschaftskonto monatlich 2000 €. Davon werden alle Lebenshaltungskosten der dreiköpfigen Familie gedeckt. Das verbleibende Gehalt verwendet A zur Anschaffung von Wertpapieren.
2. Der in gleichen familiären Verhältnissen lebende Unternehmer U, der nach Abzug von Steuern und Vorsorgeaufwendungen auch über das gleiche Einkommen wie A verfügt, überweist von seinem Geschäftskonto monatlich auf das Hauswirtschaftskonto 2000 €.

---

[133] Linderer ebenda
[134] Linderer ebenda
[135] So aber offensichtlich Schürmann a.a.O.
[136] Vgl. das Beispiel unter Rn. 210

Nach herrschender Auffassung wird die Vermögensbildung unterhaltsrechtlich nur akzeptiert, soweit sie angemessen ist. Eine Vermögensbildung von 36 000 € ist nicht angemessen, wenn für den Lebensunterhalt nicht mehr als der notwendige Bedarf übrigbleibt, weder beim Nichtselbstständigen noch beim Gewerbetreibenden oder Selbstständigen.

290 **c) Fazit.**

1. Durch Entnahmen und Einlagen wird die Vermögensbildung des Gewerbetreibenden und Selbstständigen gesteuert. Zur Prüfung der Angemessenheit muss daher wie beim nichtselbstständig Tätigen das verfügbare Einkommen festgestellt werden. Dies ergibt sich aus dem unterhaltsrechtlich zu bereinigenden Gewinn.
2. Die steuerliche Erfassung der Privatentnahmen und Privateinlagen beschränkt sich nicht auf die Entnahme oder Einlage von Geld. Sie bedarf in gleicher Weise wie die steuerliche Gewinnermittlung einer unterhaltsrechtlichen Überprüfung, wenn man sie für die Einkommensermittlung heranzieht.
3. Der herrschenden Auffassung, die die Entnahmen nur in Ausnahmefällen heranzieht ist zuzustimmen.[137] Dabei sind Einlagen und Entnahmen zu saldieren. Zu prüfen ist, inwieweit Privatentnahmen bereits gewinnerhöhend erfasst worden sind.

2. Cash flow

291 Häufig wird bei der Analyse und der Erläuterung von Bilanzen der Begriff „Cash flow" (= Geldflussrechnung) verwendet. Der Cash flow stellt die ertragsbezogene Liquidität eines Unternehmens dar. Eine einheitliche Definition dieses Begriffes gibt es nicht. Auch wenn der Cash flow der Umsetzung der periodengerechten Gewinnermittlung in das Zuflussprinzip nahe kommt und hier wie dort Vermögensveränderungen ohne Liqiditätsauswirkung eliminiert, erscheint ist angesichts der unklaren Definition und der unterschiedlichen Varianten der Berechnung unzweckmäßig, den Cash flow als unterhaltsrechtlich maßgebliche Berechnungsgrundlage zu übernehmen.[138]

292 Wenn der Empfehlung des 14. Familiengerichtstags[139] folgend der Prüfungszeitraum für die Ermittlung des Durchschnittseinkommens – wenigstens in den Fällen zweifelhafter Ergebnisse bei der Auswertung des Dreijahreseinkommens – auf fünf Jahre erstreckt wird, nivellieren sich die Unterschiede zwischen der steuerlichen Gewinnermittlung durch Betriebsvermögensvergleich weitgehend, so dass allenfalls wenige der unterhaltsrechtlich relevanten Bilanzposten (Rn. 261 ff.) weiterer Korrekturen bedürfen. Dabei wird dann in Regel die Zuziehung des Steuerberaters die Einholung eines Sachverständigen ersetzen.

6. Abschnitt: Einkünfte aus Vermietung und Verpachtung sowie aus einem Wohnvorteil

I. Einkünfte aus Vermietung und Verpachtung

1. Zur Einkunfts- und Gewinnermittlungsart

293 Miet- und Pachteinnahmen sind Einkünfte aus der Nutzung eines Vermögens (s. Rn. 403).

294 Einkünfte aus Vermietung und Verpachtung sind sog. Überschusseinkünfte (§ 2 II Nr. 2 EStG) und werden wie Einkünfte aus abhängiger Arbeit durch Abzug der Werbungskosten von den Bruttoeinnahmen ermittelt (vgl. Rn. 46). Zum Nachweis können Überschussrechnungen verlangt werden, die eine genaue Aufstellung der Bruttoeinkünfte und aller sie

[137] Vgl. u. a. Schwab/Borth IV Rn. 769
[138] So auch Strohal a.a.O. Rn. 168, 211; Schwab/Borth IV Rn. 763
[139] FamRZ 2002, 296

kürzenden Werbungskosten enthalten (vgl. §§ 8, 9 EStG). Soweit die Mieteinnahmen der Höhe nach schwanken, ist ein möglichst zeitnaher Mehrjahresdurchschnitt zu bilden.[1]

Vermietet oder verpachtet werden gegen Miet- oder Pachtzins Grundstücke, Gebäude, Gebäudeteile, möblierte Zimmer, bewegliche Gegenstände, Betriebe, Geschäfte, Praxen, Entnahme von Bodenschätzen (Sand, Kies), vgl. § 21 EStG. Das vermietete oder verpachtete Objekt selbst zählt zum Vermögen. Deshalb können Aufwendungen für den Erwerb des Objekts oder für werterhöhende Maßnahmen nicht als Werbungskosten abgesetzt werden, wohl aber Zinsen und Finanzierungskosten, die für einen Erwerbskredit aufgenommen worden sind und noch laufend gezahlt werden müssen (§ 9 I Nr. 1 EStG). Andererseits ist der Wertzuwachs, der sich aus der Entwicklung des Immobilienmarktes oder aus sonstigen Gründen ergibt, kein Einkommen. Auch Nießbraucher und Untervermieter erzielen Einkünfte aus Vermietung und Verpachtung. **295**

2. Einnahmen

Zu den Einnahmen zählen in der Regel: **296**
- Miet- oder Pachtzinsen.
- Mietvorauszahlungen, Mietzuschüsse und Baukostenzuschüsse.
- Alle Nebenleistungen des Mieters für Strom, Wasser, Heizung, Müllabfuhr, Straßenreinigung u. ä. sowie sonstige Erstattungen von Werbungskosten durch den Mieter.
- Entschädigungen, die als Ersatz für entgangene Miet- oder Pachtzinsen gezahlt werden.
- Schadensersatzleistungen des Mieters oder Pächters, die auf einer Vertragsverletzung beruhen.
- Wert von Sachleistungen oder Dienstleistungen des Mieters anstelle eines Barzinses.
- Bau- oder Reparaturaufwendungen des Mieters, die mit der Miete verrechnet werden.

Steuerrechtlich zählt der Nutzwert eines eigengenutzten Hauses (Wohnung) nur noch als Mieteinnahme, wenn das Haus vor dem 1. 1. 1987 errichtet und nicht wahlweise in das Privateigentum übergeführt wurde. Seit 1. 1. 1987 wird der Nutzwert einer nach diesem Zeitpunkt errichteten Wohnung nicht mehr besteuert. **Unterhaltsrechtlich** ist ein solcher Wohnvorteil in jedem Fall als Einkommen anzusetzen (s. unten Rn. 311 ff.). **297**

3. Abziehbare Ausgaben

Abziehbare Werbungskosten, jeweils bezogen auf ein konkretes Objekt, für das Einnahmen erzielt werden, soweit sie vom Vermieter bezahlt und nicht auf den Mieter umgelegt wurden:

- Allgemeine **Hausunkosten** als Werbungskosten: Grundsteuer und öffentliche Gebühren für Müllabfuhr, Abwasser, Straßenreinigung, Kaminkehrer, Wasser, Strom, Gas u. ä., Kosten für Zentralheizung, Warmwasserbereitung, Fahrstuhl, Hauslicht, Hausmeister (vgl. Aufstellung in Anl. 3 zu § 27 I der II. BV). **298**
  Ausgaben für Hausverwaltung,
  notwendige Reisekosten zum Mietobjekt,
  notwendige Prozesskosten für Miet- und Räumungsprozesse,
  Beiträge zum Haus- und Grundbesitzerverein,
  Prämien für notwendige Hausversicherungen (Sach-Haftpflicht-, Brand- und sonstige Schadensversicherungen).
- Notwendige **Erhaltungsaufwendungen** (= Kosten für Instandhaltungs- und Schönheitsreparaturen): Instandsetzungskosten können unterhaltsrechtlich nur einkommensmindernd berücksichtigt werden, wenn es sich um einen notwendigen Erhaltungsaufwand handelt, dagegen nicht, wenn sie der Vermögensbildung dienen, z. B. bei Ausbauten und wertsteigernden Verbesserungen.[2] Gegebenenfalls ist durch einen Sachverständigen der Anteil der notwendigen Erhaltungsaufwendungen und der Anteil für **299**

---

[1] BGH, FamRZ 1986, 48 = R 275 d
[2] BGH, FamRZ 1997, 281, 283 = R 509 g

wertsteigernde Vermögensverbesserungen festzustellen. Größere notwendige Erhaltungsaufwendungen können nach einem wirtschaftlich sinnvollen Zeitplan auf etwa zwei bis fünf Jahre verteilt werden. Stehen konkrete Instandhaltungsmaßnahmen bevor, können hierfür **Rücklagen** gebildet werden, wenn sie sich im Rahmen der zu erwartenden Instandhaltungskosten bewegen.[3] Bei Eigentumswohnanlagen sind auch die nach der Eigentümerordnung pauschal zu leistenden Rücklagen zu berücksichtigen.

300 • **Abschreibungen** für Gebäudeabnutzungen: Steuerrechtlich sind solche Abschreibungen möglich. Sie betragen üblicherweise bei Gebäuden, die zum Betriebsvermögen gehören und nicht Wohnzwecken dienen, jährlich 3% (vor 2001 4%), bei nach dem 31. 12. 1924 fertiggestellten Wohngebäuden jährlich 2% der Anschaffungs- und Herstellungskosten (§ 7 IV 1 EStG), die Abschreibung kann aber im Einzelfall in den ersten Jahren auch höher und dann später niedriger angesetzt werden (vgl. §§ 7 V, 7 b EStG). Außerdem gibt es für bestimmte Gebäude und für bestimmte Instandsetzungs- und Modernisierungsaufwendungen erhöhte Abschreibungsmöglichkeiten (vgl z. B. § 7 h EStG), ebenso für Baumaßnahmen an Gebäuden zur Schaffung neuer Mietwohnungen (§ 7 c EStG). Solche steuerrechtlich zulässigen Abschreibungen für Gebäudeabnutzung und Instandsetzungskosten **berühren** vor allem bei Einkünften aus Vermietung und Verpachtung das **unterhaltsrechtlich maßgebliche Einkommen nicht,** weil diesen lediglich ein pauschal angerechneter Verschleiß von Vermögensgegenständen zugrunde liegt, der erfahrungsgemäß entweder konkret nicht vorliegt oder zumindest über das tatsächliche Ausmaß der Wertminderung hinausgeht und auch ausgeglichen sein kann durch eine günstige Entwicklung des Immobilienmarktes.[4] Die kurzfristige Abnützung von Gebäuden wird zudem durch Instandhaltungsmaßnahmen aufgefangen. Der langfristige Wertverlust eines Gebäudes erstreckt sich über einen Zeitraum von 80–100 Jahren, d. h. es handelt sich um eine gegenüber der Unterhaltspflicht vernachlässigbare Größe. Auch eine Abschreibung nach § 10 e EStG, bzw. für vor dem 1. 7. 1987 gebaute Häuser nach § 7 b EStG, ist unterhaltsrechtlich unbeachtlich.[5] Ähnliches gilt für sonstige Sonderabschreibungen. Im Zweifel wird der Vermieter einen durch gleichzeitige Werterhöhungen nicht ausgeglichenen konkreten Wertverlust behaupten und nachweisen müssen.

301 • Laufend noch zu zahlende **Kredit- und Finanzierungskosten** (z. B. Zinsen für Darlehen u. ä.): **Nicht abziehbar** sind i. d. R. Tilgungsbeträge, wenn diese der **einseitigen** Vermögensbildung dienen. Handelt es sich um eine gemeinsame Immobilie der Eheleute und damit um eine **gemeinsame** Vermögensbildung, sind dagegen auch die Tilgungsleistungen zu berücksichtigen, da sie beiden Eheleuten zugute kommen, d. h. die regelmäßige Bedienung der Kredite auch nach Trennung/Scheidung bis zur Vermögensauseinandersetzung im beiderseitigen Interesse der Eheleute liegt. Tilgt nur einer der Eheleute die Schuld, wird sie aber unterhaltsrechtlich berücksichtigt, erfolgt kein Gesamtschuldnerausgleich nach § 426 I 1 BGB. Auch bei **Alleineigentum** kann im Einzelfall eine **Berücksichtigung der Tilgung** in Betracht kommen, z. B. wenn es sich bei **Selbstständigen um eine angemessene Altersvorsorge** handelt (näher Rn. 598) oder wenn bei sehr guten Einkünften eine **nach einem objektiven Maßstab angemessene Vermögensbildung** als eheprägend zu bejahen ist (näher Rn. 659 ff.). Bilden die Einkünfte aus Vermietung/Verpachtung mit mehreren Objekten die wesentliche Einkunftsquelle, kann es im Einzelfall ebenfalls angemessen sein, zum Ausgleich des Steuervorteils aus der nicht berücksichtigten Gebäudeabschreibung die Tilgung als Abzugsposten anzuerkennen.

4. Verluste

302 Liegen steuerrechtliche Verluste aus Vermietung und Verpachtung vor, ist unterhaltsrechtlich zu differenzieren.

• Beruhen die Verluste nur auf Abschreibungen und/oder überhöhten Instandhaltungspauschalen, ist das steuerrechtliche Einkommen zu korrigieren.

---

[3] BGH, FamRZ 2000, 351 = R 538 d
[4] BGH, FamRZ 1997, 281, 283 = R 509 g
[5] BGH, FamRZ 1986, 48

- Handelt es sich um mehrere Objekte, bei denen nur ein Teil nach Korrektur der Abschreibung Verluste macht, ist zunächst zu saldieren. Eine Ausnahme besteht lediglich, wenn ein Objekt mit hohen Verlusten in Benachteiligungsabsicht angeschafft wurde, z. B. in der Trennungsphase zur Einkommensreduzierung.
- Liegen kurzfristige Verluste vor, z. B. durch vorübergehende Mietausfälle, sind die Negativeinkünfte unterhaltsrechtlich zu akzeptieren.
- Bei Verlusten aus der Beteiligung an einem sog. **Bauherrnmodell oder ähnlichen Abschreibungsmodellen** handelt es sich um Aufwendungen zur **Vermögensbildung,** die der Verpflichtete zu Lasten des Unterhalts nicht mehr fortsetzen darf, wenn es sich um eine **einseitige** Vermögensbildung handelt. Hierfür anfallende **Zins- und Tilgungsleistungen** dürfen dann nicht einkommensmindernd berücksichtigt werden. Der Berechtigte kann allerdings verlangen, so gestellt zu werden, als hätten die vermögensbildenden Aufwendungen nicht stattgefunden. Die **Steuervorteile** aus den Verlusten **verbleiben** dem Verpflichteten daher allein.[6] Dies führt ausnahmsweise zu einer **fiktiven** Steuerberechnung (vgl. Rn. 565). Sie erfolgt in der Weise, dass das zu versteuernde Einkommen um den in dem Steuerbescheid ausgewiesenen Verlustabzug aus Vermietung erhöht wird. Aus dem erhöhten Einkommen wird eine fiktiv zu zahlende Steuer nach der Steuertabelle ermittelt. Von dem unterhaltsrechtlich relevanten Bruttoeinkommen (ohne Berücksichtigung eines Verlustabzuges) ist anstelle der tatsächlich gezahlten Steuer die fiktiv ermittelte Steuerlast in Abzug zu bringen.
- Handelt es sich bei dem Abschreibungsmodell um eine **gemeinsame** Vermögensbildung, sind die Abzahlungen (Zins und Tilgung) in voller Höhe als Abzugsposten zu berücksichtigen, ebenso die daraus resultierenden Steuervorteile (vgl. Rn. 301). Nur die einseitige Vermögensbildung geht zu Lasten des Bedürftigen und muss daher hinter dem Unterhalt zurückstehen. Eine gemeinsame Vermögensbildung kommt dagegen als Vermögensmehrung beiden Eheleuten zugute; eine Einstellung der Zahlungen hätte vielfach auch hohe Verzugszinsen zur Folge, für die beide Eheleute haften. Strittig ist, ob die Abzahlungen dabei die Erwerbseinkünfte kürzen oder ob negative Mieteinkünfte zu bilden sind. Letzteres beeinflusst die Höhe des Erwerbstätigenbonus. M. E. sind negative Mieteinkünfte zu bilden, da es sich um eine allein dieser Einkunftsart zuzuordnende gemeinsame Schuld handelt (vgl. näher Rn. 358).

5. Zurechnung von Mieteinnahmen aus einem gemeinsamen Objekt und fiktive Mieteinnahmen aus unterlassener zumutbarer Vermietung

Sind beide Eheleute Miteigentümer des Mietobjektes, stehen im Regelfall die Mieteinnahmen nach § 743 I BGB jedem zur Hälfte zu. Etwas anderes gilt nur dann, wenn sich die Parteien ausdrücklich oder stillschweigend geeinigt haben, dass die Einkünfte einem Beteiligten allein gehören sollen.[7] 303

Vermietbarer Grundbesitz ist, wie sonstiges Vermögen, unterhaltsrechtlich in zumutbarer, ertragbringender Weise zu nutzen (vgl. auch Rn. 425). 304

Für den berechtigten Ehegatten ergibt sich aus § 1577 I BGB die Obliegenheit, vorhandenes Vermögen so ertragreich wie möglich anzulegen und zu nutzen, weil auch solche Einkünfte seine Bedürftigkeit mindern, die zwar tatsächlich nicht gezogen werden, aber in zumutbarer Weise gezogen werden könnten.[8] Dies gilt auch für vermietbare Garagen.[9] Wer eine zumutbare Nutzung durch Vermietung unterlässt, dem ist der durchschnittlich erzielbare Ertrag (Mietzins) als **fiktives Einkommen** zuzurechnen. Die gleichen Grundsätze gelten, wenn es um die Leistungsfähigkeit des Pflichtigen geht.[10] Als Orientierung für eine

[6] BGH, FamRZ 2003, 741 = R 590 c; FamRZ 1987, 36 = R 310 a; FamRZ 1987, 913, 915
[7] BGH, FamRZ 1986, 434
[8] BGH, FamRZ 1998, 87, 89 = R 516 c; FamRZ 1990, 269, 270 = NJW 1990, 709; FamRZ 1990, 283, 288 = R 400 g
[9] BGH, FamRZ 1990, 283, 288 = R 400 g
[10] BGH, FamRZ 1990, 269 = NJW 1990, 709; FamRZ 1990, 283, 288 = R 400 g

Schätzung (§ 287 ZPO) dient der voraussichtlich erzielbare Mietzins für ein nach Ortslage, Größe, Zuschnitt und Bequemlichkeit vergleichbares, qualitativ gleichwertiges Objekt.[11]

305 Bei **Wohnungseigentum** ist zu prüfen, ob es dem Benutzer zugemutet werden kann, künftig anderweitig eine Wohnung zu nehmen, um auf diese Weise u. U. eine wirtschaftlich günstigere Verwertung des Hauses zu ermöglichen[12] und überschüssige Mieteinnahmen zur Deckung des Unterhaltsbedarfs einzusetzen (vgl. auch Rn. 394 zur Vermögensumschichtung). Zumutbar kann es auch sein, durch Vermietung einzelner Räume des Hauses Mieteinnahmen zu erzielen.[13] Entsprechende Einkünfte können dann fiktiv zugerechnet werden. In der Regel löst sich dieses Problem jedoch bereits durch Ansatz der objektiven Marktmiete beim nachehelichen Unterhalt für den Wohnvorteil (vgl. Rn. 320).

306 Während der **Trennungszeit** ist eine Vermietung oder Teilvermietung des Familienheimes in der Regel nicht zumutbar, weil eine mögliche Wiederherstellung der ehelichen Lebensgemeinschaft nicht erschwert werden darf. Dagegen ist die Verpachtung eines Wochenendgrundstückes oder eines Ferienheimes zumutbar.[14]

307 Von einem **volljährigen Kind mit eigenem Einkommen** muss der Berechtigte nach der Trennung für die Wohnungsüberlassung ein entsprechendes Entgelt verlangen und im Fall seiner Weigerung die Wohnung anderweitig vermieten. Denn insoweit liegt bereits eine Vermögensnutzung vor, die nach der Trennung nicht mehr zu Lasten des Unterhaltspflichtigen kostenlos fortgeführt werden darf. Unterlässt dies der Berechtigte, können ihm bedarfsmindernd fiktive Einkünfte für die unterlassene Teilvermietung zugerechnet werden, wenn und soweit das Kind nicht mehr auf mietfreie Überlassung der Wohnung angewiesen ist.[15] Diese Grundsätze gelten nicht, wenn sich das Kind noch in Ausbildung befindet.[16]

308 In allen Fällen einer fiktiven Zurechnung von Einkünften wegen unterlassener Vermietung oder Teilvermietung müssen im Rahmen einer Zumutbarkeitsprüfung die Belange des Berechtigten und des Verpflichteten unter Berücksichtigung der Umstände des Einzelfalls angemessen gegeneinander abgewogen werden.[17]

309 Soweit fiktive Einkünfte angesetzt werden, **erhöhen** sie den **Bedarf** nach den ehelichen Lebensverhältnissen **nicht,** da sie in der Ehe nicht erzielt wurden und damit nicht prägend sind.[18] Sie reduzieren nach § 1577 I BGB lediglich die **Bedürftigkeit** des Berechtigten,[19] bzw. erhöhen die **Leistungsfähigkeit** des Pflichtigen.[20]

310 Bei **Gütergemeinschaft** dürfen auch nach der Scheidung keine erzielbaren Zinsen als fiktives Einkommen zugerechnet werden, weil alle erzielbaren Einnahmen bis zur vollzogenen Auseinandersetzung in das Gesamtgut fallen und bei der Auseinandersetzung beide Eheleute an solchen Einnahmen zu gleichen Teilen partizipieren (§§ 1474 ff. BGB). Deshalb dürfen faktische oder fiktive Mieteinnahmen nicht nochmals einseitig einem Ehegatten zugerechnet werden[21] (vgl. auch Rn. 327 und insgesamt Rn. 6/400 ff.).

6. Eigene Mietkosten

310 a Bei den Mietkosten für die selbstgenutzte Wohnung handelt es sich um keine Einnahmen-, sondern um eine **Ausgabenposition.** Sie gehören zu den allgemeinen Lebenshaltungskosten und sind jeweils im Bedarf des Berechtigten bzw. Selbstbehalt (= Eigenbedarf) des Pflichtigen enthalten. Sie sind vom **Bedürftigen** aus seinem Eigeneinkommen ein-

[11] BGH, FamRZ 1985, 89 = NJW 1985, 49
[12] BGH, FamRZ 2000, 950 = R 540 a; FamRZ 1988, 145, 149; FamRZ 1984, 358, 360 = NJW 1984, 1237
[13] BGH, FamRZ 1988, 145, 149 = NJW-RR 1988, 514
[14] BGH, FamRZ 1989, 1160 = R 395 b
[15] BGH, FamRZ 1990, 269, 271 = NJW 1990, 709
[16] BGH, FamRZ 2000, 351 = R 538 c
[17] BGH, FamRZ 1988, 145, 149 = NJW-RR 1988, 514; FamRZ 1990, 269, 271 = NJW 1990, 709
[18] BGH, FamRZ 1990, 269, 271 = NJW 1990, 709
[19] BGH a.a.O.
[20] BGH, FamRZ 1990, 283, 288 = R 400 g
[21] BGH, FamRZ 1984, 559, 561

schließlich Unterhalt,[22] vom **Pflichtigen** aus den ihm nach Unterhaltsleistung verbleibenden Resteinkünften zu begleichen.

Beim **Pflichtigen** sind die eigenen Wohnkosten im Selbstbehalt enthalten (näher Rn. 5/202) und insoweit in den Leitlinien seit 1. 7. 2003 in Nr. 21.2, 21.3 geregelt. Sie betragen in den alten Bundesländern und im Bezirk des OLG Naumburg beim **notwendigen Selbstbehalt** derzeit 360 €, beim **angemessenen Selbstbehalt** 440 €.[23] Nach den SüdL, HaL und NaL handelt es sich dabei um die Kosten für Unterkunft und Heizung (vgl. § 115 I Nr. 3 ZPO), nach der DT und den BrL, FL (Kaltmiete 285/360 €; Nebenkosten 75/80 €), HL, KL um die Kosten für Unterkunft, umlagefähige Nebenkosten und Heizung. In den neuen Bundesländern wurden die entsprechenden Wohnkosten nach BraL mit 235/280 € (Kaltmiete), nach den DrL auf 265 bzw 280/315 € (Unterkunft einschließlich umlagefähiger Nebenkosten und Heizung) festgesetzt. Werden diese Kosten erheblich und nach den Umständen nicht vermeidbar überschritten, ist der Selbstbehalt entsprechend anzuheben. Dies ist vor allem beim notwendigen Selbstbehalt (Existenzminimum) zu beachten, da der Pflichtige ansonsten sozialhilfebedürftig würde. Maßgebend wird jeweils bei überhöhten Mietkosten sein, ob nach den Umständen des Einzelfalls auch eine billigere Wohnung anmietbar ist oder nicht. Bestehen bei niedrigeren Einkünften **Wohngeldansprüche,** besteht eine Obliegenheit, diese in Anspruch zu nehmen und dadurch die Eigenbelastung zu kürzen (vgl. auch Rn. 452 ff.).[24] Bewohnen beim Verwandtenunterhalt neben dem Pflichtigen weitere Personen die Wohnung, sind die Mietkosten für Erwachsene nach Köpfen aufzuteilen und für minderjährige Kinder mit $^1/_5$ des Tabellenunterhalts anzusetzen.[25] Wohnt der Pflichtige billiger, u. U. sogar umsonst, spielt dies nur im **Mangelfall** eine Rolle. Der Selbstbehalt kann dann im Einzelfall, vor allem wenn es um den Unterhalt minderjähriger Kinder und die Sicherung des Regelbetrages geht, entsprechend gekürzt werden.[26] Geht es beim Verwandtenunterhalt um den **Familienbedarf** des verheirateten Pflichtigen, betragen die Wohnkosten wegen der ersparten Aufwendungen durch das Zusammenleben beim notwendigen Selbstbehalt derzeit 600 € (330 + 75% aus 330 = 270), beim angemessenen Selbstbehalt 770 € (440 + 75% aus 440 = 330), bei Ansprüchen Eltern-Kind ebenfalls 770 €.[27] 310 b

Im **eheangemessenen Selbstbehalt** beim Ehegattenunterhalt sind die Mietkosten nicht gesondert ausgewiesen, da es sich im Gegensatz zum notwendigen und angemessenen Selbstbehalt um keinen Festbetrag handelt (näher Rn. 4/567 ff.). Bleibt der Pflichtige nach Trennung der Eheleute und Auszug des Bedürftigen in der Ehewohnung und zahlt die Mietkosten weiter, handelt es sich in der Höhe der Miete um trennungsbedingte Mehrkosten. Unabhängig davon, ob man der geänderten Rechtsprechung des BGH zu den ehelichen Lebensverhältnissen einen trennungsbedingten Mehrbedarf noch anerkennt oder nicht (vgl. näher Rn. 310 d, 377 ff., 4/169; 4/418 ff.), besteht insoweit beim Pflichtige eine im Rahmen der Leistungsfähigkeit zu prüfende Mehrbelastung, die grundsätzlich berücksichtigungsfähig ist. Liegt der eheangemessene Selbstbehalt über dem angemessenen Selbstbehalt, wird es regelmäßig zumutbar sein, die Mehrbelastung selbst zu tragen, soweit die Mietkosten in einer vertretbaren Relation zum verbleibenden Einkommen stehen (bis 50% einschließlich Nebenkosten). Ist der eheangemessene Selbstbehalt dagegen bei beengten Verhältnissen nach unten durch den notwendigen Selbstbehalt begrenzt und überschreiten die Mietkosten den im notwendigen Selbstbehalt angesetzten Betrag von 360 € (s. oben Rn. 310 b), ist zu prüfen, ob dem Pflichtigen die Aufgabe der durch den Auszug des Bedürftigen zu großen Ehewohnung zumutbar ist. Nach den beim Wohnwert entwickelten Grundsätzen ist dabei zu beachten, ob durch Aufgabe der Ehewohnung eine Versöhnung der Eheleute erschwert wird (vgl. Rn. 317), ferner, ob und wann mietrechtlich überhaupt eine Kündigung möglich ist. Da die Aufgabe einer Mietwohnung nicht so weitreichende Konsequenzen wie der 310 c

[22] OLG Köln, FamRZ 2002, 98
[23] Vgl. DT A 5; SüdL, BrL, FL, HaL, KL jeweils Nr. 21.2, 21.3.1; NaL Nr. 21.5.2; nach SchL 390 €
[24] Vgl. z. B. SüdL Nr. 21.5.2
[25] Vgl. SüdL Nr. 21.5.2
[26] OLG Dresden, FamRZ 1999, 1522
[27] Vgl. z. B. SüdL Nr. 22.3

Verkauf eines Eigenheimes hat, wird man spätestens nach Ablauf des Trennungsjahres und nicht erst wie beim Wohnwert ab Scheidung den Wechsel in eine kleinere billigere Wohnung zumuten können. Bis dahin ist der notwendige Selbstbehalt entsprechend den überhöhten Mietkosten anzuheben, da der Pflichtige ansonsten sozialhilfebedürftig würde.

310 d Beim **Bedürftigen** spielen erhöhte Mietkosten i. d. R. nur beim Ehegattenunterhalt eine Rolle. Beim Unterhalt **Minderjähriger** und noch **bei den Eltern lebender volljähriger Kinder** tragen die Eltern die Mietkosten. Im Tabellenunterhalt ist dabei ein Zuschuss zu den Mietkosten von 20% enthalten (näher Rn. 2/214). Bei **Volljährigen mit eigenem Hausstand** belaufen sich die Mietkosten im Bedarfssatz von 600 € (neue Bundesländer: 550 €) auf 250 €;[28] bei nicht vermeidbaren höheren Kosten ist der Bedarf entsprechend zu erhöhen.

310 e Bleibt beim **Trennungsunterhalt** der Bedürftige in der Ehewohnung, während der **Pflichtige** die Miete **weiter bezahlt,** ist die Mietzahlung abweichend von den sonstigen Grundsätzen zunächst wie eine berücksichtigungswürdige Schuld zu behandeln, d. h. sie kürzt bei der Bereinigung des Nettoeinkommens das Einkommen des Pflichtigen (näher Rn. 629).[29] Denn es besteht für beide Eheleute zunächst keine Obliegenheit, die durch den Auszug eines Ehepartners für den anderen zu große Wohnung sofort aufzugeben, um eine Versöhnung nicht zu erschweren. Ein Mietverhältnis kann regelmäßig auch nicht sofort beendet werden, bei einem gemeinschaftlichen Mietverhältnis bedarf es zudem der Kündigung durch beide Eheleute. Wie beim Pflichtigen wird man aber auch beim Bedürftigen aus den dort genannten Gründen nicht erst ab Scheidung, sondern bereits zu einem früheren Zeitpunkt, d. h. spätestens nach Ablauf des Trennungsjahres, verlangen können, die zu große Ehewohnung aufzugeben[30] und deshalb ab diesem Zeitpunkt die Bezahlung der Mietkosten als Teilzahlung auf den Unterhalt ansehen. Der Berechtigte erhält damit nur den um die gezahlte Miete gekürzten Unterhalt ausbezahlt, während die Miete als Restzahlung unmittelbar an den Vermieter geht (§§ 362 II, 185 BGB). Die nach § 185 BGB notwendige Einwilligung des Berechtigten liegt zumindest konkludent in dem bisherigen Einverständnis der Fortzahlung der Miete durch den Ehepartner an den Vermieter.

Stellt der Pflichtige die Mietzahlungen ein, obwohl der gemeinsame Mietvertrag noch fortbesteht, d. h. er noch weiter haftet, verbleibt es bei den oben genannten Grundsätzen (vgl. auch Rn. 639).[31] Muss der Bedürftige die Miete allein tragen, weil der Mietvertrag umgeschrieben wurde oder nach einem Umzug höhere Mietkosten anfallen, handelt es sich um ein Problem des **trennungsbedingten Mehrbedarfs.** Dieser kann generell nur zugesprochen werden, wenn zusätzliche Mittel, z. B. nicht prägende Einkünfte des Bedürftigen oder Pflichtigen vorhanden sind (näher Rn. 4/421). Beim Trennungsunterhalt wird dies regelmäßig nicht der Fall sein. Ob trennungsbedingter Mehrbedarf nach der geänderten Rechtsprechung des BGH zu den ehelichen Lebensverhältnissen beim Bedürftigen noch zugesprochen werden kann, ist derzeit strittig (vgl. Rn. 379, 4/169, 4/418 ff.). Der trennungsbedingte Mehrbedarf findet im Gesetz keinerlei Stütze. Er wurde an sich von der Rechtsprechung nur entwickelt, um die Härten der Anrechnungsmethode für Hausfrauen zu mildern.[32] Er hat dann aber ein Eigenleben entwickelt; nach der bisherigen Rechtsprechung des BGH bilden Quote und trennungsbedingter Mehrbedarf den vollen Unterhalt (näher Rn. 4/416). Nachdem die geänderte Rechtsprechung des BGH die Härten der Anrechnungsmethode für die Hausfrauen beseitigt hat, besteht keine Veranlassung mehr, weiterhin trennungsbedingten Mehrbedarf zuzubilligen,[33] soweit Mehrkosten nicht aus anderen Gründen zu berücksichtigen sind, z. B. aus unumgänglicher Schuld oder erhöhte Mietkosten im Selbstbehalt beim Pflichtigen (vgl. Rn. 4/432 a). Der BGH hat zu dieser Frage bisher noch keine Stellungnahme abgegeben. Unterhalt ist nach §§ 1361, 1578 BGB

---

[28] Vgl. z. B. SüdL, BrL, FL, HaL, KL, NaL jeweils Nr. 13.1.2

[29] OLG Köln, FamRZ 2002, 98

[30] OLG Köln, a.a.O.

[31] OLG Köln, a.a.O.

[32] Luthin, FamRZ 1996, 328; Graba, FamRZ 2002, 857

[33] Gerhardt, FamRZ 2003, 272; Graba, FamRZ 2002, 857; Büttner, NJW 2001, 3244; für Beibehaltung in eingeschränktem Umfang Borth, FamRZ 2001, 1655

nur nach den ehelichen Lebensverhältnissen zu leisten; nach dem eindeutigen Gesetzeswortlaut besteht kein genereller Anspruch auf die Finanzierung von Trennungskosten als Folge der Auflösung der Ehe. Mehrkosten treffen im übigen regelmäßig beide Eheleute, neutralisieren sich also. Die Ausweitung des Begriffs „eheliche Lebensverhältnisse" auch auf trennungsbedingte Mehrkosten würde scheidungsfördernd wirken und damit dem grundgesetzlich geschützten Institut der Ehe zuwiderlaufen. Beim nachehelichen Unterhalt ist ferner der Grundsatz der Eigenverantwortung zu beachten, d. h. es wird regelmäßig Bedürftigen und Pflichtigen zumutbar sein, ihre Mietkosten den verfügbaren Mitteln anzupassen. Bei einem gemieteten großen Haus oder einer größeren Wohnung wird im Einzelfall eine **Teilvermietung** zumutbar sein, um die Mietbelastung zu senken. Die Mieteinnahmen aus Untervermietung sind dabei regelmäßig keine eigenen Einkünfte, sondern dienen nur der Reduzierung der eigenen Kosten.

II. Der Wohnvorteil beim Wohnen im eigenen Haus

1. Der Wohnvorteil als unterhaltsrechtlich zu berücksichtigender Vermögensvorteil

- Unterhaltsrechtlich zu berücksichtigende Einkünfte sind auch Vermögenserträge und sonstige wirtschaftliche Nutzungen, die aus einem Vermögen gezogen werden. Zu solchen Nutzungen des Vermögens zählen die Vorteile des mietfreien Wohnens im eigenen Haus. Es handelt sich insoweit um Nutzungen des Grundstückseigentums i. S. von § 100 BGB in Form von Gebrauchsvorteilen.[34] **311**
- Der Nutzen besteht im Wesentlichen darin, dass der Eigentümer für das Wohnen keine Mietzinszahlungen leisten muss, die in der Regel einen Teil des allgemeinen Lebensbedarfs ausmachen. Soweit diese ersparten Mietaufwendungen höher sind als die mit dem Eigentum verbundenen Unkosten, ist die Differenz, d. h. **der Betrag, um den der Eigentümer billiger als der Mieter lebt,** als Einkommen anzusetzen.[35] Der Wohnwert besteht dabei sowohl bei Allein- als auch bei Miteigentum der Immobilie, ebenso bei Gütergemeinschaft, Nießbrauch oder einem unentgeltlichen dinglichen oder schuldrechtlichen Wohnrecht. Da es um die Nutzung und nicht um die Verwertung des Vermögens geht, kommt es auf die Herkunft der Mittel zur Schaffung des Wohneigetums nicht an, ein Wohnwert ist daher auch anzusetzen bei Erwerb eines dinglichen Wohnrechts aus einer Schmerzensgeldzahlung,[36] bei Kauf eines Reihenhauses aus ererbten Mitteln[37] oder aus dem Zugewinn bzw. Erlös aus der Vermögensauseinandersetzung (vgl. insoweit Rn. 386 ff.). Bei **freiwilligen Zuwendungen Dritter,** z. B. der Eltern, kommt es auf die Willensrichtung des Zuwendenden an (s. näher Rn. 468 ff.). Soweit die Eltern ihrem Kind während der Ehe und/oder nach der Trennung/Scheidung ohne Gegenleistung kostenlos eine Wohnung zur Verfügung stellten, handelt es sich um eine freiwillige Leistung ohne Einkommenscharakter, so dass kein Wohnwert anzusetzen ist.[38] Anders ist die Sachlage, wenn für das mietfreie Wohnen Gegenleistungen zu erbringen sind, z. B. Pflege und Betreuung[39] oder ein Leibgeding. Eine freiwillige Leistung Dritter liegt auch vor, wenn die Eltern dem Unterhaltspflichtigen Geld schenken, mit dem er ein Eigen- **312**

---

[34] BGH, FamRZ 2003, 1179 = R 592 a; FamRZ 2000, 950 = R 540 a; FamRZ 1998, 87 = R 516 a; NJW 1998, 2821 = R 525 e; FamRZ 1995, 869 = R 494; FamRZ 1990, 283, 288 = NJW-RR 1990, 283; FamRZ 1986, 434 = NJW 1986, 1340; FamRZ 1986, 441 = R 289 a

[35] BGH, FamRZ 2003, 1179 = R 592 a; FamRZ 2000, 950 = R 540 a; FamRZ 1998, 87 = R 516 a; FamRZ 1995, 869 = R 494; FamRZ 1994, 1100, 1102 = R 482 b; FamRZ 1990, 283, 288 = NJW-RR 1990, 323

[36] BGH, FamRZ 1988, 1031, 1033 = NJW-RR 1988, 1093

[37] BGH, FamRZ 1986, 560, 562

[38] OLG München, FamRZ 1996, 169

[39] BGH, FamRZ 1995, 537 = R 492 b

heim kauft[40] oder ihm ein Haus schenken, sich aber den lebenslangen Nießbrauch vorbehalten.[41]

313 • Ist ein Teil des Grundstücks, z. B. eine Garage, vermietet, handelt es sich bei dem Mietzins um „Früchte" des Grundstücks i. S. von § 99 III BGB. Unterbleibt die Teilvermietung, rechnet die Möglichkeit zur Nutzung der Garage ebenfalls zu den Gebrauchsvorteilen i. S. von § 100 BGB.[42]

2. Die unterhaltsrechtliche Bewertung des Wohnvorteils beim Ehegattenunterhalt

314 **a)** Der Wert des Wohnens als Vermögensnutzung kann objektiv festgestellt werden. Es bedarf dazu der Ermittlung des objektiven Mietwertes auf der einen und der mit dem Grundeigentum verbundenen Lasten auf der anderen Seite. Die steuerrechtliche Behandlung ist für diese Bewertung unbeachtlich.[43]

315 Der Wohnwert entspricht damit grundsätzlich der **objektiven Marktmiete** ohne Mietnebenkosten, d. h. der sog. Kaltmiete für eine nach Ortslage, Größe, Beschaffenheit, Zuschnitt und Bequemlichkeit vergleichbare Wohnung.[44] Nur die Marktmiete bewertet den Gebrauchsvorteil entsprechend dem Mietobjekt. Nach BGH kürzen dabei die allgemeinen Grundstückskosten und -lasten als verbrauchsunabhängige Nebenkosten die Nutzung des Grundeigentums,[45] nicht dagegen die vom jeweiligen individuellen Verhalten bestimmten verbrauchsabhängigen Nebenkosten (s. hierzu Rn. 234 ff.). Der Begriff der objektiven Marktmiete entspricht dann aber nicht der sog. Vergleichsmiete nach § 558 BGB, in der Betriebs-, Modernisierungs- und Kapitalkosten gemäß §§ 556, 559, 560 BGB nicht enthalten sind, da auch ein Teil der verbrauchsunabhängigen Nebenkosten Betriebskosten sind (vgl. näher Rn. 234 ff.). Unter **Marktmiete** ist daher die Miete ohne die auf einen Mieter umlegbaren Nebenkosten zu verstehen (eingehend Rn. 235 ff.),[46] d. h. den Wert, um den der Eigentümer gegenüber einem Mieter billiger lebt. Der objektive Mietwert ist tatrichterlich festzustellen. Ein mit Ort und Mietpreisen vertrauter Richter oder Anwalt wird ihn in der Regel nach § 287 ZPO schätzen können, wobei zu berücksichtigen ist, dass die Eheleute regelmäßig schon längere Zeit das Eigenheim bewohnten, es also nicht um eine maximal erzielbare Miete wie bei einer Neuvermietung geht. Die mit erheblichen Kosten und Zeitverlust verbundene Einschaltung eines Sachverständigen erscheint in den meisten Fällen entbehrlich. Um schätzen zu können, muss der Anwalt aber immer die hierfür **wertbildenden Faktoren vortragen,** d. h. insbesondere die qm, Anzahl der Räume, Baujahr des Objekts, Einzelhaus mit Garten oder Eigentumswohnanlage usw.

316 Eine Wohnwertermittlung kann unterbleiben, wenn sich die Parteien auf einen bestimmten Wohnwert geeinigt haben oder einen behaupteten Wohnwert etwa zur Vermeidung von Sachverständigenkosten außer Streit stellen.[47]

317 **b)** Bei der **Bewertung des Wohnvorteils** ist jedoch zu beachten, dass Wohnkosten zu den allgemeinen Lebenshaltungskosten zählen und deshalb einen Teil des Unterhaltsbedarfs des Berechtigten sowie des Eigenbedarfs des Verpflichteten beinhalten. Diese Bedarfspositionen ändern sich mit der Zurechnung eines Wohnwertes, dem als Rechnungsposten ein verfügbares Einkommen nicht entspricht, so dass ein Ausgleich nur durch Einsparungen bei den übrigen Lebenshaltungskosten möglich wird.[48] Gebrauchsvorteile sind kein Bargeld. In sehr vielen Fällen ist das Haus, das als Heim für die ganze Familie angelegt war, nach der

---

[40] OLG Koblenz, FamRZ 2003, 534
[41] OLG Koblenz, FamRZ 2003, 534
[42] BGH, FamRZ 1990, 283, 288 = R 400 g; FamRZ 1986, 434 = NJW 1986, 1340
[43] BGH, FamRZ 1995, 869 = R 482 b; FamRZ 1990, 283, 288 = NJW-RR 1990, 323
[44] BGH, FamRZ 2003, 1179 = R 592 a; FamRZ 2000, 950 = R 540 a; NJW 1985, 49
[45] BGH, FamRZ 2003, 1179 = R 592 c; FamRZ 1998, 899 = R 525; FamRZ 1995, 869 = R 492 b; FamRZ 1994, 1100, 1102 = R 482 b; FamRZ 1990, 989 = R 418 a
[46] Vgl. SüdL, BL, BraL, BrL, CL, DrL, FL, HaL, NaL, OL, RL, SchL jeweils Nr. 5
[47] BGH, FamRZ 1986, 434 = NJW 1986, 1340
[48] BGH, FamRZ 2003, 1179 = R 592 a

Trennung für den zurückbleibenden Ehegatten und dessen neuen Lebenszuschnitt zu groß, zu aufwändig und auch zu kostspielig. Es ist wie mit einem zu großen Gewand, das von ihm nicht mehr ausgefüllt werden kann. Graba spricht deshalb zu Recht von einem **„toten Kapital“**.[49] Der BGH hat diesen Begriff übernommen.[50] Maßgebend ist unterhaltsrechtlich, ob nach Treu und Glauben eine Verwertung oder (Unter-)Vermietung des Familienheims zumutbar ist. In der Trennungszeit ist das regelmäßig nicht der Fall[51] (vgl. Rn. 306). Denn es dürfen keine Fakten geschaffen werden, die eine mögliche Wiederherstellung der ehelichen Lebensgemeinschaft erschweren.[52] Dies gilt nach BGH auch bei einer langen Trennung, auch bei einer Trennung über drei Jahre, weil eine Versöhnung der Eheleute bis zur Rechtskraft der Scheidung möglich ist.[53] Diese „aufgedrängte Bereicherung“ hat zur Folge, dass in der **Trennungszeit** in der Regel nicht der objektiv erzielbare, sondern aus Billigkeitsgründen nur ein **unterhaltsrechtlich angemessener Betrag** als Wohnwert anzusetzen ist.[54] Dieser angemessene Betrag ist so zu bewerten, dass den Parteien noch ausreichende Mittel für ihre sonstige Lebensführung zur Verfügung bleiben. Nach BGH muss der Wert aber objektbezogen bemessen werden.[55]

c) Trennungsunterhalt. Nach der allgemeinen Lebenserfahrung wird ein vernünftiger Mensch von den zur Bestreitung aller Lebenshaltungskosten zur Verfügung stehenden Mitteln etwa 1/5 bis höchstens 1/3 für seinen Wohnbedarf (Miete ohne Mietnebenkosten) ausgeben und den Rest zur Deckung seines sonstigen Aufwands und seiner übrigen Bedürfnisse verwenden. In Ballungsgebieten mit höheren Lebenshaltungskosten muss man inzwischen teilweise mit prozentual höheren Mietkosten rechnen. Der **angemessene Wohnwert** wurde deshalb früher nach der sog. Drittelobergrenze ermittelt,[56] die sich an den Einkommensverhältnissen der Parteien orientierte. In seiner grundlegenden Entscheidung vom 22. 4. 1998[57] hat der BGH demgegenüber ausgeführt, dass der angemessene Wohnwert als eingeschränkter Wohnvorteil unter Berücksichtigung des durch den Auszug eines Ehepartners entstehenden „toten Kapitals“ nur noch in einer Höhe in Rechnung zu stellen ist, wie er sich als angemessene Wohnungsnutzung durch den Zurückbleibenden allein darstellt. Die ehelichen Lebensverhältnisse verwirklichen sich damit nach der Trennung in Form eines entsprechend geringer anzusetzenden Gebrauchsvorteils als bedarfsprägender Wohnwert. Der verbleibende Gebrauchswert ist dabei in der Regel danach zu bestimmen, welchen Mietzins der Ehegatte auf dem örtlichen Wohnungsmarkt für eine **dem ehelichen Lebensstandard entsprechende kleinere Wohnung** zahlen müsste, nach oben begrenzt durch die objektive Marktmiete. Haben die Eheleute im Einzelfall, gemessen an ihren sonstigen wirtschaftlichen Verhältnissen, zu aufwändig gewohnt, kann dies berücksichtigt und der verbleibende Wohnwert auf einen angemessenen Betrag zurückgeführt werden. **318**

Der in der Trennungszeit anzusetzende **angemessene Wohnwert** richtet sich damit nicht mehr nach den Einkommensverhältnissen der Eheleute, sondern nach der Marktmiete unter Berücksichtigung des durch den Auszug eines Ehegatten entstehenden „toten Kapitals“.[58] Diese Bewertung ist grundsätzlich dem Tatrichter vorbehalten. Im Ergebnis ist die Reduzierung der Marktmiete auf einen angemessenen Betrag vom Tatrichter zu **schätzen.** Ein Anhaltspunkt können die Mietkosten des ausziehenden Ehegatten sein,[59] soweit er eine dem ehelichen Lebensstandard entsprechende kleinere Wohnung anmietet, die er mit seinen ihm nach Abzug des Unterhalts verbleibenden Mitteln bezahlen kann. In den meisten Fällen wird man zu einem sachgerechten Ergebnis kommen, wenn man die objektive Marktmiete **318 a**

---

[49] Graba, NJW 1987, 1721
[50] BGH, NJW 1998, 2821 = R 525 e; FamRZ 1989, 1160 = R 395 d
[51] BGH, FamRZ 2003, 1179 = R 592 a; FamRZ 2000, 351 = R 538 b
[52] BGH, FamRZ 2000, 351 = R 538 b; FamRZ 1989, 1160 = R 395 b
[53] BGH, FamRZ 2000, 351 = R 538 b
[54] BGH, NJW 1998, 2821 = R 525 e; FamRZ 1990, 989, 991; FamRZ 1989, 1160, 1163 = R 395 d
[55] BGH, FamRT 2003, 1179 = R 592 a; NJW 1998, 2821 = R 525 e
[56] Vgl. 3. Auflage 1/229 ff.
[57] BGH, FamRZ 2003, 1179 = R 592 a; NJW 1998, 2821 = R 525 e
[58] BGH, FamRZ 2003, 1179 = R 592 a; NJW 1998, 2821 = R 525 e
[59] BGH, NJW 1998, 2821 = R 525 e

um etwa ein Drittel reduziert und den dann rechnerisch ermittelten Unterhalt nochmals auf seine Angemessenheit überprüft.[60]

319 **Etwas anderes gilt beim Trennungsunterhalt,** wenn das Wohnungseigentum bereits in der Trennungszeit durch **Veräußerung** verwertet wurde. Nach der geänderten Rechtsprechung des BGH sind die Zinsen aus dem Erlös dann Surrogat der früheren Wohnwertes und damit eheprägend (näher Rn. 382 ff.).[61] Wird bereits in der Trennungszeit ein Teil der Ehewohnung untervermietet, d. h. das tote Kapital voll genutzt, sind die Mieteinkünfte nicht als Einkommen anzusetzen, sondern als Wohnwert die objektive Marktmiete heranzuziehen. Das Gleiche gilt, wenn ein neuer Lebensgefährte in die Wohnung aufgenommen wird;[62] Es wird regelmäßig zumutbar sein, dass dieser einen Wohnkostenbeitrag leistet. Nach dem Verbot der Doppelverwertung dürfen dann aber aus diesem Grund keine Einkünfte wegen ersparter Aufwendungen durch Zusammenleben mit einem neuen Partner angesetzt werden (näher Rn. 4/260 a ff.; vgl. aber auch Rn. 478).

320 **d)** Beim **nachehelichen Unterhalt** besteht in der Regel keine Veranlassung, für die Wohnwertberechnung vom Grundsatz der objektiven Marktmiete abzuweichen. Die unterhaltsrechtliche Obliegenheit, vorhandenes Vermögen so ertragreich wie möglich anzulegen, um die Bedürftigkeit zu mindern, bzw. die Leistungsfähigkeit zu erhöhen,[63] bedeutet, dass der erzielbare Wohnwert, d. h. die objektive Marktmiete als Vermögensnutzung heranzuziehen ist.[64] **Ab Scheidung** besteht keine Veranlassung mehr, eine zu große Wohnung beizubehalten. Will der Berechtigte auf den bisherigen Wohnkomfort nicht verzichten, muss er sich den entsprechenden „Mehrwert“ als Einkommen anrechnen lassen.[65]

Nach BGH besteht zwar durch den Auszug des Ehepartners der Wohnvorteil nur in Höhe der eingeschränkten Nutzung, der im Familienheim zurückbleibende Ehegatte ist aber verpflichtet, den freiwerdenden Raum ertragreich zu verwerten.[66] Im Ergebnis führt dies regelmäßig zur objektiven Marktmiete.[67] Einfacher ist es deshalb zur Begründung der Höhe des Wohnwertes entsprechend der ursprünglichen Argumentation des BGH den Wert als Nutzung des Grundeigentums im Sinne des § 100 BGB von vornherein als den Wert zu bezeichnen, um den der Eigentümer billiger als ein Mieter lebt[68] und diesen Wert nur aus Billigkeitsgründen, z. B. in der Trennungszeit, auf einen angemessenen Betrag herabzusetzen. Der Eigentümer lebt aber stets in Höhe der objektiven Marktmiete billiger als ein Mieter.

320 a Seltene Ausnahmefälle, in denen auch beim nachehelichen Unterhalt aus Billigkeitsgründen nur ein angemessener Wohnwert anzusetzen ist, liegen nur vor, wenn unter Abwägung aller Umstände des Einzelfalls nach Treu und Glauben eine Weiter- oder Untervermietung unzumutbar oder ein Verkauf nicht durchführbar ist, d. h. eine Vermögensverwertung aus Billigkeitsgründen nicht verlangt werden kann.[69] Derartige Gründe liegen z. B. vor, wenn es sich um ein von einem Ehegatten bereits in die Ehe eingebrachtes Familienheim handelt, die finanziellen Verhältnisse beengt sind und deshalb eine Veräußerung der Immobilie nicht zumutbar erscheint oder es sich um ein nicht veräußerbares oder nur mit starken Verlusten verkaufbares Objekt handelt. Im Einzelfall ist dabei immer zu prüfen, ob der im Familienheim verbleibende Ehegatte mit den vorhandenen Barmitteln seine Lebenshaltungskosten finanzieren kann, ansonsten ist nach § 242 BGB eine Ergebniskorrektur veranlasst. Ein

[60] Brühler Schriften zum Familienrecht, 13. Deutscher Familiengerichtstag, Beschlüsse Arbeitskreis 3, I 2 b
[61] BGH, FamRZ 2001, 986, 991 = R 563 e; FamRZ 2001, 1140, 1143 = R 560 b
[62] OLG Koblenz NJW 2003, 1816; Gerhardt, FamRZ 1993, 1139
[63] BGH, FamRZ 2003, 1179 = R 592 a; FamRZ 2000, 950 = R 540 a; FamRZ 1992, 423 = R 442 c, e; FamRZ 1990, 269 = NJW 1990, 709
[64] BGH, FamRZ 2003, 1179 = R 592 a; FamRZ 2000, 950 = R 540 a; FamRZ 1998, 87 = R 516 a; FamRZ 1995, 869 = R 494; FamRZ 1994, 1100, 1102 = R 482 b; FamRZ 1992, 423, 425 = R 442 c, e
[65] BGH, FamRZ 2000, 950 = R 540 a
[66] BGH, a.a.O.
[67] BGH, FamRZ 2003, 1179 = R 592 a
[68] Vgl. z. B. BGH, FamRZ 1995, 896 = R 494
[69] BGH, FamRZ 2003, 1179 = R 592 a; FamRZ 2000, 950 = R 540 a

Ausnahmefall ist nicht gegeben, wenn sich ein Ehepartner weigert, das gemeinsame Wohnungseigentum zu veräußern.[70] Zum Teil wird vertreten, der angemessene Wohnwert kann auch nach der Scheidung noch angesetzt werden, wenn sich die Eheleute eine der Marktmiete entsprechende Mietwohnung nicht geleistet hätten.[71] Diese Auffassung erscheint problematisch, weil man in der Regel nicht weiß und wissen kann, welche Miete die Eheleute gezahlt hätten, wenn sie sich kein Wohnungseigentum angeschafft hätten. Im Übrigen orientieren sich die ehelichen Lebensverhältnisse nach einem objektiven Maßstab (s. näher Rn. 4/210 ff.), dem als Nutzung des Vermögens allein die Marktmiete entspricht.

Soweit ein Ehegatte nach der Trennung oder nach der Scheidung eine **neue Immobilie** erwirbt und dadurch mietfrei wohnt, z. B. aus dem Verkaufserlös des Familienheimes (vgl. näher Rn. 366 a, 393) oder aus einer Erbschaft, ist aus den oben genannten Gründen ebenfalls die objektive Marktmiete als Wohnwert anzusetzen.

e) Der Wohnwert bestimmt sich somit grundsätzlich nach der **objektiven Marktmiete.** 321
Beim **Trennungsunterhalt** ist aus Billigkeitsgründen nur ein **angemessener** Wohnwert anzusetzen, da eine Verwertung des durch den Auszug des Partners entstehenden sog. toten Kapitals nicht verlangt werden kann, um eine Versöhnung der Eheleute nicht zu erschweren. Etwas anderes gilt, wenn der im Familienheim zurückbleibende Ehegatte aus eigenem Entschluss aus den frei gewordenen Räumen bereits Nutzungen zieht, z. B. durch Untervermietung oder Aufnahme eines neuen Lebensgefährten. Bei Verkauf des Familienheimes sind statt des bisherigen Wohnwertes die Zinsen aus dem Erlös eheprägendes Surrogat. Beim **nachehelichen Unterhalt** ist als Wohnwert regelmäßig die objektive Marktmiete anzusetzen, ebenso bei einem neuen, erst nach der Trennung der Parteien entstandenen Wohnwert.

Nachdem Trennungs- und nachehelicher Unterhalt verschiedene Streitgegenstände sind, bereitet die unterschiedliche Bewertung des Wohnwertes beim Trennungs- und nachehelichen Unterhalt keine Probleme. Da es sich nur um eine Berechnungsmethode handelt, besteht im Abänderungsverfahren insoweit auch keine Bindungswirkung.[72]

f) Die **Leitlinien** der Oberlandesgerichte differenzieren, soweit sie den Wohnwert be- 322
handeln, entsprechend der Rechtsprechung des BGH seit 1. 7. 1999 zwischen dem angemessenen Wohnwert in der Trennungszeit und der objektiven Marktmiete beim nachehelichen Unterhalt. Aufgrund der zwischen allen Oberlandesgerichten ab 1. 7. 2003 vereinbarten einheitlichen Leitlinienstruktur ist der Wohnwert unter **Nr. 5** abgehandelt.

- Nach den **Süddeutschen Leitlinien** ist der Wohnvorteil durch mietfreies Wohnen im 323
  eigenen Heim als wirtschaftliche Nutzung des Vermögens unterhaltsrechtlich wie Einkommen zu behandeln. Auszugehen ist vom vollen Mietwert. Wenn es nicht möglich oder nicht zumutbar ist, die Wohnung aufzugeben und das Objekt zu vermieten oder zu veräußern, kann statt dessen die ersparte Miete angesetzt werden, die angesichts der wirtschaftlichen Verhältnisse angemessen wäre. Dies kommt insbesondere für die Zeit bis zur Scheidung in Betracht, wenn ein Ehegatte das Eigenheim allein bewohnt.[73]
- Identische Formulierungen enthalten die BL, BrL, CL, DL, DrL, HaL, KL, NaL, OL, 324
  RL und SchL.
- Die FL weisen zusätzlich darauf hin, dass die Untergrenze des Wohnwertes der Kaltmiet- 325
  anteil im kleinen Selbstbehalt sein kann; ebenso die TL (im Mangelfall).
- Die HL differenzieren zwischen Wohnwert beim Trennungsunterhalt (angemessener 325 a
  Wohnwert), nachehelicher Unterhalt (objektive Marktmiete, aus Billigkeitsgründen ausnahmsweise angemessener Wohnwert) und Verwandtenunterhalt (objektive Marktmiete, aus Billigkeitsgründen angemessener Wohnwert).
- Nach dem **Brandenburgischen OLG** ist die Mietersparnis bei Wohnen im eigenen 325 b
  Haus unter Berücksichtigung verbrauchsunabhängiger Hauskosten als Einkommen anzurechnen. Der Wohnwert errechnet sich regelmäßig unter Zugrundelegung des üblichen Entgelts für ein vergleichbares Objekt. Er kann im Einzelfall auch darunter liegen.

---

[70] BGH, FamRZ 1994, 1100, 1102 = R 482 b
[71] OLG München (4. Senat) FamRZ 1999, 509
[72] BGH, FamRZ 1994, 1100 = R 482 a
[73] SüdL Nr. 5 vgl. S. 11 unten

326 **g)** Eine **Erhöhung** des angemessenen Wohnwerts hat zu erfolgen, wenn **gemeinsame Kinder** im Eigenheim wohnen, für die Unterhalt geleistet wird, weil im Kindesunterhalt ein Wohnkostenbeitrag enthalten ist.[74] Dies erfolgt am einfachsten, indem man bei der Bemessung der angemessenen Wohnungsgröße für den im Familienheim zurückbleibenden Ehegatten auch das Kinderzimmer berücksichtigt (vgl. näher Rn. 399).

327 **h)** Bei einer **Gütergemeinschaft** kann bis zur endgültigen Auseinandersetzung des Gesamtgutes, d. h. auch über die Scheidung hinaus, regelmäßig nur ein angemessener Wohnwert angesetzt werden, soweit noch ein Ehegatte das Familienheim bewohnt. Ab Scheidung verwalten die Eheleute bei der Auseinandersetzung das Gesamtgut gemeinsam, auch wenn vorher ein Alleinverwaltungsrecht eines Ehegatten bestand (§§ 1471, 1472 BGB). Die Eheleute können das Eigenheim daher nur gemeinsam anderweitig (unter-)vermieten oder veräußern, der Erlös fließt nach § 1473 BGB ins Gesamtgut.[75] Der Ansatz eines fiktiven Einkommens wegen unterlassener anderweitiger (Unter-)Vermietung oder Veräußerung scheidet somit aus.[76] Ist das Gesamtgut dagegen auseinandergesetzt und hat einer der Eheleute das Familienheim übernommen, ist der Wohnwert mit der Marktmiete zu bewerten.

328 **i)** Soweit bei der Unterhaltsberechnung ein Wohnwert anzusetzen ist, empfiehlt es sich, die **Additionsmethode** heranzuziehen (hierzu näher Rn. 4/386 ff.). Sie ist die verständlichere Methode[77] und führt vor allem bei schwierigen Fällen mit Mischeinkünften zu nachvollziehbaren Lösungen. Um zu sachgerechten Ergebnissen zu kommen, ist nämlich in vielen Fällen exakt zwischen dem Bedarf nach den ehelichen Lebensverhältnissen und dem hierauf anzurechnenden Einkommen des Berechtigten zu trennen, insbesondere wenn es um die Anrechnung von Hauslasten auf den Wohnwert (s. näher Rn. 334 ff.) oder um das Zinseinkommen aus dem Verkaufserlös des Familienheims als Surrogat des früheren Wohnwerts geht (s. näher Rn. 386 ff.).

329 Wird der Unterhalt nach der **Additionsmethode** errechnet (vgl. näher Rn. 4/386 ff.), ist der Wohnwert sowohl bei der Ermittlung des Unterhaltsbedarfs als auch bei der Feststellung der Unterhaltshöhe mit der gleichen Bezugsgröße, d. h. nach dem angemessenen Wohnwert oder der objektiven Marktmiete, anzusetzen, da es sich um einen einheitlichen Rechenvorgang handelt.[78] Würde man anders vorgehen und den Wohnwert z. B. bei der Bedarfsermittlung nach der objektiven Marktmiete, bei der Bedürftigkeit nach dem angemessenen Wohnwert ansetzen, wäre die Leistungsfähigkeit des Pflichtigen nicht mehr gewahrt, weil ihm nicht mehr die Hälfte des Bedarfs verbleiben würde.

330 **Rechenbeispiele** zur Berechnung des Unterhalts bei mietfreiem Wohnen im Familienheim, wenn das Ehepaar ein Haus bewohnt, für das eine ortsübliche Marktmiete von 800 € bezahlt werden müsste und der angemessene Wohnwert auf 500 € zu schätzen ist. Bei dieser Berechnung ist zu berücksichtigen, dass es sich bei der Zurechnung eines Wohnvorteils nicht um Erwerbseinkünfte handelt, sondern um sonstige Einkünfte, bei denen ein **Erwerbstätigenbonus nicht berücksichtigt** werden darf[79] (s. auch Rn. 4/373, 384). Der Wohnwert der **Ehewohnung** ist stets **prägend**[80] (s. näher Rn. 263 ff.). Die Berechnung erfolgt nach der Additionsmethode, wobei die Beispiele jeweils mit einem Erwerbstätigenbonus von $^1/_{10}$ (SüdL) und $^1/_7$ (DT) gerechnet werden.

Beispiel 1:
Bereinigtes Nettoerwerbseinkommen M: 2000 €; F 1000 € (prägend); M und F trennen sich.
a) M bleibt in Ehewohnung
b) F bleibt in Ehewohnung

---

[74] BGH, FamRZ 1992, 423 = R 442 a, e; FamRZ 1989, 1160, 1163 = R 395 d
[75] BGH, FamRZ 1984, 559
[76] OLG Nürnberg FamRZ 1997, 1217; OLG Karlsruhe, FamRZ 1996, 1414
[77] BGH, FamRZ 2001, 986, 991 = R 563 d
[78] BGH, NJW 1998, 2821 = R 525 e
[79] BGH, FamRZ 1991, 1163 = R 437 c; FamRZ 1990, 989, 991 = NJW 1990, 3274; FamRZ 1989, 1160, 1163 = R 395 d
[80] BGH, FamRZ 1990, 989 = R 418 a; FamRZ 1989, 1160, 1162 = R 395 d; FamRZ 1986, 437 = NJW 1986, 1342

Lösung:
Beim Trennungsunterhalt ist der angemessene Wohnwert, d. h. 500 €, anzusetzen.
a) M bleibt in Ehewohnung:
Nach SüdL mit $^1/_{10}$
Bedarf: $^1/_2 \times (^9/_{10} \times 2000 + 500 + {}^9/_{10} \times 1000) = 1600$;
Höhe: $1600 - {}^9/_{10} \times 1000 = 700$
Nach DT mit $^1/_7$
Bedarf: $^1/_2 \times (^6/_7 \times 2000 + 500 + {}^6/_7 \times 1000) = 1536$;
Höhe: $1536 - {}^6/_7 \times 1000 = 679$
b) F bleibt in Ehewohnung
Nach SüdL mit $^1/_{10}$
Bedarf: $^1/_2 \times (^9/_{10} \times 2000 + 500 + {}^9/_{10} \times 1000) = 1600$;
Höhe: $1600 - (^9/_{10} \times 1000 + 500) = 200$
Nach DT mit $^1/_7$
Bedarf: $^1/_2 \times (^6/_7 \times 2000 + 500 + {}^6/_7 \times 1000) = 1536$;
Höhe: $1536 - (^6/_7 \times 1000 + 500) = 179$

Beispiel 2:
Wie 1, aber M und F lassen sich scheiden.
a) M bleibt in Ehewohnung
b) F bleibt in Ehewohnung
Lösung:
Beim nachehelichen Unterhalt ist die objektive Marktmiete, d. h. 800 €, als Wohnwert anzusetzen.
a) M bleibt in Ehewohnung:
Nach SüdL mit $^1/_{10}$
Bedarf: $^1/_2 \times (^9/_{10} \times 2000 + 800 + {}^9/_{10} \times 1000) = 1750$;
Höhe: $1750 - {}^9/_{10} \times 1000 = 850$
Nach DT mit $^1/_7$
Bedarf: $^1/_2 \times (^6/_7 \times 2000 + 800 + {}^6/_7 \times 1000) = 1686$;
Höhe: $1686 - {}^6/_7 \times 1000 = 829$
b) F bleibt in Ehewohnung:
Nach SüdL mit $^1/_{10}$
Bedarf: $^1/_2 \times (^9/_{10} \times 2000 + 800 + {}^9/_{10} \times 1000) = 1750$;
Höhe: $1750 - (^9/_{10} \times 1000 + 800) = 50$
Nach DT mit $^1/_7$
Bedarf: $^1/_2 \times (^6/_7 \times 2000 + 800 + {}^6/_7 \times 1000) = 1686$;
Höhe: $1686 - (^6/_7 \times 1000 + 800) = 29$

3. Eigenheimzulage

Bei Errichtung und Kauf eines im Inland gelegenen Eigenheims können staatliche Fördermittel nach dem Eigenheimzulagengesetz (EigZulG) beansprucht werden. Dies gilt auch bei Ausbauten und Erweiterung der Wohnung, nicht dagegen bei Anschaffung einer Ferien- oder Wochenendwohnung (§ 2 EigZulG). Eine Eigenheimzulage entfällt, wenn eine erhöhte Absetzung nach § 7 b EStG oder § 10 e EStG geltend gemacht wird (§ 6 III EigZulG). Jeder Ehegatte kann sie nur jeweils für ein Objekt in Anspruch nehmen (§ 6 I EigZulG). Ob die Eigenheimzulage künftig noch gewährt wird, ist derzeit politisch umstritten. 331

Die Fördermittel werden ab Fertigstellung oder Anschaffung für 8 Jahre gewährt (§ 3 EigZulG). Die Höhe der Eigenheimzulage beträgt pro Jahr für Neubauten bis zu 2556 €, für die Anschaffung von Gebäuden, die 2 Jahre und älter sind, bis zu 1278 €, die Kinderzulage 767 € pro Kind (§ 9 EigZulG) bei Einkommensgrenzen von 163 614 € Einkünften bei gemeinsamer und von 81 807 € bei getrennter Veranlagung mit Erhöhung um 30 678 € pro Kind (§ 5 EigZulG). 332

Die Eigenheimzulage ist unterhaltsrechtliches Einkommen.[81] Sie erhöht entweder den Wohnwert oder kürzt die Abzahlungen.[82] Für die Praxis ist zu beachten, dass die Eigenheimzulage zwar vom Finanzamt ausbezahlt wird, aber nicht im Steuerbescheid auftaucht, 333

[81] SüdL, BL, BraL, BrL, CL, DrL, FL, HaL, KL, NaL, RL, SchL, TL jeweils Nr. 5
[82] OLG München, FamRZ 1999, 251

sondern hierzu ein gesonderter Bescheid ergeht. Ein Auskunftsverlangen hat sich deshalb auch hierauf zu erstrecken, bei Vorlage von Belegen ist der Bescheid gesondert anzufordern.

4. Abziehbare Hauslasten, Instandhaltungskosten und Annuitätsleistungen vom Wohnwert

334 Nach der Rechtsprechung des BGH ist dem Eigentümer ein Wohnvorteil nur insoweit zuzurechnen, als der Wohnwert die mit dem Grundeigentum verbundenen Unkosten übersteigt.[83] Ein Wohnwert besteht nämlich nur, soweit der Eigentümer billiger lebt als der Mieter.[84] Er soll bei der Unterhaltsbemessung weder besser noch schlechter gestellt werden als ein Mieter. Es wird ihm daher nur die Differenz aus Wohnwert und dem Mietzins vergleichbarem Aufwand als Einkommen zugerechnet.

335 **a) Verbrauchsunabhängige und verbrauchsabhängige Nebenkosten.** Abziehbar sind nach BGH die mit dem Grundeigentum verbundenen allgemeinen Grundstückskosten und -lasten,[85] wozu er die verbrauchsunabhängigen Nebenkosten und Instandhaltungskosten (s. unten Rn. 338) rechnet.[86] Abzugsposten sind dabei nach seiner derzeitigen Rechtsprechung verbrauchsunabhängige Nebenkosten und Instandhaltungskosten,[87] nicht aber verbrauchsabhängige Nebenkosten. Die Leitlinien der meisten Oberlandesgerichte führen in Nr. 5 als Abzugsposten nur verbrauchsunabhängige Nebenkosten und Instandhaltungskosten auf, begrenzen die Abzugsfähigkeit verbrauchunabhängiger Nebenkosten aber auf die wenigen Fälle, in denen die entsprechenden Kosten nicht auf den Mieter umgelegt werden können.[88] Im Mietrecht werden die verbrauchsabhängigen und verbrauchsunabhängigen Nebenkosten als **Betriebskosten** bezeichnet (§ 556 BGB; Anl. 3 zu § 27 I der II. BV, ab 1. 1. 2004 § 2 BetrKV).

336 **Verbrauchsabhängige Nebenkosten,** d. h. insbesondere die Kosten für Heizung, Strom, Gas, Müllabfuhr, Wasser, Abwasser u. ä., sind generell nicht abzugsfähig. Sie zählen zu den allgemeinen Lebenshaltungskosten und werden regelmäßig auf den Mieter umgelegt (vgl. Anl 3 zu § 27 I der II. BV), der Eigentümer lebt also insoweit nicht billiger als der Mieter, worauf der BGH zu Recht abstellt.[89] Außerdem können sie sich je nach wechselndem Verbrauch laufend ändern und individuell gesteuert werden. Auch der marktübliche Wohnwert wird nach der Kaltmiete ohne Mietnebenkosten bemessen.

337 Demgegenüber knüpfen die in der Regel fixen **verbrauchsunabhängigen Lasten** nur an das Grundstückseigentum an und sind damit echte Kosten des Eigentums. Der BGH spricht insoweit von allgemeinen Grundstückskosten und -lasten und sonstigen verbrauchsunabhängigen Nebenkosten,[90] ohne im Einzelnen darzulegen, welche Kosten damit gemeint sind. Allgemeine Grundstückskosten und -lasten sind z. B. Grundsteuer, Brandversicherung, Haushaftpflicht, Kaminkehrer, Aufzug, Hausreinigung usw. Auch diese Kosten können aber gemäß § 556 I BGB als Betriebskosten auf den Mieter umgelegt werden, da sie in der Anlage 3 zu § 27 I der II. BV aufgeführt sind. In der Vorauflage wurde bereits darauf hingewiesen, dass sich im letzten Jahrzehnt in diesem Punkt der Inhalt der Mietverträge geändert hat.[91] Während der BGH u. U. noch davon ausgeht, dass nach wie vor wie früher

---

[83] BGH, FamRZ 2003, 1179 = R 592 c; FamRZ 2000, 951 = R 540 d; FamRZ 2000, 351, 354 = R 538 c; d; FamRZ 1998, 87 = R 516 a; NJW 1998, 2821, 2824 = R 525 e; FamRZ 1995, 869 = R 494; FamRZ 1994, 1100, 1102 = R 482 b; FamRZ 1990, 283, 287 = NJW-RR 1990, 323; FamRZ 1989, 1160, 1162 = R 395 d; FamRZ 1988, 145, 150

[84] BGH, FamRZ 1995, 869 = R 494

[85] BGH, FamRZ 2000, 950, 951 = R 540 d; FamRZ 2000, 351, 354 = R 538 c, d; NJW 1998, 2821, 2824 = R 525 e; FamRZ 1995, 869 = R 494

[86] BGH, FamRZ 2000, 351, 354 = R 538 c, d; NJW 1998, 2821, 2824 = R 525 e; FamRZ 1997, 281, 283 = R 509 g

[87] BGH, FamRZ 2000, 351, 354 = R 538 c, d

[88] Vgl. SüdL, BL; Bra, BrL,; CL, DrL, FL, HaL, KL, NaL, OL, RL, SchL jeweils Nr. 5; nach HL kürzen verbrauchsunabhängige Nebenkosten den Wohnwert

[89] BGH, FamRZ 1995, 869 = R 494

[90] BGH, NJW 1998, 2821, 2824 = R 525 e

[91] Vgl. 5. Aufl. Rn 1/236 a

vom Mieter lediglich die verbrauchsabhängigen Nebenkosten zu tragen sind, zeigt die tägliche Praxis, dass heute regelmäßig Formularmietverträge zur Anwendung kommen, in denen alle nach § 556 I BGB umlegbaren Betriebskosten vom Mieter zu zahlen sind. Nachdem bei der Bemessung des Wohnwerts maßgebend ist, inwieweit der Eigentümer billiger als der Mieter lebt, ist dem Rechnung zu tragen. Gemäß den seit 1. 7. 2003 geltenden Neufassungen der verschiedenen Unterhaltsleitlinien sind nach Nr. 5 deshalb nur noch die verbrauchsunabhängigen Nebenkosten vom Wohnwert abziehbar, mit denen ein Mieter üblicherweise nicht belastet wird (s. oben Rn. 335). Auf den Mieter nach der Anlage 3 zu § 27 I der II. BV **umlegbare Betriebskosten** sind neben den verbrauchsabhängigen Nebenkosten wie Heizung, Wasser und Warmwasser einschließlich der damit verbundenen Wartungskosten, Abwasser, Straßenreinigung und Müllabfuhr **auch** Grundsteuer, Aufzug, Hausreinigung, Gartenpflege, Beleuchtung, Kaminkehrer, Antennenanlage, Sach- und Haftpflichtversicherung sowie Hauswart. Nicht erfasst werden im Ergebnis bei Wohnanlagen lediglich die Kosten der Hausverwaltung und des Geldverkehrs, die gemäß § 556 IV BGB als in der Anl. 3 zu § 27 I der II. BV nicht aufgeführte Betriebskosten generell nicht auf einen Mieter umlegbar sind. Gegen BGH, der bisher verbrauchsunabhängige Nebenkosten in vollem Umfang als Abzugsposten anerkennt,[92] sind. Von den sog. **verbrauchsunabhängigen Nebenkosten** sind damit nur eventuell entstandene Verwalterkosten vom Wohnwert abzugsfähig, **alle sonstigen Kosten** dagegen **nicht.**[93] Nur auf diese Weise wird erreicht, dass der im Unterhaltsrecht verwendete Mietbegriff als Anhaltspunkt für die Bemessung des Wohnwerts mit dem mietrechtlichen Mietbegriff gemäß § 558 BGB übereinstimmt. Zahlt der aus dem Familienheim ausgezogene Unterhaltspflichtige diese Kosten weiter, kürzen sie deshalb nicht den Wohnwert, sondern sind Abzugsposten bei der Bereinigung seines Erwerbseinkommens.[94]

b) Instandhaltungskosten. Abziehbar sind ferner notwendige Instandhaltungsaufwendungen als Grundstückslasten.[95] Auch insoweit lebt der Eigentümer nicht billiger als ein Mieter. Unter Instandhaltungskosten versteht man die Kosten zur Erhaltung des Wohnraumes (vgl. §§ 535 I 2, 554 I BGB), die konkret anfallen. Sie sind abzugrenzen von Kosten für Ausbauten und Modernisierungsaufwendungen (vgl. § 554 II, III BGB), die als vermögensbildende Ausgaben anzusehen sind.[96] Diese sind nur Abzugsposten, wenn es sich um Miteigentum handelt und beide Eheleute mit der Wertverbesserung einverstanden sind. **338**

Zur Finanzierung für Instandhaltungskosten können **Rücklagen** gebildet werden, wenn es sich um konkrete unaufschiebbare Maßnahmen handelt, die zur ordnungsgemäßen Bewohnbarkeit der Immobilie erforderlich sind.[97] Eine generelle Rücklagenbildung wird man bei Eigentumswohnungen zulassen, da sie nach der Eigentümerordnung regelmäßig vorgeschrieben ist und der Vermeidung von sehr hohen konkreten Instandhaltungskosten dient.[98] Zur Finanzierung von Instandhaltungskosten können auch **Kredite** berücksichtigt werden, wenn die vorhandenen Barmittel nicht ausreichen.[99] **339**

Ausgaben für Instandhaltungsmaßnahmen, auch soweit sie über Kredite finanziert werden, sind bei einem eheprägenden Wohnwert **eheprägend,** auch wenn sie erst nach Trennung/ Scheidung entstehen.[100] **340**

Instandhaltungskosten sind, auch wenn sie bar bezahlt werden, je nach Höhe immer auf einen **angemessenen** Zeitraum umzulegen, z. B. auf drei bis fünf Jahre. **341**

c) Zins und Tilgung. Bei Zins- und Tilgungsleistung ist zu **differenzieren,** ob es sich um einen prägenden oder nichtprägenden Wohnwert handelt (vgl. insoweit Rn. 366 ff.), **342**

---

[92] BGH, FamRZ 2000, 351, 354 = R 538 c; NJW 1998, 2821, 2824 = R 525 e

[93] OLG Hamm, FamRZ 2003, 460; OLG München, FamRZ 2002, 1407; Quack in Anm. zu BGH, FamRZ 2000, 665

[94] OLG Köln, FamRZ 2002, 97

[95] BGH, FamRZ 2000, 351, 354 = R 538 d; FamRZ 1997, 281, 283 = R 509 g

[96] BGH, FamRZ 1997, 281, 283 = R 509 g

[97] BGH, FamRZ 2000, 351, 354 = R 538 d

[98] OLG München, FamRZ 2002, 1407

[99] BGH a.a.O.

[100] OLG München, FamRZ 2002, 1407

beim prägenden Wohnwert ferner, ob es um den Bedarf oder die Bedürftigkeit/Leistungsfähigkeit geht und wer abzahlt.

343 Abzuziehen sind **Kreditzinsen** für Hausschulden eines **prägenden Wohnwertes,**[101] d. h. Zinsen, die bei Trennung noch zu bezahlen waren. Sie sind wie Nutzungsentschädigungen am direktesten mit Mietzinsen vergleichbar. Bei der Bedürftigkeit/Leistungsfähigkeit ist jedoch zu beachten, wer den Kredit abzahlt.

344 Abziehbar sind nach der Rechtsprechung des BGH bei der **Bedarfsermittlung** auch **Tilgungsleistungen** für einen Hauskredit eines **prägenden** Wohnwertes,[102] unabhängig davon, wem die Haushälfte gehört.[103] Bei Alleineigentum ist nur die Einschränkung zu machen, dass die Abzahlung nach einem objektiven Maßstab wirtschaftlich vertretbar ist (s. unten Rn. 346). Bei der **Bedürftigkeit/Leistungsfähigkeit** ist jedoch zu differenzieren, ob die Ehewohnung beiden Eheleuten gemeinsam oder nur einem von ihnen gehört, weil es sich bei der Tilgung um Vermögensbildung handelt. Außerdem ist zu beachten, wer das Darlehen abzahlt. Unter Tilgung fällt auch eine gesonderte Abzahlung durch monatliche Einzahlungen in eine sog. Tilgungslebensversicherung.

Waren für einen **eheprägenden Wohnwert** bei der Trennung **noch Abzahlungen** zu leisten, gilt daher folgendes:

345 • Für die **Ermittlung des Bedarfs nach den ehelichen Lebensverhältnissen** kürzen Zins und Tilgung den eheprägenden Wohnwert.[104] Soweit das Ehepaar während des Zusammenlebens auf das Eigenheim Kredite (= Zins und Tilgung) leistete, wohnte es nicht billiger als ein Mieter. Deshalb kommt es nicht darauf an, ob es sich bei der Immobilie um gemeinsames Eigentum beider Eheleute oder Alleineigentum eines Ehegatten handelt. Maßgebend ist nur, dass die Abzahlung nach einem objektiven Maßstab wirtschaftlich vertretbar ist,[105] da dann auch die Tilgung als Vermögensbildung als Abzugsposten zu berücksichtigen ist (vgl. Rn. 660; 4/200). Ein objektiver Maßstab wird stets zu bejahen sein, wenn die Abzahlung den Wohnwert nicht übersteigt und der objektive Wohnwert in einem vertretbaren Verhältnis zum Einkommen der Eheleute steht. Denn bei der Prüfung des objektiven Maßstabes ist immer zu berücksichtigen, dass durch die Abzahlungen ein Gegenwert in Form des mietfreien Wohnens geschaffen wird. Der Umstand, dass bei Alleineigentum nur einer der Eheleute mit der Tilgung Vermögen bildet, spielt für den Bedarf nach den ehelichen Lebensverhältnissen keine Rolle, sondern ist im Rahmen der Güterrechtsauseinandersetzung zu prüfen.[106] Bei Miteigentum ist die Frage der Vermögensbildung unproblematisch, da es sich um eine gemeinsame Vermögensbildung handelt und bei richtiger Behandlung der Abzahlungen im Rahmen der Unterhaltsberechnung diese beiden Eheleuten zugute kommt (s. unten Rn. 348). Zu den den Wohnwert übersteigenden Abzahlungen vgl. Rn. 354 ff.

346 • Bei der Berechnung der **Unterhaltshöhe** (= Bedürftigkeitsstufe) unter Berücksichtigung aller prägenden und nichtprägenden Einkünfte des Bedürftigen nach § 1577 I BGB sowie bei der **Leistungsfähigkeit** des Pflichtigen ist dagegen zu unterscheiden, ob es sich um **Allein- oder Miteigentum** handelt. Die Zinsen eines Hauskredits sind weiterhin voll abziehbar (s. oben Rn. 343),[107] es handelt sich insoweit um eine in der Ehe aufgenommene, dh prägende Verbindlichkeit (vgl. näher Rn. 622 ff.). Bei der Tilgung ist dagegen **bei Alleineigentum** zu beachten, dass sie der Vermögensbildung des Eigentümers dient, weil durch die Tilgung das Haus auf lange Sicht zum lastenfrei verwertbaren Vermögensobjekt wird. Dieser Vermögenszuwachs ist ein Vorteil, den ein Mieter mit seinen

---

[101] BGH, FamRZ 2000, 950, 952 = R 540 d; FamRZ 1998, 87 = R 516 a; FamRZ 1995, 869 = R 494; FamRZ 1994, 1100, 1102 = R 482 b; FamRZ 1989, 1160, 1162 = R 395 d; FamRZ 1988, 145, 150; FamRZ 1986, 434 = NJW 1986, 1340; FamRZ 1986, 437 = NJW 1986, 1342; FamRZ 1986, 441 = NJW-RR 1986, 682; FamRZ 1984, 358 = NJW 1984, 1237

[102] BGH, FamRZ 2000, 950, 952 = R 540 d; FamRZ 1995, 869 = R 494; FamRZ 1995, 291, 295 = R 487 b; FamRZ 1994, 1100, 1102 = R 482 b; FamRZ 1989, 1160, 1162 = R 395 d

[103] BGH, FamRZ 1995, 869 = R 494

[104] BGH, FamRZ 2003, 1179 = R 592 c; FamRZ 2000, 950, 952 = R 540 d

[105] BGH, FamRZ 2000, 950, 952 = R 540 d; FamRZ 1995, 869 = R 494

[106] BGH, FamRZ 1995, 869 = R 494

[107] BGH, FamRZ 2001, 1140, 1143 = R 560 a; FamRZ 2000, 950, 952 = R 540 b

Mietzinszahlungen nicht in vergleichbarer Weise hat. Beim Bedürftigen, der weiterhin im Familienheim wohnt, würde der Abzug von Tilgungsleistungen beim Wohnwert den unterhaltsrechtlich anzurechnenden Wohnvorteil mindern mit der Folge, dass der andere Ehepartner über den sich dadurch erhöhenden Unterhaltsanspruch indirekt diese Vermögensbildung des Eigentümers bezahlt. Der Unterhalt dient aber nur zur Abgeltung der Lebenshaltungskosten, nicht zur Finanzierung der Vermögensbildung.[108] Bewohnt der Pflichtige nach der Trennung das Familienheim weiter, ist zu beachten, dass die Vermögensbildung dem Unterhalt nicht vorgeht, dh vermögensbildende Ausgaben nicht angesetzt werden dürfen, soweit dadurch die Leistungsfähigkeit beeinträchtigt würde (vgl. Rn. 660 a).[109]

- Handelt es sich um **Miteigentum,** ist die Tilgung zwar Vermögensbildung, sie kommt aber beiden Eheleuten zugute und ist deshalb auch über die Scheidung hinaus zu berücksichtigen.[110] Bei Miteigentum handelt es sich regelmäßig um gemeinsame Schulden der Eheleute, deren Fortzahlung im gemeinsamen Interesse liegt, um hohe Verzugszinsen oder eine Zwangsversteigerung durch den Darlehensgläubiger zu vermeiden. Sie vermehrt bis zu einer Vermögensauseinandersetzung das gemeinsame Vermögen. Denn die unterhaltsrechtliche Berücksichtigung einer gemeinsamen Schuld lässt einen Gesamtschuldnerausgleich nach § 426 I 1 BGB entfallen, da bereits eine anderweitige Regelung vorliegt.[111] Etwas anderes gilt nur, wenn die Parteien in einem Unterhaltsvergleich ausdrücklich vereinbarten, dass die Frage von Ausgleichsansprüchen ausgeklammert und offengehalten bleiben soll,[112] wovon jedoch im Hinblick auf die nachfolgenden Ausführungen abzuraten ist. Bei Miteigentum sind daher auch auf der Bedürftigkeitsstufe nicht nur die Zinsen, sondern auch die Tilgung bis zur Verwertung des Objekts, d. h. auch über die Scheidung hinaus, als Abzugsposten beim nach § 1577 I BGB anzurechnenden Wohnwert des Berechtigten zu berücksichtigen, soweit er nach der Trennung weiterhin mietfrei in der Ehewohnung lebt.[113] Das Gleiche gilt bei der Prüfung der Leistungsfähigkeit, wenn der Verpflichtete nach der Trennung in der Ehewohnung bleibt. Voraussetzung für die Anrechnung von Zins und Tilgung auf den Wohnwert ist allerdings in beiden Fällen, dass der **mietfrei Wohnende** auch die **Abzahlungen leistet.** Zahlt der mietfrei wohnende Bedürftige sie nur **zur Hälfte,** während die andere Hälfte vom Pflichtigen getilgt wird, kürzt sie den nach § 1577 I BGB auf den Bedarf anzurechnenden Wohnwert nur in dieser Höhe, während sich gleichzeitig die Leistungsfähigkeit des Pflichtigen um den von ihm übernommenen Anteil der Schuld mindert.[114] Zahlt hingegen der **Pflichtige allein** die Hausschulden ab, während der **Bedürftige** weiterhin **mietfrei** im Eigenheim lebt, ist der nach § 1577 I BGB bedarfsmindernde Wohnwert ohne Kürzung durch Hausschulden anzusetzen; als berücksichtigungswürdige Schuld kürzt die Abzahlung dagegen die Leistungsfähigkeit des Pflichtigen. Rechnerisch führt dies jeweils dazu, dass durch die Berücksichtigung der Abzahlung bei der Bedürftigkeit/Leistungsfähigkeit der Unterhalt so verändert wird, wie wenn beide Eheleute je die Hälfte des Kredits zahlen würden (vgl. Beispiele Rn. 353). 347
- Ein Sonderfall besteht, wenn der **Pflichtige** seine **Zahlungen** auf Zins und Tilgung **einstellt** und auch der weiterhin im Familienheim lebende Bedürftige nichts abbezahlt. Für die Bedarfsermittlung entfällt bei dieser Sachlage die Anrechnung eines prägenden Wohnvorteils in Höhe der Schuld, da mietfreies Wohnen unterhaltsrechtlich nur zu berücksichtigen ist, soweit der Wohnwert nicht durch damit verbundene Belastungen und Unkosten aufgezehrt wird.[115] Haftet der Berechtigte wie üblich bei Miteigentum als 348

---

[108] BGH, FamRZ 1998, 87 = R 516 b; FamRZ 1992, 423 = R 442 b
[109] BGH, FamRZ 2000, 950, 952 = R 540 b; FamRZ 1987, 36 = R 310 a; FamRZ 1984, 353, 360
[110] BGH, FamRZ 1995, 869 = R 494
[111] BGH, FamRZ 1988, 264; FamRZ 1986, 881 = R 304; OLG Köln, FamRZ 1994, 961; FamRZ 1995, 1149
[112] BGH, FamRZ 1995, 216, 218 = R 485B b
[113] Gerhardt, FamRZ 1993, 1039, 1041
[114] BGH, FamRZ 1994, 1100, 1102 = R 482 b
[115] BGH, FamRZ 1995, 291 = R 487 b

Gesamtschuldner, kann nach BGH auch nicht von einem nach § 1577 I BGB auf den Bedarf anzurechnenden ungekürzten Mietvorteil, d. h. einem Wohnwert ohne Schuldenabzug des weiterhin im gemeinsamen Eigentum lebenden Bedürftigen ausgegangen werden, obwohl auch er nichts abzahlt. Denn auch der Berechtigte schuldet gegenüber dem Darlehensgläubiger die Zahlung, so dass der Fall nicht anders liegt als bei einem Mieter, der die geschuldete Miete nicht zahlt.[116] Der Auffassung des BGH ist zu folgen, da ansonsten die Zahlungseinstellung durch den Pflichtigen privilegiert würde, er es außerdem jederzeit in der Hand hat, durch Wiederaufnahme der Abzahlung zu erreichen, dass ab diesem Zeitpunkt im Rahmen der Anrechnung des Eigeneinkommens des Bedürftigen nach § 1577 I BGB der ungekürzte Wohnwert den Unterhalt reduziert (s. oben und Beispiel Rn. 353).

349 • Bei **Alleineigentum**ist bei dem auf den Bedarf anzurechnenden Einkommen des Berechtigten, bzw. bei der Leistungsfähigkeit des Pflichtigen zu beachten, dass Tilgungsleistungen, die der Vermögensbildung dienen, ab Trennung der Vermögensverhältnisse nicht mehr abzuziehen sind. Das ist im gesetzlichen Güterstand bereits ab **Rechtshängigkeit der Scheidung** der Fall, vor allem wenn die Eheleute in guten wirtschaftlichen Verhältnissen leben und feststeht, dass die Ehe geschieden werden wird. In einem solchen Fall kommen die Tilgungsleistungen bereits ab Rechtshängigkeit der Vermögensbildung des Alleineigentümers zugute, weil die Zugewinnausgleichsauseinandersetzung nach den Verhältnissen bei Rechtshängigkeit erfolgt (§ 1384 BGB). Ein Abzug bis zur Scheidung bleibt möglich, wenn dies unter Abwägung der Umstände des Einzelfalls, vor allem der beiderseitigen wirtschaftlichen Verhältnisse, der Billigkeit entspricht.

349 a • Zinsen und Tilgungsleistungen werden im Allgemeinen zusammen in festen Raten (Annuitäten) an Banken und Bausparkassen bezahlt. Obige Ausführungen gelten aber auch, wenn es sich um getrennte Verträge handelt und für das Darlehen nur die Zinsen gezahlt werden, während die Tilgung durch Beitragszahlung auf eine Lebensversicherung erfolgt, die nach Auszahlung den Kredit ablöst. Wegen der differenzierten Beurteilung der Tilgungsleistungen ist es meist notwendig, dass der auf die Annuitäten entfallende Zins- und Tilgungsanteil getrennt beziffert wird.

350 • Läuft die Darlehensrückzahlung, die auf den eheprägenden Wohnwert geleistet wird, bei Beibehaltung des bisherigen Zahlungsmodus bereits vor oder in unmittelbarem zeitlichen Zusammenhang mit der Scheidung aus, ist ab diesem Zeitpunkt weder Zins noch Tilgung abzuziehen, weil die ehelichen Lebensverhältnisse bereits durch die sichere Erwartung des baldigen Wegfalls der Schulden geprägt wurden.[117] Nichts anderes kann gelten, wenn zu einem späteren Zeitpunkt die den prägenden Wohnwert kürzenden Schulden entfallen, da auch der Wegfall von Verbindlichkeiten eheprägend ist.[118] Nach der geänderten Rechtsprechung des BGH zu den ehelichen Lebensverhältnissen kann es nicht mehr darauf ankommen, ob Veränderungen im nahen zeitlichen Zusammenhang mit der Scheidung eintreten, sondern allein, ob der veränderte Umstand bereits bei der Trennung/Scheidung feststand. Bei Abzahlungen von Krediten trifft dies nicht nur für kurzzeitige Konsumschulden, sondern auch für langfristige Hypothekenkredite zu. Wird die Schuld **vorzeitig getilgt,** ist dies ebenfalls eheprägend, da es sich bei der vorzeitigen Ablösung von Krediten bei Trennung/Scheidung aus vorhandenem Kapital um eine wirtschaftlich vernünftige Überlegung und deshalb um keine Abweichung vom Normalverlauf handelt.[119]

351 • Bei einem **nichtprägenden Wohnwert** (vgl. Rn. 367, 370), d. h. einem Wohnwert, der erst nach der Trennung durch Kauf einer Immobilie entstanden ist und der teilweise mit Krediten finanziert wurde, sind nach BGH **nur die Zinsen, nicht** aber die **Tilgung** als Vermögensbildung berücksichtigungsfähig,[120] da der andere Ehegatte sonst über den-Unterhalt die nichtprägende Schuld und damit die Vermögensbildung mitfinanzieren

---

[116] BGH a.a.O.
[117] BGH, FamRZ 1995, 869 = R 494
[118] BGH, FamRZ 1990, 1085, 1087 = NJW 1990, 2886; FamRZ 1988, 701, 703 = NJW 1988, 2034
[119] BGH, NJW 1998, 2821 = R 525
[120] BGH, FamRZ 2000, 950, 952 = R 540 b; FamRZ 1998, 87, 88 = R 516 b; FamRZ 1992, 423 = R 442 b

müsste. Der Unterhalt dient aber nur zur Bezahlung der Lebenshaltungskosten, nicht zur Bezahlung von vermögensbildenden Aufwendungen.[121] Der Auffassung des BGH ist zuzustimmen, obwohl die Berücksichtigung der Zinsen dazu führt, dass der Pflichtige über den Unterhalt eine nichtprägende Schuld des Bedürftigen mitfinanzieren muss. Die Schuldenaufnahme führt aber zu einem höheren Wohnwert. Bei den Zinsen handelt es sich zudem auch bei Mieteinkünften stets um Abzugsposten (näher Rn. 301). Nach BGH ist in diesen Fällen allerdings immer zu prüfen, ob bei dem Erwerb der Immobilie mit Krediten unter Berücksichtigung von Zins und Tilgung bei der Abzahlung eine höhere Rendite als bei einer Anlage des Geldes ohne Schuldenaufnahme erzielt wurde.[122] Ansonsten ist der Wohnwert nicht in voller Höhe, sondern durch **Vermögensumschichtung** nur mit einem Betrag anzusetzen, den man bei Kauf einer Immobilie ohne Schuld erzielt hätte (s. näher Rn. 394). Bei Verkauf des Familienheims an Dritte oder den Ehepartner vgl. Rn. 386 ff.

Sind verbrauchsunabhängige Nebenkosten, Instandhaltungskosten sowie Zins und Tilgung abzugsfähig, ist genau zwischen Bedarf und Unterhaltshöhe zu trennen. Die Unterhaltsberechnung kann dann nur nach der Additionsmethode erfolgen (vgl. hierzu ausführlich Rn. 4/386 ff.), weil die Differenzmethode den Bedarf nach den ehelichen Lebensverhältnissen nicht ermittelt. **352**

d) Zusammenfassung:

(1) Verbrauchsunabhängige Nebenkosten, die üblicherweise nicht auf einen Mieter umgelegt werden, und notwendige Instandhaltungsaufwendungen kürzen den Wohnwert. Sonstige Nebenkosten sind dagegen nicht zu berücksichtigen. **353**

(2) Bei einem prägenden Wohnwert kürzen bis zur Trennung angefallene Abzahlungen (Zins und Tilgung) das für den Bedarf nach den ehelichen Lebensverhältnissen anzusetzende Einkommen für mietfreies Wohnen, auch wenn die Zahlungen nach der Trennung eingestellt werden. Dies gilt auch bei Alleineigentum eines Ehegatten, außer die Abzahlung ist nach einem objektiven Maßstab unwirtschaftlich.

(3) Bei der Anrechnung des Eigeneinkommens des Berechtigten auf diesen Bedarf, bzw. bei der Feststellung der Leistungsfähigkeit des Pflichtigen, ist dagegen zu differenzieren:

- Zinsen kürzen weiterhin den Wohnwert, soweit der mietfrei Wohnende sie bezahlt.
- Tilgungen kürzen ihn nur, soweit es sich um Miteigentum handelt und der mietfrei Wohnende den Kredit abzahlt.
- Soweit der nicht mietfrei Wohnende Pflichtige für die Hausschulden aufkommt, kürzen sie nur bei der Leistungsfähigkeit dessen Einkommen als berücksichtigungswürdige Schuld.
- Soweit vom Pflichtigen Zahlungen auf einen prägenden Wohnwert eingestellt werden, kürzen sie bei einer Gesamtschuld den nach § 1577 I BGB auf den Bedarf anzurechnenden Wohnwert des Berechtigten in Höhe der Schuld.
- Bei Alleineigentum sind Tilgungsleistungen als Vermögensbildung nur bis zur Rechtshängigkeit des Scheidungsverfahrens, bei beengten Einkommensverhältnissen u. U. bis zur Scheidung als Abzugsposten zu berücksichtigen.

(4) Bei einem nichtprägenden Wohnwert sind nur die Zinsen, nicht aber die Tilgung für neue Schulden zu berücksichtigen. Als Wohnwert ist nach Vermögensumschichtung regelmäßig nur ein ohne Schuldenaufnahme erzielbarer Wert anzusetzen, bzw. eine entsprechende Rendite bei Anlage des Kapitals.

Rechenbeispiele:
Fall 1:
M und F trennen sich, Erwerbseinkommen M 3000 €; F 1000 € (prägend); M zahlt für in gemeinsamem Eigentum stehende Ehewohnung mit Mietwert 800 € Zinsen von 250 € und Tilgung von 50 €. Der Wert einer angemessenen kleineren Wohnung für eine Person (2½ Zimmer) beläuft sich auf 500.
a) M bleibt in Wohnung
b) F bleibt in Wohnung

---

[121] BGH, FamRZ 1998, 87, 88 = R 516 b; FamRZ 1992, 423, 425 = R 442 b
[122] BGH, FamRZ 1998, 87, 89 = R 516 c

Lösung (nach Additionsmethode):
Da Trennungsunterhalt, ist der angemessene Wohnwert von 500 € und nicht die objektive Marktmiete anzusetzen. Für die Bedarfsermittlung ist dieser Wohnwert jeweils um 250 € Zinsen und 50 € Tilgung auf 200 € zu kürzen.

a) M bleibt in Ehewohnung:

Nach SüdL mit $^1/_{10}$

1) Bedarf: $^1/_2 \times (^9/_{10} \times 3000 + 200 + {}^9/_{10} \times 1000) = 1900$
2) Höhe: $1900 - {}^9/_{10} \times 1000 = 1000$

Leistungsfähigkeit M gegeben, da mietfrei = 200 € wohnt und ihm 2200 € verbleiben (3000 + 200 – 1000), d. h. sein Selbstbehalt, vgl. SüdL Nr. 21. 4 ($1900 + {}^1/_{10} \times 3000$).

Nach DT mit $^1/_7$

1) Bedarf: $^1/_2 \times (^6/_7 \times 3000 + 200 + {}^6/_7 \times 1000) = 1814$
2) Höhe: $1814 - {}^6/_7 \times 1000 = 957$

Leistungsfähigkeit M gegeben, da mietfrei = 200 € wohnt und ihm 2243 € verbleiben (3000 + 200 – 957), d. h. sein Selbstbehalt, vgl. DL Nr. 21.4 ($1814 + {}^1/_7 \times 3000$).

b) F bleibt in Ehewohnung:

Wohnwert für Bedarf 200 €, für Bedürftigkeit (= Höhe) 500 €, da M Kredit zahlt

Nach SüdL mit $^1/_{10}$

1) Bedarf: $^1/_2 \times (^9/_{10} \times 3000 + 200 + {}^9/_{10} \times 1000) = 1900$
2) Höhe: $1900 - (^9/_{10} \times 1000 + 500) = 500$

Leistungsfähigkeit M gegeben, da ihm 2200 € (3000 – 250 – 50 – 500) bleiben, d. h. sein Selbstbehalt ($1900 + {}^1/_{10} \times 3000$).

Nach DT mit $^1/_7$

1) Bedarf: $^1/_2 \times (^6/_7 \times 3000 + 200 + {}^6/_7 \times 1000) = 1814$
2) Höhe: $1814 - (^6/_7 \times 1000 + 500) = 457$

Leistungsfähigkeit M gegeben, da ihm 2243 € (3000 – 250 – 50 – 457) bleiben, d. h. sein Selbstbehalt ($1814 + {}^1/_7 \times 3000$).

Hinweis: Im Ergebnis wird die Abzahlung des Kredits so gewertet, wie wenn er von beiden Eheleuten zu gleichen Teilen geleistet wurde.

Fall 2:

M und F werden geschieden. M hat ein Erwerbseinkommen von 3000 €, F von 1000 €. Die objektive Marktmiete beträgt 1000 €, die Zinsen 300 € und die Tilgung 100 €.

a) M bleibt in der Ehewohnung (Miteigentum) und zahlt Zins und Tilgung
b) F bleibt in der Ehewohnung und zahlt alles ab
c) F bleibt in der Ehewohnung, M zahlt Zins und Tilgung
d) F bleibt in der Ehewohnung und zahlt $^1/_2$ Zins und Tilgung, M zahlt die andere Hälfte des Kredits.
e) M bleibt in Ehewohnung, die ihm allein gehört, und zahlt Zins und Tilgung.

Lösung:

Wohnwert jeweils nach objektiver Marktmiete

a) M bleibt in Ehewohnung:

Wohnwert: 1000 – 300 – 100 = 600
Unterhalt:

Lösung nach SüdL mit $^1/_{10}$

1) Bedarf: $^1/_2 \times (^9/_{10} \times 3000 + 600 + {}^9/_{10} \times 1000) = 2100$
2) Höhe: $2100 - {}^9/_{10} \times 1000 = 1200$

Leistungsfähigkeit M gegeben, da mietfrei (= 600 €) wohnt und ihm daher 2400 € verbleiben (3000 + 600 – 1200), d. h. sein Selbstbehalt ($2100 + {}^1/_{10} \times 3000$).

Lösung nach DT mit $^1/_7$

1) Bedarf: $^1/_2 \times (^6/_7 \times 3000 + 600 + {}^6/_7 \times 1000) = 2014$
2) Höhe: $2014 - {}^6/_7 \times 1000 = 1157$

Leistungsfähigkeit M gegeben, da mietfrei (= 600 €) wohnt und ihm daher 2443 € verbleiben (3000 + 600 – 1157), d. h. sein Selbstbehalt ($2014 + {}^1/_7 \times 3000$).

b) F bleibt in Ehewohnung:

Wohnwert wie a
Unterhalt:

Lösung nach SüdL mit $^1/_{10}$

1) Bedarf: $^1/_2 \times (^9/_{10} \times 3000 + 600 + {}^9/_{10} \times 1000) = 2100$
2) Höhe: $2100 - (^9/_{10} \times 1000 + 600) = 600$

Leistungsfähigkeit M gegeben, da ihm 2400 € verbleiben (3000 – 600), d. h. sein Selbstbehalt ($2100 + {}^1/_{10} \times 3000$).

Lösung nach DT mit 1/7
1) Bedarf: 1/2 × (6/7 × 3000 + 600 + 6/7 × 1000) = 2014
2) Höhe: 2014 – (6/7 × 1000 + 600) = 557
Leistungsfähigkeit M gegeben, da ihm 2443 € verbleiben (3000 – 557), d. h. sein Selbstbehalt (2014 + 1/7 × 3000).
c) F bleibt in Ehewohnung, M zahlt ab:
Wohnwert für Bedarf 600, für Höhe 1000
Unterhalt:
Lösung nach SüdL mit 1/10
1) Bedarf: 1/2 × (9/10 × 3000 + 600 + 9/10 × 1000) = 2100
2) Höhe: 2100 – (9/10 × 1000 + 1000) = 200
Leistungsfähigkeit M gegeben, da ihm 2400 € verbleiben (3000 – 300 – 100 – 200), d. h. sein Selbstbehalt (2100 + 1/10 × 3000).
Lösung nach DT mit 1/7
1) Bedarf: 1/2 × (6/7 × 3000 + 600 + 6/7 × 1000) = 2014
2) Höhe: 2014 – (6/7 × 1000 + 1000) = 157
Leistungsfähigkeit M gegeben, da ihm 2443 € verbleiben (3000 – 300 – 100 – 157), d. h. sein Selbstbehalt (2014 + 1/7 × 3000).
Der Unterhalt der F kürzt sich jeweils genau in Höhe der von M übernommenen Abzahlung der gemeinsamen Schuld (vgl. b)
d) F bleibt in Ehewohnung zahlt 1/2 Zins + 1/2 Tilgung:
Wohnwert für Bedarf 600, für Höhe 1000 – 150 – 50 = 800
Unterhalt:
Lösung nach SüdL mit 1/10
1) Bedarf: 1/2 × (9/10 × 3000 + 600 + 9/10 × 1000) = 2100
2) Höhe: 2100 – (9/10 × 1000 +800) = 400
Leistungsfähigkeit M gegeben, da ihm weiterhin 2400 € verbleiben (3000 – 150 – 50 – 400), d. h. sein Selbstbehalt (2100 + 1/10 × 3000).
Lösung nach DT mit 1/7
1) Bedarf: 1/2 × (6/7 × 3000 + 600 + 6/7 × 1000) = 2014
2) Höhe: 2014 – (6/7 × 1000 + 800) = 357
Leistungsfähigkeit M gegeben, da ihm weiterhin 2443 € verbleiben (3000 – 150 – 50 – 357), d. h. sein Selbstbehalt (2014 + 1/7 × 3000).
Der Unterhalt der F kürzt sich wiederum im Verhältnis der von M weiterhin geleisteten Abzahlung (vgl. b)
e) M bleibt in der ihm allein gehörenden Wohnung:
Lösung wie a; auch hier beträgt für den Bedarf der Wohnwert 600 €, d. h., sowohl Zinsen als auch Tilgung kürzen den Wohnwert, da die Abzahlung nach einem objektiven Maßstab angemessen ist. Leistungsfähigkeit M gegeben, da mietfrei wohnt, wobei insoweit nur der Wohnwert abzüglich Zinsen (= 700 €) zu berücksichtigen ist, da die Tilgung einseitige Vermögensbildung ist.

5. Abzug von Hausschulden, die den Wohnwert übersteigen, vom sonstigen Einkommen

354 Sind die berücksichtigungswürdigen Hausschulden höher als der prägende Wohnwert, so entfällt für die Bedarfsermittlung die Zurechnung eines Wohnvorteils.[123] Der Hausbewohner erbringt für das Wohnen eine höhere Gegenleistung als der Mieter eines vergleichbaren Wohnobjektes.

Es ist dann zusätzlich zu prüfen, ob und in welchem Umfang der den Wohnwert übersteigende Mehrbetrag der Hausschulden berücksichtigungsfähig ist. Bis zur Höhe des Wohnwertes erfolgt kein einkommensmindernder Abzug.[124]

355 Die Frage, ob der Mehrbetrag eine berücksichtigungsfähige Verbindlichkeit beinhaltet, ist nach allgemeinen Grundsätzen im Rahmen einer umfassenden Interessenabwägung nach billigem Ermessen zu beurteilen.[125] Dabei ist zu unterscheiden, ob das Familienheim im

[123] BGH, FamRZ 1995, 291 = R 487 b; FamRZ 1987, 572, 575 = R 323 e
[124] BGH, FamRZ 1987, 572, 575 = R 323 e; FamRZ 1984, 358 = NJW 1984, 1237
[125] BGH, FamRZ 1984, 358 = NJW 1984, 1237; FamRZ 1982, 157; FamRZ 1982, 23

Eigentum beider Eheleute steht oder nur einem von ihnen gehört. Zur Überschuldung vgl. auch Rn. 644 ff.

Im Einzelnen sind folgende Umstände bedeutsam:

356 • Die Verbindlichkeiten müssen **ehebedingt** sein, d. h. aus der Zeit des ehelichen Zusammenlebens stammen und für das Haus verwendet worden sein.[126]

357 • Die Tilgung berücksichtigungswürdiger Schulden hat im Rahmen eines **vernünftigen Tilgungsplanes** in angemessenen Raten zu erfolgen.[127] Soweit möglich, ist die Abzahlung durch Kreditverlängerung zu reduzieren.

358 • Bei einem in **Miteigentum** stehenden Eigenheim und einer gemeinsamen Schuld der Eheleute sind auch über den Wohnwert hinausgehende Zins- und Tilgungsleistungen aus den oben bereits genannten Gründen beim Bedarf und der Bedürftigkeit/Leistungsfähigkeit zu berücksichtigen (vgl. Rn. 345 ff.). Der Bedarf nach den ehelichen Lebensverhältnissen ist dann ohne Wohnwert und gekürzt um den über den Wohnwert hinausgehenden Schuldenanteil anzusetzen. Dies gilt auch über die Scheidung hinaus bis zur Vermögensauseinandersetzung. Die Berücksichtigung der Abzahlung bewirkt, dass kein Gesamtschuldnerausgleich erfolgt, es sich also weiter um eine gemeinsame Zahlung und gemeinsame Vermögensbildung handelt. Um im Hinblick auf die Gesamtschuld eine Gleichbehandlung der Eheleute zu erreichen, ist die den Wohnwert übersteigende Schuld nicht beim Erwerbseinkommen (und damit bonusmindernd, vgl. Rn. 4/377), sondern als negativer Wohnwert anzusetzen. Abzüge sind bei der Einkommensart vorzunehmen, zu der sie gehören. Würde man hingegen die den Wohnwert übersteigende Schuld, wie z. T. vertreten wird, beim Erwerbseinkommen des Pflichtigen abziehen, würde sich dessen Erwerbstätigenbonus entsprechend reduzieren und der Unterhalt des Bedürftigen erhöhen. Dies erscheint aber nicht gerechtfertigt, nachdem es um eine gemeinsame Schuldentilgung und Vermögensbildung geht.

359 • Bei **Alleineigentum** entfällt für die Bedarfsermittlung ein Wohnwert (s. oben Rn. 354). Den Wohnwert übersteigende Zinsen sind als negativer Wohnwert zu berücksichtigen, die Tilgung beim nachehelichen Unterhalt als einseitige vermögensbildende Leistungen i. d. R. nicht,[128] beim Trennungsunterhalt bis zur Rechtshängigkeit des Scheidungsverfahrens, darüber hinaus nur, wenn dies der Billigkeit entspricht. Maßgebend ist dabei, ob nach einem objektiven Maßstab die in der Ehe bereits geleistete Tilgung angemessen ist oder zu einem Konsumverzicht führte (vgl. Rn. 660). Bei beengten oder nur durchschnittlichen Einkommensverhältnissen wird man bezüglich der den Wohnwert übersteigenden Tilgung von letzterem ausgehen müssen. Bei sehr hohem Einkommen des Pflichtigen kann dagegen auch in diesen Fällen noch ein objektiver Maßstab gewahrt und die eheprägende Vermögensbildung berücksichtigungswürdig bleiben. Bei der Bedürftigkeit/Leistungsfähigkeit gelten die bei Rn. 349 abgehandelten Grundsätze.

360 • Wurde das **Anwesen** nach Trennung und Scheidung **veräußert** und dabei alle Schulden getilgt, sind die Zinsen aus dem Erlös als Surrogat des früheren Wohnwertes prägend,[129] auch wenn in der Ehe nur ein negativer Wohnwert vorlag. Denn auch ein über dem Wohnwert liegender Zinserlös ist Surrogat des früheren Wohnwertes.[130] Gerade bei zu hohen Belastungen ist ein Verkauf mit vorzeitiger Ablösung der Kredite eine wirtschaftlich vernünftige Überlegung, der Wegfall der Schuld damit eheprägend (vgl. Rn. 350).[131] Bei Hypothekendarlehen ist allerdings zu beachten, dass bei vorzeitiger Ablösung in der Regel eine sog. Vorfälligkeitsentschädigung anfällt. **Verbleiben** nach Veräußerung des Familienheims noch **Verbindlichkeiten,** die durch den Erlös nicht abgedeckt wurden, handelt es sich bei **Miteigentum** um berücksichtigungsfähige Schulden (s. oben Rn. 358). Bei **Alleineigentum** sind sie nur bei sehr hohem Einkommen berücksichtigungswürdig, bei beengten Verhältnissen dagegen nicht (s. oben Rn. 359).

---

[126] BGH, FamRZ 1984, 358 = NJW 1984, 1237; FamRZ 1982, 157; FamRZ 1982, 23
[127] BGH, FamRZ 1982, 355; FamRZ 1982, 23
[128] BGH, FamRZ 2000, 950, 952 = R 540 b; FamRZ 1987, 572, 575 = R 323 e
[129] BGH, FamRZ 2001, 1140 = R 560 b; FamRZ 2001, 986, 991 = R 563 e
[130] BGH, FamRZ 2002, 88 = R 569 b
[131] BGH, NJW 1998, 2821, 2822 = R 525 a

- Bei einem **nichtprägenden Wohnwert** können nur die Zinsen, nicht die Tilgung abgezogen werden (vgl. näher Rn. 351). Übersteigen die Zinsen den Wohnwert, sind sie nur bis zur Höhe des Wohnwertes berücksichtigungsfähig. 361
- **Nicht abgezogen** werden darf aus den gleichen Gründen ein Kredit zur Finanzierung des Zugewinns, durch den die vom Gesetz zugemutete Verwertung des Hauses zum Verkauf abgewendet wurde. Es handelt sich um eine nichtprägende Schuld. Der Unterhalt darf durch diese Art des Vermögenserhalts (= Vermögensbildung) nicht zu Lasten des anderen Partners verkürzt werden.[132] 362

Rechenbeispiel:
Fall:
M und F trennen sich. Erwerbseinkommen M 2800 € netto, F 1050 €. M zahlt für die im gemeinsamen Eigentum stehende Ehewohnung mit Mietwert 600 € die Zinsen von 700 € sowie die Tilgung von 100 € ab. Die geschätzten Wohnkosten für eine angemessenere kleinere Wohnung betragen 400 €.
a) F bleibt in Wohnung und will Trennungsunterhalt
b) M bleibt in Wohnung, F will Trennungsunterhalt
c) F bleibt in Wohnung und will nachehelichen Unterhalt
d) M bleibt in Wohnung, F will nachehelichen Unterhalt
e) Wie d, aber die Wohnung gehört M
Lösung:
a) F bleibt in Ehewohnung und will Trennungsunterhalt:
Für den Trennungsunterhalt ist als Wohnwert nur ein angemessener Betrag, hier 400 €, anzusetzen. Die Abzahlungen sind unter Berücksichtigung des mietfreien Wohnens bei den gegebenen Einkommensverhältnissen nach einem objektiven Maßstab angemessen, zumal es sich um eine gemeinsame und nicht um eine einseitige Vermögensbildung handelt. Da es um die Hausschulden geht, ist der Lösung der Vorzug zu geben, sie beim Wohnwert abzuziehen und insoweit einen negativen Wohnwert zu bilden, und nicht beim Erwerbseinkommen des M.
Der Wohnwert beträgt damit für den Bedarf minus 400 € (400 € – 700 € – 100 €). Bei der Unterhaltshöhe ist er, soweit F in der Wohnung verbleibt, in Höhe von 400 € anzusetzen, da F nichts abzahlt
Berechnung nach SüdL mit $^1/_{10}$
Bedarf: $^1/_2$ ($^9/_{10}$ × 2800 € + $^9/_{10}$ × 1050 € – 400 €) = 1533 €
Höhe: 1533 € – ($^9/_{10}$ × 1050 € + 400 €) = 188 €
Leistungsfähigkeit M gegeben, da M trotz Abzahlung sein eheangemessener Selbstbehalt von 1813 € (= Bedarf 1533 € + Bonus 280 €, vgl. SüdL Nr. 21.4) verbleibt (2800 € – 700 € – 100 € – 188 €).
Berechnung nach DT mit $^1/_7$
Bedarf: $^1/_2$ × ($^6/_7$ × 2800 € + $^6/_7$ × 1050 € – 400 €) = 1450 €
Höhe: 1450 € – ($^6/_7$ × 1050 € + 400 €) = 150 €
Leistungsfähigkeit M gegeben, da M trotz Abzahlung sein eheangemessener Selbstbehalt von 1850 € (= Bedarf 1450 € + Bonus 400 €, vgl. DL Nr. 21.4) verbleibt (2800 € – 700 € – 100 € – 150 €).
b) M bleibt in Ehewohnung, F will Trennungsunterhalt:
Wohnwert wie a für Bedarf
Berechnung nach SüdL mit $^1/_{10}$
1. Stufe: $^1/_2$ ($^9/_{10}$ × 2800 € + $^9/_{10}$ × 1050 € – 400 €) = 1533 €
2. Stufe: 1533 € – $^9/_{10}$ × 1050 € = 588 €
Leistungsfähigkeit M gegeben, da M auch hier durch das mietfreie Wohnen sein Selbstbehalt von 1813 € (= Bedarf 1533 € + Bonus 280 €) verbleibt (2800 € + 400 € – 700 € – 100 € – 588 €).
Berechnung nach DT mit $^1/_7$
1. Stufe: $^1/_2$ × ($^6/_7$ × 2800 € + $^6/_7$ × 1050 € – 400 €) = 1450 €
2. Stufe: 1450 € – $^6/_7$ × 1050 € = 550 €
Leistungsfähigkeit M gegeben, da M trotz Abzahlung sein eheangemessener Selbstbehalt von 1850 € (= Bedarf 1450 € + Bonus 400 €) verbleibt (1450 € + 400 € – 700 € – 100 € – 550 €)
c) F bleibt in Wohnung und will nachehelichen Unterhalt
Für den nachehelichen Unterhalt ist als Wohnwert die Marktmiete, hier 600 €, anzusetzen, ansonsten wie a. Der Wohnwert beträgt damit für den Bedarf minus 200 € (600 € – 700 € – 100 €). Bei der Unterhaltshöhe ist er, soweit F in der Wohnung verbleibt, in Höhe von 600 € anzusetzen, da F nichts abzahlt
Berechnung nach SüdL mit $^1/_{10}$
Bedarf: $^1/_2$ ($^9/_{10}$ × 2800 € + $^9/_{10}$ × 1050 € – 200 €) = 1633 €

---

[132] BGH, FamRZ 2000, 950, 952 = R 540 c

Höhe: 1633 € – (9/10 × 1050 € + 600 €) = 88 €
Leistungsfähigkeit M gegeben, da M trotz Abzahlung sein eheangemessener Selbstbehalt von 1913 € (= Bedarf 1633 € + Bonus 280 €) verbleibt (2800 € – 700 € – 100 € – 88 €).

Berechnung nach DT mit 1/7

Bedarf: 1/2 × (6/7 × 2800 € + 6/7 × 1050 € – 200 €) = 1550 €
Höhe: 1550 € – (6/7 × 1050 € + 600 €) = 50 €
Leistungsfähigkeit M gegeben, da M trotz Abzahlung sein eheangemessener Selbstbehalt von 1950 € (= Bedarf 1550 € + Bonus 400 €) verbleibt (2800 € – 700 € – 100 € – 150 €)

d) M bleibt in Ehewohnung, F will nachehelichen Unterhalt:

Wohnwert wie c für Bedarf

Berechnung nach SüdL mit 1/10

1. Stufe: 1/2 (9/10 × 2800 € + 9/10 × 1050 € – 200 €) = 1633 €
2. Stufe: 1633 € – 9/10 × 1050 € = 688 €

Leistungsfähigkeit M gegeben, da M auch hier durch das mietfreie Wohnen sein Selbstbehalt von 1913 € (= Bedarf 1633 € + Bonus 280 €) verbleibt (2800 € + 600 € – 700 € – 100 € – 688 €).

Berechnung nach DT mit 1/7

1. Stufe: 1/2 × (6/7 × 2800 € + 6/7 × 1050 € – 200 €) = 1550 €
2. Stufe: 1550 € – 6/7 × 1050 € = 650 €

Leistungsfähigkeit M gegeben, da M trotz Abzahlung sein eheangemessener Selbstbehalt von 1950 € (= Bedarf 1550 € + Bonus 400 €) verbleibt (2800 € + 600 € – 700 € – 100 € – 650 €)

e) Wie d, aber die Wohnung gehört M

Abzuziehen sind nur die Zinsen, nicht die den Wohnwert überschreitende Tilgung, da die insoweit vorliegende Vermögensbildung nach einem objektiven Maßstab nicht angemessen ist. Der Wohnwert beträgt damit für den Bedarf minus 100 €

Berechnung nach SüdL mit 1/10

1. Stufe: 1/2 (9/10 × 2800 € + 9/10 × 1050 € – 100 €) = 1683 €
2. Stufe: 1633 € – 9/10 × 1050 € = 738 €

Leistungsfähigkeit M gegeben, da M auch hier durch das mietfreie Wohnen sein Selbstbehalt von 1963 € (= Bedarf 1683 € + Bonus 280 €) verbleibt, weil der Tilgunsanteil auch bei der Leistungsfähigkeit nicht zu berücksichtigen ist (2800 € + 600 € – 700 € – 738 €).

Berechnung nach DT mit 1/7

1. Stufe: 1/2 × (6/7 × 2800 € + 6/7 × 1050 € – 100 €) = 1600 €
2. Stufe: 1600 € – 6/7 × 1050 € = 700 €

Leistungsfähigkeit M gegeben, da M trotz Abzahlung sein eheangemessener Selbstbehalt von 2000 € (= Bedarf 1600 € + Bonus 400 €) verbleibt, weil der Tilgungsanteil auch bei der Leistungsfähigkeit nicht zu berücksichtigen ist (2800 € + 600 € – 700 € – 700 €)

6. Nutzungsentschädigung

362 a Eine Nutzungsentschädigung kann auf Grund einer richterlichen Entscheidung oder auf Grund einer Vereinbarung der Eheleute anfallen, wenn der ausziehende Ehegatte Eigentümer oder Miteigentümer des Hauses ist. Sie entspricht einem Mietzins für einen Teil des Anwesens. Sie spielt keine Rolle bei der Ermittlung des eheprägenden Wohnwerts für den Bedarf nach den ehelichen Lebensverhältnissen, da sie erst nach der Trennung geleistet wird, also **nichtprägend** ist. Zu berücksichtigen ist sie vielmehr nur bei dem auf den Bedarf anzurechnenden Einkommen des Berechtigten, bzw. der Leistungsfähigkeit des Pflichtigen. Soweit der im Haus zurückbleibende Ehegatte eine Nutzungsentschädigung zu zahlen hat, kürzt sie seinen Wohnwert auf der Bedürftigkeitsstufe (vgl. Beispiel).

363 Bei einem Streit der Eheleute, wer von ihnen zur alleinigen Benutzung einer im Miteigentum oder Alleineigentum stehenden Ehewohnung berechtigt ist, entscheidet der Familienrichter nach § 3 HausratsVO in einem Hausratsverfahren oder nach § 1361 b BGB. Er kann bei der Zuweisung an einen Ehegatten wegen des Alleineigentums oder Miteigentsumsteils des anderen Ehegatten ein Nutzungs- oder Mietverhältnis begründen sowie eine Nutzungsentschädigung festlegen.

364 Gibt es kein Verfahren nach § 1361 b BGB oder nach der HausratsVO, weil sich die Eheleute über die alleinige Weiterbenützung der Ehewohnung einig sind, kann bei Miteigentum am Haus der die Wohnung nicht benutzende Ehegatte spätestens ab dem Zeitpunkt, ab dem die Trennung endgültig erscheint, nach § 745 II BGB eine Neuregelung der Verwaltung und Benutzung wegen veränderter Umstände (Aufhebung der Lebensgemein-

schaft) verlangen.[133] Kommt der andere Teil diesem Verlangen nicht nach, kann Klage auf Neuregelung beim Prozessgericht – nicht Familiengericht – erhoben werden.[134]

Dies geschieht entweder durch Klage auf Zustimmung zu einer bestimmt zu bezeichnenden Art der Verwaltung und Nutzung oder auf Zahlung einer bestimmten Nutzungsentschädigung. Der Anspruch kann auch einredeweise geltend gemacht werden.[135]

Im Rahmen des § 745 II BGB kann eine billigem Ermessen entsprechende Regelung verlangt werden.[136]

Ein angemessener Ausgleich für die alleinige Benutzung kann darin bestehen, dass der das Haus bewohnende Ehegatte die Kosten des Hauses einschließlich aller Annuitätszahlungen übernimmt, soweit die Kosten in etwa dem Nutzungsentgelt entsprechen und damit ein ausgewogenes Verhältnis besteht.[137]

Eine Neuregelung nach § 745 II BGB wird erst ab dem Zeitpunkt wirksam, ab dem sie erstmals mit Nachdrücklichkeit verlangt wurde.[138] Eine bloße Zahlungsaufforderung reicht dazu nicht aus. Verlangt ein Ehegatte, der nach der Trennung der Parteien in der beiden gehörenden Ehewohnung allein weiter lebt und wie bisher die Hauskredite weiter bedient, später rückwirkend einen Gesamtschuldnerausgleich nach § 426 I BGB, kann der andere Ehegatte rückwirkend mit einem Anspruch auf Nutzungsentschädigung aufrechnen.[139]

Bei der Entscheidung über die Höhe der Nutzungsentschädigung sind vom Prozessgericht u. a. zu berücksichtigen der Mietwert des Hauses, Lasten und Kosten nach § 748 BGB, Zins- und Tilgungsleistungen sowie etwaige zufließende Mieteinnahmen.

Ein entsprechendes Nutzungsentgelt kann auch ohne gerichtliche Entscheidung vereinbart werden.

Vereinbarten die Parteien bei einem im gemeinsamen Eigentum stehenden Familienheim neben dem Barunterhalt, dass ein Ehegatte auch nach der Scheidung mit den Kindern **weiterhin das Eigenheim bewohnen darf,** handelt es sich bei der zur Verfügung gestellten Nutzung der gemeinsamen Immobilie um einen neben der Geldrente geleisteten **Naturalunterhalt.**[140] Auch wenn § 1585 BGB beim nachehelichen Unterhalt grundsätzlich eine Geldrente vorsieht, kann nach § 1585 c BGB diese Art der Unterhaltsleistung vereinbart werden.[141] Darin liegt zugleich eine Neuregelung der Nutzung und Verwaltung gemäß § 745 II BGB, wobei ein an sich höherer Unterhaltsanspruch durch die alleinige Nutzung der gemeinsamen Immobilie kompensiert wird. Veräußert der Ausziehende später seinen Miteigentumsanteil an einen Dritten, und muss der im Anwesen Verbleibende an den Dritten eine Nutzungsentschädigung zahlen, muss ihn der Ausziehende unterhaltsrechtlich von dieser Nutzungsentschädigung freistellen.[142]

Im Ergebnis liegt bei Nutzung des Miteigentums des Ehegatten, auch wenn dies unterhaltsrechtlich berücksichtigt wurde, immer eine Naturalleistung in Höhe des halben Wohnwertes vor; bei Durchführung des **Realsplittings** kann dies deshalb statt oder neben dem Barunterhalt als Sonderausgabe gemäß § 10 I 1 EStG angesetzt werden.[143]

Soweit im **Unterhaltsverfahren** ein Wohnwert einkommenserhöhend berücksichtigt **364 a**
wurde, kommt daneben keine Nutzungsentschädigung mehr nach §§ 745 II, 1361 b BGB, 3 HausrVO in Betracht.[144] Wie oben bereits ausgeführt wurde, ist die Nutzungsentschädigung insoweit unterhaltsrechtlich bereits kompensiert.[145] Denn der im Unterhaltsverfahren

---

[133] BGH, FamRZ 1995, 216 = R 485B a
[134] BGH, FamRZ 1983, 795
[135] BGH, FamRZ 1983, 795; FamRZ 1982, 355
[136] BGH, FamRZ 1986, 434; FamRZ 1986, 436 = NJW 1986, 1339
[137] BGH, FamRZ 1986, 436 = NJW 1986, 1339; FamRZ 1986, 881 = NJW-RR 1986, 1261
[138] BGH, FamRZ 1995, 216 = R 485B a; FamRZ 1993, 676 = R 459
[139] BGH, FamRZ 1993, 676 = R 459
[140] BGH, FamRZ 1997, 484, 486 = R 508
[141] BGB a.a.O.
[142] BGH a.a.O.
[143] BFH, FamRZ 2000, 1360
[144] BGH, FamRZ 2003, 432 = R 583; FamRZ 1994, 1100, 1102 = R 482 b
[145] BGH, FamRZ 1997, 484, 486 = R 508

angesetzte Wohnwert beinhaltet bereits eine Regelung über den Nutzungswert des dem Ausziehenden gehörenden, aber vom anderen Ehegatten genutzten Miteigentums. Dies gilt nicht nur bei einem Wohnwert nach der objektiven Marktmiete, sondern auch bei Ansatz des angemessenen Wohnwertes in der Trennungszeit, da auch insoweit über den Gebrauchswert der gesamten Wohnung entschieden wurde.[146] Der ausziehende Ehegatte wird dadurch nicht schlechter gestellt, da sich bei Zahlung einer die ehelichen Lebensverhältnisse nicht prägenden Nutzungsentschädigung der Unterhalt entsprechend ändert.

364 b Bei Nutzung eines Hauses, das dem anderen Ehegatten **allein gehört,** besteht außerhalb eines Verfahrens auf Zuweisung der Ehewohnung nach § 1361 b BGB oder nach § 3 der HausratsVO kein Anspruch gegen den Eigentümer auf Nutzungsregelung. Der andere ist gegen den Willen des Eigentümers zur alleinigen Nutzung nicht berechtigt. Eine solche Nutzung und ein entsprechendes Nutzungsentgelt kann aber einvernehmlich vereinbart und bezahlt werden mit der Folge, dass kein mietfreies Wohnen mehr vorliegt.

Rechenbeispiele:
M und F werden geschieden. Erwerbseinkommen M 2000 €, F 1000 € (prägend). Der Mietwert der gemeinsamen Ehewohnung beträgt 700 €. F beantragt nachehelichen Unterhalt.
a) M bleibt in der Ehewohnung.
b) M bleibt in der Ehewohnung und zahlt F eine Nutzungsentschädigung von 300 €.
c) F bleibt in der Ehewohnung.
d) F bleibt in der Ehewohnung und zahlt M eine Nutzungsentschädigung von 300 €.
Lösung (nach der Additionsmethode):
a) M bleibt in Ehewohnung:
Nach SüdL mit $^1/_{10}$
Bedarf: $^1/_2$ × ($^9/_{10}$ × 2000 + $^9/_{10}$ × 1000 + 700) = 1700
Höhe: 1700 ./. $^9/_{10}$ × 1000 = 800
M verbleiben damit einschließlich des Wohnwertes 1900 € (2000 + 700 ./. 800), F 1800 € (1000 + 800).
Nach DT mit $^1/_7$
Bedarf: $^1/_2$ × ($^6/_7$ × 2000 + $^6/_7$ × 1000 + 700) = 1636
Höhe: 1636 ./. $^6/_7$ × 1000 = 778
M verbleiben damit einschließlich des Wohnwertes 1922 € (2000 + 700 ./. 778), F 1778 € (1000 + 778).
b) M bleibt in Ehewohnung und zahlt Nutzungsentschädigung:
Nach SüdL mit $^1/_{10}$
Bedarf: $^1/_2$ × ($^9/_{10}$ × 2000 + $^9/_{10}$ × 1000 + 700) = 1700
Höhe: 1700 ./. ($^9/_{10}$ × 1000 + 300) = 500
M verbleiben damit einschließlich des Wohnwertes 1900 € (2000 + 700 ./. 300 ./. 500), F 1800 € (1000 + 300 + 500).
Nach DT mit $^1/_7$
Bedarf: $^1/_2$ × ($^6/_7$ × 2000 + $^6/_7$ × 1000 + 700) = 1636
Höhe: 1636 ./. ($^6/_7$ × 1000 + 300) = 478
M verbleiben damit einschließlich des Wohnwertes weiterhin 1922 € (2000 + 700 ./.300 ./. 478), F 1778 € (1000 + 300 +478).
c) F bleibt in Ehewohnung:
Nach SüdL mit $^1/_{10}$
Bedarf: $^1/_2$ × ($^9/_{10}$ × 2000 + $^9/_{10}$ × 1000 + 700) = 1700
Höhe: 1700 ./. ($^9/_{10}$ × 1000 + 700) = 100
M verbleiben damit 1900 € (2000 ./. 100), F einschließlich des Wohnwertes 1800 € (1000 + 700 + 100).
Nach DT mit $^1/_7$
Bedarf: $^1/_2$ × ($^6/_7$ × 2000 + $^6/_7$ × 1000 + 700) = 1636
Höhe: 1636 ./. ($^6/_7$ × 1000 + 700) = 78
M verbleiben damit weiterhin 1922 € (2000 ./. 78), F einschließlich des Wohnwertes 1778 € (1000 + 700 +78).
d) F bleibt in Ehewohnung und zahlt Nutzungsentschädigung:
Beim Bedarf verbleibt es beim Wohnwert von 700, bei der Bedürftigkeitsstufe (= Höhe) ist bei F dagegen nur der um die Nutzungsentschädigung als Belastung gekürzte Wohnwert von 400 € (700 ./. 300) anzusetzen

---

[146] Gerhardt, FamRZ 1993, 1139, 1141

Nach SüdL mit $^1/_{10}$
Bedarf: $^1/_2 \times (^9/_{10} \times 2000 + {}^9/_{10} \times 1000 + 700) = 1700$
Höhe: 1700 ./. $(^9/_{10} \times 1000 + 400) = 400$
M verbleiben damit 1900 € (2000 + 300 ./. 400), F einschließlich des Wohnwertes 1800 € (1000 + 400 + 400).
Nach DT mit $^1/_7$
Bedarf: $^1/_2 \times (^6/_7 \times 2000 + {}^6/_7 \times 1000 + 700) = 1636$
Höhe: 1636 ./. $(^6/_7 \times 1000 + 400) = 378$
M verbleiben damit weiterhin 1922 € (2000 + 300 ./. 378), F einschließlich des Wohnwertes 1778 € (1000 + 400 + 378).

7. Unterhaltsrechtliche Auswirkung eines Wohnvorteils beim Ehegattenunterhalt

a) Wohnvorteil und Bedarfsbemessung. Im Rahmen der Bedarfsbemessung (§§ 1361, 1578 BGB) zählt der Wohnvorteil (= Differenz zwischen Wohnwert und abzugsfähigen Hauskosten) zu den die ehelichen Lebensverhältnisse nachhaltig **prägenden Einkünften,** wenn die Eheleute bis zur Trennung ein eigenes Haus oder eine Eigentumswohnung (Allein- oder Miteigentum) bewohnt haben.[147] 365

- Für diese Beurteilung als nachhaltig prägend ist der Lebenszuschnitt maßgeblich, den die Eheleute während der Zeit des Zusammenlebens in der Ehe (= bis zur Trennung) durch ihre Leistungen begründet haben.[148] 365 a
- **Prägend** ist dabei der Wohnwert, der nach Abzug von verbrauchsunabhängigen Nebenkosten, die üblicherweise nicht auf einen Mieter umgelegt werden, Instandhaltungskosten sowie bei Trennung/Scheidung noch zu zahlenden Abzahlungen (Zins und Tilgung) verbleibt, da die Eheleute nur in dieser Höhe billiger als ein Mieter wohnten[149] (vgl. Rn. 334 ff.). Er bemisst sich in der Trennungszeit in der Regel nach einem angemessenen Wert, nach der Scheidung nach der objektiven Marktmiete (vgl. Rn. 317 ff.). Auch wenn durch den Ansatz eines angemessenen Wohnwertes der Bedarf während der Trennungszeit dadurch aus Billigkeitsgründen niedriger ausfällt als bei Ansatz der objektiven Marktmiete, ist dies hinzunehmen. Denn die ehelichen Lebensverhältnisse verwirklichen sich nach der Trennung der Parteien in Form eines entsprechend geringer anzusetzenden Gebrauchsvorteils als bedarfsprägend.[150] Dies gilt auch bei langer Trennungszeit.[151] Im Ergebnis geht es insoweit nur um eine Bewertungsfrage unter Berücksichtigung der vorhandenen Barmittel für einen Zeitraum, in dem eine Vermögensverwertung/-umschichtung des durch den Auszug des Ehepartners entstandenen sog. toten Kapitals noch nicht verlangt werden kann, um eine Versöhnung der Eheleute nicht zu erschweren. Es bleibt aber beim Grundsatz, dass die ehelichen Lebensverhältnisse durch mietfreies Wohnen geprägt wurden. 366
- Haben die Eheleute in der Ehezeit zwei Immobilien als Familienheim genutzt, sind beide Wohnwerte eheprägend. 366 a
- **Wohnen beide Eheleute** nach der Trennung zunächst noch **weiter im Eigenheim,** ist der Wohnwert beim Bedarf als eheprägend zu berücksichtigen, auch wenn er sich bei der Unterhaltsberechnung im Ergebnis als wertneutral auswirkt, da er dann auf der Bedürftigkeitsstufe zur Hälfte anzurechnen ist. Es ist jedoch zu beachten, dass sich der Bedarf 366 b

[147] BGH, FamRZ 2003, 1179 = R 592 a; FamRZ 2001, 1140, 1143 = R 560 b; FamRZ 2001, 986, 991 = R 563 e; FamRZ 2000, 950, 952 = R 540 a; FamRZ 1998, 87 = R 516 a; NJW 1998, 2821, 2823 = R 525 e; FamRZ 1995, 869 = R 494; FamRZ 1989, 1160, 1162 = R 395 d; FamRZ 1986, 441 = R 289 a
[148] BGH, NJW 1998, 2821 = R 525 f.; FamRZ 1995, 869 = R 494; BGH, FamRZ 1986, 437 = NJW 1986, 1342; FamRZ 1984, 358 = NJW 1986, 1237
[149] BGH, FamRZ 2003, 1179 = R 592 a; FamRZ 2000, 950, 951 = R 540 a; FamRZ 1998, 87 = R 516 a; NJW 1998, 2821, 2823 = R 525 e; FamRZ 1995, 869 = R 494; FamRZ 1995, 291 = R 487 b; FamRZ 1994, 1100, 1102 = R 482 b; FamRZ 1989, 1160, 1162 = R 395 d; FamRZ 1987, 572, 575 = R 323 e
[150] BGH, FamRZ 2000, 351, 353 = R 538 b; NJW 1998, 2821, 2823 = R 525 e
[151] BGH, FamRZ 2000, 351, 353 = R 538 b

dadurch erhöht. Außerdem wird dadurch berücksichtigt, wer Hausschulden abzahlt (vgl. Rn. 346 ff.).

366 c • Wird das gemeinsame Familienheim nach Trennung/Scheidung veräußert und aus dem Erlös eine neue Immobilie angeschafft, ist der neue Wohnwert als Surrogat des früheren mietfreien Wohnens eheprägend (näher Rn. 382 ff.).[152] Zur Übernahme der Haushälfte des anderen Ehegatten näher Rn. 394.

367 • Die ehelichen Lebensverhältnisse werden **nicht geprägt** durch ein Haus, das von den Eheleuten zwar als Ehewohnung geplant, aber nicht gemeinsam bewohnt wurde, weil es bei Trennung erst im Rohbau fertiggestellt war.[153]

367 a • Ein Wohnvorteil ist **nichtprägend,** wenn ein Ehegatte das Haus oder die Ehewohnung erst **nach der Trennung/Scheidung** mit nicht prägenden Mitteln, z. B. einer Erbschaft, einem Lottogewinn, einer Abfindung für Schmerzensgeld oder aus dem Zugewinn, erworben und bezogen hat.[154]

367 b • Kein eheprägender Wohnwert ist anzusetzen, wenn die Eheleute in der Ehe mietfrei und ohne Gegenleistung in einer Immobilie der Eltern oder eines nahen Angehörigen lebten (vgl. Rn. 312).

368 **Entfallen** für einen Ehepartner infolge seines Auszugs bei Trennung die **Nutzungen des Hauses,** so hat dieser Ausfall der Nutzungen **keinen Einfluss** auf die Beurteilung der prägenden ehelichen Lebensverhältnisse, weil der bedürftige Ehegatte nach der Intention des Gesetzes vor einem sozialen Abstieg infolge der Scheidung bewahrt werden soll.[155] Der Wohnwert bleibt prägend erhalten, während der Trennungszeit in Höhe eines angemessenen Wertes, nach Scheidung in Höhe der objektiven Marktmiete. Am besten lässt sich dies nach der Additionsmethode darstellen, da dort klar erkennbar ist, dass es für die Bedarfsermittlung nicht darauf ankommt, wer nach Trennung/Scheidung im Familienheim bleibt, sondern nur, dass ein eheprägender Wohnwert vorhanden ist (vgl. Beispiele Rn. 330).

Nutzungen der Ehewohnung, die der ausziehende Ehegatte nicht mehr ziehen kann, bleiben bei dem **auf den Bedarf** nach den ehelichen Lebensverhältnissen **anzurechnenden Einkommen** des Berechtigten, bzw. der Leistungsfähigkeit des Pflichtigen **außer Betracht,** d. h. dem **Ausziehenden** ist nach §§ 1577 I, 1581 BGB **kein Wohnvorteil** zuzurechnen. Dabei kommt es auf die Gründe der Trennung nicht an. Ein Ehegatte führt nicht dadurch mutwillig seine Bedürftigkeit herbei, dass er aus der Ehewohnung auszieht. Das gilt in gleicher Weise für den Verpflichteten und den Berechtigten.[156]

369 **b) Wohnvorteil und Bedürftigkeit des Berechtigten.** Hat der **Berechtigte** nach der Trennung weiterhin einen **prägenden Wohnvorteil,** weil er in der Ehewohnung verbleibt, **kürzt** dieser seinen sich aus den ehelichen Lebensverhältnissen ergebenden **Bedarf** (§ 1577 I BGB). Er ist beim Trennungsunterhalt in der Regel auf einen angemessenen Wert zu begrenzen, soweit er auch bei der Bedarfsermittlung nur mit einem angemessenen Wert angesetzt wurde,[157] beim nachehelichen Unterhalt richtet er sich bei Bedarf und Bedürftigkeit nach der objektiven Marktmiete (vgl. Rn. 317 ff.). Der **prägende Wohnwert** ist also vom **Wertansatz** bei der Ermittlung des Bedarfs und des auf diesen Bedarf anzurechnenden Einkommens des Berechtigten (= Unterhaltshöhe) stets **identisch**[158] (vgl. Rn. 329, 365). Die **tatsächlich anzurechnende Wohnwerthöhe** kann jedoch differieren. Denn bei den zum Zeitpunkt der Trennung auf das Eigenheim noch zu leistenden Abzahlungen ist zwischen Bedarfsermittlung und anzurechnendem Einkommen zu unterscheiden. Bei der Ermittlung des Bedarfs sind sie in vollem Umfang zu berücksichtigen (s. oben Rn. 343 ff.), beim anzurechnenden Einkommen kommt es darauf an, ob und in welcher Höhe sie der Berechtigte nach der Trennung weiterbezahlt, wenn ja ferner, ob es sich um Allein- oder Miteigentum handelt (vgl. Rn. 346 ff.).

---

[152] BGH, FamRZ 2001, 1140, 1143 = R 560 b; FamRZ 2001, 986, 991 = R 563 e
[153] BGH, FamRZ 1988, 145 = NJW-RR 1988, 514
[154] BGH, FamRZ 1988, 1031 = NJW-RR 1988, 1093
[155] BGH, FamRZ 1986, 437 = NJW 1986, 1342
[156] BGH, FamRZ 1989, 1160, 1162 = R 395 d; FamRZ 1986, 434 = NJW 1986, 1340
[157] BGH, NJW 1998, 2821, 2823 = R 525 e
[158] BGH a.a.O.

Hat der Berechtigte einen **nichtprägenden Wohnvorteil,** z. B. durch Eigentumserwerb aus Mitteln des Zugewinnausgleichs, aus Lottogewinn, einer Abfindung, aus Erbschaft, aus Übernahme des Miteigentumsanteils des Ehepartners (vgl. Rn. 394) oder aus einem neuen dinglichen Wohnrecht, dann mindert dieser Wohnvorteil die Bedürftigkeit ebenfalls, weil der Berechtigte nach § 1577 I BGB alle prägenden und nichtprägenden Einkünfte bedarfsmindernd heranziehen muss.[159] Der nichtprägende neue Wohnwert ist stets mit der **objektiven Marktmiete** anzusetzen. Werden zum Erwerb der neuen Immobilie Schulden aufgenommen, kürzen nach BGH zwar die **Zinsen,** nicht aber die **Tilgung** den Wohnwert, da der Unterhalt nicht der Vermögensbildung dient.[160] Durch Vermögensumschichtung ist dann aber regelmäßig nur ein ohne Aufnahme von Schulden erzielbarer Wohnwert anzusetzen, bzw. soweit dieser neue Wohnwert im Verhältnis zum eingesetzten Kapital eine zu geringe Rendite erbringt, Zinsen aus dem eingesetzten Kapital (vgl. näher Rn. 393). 370

Wenn die Parteien in einem früheren Vergleich einen prägenden Wohnvorteil bei der Bedarfsbemessung völlig unberücksichtigt gelassen haben, dann ist auch in einem **Abänderungsverfahren** (§ 323 ZPO) kein Wohnvorteil zu berücksichtigen. Die sich daraus ergebende Einschränkung der Abänderbarkeit ist im Verfahren nach § 323 ZPO zu beachten.[161] Nach ständiger Rechtsprechung des BGH binden auch fehlerhafte Feststellungen, da § 323 ZPO nur der Korrektur fehlgeschlagener Prognosen dient, nicht wie ein Rechtsmittel der Beseitigung von Fehlern (näher Rn. 8/158 a).[162] Wurde in einem Vorverfahren der eheangemessene Bedarf konkret ermittelt und dabei der Wohnbedarf auf 500 € bemessen, so ist ein späterer höherer neuer Wohnvorteil des Berechtigten in Höhe des Mehrwertes auf den Bedarf anzurechnen, wobei der frühere Wohnwert nach Maßgabe der gestiegenen Lebenshaltungskosten fort zuschreiben ist. 371

Die Bedürftigkeit des Berechtigten wird nicht gemindert, wenn ihm die Eltern oder ein naher Angehöriger **freiwillig und kostenlos** als Sachleistung eine Wohnung zur Verfügung stellen oder ihn in ihre Wohnung unentgeltlich aufnehmen (vgl. Rn. 312). Die Anrechenbarkeit solcher Leistungen hängt in solchen Fällen grundsätzlich vom Willen des Zuwendenden ab. Geht dieser Wille, wie in der Regel, dahin, den Berechtigten zu unterstützen, ohne den Verpflichteten von seiner Unterhaltspflicht zu entlasten, ist die Zuwendung nicht mit dem Unterhaltsanspruch zu verrechnen.[163] Eine Ausnahme besteht nur im Mangelfall, da im Mangelfall auch freiwillige Leistungen Dritter als Einkommen angesetzt werden können (näher Rn. 5/100).[164] 372

Erfolgt die Wohnungsgewährung im Rahmen der **Haushaltsführung für einen neuen Lebensgefährten,** ist in dem für die Haushaltsführung anzusetzenden Einkommen das kostenlose Wohnen mit enthalten (vgl. Rn. 4/260 a).[165]

Erhält der Berechtigte für die Nutzung seines Miteigentumsanteils oder seines Alleineigentums gemäß einer Vereinbarung oder einer richterlichen Entscheidung ein Nutzungsentgelt, so mindert diese Zahlung seine Bedürftigkeit und ist auf seinen Bedarf nach den ehelichen Lebensverhältnissen anzurechnen (vgl. Rn. 362 a). 373

c) Wohnvorteil und Leistungsfähigkeit des Verpflichteten. Bei der Ermittlung der **Leistungsfähigkeit** des Verpflichteten sind wie beim Bedürftigen **alle Einkünfte** heranzuziehen, die diesem zufließen, gleich welcher Art sie sind und auf welcher Grundlage er sie bezieht[166] (vgl. auch Rn. 4/570). Dazu zählen sowohl alle prägenden Einkünfte, z. B. ein prägender Wohnvorteil, als auch alle nichtprägenden Einkünfte, z. B. Erträge aus dem 374

---

[159] BGH, FamRZ 1998, 87 = R 516 b; NJW-RR 1988, 1093, 1095

[160] BGH, FamRZ 2000, 950, 951 = R 540 b; FamRZ 1998, 87 = R 516 b; FamRZ 1992, 423 = R 442 b

[161] FamRZ 1990, 269, 272 = NJW 1990, 709

[162] BGH, FamRZ 2001, 905, 906 = NJW-FER 2001, 25; FamRZ 2000, 1687, 1690 = NJW 2001, 3618

[163] BGH, FamRZ 1980, 40, 42 = NJW 1980, 124; FamRZ 1980, 879; FamRZ 1985, 584 = NJW 1985, 1339

[164] BGH, FamRZ 1999, 843, 847 = R 533 c

[165] BGH, FamRZ 1995, 343 = R 489

[166] BGH, FamRZ 1986, 780 = R 301 a; FamRZ 1985, 354, 356 = R 222 d; FamRZ 1980, 342; FamRZ 1982, 250; FamRZ 1981, 338

Zugewinn oder ein Wohnvorteil aus einem erst nach der Trennung aus einer Erbschaft erworbenen Haus. Zu den nichtprägenden Einkünften, welche die Leistungsfähigkeit erhöhen, zählt auch eine Nutzungsentschädigung, die der Verpflichtete vom Berechtigten für die Nutzung seines Allein- oder Miteigentums vereinbarungsgemäß oder auf Grund richterlicher Entscheidung erhält, weil eine entsprechende Zahlung auch aufseiten des Berechtigten auf den Unterhalt verrechnet wird[167] (vgl. Rn. 362 a).

Zur Höhe eines prägenden oder nichtprägenden Wohnwertes gelten die bereits beim Bedürftigen gemachten Ausführungen (s. oben Rn. 369 ff.).

Bei einem **negativen Wohnwert** ist zu beachten, dass Abzahlungen, die den Wohnwert übersteigen, nicht berücksichtigungsfähig sind, soweit sie dem Mietkostenanteil im Selbstbehalt entsprechen; sie würden ansonsten im Ergebnis doppelt verwertet (vgl. Rn. 402 b).

375 **Nichtprägende Einkünfte des Verpflichteten** sind unterhaltsrechtlich heranzuziehen, wenn bei ihm nichtprägende zusätzliche Verbindlichkeiten, insbesondere Unterhaltspflichten gegenüber Kindern aus einer neuen Ehe entstehen (vgl. Rn. 657; 4/191, 571, 5/112 ff.).

376 Im Rahmen der Leistungsfähigkeit darf dem Verpflichteten – wie beim Berechtigten – nicht leistungserhöhend zugerechnet werden, dass ihn die Eltern oder ein naher Angehöriger unentgeltlich in der Wohnung aufnehmen oder ihm als Sachleistung kostenlos eine Wohnung zur Verfügung stellen. Seine Leistungsfähigkeit erhöht sich dadurch nur, wenn es sich um eine Gegenleistung handelt (s. näher Rn. 312, 468 ff.). Eine Ausnahme besteht im Mangelfall; der Selbstbehalt kann dann um den im Selbstbehalt enthaltenen Wohnkostenanteil gekürzt werden.[168]

Nimmt ein neuer Lebensgefährte den Pflichtigen mietfrei bei sich auf, kann es angemessen sein, ein nichtprägendes Einkommen aus Haushaltsführung für einen neuen Partner anzusetzen, da der Pflichtige insoweit nicht anders behandelt werden kann als der Bedürftige (s. oben Rn. 373). Naheliegender wäre es in diesem Fall entgegen BGH,[169] von einem nichtprägenden Einkommen wegen ersparter Aufwendungen auszugehen (vgl. Rn. 4/460 d). Selbst wenn man aber auch in diesem Fall das mietfreie Wohnen nur als freiwillige Zuwendung eines Dritten ansieht, ist zu beachten, dass im **Mangelfall** nach Billigkeitsabwägung solche freiwilligen Zuwendungen gemäß § 1581 BGB auf der Leistungsstufe anrechenbar sind (s. Rn. 5/100 ff.).

Im Rahmen des § 1581 BGB können bei einer Billigkeitsabwägung auch Kosten, die der Verpflichtete für eine Eigentumswohnung seiner neuen Freundin zahlt, leistungsmindernd berücksichtigt werden, soweit der Verpflichtete in dieser Höhe einen Gegenwert in Form des freien Wohnens erlangt.[170]

377 **d) Wohnvorteil und trennungsbedingter Mehrbedarf.** Durch Trennung und Auszug eines Partners aus dem Familienheim kann ein trennungsbedingter Mehrbedarf entstehen. Beim mietfreien Wohnen ergibt sich die Besonderheit, dass während des Zusammenlebens auf beide Eheleute der volle Wohnwert in Höhe der Marktmiete entfiel, nach der Trennung aber für den im Familienheim verbleibenden Ehegatten aus Billigkeitsgründen nur ein angemessener Wert angesetzt wird. Da einem Ehepartner der reduzierte Wohnwert nach dem Auszug des Ehegatten allein verbleibt, der Ausziehende dagegen regelmäßig Mietkosten entsprechend dem angemessenen Wohnwert hat, zeigt sich gerade beim Wohnwert die generelle Problematik des trennungsbedingten Mehrbedarfs. Beide Ehepartner haben durch die Trennung erhöhte Kosten, die sich regelmäßig aufheben, so dass es schon immer problematisch war, einen trennungsbedingten Mehrbedarf zuzusprechen.

378 Ist ein **eheprägender Wohnwert** zu berücksichtigen ist, ist bei den durch die Trennung entstehenden Mehrkosten wegen erhöhten Wohnbedarfs zunächst zu unterscheiden zwischen dem im Eigenheim Bleibenden und dem Ausziehenden. Der weiterhin im Eigenheim Lebende hat durch die Anrechnung des gesamten Wohnwertes bei der Bedürftigkeit/Leistungsfähigkeit an sich bereits dadurch einen Mehrbedarf, da auf ihn während des Zusammenlebens nur der halbe Wohnwert traf.

---

[167] BGH, FamRZ 1986, 434; FamRZ 1986, 436
[168] OLG Koblenz, FamRZ 2002, 1215; OLG Dresden, FamRZ 1999, 1522
[169] BGH, FamRZ 1995, 343 = R 489
[170] BGH, FamRZ 1982, 898 = NJW 1982, 1999

Das folgende Beispiel soll dies verdeutlichen, wobei aus Vereinfachungsgründen davon ausgegangen wird, dass M und F Rentner sind.

Beispiel:
M hat ein Nettoeinkommen von 2000 €, F von 1000 €, der Wohnwert beträgt 800 € (Marktmiete).
Solange M und F in der Ehewohnung leben, würde auf jeden die Hälfte des Wohnwertes fallen und sich der Unterhalt der F daher wie folgt berechnen:
Bedarf: 1/2 (2000 + 1000 + 800) = 1900
Höhe: 1900 ./. (1000 + 400) = 500
Durch einen Auszug von M und F ändert sich am festgestellten Bedarf nichts, da aber dem in der Wohnung Verbleibenden der Wohnwert jetzt voll angerechnet wird, ändert sich die Unterhaltshöhe.
M bleibt in der Wohnung:
Höhe: 1900 ./. 1000 = 900
F bleibt in der Wohnung:
Höhe: 1900 ./. (1000 + 800) = 100
Der Unterhalt verschiebt sich damit durch den Auszug jeweils in Höhe des halben Wohnwertes; im Ergebnis ist dieser Teil des Unterhalts (im Beispiel 400 €) bei gemeinsamem Eigentum eine Nutzungsentschädigung, die über den Unterhalt verrechnet wird, die aber für den im Eigenheim Verbleibenden zugleich einen entsprechenden Mehrbedarf ergibt.
Bei dem im Eigenheim Verbleibenden ist jedoch in der Trennungszeit aus Billigkeitsgründen nicht die Marktmiete, sondern nur ein angemessener Wohnwert anzusetzen. Dieser wird so berechnet, dass unter Berücksichtigung des toten Kapitals die Miete für eine entsprechend kleinere Wohnung herangezogen wird (vgl. Rn. 318).
Geht man vom obigen Beispiel aus und setzt den angemessenen Wohnwert mit 500 € an, ist die Unterhaltsberechnung daher zu korrigieren, da der eheprägende Wohnwert aus Billigkeitsgründen niedriger angesetzt wird.
F bleibt in der Wohnung:
Bedarf: 1/2 (2000 + 1000 + 500) = 1750 (statt 1900)
Höhe: 1750 ./. (1000 + 500) = 250
M bleibt in der Wohnung:
Bedarf: wie oben
Höhe: 1750 ./. 1000 = 750

Die trennungsbedingten Mehrkosten des **in der Wohnung Verbleibenden** werden damit zum Teil bereits durch den aus Billigkeitsgründen reduzierten Wohnwert und die sich daraus ergebende Erhöhung des Unterhalts, wenn der Bedürftige im Eigenheim verbleibt, bzw. Senkung des Unterhalts, wenn der Pflichtige das Familienheim weiter bewohnt, ausgeglichen. Der darüber hinausgehende Betrag kann nicht zugesprochen werden, weil der Wohnwert aus Billigkeitsgründen so angesetzt wurde, dass der ausziehende Ehegatte in gleicher Höhe eine Wohnung anmieten kann. Im Ergebnis haben damit beide Eheleute gegenüber der Ehe gleich hohe Mehrkosten, d. h. der Mehrbedarf neutralisiert sich.

Nach der bisherigen Rechtsprechung des BGH ist ein **trennungsbedingter Mehrbedarf des Bedürftigen** unterhaltsrechtlich bei der Bedarfsbemessung nur zu berücksichtigen, wenn er geltend gemacht wird. Soweit **nur prägende Einkünfte** vorhanden sind, wird mit dem errechneten sog. Quotenunterhalt alles verteilt, so dass **kein zusätzlicher trennungsbedingter Mehrbedarf** zugesprochen werden kann.[171] Ein geltend gemachter trennungsbedingter Mehrbedarf des Bedürftigen kann deshalb nur erfüllt werden, wenn **zusätzliche Mittel des Bedürftigen oder Pflichtigen vorhanden sind,** die bei der Bedarfsbemessung nicht berücksichtigt wurden, weil sie die ehelichen Lebensverhältnisse nicht geprägt haben.[172] **378 a**

Wie bereits ausgeführt, ist nach der geänderten Rechtsprechung des BGH davon auszugehen, dass trennungsbedingte Mehrkosten nicht mehr bedarfserhöhend zugesprochen werden können (vgl. Rn. 310 e; 4/432 a).[173] Der trennungsbedingte Mehrbedarf ist im **379**

[171] BGH, FamRZ 1995, 343 = R 489 c
[172] BGH, FamRZ 1995, 343 = R 489 c; FamRZ 1984, 149, 151 = NJW 1984, 292; FamRZ 1982, 255, 257 = R 93 c
[173] Gerhardt, FamRZ 2003, 272; Graba, FamRZ 2002, 857; Büttner, NJW 2001, 3244; für Beibehaltung in eingeschränktem Umfang Borth, FamRZ 2001, 1655

Gegensatz zu sonstigen den Elementarbedarf übersteigenden Mehrkosten, wie Kranken- und Altersvorsorge sowie ausbildungsbedingter Mehrbedarf, im Gesetz nicht verankert (vgl. § 1578 II, III BGB). Er wurde auch nur entwickelt, um die früheren Härten der bei Hausfrauen angewandten Anrechnungsmethode zu mildern.[174] Nachdem durch die geänderte Rechtsprechung des BGH zu den ehelichen Lebensverhältnissen diese Härten zugunsten des haushaltsführenden Ehegatten geändert wurden, besteht kein Grund mehr, weiterhin trennungsbedingten Mehrbedarf zuzusprechen.

380 Der BGH hat zu dieser Problematik bisher noch nicht Stellung genommen. Nach seiner früheren Rechtsprechung hat er vertreten, dass bei Vorhandensein zusätzlicher Mittel durch nichtprägende Einkünfte oder als Abzugsposten anerkannte vermögensbildende Aufwendungen der volle Unterhalt durch die Quote und den trennungsbedingten Mehrbedarf gebildet wird.[175] Gegen diese Auslegung des Begriffs der ehelichen Lebensverhältnisse im Sinne der §§ 1361 I, 1578 I BGB bestehen allerdings grundsätzliche Bedenken. Mehrkosten, die durch die Trennung entstehen, sind Trennungsfolgen, haben also mit dem ehelichen Standard an sich nichts zu tun. Nachdem das Institut der Ehe in Art. 6 GG geschützt ist, kann der Begriff „eheliche Lebensverhältnisse" nicht dahingehend ausgeweitet werden, dass hierunter auch rein trennungsbedingte Mehrkosten fallen; letzteres wäre nicht eheerhaltend, sondern scheidungsfördernd. Es entspricht auch nicht dem Gerechtigkeitsgebot, dass diese Mehrkosten von einem Ehegatten für den anderen aufzubringen sind, da dies Feststellungen erfordern würde, wer die Trennung verursacht hat. Darauf kommt es aber seit der Einführung des Zerrüttungsprinzips nicht mehr an. Auch der Grundsatz der Eigenverantwortung in § 1569 BGB weist darauf hin, dass trennungsbedingte Mehrkosten selbst zu tragen sind.

381 Trennungsbedingte Mehrkosten können deshalb nicht mehr bedarfserhöhend angesetzt werden. Bei der Leistungsfähigkeit ist dagegen zu beachten, dass unabwendbare Mehrkosten der Trennung im Einzelfall aus anderen Gründen zu berücksichtigen sind. Bleibt z. B. der Pflichtige nach der Trennung im Eigenheim, während der Bedürftige sich eine Wohnung anmietet, und liegt wegen beengter finanzieller Verhältnisse ein Mangelfall vor, kann es erforderlich sein, den Selbstbehalt anzuheben, wenn der angemessene Wohnwert die im Selbstbehalt enthaltenen Wohnkosten übersteigt; der Pflichtige wäre ansonsten gezwungen, das Eigenheim bereits in der Trennungszeit zu verkaufen, was eine Versöhnung erschweren würde.

8. Wohnvorteil und Unterhalt nach Veräußerung des Familienheims

382 **a) Erlös als Surrogat:** Nach der früheren Rechtsprechung des BGH war bei Veräußerung des Familienheims nach Trennung oder Scheidung der **Wohnvorteil,** der die ehelichen Lebensverhältnisse **geprägt hatte,** festzustellen und als Bestandteil der ehelichen Lebensverhältnisse bei der Ermittlung des Bedarfs fiktiv mit in die Bemessungsgrundlage für den Unterhaltsanspruch einzubeziehen.[176] Auf diese Weise sollte ein sozialer Abstieg des Bedürftigen durch die Veräußerung des Familienheims vermieden werden.

383 Diese Rechtsprechung hat der BGH zeitgleich mit der Änderung seiner Rechtsprechung zur Haushaltsführung in der Ehe entsprechend einer Empfehlung des Arbeitskreises 3 des 13. Deutschen Familiengerichtstages 1999[177] grundlegend geändert.[178] Die **Zinsen aus dem Erlös** oder ein mit dem Erlös angeschaffter **neuer Wohnwert** sind **Surrogat** des früheren Wohnwertes und damit **eheprägend.**[179] Dies gilt auch, wenn die Zinsen aus dem Erlös den früheren Wohnwert **übersteigen.**[180]

---

[174] Graba, FamRZ 2002, 857; Luthin, FamRZ 1996, 326
[175] BGH, FamRZ 1984, 358 = NJW 1984, 1237; FamRZ 1982, 255 = R 93 c
[176] Vgl. z. B. BGH, FamRZ 1998, 87 = R 516 b; FamRZ 1994, 1100, 1102 = R 482 b sowie eingehend Vorauflage Rn 286 ff.
[177] Brühler Schriften zum Familienrecht, Bd. 11, 13. Deutscher Familiengerichtstag 1999, Beschlüsse Arbeitskreis 3 zu III
[178] Gerhardt, FamRZ 2003, 414
[179] BGH, FamRZ 2001, 986, 991 = R 563 e; FamRZ 2001, 1140, 1143 = R 560 b
[180] BGH, FamRZ 2002, 88, 91 = R 569 b

Die Änderung der Rechtsprechung ist sehr zu begrüßen. Es handelt sich um eine Lösung, die immer schon gangbar war und wesentlich einleuchtender ist. Die frühere Rechtsprechung wurde vom Normalbürger – und auch von vielen Juristen – nicht verstanden, weil bei einem Verkauf des Eigenheimes immer nur die beiderseitigen Erlösanteile verglichen wurden, nicht aber der frühere Wohnwert und der Erlös. Letzterer war in der Praxis selten identisch und konnte im Einzelfall auch zu unbilligen Ergebnissen führen, z. B. wenn der Wohnwert durch Abzahlungen niedrig, der Verkaufserlös dagegen durch teure Grundstückspreise hoch lag. Die Surrogatslösung ist daher auch fairer, da die Parteien das Risiko des Verkaufs teilen. Wie der BGH zu Recht ausgeführt hat, beinhaltet sie auch Abweichungen vom früheren Wohnwert, nachdem der Wert eines Surrogats nicht identisch mit dem abzulösenden Wert sein muss. Beide Eheleute teilen damit das Risiko des durch Beendigung der Ehe notwendigen Verkaufs, nachdem die Immobilie bei Trennung/Scheidung nicht real zwischen ihnen geteilt werden kann. Der Wert hat sich an dem jetzt vorhandenen und nicht zugunsten bzw. zulasten eines Ehegatten an einen früher vorhandenen Nutzungsvorteil zu orientieren. Nur dieses Ergebnis entspricht der Lebensstandardgarantie. Es ist damit auch richtig, die Zinsen in voller Höhe als Surrogat anzusetzen, wenn sie den früheren Wohnwert übersteigen, selbst wenn dieser durch hohe Abzahlungen null oder sogar negativ war. Es besteht zwar keine generelle Verpflichtung, wegen der Trennung/Scheidung Vermögen zu veräußern, um eine höhere Rendite und damit höhere Einkünfte zu erzielen.[181] Wenn aber eine Veräußerung des Familienheimes wegen Trennung/Scheidung erfolgen muss, weil eine Teilung in Natur bei gemeinsamem Immobilieneigentum nicht möglich ist bzw. sonstige bei Trennung/Scheidung entstehende finanzielle Belastungen, z. B. durch den Zugewinn, bei Alleineigentum einen Verkauf erfordern, sind die nunmehr gezogenen Nutzungen, i. d. R. Zinsen aus dem Erlös als tatsächlich vorhandenes Einkommen, für die Unterhaltsbemessung maßgebend. 384

b) Eigenheim gehört den Ehegatten gemeinsam. Die geänderte Rechtsprechung führt außerdem zu wesentlich vereinfachten Lösungen, vor allem im Hauptanwendungsfall, dass das Familienheim beiden Eheleuten gemeinsam gehört und der Erlös geteilt wird. Denn im Ergebnis sind die beiderseitigen Zinsen dann beim Ehegattenunterhalt wertneutral. Streitigkeiten der Eheleute über erzielbare Zinshöhe sind damit überflüssig, da die Zinsen für beide gleich hoch anzusetzen sind. Ausnahmen könnten sich allenfalls ergeben, wenn die Zinsen erheblich über den steuerlichen Freibeträgen liegen und die Eheleute sehr unterschiedliche Steuersätze haben. I. d. R. werden diese Abweichungen aber vernachlässigbar sein. Die **beiderseitigen Zinsen** sind damit in gleicher Höhe beim Bedarf anzusetzen und in Höhe des jeweiligen (Hälfte-)Anteils bei der Bedürftigkeit bzw. Leistungsfähigkeit. 385

Fall 1:
M hat ein bereinigtes Nettoeinkommen von 3000 €, F von 1500 €. M und F wohnten im Eigenheim mit einem Wohnwert von 1000 €, wobei sie noch 400 € Schulden monatlich abzahlen mussten. Welchen Unterhaltsanspruch hat F, wenn der Verkaufserlös des Hauses 200 000 € betrug, wovon sie 100 000 € erhielt und hieraus Zinseinkünfte von monatlich 400 € erzielt?

Lösung:
Eheprägend ist neben dem Erwerbseinkommen der Parteien nach Veräußerung des Eigenheimes nicht mehr der frühere Wohnwert von 600 € (1000 ./. 400), sondern als Surrogat die Zinsen aus dem Verkaufserlös, auch wenn sie den Wohnwert übersteigen. Dabei ist zu beachten, dass beide Ehepartner je 400 € Zinsen erhalten. Die Lösung erfolgt nach der Additionsmethode, da nur nach dieser Methode der Bedarf ermittelt wird, was zur verständlicheren Darstellung unumgänglich ist.

Nach SüdL mit $^1/_{10}$:
Bedarf: $^1/_2$ ($^9/_{10}$ 3000 + $^9/_{10}$ 1500 + 2 × 400) = 2425
Höhe: 2425 ./. ($^9/_{10}$ 1500 + 400) = 675

Nach DT mit $^1/_7$:
Bedarf: $^1/_2$ ($^6/_7$ 3000 + $^3/_7$ 1500 + 2 × 400) = 2328;
Höhe: 2328 ./. ($^6/_7$ 1500 + 400) = 643

Wäre der Erlös wegen höherer Schulden auf dem Eigenheim nur 100 000 €, so dass jeder Ehegatte 50 000 € erhält und hieraus 200 € Zinsen erzielt, würde sich das Ergebnis nicht ändern.

---

[181] BGH, FamRZ 1997, 281 = R 509 f.; FamRZ 1992, 1045 = R 448 a

Nach SüdL mit $^1/_{10}$:
Bedarf: $^1/_2$ ($^9/_{10}$ 3000 + $^9/_{10}$ 1500 + 2 × 200) = 2225
Höhe: 2225 ./. ($^9/_{10}$ 1500 + 200) = 675
Nach DT mit $^1/_7$:
Bedarf: $^1/_2$ ($^6/_7$ 3000 + $^3/_7$ 1500 + 2 × 200) = 2128;
Höhe: 2128 ./. ($^6/_7$ 1500 + 200) = 643

386 Im Ergebnis kann beim Ehegattenunterhalt **bei gemeinsamem Eigentum bei Vergleichen vereinfacht** vorgegangen werden. Da der Erlös wertneutral ist, kann man als Geschäftsgrundlage vereinbaren, dass der Bedarf nur aus dem sonstigen Einkommen, i. d. R. dem Erwerbseinkommen, ermittelt, dagegen die Zinsen aus dem Verkaufserlös weder beim Bedarf, noch bei der Bedürftigkeit/Leistungsfähigkeit angesetzt werden, da sich das Ergebnis rechnerisch nicht ändert. Dies hat den großen Vorteil, dass die Ehegatten über das Kapital frei verfügen können und in den Verhandlungen die üblichen gegenseitigen Vorwürfe, Geld verschleudert zu haben, unterbleiben, vor allem auch in späteren Abänderungsfällen.

Fall 1 (vereinfacht):
Lösung:
Nach SüdL mit $^1/_{10}$:
$^1/_2$ ($^9/_{10}$ 3000 + $^9/_{10}$ 1500) = 2025
2025 ./. $^9/_{10}$ 1500 = 675
Nach DT mit $^1/_7$:
$^3/_7$ (3000 ./. 1500) = 643

387 Um Missverständnisse zu vermeiden: Diese **vereinfachte Lösung gilt nur bei Miteigentum** der Ehegatten, nicht bei Alleineigentum, sie gilt ferner nicht in einem Mangelfall, wenn es um die Leistungsfähigkeit des Pflichtigen geht und nicht beim Kindesunterhalt, bei dem die Zinsen als Surrogat des früheren Wohnwertes beim Barunterhaltspflichtigen selbstverständlich für die Bedarfsermittlung des Kindes heranzuziehen sind.

388 Waren in einem **Unterhaltsvergleich** nach der früheren Rechtsprechung des BGH beim Bedarf der frühere Wohnwert angesetzt und hierauf die Zinsen aus dem Erlös angerechnet wurden, besteht durch die geänderte höchstrichterliche Rechtsprechung ein **Abänderungsgrund,** wenn sich durch die geänderte Rechtsprechung die Unterhaltsberechnung ändert. Das frühere Ergebnis kann deshalb mit einer **Abänderungsklage** korrigiert werden,[182] da es beiden Eheleuten zumutbar sein wird, die Vereinbarung der geänderten Rechtsprechung anzupassen. Auch bei **Urteilen** hat der BGH zwischenzeitlich anerkannt, dass eine geänderte höchstrichterliche Rechtsprechung einen Abänderungsgrund darstellt, da aus Gründen der Rechtssicherheit bei Urteilen und Vergleichen nichts anderes gelten kann.[183]

389 **c) Eigenheim im Alleineigentum eines Ehegatten.** Bei Alleineigentum des Bedürftigen/Pflichtigen bleiben die Zinsen in vollem Umfang als Surrogat eheprägend, bei der Bedürftigkeit/Leistungsfähigkeit sind sie in vollem Umfang beim Eigentümer als Einkommen anzusetzen.

Fall 2:
Wie Fall 1, aber das Eigenheim stand im Alleineigentum von
a) M
b) F
Lösung:
Zu a)
Nach SüdL mit $^1/_{10}$:
Bedarf: $^1/_2$ ($^9/_{10}$ 3000 + $^9/_{10}$ 1500 + 800) = 2425
Höhe: 2425 ./. $^9/_{10}$ 1500 = 1075
Leistungsfähigkeit M: gegeben, da ihm 2725 €, dh sein eheangemessener Selbstbehalt (Bedarf + $^1/_{10}$ Erwerbstätigenbonus aus 3000, vgl SüdL Nr. 21.4) verbleiben (3000 + 800 ./. 1075).
Nach DT mit $^1/_7$:
Bedarf: $^1/_2$ ($^6/_7$ 3000 + $^6/_7$ 1500 + 800) = 2328;
Höhe: 2328 ./. $^6/_7$ 1500 = 1043

---

[182] BGH, FamRZ 2001, 1687 = R 566 a
[183] BGH, FamRZ 2003, 848, 852 = R 588 c

Leistungsfähigkeit M: gegeben, da ihm 2757 € als eheangemessener Selbstbehalt verbleiben (3000 + 800 ./. 1043).

Zu b)

Nach SüdL mit 1/10:

Bedarf: 1/2 (9/10 3000 + 9/10 1500 + 800) = 2425

Höhe: 2425 ./. (9/10 1500 + 800) = 275

Nach DT mit 1/7:

Bedarf: 1/2 (6/7 3000 + 6/7 1500 + 800) = 2328;

Höhe: 2328 ./. (6/7 1500 + 800) = 243

d) Verwendung und Verbrauch des Erlöses. Aus der unterhaltsrechtlichen Obliegenheit des Bedürftigen, sich möglichst selbst zu unterhalten bzw. des Pflichtigen, für den errechneten Unterhalt leistungsfähig zu sein, ergibt sich zum einen die Verpflichtung, den Verkaufserlös adäquat anzulegen, zum anderen, das Geld nicht ungerechtfertigt zu verbrauchen. **390**

- Soweit der Berechtigte das Geld **angelegt** hat, hat er die Obliegenheit, sein Vermögen so ertragreich wie möglich zu nutzen.[184] Niedrige Sparbuchzinsen reichen hierfür regelmäßig nicht aus. Im Einzelfall wird aber zuzubilligen sein, dass ein Teil des Geldes so angelegt wird, dass es schnell verfügbar bleibt, z. B. über Festgeld. Höhere Zinseinkünfte sind vor ihrer Anrechnung auf den Bedarf um die Zinsabschlagsteuer von derzeit 30% (§§ 43, 43 a EStG), ggf. auch um eine darüber hinausgehende Einkommen- und Kirchensteuer, zu kürzen,[185] wobei der Freibetrag bei Einzelveranlagung derzeit seit dem Veranlagungszeitraum 2002 1550 € (bei gemeinsamer Veranlagung jeweils der doppelte Betrag) zuzüglich 51 € pauschale Werbungskosten beträgt (§§ 9 a I Nr. 2, 20 IV EStG). Wie bereits ausgeführt, spielt diese Frage bei Veräußerung eines im gemeinsamen Miteigentum stehenden Familieneigenheimes beim Ehegattenunterhalt keine Rolle, da die Zinsen in gleicher Höhe angesetzt werden (s. oben Rn. 385). Bei Alleineigentum eines Ehegatten oder beim Kindesunterhalt ist dieses Problem aber zu beachten. **391**
- Wurde das Geld ganz oder teilweise **verbraucht,** ohne Nutzungen zu ziehen, können fiktive Zinseinkünfte nur angesetzt werden, wenn der Bedürftige unwirtschaftlich handelte und dadurch eine mutwillige Herbeiführung der Bedürftigkeit nach § 1579 Nr. 3 BGB vorliegt.[186] Dies ist der Fall, wenn sich der Berechtigte unter grober Missachtung dessen, was jedem einleuchten muss, oder in Verantwortungs- und Rücksichtslosigkeit gegen den Unterhaltspflichtigen über die erkannte Möglichkeit nachteiliger Folgen für seine Bedürftigkeit hinweggesetzt hat.[187] Letzteres entfällt, soweit der Berechtigte das Geld für Verfahrenskosten, den Umzug, notwendige neue Einrichtungsgegenstände oder Fahrzeuge oder für seine unzureichende Altersversorgung ausgegeben hat.[188] Betreut der Bedürftige gemeinschaftliche minderjährige Kinder, entfällt ein Ansatz fiktiver Zinsen bei Verbrauch des Verkaufserlöses von vorneherein, wenn der Mindestbedarf nicht gesichert ist.[189] **392**

  Probleme nach der geänderten Rechtsprechung ergeben sich in der Praxis, wenn die Parteien einen Teil des Erlöses in unterschiedlicher Höhe verbraucht haben, wenn mit dem Erlös erneut Wohneigentum mit neuen Schulden erworben wird, wenn ein Ehegatte seinen Hälfteanteil an den anderen Ehegatten verkauft hat und wenn in den Erlös auch andere Zahlungen, z. B. der Zugewinn, eingeflossen sind. Aus Billigkeitsgründen wird man in der Regel bei Miteigentum die beiderseitigen Zinseinkünfte bei Verbrauch eines Teils des Geldes gleich hoch ansetzen, so dass sie sich im Ergebnis wertneutral verhalten (vgl. Rn. 385 Fall 1).[190] Das OLG Koblenz schlägt dabei vor, dass von den Zinsen aus

---

184 BGH, FamRZ 1992, 423, 425 = R 442 c; FamRZ 1990, 267, 270 = NJW 1990, 709

185 OLG München, FamRZ 1994, 1459

186 BGH, FamRZ 1997, 873, 875 = R 513 c; FamRZ 1990, 989, 991 = R 418 d

187 BGH, FamRZ 1990, 989, 991 = R 418 d

188 BGH a.a.O.

189 BGH, FamRZ 1997, 873, 875 = R 513 c

190 Brühler Schriften zum Familienrecht, Bd. 12, 14. Deutscher Familiengerichtstag 2001, Beschlüsse Arbeitskreis 13 zu II 1

dem niedrigeren Kapitalrest auszugehen ist, um den sparsamen Ehegatten nicht zu benachteiligen.[191]

393 • Wurde mit dem Erlös neues Wohneigentum gebildet, ist der **neue Wohnwert** Surrogat des früheren vollen Wohnwertes bzw. bei Miteigentum halben Wohnwertes und insoweit eheprägend.[192] Er richtet sich regelmäßig nach der **objektiven Marktmiete** (vgl. Rn. 320 a). Abzugsposten sind, falls für den Erwerb Kredite aufgenommen wurden, nach BGH nur die Zinsen, nicht aber die Tilgung, da sie der Vermögensbildung dient.[193] Denn anders als in der Ehezeit, in der Schulden das Familienbudget kürzten, dienen diese neuen Schulden allein der Vermögensbildung des Bedürftigen. Der Unterhalt dient aber nicht dazu, Vermögensbildung zu ermöglichen.[194] Die Berücksichtigung der Zinsen beruht hingegen darauf, dass sie auch bei Mieteinkünften als Werbungskosten Abzugsposten darstellen (vgl. Rn. 301, 351), auch wenn sie Teil der neuen Schuld sind. Ergibt der neue Wohnwert im Verhältnis zum eingesetzten Kapital keine ertragreiche Rendite, ist im Einzelfall zu prüfen, ob eine Verpflichtung zur **Vermögensumschichtung** besteht.[195] Dabei sind alle Umstände des Einzelfalls unter Berücksichtigung der Belange des Berechtigten und Pflichtigen gegeneinander abzuwägen. Zu beachten sind die beiderseitigen früheren wie jetzigen Wohnverhältnisse, ferner wie hart den Pflichtigen die Unterhaltslast trifft und welcher Entscheidungsspielraum dem Vermögensinhaber eingeräumt werden kann.[196] Bei Miteigentum wird es aus Gleichbehandlungsgründen regelmäßig angemessen sein, durch Vermögensumschichtung für die Unterhaltsberechnung nur die objektive Marktmiete einer ohne Schulden angeschafften Immobilie bzw. Zinsen aus dem vorhanden gewesenen Kapital als Einkommen anzusetzen.[197] Zu vergleichen ist dabei der neue Wohnwert abzüglich Zins und Tilgung mit einem ohne Schuldenaufnahme gebildeten neuen Wohnwert, bzw. die Zinsen aus einer Kapitalanlage.[198]

394 **e) Veräußerung des Hälfteanteils an den Ehepartner.** Kauft ein Ehepartner dem anderen seinen Hälfteanteil ab, würde bei einem Ehegatten nur noch der halbe Wohnwert, beim anderen Ehegatten die Zinsen aus dem Erlös als eheprägend beim Bedarf anzusetzen sein.[199] Beide Werte sind in der Regel nicht gleich hoch. Dies gilt vor allem, wenn auf dem Eigenheim noch Schulden lasteten, die der Erwerber übernimmt. Unterhaltsrechtlich kann in diesen Fällen kein Ehegatte gegenüber einem Verkauf der Immobilie an Dritte schlechter gestellt werden. Entsprechend den Empfehlungen des Arbeitskreises 13 des 14. Deutschen Familiengerichtstages 2001 wird man deshalb eine Vermögensumschichtung vorzunehmen haben entsprechend einem fiktiven Verkauf an einen Dritten. Indiz ist dabei der Erlös des Auszahlungsbetrages an den verkaufenden Ehepartner unter Berücksichtigung der Schuldübernahme des Erwerbers.[200]

Fall 3:
M und F werden nach 30-jähriger Ehe am 10. 5. 2002 geschieden. Sie wohnten im Eigenheim mit einer Marktmiete von 1000 €, wobei noch Abzahlungen von 600 € aufzubringen sind (500 € Zinsen, 100 € Tilgung). M kauft F ihren Hälfteanteil des Familienheimes für 100 000 € ab und übernimmt ihren Hälfteanteil offener Schulden von 40 000 € (offen Gesamtschuld 80 000 €).
M hat ein bereinigtes Nettoeinkommen von 2500 €, F war in der Ehe Hausfrau und ist jetzt ganztags berufstätig mit einem bereinigten Nettoeinkommen von 1000 €. Aus dem Erlös hat F Zinseinkünfte von 350 €. Unterhaltsanspruch F?

---

[191] OLG Koblenz FamRZ 2002, 1407
[192] BGH, FamRZ 2001, 1140, 1143 = R 560 b; FamRZ 2001, 986, 991 = R 563 e
[193] BGH, FamRZ 2001, 1140, 1143 = R 560 c; FamRZ 2000, 950 = R 540 c; FamRZ 1998, 87, 88 = R 516 c; FamRZ 1992, 423, 425 = R 442 c
[194] BGH, FamRZ 1998, 87, 88 = R 516 c
[195] BGH, FamRZ 2001, 1140, 1143 = R 560 a; FamRZ 1998, 87, 89 = R 516 c; FamRZ 1992, 423 = R 442 c
[196] BGH, FamRZ 2001, 1140, 1143 = R 560 a
[197] BGH, FamRZ 1998, 87, 89 = R 516 c
[198] BGH, FamRZ 1998, 87, 89 = R 516 c
[199] BGH, FamRZ 2001, 1140, 1143 = R 560 b
[200] Gerhardt, FamRZ 2003, 414

Lösung:
Eheprägend ist bei M der ihm verbleibende halbe Wohnwert, bei F der Erlös als Surrogat. Problem ist aber, wie die Hausschulden zu berücksichtigen sind, da sie an sich insgesamt prägend sind, aber auch bei nicht prägenden Schulden nach der Rechtsprechung des BGH die Zinsen als Abzugsposten zu berücksichtigen sind. Der eheprägende halbe Wohnwert des M wäre an sich 200 € ((1000 ./. 600) : 2), bei Berücksichtigung der gesamten Zinsen bereits 0 (1000 : 2 = 500; 500 ./. 500 (Zinsen) = 0), bei Berücksichtigung der gesamten Zinsen und des prägenden Tilgungsanteils des M minus 50 (1000 : 2 = 500; 500 ./. 500 ./. 50 = minus 50). Damit würde F aber durch einen Verkauf an den Ehegatten statt an einen Dritten schlechter gestellt, weil bei Verkauf an einen Dritten nach Abzug der Schulden von einem Erlös von 200 000 € auszugehen ist (2 × 100 000) und damit von Zinseinkünften der Eheleute von 700 € (2 × 350) als Surrogat des früheren Wohnwerts. Damit ist eine Vermögensumschichtung vorzunehmen und fiktiv als Surrogat ein eheprägender Zinserlös von 700 € für die Bedarfsermittlung anzusetzen.
Nach SüdL mit $^1/_{10}$:
Bedarf: $^1/_2$ ($^9/_{10}$ 2500 + $^9/_{10}$ 1000 + 700) = 1925
Höhe: 1925 ./. ($^9/_{10}$ 1000 + 350) = 675
vereinfacht: $^1/_2$ ($^9/_{10}$ 2500 + $^9/_{10}$ 1000) = 1575; 1575 ./. $^9/_{10}$ 1000 = 675
Nach DT mit $^1/_7$:
Bedarf: $^1/_2$ ($^6/_7$ 2500 + $^6/_7$ 1000 + 700) = 1850
Höhe: 1850 ./. ($^6/_7$ 1000 + 350) = 643
vereinfacht: $^3/_7$ (2500 ./. 1000) = 643

f) Verkaufserlös und Zugewinn. Enthält der Erlös bei Veräußerung des Eigenheimes 395
bei einem Ehegatten zugleich auch einen Zugewinnausgleich, ist für die Unterhaltsberechnung zu differenzieren. Während der Erlös aus dem Verkauf des Eigenheimes als Surrogat des früheren Wohnwertes eheprägend ist, sind die Zinsen aus dem Zugewinn nichtprägend.[201] Auch nach der geänderten Rechtsprechung des BGH zu den ehelichen Lebensverhältnissen ist davon auszugehen, dass die Zinsen aus dem Zugewinn nichtprägend bleiben (näher Rn. 4/264). Beim Zugewinn besteht im Gegensatz zur Veräußerung des Eigenheimes, von Ausnahmen abgesehen (Sparvermögen, Pfandbriefe, Aktien) der Unterschied, dass aus den zum Ausgleich führenden Vermögenswerten in der Ehe kein Einkommen entsprechend dem früheren Wohnwert floss, weshalb die Surrogatslösung bei der Veräußerung des Familienheimes nicht übertragbar ist. Denn der Zugewinn beruht zumeist auf Vermögenswerten, die auf das unterhaltsrechtliche Einkommen keinen Einfluss hatten (einseitiges Anfangsvermögen, Lebensversicherung, Wertsteigerungen usw.). Für die Bedarfsermittlung ist damit nur der beiderseitige Erlös als Surrogat des früheren Wohnwertes heranzuziehen, während bei der Bedürftigkeit/Leistungsfähigkeit die Zinsen aus dem Zugewinn mit zu berücksichtigen sind, auch wenn alles in einer Zahlung erfolgte.[202]

Muss der **Bedürftige den Zugewinn bezahlen,** ist beim Bedarf fiktiv sein voller Erlös- 395 a
anteil aus dem Verkauf des Eigenheimes als Surrogat anzusetzen, ebenso bei der Bedürftigkeit. Der durch Saldierung gewonnene einheitliche Zahlungsvorgang muss daher unterhaltsrechtlich aufgespaltet werden, da es einmal um prägendes und einmal um nichtprägendes Einkommen geht, und unterstellt werden, dass zunächst die Erlösverteilung aus dem Verkauf (= prägend) erfolgt und der Bedürftige daraus den Zugewinn (= nichtprägend) bezahlt. Denn die Zugewinnausgleichszahlung ist als nichtprägende Schuld weder beim Bedarf noch bei der Bedürftigkeit zu berücksichtigen. Ansonsten müsste der Pflichtige über einen höheren Unterhalt die Zugewinnausgleichsschuld des Bedürftigen, d. h. seinen eigenen Zugewinn, mitfinanzieren. Der Unterhalt dient aber nicht dazu, Schulden des Ehepartners zu bezahlen.[203] Im Ergebnis ist damit nur der beiderseitige gleich hohe Verkaufserlös prägend, d. h. wertneutral. In Vergleichen kann vereinfacht ohne Verkaufserlös und Zugewinn gerechnet werden.[204]

Ist der **Bedürftige zugewinnausgleichberechtigt,** ist beim Bedarf ebenfalls nur der 395 b
Veräußerungserlös anzusetzen, bei der Bedürftigkeit neben den Zinsen aus dem halben Erlös zusätzlich als nichtprägend die Zinsen aus dem Zugewinn. Im Ergebnis kann auch hier in Vergleichen vereinfacht gerechnet werden, weil der Verkaufserlös wertneutral ist und nur die

201 BGH, FamRZ 1985, 357 = R 243 d
202 Gerhardt, FamRZ 2003, 414
203 BGH, FamRZ 1985, 902 = R 264
204 Gerhardt, FamRZ 2003, 414

Zinsen aus dem Zugewinn als nichtprägend bei der Bedürftigkeit angerechnet werden. Beim Pflichtigen handelt es sich bei der Zugewinnzahlung ebenfalls um eine nichtprägende Schuld, die seine Leistungsfähigkeit nicht kürzt, weil es sich um keine unumgängliche Schuld handelt (vgl. Rn. 642).[205]

Voraussetzung und unabdingbar in diesen Fällen ist jeweils, dass in den Vereinbarungen Veräußerungserlös und Zugewinn gesondert ausgeworfen werden.

Fall 4:
M. hat eine bereinigtes Nettoerwerbseinkommen von 2000 €, F von 1000 €. Der Verkaufserlös des Familienheimes betrug 200 000 €, wovon jedem Ehegatten 100 000 € zustehen, und jeder hieraus 350 € monatliche Zinseinkünfte erzielen kann. Ferner fällt noch ein Zugewinnausgleich von 50 000 € an.
a) Ausgleichspflichtig für den Zugewinn ist M, so dass F aus dem Verkaufserlös 150 000 € erhält (100 000 + 50 000), d. h. weitere Zinsen (neben 350 € aus 100 000 €) von 175 € hat.
b) Ausgleichspflichtig für den Zugewinn ist F, so dass F nur 50 000 € ausbezahlt erhält (100 000 ./. 50 000), d. h. nur 175 € Zinsen erzielt.
Lösung:
Zu a)
Beim Bedarf sind (bei M zT fiktiv) die Zinsen aus dem beiderseitigen Erlös als Surrogat des früheren Wohnwertes anzusetzen, da die Bezahlung des Zugewinns nichtprägend ist. Bei der Bedürftigkeit sind bei F neben den Zinsen aus dem Erlösanteil die nichtprägenden Zinsen aus dem Zugewinn zu berücksichtigen.
Nach SüdL mit $^1/_{10}$:
Bedarf: $^1/_2$ ($^9/_{10}$ 2500 + $^9/_{10}$ 1000 + 2 × 350) = 1925
Höhe: 1925 ./. ($^9/_{10}$ 1000 + 350 + 175) = 500
Vereinfacht:
$^1/_2$ ($^9/_{10}$ 2500 + $^9/_{10}$ 1000) = 1575
1575 ./. ($^9/_{10}$ 1000 + 175) = 500
Die Leistungsfähigkeit des M bleibt trotz Zugewinnzahlung gewahrt, da ihm weiterhin sein eheangemessener Selbstbehalt von 2175 € (Bedarf + $^1/_{10}$ Erwerbstätigenbonus aus 2500, vgl SüdL Nr. 21.4) verbleibt (2500 + 175 (= Zinsen aus 50 000 €) ./. 500)
Nach DT mit $^1/_7$:
Bedarf: $^1/_2$ ($^6/_7$ 2500 + $^6/_7$ 1000 + 700) = 1850
Höhe: 1850 ./. ($^6/_7$ 1000 + 350 + 175) = 468
Vereinfacht:
$^3/_7$ (2500 ./. 1000) = 643; 643 ./. 175 = 468
Die Leistungsfähigkeit des M bleibt trotz Zugewinnzahlung gewahrt, da ihm weiterhin sein eheangemessener Selbstbehalt von 2207 € (s. o.) verbleibt (2500 + 175 (= Zinsen aus 50 000 €) ./. 468)
Zu b)
Beim Bedarf sind fiktiv die Zinsen aus dem beiderseitigen Erlös anzusetzen, da die Bezahlung des Zugewinns nichtprägend ist. Bei der Bedürftigkeit ist ebenfalls fiktiv von den Zinsen aus dem Erlös auszugehen, da die Bezahlung des Zugewinns eine nichtprägende, nicht zu berücksichtigende Schuld der F darstellt.
Nach SüdL mit $^1/_{10}$:
Bedarf: $^1/_2$ ($^9/_{10}$ 2500 + $^9/_{10}$ 1000 + 2 × 350) = 1925
Höhe: 1925 ./. ($^9/_{10}$ 1000 + 350) = 675
Vereinfacht:
$^1/_2$ ($^9/_{10}$ 2500 + $^9/_{10}$ 1000) = 1575
1575 ./. $^9/_{10}$ 1000 = 675
Nach DT mit $^1/_7$:
Bedarf: $^1/_2$ ($^6/_7$ 2500 + $^6/_7$ 1000 + 700) = 1850
Höhe: 1850 ./. ($^6/_7$ 1000 + 350) = 643
Vereinfacht:
$^3/_7$ (2500 ./. 1000) = 643

9. Unterhaltsrechtliche Auswirkungen des Wohnwertes beim Verwandtenunterhalt

396 **a) Kindesunterhalt.** Beim Kindesunterhalt ist zu unterscheiden, ob der barunterhaltspflichtige oder der das Kind betreuende Elternteil mietfrei wohnt.

---

205 BGH, FamRZ 2000, 950, 952 = R 540 c

- **Mietfreies Wohnen des Pflichtigen.** Für die Bedarfsbemessung und für die Leistungsfähigkeit des Verpflichteten zählt jedes Einkommen. Wohnt der Pflichtige mietfrei, ist daher vor der Einordnung in eine Einkommensgruppe nach der Düsseldorfer Tabelle ein Wohnvorteil einkommenserhöhend zuzurechnen, weil für die Einkommensgruppen der Tabelle das gesamte Einkommen des Unterhaltsschuldners heranzuziehen ist. Anders als beim Ehegattenunterhalt, der nach einer Quote der prägenden Einkünfte bemessen wird, spielt es beim Kindesunterhalt keine Rolle, ob der Wohnvorteil prägend war, weil das Kind ohne jede Einschränkung an der Entwicklung des Lebensstandards des barunterhaltspflichtigen Elternteils in ähnlicher Weise weiterhin teilnimmt wie während intakter Ehe.[206] Bewohnen neben dem Pflichtigen weitere Familienangehörige das Eigenheim, z. B. bei Wiederverheiratung der neue Ehegatte oder bei Kindern nichtverheirateter Eltern dessen Ehefrau, kann der Wohnwert nur anteilig angesetzt werden. Bei Erwachsenen ist der Wohnwert nach Köpfen zu verteilen,[207] Kinder sind geringer, z. B. mit 1/5 des Tabellenbetrags des Unterhalts nach der Düsseldorfer Tabelle, anzusetzen.[208] 397
- **Mietfreies Wohnen des betreuenden Elternteils.** Beim **minderjährigen Kind** wird durch den Barunterhalt dessen gesamter Lebensbedarf abgedeckt mit Ausnahme des Betreuungsbedarfs, den der sorgeberechtigte Elternteil bis zur Volljährigkeit gleichwertig erbringt. Durch die Bedarfssätze der Düsseldorfer Tabelle wird daher auch ein Wohnbedarf des Kindes mit abgegolten, d. h. in dem geleisteten Barunterhalt ist ein Teil für den Wohnbedarf bestimmt.[209] 398

  Wenn – wie in der Regel – das **Kind mietfrei** in Wohn- und Haushaltsgemeinschaft mit dem Sorgeberechtigten lebt, wird dadurch die Bedürftigkeit des Kindes **nicht gemindert.** Der Sorgeberechtigte darf eigenverantwortlich den Unterhalt für den Gesamtbedarf des Kindes verwenden. Außerdem will er nach der Lebenserfahrung mit einer Wohnungsgewährung nicht den barunterhaltspflichtigen Elternteil entlasten. Das mietfreie Wohnen des betreuenden Elternteils führt damit **nicht zu einer Kürzung des Barunterhalts** des Kindes.[210] Eine Ausnahme kann nach Treu und Glauben angebracht sein, wenn zwar der betreuende Elternteil weiterhin mietfrei im Familienheim wohnt, der Barunterhaltspflichtige nach Absprache aber alle Hausschulden abzahlt,[211] ferner im Mangelfall.

  Der für das Kind geleistete Barunterhalt **erhöht** aber beim Trennungsunterhalt durch den darin enthaltenen Mietkostenzuschuss den Wohnwert des mietfrei wohnenden, das Kind **betreuenden Elternteils.**[212] Bei der Berechnung des Ehegattenunterhalts ist der Wohnwert daher in diesen Fällen angemessen zu erhöhen. Beim angemessenen Wohnwert, der in der Trennungszeit herangezogen wird (vgl. Rn. 317), geschieht das am einfachsten, indem man bei der Abwägung, welche Wohnungsgröße unter Berücksichtigung des sog. toten Kapitals angemessen ist, das Kinderzimmer mitberücksichtigt und bewertet; also z. B. bei einer Wohnungsgröße von 4 Zimmern mit einer Marktmiete von 1000 € als angemessenen Wohnwert nicht eine 2–2 1/2 Zimmer große Wohnung mit einem Wohnwert von 650 €, sondern eine 3 Zimmer große Wohnung mit einem Wohnwert von 750 € ansetzt. Ist beim Ehegattenunterhalt dagegen die objektive Marktmiete heranzuziehen, entfällt eine Erhöhung, da der Wert des mietfreien Wohnens bereits voll ausgeschöpft ist. 399
- **Eigener Wohnvorteil des Kindes.** Ein Wohnvorteil mindert die Bedürftigkeit des Kindes nur, wenn die Wohnung dem Kind selbst gehört, wenn also z. B. das Kind durch Erbfolge oder Schenkung eine eigene Wohnung erhalten hat, die vom Sorgeberechtigten verwaltet und mitbenutzt wird. In einem solchen Fall ist der Barunterhalt des 400

---

[206] BGH, FamRZ 2000, 358 = R 537 a; FamRZ 1996, 160 = R 496 a; FamRZ 1993, 1304 = R 464 b
[207] OLG München, FamRZ 1999, 251
[208] Vgl. SüdL Nr. 21.5.2
[209] BGH, FamRZ 1992, 425 = R 442 a, e; FamRZ 1989, 1160, 1163 = R 395 d
[210] BGH a.a.O.
[211] OLG Düsseldorf, FamRZ 1994, 1049, 1053
[212] BGH a.a.O.

minderjährigen Kindes um den Wohnkostenanteil im Tabellenunterhalt von 20% zu kürzen (s. oben), regelmäßig dagegen nicht um einen höheren Betrag, da eine Vermögensverwertung des Eigenheimes durch das Kind nach § 1602 II BGB nicht in Betracht kommt und dem Kind ein angemessener Betrag für die allgemeinen Lebenshaltungskosten verbleiben muss.

401 • **Wohnvorteil beim volljährigen Kind.** Bei volljährigen Kindern wird in der Regel ebenfalls mit festen Bedarfssätzen oder den Sätzen der Düsseldorfer Tabelle der gesamte Lebensbedarf des Kindes, also auch ein Wohnbedarf, mitabgegolten. Deshalb mindert ein Wohnvorteil des Kindes (z. B. Wohnen in einer eigenen Eigentumswohnung) dessen Bedürftigkeit. Lebt ein noch in Ausbildung befindlicher Volljähriger mit eigenem Hausstand im Eigenheim, wird man seinen Bedarf von derzeit 600 €[213] (neue Bundesländer: 550 €) um den darin enthaltenen Wohnanteil für Unterkunft und Heizung von 250 € kürzen.[214]

Lebt das Kind in der Wohnung eines leistungsfähigen Elternteils, kürzt dieses Wohnen dagegen seinen Bedarf nicht. Der die Unterkunft gewährende Elternteil kann vom Volljährigen jedoch für diese Naturalleistung **Kostgeld** verlangen und mit dem anteiligen Unterhaltsanspruch verrechnen.[215]

Lebt das Kind in Haushalts- und Wohngemeinschaft mit einem nicht leistungsfähigen Elternteil, so mindert dieser Vorteil den Barunterhaltsanspruch gegen den anderen Elternteil ebenfalls nicht, weil der nicht barunterhaltspflichtige Elternteil in der Regel mit seiner freiwilligen unentgeltlichen Zuwendung nicht den barunterhaltspflichtigen Elternteil von dessen Unterhaltsverpflichtung entlasten will. Im Einzelfall kann es gerechtfertigt sein, in solchen Fällen im Hinblick auf Ersparnisse durch das Zusammenleben in Haushalts- und Wohngemeinschaft von einem geminderten Gesamtbedarf des Kindes auszugehen, insbesondere im Mangelfall.

402 • **Wohnwertberechnung beim Kindesunterhalt.** Vom BGH noch nicht entschieden wurde die Frage, ob als Wohnwert beim Kindesunterhalt beim barunterhaltspflichtigen Elternteil stets die objektive Marktmiete oder nur ein angemessener Wohnwert anzusetzen ist. In seiner Entscheidung vom 19. 3. 2003 zum Elternunterhalt hat er lediglich zum Ausdruck gebracht, dass zwar grundsätzlich von der objektiven Marktmiete auszugehen ist, aber nach Treu und Glauben nur ein angemessener Wohnwert angesetzt werden kann, wenn die verbleibenden Mittel für Unterhaltszahlung und Lebensführung nicht ausreichen, nachdem der Wohnwert kein Bargeld ist.[216] Die Gründe, die beim Trennungsunterhalt aus Billigkeitsgründen zur Begrenzung auf den sog. angemessenen Wohnwert führten, weil eine sofortige Unter- oder Weitervermietung nicht zumutbar ist, treffen im Übrigen auch auf den Kindesunterhalt ehelicher Kinder zu. Der **Wohnwert** wird sich daher bei beengten finanziellen Verhältnissen während der **Trennung nach** dem **angemessenen** Wert richten. **Ab Scheidung,** bei Kauf eines neuen Eigenheimes, bei sehr guten Einkommensverhältnissen und bei Kindern nichtverheirateter Eltern wird dagegen regelmäßig die **objektive Marktmiete** anzusetzen sein, es sei denn, der Pflichtige wäre dadurch gezwungen, das Eigenheim zu veräußern.[217] Dies entspricht auch den Empfehlungen des Arbeitskreises 3 des 13. Deutschen Familiengerichtstages 1999.[218] Der Wohnwert ist wie beim Ehegattenunterhalt um auf den Mieter nicht umlegbare verbrauchsunabhängige Nebenkosten und Instandhaltungskosten zu kürzen (vgl. Rn. 335, 337).

402 a **Abzugsposten beim Wohnwert des Pflichtigen.** Auch die Frage, inwieweit Hausschulden zu berücksichtigen sind, richtet sich regelmäßig nach den bereits beim Ehegattenunterhalt geschilderten Grundsätzen, da den Belastungen durch den Wohnwert ein Gegenwert durch mietfreies Wohnen gegenübersteht.. Bei den Verbindlichkeiten ist wie bei allen

---

213 DT I 7; SüdL, BL, BrL, CL, FL, HaL, HL, KL, OL jeweils Nr. 13.1.2

214 SüdL, BrL, FL, HaL, KL, NaL jeweils Nr. 13.1.2

215 BGH, FamRZ 1988, 1039 = R 366 c

216 BGH, FamRZ 2003, 1179 = R 592 b

217 Gerhardt, FamRZ 1993, 1139

218 Brühler Schriften zum Familienrecht, Bd. 11, 13. Deutscher Familiengerichtstag 1999, Beschlüsse des Arbeitskreises 3 zu I 3 a

Schulden, beim Kindesunterhalt eine umfassende Interessenabwägung nach dem Zweck der Verbindlichkeit, Zeitpunkt und Art der Entstehung der Schuld sowie Kenntnis der Unterhaltsverpflichtung nach Grund und Höhe vorzunehmen.[219] Beim minderjährigen Kind muss zumindest der Regelunterhalt gesichert sein. Der Kredit muss insgesamt im angemessenen Rahmen zum Wohnwert stehen.[220] Zu berücksichtigen ist ferner, ob es sich um eine bereits in der Ehe bzw. vor Kenntnis der Barunterhaltsverpflichtung angeschaffte Immobilie handelt, bei nach Kenntnis der Unterhaltsverpflichtung erworbenem Eigenheim, inwieweit es den Wohnbedarf einer neuen Familie abdeckt. Über den Wohnwert hinausgehende Schulden sind regelmäßig nicht anzuerkennen,[221] außer es liegen sehr gute Einkommensverhältnisse vor. Zu prüfen ist ferner, ob die Tilgung nicht gestreckt werden oder bei Wiederverheiratung sich der neue Ehepartner an der Abzahlung beteiligen kann.[222] In Ausnahmefällen kann bei zu hoher Belastung des Eigenheims oder bei Kenntnis der Unterhaltsschuld bei einem erst nach der Trennung der Eltern neugeschaffenen Wohnungseigentum eine Vermögensumschichtung in Betracht kommen, wenn dies bei Abwägung der beiderseitigen Belange aus der Sicht des Unterhaltsberechtigten notwendig und für den Pflichtigen zumutbar erscheint.[223] Kommt eine Vermögensumschichtung nicht in Betracht, kann es im Einzelfall angebracht sein, die Tilgungsrate für den Hauskredit als Vermögensbildung außer Ansatz zu lassen.[224] Zieht der Pflichtige nach der Trennung aus dem Familienheim aus, während der Ehegatte mit Kindern weiter dort wohnt, zahlt aber nach wie bisher die auf dem Familienheim lastenden Schulden ab, kürzen letztere sein Erwerbseinkommen. Insgesamt ist zu beachten, dass bei Berücksichtigung von Abzahlung auf ein Eigenheim beim Kindesunterhalt ein zu kleinlicher Maßstab zu vermeiden ist, soweit bei Minderjährigen nach Kindergeldverrechnung das Existenzminimum von 135% gesichert ist bzw. bei Volljährigen der Ausbildungsunterhalt.

Bei der Leistungsfähigkeit ist im Mangelfall bzw. bei Volljährigen bei der Haftungs- **402 b**
verteilung zu beachten, dass **Hausschulden im Einzelfall nicht zu berücksichtigen** sind, soweit sie den **Wohnkosten entsprechen,** die nach den normalen Lebenshaltungskosten aufzubringen sind.[225] Dies gilt zumindest für die im notwendigen bzw. angemessenen Selbstbehalt enthaltenen Wohnkosten (360 €/440 €),[226] wovon noch die darin enthaltenen Heizkosten abzuziehen sind. Denn diese Abzahlungen entsprechen im Ergebnis einer Miete und würden damit zu einem doppelten Ansatz führen. Die Nichtberücksichtigung von Schulden gilt dabei abweichend von den sonstigen Grundsätzen **nur im Rahmen der Leistungsfähigkeit,** nicht bereits bei der Bedarfsermittlung (= Eingruppierung), da nur bei der Leistungsfähigkeit der Mietanteil im Selbstbehalt eine Rolle spielt. Es muss in diesen Fällen aber stets eine **Kontrollrechnung** vorgenommen werden, ob dem Pflichtigen unter Berücksichtigung der Hausschulden zumindest die für die Lebensführung notwendigen Mittel, d. h. der notwendige Selbstbehalt ohne Wohnkosten von derzeit 480 € (840 € – 360 €) verbleiben, da er sonst gezwungen wäre, das Eigentum zu veräußern (vgl. Fall 2).

Fall 1:
M und F wohnen im 4 Zimmer großen Eigenheim und trennen sich. M hat ein prägendes bereinigtes Nettoeinkommen von 2000 €, F hat kein Einkommen. Sie betreut die gemeinsamen Kinder K 1 (3) und K 2 (7) und erhält das Kindergeld von 308 €. Die Marktmiete für das Eigenheim beträgt 800 €, der angemessene Wohnwert für eine kleinere 2-Zimmer-Wohnung für eine Person 500 €, für eine kleinere 3-Zimmer-Wohnung für eine Person mit 2 Kindern 600 €. F begehrt Kindes- und Trennungsunterhalt.
a) M wohnt mietfrei in der Ehewohnung
b) F wohnt mietfrei in der Ehewohnung

---

219 BGH, FamRZ 2002, 815 = R 570 c
220 BGH, NJW-RR 1995, 129 = R 482A; FamRZ 1984, 358
221 BGH, FamRZ 2003, 445, 447 = R 587 a
222 BGH, a.a.O.
223 BGH, NJW-RR 1995, 129 = R 482A
224 BGH a.a.O.
225 BGH, FamRZ 2002, 815 = R 570 c; FamRZ 1984, 358 = NJW 1984, 1237
226 Vgl. DT I 5; SüdL 21.2, 21.3.1

Lösung:

a) M wohnt mietfrei:

Anzusetzen ist nach der Trennung der angemessene Wohnwert; auch wenn M allein im Familienheim lebt, benötigt er wegen des Umgangsrechts ein Kinderzimmer, so dass der angemessene Wohnwert von 600 € anzusetzen ist.

Kindesunterhalt:

Einkommen M: 2000 + 600 = 2600

K 1: DT Gr 8 St 1 = 299 (= 150% des Regelbetrags); 299 – 77 (1/2 Kindergeld) = 222

K 2: DT Gr 8 St 2 = 362 (= 150% des Regelbetrags); 362 – 77 (1/2 Kindergeld) = 285

Trennungsunterhalt:

Bereinigtes Nettoerwerbseinkommen M: 2000 – 299 – 362 = 1339

Nach SüdL mit 1/10: 1/2 (9/10 1339 + 600) = 903

Nach DT mit 1/7: 1/2 (6/7 1339 + 600) = 890

Leistungsfähigkeit M ist jeweils gegeben, da mietfrei wohnt

b) F wohnt mietfrei.

1. Kindesunterhalt:

K 1: DT Gr 5 St 1 = 255 (= 128% des Regelbetrags); keine Reduzierung wegen mietfreien Wohnens; 255 – 63 = 192

K 2: DT Gr 5 St 2 = 309 (= 128% des Regelbetrags); 309 – 60 = 249

2. Trennungsunterhalt:

Anzusetzen ist nach der Trennung der angemessenen Wohnwert mit Kind, da F mit den Kindern im Familienheim lebt, von 600 €.

Bereinigtes Nettoeinkommen M: 2000 – 255 – 309 = 1436

Nach SüdL mit 1/10:

Bedarf: 1/2 (9/10 1436 + 600) = 947

Höhe: 947 – 600 = 347

Nach DT mit 1/7:

Bedarf: 1/2 (6/7 1436 + 600) = 915

Höhe: 915 – 600 = 315

Fall 2:

a) M hat einen nichtehelichen Sohn K (geb. 10. 6. 2003), der von ihm ab 1. 10. 2003 Unterhalt verlangt. M hat ein bereinigtes Nettoerwerbseinkommen von 1500 EUR; er wohnt in einer Eigentumswohnung mit einem Wohnwert von 300 EUR, für die er monatlich noch 200 EUR Schulden abzahlt.

Welchen Anspruch hat K, wenn M ansonsten keine weiteren Unterhaltspflichten hat?

b) Wie wäre es, wenn M noch für seine beiden weiteren Kinder K 2 (geb. 4. 5. 1991) und K 3 (geb. 8. 7. 1989) Unterhalt zahlen müsste

Lösung

Zu a)

Einkommen M: 1500 € + 100 € = 1600 €; die Hausschulden kürzen für die Bedarfsermittlung den Wohnwert (300 – 200)

DT Gr. 5 (+ 2), St. 1: 255 (= 128% des Regelbetrags)

Kindergeldverrechnung: 255 – 63 = 192

Zu b)

DT Gr. 3 (Keine Höherstufung), St 1 (K1) und 3 (K2 und K3)

K1: 227; K2 + K3: 324

Leistungsfähigkeit gegeben, da insoweit die Wohnwertschulden nicht anzusetzen sind, da sie den Wohnkosten im Selbstbehalt entsprechen.

Für die Leistungsfähigkeit beträgt damit das Einkommen des M 1800 € (1500 + 300); 1800 – 227 – 324 – 324 = 925).

Kindergeldverrechnung: K1: 227 – 35 = 192; K2 und K3: 324 – 17 = 307

Kontrollrechnung: 1500 (tatsächliche Barmittel) – 192 – 2 × 307 (Zahlbeträge beim Kindesunterhalt) – 200 (Hausschuld) = 494, d. h. die notwendigen Lebenshaltungskosten (840 – 360 = 480) verblieben M.

402 c **b) Sonstiger Verwandtenunterhalt.** Der Wohnwert wird hier regelmäßig mit der objektiven Marktmiete anzusetzen sein es ist aber in jedem Einzelfall zu prüfen, ob aus Billigkeitsgründen lediglich ein angemessener Wert ansetzen werden kann, damit der eigene angemessene Bedarf gemäß § 1603 I BGB gesichert bleibt. Dies gilt insbesondere beim Elternunterhalt.[227] Da der Wohnwert kein Bargeld ist, muss beachtet werden, ob bei Ansatz

[227] BGH, FamRZ 2003, 1179 = R 592 b

der objektiven Marktmiete noch genügend Barmittel für die Lebenshaltungskosten nach Zahlung des Unterhalts verbleiben. Der Ansatz der objektiven Marktmiete statt des angemessenen Wohnwertes darf regelmäßig nicht dazu führen, dass das Eigenheim verkauft werden muss. Zu beachten ist ferner, ob der Ansatz der Marktmiete über die individuellen Verhältnissen hinausgeht, weil das Eigenheim z. B. durch Eigenleistungen kostengünstig errichtet wurde.[228] Bewohnen mehrere Familienangehörige das Eigenheim, wird man den Wohnwert nach Köpfen verteilen (vgl. näher Rn. 397). Ansonsten gelten die bereits beim Kindesunterhalt dargelegten Grundsätze (vgl. Rn. 397 ff.), d. h. der Wohnwert erhöht das Einkommen des Pflichtigen, bzw. reduziert den Bedarf des Berechtigten. **Abzahlungen** werden regelmäßig auch bezüglich der Tilgung wohnwertmindernd zu berücksichtigen sein, soweit ein Restwohnwert verbleibt.[229] Bei der **Leistungsfähigkeit** ist beim Pflichtigen wie beim Kindesunterhalt zu beachten, dass die Abzahlungen nicht zu anzusetzen sind, soweit sie den Wohnkosten im Selbstbehalt entsprechen (vgl. Rn. 402 b).

7. Abschnitt: Einkünfte aus Vermögen, Verwertung des Vermögensstammes und fiktive Einkünfte bei unterlassener zumutbarer Vermögensnutzung bzw. unterlassener Verwertung des Vermögensstammes

I. Einkünfte aus Vermögen

1. Vermögenserträge

Zu den Vermögenserträgen zählen vor allem: 403
- Zinsen aus Kapitalvermögen (Rn. 408).
- Einkünfte aus Kapitalbeteiligungen an Handelsgesellschaften (z. B. Kommanditbeteiligung), an einer GmbH (Gesellschafter) oder an einer Aktiengesellschaft (Rn. 404, 407 f.).
- Einkünfte aus Vermietung und Verpachtung (Rn. 293 f.).
- Einkünfte aus Gebrauchsvorteilen, insbesondere Wohnvorteilen (Rn. 311).
- Einkünfte einer mittels Veräußerung von Vermögen erlangten Leibrente (Rn. 417, 438).
- Einkünfte aus Erbansprüchen und Pflichtteilsforderungen (Rn. 434).
- Einkünfte aus sonstigem Vermögen jeder Art. Anzurechnende Vermögenserträge sind auch eine monatliche Haftungsentschädigung, die für die Bereitstellung eines Grundstücks als Sicherheitsleistung bezahlt wird,[1] oder Erträge aus der Anlage von Schmerzensgeld.[2]

2. Anrechnung von Vermögenseinkünften

Vermögenseinkünfte erhöhen als Erträge des Vermögens das unterhaltsrechtlich relevante 404 Einkommen des jeweiligen Vermögensinhabers, also sowohl das des Berechtigten als auch das des Verpflichteten. Auf die **Herkunft** des ertragbringenden Vermögens kommt es nicht an.[3] Das Vermögen und die Zinserträge aus diesem Vermögen können aus einer Erbschaft,[4]

[228] BGH, FamRZ 2003, 1179 = R 592 b
[229] BGH, FamRZ 2003, 1179 = R 592 c
[1] BGH, FamRZ 1987, 36, 38
[2] BGH, NJW-RR 1988, 1093, 1095
[3] BGH, FamRZ 1985, 471; FamRZ 1985, 582 = R 246 b; FamRZ 1985, 357, 359 = R 243 d
[4] OLG Hamm FamRZ 1998, 620

aus erarbeitetem Vermögen, einem Zugewinnausgleich,[5] einer Leibrente (einschließlich des Tilgungsanteils),[6] aus der Anlage einer kapitalisierten Schmerzensgeldrente,[7] aus einer Grundstücksveräußerung oder versteigerung, einer Abfindung nach Auflösung einer stillen Gesellschaft[8] oder auch aus einem Kapital stammen, das mit Mitteln des Unterhalts angespart worden ist.[9] Als Vermögenseinkünfte gelten auch **Einnahmen aus Kapitalbeteiligungen** an Personengesellschaften (z. B. Kommanditbeteiligung an einer KG oder OHG; vgl. Rn. 204 ff.) oder Kapitalgesellschaften (z. B. als Gesellschafter einer GmbH oder einer Aktiengesellschaft). Die Einnahmen aus diesen Beteiligungen sind wegen der eingeschränkten Verfügungsbefugnis (z. B. als Mitgesellschafter) regelmäßig nur im tatsächlich erzielten Umfang zu berücksichtigen. Nur wenn der Vermögende, z. B. als Alleingesellschafter und Geschäftsführer eine GmbH, unmittelbar Einfluss auf die Dispositionen der Gesellschaft hat und somit die Höhe der Erträge steuern kann, was ihm erhebliche Manipulationsmöglichkeiten verschaffen würde, sind die Einkünfte nach den Maßstäben der Einkommen von Freiberuflern und Gewerbetreibenden (Rn. 110 ff., 209 ff.) zu beurteilen. Bei Zahlung eines Schmerzensgeldes kann unter Berücksichtigung des Rechtsgedanken des § 1610 a BGB eine Ausnahme gelten, soweit ein immaterieller Mehrbedarf besteht, für dessen Ausgleich die Leistung bestimmt war. Der BGH[10] weist den Unterhaltspflichtigen (auf den Berechtigten übertragbar) in solchen Fällen auf die Möglichkeit der Bedarfsanhebung hin. Bei Vermögenserträgen darf kein Abzug für einen inflationsbedingten Wertverlust des Vermögensstammes gemacht werden.[11] Allerdings sind die Vermögenserträge um Tilgungsleistungen für Kredite zu kürzen, mit denen die Einkommensquelle auch während des Zusammenlebens der Ehegatten finanziert worden ist.[12]

405 Beim **Kindesunterhalt** sind sowohl beim Berechtigten (auch bei minderjährigen Kindern) als auch beim Verpflichteten ohne Einschränkung alle Vermögenserträge bedeutsam und zwar für die Bedarfsbemessung, die Bedürftigkeit und die Leistungsfähigkeit.

406 Beim **Ehegattenunterhalt** dürfen bei der Bedarfsbemessung nach §§ 1361 I, 1578 I BGB nur solche Vermögenserträge berücksichtigt werden, die die ehelichen Lebensverhältnisse nachhaltig geprägt haben, d. h. bereits vor der rechtskräftigen Scheidung[13] zum Verbrauch zur Verfügung gestanden haben[14] (näher s. Rn. 20 f.). Dazu zählen auch Erträge aus einem durch Erbfall erworbenen Vermögen eines der Ehegatten.[15] Prägende Erträge des Berechtigten sind in die Differenzrechnung (vgl. Rn. 21) einzustellen. Nichtprägende Erträge und Nutzungen des Berechtigten mindern dessen Bedürftigkeit und sind mittels der Anrechnungsmethode (vgl. Rn. 23) auf den Unterhaltsanspruch zu verrechnen. Zu beachten ist, dass bei Vermögenserträgen der sog. „Ehegattenbonus" als Erwerbsanreiz entfällt und dass die Ehegattenquote insoweit in der Regel 50% beträgt (Rn. 4/384 und Fn. 12). Das wird häufig bei gemischten Einkünften übersehen. Im Rahmen der Leistungsfähigkeit des Verpflichteten sind sowohl prägende wie nichtprägende Erträge und Nutzungen des Verpflichteten zu berücksichtigen. Auch nichtprägende Erträge und Nutzungen erhöhen die Leistungsfähigkeit des Verpflichteten, was bei trennungsbedingtem Mehrbedarf (Rn. 4/418 f.) bis zur Höhe des vollen eheangemessenen Unterhalts bedeutsam werden kann.

---

[5] BGH, FamRZ 1987, 912; 1985, 357 = E 243 e; OLG Saarbrücken FamRZ 2003, 685; OLG Bamberg FamRZ 1992, 1305; OLG Koblenz FamRZ 1989, 59
[6] BGH, FamRZ 1994, 228 = R 471 c
[7] BGH, FamRZ 1988, 1031; OLG Karlsruhe FamRZ 2002, 750
[8] Dazu BGH (II. ZS) FamRZ 2001, 1290
[9] BGH, FamRZ 1986, 441 = R 289 b; ferner 246 b, 243 d
[10] BGH, FamRZ 1989, 170, 172 = R 379 a
[11] BGH, FamRZ 1986, 441 = R 289 b; FamRZ 1992, 423 = R 442 c; a. A. zuvor OLG Stuttgart FamRZ 1985, 607; OLG Saarbrücken FamRZ 1985, 447
[12] BGH, FamRZ 1991, 1163 = R 437 b
[13] BGH, FamRZ 1999, 367 = R 530 a; BVerfG FamRZ 1993, 171
[14] BGH, FamRZ 1988, 1145 = R 372 a; FamRZ 1997, 281; OLG Celle FamRZ 1999, 508
[15] BGH, FamRZ 1988, 1145, 1147 = R 372 a; OLG Hamm FamRZ 1998, 620

3. Ermittlung der Vermögenserträge

407 Die Ermittlung der Vermögenserträge erfolgt als **Überschussrechnung** durch Abzug der Werbungskosten von den Bruttoeinnahmen; § 2 II Nr. 2 EStG. Bei solchen Einkünften (z. B. aus Kommanditbeteiligung) gibt es – wie bei Freiberuflern – oft erhebliche Einkommensschwankungen. Deshalb ist unterhaltsrechtlich auch hier in der Regel der Durchschnittswert aus einem **längeren Zeitraum** zugrunde zu legen (Rn. 274 f.). Wer Kapitaleinkünfte bezieht, die vom Gewinn einer Kapitalgesellschaft abhängen (z. B. der Gesellschafter und Geschäftsführer einer GmbH), ist verpflichtet, auf Verlangen die Bilanzen nebst Gewinn- und Verlustrechnung sowie sonstige Belege, aus denen der Unternehmensgewinn ermittelt werden kann, vorzulegen (Rn. 681). Nach §§ 242, 264 HGB hat der gesetzliche Vertreter einer Kapitalgesellschaft den Jahresabschluss mit der Bilanz und der Gewinn- und Verlustrechnung in den ersten drei Monaten des Geschäftsjahres für das vergangene Geschäftsjahr aufzustellen.

Zumeist handelt es sich bei den Einkünften aus Kapital allerdings um Zinseinkünfte. Insoweit kann die Vorlage der entsprechenden Bankbelege, Sparbücher, Darlehensverträge und sonstiger Verträge verlangt werden. Über den Vermögensstamm kann nach §§ 1605 I 3, 1361 IV, 1580, 260 I BGB, §§ 12 II, 16 II LebenspartnerschaftsG Auskunft und Vorlage eines Bestandsverzeichnisses verlangt werden, dessen Richtigkeit ebenfalls nach § 260 II BGB auf Verlangen an Eides Statt zu versichern ist, wenn der begründete Verdacht einer Sorgfaltspflichtverletzung besteht. Mehr zur Auskunft und Abgabe der eidesstattlichen Versicherung siehe Rn. 661 f., 692. Daneben ist das Gericht nach § 643 ZPO befugt, entsprechende Auskünfte von den Parteien oder bestimmten Stellen einzuholen.

Wer einen Unterhaltsanspruch geltend macht, hat die der Begründung des Anspruchs dienenden tatsächlichen Umstände wahrheitsgemäß anzugeben und darf nichts verschweigen, was etwa ihre Unterhaltsbedürftigkeit in Frage stellen könnte. Das gilt mit Rücksicht auf die nach § 138 Abs. 1 ZPO bestehende prozessuale Wahrheitspflicht erst recht während eines laufenden Rechtsstreits. Ändern sich die maßgeblichen Verhältnisse während des Rechtsstreits, so sind Umstände, die sich auf den geltend gemachten Anspruch auswirken können, auch ungefragt anzuzeigen. Die Entscheidung darüber, ob und gegebenenfalls inwieweit solche Beträge nicht anrechenbar sind oder ob ein Teilbetrag verbleibt, der möglicherweise nach § 1577 Abs. 3 BGB eingesetzt oder zumindest mit anrechenbaren Zinseinkünften angelegt werden muss, obliegt dem Gericht und nicht der jeweiligen Partei.[16]

4. Einkünfte aus Kapitalvermögen

408 Zu den Einnahmen aus Kapitalvermögen zählen u. a. Sparzinsen, Bausparzinsen, Darlehenszinsen, Hypothekenzinsen, Zinsen aus Anleihen, Einlagen und Konten bei Kreditinstituten, Diskonterträge bei Wechselgeschäften, Ausschüttungen von Investmentgesellschaften, Stückzinsen, Gewinnanteile aus Beteiligung an Kapitalgesellschaften, Dividenden, Einkünfte aus stiller Gesellschaft und aus sonstigen Wertpapieren. Nach neuester Rechtsprechung[17] können auch **Wertzuwächse von Papieren ohne Ausschüttung** darunterfallen. Dazu gehören auch Spekulationsgewinne, die der Versteuerung unterliegen.[18] Solche Einkünfte haben allerdings regelmäßig nicht die ehelichen Lebensverhältnisse geprägt, wenn sie dem Vermögenszuwachs dienten.[19] Auf die Herkunft des Kapitals kommt es nicht an (vgl. Rn. 404). Bei Gewinnanteilen an Kapitalgesellschaften gehören auch die anzurechnenden Körperschaftssteuern zu den Einkünften; § 20 I Nr. 1 und 3 EStG. Bei einem **Mehrheitsgesellschafter** ist unterhaltsrechtlich zu prüfen, ob der Gewinn korrekt ermittelt wurde.[20] Bei einem Minderheitsgesellschafter sind keine Korrek-

---

[16] BGH, FamRZ 2000, 153 = R 534
[17] Vgl. BVerwG, FamRZ 1999, 1653
[18] OLG Stuttgart FamRZ 2002, 635
[19] Vgl. OLGR Hamm 1998, 373
[20] OLG Celle FuR 2001, 509

turen vorzunehmen.[21] Bei der Kapitalbeteiligung an einer Handelsgesellschaft ist auch der Umfang des zustehenden Entnahmerechts zu berücksichtigen.[22]

- **Abziehbare Werbungskosten** sind: Depotgebühren, Bankspesen für Verwaltung, Schließfachmiete, Kosten für Teilnahme an Hauptversammlung, einschlägige Versicherungsbeiträge, Kosten für einen notwendigen Vermögensverwalter sowie anteilige Steuern (Kapitalertragssteuer und persönliche Steuern).
- **Nicht abziehbar** sind Aufwendungen für das Kapital oder das sonstige Vermögen selbst sowie der Verlust des Kapitals oder des Vermögens; ferner Aufwendungen zur Wertverbesserung. Auch ein Ausgleich für zukünftige Kaufkraftverluste kann nicht abgezogen werden.[23]

5. Einkünfte aus Grundstücken

409 Grundstücke können vermietet oder verpachtet werden. Die hierauf beruhenden Einkünfte werden in Rn. 293 f. behandelt. Bewohnt der Eigentümer sein Haus oder seine Eigentumswohnung selbst, kann ihm ein geldwerter Wohnvorteil zugerechnet werden(dazu s. Rn. 311 f.). Diese Regeln gelten für den Berechtigten und für den Verpflichteten. Zum Einkommen gehört auch der Betrag, den ein Ehegatte von einem neuen Partner als Entgelt für Wohnungsgewährung erhält oder den er sich dafür anrechnen lassen muss.[24] Werden Grundstücke weder vermietet oder verpachtet, noch vom Eigentümer genutzt oder verkauft, können fiktive Einkünfte angesetzt werden (Rn. 425 ff.). Ist der Eigentümer verpflichtet, auch den Stamm seines Vermögens einzusetzen (Rn. 410 f.), muss die Immobilie verkauft werden. Der Erlös ist bei der Unterhaltsberechnung wie das Kapital einer ausbezahlten Lebensversicherung einzusetzen (s. Rn. 421 a). Muß der Stamm nicht verwertet werden, kommt es auf den bei einer Vermietung oder Verpachtung zu erzielenden Erlös an.

II. Zur Verwertung des Vermögensstammes

1. Obliegenheit zur Verwertung des Vermögensstammes auf Grund einer Billigkeitsabwägung

410 In Ermangelung sonstiger Mittel müssen **unterhaltsbedürftige Ehegatten** (Rn. 411 ff., 414 ff.) und **volljährige Kinder** (Rn. 421) ebenso wie der **Unterhaltsverpflichtete** (Rn. 417 f., 419) bei beschränkter Leistungsfähigkeit den Vermögensstamm verwerten, soweit die Verwertung nicht unwirtschaftlich oder unter Berücksichtigung der beiderseitigen wirtschaftlichen Verhältnisse nicht unbillig ist; §§ 1577 I, III, 1602 I, 1581 S. 2, 1603 II 3 BGB. Die danach gebotene Billigkeitsabwägung ist Sache des Tatrichters. Sie erfordert eine umfassende Beurteilung der Umstände des Einzelfalls. Diese Beurteilung kann vom Revisionsgericht nur darauf überprüft werden, ob sie von zutreffenden rechtlichen Vorstellungen ausgeht und die wesentlichen Gesichtspunkte berücksichtigt.[25] Die Obliegenheit zur Vermögensverwertung findet grundsätzlich dort ihre Grenze, wo dem Verpflichteten nicht mehr die Mittel zur Bestreitung des eigenen unentbehrlichen Lebensbedarfs (Selbstbehalt) verbleiben würden. Dies gilt auch, wenn der Unterhalt nur aus dem Stamm des Vermögens aufgebracht werden kann.[26] Zum Stamm des Vermögens gehören auch die stillen Reserven eines Unternehmers (dazu s. Rn. 243 ff.).

Je **größer** das Vermögen ist, umso größer ist die Obliegenheit zur Verwertung. Kleinere Vermögen können geschont werden, damit eine Reserve für Notfälle erhalten bleibt; bei

[21] Im Einzelnen s. hierzu Fischer-Winkelmann, FamRZ 1996, 1391
[22] BGH, VersR 1968, 770; OLG Frankfurt FuR 2001, 370; OLG Dresden FamRZ 1999, 850
[23] BGH, FamRZ 1986, 441 = R 289 b; FamRZ 1992, 423 = R 442 c
[24] BGH, FamRZ 1983, 150 = R 145 e; 1980, 879, 880; 1980, 665, 668
[25] BGH, FamRZ 1987, 912 = NJW-RR 1987, 962; FamRZ 1986, 560 = R 292 a
[26] BGH, FamRZ 1989, 170, 172 = R 379 a

größeren Vermögen kann ein Sockelbetrag als Schonvermögen verbleiben.[27] Der Auffassung, dass eine Verwertung schon dann nicht in Betracht kommt, wenn der Erlös nicht für einen lebenslangen Unterhalt ausreicht,[28] kann nicht gefolgt werden, weil es auch wirtschaftlich sein kann, wenn nur ein Teil des Bedarfs langfristig durch die Verwertung von Vermögen abgedeckt wird.[29] Besteht eine Pflicht zur Verwertung des Vermögensstammes, so hat ein Affektionsinteresse an bestimmten Gegenständen umso weniger Gewicht, je höher der Wert ist.[30]

Minderjährige Kinder (Rn. 421) müssen ihren eigenen Vermögensstamm im Verhältnis zu ihren Eltern nach § 1602 II BGB nicht angreifen, solange die Eltern leistungsfähig sind.

2. Verwertung des Vermögensstammes des Berechtigten beim nachehelichen Unterhalt; § 1577 III BGB

Der **Anspruchsberechtigte auf nachehelichen Unterhalt** hat grundsätzlich eigenes 411
Vermögen jeder Art zu verwerten. Auch Vermögen, das aus der Veräußerung eines früher gemeinsam benutzten Anwesens herrührt, soll, wie alle Vermögenswerte eines Unterhaltsberechtigten, dazu dienen, ergänzend dessen Unterhaltsbedarf auf Lebenszeit zu sichern.[31] Zu verwerten ist u. a. auch ein

- Versteigerungserlös,[32]
- Vermögen aus Zugewinnausgleich,[33]
- Kapital aus einer ausbezahlten Lebensversicherung (s. Rn. 424 a und Rn. 4/350 a),[34]
- Miteigentumsanteil am Haus,[35]
- Erbanteil an einem Baugrundstück[36] sowie
- Sparguthaben.[37]

Bei der Billigkeitsabwägung nach § 1577 III BGB sind vor allem folgende Umstände zu 412
berücksichtigen:

- Voraussichtliche Dauer der Unterhaltsbedürftigkeit des Berechtigten und dauerhafte Ertragsmöglichkeit des zur Verfügung stehenden Vermögens.[38]
- Belange naher Angehöriger wie Eltern und Kinder.[39]
- Der Umstand, dass ein Vermögenswert aus dem Verkauf eines gemeinsamen Hauses stammt und dass auch der Verpflichtete einen entsprechenden Erlösanteil zur freien Verfügung erhalten hat.[40]
- In welcher Höhe der Berechtigte sonstiges Vermögen besitzt.[41]
- Das Ausmaß der Belastung des Verpflichteten durch eine Unterhaltsgewährung aus seinem Einkommen sowie Verlust eines Wohnvorteils.[42]

Besteht der Vermögensstamm aus einem Barvermögen (Sparguthaben), so ist dessen 413
Verwertung nicht unwirtschaftlich.[43] Erzielt der Berechtigte keine laufenden Erwerbsein-

[27] BGH, FamRZ 1998, 367 = R 517 c; OLG Celle FamRZ 2001, 47 (Schonbetrag von 5000 DM bei Unterhaltsanspruch eines volljährigen Kindes); OLGR Karlsruhe 2000, 369 (schwerbehindertes Kind); OLGR Schleswig 1999, 441 (Schonbetrag von 4500 DM bei Unterhaltsanspruch eines volljährigen Kindes)
[28] OLG Hamm, FamRZ 1997, 1537
[29] BGH, FamRZ 2002, 1698, 1702 = R 580 c
[30] BGH, FamRZ 1998, 367, 369 = R 517 c
[31] BGH, FamRZ 1985, 354, 356 = R 222 c
[32] BGH, FamRZ 1985, 582 = NJW 1985, 1343 = R 246 b
[33] BGH, FamRZ 1985, 357, 359 = R 243 e
[34] OLG Hamm FamRZ 2000, 1286
[35] BGH, FamRZ 1984, 662 = NJW 1984, 2358
[36] BGH, FamRZ 1980, 43 = NJW 1980, 340
[37] BGH, FamRZ 1985, 582 = NJW 1985, 1343; FamRZ 1985, 360 = R 244 a
[38] BGH, FamRZ 1985, 354, 356 = R 222 c
[39] BGH, FamRZ 1980, 126, 128
[40] BGH, FamRZ 1985, 354, 356 = R 222 c; FamRZ 1985, 357, 359 = R 243 e
[41] BGH, FamRZ 1985, 360 = R 244 a
[42] BGH, FamRZ 1985, 360 = R 244 a
[43] BGH, FamRZ 1985, 360 = R 244 a

künfte, so ist ihm zumindest eine „Reserve" als **Notgroschen** für Fälle plötzlich auftretenden Sonderbedarfs zu belassen.[44] Bei solchen Rücklagen darf in der Regel nur die Rendite für kurzfristig verfügbare Sparguthaben in Ansatz gebracht werden.[45] Der Miteigentumsanteil an einem Einfamilienhaus macht eine solche Rücklage nicht entbehrlich, weil er erfahrungsgemäß nur unter Schwierigkeiten, daher nicht kurzfristig und häufig nur unwirtschaftlich zu verwerten ist.[46] Hat der Verpflichtete seinerseits kein Vermögen, das er zur Deckung plötzlich auftretenden Sonderbedarfs verwenden könnte, wäre es unbillig, dem Berechtigten zu gestatten, einen Teil seines Vermögens auf Kosten des Verpflichteten als „Notgroschen" unangegriffen zu lassen; s. auch Rn. 4/557 f.[47]

Besteht das Vermögen aus einer **Lebensversicherung,** die dem Unterhaltsberechtigten zur Abgeltung der Ansprüche aus dem Versorgungsausgleich übertragen wurde, dient das Kapital im Zweifel zur Deckung des laufenden Lebensunterhalts im Alter. Der ausgezahlte Betrag muss dann unter Berücksichtigung der statistischen Lebenserwartung und der erzielbaren Zinsen auf mehrere Jahre verteilt werden.[48]

3. Verwertung des Vermögensstammes des Berechtigten beim Trennungsunterhalt

414 Für den **Unterhaltsberechtigten beim Trennungsunterhalt** fehlt eine den §§ 1577 III, 1581 BGB entsprechende Bestimmung. Eine Verwertungspflicht ergibt sich nach der Rechtsprechung des BGH[49] jedoch aus § 1361 BGB, wenn der Unterhalt des Berechtigten aus dem Stamm seines Vermögens bestritten werden kann. Diese Verpflichtung geht allerdings beim Trennungsunterhalt weniger weit als beim Scheidungsunterhalt, bei dem jeder der beiden Scheidungspartner im Grundsatz wirtschaftlich auf eigenen Füßen stehen soll, während beim Trennungsunterhalt die wirtschaftliche Grundlage der ehelichen Gemeinschaft nicht beeinträchtigt und offengehalten werden soll, dass die Ehegatten nach Möglichkeit zur ehelichen Gemeinschaft wieder zurückfinden. Außerdem haben die Eheleute während der Trennungszeit noch eine stärkere Verantwortung füreinander als nach der Scheidung, was auch gegen eine Verwertung des Vermögens des Berechtigten sprechen kann.[50]

415 Eine Verpflichtung, den Vermögensstamm zu verwerten, besteht vor allem dann, wenn die Eheleute dies schon **während der bestehenden Ehe** zur Unterhaltsdeckung getan haben. Sie kann aber auch bestehen, wenn die Ehegatten nach ihrem gemeinsamen Lebensplan während intakter Ehe den Vermögensstamm nicht oder nur in besonderen Fällen angegriffen haben. Mit der Aufgabe der häuslichen Gemeinschaft tritt nämlich eine wesentliche Änderung der Verhältnisse ein. Dann sind beide Ehegatten nicht mehr gemäß § 1360 BGB einander verpflichtet, die Familie angemessen zu unterhalten. Bei dem Anspruch auf Trennungsunterhalt nach § 1361 BGB handelt es sich vielmehr um einen Anspruch des einen Ehegatten gegen den anderen, wobei vielfach ein trennungsbedingter Mehrbedarf zusätzlich zu berücksichtigen ist. Deshalb kann ein entsprechender früherer gemeinsamer Lebensplan bezüglich der Nichtverwertung des Vermögensstammes nur als ein Umstand unter mehreren anderen bei der Billigkeitsabwägung bedeutsam werden.

416 Als weitere zu berücksichtigende Umstände kommen neben der Höhe des dem Unterhaltsberechtigten zur Verfügung stehenden Vermögens besonders die **Einkommens- und Vermögensverhältnisse des Verpflichteten** in Betracht.[51] Auch die Dauer des Getrenntlebens kann bedeutsam sein, weil bei kurzer Trennung noch eher eine Aussicht auf eine Wiederaufnahme der ehelichen Lebensgemeinschaft besteht. Je länger die Trennung währt, desto eher kann eine Verpflichtung zur Verwertung des Vermögensstammes bejaht wer-

---

[44] BGH, FamRZ 1998, 367, 369 = R 517 c; FamRZ 1986, 439 = R 290 b; FamRZ 1985, 354, 356 = R 222 c; FamRZ 1985, 360 = R 244 a

[45] BGH, FamRZ 1986, 439 = R 290 b

[46] BGH, FamRZ 1985, 360 = R 244 a

[47] BGH, FamRZ 1984, 364, 367 = R 192 d

[48] OLG Hamm FamRZ 2000, 1286

[49] BGH, FamRZ 1985, 360 = R 244 a

[50] BGH, FamRZ 1986, 556 = R 284

[51] BGH, FamRZ 1997, 281, 285 = R 509 i

den.[52] Von Bedeutung kann aber auch sein, dass die Ehegatten nur wenige Monate zusammengelebt haben und dass dem Berechtigten neben Grundvermögen auch ein größeres Wertpapierdepot zusteht.[53]

4. Vermögensverwertung beim Verpflichteten im Rahmen von Ehegattenunterhalt

Beim **nachehelichen Unterhalt** muss der Verpflichtete nach § 1581 S. 2 BGB bei beschränkter Leistungsfähigkeit den Stamm seines Vermögens nur verwerten, wenn die Verwertung nicht unwirtschaftlich oder unter Berücksichtigung der beiderseitigen wirtschaftlichen Verhältnisse nicht unbillig ist[54] (zu dieser Billigkeitsabwägung siehe Rn. 412). Hat der unterhaltspflichtige Ehegatte sein Vermögen veräußert und in ein Rentenstammrecht umgewandelt, aus dem wiederkehrende Leistungen fließe, hat er im Ergebnis den Vermögensstamm bereits für sich selbst angegriffen und zum laufenden Verbrauch bestimmt. Die aus der Veräußerung fließenden Leibrentenzahlungen sind damit von vornherein nicht als Vermögensstamm anzusehen.[55] Gleiches gilt für den Betrag einer Rentennachzahlung, der ebenfalls unterhaltsrechtlich relevantes Einkommen ist.[56] Da unterhaltsrechtlich grundsätzlich keine Vermögenslage hinzunehmen ist, die keinen oder nur einen eindeutig unwirtschaftlichen Ertrag bringt, ist allerdings ggf. eine Umschichtung des Vermögens (vgl. Rn. 429) zumutbar. 417

Beim **Trennungsunterhalt** sind die Grundsätze zu § 1581 S. 2 BGB (Rn. 417) im Rahmen des § 1361 BGB mit heranzuziehen unter Berücksichtigung der Besonderheiten, die das Verhältnis der Ehegatten zueinander während des Getrenntlebens zu denjenigen nach der Scheidung kennzeichnen.[57] Die in §§ 1577 III, 1581 S. 2 BGB festgelegten Billigkeits- und Wirtschaftlichkeitsmaßstäbe setzen eine äußerste Grenze, bis zu der vom Berechtigten oder vom Verpflichteten eine Vermögensverwertung verlangt werden kann. Wichtig sind in diesem Zusammenhang vor allem die noch bestehende stärkere Verantwortung der Eheleute füreinander, das höhere Maß an Rücksichtnahme auf die beiderseitigen Interessen und der Umstand, dass Eheleute bei der Regelung ihrer unterhaltsrechtlichen Beziehungen im Interesse der Aufrechterhaltung ihrer Ehe möglichst nicht zu Änderungen ihrer Lebensverhältnisse gedrängt werden sollen, die sich zerrüttungsfördernd auswirken könnten. Deshalb ist dem Verpflichteten eine Vermögensverwertung, die ihm die Grundlage seiner beruflichen Existenz entziehen und die gemeinsame Lebensplanung und -grundlage im Fall einer Fortsetzung der ehelichen Lebensgemeinschaft gefährden würde, grundsätzlich nicht zuzumuten. Er braucht insbesondere einen landwirtschaftlichen Betrieb während der Trennungszeit nicht zu veräußern, wohl aber kann ihm eine Teilverwertung durch Veräußerung oder Belastung einzelner Grundstücke zugemutet werden.[58] Auch hier ist allerdings die Dauer der Trennung ein bedeutsamer Umstand, weil bei kurzer Trennung noch eher Aussicht auf Wiederaufnahme der ehelichen Gemeinschaft besteht. Je länger die Trennung währt, desto eher kann eine Verpflichtung zur Verwertung des Vermögensstamms bejaht werden.[59] 418

5. Vermögensverwertung beim Kindesunterhalt

Vermögen des Verpflichteten. Im Verhältnis zu Kindern hat der Verpflichtete im Rahmen des § 1603 I BGB grundsätzlich auch den Stamm seines Vermögens zur Bestreitung des Unterhalts einzusetzen. Einschränkungen der Obliegenheit zum Einsatz auch des 419

---

[52] BGH, FamRZ 1985, 360 = R 244 a; OLG Hamm FamRZ 1993, 1085

[53] OLG Hamm, FamRZ 1993, 1085, 1087; OLG Frankfurt FamRZ 1995, 874 (Anteil am Lottogewinn i. H. v. 350 000 DM)

[54] BGH, FamRZ 1986, 560 = R 292 a; FamRZ 1985, 354 = R 222 c

[55] BGH, FamRZ 1994, 228 = R 471 c

[56] OLGR Braunschweig 1997, 157; OLG Hamburg FamRZ 1991, 953 (zur Umlegung auf einen angemessenen Zeitraum)

[57] BGH, FamRZ 1986, 556 = R 284

[58] BGH, FamRZ 1986, 556 = R 284

[59] OLG Karlsruhe FamRZ 1990, 163

Vermögensstammes ergebe sich allein daraus, dass nach dem Gesetz auch die sonstigen Verpflichtungen des Unterhaltsschuldners zu berücksichtigen sind und er seinen eigenen angemessenen Unterhalt nicht zu gefährden braucht. Daraus folgt, dass eine Verwertung des Vermögensstammes nicht verlangt werden kann, wenn sie den Unterhaltsschuldner von fortlaufenden Einkünften abschneiden würde, die er zur Erfüllung weiterer Unterhaltsansprüche oder anderer berücksichtigungswürdiger Verbindlichkeiten[60] oder zur Bestreitung seines eigenen Unterhalts benötigt. Auch die Verwertung, jedenfalls die Veräußerung, eines nach den übrigen Verhältnissen der Familie angemessenen Familieneigenheims wird im Allgemeinen nicht verlangt werden können, weil es ebenfalls der Befriedigung des Unterhaltsbedarfs des Schuldners selbst und ggf. weiterer Familienangehöriger dient und zugleich Mietaufwendungen erspart. Allgemein braucht der **Unterhaltsschuldner** den Stamm seines Vermögens nicht zu verwerten, wenn dies für ihn mit einem wirtschaftlich nicht mehr vertretbaren Nachteil verbunden wäre, denn auch das wäre mit der nach dem Gesetz gebotenen Berücksichtigung der ansonsten zu erfüllenden Verbindlichkeiten nicht zu vereinbaren und müsste letztlich den eigenen angemessenen Unterhaltsbedarf des Verpflichteten in Mitleidenschaft ziehen.[61] Daraus folgt, dass eine Verwertung des Vermögensstammes nicht verlangt werden kann, wenn sie den Verpflichteten von fortlaufenden Einkünften abschneiden würde, die dieser zur Erfüllung weiterer Unterhaltsansprüche oder anderer berücksichtigungswürdiger Verbindlichkeiten oder zur Bestreitung seines eigenen Unterhalts benötigt.[62] Außerdem muss der Verpflichtete den Vermögensstamm nicht verwerten, wenn dies für ihn mit einem wirtschaftlich nicht mehr vertretbaren Nachteil verbunden ist.[63] Da das Gesetz eine allgemeine Billigkeitsgrenze nicht vorsieht, sind umfassende Zumutbarkeitsabwägungen erforderlich, in deren Rahmen auch Zuwendungen an nachrangig berechtigte Angehörige berücksichtigt werden können.[64] Danach ist dem Verpflichteten die Verwertung eines Ferienhauses jedenfalls zumutbar, wenn dieses weder als Einkommensquelle noch zur Befriedigung des Wohnbedarfs der Familie benötigt wird.[65]

420 Gegenüber **minderjährigen Kindern** hat der verpflichtete Elternteil nach § 1603 II 1 BGB alle verfügbaren Mittel, d. h. auch den Vermögensstamm, zu seinem und der Kinder Unterhalt gleichmäßig zu verwenden.[66] Er kann zum Verkauf des Miteigentumsanteils an einem Grundstück verpflichtet sein; sein Wunsch, auf dem Grundstück zur Vermögensbildung Eigentumswohnungen zu errichten, ist gegenüber der Unterhaltssicherung in Höhe des Regelbetrags nachrangig.[67] Im Rahmen dieser erweiterten Unterhaltspflicht darf allerdings der Vermögensstamm auch zur Befriedigung des Mindestbedarfs des Kindes nur dann herangezogen werden, wenn der notwendige Eigenbedarf des Verpflichteten (notwendiger Selbstbehalt) unter Berücksichtigung seiner voraussichtlichen Lebensdauer sowie unter Einbeziehung zu erwartender künftiger Erwerbsmöglichkeiten bis an sein Lebensende gesichert bleibt.[68] Bei minderjährigen Kindern wird dem verpflichteten Elternteil im Rahmen des § 1603 II 1 BGB selbst der Einsatz von Schmerzensgeldzahlungen zugemutet.[69] Hat der Verpflichtete allerdings während des Unterhaltszeitraums unter fortwirkenden schwerwiegenden Behinderungen zu leiden, so kann solchen Belastungen im Hinblick auf die besondere Ausgleichsfunktion des Schmerzensgeldes bei der Unterhaltsbemessung dadurch Rechnung getragen werden, dass der dem Verpflichteten zu belassende Betrag des notwendigen Selbstbehalts angehoben wird.[70] Eine weitere Grenze besteht, sobald dem Verpflichteten wegen der Stammverwertung bedarfsnotwendige Einkünfte verlorengehen.[71]

---

[60] Vgl. BGH, FamRZ 1982, 157 f.
[61] BGH, FamRZ 1986, 48 = R 275 c
[62] OLG Hamm FamRZ 1998, 1609
[63] BGH, FamRZ 1988, 604, 607 = R 361 c; FamRZ 1986, 48, 50 = R 275 c
[64] BGH, FamRZ 1998, 367, 369 = R 517 c
[65] BGH, FamRZ 1986, 48, 50 = R 275 c
[66] OLG Hamburg FamRZ 2000, 1431; OLG Dresden FamRZ 1999, 396
[67] OLG Dresden FamRZ 1999, 396; OLGR Celle 1998, 42
[68] BGH, FamRZ 1989, 170 = R 379 a
[69] BGH, FamRZ 1989, 170 = R 379 b
[70] BGH, FamRZ 1989, 170 = R 379 a
[71] OLG Hamburg, FamRZ 1991, 472

Vermögen der Kinder. Ob **volljährige Kinder** auf ihr Vermögen zurückgreifen müssen, richtet sich nicht nach § 1577 III BGB, der unmittelbar nur für den nachehelichen Unterhalt gilt. Nach der Rechtsprechung des BGH sind die Grenze der Unzumutbarkeit hier etwas enger zu ziehen als bei § 1577 Abs. 3 BGB, angenähert etwa dem Begriff der groben Unbilligkeit. Der Tatrichter hat darüber im Einzelfall im Rahmen einer umfassenden Zumutbarkeitsabwägung zu entscheiden, die alle bedeutsamen Umstände und insbesondere auch die Lage des Unterhaltspflichtigen berücksichtigt[72] Dabei kann auch volljährigen Kindern ein Sockelbetrag als Schonvermögen verbleiben (vgl. Rn. 410), grundsätzlich müssen sie zunächst aber ihr eigenes Vermögen verwerten, soweit dies nicht unwirtschaftlich ist.[73] Hat etwa ein volljähriges Kind von seiner Großmutter Investmentanteile im Wert von 25 000 € geerbt, sind diese vorrangig bis zu einem Schonbetrag für den Unterhalt zu verwenden.[74] Eigenes Vermögen des volljährigen unterhaltsberechtigten Kindes in erheblichem Umfang schließt regelmäßig dessen Bedürftigkeit aus.[75] Gehört dem volljährigen Kind mit Anspruch auf Ausbildungsunterhalt ein mit einem Nießbrauch belastetes Grundstück, ist u. U. ein Kredit aufzunehmen, bei dem die Rückzahlungsraten bis zum Eintritt ins Erwerbsleben gestundet werden.[76] **Minderjährige Kinder** brauchen ihren eigenen Vermögensstamm im Verhältnis zu ihren Eltern nicht zu verwerten, solange die Eltern leistungsfähig sind (§ 1602 II BGB). Die Eltern können aber nach § 1603 II S. 2 BGB das Kind auf den Stamm seines Vermögens verweisen, wenn andernfalls ihr eigener angemessener Unterhalt gefährdet wäre.[77] Das Vermögen ist vom Vormundschaftsgericht in einem solchen Fall freizugeben. Bei der Verwertung von Kindesvermögen müssen keine unwirtschaftlichen Maßnahmen getroffen werden (s. auch Rn. 2/106 f.). Hat ein minderjähriges Kind vorhandenes Vermögen verbraucht, ist ihm das nach § 1611 II BGB nicht vorwerfbar.[78] 421

6. Vermögensverwertung beim Elternunterhalt

Die Rechtsprechung hat sich zunehmend mit Unterhaltsansprüchen von unterhaltsbedürftigen Eltern gegen ihre erwachsenen Kinder zu befassen.[79] Diese Anspräche gehören genauso zum Verwandtenunterhalt nach §§ 1601 f. BGB wie die Ansprüche der Kinder gegen die Eltern. Hinsichtlich der Opfergrenze für den Unterhaltspflichtigen werden jedoch Unterschiede gemacht, die sich vor allem in einem „maßvollen Zuschlag" beim Selbstbehalt (vgl. Rn. 2/616) auswirken.[80] Hinsichtlich der Verwertung des Vermögensstammes trifft es zwar zu, dass es im Verwandtenunterhalt an einer allgemeinen gesetzlichen Billigkeitsgrenze im Unterschied zur Regelung in § 1577 III BGB für den nachehelichen Unterhalt fehlt,[81] gleichwohl ist es im Rahmen einer umfassenden Zumutbarkeitsabwägung zulässig, der besonderen Lage von erwachsenen Unterhaltspflichtigen gegenüber ihren Eltern Rechnung zu tragen[82] (im Einzelnen s. hierzu Rn. 2/623 f.). Die Verwertung des Miteigentumsanteils an einem **Familienwohnheim** zugunsten der Unterhaltsansprüche der Eltern des Miteigentümers ist i. d. R. unwirtschaftlich und kann daher nicht verlangt werden.[83] Gleiches gilt für eine selbst genutzte Eigentumswohnung.[84] **Allgemein** kann die Verwertung eines Vermögensstamms dann nicht verlangt werden, 421 a

[72] BGH, FamRZ 1998, 367 = R 517 c
[73] OLG Düsseldorf, FamRZ 1990, 1137; OLGR Braunschweig 1996, 117
[74] OLG München, FamRZ 1996, 1433: 50 000 DM
[75] OLG Celle FamRZ 2001, 47; OLG Köln FamRZ 1999, 1277
[76] OLG Bamberg, FamRZ 1999, 876
[77] BGH, FamRZ 1985, 360 = R 244 a
[78] BGH, FamRZ 1988, 159
[79] Vgl. die Zusammenfassung bei Duderstadt FamRZ 1998, 273, 275
[80] BGH, FamRZ 2002, 1698 = R 580 c; 1992, 795 = R 445
[81] BGH, FamRZ 1998, 367, 369 = R 517 c
[82] OLG Hamm FamRZ 2002, 1212; OLGR München 2000, 78 (Beleihung einer vom Berechtigten geschenkten Immobilie)
[83] LG Heidelberg, FamRZ 1998, 164
[84] OLG Köln FamRZ 2001, 1475

wen sie den Unterhaltsschuldner von fortlaufenden Einkünften abschneidet, die er zur Erfüllung weiterer Unterhaltsansprüche, anderer berücksichtigungswürdiger Verbindlichkeiten oder zur Bestreitung seines eigenen Unterhalts benötigt. Das ist aber nicht der Fall, wenn der Unterhaltsschuldner wegen einer geringen Restforderung auf einen Teil seines erheblichen Vermögens zurückgreifen muss. Dann kommt es auch nicht auf die voraussichtliche Lebensdauer des Unterhaltspflichtigen an.[85] Ein **Unterhaltsberechtigter,** der pflegebedürftig ist und sich in Heimpflege befindet, hat vielmehr zunächst sein Vermögen bis auf einen geringen Notgroschen einzusetzen, bevor er sein Kind auf Unterhalt in Anspruch nimmt.[86]

7. Vermögen dient der lebenslangen Unterhaltssicherung

422 Ganz allgemein dient Vermögen, zusammen mit Einkünften, der lebenslangen Unterhaltssicherung (zur Abfindung vgl. Rn. 72). Es **soll nicht den Erben erhalten werden,** wenn davon zu Lebzeiten der Unterhalt bestritten werden kann. Das Vermögen ist daher so zu verwerten, dass bei Berücksichtigung der überschaubaren wirtschaftlichen Entwicklung der Unterhaltsbedarf während der voraussichtlichen Lebensdauer erfüllt werden kann.[87] Auch bei der Bestimmung des Vermögens, das zur Sicherung des eigenen Unterhaltsbedarfs des Verpflichteten (Selbstbehalt) zu schonen ist, ist die voraussichtlich gesamte Lebensdauer des Verpflichteten zu berücksichtigen.[88] Die Umrechnung eines vorhandenen Kapitals in eine **lebenslange Rente** ist wegen der unbekannten individuellen Lebenserwartung und wegen der sich ständig ändernden Ertragsmöglichkeiten schwierig. Da ohnehin eine entsprechende Anlage erforderlich ist, kann im Einzelfall bei einer Bank oder einem größeren Versicherungsunternehmen nachgefragt werden, in welcher Höhe sich eine lebenslange Rente ergibt, wenn das einzusetzende Kapital sofort in einem Betrag eingezahlt wird. Da den Erben nichts erhalten werden muss, ist von den möglichen Vertragsvarianten diejenige maßgeblich, die ohne Rückzahlung eines nicht verbrauchten Kapitalrestes im Todesfall an die Erben eine größere Rente ergibt. Bei Lebensversicherungen auf Kapitalbasis braucht nur gefragt zu werden, welche Rente sich **bei Ausübung des Rentenwahlrechts** ergeben würde. Auch hier wäre die Variante maßgeblich, die den Erben nichts oder jedenfalls möglichst wenig zukommen lässt[89] (s. dazu auch Rn. 4/350 c).

8. Verwertung von Grundstücken

423 Grundvermögen kann durch Veräußerung, Belastung oder Versteigerung verwertet werden. Die Tatsache, dass bei sofortiger Verwertung **künftige Preissteigerungen** nicht ausgenützt werden können, beinhaltet keine Unzumutbarkeit oder Unwirtschaftlichkeit. Dies gilt vor allem bei der Verwertung von Erbanteilen an einem Baugrundstück.[90] Gestaltet sich der an sich veranlasste Verkauf einer Eigentumswohnung schwierig und zeitraubend, kann es wirtschaftlich sinnvoller sein, eine Vermietung vorzunehmen.[91] Möglicherweise kann der Erbanteil auch zur Kreditbeschaffung für den Unterhalt verwendet werden. Wenn wirtschaftlich vertretbare Rückzahlungsmöglichkeiten bestehen, kann auch die Inanspruchnahme eines Real- oder Personalkredits für Unterhaltszwecke sowie eine entsprechende Vermögensbelastung zugemutet werden.

---

[85] BGH, FamRZ 2002, 1698, 1702 = R 580 c; OLG Köln (27. ZS) FamRZ 2003, 470; a. A. OLG Köln (25. ZS) FamRZ 2003, 471, das lediglich offensichtlich unwirtschaftliche Vermögensverwertungen ausnimmt

[86] OLG Köln FamRZ 2001, 437

[87] BGH, FamRZ 1985, 354 = R 222 c; FamRZ 1966, 28

[88] BGH, FamRZ 1989, 170 = R 379 a

[89] Vgl. den vom OLG Hamm in FamRZ 1998, 1520 behandelten Fall mit kritischer Anmerkung Bienko, FamRZ 1999, 512; zur Verwendung von Sterbetafeln zur Ermittlung von Schätzwerten beim Zugewinnausgleich vgl. BGH, FamRZ 1992, 1155, 1159

[90] BGH, FamRZ 1980, 43 = NJW 1980, 340

[91] OLG Karlsruhe, FuR 1998, 361

Sind der Berechtigte und der Verpflichtete **Miteigentümer** eines gemeinsamen Hauses, blockieren sie sich häufig gegenseitig bei der Verwertung. Ein Ehegatte kann die Zustimmung zur Teilungsversteigerung so lange verweigern, bis das Scheidungsverfahren und ein Verfahren auf Zugewinnausgleich abgeschlossen sind. 424

Beispiel:
F ist ausgezogen und verlangt von M Unterhalt. Das Haus ist schuldenfrei. M bietet F für ihren Hälfteanteil 150 000 EUR und erklärt, dass sie von diesem Kapital ihren Unterhalt bestreiten könne. F möchte jedoch 200 000 EUR. Dazu ist M nicht bereit und verlangt nun, dass F ihren Hälfteanteil beleiht und davon lebt. F beantragt hierauf lediglich die Teilungsversteigerung und verlangt erneut Unterhalt.

Es liegt kein Verstoß gegen unterhaltsrechtliche Obliegenheiten vor, wenn sich ein Miteigentümer auf die Aufhebung der Gemeinschaft durch **Teilungsversteigerung** und anschließende Erlösteilung (§ 753 BGB) beschränkt, weil die Wirtschaftlichkeit am ehesten durch Verwertung im Weg der Aufhebung der Miteigentumsgemeinschaft gewährleistet ist. Bei einem Verkauf oder einer Beleihung des Miteigentumsanteils ist demgegenüber erfahrungsgemäß ein geringerer Erlös zu erwarten.[92] Einer Teilungsversteigerung können allerdings in der Regel nicht unerhebliche rechtliche Hindernisse entgegenstehen. Nach § 1365 BGB bedarf der Antrag sowohl vor als auch nach einer Scheidung der Zustimmung des anderen Ehegatten, wenn die Ehegatten im gesetzlichen Güterstand leben und der Grundstücksanteil des Antragstellers dessen ganzes Vermögen darstellt. Die Zustimmung kann verweigert werden, wenn durch sie der Zugewinnausgleichsanspruch konkret gefährdet wäre oder wenn voraussichtlich nach Beendigung des Güterstandes gemäß § 242 BGB ein Anspruch auf Übereignung des Grundstücksanteils selbst bestehen wird.[93] Damit kann ein Ehegatte die Zustimmung zur Teilungsversteigerung so lange verweigern, bis das Scheidungsverfahren und ein Verfahren auf Zugewinnausgleich abgeschlossen sind.[94] Hinderlich kann auch eine auf § 1353 I BGB gestützte Klage nach § 771 ZPO sein.[95] Auch das Interesse der Kinder kann entgegenstehen; § 180 III ZVG.[96]

9. Verwertung des ausgezahlten Kapitals einer Lebensversicherung

Lebensversicherungen dienen der Altersvorsorge und/oder der Kapitalbildung. Im Fall der Scheidung unterliegen Lebensversicherungen auf Rentenbasis nach § 1587 a II Nr. 5 BGB dem Versorgungsausgleich.[97] Lebensversicherungen auf Kapitalbasis sind beim gesetzlichen Güterstand in den Zugewinnausgleich einzubeziehen.[98] Bei Gütertrennung erfolgt kein Ausgleich des in der Ehe angesammelten Kapitals. Die laufenden Beiträge des Versicherungsnehmers werden bei der Unterhaltsberechnung vom Einkommen vorweg abgezogen, soweit es sich um eine angemessene Altersvorsorge handelt (s. Rn. 597 a, 598) oder soweit beim Ehegattenunterhalt prägende Aufwendungen zur Vermögensbildung vorliegen (Rn. 4/30, 200). Diese unterschiedlichen Ausgangspunkte lassen keine einheitliche Beantwortung der Frage zu, ob das ausbezahlte Kapital verwertet werden muss. 424 a

Beim **nachehelichen Ehegattenunterhalt** ist für den **Verpflichteten** zunächst von § 1581 S. 2 BGB auszugehen. Danach braucht das Kapital nicht eingesetzt zu werden, soweit es unwirtschaftlich oder unter Berücksichtigung der beiderseitigen wirtschaftlichen Verhältnisse unbillig wäre. Die danach geforderte Billigkeitsabwägung verlangt eine umfassende Bewertung aller Umstände eines Einzelfalles. Folgende Gesichtspunkte können sich auswirken: 424 b

---

[92] BGH, FamRZ 1984, 662 = NJW 1984, 2358
[93] BayObLG, FamRZ 1981, 46
[94] OLG Köln FamRZ 2002, 97; FamRZ 2001, 176; OLG Frankfurt FamRZ 1997, 1490
[95] BGH, FamRZ 1972, 363
[96] Näher zur Verwertung des Miteigentumsanteils siehe Haußleiter/Schulz, Vermögensauseinandersetzung 2. Auflage Kap 2 Rn. 25
[97] BGH, FamRZ 1984, 156
[98] BGH, FamRZ 1995, 1270; BGH, FamRZ 2003, 664 (zur Ausübung des Kapitalwahlrechts nach Ende der Ehezeit)

- Kann der Unterhaltsbedarf auch ohne Kapitalverwertung gesichert werden?
- Verbleibt dem Vermögensinhaber, der ebenfalls vom Vermögen leben muss, genug für den eigenen lebenslangen Bedarf?[99]
- Wie sind die Vermögensverhältnisse des anderen?[100]
- Wurden die Versicherungsprämien bei der Unterhaltsberechnung einkommensmindernd berücksichtigt?[101]
- Wirkte sich die Lebensversicherung beim Zugewinnausgleich auf die Ausgleichsforderung aus?[102]
- Liegt eine Einkommensänderung vor, die eine Bedarfsverringerung rechtfertigen kann (vgl. Rn. 4/299, 338).

Daneben muss aber immer auch gefragt werden, ob es den ehelichen Lebensverhältnissen gemäß § 1578 BGB entspricht, dass auch das Kapital verbraucht wird.

Fall: Der Arzt M zahlt seit 1980 für eine Lebensversicherung monatlich 1000 EUR. 1995 wird er geschieden. Unter Berücksichtigung des Aufwands für die Lebensversicherung wurden der kranken Ehefrau F als Unterhalt monatlich 1800 EUR zugesprochen. Im Jahr 2000 beendet M seine Tätigkeit. Er erhält von der Lebensversicherung 500 000 EUR. Davon kauft er Pfandbriefe zu 6% und hat deshalb monatlich nur noch 2500 EUR zur Verfügung. F wehrt sich gegen eine Herabsetzung der Unterhaltszahlungen.

Die Lebensversicherung war hier als alleinige Altersvorsorge gedacht, sollte also im Alter die Aufrechterhaltung der ehelichen Lebensverhältnisse ermöglichen. Bei dem Fehlen zusätzlicher Einkünfte war abzusehen, dass dazu auch das Kapital verbraucht werden musste. Dafür spricht schon, dass F durch eine langjährige Unterhaltsschmälerung die Lebensversicherung mitfinanziert hatte (s. dazu auch Rn. 4/350 a).

Die Umrechnung des Kapitals in Monatsbeträge geschieht nach den in Rn. 422 mitgeteilten Grundsätzen.

Die gleiche Regelung gilt nach § 1577 III BGB beim nachehelichen Unterhalt für den **Berechtigten.** Wird ihm eine Lebensversicherung ausbezahlt, ist nach ähnlichen Kriterien zu prüfen, ob auch das Kapital in die Unterhaltsberechnung einzubeziehen ist.[103] Nicht anders ist beim Trennungsunterhalt (s. Rn. 414, 418) und beim Verwandtenunterhalt (s. Rn. 419, 421) zu verfahren. Maßgeblich sind stets Gesichtspunkte der Billigkeit (s. dazu auch Rn. 4/350 a).

III. Zurechnung fiktiver Erträge bei unterlassener zumutbarer Vermögensnutzung oder Vermögensverwertung

1. Fiktive Zurechnung erzielbarer Erträge im Rahmen einer Obliegenheit zur Erzielung von Vermögenserträgen oder zur Vermögensverwertung

425 Dem Berechtigten und dem Verpflichteten sind fiktive Erträge als Einkommen zuzurechnen, wenn sie es unterlassen, ihr Vermögen in zumutbar ertragbringender Weise zu nutzen oder zu verwerten. Die Bejahung einer entsprechenden Obliegenheit setzt stets eine **Zumutbarkeitsprüfung** voraus, bei der die Belange des Berechtigten und Verpflichteten unter Berücksichtigung der Umstände des Einzelfalls gegeneinander abzuwägen sind.[104] Für den berechtigten Ehegatten ergibt sich aus § 1577 I BGB grundsätzlich die Obliegenheit, vor-

[99] OLG München, FamRZ 1994, 1459
[100] BGH, FamRZ 1986, 560 = R 292 a
[101] OLG Hamm, FamRZ 1998, 1520
[102] OLG Düsseldorf, FamRZ 1998, 621
[103] OLG Hamm FamRZ 2000, 1286; OLG Celle FamRZ 2000, 1153 (von Zugewinn i. H. v. 340 000 DM einen Teilbetrag i. H. v. 100 000 DM für Alterssicherung ohne Zinsgewinn verwendet)
[104] BGH, FamRZ 1990, 269 = R 405 a; FamRZ 1988, 145, 149 = R 347 h; FamRZ 1986, 560 = R 292 a; FamRZ 1986, 439 = R 290 b; OLGR Hamm 2000, 329 (an ein Kind verschenktes Vermögen)

handenes Vermögen **so ertragreich wie möglich** anzulegen und zu nutzen, weil auch solche Einkünfte seine Bedürftigkeit mindern, die er in zumutbarer Weise ziehen könnte, aber nicht zieht.[105] Es handelt sich hierbei um eine aus § 242 BGB abgeleitete Obliegenheit,[106] deren Bejahung im Einzelfall eine Zumutbarkeitsprüfung erfordert.[107] Zu beachten ist jedoch, dass sich beim Unterhaltsverpflichteten fiktive Einkünfte nur bei der Prüfung der Leistungsfähigkeit auswirken können, aber **nicht bei der Bedarfsermittlung** (vgl. Rn. 406, 508). Wer ein größeres Vermögen noch nie wirtschaftlich genutzt hat, darf daher auf Grund fiktiver Einkünfte aus diesem Vermögen nicht zu höherem Unterhalt verurteilt werden, als es dem bisherigen Bedarf entsprach.[108]

Nach § 1577 III BGB kann für den Berechtigten beim nachehelichen Unterhalt auf **426** Grund einer Billigkeitsabwägung eine Obliegenheit zur Verwertung des Vermögensstammes bestehen (s. Rn. 411 f.). Ähnliche Obliegenheiten bestehen beim Trennungsunterhalt im Rahmen des § 1361 BGB[109] (s. Rn. 414 f.). Auch den Verpflichteten trifft unterhaltsrechtlich die Obliegenheit, alle ihm zumutbaren Einkünfte zu erzielen[110] (s. Rn. 417 f., 419 f.). Unterlässt er dieses, muss er sich insoweit als leistungsfähig behandeln lassen. Einen Anhalt für die Obliegenheit zur Vermögensverwertung bietet § 1581 BGB, der auch im Rahmen des § 1361 BGB mit heranzuziehen ist.[111] Auch beim Kindesunterhalt muss sich der Verpflichtete fiktiv Vermögenserträge zurechnen lassen, die er zumutbarerweise erzielen könnte. Er muss nach § 1603 I BGB den Vermögensstamm verwerten, wenn dies nicht mit einem wirtschaftlich nicht mehr vertretbaren Nachteil für ihn verbunden ist[112] (s. Rn. 421).

2. Obliegenheiten bei Immobilien

- Vermietung eines großen luxuriösen Hauses und Anmietung einer weniger kostspieligen Wohnung.[113] **427**
- Vermietung einzelner Räume eines Hauses.[114] Im Allgemeinen wird die Vermietung von Einzelräumen an Fremde wegen der damit verbundenen Unbequemlichkeiten bei der Benutzung der sanitären Einrichtungen und der Küche unzumutbar sein. Für Räume, die während der Ehe volljährigen Kindern unentgeltlich überlassen waren, ist jedoch ein Entgelt zu fordern, wenn diese ein eigenes Einkommen haben und nicht mehr auf die kostenlose Überlassung angewiesen sind.[115] Auch von einem aufgenommenen neuen Lebenspartner ist Miete zu verlangen.[116]
- Veräußerung eines Hauses und Deckung des Unterhaltsbedarfs aus den Erträgen des anzulegenden Kapitals.[117]
- Veräußerung einzelner Grundstücke eines landwirtschaftlichen Anwesens[118] oder eines Baugrundstücks.[119]
- Kreditaufnahme und Belastung des Grundvermögens im Rahmen des Zumutbaren und unter Berücksichtigung der Tilgungsmöglichkeiten.[120]

---

105 BGH, FamRZ 1990, 269 = R 405 a; FamRZ 1988, 145, 149 = R 347 h; FamRZ 1986, 439 = R 290 b; FamRZ 1986, 560 = R 292 a; FamRZ 1986, 441 = R 289 b + c
106 BGH, FamRZ 1986, 439 = R 290 b
107 BGH, FamRZ 1998, 87, 89 = R 516 c
108 BGH, FamRZ 1997, 281 = R 509 i
109 BGH, FamRZ 1986, 556 = R 284; FamRZ 1985, 360 = R 244 a
110 BGH, FamRZ 1988, 604, 607 = R 361 c; FamRZ 1986, 556 = R 284
111 BGH, FamRZ 1986, 556 = R 284
112 BGH, FamRZ 1988, 604, 607 = R 361 c; FamRZ 1986, 48, 50 = R 275 c
113 BGH, FamRZ 1988, 145, 149 = R 347 h; FamRZ 1984, 358, 360
114 BGH, FamRZ 1988, 145, 149 = R 347 h; FamRZ 1984, 358; FamRZ 1986, 439 = R 290 b
115 BGH, FamRZ 1990, 269 = R 405 a; s. auch OLG Bamberg, FamRZ 1999, 849
116 OLGR Frankfurt 1994, 175 (dann auch während der Trennungszeit voller Wohnwert)
117 BGH, FamRZ 1988, 145, 149 = R 347 h
118 BGH, FamRZ 1986, 556 = R 284
119 BGH, FamRZ 1982, 23, 25; bei Verbrauch vgl. BGH, FamRZ 1997, 873
120 BGH, FamRZ 1988, 259, 263 = R 352 d; FamRZ 1982, 678

- Mitwirkung bei der Verwertung der in Miteigentum stehenden Familienwohnung[121] (dazu Rn. 424). Wer sich dagegen sträubt, läuft Gefahr, dass ihm fiktive Einkünfte zugerechnet werden.

3. Obliegenheiten bei Barvermögen, wie Sparguthaben, Zugewinnausgleichszahlungen oder Veräußerungserlösen

428 Bei **Barmitteln** besteht die Verpflichtung, sie möglichst nutzbringend anzulegen.[122] Bei erstmaligem Zufluss von Barmitteln z. B. aus der Vermögensauseinandersetzung oder aus einer Unterhaltsabfindung besteht eine angemessene Überlegungsfrist zu Art und Zeitpunkt der Anlage. Fiktive Einkünfte dürfen erst nach Verstreichen dieser Frist zugerechnet werden.[123] Eine solche Zurechnung kommt in Betracht, wenn das Geld leichtfertig dem Unterhalt entzogen,[124] vergeudet, verspielt[125] oder so angelegt wird, dass es keinen Ertrag bringt (s. Rn. 430).

4. Obliegenheit zur Vermögensumschichtung

429 Ein unterhaltsberechtigter Ehegatte ist grundsätzlich verpflichtet, vorhandenes Vermögen so anzulegen, dass dieses möglichst sichere und hohe Erträge abwirft.[126] Wenn der Berechtigte ertragloses Vermögen besitzt, z. B. eine Münzsammlung, wird ihm die Umschichtung in ein Erträge abwerfendes Vermögen in der Regel zuzumuten sein.[127] Sonst kommt es darauf an, ob es ihm zumutbar ist, sein Vermögen zu günstigeren Bedingungen einzusetzen. Ist dieses nicht der Fall, muss die gewählte Anlageform unterhaltsrechtlich hingenommen werden.[128] Zurückhaltung ist also geboten, wenn es nur darum geht, ob in einer anderen Anlageform eine höhere Rendite erzielbar ist. Eine Obliegenheit, das vorhandene Vermögen durch Umschichtung ertragreicher einzusetzen kommt nur in Betracht, wenn sich die tatsächliche Anlage als **eindeutig unwirtschaftlich** darstellt.[129] Insoweit verbleibt dem Vermögensinhaber eine gewisse Entscheidungsfreiheit. Von ihm kann nicht verlangt werden, wegen möglicherweise höherer Erträge die Sicherheit der Vermögensanlage zu vernachlässigen oder eine im Verkehr ungewöhnliche Anlageform zu wählen. Würde ein etwaiger Verkauf des Hausgrundstücks keinen nennenswerten Überschuss erbringen, scheidet schon deswegen eine Pflicht zur Vermögensumschichtung ebenso wie eine Veräußerung des Grundbesitzes aus.[130] Der Grundsatz, dass die Obliegenheit eines **getrennt lebenden** Ehegatten zur Verwertung seines Vermögensstammes im Allgemeinen nicht so weit geht wie diejenige eines Geschiedenen, gilt entsprechend auch für die Obliegenheit zu einer Vermögensumschichtung.[131] Grundlegende Veränderungen der Vermögensanlage werden in dieser Zeit unter besonderen Umständen und nicht kurzfristiger Vorteile wegen verlangt werden können. Stets muss sich die bisherige Vermögensanlage als eindeutig unwirtschaftlich darstellen, ehe vom Vermögensinhaber eine Umschichtung verlangt werden kann.[132]

430 Entsprechend ist der Unterhaltsberechtigte nicht befugt, vorhandenes Vermögen so umzuschichten, dass es zu erheblichen Einkommensverlusten führt.[133] Wer also aus der Ver-

---

[121] OLG Frankfurt/Main, FamRZ 1992, 823
[122] BGH, FamRZ 1988, 145, 149 = R 347 h; FamRZ 1986, 439 = R 290 b
[123] BGH, FamRZ 1986, 441, 443 = R 289 c
[124] OLGR Hamm 2000, 329
[125] OLG Hamm, FamRZ 1999, 516
[126] OLG Stuttgart FamRZ 1993, 559
[127] Unveröffentlichtes Urteil des BGH vom 29. 6. 1983 – IV b ZR 395/81
[128] BGH, FamRZ 1986, 441 = R 290 c; FamRZ 1988, 145 (zur vollständigen oder teilweisen Vermietung eines großen und luxuriösen Einfamilienhauses)
[129] BGH, FamRZ 1998, 87 = R 516 c (Einsatz von 263 000 DM zum Kauf eines Einfamilienhauses)
[130] BGH NJW-RR 1995, 129 = R 482 A
[131] BGH, FamRZ 1986, 439 = R 290 b
[132] BGH, FamRZ 1986, 560 = R 292 a; FamRZ 1986, 439 = R 290 b
[133] OLG Hamm FamRZ 1999, 917

mögensauseinandersetzung im Rahmen der Ehescheidung 300 000 € erhält, zusätzlich 200 000 € aufnimmt, für 500 000 € ein Haus kauft und wegen der Kreditverbindlichkeiten fast keinen anrechenbaren Wohnwert erzielt, muss sich den Vorwurf der Unwirtschaftlichkeit gefallen lassen.[134] Bei dem Vergleich des Mietwerts mit einem möglichen Kapitalertrag sind vom Mietwert vorab die gesamten Finanzierungskosten, aber nicht die Kapitalrückzahlung, abzuziehen.[135] Das OLG Bamberg[136] geht in diesen Fällen davon aus, dass der Betrag bedarfsdeckend anzurechnen ist, der bei verzinslicher Anlage „unschwer" zu erlangen wäre. Eine andere Lösung wäre, davon auszugehen, dass der Wohnbedarf auch mit einer Eigentumswohnung im Wert von etwa 150 000 € angemessen hätte befriedigt werden können. Als Einkommen wäre dann der Wohnwert dieser – unbelasteten – Wohnung anzurechnen. Das OLG Koblenz[137] hält es für unwirtschaftlich, wenn ein Barvermögen von rund 70 000 DM zum Kauf einer Eigentumswohnung verwendet wird, die insgesamt 200 000 DM kostet. Dem kann nicht gefolgt werden. Die Wohnung war nach dem mitgeteilten Sachverhalt weder zu groß, noch zu teuer. Der Erwerb entsprach den ehelichen Lebensverhältnissen, weil die Eheleute zuvor in einem ihnen gehörenden Haus gewohnt hatten. Dem anderen Ehegatten war diese Verwendung des Geldes auch zuzumuten, weil er auf die Anrechnung von Zinsen aus dem Betrag von 70 000 DM nicht angewiesen war. Das OLG Frankfurt[138] hat den Kauf des Miteigentumsanteils an einer Doppelhaushälfte mit einem aus der Zwangsversteigerung des ehegemeinsamen Hauses zugeflossenen Betrag von 230 000 DM als nicht eindeutig unwirtschaftlich angesehen. Wer aber als alleinstehende Person ein wertvolles Haus bewohnt, und gleichwohl Unterhalt verlangt, wird sich stets auf eine nutzbringendere Anlage seines Vermögens hinweisen lassen müssen.[139]

Wichtig ist, ob die wirtschaftlichen Verhältnisse des Verpflichteten es erfordern, aus dem **431**
Vermögen des Berechtigten einen bestmöglichen Ertrag zu erzielen.[140] Bei der Umschichtung von Immobilien in eine Kapitalanlage muss auch der **Kaufkraftverlust** von Geldvermögen im Verhältnis zu Immobilienwerten mitbedacht werden.[141] Der Grundsatz, dass beim Trennungsunterhalt die Obliegenheit zur Verwertung des Vermögensstammes nicht so weit geht wie beim nachehelichen Unterhalt, gilt auch für die Obliegenheit zur Vermögensumschichtung.[142]

5. Obliegenheit zur Einziehung von Forderungen, zur Kreditaufnahme und zur Belastung eines Vermögens

Der Unterhaltsschuldner kann auch verpflichtet sein, sich im Weg der **Beleihung** seines **432**
Vermögens Mittel für den Unterhalt zu verschaffen.[143] Dieses kommt insbesondere in Betracht, wenn eine Verwertung des Vermögens zu wirtschaftlichen Bedingungen nicht möglich ist.[144] Muß der einkommenslose Unterhaltspflichtige beim Verwandtenunterhalt im Rahmen seiner Leistungsfähigkeit auch den Vermögensstamm einsetzen, ist es ihm zumutbar, eine ihm vom Bedürftigen geschenkte Immobilie zu beleihen, wenn an sich die Voraussetzungen der Rückgewähr der Schenkung nach § 528 BGB wegen Notlage gegeben sind.[145] Selbst eine Kreditbeschaffung durch Beleihung eines Erbteils kann zugemutet werden.[146]

---

[134] BGH, FamRZ 1992, 423 = R 442 c + d
[135] Vgl. dazu BGH, FamRZ 1998, 87, 89 = R 516 c
[136] OLG Bamberg, FamRZ 1992, 1305
[137] OLG Koblenz, FamRZ 1997, 371
[138] OLG Frankfurt FuR 2001, 371
[139] Vgl. dazu OLG Düsseldorf, FamRZ 1996, 1418, 1420
[140] BGH, FamRZ 1986, 560 = R 292 a
[141] BGH, FamRZ 1986, 560, 561 = R 292 a; FamRZ 1986, 439 = R 290 b; OLG Karlsruhe FamRZ 2001, 47
[142] BGH, FamRZ 1986, 556 = R 284
[143] BGH, FamRZ 1988, 259 = R 352 d; FamRZ 1985, 916 = R 265; FamRZ 1982, 678; OLG Bamberg FamRZ 1999, 876
[144] BGH, FamRZ 1986, 48 = R 275 c
[145] OLGR München 2000, 78
[146] BGH, FamRZ 1980, 43 = NJW 1980, 340

Auch der Unterhaltsberechtigte hat die Möglichkeiten einer Kreditaufnahme auszunutzen, um nicht unterhaltsbedürftig zu werden. Eine solche Obliegenheit zur Selbsthilfe besteht allerdings nur im Rahmen des Zumutbaren.[147] Ist der Verpflichtete bereits so sehr überschuldet, dass die Kreditrückzahlung seine finanziellen Möglichkeiten übersteigt, kann ihm eine weitere Erhöhung der Schulden nicht zugemutet werden.[148] Die Verpflichtung, Mittel für den Unterhalt durch Inanspruchnahme eines Real- oder Personalkredits flüssig zu machen, ist stets begrenzt durch die Möglichkeit, Zins- und Tilgungszahlungen für Darlehen aufbringen zu können.[149] Verfügt ein volljähriger Unterhaltsberechtigter über beleihungsfähigen Grundbesitz, der es ihm ermöglicht, Kredit aufzunehmen, mit dem er seinen Unterhalt bis zum Eintritt ins Erwerbsleben decken kann, wobei von der Möglichkeit einer Stundung entsprechender Ratenzahlungsverbindlichkeiten bis zu diesem Zeitpunkt auszugehen ist, so fehlt es an der Bedürftigkeit.[150] **Minderjährige Kinder** sind wegen § 1602 II BGB nicht zur Kreditaufnahme verpflichtet.[151]

433 Wer in Kenntnis der Unterhaltspflicht oder Bedürftigkeit erhebliche Vermögenswerte verschenkt, verschleiert oder sonst in unverantwortlicher Weise verbraucht und dadurch Einkünfte verliert, ist ebenfalls fiktiv so zu behandeln, als hätte er die Vermögenswerte und die daraus zu erzielenden Erträge noch.

6. Obliegenheit zur Verwertung von Erbanteilen und Pflichtteilsrechten

434 Den Parteien eines Unterhaltsrechtsstreits stehen manchmal Beteiligungen an noch nicht auseinandergesetzten Erbengemeinschaften oder Pflichtteilsrechte nach einem verstorbenen Elternteil zu. Häufig ist es „totes Kapital“ ohne jeden Ertrag und wird dadurch einer Berücksichtigung bei der Leistungsfähigkeit oder bei der Bedürftigkeit entzogen. Grundsätzlich sind derartige Rechte, die zum Stammvermögen gehören, rasch und konsequent zu realisieren.

Der BGH weist darauf hin, dass kein Grund besteht, von den Vermögensbestandteilen, deren Verwertung dem **Unterhaltsberechtigten** zuzumuten ist, einen Pflichtteilsanspruch von vornherein auszunehmen. Bei solchen Ansprüchen handelt es sich in aller Regel um einen fälligen Zahlungsanspruch, dessen Geltendmachung nicht generell als unwirtschaftlich angesehen werden kann.[152] Im Rahmen der Zumutbarkeit sind jedoch Einschränkungen zu beachten:

- Es darf sich nicht um relativ geringe unsichere Beträge handeln.[153]
- Aufseiten des Unterhaltsberechtigten sind bei Pflichtteilsrechten Zumutbarkeitsgesichtspunkte zu berücksichtigen.[154] Pflichtteilsansprüche entstehen meist beim Tod des zuerst versterbenden Elternteils, wenn der überlebende Elternteil Vollerbe wird. Werden in dieser Situation gegen den Vollerben Pflichtteilsansprüche durchgesetzt, besteht die Gefahr einer Enterbung oder des Wegfalls der Einsetzung zum Schlusserben im Wege des „Berliner Testaments“ (§ 2269 BGB). Diese Gefahr darf dem Verpflichteten aber nicht „ohne weiteres“ entgegengehalten werden. Maßgeblich ist die Höhe des Pflichtteilsanspruches, die Erberwartung sowie die wirtschaftliche Situation des Pflichtteilschuldners und des Unterhaltsschuldners. In der Regel wird dem Unterhaltsberechtigten die Verwertung des Pflichtteilsanspruches zur Behebung seiner Bedürftigkeit zugemutet werden müssen.

435
- Steht dem **Verpflichteten** ein Erbanteil oder Pflichtteilsrecht zu, ist beim **Ehegattenunterhalt** zu prüfen, ob es bei intakter Ehe zu einer Verwertung gekommen wäre, weil nur dieses die ehelichen Lebensverhältnisse prägt.[155] Nur wenn dies zutrifft und wenn damit eine Anhebung der ehelichen Lebensverhältnisse verbunden gewesen wäre, dürfen

---

[147] BGH, FamRZ 1988, 259, 263 = R 352 d; FamRZ 1985, 916 = R 265
[148] BGH, FamRZ 1982, 678
[149] BGH, FamRZ 1966, 28
[150] OLG Bamberg 1999, 876
[151] BGH, FamRZ 1985, 916 = R 265
[152] BGH, FamRZ 1993, 1065 = R 461
[153] OLG Hamm, FamRZ 1997, 1537
[154] BGH, FamRZ 1993, 1065 = R 461 a + b
[155] BGH, FamRZ 1982, 996; OLG Hamm FamRZ 1998, 620

bei einer späteren Unterhaltsberechnung insoweit fiktive Einkünfte herangezogen werden.[156] Beim **Kindesunterhalt,** der an die ehelichen Lebensverhältnisse nicht gebunden ist, entscheiden Zumutbarkeitsgesichtspunkte wie beim Berechtigten. Entscheidend wird hier vor allem sein, in welchem Umfang das übrige Vermögen und Einkommen zur Unterhaltsleistung herangezogen werden kann. Es können aber auch Gesichtspunkte der Pietät gegenüber dem überlebenden Elternteil wirksam werden.

7. Höhe der fiktiv zurechenbaren Erträge

Fiktiv zuzurechnen ist der durchschnittlich erzielbare Ertrag einer zumutbaren Nutzung oder Verwertung, z. B. eine angemessene Verzinsung eines Kapitals. 436

- Bei der Zurechnung fiktiver Zinsen kann eine Orientierung an den langfristig erzielbaren Renditen öffentlicher Anleihen, etwa der Bundesschatzbriefe oder, wenn dies günstiger ist, an den Zinssätzen für Festgelder erfolgen. Zinsen dürfen nicht sofort vom Kapitalzufluss an zugerechnet werden, sondern erst von einer Überlegungsfrist an.[157] Der Zeitraum bis zu einer gedachten ersten Auszahlung muss, soweit nicht der Einsatz des Vermögensstammes zumutbar ist, durch Kredit überbrückt werden.
- Bei leer stehenden Wohnungen ist von dem angemessenen ortsüblichen Mietzins auszugehen.
- Bei der Verwertung des Stammvermögens ist auf den Verkehrswert abzustellen.

Bei fiktiven Vermögenseinkünften aus Kapital oder Vermietung ist trotz der oft nicht einfachen Beurteilung von steuerrechtlichen Abzugsmöglichkeiten die anfallende **Steuerlast** jedenfalls nach § 287 ZPO in groben Zügen zu schätzen und vom fiktiven Ertrag abzuziehen. Bei den Einkünften aus Kapital sind die auch jetzt noch hohen Freibeträge nach § 20 IV EStG zu berücksichtigen. Der gedachte Ertrag darf nicht zum Ausgleich eines inflationsbedingten Kaufkraftschwundes gemindert werden.[158] 437

8. Abschnitt: Einkünfte aus Pensionen, Renten und ähnlichen wiederkehrenden Bezügen Nichterwerbstätiger

1. Allgemeines

Laufende Einkünfte aus Pensionen und Renten aller Art nebst Zuschlägen und Zulagen sind unterhaltsrechtlich wie Erwerbseinkommen zu berücksichtigen.[1] Das gilt auch für andere Bezüge, Vorteile und Zulagen, die wegen Erreichens der Altersgrenze, Berufsunfähigkeit, Erwerbsunfähigkeit[2] oder für Witwen und Waisen gewährt werden, für Leibrenten und sonstige private Rentenzahlungen aus Anlass von Vermögensübertragungen, für private Versorgungsrenten und Schadensrenten aus Versicherungsverträgen, für betriebliche Renten und andere wiederkehrende Leistungen wie Altenleistungen in der Landwirtschaft u. ä. Bei diesen Einkommensersatzleistungen gibt es **keine berufsbedingten Aufwendungen** (Werbungskosten) und deshalb auch keinen entsprechenden pauschalen oder konkreten Abzug.[3] Dafür kann ein nachgewiesener konkreter Mehrbedarf abgezogen werden (Rn. 441, 611). Ein **Erwerbstätigenbonus** ist von Renteneinkünften bei der Bemessung des Ehegattenunterhalts regelmäßig nicht abzusetzen.[4] Ausnahmsweise können allerdings 438

---

[156] BGH, FamRZ 1988, 1145 = NJW-RR 1988, 1282 = R 372 a, FamRZ 1982, 996 (für einen Pflichtteil), OLG München, FamRZ 1993, 62 (für einen Erbteil); OLGR Karlsruhe 2002, 125 (für ein vorweggenommenes Erbrecht)
[157] BGH, FamRZ 1986, 441, 443 = R 289 b
[158] BGH, FamRZ 1986, 441 = R 289 b; FamRZ 1992, 423 = R 442 c
[1] BGH, FamRZ 2003, 848, 851 = R 588 a, e, g; OLGR Saarbrücken 1998, 446 (zu den ehelichen Lebensverhältnissen bei durchgeführtem Versorgungsausgleich)
[2] OLG Köln FamRZ 2001, 1524
[3] BGH, FamRZ 1983, 150; FamRZ 1982, 579, 581
[4] BGH, FamRZ 1982, 894; OLG Hamm FamRZ 1998, 295

z. B. beim Bezug einer Erwerbsunfähigkeitsrente besondere Gründe (krankheitsbedingte Nachteile) dafür sprechen, auch dem Rentenempfänger einen entsprechenden Bonus zu gewähren.[5]

In eine Bedarfsberechnung sind Renteneinkünfte insgesamt einzubeziehen, und zwar ohne Unterscheidung, ob sie teilweise auf eigenen vorehelich erworbenen Anwartschaften oder auf dem infolge der Scheidung durchgeführten Versorgungsausgleich beruhen.[6]

2. Arten von Versorgungsbezügen und Renten nebst Zulagen und Zuschlägen

439
- Pensionen, Familienzuschlag[7] und kinderbezogene Bestandteile der Bezüge eines Beamten oder Ruhestandsbeamten.[8]
- Renten einschließlich Zusatzrenten[9] und Kinderzuschuss zu Renten, abzüglich eines Betrages in Höhe des fiktiven Kindergeldes (§ 1612 c BGB). Der Zuschuss dient der Deckung des Bedürfnisses des Rentenempfängers und nicht – wie das Kindergeld – ausschließlich der Erleichterung der Unterhaltslast aller Unterhaltspflichtigen gegenüber Kindern.[10]
- Grundrente nach § 31 BVG. Diese gilt als Teil der Kriegsopferversorgung, zwar nach der Zielsetzung des BVG als Entschädigung für den Verlust der körperlichen Integrität und als Ausgleich für Mehraufwendungen wegen der Schädigung. Sie steht dem Beschädigten aber auch tatsächlich zur Deckung seines Lebensbedarfs zur Verfügung, und zwar je nach den Verhältnissen des Einzelfalls sowohl des schädigungsbedingten besonderen als auch seines allgemeinen Bedarfs. Deshalb ist sie grundsätzlich geeignet, auch den möglicherweise erhöhten Lebensbedarf des Beschädigten zu befriedigen[11] (zur Berücksichtigung des Mehrbedarfs vgl. Rn. 441 ff.).
- Schwerstbeschädigten- und Pflegezulage nach §§ 31 und 35 b BVG. Sie wird, wie die Grundrente, als pauschaler Ausgleich für die Beeinträchtigung der körperlichen Unversehrtheit und für Mehraufwendungen gewährt.[12]
- Ausgleichsrente nach § 32 BVG. Diese hat Einkommensersatzfunktion.[13]
- Leibrenten. Soweit sie aus der Veräußerung von Vermögen herrühren, sind auch die Tilgungsanteile heranzuziehen.[14]

440
- Berufsschadensausgleichsrente nach § 30 BVG. Diese hat Einkommensersatzfunktion.[15]
- Ehegattenzuschlag nach § 33 a BVG. Dieser soll die Erfüllung einer Unterhaltspflicht erleichtern.[16]
- Kleiderzulage nach § 15 BVG. Diese deckt einen erhöhten Bedarf und befriedigt, wie die Grundrente, allgemeine Unterhaltsbedürfnisse.[17]
- Verletztenrente aus der gesetzlichen Unfallversicherung. Diese hat Einkommensersatzfunktion.[18]

---

[5] BGH, FamRZ 1990, 981 = R 416 a
[6] BGH, FamRZ 2002, 88, 91 = R 569 a
[7] Vgl. OLGR Saarbrücken 1998, 446
[8] BGH, FamRZ 1989, 172 = R 380 a
[9] Zur sog. Riester-Rente vgl. Strohal FamRZ 2002, 277
[10] BGH, FamRZ 1981, 28; BGH, FamRZ 1980, 1112 = NJW 1981, 167, 168
[11] BGH, FamRZ 1983, 674 = R 166 c; FamRZ 1982, 252 = R 100; FamRZ 1982, 579; FamRZ 1981, 1165
[12] BGH, FamRZ 1983, 674 = R 166 c; FamRZ 1982, 579 (auch zur Kleiderzulage nach § 15 BVG); FamRZ 1982, 252 = R 100; FamRZ 1981, 1165
[13] BGH, FamRZ 1983, 674 = R 166 c; FamRZ 1982, 252 = R 100
[14] BGH, FamRZ 1994, 228 = R 471 c
[15] BGH, FamRZ 1983, 674 = R 166 c; vgl. aber OLG Hamm FamRZ 1992, 186
[16] BGH, FamRZ 1982, 252 = R 100
[17] BGH, FamRZ 1983, 674 = R 166 c; FamRZ 1982, 579 = R 117 a; OLG Hamm FamRZ 1991, 1199
[18] BGH, FamRZ 1983, 674 = R 166 c; FamRZ 1982, 252 = R 100; OLG Hamm FamRZ 2001, 441 (Rente für Bergleute)

- Renten nach dem Bundesentschädigungsgesetz (BEG) wegen Schadens an Körper und Gesundheit (§§ 28ff. BEG) und wegen Schadens im beruflichen Fortkommen (§§ 64ff. BEG), weil sie Einkommensersatzfunktion haben.[19]
- Waisenrente[20] und Halbwaisenrente. Diese sind als eigenes Einkommen des Kindes anzurechnen. Sie kommen beiden „Eltern" im Verhältnis ihrer Haftungsanteile zugute, weil sich der Unterhalt um den Rentenbetrag mindert und die Haftung der „Eltern" für den Restbetrag bestehen bleibt.[21] Die Halbwaisenrente kommt dem allein unterhaltspflichtigen überlebenden Elternteil in voller Höhe zugute. Wird die Halbwaisenrente nach dem Tod des Stiefvaters gewährt, kommt die Entlastung durch die Halbwaisenrente wie sonstiges Kindesvermögen beiden „Eltern" im Verhältnis ihrer Haftungsanteile zugute. Im Verhältnis zwischen Kind und betreuendem Elternteil bleibt die Handhabung dem Einzelfall überlassen.[22]
- Blindengeld ist ebenfalls unterhaltsrelevantes Einkommen.[23]
- Zur wiederaufgelebten Witwenrente s. Rn. 484.
- Zu Lebensversicherungen s. Rn. 424 a f.

3. Berücksichtigung von konkretem Mehrbedarf und Mehraufwand

a) Die allgemeine Regelung. Ein Teil der hier zu behandelnden Einkünfte wird wegen **körperlicher Behinderungen** und der dadurch bedingten zusätzlichen Aufwendungen gewährt. Nach der Rechtsprechung des BGH ist der Mehrbedarf aber nur in dem Umfang zu berücksichtigen, wie er tatsächlich entsteht. Der Betroffene muss also (vorbehaltlich Rn. 443ff.) den konkreten Mehrbedarf substantiiert darlegen. Die Feststellung des Mehrbedarfs muss in jedem Einzelfall den besonderen Bedürfnissen des Betroffenen entsprechen. Das Gericht kann allerdings den Aufwand, der mit bestimmten vermehrten Bedürfnissen eines Beschädigten üblicherweise verbunden ist, nach § 287 ZPO schätzen (vgl. Rn. 6/728), wobei auch der ideelle Zweck der Renten in billiger Weise berücksichtigt werden kann. Je nach den Umständen des Einzelfalls kann eine großzügigere Beurteilung geboten sein, wenn und soweit es dem Beschädigten nicht zumutbar ist, seine Mehraufwendungen in allen Einzelheiten spezifiziert darzulegen.[24] Unentgeltlich erbrachte Pflege- und Hilfeleistungen naher Verwandter wirken sich unterhaltsrechtlich nicht bedarfsmindernd aus. Bei diesen Leistungen handelt es sich um die freiwillige Leistung eines Dritten, die dem Unterhaltsschuldner nur dann zugute kommt, wenn der Dritte ihn mit seiner Pflegeleistung unterhaltsrechtlich entlasten will. Der für die Pflegeleistung erforderliche Einsatz des Dritten ist als tatsächlicher Mehrbedarf anzusehen und auf die Versorgung anzurechnen.[25] 441

Ist nach den konkreten Umständen wegen der Art der Beschädigung eine genaue Trennung zwischen allgemeinem Lebensbedarf und schädigungsbedingtem Mehrbedarf nur sehr schwer möglich, kann der Aufwand für beides einheitlich bemessen werden, indem z.B. die Kosten einer Heimunterbringung um einen angemessenen Zuschlag erhöht werden.[26] Ist der Beschädigte, etwa weil er beiderseits oberschenkelamputiert ist, auf die Benutzung eines Pkw angewiesen, sind seine Aufwendungen für die Anschaffung, Umrüstung und Benützung des Pkw sowie für eine Pflegekraft und eine Haushaltshilfe als schädigungsbedingter Mehrbedarf zu berücksichtigen.[27] Zuschüsse Dritter, auf die Rechtsanspruch besteht, sind auf den Mehrbedarf anzurechnen.[28] Die Berücksichtigung des Mehraufwands 442

---

[19] BGH, FamRZ 1983, 674 = R 166c
[20] OLG Frankfurt FamRZ 1989, 279
[21] BGHZ 44, 312, 316f.; BVerfGE 25, 167, 194
[22] BGH, FamRZ 1980, 1109 = R 49
[23] OLG Hamm FamRZ 1990, 405; OLG Nürnberg FamRZ 1981, 964; SüdL 2.7; CL 2.7; DL 2.7; FL 2.7; KL 2.7
[24] BGH, FamRZ 1982, 898 = NJW 1982, 1999; FamRZ 1981, 1165; FamRZ 1981, 338
[25] OLG Hamm FamRZ 1990, 405 (zum staatlichen Blindengeld)
[26] BGH, FamRZ 1981, 1165
[27] BGH, FamRZ 1982, 579 = R 117b; OLGR München 1994, 126
[28] BGH, FamRZ 1982, 579 = R 117c

erfolgt dadurch, dass er in festgestellter Höhe von der Rente abgezogen wird. Ein solcher Abzug unterbleibt, wenn ein Mehrbedarf nicht konkret geltend gemacht wird oder nicht vorhanden ist.[29] Die Kosten einer objektiv erforderlichen Hilfskraft können ausnahmsweise auch dann berücksichtigt werden, wenn eine Hilfskraft nicht beschäftigt wird und der Behinderte statt dessen „in einer schlicht unzumutbaren häuslichen Situation dahinlebt".[30] Ausnahmsweise kann es der ideelle Charakter rechtfertigen, dem Unterhaltspflichtigen den gesamten Betrag auch insoweit zur alleinigen Verfügung zu belassen, als die staatliche Sozialleistung von ihm nicht dazu benötigt wird, die materiellen Mehraufwendungen abzudecken.[31]

443 **b) Die Sonderregelung der §§ 1610 a, 1578 a, 1361 I HS 2 BGB.** Durch die Einfügung der §§ 1610 a, 1578 a, 1361 I HS 2 in das BGB im Jahr 1990 wurde bei bestimmten Sozialleistungen die **Darlegungs- und Beweislast** verändert.[32] Im Geltungsbereich dieser Vorschriften wird gesetzlich vermutet, dass ein Behinderter die wegen der Behinderung empfangenen Sozialleistungen auch tatsächlich für den mit der Behinderung verbundenen Mehraufwand benötigt. Diese Regelung gilt für den **Berechtigten** ebenso wie für den **Verpflichteten.** Es macht auch keinen Unterschied, ob es um Kindesunterhalt, Trennungsunterhalt oder nachehelichen Unterhalt geht. Damit wird eine Vereinfachung des Unterhaltsverfahrens und eine Besserstellung des Behinderten erreicht. Er braucht insoweit keinen Verwendungsnachweis mehr zu führen. Wenn der Gegner den vollständigen Verbrauch dieser Sozialleistungen anzweifeln will, muss er nunmehr seinerseits substantiiert vortragen und den Beweis dafür erbringen.[33] Da dies kaum je gelingen wird, kann als Grundregel festgehalten werden, dass diese Sozialleistungen unterhaltsrechtlich nicht relevant sind.

444 Die Vermutung der unterhaltsrechtlichen Bedarfserfüllung von Sozialleistungen gilt nach dem gesetzlichen Wortlaut aber nur für diejenigen Sozialleistungen, die ihren Leistungsgrund in **Körper- und Gesundheitsschäden** haben. Damit sind alle Sozialleistungen im Sinn von § 5 SGB I gemeint. Sozialleistungen mit Einkommensersatzfunktion (Rn. 80 f.: Arbeitslosengeld, Erwerbsunfähigkeitsrente,[34] Krankengeld, Unfallrente[35] u. ä.) scheiden aus. Für sie bleibt es im Falle eines behinderungsbedingten Mehraufwands bei der in Rn. 441 beschriebenen Darlegungs- und Beweislast.[36]

445 Unter die Regelung der §§ 1610 a, 1578 a, 1361 I HS 2 BGB fallen Sozialleistungen wie
- Leistungen nach der Pflegeversicherung,[37]
- Blindengeld, das nach landesrechtlichen Vorschriften gewährt wird,[38]
- orthopädische Hilfsmittel nach § 13 BVG,
- Führungshundezulage für Blinde nach § 14 BVG,
- Kleider- und Wäschezuschuss nach 15 BVG,[39]
- Kosten von Krankenbehandlung und Badekuren nach § 18 BVG,
- Grundrente nach § 31 I BVG,[40]
- Schwerstbeschädigtenzulage nach § 31 V BVG,[41]
- Pflegezulagen nach § 35 BVG,[42]

---

29 BGH, FamRZ 1982, 579 = R 117 b
30 OLG Karlsruhe, FamRZ 1998, 479
31 OLG Karlsruhe FamRZ 1990, 1240 (zum staatlichen Blindengeld)
32 OLG Bamberg FamRZ 1992, 185; OLG Hamm FamRZ 1991, 1199
33 OLG Schleswig FamRZ 2000, 1367; OLG Hamm FamRZ 1991, 1199
34 OLG Köln FamRZ 2001, 1524
35 OLG Hamm FamRZ 2001, 441 (Rente für Bergleute); OLG Schleswig FamRZ 1993, 712
36 BGH, FamRZ 1994, 21 = R 466 b; für eine differenzierende Betrachtungsweise bei der Unfallrente sprechen sich Brudermüller/Klattenhoff in FuR 1993, 333 aus
37 S. dazu Büttner, FamRZ 1995, 193, 195; OLG Hamm, FamRZ 1994, 1193; zur Behandlung als Einkommen der Pflegeperson s. Rn. 463
38 OLG Schleswig FamRZ 1992, 471
39 BGH, FamRZ 1982, 579 = R 117 a; OLG Hamm FamRZ 1991, 1199
40 BGH, FamRZ 1982, 579 = R 117 a; OLGR München 1994, 126; OLG Nürnberg EzFamR aktuell 1993, 71; OLG Hamm FamRZ 1992, 186 (nicht für Berufsschadensausgleichsrente nach § 30 BVG)
41 BGH, FamRZ 1982, 579 = R 117 b
42 OLGR München 1994, 126

– Leistungen nach § 80 Soldatenversorgungsgesetz, nach §§ 47, 47 a und 50 Zivildienstgesetz, nach § 59 Bundesgrenzschutzgesetz, nach § 51 Bundesseuchengesetz, nach § 1 Opferentschädigungsgesetz, nach §§ 28, 31 BEG und ähnlichen Rechtsvorschriften.

Nach diesen Vorschriften ist es nunmehr Sache des Gegners, darzulegen, dass die Sozial- **446** leistungen den behinderungsbedingten Mehrbedarf übersteigen. Dazu genügt es nicht, geltend zu machen, dass während des Zusammenlebens ein Teil der Sozialleistungen dem allgemeinen Konsum zugeführt wurde. Denn durch die Trennung und den damit verbundenen Ausfall der Betreuungsleistungen des Partners entstehen in der Regel erhebliche zusätzliche **Aufwendungen für Hilfspersonen.** Die gesetzliche Vermutung kann daher nur durch den Nachweis entkräftet werden, dass in dem Zeitraum, für den Unterhalt beansprucht wird, mit den Sozialleistungen entweder der allgemeine Konsum oder eine Vermögensbildung finanziert wird.[43] Dieser Nachweis wird je nach Zweck der bewilligten Sozialleistung nur schwer zu führen sein.[44] Geschieht die Pflege kostenlos durch einen Dritten, gelten die für unentgeltliche Zuwendungen Dritter entwickelten Grundsätze. Dazu s. Rn. 468 f.

4. Berücksichtigung von Nebeneinkünften

Nebeneinkünfte von Rentnern und Pensionisten sind in der Regel anrechnungsfrei oder **447** nur unter Billigkeitsgesichtspunkten teilweise anzurechnen. Nach dem Erreichen des 65. Lebensjahres entfällt nach den sozialen Gepflogenheiten eine Verpflichtung zu weiterer Erwerbstätigkeit. Kein Ehegatte kann vom anderen erwarten, dass er nach Erreichen des Ruhestandsalters weiterarbeiten wird. Deshalb bleiben Einkünfte, die aus Erwerbstätigkeit nach dem 65. Lebensjahr noch erzielt werden, unterhaltsrechtlich weitgehend unberücksichtigt, es sei denn, eine solche Tätigkeit ist ausnahmsweise aus besonderen Gründen geboten. Erzielt der gegenüber einem minderjährigen Kind (§ 1603 II BGB) Unterhaltspflichtige eine Erwerbsunfähigkeitsrente, kann er im Mangelfall verpflichtet sein eine leichte Nebentätigkeit auszuüben.[45] Dies kann auch bei Freiberuflern der Fall sein, die auch bei fortgesetzter Ehe nach Erreichen des 65. Lebensjahres weitergearbeitet hätten. Eine Verpflichtung zur Weiterarbeit kann daraus allerdings nicht hergeleitet werden. Gleichwohl erzielte Einkünfte können wie bei **unzumutbarer Tätigkeit** nach Treu und Glauben unter besonderer Berücksichtigung des Einzelfalls angerechnet werden,[46] z. B. wenn ein vorzeitig pensionierter Beamter in zumutbarer Weise Einkünfte neben seiner Pension erzielt.[47]

5. Berücksichtigung eines Rentenanspruchs ab Antragstellung und einer Rentennachzahlung

Eine Rentennachzahlung, die der **Unterhaltsverpflichtete** für einen längeren zurück- **448** liegenden Zeitraum erhält, ist nicht auf die zurückliegenden Monate aufzuteilen, sondern für einen entsprechenden zukünftigen Zeitraum den laufenden Bezügen für Zwecke der Unterhaltsberechnung hinzuzurechnen.[48] Denn auch bei Fortbestand der Ehe hätte die Nachzahlung nur für künftige Unterhaltszwecke zur Verfügung gestanden. Ein bereits bestehender Titel kann entsprechend abgeändert werden, wenn die weiteren Voraussetzungen des § 323 ZPO erfüllt sind, insbesondere die Wesentlichkeitsschwelle (Abs. 1) überschritten und die Zeitschranke (Abs. 3) eingehalten ist.[49] Wird die Nachzahlung allerdings geleistet noch bevor über den rückständigen Unterhaltsanspruch entschieden ist, kann und muss (§ 323 II ZPO) der Betrag auch auf die noch offene Zeit angerechnet

[43] Vgl. z. B. OLGR Hamm 1999, 313
[44] OLG Nürnberg EzFamR aktuell 1993, 71
[45] OLG Düsseldorf FamRZ 2001, 1477; OLG Schleswig ZfS 1998, 522
[46] OLG Köln, FamRZ 1984, 269; OLG Frankfurt FamRZ 1985, 481
[47] OLG Hamm FamRZ 1995, 1422
[48] OLG Nürnberg FamRZ 1997, 961; OLG Hamburg FamRZ 1991, 953
[49] BGH, FamRZ 1985, 155 = R 232 a

werden.[50] Nachzahlungen in Unterhaltsfällen nach §§ 5, 6 VAHRG erfolgen an den Berechtigten und den Verpflichteten je zur Hälfte und gelten damit pauschal etwaige Unterhaltsansprüche ab.[51] Der Verpflichtete, der eine Rente beantragt hat und auf diese Rente noch keine Vorschüsse erhält, kann sich möglicherweise mit Blick auf die erwartete Bewilligung anderweitig einen Kredit verschaffen. Läßt er den Berechtigten an seiner auf diese Weise verbesserten Leistungsfähigkeit nicht teilhaben, kann er ihm auch die Verpflichtungen aus einem solchen Kredit nicht einkommensmindernd entgegenhalten.[52]

449 Erhält der **Unterhaltsberechtigte** eine Rentennachzahlung, mindert sich dessen Bedürftigkeit ebenfalls erst ab Zugang der Nachzahlung, nicht rückwirkend.[53] Der Bedarf kann für eine Übergangszeit ganz entfallen. Auch wenn der Unterhaltsberechtigte zurzeit der Klageerhebung bereits das Rentenalter erreicht und einen Rentenantrag unter Berücksichtigung der ihm durch den Versorgungsausgleich übertragenen oder begründeten Rentenanwartschaften gestellt hat, ist seine Bedürftigkeit damit noch nicht entfallen. Bei einer rückwirkenden Rentenbewilligung ist der Unterhaltsberechtigte allerdings verpflichtet, dem anderen Ausgleich in der Höhe zu leisten, in der sich sein Unterhaltsanspruch ermäßigt hätte, wenn die Rente schon während des fraglichen Zeitraums gezahlt worden wäre (vgl. Rn. 450).[54] Zur Vermeidung einer Benachteiligung des Unterhaltsverpflichteten und zum Erhalt seiner Rückforderungsansprüche[55] (vgl. Rn. 6/204) kann dieser dem Berechtigten ab Stellung des Rentenantrags zur Abwendung der Bedürftigkeit ein zins- und tilgungsfreies Darlehen mit der Verpflichtung anbieten, im Fall einer endgültigen Ablehnung des Rentenantrags auf dessen Rückzahlung zu verzichten. Zur Sicherung eines solchen Darlehens kann der Anspruch auf Rentennachzahlung abgetreten werden. Dem Berechtigten obliegt es, einen solchen Kredit zur Minderung seiner Bedürftigkeit anzunehmen und in eine Sicherungsabtretung einzuwilligen. Tut er dies nicht, muss er sich unterhaltsrechtlich so behandeln lassen, als hätte er der ihm zuzumutenden Obliegenheit genügt.[56] Denn es verstößt gegen Treu und Glauben, wenn der Berechtigte durch die Ablehnung eines solchen Kreditangebots seine Bedürftigkeit zu Lasten des Verpflichteten aufrechtzuerhalten trachtet.

450 Insbesondere wenn mit der auf die Zukunft umlegbaren Rentennachzahlung auch eine Rentenkürzung beim Unterhaltspflichtigen einhergeht, kann die Änderung unterhaltsrechtlich oft nicht vollständig ausgeglichen werden. Dann kann bei einer Rentennachzahlung an den Unterhaltsberechtigten nach § 242 BGB ein **Erstattungsanspruch** des Unterhaltspflichtigen gegen den Berechtigten für die Zeit und in der Höhe bestehen, in der sich der Unterhaltsanspruch ermäßigt hätte, wenn die Rente schon in der fraglichen Zeit gezahlt worden wäre. Wird eine Rente rückwirkend für einen Zeitraum nachgezahlt, in dem der Unterhaltsanspruch bereits durch Leistungen des Verpflichteten erfüllt war, so „verfehlt" die Nachzahlung den mit ihr verfolgten Zweck, den Unterhaltsbedarf zu sichern. Deshalb widerspricht es Treu und Glauben, dem Berechtigten für den Zeitraum, in dem er Unterhalt bezogen hat, auch die nachgezahlte Rente zu Lasten des Verpflichteten in vollem Umfang zu belassen.[57] Ein solcher Erstattungsanspruch besteht nicht nur, wenn die Rentennachzahlung auf einem Versorgungsausgleich beruht und eine Rentenkürzung des Verpflichteten zur Folge hat, sondern auch, wenn sie ganz oder teilweise auf Grund von Anwartschaften gewährt wird, die der Berechtigte durch eine eigene Erwerbstätigkeit erlangt hat.[58] Eine Neuberechnung des Unterhalts ist auch notwendig, wenn der Anspruch auf nachehelichen Unterhalt auf der Grundlage einer Rente berechnet worden ist, die durch den Versorgungsausgleich aus einer früheren Ehe gekürzt wurde und der Unterhaltsgläubiger nach dem Tod

---

[50] So im Ergebnis für den Berechtigten OLG Frankfurt EzFamR aktuell 2002, 85
[51] OLG Frankfurt FuR 2002, 81; vgl. auch OLG Nürnberg FamRZ 1997, 961
[52] BGH, FamRZ 1985, 155 = R 232 a
[53] BGH, FamRZ 1990, 269 = R 405 e; OLGR Braunschweig 1997, 157; OLG Hamburg FamRZ 1991, 953; a. A. OLG Frankfurt EzFamR aktuell 2002, 85
[54] BGH, FamRZ 1990, 269 = R 405 f.; OLG Zweibrücken FamRZ 1997, 504; OLG Hamm FamRZ 1988, 732
[55] BGH, FamRZ 1998, 951 = R 526
[56] BGH, FamRZ 1983, 574 = R 163
[57] BGH, FamRZ 1990, 269 = R 405 e + f; FamRZ 1989, 718 = NJW 1989, 1990 = R 386
[58] BGH, FamRZ 1990, 269 = R 405 e + f

dieses Ehegatten aus der früheren Ehe auf seinen Antrag die **Rentenkürzung erstattet** erhält (§ 4 VAHRG).[59] Dieser Erstattungsanspruch steht nicht in Widerspruch zu § 323 ZPO, weil mit der neuen Entscheidung nicht ein rechtskräftiger Unterhaltsanspruch abgeändert wird, es wird vielmehr ein eigenständiger Erstattungsanspruch zugesprochen. Die Entscheidung über den Erstattungsanspruch erfolgt auf Grund einer tatrichterlichen **Billigkeitsabwägung im Rahmen des § 242 BGB.** Sie unterliegt der revisionsrechtlichen Nachprüfung nur im Hinblick darauf, ob sie einen Rechtsirrtum oder einen Verstoß gegen allgemeine Erfahrungssätze enthält oder wesentliches Vorbringen der Parteien ersichtlich unberücksichtigt gelassen hat.[60] Ein solcher Erstattungsanspruch ist vor allem dann berechtigt, wenn die Nachzahlung aus dem Versorgungsausgleich stammt und zu einer Kürzung der laufenden Altersrente des Verpflichteten führt.[61] Er sollte aber auch dann gewährt werden, wenn nicht nach Rn. 449 verfahren werden kann, weil wegen der Rentengewährung für die Zukunft kein Unterhaltsanspruch mehr besteht.

9. Abschnitt: Sonstige Einkünfte aus sozialstaatlichen Zuwendungen, freiwilligen Zuwendungen Dritter, Versorgungsleistungen des Berechtigten für seinen neuen Partner, aus Unterhaltsleistungen, Schmerzensgeld sowie nicht anzurechnende Vermögensvorteile

I. Sozialstaatliche Zuwendungen wie Wohngeld, BAföG, Pflege- und Erziehungsgeld, Kindergeld, Ausbildungsbeihilfen und -geld sowie Leistungen nach dem Grundsicherungsgesetz GSiG)

1. Allgemeines

Nach der Rechtsprechung des BGH sind auch sozialstaatliche Zuwendungen unabhängig 451 von ihrer sozialpolitischen Zweckbestimmung grundsätzlich unterhaltsrechtlich als Einkommen anzurechnen, soweit sie geeignet sind, den allgemeinen Lebensunterhalt des Empfängers zu decken. Dies trifft zu für das Wohngeld,[1] für BAföG-Leistungen[2] und für Pflegegelder.[3] Ferner, wie bereits erörtert, für vermögenswirksame Leistungen (Rn. 55), Arbeitslosenhilfe des Unterhaltspflichtigen[4] (Rn. 82 f.) und sozialstaatliche Renten (z. B. nach dem BEG; Rn. 440) sowie für das Überbrückungsgeld des Strafgefangenen (Rn. 86). Eine Sonderstellung nimmt das Kindergeld ein (Rn. 460 f.). Nicht als Einkommen anzurechnen sind **subsidiäre Sozialleistungen**[5] wie etwa die Sozialhilfe (Rn. 483) sowie wegen sonstiger besonderer Umstände die Sparzulage[6] (Rn. 55) und das Hausgeld des Strafgefangenen (Rn. 86). Ansprüchen nach dem **Grundsicherungsgesetz** sind gegenüber den darin privilegierten Verwandten gerader Linie als Einkommen zu behandeln (vgl. Rn. 467 a).

2. Zur Anrechnung von Wohngeld und Eigenheimzulagen

Nach der Rechtsprechung des BGH und der Oberlandesgerichte ist **Wohngeld**[7] bei der 452 Unterhaltsbemessung grundsätzlich einkommenserhöhend zu berücksichtigen, soweit es

---

[59] OLG Frankfurt FamRZ 2002, 958
[60] BGH, FamRZ 1990, 269 = R 405 e
[61] BGH, FamRZ 1989, 718 = NJW 1989, 1990 = R 386
[1] BGH, FamRZ 1984, 772 = R 213 d
[2] BGH, FamRZ 2000, 640
[3] BGHR BSHG § 69 Pflegegeld 1 = FamRZ 1996, 933; vgl. BVerwG FamRZ 2003, 756
[4] BGH, FamRZ 1996, 1067, 1069; FamRZ 1987, 456
[5] BGH, FamRZ 1993, 417 = R 458, FamRZ 2000, 1358 = R 543 a
[6] BGH, FamRZ 1980, 984
[7] Wohngeldgesetz in der Fassung der Bekanntmachung vom 2. 1. 2002, BGBl I 2002, 1 ff.

nicht erhöhte Aufwendungen für den Wohnbedarf ausgleicht.[8] Im Einklang mit der Rechtsprechung des BGH[9] wird der Bezug von Wohngeld häufig als Indiz dafür angesehen, dass den Wohngeldempfänger Wohnkosten treffen, die unterhaltsrechtlich als erhöht zu werten sind. Dann gleicht das Wohngeld, z. B. im Rahmen eines trennungsbedingten Mehrbedarfs (vgl. Rn. 4/418), nur die überhöhten Mietkosten aus und ist nicht als zusätzliches Einkommen zu berücksichtigen. Das ist aber nicht stets der Fall.[10] Der Wohngeldempfänger muss daher **darlegen,** dass das Wohngeld im konkreten Fall erhöhte Wohnkosten ausgleicht. Tut er das nicht, ist das Wohngeld als Einkommen anzurechnen.[11]

453 Wohngeld ist danach voll anzurechnen, wenn die tatsächlich gezahlte Miete niedriger ist als der im Unterhaltsanspruch oder Eigenbedarf enthaltene Wohnkostenanteil, weil dann das Wohngeld nicht unvermeidbare erhöhte Aufwendungen für den Wohnbedarf ausgleicht.[12] Ist dagegen die tatsächlich gezahlte Miete höher als der im Unterhaltsanspruch oder Eigenbedarf enthaltene Wohnkostenanteil, so bleibt ein Betrag in Höhe der Differenz zwischen Wohnkostenanteil und tatsächlich gezahlter Miete anrechnungsfrei. Nur der überschießende Rest ist als Einkommen anzurechnen.[13]

454 Um festzustellen, ob und in welcher Höhe Wohngeld als Einkommen anzurechnen ist, sind nach der Rechtsprechung des BGH folgende Punkte zu klären:

- Wie hoch ist der tatsächlich gezahlte Mietzins und für wieviel Personen deckt dieser den Mietbedarf? Wird die Wohnung z. B. vom Berechtigten nicht allein bewohnt, sondern zusammen mit dem neuen Partner und zwei Kindern, so sind die Wohnkosten anteilig im Verhältnis von $1/3$: $1/3$: $1/6$: $1/6$ umzulegen.[14]
- Wie hoch ist der im Unterhaltsanspruch oder Eigenbedarf enthaltene Wohnkostenanteil? Dieser Anteil am Lebensbedarf, dessen Einsatz für Wohnkosten unterhaltsrechtlich zuzumuten ist, ist an der konkreten Unterhaltshöhe zu orientieren. In der Regel, d. h. bei Fehlen besonderer Umstände, wird dieser Anteil nicht höher als mit $1/3$ des Unterhaltsanspruchs anzusetzen sein, weil nach der Lebenserfahrung für Wohnzwecke nicht mehr als $1/3$ des Unterhalts (= des für den Gesamtlebensbedarf zur Verfügung stehenden Einkommens) ausgegeben werden kann. In der Regel kann man diesen Anteil eher niedriger ansetzen, in Großstädten höher.
- Für welche Personen wird das Wohngeld bezogen? Bei mehreren Personen erfolgt die Aufschlüsselung des Wohngeldes nach den gleichen Grundsätzen wie die Aufteilung der Wohnungsmiete (vgl. oben). Das Wohngeldgesetz selbst sieht keine anteilige Aufschlüsselung des Wohngeldes vor.[15] Ist die Differenz zwischen dem Mietzinsanteil und dem im Bedarf enthaltenen Wohnkostenanteil niedriger als das Wohngeld oder der Wohngeldanteil nach der hier durchzuführenden Berechnung, so bleibt das Wohngeld in Höhe dieser Differenz anrechnungsfrei. Der überschießende Betrag ist anzurechnen. Ergibt sich als Differenz ein Minusbetrag, ist das Wohngeld voll anzurechnen.

In der **Praxis** wird – wohl auch wegen dieser komplizierten Berechnung – das Wohngeld vielfach **von vornherein anrechnungsfrei** gelassen mit der Begründung, nach der Lebenserfahrung könne davon ausgegangen werden, dass den Wohngeldempfänger Wohnkosten treffen, die auch unterhaltsrechtlich als erhöht bezeichnet werden können und die das Wohngeld vollständig aufzehren.[16] Dieser arbeitssparenden Pauschalierung sollte jedoch in den Fällen entgegengetreten werden, in denen die Wohnung von mehreren Personen mit jeweils eigenen Einkünften bewohnt wird, etwa den Kindern mit ihren Unterhaltsansprü-

---

[8] BGH, FamRZ 1985, 374; FamRZ 1984, 772, 774 = R 213 d; FamRZ 1983, 587 = R 111 d; FamRZ 1982, 898; vgl. auch die Leitlinien der Oberlandesgerichte unter 2.3
[9] BGH, FamRZ 2003, 860, 862 = R 590 A c; 1982, 587, 589
[10] BGH, FamRZ 1984, 772 = R 213 d
[11] BGH, FamRZ 1985, 374
[12] BGH, FamRZ 1985, 374; FamRZ 1984, 772 = R 213 d; FamRZ 1982, 898
[13] BGH, FamRZ 2003, 860, 862 = R 590 A c; 1983, 587, 590
[14] BGH, FamRZ 1983, 587
[15] BGH, FamRZ 1983, 587
[16] Vgl. z. B. OLG Hamburg, FamRZ 1985, 291; OLG Karlsruhe, FamRZ 1985, 286, 288 und FamRZ 1981, 783; OLG Hamm, FamRZ 1984, 783; s. auch BL 2.3

chen. Hier kann sich der Mietanteil so verringern, dass letztendlich doch eine Anrechnung des Wohngeldes in Betracht kommt.

Eigenheimzulagen nach dem Eigenheimzulagengesetz gehören in vollem Umfang zum Einkommen. Bei der Berechnung des Wohnwerts wird die Eigenheimzulage von den auf der Immobilie lastenden Abzahlungen abgezogen (Rn. 331 ff.).[17] Für die Praxis ist von besonderer Bedeutung, dass die Eigenheimzulage zwar vom Finanzamt ausgezahlt wird, aber nicht im Steuerbescheid auftaucht. Der Auskunftsanspruch des Unterhaltsgläubigers (1361 IV, 1580, 1605 BGB) erstreckt sich deswegen auch auf die Höhe der bewilligten Eigenheimzulage. **455**

3. Zur Anrechnung von BAföG-Leistungen

Leistungen nach dem Bundesausbildungsförderungsgesetz[18] (BAföG) sind als **Einkommen** anzurechnen, soweit sie als Regelleistungen gewährt werden. Dies gilt auch, soweit die Förderung nur **darlehensweise** gewährt wird.[19] Nicht als Einkommen anzurechnen sind jedoch die **Vorausleistungen** nach den §§ 36, 37 BAföG, weil auch solche Vorausleistungen nur subsidiär gewährt werden und diese nach Überleitung gemäß § 37 BAföG vom Unterhaltsverpflichteten zurückgefordert werden können.[20] Nach der Neuregelung des § 37 BAföG erwirbt das Land durch den Übergang des Unterhaltsanspruches neben seinem eigenen Auskunftsrecht nach § 47 IV BAföG i. V. m. § 60 SGB I zugleich auch den unterhaltsrechtlichen Auskunftsanspruch.[21] Siehe dazu auch die Leitlinien der Oberlandesgerichte unter 2.4. Subsidiär ist auch eine Ausbildungsbeihilfe nach § 40 AFG[22] bzw. jetzt nach §§ 59 ff. SGB III. Dazu näher Rn. 467. **456**

Die **BAföG-Förderung** ist nach §§ 1, 11 II BAföG grundsätzlich subsidiär gegenüber Unterhaltspflichten der Eltern und nicht dauernd getrennt lebender Ehegatten. Eine dauerhafte Förderung kommt deswegen regelmäßig nur in Betracht, wenn nach verwaltungsrechtlichem Maßstab[23] nicht vorrangig auf Eltern oder nicht getrennt lebende Ehegatten zurückgegriffen werden muss. Nicht subsidiär ist die Förderung allerdings gegenüber sonstigen Unterhaltspflichtigen. Auf die Leistungsfähigkeit des getrennt lebenden Ehegatten oder sonstiger Verwandter kommt es also nicht an.[24] Auch nichteheliche Lebensgemeinschaften berühren den Anspruch nicht. Selbst tatsächlich erbrachte Unterhaltsleistungen der Großeltern sind nicht auf den Anspruch anzurechnen.[25] **457**

Einschränkungen der Subsidiarität von BAföG-Leistungen gelten aber auch für Eltern und nicht dauernd getrennt lebende Ehegatten. Einkommen der Eltern bleibt außer Betracht, wenn der Auszubildende ein Abendgymnasium oder Kolleg besucht oder bei Beginn des Ausbildungsabschnitts das 30. Lebensjahr vollendet hatte (§ 11 III Nr. 1 und 2 BAföG). Gleiches gilt nach § 11 III Nr. 3 und 4 BAföG, wenn er vor Beginn des Ausbildungsabschnitts entweder nach Vollendung des 18. Lebensjahres fünf Jahre oder im Rahmen einer Berufsausbildung wenigstens drei Jahre erwerbstätig und in der Lage war, sich selbst zu unterhalten.[26] Das anrechenbare Einkommen der Unterhaltspflichtigen richtet sich nach den Bestimmungen des BAföG.[27] Danach bleiben von dem Einkommen der Eltern und des Ehegatten pauschale Freibeträge anrechnungsfrei und auch das darüber hinausgehende Einkommen wird nur zu

---

[17] OLG München, FuR 1998, 265 = FamRZ 1999, 251

[18] BAföG i. d. F. der Bekanntmachung vom 6. 6. 1983 (BGBl I 1983, 645), zuletzt geändert durch das Ausbildungsförderungsgesetz vom 20. 12. 2001 (BGBl I 2001, 3986)

[19] BGH, NJW-RR 1986, 1262 = R 306; FamRZ 1985, 916 = R 265; NJW-RR 1989, 578

[20] BGH, FamRZ 1996, 798; NJW-RR 1986, 1262 = R 306; FamRZ 1985, 916 = R 265; FamRZ 1980, 126, 128 = NJW 1980,393, 395

[21] Anders zur alten Rechtslage noch BGH, FamRZ 1991, 1117

[22] BGH, FamRZ 1986, 151, 153 = NJW-RR 1986, 426

[23] Vgl. insoweit OLG Stuttgart FamRZ 1995, 489

[24] BGH, FamRZ 1980, 126,= NJW 1980, 393

[25] OVG Münster NJW 1990, 2640

[26] OLG Stuttgart FamRZ 1996, 181 = NJW-RR 1996, 2

[27] BGH, FamRZ 2000, 640

50% (abzüglich 5% für jedes weitere anrechenbare Kind) angerechnet (§ 25 I, IV BAföG). Maßgeblich ist das Einkommen der Unterhaltspflichtigen im vorletzten Kalenderjahr vor Beginn des Bewilligungszeitraums (§ 24 I BAföG) und nur auf Antrag dasjenige im Bewilligungszeitraum, wenn es wesentlich niedriger ist (§ 24 III BAföG).

Macht der Auszubildende glaubhaft, dass seine Eltern den nach dem BAföG anrechenbaren Unterhaltsbetrag nicht leisten, kann ihm auf Antrag und nach Anhörung der Eltern eine subsidiäre Vorausleistung bewilligt werden (§ 36 BAföG). In diesem Fall geht sein Unterhaltsanspruch zusammen mit dem unterhaltsrechtlichen Auskunftsanspruch bis zur Höhe der geleisteten Beträge auf das Land über (§ 37 BAföG).

458 Erhält der Unterhaltsberechtigte Leistungen nach dem BAföG, sind diese (mit Ausnahme der subsidiäre Vorausleistungen nach § 36 BAföG) **als Einkommen** anzurechnen. Das gilt grundsätzlich auch für BAföG-Darlehen (§§ 17 II, III, 18 ff. BAföG), weil auch diese wegen ihrer besonders günstigen Konditionen erhebliche unterhaltsrechtlich relevante wirtschaftlichen Vorteile enthalten. Sie sind regelmäßig unverzinslich (§ 18 I, II S. 1 BAföG) und nach § 18 a BAföG nur in einkommensabhängigen Raten nach Abschluss der Ausbildung zurückzuzahlen. Außerdem ist ein leistungsabhängiger Teilerlass des Darlehens möglich (§ 18 b BAföG). Letztlich ist das Darlehen für eine Erstausbildung nach § 17 II S. 1 BAföG auch nur bis zu einem Höchstbetrag von 10 000 EUR zurückzuzahlen. Entscheidend ist aber, dass auch durch die darlehensweise gewährten Leistungen die augenblickliche Bedürftigkeit des Empfängers in gleicher Weise gemindert wird, wie durch endgültig gewährte Leistungen. Würden sie nicht auf den Unterhalt angerechnet, würde der Auszubildende sie zusätzlich zum Unterhalt beziehen, d. h. er würde mehr erhalten, als ihm unterhaltsmäßig zustünde. Da der Beginn und die Art der Rückzahlung von seinen späteren Einkommensverhältnissen und seinem Leistungseinsatz abhängig ist, belastet ihn die Rückzahlungsverpflichtung auch nicht unangemessen hart. Deshalb sind auch darlehensweise gewährte BAföG-Leistungen auf den Unterhalt anzurechnen.[28]

Wegen dieser günstigen Darlehensbedingungen ist einem Studierenden in der Regel die Kreditaufnahme in Form eines BAföG-Darlehens auch zumutbar.[29] Bei dieser **Zumutbarkeitsprüfung** sind die beiderseitigen Interessen zu berücksichtigen. Hierbei gelten die Eltern nach dem System der Einkommens- und Vermögensanrechnung (§§ 21 ff. und 26 ff. BAföG) in Höhe der als Ausbildungsförderung in Betracht kommenden Darlehensbeträge als nicht leistungsverpflichtet, so dass nicht davon ausgegangen werden kann, dass ihnen die Unterhaltsgewährung leichtfällt. Außerdem haben sie im Allgemeinen ihre Kinder bereits über die übliche Ausbildungszeit hinaus bis zur Erlangung der Hochschulreife unterhalten.[30] Das Vorliegen besonderer Umstände müsste – als Abweichung vom Regelfall – der Studierende behaupten und nachweisen. Solches kommt z. B. in Betracht, wenn Darlehen und Unterhaltsanspruch nicht einmal den Mindestbedarf decken[31] oder wenn ein noch Minderjähriger auf das Darlehen angewiesen wäre.[32]

459 Wenn die Zumutbarkeit bejaht wird und der Student bei Antragstellung ein BAföG-Darlehen erhalten könnte, ist ihm bei Unterlassung einer Antragstellung in Höhe der BAföG-Leistungen ein **fiktives Einkommen** zuzurechnen.[33] Der Studierende erfüllt seine Obliegenheit durch Antragstellung. Entsprechende Einkünfte sind aber nur zurechenbar, wenn ihm die unterlassene Antragstellung auch unterhaltsrechtlich vorwerfbar ist. Das ist nicht der Fall, wenn ein früherer Antrag abgelehnt wurde und der Unterhaltsschuldner den Berechtigten nicht ausdrücklich angehalten hat, einen neuen Antrag zu stellen.[34] Der Unterhaltsberechtigte ist nicht verpflichtet, gegen einen ablehnenden Bescheid ein Rechtsmittel einzulegen, wenn dies der Unterhaltsverpflichtete nicht ausdrücklich von ihm ver-

---

28 BGH, FamRZ 1985, 916 = R 265, NJW-RR 1986, 1262 = R 306
29 BGH, NJW-RR 1989, 578
30 BGH, FamRZ 1985, 916 = R 265, NJW-RR 1086, 1262 = R 306
31 So OLG Köln FamRZ 1985, 1166
32 OLG Hamm FamRZ 1987, 91; BGH, FamRZ 1985, 916 bezieht sich auf volljährige Darlehensempfänger
33 BGH, FamRZ 1980, 126, 128 = NJW 1980, 393, 395
34 OLG Hamm FamRZ 1998, 1612

langt.[35] **Rückzahlungsraten** aus einem BAföG-Darlehen sind erst dann vom Einkommen des Unterhaltsberechtigten abzuziehen, wenn bereits eine Rückzahlungsverpflichtung besteht oder zumindest unmittelbar bevorsteht.[36]

4. Kindergeld

Das staatliche Kindergeld[37] nach §§ 62 f. EStG und nach dem BKGG dient dem allgemei- **460**
nen Familienlastenausgleich. Es ist eine öffentliche Sozialleistung, die den Eltern gewährt wird, um ihre Unterhaltslast gegenüber den Kindern zu erleichtern. Kindergeld steht beiden Eltern zu. Aus Gründen der Verwaltungsvereinfachung wird es jedoch gemäß § 64 I EStG immer nur an einen Berechtigten ausbezahlt. Ursprünglich erfolgte der interne Ausgleich unter den Eltern mit der Konstruktion eines familienrechtlichen Ausgleichsanspruches. In der Praxis der Gerichte entwickelte sich dann die Übung, das Kindergeld über den Anspruch auf Kindesunterhalt auszugleichen.[38] Entsprechend hat der BGH entschieden, dass Kindergeld **nicht als Einkommen** des Empfängers anzusehen ist.[39] Mit dem ab 1. 7. 1998 geltenden neuen § 1612 b BGB hat das Gesetz diese Regelung im Wesentlichen übernommen. Zu den Einzelheiten s. Rn. 2/159, 497 ff. sowie bei Minderjährigen Rn. 2/500 f. und bei Volljährigen Rn. 2/513 f. Entsprechend zählt das Kindergeld nach den Leitlinien der Oberlandesgerichte jetzt durchweg nicht als Einkommen des Verpflichteten.[40]

Der BGH hat nunmehr seine schon vor in Kraft treten des § 1612 b BGB vertretene **461**
Auffassung[41] bestätigt und erneut entschieden, dass Kindergeld kein Einkommen ist, dass bei der Berechnung des **Ehegattenunterhalts** nach § 1578 BGB berücksichtigt werden darf.[42] Zwar hatte der BGH früher bei der Bestimmung des Ehegattenunterhalts das Kindergeld verschiedentlich zum Einkommen des Verpflichteten gerechnet. Dabei handelte es sich aber stets um besonders gelagerte Sachverhalte. In einem Fall[43] war der Kindesunterhalt bereits durch Pflegegeld vollständig gesichert, in anderen Fällen[44] handelte es sich um volljährige Kinder, für die ausschließlich der Vater aufkam. Bei einer weiteren Entscheidung[45] handelte es sich um einen Mangelfall. Diese Entscheidungen durften daher schon damals nicht so verstanden werden, als ob das Kindergeld beim Ehegattenunterhalt stets zum Einkommen beider Eheleute zu rechnen wäre. Im Regelfall wäre dies übrigens ein überflüssiger Rechenschritt, weil sich bei der gleichmäßigen Verteilung des Kindergeldes auf beide Ehegatten die Zurechnung zu den beiderseitigen Einkünften gegenseitig aufhebt.[46]

Beispiel:
Verbleiben dem Verpflichteten nach Abzug des Unterhalts für zwei Kinder noch 2800 EUR, würden einem einkommenslosen Berechtigten hiervon 2800 × 3 : 7 = 1200 EUR zustehen. Wird das Kindergeld von 154 EUR jedem Ehegatten zur Hälfte als Einkommen zugerechnet, ergibt sich keine Veränderung. Das Einkommen des Verpflichteten beträgt nunmehr 2800 + 77 = 2877 EUR, beim Berechtigten sind es 77 EUR. Danach sind unverändert 2877 – 77 = 2800 × 3 : 7 = 1200 EUR zu zahlen.

Der BGH[47] lehnt jetzt die Zurechnung von Kindergeld zum Einkommen für die Bedarfsermittlung beim Ehegattenunterhalt selbst dann ab, wenn das Kindergeld für ein nicht

---

[35] BGH, FamRZ 1989, 499 = NJW-RR 1989, 578
[36] BGH, FamRZ 1986, 148 = NJW 1986, 720
[37] Seit dem 1. 1. 2002 beträgt es für das 1. bis 3. Kind 154 EUR und ab dem 4. Kind 179 EUR
[38] Vgl. Rn. 2/530 ff., 2/539 ff.
[39] BGH, FamRZ 1997, 806 = R 512 f.
[40] Vgl. Leitlinien der Oberlandesgerichte Ziff. 3 und 14
[41] BGH, FamRZ 1997, 806, 808 ff. = R 512 f.
[42] BGH, FamRZ 2003, 445 = R 587 b, 2000, 1492, 1494 = R 546 d; vgl. auch BVerfG FamRZ 2003, 1370 = R 593
[43] BGH, FamRZ 1984, 769, 771 = R 214 c
[44] BGH, FamRZ 1990, 979 = R 412 b; FamRZ 1990, 499, 502 = R 407 d
[45] BGH, FamRZ 1992, 539, 541 = R 444 c
[46] So früher die CL III 2 Satz 2
[47] BGH, FamRZ 2000, 1492, 1494 = R 546 d, mit dem er das abweichende Urteil des OLG München FamRZ 1999, 511 abgeändert hat; FamRZ 1997, 806 = R 512 f.; FamRZ 1977, 806 = R 512 f.

gemeinschaftliches Kind gezahlt wird. Kindergeld könne nicht wie sonstiges Einkommen zur Bedarfsberechnung nach § 1578 BGB herangezogen werden, da seine öffentlich-rechtliche Zweckbestimmung als eine entlastende Leistung nicht dadurch in ihr Gegenteil verkehrt werden dürfe, dass sie – im Wege der Zurechnung zum Einkommen des Unterhaltspflichtigen – zu einer Erhöhung des Unterhaltsbedarfs führt. Auch soweit einem Ehegatten bei einem weiteren nicht gemeinsamen Kind wegen der Berücksichtigung gemeinsamer Kinder ein sog. **Zählkindvorteil** erwächst, ist dieser nicht als unterhaltsrelevantes Einkommen in die Bedarfsberechnung einzubeziehen, sondern kommt dem betreffenden Elternteil allein zugute. Zum Kindergeld und Zählkindervorteil im Mangelfall s. Rn. 5/83 f., zur Verrechnung des Kindergeldes mit dem Unterhalt s. Rn. 2/486. Ähnliche Leistungen sind der **Kinderzuschuss** aus der gesetzlichen Rentenversicherung, Kinderzulagen aus der gesetzlichen Unfallversicherung und die Kinderzulagen von zwischen- oder überstaatlichen Einrichtungen.[48] Diese Zuwendungen verdrängen nach § 65 EStG das Kindergeld. Soweit dies der Fall ist, gilt nach § 1612 c BGB die gleiche Regelung wie in § 1612 b BGB. Näher dazu Rn. 2/493.

462 Aus der zum 1. 7. 1998 in Kraft getretenen Neufassung des § 1612 b BGB folgt, dass Kindergeld auch **nicht Einkommen des Kindes** ist und somit für die Bemessung seiner Bedürftigkeit grundsätzlich keine Rolle spielt.[49] Kindergeld ist eine gezielte Förderung von Familien mit Kindern, deren Lebensverhältnisse sich durch den Bedarf der Kinder generell schwieriger gestalten.[50] Grundsätzlich ist deswegen das Kindergeld je zur Hälfte auf die Unterhaltspflicht der Eltern anzurechnen (§ 1612 b I BGB). Zwar unterbleibt eine solche Anrechnung nach § 1612 b V BGB dann, wenn der Unterhaltspflichtige außerstande ist, Unterhalt in Höhe von 135% des Regelbetrages nach der Regelbetrags-VO zu leisten.[51] Für solchermaßen beengte Verhältnisse bestimmt das Gesetz damit ausdrücklich, dass das Kindergeld für den Bedarf des Kindes eingesetzt werden muss und insoweit nicht seinen Bedarf mindert. Zwar steht das Kindergeld in solchen Fällen nicht mehr den Eltern zur Verfügung. Wegen der damit erstrebten Sicherung des Existenzminimums der Kinder hat der Gesetzgeber damit den Einsatz der Sozialleistung in verfassungsrechtlich zulässiger Weise geregelt.[52] Ist der barunterhaltspflichtige Elternteil leistungsunfähig und bezieht er das Kindergeld, schuldet er dem unterhaltsberechtigten Kind jedenfalls das hälftige Kindergeld. Anders ist es bei fehlender Bedürftigkeit des Kindes; dann führt der primär sozialpolitische Zweck des Kindergeldes dazu, dass der Unterhaltspflichtige das Kindergeld behalten darf.

Auch bei **volljährigen Kindern** erfolgt die Anrechnung des Kindergeldes nach § 1612 b I, II BGB. Das für dieses Kind gezahlte Kindergeld ist also nicht wie Einkommen auf seinen Bedarf anzurechnen sondern ist jeweils hälftig vom Haftungsanteil des einzelnen Elternteils abzuziehen (vgl. Rn. 2/513). Erreicht der Haftungsanteil eines Elternteils nicht die Höhe des halben Kindergeldes, muss auch hier die Anrechnung in entsprechender Anwendung des § 1612 b V BGB eingeschränkt werden, denn kein Elternteil soll mehr Kindergeld erhalten, als er insgesamt für das Kind aufwendet.[53] Bei **privilegierten Volljährigen** kann es hingegen bei der Anrechnung verbleiben, weil von diesem Elternteil regelmäßig auch noch Naturalleistungen gewährt werden, insbesondere dann, wenn der andere Elternteil den Gesamtunterhaltsbedarf nicht vollständig decken kann.[54]

---

[48] Vgl. OLG Koblenz, FamRZ 1995, 1374 für die Beamten der Europäischen Kommission

[49] So schon zuvor BGH, FamRZ 1997, 806 = R 512 f.; 1986, 151

[50] BVerfG NJW 1978, 33, 35; BGH, FamRZ 1988, 604 = NJW 1988, 2799

[51] Vgl. insoweit die in Ergänzung der DT erlassene Kindergeldabzugstabelle FamRZ 2003, 906

[52] BVerfG FamRZ 2003, 1370 = R 593 a; BGH, FamRZ 2003, 445 = R 587 b sowie einhellige Rspr. der Oberlandesgerichte: OLG Hamm JAmt 2001, 368; OLG Düsseldorf FamRZ 2001, 1096; OLG Celle JAmt 2001, 368; OLG München FamRZ 2002, 903; OLG Stuttgart FamRZ 2002, 177; OLG Nürnberg FamRZ 2002, 904; OLG Brandenburg FamRZ 2002, 1217; vgl auch BVerfG FamRZ 2001, 541 und 756

[53] Vgl. OLG Brandenburg FamRZ 2003, 553; OLG Düsseldorf, OLGR 1999, 273; OLG Brandenburg OLGR 2002, 221

[54] OLG Stuttgart OLGR 1999, 337

5. Pflege- und Erziehungsgeld, Kindergeld für Pflegepersonen, Erziehungsgeld, Leistungen nach dem Stiftungs- und dem Kindererziehungsleistungsgesetz

Ansprüche auf **Pflegegeld** ergeben sich in verschiedenen tatsächlichen Konstellationen aus unterschiedlichen gesetzlichen Grundlagen. Dabei sind folgende Fallgestaltungen zu unterscheiden: **463**

- Pflegegeld nach §§ 23 III, 39 SGB VIII (KJHG) bei Tagespflege oder Aufnahme fremder Kinder,[55]
- Pflegegeld nach dem Pflegeversicherungsgesetz (§§ 33 ff., 37 I SGB XI),[56]
- Pflegegeld nach §§ 69 BSHG a. F. insbesondere für die Pflege eigener schwerbehinderter Kinder,[57]
- Pflegezulagen nach § 35 BVG, § 132 SGB V und § 269 I LAG.

Pflege- und Erziehungsgeld nach den **§§ 23 III, 39 SGB VIII (KJHG)** steht rechtlich **463 a** zwar dem Kind zu, ist aber unterhaltsrechtlich wie die entsprechenden Einkünfte nach dem früheren JWG als **Einkommen der Pflegeperson** zu berücksichtigen, soweit es, wie in der Regel, den für den Unterhalt des Pflegekindes benötigten Betrag übersteigt und als Anerkennung für die Betreuung und erzieherischen Bemühungen der Pflegeperson gezahlt wird.[58] Der Bedarf des Pflegekindes umfasst alles, was dieses zum Lebensunterhalt benötigt, insbesondere die Aufwendungen für Ernährung, Bekleidung, Reinigung, Körper- und Gesundheitspflege, Hausrat, Unterkunft, Heizung, Beleuchtung, Schulbedarf, Bildung und Unterhaltung.[59] Dieser Bedarf ist festzustellen (§ 287 ZPO). Die Düsseldorfer Tabelle bietet hierfür keinen ausreichenden Anhaltspunkt, weil das Pflegegeld unabhängig vom Einkommen gewährt wird. Außerdem enthalten die Sätze der Düsseldorfer Tabelle in der Regel einen zu niedrigen Mietanteil. Der den Bedarf des Kindes übersteigende Teil des Pflegegeldes ist den Pflegeeltern als Einkommen zuzurechnen. Im Zweifel wird man etwa 1/3 des Pflegegeldes heranziehen können, bei 600 EUR Pflegegeld also 200 EUR als Einkommen für die Pflegepersonen.[60] Soweit Pflegegeld als Einkommen der Pflegeperson behandelt wird, ist auch der **Erwerbstätigenbonus** zu berücksichtigen.[61] Auf den Unterhaltsanspruch des Kindes ist der Rest des Pflegegeldes von ca. 2/3 als subsidiäre Sozialleistung ohne Einfluss.[62] Zu dem **Erziehungsgeld nach dem BErzGG** s. Rn. 85.

Für die Anrechnung von Pflegegeldern auf den **Bedarf des Pflegebedürftigen** ist allgemein die Vermutung der §§ 1610 a, 1578 a BGB zu beachten,[63] wonach die Aufwendungen infolge eines Körper- und Gesundheitsschadens nicht geringer sind, als die Höhe der dafür in Anspruch genommenen Sozialleistungen. Diese Vermutung ist zwar widerlegbar, was aber eine substantiierte Darlegung voraussetzt, dass die Sozialleistung den tatsächlichen Mehraufwand infolge des Gesundheitsschadens übersteigt.[64] Auch soweit das Pflegegeld nicht ausschließlich unmittelbaren Pflegebedarf deckt, sondern dazu dient, die Pflegebereitschaft naher Angehöriger zu erhalten, handelt es sich um die Finanzierung des behinderungsbedingten Bedarfs, was eine Anrechnung auf seinen allgemeinen Unterhaltsbedarf ausschließt. Der für die Vergütung der Pflegeperson entstehende Mehrbedarf liegt in entsprechender Anwendung des § 1610 a BGB regelmäßig sogar über dem Pflegesatz.[65] Dieses schließt aber nicht aus, die Pflegeleistungen im bewilligten Umfang auf einen krankheitsbedingten Mehrbedarf anzurechnen.[66]

---

[55] Siehe Rn. 463 a
[56] Siehe Rn. 463 b
[57] Siehe Rn. 464; BVerwG FamRZ 2003, 756
[58] OLGR Hamm 1999, 313; OLG Hamburg FamRZ 1992, 444
[59] BGH, FamRZ 1984, 769, 771 = R 214 b
[60] So OLG Zweibrücken OLGR 2002, 75
[61] OLG Braunschweig, FamRZ 1996, 1216
[62] BGH, FamRZ 1985, 1243 = NJW 1986, 186
[63] OLG Stuttgart FamRZ 1994, 1407; OLG Hamm FamRZ 1994, 1193; OLG Hamburg FamRZ 1992, 444
[64] OLG Schleswig FamRZ 2000, 1367; OLG Hamm FamRZ 1994, 1193
[65] OLG Stuttgart FamRZ 1994, 1407
[66] OLGR Zweibrücken 2001, 108

463 b Für die Leistungen der **Pflegeversicherung** nach § 37 I SGB XI gilt folgendes:[67]

- Wurde mit der Pflegeperson ein Arbeitsvertrag abgeschlossen, handelt es sich bei ihr um Erwerbseinkommen.
- Besteht keine vertragliche Regelung, wird man vorbehaltlich genauerer Erkenntnisse wie oben (Rn. 463 a) 1/3 des Pflegegeldes als Vergütungsanteil schätzen können, der als Einkommen der Pflegeperson zu behandeln ist.[68]
- Die Person, für die das Pflegegeld bezahlt wird, kann sich auf die Vermutung des § 1610 a BGB (vgl. Rn. 443, 463 a) berufen. Die Bedürftigkeit des Gepflegten wird daher durch die Leistungen der Pflegeversicherung nicht berührt. Im Einzelfall kann es sogar unschädlich sein, wenn das Pflegegeld nicht vollständig für Hilfsdienste ausgegeben wird, weil diese zum Teil unentgeltlich erbracht werden.[69]
- Nach § 13 VI SGB XI, der zum 1. 8. 1999 in Kraft getreten ist, darf das an eine Pflegeperson weitergeleitete Pflegegeld bei der Ermittlung von Unterhaltsansprüchen und Unterhaltsverpflichtungen nur noch in den folgenden Fällen berücksichtigt werden:
  - § 1361 III BGB (Verwirkung von Trennungsunterhalt),
  - § 1579 BGB (Verwirkung von nachehelichem Unterhalt),
  - § 1603 II BGB (gesteigerte Unterhaltsverpflichtung gegenüber minderjährigen Kindern),
  - § 1611 I BGB (Verwirkung von Verwandtenunterhalt) und
  - Unterhaltsansprüchen einer Pflegeperson mit Erwerbsobliegenheit, soweit der Pflegebedürftige mit dem Unterhaltspflichtigen nicht in gerader Linie verwandt ist (Ehefrau betreut gemeinsames behindertes Kind oder die Eltern des Unterhaltspflichtigen).[70]

  Damit gelten im Rahmen der Pflegeversicherung die gleichen Grundsätze wie nach § 9 BErzGG.
- Die Pflegeperson braucht ihre Einkünfte nicht zu **versteuern,** wenn sie zu den Angehörigen zählt oder mit der Pflege auch eine sittliche Pflicht i. S. von § 33 II SGB XI erfüllt; § 3 Nr. 36 EStG.

464 Pflegegeld nach § 69 BSHG a. F., das für häusliche Pflege durch nahe stehende Personen (z. B. Eltern oder Nachbarn) gewährt wurde, ist wie beim Pflegegeld nach §§ 23 III, 39 SGB VIII (siehe Rn. 463) der Pflegeperson in Höhe des den Bedarf des Pfleglings übersteigenden Teiles als Einkommen zuzurechnen.[71] Im Zweifel ist wie in Rn. 463 a etwa ein Drittel anzurechnen. Bezieht die Pflegeperson zusätzlich das staatliche Kindergeld, ist dies unterhaltsrechtlich als ihr Einkommen zu berücksichtigen, wenn die zu einer angemessenen Versorgung des Kindes erforderlichen Mittel bereits anderweitig (z. B. durch das Pflegegeld) gedeckt sind.[72] Geht es jedoch um den Unterhaltsanspruch des Pflegebedürftigen selbst, darf das Pflegegeld gemäß § 69 BSHG a. F. wegen seiner subsidiären Natur nicht zum Einkommen gerechnet werden.[73]

465 Pflegegeld nach dem Berliner ZGHG gilt als Einkommen des Behinderten. Es ist von dessen Unterhaltsbedarf abzuziehen.[74] Pflegegeld nach dem Landespflegegeldgesetz Rheinland/Pfalz gehört nicht zu den subsidiären Sozialleistungen, weil es ohne Rücksicht auf das Einkommen gewährt wird. Es ist daher jedenfalls auf den behinderungsbedingten Mehrbedarf anzurechnen.[75] Der BGH lässt zwar offen, ob das nach Abdeckung des Pflegeaufwandes übrigbleibende Pflegegeld auf den allgemeinen Bedarf anzurechnen ist. Diese Frage dürfte aber nach den oben (Rn. 463 a) niedergelegten Grundsätzen zu bejahen sein. Zum Erziehungsgeld s. Rn. 85.

---

[67] Grundlegend dazu Büttner, FamRZ 1995, 193 ff. und FamRZ 2000, 596
[68] BGHR SGB XI § 37 Abs. 1 Pflegegeld, OLG Hamm FamRZ 1999, 852
[69] OLG Hamm, FamRZ 1998, 1431
[70] OLG Koblenz FamRZ 2000, 826
[71] BGHR SGB XI § 37 Abs. 1 Pflegegeld; BGH, FamRZ 1987, 259, 261 = R 312 c
[72] BGH, FamRZ 1984, 769, 771 = R 214 b
[73] BGH, FamRZ 1993, 417 = R 458
[74] BGH, FamRZ 1985, 917, 919 = NJW 1985, 2590
[75] BGH, FamRZ 1993, 417 = R 458

Die Leistungen nach dem **Kindererziehungsleistungsgesetz** vom 12. 7. 1987, die den vor 1921 geborenen Müttern zustehen, haben versicherungsrentenähnlichen Charakter und sind daher auf den Bedarf eines Berechtigten ohne weiteres **anzurechnen.**[76] Die Leistungen nach dem Gesetz über die Errichtung einer Stiftung **„Hilfswerk für behinderte Kinder"** vom 17. 12. 1971 werden im Sozialrecht nicht angerechnet,[77] weil sie den Behinderten bessere Eingliederungschancen eröffnen und ihnen daher ungeschmälert zugute kommen sollen. Diese besondere Zweckbestimmung lässt auch unterhaltsrechtlich eine Anrechnung auf den Bedarf des Behinderten nicht zu. Die Pflegeperson muss sich allerdings auch hier wie beim Pflegegeld in Rn. 463 einen nach § 287 ZPO zu schätzenden Anteil der Leistungen als Einkommen zurechnen lassen, wenn sie Unterhalt beansprucht. 466

Pflegezulagen sind außerdem vorgesehen in § 132 SGB V, in § 269 I LAG und nach den Vorschriften des BVG.[78] 466 a

6. Ausbildungsbeihilfe und Ausbildungsgeld nach dem Arbeitsförderungsrecht (SGB III = AFG)

Berufsausbildungsbeihilfen nach den §§ 59 f., 72–76 SGB III sind als Lohnersatzleistungen **grundsätzlich** – wie Leistungen nach dem BAföG – Einkommen, weil sie vom Arbeitsamt nicht zurückgefordert werden können. Weil dem Unterhaltsberechtigten daneben nicht auch noch Unterhaltsansprüche zustehen können, führt die gesetzliche Regelung zu einer dauerhaften Entlastung der Eltern.[79] Grundsätzlich ist die Ausbildungsbeihilfe deswegen auf den Bedarf des Kindes anzurechnen. Nach § 72 II 2 SGB III geht der Unterhaltsanspruch nur dann auf das Arbeitsamt über, wenn die Förderung als **Vorausleistung** nach § 72 I SGB III ohne Rücksicht auf bestehende Unterhaltsansprüche gewährt wurde. Nur in diesem Fall ist die Berufsausbildungsbeihilfe subsidiär und deswegen nicht auf den Unterhaltsbedarf anzurechnen.[80] Dann bleibt der Unterhaltsanspruch erhalten; das Arbeitsamt kann als Anspruchsberechtigter nach § 72 II 3 SGB III im Umfang der Leistungen sogar Herausgabe noch an den Auszubildenden gezahlter Unterhaltsleistungen verlangen. Für die Bewilligungszeit, die vor dem Rechtsübergang nach § 72 II 2 SGB III liegt, ist eine Rückforderung allerdings ausgeschlossen. 467

Berufsausbildungsbeihilfen **für Arbeitslose** nach §§ 74 ff. SGB III können weder zurückgefordert werden noch ist ein Forderungsübergang vorgesehen. Sie sind deswegen nicht subsidiär und somit ebenfalls als Einkommen des Berechtigten anzurechnen.

Gleiches gilt für das **Ausbildungsgeld für Behinderte** nach § 104 SGB III. Auch diese Leistung wird unabhängig von Unterhaltsansprüchen gewährt; ein Forderungsübergang ist nur in eingeschränktem Umfang bei Überschreitung von Einkommensfreigrenzen vorgesehen und wird erst mit der Anzeige der Förderung an die Eltern wirksam. Im Regelfall ist das Ausbildungsgeld daher ebenfalls nicht subsidiär, sondern deckt den Unterhaltsbedarf auch im Verhältnis zum Verpflichteten endgültig ab. Dann bleibt es auch hier bei der Grundregel, dass Einkünfte jeder Art die Bedürftigkeit der Berechtigten mindern.[81] Seit Inkrafttreten des § 1610 a BGB spricht allerdings eine (widerlegbare) Vermutung dafür, dass ein behinderungsbedingter Mehrbedarf in Höhe der Sozialleistung vorliegt, der vorweg vom Ausbildungsgeld abzuziehen ist.

---

[76] BGH, FamRZ 1992, 162 = R 438
[77] BVerwG, FamRZ 1993, 181
[78] BGH, FamRZ 1993, 411 (zu § 35 BVG); OLG Hamm FamRZ 1992, 186 (zu § 30 BVG)
[79] Anders noch die Vorauflage
[80] BGH, FamRZ 1986, 151; OLG Brandenburg ZfJ 2001, 159; OLG Oldenburg FamRZ 1989, 531; OLG Schleswig SchlHA 1988, 53
[81] OLG München, FamRZ 1992, 212, 214 zu der insoweit gleichgebliebenen früheren Regelung in §§ 40, 58 I 3 AFG

7. Leistungen nach dem Grundsicherungsgesetz

467 a Als Bestandteil der Rentenreform des Jahres 2001 ist mit Art. 12 des Altersvermögensgesetzes (AvmG) vom 26. Juni 2001[82] das Gesetz über die bedarfsorientierte Grundversorgung im Alter und bei Erwerbsminderung (**Grundsicherungsgesetz** – GSiG) verabschiedet worden, das zum 1. Januar 2003 in Kraft getreten ist. Es gewährt dem berechtigten Personenkreis (§ 1 GSiG), nämlich Personen, die das 65. Lebensjahr vollendet haben oder volljährigen Personen, die dauerhaft voll erwerbsgemindert i. S. von § 43 II SGBVI sind, einen Anspruch auf Grundsicherung.[83] Voraussetzung ist, dass der Berechtigte seinen Lebensunterhalt nicht aus eigenem Einkommen oder Vermögen beschaffen kann (§ 2 I GSiG). Dabei bleiben Unterhaltsansprüche gegenüber Eltern und Kindern, nach der Entstehungsgeschichte und dem Sinn des Gesetzes aber auch allgemein gegenüber Verwandten in gerader Linie[84] unberücksichtigt wenn deren jährliches Gesamteinkommen nach § 16 SGB IV unter 100 000 EUR liegt. Nach dem Sinn des Gesetzes müssen dann auch freiwillige Leistungen solcher nachrangigen Verwandten unberücksichtigt bleiben, weil sie nicht den Staat entlasten sondern dem Bedürftigen zusätzlichen Einkünfte verschaffen wollen. Dafür spricht zunächst eine widerlegbare Vermutung. Die Landkreise und kreisfreien Städte sind als Träger der Grundsicherung bei der Prüfung des anrechenbaren Einkommens nach § 2 II S. 2 GSiG zunächst ausschließlich auf die Angaben des Antragstellers angewiesen. Ein eigenständiger Auskunftsanspruch gegen den Unterhaltspflichtigen besteht nach § 2 II S. 3 GSiG nur, wenn „hinreichende Anhaltspunkte" für ein Überschreiten der genannten Einkommensgrenze vorliegen.[85] Die Grundsicherung soll im Regelfall Sozialhilfeansprüche überflüssig machen, ist mit diesen aber nicht vollständig deckungsgleich. Wie die Sozialhilfe gewährt die Grundsicherung den Regelsatz nach § 22 BSHG,[86] Kosten der Unterkunft und Heizung sowie einen pauschalen Mehrbedarf von 20% für Schwerbehinderte. Für einmalige Leistungen erhält der Berechtigte pauschal 15% des Regelsatzes, was zu einem anderen Gesamtbetrag als bei der Sozialhilfe führen kann, weil dort solche Leistungen gesondert beantragt werden müssen.

467 b Ob Unterhaltsansprüche **Einkommen i. S. von § 2 GSiG** sind und damit den Anspruch auf Grundsicherung ausschließen können, hängt von der Unterhaltsbeziehung ab. Das GSiG privilegiert in § 2 I S. 3 nur den Unterhalt von Verwandten, während es im Übrigen, insbesondere bei getrennt lebenden oder geschiedenen Ehegatten, beim grundsätzlichen Vorrang des Unterhalts vor der Sozialleistung verbleibt.

Jede von **nicht privilegierten** Unterhaltspflichtigen zugeflossene Unterhaltszahlung ist also als Einkommen zu behandeln. Das gilt auch für die von diesen Personen nur geschuldeten Unterhaltsleistungen, sodass der Berechtigte darauf verwiesen werden kann, zunächst das Bestehen eines Unterhaltsanspruches zu prüfen und diesen geltend zu machen. Selbst wenn die Durchsetzung ungewiss oder die Vollstreckung gefährdet ist, sind die Anforderungen an eine Unzumutbarkeit der Anspruchserhebung erheblich höher anzusetzen als bei der Sozialhilfe, denn die Grundsicherung dient weder der Verhinderung akuter Notsituationen, noch kann, wie bei der Sozialhilfe mittels Anspruchsübergang nach § 91 BSHG, beim Unterhaltsschuldner Rückgriff genommen werden.[87] Bei zweifelhafter Realisierbarkeit eines Unterhaltsanspruchs gegen nicht privilegierte Unterhaltspflichtige ist also zunächst Sozialhilfe zu beantragen; Grundsicherung tritt erst an deren Stelle, wenn Unterhalt auch von ihnen nicht erlangt werden kann. Aus den selben Gründen gilt auch nichts anderes, wenn der Unterhaltsanspruch gegen nicht privilegierte Unterhaltspflichtige auf fiktiven Einkünften beruht.

Unterhaltsleistungen **privilegierter** Verwandter sind hingegen ausnahmsweise nur dann als Einkommen zu werten und können den Anspruch auf Grundsicherung ausschließen, wenn sie in der Vergangenheit tatsächlich geflossen sind.[88]

---

[82] BGBl I 2001, 1310
[83] Vgl. BGH, FamRZ 2002, 1698, 1701 = R 580 c unter 3 f.
[84] Vgl. Klinkhammer, FamRZ 2002, 997, 999
[85] Dazu Steymans, FamRZ 2002, 1687
[86] Siehe FamRZ 2002, 1012
[87] So auch Klinkhammer, FamRZ 2002, 997, 1000
[88] So zum Wohngeld BVerwG ZMR 1998, 113 m. w. N.

Umgekehrt ist die auf Grund eines stattgebenden Bescheids der Sozialbehörde gewährte Grundsicherung stets auch **Einkommen im unterhaltsrechtlichen Sinn** und vermindert den Unterhaltsbedarf. **467 c**

Der **privilegierte** Unterhaltspflichtige (Verwandter in gerader Linie) kann den Berechtigten sogar auf die Inanspruchnahme der Grundsicherung verweisen, was zur fiktiven Anrechnung der daraus möglichen Einkünfte führt. Dieses folgt schon daraus, dass die eigenständige Grundsicherung weder einen Nachrang entsprechend § 2 II S. 1 BSHG, noch einen Anspruchsübergang entsprechend § 91 BSHG kennt und Verwandte gerader Linie in § 2 I S. 3 GSiG ausdrücklich privilegiert.[89]

Gegenüber **nicht privilegierten** Unterhaltspflichtigen ist der Anspruch auf Grundsicherung nachrangig und deswegen bedeutungslos. Ein Anspruch auf Grundsicherung kommt daneben nur im Mangelfall in Betracht, wenn der vollständige Bedarf des Berechtigten durch den vorrangigen Unterhaltsanspruch nicht gedeckt werden kann.

Unbillige Ergebnisse können entstehen, wenn z. B. mit zwei Brüdern Unterhaltspflichtige vorhanden sind, von denen nur einer die Einkommensgrenze von 100 000 EUR/jährlich überschreitet und deswegen nicht mehr privilegiert i. S. des GSiG ist. Wenn nur der privilegierte Sohn vorhanden wäre, könnte er sich auf den Nachrang seiner Unterhaltspflicht berufen. Umgekehrt haftet der nicht privilegierte Sohn vorrangig auf Unterhalt, weil der Unterhaltsanspruch gegen ihn bei der Ermittlung des Einkommens des Berechtigten nach § 2 I S. 3 GSiG berücksichtigt wird und den Anspruch ausschließt. Da die Unterhaltspflichtigen aber nicht gesamtschuldnerisch sondern nach § 1606 III S. 1 BGB anteilig nach ihren Erwerbs- und Vermögensverhältnissen haften, verbleibt es dann bei der alleinigen Haftung des nicht privilegierten Sohnes. Selbst wenn dessen Selbstbehalt keine vollständige Bedarfsdeckung ermöglichen würde, käme für den restlichen Bedarf ein Anspruch auf Grundsicherung in Betracht, was ebenfalls einen Rückgriff auf den privilegierten Sohn ausschließen würde.[90]

Beispiel:[91]
Die 70-jährige O ist verwitwet. Sie hat einen Bedarf von 730 EUR, wohnt in einer Mietwohnung (Wohnungskosten: 300 EUR) und bezieht eine Rente von 400 EUR.
Tochter T ist alleinstehend und bezieht ein bereinigtes Einkommen von 2100 EUR.

a) Unterhaltsberechnung vor Inkrafttreten des GSiG:

Bedarf der O	730 EUR	
abzüglich Rente	400 EUR	
ungedeckter Bedarf	330 EUR.	
Leistungsfähigkeit der T:		
Einkommen	2100 EUR	
abzüglich Selbstbehalt	1250 EUR	
Leistungsfähigkeit	850 EUR	
Unterhaltsanspruch		330,00 EUR.

b) Unterhaltsberechnung seit Inkrafttreten des GSiG:

Ungedeckter Bedarf (s. o.)		330,00 EUR
Abzüglich Grundsicherung		
– Regelsatz nach § 22 BSHG	293,00 EUR	
– zuzüglich 15%	43,95 EUR	
– Kosten Unterkunft/Heizung	300,00 EUR	
Summe der Grundsicherung	636,95 EUR	
Abzüglich Rente	400,00 EUR	
Zu leistende Grundversorgung	236,95 EUR	236,95 EUR
Unterhaltsanspruch		93,05 EUR.

[89] BGH, FamRZ 2002, 1698, 1701 = R 580 c unter 3 f.
[90] Anders Klinkhammer FamRZ 2002, 997, 1003
[91] Nach Klinkhammer, FamRZ 2002, 997, 1002

II. Freiwillige unentgeltliche Zuwendungen eines Dritten

468 Freiwillige Zuwendungen eines Dritten (z. B. durch einen nahen Angehörigen) können in Bar- und Sachleistungen (z. B. kostenloser Wohnungsgewährung) bestehen. Solche Leistungen, durch die allenfalls einer nur sittlichen Pflicht entsprochen wird, werden den Zuwendungen auf Grund rechtlicher Verpflichtung nicht gleichgestellt und mindern in der Regel die Bedürftigkeit des Berechtigten nicht. Es ist daher stets zu klären, ob der Berechtigte einen rechtlichen Anspruch auf solche Leistungen hat. Besteht kein solcher rechtlicher Anspruch (wie in der Regel bei freiwilligen Leistungen), hängt die Anrechenbarkeit einer solchen Leistung grundsätzlich **vom Willen des Zuwendenden** ab.[92] Dies ergibt sich aus § 267 BGB. Bei Leistungen eines Dritten wird die Schuld nur getilgt, wenn der Dritte mit dem Willen tilgt, die Verpflichtung des Schuldners zu tilgen.[93] Geht dieser Wille, wie in der Regel, dahin, den Berechtigten zusätzlich zu unterstützten, ohne den Verpflichteten von dessen Unterhaltspflicht zu entlasten, dann ist die Zuwendung unterhaltsrechtlich nicht zu berücksichtigen.[94] Wird größeres Kapital geschenkt, so sind aber die hieraus erzielbaren Zinsen zum Einkommen zu rechnen.[95] Im Mangelfall können allerdings freiwillige unentgeltliche Zuwendungen eines Dritten im Rahmen einer Billigkeitsabwägung auf der Leistungsstufe ganz oder teilweise berücksichtigt werden (Rn. 5/100).[96] Wird der Dritte selbst auf Unterhalt in Anspruch genommen, kann er seine freiwilligen Leistungen in keinem Fall unterhaltsmindernd absetzen. Leistet allerdings ein Elternteil Unterhalt für ein gemeinsames Kind ohne hierzu verpflichtet zu sein, muss der andere Elternteil diese Zahlungen nach Treu und Glauben gegen sich gelten lassen, solange er die Zahlungen beanstandungslos entgegengenommen hat.[97]

469 Zuwendungen in diesem Sinn können auch **Naturalleistungen** sein, wie etwa persönliche Dienstleistungen in Form von Pflege und Betreuung, für die der Leistungsempfänger andernfalls bezahlen müsste. Wird z.B. ein unterhaltspflichtiger Behinderter von seiner Ehefrau umsonst gepflegt, steht ihm in Höhe der „eingesparten" Mittel ein Freibetrag zu, wenn der Ehepartner nur ihn unterstützen will.[98] Das Gleiche gilt, wenn die neue Ehefrau eines Unterhaltspflichtigen unentgeltlich Kinder aus der ersten Ehe betreut.[99] Auch der geldwerte Vorteil, den der Pflichtige dadurch hat, dass er mietfrei im Haus eines neuen Partners lebt, kann nicht ohne weiteres seinen sonstigen Einkünften hinzugerechnet werden.[100]

Am Merkmal einer unentgeltlichen Zuwendung fehlt es in der Regel, wenn der Berechtigte seinerseits gegenüber dem Dritten unentgeltliche Leistungen (z. B. Versorgungsleistungen) erbringt.[101] Wirtschaftlich gesehen handelt es sich hierbei in Wirklichkeit um **vermögenswerte Gegenleistungen,** die geeignet sein können, die Zuwendungen des Dritten abzugelten. In Höhe des Wertes der Gegenleistungen sind dann die Zuwendungen als Einkommen anzurechnen. Die Höhe des anzurechnenden Betrages hat das Gericht unter Berücksichtigung der Umstände des Einzelfalls zu ermitteln und gegebenenfalls nach § 287 ZPO (dazu s. Rn. 6/728 f.) zu schätzen.[102]

---

[92] Büttner FamRZ 2002, 1445 ff.
[93] Palandt/Heinrichs, § 267 Rn. 4
[94] BGH, FamRZ 2000, 153, 154 = R 534 c; 1995, 537, 538 f. = R 493 b; 1988, 159; 1985, 584; 1980, 40, 42
[95] OLG Köln, FamRZ 1993, 711
[96] BGH, FamRZ 2000, 153, 154 = R 534 c; 1999, 843 = R 533 c
[97] OLGR Hamm 2000, 326
[98] BGH, FamRZ 1995, 537 = R 493 a; OLGR Hamm 1997, 205; OLG Hamm FamRZ 1990, 405
[99] BGH IVb ZR 379/81 vom 29. 6. 1983 zit. in BGH, FamRZ 1995, 537 = R 493 a
[100] OLG Bamberg, FamRZ 1996, 628; OLG München FamRZ 1996, 169
[101] OLG Hamm NJWE-FER 2000, 249
[102] BGH, FamRZ 1983, 146 = R 142 c; 1980, 665, 668; FamRZ 1980, 40, 42; OLG Hamm FamRZ 2000, 1285

Dritter in diesem Sinn kann beim **Kindesunterhalt** auch der andere Elternteil sein.[103] Nach der Lebenserfahrung kann grundsätzlich nicht angenommen werden, dass nach der Trennung der Eheleute ein Elternteil den anderen von dessen gesetzlicher Unterhaltsverpflichtung entlasten will. Umgekehrt können beim Trennungsunterhalt Zahlungen an die volljährigen Kinder nicht bedarfsmindernd berücksichtigt werden, auch wenn der Ehemann zuvor seinen Kindern aus erster Ehe freiwillige Unterhaltsleistungen erbracht hat.[104] Näher zu diesem Problemkreis Rn. 2/101 f. Bei Zuwendungen eines **Lebensgefährten des Kindes** vgl. Rn. 2/105. **470**

III. Zuwendungen des neuen Partners an den Berechtigten sowie Gegenleistungen des Berechtigten an den neuen Partner

1. Allgemeines

Grundsätzlich gelten die Ausführungen zu Rn. 468 f. auch für das Verhältnis von Personen, die in eheähnlicher Lebensgemeinschaft zusammenleben, da die eheähnliche Lebensgemeinschaft als solche keine Rechtsbeziehungen und gegenseitige Rechtsansprüche zwischen den Partnern schafft. Deshalb mindern an sich freiwillige Zuwendungen des neuen Partners an den Berechtigten dessen Bedürftigkeit nicht, weil der Berechtigte auf solche Zuwendungen keinen Rechtsanspruch hat und sein neuer Partner nach der Lebenserfahrung nur ihn unterstützen, aber nicht den früheren Partner von dessen Unterhaltspflicht entlasten will. Dies gilt im Prinzip für alle Leistungen des neuen Partners, vor allem für **Wohnungsgewährung** (s. Rn. 478), finanzielle Zuwendungen und ähnliche Leistungen.[105] **471**

2. Zur Anrechnung von Leistungen des neuen Partners

Führt der Unterhaltsberechtigte[106] seinem neuen Partner allerdings den **Haushalt** oder erbringt er ihm sonstige Versorgungsleistungen (Wohnungsgewährung u. ä.), so können dessen Bar- und Sachleistungen nicht mehr als unentgeltlich beurteilt werden. Sie beinhalten wirtschaftlich eine Vergütung für die ihm erbrachten Versorgungsleistungen (vgl. aber Rn. 4/260 a ff.). Dabei kommt es nicht darauf an, ob die beiden Partner insoweit entsprechende Absprachen getroffen haben. Den wirklichen Wert der Leistungen, die der Berechtigte von seinem neuen Partner erhält, muss er sich als angemessene Vergütung bedarfsmindernd auf seinen Unterhaltsanspruch anrechnen lassen.[107] Grundsätzlich sind solche geldwerten Versorgungsleistungen als **Surrogat** für die frühere Haushaltstätigkeit in der Familie anzusehen. Sie sind insoweit nicht anders zu beurteilen, als wenn ein Unterhaltsberechtigter eine bezahlte Tätigkeit im Haushalt annähme.[108] Selbst wenn die Erwerbsfähigkeit des Unterhaltsberechtigten eingeschränkt ist, er aber dennoch einen neuen Partner versorgt, ist davon auszugehen, dass er die häusliche Tätigkeit noch zusätzlich übernehmen kann. Zur Ermittlung der angemessenen Vergütung ist daher stets zu klären, welche Zuwendungen dem Berechtigten von seinem neuen Partner zufließen und welchen anrechenbaren Wert diese haben. **472**

Meist besteht die Zuwendung in der Bereitstellung der **Wohnung** (s. Rn. 478) und der (teilweisen) Übernahme von allgemeinen Lebenshaltungskosten, wie Heizung, Strom, Lebensmittel u. ä. Dabei ist ein Abzug in Höhe des Betrages zu machen, der erforderlich ist, **473**

---

[103] Vgl. OLGR Hamm 2000, 326

[104] OLGR Hamm 1998, 343

[105] BGH, FamRZ 1995, 537 = R 493 b; 1980, 40, 42; FamRZ 1980, 879, 880, OLG Hamm NJWE-FER 2000, 249

[106] Zur Hausmannrechtsprechung beim Unterhaltspflichtigen vgl. Rn. 2/172 ff.

[107] BGH, FamRZ 1989, 487 = NJW 1989, 1083; FamRZ 1984, 356 = R 320 a; FamRZ 1980, 40, 42 und FamRZ 1980, 665, 668

[108] BGH, FamRZ 2001, 1693, 1694 = R 567

um die durch die Versorgung des neuen Partners verursachten (Mehr-)Ausgaben zu bestreiten. Im Allgemeinen werden die gesamten Zuwendungen des neuen Partners abzüglich eines solchen Abschlags für Mehraufwendungen zur Abgeltung der hauswirtschaftlichen Tätigkeit und sonstiger Versorgungsleistungen des Berechtigten bestimmt sein, so dass es in der Regel gerechtfertigt sein wird, die Zuwendungen in diesem Umfang beim Berechtigten als Einkommen zu berücksichtigen.[109] Über den Umfang von Betreuungs- und Versorgungsleistungen sind richterliche Feststellungen zu treffen; es sind in der Regel Instandhaltungs- und Pflegearbeiten in der Wohnung, Waschen der Wäsche, Einkaufen, Überlassung von Haushaltsgeräten, Kochen, Betreuung von Kindern des neuen Partners u. ä.[110]

3. Zur fiktiven Anrechnung einer angemessenen Vergütung für Versorgungsleistungen des Unterhaltsberechtigten

474 Erbringt der neue Partner seinerseits keine Leistungen oder bleibt sein Beitrag hinter dem tatsächlichen Wert der **Versorgungsleistungen** zurück, die ihm der Berechtigte gewährt, muss der wirkliche Wert der vom Berechtigten erbrachten Leistungen in entsprechender Anwendung des § 850 h ZPO als maßgeblich angesehen werden. Eine solche kostenlose und verhältnismäßig gering vergütete Leistung für den neuen Partner kann hier ebenso wenig zu Lasten des unterhaltspflichtigen Ehegatten gehen, wie im Bereich des § 850 h ZPO zum Nachteil eines Gläubigers. Deshalb muss sich der Berechtigte in derartigen Fällen grundsätzlich eine angemessene Vergütung für seine Dienste anrechnen lassen.[111] Ist der neue Partner zu einer solchen Vergütung nicht in der Lage, muss geprüft werden, ob der Berechtigte nicht zumindest im Umfang einer solchen angemessenen Vergütung anderweitig eine Erwerbstätigkeit finden könnte, wobei dem neuen Partner eine Mithilfe zugemutet werden kann, weil er sonst kostenlos die Leistungen des Berechtigten erhalten würde. Denn Zuwendungen des neuen Partners können nicht angerechnet werden, wenn dieser als leistungsunfähig anzusehen ist.[112] **Der neue Partner muss finanziell imstande sein,** die ihm erbrachten Leistungen zu vergüten.[113] Ein verfügbarer Nettobetrag von 1366 DM erlaubte jedenfalls 1987 die Vergütung solcher Aufwendungen, die der neue Partner, wenn er allein lebte, ebenfalls aus diesem Einkommen finanzieren müsste.[114] Das Einkommen des neuen Partners kann u. U. der Bescheinigung zum Lohnausfall für die Zeugenentschädigung entnommen werden.[115]

475 Bei einem Unterhaltsanspruch nach § 1570 BGB sind solche Versorgungsleistungen trotz Kindesbetreuung zumutbar und deshalb im Rahmen des § 1577 I BGB voll auf den Unterhaltsanspruch bedarfsmindernd anzurechnen.[116] Bei der zuzurechnenden Vergütung handelt es sich nicht um Einkünfte aus Erwerbstätigkeit, sondern um eine besondere Art anderweitiger Deckung des Unterhaltsbedarfs, den unberücksichtigt zu lassen unbillig wäre.[117] Eine solche Vergütung, die jederzeit wegfallen kann, darf auch nicht einer unterhaltssichernden Erwerbstätigkeit nach § 1573 IV BGB gleichgesetzt werden.[118] Auch wenn bereits im Rahmen einer Erwerbsobliegenheit Einkommen erzielt wird, darf dieses Einkommen nach § 850 h ZPO nicht unberücksichtigt bleiben. Es ist vielmehr nach den zu § 1577 II BGB entwickelten Grundsätzen **mindestens teilweise** anzurechnen.[119] Vgl. hierzu auch

---

[109] BGH, FamRZ 1980, 40, 42
[110] BGH, FamRZ 1989, 487 = NJW 1989, 1083
[111] BGH, FamRZ 1984, 662 = R 211 a; FamRZ 1980, 665, 668; FamRZ 1980, 879; OLGR Koblenz 1997, 205; OLGR Hamm 2000, 326; OLGR Hamm 2000, 236, OLG München FamRZ 1998, 1589
[112] BGH, FamRZ 1985, 273 = R 239 a
[113] BGH, FamRZ 1989, 487 = NJW 1989, 1083
[114] BGH, FamRZ 1987, 1011, 1013 = R 338 c
[115] OLG Hamm, FamRZ 1993, 1450
[116] BGH, FamRZ 1987, 1011 = R 338 c
[117] BGH, FamRZ 1988, 259, 263
[118] BGH, FamRZ 1987, 689 = R 337 a
[119] BGH, FamRZ 1995, 343 = R 489 a

Rn. 550. Macht der Verpflichtete derartige Versorgungsleistungen geltend, obliegt es dem Bedürftigen, dies zu widerlegen.[120]

4. Zur Bemessung der angemessenen Vergütung

Die Höhe des anzurechnenden Betrages ist vom Gericht zu ermitteln. Dabei ist – ausgehend vom Umfang der Versorgungsleistungen und der Wohnungsgewährung – vor allem auf den **objektiven Wert** abzustellen, den die Haushaltsführung und die sonstigen Vermögensleistungen für den Partner unter Berücksichtigung von dessen Einkommen haben.[121] Bei dieser Ermittlung können Richtsätze, die auf die angegebenen Verhältnisse abgestimmt sind und der Lebenserfahrung entsprechen, sowie Richtlinien und Erfahrungssätze, die zur Bestimmung von Schadensersatzrenten für die Verletzung oder Tötung von Hausfrauen entwickelt worden sind, als Anhalt dienen, soweit nicht im Einzelfall besondere Umstände eine Abweichung bedingen.[122] 476

Die Süddeutschen Leitlinien[123] bewerten die Haushaltsführung in der Regel mit einem Betrag von 200 bis 550 EUR.[124] Bei Bestehen einer eheähnlichen Lebens- und Haushaltsgemeinschaft werden vom OLG Oldenburg in der Regel 425 EUR angerechnet.[125] Das OLG Hamm hat die Haushaltsführung für den neuen Lebenspartner auch wenn dieser einzelne Arbeiten selbst verrichtet mit 750 DM bemessen.[126] Der BGH hat die Bewertung der Hausfrauentätigkeit in kinderloser Ehe mit 400 DM revisionsrechtlich gebilligt.[127] **Gegenleistungen des neuen Partners gegenüber Kindern** des Berechtigten (z. B. Hausaufgabenüberwachung) können bei der Schätzung nicht berücksichtigt werden, weil der Vater des Kindes unterhaltsrechtlich nicht verpflichtet ist, dem neuen Partner die Beaufsichtigung der Kinder zu entgelten. Der Wert der Versorgungsleistungen für den neuen Partner ist daher ohne Abzug wegen dessen Betreuungsleistungen für Kinder des Berechtigten zu ermitteln.[128] Können derartige Versorgungsleistungen nicht angenommen werden, weil etwa jeder Partner den auf ihn entfallenden Anteil selbst trägt, kann dennoch eine **Ersparnis von ca. 20–25% der Lebenshaltungskosten** zugrunde gelegt werden.[129] 477

5. Zur Wohnungsgewährung durch den neuen Partner

Die hier zu behandelnden Fälle liegen in der Regel so, dass der **Unterhaltsberechtigte in der Wohnung** des neuen Partners aufgenommen wird und dort seine fiktiv zu bewertenden Versorgungsleistungen erbringt.[130] Die Bewertung der Wohnungsgewährung ist davon zu unterscheiden. Trägt der neue Partner die Wohnkosten allein, kann der Berechtigte nicht den vollen Unterhalt verlangen, sondern nur einen solchen, der auf Grund der anderweitigen Deckung seines Wohnbedarfs reduziert ist; auf konkrete Absprachen mit dem Partner zu diesem Punkt oder darauf, ob er den Beklagten zu entlasten gewillt ist, kommt es nicht an.[131] Danach ist zusätzlich zu einer fiktiven Vergütung der Unterhaltsanspruch um den Wohnbedarf, also etwa um 20–30%, zu verringern. Damit wird allerdings die Abgrenzung zu **freiwilligen Leistungen Dritter** (vgl. Rn. 468 f.) problematisch. Der Wohnbedarf ist deswegen nur dann unterhaltsmindernd als gedeckt anzusehen, wenn die Wohnungsgewäh- 478

---

[120] BGH, FamRZ 1995, 291 = R 487 b
[121] BGH, FamRZ 2001, 1693, 1694 = R 567
[122] BGH, FamRZ 1984, 662 = R 211 a; FamRZ 1980, 40, 42
[123] SüdL Ziff. 6
[124] Vgl. BGH, FamRZ 2001, 1693, 1694 = R 567 mit Anm. Büttner
[125] OL Ziff. 6
[126] OLGR Hamm 2000, 346
[127] BGH, FamRZ 2001, 1693 = R 567 b
[128] BGH, FamRZ 1983, 146, 148 = R 142 c
[129] OLG Hamburg, FamRZ 1987, 1044; OLG Frankfurt, FamRZ 1985, 957
[130] Vgl. OLG Nürnberg NJW-RR 1996, 1412
[131] BGH, FamRZ 1995, 343 = R 489 b

rung nicht als freiwillige Leistung Dritter erfolgt, was bei fiktiv zu bewertende Versorgungsleistungen der Fall ist.[132]

Anders zu beurteilen ist die kostenlose Wohnungsgewährung des neuen Partners für die **in die Wohnung mit aufgenommenen Kinder** aus der früheren Ehe, da insoweit keine Gegenleistungen der Kinder angenommen werden können und außerdem nach der Lebenserfahrung ein Wille des neuen Partners auf Entlastung des Verpflichteten von dessen Unterhaltspflicht gegenüber den Kindern nicht angenommen werden kann.[133] Der Kindesunterhalt ist somit in diesen Fällen ungekürzt zu zahlen.

IV. Unterhaltsleistungen als anrechnungsfähiges Einkommen

1. Grundsatz

479 Auch Unterhaltsleistungen, die ein Ehegatte erhält, zählen zu dessen Einkommen. Trotzdem ist der Berechtigte nicht verpflichtet, solche Unterhaltsleistungen zum Unterhalt für seine Kinder zu verwenden. Das gilt vor allem, wenn der Ehegattenunterhalt unter Vorwegabzug des Kindesunterhalts berechnet wurde.[134] Der Unterhalt dient der **Deckung des angemessenen Bedarfs** des Ehegatten. Er ist nicht dazu bestimmt, Unterhaltsverpflichtungen gegenüber Kindern zu erfüllen. Der Bedarf wird auch nicht dadurch erhöht, dass der Ehegatte von Kindern auf Unterhalt in Anspruch genommen wird.[135] Dies ist zutreffend in all den Fällen, in denen der Empfänger die Unterhaltsleistungen braucht, um seinen angemessenen Unterhalt decken zu können, und in denen seine Unterhaltsverpflichtung gegenüber Kindern nach § 1603 I BGB davon abhängt, dass durch eine Unterhaltsgewährung sein eigener angemessener Unterhalt nicht gefährdet wird. Für diese Fälle ergibt sich unmittelbar aus § 1603 I BGB, dass aus einem Unterhalt, der den angemessenen eigenen Bedarf nicht übersteigt, kein Unterhalt für Kinder bezahlt werden muss.[136] Der berechtigte Ehegatte kann seinen Unterhalt nach Belieben verwenden. Es ist ihm nicht verwehrt, den Unterhalt teilweise auch anzusparen. Durch eine solche freiwillige Einschränkung in der Lebensführung mindert sich seine Bedürftigkeit nicht. Diese mindert sich erst, wenn er seinen Bedarf zumindest teilweise aus eigenen Kräften oder mit eigenen Mitteln, etwa Zinseinkünften aus dem Ersparten decken kann.[137] Näher dazu s. Rn. 2/148. Zum **Taschengeld** s. Rn. 3/56.

2. Ausnahmen

480 Im Verhältnis von Eltern zu ihren **minderjährigen Kindern** besteht nach § 1603 II S. 1 BGB eine gesteigerte Unterhaltsverpflichtung der Eltern, die auf der besonderen familienrechtlichen Verantwortung der Eltern gegenüber minderjährigen Kindern beruht.[138] Die Eltern sind verpflichtet, alle verfügbaren Mittel gleichmäßig zu ihrem Unterhalt und zum Unterhalt der Kinder zu verwenden. Ein Elternteil, der selbst unterhaltsberechtigt ist, muss im Rahmen dieser Verpflichtung auch seinen Unterhalt bis zur Höhe seines notwendigen Selbstbehalts für den Kindesunterhalt verwenden.[139] Diese Verpflichtung nach § 1603 II BGB gilt unabhängig davon, woher die Mittel stammen und worauf die Zuwendung beruht. Sie gilt auch für Unterhaltsleistungen.[140] So können

---

[132] OLG Hamm FamRZ 2001, 46; OLG Hamm FamRZ 2000, 1285; So auch Büttner, FamRZ 1996, 126, 138
[133] BGH, FamRZ 1980, 665, 669
[134] OLG Hamm, FamRZ 1992, 91
[135] BGH, FamRZ 1985, 273
[136] BGH, FamRZ 1991, 182 = R 430 a; FamRZ 1980, 555
[137] BGH, FamRZ 1985, 582 = NJW 1985, 1343
[138] BGH, FamRZ 1989, 170 = R 379 a
[139] BGH, FamRZ 1985, 1243
[140] BGH, FamRZ 1991, 182 = R 430 a; FamRZ 1980, 555

etwa Unterhaltsleistungen eines späteren Ehepartners für den Unterhalt eines minderjährigen Kindes aus einer früheren Ehe herangezogen werden.[141] Voraussetzung ist allerdings, dass das Kind seinen erforderlichen Unterhalt nicht vom anderen Elternteil erlangen kann.[142] Ist dieser in der Lage, als sorgeberechtigter Elternteil auch den Barbedarf des Kindes zu erfüllen, ohne seinen eigenen angemessenen Unterhalt zu gefährden, dann muss der andere Elternteil seinen Unterhalt nach § 1603 Abs. 2 S. 3 BGB nicht für den Unterhalt des Kindes verwenden.[143]

Erhält der berechtigte Elternteil zusätzlich zu Erwerbseinkünften **Aufstockungsunterhalt nach § 1573 II BGB,** dann ist er zu Unterhaltsleistungen gegenüber seinen minderjährigen und volljährigen[144] Kindern verpflichtet, wenn sein Gesamteinkommen aus Unterhalt und Eigenverdienst höher ist als sein angemessener Unterhalt (vgl. Rn. 2/148). Für diese Unterhaltsbemessung werden das Eigeneinkommen und der Aufstockungsunterhalt addiert. In einem solchen Fall wird der Unterhaltsanspruch der Kinder nicht aus seinem eigenen Unterhalt, sondern aus seinem Erwerbseinkommen geleistet.[145] Voraussetzung ist allerdings, dass ihm sein angemessener bzw. notwendiger Selbstbehalt verbleibt (siehe auch Rn. 5/1). Auch bei der Berechnung des Haftungsanteils nach § 1606 III 1 BGB bei beiderseitiger Barunterhaltspflicht der Eltern ist ein Aufstockungsunterhalt mit dessen Erwerbseinkommen zusammenzurechnen.[146] Näher dazu s. Rn. 2/148. 481

V. Schmerzensgeld

Schmerzensgeld ist jedenfalls bei der Prüfung der Leistungsfähigkeit eines Elternteils gegenüber **minderjährigen Kindern** als Einkommen zu berücksichtigen. Beim Überschreiten einer Opfergrenze wegen vorliegender Behinderungen kann der Selbstbehalt maßvoll erhöht werden.[147] Handelt es sich um Einkommen eines noch unterhaltsberechtigten Kindes, hat das Schmerzensgeld und die hieraus erzielten Einkünfte selbst dann außer Betracht zu bleiben, wenn das Kind volljährig ist.[148] Voraussetzung ist allerdings, dass dem Verpflichteten der angemessene Unterhalt verbleibt. Beim **Ehegattenunterhalt** sind dagegen jedenfalls die Einkünfte aus dem Schmerzensgeld voll anzurechnen.[149] Mit dem Kapital selbst darf der Empfänger jedoch frei umgehen, „um sich nach seinen Wünschen und Interessen einen gewissen Ausgleich für den erlittenen immateriellen Schaden zu ermöglichen". 482

VI. Zu den nicht als Einkommen anzurechnenden Geldeinkünften

Sozialhilfe,[150] die dem Unterhaltsbedürftigen geleistet wird, hat auf den Unterhaltsanspruch keinen Einfluss. Sie mindert die Bedürftigkeit nicht, da sie wegen ihres subsidiären Charakters den Unterhaltspflichtigen nicht von einer Leistungspflicht befreien soll.[151] Dieser 483

---

[141] OLG Nürnberg, FamRZ 1998, 981, 982

[142] BGH, FamRZ 1980, 555

[143] BGH, FamRZ 1991, 182 = R 430 a; FamRZ 1980, 555

[144] OLG Hamm FamRZ 1988, 1270 mit Anmerkung Däther FamRZ 1989, 507

[145] OLG Celle FamRZ 1998, 1614 (für Arbeitslosengeld)

[146] BGH, FamRZ 1986, 153 = R 278 c

[147] BGH, FamRZ 1989, 170 = R 379 b

[148] OLG Düsseldorf, FamRZ 1992, 1097; BVerwG FamRZ 1995, 1348 (zum Einsatz des Schmerzensgeldes als Härte i. S. von § 88 III BSHG)

[149] BGH, FamRZ 1988, 1031 = R 373 e; OLG Karlsruhe FamRZ 2002, 750

[150] Siehe die Empfehlungen des Deutschen Vereins für öffentliche und Private Fürsorge für die Heranziehung Unterhaltspflichtiger in der Sozialhilfe, FamRZ 2002, 931

[151] BGH, FamRZ 2000, 1358, 1359 = R 543; 1999, 843 = R 533 b; FamRZ 1984, 364, 366 = R 192 c; FamRZ 1983, 574 = NJW 1983, 1481; FamRZ 1981, 30 = NJW 1981, 48; OLG Hamm FamRZ 2000, 1091

Grundsatz gilt auch dann, wenn der nach § 91 I S. 1 BSHG vorgesehene Übergang des Unterhaltsanspruchs auf den Sozialhilfeträger ausnahmsweise gemäß § 91 II S. 1 BSHG ausgeschlossen ist.[152] Ist ein Forderungsübergang aber ausgeschlossen, weil der Unterhaltsanspruch auf der Berücksichtigung **fiktiver Einkünfte** des Unterhaltsschuldners beruht, kann es nach § 242 BGB ausnahmsweise angebracht sein, auf Unterhaltsansprüche, die vor Zustellung der Klageschrift entstanden sind, Sozialhilfeleistungen ganz oder teilweise anzurechnen.[153] Im Einzelnen zu dieser Problematik siehe Rn. 6/500. Zur unterhaltsrechtlichen Behandlung der **Arbeitslosenhilfe** vgl. Rn. 82.

484 Die **wiederaufgelebte Witwenrente** nach §§ 46 III, 90, 107, 243, 269 II–IV SGB VI, § 61 III BeamtVG und § 44 II BVG einer geschiedenen Frau aus vorangegangener Ehe bleibt unberücksichtigt, weil sie gegenüber dem Unterhaltsanspruch ebenfalls subsidiär ist.[154] Der Unterhaltsanspruch ist so zu berechnen, als existiere diese Rente nicht. Nach Rechtskraft des Unterhaltsurteils wird der Versorgungsträger die Rente entsprechend kürzen.[155] Diese Subsidiarität besteht auch, wenn ein Unterhaltsanspruch nach § 1579 BGB beschränkt wird oder wenn der Anspruch auf den §§ 60 ff. EheG beruht.[156] Von dem Grundsatz der Subsidiarität kann nur abgewichen werden, wenn der dem Unterhaltspflichtigen verbleibende Betrag erheblich niedriger ist als die Bezüge des Berechtigten, so dass eine „Schieflage mit unterhaltsrechtlich unvertretbaren Ergebnissen" entsteht.[157]

485 Die **Arbeitnehmersparzulage** ist nicht anzurechnen (vgl. Rn. 55).[158]

485 a Einkommen von **Untersuchungs- oder Strafgefangenen** ist zwar grundsätzlich bei der Unterhaltsbemessung zu berücksichtigen. Grenzen ergeben sich aber aus dem Selbstbehalt und der unterhaltsrechtlich verbindlichen konkreten Zweckbestimmung. Während der Haft erhält der Gefangene Hausgeld und Überbrückungsgeld.

Hausgeld erzielt er durch Arbeit zum Zwecke des Einkaufs von Nahrungs- und Genussmitteln, von Körperpflegemitteln oder zur Bezahlung von Postgebühren (§ 47 StVollzG). Die Höhe des Hausgeldes übersteigt auch unter Berücksichtigung der freien Unterkunft, Verpflegung, Bekleidung und Gesundheitsfürsorge den Mindestbedarf der notwendigen Ausgaben nicht und ist dem Strafgefangenen unter Berücksichtigung des Resozialisierungsgedanken auch bei gesteigerter Unterhaltspflicht nach § 1603 Abs. 2 S. 1 BGB zu belassen.[159] Etwas anderes kann dann gelten, wenn die notwendigen Bedürfnisse des Strafgefangenen durch einen eigenen Unterhaltsanspruch abgedeckt sind. Dann kann das Hausgeld zur Befriedigung von Unterhaltsansprüchen gegen den Inhaftierten herangezogen werden (vgl. Rn. 480 f.).[160]

Im Gegensatz zum Hausgeld dient das Überbrückungsgeld dem Unterhalt des Gefangenen und seiner Familie in den ersten Wochen nach seiner Haftentlassung (§ 51 I StVollzG). Da der Gefangene erst nach seiner Entlassung über dieses Geld verfügen kann, steht es auch unterhaltsrechtlich erst ab diesem Zeitpunkt zur Verfügung. Für Unterhaltsansprüche nach der Entlassung steht es nach dem Zweck zwar zur Verfügung. ist aber insbesondere bei Arbeitslosigkeit auf einen angemessenen Zeitraum aufzuteilen.[161]

Zur Frage der Anrechnung fiktiver Einkünfte vgl. Rn. 516.

---

[152] BGH, FamRZ 2000, 1358, 1359 = R 543; s. auch OLG Hamm FamRZ 2002, 751; FamRZ 2000, 1222; OLGR Koblenz 1999, 326

[153] BGH, FamRZ 1999, 843 = R 533 c

[154] BGH, FamRZ 1979, 211; OLGR Saarbrücken 1998, 446; OLG Hamm FamRZ 1987, 597

[155] BGH, FamRZ 1986, 889 = R 303; FamRZ 1979, 211 = NJW 1979, 815; FamRZ 1979, 470

[156] BGH, FamRZ 1986, 889 = R 303; FamRZ 1979, 470

[157] OLG Düsseldorf, FamRZ 1998, 743; FamRZ 1996, 947 mit weiteren Nachweisen; OLG Koblenz FamRZ 1987, 1154

[158] BGH, DAVorm 1982, 263; FamRZ 1980, 984

[159] FamRZ 2002, 813 = R 573; 1982, 913 = NJW 1982, 2491; vgl. auch OLG Frankfurt NStZ 1994, 608

[160] OLG Zweibrücken FamRZ 1990, 553

[161] BGH, FamRZ 1982, 792, 794

10. Abschnitt: Fiktives Einkommen aus unterlassener zumutbarer Erwerbstätigkeit

Die tragenden Grundsätze des Unterhaltsrechts, nach denen 486
- bei Bedürftigkeit Unterhalt verlangt werden kann und
- bei Leistungsunfähigkeit kein Unterhalt geschuldet wird,

stellen nicht allein auf das tatsächlich vorhandene Einkommen und Vermögen ab. Daneben ist stets auch nach der Arbeits- und Erwerbsfähigkeit und somit nach den Ursachen einer Bedürftigkeit oder einer Leistungsunfähigkeit zu fragen. Im Einzelfall kann dies dazu führen, dass ein an sich Mittelloser keinen Unterhalt verlangen kann oder sogar seinerseits Unterhalt zahlen muss. **Dogmatisch** werden solche Ergebnisse dadurch abgesichert, dass bei selbstverschuldeter Mittellosigkeit in bestimmten Fällen **fiktive Einkünfte** zugerechnet werden. Fiktive Einkünfte sind bei der Leistungsfähigkeit des Verpflichteten von Bedeutung (Rn. 494 f.), aber auch bei der Bedürftigkeit des Berechtigten (Rn. 519 f.). Bei der Bedarfsbemessung spielen sie keine große Rolle (Rn. 508 f.). Im Rahmen der **Prozesskostenhilfe** werden fiktive Einkünfte normalerweise nicht zugerechnet. Dies kann allenfalls dann geschehen, wenn es „andernfalls zu einer missbräuchlichen Inanspruchnahme von Prozesskostenhilfe durch arbeitsunlustige Personen käme".[1] Die **Sozialhilfe** kennt ebenfalls keine Zurechnung fiktiver Einkünfte. Unterhaltsansprüche, die auf der Zurechnung fiktiver Einkünfte beruhen, gehen daher nicht nach § 91 II 1 BSHG auf den Sozialhilfeträger über.[2] Sie verbleiben dem Berechtigten. Werden sie trotz des Bezugs von Sozialhilfe weiter verfolgt, kann ihm der Verpflichtete u. U. den Einwand unzulässiger Rechtsausübung entgegenhalten (siehe dazu Rn. 6/568).

Fiktive Einkünfte werden in erster Linie bei Verletzung von Erwerbsobliegenheiten zugerechnet. Damit befasst sich der vorliegende Abschnitt. Wird das **Vermögen** nicht wirtschaftlich genutzt, können ebenfalls fiktive Einkünfte zugerechnet werden (siehe dazu Rn. 425 f.). Zu fiktiven Einkommenserhöhungen wegen fiktiver Berücksichtigung von **Steuervorteilen** vgl. Rn. 558 f. Fiktives Einkommen kann auch durch einen Verzicht auf öffentlich-rechtliche Hilfe entstehen. Wer als BAföG-Berechtigter aus Nachlässigkeit keinen Antrag stellt, kann so behandelt werden, als ob er BAföG-Leistungen erhielte.[3]

I. Zurechnung fiktiver Einkünfte beim Unterhaltsschuldner

1. Allgemeine Grundsätze

Das Gesetz trifft keine besondere Bestimmung für den Fall, dass der Unterhaltspflichtige 487
seine Leistungsunfähigkeit selbst herbeigeführt hat. Hieraus folgert der BGH, dass dessen Leistungsunfähigkeit grundsätzlich auch dann zu beachten ist, wenn sie von ihm selbst – auch schuldhaft – herbeigeführt wurde. Nur **ausnahmsweise** wird dem Verpflichteten „nach Maßgabe von Treu und Glauben" die Berufung auf seine Leistungsunfähigkeit verwehrt.[4] In der gerichtlichen Praxis werden in diesem Zusammenhang zwei verschiedene Fälle behandelt.[5]

Fall 1: M verfügt über erhebliches Einkommen, so dass er gut für seine Angehörigen sorgen kann. 488
Nach der Scheidung vermindern sich seine Einkünfte dauerhaft mit der Folge, dass er nur noch eingeschränkt seinen Unterhaltsverbindlichkeiten nachkommen kann.

---

[1] OLG Karlsruhe, FamRZ 1999, 599
[2] BGH, FamRZ 1999, 843 = R 533; FamRZ 1998, 818 = R 524
[3] OLG Hamm, FamRZ 1998, 1612
[4] BGH, FamRZ 2002, 813 = R 573; 1985, 273, 275
[5] Vgl. die Gegenüberstellung in BGH, FamRZ 1987, 252 = R 317 a; zu dieser Differenzierung s. auch Rn. 2/145

In diesem Fall steht der Bedarf auf der Grundlage der früheren Einkünfte fest. Es geht nur um die **Leistungsfähigkeit.**

- Ist dem Unterhaltspflichtigen die Reduzierung seines Einkommens vorwerfbar, wird er in Höhe des bisherigen Unterhaltsbedarfs weiterhin als leistungsfähig angesehen. Das frühere Einkommen bleibt weiterhin maßgeblich, auch wenn der Verpflichtete in Zukunft nicht mehr so viel verdient (Rn. 494 f.).
- Ist die Einkommensminderung hingegen nicht vorwerfbar und darf deshalb an das frühere Einkommen nicht angeknüpft werden, so ist der Unterhalt auf der Grundlage der veränderten Einkünfte unter Abwägung der beiderseitigen Interessen neu zu bemessen (Rn. 502 f.).

Fall 2: M hat noch nie gut verdient. Er hat zwar eine ordentliche Ausbildung, aus Bequemlichkeit geht er jedoch keiner regelmäßigen Arbeit nach und ist deshalb nicht in der Lage, Unterhalt zu leisten. Sein Vermögen ist so festgelegt, dass es keinen Ertrag bringt.
In diesem Fall steht schon der **Bedarf** nicht fest, weil nicht an früheres Einkommen angeknüpft werden kann. Zu klären ist daher nicht nur die Leistungsfähigkeit, sondern auch der Bedarf (dazu näher Rn. 508 f.).[6]

489 Die Anrechnung fiktiver Einkünfte beruht auf folgenden Überlegungen:
Die Leistungsfähigkeit des Unterhaltsschuldners wird nicht nur durch sein tatsächlich vorhandenes Vermögen und Einkommen bestimmt, sondern auch durch seine **Arbeits- und Erwerbsfähigkeit.** Reichen seine tatsächlichen Einkünfte nicht aus, so trifft ihn unterhaltsrechtlich die Obliegenheit, die ihm zumutbaren Einkünfte zu erzielen, insbesondere seine Arbeitsfähigkeit so gut wie möglich einzusetzen und eine ihm mögliche Erwerbstätigkeit auszuüben. Kommt er dieser Erwerbsobliegenheit nicht nach, muss er sich so behandeln lassen, als ob er ein Einkommen, das er bei gutem Willen erzielen könnte, auch tatsächlich hätte. Zum unterhaltsrechtlich relevanten Einkommen werden daher auch Einkünfte gerechnet, die der Verpflichtete zumutbarerweise erzielen könnte, aber tatsächlich nicht erzielt.[7] Die Erwerbsobliegenheit verpflichtet grundsätzlich (Ausnahmen z. B. bei Kindererziehung) zur Aufnahme einer Vollerwerbstätigkeit. Auch ein Unterhaltsgläubiger, der eine sichere Teilzeitbeschäftigung hat, ist verpflichtet, sich nachhaltig um eine vollschichtige Erwerbstätigkeit zu bemühen. Dabei kann es auch zumutbar sein, das gegenwärtige Einkommen durch eine zusätzliche Nebenbeschäftigung aufzubessern.[8] Mit diesen Grundsätzen wird der in Ehekrisen häufig anzutreffenden Tendenz entgegengewirkt, zum Nachteil der Berechtigten vorhandenes Einkommen einzuschränken.[9] Kann dem Verpflichteten ein solcher Vorwurf gemacht werden, kommt es nicht mehr darauf an, ob er seine früheren Einkünfte in Zukunft wieder erzielen kann. Er bleibt vielmehr im bisherigen Umfang leistungsfähig.[10] Verstöße gegen die Erwerbsobliegenheit können aber auch unabhängig von früheren Einkünften dazu führen, dass eine vorhandene Leistungsunfähigkeit nicht berücksichtigt wird (Rn. 508 f.).

Gegenüber **minderjährigen Kindern** haben Eltern nach § 1603 II BGB eine verstärkte Unterhaltspflicht und daraus folgend eine verstärkte Erwerbsobliegenheit. Sie sind minderjährigen Kindern gegenüber verpflichtet, alle verfügbaren Mittel zu ihrem und der Kinder Unterhalt gleichmäßig zu verwenden. Deshalb müssen Eltern im Verhältnis zu minderjährigen Kindern ihre Arbeitsfähigkeit so gut wie möglich einsetzen und sich Einkünfte anrechnen lassen, die sie durch zumutbare Erwerbstätigkeit erreichen könnten. Diese Verpflichtung legt ihnen nicht nur bei der Wahl ihres Arbeitsplatzes, sondern auch bei der Aufgabe einer Stellung Beschränkungen auf. Von den Eltern kann sogar in zumutbaren Grenzen sowohl ein Orts- als auch ein Berufswechsel verlangt werden, wenn sie auf diese Weise ihre Unterhaltspflicht erfüllen können.[11] Gegenüber dieser, sich als

---

6 Zur Erforderlichkeit der Differenzierung vgl. BGH, FamRZ 1997, 281 = R 509 f.

7 BGH, FamRZ 1994, 372, 373 = R 473 c und FamRZ 1987, 252 = R 317 a für Verstöße gegen Erwerbsobliegenheiten; FamRZ 1990, 283, 288 = R 400 g für unterlassene Vermietung von Garagen; FamRZ 1980, 126, 128 = NJW 1980, 393 für nicht geltend gemachte BAföG-Einkünfte

8 OLG Frankfurt FamRZ 2000, 25

9 OLG Hamm FamRZ 1999, 1528 zur bewussten unterhaltsbezogenen Aufgabe des Arbeitsplatzes

10 BGH, FamRZ 1994, 372 = R 473 c; FamRZ 1992, 1045, 1047 = R 448 a; FamRZ 1988, 597, 599; FamRZ 1987, 930, 932 = R 328 b; FamRZ 1987, 372, 374

11 BGH, FamRZ 1980, 1113 = NJW 1980, 2414. Nach OLG Dresden in FamRZ 1997, 836 besteht die Obliegenheit, aus einem neuen Bundesland in ein altes Bundesland umzusiedeln, aber nur,

höherwertig erweisenden familienrechtlichen Unterhaltspflicht muss u. U. auch das Recht des pflichtigen Elternteils auf freie Entfaltung seiner Persönlichkeit in und außerhalb einer neuen Ehe sowie auf freie Berufswahl zurücktreten.[12] Von einem Landwirt mit unzureichendem Einkommen kann z. B. verlangt werden, dass er zur Nebenerwerbslandwirtschaft übergeht oder notfalls die Landwirtschaft ganz aufgibt und eine anderweitige volle Erwerbstätigkeit mit höheren Einkünften aufnimmt.[13] Gleiches gilt bei selbstständiger Tätigkeit, wenn über Jahre hinweg nur Verluste erwirtschaftet wurden[14] oder eine nachhaltige Sicherung des Unterhalts ausgeschlossen ist. Auch bei unverschuldeter Arbeitslosigkeit ist der Unterhaltspflichtige wegen der gesteigerten Erwerbsobliegenheit (§ 1603 II BGB) zur Aufnahme einer geringfügigen Nebenbeschäftigung verpflichtet, weil ein Teil des Einkommens neben dem bezogenen Arbeitslosengeld anrechnungsfrei verbleibt.[15] Es kann auch eine Verpflichtung zur beruflichen Weiterbildung bestehen, wenn auf diese Weise der Kindesunterhalt gesichert werden kann. Andererseits müssen unterhaltspflichtige Eltern im Interesse der Kinder auf eine Weiterbildung (z. B. weiterführende Schule oder Hochschulstudium) verzichten, wenn sie dadurch früher eine zumutbare Erwerbstätigkeit finden können.[16] Die Erstausbildung hat jedoch Vorrang (s. Rn. 497).

Es kommt stets auf den Einzelfall an. Einem Oberarzt kann es durchaus gestattet sein, eine **490**
eigene Praxis zu gründen, auch wenn er in der Anlaufphase nur geringeren Unterhalt zahlen kann.[17] Die Einkommensreduzierung eines Polizeibeamten zur Vorbereitung des Aufstiegs in den gehobenen Polizeidienst ist von den Unterhaltsberechtigten hinzunehmen, wenn der Mindestunterhalt gewahrt und ihnen die Reduzierung unter Abwägung der beiderseitigen Interessen zumutbar ist.[18] Der gesteigerte Unterhaltspflichtige muss sich besonders intensiv um Arbeit bemühen und Aushilfstätigkeiten und Gelegenheitsarbeiten annehmen.[19] Wenn er eine Umschulung macht oder ein Studium aufgenommen hat, kann er verpflichtet sein, zeitweilig in dem früher ausgeübten Beruf tätig zu sein, wenn damit der Mindestunterhalt für minderjährige Kinder aufgebracht werden kann.[20] Gleiches gilt nach § 1609 I BGB gegenüber dem **geschiedenen Ehegatten,** der dem minderjährigen unverheirateten Kind im Rang grundsätzlich gleich steht.[21]

Gegenüber **volljährigen Kindern** besteht keine verstärkte Erwerbsobliegenheit. Ein **491**
Volljähriger, der sich nicht in Berufsausbildung befindet, ist in erster Linie für seinen Lebensunterhalt selbst verantwortlich (siehe Rn. 2/331). Hat er eine (ggf. mehrstufige) Berufsausbildung abgeschlossen, ist er verpflichtet, seine eigene Arbeitskraft zur Sicherung seines notwendigen Bedarfs zu nutzen.[22] Für die Obliegenheit eines gesunden Volljährigen zur Nutzung seiner Arbeitskraft gelten ähnliche Maßstäbe wie beim Unterhaltsverpflichteten gegenüber minderjährigen Kindern (Rn. 489). Er ist gehalten, auch berufsfremde Tätigkeiten aufzunehmen. Es sind ihm sogar Arbeiten unterhalb seiner gewohnten Lebensstellung zuzumuten.[23] Ehe er von seinen Eltern Unterhaltszahlungen verlangen kann, muss er

---

wenn dort ein Arbeitsplatz konkret in Aussicht steht. Nach der gleichen Entscheidung besteht in der Regel aber keine Obliegenheit zu einer Nebentätigkeit während einer Umschulungsmaßnahme. Nach OLG Hamm FamRZ 1998, 42, 43 muss sich ein arbeitsloser Hilfsarbeiter „bundesweit" um Arbeit bemühen, wenn ihm ein konkreter Rat gegeben werden kann, in welcher anderen Region bessere Chancen für eine Hilfsarbeiterstelle bestehen

[12] BGH, FamRZ 2003, 1471, 1473; 1987, 930, 932 = R 328 b; FamRZ 1981, 341, 344; FamRZ 1981, 539; FamRZ 1980, 1113 = NJW 1980, 2414

[13] BGH, FamRZ 1998, 357 = R 515 b

[14] BGH, FamRZ 2003, 741 = R 590 f.; OLG Koblenz FamRZ 2000, 288

[15] OLG Zweibrücken FamRZ 2000, 308, 309 m. Anm. Luthien

[16] BGH, FamRZ 1987, 930, 932 = R 328 b; FamRZ 1981, 539; FamRZ 1980, 1113

[17] OLG Frankfurt/Main, NJW-RR 1990, 1427

[18] OLG Bamberg FamRZ 2000, 307, 308

[19] OLG Hamburg, FamRZ 1984, 924; OLG Koblenz, FamRZ 1984, 1225

[20] OLG Hamburg, NJW-RR 1991, 773; OLG Koblenz, FamRZ 1991, 1475

[21] BGH, FamRZ 1981, 539

[22] BGH, FamRZ 1985, 273; FamRZ 1987, 930, 932 = NJW-RR 1987, 706

[23] BGH, FamRZ 1985, 1245 = R 256; FamRZ 1985, 273

zunächst selbst bis zur Zumutbarkeitsgrenze Opfer auf sich nehmen und im gesamten Bundesgebiet nach einer Arbeitsstelle als ungelernter Arbeiter suchen.[24] Diese eigene Erwerbsobliegenheit des Volljährigen ist bei der Beurteilung der Erwerbsobliegenheit der Eltern mitzubeachten. Auch gegenüber volljährigen Kindern besteht eine Obliegenheit zur Ganztagsarbeit. Arbeitet die Mutter ohne besonderen Anlass nur halbtags, kann daher fiktiv ein Einkommen aus Ganztagstätigkeit angenommen werden.[25]

492 Wenn sich der Unterhaltspflichtige beruflich unter Aufgabe seiner bisherigen Tätigkeit verändert und diese Veränderung für ihn eine voraussehbare zeitweise rückläufige Einkommensentwicklung zur Folge hat, so muss er vorher sicherstellen, dass er den geschuldeten Unterhalt auch bei geringeren Einkünften erfüllen kann. Dies kann durch **Kreditaufnahme** oder vorherige **Rücklagenbildung** geschehen. Sonst darf er im Regelfall seine bisherige Tätigkeit nicht aufgeben.[26] Solche beruflichen Veränderungen können u. a. sein:

- Arbeitsplatzaufgabe, um sich selbstständig zu machen;[27]
- beruflicher Wechsel vom Krankenhausarzt zum frei praktizierenden Arzt;[28]
- Beginn einer weiteren Ausbildung nach Berufstätigkeit;[29]
- jede sonstige berufliche Veränderung.

Grundsätzlich hat die Erfüllung von Unterhaltspflichten Vorrang vor beruflichen Interessen des Verpflichteten.[30]

493 Auch bei fiktiven Erwerbseinkünften ist beim Ehegattenunterhalt der Erwerbstätigenbonus zu berücksichtigen.[31] Kreditraten sind weiterhin vom Einkommen abzuziehen.[32] Zur fiktiven Anrechnung von Einkünften, wenn das **Vermögen** nicht „so ertragreich wie möglich" genutzt wird, vgl. Rn. 425 f. Der Verpflichtete hat die **Darlegungs- und Beweislast** für eine Einschränkung oder den Verlust seiner Leistungsfähigkeit (vgl. Rn. 6/710 f.). Da er sich nur ausnahmsweise nicht auf eine von ihm nachgewiesene Leistungsfähigkeit berufen darf, obliegt dem Berechtigten der Nachweis, dass ein Fall von unterhaltsbezogener Leichtfertigkeit vorliegt.[33]

2. Leistungsfähigkeit des Verpflichteten bei leichtfertig herbeigeführter Einkommensminderung (oder -verlust) durch Arbeitsaufgabe, Berufswechsel, berufliche Verselbstständigung oder sonstige berufliche Veränderung

494 Bei **Aufgabe seines Arbeitsplatzes** (z. B. durch eigene Kündigung), bei Arbeitgeberkündigung, bei Berufswechsel, beruflicher Verselbstständigung oder sonstiger beruflicher Veränderung, die sich nachteilig auf Einkünfte auswirkt, ist stets zu prüfen, ob der Verpflichtete eine sich daraus ergebende Leistungsunfähigkeit oder Leistungsminderung selbst schuldhaft herbeigeführt hat. Für den von § 1579 Nr. 3 BGB erfassten Fall einer vom **Unterhaltsgläubiger** selbst verursachten Bedürftigkeit hatte der BGB dieses schon früh entschieden.[34] Im Gegensatz zur Bedürftigkeit enthält das Gesetz zwar keine Regelungen zur selbst herbeigeführten Leistungsunfähigkeit. Für den gesetzlich nicht besonders geregelten Fall der vom **Unterhaltsschuldner** selbst verursachten Leistungsunfähigkeit können allerdings keine geringeren Anforderungen gelten. Der BGH löst diese Lücke nach dem Grundsatz von **Treu und Glauben** (§ 242 BGB) unter Berücksichtigung der Regelungen

[24] OLG Zweibrücken, FamRZ 1984, 1250; OLG Köln, FamRZ 1983, 942
[25] OLG Hamm, FamRZ 1998, 42
[26] BGH, FamRZ 1988, 145, 147; FamRZ 1988, 256 = R 355 d; FamRZ 1987, 372, 374; OLG Hamm, FamRZ 1996, 959
[27] BGH, FamRZ 1987, 372, 374 = Rn. 436
[28] BGH, FamRZ 1988, 256 = R 355 d; FamRZ 1988, 145, 147; OLG Hamm, FamRZ 1996, 959
[29] BGH, FamRZ 1987, 930, 932 = R 328
[30] BGH, FamRZ 1985, 782, 786 = NJW 1985, 1695, 1699; FamRZ 1982, 365 = NJW 1982, 1050
[31] BGH, FamRZ 1991, 307, 310 = R 427 b
[32] OLG Hamm, FamRZ 1995, 1203
[33] OLG Karlsruhe FamRZ 2000, 1419; OLG Düsseldorf, FamRZ 1994, 926; a. A. OLG Hamm, FamRZ 1994, 755
[34] BGH, FamRZ 1984, 364, 367 f.; 1981, 1042, 1044 f.

zum Wegfall der Bedürftigkeit. Auch wer seine Leistungsunfähigkeit freiwillig selbst herbeigeführt hat, kann sich hierauf nur dann nicht berufen, wenn dies gegen Treu und Glauben verstoßen würde.[35]

Unterhaltsrechtlich kann ein **selbstverschuldeter** aber doch ungewollter Verlust des Arbeitsplatzes nicht der freiwilligen Aufgabe einer versicherungspflichtigen Tätigkeit gleichgestellt werden. In solchen Fällen ist dem Unterhaltspflichtigen nur dann aus Treu und Glauben eine Berufung auf seine Leistungsunfähigkeit verwehrt, wenn sich das für den Verlust des Arbeitsplatzes ursächliche Verhalten seinerseits als Verletzung seiner Unterhaltspflicht darstellt. Für den erforderlichen unterhaltsrechtlichen Bezug (auch einer Straftat) reicht es nicht aus, dass ein Verhalten für den Verlust des Arbeitsplatzes kausal geworden ist. Auch genügt nicht, dass sich der Verlust des Arbeitsplatzes auf den Lebensstandard nicht nur des Unterhaltspflichtigen sondern auch seiner unterhaltsberechtigten Angehörigen auswirkt. Erforderlich ist vielmehr ein Fehlverhalten, dass sich gerade auf seine Unterhaltspflicht bezieht. Fehlt es an einem solchen objektiven Unterhaltsbezug, kann sich ein für den Verlust des Arbeitsplatzes ursächliches Fehlverhalten zwar auch als Verletzung seiner Unterhaltspflicht darstellen. Dazu bedarf es jedoch einer auf den Einzelfall bezogenen Wertung dahin, ob die der Tat zugrunde liegenden Vorstellungen und Antriebe des Täters sich gerade auf die Verminderung seiner unterhaltsrechtlichen Leistungsfähigkeit als Folge seines Verhaltens erstreckt haben. Dabei bietet die Vorhersehbarkeit des Arbeitsplatzverlustes für sich genommen kein geeignetes Kriterium, um den unterhaltsrechtlichen Bezug einer vom Unterhaltsschuldner begangenen Straftat zu begründen.[36] Dem Unterhaltsschuldner ist die Berufung auf die eigene Leistungsunfähigkeit vielmehr nur dann versagt, wenn er seine Leistungsunfähigkeit durch **unterhaltsbezogene Mutwilligkeit** herbeigeführt hat, die allerdings nicht nur vorsätzliches, sondern auch leichtfertiges Handeln umfasst. In Anlehnung an die Regelungen zum Wegfall der Bedürftigkeit bejaht der BGH[37] die Anrechnung eines fiktiven Einkommens bei fortbestehender Unterhaltspflicht also nur bei schuldhaftem Verhalten,

- wenn der Pflichtige seinen Arbeitsplatz aufgibt, um sich der Unterhaltspflicht zu entziehen oder um seine Einkünfte zu vermindern oder zu verschleiern, 495
- wenn der Pflichtige bewusst seine wirtschaftliche Existenz zerstört oder absichtlich gebummelt hat,
- wenn er seinen Arbeitsplatz infolge eines mutwilligen oder verantwortungslosen oder zumindest leichtfertigen Verhaltens verloren hat.

Dabei hält der BGH an früheren Formulierungen, wie Aufgabe des Arbeitsplatzes „ohne zureichenden Grund" oder „ohne vernünftigen Grund" nicht mehr fest, sondern verlangt stets eine **„unterhaltsbezogene Leichtfertigkeit"** zumindest in der Schuldform der **bewussten Fahrlässigkeit,** die als Regelfall angesehen wird,[38] also schuldhaftes Verhalten in der Form eines zumindest leichtfertigen Verhaltens.[39]

Nach dieser Rechtsprechung des BGH ist eine tatsächlich bestehende Leistungsunfähigkeit **grundsätzlich zu beachten,** und zwar selbst dann, wenn der Verpflichtete sie durch freiwillige Aufgabe seines Arbeitsplatzes herbeigeführt hat.[40] Nur schwerwiegende Gründe sind geeignet, ihm nach Treu und Glauben im Verhältnis zu Ehegatten und Kindern die Berufung auf seine Leistungsunfähigkeit zu verwehren. Ein solcher Verstoß gegen Treu und Glauben kann im Allgemeinen nur angenommen werden, wenn sich der Verpflichtete verantwortungslos oder zumindest leichtfertig verhalten hat.[41] Dieser Vorwurf verantwortungslosen Verhaltens setzt voraus, dass dem Verpflichteten die Verantwortungslosigkeit seines Verhaltens nach seinen Erkenntnismöglichkeiten einsichtig 496

[35] BGH, FamRZ 2003, 1471, 1473; 2000, 815, 816 f. = R 541
[36] BGH, FamRZ 2002, 813, 814 = R 573; 2000, 815, 816 f. = R 541
[37] BGH, FamRZ 2000, 815, 816 f. = R 541
[38] BGH, FamRZ 1994, 240
[39] BGH, FamRZ 2002, 813, 814 = R 573; 2000, 815, 816 f. = R 541; 1985, 158 = NJW 1985, 732; FamRZ 1985, 273, 275 = NJW 1985, 806
[40] BGH, FamRZ 1987, 372, 374 = NJW-RR 1987, 770; FamRZ 1985, 158 = NJW 1985, 732
[41] BGH, FamRZ 1989, 159 = R 377 d

war.[42] Ob dies der Fall ist, kann sich vor allem aus dem Bezug seines Verhaltens zur Unterhaltspflicht ergeben.

497 Die Annahme eines **zumindest leichtfertigen Verhaltens** erfordert stets eine genaue Bewertung und Abwägung aller maßgeblichen Umstände des Einzelfalles.[43] Dabei sind vor allem folgende Umstände abzuwägen:
- Bisheriger beruflicher Werdegang des Verpflichteten;
- seine Erfahrungen, Fähigkeiten und Neigungen sowie seine Motivation;
- berechtigte Erwartung auf langfristige Verbesserungen der beruflichen und wirtschaftlichen Situation;
- Ausnutzung von Möglichkeiten einer Unterhaltsvorsorge durch Rücklagenbildung oder Kreditaufnahme bei vorübergehender rückläufiger Einkommensentwicklung;
- sonstige wirtschaftliche und persönliche Verhältnisse des Verpflichteten und seiner unterhaltsberechtigten Angehörigen.
- Die Erstausbildung hat jedoch stets Vorrang.[44]

498 Nicht berücksichtigt werden dürfen später eingetretene Umstände, die im Zeitpunkt der beruflichen Veränderung noch nicht voraussehbar waren. Das Grundrecht auf freie Berufswahl und Berufsausübung (Art. 12 GG) steht zwar in Wechselwirkung zu der aus Art. 6 GG folgenden Verantwortung für die Familie, muss aber im Zweifel dazu führen, dass eine berufliche Entscheidung zu respektieren ist.[45] Zu beachten ist auch das **Elternrecht.** Wem vorläufig das Aufenthaltsbestimmungsrecht über seine Kinder übertragen wurde, darf kein Vorwurf gemacht werden, wenn er zugunsten der Kindesbetreuung seine beruflichen Möglichkeiten einschränkt.[46] Unter Berücksichtigung der Besonderheiten eines Einzelfalles kann die Erfüllung von Unterhaltspflichten allerdings auch Vorrang vor beruflichen Interessen des Verpflichteten haben.[47] Diese erörterten Grundsätze sind in entsprechender Weise anzuwenden, wenn der Verpflichtete eine berufliche Entscheidung trifft, die eine gegenüber dem früheren Zustand erheblich eingeschränkte Leistungsfähigkeit zur Folge hat.[48] Dies betrifft die Fälle, in denen nach der Trennung Überstunden abgebaut oder weniger anstrengende und deshalb schlechter bezahlte Tätigkeiten übernommen werden. Generell werden solche Entscheidungen **zu tolerieren sein,** solange eine akzeptable Grundversorgung der Unterhaltsberechtigten verbleibt. Problematisch sind auch **Vorruhestandsvereinbarungen.** Anders kann es allerdings sein, wenn eine größere Abfindung bezahlt wurde, von der auch der Berechtigte profitiert.[49] Grundsätzlich ist jedoch jeder verpflichtet, bis zur Vollendung des 65. Lebensjahres zu arbeiten.[50] Wenn der Arbeitnehmer keine schwerwiegenden Gründe für die Beendigung des Arbeitsverhältnisses hatte und dem Arbeitgeber kein Recht zur Kündigung zustand, kann ein Verstoß gegen die unterhaltsrechtliche Erwerbsobliegenheit angenommen werden.[51] In der Vereinbarung von **Altersteilzeit** ist allerdings dann keine unterhaltsbezogene Mutwilligkeit zu sehen, wenn der Bedarf der Unterhaltsberechtigten durch eigene Einkünfte auf einem relativ hohen Niveau sichergestellt ist[52] oder wenn im Zeitpunkt der Vereinbarung überwiegende betriebliche, gesundheitliche und persönliche Gründe dafür sprechen.[53] Erhält ein Beamter allerdings wegen Inanspruchnahme eines sog Sabbatjahres reduzierte Bezüge, muss er sich für die Berechnung des Ehegattenunterhalts sein volles Einkommen anrechnen lassen.[54]

---

[42] BGH, FamRZ 1985, 158, 160 = NJW 1985, 732
[43] BGH, FamRZ 1988, 597, 599; FamRZ 1987, 930, 932 = R 328
[44] BGH, FamRZ 1994, 372, 375 = R 473 d
[45] BGH, FamRZ 1988, 256 = R 355 c
[46] BVerfG, FamRZ 1996, 343 = R 498
[47] BGH, FamRZ 1985, 782, 786 = NJW 1985, 1695, 1699; FamRZ 1983, 140 = R 147 a
[48] BGH, FamRZ 1987, 930, 932 = R 328 b; FamRZ 1987, 372, 374 = NJW-RR 1987, 770, 771
[49] OLG Hamm, FamRZ 1998, 27
[50] BGH, FamRZ 1999, 708 = R 532 c
[51] Strohal FamRZ 1996, 197
[52] OLG Koblenz FamRZ 2000, 610
[53] OLG Köln FamRZ 2003, 602; OLG Hamm (13. ZS) FamRZ 2001, 1476; OLG Hamm (12. ZS) FamRZ 2001, 482
[54] OLGR Schleswig 2002, 26

Der Verzicht eines Arbeitnehmers auf die **Kündigungsschutzklage** kann nur dann leichtfertig sein, wenn die Kündigung offensichtlich unbegründet war.[55] Unschädlich ist es auch, wenn während einer längeren **Arbeitsunfähigkeit** der Arbeitsplatz aufgegeben wird. Ist die Arbeitsunfähigkeit gleichwohl vorübergehend, besteht aber die Obliegenheit, noch zurzeit des Krankengeldbezugs nach einem neuen Arbeitsplatz zu suchen.[56] Wer in seinen Heimatort in den neuen Bundesländern aus einem alten Bundesland zurückkehrt, soll unterhaltsrechtlich keinen Nachteil haben, wenn er in einem seinen Fähigkeiten voll entsprechenden neuen Arbeitsverhältnis weniger verdient.[57] Eine **nach Erreichen des 65. Lebensjahres** ausgeübte Tätigkeit darf ohne unterhaltsrechtliche Nachteile grundsätzlich jederzeit eingestellt werden.[58] Wird auf Grund einer Zumutbarkeitsabwägung ein zumindest leichtfertiges Verhalten des Unterhaltspflichtigen bejaht, dann ist es ihm nach Treu und Glauben verwehrt, sich auf seine Leistungsunfähigkeit oder beschränkte Leistungsfähigkeit zu berufen. Er wird unterhaltsrechtlich so behandelt, wie wenn er den Unterhalt **in bisheriger Höhe** weiterzahlen könnte.[59] Der Unterhalt ist dann auf der Grundlage der früheren regelmäßigen Erwerbseinkünfte des Verpflichteten zu berechnen, denn für die Unterhaltsbemessung bleiben die Einkommensverhältnisse vor der leichtfertigen beruflichen Veränderung maßgeblich.[60] **499**

Einem Unterhaltsschuldner, der sich leichtfertig selbstständig gemacht hat und der später arbeitsunfähig **erkrankt** ist, kann die Berufung auf seine Leistungsunfähigkeit selbst dann verschlossen sein, wenn das ihm vorzuwerfende Verhalten dazu geführt hat, dass er im Krankheitsfall keine Lohnfortzahlung und kein anschließendes Krankengeld erhält. Er muss auch den jederzeit möglichen Fall einer Erkrankung bedenken und geeignete Vorsorge treffen, um seiner Unterhaltspflicht auch im Krankheitsfall nachkommen zu können. Ähnliches gilt, wenn er eine ihm angebotene Möglichkeit, eine andere versicherungspflichtige Tätigkeit aufzunehmen, nicht wahrgenommen hat.[61] **500**

Fälle, in denen die Rechtsprechung bisher den Verpflichteten wegen treuwidrigen Verhaltens als weiterhin leistungsfähig behandelt bzw. eine Überprüfung der Treuwidrigkeit verlangt hat: **501**

- Leichtfertige Kündigung des Arbeitsplatzes durch den Verpflichteten.[62] Leichtfertig handelt auch, wer seine Arbeit wegen Konflikten am Arbeitsplatz aufgibt, ohne zuvor eine interne Bereinigung anzustreben oder sich einen Ersatzarbeitsplatz zu verschaffen.[63]
- Vom Verpflichteten leichtfertig verschuldete Kündigung durch den Arbeitgeber.[64]
- Leichtfertige weitere Ausbildung nach abgeschlossener Berufsausbildung bzw. nach Berufsausübung, ohne dass der Unterhalt der Angehörigen gesichert war.[65]
- Leichtfertige Arbeitsplatzaufgabe, um sich selbstständig zu machen, ohne vorherige Unterhaltssicherung durch Kreditaufnahme oder Rücklagenbildung.[66]
- Unterlassene Vorsorge bei Berufswechsel mit voraussehbarem Einkommensrückgang.[67]
- Fortsetzung eines Studiums, wenn die Regelstudienzeit bereits um drei Semester überschritten und ein Studienabschluss noch nicht absehbar ist.[68]

---

[55] BGH, FamRZ 1994, 372 = R 473 c; OLG Dresden, FamRZ 1997, 836
[56] OLG Hamm, FamRZ 1997, 1016
[57] OLG Brandenburg, FamRZ 1997, 1073; a. M. OLG Dresden, FamRZ 1998, 979
[58] OLG Hamm, FamRZ 1997, 883
[59] BGH, FamRZ 1987, 930, 932 = R 328 b; FamRZ 1987, 372, 374; FamRZ 1981, 539
[60] BGH, FamRZ 1987, 930, 932 = R 328 b
[61] BGH, FamRZ 1988, 597, 599
[62] BGH, FamRZ 1985, 158 = NJW 1985, 732
[63] OLG Hamm, FamRZ 1997, 357
[64] BGH, FamRZ 1988, 597, 599
[65] BGH, FamRZ 1987, 930, 932 = R 328 b; FamRZ 1980, 1113
[66] BGH, FamRZ 1987, 930, 932 = R 328 b; FamRZ 1987, 372, 374; FamRZ 1980, 1113 = NJW 1980, 2414
[67] BGH, FamRZ 1982, 365 = NJW 1982, 1050; zum Einkommensrückgang vgl. i. Ü. BGH, FamRZ 2003, 590 = R 586 c m. Anm. Büttner FamRZ 2003, 594 und Graba FamRZ 2003, 746
[68] OLG Hamm 1998, 30

Siehe dazu auch Rn. 4/280. Zu fiktiven Einkünften bei Arbeitsplatzverlust infolge von Straftaten siehe Rn. 516 f.

3. Unterhaltsbemessung bei nicht leichtfertig herbeigeführter Einkommensminderung

502 Wird auf Grund einer **Zumutbarkeitsabwägung** (Rn. 497) festgestellt, dass der Verpflichtete bei seiner beruflichen Veränderung nicht leichtfertig gehandelt hat, ist zu prüfen, ob und in welcher Höhe nach den gegebenen Umständen der Unterhalt vorübergehend oder auf Dauer neu zu bemessen ist. Dabei kann der ursprünglich maßgeblich gewesene Bedarf **herabgesetzt** werden. Denn grundsätzlich hat in diesem Fall der Berechtigte die berufliche Veränderung und deren Auswirkungen zu akzeptieren.[69] Das bedeutet allerdings nicht, dass jede damit verbundene, vorübergehende Einkommensminderung sofort auch eine Unterhaltsminderung zur Folge hat. Auch in Fällen des nicht treuwidrigen Verhaltens sind ergänzend die Grundsätze heranzuziehen, die allgemein für die Leistungsfähigkeit des Verpflichteten gelten. Führt dieser durch seine berufliche Veränderung freiwillig eine voraussehbar rückläufige Entwicklung seiner Einkünfte herbei, so ist ihm zuzumuten, seinen Plan erst zu verwirklichen, wenn er in geeigneter Weise durch **Rücklagenbildung oder Kreditaufnahme** sichergestellt hat, dass er seine Unterhaltsverpflichtungen in der Übergangszeit auch bei geringeren Einkünften erfüllen kann.[70] Konnte er eine solche Vorsorge treffen, muss er den Unterhalt in unveränderter Höhe weiterzahlen.[71] Die Dauer einer solchen Übergangszeit ist nach den Umständen des Einzelfalles zu bemessen.

503 Ist eine zeitweilige Absenkung der ehelichen Lebensverhältnisse auch durch eine Kreditaufnahme oder Verwendung von Rücklagen nicht vermeidbar oder stellt sich später heraus, dass die neuen Einkünfte innerhalb der eingeplanten Zeit unter Berücksichtigung einer angemessenen Tilgung für aufgenommene Kredite den früheren Verdienst nicht wieder erreichen, so stellt sich die Frage, ob, in welcher Höhe und für welche Zeit der Unterhalt auf der Grundlage verminderter Einkünfte neu zu berechnen ist.[72] Die Beantwortung dieser Frage erfordert eine **neue Zumutbarkeitsabwägung.** Dabei ist neben den persönlichen und wirtschaftlichen Verhältnissen vor allem zu klären, ob im konkreten Fall das größere Schwergewicht dem Interesse des Verpflichteten an der beruflichen Veränderung oder dem Interesse des Berechtigten an der Beibehaltung des bisherigen Lebensstandards zukommt. Bedeutsam für diese Abwägung kann sein, ob die berufliche Veränderung der ursprünglichen **gemeinsamen Lebensplanung** vor der Trennung entsprach. Wenn sich der Berechtigte auch bei Fortbestand der ehelichen Lebensgemeinschaft in seiner Lebensführung vorübergehend wirtschaftliche Beschränkungen auferlegt hätte, um die finanziellen Lasten des anderen in einem gewissen Umfang und für beschränkte Zeit zu erleichtern, spricht auch dieses für eine Herabsetzung der ehelichen Lebensverhältnisse.

504 Den nach diesen Grundsätzen neu festzulegenden Unterhaltsbedarf wird der Tatrichter im Allgemeinen nur im Weg einer Schätzung nach § 287 ZPO ermitteln können.[73] Der Berechtigte kann aber verlangen, dass sein Unterhalt wieder auf das vor der beruflichen Veränderung erreichte Niveau angehoben wird, sobald und soweit die neuen Einkünfte dies unter Berücksichtigung einer angemessenen Tilgung erlauben.[74] Bei späteren Einkommenssteigerungen im Rahmen einer normalen beruflichen Entwicklung nach den ehelichen Lebensverhältnissen ist daher der Unterhalt bei einer Unterhaltsabänderung nach diesen höheren Einkünften zu bemessen.

505 War die berufliche Veränderung (z. B. Beginn einer Zweitausbildung) nicht leichtfertig, weil etwa der Unterhalt zu dieser Zeit gesichert war, und ist der Berechtigte erst später nicht vorhersehbar bedürftig geworden, so kann diesem eine vorübergehende Unterhaltsmin-

[69] BGH, FamRZ 1988, 145, 147
[70] BGH, FamRZ 1988, 145, 147
[71] BGH, FamRZ 1988, 256 = R 355 d
[72] BGH, FamRZ 1988, 256 = R 355 d; FamRZ 1988, 145, 147
[73] BGH, FamRZ 1988, 256 = R 355 d
[74] BGH, FamRZ 1988, 256 = R 355 d

derung, u. U. sogar einen **zeitweiligen Wegfall** der Unterhaltszahlungen zugemutet werden, wenn die Ausbildung nur noch eine verhältnismäßig kurze Zeit in Anspruch nimmt, erhöhte Einkommens- und Aufstiegschancen bietet und nicht gegen den Willen des Berechtigten aufgenommen worden war. Denn letztlich steigert die verbesserte berufliche Situation des Verpflichteten auch den späteren Anspruch des Berechtigten.[75] Mit ähnlicher Begründung hat der BGH sogar den zeitweiligen Wegfall von Unterhaltsleistungen für den Berechtigten für zumutbar gehalten, wenn ein Mediziner sich nach seiner Ausbildung im Hinblick auf die zu erwartenden wirtschaftlichen Verbesserungen sofort wirtschaftlich selbstständig gemacht und anfangs noch keinen Gewinn erzielt hat.[76] In beiden Fällen partizipieren die Berechtigten später unterhaltsrechtlich auch an den höheren Einkünften.

Ein freiwilliger **Arbeitsplatzwechsel** ist auch dann unterhaltsrechtlich nicht vorwerfbar, 506
wenn bei der neuen Stelle im Wesentlichen der gleiche Verdienst erzielt wird. Kommt es später aus nicht vorhersehbaren und vom Verpflichteten nicht zu vertretenden Gründen dennoch zu nachhaltigen Einkommenseinbußen (z. B. durch Währungsverfall bei Arbeit im Ausland), so ist der Unterhalt nach dem tatsächlichen Einkommen neu zu bemessen. Ein fiktives Einkommen darf dann nicht zugerechnet werden.[77]

Hat der Verpflichtete eine **Arbeitgeberkündigung** nicht leichtfertig verschuldet, ist der 507
Unterhalt auf der Grundlage des Arbeitslosengeldes neu zu berechnen. Eine unerwartet eintretende unverschuldete Arbeitslosigkeit des Unterhaltspflichtigen beeinflusst nicht nur dessen Leistungsfähigkeit, sondern auch die für die frühere Unterhaltsbemessung maßgeblichen prägenden ehelichen Lebensverhältnisse.[78] Nach Beendigung der Arbeitslosigkeit ist der Unterhalt auf der Grundlage der neuen Erwerbstätigkeit neu zu bemessen. Bei einer Kündigung durch den Arbeitgeber kann dem Pflichtigen aber in der Regel zugemutet werden, die **Kündigungsschutzvorschriften** auszunutzen.[79] Um seinen Arbeitsplatz zu erhalten, darf der Pflichtige eine Gehaltskürzung akzeptieren. Erklärt er sich mit einer wegen schwieriger Auftrags- und Beschäftigungslage beabsichtigten Änderungskündigung (geplante 10%ige Lohnkürzung) nicht einverstanden und wird ihm deshalb ordnungsgemäß gekündigt, kann ihm ein entsprechend um 10% gekürztes fiktives Einkommen zugerechnet werden[80] (siehe dazu auch Rn. 4/284).

Im Hinblick auf die **Beendigung einer bestehenden Arbeitslosigkeit** treffen den 507 a
Verpflichteten die gleichen Pflichten wie den Berechtigten (dazu Rn. 527 f.). Bei Arbeitslosigkeit muss der Unterhaltsverpflichtete daher nachprüfbar vortragen, was er im Einzelnen unternommen hat, um einen neuen Arbeitsplatz zu finden. Dazu gehören konkrete Angaben, wann und bei welchem Arbeitgeber er sich beworben hat. Allein die Verletzung dieser Obliegenheit rechtfertigt es aber noch nicht, dem Unterhaltspflichtigen ein Einkommen aus Erwerbstätigkeit zuzurechnen. Zusätzlich ist immer auch zu prüfen, ob der Arbeitslose überhaupt vermittelbar war. Das hängt neben den Verhältnissen am Arbeitsmarkt auch von den persönlichen Eigenschaften des Bewerbers ab (Alter, Ausbildung, Berufserfahrung, Gesundheitszustand).[81] Zu dieser weiteren Voraussetzung der Anrechnung fiktiver Einkünfte muss das Gericht nachprüfbare Feststellungen treffen.[82] In der Rechtsprechung wird gefordert, dass der Arbeitslose für die Suche nach Arbeit etwa die Zeit aufwendet, die ein Erwerbstätiger für seinen Beruf aufwendet, so dass monatlich 20 Bewerbungen zu verlangen seien.[83] Steht von vornherein fest, dass ein passender Arbeitsplatz nicht gefunden werden kann, kann auf Bewerbungen verzichtet werden.[84] Unterlässt der arbeitslose Unterhaltspflichtige jedoch im Unterhaltszeitraum eine ihm mögliche und zumutbare Erwerbstätigkeit, kann ihm ein fiktives Einkommen auch ohne leichtfertige Verletzung der Erwerbsobliegen-

---

[75] BGH, FamRZ 1983, 140 = R 147 a
[76] BGH, FamRZ 1985, 782, 786 = NJW 1985, 1695, 1699
[77] BGH, FamRZ 1988, 705 = R 364 a
[78] BGH, FamRZ 1988, 256 = R 355 b
[79] OLG Frankfurt, FamRZ 1983, 392
[80] OLG Celle, FamRZ 1984, 704
[81] BGH, FamRZ 1996, 345
[82] BGH, FamRZ 1996, 345
[83] OLG Naumburg FamRZ 1997, 311; vgl. dazu auch OLG Hamm FamRZ 1998, 982, 983
[84] OLG Nürnberg, FamRZ 1998, 857

heit zugerechnet werden[85] (näheres dazu Rn. 2/145). **Die Höhe fiktiver Einkünfte** richtet sich in diesen Fällen nicht nach früher erzielten Einkünften. Maßstab ist das Entgelt, das der Unterhaltspflichtige bei erfolgreichen Bewerbungen hätte erzielen können[86] (näheres dazu Rn. 536).

Hat der Unterhaltspflichtige infolge **betrieblicher Umstrukturierung** bei demselben Arbeitgeber einen neuen Arbeitsvertrag mit deutlich ungünstigeren Bedingungen geschlossen, ist er nach einer kurzen Orientierungsfrist gehalten, sich um eine besser bezahlte Arbeitsstelle, ausnahmsweise sogar um eine zusätzliche Nebentätigkeit zu bemühen.[87]

4. Fiktive Zurechnung von Einkünften bei der Bedarfsbemessung

508 Konnte wegen eines zuvor erzielten Einkommens auf einen konkret bestehenden Unterhaltsanspruch und damit auf eine schon vorhandene Bedarfsbemessung zurückgegriffen werden, war **nur die Leistungsfähigkeit** zu prüfen (siehe Rn. 488 Fall 1).[88] Anders ist es, wenn ein Verpflichteter noch nie entsprechend seinen Möglichkeiten nachhaltig am Wirtschaftsleben teilgenommen hat (Rn. 488 Fall 2). Hier ergeben sich Abweichungen, weil wegen des Fehlens früherer Einkünfte der in der Regel vom Einkommen des Verpflichteten abhängige **Unterhaltsbedarf** unbekannt ist. Es muss daher auch ein fiktiver Bedarf gesucht werden. Dies erübrigt sich nur in den Fällen, in denen der Bedarf unabhängig vom Einkommen festgestellt werden kann, etwa bei auswärtiger Unterbringung eines minderjährigen Kindes oder (wie nach den Leitlinien vieler OLG)[89] beim Unterhaltsanspruch volljähriger Kinder (vgl. Rn. 2/391 f.). Auch der Mindestunterhalt nach Leistungsgruppe 1 der Düsseldorfer Tabelle wird als Bedarf immer geschuldet.[90] Auch in diesen Fällen kommt es nur noch auf die Leistungsfähigkeit an,[91] so dass fiktive Einkünfte uneingeschränkt herangezogen werden können.

509 Muß der **Bedarf anhand fiktiver Einkünfte** erst festgestellt werden, dürfen sich keine Widersprüche zu den gesetzlichen Bestimmungen ergeben, nach denen für die Unterhaltsbemessung konkrete Lebenssachverhalte, wie etwa die ehelichen Lebensverhältnisse, maßgeblich sein sollen. Ursprünglich hatte der BGH[92] auch im Rahmen der Bedarfsmessung noch ganz allgemein ausgeführt, den Verpflichteten treffe die Obliegenheit, seine Leistungsfähigkeit nach Möglichkeit zu stärken. Habe er hiergegen in vorwerfbarer Weise verstoßen, seien ihm fiktive Einkünfte in der erzielbaren Höhe zuzurechnen. Diese Auffassung hat der BGH[93] allerdings schon im Jahre 1992 dahin eingeschränkt, dass lediglich gedachte wirtschaftliche Verhältnisse, die keine Grundlage in der tatsächlichen Einkommenssituation der Ehegatten während der Ehe haben, die ehelichen Lebensverhältnisse nicht prägen können. Ein **nachehelicher Unterhaltsbedarf** könne daher nicht aus fiktiven Mitteln hergeleitet werden, die den Ehegatten während des Zusammenlebens objektiv nie oder jedenfalls nicht nachhaltig zur Verfügung gestanden hätten. Der BGH gibt dazu folgendes Beispiel: Ein Ehegatte hätte nach seinen Kenntnissen und Fähigkeiten bei zumutbarem Einsatz seiner Arbeitskraft während des Zusammenlebens ein höheres Einkommen erzielen können. Aus Bequemlichkeit habe er dies jedoch unterlassen, so dass sich beide Eheleute von vorneherein mit einem niedrigeren Standard begnügen mussten. Liege eine solche Situation vor, dürften zur Bedarfsbestimmung für den nachehelichen Unterhalt die erzielbaren höheren Einkünfte nicht fiktiv herangezogen werden.

---

[85] OLG Düsseldorf, FamRZ 1998, 851
[86] OLG Frankfurt/Main, FamRZ 1995, 1217
[87] OLG Hamm FamRZ 2003, 177
[88] BGH FuR 2001, 224
[89] Vgl. Ziff. 13.1 der bundeseinheitlichen Leitlinienstruktur
[90] OLG Hamm, FamRZ 1996, 629, 958; OLG Karlsruhe, FamRZ 1993, 1481
[91] OLG Karlsruhe, FamRZ 1993, 1481
[92] BGH, FamRZ 1990, 283, 288 = R 400 g; FamRZ 1990, 503
[93] BGH, FamRZ 1992, 1045, 1047 = R 448 a; zur Einkommensveränderung s. jetzt BGH, FamRZ 2003, 590 = R 586 a und c

Unter Bezug auf eine Entscheidung des OLG Karlsruhe[94] hat der BGH[95] diese Rechtsprechung sodann auf den **Kindesunterhalt** erstreckt. Die Höhe eines von der Einkommenssituation des Unterhaltspflichtigen abhängigen Unterhaltsbedarfs könne nicht aus lediglich fiktivem Einkommen hergeleitet werden. Nur gedachte wirtschaftliche Verhältnisse, die keine Grundlage in der tatsächlichen Einkommenssituation des Unterhaltspflichtigen haben, könnten dessen Lebensstellung nicht prägen. Daher könne ein Unterhaltsbedarf nicht aus fiktiven Mitteln hergeleitet werden, die dem Unterhaltspflichtigen nie zur Verfügung gestanden haben.[96] In der gleichen Entscheidung hat der BGH zum **Trennungsunterhalt** entschieden, dass auch dessen Bedarf grundsätzlich nicht aus fiktiven Mitteln hergeleitet werden darf. Beim Ehegattenunterhalt sei insoweit auch keine Korrektur wegen des zu beachtenden objektiven Maßstabs (vgl. Rn. 4/210) möglich. Der objektive Maßstab dürfe nicht dazu führen, dass der Boden der ehelichen Lebensverhältnisse verlassen und Einkünfte als prägend herangezogen würden, die tatsächlich nie vorhanden waren. 509 a

Diese Grundsätze schränken die Heranziehung fiktiver Einkünfte zur Unterhaltsbemessung sehr stark ein. Dies entspricht jedoch den **gesetzlichen Vorschriften,** wonach die Bindung des Unterhaltsbedarfs an die ehelichen Lebensverhältnisse beim Ehegattenunterhalt (§ 1578 I BGB) und an die Lebensstellung der Eltern beim Kindesunterhalt (§ 1610 I BGB) vorrangig zu beachten ist. In der Praxis dürfte die Auswirkung dieser Rechtsprechung allerdings nicht sehr groß sein, weil das hier angesprochene indolente Verhalten in konsequenter Ausprägung nicht allzu häufig anzutreffen ist. In den meisten Fällen werden sich früher erzielte Einkünfte feststellen lassen, an die entsprechend den in Rn. 494, 502 aufgezeigten Regeln angeknüpft werden kann (siehe dazu auch Rn. 2/114). 510

Weil der Unterhaltsbedarf grundsätzlich nicht aus fiktiven Mitteln hergeleitet werden kann, erfordert die Bemessung des geschuldeten Unterhalts stets Feststellungen zum unterhaltsrechtlich relevanten Einkommen des Unterhaltsschuldners. Bei der Frage nach der Höhe fiktiver Einkünfte muss in diesem Zusammenhang also geklärt werden, in welchem Umfang es möglich gewesen wäre, im Unterhaltszeitraum konkrete Einkünfte zu erzielen (zur Arbeitslosigkeit s. dazu Rn. 507 a). Wird das Vermögen nicht sinnvoll genutzt, s. Rn. 425 f. Auf eine unterhaltsbezogene **Leichtfertigkeit kommt es hier nicht an** (vgl. Rn. 2/145). Insoweit ändert sich der Maßstab, an dem das Verhalten des Pflichtigen gemessen wird, zu seinem Nachteil. Zulässig können bei feststehendem Bedarf daher fiktive Zurechnungen schon dann werden, wenn der Verpflichtete es nach Abschluss einer Ausbildung oder nach einem nicht verschuldeten Arbeitsplatzverlust unterlässt, sich ausreichend um eine neue angemessene Erwerbstätigkeit zu bemühen, oder wenn der Verpflichtete nur unzulänglich arbeitet und ihm zugemutet werden kann, entweder durch Ausweitung der Arbeitszeit oder durch Arbeitsplatzwechsel mehr zu verdienen, als er bisher verdient hat. Bestand für den Verpflichteten eine reale Beschäftigungschance mit bestimmten Einkünften, „so stellt sich allein die Frage, ob ihm die dazu erforderliche Erwerbstätigkeit auch zugemutet werden kann“.[97] 511

Zusammenfassend lassen sich folgende Feststellungen treffen: 512

- Als erstes ist zu prüfen, ob zur Bedarfsbestimmung nicht doch an früheres Einkommen angeknüpft werden kann (Rn. 494, 502).
- Kann dies nicht geschehen, kommt es beim **Ehegattenunterhalt** hinsichtlich des Bedarfs ausschließlich auf die konkreten ehelichen Lebensverhältnisse an. Fiktive Einkünfte dürfen nicht zu einer Erhöhung des Lebensstandards führen. Soweit allerdings der Verpflichtete erst in der Trennungszeit sein Einkommen leichtfertig vermindert hat, kann auch nach der Rechtsprechung des BGH fiktiv an das frühere Einkommen angeknüpft werden. Ein Landwirt, dessen Betrieb zum Ende der Ehezeit unrentabel wurde, kann daher verpflichtet sein, eine zusätzliche Teilzeitbeschäftigung anzunehmen oder den Betrieb

[94] OLG Karlsruhe, FamRZ 1993, 1481
[95] BGH, FamRZ 1997, 281 = R 509 f, i
[96] Noch in einem Urteil vom 16. 6. 1993 = FamRZ 1993, 1304 = R 464 b hatte der BGH die fiktive Bemessung von Kindesunterhalt nach einer höheren Einkommensgruppe der Düsseldorfer Tabelle für zulässig gehalten
[97] BGH, FamRZ 1987, 252 = R 317 a

aufzugeben und ganztags in abhängiger Stellung zu arbeiten.[98] Hat sich jedoch ein an sich Leistungsfähiger während der Ehe erfolgreich um Unterhaltsleistungen gedrückt, schuldet er auch keinen nachehelichen Unterhalt (s. dazu auch Rn. 4/272 f.).

- Beim **Kindesunterhalt** kann der Bedarf nur dann nach fiktiven Einkünften bemessen werden, wenn einkommensunabhängige feste Bedarfsbeträge maßgeblich sind. Wer noch nie gut verdient hat, darf daher fiktiv allenfalls zu Kindesunterhalt nach der ersten Leistungsgruppe der Düsseldorfer Tabelle verurteilt werden. Ausnahmen können sich allenfalls bei unterhaltsbezogener Leichtfertigkeit ergeben.[99]

5. Arbeitsplatzaufgabe wegen beruflicher Weiterbildung oder Zweitausbildung

513 Grundsätzlich ist der **Unterhaltspflichtige** nicht berechtigt, seinen Beruf, der seiner Familie eine auskömmliche Lebensgrundlage bietet, zum Zweck einer weiteren Ausbildung aufzugeben. Tut er es trotzdem ohne Rücksicht auf eine bereits bestehende Bedürftigkeit der von ihm abhängenden Familienangehörigen und ohne deren Einverständnis, muss er sie selbst dann abbrechen, wenn sie zwischenzeitlich bereits weiter fortgeschritten ist. Dann ist ihm ein fiktives Einkommen zuzurechnen.[100] Hatte der Pflichtige die Zweitausbildung zunächst im Einvernehmen mit seiner Ehefrau aufgenommen und war der Unterhalt durch eine Erwerbstätigkeit der Frau gesichert, ist ihm ein Abbruch der Zweitausbildung jedenfalls dann nicht mehr zuzumuten, wenn zwar der Frau wegen der Geburt eines weiteren Kindes eine weitere Erwerbstätigkeit unmöglich geworden ist, aber andererseits der Abschluss der Zweitausbildung alsbald (in ca. 1 bis 2 Jahren) bevorsteht, so dass ein Abbruch unwirtschaftlich und unvernünftig wäre.[101] Wer sich allerdings noch in der „Erstausbildung" befindet, braucht sich keine fiktiven Einkünfte zurechnen zu lassen.[102]

514 Einem **Unterhaltsberechtigten** ist eine vorübergehende Unterhaltsminderung und u. U. sogar einen zeitweiligen Wegfall von Unterhaltszahlungen zumutbar, wenn die Zweitausbildung des Pflichtigen bereits weit fortgeschritten ist und nur noch eine verhältnismäßig kurze Zeit in Anspruch nimmt, erhöhte Einkommens- und Aufstiegschancen bietet und nicht gegen den Willen der Berechtigten aufgenommen wurde. Zulässig kann eine berufliche Fortbildung unter Berücksichtigung aller übrigen Gesichtspunkte auch dann sein, wenn während ihrer Dauer jedenfalls das Existenzminimum[103] gesichert ist.[104] Denn schließlich begünstigt die verbesserte berufliche Situation des Pflichtigen auch den Berechtigten, weil sie ihm seinerseits bessere Ausbildungs- und Berufsaussichten bietet.[105] Die Tatsache, dass eine nach Aufgabe des Arbeitsplatzes beabsichtigte oder durchgeführte Umschulung mit öffentlichen Mitteln gefördert wird, ist unterhaltsrechtlich ohne Bedeutung und hat, bei Vorliegen der sonstigen Voraussetzungen, die Anrechnung eines fiktiven Einkommens in früherer Höhe zur Folge.[106] Anders ist es allerdings, wenn das Arbeitsamt einem unverschuldet arbeitslos gewordenen Verpflichteten die Förderung einer Umschulungsmaßnahme aus Gründen besserer Vermittelbarkeit bewilligt hat. Dann kann während der Förderungszeit kein fiktives Einkommen angerechnet werden.[107] Auch unter Berücksichtigung der gesteigerten Unterhaltsverpflichtung nach § 1603 II BGB ist dem Unterhaltsschuldner eine Umschulung zuzubilligen, wenn für ihn sonst praktisch keine Vermittlungschancen bestehen.[108] Wer jedoch bisher nur „ungelernte Tätigkeiten" ausgeübt hat,

---

[98] BGH, FamRZ 1993, 1304 = R 464 a
[99] OLG Karlsruhe, FamRZ 1993, 1481
[100] BGH, FamRZ 1983, 140 = R 147 a
[101] BGH, FamRZ 1983, 140 = R 147 a
[102] BGH, FamRZ 1994, 372, 375 = R 473 d
[103] Vgl. dazu BGH, FamRZ 2003, 363 = R 584 b, c, f
[104] OLG Bamberg FamRZ 2000, 307, 308
[105] BGH, FamRZ 1983, 140 = R 147 a
[106] OLG Stuttgart, FamRZ 1983, 1233
[107] OLG Düsseldorf, FamRZ 1984, 392
[108] OLG Hamm, FamRZ 1997, 1168

darf sich nicht auf eine Umschulung berufen, wenn damit nur der Hauptschulabschluss erreicht werden soll.[109] Eine Verpflichtung zur Aufnahme einer Nebentätigkeit besteht bei Umschulungsmaßnahmen nicht, wenn die Umschulung den Schüler wie eine vollschichtige Erwerbstätigkeit beansprucht.[110]

6. Fiktives Einkommen bei Selbstständigen

Für Selbstständige gelten die bereits erörterten Grundsätze mit folgenden Besonderheiten: 515

- Wer sich selbstständig machen will und dadurch eine voraussehbare rückläufige Einkommensentwicklung herbeiführt, muss vorher bestehende Unterhaltsverpflichtungen durch **Bildung von Rücklagen** bzw. durch Kreditaufnahme jedenfalls für eine Übergangszeit sicherstellen (siehe Rn. 492) oder in sonstiger Weise dafür sorgen, dass er den Unterhalt in bisheriger Höhe weiterzahlen kann. Er muss auch dafür sorgen, dass er bei einem unvorhergesehenen Krankheitsfall leistungsfähig bleibt (siehe Rn. 500).
- Der Selbstständige ist verpflichtet, seinen Betrieb weiterhin so zu leiten, dass er Unterhalt in bisheriger Höhe weiterzahlen kann.
- Einem selbstständigen Unternehmer, der nur Verluste erwirtschaftet, kann die Aufgabe des Unternehmens und die Aufnahme einer abhängigen Arbeit zugemutet werden, wenn er sonst auf absehbare Zeit zu Unterhaltsleistungen nicht in der Lage ist.[111] Dabei sind alle Umstände des Falles sorgfältig abzuwägen, und es ist ihm eine Karenzzeit zuzubilligen. Diese Überlegungszeit kann zwei Jahre betragen.[112]
- Auch ein Selbstständiger darf eine nach Erreichen des **65. Lebensjahres** noch ausgeübte Tätigkeit jederzeit ohne unterhaltsrechtliche Nachteile einstellen.[113]

7. Fiktives Einkommen bei Arbeitsplatzverlust infolge von Straftaten, sonstigen Verfehlungen oder Alkoholmissbrauch

Hier handelt es sich regelmäßig um verschuldete, aber nicht gewollte Leistungsunfähigkeiten. Der Dieb will normalerweise seine Leistungsfähigkeit sogar verbessern. Der Alkoholiker verharmlost sein Trinkverhalten und geht in der Regel davon aus, dass er nicht auffällt. Die Regeln, die bei der freiwilligen Aufgabe eines Arbeitsplatzes gelten (Rn. 494, 513), können daher für diese Fälle nicht ohne weiteres übernommen werden.[114] Die unterhaltsrechtliche Vorwerfbarkeit einer durch Straftaten bedingten Leistungsunfähigkeit ist auf schwerwiegende Fälle zu beschränken, vor allem auf die, in denen sich das strafbare Verhalten **gegen den Unterhaltsberechtigten gewendet hat.**[115] Die Kausalität für den Arbeitsplatzverlust genügt nicht. Ebenso bietet die Vorhersehbarkeit des Arbeitsplatzverlustes für sich genommen kein geeignetes Kriterium, um den unterhaltsrechtlichen Bezug einer vom Unterhaltsschuldner begangenen Straftat zu begründen.[116] Dem Unterhaltsschuldner ist die Berufung auf die eigene Leistungsunfähigkeit vielmehr nur dann versagt, wenn er seine Leistungsunfähigkeit durch unterhaltsbezogene Mutwilligkeit herbeigeführt hat, die aber nicht nur vorsätzliches, sondern auch leichtfertiges Handeln umfasst. Bei Leichtfertigkeit, die gewöhnlich bewusste Fahrlässigkeit sein wird, ergibt sich damit das Erfordernis, dass der Unterhaltsschuldner die Möglichkeit des Eintritts der Leistungsunfähigkeit als Folge seines Verhaltens erkennt und im Bewusstsein dieser Möglichkeit, wenn auch im Vertrauen auf den Nichteintritt jener Folge handelt. Der Unterhaltsschuldner muss sich unter grober Missach- 516

[109] OLG Hamm, FamRZ 1998, 979 mit ablehnender Anmerkung Struck, FamRZ 1998, 1610
[110] BGH, FamRZ 1994, 372 = R 473 c; OLG Hamm, FamRZ 1997, 1168; OLG Dresden FamRZ 1997, 836; a. A. OLG Koblenz FamRZ 2002, 1215; KG NJWE-FER 2001, 119 (zum Kindesunterhalt)
[111] OLG Koblenz, FamRZ 1984, 1225; OLG Köln, FamRZ 1983, 87
[112] OLG Düsseldorf, FamRZ 1997, 1078
[113] OLG Hamm, FamRZ 1997, 883
[114] BGH, FamRZ 1993, 1055, 1066
[115] BGH, FamRZ 2002, 813 = R 573
[116] BGH, FamRZ 2000, 815, 816 f. = R 541

tung dessen, was jedem einleuchten muss, oder in Verantwortungslosigkeit und Rücksichtslosigkeit gegen den Unterhaltsgläubiger über die erkannte Möglichkeit nachteiliger Folgen für seine Leistungsfähigkeit hinwegsetzen. Wesentlich ist also, ob die der Tat zugrundeliegenden Antriebe und Vorstellungen auch auf die Verminderung der Leistungsfähigkeit als Folge der Straftat gerichtet waren, sich zumindest aufgedrängt haben. Für die vom Unterhaltsgläubiger selbst verursachte Bedürftigkeit hatte der BGH dieses nach § 1579 Nr. 3 BGB schon wiederholt entschieden.[117] Entsprechend kann auch die Berufung eines strafgefangenen Unterhaltsschuldners auf seine Leistungsunfähigkeit gegen Treu und Glauben verstoßen.[118] Dies kann z. B. für den Fall einer Fahnenflucht gelten, weil damit die Einkommensquelle verlorengeht und der Unterhaltsanspruch unmittelbar gefährdet wird.[119] Nach dem OLG Koblenz sollen bei sexuellem Missbrauch eines minderjährigen Kindes für die Dauer der Haft zwar dem geschädigten Kind gegenüber fiktive Einkünfte herangezogen werden, den Geschwistern gegenüber allerdings nicht.[120] Entsprechend hat auch der BGH darauf hingewiesen, dass sich der Täter einer Sexualstraftat (noch dazu im familiären Bereich) regelmäßig keine Vorstellungen darüber macht, dass er auf Grund seiner Tat den Arbeitsplatz verlieren und seine unterhaltsrechtliche Leistungsfähigkeit einbüßen könnte.[121] Unterhaltsbezogen leichtfertiges Verhalten kann auch bei schuldhaften Verstößen gegen die Arbeitspflicht vorliegen, wenn sich z. B. ein Arbeitnehmer mit einem Arztattest eine tatsächlich nicht bestehende Arbeitsunfähigkeit bescheinigen lässt und ihm daraufhin gekündigt wird.[122]

517 Wer wegen wiederholten Arbeitsantritts in **alkoholisiertem** Zustand seinen Arbeitsplatz verloren hat, darf sich jedenfalls dann auf verminderte Leistungsfähigkeit berufen, wenn es sich „ähnlich wie beim Führen eines Kraftfahrzeugs unter Alkoholeinfluss" um ein typisches jugendlich unüberlegtes Vorgehen gehandelt hat, verbunden mit dem Gedanken, schon nicht aufzufallen.[123] Trotz des Krankheitscharakters der Alkoholabhängigkeit kann eine darauf beruhende Kündigung vorwerfbar sein, wenn die Abhängigkeit leichtfertig und unentschuldbar herbeigeführt wurde.[124] Unterlässt der alkoholkranke Unterhaltspflichtige eine Erfolg versprechende Langzeittherapie, muss er sich so behandeln lassen, als ob die Kur alsbald durchgeführt worden wäre und er danach dem Arbeitsmarkt wieder zur Verfügung stünde.[125] Gleiches gilt, wenn der Unterhaltsschuldner eine begonnene Entzugstherapie bei voller Einsichtsfähigkeit in die eigene Krankheit und deren unterhaltsbezogene Auswirkungen abbricht.[126] Allerdings sind an die Einsichts- und Steuerungsfähigkeit strenge Voraussetzungen zu stellen, was regelmäßig nicht ohne sachverständige Hilfe beantwortet werden kann.

8. Fiktives Einkommen bei unentgeltlichen oder unterbezahlten Dienstleistungen gegenüber Dritten

518 Leistet der Verpflichtete einem Dritten ständig ganz oder teilweise unentgeltliche oder unterbezahlte Dienste, die normalerweise vergütet werden, so muss er sich, wie im Vollstreckungsrecht gemäß § 850 h Abs. 2 ZPO, grundsätzlich eine angemessene Vergütung für seine Dienste anrechnen lassen. Der BGH hat dies für den in eheähnlicher Gemeinschaft lebenden Berechtigten entschieden.[127] (siehe dazu Rn. 474). Erst recht gilt dieser Rechts-

[117] BGH, FamRZ 1984, 364, 367 f.; 1981, 1042, 1044 f.
[118] BGH, FamRZ 1982, 913, 914
[119] OLG Bamberg, FamRZ 1997, 1486
[120] OLG Koblenz, FamRZ 1998, 44
[121] BGH, FamRZ 2002, 813, 814 f. = R 573
[122] OLG Hamm, FamRZ 1998, 979
[123] BGH, FamRZ 1994, 240
[124] BGH, FamRZ 1981, 1042; OLG Hamm, FamRZ 1996, 1017
[125] BGH, FamRZ 1981, 1042; OLG Hamburg, FamRZ 1998, 182
[126] KG FamRZ 2001, 1617
[127] BGH, FamRZ 1987, 1011 = R 338 c; 1984, 683 = R 212 c; FamRZ 1984, 662 = R 211 a; FamRZ 1980, 665

gedanke bei Trennung und Scheidung für den Verpflichteten. Eine in nichtehelicher Lebensgemeinschaft lebende Mutter, die ein aus dieser Verbindung hervorgegangenes Kleinkind betreut, ist jedoch nicht verpflichtet, zur Erfüllung von Unterhaltsansprüchen minderjähriger Kinder aus einer früheren Ehe erwerbstätig zu werden.[128] Insoweit können daher fiktive Einkünfte nicht zugerechnet werden. Wer jedoch anstelle einer Erwerbstätigkeit seine betagten Eltern betreut, muss sich in der Regel jedenfalls gegenüber minderjährigen Kindern als leistungsfähig behandeln lassen, weil diese im Rang vorgehen. In jedem Fall ist das Einkommen und das Vermögen der betreuten Eltern so zu ermitteln, dass ein fiktives Entgelt bestimmt werden kann.

Zur Erwerbsobliegenheit und fiktiven Zurechnungen bei Übernahme der **„Hausmanns- oder Hausfrauenrolle"** in neuer Ehe vgl. Rn. 2/172.

II. Zurechnung fiktiver Einkünfte beim Berechtigten

1. Bedürftigkeitsminderung durch Zurechnung fiktiver Einkünfte bei unterlassener zumutbarer Erwerbstätigkeit

Beim Berechtigten ist die Anrechnung tatsächlicher oder fiktiver Erwerbseinkünfte ein **519**
Problem seiner Bedürftigkeit (§§ 1361 II, 1577 I, 1602 BGB). Bezogen auf dieses Bedürftigkeitsproblem gelten für den Berechtigten die gleichen Grundsätze wie für den Verpflichteten in Bezug auf dessen Leistungsfähigkeit. Die fortwirkende personale Verantwortung von Ehegatten füreinander verpflichtet den unterhaltsberechtigten Ehegatten zur Minderung seiner Bedürftigkeit. Wie der Leistungsfähige hat er die Obliegenheit, seine Arbeitsfähigkeit so gut wie möglich einzusetzen. Er muss sich Einkünfte anrechnen lassen, die er bei gutem Willen durch eine zumutbare und mögliche Erwerbstätigkeit erzielen könnte.[129] Eine unterhaltsberechtigte Ehefrau, die sich nicht hinreichend um eine Arbeit bemüht, muss sich ein fiktives Einkommen in erzielbarer Höhe als Surrogat des wirtschaftlichen Werts ihrer bisherigen Leistung durch Haushaltsführung anrechnen lassen und dieses nach der Additions- bzw. Differenzmethode in die Unterhaltsberechnung einbeziehen. Ihr Bedarf richtet sich nach diesem fiktiven, an die Stelle der Hausarbeit in der Ehe getretenen Einkommen und dem in der Ehe erzielten und auch heute noch erzielbaren Einkommen des Ehemannes.[130] So sind etwa einer beurlaubten Beamtin, deren Kinder 8 und 13 Jahre alt sind, fiktive Einkünfte aus Halbtagstätigkeit in ihrer Beamtenstelle zuzurechnen, wenn sie ihrer Erwerbsobliegenheit nicht nachkommt und statt dessen aus dem Beamtenverhältnis ausscheidet.[131] Wird dem bedürftigen Ehegatten ein fiktives Einkommen zugerechnet, das den Bedarf nicht voll deckt, dann beruht der verbleibende Unterhaltsanspruch auf § 1573 II BGB, nicht auf Erwerbsunfähigkeit.[132] Nach ähnlichen Grundsätzen sind **volljährige Kinder,** die sich nicht in Ausbildung befinden, verpflichtet, durch den Einsatz ihrer Arbeitsfähigkeit für den eigenen Lebensbedarf selbst zu sorgen.[133] (siehe dazu auch Rn. 491). Befindet sich der Unterhaltsberechtigte noch in der Ausbildung, ist er verpflichtet, bestehende BAföG-Ansprüche geltend zu machen. Auch die Verletzung dieser Obliegenheit kann zur Anrechnung fiktiver Einkünfte führen (Rn. 458 f.). **Minderjährigen Kindern** kann ein fiktives Einkommen hingegen nicht zugerechnet werden.[134]

Gibt der Berechtigte eine Erwerbstätigkeit leichtfertig auf oder verdient er bei einem **520**
freiwilligen Arbeitsplatzwechsel weniger als vorher, ist er unterhaltsrechtlich so zu behandeln, als hätte er die Einkünfte aus seiner bisherigen Tätigkeit noch (wie Rn. 494 f.). Ein

[128] OLG Frankfurt/Main, FamRZ 1992, 979
[129] BGH, FamRZ 1988, 927, 929 = R 358 d; FamRZ 1988, 256, 258 = R 355 c; FamRZ 1988, 159; FamRZ 1981, 1042
[130] BGH, FamRZ 2003, 434 = R 589; OLG Hamm FamRZ 2002, 751
[131] OLG Celle, FamRZ 1998, 1518
[132] BGH, FamRZ 1988, 927, 929 = R 358 d
[133] BGH, FamRZ 1985, 273
[134] OLG Stuttgart FamRZ 1997, 447

Arbeitsplatzwechsel kann dem Berechtigten in der Regel zugemutet werden, wenn er bei einer anderen Stelle mehr verdienen könnte, ohne berücksichtigungswürdige Nachteile zu erleiden. Wird ein berechtigter Ehegatte **unverschuldet arbeitslos,** z. B. durch eine nicht leichtfertig verursachte Arbeitgeberkündigung, so ist der Unterhalt – wie bei entsprechender Leistungsunfähigkeit des Verpflichteten (Rn. 502 f.) – neu zu berechnen. Zur Frage des „unverschuldeten Verlustes" s. Rn. 4/117. Macht sich der Berechtigte selbstständig oder produziert er in seinem Unternehmen nur Verluste, gelten ebenfalls ähnliche Grundsätze wie für den Verpflichteten (Rn. 515).

521 Ein Unterhaltsanspruch kann außerdem entfallen oder herabgesetzt werden, wenn der berechtigte Ehegatte seine Bedürftigkeit **mutwillig herbeigeführt hat** (§§ 1361 III, 1579 Nr. 3 BGB) (dazu im einzelnen Rn. 4/666). Das ist vor allem dann der Fall, wenn der Berechtigte durch sein früheres Verhalten in vorwerfbarer Weise krank und erwerbsunfähig geworden ist oder in vorwerfbarer Weise nicht dafür gesorgt hat, dass er wieder erwerbsfähig wird. Auch der Vorwurf der mutwillig herbeigeführten Bedürftigkeit erfordert eine unterhaltsbezogene Leichtfertigkeit (dazu siehe Rn. 494 f.). Ähnliches gilt nach § 1611 BGB beim **Kindesunterhalt,** wenn das Kind durch ein sittliches Verschulden bedürftig geworden ist oder die Inanspruchnahme des verpflichteten Elternteils grob unbillig wäre (dazu im Einzelnen Rn. 2/478 f.). Der Bedürftige muss durch erheblich vorwerfbares Verhalten, d. h. zumindest mit **unterhaltsbezogener Leichtfertigkeit,** gegen anerkannte Gebote der Sittlichkeit verstoßen haben.[135] Fiktives Einkommen aus Rentenbezügen kann im Rentenalter über § 1579 Nr. 3 BGB zugerechnet werden, wenn der Berechtigte Vorsorgeunterhalt zweckwidrig nicht an einen Versorgungsträger weitergeleitet hat.[136]

522 Der Berechtigte hat die **Darlegungs- und Beweislast** für seine Bedürftigkeit, d. h. für alle Umstände, die für seine Bedürftigkeit bedeutsam sind, also z. B. für seine Arbeitsunfähigkeit, seine Bemühungen um einen Arbeitsplatz, seine Nichtvermittelbarkeit auf dem Arbeitsmarkt u. ä. (vgl. Rn. 6/703 f.). Zweifel gehen zu seinen Lasten (s. auch Rn. 527, 531, 532).

2. Zumutbare Erwerbstätigkeiten des Berechtigten

523 Art und Umfang einer Erwerbstätigkeit, die vom Berechtigten zur Minderung seiner Bedürftigkeit verlangt werden kann, sind abhängig von der jeweiligen Anspruchsgrundlage. Beim **Trennungsunterhalt** kann der nicht erwerbstätige Ehegatte darauf verwiesen werden, seinen Unterhalt durch eine Erwerbstätigkeit selbst zu verdienen, wenn dies von ihm nach seinen persönlichen Verhältnissen, insbesondere wegen einer früheren Erwerbstätigkeit unter Berücksichtigung der Ehedauer und nach den wirtschaftlichen Verhältnissen der Ehegatten erwartet werden kann (§ 1361 II BGB; dazu Rn. 4/16 f.). Wird eine Erwerbsobliegenheit bejaht, muss die zumutbare Erwerbstätigkeit wie bei § 1574 II BGB eheangemessen sein.

524 Beim **nachehelichen Unterhalt** besteht wegen des Prinzips der Eigenverantwortlichkeit nach § 1574 I BGB grundsätzlich die Obliegenheit, eine angemessene Erwerbstätigkeit auszuüben. Angemessen ist eine Erwerbstätigkeit, die der Ausbildung, den Fähigkeiten, dem Lebensalter und dem Gesundheitszustand sowie den ehelichen Lebensverhältnissen unter Berücksichtigung der Ehedauer und der Pflege oder Erziehung gemeinschaftlicher Kinder entspricht (§ 1574 II BGB). Genaueres Rn. 4/131 f. Der Berechtigte ist zur beruflichen Ausbildung oder Fortbildung verpflichtet, wenn er nach deren Abschluss voraussichtlich eine geeignete Erwerbstätigkeit aufnehmen oder ausweiten kann (§ 1574 III BGB). Eine approbierte Ärztin ohne Berufserfahrung muss sich z. B. einer Fortbildung unterziehen und darf sich dann nicht nur um Stellen in einer Arztpraxis oder einem Krankenhaus bewerben, sondern auch um Ausbildungstätigkeiten in Alten- oder Krankenpflegerschulen und dergleichen.[137]

---

[135] BGH, FamRZ 1985, 273, 275
[136] OLGR Koblenz 2002, 9; OLGR Schleswig 2001, 41; OLG Hamm, FamRZ 1991, 1056
[137] OLG Hamm, FamRZ 1998, 243

Ob und inwieweit der Berechtigte nach diesen Bestimmungen zu einer Erwerbstätigkeit verpflichtet ist, ist im konkreten Einzelfall auf Grund einer Zumutbarkeitsabwägung der maßgeblichen Umstände festzustellen.[138] Hat der Verpflichtete nach § 1581 BGB nur nach Billigkeitsgrundsätzen Unterhalt zu leisten, weil sein eigener angemessener Unterhalt gefährdet ist, so kann dies zu einer Verschärfung der Anforderungen führen, die an die Erwerbstätigkeit des Berechtigten zu stellen sind.[139] 525

An die Unterhaltsbedürftigkeit eines **volljährigen Kindes,** das sich nicht in einer Ausbildung befindet, stellt die Rechtsprechung, sofern nicht besondere Erschwernisgründe vorgetragen sind, strenge Anforderungen; für die Suche eines Ausbildungsplatzes billigt sie aber regelmäßig einen Zeitraum von bis zu 3 Monaten zu.[140] Für die Erwerbsobliegenheit eines volljährigen Kindes, das schon eine abgeschlossene Berufsausbildung hat und sich nicht in Berufsausbildung befindet, gelten ähnliche Maßstäbe wie bei der verstärkten Unterhaltspflicht der Eltern gegenüber minderjährigen Kindern. Dem Volljährigen sind berufsfremde Tätigkeiten und Arbeiten auch unterhalb seiner gewohnten Lebensstellung zuzumuten.[141] Der Volljährige muss auch eine von einem Elternteil angebotene Stelle annehmen.[142] Nach allgemeiner Auffassung trifft einen **Studenten** neben dem Studium in der Regel keine Erwerbsobliegenheit. Denn er soll sich, auch im Interesse des Unterhaltspflichtigen, mit ganzer Kraft sowie dem gehörigen Fleiß und der gebotenen Zielstrebigkeit dem Studium widmen, um dieses innerhalb angemessener und üblicher Dauer zu beenden. Das gilt auch für die Zeit der Semesterferien, die neben der notwendigen Erholung der Wiederholung und Vertiefung des Stoffes dient, soweit sie nicht ohnehin durch studienbedingte Arbeiten (Hausarbeiten) ausgefüllt ist. Übt ein Student gleichwohl eine (Neben-)Erwerbstätigkeit aus, so stellt die Vergütung, die er hierfür erhält, grundsätzlich Einkommen aus überobligationsmäßiger Tätigkeit dar. Die Anrechnung solcher Einkünfte aus unzumutbarer Tätigkeit bestimmt sich auch beim Verwandtenunterhalt nach dem – hier entsprechend heranzuziehenden – Rechtsgedanken des § 1577 Abs. 2 BGB. Danach bleiben Einkünfte anrechnungsfrei, soweit der Unterhaltsverpflichtete nicht den vollen Unterhalt leistet, § 1577 Abs. 2 Satz 1 BGB. Darüber hinaus kommt eine Anrechnung insoweit in Betracht, als dies unter Berücksichtigung der beiderseitigen wirtschaftlichen Verhältnisse der Billigkeit entspricht, § 1577 Abs. 2 Satz 2 BGB.[143] Allerdings kann einem Studierenden während der Semesterferien ausnahmsweise eine gewisse Erwerbstätigkeit zugemutet werden, wenn durch diese der Examensabschluss nicht verzögert oder gefährdet wird[144] (zur Einkommensanrechnung bei Studenten und Schülern siehe Rn. 78 f.). 526

III. Ernsthafte Bemühungen um eine Erwerbstätigkeit und reale Beschäftigungschancen

1. Ernsthafte Bemühungen um eine Arbeitsstelle

Wer zur Aufnahme einer Erwerbstätigkeit verpflichtet ist, muss sich ernsthaft und intensiv um eine Arbeitsstelle bemühen. Die Meldung beim Arbeitsamt zum Zweck der Arbeitsvermittlung reicht hierzu nicht aus, weil erfahrungsgemäß nicht alle Arbeitsstellen über das Arbeitsamt vermittelt werden.[145] Das Arbeitsamt hat zwar das staatliche Monopol für die Arbeitsvermittlung. Gleichwohl suchen viele Arbeitgeber ohne Einschaltung des Arbeitsamtes Arbeitskräfte über Stellenanzeigen in Tageszeitungen und Anzeigenblättern. Deshalb gehört zu den zumutbaren Arbeitsbemühungen auch, dass sich der Unterhaltspflichtige aus 527

[138] BGH, FamRZ 1985, 50 = NJW 1985, 429; FamRZ 1982, 148
[139] BGH, FamRZ 1983, 569, 571
[140] OLG Hamburg FamRZ 2003, 180, 181; OLG Hamm FamRZ 1987, 411
[141] BGH, FamRZ 1987, 930, 932 = NJW-RR 1987, 706 = R 328 b; FamRZ 1985, 273
[142] OLG Zweibrücken, FamRZ 1984, 1250
[143] BGH, FamRZ 1995, 475 = R 491 b
[144] BGH, FamRZ 1983, 140; FamRZ 1980, 126
[145] BGH, FamRZ 1986, 1085 = R 305 b; FamRZ 1986, 244, 246 = R 280 b

eigenem Antrieb laufend über Zeitungsannoncen, Vermittlungsagenturen und ähnliches um Arbeit bemüht.[146] Er muss Stellenangebote in Zeitungen und Anzeigenblättern, die am Wohnort und in der Region erscheinen, auf entsprechende Anzeigen sorgfältig überprüfen. In Frage kommen auch sonstige Privatinitiativen wie Erkundigungen im Bekanntenkreis, Nachfrage bei früheren Arbeitsplätzen u. ä. Zu den Bemühungen gehören vor allem rechtzeitige schriftliche oder persönliche und nicht nur telefonische Bewerbungen bei Firmen und Behörden, die für Stellenvergaben in Frage kommen. In der Rechtsprechung wird gefordert, dass der Arbeitslose für die Suche nach Arbeit etwa die Zeit aufwendet, die ein Erwerbstätiger für seinen Beruf aufwendet, so dass monatlich 20 Bewerbungen zu verlangen seien.[147] Um seiner **Darlegungs- und Beweislast** für hinreichende Bemühungen zu genügen, muss der Unterhaltspflichtige auch in nachprüfbarer Weise vortragen, welche Schritte er im Einzelnen unternommen hat, um eine Arbeitsstelle zu finden.[148] Er muss ausreichend darlegen, um welche Stellen er sich in der fraglichen Zeit beworben hat, was aus diesen Bewerbungen geworden ist und was er sonst konkret unternommen hat, um Arbeit zu finden. Er muss entsprechende Bewerbungsschreiben und Antwortschreiben vorlegen.[149]

528 Die Arbeitsbemühungen und die subjektive Arbeitsbereitschaft müssen ernsthaft sein. Wenn Zweifel bestehen, ist dies vom Richter besonders sorgfältig nachzuprüfen. Der Richter muss versuchen, aus der Arbeitsbiographie, dem Parteivortrag und aus sonstigen Umständen Erkenntnisse über die Ernsthaftigkeit der subjektiven Arbeitsbereitschaft zu gewinnen. Zuweilen ergeben sich dazu Anhaltspunkte aus dem Text von Bewerbungsschreiben oder anlässlich einer Beweiserhebung zu Vorstellungsgesprächen. Es ist oft nicht auszuschließen, dass eine fehlende Arbeitswilligkeit dadurch verschleiert wird, dass zwar einerseits umfangreich zu mißglückten Bewerbungen vorgetragen wird, andererseits aber zumutbare **ernsthafte Stellenangebote verschwiegen werden.**[150] Deshalb sind auch 50 Absagen und mehr noch kein in jedem Fall überzeugender Nachweis ausreichender Bemühungen um einen Arbeitsplatz. Zweifel an der Ernsthaftigkeit von Bewerbungsbemühungen gehen zu Lasten des Arbeitsuchenden.

2. Reale Beschäftigungschance auf dem Arbeitsmarkt

529 Ob ein Arbeitsuchender einen geeigneten Arbeitsplatz finden kann, ist auch von objektiven Voraussetzungen abhängig, wie den jeweiligen Verhältnissen auf dem Arbeitsmarkt sowie von den persönlichen Eigenschaften des Arbeitsuchenden wie Alter, Ausbildung, Berufserfahrung, Gesundheitszustand, Geschlecht u. ä.[151] Auf seine mangelnden Sprachkenntnisse kann der Unterhaltspflichtige sich allerdings nur für eine Übergangszeit berufen. Denn zu den gesteigerten Anforderungen an seine Bemühungen um einen neuen Arbeitsplatz gehört es auch, sich unter Ausnutzung sämtlicher Hilfsangebote intensiv um eine Verbesserung der deutschen Sprachkenntnisse zu bemühen.[152] In Zeiten der Vollbeschäftigung sind an den Nachweis vergeblichen Bemühens höhere Anforderungen zu stellen als in Zeiten hoher Arbeitslosigkeit auf dem einschlägigen Arbeitsmarkt. In dichtbesiedelten Gebieten mit hohem Beschäftigungsstand bestehen generell bessere Bedingungen als in strukturschwachen und weniger bevölkerten Landesteilen.[153] Auch bei längerer (und sogar mehrjähriger) Arbeitslosigkeit besteht kein genereller Erfahrungssatz, dass ein älterer Unterhaltspflichtiger keine Arbeitsstelle zu finden vermag. Er kann sich nicht pauschal auf eine fehlende reale Erwerbsmöglichkeit berufen, sondern hat substantiiert darzulegen und gegebenenfalls zu beweisen, dass er keine reale Chance auf einen

---

[146] BGH, FamRZ 2000, 1358, 1359 f. = R 543
[147] OLGR Jena 2002, 316; OLG Naumburg, FamRZ 1997, 311
[148] BGH, FamRZ 2000, 1358, 1359 f. = R 543; 1996, 345, 346
[149] OLG Dresden FamRZ 1999, 1527; OLG Hamburg, FamRZ 1984, 1245; OLG Zweibrücken, FamRZ 1984, 1250; OLG Stuttgart, FamRZ 1983, 1233
[150] BGH, FamRZ 1986, 244, 246 = R 280 b
[151] BGH, FamRZ 1987, 144 = R 314; FamRZ 1986, 885 = R 302 b
[152] OLG Celle FamRZ 1999, 1165
[153] BGH, FamRZ 1986, 244, 246 = R 280 b

Arbeitsplatz hat.[154] **Der Tatrichter** muss darüber entscheiden, ob die Chance, eine Arbeit zu finden, real oder doch nicht völlig irreal oder nur theoretischer Art ist. Jeder ernsthafte Zweifel daran, ob bei sachgerechten Bemühungen eine nicht ganz von der Hand zu weisende Beschäftigungschance besteht bzw. bestanden hätte, geht zu Lasten des Arbeitsuchenden. Andererseits kann der Nachweis als geführt angesehen werden, wenn nach dem Ergebnis der tatrichterlichen Würdigung eine Beschäftigungschance praktisch nicht bestanden hat.[155]

Wird zum Beweis der behaupteten Nichtvermittelbarkeit die Einholung einer **Auskunft** **530** **des Arbeitsamtes** beantragt, muss diese erhoben werden, denn die amtliche Auskunft einer Behörde ersetzt die Zeugenvernehmung des in Frage kommenden Sachbearbeiters. Der Richter darf sich über einen solchen Beweisantrag nicht hinwegsetzen und ohne weiteres vom Gegenteil ausgehen.[156] Bestätigt das Arbeitsamt, dass die betreffende Person von der Arbeitsverwaltung voraussichtlich nicht vermittelt werden kann, sind die dafür benannten Gründe tatrichterlich zu würdigen; es ist aber in jedem Fall weiter zu fragen, ob bei ausreichender Entfaltung von Privatinitiative (Rn. 527) nicht gleichwohl ein angemessener Arbeitsplatz gefunden werden könnte. Derartigen Arbeitsamtsbestätigungen kommt daher für die Praxis nur eine eingeschränkte Bedeutung zu. Eine auf der Erfahrung des Gerichts und seiner Kenntnis von den Verhältnissen des örtlichen Arbeitsmarktes beruhende tatrichterliche Beurteilung der Vermittelbarkeit ist aus Rechtsgründen (revisionsrechtlich) nicht zu beanstanden.[157]

3. Darlegungs- und Beweislast zu den Arbeitsbemühungen und zur Beschäftigungschance

Wer trotz **Erwerbslosigkeit** Unterhalt beansprucht, hat die Darlegungs- und Beweislast **531** für seine Bedürftigkeit (vgl. Rn. 6/707). Er muss in nachprüfbarer Weise vortragen, welche Schritte er im Einzelnen unternommen hat, um einen zumutbaren Arbeitsplatz zu finden und sich ergebende Erwerbsmöglichkeiten auszunützen. Er muss außerdem darlegen und nachweisen, dass für ihn objektiv eine reale Beschäftigungschance nicht bestanden hat.[158] Gleiches gilt für den Unterhaltsschuldner, der Leistungsunfähigkeit oder beschränkte Leistungsfähigkeit infolge Arbeitslosigkeit behauptet[159] (vgl. Rn. 6/710). Im Rahmen der nach § 1603 II BGB gesteigerten Erwerbsobliegenheit ist der Unterhaltsschuldner darlegungs- und beweispflichtig dafür, dass er die Kündigung seines Arbeitsverhältnisses nicht zu vertreten hat und trotz intensiver Anspannung aller Kräfte keine neue Erwerbstätigkeit finden konnte.[160] Bei verbleibenden Zweifeln wird er als leistungsfähig behandelt.

IV. Krankheitsbedingte Arbeitsunfähigkeit

1. Krankheitsbedingte Erwerbsunfähigkeit und Pflicht zur Wiederherstellung der Arbeitskraft

Fehlendes oder unzulängliches Erwerbseinkommen wird häufig mit krankheitsbedingter **532** Arbeitsunfähigkeit begründet. Wer behauptet, infolge Krankheit arbeitsunfähig oder nur beschränkt arbeitsfähig zu sein, hat seine gesundheitliche Beeinträchtigung genau anzugeben und das Ausmaß der Minderung seiner Arbeitsfähigkeit nachzuweisen. Das gilt für den Berechtigten und den Verpflichteten. Die Anerkennung als Schwerbehinderter, sei es auch zu 100%, rechtfertigt nicht ohne weiteres den Schluss auf eine Erwerbsunfähigkeit.[161] Fehlt es an entsprechendem Vortrag zu konkreten Erwerbsbeeinträchtigungen, muss sich der

---

154 OLGR Dresden 2000, 53; OLG Hamm FamRZ 1999, 1011
155 BGH, FamRZ 1987, 144 = R 314; FamRZ 1986, 885 = R 302 b
156 BGH, FamRZ 1987, 912
157 BGH, FamRZ 1988, 604 = NJW 1988, 2799
158 BGH, FamRZ 1996, 345; FamRZ 1987, 144 = R 314; FamRZ 1986, 885 = R 302 b; FamRZ 1986, 244, 246 = R 280 b
159 OLG Karlsruhe FamRZ 2000, 1419
160 OLG Hamm, FamRZ 1998, 1252
161 OLGR Saarbrücken 2002, 174

Unterhaltspflichtige so behandeln lassen, als verfüge er tatsächlich über die erzielbaren Einkünfte. Auf entsprechenden Vortrag kann der Nachweis einer Minderung der Erwerbsfähigkeit durch die Einholung eines **ärztlichen Sachverständigengutachtens** geführt werden. Empfehlenswert ist es, damit einen Arbeitsmediziner zu beauftragen. Aufgabe des Sachverständigen ist es, zu klären, ob qualitative oder quantitative Leistungseinschränkungen vorliegen. Zu den **qualitativen Leistungseinschränkungen** gehören

- die Unfähigkeit zu Arbeiten unter Zeitdruck,
- die Unfähigkeit zu Nacht- oder Wechselschicht,
- die Unfähigkeit, schwer zu heben, schwer zu tragen,
- die Unverträglichkeit von bestimmten Reizstoffen, Hitze oder Kälte
- die Unfähigkeit, in offenen oder in geschlossenen Räumen zu arbeiten, und
- die Unfähigkeit, im Sitzen, Gehen oder Stehen zu arbeiten.

Die **quantitativen Einschränkungen** bringen die Reduktion des Leistungsvermögens in zeitlicher Hinsicht zum Ausdruck, in erster Linie die Unfähigkeit zur Ganztagsarbeit. Ursache können körperliche Beeinträchtigungen sein, aber auch psychische Erkrankungen, die das Durchhaltevermögen, die Leistungsmotivation, die Ausdauer, die nervliche Belastbarkeit, die Anpassungsfähigkeit oder die geistige Beweglichkeit beeinträchtigen.

Im Fall einer Krankheit trifft den Berechtigten wie den Verpflichteten die Obliegenheit, alles zur Wiederherstellung seiner Arbeitskraft Erforderliche zu tun, um seine Unterhaltsbedürftigkeit zu mindern bzw. seine Leistungsfähigkeit wiederherzustellen. Wer leichtfertig oder fahrlässig die Möglichkeit ärztlicher Behandlung und Behebung der der Aufnahme einer Erwerbstätigkeit entgegenstehenden Schwierigkeiten nicht nutzt, muss sich unterhaltsrechtlich so behandeln lassen, als hätte er das Notwendige getan. Der Verpflichtete kann als leistungsfähig angesehen werden. Der Bedürftige kann seinen Unterhaltsanspruch verwirken, weil er seine Bedürftigkeit mutwillig herbeigeführt bzw. aufrechterhalten hat.[162] Das OLG Hamm[163] geht z. B. bei einer neurotischen Depression davon aus, dass bewusstes Vermeiden ärztlicher Hilfe dazu führt, dass der Unterhaltsgläubiger als erfolgreich therapiert anzusehen ist (siehe dazu auch Rn. 4/666). War der Unterhaltsberechtigte, dessen überwiegend psychisch bedingte Krankheitssymptome zur völligen Erwerbsunfähigkeit geführt haben, allerdings krankheitsbedingt wegen fehlender Therapieeinsicht zur Durchführung von Heilmaßnahmen nicht in der Lage, kann ihm dies unterhaltsrechtlich nicht angelastet und ihm ein Unterhaltsanspruch nicht wegen mutwilliger Herbeiführung der Bedürftigkeit versagt werden.[164]

533 Bei **Suchtdelikten** wie Alkoholabhängigkeit kann die Bedürftigkeit im Sinne des § 1579 Nr. 3 BGB auch dadurch mutwillig herbeigeführt sein, dass der Unterhaltsberechtigte es leichtfertig unterlassen hat, durch geeignete und zumutbare Maßnahmen seine Erwerbsfähigkeit wiederherzustellen (vgl. Rn. 516 f.). Die Frage, von welchem Zeitpunkt an dem Bedürftigen die Erkenntnis über die Art seiner Erkrankung zugerechnet werden kann, und die Beurteilung des Zeitraums, innerhalb dessen er gehalten war, wirksame Maßnahmen zur Wiederherstellung seiner Gesundheit zu ergreifen, sind Gegenstand tatrichterlicher Würdigung.[165] Wer aus nicht vorwerfbarer Labilität und Charakterschwäche nicht in der Lage ist, dem Alkoholmissbrauch entgegenzusteuern und Maßnahmen zu dessen Bekämpfung zu ergreifen, braucht unterhaltsrechtliche Nachteile nicht zu befürchten[166] (genaueres dazu Rn. 4/673 f.).

2. „Rentenneurose" des Berechtigten

534 Bei psychischen Fehlhaltungen, die der sogenannten **„Rentenneurose"** oder „Prozessneurose" des Haftpflichtrechts und Sozialrechts vergleichbar sind, ist ein Unterhaltsberechtigter nur dann bedürftig, wenn er erfolglos versucht hat, selbst beruflich tätig zu werden. Zwar ist nach allgemeiner Meinung grundsätzlich auch derjenige bedürftig, der infolge einer seelischen Störung erwerbsunfähig ist. Anders ist die Bedürftigkeit jedoch zu beurteilen, wenn

---

[162] BGH, FamRZ 1988, 375, 377 = R 356 b; FamRZ 1987, 359, 361; FamRZ 1981, 1042; OLG Hamburg, FamRZ 1982, 702; OLG Düsseldorf, FamRZ 1982, 518
[163] OLG Hamm, FamRZ 1999, 237
[164] KG FamRZ 2002, 460
[165] Vgl. OLGR Schleswig 2001, 248
[166] OLG Bamberg, FamRZ 1998, 370

die seelische Störung erst durch das – wenn auch unbewusste – Begehren nach einer Lebenssicherung oder durch die Ausnutzung einer vermeintlichen Rechtsposition ihr Gepräge erhält und der Unterhaltsanspruch zum Anlass genommen wird, den Mühen des Arbeitslebens auszuweichen. Entsprechend hat der Bundesgerichtshof im Schadensersatzrecht Grundsätze zur Haftungsbegrenzung entwickelt, die bei sogenannten Rentenneurosen dann eingreifen, wenn die seelische Störung erst durch das – wenn auch unbewusste – Begehren nach einer Lebenssicherung oder durch die Ausnutzung einer vermeintlichen Rechtsposition ihr Gepräge erhält und der Unfall zum Anlass genommen wird, den Schwierigkeiten des Arbeitslebens auszuweichen.[167] Damit wird dem Gesichtspunkt Rechnung getragen, dass die Wiedereingliederung neurotisch labiler Personen in den sozialen Lebens- und Pflichtenkreis teilweise gerade dann scheitert, wenn Aussicht besteht, ein bequemes Renteneinkommen zu erhalten, und dass dem Rentenneurotiker, dessen Verhalten wesentlich von Begehrensvorstellungen bestimmt ist, seine **Flucht in die seelische Krankheit** rechtlich nicht „honoriert" werden darf. Laufende Zahlungen sollen nicht zur Verfestigung eines Zustandes beitragen, der letztlich der körperlichen und seelischen Gesundung des Geschädigten abträglich ist. Entsprechende Erwägungen gelten im Recht der gesetzlichen Rentenversicherung: Erforderlich für die Anerkennung ist dort, dass die seelische Störung nicht aus eigener Kraft überwunden werden kann. Wenn vorhersehbar ist, dass eine Rentenablehnung die neurotischen Erscheinungen des Versicherten verschwinden lässt, so muss die Rente versagt werden, weil es mit dem Sinn und Zweck der Rentengewährung bei Berufsunfähigkeit nicht zu vereinbaren ist, dass gerade die Rente den Zustand aufrecht erhält, dessen nachteilige Folgen sie ausgleichen soll.[168] Im **Unterhaltsrecht,** das zwischen geschiedenen Ehegatten auf der Fortwirkung der ehelichen Beistandspflichten im Sinne einer nachehelichen Solidarität und im Übrigen auf der Verwandtschaft von Gläubiger und Schuldner beruht, kann den Auswirkungen von seelischen Störungen und Fehlreaktionen jedenfalls keine geringere rechtliche Bedeutung beigemessen werden als im Haftungs- und Sozialversicherungsrecht. Eine Bedürftigkeit scheidet – ganz oder teilweise – aus, wenn voraussehbar ist, dass sich der neurotische Zustand bei Versagung oder Minderung des Unterhaltsanspruchs infolge der dadurch bedingten Aktivierung eigener Kräfte verändern kann. Ist dagegen die seelische Störung so übermächtig, dass sie voraussichtlich auch nach Aberkennung des Unterhaltsanspruchs bleibt, muss von einer fortbestehenden Unterhaltsbedürftigkeit ausgegangen werden.[169] Wegen der Simulationsmöglichkeiten ist stets Wachsamkeit des Tatrichters und des Sachverständigen geboten. In Grenzfällen obliegt dem Berechtigten die Beweislast dafür, dass bei ihm keine Rentenneurose gegeben ist oder dass seine seelische Abartigkeit so übermächtig ist, dass sie auch nach Aberkennung eines Unterhaltsanspruchs nicht überwunden werden kann.[170]

Neurosen haben Krankheitswert, sind aber durch eine **therapeutische Behandlung** veränderbar. Es besteht daher die unterhaltsrechtliche Verpflichtung, sich zur Wiederherstellung der Arbeitsfähigkeit in eine solche therapeutische Behandlung zu begeben und in dieser aktiv an der Veränderung der psychischen Arbeitsunwilligkeit mitzuarbeiten. Verstößt der Kranke gegen diese Obliegenheit, muss er sich unterhaltsrechtlich so behandeln lassen, als sei eine solche Behandlung erfolgreich gewesen.[171] **535**

V. Bemessung und Dauer der fiktiven Einkünfte

1. Zur Bemessung fiktiver Einkünfte

Die Höhe fiktiver Einkünfte kann im Allgemeinen nur im Weg einer Schätzung nach **536**
§ 287 ZPO ermittelt werden.[172] Geschätzt wird ein **Nettobetrag,** der nach Abzug von

[167] Grundlegend BGHZ 20, 137 = NJW 1956, 1108
[168] BSG NJW 1964, 2223, 2224
[169] BGH, FamRZ 1984, 660 = R 208; OLG Düsseldorf FamRZ 1990, 68
[170] BGH, FamRZ 1984, 660 = R 208; FamRZ 1981, 1042; OLG Hamburg, FamRZ 1982, 702
[171] OLG Hamm FamRZ 1999, 237; OLG Düsseldorf, FamRZ 1982, 518
[172] BGH, FamRZ 1986, 885 = R 302 a; FamRZ 1984, 662 = R 211 a; OLG Köln, FamRZ 1982, 707, 709

Steuern und Vorsorgeaufwendungen erzielt werden könnte. Zur Orientierung dient ein früheres Einkommen, wenn ein Arbeitsverhältnis aufgegeben worden ist.[173] Sonst ist unter Berücksichtigung der örtlichen Besonderheiten ein Einkommen zu ermitteln, das der Betreffende nach seiner Vorbildung und seinen Fähigkeiten erzielen könnte.[174] Maßgeblich ist stets das **erzielbare Einkommen.** Fehlen im Einzelfall verlässliche konkrete Anhaltspunkte für eine Schätzung, können als vergleichbare Beträge die in den Anlagen zum Fremdrentengesetz (FRG) aufgeführten Bruttojahresentgelte herangezogen werden. Diese Bruttojahresentgelte beruhen auf zuverlässigen, für die gesamte Bundesrepublik geltenden Erhebungen und Feststellungen und sind daher für eine vergleichbare Schätzung besonders geeignet.[175] Maßgeblich sollten in keinem Fall nur die untersten beruflichen Möglichkeiten sein.[176]

537 Bei einer Schätzung ist auf den objektiven Wert der Leistungen abzustellen. Für Versorgungsleistungen und Haushaltsführung können Richtsätze, die auf die gegebenen Verhältnisse abgestimmt sind und der Lebenserfahrung entsprechen, sowie Richtlinien und Erfahrungssätze, die zur Bestimmung von Schadensrenten für die Verletzung oder Tötung von Hausfrauen entwickelt worden sind, als Anhalt dienen, soweit nicht im konkreten Einzelfall besondere Umstände eine Abweichung bedingen[177] (siehe dazu auch Rn. 476). Die fiktive Höhe des Verdienstes aus wechselnden Aushilfs- und Gelegenheitsarbeiten muss vom Gericht in nachprüfbarer Weise dargelegt und begründet werden. Nötig sind dazu Angaben zur Art der in Betracht kommenden Gelegenheits- und Aushilfstätigkeiten, zum „Markt“ für solche Tätigkeiten in dem für den Berechtigten erreichbaren Einzugsgebiet sowie zu dem möglichen persönlichen Zugang des Berechtigten zu diesem „Markt“. Häufig wird es sich dabei um Arbeiten in einem **fremden Haushalt** handeln (zum Wert der Haushaltstätigkeit vgl. Rn. 477). Im Falle einer Ganztagsarbeit ist von einem höheren Wert auszugehen, als der üblichen Haushaltstätigkeit entspricht. Dabei ist auch der Gesundheitszustand in jedem Einzelfall mitzuberücksichtigen.[178] Wird Ehegattenunterhalt geltend gemacht, ist auch der **Erwerbstätigenbonus** von 1/7 zu berücksichtigen.[179]

Wer sich auf fiktive Einkünfte beruft, hat ein der beruflichen Qualifikation des Gegners entsprechendes erzielbares Einkommen schlüssig vorzutragen. Die **Darlegungs- und Beweislast** dafür, dass dies konkret nicht möglich ist, trifft den Gegner.[180]

2. Zur Dauer fiktiver Einkünfte

538 Ein fiktives Einkommen ist so lange zuzurechnen, wie sich die maßgeblichen Umstände, die nach § 242 BGB zur Bejahung eines fiktiven Einkommens geführt haben, nicht wesentlich geändert haben.[181] Bei einem Verpflichteten, der seinen Arbeitsplatz leichtfertig aufgegeben hatte, ist daher zu klären, ob ein späterer Verlust aus hinnehmbaren Gründen ausgeschlossen werden kann. Ist dies nicht möglich, dürfen die Einkünfte aus dem früheren Arbeitsverhältnis nicht mehr fiktiv zugerechnet werden. Es kommt dann darauf an, was der Verpflichtete bei zureichenden Bemühungen um eine neue Stelle hätte verdienen können.[182] Teilweise wird vertreten, dass die früheren Einkünfte stets nur für eine gewisse Übergangszeit maßgeblich sein können.[183] Erfolgt die Zurechnung wegen fehlender Bemühungen um einen Arbeitsplatz, so kann ein fiktives Einkommen nur so lange angerechnet werden (bzw. eine Bedürftigkeit nur so lange verneint werden), als sich der Betreffende nicht hinreichend

---

173 OLG Hamburg, FamRZ 1982, 611
174 BGH, FamRZ 1984, 374, 377 = NJW 1984, 1458, 1460
175 OLG Düsseldorf, FamRZ 1981, 255
176 OLG Düsseldorf, FamRZ 1991, 220
177 BGH, FamRZ 1984, 662 = R 211 a; FamRZ 1980, 40, 42
178 BGH, FamRZ 1984, 682, 686 = R 212 c
179 BGH, FamRZ 1991, 307 = R 427 b
180 BGH, FamRZ 1986, 244; OLG Naumburg, FamRZ 1998, 557
181 OLG Karlsruhe, FamRZ 1983, 931
182 OLG Hamm, FamRZ 1995, 1217
183 OLGR Schleswig, 2001, 181

um einen neuen Arbeitsplatz bemüht (dazu s. Rn. 507 a). Ein solches ernsthaftes und intensives, wenn auch wegen der augenblicklichen Arbeitsmarktlage, evtl. in Verbindung mit fortgeschrittenem Alter oder verschlechtertem Gesundheitszustand erfolgloses Bemühen kann im Weg einer Abänderungsklage geltend gemacht werden.[184] Das Gleiche gilt, wenn wegen leichtfertigen Verlustes des Arbeitsplatzes das frühere Einkommen fiktiv zugerechnet wurde und später ein Arbeitsplatz gefunden wird, der zwar den **vorliegenden Qualifikationen** entspricht, aber mit geringerem Einkommen verbunden ist.[185] Mit der Abänderungsklage kann auch dann nicht geltend gemacht werden, dass das im Ausgangsverfahren fiktiv zugerechnete Einkommen zu hoch angesetzt wurde, wenn dies im Versäumnisverfahren geschehen ist.[186]

3. Vorsorgeunterhalt

Die fiktive Unterstellung eines Einkommens aus Erwerbstätigkeit hat beim Berechtigten grundsätzlich zur Folge, dass insoweit auch kein Vorsorgeunterhalt geschuldet wird.[187] Krankenvorsorgeunterhalt wird schon dann nicht mehr geschuldet, wenn Einkommen aus einer Teilzeitarbeit zuzurechnen ist, weil in der gesetzlichen Krankenversicherung eine Vollversicherung auch bei Teilzeitarbeit besteht.[188] Umgekehrt handelt ein Ehegatte mutwillig i. S. v. § 1579 Nr. 3 BGB, wenn er Altersvorsorgeunterhalt zweckwidrig verwendet, es sei denn, er weist nach, dass er aus einer besonderen Notlage heraus gehandelt hat. Er ist in diesem Falle so zu behandeln, als hätte er dieses Geld zum Aufbau der Altersvorsorge verwendet, der entsprechende Betrag ist ihm als fiktives Einkommen zuzurechnen.[189] **539**

11. Abschnitt: Einkommen aus unzumutbarer Erwerbstätigkeit

I. Grundsatz

1. Abgrenzung zumutbare und unzumutbare Tätigkeit

Das Unterhaltsrecht legt den Parteien wechselnde Obliegenheiten auf. Der Unterhaltsgläubiger hat die Unterhaltslast soweit wie möglich zu verringern, der Unterhaltsschuldner hat sich leistungsfähig zu halten. Bedürftiger wie Pflichtiger müssen daher ihre Arbeitskraft so gut wie möglich einsetzen (s. näher Rn. 487 ff. und 519 ff.). **540**

Die Erwerbsobliegenheit bezieht sich aber nur auf **zumutbare Tätigkeiten.** Wird der Berechtigte oder Verpflichtete dagegen **überobligationsmäßig** tätig, z. B. durch Berufstätigkeit bei beengten finanziellen Verhältnissen nach der Trennung/Scheidung trotz Betreuung kleiner Kinder, durch Zusatztätigkeiten neben einer Vollzeittätigkeit oder durch Ferienarbeit als Student, handelt es sich um eine sog. **unzumutbare Erwerbstätigkeit.** Unzumutbar bedeutet, dass für diese Tätigkeit keine Erwerbsobliegenheit besteht, derjenige, der sie ausübt, unterhaltsrechtlich also nicht gehindert ist, sie jederzeit zu beenden, gleichgültig, ob er Unterhaltsschuldner ist und möglicherweise seine Leistungsfähigkeit herabsetzt **541**

---

[184] OLG Schleswig, FamRZ 1985, 69; OLG Celle, FamRZ 1983, 717; OLG Karlsruhe, FamRZ 1983, 931

[185] OLG Hamm, FamRZ 1997, 889

[186] OLG Hamm, FamRZ 1997, 891

[187] OLG Köln, FamRZ 1993, 711

[188] OLG Hamm, FamRZ 1994, 107

[189] BGH, FamRZ 1987, 684 = R 331 b; OLGR Koblenz 2002, 9; OLGR Köln 2001, 397; OLGR Schleswig 2001, 41

oder ob er sich in der Rolle des Unterhaltsgläubigers befindet und seine Bedürftigkeit erhöht.[1]

542 Die unterhaltsrechtliche Berücksichtigung des Einkommens aus unzumutbarer Tätigkeit ist im Gesetz nur unvollkommen in dem schwer verständlichen § 1577 II BGB beim Ehegattenunterhalt geregelt. Nach der Rechtsprechung wird es nur zum Teil oder überhaupt nicht angerechnet (s. näher Rn. 4/542 ff.). Im konkreten Einzelfall ist **vorab** aber zunächst **genau zu prüfen,** ob es sich um Einkünfte aus einer nachhaltig erzielten, dauerhaften und damit zumutbaren oder aus einer überobligationsmäßigen, jederzeit beendbaren und damit unzumutbaren Tätigkeit handelt.

2. Erwerbstätigkeit trotz Betreuung kleiner Kinder

543 Die gemeinschaftliche Verantwortung der Eltern für ihre Kinder bewirkt, dass bei deren Betreuung beim Ehegattenunterhalt trotz des Grundsatzes der Eigenverantwortung erst gearbeitet werden muss, wenn die Kinder ein bestimmtes Alter erreicht haben (vgl. näher Rn. 4/64 ff.). In der Trennungszeit gilt dies auch bei der Betreuung nichtgemeinschaftlicher im Haushalt lebender Kinder (vgl. Rn. 4/19 a). Bei der Frage, ab welchem Alter eine Erwerbsobliegenheit beginnt, ist immer auf den Einzelfall abzustellen.[2] Die meisten Leitlinien der Oberlandesgerichte haben seit 1. 7. 2003 für die Regelfälle in Nr. 17.1 Altersgrenzen festgelegt[3] (s. näher Rn. 4/72 ff.). Der BGH geht bisher davon aus, dass bei Betreuung eines nicht schulpflichtigen[4] sowie eines Kindes unter 8 Jahren regelmäßig keine Erwerbsobliegenheit besteht.[5] Diese Rechtsprechung beruht aber noch auf der vor dem 1. 7. 1998 geltenden Rechtslage; im Hinblick auf die völlige unterhaltsrechtliche Gleichstellung ehelicher und nichtehelicher Kinder zum 1. 7. 1998 erscheinen diese großzügigen Altersgrenzen nach der in § 1615 l II BGB normierten persönlichen Betreuungszeit für nichteheliche Kinder problematisch.[6]

544 In der alltäglichen Praxis ist zu beachten, dass in vielen Fällen beide Eheleute während des Zusammenlebens berufstätig sind, obwohl sie kleine Kinder haben. Die Ehewirklichkeit hat sich seit den 70er Jahren im Bereich des Ausbildungs-, Erwerbs- und Familiengründungsverhaltens von Frauen kontinuierlich gewandelt; viele Frauen bleiben auch während der Kinderbetreuungsphase berufstätig oder nehmen nach einer kurzen Unterbrechung ihre Berufstätigkeit wieder auf.[7] Zum Teil erfolgt dies nach BGH **aus Not,** weil der Ehepartner zur Finanzierung des gemeinsamen Haushalts zu wenig verdient, zum Teil beruht dies auf persönlichen Vorstellungen der Eheleute über die Gestaltung ihrer Ehegemeinschaft (vgl. § 1356 BGB) und damit auf **freien Stücken.**[8] Nach dem gewandelten Eheverständnis der heutigen Generation ist es nahe liegend, dass letzteres inzwischen der Regelfall ist, auch wenn finanzielle Aspekte gerade in Großstädten mit hohen Lebenshaltungskosten hinzutreten können. In der Praxis ist eine Abgrenzung beider Konstellationen kaum möglich, soweit der Ehepartner nur durchschnittlich oder unterdurchschnittlich verdient. Außerdem schließen sich beengte finanzielle Verhältnisse (= Not) und Berufsaufnahme aus freien Stücken nicht aus, meist treffen beide Gründe zusammen. Im Übrigen ist es schwer verständlich, warum ein in der Ehe aus Not erzieltes Einkommen nach BGH unzumutbar sein soll, da der Bezug auf beengte finanzielle Verhältnisse gerade indiziert, dass dieses Einkommen in der Ehe benötigt und verwendet wurde. Andererseits können im Einzelfall Belange des Kindes erfordern, nach der Trennung eine Tätigkeit zumindest vorübergehend wieder aufzugeben oder einzuschränken.

---

[1] BGH, FamRZ 1984, 364; FamRZ 1983, 146, 149 = R 142 d
[2] BGH, FamRZ 1997, 671, 673 = R 511 A c; FamRZ 1990, 283, 285 = R 400 c
[3] Vgl. SüdL, BL, BrL, CL, FL, NaL, HaL, HL, KL, NaL, OL, SchL jeweils Nr. 17.1
[4] BGH, FamRZ 1998, 1501, 1502 = R 521 a
[5] BGH, FamRZ 1989, 487 = R 383 a; FamRZ 1984, 356 = R 198 a
[6] Gerhardt, FamRZ 2003, 272
[7] BVerfG, FamRZ 2002, 527, 530 = R 571 a
[8] BGH, FamRZ 1998, 1501, 1502 = R 521 a; FamRZ 1983, 146 = R 142 a

Das aus der Erwerbstätigkeit erzielte Einkommen ist nach der derzeitigen Rechtsprechung des BGH nur im ersten Fall **überobligatorisch,** im zweiten Fall dagegen nachhaltig und dauerhaft, stammt also aus einer **zumutbaren Tätigkeit.**[9] Soweit durch eine Berufstätigkeit das Kindeswohl nicht gefährdet wird, haben nach § 1356 II BGB beide Eheleute das Recht, erwerbstätig zu sein. Entgegen einer weitverbreiteten Praxis führt die Ausübung eines Berufes in der Ehe oder nach der Trennung trotz Kinderbetreuung damit nicht automatisch zur Bejahung einer unzumutbaren Tätigkeit. Es ist vielmehr in jedem Einzelfall zu prüfen, ob bei Betreuung eines Kindes unter 8 Jahren mangels Erwerbsobliegenheit eine überobligationsmäßige Tätigkeit anzunehmen ist, und die Berufsausübung jederzeit beendet werden kann. Nach der geänderten Rechtsprechung des BGH zu den ehelichen Lebensverhältnissen gelten diese Grundsätze auch bei einer **nach Trennung/Scheidung trotz Kinderbetreuung aufgenommenen Tätigkeit;** sie wird in den meisten Fällen dem eigenen Selbstverständnis entsprechen. Die von der Rechtsprechung entwickelten Grundsätze zur Erwerbsobliegenheit bei Betreuung kleiner Kinder, die in den meisten oberlandesgerichtlichen Leitlinien in Nr. 17.1 ihren Niederschlag gefunden haben, beziehen sich in erster Linie auf die Berufsaufnahme (bzw. -erweiterung) des Nichterwerbstätigen nach der Trennung (vgl. insoweit ausführlich Rn. 4/68 ff.), nicht aber auf die Fortsetzung einer in der Ehe ausgeübten Tätigkeit.[10] Denn die Rechtsprechung kann den einzelnen Eheleuten nicht vorschreiben, wie sie nach Geburt eines Kindes ihre Ehe zu gestalten haben, sie kann nur Grundsätze entwickeln, ob und ab wann bei Kinderbetreuung und Haushaltsführung in der Ehe nach der Trennung/Scheidung wegen der dann einsetzenden Eigenverantwortung eine Erwerbstätigkeit aufzunehmen oder eine Teilzeittätigkeit auszuweiten ist, bzw. ob eine Erwerbstätigkeit nach der Trennung wegen der Kindesbetreuung beendet werden darf. Sie sind außerdem Anhaltspunkte, ob eine aufgenommene Tätigkeit zur Wahrung der Kindesbelange nachträglich beendet oder eingeschränkt werden darf.

Die Darlegungs- und Beweislast, ob bei Betreuung kleiner Kinder eine zumutbare Tätigkeit vorliegt, trägt nach BGH der Ehegatte, der sich auf eine zumutbare Tätigkeit bei Betreuung eines kleinen Kindes beruft.[11] Da es sich nach dem oben bereits geschilderten gewandelten Ehebild nicht mehr um eine Ausnahme, sondern den Regelfall handelt, kann dieser Beweislastverteilung nicht mehr gefolgt werden. Bei Aufnahme einer Breufstätigkeit trotz Betreuung kleiner Kinder spricht der Anscheinsbeweis vielmehr für eine zumutbare Tätigkeit.

Die Frage ist beim Ehegattenunterhalt deshalb von Bedeutung, weil eine **unzumutbare** **544 a**
Tätigkeit die ehelichen Lebensverhältnisse nach BGH auch nach der geänderten Rechtsprechung zur Haushaltsführung in der Ehe beim **Bedürftigen nicht prägt,** also den Bedarf nicht erhöht[12] (vgl. eingehend Rn. 4/256 ff.), auch wenn sie bereits in der Ehe ausgeübt wurde.[13] Diese Frage ist allerdings derzeit sehr umstritten. Die überwiegende Zahl der Obergerichte vertritt die Auffassung, dass eine in der Ehe trotz Kinderbetreuung ausgeübte oder als Surrogat der Haushaltsführung nach Trennung/Scheidung aufgenommene Tätigkeit die ehelichen Lebensverhältnisse teilweise prägt (eingehend Rn. 4/256 ff.).[14] Da nach der geänderten Rechtsprechung des BGH zu den ehelichen Lebensverhältnissen ab einem bestimmten Alter des Kindes die Tätigkeit als Surrogat der früheren Haushaltsführung und Kinderbetreuung prägend wird[15] (eingehend Rn. 4/184 a ff.), haben die unterschiedlichen Standpunkte auf den Unterhalt des Bedürftigen keine großen Auswirkungen mehr. Nur zeigt letzteres die Widersprüchlichkeit der derzeitigen Rechtsprechung des BGH auf, da es nur schwer nachvollziehbar ist, eine zunächst als nichtprägend angesehene Tätigkeit später

---

[9] BGH a.a.O.
[10] OLG München, FamRZ 1996, 169
[11] BGH, FamRZ 1998, 1501, 1502 = R 521 a
[12] BGH, FamRZ 2003, 518 = R 585 c mit zustimmender Anm. Gutdeutsch FamRZ 2003, 1102; FamRZ 1998, 1501, 1502 = R 521 a; FamRZ 1983, 146 = R 142 d, e
[13] BGH, FamRZ 2003, 518, 520 = R 585 c; FamRZ 1998, 1501, 1502 = R 521 a
[14] OLG Koblenz, FamRZ 2003, 611; OLG Hamm, FamRZ 2002, 1708; OLG München, FamRZ 2002, 1407; OLG Köln, FamRZ 2002, 463; OLG Karlsruhe, NJW 2002, 900; Büttner in Anm. zu BGH, FamRZ 2002, 527
[15] BGH, FamRZ 2001, 1687 = R 566 b

als prägend zu betrachten, selbst wenn sich am Umfang der Tätigkeit und Höhe des Einkommens nichts änderte. Es ist auch nicht verständlich, warum diese Berufsausübung zunächst kein Surrogat der Familienarbeit sein soll, obwohl im Umfang der ausgeübten Tätigkeit keiner Familienarbeit mehr nachgegangen wird.[16] Bei Berufstätigkeit und Kinderbetreuung durch den Pflichtigen ist der BGH dagegen schon immer differenzierter vorgegangen. Er hat das Erwerbseinkommen grundsätzlich als eheprägend angesehen, aber nach § 242 BGB nicht in voller Höhe angesetzt, sondern um die konkreten Kinderbetreuungskosten oder einen sog. Betreuungsbonus gekürzt.[17] Aus Gleichbehandlungsgründen ist entsprechend den Empfehlungen des Arbeitskreises 13 des 14. Deutschen Familiengerichtstages[18] und der überwiegenden Auffassung der Obergerichte beim Bedürftigen ebenso zu verfahren. Bei Geltendmachung konkreter Betreuungskosten wird zumeist die durch die Kinderbetreuung entstehende Mehrbelastung bereits aufgefangen, was ebenfalls gegen die Annahme einer überobligatorischen Tätigkeit spricht. Können diese nicht als ausreichender Ersatz für die Mehraufwendung durch die Kinderbetreuung angesehen werden oder werden keine konkreten Kosten geltend gemacht, ist ein Betreuungsbonus anzusetzen, der im Ergebnis auch den nach § 1577 II BGB dem Bedürftigen anrechnungsfrei zu belassenden Einkommensteil abdeckt[19] (vgl. hierzu Rn. 605 a).

Im Ergebnis zeigen obige Ausführungen auf, dass es im Hinblick auf die Surrogatslösung des BGH problematisch wurde, bei Berufstätigkeit trotz Kinderbetreuung entgegen der bisherigen Rechtsprechung noch von einer überobligatorischen Tätigkeit auszugehen.

545 Bei der Frage, ob bei Ausübung eines Berufs trotz Betreuung kleiner Kinder eine zumutbare oder unzumutbare Tätigkeit vorliegt, ist nach der geltenden Rechtsprechung nach den Umständen des Einzelfall zu differenzieren.[20]

545 a • Arbeitet der **Pflichtige** trotz Betreuung gemeinschaftlicher Kinder aus der Ehe in vollem Umfang weiter, handelt es sich um eine **zumutbare Tätigkeit.** Sein Einkommen ist aber um konkrete Betreuungskosten oder einen Betreuungsbonus zu kürzen (s. auch Rn. 4/260 a). Der Betreuungsbonus ist dabei zu trennen von der daneben u. U. übernommenen Barunterhaltspflicht, wenn der andere Elternteil keinen Kindesunterhalt leistet (vgl. Beispiel unten).[21]

545 b • Wird vom **Bedürftigen** eine **in der Ehe aus freien Stücken ausgeübte Tätigkeit** trotz der Belastung durch die Betreuung kleiner Kinder nach der Trennung **beibehalten** oder nur **in geringem Umfang eingeschränkt,** liegt trotz Kinderbetreuung eine **zumutbare Tätigkeit** vor[22] (s. auch Rn. 4/84). Die Fortsetzung der Berufstätigkeit ist hierfür ein bedeutsames Indiz. Soweit eingewandt wird, durch die Trennung sei der Ehepartner als Betreuungsperson für die Kinder entfallen, wodurch die bisherige Tätigkeit überobligatorisch werde, kann dem nicht gefolgt werden, wenn der Wille des Bedürftigen auf die Fortsetzung seiner früheren Tätigkeit gerichtet ist. Das Regulativ sind insoweit die durch Trennung und den Wegfall des Partners als Betreuungsperson im Einzelfall neu entstehenden **Kinderbetreuungskosten,** die als Abzugsposten das Erwerbseinkommen mindern[23] (s. näher Rn. 107, 605, 4/193, 4/256 ff.). Werden diese nicht oder nicht in ausreichend angesehener Höhe geltend gemacht, ist wie beim Pflichtigen ein **Betreuungsbonus** anzusetzen.[24] Dieser dient im Ergebnis als Ausgleich für den unstreitig bestehenden Mehraufwand, den ein ein kleines Kind betreuender Berufstätiger gegenüber einem kein Kind betreuenden Berufstätigen hat, soweit dieser nicht über konkrete Betreuungskosten aufgefangen wird. Die **Bonushöhe** richtet sich nach den Umständen

---

16 BGH a.a.O.

17 BGH, FamRZ 2001, 350 = R 551 c; FamRZ 1991, 182 = R 430 b

18 Brühler Schriften zum Familienrecht, Bd. 12, 14. Deutscher Familiengerichtstag 2001, Beschlüsse des Arbeitskreises 13 zu I 5

19 Gerhardt, FamRZ 2003, 272

20 Vgl. auch Born, FamRZ 1997, 129

21 BGH, FamRZ 2001, 350 = R 551 c; FamRZ 1991, 182 = R 430 b

22 BGH, FamRZ 1998, 1501, 1502 = R 521 a; FamRZ 1990, 492 = R 404 a; FamRZ 1983, 146 = R 142 a

23 BGH, FamRZ 1991, 182 = Rn 430 b

24 OLG Hamm, FamRZ 2002, 1708; OLG München, FamRZ 2002, 1407; FuR 2003, 329

des Einzelfalls (Anzahl und Alter der Kinder; Umfang der Betreuungsbedürftigkeit und eigene Tätigkeit)[25] und ist nach Abwägung aller Umstände zu schätzen (näher Rn. 605 a). Der Ansatz, dass es sich in diesen Fällen um eine zumutbare Tätigkeit handelt, entspricht der ständigen Rechtsprechung des BGH. So hat er in diesen Fällen z. B. nicht nur die Halbtagstätigkeit einer Lehrerin bei Betreuung zweier Kinder im Alter von 11 und knapp 7 Jahren als zumutbar angesehen,[26] sondern auch die Tätigkeit einer Arztsekretärin, die bis zur Geburt des Kindes voll und nach 6 Monaten Mutterschaftsurlaub wegen der Kindesbetreuung 30 Stunden in der Woche eingeschränkt arbeitete.[27]

- Wird vom **Bedürftigen** eine **in der Ehe nur aus Not ausgeübte Tätigkeit** trotz 545 c Kinderbetreuung nach der Trennung fortgesetzt, handelt es sich nach BGH um eine **unzumutbare Tätigkeit,**[28] die die ehelichen Lebensverhältnisse nicht prägt. Aus Not aufgenommen bedeutet, dass die wirtschaftlichen Verhältnisse der Parteien so beengt waren, dass der kinderbetreuende Elternteil auch zur Finanzierung der Haushaltskosten beitragen musste. Abgesehen von den Abgrenzungsschwierigkeiten in der Praxis, ob eine Tätigkeit aus Not oder aus freien Stücken aufgenommen wurde, kann dem BGH nicht gefolgt werden, dass diese Tätigkeit auch nach der geänderten Rechtsprechung nicht prägen soll, obwohl das Surrogat aus der Haushaltsführung und Kinderbetreuung durch die Aufnahme einer Berufstätigkeit zum Teil erfüllt wurde und im Übrigen gerade bei beengten Verhältnissen dieses Einkommen Teil der ehelichen Lebensverhältnisse war (eingehend Rn. 4/256 ff.). Das Einkommen ist daher, wie beim Pflichtigen, um konkrete Betreuungskosten und/oder einem Betreuungsbonus zu kürzen, der verbleibende Rest als prägend anzusetzen. (vgl. näher Rn. 4/260).
- Wird **nach der Trennung/Scheidung** vom Bedürftigen eine **Berufstätigkeit** auf- 545 d genommen, z. B. weil das Kind in den Kindergarten oder die Schule kam oder von den Großeltern betreut wird, liegt regelmäßig eine Tätigkeit aus freien Stücken vor. Das gewandelte Eheverständnis führt heute dazu, dass Frauen nach Geburt von Kindern überwiegend wieder berufstätig werden und vor allem auch wesentlich früher, wie von der Rechtsprechung[29] und den einzelnen Leitlinien[30] vorgesehen, wieder ihre Erwerbstätigkeit aufnehmen.[31] Dies gilt für alle Bevölkerungsschichten und beruht auf den unterschiedlichsten Gründen (eigenes Selbstverständnis, finanzielle Unabhängigkeit, qualifizierte Ausbildung, finanzielle Erwägungen usw.). Im Einzelfall können beengte finanzielle Verhältnisse im Vordergrund stehen, so dass es sich dann nach BGH um eine nichtprägende überobligatorische Tätigkeit handeln würde. Im Ergebnis kann jedoch nichts anderes gelten, wie bei Ausübung einer Berufstätigkeit bereits in der Ehe, d. h. das Einkommen ist um konkrete Betreuungskosten und/oder einen Betreuungsbonus zu kürzen und in der gekürzten Höhe prägend (s. o.).
- Wird **nach der Trennung** eine in der Ehe ausgeübte Tätigkeit wegen Betreuung eines 545 e Kindes **beendet,** ist im Einzelfall zu prüfen, ob eine Erwerbsobliegenheit fortbesteht oder nicht. Zu berücksichtigen sind insoweit insbesondere die Belange des Kindes (hoher Betreuungsbedarf, Gesundheitszustand, Entwicklungsstand usw.; vgl. auch Rn. 4/70), die Betreuungsumstände während des Zusammenlebens (Betreuung durch beide Eltern oder nur durch den Bedürftigen), ferner beengte wirtschaftliche Verhältnisse. War die Berufstätigkeit z. B. nur durch Unterstützung des Ehepartners möglich, die durch anderweitige Betreuungsmöglichkeiten nicht aufgefangen werden kann oder verlangt die mit der Trennung der Eltern eintretende Belastung der Kinder wieder eine volle persönliche Betreuung durch einen Elternteil, ist die Erwerbstätigkeit in der Ehe als überobligatorisch einzustufen, die beendet werden darf. Anders wäre die Sachlage nur, wenn die Tätigkeit grundlos, z. B. aus Verärgerung über die Trennung beendet würde. Ist die Beendigung

[25] BGH, FamRZ 2001, 350 = R 551 c
[26] BGH, FamRZ 1981, 1159 = NJW 1981, 2804
[27] BGH, FamRZ 1990, 492 = R 404 c
[28] BGH, FamRZ 1998, 1501, 1502 = R 521 a
[29] BGH, FamRZ 1997, 873, 875 = R 513 d; FamRZ 1997, 671, 673 = R 511 Ac
[30] SüdL, BL, BrL, CL, DL, FL, HaL, HL, KL, NaL, OL, SchL jeweils Nr. 17.1
[31] Gerhardt, FamRZ 2003, 272

oder Einschränkung der Berufstätigkeit zu gestatten, ist die Unterhaltsberechnung ohne dieses Einkommen durchzuführen. Das Gleiche gilt, wenn **nach Trennung/Scheidung** ein **Arbeitsversuch** unternommen wird, die Belange kleiner Kinder aber dessen Beendigung erfordern. Im Ergebnis bedeutet dies, dass eine Beendigung oder Einschränkung einer Berufstätigkeit wegen Belange der Kinder stets zuzulassen ist, wenn die Altersgrenzen noch nicht erreicht sind, in denen eine Aufnahme oder Ausweitung der Berufstätigkeit wegen der nach Trennung/Scheidung einsetzenden Eigenverantwortung verlangt wird, d. h. die Erwerbstätigkeit insoweit als überobligatorisch mit der Möglichkeit der Beendigung einzustufen ist.

545 f • Beim **Verwandtenunterhalt** gelten diese Kriterien nicht. Bei minderjährigen Kindern besteht eine gesteigerte Erwerbsobliegenheit (näher Rn. 2/247 ff.), außerdem darf bei mehreren Kindern nicht nur für ein Kind eine Unterhaltsleistung erbracht werden (sog. Hausmann-Rechtsprechung, vgl. Rn. 2/172 ff.). Auch ein trotz Betreuung kleiner Kinder erzieltes Einkommen ist deshalb bei der Leistungsfähigkeit zur Sicherung des Existenzminimums regelmäßig ungekürzt heranzuziehen. Geht es dagegen um höhere Einkommensgruppen (über DT Gr. 6), kann es angebracht sein, aus Billigkeitsgründen nach § 242 BGB einen Teil des Einkommens anrechnungsfrei zu belassen.

Fall

M und F werden am 1. 8. 2003 nach 10-jähriger Ehe geschieden. Das gemeinsame Kind K 1 (7) bleibt bei M und wird nach der Schule von Ms Lebensgefährtin betreut. Aus der Verbindung M und L stammt ein am 4. 1. 2003 geborenes Kind K 2. M erhält das Kindergeld für K 1 und K 2. Er hat ein Nettoeinkommen von 3000 EUR, fährt mit öffentlichen Verkehrsmitteln zum Arbeitsplatz und zahlt ein Ehedarlehen von monatlich 89 EUR ab. Welchen Unterhaltsanspruch hat F gegen M bei der Scheidung, wenn sie ein eheprägendes Nettoeinkommen aus einer Vollzeittätigkeit von 1100 EUR und nachgewiesene Fahrtkosten von 100 EUR hat und für K 1 keinen Barunterhalt leistet?

Lösung

Anspruch nach § 1573 II BGB, der bei einer Ehedauer von 10 Jahren nach § 1573 V BGB zu begrenzen ist (Einzelfallbetrachtung für Dauer der Begrenzung).

Bereinigtes Nettoeinkommen M:

Abzugsposten sind 5% berufsbedingte Aufwendungen, die Eheschuld, der als Barunterhalt anzusetzende Unterhalt für K 1 und K 2, wobei sich der Unterhalt jeweils aus dem bereinigten Nettoeinkommen des M errechnet und auch der Kindesunterhalt für K 2 eheprägend ist, nachdem K 2 vor der Scheidung geboren wurde.

Abzuziehen ist vorab ferner ein pauschaler Betreuungsbonus für K 1, nachdem L das Kind nach der Schule betreut und M keine konkreten Betreuungskosten geltend macht, z. B. 100 EUR

3000 ./. 150 ./. 100 ./. 89 = 2661; DT Gr. 8 St. 2 = 362; DT Gr. 8 St. 1 = 299;

2661 ./. 362 ./. 299 = 2000

Bereinigtes Nettoeinkommen F: 1100 ./. 100 = 1000

Nach SüdL mit $^1/_{10}$:

Bedarf: $^1/_2$ ($^9/_{10}$ 2000 + $^9/_{10}$ 1000) = 1350

Höhe: 1350 ./. $^9/_{10}$ 1000 = 450

Nach DT mit $^1/_7$:

$^3/_7$ (2000 ./. 1000) = 429

Fall

a) M hat nach Abzug des Kindesunterhalts ein bereinigtes Nettoeinkommen von 1500 EUR, F aus Teilzeit (10 Stunden) von 500 EUR, wobei sie das gemeinsame fünfjährige Kind betreut und erst nach der Trennung aus Not zu arbeiten begann.

Anspruch F?

b) Wie wäre es, wenn F konkrete Betreuungskosten von 150 EUR geltend machen würde?

Lösung

zu a)

Das Einkommen der F ist überobligatorisch und daher nach § 1577 II 2 BGB nur zum Teil anzusetzen.

Nach BGH ist das Einkommen der F nicht prägend und nur zum Teil anzurechnen.

Nach OLG München, Hamm, Karlsruhe, Koblenz, Köln ist das Einkommen der F prägend, aber vorweg wegen der Kinderbetreuung um einen Betreuungsbonus zu kürzen (so Vorschlag des Familiengerichtstages), z. B. um 100 EUR. Das bereinigte Nettoeinkommen der F beträgt dann 400 EUR (500 ./. 100).

Lösung nach BGH
Nach SüdL mit $^1/_{10}$
$^1/_2$ aus $^9/_{10}$ 1500 = 675
Hierauf ist das Einkommen der F nach Kürzung um den Erwerbstätigenbonus teilweise anzurechnen, z. B. zu $^1/_2$ oder $^1/_3$.
Bei Anrechnung $^1/_2$ = 225 (500 ./. $^1/_{10}$: 2): 675 ./. 225 = 450
Bei Anrechnung $^1/_3$ = 150 (500 ./. $^1/_{10}$: 3): 675 ./. 150 = 525
Nach DT mit $^1/_7$:
$^3/_7$ 1500 = 643;
643 ./. 214 ($^6/_7$ 500 : 2) = 429
643 ./. 143 ($^6/_7$ 500 : 3) = 500
Lösung nach OLG München, Hamm, Karlsruhe, Koblenz, Köln:
Nach SüdL mit $^1/_{10}$:
$^1/_2$ ($^9/_{10}$ 1500 + $^9/_{10}$ 400) = 855;
855 ./. $^9/_{10}$ 400 = 495.
Nach DT mit $^1/_7$:
$^3/_7$ (1500 ./. 400) = 472
zu b)
Lösung nach BGH
Nach BGH ist unklar, wie er diesen Fall lösen würde. Würde man die konkreten Kinderbetreuungskosten vorab abziehen bei der Bereinigung des Nettoeinkommens (vgl. SüdL Nr. 10.3) und das Resteinkommen nur zum Teil anrechnen, wäre der Bedürftige benachteiligt, der keine konkreten Betreuungskosten geltend macht. Deshalb wird man diese Kosten nur bei der Billigkeitsabwägung nach § 1577 II 2 BGB berücksichtigen können, wobei der nicht anrechenbare Betrag über den konkreten Betreuungskosten liegen muss. Lösung dann wie a).
Lösung nach OLG München, Hamm, Köln, Karlsruhe:
Bereinigtes Nettoeinkommen F: 500 ./. 150 = 350; kein zusätzlicher Betreuungsbonus.
Nach SüdL mit $^1/_{10}$:
$^1/_2$ ($^9/_{10}$ 1500 + $^9/_{10}$ 350) = 833
833 ./. $^9/_{10}$ 350 = 518
Nach DT mit $^1/_7$:
$^3/_7$ (1500 ./. 350) = 492

II. Zur Anrechnung von Einkommen aus unzumutbarer Tätigkeit beim Berechtigten

1. Anrechnung nach § 1577 II BGB beim Ehegattenunterhalt

§ 1577 II BGB beinhaltet eine Spezialregelung für die Anrechnung von Einkünften aus unzumutbarer Erwerbstätigkeit beim nachehelichen Unterhalt. § 1577 II BGB wird auch auf den Trennungsunterhalt angewendet.[32] Zur Anrechnung im Einzelnen vgl. Rn. 4/542 ff. **546**

Eine unzumutbare Tätigkeit liegt dabei nach BGH insbesondere vor, wenn der Bedürftige bei beengten finanziellen Verhältnissen trotz Betreuung kleiner Kinder erwerbstätig ist oder wird[33] (s. oben Rn. 545). Nach der derzeitigen Rechtsprechung des BGH ist eine überobligatorische Tätigkeit in diesen Fällen nichtprägend, nach überwiegender Gegenauffassung nach Abzug konkreter Betreuungskosten und/oder eines Betreuungsbonus prägend (s. oben Rn. 545 ff. und eingehend Rn. 4/256 ff.). Ist nur eine Teilzeittätigkeit auszuüben, wird aber voll gearbeitet, ist auch nach BGH ein Teil des Einkommens prägend.[34] Da auch nach der derzeitigen Rechtsprechung des BGH ab Bestehen der Erwerbsobliegenheit das erzielte Einkommen als Surrogat der Haushaltsführung eheprägend ist,[35] führen die unterschiedlichen Lösungsansätze trotzdem zum gleichen Ergebnis (vgl. Beispiel Rn. 545 f.). **547**

Eine unzumutbare Tätigkeit ist ferner gegeben, wenn der Bedürftige nach der Verrentung oder Pensionierung **Nebentätigkeiten** verrichtet (vgl. Rn. 447). **548**

---

[32] BGH, FamRZ 1983, 146 = R 142 b
[33] BGH, FamRZ 1998, 1501, 1502 = R 521 a; FamRZ 1983, 146 = R 142 d, e
[34] BGH, FamRZ 2003, 518 = R 585 c
[35] BGH a.a.O.

549 Das Gleiche gilt, wenn der Berechtigte nach der Trennung trotz ausreichender Bemühungen keine angemessene Arbeit findet und deshalb eine **untergeordnete Stellung** annimmt, z. B. statt in ihrem erlernten Beruf als Kindergärtnerin als Verkaufshilfe arbeitet.[36] Gemäß § 1577 II 2 BGB ist das Einkommen der Bedürftigen dann nicht in voller Höhe, sondern mit einem der Billigkeit entsprechenden gekürzten Betrag anzusetzen.

550 Soweit eine Frau trotz voller Berufstätigkeit einem neuen Lebensgefährten den **Haushalt führt** und für ihn Versorgungsleistungen erbringt, wird nach BGH die anzusetzende Vergütung regelmäßig ein Einkommen aus zumutbarer Tätigkeit darstellen, da die Haushaltsführung erfahrungsgemäß eher als eine Erwerbstätigkeit mit anderen Verpflichtungen vereinbar ist.[37] Da der BGH nach der geänderten Rechtsprechung zu den ehelichen Lebensverhältnissen auch dieses Einkommen als Surrogat der Haushaltsführung in der Ehe und damit als prägend ansieht,[38] ist es fraglich, ob er diese Auffassung noch aufrecht erhält, da das Surrogat bereits durch die Erwerbstätigkeit voll erfüllt ist. Meines Erachtens handelt es sich insoweit um keine Vergütungsleistung eigener Art,[39] sondern um eine freiwillige Leistung, weshalb als Einkommen lediglich ersparte Aufwendungen anzusetzen sind (näher Rn. 4/260 a ff.).[40] Bei ersparten Aufwendungen stellt sich das Problem des unzumutbaren Einkommens nicht.

550 a Eine in der Ehe bereits seit einem längeren Zeitraum trotz behaupteter **gesundheitlicher Beeinträchtigungen** ausgeübte Erwerbstätigkeit, die nach der Scheidung fortgesetzt wird, ist ebenfalls nicht überobligatorisch.[41] Es gelten insoweit die bereits zur Berufstätigkeit trotz Kinderbetreuung entwickelten Grundsätze entsprechend (vgl. Rn. 543 ff.).[42]

2. Anrechnung bei Ehegatten nach altem Recht (§§ 58 ff. EheG)

551 Die §§ 58 ff. EheG enthalten keine dem § 1577 II BGB entsprechende Regelung. Andererseits kann § 1577 II BGB nicht rückwirkend auf Altfälle angewendet werden. Nach der Rechtsprechung des BGH erfolgt bei solchen Altfällen eine Anrechnung von Erwerbseinkommen nach den Grundsätzen von Treu und Glauben unter Berücksichtigung der besonderen Umstände des Einzelfalls durch den Tatrichter.[43] Der BGH hat es akzeptiert, wenn nach diesen Grundsätzen bei unzumutbarer Arbeit nur der halbe Arbeitsverdienst als Einkommen angerechnet wird.[44]

3. Anrechnung bei Kindern

552 Bei **minderjährigen Schülern** besteht keine Erwerbsobliegenheit. Ferienjobs oder Zeitungsaustragen dienen regelmäßig nur der Verbesserung des Taschengeldes und sind daher aus Billigkeitsgründen nicht auf den Kindesunterhalt anzurechnen (vgl. Rn. 78, 2/88). Dies gilt selbst dann, wenn das erzielte Einkommen höher ist oder für Luxuswünsche (gebrauchter Pkw oder Motorrad) verwendet wird.[45]

552 a Beim **volljährigen Schüler bis 21 Jahre,** der noch im Haushalt eines Elternteils lebt, besteht grundsätzlich ebenfalls keine Obliegenheit, neben der Schule einer Erwerbstätigkeit nachzugehen, so dass die gleichen Grundsätze gelten. Im Mangelfall kann unter Umständen verlangt werden, durch Aufnahme einer Aushilfsbeschäftigung selbst zur Deckung des Lebensbedarfs beizutragen.[46] Das dann erzielte Einkommen wäre zumindest teilweise analog § 1577 II BGB auf den Bedarf anzurechnen.

---

[36] BGH, NJW-RR 1992, 1282 = R 454
[37] BGH, FamRZ 1995, 343 = R 489 a
[38] BGH, FamRZ 2001, 1693 = R 567 b; aA OLG Oldenburg, FamRZ 2002, 1478; OLG München, FuR 2003, 329
[39] BGH, FamRZ 1995, 343 = R 489 c; FamRZ 1987, 1011 = R 338 c
[40] OLG München, FuR 2003, 329; Gerhardt, FamRZ 2003, 372
[41] BGH, NJW 1998, 2821, 2822 = R 525 d
[42] BGH a.a.O.
[43] BGH, FamRZ 1983, 146, 148
[44] BGH a.a.O.
[45] OLG Köln, FamRZ 1996, 1001
[46] BGH, FamRZ 2003, 363, 365 = R 584 b

Bei **volljährigen Kindern** kommen Einkünfte aus unzumutbarer Tätigkeit vor allem bei Werkstudentenarbeit vor. Vergütungen für Nebentätigkeiten eines Studenten in den Semesterferien sind grundsätzlich Einkommen aus einer überobligationsmäßigen Tätigkeit.[47] Der Student soll sich, auch im Interesse des Unterhaltspflichtigen, mit ganzer Kraft sowie dem gehörigen Fleiß und der gebotenen Zielstrebigkeit dem Studium widmen, um dieses innerhalb angemessener Zeit und üblicher Dauer zu beenden. Die Semesterferien dienen daher neben der Erholung der Vertiefung und Wiederholung des Stoffes, soweit sie nicht ohnehin durch studienbedingte Arbeiten (Praktikum, Hausarbeiten) ausgefüllt sind.[48] 553

Da eine gesetzliche Regelung fehlt, ist die **Anrechenbarkeit** solcher Leistungen **nach § 1577 II BGB analog** unter Berücksichtigung der Umstände des Einzelfalls zu beurteilen. Danach bleiben Einkünfte anrechnungsfrei, soweit der Verpflichtete nicht den vollen Unterhalt leistet. Darüber hinaus kommt eine Anrechnung in Betracht, soweit dies unter Berücksichtigung der beiderseitigen wirtschaftlichen Verhältnisse der Billigkeit entspricht.[49] Zu berücksichtigen sind dabei u. a. die Lebenshaltungskosten (z. B. Miete über dem BAföG-Satz) und studienbedingte Mehraufwendungen. Soweit ein entsprechender Mehrbedarf besteht, wird das insoweit erzielte Einkommen anrechnungsfrei zu belassen sein. Das Gleiche gilt, wenn der Unterhalt nicht freiwillig bezahlt, sondern im Wege der Zwangsvollstreckung beigetrieben werden muss.[50] Ein pauschaler anrechnungsfreier Betrag z. B. in Höhe der Differenz des Bedarfs eines Studenten und des notwendigen Selbstbehalts des Pflichtigen als Existenzminimum ist dagegen ohne nähere Prüfung des Einzelfalls abzulehnen[51] (s. auch Rn. 78 ff., 2/88).

III. Anrechnung von Einkommen aus unzumutbarer Erwerbstätigkeit beim Verpflichteten

1. Einkünfte des Verpflichteten aus unzumutbarer Erwerbstätigkeit

Beim Verpflichteten ist ein Erwerbseinkommen aus unzumutbarer Tätigkeit u. a. möglich 554
in folgenden Fällen:

- Bei Überstunden, Urlaubsabgeltung und sonstigen überobligationsmäßigen, unüblichen Mehrarbeiten und Belastungen[52] (vgl. näher Rn. 64 ff.).
- Bei Nebentätigkeit und sonstiger unzumutbarer Zweitarbeit[53] (vgl. Ausführungen Rn. 74 ff.).
- Bei Berufstätigkeit des Verpflichteten trotz Kinderbetreuung (vgl. Rn. 545 a).[54]
- Bei Zusatzverdienst bei Renten- und Pensionsempfängern (vgl. Ausführungen Rn. 447).

Ob in den genannten Fällen von einer vollen oder teilweisen unzumutbaren Tätigkeit 555
auszugehen ist, hängt von den konkreten Umständen des Einzelfalles ab. Ein wesentliches Kriterium ist das jeweilige Berufsbild. Mehrarbeit, für die keine Erwerbsobliegenheit besteht und die jederzeit beendet werden kann, ist regelmäßig überobligatorisch.[55] Beim **Verwandtenunterhalt** sind regelmäßig alle Einkünfte heranzuziehen. Insbesondere beim Kindesunterhalt Minderjähriger und privilegierten Volljährigen kann wegen der erhöhten Erwerbsobliegenheit nach § 1603 II 1, 2 BGB eine Nebentätigkeit oder Überstunden zur Sicherung des Regelbedarfs zumutbar sein (s. näher Rn. 2/251). Beim **Ehegattenunterhalt** ist eine neben einer vollschichtigen Erwerbstätigkeit ausgeübte Nebentätigkeit oder die Zusatztätigkeit eines Rentners/Pensionärs üblicherweise unzumutbar (s. näher Rn. 74 ff., 447). Anders

[47] BGH, FamRZ 1995, 475 = R 491 b
[48] BGH a.a.O.
[49] BGH a.a.O.
[50] BGH a.a.O.
[51] BGH a.a.O.
[52] BGH, FamRZ 1980, 984 = NJW 1980, 2251
[53] BGH, FamRZ 1985, 360, 362 = R 244 b; FamRZ 1983, 152 = NJW 1982, 1986
[54] BGH, FamRZ 2001, 350 = R 551 c; FamRZ 1991, 182 = R 430 b
[55] Eingehend Born, FamRZ 1997, 129, 136

ist die Sachlage, wenn bei bestimmten Berufsgruppen oder bei Selbstständigen Zusatzarbeiten Bestandteil ihrer Tätigkeit sind (z. B. Gutachter-, Prüfertätigkeit), sich der Beruf aus mehreren Tätigkeiten zusammensetzt (freischaffender Künstler und Hochschullehrer,[56] Arzt und Gutachter, Arztpraxis und Werksarzt, Abgeordneter und Rechtsanwalt) und damit nur als eine einheitliche Tätigkeit gewertet werden kann oder ein Freiberufler mangels ausreichender Versorgung über die Altersgrenze hinaus weiterarbeitet.[57] Nach BGH kann im Einzelfall auf die Dauer einer während der Ehe ausgeübten Zusatztätigkeit abgestellt werden, ob sie noch überobligatorisch oder bereits zumutbar ist, z. B. bei 6- bis 7-jähriger Wochenendarbeit während des Zusammenlebens.[58] Bei Überstunden oder Sonntagsarbeit kommt es darauf an, ob die Mehrarbeit berufstypisch ist oder nicht (vgl. im einzelnen Rn. 64 ff.). Die Auffassung des BGH zur Mehrarbeit erscheint problematisch, da abgesehen von der erhöhten Erwerbsobliegenheit gegenüber minderjährigen Kindern der Pflichtige generell keine Obliegenheit hat, neben einer vollen Berufstätigkeit noch Zusatztätigkeiten auszuüben und diese deshalb jederzeit, auch nach längerer Ausübung beenden kann.

556 In welchem Umfang bei der Bemessung des Ehegattenunterhalts das Mehreinkommen eines Ehegatten aus einer Erwerbstätigkeit zu berücksichtigen ist, die er **neben der Betreuung von Kindern** über das gebotene Maß hinaus ausübt, ist nach den Grundsätzen von Treu und Glauben unter Berücksichtigung der Umstände des Einzelfalls tatrichterlich zu beurteilen. Ob teilweise eine **unzumutbare Tätigkeit** vorliegt, hängt von der Betreuungsbedürftigkeit der Kinder ab,[59] in welchem Umfang der Betreuungsbedarf besteht sowie vom zeitlichen Aufwand einer notwendigen Betreuung.[60] Wird eine in der Ehe ausgeübte Tätigkeit trotz Kinderbetreuung nach Trennung in gleichem Umfang fortgeführt, gelten die bereits dargestellten Grundsätze (s. oben Rn. 543 ff. mit Beispiel), d. h. vom Einkommen des Pflichtigen sind vorab die konkreten Betreuungskosten oder ein Betreuungsbonus abzuziehen.[61] Reduziert er wegen der Kinderbetreuung berechtigt seine Tätigkeit, ist dies zu akzeptieren, da der Bedeutung und Tragweite des Elternrechts Rechnung zu tragen ist.[62]

2. Zur Anrechnung solcher Einkünfte

557 Beim Verpflichteten fehlt wie beim Kindesunterhalt eine dem § 1577 II BGB entsprechende Bestimmung. Deshalb ist bei ihm ein Einkommen aus unzumutbarer Tätigkeit nach den allgemeinen unterhaltsrechtlichen Grundsätzen von **Treu und Glauben** unter Berücksichtigung der besonderen Umstände des Einzelfalls **anzurechnen.**[63] Wie bereits ausgeführt ist dabei zwischen Kindes- und Ehegattenunterhalt zu differenzieren.

557 a Beim Unterhalt **minderjähriger Kinder** ist zur Sicherung des Existenzminimums bis 135% des Regelbetrags bzw. des Ausbildungsbedarfs **Volljähriger** auch ein überobligatorisches Einkommen in voller Höhe anzusetzen. Ansonsten ist das überobligatorisch erzielte Einkommen nur teilweise anzurechnen.

557 b Beim **Ehegattenunterhalt** differenziert der BGH. Handelt es sich um eine **Nebentätigkeit,** ist letztere insgesamt überobligatorisch und prägt nach der bisherigen Rechtsprechung des BGH die ehelichen Lebensverhältnisse nicht.[64] Dem ist entgegenzuhalten, dass die Eheleute während des Zusammenlebens auch dieses Einkommen für den Bedarf eingesetzt haben. Es ist deshalb, soweit es weiter erzielt wird, zum Teil als eheprägend anzusetzen (näher Rn. 4/260 a).[65] Bei Nebentätigkeiten, Zusatzverdiensten von Rentnern oder über das nor-

---

[56] BGH, FamRZ 1983, 152 = NJW 1982, 1986
[57] OLG Hamburg, FamRZ 1985, 394
[58] BGH, FamRZ 1985, 360 = R 244 b
[59] BGH, FamRZ 2001, 350 = R 551 c; FamRZ 1991, 182, 184 = R 430 b
[60] BGH a.a.O.
[61] BGH, FamRZ 2001, 350 = R 551 c; FamRZ 1991, 182 = R 430 b
[62] BVerfG, FamRZ 1996, 343, 344 = R 498
[63] BGH, FamRZ 2001, 350 = R 551 c; FamRZ 1991, 182 = R 430 b; FamRZ 1983, 146, 148 = R 142 d, e
[64] BGH, FamRZ 1985, 360 = R 244 b; 1983, 146, 148 = R 142 d, e
[65] Gerhardt, FamRZ 2003, 272

male Maß hinausgehenden Überstunden wird man deshalb regelmäßig nur einen Teil des Einkommens, z. B. 1/3 bis 1/2, der Unterhaltsberechnung zugrunde legen. Gibt der Pflichtige die Nebentätigkeit auf und senkt sich dadurch das Einkommen, ist diese Einkommensreduzierung eheprägend und damit vom Bedürftigen zu akzeptieren (näher Rn. 4/260 a), d. h. der Titel entsprechend abzuändern. Diese Grundsätze von Treu und Glauben gelten auch für die Anrechenbarkeit von Erfindervergütungen.[66]

Handelt es sich nur um eine einzige Tätigkeit, z. B. bei **Berufstätigkeit neben der Betreuung von Kindern,** ist nach Treu und Glauben nur ein Teil des Einkommens als überobligatorisch anzusehen. Daher sind vorab die konkreten Betreuungskosten oder ein sog. „Betreuungsbonus" abzuziehen[67] (s. näher Rn. 545 ff., 4/260 a), so dass das (bereinigte) Nettoeinkommen des Pflichtigen nicht in voller Höhe, sondern nur zum Teil als zumutbares Einkommen angesetzt wird. Muss er daneben auch für den Barunterhalt des Kindes aufkommen, weil der andere Elternteil nicht leistet, ist zusätzlich der aus seinem Einkommen errechnete Tabellen-Kindesunterhalt vorab abzuziehen (vgl. Beispiel Rn. 545 f.).

12. Abschnitt: Unterhalt und Einkommensteuer

I. Die Erhebung der Einkommensteuer

1. Vorbemerkung

Bei der Ermittlung des unterhaltsrechtlich relevanten Einkommens sind die steuerlichen Belastungen abzuziehen. Die bei den Einkünften aus Gewerbebetrieb anfallende Gewerbesteuer wird als Betriebsausgabe bereits bei der Ermittlung des steuerlich maßgeblichen Gewinns berücksichtigt (Rn. 260); die Umsatzsteuer ist bei Einkünften von Gewerbetreibenden und Selbstständigen unterhaltsrechtlich irrelevant[1] (Rn. 229) und 259). Die Anrechnung der auf das Einkommen von Körperschaften von diesen erhobenen Körperschaftssteuer auf die Einkommensteuer der Anteilseigner, die bis einschließlich 2000[2] in einem komplizierten Verfahren teilweise vorgenommen wurde, gibt es seitdem nicht mehr. 558

Im Rahmen der Ermittlung des unterhaltsrechtlich relevanten Einkommens ist daher nur die Belastung des Einkommens mit Einkommensteuer, Solidaritätszuschlag und Kirchensteuer zu ermitteln. Diese machen in der Regel den größten Abzugsposten vom Bruttoeinkommen aus.

559

zu versteuerndes Einkommen	Durchschnittssteuersatz	2004 %	2005 %
20 000 €		18	16
30 000 €		24	22
40 000 €		28	26
50 000 €		32	30
75 000 €		39	39
100 000 €		43	39
150 000 €		46	42

Ersichtlich ist bereits bei einem zu versteuernden Einkommen von 30 000 € die Quote der Arbeitnehmeranteile zur Sozialversicherung überschritten. Eine sachgerechte Ermittlung

[66] Nichtveröffentlichte BGH-Entscheidung vom 4. 11. 1984 – IV b ZR 614/80

[67] BGH, FamRZ 2001, 350 = R 551 c

[1] In der Einnahmen-Überschuss-Rechnung muss sie nach der hier vertretenen Auffassung als durchlaufender Posten aus dem Abschluss herausgerechnet werden (Rn. 192)

[2] Bei abweichendem Wirtschaftsjahr (Rn. 277) z. T. noch 2001

der steuerlichen Belastung ist daher auch bei der Ermittlung des unterhaltsrechtlich maßgeblichen Einkommens unverzichtbar.

2. Veranlagungsart und Lohnsteuerklassen

560 Grundlagen für die Feststellung der Einkommensteuer sind
- die Einzelveranlagung (§ 25 EStG)
- die getrennte Veranlagung (§§ 26, 26 a EStG)
- die Zusammenveranlagung (§§ 26, 26 b EStG)
- die besondere Veranlagung für den Veranlagungszeitraum der Eheschließung (§§ 26, 26 c EStG).[3]

Unbeschränkt einkommensteuerpflichtige Ehegatten, die zu Beginn des Kalenderjahres nicht dauernd getrennt leben oder bei denen diese Voraussetzungen im Lauf des Jahres eingetreten sind, können zwischen der Zusammenveranlagung und der getrennten Veranlagung wählen. Alle übrigen natürlichen Personen werden einzeln veranlagt.

Bei zusammenveranlagten Ehegatten wird das zu versteuernde Gesamteinkommen halbiert; die sich daraus ergebenden Steuern (Einkommensteuer, Solidaritätszuschlag und Kirchensteuer) werden zusammengerechnet. Dadurch wird die Auswirkung der Steuerprogression vermindert und zwar umso deutlicher, je größer der Einkommensunterschied ist.[4] Da die Zusammenveranlagung jedoch unter Umständen nachteilig ist, können die Ehegatten die getrennte Veranlagung wählen.[5]

Die Möglichkeit zur Zusammenveranlagung besteht auch noch im Trennungsjahr, selbst wenn sich die Eheleute schon am 1. 1. getrennt haben. Wenn aber die Voraussetzungen zur Ehegattenveranlagung auf Grund vorher vollzogener Trennung zum Jahresbeginn nicht vorgelegen haben, begründet ein unverbindliches Probieren nicht das Recht auf Zusammenveranlagung, wohl aber ein ernsthafter Versöhnungsversuch unter Wiederaufnahme der ehelichen Lebensgemeinschaft in Fortsetzungsabsicht, auch wenn diese erneut in der Trennung endet.[6] Die Feststellungen im Scheidungsverfahren sind für die Steuerveranlagung nicht bindend.[7]

561 Für die Durchführung des Lohnsteuerabzugs werden die Steuerpflichtigen in unterschiedliche Steuerklassen eingereiht. Es entsprechen
- der Zusammenveranlagung die Steuerklassen III und V.
- der getrennten Veranlagung die Steuerklasse IV und der
- Einzelveranlagung die Steuerklasse I oder II.[8]

Im Trennungsjahr können daher nicht die Steuerklasse I oder II gewählt werden.[9]

3. Die Erhebung der Einkommensteuer

562 Die Einkommensteuer[10] wird gemäß § 25 EStG nach Ablauf des Kalenderjahres[11] nach dem Einkommen erhoben, das der Steuerpflichtige in diesem Veranlagungszeitraum bezogen hat. Gemäß § 149 III AO ist die Einkommensteuererklärung bis zum 31. 5. des Folgejahres abzugeben. Fristverlängerungen sind aber weniger die Ausnahme als die Regel, insbesondere dann, wenn wie bei Gewerbetreibenden und Selbstständigen sowie Landwirten und Einkünften aus Vermietung und Verpachtung vom Steuerpflichtigen oder seinem

---

[3] Die besondere Veranlagung ermöglicht einem Geschiedenen oder Verwitweten im Jahr der Wiederheirat die Einzelveranlagung zu wählen, wenn dies gegenüber der Zusammenveranlagung oder getrennten Veranlagung ausnahmsweise günstiger ist

[4] Solange nicht die fiktiven Einzeleinkünfte im Bereich des Spitzensteuersatzes liegen

[5] Einzelheiten bei Strohal Rn. 327 ff.; Heiß/Linderer 42. Kap. Rn. 3 ff.

[6] Einzelheiten dazu Heiß/Linderer 42. Kap. Rn. 9 ff.; ausführlich auch Hausmann FamRZ 2002, 1612; BFH StRE 1998, 54

[7] BFH 26. 8. 1997

[8] Die Steuerklasse II entspricht der Steuerklasse I unter Berücksichtigung des Haushaltsfreibetrags

[9] Lohnsteuer-Richtlinien R 109 II und V

[10] Soweit im Folgenden nicht ausdrücklich anders erwähnt gelten die Ausführungen sinngemäß auch für die Kirchensteuer und den Solidaritätszuschlag

[11] Auch bei abweichendem Wirtschaftsjahr von Gewerbetreibenden und Land- und Forstwirten (Rn. 277)

Berater das Einkommen selbst ermittelt werden muss. In solchen Fällen ist die Abgabe der Einkommensteuererklärung bis zum 28. 2. des übernächsten Jahres nicht ungewöhnlich. Die Erzielung des Einkommens und die Feststellung der darauf zu erhebenden Steuern fallen daher in der Regel – teilweise sogar ganz erheblich – zeitlich auseinander.

Beispiele:
1. Erst bei der Einkommensteuerveranlagung eines Angestellten werden Werbungskosten, Sonderausgaben und außergewöhnliche Belastungen geltend gemacht und führen zu einer Erstattung.
2. Die Vorauszahlungen eines Selbstständigen sind auf der Basis des zu versteuernden Einkommens aus dem zuletzt veranlagten Zeitraum festgesetzt worden; das im Jahresabschluss ausgewiesene Einkommen wird erst bei der bis zu 18 Monaten nach Ende des Kalenderjahrs erfolgenden Steuerveranlagung berücksichtigt.
3. Im Rahmen einer Außenprüfung im Jahr 05 bei einem Gewerbetreibenden ergeben sich gegenüber der den Steuerbescheiden 01–03 zugrundeliegenden Gewinnermittlung erhebliche Abweichungen.

4. Die Zahlung von Einkommensteuern

Damit jedoch wenigstens ein Teil der Einkommensteuer zeitnah eingeht, fallen vorläufige Zahlungen an. Gemäß § 37 I EStG sind vierteljährliche Vorauszahlungen auf die voraussichtlich geschuldete Einkommensteuer zu leisten, soweit auf diese nicht als Abzugsteuern vom Arbeitgeber gemäß § 38 EStG für Lohn oder Gehalt die Lohnsteuer oder vom Schuldner gemäß § 44 EStG für die dem Steuerpflichtigen zufließenden Kapitalerträge die Kapitalertragsteuer[12] abzuziehen und an das Finanzamt abzuführen ist. 563

Während die Abzugssteuern aus den zufließenden Einkommen berechnet wird, werden die Vorauszahlungen nach § 37 III EStG durch Vorauszahlungsbescheid nach der Einkommensteuer festgesetzt, die sich bei der letzten Veranlagung ergeben hat. Soweit für die Zeit zwischen dem Ende des veranlagten Jahres bis zum Erlass des Vorauszahlungsbescheides Vorauszahlungen geleistet worden sind, können diese nachträglich angepasst werden. Eine Anpassung kann auch erfolgen, wenn sich aus Umsatzsteuervoranmeldungen oder vom Steuerpflichtigen vorgelegten Unterlagen eine Abweichung gegenüber dem dem Vorauszahlungsbescheid zugrundegelegten Einkommen ergibt. 564

II. Folgen für das unterhaltsrechtlich relevante Einkommen

1. Problemstellung

Bei Einkünften aus nichtselbstständiger Arbeit errechnet sich die vom Arbeitgeber in Abzug gebrachte Lohnsteuer aus den tatsächlichen Einkünften und entspricht häufig der endgültigen Steuerbelastung, wenn keine die in der Lohnsteuer für Werbungskosten und Sonderausgaben bereits berücksichtigten Pauschalen übersteigenden steuerlich relevanten Aufwendungen angefallen oder auf der Lohnsteuerkarte entsprechende Freibeträge berücksichtigt worden sind. Andernfalls steht bei Geltendmachung im Veranlagungsverfahren in der Regel kurzfristig die endgültige Steuerbelastung fest. Wenn sich Steuererstattungen ergeben, beruhen diese häufig auf beständigen Sachverhalten, so dass sie über einen längeren Zeitraum in gleicher Höhe anfallen. 565

Anders bei Einkünften aus Gewerbebetrieb, Selbstständiger Arbeit und Land- und Forstwirtschaft:[13] Die Festsetzung der Steuervorauszahlung entspricht nur selten den tatsächlichen Einkünften; die endgültige Steuerbelastung wird erst ein bis zwei Jahre nach Ablauf des Veranlagungszeitraums festgesetzt, meistens unter dem Vorbehalt der Nachprüfung (Rn. 211), so dass unter Umständen erst nach weiteren drei bis fünf Jahren nach Abschluss 566

---
[12] Kapitalertragsteuer ist auch die Zinsabschlagsteuer
[13] Ähnlich aber nicht so gravierend auch bei Einkünften aus Vermietung und Verpachtung

einer Betriebsprüfung eine verbindliche Festsetzung vorliegt. Diese führt häufig zu erheblichen Nachzahlungen oder selten zu Erstattungen.

2. Rechtsprechung des BGH (In-Prinzip)

567 Der BGH hält in ständiger Rechtsprechung am In-Prinzip fest. Dies bedeutet, dass bei der Ermittlung des unterhaltsrechtlich relevanten Einkommens die im jeweiligen Zeitraum tatsächlich gezahlten und erstatteten Steuern einkommensmindernd oder einkommenserhöhend anzusetzen sind.[14] Steuererstattungen, die auf Grund der nachträglichen Einkommensteuerveranlagung zu erwarten sind, werden erst zum Zeitpunkt des Zuflusses berücksichtigt. Erstattungen für frühere Jahre, die im Auskunftszeitraum zugeflossen sind, erhöhen das Einkommen in diesem, gleich für welches Jahr die Erstattung erfolgt ist. Bei Nachforderungen mindert sich das Einkommen im Jahr der Nachzahlung.[15]

568 Wenn in dem für die Unterhaltsberechnung maßgeblichen Zeitraum die Voraussetzungen für die Zusammenveranlagung (= Lohnsteuerklasse III) nicht mehr gegeben waren, also die Lohnsteuer nach Steuerklasse I oder II berechnet wurde, wird die durch die Einzelveranlagung bedingte Einkommensminderung bereits bei der Berechnung des Unterhaltsbedarfs[16] berücksichtigt, obwohl die ehelichen Lebensverhältnisse durch die aus der Zusammenveranlagung (Rn. 560 f.) resultierende Steuerersparnis geprägt waren und die höhere Besteuerung nach der Einzelveranlagung zwar in der Regel vor der Rechtskraft der Scheidung eintritt (Rn. 560) aber doch durch die Trennung bedingt ist. Insoweit setzt sich nach Auffassung des BGH der in seiner Bedeutung vorrangige Gesichtspunkt durch, dass die ehelichen Lebensverhältnisse und damit der Bemessungsmaßstab für den Unterhaltsanspruch durch das tatsächliche Einkommen des Verpflichteten geprägt werden.

569 Wenn dagegen die Einkünfte im zugrundegelegten Auskunftszeitraums noch nach dem Ehegattensplitting geringer besteuert wurden, sollen sie auch dann für den Unterhaltszeitraum maßgeblich sein, wenn in diesem bereits keine Zusammenveranlagung mehr möglich ist.[17]

Beispiel:
Der alleinverdienende A hatte in den zwölf Monaten vor der Trennung im August 01 bei Lohnsteuerklasse III ein Nettoeinkommen von 3000 € monatlich. Die Steuerklasse wird im Trennungsjahr nicht geändert. Da die in der Lohnsteuer berücksichtigten abzugsfähigen Aufwendungen nicht überschritten wurden, ergaben sich in der Vergangenheit keine Erstattungen. In dem von seiner Ehefrau eingeleiteten Unterhaltsprozess wird am 28. 12. letztmals mündlich verhandelt. Es sind zwei gemeinsame Kinder im Alter von sechs und acht Jahren vorhanden.

Nach Auffassung des BGH ist auch der künftige Unterhalt aus 3000 € zu errechnen, obwohl A ab dem 1. 1. nur noch 2412 € netto erhalten wird. Der BGH hat in seiner Entscheidung die Auffassung des OLG bestätigt, es sei nicht vorherzusehen, ob die durch die Steuerklassenänderung vorherzusehende Steuererhöhung nicht doch eventuell durch steuermindernde Abzüge kompensiert werden könne.

570 Nach bisheriger Rechtsprechung sollte der Splittingvorteil aus einer neuen Ehe auch der unterhaltsberechtigten geschiedenen Ehefrau zugute kommen, solange nicht für die neue Familie eine unverhältnismäßige Belastung eintrat.[18] Dies hat das BVerfG[19] für verfassungswidrig erklärt, weil der Gesetzgeber mit dem Splittingvorteil die bestehende Ehe und mit dem Realsplitting die geschiedene Ehe begünstigt (Rn. 591 b).

571 Keine Ausnahme vom In-Prinzip gilt für Gewerbetreibende und Selbstständige. Nach der Rechtsprechung des BGH Bei diesen ist das unterhaltsrechtlich relevante Einkommen aus

---

[14] Zuletzt FamRZ 2003, 741 (744) = R unter Bezug auf BGH, FamRZ 1990, 981 = R 416 c
[15] BGH, FamRZ 1980, 984
[16] BGH, FamRZ 1991, 670 = R 431 a
[17] BGH, FamRZ 1983, 152; BGH, FamRZ 1983, 152 = NJW 82/1986 = R 132 a: bei Steuerklassenwechsel bis zum Schluss der mündlichen Verhandlung; vgl. dazu aber Rn. 592.: Bei Steuerklassenwechsel bis zum Schluss der mündlichen Verhandlung fiktive Steuerberechnung.
[18] BGH, FamRZ 1992, 534; FamRZ 1988, 486
[19] Beschluss vom 7. 10. 2003 FamRZ 2003, 1821 = NJW 2003, 3466
[20] *– nicht belegt –*

dem Einkommensdurchschnitt der Letzten drei Jahre zu ermitteln (Rn. 274), wobei dabei die jeweilige tatsächliche Steuerbelastung der einzelnen Jahre zu berücksichtigen ist. Unbedeutend ist dabei, ob die Steuerbelastung den tatsächlichen Einkünften entspricht und ob geflossene Steuerzahlungen und Steuererstattungen überhaupt im Bezug zum Einkommen des Jahres stehen.

Beispiel:
Am 30. 1. 03 erhält der Unternehmer U den Steuerbescheid für 01 über insgesamt 20 000 €. Vorauszahlungen hatte er für 01 und 02 – auf der Basis seines Einkommens in 2000 – in Höhe von 12 000 € geleistet. Auf der Grundlage des sich aus dem Steuerbescheid ergebenden Einkommens werden gleichzeitig die Einkommensteuervorauszahlungen für 2002 angepasst und die Vorauszahlungen für 2003 auf 4 × 5000 € festgesetzt. Für 2002 hatte U ebenfalls nur 12 000 € vorausgezahlt. U zahlt also in 2003

Nachzahlung für 2001	8 000 €
Nachträgliche Vorauszahlung für 2002	8 000 €
Vorauszahlung für 2003	20 000 €
insgesamt	36 000 €

Aufgrund eines verlorenen Prozesses hat U im November 03 Gewährleistungen zu erbringen, wodurch sich sein Einkommen auf 21 000 € reduziert. Nach Vorlage der Betriebswirtschaftlichen Auswertung per 31. 10. erstattet das Finanzamt Anfang Januar 04 auf die Vorauszahlungen 16 000 €. Nach Erlass des Steuerbescheides für 02 am 20. 1. 04 erhält U noch im Januar eine Steuerrückzahlung von 4000 €. Im Ergebnis beträgt die Steuerbelastung für den Dreijahreszeitraum 20 000 € weniger als die in diesem Zeitraum geleisteten Zahlungen.

Folgt man der Auffassung des BGH, so ist bei U ein um 20 000 € geringeres Einkommen anzusetzen, als U tatsächlich nach steuerlicher Berechnung erzielt hat, obwohl ihm die Überzahlung bereits im Januar 04 die überzahlten Beträge zurückerhält.

Ausnahmen vom In-Prinzip werden nur in besonders liegenden Fällen[21] anerkannt, 572
- wenn im zu versteuernden Einkommen Einkünfte enthalten sind, die die ehelichen Lebensverhältnisse nicht geprägt haben und deshalb bei der Berechnung des Unterhaltsbedarfs nach § 1578 I BGB ausgeschieden werden müssen,
- wenn wegen Verletzung der Erwerbsobliegenheit fiktive Einkünfte oder Mehreinkünfte zu berücksichtigen sind,
- wenn erreichbare Steuervorteile nicht in Anspruch genommen oder
- wenn steuermindernde Aufwendungen als unterhaltsrechtlich irrelevant dem Einkommen zugerechnet werden.[22]

In der letztgenannten zum Bauherrenmodell ergangenen Entscheidung hat der BGH festgestellt, dass bei der unterhaltsrechtlichen Einkommensermittlung eine fiktive Steuerberechnung erfolgen muss, wenn steuerlich relevante Betriebsausgaben oder Werbungskosten unterhaltsrechtlich nicht anerkannt werden. In diesem Fall sei es unbillig, die dadurch erzielten die Einkommensminderung teilweise kompensierenden Steuervorteile nicht ebenfalls außer Ansatz zu lassen.

Anders dagegen verhält es sich, wenn die unterhaltsrechtlich nicht anerkannten einkommensmindernden Umstände nicht zu einem Abfluss von Geldmitteln geführt haben, etwa bei Sonderabschreibungen.[23]

3. Die Kritik an der BGH-Rechtsprechung

Die strikte Anwendung des In-Prinzips ist vor allem insoweit seit Jahren in der Kritik,[24] 573
als es auch bei der Einkommensermittlung von Gewerbetreibenden und Selbstständigen angewandt wird. Dass auf Grund der besonderen Verhältnisse in diesen Fällen die Steuervorauszahlungen in der Regel keinen Bezug zu dem Einkommen des Veranlagungszeitraums

---

[21] Weitere Beispiele bei Borth Rn. 785 ff.
[22] BGH, FamRZ 1987, 36
[23] BGH, FamRZ 2003, 741
[24] Borth Rn. 793

haben, für den sie festgesetzt werden, ist unter Rn. 571 dargestellt worden. Die unterschiedlichen Alternativen zum strengen In-Prinzip des BGH der Berücksichtigung der Einkommensteuer bei der Ermittlung des unterhaltsrechtlich relevanten Einkommens sind[25]

- das Für-Prinzip unter Berücksichtigung der veranlagten Steuern,
- das Für-Prinzip mit vollständiger fiktiver Steuerberechnung und
- das Für-Prinzip mit partieller fiktiver Steuerberechnung.

Das Für-Prinzip unter Berücksichtigung der veranlagten Steuern[26] bedeutet, dass statt der tatsächlich im Auskunftszeitraum gezahlten und erstatteten Steuern die Steuern in Ansatz gebracht werden, die vom Finanzamt für den maßgeblichen Zeitraum veranlagt worden sind. Beim Für-Prinzip mit vollständiger fiktiver Steuerberechnung werden zunächst alle unterhaltsrechtlich relevanten Korrekturen am steuerlichen Einkommen vorgenommen und aus diesem sodann unter Berücksichtigung von Sonderausgaben, außergewöhnlichen Belastungen, Freibeträgen etc. fiktiv die Einkommensteuer errechnet. Dies steht – abgesehen von der vom BGH nicht tolerierten Abkehr vom In-Prinzip – auch der differenzierten Auffassung zur Berücksichtigung steuerlicher Auswirkungen von unterhaltsrechtlich nicht anerkannten Posten in der steuerlichen Gewinnermittlung entgegen.[27] Diesem Aspekt entspricht dagegen – abgesehen von der Abkehr vom In-Prinzip – das Für-Prinzip mit partieller fiktiver Steuerberechnung, nach dem die veranlagten Steuern nur im Einzelfall korrigiert werden.

574 Herrschende Auffassung auch in der Kritik am In-Prinzip ist jedoch, dass die Einkommensteuer zur Erhaltung der Folgen der Steuerprogression für jedes Kalenderjahr im Auskunftszeitraum einzeln berechnet werden muss.

4. Fazit

575 Die vielfältige Kritik am In-Prinzip zeigt, dass die BGH-Rechtsprechung in der Praxis nicht angenommen wird. In außergerichtlichen Unterhaltsvereinbarungen wir ebenso wie in der Praxis der Familiengerichte bei Einkünften aus nichtselbstständiger Arbeit das Bruttoeinkommen der Letzten zwölf Monate ermittelt und um die für den Unterhaltszeitraum maßgeblichen Steuern[28] und Vorsorgeaufwendungen gemindert. Es ist nicht nachvollziehen, dass im Beispielsfall (Rn. 569) der Kindesunterhalt um je 57 € und der Ehegattenunterhalt um 180 € monatlich gekürzt werden soll.[29]

Der Hinweis des BGH auf die Möglichkeit einer Abänderungsklage geht ins Leere, wenn mangels Überschreitens der Unerheblichkeitsgrenze eine Abänderung nicht möglich ist. Dies wird als Folge der Steuerreform in der Regel dann der Fall sein, wenn in den Jahren 2003 bis 2004 auf Grund der Einkommensverhältnisse des Auskunftszeitraum der Unterhalt für das nächste und die folgenden Kalenderjahre festgesetzt wird.

576 Die im Auskunftszeitraum gezahlten und erstatteten Einkommensteuern bei Gewerbetreibenden und Selbstständigen sind von vielerlei Einflüssen bestimmt, nur nicht vom Einkommen des maßgeblichen Zeitraums.[30] Das gilt insbesondere dann, wenn auf Grund einer Betriebsprüfung (Rn. 212) Steuernachzahlungen für lange zurückliegende Jahre geleistet werden müssen. Die Vorauszahlungen können darüber hinaus vom Steuerpflichtigen – etwa

---

[25] Zitiert nach Maier, Das unterhaltsrechtlich Einkommen von Selbstständigen 1996, S. 368 ff.; vgl auch Fischer-Winkelmann/Maier FamRZ 1993/880 und 1995, 79; Blaese FamRZ 1994, 216; Kleffmann FuR 1994, 159; Strohal Rn. 316 ff.

[26] So bereits OLG Frankfurt FamRZ 1989, 1300; 3. Senat OLG Brandenburg, Leitlinien 1.7 bzw. OLG Düsseldorf, Leitlinien 10.1 wenden bei Selbstständigen das Für-Prinzip an

[27] Vgl. BGH, FamRZ 2003, 741 und 1987, 36

[28] Wobei diese mit den marktüblichen Steuerberechnungsprogrammen oder den Unterhaltsberechnungsprogrammen ermittelt werden

[29] Wenn der andere Ehepartner bereits im Auskunftszeitraum eigene Einkünfte hatte, ist eine fiktive Steuerberechnung auch bei Anwendung des In-Prinzips vorzunehmen, da die Sonderausgaben und außergewöhnlichen Belastungen etc. von beiden Eheleuten zusammengefasst vom Gesamtbetrag der Einkünfte beider abgezogen werden. Was auf den einzelnen Ehegatten an Einkommensteuer entfallen ist, lässt sich aus dem Steuerbescheid nicht entnehmen

[30] Vgl. Beispiel Rn. 571

durch Verzicht auf an sich gerechtfertigte Herabsetzung wegen verringerter Einkünfte oder Angabe eines überhöhten des laufenden Einkommens – beeinflusst oder manipuliert werden.

Da mit der Fertigstellung des Jahresabschlusses meistens auch die Steuererklärungen abgegeben werden, liegen in der Regel bereits nach Auskunfterteilung für die früheren Jahre die Steuerbescheide vor. Soweit dies noch nicht der Fall ist, liegt die Steuerberechnung des Steuerberaters vor oder kann vorgelegt werden (Rn. 283).

Wenn das daraus ersichtliche zu versteuernde Einkommen um die unterhaltsrechtlichen Zu- und Abrechnungen[31] korrigiert wird, lässt sich die fiktive Steuerbelastung ohne Schwierigkeiten ermitteln. Es ist daher dem Für-Prinzip mit partieller fiktiver Steuerberechnung der Vorzug gegenüber dem In-Prinzip zu geben.[32]

Da bei Gewerbetreibenden und Selbstständigen die auf der Basis der Vorjahreseinkünfte erstellte Prognose für das im Unterhaltszeitraum maßgebliche Einkommen noch weniger zuverlässig ist als beim Nichtselbstständigen, bringt auch die Ermittlung der unterhaltsrechtlichen Nettoeinkünfte in den einzelnen Kalenderjahren des Auskunftszeitraums keine größere Sicherheit. Gemessen an den Unsicherheiten der Einkommensprognose ist die Auswirkung der Steuerprogression minimal. 577

Auch hier sollte man aus denselben Gründen wie bei Nichtselbstständigen (Rn. 575) die Steuerbelastung aus dem unterhaltsrechtlich maßgeblichen Einkommen, also dem Mehrjahresmittel, nach den für den Unterhaltszeitraum gültigen Sätzen berechnen.[33]

III. Die Verteilung der Steuerbelastung

1. Steuerliche Vorschriften

Das Finanzamt veranlagt Ehegatten getrennt, wenn einer der Ehegatten dies beantragt. 578
Der Antrag ist für das Finanzamt nur dann unbeachtlich, wenn er die getrennte Veranlagung dem Antragsteller offenkundig keinerlei Vorteile bietet, z. B. er über keine steuerpflichtigen Einkünfte verfügt.[34] In allen anderen Fällen muss der Ehegatte, der durch die getrennte Veranlagung hat, seinen Anspruch vor dem Zivilgericht geltend machen.[35]

2. Verbindlichkeit der Aufteilungsregelung bis zur Trennung

Die Wahl zwischen der Zusammenveranlagung und der getrennten Veranlagung kann bis 579
zur Bestandskraft der Einkommensteuerbescheide ausgeübt und geändert werden.[36] Es ist daher nicht selten, dass zum Zeitpunkt der Trennung noch keine verbindliche Regelung besteht. In diesem Fall sind die Ehegatten im Hinblick auf die Verteilung der Steuerlast an die früher vereinbarte Aufteilung der Steuerschulden gebunden, auch wenn die Vereinbarung nur konkludent durch die Regelung der Vorauszahlungen oder Wahl der Steuerklassen getroffen wurde.

So kann der Ehegatte, der einvernehmlich die ungünstige Steuerklasse V gewählt hatte, seine Zustimmung zur Zusammenveranlagung nicht wie bei den Einkünften nach der Trennung (Rn. 580) davon abhängig machen, dass ihm die Steuern in Höhe des Differenzbetrags zur getrennten Veranlagung – Steuerklasse IV – ersetzt wird. Er hat lediglich Anspruch darauf, dass er nicht mehr als die von seinem abgeführte Lohnsteuer zu tragen hat.[37]

---

[31] Vgl. dazu die Ausführungen im 5. Abschnitt
[32] Vgl. auch Strohal Rn. 316
[33] Dies macht die ansonsten erforderliche dreifache Steuerberechnung (für jedes Jahr des Auskunftszeitraums) überflüssig
[34] EStR 174 III
[35] BGH, FamRZ 2002, 1024
[36] Schmidt EStG § 26 Rn. 17
[37] BGH, FamRZ 2002, 1024

Ebenso wenig steht dem Ehegatten, der die Steuervorauszahlungen auch für den anderen getragen hat, insoweit ein Erstattungsanspruch zu, selbst wenn die Zahlung im Jahr der Trennung erfolgt ist.[38]

3. Aufteilung für die Zeit zwischen Trennung und Ende des Trennungsjahrs

580 Auch noch im Jahr der Trennung können Ehegatten zwischen der Zusammenveranlagung und der getrennten Veranlagung wählen (Rn. 560 f.). Während in der Vergangenheit die Einkommensteuer bei Zusammenveranlagung beiderseits erwerbstätiger Ehegatten für das gesamte Trennungsjahr im Verhältnis der steuerpflichtigen Einkünfte oder im Verhältnis der bei getrennter Veranlagung anfallenden Steuern aufgeteilt hat,[39] wird man diese Rechtsprechung nach den neuen Entscheidungen (Rn. 578, 579) auf den Zeitraum zwischen Trennung und Ablauf des Trennungsjahres beschränken.

Dabei muss jedoch berücksichtigt werden, ob die Ehegatten nicht auch für die Zeit nach der Trennung stillschweigend eine nicht reversible Regelung getroffen haben, was z. B. bei Beibehaltung der Steuerklassen III und V und darauf basierenden Unterhaltszahlungen zu bejahen ist.[40]

4. Verfahren bei Steuererstattungen

581 Führen zu hohe Steuerabzüge (Rn. 563) oder Vorauszahlungen (Rn. 564) zu Steuererstattungen, so ist im Verhältnis zu Finanzamt gemäß § 37 AO der Ehegatte erstattungsberechtigt, auf dessen Schuld die Vorauszahlung geleistet worden ist. Zivilrechtliche Verhältnisse sind unerheblich.[41] In solchen Fällen ist der erstattete Betrag nach den für die Aufteilung (Rn. 580) maßgeblichen Kriterien auszugleichen.[42]

Beispiel:
M und F haben sich am 1. 1. 01 getrennt. Sie behalten im Trennungsjahr die bisherigen Steuerklassen. M hat bei Steuerklasse III/2 ein Nettoeinkommen von 21 500 €, F bei Steuerklasse V ein solches von 10 335 €. M zahlt an F monatlich 420 € Trennungsunterhalt. Nach Ablauf des Kalenderjahres beantragt F die getrennte Veranlagung und erhält die Differenz zu Steuerklasse IV/1 in Höhe 2854 € zurück. M muss 3809 € nachzahlen.

Der Beispielsfall entspricht dem Sachverhalt der unter Rn. 578 dargestellten BGH-Entscheidung mit dem Unterschied, dass es hier um die Zeit nach der Trennung geht. Soweit in der Rechtsprechung[43] die Auffassung vertreten wird, dass die Einkommensteuer im Trennungsjahr bei Zusammenveranlagung im Verhältnis der Einkünfte bzw. der Steuern im Fall getrennter Veranlagung aufzuteilen sei, kann dies nur zeitanteilig ab der Trennung gelten und nicht ohne Berücksichtigung der Verteilung der Familienlasten, insbesondere eventuell gezahlten Unterhalts beurteilt werden.[44] Auch in dem Beispielsfall muss F der Zusammenveranlagung zustimmen und bleibt mit dem Anteil an der gemeinsamen Einkommensteuer belastet, der der Steuerklasse V entspricht.[45] Soweit sich Erstattungen auf Grund von nachträglich geltend gemachten Abzugsbeträgen ergeben, ist zu Zurechnung im Einzelfall unter denselben Gesichtspunkten zu entscheiden.

5. Steuererstattungen, Steuernachzahlungen und Zugewinnausgleich

582 Steuererstattungsansprüche und Steuernachzahlungsverpflichtungen sind nicht nur für das Unterhaltsrecht sondern, sofern sie am Tage der Zustellung des Scheidungsantrags bestan-

[38] BGH, FamRZ 2002, 729
[39] Der BGH – FamRZ 1979, 115 hat beide Methoden für zulässig angesehen
[40] Vgl Schöppe-Fredenburg 13. Kap. Rn. 190
[41] Klein AO § 37 Nr. 4
[42] Im Einzelnen dazu Liebelt FamRZ 1993, 626
[43] BGH, FamRZ 79, 115 = NJW 79, 546; OLG Hamm FamRZ 1998, 1166; OLG Köln FamRZ 1995, 55
[44] Gerhardt/Schöppe-Fredenburg Kap. 13 Rn. 190
[45] Soweit eine Steuerminderung durch im Veranlagungsverfahren geltend gemachte Werbungskosten, Sonderausgaben etc. erfolgt, kommt diese dem zu, der die Absetzungsbeträge geltend machen kann

den, auch für das eheliche Güterrecht von Bedeutung. Eine gesetzliche Regelung gibt es nicht.

Beispiel:
Der Scheidungsantrag der F wird dem M am 1. 7. 02 zugestellt. Aufgrund des am 10. 7. erlassenen Einkommensteuerbescheids für 01 wurden M Einkommensteuer, Solidaritätszuschlag und Kirchensteuer in Höhe von 6000 € zurückgezahlt.

Der Steuererstattungsanspruch ist in das Endvermögen einzustellen. F erhält davon 50% im Rahmen des Zugewinnausgleichs zugeschrieben. Steuererstattungen erhöhen nach der Rechtsprechung des BGH (Rn. 567) zum Zeitpunkt des Zuflusses das unterhaltsrechtlich relevante Einkommen. F würde daher monatlich 225 €[46] höheren Unterhalt bekommen, so dass sie innerhalb von zwölf Monaten weitere 45%, mithin im Ergebnis fast die gesamte Steuernachzahlung erhalten würde. Dem M bleiben 5%. Der BGH hat entschieden,[47] dass eine zweifache Teilhabe nicht zulässig ist.

Entsprechend darf auch der Ertragswert eines Unternehmens nicht im Zugewinnausgleich, der Ertrag dann noch einmal beim Unterhalt angesetzt werden.[48]

IV. Die Abzugsfähigkeit von Unterhaltslasten beim Einkommen

1. Realsplitting

a) Steuerliche Grundlagen. Unterhaltsleistungen eines unbeschränkt Steuerpflichtigen 583
an den geschiedenen oder dauernd getrennt lebenden unbeschränkt steuerpflichtigen oder als EU-Angehörigen gemäß § 1 a EStG gleichgestellten Ehegatten sind bis zu einem Höchstbetrag von 13 805 € pro Jahr einkommensmindernde Sonderausgaben, wenn der Geber dies mit Zustimmung des Empfängers beantragt.

Eine gesetzliche Unterhaltspflicht ist nicht Voraussetzung für den Sonderausgabenabzug. Es genügen auch Unterhaltszahlungen die freiwillig oder auf Grund einer freiwillig eingegangenen Verpflichtung geleistet werden. Zum Unterhalt gehören alle typischen Aufwendungen für die Bestreitung der Lebensführung. Neben Barunterhalt kommen daher auch Sachleistungen oder Nutzungen, insbesondere die unentgeltliche Überlassung einer Wohnung in Betracht.

Ob der Höchstbetrag ausgeschöpft wird oder nur ein Teil des Unterhalts geltend gemacht wird, liegt im Ermessen der Beteiligten.

Das Realsplitting kann nicht auf Teile eines Jahres beschränkt werden. Die Zustimmung ist unbefristet und kann vom Empfänger nicht für das laufende oder frühere Kalenderjahre widerrufen werden. Der Geber muss den Sonderausgabenabzug in jedem Jahr neu beantragen. Dies kann auch nach Bestandskraft der beiderseitigen Steuerbescheide erfolgen, wenn die Zustimmung erst nachträglich erteilt worden ist.

Die Unterhaltsleistungen stellen beim Empfänger sonstige Einkünfte im Sinn des § 22 EStG dar. Sie sind zu versteuern, soweit sie allein oder zusammen mit anderen steuerpflichtigen Einkünfte die Freibeträge übersteigen. Sie sind auch nach anderen Gesetzen als Einkommen zu behandeln. So kann der Trennungsunterhalt schon vor der Rechtskraft der Scheidung dazu führen, dass der Empfänger nicht mehr beim Geber krankenversichert ist.[49] Auch können durch Überschreiten von Einkommensgrenzen öffentlichrechtliche Vergünstigungen etc. entfallen.

Das Realsplitting ist bereits im Trennungsjahr möglich, macht aber nur dann Sinn, wenn die getrennte Veranlagung Vorteile gegenüber der Zusammenveranlagung, da bei dieser die beiderseitigen Einkünfte zusammengerechnet werden.

---

[46] Bei 10% Erwerbstätigenbonus gemäß den Süddeutschen Leitlinien
[47] BGH, FamRZ 2003, 432
[48] Schröder, FamrZ 2003, 434
[49] BSG FamRZ 94, 1239

Je geringer der Unterschied des jeweils zu versteuernden Einkommens bei Geber und Empfänger vor der Berücksichtigung der Unterhaltszahlung ist, umso geringer sind die steuerlichen Vorteile.

584 **b) Unterhaltsrechtliche Fragen.** Der Empfänger hat die Zustimmung zum Realsplitting auf Verlangen des Gebers nach dem Grundsatz von Treu und Glauben zu erteilen,[50] weil er damit die finanzielle Belastung des Gebers verringert. Eine schuldhafte Verweigerung der Zustimmung führt zur Schadensersatzpflicht.[51] Die Zustimmung kann aber davon abhängig gemacht werden, dass der Geber dem Empfänger die wirtschaftlichen Nachteile (Einkommensteuer, Solidaritätszuschlag, Kirchensteuer und sonstige finanzielle Nachteile)[52] ausgleicht, die ihm durch das Realsplitting entstehen. Im Jahr der Wiederheirat des Empfängers beschränkt sich der Ausgleich jedoch auf die Nachteile, die auch ohne die Wiederheirat entstanden wären.[53]

Die Zustimmung ist auch zu erteilen, wenn die Abzugsfähigkeit der erbrachten Leistungen zweifelhaft ist, da es Sache der Finanzbehörden ist, darüber zu entscheiden.[54] Ob bei Streitigkeiten über die Höhe des Unterhalts die Zustimmung zu erteilen ist, wird in der Rechtsprechung unterschiedlich behandelt.[55] Die Höhe des gezahlten Unterhalts ist keine Frage der Zustimmung zum Realsplitting sondern der Bestätigung in der Anlage U, die nach herrschender Auffassung nicht geschuldet wird.[56]

Die Zustimmung darf nicht davon abhängig gemacht werden, dass der Geber den Empfänger an der Steuerersparnis beteiligt, die dieser auf Grund des Sonderausgabenabzugs erhält. Diese kommt dem Empfänger verspätet durch die Einkommenserhöhung beim Geber zugute, wobei der von diesem geleistete Nachteilsausgleich wiederum einkommensmindernd ins Gewicht fällt.[57] Während der BGH[58] eine Verpflichtung des Gebers bis zur Höhe des unstreitigen Unterhalts annahm, spricht sich in ausdrücklicher Abweichung davon das OLG Sachsen-Anhalt[59] gegen die Berücksichtigung des Eintrags des Ehegattenunterhaltes auf der Lohnsteuerkarte mit der Begründung aus, weil damit der rigoros und wider besseres Wissen den Unterhalt verweigernde Schuldner günstiger gestellt werde als der Zahlungswillige.

Der Nachteilsausgleich kann auch nach Ablauf der Jahresfrist des § 1585 b BGB noch geltend gemacht werden. Er fällt nicht unter diese Bestimmung; sie ist auch nicht analog anzuwenden, da der Geber bei Inanspruchnahme des Realsplittings mit der Erstattungspflicht rechnen muss und insoweit keinen Vertrauensschutz genießt.[60]

2. Außergewöhnliche Belastung

585 Der an den auf Dauer getrennt lebenden oder geschiedenen Ehegatten, der kein oder nur geringes Vermögen hat, auf Grund gesetzlicher Verpflichtung gezahlte Unterhalt kann statt als Sonderausgabe nach § 10 EStG bis zur Höhe von 7188 € auch gemäß § 33 a EStG als außergewöhnliche Belastung vom Gesamtbetrag der Einkünfte abgezogen werden. Eigene Einkünfte sind auf den Abzugsbetrag anzurechnen, soweit sie 624 € übersteigen.

Im Gegensatz Realsplitting gilt der Unterhalt beim Empfänger nicht als Einkommen, so dass er nicht zu versteuern ist und auch nicht zum Ausscheiden aus der Familienversicherung führt. Die Inanspruchnahme setzt auch nicht voraus, dass der Unterhaltsempfänger unbe-

---

[50] BGH, FamRZ 1988, 820 = NJW 1988, 2886 = R 365
[51] BGH a.a.O.
[52] BGH, FamRZ 1983, 576 = NJW 1983, 1545 = R 164
[53] BGH, FamRZ 1992, 1050
[54] BGH, FamRZ 1998, 953
[55] OLG Hamm FamRZ 1990, 1004 gegen OLG Hamm FamRZ 1990, 1244 und OLG Stuttgart FamRZ 93, 206
[56] BGH, FamRZ 1998, 953
[57] BGH, FamRZ 1985, 1233 = NJW 1986, 254 = R 273
[58] BGH, FamRZ 1999, 372
[59] FamRZ 2002, 959
[60] BGH, FamRZ 1985, 1232 = NJW 1986, 254 = R 273

schränkt steuerpflichtig ist. In diesen Fällen ist der Abzug der Unterhaltsleistungen die einzige Möglichkeit steuerlicher Berücksichtigung.

Wenn dagegen sowohl § 10 I EStG als auch § 33 a EStG anwendbar sind, kommt es auf die Verhältnisse im Einzelfall an, welcher Ansatz der günstigere ist.

Der den Höchstbetrag nach § 10 I EStG übersteigende Unterhalt kann nicht nach § 33 EStG als Außergewöhnliche Belastung abgesetzt werden.

V. Unterhaltsrechtliche Verpflichtung zur Steuerminderung

1. Wahl der Lohnsteuerklasse bei Wiederverheiratung

Die Steuerminderung durch das Ehegattensplitting kommen im Fall der Wiederverheiratung nicht der geschiedenen Ehefrau (Rn. 570) zugute, wenn der Unterhaltsschuldner sich wieder verheiratet. Die Wahl der Lohnsteuerklasse V ist jedoch unbeachtlich (Einzelheiten siehe Rn. 591 b). **586**

2. Eintragung von Freibeträgen auf der Lohnsteuerkarte

Über die in den Lohnsteuertabellen bereits berücksichtigten allen Steuerpflichtigen zustehenden Abzüge vom Einkommen hinaus können gemäß § 39 a EStG auch individuelle steuermindernde Belastungen durch Eintragung von Freibeträgen beim Lohnsteuerabzug berücksichtigt werden. Dies sind insbesondere **587**

- die Pauschale übersteigende Werbungskosten,
- bestimmte Sonderausgaben und
- bestimmte außergewöhnliche Belastungen.

Beispiel:
A ist geschieden er hat zwei Kinder. Er hat ein monatliches Bruttoeinkommen von 4800 €. Sein Nettoeinkommen – Lohnsteuerklasse I/1 – beträgt 2358 €. Steuerlich anrechenbare Werbungskosten fallen jährlich mit 2844 € an. Ehegattenunterhalt zahlt er seit Anfang des Jahres in Höhe von 700 €.

A kann sich die den Arbeitnehmerpauschbetrag übersteigenden Werbungskosten mit 1800 € und den Ehegattenunterhalt mit 8400 € auf der Lohnsteuerkarte eintragen lassen. Sein Nettoeinkommen erhöht sich damit auf monatlich 2793 €. Der Steuervorteil wirkt sich damit beim Bezug des Gehalts und nicht erst bei der Steuerveranlagung im nächsten Jahr aus und kommt damit auch den Unterhaltsgläubigern zugute. Diese Vorteile in Anspruch zu nehmen entspricht daher den unterhaltsrechtlichen Obliegenheiten.[61]

Beim Realsplitting wird die Verpflichtung zum Eintrag auf der Lohnsteuerkarte nur hinsichtlich des bereits festgestellten oder vom Schuldner anerkannten Betrags oder Teilbetrags angenommen (Einzelheiten siehe Rn. 593). Dagegen hat sich jedoch das OLG des Landes Sachsen-Anhalt[62] ausgesprochen, weil dadurch der jedwede Zahlung in Abrede stellende Schuldner begünstigt würde.

Zutreffend hat das OLG Hamm[63] die Verpflichtung dann verneint, wenn die Steuerersparnis durch den Nachteilsausgleich aufgezehrt wird (Rn. 584).

---

[61] BGH, FamRZ 1984, 1211 = NJW 1985, 195; OLG Hamburg FamRZ 1992, 1308
[62] FamRZ 2002, 959 gegen BGH, FamRZ 1999, 372 = NJW-RR 1999, 297 = R 529 c
[63] FamRZ 2000, 608 = NJWE-FER 2000, 100

13. Abschnitt: Berechnung des bereinigten Nettoeinkommens durch unterhaltsrechtlich relevante Abzüge

I. Überblick zu den relevanten Abzügen

1. Das bereinigte Nettoeinkommen

588 Wie bereits erörtert (s. Rn. 10), ist für die Unterhaltsberechnung nur der Teil des Einkommens zugrunde zu legen, der zur Deckung des laufenden Lebensbedarfs zur Verfügung steht und bisher dafür eingesetzt wurde bzw. bei Anlegung eines objektiven Maßstabs dafür eingesetzt werden könnte.[1] Es ist dies das sog. **bereinigte Nettoeinkommen.**[2]

Dieses bereinigte Nettoeinkommen wird berechnet, indem von den Bruttoeinkünften aus allen bisher erörterten Einkunftsarten abgezogen wird, was für andere Zwecke als den laufenden Lebensbedarf verwendet werden muss und deshalb unterhaltsrechtlich als zulässiger Abzugsposten anerkannt werden kann.[3]

Auch nach der gemeinsamen Leitlinienstruktur der Oberlandesgerichte ist Grundlage der Unterhaltsberechnung das bereinigte Nettoeinkommen, d. h. das Bruttoeinkommen abzüglich Steuern und Aufwendungen für Altersvorsorge, Arbeitslosen- und Krankenversicherung, wovon im Einzelfall noch weitere Abzüge wie berufsbedingte Aufwendungen, Kinderberteuungskosten, berücksichtigungswürdige Schulden, Kindesunterhalt vorzunehmen sind (jeweils Nr. 10).[4] Der Unterhalt geht also nicht allen sonstigen Ausgaben der Beteiligten vor.

588 a Bei der Bildung des bereinigten Nettoeinkommens ist im Einzelfall zu **differenzieren,** ob es sich um Verwandten- oder Ehegattenunterhalt handelt. Beim **Verwandtenunterhalt** sind stets die aktuellen Einkünfte und die berücksichtigungsfähigen aktuellen Abzugsposten anzusetzen. Beim **Ehegattenunterhalt** ist dagegen zu unterscheiden, ob es um den **Bedarf** oder die **Bedürftigkeit/Leistungsfähigkeit** geht.[5] Für den **Bedarf** sind nur die eheprägenden Einkünfte und demgemäß die **eheprägenden Abzugsposten** berücksichtigungsfähig, bei der **Bedürftigkeit** sind nichtprägende Abzugsposten nicht anzusetzen, bei der **Leistungsfähigkeit** ist stets eine Einzelfallbetrachtung vorzunehmen. Vgl. im einzelnen Rn. 594, 596, 604, 605, 616, 619, 655, 657.

2. Die Abzugsposten im Einzelnen:

589
- Lohn- oder Einkommensteuer und Kirchensteuer.
- Vorsorgeaufwendungen für Krankheit, Invalidität, Alter und Arbeitslosigkeit.
- Berufsbedingte Aufwendungen, Werbungskosten oder Betriebsausgaben.
- Kinderbetreuungskosten und Betreuungsbonus
- Im konkreten Einzelfall Aufwendungen für einen berechtigten Mehrbedarf wegen Krankheit, Behinderung oder Alter.
- Berücksichtigungswürdige Schulden.

Beim Ehegattenunterhalt und beim **sonstigen Verwandtenunterhalt** (ohne Kindesunterhalt Minderjähriger) außerdem

- Unterhaltsleistungen für Kinder und sonstige vorrangige Unterhaltspflichten sowie berücksichtigungswürdige Aufwendungen des Verpflichteten für die Vermögensbildung.

---

[1] BGH, FamRZ 1997, 806 = R 512 b; FamRZ 1986, 780 = R 301 a; FamRZ 1985, 471 = R 252 b; FamRZ 1985, 357 = R 243 b
[2] BGH, FamRZ 1985, 471 = R 252 b
[3] BGH, FamRZ 1985, 357 = R 243 b
[4] SüdL, BL, BraL, BrL, CL, DL, DrL, FL, HaL, HL, KL, NaL, OL, RL, SchL, TL jeweils Nr. 10
[5] Vgl. SüdL, BL, BrL, CL, DrL, HaL, KL, NaL, RL, SchL jeweils vor 1

Nicht abziehbar sind ein pauschaler trennungsbedingter Mehrbedarf – soweit man ihn noch anerkennt, vgl. Rn. 310 e, 379, 4/169, 4/432 a – sowie die Kosten des laufenden Lebensbedarfs wie Miete, Haushaltsgeld usw. Die Lebenshaltungskosten sind im eigenen Unterhalt, dem sog. Selbstbehalt enthalten (vgl. Rn. 4/567). Kein Abzugsposten ist beim Ehegattenunterhalt ferner der sog. Erwerbstätigenbonus, er kürzt vielmehr bei der Unterhaltsberechnung das bereinigte Nettoeinkommen (vgl. näher Rn. 4/377). 590

II. Abzug von Steuern

1. Abzug der tatsächlich angefallenen Steuern

Abziehbar sind die **Einkommensteuer bzw. Lohnsteuer, der Solidaritätszuschlag und die Kirchensteuer,** und zwar grundsätzlich in der Höhe, in der sie in dem maßgeblichen Kalenderjahr entrichtet wurden (sog. In-Prinzip).[6] Eine Ausnahme besteht beim Ehegattenunterhalt bei Wiederverheiratung des Pflichtigen (s. unten Rn. 591 b). 591

Ausnahmen können gelten, wenn Bewirtungs- oder Repräsentationskosten nicht oder nur zum Teil anerkannt werden,[7] wenn unterhaltsrechtlich nicht berücksichtigte außergewöhnliche Belastungen nach § 33 EStG das Einkommen minderten, bei Negativeinkünften zur Vermögensbildung (vgl. Rn. 302),[8] bei Ansatz fiktiver Einkünfte (Rn. 572) oder bei teilweise nichtprägenden und deshalb für die Bedarfsermittlung beim Ehegattenunterhalt nicht berücksichtigten Einkünften.[9] Es ist dann jeweils eine **fiktive Steuerberechnung** vorzunehmen. Dies gilt vor allem beim Einkommen Selbstständiger. Werden dagegen steuerliche Abzugsposten, denen keine tatsächliche Aufwendung gegenübersteht, z. B. Sonderabschreibungen, unterhaltsrechtlich nicht als Abzugsposten anerkannt, verbleibt es bei der tatsächlich zu leistenden Steuer (vgl. Rn. 572).[10] 591 a

Beim Ehegattenunterhalt ist nach der bisherigen Rechtsprechung des BGH auch der **Steuervorteil bei Wiederverheiratung** des Pflichtigen zugunsten des geschiedenen Ehegatten anzusetzen;[11] dieses Ergebnis konnte nach § 1579 Nr. 7 BGB korrigiert werden, wenn die neue Familie wegen beengter Verhältnisse auf den Splittingvorteil angewiesen war.[12] Da der geschiedene Ehegatte nach den steuerrechtlichen Bestimmungen gemäß § 10 I Nr. 1 EStG daneben aber auch noch den Realsplittingvorteil hat, würden beide Steuervorteile kumulieren.[13] Das BVerfG hat diese Rechtsprechung des BGH mit Beschluss vom 7. 10. 2003 für **verfassungswidrig** erklärt wegen Verstoß gegen Art. 6 I GG. Der Steuervorteil bei Wiederverheiratung des Pflichtigen hat der neuen Ehe zu verbleiben.[14] Es ist deshalb insoweit eine **fiktive Berechnung** entsprechend einer getrennten Veranlagung des Pflichtigen durchzuführen unter Berücksichtigung des Realsplittingvorteils. Dies gilt nicht für den Unterhalt von Kindern aus der ersten Ehe, da die Entscheidung des BVerfG alleine den Ehegattenunterhalt betraf, bei dem der Steuervorteil bei Wiederverheiratung des Pflichtigen die ehelichen Lebensverhältnisse des ersten Ehegatten nicht prägt (vgl. Rn. 4/186). 591 b

Beim **Kindesunterhalt** ist stets das tatsächlich vorhandene Einkommen und damit auch die tatsächlich gegebene Steuerlast einschließlich aller Steuervorteile anzusetzen, auch bei Wiederverheiratung des Pflichtigen.[15] 591 c

---

[6] BGH, FamRZ 1991, 670 = R 431 a; FamRZ 1991, 304 = R 425; FamRZ 1990, 503 = R 413; FamRZ 1990, 499 = R 407 c
[7] BGH, FamRZ 2003, 741, 743 = R 590 c
[8] BGH, FamRZ 2003, 741, 743 = R 590 c; FamRZ 1987, 36 = R 310 a
[9] BGH, FamRZ 1990, 503 = R 413
[10] BGH, FamRZ 2003, 741, 743 = R 590 c
[11] BGH, FamRZ 1990, 981 = R 416 c
[12] BGH, FamRZ 1990, 981 = R 416 c; FamRZ 1986, 798 = R 298
[13] Schürmann, FuR 2002, 438
[14] BVerfG, FamRZ 2003, 1821 = NJW 2003, 3466
[15] BGH, FamRZ 1986, 798 = R 298

591 d Steuernachforderungen oder Steuererstattungen werden unterhaltsmäßig erst im Jahr der tatsächlichen Leistung berücksichtigt (genauere Einzelheiten und Rechtsprechungshinweise hierzu Rn. 567).

592 **Ändert sich** nach der Trennung der Eheleute die **Lohnsteuerklasse,** z. B. von III in I (vgl. § 38 b EStG), ist entgegen der früheren Rechtsprechung des BGH eine fiktive Berechnung anhand der aktuellen Steuerklasse durchzuführen, da der Unterhalt aus dem derzeitigen Einkommen zu leisten ist und durch die zwischenzeitlich vorhandenen Rechenprogramme fiktive Steuerberechnungen ohne größere Probleme machbar sind. Hierauf deutet die Entscheidung des BGH vom 25. 11. 1998,[16] in der er bei fehlender Eintragung eines Teilfreibetrages aus Realsplitting eine fiktive Steuerberechnung durchführte, eindeutig hin.

592 a Eine **fiktive Steuerberechnung** ist nach BGH an sich nur in Ausnahmefällen durchzuführen. In der Praxis ist sie aus den oben genannten und im Folgenden noch angeführten Gründen inzwischen aber sehr häufig (vgl. auch Rn. 575 ff.).

592 b Steuervorteile auf Grund des **Realsplittings** (§ 10 I EStG) sind wahrzunehmen.[17] Sie sind erst im Jahr des Vorteilseintritts unterhaltsrechtlich zu berücksichtigen (weitere Einzelheiten und Rechtsprechungshinweise hierzu Rn. 583 ff.). Der Bedürftige muss nach Treu und Glauben dem Realsplitting zustimmen, wenn der Pflichtige die daraus entstehenden Nachteile ersetzt.[18] Die Anlage U zur Einkommensteuererklärung muss er nicht unterzeichnen, es ist vielmehr ausreichend, wenn er dem Finanzamt des Pflichtigen seine Zustimmung mitteilt.[19] Die Zustimmung zum Realsplitting ist auch zu erteilen, wenn zweifelhaft ist, ob die vom Pflichtigen steuerliche geltend gemachten Aufwendungen dem Grunde und der Höhe nach als Unterhaltsleistungen im Sinne des § 10 I Nr. 1 EStG anerkannt werden.[20] Unterhaltsleistungen nach § 10 I Nr. 1 EStG sind auch die unentgeltliche Überlassung des Miteigentumsanteils an einer gemeinsamen Wohnung (vgl. Rn. 364).[21] Bei Durchführung des Realsplittings muss der Pflichtige dem Bedürftigen daraus entstehende Nachteile ersetzen, worunter nicht nur steuerliche Nachteile fallen, sondern auch höhere Krankenkassenkosten bei der gesetzlichen Krankenversicherung oder der Wegfall öffentlicher Leistungen (vgl. Rn. 584); der Ersatz von Steuerberaterkosten kann nur verlangt werden, wenn die Zustimmung zum Realsplitting ohne Übernahme dieser Kosten wegen schwieriger steuerrechtlicher Fragen unzumutbar ist.[22] Eine Sicherheitsleistung für die zu erstattenden Kosten muss der Pflichtigen lediglich leisten, wenn zu befürchten ist, dass er seiner Verpflichtung zum Ausgleich finanzieller Nachteile nicht oder nicht rechtzeitig nachkommt.[23]

593 Für Eheleute besteht eine gegenseitige familienrechtliche Verpflichtung, daran mitzuwirken, dass das Bruttoeinkommen nicht durch unnötig hohe Steuerabzüge geschmälert wird, was u. a. durch die **Eintragung von Freibeträgen auf der Lohnsteuerkarte** erreicht werden kann (vgl. auch Rn. 587). Dies gilt insbesondere für Freibeträge bei Fahrtkosten im Hinblick auf die seit 1. 1. 2001 gestiegenen Pauschalen. Sie betragen derzeit einheitlich für die Nutzung eines Pkw oder öffentlicher Verkehrsmittel für die einfache Wegstrecke bei den ersten 10 km 0,36 €, dann 0,40 € mit einem Höchstbetrag von 5112 €; es ist allerdings beabsichtigt, diese Pauschalen wieder zu kürzen. Die Höhe des Freibetrags muss aber zweifelsfrei feststehen. Wird z. B. nach getrennter Veranlagung der Eheleute über die Höhe des Ehegattenunterhalts in voller Höhe gestritten, ist kein **Freibetrag wegen Realsplittings** einzutragen. Ist hingegen nur der Spitzenbetrag streitig, ein Sockelbetrag dagegen nicht, z. B. durch Teilanerkenntnis, freiwillige Zahlung usw., ist in Höhe des unstreitigen Unterhalts ein (Teil-)Freibetrag auf der Lohnsteuerkarte einzutragen.[24]

Zur Mitwirkung zur gemeinsamen Veranlagung im Trennungsjahr vgl. Rn. 560.

---

16 BGH, FamRZ 1999, 372, 375 = R 529 c
17 BGH, FamRZ 1998, 953 = R 527
18 BGH, a.a.O.
19 BGH, a.a.O.
20 BGH, a.a.O.
21 BFH, FamRZ 2000, 1360
22 BGH, FamRZ 2002, 1024, 1027 = R 578 b
23 BGH, a.a.O.
24 BGH a.a.O.

Beim **Ehegattenunterhalt** ist immer die tatsächliche Steuerlast **eheprägend,** außer bei einer Wiederverheiratung des Pflichtigen (vgl. Rn. 591 b, 4/186). Abzugsposten ist daher auch bei einer Änderung der Steuerklasse sowohl beim Bedarf als auch bei der Bedürftigkeit/ Leistungsfähigkeit immer die aktuelle Steuerbelastung (näher Rn. 4/185 ff.). 594

2. Nachweise

Die Höhe der abziehbaren Steuern ist in der Regel nachprüfbar durch die Vorlage von Jahresverdienstbescheinigungen des Arbeitgebers, welche die steuerlichen Abzüge enthalten, und durch Einkommensteuerbescheide oder Lohnsteuerjahresausgleichsbescheide des Finanzamts oder durch Vorlage der Lohnsteuerkarte. 595

III. Abzug von Vorsorgeaufwendungen

1. Bei Nichtselbstständigen

Abziehbar sind Vorsorgeaufwendungen für eine Krankenversicherung, Pflegeversicherung, Unfallversicherung, Rentenversicherung, Arbeitslosenversicherung und betriebliche Altersvorsorge. Bei Unfallversicherungen ist dabei zu prüfen, ob keine Überversicherung vorliegt. Wie bei der Steuer kommt es dabei immer auf die **aktuelle Höhe** dieser Aufwendungen an, beim Ehegattenunterhalt ist immer die aktuelle Belastung eheprägend (vgl. Rn. 4/185 ff.). 596

Bei Einkünften aus abhängiger Arbeit fallen hierunter alle gesetzlichen Abzüge für Krankheit, Unfall, Alter und Arbeitslosigkeit, soweit sie den Arbeitnehmer treffen. Diese Aufwendungen sind regelmäßig aus der Brutto- und Nettoeinkommensbestätigung des Arbeitgebers zu ersehen.

Bei einer **gesetzlichen Krankenversicherung** ist nur der Arbeitnehmeranteil abzusetzen. 597
Umfasst der ausgewiesene Krankenkassenzahlungsbetrag auch den Arbeitgeberanteil (= voller Krankenkassenbeitrag), so ist vor Abzug des vollen Krankenkassenbeitrags das Bruttoeinkommen um den Arbeitgeberanteil zu erhöhen. Im Ergebnis führt dies auch in solchen Fällen dazu, dass nur der Arbeitnehmeranteil als Abzugsposten berücksichtigt wird.[25] Bei einer **privaten Krankenversicherung** gelten die gleichen Grundsätze (s. auch Rn. 4/498). Durch die Leistungseinschränkungen bei der gesetzlichen Krankenversicherung im Zuge der Gesundheitsreform sind auch Zusatzversicherungen, z. B. für Krankenhausaufenthalt, Zahnersatz, berücksichtigungsfähig, soweit sie zu einer ausreichenden Krankheitsvorsorge erforderlich sind und in einem angemessenen Verhältnis zum Einkommen stehen.

Seit 1. 1. 1995, dem Inkrafttreten des Pflegeversicherungsgesetzes, sind ferner die Beiträge zur **Pflegeversicherung** abzugsfähig (s. näher Rn. 4/525 a).

Abzugsfähig sind ferner Vorsorgeaufwendungen für Arbeitslosigkeit, insbesondere die gesetzliche Arbeitslosenversicherung.

Unter die primäre **Altersvorsorge** fallen die gesetzliche Rentenversicherung, die Beam- 597 a
tenversorgung sowie betriebliche Zusatzversorgungen bzw. Zusatzversorgungen im öffentlichen Dienst. Betriebliche Zusatzversorgungen sind auch sog. **Direktversicherungen,** selbst wenn es sich um Kapitallebensversicherungen handelt, soweit sie Gehaltsbestandteil sind.[26] Maßgebend ist insoweit allein der vom Arbeitgeber verfolgte Zweck, den Arbeitnehmer zusätzlich für das Alter zu versorgen, was bei kleineren Firmen in der Regel nur über Direktversicherungen möglich ist. Dass es sich im Ergebnis um eine Vermögensbildung handelt, steht dem nicht entgegen. Anzuerkennende Altersvorsorge sind ferner die „Riester-Rente" und „Eichel-Rente".

Liegt das Einkommen des Pflichtigen **über der Beitragsbemessungsgrenze** zur Rentenversicherung (2003: 5100 € brutto monatlich, in den neuen Bundesländern 4250 € brutto),

---

[25] BGH, FamRZ 1982, 887 = NJW 1982, 1983
[26] OLG München, FamRZ 1997, 613

ist ihm eine **Gesamtversorgung für das Alter** von ca. 20% des Bruttoeinkommens zuzubilligen,[27] wie der BGH zwischenzeitlich bei Selbstständigen anerkannt hat (s. Rn. 598).[28]

597 b Wegen der großen Unsicherheit über die Zukunft der gesetzlichen Rentenversicherung und der bereits erfolgten Einschränkungen in der Altersvorsorge ist zwischenzeitlich generell bei Zusatzversorgungen ein **großzügiger Maßstab** angebracht. Die primäre Vorsorge reicht in Zukunft für die Altersversorgung nicht mehr aus, es muss zusätzlich eine private Altersvorsorge getroffen werden.[29] Neben gesetzlichen und betrieblichen Aufwendungen sind deshalb auch zusätzliche freiwillige Versicherungsleistungen als Altersvorsorge zu berücksichtigen, auch wenn sie der Vermögensbildung dienen, da Altersvorsorge auch durch Kapitalbildung betrieben werden kann. Dies gilt auch für Beamte.[30] Deshalb sind nicht nur Direktversicherungen sowie Riester- und Eichel-Rente als Zusatzversorgungen anzuerkennen, sondern auch privat abgeschlossene Lebensversicherungen, soweit die daraus zu erwartende Altersvorsorge in einem angemessenen Verhältnis zu dem erzielten Erwerbseinkommen steht und kein Mangelfall vorliegt.

Zur Prägung von Vorsorgeaufwendungen beim Ehegattenunterhalt vgl. Rn. 4/185 ff.

2. Bei Selbstständigen und Gewerbetreibenden

598 Bei einem Selbstständigen oder bei sonstigem Erwerbseinkommen können die Beiträge für eine freiwillige Krankenversicherung, Pflegeversicherung, Unfallversicherung und Altersrentenversicherung abgezogen werden, wenn diese angemessen sind. Nicht berücksichtigungsfähig sind regelmäßig Kosten für die Absicherung einer Arbeitslosigkeit, da Selbstständigen keine Kündigung droht.[31] Dies gilt auch für Gesellschafter-Geschäftsführer, die als Selbstständig anzusehen sind, da sie maßgebenden Einfluss auf die Entscheidung der Gesellschaft und damit die Fortdauer der eigenen Anstellung besitzen.[32]

Bei der **Kranken- und Pflegeversicherung** richten sich die Abzüge nach den entsprechenden Kosten einer Privatversicherung einschließlich Zusatzversicherungen und Eigenanteilen.

Die Angemessenheit ist für **Altersvorsorgeaufwendungen**zu bejahen, soweit sie sich im Verhältnis zu den erzielten Einkünften an der gesetzlichen Rentenversicherung nach Beitragshöhe oder Anspruchshöhe orientiert. Als Richtmaß bei Selbstständigen ist in Anlehnung an die Beitragssätze der gesetzlichen Rentenversicherung ein Anteil von bis zu 20% des erzielten Bruttoeinkommens als angemessen anzusehen, wie der BGH zwischenzeitlich anerkannt hat.[33] Maßgebend ist, dass die Aufwendungen **tatsächlich geleistet werden,** ein fiktiver Abzug von 20% des Bruttoeinkommens als Altersvorsorge bei keinen oder niedrigeren Aufwendungen kommt nicht in Betracht.[34] Wenn für Selbstständige keine berufsständige Altersvorsorge in angemessener Höhe besteht, sind auch Beiträge zu einer **freiwilligen Lebensversicherung** als Vorsorgeaufwendung anzuerkennen, sofern es sich nicht um Überversicherungen handelt.[35] Wegen der unsicheren Entwicklung der herkömmlichen Altersversorgungen sind aber nicht nur Lebensversicherungen, sondern auch Rücklagen auf einem Sparbuch oder rein vermögensbildende Aufwendungen wie Kauf von Immobilien, Wertpapieren oder Fondsbeteiligungen in der oben geschilderten Höhe als Altersvorsorge bei Selbstständigen anzuerkennen, soweit sie geeignet erscheinen, die Altersvorsorge zu sichern.[36] Nicht anzuerkennen sind rein spekulative Anlageformen. Auch

[27] OLG München FamRZ 2000, 26
[28] BGH, FamRZ 2003, 590 A d = R 860, 863
[29] BGH, FamRZ 2003, 860, 863 = R 590 A d; FamRZ 2003, 1179 = R 592 c; anders im Mangelfall BGH, FamRZ 2003, 741 = R 590 e
[30] BGH, FamRZ 2003, 1179 = R 592 c
[31] BGH, FamRZ 2003, 860, 863 = R 590 A e
[32] BGH, a.a.O.
[33] BGH, FamRZ 2000, 860, 863 = R 590 A d
[34] BGH, FamRZ 2003, 860, 863 = R 590 A d
[35] BGH, FamRZ 2003, 860, 863 = R 590 A d
[36] BGH, FamRZ 2003, 860, 863 = R 590 A d

beim Ehegattenunterhalt sind die Vorsorgeaufwendungen in der tatsächlich geleisteten Höhe eheprägend (näher § 4 Rn. 185 ff.). Werden die Beträge nach der Trennung erheblich erhöht, wird man aber im Einzelfall prüfen müssen, ob sie berücksichtigungswürdig sind (vgl. § 4 Rn. 186).

3. Krankenversicherungs- und Vorsorgeunterhalt

Macht der berechtigte **Ehegatte** als Unterhalt auch Vorsorgeaufwendungen für Alter oder Krankheit geltend, so ist das Einkommen des Verpflichteten vor der Berechnung des endgültigen Elementarunterhalts durch Vorabzug um die Beiträge zu bereinigen, die als Altersvorsorgeunterhalt und (oder) Krankheitsvorsorgeunterhalt zugesprochen werden.[37] Es handelt sich insoweit um einen gesetzlich normierten Fall des trennungsbedingten Mehrbedarfs (§§ 1361 I, 1578 II, III BGB). Dabei ist zunächst die Krankenvorsorge abzuziehen und in einem erneuten Rechengang die Altersvorsorge zu ermitteln (näher Rn. 4/515). Der Vorabzug entfällt, wenn bei sehr guten Einkommensverhältnissen der Unterhalt nach dem konkreten Bedarf ermittelt wird oder **nichtprägendes Einkommen des Bedürftigen** vorhanden ist, weil der Vorsorgebedarf dann neben dem laufenden Unterhaltsbedarf befriedigt werden kann, ohne dass der Halbteilungsgrundsatz verletzt wird[38] (vgl. näher Rn. 4/486). Hat der Berechtigte ein eigenes Einkommen, so erfolgt der Abzug der Krankenversicherung von diesem, wenn er gesetzlich krankenversichert ist. Ein Anspruch auf Altersvorsorgeunterhalt besteht dagegen auch bei eigenen Einkünften, wenn ein Unterhaltsanspruch gegeben ist, weil die Altersvorsorge aus dem eigenen Einkommen nicht den ehelichen Lebensverhältnissen entspricht. Genauere Ausführungen zum Altersvorsorgeunterhalt und Krankheitsvorsorgeunterhalt Rn. 4/453 ff., 498 ff. **599**

Solange getrennt lebende Ehegatten noch nicht geschieden sind, ist der Bedürftige noch in der gesetzlichen Krankenversicherung des berufstätigen Ehegatten mitversichert, wenn er kein eigenes Einkommen hat, so dass ihm kein zusätzlicher eigener Krankheitsvorsorgebedarf erwächst. Nach der Scheidung kann ein solcher Bedarf entstehen, weil die Mitversicherung eine bestehende Ehe voraussetzt[39] (s. näher Rn. 4/498 ff.). Nach §§ 10, 9 I Nr. 2 SGB V besteht die Möglichkeit, innerhalb von 3 Monaten ab Rechtskraft der Scheidung der gesetzlichen Krankenversicherung beizutreten. Bei privat Versicherten wird regelmäßig der bisherige Vertrag gekündigt, die Versicherung hat aber die Obliegenheit, mit dem Bedürftigen einen eigenen Vertrag abzuschließen, falls er nicht durch Aufnahme einer Berufstätigkeit gesetzlich krankenversichert wird. Die Höhe der bei privat Versicherten vom Berechtigten für eine angemessene Krankenversicherung aufzuwendenden Kosten kann danach bemessen werden, was bei einer freiwilligen Weiterversicherung beim gleichen Versicherungsträger und bei einem Einkommen in Höhe des Unterhalts gezahlt werden müsste[40] (s. eingehend Rn. 4/498 ff.). **600**

Bei der Altersvorsorge endet die Teilhabe an der Versorgung des Partners bereits mit der Rechtshängigkeit des Scheidungsverfahrens als Endstichtag für den Versorgungsausgleich (§ 1587 II BGB). Die Höhe richtet sich nach dem errechneten Unterhalt (s. näher Rn. 4/453 ff.).

Beim **Kindesunterhalt** wird in den Tabellenbeträgen der Düsseldorfer Tabelle und bei den Festbeträgen für Volljährige mit eigenem Hausstand davon ausgegangen, dass bei der Krankenversicherung eine Familienversicherung besteht. Bei privat Versicherten sind die Tabellenbeträge um die Kosten für die Krankenversicherung zu erhöhen.[41] **600 a**

---

[37] BGH, FamRZ 1983, 888 = NJW 1983, 2937
[38] BGH, FamRZ 2003, 590 = R 587 d; FamRZ 1999, 372, 374 = R 529 b
[39] BGH, FamRZ 1982, 887
[40] BGH, FamRZ 1989, 483 = R 382 a
[41] DT A 9; SüdL, BL, BraL, BrL, CL, DL, DrL, FL, HaL, HL, KL, NaL, OL, RL, SchL, TL jeweils Nr. 11.1

IV. Berufsbedingte Aufwendungen

1. Bei Gewinnermittlung

601 Bei Einkünften aus selbstständiger Tätigkeit, Gewerbebetrieb und Land- und Forstwirtschaft ist nach § 2 II Nr. 1 EStG der Gewinn im Wege der Bilanzierung oder durch eine Einnahmen-Überschussrechnung zu ermitteln (vgl. Rn. 110 ff., 186 ff.). Sämtliche anfallenden Ausgaben sind als Betriebsausgaben bereits berücksichtigt, so dass daneben **keine zusätzlichen berufsbedingten Ausgaben** anfallen.

2. Bei Einkünften aus Kapital und Vermietung und Verpachtung

602 Nach § 2 II Nr 2 EStG ergibt sich hier das Einkommen aus dem Überschuss der Einnahmen über die Werbungskosten. Diese **Werbungskosten** sind in der Regel abziehbar. Vgl. insoweit näher zum Einkommen aus Vermietung und Verpachtung Rn. 298 ff. und aus Kapital Rn. 408. Weitere berufsbedingte Aufwendungen kommen nicht in Betracht.

3. Bei Renten, Pensionen

603 Bei diesen Einkünften gibt es keine berufsbedingten Aufwendungen und deshalb auch **keinen** entsprechenden **pauschalen oder konkreten Abzug.**[42]

4. Bei Nichtselbstständigen

604 Auch bei Nichtselbstständigen wird das Einkommen aus dem Überschuss der Einnahmen über die Werbungskosten gebildet (§ 2 II Nr 2 EStG). Unterhaltsrechtlich werden die Werbungskosten als **berufsbedingte Aufwendungen** bezeichnet. Hierunter fallen in erster Linie die Fahrtkosten zum Arbeitsplatz. Berufsbedingte Aufwendungen sind aber auch Arbeitsmittel, Beiträge zu Berufsverbänden, Fortbildungskosten und im Einzelfall Kosten der doppelten Haushaltsführung (vgl. Aufstellung Rn. 103 ff.). Soweit sie zur Erzielung des Einkommens erforderlich sind und vom Arbeitgeber nicht ersetzt werden, sind sie abzugsfähig.[43] Da es sich bei Unterhaltsfällen um Massenerscheinungen handelt, sind nach BGH aus Vereinfachungsgründen Pauschalen zulässig.[44] Üblich ist insoweit der Ansatz einer Pauschale von 5% des Nettoeinkommens. Nach der zwischen den Oberlandesgerichten vereinbarten gemeinsamen Leitlinienstruktur werden die berufsbedingten Aufwendungen in den einzelnen Unterhaltsleitlinien in Nr. 10.2 abgehandelt. Eine Pauschale von 5% setzen neben der Düsseldorfer Tabelle Anm. A 3 die Süddeutschen Leitlinien und die Leitlinien des Kammergerichts sowie der Oberlandesgerichte Brandenburg, Celle, Frankfurt, Düsseldorf, Naumburg und Oldenburg jeweils in Nr. 10. 2. 1 an, die Düsseldorfer Tabelle und die Leitlinien des Kammergerichts sowie der Oberlandesgerichte Düsseldorf und OLG Oldenburg dabei mit einer Unter- und Obergrenze von 50 € bzw. 150 €. Im Gegensatz zum Steuerrecht wird die Pauschale dabei nicht aus dem Brutto-, sondern dem Nettoeinkommen gebildet. Neben der Pauschale können keine Einzelposten, z. B. Gewerkschaftsbeitrag, Reinigungskosten für Kleidung usw., gesondert verlangt werden, sondern bei Überschreitung des Pauschalbetrags sind alle Einzelpositionen konkret darzulegen. Im Mangelfall kann verlangt werden, dass die berufsbedingten Aufwendungen konkret vorgetragen werden. Nach den Leitlinien der OLG Bremen, Dresden, Hamburg, Hamm, Köln, Rostock, Schleswig und Thüringen sind berufsbedingte Aufwendungen generell nur bei konkretem Nachweis abzugsfähig.[45]

---

[42] BGH, FamRZ 1982, 579, 581 = NJW 1982, 1594
[43] BGH, FamRZ 1988, 159
[44] BGH, FamRZ 2002, 536 = R 572 a
[45] BrL, DrL, HaL, HL, KL, RL, SchL jeweils Nr. 10.2.1

Ein Überschreiten der Pauschale kommt regelmäßig bei **hohen Fahrtkosten** in Betracht. Zunächst ist in diesen Fällen zu prüfen, ob nicht billigere Fahrten mit öffentlichen Verkehrsmitteln zumutbar sind oder Fahrgemeinschaften gebildet werden können. Dies gilt insbesondere, wenn Fahrtkosten mit dem Pkw das Nettoeinkommen in unverhältnismäßiger Höhe aufzehren, z. B. zu einem Drittel[46] oder wenn es um den Regelbetrag beim Kindesunterhalt geht.[47] Wird nur eine Pauschale von 5% berücksichtigt, ist zu beachten, dass dem Pflichtigen dann der Steuervorteil der nicht berücksichtigten Fahrtkosten zu verbleiben hat. Wird die Benutzung des Pkw für Fahrten zum Arbeitsplatz anerkannt, werden in den Leitlinien in Nr. 10. 2. 2 derzeit unterschiedliche Beträge angesetzt, nach den SüdL, CL, DrL, FL, HaL und NaL 0,27 € pro gefahrener Kilometer, nach den OL 0,30 €, nach den SchL 0,26 €, nach den HL 0,24 €, nach den BraL und TL 0,22 €, nach den BrL, DL und KL 0,21 €. Bei längeren Fahrten (über 30 km einfach) besteht die Möglichkeit einer Reduzierung dieses Betrages, nach OLG Hamm z. B. auf 0,09 €. Hierin enthalten sind sämtliche mit der Haltung, dem Betrieb, der Steuer, der Versicherung und der künftigen Anschaffung anfallenden Kosten.[48] Nicht enthalten sind darin die in der Ehe für den Kauf des Pkw aufgenommen Schulden; denn in der Ehe haben die Parteien noch gemeinsam gewirtschaftet, so dass bei Kauf des Fahrzeuges keine Darlehensverrechnung mit berufsbedingten Aufwendungen erfolgen konnte, sondern dies allein unter dem Gesichtspunkt einer eheprägenden Schuld zu prüfen ist (näher Rn. 624). Der BGH hat deshalb zu Recht nur die künftigen Anschaffungskosten von der Pauschale als erfasst angesehen.[49] Zu weiteren Einzelheiten und Rechtsprechungshinweisen vgl. Rn. 96 ff. **604 a**

Berufsbedingte Aufwendungen sind, da sie den steuerlichen Werbungskosten entsprechen, immer in Höhe des berücksichtigungswürdigen Anfalls abziehbar, auch beim Ehegattenunterhalt, da wie bei der Steuer und den Vorsorgeaufwendungen der aktuelle Aufwand **eheprägend** ist (näher Rn. 4/185 ff.). Zur Abgrenzung zum Erwerbstätigenbonus vgl. Rn. 4/378. **604 b**

Bei **Azubis** sind die berufs- und ausbildungsbedingten Aufwendungen abzugsfähig, nach der Düsseldorfer Tabelle Anm. A 8 und den SüdL, CL, DL, HL, KL, NaL und OL nach Nr. 10. 2. 3 mit einem Pauschbetrag von 85 €, nach dem OLG Brandenburg von 80 €, dem OLG Schleswig von 82 € und dem OLG Frankfurt mit 5%. Die BL, BrL, DrL, Ha und RL setzen nach Nr. 10. 2. 3 keine Pauschale an, sondern kennen ausbildungsbedingten Aufwendungen nur gegen konkreten Nachweis an (vgl. eingehend Rn. 2/93). **604 c**

Bei **Arbeitslosen** sind Aufwendungen für die Arbeitsplatzsuche nur bei konkretem Nachweis zu berücksichtigen. Das Gleiche gilt für andere Sozialleistungen mit Lohnersatzfunktion (s. näher Rn. 80 ff.). **604 d**

V. Kinderbetreuungskosten und Betreuungsbonus

Kinderbetreuungskosten sind zwar an sich auch berufsbedingte Aufwendungen. Sie werden aber in den Leitlinien in Nr. 10.3 gesondert abgehandelt und können deshalb **neben** pauschalen berufsbedingten Aufwendungen verlangt werden. Ansonsten würde der kinderbetreuende Elternteil benachteiligt. Sie sind deshalb auch erst nach pauschalen berufsbedingten Aufwendungen vom Nettoeinkommen abzuziehen. Kinderbetreuungskosten sind generell anzuerkennen, wenn sie zur Ausübung einer Berufstätigkeit erforderlich sind und in angemessenem Rahmen geltend gemacht werden (vgl. Rn. 4/193). Sie können von der jeweiligen Betreuungsperson, d. h. sowohl vom **Bedürftigen** als auch vom **Pflichtigen** bei Ausübung einer überobligatorischen Berufstätigkeit geltend gemacht werden. Unter Kinderbetreuungskosten fallen insbesondere Kosten für eine Kinderkrippe, Tagesstätte, Hort oder eine Betreuungsperson (auch bei Betreuung durch nahe Angehörige). Die Höhe der Kosten **605**

---

[46] BGH, FamRZ 1998, 1501 = R 521 b
[47] BGH, FamRZ 2002, 536 = R 572 a
[48] BGH, NJW-RR 1992, 1282
[49] BGH, a.a.O.

dürfen im Hinblick auf die wechselseitigen Obliegenheiten, den Bedarf möglichst selbst zu decken bzw. sich leistungsfähig zu erhalten, nicht überhöht sein. Umstritten ist, ob auch Kindergartenkosten als Betreuungskosten angesetzt werden können oder ob sie Mehrbedarf des Kindes darstellen. Beim Kindergartenbesuch überwiegen zwar pädagogische Gründe, was für einen Mehrbedarf des Kindes spricht, er ermöglicht aber zugleich die Berufstätigkeit des kinderbetreuenden Elternteils während dieser Zeit, weshalb sie statt dessen auch als Kinderbetreuungskosten angesetzt werden können.

605 a Werden bei Ausübung einer Berufstätigkeit trotz Betreuung kleiner Kinder keine konkreten Betreuungskosten geltend gemacht, ist statt dessen ein sog. **Betreuungsbonus** vorweg vom Nettoeinkommen abzuziehen. Für den Pflichtigen hat der BGH dies bereits mehrfach entschieden.[50] Beim Bedürftigen können keine anderen Grundsätze gelten (näher Rn. 543 ff.). In den einzelnen Leitlinien wurde deshalb neben konkreten Betreuungskosten auch der Betreuungsbonus als Abzugsposten aufgenommen. Die **Höhe des Bonus** richtet sich nicht nach festen Pauschalen oder dem jeweiligen Tabellenkindesunterhalt, sondern nach den Umständen des Einzelfalls. Abzustellen ist insbesondere auf das Alter des Kindes und seine Betreuungsbedürftigkeit, die Anzahl der Kinder sowie Umfang und Arbeitszeit des Elternteils.[51] Wird das Kind bereits teilweise anderweitig betreut, z. B. bei Besuch eines Kindergartens, kommt es auf die notwendige verbleibende Restbetreuung an.[52] Nach OLG Frankfurt kann der Betreuungsbonus bis 200 € betragen, nach OLG Thürinen bis 160 € (Nr. 10.3). Der BGH hat z. B. in einem Fall bei Betreuung von zwei 13 und 14 Jahre alten Kindern durch die neue Ehefrau des Pflichtigen einen Betreuungsbonus von 150 € als angemessen angesehen.[53]

605 b Decken konkret geltend gemachte Betreuungskosten im Einzelfall den Betreuungsaufwand nur zum Teil ab, kann ein Betreuungsbonus auch zusätzlich neben den konkreten Betreuungskosten angesetzt werden.

Zur Frage der Prägung von Betreuungskosten und Betreuungsbonus beim Ehegattenunterhalt vgl. näher Rn. 4/193.

VI. Berücksichtigung eines Mehrbedarfs für Krankheit, Behinderung und Alter

1. Mehrbedarf und Mehrbedarfsfälle

606 Einen Mehrbedarf kann es sowohl beim Berechtigten als auch beim Verpflichteten geben.

Ein Mehrbedarf besteht, wenn auf Grund besonderer Umstände des Einzelfalls zusätzliche Mittel für besondere Aufwendungen benötigt werden, die durch den Elementarbedarf nicht gedeckt werden und deshalb zusätzlich zum Elementarunterhalt als unselbstständiger Unterhaltsbestandteil des einheitlichen Lebensbedarfs aufgewendet bzw. geleistet werden müssen (s. auch Rn. 4/167 und 437 ff.). Bei dem Mehrbedarf muss es sich um vorhersehbare regelmäßige Mehraufwendungen handeln. Elementarbedarf und Mehrbedarf zusammen beinhalten den vollen Gesamtunterhalt.

607 Ein solcher unterhaltsrechtlich relevanter Mehrbedarf oder erhöhter Bedarf kann entstehen infolge Krankheit, Unfall, Alter, Pflegebedürftigkeit, Gebrechlichkeit und auf Grund einer Ausbildung, Fortbildung oder Umschulung. Auch Aufwendungen für eine aus gesundheitlichen Gründen benötigte Haushaltshilfe können ein solcher Mehrbedarf sein.[54]

Desgleichen der Eigenanteil für Arzt- und Arzneimittelkosten sowie Aufwendungen für eine Zugehfrau, die aus krankheits- oder altersbedingten Gründen benötigt wird.[55]

---

[50] BGH, FamRZ 2001, 350 = R 551 c; FamRZ 1991, 482 = R 430 b; FamRZ 1986, 790 = NJW 1986, 2054

[51] BGH, FamRZ 2001, 350 = R 551 c

[52] BGH a.a.O.

[53] BGH, FamRZ 1986, 790 = NJW 1986, 2054

[54] BGH, FamRZ 1984, 151, 154 = NJW 1984, 294

[55] BGH, FamRZ 1986, 661, 663 = R 294

Übernimmt die (neue) **Ehefrau Pflegeleistungen** eines Schwerstbehinderten, geht dies über die im Rahmen der gegenseitigen Beistandspflicht der Ehegatten gemäß §§ 1353, 1360 BGB geschuldete übliche Krankenpflege hinaus und stellt eine freiwillige Leistung des Ehegatten dar, die sonstigen Unterhaltsberechtigten, z. B. Kindern, nicht zugute kommen soll. Der Unterhaltspflichtige kann in diesem Fall die **ersparten Fremdpflegekosten als krankheitsbedingten Mehrbedarf** von seinem Einkommen abziehen.[56]

Ähnliche Mehrbedarfsfälle wurden bereits bei den Renteneinkünften erörtert (s. dazu näher Rn. 441 ff.).

Ein Mehrbedarf ist im Ergebnis auch der Krankheitsvorsorgeunterhalt und der Altersvorsorgeunterhalt eines Ehegatten (s. näher Rn. 4/438).

Ein Mehrbedarf muss grundsätzlich durch Darlegung **konkreter Tatsachen** vorgetragen **608**
und nachgewiesen werden. Eine pauschale Berücksichtigung erkennt der BGH nicht an. Ein konkreter Nachweis zu Art und Höhe des Mehrbedarfs kann in der Regel durch Vorlage von Belegen über Ausgaben geführt werden, die gemacht werden mussten, um den Mehrbedarf zu decken. Die Ausgaben sind unter Berücksichtigung der beiderseitigen wirtschaftlichen und persönlichen Verhältnisse auf ihre Notwendigkeit und Angemessenheit zu überprüfen. Die angemessene Höhe kann erforderlichenfalls nach § 287 ZPO geschätzt werden.

Kein Mehrbedarf in diesem Sinn ist ein trennungsbedingter Mehrbedarf beim Ehegat- **609**
tenunterhalt (s. dazu Rn. 4/418 ff.).

2. Berücksichtigung eines Mehrbedarfs

Wird bei einem Mehrbedarf für Körper- oder Gesundheitsschäden **eine Sozialleistung** **610**
nach § 1610 a BGB erbracht, ist die Sozialleistung in Höhe der Aufwendungskosten kein Einkommen (vgl. näher Rn. 443 ff.), so dass ein Mehrbedarf nur in Betracht kommt, wenn die tatsächlich anfallenden Kosten die Sozialleistung übersteigen.

Ansonsten ist ein Mehrbedarf nach näherer Prüfung aller Umstände zu berücksichtigen, soweit er angemessen ist.

Beim **Pflichtigen** erfolgt ein Abzug vom Nettoeinkommen. Der Mehrbedarf verbleibt **611**
ihm also zusätzlich zu seiner Ehegattenquote (genauere Einzelheiten s. Rn. 4/443 ff.).

Hat der **Berechtigte** eigenes Einkommen, wird sein Mehrbedarf ebenfalls von seinem **612**
Einkommen abgezogen und dann erst der Unterhalt berechnet. Ihm verbleibt sein Mehrbedarf anrechnungsfrei zusätzlich zum Unterhalt. Hat der Berechtigte kein Einkommen, ist der Mehrbedarf zusätzlich zur Ehegattenquote an den Berechtigten zu bezahlen.

Beim Kindesunterhalt gelten die gleichen Grundsätze. Hat das **Kind einen Mehrbedarf,** **613**
haben ihn die zur Unterhaltsleistung verpflichteten Eltern anteilig gemäß § 1606 III BGB bis zur Grenze des Selbstbehalts zusätzlich zum Elementarunterhalt zu bezahlen[57] (s. dazu Rn. 2/325).

VII. Berücksichtigung von Schulden

1. Zur Problematik der Berücksichtigung von Schulden sowie zu Regelungen in den Leitlinien

a) Gesetzliche Regelung. Nach dem Gesetz sind **Schulden** im Rahmen der **Leis-** **614**
tungsfähigkeit des Verpflichteten zu berücksichtigen (§§ 1581, 1603 I BGB).

Nach § 1581 BGB muss der Verpflichtete nur einen Billigkeitsunterhalt leisten, wenn er nach seinen Erwerbs- und Vermögensverhältnissen unter Berücksichtigung seiner sonstigen

[56] BGH, FamRZ 1995, 537 = R 493 b
[57] BGH, FamRZ 1998, 286 = R 518 a

Verpflichtungen nicht in der Lage ist, dem Berechtigten ohne Gefährdung seines eigenen angemessenen Unterhalts den vollen Unterhalt nach § 1578 BGB zu gewähren.

Nach § 1603 I BGB besteht keine Unterhaltsverpflichtung, wenn der Unterhaltsschuldner bei Berücksichtigung seiner sonstigen Verpflichtungen außerstande ist, ohne Gefährdung seines angemessenen Unterhalts dem Kind dessen angemessenen Unterhalt zu gewähren.

615 Verpflichtungen im Sinn dieser Bestimmungen sind vor allem Schulden. Der Unterhaltsanspruch des Berechtigten hat auf der Leistungsstufe keinen Vorrang vor anderen regelmäßigen Verbindlichkeiten des Verpflichteten.[58]

Nach den §§ 1581, 1603 I BGB bewirken berücksichtigungswürdige Schulden eine Beschränkung der Leistungsfähigkeit des Verpflichteten. Handelt es sich beim Ehegattenunterhalt um anzuerkennende nichtprägende Schulden und sind keine zusätzlichen Mittel zu ihrer Deckung vorhanden (z. B. nichtprägende Einkünfte), führt dies zum Mangelfall. Es ist dann nach Mangelfallgrundsätzen im Wege einer Billigkeitsabwägung der gesamten Umstände des Einzelfalls zu beurteilen, ob und inwieweit einerseits die Schulden noch berücksichtigungswürdig sind, und andererseits, inwieweit es angebracht ist, den angemessenen Unterhalt nach Billigkeitsgrundsätzen zu kürzen.

616 **b) Berücksichtigung bei der Bedarfsermittlung für den Ehegattenunterhalt.** Gesetzlich ist nicht ausdrücklich geregelt, ob und inwieweit auch im Rahmen der **Bedarfsbemessung** Schulden zu berücksichtigen sind. Dazu gibt es weder in § 1361 BGB noch in § 1578 BGB Anhaltspunkte.

Trotzdem können Schulden nach der Rechtsprechung auch im Rahmen der Bedarfsbemessung eine Rolle spielen, wenn es sich um sogenannte **ehebedingte Verbindlichkeiten** handelt.

Ehebedingte Schulden sind längerfristige Verbindlichkeiten, die noch vor der Trennung mit Einverständnis des anderen Ehegatten entstanden sind und auch bei Fortbestehen der ehelichen Gemeinschaft aus dem Einkommen abzubezahlen gewesen wären (s. näher Rn. 622 ff.).

Mittel, die zur Bezahlung solcher Verbindlichkeiten benötigt werden, stehen für deren Laufzeit zur Verwendung für den laufenden Lebensunterhalt nicht zur Verfügung. Sie mindern als **prägende Ausgaben** das für Unterhaltszwecke verbrauchbare Einkommen. Auch bei Fortbestand der Ehe hätten solche Mittel zur Deckung des laufenden Lebensbedarfs nicht zur Verfügung gestanden.

Dies rechtfertigt es, die regelmäßig zu zahlenden Raten für solche ehebedingten Verbindlichkeiten vom unterhaltsrechtlich relevanten Nettoeinkommen wie Steuern und Vorsorgeaufwendungen abzuziehen, ehe der Unterhaltsbedarf nach dem verbleibenden Einkommen bemessen wird. Durch einen solchen Vorabzug **mindert** sich der **Unterhaltsbedarf** (Genaueres unten Rn. 622 ff. und 4/186).

Nach ständiger Rechtsprechung des BGH ist im Rahmen der Bedarfsbemessung die Abtragung eines während der Ehezeit aufgenommenen Kredits in der Weise zu berücksichtigen, dass zunächst das **Einkommen** um diese Belastungen **vermindert** und erst dann der Bedarf der Ehegatten mit der Ehegattenquote aus den nach Abzug der Belastungen für Unterhaltszwecke verbleibenden Mitteln errechnet wird.[59]

Dies gilt nicht nur für **Konsumkredite,**[60] z. B. zur Anschaffung von Möbeln, eines PKWs, oder zur Finanzierung einer Urlaubsreise, sondern auch für Verbindlichkeiten zur **Vermögensbildung,** z. B. dem Kauf eines Eigenheims. Bei der Bedarfsermittlung kürzen alle bei der Trennung noch zu leistenden Abzahlungen, soweit sie nach einem objektiven Maßstab wirtschaftlich vertretbar sind, den Wohnwert (genauere Einzelheiten mit Rechtsprechungshinweisen Rn. 343 ff.). Im Ergebnis gilt auch bei Selbstständigen und Gewerbetreibenden für betriebliche Aufwendungen nichts anderes. Darlehen für notwendige Anschaffungen kürzen als Ausgaben den Gewinn, die Zinsen unmittelbar, die Tilgung mittelbar über die Abschreibung.

---

[58] BGH, FamRZ 1984, 657 = R 216; FamRZ 1982, 678 = NJW 1982, 1641

[59] BGH, FamRZ 1997, 806 = R 512 b; FamRZ 1989, 159 = R 377 c; FamRZ 1985, 911 = NJW 1985, 2268

[60] BGH, NJW 1998, 2821 = R 525 a

Bei der Berücksichtigungswürdigkeit der Schuld kommt es nicht darauf an, wer mit dem Darlehen angeschaffte **Gegenstände nach der Trennung behält.** Letzteres ist nur eine Frage der Vermögensauseinandersetzung, nicht der Bemessung des Unterhalts.[61]

Den **Vorabzug von Verbindlichkeiten** vom Einkommen gibt es auf der Stufe der Bedarfsbemessung nur, soweit es sich um **ehebedingte Verbindlichkeiten** handelt, weil die entsprechenden Einkommensteile auch bei weiterem Zusammenleben nicht zur Deckung des laufenden Lebensbedarfs hätten verwendet werden können.[62] **617**

Hat auch der **Berechtigte** ein eigenes Einkommen und **tilgt** er ebenfalls solche **ehebedingten** Verbindlichkeiten, dann ist in gleicher Weise auch dessen Einkommen um solche Verbindlichkeiten zu bereinigen, ehe der Unterhaltsbedarf berechnet wird. Insoweit ist er mit dem Verpflichteten gleich zu behandeln.[63]

Dagegen **erhöht** sich der Bedarf des Berechtigten **nicht** dadurch, dass er Mittel für eine **neue Schuldentilgung** benötigt. Sein Unterhaltsanspruch umfasst nur seinen laufenden Lebensbedarf. Zu diesem Lebensbedarf gehört im unterhaltsrechtlichen Sinn nicht sein Interesse an der Tilgung von Schulden. Die Unterhaltsverpflichtung umfasst grundsätzlich nicht die Verpflichtung, Schulden des anderen Ehegatten zu tilgen.[64] **618**

Nach der Trennung aufgenommene und damit **nichtprägende Schulden** des Berechtigten haben deshalb keinen Einfluss auf dessen **Bedürftigkeit,** d. h. sie können seine Bedürftigkeit, die sich nach seinem ungedeckten Bedarf bemisst, nicht erhöhen. Eine Ausnahme besteht nur, soweit es sich um unumgängliche trennungsbedingte Mehrkosten handelt und zusätzliche Mittel, z. B. nichtprägende Einkünfte der Parteien, zu deren Deckung vorhanden sind (vgl. Rn. 635).

c) Berücksichtigung bei der Bedürftigkeit und Leistungsfähigkeit. In der Praxis wird sehr oft nicht differenziert genug auseinandergehalten, dass **nur auf der Bedarfsstufe** ehebedingte Verbindlichkeiten vom Einkommen abgezogen werden dürfen, ehe der Unterhaltsbedarf bemessen wird. Das Ergebnis ist der angemessene Unterhaltsbedarf. Der Abzug erfolgt durch **Bereinigung des Nettoeinkommens.** **619**

Auf der **Bedürftigkeitsstufe** (= Höhe des Unterhalts, vgl. Rn. 4/388) bleibt es bei der Anrechnung des Einkommens des Berechtigten auf den ermittelten Bedarf beim Abzug der bei der Bildung des bereinigten Nettoeinkommens berücksichtigten ehebedingten Schulden, soweit der Bedürftige sie abzahlt. Eine Ausnahme besteht nur, soweit es sich um eine **einseitige Vermögensbildung** des Berechtigten handelt, z. B. bei Abzahlung von Schulden für die im Eigentum des Bedürftigen stehende Ehewohnung; ab Rechtshängigkeit des Scheidungsverfahrens können insoweit nur noch die Zinsen, nicht mehr die Tilgung berücksichtigt werden, da der Pflichtige sonst die Vermögensbildung des Berechtigten mitfinanzieren müsste (s. oben und näher Rn. 353). **Nach der Trennung aufgenommene Kredite** sind generell nicht abzugsfähig (s. oben) und können allenfalls als unumgängliche trennungsbedingte Mehrkosten eine Rolle spielen (vgl. oben und Rn. 632 ff.).

Demgegenüber können auf der **Leistungsstufe** nicht nur ehebedingte Verbindlichkeiten, sondern alle berücksichtigungswürdigen Schulden angesetzt werden, also auch solche, die erst nach der Trennung entstanden sind und die ehelichen Lebensverhältnisse nicht geprägt haben (näher Rn. 638 ff.).

Außerdem darf die Berücksichtigung von Verbindlichkeiten auf der Leistungsstufe nicht verwechselt werden mit einem Vorabzug vom Einkommen. Es handelt sich vielmehr auf der Leistungsstufe, soweit keine zusätzlichen Mittel vorhanden sind (z. B. nichtprägende Einkünfte), nur um die Kürzung des auf der Bedarfsstufe bemessenen vollen Unterhaltsbedarfs unter Billigkeitsgesichtspunkten auf einen Billigkeitsunterhalt. Im Rahmen dieser Billigkeitsabwägung können auch nichtprägende Verbindlichkeiten daraufhin überprüft werden, ob sie nach Treu und Glauben voll, teilweise oder gar nicht berücksichtigungswürdig sind.[65]

---

[61] BGH, FamRZ 1995, 869, 870 = R 494; OLG München, FamRZ 1995, 233
[62] BGH, FamRZ 1997, 806 = R 512 b
[63] BGH a.a.O.
[64] BGH, FamRZ 1985, 902 = R 264
[65] BGH, FamRZ 1982, 898

620 **d) Berücksichtigung beim Verwandtenunterhalt.** Die vorstehenden Erörterungen gelten dem Grundsatz nach in gleicher Weise für den **Ehegattenunterhalt und den Verwandtenunterhalt.** Auch beim Kindes- und sonstigen Verwandtenunterhalt sind – von schweren Mangelfällen abgesehen – Verbindlichkeiten vom Einkommen abzuziehen, bevor z. B. der Unterhaltsbedarf eines Kindes nach der DT aus dem bereinigten Nettoeinkommen bemessen wird.[66] Minderjährige Kinder leiten ihre Lebensstellung von den unterhaltspflichtigen Eltern ab, nach Trennung der Eltern bezüglich der Geldrente vom barunterhaltspflichtigen Elternteil.[67] Ist der Elternteil mit Schulden belastet, beeinträchtigt dies auch die Lebensstellung des Kindes. Da es beim Kindesunterhalt immer auf das tatsächlich verfügbare Einkommen ankommt, gilt dies bei ehelichen Kindern auch für erst nach der Trennung der Eheleute aufgenommene Kredite, es ist aber insoweit immer eine Einzelfallprüfung vorzunehmen (näher Rn. 649 ff.). Beim Kindesunterhalt nichtverheirateter Eltern, beim sonstigen Verwandtenunterhalt und bei Unterhaltsansprüchen nach § 1615 l I, II BGB ist ebenfalls bereits auf der Bedarfsebene die notwendige Einzelfallprüfung vorzunehmen (Genaueres s. Rn. 649 ff.).

621 **e) Behandlung der Schulden in den Leitlinien.** Nach der gemeinsamen Leitlinienstruktur der Oberlandesgerichte wird die Berücksichtigungswürdigkeit von Schulden in Nr. 10. 4 abgehandelt.

- Die **Süddeutschen Leitlinien** trennen genau zwischen Ehegatten- und Verwandtenunterhalt, beim Ehegattenunterhalt ferner zwischen Bedarf und Leistungsfähigkeit/Bedürftigkeit. Bei der Bedarfsermittlung für den Ehegattenunterhalt können grundsätzlich nur eheprägende Verbindlichkeiten angesetzt werden. Bei der Leistungsfähigkeit/Bedürftigkeit und beim Verwandtenunterhalt erfolgt jeweils eine Abwägung nach den Umständen des Einzelfalls (SüdL Nr. 10. 4).
- Entsprechende Formulierungen enthalten die BL, BrL, CL, FL, HaL, HL, KL.
- Die DrL, NaL, RL und OL verweisen für den Mangelfall bzw. beengte Verhältnisse für die Berücksichtigungsfähigkeit von Schulden zusätzlich auf die Pfändungsfreigrenzen nach § 850 c ZPO.

2. Abzug ehebedingter Schulden bei der Bedarfsermittlung des Ehegattenunterhalts

622 **a) Eheprägende Schulden.** Wie bereits unter 1. dargelegt, können **ehebedingte Verbindlichkeiten** – und nur solche – im **Rahmen der Bedarfsbemessung** vom anrechenbaren Nettoeinkommen abgezogen werden, ehe der Unterhaltsbedarf errechnet wird.[68]

623 Schulden sind als ehebedingte Verbindlichkeiten abziehbar, wenn sie vor der Trennung mit **ausdrücklicher oder stillschweigender Zustimmung** des anderen Ehepartners begründet wurden und damit die ehelichen Lebensverhältnisse geprägt haben[69] (vgl. Rn. 4/185). Wichtig ist, dass die Mittel für die Abzahlung der Schulden auch bei Fortsetzung des ehelichen Zusammenlebens ohne Trennung nicht zur Deckung des laufenden Lebensbedarfs zur Verfügung gestanden hätten. Nicht ausschlaggebend ist, ob im Außenverhältnis beide Ehegatten für diese Verbindlichkeiten haften oder nur ein Ehegatte allein, bzw., wer den Gegenstand nach der Trennung erhält.[70] Letzteres ist allein im Rahmen der Hausrats- oder Vermögensauseinandersetzung und des Zugewinns zu klären.

Ehebedingte Schulden sind auch Annuitätszahlungen für ein gemeinsames Eigenheim (s. näher Rn. 343 ff.). Primär sind Hausschulden auf den Wohnwert zu verrechnen. Insoweit unterbleibt ein zusätzlicher Abzug vom Einkommen. Hausschulden, die den Wohnwert übersteigen, können im Einzelfall in Höhe des übersteigenden Mehrbetrags vom Einkommen abgezogen werden (vgl. Rn. 354 ff.). Werden Hausschulden mit dem Wohnwert ver-

---

66 BGH, FamRZ 1996, 160, 161 = R 496 b

67 BGH, FamRZ 2002, 536 = R 572 b

68 BGH, NJW 1998, 2821 = R 525 b; FamRZ 1997, 806 = R 512 b; FamRZ 1989, 159 = R 377 c; FamRZ 1985, 911 = NJW 1985, 2268

69 BGH a.a.O.

70 BGH, FamRZ 1995, 869 = R 494; OLG München, FamRZ 1995, 233

rechnet, dürfen sie nicht zusätzlich als vermögensbildende Aufwendungen berücksichtigt werden.

Soweit eine gemeinsame Schuld bei der Bildung des bereinigten Nettoeinkommens berücksichtigt wird, **entfällt** ein **Gesamtschuldnerausgleich,** weil es sich insoweit um eine anderweitige Regelung nach § 426 I 2 BGB handelt.[71] 623 a

Typische ehebedingte Schulden sind: 624

- Voreheliche Schulden, die auch während der Ehe weiter abbezahlt werden mussten.
- Bis zur Trennung begründete eheliche Schulden. Dazu gehören Konsumkredite, Überziehungskredite, Annuitätszahlungen für den Erwerb eines Eigenheims.
- Durch eine Umschuldung nach der Trennung verlieren Verbindlichkeiten nicht ihren Charakter als ehebedingte Verbindlichkeiten. Bei einer Kreditausweitung anlässlich der Umschuldung sind Beträge in Höhe der noch nicht getilgten ehebedingten Verbindlichkeiten weiter als ehebedingt zu berücksichtigen, in darüber hinausgehender Höhe nicht.[72]
- Als eheliche Verbindlichkeiten sind ferner anzusehen Kredite, die nach der Trennung zur Deckung von Ausgaben aus der Zeit des Zusammenlebens aufgenommen wurden, z. B. zur Rückzahlung eines Überziehungskredits.

Nicht berücksichtigungsfähig sind nach Treu und Glauben Verbindlichkeiten, die während der Ehe von einem der Eheleute leichtfertig, für luxuriöse Zwecke oder ohne verständlichen Grund eingegangen sind.[73] Hierunter fallen Kredite für Spielschulden, einseitig betriebene teure Hobbys oder Spekulationen. 625

Werden ehebedingte Verbindlichkeiten nach der Trennung ohne Not aufrechterhalten, dürfen sie nicht mehr vom Einkommen abgezogen werden. Der BGH hat dies bejaht bezüglich Bereitstellungszinsen für einen während des Zusammenlebens geplanten Hausbau, nachdem dem Bauvorhaben mit dem Auseinanderbrechen der ehelichen Lebensgemeinschaft der Boden entzogen worden war und der Berechtigte zur Mitwirkung an der möglichen Rückgängigmachung des Projekts bereit war.[74] 626

Ehebedingte Verbindlichkeiten sind so lange einkommensmindernd zu berücksichtigen, solange tatsächliche Zahlungen auf sie geleistet werden. **Entfallen** die **Zahlungen** wegen Kredittilgung, dann **erhöht sich das anrechenbare Einkommen** und damit der Bedarf in Höhe der bisher geleisteten Zahlungen. Dies gilt nach BGH auch, wenn diese Änderung erst nach der Scheidung eintrat[75] (s. auch Rn. 4/293 ff. und 4/354). Zu berücksichtigen ist bei Konsumkrediten auch eine **vorzeitige Tilgung** aus dem Erlös eines verkauften Schrebergartens oder sonstigen Gegenstandes, der während der Ehe keine wirtschaftlich messbaren Vorteile brachte. Denn es handelt sich insoweit um keine vom Normalverlauf abweichende Entwicklung, wenn ein Ehegatte aus wirtschaftlich vernünftigen Überlegungen einen Kapitalwert einsetzt, um damit gemeinsame Schulden abzulösen und dadurch die beiderseitigen finanziellen Verhältnisse zu bereinigen.[76] Entsprechendes hat auch bei vermögensbildenden Krediten, z. B. Hausschulden, zu gelten, wenn sie nach der Trennung/Scheidung vorzeitig zurückgeführt werden (vgl. Rn. 350). 627

Soweit ehebedingte Verbindlichkeiten zu berücksichtigen sind, prägen sie die ehelichen Lebensverhältnisse. Das Gleiche gilt, wenn sich das vorhandene Einkommen erhöht, weil die Schulden abgezahlt wurden[77] (vgl. auch Rn. 4/295 und 4/354 ff.).

Die **Darlegungs- und Beweislast** für berücksichtigungswürdige Schulden des Pflichtigen trägt der Unterhaltsschuldner, da es im Ergebnis um eine Reduzierung seiner Leistungsfähigkeit geht.[78] 628

---

[71] BGH, FamRZ 1995, 216 = R 485 B b; OLG München, FamRZ 1996, 291; OLG Köln, FamRZ 1994, 961; FamRZ 1995, 1149
[72] BGH, NJW 1998, 2821, 2822 = R 525 b
[73] BGH, FamRZ 1996, 160 = R 496 c; FamRZ 1984, 358, 360 = NJW 1984, 1237
[74] BGH, FamRZ 1983, 670, 673 = R 149 c
[75] BGH, FamRZ 1990, 1085, 1087 = NJW 1990, 3020; FamRZ 1988, 701, 703 = NJW 1988, 2034
[76] BGH, NJW 1998, 2821, 2822 = R 525 a
[77] BGH, FamRZ 1988, 701, 703 = NJW 1988, 2034; FamRZ 1982, 678 = NJW 1982, 1641
[78] BGH, FamRZ 1990, 283, 287 = R 400 e

629 **b) Nichtprägende Schulden. Keine ehebedingte Verbindlichkeiten** sind trennungsbedingte Verbindlichkeiten (s. nachfolgend Rn. 632 ff.) und sonstige neue Schulden, die erst **nach der Trennung** von einem Ehegatten begründet wurden. Nach oder ohne Zusammenhang mit der Trennung aufgenommene Schulden haben die ehelichen Lebensverhältnisse nicht geprägt und können folglich nicht bedarfsmindernd abgezogen werden. Auch wenn die Ehe erst mit der Scheidung endet, ist bei Aufnahme neuer Schulden für die Frage, ob sie die ehelichen Lebensverhältnisse geprägt haben, auf die Trennung abzustellen. Ansonsten müsste der Ehepartner über einen reduzierten Bedarf diese Schulden mitbezahlen, obwohl er ab Trennung weder Einflussmöglichkeiten auf die Notwendigkeit ihrer Begründung, noch Vorteile aus dem geflossenen Darlehen hat. Die Unterhaltsleistung umfasst aber grundsätzlich nicht die Verpflichtung, Schulden des anderen Ehegatten zu tilgen.[79] Ein Sonderfall liegt vor, wenn es um einen teilweise mit Krediten finanzierten neuen Wohnwert geht. Abzugsfähig sind insoweit die Zinsen, obwohl sie ein Teil der nichtprägenden Schulden sind, nicht dagegen die Tilgung als Vermögensbildung (vgl. eingehend Rn. 351, 393). Die Rechtsprechung des BGH zu dieser Frage ist auch zu den Zinsen zu billigen, da bei Mieteinkünften Zinsen als Werbungskosten Abzugsposten sind (vgl. Rn. 301) und durch die Kreditaufnahme ein einkommensmäßig höherer Gegenwert in Form eines Wohnwertes geschaffen wurde; außerdem ist bei dieser Sachlage immer eine Vermögensumschichtung zu prüfen.[80]

Auch **trennungsbedingte Verbindlichkeiten** haben die ehelichen Lebensverhältnisse nicht geprägt. Sie können daher nur als trennungsbedingte Mehrkosten. angesetzt werden (s. näher Rn. 632 ff.). Keine ehebedingten Verbindlichkeiten sind ferner die Kosten der normalen Lebensführung, wie z. B. die laufenden Miet- und Mietnebenkosten. Diese sind aus dem eigenen angemessenen Unterhalt zu bezahlen und dürfen nicht durch Vorwegabzug vom Einkommen doppelt berücksichtigt werden.[81] Zur Ausnahme, wenn der Pflichtige nach der Trennung und Auszug aus der Wohnung die gemeinsame Miete weiter zahlt, näher Rn. 310 e.

Abziehbar sind dagegen Kredite, die nach der Trennung zur Deckung von Ausgaben für den gemeinsamen Lebensbedarf aufgenommen worden sind (z. B. die Rückzahlung eines Überziehungskredits, s. oben Rn. 624).

630 **c) Schuldenabzug in angemessener Höhe.** Soweit Verbindlichkeiten dem Grunde nach als ehebedingte Verbindlichkeiten abgezogen werden können, ist zusätzlich zu prüfen, ob sie dies unter Anlegung eines objektiven Maßstabs auch der Höhe nach sind. Denn entscheidend für die Bedarfsbemessung ist der Lebensstandard, der nach den von dem Einkommen geprägten ehelichen Lebensverhältnissen vom Standpunkt eines vernünftigen Betrachters aus angemessen erscheint. Damit hat, gemessen am verfügbaren Einkommen, sowohl eine zu dürftige Lebensführung als auch ein übermäßiger Aufwand außer Betracht zu bleiben[82] (s. auch Rn. 4/210 ff.).

630 a Dies gilt auch für die Berücksichtigung von Schulden im Rahmen der Bedarfsbemessung. Wurde z. B. während des Zusammenlebens ein nach objektiven Umständen unvertretbar geringer Teil des Einkommens zur Rückführung von Verbindlichkeiten aufgewendet, ist zu prüfen, wie sich ein vernünftiger Betrachter bei Fortdauer der ehelichen Lebensgemeinschaft verhalten hätte, und es ist dementsprechend auf einen vernünftigen Tilgungsplan abzustellen. Einkommensmindernd sind dann bereits im Rahmen der Bedarfsbemessung Rückzahlungsbeträge in einer Höhe zu berücksichtigen, die im Fall der Fortdauer der ehelichen Gemeinschaft bei verantwortlicher Abwägung der Unterhaltsbelange und der Gesamtgläubigerinteressen für die Schuldentilgung verwendet worden wären[83] (vgl. auch Rn. 644 ff.).

Mit ähnlichen Erwägungen kann der Schuldenabzug verringert und auf einen längeren Zeitraum verteilt werden, wenn die Eheleute zugunsten einer raschen Schuldentilgung

---

[79] BGH, FamRZ 1985, 902 = R 264
[80] BGH, FamRZ 1998, 87 = R 516 c
[81] BGH, FamRZ 1984, 358, 360 = NJW 1984, 1237
[82] BGH, FamRZ 1995, 869 = R 494; FamRZ 1987, 36, 39 = R 310 d; FamRZ 1987, 838 = R 341
[83] BGH, FamRZ 1982, 678 = NJW 1982, 1641

übermäßig dürftig gelebt haben.[84] Voraussetzung ist, dass der Gläubiger mit einer Streckung der Schuld durch niedrigere Abzahlungsraten oder Stundung der Tilgung einverstanden ist.

Verbleibt trotz solcher unter Anlegung eines objektiven Maßstabs gebotener Änderungen ein Mangelfall, kann der auf der Bedarfsstufe zu bemessende volle Unterhalt auf der Leistungsstufe auf Grund einer Billigkeitsabwägung gekürzt werden. Dabei können auch ehebedingte Verbindlichkeiten anders gewichtet werden, d. h. voll, teilweise oder gar nicht berücksichtigt werden (s. nachfolgend Rn. 638 ff.). 631

3. Kein Vorabzug trennungsbedingter Verbindlichkeiten vom Einkommen

a) Trennungsbedingte Mehrkosten. Trennungsbedingte Schulden sind der Sache nach ein trennungsbedingter Mehrbedarf. Da es sich um nichtprägende Verbindlichkeiten handelt, kann eine Berücksichtigung nur auf der Leistungsstufe und in Ausnahmefällen auf der Bedürftigkeitsstufe erfolgen. 632

Typische trennungsbedingte Verbindlichkeiten sind **Kredite,** die **nach der Trennung** neu aufgenommen werden mussten, um besondere Aufwendungen, die nur infolge der Trennung entstanden sind und bei weiterem Zusammenleben nicht entstanden wären, zu finanzieren. Dazu zählen u. a. **Umzugskosten, Mietvorauszahlungen** für eine neue Wohnung, angemessene Aufwendungen für dringend benötigten **neuen Hausrat, Scheidungskosten** u. ä. Auch die Kosten des **Umgangsrechts** fallen darunter (s. insoweit näher Rn. 642). Nicht darunter fallen Kosten für Überziehungskredite, weil ein Ehegatte mit den ihm für den allgemeinen Lebensunterhalt zur Verfügung stehenden Mitteln nicht auskommt. 633

Nach der bisherigen Rechtsprechung des BGH darf ein trennungsbedinger Mehrbedarf **nicht** in der Weise berücksichtigt werden, dass er von dem die ehelichen Lebensverhältnisse bestimmenden Einkommen **abgezogen** wird.[85] Die Auswirkungen der Trennung und damit auch trennungsbedingter Mehrbedarf haben **keinen Einfluss** auf die Einkünfte, nach denen der **Bedarf** bemessen wird[86] (s. auch Rn. 4/430). 634

Ob ein trennungsbedingter Mehrbedarf nach der Änderung der Rechtsprechung des BGH noch bedarfserhöhend in Betracht kommen kann, ist derzeit offen (näher Rn. 310 e, 379, 4/169, 4/418 ff.). Bei trennungsbedingten Verbindlichkeiten, die der **Berechtigte** geltend macht, ist zu berücksichtigen, dass sie nur als Abzugsposten angesetzt werden können, wenn durch nichtprägende Einkünfte oder anerkannte Ausgaben zur Vermögensbildung zusätzliche Mittel vorhanden sind[87] (vgl. eingehend Rn. 4/427 ff.). Da der Unterhalt nicht dazu dient, Schulden des Berechtigten zu tilgen,[88] können sie beim Bedürftigen nur aus Billigkeitsgründen angesetzt werden, wenn nichtprägende Einkünfte vorhanden sind und der Kredit als unumgängliche Schuld anzusehen ist (vgl. auch Rn. 642). 635

Der **Verpflichtete** muss seine trennungsbedingten Schulden entweder mit nichtprägenden Einkünften oder durch Einschränkung der Vermögensbildung decken. Kann er dies nicht und handelt es sich um eine unumgängliche Schuld (vgl. Rn. 642), besteht ein Mangelfall mit der Folge einer Billigkeitskürzung (vgl. insgesamt Rn. 4/569, 5/112 ff.).

b) Prozesskosten. Prozesskosten für Scheidungs- und Folgeverfahren sind im Zweifel von jeder Partei in der Höhe, in der sie ihr auferlegt werden, aus den Lebenshaltungskosten selbst zu tragen. Ist eine Partei dazu nicht in der Lage, kann sie Prozesskostenhilfe in Anspruch nehmen. 636

Für den **Berechtigten** sind Prozesskosten kein Teil des Bedarfs, weil der Verpflichtete grundsätzlich keine Schulden des Berechtigten tilgen muss.[89] Im Verfahren wegen Trennungs- und Familienunterhalt besteht zudem nach §§ 1361 IV4, 1360 a IV BGB ein Anspruch auf Prozesskostenvorschuss (s. näher Rn. 6/20 ff.). 636 a

---

[84] BGH, FamRZ 1984, 358, 360 = NJW 1984, 1237

[85] BGH, FamRZ 1990, 499, 503 = R 407 e; NJW-RR 1989, 1154, 1156; FamRZ 1982, 255, 257 = R 93 c

[86] BGH, FamRZ 1986, 437 = NJW 1986, 1342

[87] BGH, FamRZ 1995, 343 = R 489 c; FamRZ 1982, 255, 257 = R 93 c

[88] BGH, FamRZ 1992, 423 = R 442 b; FamRZ 1985, 902 = R 264

[89] BGH, FamRZ 1990, 280 = R 401 b; FamRZ 1985, 902 = R 264

636 b Bei einem Abzug der Prozesskosten aufseiten des **Verpflichteten** würde der Berechtigte infolge seines dadurch verminderten Unterhaltsanspruchs indirekt die Hälfte der Prozesskosten des Verpflichteten mitfinanzieren. Außerdem hätte er aus seinem Unterhalt oder Einkommen noch seine eigenen Prozesskosten zu bezahlen. Eine Abwägung der beiderseitigen Bedürfnisse spricht daher regelmäßig gegen eine Berücksichtigungswürdigkeit. Deshalb ist bei der Geltendmachung von Prozesskosten (auch bei Kreditfinanzierung) besonders sorgfältig zu prüfen, ob der Verpflichtete selbst Prozesskostenhilfe in Anspruch nehmen und die Prozesskosten oder die Prozesskostenhilferaten aus dem ihm verbleibenden Einkommensteil bestreiten kann.[90] Vor einer indirekten Mitfinanzierung seiner Prozesskosten durch den Berechtigten ist ihm die Inanspruchnahme von Prozesskostenhilfe zuzumuten. Die Prozesskostenhilferaten können im Einzelfall beim Trennungsunterhalt als Schuld die Leistungsfähigkeit mindern, falls der Pflichtige sie bei sehr beengten Verhältnissen aus den ihm zur Lebensführung verbleibenden Geldern nicht bezahlen kann und keine zusätzlichen Mittel zur Verfügung stehen, um sie daraus zu tilgen.[91] Wer wegen der Höhe seines Einkommens keine Prozesskostenhilfe erhält, kann im Zweifel seine Prozesskosten selbst tragen. Nur wenn dies ausnahmsweise auf Grund besonderer Umstände nicht oder nur teilweise möglich wäre, könnte im Rahmen einer Mangelfallkürzung (§ 1581 BGB) nach Billigkeitsgrundsätzen eine anderweitige Berücksichtigung erfolgen.

637 Ähnliches gilt auch für Kosten anderer Prozesse. Wer zu Unrecht Prozesskosten verursacht hat, hat sie im Zweifel aus seinem Einkommensteil selbst zu tragen. Er darf sie nicht durch den Berechtigten indirekt über einen reduzierten Unterhalt mittragen lassen, vor allem nicht, wenn solche Kosten leichtfertig verursacht wurden. Nur im Mangelfall kann im Rahmen der Billigkeitsabwägung nach § 1581 BGB eine Berücksichtigung erfolgen (vgl. 5/112 ff.).

4. Berücksichtigungswürdige Schulden im Rahmen der Leistungsfähigkeit

638 **a) Grundsatz.** Auf der **Leistungsstufe** können an sich alle Verbindlichkeiten berücksichtigt werden, d. h. ehebedingte Verbindlichkeiten, trennungsbedingte Verbindlichkeiten sowie sonstige, erst nach Trennung oder Scheidung entstandene neue Verbindlichkeiten (§§ 1581, 1603 I BGB).

Dies gilt selbst dann, wenn das Einkommen des Verpflichteten nur zur Deckung des notwendigen Unterhalts ausreicht. Den Ansprüchen Unterhaltsberechtigter kommt kein allgemeiner Vorrang vor anderen Verpflichtungen des Unterhaltsschuldners zu.[92]

639 Schulden in diesem Sinn sind nur längerfristig abzuzahlende Verbindlichkeiten, nicht laufende Ausgaben für den normalen Lebensbedarf.

Solche Verbindlichkeiten müssen bereits zur Zahlung fällig sein, und es müssen **tatsächliche Rückzahlungen** geleistet werden. Zumindest muss die Rückzahlungsverpflichtung unmittelbar bevorstehen. Nicht ausreichend ist z. B. eine noch nicht fällige Rückzahlungsverpflichtung aus einem BAföG-Darlehen.[93]

Die Rückzahlungsverpflichtung muss substantiiert vorgetragen und bei Bestreiten nachgewiesen werden. Besonders bei behaupteten Rückzahlungsverpflichtungen aus Verwandtendarlehen ist eine vorsichtige Beurteilung geboten.[94]

640 **b) Berücksichtigungswürdige Schulden.** Zur Eingrenzung des Umfangs der „sonstigen Verbindlichkeiten" ist nach der Rechtsprechung des BGH im Rahmen der Leistungsfähigkeit zu **differenzieren** zwischen **berücksichtigungswürdigen Verbindlichkeiten und anderen Verbindlichkeiten,** obwohl das Gesetz eine solche Differenzierung nicht vorsieht.

---

90 BGH, FamRZ 1982, 250, 252 = NJW 1982, 822
91 OLG München FamRZ 1994, 898
92 BGH, FamRZ 1984, 657 = R 216
93 BGH, FamRZ 1986, 148
94 BGH a.a.O.

Ob im **Einzelfall** nach diesen Grundsätzen eine Schuld ganz oder teilweise oder gar nicht 641
zu berücksichtigen ist, kann nur im Rahmen einer tatrichterlichen umfassenden Interessenabwägung aller konkreten Umstände nach billigem Ermessen beurteilt werden.[95]

Es bedarf eines Ausgleichs der Belange von Unterhaltsgläubiger, Unterhaltsschuldner und Drittgläubiger[96] (vgl. insoweit auch Rn. 5/112ff.). Die erforderliche Billigkeitsabwägung ist in erster Linie Sache des Tatrichters.[97]

Bedeutsame Umstände im Rahmen einer solchen Abwägung sind insbesondere der Zweck der Verbindlichkeit, der Zeitpunkt und die Art der Entstehung, die Dringlichkeit der beiderseitigen Bedürfnisse, die Kenntnis des Verpflichteten von Grund und Höhe der Unterhaltsschuld, seine Möglichkeiten, die Leistungsfähigkeit in zumutbarer Weise ganz oder teilweise wiederherzustellen, und gegebenenfalls auch schutzwürdige Belange des Drittgläubigers sowie Erschwernisse für die Rückführung einer Verbindlichkeit.[98] Es hat ein angemessener Ausgleich zwischen den Interessen des Unterhaltsgläubiger, Unterhaltsschuldners und Drittgläubigers zu erfolgen.[99] Eine generelle Berücksichtigung von Schulden nur nach Maßgabe der Pfändungsfreigrenzen kommt deshalb nicht in Betracht, da sie keine Gewähr für einen sachgerechten Ausgleich bieten.[100] Etwas anderes kann durch die Änderung der Pfändungsfreigrenzen nach § 850c ZPO im Mangelfall, insbesondere beim Kindesunterhalt gelten.[101] Zur Verbraucherinsolvenz vgl. Rn. 648a.

Schulden für **Konsumkredite,** die aus der Zeit der gemeinsamen Lebensführung stam- 642
men **(ehebedingte Schulden)**, sind grundsätzlich zu berücksichtigen. Der unterhaltsberechtigte Ehegatte soll durch die Trennung nicht schlechter-, aber auch nicht bessergestellt werden, als er bei Fortbestand der ehelichen Gemeinsamkeit stehen würde. Er hätte dann ebenfalls die Folgen der Schulden mittragen müssen.[102] Als prägend wirken sie bereits bedarfsmindernd (vgl. Rn. 622ff.), so dass sich die Berücksichtigung bei der Leistungsfähigkeit nicht rechnerisch auswirkt.

Abzugsfähig sind ferner **nichtprägende** (trennungsbedingte oder neue) Verbindlichkeiten, soweit die Kreditaufnahme **notwendig und unausweichlich** war,[103] z. B. für einen beruflich benötigten Pkw. Dafür muss der Verpflichtete im Streitfall den vollen Beweis bringen.[104]

Die **Kenntnis einer Unterhaltsverpflichtung** verwehrt es dem Pflichtigen ansonsten, sich auf eine infolge von Schulden eingetretene Verminderung seiner Leistungsfähigkeit zu berufen.

Nicht berücksichtigungswürdig sind regelmäßig ab Rechtshängigkeit des Scheidungsverfahrens Verbindlichkeiten, die der **einseitigen Vermögensbildung** zu Lasten des Berechtigten dienen,[105] z. B. für ein Eigenheim. Dies gilt bei einem eheprägenden Wohnwert für die Tilgung, bei einem nichtprägenden Wohnwert ebenfalls für die Tilgung (s. näher Rn. 349, 351).

Nicht abzugsfähig sind ferner zur **Auszahlung des Zugewinns** aufgenommene neue nichtprägende Verbindlichkeiten. Der Zugewinn ist aus der vorhandenen Vermögenssubstanz zu leisten, die Aufnahme eines Darlehens zu seiner Finanzierung ist damit keine unausweichliche Schuld.[106]

Die Kosten des **Umgangsrechts** sind nicht zu berücksichtigen, da es sich um Ausgaben handelt, die im eigenen und im Interesse des Kindes grundsätzlich selbst aufzubringen sind, wobei zur Entlastung dieser Kosten der hälftige Anteil des Kindergeldes

[95] BGH, FamRZ 1990, 283 = R 400e; FamRZ 1984, 657 = R 216
[96] BGH, FamRZ 1990, 283 = R 400e; FamRZ 1986, 254, 256
[97] BGH a.a.O.
[98] BGH, FamRZ 1996, 160, 161 = R 496c; FamRZ 1990, 283, 287 = R 400e; FamRZ 1986, 254, 256; FamRZ 1984, 657 = R 216
[99] BGH, FamRZ 2002, 536, 542 = R 572b, g
[100] BGH, FamRZ 1984, 657 = R 216
[101] Vgl. DrL, NaL, RL, OL jeweils Nr. 10.4
[102] BGH, FamRZ 1982, 23, 24
[103] BGH, FamRZ 1998, 1501, 1503 = R 521c
[104] BGH, FamRZ 1998, 1501, 1503 = R 521c; FamRZ 1990, 283, 287 = R 400e
[105] BGH, NJW-RR 1995, 129 = R 482A; FamRZ 1987, 36 = R 310d
[106] BGH, FamRZ 2000, 950, 952 = R 540c

dient[107] (s. eingehend Rn. 2/168 ff.). Soweit im Einzelfall aus Billigkeitsgründen eine andere Beurteilung angebracht ist, handelt es sich um trennungsbedingte Mehrkosten. Nicht berücksichtigungsfähig sind im Regelfall auch Verbindlichkeiten für **Verfahrenskosten** (s. näher Rn. 636 b).

Da jede Rechtsposition unter dem Vorbehalt von Treu und Glauben steht, kann sich der Verpflichtete nicht auf Verbindlichkeiten berufen, die er leichtfertig, für luxuriöse Zwecke oder ohne verständigen Grund eingegangen ist (vgl. auch Rn. 625).[108]

643 Schulden des Pflichtigen, die nicht bereits bei der Bedarfsermittlung, sondern erst bei der Leistungsfähigkeit abzugsfähig sind, führen aber nur zur Leistungsunfähigkeit und damit zum Mangelfall, wenn keine zusätzlichen Mittel aus nichtprägenden Einkünften oder aus Vermögensbildung vorhanden sind, mit denen die Verbindlichkeiten bezahlt werden können[109] (s. näher Rn. 4/570; 5/112 ff.). Denn der Pflichtige muss bei der Leistungsfähigkeit sämtliche Mittel einsetzen, um sich leistungsfähig zu erhalten.

5. Schuldentilgung bei Überschuldung im Rahmen eines vernünftigen Tilgungsplanes

644 Bei einer Überschuldung des Verpflichteten hat eine Tilgung berücksichtigungswürdiger Schulden im Rahmen eines **vernünftigen Tilgungsplanes** zu erfolgen.[110] Bei **ehebedingten Schulden** ist danach zu fragen, wie sich der Verpflichtete ohne die Trennung vernünftigerweise verhalten hätte. Im Rahmen eines vernünftigen Tilgungsplanes sind Beiträge in einer Höhe zu berücksichtigen, wie sie im Fall der Fortdauer der ehelichen Lebensgemeinschaft bei verantwortlicher Abwägung der Unterhaltsbelange und der Fremdgläubigerinteressen für die Schuldentilgung verwendet worden wären. Ihre Höhe ist anhand des verfügbaren oder erzielbaren Einkommens zu schätzen.[111]

645 Ergibt sich bei einer **Überschuldung,** dass während des Zusammenlebens ein nach objektiven Maßstäben unvertretbar geringer Teil des Einkommens zur Rückführung der Verbindlichkeiten aufgewendet worden ist, kann der Verpflichtete bei der Beurteilung seiner Leistungsfähigkeit für die Zukunft nicht daran festgehalten werden, wenn er nunmehr zur Zahlung angemessener Tilgungsraten im Rahmen eines vernünftigen Tilgungsplans entschlossen ist. Dies ist vor allem dann wichtig, wenn die dem Verpflichteten verbleibenden Beträge nicht ausreichen, um die laufenden Zinsen abzudecken, und damit nicht gegen ein weiteres Anwachsen der Schulden angegangen wird.[112]

646 Kam es **mit Einverständnis des Berechtigten** oder sogar in dessen Interesse zu einer **Verschuldung** und gelingt es dem Verpflichteten trotz zumutbarer Bemühungen nicht, die getroffenen Dispositionen rückgängig zu machen und seine Leistungsfähigkeit wiederherzustellen, muss sich der Berechtigte mit einer den notwendigen Unterhalt unterschreitenden Alimentierung zufriedengeben und sich fehlende Mittel unter äußerster Anspannung seiner Kräfte durch einen über das im allgemeinen Gebotene hinausgehenden Einsatz selbst verschaffen. Dies gilt jedenfalls dann, wenn der Verpflichtete nicht einmal zur Begleichung der laufenden Zinsen in der Lage ist und Unterhaltsleistungen daher nur auf Kosten einer weiteren Erhöhung der Schulden möglich wären. Dies kann eine derartige Beeinträchtigung des wirtschaftlichen Fortkommens des Verpflichteten zur Folge haben, dass die Grenze des Zumutbaren überschritten wird.[113] Es wird allerdings zu prüfen sein, ob der Pflichtige sich gegenüber dem Drittgläubiger auf die **Pfändungsfreigrenzen** seines Arbeitseinkommens nach § 850 c ZPO berufen[114] oder ob er ein **Verbraucherinsolvenzverfahren** durchzuführen hat (näher Rn. 648 a, 5/122 a ff.).

---

[107] BGH, FamRZ 1995, 215 = R 483
[108] BGH, FamRZ 1996. 160 = R 496 c; FamRZ 1984, 358 = NJW 1984, 1237
[109] OLG München, FamRZ 1994, 898
[110] BGH, FamRZ 2002, 536, 542 = R 572 g; FamRZ 1982, 23; FamRZ 1982, 250, 252 = NJW 1982, 1641
[111] BGH, FamRZ 1982, 23
[112] BGH, FamRZ 1984, 657 = R 216; FamRZ 1982, 678 = NJW 1982, 1641
[113] BGH, FamRZ 1984, 657 = R 216
[114] Vgl. DrL, NaL, RL, OL jeweils Nr. 10.4

Beruht die Überschuldung auf einseitig oder gar leichtfertig begründeten **nichtprägenden** Verbindlichkeiten des Verpflichteten, ist es diesem im Rahmen der Billigkeitsabwägung zuzumuten, die Hauptlast solcher Verbindlichkeiten selbst zu tragen. Dies kann dadurch geschehen, dass diese Schulden nicht oder nur in eingeschränktem Maß als berücksichtigungswürdig beurteilt werden. 647

Bei einer Überschuldung muss sich der Verpflichtete bei seinen Gläubigern um **günstigere Zahlungsbedingungen** bemühen. Er muss dazu im Einzelnen konkret darlegen und nachweisen, was er in dieser Hinsicht unternommen hat. Unterlässt er solche zumutbaren Bemühungen, kann tatrichterlich eine zumutbare Anpassung der Zins- und Tilgungsleistungen vorgenommen werden.[115] In der Praxis wird eine sinnvolle Umschuldung oder ein Zahlungsaufschub angesichts der sehr beengten wirtschaftlichen Verhältnisse und der entgegenstehenden Gläubigerinteressen oft schwer zu realisieren sein. Bei solchen erfolglosen Bemühungen kann es im Einzelfall zumutbar sein, es auf eine Vollstreckung durch die Gläubiger ankommen zu lassen, nachdem insoweit der Unterhaltsgläubiger nach § 850 d ZPO bevorzugt ist. 648

6. Verbraucherinsolvenz bei Überschuldung

Die Obliegenheit des Pflichtigen, sich leistungsfähig zu halten, kann es bei nachhaltiger und dauerhafter Überschuldung gebieten, ein **Verbraucherinsolvenzverfahren zu beantragen** (vgl. Rn. 4/61 a und eingehend 5/122 a ff.). Seit dem Insolvenzrechtsänderungsgesetz vom 26. 10. 2001 und der Erhöhung der Pfändungsfreigrenzen sind die Zumutbarkeitsvoraussetzungen an den Schuldner gestiegen, über ein Verbraucherinsolvenzverfahren eine Restschuldbefreiung zu erwirken.[116] Er kann dadurch Unterhalt leisten und zugleich einen Wegfall seiner Überschuldung erreichen. 648 a

Zu den Voraussetzungen für die Durchführung des Insolvenzverfahrens vgl. eingehend Rn. 5/122 b.

Bei dauerhafter und nachhaltiger Überschuldung kann es geboten sein, den Pflichtigen auf eine Einleitung eines Verbraucherinsolvenzverfahrens zu verweisen mit der Folge, dass er sich gegenüber dem Berechtigten nicht auf bestehende Verbindlichkeiten berufen kann.[117] Vermögenslosigkeit des Pflichtigen spielt für die Durchführung dieses Verfahrens keine Rolle, da die Kosten nach § 4 a InsO bis zur Erteilung der Restschuldbefreiung gestundet wird. Bis zur Pfändungsfreigrenze des Arbeitseinkommens nach § 850 c ZPO kann das Einkommen des Pflichtigen dann zur Leistung des laufenden Unterhalts herangezogen werden (näher Rn. 5/122 a ff. mit Beispiel).

Ob die Beantragung der Verbraucherinsolvenz für den Pflichtigen zumutbar ist, ist immer eine **Einzelfallentscheidung.** Dem Unterhaltsgläubiger kommt kein genereller Vorrang vor anderen Gläubigern des Pflichtigen zu, ebenso umgekehrt. Durch das Insolvenzänderungsgesetz vom 26. 10. 2001 und die Erhöhung der Pfändungsfreigrenzen hat der Gesetzgeber im Ergebnis aber einen Vorrang des Bedürftigen für den nach § 850 c ZPO nicht pfändbaren Teil des Einkommmens geschaffen.[118] Zu beachten ist andererseits, dass die wirtschaftliche Bewegungsfreiheit des Pflichtigen durch das Insolvenzverfahren 6 Jahre eingeschränkt ist (§ 287 InsO), bis zur Löschung aus der Schuldnerkartei ca. 10 Jahre. Deshalb wird man i. d. R. nur im Mangelfall bei langfristiger Überschuldung die Zumutbarkeitskriterien bejahen,[119] insbesondere wenn es um den Unterhalt Minderjähriger Kinder geht, die sich nicht selbst unterhalten können.[120] 648 b

---

[115] BGH, FamRZ 1982, 23
[116] Eingehend Hoppenz, FF 2003, 158; Melchers FuR 2003, 145; Hauß, MDR 2002, 1163
[117] OLG Dresden, FamRZ 2003, 1028; OLG Koblenz; FamRZ 2003, 109; OLG Stuttgart, FamRZ 2003, 1216
[118] Schürmann in Anm. zu OLG Dresden FamRZ 2003, 1028
[119] Hoppenz FF 2003, 158
[120] OLG Stuttgart, FamRZ 2003, 1216

7. Berücksichtigung von Schulden beim Verwandtenunterhalt

649 Die bisher erörterten Grundsätze (1 mit 6) gelten im Wesentlichen auch beim Verwandtenunterhalt. Auch bei diesem sind nach § 1603 I BGB grundsätzlich Schulden des Verpflichteten zu berücksichtigen. Selbst die Ansprüche minderjähriger Kinder haben **keinen allgemeinen Vorrang** vor den sonstigen Verpflichtungen des Unterhaltsschuldners.[121]

650 **a) Kindesunterhalt.** Schulden sind auch beim Kindesunterhalt bereits bei der **Bedarfsermittlung** und nicht erst bei der Prüfung der Leistungsfähigkeit berücksichtigungsfähig.[122] Denn der für die Unterhaltsbemessung maßgebliche Lebensstandard wird durch die tatsächlich verfügbaren Mittel der Eltern geprägt mit der Folge, dass sich auch die abgeleitete Stellung des Kindes nach diesen Verhältnissen richtet.[123]

651 Bei der Prüfung, ob es sich um eine berücksichtigungsfähige Verbindlichkeit handelt, ist der Zweck der eingegangenen Verpflichtung, der Zeitpunkt und die Art ihrer Entstehung, die Dringlichkeit der beiderseitigen Bedürfnisse, die Kenntnis des Unterhaltsschuldners von Grund und Höhe der Unterhaltsschuld und seine Möglichkeit, die Leistungsfähigkeit in zumutbarer Weise ganz oder teilweise wiederherzustellen, sowie gegebenenfalls schutzwürdige Belange des Drittgläubigers zu prüfen.[124] Es hat ein angemessener Ausgleich zwischen den Interessen des Unterhaltsgläubigers, Unterhaltsschuldners und Drittgläubigers zu erfolgen, ggf. auch durch Streckung der Tilgung.[125] Dabei ist zu differenzieren, ob es um den Regelbetrag oder um einen Kindesunterhalt im oberen Bereich der Düsseldorfer Tabelle geht.

Die **Darlegungs- und Beweislast** für eine Berücksichtigungsfähigkeit trägt der Schuldner, da es im Ergebnis um eine Herabsetzung seiner Leistungsfähigkeit geht.[126]

652 Handelt es sich um Schulden, die bereits die ehelichen Lebensverhältnisse der Eltern geprägt haben, ist die Schuld in der Regel berücksichtigungswürdig, da die Kinder wirtschaftlich unselbstständig sind und ihre Lebensstellung von den Eltern ableiten, d. h. von deren Einkommensverhältnissen und Konsumverhalten abhängig sind.[127] Im Ergebnis gilt dies nicht nur für Konsumkredite, sondern auch für vermögensbildende Schulden, z. B. zum Bau eines Familienheimes (s. näher Rn. 402). Sie sind bei der Leistungsfähigkeit in Höhe der ersparten Wohnkosten nicht zu berücksichtigen (näher Rn. 402 b),[128] darüber hinaus nur, wenn sich die Abzahlung im angemessenen Rahmen hält, selbst wenn das Haus nach der Trennung vorübergehend vermietet wurde.[129] Die gleichen Grundsätze gelten beim Unterhalt von Kindern nichtverheirateter Eltern, soweit die Schuld vor Kenntnis der Barunterhaltspflicht aufgenommen wurde.

Kredite, die allein zur Befriedigung rein persönlicher Bedürfnisse aufgenommen wurden, sind hingegen, auch wenn sie eheprägend waren, beim Kindesunterhalt nicht berücksichtigungsfähig.[130]

652 a Zu beachten ist, dass minderjährige Kinder bei Vorhandensein einer erheblichen Verschuldung auf jeden Fall den **Regelbetrag** nach der Regelbetrag-Verordnung erhalten (vgl. auch Rn. 2/158), was einem Unterhalt nach der ersten Gruppe der DT entspricht. Insoweit fällt entscheidend ins Gewicht, dass bei minderjährigen Kindern zumindest bis zum Ende der Schulpflicht von vornherein jede Möglichkeit ausscheidet, durch eigene Anstrengungen zur Deckung des notwendigen Unterhaltsbedarfs beizutragen, so dass sie besonders schutzwürdig sind.[131] Außerdem haben Kinder im Gegensatz zu Ehegatten auf die Entstehung von

---

[121] BGH, FamRZ 1986, 254, 256
[122] BGH, FamRZ 2002, 536, 537 = R 572 b; FamRZ 1996, 160 = R 496 b
[123] BGH, FamRZ 2002, 536, 537 = R 572 b
[124] BGH, FamRZ 2002, 536, 537 = R 572 b, g; FamRZ 1996, 160 = R 496 c; FamRZ 1992, 797 = R 447 a; FamRZ 1986, 254, 256
[125] BGH, FamRZ 2002, 536, 542 = R 572 g
[126] BGH, FamRZ 1990, 283, 287 = R 400 e
[127] BGH, FamRZ 2002, 536, 537 = R 572 b; FamRZ 1996, 160, 161 = R 496 b
[128] BGH, FamRZ 2002, 815 = R 570 c
[129] BGH, NJW-RR 1995, 129 = R 482A
[130] BGH, FamRZ 1992, 797 = R 447 a
[131] BGH, FamRZ 2002, 536, 540 = 572 g; FamRZ 1997, 806

Schulden selbst keinen Einfluss.[132] Die nach Billigkeitsgrundsätzen vorzunehmende Abwägung der berechtigten Interessen des Verpflichteten und der minderjährigen Kinder wird daher regelmäßig zu keiner Berücksichtigung von Schulden führen, durch die der Regelbetrag nicht mehr erreicht wird.[133] Denn sowohl für die Abwägung im Rahmen der Bedarfsbemessung als auch für die Mangelfallkürzung auf der Leistungsstufe ist bei minderjährigen Kindern zusätzlich zu ihrem Schutz zu berücksichtigen, dass ihnen gegenüber eine gesteigerte Unterhaltsverpflichtung besteht (§ 1603 II BGB).[134] Kann der Verpflichtete den Kindesunterhalt nach Gruppe 1 der DT nur auf Kosten einer ständig weiterwachsenden Verschuldung leisten, sind Ausnahmen angebracht. Dabei ist auch zu prüfen, ob dem Elternteil, der den Betreuungsunterhalt leistet, in Abweichung von der Regel des § 1606 III 2 BGB nicht ein Teil der Barunterhaltsverpflichtung für das minderjährige Kind auferlegt werden kann. Dies ist insbesondere dann angebracht, wenn dieser während bestehender Ehe der Kreditaufnahme zugestimmt und an ihr wirtschaftlich teilgenommen hat. (Vgl auch § 1603 II 3 BGB, näher Rn. 2/274.)[135]

In der Regel dürfen sich Eltern ferner auf Kreditverbindlichkeiten nicht berufen, die sie **in Kenntnis ihrer Barunterhaltsverpflichtung** gegenüber einem Kind eingegangen sind. Anders ist die Sachlage bei neuen Verbindlichkeiten, die als unumgänglich anzusehen sind. Handelt es sich um vermögensbildende Schulden für ein Eigenheim, sind bei der Leistungsfähigkeit i. d. R. Schulden in Höhe ersparter Wohnkosten nicht zu berücksichtigen (näher Rn. 302 b),[136] ebenso den Wohnwert übersteigende Schulden. Ferner kann es geboten sein, die Tilgungsrate für den Hauskredit als Vermögensbildung nicht zu berücksichtigen.[137] 653

Auch vom Vater eines studierenden volljährigen Kindes kann im Allgemeinen verlangt werden, dass er auf dessen Unterhaltsbedürftigkeit bis zum Abschluss der Ausbildung Rücksicht nimmt, bevor er mit dem Bau eines Eigenheimes beginnt und dadurch seine Leistungsfähigkeit erschöpfende Verbindlichkeiten eingeht.[138] 653 a

Bei Vorliegen besonderer Umstände kann in einem verschärften **Mangelfall** auf Grund einer weiteren Billigkeitsabwägung auf der Leistungsstufe (§§ 1603 I, 1581 BGB) der ehebedingte Kredit in angemessenen Raten einkommensmindernd abgezogen werden und der Bedarf des Kindes nach der DT als Einsatzbetrag bei der verschärften Mangelfallrechnung weiter gekürzt werden (Genaueres dazu Rn. 5/224 ff.).[139]

b) Sonstiger Verwandtenunterhalt. Auch beim sonstigen Verwandtenunterhalt ist die Berücksichtigungswürdigkeit von Schulden nach einer umfassenden Abwägung des Einzelfalls zu prüfen. Es gelten insoweit die beim Kindesunterhalt bereits dargestellten Grundsätze (vgl. Rn. 651). Das Problem stellt sich regelmäßig erst bei der Prüfung der Leistungsfähigkeit. Zu den näheren Einzelheiten vgl. Rn. 2/621. Zum Elternunterhalt vgl. Rn. 2/621. 654

Bei **Ansprüchen nach § 1615 l I, II BGB** gelten die gleichen Grundsätze.

VIII. Nur beim Ehegattenunterhalt und sonstigem Verwandtenunterhalt zu berücksichtigende Abzüge

1. Kindesunterhalt und sonstige vorrangige Unterhaltslasten

a) Ehegattenunterhalt. Ehebedingte Verbindlichkeiten sind auch Unterhaltszahlungen für eheliche Kinder und für sonstige Unterhaltsberechtigte, für die bereits **während bestehender Ehe** Unterhalt geleistet werden musste. Auch solche Unterhaltsverpflichtungen werden beim Ehegattenunterhalt vom Einkommen abgezogen, ehe der **Bedarf** nach der 655

[132] BGH, FamRZ 1984, 657, 659
[133] BGH, FamRZ 1984, 657, 659
[134] BGH, FamRZ 1986, 254, 256
[135] BGH, FamRZ 1986, 254, 256
[136] BGH, FamRZ 2002, 815 = R 570 c
[137] BGH, NJW-RR 1995, 129 = R 482A
[138] BGH, FamRZ 1982, 157
[139] BGH a.a.O.; FamRZ 1990, 266

Ehegattenquote bemessen wird (s. näher Rn. 4/188 ff.). Abzuziehen ist bei Minderjährigen jeweils der **Tabellenbetrag** des Kindesunterhalts (vgl. Rn. 4/192). Anzusetzen ist dabei jeweils nur der tatsächlich geschuldete Unterhalt, nicht ein höher titulierter, da davon ausgegangen werden kann, dass der Titel abgeändert werden kann.[140]

Kein Vorabzug von Unterhaltsleistungen erfolgt dagegen beim Kindesunterhalt Minderjähriger, weil die Bedarfsberechnung nach der DT davon ausgeht, dass für weitere Unterhaltsberechtigte Unterhalt geschuldet wird (s. Rn. 2/231 ff.). Unterhalt für weitere Kinder wird vielmehr bei der Eingruppierung berücksichtigt.

656 Der Vorabzug beim Ehegattenunterhalt gilt für gemeinschaftliche **minderjährige** und **volljährige** Kinder, ferner für **voreheliche** und für **bis zur Rechtskraft der Scheidung** geborene **nichteheliche** Kinder (s. näher mit Rechtsprechungshinweisen Rn. 4/189 ff.). Nur im Mangelfall müssen die nachrangigen Volljährigen zurücktreten und werden dann nicht berücksichtigt (vgl. Rn. 4/190). Ein Vorabzug des Kindesunterhalts Minderjähriger entfällt wegen des Gleichrangs mit dem Ehegattenunterhalt, wenn dadurch ein Missverhältnis zu dem dem Ehegatten verbleibenden Bedarf entsteht.[141] Ein derartiges Missverhältnis wird regelmäßig zu bejahen sein, wenn dem getrennt lebenden oder geschiedenen Ehegatten durch den Vorabzug des Kindesunterhalts bei Nichterwerbstätigen weniger als 535 €, bei Erwerbstätigen weniger als 615 € verbleiben (näher Rn. 4/189 b).[142] Dies führt regelmäßig zum Mangelfall.

657 Kinder aus einer **neuen Ehe** werden dagegen bei der Bildung des bereinigten Nettoeinkommens für die **Bedarfsermittlung** nicht abgezogen, weil sie die ehelichen Lebensverhältnisse nicht geprägt haben (vgl. Rn. 4/191). Ihr Unterhalt ist aber bei der **Leistungsfähigkeit** zu berücksichtigen (vgl. näher Rn. 4/571; 5/18) und führt, falls keine zusätzlichen Mittel vorhanden sind, zum Mangelfall.

Geht es bei der Ermittlung des Haftungsanteils beider Elternteile gemäß § 1606 III 1 BGB für einen **privilegierten Volljährigen** und muss ein Elternteil daneben noch Unterhalt für weitere minderjährige Kinder leisten, kürzt dieser Unterhalt nur im Verhältnis des Gesamtbedarfs aller gleichrangiger Kinder vorab sein Einkommen (näher Rn. 4/189 a).[143]

Nicht abziehbar sind Unterhaltsleistungen, für die keine gesetzliche Verpflichtung besteht oder die über den Rahmen des gesetzlichen Unterhalts hinausgehen.

658 **b) Sonstiger Verwandtenunterhalt und Ansprüche nach § 1615 l I, II BGB.** Bei der Bildung des bereinigten Nettoeinkommens sind alle vorrangigen Unterhaltslasten abzugsfähig, z. B. bei Volljährigen alle minderjährigen Kinder, bei Ansprüchen der Eltern gegen ihre Kinder noch bestehende Unterhaltsansprüche der Kindeskinder (Enkel) und des Ehegatten (§ 1609 BGB), bei Ansprüchen nach § 1615 l I, II BGB aller minderjährigen Kinder und des Ehegatten des Erzeugers (§ 1615 l III 3 BGB). Geht es dabei um den Familienunterhalt des Ehegatten, sind Festbeträge anzusetzen (vgl. näher Rn. 3/64 ff.), die der BGH inzwischen anerkannt hat.[144] In den Leitlinien sind sie in Nr. 22 angesetzt, wobei sich der Mindestbedarf auf ca. 75% des jeweiligen Selbstbehalts beläuft (25% Ersparnis durch Zusammenleben). Bei Ansprüchen volljähriger Kinder beträgt der Bedarf des Ehegatten des Pflichtigen derzeit mindestens 750 €,[145] bei Ansprüchen Eltern – Kind 950 €.[146]

2. Vermögenswirksame Leistungen des Pflichtigen

659 **a) Ehegattenunterhalt.** Eine **gemeinsame Vermögensbildung** der Eheleute ist grundsätzlich zu beachten, da sie beiden Eheleuten bis zur Vermögensauseinandersetzung,

---

[140] BGH, FamRZ 2003, 363, 367 = R 584 h
[141] BGH, FamRZ 2003, 363, 365 = R 584 f.; FamRZ 1999, 367, 369 = R 530 b
[142] SüdL, HaL, KL jeweils Nr. 23.1, CL Nr. 15.2
[143] BGH, FamRZ 2002, 815 = R 570 d
[144] BGH, FamRZ 2003, 363 = R 584 b
[145] SüdL, BL, BrL, CL, DL, FL, HaL, HL, KL, NaL, OL jeweils Nr. 22.3; nach SchL 700 €; in den neuen Bundesländern nach BL 690 €, nach DrL 650 €, nach RL 750/650 €
[146] SüdL, BL, BrL, CL, DL, FL, HaL, HL, KL, NaL, OL jeweils Nr. 22.3; nach SchL 920 €; in den neuen Bundesländern nach BL 880 €, nach DrL 855 €

und nicht nur bis zur Trennung/Scheidung zugute kommt und die Fortführung regelmäßig im beiderseitigen Interesse der Eheleute liegt (näher Rn. 301, 4/200). Bei **einseitigen** vermögensbildenden Ausgaben ist zu beachten, dass die Vermögensbildung des Pflichtigen nicht zu Lasten des Unterhaltsbedürftigen erfolgen darf, bzw. der Berechtigte den Unterhalt nicht zur Vermögensbildung erhält (vgl. Rn. 4/200). Soweit bereits in der Ehe vermögensbildende Aufwendungen getätigt wurden, ist aber zu berücksichtigen, dass dieser Teil des Einkommens für die Lebensführung nicht zur Verfügung stand. Ob diese Ausgaben nach der Trennung weiterhin bedarfsmindernd abgezogen werden dürfen, richtet sich nach ständiger Rechtsprechung des BGH **nach einem objektiven Maßstab** eines vernünftigen Betrachters.[147] Eine aus dieser Sicht zu dürftige Lebensführung bleibt ebenso außer Betracht wie ein übertriebener Aufwand (s. näher Rn. 301 ff.). Abzustellen ist insoweit immer auf den konkreten Einzelfall, ein genereller Abzug eines prozentual bemessenen Anteils des Einkommens kommt nicht in Betracht.[148]

Sind Ausgaben als **Vorsorgeaufwendungen** anzuerkennen, z. B. Lebensversicherungen, Immobilien usw., handelt es sich um kein Problem der Vermögensbildung, sondern der Altersvorsorge (vgl. insoweit Rn. 596 ff.). Besteht die Vermögensbildung in der Tilgung eines Kredits für ein Eigenheim, handelt es sich in erster Linie um ein Problem, ob die Schuld als Abzugsposten für die Ermittlung des Wohnwertes berücksichtigungsfähig ist (vgl. insoweit Rn. 353, 619, 623). **659 a**

- **Bedarfsermittlung:** Nach einem **objektiven Maßstab** sind **einseitige** vermögensbildende Ausgaben, die bereits während des Zusammenlebens anfielen, als Abzugsposten zu berücksichtigen, soweit es sich um einen im Verhältnis zum Einkommen angemessenen Betrag handelt (s. näher Rn. 4/200 ff.).[149] So werden Aufwendungen im Zusammenhang mit vermögenswirksamen Leistungen, die mit der Zahlung einer **Sparzulage** durch den Arbeitgeber verbunden sind, vielfach zu berücksichtigen sein, nachdem es sich insoweit um geringfügige Beträge handelt und die Arbeitgebersparzulage selbst nicht als unterhaltsrechtliches Einkommen anzusetzen ist;[150] Voraussetzung ist jedoch, dass noch ausreichende Mittel für die Bedarfsermittlung verbleiben. Bei **guten Einkommensverhältnissen** wird man generell davon ausgehen können, dass das Einkommen während des Zusammenlebens der Eheleute nicht vollständig für den allgemeinen Lebensbedarf verbraucht, sondern teilweise der Vermögensbildung zugeführt wurde. Vermögensbildende Ausgaben sind dann auch in höherem Umfang berücksichtigungswürdig, soweit ein den guten Einkommensverhältnissen entsprechend hoher Bedarf nach den ehelichen Lebensverhältnissen verbleibt. Dies führt regelmäßig zu einer sog. konkreten Bedarfsermittlung (vgl. insoweit eingehend mit Rechtsprechungshinweisen Rn. 4/366 ff.). Handelt es sich bei den vermögensbildenden Ausgaben um die **Abzahlung von Krediten** für einen unterhaltsrechtlich relevanten Gegenwert, z. B. einen Wohnwert, sind die Aufwendungen als Abzugsposten beim Wohnwert zu berücksichtigen, wenn sie sich in einem wirtschaftlich vertretbaren Rahmen halten[151] (s. näher Rn. 346). **660**
- **Bedürftigkeit:** Der Bedürftige kann bei der Anrechnung seines Eigeneinkommens auf den Bedarf generell keine **einseitigen** vermögensbildenden Aufwendungen abziehen, weil der Pflichtige ansonsten über einen höheren Unterhalt die Vermögensbildung mitfinanzieren müsste. Der Unterhalt dient aber nur zur Finanzierung der Lebenshaltungskosten, nicht einer Vermögensbildung.[152] Zur Berücksichtigung von Abzahlungen beim Wohnwert vgl. Rn. 353. **660 a**
- **Leistungsfähigkeit:** Bei der Leistungsfähigkeit ist zu berücksichtigen, dass die **einseitige** Vermögensbildung dem Unterhalt nicht vorgeht. Ein Abzug von vermögensbildenden Aufwendungen kommt damit nicht in Betracht, wenn der Pflichtige dadurch nicht mehr

---

[147] BGH, FamRZ 1995, 869 = R 494; FamRZ 1989, 1160 = R 395 c; FamRZ 1987, 36, 39 = R 310 d
[148] BGH, FamRZ 1983, 678 = R 168 a
[149] BGH, FamRZ 1984, 149 = NJW 1984, 292
[150] BGH, FamRZ 1980, 984 = NJW 1980, 2251
[151] BGH, FamRZ 1995, 869 = R 494
[152] BGH, FamRZ 1992, 423 = R 442 c

leistungsfähig wäre.[153] Soweit trennungsbedingte Mehrkosten bestehen, sind vermögensbildende Aufwendungen zu dessen Deckung heranzuziehen[154] (s. näher Rn. 4/207). Wurden eheprägende vermögensbildende Ausgaben nach einem objektiven Maßstab bei der Ermittlung des Bedarfs nach den ehelichen Lebensverhältnissen berücksichtigt (s. oben), wirkt sich dies allerdings im Ergebnis bei der Leistungsfähigkeit nur aus, wenn neue Verbindlichkeiten, z. B. Unterhalt für Kinder aus einer neuen Ehe, bestehen und keine zusätzlichen Mittel des Pflichtigen zur Deckung vorhanden sind.

660 b **b) Verwandtenunterhalt.** Berücksichtigungsfähig können nur vermögensbildende Aufwendungen des Pflichtigen sein, nie des Bedürftigen. Maßgebend ist insoweit immer eine Einzelfallbetrachtung, wobei es auch hier gerechtfertigt ist, einen objektiven Maßstab anzusetzen. Bei Ansprüchen minderjähriger Kinder wird man vermögensbildende Ausgaben nur ausnahmsweise anerkennen können, es sei denn, es wird damit ein unterhaltsrechtlich relevanter Gegenwert, z. B. ein Wohnwert, geschaffen (vgl. Rn. 402 a). Der Regelbetrag muss dabei immer gesichert bleiben. Bei höheren Einkommensgruppen der Düsseldorfer Tabelle kann dagegen ein großzügigerer Maßstab angebracht sein. Beim sonstigen Verwandtenunterhalt wird man zu berücksichtigen haben, ob die Vermögensbildung der eigenen Lebensführung dient, z. B. beim Kauf eines Eigenheims, oder zur Alterssicherung gedacht ist. Ein wesentliches Prüfungskriterium ist auch, ob die vermögensbildende Aufwendung bereits vor Kenntnis der Barunterhaltspflicht getätigt wurde und ob sie ohne größere Verluste rückgängig gemacht werden kann (vgl. auch Rn. 2/621, 624, 639).

14. Abschnitt: Der Anspruch auf Auskunft und Vorlage von Belegen

I. Der Auskunftsanspruch

1. Allgemeiner Überblick

661 Zweck der Auskunft ist es, einer Beweisnot abzuhelfen. Sie soll die Parteien in die Lage versetzen, ihren Anspruch richtig zu bemessen und einen Rechtsstreit durch Abschluss einer gütlichen Unterhaltsvereinbarung zu vermeiden. Neben den in diesem Abschnitt behandelten materiellrechtlichen Verpflichtungen zur Auskunft nach §§ 1361 IV, 1580, 1605 BGB wurde durch das Gesetz zur Vereinheitlichung des Unterhalts minderjähriger Kinder noch eine prozessuale Auskunftspflicht der Parteien und Dritter in § 643 ZPO geschaffen. Diese gilt für alle in § 621 I Nr. 4, 5 und 11 ZPO genannten Unterhaltsverfahren, also für alle auf Verwandtschaft, Ehe und § 1615 l BGB gestützte Unterhaltsklagen. Damit wurde nicht das Amtsermittlungsprinzip für diese Verfahren eingeführt. Es blieb auch insoweit bei der Parteiherrschaft.[1] Mit der neuen Regelung sollen lediglich die bereits nach §§ 139, 142 f., 273, 358 a, 377 III ZPO bestehenden Möglichkeiten zur Prozessförderung durch das Gericht sachgerecht erweitert werden. Weil mit der gerichtlichen Auflage zur Erteilung einer Auskunft keinem Antrag der Partei stattgegeben wird, sieht das Gesetz dagegen auch kein Rechtsmittel vor.[2] Da die materiellrechtlichen Verpflichtungen zur Auskunft vor allem im vorprozessualen Raum zum Tragen kommen, haben sie durch die Einführung der zusätzlichen prozessualen Auskunftspflicht nicht an Bedeutung verloren. Eine vorprozessuale Verpflichtung zur Auskunft besteht auch nach § 6 UVG und § 116 BSHG.

661 a Der Sache nach wirkt die Auskunft wie eine **Selbstanzeige.** Eine Auskunftspflicht besteht, wenn und soweit die Auskunft für die Unterhaltsbemessung von Bedeutung ist. Hingegen müssen diejenigen materiellen Voraussetzungen eines Unterhaltsanspruchs vor-

---

153 BGH, FamRZ 1987, 36 = R 310 a; FamRZ 1984, 353, 360 = NJW 1984, 1458
154 BGH, FamRZ 1987, 36 = NJW-RR 1987, 1218
1 OLG Naumburg FamRZ 2000, 101
2 OLGR Celle 1999, 304; OLG Naumburg EzFamR aktuell 2000, 357

liegen, die von den wirtschaftlichen Verhältnissen der Parteien unabhängig sind. Die Auskunft muss sich auf den jeweils maßgeblichen Prüfungszeitraum (Rn. 50 f., 276 f.) beziehen. Sie betrifft dem Wortlaut nach zwar nur das Einkommen und Vermögen, gilt aber darüber hinaus sinngemäß als Ausfluss von § 242 BGB[3] für alle Umstände, deren Kenntnis zur Bemessung des Unterhaltsanspruchs notwendig ist, z. B. auch für eine Fortdauer der die Arbeitsunfähigkeit begründenden Beschwerden[4] oder über Steuererstattungen.[5]

Die Auskunftspflicht besteht nicht, wenn sie den Unterhaltsanspruch **unter keinem** 662 **Gesichtspunkt** beeinflussen kann,[6] denn sie dient nicht dazu, andere als für die Bemessung des Unterhaltsanspruchs notwendige Informationen für die Rechtsverfolgung zu beschaffen.[7] Haben die Ehegatten Unterhaltsansprüche rechtswirksam wechselseitig ausgeschlossen, so ist eine nach der Trennung erhobene Klage auf Auskunft über die Einkünfte des anderen Ehegatten jedenfalls dann rechtsmissbräuchlich, wenn keine maßgebliche Veränderung der Verhältnisse, die Einfluss auf den Unterhaltsbedarf haben könnte, vorgetragen wird.[8] Gleiches ist der Fall, wenn die Leistungsfähigkeit des Verpflichteten außer Streit steht und ein Quotenunterhalt nicht geschuldet wird, weil der Unterhalt ausnahmsweise konkret zu bestimmen ist.[9] Es besteht auch dann keine Auskunftspflicht, wenn die Leistungsfähigkeit eines Chefarztes für den geltend gemachten Kindesunterhalt außer Frage steht oder wenn auch bei höherem Einkommen kein höherer Unterhalt verlangt werden könnte.[10] Das Gleiche gilt, wenn ein Unterhalt infolge der Härteklausel des § 1579 BGB sicher entfällt.[11] Ist dieses aber noch zweifelhaft oder kommt nur eine Befristung oder Herabsetzung des geschuldeten Unterhalts in Betracht, kann weiter Auskunft verlangt werden.[12] Kein Anspruch besteht bezüglich eines Arbeitsentgelts, das die ehelichen Lebensverhältnisse nicht geprägt hat.[13] Ein Anspruch auf Auskunft kann auch dann entfallen, wenn der Unterhaltsschuldner bereits in einem anderen Verfahren zur Auskunft über seine Einkommensverhältnisse verurteilt wurde.[14] Ein nachrangig Unterhaltsverpflichteter muss eine Auskunft erst erteilen, wenn feststeht, dass die vorrangig haftenden Kindeseltern ganz oder teilweise leistungsunfähig sind.[15] Der unterhaltsrechtliche Auskunftsanspruch ist kein unselbstständiges Nebenrecht, das dem Leistungsanspruch gemäß §§ 412, 401 BGB folgt. Der Sozialhilfeträger konnte daher nach dem früheren Recht mit dem übergegangenen Unterhaltsanspruch nicht auch den Anspruch auf Auskunft erwerben.[16] Seit der ab 1. 8. 1996 wirksamen Neufassung von § 91 I BSHG geht kraft Gesetzes bei Sozialhilfegewährung zusammen mit dem Unterhaltsanspruch auch der Anspruch auf Auskunft auf den Träger der Sozialhilfe über.[17]

Die Auskunftsverpflichtung bezieht sich auch auf das **Vermögen.** Diese weitgehende 663 Verpflichtung wird in der Praxis meist nicht genügend beachtet. Wegen der laufenden Veränderungen des Vermögens muss allerdings ein Stichtag festgelegt werden. Ist dies im

---

[3] BGH, FamRZ 1983, 473; FamRZ 1982, 680
[4] OLG Schleswig, FamRZ 1982, 1018
[5] OLG Düsseldorf, FamRZ 1991, 1315
[6] BGH, FamRZ 1985, 791 = R 257 b; FamRZ 1983, 674; FamRZ 1983, 996, 998 = R 178 a; OLG Düsseldorf, FamRZ 1998, 1191
[7] KGR 2002, 86
[8] OLG Köln FamRZ 2000, 609
[9] BGH, FamRZ 1994, 1169 = R 481; OLGR Karlsruhe 2000, 195; OLG Hamm, FamRZ 1996, 736
[10] BGH, FamRZ 1983, 473
[11] BGH, FamRZ 1983, 996 = NJW 1983, 2243; s. auch OLG Bamberg, FamRZ 1998, 741: „wenn auszuschließen ist, dass ein Unterhaltsanspruch dem Grunde nach überhaupt in Betracht kommt". Einschränkend OLG München, FamRZ 1998, 741: Einwendungen von Härtegründen nach § 1579 BGB können generell nicht zum Verlust des Anspruchs auf Auskunft führen und sind daher im Auskunftsverfahren auch nicht zu prüfen
[12] OLGR Karlsruhe 2001, 327
[13] BGH, FamRZ 1985, 791 = R 257 b
[14] OLG Köln FamRZ 2001, 1713
[15] LG Osnabrück, FamRZ 1984, 1032
[16] BGH, FamRZ 1991, 1117 = NJW 1991, 1235
[17] OLG Karlsruhe FamRZ 2001, 926; Näheres dazu Künkel, FamRZ 1996, 1509

Urteil übersehen worden, liegt keine vollstreckbare Verpflichtung vor.[18] Über den Verbleib von früheren Vermögensgegenständen braucht keine Auskunft erteilt zu werden.[19] Über den Auskunftsanspruch kann daher auch keine Abrechnung über die während der Ehe erfolgten Geldzuflüsse verlangt werden.[20] Als Stichtag für die Vermögensbewertung sollte regelmäßig der 31. Dezember des Vorjahres herangezogen werden, weil sich auf diesen Tag regelmäßig auch die Bankabrechnungen hinsichtlich der Schulden, Geschäftskonten, Wertpapiere usw. beziehen. Zum Vermögen ist wie beim Zugewinn (§ 1379 BGB) ein Verzeichnis über den Vermögensbestand gemäß § 260 I BGB mit Wertangaben zu fertigen. Die Passiva sind ebenfalls anzugeben, weil sich der Berechtigte sonst kein zutreffendes Bild zur Höhe seines Anspruchs machen kann. Diese Angaben sind gegebenenfalls **eidesstattlich zu versichern** (Rn. 692 f.). Auskunft muss auch darüber erteilt werden, wie das bei der Vermögensauseinandersetzung erhaltene Kapital angelegt wurde.[21] Zum Klageverfahren s. Rn. 8/203 f., zur Stufenklage Rn. 8/213, zur Vollstreckung Rn. 686 f. Zu den allgemeinen Einschränkungen s. Rn. 662.

2. Auskunft beim Ehegattenunterhalt

664 Ein Auskunftsanspruch über Einkünfte und Vermögen besteht beim **Trennungsunterhalt** und beim **nachehelichen Ehegattenunterhalt** gegenseitig für beide Ehegatten (§§ 1580, 1361 IV i. V. m. 1605 BGB). Sinngemäß gelten diese Bestimmungen auch für Altehen, weil der Auskunftsanspruch eine Ausprägung des durch Treu und Glauben (§ 242 BGB) gebotenen Grundsatzes ist, nach dem innerhalb eines bestehenden Schuldverhältnisses (hier gesetzliches Unterhaltsrechtsverhältnis) derjenige, der entschuldbar über das Bestehen und den Umfang seiner Ansprüche in Unkenntnis ist, von dem Verpflichteten eine entsprechende Auskunft verlangen kann, wenn dieser zur Erteilung unschwer in der Lage ist.[22] Auskunft für den nachehelichen Unterhalt nach § 1580 BGB wird ab **Rechtshängigkeit des Scheidungsantrags** geschuldet.[23] Der Anspruch kann im Verbundverfahren als Stufenklage geltend gemacht werden. Dann ist über das Auskunftsbegehren vor Erlass des Scheidungsurteils vorab durch Teilurteil zu entscheiden.[24] Eine isolierte Auskunftsklage ist allerdings keine Folgesache im Sinne von § 623 ZPO und somit im Scheidungsverbund unzulässig.[25] Ein Auskunftsanspruch besteht nicht, wenn die Einkünfte des Unterhaltsverpflichteten überdurchschnittlich hoch sind und der Unterhaltspflichtige seine Leistungsfähigkeit nicht in Frage stellt.[26] Der Unterhaltsbedarf ist dann ohnehin konkret zu berechnen, weil das Einkommen während des Zusammenlebens nicht ausschließlich für die Lebenshaltungskosten sondern auch für Vermögensbildung oder andere Zwecke verwendet worden ist.

Für den **Familienunterhalt** sieht das Gesetz (trotz eines Gesetzentwurfs des Bundesrats vom 9. 7. 1999 zu § 1360 a III BGB)[27] zurzeit keinen ausdrücklichen Auskunftsanspruch vor. Zur Vorbereitung einer Klage auf Wirtschaftsgeld,[28] Haushalts- oder Taschengeld steht dem Berechtigten allerdings unmittelbar aus § 1353 BGB ein Anspruch auf grobe Information über die Einkommens- und Vermögensverhältnisse zu.[29] Gleiches gilt für die Vorbereitung der Trennung, die oft nur mit Hilfe von Trennungsunterhalt dauerhaft durchführbar ist.

---

[18] OLG Karlsruhe, FamRZ 1986, 271
[19] OLG Hamburg, FamRZ 1985, 394; OLG Düsseldorf, FamRZ 1981, 893
[20] BGH, FamRZ 1978, 677 für den insoweit gleichartigen güterrechtlichen Anspruch auf Auskunft
[21] OLG Karlsruhe, FamRZ 1990, 756
[22] BGH, FamRZ 1982, 680 = R 118 c
[23] BGH, FamRZ 1983, 674
[24] BGH, FamRZ 1982, 151; FamRZ 1982, 996 = NJW 1982, 2771
[25] BGH FamRZ 1997, 811 = R 511 B
[26] OLGR Karlsruhe 2000, 195
[27] BR-Drucksache 268/99, Anlage
[28] OLG Celle FamRZ 1999, 162
[29] BGH FamRZ 2001, 23, 24; 1986, 558, 560;OLG München FamRZ 2000, 1219; OLG Karlsruhe 1990, 161

3. Auskunft beim Kindesunterhalt

Nach § 1605 BGB sind Eltern gegenüber Kindern und Kinder gegenüber den Eltern verpflichtet, auf Verlangen über ihre Einkünfte und ihr Vermögen Auskunft zu erteilen, soweit dies zur Feststellung eines Unterhaltsanspruchs erforderlich ist. Dieses ist in der Regel der Fall, wenn der Unterhalt einkommensabhängig nach bestimmten Tabellen bemessen wird. Eine Auskunft ist in der Regel jedoch nicht erforderlich bei Unterhaltsbemessung **nach festen Bedarfssätzen,** sofern nicht besondere Umstände vorgetragen werden, die eine Abweichung von den festen Regelbedarfssätzen rechtfertigen[30] (näher dazu Rn. 2/518). Die Auskunft kann von jedem Elternteil verlangt werden, der auf Barunterhalt in Anspruch genommen wird. Über die Einkünfte des Ehepartners braucht keine Auskunft erteilt zu werden. Soweit es hierauf ankommt, ist dies nach den allgemeinen Grundsätzen für die Beweis- und Darlegungslast im Hauptsacheverfahren festzustellen.[31] 665

Im Zusammenhang mit dem Kindesunterhalt kann aber auch **ein Elternteil vom anderen** Auskunft über dessen Einkünfte und Vermögen verlangen, wenn er bei beiderseitiger Barunterhaltspflicht von einem gemeinschaftlichen Kind auf Barunterhalt in Anspruch genommen wird und ohne diese Auskunft seinen Haftungsanteil nach § 1606 III BGB nicht errechnen kann. Diese Auskunftspflicht ergibt sich nicht aus einer analogen Anwendung des § 1605 BGB, sondern unmittelbar aus § 242 BGB als Folge der besonderen Rechtsbeziehungen der Eltern, die gegenüber gemeinschaftlichen Kindern gleichrangig unterhaltspflichtig sind.[32] Diesem Auskunftsbegehren steht nicht entgegen, dass das Kind seinen Auskunftsanspruch nach § 1605 BGB gegen beide Eltern geltend machen könnte. Die Auskunftspflicht dem anderen Elternteil gegenüber ergibt sich vielmehr aus § 1618 a BGB, wonach Eltern und Kinder einander Beistand und Rücksicht schuldig sind. Wegen der Leitbildfunktion dieser Bestimmung, die zur Ausfüllung von Lücken im Familienrecht heranzuziehen ist, muss ein Elternteil das gemeinschaftliche Kind wegen der benötigten Informationen nicht auf eine Inanspruchnahme des anderen Elternteils verweisen.[33] Diese Auskunftsverpflichtung der Eltern untereinander kann auch bei minderjährigen Kindern in Betracht kommen, wenn Anhaltspunkte dafür bestehen, dass ausnahmsweise auch der betreuende Elternteil entsprechend den in Rn. 2/287 dargestellten Regeln Barunterhalt leisten muss.[34] 666

4. Auskunft beim Elternunterhalt

Im Rahmen der Auskunft über Einkommens- und Vermögensverhältnisse haben Geschwister einander auch Auskunft über das Einkommen des jeweiligen Ehegatten zu geben, soweit dies für die Berechnung des eigenen Haftungsanteils für den Unterhalt der Eltern erforderlich ist. Dieser Anspruch ist Folge des zwischen ihnen bestehenden besonderen Rechtsverhältnisses gemäß § 1606 III S. 1 BGB, wonach sie als Geschwister anteilig nach ihren Einkommens- und Vermögensverhältnissen für den Unterhalt der Eltern haften. Allerdings hat der BGH[35] einen solchen – über die gesetzliche Regelung der §§ 1580, 1605 BGB hinaus gehenden – Auskunftsanspruch nur dann nach Treu und Glauben (§ 242 BGB) angenommen, wenn zwischen den Beteiligten besondere rechtliche Beziehungen bestehen. Das ist zwischen Schwägern und Schwägerinnen nicht der Fall, so dass ihnen gegenüber kein unmittelbarer Auskunftsanspruch besteht.[36] 666 a

---

[30] OLG Naumburg FamRZ 2001, 1480
[31] OLG Karlsruhe, FamRZ 1993, 1481
[32] BGH FamRZ 1988, 268, 269 = R 351; OLG Zweibrücken FamRZ 2001, 249
[33] BGH, FamRZ 1988, 268 = R 351; OLGR Schleswig 2001, 373
[34] OLG Köln, FamRZ 1992, 469
[35] BGH FamRZ 1988, 268
[36] BGH NJW 2003, 3624; OLG München FamRZ 2002, 50

II. Die Auskunftserteilung

1. Die systematische Aufstellung

667 Die Auskunft ist nach §§ 260, 261 BGB zu erteilen durch Vorlage einer **systematischen Aufstellung** aller Angaben, die nötig sind, damit der Berechtigte ohne übermäßigen Arbeitsaufwand seinen Unterhaltsanspruch berechnen kann. Schon der Unterhaltsberechtigte darf sich nicht darauf beschränken, „Auskunft über die Einkommensverhältnisse" des Unterhaltspflichtigen zu verlangen sondern muss eindeutig festlegen, welche Auskünfte er zur Berechnung seines Unterhaltsanspruchs benötigt. Es kann nicht dem Pflichtigen überlassen bleiben, sich Gedanken darüber zu machen, was die Auskunft fordernde Partei unter einer „Zusammenstellung über alle Ein- und Ausgaben" versteht.[37] Grundsätzlich können Angaben zu allen Bruttoeinnahmen und Aufwendungen bzw. Ausgaben und den sonstigen unterhaltsrechtlich relevanten Abzügen verlangt werden.[38] An einer geordneten systematischen Aufstellung fehlt es, wenn der Verpflichtete nur eine Reihe von Belegen, etwa Lohnabrechnungen und Steuerbescheide, vorlegt. Diese müssen vom Verpflichteten zu einem geschlossenen Werk zusammengefügt werden.[39] Der auf Wertermittlung in Anspruch genommene Ehegatte ist grundsätzlich nur insoweit zur Ermittlung und Angabe der Vermögenswerte verpflichtet, als er selbst dazu imstande ist. Dritte Personen, insbesondere einen Sachverständigen, braucht er mit der Wertermittlung nicht zu beauftragen.[40] Dies schließt jedoch nicht aus, dass der Verpflichtete zu Einzelfragen Auskünfte einholen oder Hilfskräfte einschalten muss, um den Wert der Vermögensgegenstände (z. B. eines Hausgrundstücks) zuverlässig zu ermitteln. Dadurch anfallende Auslagen gehören zu den Kosten der Wertermittlung, die der Verpflichtete zu tragen hat.[41] Die Auskunft ist eine Wissenserklärung, die – abgesehen von einfachen Fällen – grundsätzlich der **Schriftform** bedarf.[42] Sie ist daher auch persönlich zu unterschreiben[43] (s. § 126 I BGB). Allerdings ist lediglich die Abgabe der Erklärung höchstpersönlicher Natur,[44] nicht hingegen deren Übermittlung, die auch durch Hinzuziehung eines Dritten, also durch Schreiben eines Rechtsanwalts erfolgen kann.[45] Auf die schriftliche Zusammenfassung aller Einkünfte in einer Urkunde kann schon deshalb nicht verzichtet werden, weil nur dieses Schriftstück zum Gegenstand einer eidesstattlichen Versicherung (Rn. 692) werden kann.

668 Zu allen Einnahmen sind die damit zusammenhängenden **Ausgaben** mitzuteilen. Gleichartige Ausgaben können zusammengefasst werden, soweit der Verzicht auf detaillierte Angaben üblich ist und eine Orientierung des Auskunftsberechtigten nicht verhindert. Bei Gewinneinkünften von Freiberuflern genügt es, nur das Endergebnis in der Auskunft anzuführen und auf eine beigefügte Gewinn- und Verlustrechnung Bezug zu nehmen.[46]

669 Die Auskunft kann von einem **Selbstständigen** auch dann verlangt werden, wenn sein Steuerberater die Gewinnermittlung noch nicht fertiggestellt hat. Es ist dann eine angemessene Frist zur Auskunftserteilung zu setzen.[47] In der Praxis verschleppen Freiberufler häufig das Auskunftsverfahren unter Berufung auf ihren Steuerberater. Das kann nicht toleriert werden. Spätestens etwa ab Ende Juni eines jeden Jahres muss unterhaltsrechtlich

---

[37] OLG Düsseldorf FamRZ 2001, 836
[38] BGH, FamRZ 1983, 996, 998 = R 178c; FamRZ 1980, 770; OLG Köln FamRZ 2000, 622; OLG Hamm, FamRZ 1983, 1232
[39] BGH FamRZ 1983, 1232; OLGR München 1998, 82
[40] BGH NJW-RR 2001, 210
[41] BGH FamRZ 1991, 316; OLGR München 1996, 129
[42] BGH, FamRZ 1984, 144 = R 190; OLG Stuttgart, FamRZ 1991, 84, 85
[43] OLG München, FamRZ 1996, 738; FamRZ 1995, 737
[44] BGH FamRZ 1989, 731
[45] OLG Zweibrücken EzFamR aktuell 2000, 71
[46] OLG München, FamRZ 1996, 738
[47] OLG Düsseldorf, DAV 1982, 689; OLG Koblenz, FamRZ 1981, 922

die Gewinn- und Verlustrechnung für das Vorjahr vorliegen, wenn die nachteiligen Folgen der fehlenden Sachaufklärung (Rn. 276 ff.) vermieden werden sollen.[48] Zum **Klageantrag** s. die Beispiele bei Rn. 8/205. Im Einzelfall kann es geboten sein, neben der Gewinn- und Verlustrechnung[49] auch konkret Auskunft über Anschaffungen, Abschreibungen, Veräußerungen, private Nutzungsanteile, Aushilfskräfte, staatliche Zuschüsse usw. zu verlangen.[50]

Im Auskunftsverfahren einschließlich des Verfahrens auf Abgabe einer eidesstattlichen Versicherung **ist Kleinlichkeit zu vermeiden** (§§ 259 III, 260 III BGB). Sachgesamtheiten und Inbegriffe von Gegenständen können als solche aufgeführt werden, wenn und soweit der Verzicht auf eine detaillierte Aufschlüsselung im Verkehr üblich ist und eine ausreichende Orientierung des Auskunftsberechtigten nicht verhindert. An die Aufschlüsselung können umso geringere Anforderungen gestellt werden, je eher bei dem Empfänger der Auskunft eine persönliche Kenntnis vorausgesetzt werden kann.[51] In der Praxis ist manchmal festzustellen, dass die Parteien jahrelang über die Auskunft streiten, oft über mehrere Instanzen hinweg. Ein solcher Streit ist wenig sinnvoll. Der Berechtigte sollte unter allen Umständen möglichst **rasch zur Leistungsklage** übergehen. Der Anspruch lässt sich meist auch bei noch nicht voll erfülltem Auskunftsanspruch sicher beziffern. Nur so kann den Verschleppungstendenzen des Verpflichteten wirksam begegnet werden. Bei unvollständiger Aufklärung kommen dem Berechtigten ohnehin in der Regel die Grundsätze über die Darlegungslast zu Hilfe (s. Rn. 6/700 ff.). 670

Bei Einkünften aus **abhängiger Arbeit** sind das Bruttogehalt, Art und Umfang der Abzüge sowie Sonderzahlungen wie Weihnachts- und Urlaubsgeld, Spesen, Auslösungen, Tantiemen etc. anzugeben. Die Vorlage des Belegs für einen Monat genügt hierzu nicht. Eine insoweit unvollständige Auskunft ist zu ergänzen.[52] Die Auskunft muss sich auf alle Einkunftsarten (s. Rn. 40 f.) beziehen. Bei Einkünften als **GmbH-Gesellschafter** ist über Gewinne und Zinsen der Gesellschaft Auskunft zu erteilen[53] (näher dazu Rn. 681). Wenn der Schuldner ausschließlich einen Lohnnachweis einreichen muss, ist dafür eine recht kurze Frist von ca. 3 Wochen angemessen; ausnahmsweise kann schon eine Frist von einer Woche zuzüglich Postlaufzeit ausreichen.[54] 671

2. Der Zeitraum

Die Auskunft ist zu erteilen für den Zeitraum, der für die Unterhaltsbemessung maßgeblich ist. Bei Arbeitnehmern ist sie also in der Regel für das abgelaufene Kalenderjahr (vgl. Rn. 50 f.), bei Selbstständigen oder bei sonstigen sehr schwankenden Einkünften in der Regel für die drei letzten abgelaufenen Kalenderjahre (vgl. Rn. 274, 277) und im Einzelfall auch für eine längere Zeit geschuldet.[55] Bei Land- und Forstwirten sollte sich die Auskunft nicht auf das Kalenderjahr beziehen, sondern auf das vom 1. Juli bis zum 30. Juni laufende Wirtschaftsjahr (s. Rn. 277). 672

3. Die Kosten

Kosten der Auskunftserteilung hat der Auskunftspflichtige als Schuldner zu tragen, soweit sie durch die Erteilung eines Vermögensverzeichnisses oder durch die Ermittlung und die Angabe des Vermögenswertes entstehen. Dazu gehören auch die Kosten der Übersetzung 673

---

48 OLG München, FamRZ 1992, 1207
49 OLGR Karlsruhe 2002, 167
50 Vgl. KG Berlin, FamRZ 1997, 360
51 BGH, FamRZ 1984, 144 = R 190
52 BGH, FamRZ 1983, 996, 998 = R 178 a + c; FamRZ 1982, 250, 252 = R 98 c
53 BGH, FamRZ 1982, 680
54 OLG Naumburg FamRZ 2001, 1719
55 FamRZ 1985, 471 = R 252 a; FamRZ 1985, 357 = R 243 a

einer fremdsprachigen Urkunde.[56] Nur die **Sachverständigenkosten** für eine notwendig werdende Wertermittlung trägt der Auskunftsberechtigte.[57]

4. Zur Häufigkeit

674 Grundsätzlich kann eine Auskunft erst **nach Ablauf von zwei Jahren** erneut verlangt werden; § 1605 II BGB. In kürzeren zeitlichen Abständen gibt es normalerweise keine Änderungen, die so ins Gewicht fallen, dass eine Abänderung nach § 323 ZPO verlangt werden kann. Die Frist beginnt bei einer rechtskräftigen Verurteilung mit dem Tag der letzten mündlichen Verhandlung zu laufen.[58] Haben die Parteien einen Vergleich geschlossen, kommt es auf den Zeitpunkt des Vergleichs an.[59] Kann der Berechtigte glaubhaft machen, dass beim Verpflichteten schon vor Ablauf der Zweijahresfrist erhebliche Einkommenssteigerungen oder Vermögensmehrungen eingetreten sind, kann auch schon früher eine neue Auskunft verlangt werden. Ergab die frühere Auskunft einen Mangelfall, so sind für das Auskunftsverlangen des Unterhaltsberechtigten geringere Anforderungen an die Wesentlichkeit der Änderungen i. S. des § 1605 Abs. 2 BGB zu stellen.[60] Hatte sich der Berechtigte in einem Vergleich verpflichtet, die Aufnahme einer Erwerbstätigkeit von sich aus anzuzeigen, kann der Verpflichtete vor Ablauf von zwei Jahren eine Auskunft nur verlangen, wenn er die Aufnahme einer Erwerbstätigkeit glaubhaft macht.[61] Diente die erste Auskunft nur zur Berechnung des Trennungsunterhalts, braucht für eine Auskunft zum nachehelichen Unterhalt eine Zweijahresfrist nicht beachtet zu werden.[62] Die Frist gilt auch nicht für eine Partei, die zunächst für sich selbst Auskunft verlangt hat und später in Prozessstandschaft für ein minderjähriges Kind erneut Auskunft begehrt.[63]

675 Bei Stufenklagen gegenüber **Freiberuflern** wird manchmal nach der Auskunftserteilung ein Gutachten zum Einkommen eingeholt, dessen anschließende Erörterung und Überprüfung das Verfahren so in die Länge zieht, dass die Wiederholungsfrist noch während des Rechtsstreits abläuft. In dieser Situation sollte einer neuen förmlichen Auskunftsklage innerhalb des gleichen Verfahrens mit allen prozessualen Mitteln (§ 263 ZPO) entgegengetreten werden, weil das Verfahren sonst nie zum Abschluss gebracht werden kann.[64] Das Gericht kann den Verpflichteten aber über §§ 273, 643 ZPO auffordern, die neuen Jahresabschlüsse vorzulegen, und bei einer Verweigerung die entsprechenden Schlüsse daraus ziehen (vgl. Rn. 6/700 ff.). Soweit angenommen wird, dass in einem Unterhaltsprozess noch vor Ablauf der Sperrfrist eine weitere Auskunft für Unterhaltszeiträume verlangt werden kann, die im ersten Auskunftsverlangen nicht enthalten waren,[65] wird verkannt, dass damit die Sperrfrist unzulässigerweise verletzt wird. Wenn die erste Auskunft schon erteilt ist, kann hier nicht mehr von einer zeitlichen Erweiterung des ersten Auskunftsbegehrens gesprochen werden. Es liegt vielmehr ein neues Auskunftsbegehren vor, das an die Einhaltung der Sperrfrist gebunden ist. Ausnahmsweise kann schon vor Ablauf der Sperrfrist eine neue Auskunft verlangt werden, wenn die frühere Auskunft nur den Beginn einer selbstständigen Erwerbstätigkeit umfasste und glaubhaft gemacht ist, dass inzwischen wesentlich höhere Einkünfte erzielt werden.[66] Im Hinblick auf den neu geschaffenen § 643 ZPO mit der Möglichkeit

---

[56] OLG Koblenz FamRZ 1990, 79

[57] BGH, FamRZ 1991, 316; 1982, 682 = NJW 1982, 1643; vgl. auch BGH FamRZ 2002, 666

[58] OLG Hamburg, FamRZ 1984, 1142; anders OLG Koblenz, FamRZ 1979, 1021: Urteilsverkündung

[59] OLGR Hamm 2002, 182; OLG Düsseldorf, FamRZ 1993, 591, 592 f.; OLG Stuttgart, FamRZ 1978, 717

[60] OLGR Karlsruhe 2000, 284

[61] OLG Bamberg, FamRZ 1990, 75

[62] OLG Düsseldorf FamRZ 2002, 1038; OLG Hamm, FamRZ 1996, 868; a. A. OLG Jena, FamRZ 1997, 1280

[63] OLG Brandenburg, FamRZ 1998, 1192

[64] Vgl. OLGR Bamberg 2000, 83

[65] OLG Düsseldorf, FamRZ 1997, 1271 m. w. N.

[66] OLGR Karlsruhe 2000, 284

Auskünfte auch von Amts wegen einzuholen (s. Rn. 661) dürften derartige Streitigkeiten allerdings nicht mehr oft vorkommen.

5. Schadensersatzanspruch bei Verstoß gegen die Auskunftspflicht

Gerät der Auskunftspflichtige mit der Erteilung der Auskunft in Verzug, so kann er dem Berechtigten zum Ersatz des daraus entstandenen Schadens verpflichtet sein.[67] Der Schaden kann etwa in den Prozesskosten bestehen, die der Kläger nach § 91 ZPO zu tragen hat, wenn sich in einer Stufenklage auf Grund der verspätet erteilten Auskunft herausstellt, dass ein Unterhaltsanspruch wegen fehlender Leistungsfähigkeit nicht gegeben ist. Dieser Schaden kann im gleichen Verfahren durch Klageänderung geltend gemacht werden;[68] zuständig ist das Familiengericht.[69] Ein ersatzfähiger Schaden liegt auch dann vor, wenn der Unterhalt wegen einer verzögerten Auskunft erst so spät geltend gemacht werden konnte, dass ein Teil der Rückstände wegen fehlendem Verzug nicht mehr durchgesetzt werden konnte[70] (zur Neufassung des § 1613 II Nr. 2 BGB s. Rn. 6/105 a). 676

III. Vorlage von Belegen über das Einkommen

1. Allgemeines

Der Auskunftspflichtige muss auf Verlangen nach § 1580 S. 2, § 1605 I 2 BGB auch Belege über die Höhe seiner Einkünfte vorlegen. Der Gläubiger kann Vorlage der Originale verlangen und sich davon Abschriften oder Fotokopien fertigen.[71] Auskunft und Vorlage von Belegen sind **getrennte Ansprüche,** die auch einzeln geltend gemacht werden können.[72] Hinsichtlich des Vermögens besteht keine solche Verpflichtung. Die Belege und Unterlagen, die verlangt werden, müssen im Antrag und im Urteilstenor genau bezeichnet werden. Ein Antrag, „diejenigen Belege beizufügen, aus denen die Richtigkeit des Zahlenmaterials entnommen werden kann", genügt diesen Anforderungen nicht. Er ist nicht hinreichend bestimmt und deshalb unzulässig.[73] In der Praxis kommt es häufig zu Auskunftsurteilen mit derart unbestimmten Vorlageverpflichtungen. Ein solcher Titel ist jedoch wertlos, weil er wegen der fehlenden Bestimmbarkeit nicht vollstreckt werden kann.[74] Klageantrag und Urteilsformel müssen die Belege daher so bestimmt bezeichnen, dass es einem Gerichtsvollzieher möglich ist, sie aus den Unterlagen des Verpflichteten auszusondern und dem Berechtigten zu übergeben[75] (zur Vollstreckung siehe Rn. 686 f.). 677

2. Der Umfang der Vorlegungspflicht

Die Verpflichtung zur Vorlage von Belegen findet ihre Grenze in der Zumutbarkeit. Der Berechtigte kann daher nicht Vorlage der gesamten Buchführung verlangen.[76] Wenn er keinen konkreten Anlass hat, die Richtigkeit der Bilanz anzuzweifeln, muss er davon ausgehen, dass sie richtig ist. Die Vorlegungspflicht geht nicht über den Auskunftsanspruch hinaus. Es können daher nur solche Belege gefordert werden, die für die Feststellung des 678

[67] BGH, FamRZ 1984, 163, 165 = NJW 1984, 868
[68] BGH, FamRZ 1995, 348 = R 479 b; OLG Karlsruhe FamRZ 1999, 1216
[69] KGR 1998, 267
[70] BGH, FamRZ 1985, 155, 158 = R 232 c
[71] KG FamRZ 1982, 624
[72] OLG München, FamRZ 1996, 307; FamRZ 1993, 202
[73] BGH, FamRZ 1983, 454 = R 155; OLG Hamm, FamRZ 1983, 1232 und FamRZ 1979, 1012; OLG Düsseldorf, FamRZ 1978, 717
[74] Vgl. Baumbach, ZPO, 57. Aufl. § 888 Rn. 2
[75] OLG Stuttgart, FamRZ 1991, 84
[76] OLG Schleswig, FamRZ 1981, 53

Unterhaltsanspruchs benötigt werden. Abzustellen ist somit auf den Informationsbedarf des Berechtigten.[77]

Folgende Unterlagen kommen in Betracht:

679 **Verdienstbescheinigungen** des Arbeitgebers:[78] Da für die Einkommensprognose bei Arbeitnehmern in der Regel vom zuletzt abgelaufenen Kalenderjahr ausgegangen wird (s. Rn. 50), begnügen sich die Parteien und ihnen dann auch folgend die Gerichte meist mit Vorlage der **Lohnsteuerkarte.** In der Regel ist dies auch ausreichend. Denn nach § 41 b EStG in Verbindung mit A 135, 136 LStR hat der Arbeitgeber bei Beendigung des Arbeitsverhältnisses oder am Ende des Kalenderjahres auf Grund der Eintragungen im Lohnkonto die Dauer des Dienstverhältnisses im Kalenderjahr, den Bruttoarbeitslohn, die Steuerabzüge und die Arbeitgeberleistungen für Fahrten zwischen Arbeitsplatz und Wohnung zu bescheinigen. Eingetragen werden auch die Abgaben für die Sozialversicherung. Dabei darf aber nicht übersehen werden, dass die Lohnsteuerkarte Lücken aufweisen kann, weil sie keine Auskunft über das bezogene Arbeitslosen- und Krankengeld gibt, auch nicht über die steuerfreien Leistungen, wie etwa Spesen, Zuschläge für Feiertags- und Nachtarbeit oder ähnliche steuerfreie Leistungen. Liegen Anhaltspunkte dafür vor, dass der Arbeitnehmer im Beurteilungszeitraum Arbeitslosen- oder Krankengeld, Spesen oder sonstige steuerfreien Leistungen des Arbeitgebers bezogen hat, kann auf die entsprechenden Leistungsbescheide und die monatlichen Einzelabrechnungen nicht verzichtet werden. Diese Belege sind daher in derartigen Fällen zusätzlich anzufordern und dann auch vorzulegen.[79] Der Auffassung von Vogel,[80] die Lohnsteuerkarte eigne sich generell nicht zur Einkommensermittlung, weil sie keinen Aufschluss über die Einkommensentwicklung gebe, kann nicht gefolgt werden. Feststellungen dazu, aus welchen Teilbeträgen sich das Jahreseinkommen im Einzelnen zusammensetzt, sind normalerweise entbehrlich.

680 **Einkommensteuerbescheide** und dazugehörende Einkommensteuererklärungen: Dazu ist unbedingt das jeweilige Veranlagungsjahr anzugeben. Der Steuerbescheid ist regelmäßig geeignet, wenigstens das Mindesteinkommen als Grundlage der Unterhaltsbemessung zu belegen. Außerdem kann man aus ihm die Höhe der zu versteuernden Einkünfte und das steuerliche Nettoeinkommen entnehmen.[81] Auf Verlangen muss der Pflichtige auch die dem Steuerbescheid zugrundeliegenden Erklärungen vorlegen. Meist kann aus dem Steuerbescheid erst zusammen mit der **Steuererklärung** erkannt werden, welche Einkommensteile steuerrechtlich unberücksichtigt geblieben sind und inwieweit steuerrechtlich anerkannte Absetzungen vorliegen, die unterhaltsrechtlich möglicherweise nicht als einkommensmindernd hinzunehmen sind.[82] Dies gilt vor allem für die Gewinn- und Verlustrechnung. Es müssen jedoch nicht alle steuerlich relevanten Belege vorgelegt werden.[83] Spekulationsgewinne ergeben sich nach Maßgabe der §§ 22 Nr. 2, 23 Abs. 1 S. 1 Nr. 2 EStG schon aus dem Einkommensteuerbescheid.[84] Rechtliche Bedenken gegen die Vorlage von Steuerbescheiden und Erklärungen bestehen nicht. Soweit daraus auch auf die Ertragslage einer Gesellschaft oder auf die Einkommensverhältnisse von Mitgesellschaftern geschlossen werden kann, muss dies hingenommen werden.

681 **Gesellschafter und Geschäftsführer** einer GmbH, die vom Gewinn abhängige Einkünfte beziehen, müssen daher die Bilanzen und die Gewinn- und Verlustrechnungen der GmbH vorlegen.[85] Das Gleiche gilt für die Körperschafts- und Umsatzsteuerbescheide. Der unterhaltspflichtige Gesellschafter oder Geschäftsführer kann die Vorlage nicht mit dem

[77] OLG München, FamRZ 1993, 202

[78] BGH, FamRZ 1983, 996, 998 = R 178 a + c

[79] OLG Frankfurt, FamRZ 1987, 1056

[80] Vogel, FuR 1995, 197, 204

[81] BGH, FamRZ 1982, 151 = NJW 1982, 1645; vgl. insoweit auch BGH FamRZ 1998, 357 = R 515 a

[82] BGH, FamRZ 1982, 680, 682 = NJW 1982, 1642; OLG München FamRZ 1993, 202; OLG Hamm FamRZ 1992, 1190; OLG Stuttgart FamRZ 1991, 84; a. A. OLGR Schleswig 2001, 373

[83] BGH, FamRZ 1998, 357 = R 515 a

[84] OLG Stuttgart FamRZ 2002, 635; OLGR Stuttgart 2001, 419

[85] BGH, FamRZ 1982, 680 = NJW 1982, 1642 = R 118 e; OLGR Schleswig 1999, 152

Hinweis auf die Belange anderer Beteiligter verweigern.[86] Auch ein selbstständiger Gewerbetreibender oder sonstiger Freiberufler hat seine Einkommensteuerbescheide vorzulegen.[87] Der Schutz des Steuergeheimnisses tritt gegenüber den Belangen des Unterhaltsberechtigten zurück.[88] Wird in dem vorzulegenden Steuerbescheid der Pflichtige zusammen mit seinem **neuen Ehegatten** veranlagt, dann darf er in dem Bescheid und den dazugehörenden Steuererklärungen solche Betragsangaben abdecken oder sonst unkenntlich machen, die ausschließlich seinen Ehegatten betreffen oder in denen Werte für ihn und seinen Ehegatten zusammengefasst sind, ohne dass sein eigener Anteil daraus entnommen werden kann. Beträge, die beide Ehegatten gleichmäßig betreffen, müssen dagegen angegeben werden, weil andernfalls der Anteil des Pflichtigen nicht ersichtlich gemacht werden kann. Wenn und soweit aus dem Steueranteil Schlüsse auf die Verhältnisse der Ehegatten gezogen werden können, muss dies hingenommen werden.[89] Die Steuererklärung braucht nicht vorgelegt zu werden, wenn der Verpflichtete seine Einkünfte bereits in anderer Weise ausreichend belegt hat oder wenn ein schutzwürdiges Interesse des Verpflichteten an der Zurückhaltung bestimmter Angaben entgegensteht, die ihrerseits für den Unterhaltsanspruch ohne Bedeutung sind. Gleiches gilt, wenn auf Grund besonderer Umstände die Gefahr einer missbräuchlichen Verwendung droht.[90]

Vorlage von Geschäftsunterlagen: Vom bilanzierenden Kaufmann kann die Vorlage 682
von Bilanzen nebst Gewinn- und Verlustrechnung verlangt werden, da hieraus am sichersten seine Einkünfte entnommen werden können. Wenn, wie in der Regel, die Unterhaltshöhe vom Unternehmensgewinn abhängig ist, sind die Belege vorzulegen, aus denen sich dieser Unternehmensgewinn ergibt bzw. ermitteln lässt. Dies gilt auch für Unterlagen einer GmbH, wenn der Auskunftspflichtige als Gesellschafter und Geschäftsführer der GmbH vom Gewinn der Gesellschaft abhängige Einkünfte bezieht. Belange der Gesellschaft oder von Mitgesellschaftern müssen in einem solchen Fall regelmäßig hinter dem Interesse des Unterhaltsberechtigten zurückstehen.[91] Bei Verdacht unvollständiger Angaben kann auch die Vorlage oder Einsicht in sonstige Geschäftsunterlagen (Bücher, Buchhaltungsunterlagen und Konten) verlangt werden. Die gleichen Grundsätze gelten für die Einnahmen- und Überschussrechnung und sonstige Unterlagen bei nicht bilanzierenden Gewerbetreibenden und Freiberuflern. Es handelt sich insoweit nur um eine andere Gewinnermittlungsart (vgl. Rn. 203).

Umsatzsteuerbescheide und die dazugehörenden Erklärungen: Diese ermöglichen eine 683
Überprüfung der Angaben in den Einkommensteuererklärungen sowie in der Gewinn- und Verlustrechnung. Vor allem die Angaben zum Eigenverbrauch und zu Art und Höhe der Umsätze in den Umsatzsteuererklärungen lassen einen Rückschluss auf Geschäftsumfang und Lebensstil des Verpflichteten zu. Umsatzsteuererklärungen haben einen hohen Informationswert für die laufenden Einkünfte eines Freiberuflers oder Unternehmers, weil sie monatlich abzugeben sind und daher den **Zeitraum bis in die Gegenwart** erfassen. Dies gilt vor allem, wenn geltend gemacht wird, dass die nach den zurückliegenden Kalenderjahren berechneten Einkünfte keinen sicheren Schluss auf die künftigen Erträge zulassen.

Verlangt werden kann auch die Vorlage von Belegen über den mandatsbedingten Aufwand von Abgeordneten.[92]

Bei sonst nicht aufklärbaren Bezügen kann auch die Vorlage des **Arbeitsvertrages** gefordert 684
werden.[93] Dies gilt vor allem bei unklaren Sonderzuwendungen, Sachbezügen und Spesen.

Kontoauszüge von Banken u. ä. werden nicht geschuldet.[94] Sie sind entbehrlich, weil sie 685
zur Sachaufklärung nichts beitragen. Räumt etwa eine Partei bestimmte Zinseinkünfte bei

---

[86] BGH, FamRZ 1982, 151 = NJW 1982, 1645
[87] BGH, FamRZ 1983, 680, 682 = R 167 b; FamRZ 1982, 680, 682; FamRZ 1982, 151
[88] OLGR Schleswig 1999, 152
[89] BGH, FamRZ 1983, 680, 682 = R 167 b
[90] BGH, FamRZ 1982, 680, 682
[91] BGH, FamRZ 1994, 27; 1982, 680 = R 118 e
[92] BGH, FamRZ 1986, 780 = R 301 b
[93] BGH, FamRZ 1994, 28 = R 467; OLG München FamRZ 1993, 202
[94] Palandt-Diederichsen, § 1605 Rn. 16

einer bestimmten Bank ein, liegt ein nach § 288 ZPO nicht mehr beweisbedürftiges Geständnis vor. Die weitere Frage, ob die Partei noch aus anderen Quellen zusätzliche Zinseinkünfte bezieht, lässt sich nicht mit einem für die zugegebenen Zinsen ausgestellten Beleg klären. Da Belege nur „über die Höhe" vorzulegen sind, brauchen **keine Negativatteste,** also Bestätigungen über das Nichtvorhandensein bestimmter Einkünfte, vorgelegt zu werden.[95]

IV. Die Vollstreckung von Titeln zur Auskunft und zur Vorlage von Belegen[96]

1. Vollstreckungsfähige Titel

686 Zuerst ist zu prüfen, ob ein vollstreckungsfähiger Titel vorliegt. Viele Titel sind nicht vollstreckungsfähig, weil sie die geschuldete Leistung **nicht konkret bezeichnen** und daher zu unbestimmt sind.[97] Vor allem der Zeitraum, für den Auskunft zum Unterhalt verlangt wird, und der Zeitpunkt, für den das Vermögen aufgelistet werden soll, müssen genau angegeben sein. Eine allgemeine Verurteilung, Auskünfte über das Einkommen und das Vermögen zu erteilen, lässt sich daher nicht vollstrecken.[98] Die geforderten Belege müssen ebenfalls genau bezeichnet sein.[99] An der Vollstreckungsfähigkeit fehlt es auch dann, wenn die Auskunftserteilung im Titel von einer Zug um Zug zu erbringenden Gegenleistung abhängig gemacht wurde, die nicht eindeutig bestimmt ist.[100] Die Urteilsformel kann aber mit Hilfe des Tatbestands und der Entscheidungsgründe ausgelegt werden. Ist etwa ein Freiberufler zur Vorlage seiner „Geschäftsunterlagen" verurteilt worden, kann die Auslegung ergeben, dass damit die Gewinn- und Verlustrechnung gemeint ist. Die näher nicht eingeschränkte Verurteilung, Auskunft zum Einkommen im Jahr X zu geben, verpflichtet zur Angabe aller im Steuerrecht aufgeführten Einkommensarten.

687 Eine Zwangsvollstreckung nach § 888 ZPO kommt nur dann in Betracht, wenn die geschuldete Auskunft verweigert worden oder erkennbar unvollständig ist. Sonst ist für Vollstreckungsmaßnahmen kein Raum; dem Interesse des Auskunftsberechtigten, eine wahrheitsgemäße und vollständige Auskunft zu erhalten, wird in der Bekräftigungsstufe (s. Rn. 692 f.) entsprochen, die im Wege der Stufenklage (ZPO § 254) mit dem Auskunftsverlangen verbunden werden kann.[101]

688 Auch im Vollstreckungsverfahren nach § 888 ZPO ist (noch) zu prüfen, ob die Erfüllung der titulierten Verpflichtung dem Schuldner möglich ist.[102] Wird festgestellt, dass die **titulierte Leistung nicht möglich ist,** weil etwa die vorzulegenden Belege nicht existieren, scheitert die Vollstreckung ebenfalls.[103] Soll ein – noch nicht ergangener – Steuerbescheid vorgelegt werden, kann vollstreckt werden, wenn der Verpflichtete nicht alles ihm Zumutbare getan hat, um die Voraussetzungen für den Erlass zu schaffen.[104] Durch ein Insolvenzverfahren wird dem Schuldner die Auskunft nicht unmöglich. Denn der Verwalter hat ihm zumindest Kopien der erforderlichen Unterlagen herauszugeben.[105] Die Frage, ob der Vollstreckungstitel der materiellen Rechtslage entspricht, darf im Vollstreckungsverfahren nicht geprüft werden.[106] Anders ist es, wenn Erfüllung eingewendet wird. Dieser

---

[95] OLG München, FamRZ 1993, 202
[96] Grundlegend dazu Büttner, FamRZ 92, 629
[97] BGH FamRZ 2002, 666
[98] OLG Frankfurt/Main, FamRZ 1991, 1334
[99] BGH, FamRZ 1989, 731
[100] BGH, FamRZ 1994, 101 = R 465
[101] OLG Zweibrücken EzFamR aktuell 2000, 71
[102] OLG Hamm, FamRZ 1997, 1094
[103] BGH, FamRZ 1992, 535 = R 443; FamRZ 1989, 731; OLG Düsseldorf, FamRZ 1997, 830
[104] OLG München, OLG-Report 1996, 58
[105] OLG Brandenburg, FamRZ 1998, 178
[106] OLG München, FamRZ 1992, 1207

Einwand ist nicht im Wege der Vollstreckungsgegenklage nach § 767 ZPO zu verfolgen. Er kann unmittelbar im Vollstreckungsverfahren gemäß § 891 ZPO geltend gemacht werden.[107]

2. Die Art der Vollstreckung

Auskünfte sind Wissenserklärungen.[108] Es handelt sich um **unvertretbare Handlungen.** Die Vollstreckung geschieht daher nach § 888 ZPO. Ohne vorausgegangene Androhung kann daher – anders als bei der Vollstreckung nach § 33 FFG – sofort Zwangsgeld oder Zwangshaft festgesetzt werden. Dieser Beschluss bildet einen Vollstreckungstitel nach § 794 I Satz 3 ZPO. Er wird nach § 329 III ZPO von Amts wegen zugestellt und ist nach § 793 ZPO mit sofortiger Beschwerde anfechtbar. Die eigentliche Vollstreckung des Zwangsmittels ist mühsam. Sie erfolgt nur auf Antrag des Gläubigers, nicht von Amts wegen. Zuerst muss nach § 724 I ZPO eine **Vollstreckungsklausel** erteilt werden. Das Zwangsgeld wird nach den allgemeinen Regeln des Vollstreckungsrechts beigetrieben.[109] Ein zur Erzwingung der – vollständigen – Auskunftserteilung festgesetztes Zwangsgeld kann auch durch das Beschwerdegericht nach zwischenzeitlich weiterer Auskunftserteilung herabgesetzt werden, da in jeder Lage des Vollstreckungsverfahrens zu prüfen ist, ob die Maßnahme noch notwendig ist und ob nach dem Schuldtitel noch ein Anspruch auf Erzwingung der Auskunftserteilung besteht.[110] Das beigetriebene Geld fällt der Staatskasse an.[111] Zwangshaft wird auf Grund eines Haftbefehls des Prozessgerichts gemäß §§ 904 ff. ZPO vollstreckt. Ist der Schuldner prozessunfähig, wird das Zwangsgeld gleichwohl in sein Vermögen vollstreckt, die Zwangshaft aber gegen seinen gesetzlichen Vertreter.[112] Sobald die Auskunft erteilt ist und die Belege vorliegen, ist die Vollstreckung zu beenden.[113] Ein Zwangsgeld kann wiederholt festgesetzt werden, sobald die Zwangsvollstreckung aus einem vorausgegangenen Beschluss voll durchgeführt wurde.[114] 689

Bei der **Verpflichtung, Belege vorzulegen,** handelt es sich in der Regel um eine vertretbare Handlung. Die Vollstreckung geschieht daher grundsätzlich gemäß § 883 ZPO im Wege der **Wegnahme durch den Gerichtsvollzieher.** Dies ist jedoch sehr unbefriedigend, wenn im gleichen Titel auch eine nach § 888 ZPO zu vollstreckende Auskunft geschuldet wird. Im Interesse einer effektiven Vollstreckung nimmt die Praxis in diesen Fällen daher an, dass es sich bei der Vorlageverpflichtung nur um eine unwesentliche Nebenverpflichtung zur Auskunftspflicht handelt, die zusammen mit dieser durch Zwangsgeld und Zwangshaft vollstreckt werden kann.[115] 690

Der Schuldner ist verpflichtet, die Belege „vorzulegen". Geschuldet wird daher nur eine vorübergehende Überlassung ohne Besitzaufgabe.[116] Der Gläubiger ist jedoch berechtigt, sich vor der Rückgabe **Kopien anzufertigen.**[117] Die Praxis begnügt sich häufig damit, dass bereits der Verpflichtete Kopien anfertigt und übergibt. Bei Verdacht auf Fälschungen sollte der Berechtigte jedoch stets auf Übergabe der Originale bestehen. Ein bestehender Titel bezieht sich immer auf die Originale.[118] 691

---

107 OLG Bamberg, FamRZ 1993, 581
108 Vgl. Palandt-Heinrichs, § 261 Rn. 20
109 Thomas-Putzo, ZPO, 21. Aufl. § 888 Rn. 15; OLG Stuttgart, FamRZ 1997, 1495
110 OLG Nürnberg EzFamR aktuell 1997, 135
111 BGH, NJW 1983, 1859
112 Thomas-Putzo a.a.O., Rn. 16
113 Thomas-Putzo a.a.O., Rn. 14
114 OLG Brandenburg, FamRZ 1998, 180
115 OLG Karlsruhe InVo 2000, 398; s. auch Büttner, FamRZ 1992, 629, 632
116 Vgl. Zöller, ZPO, 19. Aufl. § 883 Rn. 2
117 KG, FamRZ 1982, 614
118 KG, FamRZ 1982, 514 und 1296; der entgegenstehenden Ansicht des OLG Frankfurt/M. in FamRZ 1997, 1296 kann schon wegen der großen Gefahr von Fälschungen beim Ablichten nicht gefolgt werden

V. Die eidesstattliche Versicherung

1. Voraussetzungen

692 Nach §§ 259, 260, 261 BGB kann eine eidesstattliche Versicherung verlangt werden, wenn der begründete Verdacht besteht, dass die Auskunft in einzelnen Punkten nicht mit der erforderlichen Sorgfalt erteilt worden ist. Es muss also streitig sein, ob in einer äußerlich ordnungsgemäßen Aufstellung einzelne Posten falsch sind oder überhaupt fehlen. Dazu muss stets bereits eine Auskunft in der Form eines Bestandsverzeichnisses nach § 260 I BGB erteilt worden sein.[119] Ob der Verpflichtete die Auskunft mit der erforderlichen Sorgfalt erteilt hat, ist im wesentlichen Tatfrage. Revisibel ist nur, ob die Erwägungen des Tatrichters von Rechtsirrtum beeinflusst sind. Für das Vorliegen der Voraussetzungen des § 260 II BGB ist der Auskunftsberechtigte darlegungs- und beweispflichtig.[120] Allerdings kann von ihm nur in dem Umfang substantiierter Vortrag erwartet werden, als er sich mit zumutbaren Anstrengungen Kenntnis verschaffen kann. Unter Umständen kann der Wissensstand des Beweisbelasteten zum Maßstab der Darlegungslast werden.[121] Dem Gläubiger fehlt allerdings ein Rechtsschutzinteresse für die Heranziehung des Schuldners zur eidesstattlichen Versicherung, wenn er sich – sei es z. B. als Miteigentümer oder Mitgesellschafter – über ein eigenes Einsichtsrecht leichter, schneller und zuverlässiger Gewissheit über die Richtigkeit und Vollständigkeit der Abrechnung verschaffen kann.[122]

693 Die Feststellung, dass die Auskunft in einzelnen Punkten **unvollständig oder unrichtig** ist, begründet nicht ohne weiteres die Annahme mangelnder Sorgfalt. Der in solchen Fällen zunächst gegebene Verdachtsgrund ist entkräftet, wenn anzunehmen ist, dass die mangelhafte Auskunft auf unverschuldeter Unkenntnis oder auf einem entschuldbaren Irrtum des Auskunftspflichtigen beruht. In einem solchen Fall besteht nur ein Anspruch auf **ergänzende Auskunft.**[123] Die auf einem inhaltlichen Mangel gegründete Verurteilung zur Abgabe der eidesstattlichen Versicherung setzt deshalb neben der Unvollständigkeit oder Unrichtigkeit des Verzeichnisses die Feststellung voraus, dass sich die Unvollständigkeit oder Unrichtigkeit bei gehöriger Sorgfalt hätte vermeiden lassen.[124]

694 In der Praxis zeigt sich, dass falsche oder unvollständige Auskünfte selten auf einem unverschuldeten Irrtum beruhen. In der Regel liegen grobe Nachlässigkeiten oder sogar **handfeste Betrugsversuche** vor. Besteht eine solche Situation, sollte sofort die eidesstattliche Versicherung verlangt werden. Dies ist die vom Gesetzgeber vorgegebene Reaktion auf unzutreffende Auskünfte. Die eidesstattliche Versicherung ist auch abzugeben, wenn der Auskunftspflichtige nicht mitgeteilt hat, wie er das bei der Vermögensauseinandersetzung erhaltene Kapital angelegt hat.[125] Kleinlichkeit ist jedoch nach §§ 260 III, 259 III stets zu vermeiden.[126]

2. Die Durchsetzung des Anspruchs

695 Die eidesstattliche Versicherung kann **freiwillig** vor dem Gericht der freiwilligen Gerichtsbarkeit nach §§ 163, 79 FGG abgegeben werden. Zuständig ist der Rechtspfleger (§ 3 Nr. 1 b RPflG). Wird die eidesstattliche Versicherung verweigert, kann der Anspruch im Wege der **Klage** geltend gemacht werden. Meist empfiehlt sich eine

---

[119] BGH, FamRZ 1984, 144 = R 190; FamRZ 1983, 996, 998 = R 178 a + c; OLGR Hamm 2000, 380
[120] BGH, FamRZ 1984, 144 = R 190
[121] BGH vom 19. Oktober 1993 – KZR 13/92 –
[122] BGH NJW 1998, 1636
[123] BGH WM 1996, 466
[124] BGH, FamRZ 1984, 144 = R 190
[125] OLG Karlsruhe, FamRZ 1990, 756
[126] BGH, FamRZ 1984, 144 = R 190

Stufenklage nach § 254 ZPO. Ein Rechtsschutzinteresse kann fehlen, wenn der Berechtigte auf einfachere Weise eine umfassende Klarstellung erreichen kann. Die Urteilsvollstreckung erfolgt nach § 888 ZPO durch das Amtsgericht als Vollstreckungsgericht. Zuständig ist auch dort der Rechtspfleger (§ 20 Nr. 17 RPflG); die Anordnung der Erzwingungshaft ist jedoch dem Richter vorbehalten (§ 4 II Nr. 2 RPflG). Zwangsmittel nach § 888 ZPO dürfen erst festgesetzt werden, wenn das nach § 889 ZPO zuständige Amtsgericht einen Termin zur Abgabe der eidesstattlichen Versicherung bestimmt hat, in dem der Schuldner nicht erschienen ist oder die Abgabe verweigert hat.[127] Die Kosten für die Abnahme der eidesstattlichen Versicherung trägt nach § 261 III der Gläubiger; das gilt sowohl für die freiwillige Abgabe im FGG-Verfahren, als auch für das Verfahren vor dem Vollstreckungsgericht.[128] Diese Kostenfolge ist aber weder auf den Rechtsstreit zur Abgabe der eidesstattlichen Versicherung noch auf das Verfahren nach §§ 888, 889 II BGB übertragbar.[129]

VI. Die Verpflichtung zu ungefragten Informationen[130]

1. Voraussetzungen

Auskunft wird gemäß §§ 1580, 1605 BGB nur „auf Verlangen" geschuldet. Daneben 696
besteht unter engen[131] Voraussetzungen zusätzlich eine Verpflichtung zu „ungefragten" Informationen nach dem Grundsatz von Treu und Glauben (§ 242 BGB). Eine solche Verpflichtung kann bestehen, wenn der **Berechtigte** eine rechtskräftig zuerkannte Unterhaltsrente weiterhin entgegennimmt, ohne die Aufnahme einer Erwerbstätigkeit zu offenbaren. Dazu genügt es allerdings nicht, dass eine wesentliche Änderung im Sinn von § 323 ZPO eingetreten ist. Es muss hinzu kommen, dass sich das Schweigen als „evident unredlich" darstellt, weil der Verpflichtete die Änderung weder erwarten noch erkennen konnte und deshalb von einer förmlichen Auskunft abgesehen hat, während der Berechtigte durch die ständige Annahme der Rente den Irrtum des Verpflichteten noch unterstützt hat.[132] Die Pflicht zur Rücksichtnahme der einen Partei auf die Belange der anderen erhöht sich noch, wenn es um die Durchführung einer Unterhaltsvereinbarung geht. Dann ist der Unterhaltsberechtigte im Hinblick auf seine vertragliche Treuepflicht gehalten, jederzeit und unaufgefordert dem anderen Teil Umstände zu offenbaren, die ersichtlich dessen Verpflichtungen aus dem Vertrag berühren.[133] Soll nach einer Unterhaltsvereinbarung ein bestimmtes Einkommen des Berechtigten anrechnungsfrei bleiben, kann deswegen sogar vollendeter Betrug vorliegen, wenn der Verpflichtete nicht ungefragt informiert wird, sobald der Verdienst diese Grenze deutlich übersteigt.[134] Entsteht die Pflicht zu ungefragten Informationen während eines laufenden Unterhaltsverfahrens, müssen die Mitteilungen unverzüglich erfolgen.[135] Nimmt eine Unterhaltsberechtigte titulierte Unterhaltsbeträge weiterhin entgegen und erreicht sie sogar eine Erhöhung des Titels in Form eines weiteren Vergleichs, obwohl sie bereits seit längerem mit einem Mann in einer von ihr nicht offenbarten eheähnlichen Versorgungsgemeinschaft zusammenlebt, erfüllt sie den Tatbestand einer vorsätzlichen sittenwidrigen Schädigung gemäß BGB § 826.[136]

---

[127] OLG Düsseldorf, FamRZ 1997, 1495
[128] BGH NJW 2000, 2113
[129] Palandt/Heinrichs § 261 Rn. 35
[130] Grundlegend dazu Hoppenz, FamRZ 1989, 337 ff.
[131] OLG Hamm, FamRZ 1997, 433
[132] BGH, FamRZ 1986, 794 = R 296 a + b; OLG Koblenz, FamRZ 1997, 1338
[133] BGH FamRZ 2000, 153, 154 = R 534; FamRZ 1997, 483 = R 510 a; OLG Bamberg FamRZ 2001, 834
[134] BGH, FamRZ 1997, 483 = R 510 a
[135] OLG Düsseldorf, FamRZ 1997, 827, 828
[136] OLG Hamm FuR 1998, 319

697 Ungefragte Informationen kann auch der **Verpflichtete** schulden. Ein solcher Fall kann gegeben sein, wenn wegen fehlender Leistungsfähigkeit nur ein reduzierter Unterhalt geschuldet wurde und der Grund für die Kürzung später wegfällt. Voraussetzung ist aber auch hier, dass das Schweigen über die günstige Entwicklung der wirtschaftlichen Verhältnisse „evident unredlich" erscheint.[137] Soweit der Verpflichtete zunächst berücksichtigte Verbindlichkeiten nicht mehr bedient, besteht schon dann keine Offenbarungspflicht, wenn es sich um Ehegattenunterhalt handelt und die Verbindlichkeiten im Rahmen der Vermögensbildung geleistet wurden.[138]

698 Eine **Pflicht zur Selbstoffenbarung** besteht somit für den Unterhaltsschuldner[139] nur bei mehr oder weniger „betrügerischem Verhalten". Eine allgemeine Pflicht zu ungefragter Offenbarung veränderter Verhältnisse besteht nicht. Ob das Verschweigen unerwarteter Einkommenssteigerungen beim Unterhaltsgläubiger in besonderem Maße als unredlich erscheint, kann auch danach beurteilt werden, ob der Unterhaltsschuldner Änderungen seines eigenen Einkommens für den fraglichen Zeitraum mitgeteilt hat.[140] War mit Veränderungen zu rechnen, konnte vom Gegner erwartet werden, dass er von seinem Auskunftsanspruch Gebrauch macht. Hat er dies unterlassen, kann das Verschweigen von Veränderungen nicht als „evident" unredlicher Verstoß gegen die Grundsätze von Treu und Glauben angesehen werden. Der Auffassung des OLG Hamm,[141] ein unterhaltsberechtigter Ehegatte sei grundsätzlich verpflichtet, dem Unterhaltsschuldner die Aufnahme einer eheähnlichen Lebensgemeinschaft zu offenbaren, kann daher nicht gefolgt werden. Eine solche Pflicht kann allenfalls dann eintreten, wenn der Unterhaltsschuldner wegen früherer Äußerungen oder sonstiger Umstände keinesfalls mit einer solchen Veränderung rechnen konnte.

2. Die Folgen des Verschweigens

699 Wer eine bestehende Verpflichtung zur Erteilung von ungefragten Informationen verletzt, **schuldet Schadensersatz.** Der Berechtigte kann ohne Rücksicht auf die Vorschriften über die Geltendmachung von rückständigem Unterhalt und auf bereits vorliegende Verurteilungen oder Vereinbarungen zusätzlichen Unterhalt als Verzugsschaden nach § 286 BGB geltend machen. Der Verzug bezieht sich insoweit auf die unterlassene Information.[142] Der Verpflichtete kann bereits Geleistetes ohne die Einschränkungen durch das Bereicherungsrecht zurückverlangen. Bei einer Verurteilung kann er sogar die Zeitschranke des § 323 III ZPO durchbrechen, wenn die weiteren Voraussetzungen einer sittenwidrigen Schädigung nach § 826 BGB vorliegen. Dazu genügt es, dass derjenige, der eine Veränderung trotz bestehender Offenbarungspflicht verschwiegen hat, die Tatumstände des Falles gekannt hat und in Bezug auf die Schadenszufügung vorsätzlich gehandelt hat[143] (dazu näher Rn. 6/231 f.). Als Schadensersatz wegen missbräuchlicher Vollstreckung kann der Verpflichtete im Wege der Vollstreckungsgegenklage nach § 767 ZPO auch die Unterlassung der Zwangsvollstreckung und die Herausgabe des Titels verlangen.[144] Die Verletzung der Pflicht zu ungefragten Informationen kann auch zur **Verwirkung** des noch gegebenen Restanspruches führen.[145] Unter Umständen kann es aber auch angebracht sein, nur den über den notwendigen Selbstbehalt hinausgehenden Teil des Unterhaltsanspruchs zu versagen.[146]

---

137 BGH, FamRZ 1988, 270 = R 350
138 OLG Bamberg, FamRZ 1994, 1178 = NJW-RR 1994, 454
139 Vgl. OLG Düsseldorf FamRZ 1995, 741
140 OLG Hamm FamRZ 1997, 433
141 OLG Hamm, FuR 1998, 319
142 Hoppenz, FamRZ 1989, 337, 341
143 BGH, FamRZ 1988, 270, 272 = R 350
144 OLG Düsseldorf, FamRZ 1997, 827
145 BGH, FamRZ 1997, 483 = R 510 b; OLG Koblenz, FamRZ 1997, 371; OLG Hamm FamRZ 1994, 1265
146 OLG Koblenz, FamRZ 1997, 1338, 1339

§ 2 Kindes- und Verwandtenunterhalt

A. Kindesunterhalt

1. Abschnitt: Grundlagen

I. Entstehung und Dauer des Unterhaltsanspruchs

1. Eltern-Kind-Verhältnis

Anspruchsgrundlage für den Kindesunterhalt ist § 1601 BGB. Danach sind Verwandte in gerader Linie verpflichtet, einander Unterhalt zu gewähren. Dies gilt besonders für **Eltern** gegenüber ihren Kindern. Die Unterhaltspflicht ist beim minderjährigen Kind Ausdruck der elterlichen Sorge (§§ 1626 ff. BGB), beim volljährigen Kind Ausfluss der über die Volljährigkeit hinausgehenden familienrechtlichen Solidarität (§ 1618 a BGB). Eine Unterhaltspflicht besteht jedoch nur, wenn die tatbestandlichen Voraussetzungen der §§ 1601 ff. BGB gegeben sind. Auf §§ 242, 1618 a BGB allein kann der Unterhaltsanspruch nicht gestützt werden, wohl aber auf eine vertragliche Vereinbarung.[1] Vgl. dazu auch Rn. 26, 521 ff. 1

Nach § 1601 BGB sind aber auch Kinder gegenüber ihren Eltern, Großeltern und ggf. Urgroßeltern unterhaltspflichtig. Ebenso müssen Großeltern und Urgroßeltern ggf. für ihre Enkel und Urenkel Unterhalt leisten. Zum Verwandtenunterhalt vgl. Pauling Rn. 600 ff.

Das Eltern-Kind-Verhältnis wird durch das **Abstammungsrecht** (§§ 1591 ff. BGB) geregelt.[2] Die Fortschritte der Medizin, insbesondere die Möglichkeit der künstlichen Befruchtung, haben den hergebrachten Begriff der Eltern in Frage gestellt. Deshalb hat § 1591 BGB i. d. F. des Kindschaftsrechtsreformgesetzes (KindRG)[3] erstmals den Begriff der Mutter definiert; die rechtlichen Voraussetzungen der Vaterschaft sind in §§ 1592, 1593 BGB neu geregelt worden. 1 a

Mutter ist danach die Frau, die das Kind geboren hat (§ 1591 BGB). Bei der in Deutschland verbotenen Leihmutterschaft[4] ist also die Frau, die entgegen dem Verbot oder im Ausland das Ei gespendet hat, nicht Mutter im Sinne des Gesetzes. Sie ist mit dem Kind nicht verwandt. Das Gesetz eröffnet weder ihr noch dem Kind die Möglichkeit, durch Statusklage oder isolierte Feststellungsklage die blutsmäßige Verwandtschaft und die Abstammung festzustellen.[5] Daher sind auch gesetzliche Unterhaltsansprüche des Kindes gegen die Eispenderin ausgeschlossen. Wenn die Eispenderin das Kind nach der Geburt in ihren Haushalt aufgenommen hat, kann wie bei der heterologen **Insemination** (vgl. dazu am

---

[1] BGH, FamRZ 2001, 1601 = R 562 b

[2] Vgl. zu dem seit 1. 7. 1998 geltenden Abstammungsrecht MüKo/Seidel, BGB, 4. Aufl., §§ 1591 ff., Eckebrecht in Scholz/Stein, Praxishandbuch Familienrecht, Teil Q; Gaul, FamRZ 1997, 1441, 1447

[3] Vom 16. 12. 1997 – BGBl. I 2942

[4] Vgl. §§ 13 c, 13 d Adoptionsvermittlungsgesetz i. d. F. der Bekanntmachung vom 22. 12. 2001 – BGBl. 2002 I 354, § 1 Embryonenschutzgesetz vom 13. 12. 1990 – BGBl. I 2746

[5] Eckebrecht in Scholz/Stein (Fn. 1) Teil Q Rn. 16 ff.; Gaul, FamRZ 1997, 1441, 1464; für Zulassung einer Feststellungsklage nach § 256 ZPO MüKo/Seidel, § 1591 Rn. 27. Ob der Ausschluss aller Rechte (und Pflichten) der Eispenderin mit der Verfassung vereinbar ist, bedarf nach der Entscheidung des BVerfG, FamRZ 2003, 816, weiterer Erörterung

Ende der Rn.) u. U. ein Unterhaltsanspruch auf vertraglicher Grundlage in Betracht kommen, da die Frau dadurch praktisch die elterliche Verantwortung übernommen hat.[6]

Vater ist der Ehemann oder der innerhalb eines Zeitraums von 300 Tagen vor der Geburt verstorbene Ehemann der Mutter (§§ 1592 Nr. 1, 1593 S. 1 BGB). Bei Wiederheirat der Mutter und Geburt eines Kindes innerhalb von 300 Tagen nach Auflösung der früheren Ehe löst § 1593 S. 3 BGB den Konflikt zwischen den als Vätern in Betracht kommenden Ehemännern. Bei Kindern, die nicht von dem Ehemann der Mutter abstammen, kann die Vaterschaft auf Anerkennung oder auf gerichtlicher Feststellung beruhen (§ 1592 Nr. 2, 3 BGB).[7] Vor Wirksamkeit der Anerkennung oder vor Rechtskraft der Feststellung dürfen die Rechtswirkungen der Vaterschaft nicht geltend gemacht werden, sofern sich nicht aus dem Gesetz anderes ergibt (§§ 1594 I, 1600 d IV BGB).[8] Deshalb sind nach wie vor **Unterhaltsansprüche nichtehelicher Kinder vor Anerkennung oder gerichtlicher Feststellung der Vaterschaft ausgeschlossen.** Die Abstammung muss im Statusverfahren geklärt werden; über sie darf nicht als Vorfrage in einem der Disposition der Parteien überlassenen Zivilprozess, insbesondere in einem Rechtsstreit über Unterhalt, entschieden werden.[9] Lediglich § 1615 o I BGB lässt die Geltendmachung des Kindesunterhalts für die Ersten drei Monate nach der Geburt durch einstweilige Verfügung gegen den Mann zu, der die Vaterschaft anerkannt hat oder der nach § 1600 d II BGB als Vater vermutet wird. Nach § 1615 o II BGB kann dieser Mann durch einstweilige Verfügung auch zur Zahlung des Unterhalts für die Mutter nach § 1615 l I BGB, also für die Dauer von sechs bis acht Wochen nach der Geburt verpflichtet werden. Der Nasciturus, gesetzlich vertreten durch das Jugendamt als Beistand, kann schon vor der Geburt nach § 1615 o BGB Unterhalt verlangen.[10] Die Sperrwirkung der §§ 1594 I, 1600 d IV BGB stellt das Kind und die nichteheliche Mutter freilich nicht rechtlos. Nach § 1613 II Nr. 2 a BGB kann Unterhalt nach Anerkennung oder Feststellung der Vaterschaft auch für die davor liegende Zeit geltend gemacht werden, obwohl die Voraussetzungen des § 1613 I 1 BGB, insbesondere Verzug, nicht vorliegen. Vgl. dazu Rn. 6/105 a.

Ein Ehemann, der der **heterologen Insemination** mit dem Samen eines anderen Mannes bei seiner Ehefrau zugestimmt hat, kann die Vaterschaft nicht mehr anfechten (§ 1600 II BGB i. d. F. des Kinderrechteverbesserungsgesetzes).[11] Dagegen ist das Anfechtungsrecht des Kindes nicht ausgeschlossen.[12] Wird die Vaterschaft nicht angefochten, ist der Ehemann der Mutter als Vater im Rechtssinne dem Kind zum Unterhalt verpflichtet.[13]

1b Das KindRG und das Kindesunterhaltsgesetz (KindUG)[14] haben die Unterschiede zwischen **ehelichen und nichtehelichen Kindern** fast völlig beseitigt. Selbst der Begriff „nichteheliches Kind" wird vom Gesetz vermieden, sondern lediglich in § 1615 a BGB in schwer verständlicher Weise umschrieben. Auch nicht miteinander verheiratete Eltern können seit dem 1. 7. 1998 das Sorgerecht für ein Kind gemeinsam ausüben (§ 1626 a BGB).[15] Für eine Legitimation nichtehelicher Kinder durch Eheschließung der Eltern und für Ehelichkeitserklärung besteht danach kein Bedürfnis mehr. Die entsprechenden Vorschriften (§§ 1719 S. 1, 1736, 1740 BGB a. F.) sind ersatzlos aufgehoben worden. Ähnliches gilt für den Unterhalt nichtehelicher Kinder. Die §§ 1615 b bis 1615 k BGB a. F. sind entfallen. Als „Besondere Vorschriften für das Kind und seine nicht miteinander verheirateten Eltern"[16] sind im Gesetz nur noch §§ 1615 a, 1615 l bis 1615 o BGB verblieben.

---

[6] BGH, FamRZ 1995, 861, 865; vgl. auch BGH, FamRZ 1995, 995
[7] Zu den Rechten des biologischen Vaters, wenn die rechtliche Vaterschaft eines anderen Mannes besteht, vgl. BVerfG, FamRZ 2003, 816
[8] Vgl. dazu Gaul, FamRZ 1997, 1441, 1447
[9] Vgl. BGH, FamRZ 2000, 695
[10] OLG Schleswig, MDR 2000, 397 mit. Anm. Born
[11] Vom 9. 4. 2002 – BGBl. I 1239
[12] Janzen, FamRZ 2002, 785
[13] Zur Unterhaltspflicht des Ehemannes auf vertraglicher Grundlage nach früherem Recht BGH, FamRZ 1995, 861; kritisch dazu Gaul, FamRZ 1997, 1441, 1465
[14] Vom 6. 4. 1998 – BGBl. I 666
[15] Dazu Fröhlich in Scholz/Stein (Fn. 1) Teil E Rn. 61 ff.
[16] So die Überschrift vor § 1615 a BGB

Diese regeln aber nicht die Bemessung des Kindesunterhalts, sondern vorzugsweise die Rechte der Mutter des nichtehelichen Kindes. Der Kindesunterhalt wird lediglich in § 1615 o I BGB angesprochen (vgl. dazu Rn. 1 a). Alle übrigen Sondervorschriften für das nichteheliche Kind in der bis 30. 6. 1998 geltenden Fassung des BGB sind entweder aufgehoben oder als für alle Kinder geltendes Recht in die §§ 1601 ff. BGB neuer Fassung übernommen worden. Dies bedeutet u. a., dass auch die Düsseldorfer Tabelle (vgl. dazu Rn. 209 ff.) uneingeschränkt für nichteheliche Kinder anzuwenden ist. Vgl. dazu Rn. 204 ff.

Ein Eltern-Kind-Verhältnis kann nach wie vor durch **Adoption** begründet werden (§ 1754 BGB). Durch die Annahme eines minderjährigen Kindes erlischt die Verwandtschaft zu den bisherigen Eltern (§ 1755 I BGB). Unterhaltsrechtlich treten diese Wirkungen teilweise schon ein, sobald die Eltern des Kindes die erforderliche Einwilligung in die Adoption erteilt haben und das Kind in die Obhut des Annehmenden mit dem Ziel der Annahme aufgenommen ist. Von diesem Zeitpunkt an ist der Annehmende vor den Verwandten des Kindes und damit auch vor dessen Eltern zum Unterhalt verpflichtet (§ 1751 IV 1 BGB). Ein vertraglicher Unterhaltsanspruch kann bestehen, wenn ein Mann und eine Frau ein Kind ohne förmliche Annahme zu sich nehmen und es durch mittelbare Falschbeurkundung im Geburtenbuch als ihr eigenes Kind eintragen lassen.[17] Zur Auswirkung dieses Anspruchs auf den Familienunterhalt vgl. Rn. 3/27. 1 c

Die Unterhaltspflicht der Eltern besteht gegenüber **minderjährigen und volljährigen Kindern,** solange die unter Rn. 2 ff. dargestellten Anspruchsvoraussetzungen vorliegen, insbesondere solange das Kind sich nicht selbst unterhalten kann (§ 1602 BGB). Der Unterhaltsanspruch des minderjährigen und derjenige des volljährigen Kindes sind identisch. Im Einzelnen bestehen manche Unterschiede. Vgl. dazu im Einzelnen Rn. 193 ff., 330 ff. 1 d

2. Übersicht über die wichtigsten Anspruchsvoraussetzungen und Einwendungen gegen den Anspruch

a) Bedürftigkeit. Nach § 1602 BGB sind Kinder nur unterhaltsberechtigt, wenn sie außerstande sind, sich selbst zu unterhalten, d. h., wenn sie bedürftig sind. Das ist in der Regel der Fall, solange sie minderjährig sind und kein eigenes Einkommen haben. Bedürftig sind Kinder auch, solange sie sich noch in einer Berufsausbildung befinden (§ 1610 II BGB). Genaueres dazu Rn. 45, 56 ff. 2

Auf die Ursache der Bedürftigkeit kommt es beim Kindesunterhalt grundsätzlich nicht an. Die gesetzliche Regelung des Verwandtenunterhalts enthält keine dem Ehegattenunterhalt vergleichbare Aufzählung von unterschiedlichen Bedarfsgründen und Einsatzzeitpunkten (vgl. §§ 1570 ff. BGB). Das Kind kann auch nach Eintritt der Volljährigkeit erneut bedürftig werden, z. B. durch Arbeitslosigkeit, Krankheit oder nichteheliche Entbindung. Jedoch sind dann an die Obliegenheit des volljährigen Kindes, sich selbst durch jede, auch berufsfremde Arbeit zu unterhalten, strenge Anforderungen zu stellen.[18] Genaueres dazu Rn. 48, 406. Ist das volljährige Kind durch sittliches Verschulden bedürftig geworden, wird nur Unterhalt nach Billigkeit geschuldet (§ 1611 BGB; vgl. Rn. 478, 480).

b) Der Bedarf des Kindes richtet sich im Allgemeinen nach den Lebensverhältnissen seiner Eltern, da es in der Regel noch keine selbstständige Lebensstellung (vgl. § 1610 I BGB) erreicht hat. Entscheidend sind insbesondere die Einkommens- und Vermögensverhältnisse der Eltern. Genaueres dazu Rn. 108 ff. Der Bedarf von Kindern, die im Haushalt der Eltern oder eines Elternteils leben, wird üblicherweise nach Tabellen, vorzugsweise nach der Düsseldorfer Tabelle (Rn. 209 ff.), im Beitrittsgebiet auch nach Vortabellen zur Düsseldorfer Tabelle (Rn. 207 a, 210 a), bemessen. Die Tabellen bauen auf den **Regelbeträgen** auf, die durch die Regelbetrag-Verordnung[19] festgesetzt werden, erstmals am 1. 7. 1999 3

[17] BGH, FamRZ 1995, 995; OLG Bremen, FamRZ 1995, 1291
[18] BGH, FamRZ 1985, 273 = NJW 1985, 806; FamRZ 1985, 1245 = R 256
[19] I. d. F. der Dritten VO zur Änderung der RegelbetragVO vom 24. 4. 2003 – BGBl. I 546

angehoben worden sind und seitdem zum 1. Juli jedes zweiten Jahres angepasst werden (§ 1612 a III BGB). Vgl. dazu im einzelnen Rn. 205 ff. Das minderjährige Kind kann den Unterhalt als Vomhundertsatz des jeweiligen Regelbetrages verlangen (§ 1612 a I BGB). Vgl. unten Rn. 246 a ff.

4 **c) Leistungsfähigkeit.** Nach § 1603 I BGB ist eine weitere Voraussetzung die Leistungsfähigkeit der Eltern bzw. des barunterhaltspflichtigen Elternteils. Eltern sind nach dieser Bestimmung nicht unterhaltspflichtig, wenn sie bei Berücksichtigung ihrer sonstigen Verpflichtungen außerstande sind, den Unterhalt ohne Gefährdung ihres eigenen angemessenen Unterhalts zu gewähren. Nach § 1603 II 1 BGB besteht gegenüber **minderjährigen Kindern** eine verstärkte Unterhaltspflicht und damit eine erhöhte Anforderung an das Leistungsvermögen. Die Eltern sind minderjährigen Kindern gegenüber verpflichtet, alle verfügbaren Mittel zu ihrem und der Kinder Unterhalt gleichmäßig zu verwenden. Genaueres dazu Rn. 247 ff. Die verschärfte Unterhaltspflicht ist durch das KindUG auch auf volljährige unverheiratete Kinder bis zur Vollendung des 21. Lebensjahres erstreckt worden, solange sie im Haushalt der Eltern oder eines Elternteils leben und sich in der allgemeinen Schulausbildung befinden (sog. **privilegiert volljährige Kinder;** § 1603 II 2 BGB). Dazu Rn. 452 ff. Ist der unterhaltspflichtige Elternteil nicht in der Lage, allen gleichrangig Berechtigten Unterhalt zu leisten, liegt ein sog. Mangelfall vor. Dann ist der zur Verfügung stehende Betrag nach Abzug des Selbstbehalts auf die Berechtigten zu verteilen; vgl. Rn. 159 ff.; Gutdeutsch Rn. 5/1 ff.

4 a **d) Haftung der Eltern.** Nach § 1606 III 1 BGB haften die Eltern für den Barunterhalt anteilig nach ihren Erwerbs- und Vermögensverhältnissen. Jedoch erfüllt der Elternteil, der ein unverheiratetes minderjähriges Kind betreut, seine Unterhaltspflicht in der Regel durch Pflege und Erziehung (§ 1606 III 2 BGB). Zum Bar-, Natural- und Betreuungsunterhalt vgl. Rn. 8 ff. Zur Haftung der Eltern auf Bar- und Betreuungsunterhalt beim minderjährigen Kind Rn. 282 ff., zur anteiligen Barunterhaltspflicht beim volljährigen Kind Rn. 433 ff. Wenn ein Elternteil oder ein Dritter anstelle des eigentlich Verpflichteten Unterhalt leistet, kann ein familienrechtlicher Ausgleichsanspruch begründet sein (Rn. 529 ff.); ggf. kommt auch ein Übergang des Unterhaltsanspruchs auf den Leistenden in Betracht (§§ 1607 II 2, III; 1608 BGB; dazu Rn. 534, 545 ff.).

4 b **e) Sonderfragen**

- **Kindergeld** wird grundsätzlich zur Hälfte auf den Unterhaltsanspruch angerechnet und auf diesem Wege zwischen den kindergeldberechtigten Eltern ausgeglichen. Dazu Rn. 500 ff.
- Bei mehreren Unterhaltsberechtigten und eingeschränkter Leistungsfähigkeit des Verpflichteten kommt es auf die **Rangverhältnisse** an. Dazu Gutdeutsch Rn. 5/35 ff.
- Unterhalt für die **Vergangenheit** wird nur unter bestimmten Voraussetzungen, insbesondere bei Verzug, geschuldet. Dazu Gerhardt Rn. 6/100 ff.
- Kindesunterhalt kann wegen illoyalen Verhaltens **verwirkt** werden, nicht jedoch während der Minderjährigkeit des Kindes. Dazu Rn. 478 ff.
- Kindesunterhalt unterliegt seit dem 1. 1. 2002 der regelmäßigen **Verjährungsfrist** von drei Jahren (§§ 195, 197 II BGB); jedoch ist die Verjährung bis zur Volljährigkeit des Kindes gehemmt (§ 207 I 2 Nr. 2 BGB). Dazu Gerhardt Rn. 6/140 ff. Zum Übergangsrecht vgl. Art. 229 § 6 EGBGB.
- Die Geltendmachung von Kindesunterhalt kann **wegen verspäteter Geltendmachung** nach § 242 BGB unzulässig sein. Dazu Gerhardt Rn. 6/135.
- Ein Unterhaltsanspruch des Kindes kann auch durch **Vertrag** begründet werden. Der gesetzliche Anspruch kann durch Vereinbarungen modifiziert werden. Jedoch ist ein **Verzicht** auf künftigen Kindesunterhalt nicht zulässig. Dazu Rn. 521 ff.
- **Sozialleistungen** haben in vielfältiger Hinsicht Einfluss auf den Unterhaltsanspruch des Kindes. Sozialstaatliche Zuwendungen sind grundsätzlich als Einkommen zu behandeln, nicht dagegen subsidiäre Sozialleistungen. Dazu Dose Rn. 1/451 ff. Bei subsidiären Sozialleistungen, insbesondere bei der Sozialhilfe, geht der Unterhaltsanspruch u. U. auf den Sozialleistungsträger über. Dazu im Einzelnen Rn. 6/500 ff.

3. Beginn und Ende des Unterhaltsanspruchs

5 Die Unterhaltspflicht beginnt mit der Geburt des Kindes und **dauert dem Grunde nach lebenslang** fort, solange das Kind bedürftig ist und die Eltern leistungsfähig sind; sie ist nicht an bestimmte Altersgrenzen gebunden.[20]

Diese Pflicht zur Unterhaltsleistung und zur Finanzierung einer Ausbildung besteht über den Eintritt der Volljährigkeit hinaus für die Dauer normaler Ausbildungs- und Studienzeiten. Das Kind erhält in dieser Zeit den sogenannten Ausbildungsunterhalt (§ 1610 II BGB; vgl. Rn. 56 ff.).

6 In der Regel **endet der Unterhaltsanspruch,** wenn das Kind nach einer abgeschlossenen Ausbildung in der Lage ist, für seinen Lebensunterhalt selbst zu sorgen. Dies wird meistens erst nach Eintritt der Volljährigkeit der Fall sein. Weigert sich das Kind, sich einer Ausbildung zu unterziehen, muss es seinen Lebensunterhalt selbst durch eigene Arbeit sicherstellen. Dies gilt auch für ein arbeitsfähiges minderjähriges Kind.[21] Unterhaltsansprüche bestehen in einem solchen Fall nicht, solange das Kind keine angemessene Ausbildung beginnt. Genaueres dazu Rn. 46 ff.

7 Ein bereits erloschener Unterhaltsanspruch kann **wieder aufleben,** wenn und solange das Kind erneut bedürftig wird. An die Bedürftigkeit eines volljährigen Kindes sind dabei strenge Anforderungen zu stellen (vgl. Rn. 48, 406).[22]

7 a Der Unterhaltsanspruch **erlischt** mit dem Tod des Kindes oder des verpflichteten Elternteils. Für Rückstände und bereits fällige Leistungen gilt dies natürlich nicht (§ 1615 I BGB). Stirbt das Kind während des laufenden Monats, hat der Verpflichtete den Unterhalt für den vollen Monat zu zahlen (§ 1612 III 2 BGB). Er hat auch für die Beerdigungskosten aufzukommen, soweit ihre Bezahlung nicht von dem Erben zu erlangen ist (vgl. §§ 1615 II, 1968 BGB). Entgegen der Regelung beim Ehegattenunterhalt (§ 1586 b BGB) geht die Unterhaltspflicht nicht auf die Erben des Verpflichteten über. Dafür besteht kein Bedürfnis, weil das Kind beim Tod eines Elternteils erb- und pflichtteilsberechtigt ist, zudem der nächste Verwandte, in erster Linie der andere Elternteil, Unterhalt zu leisten hat, falls Erbe oder Pflichtteil den Bedarf des Kindes nicht decken (§ 1601 BGB).

II. Unterhaltsarten

1. Bar-, Betreuungs- und Naturalunterhalt

8 Der Unterhaltsanspruch des Kindes umfasst nach § 1610 II BGB seinen gesamten Lebensbedarf einschließlich der Kosten für eine angemessene Ausbildung und – bei einem minderjährigen Kind – für die Erziehung. Dazu gehören im Wesentlichen Wohnung, Verpflegung, Kleidung, Versorgung, Betreuung, Erziehung, Bildung, Ausbildung, Erholung, Gesundheits- und Krankheitsfürsorge.[23] Zu Recht weist das Bundesverfassungsgericht,[24] allerdings im Rahmen von Ausführungen zum steuerlichen Existenzminimum, darauf hin, dass die Eltern auf Grund ihrer Unterhaltspflicht dem Kind auch eine Entwicklung zu ermöglichen haben, die es zu einem verantwortlichen Leben in der Gesellschaft befähigt, insbesondere durch Mitgliedschaft in Vereinen, durch Erlernen moderner Kommunikationstechniken, von Kultur- und Sprachfertigkeiten und durch die sinnvolle Gestaltung der Freizeit und der Ferien. Erbringen die Eltern diese vielfältigen Leistungen nicht in Natur (vgl. Rn. 9), werden die dafür erforderlichen Kosten dem Kind nach § 1612 I 1 BGB als sog. **Barunterhalt** in Form einer Geldrente geschuldet. Dies ist die Regel, wenn die Eltern nicht zusammenleben oder wenn das Kind das Elternhaus verlassen hat.

---

[20] BGH, FamRZ 1984, 682 = R 209
[21] OLG Düsseldorf, FamRZ 1990, 194
[22] BGH, FamRZ 1985, 273 = NJW 1985, 806; FamRZ 1985, 1245 = R 256
[23] BGH, FamRZ 1988, 159, 161 = R 346 d; FamRZ 1983, 473
[24] FamRZ 1999, 285, 290

Der Barunterhaltspflichtige kann nach § 1612 I 2 BGB **verlangen,** dass ihm die Gewährung des Unterhalts ganz oder teilweise **in anderer Art,** z. B. in der Form von Sachleistungen, gestattet wird, wenn besondere Gründe dies rechtfertigen. Diese Vorschrift, die beim Kindesunterhalt wegen § 1612 II 1 BGB nur geringe praktische Bedeutung hat, ist immerhin die gesetzliche Grundlage dafür, dass ein erwerbstätiger Elternteil den **Krankenversicherungsschutz** seiner Kinder durch Mitversicherung in der gesetzlichen Krankenkasse sicherstellen kann.[25] Dadurch werden gegenüber einer privaten Krankenversicherung beachtliche Kosten erspart, da Kinder, die sich einer Schul- oder Berufsausbildung unterziehen, bis zum vollendeten 25. Lebensjahr in der Regel im Rahmen der Familienversicherung beitragsfrei mitversichert sind (§ 10 II Nr. 3 SGB V). Ob der Barunterhaltspflichtige, der nicht Mitglied einer gesetzlichen Krankenkasse ist, verlangen kann, dass die Kinder weiter in seiner privaten Krankenversicherung versichert bleiben, hängt von den Umständen ab. Im Allgemeinen werden keine höheren Kosten entstehen, wenn die Versicherung vom sorgeberechtigten Elternteil für die Kinder fortgeführt wird und der Barunterhaltspflichtige die Kosten des Versicherungsschutzes als Teil des Barunterhalts den Kindern zur Verfügung stellt. Anders kann es sein, wenn der betreuende Ehegatte oder das Kind einen Versicherungsvertrag bei einem anderen Unternehmen abschließen wollen und dadurch höhere Kosten verursachen würden. Dann kann der barunterhaltspflichtige Elternteil nach § 1612 I 2 BGB verlangen, dass die bisherige Mitversicherung im Rahmen seiner Krankenversicherung fortgeführt wird, es sei denn, dass es bei der Erstattung von Krankheitskosten wegen seines Verhaltens (z. B. nicht pünktliche Weiterleitung der erstatteten Beträge) zu Unzuträglichkeiten gekommen ist.[26] Zur Krankenversicherung beim Tabellenunterhalt vgl. Rn. 215, 371, 390. Leben die Eltern mit dem Kind – wenn auch getrennt – noch in derselben Wohnung, so kann der Pflichtige nach § 1612 I 2 BGB den **Wohnbedarf** des Kindes dadurch decken, dass er die Miete für die gesamte Wohnung oder die Belastungen des Einfamilienhauses (der Eigentumswohnung) trägt. Dies rechtfertigt dann eine Kürzung des sich aus der Düsseldorfer Tabelle ergebenden Tabellenunterhalts, und zwar um rund 20% (Kl, SüdL, jeweils 21. 5. 2).[27] Vgl. dazu auch Rn. 102, 104, 214.

9 Nach dem Gesetz ist der Barunterhalt nur scheinbar die Regel. Im Gegenteil wird üblicherweise minderjährigen und volljährigen Kindern, die das Elternhaus noch nicht verlassen haben, **Naturalunterhalt** gewährt, wenn die Eltern, ob verheiratet oder nicht, in einem Haushalt zusammenleben (vgl. Rn. 8). Der Naturalunterhalt findet seine gesetzliche Grundlage in § 1612 II 1 BGB. Danach können Eltern bei unverheirateten Kindern **bestimmen,** in welcher **Art und** für welche **Zeit** im Voraus der Barunterhalt gewährt werden soll. Dieser Naturalunterhalt umfasst alles, was in Natur zur Befriedigung der Lebensbedürfnisse geleistet wird, wie freie Kost, Wohnung, Versorgung, sonstige Sachaufwendungen und Leistungen, aber auch ein angemessenes Taschengeld. Zum Bestimmungsrecht der Eltern vgl. Rn. 21 ff.

Naturalunterhalt ist nicht kostenlos, da Nahrung, Kleidung, Spielzeug, Bücher und Hefte für die Schule gekauft werden müssen und auch der für das Kind bestimmte Wohnraum finanzielle Aufwendungen erfordert. Diese Aufwendungen für das im Haushalt der Eltern lebende Kind sind bei verheirateten Eltern Teil des Familienunterhalts, zu dem beide Ehegatten durch ihre Arbeit und ihr Vermögen beizutragen haben; dabei steht die Haushaltsführung der Erwerbstätigkeit gleich (§ 1360 BGB; vgl. Rn. 3/12, 35). Dieses gilt auch für das bei den Eltern lebende volljährige, unverheiratete Kind. Es hat, solange die Eltern nichts Gegenteiliges bestimmen, grundsätzlich kein Recht auf Unterhalt in Form einer Geldrente (vgl. Rn. 3/10). Andererseits hat ein solches Kind, wenn es den Haushalt der Eltern verlassen hat, keinen Anspruch, dort wieder gegen deren Willen aufgenommen zu werden; die Eltern schulden in diesem Fall dem bedürftigen Kind eine Geldrente (§ 1612

---

[25] OLG Düsseldorf, FamRZ 1994, 396 mit Anmerkung van Els, FamRZ 1994, 926, der § 1618 a BGB für anwendbar hält

[26] Vgl. OLG Düsseldorf, FamRZ 1992, 981, 983

[27] OLG Düsseldorf, FamRZ 1994, 1049, 1053 = NJW-RR 1994, 326, 329: Kürzung um 15% im mittleren Einkommensbereich der Tabelle, allerdings auf der Basis der vor dem 1. 1. 1996 deutlich niedrigeren Tabellenwerte

I 1 BGB), allein sie bestimmen, nicht das Kind, ob es Naturalunterhalt erhalten soll.[28] Bei einem minderjährigen Kind ist die Bestimmung Ausfluss der elterlichen Sorge. Steht den Eltern die Sorge gemeinsam zu, dürfte die Bestimmung von beiden zu treffen sein, da sie – ebenso wie die Festlegung des Aufenthalts des Kindes bei dem einen oder anderen Elternteil – keine Angelegenheit des täglichen Lebens ist, die der Elternteil, der das Kind in Obhut hat, allein treffen darf (vgl. § 1687 I 1, 2 BGB). Können sich die Eltern nicht einigen, muss das Familiengericht entscheiden (§ 1628 BGB). Hat ein Elternteil allein das Sorgerecht, so bestimmt er, ob Naturalunterhalt zu gewähren ist. Der nicht sorgeberechtigte Elternteil kann die Bestimmung nur für die Zeit treffen, in der das Kind in seinen Haushalt aufgenommen worden ist (§ 1612 II 3 BGB; vgl. unten Rn. 28). Bei einem Volljährigen hat grundsätzlich der von diesem in Anspruch genommene Elternteil das Bestimmungsrecht (vgl. unten Rn. 29 ff.).

Bei minderjährigen Kindern werden außer dem Barunterhalt noch die Versorgung, Betreuung, Erziehung und Haushaltsführung für das Kind geschuldet. Es ist dies ein reiner Leistungsaufwand, der ebenfalls „in Natur" zu erbringen ist. Dieser Teil des Unterhalts für Minderjährige wird **Betreuungsunterhalt** genannt. Er darf nicht mit dem Naturalunterhalt verwechselt werden.[29] Der Naturalunterhalt deckt anstelle des vom Gesetz (§ 1612 I 1 BGB) als Regel vorgesehenen Barunterhalts die materiellen Bedürfnisse des Kindes, während der Betreuungsunterhalt den Anspruch des Kindes auf Pflege und Erziehung, also auf persönliche Zuwendung und Versorgung, befriedigen soll. Der betreuende Elternteil erfüllt seine Verpflichtung, zum Unterhalt des Kindes beizutragen, in der Regel gerade durch dessen Pflege und Erziehung, also durch die Leistung von Betreuungsunterhalt (§ 1606 III 2 BGB). Die Auffassung des BGH,[30] das Recht des Kindes auf Betreuung beruhe nicht auf seinem Unterhaltsanspruch, trifft daher nicht zu. Richtig ist nur, dass das Kind den Anspruch auf Betreuung nicht einklagen, sondern nur die Verurteilung der Eltern zur Leistung von Barunterhalt gerichtlich durchsetzen kann (§ 1612 I 1 BGB). Anspruch und Klagbarkeit sind jedoch nicht unbedingt miteinander verknüpft.[31] 10

2. Gleichwertigkeit von Bar- und Betreuungsunterhalt

Bei **Minderjährigen** erfüllt der Elternteil, bei dem das Kind lebt, seinen Anteil an der gesamten Unterhaltsverpflichtung in der Regel durch die Pflege, Betreuung und Erziehung des Kindes (§ 1606 III 2 BGB). Er leistet den **Betreuungsunterhalt** (siehe Rn. 10). Bar- und Betreuungsunterhalt sind im Regelfall **gleichwertig.**[32] Dies gilt jedenfalls, wenn sich die Einkommensverhältnisse beider Eltern im mittleren Bereich halten und das Einkommen des barunterhaltspflichtigen Elternteils nicht wesentlich geringer ist als das des betreuenden Elternteils.[33] Nur in Ausnahmefällen kann der betreuende Elternteil auch – ganz oder teilweise – zum Barunterhalt herangezogen werden (vgl. dazu Rn. 287 ff.). 11

Der **nicht betreuende Elternteil** ist dem minderjährigen Kind – von den soeben erwähnten Ausnahmefällen (vgl. Rn. 11) abgesehen – **allein barunterhaltspflichtig.** Er trägt die Kosten des gesamten Lebensbedarfs (Rn. 214 ff.) und stellt die dafür benötigten Mittel in Form einer Geldrente (§ 1612 I 1 BGB) als Barunterhalt zur Verfügung. Im Einvernehmen mit dem sorgeberechtigten Elternteil kann er einen Teil des Barunterhalts auch in der Form von Sachleistungen (als Naturalunterhalt nach § 1612 BGB) erbringen.[34] 12

Der Aufwand, den die Betreuung eines minderjährigen Kindes erfordert, ist je nach dessen Alter, Gesundheit und Eigenart unterschiedlich. Darauf kommt es aber in der Regel 13

[28] BGH, FamRZ 1994, 1102 = R 480 mit Anm. Scholz, FamRZ 1994, 1314
[29] Ungenau: BGH, FamRZ 1994, 1102 = R 480 mit Anm. Scholz, FamRZ 1994, 1314, 1315
[30] BGH, FamRZ 1994, 1102 = R 480 mit Anm. Scholz, FamRZ 1994, 1314
[31] Scholz, FamRZ 1994, 1314
[32] BGH, FamRZ 1994, 696, 699 = R 477 c; FamRZ 1988, 159, 161 = R 346 g
[33] BGH, FamRZ 1991, 182 = R 430 a; FamRZ 1980, 994 = NJW 1980, 2306
[34] BGH, FamRZ 1987, 58 = R 304A a; FamRZ 1985, 584

nicht an. Barleistungen (Rn. 12) und Betreuungsleistungen (Rn. 11) sind rechtlich gleichwertig (§ 1606 III 2 BGB). Damit trägt das Gesetz der Tatsache Rechnung, dass eine auf den Einzelfall abstellende rechnerische Bewertung des Betreuungsaufwands meist unzulänglich bleiben müsste. Einer rechnerischen Bewertung (Monetarisierung) der Betreuung, z. B. durch den Ansatz von Aufwendungen, die für die Besorgung vergleichbarer Dienste durch Hilfskräfte erforderlich wären, bedarf es grundsätzlich nicht.[35] Zu Ausnahmefällen vgl. Rn. 287 ff.

Dies schließt es aber nicht aus, bei der Berechnung des Ehegattenunterhalts als Werbungskosten oder berufsbedingte Aufwendungen den Aufwand zu ermitteln, der dem betreuenden Elternteil dadurch entsteht, dass er infolge seiner Berufstätigkeit die Versorgung des Kindes zum Teil Dritten übertragen muss. Auch kann ein Betreuungsbonus gewährt werden.[36] Genaueres Rn. 275, 275 a, 283, 290 ff., 321 sowie 1/107.

14 Der **Grundsatz der Gleichwertigkeit** von Bar- und Naturalunterhalt gilt nach der Rechtsprechung des BGH im Regelfall für **jede Altersstufe** minderjähriger, unverheirateter Kinder bis zum Eintritt der Volljährigkeit.[37]

14 a Die Einführung des **gemeinsamen Sorgerechts** durch das KindRG zum 1. 7. 1998 hat dazu geführt, dass etliche Eltern auch nach Trennung und/oder Scheidung die Verantwortung für ihre minderjährigen Kinder weiter gemeinsam wahrnehmen und die Betreuung unter sich aufteilen. In solchen Fällen wird man nicht stets davon ausgehen können, dass ein Elternteil den gesamten Barunterhalt allein zu tragen hat. Vgl. dazu Rn. 316 b.

14 b Während das Gesetz bis zum 30. 6. 1998 davon ausging, dass ein **nichteheliches Kind** von seiner allein sorgeberechtigten Mutter betreut wurde und der Vater lediglich Barunterhalt zu leisten hatte (§§ 1615 f, 1705 BGB a. F.), kann nunmehr der Vater seine Unterhaltspflicht auch durch Betreuung erfüllen. Solange die Eltern in einer nichtehelichen Gemeinschaft zusammenleben, wird dem Kind ohnehin Naturalunterhalt (Rn. 9) geleistet. Dies beruht auf einer Bestimmung der sorgeberechtigten Mutter oder der nach § 1626 a BGB gemeinsam sorgeberechtigten Eltern. Trennen die Eltern sich später, so steht es ihnen frei, den Aufenthalt des Kindes beim Vater festzulegen. Dann hat dieser Betreuungs- und die Mutter Barunterhalt zu leisten.

15 Ab Erreichen der **Volljährigkeit** werden **keine Betreuungsleistungen** mehr geschuldet.[38] Die Unterhaltsbemessung erfolgt nur nach § 1606 III 1 BGB, d. h. anteilig nach den Einkommens- und Vermögensverhältnissen beider Eltern. Dies gilt grundsätzlich auch dann, wenn das volljährige Kind weiterhin die Schule besucht und sich an seinen Lebensverhältnissen zunächst nichts ändert, es also weiter im Haushalt der Mutter lebt und von ihr versorgt wird. Das Gegenteil ergibt sich auch nicht aus §§ 1603 II 2, 1609 BGB. Diese Vorschriften stellen sog. **privilegiert volljährige Kinder,** also volljährige unverheiratete Kinder bis zur Vollendung des 21. Lebensjahres, solange sie im Haushalt der Eltern oder eines Elternteils leben und sich in der allgemeinen Schulausbildung befinden, minderjährigen Kindern gleich, aber nur hinsichtlich der Leistungsfähigkeit und des Ranges.[39] Diese Gleichstellung soll aber nach der Begründung des KindUG[40] im Rahmen des § 1606 III 2 BGB gerade nicht gelten. Daher ist für eine entsprechende Anwendung des § 1606 III 2 BGB auf privilegiert volljährige Kinder kein Raum.[41] Vgl. dazu im einzelnen Rn. 452 ff. Zur Anwendung des § 1606 III 1 BGB, wenn das volljährige Kind wegen Krankheit oder Behinderung tatsächlich betreuungsbedürftig ist, vgl. Rn. 450.

16 Sind **beide Eltern** dem Kind **barunterhaltspflichtig,** so haften sie anteilig nach ihren Erwerbs- und Vermögensverhältnissen (§ 1606 III 1 BGB). Wegen der Einzelheiten vgl. für das minderjährige Kind Rn. 289 ff. und für das volljährige Kind Rn. 433 ff.

---

[35] BGH, FamRZ 1988, 159, 161 = R 346 g
[36] BGH, FamRZ 1991, 182 = R 430 b
[37] BGH, FamRZ 1994, 696, 698 = R 477 c; FamRZ 1988, 159, 161 = R 346 d, g
[38] BGH, FamRZ 2002, 815, 817 = R 570 b
[39] BGH, FamRZ 2002, 815, 817 = R 570 b
[40] BT-Drucks. 13/7338 S. 22
[41] Schumacher/Grün, FamRZ 1998, 778, 786; anders Johannsen/Henrich/Graba, Eherecht, 4. Aufl., § 1606 Rn. 10

3. Verhältnis des Minderjährigen- zum Volljährigenunterhalt

17 Minderjährigen- und Volljährigenunterhalt sind **identisch.**[42] Allerdings ist der Unterhaltsanspruch des minderjährigen Kindes gegenüber dem des volljährigen Kindes bevorzugt ausgestaltet. Eltern haften dem minderjährigen Kind verschärft und haben daher ihre verfügbaren Mittel bis zum notwendigen Selbstbehalt von 840,– € bei Erwerbstätigen bzw. 730,– € bei Nichterwerbstätigen nach der Düsseldorfer Tabelle (vgl. Rn. 264) einzusetzen (§ 1603 II 1 BGB). Während diese verschärfte Haftung früher mit dem Eintritt der Volljährigkeit endete, gilt sie ab 1. 7. 1998 auch zugunsten sog. privilegiert volljähriger Kinder bis zur Vollendung des 21. Lebensjahres, solange sie im Haushalt der Eltern oder eines Elternteils leben und sich in der allgemeinen Schulausbildung befinden (§ 1603 II 2 BGB). Vgl. Rn. 15, 452 ff. Im Übrigen haften Eltern ihrem volljährigen Kind nur bis zur Grenze ihres eigenen angemessenen Unterhalts (§ 1603 I BGB), der nach der Düsseldorfer Tabelle 1000,– € (Rn. 417) beträgt. Ab Volljährigkeit wird Betreuungsunterhalt nicht mehr geschuldet (vgl. Rn. 15). Der Elternteil, der seine Unterhaltsverpflichtung bisher durch Betreuung erfüllte, haftet nun, Leistungsfähigkeit vorausgesetzt, ebenfalls anteilig auf Barunterhalt (§ 1606 III 1 BGB). Volljährigenunterhalt kann verwirkt werden, Minderjährigenunterhalt dagegen nicht (§ 1611 II BGB). Diese und weitere Besonderheiten, die für den Unterhalt Minderjähriger bestehen (dazu Rn. 193 ff.), rechtfertigen es nicht, den Anspruch auf Volljährigenunterhalt als eigenständigen Anspruch aufzufassen. Die unveränderte Fortdauer des die Unterhaltspflicht begründenden Verwandtschaftsverhältnisses über den Eintritt der Volljährigkeit hinaus unterscheidet den Verwandtenunterhalt grundsätzlich vom Ehegattenunterhalt, der für die Zeit vor und nach der Scheidung auf jeweils anderen Anspruchsgrundlagen beruht.[43]

18 Dies hat zur Folge, dass **Unterhaltsurteile** und Vergleiche, die aus der Zeit der Minderjährigkeit des Kindes stammen, über den Zeitpunkt der Vollendung der Volljährigkeit hinaus **weiter gelten.**[44]

- War ein solcher Titel von einem Elternteil in Prozessstandschaft für das minderjährige Kind nach § 1629 III 1 BGB erwirkt worden, ist nach Eintritt der Volljährigkeit gemäß § 1629 III 2 BGB, § 727 ZPO eine **Titelumschreibung** auf den Volljährigen nötig.
- Wird das Kind während eines noch schwebenden Prozesses, durch den ein Elternteil gegen den anderen Kindesunterhalt in Prozessstandschaft geltend macht, volljährig, so tritt es durch **Parteiwechsel** an die Stelle des bisher klagenden Elternteils in den Rechtsstreit ein.
- Führt der vertretungsberechtigte Elternteil den Unterhaltsprozess im Namen des Kindes (vgl. § 1629 I 3, II 2 BGB), so fällt mit Volljährigkeit die gesetzliche Vertretung fort. Der Rechtsstreit muss vom volljährigen Kind selbst weiter betrieben werden.
- Einzelheiten zur Prozessstandschaft siehe Rn. 2/316 a, 538.

19 Ein wirksamer Unterhaltstitel aus der Zeit der Minderjährigkeit kann nur im Weg der **Abänderungsklage** (§ 323 ZPO) nach Eintritt der Volljährigkeit abgeändert werden. Eine Leistungsklage auf höheren Unterhalt ist unzulässig.[45]

20 Materiell endet der Unterhalt des Minderjährigen mit dem Tag der Volljährigkeit, nicht erst am Monatsende. Der Volljährigenunterhalt beginnt mit dem 18. Geburtstag des Kindes und nicht am Ersten des Monats, in den der Geburtstag fällt, oder gar erst am Ersten des folgenden Monats (vgl. dazu Rn. 202, 218, 340). § 1612 a III 2 BGB i. d. F. des KindUG bezieht sich nur auf den Minderjährigenunterhalt. Dies kann bei Abänderungsklagen wegen erhöhten Bedarfs oder wegen geminderter Leistungsfähigkeit des Verpflichteten infolge des veränderten Selbstbehaltssatzes (angemessener Selbstbehalt von 1000,– € statt des notwendigen Selbstbehalts von 840,– € bzw. 730,– €) eine Rolle spielen (vgl. dazu Rn. 264, 407 ff., 417 ff.). Der anteilige Unterhalt bis zum Tage der Volljährigkeit ist in der Weise zu berechnen, dass die monatliche Unterhaltsrente mit dem

---

[42] BGH, FamRZ 1994, 696 = R 477 a
[43] BGH, FamRZ 1984, 682 = R 209
[44] BGH, FamRZ 1983, 582; OLG Hamm, FamRZ 1983, 208
[45] BGH, FamRZ 1988, 1039 = R 366 a; FamRZ 1984, 682 = R 209

Kalendertag multippliziert und durch die Anzahl der Tage im Monat (z. B. 30 oder 31) dividiert wird.[46]

III. Bestimmungsrecht der Eltern

1. Bestimmungsrecht

21 Nach § 1612 II 1 BGB können Eltern gegenüber **unverheirateten** Kindern bestimmen, in welcher Art (Bar- oder Naturalunterhalt) und für welche Zeit im Voraus Unterhalt gewährt werden soll. Daher können sie insbesondere festlegen, dass der Unterhalt weiterhin im Elternhaus entgegenzunehmen ist.

22 Dieses Bestimmungsrecht gilt gegenüber **minderjährigen und volljährigen** Kindern.[47] Es ist bei einem Minderjährigen Ausfluss der elterlichen Sorge (vgl. dazu Rn. 9).

Das KindUG hat das umstrittene Bestimmungsrecht der Eltern bei einem volljährigen Kind zu Recht nicht in Frage gestellt. Könnte das Kind nach Eintritt der Volljährigkeit stets das Elternhaus verlassen und Unterhalt in Form einer Geldrente verlangen, würden die Eltern vielfach wirtschaftlich überfordert. Jedoch wird in § 1612 II 1 BGB seit dem 1. 7. 1998 ausdrücklich klargestellt, dass die Eltern auf die Belange des Kindes die gebotene Rücksicht zu nehmen haben. Dies hat Bedeutung insbesondere für das volljährige Kind[48] und für die Frage, wann das Familiengericht die Bestimmung der Eltern aus besonderen Gründen ändern kann (§ 1612 II 2 BGB; dazu Rn. 39 f.).

23 Eine wirksame Bestimmung setzt voraus, dass der Unterhaltsanspruch als solcher nicht bestritten wird und nur die Art der Unterhaltsgewährung einseitig geregelt wird.[49]

24 Sachlich muss die Bestimmung, wie sich aus § 1610 II BGB ergibt, den **gesamten Lebensbedarf** des Kindes umfassen. Das schließt nicht aus, eine Bestimmung dahin zu treffen, dass der Unterhalt zu einem abgrenzbaren Teil in Natur (z. B. Wohnung und Verpflegung im Elternhaus) und im Übrigen in Geld (z. B. als Taschengeld sowie für sonstige Sachaufwendungen) gewährt wird. In solchen Fällen ist auch die Überlassung von Geldbeträgen ein Teil des in Form von Naturalleistungen gewährten Unterhalts.[50] Es reicht dagegen nicht aus, wenn Eltern einzelne Betreuungs- und Pflegeleistungen anbieten, den übrigen Unterhalt aber offen lassen.[51]

25 Das Bestimmungsrecht der Eltern nach § 1612 I 1 BGB hat auch den Zweck, diesen einen weiter gehenden **Einfluss auf die Lebensführung** des Kindes zu verschaffen, als es bei einer Unterhaltsgewährung in Geld möglich ist. Zwar haben die Eltern bei der Ausübung des Bestimmungsrechts auf die Belange des Kindes die gebotene Rücksicht zu nehmen (§ 1612 II 1 BGB; vgl. Rn. 22); auch sind volljährige Kinder zur Selbstbestimmung herangewachsen. Jedoch schulden nicht nur die Eltern, sondern auch die Kinder ihren Eltern Beistand und Rücksicht (§ 1618 a BGB), zumal da sie von ihnen wirtschaftlich abhängig sind. Außerdem werden die Eltern bei einer solchen Bestimmung in der Regel wirtschaftlich – vor allem durch Ersparnisse bei den Wohnkosten – entlastet. Es kann daher Kindern nach wie vor in der Regel zugemutet werden, nach Volljährigkeit noch gewisse Zeit im Elternhaus zu verbleiben. Ihre berechtigten Interessen werden dadurch geschützt, dass das Familiengericht die Bestimmung der Eltern aus besonderen Gründen abändern kann (vgl. Rn. 22, 39 f.).

26 Das Bestimmungsrecht ist ein **Gestaltungsrecht.** Es ist gegenüber bereits volljährigen Kindern durch eine rechtsgeschäftliche, empfangsbedürftige Willenserklärung auszuüben. Da für die Bestimmung keine besondere Form vorgeschrieben ist, kann sie auch durch schlüssiges Verhalten erfolgen. Letzteres setzt allerdings voraus, dass der Verpflichtete weiß

46 BGH, FamRZ 1988, 604
47 BGH, FamRZ 1996, 798 = R 501 b; FamRZ 1993, 417, 420 = NJW-RR 1993, 222
48 Vgl. Beschlussempfehlung und Bericht des Rechtsausschusses, BT-Drucks. 13/9596 S. 32
49 OLG Stuttgart, FamRZ 1984, 504
50 BGH, FamRZ 1985, 584; FamRZ 1984, 37 = NJW 1984, 305; FamRZ 1983, 369
51 BGH, FamRZ 1993, 417, 420 = NJW-RR 1993, 222

oder wenigstens mit der Möglichkeit rechnet, einer von ihm durch konkludentes Verhalten abgegebenen Erklärung könne rechtliche Bedeutung zukommen. Bei der Prüfung, ob im Einzelfall eine den gesetzlichen Anforderungen gerecht werdende Bestimmung vorliegt, gelten die allgemeinen Grundsätze zur Ermittlung des Inhalts empfangsbedürftiger Willenserklärungen. Dabei ist davon auszugehen, wie die Erklärung von dem Empfänger aufgefasst wurde oder bei unbefangener Würdigung nach Treu und Glauben aufgefasst werden musste.[52]

Haben die Eltern vereinbart, der Vater solle Unterhalt in Natur gewähren, so kann in der tatsächlichen Handhabung der Unterhaltsgewährung in der Folgezeit eine dieser Vereinbarung entsprechende elterliche Unterhaltsbestimmung durch schlüssiges Verhalten gesehen werden.[53] Den Eltern und dem Kind bleibt es unbenommen, Art und Höhe des Unterhalts durch **Vertrag** zu regeln. So können die Eltern eine ihnen gehörende Eigentumswohnung dem Kind zum Wohnen überlassen und insoweit Naturalunterhalt gewähren, wenn sie die Kosten der Wohnung selbst tragen. Die Beteiligten können aber auch einen Mietvertrag abschließen. Dann sind die Eltern nur zum Barunterhalt verpflichtet. Das Kind hat mit Hilfe des Unterhalts die Miete zu entrichten.[54]

2. Bestimmungsberechtigung

Das Bestimmungsrecht steht nach § 1612 II 1 BGB den Eltern grundsätzlich gemeinsam zu. Es ist bei minderjährigen unverheirateten Kindern Ausfluss der elterlichen Sorge, die auch die Unterhaltsgewährung umfasst (Rn. 9). Bei unverheirateten volljährigen Kindern gibt es den Eltern die Möglichkeit, auf die Art der Unterhaltsgewährung nachhaltigen Einfluss zu nehmen. Sie haben insoweit eine fortbestehende elterliche Verantwortung, die sie allerdings nur unter Wahrung der gebotenen Rücksicht auf die Belange des Kindes ausüben dürfen (§§ 1612 II 1, 1618 a BGB). 27

Leben die Eltern getrennt oder sind sie geschieden, steht das Bestimmungsrecht **bei minderjährigen Kindern** dem Inhaber des Sorgerechts als Teil der Personensorge zu (§ 1631 I BGB). Bei gemeinsamer elterlicher Sorge üben sie es gemeinsam aus. Bei Meinungsverschiedenheiten müssen sie versuchen, sich zu einigen (§ 1627 S. 2 BGB). Misslingt das, können sie das Familiengericht anrufen. Dieses kann die Entscheidung einem Elternteil übertragen und die Übertragung mit Beschränkungen und Auflagen verbinden (§ 1628 BGB). Der nicht sorgeberechtigte Elternteil kann eine Bestimmung nur für die Zeit treffen, in der das Kind in seinen Haushalt aufgenommen ist (§ 1612 II 3 BGB). Ein solches Recht hat er jedoch nicht für die üblichen Besuche der Kinder in den Ferien, auch wenn diese einige Wochen dauern. Derartige Besuche ermöglichen nur die **Ausübung des Umgangsrechts;** sie sind nicht unvorhersehbar und geben dem barunterhaltspflichtigen Elternteil deshalb grundsätzlich nicht die Befugnis, die pauschalierte monatliche Unterhaltsrente zu kürzen.[55] Bei zeitlich umfangreicherem Aufenthalt des Kindes beim nicht sorgeberechtigten Elternteil wird man ein zeitlich eingeschränktes Recht, die Art des Unterhalts bestimmen zu können, nicht generell ausschließen können; auch in einem solchen Fall ist nur ausnahmsweise der Barunterhalt zu kürzen.[56] Vgl. Rn. 168, 316 b. Der Vater, der während einer längeren Krankheit der Mutter das Kind in seinen Haushalt aufnimmt, trifft dadurch konkludent die Bestimmung, dass er Unterhalt in Natur gewähren will. Daran ist er auch nicht durch ein Urteil gehindert, das ihn zu einem früheren Zeitpunkt zur Zahlung von Barunterhalt an das Kind verurteilt hatte.[57] Zur Minderung der Leistungsfähigkeit durch Umgangskosten vgl. Rn. 168 ff., zum Kindesunterhalt bei gemeinsamer elterlicher Sorge vgl. Rn. 316 ff. 28

[52] BGH, FamRZ 1983, 369
[53] BGH, FamRZ 1985, 584
[54] Zur steuerlichen Zulässigkeit einer solchen Vereinbarung BFH, NJW 2000, 758
[55] BGH, FamRZ 1995, 215 = R 483
[56] Vgl. dazu OLG Düsseldorf, NJW 2001, 3344; auch OLG Hamm, FamRZ 1994, 529
[57] Bedenklich: BGH, FamRZ 1994, 1102 = R 480 mit Anm. Scholz, FamRZ 1994, 1314

29 Bei **volljährigen Kindern** legt es der unterhaltsrechtliche Zusammenhang nahe, im Regelfall das Bestimmungsrecht **dem Elternteil** zuzubilligen, **der** von dem volljährigen Kind **in Anspruch genommen wird.** Dieser kann das Recht, auch durch Erklärung in einem Unterhaltsrechtsstreit, einseitig ohne Mitwirkung des anderen Elternteils ausüben, hat jedoch dessen Interessen zu berücksichtigen.[58] Vgl. dazu Rn. 31.

30 • **Unterhaltsrechtliche Belange des Kindes** werden in der Regel nicht beeinträchtigt, wenn in Ausübung des Bestimmungsrechts der gesamte Unterhalt angeboten wird.[59] Bei Vorliegen besonderer Gründe kann das Kind nach § 1612 II 2 BGB das Familiengericht einschalten und eine Änderung der elterlichen Bestimmung herbeiführen (vgl. dazu unten Rn. 39 f.).

31 • Ein solches einseitiges Bestimmungsrecht des auf Unterhalt in Anspruch Genommenen kann schutzwürdige **Belange des anderen Elternteils** berühren, z. B. dann, wenn dieser auch Unterhalt (Bar- oder Naturalunterhalt) leistet[60] oder wenn das Kind bis zur Volljährigkeit beim anderen Elternteil gewohnt hatte und weiterhin dort wohnen bleiben will.[61]

In einem solchen Fall bedarf es einer **Abwägung der gegenseitigen Interessen der Eltern.** Die einseitige Bestimmung ist nur dann wirksam, wenn die Gründe des bestimmenden Elternteils so schwer wiegen, dass es dem anderen Elternteil unter Berücksichtigung seiner entgegenstehenden Interessen zugemutet werden kann, die beabsichtigte Art der Unterhaltsgewährung hinzunehmen. Bei dieser Abwägung spielen vor allem wirtschaftliche Interessen eine Rolle, aber auch Veränderungen der beiderseitigen Lebensverhältnisse durch die Art der Unterhaltsgewährung. Die Befürchtung, dass der Bestimmende einen familienrechtlichen Ausgleichsanspruch gegen den anderen Elternteil geltend machen werde, reicht allein noch nicht aus, um die einseitige Bestimmung als nicht gerechtfertigt zu beurteilen.[62]

32 • Welche Konsequenzen zu ziehen sind, wenn **jeder der Eltern,** die beide erwerbstätig und daher leistungsfähig sind, **die Bestimmung** trifft, dass das Kind den Unterhalt im Haushalt des jeweiligen Elternteils entgegenzunehmen hat, hat der BGH[63] bisher nicht entschieden. Wenn nur eine der Bestimmungen den Interessen der Eltern und des Kindes entspricht, wird man allein sie für wirksam halten müssen; dies hat zur Folge, dass derjenige Elternteil, der die wirksame Bestimmung getroffen hat, Unterhalt in Natur leistet und gegen den anderen ggf. einen familienrechtlichen Ausgleichsanspruch (vgl. dazu Rn. 536) geltend machen kann. Andernfalls werden beide Eltern zum Barunterhalt entsprechend ihren Erwerbs- und Vermögensverhältnissen (§ 1606 III 1 BGB) herangezogen werden müssen; bedarfsdeckende Leistungen eines Elternteils in Natur sind ggf. zwischen ihm und dem Kind zu verrechnen. Vgl. dazu Rn. 435.

33 • Hat ein Elternteil eine wirksame Bestimmung getroffen, **leistet das volljährige Kind ihr aber nicht Folge,** kann es auch den anderen Elternteil nicht auf Barunterhalt in Anspruch nehmen, da es seinen Bedarf dadurch decken kann, dass es den angebotenen Naturalunterhalt annimmt. Vgl. dazu Rn. 35. Leistet der andere Elternteil, weil er es mit dem Kind nicht verderben will, gleichwohl Barunterhalt, kann er gegen seinen (früheren) Ehepartner keinen familienrechtlichen Ausgleichsanspruch geltend machen, da auf diesem Weg dessen Bestimmungsrecht letztlich gegenstandslos würde.

34 Haben getrennt lebende Eltern in einem Unterhaltsvergleich vereinbart, in welcher Art jeder von ihnen dem (minderjährigen oder volljährigen) Kind den Unterhalt gewährt, so kann sich ein Elternteil von dieser Vereinbarung jedenfalls nicht ohne besondere Gründe durch anderweitige Bestimmung der Unterhaltsgewährung lösen. Eine solche Vereinbarung wird auch durch den Eintritt der Volljährigkeit nicht wirkungslos.[64]

---

[58] OLG Celle, FamRZ 1997, 966
[59] BGH, FamRZ 1988, 831 = R 367
[60] BGH, FamRZ 1988, 831 = R 367
[61] BGH, FamRZ 1984, 37 = NJW 1984, 305
[62] BGH, FamRZ 1988, 831 = R 367
[63] BGH, FamRZ 1988, 831 = R 367
[64] BGH, FamRZ 1983, 892, 895

3. Wirksamkeit der Unterhaltsbestimmung

Eine **wirksame Unterhaltsbestimmung bindet** das Kind und den anderen Elternteil, kann jedoch vom Familiengericht auf Antrag des Kindes aus besonderen Gründen abgeändert werden (§ 1612 II 2 BGB). Vgl. dazu im Einzelnen Rn. 39 ff. Den Eltern steht dagegen kein Antragsrecht zu. Der zwischen ihnen ggf. bestehende Interessenkonflikt muss im Rahmen des Zivilprozesses berücksichtigt werden, in dem es auf die Unterhaltsbestimmung ankommt, also z. B. in dem Unterhaltsprozess zwischen dem Kind und den Eltern bzw. einem Elternteil oder in einem Rechtsstreit zwischen den Eltern über einen familienrechtlichen Ausgleichsanspruch.[65] Kommt eine Abänderung nicht in Betracht, muss das Familiengericht die Bestimmung im Unterhaltsprozess seiner Entscheidung zugrunde legen. Haben die Eltern eine wirksame Naturalunterhaltsbestimmung getroffen, kann das Kind **keinen Barunterhalt** verlangen. Nimmt es den Unterhalt in der bestimmten Art nicht an, kann es weder eine Teilunterhaltsrente noch ein ihm ausgesetztes Taschengeld, noch den Wert des von den Eltern ersparten Unterhalts beanspruchen.[66] Die Bestimmung entfaltet auch gegenüber dem Träger der Ausbildungsförderung Wirkung, führt also bei Ablehnung der Entgegennahme von Naturalunterhalt dazu, dass ein Anspruch auf Unterhalt in Geld, der auf den Träger der Ausbildungsförderung nach § 37 BAföG übergehen könnte, nicht besteht.[67] Dasselbe gilt, wenn einem minderjährigen oder volljährigen Kind, das entgegen einer wirksamen Unterhaltsbestimmung Barunterhalt verlangt, Sozialhilfe, Hilfe nach dem SGB VIII oder Unterhaltsvorschuss gewährt wird.[68] Zum Anspruchsübergang vgl. Rn. 6/508 ff., 576, 587 ff. 35

Über eine **unwirksame Unterhaltsbestimmung** kann sich das Prozessgericht dagegen hinwegsetzen. Es hat entsprechend § 1612 I 1 BGB Barunterhalt zuzusprechen. 36

Eine Unterhaltsbestimmung ist unwirksam, 37

- wenn sie **nicht den gesamten Lebensbedarf** des Kindes umfasst (vgl. Rn. 24),[69]
- wenn sie **rechtlich undurchführbar** ist,[70] insbesondere wenn sie mit der Aufenthaltsbestimmung des gesetzlichen Vertreters, z. B. des Betreuers eines volljährigen Kindes oder des Pflegers eines minderjährigen Kindes, nicht zu vereinbaren ist. Wenn das Aufenthaltsbestimmungsrecht des Betreuers oder des Pflegers in seinen Auswirkungen mit dem elterlichen Bestimmungsrecht kollidiert, hat es Vorrang, damit es nicht zum Nachteil des Kindes unterlaufen werden kann.[71] Die von den Eltern gewählte Art der Unterhaltsgewährung kann auch dann rechtlich undurchführbar sein, wenn das Kind wegen der geltenden Zulassungsbeschränkung sein Studium nicht an dem Ort aufnehmen kann, an dem ihm Naturalunterhalt angeboten wird;[72]
- wenn der angebotene Unterhalt für das Kind **tatsächlich unerreichbar** ist.[73] Dies ist der Fall, wenn bei gemeinsamer elterlicher Sorge der Vater seinen minderjährigen Kindern Unterhalt in Natur anbietet, obwohl sie sich bei der Mutter aufhalten. Hier sind die Kinder wegen des entgegenstehenden Willens der Mutter ohne eigenes Verschulden nicht in der Lage, der Unterhaltsbestimmung des Vaters Folge zu leisten; der Streit der Eltern kann zu einer Entscheidung des Familiengerichts nach § 1628 BGB führen (vgl. Rn. 28), darf sich aber im Unterhaltsprozess nicht zu Lasten des Kindes auswirken.[74] Unwirksamkeit einer Bestimmung bei tatsächlicher Undurchführbarkeit ist gerade bei **Streitigkeiten der Eltern** angenommen worden, etwa wenn das Kind den Unterhalt in Natur beim Vater entgegennehmen sollte, die Mutter es diesem aber widerrechtlich vorenthält.

---

[65] BGH, FamRZ 1988, 831 = R 367
[66] BGH, FamRZ 1984, 37 = NJW 1984, 305
[67] BGH, FamRZ 1996, 798 = R 501 b; FamRZ 1984, 37 = NJW 1984, 305
[68] Vgl. dazu BGH, FamRZ 2002, 1698 mit Anm. Klinkhammer = R 580 a; FamRZ 1981, 250, 252
[69] BGH, FamRZ 1996, 417, 420; FamRZ 1988, 831 = R 367
[70] BGH, FamRZ 1996, 798 = R 501 b
[71] BGH, FamRZ 1985, 917 = R 263 a
[72] BGH, FamRZ 1996, 798 = R 501 b
[73] BGH, FamRZ 1996, 798 = R 501 b; FamRZ 1992, 426
[74] BGH, FamRZ 1992, 426

Bei einer solchen faktischen Undurchführbarkeit einer Bestimmung besteht der Anspruch auf Unterhalt durch Gewährung einer Geldrente nach § 1612 I 1 BGB fort. Bei einem volljährigen Kind kann die Unterhaltsbestimmung aus tatsächlichen Gründen dann undurchführbar sein, wenn es sein Studium auf Grund eines Zuweisungsbescheides der ZVS an einem anderen Ort aufnehmen muss und eine tägliche Rückkehr zum Wohnort der Eltern nicht möglich oder nicht zumutbar ist;[75]

- wenn sie die schutzwürdigen **Interessen des anderen Elternteils missachtet** (vgl. Rn. 31);[76]
- wenn sie **offensichtlich missbräuchlich** aus sachfremden Erwägungen oder zu sachfremden Zwecken getroffen worden ist.[77] Das Vorliegen besonderer Gründe reicht dazu nicht aus.[78]

38 Besondere Gründe, die eine Änderung der Bestimmung der Eltern rechtfertigen können (§ 1612 II 2 BGB), führen hingegen nicht zur Unwirksamkeit der Bestimmung. Sie rechtfertigen allein eine Abänderung der elterlichen Entscheidung durch das Familiengericht.

4. Abänderung der Bestimmung durch das Familiengericht

39 Die von den Eltern gewählte Art der Unterhaltsgewährung kann **nachträglich** rechtlich oder tatsächlich **undurchführbar** (vgl. dazu Rn. 37) werden. Das hat zur Folge, dass die zunächst wirksame Unterhaltsbestimmung unwirksam wird und der Anspruch auf Barunterhalt (wieder) entsteht.[79] Eine **wirksame** Unterhaltsbestimmung kann bei besonderen Gründen durch das Familiengericht abgeändert werden. Der Antrag kann allein von dem Kind gestellt werden, nicht dagegen von dem anderen Elternteil, dem Träger der Ausbildungsförderung oder einer sonstigen Person.[80] Das Familiengericht kann die Unterhaltsbestimmung ab Stellung des Antrags durch das Kind ändern.[81]

40 Eine Abänderung der Bestimmung ist aus **besonderen Gründen** gerechtfertigt, wenn Umstände vorliegen, die im Einzelfall schwerer wiegen als diejenigen Gründe, die den Gesetzgeber bewogen haben, den Eltern das Bestimmungsrecht hinsichtlich der Art und Weise des Unterhalts einzuräumen.[82] Das Familiengericht wird allerdings wie die Eltern auf die Belange des Kindes die gebotene Rücksicht zu nehmen haben (§ 1612 II 1 BGB). Die Interessen der Eltern müssen hinter denen des Kindes zurücktreten, wenn sie den wohl verstandenen Belangen des Kindes zuwider laufen.[83] Das Bedürfnis des volljährigen Kindes, ein eigenes Leben, auch zusammen mit einem Freund oder einer Freundin, zu führen, genügt jedenfalls bei einem Kind, das gerade volljährig geworden ist oder in seiner Berufsausbildung noch keine nennenswerten Fortschritte gemacht hat, nicht. Anders kann es sein, wenn das Kind bereits seit einiger Zeit volljährig ist, vor allem, wenn es schon einige Jahre einen eigenen Hausstand geführt hat und kraft der Unterhaltsbestimmung wieder in den elterlichen Haushalt zurückkehren soll.[84] Dies ist insbesondere einem seit langem volljährigen Kind, das an einer schweren Krankheit leidet und in einem funktionierenden sozialen Umfeld lebt, nicht zuzumuten.[85] Zum Unterhaltsanspruch des erwerbsunfähigen volljährigen Kindes vgl. Rn. 405 f. Ausreichend für eine Änderung der Bestimmung ist eine **tiefgreifende Entfremdung** zwischen dem bestimmenden Elternteil und dem Kind, jedenfalls dann, wenn sie auch auf unangemessene Erziehungsmaßnahmen zurückzuführen

[75] BGH, FamRZ 1996, 798 = R 501 b; OLG Celle, FamRZ 2001, 116
[76] BGH, FamRZ 1988, 831 = R 367
[77] BGH, FamRZ 1996, 798 = R 501 b
[78] BGH, FamRZ 1985, 584
[79] BGH, FamRZ 1996, 798 = R 501 b
[80] BGH, FamRZ 1981, 250, 252 = NJW 1981, 574, 576
[81] OLG Düsseldorf, FamRZ 1996, 235
[82] BayObLG, FamRZ 1991, 1224; KG, FamRZ 1990, 791
[83] BayObLG, FamRZ 2000, 976
[84] OLG Hamburg, FamRZ 1983, 643
[85] KG, FamRZ 2000, 979

ist.[86] Dazu gehören vor allem, aber nicht notwendigerweise, eine erniedrigende Behandlung oder körperliche Züchtigungen.[87] Jedoch darf das Kind die Entfremdung nicht durch eigenes Verhalten provoziert haben.[88] Eine Änderung der Bestimmung kommt ferner dann in Betracht, wenn seit Jahren kein engerer Kontakt zu dem bestimmenden Elternteil besteht, z. B. weil das Kind nach der Scheidung von dem anderen Elternteil erzogen worden ist.[89] Eine Abänderung ist auch angezeigt, wenn sich das Kind dem anderen Elternteil stärker verbunden fühlt und deshalb in dessen Wohnung umzieht.[90]

Die Interessen des anderen Elternteils werden vom Prozessgericht im Rahmen der Prüfung berücksichtigt, ob die Bestimmung selbst wirksam ist (vgl. Rn. 31 f., 37).[91]

5. Prozessuales

Bis zum Inkrafttreten des KindUG konnte nur das Vormundschaftsgericht eine wirksame Bestimmung der Eltern abändern. Das Familiengericht musste ggf. den Unterhaltsprozess bis zur Entscheidung des Vormundschaftsgerichts aussetzen. Dieses wenig zweckmäßige Verfahren ist seit dem 1. 7. 1998 nicht mehr erforderlich. Seitdem ist auch für die Abänderung der Unterhaltsbestimmung das **Familiengericht** zuständig (§ 1612 II 2 BGB). **41**

Bei **Minderjährigen** hat der Rechtspfleger zu entscheiden, da die Bestimmung, in welcher Weise der Unterhalt zu gewähren ist, die Personensorge betrifft (Rn. 27).[92] Die Zuständigkeit des Rechtspflegers ergibt sich aus § 621 I Nr. 1, 621 a I ZPO, § 3 Nr. 2 a RpflG. Er entscheidet im Verfahren der freiwilligen Gerichtsbarkeit. § 14 RpflG enthält insoweit keinen Richtervorbehalt. Jedoch hat der Rechtspfleger das Verfahren dem Richter vorzulegen, wenn bei demselben Gericht ein Unterhaltsprozess zwischen dem Kind und den Eltern oder einem Elternteil anhängig ist (§ 5 I Nr. 2 RpflG). Auch kann der Richter das Verfahren nach § 1612 II 2 BGB an sich ziehen und über den Antrag des Kindes im Rahmen des Unterhaltsprozesses entscheiden (§ 6 RpflG).[93]

Dagegen fehlt es beim **volljährigen Kind** an der Zuständigkeit des Rechtspflegers, weil die elterliche Sorge nicht mehr besteht und die Bestimmung nach § 1612 II 2 BGB daher nur den Unterhalt (Rn. 27) betrifft. Über den Unterhalt ist aber nicht im Verfahren der freiwilligen Gerichtsbarkeit, sondern im ordentlichen Zivilprozess zu befinden. Zuständig ist daher allein der Richter (§§ 3 Nr. 3 a, 20 RpflG).[94] Der Gesetzgeber hat es – möglicherweise versehentlich[95] – unterlassen, das Verfahren nach § 1612 II 2 BGB in den Katalog des § 621 I ZPO als besondere Familiensache aufzunehmen und in § 621 a I 1 ZPO auch insoweit die Anwendung des FGG vorzusehen. Dieses etwaige Versehen nötigt nicht zu einer berichtigenden Auslegung der genannten Vorschriften, weil ein enger sachlicher Zusammenhang zwischen dem Unterhaltsanspruch und der Bestimmung nach § 1612 II 2 BGB besteht und niemand dadurch benachteiligt wird, dass statt des Rechtspflegers der Richter entscheidet.[96]

Unabhängig davon, ob man den Richter oder den Rechtspfleger für zuständig hält, wird man dem Kind aus praktischen Gründen von vorn herein die Befugnis einräumen müssen, den Antrag auf Abänderung der Bestimmung als Zwischenfeststellungsantrag (§ 256 II ZPO) im Unterhaltsprozess zu stellen.[97] Dies ist insbesondere dann von Bedeutung, wenn

[86] OLG Celle, FamRZ 1997, 966; KG, FamRZ 2003, 619
[87] OKG Köln, FamRZ 1996, 963; BayObLG, FamRZ 1986, 930
[88] KG, FamRZ 1990, 791; OLG Hamburg, FamRZ 1990, 1269
[89] BayObLG, FamRZ 2000, 976
[90] OLG Köln, FuR 2001, 415; OLG Schleswig, FuR 1998, 178
[91] BGH, FamRZ 1988, 831 = R 367
[92] BGH, NJW 1953, 1546
[93] OLG Köln, FamRZ 2002, 52; FamRefK/Häußermann, § 1612 Rn. 7
[94] OLG Düsseldorf, FamRZ 2001, 1306; KG, FamRZ 2003, 619; a. A. KG, FamRZ 2000, 256; OLG Hamburg, FamRZ 2000, 246
[95] Vgl. dazu KG, FamRZ 2000, 256; OLG Zweibrücken, FamRZ 2002, 1269
[96] A. A. KG, FamRZ 2000, 256
[97] OLG Schleswig, FamRZ 2003, 48; a. A. KG, FamRZ 2000, 256

über einen isolierten Antrag nach § 1612 II 2 BGB und über den Unterhaltsanspruch nicht dasselbe Familiengericht zu entscheiden hätte. Die Zuständigkeiten können beim volljährigen Kind auseinanderfallen, da für den Antrag nach § 1612 II 2 BGB das Familiengericht am Wohnsitz oder Aufenthalt des Kindes zuständig ist (§§ 36 I 1, 43 I, 64 FGG), während der Unterhaltsprozess am Wohnsitz des beklagten Elternteils zu führen ist (§ 13 ZPO), da § 642 ZPO nur für das minderjährige Kind einen ausschließlichen Gerichtsstand an seinem Wohnsitz begründet.[98]

2. Abschnitt: Bedürftigkeit des Kindes

I. Unvermögen des Kindes, sich selbst zu unterhalten

1. Nichterwerbspflichtige Kinder

42 **Bedürftig** ist nur, wer außerstande ist, sich selbst zu unterhalten (§ 1602 I BGB). Dies ist der Fall, wenn das Kind nicht erwerbstätig sein darf (Rn. 43), nicht erwerbstätig sein kann (Rn. 44) oder, insbesondere wegen Schulbesuchs, Studiums oder einer Ausbildung, keiner Erwerbstätigkeit nachgehen muss (Rn. 45 ff.) und es weder über ausreichendes sonstiges Einkommen (z. B. Waisenrente, Kapitaleinkünfte) oder Vermögen (vgl. Rn. 106 ff.) verfügt. Nicht bedürftig ist das Kind in der Regel, wenn es den Wehr- oder Ersatzdienst leistet (Rn. 346 ff.). Dasselbe gilt, wenn es sich in Straf- oder Untersuchungshaft befindet.[1] Jedoch kann ein Anspruch auf Prozesskostenvorschuss für die Verteidigung im Strafverfahren gegeben sein.[2] Vgl. Rn. 6/28.

43 **Minderjährige,** die jünger als 15 Jahre alt sind oder noch der Vollzeitschulpflicht unterliegen, dürfen nach §§ 2 III, 5 I, 7 I JugArbSchG nicht beschäftigt werden und können ihren Bedarf daher nicht durch Erwerbstätigkeit decken. Auch soweit Kinder und Jugendliche ausnahmsweise mit leichten Arbeiten beschäftigt werden dürfen, besteht für sie eine Erwerbsobliegenheit nicht, solange sie sich in einer Schul- oder Berufsausbildung befinden (vgl. Rn. 46, 48). Gleichwohl erzieltes Einkommen, z. B. aus **Schülerarbeit,** Nachhilfeunterricht, Austragen von Zeitungen usw., stammt aus **unzumutbarer Tätigkeit** und ist daher in entsprechender Anwendung des § 1577 II BGB nicht anzurechnen, wenn der Unterhaltspflichtige nicht den geschuldeten Unterhalt leistet; im Übrigen kann derartiges Einkommen nach Billigkeit teilweise auf den Unterhaltsanspruch angerechnet werden.[3] Näheres Rn. 88, 286.

44 **Kranke oder behinderte Kinder** können erwerbsunfähig sein. Sie sind dann bedürftig und können ihre Eltern auf Unterhalt in Anspruch nehmen, auch wenn sie bereits eine selbstständige Lebensstellung erreicht hatten; allerdings sind in diesem Fall nicht ohne weiteres die Bedarfssätze anzuwenden, die für den Unterhalt volljähriger Kinder in der Düsseldorfer Tabelle festgelegt sind; vielmehr wird in der Regel eine konkrete Bemessung des Unterhalts angezeigt sein (vgl. dazu Rn. 405).[4] Erwerbsunfähige Kinder trifft die Obliegenheit, sich einer Erfolg versprechenden und zumutbaren ärztlichen Behandlung zu unterziehen (vgl. dazu Rn. 1/532). Kinder, die aus sittlichem Verschulden krank und dadurch unterhaltsbedürftig geworden sind, können den Unterhaltsanspruch ganz oder teilweise verwirken (§ 1611 I BGB). Dies gilt allerdings grundsätzlich nur für volljährige Kinder (§ 1611 II BGB). Genaueres dazu Rn. 478 ff. Bei volljährigen Kindern, die an einer **Unterhaltsneurose** leiden, wird man ein sittliches Verschulden im Sinne des § 1611 I 1 BGB nur schwer bejahen können. Eine dem § 1579 Nr. 7 BGB[5] entsprechende Vorschrift

---

[98] OLG Dresden FamRZ 1999, 449 mit eingehender Anmerkung von Els, FamRZ 1999, 1212
[1] AG Stuttgart, FamRZ 1996, 955 f.
[2] DIJuF, JAmt 2002, 126
[3] BGH, FamRZ 1995, 475 = R 491 b, c; OLG Köln, FamRZ 1995, 55
[4] OLG Bamberg, FamRZ 1994, 255
[5] OLG Düsseldorf, FamRZ 1990, 68 = NJW-RR 1989, 1157

existiert beim Kindesunterhalt nicht. Einen Unterhaltsanspruch wird man daher nur verneinen können, wenn eine Flucht in die seelische Krankheit vorliegt und sich das Kind mit ärztlicher Hilfe aus seiner seelischen Fehlhaltung befreien kann (vgl. dazu Rn. 1/534 f.).

2. Ausbildungsbedürftige Kinder

Jedes Kind hat das **Recht auf** eine angemessene **Ausbildung,** damit es später seinen Unterhalt selbst durch eigene Erwerbstätigkeit sicherstellen kann. Während der Ausbildung ist das Kind unterhaltsbedürftig; sein Bedarf umfasst nicht nur die Lebenshaltungskosten, sondern auch die Kosten der Ausbildung, z. B. Schulgeld, soweit es nicht von der öffentlichen Hand übernommen wird, Fahrtkosten zur Ausbildungsstätte usw. (§ 1610 II BGB). 45

Das Kind ist **verpflichtet, sich ausbilden zu lassen.** Kommt es dieser Obliegenheit nicht nach, werden die Eltern, solange es minderjährig ist, durch Erziehungsmaßnahmen auf es einwirken müssen. Hat es das Elternhaus zu Recht oder zu Unrecht bereits verlassen, kann es trotz der Minderjährigkeit darauf verwiesen werden, seinen Unterhalt durch eigene Erwerbstätigkeit sicherzustellen, sofern es nicht dem Arbeitsverbot des JugArbSchG unterliegt.[6] Vgl. dazu Rn. 43. Bei Abbruch einer Lehre hat es sich mit Unterstützung des oder der Sorgeberechtigten nachdrücklich um einen anderen Arbeitsplatz zu bemühen.[7] Volljährige Kinder, die sich keiner Berufsausbildung unterziehen, sind grundsätzlich nicht unterhaltsbedürftig. Dies gilt auch dann, wenn sie ein Praktikum durchlaufen, das für den beabsichtigten Beruf nicht förderlich ist,[8] oder wenn sie zunächst ein Fach studieren, das nicht auf das Berufsziel bezogen ist (sog. Parkstudium; vgl. unten Rn. 70).[9] Vgl. Rn. 48, 65. Eine Au-Pair-Tätigkeit im Ausland ist allenfalls eine Ausbildung im Sinne des § 1610 II BGB, wenn sie mit dem Besuch einer (Sprach-)Schule oder von Universitätskursen verbunden ist und dies die Arbeitszeit des Kindes zu einem beachtlichen Teil in Anspruch nimmt.[10] Zudem wird ein beachtlicher Teil des Bedarfs durch Gewährung von Kost und Logis und von Taschengeld gedeckt sein. 46

Die Eltern haben keinen Anspruch darauf, dass ein Kind sich ausbilden lässt. Sie können, wenn Erziehungsmaßnahmen nicht mehr in Betracht kommen, lediglich die Zahlung von Unterhalt einstellen, wenn das Kind seiner Ausbildungsobliegenheit nicht nachkommt. 47

3. Erwerbspflichtige Kinder

Ein **Volljähriger,** der sich **nicht in einer Schul- oder Berufsausbildung** befindet oder der nach Ausbildungsabschluss arbeitslos ist, muss primär für seinen Lebensunterhalt selbst aufkommen. An die Beurteilung seiner Bedürftigkeit sind strenge Anforderungen zu stellen. Für die Nutzung seiner Arbeitskraft gelten ähnliche Maßstäbe wie für die Haftung der Eltern gegenüber minderjährigen Kindern. Der gesunde Volljährige muss grundsätzlich **jede Arbeitsmöglichkeit** ausnutzen und auch berufsfremde Tätigkeiten und Arbeiten unter seiner gewohnten Lebensstellung annehmen.[11] Dies gilt nicht nur, wenn er in seinem erlernten Beruf keine Anstellung findet, sondern auch, wenn er seine bisherige Arbeitsstelle verliert.[12] Das volljährige Kind muss ggf. auch eine von seinem Vater in dessen Geschäft angebotene Stelle annehmen.[13] Vgl. auch Rn. 1/491. Kommt der Volljährige einer zumutbaren Erwerbsobliegenheit nicht nach, entfällt seine Bedürftigkeit in Höhe eines erzielbaren 48

---

[6] OLG Düsseldorf, FamRZ 1990, 194

[7] DIJuF, JAmt 2002, 125

[8] OLG Frankfurt, FamRZ 1990, 789 = NJW 1990, 1798

[9] OLG Koblenz, FamRZ 1991, 108

[10] Büttner, NJW 2000, 2547, 2549; zur Kindergeldberechtigung vgl. BFH, NJW 1999, 3214

[11] BGH, FamRZ 1987, 930, 932 = NJW-RR 1987, 706; FamRZ 1985, 273; FamRZ 1985, 1245 = R 256

[12] OLG Zweibrücken, FamRZ 1984, 1250; OLG Hamburg, FamRZ 1984, 607; OLG Köln, FamRZ 1983, 942

[13] OLG Zweibrücken, FamRZ 1984, 1250

Erwerbseinkommens. Auf § 242 BGB oder auf § 1618 a BGB allein kann ein Unterhaltsanspruch nicht gestützt werden.[14] Vgl. dazu auch Rn. 520 a.

Zum Bedarf des Kindes, das keine Berufsausbildung absolviert, gleichwohl ausnahmsweise unterhaltsberechtigt ist, vgl. Rn. 406.

49 Auch ein **minderjähriges Kind** ist zur Erwerbstätigkeit verpflichtet, wenn es nicht mehr schulpflichtig ist und sich nicht ausbilden lässt (vgl. oben Rn. 46).

4. Erwerbspflicht des Kindes trotz Schwangerschaft oder Betreuung eines eigenen Kindes

50 Eine Tochter, die schwanger ist oder ein eigenes Kind betreut und deshalb nicht erwerbstätig ist, kann **ausnahmsweise** einen **Unterhaltsanspruch** gegen ihre Eltern haben. Ein solcher Anspruch dient nur der Behebung der eigenen Bedürftigkeit der Mutter, nicht der des (Enkel-)Kindes, für dessen Bedarf zunächst der Kindesvater aufzukommen hat.[15] Ein Unterhaltsanspruch der Tochter wird in erster Linie bei Geburt eines nichtehelichen Kindes in Betracht kommen.[16] Jedoch ist auch ein Unterhaltsanspruch einer verheirateten Tochter infolge der Geburt eines ehelichen Kindes nicht ausgeschlossen, z. B. wenn der vorrangig haftende Ehemann (§ 1608 S. 1 BGB) verstorben ist oder Unterhaltsansprüche gegen ihn aus §§ 1361, 1570 BGB nicht realisiert werden können. Schließlich kommt auch ein Anspruch des Vaters, der sein eigenes (nichteheliches) Kind betreut, gegen seine Eltern in Betracht, wenn er einen Unterhaltsanspruch gegen die Kindesmutter nicht realisieren kann (vgl. § 1615 l V BGB). Vgl. dazu Rn. 545 ff.

51 Eltern sind ihrem Kind, wenn dieses ein eigenes (Enkel-)Kind betreut, nur dann unterhaltspflichtig, falls der andere Elternteil des (Enkel-)Kindes nicht leistungsfähig ist. Volljährige Kinder, die selbst Kinder haben, sind für sich und das Kind grundsätzlich selbst verantwortlich. Vgl. Rn. 48. Der Unterhaltsanspruch gegen die Eltern ist **nachrangig.** Vorrangig haften der Ehemann für den Unterhalt der verheirateten Mutter und der nicht verheiratete Vater für denjenigen der nichtehelichen Mutter (§§ 1608 S. 1, 1615 l III 2 BGB). Die Unterhaltspflicht des Vaters des nichtehelichen Kindes beginnt frühestens vier Monate vor der Entbindung und endet in der Regel drei Jahre danach, in Ausnahmefällen auch später (§ 1615 l II 3 BGB). Vgl. dazu im Einzelnen Rn. 6/761 ff.

52 In der Praxis kommt fast nur der Anspruch der Mutter eines nichtehelichen Kindes gegen ihre Eltern vor. Diese haften – anders als der Kindesvater nach § 1615 l II 3 BGB[17] (vgl. dazu Pauling Rn. 6/763) – nur dann auf Unterhalt, wenn die Mutter alle Erwerbsmöglichkeiten ausgeschöpft hat. Im Verhältnis zu ihren Eltern steht es nicht im Belieben der Kindesmutter, ob sie ihr Kind selbst versorgen möchte. Voraussetzung ist vielmehr, dass die **Betreuung** und Versorgung des Kindes durch die Mutter in dessen Interesse **erforderlich** ist, weil eine Möglichkeit zu einer anderweitigen entgeltlichen oder unentgeltlichen Versorgung, z. B. in einem Hort, durch Verwandte oder eine Tagesmutter, bzw. durch den Kindesvater und jetzigen Lebenspartner nicht besteht.[18] Dasselbe gilt, wenn die Fremdbetreuung durch Erwerbseinkünfte, die die Mutter durch eine ihr zuzumutende Tätigkeit erzielen könnte, nicht finanziert werden könnte. Der **Lebensgefährte** der Mutter ist jedenfalls dann zur unentgeltlichen Mitbetreuung des Kindes verpflichtet, wenn er dessen Vater ist.[19] Er trägt mindestens seit dem 1. 7. 1998, also seit Inkrafttreten des KindRG und des KindUG, Verantwortung für das Kind, selbst wenn er die elterliche Sorge nicht gemäß § 1626 a BGB gemeinsam mit der Mutter ausübt, da diese Gesetze nahezu alle Unterschiede zwischen ehelichen und nichtehelichen Kindern abgeschafft haben.[20] Vgl. dazu Rn. 1 b,

---

[14] BGH, FamRZ 2001, 1601 = R 562 b

[15] BGH, FamRZ 1985, 273

[16] BGH, FamRZ 1985, 273

[17] BGH, FamRZ 1998, 541, 543 = R 520 b

[18] BGH, FamRZ 1985, 273

[19] So im Ergebnis mit Recht OLG Oldenburg, FamRZ 1991, 1090

[20] So jetzt BGH, FamRZ 2001, 614, 616 = R 556 b unter Aufgabe seiner früheren Rechtsprechung (FamRZ 1995, 598)

192. Die Tochter kann daher ihren Eltern nicht entgegenhalten, die Betreuung des nichtehelichen Kindes durch den Kindesvater sei eine freiwillige Leistung eines Dritten, die ihre Bedürftigkeit nicht beseitige (Rn. 100 ff.). Führt die Mutter des Kindes dem Kindesvater den Haushalt, so mindern Leistungen, die sie von ihm für die gemeinsame Lebenshaltung entgegennimmt, ihre Bedürftigkeit.[21] Vergütet der Kindesvater die Haushaltsführung durch die Mutter nicht, kann ihr ein fiktives Entgelt für die Versorgung ihres Partners zugerechnet werden (vgl. Rn. 89, 1/472 f.). Erziehungsgeld, das die Mutter bezieht, ist kein anrechenbares Einkommen.[22] Zu Ansprüchen des Kindes gegen die Mutter, die ein eheliches oder nichteheliches Kind aus einer neuen Verbindung betreut, vgl. Rn. 166, 172 ff.

Wegen der verstärkten eigenen Erwerbsobliegenheit der Kindesmutter hindert die **Betreuung eines** schulpflichtigen siebenjährigen und eines sechzehnjährigen **Kindes** jedenfalls eine Teilerwerbstätigkeit nicht.[23] Auch die Betreuung eines weiteren zweijährigen Kindes steht nur dann einer Teilerwerbstätigkeit entgegen, wenn die ganztägige Betreuung und Versorgung des Kindes durch die Kindesmutter selbst in dessen objektivem Interesse erforderlich ist, weil eine Möglichkeit zu einer Teilzeitversorgung, z. B. in einem Hort, einem Kindergarten oder bei Verwandten nicht besteht.[24] Dasselbe gilt, wenn die Kinder durch den Lebensgefährten der Mutter betreut werden können, jedenfalls dann, wenn dieser der Vater eines der Kinder ist (s. Rn. 52).[25] 53

Die – im Regelfall wohl beste – vollständige Selbstbetreuung der Kinder zu wählen, steht der Mutter zwar kraft ihres Sorgerechts frei, aber sie kann die Entscheidung nicht auf Kosten ihrer Eltern treffen. Auch möglicherweise auftretende versorgungstechnische Probleme bei Teilerwerbstätigkeit im Krankheitsfall, etwaige Entfernungs- und Verkehrsprobleme, fehlende Koordinierung von Betriebs- und Kindergartenferien, sind nicht geeignet, die Kindesmutter von vornherein davon zu entbinden, sich um Arbeitsstellen zu bemühen.[26] 54

Hinsichtlich des **Selbstbehalts** der Eltern gilt § 1603 BGB. Ist die (nicht verheiratete) Tochter noch minderjährig, steht ihnen nur der notwendige Selbstbehalt zu. Vgl. dazu Rn. 260, 264 ff. Bei einem privilegiert volljährigen Kind (vgl. dazu Rn. 452 ff.) kommt ein Anspruch auf Barunterhalt nicht in Betracht, da die Tochter dann noch im Haushalt der Eltern oder eines Elternteils leben und die Schule besuchen muss. In einem solchen Fall erhält sie Naturalunterhalt im elterlichen Haushalt. Nach Auszug der volljährigen Tochter aus dem elterlichen Haus verbleibt den Eltern der angemessene Selbstbehalt von 1000,– €. Vgl. dazu Rn. 417 ff. Hat die Tochter die Ausbildung bereits beendet und eine selbstständige Lebensstellung erlangt und ist sie infolge der Schwangerschaft oder der Geburt des Kindes erneut bedürftig geworden, kommt eine Erhöhung des angemessenen Selbstbehalts auf 1250,– € in Betracht. Vgl. dazu Rn. 425. 54 a

Sollte ausnahmsweise die Bedürftigkeit der Kindesmutter bejaht werden können, kommt eine **Verwirkung** des Unterhaltsanspruchs nach § 1611 I BGB in der Regel nicht in Betracht. Zur Verwirkung vgl. Rn. 478 ff. Die Herbeiführung der eigenen Bedürftigkeit durch einfaches Verschulden berührt den Unterhaltsanspruch nicht, sondern nur ein vorwerfbares sittliches Verschulden von erheblichem Gewicht. Infolge gewandelter gesellschaftlicher Auffassung wird heute der intime Umgang zwischen erwachsenen Partnern auch im Rahmen einer nur flüchtigen Verbindung nicht mehr sittlich missbilligt. Auch kommt es in der Regel nicht darauf an, ob die Partner (sichere) Maßnahmen der Empfängnisverhütung getroffen haben.[27] War die Kindesmutter bei der Zeugung noch minderjährig, scheidet eine Verwirkung ohnehin aus (§ 1611 II BGB).[28] 55

---

[21] So OLG Koblenz, FamRZ 1991, 1469, jedenfalls dann, wenn die Partner seit Jahren in einem „festgefügten sozialen Verbund" leben
[22] OLG München, FamRZ 1999, 1166
[23] BGH, FamRZ 1985, 1245 = R 256
[24] BGH, FamRZ 1985, 1245 = R 256; OLG München, FamRZ 1999, 1166
[25] BGH, FamRZ 2001, 1065 = R 549 a; OLG Oldenburg, FamRZ 1991, 1090
[26] BGH, FamRZ 1985, 1245 = R 256
[27] BGH, FamRZ 1985, 273 = NJW 1985, 806
[28] BGH, FamRZ 1988, 159, 163 = R 346 j

II. Ausbildungsunterhalt

1. Ausbildungsanspruch

56 Eltern schulden ihren minderjährigen wie ihren volljährigen Kindern, ihren Söhnen wie ihren Töchtern nach § 1610 II BGB eine angemessene Vorbildung für einen Beruf. Dies gilt selbstverständlich auch dann, wenn die Eltern nie miteinander verheiratet waren, das Kind also nicht ehelich ist.

57 **„Angemessen“** ist eine Ausbildung, die der Begabung und den Fähigkeiten, dem Leistungswillen und den beachtenswerten, nicht nur vorübergehenden Neigungen des einzelnen Kindes am besten entspricht. Geschuldet wird die den Eltern **wirtschaftlich zumutbare Finanzierung einer optimalen begabungsbezogenen Berufsausbildung** ihres Kindes, die dessen Neigungen entspricht, ohne dass sämtliche Neigungen und Wünsche berücksichtigt werden müssen, insbesondere nicht solche, die sich nur als flüchtig oder vorübergehend erweisen oder mit den Anlagen und Fähigkeiten des Kindes oder den wirtschaftlichen Verhältnissen der Eltern nicht zu vereinbaren sind.[29]

Auf den Beruf oder die gesellschaftliche Stellung der Eltern kommt es nicht an, wohl aber auf deren wirtschaftliche Leistungsfähigkeit.

58 Kinder haben grundsätzlich nur Anspruch auf **eine Ausbildung,** nicht auf mehrere. Haben Eltern die ihnen obliegende Pflicht, ihrem Kind eine angemessene Ausbildung zu gewähren, in rechter Weise erfüllt und hat das Kind einen Abschluss seiner Ausbildung erlangt, sind sie ihrer Unterhaltspflicht aus § 1610 II BGB in ausreichender Weise nachgekommen. Sie sind unter diesen Umständen grundsätzlich nicht verpflichtet, noch eine weitere zweite Ausbildung zu finanzieren, der sich das Kind nachträglich nach Beendigung der ersten Ausbildung unterziehen will.[30] Dieser Grundsatz ist jedoch durch zahlreiche Ausnahmen durchlöchert (vgl. unten Rn. 73 ff., 78 ff.).

2. Berufswahl

59 Bei **Minderjährigen** bestimmen die Eltern oder der sorgeberechtigte Elternteil im Interesse des Kindes unter Berücksichtigung der Kriterien zu Rn. 57 zunächst die Schule, nach Beendigung des Schulbesuchs den Beruf, in dem das Kind ausgebildet werden soll. An dem Entscheidungsprozess ist das Kind entsprechend seinem Entwicklungsstand zu beteiligen (§ 1626 II 2 BGB). Die Eltern haben auf Eignung und Neigung des Kindes Rücksicht zu nehmen (§ 1631 a S. 1 BGB) und auf Grund ihrer Erfahrungen mit dem Kind eine Prognose anzustellen. Dabei müssen nur solche Neigungen und Begabungen berücksichtigt werden, deren Vorhandensein über einen längeren Zeitraum hinweg beobachtet werden konnte und die nicht auf einer flüchtigen Laune des Augenblicks beruhen.[31] Bei gemeinsamer elterlicher Sorge müssen die Eltern versuchen, sich zu einigen (§ 1627 S. 2 BGB). Bei Alleinsorge ist die Entscheidung des sorgeberechtigten Elternteils von dem anderen grundsätzlich hinzunehmen, auch wenn die gewählte Ausbildung mit Mehrkosten verbunden ist.[32] Nur in Ausnahmefällen kommen Maßnahmen des Familiengerichts nach §§ 1666, 1629 II 3, 1796 BGB in Betracht.

60 **Volljährige** entscheiden gemeinsam mit ihren Eltern über die Berufswahl.[33] Letztlich können sie die Entscheidung allein treffen, insbesondere das Studienfach wählen,[34] ggf. auch

[29] BGH, FamRZ 2000, 420 = R 536 a; FamRZ 1993, 1057 = NJW 1993, 2238 = R 462 a, b; FamRZ 1992, 170 = R 439; FamRZ 1989, 853 = R 391 a

[30] BGH, FamRZ 2000, 420 = R 536 a; FamRZ 1993, 1057 = R 462 b; FamRZ 1992, 170 = R 439; FamRZ 1989, 853 = R 391 a

[31] OLG Stuttgart, NJW 1979, 1166

[32] OLG Nürnberg, FamRZ 1993, 837

[33] BGH, FamRZ 2000, 420 = R 536 a

[34] Vgl. BGH, FamRZ 1996, 798 = R 501 a

gegen den Willen ihrer Eltern. Sie müssen allerdings bei dieser Entscheidung die Kriterien zu Rn. 57 beachten. Vgl. dazu auch Rn. 342 ff. Im Streitfall entscheidet das Familiengericht (Rn. 64).

Eltern in wirtschaftlich beengten Verhältnissen sind nicht zur Finanzierung einer aufwändigen Ausbildung verpflichtet, auch wenn sie den Fähigkeiten des Kindes entsprechen würde. Das Ausbildungsverhältnis zwischen Eltern und Kindern ist nach § 1618 a BGB von gegenseitiger Rücksicht geprägt. Aus diesem **Gegenseitigkeitsprinzip**[35] (vgl. dazu näher Rn. 65) folgt, dass sich der Berechtigte bei Verschlechterung der wirtschaftlichen Verhältnisse seiner Eltern oder bei eigenen Verstößen gegen die Obliegenheit zur zielstrebigen Ausbildung auf eine weniger kostspielige Ausbildung oder einen weniger kostspieligen Ausbildungsort verweisen lassen muss (vgl. Rn. 343). In solchen Fällen hat die staatliche Ausbildungsförderung einzugreifen. Zu berücksichtigen ist allerdings, dass in Deutschland in der Regel weder Schulgeld noch Studiengebühren erhoben werden. Zudem verbleibt den Eltern gegenüber volljährigen Kindern, die das Elternhaus verlassen oder die allgemeine Schulausbildung beendet haben, der große Selbstbehalt (§ 1603 I, II 2 BGB), der nach der Düsseldorfer Tabelle (A 5 II) und den meisten Leitlinien der Oberlandesgerichte in den alten Bundesländern 1000,– € beträgt (vgl. Rn. 417 ff.). Eltern werden sich daher der Finanzierung einer Ausbildung nur in seltenen Fällen entziehen können. Besondere Bedeutung gewinnt die **Zumutbarkeit** der weiteren Unterhaltszahlung dagegen bei Verletzung der Ausbildungsobliegenheit (Rn. 65) und in den Fällen der Weiterbildung, insbesondere bei dem Ausbildungsgang Abitur – Lehre – Studium (vgl. dazu unten Rn. 78 ff.). 61

Bei ernsthaften Zweifeln an der **Eignung** und am Leistungswillen des Kindes für eine beabsichtigte Ausbildung, insbesondere für ein anspruchsvolles Studium, sind die Eltern nicht gehalten, Unterhalt zu gewähren. Vgl. dazu Rn. 65. Sie sind nicht verpflichtet, begabungsmäßig abwegige Berufswünsche und damit eine offensichtliche Fehlentwicklung zu finanzieren, die voraussehbar zu Enttäuschungen führen wird. Dies gilt vor allem bei mehrfachem Scheitern im Rahmen der bisherigen Ausbildung. Vgl. Rn. 68. Die Eignung des Kindes ist aus der Sicht eines objektiven Beobachters bei Aufnahme der Ausbildung zu beurteilen. Dies schließt allerdings nicht aus, zur Bestätigung des gewonnenen Ergebnisses die spätere Entwicklung des Kindes heranzuziehen.[36] Dies gilt besonders dann, wenn es um die Frage geht, ob die Eltern die Begabung des Kindes falsch eingeschätzt haben.[37] Hat das Kind die Hochschulreife erworben, wird nur in seltenen Ausnahmefällen seine Eignung für ein Studium verneint werden können. Dies kann allerdings in Betracht kommen, wenn das Kind infolge ihm möglicherweise nicht anzulastender Verzögerungen das Abitur erst im vorgerückten Alter von z. B. 28 Jahren besteht.[38] Vgl. auch Rn. 65 a. 62

Ein Berufswunsch kann von den Eltern dagegen nicht mit der Begründung abgelehnt werden, dass später ungünstige Anstellungsaussichten bestünden. Einmal arbeiten viele Kinder, insbesondere solche mit Hochschulabschluss, nicht in dem Bereich, für den sie sich durch ihre Ausbildung in erster Linie qualifiziert haben. Zum anderen tragen die Eltern nach Ausbildungsabschluss nicht das **Arbeitsplatzrisiko des Kindes.** Vielmehr ist das Kind dann verpflichtet, selbst für seinen Lebensunterhalt zu sorgen und jede Arbeitsstelle, auch außerhalb des erlernten Berufs, notfalls Hilfsarbeiten, anzunehmen (vgl. Rn. 48). 63

Besteht zwischen Eltern und Kindern **Streit um die Angemessenheit eines Berufswunsches,** ist hierüber bei Volljährigen vom Familienrichter im Rahmen eines Unterhaltsprozesses selbst zu entscheiden. Bei Minderjährigen kann das Familiengericht die erforderlichen Maßnahmen nach §§ 1666, 1629 II 3, 1796 BGB treffen. Die frühere Sondervorschrift des § 1631 a II BGB ist durch Art. 1 Nr. 48 KindRG als überflüssig gestrichen worden.[39] 64

---

35 BGH, FamRZ 1995, 416 = R 486
36 BGH, FamRZ 1991, 322
37 BGH, FamRZ 2000, 420 = R 536 c
38 BGH, FamRZ 2000, 420 = R 536 d
39 BT-Drucks. 13/4899 S. 64 f., 115

3. Ausbildungsverpflichtungen des Kindes und Ausbildungsdauer

65 **a) Beginn und Durchführung der Ausbildung.** Nach dem **Gegenseitigkeitsprinzip** (Rn. 61) steht der Verpflichtung der Eltern, dem Kind eine angemessene Berufsausbildung zu ermöglichen (§ 1610 II BGB), die Ausbildungsobliegenheit des Kindes gegenüber. Vgl. Rn. 46. Nach Ablauf einer **Orientierungsphase** (vgl. dazu auch Rn. 71), deren Dauer unterschiedlich ist und sich nach Alter, Entwicklungsstand und den gesamten Lebensumständen richtet, hat das Kind seinen Berufs- und Lebensweg eigenverantwortlich zu gestalten.[40] Zu lange Verzögerungen der Aufnahme einer Berufsausbildung können zum Verlust des Ausbildungs- und damit des Unterhaltsanspruchs führen.[41]

Das Kind ist daher gehalten, alsbald nach der Schule oder der Beendigung des letzten Ausbildungsabschnitts eine Berufsausbildung zu beginnen oder fortzusetzen und sie mit Fleiß und der gebotenen Zielstrebigkeit in angemessener und üblicher Zeit zu beenden. Ausbildungsunterhalt wird nur insoweit geschuldet, als er für eine angemessene Vorbildung zu einem Beruf erforderlich ist. Verletzt das Kind nachhaltig seine Obliegenheit, die Ausbildung planvoll und zielstrebig aufzunehmen und durchzuführen, so büßt es den Unterhaltsanspruch ein und ist darauf zu verweisen, seinen Unterhalt selbst durch Erwerbstätigkeit sicherzustellen (vgl. Rn. 48). Die Voraussetzungen für eine Verwirkung des Unterhaltsanspruchs (§ 1611 I BGB; vgl. Rn. 478 ff.) brauchen nicht vorzuliegen.[42] Dies gilt auch dann, wenn das Kind nach Beendigung der Schule zunächst **überhaupt keine Ausbildung** beginnt.

Die Konsequenzen dieser Rechtsprechung dürfen freilich nicht überschätzt werden. Es bleibt dabei, dass jedes Kind grundsätzlich Anspruch auf eine Berufsausbildung hat (Rn. 56 ff.). Der Ausbildungsanspruch kann daher nur dann versagt werden, wenn das Kind nachhaltig während eines längeren Zeitraums seine Ausbildungsobliegenheit verletzt und den Eltern deshalb weiterer Unterhalt **nicht mehr zugemutet** werden kann (vgl. dazu auch Rn. 83). Dabei sind alle Umstände des Falles, insbesondere die schulischen Leistungen und der bisherige Ausbildungsgang des Kindes zu würdigen. Danach brauchen die Eltern unter Umständen nicht mehr damit zu rechnen, dass das Kind die Hochschulreife nachholt und ein Studium beginnt.[43] Es kann auch ins Gewicht fallen, dass auf Grund des Alters des Kindes steuerliche Erleichterungen, Kindergeld und kindbezogene Gehaltsbestandteile unabhängig vom Ausbildungsstand entfallen.[44] Vgl. dazu Rn. 488. Schließlich können auch das Alter der Eltern und die von ihnen im Vertrauen auf das Verhalten des Kindes getroffenen Dispositionen eine Rolle spielen (vgl. Rn. 83).[45]

65 a Nach diesen Grundsätzen verliert ein Kind, das nach dem Schulabschluss nicht sogleich eine Ausbildung begonnen, sondern eine ungelernte Arbeit ausgeübt hat oder keiner Berufstätigkeit nachgegangen ist, nicht ohne weiteres den Anspruch auf eine angemessene Ausbildung. So kann auch ein 24-jähriges Kind jedenfalls dann ein Studium beginnen, wenn die Eltern noch damit rechnen mussten, auf Unterhalt in Anspruch genommen zu werden.[46] Jedoch ist mit zunehmendem Alter des Kindes besonders zu prüfen, ob die erste oder ggf. die weitere Ausbildung angemessen ist, ob angesichts der Entwicklung des Kindes Zweifel an seiner Eignung und seinem Leistungswillen bestehen (vgl. dazu Rn. 62) und ob mit einem erfolgreichen Abschluss des Studiums gerechnet werden kann.[47] Die Eltern werden aber dem Kind, wenn es seine Begabung zulässt, in aller Regel den Besuch der Sekundarstufe II ermöglichen müssen, damit es die Hochschulreife erlangen kann.[48] Dies gilt auch dann, wenn es – wie viele Kinder – vor Ende des Schulbesuchs noch keine genauen

---

[40] BGH, FamRZ 2001, 757 = R 557 a
[41] BGH, FamRZ 1998, 671 = R 523
[42] BGH, FamRZ 2001, 757 = R 557 a; FamRZ 1998, 671 = R 523
[43] BGH, FamRZ 1998, 671 = R 523
[44] BGH, FamRZ 1998, 671 = R 523
[45] BGH, FamRZ 1989, 853 = R 391 b
[46] OLG Stuttgart, FamRZ 1996, 181
[47] BGH, FamRZ 2000, 420, 422 = R 536 c, d; OLG Hamm, FamRZ 1995, 1007
[48] OLG Karlsruhe, NJW-FER 1998, 148

Vorstellungen über das Studienfach hat. Ein mäßiger Hauptschulabschluss schließt eine praktische Ausbildung nicht aus; auch beim Scheitern des Kindes in dieser Ausbildung kann der Wechsel zu einer anderen gerechtfertigt sein.[49] Jedoch endet die Unterhaltspflicht der Eltern, wenn das Kind aus einer Verweigerungshaltung unzureichende Leistungen, z. B. an einer Fachschule, erbringt. Dann muss es die Ausbildung abbrechen und seinen Unterhalt durch ungelernte Arbeit sicherstellen.[50] Auch wenn eine Berufsausbildung nicht abgeschlossen oder nicht einmal begonnen wurde, kann der Anspruch des Kindes auf eine angemessene Ausbildung mit der Zeit vollständig zurücktreten, wenn das Kind eine selbstständige Lebensstellung erlangt hat und seinen Bedarf auf Grund bislang ausgeübter Tätigkeiten oder sonst erworbener Fähigkeiten selbst decken kann.[51] Vgl. Rn. 406. Voraussetzung des Ausbildungsunterhalts ist, dass das Kind seine Ausbildung **zielstrebig** und ohne wesentliche Verzögerungen, die in seinen Verantwortungsbereich fallen, betreibt. Vgl. dazu auch Rn. 68. Dies bedeutet aber nicht, dass das Kind auf Möglichkeiten weiteren Kenntniserwerbs, der einer angemessenen Berufsausbildung dient, zu verzichten hat, um den Unterhaltspflichtigen zu entlasten.[52]

b) Studienverlauf. Ein Studierender hat grundsätzlich den für seinen Studiengang maßgeblichen Studienplan einzuhalten.[53] Ihm ist allerdings ein **gewisser Spielraum** für die selbstständige Auswahl der angebotenen Lehrveranstaltungen und für den eigenverantwortlichen Aufbau des Studiums zuzugestehen, sofern dadurch nicht der ordnungsgemäße Abschluss des Studiums innerhalb angemessener Frist gefährdet wird. Allein die Tatsache, dass eine vorgeschriebene Zwischenprüfung nicht rechtzeitig absolviert wurde, führt noch nicht zum Verlust des Anspruchs auf Ausbildungsunterhalt, wenn es auch sonst üblich ist, die Zwischenprüfung entgegen dem Wortlaut der Prüfungsordnung erst später abzulegen, und wenn ein ordnungsgemäßer Abschluss des Studiums innerhalb angemessener und üblicher Zeit möglich bleibt.[54] Vgl. auch Rn. 68. 66

c) Studienort, Auslandsaufenthalt. Innerhalb des ihm zustehenden Spielraums kann das Kind den Studienort wechseln oder zeitweise im Ausland studieren, wenn dadurch Kenntnisse erworben, vertieft oder erweitert werden, die seine fachliche Qualifikation und seine Berufsaussichten fördern. Soweit hierdurch ein erhöhter Unterhaltsbedarf besteht, ist dieser regelmäßig vom Verpflichteten zu tragen, sofern sich die Finanzierung in den Grenzen seiner wirtschaftlichen Leistungsfähigkeit hält und sie für ihn nicht wirtschaftlich unzumutbar ist; vgl. dazu Rn. 83. Voraussetzung ist allerdings, dass der ordnungsgemäße Abschluss des Studiums innerhalb angemessener Frist nicht gefährdet wird.[55] Zeitliche Verzögerungen müssen hingenommen werden, wenn der Auslandsaufenthalt (vor allem bei Minderjährigen) von den Eltern mit zu verantworten ist oder wenn das Kind schwierigen häuslichen Verhältnissen (Rn. 74) entkommen wollte.[56] 67

d) Ausbildungsdauer, Überschreitung der Regelstudienzeit. Unterhalt muss grundsätzlich nur **bis zum Regelabschluss** einer üblichen Ausbildung (Abschlussprüfung nach einer Lehre oder einem Studium, inbesondere Diplom) gezahlt werden. Auf die Mindeststudienzeit kann nicht abgestellt werden. Eine **Promotion** ist nur ausnahmsweise der Regelabschluss eines Studiums. Zudem ist der Doktorand in der Regel gehalten, einer Teilzeitarbeit nachzugehen und hierdurch seinen Bedarf zu decken, so dass eine Unterhaltspflicht der Eltern im Allgemeinen nicht in Betracht kommt.[57] Unterhalt für ein Zusatzstudium nach der Abschlussprüfung für das Lehramt zum Erwerb der Lehrbefähigung für ein weiteres Unterrichtsfach wird von den Eltern auch dann nicht geschuldet, wenn sich dadurch die Anstellungschancen erhöhen.[58] Vgl. aber hierzu Rn. 78ff. Auch die Vorberei- 68

---

[49] OLG Hamm, FamRZ 1997, 695
[50] OLG Hamm, FamRZ 1997, 695
[51] OLG Hamm, FamRZ 1995, 1007
[52] BGH, FamRZ 1992, 1064 = R 446
[53] BGH, FamRZ 1992, 1064 = R 446
[54] BGH, FamRZ 1992, 1064 = R 446; FamRZ 1987, 470 = R 326; FamRZ 1984, 777
[55] BGH, FamRZ 1992, 1064 = R 446
[56] BGH, FamRZ 2001, 757 = R 557b
[57] OLG Hamm, FamRZ 1990, 904; OLG Karlsruhe, OLGZ 1980, 209
[58] OLG Stuttgart, FamRZ 1996, 1434

tung auf die **Meisterprüfung** gehört im Allgemeinen nicht zur Berufsausbildung; jedoch kann sich eine Verpflichtung der Eltern zur Fortzahlung des Unterhalts aus den Grundsätzen über die Weiterbildung ergeben.[59] Vgl. unten Rn. 78 ff.

Unterhalt wird nur während der üblichen Ausbildungsdauer geschuldet. Einen Anhalt für die Zeit, innerhalb deren ein durchschnittlicher Student bei gehöriger Anstrengung den Studienabschluss erreichen kann, wird in der Regel die **Höchstförderungsdauer nach § 15 a BAföG** bieten.[60] Vgl. dazu Rn. 6/586. Eine **Verlängerung** dieser Zeit kann in Betracht kommen:

- bei **Krankheit,**[61]
- bei Verzögerungen, die auf gestörten Familienverhältnissen (Rn. 74) oder **erzieherischem Fehlverhalten** der Eltern und den daraus entstehenden psychischen Folgen für das Kind beruhen,[62]
- bei **leichterem,** nur vorübergehendem **Versagen** des Kindes,[63] z. B. einmaligem Nichtbestehen einer Prüfung oder bei Hinauszögern des Examens, wenn dadurch der Abschluss der gesamten Ausbildung in angemessener Zeit nicht gefährdet wird,
- bei **erheblichen Schwierigkeiten** bei der Materialsuche für die Examensarbeit, insbesondere wegen der unzureichenden Ausstattung vieler Hochschulen mit Fachliteratur,[64]
- bei **Auslandsstudium,** Wechsel des Studienorts (vgl. Rn. 67),[65]
- bei sonstigen **zwingenden Umständen,** die eine Unterbrechung oder eine Verzögerung des Studiums zur Folge haben. Solche Verhältnisse können vorliegen, wenn der Student seinen Lebensunterhalt durch **Nebenarbeit** verdienen muss, weil die Eltern ihren Unterhaltspflichten verschuldet oder unverschuldet nicht nachkommen. Vgl. auch Rn. 88.

Vom Kind ist zu verlangen, dass es die Gründe für die Verzögerung des Studiums substantiiert **darlegt und ggf. beweist.** Im Allgemeinen wird man eine Überschreitung der üblichen Studiendauer um ein bis zwei Semester tolerieren können. Nach nicht bestandener Prüfung muss einem Studierenden grundsätzlich ein, nur in seltenen Ausnahmefällen ein zweiter Wiederholungsversuch zugestanden werden, bevor Rückschlüsse auf fehlende Eignung für den angestrebten Beruf gezogen werden können. Anders kann es liegen, wenn Zweifel an der psychischen Belastbarkeit und damit an der Prüfungsfähigkeit des Kindes bestehen.[66] Ferner ist Unterhalt für die Zeit des Examens zu gewähren und für einen Zeitraum von etwa drei Monaten, innerhalb dessen sich das Kind um eine Arbeitsstelle bewerben kann.[67]

69 **e) Bummelstudium.** Die Grundsätze zu Rn. 68 bedeuten nicht, dass die Eltern ein „Bummelstudium" finanzieren müssen. Wenn der Student nachhaltig seine Obliegenheit verletzt, dem Studium pflichtbewusst und zielstrebig nachzugehen, dann büßt er seinen Anspruch auf Ausbildungsunterhalt ein und muss sich darauf verweisen lassen, seinen Lebensunterhalt durch Erwerbstätigkeit selbst zu verdienen.[68]

70 **f) Parkstudium.** Die Eltern sind unterhaltsrechtlich nicht verpflichtet, ein nicht berufszielbezogenes Parkstudium zu finanzieren.[69] Vielmehr hat das Kind während der Wartezeit bis zur Zulassung zum gewünschten Studienfach seinen Bedarf durch eigene Erwerbstätigkeit sicherzustellen.[70] Wird während eines von den Eltern tolerierten Parkstudiums Unterhalt bezahlt, muss sich das Kind bereits während der Wartezeit intensiv mit den angestrebten Fächern befassen.[71] Haben Eltern ohne rechtliche Verpflichtung ein Parkstudium finanziert

---

[59] OLG Stuttgart, FamRZ 1996, 1435
[60] OLG Hamm, FamRZ 1994, 387
[61] OLG Hamm, FamRZ 1990, 904
[62] BGH, FamRZ 2000, 420 = R 536 c; FamRZ 2001, 757, 759 = R 557 b
[63] BGH, FamRZ 1990, 149
[64] OLG Hamm, FamRZ 1990, 904
[65] BGH, FamRZ 1992, 1064 = R 446
[66] OLG Hamm, FamRZ 1997, 767
[67] OLG Hamm, FamRZ 1990, 904
[68] BGH, FamRZ 1987, 470 = R 326; OLG Hamm, FamRZ 1995, 1006
[69] OLG Koblenz, FamRZ 1991, 108
[70] OLG Frankfurt, FamRZ 1990, 789
[71] OLG Celle, FamRZ 1983, 641

oder hat sich die Ausbildung aus sonstigen Gründen verzögert, darf der Unterhalt für ein dann aufgenommenes, zielstrebig betriebenes Studium nicht um die letztlich nutzlos verstrichene Zeit gekürzt werden. Unterhalt für ein wertloses **Teilstudium** wird nicht geschuldet. Die Unterhaltspflicht für das jetzt aufgenommene Studium kann nur insgesamt bejaht oder verneint werden.[72] Beginnt das Kind ein Teilstudium, das nicht zu einem Abschluss führen kann (Magisterstudium ohne Hauptfach, aber mit zwei Nebenfächern), hat es keinen Unterhaltsanspruch.[73]

g) Wechsel oder Abbruch der Ausbildung. Ein Wechsel der Ausbildung ist unbedenklich, wenn er auf sachlichen Gründen beruht und unter Berücksichtigung der Gesamtumstände aus der Sicht des Unterhaltspflichtigen wirtschaftlich zumutbar ist. Für die Annahme eines hinreichenden Grundes kann sprechen, dass zwischen der abgebrochenen und der angestrebten Ausbildung ein **sachlicher Zusammenhang** besteht. Jedem jungen Menschen ist zuzubilligen, dass er sich über seine Fähigkeiten irrt oder falsche Vorstellungen über den gewählten Beruf hat. Ihm steht daher eine Orientierungsphase zu (Rn. 65). Ein Ausbildungswechsel ist im Interesse des Unterhaltspflichtigen umso eher zu akzeptieren, je früher er stattfindet. Dessen Belange erfordern es grundsätzlich auch, dass das Kind sich über seine geänderten Ausbildungspläne mit ihm zu verständigen versucht.[74] 71

Ein Studienwechsel an der Universität wird ohne Einverständnis des Verpflichteten in der Regel nur bis zum 2., allenfalls 3. Semester in Frage kommen, keinesfalls mehr in der zweiten Studienhälfte. Dasselbe gilt für den Wechsel des Ausbildungsplatzes oder einer Fach(ober-)schule, wenn bereits ein beachtlicher Teil der Ausbildungszeit verstrichen ist. Der Berechtigte hat ohne Zustimmung des Verpflichteten dann nur die Wahl zwischen Fortsetzung der begonnenen oder Selbstfinanzierung einer anderen Ausbildung. Ein nach fortgeschrittener Ausbildung behaupteter ernsthafter Neigungswandel ist vor allem dann kein wichtiger Grund für einen Fachrichtungswechsel, wenn es dem Auszubildenden möglich und zumutbar war, die gegen die zuerst gewählte Fachrichtung sprechenden Gründe vorher zu erkennen.[75] In der Regel ist es mit den schutzwürdigen Belangen des Verpflichteten nicht vereinbar, einem Studenten vor dem Studienabbruch wegen mangelnder Eignung eine „Überlegungs- und Erfahrungszeit" von drei Semestern zuzugestehen.[76] Vgl. dazu auch Rn. 75. Ein mehrfacher Abbruch der Ausbildung kann entschuldbar sein, wenn sie auf erzieherischem Fehlverhalten der Eltern, den sich daraus ergebenden psychischen Folgen für das Kind oder auf einer Erkrankung beruht.[77]

h) Kontrollrechte der Eltern. Dem Grundsatz der Gegenseitigkeit (vgl. Rn. 61, 65) widerspricht es, wenn der Berechtigte den zu Ausbildungszwecken gezahlten Unterhalt zu anderen Zwecken (Reisen, Bummeln) verwendet. Der Verpflichtete ist deshalb zu einer gewissen Kontrolle der Ausbildung berechtigt und kann die **Vorlage von Zeugnissen** über Zwischenprüfungen, erfolgreiche Teilnahme an Übungen, Studienbescheinigungen usw. verlangen.[78] Besucht das Kind berechtigterweise eine Privatschule (vgl. Rn. 317 ff.), so kann der Pflichtige den Nachweis des Schulbesuchs und der Höhe des Schulgeldes jedenfalls dann fordern, wenn das Kind im Ausland lebt oder der unterhaltspflichtige Elternteil keine Möglichkeit hat, sich von dem Wohlergehen und der Entwicklung des Kindes zu überzeugen.[79] Solche Kontrollrechte der Eltern ergeben sich aus § 242 BGB.[80] Weigert sich das Kind, die zu Recht geforderten Belege vorzulegen, sind die Eltern berechtigt, den Unterhalt bis zur Beibringung der Nachweise zurückzubehalten (§ 273 I BGB). Das Aufrechnungsverbot der §§ 394, 400 BGB (vgl. Rn. 6/300 ff.) steht der Ausübung des Zurückbehaltungsrechts nicht entgegen, da die Zurückhaltung des Unterhalts keinen der Aufrechnung gleich- 72

---

[72] BGH, FamRZ 1990, 149 = NJW-RR 1990, 327
[73] OLG Karlsruhe, FamRZ 2001, 852
[74] BGH, FamRZ 2001, 757, 759 = R 557 b
[75] OLG Frankfurt, FamRZ 1997, 694
[76] BGH, FamRZ 1987, 470 = R 326
[77] BGH, FamRZ 2000, 420 = R 536 b, c; FamRZ 2001, 757 = R 557 b
[78] OLG Celle, FamRZ 1980, 914
[79] Vgl. hierzu OLG Hamm, FamRZ 1996, 49
[80] BGH, FamRZ 1987, 470 = R 326; OLG Hamm, FamRZ 1996, 49

kommenden Erfolg hat.[81] Legt das Kind ordnungsgemäße Studiennachweise vor, ist der Unterhalt nachzuzahlen. Kann es den Nachweis nicht erbringen, ist der Unterhalt dagegen zu versagen, weil das Kind nicht nachgewiesen hat, die Ausbildung ordnungsgemäß betrieben zu haben.[82]

4. Finanzierung einer Zweitausbildung

73 Haben Eltern ihre Pflicht zur Gewährung einer Ausbildung in rechter Weise erfüllt, sind sie im Allgemeinen zur Finanzierung einer Zweitausbildung nicht verpflichtet (vgl. Rn. 58).[83] Es ist unerheblich, ob und in welchem Umfang sie finanziell zur Erstausbildung beigetragen haben; denn § 1610 II BGB verfolgt nur das Ziel, dem Kind eine angemessene Ausbildung zu verschaffen, verlangt aber nicht unter allen Umständen, dass die Eltern diese Ausbildung bezahlt haben.[84]

Unerheblich ist auch, ob die Richtlinien der staatlichen Ausbildungsförderung die Förderung der zweiten Ausbildung vorsehen und ob das Kind bei einem Studienfach, das einer Zulassungsbeschränkung unterliegt, die Studienberechtigung für die Zweitausbildung erlangt hat.[85] Entscheidend ist allein, ob die Erstausbildung angemessen war, d. h. der Begabung und den Fähigkeiten des Kindes, seinem Leistungswillen und beachtenswerten Neigungen entsprochen hat.[86]

74 Eine **Verpflichtung** der Eltern **zur Finanzierung einer Zweitausbildung** (zur Weiterbildung vgl. Rn. 78 ff.) besteht **ausnahmsweise,**

- wenn die Eltern das Kind gegen dessen Willen **in eine unbefriedigende Ausbildung gedrängt** hatten, die seiner damaligen Neigung und Begabung nicht entsprach.[87] Das ist insbesondere der Fall, wenn die Eltern dem Kind ein Studium aus Kostengründen verweigert haben und es deshalb eine Lehre absolviert hat[88] oder wenn sie einen während der Ausbildung rechtzeitig vorgebrachten Wunsch nach einem Ausbildungswechsel abgelehnt haben;[89]
- wenn bei der Berufswahl entweder die eigentliche **Begabung** des Kindes **von den Eltern falsch eingeschätzt** oder infolge einer Entwicklungsstörung nicht rechtzeitig entdeckt und erst später, spätestens bei Ende der Erstausbildung oder beim Beginn der Zweitausbildung, erkennbar geworden ist. Eine Fehleinschätzung durch das Kind allein reicht nicht;[90]
- wenn die Voraussetzungen des Ausbildungsgangs Abitur – Lehre – Studium nicht vorliegen (vgl. Rn. 80 ff.), aber die bisherige Ausbildung die **Begabungen** und Fertigkeiten des Kindes **nicht voll ausgeschöpft hat** (z. B. die Ausbildung zum Industriekaufmann bei einem Abiturienten mit einem im oberen Bereich liegenden Notendurchschnitt) **und** die **Verzögerung** des Studienabschlusses durch die vorgeschaltete praktische Ausbildung **auf** einem **leichteren vorübergehenden Versagen** des Kindes beruht, z. B. weil es auf den Rat einer fachkundigen Behörde vertraut hat;[91]
- wenn sich **schwierige häusliche Verhältnisse,** insbesondere Trennung und Scheidung der Eltern nachteilig auf die Entwicklung und Ausbildung des Kindes ausgewirkt, insbesondere zu einer Verschlechterung seiner Leistungen während der Ausbildung geführt haben;[92]

---

81 BGH, NJW 1987, 3254
82 BGH, FamRZ 1987, 470 = R 326
83 BGH, FamRZ 1993, 1057 = R 462 a; FamRZ 1991, 322; FamRZ 1989, 853 = R 391 b
84 BGH, FamRZ 1989, 853 = R 391 b
85 BGH, FamRZ 1977, 629 ff.; OLG Frankfurt, FamRZ 1984, 926
86 OLG Frankfurt, FamRZ 1984, 926
87 BGH, FamRZ 2000, 420 = R 536 a; FamRZ 1995, 416 = R 486; FamRZ 1989, 853 = R 391 b; FamRZ 1980, 1115
88 BGH, FamRZ 1991, 322
89 BGH, FamRZ 1991, 931 = NJW-RR 1991, 770
90 BGH, FamRZ 2000, 420 = R 536 a; FamRZ 1992, 1407 = R 453
91 BGH, FamRZ 1993, 1057 = R 462 b; vgl. auch BGH, FamRZ 2000, 420 = R 536 a
92 BGH, FamRZ 2000, 420 = R 536 b, c; FamRZ 2001, 1601 = R 562 a

- wenn sich die **Notwendigkeit eines Berufswechsels** herausstellt, weil der erlernte Beruf aus gesundheitlichen Gründen, z. B. einer Allergie bei einer Friseuse, oder aus Gründen, die bei Beginn der Ausbildung nicht vorhersehbar waren, keine Lebensgrundlage mehr bietet.[93] Die Notwendigkeit muss sich jedoch während oder unmittelbar nach Abschluss der Ausbildung herausstellen, da das Kind, das durch Ausübung des erlernten Berufs bereits eine selbstständige Lebensstellung erlangt hat, das Arbeitsplatzrisiko allein trägt (vgl. Rn. 63).

Ein Anspruch auf **Ausbildungsunterhalt** besteht vor allem dann **nicht** mehr, wenn 75
das Kind nach einer abgeschlossenen Lehre **bereits im Ausbildungsberuf gearbeitet** hat,[94] insbesondere wenn die Neigung des Kindes zu einer weiteren Ausbildung oder einem Studium ersichtlich erst in einem späteren Zeitpunkt (im entschiedenen Fall nach Beendigung einer Erstausbildung) hervorgetreten ist. Eine derartige spätere Entwicklung mussten die Eltern bei ihrer Entscheidung über die ihrem Kind zu gewährende angemessene Ausbildung nicht in ihre Überlegung einbeziehen.[95] Vgl. auch Rn. 65 a. Nach einer nicht unbedenklichen Entscheidung des OLG Frankfurt[96] soll das Kind Unterhalt während einer zweiten Ausbildung nicht verlangen können, wenn es die ungeliebte Erstausbildung auf Wunsch der Mutter und des Stiefvaters aufgenommen und zu Ende geführt hat. Das ist jedenfalls dann nicht zutreffend, wenn das Kind bei Beginn der Erstausbildung noch minderjährig war und sich dem Willen seiner gesetzlichen Vertreter gebeugt hat.

Allein der **Sinneswandel** eines Kindes, das sich seit längerer Zeit im allseitigen Einverständnis in der Ausbildung zu einem Beamten des gehobenen Dienstes befindet, soll die Eltern nach einer älteren Entscheidung des BGH[97] nicht dazu verpflichten, nach Abbruch des Vorbereitungsdienstes ein Hochschulstudium zu finanzieren, das das Kind nach Aufgabe der Ausbildung eigenmächtig aufgenommen hat. Ob diese Auffassung nach den Grundsätzen zum Studienwechsel und Studienabbruch (Rn. 71) noch aufrechterhalten werden kann, ist fraglich. Wenn die Ausbildung abgeschlossen ist, kann das Kind unter Umständen nach den Grundsätzen der Abitur-Lehre-Studium-Fälle zu einem Studium berechtigt sein (vgl. Rn. 80 ff.).

Eine Verpflichtung zur Finanzierung eines Psychologiestudiums besteht jedenfalls nicht mehr, wenn sich die Fähigkeit zum neuen Beruf erst gezeigt hat, nachdem das Kind für einen praktischen Beruf (z. B. Kfz-Mechaniker) ausgebildet worden ist, der seinen damals erkennbaren Fähigkeiten und Anlagen entsprach, und es diesen Beruf zunächst auch ausgeübt hat. Die Berücksichtigung einer sog. intellektuellen **Spätentwicklung** würde zu uferlosen Ansprüchen auf Ausbildungsfinanzierung führen. Die Vorschrift des § 1610 II BGB hat nicht den Sinn, Eltern in unübersehbarem und daher unangemessenem Umfang mit Unterhaltspflichten zu belasten.[98] Etwas anderes kann bei sachlichem Zusammenhang zwischen Ausbildung und Studium auch hier nach den Grundsätzen der Abitur-Lehre-Studium-Fälle gelten (vgl. Rn. 80 ff.). Allein das Bestehen des Abiturs im vorgerückten Alter verpflichtet die Eltern nicht dazu, ein Hochschulstudium zu finanzieren. Auf die formelle Studienberechtigung kommt es nicht an; entscheidend ist die Angemessenheit der Ausbildung im Einzelfall.[99] Vgl. Rn. 73.

Durch den zweijährigen Dienst als **Zeitsoldat** hat ein Kind dagegen keine angemessene 76
Berufsausbildung erlangt. Dies gilt jedenfalls für einen Abiturienten,[100] aber auch für ein Kind mit Haupt- oder Realschulabschluss, da die allenfalls erlangte Eignung zum Unteroffizier das Kind einseitig auf die Laufbahn eines Berufssoldaten festlegt und ein wesentlicher Teil des Dienstes des Zeitsoldaten der Erfüllung der Wehrpflicht dient.[101]

---

93 BGH, FamRZ 1995, 416 = R 486; OLG Frankfurt, FamRZ 1994, 257
94 OLG Frankfurt, FamRZ 1994, 257
95 BGH, FamRZ 1980, 1115
96 FamRZ 1997, 694
97 BGH, FamRZ 1981, 344, 346
98 BGH, FamRZ 1995, 416 = R 486; FamRZ 1981, 346, 347
99 BGH, FamRZ 2000, 420, 422 = R 536 d
100 BGH, FamRZ 1992, 170 = R 439
101 BGH, FamRZ 1992, 170 = R 439

77 Eine auf einer Regelschule neben dem Schulabschluss erworbene berufliche Qualifikation (z. B. Facharbeiter mit Abitur in der früheren DDR) ist in der Regel keine angemessene Berufsausbildung. Eine weitere Ausbildung, insbesondere ein Studium, ist daher nicht ausgeschlossen.[102] Es ist nicht erforderlich, dass zwischen der mit dem Abitur erworbenen beruflichen Qualifikation und dem anschließenden Studium ein sachlicher Bezug besteht.[103] Das **Berufsgrundschuljahr,** das vor allem Kindern, die keine Lehrstelle erhalten haben, eine berufliche Grundbildung für eine nachfolgende Berufsausbildung vermitteln soll, reicht als angemessene Ausbildung im Sinne des § 1610 II BGB nicht aus. Vgl. zur Doppelqualifikation durch eine Berufsausbildung und gleichzeitigen Schulbesuch Rn. 459.

5. Weiterbildung, insbesondere Studium nach einer praktischen Ausbildung

78 Ein Anspruch auf Ausbildungsunterhalt kann ausnahmsweise auch dann in Betracht kommen, wenn die weitere Ausbildung als eine bloße **Weiterbildung** anzusehen ist und **von vornherein angestrebt** war. Dann haben die Eltern ihre Verpflichtung noch nicht erfüllt, weil die geplante Ausbildung noch nicht beendet ist. Gleiches gilt, wenn während der ersten Ausbildung eine **besondere,** die Weiterbildung erfordernde **Begabung** des Kindes deutlich geworden ist[104] oder wenn sich herausstellt, dass der zunächst erlernte Beruf ohne die Weiterbildung aus nicht vorhersehbaren Gründen keine ausreichende Lebensgrundlage bietet.[105]

79 Im Allgemeinen kann nicht darauf abgestellt werden, ob die weitere Ausbildung als Weiterbildung oder Zweitausbildung zu qualifizieren ist, zumal insoweit nicht selten erhebliche Abgrenzungsschwierigkeiten bestehen. Es genügt auch nicht, dass mit der Erstausbildung die formelle Berechtigung zum Studium erlangt wurde. Mit dieser Begründung würde sonst bereits jede im ersten oder zweiten Bildungsweg erlangte förmliche Studienberechtigung die Verpflichtung der Eltern zur Finanzierung des Studiums nach sich ziehen. Die Entscheidung, ob eine zu finanzierende Weiterbildung vorliegt, ist im Rahmen einer **Zumutbarkeitsabwägung** in tatrichterlicher Verantwortung auf Grund der Sachlage des konkreten Einzelfalls zu treffen.[106]

Die angestrebte Weiterbildung wird meist ein Studium sein. Jedoch kann auch die Vorbereitung auf die **Meisterprüfung** ein Teil einer einheitlichen Ausbildung sein, die nach den unter Rn. 80 ff. dargestellten Grundsätzen von den Eltern zu finanzieren ist.[107] Vgl. oben Rn. 68.

80 Die Abgrenzungsschwierigkeiten zwischen Zweitausbildung und Weiterbildung sind durch die neuere Rechtsprechung des BGH weitgehend gegenstandslos geworden. Nachdem sich auf Grund veränderten Verhaltens der Schulabgänger die Ausbildung **Abitur – Lehre – Studium** zu einem eigenen und durchgehenden Ausbildungsweg entwickelt hat, sind die obigen Grundsätze (vgl. Rn. 78 f.) vom BGH präzisiert worden. Der BGH hat diesen Weg unterhaltsrechtlich als **eine** mehrstufige Ausbildung gewertet, wenn die einzelnen Abschnitte in einem engen sachlichen und zeitlichen Zusammenhang stehen.[108] Dies dürfte auch für den Ausbildungsgang Abitur – Lehre – Fachhochschulstudium gelten. Zur Ausbildung Haupt-(Real-)schule, Lehre, Fachoberschule, Fachhochschule vgl. Rn. 84.

81 Der **enge sachliche Zusammenhang** erfordert, dass praktische Ausbildung und Studium derselben Berufssparte angehören oder jedenfalls so zusammenhängen, dass das eine für das andere eine fachliche Ergänzung, Weiterführung oder Vertiefung bedeutet oder dass die praktische Ausbildung eine sinnvolle Vorbereitung für das Studium darstellt.[109]

---

[102] KG, FamRZ 1994, 1055
[103] OLG Brandenburg, FamRZ 1997, 1107
[104] BGH, FamRZ 1995, 416 = R 486; FamRZ 1989, 853 = R 391 b
[105] BGH, FamRZ 1977, 629
[106] BGH, FamRZ 1977, 629
[107] OLG Stuttgart, FamRZ 1996, 1435
[108] BGH, FamRZ 1995, 416 = R 486; FamRZ 1993, 1057 = R 462 a; FamRZ 1992, 170, 172 = R 439; FamRZ 1989, 853 = R 391 b
[109] BGH, FamRZ 1989, 853 = R 391 b

- Dieser enge sachliche Zusammenhang ist **bejaht** worden bei
  - Ausbildung zur Bauzeichnerin und Studium der Architektur,[110]
  - Banklehre und Studium der Rechtswissenschaft,[111]
  - kaufmännischer Lehre und Studium der Betriebswirtschaft,[112]
  - landwirtschaftlicher Lehre und Studium der Agrarwissenschaft.[113]
- Der enge sachliche Zusammenhang ist **verneint** worden bei
  - kaufmännischer Lehre und Studium des Maschinenbaus,[114]
  - kaufmännischer Lehre und Medizinstudium,[115]
  - Ausbildung zum Speditionskaufmann und Studium der Rechtswissenschaft,[116]
  - Ausbildung zur „Europasekretärin" mit dem Schwerpunkt Textverarbeitung unter gleichzeitiger Vermittlung von Fremdsprachenkenntnissen und anschließendes Studium der Volkswirtschaftslehre.[117]

Der **enge zeitliche Zusammenhang** erfordert, dass der Auszubildende nach dem 82 Abschluss der Lehre das Studium mit der gebotenen Zielstrebigkeit aufnimmt. Übt er zunächst den erlernten Beruf aus, obwohl er mit dem Studium beginnen könnte, und wird der Entschluss zum Studium auch sonst nicht erkennbar, so wird der Zusammenhang und damit die Einheitlichkeit des Ausbildungsweges aufgehoben.[118] Die Ableistung des Wehr- oder Ersatzdienstes nach der Lehre, aber vor Aufnahme des Studiums ist unschädlich.[119] Vgl. auch Rn. 76. Der enge zeitliche Zusammenhang kann auch dann gewahrt sein, wenn die Zeit zwischen der praktischen Ausbildung und dem Studium auf zwangsläufige, dem Kind nicht anzulastende Umstände zurückzuführen ist, z. B. auf Entwicklungsstörungen infolge von familiären Schwierigkeiten (Rn. 68, 74).[120]

Der **Studienentschluss** muss nicht von vornherein, sondern kann **erst nach** Beendigung **der Lehre** gefasst werden. Es entspricht gerade der Eigenart dieses Ausbildungsweges, dass die praktische Ausbildung vielfach aufgenommen wird, ohne dass sich der Auszubildende endgültig schlüssig wird, ob er nach deren Abschluss ein Studium anschließen soll.[121] Demgemäß brauchen die Eltern nicht schon vor Aufnahme des Studiums von der Absicht, die Ausbildung fortzusetzen, informiert zu werden.[122]

Eine **kurzfristige Ausübung des erlernten Berufs** schließt den engen zeitlichen Zusammenhang nicht aus, wenn das Studium zum frühestmöglichen Zeitpunkt nach Ende der Ausbildung aufgenommen wird, die Berufstätigkeit also im Wesentlichen die Zeit bis zum Studium überbrückt.[123]

Die Finanzierung des Studiums muss für die Eltern wie der Ausbildungsunterhalt allgemein (vgl. dazu Rn. 65) **zumutbar** sein. Die Zumutbarkeit wird nicht nur durch die wirtschaftliche Leistungsfähigkeit der Eltern, sondern auch durch die Frage bestimmt, ob und inwieweit sie damit rechnen müssen, dass ihr Kind nach dem Schulabschluss und nach einer Lehre noch weitere Ausbildungsstufen anstrebt. Je älter das Kind bei Abschluss der praktischen Ausbildung ist, umso weniger wird eine weitere Unterhaltspflicht der Eltern in Betracht kommen.[124]

Ob sich das Studium im Rahmen der wirtschaftlichen Leistungsfähigkeit der Eltern hält, 83 ob es ihnen **zumutbar** ist, muss sorgfältig geprüft werden.[125] Zu berücksichtigen ist:

---

[110] BGH, FamRZ 1989, 853 = R 391 b
[111] BGH, FamRZ 1992, 170 = R 439
[112] So offenbar BGH, FamRZ 1993, 1057, 1059 = R 462 a
[113] BGH, FamRZ 1990, 149
[114] BGH, FamRZ 1993, 1057 = R 462 a
[115] BGH, FamRZ 1991, 1044 = NJW-RR 1991, 1156
[116] BGH, FamRZ 1992, 1407 = R 453
[117] BGH, FamRZ 2001, 1601 = R 562 a
[118] BGH, FamRZ 1989, 853 = R 391 b
[119] So offenbar BGH, FamRZ 1993, 1057 = NJW 1993, 2238; vgl. auch BGH, FamRZ 1992, 170 = R 439
[120] BGH, FamRZ 2001, 1601 = R 562 a
[121] BGH, FamRZ 1989, 853 = R 391 b
[122] BGH, FamRZ 1992, 170 ff. = R 439
[123] BGH, FamRZ 1989, 853 = R 391 b
[124] BGH, FamRZ 1998, 671 = R 523
[125] BGH, FamRZ 1989, 853 = R 391 b; vgl. auch BGH, FamRZ 1998, 671 = R 523

- ob die Eltern während der praktischen Ausbildung finanziell durch die vom Kind bezogene Ausbildungsvergütung, durch steuerliche Vorteile und durch Kindergeld entlastet waren,[126]
- ob das Kind mit dem Abschluss der Lehre bereits ein Alter erreicht hat, in dem die Eltern nicht mehr damit rechnen mussten, dass es noch ein Studium aufnehmen werde,[127]
- ob die Eltern in der gerechtfertigten Erwartung eines früheren Ausbildungsabschlusses anderweitige finanzielle Dispositionen getroffen haben, die ihre Leistungsfähigkeit in Anspruch nehmen und sich nur unter Einbußen rückgängig machen lassen,[128] sich z. B. ein Elternteil aus wichtigem Grund einer Umschulung unterzieht (vgl. Rn. 412, auch Rn. 252),
- ob sich die Eltern bereits der Altersgrenze nähern und ihnen ein besonderes Interesse zugestanden werden muss, ihre Geldmittel frei von Unterhaltsansprüchen zur eigenen Verfügung zu haben.[129]

84 Die Grundsätze zum Ausbildungsgang Abitur – Lehre – Studium sind nicht anwendbar, wenn das Kind **erst nach** Abschluss **der Lehre** durch weiteren Schulbesuch die (Fach-)**Hochschulreife** erwirbt und dann ein Studium aufnimmt. Dies gilt insbesondere beim Ausbildungsgang **Haupt-(Real-)schule, Lehre, Fachoberschule, Fachhochschule.** Der BGH neigt dazu, in diesen Fällen die Einheitlichkeit der Ausbildung zu verneinen, weil anders als in den Abitur-Lehre-Studium-Fällen die Eltern nicht mit der Aufnahme eines Studiums nach der Lehre rechnen müssten. Er hat aber dann eine einheitliche Ausbildung und damit einen Unterhaltsanspruch bejaht, wenn das Kind **von vornherein die Absicht** hatte, nach der Lehre die Fachoberschule zu besuchen und anschließend **zu studieren.**[130] Dasselbe gilt, wenn die Eltern vor Antritt der Lehre darüber einig waren, dass dem Kind die Möglichkeit eröffnet werden sollte, später auf dem zweiten Bildungsweg das Abitur nachzuholen und dann zu studieren.[131] Im Jahre 1990 hatte der BGH es dagegen noch für möglich gehalten, dass der Entschluss zum Studium erst während der praktischen Ausbildung gefasst wird.[132] Notwendig ist, dass das Studium als Weiterbildung anzusehen ist, die beiden Ausbildungen also in einem engen sachlichen und zeitlichen Zusammenhang stehen (vgl. Rn. 81 f.).[133] Der sachliche Zusammenhang ist z. B. bei einer Ausbildung zum Zimmerer und dem Studiengang Baubetrieb gegeben.[134] Dieser Zusammenhang fehlt, wenn das Kind **auf der Schule zunächst scheitert** und beim Beginn der praktischen Berufsausbildung weder die Absicht besteht, nach deren Abschluss die Fachhochschule zu besuchen und zu studieren, noch nach Begabung, Leistungsbereitschaft und Leistungsverhalten eine Weiterbildung nach Abschluss der praktischen Ausbildung zu erwarten ist.[135]

Der Verpflichtete braucht über den Plan, nach Abschluss der Lehre die Ausbildung fortzusetzen, **nicht informiert** zu werden. Es reicht aus, wenn diese Absicht in einem ernsthaften Gespräch mit dem nicht barunterhaltspflichtigen Elternteil geäußert worden ist. Wenn der Unterhaltspflichtige hiervon allerdings erst nachträglich erfährt, kann dies im Rahmen der Zumutbarkeitsprüfung von Bedeutung sein.[136] Genaueres zur Zumutbarkeit Rn. 83. Zum Ausbildungsgang Abitur – Lehre – Fachhochschulstudium vgl. Rn. 80.

85 Fehlt es an einem engen sachlichen Zusammenhang zwischen **zwei Ausbildungen,** wird eine Unterhaltspflicht der Eltern nicht allein dadurch begründet, dass das Kind von vornherein die Ausbildung in zwei verschiedenen Berufen anstrebt. Notwendig ist stets, dass die zweite Ausbildung sich als bloße Weiterbildung darstellt. Dies ist bei fehlendem engem

---

[126] BGH, FamRZ 1989, 853 = R 391 b
[127] BGH, FamRZ 1989, 853 = R 391 b
[128] BGH, FamRZ 1989, 853 = R 391 b
[129] BGH, FamRZ 1989, 853 = R 391 b
[130] BGH, FamRZ 1995, 416 = R 486; OLG Bamberg, FamRZ 1998, 315; OLG Köln, NJW-FER 1999, 178
[131] OLG Koblenz, FamRZ 2001, 1164
[132] BGH, FamRZ 1991, 320
[133] BGH, FamRZ 1995, 416 = R 486
[134] OLG Karlsruhe, NJW-FER 2001, 17
[135] BGH, FamRZ 1995, 416 = R 486
[136] BGH, FamRZ 1991, 320

sachlichem Zusammenhang ausgeschlossen.[137] Eine Unterhaltsberechtigung des Kindes kann dann nur bejaht werden, wenn die Eltern ausnahmsweise eine Zweitausbildung finanzieren müssen (oben Rn. 73 ff.).

III. Einkommen und Vermögen des Kindes

1. Anrechenbare Einkünfte des Kindes

Einkünfte des Kindes sind bei der Ermittlung seiner Bedürftigkeit genauso umfassend zu berücksichtigen wie beim Verpflichteten. Deshalb mindert **eigenes Einkommen** des Kindes jeder Art dessen Bedürftigkeit.[138] Nur ausnahmsweise bestimmt das Gesetz, dass Einkünfte nicht auf den Unterhaltsanspruch anzurechnen sind. Dies ist vor allem bei **subsidiären Sozialleistungen** (vgl. 1/451 ff.) der Fall, insbesondere bei Sozialhilfe (Rn. 1/483, 6/500 ff.), Leistungen nach dem Unterhaltsvorschussgesetz (Rn. 6/574 ff.), Vorausleistungen nach dem BAföG (Rn. 1/456 ff., 6/587 ff.) und Arbeitslosenhilfe (Rn. 1/82, 6/593 ff.). Erziehungsgeld und weitergeleitetes Pflegegeld sind nur unter bestimmten Voraussetzungen anrechenbares Einkommen (§ 9 BerzGG, § 13 VI SGB XI; vgl. dazu Rn. 1/85, 463 ff., 2/329). **Kindergeld** ist grundsätzlich nicht als Einkommen des Kindes zu berücksichtigen. Es steht vielmehr – von Ausnahmen abgesehen – den Eltern zu, wird aber mit dem Anspruch auf Kindesunterhalt verrechnet (§ 1612 b BGB). Vgl. dazu im einzelnen Rn. 497 f., 500 ff. 86

Als **anrechenbare Einkünfte** kommen vor allem in Betracht: 87

- Ausbildungsvergütungen (Rn. 90 ff.);
- Einkünfte aus Vermietung (Rn. 1/293 ff.), ein Wohnvorteil (Rn. 1/311 ff.), Zinsen sowie sonstige Erträge aus Kapital und Vermögen (Rn. 1/403 ff.);
- Waisenrente[139] (Rn. 1/440);
- endgültige BAföG-Leistungen, auch soweit sie darlehensweise gewährt werden[140] (Rn. 1/456 ff., Rn. 6/587); zu Vorausleistungen vgl. Rn. 86;
- nicht subsidiäre Sozialleistungen, insbesondere solche, die der Berechtigte durch Beiträge erkauft hat, wie z. B. Leistungen der gesetzlichen Renten-, Kranken-, Pflege-, Arbeitslosen- oder Unfallversicherung; bei Sozialleistungen infolge eines Körper- oder Gesundheitsschadens wird vermutet, dass die schadensbedingten Aufwendungen nicht geringer sind als die Sozialleistungen (§ 1610 a BGB; Näheres dazu Rn. 1/443 f.);
- Einkünfte aus Erwerbstätigkeit und fiktives Einkommen aus unterlassener zumutbarer Erwerbstätigkeit (Rn. 144 ff., 1/487 ff.).

Einkünfte aus **Werkstudentenarbeit und Ferienjobs** sowie ähnliches Nebeneinkommen von Schülern und Studenten sind nicht oder nur teilweise anrechenbar (vgl. Rn. 286, 350, 462, 1/552 ff.). Da ein Schüler oder Student – auch während der Schul- bzw. Semesterferien – zu einer Erwerbstätigkeit neben dem Schulbesuch oder dem Studium nicht verpflichtet ist, stammt gleichwohl erzieltes **Einkommen aus überobligationsmäßiger Tätigkeit.** Derartige Einkünfte sind in entsprechender Anwendung des § 1577 II 1 BGB nicht anzurechnen, wenn der Verpflichtete nicht den vollen Unterhalt leistet, z. B. weil er die Zahlungen eingestellt hatte, das Kind also die Erwerbstätigkeit aufnehmen musste, um seinen Lebensunterhalt bestreiten zu können.[141] Von einer Anrechnung wird auch abzusehen sein, wenn der Student durch seinen Verdienst Sonderbedarf, z. B. Umzugskosten, decken will, für den die laufenden Unterhaltszahlungen nicht ausreichen. Man wird dem Schüler und Studenten ebenfalls nicht verwehren können, sich durch Nebentätigkeit in angemessenem Umfang einen besseren Lebensstandard zu ermöglichen, als der nach Tabellensätzen bemes- 88

[137] BGH, FamRZ 1992, 1407 = R 453; FamRZ 1991, 1044 = NJW-RR 1991, 1156
[138] BGH, FamRZ 1981, 541 = NJW 1981, 2462; FamRZ 1980, 771 = NJW 1980, 2081; FamRZ 1980, 1109
[139] BGH, FamRZ 1980, 1109
[140] BGH, FamRZ 1989, 499 = NJW-RR 1989, 578
[141] OLG Hamm, FamRZ 1997, 231

sene Unterhalt zulassen würde. Zu beachten ist aber, dass die Ausbildung unter der Erwerbstätigkeit nicht leiden darf.[142] Danach können insbesondere Einkünfte eines Studenten aus geringfügiger Nebentätigkeit in den Anfangssemestern anrechnungsfrei bleiben.[143] Im Übrigen kommt analog § 1577 II 2 BGB eine Anrechnung insoweit in Betracht, als dies unter Berücksichtigung der beiderseitigen wirtschaftlichen Verhältnisse der Billigkeit entspricht.[144] Steht ein Student in einem festen Anstellungsverhältnis, z. B. weil er in den Labors eines Wirtschaftsunternehmens Versuche für seine Diplomarbeit durchführt, wird man seinen Bedarf höher als den Studentenunterhalt nach der Düsseldorfer Tabelle von derzeit 600,– € (vgl. Rn. 369) ansetzen und ihm jedenfalls den Mindestbedarf eines Erwerbstätigen von 840,– € zubilligen müssen; darauf kann eine etwaige Vergütung teilweise angerechnet werden.[145]

Bei Schülern wird die Nichtanrechnung geringer Einkünfte, auch wenn sie für Luxusanschaffungen, z. B. ein gebrauchtes Motorrad, verwendet werden, in der Regel der Billigkeit entsprechen, wenn schutzwürdige Interessen des Pflichtigen nicht verletzt werden, insbesondere wenn das Kind seine schulischen Pflichten erfüllt und dem Verpflichteten durch die Erwerbstätigkeit des Kindes keine unterhaltsbezogenen Vorteile (Kindergeld, Steuerfreibeträge, kinderbezogene Bestandteile des Familienzuschlags usw.) verlorengehen.[146]

Zu überobligationsmäßigen Einkünften eines volljährigen, in einem Heim lebenden Kindes aus Arbeit in einer Behindertenwerkstatt vgl. Rn. 405.

89 Beim Zusammenleben des Kindes mit einem anderen Partner in **nichtehelicher Lebensgemeinschaft** ist die Rechtsprechung des BGH zum Ehegattenunterhalt grundsätzlich heranzuziehen, soweit sie die Bedürftigkeit des Ehegatten betrifft, nicht dagegen, soweit sie auf § 1579 Nr. 7 BGB beruht.[147] Dem Kind kann daher ein fiktives Einkommen zugerechnet werden, wenn es dem Lebensgefährten den Haushalt führt und ihn versorgt (vgl. Rn. 1/469).[148] Auch werden im Rahmen einer auf Dauer angelegten nichtehelichen Lebensgemeinschaft finanzielle Mittel, die das Kind von seinem Partner für die gemeinsame Lebenshaltung entgegennimmt, seine Bedürftigkeit grundsätzlich mindern, auch wenn es nicht den Haushalt führt (vgl. Rn. 52).[149] Jedoch wird stets geprüft werden müssen, ob wirklich eine nichteheliche Lebensgemeinschaft vorliegt. Zwei Studenten leben im Zweifel in einer **Wohngemeinschaft** und nicht in einer Lebensgemeinschaft. Solange sich das unterhaltsberechtigte Kind zielstrebig einer Ausbildung unterzieht, wird ein fiktives Einkommen für die Versorgung des Partners kaum angesetzt werden können, selbst wenn sexuelle Beziehungen bestehen. In einem solchen Fall werden beide Partner sich die Haushaltsführung teilen. Zudem trifft ein Kind, das sich ausbilden lässt, keine Erwerbsobliegenheit. Dann fehlt die Rechtfertigung dafür, ein fiktives Versorgungsentgelt zuzurechnen.

2. Anrechnung einer Ausbildungsvergütung

90 Ausbildungsvergütungen, Ausbildungsbeihilfen, Zuschüsse während eines Praktikums und ähnliche Bezüge sind **anrechenbare Einkünfte** des Auszubildenden. Vor der Anrechnung sind sie um ausbildungsbedingte Aufwendungen (Werbungskosten) oder ausbildungsbedingten Mehrbedarf (vgl. Rn. 1/87 ff.) zu bereinigen.[150] Solche Aufwendungen können entstehen für Fahrtkosten, Lernmittel, besonderen Kleidungsaufwand u. ä.

---

[142] So mit Recht OLG Hamm, FamRZ 1997, 1497
[143] BGH, FamRZ 1995, 475, 477 = R 491 b, c
[144] BGH, FamRZ 1995, 475, 477 = R 491 b, c
[145] OLG Hamm, FamRZ 1997, 231
[146] OLG Köln, FamRZ 1996, 1101
[147] BGH, FamRZ 1989, 487 = R 383 d
[148] Vgl. BGH, FamRZ 2001, 1693 = R 567; gegen den Ansatz fiktiver Einkünfte und für teilweise Deckung des Bedarfs durch Zuwendungen des Lebensgefährten Scholz, FamRZ 2003, 265, 270
[149] OLG Koblenz, FamRZ 1991, 1469 f.; a. A. OLG Celle, FamRZ 1993, 352, das eine freiwillige Leistung eines Dritten annimmt
[150] BGH, FamRZ 1988, 159 = R 346 b; FamRZ 1981, 541 = NJW 1981, 2462

Die Höhe der ausbildungsbedingten Aufwendungen kann nicht pauschal mit der Hälfte der Ausbildungsvergütung angenommen werden, sondern ist grundsätzlich entsprechend den besonderen Verhältnissen des Einzelfalles vom Gericht festzustellen. Dabei ist eine Anlehnung an Richtsätze und Leitlinien möglich, die auf die gegebenen Verhältnisse abgestellt sind und der Lebenserfahrung entsprechen.[151] 91

Die Tabellen und Leitlinien der Oberlandesgerichte pauschalieren z. T. den ausbildungsbedingten Mehrbedarf, z. T. verlangen sie eine konkrete Darlegung der Mehraufwendungen, die dem Gericht eine Schätzung nach § 287 ZPO ermöglicht (vgl. dazu Rn. 6/728 ff.). 92

Pauschalen für ausbildungsbedingten Mehrbedarf werden von den meisten Oberlandesgerichten von der Ausbildungsvergütung abgezogen. 93

Die Oberlandesgerichte **Düsseldorf, Hamm, Köln, Naumburg, Oldenburg** und die **süddeutschen Oberlandesgerichte** setzen eine Pauschale von 85,– € an, das OLG **Brandenburg** von 80,– € und das OLG **Schleswig** von 82,– € (jeweils 10. 2. 3 der Leitlinien). Die Oberlandesgerichte Düsseldorf und Hamm gewähren die Pauschale nur, wenn das Kind im Haushalt eines Elternteils lebt. Dies findet – jedenfalls nach dem Verständnis des OLG Düsseldorf – seine Rechtfertigung darin, dass die Beträge der Tabelle Kindesunterhalt im Wesentlichen auf den Bedarf eines Schülers zugeschnitten sind, der Auszubildende, der bereits am Berufsleben teilnimmt, dagegen einen höheren, nur schwer bezifferbaren Bedarf hat, der neben den üblichen berufsbedingten Aufwendungen (Fahrgeld, Berufskleidung usw.) durch die Pauschale abgegolten werden soll.[152] Das heißt freilich nicht, dass derartige Aufwendungen neben der vollen Pauschale von 85,– € geltend gemacht werden können.[153] Reicht die Pauschale für den anzuerkennenden ausbildungsbedingten Mehrbedarf nicht aus, ist der Mehraufwand insgesamt darzulegen und ggf. nachzuweisen. Insoweit gilt Anm. A 3 der Düsseldorfer Tabelle sinngemäß.

Zur Gewährung der Pauschale, wenn der Unterhalt bei einem volljährigen Kind, das im eigenen Haushalt lebt, nach einem Festbetrag von 600,– € bemessen wird, vgl. Rn. 94, 382.

Der BGH hat den pauschalierten Abzug eines ausbildungsbedingten Mehrbedarfs in Höhe von damals 145,– DM für rechtlich bedenkenfrei gehalten.[154] Gegen den jetzt angesetzten Betrag von 85,– € dürften danach keine Bedenken bestehen.

Hat der minderjährige oder volljährige Auszubildende bereits einen eigenen Haushalt und wird deshalb der Bedarf nach der Düsseldorfer Tabelle (A 7 II 2) mit 600,– € angesetzt (vgl. Rn. 368 ff.), kann nicht die Pauschale von 85,– € gewährt werden. Die Berücksichtigung ausbildungsbedingten Mehrbedarfs wird vielfach abgelehnt, weil im Richtsatz von jetzt 600,– € derartige Mehrkosten bereits enthalten seien (vgl. dazu im einzelnen Rn. 382). Es erscheint jedoch angemessen, statt des Pauschbetrags von 85,– € wenigstens die Mindestpauschale für berufsbedingte Aufwendungen von 50,– € abzusetzen, die nach Anm. A 3 der Düsseldorfer Tabelle jedem zusteht, der einer abhängigen Erwerbstätigkeit nachgeht.[155] So ausdrücklich DL 10. 2. 3. 94

Die **konkrete Darlegung des ausbildungsbedingten Mehrbedarfs** wird von den Oberlandesgerichten **Bremen, Dresden, Frankfurt** (wenn eine Pauschale von 5% der Vergütung überschritten wird), **Hamburg, Rostock** und vom **Kammergericht** gefordert. 95

3. Anrechnung von Einkommen auf Barunterhalt und auf Betreuungsunterhalt

Einkünfte des Kindes kommen grundsätzlich beiden Eltern zugute, wenn jeder von ihnen Unterhalt leistet. 96

Leistet, wie bei **Minderjährigen** im Regelfall, ein Elternteil den **Barunterhalt** und erbringt der andere Elternteil die **Betreuungsleistungen,** dann werden wegen der Gleichwertigkeit von Bar- und Betreuungsunterhalt nach § 1606 III 2 BGB beide Eltern je zur Hälfte durch Einkommen des Kindes entlastet. Das heißt, die Einkünfte des Kindes, 97

[151] BGH, FamRZ 1981, 541, 543 = NJW 1981, 2462
[152] Scholz, FamRZ 1993, 125, 133
[153] Anders zu Unrecht OLG Hamburg, JAmt 2001, 300
[154] BGH, FamRZ 1988, 159 = R 346 b
[155] OLG Düsseldorf, FamRZ 1994, 1610

insbesondere Ausbildungsvergütung, Waisengeld, aber auch Zinseinkünfte, sind nur **zur Hälfte auf den Barunterhalt** zu verrechnen, zur anderen Hälfte dienen sie als Ausgleich für die Betreuungsleistungen des anderen Elternteils.[156] Vgl. Rn. 286.

Beispiel:
Nettoeinkommen des Vaters = 1400,– €. Der 16-jährige Sohn S bezieht eine Ausbildungsvergütung von 300,– €. Er lebt bei der Mutter, die das Kindergeld von 154,– € erhält.
Unterhalt nach DT 5/3 = 364,– € (Höhergruppierung um drei Einkommensgruppen nach DT Anm. A 1 wegen unterdurchschnittlicher Unterhaltsbelastung; vgl. Rn. 233).
Anrechenbare Ausbildungsvergütung (vgl. Rn. 90 ff.) 300,– €; ausbildungsbedingte Aufwendungen 85,– € (vgl. Rn. 93). Bereinigte Vergütung: 300 – 85 = 215,– €. Anzurechnender hälftiger Anteil: 107,50 €.
Restbedarf: 364 – 107,50 = 256,50 €. V verbleiben 1400 – 256,50 = 1143,50 € und damit mehr als der Bedarfskontrollbetrag der 5. Einkommensgruppe von 1050,– €. Zur Bedarfskontrolle vgl. Rn. 239 ff.
Der Unterhalt beträgt danach 256,50 – 77 (Kindergeldanteil) = 179,50 €, aufgerundet 180,– € (vgl. Rn. 286 a). Zur Verrechnung des Kindergeldes vgl. Rn. 500 ff.

98 Besteht **bei Minderjährigen** ausnahmsweise eine **Barunterhaltspflicht beider Eltern,** z. B. weil das Kind in einem Heim lebt, ist grundsätzlich wie bei Volljährigen das Einkommen des Kindes in voller Höhe vom Bedarf abzuziehen und erst der Restbedarf anteilig nach § 1606 III 1 BGB zu verteilen. Vgl. dazu Rn. 289 ff., 304. Das Kindergeld wird dagegen in einem solchen Fall nicht mehr bedarfsdeckend angerechnet. Vgl. Rn. 503 ff.

99 Bei **Volljährigen** entfällt ein gleichwertiger Betreuungsunterhalt.[157] Deshalb sind grundsätzlich beide Eltern im Rahmen ihrer Leistungsfähigkeit barunterhaltspflichtig (vgl. Rn. 15, 433 ff.).

Einkommen des Kindes ist auf den nach den Tabellen und Leitlinien ermittelten Bedarf anzurechnen; der Restbedarf ist anteilig nach § 1606 III 1 BGB von den Eltern zu tragen. Vgl. dazu Rn. 433 ff. und die Beispiele Rn. 449, 473.

Ist ein Elternteil nicht leistungsfähig (Rn. 407 ff., 417 ff.), schuldet der andere Elternteil allein den Unterhalt in Höhe des Restbedarfs. Vgl. dazu die Beispiele Rn. 472, 474.

Wie der BGH[158] bereits vor dem Inkrafttreten des KindUG klargestellt hat, kann auch dann nicht ausnahmsweise für eine gewisse **Übergangszeit nach Eintritt der Volljährigkeit** noch von einer Gleichwertigkeit von Barunterhalt und Naturalunterhalt ausgegangen werden, wenn sich an den bisherigen Ausbildungs- und Wohnverhältnissen durch die Volljährigkeit nichts geändert hat und der Barbedarf sich nicht erhöht hat.

Das KindUG hat zwar seit dem 1. 7. 1998 die volljährigen unverheirateten Kinder bis zur Vollendung des 21. Lebensjahres minderjährigen unverheirateten Kindern gleichgestellt, solange sie im Haushalt der Eltern oder eines Elternteils leben und sich in der allgemeinen Schulausbildung befinden. Dies betrifft aber nur die verschärfte Haftung der Eltern und den Rang der privilegierten volljährigen Kinder (§§ 1603 II 2, 1609 II 1 BGB). § 1606 III 2 BGB gilt jedoch für ein solches Kind nicht. Daher hat sich an der grundsätzlichen Barunterhaltspflicht beider Eltern für volljährige Kinder nichts geändert.[159] Vgl. dazu im einzelnen Rn. 452 ff., 467 ff.

4. Freiwillige Zuwendungen eines Dritten oder eines Elternteils

100 Bei freiwilligen Zuwendungen eines Dritten, auf die das Kind keinen rechtlichen Anspruch hat, hängt die Anrechenbarkeit als Einkommen des Kindes grundsätzlich vom **Willen des zuwendenden Dritten** ab.[160] Vgl. hierzu eingehend Rn. 1/468 ff. Hier geht es vielfach um Zuwendungen, die das Kind von Verwandten des Elternteils, bei dem es lebt,

[156] BGH, FamRZ 1988, 159, 161 = R 346 h; FamRZ 1980, 1109, 1111 = NJW 1981, 168, 170
[157] BGH, FamRZ 2002, 815 = R 570 b; FamRZ 1994, 696, 698 = R 477 b; FamRZ 1988, 159, 161 = R 346 d, g
[158] BGH, FamRZ 1994, 696, 698 = R 477 c
[159] BGH, FamRZ 2002, 815 = R 570 b
[160] BGH, FamRZ 1995, 537 = R 493 b; FamRZ 1993, 417, 419 = R 458

oder von dessen neuem Partner erhält. Da diese Personen in der Regel das Kind zusätzlich unterstützen und nicht den anderen unterhaltspflichtigen Elternteil entlasten wollen, zählen solche Leistungen im Normalfall nicht als anrechenbares Einkommen des Kindes.[161] Eine Entlastung des barunterhaltspflichtigen Elternteils kann dagegen beabsichtigt sein, wenn einer seiner Verwandten, z. B. die Mutter des Kindesvaters, das Kind in ihren Haushalt aufnimmt und versorgt oder es in sonstiger Weise unterstützt.[162] Freiwillige Leistungen können einmalige oder regelmäßige Geldgeschenke sein oder sonstige geldwerte Sach- oder Naturalleistungen, wie z. B. unentgeltliche Wohnungsgewährung, Verköstigung und die Pflege eines hilflosen Ehegatten.[163] Ererbtes Vermögen, das dem Kind ohne Zweckbindung durch eine testamentarische Auflage zugewendet worden ist, kann dagegen nicht als freiwillige Leistung des Erblassers in dem hier erörterten Sinn angesehen werden.[164] Vgl. dazu auch Rn. 107. Bei Schenkungen unter Lebenden ist oft davon auszugehen, dass der Schenker einen Verbrauch des geschenkten Geldbetrages oder eine Veräußerung der geschenkten Sache, z. B. eines Grundstücks, nicht wünscht, zumal da ihm auf die Dauer von zehn Jahren ein Rückforderungsrecht wegen Notbedarfs zusteht (§§ 528 I, 529 I BGB). Als Einkommen sind daher in der Regel nur Zinsen bzw. Nutzungsvorteile anzurechnen;[165] vgl. auch Rn. 114 a. Durch das Büchergeld der Studienstiftung des Deutschen Volkes soll die besondere Begabung des studierenden Kindes gefördert, nicht aber der Unterhaltspflichtige entlastet werden. Die Gewährung des Büchergeldes ist die freiwillige Leistung eines Dritten, mag auch der Student auf Grund des Bewilligungsbescheides einen Anspruch auf die demnächst zu zahlenden Raten des Büchergeldes haben. [166]

Im **Mangelfall** ist es nicht ausgeschlossen, aus Billigkeitserwägungen die freiwilligen Leistungen des Dritten, die dieser ohne Rückforderungsabsicht, aber nicht zur Entlastung des Pflichtigen erbracht hat, ganz oder teilweise auf den Unterhaltsbedarf des Berechtigten anzurechnen.[167] Vgl. dazu Rn. 5/101. M. E. kommt dies allerdings nur für die Vergangenheit in Betracht, da der Dritte die Leistungen jederzeit einstellen kann. Bei **Verwirkung** des Unterhaltsanspruchs nach § 1611 BGB sind die freiwilligen Leistungen eines Dritten nicht in die Billigkeitsabwägung einzubeziehen.[168] Vgl. dazu Rn. 484.

Dritter im Sinn der Ausführungen zu Rn. 100 kann **auch ein Elternteil** sein. Deshalb **101**
sind freiwillige und überobligationsmäßige Leistungen eines Elternteils in der Regel nicht auf den Barunterhaltsanspruch gegen den anderen Elternteil anzurechnen. Es kann im Allgemeinen nach der Lebenserfahrung nicht angenommen werden, dass der zuwendende Elternteil mit seiner Leistung den anderen Elternteil von dessen Unterhaltsverpflichtung entlasten will; vielmehr ist regelmäßig nur eine Unterstützung des Kindes beabsichtigt.[169]

Bei Barunterhaltspflicht beider Eltern (Rn. 289 ff., 433 ff.) wird der anteilige Anspruch des Kindes gegen einen Elternteil nicht dadurch erfüllt, dass der andere Elternteil überobligationsmäßige Leistungen erbringt, d. h. dem Kind mehr zuwendet, als es seinem Haftungsanteil entspricht.[170]

Gleiches gilt im Prinzip bei Barunterhaltspflicht nur eines Elternteils (Rn. 282 ff.), wenn der nicht barunterhaltspflichtige Elternteil dem Kind trotzdem Geld oder geldwerte Leistungen (z. B. Wohnungsgewährung) zuwendet und dafür vom Kind keine Gegenleistung verlangt.

---

161 BGH, FamRZ 1995, 537 = R 493 b; FamRZ 1985, 584

162 BGH, FamRZ 1993, 417, 419 = R 458

163 BGH, FamRZ 1995, 537 = R 493 b; OLG Hamm, FamRZ 1999, 166

164 OLG München, FamRZ 1996, 1433; Büttner, FamRZ 2002, 1445, 1447

165 Büttner, FamRZ 2002, 1445, 1447

166 Büttner, FamRZ 2002, 1445, 1446

167 Vgl. dazu BGH, FamRZ 1999, 843, 847 = R 533 c, der allerdings die Frage nicht abschließend entscheidet; a. A. Büttner, FamRZ 2002, 1445, 1448

168 Büttner, FamRZ 2002, 1445, 1447; a. A. Schwab-Borth, Scheidungsrecht, 4. Aufl., IV Rn. 418 (zu § 1579 BGB)

169 BGH, FamRZ 1988, 159, 161 = R 346 h; FamRZ 1986, 151 = NJW-RR 1986, 426; FamRZ 1985, 584; OLG Koblenz, FamRZ 2002, 1281

170 BGH, FamRZ 1988, 159, 161 = R 346 h; FamRZ 1986, 151 = NJW-RR 1986, 426; FamRZ 1985, 584

Um eine solche nicht anrechenbare Zuwendung handelt es sich auch, wenn ein Elternteil dem bei ihm wohnenden, in Ausbildung befindlichen Kind die Ausbildungsvergütung voll belässt und vom Kind nichts für die Wohnungsgewährung, Verköstigung und sonstige materielle Versorgung verlangt. Solche Mehrleistungen des Elternteils entlasten nicht den anderen Elternteil.[171] Vielmehr ist der vom anderen Elternteil zu zahlende Unterhalt nach den allgemeinen Regeln zu bemessen (vgl. dazu Rn. 286, 448 f.). Es bleibt dem Elternteil, bei dem das Kind wohnt, überlassen, dessen Bedarf bei Minderjährigkeit aus dem vom anderen Elternteil geschuldeten Unterhalt zu decken oder sich mit dem volljährigen Kind hinsichtlich der Leistungen, die er noch erbringt (Wohnungsgewährung, Verpflegung usw.), auseinanderzusetzen und sie mit dem anteiligen Anspruch des Kindes auf Barunterhalt zu verrechnen; vgl. auch Rn. 104.

Soweit ein Elternteil Unterhaltsleistungen erbracht hat, die über das von ihm geschuldete Maß hinausgehen, dürfte ein Rückforderungsanspruch gegen das Kind an § 685 II BGB scheitern, da dem Elternteil in der Regel die Absicht fehlt, von ihm Ersatz zu verlangen.[172]

102 Wird bei einem **minderjährigen Kind** dessen **Barbedarf** nach der Düsseldorfer Tabelle bemessen, so deckt der danach zu zahlende Barunterhalt den **gesamten Lebensbedarf** des Kindes ab, insbesondere alle Aufwendungen für Wohnung, Verpflegung, Kleidung, sonstige Versorgung, Ausbildung, Erholung und Gesundheitsfürsorge. Ausgenommen sind jedoch regelmäßiger Mehrbedarf und Sonderbedarf (vgl. Rn. 133 ff., 138, 317 ff., 401 ff., 6/1 ff.). In den Bedarfssätzen der Düsseldorfer Tabelle ist berücksichtigt, dass das Kind einerseits einen **Wohnbedarf** hat und dass andererseits durch das Zusammenleben mit einem Elternteil eine Ersparnis eintritt (Rn. 214). Dessen Aufwendungen für das vom Kind bewohnte Zimmer einschließlich der anteiligen Kosten für die von ihm mitbenutzten Räume (Wohnzimmer, Bad, Küche usw.) sind durch den Barunterhalt nach der Düsseldorfer Tabelle abgegolten. Der Elternteil kann daher den Barunterhalt zum Teil zur Deckung des Wohnbedarfs des Kindes verwenden. Er gewährt dem Kind kein kostenfreies Wohnen, das bei der Bemessung des Barunterhalts zu berücksichtigen wäre.

Der BGH meinte zwar in seiner Entscheidung vom 4. 11. 1987, es sei zusätzlich zum Barbedarf ein Wohnbedarf anzusetzen, wenn das Kind bei dem betreuenden Elternteil frei wohnt, weil dann mit den zur Befriedigung des Bedarfs erforderlichen Mitteln nicht auch die Kosten des Wohnbedarfs des Kindes gedeckt würden.[173] Es handelt sich jedoch um einen Einzelfall, in dem bei besonders günstigen wirtschaftlichen Verhältnissen der Gesamtunterhalt des volljährigen Kindes nicht nach der Düsseldorfer Tabelle bemessen worden ist. Vielmehr hielt es der BGH im konkreten Fall für angezeigt, neben dem Barbedarf, der in Anlehnung an die Düsseldorfer Tabelle ermittelt wurde, einen besonderen Wohnbedarf zu berücksichtigen.[174]

103 Bei **volljährigen Kindern** gelten im Prinzip ähnliche Grundsätze.. Mit dem Tabellenunterhalt wird im Normalfall – gleichgültig, ob das Kind bereits einen eigenen Haushalt hat oder noch bei einem Elternteil lebt – der gesamte Lebensbedarf des Volljährigen einschließlich des Wohnbedarfs abgegolten (Rn. 372, 389).

- Ohne Probleme ist dies, wenn der Volljährige nicht bei einem Elternteil wohnt. Sind beide Eltern barunterhaltspflichtig und wendet ihm ein Elternteil mehr zu, als es dessen Haftungsanteil entspricht, so entlastet dies als freiwillige überobligationsmäßige Leistung nicht den anderen Elternteil. Gleiches gilt, wenn bei alleiniger Barunterhaltspflicht eines Elternteils der andere Elternteil dem Kind freiwillige Zusatzleistungen erbringt.
- Wohnt bei Barunterhaltspflicht beider Eltern der Volljährige bei einem Elternteil, so erfüllt dieser seine anteilige Unterhaltspflicht in der Regel durch Gewährung von Naturalunterhalt, indem er Wohnraum und sonstige geldwerte Leistungen zur Verfügung stellt (vgl. Rn. 9). Sind seine Leistungen mehr wert, als seinem Haftungsanteil entspricht, so wird der Haftungsanteil des anderen Elternteils nicht gemindert. Decken die Naturalleistungen den Haftungsanteil des Elternteils nicht vollständig, so ist der Differenzbetrag als Barunterhalt zu zahlen.

[171] BGH, FamRZ 1988, 159, 161 = R 346 h
[172] BGH, FamRZ 1998, 367 = R 517 a
[173] BGH, FamRZ 1988, 159, 161 = R 346 d
[174] BGH, FamRZ 1988, 159, 161 = R 346 i

- Stellt ein nicht leistungsfähiger Elternteil seinem volljährigen Kind Wohnraum kostenlos zur Verfügung, so wird der andere allein barunterhaltspflichtige Elternteil dadurch nicht entlastet, weil es sich um eine freiwillige Zuwendung handelt. Jedoch ist bei der Bedarfsbemessung zu berücksichtigen, dass das Miteinanderwohnen und Zusammenwirtschaften Ersparnisse bei den Lebenshaltungskosten mit sich bringt.[175] Die Düsseldorfer Tabelle trägt dieser Minderung des Bedarfs dadurch Rechnung, dass sie den Unterhalt des im Haushalt eines Elternteils lebenden volljährigen Kindes einkommensabhängig in einer 4. Altersstufe ausweist und damit – ausgenommen die 12. und 13. Einkommensgruppe – niedriger als den Unterhalt des Kindes mit eigenem Haushalt ansetzt, der in der Regel mit einem Festbetrag von 600,– € (Rn. 368 ff., 377 ff.) angenommen wird. Bei Einkünften, die diesen Einkommensgruppen entsprechen, kommt ohnehin eine Erhöhung des Festbetrages in Betracht (Rn. 128 ff., 376). Genaueres zur Bemessung des Unterhalts volljähriger Kinder und zur Berücksichtigung des Wohnbedarfs vgl. Rn. 368 ff., 372, 383 ff., 391 ff.

Zuwendungen des barunterhaltspflichtigen Elternteils bewirken in der Regel eine 104 Erfüllung des Barunterhaltsanspruchs, soweit sie für den jeweils aktuellen Lebensbedarf verwendet werden können. Zahlungen an das minderjährige Kind reichen nicht aus; sie müssen vielmehr den gesetzlichen Vertreter erreichen.

Raten, die der barunterhaltspflichtige Elternteil regelmäßig zugunsten des Kindes auf einen Spar- oder Ausbildungsvertrag, auf eine Lebens- oder Unfallversicherung einzahlt, sind kein Unterhalt, weil mit solchen Leistungen der aktuelle Lebensbedarf nicht gedeckt werden kann.

Auch der normale **Ferienaufenthalt** des Kindes beim barunterhaltspflichtigen Elternteil in Ausübung eines Umgangsrechts berechtigt nicht zu einer Kürzung des Barunterhalts. Die Richtsätze der Düsseldorfer Tabelle für den monatlichen Unterhalt gehen von einem pauschalierten Bedarf aus und berücksichtigen bereits das übliche Umgangsrecht des barunterhaltspflichtigen Elternteils und die damit verbundenen Kosten.[176] Vgl. dazu Rn. 126, 171. Anders liegt es freilich, wenn die Eltern trotz Trennung die Betreuung des Kindes weiter unter sich aufteilen, was im Rahmen des gemeinsamen Sorgerechts bei entsprechenden Absprachen durchaus möglich ist (vgl. Rn. 316 ff.).

Wohnen der betreuende Elternteil und das Kind in einer Immobilie, die diesem Elternteil oder beiden Eltern gemeinsam gehört, so ist der Wohnvorteil allein dem Elternteil zuzurechnen.[177] Trägt der barunterhaltspflichtige Elternteil die Annuitäten, tilgt er damit nicht anteilig den Kindesunterhalt. Vgl. dazu eingehend Gerhardt Rn. 1/398 f.

Nimmt der Unterhaltsverpflichtete das Kind vollständig in seinen Haushalt auf, gewährt er ihm im Zweifel auf Grund einer Bestimmung nach § 1612 II 1 BGB Naturalunterhalt. Dann hat auch das volljährige Kind keinen Anspruch auf Barunterhalt. Vgl. dazu Rn. 21 ff., 35.

Auch Zuwendungen eines **Lebensgefährten** eines Elternteils oder des Kindes können 105 freiwillige Leistungen eines Dritten sein, in Ausnahmefällen dagegen auch auf den Unterhaltsanspruch angerechnet werden (Rn. 52, 89).[178]

5. Berücksichtigung des Kindesvermögens

Ein **minderjähriges,** unterhaltsbedürftiges **Kind** muss nach § 1602 II BGB den Stamm 106 des eigenen Vermögens **nicht** für Unterhaltszwecke verwenden. Diese Freistellung bezieht sich allerdings nur auf den Vermögensstamm, nicht auf Einkünfte aus dem Vermögen. Eine Ausnahme kann sich nach § 1603 II BGB ergeben, wenn die Eltern bei Berücksichtigung ihrer sonstigen Verpflichtungen außerstande sind, Unterhalt ohne Gefährdung ihres eigenen

175 BGH, FamRZ 1988, 1039 = R 366 b
176 BGH, FamRZ 1984, 470, 471 = R 209
177 BGH, FamRZ 1992, 425 = R 442 a, e; die gegenteilige Auffassung des OLG Düsseldorf, FamRZ 1994, 1049, 1053, die auch in der Vorauflage vertreten wurde, führt zu überaus komplizierten Berechnungen
178 BGH, FamRZ 1993, 417 = R 458

angemessenen Bedarfs zu gewähren, dagegen der Kindesunterhalt aus dem Stamm des Kindesvermögens bestritten werden kann.[179]

107 Das **volljährige Kind** hat – im Gegensatz zum minderjährigen Kind – vorrangig den **Vermögensstamm** zu **verwerten,** bevor es seine Eltern auf Unterhalt in Anspruch nimmt.[180] Dies gilt auch für das privilegiert volljährige Kind im Sinne des § 1603 II 2 BGB (vgl. dazu Rn. 452 ff.), da § 1602 II BGB nicht entsprechend anwendbar ist (Rn. 462).

Zur Verwertung des Vermögensstammes ist zunächst auf Dose Rn. 1/410 ff., 419 ff. hinzuweisen. Zum Kindesunterhalt ist ergänzend zu bemerken: Das volljährige Kind ist nicht bedürftig, wenn es die Einziehung einer Forderung unterlässt, die es in zumutbarer Weise einziehen könnte. Dies gilt auch für eine Forderung gegen einen Elternteil, wenn dieser einen dem Kind gehörenden namhaften Geldbetrag für sich verwendet hat und ihm aufrechenbare Gegenansprüche gegen das Kind, z. B. ein Ersatzanspruch nach § 1648 BGB, nicht zustehen.[181] Auch ererbtes Vermögen ist zu verwerten, jedenfalls wenn es dem Kind ohne Zweckbindung zugewendet worden ist.[182] Vgl. dazu Rn. 100. § 1577 III BGB, nach dem beim Ehegattenunterhalt die Verwertung des Vermögens nicht unwirtschaftlich und unter Berücksichtigung der beiderseitigen Vermögensverhältnisse nicht unbillig sein darf, ist nicht entsprechend anzuwenden. Das Gesetz sieht vielmehr beim Verwandten- und damit beim Kindesunterhalt eine allgemeine Billigkeitsgrenze für die Verwertung des Vermögens nicht vor. Andererseits können Billigkeitserwägungen nicht gänzlich außer Betracht bleiben. Die Grenze der Unzumutbarkeit wird daher etwas enger als bei § 1577 III BGB zu ziehen sein, angenähert etwa dem Rahmen der groben Unbilligkeit. In einer umfassenden Zumutbarkeitsabwägung sind alle bedeutsamen Umstände, insbesondere auch die Lage des Unterhaltsverpflichteten zu berücksichtigen. Hierbei können auch nachrangige Unterhaltsansprüche der Großeltern des Kindes gegen den Kindesvater eine Rolle spielen.[183]

Ein Sparguthaben ist grundsätzlich für den Unterhalt zu verbrauchen; jedoch muss dem Volljährigen, wenn nicht aufseiten des Verpflichteten enge wirtschaftliche Verhältnisse vorliegen, jedenfalls ein Notgroschen verbleiben, der in Anlehnung an die Sätze des BSHG (§ 1 I Nr. 1 b VO zu § 88 BSHG) mit 2301,– € (früher: 4500,– DM) angesetzt werden kann.[184] Der BGH erwähnt in diesem Zusammenhang Schonbeträge zwischen jetzt 1279,– € bis 4091,– € (früher: 2500,– DM bis 8000,– DM), lässt die Höhe des „Notgroschens" letztlich offen, weist jedoch darauf hin, dass dem Kind daneben nicht ohne weiteres vom Großvater ererbte Goldmünzen als Erinnerungsstücke unter dem Gesichtspunkt des Affektionsinteresses belassen werden können.[185] Der Verkauf eines gebrauchten Kraftfahrzeugs, insbesondere eines PKWs, ist wegen des raschen Wertverfalls gebrauchter Fahrzeuge häufig unwirtschaftlich und dann dem Kind nicht zuzumuten.[186]

107 a Unwirtschaftlichkeit kann vorliegen, wenn das Kind aus dem Vermögensstamm angemessene Einkünfte erzielt, auf die es jetzt und in Zukunft angewiesen ist und die bei Verwertung des Vermögens fortfallen würden. Auch wenn das Kind gehalten ist, das Vermögen für den Unterhalt einzusetzen, muss es die vorhandenen Mittel nicht vollständig verbrauchen, ehe es von seinen Eltern Unterhalt verlangt. Es liegt vielmehr nahe, die für den eigenen Unterhalt einzusetzenden Mittel auf die voraussichtliche Ausbildungszeit umzulegen. Dies gilt jedenfalls dann, wenn die Mittel dem Kind zur Finanzierung seiner Ausbildung zugewendet worden sind.[187]

---

179 BGH, FamRZ 1984, 682 = R 209

180 OLG Düsseldorf, FamRZ 1990, 1137; OLG München, FamRZ 1996, 1433

181 BGH, FamRZ 1998, 367, 368 = R 517 a, b

182 OLG München, FamRZ 1996, 1433; vgl. auch BGH, FamRZ 1998, 367, 368 = R 517 c

183 BGH, FamRZ 1998, 367, 369 = R 517 c

184 OLG Düsseldorf, FamRZ 1990, 1137; ebenso OLG Koblenz, FamRZ 1996, 382; zu weitgehend OLG Karlsruhe, FamRZ 1996, 1235

185 BGH, FamRZ 1998, 367, 369 = R 517 c

186 BGH, FamRZ 1998, 367, 369 = R 517 c; FamRZ 2001, 21, 23; OLG Düsseldorf, FamRZ 1994, 767, 770

187 Vgl. BGH, FamRZ 1998, 367, 369 = R 517 c; dazu im Einzelnen OLG Köln, NJW-FER 1999, 176

Verfügt das Kind über Bauerwartungsland, bei dem erhebliche Wertsteigerungen bevorstehen, kann es ggf. auf die Möglichkeit der Kreditaufnahme verwiesen werden.[188] In der Regel ist aber die Aufnahme von Fremdmitteln, deren Amortisation die finanziellen Möglichkeiten übersteigt, nicht zumutbar.[189]

3. Abschnitt: Barbedarf des Kindes

I. Bedarfsbemessung nach der von den Eltern abgeleiteten Lebensstellung des Kindes

1. Lebensstellung des Kindes und Unterhaltsbedarf

Nach der allgemein für den Verwandtenunterhalt geltenden Vorschrift des § 1610 I BGB bestimmt sich das Maß des zu leistenden Unterhalts nach der Lebensstellung des Berechtigten (angemessener Unterhalt). Kriterien einer eigenen Lebensstellung sind im Allgemeinen der ausgeübte Beruf, die berufliche Stellung, die Berufsausbildung, vor allem aber Einkommen und Vermögen. Der BGH spricht – allerdings im Rahmen der Unterhaltspflicht des Kindes gegenüber seinen Eltern – zu Recht davon, dass die Unterhaltshaltspflicht auch durch den sozialen Rang bestimmt wird.[1] Ein Kind hat bis zum Abschluss der Ausbildung noch keine Lebensstellung in diesem Sinn. Es ist wirtschaftlich unselbstständig und von seinen Eltern abhängig. Deshalb muss die Lebensstellung des Kindes von der seiner Eltern abgeleitet werden. Dabei kommt es entscheidend auf die **Einkommens- und Vermögensverhältnisse der Eltern** an.[2] Dies gilt insbesondere für das minderjährige Kind, da die Berufsausbildung in aller Regel vor dem 18. Geburtstag nicht abgeschlossen werden kann. **108**

Zur Lebensstellung des Kindes aus einer zerbrochenen Familie gehört die Tatsache der Trennung und Scheidung der Eltern mit den sich daraus oft ergebenden ungünstigen persönlichen und wirtschaftlichen Folgen.[3] Das Kind muss daher hinnehmen, dass sein Unterhalt nach dem jetzigen Einkommen des barunterhaltspflichtigen Elternteils bemessen wird, auch wenn dessen Einkünfte infolge der trennungsbedingten Einstufung in eine ungünstigere Steuerklasse gesunken sind. Vgl. auch unten Rn. 116. **109**

Neben dieser Verknüpfung mit den wirtschaftlichen Verhältnissen seiner Eltern ist die Lebensstellung des Kindes geprägt durch seinen speziellen sozialen Rang, durch sein **„Kindsein“,** also durch den Besuch des Kindergartens und der Schule oder durch die Berufsausbildung.[4] Seine Bedürfnisse werden also durch die Rolle des Kleinkindes, des Schulkindes, des Auszubildenden bestimmt. **110**

Der Kindesunterhalt soll dem Kind vor allem während der Ausbildung (vgl. Rn. 56 ff.) kein Leben im Luxus ermöglichen (Rn. 128 ff.). Er bezweckt vielmehr das Hineinwachsen des Kindes in eine seiner Begabung und Ausbildung entsprechende persönliche und wirtschaftliche Selbstständigkeit. Aufgabe des Kindes ist es, mit zunehmendem Alter sich unter Entfaltung der eigenen Kräfte und Fähigkeiten eine eigene Lebensstellung zu schaffen und von seinen Eltern sowohl persönlich als auch wirtschaftlich unabhängig zu werden. Dies schließt freilich nicht aus, dass dieser Zweck, z. B. bei einem kranken oder behinderten Kind, nicht stets verwirklicht werden kann.

Auch bei einem **volljährigen,** in der Ausbildung befindlichen **Kind** kommt es unterhaltsrechtlich nur darauf an, dass es während der Ausbildungszeit noch keine wirtschaftliche Selbstständigkeit erreicht hat. Die Lebensstellung eines Studenten oder Auszubildenden, der **111**

---

[188] BGH, VersR 1966, 283; OLG Hamburg, FamRZ 1980, 912
[189] BGH, FamRZ 2001, 21, 23
[1] BGH, FamRZ 2002, 1698, 1700 mit Anm. Klinkhammer = R 580 c
[2] BGH, FamRZ 2002, 536, 537 m. Anm. Büttner = R 572 c; FamRZ 2000, 358 mit Anm. Deisenhofer = R 537 a; BGH, FamRZ 1996, 160 = R 496 a; FamRZ 1987, 58 = R 304A a
[3] BGH, FamRZ 1981, 543 = NJW 1981, 1559
[4] BGH, FamRZ 1987, 58 = R 304A a

– wie regelmäßig – keine oder keine ausreichenden eigenen Einkünfte hat, bleibt daher von der seiner Eltern abgeleitet, solange er noch auf die ihm von diesen zur Verfügung gestellten Mittel angewiesen ist. Deshalb richtet sie sich während des Studiums oder der Ausbildung nach den wirtschaftlichen Verhältnissen der Eltern.[5]

112 Die **Lebensstellung** und damit der Unterhalt des Kindes hängt aber auch von der Zahl der unterhaltsberechtigten Geschwister und von etwaigen **Unterhaltsansprüchen** des oder der (früheren) Ehegatten des Verpflichteten ab. Dem trägt die Düsseldorfer Tabelle durch eine grundsätzlich vom Einkommen des Schuldners abhängige Unterhaltsbemessung, durch Zu- und Abschläge bei unter- oder überdurchschnittlicher Unterhaltslast (DT A 1; vgl. Rn. 231 ff.) und durch das System der Bedarfskontrollbeträge (DT A 6; vgl. Rn. 239 ff.) Rechnung. Das Kind muss sich also mit dem begnügen, was der verpflichtete Elternteil billigerweise an Unterhalt leisten kann. Daher ist der Unterhalt des Kindes auch von der **Leistungsfähigkeit** des Schuldners abhängig. Jedoch ist auch beim Kindesunterhalt streng zwischen Bedarf und Leistungsfähigkeit zu unterscheiden.[6] Vgl. dazu Rn. 127 b, 140 ff.

2. Einkommen als Kriterium der Lebensstellung der Eltern

113 Die Lebensstellung der Eltern wird vorzugsweise durch ihre Einkünfte bestimmt, und zwar unabhängig davon, aus welcher Quelle sie stammen und zu welchem Zweck sie bestimmt sind. Die Eltern haben deshalb, soweit sie barunterhaltspflichtig sind (vgl. dazu Rn. 117, 119 ff.), grundsätzlich ihr **gesamtes anrechenbares Nettoeinkommen** zur Unterhaltsleistung heranzuziehen. Dazu gehören alle Einkünfte und geldwerten Vorteile, z. B. Arbeitsverdienst, Renten, Zinsen, Wohnvorteil (Rn. 1/8 ff.). Vom Einkommen sind Steuern und Vorsorgeaufwendungen abzuziehen (Rn. 1/591 ff., 1/596 ff.). Dazu zählen Aufwendungen für die gesetzliche Kranken-, Pflege-, Renten- und Arbeitslosenversicherung oder die angemessene private Kranken-, Pflege- und Altersvorsorge (Nr. 10. 1 der Leitlinien der Oberlandesgerichte).

114 Die Lebensstellung der Eltern wird nicht nur durch ihre tatsächlichen Einkünfte, sondern auch durch die Erwerbsmöglichkeiten bestimmt, die sie nutzen könnten. Ist dem arbeitsfähigen Schuldner wegen unzureichender Bemühungen um eine Arbeitsstelle ein **fiktives Einkommen** zuzurechnen, ist dieses für die Bemessung des Unterhalts maßgebend (vgl. dazu Rn. 1/487 ff.; 1/508 ff.). Zwar ist die Zurechnung fiktiver Einkünfte in erster Linie ein Problem der Leistungsfähigkeit des Schuldners (vgl. dazu Rn. 144, 256, 1/487). Gleichwohl können fiktiv zuzurechnende Einkünfte bei der Bemessung des Unterhalts und damit des Bedarfs nicht unberücksichtigt bleiben (vgl. Rn. 1/508, 2/256). Daher ist fiktives Einkommen des barunterhaltspflichtigen Elternteils für die Eingruppierung in das System der Düsseldorfer Tabelle maßgebend. Dies gilt auch dann, wenn es über dem Bereich der ersten Einkommensgruppe der Düsseldorfer Tabelle liegt.[7] Die gegenteilige Auffassung des OLG Karlsruhe[8] überzeugt nicht; sie ist vom BGH[9] zu Recht missbilligt worden. Danach ist der Ansatz eines fiktiven Einkommens, das einen höheren Unterhalt als den Regelbetrag rechtfertigt, zulässig, wenn der Pflichtige über längere Zeit Einkünfte in entsprechender Höhe tatsächlich erzielt und damit den Lebensunterhalt der Familie bestritten hat. Das geht mir nicht weit genug. Auf die früheren Einkünfte des Schuldners kommt es beim Kindesunterhalt nicht an, sondern nur auf das im Unterhaltszeitraum erzielte oder erzielbare Einkommen (vgl. Rn. 116). Auch ist nicht entscheidend, ob die Eltern jemals mit dem Kind zusammen gelebt und wovon sie ihren Unterhalt bestritten haben. Deshalb kann das Kind eines Studenten, das aus einer flüchtigen Beziehung hervorgegangen ist, nicht auf den Regelbetrag verwiesen werden, wenn sich der Vater nach bestandenem Examen weigert, einer Erwerbstätigkeit nachzugehen. Sicher muss das Kind hinnehmen, dass der Vater nur

[5] BGH, FamRZ 1997, 281 = R 509 h; FamRZ 1987, 58 = R 304A a
[6] BGH, FamRZ 1997, 281, 283 = R 509 f
[7] BGH, FamRZ 2000, 1358 = R 543 b; FamRZ 1993, 1304, 1306 = R 464 b; OLG Zweibrücken, FuR 1998, 321; vgl. auch BGH, FamRZ 2003, 1471, 1473
[8] FamRZ 1993, 1481
[9] FamRZ 2000, 1358 = R 543 b

ein geringes Einkommen erzielen kann; es braucht sich aber nicht damit abzufinden, dass er sich nicht um eine seinem Alter, seiner Vorbildung und seinen Fähigkeiten entsprechende Arbeitsstelle bemüht.[10] Damit soll nicht ausgeschlossen werden, dass ein Unterhaltspflichtiger aus achtenswerten Gründen eine ihm mögliche, besser bezahlte Arbeit ablehnen darf. Dies kann der Fall sein, wenn er eine bestimmte Tätigkeit, z. B. Tierversuche oder Arbeit in einem Rüstungsbetrieb, nicht (mehr) mit seinem Gewissen vereinbaren kann. Auch wird man dem Schuldner, der sich seit Jahren mit geringen Bezügen begnügt hat, nicht ohne weiteres ansinnen dürfen, eine andere, höher vergütete Arbeit anzunehmen, wenn die Ehe zerbricht und nunmehr Kindesunterhalt zu zahlen ist. Eine solche Großzügigkeit kann aber im Allgemeinen nur dann am Platze sein, wenn das Existenzminimum des unterhaltsberechtigten Ehegatten, der minderjährigen und der privilegiert volljährigen Kinder im Sinne des § 1603 II 2 BGB gesichert ist. Keine Schonung verdient, wer bislang gut verdient hat, arbeitslos geworden ist und sich nicht um eine neue Arbeit bemüht. Zurückhaltung ist dagegen geboten bei der Zurechnung fiktiver Nebeneinkünfte, wenn der Pflichtige bereits eine vollschichtige Erwerbstätigkeit ausübt.[11] Vgl. dazu Rn. 251. Bei einem minderjährigen Kind wird man berücksichtigen müssen, dass seit dem 1. 1. 2001 das sächliche Existenzminimum teilweise durch die Nichtanrechnung des Kindergeldes auf den Tabellenunterhalt (vgl. § 1612 b V BGB) sichergestellt wird, vgl. dazu Rn. 509; zum Mindestunterhalt und zum Existenzminimum Rn. 127 a, b.

Diese Auffassung deckt sich mit der Rechtsprechung des BGH.[12] Zu Recht betont der BGH, dass lediglich gedachte wirtschaftliche Verhältnisse, die keine Grundlage in der tatsächlichen Einkommenssituation des Pflichtigen haben, dessen Lebensstellung nicht prägen und daher die Höhe des Bedarfs des Kindes nicht lediglich aus fiktivem Einkommen hergeleitet werden darf. Hat der Pflichtige zusammen mit seiner Familie von einer Rente und den Erträgen von Mietgrundstücken gelebt, so dürfen der Unterhaltsbemessung nicht ohne weiteres wesentlich höhere Einkünfte zugrunde gelegt werden, die erst durch Verwertung des Vermögens und durch Kapitalverzehr erzielt werden können.[13] Zur Bemessung fiktiver Einkünfte vgl. Rn. 1/487 ff., 508 ff., 2/144 ff., 256.

Freiwillige Leistungen Dritter erhöhen das anrechnungsfähige Einkommen des Pflichtigen und damit den Bedarf des Kindes nicht. Insoweit kann zunächst auf die entsprechenden Ausführungen im Rahmen der Bedürftigkeit des Kindes verwiesen werden (vgl. Rn. 100 ff.). Daher schuldet der barunterhaltspflichtige Elternteil grundsätzlich keinen höheren Unterhalt als seinem laufenden Einkommen entspricht, wenn er bei seiner jetzigen Ehefrau, seiner Lebensgefährtin oder seinen eigenen Eltern mietfrei wohnt (vgl. Rn. 1/312). Anders ist es jedoch, wenn dem Unterhaltspflichtigen ein Vermögenswert geschenkt wird (vgl. Rn. 1/468, 2/100). Die hieraus gezogenen Nutzungen, z. B. der Wohnwert des geschenkten Grundstücks, sind anrechenbares Einkommen. Allerdings wird der Wohnwert in der Regel nicht nach der Marktmiete, sondern nach der ersparten Miete für eine den Einkommensverhältnissen angemessene Wohnung festzusetzen sein, da die Veräußerung des geschenkten Grundstücks kaum zumutbar sein dürfte.[14] Wird ein Geldbetrag für einen bestimmten Zweck geschenkt, wird der Pflichtige in der Regel nicht gehalten sein, diesen Betrag entgegen dem Willen des Zuwendenden möglichst ertragreich anzulegen. Die Zurechnung fiktiver Einkünfte scheidet danach jedenfalls dann aus, wenn kein Mangelfall vorliegt. Der Pflichtige kann vielmehr den Betrag entsprechend den Absichten des Schenkers verwenden, muss sich allerdings tatsächlich gezogene Nutzungen als Einkommen bei der Unterhaltsbemessung anrechnen lassen.[15] 114 a

Schulden können die Leistungsfähigkeit des Schuldners beeinflussen.[16] Vgl. dazu Rn. 1/614 ff., 1/638 ff. Beim Bedarf des unterhaltsbedürftigen Kindes sind Verbindlich- 115

[10] So mit Recht OLG Düsseldorf, FamRZ 1991, 220
[11] BVerfG, FamRZ 2003, 661 = R 591
[12] So jetzt ausdrücklich BGH, FamRZ 2000, 1358 = R 543 b; vgl. auch FamRZ 1997, 281, 283 = R 509 f
[13] FamRZ 1997, 281, 283 = R 509 f, g
[14] Vgl. dazu BGH, FamRZ 2003, 1179 = R 592 b
[15] Vgl. dazu OLG Saarbrücken, FamRZ 1999, 396, dem ich nur teilweise folgen kann

keiten nur ausnahmsweise zu berücksichtigen, vor allem bei einer erheblichen dauernden Verschuldung, die aus der Zeit des Zusammenlebens der Eltern stammt und damit den Lebensstandard der damals noch intakten Familie geprägt hat.[17] In aller Regel ist es auch in einem solchen Fall aber nicht angezeigt, den Bedarf des Kindes, insbesondere des minderjährigen Kindes, niedriger festzusetzen, als der ersten Einkommensgruppe der Düsseldorfer Tabelle entspricht. Vgl. dazu Rn. 1/652 a. Die Frage, ob Schulden bereits bei der Bedarfsbemessung oder erst im Rahmen der Leistungsfähigkeit zu berücksichtigen sind, kann von erheblicher praktischer Bedeutung sein; vgl. dazu Rn. 158.

3. Einkommensverhältnisse der Eltern im Unterhaltszeitraum

116 Der Unterhalt des Kindes wird, anders als der nacheheliche Unterhalt von Ehegatten, nicht durch die Einkommens- und Vermögensverhältnisse der Eltern zum Zeitpunkt der Auflösung ihrer Ehe oder zu einem anderen Einsatzzeitpunkt bestimmt.[18] Deshalb nimmt das Kind am weiter steigenden Lebensstandard des barunterhaltspflichtigen Elternteils in ähnlicher Weise teil wie während der Zeit der intakten Ehe der Eltern. Ebenso muss es hinnehmen, dass das Einkommen des barunterhaltspflichtigen Elternteils sinkt (Rn. 109), es sei denn, dieser hat infolge leichtfertigen, unterhaltsbezogenen Verhaltens eine Einkommensquelle verloren (vgl. Rn. 1/494 ff.). Das Kind partizipiert damit grundsätzlich an allen Einkommensveränderungen des barunterhaltspflichtigen Elternteils, auch wenn diese nicht vorauszusehen waren und auf einer vom Normalverlauf abweichenden Entwicklung beruhen. Voraussetzung ist allerdings, dass der Schuldner seine Arbeitskraft und sonstige ihm zu Gebote stehende Einnahmequellen in ausreichendem Maße einsetzt.[19] Ist dies nicht der Fall, wird der Unterhalt nach einem fiktiven Einkommen des Schuldners bemessen (vgl. dazu Rn. 1/499 ff.; 2/114).

Maßgeblich sind daher stets die **jeweiligen Einkommens- und Vermögensverhältnisse** des Barunterhaltspflichtigen in den Zeiträumen, für die Unterhalt gefordert wird.[20]

4. Bedarfsbemessung bei alleiniger Barunterhaltspflicht eines Elternteils

117 Eine **alleinige Barunterhaltspflicht** eines Elternteils besteht **gegenüber minderjährigen Kindern,** wenn – wie im Regelfall – Barunterhalt und Betreuungsunterhalt gleichwertig sind und der andere daher seine Unterhaltspflicht durch Betreuung der Kinder erfüllt (§ 1606 III 2 BGB; Genaueres dazu Rn. 11 ff.). Da volljährige Kinder, auch privilegiert volljährige im Sinne des § 1603 II 2 BGB, nicht mehr von ihren Eltern betreut werden, haften diese anteilig für den Unterhalt des Kindes nach ihren Einkommens- und Vermögensverhältnissen (§ 1606 III 1 BGB).[21] Vgl. dazu Rn. 433 ff., 467 ff.

Ein Elternteil kann ferner allein barunterhaltspflichtig sein, wenn der andere Elternteil bei Berücksichtigung seiner sonstigen Verpflichtungen außerstande ist, ohne **Gefährdung seines eigenen angemessenen Unterhalts** den Unterhalt zu gewähren (§ 1603 I BGB). Das gilt im Grundsatz sowohl für minderjährige als auch für volljährige Kinder. Bei minderjährigen Kindern ist jedoch zu beachten, dass der nicht betreuende Elternteil verpflichtet ist, alle verfügbaren Mittel für den Kindesunterhalt einzusetzen, soweit nicht sein **notwendiger Selbstbehalt** gefährdet ist (§ 1603 II 1 BGB; vgl. dazu Rn. 260, 263 ff.). Ist allerdings der eigene angemessene Unterhalt des barunterhaltspflichtigen Elternteils nicht gewahrt, muss ausnahmsweise, allerdings nur bei erheblich höheren eigenen Einkünften,[22] der betreuende

---

16 BGH, FamRZ 1992, 797 = R 447 a

17 BGH, FamRZ 2002, 536, 537, 540, 542 mit Anm. Büttner = R 572 e, g; FamRZ 1996, 160, 162 = R 496 b

18 BGH, FamRZ 1993, 1304, 1306 = R 464 b

19 BGH, FamRZ 1993, 1304, 1306 = R 464 b

20 BGH, FamRZ 1985, 371, 373 = NJW 1985, 1340, 1343

21 BGH, FamRZ 2002, 815, 817 = R 570 b

22 BGH, FamRZ 1991, 182 = R 430 a; NJW-FER 2001, 7; OLG Düsseldorf, FamRZ 1992, 92 = NJW-RR 1992, 2

Elternteil den Barunterhalt ganz oder teilweise mit übernehmen (§§ 1603 II 3, 1606 III 1 und 2 BGB; vgl. Rn. 274 ff.).

Bei alleiniger Barunterhaltspflicht eines Elternteils **bemisst sich** der **Unterhalt nur nach dem Einkommen des barunterhaltspflichtigen Elternteils** (vgl. Rn. 284),[23] nicht nach dem Einkommen des anderen Elternteils oder nach einem Mittelwert der Einkünfte beider Eltern. Dies gilt bei minderjährigen Kindern jedenfalls dann, wenn sich die Einkünfte der Eltern im mittleren Bereich halten und das Einkommen des betreuenden Elternteils nicht höher ist als das des barunterhaltspflichtigen Elternteils.[24] 118

5. Bedarfsbemessung bei Barunterhaltspflicht beider Eltern

Beide Eltern sind barunterhaltspflichtig 119
- bei **volljährigen Kindern,** auch privilegiert volljährigen Kindern (Rn. 467 ff.), wenn beide leistungsfähig sind (§ 1603 I BGB),
- bei **minderjährigen Kindern,** wenn eine Ausnahme vom Regelfall bejaht wird, z. B. wenn ein Ehegatte durch die Betreuung allein seine Unterhaltspflicht gegenüber dem Kind nicht oder nicht in vollem Umfang erfüllt (§ 1606 III 2 BGB; Genaueres Rn. 289 ff.).

Bei beiderseitiger Barunterhaltspflicht ist für die Bemessung des Bedarfs **volljähriger Kinder** die **Summe des Nettoeinkommens beider Eltern** maßgeblich, weil in diesem Fall das Einkommen beider Einfluss auf die Lebensstellung des Kindes hat (§ 1606 III 1 BGB).[25] Jedoch hat ein Elternteil höchstens den Unterhalt zu leisten, der sich allein nach seinem Einkommen aus der Unterhaltstabelle ergibt (vgl. dazu Rn. 388). Das zusammengerechnete Einkommen der Eltern kann allerdings nur dann maßgeblich sein, wenn der Bedarf auch des volljährigen Kindes einkommensabhängig nach der Tabelle Kindesunterhalt bemessen wird. Diese Berechnungsweise, die von der Düsseldorfer Tabelle und den Leitlinien der meisten Oberlandesgerichte für den Fall empfohlen wird, dass das volljährige Kind noch im Haushalt eines Elternteils lebt (vgl. dazu im Einzelnen Rn. 383 ff.), ist vom BGH[26] gebilligt worden. 120

Eine Bemessung des Unterhalts nach dem zusammengerechneten Einkommen beider Eltern kommt dagegen nicht in Betracht, wenn die Tabellen und Leitlinien den Bedarf mit festen Beträgen ansetzen. Dies ist nach der Düsseldorfer Tabelle der Fall bei volljährigen Kindern mit eigenem Hausstand, vor allem Studierenden (vgl. DT Anm. A 7: 600,– €). Nur noch wenige Oberlandesgerichte sehen feste Bedarfssätze auch bei volljährigen Kindern vor, die bei einem Elternteil leben. Zur Bemessung des Volljährigenunterhalts im Einzelnen muss auf Rn. 391 ff., zur Problematik fester Bedarfssätze auf Rn. 366 verwiesen werden.

Eine Bemessung des Bedarfs **minderjähriger Kinder** nach dem zusammengerechneten Einkommen beider Eltern wird man dann in Betracht ziehen können, wenn das Kind nicht von einem Elternteil, sondern von Dritten betreut wird, sich also z. B. in einem Heim befindet. Dann kommt überdies eine anteilige Barunterhaltspflicht beider Eltern in Frage (vgl. Rn. 289 ff.). Anders liegt es dagegen, wenn der betreuende Elternteil auf Barunterhalt haftet, weil seine Einkünfte wesentlich höher sind als die des anderen Elternteils und dieser seinen eigenen angemessenen Bedarf gefährden würde, wenn er den Barunterhalt entrichten würde (vgl. Rn. 274 ff.). Dann wird der Unterhalt des Kindes nach den besonderen Umständen des Einzelfalls zu bemessen sein (vgl. auch Rn. 277). Bei besonders günstigen Einkommens- und Vermögensverhältnissen des betreuenden Elternteils kommt eine konkrete Berechnung des Unterhalts nach den berechtigten Bedürfnissen des Kindes in Betracht (Genaueres Rn. 128 ff., 229).[27] 121

---

[23] BGH, FamRZ 2002, 536, 537 = R 572 b

[24] BGH, FamRZ 1986, 151; FamRZ 1981, 543 = NJW 1981, 1559; vgl. auch BGH, FamRZ 2000, 358 = R 537 b

[25] BGH, FamRZ 1994, 696, 698 = R 477 b; FamRZ 1988, 1039 = R 366 b

[26] BGH, FamRZ 1994, 696, 698 = R 477 b

[27] BGH, FamRZ 2002, 358 mit Anm. Deisenhofer = R 537 c; OLG Düsseldorf, FamRZ 1994, 767; FamRZ 1992, 981; OLG Koblenz, FamRZ 1992, 1217

II. Regelbedarf, regelmäßiger Mehrbedarf und Sonderbedarf

1. Pauschalierung des Kindesunterhalts nach Tabellen

122 In Durchschnittsfällen wird in der Praxis der Regelbedarf eines Kindes, vor allem eines minderjährigen Kindes, als normaler durchschnittlicher Lebensbedarf einkommensabhängig nach **Tabellen und Leitlinien** bemessen. Die Tabellen und Leitlinien sind mit Fundstellen[28] in Rn. 1/6 f. aufgeführt. Die wichtigste Tabelle ist die **Düsseldorfer Tabelle** (abgedruckt im Anhang L; vgl. dazu im Einzelnen Rn. 207 ff.). Sie wird beim Kindesunterhalt von allen Oberlandesgerichten angewendet, jedoch in zahlreichen Einzelpunkten modifiziert. Das OLG Nürnberg gab bis zum 30. 6. 1998 eine eigene Tabelle, die sog. Nürnberger Tabelle, heraus.[29] Seit dem 1. 7. 1998 wendet es die Unterhaltsrechtlichen Leitlinien der Familiensenate in Bayern (BayL)[30] an, seit dem 1. 1. 2002 folgt es den Süddeutschen Leitlinien (SüdL),[31] allerdings mit Ausnahme des 7. Familiensenats, der Modifikationen zu den Süddeutschen Leitlinien herausgibt.[32] Die Gerichte in den neuen Bundesländern ergänzen die Düsseldorfer Tabelle um Vortabellen, die für Einkommen unterhalb 1300,– € geringere Bedarfssätze ausweisen (vgl. dazu Rn. 210 a).

123 Die Tabellen und Leitlinien bemessen den Unterhalt des Kindes nach Altersstufen und nach dem **Einkommen** des barunterhaltspflichtigen Elternteils. Dies gilt uneingeschränkt für minderjährige Kinder, nach der Düsseldorfer Tabelle und nahezu allen Leitlinien auch für volljährige Kinder, die im Haushalt eines Elternteils leben. Für volljährige Kinder mit eigenem Haushalt, insbesondere Studierende, werden generell feste Bedarfssätze ausgewiesen. Die Einzelheiten des Tabellenunterhalts werden für minderjährige Kinder in Rn. 203 ff. und für volljährige Kinder in Rn. 360 ff. dargestellt.

124 Die Düsseldorfer Tabelle regelt den Kindesunterhalt bis in den Bereich der gehobenen und guten Einkommen hinein. Derzeit reicht die Tabelle bis zu einem Einkommen des barunterhaltspflichtigen Elternteils von 4800,– €. Sie erfasst dagegen nicht besonders günstige Einkommens- und Vermögensverhältnisse (vgl. dazu Rn. 128 ff., 229). Im Bereich der Düsseldorfer Tabelle, also in Durchschnittsfällen, sind Tabellen und Leitlinien ein anerkanntes **Hilfsmittel** für die Unterhaltsbemessung. Der Richter verwendet sie zur Ausfüllung des unbestimmten Rechtsbegriffs „angemessener Unterhalt", um eine möglichst gleichmäßige Behandlung gleichartiger Lebenssachverhalte zu erreichen. Sie enthalten Regeln, die auf der allgemeinen Lebenserfahrung beruhen, und ermöglichen daher eine Vereinfachung der Unterhaltsbemessung, eine gleichmäßige konkrete Rechtsanwendung und eine Vereinheitlichung der Rechtsprechung im Regelfall. Von ihnen kann abgewichen werden, wenn besondere Umstände dies im Einzelfall erfordern. Das mit Hilfe der Tabelle gewonnene Ergebnis ist stets **auf seine Angemessenheit** für den zu entscheidenden Einzelfall **zu überprüfen.**[33] Hierfür enthält die Düsseldorfer Tabelle die Institute der Höher- und Herabgruppierung bei unterdurchschnittlicher bzw. überdurchschnittlicher Unterhaltslast (DT A 1; vgl. Rn. 231 ff.) und des Bedarfskontrollbetrages (DT A 6; vgl. Rn. 239 ff.), der allerdings nur von einem Teil der Oberlandesgerichte anerkannt wird.

125 Bei den Regelbedarfssätzen der Tabellen und Leitlinien handelt es sich um **Pauschalen,** die den gesamten Lebensbedarf abdecken (Rn. 214, 217, 362, 370). Durch eine solche Unterhaltspauschalierung wird aus praktischen Gründen im Allgemeinen die Berücksichtigung von bedarfserhöhenden oder bedarfsmindernden Einzelumständen vermieden. Dies

---

[28] Die bis Anfang Juli 2003 veröffentlichten Tabellen und Leitlinien sind in der Beilage zur NJW 2003 Heft 32 abgedruckt.
[29] Vgl. hierzu Riegner, Die Grundzüge der Nürnberger Tabelle, FamRZ 1996, 988
[30] Stand: 1. 7. 1999, FamRZ 1999, 773
[31] Stand: 1. 1. 2003, FamRZ 2003, 910
[32] Stand: 1. 7. 2003, NJW 2003 Beilage zu Heft 32 S. 59
[33] BGH, FamRZ 2000, 1492 = R 546 c; FamRZ 2000, 358 m. Anm. Deisenhofer = R 537 b; FamRZ 1992, 539, 541 = R 444 b

liegt im Interesse der Befriedung und Beruhigung des Unterhaltsrechtsverhältnisses, das sonst durch häufige Einzelanforderungen in unerwünschter Weise belastet würde.[34] Daher scheidet eine Anhebung des Tabellenunterhalts wegen besonderer Ausgaben z. B. für Kleidung, für Feste und Geburtstage aus. Derartige Mehrausgaben werden durch Minderausgaben zu anderen Zeiten ausgeglichen. Anders liegt es bei regelmäßigem Mehrbedarf (Rn. 133 ff.) und Sonderbedarf (Rn. 133, 138 ff., 6/1 ff.).

Eine Kürzung des Tabellenunterhalts kommt nicht in Betracht, wenn der nichtsorgebe- **126**
rechtigte Elternteil das Kind im Rahmen seines üblichen Umgangsrechts während der **Ferien** einige Wochen bei sich hat und in dieser Zeit betreut und versorgt. Solche Teildeckungen des Unterhalts durch Naturalleistungen sind vorhersehbar und berechtigen nicht zu einer Unterhaltskürzung.[35] Vgl. Rn. 104, 168.

2. Mindestbedarf und Existenzminimum

Nach § 1615 f I BGB a. F. hatte der Vater eines nichtehelichen Kindes bis zum 30. 6. 1998 **127**
den Regelunterhalt zu zahlen. Dieser Regelbedarf wurde von der Bundesregierung durch Rechtsverordnung mit Zustimmung des Bundesrates festgelegt.[36] Vgl. dazu Rn. 203. Der Regelunterhalt war nach § 1610 III 1 BGB a. F. zugleich der Mindestbedarf eines minderjährigen ehelichen Kindes, das in den Haushalt eines geschiedenen Elternteils aufgenommen war und vom anderen Elternteil Unterhalt verlangte. Zur Zahlung dieses Mindestbedarfs konnte der Unterhaltspflichtige freilich nur verurteilt werden, wenn er leistungsfähig, insbesondere wenn sein notwendiger Selbstbehalt (Rn. 260 ff.) gewahrt war. Da die 1. Einkommensgruppe der Düsseldorfer Tabelle dem Regelunterhalt entsprach, konnte bis zum 30. 6. 1998 davon ausgegangen werden, dass der nach der Tabelle bemessene Unterhalt jedenfalls den Mindestbedarf des Kindes deckte.

Das KindUG hat §§ 1610 III, 1615 f. BGB a. F. ersatzlos aufgehoben. Seitdem hat das **127 a**
eheliche wie das nichteheliche Kind Anspruch auf einen seinen Verhältnissen entsprechenden **(Individual-)Unterhalt,**[37] der sich aus § 1610 I BGB ergibt und sich im Wesentlichen nach den Einkommensverhältnissen des barunterhaltspflichtigen Elternteils richtet (Rn. 116 ff.). Dieser Unterhalt kann nach § 1612 a I BGB auch als Vomhundertsatz des jeweiligen Regelbetrages verlangt werden. Der **Regelbetrag** wird wie der frühere Regelunterhalt durch Rechtsverordnung festgelegt; es genügt nunmehr eine Verordnung des Bundesministeriums der Justiz, die der Zustimmung des Bundesrates nicht bedarf (§ 1612 a IV 3 BGB). Wegen der Einzelheiten vgl. Rn. 205 ff. Es entsprach der erklärten Absicht des Gesetzgebers, dass die durch das KindUG eingeführten Regelbeträge nicht als bedarfsdeckend angesehen werden dürfen, da sie hinter dem Existenzminimum zurückbleiben, wie es in dem (Ersten) Bericht der Bundesregierung vom 2. 2. 1995 über die Höhe des Existenzminimums von Kindern vom Jahr 1996[38] dargestellt war. Dieses betrug im Jahr 1996 für alle minderjährigen Kinder 524,– DM, ab 1999 558,– DM pro Monat, umgerechnet auf die Altersstufen nach § 1612 a III BGB 431,– DM (ab 1999: 461,– DM) in der ersten, 510,– DM (ab 1999: 544,– DM) in der zweiten und 631,– DM (ab 1999: 670,– DM) in der dritten Altersstufe.[39] In dieser Höhe konnten die Regelbeträge vor allem wegen der Kosten für die öffentliche Hand, die durch die Gewährung von Unterhaltsvorschuss entstehen (vgl. § 8 UVG; vgl. dazu Rn. 6/575), nicht festgesetzt werden. Zudem hätte sich die Mehrzahl der Verpflichteten auf ihre eingeschränkte Leistungsfähigkeit berufen.[40] Die Regelbeträge nach

---

[34] BGH, FamRZ 1984, 470, 472
[35] BGH, FamRZ 1984, 470, 472
[36] Verordnung zur Berechnung des Regelunterhalts vom 27. 6. 1970 – BGBl. I 1010, zuletzt geändert durch VO vom 25. 9. 1995 – BGBl. I 1990 = FamRZ 1995, 1327
[37] BGH, FamRZ 2002, 536, 539 mit Anm. Büttner = R 572 c; Rühl/Greßmann, Kindesunterhaltsgesetz 1998, Rn. 54; Strauß, FamRZ 1998, 993; anders nach wie vor Graba, FamRZ 2002, 129, 133
[38] BT-Drucks. 13/381
[39] Vgl. Bericht über das Existenzminimum 1999 BT-Drucks. 13/9561 S. 4; Rühl/Greßmann Rn. 60
[40] BT-Drucks. 13/9596, S. 31

§ 1612a I BGB sind danach nicht mit dem Mindestbedarf eines minderjährigen Kindes identisch. Sie sind nur Bezugsgrößen für die Bemessung des dynamisierten Unterhalts nach § 1612a I BGB und für die Zulässigkeit des Vereinfachten Verfahrens über den Unterhalt Minderjähriger nach § 645 I ZPO; zugleich sollen sie als Basiswerte der Unterhaltstabellen dienen.[41]

127 b Wie das Bundesverfassungsgericht in verschiedenen Entscheidungen zum Einkommensteuerrecht ausgeführt hat, muss dem Steuerpflichtigen nach Erfüllung seiner Steuerschuld von seinem Einkommen zumindest so viel verbleiben, wie er zur Bestreitung seines notwendigen Lebensunterhalts und desjenigen seiner Familie bedarf. Dieses Existenzminimum bemisst sich nach dem Mindestbedarf, wie er im Sozialhilferecht anerkannt ist. Dies gilt auch für das sächliche Existenzminimum eines Kindes, für das der Steuerpflichtige aufkommen muss. Dessen Leistungsfähigkeit wird aber über den existentiellen Sachbedarf hinaus auch durch den Betreuungs- und Erziehungsbedarf des Kindes gemindert. Deshalb muss das Einkommen des unterhaltspflichtigen Elternteils auch insoweit von der Einkommensteuer verschont werden.[42] Das sächliche Existenzminimum betrug im Jahr 2001 für alle minderjährigen Kinder 6768,– DM pro Jahr (= 564,– DM pro Monat);[43] für das Jahr 2003 geht die Bundesregierung von einem sächlichen Existenzminimum von 3636,– € im Jahr (= 304,– € pro Monat) aus.[44]

127 c Im Hinblick auf die dargestellte Rechtsprechung des Bundesverfassungsgerichts liegt es auf den ersten Blick nahe, einen Mindestbedarf des Kindes in Höhe des Existenzminimum anzunehmen. In der Tat haben einige Gerichte und einige Stimmen in der Literatur alsbald nach Inkrafttreten des KindUG diese Auffassung vertreten und einen unterhaltsrechtlichen Mindestbedarf in Höhe von 130% des Regelbetrages angenommen.[45] Zum 1. 1. 2001 ist § 1612b V BGB in der Weise geändert worden, dass Kindergeld ganz oder teilweise nicht auf den Tabellenunterhalt angerechnet wird, wenn der Pflichtige außer Stande ist, Unterhalt in Höhe von 135% des Regelbetrages zu zahlen. Diese Vorschrift ist nicht verfassungswidrig,[46] ist aber einschränkend auszulegen. Vgl. dazu Rn. 2/509ff. Ziel des Gesetzgebers war es, durch § 1612b V BGB das Barexistenzminimum des Kindes zu sichern, das pauschal auf 135% des Regelbetrages festgelegt wurde.[47] Dies entspricht der 6. Einkommensgruppe der Düsseldorfer Tabelle. Diese Gesetzesänderung führte dazu, dass in Rechtsprechung und Literatur überwiegend die Auffassung vertreten wurde, dass der gesetzliche Mindestbedarf des Kindes mit 135% des Regelbetrages anzusetzen sei.[48] Der BGH ist dem zu Recht nicht gefolgt.[49] Unter Hinweis auf die Ausführungen in der Vorauflage hebt der BGH[50] hervor, dass die zitierten Entscheidungen des BVerfG nicht das Unterhalts-, sondern das Steuerrecht betreffen. Im Steuerrecht geht es darum, in welchem Umfang der Staat den Bürger zur Deckung der Staatsausgaben heranziehen darf und wieviel dem Steuerschuldner von seinem Einkommen zur Deckung seines Unterhalts und desjenigen seiner Familie verbleiben muss. Wird der Bürger übermäßig belastet, muss der Staat auf andere Finanzquellen zurückgreifen und ggf. die Steuerlast anders verteilen. Im Unterhaltsrecht ist dagegen die Frage zu entscheiden, ob und in welcher Höhe ein Anspruch zwischen Familienmitgliedern besteht, ob also der Unterhaltsbedürftige einen Anspruch auf Teilhabe am notwendigerweise beschränkten Einkommen und Vermögen des Pflichtigen hat. Dabei müsste auch festgelegt werden, welchen Unterhaltsberechtigten (minderjährige und volljährige Kinder, getrennt lebende

---

[41] BGH, FamRZ 2002, 536, 539 mit Anm. Büttner = 572c unter Hinweis auf die Entstehungsgeschichte des KindUG

[42] BVerfG, FamRZ 1993, 285; 1999, 285; 1999, 291

[43] Dritter Existenzminimumbericht BT-Drucks. 14/1926

[44] Vierter Existenzminimumbericht BT-Drucks. 14/7765

[45] Vgl. die Nachweise bei BGH, FamRZ 2002, 536, 539 mit Anm. Büttner = R 572c

[46] BVerfG, FamRZ 2003, 1370 = R 593; BGH, FamRZ 2003, 445 = R 584b

[47] Bericht des Rechtsausschusses, BT-Drucks. 14/3781 S. 8

[48] Vgl. die umfangreichen Nachweise bei BGH, FamRZ 2002, 536, 540 = R 572c, f; zur Entstehungsgeschichte und zur Bedeutung des § 1612b V BGB im Einzelnen Heger, FamRZ 2001, 1410; Scholz, FamRZ 2000, 1541

[49] BGH, FamRZ 2002, 536 mit Anm. Büttner = R 572c, f

[50] BGH, FamRZ 2002, 536, 539, 541 mit Anm. Büttner = R 572c, f

oder geschiedene Ehegatten) ein Mindestbedarf in Höhe des Existenzminimums zugebilligt werden soll.

Der Übertragung der Rechtsprechung des Bundesverfassungsgerichts zum Einkommensteuerecht steht auch entgegen, dass das steuerlich zu verschonende Existenzminimum des Kindes nicht nur dessen existenznotwendigen Mindestaufwand, sondern auch den Betreuungs- und Erziehungsbedarf einschließlich der Kosten einer Ausbildung umfasst.[51] Dieser Teil des Bedarfs des Kindes wird aber im Unterhaltsrecht zu einem wesentlichen Teil in Natur gedeckt, nämlich durch Pflege und Erziehung des Kindes, die dem betreuenden Elternteil obliegen (§ 1606 III 2 BGB). Das steuerlich zu verschonende **Existenzminimum** kann schon deshalb **nicht** mit dem unterhaltsrechtlichen **Mindestbedarf** des Kindes gleich gesetzt werden, weil dieser nach der herkömmlichen Terminologie nur den mindestens zu zahlenden Barunterhalt betrifft. Ist der Unterhaltspflichtige nicht in der Lage, Unterhalt in Höhe des sozialhilferechtlichen Existenzminimums zu leisten, so hat insoweit der Staat im Hinblick auf das Sozialstaatsprinzip die notwendigen Leistungen zu erbringen.[52] Dies geschieht u. a. dadurch, dass er Kindergeld, teils als vorweggenommene Steuervergütung, teils als Sozialleistung zur Verfügung stellt (dazu Rn. 487) und in § 1612 b V BGB vorsieht, dass das Kindergeld zur Sicherstellung des Existenzminimums des Kindes verwendet wird. Die gegenteilige Auffassung würde dazu führen, dass die Sätze der ersten fünf Gruppen der Tabelle als nicht bedarfsdeckend überflüssig wären und gestrichen werden müssten. Die Düsseldorfer Tabelle könnte mit der 6. Einkommensgruppe beginnen. Ob der Schuldner den sich dann ergebenden Unterhalt zahlen müsste, würde sich allein nach seiner Leistungsfähigkeit richten, d. h. danach, ob sein Einkommen die Zahlung bei Wahrung des (notwendigen) Selbstbehalts (Rn. 263 ff.) zuließe. Ein solcher Eingriff in das Gefüge des Unterhaltsrechts war vom Gesetzgeber nicht beabsichtigt.[53] Vielmehr wird dem barunterhaltspflichtigen Elternteil durch § 1612 b V BGB nur zugemutet, notfalls seinen Kindergeldanteil zur Sicherung des Existenzminimums des Kindes einzusetzen.[54] Mit der Gleichsetzung von Existenzminimum und Mindestbedarf des Kindes würde die Rechtsprechung ihre Kompetenzen, aber auch ihre Möglichkeiten überschreiten. Das ändert nichts daran, dass eine entsprechende gesetzliche Regelung wünschenswert wäre. Daher bleibt der Gesetzgeber aufgerufen, die von ihm durch Aufhebung des § 1610 III BGB a. F. geschaffene Lücke zu schließen.

Der Verzicht des Gesetzgebers auf die Festlegung eines unterhaltsrechtlichen Mindest- **127 d**
bedarfs des Kindes hat Konsequenzen, die allerdings nicht überschätzt werden dürfen:

- Das Kind darf sich im Unterhaltsprozess nicht auf den Vortrag beschränken, dass sein Existenzminimum nicht gewahrt sei und dem Schuldner den Gegenbeweis überlassen, dass seine Leistungsfähigkeit nicht ausreiche. Andererseits verbleibt es dabei, dass das Kind einen **Unterhaltsbedarf** in Höhe des Regelbetrages nicht näher **darzulegen** braucht, da der Gesetzgeber bei Aufhebung des § 1610 III BGB die Notwendigkeit einer entsprechenden Vorschrift übersehen hat.[55] Dies gilt auch, wenn der Unterhaltsanspruch nach § 7 UVG oder § 91 BSHG auf eine öffentliche Körperschaft oder nach § 1607 BGB auf einen Dritten, insbesondere einen Verwandten übergegangen ist.[56] Vgl. auch Rn. 230.
- Der Abzug von **Schulden** erfordert nach wie vor eine umfassende Abwägung der Interessen der Beteiligten. Es ist in Ausnahmefällen trotz der verschärften Haftung des Schuldners für sein minderjähriges oder privilegiert volljähriges Kind möglich, Schulden auch dann zu berücksichtigen, wenn Unterhalt in Höhe des Regelbetrages nicht gezahlt werden kann.[57] Vgl. dazu Rn. 158 und 1/652 a. Nach Inkrafttreten des § 1612 b V BGB wird es in vielen Fällen im Endergebnis nicht mehr darauf ankommen, ob Schulden

---

[51] BVerfG, FamRZ 1999, 285, 287, 290
[52] BGH, FamRZ 2002, 536, 539 mit Anm. Büttner = R 572 c, f
[53] Dies räumt auch Graba, FamRZ 2003, 129, 133 ein
[54] BGH, FamRZ 2002, 536, 541 mit Anm. Büttner = R 572 c, f; anders Graba, FamRZ 2003, 129, 133
[55] BGH, FamRZ 2002, 536, 540 mit Anm. Büttner = R 572 d
[56] BGH, FamRZ 2003, 444 = R 582
[57] BGH, FamRZ 2002, 536, 541 mit Anm. Büttner = R 572 b, e, g

abzuziehen sind oder nicht, da die völlige oder teilweise Nichtanrechnung des Kindergeldes das Existenzminimum in weitem Umfang garantiert und der effektiv zu zahlende Unterhalt in sämtlichen Gruppen bis zur sechsten identisch ist. Ausgenommen ist lediglich der Unterhalt der 2. und 3. Altersstufe der 1. Einkommensgruppe und der 3. Altersstufe der 2. Einkommensgruppe der Düsseldorfer Tabelle (siehe Rn. 509).

- Auch bei den Anforderungen, die an die **Erwerbsobliegenheit** des barunterhaltspflichtigen Elternteils zu stellen sind, ist zu berücksichtigen, dass das Existenzminimum des Kindes in vielen Fällen durch Nichtanrechnung des Kindergeldes sichergestellt wird und man dem Schuldner daher nicht ohne weiteres zumuten kann, durch Nebentätigkeit oder Überstunden ein höheres Einkommen zu erzielen, das ihm z. B. erlauben würde, statt nach Einkommensgruppe 3 Unterhalt nach Einkommensgruppe 6 zu zahlen; hierzu Rn. 247 ff.

3. Bedarfsbemessung bei besonders günstigen Einkommens- und Vermögensverhältnissen der Eltern

128 Für besonders günstige Einkommens- und Vermögensverhältnisse der Eltern enthält die Düsseldorfer Tabelle, die sich auf den Unterhalt bei Einkommen bis zu 4800,– € monatlich beschränkt, keine Empfehlungen. Sie enthält nur den Hinweis, dass dann der Unterhalt „nach den Umständen des Falles" zu bemessen ist. Grundsätzlich gibt es beim Kindesunterhalt **keine** allgemein gültige obere Grenze (sog. **Sättigungsgrenze**), die nicht überschritten werden dürfte. Andererseits bedeutet die Ableitung des Kindesunterhalts von der Lebensstellung der Eltern nicht, dass bei überdurchschnittlich guten wirtschaftlichen Verhältnissen der Eltern den Kindern eine luxuriöse Lebensgestaltung ermöglicht werden muss.[58]

129 Eine **Unterhaltsbegrenzung** ergibt sich vor allem aus der besonderen Lage, in der sich minderjährige Kinder während ihrer Schul- und Ausbildungszeit sowie während des Heranwachsens befinden. Trotz der Verknüpfung mit den wirtschaftlichen Verhältnissen der Eltern oder eines Elternteils ist ihre Lebensstellung in erster Linie **durch** ihr **Kindsein** geprägt (Rn. 110). Anders als Ehegatten, für die jedenfalls in dem noch nicht der Vermögensbildung zuzurechnenden Einkommensbereich der Grundsatz der gleichmäßigen Teilhabe gilt, können Kinder nicht einen bestimmten Anteil an dem Einkommen des Unterhaltspflichtigen verlangen. Unterhaltsgewährung für Kinder bedeutet stets Befriedigung ihres gesamten, auch eines gehobenen Lebensbedarfs, nicht aber Teilhabe am Luxus (§ 1610 II BGB). Auch in besten Verhältnissen lebende Eltern schulden dem Kind nicht, was es wünscht, sondern was es nach deren Lebensstandard, an den es sich vielfach gewöhnt hat, braucht. Dieser Lebensstandard soll dem Kind auch nach Trennung der Eltern grundsätzlich erhalten bleiben.[59] Jedoch darf die Unterhaltsbemessung weder einem gedeihlichen Eltern-Kind-Verhältnis entgegenwirken noch dazu führen, die Lebensstellung des Elternteils anzuheben, bei dem das Kind lebt.[60]

Bemerkungen des BGH[61] sprechen dafür, dass bei minderjährigen Kindern, deren Eltern in überdurchschnittlichen wirtschaftlichen Verhältnissen leben, ein Unterhaltsbedarf über die Höchstsätze der Düsseldorfer Tabelle hinaus in der Regel nicht angenommen werden soll. In einer anderen Entscheidung hat der BGH dagegen, wenn auch bei einem volljährigen Kind, einen Unterhalt gebilligt, der deutlich über die Sätze der Düsseldorfer Tabelle hinausging.[62] Richtig ist, dass man bei einer Erhöhung des Unterhalts des minderjährigen Kindes über die **Höchstsätze der Düsseldorfer Tabelle** hinaus vorsichtig sein muss. Insbesondere ist eine automatische Fortschreibung der Tabelle über den Bereich eines monatlichen Einkommens von jetzt 4800,– € hinaus nicht zulässig.[63] Vielmehr ist auf die **Umstände des**

[58] BGH, FamRZ 2000, 358 mit Anm. Deisenhofer = R 537 c; FamRZ 1987, 58 = R 304A a; FamRZ 1983, 473
[59] BGH, FamRZ 2000, 358 mit Anm. Deisenhofer = R 537 c
[60] BGH, FamRZ 1987, 58 = R 304A a; FamRZ 1983, 473
[61] BGH, FamRZ 1988, 159
[62] BGH, FamRZ 1987, 58 = R 304A a
[63] BGH, FamRZ 1980, 665, 669 = NJW 1980, 1686, 1689; OLG Frankfurt/M., FamRZ 1992, 98

Einzelfalls abzustellen und der Unterhalt auch bei Einkünften deutlich über dem Einkommensbereich der Düsseldorfer Tabelle nur maßvoll anzuheben. Der BGH hat klar gestellt, dass der Kindesunterhalt bei günstigen wirtschaftlichen Verhältnissen nicht faktisch auf dem für die höchste Einkommensgruppe geltenden Satz festgeschrieben werden darf. Vielmehr steht es dem Kind frei, einen höheren Unterhaltsbedarf darzulegen und zu beweisen.[64] Vgl. dazu im einzelnen Rn. 229.

Der **Unterhalt des Studierenden** oder des volljährigen Kindes mit eigenem Haushalt 130 wird nahezu von allen Tabellen und Leitlinien des alten Bundesgebiets mit einem Festbetrag von 600,– € angesetzt (DT A 7; vgl. dazu Rn. 368 ff.; zu den Richtsätzen im Beitrittsgebiet vgl. Rn. 369 a). Dieser Betrag ist angesichts der Mietkosten in Universitätsstädten knapp bemessen, da bereits die Höchstförderung nach dem BAföG im Jahre 2002 rund 585,– € betrug. Daher wird man den Bedarfssatz von 600,– € für den Studierenden eher überschreiten dürfen als die Tabellensätze für minderjährige Kinder. Eine Anhebung des Regelunterhalts von 600,– € wird bereits im oberen Einkommensbereich der Tabelle in Betracht kommen, da schon bei einem Einkommen des Barunterhaltspflichtigen von über 4000,– € der Unterhalt für das volljährige im Haushalt eines Elternteils lebende Kind auf Grund der allerdings nicht von allen Oberlandesgerichten anerkannten Altersstufe 4 der Düsseldorfer Tabelle (DT A 7 II) 622,– € und bei einem Einkommen über 4400,– € 654,– € beträgt; vgl. dazu Rn. 376, 383 ff. Da das Leben außerhalb des Elternhauses teurer ist und sich das studierende Kind mit eigenem Haushalt nicht schlechter stehen darf, als wenn es weiterhin bei einem Elternteil wohnen würde, wird man in solchen Fällen den Bedarfssatz von 600,– € angemessen erhöhen müssen.

Bei **volljährigen Kindern,** die noch **im Haushalt eines Elternteils** leben, gelten die 131 Grundsätze unter Rn. 129 f. entsprechend, jedenfalls dann, wenn man nach der Düsseldorfer Tabelle den Unterhalt der 4. Altersstufe entnimmt und damit einen einkommensabhängigen Volljährigkeitszuschlag gewährt (DT A 7 I; Rn. 383 ff.).[65] Sehr großzügig hat das OLG Düsseldorf[66] bereits nach der DT von 1992 bei allerdings überaus günstig situierten Eltern den Bedarf des bei der Mutter lebenden Kindes mit 1400,– DM angenommen; der Richtsatz für Studierende betrug damals 950,– DM. Setzt man dagegen mit einigen Oberlandesgerichten für den bei einem Elternteil lebenden Volljährigen einen Festbetrag als Unterhalt an (vgl. Rn. 391 ff.), so wird man eher gemäß den Ausführungen zu Rn. 130 eine Überschreitung des Festbetrages in den höheren Einkommensgruppen der Tabelle rechtfertigen können.

Im Übrigen ist auch bei volljährigen Kindern der **Unterhalt nach oben zu begrenzen.** 132 Unterhaltsgewährung bedeutet auch bei Volljährigen Befriedigung des gesamten Lebensbedarfs, nicht aber Teilhabe am Luxus.[67] Anhebungen des Unterhalts über den Betrag von 600,– € hinaus sind nicht unbegrenzt zulässig. Es ist stets zu berücksichtigen, dass der Unterhalt auch eines Studenten deutlich unter den Nettoeinkünften eines angehenden Akademikers liegen muss. Ein Betrag von 1000,– €, der das Nettogehalt eines Referendars deutlich übersteigt, sollte nicht überschritten werden. Derartige Beträge sind bisher kaum zuerkannt worden. Der BGH hat allerdings bereits im Jahre 1987 einen Unterhalt von 1700,– DM für die studierende Tochter eines vielfachen Millionärs gebilligt.[68] Das OLG Düsseldorf hat den Bedarf einer Studentin, deren Eltern ein Einkommen von je 12 000,– DM hatten, auf 1400,– DM,[69] das OLG Köln[70] bei ähnlichen Verhältnissen auf 1500,– DM begrenzt. Das OLG Brandenburg (BraL 13. 1) beschränkt die Erhöhung des Unterhalts bei guten wirtschaftlichen Verhältnissen auf das Doppelte des Regelsatzes eines nicht im Haushalt eines Elternteils lebenden volljährigen Kindes.

---

[64] BGH, FamRZ 2000, 358 mit Anm. Deisenhofer = R 537 c; vgl. auch BGH, FamRZ 2001, 1603

[65] OLG Karlsruhe, FamRZ 1992, 1217

[66] FamRZ 1994, 767

[67] BGH, FamRZ 2000, 358 mit Anm. Deisenhofer = R 537 c; FamRZ 1988, 1039 = R 366 b; FamRZ 1987, 58 = R 304A a; KG, FamRZ 1998, 1386

[68] BGH, FamRZ 1987, 58 = R 304A a

[69] OLG Düsseldorf, FamRZ 1992, 981

[70] NJW-FER 1999, 176

132 a Wenn das Kind einen besonders hohen Unterhaltsbedarf geltend macht, insbesondere Unterhalt über den Höchstsätzen der Düsseldorfer Tabelle verlangt, muss es im Einzelnen **darlegen und beweisen,** worin sein erhöhter Bedarf besteht und welche Mittel zu seiner Deckung erforderlich sind.[71] Vgl. dazu Rn. 230.

4. Regelmäßiger Mehrbedarf

133 **Mehrbedarf** ist derjenige Teil des Lebensbedarfs (§ 1610 II BGB), der regelmäßig, jedenfalls während eines längeren Zeitraums, anfällt und das Übliche derart übersteigt, dass er mit Regelsätzen nicht erfasst werden kann, aber kalkulierbar ist und deshalb bei der Bemessung des laufenden Unterhalts berücksichtigt werden kann. **Sonderbedarf** ist dagegen ein unregelmäßig auftretender, außergewöhnlich hoher Bedarf (§ 1613 II BGB), der nicht auf Dauer besteht und daher zu einem einmaligen, jedenfalls aber zeitlich begrenzten Ausgleich neben dem regelmäßig geschuldeten Barunterhalt führen kann (vgl. dazu Rn. 138 ff.; 6/1 ff.).

134 Der typische Fall des regelmäßigen Mehrbedarfs, der durch den Regelunterhalt nach der Düsseldorfer Tabelle nicht gedeckt wird, ist der **krankheitsbedingte Mehrbedarf** des dauernd pflegebedürftigen, behinderten Kindes, soweit er nicht durch die Krankenkasse oder durch nicht subsidiäre Sozialleistungen gedeckt wird.[72] Dazu Rn. 327 a. Dies gilt auch für die Kosten einer psychotherapeutischen Behandlung, wenn feststeht, dass die Behandlung über einen längeren Zeitraum erforderlich sein wird.[73] Nicht durch den Tabellenunterhalt erfasste Mehrkosten können auch durch den **Besuch von Privatschulen,** Tagesheimschulen, Internaten oder durch eine aufwändige Ausbildung z. B. zum Konzertpianisten entstehen.[74] Vgl. Rn. 317 ff., 401 ff.

135 Ein solcher Mehrbedarf ist **zusätzlich** zum Regelbedarf als laufender Unterhalt zu zahlen, wenn es sich um vorhersehbare, regelmäßig anfallende Mehraufwendungen handelt **und** die kostenverursachenden **Mehraufwendungen** im Interesse des Kindes zu Lasten des Unterhaltsschuldners **berechtigt** sind. Der Gesamtunterhaltsanspruch besteht dann aus der Summe von Regelbedarf und regelmäßigem Mehrbedarf, abzüglich etwaiger Einsparungen. Vgl. dazu Rn. 321, 323, 401 ff.

136 Am Mehrbedarf muss sich unter Umständen der **Elternteil, der ein minderjähriges Kind betreut** und dadurch normalerweise nach § 1606 III 2 BGB seine Unterhaltspflicht erfüllen würde, **beteiligen,** wenn er über Einkünfte verfügt, insbesondere wenn er erwerbstätig ist oder ihn eine Erwerbsobliegenheit trifft. § 1606 III 2 BGB gibt bei (erheblichem) Mehrbedarf insbesondere eines behinderten Kindes keine Grundlage dafür ab, den betreuenden Elternteil von Mehrbedarf gänzlich freizustellen.[75] Vielmehr ist unabhängig von dieser Bestimmung nach einer den Interessen der Beteiligten gerecht werdenden Lösung zu suchen. Dabei muss auch berücksichtigt werden, dass das behinderte Kind, das bei einem Elternteil lebt, besonderen Betreuungsaufwand erfordern kann.[76] Zur Verteilung der Unterhaltslast bei regelmäßigem Mehrbedarf auf beide Eltern vgl. im einzelnen Rn. 323 ff.

137 Muß sich der andere Elternteil nicht am Mehrbedarf beteiligen, hat der Unterhaltsschuldner für den gesamten Bedarf (Regelbedarf und Mehrbedarf) aufzukommen, soweit ihm dies ohne Gefährdung seines eigenen angemessenen Unterhalts möglich ist (§ 1603 I BGB). Solange sein **Selbstbehalt** nicht berührt wird, hat er den Bedarf des Berechtigten selbst dann zu befriedigen, wenn dieser Bedarf höher ist als sein eigener. Diese Situation kommt gerade bei Krankheit und dadurch bedingtem Mehrbedarf vor.[77] Bei minderjährigen Kindern ist zudem die erweiterte Unterhaltspflicht nach § 1603 II 1 BGB, die ggf. bis zum notwendigen

[71] BGH, FamRZ 2000, 358 mit Anm. Deisenhofer = R 537 c
[72] BGH, FamRZ 1983, 689 = R 169 a
[73] OlG Düsseldorf, FamRZ 2001, 444
[74] BGH, FamRZ 1983, 48 = R 141; FamRZ 2001, 1603
[75] BGH, FamRZ 1998, 286 = R 518 a; FamRZ 1983, 689 = R 169 a
[76] BGH, FamRZ 1983, 689 = R 169 a
[77] BGH, FamRZ 1986, 48 = R 275 a

Selbstbehalt geht, zu beachten. Dem Pflichtigen wird allerdings in vielen Fällen die Unterhaltslast (teilweise) durch staatliche Leistungen abgenommen (vgl. dazu Rn. 327 ff.).

5. Sonderbedarf

Nach der Legaldefinition des § 1613 II 1 BGB ist Sonderbedarf im Gegensatz zum Regelbedarf (Rn. 122 ff.) oder Mehrbedarf (Rn. 133) ein unregelmäßiger außerordentlich hoher Bedarf, der nicht auf Dauer besteht und daher zu einem einmaligen, jedenfalls aber zeitlich begrenzten Ausgleich neben dem regelmäßig geschuldeten Barunterhalt führen kann. Vgl. Rn. 133. **138**

Sonderbedarf muss überraschend und der Höhe nach nicht abschätzbar sein. Nur wenn er nicht mit Wahrscheinlichkeit voraussehbar war und deshalb bei der Bemessung der laufenden Unterhaltsrente nicht berücksichtigt werden konnte, ist das Kind berechtigt, ihn neben der Geldrente geltend zu machen.[78] Da das Gesetz nur einen „außergewöhnlich" hohen Bedarf als Sonderbedarf gelten lässt, hat es im Zweifel bei der laufenden Unterhaltsrente sein Bewenden. Nur in Ausnahmefällen soll eine gesonderte Ausgleichung zusätzlicher unvorhergesehener Ausgaben erfolgen.[79] Wenn sich der Berechtigte auf eine voraussehbare Ausgabe einrichten kann, gehört diese im Zweifel zum laufenden Unterhalt.

Ob ein Sonderbedarf zu bejahen ist, kann nicht nach allgemein gültigen Maßstäben festgelegt werden. Es kann grundsätzlich nur von Fall zu Fall für die jeweils in Frage stehende Aufwendung entschieden werden, ob sie als Sonderbedarf zu behandeln ist.[80] Ein typischer Sonderbedarf sind unvorhergesehene Krankheits-, Operations- und ähnliche Kosten, soweit sie nicht von der Krankenkasse getragen werden.[81] **139**

Zum Sonderbedarf im Einzelnen siehe Rn. 6/1 ff.

4. Abschnitt: Leistungsfähigkeit des Unterhaltspflichtigen

I. Leistungsfähigkeit und Eigenbedarf des Unterhaltsschuldners

Die Leistungsfähigkeit des Schuldners ist nach § 1603 BGB zu beurteilen. Entscheidend ist, ob der Schuldner imstande ist, dem Kind Unterhalt zu gewähren, ob er also den Bedarf des Kindes befriedigen kann. Dabei kommt es auf den sog. **Restbedarf** an, also den Bedarf, der nach Anrechnung etwaigen Einkommens oder Vermögens des Kindes (Rn. 86 ff.) verbleibt. **140**

Leistungsfähig ist derjenige Elternteil, der den Restbedarf des Kindes decken kann, ohne dass bei Berücksichtigung seiner sonstigen Verpflichtungen sein eigener angemessener Unterhalt, also sein eigener angemessener Bedarf gefährdet ist (§ 1603 I BGB). Gegenüber dem minderjährigen Kind wird die Leistungsfähigkeit allerdings erweitert (§ 1603 II 1 BGB). Vgl. dazu Rn. 247 ff. Die verschärfte Unterhaltspflicht gilt seit dem 1. 7. 1998 auch gegenüber volljährigen unverheirateten Kindern bis zur Vollendung des 21. Lebensjahres, die sich in der allgemeinen Schulausbildung befinden und im Haushalt der Eltern oder eines Elternteils leben (§ 1603 II 2 BGB). Vgl. Rn. 452 ff. Der Eigenbedarf, der dem pflichtigen Elternteil belassen werden kann, wird gerade auch durch das Vorhandensein unterhaltsberechtigter Kinder bestimmt. Dem Pflichtigen wird zugemutet, sein Einkommen und ggf. sein Vermögen[1] mit den unterhaltsberechtigten Kindern und etwaigen anderen Unterhaltsberechtigten zu teilen und ggf. mit Beträgen auszukommen, die unter dem

---

[78] BGH, FamRZ 2001, 1603, 1605
[79] BGH, FamRZ 1984, 470, 472
[80] BGH, FamRZ 1983, 29 = R 138; FamRZ 1982, 145 = R 95
[81] BGH, FamRZ 1983, 29 = R 138
[1] BGH, FamRZ 1986, 48 = R 275 c; OLG Düsseldorf, FamRZ 1994, 767, 769

Lebensstandard seiner Berufsgruppe liegen. Zum Selbstbehalt vgl. sogleich Rn. 141, 260 ff., zur Verwertung des Vermögensstammes Rn. 1/419 f. und 2/262.

141 Die **Opfergrenze** ist gegenüber Kindern der eigene angemessene Bedarf im Sinne des § 1603 I BGB. Diese Vorschrift gewährleistet jedem Unterhaltspflichtigen vorrangig die Sicherung seines eigenen angemessenen Unterhalts; ihm sollen grundsätzlich die Mittel bleiben, die er zur Deckung des seiner Lebensstellung entsprechenden allgemeinen Bedarfs benötigt.[2] Die Düsseldorfer Tabelle (A 5 II) setzt diesen zur Deckung des allgemeinen Bedarfs erforderlichen Betrag mit 1000,– € an (vgl. zum angemessenen Selbstbehalt gegenüber volljährigen Kindern Rn. 417 ff., gegenüber minderjährigen Kindern Rn. 272 und gegenüber privilegiert volljährigen Kindern Rn. 468). Gegenüber minderjährigen und privilegiert volljährigen Kindern besteht eine gesteigerte Unterhaltspflicht, wenn nicht ein anderer unterhaltspflichtiger Verwandter vorhanden ist oder das Kind über Vermögen verfügt (§ 1603 II 3 BGB). Der Schuldner ist dann verpflichtet, alle verfügbaren Mittel zu seinem und der Kinder Unterhalt gleichmäßig zu verwenden (vgl. dazu im einzelnen Rn. 247 ff.). Ihm verbleibt grundsätzlich nur der **notwendige Selbstbehalt,** der nach A 5 I der Düsseldorfer Tabelle bei erwerbstätigen Schuldnern 840,– €, bei nichterwerbstätigen 730,– € beträgt (Rn. 264). Auch in einem solchen Fall darf der Pflichtige aber seinen eigenen unabweisbaren Bedarf vorab befriedigen. Vgl. Rn. 269. Der Schuldner ist daher nur dann nicht leistungsfähig, wenn seine Einkünfte und ggf. sein Vermögen – allerdings unter Anlegung eines strengen Maßstabs – nicht zur Deckung seiner eigenen angemessenen, bei Unterhaltspflichten gegenüber minderjährigen und privilegiert volljährigen Kindern zur Deckung seiner notwendigen Bedürfnisse ausreichen.

II. Anrechenbare Einkünfte des Schuldners

1. Tatsächliche Einkünfte

142 Für die Beurteilung der Leistungsfähigkeit ist wie beim Bedarf des berechtigten Kindes (vgl. Rn. 113) das **gesamte Einkommen** des Schuldners maßgebend.

Die Einzelheiten der Einkommensermittlung sind in § 1 (Rn. 1/8 ff.) dargestellt. Darauf kann verwiesen werden.

143 **Ersparnisse,** die ein Schuldner erzielt, weil ihm ein Dritter ohne Rechtspflicht **freiwillige Leistungen** erbringt, die dem unterhaltsberechtigten Kind nicht zugute kommen sollen, stehen nicht für den Unterhalt des Kindes zur Verfügung (vgl. Rn. 100 ff., 1/468 ff.). Der BGH hat es deshalb gebilligt, dass das Einkommen eines schwerstbehinderten Vaters, der auf dauernde Hilfe angewiesen ist, um die Beträge gekürzt wird, die er dadurch erspart, dass ihn seine Ehefrau über das nach § 1360 BGB gebotene Maß hinaus pflegt und versorgt.[3] Geht der Beistand eines Ehegatten über dieses Maß nicht hinaus, ist er unterhaltsrechtlich nicht zu beachten. Dies gilt auch dann, wenn die Ehegatten eine Vergütung vertraglich vereinbaren.[4] Anders kann es dagegen liegen, wenn die Ehefrau ihre Arbeitsstelle oder ihr Studium aufgegeben hat, um ihren behinderten Ehemann pflegen zu können.[5]

2. Fiktive Einkünfte

144 **Leistungsunfähigkeit** ist im Unterhaltsprozess grundsätzlich **auch dann** zu beachten, **wenn** der Schuldner sie selbst **schuldhaft** herbeigeführt hat. Nur schwerwiegende Gründe, die sich aus einem verantwortungslosen, zumindest leichtfertigen und unterhaltsbezogenen Verhalten ergeben, verwehren dem Schuldner nach Treu und Glauben die Berufung auf die Leistungsunfähigkeit. Die Nichterhebung einer Kündigungsschutzklage genügt im Allge-

[2] BGH, FamRZ 1992, 795, 797
[3] BGH, FamRZ 1995, 537, 539 = R 493 b
[4] OLG Hamm, FamRZ 1999, 166
[5] BGH, FamRZ 1995, 537, 539 = R 493 b

meinen nicht,[6] wohl aber rechtfertigen die freiwillige, nicht durch besondere Gründe gerechtfertigte Aufgabe des Arbeitsplatzes[7] ebenso wie Bummelei die Zurechnung eines fiktiven Einkommens. Der BGH hat allerdings die Anforderungen an ein **verantwortungsloses, zumindest leichtfertiges und unterhaltsbezogenes Verhalten** des Pflichtigen hoch angesetzt. So reichen weder alhoholbedingter Verlust des Arbeitsplatzes noch die fristlose Kündigung des Arbeitsverhältnisses durch den Arbeitgeber wegen eines Diebstahls des Schuldners im Betrieb ohne weiteres aus.[8] Nach Auffassung des BGH muss das leichtfertige Verhalten nicht nur für den Verlust des Arbeitsplatzes ursächlich sein, sondern sich auch als Verletzung der Unterhaltspflicht darstellen.[9] Leichtfertigkeit ist gewöhnlich mit bewusster Fahrlässigkeit gleich zu setzen. Der Schuldner muss danach die Möglichkeit der Leistungsunfähigkeit als Folge seines Verhaltens erkannt und im Bewusstsein dieser Möglichkeit, wenn auch im Vertrauen auf den Nichteintritt jener Folge gehandelt und sich hierüber unter grober Missachtung dessen, was jedem einleuchten muss, oder aus Verantwortungs- oder Rücksichtslosigkeit hinweggesetzt haben.[10] Deshalb soll sich der Unterhaltsschuldner nach Auffassung des BGH auch dann nicht auf Leistungsunfähigkeit berufen dürfen, wenn er diese durch eine schwere vorsätzliche Straftat gegen den Berechtigten herbeigeführt hat, z. B. wenn er wegen sexuellen Missbrauchs seines Kindes inhaftiert worden ist.[11] M. E. muss sich der Vater jedenfalls dann als leistungsfähig behandeln lassen, wenn er sich einer schweren Straftat gegen das Leben oder die körperliche Integrität des Unterhaltsberechtigten oder eines nahen Familienangehörigen schuldig gemacht hat, insbesondere wenn er einen Tötungsversuch oder ein Sexualdelikt an einem seiner Kinder begangen hat. In einem solchen Fall kann es nicht darauf ankommen, ob sich der Schuldner über seine unterhaltsrechtliche Leistungsfähigkeit Gedanken gemacht hat. Es muss ausreichen, dass sich der Vater bewusst der Einsicht verschließt, dass seine Straftat Sanktionen nach sich ziehen und überdies gravierende Folgen für seine Familie haben wird. Er wird sich entgegen der Auffassung des BGH[12] nicht nur gegenüber dem berechtigten Kind, sondern auch gegenüber der Kindesmutter und einem anderen Kind aus dieser Verbindung als leistungsfähig behandeln lassen müssen, jedenfalls wenn ihm erhebliche, sich über lange Zeit erstreckende Verfehlungen zur Last fallen. Vgl. dazu auch Rn. 1/487 ff.

In der Regel wird man auch die Aufgabe des Arbeitsplatzes nicht als leichtfertig ansehen können, wenn der Vater nach Trennung der Eltern sich ganz der Betreuung kleiner Kinder widmen will, deren elterliche Sorge ihm zeitweise durch einstweilige Anordnung des Gerichts anvertraut worden war.[13] Eine Zurechnung fiktiver Einkünfte für die Zeit nach der Betreuung der Kinder ist erst möglich, wenn eine Übergangsfrist verstrichen ist, innerhalb der sich der Vater um eine neue Stelle hat bemühen können. Vgl. dazu unten Rn. 146.

Dies bedeutet aber nicht, dass fiktives Einkommen dem Schuldner nur dann zugerechnet **145**
werden darf, wenn ihm leichtfertiges, unterhaltsbezogenes Verhalten zur Last fällt. Vielmehr wird die **Leistungsfähigkeit** des Schuldners nicht nur durch tatsächlich vorhandenes Einkommen, sondern **auch durch seine Erwerbsfähigkeit** und seine Erwerbsmöglichkeiten bestimmt.[14] Verfügt er über keine Einkünfte oder reicht vorhandenes Einkommen zur Erfüllung der Unterhaltspflichten nicht aus, trifft ihn unterhaltsrechtlich die Obliegenheit, die ihm zumutbaren Einkünfte zu erzielen, insbesondere seine Arbeitskraft so gut wie möglich einzusetzen und eine einträgliche Erwerbstätigkeit auszuüben. Insbesondere legt ihm die verschärfte Unterhaltspflicht gegenüber minderjährigen und privilegiert volljährigen Kindern eine erhöhte Arbeitspflicht unter gesteigerter Ausnutzung seiner Arbeitskraft auf. Kommt er dieser Erwerbsobliegenheit nicht nach, muss er sich so behandeln lassen, als ob er

[6] BGH, FamRZ 1994, 373, 375 = R 473 c
[7] Vgl. BGH, FamRZ 2003, 1471, 1473; FamRZ 2002, 813 = R 573
[8] BGH, FamRZ 2000, 815 = R 541; FamRZ 1994, 240; FamRZ 1993, 1055 = NJW 1993, 1974; vgl. auch OLG Düsseldorf, FamRZ 1994, 1049 ff. = NJW-RR 1994, 327 ff.
[9] BGH, FamRZ 2002, 813 = R 573; FamRZ 2000, 815 = R 541
[10] BGH, FamRZ 2000, 815 = R 541
[11] BGH, FamRZ 2002, 813 = R 573; OLG Koblenz, FamRZ 1998, 44
[12] BGH, FamRZ 2002, 813 = R 573; teilweise ebenso OLG Koblenz, FamRZ 1998, 44
[13] BVerfG, FamRZ 1996, 343 = R 498
[14] BGH, FamRZ 1996, 345

ein Einkommen, das er bei gutem Willen erzielen könnte, auch tatsächlich hätte.[15] Wenn einem Unterhaltspflichtigen, der bereits eine vollschichtige Erwerbstätigkeit ausübt, fiktive Nebeneinnahmen zugerechnet werden sollen, weil er Überstunden leisten oder Nebeneinkünfte erzielen könne, so ist am Maßstab der Verhältnismäßigkeit zu prüfen, ob ihm die zeitliche und psychische Belastung durch die ausgeübte und die zusätzliche Belastung unter Berücksichtigung der Bestimmungen zum Schutze der Arbeitskraft, insbesondere des Arbeitszeitgesetzes, zugemutet werden kann.[16]

Diese Einkommensfiktion setzt nur voraus, dass der Schuldner eine ihm mögliche und zumutbare **Erwerbstätigkeit im Unterhaltszeitraum unterlässt,** obwohl er sie tatsächlich ausüben könnte. Ein unterhaltsbezogenes, zumindest leichtfertiges Verhalten des Pflichtigen ist insoweit nicht erforderlich.[17] Vgl. dazu Rn. 114. Dies gilt auch dann, wenn dem Pflichtigen ein Einkommen zugerechnet werden soll, das die erste Einkommensgruppe der Düsseldorfer Tabelle übersteigt.[18] Ein leichtfertiges unterhaltsbezogenes Verhalten, das die Leistungsunfähigkeit herbeigeführt hat, ist nur Voraussetzung für die Einkommensfiktion, wenn der Pflichtige durch früheres Verhalten eine Einkommensquelle, insbesondere eine einträgliche Arbeitsstelle, verloren hat und deshalb im Unterhaltszeitraum die früheren Einkünfte nicht mehr erzielen kann. Notwendig ist freilich stets, dass der Pflichtige bei ausreichenden Bemühungen tatsächlich einen Arbeitsplatz gefunden hätte, dass also für ihn nach seinen persönlichen Eigenschaften und Fähigkeiten (Alter, Ausbildung, Berufserfahrung, Gesundheit) angesichts der Verhältnisse auf dem Arbeitsmarkt eine reale Erwerbsmöglichkeit besteht.[19] Vgl. auch Rn. 1/511.

146 Hat der Schuldner durch ein vorwerfbares Verhalten, das noch nicht als leichtfertig oder als unterhaltsbezogen bezeichnet werden kann, seine Arbeitsstelle verloren, kann ihm sein früheres Einkommen nicht zugerechnet werden. Dies bedeutet aber nicht, dass er auf Dauer leistungsunfähig ist. Vielmehr ist er verpflichtet, sich entsprechend seinen Fähigkeiten und seinen Erwerbsmöglichkeiten mit Nachdruck um einen neuen Arbeitsplatz zu bemühen. Unterlässt er das, sind ihm erzielbare Einkünfte fiktiv zuzurechnen. Dabei ist allerdings zu berücksichtigen, dass er insbesondere bei einer Straftat gegenüber dem Arbeitgeber auf dem allgemeinen Arbeitsmarkt für gut bezahlte Vertrauensstellungen nicht mehr vermittelbar sein kann und dass ihm nach Verlust des Arbeitsplatzes, vor allem wenn er bereits älter ist, eine angemessene **Übergangszeit zur Suche einer neuen Stelle** zuzubilligen ist.[20]

Beispiel:
Der bei einer Bank in gehobener Position beschäftigte Schuldner verliert wegen eines nicht unterhaltsbezogenen Diebstahls eines Computers seines Arbeitgebers fristlos seine Arbeitsstelle. Für eine Übergangszeit, während der sich der Pflichtige nachhaltig um einen anderen Arbeitsplatz zu bewerben hat, können nur die tatsächlichen Bezüge (zunächst kein Einkommen wegen der vom Arbeitsamt verhängten Sperrzeit, danach Arbeitslosengeld) als anrechenbares Einkommen angesetzt werden. Falls der Pflichtige sich ihm bietende Arbeitschancen nicht ausgenutzt hat, kann nach dieser Zeit davon ausgegangen werden, dass der Schuldner deutlich niedrigere Bezüge aus einer untergeordneten Tätigkeit erzielen könnte.

147 Weitere Einzelheiten zum Ansatz fiktiver Einkünfte vgl. Rn. 1/487 ff. und oben Rn. 114. Zur Erwerbsobliegenheit bei gesteigerter Unterhaltspflicht nach § 1603 II 1 BGB vgl. unten Rn. 247 ff.

3. Unterhaltsleistungen als anrechenbare Einkünfte

148 Unterhaltsleistungen, die ein Elternteil von einem Dritten erhält, sind Einkünfte und daher grundsätzlich für den Unterhalt von Kindern zu verwenden. Als anrechenbares Ein-

---

[15] BGH, FamRZ 1996, 345; FamRZ 1994, 373, 375 = R 473 c
[16] BVerfG, FamRZ 2003, 661 = R 591
[17] OLG Düsseldorf, FamRZ 1998, 851; wohl auch BGH, FamRZ 2003, 1471, 1473 mit Anm. Luthin
[18] So auch BGH, FamRZ 2002, 813 = R 573; FamRZ 1997, 281, 283 = R 509 f.; anders zu Unrecht OLG Karlsruhe, FamRZ 1993, 1481
[19] BGH, FamRZ 1996, 345
[20] OLG Düsseldorf, FamRZ 1998, 851, 853; FamRZ 1994, 1049 ff. = NJW-RR 1994, 327 ff.

kommen kommt praktisch nur Unterhalt in Betracht, den ein getrennt lebender oder geschiedener Ehegatte zahlt. Das Wirtschaftsgeld, das ein mit seinem (zweiten) Ehegatten zusammen lebender Elternteil als Bestandteil des Familienunterhalts erhält, ist kein Einkommen, da es treuhänderisch für die Zwecke der neuen Familie zu verwenden ist (Rn. 3/47). Zur Unterhaltspflicht in solchen Fällen vgl. Rn. 156. Zahlungen, die ein Elternteil von anderen, insbesondere seinen eigenen Eltern erhält, sind in der Regel freiwillige Leistungen Dritter und bei der Bemessung des Kindesunterhalts daher nicht zu berücksichtigen (vgl. dazu Rn. 1/468 ff., 2/100 ff.).

Zwar umfasst der Ehegattenunterhalt nur den eigenen Bedarf, nicht auch denjenigen der Kinder.[21] Dies schließt aber nicht aus, dass ein Elternteil, der seinerseits Ehegattenunterhalt bezieht, seinem Kind unterhaltspflichtig ist (so wohl auch Dose Rn. 1/479 ff.).[22] Denn der **eheangemessene Bedarf,** den ein Elternteil von seinem Ehegatten als Unterhalt erhält (§§ 1361 I 1, 1578 I 1 BGB), kann höher sein als der **Eigenbedarf,** der ihm **gegenüber seinem Kind** nach § 1603 BGB verbleiben muss. Dazu näher Rn. 149. Der Ehegattenunterhalt wird von den ehelichen Lebensverhältnissen bestimmt und besteht in der Regel in einer Quote des Einkommens, das die ehelichen Lebensverhältnisse geprägt hat und das um den Kindesunterhalt bereinigt ist (vgl. Rn. 4/188 ff., 372 ff.). Der notwendige oder angemessene Selbstbehalt gegenüber dem Kind wird dagegen in festen Geldbeträgen ausgedrückt und beträgt nach der Düsseldorfer Tabelle 730,– € bzw. 840,– € gegenüber dem minderjährigen und 1000,– € gegenüber dem volljährigen Kind (vgl. unten Rn. 264 ff., 417 ff.).

Praktisch wird die Problematik, ob Ehegattenunterhalt zur Deckung des Kindesunterhalts **149** herangezogen werden kann, in der Regel nur dann, wenn der Ehegattenunterhalt ohne Vorwegabzug des Kindesunterhalts berechnet worden ist, z. B. wenn der bedürftige Ehegatte Unterhalt nicht vom anderen Elternteil, sondern von seinem (zweiten) Ehegatten zu beanspruchen hat. Vgl. dazu Rn. 1/479. Zu Unterhaltsansprüchen gegen den anderen Elternteil und zum Vorwegabzug des Kindesunterhalts vgl. unten Rn. 150 ff.

Ist der Vorwegabzug des Kindesunterhalts unterblieben, so hat der seinerseits unterhaltsberechtigte Elternteil, den gegenüber seinem minderjährigen oder privilegiert volljährigen Kind eine gesteigerte Unterhaltspflicht im Sinne des § 1603 II BGB trifft, alles Einkommen, das über seinem notwendigen Selbstbehalt von 730,– € bzw. von 840,– € liegt (vgl. DT A 5 I), für den Unterhalt des Kindes einzusetzen.[23] Aber auch einem volljährigen Kind schuldet ein Elternteil, der seinerseits auf Ehegattenunterhalt angewiesen ist, Unterhalt, wenn ihm sein eigener angemessener Unterhalt bleibt (§ 1603 I BGB).[24] Denn der angemessene Bedarf im Sinne des § 1603 I BGB, der nach der Düsseldorfer Tabelle (A 5 II) und den meisten anderen Tabellen und Leitlinien 1000,– € beträgt (vgl. Rn. 417 f.), kann geringer sein als der eheangemessene Unterhalt im Sinne des § 1578 I 1 BGB. Die Bedarfsbeträge nach §§ 1361 I 1, 1578 I 1 BGB einerseits und nach § 1603 I BGB andererseits sind daher **nicht identisch.**[25] Vgl. dazu unten Rn. 151, 272, 416 und 5/2 ff., 5, 16 f.

Beispiel:
Die Mutter erhält von ihrem zweiten Ehemann 1300,– € Ehegattenunterhalt. Hiervon stehen für den Unterhalt des volljährigen studierenden Kindes aus erster Ehe 1300 – 1000 (angemessener Selbstbehalt) = 300,– € zur Verfügung. Ist der Vater leistungsunfähig, schuldet die Mutter 300,– € Kindesunterhalt.

Unterhalt ist daher anrechenbares Einkommen. Er ist insoweit für den Kindesunterhalt einzusetzen, als er die Selbstbehaltssätze gegenüber dem minderjährigen oder volljährigen Kind nach den Tabellen und Leitlinien übersteigt.

---

[21] BGH, FamRZ 1985, 273

[22] BGH, FamRZ 1985, 273; OLG Hamm, FamRZ 1996, 1234; vgl. auch BGH, FamRZ 2002, 742 = R 576 a

[23] BGH, FamRZ 1985, 273

[24] BGH, FamRZ 1986, 553 = R 276 c; die Entscheidung BGH, FamRZ 1980, 555 ist überholt

[25] BGH, FamRZ 1990, 260, 262 = R 399 b; anders Wendl in der 2. Auflage S. 172, wohl auch Dose Rn. 1/479. Zur entsprechenden Problematik beim Verhältnis des Ehegatten – zum Elternunterhalt vgl. BGH, FamRZ 2003, 860, 864 = R 590 A f

Auch der **Aufstockungsunterhalt,** den ein getrennt lebender oder geschiedener Elternteil bezieht, der nur über Erwerbseinkünfte verfügt, die seinen eheangemessenen Bedarf nicht decken, ist für den Kindesunterhalt heranzuziehen. Bei der Bemessung des Kindesunterhalts ist von dem Erwerbseinkommen und dem Aufstockungsunterhalt auszugehen, soweit die Gesamteinkünfte die Selbstbehaltssätze übersteigen. Vgl. aber Rn. 150 ff.

150 In der Praxis spielt die Unterhaltspflicht des seinerseits unterhaltsberechtigten Ehegatten nur eine untergeordnete Rolle, wenn sich der **Unterhaltsanspruch gegen den anderen Elternteil** des unterhaltsbedürftigen Kindes richtet. Wohnt das minderjährige Kind beim seinerseits unterhaltsberechtigten Ehegatten, haftet dieser ohnehin nicht auf Kindesunterhalt, weil er seine Unterhaltspflicht durch Betreuung erfüllt (§ 1606 III 2 BGB).

151 Probleme entstehen aber, wenn das minderjährige Kind bei einem Elternteil lebt, der selbst seinem getrennt lebenden oder geschiedenen Ehegatten unterhaltspflichtig ist. Ähnliches gilt, wenn das Kind sich bei einem Dritten, z. B. in einer Pflegefamilie, aufhält oder wenn es nach Volljährigkeit bereits das Elternhaus verlassen hat. In all diesen Fällen wird die Problematik allerdings weitgehend entschärft, wenn der **Kindesunterhalt** – wie es abgesehen von Mangelfällen (Rn. 159 ff.) allgemeiner Übung entspricht – **zunächst berechnet** und vor Ermittlung des Ehegattenunterhalts vom Einkommen des beiden Berechtigten unterhaltspflichtigen Ehegatten abgezogen wird. Bei betreuungsbedürftigen minderjährigen Kindern muss das Einkommen des Pflichtigen ggf. auch um Betreuungskosten oder einen Betreuungsbonus bereinigt werden (vgl. Rn. 275). Der Vorwegabzug gilt nicht nur für den Unterhalt minderjähriger und ihnen gleichgestellter volljähriger Kinder im Sinne des § 1603 II 2 BGB (so ausdrücklich B III der Düsseldorfer Tabelle), sondern bei guten wirtschaftlichen Verhältnissen auch für den Unterhalt sonstiger volljähriger und daher nachrangiger Kinder (vgl. Rn. 416, 439). Der Unterhalt des nachrangigen volljährigen Kindes darf aber nur vom Einkommen des Pflichtigen abgesetzt werden, wenn dies nicht zu einem Missverhältnis zum Ehegattenunterhalt führt; dem berechtigten Ehegatten muss mindestens ein Unterhalt in Höhe des angemessenen Eigenbedarfs von 1000,– € nach der Düsseldorfer Tabelle (A 5 II) verbleiben (Rn. 152).[26] Andernfalls – insbesondere, aber nicht nur im Mangelfall (Rn. 152) – muss zunächst der Ehegattenunterhalt berechnet werden; das volljährige Kind erhält also nur dann Unterhalt, wenn und soweit der andere Elternteil nach Zahlung des Ehegattenunterhalts noch leistungsfähig ist.

Wird der Kindesunterhalt vom Einkommen des Pflichtigen vorweg abgezogen, zahlt allein dieser sowohl den Ehegatten- als auch den gesamten Kindesunterhalt. Durch den Vorwegabzug des Kindesunterhalts vom anrechnungsfähigen Einkommen vermindert sich jedoch der Ehegattenunterhalt. Vgl. dazu im Einzelnen Rn. 4/188 ff. und unten die Beispiele Rn. 154 f.

Schwierigkeiten entstehen erst, wenn das Kind sich nicht an diese Berechnungsweise hält und trotz des Vorwegabzugs des Kindesunterhalts seinerseits Unterhaltsansprüche gegen den Elternteil geltend macht, der selbst Ehegattenunterhalt bezieht. Hat das Kind – sei es in Natur, sei es durch eine Geldrente – Unterhalt von dem zur Zahlung von Ehegattenunterhalt verpflichteten Elternteil erhalten, kann es den anderen Elternteil für die Vergangenheit nicht mehr in Anspruch nehmen. Durch den Vorwegabzug ist der Unterhaltsanspruch des Kindes bereits erfüllt. Denn bei einverständlicher Festlegung des Ehegattenunterhalts haben die Eltern stillschweigend vereinbart, dass der Kindesunterhalt allein durch den Ehegatten aufgebracht wird, der den gekürzten Ehegattenunterhalt zu zahlen hat. Bei Verurteilung zu Ehegattenunterhalt ersetzt das Urteil, das den Vorwegabzug des Kindesunterhalts anordnet, diese Vereinbarung. In jedem Fall erbringt der Elternteil, der entsprechend diesem Vertrag oder entsprechend dem Urteil den Kindesunterhalt sichergestellt hat, keine freiwillige Leistung, die nicht auf den Kindesunterhalt anzurechnen wäre (vgl. dazu Rn. 100).[27] Für die Zukunft kann das Kind allerdings unabhängig von der Festlegung des Ehegattenunterhalts den anderen Elternteil in Anspruch nehmen. Es kann nach § 267 II BGB der Erfüllung

---

[26] Vgl. dazu BGH, FamRZ 2003, 860 mit Anm. Klinkhammer = R 590 A g; FamRZ 1991, 1163 = R 437 a; FamRZ 1986, 553, 555 = R 276 c

[27] Im Ergebnis ebenso OLG Hamm, FamRZ 1996, 1234; OLG Koblenz, FamRZ 2002, 1282

seines Unterhaltsanspruchs durch den Elternteil widersprechen, der nach dem Gesetz nicht zur Zahlung des Kindesunterhalts verpflichtet ist.[28]

In einem **Mangelfall** kann die Unterhaltspflicht des seinerseits unterhaltsberechtigten Elternteils ohnehin nicht praktisch werden, da ihm bei einem minderjährigen oder einem privilegiert volljährigen Kind sein notwendiger, bei einem volljährigen Kind sein angemessener Selbstbehalt verbleiben muss. Dann findet zwischen dem gleichrangigen minderjährigen Kind (vgl. § 1609 II 1 BGB) und dem Ehegatten eine Mangelverteilung statt; gegenüber dem volljährigen Kind setzt sich der Vorrang des Ehegattenunterhalts durch. Vgl. dazu Rn. 159 ff., 165, 429 ff. und 5/54 ff., 132. 152

Auch wenn der **Ehegattenunterhalt tituliert** ist, kann es auf die Frage ankommen, ob der Elternteil, der von seinem Ehegatten Unterhalt erhält, seinerseits zur Zahlung von Unterhalt an ein Kind herangezogen werden muss. Dies kann z. B. der Fall sein, wenn das Kind erst nach dem Urteil oder dem Vergleich über den Ehegattenunterhalt geboren worden ist und dem gemäß sein Unterhaltsanspruch noch nicht berücksichtigt werden konnte. Ein Urteil, das die Eltern untereinander über den Ehegattenunterhalt erwirkt haben, bindet das unterhaltsberechtigte Kind nicht. Der Unterhalt ist so zu berechnen, als ob ein Titel nicht bestünde und über alle Ansprüche zugleich entschieden würde.[29] Dem Verpflichteten muss es überlassen bleiben, durch eine Abänderungsklage den Titel an die veränderten Verhältnisse anzupassen. Ist dies, insbesondere wegen der für den Schuldner weiterhin geltenden Sperrwirkung des § 323 III ZPO, nicht möglich, kann der titulierte Anspruch auf Ehegattenunterhalt für die Übergangszeit zwischen Eintritt des Abänderungsgrundes und Erhebung der Abänderungsklage in einem angemessenen Umfang bei der Berechnung des Kindesunterhalts als Schuld berücksichtigt werden.[30] Vgl. dazu Rn. 228, 5/55. Diese Grundsätze gelten auch für den Fall, dass ein Elternteil Aufstockungsunterhalt bezieht. Vgl. dazu das Beispiel Rn. 155. 153

Beispiel 1: 154
Einkommen des Vaters (V) 2800,– €. Durch Urteil ist Ehegattenunterhalt der von V schwangeren Mutter (M) in Höhe von 1200,– € (3/7 von 2800) tituliert. Das Kind muss nach seiner Geburt wegen einer längeren, aber nicht dauernden Krankheit von M von einer Tante versorgt werden. Diese verlangt von den Eltern monatlich 400,– € für die Betreuung des Kindes. Das Kindergeld von 154,– € erhält der Vater (§ 64 III EStG).
Allein V schuldet den nicht nach der Düsseldorfer Tabelle, sondern konkret berechneten Bedarf des Kindes von 400,– € (vgl. Rn. 317). Keine Verrechnung des Kindergeldes nach § 1612 b BGB. V muss es überlassen bleiben, den Ehegattenunterhalt durch Abänderungsklage auf den jetzt zutreffenden Betrag von 2800 – 400 × 3/7 = 1029,– € reduzieren zu lassen.
Lediglich für die Zeit zwischen Geburt des Kindes und Erhebung der Abänderungsklage kann eine Berücksichtigung des Ehegattenunterhalts bei der Berechnung des Unterhaltsanspruchs des Kindes in Betracht kommen. Für diese Zeit ist zu rechnen:
Vergleichbares Einkommen des V: 2800 – 1200 (titulierter Ehegattenunterhalt) – 1000 (angemessener Eigenbedarf) = 600,– €. Vergleichbares Einkommen der M: 1200 – 1000 (angemessener Eigenbedarf) = 200,– €; vergleichbares Gesamteinkommen der Eltern 800,– €.
Unterhaltsanteil des V: 400 × 600 : 800 = 300,– € + 77,– € (anteiliges Kindergeld) = 377,– €.
Unterhaltsanteil der M: 400 × 200 : 800 = 100,– € – 77,– € (anteiliges Kindergeld) = 23,– €.
Zur Berechnung des Unterhalts eines minderjährigen Kindes bei Barunterhaltspflicht beider Elternteile vgl. Rn. 289 ff., zur Kindergeldverrechnung Rn. 504.

Beispiel 2: 155
Einkommen des Vaters (V) 2800,– €, Einkommen der wegen Krankheit nur beschränkt arbeitsfähigen Mutter (M) 700,– €. Durch Urteil titulierter Aufstockungsunterhalt nach der Differenzmethode 2800 – 700 × 3/7 = 900,– €.
Der volljährige, in einer eigenen Wohnung lebende Sohn, der bislang wegen des Wehrdienstes nicht unterhaltsbedürftig war, verlangt nunmehr Unterhalt von 600,– € nach der Düsseldorfer Tabelle Stand: 1. 7. 2003 (A 7 II). M bezieht das Kindergeld von 154,– €. V zahlt den gesamten Kindes-

[28] Offen gelassen von OLG Koblenz, FamRZ 2002, 1282; anders anscheinend OLG Hamm, FamRZ 1996, 1234
[29] BGH, FamRZ 1992, 797 = R 447 b
[30] BGH, FamRZ 1992, 797 = R 447 b

unterhalt von 600 – 77 (Kindergeldanteil) = 523,– €. Zur Verrechnung des Kindergeldes beim volljährigen Kind vgl. Rn. 356, 513, 515.

Der Unterhalt der M ist auf 2800 – 600 – 700 × 3/7 = 643,– € zu kürzen, ggf. im Wege der **Abänderungsklage.** M verfügt zusammen mit dem Unterhalt über ein Einkommen von 700 + 643 = 1343,– € und damit über mehr als über den angemessenen Eigenbedarf von 1000,– € gegenüber dem volljährigen Kind, so dass der Kindesunterhalt vom Einkommen des V vorweg abgezogen werden kann (vgl. Rn. 151).

Berechnung des Kindesunterhalts für die **Übergangszeit** zwischen Ende des Wehrdienstes und Erhebung der Abänderungsklage (Berücksichtigung des titulierten Aufstockungsunterhalts als Schuld; vgl. oben Rn. 153).

Vergleichbares Einkommen des V: 2800 – 900 (titulierter Aufstockungsunterhalt) – 1000 (angemessener Eigenbedarf) = 900,– €. Vergleichbares Einkommen der M: 700 + 900 – 1000 = 600,– €. Vergleichbares Einkommen beider Eltern: 1500,– €.

Unterhaltsanteil des V: 600 × 900 : 1500 = 360 – 77 (Kindergeldanteil) = 283,– €.

Unterhaltsanteil der M: 600 × 600 : 1500 = 240 + 77 (Kindergeldanteil) = 317,– €.

156 Übernimmt ein unterhaltspflichtiger **wiederverheirateter Elternteil** in der neuen Ehe die **Haushaltsführung** und bezieht er von seinem neuen Ehegatten im Rahmen des Familienunterhalts (§ 1360 BGB) Wirtschaftsgeld (Rn. 3/46 ff.), ist dieses nicht für den Kindesunterhalt heranzuziehen. Jedoch kann der notwendige, ggf. auch der angemessene Eigenbedarf (§ 1603 I, II BGB) durch den Familienunterhalt gedeckt sein. Dann ist der Ehegatte, der dem Kind aus erster Ehe zum Unterhalt verpflichtet ist, gehalten, aus dem Ertrag einer Nebentätigkeit dessen Unterhaltsanspruch zu befriedigen, ohne sich auf den Selbstbehalt berufen zu können.[31] Im Übrigen muss auf die Ausführungen zur sog. Hausmannsrechtsprechung verwiesen werden. Vgl. dazu Rn. 172 ff.

157 Ein wiederverheirateter Elternteil kann jedoch für ein Kind aus erster Ehe unterhaltspflichtig sein, wenn er sich **von seinem zweiten Ehegatten getrennt** hat oder von ihm geschieden ist und von ihm Ehegattenunterhalt erhält. Der Unterhalt ist anrechenbares Einkommen. Dem Elternteil muss aber gegenüber dem minderjährigen und dem privilegiert volljährigen Kind der notwendige, gegenüber dem sonstigen volljährigen Kind der angemessene Unterhalt verbleiben. Vgl. dazu oben Rn. 149 und das dortige Beispiel.

III. Berücksichtigung sonstiger Verpflichtungen des Schuldners

1. Schulden

158 Berücksichtigungsfähige Schulden beeinflussen in der Regel nicht den Bedarf des Kindes, sondern mindern die Leistungsfähigkeit des pflichtigen Elternteils (vgl. oben Rn. 115 und 1/614 ff., 649 ff.).[32] Unterhaltsansprüchen kommt kein allgemeiner Vorrang vor Forderungen anderer Gläubiger zu. Andererseits dürfen Verbindlichkeiten nur unter Berücksichtigung von Unterhaltsinteressen getilgt werden. Daher bedarf es, insbesondere wenn nicht einmal der Unterhalt minderjähriger Kinder in Höhe des Regelbetrages sichergestellt wäre, einer umfassenden **Interessenabwägung.**[33] Dabei sind vor allem der Zweck der eingegangenen Verpflichtungen, der Zeitpunkt und die Art ihrer Entstehung, die Dringlichkeit der beiderseitigen Bedürfnisse, die Kenntnis des Schuldners vom Bestehen der Unterhaltsschuld und seine Möglichkeiten, die Leistungsfähigkeit in zumutbarer Weise wiederherzustellen, von Bedeutung.[34] Zu berücksichtigen ist auch, dass minderjährige, unverheiratete Kinder zu ihrem Unterhalt in aller Regel nicht durch eigene Anstrengungen beitragen können.[35] Obwohl der Gesetzgeber auf einen Mindestbedarf von Kindern verzichtet hat, führt diese

---

[31] BGH, FamRZ 2001, 1065 mit Anm. Büttner = R 549 c; FamRZ 2002, 742 mit Anm. Büttner = R 576 a

[32] Zur Unterscheidung von Bedarf und Leistungsfähigkeit beim Kindesunterhalt vgl. BGH, FamRZ 1997, 281, 283 = R 509 f. und oben Rn. 112, 114 f

[33] BGH, FamRZ 2002, 536, 541 mit Anm. Büttner = R 572 b, e

[34] BGH, FamRZ 1996, 160 ff. = R 496 c; FamRZ 1992, 797 = R 447 a

[35] BGH, FamRZ 1996, 160, 162 = R 496 c

Interessenabwägung im Allgemeinen dazu, dass der unterhaltspflichtige Elternteil dem minderjährigen Kind wenigstens den Unterhalt nach der ersten Einkommensgruppe der Düsseldorfer Tabelle (= Regelbetrag) zu zahlen hat, zumal ihm die Bedürftigkeit des Kindes und damit das Bestehen der Unterhaltsschuld bekannt ist. Eine Unterschreitung des Regelbetrages kommt nur in Ausnahmefällen in Betracht, insbesondere dann, wenn der Schuldner bei voller Berücksichtigung des Kindesunterhalts nur die Zinsen der anderen Forderungen (teilweise) aufbringen, nicht aber die Schulden selbst tilgen könnte.[36] Seit der Änderung des § 1612b V BGB zum 1. 1. 2001 wird man auch zu berücksichtigen haben, dass das Existenzminimum von 135% des Regelbetrages in vielen Fällen durch die (teilweise) Nichtanrechnung des Kindergeldes sichergestellt wird. Vgl. dazu Rn. 115, 127 a ff., 509 ff.

An diesen Grundsätzen hat m. E. die Möglichkeit der **Verbraucherinsolvenz** nichts **158 a**
Wesentliches geändert. Nach §§ 35, 36 InsO umfasst die Insolvenzmasse alle pfändbaren Gegenstände, die dem Schuldner zur Zeit der Eröffnung gehören und die er während des Verfahrens erlangt. Rückständige Unterhaltsansprüche sind Insolvenzforderungen; sie werden von der Restschuldbefreiung erfasst (§ 301 I InsO). Künftige Unterhaltsforderungen sind dagegen nicht im Insolvenzverfahren, sondern gegen den Schuldner selbst geltend zu machen (§§ 38, 40 InsO). Wegen solcher Ansprüche kann der Gläubiger in den Teil der Bezüge des Schuldners vollstrecken, der für andere Gläubiger nicht pfändbar ist (§ 89 II 2 InsO). Dagegen darf er auf den auch für andere Gläubiger pfändbaren Teil der Bezüge nicht im Wege der Einzelzwangsvollstreckung zugreifen.[37] Danach bringt das Verbraucherinsolvenzverfahren dem Unterhaltsgläubiger mehr Nachteile als Vorteile. Schon deshalb ist die Verweisung des Schuldners auf dieses Verfahren fragwürdig.[38] Die Gerichte tun weder dem Unterhaltsgläubiger noch dem Schuldner noch sich einen Gefallen, wenn sie ihn im Unterhaltsprozess kurzer Hand als leistungsfähig behandeln und ihn in ein überaus kompliziertes, Jahre dauerndes Verfahren vor dem Insolvenzgericht zwingen. Dieses Verfahren belastet den Schuldner trotz der Stundungsmöglichkeit nach § 4 a InsO vielfach mit hohen Kosten, da er diese nach der Restschuldbefreiung, also nach mindestens sieben Jahren, entsprechend § 115 ZPO in Raten zu tilgen hat (§ 4 b I 2 InsO).

Für die Leistungsfähigkeit des Schuldners ist es von größerer Bedeutung, dass die **Pfändungsfreigrenzen** zum 1. 1. 2002 kräftig erhöht worden sind. Es entspricht vielfach der Interessenlage, Forderungen von Drittgläubigern als anzuerkennende Schulden des Unterhaltspflichtigen nur so weit zu berücksichtigen, als sie zwangsweise beigetrieben werden können. Jedoch ist eine alleinige Orientierung der Leistungsfähigkeit an den Vollstreckungsmöglichkeiten nicht zulässig.[39]

Die Berücksichtigung von Schulden nur auf der Leistungsstufe, nicht dagegen bei der **158 b**
Bedarfsbemessung hat praktische Bedeutung vor allem dann, wenn das Kind über eigene Einkünfte verfügt. Diese sind auf seinen Bedarf, nicht dagegen auf den Betrag anzurechnen, den der Schuldner nach seinem Einkommen leisten kann.

Beispiel:
Einkommen des Vaters (V) 1300,– €. Das 17-jährige Kind lebt bei der Mutter, die das Kindergeld von 154,– € bezieht. Es verfügt über eine Ausbildungsvergütung von 300,– € (nach Abzug ausbildungsbedingten Mehrbedarfs; vgl. Rn. 93 ff.).
Wenn V berücksichtigungsfähige Schulden (z. B. ein Darlehen wegen eines Hochwasserschadens) mit 300,– € monatlich verzinst und in geringem Umfang tilgt, ist er nur in Höhe von 1300 – 300 (Schulden) – 840,– (notwendiger Selbstbehalt) = 160,– € leistungsfähig.
Die Ausbildungsvergütung ist nicht auf den Betrag von 160,– €, sondern auf den Bedarf des Kindes wie folgt anzurechnen:
Bedarf nach DT 1/3: 284,– €. Die Ausbildungsvergütung ist zur Hälfte, also mit 150,– €, auf den Bar- und zur Hälfte auf den Betreuungsunterhalt zu verrechnen (vgl. Rn. 97, 286).
Unterhaltsanspruch des Kindes: 284 – 150 (1/2 der Ausbildungsvergütung) – 77 (Kindergeldanteil) = 57,– €.

---

[36] BGH, FamRZ 1986, 254, 256 = NJW-RR 1986, 428
[37] Vgl. im Einzelnen Uhlenbruck, FamRZ 1998, 1473
[38] So mit Recht OLG Stuttgart, FamRZ 2002, 982; a. A. OLG Dresden, FamRZ 2003, 1028 mit eingehender Anm. Schürmann; vgl. auch Born, Anm. zu OLG Hamm, FamRZ 2001, 441
[39] BGH, FamRZ 1984, 657 = NJW 1984, 2341 = R 216

§ 1612 b V BGB ist nicht anzuwenden. Das Existenzminimum des Kindes von 384 – 77 = 307,– € (Rn. 509) ist sichergestellt, weil es durch den Unterhalt von 57,– € und die gesamte Ausbildungsvergütung von 300,– € über ein Einkommen von insgesamt 354,– € verfügt. Vgl. dazu Rn. 510 a.

2. Beeinträchtigung der Leistungsfähigkeit durch Unterhaltsansprüche anderer Berechtigter; Mangelfälle

159 **a) Leistungsfähigkeit und Mangelfall.** Ein Elternteil ist **leistungsfähig,** wenn sein Einkommen ausreicht, den **Restbedarf aller Unterhaltsberechtigten** (vgl. Rn. 140) und seinen eigenen angemessenen Bedarf zu decken. Der Mangelfall ist dagegen durch die fehlende Fähigkeit des Pflichtigen gekennzeichnet, bei Wahrung seines notwendigen Selbstbehalts aus seinem Einkommen den Bedarf der vorrangig Berechtigten (vollständig) zu decken.[40]

Zum Einkommen gehört im Mangelfall nach einer verbreiteten Auffassung auch das **Kindergeld** (vgl. dazu Rn. 497 ff.). Dieser Ansicht folgte zunächst auch der BGH.[41] Seit 1997 berücksichtigte er auch im Mangelfall das Kindergeld weder bei der Bemessung des Einkommens noch bei der Berechnung der Einsatzbeträge der Berechtigten, beließ aber das Kindergeld den Berechtigten anrechnungsfrei, wenn und soweit ihr im Mangelfall anzusetzender Bedarf nicht gedeckt wird.[42] Durch den am 1. 7. 1998 in Kraft getretenen § 1612 b BGB hat der Gesetzgeber klargestellt, dass Kindergeld bei der Bemessung des Unterhalts nicht zu berücksichtigen ist, sondern grundsätzlich zur Hälfte auf den errechneten Unterhalt anzurechnen ist. Nach § 1612 b V BGB in der seit dem 1. 1. 2001 geltenden Fassung unterbleibt die Anrechnung jedoch, soweit der Unterhaltspflichtige außerstande ist, Unterhalt in Höhe von 135% des Regelbetrages (vgl. dazu Rn. 127 a, 509 ff., 5/83 ff.) zu zahlen.

Die Höhe des Bedarfs der Berechtigten kann nach dem System der Düsseldorfer Tabelle, die je nach der Zahl der Unterhaltsberechtigten Höher- und Herabgruppierungen kennt (DT A 1; vgl. dazu Rn. 231 ff., 387), von der Zahl der Unterhaltsberechtigten abhängig sein. Erst für den Fall, dass der Pflichtige aus seinem Einkommen nicht den Bedarf aller Unterhaltsberechtigten befriedigen kann, also im Mangelfall, greift die vom Gesetzgeber (§ 1609 BGB) festgelegte Rangfolge der Unterhaltsberechtigten ein. Vgl. auch Rn. 5/37 f.

160 **Vorrangig** zu berücksichtigen sind die Unterhaltsansprüche minderjähriger und privilegiert volljähriger Kinder und des jetzigen oder früheren Ehegatten. Diese Ansprüche haben untereinander den gleichen Rang (§ 1609 II 1 BGB). Danach folgen die Unterhaltsansprüche der nichtehelichen Mutter bzw. des nichtehelichen Vaters (§ 1615 l III 3, IV BGB), darauf die der volljährigen Kinder, alsdann die der Enkel und zum Schluss diejenigen der Verwandten der aufsteigenden Linie, insbesondere der Eltern und Großeltern (§ 1609 I BGB). Vgl. dazu Rn. 429 ff. und Rn. 5/39. Zum Rang der Unterhaltsansprüche des Lebenspartners vgl. Rn. 6/789, 794.

161 Reicht das Einkommen des Schuldners nicht aus, um **gleichrangige Ansprüche** mehrerer Berechtigter zu befriedigen, ist das für Unterhaltszwecke zur Verfügung stehende Einkommen bei Ansprüchen minderjähriger und privilegiert volljähriger Kinder sowie des Ehegatten nach Abzug des notwendigen Selbstbehalts (vgl. dazu Rn. 263 ff.) auf die Berechtigten zu verteilen. Die Einsatzbeträge der Berechtigten sind verhältnismäßig zu kürzen. Es findet also eine **Mangelverteilung**[43] statt. Dies gilt auch dann, wenn die Unterhaltsberechtigten, die mit dem Schuldner in einer Haushaltsgemeinschaft zusammenleben, durch die Leistung von Unterhalt an einen anderen Berechtigten, insbesondere ein Kind aus einer früheren Ehe, sozialhilfebedürftig würden.[44] Zur Unterhaltsberechnung in Mangelfällen sowie zu abweichenden Auffassungen vgl. im Einzelnen Rn. 5/123 ff., 5/224 ff., zum Mangelfall bei nachrangig Berechtigten vgl. Rn. 164 f.

---

[40] BGH, FamRZ 2003, 363, 366 mit Anm. Scholz, FamRZ 2003, 514

[41] BGH, FamRZ 1992, 539 = R 444 b

[42] BGH, FamRZ 1997, 806; vgl. auch BGH, FamRZ 2000, 1492 mit Anm. Scholz = R 546 d

[43] Zur Unterhaltsberechnung in Mangelfällen BGH, FamRZ 2003, 363 = R 584 b, c mit Anm. Scholz, FamRZ 2003, 514

[44] BGH, FamRZ 1996, 1272 = R 507 b

b) Konkurrenz mehrerer minderjähriger oder privilegiert volljähriger Kinder. 162
Zunächst ist zu prüfen, ob der Schuldner den Unterhalt der beteiligten Kinder unter Wahrung seines notwendigen Selbstbehalts aufbringen kann. Maßgebend ist der sich aus der Düsseldorfer Tabelle ergebende Richtsatz, nicht der Zahlbetrag nach Abzug des nach § 1612b I, V BGB anzurechnenden Kindergeldes. Reicht das Einkommen des Schuldners zur Deckung des Tabellenunterhalts nicht aus, ist zu prüfen, ob er den Unterhalt nach Herabgruppierung mit Hilfe der Bedarfskontrollbeträge zahlen kann. Ein Mangelfall liegt erst vor, wenn der Pflichtige auch den Unterhalt der 1. Einkommensgruppe der Tabelle bei Wahrung seines notwendigen Selbstbehalts nicht leisten kann. Vgl. Rn. 239, 242. Ist dies der Fall, muss eine Mangelfallberechnung durchgeführt werden. Grundsätzlich kommt es bei Konkurrenz nur mehrerer minderjähriger oder privilegiert volljähriger Kinder nicht darauf an, ob als Einsatzbetrag der Regelbetrag (1. Einkommensgruppe) oder das Existenzminimum (6. Einkommensgruppe) gewählt wird. Beide Rechnungen führen – von Rundungsdifferenzen abgesehen – zum selben Ergebnis.[45] Gleichwohl empfiehlt es sich, entsprechend den Vorschlägen in Nr. 23 der Leitlinien der Oberlandesgerichte das Existenzminimum (135% des Regelbetrages = 6. Einkommensgruppe der Tabelle) als Einsatzbetrag zugrunde zu legen. Denn eines der beteiligten Kinder kann über anzurechnendes Einkommen, z. B. eine Ausbildungsvergütung, verfügen; auch kann bei einem Kind Mehrbedarf, z. B. wegen Krankheit, zu berücksichtigen sein. Zudem lässt es sich kaum rechtfertigen, bei Konkurrenz von Ehegatten- und Kindesunterhalt jeweils vom Existenzminimum auszugehen (vgl. Rn. 163), nicht dagegen bei einer Mangelverteilung zwischen mehreren Kindern.

Beispiel:
Einkommen des allein barunterhaltspflichtigen Vaters: 1450,– €. Die wiederverheiratete Mutter betreut die gemeinsamen Kinder K 1 (16 Jahre), K 2 (11 Jahre) und K 3 (9 Jahre). Sie bezieht das Kindergeld von je 154,– €.
Bedarf der Kinder nach DT 6/3 bzw. 6/2 384 + 326 + 326 = 1036,– € (Gesamtbedarf).
Für den Kindesunterhalt stehen zur Verfügung 1450 – 840 (notwendiger Selbstbehalt nach DT A 5 I) = 610,– €.
Anspruch K 1: 384 × 610 : 1036 = 227,– €.
Anspruch K 2 und K 3: 326 × 610 : 1036 = 192,– €.
Der Kindergeldanteil des Vaters ist nach § 1612b V BGB nicht anzurechnen, da er weniger als 135% des Regelbetrages von 384 – 77 = 307,– € bzw. von 326 – 77 = 249,– € zahlen kann (vgl. dazu Rn. 509, 5/83 ff.).

c) Zusammentreffen eines Ehegatten mit minderjährigen oder privilegiert volljährigen Kindern. Im Einzelnen war die Unterhaltsberechnung in diesem Fall höchst umstritten. Insbesondere bestand keine Einigkeit darüber, in welcher Weise der Bedarf des Ehegatten in der Mangelverteilung zu berücksichtigen war. Streitig war insbesondere, ob als Einsatzbetrag der Quotenunterhalt von z. B. 3/7 zuzüglich konkret zu berechnenden trennungsbedingten Mehrbedarfs oder der Mindestbetrag nach B V oder B VI der Düsseldorfer Tabelle in die Mangelfallberechnung einzusetzen war. Nunmehr hat der BGH[46] unter Aufgabe seiner früheren Rechtsprechung[47] folgende Grundsätze aufgestellt, die von den Leitlinien der Oberlandesgerichte (Nr. 23) übernommen worden sind: 163

- Zunächst sind die **Unterhaltsansprüche** der Kinder und des Ehegatten individuell zu berechnen. Ein Mindestunterhalt ist weder dem Kind noch dem Ehegatten geschuldet. Der Kindesunterhalt ist nach der Düsseldorfer Tabelle der 1. Einkommensgruppe, bei Nichtanwendung der Bedarfskontrollbeträge (Rn. 239 ff.) auch einer höheren Gruppe zu entnehmen (vgl. Rn. 162). Der Ehegattenunterhalt ist grundsätzlich unter Vorwegabzug des Kindesunterhalts mit Hilfe einer Quote (z. B. von 3/7) zu ermitteln. Abzuziehen ist der sich aus der Tabelle ergebende Kindesunterhalt, nicht der Zahlbetrag nach Verrechnung des Kindergeldes. Der Abzug des Zahlbetrages würde darauf hinaus laufen, den Kindergeldanteil des Barunterhaltspflichtigen als Einkommen zu behandeln. Dies wider-

[45] So auch BGH, FamRZ 2003, 363, 367 (insoweit nicht in R 584) mit Anm. Scholz, FamRZ 2003, 514
[46] FamRZ 2003, 363 = R 584 b, c, d, f mit Anm. Scholz, FamRZ 2003, 514
[47] FamRZ 1995, 36; 1997, 806

spräche aber der Rechtsprechung des BGH.[48] Führt der Vorwegabzug des Kindesunterhalts zu einem unverhältnismäßig niedrigem Ehegattenunterhalt, ist letzterer ohne Vorwegabzug neu zu ermitteln. Jedoch darf diese Berechnung ihrerseits nicht einen Ehegattenunterhalt ergeben, der außer Verhältnis zum Kindesunterhalt steht. Dies wird vor allem der Fall sein, wenn der so errechnete Bedarf das Existenzminimum des Ehegatten nach B V und B VI der Düsseldorfer Tabelle übersteigt und deshalb mit den ehelichen Lebensverhältnissen nicht in Einklang steht. In einem solchen Fall ist der Bedarf des Ehegatten auf die Beträge nach B V bzw. B VI der Düsseldorfer Tabelle zu begrenzen. Ggf. können diese Beträge weiter gekürzt werden.

- Kann der Schuldner die so errechneten Ansprüche unter Wahrung seines notwendigen Selbstbehalts von grundsätzlich 840,– bzw. 730,– € nicht decken, liegt ein Mangelfall vor. Dann ist als Einsatzbetrag für jeden Berechtigten das jeweilige **Existenzminimum,** auf das als solches kein Anspruch besteht, das vielmehr nur als Hilfsmittel zur Berechnung der Mangelquote dient, zugrunde zu legen. Als Existenzminimum sind einzusetzen
  - für minderjährige Kinder 135% des Regelbetrages, bei privilegiert volljährigen Kindern wegen ihres Gleichrangs ebenfalls 135% des Richtsatzes der 1. Einkommensgruppe, im Ergebnis also die Richtsätze der 6. Einkommensgruppe,
  - für den getrennt lebenden oder geschiedenen Ehegatten das Existenzminimum nach B V der Düsseldorfer Tabelle von 840,– € bzw. von 730,– €, je nachdem, ob der Ehegatte erwerbstätig ist oder nicht,
  - für den mit dem Schuldner zusammenlebenden Ehegatten das Existenzminimum nach B VI der Düsseldorfer Tabelle von 615,– € bzw. 535,– €, auch hier je nach Ausübung einer Erwerbstätigkeit oder nicht.
- Das jeweilige Existenzminimum ist im Verhältnis der Verteilungsmasse zur Summe der Einsatzbeträge zu kürzen.
- Das Ergebnis ist auf seine **Angemessenheit** zu überprüfen. Da das jeweilige Existenzminimum unterhaltsrechtlich nicht geschuldet ist, darf die Mangelfallberechnung nicht dazu führen, dass sich der berechtigte Ehegatte oder die Kinder besser stehen als „ohne Vorliegen eines Mangelfalles“. Dies muss ggf. korrigiert werden.
- **Kindergeld** wird nach Maßgabe des § 1612 b V BGB angerechnet.

Beispiel:
Bereinigtes Einkommen des allein barunterhaltspflichtigen Vaters (V): 1400,– €.
Die getrennt lebende Mutter (M) betreut die gemeinsamen Kinder K 1 (3 Jahre) und K 2 (1 Jahr). Sie ist nicht erwerbstätig und bezieht das Kindergeld von je 154,– €.
Bedarf der Kinder nach DT 1/1 jeweils 199,– €. Bedarf der M: 1400 – 199 – 199 = 1002 × 3/7 = 430,– €. Da offensichtlich ein Mangelfall vorliegt, kann auf eine Kontrollberechnung ohne Vorwegabzug des Kindesunterhalts verzichtet werden.
Einsatzbeträge für K 1 und K 2: Existenzminimum in Höhe von 135% des Regelbetrages (= 6. Einkommensgruppe) = jeweils 269,– €.
Einsatzbetrag M: Existenzminimum nach B V 2 der Düsseldorfer Tabelle = 730,– €. Summe der Einsatzbeträge: 269 + 269 + 730 = 1268,– €.
Für den Unterhalt stehen zur Verfügung: 1400 – 840 (notwendiger Selbstbehalt) = 560,– €.
Anspruch der M: 730 × 560 : 1268 = 323,– €.
Anspruch der Kinder: jeweils 269 × 560 : 1268 = 119,– €.
Das Ergebnis ist angemessen.
Keine Kindergeldverrechnung (§ 1612 b V BGB).

Zum Einsatzbetrag des Ehegatten bei der Mangelverteilung und zu abweichenden Meinungen vgl. im Einzelnen 5/224 ff. und 3/74.

164 **d) Konkurrenz mehrerer nachrangiger volljähriger Kinder.** Nicht privilegiert volljährige Kinder kommen erst dann zum Zuge, wenn keine vorrangig Berechtigten vorhanden sind oder der Schuldner nach Deckung der vorrangigen Ansprüche unter Wahrung seines angemessenen Selbstbehalts von 1000,– € (vgl. Rn. 417 ff.) noch leistungsfähig ist.

---

[48] FamRZ 2000, 1492, 1494 mit Anm. Scholz = R 546 d; FamRZ 2003, 363, 367 (insoweit nicht in R 584) Anm. Scholz, FamRZ 2003, 514

Beispiel:
Die 20- und 22-jährigen Kinder K 1 und K 2 studieren und leben in einem Studentenheim. Einkommen des Vaters (V): 1800,– €. Die wiederverheiratete Mutter ist nicht berufstätig; sie versorgt ein sechsjähriges Kind aus der neuen Verbindung. Sie bezieht das Kindergeld für K 1 und K 2 von je 154,– €, das sie für diese Kinder verwendet. Ihr Ehemann ist arbeitslos.
Bedarf der Kinder nach der Düsseldorfer Tabelle (A 7 I): jeweils 600,– €.
Da die Mutter ein vorrangiges minderjähriges Kind betreut, trifft sie keine Erwerbsobliegenheit. Daher ist allein V den Kindern K 1 und K 2 unterhaltspflichtig. Für Unterhaltszwecke stehen zur Verfügung: 1800 – 1000 (angemessener Eigenbedarf nach A 5 II der Düsseldorfer Tabelle) = 800,– €.
Jedes der Kinder erhält 400,– €.
Das Kindergeld wird, obwohl die Mutter zum Barunterhalt nichts beitragen kann, nach § 1612 b I BGB in Höhe von 77,– € angerechnet, da § 1612 b V BGB bei volljährigen Kindern nicht anwendbar ist. Vgl. dazu Rn. 513, 515. V hat daher jeweils 323,– € zu zahlen.

Reicht das Einkommen des Pflichtigen nach Abzug des angemessenen Selbstbehalts von 1000,– € nicht aus, um außer den vorrangigen auch **nachrangige Unterhaltsansprüche** zu befriedigen, fallen die nachrangig Berechtigten ganz oder teilweise aus.[49] Vgl. Rn. 152, 430. 165

3. Beeinträchtigung der Leistungsfähigkeit durch Betreuung eines anderen unterhaltsberechtigten Kleinkindes

Nach Trennung oder Scheidung kann sich die Mutter eines minderjährigen Kindes aus erster Ehe, das vom Vater versorgt wird, nicht ohne weiteres auf Leistungsunfähigkeit berufen, wenn sie wegen der Geburt eines Kindes aus einer neuen Verbindung keiner Erwerbstätigkeit nachgeht. Der Vater erfüllt seine Unterhaltspflicht grundsätzlich durch die Betreuung des minderjährigen Kindes aus erster Ehe (§ 1606 III 1 BGB). Nur ausnahmsweise kommt seine Mithaftung in Betracht. Vgl. Rn. 287. 166

Ist die Mutter wiederverheiratet, greifen die Grundsätze der sog. Hausmannsrechtsprechung ein (vgl. Rn. 172 ff.). Der BGH hat diese Rechtsprechung in Abkehr von einer früheren Entscheidung[50] auch auf den Fall erstreckt, dass die Mutter mit dem Vater ihres nichtehelichen Kindes zusammen lebt.[51] Vgl. dazu Rn. 190 ff.

Ist die Mutter nicht wiederverheiratet und lebt sie auch mit dem Vater des nichtehelichen Kindes nicht in einer Partnerschaft, so kann sie gleichwohl von ihrem früheren Ehemann keinen Ehegattenunterhalt verlangen, weil sie kein gemeinsames Kind pflegt oder erzieht (§ 1570 BGB). Dennoch darf sie sich im Verhältnis zu ihrem minderjährigen Kind aus erster Ehe nicht auf die Betreuung ihres nichtehelichen Kindes beschränken. Die Auffassung, dass die Betreuung des Kleinkindes vorgehe und von ihr die Aufnahme einer Erwerbstätigkeit nicht verlangt werden könne,[52] findet im Gesetz keine Stütze. Sie wurde schon im Jahre 1981 vom BGH[53] nicht gebilligt und ist auch mit der neueren Hausmannsrechtsprechung des BGH[54] nicht zu vereinbaren. Die Unterhaltsansprüche der beiden Kinder sind gleichrangig. § 1615 l II 2, 3 BGB entbindet die Mutter nur im Verhältnis zu ihrem nichtehelichen Kind und zu dessen Vater von einer Erwerbsobliegenheit, und zwar regelmäßig nur auf die Dauer von drei Jahren. Es ist daher Aufgabe der Mutter, die Betreuung des Kleinkindes aus ihrer neuen Verbindung durch Dritte, z. B. eine Tagesmutter, durch Verwandte, durch ihren Lebensgefährten (vgl. Rn. 52, 192) oder durch einen Hort sicherzustellen.[55] Die dadurch entstehenden Kosten mindern allerdings ihr anrechenbares Einkommen. Dies kann dazu führen, dass die Mutter mangels Leistungsfähigkeit für das Kind aus der früheren Ehe keinen Barunterhalt zu leisten hat.

---

[49] BGH, FamRZ 1984, 683, 685 = R 212 b
[50] BGH, FamRZ 1995, 598
[51] BGH, FamRZ 2001, 614 = R 556 b
[52] OLG Frankfurt, FamRZ 1992, 979, 981; OLG Stuttgart, FamRZ 1984, 611
[53] FamRZ 1982, 25, 26 sub 2 e = NJW 1982, 175, 176
[54] BGH, FamRZ 2001, 614 = R 556 a
[55] OLG Düsseldorf, FamRZ 1996, 167

Beispiel:
Der arbeitslose frühere Ehemann betreut das 14-jährige Kind aus der geschiedenen Ehe mit der Mutter (M). Er bezieht das Kindergeld. M verdient durch vollschichtige Tätigkeit 1300,– €. Sie erhält für das sechsjährige nichteheliche Kind von dessen Vater Unterhalt, nicht aber für sich selbst. Die Betreuung des Kindes stellt M durch eine Tagesmutter sicher, die 300,– € verlangt. Da ihr der notwendige Selbstbehalt von 840,– € nach A 5 I der Düsseldorfer Tabelle verbleiben muss, kann sie für das Kind aus ihrer früheren Ehe nur 1300 – 300 – 840 = 160,– € Unterhalt zahlen. Keine Kindergeldverrechnung (§ 1612 b V BGB). Vgl. dazu Rn. 509.

Wenn die Mutter nach § 1615 l BGB vom Vater des nichtehelichen Kindes Unterhalt erhält, kann dadurch ihr notwendiger Selbstbehalt gesichert sein. Sie muss dann den Ertrag einer Berufstätigkeit nach Abzug von Betreuungskosten voll für den Unterhalt des Kindes aus ihrer früheren Ehe einsetzen.[56]

167 Dieselben Grundsätze gelten, wenn sich der Vater, der einem Kind aus einer früheren Ehe Unterhalt zu leisten hat, auf die Betreuung eines Kindes aus einer Verbindung mit einer anderen Partnerin beschränkt.[57] Ähnliche Probleme wie die hier erörterten können sich ergeben, wenn jeder Elternteil nach Trennung oder Scheidung ein Kind aus der gescheiterten Ehe betreut. Vgl. dazu Rn. 309 ff.

Zum Unterhaltsanspruch der Mutter eines nichtehelichen Kindes gegen ihre eigenen Eltern vgl. oben Rn. 50 ff., zum Betreuungsunterhalt gegen den Kindesvater nach § 1615 l BGB vgl. Rn. 6/750 ff.

4. Minderung der Leistungsfähigkeit durch Umgangskosten

168 Das minderjährige Kind hat das Recht zum Umgang mit jedem Elternteil, unabhängig davon, ob die Eltern die elterliche Sorge gemeinsam ausüben oder ob einem von ihnen das Sorgerecht allein übertragen ist. Damit korrespondieren das Recht und die Pflicht des nicht betreuenden Elternteils zum Umgang (§ 1684 I BGB); sie sind Ausfluss seiner Verantwortung für dessen Wohl (§§ 1618 a, 1626, 1631 BGB). Der nicht betreuende Elternteil hat ein subjektives Recht auf Umgang. Der andere Elternteil hat auf die Belange, insbesondere die Vermögensinteressen des Berechtigten Bedacht zu nehmen. Er darf die Wahrnehmung des Umgangsrechts nicht erschweren oder gar verleiden. Eine Verletzung dieser Pflicht kann Schadensersatzansprüche auslösen.[58]

Die mit der Ausübung des Umgangsrechts verbundenen Aufwendungen hat der Berechtigte im eigenen und im Interesse des Kindes grundsätzlich selbst aufzubringen. Er kann weder vom anderen Elternteil Erstattung dieser Kosten verlangen noch sie dem Unterhaltsanspruch des früheren Ehegatten oder dem Unterhaltsanspruch des minderjährigen Kindes entgegensetzen. Dadurch würde insbesondere die Lebenshaltung des unterhaltsberechtigten Kindes beeinträchtigt werden. Der BGH hat bisher nur in eng begrenzten Ausnahmefällen eine einkommensmindernde Berücksichtigung von Umgangskosten in Erwägung gezogen. Er hat den Abzug von Umgangskosten bei der Berechnung des Anspruchs des Ehegatten auf Trennungsunterhalt versagt, wenn dem berechtigten Ehegatten nur das Existenzminimum verbleibt, während der notwendige Selbstbehalt des Pflichtigen nach der Düsseldorfer Tabelle (derzeit 840,– € bei einem Erwerbstätigen) gewahrt ist. Erst wenn der Umgangsberechtigte in einer solchen Entfernung wohnt, dass angesichts ohnehin beengter wirtschaftlicher Verhältnisse die Kostenbelastung für ihn unzumutbar wird und deshalb eine Einschränkung des Umgangs droht, greifen schon nach der bisherigen Rechtsprechung des BGH[59] Billigkeitserwägungen ein, die zu einer Beschränkung des Lebensstandards des Berechtigten oder zu einer Kürzung des Ehegattenunterhalts führen können. Dies gilt sowohl bei alleinigem als auch bei gemeinsamem Sorgerecht der Eltern.

Zur Unterhaltsberechnung bei umfangreichem Umgang, der sich einer dauernden Mitbetreuung annähert, vgl. Rn. 316 b.

---

[56] BGH, FamRZ 2001, 1065, 1066 = R 549 c
[57] OLG Düsseldorf, FamRZ 1996, 167
[58] BGH, FamRZ 2002, 1099 = NJW 2002, 2566
[59] BGH, FamRZ 1995, 215 mit ablehnender Anm. Weychardt, FamRZ 1995, 539 = R 483

In der 5. Auflage habe ich an dieser Stelle im Anschluss an diese Entscheidung des BGH die Ansicht vertreten, dass beim Kindesunterhalt eine Minderung des anrechenbaren Einkommens um die Kosten des Umgangs ausscheide, wenn nicht der Mindestunterhalt des Kindes nach der Düsseldorfer Tabelle gesichert sei. Man müsse den umgangsberechtigten Elternteil grundsätzlich darauf verweisen, die Umgangskosten ohne Schmälerung des Kindesunterhalts allein zu tragen, selbst wenn ihm dann nur sein notwendiger Selbstbehalt verbleibe. Hieran halte ich nicht fest. **169**

Das Recht des Kindes auf Umgang darf nicht durch das Unterhaltsrecht über Gebühr eingeschränkt werden. Die Eltern haben nicht nur das sächliche Existenzminimum des Kindes, sondern auch dessen Erziehungs- und Betreuungsbedarf sicherzustellen[60] und daher auch sein Recht auf Umgang mit dem Elternteil zu gewährleisten, bei dem es nicht seinen Lebensmittelpunkt hat. Vgl. auch Rn. 127 b. Andererseits zählt auch das Umgangsrecht des nicht betreuenden Elternteils zu dessen Grundbedürfnissen. Deshalb muss ihm wegen der Umgangskosten ggf. Sozialhilfe nach §§ 12 I, 21 I, 22 I 2 BSHG gewährt werden. Die Sozialhilfe darf im Hinblick auf Art. 6 II GG nicht auf die Kosten eines Mindestumgangs beschränkt werden, wie er mit Hilfe der Familiengerichte durchgesetzt werden könnte.[61] Vgl. auch Rn. 6/542. Diese Rechtsprechung des Bundesverfassungsgerichts wirkt sich auch auf den Unterhalt aus.[62] Der Pflichtige darf durch die Gewährung von Unterhalt nicht selbst sozialhilfebedürftig werden.[63] Deshalb liegt der notwendige Selbstbehalt maßvoll über der Sozialhilfe, die der Unterhaltsschuldner typischerweise erhalten würde. Vgl. dazu Rn. 261. Einmalige Leistungen werden üblicherweise mit 20% des Regelsatzes von rund 296,– € monatlich im alten Bundesgebiet (Stand: 1. 7. 2003), also mit knapp 60,– €, angesetzt. Vgl. dazu Rn. 6/539, 542. Übersteigen die anzuerkennenden Aufwendungen für den Umgang und ggf. sonstige einmalige Kosten deutlich dieses Niveau, wird man den **notwendigen Selbstbehalt** angemessen **erhöhen** müssen. Sonst würde sich der Unterhaltsschuldner schlechter als ein Sozialhilfeempfänger stehen.

Eine Erhöhung des notwendigen Selbstbehalts ist auch deshalb geboten, weil anders als früher das Kindergeld dem Schuldner nicht mehr zugute kommt, wenn er nicht in der Lage ist, seinem minderjährigen Kind wenigstens 135% des Regelbetrages (abzüglich des hälftigen Kindergeldes) zu zahlen (§ 1612 b V BGB). Gerade im Hinblick auf die staatlichen Vergünstigungen, insbesondere das Kindergeld, hatte der BGH es für vertretbar gehalten, die Umgangskosten grundsätzlich nicht einkommensmindernd zu berücksichtigen.[64] Die ihm nach § 1612 b I BGB zustehende Kindergeldhälfte wird dem Pflichtigen aber durch § 1612 b V BGB ganz oder teilweise genommen. Vgl. zu dieser Vorschrift Rn. 509. Hinzu kommt, dass es verfassungsrechtlich problematisch ist, den Schuldner ganz oder jedenfalls zum Teil vom Kindergeld auszuschließen, obwohl dieses auch dazu dient, die Kosten des Umgangs mit abzugelten.[65] Die Vorschrift des § 1612 b V BGB ist zwar nicht verfassungswidrig (vgl. Rn. 512), lässt sich aber mit Art. 6 II GG nur dann vereinbaren, wenn man sie einschränkend auslegt und die Härten, die sie mit sich bringt, durch eine weiter gehende Berücksichtigung von Umgangskosten bei der Unterhaltsbemessung abmildert.[66] Da es sich bei den Fällen, in denen die Anwendung des § 1612 b V BGB in Frage kommt, vielfach um verschärfte Mangelfälle handelt, dürfte es in erster Linie angezeigt sein, den notwendigen Selbstbehalt zu erhöhen, wenn der Schuldner die Kosten eines angemessenen Umgangs sonst nur unter Gefährdung dieses Selbstbehalts aufbringen könnte. Dieser Auffassung scheint auch der BGH[67] zuzuneigen. Durch diese Anhebung des notwendigen Selbstbehalts werden vor allem Schuldner begünstigt, die in bescheidenen wirtschaftlichen Verhältnissen leben müssen und die vor Inkrafttreten des § 1612 b V BGB ihren Kindergeldanteil zur

[60] BVerfG, FamRZ 1999, 285, 287, 290; auch BVerfG, FamRZ 2002, 899
[61] BVerfG, FamRZ 1995, 86; BVerwG, FamRZ 1996, 105
[62] So zu Recht Weychardt, FamRZ 1995, 539
[63] BGH, FamRZ 1996, 1272 = R 507 b
[64] BGH, FamRZ 1995, 215 mit ablehnender Anm. Weychardt, FamRZ 1995, 539 = R 483
[65] OLG Düsseldorf, FamRZ 2001, 1096 m. w. N.; vgl. auch BFH, FamRZ 1997, 21
[66] BVerfG, FamRZ 2003, 1370 = R 593; BGH, FamRZ 2003, 445 = R 587 b, c
[67] FamRZ 2003, 445, 449 = R 587 c; OLG Düsseldorf, FamRZ 2001, 1096; OLG Brandenburg, FamRZ 2002, 1217; Scholz, FamRZ 2000, 1541, 1543

Finanzierung des Umgangsrechts eingesetzt hätten. Welcher Umgang angesichts der ebengten finanziellen Verhältnisse angemessen ist und welche Kosten dem gemäß berücksichtigt werden können, richtet sich in erster Linie nach dem Wohl des Kindes (§ 1626 III 1 BGB).

170 Dagegen sollten bei besseren Verhältnissen Umgangskosten in der Regel nicht vom anrechenbaren Einkommen des unterhaltspflichtigen Elternteils abgezogen werden. Dies lässt sich m. E. mit § 1606 III 2 BGB begründen. Wenn zum Bedarf des Kindes auch der Umgang mit dem nicht betreuenden Elternteil gehört, fallen diesem die dadurch entstehenden Kosten in der Regel allein zur Last. **Ausnahmen** sind denkbar, wenn das Kind beim betreuenden Elternteil in einem weit entfernten Ort lebt und deshalb durch die Ausübung des Umgangs beachtliche Kosten entstehen, die vom Berechtigten angesichts seiner wirtschaftlichen Verhältnisse nicht in zumutbarer Weise aufgebracht werden können.[68] Jedoch muss der Umgangsberechtigte alle Möglichkeiten nutzen, um diese Kosten so niedrig wie möglich zu halten.[69] So ist er ggf. auf die Benutzung öffentlicher Verkehrsmittel zu verweisen; auch kann von ihm verlangt werden, hohe Fahrtkosten dadurch zu vermeiden, das er die Häufigkeit des Umgangs einschränkt und dafür die einzelnen Besuche verlängert.[70] Entscheidend ist auch hier das Wohl des Kindes (Rn. 169).

171 Der nicht betreuende Elternteil kann die **Kosten,** die er **für den Unterhalt** des Kindes **während der Ausübung des Umgangsrechts,** z. B. für dessen Ernährung, aufwendet, nicht vom Barunterhalt abziehen.[71] Vgl. oben Rn. 104, 126.

IV. Leistungsfähigkeit eines Elternteils bei Übernahme der Haushaltsführung nach Wiederverheiratung oder Begründung einer nichtehelichen Lebensgemeinschaft („Hausmannsrechtsprechung“)

1. Erwerbsobliegenheit des wiederverheirateten, haushaltführenden Ehegatten gegenüber gleichrangigen Berechtigten, insbesondere gegenüber minderjährigen Kindern aus erster Ehe

172 Niemand darf sich seiner Unterhaltspflicht – sei es gegenüber seinen Kindern, insbesondere seinen minderjährigen Kindern, sei es gegenüber seinem (früheren) Ehegatten – dadurch entziehen, dass er eine neue Familie gründet, keiner Erwerbstätigkeit nachgeht und sich allein auf die Haushaltsführung und ggf. Kinderversorgung in der neuen Ehe beschränkt. Diese sog. Hausmannsrechtsprechung hat der BGH im Jahre 1979 begründet,[72] sie aber seit 1996 zugunsten der Berechtigten und zu Lasten des Unterhaltspflichtigen erheblich **verschärft.**[73] Inzwischen hat er sie auch auf die Haushaltsführung in einer nichtehelichen Lebensgemeinschaft erstreckt.[74] Entscheidungen aus der Zeit vor 1996 können daher nur noch bedingt herangezogen werden.

Trotz Eingehung einer neuen Ehe bleibt ein Elternteil einem minderjährigen Kind aus erster Ehe, das vom anderen Elternteil betreut wird, barunterhaltspflichtig (§ 1606 III 2 BGB), auch wenn er im Einvernehmen mit dem neuen Partner die Haushaltsführung und ggf. die Kindesbetreuung übernimmt. Damit erfüllt er nur seine Unterhaltspflicht gegenüber dem neuen Ehegatten und ggf. gegenüber dem Kind aus der neuen Ehe (§§ 1360 S. 2, 1606 III 2 BGB), dagegen nicht gegenüber dem minderjährigen Kind aus erster Ehe.[75] Dies führt zu einem Konflikt zwischen den Unterhaltsinteressen der gemeinsamen Kinder aus der alten

---

68 OLG Karlsruhe, FamRZ 1992, 58; KG, FamRZ 1998, 1386

69 BGH, FamRZ 1995, 215 mit ablehnender Anm. Weychardt, FamRZ 1995, 539 = R 483; OLG Karlsruhe, FamRZ 1992, 58

70 OLG Karlsruhe, FamRZ 1992, 58

71 BGH, FamRZ 1984, 473

72 BGH, FamRZ 1980, 43 = NJW 1980, 340

73 BGH, FamRZ 1996, 796 = R 500 a

74 BGH, FamRZ 2001, 614 mit Anm. Büttner = R 556 b

75 BGH, FamRZ 1996, 796 = R 500 a

Familie, dem früheren Ehegatten und den Mitgliedern der neuen Familie. Da mit Ausnahme etwaiger volljähriger Kinder alle Berechtigten unterhaltsrechtlich den **gleichen Rang** haben (§ 1609 BGB), darf sich der barunterhaltspflichtige Ehegatte nicht ohne weiteres auf die Sorge für die Angehörigen aus der neuen Familie beschränken. Er muss auch für die minderjährigen und privilegiert volljährigen Kinder sowie ggf. für den unterhaltsbedürftigen Ehegatten aus der ersten Ehe (vgl. dazu Rn. 173) sorgen. Deshalb kann die Beschränkung auf die Rolle des Hausmanns bzw. der Hausfrau allenfalls unter engen Voraussetzungen anerkannt werden, vor allem dann nicht, wenn der Unterhaltspflichtige früher den Familienunterhalt durch Erwerbstätigkeit sichergestellt hat, also ein **Rollentausch** vorgenommen worden ist.[76] Fehlt es im Verhältnis zu den Berechtigten aus der ersten Ehe an einem rechtfertigenden Grund für den Rollenwechsel, ist dem Pflichtigen grundsätzlich sein bisheriges Einkommen fiktiv zuzurechnen. Vgl. dazu Rn. 176.

Kann die Rollenwahl gebilligt werden, muss der Pflichtige gleichwohl zum Unterhalt der Berechtigten aus der ersten Ehe, insbesondere der minderjährigen Kinder, beitragen. Er ist allerdings nicht verpflichtet, das Haushalts- oder Wirtschaftsgeld, das er von seinem neuen Ehegatten erhält, für den Unterhalt der minderjährigen Kinder aus erster Ehe einzusetzen, weil dieses nur treuhänderisch zur Verwendung für Bedürfnisse der Familie überlassen wird.[77] Er ist jedoch gehalten, Taschengeld für den Barunterhalt zu verwenden.[78] Zum Wirtschaftsgeld und zum Taschengeld vgl. Rn. 3/46 ff., 3/56 ff. Kann er aus dem Taschengeld, wie es die Regel ist, keinen oder keinen ausreichenden Unterhalt zahlen, muss er wenigstens teilweise erwerbstätig sein, um zum Ausgleich einen entsprechenden Barunterhalt zahlen zu können; denn trotz der Wahl der Rollen des Hausmanns oder der Hausfrau bleibt für den unterhaltspflichtigen Elternteil im Verhältnis zu den minderjährigen Kindern aus erster Ehe eine Erwerbsobliegenheit bestehen.[79]

Die Erwerbsobliegenheit des „Hausmanns“ oder der „Hausfrau“ besteht vor allen Dingen **173** gegenüber **minderjährigen Kindern aus erster Ehe,**[80] aber auch gegenüber einem nichtehelichen Kind, das von dem anderen Elternteil oder einem Dritten betreut wird. Die Hausmannsrechtsprechung ist auch zugunsten (nicht verheirateter) **privilegiert volljähriger Kinder** bis zur Vollendung des 21. Lebensjahres anwendbar, solange diese im Haushalt der Eltern oder eines Elternteils leben und sich in der allgemeinen Schulausbildung befinden, da diese Kinder denselben Rang wie minderjährige Kinder haben (§ 1609 I BGB); vgl. dazu Rn. 453 ff. Dieselben Grundsätze müssen aber ausnahmsweise auch gegenüber dem unterhaltsbedürftigen **früheren Ehegatten** gelten, jedenfalls dann, wenn dessen Unterhaltsberechtigung auf § 1570 BGB beruht.[81]

Die Grundsätze der Hausmannsrechtsprechung sind auch **zugunsten eines nichtehe- 173 a lichen Kindes** anzuwenden, wenn der Kindesvater verheiratet ist, keine Erwerbstätigkeit ausübt, sich vielmehr auf die Betreuung eines Kindes aus dieser Ehe beschränkt, da das Gesetz nicht mehr zwischen nichtehelichen und ehelichen Kindern unterscheidet und ihre Unterhaltsansprüche daher denselben Rang haben (§ 1609 I BGB). Dagegen sind Unterhaltsansprüche der betreuenden **Mutter des nichtehelichen Kindes** nachrangig (§ 1615 l III 3 BGB; vgl. dazu Rn. 5/39) und daher in der Regel nicht zu berücksichtigen. Zudem muss dem Vater des nichtehelichen Kindes gegenüber der Mutter der angemessene Selbstbehalt von 1000,– € verbleiben (§§ 1615 l III 1, 1603 I BGB; D 2 der Düsseldorfer Tabelle; vgl. dazu Rn. 6/759 a). Es kann hier auf die ähnliche Problematik bei der Unterhaltspflicht des haushaltführenden Ehegatten gegenüber einem volljährigen Kind (vgl. Rn. 187) verwiesen werden.

Der haushaltführende Ehegatte ist nach Maßgabe der nachfolgenden Ausführungen **174** (Rn. 179–183) verpflichtet, eine **(Neben-)Erwerbstätigkeit** auszuüben,

[76] BGH, FamRZ 1996, 796 = R 500 a
[77] BGH, FamRZ 1995, 537 = R 493 a; FamRZ 1986, 668
[78] BGH, FamRZ 2001, 1065, 1068 mit Anm. Büttner; BVerfG, FamRZ 1985, 143, 145 = NJW 1985, 1211
[79] BVerfG, FamRZ 1985, 143, 145 = NJW 1985, 1211; BGH, FamRZ 1996, 796 = R 500 a
[80] BGH, FamRZ 1996, 796 = R 500 a
[81] BGH, FamRZ 1996, 796 = R 500 a

- wenn aus der neuen Ehe keine Kinder hervorgegangen sind, er vielmehr nur den Haushalt für den berufstätigen neuen Ehegatten führt (vgl. dazu Rn. 180),
- wenn er in der neuen Ehe eigene Kinder zu betreuen hat,
- erst recht, wenn er in der neuen Ehe Kinder seines Ehegatten versorgt.

175 Der BGH gestattet dem haushaltführenden Elternteil nur in eingeschränktem Umfang die Berufung darauf, dass sein eigener notwendiger Bedarf, der nach der Düsseldorfer Tabelle bei Ausübung einer Erwerbstätigkeit 840,– € beträgt (vgl. Rn. 264), nicht gewahrt sei. Vielmehr ist der **Verdienst** des „Hausmanns" aus einer Nebentätigkeit voll anzurechnen, auch wenn er **unter dem Selbstbehalt** bleibt, soweit sein Eigenbedarf bereits durch den Unterhalt gesichert ist, den sein Ehegatte nach §§ 1360, 1360 a BGB schuldet.[82] Der haushaltführende Ehegatte ist daher grundsätzlich verpflichtet, den Barunterhalt des minderjährigen Kindes aus erster Ehe zu tragen oder sich mindestens daran zu beteiligen. Voraussetzung ist allerdings, dass sich eine Unterhaltspflicht auch dann ergäbe, wenn der Unterhalt der unterhaltsberechtigten Angehörigen der neuen Familie, allerdings mit Ausnahme des nachrangigen zweiten Ehegatten, berücksichtigt wird.[83] Vgl. dazu Rn. 186. Reicht das effektive oder fiktive Einkommen des haushaltführenden Ehegatten nicht aus, um seinen angemessenen Bedarf zu decken, ist zu prüfen, ob der Vater als anderer unterhaltspflichtiger Verwandter im Sinne des § 1603 II 3 BGB in der Lage ist, ohne Beeinträchtigung seines eigenen angemessenen Bedarfs auch den Barunterhalt für das Kind ganz oder teilweise aufzubringen.[84] Vgl. dazu Rn. 186, zur Problematik des § 1603 II BGB im Allgemeinen Rn. 271 f., 274 ff.

176 Voraussetzung für die Anwendung dieser „Hausmannsrechtsprechung" ist, dass die Unterhaltsberechtigten der alten Familie die **Rollenwahl** in der neuen Familie hinnehmen müssen. Während der BGH[85] zunächst offen gelassen hatte, ob die Rollenverteilung auch bei einem etwa gleich bleibenden Familieneinkommen zu tolerieren wäre, hat er inzwischen eindeutig klargestellt, dass die Übernahme der Haushaltsführung durch den Unterhaltspflichtigen, dagegen einer Erwerbstätigkeit durch den neuen Ehegatten mindestens zu einer **wesentlich günstigeren Einkommenssituation der neuen Familie** führen muss.[86] Er hat zu Recht darauf hingewiesen, dass allein die Möglichkeit, durch den Rollentausch eine Verbesserung des Lebensstandards zu erreichen, jedenfalls dann nicht ohne weiteres hingenommen werden kann, wenn sie mit der Leistungsunfähigkeit des Verpflichteten und infolgedessen mit einer Verschlechterung des Lebensstandards des Berechtigten verbunden ist. Der BGH neigt anscheinend dazu, dass der Verpflichtete in einem solchen Fall ähnlich wie bei einem zulässigen Berufswechsel zumutbare Vorsorgemaßnahmen zur Sicherstellung des Unterhalts des Berechtigten zu treffen hat; er hat dies allerdings letztlich offen gelassen. Es reicht danach nicht allein aus, dass die Rollenwahl wirtschaftlich oder aus sonstigen Gründen vernünftig ist. Sie kann keinesfalls geduldet werden, wenn es der neuen Familie dadurch wirtschaftlich schlechter geht als bei umgekehrter Aufgabenverteilung, da in einem solchen Fall die Absicht des Unterhaltspflichtigen, die alte Familie zu benachteiligen, offen zutage liegt.

Ist die Rollenwahl nicht hinzunehmen, bleibt der haushaltführende Ehegatte zu einer Erwerbstätigkeit in früherem Umfang verpflichtet. Ihm wird ein Einkommen aus einer solchen Tätigkeit fiktiv zugerechnet. Entsprechend diesen fiktiven Einkünften hat er Unterhalt zu leisten. Dabei sind allerdings dann bestehende Unterhaltsansprüche der Angehörigen der neuen Familie zu berücksichtigen.[87] Vgl. dazu Rn. 172, 186.

177 Die Pflicht zur Aufnahme einer Erwerbstätigkeit besteht in der Regel nicht, solange der haushaltführende Ehegatte in der Zeit nach der Geburt eines Kindes aus der neuen Ehe **Erziehungsgeld** bezieht. Er ist allerdings verpflichtet, dieses auch für den Unterhalt des

---

[82] BGH, FamRZ 2001, 1065, 1067 mit Anm. Büttner = R 549 c; BGH, FamRZ 1996, 796, 798 = R 500 b
[83] BGH, FamRZ 2001, 1065, 1067 mit Anm. Büttner = R 549 c; FamRZ 1996, 796, 798 = R 500 b
[84] BGH, FamRZ 1998, 286 = R 518 a; FamRZ 2002, 742 mit Anm. Büttner = R 576 c
[85] BGH, FamRZ 1987, 472; FamRZ 1987, 252 = NJW-RR 1987, 514
[86] BGH, FamRZ 1996, 796 = R 500 a
[87] BGH, FamRZ 1996, 796 = R 500 b

minderjährigen Kindes aus erster Ehe einzusetzen. Zwar werden Unterhaltspflichten durch den Bezug des Erziehungsgeldes grundsätzlich nicht berührt. Dies gilt jedoch nicht im Falle der gesteigerten Unterhaltspflicht nach § 1603 II BGB (§ 9 S. 2 BErzGG).[88] Das **Kindergeld,** das für ein Kind aus der neuen Verbindung gezahlt wird, ist nicht für den Unterhalt des Kindes aus erster Ehe einzusetzen. Dies folgt einmal aus des § 1612b I, IV BGB, zum anderen aus § 1612b V BGB. Danach dient das Kindergeld jedenfalls bis zur 5. Einkommensgruppe der Tabelle zur Sicherung des Existenzminimums gerade des Kindes, für das das Kindergeld gewährt wird. Die gegenteilige Auffassung des OLG Nürnberg[89] ist seit dem 1. 7. 1998 durch die Einfügung des § 1612b BGB in das Gesetz, spätestens seit dem 1. 1. 2001 durch Änderung des § 1612b V BGB überholt.

Das BVerfG hält die (frühere) Hausmannsrechtsprechung des BGH für **verfassungsgemäß.**[90] 178

2. Umfang der Erwerbsobliegenheit des haushaltführenden Ehegatten; Verpflichtungen des neuen Partners

Der **Umfang der Erwerbstätigkeit,** die dem haushaltführenden Ehegatten zugemutet wird, hängt von den Aufgaben ab, die er in der neuen Ehe zu erfüllen hat. 179

Sind aus der neuen Verbindung **keine betreuungsbedürftigen Kinder** hervorgegangen, kann eine Beschränkung des unterhaltspflichtigen Elternteils auf die Haushaltsführung im Allgemeinen nicht hingenommen werden; vgl. dazu Rn. 176. Vielmehr ist der Elternteil in der Regel gehalten, vollschichtig erwerbstätig zu sein.[91] Hat er früher eine verantwortungsvolle und ausreichend dotierte Erwerbstätigkeit ausgeübt, wird er Unterhalt in bisheriger Höhe weiterzahlen müssen. Die Eheschließung und die Aufgabenverteilung in der neuen Ehe entbinden ihn nicht von der Unterhaltsverpflichtung gegenüber seinen Kindern und dem früheren Ehegatten. Im Gegenteil kann sein notwendiger Selbstbehalt niedriger angesetzt werden als nach der Düsseldorfer Tabelle oder den Leitlinien des zuständigen Oberlandesgerichts (in der Regel 840,– €; vgl. dazu Rn. 264), weil der Bedarf des Unterhaltspflichtigen durch die gemeinsame Haushaltsführung mit dem ebenfalls erwerbstätigen Ehegatten geringer ist.[92] Eine eingeschränkte Erwerbstätigkeit kann hingenommen werden, wenn der neue Ehegatte behindert, gleichwohl noch berufstätig ist, jedoch besonderer Zuwendung bedarf.[93] Ist ausnahmsweise die Aufgabenverteilung in der neuen Ehe hinzunehmen, so ist vom haushaltführenden Elternteil mindestens eine umfangreiche Nebentätigkeit zu verlangen, die es ihm erlaubt, für seine minderjährigen Kinder jedenfalls den Regelbetrag, also den Unterhalt nach der ersten Einkommensgruppe der Düsseldorfer Tabelle aufzubringen. 180

Die Erwerbsobliegenheit des Pflichtigen bleibt auch dann bestehen, wenn in der neuen Ehe ein oder mehrere **gleichrangige kleine Kinder** zu betreuen sind. Dies gilt grundsätzlich auch bei einem Säugling.[94] Allerdings wird es hier zunächst genügen, wenn der haushaltsführende Ehegatte das Erziehungsgeld für den Unterhalt des Kindes aus erster Ehe einsetzt (vgl. Rn. 177). Jedoch können die minderjährigen Kinder der früheren Familie nicht ohne weiteres verlangen, dass der ihnen zur Leistung verpflichtete Elternteil in gleichem Umfang wie bisher erwerbstätig bleibt. Derartige Konflikte sind nach Zumutbarkeitsgesichtspunkten zu lösen. Es ist zu prüfen, inwieweit dem Pflichtigen trotz einer ihm obliegenden Betreuung der Kinder aus zweiter Ehe zugemutet werden kann, einer Erwerbstätigkeit nachzugehen, aus deren Ertrag die Ansprüche der erstehelichen Kinder gedeckt 181

[88] OLG Nürnberg, FamRZ 1994, 1402; OLG Düsseldorf, FamRZ 1991, 592
[89] FamRZ 1998, 981
[90] BVerfG, FamRZ 1985, 143, 145 = NJW 1985, 1211
[91] Vgl. BGH, FamRZ 2001, 1065 mit Anm. Büttner = R 549b; FamRZ 1996, 796 = R 500a
[92] BGH, FamRZ 2002, 742 mit Anm. Büttner = R 576b; FamRZ 1998, 287 = R 518a
[93] Vgl. dazu BGH, FamRZ 1980, 43 = NJW 1980, 340, der aber für den Fall, dass minderjährige Kinder aus der neuen Ehe nicht vorhanden sind, nur von einer nicht völligen Entlastung vom Unterhalt gegenüber Kindern aus erster Ehe ausgeht
[94] BGH, FamRZ 1982, 25, 26 sub 2e = NJW 1982, 175, 176

werden können. Ist die Übernahme der Haushaltsführung und der Kinderbetreuung im Vergleich zur Erwerbstätigkeit in der früheren Ehe mit einem **Rollenwechsel** (vgl. dazu Rn. 172) verbunden, sind die Gründe, die dies rechtfertigen sollen, einer besonders restriktiven Prüfung zu unterziehen.[95] Kann die Rollenverteilung ausnahmsweise gebilligt werden, muss der Unterhaltspflichtige die Haushaltsführung und Betreuung der Kinder in der neuen Ehe auf das unbedingt notwendige Maß beschränken, damit er durch die Nebentätigkeit den Unterhaltsbedarf seiner unterhaltsberechtigten Kinder aus der früheren Ehe soweit wie möglich sicherstellen kann.[96] Zum Umfang der Erwerbsobliegenheit vgl. unten Rn. 186.

182 Dem barunterhaltspflichtigen Elternteil können neben seiner Hausmannsrolle **Teilzeitbeschäftigungen,**[97] Heimarbeit am Computer, häusliche Erledigung einfacher Lohnarbeiten,[98] Putztätigkeiten in den Abendstunden[99] und leichtere Arbeiten in einem fremden Haushalt,[100] auch eine zeitweise Tätigkeit als Nachtpförtner u. ä. zugemutet werden, selbst wenn er qualifiziert ausgebildet ist (z. B. als Amtmann).[101]

183 Der neue Ehegatte kann selbst bei einer förmlichen Vereinbarung über die Aufgabenverteilung in der Ehe im Verhältnis zu den minderjährigen Kindern aus der ersten Ehe nicht verlangen, dass der Pflichtige in der neuen Ehe unter Verzicht auf eine Erwerbstätigkeit nur die Haushaltsführung und Kinderbetreuung übernimmt. **Der zweite Ehegatte** ist vielmehr gehalten, dem Unterhaltspflichtigen durch eine **Teilübernahme häuslicher Aufgaben** die erforderliche Zeit und damit die Möglichkeit zu verschaffen, seine Arbeitskraft nicht vollständig für Mitglieder der neuen Familie, sondern auch für den Unterhalt minderjähriger Kinder aus der ersten Ehe zu verwenden.[102] Gegebenenfalls ist es dem Unterhaltspflichtigen zuzumuten, sich die Erwerbsmöglichkeit durch den Einsatz einer Hilfskraft zu verschaffen.[103] Freilich mindern die dadurch entstehenden Kosten das erzielbare Einkommen.

3. Bemessung der dem Verpflichteten anzurechnenden (fiktiven) Nebeneinkünfte

184 Ist die Rollenverteilung hinzunehmen (Rn. 180 f.) und erzielt der Verpflichtete **tatsächlich Nebeneinkünfte,** muss er sie für den Unterhalt der minderjährigen Kinder aus erster Ehe einsetzen. Dies gilt aber nur dann, wenn sein **eigener Bedarf** durch den vom zweiten Ehegatten gewährten Familienunterhalt gedeckt ist.[104] Der zweite Ehegatte muss also in der Lage sein, seinen Eigenbedarf, den Bedarf seines haushaltsführenden Partners, der Kindern aus erster Ehe unterhaltspflichtig ist, und den Bedarf minderjähriger Kinder aus der neuen Ehe aufzubringen. Wegen der Berechnung der konkurrierenden Ansprüche kann zunächst auf Rn. 3/64 ff. verwiesen werden. Jedoch sind hier Besonderheiten zu beachten. Der Eigenbedarf des zweiten Ehegatten, der ihm zu belassen ist, kann nicht aus §§ 1578, 1581 BGB entnommen werden, da nicht zu beurteilen ist, welcher Betrag dem zweiten Ehegatten gegenüber dem Unterhaltsberechtigten zu verbleiben hat, es vielmehr um das Konkurrenzverhältnis zwischen Unterhaltsberechtigten aus verschiedenen ehelichen oder auch nichtehelichen Verbindungen geht (vgl. Rn. 173 a). Daher sollte § 1603 I BGB mindestens entsprechend angewendet werden. Dies ist deshalb gerechtfertigt, weil der zweite Ehegatte zu den Kindern seines Partners aus erster Ehe (oder zu dessen nichtehelichen Kindern) in keinem Unterhaltsverhältnis steht und die Voraussetzungen des § 1603 II BGB daher nicht vorliegen. Der haushaltsführende Elternteil muss sich dagegen auf den notwendigen Selbstbehalt verweisen lassen. Die Selbstbehaltssätze können wegen der Ersparnis durch die

---

95 BGH, FamRZ 1996, 796 = R 500 a
96 BGH, FamRZ 1996, 796 = R 500 a
97 BGH, FamRZ 1980, 43 = NJW 1980, 340
98 BGH, FamRZ 1986, 668; FamRZ 1982, 25 = NJW 1982, 175
99 BGH, FamRZ 1987, 270
100 BGH, FamRZ 1986, 668
101 BGH, FamRZ 1982, 590
102 BGH, FamRZ 2001, 1065, 1066 mit Anm. Büttner = R 549 a
103 BGH, FamRZ 2001, 1065 mit Anm. Büttner = R 549 a; FamRZ 1996, 796 = R 500 a
104 BGH, FamRZ 2001, 1065, 1066 mit Anm. Büttner = R 549 a; BGH, FamRZ 2002, 742 mit Anm. Büttner = R 576 a

gemeinsame Haushaltsführung niedriger angesetzt werden, als in Anm. A 5 der Düsseldorfer Tabelle festgelegt. In der Regel wird man den Bedarf des erwerbstätigen zweiten Ehegatten in entsprechender Anwendung von Anm. A 5 II der Düsseldorfer Tabelle mit 1000,– € ansetzen, nicht dagegen mit dem notwendigen Selbstbehalt von 840,– €. Der verpflichtete Elternteil hat demgegenüber nach B VI der Düsseldorfer Tabelle nur einen notwendigen Selbstbehalt von 535,– oder 615,– €, da er mit seinem zweiten Ehemann zusammen lebt.[105] Damit wird der Ersparnis durch gemeinsame Haushaltsführung hinreichend Rechnung getragen (vgl. auch Rn. 163, 3/74, 5/228). Eine Berechnung des Familienunterhalts nach Quoten unter Berücksichtigung des Erwerbstätigenbonus scheidet aus.[106]

Für das eigene Kind hat der zweite Ehegatte mindestens den Richtsatz der ersten Einkommensgruppe der Tabelle aufzubringen, da der haushaltführende Partner diesem Kind gegenüber seine Unterhaltspflicht durch Betreuung erfüllt (§ 1606 III 2 BGB). Das Kindergeld für das Kind aus der neuen Verbindung ist nur für dieses Kind zu verwenden. Vgl. dazu Rn. 177. Es darf daher bei der Prüfung, ob der notwendige Selbstbehalt des haushaltsführenden Elternteils gewahrt ist, nicht berücksichtigt werden.

Das Einkommen des zweiten Ehegatten und der Ertrag der Nebentätigkeit des haushaltsführenden Elternteils sind zu addieren. Nach Abzug des Unterhalts für das Kind aus zweiter Ehe ist der verbliebene Betrag jedem Ehegatten zur Hälfte zuzuweisen.[107] Dies kommt allerdings nur in Betracht, wenn nach Teilung des Familieneinkommens für den zweiten Ehegatten mindestens der angemessene Selbstbehalt von 1000,– € verbleibt. Erst wenn das Einkommen der neuen Familie nach Abzug des Kindesunterhalts den angemessenen Selbstbehalt des zweiten Ehegatten und den notwendigen Selbstbehalt des pflichtigen Elternteils deckt, muss der Verpflichtete den Ertrag einer Nebentätigkeit jedenfalls teilweise für den Unterhalt des Kindes aus erster Ehe verwenden. Reicht das Einkommen des zweiten Ehegatten dagegen zur Deckung des Bedarfs der neuen Familie nicht aus, darf der haushaltsführende Partner sein Nebeneinkommen zunächst zur Deckung seines eigenen Bedarfs verwenden, bevor er Unterhalt an ein minderjähriges Kind aus seiner ersten Ehe zu zahlen hat.

Beispiel:
Das 10-jährige Kind K 1 aus erster Ehe wird vom Vater betreut. Die Mutter (M) ist wiederverheiratet und versorgt das 2-jährige Kind K 2 aus der neuen Ehe. Sie verdient durch eine zumutbare Nebentätigkeit am Wochenende 250,– €. Das Einkommen des zweiten Ehegatten beläuft sich auf 1300,– €. Die Rollenwahl ist hinzunehmen, da M bei vollschichtiger Tätigkeit nur 750,– €, also deutlich weniger als ihr Ehemann verdienen könnte (Rn. 181). Einkommen der neuen Familie ohne Kindergeld für K 2: 1550,– € abzüglich Kindesunterhalt K 2 von 199,– € (DT 1/1) = 1351,– €. Da bei Halbteilung dieses Betrages der angemessene Selbstbehalt des zweiten Ehemannes von 1000,– € gefährdet wäre, kann M hiervon nur ein Betrag von 351,– € zugewiesen werden. Dieser Betrag deckt nicht einmal ihren notwendigen Selbstbehalt und erlaubt daher die Zahlung von Kindesunterhalt nicht.

Unterlässt der Verpflichtete eine ihm mögliche und ihm zumutbare Erwerbstätigkeit, so 185
ist ihm ein **fiktives Einkommen** zuzurechnen. Dieses ist dann für die Beurteilung seiner Leistungsfähigkeit maßgebend.[108] Vgl. dazu Rn. 145.

Der BGH hat früher die Auffassung vertreten, dass die Erwerbsobliegenheit zu einem 186
Nebenerwerb nur so weit reiche, dass die Unterhaltsberechtigten aus der früheren Ehe nicht schlechter gestellt würden, als sie ständen, wenn der Verpflichtete erwerbstätig wäre.[109] Dann könne – jedenfalls bei Vorhandensein eines Kleinkindes in der zweiten Ehe – der neue Partner nicht ohne weiteres erwerbstätig sein und nicht zum Unterhalt der neuen Familie beitragen. Der Verpflichtete müsse dann von seinem früheren Erwerbseinkommen in der Regel auch die neue Familie unterhalten. Vor einer dadurch bedingten Schmälerung des Barunterhalts seien

[105] BGH, FamRZ 2003, 363 = R 584 c mit Anm. Scholz, FamRZ 2003, 514
[106] BGH, FamRZ 2002, 742 mit Anm. Büttner = R 576 a, b; vgl. auch BGH, FamRZ 2001, 21
[107] BGH, FamRZ 2002, 742 mit Anm. Büttner = R 576 a, b; vgl. auch BGH, FamRZ 2003, 860 = R 590 A j
[108] BGH, FamRZ 2001, 1065, 1067 mit Anm. Büttner = R 549 b; BVerfG, FamRZ 1985, 143, 145 = NJW 1985, 1211
[109] BGH, FamRZ 1987, 472, 474 = NJW 1987, 1549, 1551; BGH, NJW 1985, 318

die Berechtigten aus der früheren Ehe nicht geschützt. Die Obergrenze fiktiver Einkünfte sei hypothetisch danach zu bestimmen, wie der Unterhaltsanspruch bestehen würde, wenn der „Hausmann" voll erwerbstätig geblieben wäre und von seinem Einkommen die alte und die neue Familie zu unterhalten hätte.[110] Von dieser Ansicht ist der BGH inzwischen abgerückt.[111] Die jetzige Rechtsprechung des BGH ist wie folgt zusammen zu fassen: Die **Wiederverheiratung** des unterhaltspflichtigen Elternteils kann dazu führen, dass sich das ersteheliche Kind als Folge des Hinzutritts weiterer minderjähriger Kinder aus der neuen Ehe eine **Schmälerung seines Unterhalts** gefallen lassen muss. Konkurrieren dagegen zwei unterhaltsberechtigte Ehegatten, ist der Bedarf des zweiten Ehegatten nicht zu berücksichtigen, wenn dieser – wie in der Regel – im Range nachgeht (§ 1582 BGB).[112] Andererseits kann sich die Wiederverheiratung auch zum **Vorteil** des Kindes aus erster Ehe auswirken. Das Gesetz stellt in § 1603 BGB auf die tatsächlichen Verhältnisse des Unterhaltspflichtigen ab und bemisst die Unterhaltspflicht danach, ob und inwieweit er imstande ist, den begehrten Unterhalt ohne Gefährdung seines eigenen Bedarfs zu zahlen. Daher ist die Sicherstellung des eigenen Unterhalts des dem Kind verpflichteten Elternteils in der neuen Ehe zu berücksichtigen. In derartigen Fällen kommt es also nicht darauf an, welches fiktive Einkommen der unterhaltspflichtige Elternteil aus einer Vollzeittätigkeit erzielen und ob er aus diesen fiktiven Einkünften den Unterhalt aller Berechtigten sicherstellen könnte, sondern allein darauf, ob sein notwendiger Selbstbehalt durch das Ehemannes ganz oder teilweise gewährleistet wird und ob dem gemäß die Einkünfte des Pflichtigen die aus einer ihm möglichen und zumutbaren Nebentätigkeit die Zahlung von Kindesunterhalt erlauben.[113]

Ist durch den Unterhalt des zweiten Ehegatten und durch den Ertrag der Nebentätigkeit der notwendige, aber nicht der angemessene Selbstbehalt des haushaltsführenden Elternteils gedeckt, ist zu prüfen, ob der **frühere Ehegatte als anderer unterhaltspflichtiger Verwandter** in der Lage ist, neben der Betreuung des Kindes auch dessen Barunterhalt ganz oder teilweise sicherzustellen (§ 1603 II 2 BGB).[114] Vgl. dazu Rn. 175 und zur Problematik des § 1603 II 2 BGB Rn. 271 f., 274 ff.

4. Unterhaltspflicht des haushaltführenden Elternteils gegenüber einem volljährigen Kind

187 Die bisher dargestellten Grundsätze gelten nicht nur gegenüber minderjährigen Kindern, sondern – wie bereits Rn. 173 erwähnt – auch gegenüber (nicht verheirateten) **privilegiert volljährigen Kindern** bis zur Vollendung des 21. Lebensjahres, solange diese im Haushalt der Eltern oder eines Elternteils leben und sich in der allgemeinen Schulausbildung befinden. Diese Kinder haben denselben Rang wie minderjährige Kinder und wie der Ehegatte (§ 1609 I BGB); vgl. dazu Rn. 452 ff.

187 a Die Hausmannsrechtsprechung kann dagegen nicht ohne weiteres auf **Unterhaltsansprüche anderer volljähriger Kinder** angewendet werden, auch wenn diese ihre Ausbildung noch nicht abgeschlossen haben. Es handelt sich hier um Kinder, die entweder bereits das 21. Lebensjahr vollendet, als 18-20-Jährige bereits das Elternhaus verlassen haben oder sich nicht mehr in der allgemeinen Schulausbildung befinden, sondern z. B. bereits in einem Lehrverhältnis stehen, studieren oder eine berufsbezogene Fachschule besuchen. Vgl. dazu Rn. 452 ff. Diese volljährigen Kinder sind gegenüber minderjährigen und privilegiert volljährigen Kindern sowie gegenüber dem Ehegatten nachrangig (§ 1609 I, II BGB). Ein Elternteil kann sich ihnen gegenüber grundsätzlich darauf berufen, dass er wegen Übernahme der häuslichen Aufgaben in seiner zweiten Ehe zu Unterhaltsleistungen ohne Gefährdung des eigenen Unterhalts nicht in der Lage ist (§ 1603 I BGB). Seine Unterhaltspflicht beginnt regelmäßig erst bei Einkünften oberhalb des angemessenen Selbstbehalts. Dieser beträgt nach den meisten Tabellen und Leitlinien im alten Bundesgebiet derzeit 1000,– €

[110] BGH, FamRZ 1987, 472, 474 = NJW 1987, 1549, 1551; NJW 1985, 318
[111] BGH, FamRZ 2001, 1065, 1067 mit Anm. Büttner = R 549 c
[112] BGH, FamRZ 1996, 796, 798 = NJW 1996, 1815, 1817 = R 500 b
[113] BGH, FamRZ 2001, 1065, 1067 mit Anm. Büttner = R 549 c
[114] BGH, FamRZ 2002, 742 mit Anm. Büttner = R 576 c

(vgl. dazu Rn. 417 ff.; zu den Sätzen im Beitrittsgebiet vgl. Rn. 420). Bis zu dieser Höhe müssen dem unterhaltspflichtigen Elternteil die Einkünfte zur Deckung seines eigenen Lebensbedarfs verbleiben. Soweit er allerdings das Einkommen nicht benötigt, weil sein angemessener Bedarf durch den vom neuen Partner geleisteten **Familienunterhalt** (§§ 1360, 1360 a BGB) gesichert ist, hat er die Einkünfte auch Volljährigen gegenüber für Unterhaltszwecke zu verwenden.[115] Vgl. dazu auch Rn. 189.

Zu unterscheiden sind danach folgende Fallgruppen:

- Der wiederverheiratete **Elternteil** ist neben der Haushaltsführung in geringem Umfang **erwerbstätig** und erzielt daraus effektiv Einkünfte. Diese Nebentätigkeit kann im Verhältnis zum volljährigen Kind aus erster Ehe überobligationsmäßig sein, vor allem wenn er ein minderjähriges Kind aus der zweiten Ehe betreut, das dem Grundschulalter noch nicht entwachsen ist. Das in dieser Weise erzielte Einkommen ist nur nach Maßgabe von Treu und Glauben anzurechnen.[116] Vgl. Rn. 189. Stammt das Einkommen nicht aus überobligationsmäßiger Tätigkeit, ist es zwar voll für die Unterhaltsberechnung anzurechnen. Es steht aber für den Unterhalt des volljährigen Kindes nur dann zur Verfügung, wenn die Einkünfte des zweiten Ehegatten so auskömmlich sind, dass er daraus den angemessenen Bedarf des Elternteils im Sinne des § 1603 I BGB decken kann. Eine Unterhaltspflicht scheidet dagegen aus, wenn dies nicht der Fall ist und der Elternteil daher sein Nebeneinkommen für seinen eigenen Bedarf benötigt.[117] Vgl. auch zur ähnlichen Problematik der Unterhaltspflicht gegenüber den Eltern Rn. 645. 188
  Der Bedarf des zweiten Ehemannes ist mit mindestens 1000,– € anzusetzen (vgl. Rn. 184), der Bedarf des unterhaltspflichtigen Elternteils wegen Zusammenlebens mit seinem neuen Partner nur mit 750,– € (vgl. dazu Rn. 3/70), der Bedarf eines minderjährigen Kindes aus zweiter Ehe, dessen Barunterhalt der zweite Ehemann sicherzustellen hat (§ 1606 III 2 BGB), mit den Richtsätzen der Düsseldorfer Tabelle. Vgl. auch Rn. 184.
- Der wiederverheiratete Ehegatte führt nur den Haushalt, erzielt daher **keine Einkünfte.** 189
  Dann kommt es darauf an, ob er trotz der in der neuen Ehe übernommenen Aufgaben zu einer Nebentätigkeit gegenüber dem volljährigen Kind verpflichtet ist. Eine Erwerbsobliegenheit ist schon wegen des Vorrangs des Minderjährigenunterhalts (§ 1609 I BGB), der auch durch Betreuung erbracht werden kann (Rn. 10), in der Regel zu verneinen, wenn der wiederverheiratete Elternteil ein Kleinkind aus der zweiten Ehe betreut. Ich halte es dagegen nicht für richtig, dem Anspruch des zweiten Ehegatten einen unbeschränkten Vorrang in der Art einzuräumen, dass der einem volljährigen Kind barunterhaltspflichtige Elternteil sich in jedem Fall nur auf die Haushaltsführung beschränken darf. Vielmehr lässt sich die Führung eines kinderlosen Haushalts oder eines Haushalts mit einem Kind, das eine weiterführende Schule besucht, mindestens mit einer teilschichtigen Erwerbstätigkeit oder einer Aushilfsarbeit vereinbaren, wie die Praxis zahlreicher Ehepaare belegt. Das Recht der in zweiter Ehe verheirateten Partner, nach § 1356 BGB zu bestimmen, dass einer von ihnen sich allein auf die Haushaltsführung beschränkt, wird durch den Unterhaltsanspruch des volljährigen Kindes eingeschränkt. Dem entspricht m. E. auch die Auffassung des BGH,[118] der eine Unterhaltspflicht des haushaltführenden Elternteils auf Grund eines Einkommens aus einer Nebentätigkeit für möglich hält, wenn der zweite Ehegatte durch auskömmlichen Familienunterhalt den angemessenen Unterhalt des Elternteils sicherstellt. Vgl. oben Rn. 187.
  Inwieweit einem Ehegatten, der in der neuen Ehe den Haushalt führt, aber nicht für ein Grundschulkind sorgt, im Verhältnis zu einem volljährigen Kind aus erster Ehe eine (teilschichtige) Erwerbstätigkeit zugemutet werden kann, ist nach den Maßstäben des § 1574 II BGB (analog) zu beurteilen.[119] Danach ist entscheidend, ob eine berufliche Tätigkeit seiner Ausbildung, seinen Fähigkeiten, seinem Lebensalter und seinem Gesundheitszustand sowie den ehelichen Lebensverhältnissen entspricht; dabei sind auch die

---

[115] BGH, FamRZ 1987, 472; vgl. auch BGH, FamRZ 1986, 553 = R 276 c
[116] BGH, FamRZ 1987, 472
[117] BGH, FamRZ 1987, 472; vgl. auch BGH, FamRZ 2002, 742 mit Anm. Büttner = R 576 a, b
[118] BGH, FamRZ 1987, 472; vgl. auch BGH, FamRZ 2002, 742 mit Anm. Büttner = R 576 a
[119] BGH, FamRZ 1980, 555; OLG Hamburg, FamRZ 1998, 41

Dauer beider Ehen sowie die Dauer der Pflege und Erziehung minderjähriger Kinder zu berücksichtigen. Ist das in der zweiten Ehe zu betreuende Kind dem Grundschulalter bereits entwachsen oder ist die zweite Ehe kinderlos, kann eine Teilzeitarbeit zumutbar sein. Zu bedenken ist allerdings, dass einem Elternteil, der Jahrzehnte den Haushalt geführt hat, in vielen Fällen nicht zugemutet werden kann, in vorgerücktem Alter in das Erwerbsleben zurückzukehren und mit dem Ertrag einer Nebentätigkeit zum Unterhalt eines volljährigen Kindes beizutragen.

Beispiel:
Einkommen der wiederverheirateten Mutter (M), die ein zweijähriges Kind aus ihrer zweiten Ehe (K 2) betreut, 300,– €. Ein volljähriges, auswärts studierendes Kind aus erster Ehe (K 1) verlangt Unterhalt. Der Vater des Kindes ist arbeitslos und daher nicht leistungsfähig. Das Kindergeld von 154,– € erhält K 1 (§ 74 I EStG).
Einkommen des zweiten Ehemannes 1800,– €; Unterhalt für K 2 nach seinem Einkommen 241,– € (DT 4/1). Kindergeld für K 2: 154,– €. Einkommen der Eheleute also 2100,– € – 241,– € (Unterhalt für K 2) = 1859,– €. Das Kindergeld wird nicht berücksichtigt (vgl. § 1612 b IV BGB).
Bedarf des zweiten Ehemannes 1000,– €, der M 750,– €, insgesamt also 1750,– €. Bedarf K 1 nach DT Anm. A 7 II 600,– €.
Von dem Familieneinkommen von 1859,– € bleiben nach Abzug der Selbstbehaltssätze von 1750,– € nur 109,– € für den Unterhalt von K 1 übrig.

189 a Verfügt der andere Elternteil des volljährigen Kindes über Einkommen, wird eine Unterhaltspflicht des wiederverheirateten Elternteils, der nur ein Kind aus der neuen Verbindung betreut, vielfach ausscheiden. Im Übrigen ist bei der Verteilung der Unterhaltslast § 1606 III 1 BGB zu beachten. Der sich auf Grund der Einkommensverhältnisse ergebende Verteilungsschlüssel kann wertend verändert werden.[120] Vgl. dazu Rn. 450.

5. Hausmannsrechtsprechung bei Übernahme der Haushaltsführung in einer nichtehelichen Lebensgemeinschaft

190 Eindeutig ist, dass sich ein Elternteil, der für ein minderjähriges Kind barunterhaltspflichtig ist und erwerbstätig sein könnte, **nicht allein durch Übernahme der Haushaltsführung** in einer nichtehelichen Lebensgemeinschaft der Unterhaltspflicht gegenüber dem Kind entziehen kann.

Dieser Grundsatz gilt auch, wenn **aus der Lebensgemeinschaft** ein **Kind** hervorgegangen ist. Auch wenn die Mutter das Kind allein betreuen muss, z. B. weil ihr Partner einen mit weiten Reisen verbundenen Beruf ausübt, muss sie grundsätzlich einer Erwerbstätigkeit nachgehen, um den Unterhalt für das beim Vater lebende Kind aus ihrer früheren Ehe zahlen zu können. Allerdings wird sie vielfach nicht oder nur eingeschränkt leistungsfähig sein, weil ihr Einkommen zunächst um die Kosten für die Betreuung des Kindes während ihrer Erwerbstätigkeit zu bereinigen ist (vgl. dazu Rn. 166).

191 Steht der Lebenspartner der Mutter dagegen für eine Mitbetreuung des nichtehelichen Kindes zur Verfügung, stellt sich die Frage, ob die Grundsätze der **Hausmannsrechtsprechung** auch im Rahmen einer **nichtehelichen Lebensgemeinschaft** anzuwenden sind. Dies hat der BGH [121] im Gegensatz zu im Schrifttum vertretenen Ansichten[122] zunächst verneint, weil der Lebensgefährte nicht verpflichtet sei, auf finanzielle Belastungen der Mutter in irgendeiner Form Rücksicht zu nehmen. Im Hinblick auf die Änderungen des Kindschafts- und des Kindesunterhaltsrechts zum 1. 7. 1998 und den Widerspruch in Rechtsprechung und Schrifttum hat der BGH diese mit dem Rechtsgefühl nicht zu vereinbarende Auffassunginzwischen aufgegeben.[123] Zwar ist der Lebensgefährte als solcher nicht wie der Ehegatte zur ehelichen Lebensgemeinschaft verpflichtet und daher nicht ohne weiteres gehalten, seiner

[120] OLG Hamm, FamRZ 1997, 835
[121] FamRZ 1995, 598
[122] Schwab/Borth, Scheidungsrecht, 4. Aufl., V Rn. 141; so auch die Vorauflage an dieser Stelle
[123] BGH, FamRZ 2001, 614 mit Anm. Büttner = R 556 b; dort auch umfangreiche Hinweise auf Rechtsprechung und Schrifttum

Partnerin durch Teilbetreuung des gemeinsamen Kindes eine (teilschichtige) Erwerbstätigkeit zu ermöglichen. Er ist aber zugleich Vater des gemeinsamen Kindes, dessen Betreuung die Mutter an der Erfüllung ihrer Unterhaltspflichten gegenüber dem Kind aus ihrer früheren Ehe oder ihrer früheren Partnerschaft hindert. Die Zeit, in der man die Auffassung vertreten konnte, dass zwischen nicht miteinander verheirateten Eltern keine Rechtsbeziehungen bestehen, gehört der Vergangenheit an. Nach § 1615 l II 3 BGB ist der Vater eines nichtehelichen Kindes der Mutter bis zum dritten Geburtstag des Kindes, in Ausnahmefällen auch darüber hinaus, zum Unterhalt verpflichtet (vgl. dazu Rn. 52 und 6/761 ff.). Er kann seit dem 1. 7. 1998 im Einverständnis mit der Mutter zusammen mit ihr die gemeinsame elterliche Sorge ausüben (§ 1626 a I Nr. 1 BGB). Er hat wie ein mit der Mutter verheirateter Vater ein Recht auf Umgang mit dem Kind (§ 1684 BGB). Auch wenn es nicht zur gemeinsamen elterlichen Sorge kommt, kümmert sich der Kindesvater, der mit der Mutter zusammenlebt, in aller Regel mit um die Erziehung und Versorgung des Kindes, zumal viele Väter – im Gegensatz zu den Gepflogenheiten früherer Zeiten – am Wohl ihrer nichtehelichen Kinder sehr interessiert sind und häufig Lebensgemeinschaften die Vorstufe zur Ehe sind. Dazu ist er im Übrigen dem Kind gegenüber nach § 1618 a BGB verpflichtet.[124]

Man wird jedenfalls nach der Gleichstellung der ehelichen und der nichtehelichen Kinder **192**
und nach der Stärkung der Rechte des Vaters des nichtehelichen Kindes durch das Kind UG **§ 1618 a BGB** nicht auf das Verhältnis zwischen den Eltern einerseits und den Kindern andererseits beschränken dürfen. Zu Recht leitet man auch bisher aus dieser Vorschrift Pflichten der Geschwister untereinander her.[125] Es bestehen daher jedenfalls seit dem 1. 7. 1998 keine Bedenken, mit Hilfe des § 1618 a BGB auch Rechte und Pflichten der Eltern untereinander zu begründen, wenn sich diese (bei verheirateten Eltern) nicht ohnehin aus § 1353 BGB ergeben. Die Beziehungen zwischen den Eltern auf das Eherecht zu beschränken,[126] wird den heutigen gesellschaftlichen Gegebenheiten nicht mehr gerecht. Freilich wird bei Zusammenleben mehr Beistand und Rücksicht gefordert, als wenn die nicht verheirateten Eltern nie einen gemeinsamen Haushalt geführt oder als wenn sie sich nach zeitweiser Lebensgemeinschaft wieder getrennt haben. Was an Beistand und Rücksicht gefordert ist, richtet sich nach den konkreten Beziehungen.[127] Zu Recht weist der BGH[128] darauf hin, dass zwischen den nicht verheirateten Eltern eine dem § 1356 BGB entsprechende Situation besteht. Jedenfalls dann, wenn der nichteheliche Vater im Einvernehmen mit der Mutter einen Teil der Erziehungsaufgaben übernimmt, ist er verpflichtet, für die Mutter einzuspringen, wenn und soweit diese zur Erfüllung ihrer Unterhaltspflicht gegenüber einem Kind aus erster Ehe einer teilschichtigen Erwerbstätigkeit nachgehen muss. Der Umstand, dass er nicht zur Übernahme dieser Teilbetreuung gezwungen werden kann, ist unerheblich. Auch in der Ehe sind Betreuungspflichten gegenüber dem Kind nicht einklagbar. Es ist Aufgabe der Mutter, die auf Unterhalt für ein Kind aus ihrer früheren Ehe in Anspruch genommen wird, die Haushaltsführung und Kinderbetreuung mit Hilfe ihres Lebensgefährten so zu organisieren, dass sie durch Nebenarbeit zum Unterhalt eines Kindes aus ihrer früheren Ehe beitragen kann. Sie hat darzulegen und zu beweisen, dass sie dazu nicht in der Lage ist und dass ihr Lebensgefährte aus wichtigen Gründen,[129] z. B. wegen einer Behinderung oder wegen ungewöhnlicher beruflicher Beanspruchung, zu der eine normale 40-Stunden-Woche nicht ausreicht, die Übernahme häuslicher Aufgaben ablehnt.[130]

Dies alles gilt entsprechend, wenn nicht die Mutter, sondern der **Vater** des nichtehelichen Kindes dessen **Betreuung** und die Führung des Haushalts übernimmt.[131]

---

[124] Es war schon nach dem bis 30. 6. 1998 geltenden Recht weitgehend anerkannt, dass § 1618 a BGB auch das Verhältnis des nichtehelichen Kindes zu seinem Vater betrifft. Vgl. dazu Staudinger/Coester, § 1618 a BGB Rn. 21

[125] MüKo/v. Sachsen-Gesaphe, § 1618 a Rn. 54; Staudinger/Coester, § 1618 a Rn. 24

[126] So anscheinend Staudinger/Coester, § 1618 a Rn. 25

[127] So mit Recht Staudinger/Coester, § 1618 a Rn. 21 für das Verhältnis des nichtehelichen Kindes zu seinem Vater

[128] FamRZ 2001, 614 mit Anm. Büttner = R 556 b, c

[129] OLG Oldenburg, FamRZ 1991, 1090

[130] Anders OLG Hamm, FamRZ 1998, 1250

[131] BGH, FamRZ 2001, 614 mit Anm. Büttner = R 556 b

5. Abschnitt: Der Unterhaltsanspruch minderjähriger Kinder

I. Besonderheiten beim Unterhalt minderjähriger Kinder

193 Der Unterhalt minderjähriger und volljähriger Kinder beruht auf derselben Anspruchsgrundlage. Minderjährigen- und Volljährigenunterhalt sind daher **identisch**[1] (vgl. Rn. 17). Der Unterhaltsanspruch des Minderjährigen besteht nach Eintritt der Volljährigkeit – wenn auch mit Modifikationen (vgl. dazu die Übersicht Rn. 330 ff.) – fort. Das minderjährige Kind wird gegenüber dem volljährigen in etlichen Punkten begünstigt.

194 • Während bei volljährigen Kindern die Bedürftigkeit besonderer Begründung bedarf (z. B. Fortdauer einer Berufsausbildung), sind minderjährige Kinder – bis auf seltene Ausnahmen – **bedürftig,** da sie entweder eine Schule (zum Schulsystem vgl. Rn. 457 ff.) besuchen oder für einen Beruf ausgebildet werden und daher nicht in der Lage sind, sich selbst zu unterhalten (vgl. Rn. 43).

195 • Der **Bedarf** des minderjährigen Kindes richtet sich nach den Lebensverhältnissen der Eltern (vgl. Rn. 108). Er wird von der ganz einhelligen Praxis entsprechend dem Alter der Kinder und dem Einkommen des barunterhaltspflichtigen Elternteils **nach Unterhaltstabellen,** insbesondere der Düsseldorfer Tabelle (vgl. Rn. 209 ff.), in den neuen Bundesländern nach Vortabellen zur Düsseldorfer Tabelle (vgl. Rn. 210 a), bemessen. Der Unterhalt erhöht sich ausnahmsweise um etwaigen Mehrbedarf (vgl. Rn. 133 ff., 317 ff.) oder Sonderbedarf (vgl. Rn. 133, 138 ff., 6/1 ff.).

196 • Auch beim minderjährigen Kind wird die Unterhaltspflicht der Eltern durch deren **Leistungsfähigkeit** beschränkt. Ein barunterhaltspflichtiger Elternteil braucht grundsätzlich keinen Unterhalt zu leisten, wenn dadurch sein eigener angemessener Unterhalt gefährdet ist (§ 1603 I BGB). Dieser Grundsatz wird allerdings – vor allem für Unterhaltspflichtige, die in engen wirtschaftlichen Verhältnissen leben – weitgehend außer Kraft gesetzt. Die Eltern trifft, wenn kein anderer unterhaltspflichtiger Verwandter vorhanden ist, nach § 1603 II 1 BGB eine **gesteigerte Unterhaltspflicht** (vgl. Rn. 247 ff.). Ihnen verbleibt dann nur der sog. notwendige Selbstbehalt (vgl. Rn. 260 ff., 263 ff.). Dies gilt auch für die Haftung der Eltern gegenüber privilegiert volljährigen Kindern (Rn. 452 ff.).

197 • Der Unterhalt des minderjährigen Kindes kann **dynamisiert** und in einem bestimmten Prozentsatz des jeweiligen Regelbetrages ausgedrückt werden (§ 1612 a I BGB). Vgl. dazu im Einzelnen Rn. 246 a ff.

198 • Der Elternteil, der ein gemeinsames minderjähriges Kind **betreut,** erfüllt dadurch in der Regel seine Unterhaltspflicht (§ 1606 III 2 BGB) und ist daher nicht zur Leistung von Barunterhalt verpflichtet (vgl. Rn. 11). Eine Barunterhaltspflicht beider Eltern besteht bei minderjährigen Kindern nur ausnahmsweise (vgl. Rn. 289). Das **Bestimmungsrecht** nach § 1612 II 1 BGB steht bei gemeinsamer Sorge beiden Eltern zu, bei alleiniger elterlicher Sorge dem sorgeberechtigten Elternteil (vgl. Rn. 27 f.).

199 • Der Unterhaltsanspruch des minderjährigen Kindes ist mit dem des Ehegatten gleichrangig und **geht dem Anspruch des volljährigen Kindes vor.** Privilegiert volljährige Kinder im Sinne des § 1603 II 2 BGB, also nicht verheiratete Kinder bis zur Vollendung des 21. Lebensjahres, die bei den Eltern oder bei einem Elternteil leben und sich in der allgemeinen Schulausbildung befinden, stehen rangmäßig minderjährigen Kindern gleich (§ 1609 BGB). Vgl. dazu Rn. 454 ff.

200 • **Eigenes Einkommen des Kindes,** insbesondere eine Ausbildungsvergütung, wird sowohl auf den Barunterhalt als auch auf den Betreuungsunterhalt angerechnet, und zwar in der Regel je zur Hälfte (vgl. Rn. 96 ff., 286). **Kindergeld** ist kein Einkommen des Kindes. Es steht den Eltern zu und ist im Zweifel hälftig mit dem Kindesunterhalt zu verrechnen (§ 1612 b I BGB). Die Anrechnung unterbleibt jedoch, soweit der Unter-

---

[1] BGH, FamRZ 1994, 696 = R 477 a

haltspflichtige außer Stande ist, Unterhalt in Höhe von 135% des Regelbetrages zu zahlen (§ 1612 b V BGB). Vgl. dazu Rn. 497 ff., 500 ff., 509 ff.

- Der Unterhaltsanspruch eines minderjährigen Kindes kann grundsätzlich **nicht verwirkt** 201 werden. Nur Fehlverhalten eines minderjährigen verheirateten Kindes kann zu einer Herabsetzung oder einem Ausschluss des Unterhalts führen (§ 1611 II BGB; vgl. Rn. 479).
- Der Unterhalt eines Kindes als Minderjähriger **endet** mit dem Tag des Eintritts der 202 Volljährigkeit, nicht erst am Monatsende.[2] Dies ist seit dem 1. 7. 1998 nicht mehr zweifelsfrei, weil nach § 1612 a III 2 BGB der Regelbetrag einer höheren Altersstufe ab dem Ersten des Monats zu zahlen ist, in dem das Kind das betreffende Lebensjahr vollendet. Es liegt nahe, diese Vorschrift analog heranzuziehen und das Ende des Minderjährigenunterhalts auf den Letzten des Monats vor dem 18. Geburtstag festzulegen. Dagegen spricht jedoch, dass der Unterhalt des volljährigen Kindes, wenn es sich nicht um ein privilegiert volljähriges Kind handelt (vgl. Rn. 454 ff.), an andere und schwerer zu erfüllende Voraussetzungen geknüpft ist als der Minderjährigenunterhalt (höherer Selbstbehalt; Unanwendbarkeit des § 1606 III BGB, Nachrangigkeit). Deshalb sollte weiterhin auf den Tag abgestellt werden, an dem die Volljährigkeit eintritt. Vgl. auch Rn. 20, 218, 340.

II. Grundsätze der Bemessung des Bedarfs minderjähriger Kinder

1. Der Unterhalt des nichtehelichen Kindes bis zum 30. 6. 1998

Das eheliche und das nichteheliche Kind wurden bis zum 30. 6. 1998 bei der Bemessung 203 des Unterhaltsbedarfs nicht gleich behandelt. Der Gesetzgeber ordnete zwar in § 1615 a BGB a. F. die Anwendung der für eheliche Kinder geltenden Vorschriften der §§ 1601 ff. BGB an, sah sich aber in § 1615 c BGB a. F. zu der Regelung veranlasst, dass bei der Bemessung des Unterhalts des nichtehelichen Kindes die Lebensstellung beider Eltern zu berücksichtigen sei. Diese Vorschrift wurde teilweise dahin verstanden, dass auf den Mittelwert der Einkünfte der Eltern abzustellen sei, teilweise wurde wie beim ehelichen Kind das Einkommen des allein barunterhaltspflichtigen Vaters für maßgebend gehalten.[3] Nach § 1615 f BGB a. F. hatte der Vater des nichtehelichen Kindes mindestens den Regelunterhalt zu zahlen. Dieser wurde in § 1615 f I 2 BGB a. F. definiert als der zum Unterhalt eines Kindes, das sich in der Pflege seiner Mutter befindet, bei einfacher Lebenshaltung im Regelfall erforderliche Betrag. Der Vater konnte mit der Klage auf Zahlung des Regelunterhalts in Anspruch genommen werden; die Angabe eines bestimmten Betrages war nicht erforderlich (§ 642 ZPO a. F.). Bei höherem Einkommen des Vaters konnte das Kind einen Zuschlag zum Regelunterhalt verlangen; bei unzureichender Leistungsfähigkeit war ein Abschlag festzusetzen (§ 642 d ZPO a. F., § 1615 h BGB a. F.). Der Regelunterhalt wurde durch die Verordnung zur Berechnung des Regelunterhalts vom 27. 6. 1970[4] bestimmt, die in regelmäßigen Abständen an die Lohn- und Preisentwicklung angepasst wurde, zuletzt zum 1. 1. 1996.[5]

Der Regelbedarf eines minderjährigen Kindes war nach § 1610 III 1 BGB a. F. zugleich der Mindestbedarf eines ehelichen Kindes, das in den Haushalt eines geschiedenen Elternteils aufgenommen war und vom anderen Elternteil Unterhalt verlangte. Dieser Mindestbedarf (= Regelunterhalt) war der Unterhalt, der in der ersten Einkommensgruppe der Düsseldorfer Tabelle ausgewiesen war. Die Tabelle war gleichwohl bis zum 30. 6. 1998 nicht unmittelbar auf nichteheliche Kinder anwendbar, da deren Unterhalt, wie dargelegt, nach anderen Grundsätzen als der Unterhalt ehelicher Kinder zu bemessen war. Allerdings wurde

---

[2] BGH, FamRZ 1988, 604

[3] Göppinger/Maurer, Unterhaltsrecht, 6. Aufl., Rn. 809 ff. mit weiteren Nachweisen

[4] BGBl. 1970 I 1010

[5] Art. 2 der VO über die Anpassung und Erhöhung von Unterhaltsrenten für Minderjährige vom 25. 9. 1995 – BGBl. I 1190 = FamRZ 1995, 1327

vielfach die Düsseldorfer Tabelle als Anhaltspunkt für die Bemessung des Unterhalts des nichtehelichen Kindes herangezogen.

2. Die Bedarfsbemessung bei ehelichen und nichtehelichen Kindern seit dem 1. 7. 1998

204 Zum 1. 7. 1998 wurden zunächst durch das Kindschaftsrechtsreformgesetz[6] die ehelichen und die nichtehelichen Kinder in ihrem Status gleichgestellt (§§ 1591 ff., 1626 ff. BGB n. F.). Auch das Verfahrensrecht wurde vereinheitlicht. Alle Streitigkeiten, die den Status und den Unterhalt ehelicher und nichtehelicher Kinder betreffen, sind nunmehr von den Familiengerichten, im zweiten Rechtszug von den Familiensenaten der Oberlandesgerichte zu entscheiden (§§ 23 b, 119 I Nr. 1 GVG).

Auf dem Gebiet des Unterhaltsrechts wurden **die Unterschiede zwischen ehelichen und nichtehelichen Kindern durch das Kindesunterhaltsgesetz**[7] fast vollständig beseitigt. Vgl. dazu Rn. 1 b. Der Unterhalt des minderjährigen Kindes richtet sich seit dem 1. 7. 1998 nach der Lebensstellung der Eltern (Rn. 108), mögen diese miteinander verheiratet sein, sich getrennt haben, geschieden sein, in nichtehelicher Lebensgemeinschaft verbunden sein oder nie miteinander zusammengelebt haben. Bei verheirateten oder nicht verheirateten Eltern, die mit ihren gemeinsamen Kindern zusammenleben, stellt sich die Frage, ob sie ihnen unterhaltspflichtig sind, in der Praxis kaum. Zur entsprechenden Problematik beim Familienunterhalt vgl. Rn. 3/10. Leben dagegen die Eltern getrennt, so erfüllt derjenige, der das Kind betreut, seine Unterhaltspflicht durch Pflege und Erziehung (§ 1606 III 2 BGB). Für den Barunterhalt hat grundsätzlich allein der andere Elternteil aufzukommen (Rn. 11). Seine Lebensstellung, also seine Einkommens- und Vermögensverhältnisse, bestimmen den Bedarf des Kindes (Rn. 118). Entscheidend für die Höhe des Kindesunterhalts ist daher in der Regel das Einkommen des barunterhaltspflichtigen Elternteils. Die verfahrensrechtlichen Vorschriften über den Regelunterhalt nichtehelicher Kinder (§§ 642 ff. ZPO a. F.) wurden durch das KindUG aufgehoben und durch einen neuen „Abschnitt 6 – Verfahren über den Unterhalt" ersetzt;[8] damit entfällt die Bemessung des Unterhalts nichtehelicher Kinder durch Zuschläge oder Abschläge beim Regelunterhalt (§ 642 d ZPO a. F.).

Demgemäß rechtfertigt das Gesetz eine unterschiedliche Bemessung des Unterhalts ehelicher und nichtehelicher Kinder nicht mehr. Der Bedarf des nichtehelichen Kindes und die Leistungsfähigkeit seiner Eltern richten sich künftig ausschließlich nach §§ 1601 ff. BGB.

205 Der Bedarf des ehelichen wie des nichtehelichen Kindes ist nach den individuellen Verhältnissen, also nach dem Einkommen des barunterhaltspflichtigen Elternteils zu bemessen. Dies geschieht üblicherweise mit Hilfe der **Düsseldorfer Tabelle.** Vgl. dazu Rn. 207. Der so ermittelte Unterhalt kann vom Kind wie bisher beziffert und damit als **statischer** Geldbetrag gefordert und ggf. eingeklagt werden. Aus dem früheren Recht des nichtehelichen Kindes (§§ 642 ff. ZPO a. F.) hat das Gesetz aber die Möglichkeit übernommen, den Unterhalt nach einem durch Rechtsverordnung in bestimmten Abständen anzupassenden, also **dynamischen Betrag** zu bemessen. Vgl. dazu Rn. 246 a ff. Dieses Recht haben nunmehr alle minderjährigen Kinder, die mit dem barunterhaltspflichtigen Elternteil nicht in einem Haushalt leben (§ 1612 a I BGB). Das Gesetz verwendet jedoch nicht mehr den Begriff „Regelunterhalt", sondern den Ausdruck **„Regelbetrag".** Damit soll klargestellt werden, dass die Regelbeträge nicht bedarfsdeckend sind, sondern deutlich hinter dem Existenzminimum zurückbleiben. Der Regelbetrag ist daher eine reine Bezugsgröße.[9] Er ist **nicht** mit dem Existenzminimum oder **dem Mindestbedarf** des Kindes **identisch.**[10] Vgl. dazu näher Rn. 127 c.

---

[6] Vom 16. 12. 1997 – BGBl. I 2942
[7] Vom 6. 4. 1998 – BGBl. I 666
[8] Art. 3 Nr. 9 KindUG
[9] BT-Drucks. 13/9596 S. 32; vgl. auch Strauß, FamRZ 1998, 994
[10] BGH, FamRZ 2002, 536, 539 mit Anm. Büttner = Rn. 572 c

Die Regelbeträge werden durch die Regelbetrag-Verordnung[11] entsprechend dem Alter des Kindes für bestimmte **Altersstufen** festgesetzt, und zwar für die Zeit bis zur Vollendung des 6. Lebensjahres (1. Altersstufe), für die Zeit bis zur Vollendung des 12. Lebensjahres (2. Altersstufe) und für die Zeit vom 13. Lebensjahr an (3. Altersstufe). Die **Regelbeträge** entsprachen in der Zeit vom 1. 7. 1998 bis zum 30. 6. 1999 dem Regelunterhalt nach der letzten Regelunterhalt-Verordnung.[12] Sie werden **zum 1. Juli jeden zweiten Jahres,** erstmals zum 1. 7. 1999, durch Rechtsverordnung des Bundesministeriums der Justiz, die nicht der Zustimmung des Bundesrates bedarf, **angepasst.** Maßstab ist nach § 1612 a IV BGB die Entwicklung des durchschnittlich verfügbaren Arbeitsentgelts in den letzten zwei Kalenderjahren. Auf die Entwicklung der Renten in der gesetzlichen Rentenversicherung nach § 68 SGB VI kommt es nicht mehr an. 206

Die **Regelbeträge für das alte Bundesgebiet** sind wie folgt festgesetzt worden:[13]

für den Zeitraum	0–5 Jahre	6–11 Jahre	12–17 Jahre
1. 7. 1998–30. 6. 1999	349 DM	424 DM	502 DM
1. 7. 1999–30. 6. 2001	355 DM	431 DM	510 DM
1. 7. 2001–31. 12. 2001	366 DM	444 DM	525 DM
1. 1. 2002–30. 6. 2003	188 €	228 €	269 €
1. 7. 2003–30. 6. 2005	199 €	241 €	284 €

Für die **neuen Bundesländer** gilt seit dem 3. 10. 1990 das Unterhaltsrecht des BGB (Art. 234 § 1 EGBGB). Die Regelunterhaltssätze für das Beitrittsgebiet lagen zunächst erheblich unter den Sätzen für die alte Bundesrepublik.[14] Auch die seit dem 1. 7. 1998 eingeführten Regelbeträge Ost entsprechen noch nicht dem westlichen Niveau. 206 a

Die **Regelbeträge für das Beitrittsgebiet** sind wie folgt festgesetzt worden:[15]

für den Zeitraum	0–5 Jahre	6–11 Jahre	12–17 Jahre
1. 7. 1998–30. 6. 1999	314 DM	380 DM	451 DM
1. 7. 1999–30. 6. 2001	324 DM	392 DM	465 DM
1. 7. 2001–31. 12. 2001	340 DM	411 DM	487 DM
1. 1. 2002–30. 6. 2003	174 €	211 €	249 €
1. 7. 2003–30. 6. 2005	183 €	222 €	262 €

Das minderjährige Kind hat das Recht, als **dynamischen Unterhalt** nicht nur den Regelbetrag selbst zu verlangen, sondern einen bestimmten **Vomhundertsatz** des jeweiligen Regelbetrags West bzw. Ost (§ 1612 a I BGB). Damit kann das Kind der jeweiligen Leistungsfähigkeit des barunterhaltspflichtigen Elternteils Rechnung tragen. Vgl. dazu Rn. 246 a ff. 206 b

Auch wenn das Kind von dieser Möglichkeit Gebrauch macht, ist zunächst der Unterhalt mit Hilfe der Düsseldorfer Tabelle (vgl. dazu Rn. 207 ff.) bzw. der Vortabellen für das Beitrittsgebiet (dazu Rn. 210 a) zu errechnen. Der Schuldner ist je nach der Zahl der Unterhaltsberechtigten unter Wahrung des Bedarfskontrollbetrages in eine andere Einkommensgruppe der Tabelle höher- oder herabzugruppieren (vgl. Rn. 231 ff., 239 ff.). Seine Leistungsfähigkeit ist zu berücksichtigen (Rn. 247 ff.). Erst der so ermittelte individuelle Unterhalt darf in einen Vomhundertsatz des Regelbetrages umgerechnet werden. Vgl. dazu Rn. 246 d. Die individuelle **Bemessung des Kindesunterhalts mit Hilfe der Düsseldorfer Tabelle** ist daher stets **vorrangig.**

[11] Die Verordnung ist als Art. 2 in das KindUG aufgenommen worden, kann aber durch Verordnung geändert werden (Art. 7 KindUG)

[12] VO über die Anpassung und Erhöhung von Unterhaltsrenten für Minderjährige vom 25. 9. 1995 – BGBl. I 1190 = FamRZ 1995, 1327

[13] Vgl. Art. § 1 der Regelbetrag-VO in der Fassung der Dritten VO zur Änderung der Regelbetrag-VO vom 24. 4 2003 – BGBl. I 546

[14] Vgl. dazu die Vorauflage Rn. 6/621

[15] Vgl. Art. § 2 der RegelbetragVO in der Fassung der Dritten VO zur Änderung der RegelbetragVO vom 24. 4. 2003 – BGBl. I 546

III. Die Düsseldorfer Tabelle[16] und die Vortabellen für das Beitrittsgebiet[17]

1. Vorbemerkung

207 Die Düsseldorfer Tabelle[18] wird von allen Oberlandesgerichten des alten Bundesgebietes, z. T. mit gewissen Modifikationen, zur Bemessung des Unterhalts minderjähriger Kinder verwendet und meist in die eigenen Tabellen oder Leitlinien integriert. Dies gilt im Grundsatz auch für das Beitrittgebiet. Vgl. dazu Rn. 207 a, 210 a.

In einer Sitzung der Unterhaltskommission des Deutschen Familiengerichtstages haben sich die Vertreter aller Oberlandesgerichte auf eine bundesweite Struktur der Leitlinien geeinigt.[19] Diese liegt den Leitlinien zugrunde, die die Oberlandesgerichte zum 1. 7. 2003 herausgegeben haben.[20] Zu den Tabellen und Leitlinien und zu ihren Fundstellen vgl. Rn. 1/6 f. Das Oberlandesgericht Braunschweig, Saarbrücken hat keine eigenen Leitlinien erstellt. Das OLG Saarbrücken veröffentlicht nur eine kurze Zusammenstellung der Selbstbehaltsärzte.[20a]

Das OLG Nürnberg, das zunächst eine eigene Tabelle herausgab,[21] hat sich zum 1. 7. 1998 den Unterhaltsleitlinien der Familiensenate in Bayern (BayL),[22] später den Unterhaltsrechtlichen Leitlinien der Familiensenate in Süddeutschland (SüdL) angeschlossen. Lediglich der 7. Familiensenat des OLG Nürnberg wendet die SüdL weiterhin nur mit Modifikationen an.[23]

Die Düsseldorfer Tabelle wird seit dem 1. 1. 1979 vom OLG Düsseldorf herausgegeben.[24] Die Tabellen der Jahre 1962 bis 1977 stammen vom damals zuständigen LG Düsseldorf.[25] Die Düsseldorfer Tabelle hat derzeit den **Stand vom 1. 7. 2003.**[26] Sie baut auf der **Regelbetrag-Verordnung** auf, so wie die früheren Tabellen ihre Grundlage in den Regelunterhalt-Verordnungen hatten (vgl. dazu Rn. 203). Die Richtsätze der ersten

---

[16] Vgl. dazu Scholz, FamRZ 1993, 125; zu den späteren Änderungen der Tabelle vgl. Scholz, FamRZ 1998, 797; 1999, 1177; 2001, 1045; Soyka, FamRZ 2003, 1154

[17] Vgl. Vossenkämper FamRZ 1998, 537; 2000, 1547; Soyka, FamRZ 2003, 1154

[18] Stand 1. 7. 2003, FamRZ 2003, 903 = Beilage zur NJW 2003 Heft 32; vollständig abgedruckt im Anhang L

[19] FamRZ 2003, 909

[20] Vgl. auch NJW 2003, Beilage zu Heft 32. Das OLG Koblenz hat nachträglich Leitlinien herausgegeben, die bei Korrekturabschluss dieser Auflage nur im Internet (*www.slgko.justiz.rlp.de*) verfügbar waren

[20a] NJW 2003, Beilage zu Heft 32

[21] Vgl. Rieger, Grundzüge der Nürnberger Tabelle 1996, FamRZ 1996, 988

[22] FamRZ 1999, 773 = NJW 1999, Beil. zu Heft 34, S. 9

[23] Modifikationen des 7. Familiensenats des OLG Nürnberg zu den Leitlinien der Familiensenate in Süddeutschland, Stand: 1. 7. 2003, FamRZ 2003 = NJW 2003, Beilage zu Heft 32

[24] Die früheren Tabellen sind abgedruckt:
Stand 1. 1. 1979: FamRZ 1978, 854 = NJW 1979, 25
Stand 1. 1. 1980: FamRZ 1980, 19 = NJW 1980, 107
Stand 1. 1. 1982: FamRZ 1981, 1207 = NJW 1982, 19
Stand 1. 1. 1985: FamRZ 1984, 961 = NJW 1984, 2330
Stand 1. 1. 1989: FamRZ 1988, 911 = NJW 1989, 2352
Stand 1. 7. 1992: FamRZ 1992, 398 = NJW 1992, 1367
Stand 1. 1. 1996: FamRZ 1995, 1223 = NJW 1995, 2972
Stand 1. 7. 1998: FamRZ 1998, 534 = NJW 1998, 1469
Stand 1. 7. 1999: FamRZ 1999, 766 = NJW 1999, 1845
Stand 1. 7. 2001: FamRZ 2001, 806 = NJW 2001, 1915
Stand 1. 1. 2002: FamRZ 2001, 810, 1512 = NJW 2001, 3531

[25] Die Fundstellen dieser Tabellen sind bei Köhler, Festschrift für Rebmann, S. 569, 576 wiedergegeben

[26] FamRZ 2003, 903 = NJW 2003 Beilage zu Heft 32 bzw. FPR 8/2003

Einkommensgruppe der Tabelle entsprechen den Regelbeträgen der Regelbetrag-Verordnung.

Im **Beitrittsgebiet** gelten die Berliner Tabelle[27] (für Ostberlin) und die Leitlinien der ostdeutschen Oberlandesgerichte. Vgl dazu die Übersicht Rn. 1/6 f. Die Osttabellen beruhen auf den niedrigeren Regelbeträgen Ost (Rn. 206 a) und weisen zwei zusätzliche Einkommensgruppen auf. Für Einkommen des barunterhaltspflichtigen Elternteils ab 1150,– € sind die Sätze der Düsseldorfer Tabelle maßgebend. Vgl. dazu Rn. 210 a. **207 a**

Die Düsseldorfer Tabelle ist ein Hilfsmittel für die Bemessung des angemessenen Unterhalts im Sinne des § 1610 BGB. Die in der Tabelle ausgewiesenen Richtsätze sind Erfahrungswerte, die den Lebensbedarf des Kindes – ausgerichtet an den Lebensverhältnissen der Eltern und an seinem Alter – auf der Grundlage durchschnittlicher Lebenshaltungskosten typisieren, um so eine gleichmäßige Behandlung gleicher Lebenssachverhalte zu erreichen.[28] Die Düsseldorfer Tabelle ist daher keine Rechtsquelle, insbesondere **kein Gewohnheitsrecht.**[29] Ohnehin ist nur die eigentliche Tabelle mit den Zahlenwerten für den Unterhalt minderjähriger Kinder unumstritten. Bereits die Anmerkungen zur Tabelle Kindesunterhalt werden von den anderen Oberlandesgerichten nur zum Teil übernommen. Die Düsseldorfer Tabelle ist daher – wie die anderen Unterhaltstabellen und Leitlinien – nur eine **Richtlinie.**[30] Darauf weisen die Tabelle (Anm. A 1) und die meisten Leitlinien in ihren Vorbemerkungen hin. Jedes mit Hilfe der Tabelle gewonnene Ergebnis ist im Einzelfall auf seine Angemessenheit zu überprüfen.[31] Diese **Angemessenheitskontrolle** geschieht vor allem mit Hilfe des Bedarfskontrollbetrages und durch Höher- und Herabgruppierung. Vgl. dazu Rn. 231 ff., 239 ff. **208**

Da die Richtsätze der Tabelle nur eine Empfehlung darstellen, bleibt es dem Berechtigten wie dem Pflichtigen unbenommen, im Einzelnen vorzutragen, dass die Tabellensätze auf den zu beurteilenden Sachverhalt nicht passen. So kommt z. B. die Zubilligung regelmäßigen Mehrbedarfs (Rn. 133 ff., 317 ff., 401 ff.) oder unregelmäßigen Sonderbedarfs (Rn. 138 ff., 6/1 ff.) in Betracht, u. U. auch die Kürzung des Tabellenunterhalts wegen eingeschränkter Leistungsfähigkeit des Schuldners (Rn. 158 ff.). Allerdings wird man im Einzelfall sorgfältig prüfen müssen, ob wirklich besondere Umstände vorliegen, die eine Abweichung vom pauschalierten Unterhalt (Rn. 214) rechtfertigen.[32]

Die Richtsätze der Düsseldorfer Tabelle sind seit dem 1. 1. 2002 in **Euro** ausgewiesen. Auf Deutsche Mark lautende Unterhaltsbeträge sind nach dem amtlichen Umrechnungskurs von 1,95583 DM = 1 Euro umzurechnen. Das gilt auch für Vollstreckungstitel. Bereits vor dem 1. 1. 2002 war der Euro nach Art. 2 der VO 974/98 des Rates der EU[33] seit 1. 1. 1999 die Währung aller Mitgliedstaaten der Europäischen Union, die den Euro eingeführt haben. Die Deutsche Mark war nur noch eine nicht dezimale Untereinheit des Euro (Art. 6 der VO). Zur Unterhaltsfestsetzung in Euro in der Zeit vor dem 1. 1. 2002 kann auf die Vorauflage Rn. 2/208 a verwiesen werden. **208 a**

---

[27] FamRZ 2003, 906 = NJW 2003 Beilage zu Heft 32 bzw. FPR 8/2003
[28] BGH; FamRZ 2000, 358 = R 537 b
[29] Anders Klingelhöffer, ZRP 1994, 383, 385
[30] Scholz, FamRZ 1993, 125, 127; Familienrecht '96 S. 445, 452 f.; Jost, JR 2003, 89
[31] BGH, FamRZ 2000, 1492 mit Anm. Scholz = R 546 c
[32] Vgl. Jost, JR 2003, 89, 93
[33] Vom 3. 5. 1998, Amtsblatt der Europäischen Gemeinschaften L 139 S. 1

2. Die Düsseldorfer Tabelle, Stand: 1. 7. 2003/1. 1. 2002

209 ***Düsseldorfer Tabelle, Stand: 1. 7. 2003***[34]

Nettoeinkommen des Barunterhaltspflichtigen (Anm. 3, 4)	Altersstufen in Jahren (§ 1612 a Abs. 3 BGB) 0–5	6–11	12–17	ab 18	Vomhundertsatz	Bedarfskontrollbetrag (Anm. 6)
	Alle Beträge in Euro					
1. bis 1300	199	241	284	327	100	730/840
2. 1300–1500	213	258	304	350	107	900
3. 1500–1700	227	275	324	373	114	950
4. 1700–1900	241	292	344	396	121	1000
5. 1900–2100	255	309	364	419	128	1050
6. 2100–2300	269	326	384	442	135	1100
7. 2300–2500	283	343	404	465	142	1150
8. 2500–2800	299	362	426	491	150	1200
9. 2800–3200	319	386	455	524	160	1300
10. 3200–3600	339	410	483	556	170	1400
11. 3600–4000	359	434	512	589	180	1500
12. 4000–4400	379	458	540	622	190	1600
13. 4400–4800	398	482	568	654	200	1700
über 4800	nach den Umständen des Falles					

210 ***Düsseldorfer Tabelle, Stand: 1. 1. 2002***[35]

Nettoeinkommen des Barunterhaltspflichtigen (Anm. 3, 4)	Altersstufen in Jahren (§ 1612 a Abs. 3 BGB) 0–5	6–11	12–17	ab 18	Vomhundertsatz	Bedarfskontrollbetrag (Anm. 6)
	Alle Beträge in Euro					
1. bis 1300	188	228	269	311	100	730/840
2. 1300–1500	202	244	288	333	107	900
3. 1500–1700	215	260	307	355	114	950
4. 1700–1900	228	276	326	377	121	1000
5. 1900–2100	241	292	345	399	128	1050
6. 2100–2300	254	308	364	420	135	1100
7. 2300–2500	267	324	382	442	142	1150
8. 2500–2800	282	342	404	467	150	1200
9. 2800–3200	301	365	431	498	160	1300
10. 3200–3600	320	388	458	529	170	1400
11. 3600–4000	339	411	485	560	180	1500
12. 4000–4400	358	434	512	591	190	1600
13. 4400–4800	376	456	538	622	200	1700
über 4800	nach den Umständen des Falles					

Diese erste auf Euro lautende Düsseldorfer Tabelle entspricht weitgehend der letzten DM-Tabelle nach dem Stand vom 1. 7. 2001.[36] Jedoch können sich, da beide Tabellen auf

[34] FamRZ 2003, 903 = NJW 2003, Beilage zu Heft 32 bzw. FPR 2003 Beilage zu Heft 8
[35] FamRZ 2001, 810
[36] FamRZ 2001, 806 = NJW 2001, 1915

den Regelbeträgen in DM bzw. in € aufbauen, bei den einzelnen Richtsätzen gegenüber der Umrechnung jedes einzelnen Werts von DM in Euro Rundungsdifferenzen ergeben.[37]

Die Düsseldorfer Tabelle gilt hinsichtlich der Bedarfssätze für minderjährige Kinder auch im **Beitrittsgebiet,** uneingeschränkt jedoch erst ab einem Einkommen des barunterhaltspflichtigen Elternteils von 1150,– €. Für den darunter liegenden Bereich enthalten die Berliner Tabelle und die Leitlinien der ostdeutschen Oberlandesgerichte Vortabellen. Entsprechend den Altersstufen der Düsseldorfer Tabelle gelten für das gesamte Beitrittsgebiet folgende Bedarfssätze (alle Beträge in Euro): **210 a**

Einkommen	0–5 Jahre	6–11 Jahre	12–17 Jahre
bis 1000	183	222	262
1000–1150	191	232	273
1150–1300	199	241	284

Die Richtsätze der 4. Zeile (Einkommen von 1150,– bis 1300,– € entsprechen der 1. Einkommensgruppe der Düsseldorfer Tabelle, die für Einkommen bis 1300,– € gilt. Für volljährige, auch privilegiert volljährige Kinder gibt es keine einheitlichen Richtsätze für das Beitrittsgebiet. Vgl. dazu Rn. 369 a, 383 f, 391.

Die Struktur und der Inhalt der Düsseldorfer Tabelle mussten in den vergangenen Jahren mehrfach geändert werden.[38] Die deutliche Erhöhung des Kindergeldes durch das Jahressteuergesetz 1996 bedingte eine nachhaltige Anhebung der Tabellensätze zum 1. 1. 1996.[39] Zum 1. 7. 1998 wurden die bisher neun Einkommensgruppen auf zwölf vermehrt, weil § 1612 a I BGB die Möglichkeit eröffnet hatte, den Unterhalt minderjähriger Kinder als Vomhundertsatz eines Regelbetrages zu verlangen (vgl. dazu Rn. 246 a ff.). Dies bedingte naturgemäß einen anderen Zuschnitt der Einkommensgruppen. Es wurde eine neue Spalte „Vomhundertsatz“ geschaffen, aus der abgelesen werden kann, um wie viel Prozent die Richtsätze der jeweiligen Einkommensgruppe gegenüber dem Regelbetrag, also dem Unterhalt der ersten Einkommensgruppe, steigen.[40] Nach verhältnismäßig geringfügigen Änderungen zum 1. 7. 1999[41] wurde zum 1. 7. 2001 im Hinblick auf die Rechtsprechung des BGH zur Unterhaltsbemessung bei höheren Einkünften des Pflichtigen[42] eine 13. Einkommensgruppe angefügt. Die Umstellung auf den Euro erzwang nicht nur eine Ausweisung der Tabellensätze in der neuen Währung, sondern auch eine erneute Änderung des Zuschnitts der Einkommensgruppen.[43] Die Änderungen der Tabelle zum 1. 7. 2003 beschränken sich im Wesentlichen auf eine Anpassung der Tabellensätze an die Änderung der Regelbeträge (vgl. Rn. 206). **210 b**

3. Allgemeines zur Anwendung der Düsseldorfer Tabelle

a) Barunterhalt. Der gesamte Unterhaltsbedarf eines Minderjährigen besteht aus dem Barunterhalt, der vom barunterhaltspflichtigen Elternteil geschuldet wird, und dem **Betreuungsunterhalt,** den der betreuende Elternteil zu leisten hat (Rn. 8, 10). **211**

Beide Unterhaltsteile sind nach § 1606 III 2 BGB im Regelfall **gleichwertig.** Der betreuende Elternteil erfüllt in der Regel seine Unterhaltsverpflichtung vollständig dadurch, dass er das Kind versorgt, betreut, erzieht und beaufsichtigt. Demgegenüber kommt der barunterhaltspflichtige Elternteil seiner Unterhaltsverpflichtung dadurch nach, dass er die zur Befriedigung des gesamten sonstigen Lebensbedarfs des Kindes erforderlichen Barmittel

[37] Vgl. dazu Scholz, FamRZ 2001, 1045
[38] Vgl. dazu im Einzelnen die Vorauflage Rn. 2/210 a–210 c
[39] Zur Düsseldorfer Tabelle Stand: 1. 1. 1996 vgl. Scholz, FamRZ 1996, 65
[40] Zu weiteren Einzelheiten der Düsseldorfer Tabelle, Stand: 1. 7. 1998 vgl. Scholz, FamRZ 1998, 797
[41] Vgl. dazu Scholz, FamRZ 1999, 1177; Soyka, FamRZ 2003, 1154
[42] BGH, FamRZ 2000, 358 mit Anm. Deisenhofer
[43] Vgl. dazu Scholz, FamRZ 2001, 1045

in Form einer angemessenen Unterhaltsrente bereitstellt.[44] Genaueres zur Gleichwertigkeit der beiden Unterhaltsteile vgl. Rn. 11 ff. und zu Abweichungen von diesem Grundsatz vgl. Rn. 287 ff.

Die Richtsätze der Düsseldorfer Tabelle weisen **nur** den **Barunterhalt** aus, d. h. den gesamten durchschnittlichen Barbedarf eines minderjährigen Kindes. Erbringen beide Eltern keine Betreuungsleistungen, z. B. weil die Mutter krank oder verstorben ist und der berufstätige Vater das Kind nicht betreuen kann, muss er bei hinreichender Leistungsfähigkeit nicht nur die Kosten des Barunterhalts sicherstellen, sondern auch für die Kosten der Betreuung des Kindes, z. B. in einer Pflegefamilie, aufkommen.[45]

212 Die Regelbedarfssätze der Düsseldorfer Tabelle berücksichtigen auf Grund richterlicher Erfahrung **alle durchschnittlichen Lebenshaltungskosten** des Minderjährigen, der im Haushalt eines Elternteils lebt. Maßgeblich sind das Lohn- und Preisniveau am gewöhnlichen Aufenthaltsort des Kindes. Probleme aus unterschiedlichen Wohnorten des Kindes und des Barunterhaltspflichtigen entstehen nur in Fällen mit Auslandsberührung (dazu Rn. 7/1 ff.) und in den sog. **Ost-West-Fällen,** wenn also der Pflichtige im Beitrittsgebiet und das berechtigte Kind im alten Bundesgebiet wohnen oder wenn das Kind im Beitrittsgebiet lebt, der Schuldner dagegen in den alten Bundesländern. In diesen Fällen richtet sich der Bedarf des Kindes nach der an seinem Aufenthaltsort geltenden Unterhaltstabelle, der Selbstbehalt des Pflichtigen nach der Tabelle, die an seinem Aufenthalt gilt. Dies entspricht Nr. 25 nahezu aller Leitlinien der Oberlandesgerichte, die allerdings teilweise auf den Wohnsitz abstellen. Dies ist nicht unproblematisch, da ein Kind bei gemeinsamer elterlicher Sorge den Wohnsitz beider Eltern teilen kann.[46]

212 a Die Osttabellen und Ostleitlinien gelten, wenn das **Kind und** der barunterhaltspflichtige **Elternteil** ihren gewöhnlichen Aufenthalt **im Beitrittsgebiet** haben.

212 b Wohnt der **Schuldner in Ostdeutschland,** leben die **Kinder** dagegen **in den alten Bundesländern,** richtet sich der Bedarf nach den Sätzen der Düsseldorfer Tabelle. Dies ist unproblematisch, wenn der Pflichtige ein Einkommen von mehr als 1150,– € erzielt, da dann nach allen Tabellen und Leitlinien des Beitrittsgebiets bereits der Regelbetrag West (vgl. Rn. 2/206) gilt, der nach der Düsseldorfer Tabelle bis zu einem Einkommen von 1300,– € anzusetzen ist. Probleme können dagegen auftreten, wenn der in Westdeutschland geltende Selbstbehalt des erwerbstätigen Schuldners von 840,– € (vgl. dazu und zu abweichenden Selbstbehaltssätzen Rn. 264, 266) nicht gewahrt ist. In einem solchen Fall ist ggf. der Selbstbehalt des Schuldners der an seinem Wohnsitz geltenden Osttabelle zu entnehmen.[47] Dies führt allerdings dazu, dass in Westdeutschland lebende Kinder ihren Vater in stärkerem Umfang auf Unterhalt in Anspruch nehmen können, als dies möglich wäre, wenn auch er seinen Wohnsitz im alten Bundesgebiet hätte. Das entspricht § 1603 II 1 BGB, nach dem die Eltern ihren minderjährigen Kindern bis zum Existenzminimum haften (vgl. dazu Rn. 260 f.); dieses ist jedoch in Ostdeutschland noch etwas niedriger als im Westen des Bundesgebiets.[48]

212 c Lebt dagegen das **Kind im Osten, der Schuldner im Westen,** ist m. E. allein die Düsseldorfer Tabelle maßgebend. Dies kann bezüglich des notwendigen Selbstbehalts nicht zweifelhaft sein. Aber auch der Unterhalt des Kindes ist entgegen Nr. 25 der Leitlinien der Oberlandesgerichte der Düsseldorfer Tabelle zu entnehmen.[49] Der Unterhaltsanspruch des Kindes richtet sich nach den Einkommens- und Vermögensverhältnissen des barunterhaltspflichtigen Elternteils, also nach dessen Leistungsfähigkeit. Jedenfalls in den unteren Einkommensgruppen decken die Sätze der Düsseldorfer Tabelle den Bedarf des Kindes nicht vollständig (vgl. Rn. 213), sondern berücksichtigen in pauschalierender Weise auch den Eigenbedarf des Verpflichteten und die Bedürfnisse anderer Unterhaltsberechtigter, wie sich

---

[44] BGH, FamRZ 1988, 159, 161 = R 346 d

[45] OLG Hamm, FamRZ 1991, 107

[46] Palandt/Heinrichs, BGB, 62. Aufl., § 11 Rn. 4

[47] BGH, FamRZ 1994, 372, 375 = NJW 1994, 1002, 1004; KG, FamRZ 2002, 1428

[48] Ebenso Maurer, FamRZ 1993, 337, 340 gegen OLG Naumburg, DtZ 1993, 312

[49] OLG Frankfurt/Main, FamRZ 1991, 976; NJW-RR 1993, 968; OLG Koblenz, FamRZ 1992, 215; OLG München, FamRZ 1991, 977; OLG Stuttgart, FamRZ 1992, 215

insbesondere aus A 1 der Tabelle ergibt.[50] Es erscheint daher angemessen, den Schuldner nicht dadurch zu begünstigen, dass der Unterhalt den nur noch geringfügig niedrigeren Osttabellen entnommen wird.[51] Die praktische Bedeutung dieser Streitfrage ist allerdings gering, da die Osttabellen nur bis zu einem Einkommen von 1150,– € geringere Bedarfssätze als die Düsseldorfer Tabelle aufweisen und die Unterhaltspflicht ohnehin in den meisten Fällen durch den notwendigen Selbstbehalt (Rn. 264 ff.) beschränkt wird.

Die Richtsätze der Tabelle orientieren sich in den unteren Einkommensgruppen an der **213** geringen Leistungsfähigkeit des barunterhaltspflichtigen Elternteils. Sie sind nach wie vor gering bemessen und decken jedenfalls bis zur 6. Einkommensgruppe das sozialhilferechtliche Existenzminimum nicht ab. Jedoch stellt § 1612 b V BGB sicher, dass der Kindergeldanteil des barunterhaltspflichtigen Elternteils zur Deckung des Existenzminimums herangezogen wird, da das Kindergeld ganz oder teilweise nicht auf den Tabellenunterhalt angerechnet wird, wenn der Schuldner nicht in der Lage ist, Unterhalt in Höhe des Existenzminimums (= 135% des Regelbetrages) zu zahlen. Zum Existenzminimum vgl. Rn. 127 ff., zur Kindergeldverrechnung nach § 1612 b V BGB Rn. 509.

In den Sätzen der Tabelle sind **alle Lebenshaltungskosten,** insbesondere die Kosten für **214** Nahrung, Wohnung, Kleidung, Körperpflege, Schulausbildung, Unterrichtsmaterial (soweit die Kosten nicht von der öffentlichen Hand getragen werden), Ferien, musische und sportliche Interessen sowie Taschengeld **pauschal** enthalten.[52] Vgl. dazu Rn. 125. Nicht von der Pauschalierung erfasst werden regelmäßiger Mehrbedarf (dazu Rn. 133 ff., 317 ff.) und Sonderbedarf (Rn. 138, 6/1 ff.). Die weitverbreitete Übung, **Wohnkosten** nur beim Ehegattenunterhalt zu berücksichtigen, ist verfehlt. Vielmehr dient ein Teil des Tabellenunterhalts zur Deckung des Wohnbedarfs des Kindes.[53] Der Ansatz für Wohnkosten ist wegen der Ersparnis durch das Zusammenwohnen mit dem betreuenden Elternteil nur gering (vgl. Rn. 102) und reicht in den unteren Einkommensgruppen für ein eigenes Zimmer nicht aus. Im mittleren Bereich, also etwa ab der 4. Einkommensgruppe, können die im Tabellenunterhalt enthaltenen Wohnkosten nach der deutlichen Anhebung der Tabellensätze zum 1. 1. 1996 (vgl. Rn. 210 b) mit etwa 20% angesetzt werden.[54] Das bedeutet freilich nicht, dass der Kindesunterhalt um 20% zu kürzen ist, wenn das Kind auf Kosten des sorgeberechtigten Elternteils in dessen Wohnung lebt. Vielmehr kann der betreuende Elternteil den Wohnanteil im Tabellenunterhalt zur Deckung der Wohnkosten heranziehen. Vgl. dazu Rn. 102. Eine Kürzung des Kindesunterhalts kommt dagegen in Betracht, wenn der Barunterhaltspflichtige die Kosten der Wohnung trägt, in der der betreuende Elternteil mit dem Kind lebt.[55] In einem solchen Fall wird ein Teil des Bedarfs des Kindes durch Naturalunterhalt (vgl. Rn. 9) gedeckt. Zum Wohnwert beim Kindesunterhalt eingehend Rn. 1/396 ff.

Die Tabellensätze gehen davon aus, dass das minderjährige Kind gemäß § 1612 I 2 BGB **215** (vgl. Rn. 8) in der gesetzlichen Familienversicherung gegen Krankheit mitversichert ist (§ 10 II SGB V). Ist dies ausnahmsweise nicht der Fall, z. B. bei Richtern, Beamten, Soldaten und Selbstständigen, hat der Barunterhaltsschuldner zusätzlich auch für die Kosten der **Krankenversicherung des Kindes** aufzukommen. Dies wird in der Düsseldorfer Tabelle (Anm. A 9) und in Nr. 11. 1 der Leitlinien der meisten Oberlandesgerichte ausdrücklich klargestellt. Dementsprechend ist das Nettoeinkommen des Pflichtigen vor Anwendung der Tabelle auch um die Kosten der Krankenversicherung für das Kind zu bereinigen (so 11. 1 der meisten Leitlinien). Vgl. das Beispiel Rn. 216. Zur Krankenversicherung beim volljährigen Kind vgl. Rn. 371.

---

[50] OLG Frankfurt/Main, FamRZ 1991, 976

[51] Anderer Ansicht: OLG Karlsruhe, FamRZ 1994, 1410; Maurer, FamRZ 1994, 337, 340

[52] BGH, FamRZ 1983, 473

[53] BGH, FamRZ 1989, 1160, 1163 = R 395 d; FamRZ 1992, 423 = R 442 a

[54] So jetzt mit Recht KL, SüdL (21. 5. 2); die 3. Auflage (Rn. 214) ging im Anschluss an OLG Düsseldorf, FamRZ 1994, 1049, 1053 = NJW-RR 1994, 326 von einem Wohnkostenanteil von 15% aus

[55] OLG Düsseldorf, FamRZ 1994, 1049, 1053 = NJW-RR 1994, 326; z. T. anders OLG München, FamRZ 1998, 824

216 Minderjährige Kinder sind bei ihren Eltern beitragsfrei in der **Pflegeversicherung** mitversichert, gleichgültig ob diese Versicherung bei einer gesetzlichen Krankenkasse oder einem privaten Versicherungsunternehmen besteht (§§ 25 I, 110 I 2f. SGB XI). Ein zusätzlicher Bedarf in Höhe der Beiträge zu einer Pflegeversicherung kann daher bei minderjährigen Kindern in aller Regel nicht anfallen. Zur Pflegeversicherung beim volljährigen Kind vgl. Rn. 371.

Beispiel:
Bereinigtes Einkommen des Vaters, eines Beamten, nach Abzug der Lohn- und Kirchensteuer und des Solidaritätszuschlages 1415,– €. Abzusetzen sind Beiträge von 100,– € (eigene Krankenversicherung), 15,– € (eigene Pflegeversicherung) und 50,– € (Krankenversicherung für das Kind). Anrechnungsfähiges Einkommen daher 1250,– € (nicht: 1300,– €). Der Unterhalt ist also grundsätzlich der 1. Einkommensgruppe zu entnehmen und beträgt z. B. für ein 13-jähriges Kind 284,– € zuzüglich 50,– € Krankenkassenbeitrag = 334,– € (vorbehaltlich einer etwaigen Höhergruppierung wegen unterdurchschnittlicher Unterhaltspflicht nach DT A 1 – vgl. dazu Rn. 231 ff.). Kindergeld ist nicht anzurechnen, weil mit nur 284,– € Elementarunterhalt V weniger als 135% des Regelbetrages von 384 – 77 = 307,– € zahlen kann. Vgl. Rn. 509.

217 Die Tabellenwerte weisen nicht den objektiven Barbedarf des Minderjährigen während eines bestimmten Monats aus. Vielmehr wird der Unterhalt **über einen längeren Zeitraum pauschaliert.** Mit dem Pauschalbetrag müssen alle durchschnittlichen Lebenshaltungskosten des Minderjährigen befriedigt werden. Durch die Pauschalierung sind auch zeitweilige Bedarfserhöhungen oder Bedarfsminderungen abgegolten, sofern kein Sonderbedarf oder Mehrbedarf geltend gemacht werden kann. Dies liegt im Interesse einer Befriedung des Verhältnisses von Unterhaltsgläubiger und Unterhaltsschuldner: Dieses Verhältnis soll nicht durch häufige Einzelanforderungen in unerwünschter Weise belastet werden.[56] Genaueres zum Mehrbedarf Rn. 133, 317 ff. und zum Sonderbedarf Rn. 133, 138 f. und 6/1 ff.

218 **b) Altersstufen.** Die Düsseldorfer Tabelle bestimmt den Kindesunterhalt zunächst nach dem **Alter** des Kindes. Sie teilt die minderjährigen Kinder entsprechend § 1612 a III 1 BGB in drei Altersstufen ein: bis zur Vollendung des 6. Lebensjahres, vom Beginn des 7. bis zur Vollendung des 12. Lebensjahres und vom Beginn des 13. bis zur Vollendung des 18. Lebensjahres. Die neue Altersstufe wird am Ersten des Monats erreicht, in dem das Kind 6 oder 12 Jahre alt wird. § 1612 a III 2 BGB ordnet dies zwar nur für den Regelbetrag an. Für den Unterhalt höherer Einkommensgruppen kann aber nichts anderes gelten, da ein minderjähriges Kind nach § 1612 a I BGB den Unterhalt in einem Vomhundertsatz eines oder des jeweiligen Regelbetrages verlangen kann. Der höhere Unterhalt wird also vom Ersten des Monats an geschuldet, in den der 6. oder der 12. Geburtstag fällt. Um einem immer wieder vorkommenden Missverständnis vorzubeugen, ist in der Düsseldorfer Tabelle seit dem 1. 7. 1998 klargestellt worden, dass die erste Altersstufe für ein Kind von 0–5, die zweite von 6–11 und die dritte von 12–18 Jahren gilt.

Dem Gesetz ist nicht zu entnehmen, ab wann der Volljährigenunterhalt beginnt, da § 1612 a III 2 BGB sich auf den Regelbetrag bezieht, der allein für das minderjährige Kind maßgebend ist. Da das minderjährige Kind unterhaltsrechtlich in vielfältiger Weise begünstigt wird, spricht vieles dafür, den Minderjährigenunterhalt erst am Tage vor dem 18. Geburtstag und nicht am Monatsersten enden zu lassen. Vgl. dazu Rn. 20, 202.

219 **c) Einkommen.** Die Höhe des Kindesunterhalts hängt ferner vom Einkommen des barunterhaltspflichtigen Elternteils, bei Barunterhaltspflicht beider Eltern grundsätzlich vom zusammengerechneten Einkommen der Eltern ab. Ist der eigentlich barunterhaltspflichtige Elternteil nicht leistungsfähig, muss der andere einspringen und neben der Betreuung auch den Barunterhalt sicherstellen[57] (vgl. Rn. 545). Dann muss sich die Eingruppierung dieses Elternteils nach seinem Einkommen richten. Dies kann wichtig werden, wenn er auch anderen Berechtigten, z. B. seinem früheren Ehegatten, unterhaltspflichtig ist.

220 Die Tabelle versteht unter dem Einkommen die um berufsbedingte Aufwendungen und berücksichtigungsfähige Schulden **bereinigten Nettoeinkünfte** des Unterhaltspflichtigen

[56] BGH, FamRZ 1984, 470, 472
[57] BGH, NJW 1971, 2069

(DT A 3 und A 4). Die berufsbedingten Aufwendungen werden bei Einkünften aus abhängiger Tätigkeit pauschaliert. Sie betragen in der Regel 5% des Einkommens, mindestens 50,– €, höchstens 150,– €. Übersteigen die anzuerkennenden Aufwendungen die Pauschale, sind sie insgesamt nachzuweisen.[58] Vgl. zum Abzug berufsbedingter Aufwendungen Rn. 1/87 ff. und zur Berücksichtigung von Schulden Rn. 1/614 ff., 649 ff.; 2/115, 158.

Maßgeblich für die Einordnung in eine der Einkommensgruppen ist das anrechenbare **Einkommen des barunterhaltspflichtigen Elternteils.**[59] Der Elternteil, der das Kind betreut, erfüllt hierdurch grundsätzlich seine Unterhaltspflicht (§ 1606 III 2 BGB). Genaueres hierzu Rn. 10. 221

Sind ausnahmsweise beide Eltern barunterhaltspflichtig, erfolgt die Einordnung nach der Summe der Einkünfte beider Eltern (vgl. Rn. 291). 222

Kindergeld ist kein unterhaltsrelevantes Einkommen; es bleibt daher bei der Eingruppierung in die Tabelle unberücksichtigt und wird nach § 1612 b I BGB über den Kindesunterhalt ausgeglichen (so 3, 14 der Leitlinien der Oberlandesgerichte). Zwar hat der BGH in seiner früheren, allerdings nicht eindeutigen Rechtsprechung den Kindergeldanteil jedes Elternteils als Teil seines Einkommens angesehen.[60] Diese Auffassung hat er jedoch 1997 aufgegeben.[61] Vgl. dazu Rn. 159. Da das Kindergeld zwischen den Eltern nach § 1612 b BGB über den Kindesunterhalt ausgeglichen wird (vgl. dazu im Einzelnen Rn. 500 ff.), ist es nicht angemessen, das Kindergeld bei der Eingruppierung des Pflichtigen in die Düsseldorfer Tabelle als Einkommen heranzuziehen und dem Kind dadurch zu einem höheren Unterhalt zu verhelfen. Auch bei der Bemessung des Ehegattenunterhalts wird das Kindergeld nicht als Einkommen berücksichtigt.[62] Vgl. zur Behandlung des Kindergeldes als Einkommen Rn. 477 ff., zur Verrechnung des Kindergeldes im Falle des § 1612 b V BGB und im Mangelfall Rn. 159, 163, 509 ff. 223

– In dieser Aufl. nicht belegt – 224, 225

d) Aufenthalt und Betreuung des Kindes. Die Tabelle geht davon aus, dass die Eltern getrennt leben, das Kind bei einem Elternteil wohnt, von diesem betreut wird und wegen dieses Zusammenlebens verminderte Bedürfnisse, insbesondere für Wohnraum hat (vgl. Rn. 214). Der andere Elternteil leistet demgegenüber den Barunterhalt (vgl. Rn. 211). Trifft dieses Betreuungsmodell nicht zu, muss der **Tabellenunterhalt** unter Umständen **erhöht** werden. 226

Dies kommt vor allem in Betracht, wenn das Kind von Dritten betreut wird, z. B. bei den Großeltern, bei einem Vormund oder Pfleger, in einer Pflegefamilie oder in einem Heim lebt. Eine solche **Fremdbetreuung** kann erforderlich sein, wenn ein Elternteil verstorben und der andere nicht bereit oder in der Lage ist, die Versorgung des Kindes zu übernehmen, aber auch dann, wenn den Eltern das Sorgerecht ganz oder teilweise entzogen worden ist (vgl. § 1666 BGB). Das Kind kann u. U. auch aus Gründen, die in seiner Person liegen (z. B. Schwererziehbarkeit, körperliche oder geistige Behinderung), nicht durch die Eltern versorgt werden. In solchen Fällen darf der Barbedarf nicht im Hinblick auf die von den Eltern nicht erbrachte, grundsätzlich gleichwertige Betreuung pauschal verdoppelt werden, da die Umstände, die eine Fremdbetreuung erfordern, vielgestaltig sind.[63] Vielmehr ist der **Mehrbedarf** des Kindes konkret zu ermitteln. Das Gericht ist jedoch nicht gehindert, den Mehrbedarf zu schätzen und dabei insbesondere zu berücksichtigen, dass den Dritten keine Rechtspflicht zur Betreuung trifft und ihm daher keine Kosten durch die Erziehung und Versorgung des Kindes erwachsen dürfen. Es bestehen daher keine Bedenken, den Barunterhalt des Kindes je nach dessen Alter und der Schwierigkeit der Betreuung um einen angemessenen Betrag zu erhöhen.

Von diesem Mehrbedarf des Kindes sind die Fälle zu unterscheiden, in denen die Fremdbetreuung notwendig wird, weil der Elternteil, in dessen Obhut sich das Kind befindet,

---

[58] Scholz, FamRZ 1993, 125, 131 f.
[59] BGH, FamRZ 2002, 536, 539 mit Anm. Büttner = R 572 c
[60] BGH, FamRZ 1992, 539, 541 = R 444 b; FamRZ 1990, 979 = NJW-RR 1990, 578
[61] BGH, FamRZ 1997, 806; auch FamRZ 2000, 1492, 1494 mit Anm. Scholz = R 546 d
[62] FamRZ 2000, 1492, 1494 mit Anm. Scholz = R 546 d; FamRZ 1997, 806
[63] OLG Stuttgart, FamRZ 2000, 1241 m. w. N.

einer Erwerbstätigkeit nachgeht. Dann ist der Betreuungsaufwand berufsbedingt. Vgl. dazu im einzelnen Rn. 275, 290, 317 ff., 321.

Betreuen die Eltern ein minderjähriges Kind, insbesondere beim gemeinsamen Sorgerecht, etwa zu gleichen Teilen, kann es angezeigt sein, den Tabellensatz wegen der dadurch entstehenden Mehrkosten, z. B. durch ein Kinderzimmer in der Wohnung jedes Elternteils, angemessen zu erhöhen.[64] Vgl. dazu auch Rn. 316 b.

226 a Wohnt das minderjährige **Kind** berechtigterweise nicht mehr bei einem Elternteil, sondern führt es mit Einverständnis des Sorgeberechtigten einen **eigenen Haushalt,** z. B. weil es nur in einer anderen Stadt einen Ausbildungsplatz gefunden hat, kann der Unterhalt nicht ohne weiteres nach der Tabelle Kindesunterhalt bemessen werden. Wenn das Kind selbstständig lebt und nennenswerte Betreuungsleistungen eines Elternteils nicht mehr erbracht werden, kann es angezeigt sein, den Bedarf entsprechend dem Ansatz für ein volljähriges Kind mit eigenem Haushalt mit 600,– € anzunehmen (DT A 7 II). Näheres dazu Rn. 368 ff. In diesem Fall haften beide Elternteile entsprechend ihren Einkommens- und Vermögensverhältnissen anteilig für den Kindesunterhalt. Vgl. dazu Rn. 289 ff.

Ist das minderjährige Kind noch nicht selbstständig, sondern kehrt es am Wochenende und in den Ferien zu dem sorgeberechtigten Elternteil zurück, kümmert dieser sich um Wäsche, Kleidung und sonstige Bedürfnisse des Kindes, so erbringt er weiterhin nennenswerte Betreuungsleistungen. Dann wird in der Regel der Unterhalt der Tabelle Kindesunterhalt zu entnehmen und allein dernicht betreuende Elternteil zum Barunterhalt heranzuziehen sein. Vgl. dazu Rn. 283. In diesem Fall muss allerdings die anzurechnende Ausbildungsvergütung nicht nur um ausbildungsbedingten Mehrbedarf (vgl. dazu Rn. 93 ff.), sondern auch um die Kosten der Wohnung am Ausbildungsplatz und um etwaige Fahrtkosten zum betreuenden Elternteil gekürzt werden.

Ist die Restbetreuung nur geringfügig, kann es bei dem Ansatz von 600,– € und der beiderseitigen Barunterhaltspflicht verbleiben. Der Mehrbelastung eines Elternteils durch die Restbetreuung kann dadurch Rechnung getragen werden, dass die sich nach den Einkommens- und Vermögensverhältnissen der Eltern ergebende Verteilung der Unterhaltslast wertend zugunsten dieses Elternteils verändert wird (vgl. dazu Rn. 301).

226 b Wenn die Eltern mit dem Kind zusammenleben, ist der dem Kind geschuldete Unterhalt Teil des Familienunterhalts. Ein eigener Unterhaltsanspruch des Kindes kommt nur ausnahmsweise in Betracht (vgl. dazu Rn. 3/10).

227 **e) Inkrafttreten der Tabelle. Geltungsdauer.** Die Düsseldorfer Tabelle gilt jeweils von einem bestimmten **Stichtag** an, die jetzt gültige ab 1. 7. 2003. Für Unterhaltszeiträume bis zum 30. 6. 2003 ist die Tabelle Stand: 1. 1. 2002 anzuwenden. Dies gilt auch dann, wenn sich die allgemeinwirtschaftlichen Verhältnisse bereits geändert haben und mit der baldigen Neufassung der Tabelle zu rechnen ist.[65] Diese Schematisierung führt dazu, dass ein **Unterhaltsurteil,** das kurz vor der Neufassung der Tabelle ergangen ist, nach deren Inkrafttreten trotz der Sperrwirkung des § 323 II ZPO **abgeändert** werden kann, auch wenn die Änderung der wirtschaftlichen Verhältnisse, die ihren Niederschlag in den neuen Tabellensätzen gefunden hat, teilweise bereits vor der Letzten mündlichen Verhandlung im Vorprozess eingetreten war.[66]

228 Der Unterhaltsbedarf eines minderjährigen Kindes nach der Düsseldorfer Tabelle wird – vorbehaltlich der Höher- bzw. Herabgruppierung nach A 1 der Düsseldorfer Tabelle (vgl. dazu Rn. 231 ff.) – grundsätzlich nicht dadurch beeinträchtigt, dass ein anderer Unterhaltsberechtigter vorhanden ist. Dies gilt auch dann, wenn dieser bereits einen **vollstreckbaren Titel** erwirkt hat. Die Unterhaltsansprüche sind grundsätzlich so zu errechnen, als ob über alle Ansprüche zugleich entschieden würde. Lediglich wenn der Vollstreckungstitel des anderen Berechtigten für die Vergangenheit wegen der Vorschrift des § 323 III ZPO nicht mehr abänderbar ist, kann dessen Unterhaltsanspruch in einem angemessenen Rahmen als Schuld berücksichtigt werden. Im Übrigen muss es dem Verpflichteten überlassen bleiben,

---

[64] OLG Düsseldorf, NJW 2001, 3344; OLG-Report 1999, 313
[65] BGH, FamRZ 1995, 221, 223 = R 485 b, c
[66] BGH, FamRZ 1995, 221, 224 = R 485 c

die Abänderung des Titels zu betreiben.[67] Ist eine Abänderung nicht möglich, z. B. weil sich der Schuldner gegenüber einem anderen Unterhaltsberechtigten, insbesondere einem nichtehelichen Kind, zu einem von vornherein überhöhten Unterhalt verpflichtet hat, scheidet auch eine Berücksichtigung der Unterhaltslast als Schuld aus.

f) Hohes Einkommen des Unterhaltspflichtigen. Die Düsseldorfer Tabelle begrenzt den Kindesunterhalt nicht nach oben.[68] Bei Einkünften, die über den Bereich der 13. Einkommensgruppe (4400,– bis 4800,– €) hinausgehen, also **bei besonders günstigen wirtschaftlichen Verhältnissen,** sieht die Tabelle vor, dass sich der Kindesunterhalt **„nach den Umständen des Falles"** richtet (vgl. Rn. 128 ff.). Dies bedeutet, dass die Bedarfssätze der Tabelle nicht schematisch entsprechend dem höheren Einkommen des barunterhaltspflichtigen Elternteils fortgeschrieben werden dürfen.[69] Vielmehr müssen auch bei höherem Einkommen der Eltern Kinder in einer ihrem Alter entsprechenden Weise an einer Lebensführung teil haben, die der besonders günstigen wirtschaftlichen Situation der Eltern Rechnung trägt. Nur unter Würdigung der besonderen Verhältnisse – namentlich einer Gewöhnung des Kindes an den von seinen Eltern gepflogenen aufwändigen Lebensstil – kann festgestellt werden, welche Bedürfnisse des Kindes zu befriedigen sind und welche als bloße Teilhabe am Luxus nicht erfüllt werden müssen. Diese Gesamtumstände und Bedürfnisse müssen vom unterhaltsberechtigten Kind näher dargelegt werden.[70] Zur Darlegungs- und Beweislast in solchen Fällen vgl. Rn. 230. Insgesamt wird der Unterhalt entsprechend den Umständen des Einzelfalles auch bei Einkünften deutlich über dem Bereich der Tabelle nur maßvoll anzuheben sein. Dies entspricht auch weitgehend der bisherigen Praxis. So hat das OLG Düsseldorf[71] bei einem Einkommen des barunterhaltspflichtigen Vaters von 14 000,– DM monatlich den Höchstsatz nach der Düsseldorfer Tabelle Stand: 1. 1. 1989 von 785,– DM um 115,– DM auf 900,– DM erhöht. Bei ähnlichen Einkommensverhältnissen wird man den Höchstbetrag des Minderjährigenunterhalts nach der Düsseldorfer Tabelle Stand: 1. 7. 2003 von 568,– € (DT 13/3) wegen der gestiegenen Lebenshaltungskosten inzwischen um gut 100,– € erhöhen können. Dagegen halte ich es selbst bei noch deutlich günstigeren wirtschaftlichen Verhältnissen der Eltern nicht für richtig, dass das OLG Köln[72] 13- und 15-jährigen Kindern einen Unterhalt von je 1740,– DM (rund 890,– €) zugebilligt hat, in dem für Kleidung 300,– DM, Urlaub 400,– DM, Tennis 300,– DM und Klavierunterricht 140,– DM enthalten waren. Vielmehr wird man einem Kind die Aufnahme besonders teurer Aktivitäten, die es bisher nicht ausgeübt hat, nicht schon deshalb zugestehen dürfen, weil die Eltern in besonders günstigen wirtschaftlichen Verhältnissen leben.[73] Bei fast volljährigen Kindern wird man eher eine Überschreitung des Höchstunterhalts nach der Tabelle rechtfertigen können als bei Kleinkindern. 229

Beispiel:
Bereinigtes Nettoeinkommen des Vaters (V) 5300,– €, der betreuenden Mutter 2000,– €. Zinseinkünfte des 10-jährigen Kindes monatlich 100,– €; das Kindergeld von 154,– € erhält die Mutter.
Der Unterhaltsbedarf des Kindes beträgt nach dem Nettoeinkommen des allein barunterhaltspflichtigen V gemäß der höchsten Einkommensgruppe der Tabelle (DT 13/2) 482,– €.
Keine Höherstufung wegen Unterhalts für nur 1 Kind und keine Erhöhung wegen des Nettoeinkommens des V von 5300,– €, weil nicht dargelegt ist, worin der erhöhte Bedarf besteht (vgl. dazu unten Rn. 230). Das Einkommen des V, das die 13. Einkommensgruppe der Tabelle nicht erheblich übersteigt, reicht dazu allein nicht aus.
Anrechnung von 100,– € Zinsen und 154,– € Kindergeld (vgl. § 1612 b I BGB) zur Hälfte auf den Bar- und auf den Betreuungsunterhalt (vgl. dazu Rn. 97, 503). Auf das Einkommen der Mutter kommt es nicht an (§ 1606 III 2 BGB).
Unterhaltsanspruch: 482 – 50 (Zinsanteil) – 77 (Kindergeldanteil) = 355,– €.

---

[67] BGH, FamRZ 1992, 797 = R 447 b; 2003, 363, 367 = R 584 h
[68] BGH, FamRZ 2000, 358 mit Anm. Deisenhofer = R 537 c
[69] BGH, FamRZ 2000, 358 mit Anm. Deisenhofer = R 537 c; OLG Düsseldorf, FamRZ 1998, 1191
[70] BGH, FamRZ 2000, 358 mit Anm. Deisenhofer = R 537 c; FamRZ 2001, 1603
[71] FamRZ 1991, 806
[72] FamRZ 1994, 1323
[73] BGH, FamRZ 2000, 358 mit Anm. Deisenhofer = R 537 c; OLG Düsseldorf, FamRZ 1994, 767; vgl. auch OLG Düsseldorf, FamRZ 1992, 981, beide allerdings für volljährige Kinder

230 Solange kein höherer Barbedarf geltend gemacht wird, als der jeweiligen Einkommensgruppe entspricht, werden an die **Darlegungslast** im Prozess keine besonderen Anforderungen gestellt. Das Kind hat lediglich das entsprechende anrechnungsfähige Nettoeinkommen des Barunterhaltspflichtigen für die jeweilige Einkommensgruppe darzulegen und eventuell nachzuweisen.[74] Wird nur der Unterhaltsbedarf nach Gruppe 1 verlangt, braucht das Kind zum Einkommen des Schuldners nichts vorzutragen; vielmehr muss der Verpflichtete seine behauptete Leistungsunfähigkeit nachweisen.[75] Zur Beweislast bei Unterschreitung des Existenzminimums des Kindes vgl. Rn. 127 d.

Verlangt der Berechtigte wegen einer weiter gehenden Leistungsfähigkeit des Verpflichteten einen höheren Unterhalt als nach Gruppe 13 der Tabelle, so muss er im Einzelnen darlegen, worin sein erhöhter Bedarf besteht und welche Mittel zu seiner Deckung erforderlich sind. Allerdings werden keine übertriebenen Anforderungen an die Darlegungslast gestellt werden dürfen. Das Kind ist nicht gehalten, seine gesamten – auch elementaren – Bedürfnisse und die zu deren Deckung erforderlichen Aufwendungen in allen Einzelheiten darzulegen. Es genügt der Hinweis auf besondere, vor allem auf kostenintensive Bedürfnisse. Das Gericht muss auf Grund des Parteivortrags in der Lage sein, den zur Deckung des erhöhten Bedarfs benötigten Betrag – notfalls im Wege der Schätzung – unter Heranziehung des Mehrbetrags zu berechnen, der sich aus einem Vergleich solcher Bedürfnisse mit dem bereits in der Düsseldorfer Tabelle erfassten Grundbedarf ergibt.[76] Bei Einkünften, die deutlich über dem Höchsteinkommen der Düsseldorfer Tabelle von 4800,– € liegen, wird man in der Regel davon ausgehen können, dass das Kind an dem höheren Lebensstandard der Familie teilgenommen hat und deshalb auch nach der Trennung weiter teilnehmen muss. Allerdings bleibt es dem Verpflichteten unbenommen, dies substantiiert zu bestreiten und z. B. darauf hinzuweisen, dass die Eltern aus erzieherischen Gründen ihren Lebenszuschnitt eingeschränkt und wesentliche Teile des Einkommens zur Vermögensbildung verwendet haben. Dann ist es Aufgabe des Kindes, diesen Vortrag zu widerlegen und die Notwendigkeit eines über den Höchstbetrag der Tabelle hinausgehenden Unterhalts darzulegen und zu beweisen. Vgl. dazu oben Rn. 229.

4. Zu- oder Abschläge bei den Bedarfssätzen

231 Die Regelbedarfssätze der Düsseldorfer Tabelle sind darauf zugeschnitten, dass der Unterhaltspflichtige einem Ehegatten und zwei Kindern Unterhalt zu gewähren hat. Bei einer größeren Anzahl von Unterhaltsberechtigten können Abschläge von den Tabellensätzen bei einer geringeren Anzahl Zuschläge zu den Tabellenbeträgen angemessen sein. Es kommt dann die Einstufung in eine niedrigere oder eine höhere Gruppe in Betracht (DT A 1). Die Praxis spricht hier auch von **Herab- bzw. Höhergruppierung.** Diese Verfahren ist vom BGH stets gebilligt worden. Vgl dazu Rn. 236. Die Wahl eines Zwischenbetrages zwischen zwei Gruppen, die früher empfohlen wurde, wird grundsätzlich nicht mehr angezeigt sein, nachdem die Düsseldorfer Tabelle inzwischen 13 Einkommensgruppen aufweist. Vgl. Rn. 210 b, 233, 239.

232 Bis zum 30. 6. 1998 war weitgehend anerkannt, dass bei Unterhaltspflicht nur gegenüber einem Kind in der Regel eine Höhergruppierung um zwei Einkommensgruppen vorzunehmen war. Dies entsprach der Rechtsprechung des BGH[77] und der meisten Oberlandesgerichte.[78] Voraussetzung war freilich auch hier, dass der Bedarfskontrollbetrag der höheren Einkommensgruppe gewahrt war. Vgl. dazu Rn. 240.

233 **Seit 1. 7. 1998** führt eine Höhergruppierung um zwei Einkommensgruppen in vielen Fällen nicht mehr zu angemessenen Ergebnissen. Dies ist durch die Vermehrung der Einkommensgruppen von neun auf zunächst zwölf, ab 1. 7. 2001 auf 13 und den anderen

---

74 BGH, FamRZ 1998, 357, 359

75 BGH, FamRZ 2002, 536, 538 mit Anm. Büttner = R 572 d

76 BGH, FamRZ 2000, 358 mit Anm. Deisenhofer = R 537 c; FamRZ 1983, 473; OLG Düsseldorf, FamRZ 1998, 1191

77 FamRZ 1994, 696 = R 477 a

78 OLG Hamm, FamRZ 1993, 353; OLG Frankfurt, FamRZ 1990, 658; vgl. auch die in der Vorauflage Rn. 233 ff. aufgeführten Tabellen und Leitlinien

Zuschnitt der Einkommensgruppen bedingt. Die Gruppen decken seit dem 1. 7. 1998 einen deutlich kleineren Einkommensbereich als früher ab. Vgl. dazu Rn. 210 b. Bei Höhergruppierung um nur zwei Gruppen gelangt man daher nach den Tabellen, die seit dem 1. 7. 1998 gelten, teilweise zu deutlich niedrigeren Unterhaltsbeträgen als nach der Tabelle, Stand: 1. 1. 1996. Es erscheint daher angezeigt, grundsätzlich **um drei Einkommensgruppen höher zu gruppieren,** wenn der Schuldner **nur einem Kind** unterhaltspflichtig ist und sonstige Unterhaltspflichten nicht bestehen.[79]

Eine Höhergruppierung um eine oder zwei Gruppen kommt in Betracht, wenn der Pflichtige Unterhalt für zwei Kinder oder für einen Ehegatten und ein Kind aufzubringen hat. Das Ausmaß der Höhergruppierung muss der Entscheidung im Einzelfall vorbehalten bleiben. So kann sich der Kindesunterhalt durch Anrechnung einer Vergütung als Auszubildender (Rn. 96 ff.) oder der Ehegattenunterhalt durch Berücksichtigung eigener (Erwerbs-)Einkünfte verringern. Dann kommt naturgemäß eher eine Höhergruppierung in Frage, als wenn der Schuldner seinem Kind den vollen Unterhalt nach der Tabelle und seinem Ehegatten den vollen Quotenunterhalt schuldet. Voraussetzung jeder Höhergruppierung ist, dass der **Bedarfskontrollbetrag** derjenigen Einkommensgruppe gewahrt ist, aus welcher der Unterhalt entnommen werden soll. Ist dies nicht der Fall, hat die Höhergruppierung ganz oder teilweise zu unterbleiben. Vgl. dazu Rn. 240. Oberlandesgerichte, die den Bedarfskontrollbetrag nicht kennen, sind auf die allgemeine Angemessenheitskontrolle angewiesen, die bei jeder Unterhaltsbemessung vorzunehmen ist.[80] Vgl. dazu Rn. 124, 208, 242.

Eine **Herabgruppierung** ist geboten, wenn der Schuldner Unterhalt für mehr als einen Ehegatten und zwei Kinder schuldet. Vgl. Rn. 231. In diesem Rahmen kann auch berücksichtigt werden, dass der Schuldner mit einer zusätzlichem Unterhaltspflicht gegenüber seinem nachrangigen zweiten Ehegatten belastet ist.[81]Auch hier ist der Bedarfskontrollbetrag zu beachten. Vgl. Rn. 240. **234**

Die Leitlinien der Oberlandesgerichte übernehmen in Nr. 11. 2 weitgehend die Rn. 231 wiedergegebene Formulierung der Anm. A 1 der Düsseldorfer Tabelle. Es wird meist nicht deutlich, ob und ggf. in welchem Ausmaß über eine Höher- bzw. über eine Herabgruppierung um mehr als eine Gruppe hinaus gegangen wird. **235**

Das OLG **Frankfurt** (FL 11. 2) hält bei Unterhaltspflicht für nur ein Kind eine Höhergruppierung um zwei Gruppen für angezeigt.

Die Einstufung in eine andere Gruppe der Tabelle wegen des Vorhandenseins einer geringeren oder größeren Anzahl von Unterhaltsberechtigten, als sie den Tabellensätzen für den Regelfall zugrunde liegt, begegnet revisionsrechtlich keinen Bedenken, da sie im Ermessen des Tatrichters liegt; diesem steht es frei, in diesem Rahmen Bedarfskontrollbeträge heranzuziehen.[82] Der **BGH** hat bei einer Unterhaltspflicht nur gegenüber einem Kind, allerdings vor der Neugestaltung der Tabelle (Rn. 233), eine Höhergruppierung um zwei Gruppen für angemessen gehalten.[83] Andererseits hat er bei Unterhaltspflichten gegenüber einer Ehefrau und vier Kindern die Herabgruppierung von der zweiten in die erste Einkommensgruppe gebilligt.[84] **236**

Im konkreten Einzelfall können die Zu- oder Abschläge auch individuell nach § 287 II ZPO geschätzt werden. **237**

Der Umfang des Ehegattenunterhalts (Elementar- und Vorsorgeunterhalt) beeinflusst die Einstufung des Kindes in eine Gruppe nicht, weil der **Ehegattenunterhalt** in der Regel erst **nach Abzug des Kindesunterhalts** vom Nettoeinkommen errechnet wird.[85] Anders kann **238**

---

[79] OLG Düsseldorf, FamRZ 2000, 1176; eingehend Scholz, FamRZ 1998, 797, 800; Soyka, FamRZ 2003, 1154

[80] BGH, FamRZ 2000, 1492, 1493 mit Anm. Scholz = R 546 c

[81] Scholz, FamRZ 2002, 1497

[82] BGH, FamRZ 2000, 1492, 1493 mit Anm. Scholz = R 546 c

[83] BGH, FamRZ 1994, 696 = R 477 a

[84] BGH, FamRZ 1992, 539 = NJW 1992, 1621

[85] BGH, FamRZ 2003, 363 = R 584 f mit Anm. Scholz, FamRZ 2003, 514; FamRZ 1999, 367 = R 530 b, c

es sein, wenn bei Höhergruppierung und Vorwegabzug des Ehegattenunterhalts der Bedarfskontrollbetrag nicht gewahrt bleibt oder das Ergebnis der Berechnung nach der Tabelle im Einzelfall aus besonderen Gründen unangemessen erscheint.[86] Genaueres zum Bedarfskontrollbetrag unten Rn. 239 ff.

5. Der Bedarfskontrollbetrag

239 Der Bedarfskontrollbetrag des Unterhaltspflichtigen ist eine Rechengröße. Er ist ab Gruppe 2 **nicht identisch mit dem Eigenbedarf oder dem Selbstbehalt** des Unterhaltspflichtigen. Er soll vielmehr eine ausgewogene Verteilung des Einkommens zwischen dem Unterhaltspflichtigen und den unterhaltsberechtigten Kindern gewährleisten. Wird der Bedarfskontrollbetrag der eigentlich in Betracht kommenden Einkommensgruppe unterschritten – wobei auch der Ehegattenunterhalt zu berücksichtigen ist –, muss der Tabellenbetrag der nächstniedrigeren Gruppe, deren Bedarfskontrollbetrag nicht unterschritten wird, angesetzt werden (DT A 6). Dann ist also eine Herabgruppierung vorzunehmen.

Die Düsseldorfer Tabelle ließ früher auch die Ansetzung eines Betrages zwischen zwei Einkommensgruppen, also eines Zwischenbetrages, zu. Nachdem aber die Zahl der Gruppen von neun auf dreizehn erhöht worden (vgl. Rn. 210 b) und damit der Einkommensbereich, den die Gruppen abdecken, kleiner geworden ist, wird ein Zwischenbetrag grundsätzlich nicht mehr angemessen sein.[87] Vgl. auch Rn. 231, 233.

Der **BGH**[88] hat die Herauf- oder Herabgruppierung mit Hilfe der Bedarfskontrollbeträge ausdrücklich gebilligt, aber nicht vorgeschrieben. Es handelt sich nach seiner Auffassung um eine der denkbaren Kontrollen, die der Richter bei der Überprüfung der Unterhaltsbemessung auf Angemessenheit und Ausgewogenheit stets durchzuführen hat. Der BGH lässt es auch zu, die Angemessenheitskontrolle ohne feste Kontrollbeträge erst im Rahmen einer Ergebnisprüfung als letzter Stufe der Unterhaltsberechnung vorzunehmen. Welche Methode das Gericht wählt, liegt in seinem Ermessen.

Das Gesetz kennt k**einen Mindestunterhalt** für minderjährige Kinder.[89] Insbesondere haben Kinder keinen vom Einkommen des Barunterhaltspflichtigen unabhängigen Unterhaltsanspruch in Höhe ihres Existenzminimums, das 135% des Regelbetrages beträgt. Vgl. dazu Rn. 127 ff. Daher ist auch im Bereich der ersten sechs Einkommensgruppen der Kindesunterhalt weiterhin in unterschiedlicher Höhe festzusetzen.[90] Dies wirkt sich besonders beim Ehegattenunterhalt aus. Deshalb behalten die Bedarfskontrollbeträge ihre Bedeutung. Lediglich die in den einzelnen Einkommensgruppen unterschiedliche Anrechnung des Kindergeldes führt bis zur 6. Gruppe weitgehend zum selben Zahlbetrag.[91] Vgl. dazu Rn. 509.

239 a Die Kontrollrechnung wird mit dem **Tabellenunterhalt** durchgeführt, nicht mit dem um das hälftige **Kindergeld** gekürzten Zahlbetrag.[92] Die gegenteilige Auffassung würde darauf hinauslaufen, den Kindergeldanteil letztlich als Einkommen des Schuldner zu behandeln. Dies würde aber der Rechtsprechung des BGH[93] widersprechen. Die Verrechnung des Kindergeldes richtet sich nur nach § 1612 b, insbesondere § 1612 b V BGB (vgl. dazu Rn. 500 ff.); sie erfolgt erst, wenn der Unterhalt mit Hilfe des Bedarfskontrollbetrages abschließend ermittelt worden ist.

---

[86] BGH, FamRZ 1992, 539, 541 mit Anm. Graba S. 541 = R 444 b

[87] Anders Steymann, FuR 1999, 63, der bei Unterschreiten des Bedarfskontrollbetrages eine Art Mangelfallberechnung durchführen will. Dies führt aber zu komplizierten Berechnungen, die die Gerichte unnötig belasten würden

[88] FamRZ 2000, 1492, 1493 mit Anm. Scholz = R 546 c

[89] BGH, FamRZ 2002, 536, 538 ff. mit Anm. Büttner = R 572 c

[90] BGH, FamRZ 2002, 536, 541 mit Anm. Büttner = R 572 c

[91] Dazu Soyka, FamRZ 2003, 1154

[92] OLG Schleswig (13. Familiensenat), FamRZ 2001, 855; anders 12. Familiensenat, FamRZ 2000, 441

[93] FamRZ 2000, 1492, 1493 mit Anm. Scholz = R 546 d

Beispiel:
Einkommen des Pflichtigen 1640,– €; Unterhalt für 3 Kinder im Alter von 13, 5 und 4 Jahren. Das Kindergeld von 154,– € pro Kind erhält die betreuende wiederverheiratete Mutter.
Kindesunterhalt nach DT 3/3 und 3/1: 324 + 227 + 227 = 778,– €.
Dem Schuldner bleiben 1640 – 778 = 862,– € und damit weniger als der Bedarfskontrollbetrag der 3. Einkommensgruppe von 950,– €.

Korrigierte Berechnung:
Der Kindesunterhalt ist der 2. Gruppe zu entnehmen. Er beträgt 304 + 213 + 213 = 730,– €. Dem Schuldner bleiben (1640 – 730 =) 910,– € und damit mehr als der Bedarfskontrollbetrag der 2. Einkommensgruppe von 900,– €.
Zu zahlen sind nach Kindergeldverrechnung für K 1 (304 – 0 =) 304,– €, für K 2 und K 3 je (213 – 21 =) 192,– € (vgl § 1612b V BGB und die Kindergeldabzugstabelle zur DT; Rn. 509).

Die **Eingruppierung in eine höhere Einkommensgruppe** setzt voraus, dass dem Pflichtigen nach Abzug des Kindes- und Ehegattenunterhalts der für die höhere Einkommensgruppe maßgebende Bedarfskontrollbetrag (nicht nur der notwendige Eigenbedarf) verbleibt. Unterschreitet der verbleibende Betrag den Bedarfskontrollbetrag, ist der Kindesunterhalt nach einer niedrigeren Einkommensgruppe zu bestimmen (so DT A 6; BraL, CL, HL, KL, jeweils 11. 2). Die bei einem Einzelkind nach Rn. 233 gebotene Höhergruppierung hat daher ganz oder teilweise zu unterbleiben, wenn der Bedarfskontrollbetrag der höheren Einkommensgruppe nicht gewahrt ist. 240

Beispiel:
Einkommen des Schuldners 1220,– €. Unterhaltspflicht nur gegenüber einem 16-jährigen Kind. Die nach Rn. 233 eigentlich gebotene Höhergruppierung um drei Gruppen scheidet aus, weil weder bei einem Unterhalt von 344,– € nach DT 4/3 der Bedarfskontrollbetrag von 1000,– € noch bei einem Unterhalt von 324,– € nach DT 3/3 der Bedarfskontrollbetrag von 950,– € gewahrt ist. Jedoch verbleibt dem Schuldner bei einem Unterhalt von 304,– € nach DT 2/3 der dann maßgebende Bedarfskontrollbetrag der 2. Einkommensgruppe von 900,– €. Daher wird ein Unterhalt von 304,– € geschuldet. Keine Kindergeldverrechnung; vgl. § 1612b V BGB und die Kindergeldabzugstabelle zur DT (Rn. 509).

Der Bedarfskontrollbetrag hat seine besondere Bedeutung, wenn neben dem Kindes- auch **Ehegattenunterhalt** geschuldet wird. Ehegatten- und Kindesunterhalt sind gleichrangig (§ 1609 II 1 BGB). Gleichwohl wird üblicherweise der Ehegattenunterhalt in der Weise berechnet, dass der Tabellenbetrag des Kindesunterhalts vorweg vom Einkommen des Pflichtigen abgezogen wird. Dies gilt auch dann, wenn der Kindesunterhalt den ersten fünf Gruppen der Düsseldorfer Tabelle entnommen und dem gemäß Kindergeld nicht oder nur teilweise angerechnet wird.[94] Es geht aber nicht an, den Ehegattenunterhalt stets unter **Vorwegabzug des Kindesunterhalts** zu berechnen.[95] Dieser Auffassung hat sich nunmehr auch der BGH[96] unter Aufgabe seiner früheren Rechtsprechung[97] angeschlossen. Er hält den grundsätzlich nach wie vor gebotenen Vorwegabzug des Kindesunterhalts dann nicht für angezeigt, wenn sich daraus ein Missverhältnis zwischen dem errechneten Ehegattenunterhalt und den für die Kinder festgestellten Unterhaltsbeträgen ergibt. Dem ist zuzustimmen. Vgl. dazu Rn. 163. 241

Der Bedarfskontrollbetrag ermöglicht diese vom BGH geforderte **Angemessenheitskontrolle** gerade dann, wenn es um die Frage geht, ob bereits ein Mangelfall vorliegt oder nicht und wenn deshalb besonders auf ein ausgewogenes Verhältnis von Ehegatten- und Kindesunterhalt geachtet werden muss. Zum Mangelfall vgl. insbesondere Rn. 159, 163 ff., 3/74 f., 5/224 ff. Bei der üblichen Berechnung des Unterhalts kann der notwendige Selbstbehalt des Schuldners bereits tangiert und dem gemäß eine Mangelverteilung erforderlich sein, wenn der Kindesunterhalt einer höheren Einkommensgruppe der Düsseldorfer Tabelle entnommen wird. In einem solchen Fall kann jedoch noch der notwendige Selbstbehalt, der mit dem Bedarfskontrollbetrag der 1. Einkommensgruppe identisch ist, gewahrt sein, wenn der Kindesunterhalt unter entsprechender Herabgruppierung nach A 1 der Düsseldorfer 242

[94] Soyka, FamRZ 2003, 1154
[95] So schon OLG Bamberg, FamRZ 1993, 1093, OLG Düsseldorf, FamRZ 1998, 852 mit Anm. Gutdeutsch, FamRZ 1998, 1611
[96] FamRZ 2003, 363 = R 584 b, f mit Anm. Scholz, FamRZ 2003, 514
[97] Vgl. insbesondere FamRZ 1997, 806

Tabelle nach der 1. Gruppe bemessen wird. Dann kann auch unter Berücksichtigung des (etwas höheren) Ehegattenunterhalts der Schuldner hinreichend leistungsfähig sein, so dass noch kein Mangelfall gegeben ist.

Beispiel:
Einkommen des Vaters (V) 1870,– €. Ehegattenunterhalt und Unterhalt für zwei 3- und 4-jährige Kinder. Die nicht erwerbstätige Mutter (M) bezieht das Kindergeld von je 154,– €.

Berechnung ohne Bedarfskontrollbetrag:
Kindesunterhalt nach DT 4/1: 241 + 241 = 482,– €.
Ehegattenunterhalt: (1870 – 482) × 3/7 = 595,– €.
V behält 1870 – 482 – 595 = 793,– €, also weniger als den notwendigen Selbstbehalt von 840,– €. Es ist also eine Mangelfallberechnung durchzuführen (vgl. dazu Rn. 163, 5/224 ff.).
Einsatzbeträge (= jeweiliges Existenzminimum) für die Kinder je 269,– €, für F 730,– €, Summe der Einsatzbeträge 1268,– €. Verteilungsmasse: 1870 – 840 = 1030,– €. V kann also 1030/1268 = 81,2% der Einsatzbeträge decken. Unterhalt für die Kinder jeweils 81,2% von 269,– € = 219,– €, für M 81,2% von 730,– € = 593,– €.
Kindergeldverrechnung: 219 – 27 = 192,– € (§ 1612 b V BGB; Rn. 509).

Korrigierte Berechnung mit Bedarfskontrollbetrag:
Da der notwendige Selbstbehalt des V und damit auch der Bedarfskontrollbetrag irgend einer Einkommensgruppe nicht gewahrt sind, muss der Kindesunterhalt der 1. Einkommensgruppe entnommen werden.
Kindesunterhalt also jeweils 199,– €.
Ehegattenunterhalt: 1870 – 199 – 199 = 1472 × 3/7 = 631,– €.
V behält dann 1870 – 199 – 199 – 631 = 841,– € und damit mehr als den notwendigen Selbstbehalt von 840,– €, der zugleich der Bedarfskontrollbetrag der ersten Einkommensgruppe der Düsseldorfer Tabelle ist. Es liegt somit kein Mangelfall vor. Kindesunterhalt und Ehegattenunterhalt stehen in einem angemessenen Verhältnis. M erhält (631 – 593 =) 38,– € mehr als bei der Berechnung ohne Bedarfskontrollbetrag.
Das Kindergeld wird in Höhe von je 7,– € angerechnet, sodass 192,– € für jedes Kind zu zahlen sind (vgl. § 1612 b V BGB und die Kindergeldabzugstabelle der DT). Der Zahlbetrag bleibt gegenüber der Berechnung ohne Bedarfskontrollbetrag unverändert.

Das Beispiel zeigt, dass das Zusammenwirken des § 1612 b V BGB und der Bedarfskontrollbeträge die **Kinder nicht benachteiligt,** sehr wohl aber den unterhaltsberechtigten **Ehegatten begünstigen** kann.

243 Die Bedarfskontrollbeträge der Düsseldorfer Tabelle werden von der weit überwiegenden Mehrheit der Oberlandesgerichte, insbesondere den Oberlandesgerichten Brandenburg, **Bremen, Hamburg, Hamm, Köln, Schleswig** und **den süddeutschen Oberlandesgerichten** anerkannt; allerdings werden sie nicht von allen Senaten in die Praxis umgesetzt. Dagegen enthalten die Leitlinien des **Kammergerichts** und der Oberlandesgerichte **Frankfurt, Jena, Naumburg, Oldenburg** und **Rostock** keine Bedarfskontrollbeträge. Vgl. jeweils 11. 2 der Leitlinien.

244, 245 *– In dieser Aufl. nicht belegt –*

246 Es ist nicht zu verkennen, dass die Bedarfskontrollberechnung verschiedene Rechengänge erfordern kann, bevor der endgültige Tabellenunterhalt ermittelt worden ist. Der Vorwurf, dass die Berechnungen mit dem Bedarfskontrollbetrag zu umständlich seien, geht gleichwohl fehl. Einmal muss jede Unterhaltsberechnung zum Schluss überprüft werden, damit festgestellt werden kann, ob das Ergebnis angemessen ist.[98] Der Bedarfskontrollbetrag schematisiert diese Prüfung und gibt damit zugleich den Maßstab für die in jeder Unterhaltfestsetzung vorzunehmenden Angemessenheitsprüfung (vgl. Rn. 124, 208, 242). Zum anderen erkennt der Praktiker bei einiger Übung alsbald, ob er nur eine oder zwei Gruppen herabgruppieren muss oder ob er den Unterhalt, weil ohnehin nur der Selbstbehalt gewahrt sein kann, sogleich der ersten Einkommensgruppe zu entnehmen hat. Zudem erleichtern Rechenmaschinen, Taschenrechner und Computerprogramme die Berechnung.[99]

---

[98] BGH, FamRZ 2000, 1492, 1493 mit Anm. Scholz = R 546 d; FamRZ 2003, 363, 366 = R 584 f mit Anm. Scholz FamRZ 2003, 514

[99] So das Berechnungsprogramm von Gutdeutsch, Familienrechtliche Berechnungen (Beck'sche Beratungssysteme)

IV. Dynamischer Unterhalt nach Regelbeträgen

Nach dem KindUG hat das minderjährige Kind ein **Wahlrecht zwischen statischem und dynamischem Unterhalt.**[100] Es kann wie bisher Unterhalt in Form eines statischen Betrages begehren. Dieser wird der Düsseldorfer Tabelle entnommen und muss bei Änderung der Verhältnisse neu festgesetzt werden, sei es durch Parteivereinbarung, sei es auf Abänderungsklage durch Urteil. Seit dem 1. 7. 1998 kann das Kind nach § 1612 a I BGB den Unterhalt auch als Vomhundertsatz des jeweiligen **Regelbetrages** verlangen, wenn es mit dem pflichtigen Elternteil nicht in einem Haushalt lebt. Hierfür steht insbesondere das **Vereinfachte Verfahren** über den Unterhalt Minderjähriger (§§ 645 ff. ZPO) zur Verfügung. Vgl. dazu eingehend Rn. 8/321 ff. Die Regelbeträge werden durch Rechtsverordnung des Bundesministeriums der Justiz für drei verschiedene Altersstufen festgesetzt und zum 1. Juli jeden zweiten Jahres der Lohnentwicklung angepasst (§ 1612 a IV BGB). Die letzte Änderung der Regelbeträge ist zum 1. 7. 2003 erfolgt.[101] Vgl. dazu, auch zur Höhe der Regelbeträge in Westdeutschland und im Beitrittsgebiet Rn. 206, 206 a. Wird der Unterhalt dynamisch auf der Basis der Regelbeträge festgesetzt, ändert er sich automatisch am 1. Juli jeden zweiten Jahres und bei Erreichen einer höheren Altersstufe, ohne dass es einer Vereinbarung oder einer Abänderungsklage bedarf. **246 a**

Das Wahlrecht zwischen statischem und dynamischem Unterhalt kann sowohl bei der erstmaligen Festsetzung des Unterhalts als auch im Rahmen einer **Abänderungsklage** ausgeübt werden.[102] Allein der Wunsch, nunmehr statt des statischen dynamischen Unterhalt zu erhalten, reicht jedoch nicht aus. Vielmehr muss die Abänderungsklage aus anderen Gründen eröffnet sein; es müssen sich also die Verhältnisse, die dem Titel zugrunde liegen, wesentlich geändert haben (§ 323 I ZPO).[103]

Das minderjährige Kind kann Unterhalt als **Vomhundertsatz des jeweiligen Regelbetrages** verlangen. Dies ist zunächst der Regelbetrag West bzw. Ost, der für das Kind nach der Regelbetrag-VO entsprechend der erreichten Altersstufe derzeit gilt. Das im alten Bundesgebiet lebende Kind kann nicht statt des Regelbetrages West den Regelbetrag Ost seiner Unterhaltsforderung zugrunde legen, ebenso wie das in Ostdeutschland lebende Kind nicht den Regelbetrag West statt des Regelbetrages Ost verlangen kann.[104] Mit der Geltendmachung des jeweiligen Regelbetrages ist gemeint, dass das Kind schon vor Erreichen des 6. oder 12. Lebensjahres einen bestimmten Vomhundertsatz des Regelbetrages der erst später geltenden Altersstufe einklagen kann. In diesem Fall hat das Kind mit dem Ersten des Monats, in dem es das 6. oder 12. Lebensjahr vollendet (vgl. Rn. 218), Anspruch auf den Regelbetrag der 2. bzw. 3. Altersstufe, vervielfältigt mit dem im Titel festgelegten Vomhundertsatz (§ 1612 a III 2 BGB). Es kann daher nunmehr auch sog. **Staffelunterhalt** zugesprochen werden.[105] Die Möglichkeit, Unterhalt in Höhe eines Vomhundertsatzes eines (bestimmten) Regelbetrages zu verlangen, ist seit dem 1. 1. 2002 entfallen.[106] **246 b**

Erreicht das Kind das 18. Lebensjahr, so steigt es nicht in die 4. Altersstufe der Düsseldorfer Tabelle auf, da der § 1612 a III BGB nur drei Altersstufen kennt. Andererseits wird der Titel nicht unwirksam, wenn das Kind **volljährig** wird (§ 798 a ZPO). Es behält zunächst den Unterhalt der 3. Altersstufe. Dem Kind bzw. dem bisher allein barunterhaltspflichtigen Elternteil bleibt es überlassen, eine Abänderung des Titels nach § 323 ZPO zu betreiben, wenn sie eine anderweitige Festsetzung des Kindesunterhalts für angezeigt halten. Zu den Unterschieden zwischen Minderjährigen- und Volljährigenunterhalt vgl. Rn. 330 ff. **246 c**

---

[100] Vgl. dazu eingehend Schumacher/Grün, FamRZ 1998, 778; Strauß, FamRZ 1998, 993
[101] Dritte VO zur Änderung der Regelbetrag-VO vom 24. 4. 2003 – BGBl. I 546
[102] Schumacher/Grün, FamRZ 1998, 778, 781
[103] AaO
[104] Diwell, FPR 1998, 159, 161
[105] Johannsen/Henrich/Graba Eherecht, 4. Aufl., § 1612 a Rn. 3
[106] Art. 27 des Gesetzes vom 13. 12. 2001 – BGBl. I 3574

Es ist angesichts dieser Rechtslage fehlerhaft, ein Urteil über dynamischen Unterhalt nach § 1612 a I BGB bis zur Vollendung des 18. Lebensjahres zu begrenzen.[107]

246 d Die Regelbeträge sind **nicht** mit dem **Existenzminimum** oder dem Mindestunterhalt des Kindes identisch. Es handelt sich vielmehr beim Regelbetrag um eine reine **Bezugsgröße,** die multipliziert mit dem maßgebenden Vomhundertsatz den geschuldeten dynamischen Unterhalt festlegen soll.[108] Vgl. Rn. 127 a, 205. Um den Vomhundertsatz ermitteln zu können, muss zunächst der betragsmäßig geschuldete Unterhalt mit Hilfe der Düsseldorfer Tabelle festgelegt werden. Dabei reicht es nicht aus, den Unterhalt der jeweiligen Einkommensgruppe der Düsseldorfer Tabelle zu entnehmen. Es ist vielmehr zu prüfen, ob eine Höher- oder Herabgruppierung vorzunehmen ist (Rn. 231 ff.), ob der Bedarfskontrollbetrag (Rn. 239 ff.) und der Selbstbehalt gewahrt (Rn. 247 ff.) sind und ob sich ggf. der Elternteil, bei dem das Kind lebt, am Barunterhalt zu beteiligen hat (Rn. 287 ff.). Die **individuelle Bemessung des Unterhalts** nach der Düsseldorfer Tabelle ist daher auch bei Zubilligung dynamischen Unterhalts nach § 1612 a I BGB unerlässlich. Vgl. Rn. 206 b.

246 e Der nach Rn. 246 d ermittelte Unterhalt der maßgebenden Einkommensgruppe ist in einem **Vomhundertsatz** des Regelbetrages der maßgebenden Altersstufe auszudrücken. Der Vomhundertsatz ist auf eine Dezimalstelle zu begrenzen; jede weitere Dezimalstelle wird nicht berücksichtigt (§ 1612 a II 1 BGB). Eine Auf- oder Abrundung findet also nicht statt. Erst der mit Hilfe des Vomhundertsatzes errechnete Unterhalt wird auf den nächsten vollen Euro aufgerundet (§ 1612 a II 2 BGB).

246 f Das Gesetz sieht keinen Höchstbetrag vor, bis zu dem der Unterhalt in einem Vomhundertsatz verlangt werden kann. Es kann also durchaus Unterhalt nach der höchsten Einkommensgruppe der Düsseldorfer Tabelle in Form eines Vomhundertsatzes von 200% des Regelbetrages begehrt und eingeklagt werden. Dagegen ist der Unterhalt, der im Vereinfachten Verfahren geltend gemacht werden kann, auf das Eineinhalbfache des Regelbetrages beschränkt (§ 645 II ZPO). 150% des Regelbetrages West entsprechen den Richtsätzen der 8. Einkommensgruppe der Düsseldorfer Tabelle; 150% des Regelbetrages Ost liegen zwischen den Richtsätzen der 6. und 7. Einkommensgruppe der Düsseldorfer Tabelle.

Es ist auch nicht ausgeschlossen, bei eingeschränkter Leistungsfähigkeit des Schuldners, also im Mangelfall, einen Unterhalt von weniger als 100%, z. B. 80% des Regelbetrages zu verlangen. Allerdings ist dies in der Regel nicht empfehlenswert. Vgl. dazu Rn. 246 i.

246 g Das **Kindergeld** ist auch auf den dynamischen Unterhalt nach Maßgabe des § 1612 b BGB anzurechnen. Es ist zu beziffern (§ 253 II Nr. 2 ZPO). Ein Klageantrag „abzüglich der Hälfte des jeweiligen Kindergeldes" ist unzulässig. Nach Änderung des § 647 I Nr. 1 c ZPO wird man jedenfalls im vereinfachten Verfahren mit Rücksicht auf § 1612 b V BGB eine eindeutige abstrakt gefasste Anrechnung des Kindergeldes zulassen müssen. Vgl. dazu im Einzelnen Rn. 509, 516.

246 h Im Klageantrag und in der Urteilsformel, aber auch in einem sonstigen Vollstreckungstitel, z. B. in einer Urkunde nach § 59 I Nr. 3 SGB VIII, ist der dynamische Unterhalt zu beziffern, soweit dies möglich ist. § 1612 a BGB soll nur eine leichtere Anpassung des Unterhaltstitels für die Zukunft ermöglichen und Abänderungsklagen möglichst entbehrlich machen, nicht aber entgegen den allgemeinen Grundsätzen der ZPO (vgl. § 253 II Nr. 2 ZPO) Kläger und Gericht von der **Bezifferung des** beantragten bzw. zugesprochenen **Unterhalts** entbinden. Erst der künftige Unterhalt, der ab dem nächsten Anpassungszeitpunkt (vgl. dazu Rn. 206, 246 a) zu zahlen ist, kann in der Weise beantragt und tenoriert werden, dass ein bestimmter Vomhundertsatz des jeweiligen Regelbetrages zu zahlen ist.[109] Der Auffassung des OLG Koblenz,[110] dass bereits ab der Letzten mündlichen Verhandlung dynamischer Unterhalt zugesprochen werden könne, kann nicht gefolgt

---

[107] OLG Saarbrücken, NJW-FER 2000, 142

[108] BGH, FamRZ 2002, 536, 539 mit Anm. Büttner = R 572 c

[109] Johannsen/Henrich/Graba, § 1612 a Rn. 11; Strauß, FamRZ 1998, 993, 997; Diwell, FPR 1998, 161; Gießler, FPR 1998, 177; so auch der Regierungsentwurf zum KindUG, BT-Drucks. 13/7338 S. 23

[110] FamRZ 2002, 1215

werden. Im Übrigen sprechen auch praktische Gründe für eine Bezifferung. Ob jeder Arbeitgeber, der eine Lohnpfändung zu bearbeiten hat, im Besitz der maßgebenden Regelbetrag-VO ist, erscheint durchaus fraglich. Zur Klarstellung sollte im Antrag und im Vollstreckungstitel zum Ausdruck gebracht werden, ob der **Regelbetrag West oder Ost** als Bezugsgröße heranzuziehen ist. Dies ist jedenfalls dann unerlässlich, wenn zweifelhaft sein kann, welcher Regelbetrag gemeint ist,[111] z. B. bei Unterhaltsprozessen im Land Berlin und in den angrenzenden Gebieten, aber auch dann, wenn einer der Beteiligten in den alten Bundesländern, der andere im Beitrittsgebiet lebt. Zu den sog. Ost-West-Fällen vgl. Rn. 212 ff.

Im Klageantrag und im Vollstreckungstitel muss auch angegeben werden, ab welchem Tag Unterhalt nach der nächsten Altersstufe zu zahlen ist, wann die nächste Änderung der Regelbeträge durch Verordnung des Bundesministeriums der Justiz ansteht (Rn. 206, 246 a) und ab wann demgemäß nicht mehr bezifferter, sondern unbezifferter in einem Vomhundertsatz des Regelbetrages ausgedrückter Kindesunterhalt zu zahlen ist.

Beispiel:
Der geschiedene Vater (V), der über ein bereinigtes Nettoeinkommen von 1650,– € verfügt, schuldet allein dem am 10. 2. 1998 geborenen und im alten Bundesgebiet lebenden Kind Unterhalt, der mit Schreiben vom 12. 2. 2003 angemahnt wird. Das Kindergeld von 154,– € bezieht die das Kind betreuende Mutter. Die Klage wird im August 2003 zugestellt. V hat Unterhalt nach 6. Einkommensgruppe der Düsseldorfer Tabelle, Stand: 1. 1. 2002 bzw. 1. 7. 2003 zu zahlen (Höhergruppierung um drei Gruppen, vgl. Rn. 233). Es ist folgender Antrag zu stellen:
Der Beklagte wird verurteilt, an das klagende Kind folgenden Unterhalt zu zahlen, für die Zeit
- vom 1. 2. bis 30. 6. 2003 254,– € abzüglich 77,– € Kindergeldanteil = 177 €
- vom 1. 7. 2003 bis 31. 1. 2004 269,– € abzüglich 77,– € Kindergeldanteil = 192,– €
- vom 1. 2. 2004 bis 30. 6. 2005 326,– € abzüglich 77,– € Kindergeldanteil = 249,– €
- vom 1. 7. 2005 bis 31. 1. 2010 135% des jeweiligen Regelbetrages West der 2. Altersstufe abzüglich 77,– € Kindergeldanteil
- ab dem 1. 2. 2010 135% des jeweiligen Regelbetrages West der 3. Altersstufe abzüglich 77,– € Kindergeldanteil.

In der Praxis wird die Dynamisierung des Minderjährigenunterhalts hauptsächlich von den Jugendämtern im Rahmen des Vereinfachten Verfahrens beantragt. Viele Anwälte und Richter begegnen ihr aber mit Vorbehalten, weil Klageantrag und Urteilstenor angesichts der komplizierten gesetzlichen Regelung Mühe machen. Zu empfehlen ist die Geltendmachung dynamischen Unterhalts, wenn nur ein oder zwei Kinder Unterhalt begehren und mit wesentlichen Veränderungen des Einkommens des Schuldners und anderer unterhaltsrechtlich bedeutsamer Umstände in absehbarer Zeit nicht zu rechnen ist. Abzuraten ist von einer Dynamisierung **246 i**
- wenn neben dem Kind der betreuende Elternteil **Ehegattenunterhalt** begehrt, da die Ansprüche voneinander abhängig sind,
- wenn sich die Grundlagen der Unterhaltsbemessung voraussichtlich ändern werden, also wenn **Einkommensänderungen** bevorstehen, z. B. die Veränderung der Steuerklasse im Jahr nach der Trennung, oder wenn mit dem Hinzutreten weiterer Unterhaltsberechtigter (Kinder aus zweiter Ehe) zu rechnen ist,
- in **Mangelfällen,** weil dann bereits geringe Veränderungen des Einkommens die Leistungsfähigkeit und damit die Unterhaltshöhe beeinflussen können; zudem ändert sich das „Verteilungsgefüge",[112] wenn ein Kind in die nächste Altersstufe gelangt und bei ihm ein höherer Einsatzbetrag zu berücksichtigen ist,
- in Fällen mit **Auslandsberührung,**[113] da der ungewöhnliche Titel zu Schwierigkeiten bei der Vollstreckung im Ausland führen kann.

Dann können sich die Vorteile der Dynamisierung, die gerade in der Vermeidung von Abänderungsklagen bestehen, nicht auswirken.

---

[111] Vgl. Bischof, FuR 1998, 390
[112] Strauß, FamRZ 1998, 993, 997
[113] Empfehlung des DIJUF zur Durchsetzung von Unterhaltsansprüchen im Ausland mit dynamisiertem Titel, JAmt 2001, 468

V. Leistungsfähigkeit der Eltern beim Unterhalt minderjähriger Kinder

1. Gesteigerte Unterhaltsverpflichtung der Eltern nach § 1603 II 1 BGB

247 Nach § 1603 II 1 und 3 BGB sind Eltern gegenüber minderjährigen Kindern verpflichtet, alle verfügbaren Mittel gleichmäßig zu ihrem Unterhalt und zum Unterhalt der Kinder zu verwenden, wenn kein anderer unterhaltspflichtiger Verwandter vorhanden ist, der den Unterhalt der Kinder ohne Gefährdung seines eigenen angemessenen Bedarfs (§ 1603 I BGB) aufbringen könnte (vgl. Rn. 271 ff.). Dies gilt nur für die Unterhaltspflicht gegenüber unverheirateten Kindern, nicht dagegen, wenn das Kind verheiratet war und die Ehe durch Tod, Scheidung oder Aufhebung aufgelöst worden ist. Vgl. zur entsprechenden Problematik beim privilegiert volljährigem Kind Rn. 455. Durch § 1603 II 1 BGB wird die Leistungsfähigkeit der Eltern über die Grenze der Gefährdung des eigenen angemessenen Unterhalts hinaus erweitert.[114] Die Eltern trifft also eine **gesteigerte Unterhaltsverpflichtung.**[115] Sie beruht auf ihrer besonderen Verantwortung für den angemessenen, nicht bloß den notwendigen Unterhalt ihrer minderjährigen Kinder.[115a] Seit dem 1. 7. 1998 gilt die gesteigerte Unterhaltspflicht nach § 1603 II 2 BGB auch gegenüber volljährigen unverheirateten Kindern bis zur Vollendung des 21. Lebensjahres, solange sie im Haushalt der Eltern oder eines Elternteils leben und sich in der allgemeinen Schulausbildung befinden. Vgl. zu diesen **privilegiert volljährigen Kindern** im Einzelnen Rn. 454 ff.

248 Für die Eltern besteht insbesondere eine Pflicht zur **gesteigerten Ausnutzung ihrer Arbeitskraft,** d. h. eine verstärkte Erwerbsobliegenheit. Die Eltern sind verpflichtet, alle zumutbaren Erwerbsmöglichkeiten auszuschöpfen.[116] Jedoch ist stets der Grundsatz der Verhältnismäßigkeit zu wahren.[117] Vgl. dazu Rn. 251.

249 Der gesteigert Unterhaltspflichtige muss sich besonders intensiv um eine Erwerbstätigkeit bemühen. Es sind ihm auch **Gelegenheitsarbeiten sowie berufsfremde Tätigkeiten** oder Arbeiten unterhalb seiner gewohnten Lebensstellung zuzumuten.[118]

250 Die Eltern sind in zumutbaren Grenzen sowohl zu einem **Ortswechsel** als auch zu einem **Berufswechsel** verpflichtet.[119] Jedoch sind derartige Anstrengungen nur zumutbar, wenn sie Erfolg versprechen, also an anderem Ort oder in einem anderen Beruf bessere Arbeitschancen bestehen.[120] Zur Darlegungs- und Beweislast vgl. Rn. 259 a. Geht ein Elternteil einer selbstständigen landwirtschaftlichen Tätigkeit nach, die unzureichende Erträge abwirft, ist er gehalten, zur Nebenerwerbswirtschaft überzugehen und notfalls die Landwirtschaft ganz aufzugeben und eine höhere Einkünfte versprechende anderweitige volle Erwerbstätigkeit aufzunehmen.[121]

251 Den Eltern werden zusätzliche Anstrengungen zugemutet. Sie müssen notfalls **Überstunden** leisten oder **Nebenbeschäftigungen** aufnehmen, wenn – auch unter Einbeziehung der Kindergeldhälfte des Barunterhaltspflichtigen (§ 1612 b V BGB) – das Existenzminimum ihrer minderjährigen Kinder nicht gesichert ist. Vgl. dazu Rn. 127 d. Allerdings wird den Eltern nicht jeder zeitlich mögliche, sondern nur ein Einsatz abverlangt, der ihnen nach dem Grundsatz der Verhältnismäßigkeit zugemutet werden kann. Zu berücksichtigen sind der Gesundheitszustand des Pflichtigen sowie die körperliche und zeitliche Belastung durch den Hauptberuf.[122] Da auch Eltern minderjähriger Kinder Anspruch auf Erholung haben,[123]

---

[114] BGH, FamRZ 1984, 682 = R 209
[115] BGH, FamRZ 1994, 372 ff. = R 473 c; FamRZ 1989, 170 = R 379 a
[115a] BGH, FamRZ 2003, 1171, 1173; FamRZ 2000, 1358 = R 543 b
[116] BGH, FamRZ 1994, 372 ff. = R 473 c
[117] BVerfG, FamRZ 2003, 661 = R 591
[118] BGH, FamRZ 1994, 372 ff. = R 473 c; OLG Koblenz, FamRZ 1997, 1104
[119] BGH, FamRZ 1994, 372 = R 473 c
[120] OLG Hamm, FamRZ 1998, 43; OLG Dresden, FamRZ 1997, 836
[121] BGH, FamRZ 1998, 357, 359 = R 515 b
[122] BVerfG, FamRZ 2003, 661 = R 591; OLG Celle, FamRZ 2002, 694
[123] OLG Hamburg, FamRZ 1990, 784

sind die Vorschriften des Arbeitszeitgesetzes zu beachten. Zu prüfen ist stets, ob der Schuldner überhaupt die tatsächliche und rechtliche Möglichkeit hat, eine Nebenbeschäftigung auszuüben oder Überstunden zu leisten.[124] Dies ist bei dem gegenwärtig angespannten Arbeitsmarkt nicht selbstverständlich. Zudem bedürfen Nebentätigkeiten in der Regel der Genehmigung des Arbeitgebers. Überdies wird das Nebeneinkommen eines Arbeitslosen oder Umschülers auf das Arbeitslosengeld, die Arbeitslosenhilfe oder das Unterhaltsgeld teilweise angerechnet (§§ 141 I, 157 I Nr. 3, 194 I S. 1 Nr. 1, 198 S. 2 Nr. 6 SGB III). Deshalb ist bei der fiktiven Zurechnung von Nebeneinkünften Vorsicht geboten. Die Anforderungen, die die Gerichte in diesem Zusammenhang an die Erwerbsobliegenheit des barunterhaltspflichtigen Elternteils stellen, gehen mir teilweise zu weit.[125] Sie werden nach der Entscheidung des BVerfG vom 5. 3. 2003[126] überprüft werden müssen.

Die Eltern müssen grundsätzlich **auf eigene Aus- und Fortbildungswünsche verzichten.** Dies gilt vor allem dann, wenn der Unterhaltspflichtige bereits über eine Berufsausbildung verfügt und ihm die Erwerbsmöglichkeiten in dem erlernten Beruf, wenn auch möglicherweise nach einem zumutbaren Ortswechsel, eine ausreichende Lebensgrundlage bieten. Dann muss er in der Regel die angestrebte zusätzliche Ausbildung so lange verschieben, bis die Kinder nicht mehr unterhaltsbedürftig sind.[127] Kinder müssen allerdings eine Weiterbildung des Unterhaltspflichtigen hinnehmen, wenn sie nur mit einem vorübergehenden Einkommensrückgang verbunden und ihr Existenzminimum – ggf. unter teilweisem Einsatz der Kindergeldhälfte des Schuldners nach § 1612 b V BGB – gesichert ist.[128] Vgl. dazu Rn. 127 a, b. Verfügt der Schuldner noch über keine abgeschlossene Berufsausbildung, ist die bisher ausgeübte Tätigkeit als ungelernte oder angelernte Hilfskraft fortgefallen und bestehen reale Arbeitsmöglichkeiten in diesem Bereich nicht mehr, kann ihm die Aufnahme einer Ausbildung nicht verwehrt werden, auch wenn die Schulzeit länger zurückliegt. Denn die Erlangung einer angemessenen Berufsausbildung gehört zum eigenen Lebensbedarf des Pflichtigen, den dieser grundsätzlich vorrangig befriedigen darf.[129] 252

Die verstärkte Erwerbsobliegenheit legt den Eltern nicht nur bei der Wahl ihres Arbeitsplatzes, sondern auch bei der **Aufgabe einer Erwerbstätigkeit** Beschränkungen auf. Dies ändert allerdings nichts daran, dass sich der Schuldner auch dann auf den Verlust einer Arbeitsstelle berufen darf, wenn er ihn selbst – auch schuldhaft – herbeigeführt hat. Nur verantwortungsloses, zumindest **leichtfertiges** und **unterhaltsbezogenes Verhalten** rechtfertigt es, dem Schuldner die Berufung auf seine Leistungsunfähigkeit zu versagen.[130] Die Nichterhebung einer **Kündigungsschutzklage** ist jedenfalls dem Pflichtigen nicht vorzuwerfen, wenn der Erfolg der Klage zweifelhaft, die Kündigung also nicht eindeutig unwirksam ist.[131] Zudem darf der Unterhaltsschuldner eine etwaige Abfindung nach § 9 KSchG zunächst zur Deckung seines eigenen notwendigen Selbstbehalts verwenden.[132] Man wird allerdings gerade bei Unterhaltsansprüchen minderjähriger Kinder die Anforderungen an die Leichtfertigkeit nicht überspannen dürfen. Ein Elternteil, der ein minderjähriges Kind zu unterhalten hat, handelt in der Regel leichtfertig, wenn er ohne wichtige Gründe (z. B. Krankheit) eine Arbeitsstelle aufgibt, obwohl eine hinreichend sichere Aussicht auf einen anderen im Wesentlichen gleichwertigen Arbeitsplatz nicht besteht. Dasselbe gilt, wenn er **sich selbstständig macht,** ohne jedenfalls für eine Übergangszeit dafür zu sorgen, dass der Unterhalt des Kindes sichergestellt ist. Näheres Rn. 1/487 ff., 1/494 ff., 1/505. 253

Hat der Pflichtige seine Arbeitsstelle schuldlos verloren, so kann ihm gleichwohl fiktives Einkommen zugerechnet werden, wenn er im Unterhaltszeitraum sich nicht um eine neue

[124] BVerfG, FamRZ 2003, 661 = R 591
[125] Zu weitgehend im Einzelfall m. E.: OLG Koblenz, FamRZ 1991, 1475; OLG Hamburg, FamRZ 1990, 784
[126] FamRZ 2003, 661 = R 591
[127] BGH, FamRZ 1994, 372, 374 f. = R 473 d; OLG Hamm, FamRZ 1998, 979 mit Anm. Born
[128] OLG Bamberg, FamRZ 2000, 307
[129] BGH, FamRZ 1994, 372, 374 f. = R 473 c, d
[130] BGH, FamRZ 1994, 372, 374 f. = R 473 c
[131] BGH, FamRZ 1994, 372, 374 f. = R 473 c; anders wohl OLG Hamm, FamRZ 2002, 1427
[132] A. A. offenbar OLG Hamm, FamRZ 2002, 1427

Arbeitsstelle bemüht und eine ihm mögliche und zumutbare Erwerbstätigkeit nicht aufnimmt.[133] Vgl. dazu auch Rn. 145.

254 Ein Elternteil, der ein minderjähriges Kind aus einer neuen Ehe versorgt, muss jedenfalls eine geringfügige Tätigkeit ausüben, um den Unterhalt eines minderjährigen Kindes aus einer früheren Ehe mindestens teilweise zu decken.[134] Genaueres zu den so genannten **„Hausmannsfällen"** in Rn. 172 ff., 281.

255 Gegenüber dieser aus Art. 6 I und II GG herzuleitenden verstärkten Unterhaltsverpflichtung müssen das Recht der Eltern auf **freie Entfaltung der Persönlichkeit** (Art. 2 I GG) sowie das Recht auf **freie Berufswahl** (Art. 12 I 1 GG) grundsätzlich zurücktreten.[135] Die Abwägung der grundrechtlich geschützten Interessen führt jedoch nicht in jedem Fall zu einem Vorrang des Unterhaltsanspruchs des minderjährigen Kindes vor den Belangen der Eltern. Die gesteigerte Unterhaltspflicht verpflichtet die Eltern vor allem, **das Existenzminimum des Kindes** sicherzustellen. Vgl. dazu Rn. 127 b, c, 247. Verfügt das Kind unter Einbeziehung der nach § 1612 b V BGB nicht oder nur teilweise anzurechnenden Kindergeldhälfte wenigstens über das Existenzminimum, kann unter Umständen auch ein Wechsel in eine geringer bezahlte Arbeitsstelle und damit eine Herabsetzung des Unterhalts hingenommen werden, z. B. wenn der Pflichtige mit dem Wechsel der Arbeitsstelle gesundheitsgefährdenden Schichtdienst vermeiden kann.[136] Vgl. auch zu der vergleichbaren Problematik einer Berufsausbildung des Unterhaltsschuldners Rn. 252 und der Aufgabe einer Erwerbstätigkeit Rn. 253.

256 Kommen die Eltern ihren gesteigerten Erwerbspflichten nicht nach, werden sie unterhaltsrechtlich so behandelt, als würden sie über die Einkünfte, die sie bei gutem Willen durch eine zumutbare Erwerbstätigkeit erzielen könnten, auch tatsächlich verfügen. Es wird ihnen ein entsprechendes **Einkommen fiktiv zugerechnet,**[137] und zwar sowohl für die Bedarfsbemessung als auch für die Beurteilung der Leistungsfähigkeit. Es muss allerdings feststehen oder zumindest nicht auszuschließen sein, dass bei genügenden Bemühungen eine reale Erwerbschance bestanden hätte.[138] Näheres Rn. 1/529 ff., 2/114, 144 ff. Bei entsprechenden Erwerbschancen kann dem Schuldner auch ein Einkommen fiktiv zugerechnet werden, das über der ersten Einkommensgruppe der Düsseldorfer Tabelle liegt.[139] Nur Einkommen, das dem Unterhaltspflichtigen nie oder jedenfalls nicht so nachhaltig zur Verfügung gestanden hat, dass es die Lebensstellung des Kindes prägen konnte, bleibt unberücksichtigt.[140] Dies ändert freilich nichts daran, dass der Schuldner ggf. durch Verwertung seines Vermögens und unter Einsatz seiner Kindergeldhälfte gemäß § 1612 b V BGB (dazu Rn. 127 c, d) das Existenzminimum des Kindes sicherzustellen hat.[141] Zum Einsatz des Vermögens vgl. Rn. 262. Die Auffassung des OLG Karlsruhe,[142] auf Grund fiktiven Einkommens könne nur der Mindestunterhalt nach der Tabelle zugesprochen werden, ist überholt. Vgl. dazu eingehend Rn. 114 und 1/508 ff.

257 Wer als Unterhaltsverpflichteter nach dem Ausscheiden aus der Bundeswehr eine **Übergangsbeihilfe** erhält, muss diese im Rahmen einer sparsamen Wirtschaftsführung auch zur Deckung des Unterhaltsbedarfs eines minderjährigen Kindes verwenden. Mit Rücksicht auf die gesteigerte Unterhaltspflicht darf er diese Mittel – ähnlich wie eine **Abfindung** bei Ausscheiden aus einem Arbeitsverhältnis (vgl. dazu Rn. 1/71 ff.) – für seinen eigenen Bedarf nur sparsam einsetzen, um den notwendigen Unterhalt des Minderjährigen möglichst bis zur Volljährigkeit sicherstellen zu können.[143]

---

133 OLG Düsseldorf, FamRZ 1998, 851
134 BGH, FamRZ 1996, 796 = R 500 a; FamRZ 1987, 270
135 BGH, FamRZ 1981, 341, 344; FamRZ 1981, 539 = R 73 a
136 OLG Karlsruhe, FamRZ 1993, 836
137 BGH, FamRZ 1994, 372 ff. = R 473 c
138 BGH, FamRZ 1994, 372 ff. = R 473 c
139 BGH, FamRZ 2003, 1471, 1473; FamRZ 2000, 1358 = R 543 b; OLG Düsseldorf, FamRZ 1991, 220
140 BGH, FamRZ 2000, 1358 = R 543 b; vgl. auch BGH, FamRZ 1997, 281, 283 = R 509 f.; FamRZ 1993, 1304, 1306 = R 464 b
141 Vgl. BGH, FamRZ 1989, 170 = R 379 a
142 FamRZ 1993, 1481
143 BGH, FamRZ 1987, 930 = NJW-RR 1987, 706

Ein Elternteil, der selbst unterhaltsberechtigt ist und Ehegattenunterhalt erhält, muss u. U. auch diesen **Unterhalt** bis zur Höhe seines notwendigen Selbstbehalts für den Unterhalt eines minderjährigen Kindes verwenden, wenn und soweit die gesteigerte Unterhaltspflicht nach § 1603 II 1 BGB besteht.[144] Näheres dazu vgl. Rn. 148 ff., 172 ff. 258

Die erweiterte Unterhaltsverpflichtung gebietet es, die Leistungsfähigkeit unabhängig davon zu beurteilen, woher die zur Verfügung stehenden Mittel stammen. Dies rechtfertigt es, auch ein **Schmerzensgeld,** das der unterhaltspflichtige Elternteil erhalten hat, zu den Mitteln zu rechnen, deren Einsatz ihm nach § 1603 II 1 BGB zugemutet wird. Wenn der Verpflichtete während des Unterhaltszeitraumes noch unter fortdauernden schweren Behinderungen zu leiden hat, kann der Ausgleichsfunktion des Schmerzensgeldes durch eine maßvolle, die Belange des Kindes mitberücksichtigende Anhebung des notwendigen Selbstbehalts Rechnung getragen werden.[145] **Erziehungsgeld** ist bei gesteigerter Unterhaltspflicht für den Kindesunterhalt einzusetzen (§ 9 S. 2 BErzGG).[146] Dagegen gilt die Privilegierung von Sozialleistungen für Körper- und Gesundheitsschäden nach § 1610 a BGB auch im Rahmen der verschärften Haftung nach § 1603 II 1 BGB, da eine dem § 9 S. 2 BErzGG fehlt.[147] Zum Einsatz des Vermögens vgl. Rn. 262. 259

Das minderjährige Kind, das nur den Regelbetrag (1. Einkommensgruppe der Düsseldorfer Tabelle) verlangt, braucht seinen Bedarf nicht weiter darzulegen. Der Barunterhaltspflichtige hat demgegenüber **darzulegen und zu beweisen,** dass er trotz der gebotenen Anstrengungen (vgl. Rn. 248 ff.) nicht in der Lage ist, Unterhalt in dieser Höhe zu zahlen.[148] Vgl. Rn. 230. Dagegen braucht der Schuldner nicht darzulegen und zu beweisen hat, dass er das Existenzminimum des Kindes in Höhe von 135% des Regelbetrages (6. Einkommensgruppe der Düsseldorfer Tabelle) nicht decken kann. Vgl. dazu Rn. 127 d. Dies hat in der Praxis nur eine geringe Bedeutung, da § 1612 b V BGB dazu führt, dass der Zahlbetrag nach Verrechnung des Kindergeldes bis zur 6. Einkommensgruppe der Tabelle weitgehend identisch ist. Vgl. dazu Rn. 509. Diese Verteilung der Darlegungs- und Beweislast darf allerdings nicht dazu führen, dass jedem Schuldner ohne nähere Prüfung ein Einkommen zugerechnet wird, das ihm die Zahlung des Regelbetrages für ein oder mehrere Kinder ermöglicht.[149] Der notwendige Selbstbehalt und der Regelbetrag für ein minderjähriges Kind sind heute so hoch, dass sie zusammen das Einkommen, das der Pflichtige als ungelernte Kraft erzielen kann, häufig übersteigen. Das gilt besonders, wenn die Mutter barunterhaltspflichtig ist oder wenn Unterhalt für ein oder mehrere Kinder der 3. Altersstufe zu zahlen ist.[150] 259 a

2. Notwendiger Selbstbehalt bei gesteigerter Unterhaltspflicht

Wenn nicht ein anderer leistungsfähiger Verwandter vorhanden ist (§ 1603 II 3 BGB; Rn. 271 ff.), haben Eltern im Rahmen der gesteigerten Unterhaltspflicht nach § 1603 II 1 BGB gleichsam das „Letzte“ mit ihren minderjährigen Kindern zu teilen. Dasselbe gilt hinsichtlich der privilegiert volljährigen Kinder im Sinne des § 1603 II 2 BGB (vgl. dazu Rn. 445 ff.). Die Unterhaltsverpflichtung der Eltern findet erst dort ihre Grenze, wo die Möglichkeit der eigenen Fortexistenz in Frage gestellt wäre und ihnen nicht mehr die Mittel zur Bestreitung des unentbehrlichen Lebensbedarfs, also des **Existenzminimums,** verbleiben würden.[151] Den Eltern dürfen also die Mittel für ihren eigenen notwendigen Lebensbedarf nicht genommen werden. Die Düsseldorfer Tabelle spricht in diesem Zusammenhang vom **notwendigen Eigenbedarf (Selbstbehalt)** des Verpflichteten (DT Anm. A 5 I). 260

---

144 BGH, FamRZ 1985, 1243 = NJW 1986, 186
145 BGH, FamRZ 1989, 170, 172 = R 379 b
146 OLG Hamm, FamRZ 2000, 311
147 So mit Recht MüKo/Born, BGB, 4. Aufl., § 1610 a Fn. 21; Johannsen/Henrich/Graba, Eherecht, 4. Aufl., § 1610 a Rn. 4; a. A. Palandt/Diederichsen, BGB, § 1610 a Rn. 3
148 BGH, FamRZ 2002, 536 mit Anm. Büttner = R 572 d
149 Vgl. OLG Brandenburg, NJW-FER 2001, 8
150 Vgl. Büttner/Niepmann, NJW 2001, 2215, 2222
151 BGH, FamRZ 1994, 372 ff. = R 473 c

Gebräuchlich ist auch die Bezeichnung „kleiner Selbstbehalt". Diese „untere Opfergrenze" wird weniger durch die individuellen Lebensumstände des Verpflichteten als vielmehr durch das Erfordernis bestimmt, die Grenze seiner Inanspruchnahme generalisierend festzulegen.[152] Zur Bemessung des notwendigen Selbstbehalts vgl. Rn. 263 ff.

261 Das **Existenzminimum** wird im Wesentlichen durch den **Sozialhilfebedarf** bestimmt. Hiervon gehen auch die Berichte der Bundesregierung über die Höhe des steuerfrei zu lassenden Existenzminimums von Kindern und Familien aus. Vgl. dazu Rn. 127 a, b. Der im Bericht für das Jahr 2003 angenommene Betrag für das sächliche Existenzminimum eines Alleinstehenden von 6948,– € pro Jahr, also von 579,– € pro Monat, kann gleichwohl nicht für das Unterhaltsrecht übernommen werden, da der Bericht offensichtlich zu niedrige Wohnkosten zugrunde legt.[153] Zu den Wohnkosten vgl. Rn. 268, zum Existenzminimum für das unterhaltsberechtigte Kind Rn. 127 a, b. Abzustellen ist für die Bemessung des Existenzminimums im Unterhaltsrecht auf die Sozialhilfe, die der Unterhaltspflichtige erhalten könnte. Daher kann niemand unterhaltspflichtig sein, der bei Zahlung von Unterhalt selbst Sozialhilfe in Anspruch nehmen müsste.[154] Dieser schon früher geltende Grundsatz findet seinen Niederschlag in § 91 II 1 BSHG. Genaueres dazu Rn. 6/506, 523 ff. In den in der Praxis verwendeten Tabellen und Leitlinien wird deshalb der notwendige Selbstbehalt mit einem Betrag angesetzt, der die Sätze der Sozialhilfe und damit den notwendigen Unterhalt nach § 850 d I 2 ZPO maßvoll übersteigt.[155] Ist die Sozialhilfe, die der Unterhaltsschuldner erhalten könnte, wenn er selbst bedürftig wäre, höher als der notwendige Selbstbehalt, muss dieser im Einzelfall angemessen erhöht werden.[156] Vgl. dazu Rn. 269. Dies gilt jedoch nur zugunsten des Pflichtigen selbst, nicht auch zugunsten weiterer Unterhaltsberechtigter, die mit ihm in einer Haushaltsgemeinschaft leben. Das Verhältnis mehrerer Berechtigter untereinander wird allein durch die Rangvorschriften (§§ 1582, 1609, 1615 l III BGB; § 16 LPartG) bestimmt.[157] Vgl. auch unten Rn. 6/570, 573. Damit weicht das Unterhaltsrecht in einem wichtigen Punkt vom Sozialhilferecht ab, das die Mitglieder der sogenannten Bedarfsgemeinschaft bei der Bemessung des sozialhilferechtlichen Bedarfs des Hilfeempfängers mit berücksichtigt (vgl. Rn. 6/543, auch 6/517 f., 573).

261 a Ist der Schuldner in einem Heim untergebracht und wird sein Einkommen vom Sozialhilfeträger bis unter den notwendigen Selbstbehalt für die Unterbringungs- und Pflegekosten in Anspruch genommen, so kann er vom Sozialhilfeträger die teilweise Freistellung seiner Einkünfte nach § 85 I Nr. 3 BSHG verlangen, damit er seiner Unterhaltspflicht nachkommen kann (vgl. Rn. 6/538). Nach Auffassung des BSG[158] kann der Schuldner zu einem solchen Antrag unterhaltsrechtlich verpflichtet und damit ganz oder teilweise leistungsfähig sein. Der BGH[159] hat demgegenüber eine solche unterhaltsrechtliche Verpflichtung verneint. Sie kann entgegen der Meinung des BSG allenfalls unter ganz besonderen Umständen vorliegen.

262 Der barunterhaltspflichtige Elternteil ist verpflichtet, den **Stamm seines Vermögens** einzusetzen, wenn er den Unterhalt des Kindes nicht durch Erwerbstätigkeit aufbringen kann. Eine Verwertung des Vermögensstammes kann allerdings nicht verlangt werden, wenn diese den Unterhaltsverpflichteten von fortlaufenden Einkünften abschneiden würde, die er zur Bestreitung seines eigenen Unterhalts benötigt. Auch im Rahmen der erweiterten Unterhaltspflicht darf der Vermögensstamm zur Befriedigung des Mindestbedarfs eines Kindes nur dann herangezogen werden, wenn unter Berücksichtigung der voraussichtlichen Lebensdauer und unter Einbeziehung etwa zu erwartender künftiger Erwerbsmöglichkeiten

---

[152] BGH, FamRZ 1982, 365 = NJW 1982, 1050

[153] Bericht über die Höhe des Existenzminimums von Erwachsenen und Kindern für das Jahr 2003 (Vierter Existenzminimumsbericht) BTDrs. 14/7765

[154] BGH, FamRZ 1996, 1272 = R 507 b; FamRZ 1990, 849; vgl. auch BGH, FamRZ 2000, 1358 = R 543 a

[155] BGH, FamRZ 2003, 1466; FamRZ 1993, 1186, 1188 = R 463; FamRZ 1984, 1000 = R 210

[156] Seetzen, NJW 1994, 2505, 2508 m. w. N.; Hampel, Bemessung des Unterhalts an Hand von Unterhaltstabellen und Leitlinien der Oberlandesgerichte, 1994, Rn. 95

[157] BGH, FamRZ 1996, 1272 = R 507 b

[158] FamRZ 1996, 1404

[159] FamRZ 1990, 849 = NJW 1991, 356

der notwendige Eigenbedarf des Verpflichteten bis an dessen Lebensende gesichert bleibt.[160] Vgl. auch Rn. 1/420. Zur Verpflichtung, im Rahmen der gesteigerten Unterhaltspflicht auch erhaltenes Schmerzensgeld einzusetzen, vgl. Rn. 259 und 1/482.

Nach diesen Grundsätzen muss der Schuldner auch Grundeigentum durch Verkauf oder Belastung verwerten, um den Unterhalt des minderjährigen Kindes zu sichern. Der Plan, auf dem Grundstück ein Wohngebäude zu errichten, muss demgegenüber zurücktreten.[161]

3. Die Bemessung des notwendigen Selbstbehalts nach den Tabellen und Leitlinien der Oberlandesgerichte

Der Gesetzgeber hat den notwendigen Selbstbehalt nicht betragsmäßig festgelegt. Auch der BGH hat keine Beträge vorgegeben, aber verlangt, dass dem Schuldner jedenfalls das Existenzminimum, also der Bedarf nach Sozialhilferecht verbleiben müsse. Der notwendige Selbstbehalt müsse die Sozialhilfe, die der Schuldner erhalten könne, maßvoll übersteigen.[162] Nach der Rechtsprechung des BGH[163] ist die Bemessung des notwendigen Selbstbehalts Sache des Tatrichters. Diesem ist es nicht verwehrt, sich dabei an Erfahrungs- und Richtwerte in Unterhaltsleitlinien anzulehnen, sofern nicht im Einzelfall besondere Umstände eine Abweichung bedingen (vgl. auch Rn. 208, 1/3 ff.). **263**

Die Oberlandesgerichte des alten Bundesgebiets gehen bis auf die Oberlandesgerichte Frankfurt und Schleswig in ihren Leitlinien (Nr. 21. 2; vgl. Rn. 265) von den Beträgen der **Düsseldorfer Tabelle** für den **notwendigen Selbstbehalt** aus. Sie unterscheiden meist zwischen dem notwendigen Selbstbehalt des erwerbstätigen und des nicht erwerbstätigen Unterhaltsschuldners. **264**

Die Sätze für den notwendigen Selbstbehalt betragen:

- **ab 1. 1. 2002:**
  - **840,– €** als notwendiger Selbstbehalt eines **Erwerbstätigen,**
  - **730,– €** als notwendiger Eigenbedarf eines **Nichterwerbstätigen.**

  Diese Beträge sind bei den Änderungen der Tabelle zum 1. 7. 2003 nicht verändert worden, da die Preise seit der letzten Anhebung der Selbstbehaltssätze zum 1. 7. 2001/1. 1. 2002 nur geringfügig gestiegen sind.[164]

  Früher betrugen die Selbstbehaltssätze:
- **vom 1. 7. 2001 bis 31. 12. 2001:**
  - 1640,– DM als notwendiger Selbstbehalt eines Erwerbstätigen,
  - 1425,– DM als notwendiger Eigenbedarf eines Nichterwerbstätigen.
- **vom 1. 1. 1996 bis 30. 6. 2001:**
  - 1500,– DM als notwendiger Selbstbehalt eines Erwerbstätigen,
  - 1300,– DM als notwendiger Eigenbedarf eines Nichterwerbstätigen.

Abweichende Beträge für den notwendigen Selbstbehalt setzen an: **265**

- das OLG **Frankfurt** (FL 21. 2) ab 1. 1. 2002 840,– € einheitlich für erwerbstätige und nicht erwerbstätige Schuldner
- das OLG **Schleswig** (SchL 21. 2) ab 1. 1. 2002 820,– € einheitlich für erwerbstätige und nicht erwerbstätige Schuldner.

Die **Oberlandesgerichte der neuen Bundesländer** legen ab 1. 1. 2002 in ihren Leitlinien (jeweils 21. 2) niedrigere Selbstbehaltssätze zugrunde, **265 a**

und zwar das Kammergericht (nur für das Beitrittsgebiet; vgl. auch die Berliner Tabelle) und die Oberlandesgerichte Brandenburg, Jena (erst ab 1. 7. 2003) und Naumburg

- **775,– €** als notwendiger Selbstbehalt eines **Erwerbstätigen,**
- **675,– €** als notwendiger Eigenbedarf eines **Nichterwerbstätigen,**

die Oberlandesgerichte Dresden und Rostock

---

[160] BGH, FamRZ 1989, 170 = R 379 a; OLG Karlsruhe, NJW-FER 1999, 23
[161] OLG Dresden, FamRZ 1999, 396
[162] BGH, FamRZ 1994, 372 = R 473 c; FamRZ 1984, 1000 = R 210
[163] FamRZ 1982, 365 = NJW 1982, 1050
[164] Vgl. dazu Soyka, FamRZ 2003, 1154, 1157

– **750,– €** als notwendiger Selbstbehalt eines **Erwerbstätigen,**
– **650,– €** als notwendiger Eigenbedarf eines **Nichterwerbstätigen.**

266 Der höhere notwendige Selbstbehalt eines Erwerbstätigen steht auch einem **Umschüler** zu, wenn die Umschulung seine volle Arbeitskraft in Anspruch nimmt und er etwa den gleichen Aufwand wie ein Erwerbstätiger hat, z. B. weil er günstige Einkaufsangebote aus Zeitmangel nicht nutzen kann oder er sich besser als ein Nichterwerbstätiger kleiden muss.[165] Auch ein **Arbeitsloser,** der sich intensiv um eine neue Stelle bewirbt, kann in derselben Lage sein, wenn sein Bemühungen wirklich intensiv sind und er sich bei Vorstellungsgesprächen wie ein Berufstätiger verhalten muss. Dann wird man ihm den notwendigen Selbstbehalt von 840,– € nicht verwehren können. Bei Bezug von **Krankengeld** ist vom Selbstbehalt eines Erwerbstätigen auszugehen, wenn eine Wiedereingliederung in das Erwerbsleben abzusehen ist.

267 Der um 110,– € (im Beitrittsgebiet 100,– €) höhere Selbstbehalt für einen erwerbstätigen Schuldner (vgl. die unter Rn. 264, 265 a aufgeführten Tabellen und Leitlinien) ist in erster Linie ein **Anreiz,** seine Erwerbstätigkeit nicht aufzugeben und sich statt dessen mit Sozialhilfe zu begnügen.[166] Dagegen werden konkret bezifferbare berufsbedingte Aufwendungen nicht durch den Zuschlag von 110,– € (bzw. von 100,– € im Beitrittsgebiet) berücksichtigt. Vielmehr werden beim Pflichtigen, der sein Einkommen aus unselbstständiger Arbeit bezieht, bezifferbare berufsbedingte Aufwendungen von diesen Einkünften vorab abgezogen, und zwar pauschal 5%, mindestens 50,– €, höchstens aber 150,– € (so die Düsseldorfer Tabelle – DT Anm. A 3 – und die ihr folgenden Tabellen und Leitlinien).[167] oder der tatsächliche Aufwand auf Grund entsprechenden konkreten Vortrags. Genaueres zu den berufsbedingten Ausgaben vgl. Rn. 1/87 ff.

Beispiel:
Erwerbseinkommen des Schuldners 1200,– €. Anrechenbar sind 1200,– € – 5% = 1140,– €. Unter Berücksichtigung des Selbstbehalts von 840,– € stehen 300,– € für den Kindesunterhalt zur Verfügung.

Der Trennung zwischen berufsbedingten Ausgaben und Erwerbstätigenzuschlag, wie sie die Düsseldorfer Tabelle vorsieht, entspricht die Einkommensermittlung nach § 76 BSHG. Nach § 76 II Nr. 4 BSHG sind die mit der Erzielung des Einkommens verbundenen notwendigen Ausgaben, in der Systematik der Düsseldorfer Tabelle (Anm. A 3) also die berufsbedingten Ausgaben, abzusetzen. Weiter sind nach § 76 II a Nr. 1 BSHG für Erwerbstätige Beträge in jeweils angemessener Höhe vom Einkommen abzuziehen. Dieser Abzug für Erwerbstätige, der in den meisten westlichen Bundesländern 148,– € beträgt (Rn. 6/532), entspricht in seiner Funktion dem Zuschlag von 110,– €, der nach Anm. A 5 I der Düsseldorfer Tabelle dem Erwerbstätigen beim Selbstbehalt gewährt wird. Er wird allerdings im Rahmen der sozialhilferechtlichen Vergleichsberechnung (vgl. Rn. 6/523 ff.) seit dem 1. 8. 1996 nicht mehr zugunsten des Schuldners berücksichtigt. Genaueres zur Einkommensermittlung nach dem BSHG vgl. Rn. 6/527 ff.

267 a Der Schuldner hat keinen Anspruch darauf, dass ihm neben dem notwendigen Selbstbehalt auch das Kindergeld zur Hälfte (§ 1612 b I BGB) verbleibt. **Kindergeld** ist kein unterhaltsrelevantes Einkommen.[168] Jedoch unterbleibt nach § 1612 b V BGB die Verrechnung des Kindergeldes, soweit der Schuldner nicht in der Lage ist, 135% des Regelbetrages abzüglich des hälftigen Kindergeldes zu zahlen. Vgl. dazu Rn. 509.

Beispiel:
V verfügt über ein bereinigtes Einkommen von 1040,– €. Er ist nur einem 5-jährigen Kind unterhaltspflichtig. Da ihm 840,– € verbleiben, kann er den Regelbetrag von 199,– € aufbringen. Eine Höhergruppierung kommt trotz der Unterhaltspflicht nur gegenüber einem Kind nicht in Betracht, da der Bedarfskontrollbetrag einer höheren Einkommensgruppe nicht gewahrt ist. Vgl. dazu Rn. 239 ff. Kindergeld wird nur in Höhe von 7,– € angerechnet, sodass V 192,– € zu zahlen hat.

---

165 OLG Hamm, FamRZ 1999, 1015; anders OLG Dresden, FamRZ 1999, 1015
166 Scholz, FamRZ 1993, 125, 132; vgl. auch BGH, FamRZ 1997, 806
167 Scholz, FamRZ 1993, 125, 131
168 BGH, FamRZ 2000, 1492, 1494 = R 546 d

In den Selbstbehaltssätzen der Düsseldorfer Tabelle von 840,– € bzw. von 730,– € sind **Wohnkosten** enthalten, und zwar **bis zu 360,– €** für Unterkunft einschließlich umlagefähiger Nebenkosten und Heizung **(Warmmiete).** Der Selbstbehalt kann angemessen erhöht werden, wenn dieser Betrag im Einzelfall erheblich überschritten wird und dies nicht vermeidbar ist (DT Anm. A 5). Dem sind die Oberlandesgerichte Bremen, Frankfurt, Hamburg, Hamm sowie Köln, ferner die süddeutschen Oberlandesgerichte gefolgt (jeweils Nr. 21. 2 der Leitlinien). Dagegen enthalten die Leitlinien des Kammergerichts und der Oberlandesgerichte Celle, Oldenburg und Schleswig keinen Ansatz von Wohnkosten im notwendigen Selbstbehalt. 268

Die Wohnkosten im Beitrittsgebiet setzen das OLG Brandenburg (Bra L 21.2) mit einer Kaltmiete von 235,– €, das OLG Dresden (DrL 21. 2) mit einer Warmmiete von 280,– € bei erwerbstätigen, von 265,– € bei nicht erwerbstätigen Schuldnern, das OLG Naumburg (NaL 21. 5. 2) mit einer Warmmiete von 360,– € an. Das Kammergericht und das OLG Rostock weisen Wohnkosten nicht gesondert aus.

Eine **Erhöhung der Selbstbehaltssätze** kommt vor allem dann in Betracht, 269

- wenn die **Wohnkosten** des Schuldners **überhöht sind,** also über dem im Selbstbehalt enthaltenen Ansatz von 360,– € liegen (vgl. dazu Rn. 268).[169] Allerdings ist, wie sich aus der Formulierung in der Düsseldorfer Tabelle (Anm. A 5) ergibt, Zurückhaltung geboten. Die Überschreitung des Betrages von 360,– € monatlich für Warmmiete muss erheblich und unvermeidbar sein. Der Schuldner ist gehalten, sich um eine preisgünstigere Wohnung zu bemühen und die Wohnkosten durch die Inanspruchnahme von Wohngeld zu senken.[170] Er hat darzulegen und zu beweisen, dass er dieser Obliegenheit nachgekommen ist. Als Anhalt für einen noch angemessenen Mietpreis können die Bestimmungen des Wohngeldgesetzes dienen. Die Wohnkosten dürfen auf Dauer nicht höher sein als die nach dem Wohngeldgesetz zu berücksichtigenden Aufwendungen;[171]
- wenn die **Sozialhilfe,** die der Schuldner erhalten könnte, **über dem notwendigen Selbstbehalt** nach den Unterhaltstabellen und Leitlinien liegt (vgl. dazu oben Rn. 261, 264 ff. und 6/571). Dies kann insbesondere in Betracht kommen, wenn die Wohnkosten zu hoch sind. Aber auch im Sozialhilferecht werden auf Dauer nur Wohnkosten anerkannt, die sich im Rahmen der durch das Wohngeldgesetz zu berücksichtigenden Aufwendungen halten.[172]

Eine **Herabsetzung des notwendigen Selbstbehalts** ist möglich, wenn der Schuldner im Einzelfall deutlich geringere Kosten hat, als in den Tabellensätzen berücksichtigt sind. Dies kann der Fall sein, wenn er mit einem leistungsfähigen neuen Partner in einer ehelichen oder nichtehelichen Gemeinschaft lebt und es deshalb zu **Ersparnissen durch eine gemeinsame Haushaltsführung** kommt.[173] Der barunterhaltspflichtige Elternteil kann sich nicht auf den notwendigen Selbstbehalt berufen, wenn sein eigener Unterhaltsbedarf durch den Familienunterhalt gesichert ist, den sein erwerbstätiger und leistungsfähiger Ehegatte leistet.[174] Eine Herabsetzung des Selbstbehalts kommt nicht schon dann in Betracht, wenn der Schuldner in einem bescheidenen Zimmer wohnt und deshalb weniger als 360,– € im Monat für die Warmmiete aufwenden muss. Es muss dem Pflichtigen überlassen bleiben, wie er sich innerhalb des ohnehin kargen notwendigen Selbstbehalts arrangiert. Ihm kann nicht verwehrt werden, für die Wohnung wenig auszugeben, sich dafür aber andere Annehmlichkeiten zu verschaffen. So wohl auch das OLG Köln (KL 13. 2), das zwar eine Absenkung des Wohnkostenanteils im Selbstbehalt bei niedriger Warmmiete für möglich hält, allerdings nur „ohne Einschränkung der Lebensführung." Auch ist eine pauschale Herabsetzung des notwendigen Selbstbehalts unter Hinweis auf den ländlichen Lebensbereich des Schuldners unzulässig.[175] 270

169 BGH, FamRZ 1984, 1000 = NJW 1984, 1614 = R 210; OLG Bamberg, FamRZ 1993, 66

170 OLG Bamberg, FamRZ 1993, 66

171 KG, FamRZ 1994, 1047

172 KG, FamRZ 1994, 1047

173 BGH, FamRZ 1998, 286, 288 = R 518 a; vgl. auch BGH, FamRZ 1995, 344 = R 488 c; FamRZ 1995, 343 = R 489 b, c; FamRZ 1991, 182 = R 430 d; vgl. auch BGH, FamRZ 2003, 860, 866 = R 510 A k (Berücksichtigung der Ersparnisse als Einkommen „erhöhend"?)

174 BGH, FamRZ 2001, 1065 = R 549 a, c; Urteil vom 29. 10. 2003 – XII ZR 115/01; vgl. auch BL, BraL, BrL, CL, DrL, HaL, HL, OL (jeweils 21. 5), FL (21. 4. 1), RL (21. 6)

175 OLG Düsseldorf, FamRZ 1999, 1020; anders OLG Dresden, FamRZ 1999, 1015

Ist der Schuldner auf Dauer in einem **Pflegeheim** untergebracht und werden die Kosten durch Leistungen der Pflegeversicherung und sein Einkommen gedeckt, so braucht ihm nicht der notwendige Selbstbehalt in vollem Umfang belassen zu werden. Es genügt, wenn er einen Betrag behält, der seine restlichen Bedürfnisse im Heim deckt.[176]

Beispiel:
Der schwerst pflegebedürftige Vater (V), der einem 16-jährigen Kind unterhaltspflichtig ist, verfügt über eine Pension von netto 2200,– €. Pflegegeld nach § 43 V Nr. 3 SGB XI 1432,– €. Heimkosten 3032,– €. V bleiben 600,– €, die er angesichts des weitgehend gedeckten Lebensbedarfs und seiner höchst eingeschränkten sonstigen Bedürfnisse nicht in Höhe des notwendigen Selbstbehalts von 730,– €, sondern z. B. nur noch in Höhe von 300,– € für Taschengeld, Kleidung usw. benötigt. V kann daher dem Kind Unterhalt nach DT 1/3 in Höhe von 284,– € zahlen. Keine Kindergeldverrechnung (§ 1612 b V BGB).

4. Keine gesteigerte Unterhaltsverpflichtung bei Vorhandensein eines anderen leistungsfähigen Verwandten

271 **a) Angemessener Bedarf der Eltern als Haftungsgrenze.** Die gesteigerte Haftung der Eltern tritt nicht ein, wenn weitere leistungsfähige unterhaltspflichtige Verwandte (z. B. Großeltern) vorhanden sind, denen auch bei Unterhaltsleistung ihr eigener angemessener Unterhalt verbleibt (§ 1603 II 3 BGB). Die Eltern haften in diesem Fall nur dann ihrem minderjährigen Kind auf Barunterhalt, wenn und soweit ihr Einkommen ihren eigenen angemessenen Unterhalt übersteigt.

272 Der angemessene Bedarf der Eltern ist nach § 1603 I BGB, nicht dagegen nach § 1578 BGB zu bemessen. Er ist daher nicht mit dem eheangemessenen Unterhalt identisch.[177] Vgl. dazu auch Rn. 148, 416, 5/62 a. Dies geht schon deshalb nicht an, weil der eheangemessene Bedarf durch die Unterhaltspflicht gegenüber minderjährigen Kindern bestimmt wird und der Kindesunterhalt in der Regel vor Bemessung des Bedarfs vom bedarfsprägenden Einkommen abgezogen wird; anders ist dies nur, wenn der Vorwegabzug zu einem Missverhältnis zwischen Ehegattenunterhalt und Kindesunterhalt führt[178] (vgl. dazu Rn. 163, 241, 4/188 ff.). Der angemessene Bedarf gegenüber minderjährigen Kindern wird daher nach der Düsseldorfer Tabelle analog DT Anm. A 5 II, der ausdrücklich nur den großen Selbstbehalt gegenüber dem volljährigen Kind festlegt (dazu Rn. 417 ff.), auf **1000,– €** zu bemessen sein.[179]

273 **b) Großeltern als andere unterhaltspflichtige Verwandte.** Sind Eltern außerstande, ohne Gefährdung ihres eigenen angemessenen Bedarfs von 1000,– € den Unterhalt des Kindes zu decken, kommt in der Praxis vor allem eine Haftung der Großeltern, in der Regel des Großvaters, nach § 1603 II 3 BGB in Betracht. Der Umfang des Unterhaltsanspruchs des Kindes richtet sich auch in diesem Fall nach der Lebensstellung der Eltern, nicht nach den möglicherweise deutlich besseren Einkommens- und Vermögensverhältnissen des Großvaters (vgl. Rn. 108 ff., 612). Sind die Eltern nicht leistungsfähig, wird ihr Einkommen gering sein und der Unterhalt des Enkelkindes in der Regel nicht über den Regelbetrag hinausgehen.[180] Anders kann es sein, wenn die Großeltern das Kind längere Zeit in ihren Haushalt aufgenommen hatten (Rn. 547). Naturgemäß muss auch dem Großvater sein eigener angemessener Bedarf verbleiben. Eine unterschiedslose Festsetzung des angemessenen Selbstbehalts der Eltern und der Großeltern würde dazu führen, dass ein minderjähriges Kind schon dann seinen leistungsfähigen **Großvater** in Anspruch nehmen könnte, wenn seinem Vater bei Erfüllung der Unterhaltspflicht weniger als 1000,– € verbleiben würden (und die Mutter nicht über Einkommen verfügt). Unbillige Ergebnisse können dadurch vermieden werden, dass der angemessene Selbstbehalt anderer unterhaltspflichtiger Verwandter, insbesondere der Großeltern, die ohnehin ihren Enkeln nicht verschärft haften und

[176] BGH, FamRZ 1990, 849 = NJW 1991, 356
[177] BGH, FamRZ 1990, 260, 264 = R 399 b
[178] BGH, FamRZ 2003, 363 = R 584 b, f mit Anm. Scholz, FamRZ 2003, 514
[179] BGH, FamRZ 2002, 742 = R 576 b
[180] Erdrich in Scholz/Stein, Praxishandbuch Familienrecht, Teil J Rn. 25

im Allgemeinen nicht damit rechnen müssen, von diesen auf Unterhalt in Anspruch genommen zu werden, über den Tabellensatz von 1000,– € hinaus erhöht wird.[181] Es spricht viel dafür, die Sätze heranzuziehen, die in Abschnitt D 1 der Düsseldorfer Tabelle bzw. in den Leitlinien der Oberlandesgerichte für den angemessenen Selbstbehalt der Kinder gegenüber ihren bedürftigen Eltern aufgeführt sind. Entgegen Pauling (Rn. 620) sollte dies auch dann gelten, wenn die Enkel minderjährig sind und sich nicht selbst helfen können. Gegen eine Erhöhung des angemessenen Selbstbehalts der Großeltern bestehen keine Bedenken, weil der BGH[182] die Anhebung inzwischen für den Elternunterhalt anerkannt hat. Aus diesen Gründen vermag ich der Empfehlung der meisten Leitlinien (BrL, CL, DrL, FL, HaL, NaL, OL, SüdL, jeweils 21. 3. 1) nicht zu folgen, den angemessenen Selbstbehalt der Großeltern gegenüber den Enkeln und denjenigen der Eltern gegenüber ihren volljährigen Kindern gleichzusetzen.

Der **angemessene Selbstbehalt anderer unterhaltspflichtiger Verwandter** (mit Ausnahme der Eltern) sollte auf 1250,– € festgesetzt werden. So auch Pauling Rn. 620. Im erhöhten Selbstbehalt von 1250,– € ist ebenfalls ein Betrag von bis zu 440,– € als Warmmiete enthalten. Darüber hinausgehende Mietkosten sind in der Regel anzuerkennen (vgl. dazu Rn. 620, 621). Dies gilt jedenfalls dann, wenn der andere unterhaltspflichtige Verwandte den Mietvertrag unterschrieben oder das Eigenheim erworben hat, bevor er von seinem Enkelkind auf Unterhalt in Anspruch genommen worden ist.

Die Haftung der anderen Verwandten, insbesondere des Großvaters, wird auch dadurch eingeschränkt, dass dem Unterhaltsanspruch des Enkels der Anspruch des Ehegatten, also der Großmutter, vorgeht (§ 1609 II 1 BGB). Wenn beim Volljährigenunterhalt der angemessene Unterhalt des Ehegatten des Kindesvaters mit 750,– € angenommen wird (vgl. Rn. 3/70, auch 2/188), erscheint es angezeigt, den angemessenen Unterhalt der Ehefrau des nur aushilfsweise haftenden Großvaters analog Abschnitt D der Düsseldorfer Tabelle mit mindestens 950,– € anzusetzen. Auch darin ist ein Wohnkostenanteil enthalten, der 330,– € beträgt. Vgl. im Übrigen auch zur ähnlichen Problematik des Unterhaltsanspruchs der Eltern gegen ihre verheirateten Kinder Rn. 2/625, 645.

Beispiel:
Pension des Großvaters netto 2250,– €. Unterhaltspflicht gegenüber der nicht erwerbstätigen Ehefrau (Großmutter). Miete für ein Einfamilienhaus 850,– €. Der Enkel fordert Unterhalt, weil die Mutter verstorben ist und der erwerbsunfähige Vater seinen eigenen angemessenen Bedarf von 1000,– € nicht decken kann.
Der Großvater darf zunächst seinen angemessenen Bedarf von 1250,– € und denjenigen seiner Ehefrau von 950,– € behalten. In diesen Beträgen sind Wohnkosten nur mit 440,– € bzw. 330,– € enthalten. Daher können weitere Kosten von 850 – 770 = 80,– € berücksichtigt werden.
Der Großvater ist also nicht leistungsfähig, da sein Einkommen von 2250,– € seinen angemessenen Eigenbedarf von 1250,– €, den Mindestbedarf seiner Ehefrau von 950,– € und zusätzliche Wohnkosten von 80,– €, insgesamt also 2280,– € nicht deckt.

Eine Entscheidung des BGH zur Unterhaltspflicht der Großeltern liegt noch nicht vor. Es ist daher noch nicht endgültig geklärt, ob der angemessene Selbstbehalt des Großvaters entsprechend der hier vertretenen Auffassung wie beim Elternunterhalt[183] anzusetzen ist und um 50% des über dem Selbstbehalt liegenden Mehreinkommens erhöht werden kann. Unklar ist auch der Bedarf der Großmutter. Gegen die unkritische Übernahme der Rechtsprechung des BGH[184] zum Bedarf der vorrangigen Ehefrau des unterhaltspflichtigen Kindes (dazu Rn. 3/75) spricht, dass auch die Großmutter mit ihrem Enkel – anders als die Stiefmutter mit dem Kind – verwandt und ihm unterhaltspflichtig ist. Daher werden die ehelichen Lebensverhältnisse der Großeltern durch die latente Unterhaltspflicht gegenüber dem Enkel geprägt. Zur Ersatzhaftung der Großeltern vgl. Rn. 545 ff.

c) Haftung des betreuenden Elternteils. Ein anderer unterhaltspflichtiger Verwandter i. S. des § 1603 II 3 BGB kann auch der **andere Elternteil** sein, sofern dieser bei Berück- 274

[181] OLG Oldenburg, NJW 2000, 2516
[182] FamRZ 2002, 1698 mit Anm. Klinkhammer = R 580 c
[183] BGH, FamRZ 2002, 1698 mit Anmerkung Klinkhammer = R 580 c
[184] FamRZ 2003, 860 mit Anmerkung Klinkhammer = R 590 A f, g, j

sichtigung seiner sonstigen Verpflichtungen in der Lage ist, den Barunterhalt des Kindes ohne Gefährdung seines eigenen angemessenen Unterhalts zu leisten.[185] Dann kann die verschärfte Unterhaltspflicht des nicht betreuenden Elternteils entfallen. Der andere Elternteil erfüllt zwar bei minderjährigen Kindern in der Regel seine Unterhaltspflicht in vollem Umfang durch deren Pflege und Erziehung (zur Gleichwertigkeit von Betreuungs- und Barunterhalt vgl. Rn. 11 ff.). Dies gilt aber nicht, wenn die Inanspruchnahme des grundsätzlich barunterhaltspflichtigen Elternteils zu einem **erheblichen finanziellen Ungleichgewicht** zwischen den Eltern führen würde, weil er wesentlich geringere Einkünfte hat als der betreuende Elternteil, der in deutlich günstigeren wirtschaftlichen Verhältnissen lebt.[186] Das OLG Frankfurt (FL 13. 2) verlangt hier ein etwa dreifach höheres Einkommen und gute Vermögensverhältnisse des betreuenden Elternteils. Die Barunterhaltspflicht des nicht betreuenden Elternteils kann insbesondere dann entfallen oder sich ermäßigen, wenn er zur Unterhaltszahlung nicht ohne Beeinträchtigung seines eigenen angemessenen Unterhalts in der Lage wäre, während der andere Elternteil neben der Betreuung des Kindes auch den Barunterhalt leisten könnte, ohne dass dadurch sein eigener angemessener Unterhalt gefährdet würde.[187] Verbleibt dagegen dem barunterhaltspflichtigen Elternteil nach Zahlung des Kindesunterhalts sein eigener angemessener Bedarf, so kommt eine Beteiligung des anderen Elternteils, der in wesentlich günstigeren Verhältnissen lebt, nur ausnahmsweise in Betracht.[188] Vgl. dazu Rn. 303. Diese Auffassung entspricht auch den Leitlinien zahlreicher Oberlandesgerichte (jeweils Nr. 12. 3), so der Oberlandesgerichte Bremen, Celle, Dresden, Düsseldorf (DL 12. 1), Frankfurt, Hamm, Köln, Oldenburg, Rostock, Schleswig und der süddeutschen Oberlandesgerichte. Vgl. dazu Beispiel Rn. 299.

Beispiel:
Einkommen des betreuenden Vaters (V) 1250,– €, der Mutter (M) 1050,– €. Bedarf des 5-jährigen Kindes nach DT 1/1 199,– €. V bezieht das Kindergeld von 154,– €. Er könnte den Barunterhalt ohne Beeinträchtigung seines angemessenen Bedarfs von 1000,– € zahlen und behielte dann aber mit 1051,– € nur 1,– € mehr als M. Das Kindergeld ist nicht in den Vergleich einzubeziehen, da es kein unterhaltsrelevantes Einkommen ist und nach § 1612 b I, V BGB mit dem Kindesunterhalt verrechnet wird (vgl. Rn. 276).

In einem solchen Fall kommt eine Beteiligung des betreuenden Elternteils am Barunterhalt nur dann in Betracht, wenn ein erheblicher Unterschied zwischen den Einkünften der Eltern besteht.[189] Im Beispielsfall scheidet mithin eine Beteiligung des Vaters am Barunterhalt aus. Die Mutter hat daher 199,– € abzüglich 7,– € (Kindergeldanteil; vgl. § 1612 b V BGB) = 192,– € zu zahlen. Ihr verbleiben 851,– € und 7,– € Kindergeldanteil.

Der **angemessene Eigenbedarf der Eltern** ist grundsätzlich mit 1000,– € anzusetzen[190] (vgl. Rn. 272), nicht dagegen mit dem notwendigen Selbstbehalt von 840,– €, wie es ausnahmsweise bei beiderseitiger Barunterhaltspflicht infolge Fremdbetreuung in Betracht kommt (vgl. Rn. 290 ff.). Der angemessene Selbstbehalt kann ermäßigt werden, wenn der Bedarf des Elternteils durch gemeinsame Haushaltsführung mit seinem erwerbstätigen (Ehe-)Partner geringer ist als bei einer Einzelperson.[191] Vgl. dazu auch Rn. 270. Eine Erhöhung des angemessenen Eigenbedarfs von 1000,– € für den betreuenden Ehegatten, wie für die Großeltern vorgeschlagen (Rn. 273), kommt dagegen nicht in Betracht. Zu Recht hat der BGH[192] darauf hingewiesen, dass sich der betreuende Elternteil auch im Rahmen des § 1603 I BGB Einschränkungen zugunsten seiner minderjährigen Kinder

---

185 BGH, FamRZ 1999, 286, 288 = R 518 a; FamRZ 1991, 182 = R 430 a; OLG Bamberg, FamRZ 1995, 566; OLG Düsseldorf, FamRZ 1992, 92 = NJW-RR 1992, 2
186 BGH, FamRZ 1991, 182 = R 430 a
187 BGH, FamRZ 1999, 286, 288 = R 518 a; FamRZ 1991, 182 = R 430 a
188 BGH, FamRZ 2002, 742 = R 576 c
189 OLG Düsseldorf, FamRZ 1992, 92 = NJW-RR 1992, 2 im Anschluss an BGH, FamRZ 1991, 182 = R 430 a, b; vgl. auch BGH, FamRZ 2002, 742 = R 576 c
190 Vgl. dazu BGH, FamRZ 2002, 742 = R 576 b für den früher geltenden Tabellenbetrag von 1800,– DM
191 BGH, FamRZ 2002, 742 = R 575 b; 1999, 286, 288 = R 518 a
192 BGH, FamRZ 1991, 182, 184 = R 430 b

gefallen lassen muss, sofern das Einkommen des nicht betreuenden Elternteils nicht ausreicht, um seinen eigenen angemessenen Bedarf von ebenfalls 1000,– € zu befriedigen.

d) Betreuungskosten und Betreuungsbonus. Das Einkommen des betreuenden Elternteils, der auch zum Barunterhalt herangezogen werden soll, ist ggf. vor Vergleich der beiderseitigen Einkünfte um die Kosten der Betreuung des Kindes zu bereinigen. Dabei ist zu unterscheiden 275

- zwischen den Kosten, die als Mehrbedarf Teil des Kindesunterhalts sind, z. B. dem Aufwand, der durch die Heranziehung von Pflegepersonen bei einem behinderten Kind entsteht; Näheres zum Mehrbedarf des Kindes Rn. 133 ff., 226, 304 ff., 317 ff., 321 und 1/605 ff.
- und den Kosten für die Betreuung, die der betreuende Ehegatte aufwendet, um selbst berufstätig sein zu können.

Zu diesen **durch den Beruf bedingten Aufwendungen** gehören z. B. die Vergütung für eine Tagesmutter, deren Heranziehung ohne die Berufstätigkeit des betreuenden Elternteils nicht erforderlich wäre (vgl. Rn. 1/107, 4/193), die Aufwendungen für Hausaufgabenüberwachung und sonstige Kosten, die dem betreuenden Elternteil infolge der erhöhten Inanspruchnahme durch Arbeit und Kinder in der allgemeinen Haushalts- und Lebensführung entstehen, z. B. Pkw-Kosten, damit er vor der Arbeit das Kind zum Kinderhort bringen und von dort nach der Arbeit wieder abholen kann. Zu berücksichtigen sind auch Kosten für die Betreuung des Kindes in einer Kindertagesstätte oder einem Hort während der Arbeitszeit.[193] **Kindergartenkosten** richten sich nach dem Einkommen des betreuenden Elternteils (§ 90 I, II 2 SGB VIII); sie fallen daher in der Regel nur an, wenn dieser über nennenswertes Einkommen aus Berufstätigkeit verfügt. Deshalb sind sie im Allgemeinen nicht Mehrbedarf des Kindes, sondern Betreuungsaufwand des betreuenden Elternteils, vor allem bei ganztägiger Betreuung in einer Tagesstätte.[194] Nur diese Kosten sind vom Einkommen des betreuenden Ehegatten abzuziehen, während etwaiger Mehrbedarf des Kindes dessen Unterhaltsanspruch erhöht.[195]

Das Einkommen des betreuenden Elternteils kann, wenn sich die Betreuung zwar ohne konkreten Kostenaufwand, aber nur unter besonderen Erschwernissen bewerkstelligen lässt, um einen **Betreuungsbonus** (vgl. Rn. 13 und 4/193) gemindert werden.[196] Eine solche Erschwernis der Betreuung kann bei einem Kleinkind ohne Weiteres bejaht werden. Der Bonus ist auch dann zu gewähren, wenn die Betreuung durch den dazu nicht verpflichteten (zweiten) Ehegatten oder den Partner des Elternteils sichergestellt wird, bei dem das Kind lebt.[197] Bei der Bemessung des Bonus wird man nicht kleinlich verfahren dürfen, nachdem das BVerfG,[198] wenn auch zum Sozialhilfe- und zum Einkommensteuerrecht, die Betreuungskosten als Teil des Existenzminimums des Kindes anerkannt hat. Vgl. dazu Rn. 127 ff. U. U. kann **neben dem Abzug effektiver Betreuungskosten** ein Bonus gewährt werden. Dies kommt insbesondere in Betracht, wenn bei einem kleinen Kind durch die tatsächlich aufgewendeten Kosten die Betreuung des Kindes nur teilweise sichergestellt werden kann und sich die Restbetreuung nur unter besonderen Erschwernissen bewerkstelligen lässt.[199] Der BGH hat bereits im Jahre 1996 einen Bonus 300,– DM für die Betreuung von zwei Kindern im Alter von 13 und 14 Jahren nicht beanstandet.[200] Heute müsste ein deutlich höherer Betrag angesetzt werden. Der Ansatz der Leitlinien des OLG Frankfurt (FL 10. 3) von 200,– € und des OLG Jena von 160,– € (ThL 10. 3) für die Betreuung eines oder mehrerer Kinder mag im Einzelfall angemessen sein. Als Höchstgrenze taugt er m. E. nicht. 275 a

[193] OLG Karlsruhe, NJW-RR 1999, 4; OLG Brandenburg, FamRZ 1996, 866
[194] Vgl. auch OLG Stuttgart, FamRZ 1999, 884
[195] BGH, FamRZ 1983, 689 = R 169 b
[196] BGH, FamRZ 2001, 352 = R 551 c; 1991, 182 = R 430 b; OLG Zweibrücken, FuR 1998, 423
[197] BGH, FamRZ 2001, 352 = R 551 c
[198] FamRZ 1995, 86; FamRZ 1999, 285, 287
[199] BGH, FamRZ 1991, 182, 185 = R 430 b; OLG Hamm, FamRZ 2002, 1708 (allerdings für den Ehegattenunterhalt); vgl. auch SüdL 10.3
[200] BGH, FamRZ 1986, 790

275 b Schließlich kann das Einkommen des betreuenden Elternteils zum Teil aus **unzumutbarer Erwerbstätigkeit** (vgl. Rn. 1/543 ff.) stammen und dann nach § 242 BGB nur teilweise anzurechnen sein. Dies bedarf allerdings besonderer Feststellungen im Einzelfall.[201] Die Berücksichtigung **konkreter Mehrkosten** wird in der Regel dem Grundsatz von Treu und Glauben besser gerecht als die pauschale Nichtanrechnung eines Teils des Einkommens.[202] Eine generelle Anrechnung von Einkünften aus unzumutbarer Arbeit nur zur Hälfte[203] wäre gerade bei der Haftung gegenüber einem weiteren Kind, das sich bei dem anderen Elternteil oder in einem Heim befindet oder das aus einer anderen Verbindung stammt, offenbar unangemessen (vgl. zum Unterhalt bei Geschwistertrennung Rn. 309 ff.). In der Regel empfiehlt es sich daher, den besonderen Belastungen des betreuenden Ehegatten entweder durch Abzug der tatsächlich entstehenden Betreuungskosten oder durch einen Betreuungsbonus Rechnung zu tragen.

276 **e) Kindergeld.** Nach der bis zum 30. 6. 1998 geltenden Rechtslage war Kindergeld in den Vergleich der beiderseitigen Einkünfte einzubeziehen. Leistete ein Elternteil sowohl Betreuungs- als auch ganz oder teilweise Barunterhalt, war das Kindergeld nicht hälftig zwischen den Eltern auszugleichen. Vielmehr stand dem betreuenden Elternteil das Kindergeld ganz oder zu einem höheren Anteil als der Hälfte zu, da es zwischen den Eltern im Verhältnis ihrer Unterhaltsleistungen zu verteilen war.[204] Diese Rechtsauffassung kann seit dem 1. 7. 1998 nicht mehr aufrechterhalten werden, da nach § 1612 b I BGB das Kindergeld, das der betreuende Elternteil bezieht, grundsätzlich hälftig auf den Kindesunterhalt anzurechnen ist. Kindergeld ist kein unterhaltsrelevantes Einkommen.[205] Vgl. auch Rn. 293, 499. Dies gilt auch dann, wenn der betreuende Elternteil neben der Betreuung zum Barunterhalt herangezogen wird (vgl. Rn. 274). Jedoch wird dann in vielen Fällen die Anwendung des § 1612 b V BGB dazu führen, dass Kindergeld nicht oder nur zu einem Teil angerechnet wird. Vgl. dazu Rn. 277, 278.

277 **f) Berechnung des Unterhalts.** In den Fällen des § 1603 II 3 BGB muss die Unterhaltsbemessung letztlich dem **Einzelfall** vorbehalten bleiben. § 1606 III 1 BGB, der allein auf das Verhältnis der Einkommens- und Vermögensverhältnisse der Eltern abstellt, kann nicht herangezogen werden (vgl. dazu Rn. 289 ff.). Zu Recht hat der BGH[206] in einem vergleichbaren Fall die **Verteilungsquote** im Hinblick auf die zusätzliche Belastung des betreuenden Ehegatten, der auch noch Barunterhalt aufbringen soll, **wertend verändert.** Dies ist auch deshalb notwendig, damit nicht allein die Anrechnung des Kindergeldes (Rn. 276) zu dem unerwünschten Ergebnis führt, dass keinerlei Unterhalt zu zahlen ist. Auch der BGH[207] stellt nicht in erster Linie auf die beiderseitigen Einkommens- und Vermögensverhältnisse, sondern auf Billigkeitserwägungen (§ 242 BGB) ab.

278 **Beispiel 1:**
Einkommen der Mutter (M) 1100,– €, des Vaters (V) 2000,– €. Das 16-jährige Kind lebt bei V. Ehegattenunterhalt wird nicht geschuldet. V bezieht das Kindergeld von 154,– €.
Bedarf des Kindes 284,– € nach DT 1/3. Würde M verschärft auf Unterhalt haften, müsste sie 1100 – 840 = 260 € zahlen. Kindergeld wird nicht angerechnet (§ 1612 b V BGB). Da ein 16-jähriges Kind keine besondere Betreuung mehr erfordert und ein erhebliches Einkommensgefälle besteht, dürfte es der Billigkeit entsprechen, dass M ihren angemessenen Bedarf von 1000,– € behält und 100,– € zum Unterhalt beiträgt, während V den Rest von 184,– € aufbringt.

279 **Beispiel 2:**
Einkommen der Mutter (M) 1100,– €, des Vaters (V) 1600,– €. V betreut die 4- und 5-jährigen Kinder. Er bezieht das Kindergeld von je 154,– € und zahlt für die Betreuung der Kinder in einer Tagesstätte (vgl. Rn. 275) 350,– €. Sein bereiniges Einkommen beträgt daher 1600 – 350 = 1250,– €.

---

201 BGH, FamRZ 1991, 182 = R 430 b
202 BGH, FamRZ 1982, 779
203 So OLG Hamm, FamRZ 1996, 488; Born, FamRZ 1997, 129, 137; dagegen mit Recht OLG Zweibrücken, FuR 1998, 423
204 BGH, FamRZ 1997, 806
205 BGH, FamRZ 2000, 1492 = R 546 d
206 BGH, FamRZ 1983, 689 = R 169 a; vgl. auch OLG Bamberg, FamRZ 1995, 566, 568
207 BGH, FamRZ 1991, 182 = R 430 b

Ehegattenunterhalt wird nicht geschuldet. Barbedarf der Kinder nach DT 1/1 je 199,– €, insgesamt also 398,– €. M kann jedoch unter Wahrung ihres notwendigen Selbstbehalts von 840,– € nur 260,– € für beide Kinder aufbringen. V muss daher aus seinem Einkommen zunächst den restlichen Kindesunterhalt von 398 – 260 = 138,– € tragen. Ihm bleiben nur 1112,– €. Daher besteht kein erheblicher Einkommensunterschied.[208] Es verbleibt bei der Zahlung von 260,– € durch M.

Beispiel 3: 280
Bereinigtes Einkommen des Vaters (V), der ein 7-jähriges Kind versorgt, 2600,– €; Einkommen der nicht selbst unterhaltsberechtigten Mutter (M) 1000,– €. V bezieht des Kindergeld von 154,– €. M kann ohne Gefährdung ihres angemessenen Unterhalts von 1000,– € den nach ihrem Einkommen berechneten Kindesunterhalt nach DT 1/2 von 241,– € auch nicht teilweise decken, während der große Selbstbehalt des V von 1000,– € selbst dann nicht berührt wird, wenn von seinem Einkommen angemessene Betreuungskosten abgezogen werden. V muss daher den Bar- und den Betreuungsunterhalt allein sicherstellen. Er behält das gesamte Kindergeld. Eine Mithaftung der M scheidet aus.

g) Hausmannsfälle. Aus § 1603 II 3 BGB ergeben sich unbefriedigende Konsequenzen 281 in all den Fällen, in denen ein wiederverheirateter sorgeberechtigter Elternteil in einer neuen Ehe die **„Hausmanns- oder Hausfrauenrolle“** übernimmt und sich deshalb zur Zahlung von Unterhalt an ein gemeinschaftliches Kind aus erster Ehe, das sich in der Obhut des früheren Ehegatten befindet, nicht für verpflichtet hält. Der BGH[209] vermeidet solche Konsequenzen, indem er aus dem Grundsatz der Gleichrangigkeit der Unterhaltsansprüche minderjähriger Kinder aus erster und zweiter Ehe (§ 1609 II 1 BGB) im Interesse der gemeinsamen Kinder eine Erwerbspflicht und damit auch eine Unterhaltspflicht des wiederverheirateten Ehegatten ableitet. Der neue Ehegatte muss es ihm ermöglichen, einer solchen Erwerbsverpflichtung nachzugehen. Genaueres zu dieser „Hausmannsrechtsprechung“ und den entsprechenden BGH-Entscheidungen Rn. 172 ff.

h) Beweislast. Beruft sich im Falle des § 1603 II 3 BGB der vom Kind auf Barunterhalt 281 a in Anspruch genommene Elternteil darauf, dass der andere, das Kind betreuende Elternteil im Hinblick auf seine günstigen wirtschaftlichen Verhältnisse zum Barunterhalt beizutragen habe, so hat er darzulegen und zu beweisen, dass sein angemessener Bedarf bei Leistung des Barunterhalts gefährdet wäre und dass die Einkommens- und Vermögensverhältnisse des anderen Elternteils dessen Heranziehung zum Barunterhalt rechtfertigen.[210] Vgl. dazu näher Rn. 6/718.

VI. Alleinige Barunterhaltspflicht eines Elternteils oder Beteiligung beider Eltern am Barunterhalt

1. Alleinige Barunterhaltspflicht eines Elternteils

Im Regelfall besteht eine **Barunterhaltspflicht nur für den nicht betreuenden** 282 **Elternteil,** weil der andere Elternteil nach § 1606 III 2 BGB wegen der grundsätzlichen Gleichwertigkeit von Barunterhalt und Betreuungsunterhalt mit der Betreuung und Erziehung des minderjährigen Kindes seine Unterhaltspflicht erfüllt (vgl. Rn. 10).

An dieser Gleichwertigkeit ändert sich grundsätzlich auch nichts durch eine **Erwerbs-** 283 **tätigkeit des betreuenden Elternteils.** Bei der Betreuung des Kindes kann er sich durchaus zeitweise der Hilfe Verwandter (oder sonstiger Dritter) bedienen. Dies gilt auch bei längerem Aufenthalt eines Schülers im Ausland, insbesondere einem Schüleraustausch, wenn die Verbindung zum betreuenden Elternteil nicht abreißt.[211] In welcher Weise und zu welcher Zeit die Kindesbetreuung wahrgenommen wird, ist weder für die Frage der Erfüllung der Unterhaltspflicht noch der Gleichwertigkeit ausschlaggebend.[212] Jedoch muss

[208] Anders offenbar Hampel, Bemessung des Unterhalts, Rn. 496
[209] FamRZ 1996, 796 = R 500 a
[210] BGH, FamRZ 2002, 742 = R 576 c; 1981, 347; OLG Köln, FamRZ 1983, 714
[211] OLG Hamm, FamRZ 1999, 1149; a. A. wohl Büttner, NJW 2000, 2555
[212] BGH, FamRZ 1981, 347 = NJW 1981, 923; FamRZ 1980, 994 = NJW 1980, 2306; vgl. auch BVerfG FamRZ 1999, 285, 287

stets ein nennenswerter Teil der Betreuung selbst wahrgenommen werden. Überlässt ein Elternteil die Pflege und Erziehung des Kindes (nahezu) völlig Dritten, z. B. der Großmutter, erfüllt er seine Unterhaltspflicht nicht durch Betreuung (§ 1606 III 2 BGB); er ist dann zu anteiligem Barunterhalt verpflichtet.[213] Vgl. dazu Rn. 289 ff.

284 Der Unterhalt des Kindes bemisst sich bei Barunterhaltspflicht nur eines Elternteils allein nach dessen **anrechenbarem Nettoeinkommen.** Vom Bruttoeinkommen sind Einkommen- bzw. Lohnsteuer, Kirchensteuer, Solidaritätszuschlag, Sozialversicherungsabgaben einschließlich des Beitrags zur Pflegeversicherung abzuziehen (vgl. dazu Rn. 1/586 ff.). Bei Selbstständigen sind Krankenversicherungsbeiträge und ebenfalls Beiträge zu einer Pflegeversicherung sowie Aufwendungen für die Altersvorsorge in angemessener Höhe (in der Regel 20% des Gesamteinkommen)[213a] zu berücksichtigen (Rn. 1/598). Das Einkommen ist ferner um berufsbedingte Aufwendungen zu bereinigen. Diese werden bei Einkünften aus abhängiger Tätigkeit vielfach pauschaliert (nach A 5 der Düsseldorfer Tabelle mit 5% des Einkommens, mindestens 50,– €, höchstens 150,– €) oder konkret berechnet (vgl. dazu Rn. 1/89 f.). Der Unterhalt des Kindes ist gemäß seinem Alter der entsprechenden Einkommensgruppe der Düsseldorfer Tabelle zu entnehmen (Genaueres Rn. 218 ff.).

285 Das **Kindergeld,** das ein Elternteil erhält, wird nach § 1612 b I BGB hälftig mit dem Unterhaltsanspruch verrechnet (= Kindergeldausgleich). Nach dem Obhutsprinzip wird das Kindergeld in der Regel an den Elternteil gezahlt, der das Kind in seinen Haushalt aufgenommen hat (§ 64 II 1 EStG). Dann vermindert sich der Barunterhalt, den der andere Elternteil zu zahlen hat, um das halbe Kindergeld. Eine Anrechnung des Kindergeldes unterbleibt jedoch, soweit der Pflichtige außerstande ist, Unterhalt in Höhe von 135% des Regelbetrages abzüglich des hälftigen Kindergeldes zu zahlen (§ 1612 b V BGB; vgl dazu Rn. 509 ff.). Zur Problematik, wenn das Kindergeld ausnahmsweise, insbesondere während einer Übergangszeit nach Trennung der Eltern, an den barunterhaltspflichtigen Elternteil gezahlt wird, vgl. Rn. 539.

Beispiel:
Bereinigtes Nettoeinkommen des Vaters nach Abzug von Steuern und Sozialversicherungsabgaben sowie von berufsbedingten Auslagen 3000,– €.
Unterhalt für Frau und 2 Kinder (5 und 8 Jahre).
Mutter erhält das Kindergeld von 154,– € je Kind.
Kindesunterhalt nach DT 9/1 und 2 = 319 + 386 = 705,– €.
Ehegattenunterhalt: 3000 – 705 = 2295 × 3/7 = 984,– €
Bedarfskontrolle: 3000 – 705 – 984 = 1311 = mehr als 1300,– €.
Kindergeldverrechnung durch Abzug von jeweils der Hälfte des Kindergeldes = 77,– €.
Unterhalt des 5-jährigen Kindes: 319 – 77 = 242,– €.
Unterhalt des 8-jährigen Kindes: 386 – 77 = 309,– €.

286 **Eigenes Einkommen des Kindes,** z. B. aus einer Ausbildungsvergütung, ist nach Bereinigung um ausbildungsbedingten Mehrbedarf (vgl. dazu Rn. 90 ff.) bedürftigkeitsmindernd auf den Unterhaltsanspruch anzurechnen. Da Bar- und Betreuungsunterhalt in der Regel gleichwertig sind, muss die Ausbildungsvergütung dem betreuenden Elternteil anteilig zugute kommen. Sie ist also im Regelfall nur zur Hälfte auf den Barunterhalt anzurechnen.[214] Genaueres Rn. 97.

Beispiel:
Einkommen des Vaters 1800,– €, der betreuenden Mutter (M) 1400,– €. Ausbildungsvergütung des 17-jährigen Kindes, das bei M wohnt, 400,– €. Kein Ehegattenunterhalt. M bezieht das Kindergeld von 154,– €.
Kindesunterhalt nach DT 7/3 (Höhergruppierung um drei Gruppen wegen Unterhaltspflicht nur gegenüber 1 Kind; vgl. Rn. 233): 404,– €.
Die Ausbildungsvergütung von 400 – 85 (ausbildungsbedingter Mehrbedarf nach DT Anm. A 8 (vgl. dazu Rn. 93) = 315,– € ist nur zur Hälfte anzurechnen (Rn. 97), also zu 157,50 €.

---

[213] OLG Hamm, FamRZ 1991, 104; FamRZ 1990, 307
[213a] BGH, FamRZ 2003, 860 mit Anm. Klinkhammer = R 590 A
[214] BGH, FamRZ 1988, 159, 161 = R 346 h

Kindesunterhalt: 404 – 157,50 – 77 (Kindergeldanteil; vgl. Rn. 503) = 169,50 €, aufgerundet 170,– € (vgl. Rn. 286 a).
Keine Beteiligung der Mutter am Barunterhalt.

Einkommen aus **Schülerarbeit** stammt in der Regel aus unzumutbarer Tätigkeit und ist daher in analoger Anwendung des § 1577 II BGB nicht anzurechnen, wenn der Pflichtige nicht den geschuldeten Unterhalt leistet; im Übrigen kommt nur eine teilweise Anrechnung im Rahmen der Billigkeit in Betracht.[215] Bessert der Schüler lediglich sein Taschengeld geringfügig auf, wird von einer Anrechnung vielfach abgesehen werden können. Vgl. auch Rn. 43, 88, 1/552.

Der errechnete Unterhalt ist auf volle Euro aufzurunden. § 1612 a II 2 BGB ist nicht nur **286 a** heranzuziehen, wenn dynamischer Unterhalt geltend gemacht wird (Rn. 246 a ff.), sondern analog anzuwenden, wenn sich bei der Berechnung statischen Unterhalts ein nicht auf volle Euro lautender Betrag ergibt. Dies entspricht Nr. 24 der Leitlinien der Oberlandesgerichte bzw. Nr. 25 HL.

2. Barunterhaltspflicht des betreuenden Elternteils

Auch wenn das Kind nur von einem Elternteil betreut wird, kann es **Ausnahmen** von **287** der grundsätzlichen Gleichwertigkeit des Bar- und des Betreuungsunterhalts nach § 1606 III 2 BGB geben. Dies hat zur Folge, dass der betreuende Elternteil ganz oder teilweise barunterhaltspflichtig sein kann.

Dies kann der Fall sein,

- wenn und soweit der andere Elternteil auch bei gesteigerter Unterhaltspflicht nach § 1603 II 1 BGB **nicht leistungsfähig** ist, z. B. wegen anzuerkennender Schulden[216] (vgl. dazu Rn. 115, 158), ihm also bei Erfüllung der Barunterhaltspflicht weniger als sein eigener notwendiger Selbstbehalt verbleibt, der nach der Düsseldorfer Tabelle (Anm. A 5 I) 840,– € bei einem Erwerbstätigen bzw. 730,– € bei einem Nichterwerbstätigen beträgt. Vgl. dazu und zu abweichenden Selbstbehaltssätzen Rn. 264 ff. Dasselbe gilt, wenn der andere Elternteil zwar wegen Verletzung der Erwerbsobliegenheit fiktiv als leistungsfähig behandelt wird, Unterhalt aber nicht beigetrieben werden kann (§ 1607 II 1 BGB; vgl. Rn. 545 f.). In einem solchen Fall muss der leistungsfähige betreuende Elternteil auch den Barunterhalt decken. Auch eine Ersatzhaftung der Großeltern (Rn. 545) scheidet in diesem Fall aus (§ 1606 II BGB),
- wenn der **nicht betreuende Elternteil** bei voller Leistung des Barunterhalts **seinen eigenen angemessenen Bedarf von 1000,– € gefährden** würde, während der betreuende Elternteil als anderer unterhaltspflichtiger Verwandter im Sinne des § 1603 I 3 BGB über ein deutlich höheres Einkommen verfügt und deshalb neben der Betreuung auch den Barunterhalt ganz oder zum Teil ohne Gefährdung seines angemessenen Eigenbedarfs aufbringen kann. In diesem Fall greift die verschärfte Unterhaltspflicht nicht ein. Die Berechnung der Haftungsanteile der Eltern richtet sich dann nach den Besonderheiten des Einzelfalls. Vgl. dazu Rn. 274 ff. Hiervon ist der Fall zu unterscheiden, dass der barunterhaltspflichtige Elternteil den Tabellenunterhalt ohne Gefährdung seines angemessenen Selbstbehalts tragen kann, die wirtschaftlichen Verhältnisse des anderen Elternteils aber so außergewöhnlich sind, dass ein erhebliches finanzielles Ungleichgewicht entsteht. Vgl. dazu Rn. 303;
- bei **Zusatzbedarf,** also bei Mehrbedarf, Sonderbedarf und Prozesskostenvorschuss (vgl. dazu Rn. 289, 304, 317 ff., 6/1 ff., 20 ff.).

Macht der auf Barunterhalt in Anspruch genommene Elternteil einen solchen Ausnahme- **288** fall geltend, muss er konkret **darlegen** und nachweisen, dass die Einkommens- und Vermögensverhältnisse des betreuenden Elternteils sowie die sonstigen Umstände dessen – zumindest teilweise – Heranziehung zum Barunterhalt rechtfertigen.[217]

---

[215] BGH, FamRZ 1995, 475, 477 = R 491 b
[216] BGH, FamRZ 1996, 160 = R 496 b, c
[217] BGH, FamRZ 1981, 347

3. Anteilige Barunterhaltspflicht beider Eltern nach § 1606 III 1 BGB

289 **a) Voraussetzungen:** Nach § 1606 III 2 BGB haftet ein Elternteil in der Regel allein auf den gesamten Barunterhalt, wenn das minderjährige Kind (im Wesentlichen) bei dem anderen Elternteil lebt und von diesem betreut wird. Nur ausnahmsweise, wenn besondere Umstände gegeben sind, ist auf die Grundregel des § 1606 III 1 BGB abzustellen, nach der die Eltern entsprechend ihren Erwerbs- und Vermögensverhältnissen für den Kindesunterhalt haften. Die Anwendung des § 1606 III 1 BGB kann sich bei Zusatzbedarf auf diesen beschränken, während es beim Elementarunterhalt bei der alleinigen Unterhaltspflicht des nicht betreuenden Elternteils verbleibt. Vgl. dazu Rn. 304. Im Einzelfall kann es bei gemeinsamer Barunterhaltspflicht zu schwierigen Abgrenzungsfragen kommen, da zwischen alleiniger Betreuung durch einen Elternteil, genau aufgeteilter Betreuung durch beide Eltern und Fremdbetreuung zahlreiche Mischformen denkbar sind, die zunehmend von engagierten Eltern trotz ihrer Konflikte auf der Paarebene praktiziert werden.

Eine anteilige Barunterhaltspflicht beider Eltern kommt danach in Betracht,
- wenn das **Kind von Dritten betreut** wird, z. B. bei Verwandten, in einer Pflegefamilie oder in einem Heim lebt;
- wenn das minderjährige Kind mit Zustimmung des Sorgeberechtigten oder bei gemeinsamer Sorge mit Zustimmung beider Eltern bereits in einem **eigenen Haushalt** lebt (vgl. Rn. 226 a);
- wenn die Eltern das Kind gemeinsam betreuen;
- wenn die wirtschaftlichen **Verhältnisse des betreuenden Elternteils wesentlich günstiger** sind als die des anderen;
- wenn **Zusatzbedarf** zu decken ist.

290 **b) Drittbetreuung des Kindes.** Wird das minderjährige Kind von Dritten betreut, z. B. von den Großeltern, befindet es sich bei Pflegeeltern oder in einem Heim, müssen sich beide Eltern am Barunterhalt für das minderjährige Kind beteiligen (§ 1606 III 1 BGB). Dasselbe gilt, wenn das Kind bereits einen eigenen Haushalt hat, z. B. in einer vom Jugendamt betreuten Wohnung lebt. Die Haftung der Eltern für den Bedarf des Kindes richtet sich dann grundsätzlich nach den vergleichbaren Erwerbs- und Vermögensverhältnissen der Eltern. Auf die Grundsätze, die bei Berechnung des Unterhalts volljähriger Kinder gelten, wird verwiesen (Rn. 433 ff.). Der **Restbetreuung** des Kindes durch einen oder beide Elternteile ist ggf. durch Veränderung des Verteilungsschlüssels Rechnung zu tragen (Rn. 301). Der jeweilige Unterhaltsanteil wird danach wie folgt berechnet:

291 Zunächst ist der **gesamte Lebensbedarf** des Kindes zu ermitteln. Dieser besteht aus dem Regelbedarf, der nach der Düsseldorfer Tabelle bemessen wird (vgl. Rn. 211 ff.). Hinzu kommt ggf. Mehrbedarf. Dieser besteht meist aus den Zusatzkosten der Fremdbetreuung. Bei Unterbringung in einem Heim oder einer Pflegefamilie wird Unterhaltsbedarf teilweise durch Hilfen nach dem SGB VIII gedeckt. Die Eltern werden häufig nur im Rahmen der Zumutbarkeit zu den Kosten herangezogen. Vgl. Rn. 327 a.

Für die Feststellung des **Regelbedarfs** nach der Düsseldorfer Tabelle ist von der Summe der **Einkünfte beider Eltern** auszugehen, weil bei beiderseitiger Barunterhaltspflicht die Lebensstellung des Kindes durch das Einkommen der beiden Eltern geprägt wird. Der BGH[218] hat dies zwar bisher nur für den Unterhalt Volljähriger so entschieden (siehe Rn. 388). Die Begründung dazu trifft aber auch auf minderjährige Kinder zu, wenn Bar- und Betreuungsunterhalt nicht gleichwertig sind und sich daher beide Eltern am Barunterhalt beteiligen müssen.[219] Jedoch darf die Zusammenrechnung der Einkommen der Eltern nicht dazu führen, dass ein Elternteil höheren Unterhalt zu zahlen hat, als er allein nach seinem Einkommen nach der Düsseldorfer Tabelle zahlen müsste.[220] Diese Beschränkung gilt allerdings in Sonderfällen, insbesondere bei Mehrbedarf eines behinderten Kindes, nicht (vgl. dazu Rn. 304, 317 ff., 326 ff.).

---

218 BGH, FamRZ 1994, 696; FamRZ 1986, 151
219 BGH, FamRZ 1984, 39
220 BGH, FamRZ 1984, 39

Haben beide Eltern zusammen ein **höheres Einkommen** als 4800,– € (= Obergrenze des Einkommens nach der Düsseldorfer Tabelle), richtet sich der Kindesunterhalt „nach den Umständen des Falles". Vielfach kann es bei den Regelbedarfssätzen der Einkommensgruppe 13 der Tabelle verbleiben (siehe Rn. 128 f., 229).

Von dem Gesamtbedarf ist **eigenes Einkommen des Kindes** jeder Art bedürftigkeitsmindernd **voll abzuziehen** (zum Einkommen vgl. Rn. 1/8 ff.). Auf diese Weise kommt das Kindereinkommen beiden Eltern entsprechend ihrem Haftungsanteil zugute. Eine Ausbildungsvergütung ist vor der Anrechnung um ausbildungsbedingten Mehrbedarf zu bereinigen (s. Rn. 90 ff.). 292

Kindergeld ist grundsätzlich nach § 1612 b BGB mit dem Kindesunterhalt zu verrechnen. Der Unterhalt, den der das Kindergeld nicht beziehende Elternteil zu zahlen hat, ist um die Hälfte des Kindergeldes zu vermindern (§ 1612 b I BGB), derjenige des Elternteils, der das Kindergeld erhält, ist um die Hälfte des Kindergeldes zu erhöhen (§ 1612 b II BGB). Die bedarfsdeckende Anrechnung des Kindergeldes und damit seine Verteilung entsprechend dem Verhältnis der Unterhaltsleistungen der Eltern ist nach § 1612 b I BGB seit dem 1. 7. 1998 nicht mehr zulässig. Vgl. Rn. 504, 513. Allerdings kann Kindergeld bedarfsdeckend vom errechneten Tabellenunterhalt abgezogen werden, wenn es bei Drittbetreuung nach §§ 64 II 1, 32 I EStG unmittelbar der Betreuungsperson zufließt.[221] Die auf Pflegeeltern grundsätzlich anwendbare Vorschrift des § 1612 b I BGB (vgl. Rn. 505) passt bei Barunterhaltspflicht beider Eltern nicht. 293

Die Eltern **haften** gemäß § 1606 III 1 BGB für den verbleibenden **Restbedarf anteilig** nach ihren Erwerbs- und Vermögensverhältnissen.[222] Die Unterhaltsquoten sind **nach der Leistungsfähigkeit** der Eltern zu bemessen.[223] Die Leistungsfähigkeit richtet sich nach den ihnen für Unterhaltszwecke tatsächlich zur Verfügung stehenden Mitteln,[224] also nach den **vergleichbaren Einkünften der Eltern.** Von dem jeweiligen Nettoeinkommen sind zunächst **alle notwendig zu erfüllenden Verpflichtungen** für Steuern, Krankheits- und Altersvorsorge, Pflegeversicherung, mit der Berufstätigkeit eines Elternteils zusammenhängende Betreuungskosten, ggf. ein Betreuungsbonus (vgl. Rn. 275, 275 a) abzuziehen, ferner berücksichtigungswürdige Verbindlichkeiten und Unterhaltszahlungen an andere Berechtigte, insbesondere an gleichrangige Geschwister und Halbgeschwister des unterhaltsberechtigten minderjährigen Kindes; denn die entsprechenden Gelder stehen zur Bestreitung des eigenen Bedarfs nicht zur Verfügung.[225] Zur vergleichbaren Problematik bei Berechnung des Unterhaltsanspruchs privilegiert volljähriger Kinder vgl. Rn. 470. Dagegen ist das Einkommen eines Elternteils nicht deshalb zu vermindern, weil er ein anderes Kind betreut, ohne dass dadurch besondere Kosten oder ein besonderer Betreuungsaufwand entstehen, wie dies z. B. bei einem fast volljährigen Kind der Fall ist.[226] Vgl. dazu unten Beispiel Rn. 297. 294

Außerdem ist bei den Einkünften beider Eltern der für den eigenen Unterhalt erforderliche Betrag, in der Regel ein gleich hoher **Sockelbetrag,** abzuziehen. Dadurch werden ungleiche Belastungen bei erheblichen Unterschieden der vergleichbaren Einkünfte vermieden. Der BGH sieht in dem Abzug eines solchen Sockelbetrages eine billigenswerte Methode, durch die eine unangemessene Belastung der Bezieher unterschiedlich hoher Einkünfte vermieden werden kann.[227] Der Sockelbetrag kann bei höheren Einkünften der Eltern wie beim Volljährigenunterhalt (vgl. Rn. 447) in Höhe des **angemessenen Selbstbehalts von 1000,– €** nach der Düsseldorfer Tabelle (A 5 II) angesetzt werden (zu abweichenden Selbstbehaltssätzen einiger Oberlandesgerichte Rn. 417 ff.). Dadurch wird erreicht, dass jeder Elternteil mindestens seinen angemessenen Selbstbehalt behält. Vgl. dazu die Beispiele Rn. 297, 300. Wird der Kindesunterhalt bei dieser Berechnung nicht gedeckt, 295

---

[221] Vgl. dazu BGH, FamRZ 1986, 151 = NJW-RR 1986, 416
[222] BGH, FamRZ 1988, 159, 161 = R 346 f
[223] BGH, FamRZ 1986, 153 = R 278 b
[224] BGH, FamRZ 1988, 1039 = R 366 c
[225] BGH, FamRZ 1988, 1039 = R 366 c
[226] BGH, FamRZ 1988, 1039 = R 366 c
[227] BGH, FamRZ 1988, 1039 = R 366 c; FamRZ 1986, 153 = R 278 c; FamRZ 1986, 151 = NJW-RR 1986, 426

müssen die Eltern ihr Einkommen ggf. bis zum **notwendigen Selbstbehalt,** der nach Anm. A 5 I der Düsseldorfer Tabelle bei Erwerbstätigen 840,– €, bei Nichterwerbstätigen 730,– € beträgt (vgl. Rn. 264), für den Kindesunterhalt einsetzen. Dann sind diese Beträge **als Sockelbetrag** abzuziehen. Diese Unterhaltsbemessung entspricht der Berechnung des Unterhalts beim privilegiert volljährigen Kind. Vgl. Rn. 468, 5/265, 266 sowie das Beispiel Rn. 2/298. Die Auffassung der Oberlandesgerichte Bremen und Oldenburg (ähnlich OLG Düsseldorf, jeweils 12. 3 der Leitlinien), dass als Sockelbetrag der notwendige Selbstbehalt vom Einkommen abzuziehen sei, vermag ich nicht zu teilen, da sie den weniger verdienenden Elternteil benachteiligt.

296 Die Haftungsquote nach § 1606 III 1 BGB wird nunmehr in der Weise berechnet, dass der Restbedarf des Kindes multipliziert wird mit dem um Verbindlichkeiten und den Sockelbetrag verminderten Nettoeinkommen eines Elternteils und dann geteilt wird durch die Summe der in dieser Weise bereinigten Nettoeinkünfte beider Eltern. Vgl. dazu Rn. 447 ff. Das Ergebnis ist jeweils auf volle Euro aufzurunden (§ 1612 a II 2 BGB; vgl. Rn. 286 a).

Verbleibt bei einem Elternteil eine Restbetreuung, kann der Verteilungsschlüssel u. U. wertend verändert werden (Rn. 305).

297 **Beispiel 1:**

Anrechenbares Einkommen des Vaters (V) 1700,– €, der Mutter (M) 1200,– €. Den Eltern ist das Sorgerecht für das gemeinsame 4-jährige Kind entzogen. Es wird auf Veranlassung des Vormundes von einer Tante betreut, die sich mit dem Tabellenunterhalt und einer Vergütung von 300,– € monatlich begnügt. Bei M lebt ein nichteheliches 17-jähriges Kind, für das sie von dessen Vater Barunterhalt erhält. Kein Ehegattenunterhalt.

Regelbedarf des 4-jährigen Kindes entsprechend dem zusammengerechneten Einkommen der Eltern von 2900,– € nach DT 9/1 319,– €. Keine Höhergruppierung wegen unterdurchschnittlicher Unterhaltspflicht, da diese bei Zusammenrechnung der Einkommen beider Eltern zu unangemessenen Ergebnissen führt.[228] Keine Kürzung des Einkommens der M wegen Betreuung des 17-jährigen Kindes (vgl. Rn. 294).

Mehrbedarf für Betreuung 300,– €. Das Kindergeld von 154,– € wird nach § 74 I 1 EStG an die Tante ausgezahlt. Restbedarf des Kindes 319 + 300 – 154 = 465,– €.

Vergleichbares Einkommen des V: 1700 – 1000 (Sockelbetrag) = 700,– €.
Vergleichbares Einkommen der M = 1200 – 1000 = 200,– €.
Summe der vergleichbaren Einkommen: 900,– €.
V schuldet 465 × 700 : 900 = 362,– €.
M schuldet 465 × 200 : 900 = 104,– €.
Beide Eltern behalten mehr als ihren angemessenen Selbstbehalt von 1000,– €.
Keine Kindergeldverrechnung (vgl. Rn. 293).

298 **Beispiel 2:**

Anrechenbares Erwerbseinkommen des Vaters (V) 1400,– €, Ruhegehalt der wegen Dienstunfähigkeit in den Ruhestand versetzten Mutter (M) 1000,– €. Das gemeinsame 4 jährige Kind lebt bei der Schwester der Mutter und wird von ihr betreut, weil M dazu nicht in der Lage ist. M erhält das Kindergeld von 154,– €. Kein Ehegattenunterhalt.

Regelbedarf des Kindes entsprechend dem zusammengerechneten Einkommen der Eltern von 2400,– € nach DT 7/1 283,– €.

Die Schwester verlangt für die Betreuung eine Vergütung von 300,– €. Daher Mehrbedarf in dieser Höhe.

Bedarf des Kindes 283 + 300 = 583,– €.

Da bei Vorwegabzug eines Sockelbetrages von 1000,– € der Kindesunterhalt nicht vollständig gezahlt werden kann, setzt die gesteigerte Unterhaltspflicht der Eltern ein. Abzuziehen ist also ein Sockelbetrag von 840,– € bei V, von 730,– € bei M. Vgl. oben Rn. 295.

Vergleichbares Einkommen nach Abzug des Sockelbetrages:
V = 1400 – 840 = 560,– €;
M = 1000 – 730 = 270,– €, insgesamt 830,– €.
V schuldet 583 × 560 : 830 = 394,– €
M schuldet 583 × 270 : 830 = 190,– €.
V schuldet 394 – 77 (Kindergeldanteil) = 317,– € (§ 1612 b I BGB), M dagegen 190 + 77 (Kindergeldanteil) = 267,– € (§ 1612 b II BGB). Vgl. Rn. 293.

---

[228] BGH, FamRZ 1986, 151; Scholz, FamRZ 1993, 125, 135

Beispiel 3: 299
Anrechenbares Einkommen des Vaters (V) 3500,– €, der Mutter (M) 1000,– €. Das gemeinsame 4-jährige Kind lebt bei einer Schwester des Vaters und wird von ihr betreut. V bezieht das Kindergeld von 154,– €. Kein Ehegattenunterhalt.
Regelbedarf des Kindes entsprechend dem zusammengerechneten Einkommen der Eltern von 4500,– € nach DT 13/1 398,– €.
Mehrbedarf für Betreuung durch die Schwester 150,– €.
Da V über ein deutlich höheres Einkommen als M verfügt, die Einkünfte der M zudem ihren angemessenen Bedarf von 1000,– € nicht überschreiten (vgl. Rn. 274, 295), muss V den gesamten Kindesunterhalt von 548,– € allein tragen. M schuldet keinen Barunterhalt. Das Kindergeld verbleibt in voller Höhe bei V.

Beispiel 4: 300
Anrechenbares Einkommen des Vaters (V) 1850,– €, der Mutter (M) 1350,– €. M tilgt berücksichtigungsfähige Schulden von 100,– €. Kein Ehegattenunterhalt.
Das 5-jährige Kind wird von der Großmutter in deren Haushalt versorgt. Beide Eltern kümmern sich in ihrer Freizeit in etwa gleichem Umfang um das Kind.
Die Großmutter verlangt nur den Tabellenunterhalt. Das Kindergeld von 154,– € erhält M.
Regelbedarf des Kindes entsprechend dem zusammengerechneten Einkommen der Eltern (1850 + 1350 – 100 = 3100,– €) nach DT 9/1 319,– €.
Vergleichbare und um den Sockelbetrag von 1000,– € gekürzte Einkommen des V: 1850 – 1000 = 850,– €; der M: 1350 – 100 – 1000 = 250,– €; insgesamt 1100,– €.
Haftungsanteil des V: 319 × 850 : 1100 = 247,– €.
Haftungsanteil der M: 319 × 250 : 1100 = 73,– €.
Beide Eltern behalten mehr als ihren angemessenen Selbstbehalt von 1000,– €; sie brauchen nicht mehr für das gemeinsame Kind zu zahlen, als sie bei alleiniger Unterhaltspflicht aufzubringen hätten (vgl Rn. 291). Dies gilt insbesondere für V, der bei dreimaliger Höhergruppierung (Rn. 233) Unterhalt nach der 7. Einkommensgruppe der Tabelle von 283,– € zu zahlen hätte.
Nach Verrechnung des Kindergeldes hat V für zu zahlen: 247 – 77 = 170,– €, M dagegen 73 + 77 = 150,– € (vgl. Rn. 293).

Der so ermittelte **Haftungsanteil** ist **wertend zu verändern,** wenn bei grundsätzlicher 301 Fremdbetreuung ein Elternteil restliche Betreuungsaufgaben erfüllt. Das Ausmaß dieser wertenden Veränderung des allein nach den finanziellen Verhältnissen ermittelten Haftungsanteils zugunsten des in dieser Weise zusätzlich belasteten Elternteils ist abhängig vom Umfang der tatsächlich erforderlichen und zu erbringenden Betreuungsleistungen.[229] Vgl. auch Rn. 305.

c) Gemeinsame Betreuung des Kindes durch die Eltern. Insbesondere bei beider- 302 seitiger Berufstätigkeit teilen Eltern immer häufiger die tägliche Pflege und Erziehung des Kindes unter sich auf, ohne sich an die gesetzliche Vorgabe in § 1687 BGB zu halten, nach der nur ein Elternteil das Kind betreut und die Mitbestimmung des anderen nur Angelegenheiten von erheblicher Bedeutung betrifft. Dies kommt vor allem bei nicht verheirateten Lebensgefährten, aber auch bei Ehegatten vor, die nach Trennung oder Scheidung die elterliche Sorge weiterhin gemeinsam ausüben. Vgl. dazu Rn. 226, 316 ff. Die zeitweilige Betreuung des Kindes während der Ausübung des Umgangsrechts reicht allerdings nicht aus (Rn. 104, 126, 171). Derartige Betreuungsmodelle können zu beachtlichen Schwierigkeiten bei der Unterhaltsberechnung führen. Zu den Einzelheiten vgl. Rn. 316 b.

d) Wesentlich günstigere Einkommensverhältnisse eines Elternteils. Der betreu- 303 ende Elternteil ist verpflichtet, auch den Barunterhalt ganz oder teilweise zu tragen, wenn der angemessene Bedarf des anderen Elternteils bei Erfüllung der Barunterhaltspflicht gefährdet würde (vgl. dazu Rn. 274, 287). Aber auch dann, wenn dies nicht der Fall ist, jedoch die wirtschaftlichen Verhältnisse des betreuenden Elternteils wesentlich günstiger sind als die des anderen, kann die alleinige Barunterhaltspflicht des anderen Elternteils zu einem erheblichen finanziellen Ungleichgewicht der beiderseitigen Belastungen führen.[230] Diese Auffassung hat auch in den Leitlinien der Oberlandesgerichte ihren Niederschlag gefunden (so BL 12. 1; BrL, CL, DrL, FL, HL, KL, OL, RL, SchL, SüdL, jeweils 12. 3). In einem solchen Fall ist der betreuende Elternteil gehalten, sich am Barunterhalt zu beteiligen. Dies

[229] BGH, FamRZ 1983, 689 = R 169 a
[230] BGH, FamRZ 1991, 182, 184 = R 430 a

ist aber auf wenige Ausnahmefälle zu beschränken.[231] Nach den Leitlinien des OLG Frankfurt (FL 12. 3) kommt eine Mithaftung des betreuenden Elternteils bei etwa dreifach höherem Einkommen und günstigen Vermögensverhältnissen in Betracht.

Beispiel:
V wohnt mit dem dreijährigen Kind zusammen mit seinen Eltern, die ihm die Betreuung des Kindes weitgehend abnehmen, in einem ihm gehörenden Haus, das im Wesentlichen schuldenfrei ist. Er verdient 3800,– €, M nur 1250,– €.
M kann den Unterhalt für K nach DT 4/1 (bei dreimaliger Höhergruppierung, vgl. Rn. 233) von 241,– € zahlen, ohne dass ihr angemessener Bedarf gefährdet würde. Gleichwohl muss angesichts der wesentlich günstigeren Einkommens- und Vermögensverhältnisse V den Barunterhalt zusätzlich zur Betreuung übernehmen,

304 **e) Zusatzbedarf.** Fällt bei einem minderjährigen Kind Zusatzbedarf an, der nicht durch den Tabellenbetrag abgedeckt wird, so muss sich der betreuende Ehegatte grundsätzlich im Rahmen seiner Leistungsfähigkeit hieran beteiligen. So auch die Leitlinien zahlreicher Oberlandesgerichte (BL, CL, DL, DrL, FL, RL, jeweils 12. 4). Die Barunterhaltspflicht des anderen Elternteils in Höhe des Tabellenbetrages bleibt grundsätzlich unberührt.[232] In Betracht kommt dies vor allem bei Mehrbedarf infolge Erkrankung oder infolge Besuchs eines Internats (Rn. 317 ff.). Häusliche Ersparnisse, z. B. durch Verpflegung in der Mensa des Internats, sind zu berücksichtigen. Gemeinsam zu tragender Zusatzbadrf kann auch Sonderbedarf (Rn. 6/1 ff.) oder Prozesskostenvorschuss (Rn. 6/20 ff.) sein. Allerdings ist der betreuende Elternteil nicht allein wegen des Zusatzbedarfs zu einer Erwerbstätigkeit verpflichtet, wenn er durch die Betreuung grundsätzlich seine Unterhaltspflicht erfüllt (§ 1606 III 2 BGB). Anders kann es sein, wenn auf Dauer erheblicher krankheitsbedingter Mehrbedarf entsteht, der nicht durch Versicherungsleistungen oder nicht subsidiäre Sozialleistungen abgedeckt wird. Ist der betreuende Elternteil danach nicht zu einer Erwerbstätigkeit verpflichtet, haftet der andere allein auf Barunterhalt einschließlich des Zusatzbedarfs. Verfügt der betreuende Elternteil dagegen über Einkommen, haben sich beide Eltern den Zusatzbedarf entsprechend ihren Einkommens- und Vermögensverhältnissen zu teilen. Vgl. dazu Rn. 289, 325. Führt die Krankheit oder Behinderung des Kindes zu dessen Fremdunterbringung, z. B. in einem Heim, besteht grundsätzlich eine Erwerbsobliegenheit. Dann sind die Ausführungen zu Rn. 290 ff. einschlägig.

Beispiel:
V verdient 3000 €, M 1600 €. M betreut das gemeinsame Kind K (12 Jahre) und erhält das Kindergeld von 154 €. K ist lernbehindert und besucht im Einvernehmen beider Eltern eine Privatschule, die monatlich 300 € kostet. Keine häuslichen Ersparnisse durch den Privatschulbesuch.
Tabellenunterhalt nur nach dem Einkommen des V von 3000 € (DT 12/3 bei dreimaliger Höhergruppierung; vgl. Rn. 233) = 540,– €
F muss sich am Mehrbedarf beteiligen. Bei der Berechnung der Haftungsanteile der Eltern für den Mehrbedarf sind der Tabellenunterhalt für K und der angemessene Selbstbehalt von 1000,– € (Rn. 295) vorweg abzuziehen
Vergleichbare Nettoeinkommen:
V: 3000 – 540 – 1000 = 1460,– €
M: 1600 – 1000 = 600,– €
Gesamteinkommen 2060,– €
V zahlt: 300 × 1460 : 2060 = 213,– €
M zahlt: 300 × 600 : 2060 = 88,– €
V zahlt also 540 + 213 – 77 (Kindergeldanteil) = 676,– €.
M muss die restlichen Schulkosten von 88,– € aufbringen.

305 **f) Veränderung des Verteilungsschlüssels.** Insbesondere bei behinderten Kindern ist es häufig nicht angemessen, den betreuenden Elternteil an den dadurch entstehenden Kosten allein nach dem Maßstab der beiderseitigen Einkommens- und Vermögensverhältnisse zu beteiligen. Vielmehr muss seiner Zusatzbelastung durch die häufig anstrengende Betreuung und eine (Teil-)Barunterhaltspflicht dadurch Rechnung getragen werden, dass

[231] BGH FamRZ 2002, 742 = R 576 c
[232] BGH, FamRZ 1998, 286 = R 518 a; 1983, 689 = R 169 a

der Verteilungsschlüssel **wertend** verändert wird.[233] So auch die Leitlinien zahlreicher Oberlandesgerichte (BL, CL, FL, KL, RL, SüdL, jeweils 12. 3, DL 13. 3). Es muss vermieden werden, dass der Elternteil, der das Kind ganz oder teilweise betreut und daher mehr leisten muss als der andere, durch die zusätzliche Heranziehung zum Barunterhalt im Verhältnis zum anderen Elternteil ungerecht belastet wird. Durch eine entsprechende Veränderung der Haftungsquoten soll die erhöhte Belastung aufgefangen und dem zusätzlich belasteten Elternteil als Ausgleich dafür im Vergleich zum anderen ein größerer Spielraum zur Befriedigung persönlicher Bedürfnisse belassen werden.[234] Das Ausmaß richtet sich danach, in welchem Umfang der sorgeberechtigte Elternteil erhöhte oder verminderte Betreuungsleistungen zu erbringen hat und worin diese im Einzelnen bestehen.[235]

Beispiel: 306

Nettoeinkommen des Vaters (V) 2600,– €, der betreuenden Mutter (M): 2800,– €.
Das gemeinsame Kind K 1 (10 Jahre) ist lernbehindert und schwer erziehbar und besucht deshalb eine private Ganztagsschule; Mehrkosten 350,– €; häusliche Ersparnis 50,– €; M erhält das Kindergeld von 154,– €.
V ist einem weiteren Kind (4 Jahre) aus einer nichtehelichen Lebensgemeinschaft unterhaltspflichtig.
Regelbedarf K 2 nach DT 7/1: 283,– €.
Regelbedarf K 1 nach DT 7/2: 343,– €; Mehrbedarf: 350 (Mehrkosten) – 50 (Ersparnis) = 300,– €; Gesamtbedarf: 643,– €.
V zahlt zunächst zur Abgeltung des Regelbedarfs 343 – 77 (Kindergeldanteil) = 266,– €.
Ermittlung der Haftungsanteile für den Mehrbedarf:
Das Einkommen des V ist um den Barunterhalt für beide Kinder zu kürzen (Rn. 294).
Vergleichbares Nettoeinkommen des V: 2600 – 343 (K 1) – 283 (K 2) – 1000 (Sockelbetrag) = 974,– €.
Vergleichbares Nettoeinkommen der M: 2800 – 1000 (Sockelbetrag) = 1800,– €.
Summe der vergleichbaren Beträge: 2774,– €.
Anteil des V: 300 × 974 : 2774 = 106,– €.
Anteil der M: 300 × 1800 : 2774 = 195,– €.
Da M das Kind nach der Schule, an den Wochenenden und in den Ferien weitgehend zu betreuen hat und sie im Verhältnis zu V allenfalls zu einer Halbtagstätigkeit verpflichtet ist, müssen die Haftungsanteile der Eltern für den Mehrbedarf wertend verändert werden. Es ist angemessen, dass M hiervon 1/3, also 100,– €, V dagegen 2/3, also 200,– €, aufbringt.

g) Betreuungskosten können Mehrbedarf des Kindes, aber auch berufsbedingte Aufwendungen des betreuenden Elternteils sein. 307 Letzteres ist der Fall, wenn die Betreuung notwendig wird, weil der betreuende Elternteil einer Erwerbstätigkeit nachgeht (vgl. Rn. 275, 283, 321). Dann ist nicht der Kindesunterhalt um Mehrbedarf zu erhöhen, sondern das Einkommen des Betreuenden um diese Kosten, z. B. die Vergütung einer Tagesmutter, zu mindern.[236]

Beispiel:

Anrechenbares Einkommen des Vaters (V) 1800,– €, der Mutter (M) 1400,– €. Kein Ehegattenunterhalt (z. B. wegen Verwirkung nach § 1579 Nr. 6 BGB).
Das 5-jährige Kind lebt bei der erwerbstätigen M. Diese lässt es während der Arbeitszeit von einer Tagesmutter versorgen. Die Tagesmutter erhält eine Vergütung von 400,– €. M bezieht das Kindergeld von 154,– €.
Da M die Betreuung des Kindes sicherstellt, damit sie einer Erwerbstätigkeit nachgehen kann (vgl. dazu Rn. 275), hat das Kind keinen Mehrbedarf. Daher haftet nur V auf Barunterhalt. Ein Ausgleich der Mehrbelastung der F könnte nur über Ehegattenunterhalt erfolgen, der hier aber nicht geschuldet wird.
Der Bedarf des Kindes richtet sich nur nach dem Einkommen des V von 1800,– €. Er beträgt, unter dreimaliger Höhergruppierung nach DT 7/1 (vgl. Rn. 233) 283,– €.
Zu zahlen sind: 283 – 77 (Kindergeldanteil) = 206,– €.

---

233 BGH, FamRZ 1985, 917 = R 263 b
234 BGH, FamRZ 1983, 689 = R 169 a
235 BGH, FamRZ 1983, 689 = R 169 a
236 BGH, FamRZ 1983, 689 = R 169 b

308 **h) Keine Gesamtschuld.** Die Eltern haften dem Kind für ihren jeweiligen Unterhaltsanteil nicht als Gesamtschuldner, sondern als Teilschuldner.[237] Vgl. auch Rn. 437. Dies gilt auch bei gesetzlichem Forderungsübergang, z. B. nach § 91 BSHG.

4. Unterhalt bei Geschwistertrennung

309 **a) Keine Verrechnung des Kindesunterhalts.** Bei Geschwistertrennung erfüllt jeder Elternteil, der mindestens eines von mehreren gemeinsamen minderjährigen Kindern betreut, nur gegenüber dem bei ihm befindlichen Kind seine Unterhaltspflicht durch Pflege und Erziehung (§ 1606 III 2 BGB). Dem anderen Kind ist er grundsätzlich zum Barunterhalt verpflichtet. Jedes Kind hat daher gegen den Elternteil, bei dem es nicht lebt, Anspruch auf Barunterhalt, dessen Höhe sich nach dem anrechenbaren Nettoeinkommen dieses Elternteils richtet. Sind die Einkünfte bei beiden Eltern annähernd gleich hoch, empfiehlt sich eine einvernehmliche Vereinbarung, dass jeder Elternteil in vollem Umfang für den Unterhalt (Bar- und Betreuungsbedarf) des bei ihm lebenden Kindes aufkommt, für das andere Kind dagegen keinen Barunterhalt zu leisten hat. Dies geschieht rechtlich in zulässiger Weise durch eine wechselseitige **Freistellungsvereinbarung** der Eltern, die allerdings nur sie selbst bindet.[238] Der Unterhaltsanspruch der Kinder bleibt unberührt, da die Eltern nicht in deren Namen mit Wirkung für die Zukunft auf Unterhalt verzichten können (§ 1614 I BGB). Vgl. dazu Rn. 525 ff.

310 **b) Einkünfte der Eltern.** Verfügen beide Eltern über Einkommen, insbesondere aus voll- oder halbschichtiger Erwerbstätigkeit, bemisst sich die Barunterhaltspflicht des Elternteils gegenüber dem von ihm nicht betreuten Kind nach den bisher dargestellten Grundsätzen (vgl. Rn. 282 ff.). Maßgebend ist daher zunächst das anrechenbare Nettoeinkommen des jeweils barunterhaltspflichtigen Elternteils.

311 Vom Bruttoeinkommen können alle Mehrkosten als berufsbedingte Aufwendungen abgezogen werden, die dem Verpflichteten dadurch entstehen, dass er trotz des bei ihm befindlichen betreuungsbedürftigen Kindes einer Erwerbstätigkeit nachgeht (vgl. dazu Rn. 275 und 1/107). Abziehbar sind u. a. Kosten für Betreuungspersonen, insbesondere für eine Tagesmutter, Kosten für den Besuch eines Horts, einer Ganztagsschule oder eines Kindergartens.

312 Das Einkommen des barunterhaltspflichtigen Elternteils wird nur in seltenen Ausnahmefällen aus **unzumutbarer Erwerbstätigkeit** stammen. Bei Geschwistertrennung besteht eine ähnliche Situation wie bei der Hausmannsrechtsprechung (Rn. 172 ff.). Der Elternteil, der nur eines von zwei Kindern betreut, erfüllt nur diesem gegenüber seine Unterhaltspflicht durch Pflege und Erziehung (§ 1606 III 2 BGB). Dem anderen Kind ist er barunterhaltspflichtig. Er darf sich also nicht auf die Betreuung des bei ihm lebenden Kindes beschränken, sondern muss mindestens durch eine Nebentätigkeit zum Unterhalt des anderen beitragen.[239] Vgl. auch Rn. 315.

313 Schließlich kann dem barunterhaltspflichtigen Elternteil wegen Betreuung des bei ihm lebenden Kindes ggf. ein **Betreuungsbonus** gewährt werden, wenn die Betreuung zwar ohne konkret erfassbare Mehrkosten, aber doch nur unter tatsächlichen Schwierigkeiten möglich ist.[240] Vgl. dazu Rn. 275 a und 4/193.

314 Es ist stets darauf zu achten, dass bei den Eltern **mit gleichem Maß** gemessen wird. Es geht nicht ohne weiteres an, die Erwerbstätigkeit der Mutter, die ein 6-jähriges Kind betreut, für unzumutbar zu halten, beim Vater, in dessen Haushalt der 5-jährige Bruder lebt, dagegen das Einkommen voll anzurechnen. Dies kann allenfalls bei gesteigerter Unterhaltspflicht nach § 1603 II 1 BGB in Betracht kommen, wenn die Betreuungsmöglichkeiten, die dem Vater zur Verfügung stehen, wesentlich günstiger sind, z. B. weil er das bei ihm lebende Kind

[237] BGH, FamRZ 1986, 153 = R 278 b
[238] OLG Zweibrücken, FamRZ 1997, 178
[239] Vgl. dazu OLG Hamm, FamRZ 2003, 179
[240] BGH, FamRZ 1991, 182, 184 = R 430 b

in die Obhut der Großmutter geben kann. Auch hier wird aber vielfach ein Betreuungsbonus zu gewähren sein.

Bei der Berechnung des Ehegattenunterhalts ist der Kindesunterhalt vorweg vom Einkommen des Verpflichteten, aber auch von den Einkünften des Berechtigten abzuziehen.[241] Vgl. dazu Rn. 4/188.

c) Erwerbsobliegenheit. Wenn die Eltern nichts Gegenteiliges vereinbaren, kann ein Elternteil sich dem Unterhaltsanspruch des bei ihm nicht lebenden Kindes grundsätzlich nicht mit der Begründung entziehen, er betreue dessen Bruder oder Schwester (vgl. Rn. 309, 312). Er ist verpflichtet, das Existenzminimum des vom anderen Elternteil betreuten Kindes notfalls unter teilweisem Einsatz des Kindergeldes nach § 1612 b V BGB sicherzustellen (vgl. Rn. 127 a, c), wenn er dazu nach seinen beruflichen Fähigkeiten ohne Gefährdung seines notwendigen Selbstbehalts in der Lage ist. Er ist daher in der Regel verpflichtet, einer Erwerbstätigkeit nachzugehen und dafür zu sorgen, dass das bei ihm lebende Kind teilweise von Dritten betreut wird. Die dadurch entstehenden Kosten kann er allerdings vom Einkommen absetzen (vgl. Rn. 311). Die insbesondere beim Ehegattenunterhalt geltende Regel, dass ein Kleinkind der ständigen Betreuung durch einen Elternteil bedarf (vgl. Rn. 4/72 ff.), kann nicht ohne weiteres herangezogen werden, da jeder der Eltern für den Unterhalt jedes seiner Kinder zu sorgen hat; vgl. dazu Rn. 172 ff. Die Mutter kann sich daher grundsätzlich nicht darauf berufen, sie könne nur einer teilschichtigen Arbeit nachgehen, weil sie eine 12-jährige (Halb-)Schwester des unterhaltsberechtigten Kindes betreuen müsse.[242] Eine **Erwerbspflicht** eines Elternteils wird nur unter besonderen Umständen verneint werden können, z. B. wenn er ein Kleinkind zu betreuen hat und eine Fremdbetreuung auch bei Anlegung eines strengen Maßstabs nicht möglich ist,[243] während die Betreuungsmöglichkeiten beim anderen Elternteil deutlich günstiger sind, z. B. weil das bei ihm lebende Kind wesentlich älter und schon weitgehend selbstständig ist. Vgl. auch Rn. 166. Im Übrigen kann eine Barunterhaltspflicht eines Elternteils entfallen, wenn sein eigener angemessener Bedarf bei Leistung von Barunterhalt gefährdet wäre, während die Einkommens- und Vermögensverhältnisse des anderen deutlich günstiger sind (vgl. dazu näher Rn. 274 ff., 287). 315

5. Kindesunterhalt bei gemeinsamer elterlicher Sorge

Die Regelung der elterlichen Sorge ist für die Frage, welcher Elternteil Barunterhalt zu leisten hat, unerheblich. Es kommt auch nicht darauf an, ob die Eltern verheiratet oder geschieden sind, ob sie zeitweilig oder ob sie nie zusammengelebt haben. Entscheidend ist allein, ob und in welchem Umfang ein Elternteil das Kind pflegt und erzieht und dadurch seine Unterhaltspflicht erfüllt (§ 1606 III 2 BGB; vgl. Rn. 11 ff.). Dies gilt auch bei allen Formen der gemeinsamen elterlichen Sorge, gleichgültig, ob sie nach Trennung und Scheidung verheirateter Eltern fortbesteht oder ob sie bei nicht verheirateten Eltern auf einer Sorgeerklärung nach § 1626 a BGB beruht. Ist das Kind in den Haushalt eines Elternteils eingegliedert und beschränkt sich der andere nur auf eine gelegentliche Betreuung, die der Ausübung eines Umgangsrechts nahekommt, so haftet dieser allein auf Barunterhalt. Die Höhe des Unterhalts ergibt sich wie üblich aus der Düsseldorfer Tabelle. Wechseln die Eltern in der Betreuung ab, ist der Unterhalt unter Berücksichtigung der beiderseitigen Betreuungsleistungen zu berechnen.[244] Vgl. dazu Rn. 289, 316 b. 316

Steht die elterliche Sorge den Eltern gemeinsam zu, so kann der Elternteil, in dessen 316 a
Obhut sich das Kind befindet, Unterhaltsansprüche des minderjährigen Kindes gegen den

---

[241] BGH, FamRZ 1992, 1163 = R 437 a; bedenklich KG, NJW-RR 1996, 1287, das den Kindesunterhalt beim unterhaltsberechtigten Ehegatten nur zu 3/7 abzieht

[242] OLG Hamm, FamRZ 2003, 179 zur vergleichbaren Problematik beim privilegiert volljährigen Kind; bedenklich OLG Düsseldorf, FamRZ 1993, 1118

[243] Vgl. OLG Düsseldorf, FamRZ 1996, 167

[244] OLG Düsseldorf, NJW 2001, 3344; A I 3. 1 der Empfehlungen des 10. Deutschen Familiengerichtstages, FamRZ 1994, 358

anderen Elternteil geltend machen (§ 1629 II 2 BGB in der seit 1. 7. 1998 geltenden Fassung). Die durch die Obhut begründete gesetzliche Vertretung zur Geltendmachung von Unterhaltsansprüchen gilt für alle Fälle der gemeinsamen Sorge, also auch, wenn sie auf Sorgeerklärungen nach § 1626 a BGB beruht. Der Elternteil, bei dem das Kind lebt, kann nach § 1713 I 2 BGB[245] auch bei gemeinsamer Sorge die Anordnung einer Beistandschaft beantragen und dem Jugendamt die Geltendmachung des Unterhalts überlassen. Betreuen beide Eltern das Kind trotz ihrer Trennung weiter, so kommt es darauf an, bei wem der Schwerpunkt der Pflege und Erziehung des Kindes liegt.[246] Es muss genügen, dass der Anteil eines Elternteils an Betreuung und Versorgung den Anteil des anderen geringfügig übersteigt. Entscheidend ist, für welche Zeiten ein Elternteil für das Kind die Verantwortung hat, auch wenn er die Betreuung teilweise durch Dritte sicherstellt[247] (vgl. Rn. 283). Die gegenteilige Auffassung, die ein eindeutiges Übergewicht der Betreuung bei einem Elternteil verlangt,[248] ist wenig praktikabel, weil sie in zahlreichen Fällen zur Bestellung eines Ergänzungspflegers zwingt. Dies ist aber nur dann nötig, wenn die Eltern die Betreuung in gleichem Umfang unter sich aufteilen, z. B. wenn sie das Kind jeweils eine Woche im Wechsel versorgen oder wenn das Kind sich tagsüber bei dem einen, nachts dagegen bei dem anderen Elternteil aufhält.

Bei verheirateten Eltern, die getrennt leben oder zwischen denen eine Ehesache anhängig ist, kann der nach § 1629 II 2 BGB vertretungsberechtigte Ehegatte die Unterhaltsansprüche des Kindes nur als Prozessstandschafter im eigenen Namen geltend machen (§ 1629 III 1 BGB).

316 b Jedenfalls seit Einführung der gemeinsamen elterlichen Sorge ist festzustellen, dass sich viele Kinder öfter und länger beim umgangsberechtigten Elternteil aufhalten und dass sich der Umgang teilweise einer Mitbetreuung annähert. Gleichwohl muss es im Grundsatz dabei bleiben, dass die Ausübung auch eines großzügigen Umgangsrechts nicht zur Kürzung des Barunterhalts berechtigt. Vgl. Rn. 168. Die Beköstigung des Kindes während des Umgangs führt meist nicht zu nennenswerten Ersparnissen beim betreuenden Elternteil. Daher wird der Unterhaltsbedarf des Kindes dadurch nicht teilweise gedeckt. Der erweiterte Umgang stellt in der Regel auch nicht in Frage, dass der andere Elternteil im Sinne des § 1606 III 2 BGB durch Pflege und Erziehung seine Unterhaltspflicht erfüllt, da er die Hauptverantwortung für das Kind trägt und in erster Linie dessen Ansprechpartner ist. Zudem erlauben ihm die Zeiten, über die er durch den Aufenthalt des Kindes beim anderen Elternteil verfügt, in der Regel die Ausübung oder Erweiterung einer Erwerbstätigkeit nicht, weil der Umgang schwerpunktmäßig am Wochenende stattfindet.

Anders kann es ein, wenn die Eltern sich in der Betreuung abwechseln, so dass auf jeden von ihnen etwa die Hälfte der Pflege und Versorgung entfällt. Dann kann eine anteilige Barunterhaltspflicht in Betracht kommen. Vgl. dazu Rn. 302. Es wird im Einzelfall zu prüfen sein, ob die Richtsätze der Düsseldorfer Tabelle für den Bedarf ausreichen oder ob der Tabellenunterhalt wegen der Mehrkosten angemessen erhöht werden muss, die durch die Aufteilung der Betreuung entstehen, z. B. dadurch, dass in der Wohnung jedes Elternteils ein Kinderzimmer, Kleidung, Spielzeug, Schulbedarf usw. vorhanden sein müssen. Auch kann ein Wechselmodell zu häufigen Fahrten zwischen den beiden Wohnungen führen.[249] Vgl. dazu Rn. 226. In einem solchen Fall sind die Eltern in der Regel beide zu einer Erwerbstätigkeit verpflichtet. Sie haben sich den Unterhalt entsprechend ihren Einkommens- und Vermögensverhältnissen ggf unter wertender Veränderung des Verteilungsschlüssels (dazu Rn. 296, 305, 321) zu teilen. Beide Eltern werden einen Teil des Unterhalts in Natur decken, so dass Barunterhalt nur in Form einer den Tabellenunterhalt nicht erreichenden Ausgleichszahlung zu entrichten sein wird.[250]

---

[245] I. d. F. des Kinderrechtsverbesserungsgesetzes vom 9. 4. 2002 – BGBl. I 1239
[246] Johannsen/Henrich/Jaeger, Eherecht, 4. Aufl., § 1629 Rn. 6; Büttner, FamRZ 1998, 585, 593
[247] OLG Düsseldorf, NJW 2001, 3344; Palandt/Diederichsen, § 1629 Rn. 31
[248] KG, FamRZ 2003, 53, das bei Mitbetreuung zu 1/3 eine Prozessstandschaft verneint
[249] OLG Düsseldorf, NJW 2001, 3344; OLG-Report 1999, 313
[250] OLG Düsseldorf, NJW 2001, 3344

VII. Mehrbedarf minderjähriger Kinder

1. Berechtigung des Mehrbedarfs

Mehrbedarf ist derjenige Teil des Lebensbedarfs, der regelmäßig, jedenfalls während eines längeren Zeitraums anfällt und das Übliche derart übersteigt, dass er mit Regelsätzen nicht erfasst werden kann, aber kalkulierbar ist und deshalb bei der Bemessung des laufenden Unterhalts durch Anhebung des Tabellensatzes berücksichtigt werden kann. Vgl. dazu im Einzelnen Rn. 133 ff. 317

Bei minderjährigen Kindern entsteht Mehrbedarf z. B. **als krankheitsbedingter Mehrbedarf** für ein behindertes Kind oder als **schulischer Mehrbedarf** für Sonderunterricht, Besuch einer **Privatschule,** Ganztagsschule oder eines **Internats.** Auch die Notwendigkeit, ein außergewöhnliches künstlerisches Talent zu fördern, kann Mehrbedarf begründen. Die Pflege musischer Interessen im Rahmen einer angemessenen Erziehung ist dagegen aus dem Tabellenunterhalt zu bestreiten.[251] Ein solcher Mehrbedarf ist in Abgrenzung zum Sonderbedarf nur dann zu bejahen, wenn es sich um voraussehbare, regelmäßig anfallende laufende Mehrkosten handelt. Insbesondere die Kosten für vorübergehenden Nachhilfeunterricht können Sonderbedarf darstellen. Genaueres Rn. 6/3 f., 6/17.

Mehrbedarf kann auch dann entstehen, wenn ein Kind in einem Heim oder bei Pflegeeltern untergebracht werden muss, weil die Eltern das Kind verschuldet oder unverschuldet nicht versorgen können und ihnen daher das Sorgerecht ganz oder teilweise nach § 1666 BGB entzogen worden ist. Bei Anordnung einer Vormundschaft oder Pflegschaft kann auch die **Vergütung des Vormundes** oder Pflegers Mehrbedarf oder Sonderbedarf des Kindes sein. Vgl. dazu §§ 1836 c Nr. 1, 1836 d Nr. 2 BGB. Mehrbedarf kommt insbesondere bei einer länger dauernden Vormundschaft in Betracht, wenn dem Vormund eine laufende und der Höhe nach abschätzbare Vergütung zu gewähren ist.[252] Die Vergütung wird in der Regel von der Staatskasse übernommen. In ihrer Höhe geht der Unterhaltsanspruch des Kindes auf die Staatskasse über (§ 1836 e I BGB). Vgl. auch Rn. 405, 6/14.

Ist der Besuch eines Horts, einer Ganztagsschule oder eines Internats nicht im Interesse des Kindes geboten, sondern deshalb erforderlich, damit der **betreuende Elternteil einer Erwerbstätigkeit** nachgehen kann, liegt kein Mehrbedarf des Kindes vor. In einem solchen Fall mindern die durch die Fremdbetreuung entstehenden Kosten das Einkommen des Elternteils. Vgl. dazu Rn. 307, 321. Zu Kindergartenkosten vgl. Rn. 275.

Zunächst ist zu klären, ob der Mehrbedarf des Kindes als **berechtigt** anerkannt werden kann und daher vom Verpflichteten (mit-)zu tragen ist. 318

Die Berechtigung **krankheitsbedingten Mehrbedarfs** wird in der Regel nicht angezweifelt, da die Notwendigkeit zusätzlicher Pflege und Versorgung eines behinderten Kindes meist offen zutage liegt. Ähnliches gilt bei Unterbringung eines schwer erziehbaren Kindes in einem Heim oder einer Pflegefamilie (Rn. 327 a). Zum Umfang des Mehrbedarfs vgl. Rn. 326 ff. Kommt es zu einem Streit zwischen den Eltern über die Berechtigung des Mehraufwands, sind die unter Rn. 320 ff. dargestellten Grundsätze anzuwenden. 319

Dagegen ist die Berechtigung **schulischen Mehrbedarfs** häufig ein Streitpunkt der Eltern. Zu unterscheiden ist zwischen gemeinsamem und alleinigem Sorgerecht. 320

Bei gemeinsamem Sorgerecht gehört die Frage, ob ein Kind eine andere Schule besuchen soll, zu den Angelegenheiten, die für das Kind von erheblicher Bedeutung sind und die daher von beiden Eltern in gegenseitigem Einvernehmen entschieden werden müssen (§ 1687 I 1 BGB). Dies gilt besonders für den oft mit erheblichen Kosten verbundenen Wechsel zu einer Privatschule oder für die Unterbringung des Kindes in einem Internat, in der Regel aber nicht für Sonder- oder Nachhilfeunterricht, der zudem meist als Sonderbedarf, nicht als Mehrbedarf zu klassifizieren sein wird (Rn. 6/17). Können sich die Eltern 320 a

[251] Vgl. BGH, FamRZ 2001, 1603

[252] Vgl. Oelkers/Kraeft, FamRZ 2002, 790, 793. Zur Abgrenzung Mehrbedarf – Sonderbedarf vgl. OLG Nürnberg, FamRZ 1999, 1684

in einer wichtigen Frage nicht einigen, kann das Familiengericht auf Antrag die Entscheidung einem Elternteil übertragen (§ 1628 BGB). Trifft dieser die Entscheidung, gelten die Ausführungen in Rn. 320 b. Einigen sich die Eltern über einen Schulwechsel, müssen sie beide die dadurch verursachten Mehrkosten unterhaltsrechtlich gegen sich gelten lassen. Vgl. dazu Rn. 320 c, 323 ff.

320 b **Bei alleinigem Sorgerecht** ist der sorgeberechtigte Elternteil nach § 1631 I BGB berechtigt, die Ziele und Wege einer Ausbildung unter Berücksichtigung der Eignung und Neigung des Kindes **verantwortlich** festzulegen. Dasselbe gilt, wenn bei gemeinsamer Sorge ein Elternteil den kostenträchtigen Schulwechsel veranlasst hat, nachdem ihm die Entscheidung vom Familiengericht übertragen worden ist (§ 1628 BGB). Der barunterhaltspflichtige Elternteil muss solche Entscheidungen hinnehmen, auch wenn sie sich kostensteigernd für ihn auswirken und sie ihm nicht sinnvoll erscheinen. Fehlentscheidungen sind ggf. durch das Familiengericht nach § 1666 BGB zu korrigieren.[253] Deshalb können im Unterhaltsrechtsstreit Maßnahmen des Sorgerechtsinhabers grundsätzlich nicht auf ihre Rechtmäßigkeit oder Zweckmäßigkeit überprüft werden. Das gilt auch bei der Wahl einer Mehrkosten verursachenden Privatschule.[254]

Trotz der generellen Bindung an eine Entscheidung des Sorgeberechtigten kann das Kind **Mehrbedarf nicht unbeschränkt** geltend machen. Dies gilt vor allem dann, wenn die entstehenden Mehrkosten erheblich sind. Die kostenverursachende Maßnahme muss sachlich begründet und wirtschaftlich zumutbar sein. Es müssen – ähnlich wie bei einem Auslandsstudium (vgl. dazu Rn. 67) – **wichtige Gründe** vorliegen, die es rechtfertigen, die durch die Wahl einer Privatschule verursachten Mehrkosten zu Lasten des Unterhaltspflichtigen als angemessene Bildungskosten anzuerkennen. Bei dieser Prüfung müssen insbesondere die Einkommens- und Vermögensverhältnisse der Eltern berücksichtigt werden. Zu prüfen ist ferner, ob andere Möglichkeiten der schulischen Förderung des Kindes bestehen, die bei geringeren Kosten zu einem vergleichbaren Erfolg führen würden.[255]

320 c Mehrbedarf ist stets anzuerkennen, wenn der **barunterhaltspflichtige Elternteil** mit der Maßnahme des Sorgeberechtigten **einverstanden** war. Ist der Mehrbedarf **berechtigt,** muss sich unter Umständen der betreuende Elternteil **an seiner Finanzierung beteiligen.**[256] Vgl. unten Rn. 323 ff.

Ergibt die Prüfung, dass die Mehrkosten **nicht berechtigt** sind, verbleibt es beim **Tabellenunterhalt.** Die Mehrkosten muss dann der Elternteil tragen, der sie veranlasst hat.

321 Die **Internatsunterbringung** kann durch Gründe, die in der Person des Kindes liegen, wie z. B. durch Lern- und Erziehungsschwierigkeiten und gesundheitliche Behinderungen, gerechtfertigt sein. Wegen der erheblichen Mehrkosten ist die Berechtigung dieser Maßnahme besonders **sorgfältig zu überprüfen.** Vgl. hierzu oben Rn. 320 ff.

Bei Internatsunterbringung wird in der Regel eine **beiderseitige Barunterhaltspflicht** bestehen, wenn der Sorgeberechtigte auf diese Weise einer eigenen Erwerbstätigkeit nachgehen und deshalb die von ihm veranlassten Kosten mitfinanzieren kann. Der Verteilungsschlüssel ist im Hinblick auf eine verbleibende Restbetreuung wertend zu verändern.[257] Dabei ist zu berücksichtigen, dass der sorgeberechtigte Elternteil das Kind vielfach in den Schulferien, also etwa während eines Vierteljahres, und an Wochenenden betreuen muss. Zur Berechnung des Unterhaltsanteils nach § 1606 III 1 BGB vgl. Rn. 289 ff.

Der Gesamtbedarf (Regelbedarf und Internatskosten) muss ggf. im Hinblick auf die erheblichen **Einsparungen** bei den laufenden Lebenshaltungskosten gekürzt werden.[258] Vgl. dazu Rn. 304.

Ist die Internatsunterbringung nicht im Interesse des Kindes gerechtfertigt, sondern wird sie damit begründet, dass der **betreuende Elternteil** auf diese Weise einer **eigenen Erwerbstätigkeit** nachgehen kann (vgl. auch Rn. 275, 283, 307), sind die Internatskosten

---

[253] BGH, FamRZ 1983, 48 = R 141
[254] BGH, FamRZ 1983, 48 = R 141
[255] BGH, FamRZ 1983, 48 = R 141
[256] BGH, FamRZ 1999, 286 = R 518 a; FamRZ 1983, 689 = R 169 a
[257] BGH, FamRZ 1985, 917 = R 263 b
[258] OLG Nürnberg, FamRZ 1993, 837

vom sorgeberechtigten Ehegatten zu tragen.[259] Er kann allerdings unter Umständen bei einem betreuungsbedürftigen Kind gegen den anderen Elternteil einen Anspruch auf Ehegattenunterhalt haben.

Beispiel:
Einkommen des Vaters (V): 2700,– €, der Mutter (M), die wegen vieler Dienstreisen das 11-jährige Kind nur am Wochenende und in den Ferien selbst versorgen kann: 2100,– €. Internatskosten 800,– €, häusliche Ersparnis 100,– €. M bezieht das Kindergeld von 154,– €.
Da M die Betreuung des Kindes auf eigene Kosten sicherstellt, ist allein V barunterhaltspflichtig (vgl. Rn. 283, 307).
Kindesunterhalt entsprechend dem Einkommen des V nach DT 10/2: 410,– € (zweimalige Höhergruppierung nach DT A 1; vgl. Rn. 233). Zu zahlen sind 410 – 77 (Kindergeldanteil) = 333,– €.
Einkommen des V: 2700 – 410 = 2290,– €.
Einkommen der M: 2100 – (800 – 100) = 1400,– €.
Ehegattenunterhalt nach der Differenzmethode: 2290 – 1400 = 890 × 3/7 = 382,– €. V behält mit (2290 – 388 =) 1908,– € erheblich mehr als den Bedarfskontrollbetrag der 10. Einkommensgruppe von 1400,– €.

Macht das Kind Mehrbedarf geltend, muss es ebenfalls konkret **darlegen** und nachweisen, worin der Mehrbedarf besteht und warum er unterhaltsrechtlich berechtigt ist. Die zusätzlichen Aufwendungen sind mindestens für einen repräsentativen Zeitraum detailliert und nachvollziehbar aufzuschlüsseln.[260] Zu den Kontrollrechten des barunterhaltspflichtigen Elternteils Rn. 72. 322

2. Berechnung des geschuldeten Unterhalts bei berechtigtem Mehrbedarf

Ist der Mehrbedarf berechtigt, besteht der **Gesamtbedarf** des Kindes aus dem **Regelbedarf** nach der Düsseldorfer Tabelle **und** dem konkret zu ermittelnden **Mehrbedarf.** Bei der Bemessung des Gesamtbedarfs muss berücksichtigt werden, dass unter Umständen Aufwendungen eingespart werden, die normalerweise aus dem Tabellenunterhalt zu decken wären. Von den Gesamtkosten können dann Abzüge gemacht werden, z. B. wenn das Kind in einem Hort oder einer Ganztagsschule ein Mittagessen erhält. Die **Einsparung** kann durch Schätzung nach § 287 II ZPO ermittelt werden. 323

Die Aufteilung des Gesamtbedarfs in Tabellenunterhalt und Mehrbedarf wird insbesondere in Betracht kommen, wenn das Kind von einem Elternteil oder Verwandten betreut wird. Lebt es dagegen in einem Heim, deckt sich der Bedarf in der Regel mit den Heimkosten und etwaigen zusätzlichen Aufwendungen, z. B. für Fahrtkosten der Eltern zum Besuch des Kindes.[261] Der so errechnete Betrag ist allerdings um nicht subsidiäre Sozialleistungen zu kürzen. Vgl. dazu Rn. 326 ff.

Hat der **betreuende Elternteil kein eigenes Einkommen** und ist er, z. B. wegen Erwerbsunfähigkeit, nicht zu einer Berufstätigkeit verpflichtet, trägt der Barunterhaltspflichtige den Gesamtbedarf des Kindes einschließlich der Mehrkosten allein, soweit er dazu im Rahmen seiner Leistungsfähigkeit unter Berücksichtigung seiner gesteigerten Unterhaltspflicht gegenüber minderjährigen Kindern in der Lage ist. Ihm sollte grundsätzlich der Bedarfskontrollbetrag (Rn. 239 ff.) verbleiben. Im Mangelfall muss er allerdings auf den notwendigen Selbstbehalt verwiesen werden, selbst wenn der an das Kind zu zahlende Unterhalt höher sein sollte als der Betrag, den er selbst behält.[262] 324

Beispiel:
Nettoeinkommen des Vaters (V): 3100,– €
Unterhalt für kranke Frau (M) und 2 Kinder im Alter von 10 und 9 Jahren (K 1 und K 2), die beide eine Ganztagsschule besuchen. K 1 erhält Sonderunterricht.

[259] BGH, FamRZ 1983, 689 = R 169 b
[260] BGH, FamRZ 2001, 1603
[261] OLG Bremen, FamRZ 2001, 1300
[262] BGH, FamRZ 1986, 48 = R 275 a; FamRZ 1983, 48 = R 141

Mehrkosten für die Ganztagsschule je 200,– €, außerdem monatlich 50,– € für notwendigen Sonderunterricht von K 1; Ersparnis für Verpflegungskosten je 50,– €. M erhält das Kindergeld von je 154,– €.
Regelunterhalt K 1 und K 2 nach DT 9/2 = je 386,– €.
Gesamtunterhalt K 1: 386 + 50 + 200 – 50 = 586,– €.
Gesamtunterhalt K 2: 386 + 200 – 50 = 536,– €.
Ehegattenunterhalt: 3100 – 586 – 536 = 1978 × 3/7 = 848,– €.
V verbleiben 3100 – 586 – 536 – 848 = 1130,– € und damit weniger als der Bedarfskontrollbetrag der 9. Einkommensgruppe von 1300,– €. Da bei Herabstufung um eine Gruppe der Bedarfskontrollbetrag der 8. Einkommensgruppe von 1200,– € nicht gewahrt wäre, ist der Kindesunterhalt der 7. Gruppe zu entnehmen (DT Anm. A 6; zum Bedarfskontrollbetrag und zu abweichenden Auffassungen vgl. Rn. 239 ff.).
Korrigierte Berechnung:
Kindesunterhalt nach DT 7/2 je 343,– €, einschließlich des Mehrbedarfs daher 543,– € bzw. 493,– €, nach Kindergeldverrechnung 466,– € bzw. 416,– €. Ehegattenunterhalt: 3100 – 543 – 493 = 2064 × 3/7 = 885,– €. V verbleiben 3100 – 543 – 493 – 885 = 1179,– € und damit mehr als der Bedarfskontrollbetrag der 7. Gruppe von 1150,– €.

325 Hat der **betreuende Elternteil selbst eigenes Einkommen,** so hat er sich unter Berücksichtigung der beiderseitigen Einkommensverhältnisse nur am Mehrbedarf zu beteiligen (Rn. 304 ff.), wenn er weiter seine Unterhaltspflicht durch Betreuung erfüllt.[263] Dann bleibt die Barunterhaltspflicht des anderen Elternteils in Höhe des Tabellenunterhalts bestehen. Betreut kein Elternteil das Kind oder rechtfertigt die Restbetreuung durch einen Elternteil die Anwendung des § 1606 III 2 BGB nicht, ist der Unterhalt nach § 1606 III 1 BGB anteilig von beiden Eltern entsprechend ihren Einkommens- und Vermögensverhältnissen zu tragen. Ggf. ist der Verteilungsmaßstab wertend zu verändern (Rn. 296, 305, 321).

3. Mehrbedarf des behinderten minderjährigen Kindes

326 Der Mehrbedarf eines behinderten Kindes kann erheblich sein und insbesondere bestehen
- in den Mehrkosten der Unterbringung, Erziehung, Pflege und Versorgung des Kindes in einem **Heim,** einschließlich der Fahrkosten zum Besuch des Kindes durch beide Eltern, nicht nur durch den sorgeberechtigten Elternteil,[264]
- in den Mehrkosten, die durch die **Versorgung des Kindes im Haushalt eines Elternteils** entstehen, insbesondere durch die behindertengerechte Ausstattung der Wohnung (Fahrstuhl, rollstuhlgerechte Türen, behindertengerechte Toilette und Badewanne usw.) oder durch die Pflege und Versorgung des Kindes, sei es durch den betreuenden Elternteil selbst (vgl. unten Rn. 329), sei es durch Dritte, vor allem mobile Pflegedienste,
- im Mehraufwand für Kleidung,
- im Mehraufwand für Hilfsmittel, z. B. einen Rollstuhl,
- in den Kosten einer psychotherapeutischen oder heilpädagogischen Behandlung,
- in den Mehrkosten einer Behindertenfreizeit gegenüber einem normalen Urlaub,
- in den Kosten für Sonderunterricht.

327 Infolge des Mehrbedarfs erhält das Kind vielfach **subsidiäre Sozialleistungen.** Diese sind kein anrechnungsfähiges Einkommen. Sozialhilfe ist nachrangig (§ 2 BSHG). Zudem steht dem Träger der Sozialleistung vielfach die Möglichkeit des Rückgriffs gegen den Unterhaltspflichtigen offen (vgl. z. B. § 91 BSHG; vgl. dazu Rn. 6/500 ff., 508 ff.).

Zu den **subsidiären Sozialleistungen** gehört in erster Linie die **Sozialhilfe,** die Mehrbedarf hauptsächlich durch das Pflegegeld nach § 69 a BSHG abdeckt. Dieses Pflegegeld ist von dem Pflegegeld, das seit 1. 4. 1995 durch die Pflegekassen gewährt wird (vgl. unten Rn. 328), scharf zu unterscheiden. Das Pflegegeld nach § 69 a BSHG ist als Sozialhilfeleistung nicht bedarfsdeckend (§ 2 II BSHG) und daher grundsätzlich **nicht** auf den Unter-

[263] BGH, FamRZ 1998, 286 = R 518 a; FamRZ 1983, 689 = R 169 a
[264] OLG Bremen, FamRZ 2001, 1300, das jedoch die Kosten des lediglich umgangsberechtigten Elternteils nicht berücksichtigen will

haltsanspruch **anzurechnen** (vgl. Rn. 1/451, 1/483). Vielmehr geht in seinem Umfang der Unterhaltsanspruch auf den Sozialhilfeträger über (§ 91 I 1 BSHG). Hinsichtlich des Umfangs des Anspruchsübergangs sind die Schutzvorschriften der §§ 91 I 3 und 4, II BSHG zu beachten. Genaueres dazu Rn. 6/523 ff., 546 ff. Nur ausnahmsweise kann für die Vergangenheit eine Anrechnung des subsidiären Pflegegeldes auf den Unterhalt in Betracht kommen, wenn der gesetzliche Forderungsübergang ausgeschlossen ist.[265] Vgl. dazu Rn. 6/565 ff.

Leistungen der **Jugendhilfe** sind grundsätzlich subsidiär.[266] Der Nachrang der Jugendhilfe wird durch ein kompliziertes System von Vorschriften (§§ 90 ff. SGB VIII) sichergestellt. Teils werden die Eltern individuell zu den Kosten herangezogen (§§ 90, 93, 94 II, III 1 SGB VIII), teils geht der Unterhaltsanspruch des Kindes auf den Träger der öffentlichen Jugendhilfe über (§ 94 III 2 SGB VIII), teils kann er – bei jungen Volljährigen – übergeleitet werden (§ 96 II SGB VIII). Die Eltern tragen die Kosten der Jugendhilfe in der Regel nur in zumutbarem Umfang (vgl. insbesondere § 92 SGB VIII). De facto wird Mehrbedarf des Kindes vielfach durch Jugendhilfe sichergestellt, ohne dass das Jugendamt Rückgriff nimmt.[267] **327 a**

Nicht subsidiäre Sozialleistungen sind vor allem Leistungen, die durch Versicherungsbeiträge erkauft werden, z. B. Leistungen der gesetzlichen Kranken- und Pflegekasse, insbesondere das im Rahmen der Pflegeversicherung zu zahlende **Pflegegeld nach § 37 I SGB XI,** oder die Übernahme der Pflegekosten bei vollstationärer Unterbringung (§ 43 SGB XI). Zu den nicht subsidiären Sozialleistungen gehört weiter das Blindengeld nach den Landesblindengesetzen. Das Blindengeld nach § 67 BSHG ist zwar grundsätzlich subsidiär, wird aber praktisch an alle Zivilblinden wegen der hohen Einkommensgrenze von 1705,– € (§ 81 II BSHG; zu den Einkommensgrenzen nach §§ 79 ff. BSHG vgl. Rn. 6/538) wie eine Versorgungsleistung gewährt.[268] Derartige Sozialleistungen, insbesondere Pflegegeld nach § 37 I SGB XI, sind **Einkommen** des Unterhaltsberechtigten. Sie sind daher auf den Unterhaltsanspruch anzurechnen, grundsätzlich aber nicht auf den Elementarunterhalt, sondern auf den Mehrbedarf. Dem steht § 1610 a BGB nicht entgegen.[269] Zu § 1610 a BGB vgl. Rn. 1/443 ff. **328**

Versorgt der betreuende Elternteil, z. B. die Mutter, das behinderte Kind, so kann sie das **Pflegegeld,** soweit sie es nicht für Sachaufwendungen (häufigerer Wechsel der Wäsche, Windeln usw.) benötigt, für sich behalten. Es darf daher an sie „weitergeleitet" werden. Weitergeleitetes Pflegegeld ist seit dem 1. 8. 1999 im Unterhaltsrecht wie im Sozialhilferecht[270] **nicht als Einkommen des betreuenden Elternteils** anzurechnen (§ 13 VI SGB XI[271]) und damit anders als nach der bisherigen Rechtsprechung[272] bei der Ermittlung von Unterhaltsleistungen grundsätzlich nicht zu berücksichtigen. Eine Anrechnung findet dagegen nach § 13 VI 2 SGB XI bei verschärfter Unterhaltspflicht (§ 1603 II BGB) und in Verwirkungsfällen (§§ 1361 III, 1579, 1611 I BGB) statt, ferner dann, wenn von der Pflegeperson erwartet werden kann, ihren Bedarf ganz oder teilweise durch eigene Einkünfte zu decken, und der Pflegebedürftige mit dem Unterhaltspflichtigen nicht in gerader Linie verwandt ist. Pflegt die unterhaltspflichtige Mutter eines beim Vater wohnenden Kindes ihre eigene Mutter, so wird das weitergeleitete Pflegegeld nicht als Einkommen der Kindesmutter angerechnet, wenn es um den Unterhalt des Kindes geht, da es mit seiner Großmutter in gerader Linie verwandt ist. Verlangt die Kindesmutter dagegen Ehegattenunterhalt vom Kindesvater, ist das weitergeleitete Pflegegeld als ihr Einkommen zu berücksichtigen, weil der unterhaltspflichtige Ehemann mit seiner pflegebedürftigen Schwiegermutter nicht verwandt ist. **329**

---

[265] BGH, FamRZ 1999, 843, 847 = R 533 c
[266] Wiesner, SGB VIII, vor § 90 Rn. 2 f
[267] Vgl. dazu OLG Schleswig, MDR 2001, 875
[268] Schellhorn, BSHG, 16. Aufl., § 67 Rn. 2
[269] BGH, FamRZ 1993, 417 = R 458
[270] Hess. VGH, FamRZ 1996, 976
[271] I. d. F. des 4. SGB XI-Änderungsgesetzes vom 21. 7. 1999 – BGBl. I 1656
[272] BGH, FamRZ 1993, 417 = R 458

6. Abschnitt: Der Unterhaltsanspruch volljähriger Kinder

I. Besonderheiten beim Unterhalt volljähriger Kinder

330 Der Unterhaltsanspruch des volljährigen Kindes folgt grundsätzlich den allgemeinen Regeln des Verwandtenunterhalts. Er ist nicht in gleicher Weise privilegiert wie der Minderjährigenunterhalt. Seit dem 1. 7. 1998 stehen jedoch volljährige Kinder unter bestimmten Voraussetzungen bis zur Vollendung des 21. Lebensjahres hinsichtlich der verschärften Unterhaltspflicht der Eltern (§ 1603 II 2 BGB; Rn. 333) und hinsichtlich des Ranges (§ 1609 I 1, II 1 BGB; Rn. 341) minderjährigen Kindern gleich. Zu diesen privilegiert volljährigen Kindern vgl. Rn. 452 ff.

331 Das volljährige Kind ist **bedürftig,** solange es sich berechtigterweise einer Berufsausbildung unterzieht (§ 1610 I BGB; Rn. 56 ff., 342 ff.) oder bei Anlegung eines strengen Maßstabs, z. B. wegen Krankheit, nicht in der Lage ist, seinen Lebensunterhalt selbst aufzubringen (vgl. Rn. 48, 345).

332 Der **Bedarf** des volljährigen Kindes richtet sich, solange es noch wirtschaftlich von seinen Eltern abhängig ist, insbesondere die Berufsausbildung noch nicht beendet hat, nach deren Lebensverhältnissen (vgl. Rn. 108, 343). Auch beim Volljährigen werden zur Bemessung des Bedarfs Tabellen und Leitlinien herangezogen (vgl. dazu unten Rn. 362 ff.). Zu berücksichtigen sind ausnahmsweise auch Mehrbedarf (vgl. Rn. 133 ff., 401 ff.) und Sonderbedarf (vgl. oben Rn. 138 ff., 6/1 ff.).

333 Nach § 1603 I BGB entfällt die **Leistungsfähigkeit** und damit die Unterhaltsverpflichtung eines Elternteils bereits dann, wenn dieser bei Berücksichtigung seiner sonstigen Verpflichtungen außerstande ist, ohne Gefährdung seines eigenen angemessenen Bedarfs dem Volljährigen Unterhalt zu gewähren. Eine gesteigerte Unterhaltspflicht, wie sie gegenüber dem minderjährigen Kind bestehen kann (§ 1603 II 1 BGB; vgl. dazu Rn. 247 ff.), kommt nur bei volljährigen unverheirateten Kindern bis zur Vollendung des 21. Lebensjahres in Betracht, solange sie im Haushalt der Eltern oder eines Elternteils leben und sich in der allgemeinen Schulausbildung befinden (§ 1603 II 2 BGB; vgl. dazu im einzelnen Rn. 452 ff.). Zur Leistungsfähigkeit beim Volljährigenunterhalt im Einzelnen s. Rn. 407 ff.

334 Mit Eintritt der Volljährigkeit erlischt das Sorgerecht (§ 1626 I BGB). Die Eltern verlieren ihre Vertretungs- und Erziehungsbefugnisse (§§ 1626, 1629 BGB), gleichgültig ob gemeinsame oder alleinige elterliche Sorge bestand; sie sind nicht mehr zur Betreuung und Erziehung des Kindes berechtigt oder verpflichtet. **Betreuungsunterhalt** wird **nicht mehr geschuldet** (vgl. Rn. 15).[1] Wegen des Wegfalls der Betreuungsverpflichtung wird der bisher betreuende Elternteil ebenfalls barunterhaltspflichtig, sofern er leistungsfähig ist. Beide Eltern haften nach § 1606 III 1 BGB anteilig nach ihren Erwerbs- und Vermögensverhältnissen für den Unterhalt des Kindes.[2] Dies gilt auch gegenüber privilegiert volljährigen Kindern im Sinne des § 1603 II 2 BGB (vgl. Rn. 99, 467 ff.). Das Kind kann von jedem Elternteil nur den Teil des Unterhalts verlangen, der nach der anteiligen Haftung gemäß § 1606 III 1 BGB auf diesen Elternteil entfällt.[3] Ein Elternteil bleibt nur dann allein barunterhaltspflichtig, wenn der andere Elternteil nicht leistungsfähig ist (§ 1603 I BGB). Zur Berechnung der Haftungsanteile der Eltern vgl. Rn. 433 ff.

335 Trotz der Eigenverantwortlichkeit des Volljährigen können Eltern bei einem unverheirateten Kind bestimmen, in welcher Art und für welche Zeit im Voraus Unterhalt gewährt werden soll (§ 1612 II 1 BGB), insbesondere dass das Kind Naturalunterhalt im Elternhaus entgegenzunehmen hat. Dieses **Bestimmungsrecht** steht den Eltern gemeinsam zu, bei getrennt lebenden oder geschiedenen Eltern grundsätzlich demjenigen von ihnen, der von dem volljährigen Kind auf Unterhalt in Anspruch genommen wird. Genaueres dazu oben Rn. 21 ff., 29 f.

---

[1] BGH, FamRZ 2002, 815, 817 = R 570 b
[2] BGH, FamRZ 2002, 815, 817 = R 570 b
[3] BGH, FamRZ 1988, 1039 = R 366 c

Eigenes Einkommen, insbesondere eine Ausbildungsvergütung, wird nach Bereinigung um berufsbedingte Aufwendungen oder ausbildungsbedingten Mehrbedarf auf den Bedarf des volljährigen Kindes angerechnet (vgl. Rn. 349 ff.). Der Barunterhalt wird entsprechend gekürzt. Eine Anrechnung des Einkommens auf fortdauernde Versorgungsleistungen des Elternteils, bei dem das Kind lebt, ist überholt (vgl. Rn. 452). **336**

Nach Volljährigkeit kann das Kind den Unterhalt nicht mehr in dynamischer Form als Vomhundertsatz des jeweiligen Regelbetrages nach der Regelbetragverordnung geltend machen (§ 1612 a I 1 BGB; vgl. Rn. 246 a ff). Auch das vereinfachte Verfahren nach § 642 ZPO einschließlich des vereinfachten Abänderungsverfahrens nach § 655 ZPO steht ihm nicht zu Gebote.[4] **336 a**

Kindergeld wird seit dem 1. 7. 1998 auch bei volljährigen Kindern hälftig auf den Unterhalt angerechnet (§ 1612 b I BGB); bei Barunterhaltspflicht beider Eltern greift § 1612 b II BGB ein. Eine bedarfsdeckende Anrechnung des Kindergeldes auf den Unterhalt kommt grundsätzlich nicht mehr in Betracht. Vgl. dazu im Einzelnen Rn. 513 ff. **337**

Der Unterhaltsanspruch des volljährigen Kindes kann ganz oder teilweise **verwirkt** werden, wenn das Kind durch sittliches Verschulden bedürftig geworden ist oder sich einer schweren Verfehlung gegenüber dem unterhaltspflichtigen Elternteil schuldig gemacht hat (§ 1611 I BGB). Genaueres dazu Rn. 478 ff. **338**

Der Unterhaltsanspruch des minderjährigen und des volljährigen Kindes sind **identisch.** Die Besonderheiten, die für den Unterhalt Minderjähriger bestehen (dazu oben Rn. 193 ff.), rechtfertigen es nicht, den Anspruch auf Volljährigenunterhalt als eigenständigen Anspruch aufzufassen.[5] Die unveränderte Fortdauer des die Unterhaltspflicht begründenden Verwandtschaftsverhältnisses über den Eintritt .der Volljährigkeit hinaus unterscheidet den Verwandtenunterhalt grundsätzlich vom Ehegattenunterhalt, der für die Zeit vor und nach der Scheidung auf jeweils anderen Anspruchsgrundlagen beruht (Rn. 4/14). **339**

Dies hat zur Folge:

- **Unterhaltsurteile** und Vergleiche, die aus der Zeit der Minderjährigkeit des Kindes stammen, gelten über den Zeitpunkt der Vollendung der Volljährigkeit hinaus bis zu einer Abänderung fort.[6] Wird dagegen Unterhalt nicht mehr geschuldet, weil der Bedarf des volljährigen Kindes auf längere Zeit gedeckt ist, muss der Titel dahin abgeändert werden, dass die Unterhaltspflicht entfällt, selbst wenn nicht ausgeschlossen werden kann, dass später der Unterhaltsanspruch wieder auflebt.[7] Ob allein die Ableistung des Wehr- oder des Ersatzdienstes einen dauernden Fortfall des titulierten Unterhalts[8] rechtfertigt, scheint mir angesichts der Verkürzung der Dienstpflicht fraglich zu sein. Hier wird es auf die Umstände des Einzelfalles, auf die Ernsthaftigkeit der Absicht des Kindes, eine Ausbildung zu beginnen, auf die Höhe des voraussichtlichen Restbedarfs und die Einkommensverhältnisse der Eltern ankommen.
- War ein solcher Titel von einem Elternteil in **Prozessstandschaft** für das Kind nach § 1629 BGB erwirkt worden, ist nach Eintritt der Volljährigkeit gemäß § 727 ZPO eine Umschreibung des Titels auf den Volljährigen nötig.
- Wird das Kind während eines noch schwebenden Prozesses volljährig, tritt es durch **Parteiwechsel** an die Stelle des bisher klagenden, sorgeberechtigten Elternteils in den Rechtsstreit ein; war das Kind, gesetzlich vertreten durch den betreuenden Elternteil, nach der Scheidung selbst Partei, fällt lediglich die gesetzliche Vertretung fort.
- Ein wirksamer Unterhaltstitel aus der Zeit der Minderjährigkeit kann nach Eintritt der Volljährigkeit nur im Weg der **Abänderungsklage** (§ 323 ZPO) abgeändert werden. Eine Leistungsklage ist unzulässig.[9]

---

4 OLG Brandenburg, FamRZ 2002, 1346
5 BGH, FamRZ 1994, 696 = R 477 a; FamRZ 1984, 682 = R 209
6 BGH, FamRZ 1983, 582; OLG Hamm, FamRZ 1983, 208
7 OLG Koblenz, FamRZ 1999, 677
8 So OLG Koblenz, FamRZ 1999, 677
9 BGH, FamRZ 1988, 1039 = R 366 a; FamRZ 1986, 153 = R 278 a; FamRZ 1984, 682 = R 209; FamRZ 1983, 582

– Die Vollstreckungsgegenklage gegen einen Unterhaltstitel, durch den einem minderjährigen Kind dynamischer Unterhalt im Sinne des § 1612a I BGB (Rn. 246a ff.) zuerkannt worden ist, kann nicht allein darauf gestützt werden, dass Minderjährigkeit nicht mehr bestehe (§ 798a ZPO).

340 Materiell **beginnt der Unterhalt des volljährigen Kindes** mit dem Tag der Volljährigkeit, nicht bereits am Ersten des laufenden Monats. Dies kann insbesondere bei Abänderungsklagen wegen des höheren Regelbedarfs des Volljährigen nach den Tabellen und Leitlinien oder wegen geminderter Leistungsfähigkeit des Verpflichteten infolge des veränderten Selbstbehaltssatzes (angemessener Selbstbehalt von 1000,– € statt des notwendigen Selbstbehalts von 840,– € bzw. 730,– €) eine Rolle spielen (vgl. dazu, auch zu abweichenden Selbstbehaltssätzen einiger Oberlandesgerichte, Rn. 417ff.). Der volle Monatsbetrag des infolge der Volljährigkeit höheren Unterhalts kann nicht verlangt werden, weil es insoweit an einer gesetzlichen Regelung fehlt. § 1612a III 1 BGB, der das Aufsteigen in den Altersstufen betrifft, gilt nur für minderjährige Kinder. Vgl. dazu Rn. 20, 202, 218. Die anteilige Berechnung erfolgt in der Weise, dass die monatliche Unterhaltsrente mit dem Kalendertag multipliziert und durch die Anzahl der Tage im Monat (z. B. 30 oder 31) dividiert wird.[10]

341 Unterhaltsansprüche volljähriger Kinder sind gegenüber den Unterhaltsansprüchen minderjähriger Kinder und des früheren sowie des jetzigen Ehegatten des Pflichtigen **nachrangig.** Vgl. dazu Rn. 429ff. Jedoch stehen privilegierte Kinder im Sinne des § 1603 II 2 BGB im Rang ihren minderjährigen (Halb-)Geschwistern und dem Ehegatten des Unterhaltsschuldners gleich (§ 1609 I 1, II 1 BGB). Vgl. dazu im Einzelnen Rn. 452ff.

II. Bedürftigkeit des volljährigen Kindes

1. Auswirkungen der Volljährigkeit auf die Bedürftigkeit

342 Mit Eintritt der Volljährigkeit wird das Kind voll geschäftsfähig. Die Eltern verlieren ihre gesetzliche Vertretungsbefugnis. Der Volljährige kann sein weiteres Leben eigenverantwortlich selbst gestalten und entsprechende Entscheidungen **rechtlich selbstständig** treffen.[11] Er kann z. B. seinen Beruf oder eine entsprechende Berufsausbildung, insbesondere das Studienfach,[12] selbst wählen, ggf. auch gegen den Willen seiner Eltern; vgl. auch Rn. 60.

343 Trotz der rechtlichen Selbstständigkeit bleibt der Volljährige **wirtschaftlich noch von seinen Eltern** abhängig, solange er sich noch in einer Ausbildung befindet oder nach Ende der Berufsausbildung aus sonstigen Gründen unterhaltsbedürftig ist. Er hat während dieser Zeit noch keine eigene originäre Lebensstellung. Seine Lebensstellung im Sinn des § 1610 I BGB ist wegen der wirtschaftlichen Abhängigkeit noch von der seiner Eltern abgeleitet und richtet sich deshalb nach den wirtschaftlichen Verhältnissen seiner Eltern.[13] Deshalb hat er nach dem **Gegenseitigkeitsprinzip** bei seinen Entscheidungen auf die wirtschaftlichen Verhältnisse seiner Eltern Rücksicht zu nehmen. Er ist verpflichtet, seine Lebensplanung so zu gestalten, dass er möglichst bald von seinen Eltern auch wirtschaftlich unabhängig wird. Vgl. dazu auch Rn. 60f., 65.

344 Daraus ergeben sich für den Volljährigen folgende wichtige Verpflichtungen:

- Das volljährige Kind muss seine Ausbildung **zielstrebig,** intensiv und mit Fleiß betreiben und sie innerhalb angemessener und üblicher Dauer beenden.[14] Genaueres dazu Rn. 60ff., 65ff. Die Eltern haben insoweit nach dem Gegenseitigkeitsprinzip **Kontrollrechte** (vgl. dazu Rn. 72). Verletzt der Volljährige seine Obliegenheit, der Ausbildung pflichtbewusst und zielstrebig nachzugehen, muss er sich darauf verweisen lassen, seinen Lebensbedarf durch eigene Erwerbstätigkeit selbst zu verdienen. Allein die darin liegende Verletzung des

---

[10] BGH, FamRZ 1988, 604
[11] BGH, FamRZ 1998, 671 = R 523
[12] BGH, FamRZ 1996, 798 = R 501a
[13] BGH, FamRZ 1987, 58 = R 304A a; FamRZ 1986, 151
[14] BGH, FamRZ 2001, 757 = R 557a; FamRZ 1998, 671 = R 523

Gegenseitigkeitsprinzips führt zum Wegfall des Unterhaltsanspruchs, ohne dass die Voraussetzungen der Verwirkung (§ 1611 BGB; dazu Rn. 478 ff.) vorliegen müssten.[15]

- Der Volljährige muss bei seinen die Ausbildung betreffenden Entscheidungen auf die finanziellen Verhältnisse seiner Eltern **Rücksicht** nehmen. Bei nachhaltiger Verschlechterung der wirtschaftlichen Verhältnisse der Eltern muss er sich, wenn nicht die staatliche Ausbildungsförderung eingreift, auf eine weniger kostspielige Ausbildung oder auf einen weniger kostspieligen Ausbildungsort verweisen lassen (vgl. Rn. 61). Nach einer abgeschlossenen Ausbildung sind Eltern in der Regel zur Finanzierung einer Zweitausbildung nicht mehr verpflichtet.[16] Dieser Grundsatz hat allerdings zahlreiche Ausnahmen (vgl. dazu im Einzelnen Rn. 73 ff., 78 ff.). Er hat überdies durch die Rechtsprechung des BGH[17] zur einheitlichen Ausbildung Abitur – Lehre – Studium (vgl. Rn. 80 ff.) einen großen Teil seiner Bedeutung verloren. Zum Ausbildungsunterhalt im Einzelnen s. Rn. 56 ff.

Bereits das minderjährige Kind, das nicht die Schule besucht und sich auch keiner Berufsausbildung unterzieht, kann auf eine eigene Erwerbstätigkeit verwiesen werden (vgl. Rn. 46).[18] Die Obliegenheit zur eigenverantwortlichen Sicherung des Lebensunterhalts trifft den Volljährigen stärker als das minderjährige Kind. Ein **Volljähriger,** der sich **nicht in einer berechtigten Ausbildung** befindet, z. B. den Schulbesuch einstellt,[19] oder nach Ausbildungsabschluss arbeitslos ist, muss primär für seinen Lebensunterhalt selbst aufkommen und dazu verstärkt seine eigene Arbeitsfähigkeit einsetzen. Er muss, wenn er gesundheitlich dazu in der Lage ist, jede Arbeit annehmen, auch berufsfremde Tätigkeiten und Arbeiten unterhalb seiner gewohnten Lebensstellung. Für die Nutzung seiner Arbeitskraft gelten ähnliche Maßstäbe wie für die Haftung der Eltern gegenüber minderjährigen Kindern.[20] Kommt der Volljährige dieser Erwerbsobliegenheit nicht nach, entfällt seine Bedürftigkeit in Höhe eines erzielbaren Erwerbseinkommens. Vgl. dazu Rn. 48. **345**

Zur Bedarfsbemessung, wenn der Volljährige nach diesen Maßstäben, z. B. wegen Krankheit, unterhaltsberechtigt ist, s. unten Rn. 405 f.

Diese Grundsätze gelten auch für das privilegiert volljährige Kind im Sinne des § 1603 II 2 BGB. Dieses Kind steht nur hinsichtlich der verschärften Unterhaltspflicht der Eltern (§ 1603 II 2 BGB) und hinsichtlich des Ranges (§ 1609 I 1, II BGB) einem minderjährigen Kind gleich. Gibt ein solches Kind den Schulbesuch auf, so entfällt die Privilegierung; unverschuldete Unterbrechungen der Schulausbildung, z. B. durch Krankheit, sind dagegen unschädlich. Vgl. dazu im Einzelnen Rn. 452 ff., 461. **345 a**

2. Unterhalt bei Wehr- oder Ersatzdienst, freiwilligem sozialem Jahr

Ein **Wehrpflichtiger,** der den Grundwehrdienst ableistet, ist in der Regel nicht unterhaltsbedürftig. Der BGH[21] hat zu Recht darauf hingewiesen, dass heute die Kaserne nicht mehr wie früher der Lebensmittelpunkt der Wehrpflichtigen ist, sondern dass die jungen Soldaten sie häufig nach Dienstschluss verlassen und im Elternhaus übernachten („Heimschläfer") oder jedenfalls am Wochenende nach Hause fahren. Gleichwohl ist der **Bedarf** des wehrpflichtigen Soldaten durch die Zuwendungen der Bundeswehr **in der Regel gedeckt.** Der Wehrpflichtige erhält freie Unterkunft und Verpflegung. Er hat Anspruch auf kostenlose Heilfürsorge. Die Dienstkleidung wird ihm gestellt. Die Kleidung wird gereinigt und instand gesetzt. Er hat Anspruch auf freie Wochenendheimfahrten. Für die Tage, an denen der Soldat von der Gemeinschaftsverpflegung befreit ist, wird ihm ein Verpflegungsgeld gewährt. Für die Dauer des Erholungsurlaubs erhält er den doppelten Satz des Verpflegungsgeldes. Auch der Sohn gut verdienender oder vermögender Eltern hat daneben grundsätzlich keinen Anspruch auf ergänzenden Unterhalt. Ihm stehen durch den Wehrsold zur Befriedigung des verbleibenden **346**

[15] BGH, FamRZ 2001, 757 = R 557 a; FamRZ 1998, 671 = R 523
[16] BGH, FamRZ 2000, 420 = R 536 a
[17] FamRZ 1989, 853 = R 391 b
[18] OLG Düsseldorf, FamRZ 1990, 194
[19] OLG Karlsruhe, FamRZ 1992, 1217
[20] BGH, FamRZ 1987, 930, 932 = NJW-RR 1987, 706; FamRZ 1985, 1245 = R 256
[21] FamRZ 1990, 394 = R 403

Bedarfs für Freizeitgestaltung, Zivilkleidung und zusätzliche Reisekosten bereits Mittel zur Verfügung, wie sie ein auswärts studierendes Kind, das monatlich in der Regel 600,– € erhält (vgl. dazu Rn. 369), schwerlich für derartige Zwecke erübrigen kann.

347 Andererseits kann im Einzelfall ein **besonderer Unterhaltsbedarf** bestehen, den der Wehrpflichtige aus den Mitteln, die ihm von der Bundeswehr zufließen, nicht befriedigen kann. Derartiges kann in Betracht kommen, wenn die Eltern dem Sohn vor dem Wehrdienst die Eingehung von nicht unbedeutenden, wiederkehrenden Verpflichtungen ermöglicht haben (z. B. den Bezug von periodisch erscheinenden Veröffentlichungen, die Mitgliedschaft in einem Sportverein, Musikunterricht o. ä.) und eine Beendigung der Verpflichtung nicht möglich, wirtschaftlich unvernünftig oder unzumutbar wäre, so dass der Wehrpflichtige die insoweit anfallenden erheblichen Kosten weiter zu tragen hat. Voraussetzung eines solchen Anspruchs ist aber, dass der Wehrpflichtige die besonderen Umstände, auf denen sein Mehrbedarf beruht, konkret vorträgt und bei Bestreiten nachweist.[22]

348 Während des **Ersatzdienstes** gelten dieselben Grundsätze,[23] da auf den Dienstpflichtigen in Fragen der Fürsorge und der Heilfürsorge, der Geld- und Sachbezüge, der Reisekosten und des Urlaubs die Bestimmungen Anwendung finden, die für einen Soldaten des untersten Mannschaftsdienstgrades gelten (§ 35 I ZDG). Auch dem Zivildienstleistenden steht der Sold zur Befriedigung des Freizeitbedarfs zur Verfügung; seine elementaren Lebensbedürfnisse (Verpflegung, Wohnung, eventuelle Dienstkleidung sowie Heilfürsorge) sind durch Leistungen des Bundes gedeckt. Anders kann es jedoch sein, wenn der Ersatzdienstleistende nicht in einer dienstlichen Unterkunft, sondern weiterhin bei einem Elternteil wohnt. Für diesen Fall steht ihm eine Mietbeihilfe nicht zu. Der Dienstpflichtige ist grundsätzlich nicht gehalten, sich um die Einberufung zu einer Dienststelle zu bemühen, die eine dienstliche Unterkunft gewährt. Daher ist der Unterhaltsschuldner verpflichtet, die anteiligen Kosten der Wohnung des Dienstpflichtigen zu tragen. Der Umstand, dass der Elternteil, bei dem das Kind lebt, von diesem keinen Beitrag zu den Wohnkosten verlangt, entlastet den Unterhaltspflichtigen nicht, da die kostenlose Wohnungsgewährung ihm als freiwillige Leistung eines Dritten nicht zugute kommen darf.[24] Vgl. dazu Rn. 100 ff.

348 a Ein **freiwilliges soziales oder ökologisches Jahr**[25] steht schon wegen seiner Freiwilligkeit dem Wehr- oder Ersatzdienst nicht gleich. Wenn die soziale Tätigkeit nicht als Voraussetzung für eine andere Ausbildung (z. B. zum Altenpfleger) gefordert wird, kann es unterhaltsrechtlich nicht als Ausbildung anerkannt werden. Schon deshalb kann das volljährige Kind während dieses Jahres in der Regel keinen Unterhalt verlangen (vgl. Rn. 48). Zudem ist sein Bedarf wie beim Zivildienstleistenden in der Regel durch Unterkunft und Verpflegung, Taschengeld und Sozialversicherung gedeckt.[26]

3. Anrechnung von Einkommen, Vermögen und Kindergeld

349 Grundsätzlich ist **Einkommen jeglicher Art** (vgl. Rn. 86 f.) auf den Unterhalt des volljährigen Kindes **anzurechnen.** Dies gilt vor allem für Ausbildungsvergütungen (vgl. dazu oben Rn. 90 ff.) und BAföG-Leistungen, auch soweit sie darlehensweise gewährt werden (vgl. dazu Rn. 1/456 ff.).[27] Der Einkommensbegriff ist Rn. 1/8 ff. eingehend erörtert; darauf kann verwiesen werden.

350 Auch ein volljähriger Schüler oder Student ist zu einer **Erwerbstätigkeit** neben dem Schulbesuch oder dem Studium nicht verpflichtet. Gleichwohl erzieltes **Einkommen** stammt **aus überobligationsmäßiger Tätigkeit.** Es ist entsprechend § 1577 II 1 BGB nicht anrechenbar, wenn das Kind nicht den vollen Unterhalt erhält, darüber hinaus nur

---

22 FamRZ 1990, 394 = R 403
23 BGH, FamRZ 1994, 303 = R 472 a
24 BGH, FamRZ 1994, 303 = NJW 1994, 938
25 Vgl. § 1 des Gesetzes zur Förderung eines freiwilligen sozialen Jahres vom 17. 8. 1964, zuletzt geändert durch Gesetz vom 24. 3. 1997 BGBl. I 594
26 Vgl. OLG München, OLG-Report 2002, 142
27 BGH, FamRZ 1989, 499 = NJW-RR 1989, 578

nach Billigkeit (§ 1577 II 2 BGB).[28] Dies gilt auch für ein privilegiert volljähriges Kind im Sinne des § 1603 II 2 BGB. Vgl. dazu Rn. 88, 452 ff., 462.

Alle Einkünfte aus Erwerbstätigkeit sind vor ihrer Anrechnung um **berufsbedingte Aufwendungen** (vgl. 1/87 ff.) zu bereinigen; eine Ausbildungsvergütung ist um ausbildungsbedingten Mehrbedarf (vgl. dazu und zu den abweichenden Auffassungen einiger Oberlandesgerichte Rn. 92 ff.) zu kürzen. 351

Das bereinigte Einkommen des Volljährigen mindert in voller Höhe dessen Bedürftigkeit und damit den Unterhaltsanspruch. Es ist **auf den Bedarf anzurechnen** (vgl. oben Rn. 108 ff.), nicht auf den Betrag, den der Schuldner leisten kann (vgl. dazu Rn. 158 b). Da die Eltern volljährigen Kindern keine Betreuung mehr schulden (s. Rn. 15, 334), entfällt auch die bei Minderjährigen im Regelfall notwendige hälftige Anrechnung des Einkommens auf den Bar- und den Betreuungsunterhalt gemäß § 1606 III 2 BGB (vgl. dazu Rn. 97, 99). Zu Übergangsfällen in der ersten Zeit nach Volljährigkeit vgl. Rn. 452 ff.; zur Anrechnung von Einkünften eines privilegiert volljährigen Kindes vgl. Rn. 350, 462. 352

Grundsätzlich sind bei Volljährigen, auch bei volljährigen Kindern im Sinne des § 1603 II 2 BGB (vgl. dazu Rn. 452 ff., 467 ff.), beide Eltern im Rahmen ihrer Leistungsfähigkeit barunterhaltspflichtig. Sie haften nach § 1606 III 1 BGB **anteilig** nach ihren Erwerbs- und Vermögensverhältnissen für **den Restbedarf,** also den Teil des Bedarfs, der nicht durch eigenes Einkommen des Berechtigten gedeckt ist und dem Kind als Unterhalt geschuldet wird.[29] Auf diese Weise werden die Eltern durch das Kindeseinkommen entsprechend ihrem Haftungsanteil entlastet. 353

Ist nur ein Elternteil barunterhaltspflichtig, weil der andere Elternteil nicht leistungsfähig ist, so schuldet der barunterhaltspflichtige Elternteil allein den Kindesunterhalt in Höhe des Restbedarfs. Einkommen des Kindes ist auch nicht teilweise zugunsten des nichtunterhaltspflichtigen Elternteils zu verrechnen, weil dieser weder Bar- noch Betreuungsunterhalt schuldet und leistet. Soweit er **freiwillig Naturalleistungen** erbringt, zählen diese **nicht als Einkommen** des Kindes, weil er nach der Lebenserfahrung mit seinen Leistungen nicht den anderen Elternteil von dessen Unterhaltsverpflichtung entlasten will.[30] Vgl. dazu im Einzelnen Rn. 100 ff. 354

Vermögen des Kindes mindert ggf. den Unterhaltsanspruch. Vgl. dazu im einzelnen Rn. 107. 355

Kindergeld steht den Eltern, nicht den Kindern zu und ist deshalb grundsätzlich **kein** anrechenbares **Einkommen des Kindes** (vgl. Rn. 497 ff.). Es wird, auch bei einem volljährigen Kind, mit dessen Unterhaltsanspruch verrechnet. Nach § 1612 b I BGB ist das auf das Kind entfallende **Kindergeld zur Hälfte** auf den Unterhaltsanspruch anzurechnen, wenn es an den anderen Elternteil ausgezahlt wird. Bei beiderseitiger Unterhaltspflicht erhöht sich der Haftungsanteil des Elternteils, der das Kindergeld erhält, um die Hälfte des auf das Kind entfallenden Kindergeldes (§ 1612 b II BGB). Es ist nicht entscheidend, ob das Kindergeld dem volljährigen Kind tatsächlich zugewendet wird. Das Kind erhält in jedem Fall seinen Bedarf; das Kindergeld kommt den Eltern zugute. Vgl. dazu im Einzelnen Rn. 513 ff. und die Beispiele Rn. 449, 464 f, 468, 470. 356

Zum familienrechtlichen **Ausgleichsanspruch,** wenn das Kindergeld nicht nach § 1612 b BGB verrechnet worden ist, vgl. Rn. 539.

Volljährige Kinder, die auf Dauer voll erwerbsgemindert sind (§ 43 II SGB VI), haben seit dem 1. 1. 2003 bei Bedürftigkeit Anspruch auf Leistungen nach dem Gesetz über die bedarfsorientierte **Grundsicherung.**[31] Diese sind bedarfsdeckendes Einkommen und dem entsprechend auf den Unterhaltsbedarf anzurechnen. Zur Grundsicherung vgl. Rn. 1/467 a zum Verhältnis zwischen Grundsicherung und Sozialhilfe vgl. Rn. 6/503 a. 357

– In dieser Auflage nicht belegt – 358, 359

---

[28] BGH, FamRZ 1995, 475, 477 = R 491 b, c

[29] BGH, FamRZ 2002, 815 = R 570 b; FamRZ 1988, 159, 161 = R 346 f.; FamRZ 1985, 917, 919 = R 263 b

[30] BGH, FamRZ 1995, 537 ff. = R 493 b; FamRZ 1988, 159, 161 = R 346 h; FamRZ 1986, 151 = NJW-RR 1986, 426

[31] Gesetz vom 26. 6. 2001 – BGBl. I 1310, 1335, geändert durch Gesetz vom 27. 4. 2002 – BGBl. I 1462

III. Bedarf des volljährigen Kindes

1. Lebensbedarf und Bedarfsbemessung

360 **a) Sicherstellung des Bedarfs.** Der Unterhalt Volljähriger umfasst – wie der Unterhalt Minderjähriger – grundsätzlich den gesamten Lebensbedarf einschließlich der Kosten für eine Berufsausbildung (§ 1610 II BGB). Zu diesem Lebensbedarf zählen im Wesentlichen alle Aufwendungen für Wohnung, Verpflegung, Kleidung, Körperpflege, Taschengeld, Ausbildung, Freizeitgestaltung und Erholung (Rn. 8).

361 Erziehungs- und Betreuungsleistungen werden von den Eltern seit Eintritt der Volljährigkeit nicht mehr geschuldet.[32] Vgl. oben Rn. 15, 334. Auch bei privilegiert volljährigen Kindern im Sine des § 1603 II 2 BGB, die noch im Haushalt der Eltern oder eines Elternteils wohnen, findet eine Betreuung im Rechtssinne nicht mehr statt. Vgl. dazu Rn. 452 ff. Ist ein volljähriges **Kind** noch betreuungsbedürftig, z. B. weil es geistig oder körperlich **behindert** ist, müssen die Eltern die Kosten der Pflege und der Betreuung grundsätzlich in Form einer Geldrente zur Verfügung stellen (§ 1612 I 1 BGB). Bei einem unverheirateten Kind können sie allerdings bestimmen, dass es den Unterhalt weiterhin in Natur, z. B. im Haushalt der Eltern oder eines Elternteils, entgegenzunehmen hat (§ 1612 II 1 BGB). Dann müssen sie aber den gesamten Lebensunterhalt, insbesondere auch die Pflege, durch eigene Arbeit oder durch den Einsatz Verwandter oder berufsmäßiger Pflegekräfte sicherstellen. Einzelheiten zum Bestimmungsrecht der Eltern vgl. Rn. 21 ff., zum Bedarf des volljährigen behinderten Kindes Rn. 405.

362 **b) Bedarfsbemessung nach Tabellen und Leitlinien.** Im Regelfall wird der Gesamtbedarf des Volljährigen mit pauschalierten Regelbedarfssätzen bemessen, die sich für den Ausbildungsunterhalt aus Tabellen oder Leitlinien ergeben (s. Rn. 364 f., 368 ff., 383 ff.). In Durchschnittsfällen sind die Leitlinien und die Unterhaltstabellen der Oberlandesgerichte ein anerkanntes **Hilfsmittel für eine Bedarfsbemessung.** Mit dem Tabellenunterhalt muss der Volljährige selbstverantwortlich seinen gesamten Lebensbedarf, auch den Wohnbedarf, bestreiten. Er muss mit diesen Mitteln auskommen. Die Unterhaltspauschalierung vermeidet aus praktischen Gründen im Allgemeinen die Berücksichtigung von bedarfserhöhenden oder bedarfsmindernden Einzelumständen.[33] Näheres dazu oben Rn. 124 f.

363 Abweichend hiervon kann bei Vorliegen besonderer Umstände, vor allem bei günstigen Einkommens- und Vermögensverhältnissen der Eltern und bei Heimunterbringung des Kindes, im Einzelfall der **Bedarf** auch **konkret** ermittelt werden nach den notwendigen Aufwendungen für konkrete Einzelpositionen des Gesamtbedarfs. Vgl. hierzu Rn. 128, 402 ff.

364 Die **Düsseldorfer Tabelle** unterscheidet bei der Bedarfsbemessung
- zwischen **Volljährigen,** die noch **im Haushalt** der Eltern oder **eines Elternteils** leben,
- und Studierenden sowie **Kindern mit eigenem Haushalt.**

Bei im Haushalt der Eltern oder eines Elternteils **lebenden volljährigen Kindern** wird der Unterhalt **einkommensabhängig** in der Weise ermittelt, dass der Bedarf der 4. Altersstufe der Tabelle Kindesunterhalt entnommen wird (vgl. Anm. A 7 I der Düsseldorfer Tabelle). Die Richtsätze dieser Altersstufe entsprechen – von Rundungsdifferenzen abgesehen – den Tabellenbeträgen der 3. Altersstufe, erhöht um die Differenz zu den Beträgen der 2. Altersstufe.[34] Dies gilt auch für privilegiert volljährige Kinder im Sinne des § 1603 II 2 BGB (Rn. 384, 452 ff.). Einzelheiten und Beispiele dazu Rn. 383 ff.

Bei **Studierenden und volljährigen Kindern mit eigenem Haushalt** wird der angemessene Gesamtunterhaltsbedarf in der Regel mit einem Festbetrag von 600,– € angesetzt. Einzelheiten dazu Rn. 368 ff.

---

[32] BGH, FamRZ 2002, 815, 817 = R 570 b; FamRZ 1994, 696, 698 = R 477 b, c; vgl. auch BGH, FamRZ 1988, 159, 162 = R 346 i

[33] BGH, FamRZ 1984, 470, 472

[34] Scholz, FamRZ 2001, 1045, 1047, Soyka FamRZ 2003, 1154

Der Düsseldorfer Tabelle folgen die meisten Oberlandesgerichte des Bundesgebiets. Vgl. dazu, auch zum Beitrittsgebiet, Rn. 368 ff., 383 ff.

Nur noch wenige Oberlandesgerichte setzen für volljährige Kinder, die im Haushalt der Eltern oder eines Elternteils wohnen, sowie für Studenten und Kinder mit eigenem Haushalt **einheitlich feste Unterhaltsbeträge** an. Vgl. dazu Rn. 391 f.; zu privilegiert volljährigen Kindern vgl. Rn. 384. 365

Der **BGH** hat neigt offenbar zu der Auffassung, dass der Unterhalt eines Volljährigen, der noch bei einem Elternteil wohnt, entsprechend dem (zusammengerechneten) Einkommen der Eltern nach der Düsseldorfer Tabelle und nicht nach festen Regelsätzen zu bestimmen sei. Er hat eine Berechnung des Unterhalts des bei einem Elternteil lebenden volljährigen Kindes nach dem zusammengerechneten Einkommen ausdrücklich gebilligt.[35] Demgegenüber hat er die Bemessung des Bedarfs mit einem Festbetrag von 950,– DM nach der Düsseldorfer Tabelle Stand 1. 7. 1992 Anm. 7 II (vgl. Rn. 377) bei einem volljährigen behinderten Kind, das im selben Haus wie seine Eltern, jedoch in der Wohnung seiner Schwester lebt und von der Mutter betreut wird, beanstandet und eine einkommensabhängige Unterhaltsbemessung verlangt.[36] Der BGH hat es allerdings offengelassen, ob auch eine Bedarfsbemessung nach festen Regelsätzen – ggf. gekürzt um eine Wohnkostenersparnis wegen Zusammenlebens mit einem Elternteil – zu angemessenen Ergebnissen führt.[37] Für den Studenten, der einen eigenen Haushalt unterhält, hat der BGH einen festen Regelbedarfssatz für unbedenklich gehalten.[38] M. E. ermöglicht die von den meisten Oberlandesgerichten angewandte Methode, den Unterhalt des im Haushalt eines Elternteils lebenden volljährigen Kindes einkommensabhängig nach der Düsseldorfer Tabelle zu bestimmen (vgl. Rn. 383 ff.), dagegen bei Kindern, die das Elternhaus bereits verlassen haben, grundsätzlich von einem einheitlichen Regelbedarfssatz auszugehen (vgl. Rn. 368 ff.), in der Regel eine zutreffende Bemessung des Unterhalts. Man darf jedoch nicht unberücksichtigt lassen, dass auch der Unterhalt eines volljährigen Kindes mit eigenem Haushalt weiter von der Lebensstellung der Eltern abhängt und daher eine Erhöhung des Regelsatzes von 600,– € bei guten Einkommensverhältnissen der Eltern möglich ist (vgl. dazu Rn. 376).[39] Dieser Auffassung scheint auch der BGH zuzuneigen.[40] 366

Die Regelbedarfssätze und die Tabellensätze gelten nur für den Durchschnittsfall. Bei Vorliegen besonderer Umstände kann von ihnen nach oben und unten abgewichen werden. Das gewonnene Ergebnis ist – wie stets bei der Anwendung von Tabellen und Leitlinien – **auf die Angemessenheit zu überprüfen.**[41] Vgl. dazu Rn. 124. Macht der Volljährige einen höheren Bedarf geltend, muss er – wie ein Minderjähriger (vgl. Rn. 230) – **darlegen und nachweisen,** worin der erhöhte Bedarf besteht und welche Mittel zur Bedarfsdeckung im Einzelnen erforderlich sind.[42] Hält dagegen der Verpflichtete den sich aus den Tabellen und Leitlinien ergebenden Bedarf für überhöht, muss er dartun und ggf. beweisen, auf Grund welcher besonderen Umstände ein niedrigerer Bedarf gerechtfertigt ist. 367

Schwierigkeiten ergeben sich, wenn das Kind in dem einen, die Eltern oder ein Elternteil in einem anderen OLG-Bezirk wohnen und die Leitlinien der Oberlandesgerichte verschiedene Sätze für den Bedarf und die Leistungsfähigkeit vorsehen. Soweit es um die Differenzen zwischen den alten und den neuen Bundesländern geht, kann auf die Ausführungen zum Unterhalt minderjähriger Kinder verwiesen werden (Rn. 212 a ff.). Diese Grundsätze gelten sinngemäß auch für sonstige Unterschiede zwischen den Leitlinien der Oberlandesgerichte. Geht z. B. ein Oberlandesgericht beim Bedarf des im Haushalt eines Elternteils lebenden volljährigen Kindes von Festbeträgen aus (Rn. 391 f.), das andere dagegen von der 4. Altersstufe der Düsseldorfer Tabelle (Rn. 383 ff.), so sind für den Bedarf des Kindes die Richtsätze, 367 a

[35] BGH, FamRZ 1994, 696 = R 477 b; FamRZ 1986, 151
[36] BGH, FamRZ 1997, 281, 283 f. = R 509 h
[37] BGH, FamRZ 1986, 151
[38] BGH, FamRZ 1985, 916 = NJW 1985, 2331
[39] Soyka, FamRZ 2003, 1154
[40] BGH, FamRZ 1997, 281, 283 f. = R 509 h; FamRZ 1985, 916 = NJW 1985, 2331
[41] BGH, FamRZ 2000, 1492 = R 546 c; FamRZ 2000, 358 = R 537 b
[42] BGH, FamRZ 2000, 358 = R 537 c

die für seinen Wohnort gelten, maßgebend, während sich die Leistungsfähigkeit, also der Eigenbedarf des Verpflichteten, nach den Leitlinien bemisst, die das für seinen Wohnort zuständige Oberlandesgericht anwendet.[43]

2. Bedarf von Studenten und Kindern mit eigenem Haushalt

368 Wohnt der Volljährige nicht bei einem Elternteil, wenden **alle Oberlandesgerichte feste Bedarfssätze** an.

369 **a)** Bei **Studierenden,** die nicht bei einem Elternteil leben und einen eigenen Haushalt führen (zu sonstigen Kindern mit eigenem Haushalt vgl. Rn. 377 ff.), beträgt der Gesamtunterhaltsbedarf nach der **Düsseldorfer Tabelle** (Anm. A 7 II) seit dem 1. 1. 2002 in der Regel **600,– €;** vom 1. 7.–31. 12. 2001 belief er sich auf 1175,– DM.[44] Dem folgen, soweit ersichtlich, alle Oberlandesgerichte des alten Bundesgebiets (vgl. 13. 2 der Leitlinien). Auch die Oberlandesgerichte Braunschweig, Koblenz und Saarbrücken, die keine eigenen Leitlinien herausgeben, setzen den Studentenunterhalt mit 600,– € an.

369 a Die für das **Beitrittsgebiet** zuständigen Oberlandesgerichte gehen von folgenden Richtsätzen für den Unterhalt des studierenden Kindes mit eigenem Haushalt aus (jeweils 13. 2 der Leitlinien):
- das Kammergericht und das OLG Brandenburg von 555,– €,
- die Oberlandesgerichte Dresden, Naumburg und Rostock von 550,– €,
- das OLG Jena von 575,– €.

370 Der Richtsatz von 600,– € liegt derzeit (Sommer 2003) etwas über dem Höchstsatz der Leistungen nach dem BAföG, die im alten Bundesgebiet 585,– € betragen (vgl. Rn. 6/586). Er ist zum 1. 7. 2003 nicht erhöht worden, da die Ausbildungsförderung nach dem BAföG nicht angehoben worden ist.[45] Der Betrag von 600,– € bzw. die niedrigeren Richtsätze für das Beitrittsgebiet **decken** den **gesamten Bedarf** des Studenten ab, also vor allem Verpflegung, Wohnen, Studienkosten, Fachliteratur, Fahrten am Studienort und Heimfahrten zu den Eltern oder einem Elternteil, nach Auffassung einiger Oberlandesgerichte auch ausbildungsbedingte Mehrkosten. Vgl. dazu Rn. 382.

371 Die Kosten einer **Krankenversicherung** und Pflegeversicherung sind zusätzlich zum Regelsatz von 600,– € bzw. den niedrigeren Sätzen im Beitrittsgebiet zu zahlen, wenn das Kind nicht in der Familienversicherung eines Elternteils beitragsfrei mitversichert ist. Diese Mitversicherung ist in der gesetzlichen Krankenversicherung und Pflegeversicherung bis zum vollendeten 25. Lebensjahr des Kindes möglich, wenn es sich in Schul- oder Berufsausbildung befindet oder ein freiwilliges soziales oder ökologisches Jahr (Rn. 348 a) leistet, darüber hinaus, wenn die Ausbildung durch Erfüllung einer gesetzlichen Dienstpflicht, insbesondere Wehr- und Ersatzdienst, unterbrochen oder verzögert worden ist (§ 10 II Nr. 3 SGB V, § 25 II Nr. 3 SGB XI). Die private Krankenversicherung, die Selbstständige, Richter, Beamte und Soldaten abschließen müssen, bietet in aller Regel keine beitragsfreie Mitversicherung von Kindern an. Dass der Unterhaltspflichtige auch die Krankenversicherung des Kindes – ggf. durch Zahlung eines zusätzlichen Beitrags neben dem Richtsatz der Tabellen – sicherzustellen hat, wird von der Düsseldorfer Tabelle (Anm. A 9) und den meisten Leitlinien (13. 2) anerkannt.

372 **Wohnkosten** sind Teil des Regelbedarfs. Sie werden in den Leitlinien der Oberlandesgerichte Bremen, Frankfurt, Hamburg, Köln und den Süddeutschen Leitlinien (jeweils 13. 1. 2) mit 250,– € für Unterkunft und Heizung ausgewiesen. Diesen Ansatz halte ich für angemessen.

373 Im **Beitrittsgebiet** geht das OLG Dresden von einem Wohnkostenanteil (Warmmiete) von 230,– €, das OLG Naumburg von 250,– € aus (jeweils 13. 2 der Leitlinien). Die anderen für das Beitrittsgebiet zuständigen Oberlandesgerichte weisen Wohnkosten beim Studentenunterhalt nicht aus.

374, 375 *– In dieser Auflage nicht belegt –*

---

[43] OLG Hamburg, JAmt 2001, 300

[44] Nach der Düsseldorfer Tabelle Stand: 1. 7. 1999 betrug der Studentenunterhalt 1120,– DM

[45] Soyka, FamRZ 2003, 1154

Der Richtsatz für das studierende Kind mit eigenem Haushalt kann bei **guten Einkommensverhältnissen der Eltern erhöht** werden (vgl. Rn. 128 ff.). Dies ist insbesondere angezeigt, wenn das Kind nach der Tabelle einen höheren Unterhalt als 600,– € erhalten würde, falls es noch im elterlichen Haushalt lebte. Das volljährige Kind mit eigenem Haushalt hat im Zweifel höhere Wohnkosten.[46] Vgl. dazu Rn. 130. Die meisten Leitlinien lassen deshalb eine angemessene Erhöhung des Studentenunterhalts oder jedenfalls eine Abweichung vom Richtsatz von 600,– € bzw. den Sätzen für das Beitrittsgebiet zu (jeweils 13. 1 der Leitlinien). Das OLG Düsseldorf hat bereits im Jahr 1992 bei Eltern, die beide über ein Einkommen von jeweils 12 000,– DM monatlich verfügten, einen Unterhalt von 1400,– DM für angemessen gehalten.[47] In Ausnahmefällen kann auch eine Ermäßigung des Bedarfssatzes von 600,– € möglich sein. 376

b) Volljährige Kinder mit eigenem Haushalt. Der Richtsatz von 600,– € bzw. die niedrigeren Sätze für das Beitrittsgebiet (Rn. 369 a) können auch für volljährige Schüler oder Auszubildende angesetzt werden, die das Elternhaus verlassen und einen eigenen Hausstand gegründet haben. Dazu gehört auch das Leben in einer Wohngemeinschaft. Es reicht aber nicht aus, wenn ein volljähriges behindertes Kind in die Wohnung seiner Schwester umgezogen ist, aber noch im selben Haus wie seine Eltern lebt und von seiner Mutter betreut wird. In einem solchen Fall ist der Unterhalt einkommensabhängig nach der Düsseldorfer Tabelle zu bemessen.[48] 377

Der entsprechenden Empfehlung der **Düsseldorfer Tabelle** (DT Anm. A 7 II) folgen alle in Rn. 369, 369 a aufgeführten Tabellen und Leitlinien. Die obigen Ausführungen zum Studentenunterhalt (vgl. Rn. 369 ff.) gelten sinngemäß für den Unterhalt des volljährigen Kindes mit eigenem Haushalt. 378

– In dieser Auflage nicht belegt – 379–381

Nicht einheitlich wird die Frage beantwortet, ob und ggf. in welchem Umfang in dem Bedarfssatz von in der Regel 600,– € bzw. in den niedrigeren Sätzen des Beitrittsgebiets **ausbildungsbedingter Mehrbedarf** enthalten ist. Die Leitlinien der Oberlandesgerichte bestimmen meist, dass um ausbildungsbedingten Mehrbedarf gekürztes Einkommen auf den Bedarf des Kindes anzurechnen sei (so BraL, BrL, CL, DrL, HaL, KL, NaL, SüdL, jeweils 13. 2). Dies bezieht sich nach der Systematik der Leitlinien auch auf den Unterhalt des volljährigen Kindes mit eigenem Hausstand. Andere Oberlandesgerichte stellen dagegen klar, dass bei Ansatz eines Festbetrages für den Bedarf des volljährigen Kindes ausbildungsbedingte Kosten nicht einkommensmindernd zu berücksichtigen seien. Vgl. BL, HL, OL, RL, SchL, jeweils 13. 1 oder 13. 2. Das OLG Düsseldorf[49] vermindert die Ausbildungsvergütung, wenn der Bedarf nach Anm. A 7 II der Tabelle mit 600,– € angesetzt wird, nicht um die Pauschale von jetzt 85,– € für ausbildungsbedingten Mehrbedarf (vgl. Anm. A 8 der Tabelle), sondern um die Mindestpauschale von jetzt 50,– € nach Anm. A 3 der Tabelle (DL 10. 2. 3; vgl. Rn. 94). 382

3. Bedarf von Schülern, Studenten und Auszubildenden, die im Haushalt eines Elternteils leben

a) Unterhaltsbemessung nach der Düsseldorfer Tabelle. Nach der Düsseldorfer Tabelle (A 7 I) wird der Unterhalt volljähriger Kinder, die noch im Haushalt der Eltern oder eines Elternteils wohnen, seit 1. 1. 1996 nach den Richtsätzen der Altersstufe 4 bemessen. Zur Errechnung der Richtsätze dieser Altersstufe vgl. Rn. 364. Während früher etliche Oberlandesgerichte beim Volljährigenunterhalt generell von festen Bedarfssätzen ausgingen, gilt dies derzeit nur noch für das Kammergericht, das OLG Naumburg und das OLG Rostock (jeweils 13. 1. der Leitlinien; Rn. 391). **Alle anderen Oberlandesgerichte,** die Leitlinien veröffentlichen, haben inzwischen die Altersstufe 4 übernommen (jeweils 13. 1 383

[46] Soyka, FamRZ 2003, 1154

[47] OLG Düsseldorf, FamRZ 1992, 981 ff.; der Richtsatz der Düsseldorfer Tabelle Stand: 1. 1. 1989 betrug damals 850,– DM

[48] BGH, FamRZ 1997, 281, 283 f. = R 509 h

[49] FamRZ 1994, 1610

der Leitlinien). Dasselbe gilt für die Oberlandesgerichte Braunschweig, Koblenz und Saarbrücken, die sich ohne Herausgabe eigener Leitlinien an der Düsseldorfer Tabelle orientieren.

384 Die Richtsätze der Altersstufe 4 gelten gerade auch für **privilegiert volljährige Kinder** im Sinne des § 1603 II 2 BGB (zu diesen Kindern im einzelnen Rn. 452 ff.).[50] Nur das KG (BL 13. 1. 1) sowie die Oberlandesgerichte Naumburg (NaL 13. 1. 1.) und Rostock (RL 13. 1. 1) entnehmen den Unterhalt für solche Kinder der Altersstufe 3. Dies trägt aber nicht dem Erfahrungssatz Rechnung, dass volljährige Kinder bei pauschaler Betrachtung einen höheren Bedarf haben als minderjährige Kinder im Alter von 12–17 Jahren. Sie verlangen, auch wenn sie noch im Elternhaus leben, die Gleichbehandlung mit Erwachsenen, haben demgemäß – nicht zu Unrecht – höhere Ansprüche an Kleidung und Lebenshaltung und beanspruchen vielfach höheres Taschengeld. Demgemäß war es bis 30. 6. 1998 allgemeine Praxis, einem volljährigen Kind, auch wenn es bei seinen Eltern verblieb, einen höheren Unterhaltsbedarf zuzubilligen. Durch die Gleichstellung der privilegiert volljährigen Kinder mit Minderjährigen hat sich daran nichts geändert, da sich diese Gleichstellung nur auf die Leistungsfähigkeit des Schuldners und den Rang des Kindes bezieht (§§ 1603 II 2, 1609 I 1, II BGB).

385 Die Anwendung der Altersstufe 4 setzt auch und gerade bei nicht privilegiert volljährigen Kindern voraus, dass das Kind noch im Haushalt der Eltern oder eines Elternteils lebt, sich also die **Lebensverhältnisse** durch die Volljährigkeit **nicht wesentlich geändert** haben. Sie ist daher vor allem bei Schülern oder Auszubildenden angebracht, aber auch bei Kindern, die am Wohnort der Eltern studieren. Jedoch kann gerade dann der nach der Tabelle errechnete Bedarf zu niedrig sein, z. B. für einen **Studenten,** der weiter im Elternhaus wohnt, aber durch Fahrten zum Studienort, Literatur, Repetitor, Mensaessen usw. besondere Aufwendungen hat, die in dem in erster Linie auf Schüler zugeschnittenen Tabellenunterhalt nicht berücksichtigt sind.[51] Studierende Kinder, deren Wohnort in einiger Entfernung von der Universitätsstadt liegt, bleiben häufig bei einem Elternteil wohnen, obwohl dies unterhaltsrechtlich nicht ohne weiteres von ihnen verlangt werden kann, sparen sich einen Kleinwagen zusammen und nehmen beachtliche Fahrzeiten und Fahrtkosten auf sich. Hier kann es sich empfehlen, das Kind so zu behandeln, als wohne es am Studienort, und den Bedarf mit 600,– € nach A 7 II der Tabelle anzusetzen.

386 Die Ermittlung des Unterhalts des volljährigen Kindes nach der Altersstufe 4 der Düsseldorfer Tabelle ist insbesondere dann angezeigt, wenn nur ein Elternteil barunterhaltspflichtig ist, also z. B. die Mutter, bei der das Kind lebt, nicht erwerbstätig zu sein braucht (dazu Rn. 411) oder sie durch ihr Einkommen den angemessenen Selbstbehalt von 1000,– € (vgl. dazu und zu abweichenden Sätzen für den angemessenen Eigenbedarf Rn. 417 ff.) nicht deckt. Auf einen solchen Fall ist die Düsseldorfer Tabelle in erster Linie zugeschnitten.[52] Zur Bedarfsbemessung bei beiderseitiger Barunterhaltspflicht der Eltern vgl. Rn. 388.

387 Bei unterdurchschnittlicher Unterhaltslast des allein barunterhaltspflichtigen Elternteils ist eine **Höhergruppierung,** bei überdurchschnittlicher Belastung des Schuldners mit Unterhaltspflichten ist eine **Herabgruppierung** nach Anm. A 1 der Düsseldorfer Tabelle möglich. Vgl. Rn. 231 ff. Bestimmt sich der Bedarf des volljährigen Kindes nach den zusammengerechneten Einkünften der Eltern, ist dagegen in der Regel von einer Höhergruppierung abzusehen.[53] Vgl. Rn. 388.

Beispiel:
Einkommen des allein barunterhaltspflichtigen Vaters 2200,– €. Die wiederverheiratete Mutter (M) ist erwerbsunfähig. Sie bezieht das Kindergeld von 154,– €. Da der Vater nur dem volljährigen, bei M lebenden Kind barunterhaltspflichtig ist, ergibt sich der Unterhalt unter dreimaliger Höhergruppierung nach A 1 der Tabelle aus der 9. Einkommensgruppe. Vgl. dazu Rn. 233. Der von V

---

[50] OLG Hamm, FamRZ 1999, 1018; Strauß, FamRZ 1998, 993, 995 FamRefK/Häußermann, § 1610 Rn. 4; vgl. auch BGH, FamRZ 2002, 815 = R 570 c

[51] Scholz, FamRZ 1993, 125, 135; Soyka, FamRZ 2003, 1154. Generell für eine Kürzung des Festbetrages um eine Wohnkostenersparnis: OLG Koblenz, FamRZ 1996, 382

[52] Scholz, FamRZ 1993, 125, 135; Familienrecht '96 S. 445, 479

[53] BGH, FamRZ 1986, 151 = NJW-RR 1986, 426; Scholz, FamRZ 1993, 125, 135

geschuldete Unterhalt beträgt also 524,– € und ist um das hälftige Kindergeld von 77,– € zu kürzen. Vgl. dazu Rn. 515. V hat also 447,– € zu zahlen.

Sind **beide Eltern** einem volljährigen Kind, das bei einem von ihnen lebt, barunterhaltspflichtig, ist der Bedarf nach den **zusammengerechneten Einkünften** der Eltern zu bemessen und der entsprechenden Einkommensgruppe der Tabelle zu entnehmen. Ein Elternteil hat aber höchstens den Unterhalt zu leisten, der sich bei Zugrundelegung allein seines Einkommens aus der Tabelle ergeben würde.[54] Hiervon gehen alle Oberlandesgerichte aus, die den Bedarf des volljährigen Kindes, das im Haushalt eines Elternteils lebt, nach der 4. Altersstufe der Tabelle bestimmen (Rn. 383). Jedoch ist zu berücksichtigen, dass die Eltern dadurch besonders belastet sind, dass jeder von ihnen einen eigenen Haushalt führen muss. Deshalb ist eine Höhergruppierung nach A 1 der Düsseldorfer Tabelle in der Regel nicht angebracht.[55] Viele Oberlandesgerichte schließen eine Höhergruppierung, teilweise auch eine Herabgruppierung aus (so BraL, HaL, KL, OL, SüdL, jeweils 13. 1. 1); das OLG Frankfurt hält dagegen eine Höhergruppierung um eine Gruppe für möglich (FL 13. 1. 1). Eine Herabstufung wegen doppelter Haushaltsführung wird, soweit ersichtlich, nur noch vom OLG Schleswig (SchL 13. 3) befürwortet. Das OLG Oldenburg (OL 13. 1. 1.) kürzt das zusammengerechnete Einkommen der Eltern um anerkennenswerte Mehrkosten (wohl der doppelten Haushaltsführung), nimmt aber keine Zu- oder Abschläge nach der Zahl der Unterhaltsberechtigten vor. M. E. kann man eine Herabgruppierung nicht generell ausschließen. Lebt ein volljähriges Kind zusammen mit seinem 17-jährigen Bruder bei seiner Mutter, so bestimmt sich der Unterhaltsbedarf des Minderjährigen allein nach dem Einkommen seines barunterhaltspflichtigen Vaters, der Bedarf des volljährigen Kindes dagegen nach dem zusammengerechneten Einkommen der Eltern. Dies kann zu befremdlichen Abweichungen des Bedarfs des volljährigen und des Bedarfs des minderjährigen Kindes führen. Zur entsprechenden Problematik beim privilegiert volljährigen Kind Rn. 470. 388

Beispiel:
Einkommen des Vaters (V) 1880,– €, der Mutter (M) 1070,– €, insgesamt 2950,– €. Das studierende volljährige Kind (K) lebt bei M, die das Kindergeld von 154,– € bezieht. Keine weiteren Unterhaltspflichten.
Der Bedarf des Kindes richtet sich nach dem zusammengerechneten Einkommen der Eltern und beträgt nach der 9. Einkommensgruppe der Düsseldorfer Tabelle 524,– €.
Vergleichbares Einkommen des V: 1880 – 1000 = 880,– €.
Vergleichbares Einkommen der M: 1070 – 1000 = 70,– €.
Vergleichbares Einkommen beider Eltern: 880 + 70 = 950,– €.
Haftungsanteil des V: 524 × 880 : 950 = 486,– €.
Haftungsanteil der M: 524 × 70 : 950 = 39,– €.
Wäre V allein barunterhaltspflichtig, schuldete er bei dreimaliger Höhergruppierung nach Anm. A 1 der Düsseldorfer Tabelle (Rn. 233) Unterhalt nach der 7. Einkommensgruppe von 465,– €. Auf diesen Betrag ist seine Unterhaltspflicht zu begrenzen. V zahlt also 465 – 77 (Kindergeldanteil) = 388,– €. Mit dem Fehlbetrag von 486 – 465 = 21,– € fällt das Kind aus.

Das Beispiel zeigt, dass die Begrenzung des Unterhalts auf den Betrag, den ein Elternteil nach der Tabelle allein auf Grund seines Einkommens zu zahlen hätte, in der Praxis kaum Bedeutung hat. Sie wirkt sich nur aus, wenn der Haftungsanteil des einen Elternteils sehr hoch, derjenige des anderen dagegen gering ist.

Der Tabellenunterhalt des volljährigen Kindes enthält wie beim Minderjährigen den **gesamten Lebensbedarf,** also auch die Wohnkosten. Diese sind jedoch wegen der Ersparnis infolge des Zusammenlebens mit einem Elternteil geringer als beim Studentenunterhalt (vgl. Rn. 372 f., auch Rn. 214). 389

Der Unterhaltspflichtige hat neben dem Elementarunterhalt auch den **Krankenversicherungsschutz** und die Pflegeversicherung sicherzustellen, wenn das Kind nicht bei einem Elternteil in die Versicherung eingeschlossen ist. Auf die obigen Ausführungen wird verwiesen (vgl. Rn. 371). 390

[54] BGH, FamRZ 1994, 696, 698; FamRZ 1988, 1039 = R 366 b; FamRZ 1986, 151
[55] BGH, FamRZ 1986, 151 = NJW-RR 1986, 426; Scholz, FamRZ 1993, 125, 135

391 **b) Unterhaltsbemessung nach festen Regelbedarfssätzen.** Während früher eine Reihe von Oberlandesgerichten den Unterhalt des im Haushalt eines Elternteils lebenden nicht privilegiert volljährigen Kindes mit festen Regelbedarfssätzen ansetzten, folgen seit dem 1. 7. 2003 nur noch das Kammergericht, das OLG Naumburg und das OLG Rostock dieser Auffassung (vgl. 13. 1. 2 der Leitlinien). Nach Auffassung des Kammergerichts **Berlin** (BL 13. 1. 2.) beträgt der Bedarf des im Haushalt eines Elternteils lebenden nicht privilegierten Kindes 600,– €, dagegen 555,– €, wenn es im Beitrittsgebiet lebt. Das Zusammenleben mit einem Elternteil führt nicht zur Verringerung des Bedarfs. Ob die Wohnungsgewährung durch den Elternteil als Erfüllungsleistung anzusehen ist, muss nach den Umständen des Einzelfalles entschieden werden. Dem folgen die Oberlandesgerichte Naumburg und Rostock, gehen aber von einem Bedarf von 550,– € aus (13. 1. 2 der Leitlinien).

392–397 – *In dieser Auflage nicht belegt* –

398 **c) Unterhaltsbemessung teilweise nach der Düsseldorfer Tabelle, teilweise nach festen Regelbedarfssätzen.** Das OLG **Frankfurt** (FL 13. 1. 1) setzt für den im Haushalt eines Elternteils lebenden Volljährigen, der über kein Erwerbseinkommen verfügt, den Tabellenbetrag der 4. Altersstufe der Düsseldorfer Tabelle entsprechend dem zusammengerechneten Einkommen der Eltern an. Erzielt der bei einem Elternteil lebende Volljährige dagegen eigenes Erwerbseinkommen, so ist von einem festen Bedarfsbetrag von mindestens 500,– € auszugehen.

399 Dieser Berechnung folgt das OLG **Jena** (ThL 13. 2). Es bemisst den Bedarf wegen der wirtschaftlichen Vorteile durch das Zusammenleben mit einem Elternteil auf 480,– €, soweit sich nicht aus der Tabelle ein höherer Bedarf ergibt.

400 **d) Konkrete Unterhaltsbemessung.** Auch der Unterhalt eines im Haushalt eines Elternteils lebenden Schülers, Studenten oder Auszubildenden kann **bei günstigen Einkommensverhältnissen der Eltern** über die Richtsätze der Tabellen und Leitlinien hinaus erhöht werden. Genaueres dazu Rn. 128 ff., 376.

4. Regelmäßiger Mehrbedarf des volljährigen Schülers, Studenten oder Auszubildenden

401 Bei den Bedarfssätzen nach den Tabellen und Leitlinien handelt es sich um eine **pauschalierte Bemessung des** gesamten durchschnittlichen **Normalbedarfs** des Volljährigen. Im Einzelfall kann dieser Normalbedarf auch bei Volljährigen erhöht werden, wenn infolge besonderer Umstände ein Mehrbedarf besteht und dieser regelmäßig anfällt (vgl. oben Rn. 133 ff.).

402 So kann z. B. bei einem behinderten volljährigen Kind, das sich einer Ausbildung unterzieht und dessen Bedarf daher nach den Regelsätzen der Tabellen und Leitlinien bemessen wird, der Normalbedarf um **behinderungsbedingte** regelmäßige **Mehrkosten** erhöht werden.[56] Ergänzend kann auf die Ausführungen zum behinderungsbedingten Mehrbedarf bei Minderjährigen und zu seiner teilweisen Deckung durch Sozialleistungen hingewiesen werden (Rn. 326 ff.). Zum Bedarf behinderter volljähriger Kinder, die sich in keiner Ausbildung befinden, vgl. Rn. 405.

403 Regelmäßiger Mehrbedarf kann u. U. bejaht werden, wenn für ein **Studium im Ausland**[57] (vgl. dazu Rn. 67), für eine **Privatschule**[58] oder für eine sonstige entgeltliche Ausbildung, z. B. für Klavierunterricht zur Vorbereitung auf die Aufnahmeprüfung eines Konservatoriums,[59] zusätzliche Kosten anfallen. Voraussetzung ist allerdings, dass die kostenverursachende Maßnahme sachlich berechtigt ist und die sich daraus ergebenden Mehrkosten dem Unterhaltsverpflichteten nach dessen Einkommens- und Vermögensverhältnissen wirtschaftlich **zumutbar** sind. Monatliche Kosten von knapp 4000,– € für ein mehrjähriges Studium in den USA dürften auch bei sehr guten, aber nicht außergewöhnlichen Einkom-

[56] BGH, FamRZ 1985, 917, 919 = R 263 b
[57] BGH, FamRZ 1992, 1064 = R 446
[58] OLG Hamm, FamRZ 1997, 960
[59] OLG München, FamRZ 1992, 595; vgl. auch BGH, FamRZ 2001, 1603

mens- und Vermögensverhältnissen den von den Eltern zu finanzierenden Rahmen sprengen.[60] Für die Zumutbarkeit gelten auch hier sinngemäß die Ausführungen zum Minderjährigenunterhalt (vgl. oben Rn. 317 ff.). Bei den hier erörterten Zusatzkosten der Ausbildung handelt es sich in der Regel nicht um Sonderbedarf, weil sie nicht überraschend auftreten und weil sie der Höhe nach bei vorausschauender Planung abschätzbar sind.[61] Zum Sonderbedarf vgl. Rn. 138 f., 6/1 ff.

Wer über den Normalbedarf hinausgehenden **Mehrbedarf** geltend macht, muss im Einzelnen **darlegen und** bei Bestreiten **beweisen,** worin dieser Mehrbedarf besteht und warum er berechtigt ist. Die Höhe berechtigter regelmäßiger Mehrkosten ist konkret zu ermitteln. Sie kann nach § 287 II ZPO geschätzt werden, wenn ein ausreichender entsprechender Sachvortrag besteht. Der Richter kann zu einem festen Betrag auf rechtlich nicht angreifbare Weise im Wege der Schätzung kommen.[62] Dabei kann auch berücksichtigt werden, dass es auf Grund der Mehraufwendungen auch **Einsparungen** beim Normalbedarf geben kann (vgl. Rn. 321). 404

5. Bemessung des Bedarfs des Volljährigen, der sich nicht in einer Ausbildung befindet

Die Unterhaltstabellen und die Regelbedarfssätze gelten bei einem volljährigen Kind vor allem, wenn und soweit es noch ausgebildet wird oder es sich noch einer Ausbildung unterziehen will, sei es auf einer Schule oder Hochschule, sei es in Form einer Lehre. Sie passen nicht oder allenfalls bedingt auf volljährige Kinder, die z. B. wegen einer **Behinderung** geistiger oder körperlicher Art eine Ausbildung nicht absolvieren können (vgl. Rn. 44, 345). Hier wird vielfach eine konkrete Bemessung des Bedarfs angebracht sein. So wird der Bedarf eines in einem Heim untergebrachten Kindes häufig den Unterbringungskosten und einem angemessenen Taschengeld entsprechen.[63] Lebt das behinderte volljährige Kind dagegen in der Familie, müssen die den Bedarf erhöhenden Umstände im Einzelnen dargelegt werden.[64] Eine Vergütung für die Arbeit in einer Behindertenwerkstatt wird in der Regel Einkommen aus unzumutbarer Tätigkeit sein (vgl. 1/540 ff., 2/88), wenn das Kind arbeitsunfähig und daher nicht zu einer Erwerbstätigkeit verpflichtet ist; die ohnehin meist nur geringe Entlohnung kann daher allenfalls zur teilweisen Deckung des Taschengeldes herangezogen werden. Es geht allerdings nicht an, sie schon deshalb nicht zu berücksichtigen, weil sie mehr als Anerkennung und als Versuch einer Eingliederung in das Erwerbsleben diene;[65] dies widerspricht dem Grundsatz, dass grundsätzlich jedes Einkommen zur Bedarfsdeckung heranzuziehen ist; vgl. Rn. 86, auch Rn. 1/451 ff. Die bedarfsorientierte Grundsicherung, die auch einem voll erwerbsgeminderten volljährigen Kind zustehen kann, ist Einkommen und daher auf den Bedarf anzurechnen (vgl. Rn. 357, 1/467 a ff.). Neben der konkreten Berechnung des Bedarfs ist es auch möglich, vor allem bei jüngeren volljährigen Kindern, den Bedarf zunächst auf der Basis der Düsseldorfer Tabelle zu berechnen und diesen Betrag dann um konkret vorzutragenden behinderungsbedingten Mehrbedarf (vgl. Rn. 402) zu erhöhen.[66] Steht ein volljähriges Kind unter **Betreuung,** so kann die Vergütung, die es dem Betreuer nach § 1836 BGB schuldet, Teil seines Unterhaltsbedarfs sein. Dasselbe gilt für den Aufwendungsersatz nach § 1835 BGB und die Aufwandsentschädigung nach § 1835 a BGB. Allerdings wird es sich unter Umständen nicht um Mehrbedarf, sondern um Sonderbedarf handeln.[67] Vgl. dazu auch Rn. 317, 6/14. 405

[60] Anders zu Unrecht AG Köln, FamRZ 2000, 482
[61] OLG Hamm, FamRZ 1994, 1281
[62] BGH, FamRZ 1985, 917, 919 = R 263 b; vgl. auch OLG Düsseldorf, FamRZ 2002, 854
[63] OLG Oldenburg, FamRZ 1996, 625
[64] OLG Karlsruhe, FuR 2000, 440; OLG Düsseldorf, FamRZ 2002, 854
[65] So aber OLG Oldenburg, FamRZ 1996, 625
[66] OLG Düsseldorf, FamRZ 2002, 854
[67] OLG Nürnberg, MDR 1999, 616

Die Belastung der Eltern durch den oft sehr hohen Mehrbedarf des behinderten Kindes wird durch die Gewährung von Sozialhilfe und die Beschränkung des Rückgriffs des Sozialhilfeträgers nach § 91 II 2–4 BSHG erheblich reduziert. Vgl. dazu Rn. 6/546 ff.

406 Hat ein Volljähriger bereits durch eine Berufsausbildung oder durch längere Ausübung einer ungelernten Tätigkeit eine eigene Lebensstellung erlangt (vgl. oben Rn. 108 ff.), so ist diese für die Bemessung des Bedarfs maßgebend, wenn das Kind, z. B. durch Arbeitslosigkeit oder Krankheit, **wieder bedürftig** wird. Das Kind muss dann für seinen Unterhalt selbst aufkommen und grundsätzlich jede Erwerbsmöglichkeit auch unterhalb seiner bisherigen Lebensstellung annehmen.[68] Vgl. dazu Rn. 44, 48, 345. Der Volljährige muss sich ggf. zunächst mit Arbeitslosen- oder Krankengeld begnügen und eine entsprechende Schmälerung seiner Einkünfte hinnehmen. Seine Eltern kann er nur dann auf Unterhalt in Anspruch nehmen, wenn es ihm trotz aller Bemühungen nicht gelingt, das Existenzminimum zu sichern. Dieses beträgt jedenfalls bei durchschnittlichen Einkommensverhältnissen analog B V der Düsseldorfer Tabelle bei Erwerbstätigkeit 840,– €, bei Nichterwerbstätigkeit 730,– €.[69] Ein volljähriges Kind, das bereits eine eigene Lebensstellung erlangt hatte und dann wieder unterhaltsbedürftig wird, kann sich nicht besser stehen als ein Elternteil, der von seinem Kind Unterhalt verlangt und sich ebenfalls eine Schmälerung seines Bedarfs bis auf das Existenzminimum gefallen lassen muss.[70] Zur Höhe des angemessenen Selbstbehalts in derartigen Fällen Rn. 425.

IV. Leistungsfähigkeit der Eltern beim Unterhalt volljähriger Kinder

1. Grundsätzlich keine gesteigerte Unterhaltspflicht gegenüber volljährigen Kindern

407 Nach § 1603 I BGB braucht ein Elternteil einem volljährigen Kind keinen Unterhalt zu zahlen, wenn er unter Berücksichtigung seiner sonstigen Verpflichtungen außerstande ist, ohne Gefährdung seines eigenen angemessenen Unterhalts den Kindesunterhalt zu gewähren. Ihm muss also sein **eigener angemessener Bedarf** oder der sog. große Selbstbehalt verbleiben. Zur Höhe des angemessenen Eigenbedarfs vgl. Rn. 417 ff.

408 § 1603 II 1 BGB, nach dem Eltern alle verfügbaren Mittel für ihren und den Unterhalt ihrer minderjährigen Kinder gleichmäßig zu verwenden haben (vgl. oben Rn. 247), gilt bei volljährigen Kindern grundsätzlich nicht. Nur sog. privilegiert volljährige Kinder sind den Minderjährigen seit dem 1. 7. 1998 hinsichtlich der Leistungsfähigkeit der Eltern (§ 1603 II 2 BGB) und damit der gesteigerten Unterhaltspflicht, aber auch hinsichtlich des Ranges (§ 1609 I 2, II BGB) gleichgestellt. Es handelt sich um unverheiratete volljährige Kinder bis zur Vollendung des 21. Lebensjahres, die im Haushalt der Eltern oder eines Elternteils leben und sich in der allgemeinen Schulausbildung befinden. Vgl. dazu eingehend Rn. 452 ff.

Gegenüber nicht privilegiert volljährigen Kindern trifft die Eltern dagegen **keine gesteigerte Unterhaltspflicht.** Dies hat folgende Konsequenzen:

409 • Die Eltern können nicht auf den notwendigen Eigenbedarf oder den kleinen Selbstbehalt verwiesen werden (vgl. dazu bei minderjährigen Kindern Rn. 260 ff., 263 ff.).

410 • Die Obliegenheit zur Aufnahme von **Gelegenheitsarbeiten** und berufsfremden Tätigkeiten, zur Vornahme eines **Orts- oder Berufswechsels** (vgl. Rn. 248 ff.) trifft die Eltern nicht in demselben Umfang wie gegenüber einem minderjährigen Kind. Zu einem Berufs- oder Ortswechsel ist ein Elternteil gegenüber einem volljährigen Kind nur ausnahmsweise gehalten, wenn die Notwendigkeit einer solchen Maßnahme evident ist, z. B. weil der bisherige Beruf oder der bisherige Arbeitsort wegen einer Veränderung der wirtschaftlichen Bedingungen keine langfristige Perspektive mehr bietet.

[68] BGH, FamRZ 1987, 930, 932 = NJW 1987, 706; FamRZ 1985, 273
[69] OLG Bamberg, FamRZ 1994, 255
[70] BGH, FamRZ 2003, 860 mit Anm. Klinkhammer = R 590 A b

- Grundsätzlich wird ein Elternteil durch Ausübung einer **vollschichtigen Tätigkeit** gegenüber einem volljährigen Kind seiner **Erwerbsobliegenheit** nachkommen. Überstundenvergütungen werden allerdings weiterhin voll dem Einkommen zugerechnet, soweit sie in geringem Umfang anfallen oder berufstypisch sind. Entgelt aus darüber hinausgehenden Überstunden kann aus unzumutbarer Tätigkeit stammen; es ist dann unter Berücksichtigung des Einzelfalles nach Treu und Glauben nicht oder nur teilweise anzurechnen (vgl. Rn. 1/65). Dies gilt sinngemäß auch für Einkünfte aus Nebenbeschäftigungen. **411**
- Auch gegenüber einem volljährigen Kind müssen Eltern auf eigene **Aus- und Fortbildungswünsche** grundsätzlich verzichten, solange das Kind noch unterhaltsbedürftig ist. Die Grundsätze, die der BGH[71] für den Minderjährigenunterhalt entwickelt hat (vgl. Rn. 252), müssen sinngemäß für den Unterhalt des volljährigen Kindes gelten. Andererseits wird auch das volljährige Kind auf Zusatzausbildungen, wie z. B. ein betriebswirtschaftliches Studium nach einer Banklehre, unter Umständen verzichten müssen, wenn sich ein Elternteil aus einem wichtigen Grund umschulen oder fortbilden lassen will, da es dann für den Elternteil nicht zumutbar sein kann, weiter Unterhalt an das volljährige Kind zu zahlen. Hier müssen die Interessen des Kindes und diejenigen des Elternteils gegeneinander abgewogen werden. Zum Ausbildungsgang Abitur – Lehre – Studium, insbesondere zur Zumutbarkeit, vgl. Rn. 80 ff., 83. **412**
- Ein Elternteil, der gegenüber einem volljährigen Kind unterhaltspflichtig ist, darf sich nicht durch **leichtfertiges, unterhaltsbezogenes Verhalten,** insbesondere durch Aufgabe einer ertragreichen Arbeit, **leistungsunfähig** machen (vgl. oben Rn. 144 ff., 253). **413**
- Einem Elternteil, der seine **Erwerbsobliegenheit** gegenüber einem volljährigen Kind **nicht erfüllt,** wird ein **Einkommen** aus einer zumutbaren Erwerbstätigkeit, die er tatsächlich ausüben könnte, **fiktiv** zugerechnet (vgl. Rn. 145 f., 1/508 ff.). **414**
- Die **Hausmannsrechtsprechung** gilt beim volljährigen Kind nur in recht eingeschränktem Umfang. Vgl. dazu oben Rn. 187 ff. **415**

2. Angemessener Eigenbedarf des Verpflichteten nach § 1603 I BGB und eheangemessener Bedarf nach §§ 1361, 1578 I 1, 1581 BGB

416 Der angemessene Eigenbedarf, der dem Verpflichteten gegenüber dem volljährigen Kind verbleiben muss (§ 1603 I BGB), entspricht im Normalfall nicht dem eheangemessenen Eigenbedarf, der dem Unterhaltspflichtigen gegenüber seinem Ehegatten zusteht (§ 1581 BGB). Dieser richtet sich als Spiegelbild des Bedarfs des Berechtigten nach den ehelichen Lebensverhältnissen (§ 1578 I 1 BGB),[72] die nach der zutreffenden Auffassung des BGH[73] – von Mangelfällen abgesehen (vgl. Rn. 159 ff., 3/75) – durch die Unterhaltspflicht gegenüber einem volljährigen Kind bestimmt werden. Dies bedeutet, dass nicht nur der Unterhalt minderjähriger, sondern auch volljähriger Kinder vorweg vom Einkommen des unterhaltsverpflichteten Ehegatten abzuziehen ist, bevor der Unterhalt des bedürftigen Ehegatten errechnet wird. Dies darf jedoch nicht zu einem Missverhältnis hinsichtlich des wechselseitigen Bedarfs der Beteiligten führen.[74] Vgl. Rn. 151, 4/188 ff. Wird aber der eheangemessene Bedarf gerade vom Unterhalt auch des volljährigen Kindes bestimmt, kann der eheangemessene Bedarf des Pflichtigen, bei dessen Unterschreitung die Billigkeitsabwägung des § 1581 BGB einsetzt, nicht zugleich die Haftungsgrenze gegenüber dem volljährigen Kind sein. Zudem halte ich die Gleichsetzung des eheangemessenen Bedarfs und des angemessenen Bedarfs des Elternteils, der einem volljährigen Kind unterhaltspflichtig ist, auch deshalb für verfehlt, weil in etlichen Fällen ein eheangemessener Bedarf nicht festzustellen ist, z. B. bei einem Witwer oder bei einem seit vielen Jahren geschiedenen Elternteil, dessen früherer Ehegatte nie Unterhaltsansprüche geltend gemacht hat oder unbekannten Aufenthalts ist. Es

---

[71] FamRZ 1994, 372, 374 f. = R 473 d
[72] BGH, FamRZ 1990, 260, 264 = R 399 b
[73] FamRZ 2003, 860 mit Anm. Klinkhammer = R 590 A g; FamRZ 1986, 553, 555 = R 276 c
[74] FamRZ 2003, 860 mit Anm. Klinkhammer = R 590 A g; FamRZ 1986, 553, 555 = R 276 c

kann nicht angehen, den Unterhaltsprozess des volljährigen Kindes gegen einen Elternteil mit Fragen nach dessen eheangemessenem Bedarf zu belasten, wenn dieser im Verhältnis zwischen den (früheren) Ehegatten keine Rolle mehr spielt. Zu Recht hat deshalb der BGH[75] die Gleichsetzung von angemessenem Bedarf im Sinne des § 1603 I BGB und eheangemessenem Bedarf abgelehnt. Vgl. dazu auch Rn. 148 ff.

3. Bemessung des angemessenen Eigenbedarfs des verpflichteten Elternteils nach den Tabellen und Leitlinien der Oberlandesgerichte

417 Nach der **Düsseldorfer Tabelle** (A 5 II) beträgt der angemessene Eigenbedarf gegenüber Volljährigen seit dem 1. 1. 2002 in der Regel mindestens **1000,– €.** Vom 1. 7.–31. 12. 2001 belief er sich auf 1960,– DM. Dieser Richtsatz gilt nach der Düsseldorfer Tabelle und den Leitlinien der meisten Oberlandesgerichte **auch für einen nicht erwerbstätigen Unterhaltsschuldner,** z. B. einen Rentner oder Pensionär. Dazu im einzelnen Rn. 418. Wer aus dem Erwerbsleben ausgeschieden ist, muss ohnehin gegenüber seinem früheren Erwerbseinkommen eine deutliche Einbuße hinnehmen und seinen Lebensstandard entsprechend einschränken. Es ist unbillig, ihn zum Unterhalt für ein volljähriges Kind in stärkerem Umfang als einen Berufstätigen heranzuziehen, zumal da durch die Berufsausübung entstehende Aufwendungen bereits durch eine Pauschale von 5% oder jedenfalls auf konkreten Nachweis vom Einkommen abgesetzt werden (vgl. Rn. 1/89, 1/95).

418 Der Empfehlung der Düsseldorfer Tabelle, den angemessenen Selbstbehalt gegenüber dem Volljährigen Kind für den erwerbstätigen und den nicht erwerbstätigen Schuldner einheitlich mit 1000,– € anzusetzen, folgen jetzt nahezu alle Oberlandesgerichte des alten Bundesgebiets (jeweils 21. 3. 1 der Leitlinien). Nur das Kammergericht geht bei Erwerbstätigen von 1000,– €, beim Nichterwerbstätigen von 890,– € aus. Das OLG Schleswig legt einen einen einheitlichen angemessenen Selbstbehalt von nur 920,– € zugrunde.

419 Die im angemessenen Eigenbedarf von 1000,– € enthaltenen **Wohnkosten** betragen bis 440,– €. Es handelt sich um die Warmmiete, also die Kosten der Unterkunft einschließlich umlagefähiger Nebenkosten und Heizung (DT Anm. A 5 II). Auch der angemessene Selbstbehalt kann erhöht werden, wenn dieser Betrag im Einzelfall erheblich überschritten wird und dies nicht vermeidbar ist. Den Betrag von 440,– € für die Warmmiete haben die Oberlandesgerichte Bremen, Frankfurt, Hamburg, Hamm, Köln und die süddeutschen Oberlandesgerichte übernommen (jeweils 21. 1 der Leitlinien). Das OLG Schleswig (SchL 21. 1) geht davon aus, dass im großen wie im kleinen Selbstbehalt bis zu 390,– € als Warmmiete enthalten sind.

420 Die Leitlinien der für das **Beitrittsgebiet** zuständigen Oberlandesgerichte (jeweils 21. 3. 1) bieten hinsichtlich des angemessenen Selbstbehalts ein buntes Bild:

Oberlandesgericht	erwerbstätiger Elternteil	nicht erwerbstätiger Elternteil	Wohnkostenanteil
Kammergericht	890	825	
Brandenburg	925	825	280
Dresden	900	900	315
Jena	925	825	290 warm 195 kalt
Naumburg	1000	1000	440
Rostock	900	800	

421, 422 *– In dieser Auflage nicht belegt –*

[75] FamRZ 1990, 260, 264 = R 399 b

Eine **Erhöhung des angemessenen Eigenbedarfs** über den Richtsatz von 1000,– € oder die anderen von den Leitlinien aufgestellten Regelsätze hinaus kommt vor allem in Betracht, 423

- wenn in den **Abitur-Lehre-Studium-Fällen** nach der Rechtsprechung des BGH[76] zu prüfen ist, ob das Studium für die Eltern oder den unterhaltspflichtigen Elternteil nach seinen wirtschaftlichen Verhältnissen zumutbar ist (vgl. Rn. 83). Dasselbe gilt in sonstigen Fällen der Weiterbildung (vgl. Rn. 78, 84, 85); 424
- wenn das **Kind** nach Abschluss einer Ausbildung, z. B. wegen eines Unfalls, **erneut unterhaltsbedürftig** wird und sich der pflichtige Elternteil bereits auf den Fortfall der Unterhaltspflicht eingestellt und wirtschaftliche Dispositionen getroffen hat, die er bei Fortdauer der Unterhaltspflicht unterlassen hätte. Aus diesem Gesichtspunkt hat der BGH[77] bei Kindern, die ihren betagten Eltern Unterhalt zahlen müssen, eine Erhöhung des angemessenen Selbstbehalts auf den in der Düsseldorfer Tabelle unter D1 ausgewiesenen Betrag von derzeit 1250,– € für erforderlich gehalten. Dieser Grund trifft aber auch für die hier erörterte vergleichbare Situation beim Unterhalt volljähriger Kinder zu;[78] 425
- wenn die **Wohnkosten des Schuldners überhöht** sind, vor allem wenn der Betrag von 440,– € warm (vgl. Rn. 419) überschritten wird und intensive Bemühungen des Schuldners um eine billigere Wohnung oder um Wohngeld fehlgeschlagen sind oder von vornherein keinen Erfolg versprechen (vgl. auch Rn. 269); 426
- bei **krankheitsbedingtem Mehrbedarf** des unterhaltspflichtigen Elternteils, insbesondere wenn er wegen seiner Behinderung auf dauernde Pflege angewiesen ist und die dadurch entstehenden Kosten nicht durch Leistungen der Pflegeversicherung gedeckt sind. Pflegt die Ehefrau den Schuldner unentgeltlich, kommen die dadurch erzielten Ersparnisse dem Kind als freiwillige Leistungen eines Dritten (vgl. dazu Rn. 100 ff.) nicht zugute.[79] 427

Eine **Herabsetzung des angemessenen Eigenbedarfs** ist möglich, wenn der Pflichtige mit einem leistungsfähigen Partner in einer neuen Ehe oder einer **nichtehelichen Lebensgemeinschaft** zusammenlebt und dadurch Kosten, insbesondere Wohnkosten spart, er sich also gegenüber dem allein lebenden Unterhaltsschuldner besser steht.[80] Vgl. dazu Rn. 270. Auch kann der angemessene Eigenbedarf des wiederverheirateten Elternteils durch den auskömmlichen Familienunterhalt gesichert sein, den sein jetziger Ehegatte zur Verfügung stellt. Dann ist der Elternteil verpflichtet, aus seinem Einkommen zum Unterhalt des volljährigen Kindes beizutragen. Insoweit kann die Wiederverheiratung sich zum Vorteil des Kindes auswirken.[81] Dies gilt auch dann, wenn der Elternteil voll berufstätig ist.[82] Dazu im Einzelnen Rn. 187 ff. 428

Dagegen können Leistungen, die der Partner des Unterhaltspflichtigen diesem erbringt, grundsätzlich nicht dem volljährigen Kind zugute kommen. Der neue Ehegatte des Pflichtigen ist nicht verpflichtet, ihm Geldmittel für die Erfüllung von Unterhaltsansprüchen zur Verfügung zu stellen; vgl. dazu Rn. 187. **Leistungen des Partners** einer nichtehelichen Lebensgemeinschaftsind grundsätzlich als freiwillige Zuwendungen eines Dritten anzusehen und daher nicht dem Einkommen des Pflichtigen zuzurechnen (vgl. oben Rn. 100 ff., 1/471).[83] Eine Ausnahme besteht allerdings dann, wenn der Unterhaltsschuldner den Lebensgefährten versorgt, ihm den Haushalt führt und ihm dadurch eine geldwerte Leistung erbringt (vgl. Rn. 1/472 ff.).[84]

---

76 BGH, FamRZ 1989, 853 = R 391 b
77 BGH, FamRZ 2002, 1698, 1701 mit Anm. Klinkhammer = R 580 c
78 OLG Düsseldorf, FamRZ 2001, 1724, 1726; OLG Hamm, NJW-RR 2002, 650
79 BGH, FamRZ 1995, 537 = R 493 b
80 BGH, FamRZ 2001, 1065 = R 549 b; FamRZ 1998, 286, 288 = R 518 a; vgl. auch BGH, FamRZ 1995, 343 = R 489 b; FamRZ 1991, 182, 185 = R 430 d
81 BGH, FamRZ 2001, 1065 = R 549 b; FamRZ 1998, 286, 288 = R 518 b; Urteil vom 29. 10. 2003 – XII ZR 115/01; vgl. auch BL, BraL, BrL, CL, DrL (jeweils 21. 5), FL (21. 4. 1), HaL, HL, OL (jeweils 21. 5), RL (21. 6), SüdL (21. 5. 1)
82 So BGH, FamRZ 1998, 286, 288 = R 518 b
83 BGH, FamRZ 1995, 537 = R 493 b
84 BGH, FamRZ 1995, 344, 346 = R 488 c

4. Berücksichtigung anderweitiger Verpflichtungen, insbesondere vorrangiger Unterhaltsansprüche

429 Der unterhaltspflichtige Elternteil kann dem nicht privilegierten volljährigen Kind **vorrangige Unterhaltsansprüche Dritter** entgegensetzen. Durch die Erfüllung dieser Ansprüche wird seine Leistungsfähigkeit gegenüber dem volljährigen Kind gemindert. Vorrangig sind nach § 1609 I und II BGB

- Unterhaltsansprüche minderjähriger Kinder, aber auch privilegiert volljähriger Kinder im Sinne des § 1603 II 2 BGB (vgl. dazu Rn. 452 ff., 466), also der Geschwister oder Halbgeschwister des volljährigen Kindes,
- Unterhaltsansprüche des früheren und ggf. des jetzigen Ehegatten des unterhaltspflichtigen Elternteils.

Kann der Pflichtige die Unterhaltsansprüche aller Berechtigten erfüllen, wirkt sich der Vorrang nicht aus. Vgl. dazu Rn. 5/36. Dann wird auch der Unterhalt des volljährigen Kindes vom Einkommen des Schuldners abgezogen. Erst von dem verbleibenden Einkommen wird der Ehegattenunterhalt ermittelt (vgl. Rn. 151, 416). Der Vorwegabzug des Unterhalts des volljährigen Kindes darf jedoch nicht zu einem Missverhältnis hinsichtlich des wechselseitigen Bedarfs führen.[85] Dem bedürftigen Ehegatten muss sein angemessener Unterhalt verbleiben, der im Verhältnis zum volljährigen Kind 1000,– € beträgt (vgl. Rn. 417 ff.).

Zum Rangverhältnis der Unterhaltsansprüche im Mangelfall vgl. im Einzelnen Rn. 5/35 ff.

430 Volljährige erhalten **nur insoweit Unterhalt,** als durch das Einkommen des pflichtigen Elternteils alle **vorrangigen Unterhaltsansprüche gedeckt** sind. Der Volljährige kann nur die Differenz zwischen dem verbleibenden Einkommen und dem angemessenen Selbstbehalt beanspruchen.[86] Vgl. Rn. 5/54.

431 Der Nachrang des volljährigen Kindes (§ 1609 I BGB) gilt auch, wenn es körperlich oder geistig **behindert** ist. Auf seine Geschäftsfähigkeit kommt es nicht an. Nach Inhalt und Zweck der unterhaltsrechtlichen Normen ist für das Rangverhältnis ausschließlich das Alter des Kindes maßgeblich.[87]

432 Ist ein Elternteil wiederverheiratet und trägt er in der neuen Ehe ausschließlich durch die Haushaltsführung zum Unterhalt der neuen Familie bei (§ 1360 S. 2 BGB; vgl. Rn. 3/12, 36), kommen Unterhaltsansprüche eines volljährigen Kindes nach der **Hausmannsrechtsprechung** nur in Ausnahmefällen in Betracht. Im Einzelnen dazu Rn. 187 ff.

V. Ermittlung des Haftungsanteils der Eltern nach § 1606 III 1 BGB

1. Anteilige Haftung der Eltern

433 Grundsätzlich sind bei Volljährigen **beide Eltern barunterhaltspflichtig,** Leistungsfähigkeit allerdings vorausgesetzt (vgl. Rn. 440 ff.).

- Wohnt das **volljährige Kind im gemeinsamen Haushalt der** nicht getrennt lebenden **Eltern,** erhält es auf Grund einer Bestimmung der Eltern nach § 1612 II 1 BGB (vgl. oben Rn. 21 ff.) Naturalunterhalt als Teil des **Familienunterhalts,** zu dem beide Eltern nach Maßgabe des § 1360 BGB beizutragen haben. Die Haushaltsführung durch einen Ehegatten gilt auch gegenüber dem volljährigen Kind als Beitrag zum Familienunterhalt; sie und die Erwerbstätigkeit des anderen Elternteils sind gleichwertig (§ 1360 S. 2 BGB). Eine Unterhaltsrente wird dem volljährigen bei seinen Eltern lebenden Kind nur ausnahmsweise geschuldet, wenn ein Elternteil oder beide Eltern ihre Pflicht verletzen, zum Familienunterhalt beizutragen. Vgl. dazu Rn. 3/10.

---

[85] BGH, FamRZ 2003, 860 mit Anm. Klinkhammer = R 590 A g
[86] BGH, FamRZ 1986, 48 = R 275 b
[87] BGH, FamRZ 1987, 472, 474 = NJW 1987, 1549; FamRZ 1984, 683, 685 = R 212 b

- Lebt das **volljährige Kind nicht** mehr **im Elternhaus** und haben die Eltern eine wirksame Bestimmung nach § 1612 II 1 BGB nicht getroffen (vgl. Rn. 35 ff.), so haften beide Eltern entsprechend ihren Erwerbs- und Vermögensverhältnissen auf Barunterhalt (§ 1606 III 1 BGB). Das Kind kann jedoch einen Elternteil auf den vollen Unterhalt in Anspruch nehmen, wenn der andere nicht über effektive Einkünfte verfügt, ihm vielmehr nur ein fiktives Einkommen zugerechnet wird. Vgl. dazu Rn. 440, 554. **434**
- Die Eltern schulden auch entsprechend ihren Erwerbs- und Vermögensverhältnissen Barunterhalt, wenn sie getrennt leben, das **volljährige Kind** aber **im Haushalt eines Elternteils** bleibt. Betreuungsunterhalt wird ihm nicht mehr geschuldet.[88] Vgl. Rn. 15, 334. § 1606 III 2 BGB kann auch nicht während einer Übergangszeit nach Volljährigkeit analog angewendet werden. Vgl. dazu Rn. 453. Durch das Kindesunterhaltsgesetz ist klargestellt, dass sich die Privilegierung volljähriger unverheirateter Kinder, die im Haushalt der Eltern oder eines Elternteils leben und eine allgemeine Schule besuchen, nur auf die Leistungsfähigkeit der Eltern und den Rang bezieht (§§ 1603 II 2, 1609 I, II 1 BGB).[89] Vgl. dazu Rn. 452 ff. **435**

  Gleichwohl kann das volljährige Kind den Elternteil, bei dem es lebt, in der Regel nicht auf Barunterhalt in Anspruch nehmen, da es im elterlichen Haushalt Naturalunterhalt erhält (dazu Rn. 9). Dieser Naturalunterhalt entbindet den das Kind versorgenden Elternteil aber nicht davon, rechnerisch zum Barunterhalt beizutragen, den beide Eltern nach § 1606 III 1 BGB schulden. Er ist auch gegenüber dem volljährigen Kind grundsätzlich verpflichtet, einer Erwerbstätigkeit nachzugehen. Ihm wird ein fiktives Einkommen zugerechnet, wenn er diese Obliegenheit verletzt. Auf der Basis dieses fiktiven Einkommens wird dann der Unterhaltsanspruch gegen den anderen Elternteil berechnet. Betreut der Elternteil, bei dem das volljährige Kind lebt, minderjährige Geschwister, richtet sich die Erwerbsobliegenheit nach deren Alter und Betreuungsbedürftigkeit. § 1606 III 2 BGB ist nicht einschlägig, da diese Vorschrift den Elternteil nur im Verhältnis zum jeweils betreuten minderjährigen Kind vom Barunterhalt entbindet. Man wird sich vielmehr an den Grundsätzen orientieren können, die im Rahmen des § 1570 BGB zur Erwerbsobliegenheit des betreuenden Ehegatten entwickelt worden sind (Rn. 4/68 ff.). Zum Abzug von Betreuungskosten und eines Betreuungsbonus vom Einkommen vgl. Rn. 275, 275 a, 445. Ist der Elternteil, bei dem das Kind lebt, wiederverheiratet, ist die Hausmannsrechtsprechung (Rn. 187 ff.) anzuwenden.

Die Eltern **haften anteilig** für den **Restbedarf** des volljährigen Kindes (Bedarf abzüglich anzurechnenden Einkommens). **436**

- Zunächst muss der **gesamte Lebensbedarf** festgestellt und beziffert werden (s. Rn. 360 ff.). Der Unterhaltsbedarf ist nach den anzuwendenden Tabellen und Leitlinien (vgl. dazu oben Rn. 368 ff., 383 ff.) zu bestimmen.
- Hierauf ist **eigenes Einkommen des Volljährigen** bedarfsmindernd anzurechnen, nachdem es um Werbungskosten bereinigt worden ist (vgl. Rn. 349 ff.; 1/8 ff.).
- Der Differenzbetrag ist der **Restbedarf,** für den **beide Eltern anteilig** haften.[90]

Das **Kindergeld** wird nach § 1612 b I, II BGB in der Weise verrechnet, dass es bei dem Elternteil, der es nicht bezieht, zur Hälfte auf den ermittelten Haftungsanteil angerechnet wird, während der Anteil des anderen Elternteils um die Hälfte des Kindergeldes erhöht wird. Vgl. dazu Rn. 503 f., 513 ff.

Die anteilige Haftung nach § 1606 III 1 BGB begründet **Teilschulden** der Eltern (vgl. Rn. 308). Von jedem Elternteil kann nur der jeweils anteilige Unterhaltsbetrag verlangt werden.[91] **437**

---

[88] BGH, FamRZ 2002, 815 = R 570 b
[89] BGH, FamRZ 2002, 815 = R 570 b
[90] BGH, FamRZ 1988, 159, 161 = R 346 f.; FamRZ 1985, 917, 919 = R 263 b
[91] BGH, FamRZ 1989, 499 = NJW-RR 1989, 578; FamRZ 1986, 153 = R 278 b

2. Vergleichbares Einkommen der Eltern

438 Die Eltern haben für den Unterhalt ihres volljährigen Kindes Einkommen jeder Art einzusetzen. Zum Einkommensbegriff vgl. Rn. 1/8 ff.

439 Auch **Unterhalt,** den ein Elternteil von seinem (früheren) Ehegatten erhält, **ist Einkommen,** das für den Unterhalt eines volljährigen Kindes zur Verfügung steht. Vgl. Rn. 148, teilweise anders *Dose* in Rn. 1/479. Voraussetzung für die Beteiligung am Unterhalt des Kindes ist jedoch, dass dem Elternteil der angemessene Selbstbehalt im Sinne des § 1603 I BGB, der nach den meisten Tabellen und Leitlinien 1000,– € beträgt (vgl. Rn. 417 ff.), verbleibt. Der angemessene Selbstbehalt nach § 1603 I BGB ist nicht mit dem eheangemessenen Bedarf im Sinne der §§ 1360, 1578 I 1, 1581 BGB identisch.[92] Vgl. dazu im Einzelnen Rn. 148, 416.

In der Praxis ist die Unterhaltspflicht des Elternteils, der nur oder jedenfalls teilweise von Ehegattenunterhalt lebt, allerdings kaum von Bedeutung. Sind sowohl ein volljähriges Kind als auch ein (früherer) Ehegatte unterhaltsbedürftig, muss zunächst – vom Mangelfall abgesehen (vgl. dazu Rn. 163 ff.) – der Kindesunterhalt nach dem Einkommen des unterhaltspflichtigen Ehegatten (Elternteils) bemessen und von den Einkünften des Schuldners abgezogen werden; sodann ist vom verbleibenden Rest die Unterhaltsquote des bedürftigen Ehegatten zu berechnen.[93] Zu einer anteiligen Haftung beider Eltern kann es bei dieser Berechnung nicht kommen. Vgl. im Einzelnen Rn. 151.

Beispiel:
Einkommen des Vaters (V) 3500,– €. Das volljährige auswärts studierende Kind verlangt 600,– € Unterhalt, die erwerbsunfähige Mutter (M) Ehegattenunterhalt. M bezieht das Kindergeld von 154,– €. Sie unterstützt das Kind durch gelegentliche Zuwendungen.
Es ist falsch, zunächst den Ehegattenunterhalt ($^3/_7$ von 3500 = 1500,– €) festzulegen und von diesem Betrag einen Anteil zu errechnen, mit dem M zum Unterhalt des Kindes beizutragen hat. Richtig ist folgender Rechengang:
Das Kind erhält von V 600 – 77 (Kindergeldanteil) = 523,– €. Zum Abzug des hälftigen Kindergeldes vgl. Rn. 515.
Unterhaltspflichtiges Einkommen des V gegenüber der M: 3500 – 600 = 2900,– €.
Ehegattenunterhalt der M: 2900 × $^3/_7$ = 1243,– €.

Diese Grundsätze gelten auch, wenn ein Elternteil über ein geringes Nebeneinkommen verfügt und deshalb Aufstockungsunterhalt bezieht. Vgl. dazu Rn. 149 ff. und das Beispiel Rn. 155.

440 Die **anteilige Haftung** der Eltern nach § 1606 III 1 BGB für den Restbedarf des volljährigen Kindes richtet sich **nach** deren **Leistungsfähigkeit,**[94] also nach den für Unterhaltszwecke tatsächlich verfügbaren Mitteln.[95] Vergleichbar in diesem Sinn sind demnach die Einkommensteile, die jedem der Eltern von seinem Einkommen nach Bereinigung um anzuerkennende Abzugsposten (Rn. 441–447) zur Bestreitung des eigenen Lebensbedarfs und für den Unterhalt des Volljährigen verbleiben (vgl. oben Rn. 294 ff.). In den Vergleich ist ggf. auch der **Stamm des Vermögens** einzubeziehen, falls ihn ein Elternteil für den Unterhalt einzusetzen hat (vgl. Rn. 1/419 f.).[96] Fiktives Einkommen des Elternteils, bei dem das Kind lebt, kann in den Einkommensvergleich einbezogen werden, wenn sein Bedarf (teilweise) durch Naturalunterhalt gedeckt ist (vgl. Rn. 435). Im Übrigen braucht sich das volljährige Kind, insbesondere wenn es bereits das Elternhaus verlassen hat, auf **fiktive Einkünfte** eines Elternteils nicht verweisen zu lassen. Eine etwaige Verletzung der Erwerbsobliegenheit hat allein der betreffende Elternteil, nicht aber das Kind zu verantworten. Daher kann es den leistungsfähigen Elternteil entsprechend dem Rechtsgedanken des § 1607 II BGB in Anspruch nehmen. Dasselbe gilt, wenn der Aufenthalt des anderen Elternteils unbekannt ist. Auch in einem solchen Fall ist die Rechtsverfolgung gegen den

[92] FamRZ 1990, 260, 264 = R 399 b
[93] BGH, FamRZ 1986, 553, 555 = NJW 1986, 985; OLG Frankfurt, FamRZ 1993, 231
[94] BGH, FamRZ 1986, 153 = R 278 b
[95] BGH, FamRZ 1988, 1039 = R 366 c
[96] OLG Düsseldorf, FamRZ 1994, 767, 769

anderen Elternteil erheblich erschwert (§ 1607 II 1 BGB). Dem leistungsfähigen Elternteil bleibt es unbenommen, gegen den anderen Unterhaltspflichtigen Regress zu nehmen.[97] Vgl. Rn. 554.

Das **vergleichbare Einkommen** ist in der Weise zu berechnen, dass von dem Einkommen jedes Elternteils alles abzuziehen ist, was zur Bestreitung des eigenen Bedarfs und des Unterhaltsbedarfs des Volljährigen nicht zur Verfügung steht.[98] Die Abzüge müssen allerdings unterhaltsrechtlich berechtigt sein. **441**

Dazu zählen im Wesentlichen:

- die **gesetzlichen Abzüge** vom Lohn und Einkommen, vor allem die Einkommen- und Kirchensteuer, sowie für die gesetzliche Renten-, Kranken- und Pflegeversicherung, bei Privatversicherten die Aufwendungen für eine angemessene entsprechende Vorsorge (vgl. Rn. 1/591 ff., 1/596 ff.); **442**
- unterhaltsrechtlich zu berücksichtigende **Verbindlichkeiten** (vgl. Rn. 1/614 ff.; 2/115, 158). **443**
- Kosten für anzuerkennenden krankheitsbedingten Mehrbedarf eines Elternteils (vgl. Rn. 427); **444**
- Kosten für die **Betreuung minderjähriger Geschwister,** wenn derartige Kosten tatsächlich entstehen, oder ein Betreuungsbonus, wenn die Betreuung zwar ohne konkret fassbaren Aufwand, aber nur unter besonderen Schwierigkeiten möglich ist, wie z. B. bei kleinen Kindern.[99] Vgl. dazu Rn. 275, 275 a. Dagegen kann bei einem größeren Kind, das keiner ständigen Betreuung mehr bedarf, ein dem Barunterhalt entsprechender Betrag nicht vom Einkommen des nicht barunterhaltspflichtigen Elternteils mit der Begründung abgezogen werden, der Betreuungsunterhalt sei dem Barunterhalt gleichwertig (vgl. Rn. 294, 311, 435).[100] **445**
- **Unterhaltszahlungen an vorrangige Berechtigte,** insbesondere an minderjährige oder privilegiert volljährige Kinder oder an den geschiedenen Ehegatten (Rn. 429 ff.). **446**

Außerdem ist bei jedem Elternteil ein **Sockelbetrag in Höhe des angemessenen Selbstbehalts** abzuziehen, in der Regel also von 1000,– € (vgl. Rn. 417 ff.). Durch einen solchen Abzug werden bei erheblichen Unterschieden der vergleichbaren Einkünfte die sich daraus ergebenden ungleichen Belastungen zugunsten des weniger verdienenden Elternteils relativiert.[101] Der Abzug des Sockelbetrages ist in allen Leitlinien vorgesehen (jeweils 13. 3). **447**

Der angemessene Selbstbehalt kann ggf. erhöht (Rn. 423 ff.) oder ermäßigt (Rn. 428) werden. Dann ist (nur) bei dem betroffenen Elternteil der so errechnete Eigenbedarf vom Einkommen abzuziehen; bei dem anderen Elternteil verbleibt es beim Abzug des Sockelbetrages von 1000,– €. Der angemessene Selbstbehalt kann auch durch den auskömmlichen Familienunterhalt sichergestellt werden, den der Ehegatte zur Verfügung stellt. In einem solchen Fall ist der Elternteil verpflichtet, zum Unterhalt des Kindes nach den Grundsätzen der Hausmannsrechtsprechung (Rn. 187 ff.) beizutragen.[102] Im Rahmen des Vergleichs der Einkommen der Eltern kann bei ihm dann kein Sockelbetrag abgezogen werden.

3. Einzelheiten der Unterhaltsberechnung und wertende Veränderung des Verteilungsschlüssels

Die **Haftungsquote** nach § 1606 III 1 BGB wird in der Weise ermittelt, dass der Restbedarf des volljährigen Kindes mit dem **vergleichbaren Einkommen** jedes Elternteils (Rn. 438–447) multipliziert und durch die Summe der vergleichbaren Einkünfte beider Eltern geteilt wird.[103] Dies entspricht der allgemeinen Auffassung der Tabellen und Leit- **448**

---

[97] OLG Frankfurt, FamRZ 1993, 231
[98] BGH, FamRZ 1988, 1039 = R 366 c
[99] BGH, FamRZ 1991, 182, 184 = R 430 b
[100] BGH, FamRZ 1988, 1039 = R 366 c
[101] BGH, FamRZ 1988, 1039 = R 366 c; FamRZ 1986, 153 = R 278 b, c; FamRZ 1986, 151 = NJW-RR 1986, 426
[102] Vgl. BGH, FamRZ 2001, 1065 = R 549 c
[103] BGH, FamRZ 1988, 1039 = R 366 c

linien (vgl. Rn. 447). Der Sockelbetrag deckt sich mit dem angemessenen Eigenbedarf und beträgt nach den meisten Tabellen und Leitlinien 1000,– € (vgl. Rn. 447). Im Beitrittsgebiet gelten niedrigere Selbstbehaltssätze (dazu Rn. 420).

449 In einer **Formel** ausgedrückt errechnet sich der Haftungsanteil jedes Elternteils wie folgt:

R × V : S
R = Restbedarf des Kindes
V = vergleichbares Einkommen des haftenden Elternteils
S = Summe des vergleichbaren Einkommens beider Eltern

Diese Berechnung führt zum selben Ergebnis wie die Formel, die in einigen Leitlinien, insbesondere in den Süddeutschen Leitlinien (SüdL 13. 3.) empfohlen wird.

Beispiel:
Bedarf des studierenden Kindes: 600,– €
Nettoeinkommen des Vaters: 1750,– €
Nettoeinkommen der Mutter: 1150,– €
Vergleichbares Einkommen des Vaters. 1750 – 1000 = 750,– €.
Vergleichbares Einkommen der Mutter: 1150 – 1000 = 150,– €.
Vergleichbares Einkommen beider Eltern: 750 + 150 = 900,– €.
Quote des Vaters: 600 × 750 : 900 = 500,– €.
Quote der Mutter: 600 × 150 : 900 = 100,– €.
V zahlt 500 – 77 (Kindergeldanteil) = 423,– € (§ 1612 b I BGB).
M zahlt 100 + 77 (Kindergeldanteil) = 177,– € (§ 1612 b II BGB).
Zur Kindergeldverrechnung beim volljährigen Kind vgl Rn. 513 ff.

450 Das so gewonnene Ergebnis ist stets auf seine Angemessenheit zu überprüfen.[104] Der **Verteilungsschlüssel** ist **wertend zu verändern,** wenn besondere Umstände dies nahelegen, z. B. bei einem besonderen Betreuungsaufwand eines Elternteils gegenüber einem behinderten volljährigen Kind. Es ist unbillig, den betreuenden Elternteil in einem solchen Fall zur Deckung des Unterhaltsbedarfs im Verhältnis der vergleichbaren Einkünfte zu verpflichten. Deshalb ist es geboten, die Belastung des betreuenden Elternteils, die mit dem erhöhten Einsatz für den Behinderten verbunden ist, durch eine Veränderung des Verteilungsschlüssels zu seinen Gunsten aufzufangen.[105] Das Ausmaß der wertenden Veränderung ist abhängig vom Umfang der erforderlichen zusätzlichen Leistungen. Durch eine entsprechende Veränderung soll erreicht werden, dass der zusätzlich belastete Elternteil zum Ausgleich für seinen besonderen Einsatz einen größeren finanziellen Spielraum zur Befriedigung seiner persönlichen Bedürfnisse als der andere erhält. Es handelt sich hierbei nicht um eine unangebrachte „Monetarisierung“ elterlicher Fürsorge, sondern um eine angemessene Verteilung der beiderseitigen Unterhaltslast.[106] Vgl. zur entsprechenden Problematik beim minderjährigen Kind Rn. 305 f.

4. Darlegungs- und Beweislast für die Haftungsanteile der Eltern

451 Nimmt das **volljährige Kind** einen Elternteil auf Unterhalt in Anspruch, hat es dessen Haftungsanteil darzulegen und ggf. zu beweisen. Bei Übergang des Anspruchs auf den Träger der Ausbildungsförderung (§ 37 BAföG) oder den Sozialhilfeträger (§ 91 BSHG) trifft die Darlegungs- und Beweislast den nunmehrigen Anspruchsinhaber.[107] Zur Darlegungs- und Beweislast im Allgemeinen vgl. Rn. 6/700 ff.

Das Kind muss zunächst das **Einkommen des beklagten Elternteils** dartun. Die erforderlichen Angaben muss es sich von diesem notfalls durch die Geltendmachung des **Auskunftsanspruchs** verschaffen. U. U. genügt es jedoch, wenn das Kind die Behauptung aufstellt, das Einkommen sei gegenüber den Feststellungen in einem früheren Rechtsstreit

[104] BGH, FamRZ 2000, 1492 = R 546 c; FamRZ 2000, 358 = R 537
[105] BGH, FamRZ 1985, 917, 919 = R 263 b; OLG Hamm, FamRZ 1996, 303; so auch BrL, CL, DL, DrL, HaL, KL, NaL, SüdL jeweils 13. 3.
[106] BGH, FamRZ 1985, 917, 919 = R 263 b; FamRZ 1983, 689 = R 169 a
[107] Vgl. BGH, FamRZ 2003, 444 = R 579 (zu § 7 UVG)

(mindestens) um einen bestimmten Betrag angestiegen. Dann ist es Aufgabe des Elternteils, diese Behauptung substantiiert zu bestreiten. Dazu gehören Angaben über die Höhe seines jetzigen Einkommens.[108]

Bezieht der **andere Elternteil,** z. B. die Mutter, Einkünfte, muss das Kind deren Höhe angeben und bei Bestreiten unter Beweis stellen. Verfügt sie über **kein Einkommen,** genügt der entsprechende Vortrag des Kindes und ein Beweisantritt, z. B. auf Vernehmung der Mutter als Zeugin. Trägt der Vater substantiiert vor, dass die Mutter Einkünfte habe, dass bei ihr wegen Zusammenlebens mit einem Lebensgefährten ein geringerer angemessener Selbstbehalt anzusetzen oder dass ihr angemessener Selbstbehalt durch den von ihrem Ehemann gewährten Familienunterhalt gedeckt sei (vgl. Rn. 428, 447), muss das Kind diese Behauptung ausräumen und den Beweis führen, dass sie nicht zutrifft.[109] Das Kind braucht die Mutter dagegen nicht auf Auskunft über ihre unterhaltsrechtlich relevanten Einkünfte in Anspruch zu nehmen. Dies ist ihm nicht zuzumuten.[110] Eine Auskunftsklage gegen die Mutter müsste wegen Erfüllung abgewiesen werden, wenn diese erklärt, sie verfüge über kein Einkommen.[111] Dem beklagten Vater bleibt es unbenommen, seinerseits die Mutter auf Auskunft in Anspruch zu nehmen.[112] Auf fiktive Einkünfte der Mutter braucht sich das Kind nicht verweisen zu lassen (vgl. Rn. 440).[113]

Bei einer **Abänderungsklage** hat der Kläger die Darlegungs- und Beweislast für eine Veränderung der Verhältnisse, die für die Unterhaltsbemessung in dem früheren Titel maßgebend waren. Im Übrigen bleibt es bei der allgemeinen Verteilung der Beweislast. Stammt der Titel aus der Zeit der Minderjährigkeit, muss das nunmehr volljährige Kind dartun und beweisen, dass der Unterhaltsanspruch fortbesteht, insbesondere welche Haftungsquote auf den jeweiligen Elternteil entfällt (§ 1606 III 1 BGB).[114]

VI. Gleichstellung 18–20-jähriger Schüler mit Minderjährigen

1. Problematik der Privilegierung volljähriger Kinder während einer Übergangszeit nach Eintritt der Volljährigkeit

a) Rechtslage bis zum 30. 6. 1998. Die Herabsetzung des Volljährigkeitsalters vom 21. 452
auf das 18. Lebensjahr und die Verlängerung der Schulausbildung haben dazu geführt, dass kaum ein Jugendlicher seine Ausbildung noch während der Minderjährigkeit abschließt. An den Lebensverhältnissen des jungen Erwachsenen ändert sich daher in vielen Fällen durch die Volljährigkeit – von der rechtlichen Selbstständigkeit abgesehen – nichts. Das Kind lebt weiter bei einem Elternteil, meist der Mutter, und wird von ihr wie bisher verköstigt und versorgt. Die Rechtsprechung hat zunächst versucht, diese Lücke durch **analoge Anwendung des § 1606 III 2 BGB** zu schließen. Der BGH hat in einem Urteil vom 8. 4. 1981[115] die entsprechende Anwendung des § 1606 III 2 BGB für eine Übergangszeit nach dem 18. Geburtstag des Kindes für möglich gehalten, da im Einzelfall ausnahmsweise in den ersten Jahren nach Eintritt der Volljährigkeit weiterhin von der Gleichwertigkeit des Barunterhalts und der Betreuungsleistungen ausgegangen werden könne, etwa wenn und solange sich der Barbedarf des Kindes gegenüber den üblichen Werten für minderjährige Kinder nicht wesentlich erhöhe. Deshalb hat der BGH die Ausbildungsvergütung eines volljährigen Kindes nur zur Hälfte auf den Barunterhalt angerechnet und sie im Übrigen wie beim Minderjährigenunterhalt (Rn. 97, 286) der Mutter gutgebracht, die nicht erwerbstätig war und ein weiteres minderjähriges Kind betreute.

---

108 BGH, FamRZ 1987, 259 = R 312 b
109 OLG Celle, FamRZ 1993, 1235; vgl. auch OLG Düsseldorf, FamRZ 2002, 1646
110 BGH, FamRZ 1988, 268, 270 = R 351
111 So mit Recht OLG Frankfurt, FamRZ 1993, 231
112 BGH, FamRZ 1988, 268, 270 = R 351
113 OLG Frankfurt, FamRZ 1993, 231
114 KG, FamRZ 1994, 765; vgl. auch BGH, FamRZ 1990, 496 = NJW 1990, 2752
115 BGH, FamRZ 1981, 541

Im Jahre 1994 ist der BGH[116] hiervon weitgehend abgerückt. Er hat zwar offengelassen, ob dem Urteil vom 8. 4. 1981[117] noch gefolgt werden könne, aber eindeutig klargestellt, dass es sich um eine auf die damals gegebenen Umstände bezogene **Ausnahme** gehandelt habe. Er hat die erwerbstätige Mutter für verpflichtet gehalten, zum Barunterhalt entsprechend ihren Einkommens- und Vermögensverhältnissen beizutragen (§ 1606 III 1 BGB), zumal da ihre Betreuungsleistungen in der Regel schon vom Umfang her nicht das Maß einer vollen Unterhaltsgewährung erreichen könnten. Damit war für die Praxis geklärt, dass eine **Fortdauer der Betreuung** und damit eine analoge Anwendung des § 1606 III 1 BGB über die Volljährigkeit hinaus **in der Regel nicht** in Betracht kam.

453 **b) Gesetzliche Neuregelung zum 1. 7. 1998.** Das KindUG hat volljährige unverheiratete Kinder bis zur Vollendung des 21. Lebensjahres minderjährigen unverheirateten Kindern teilweise gleichgestellt, solange sie im Haushalt der Eltern oder eines Elternteils leben und sich in der allgemeinen Schulausbildung befinden. Diese **Privilegierung** bezieht sich aber **nur** auf die **Leistungsfähigkeit** der Eltern (§ 1603 II 2 BGB; Rn. 464) und auf den **Rang** im Verhältnis zu anderen Unterhaltsberechtigten (§ 1609 I 1, II BGB; Rn. 466). Eine allgemeine Gleichstellung der 18–20-jährigen Schüler mit Minderjährigen war dagegen nicht beabsichtigt. Dies gilt insbesondere für die anteilige Haftung der Eltern, die auch gegenüber diesen Kindern eingreift (§ 1606 III 1 BGB), da ein volljähriges Kind nicht mehr betreut wird und daher der Elternteil, bei dem das Kind lebt, seine Unterhaltspflicht nicht mehr gemäß § 1606 III 2 BGB durch Betreuung erfüllen kann.[118] Vgl. dazu Rn. 334, 452, 467 ff. Auch hinsichtlich der Verwertung des Vermögens (§ 1602 II BGB; Rn. 462), der Verrechnung des Kindergeldes (§ 1612 b V BGB; Rn. 515 c) und der Verwirkung (§ 1611 BGB; Rn. 478 ff.) steht das privilegiert volljährige Kind dem Minderjährigen nicht gleich. Selbst bei der Pfändung von Arbeitseinkommen gehen Unterhaltsansprüche minderjähriger Kinder den Ansprüchen privilegiert volljähriger Kinder vor (§ 850 d II lit. a ZPO).[119]

Die Privilegierung bestimmter volljähriger Kinder nach §§ 1603 II 2, 1609 BGB stellt eine **abschließende gesetzliche Regelung** dar, die nicht erweitert werden darf. Die frühere Rechtsprechung zur Gleichstellung volljähriger Kinder mit Minderjährigen während einer Übergangszeit nach Vollendung des 18. Lebensjahres (vgl. Rn. 452) ist überholt.

Auch **behinderte volljährige Kinder** stehen minderjährigen Kindern nicht gleich, selbst dann nicht, wenn sie hilflos sind und einer Betreuung bedürfen. Zu den Unterhaltsansprüchen solcher Kinder vgl. Rn. 401, 405 f.

2. Voraussetzungen der Privilegierung volljähriger Schüler nach §§ 1603 II 2, 1609 BGB

454 **a) Alter.** Die Privilegierung erstreckt sich nur auf **Schüler** einer allgemein bildenden Schule bis zur Vollendung des 21. Lebensjahres, also auf 18–20-jährige Kinder. Mit dem 21. Geburtstag sind §§ 1603 II 2, 1609 BGB nicht mehr anwendbar, selbst wenn die Schulausbildung noch nicht beendet ist. Der Unterhaltsanspruch des Kindes ist dann uneingeschränkt nach den Regeln des Volljährigenunterhalts zu beurteilen. Für Auszubildende, Studenten, erwerbstätige oder nicht erwerbstätige junge Volljährige gilt die Privilegierung nicht.

455 **b) Unverheiratete Kinder.** Die Privilegierung erfasst nur ledige Kinder. Sie endet mit der Heirat, auch wenn das Kind im elterlichen Haushalt verbleibt und weiter die Schule besucht; sie entsteht nicht wieder, wenn die Ehe aufgehoben oder geschieden wird oder durch den Tod des anderen Ehegatten endet und das Kind in den elterlichen Haushalt zurückkehrt. Mit der Heirat tritt das Kind in ein anderes Unterhaltssystem ein (§§ 1360, 1361, 1569, 1318 BGB). Selbst wenn in diesem Ansprüche nicht bestehen oder nicht durchgesetzt werden können, das Kind in den Haushalt eines Elternteils zurückkehrt und

---

[116] FamRZ 1994, 696 = R 477 c
[117] BGH, FamRZ 1981, 541
[118] BGH, FamRZ 2002, 815 = R 570 b; BR-Drucks. 959/96, S. 26 f.; FamRefK/Häußermann, § 1603 Rn. 2
[119] BGH, FamRZ 2003, 1176

die Eltern (wieder) unterhaltspflichtig sind, leben die verschärfte Unterhaltspflicht und der Vorrang des privilegierten Kindes nicht wieder auf.[120] Wenn ein Kind geheiratet hat, dürfen die Eltern darauf vertrauen, dass sie ihrem Kind nur noch nachrangig unterhaltspflichtig sind (§ 1609 II BGB) und sich ihm gegenüber auf ihren angemessenen Selbstbehalt berufen können (§ 1603 I BGB). Dieses Vertrauen ist schutzbedürftig. Zudem wäre eine verschärfte Haftung mit der nur ersatzweise eintretenden Unterhaltspflicht der Eltern (§ 1608 BGB) nur schwer zu vereinbaren.

c) Haushaltsgemeinschaft mit den Eltern oder einem Elternteil. Das volljährige Kind muss im Haushalt wenigstens eines Elternteils leben. Auch der Aufenthalt im Hause der Großeltern dürfte angesichts der engen familiären Bindung dafür ausreichen, jedenfalls dann, wenn das Kind seit frühester Jugend von ihnen versorgt worden ist.[121] Dagegen fällt der Aufenthalt bei Pflegeeltern oder in einem Heim nicht unter § 1603 II 2 BGB. Im Hause der Eltern muss das Kind seinen Lebensmittelpunkt haben, dort muss sich im Wesentlichen seine persönliche Habe befinden, dort muss es überwiegend schlafen. Eine auswärtige Beköstigung, z. B. in einer Schulmensa, schadet nicht. Die Haushaltsgemeinschaft dürfte in der Regel auch dann fortbestehen, wenn das Kind auswärts eine Schule besucht, am Schulort ein Zimmer hat oder in einem Internat lebt, aber am Wochenende und in den Ferien nach Hause zurückkehrt. Es kommt nicht darauf an, ob ein Elternteil Versorgungsleistungen übernimmt, also z. B. für das Kind kocht oder wäscht.[122] Eine Betreuung im Rechtssinne findet nach Volljährigkeit ohnehin nicht mehr statt (vgl. Rn. 334, 452 f.). **456**

Unerheblich ist, ob der Elternteil, bei dem das Kind lebt, allein einen Haushalt unterhält, sich die Wohnung mit einem Lebensgefährten teilt oder eine Wohngemeinschaft mit anderen führt. Dies wird auch dann zu gelten haben, wenn ein Elternteil Unterkunft im Haushalt eines anderen gefunden hat, z. B. die Ehefrau nach der Trennung zu ihren Eltern gezogen ist und dort mit dem volljährigen Kind zusammenlebt.[123]

Vorübergehender Aufenthalt an einem anderen Ort schadet nicht, solange die Absicht der Rückkehr in den elterlichen Haushalt besteht. Dies gilt selbstverständlich für Urlaubsreisen, Krankenhaus- und Heimaufenthalte, aber auch für einen Auslandsaufenthalt während der allgemeinen Schulausbildung, z. B. für ein Schuljahr in den USA. Anders kann es dagegen liegen, wenn sich das Kind emanzipiert und unter Mitnahme seiner Sachen einen eigenen Hausstand begründet hat, z. B. auf Dauer zu einem Lebensgefährten gezogen ist und dort seinen Lebensmittelpunkt gefunden hat. Ob ein solcher endgültiger Auszug gegeben ist, wird sich allerdings erst nach Ablauf einer gewissen Übergangsfrist beurteilen lassen. Diese Übergangsfrist wird vielfach bis zur Vollendung des 21. Lebensjahres noch nicht abgelaufen sein, so dass bei Rückkehr in das Elternhaus die Privilegierung fortbesteht, wenn der Schulbesuch andauert. Macht der Elternteil, bei dem das Kind bislang gelebt hat, zu Recht von seinem Bestimmungsrecht nach § 1612 II 1 BGB Gebrauch, wird man einen endgültigen Auszug ohnehin verneinen müssen. Vgl. dazu Rn. 21 ff., 35.

d) Allgemeine Schulausbildung. Was unter diesem Begriff zu verstehen ist, lässt sich weder dem Gesetz noch der Gesetzesbegründung entnehmen. Der BGH[124] hat den Begriff der allgemeinen Schulausbildung unter Heranziehung der zu § 2 I 1 Nr. 1 BAföG entwickelten Grundsätze ausgelegt. In dieser Bestimmung wird von „weiterführenden allgemeinbildenden Schulen" gesprochen. **457**

Die allgemeine Schulausbildung ist einerseits von der Berufsausbildung, andererseits vom Hochschulstudium abzugrenzen. Zu ihr gehören danach alle Bildungsgänge, die einen anerkannten Schulabschluss ermöglichen, der seinerseits die Grundlage für eine spezielle Berufsausbildung oder ein Studium bildet. Nicht ausreichend ist dagegen der Besuch einer

---

[120] So Luthin/Schumacher Rn. 3203; RGRK/Mutschler, § 1602 Rn. 25; Soergel/Haeberle § 1602 Rn. 13; a. A. MüKo/Luthin § 1603 Rn. 78; FamRefK/Häußermann, § 1603 Rn. 4; Schwab/Borth, Scheidungsrecht, 4. Aufl., V Rn. 127

[121] OLG Dresden, FamRZ 2002, 695

[122] FamRefK/Häußermann, § 1603 Rn. 6

[123] FamRefK/Häußermann, § 1603 Rn. 6

[124] FamRZ 2001, 1068 = R 561 a

Schule, die neben allgemeinen Ausbildungsinhalten bereits eine Ausbildung vermittelt, die auf ein konkretes Berufsfeld bezogen ist.[125]

Im Einzelnen setzt die allgemeine Schulausbildung nach der Rechtsprechung des BGH[126] voraus:

- Ziel des Schulbesuchs muss der **Erwerb eines allgemeinen Schulabschlusses** als Zugangsvoraussetzung für die Aufnahme einer Berufsausbildung oder den Besuch einer Hochschule oder Fachhochschule sein, also jedenfalls der Hauptschulabschluss, der Realschulabschluss die fachgebundene oder die allgemeine Hochschulreife. Diese Voraussetzung ist beim Besuch der Hauptschule, der Gesamtschule, der Realschule, des Gymnasiums und der Fachoberschule immer erfüllt.
- Die Schulausbildung muss die **Zeit und die Arbeitskraft** des Kindes voll oder zumindest überwiegend in Anspruch nehmen; eine Erwerbstätigkeit, durch die der Schüler seinen Lebensunterhalt verdienen könnte, darf neben der Schulausbildung nicht möglich sein. Dieses Erfordernis ist jedenfalls erfüllt, wenn die Unterrichtszeit 20 Wochenstunden beträgt, also unter Berücksichtigung der Vor- und Nacharbeit sowie eventueller Fahrtzeiten die Arbeitskraft des Kindes im Wesentlichen ausfüllt.
- Das Kind muss an einem **kontrollierten Unterricht** teilnehmen, die Schule muss in einer Weise organisiert sein, dass eine Stetigkeit und Regelmäßigkeit der Ausbildung wie beim herkömmlichen Schulbesuch gewährleistet ist. Die Teilnahme am Unterricht darf nicht der Entscheidung des Schülers überlassen sein.

Die Rechtslage ist wegen der Vielzahl der Schulformen und der Schulabschlüsse höchst unübersichtlich. Wegen der **Kulturhoheit der Länder** besteht in der Bundesrepublik kein einheitliches Schulsystem. Einzelne Abschlüsse werden nicht in allen Bundesländern anerkannt. In der Praxis wird es in der Regel erforderlich sein, durch eine **Auskunft der Schule** zu klären, ob die genannten Voraussetzungen einer allgemeinen Schulausbildung vorliegen. Eine Untersuchung der Frage, welche Schulformen in sämtlichen Bundesländern zur allgemeinen Schulausbildung im Sinne des § 1603 II 2 BGB gehören, würde den Rahmen dieses Handbuchs sprengen. Daher sollen anhand der Verhältnisse in **Nordrhein-Westfalen** die wesentlichen Fragen aufgezeigt werden, die bei der Auslegung des Begriffs „allgemeine Schulausbildung" zu bedenken sind.

458 In Nordrhein-Westfalen dauert die **Schulpflicht** zehn Jahre,[127] in anderen Ländern nur neun Jahre. Die Berufsschulpflicht, die Kinder trifft, die keine weiterführende Schule besuchen, endet mit dem 18. Lebensjahr, besteht aber, wenn vor dem 21. Lebensjahr ein Berufsausbildungsverhältnis begonnen worden ist, bis zu dessen Abschluss fort.[128] Nach der hier nicht interessierenden Grundschule können Kinder die Hauptschule, die Realschule, das Gymnasium, die Gesamtschule und Sonderschulen für geistig oder körperlich Behinderte besuchen. Daneben besteht – ohne dass die Aufzählung Anspruch auf Vollständigkeit erhebt – die Möglichkeit zum Besuch von Berufsschulen, Berufsfachschulen, Höheren Berufsfachschulen, Fachschulen, Fachoberschulen, Kollegschulen, Abendgymnasien und Volkshochschulen. Die im Folgenden aufgezählten Abschlüsse können an verschiedenen Schulformen erworben werden. Im Einzelnen gilt Folgendes:

- **Hauptschulabschluss nach der 9. Klasse.** Erwerb an der Hauptschule sowie durch erfolgreichen Abschluss der entsprechenden Klasse an der Realschule, der Gesamtschule und am Gymnasium; Erwerb eines gleichwertigen Abschlusses versuchsweise durch Besuch der Vorklasse zum Berufsgrundschuljahr; die Schulausbildung kann aber erst beendet werden, wenn die zehnjährige Schulpflicht erfüllt ist.
- **Hauptschulabschluss nach der 10. Klasse** (oder ein gleichwertiger Abschluss). Erwerb an der Hauptschule, der Realschule, der Gesamtschule und am Gymnasium durch erfolgreichen Abschluss der entsprechenden Klasse, ferner an der Berufsschule durch Besuch des Berufsgrundschuljahres.

---

125 BGH, FamRZ 2001, 1068, 1070 = R 561 a

126 FamRZ 2001, 1068, 1070 = R 561 a; FamRZ 2002, 815 = R 570 a

127 § 5 Schulpflichtgesetz NRW in der Fassung der Bekanntmachung 2. 2. 1980 – GV. NRW. S. 164, zuletzt geändert durch Gesetz vom 15. 6. 1999 – GV. NRW. S. 408

128 § 10 I, II Schulpflichtgesetz NRW

- **Fachoberschulreife.** Erwerb an der Hauptschule und der Gesamtschule, der Realschule und am Gymnasium (Versetzung in Klasse 11), sowie durch Besuch des Berufsgrundschuljahres und der Berufsfachschule (bei diesen Schulformen aber nur bei bestimmten Leistungen). Auch an der Volkshochschule kann – ggf. auch in Abendkursen – der Realschulabschluss erworben werden.[129]
- **Berechtigung zum Besuch der gymnasialen Oberstufe.** Erwerb an der Hauptschule und der Gesamtschule, an der Berufsschule durch Besuch des Berufsgrundschuljahres sowie an der Berufsfachschule, der Realschule (bei diesen Schulformen aber nur bei bestimmten Leistungen) und am Gymnasium (Versetzung in Klasse 11).
- **Fachhochschulreife** (schulischer Anteil). Erwerb an Fachoberschulen, Höheren Berufsfachschulen, insbesondere Höheren Handelsschulen, in Nordrhein-Westfalen auch Berufsfachschule für Wirtschaft und Verwaltung genannt. Voraussetzung für den Besuch der Fachhochschule sind die Absolvierung bestimmter Praktika oder eine Berufsausbildung. Die Praktika können, wie bei den Beamten des gehobenen Dienstes, in die Fachhochschulausbildung integriert sein.
- **Abitur (allgemeine Hochschulreife).** Erwerb am Gymnasium, der Gesamtschule, an Höheren Berufsfachschulen (insbesondere der Höheren Handelsschule) mit gymnasialer Oberstufe und am Abendgymnasium.

Eine allgemeine Schulausbildung wird danach an allen Schulen vermittelt, die auf direk- **459**
tem Wege zu einem der aufgezählten Abschlüsse führen. Dies ist zweifellos bei der Hauptschule, der Realschule, dem Gymnasium, der Gesamtschule und bei der Sonderschule für körperlich und geistig Behinderte der Fall.[130] Das Studium an Hochschulen, Fachhochschulen oder Gesamthochschulen gehört dagegen nicht zur Schulausbildung, sondern baut auf ihr auf.

Die Durchlässigkeit des Schulsystems führt jedoch zu beachtlichen Abgrenzungsschwierigkeiten. Wer einen Hauptschul- oder Realschulabschluss mit der entsprechenden Qualifikation hat, kann den Schulbesuch z. B. auf einem Gymnasium oder einer Gesamtschule, einer Fachoberschule oder einer Höheren Berufsfachschule fortsetzen, um die Hochschul- oder Fachhochschulreife zu erwerben. Ebenso ist der Wechsel zwischen verschiedenen Schulformen zulässig. In Nordrhein-Westfalen sind die Bildungsgänge der Berufsschule, der (Höheren) Berufsfachschule, Fachoberschule und Fachschule zum Berufskolleg zusammengefasst. Es vermittelt in einfach- und **doppelqualifizierenden Bildungsgängen** eine berufliche Qualifizierung und ermöglicht den Erwerb der allgemein bildenden Abschlüsse der Sekundarstufe II; die Abschlüsse der Sekundarstufe I können nachgeholt werden.[131] Das Berufskolleg kann man daher nicht ohne weiteres zu den allgemein bildenden Schulen zählen, es andererseits auch nicht gänzlich von dem Begriff der allgemeinen Schulausbildung im Sinne des § 1603 II 2 BGB ausnehmen, da die Durchlässigkeit des Schulwesens sowie die Verzahnung von Schul- und Berufsausbildung – bei allen Meinungsverschiedenheiten im Detail – allgemein anerkannt sind. Gleichwohl wird man bei Schulen, die auch berufliche Bildung vermitteln, eine **allgemeine Schulausbildung** nur bejahen können, wenn die in Rn. 457 aufgeführten Voraussetzungen gegeben sind, insbesondere Schwerpunkt der Ausbildung nicht die Ausbildung für einen bestimmten Beruf, sondern die Vermittlung einer allgemeinen Bildung ist, Vollzeitunterricht erteilt wird, ein kontrollierter Unterricht gewährleistet ist und Ziel der Ausbildung einer der in Rn. 458 erwähnten Schulabschlüsse ist.

Es ist unschädlich, wenn Praktika, z. B. in einem Betrieb in die Schulausbildung integriert sind. Auch wenn der Erwerb der Fachoberschul- oder der Fachhochschulreife an eine zusätzliche praktische Ausbildung oder ein Praktikum nach dem Schulbesuch geknüpft ist, steht dies der Anerkennung des schulischen Teils der Ausbildung als allgemeiner Schulausbildung nicht entgegen.[132]

---

[129] BGH, FamRZ 2001, 1068, 1070 = R 561 a. Vgl. dazu auch Rn. 459 a. E.
[130] Vgl. auch BGH, FamRZ 2001, 1068, 1070 = R 561 a
[131] § 4 e I, II Schulverwaltungsgesetz NRW. in der Fassung der Bekanntmachung vom 18. 1. 1985 – GV. NRW. S. 155, zuletzt geändert durch Gesetz vom 19. 5. 2000 – GV. NRW. S. 462
[132] BGH, FamRZ 2002, 815, 816 = R 570 a

Im Einzelnen gilt hinsichtlich der Einordnung dieser Schulen in das System der allgemeinen Schulausbildung folgendes:

- **Berufsschule:**
  - ja, im Berufsgrundschuljahr, da dort Schüler, die den Hauptschulabschluss erworben, aber noch keinen Ausbildungsplatz erhalten haben, den Hauptschulabschluss nach Klasse 10 und die Fachoberschulreife erwerben können und im Berufsgrundschuljahr nur die Grundbildung für eine nachfolgende Berufsausbildung gelegt wird;[133]
  - ja, in der Vorklasse zum Berufsgrundschuljahr, da sie der Vorbereitung auf die Aufnahme einer Berufsausbildung dient, Kenntnisse und Fähigkeiten aus mehreren Berufsfeldern vermittelt und den Hauptschulabschluss ermöglicht;[134]
  - nein, soweit neben einer Berufsausbildung in Fachklassen des dualen Systems der schulische Teil der Berufsausbildung vermittelt wird, da Unterricht in Teilzeitform oder in Unterbrechung der praktischen Ausbildung als Blockunterricht in Vollzeitform erteilt wird.[135]
- **Berufsfachschule:**
  - ja, soweit sie zur Fachoberschulreife führt, und durch Vollzeitunterricht eine erweiterte Allgemeinbildung und eine berufliche Grundbildung vermittelt;[136]
- **Höhere Berufsfachschule:**
  - ja, soweit sie insbesondere als Höhere Handelsschule zur Fachhochschulreife oder als Höhere Berufsfachschule mit gymnasialer Oberstufe zur allgemeinen Hochschulreife führt;[137]
  - nein, soweit sie, teilweise neben der Fachhochschulreife, einen Berufsabschluss z. B. als staatlich geprüfter Assistent für Technik oder als staatlich geprüfter kaufmännischer Assistent für Betriebswirtschaft vermittelt.[138]
- **Fachschule:**
  - nein, da sie eine berufliche Weiterbildung z. B. in Technik, Gestaltung oder Sozialpädagogik bezweckt und in der Regel eine Berufsausbildung Voraussetzung für den Besuch ist.[139]
- **Fachoberschule:**
  - ja, soweit sie nach Abschluss der Sekundarstufe I (Fachoberschulreife) zur Fachhochschulreife führen soll, auch wenn in Klasse 11 neben dem Schulbesuch ein berufliches Praktikum zu absolvieren ist;[140]
  - nein, wenn nach einer abgeschlossenen Berufsausbildung in Vollzeit- oder Teilzeitform die Fachhochschulreife erworben werden soll.
- **Abendgymnasium, Volkshochschule:**
  - ja, wenn die Abendkurse die Arbeitszeit des Schülers überwiegend in Anspruch nehmen, ein anerkannter Schulabschluss angestrebt und kontrollierter Unterricht erteilt wird,[141]
  - nein, wenn die Schule neben der Berufsausübung besucht wird.

460 Auf die Rechtsform der Schule kommt es nicht an. Ob die erwähnten Ausbildungsgänge vom Staat, der Gemeinde, den Kirchen, von **Privatschulen,** Ersatzschulen oder Ergänzungsschulen angeboten werden, ist nicht entscheidend. Auch der Besuch von Kursen, die erst den Schulbesuch ermöglichen oder ersetzen sollen (z. B. Sprachunterricht bei Kindern von Aussiedlern oder Asylbewerbern), gehört nach dem Zweck des § 1603 II 2 BGB zur

---

[133] § 15 Anlage A zur VO über die Ausbildung und Prüfung in den Bildungsgängen des Berufskollegs (APO BK) vom 26. 5. 1999 – GV. NRW. S. 240, zuletzt geändert durch VO vom 29. 6. 2003 – GV. NRW. 357; vgl. auch FamRefK/Häußermann, § 1603 Rn. 9

[134] § 11 Anlage A APO BK

[135] §§ 2, 5 Anlage A APO BK

[136] § 1 I Anlage B APO BK

[137] BGH, FamRZ 2002, 815 = R 570 a

[138] OLG Koblenz, NJW-FER 2001, 176; vgl. FamRefK/Häußermann, § 1603 Rn. 9

[139] § 1 Anlage E APO BK; FamRefK/Häußermann, § 1603 Rn. 9

[140] FamRefK/Häußermann, § 1603 Rn. 9

[141] BGH, FamRZ 2001, 1068, 1070 = R 561 a

allgemeinen Schulausbildung. Notwendig ist allein, dass die Ausbildung dem Ziel dient, einen staatlich anerkannten Schulabschluss zu erwerben.[142]

461 Der Schulbesuch wird durch Ferien, durch Krankheit oder Schwangerschaft selbstverständlich nicht unterbrochen. Auch sonstige **Unterbrechungen,** selbst von längerer Dauer, sind grundsätzlich unschädlich. Es kommt nicht darauf an, ob der Schulbesuch bei Volljährigkeit noch andauert oder erst später wieder aufgenommen wird.[143] Das Kind befindet sich bis zum Ablauf des Schuljahres in der allgemeinen Schulausbildung, in dem der Schulabschluss erworben wird. Der Vorschlag von Häußermann,[144] auf die Aushändigung des Abschlusszeugnisses abzustellen, weil das Kind dann nicht mehr aus zwingenden Gründen an einer bedarfsdeckenden Erwerbstätigkeit gehindert sei, befriedigt nicht. Der nächste Ausbildungsabschnitt kann in aller Regel nicht sofort begonnen werden; auch muss dem Kind nach Ende des tatsächlichen Schulbesuchs eine gewisse Erholungsphase zugestanden werden.

3. Unterhaltsbemessung bei privilegiert volljährigen Kindern

462 **a) Die Bedürftigkeit** des Kindes ist in aller Regel zu bejahen, da es als Schüler über kein Erwerbseinkommen verfügt und nicht zu einer Erwerbstätigkeit verpflichtet ist. Gleichwohl erzieltes Erwerbseinkommen stammt aus unzumutbarer Tätigkeit und ist daher gar nicht oder nur zu einem Teil anzurechnen. Vgl. dazu Rn. 88, 350. Zinsen aus Vermögen mindern die Bedürftigkeit. Das Kind ist ggf. auch verpflichtet, den Stamm seines Vermögens zu verwerten. § 1602 II BGB gilt nur für minderjährige Kinder. Vgl. dazu Rn. 107. Eine entsprechende Anwendung dieser Vorschrift auf privilegiert volljährige Kinder ist im Gesetz nicht vorgesehen.

463 **b) Der Bedarf** des Kindes ist der **4. Altersstufe** der Düsseldorfer Tabelle zu entnehmen.[145] Dies entspricht der Auffassung fast aller Oberlandesgerichte. Nur das Kammergericht, das OLG Naumburg und das OLG Rostock legen für den Bedarf die Richtsätze der 3. Altersstufe zugrunde. Vgl. dazu Rn. 384. Da grundsätzlich beide Eltern barunterhaltspflichtig sind (Rn. 467), bemisst sich der Bedarf des Kindes ohne Höhergruppierung nach ihren zusammengerechneten Einkünften[146] (vgl. Rn. 388). Ist dagegen ein Elternteil nicht leistungsfähig, richtet sich die Einstufung in die Düsseldorfer Tabelle nach dem Einkommen des allein barunterhaltspflichtigen Elternteils, da dieser nicht mehr Unterhalt zu zahlen hat, als seinem eigenen Einkommen entspricht. Vgl. dazu Rn. 388. Mehrbedarf (Rn. 401 ff.) kommt ggf. hinzu. Anzurechnendes Einkommen des Kindes (Rn. 462), nicht dagegen Kindergeld (dazu Rn. 465), kürzt den Bedarf des Kindes.

464 **c) Leistungsfähigkeit.** Gegenüber dem privilegierten Kind besteht die gleiche (verschärfte) Erwerbsobliegenheit wie gegenüber einem minderjährigen Kind (Rn. 247 ff.). Die barunterhaltspflichtigen Eltern haben alle verfügbaren Mittel für sich und den Unterhalt der minderjährigen und der privilegierten Kinder gleichmäßig zu verwenden (§ 1603 II 1, 2 BGB). Ihnen verbleibt im Mangelfall nur der notwendige Selbstbehalt von 840,– € bei Erwerbstätigkeit und von 730,– € bei Nichterwerbstätigkeit (vgl. dazu Rn. 264 ff.), wenn nicht ein anderer unterhaltspflichtiger Verwandter den Unterhalt aufbringen kann und deshalb die verschärfte Unterhaltspflicht nicht eingreift (vgl. Rn. 271 ff.). Der Elternteil, der minderjährige Geschwister des privilegiert volljährigen Kindes betreut, braucht einer Erwerbstätigkeit nicht nachzugehen, wenn ihm im Verhältnis zum anderen Elternteil in entsprechender Anwendung § 1570 BGB keine Erwerbsobliegenheit trifft. Vgl. dazu Rn. 411, 435. Anders liegt es, wenn die zu betreuenden Kinder aus einer anderen ehelichen oder nichtehelichen Verbindung stammen, da die Hausmannsrechtsprechung auch zuguns-

---

[142] BGH, FamRZ 2001, 1068, 1070 = R 561 a; FamRefK/Häußermann, § 1603 Rn. 9
[143] BGH, FamRZ 2001, 1068, 1070 = R 561 b; FamRefK/Häußermann, § 1603 Rn. 12
[144] FamRefK/Häußermann, § 1603 Rn. 13
[145] OLG Hamm, FamRZ 1999, 1018; Strauß, FamRZ 1998, 993, 995; FamRefK/Häußermann, § 1610 Rn. 4; vgl. auch BGH, FamRZ 2002, 815, 818 = R 570 c
[146] OLG Hamm, FamRZ 1999, 1018; Strauß, FamRZ 1998, 993, 995

ten des privilegiert volljährigen Kindes gilt (Rn. 173). Auf fiktive Einkünfte braucht sich das Kind nicht verweisen zu lassen.[147] Vgl. dazu Rn. 440.

Beispiel:
Der Vater verfügt über ein bereinigtes Einkommen von 1700,– €. Der 18-jährige Gymnasiast K 1 lebt zusammen mit seinen minderjährigen Geschwistern K 2 (15 Jahre) und K 3 (9 Jahre) bei seiner nicht erwerbstätigen Mutter. Der Kindesunterhalt ist der 1. Einkommensgruppe der Düsseldorfer Tabelle zu entnehmen, da V mit (1700 – 327 – 284 – 241 =) 848,– € wenig mehr als sein notwendiger Selbstbehalt von 840,– € verbleibt und daher der Bedarfskontrollbetrag einer höheren Einkommensgruppe nicht gewahrt sein kann. Vgl. dazu Rn. 239 ff.
Zur Kindergeldverrechnung vgl. Rn. 465.

465 **d) Kindergeld** ist nach § 1612 b I BGB auf den errechneten Unterhalt hälftig anzurechnen, wenn der andere Elternteil das Kindergeld bezieht. Dies gilt auch bei beiderseitiger Barunterhaltspflicht (vgl. dazu Rn. 513, 515 a). Jedoch erhöht sich in diesem Fall der Haftungsanteil des Elternteils, der das Kindergeld erhält, um die Hälfte des Kindergeldes (§ 1612 b II BGB). § 1612 b V BGB gilt beim privilegiert volljährigen Kind nicht (vgl. dazu Rn. 515 c). Im Beispiel Rn. 464 zahlt V daher an K 1 327 – 77 = 250,– €. Bei den minderjährigen Kindern K 2 und K 3 unterbleibt dagegen die Kindergeldverrechnung. Vgl. dazu die Beispiele Rn. 468, 470, ferner Rn. 356.

466 **e) Rangverhältnis.** Das privilegiert volljährige Kind steht im Rang dem minderjährigen Kind und damit dem Ehegatten des Unterhaltsschuldners gleich (§ 1609 I 1, II BGB). Dies gilt gerade auch im Mangelfall (Rn. 159, 162). Macht der geschiedene Ehegatte des Pflichtigen nachehelichen Unterhalt gegen den Pflichtigen geltend, nimmt auch das privilegierte Kind an dessen Vorrang gegenüber dem jetzigen Ehegatten teil.[148] Vgl. dazu Rn. 5/52. Bei der Pfändung von Arbeitseinkommen gehen jedoch Unterhaltsansprüche minderjähriger Kinder den Ansprüchen ihrer privilegiert volljährigen (Halb-)Geschwister vor.[148a]

467 **f) Anteilige Haftung der Eltern.** Nach § 1606 III 1 BGB haften die Eltern dem privilegiert volljährigen Kind entsprechend ihren Erwerbs- und Vermögensverhältnissen. § 1606 III 2 BGB, nach dem der betreuende Elternteil seine Unterhaltspflicht gegenüber dem minderjährigen Kind in der Regel durch Pflege und Erziehung erfüllt, gilt für privilegiert volljährige Kinder nicht.[149] Dies ist in der Gesetzesbegründung zum KindUG[150] ausdrücklich festgehalten und im weiteren Gesetzgebungsverfahren nicht in Frage gestellt worden. An diesen eindeutigen Willen des Gesetzgebers hat sich die Rechtsprechung zu halten, obwohl eine entsprechende Anwendung des § 1606 III 2 BGB auf privilegiert volljährige Kinder konsequent gewesen wäre, wenn man sie bei Leistungsfähigkeit und Rang mit minderjährigen Kindern gleichstellt. Im Übrigen führt die Lösung des Gesetzgebers zu Problemen, die nur schwer zu lösen sind. Vgl. dazu Rn. 470.

468 Anzuwenden sind die Grundsätze, die bei beiderseitiger Unterhaltspflicht der Eltern für ein minderjähriges Kind gelten (vgl. dazu Rn. 294 ff.). Die anrechenbaren Einkünfte der Eltern sind jeweils um einen **Sockelbetrag in Höhe des angemessenen Eigenbedarfs** zu kürzen, der nach den meisten Tabellen und Leitlinien monatlich 1000,– € beträgt. Dazu und zu abweichenden Sätzen für den angemessenen Eigenbedarf vgl. Rn. 417 ff.

Nach den allerdings nicht immer eindeutigem Leitlinien mancher Oberlandesgerichte (BL, BraL, DL, HL, OL, jeweils 13. 3) wird generell nur ein Sockelbetrag in Höhe des notwendigen Selbstbehalts abgezogen, weil jeder Elternteil dem Kind verschärft hafte.[151] Dies halte ich nicht für richtig. Aus § 1603 I, II 3 BGB folgt, dass jedem Elternteil zunächst sein angemessener Selbstbehalt verbleiben muss. Die verschärfte Unterhaltspflicht setzt sowohl beim minderjährigen als auch beim privilegiert volljährigen Kind erst ein, wenn kein

---

[147] OLG Nürnberg, FamRZ 2000, 687
[148] BGH, FamRZ 1988, 705 = R 364 b
[148a] BGH, FamRZ 2003, 1176
[149] BGH, FamRZ 2002, 825, 817 = R 570 b und die dort zitierte ganz herrschende Meinung
[150] BR-Drucks. 959/96, S. 27
[151] So auch OLG Braunschweig, FamRZ 1999, 1454; Schwab/Borth, Scheidungsrecht, 4. Aufl., V 167

anderer unterhaltspflichtiger Verwandter, z. B. der andere Elternteil, vorhanden ist, der den Bedarf ohne Gefährdung seines angemessenen Selbstbehalts decken kann. Vgl. dazu Rn. 274, 295. Daraus folgt, dass bei beiderseitiger Unterhaltshaltspflicht der Eltern Einkommen, das den angemessenen Eigenbedarf von 1000,– € nicht überschreitet, grundsätzlich nicht für den Unterhalt des Kindes zur Verfügung steht.[152] Der Vorwegabzug nur des notwendigen Selbstbehalts führt, wenn kein Mangelfall (vgl. Rn. 470 a) vorliegt, zu unangemessenen Ergebnissen. Während der weniger verdienende Elternteil, der das minderjährige Kind betreut hat, sich bis zur Volljährigkeit an dessen Barunterhalt nicht zu beteiligen brauchte, wird er danach während der Privilegierung verschärft zum Unterhalt herangezogen; er kann sich erst nach Fortfall der Privilegierung auf seinen angemessenen Selbstbehalt berufen. Vgl. dazu das Beispiel Rn. 468 a.

Anders ist es dagegen, wenn bei einem Sockelbetrag in Höhe des angemessenen Selbstbehalts der Bedarf des Kindes (Rn. 463) nicht sichergestellt wird. Dann ist der Sockelbetrag bis auf den notwendigen Selbstbehalt von 840,– € bzw. 730,– € zu ermäßigen (vgl. Rn. 295, 298, 5/265, 266).[153] Zu abweichenden Sätzen für den notwendigen Selbstbehalt vgl. Rn. 265. Diese Auffassung wird auch von den meisten Leitlinien vertreten (BrL, CL, DrL, FL, HaL, KL, NaL, RL, SüdL jeweils 13. 3). Ihr scheint auch der BGH[154] zuzuneigen. Er hat die Frage zwar nicht abschließend entschieden, aber dem Oberlandesgericht im konkreten Fall nahe gelegt, „mit Rücksicht auf die vorliegende Mangelsituation" den Sockelbetrag in Höhe des notwendigen Selbstbehalts zu bemessen. Daraus ist gerade nicht zu entnehmen, dass nach Ansicht des BGH in jedem Fall der notwendige Selbstbehalt als Sockelbetrag abgezogen werden soll.

Beispiel: 468 a

Das bei seiner Mutter (M) lebende 19-jährige Kind (K), das ein Gymnasium besucht, verlangt Unterhalt. Der Vater (V) hat ein bereinigtes Einkommen von 2500,– €, M von 1250,– €. Diese bezieht das Kindergeld von 154,– €. Kein Ehegattenunterhalt.

Der Bedarf von K beträgt nach dem zusammengerechneten Einkommen der Eltern von 3750,– € nach der 11. Einkommensgruppe der Düsseldorfer Tabelle, 4. Altersstufe 589,– €.

Vorwegabzug eines Sockelbetrages von 1000,– €:

Vergleichbares Einkommen des V: 2500 – 1000 = 1500,– €.
Vergleichbares Einkommen der M: 1250 – 1000 = 250,– €
Vergleichbares Einkommen beider Eltern: 1500 + 250 = 1750,– €.
Haftungsanteil des V: 1500 × 589 : 1750 = 505,– €.
Haftungsanteil der M: 250 × 589 : 1750 = 85,– €.
V schuldet 505 – 77 (Kindergeldanteil, § 1612 b I BGB) = 428,– €.
M schuldet 85 + 77 (Kindergeldanteil, § 1612 b II BGB) = 162,– €.

Vorwegabzug eines Sockelbetrages von 840,– €:

Vergleichbares Einkommen des V: 2500 – 840 = 1660,– €.
Vergleichbares Einkommen der M: 1250 – 840 = 410,– €.
Haftungsanteil des V: 1660 × 589 : 2070 = 473 – 77 (Kindergeldanteil) = 396,– €.
Haftungsanteil der M: 410 × 589 : 2070 = 117 + 77 (Kindergeldanteil = 194,– €.
Diese Berechnung führt zu einer unangemessenen Benachteiligung der wirtschaftlich schwächeren M (vgl. oben im Text).

Verfügt ein Elternteil nur über Einkommen zwischen 840,– € und 1000,– €, ist zwar **469** sein notwendiger, nicht aber sein angemessener Selbstbehalt gewahrt. In einem solchen Fall ist er nach §§ 1603 II 2, 3, 1606 III 1 BGB nicht unterhaltspflichtig, wenn der andere Elternteil ein deutlich höheres Einkommen hat und den Unterhalt des Kindes allein ohne Gefährdung seines angemessenen Bedarfs von 1000,– € decken kann.[155] Vgl. dazu im Einzelnen die entsprechende Problematik beim Minderjährigenunterhalt Rn. 274, 277 ff.

---

[152] OLG Düsseldorf, FamRZ 2001, 1242; OLG Hamm, FamRZ 2000, 379

[153] Ebenso Strauß, FamRZ 1998, 993, 995; anders FamRefK/Häußermann, § 1606 Rn. 2; vgl. auch OLG Hamm, FamRZ 1999, 1018

[154] FamRZ 2002, 815, 818 = R 570 d

[155] Strauß, FamRZ 1998, 993, 995; ebenso für den Unterhalt minderjähriger Kinder BGH, FamRZ 1998, 286, 288 = R 518 a

470 Probleme wirft die Berechnung des Unterhalts auf, **wenn minderjährige und privilegiert volljährige Kinder zusammentreffen.** Für den Barunterhalt des minderjährigen Kindes haftet der betreuende Elternteil nicht (§ 1606 III 2 BGB), während er sich am Barunterhalt des privilegiert volljährigen Kindes sehr wohl beteiligen muss (Rn. 467 f.). Der Bedarf des Minderjährigen richtet sich allein nach dem Einkommen des Barunterhaltspflichtigen (Rn. 118), derjenige des volljährigen Schülers nach dem zusammengerechneten Einkommen beider Eltern (Rn. 388, 463). Bei der Berechnung des Unterhalts des privilegiert volljährigen Kindes ist die Belastung der Eltern durch den Unterhalt des minderjährigen Kindes zu berücksichtigen. Daher ist das Einkommen des Elternteils, der den Barunterhalt für das minderjährige Kind allein aufzubringen hat, um den entsprechenden Tabellenbetrag zu bereinigen.[156] Effektiv entstehende Kosten der Betreuung des minderjährigen Kindes sind vom Einkommen des betreuenden Elternteils abzuziehen. Um einen Betreuungsbonus kann es nur dann bereinigt werden, wenn das Kind noch betreuungsbedürftig ist und die Betreuung neben der Erwerbstätigkeit besondere Schwierigkeiten bereitet, nicht aber bei einem weitgehend selbstständigen Kind. Vgl. dazu Rn. 275, 275 a. Der Vorwegabzug des Unterhalts des minderjährigen Kindes vom Einkommen des insoweit allein barunterhaltspflichtigen Elternteils scheint dem Gleichrang mit dem privilegiert volljährigen Kind (Rn. 465) zu widersprechen. Es ist jedoch auch beim Ehegattenunterhalt allgemeine Praxis, den Unterhalt minderjähriger Kinder vorweg vom Einkommen des Unterhaltspflichtigen abzuziehen. Dies ist nur dann bedenklich, wenn für den Ehegatten lediglich ein unverhältnismäßig niedriger Betrag als Unterhalt verbleibt.[157] Vgl. dazu im einzelnen Rn. 163. Es erscheint angezeigt, bei der hier zu entscheidenden Problematik entsprechend vorzugehen und den Vorwegabzug des Unterhalts des minderjährigen Kindes bei Berechnung des Unterhalts des privilegiert volljährigen Kindes so lange zuzulassen, als für das minderjährige Kind jedenfalls der Regelbetrag, also der Unterhalt nach der 1. Einkommensgruppe der Düsseldorfer Tabelle, und für das privilegiert volljährige Kind der Unterhalt nach dem zusammengerechneten Einkommen der Eltern gesichert ist. So wohl auch FL 13. 3 und HL 13. 2. 2.

470 a Borth[158] hält den Vorwegabzug des Unterhalts minderjähriger Geschwister für bedenklich, weil er dem in § 1606 III 1 BGB enthaltenen Element der individuellen Leistungsfähigkeit nicht hinreichend Rechnung trage. Nach Borth ist bei dem Elternteil, der Barunterhalt sowohl für das minderjährige als auch für das privilegiert volljährige Kind zahlt, der Teil des Einkommens, der den notwendigen Selbstbehalt übersteigt, auf die Kinder aufzuteilen, und zwar nach dem Verhältnis der Bedarfsbeträge. Der auf das privilegiert volljährige Kind entfallende Betrag ist dem Einkommen des anderen Elternteils, gekürzt um den notwendigen Selbstbehalt, gegenüber zu stellen. Auf diese Methode hat der BGH[159] hingewiesen, ohne sie sich allerdings zu eigen zu machen. Die Auswirkungen des hier vorgeschlagenen Vorwegabzugs und der Methode von Borth sollen an folgendem Beispiel erläutert werden:

Beispiel:
Der 19-jährige Schüler einer Gesamtschule (K 1) lebt mit seinen 16- und 17-jährigen Brüdern K 2 und K 3 bei seiner Mutter (M), die das Kindergeld von jeweils 154,– € bezieht. Das bereinigte Einkommen des Vaters (V) beträgt 2950,– €, das der M 1400,– €. Kein Ehegattenunterhalt.
Der Bedarf von K 2 und K 3 beträgt, ausgehend allein vom Einkommen des V nach der 9. Einkommensgruppe der Düsseldorfer Tabelle, Altersstufe 3, jeweils 455,– €. Der Bedarf von K 1 beläuft sich entsprechend dem Einkommen beider Eltern von 4350,– € nach der 12. Einkommensgruppe der Düsseldorfer Tabelle, Altersstufe 4, auf 622,– €.
Berechnung des Unterhalts von K 1 ***unter Vorwegabzug des Unterhalts der minderjährigen Geschwister:***
Vergleichbares Einkommen des V: 2950 – 455 – 455 – 1000 = 1040,– €. Vergleichbares Einkommen der M: 1400 – 1000 = 400,– €.

---

[156] OLG Hamburg, 2003, 181, 183; so wohl für den Regelfall FamRefK/Häußermann, § 1606 Rn. 4 sowie OLG Hamm, FamRZ 1999, 1018; anders Strauß, FamRZ 1998, 993, 996. Vgl. auch BGH, FamRZ 1988, 1039 = R 366 c und Rn. 294
[157] BGH, FamRZ 2003, 363 = R 584 f mit Anm. Scholz, FamRZ 2003, 514
[158] Schwab/Borth, Rn. V 168; ähnlich FamRefK/Häußermann, § 1606 Rn. 4
[159] FamRZ 2002, 815, 818 = R 570 e; vgl. auch Rn. 468

Vergleichbares Einkommen beider Eltern: 1040 + 400 = 1440,– €.
Haftungsanteil des V: 1040 × 622 : 1440 = 450,– €.
Haftungsanteil der M: 400 × 622 : 1440 = 173,– €.
V schuldet K 1 450 – 77 (Kindergeldanteil) = 373,– €.
M schuldet K 1 173 + 77 (Kindergeldanteil) = 250,– €.
V hat für K 2 und K 3 jeweils 455 – 77 (Kindergeldanteil) = 378,– € zu zahlen.
Alternativlösung auf der Basis der Auffassung von Borth:[160]
Bedarf aller Kinder 622 + 455 + 455 = 1532,– €
Anteil K 1 am Kindesunterhalt: 622 : 1532 = 40,6%
Einzusetzendes Einkommen des V: 2950 – 840 = 2150,– €.
Einzusetzendes Einkommen der M: 1400 – 840 = 560,– €.
Anteil K 1 am einzusetzenden Einkommen des V: 40,6% von 2150 = 873,– €.
Gegenüber zu stellen sind 873,– € (V) und 560,– € (M) = 1433,– €.
Haftungsanteil des V: 873 × 622 : 1433 = 379,– €.
Haftungsanteil der M: 560 × 622 : 1433 = 244,– €.

Die Methode von Borth[161] benachteiligt also die Mutter, die trotz der alleinigen Barunterhaltspflicht des Vaters sich wirtschaftlich deutlich schlechter steht, in unangemessener Weise. Diese Berechnung kommt m. E. allenfalls im Mangelfall in Betracht, insbesondere wenn die minderjährigen Kinder nur Halbgeschwister des privilegiert Volljährigen sind.

g) Verwirkung. Da die entsprechende Anwendung des § 1611 II BGB auf das privilegiert volljährige Kind nicht angeordnet worden ist, kann dessen Unterhaltsanspruch verwirkt werden. Vgl. dazu Rn. 478 ff. **471**

VII. Rechenbeispiele zur Berechnung des Ausbildungsunterhalts Volljähriger

1. 21-jähriger Student mit eigenem Hausstand bei Barunterhaltspflicht nur eines Elternteils

Fall: **472**
Erwerbseinkommen des Vaters (V): 1500,– €, der Mutter (M): 1000,– €. Kein Ehegattenunterhalt.
Der Student erhält 250,– € BAföG. M stellt ihm das Kindergeld von 154,– € zur Verfügung.
Lösung:[162]
a) Altes Bundesgebiet (alle OLGe ohne OLG Schleswig):
V ist allein barunterhaltspflichtig, weil M nicht mehr als 1000,– € verdient (= Selbstbehalt gegenüber Volljährigen; vgl. Rn. 417 ff.).
Fester Bedarf: 600,– € (vgl. Rn. 369).
250,– € (BAföG) sind voll auf den Bedarf anzurechnen, das Kindergeld nach § 1612 b I BGB dagegen nur zur Hälfte (vgl. Rn. 349, 503, 513, 515).
Restbedarf: 600 – 250 = 350,– €.
V ist leistungsfähig, da er 1500 – 350 = 1150,– € und damit mehr als 1000,– € behält.
Nach Verrechnung des hälftigen Kindergeldes hat V (350 – 77 =) 273,– € zu zahlen.
b) OLG Schleswig:
Bedarf: ebenfalls 600,– €. Da der angemessene Bedarf der Eltern nur 920,– € beträgt (SchL 21. 3), muss sich M am Unterhalt beteiligen. Vergleichbares Einkommen des V: 1500 – 920 = 580,– €, der M 1000 – 920 = 80,– €. Summe: 660,– €.
Haftungsanteil des V: 350 × 580 : 660 = 308,– €.
Haftungsanteil der M: 350 × 80 : 660 = 43,– €.
V zahlt nach Kindergeldverrechnung 308 – 77 = 231,– €, M 43 + 77 = 120,– €. Vgl. Rn. 514.
c) Beitrittsgebiet:
Die zuständigen Oberlandesgerichte gehen von geringeren festen Bedarfssätzen aus, die zwischen 550,– € und 575,– € betragen. Vgl. dazu Rn. 369 a. Der angemessene Selbstbehalt ermäßigt sich –

---

[160] Zugleich unter Vorwegabzug von nur 840,– € (Rn 468); vgl. Schwab/Borth Rn. V 167 f.
[161] Schwab/Borth Rn. V 168
[162] Vgl auch die Berechnungsbeispiele zum Minderjährigenunterhalt Rn. 297 ff.

abgesehen vom OLG Naumburg – auf Beträge zwischen 800,– € und 900,– € (Rn. 420). Auf der Basis dieser Zahlen muss der von beiden Eltern aufzubringende Unterhalt berechnet werden (vgl. a).

2. Student mit eigenem Haushalt, Barunterhaltspflicht beider Eltern, Berücksichtigung vorrangiger Unterhaltspflichten

473 **Fall:**
Einkommen des Vaters (V): 3400,– €, der Mutter (M): 1800,– €. Kein Ehegattenunterhalt.
V schuldet seiner ersten Ehefrau 250,– € Unterhalt.
Aus der Ehe mit M stammen der am Studienort wohnende 21-jährige Student K 1 und der 16-jährige Schüler K 2, der bei M lebt.
M bezieht das Kindergeld für beide Kinder von je 154,– €.

Lösung:

a) Altes Bundesgebiet (ohne OLG Schleswig)
Unterhalt K 2 entsprechend dem Einkommen des allein barunterhaltspflichtigen Vaters (§ 1606 III 2 BGB) nach DT 11/3 bei einmaliger Höhergruppierung (vgl. Rn. 233): 512 – 77 (hälftiger Kindergeldanteil; vgl. Rn. 503) = 435,– €.
Fester Bedarf des Studenten von 600,– € (vgl. Rn. 369). Keine Anrechnung des Kindergeldes auf den Bedarf (vgl. Rn. 513)
Vergleichbares Einkommen des V: 3400 – 250 (erster Ehegatte) – 512 (K 2) = 2638 – 1000 (Sockelbetrag; vgl. Rn. 447) = 1638,– €.
Vergleichbares Einkommen der M: 1800 – 1000 = 800,– € (kein Abzug für Betreuung des 16-jährigen Kindes; vgl. Rn. 298, 311, 445).
Gesamtbetrag der vergleichbaren Einkommen: 1638 + 800 = 2438,– €.
Haftungsanteil des V: 600 × 1638 : 2438 = 404,– €.
Haftungsanteil der M: 600 × 800 : 2438 = 197,– €.
Zahlbeträge nach Kindergeldverrechnung (Rn. 504, 513): V zahlt 404 – 77 = 327,– €, M 197 + 77 = 274,– €.

b) OLG Schleswig:
Der vorweg abzuziehende Sockelbetrag beläuft sich auf 920,– € (Rn. 418).

c) Beitrittsgebiet:
In den neuen Bundesländern richtet sich angesichts des hohen Einkommens des Vaters der Unterhalt von K 2 nach der Düsseldorfer Tabelle. Für K 1 gelten feste Bedarfssätze zwischen 550,– € und 575,– €. Als Sockelbetrag ist bei Erwerbstätigen ein Betrag zwischen 800,– € und 900,– €, beim OLG Naumburg von 1000,– €, anzusetzen. Vgl. dazu Rn. 369 a, 420.

3. 19-jähriger Auszubildender wohnt bei dem nicht barunterhaltspflichtigen Elternteil

474 **Fall:**
Erwerbseinkommen des Vaters (V): 1800,– €, der Mutter (M): 750,– €. Kein Ehegattenunterhalt.
M erhält das Kindergeld von 154,– €.
Das 19-jährige Kind wohnt bei M; es bezieht eine Ausbildungsvergütung von netto 335,– €.
Keine Barunterhaltspflicht der M, weil ihr Einkommen nach allen Tabellen und Leitlinien ihren angemessenen Selbstbehalt (im alten Bundesgebiet in der Regel 1000,– €) nicht erreicht. Vgl. Rn. 417 ff.
Das Kind ist nicht privilegiert (vgl. Rn. 452 ff.).

Lösung:

a) OLG Brandenburg, Düsseldorf, Hamm, Köln, Oldenburg, Schleswig und die süddeutschen Oberlandesgerichte:
Bedarf des Kindes entsprechend dem Einkommen des allein barunterhaltspflichtigen V von 1800,– € nach der 4. Altersstufe der Düsseldorfer Tabelle unter dreimaliger Höhergruppierung in die 7. Einkommensgruppe wegen unterdurchschnittlicher Unterhaltsbelastung (DT Anm. A 1, A 7 I; vgl. Rn. 233): 465,– €.
Die Ausbildungsvergütung ist nach DT Anm. A 8 und 10. 2. 3 der Leitlinien der genannten Oberlandesgerichte um pauschalierten ausbildungsbedingten Mehrbedarf von 85,– € (OLG Brandenburg: 80,– €, OLG Schleswig 82,– €) zu kürzen. Im Übrigen volle Anrechnung der Ausbildungsvergütung. : Anzurechnen sind 335 – 85 = 250,– €. Vgl. oben Rn. 93.

Restbedarf: 465 – 250 = 215,– €.
Zahlbetrag nach Verrechnung des hälftigen Kindergeldes: 215 – 77 = 138,– €. Vgl. dazu Rn. 515.
Einsparungen durch das Zusammenwohnen mit M werden durch Anwendung der Tabelle (Altersstufe 4) berücksichtigt. M bleibt es unbenommen, vom Kind für Wohnung und Verköstigung einen angemessenen Betrag aus dem Barunterhalt zu verlangen. Wenn sie das unterlässt, erbringt sie dem Kind eine freiwillige Zuwendung, die V nicht entlasten soll und ihm daher nicht zugute kommt (vgl. oben Rn. 100 ff.).

b) OLG Bremen, Celle, Dresden, Hamburg:
Bedarf nach der Düsseldorfer Tabelle (siehe oben) 465,– €.
Die Ausbildungsvergütung ist nach Abzug ausbildungsbedingter Mehrkosten anzurechnen, die nicht pauschaliert werden und daher konkret darzulegen sind. Mithin können sich geringe Abweichungen von der Berechnung zu a) ergeben.

c) KG Berlin:
Fester Bedarf einschließlich des Wohnbedarfs von 600,– € für Berlin-West, 555,– € für Berlin-Ost (BL 13. 1. 2; vgl. Rn. 391). Keine Verringerung des Bedarfs wegen Zusammenlebens mit einem Elternteil.
Kein Abzug ausbildungsbedingter Mehrkosten, da diese im Bedarfssatz von 600,– € enthalten sind.
Unterhalt daher: 600 – 335 (Ausbildungsvergütung) – 77 (Kindergeldanteil) = 188,– €.

d) OLG Rostock:
Wie KG (oben c). Jedoch geht das OLG Rostock (RL 13. 1. 2) von einem festen Bedarf von 550,– € aus (Rn. 391).

e) OLG Naumburg:
Das OLG geht von einem festen Betrag von 550,– € aus, ermäßigt ihn aber bei Zusammenleben mit einem Elternteil. Die Ausbildungsvergütung wird um eine Pauschale von 85,– € gekürzt (NaL 10. 2. 3).

f) OLG Frankfurt:
Fester Bedarf von 500,– €, da eigenes Einkommen des Volljährigen anzurechnen ist (FL 13. 1. 1; Rn. 398).
Berufsbedingte Aufwendungen können mit 5% angesetzt werden; höhere Aufwendungen sind konkret zu belegen (FL 10.2.3). Die Vergütung von 335,– € ist also um 17,– € auf 318,– € zu kürzen.
Unterhalt: 500 – 318 – 77 = 105,– €.

g) OLG Jena:
Fester Bedarf von 480,– €. Berufsbedingte Aufwendungen sind nur bei konkretem Nachweis abziehbar. Unterhalt: 480 – 335 – 77 = 68,– €.

4. 21-jähriger Student wohnt bei der erwerbstätigen Mutter, die ein 12-jähriges Kind betreut

Fall: 475
Erwerbseinkommen des Vaters (V): 2600,– €.
Einkommen der vollschichtig erwerbstätigen Mutter (M): 1450,– €.
Das studierende, bei M wohnende 21-jährige Kind (K 1) hat ein Zinseinkommen von 100,– €.
M zahlt für die Betreuung und Beaufsichtigung des bei ihr lebenden 12-jährigen Kindes (K 2) am Nachmittag 150,– €. M erhält das Kindergeld von je 154,– €. Kein Ehegattenunterhalt.

Lösung:
a) Düsseldorfer Tabelle und alle Oberlandesgerichte bis auf das KG und die OLGe Rostock und Naumburg (vgl. Rn. 383 ff.):
- Bedarf des 12-jährigen Kindes K 2 entsprechend dem Einkommen des allein barunterhaltspflichtigen V (§ 1606 III 2 BGB) unter einmaliger Höhergruppierung nach DT A 1 wegen unterdurchschnittlicher Unterhaltsbelastung (Rn. 233) nach Einkommensgruppe 9/3: 455,– €. Das auf K 2 entfallende Kindergeld von 154,– € ist zur Hälfte anzurechnen (Rn. 503). Zahlbetrag daher: 455 – 77 = 378,– €.
- Bedarf des Studenten K 1 nach der 4. Altersstufe der Tabelle entsprechend dem zusammengerechneten Einkommen der Eltern ohne Höhergruppierung (vgl. Rn. 388).
- Einkommen des V 2600,– €.

Vom Einkommen der M sind Betreuungskosten abzuziehen (vgl. Rn. 275, 295). Einkommen daher: 1450 – 150 = 1300,– €.
Gesamteinkommen der Eltern: 3900,– €.
Unterhaltsbedarf K 1 nach DT 11/4: 589,– €.

– Volle Anrechnung des Zinseinkommens von 100,– € (vgl. Rn. 349).
Für den Restbedarf von 589 – 100 = 489,– € haften beide Eltern im Verhältnis ihrer vergleichbaren Einkünfte (vgl. Rn. 438 ff.).
Vergleichbares Einkommen des V: 2600 – 455 (Unterhalt K 2) – 1000 (Sockelbetrag; vgl. Rn. 447) = 1145,– €.
Vergleichbares Einkommen der M: 1450 – 150 (Betreuungskosten) – 1000 (Sockelbetrag; vgl. Rn. 447) = 300,– €.
Summe der vergleichbaren Einkünfte: 1445,– €.
– Anteilsberechnung:
Anteil des V: 489 × 1145 : 1445 = 388,– €
Anteil der M: 489 × 300 : 1145 = 102,– €.
Der Verteilungsschlüssel ist nicht wertend zu verändern (vgl. dazu Rn. 450), weil den Schwierigkeiten bei der Betreuung des 12-jährigen Kindes durch Ersatz der Betreuungskosten hinreichend Rechnung getragen wird.
Kindergeldverrechnung (vgl. Rn. 513): V hat an K 1 zu zahlen: 388 – 77 = 311,– €, M 102 + 77 = 179,– €.
Da die Mutter K 1 Naturalunterhalt durch Gewährung von Wohnung und durch Versorgung erbringt, braucht sie keinen Barunterhalt zu leisten. Soweit der Wert des Naturalunterhalts höher ist als ihr Anteil von 179,– €, ist dies eine freiwillige überobligationsmäßige Mehrleistung, die den Haftungsanteil des Vaters nicht mindert. Sie kann vielmehr von dem volljährigen Kind einen angemessenen Betrag für ihre Leistungen verlangen.

476 **b) Kammergericht:**
- Der Unterhalt des 12-jährigen Kindes sowie die vergleichbaren Einkommen der Eltern bleiben unverändert.
- Bedarf des Studenten (K 1): Fester Regelsatz von 600,– € (BL 13. 1. 2; vgl. Rn. 391).
- Anzurechnen sind 100,– € Zinsen, Restbedarf daher: 500,– €.
- Haftungsanteil des V: 500 × 1145 : 1445 = 397,– €.
- Haftungsanteil der M: 500 × 300 : 1445 = 104,– €.

V hat 397 – 77 = 320,– €, M 104 + 77 = 181,– € zu zahlen.
Wohnen die Beteiligten im Ostteil der Stadt Berlin, beträgt der Bedarf nur 555,– €.

477 **c) OLG Schleswig:**
- Der Bedarf der Kinder bleibt gegenüber a) unverändert. Der angemessene Selbstbehalt der Eltern beträgt 920,– €. Mit diesem Wert ist die Berechnung wie oben a) durchzuführen.

d) Beitrittsgebiet:
Die Oberlandesgerichte Naumburg und Rostock rechnen mit festen Bedarfsbeträgen (Rn. 391), die Oberlandesgerichte Brandenburg, Dresden und Jena mit den Richtsätzen der 4. Altersstufe der Düsseldorfer Tabelle (Rn. 383).

VIII. Verwirkung des Unterhaltsanspruchs des volljährigen Kindes

478 Nach § 1611 I BGB schulden Eltern nur einen Beitrag zum Unterhalt, der der Billigkeit entspricht,
- wenn der Volljährige durch sittliches Verschulden bedürftig geworden ist,
- wenn er seine eigene Unterhaltspflicht gegenüber dem Pflichtigen gröblich vernachlässigt hat
- oder wenn er sich vorsätzlich einer schweren Verfehlung gegen den Unterhaltsschuldner oder gegen einen nahen Angehörigen des Pflichtigen (Ehegatten, Kind) schuldig gemacht hat.

Die Verpflichtung der Eltern entfällt ganz, wenn deren Inanspruchnahme grob unbillig wäre (§ 1611 I 2 BGB). Als Ausnahmevorschrift ist § 1611 BGB eng auszulegen. Zur Verwirkung des Unterhaltsanspruchs der Eltern gegen ihre Kinder vgl. Rn. 626 ff.

Wenn ein volljähriges Kind nachhaltig die Obliegenheit verletzt, seine Ausbildung planvoll und zielstrebig durchzuführen, verliert es seinen Unterhaltsanspruch schon wegen Verstoßes gegen das Gegenseitigkeitsprinzip. Die Voraussetzungen des § 1611 BGB brauchen nicht vorzuliegen.[163]

[163] BGH, FamRZ 1998, 671 = R 523

Die Verwirkung nach § 1611 BGB ist von der Verwirkung des Unterhaltsanspruchs wegen illoyaler verspäteter Geltendmachung (§ 242 BGB) zu unterscheiden. Vgl. dazu Rn. 6/135 ff.

Der Unterhaltsanspruch eines minderjährigen unverheirateten Kindes kann nicht verwirkt werden (§ 1611 II BGB). **Handlungen,** die ein Kind **während der Minderjährigkeit** begangen hat, können diesem auch dann **nicht** entgegengehalten werden, wenn das Kind nach Eintritt der Volljährigkeit noch unterhaltsbedürftig ist. Es kommt nur darauf an, wann der Verwirkungstatbestand eingetreten ist.[164] Der Unterhalt **privilegiert volljähriger Kinder** im Sinne des § 1603 II 2 BGB (vgl. Rn. 452 ff.) kann dagegen verwirkt werden, da das KindUG die entsprechende Anwendung des § 1611 II BGB auf diese Kinder nicht vorgesehen hat. Vgl. auch Rn. 471. **479**

Die Herbeiführung der Bedürftigkeit durch **sittliches Verschulden** setzt einen Vorwurf von erheblichem Gewicht voraus.[165] Der Bedürftige muss in vorwerfbarer Weise das anerkannte Gebot der Sittlichkeit außer Acht gelassen haben. Ein derartiges Verschulden kann bei Zusammenleben des Kindes mit einem anderen in nichtehelicher Lebensgemeinschaft nicht bejaht werden, weil ein solches Verhalten heute nicht mehr als anstößig empfunden wird.[166] In Ausnahmefällen kann sich ein sittliches Verschulden aus dem Bezug des Verhaltens des Kindes zur Unterhaltsverpflichtung der Eltern ergeben. Vgl. auch Rn. 55. **480**

Eine Unterhaltsverwirkung infolge sittlichen Verschuldens kann u. U. angenommen werden, wenn das volljährige Kind seine Bedürftigkeit durch übermäßigen **Rauschgift- oder Alkoholkonsum** verursacht hat.[167] Jedoch ist zu beachten, dass Alkohol- und Rauschgiftsucht häufig als eine Krankheit anzusehen sind. Dann kommt eine Verwirkung des Unterhaltsanspruchs nur in Betracht, wenn das einsichtsfähige volljährige Kind sich weigert, sich einer Erfolg versprechenden ärztlichen Behandlung zu unterziehen, oder es nach einer solchen Behandlung die ärztlichen Anweisungen nicht beachtet und rückfällig wird. Ein sittliches Verschulden kann vorliegen, wenn das volljährige Kind nach einer abgeschlossenen Berufsausbildung über lange Jahre ziellos ein Studium fortführt, aber keine Erwerbstätigkeit aufnimmt, die z. B. durch Mitgliedschaft in der gesetzlichen Sozialversicherung das Risiko der Krankheit, vor allem aber der Erwerbsunfähigkeit absichert.[168]

Die gröbliche **Verletzung der eigenen Unterhaltspflicht** gegenüber den unterhaltspflichtigen Eltern scheidet beim Kindesunterhalt in der Regel aus. Sie kann nur vorkommen, wenn das Kind bereits eine selbstständige Lebensstellung erreicht hatte, die bedürftigen Eltern trotz Leistungsfähigkeit nicht unterstützt hat, sich die Verhältnisse aber später umgekehrt haben, das volljährige Kind wieder unterhaltsbedürftig geworden ist (vgl. dazu Rn. 48, 345) und die Eltern leistungsfähig geworden sind. **481**

Eine vorsätzlich **schwere Verfehlung** gegen den unterhaltspflichtigen Elternteil kann nur bei einer tiefgreifenden Beeinträchtigung schutzwürdiger wirtschaftlicher Interessen oder persönlicher Belange des Verpflichteten angenommen werden.[169] In Betracht kommen vor allem tätliche Angriffe, wiederholte grobe Beleidigungen oder Bedrohungen, falsche Anschuldigungen gegenüber Behörden oder dem Arbeitgeber oder eine Schädigung des Verpflichteten in seiner beruflichen oder wirtschaftlichen Stellung.[170] Ein mehrfacher Einbruch in die Wohnung der volljährigen Tochter des Unterhaltspflichtigen soll den Tatbestand der schweren Verfehlung gegen einen nahen Angehörigen nicht erfüllen.[171] Ein Unterlassen reicht nur aus, wenn dadurch eine Rechtspflicht zum Handeln verletzt wird. Deshalb ist die **Ablehnung jeder persönlichen Kontaktaufnahme** zu dem unterhaltsverpflichteten El- **482**

---

[164] BGH, FamRZ 1995, 475 = R 491 a; FamRZ 1988, 159, 163 = R 346 j
[165] BGH, FamRZ 1985, 273
[166] BGH, FamRZ 1985, 273
[167] KG, FamRZ 2002, 1357; OLG Celle, FamRZ 1990, 1142
[168] OLG Hamm, NJW-RR 2002, 650
[169] OLG Celle, FamRZ 1993, 1235 = NJW-RR 1994, 324; OLG München, FamRZ 1992, 595, 597
[170] OLG München, FamRZ 1992, 595, 597
[171] KG, FamRZ 2000, 1357 (m. E. bedenklich)

ternteil allein oder auch in Verbindung mit unhöflichen oder unangemessenen Äußerungen diesem gegenüber nicht als Grund für eine Herabsetzung oder den Ausschluss des Unterhalts nach § 1611 I BGB zu werten.[172] Erst recht reicht das Einschlafenlassen der persönlichen Beziehungen nicht aus,[173] ebenso wenig das Siezen oder Nichtgrüßen eines Eltern- oder Großelternteils.[174] Daher kann die Verweigerung des Kontakts zu einem Elternteil allenfalls unter besonderen Umständen als schwere Verfehlung angesehen werden, so wenn sie mit besonders beleidigendem oder verletzendem Verhalten einhergeht oder wenn sie den Verpflichteten, z. B. bei einer lebensgefährlichen Erkrankung, besonders hart trifft.[175] Die unzureichende Information der Eltern über ein beabsichtigtes Studium ist keine schwere Verfehlung.[176]

483 Das vorwerfbare Verhalten des Kindes muss nur im Fall eines sittlichen Verschuldens für die Bedürftigkeit **ursächlich** sein. Der Kausalzusammenhang ist zu verneinen, wenn der Berechtigte auch unabhängig von dem sittlich zu beanstandenden Verhalten, z. B. durch Krankheit, unterhaltsbedürftig geworden wäre.[177] In einem solchen Fall ist aber stets zu prüfen, ob eine vorsätzlich schwere Verfehlung gegen den Verpflichteten vorliegt.

484 Voraussetzung einer Herabsetzung des Unterhalts ist, dass die Zahlung des vollen Unterhalts **unbillig** wäre; ein Unterhaltsausschluss kommt nur bei grober Unbilligkeit in Betracht (§ 1611 I 1 und 2 BGB). Die Unterhaltsbeschränkung muss der Schwere und Nachhaltigkeit der Verfehlung angemessen sein. Notwendig ist daher stets eine umfassende **Abwägung aller** maßgeblichen **Umstände,** die auch das eigene Verhalten des Unterhaltsverpflichteten gegenüber dem Kind und dem anderen Elternteil, bei dem es vielfach lange Zeit gelebt hat und zu dem es besondere Beziehungen unterhält, angemessen berücksichtigt.[178] Daher kommt eine Unterhaltsverwirkung in der Regel nicht in Betracht, wenn der Verpflichtete für den Konflikt mitverantwortlich ist und sich seinerseits nicht um Wiederaufnahme des abgerissenen Kontakts bemüht hat.

485 Die **Darlegungs- und Beweislast** für das Vorliegen der Voraussetzungen des § 1611 BGB und das Ausmaß der Verfehlung des Kindes trifft wegen des Ausnahmecharakters der Vorschrift den in Anspruch genommenen Elternteil.

485 a Wird der Unterhaltsanspruch nach § 1611 BGB ganz oder teilweise ausgeschlossen, kann das unterhaltsbedürftige Kind nicht einen anderen Unterhaltspflichtigen in Anspruch nehmen (§ 1611 III BGB). Dies hat insbesondere Bedeutung, wenn das Kind sich einer schweren Verfehlung gegen den primär haftenden Elternteil schuldig gemacht hat, die gegenüber dem nachrangig haftenden Verwandten den Tatbestand des § 1611 I BGB nicht erfüllen würde. Vgl. auch zur Ersatzhaftung Rn. 553.

7. Abschnitt: Kindergeld und Kindesunterhalt

I. Anspruch auf Kindergeld

1. Rechtsgrundlagen

486 Der Familienleistungsausgleich ist durch das Jahressteuergesetz 1996[1] auf neue Grundlagen gestellt worden; er wird seit dem durch das **Einkommensteuerrecht** verwirklicht. Den

[172] BGH, FamRZ 1995, 475 = R 491 a; a. A. offenbar OLG Celle, FUR 2002, 332, 335
[173] BGH, FamRZ 1995, 475 = R 491 a
[174] OLG Köln, FamRZ 1996, 1101; OLG Hamm, FamRZ 1995, 1439
[175] OLG Bamberg, FamRZ 1992, 717, 719 mit Anm. Ewers, FamRZ 1992, 719 und Schütz, FamRZ 1992, 1338
[176] OLG Stuttgart, NJW-FER 2000, 80
[177] OLG Köln, FamRZ 1990, 310
[178] BGH, FamRZ 1995, 475 = R 491 a
[1] 11. 10. 1995 – BGBl. I 1250

Entscheidungen des BVerfG vom 10. 11. 1998,[2] nach denen das steuerliche Existenzminimum eines Kindes auch den Betreuungs- und Erziehungsbedarf umfasst, hat der Gesetzgeber in zwei Schritten Rechnung getragen, einmal durch das (Erste) Gesetz zur Familienförderung vom 22. 12. 1999 – BGBl. I 2552, in Kraft getreten am 1. 1. 2000, und durch das Zweite Gesetz zur Familienförderung vom 16. 8. 2001 – BGBl. I 2074, in Kraft seit dem 1. 1. 2002.

Das Kindergeld ist bis auf wenige Sonderfälle (Rn. 486 a) im Einkommensteuergesetz geregelt. Anspruch auf Kindergeld hat (§ 62 I, II EStG)
- wer seinen Wohnsitz oder gewöhnlichen Aufenthalt im Inland hat,
- oder nach § 1 II, III EStG der unbeschränkten Einkommensteuerpflicht unterliegt,
- oder als Ausländer im Besitz einer Aufenthaltsgenehmigung oder Aufenthaltserlaubnis ist. Bürger der Europäischen Union und des EWR (Island, Liechtenstein, Norwegen) haben Anspruch auf Kindergeld unter denselben Voraussetzungen wie ein deutscher Staatsbürger.[3] Im Übrigen bestehen verschiedene Staatsverträge.[4]

Weitere Voraussetzung ist, dass Kindergeld für ein Kind im Sinne des § 63 EStG begehrt wird. Dazu Rn. 487 ff.

Das **Bundeskindergeldgesetz**[5] gilt nur noch für beschränkt Steuerpflichtige, also für 486 a
Steuerausländer, die aus bestimmten Gründen, z. B. weil sie als Entwicklungshelfer oder Beamte besondere Beziehungen zu Deutschland haben, kindergeldberechtigt sein sollen (§ 1 I BKGG). Ferner erhalten Kinder, die in Deutschland ihren Wohnsitz oder gewöhnlichen Aufenthalt haben, Vollwaisen sind oder den Aufenthalt der Eltern nicht kennen und nicht bei einer anderen Person als Kind berücksichtigt werden, selbst Kindergeld nach § 1 II BKGG. Die Höhe des Kindergeldes entspricht den Beträgen, die nach § 66 EStG gezahlt werden (§§ 6, 20 I BKGG). Vgl. dazu Rn. 492. Ferner enthält das BKGG in §§ 7 ff. Vorschriften über Organisation und Verfahren der Kindergeldgewährung, insbesondere über die **Familienkasse,** die Teil des Arbeitsamts ist. Zuständig für Klagen gegen die Bescheide der Familienkassen sind die Sozialgerichte, soweit die Kindergeldberechtigung auf dem Bundeskindergeldgesetz beruht (§ 15 BKGG). Zum Rechtsweg bei Gewährung des Kindergeldes nach §§ 62 ff. EStG vgl. Rn. 491.

Die nachfolgenden Ausführungen beschränken sich auf das nach §§ 62 ff. EStG gezahlte Kindergeld.

2. Anspruchsvoraussetzungen für Kindergeld nach §§ 62 ff. EStG

Der Familienleistungsausgleich wird nach § 31 S. EStG entweder durch das Kindergeld 487
nach §§ 62 ff. EStG oder durch die Freibeträge nach § 32 VI EStG (Rn. 493 ff.) verwirklicht. Das Kindergeld wird nicht mehr als Sozialleistung, sondern als **vorweggenommene Steuervergütung** monatlich gezahlt (§§ 31 S. 3, 62 ff. EStG). Der Kinderfreibetrag wird bei der Lohnsteuer nicht berücksichtigt,[6] wohl aber bei den sogenannten Annexsteuern, also beim Solidaritätszuschlag und bei der Kirchensteuer (§ 51 a II, II a EStG). Jeder Berechtigte erhält zunächst das Kindergeld. **Ein Wahlrecht zwischen Kindergeld und Kinderfreibetrag besteht also nicht.** Erst in der Einkommensteuerveranlagung, also frühestens im folgenden Jahr, prüft das Finanzamt von Amts wegen, ob das Kindergeld oder die Freibeträge nach § 32 VI EStG günstiger sind (§ 31 S. 4–6 EStG). Sind die Freibeträge günstiger, wird das Kindergeld mit der sich ergebenden Einkommensteuererstattung verrechnet. Ist die Entlastung durch das Kindergeld höher als diese Steuererstattung, verbleibt das Kindergeld dem Steuerpflichtigen. Es dient, soweit es zur steuerlichen Freistellung des Existenzminimums nicht erforderlich ist, der Förderung der Familie (§ 31 S. 2 EStG) und ist insoweit eine **Sozialleistung.** Führen die Freibeträge zu einer über das Kindergeld hinausgehenden

[2] FamRZ 1999, 285, 291
[3] Schmidt/Weber-Grellet, EStG, 22. Aufl., § 62 Rn. 9
[4] Schmidt/Weber-Grellet, EStG, 22. Aufl., § 62 Rn. 10
[5] I. d. F. der Bekanntmachung vom 2. 1. 2002 – BGBl. I 6, geändert durch Art. 8 a des Gesetzes vom 23. 12. 2002 – BGBl. I 4621
[6] Schmidt/Drenseck, EStG, 22. Aufl., § 39 Rn. 4

Steuerentlastung, wird die Steuer entsprechend niedriger festgesetzt. Das Kindergeld wird dann der auf dieser Basis ermittelten Einkommensteuer hinzugerechnet (§§ 2 VI 3, 36 II 1 EStG). Zum Vergleich zwischen Kindergeld und den Freibeträgen nach § 32 VI EStG vgl. Rn. 493 a.[7]

488 Die Voraussetzungen für das Kindergeld und die Freibeträge nach § 32 VI EStG sind im Wesentlichen identisch, da in § 63 I EStG auf § 32 I, III bis V EStG verwiesen wird. Das Kind muss grundsätzlich im Inland, in der Europäischen Union oder im Europäischen Wirtschaftsraum leben (§ 63 I 3 EStG; vgl. Rn. 486).[8] Kindergeld wird gewährt für Kinder[9]

- generell bis zur Vollendung des **18. Lebensjahres** (§ 32 III EStG),
- bis zur Vollendung des **21. Lebensjahres** bei Arbeitslosigkeit (§ 32 IV 1 Nr. 1 EStG),
- bis zur Vollendung des **27. Lebensjahres** während einer Berufsausbildung, während einer Übergangszeit zwischen zwei Ausbildungsabschnitten bis zu vier Monaten, bei Nichtvorhandensein eines Ausbildungsplatzes, während eines freiwilligen sozialen oder ökologischen Jahres oder während bestimmter weiterer Dienste (§ 32 IV 1 Nr. 2 EStG); es kommt nicht darauf an, ob es sich um die erste oder eine weitere Berufsausbildung handelt;[10]
- **ohne Altersbegrenzung** bei körperlicher, geistiger oder seelischer Behinderung und dadurch bedingter Unfähigkeit, sich selbst zu unterhalten, falls die Behinderung bereits vor Vollendung des 27. Lebensjahres bestanden hat (§ 32 IV 1 Nr. 3 EStG).

Bei Ableistung des Wehr- und des Zivildienstes oder einer statt dessen ausgeübten Tätigkeit als Entwicklungshelfer wird ein Kind über das 21. bzw. 27. Lebensjahr hinaus berücksichtigt (§ 32 V EStG). Während des Wehr- oder Zivildienstes entfällt das Kindergeld.

Kindergeld wird nach dem **Monatsprinzip** nur für die Monate gezahlt, in denen die Anspruchsvoraussetzungen vorliegen (§ 66 II EStG). Dasselbe gilt nach § 32 III EStG für die Freibeträge nach § 32 VI EStG.

489 Für minderjährige Kinder wird Kindergeld ohne Rücksicht auf deren Einkommen gezahlt.[11] Dagegen werden volljährige Kinder, die über **Einkünfte** und Bezüge von mehr als 7188,– € brutto im Kalenderjahr verfügen, beim Kindergeld und bei den Freibeträgen nach § 32 VI EStG nicht berücksichtigt (§ 32 IV 2 EStG). Dieser Betrag gilt seit dem 1. 1. 2002[12] und soll zum 1. 1. 2004 auf 7428,– € und zum 1. 1. 2005 auf 7680,– € steigen (§ 52 XL EStG). Zur Zeit der Bearbeitung des Manuskripts war geplant, die zum 1. 1. 2005 vorgesehenen weiteren Steuersenkungen auf den 1. 1. 2004 vorzuziehen. Bezieht das Kind Erwerbseinkommen, ist dieses um den Arbeitnehmerpauschbetrag von 1044,– € (§ 9 a S. 1 Nr. 1 EStG), ggf. um höhere Werbungskosten zu mindern. Einkünfte sind solche im Sinne des § 2 I EStG. Bezüge sind alle Einnahmen in Geld oder Geldeswert, also auch steuerfreie Einnahmen, z. B. aus Kapitalvermögen in Höhe des Sparerfreibetrages nach §§ 32 IV 4, 20 IV EStG oder pauschal versteuerter Arbeitslohn.[13] Auch Sozialhilfeleistungen können als Bezüge angesehen werden,[14] aber wohl nur dann, wenn das Sozialamt den

[7] Eingehend dazu Scholz, FamRZ 1996, 65 ff. Zur steuerrechtlichen Problematik vgl. Tischler in Scholz/Stein, Praxishandbuch Familienrecht, Teil S Rn. 176 ff.

[8] Zum Wohnsitz des Kindes bei Entführung ins Ausland BFH, FamRZ 2002, 1358

[9] Zu den Einzelheiten vgl. Dienstanweisung zur Durchführung des Familienleistungsausgleichs nach dem X. Abschnitt des EStG (DA-FamEStG), BStBl. I 2002, 369 sowie Tischler in Scholz/Stein Teil S Rn. 191 ff.

[10] BFH BStBl. II 2001, 107

[11] BFH BStBl. II 2000, 459 (dort auch zur Berücksichtigung von Einkünften, die im Jahr des Eintritts der Volljährigkeit anfallen)

[12] Vorher galten nach den jeweiligen Fassungen des § 32 IV 2 EStG folgende Höchstgrenzen: 12 000,– DM (1996, 1997), 12 360,– DM (1998), 13 020,– DM (1999), 13 500,– DM (2000), 14 040,– DM (2001)

[13] BFH, BStBl. 1975 II 139; Tischler in Scholz/Stein, Praxishandbuch Familienrecht, Teil S Rn. 208 f.

[14] Vgl. dazu FG Baden-Württemberg, FamRZ 1999, 536

Steuerpflichtigen (Unterhaltsverpflichteten) nicht gemäß § 91 BSHG in Anspruch nimmt.[15]

Das Kindergeld und die Freibeträge nach § 32 VI EStG werden gewährt (§ 63 I i. V. m. § 32 I EStG) 490
- für im ersten Grad mit dem Steuerpflichtigen verwandte Kinder,
- für Pflegekinder, die der Steuerpflichtige in seinem Haushalt zu einem nicht unwesentlichen Teil unterhält, wenn ein Obhuts- und Pflegeverhältnis zu den Eltern nicht mehr besteht,
- für vom Berechtigten in seinen Haushalt aufgenommene Kinder seines Ehegatten,
- für vom Berechtigten in seinen Haushalt aufgenommene Enkel.

Die Begrenzung des Freibetrages für Kindesbetreuung auf Kinder bis zum vollendeten 16. Lebensjahr und auf behinderte Kinder ist seit dem 1. 1. 2002 entfallen.

Das Kindergeld wird nur an einen Berechtigten gezahlt, bei mehreren Berechtigten nur an denjenigen, der das Kind in seinen Haushalt aufgenommen hat (§ 64 II 1 EStG). Vgl. auch Rn. 500. Dieses sogenannte **Obhutsprinzip** bedeutet, dass das Kindergeld in der Regel dem Elternteil zusteht, der das Kind betreut. Der andere Elternteil wird im Wege der Verrechnung mit dem Unterhalt oder durch den familienrechtlichen Ausgleichsanspruch am Kindergeld beteiligt. Vgl. dazu Rn. 501, 503 ff., 539. Zur Problematik, wenn das Kindergeld während einer Übergangszeit nach der Trennung an den nicht betreuenden Elternteil gezahlt wird, vgl. Rn. 539. Ist das Kind nicht in den Haushalt eines berechtigten Elternteils aufgenommen, so erhält das Kindergeld derjenige, der ihm eine Unterhaltsrente zahlt (§ 64 III 1 EStG). Zahlen beide Eltern Unterhalt, steht das Kindergeld demjenigen zu, der die höchste Unterhaltsrente zahlt (§ 64 III 2 EStG). Bei gemeinsamer Haushaltsführung mehrerer Berechtigter und bei gleich hohen Unterhaltsrenten bestimmen die Berechtigten, wer das Kindergeld erhalten soll. Dasselbe gilt, wenn kein Unterhalt gezahlt wird. Bei Nichteinigung entscheidet das Vormundschaftsgericht (§ 64 II 2, 3, III 3, 4 EStG).[16]

Bei Arbeitnehmern außerhalb des öffentlichen Dienstes setzt die **Familienkasse** das 491
Kindergeld durch Bescheid fest und zahlt es auch aus (§§ 67, 70 EStG). Die Familienkasse hat ungeachtet ihrer Eingliederung in die Arbeitsverwaltung (vgl. dazu Rn. 486 a) insoweit die Stellung einer Bundesfinanzbehörde (§ 6 II Nr. 6 AO, § 5 I Nr. 11 FVG). Ein ablehnender Bescheid kann nur vor den Finanzgerichten angefochten werden, soweit die Familienkasse über das Kindergeld als vorweggenommene Steuervergütung, also auf Grund der Vorschriften des Einkommenssteuerrechts entscheidet (§ 155 IV AO, § 33 I Nr. 1, II FGO). Die frühere Auszahlung durch den Arbeitgeber ist seit dem 1. 1. 1999 entfallen, da § 73 EStG durch Art. 1 Nr. 7 des Steuerentlastungsgesetzes 1999 aufgehoben worden ist. Bei Angehörigen des öffentlichen Dienstes wird das Kindergeld weiterhin von der Anstellungskörperschaft festgesetzt und ausgezahlt, die insoweit als Familienkasse tätig wird (§ 72 I EStG).

3. Kindergeld und Freibeträge nach § 32 VI EStG

a) Das Kindergeld ist durch § 66 EStG zum 1. 1. 1996 kräftig angehoben worden. 492
Seitdem wird es in folgender Höhe gezahlt:[17]

	1996	1997/98	1999	2000/01	ab 2002
1. und 2. Kind	200 DM	220 DM	250 DM	270 DM	154 €
3. Kind	300 DM	300 DM	300 DM	300 DM	154 €
ab 4. Kind	350 DM	350 DM	350 DM	350 DM	179 €

[15] Vgl. BFH, BStBl. 1975 II 139
[16] Vgl. BayObLG, FamRZ 2002, 427
[17] Zur Entwicklung des Kindergeldes seit 1. 1. 1975 vgl. die Übersicht bei Kemnade/Scholz/Zieroth, Daten und Tabellen zum Familienrecht, 4. Aufl., S. 442

Behinderten volljährigen Kindern (Rn. 488) steht nunmehr das volle Kindergeld zu.

Das Kindergeld wird einkommensunabhängig gewährt. Die frühere Kürzung auf einen Sockelbetrag ab dem zweiten Kind ist entfallen.

493 **b) Freibeträge nach § 32 VI EStG.** Seit dem 1. 1. 2002 erhält der Steuerpflichtige für jedes zu berücksichtigende Kind pro Jahr einen Freibetrag für das sächliche Existenzminimum (Kinderfreibetrag) von 1824,– € sowie einen Freibetrag von 1080,– € für den Betreuungs- und Erziehungs- oder Ausbildungsbedarf.[18] Diesen (halben) Freibeträgen entspricht das hälftige Kindergeld von 77,– € im Monat (924,– € im Jahr) für das Erste bis dritte Kind und von 89,50 € im Monat (1074,– € im Jahr) ab dem vierten Kind. Die Freibeträge verdoppeln sich bei verheirateten, zusammen veranlagten Eltern (§ 32 VI 2 EStG). Die doppelten (vollen) Freibeträge sind auch abzuziehen, wenn der andere Elternteil verstorben oder nicht unbeschränkt einkommensteuerpflichtig ist, wenn der Steuerpflichtige allein ein Kind angenommen hat oder wenn nur er zu dem Kind in einem Pflegekindschaftsverhältnis steht (§ 32 VI 3 EStG). Den vollen Freibeträgen von 3648,– € bzw. 2160,– € entspricht das volle Kindergeld von 154,– € im Monat (1848,– € im Jahr) für das erste bis dritte und von 179,– € im Monat (2148,– € im Jahr) für das vierte Kind.

Der Kinderfreibetrag für das sächliche Existenzminimum kann nur dann auf einen Elternteil übertragen werden, wenn dieser, nicht aber der andere Elternteil seiner Unterhaltspflicht gegenüber dem Kind im Wesentlichen nachkommt; die Übertragung des Freibetrags für Betreuungs- und Erziehungs- oder Ausbildungsbedarf setzt dagegen nur einen Antrag des Elternteils voraus, in dessen Wohnung das Kind nicht gemeldet ist (§ 32 VI 6 EStG).

493 a **c) Günstigerprüfung.** Bei der Einkommensteuerveranlagung werden das Kindergeld und der Kinderfreibetrag für das sächliche Existenzminimum sowie der Freibetrag für Betreuungs- und Erziehungs- oder Ausbildungsbedarf gegenüber gestellt, und zwar bei zusammen veranlagten Eltern das volle Kindergeld den vollen Freibeträgen bzw. bei getrennt veranlagten Eltern das halbe Kindergeld den halben Freibeträgen. Dies folgt aus § 36 II 1 EStG („in entsprechendem Umfang"). Ergibt sich dabei eine Differenz zwischen der bei Abzug der Freibeträge ermittelten Einkommensteuer und dem Kindergeld zugunsten des Steuerpflichtigen, werden die Freibeträge gewährt (§ 31 S. 4 EStG); das Kindergeld wird der Einkommenssteuer hinzugerechnet (§§ 2 VI, 36 II 1 EStG), um eine doppelte Begünstigung zu vermeiden. Ist eine solche Differenz zugunsten des Steuerpflichtigen nicht festzustellen, verbleibt ihm das Kindergeld; die Freibeträge werden nicht gewährt (§ 31 S. 2, 4 EStG). In diesem Fall dient das Kindergeld nur teilweise der Freistellung des Existenzminimums von der Steuer; im Übrigen ist es eine Sozialleistung. Diese Günstigerprüfung erfolgt auch dann, wenn das Kindergeld nach § 64 II 1 EStG an den anderen Elternteil gezahlt wird, da der Steuerpflichtige am Kindergeld durch Verrechnung nach § 1612b I, II BGB teilhat (§ 31 S. 6 EStG). Zu § 1612b V BGB vgl. Rn. 493b, 509ff. Der Vergleich zwischen dem Kindergeld und den Freibeträgen ist hinsichtlich jedes Kindes, beginnend mit dem ältesten, gesondert durchzuführen.[19] Dies ist wegen der Progression des Steuertarifs erforderlich, aber auch deshalb, weil ab dem vierten Kind ein höheres Kindergeld gewährt wird, die Freibeträge dagegen unverändert bleiben.

Beispiel:
Die minderjährigen Kinder K 1 und K 2 leben bei der Mutter M, die über kein Einkommen verfügt und von ihrem Lebensgefährten unterhalten wird. M erhält das Kindergeld von 1848,– € pro Kind und Jahr. Der Vater V, der über ein zu versteuerndes Einkommen von 28 000,– € verfügt, zahlt Kindesunterhalt, auf den das Kindergeld zur Hälfte angerechnet wird.
Bei der einkommenslosen M können sich die Freibeträge nicht auswirken. Die ihr zustehende Kindergeldgeldhälfte ist also eine Sozialleistung (§ 31 S. 2 EStG).
Bei V ist folgende Günstigerprüfung durchzuführen:[20]

---

[18] Zur Art und zur Höhe der Freibeträge vor dem 1. 1. 2002 vgl. Tischler in Scholz/Stein Teil S Rn. 177

[19] Schmidt/Weber-Grellet, EStG, 22. Aufl., § 31 Rn. 25

[20] Vgl. Tischler in Scholz/Stein, Teil S Rn. 178a ff.; Kaiser-Plessow, FUR 2003, 39, 42

K 1:

	Einkommen	Einkommenssteuer
ohne Freibeträge	28 000 €	5732 €
nach Abzug der halben Freibeträge von 1824 € und 1080 €	25 096 €	4791 €
Differenz		941 €
hinzuzurechnendes Kindergeld		924 €
Steuererstattung		17 €

K 2:

	Einkommen	Einkommenssteuer
ohne Freibeträge	25 096 €	4791 €
nach Abzug der halben Freibeträge von 1824 € und 1080 €	22 192 €	3886 €
Differenz		905 €
hinzuzurechnendes Kindergeld		924 €
Steuererstattung		0 €

Für K 1 werden also die Freibeträge gewährt, hinsichtlich K 2 verbleibt es beim Kindergeld.

Kindergeld und die Freibeträge nach § 32 VI EStG sind auch dann in dieser Weise gegenüberzustellen, wenn das Kindergeld nach § 1612 b V BGB ganz oder teilweise nicht mit dem Kindesunterhalt verrechnet wird, weil der Steuerpflichtige nicht in der Lage ist, seinem Kind Unterhalt in Höhe von 135% des Regelbetrages abzüglich des hälftigen Kindergeldes zu zahlen. Auch dann steht dem Unterhaltsschuldner das Kindergeld im Wege des zivilrechtlichen Ausgleichs zu (§ 31 S. 6 EStG). Er wird durch § 1612 b V BGB so gestellt, als habe er das hälftige Kindergeld erhalten, und lediglich dazu verpflichtet, es zur Auffüllung des Unterhalts auf das Existenzminimum zu verwenden.[21] Wird dem Schuldner das Kindergeld durch § 1612 b V BGB ganz genommen, verbleibt ihm nur sein notwendiger Selbstbehalt. Ist er dann nicht in der Lage, über den Barunterhalt hinaus seinen Pflichten gegenüber dem Kind, z. B. seiner Verpflichtung zum Umgang (§ 1684 I BGB), nachzukommen, muss ggf. der notwendige Selbstbehalt angemessen erhöht werden.[22] Vgl. dazu Rn. 169. **493 b**

4. Abzweigung des Kindergeldes

Nach § 74 I EStG kann das Kindergeld kann auf Grund eines Bescheides der Familienkasse (vgl. Rn. 491) an das Kind oder an einen Dritten, der Unterhalt gewährt, z. B. an das Sozialamt, ausgezahlt werden, **494**
- wenn der Kindergeldberechtigte seiner gesetzlichen Unterhaltspflicht nicht nachkommt,
- wenn er nicht leistungsfähig ist
- oder wenn er nur Unterhalt in Höhe eines Betrages zu zahlen hat, der geringer ist als das in Betracht kommende Kindergeld (§ 74 I 1 3 EStG).

Übersteigt der geschuldete Unterhalt das Kindergeld, greift § 1612 b V BGB ein (dazu Rn. 509 ff.), so dass es einer Entscheidung der Familienkasse nicht bedarf. Die Vorschrift des § 74 EStG, die § 48 SGB I entspricht, hat Bedeutung insbesondere dann, wenn ein Elternteil das Kindergeld bezieht, dem (volljährigen) Kind, das nicht mehr bei ihm wohnt, aber keinen Unterhalt leistet und auch das Kindergeld nicht an das Kind weiterleitet. Vgl. dazu Rn. 515.

Die Entscheidung der Familienkasse ergeht von Amts wegen. Eine Anregung genügt. Auf eine Antragsberechtigung kommt es daher nicht an.[23] An das Kind selbst kann das Kindergeld nur ausgezahlt werden, wenn es volljährig ist und für sich selbst sorgt.[24]

[21] BGH, FamRZ 2002, 536, 541 = R 572 f.; Heger, FamRZ 2001, 1409, 1412; Tischler in Scholz/Stein Teil S Rn. 180 a

[22] BGH, FamRZ 2003, 445, 449 = R 587 c

[23] Nr. 74 der Dienstanweisung zur Durchführung des Familienleistungsausgleichs, BStBl. I 2002, 369

[24] Nr. 74.1.2 der Dienstanweisung zur Durchführung des Familienleistungsausgleichs

5. Ähnliche Sozialleistungen

495 Haben die Eltern Anspruch auf Kinderzulagen aus der gesetzlichen Unfallversicherung oder auf **Kinderzuschüsse aus der gesetzlichen Rentenversicherung,** die ohnehin nur noch bei Altrenten gewährt werden (vgl. § 270 SGB VI),[25] wird Kindergeld nicht gezahlt (§ 65 I Nr. 1 EStG). Jedoch sind diese Leistungen in Höhe des durch sie verdrängten Kindergeldes unterhaltsrechtlich wie Kindergeld, darüber hinaus wie Einkommen zu behandeln.[26] Dasselbe gilt, wenn für das **Kind im Ausland** oder von einer zwischen- oder überstaatlichen Einrichtung Kindergeld oder eine vergleichbare Leistung gewährt wird und deshalb Anspruch auf deutsches Kindergeld nicht besteht (§ 65 I 1 Nr. 2, 3 EStG).[27]

496 Kinderbezogene **Teile des Ortszuschlages,** den Angestellte und Arbeiter im öffentlichen Dienst weiter erhalten, sind ebenso wie die kinderbezogenen Teile des **Familienzuschlages,** der ab 1. 7. 1997 Beamten, Richtern oder Soldaten gezahlt wird,[28] Einkommen; sie gelten nicht als Kindergeld, das ohnehin neben diesen Bestandteilen der Vergütung gewährt wird.[29] Dies gilt auch dann, wenn beide Eltern im öffentlichen Dienst tätig sind.[30] Vgl. auch Rn. 1/55. Kinderzulagen, die private Arbeitnehmer erhalten, sind kein Kindergeld, sondern anrechenbares Einkommen. Dasselbe gilt für Kinderzulagen nach § 9 V Eigenheimzulagengesetz, das selbstgenutzten Wohnungsbau steuerlich begünstigt.[31]

II. Kindergeld als anrechnungsfähiges Einkommen beim Kindesunterhalt

497 Das Kindergeld dient dem Familienleistungsausgleich, der zu dem Zweck gewährt wird, das Existenzminimum von Kindern von der Steuerlast freizustellen. Die Auszahlung an einen Elternteil beruht vorwiegend auf Gründen verwaltungsmäßiger Vereinfachung.[32] Vgl. Rn. 490.

498 Obwohl Kindergeld den Eltern zusteht, zählt es in der Regel nicht als anrechenbares Einkommen.[33] Der BGH hat Kindergeld zunächst als Einkommen bezeichnet.[34] So hat er im Mangelfall das Kindergeld als anrechenbares Einkommen, das für den Kindesunterhalt einzusetzen sei, angesehen (vgl. Rn. 159, 223).[35] Ferner hat er bei Prüfung der Frage, ob der betreuende Elternteil als anderer unterhaltspflichtiger Verwandter im Sinne des § 1603 II 2 BGB auch den Barunterhalt ganz oder teilweise zu tragen hat, in den Vergleich der Einkommen beider Eltern auch das Kindergeld einbezogen (vgl. Rn. 276).[36]

499 Der **BGH**[37] vertritt im Gegensatz zu dieser Rechtsprechung seit 1997 die Auffassung, dass **Kindergeld kein anrechenbares Einkommen** sei. Der Bezug von Kindergeld durch den Barunterhaltspflichtigen erhöht daher dessen Einkommen und damit den Kindesunterhalt nicht.[38] Vgl. dazu Rn. 223. Vielmehr ist das Kindergeld bei minderjährigen Kindern in der

---

[25] Schmidt/Weber-Grellet, EStG, 22. Aufl., § 65 Rn. 2

[26] BGH, FamRZ 1988, 607; FamRZ 1988, 604, 606

[27] OLG München, FamRZ 1994, 456; vgl. die Übersicht über vergleichbare Leistungen im Sinne des § 65 I 1 EStG, die in ausländischen Staaten gewährt werden, bei Kemnade/Scholz/Zieroth, Daten und Tabellen zum Familienrecht, 4. Aufl. S. 456 ff.

[28] § 40 BBesG i. d. F. des Gesetzes vom 24. 2. 1997 – BGBl. I 322, 328

[29] BGH, FamRZ 1989, 172 = R 380 a

[30] OLG Karlsruhe, NJW-FER 2000, 142

[31] Vgl. Tischler in Scholz/Stein, Teil S Rn. 248 f., 272

[32] BGH, FamRZ 1983, 49; FamRZ 1981, 26 = NJW 1981, 170

[33] Ebenso die Begründung des Entwurfs eines Kinderunterhaltsgesetzes BT-Drucks. 13/7338, S. 28

[34] BGH, FamRZ 1992, 539, 541 mit Anm. Graba S. 543 = R 444 b; FamRZ 1990, 979 = R 412 b; FamRZ 1988, 604, 606

[35] BGH, FamRZ 1992, 539, 541 mit Anm. Graba S. 543 = R 444 b

[36] BGH, FamRZ 1991, 182, 184 = R 430 b

[37] FamRZ 1997, 806; so auch BGH, FamRZ 2000, 1494 mit Anm. Scholz = R 546 d

[38] BGH, FamRZ 1997, 806

Regel hälftig zwischen den Eltern aufzuteilen und mit dem Barunterhalt des Kindes zu verrechnen. Dies entspricht einer seit langem bestehenden Praxis und ist seit dem 1. 7. 1998 durch § 1612b BGB nicht nur für den Minderjährigenunterhalt, sondern auch für den Unterhalt volljähriger Kinder kodifiziert worden. Vgl. dazu Rn. 500 ff., 503 ff.

Auch bei der Bemessung des Ehegattenunterhalts berücksichtigt der BGH[39] das Kindergeld nicht mehr als Einkommen. Vgl. dazu auch Rn. 1/460 ff., 5/83 ff. Es ist – auch in Mangelfällen – nicht zur Deckung des Unterhalts des berechtigten Ehegatten heranzuziehen.[40] Vielmehr ist es nach Maßgabe des § 1612b V BGB ausschließlich zur Aufstockung des Kindesunterhalts auf das Existenzminimum (135% des Regelbetrages) zu verwenden. Zu dieser Problematik vgl. Rn. 509 ff.

Zu der Frage, ob der Teil des Kindergeldes, der einem Elternteil als **Zählkindvorteil** verbleibt, weil er nach § 1612b IV BGB kindergeldmäßig nicht ausgeglichen werden darf, unter besonderen Umständen als Einkommen angerechnet werden darf, vgl. Rn. 507 f.

III. Kindergeld und Bemessung des Kindesunterhalts

1. Halbteilung des Kindergeldes

Das Kindergeld steht **beiden Eltern** zu. Das Kind selbst hat keinen privatrechtlichen Anspruch auf Zahlung des Kindergeldes gegen seine Eltern. Dies gilt auch bei mangelnder Leistungsfähigkeit.[41] Das Kind hat nur Anspruch auf Unterhalt, der bei Leistungsunfähigkeit allerdings entfällt. Es kann jedoch unter den Voraussetzungen des § 74 EStG bei der Familienkasse beantragen, dass das Kindergeld an ihn ausgezahlt wird (Rn. 494). 500

Da Kindergeld zur Verwaltungsvereinfachung nur an einen Elternteil ausgezahlt wird (Rn. 490, 497), muss zwischen den Eltern ein Ausgleich stattfinden. Bis zum 30. 6. 1998 hatte der andere Elternteil einen familienrechtlichen Ausgleichsanspruch (vgl. dazu Rn. 530, 539 ff.) auf den ihm zustehenden Kindergeldanteil. Dieser Ausgleich wurde in der Praxis dadurch verwirklicht, dass der Unterhalt eines minderjährigen Kindes um die Hälfte des Kindergeldes gekürzt wurde, wenn der betreuende Elternteil das Kindergeld bezog, bzw. um die Hälfte des Kindergeldes erhöht wurde, wenn das Kindergeld an den barunterhaltspflichtigen Elternteil ausgezahlt wurde. Damit wurde der Gleichwertigkeit von Bar- und Betreuungsunterhalt Rechnung getragen (vgl. dazu Rn. 11 ff.). Bei volljährigen Kindern wurde das gesamte Kindergeld bedarfsdeckend angerechnet, wenn es dem Kind tatsächlich zugewendet wurde. Vgl. dazu unten Rn. 513.

Seit dem 1. 7. 1998 ist die **Anrechnung des Kindergeldes** in § 1612b BGB geregelt. 501
Soweit die Anrechnung entsprechend dem Gesetz erfolgt, ist ein Ausgleich zwischen den Eltern überflüssig. Vgl. dazu Rn. 539. Es wird bei Anrechnung des Kindergeldes nicht mehr zwischen minderjährigen und volljährigen Kindern unterschieden. Das Kindergeld wird in der Weise grundsätzlich ausgeglichen, dass es jedem Elternteil **zur Hälfte** zufließt; mit welchem Anteil der Elternteil tatsächlich zum Unterhalt beiträgt, ist nicht entscheidend. Jedoch unterbleibt die Anrechnung des Kindergeldes, soweit der barunterhaltspflichtige Elternteil nicht in der Lage ist, seinem minderjährigen Kind 135% des Regelbetrages nach der RegelbetragVO zu zahlen (§ 1612b V BGB; dazu Rn. 509 ff.). Ferner kann das Kindergeld von der Familienkasse in angemessener Höhe an das Kind ausgezahlt werden, wenn der Elternteil seine Unterhaltspflicht nicht erfüllt oder er mangels Leistungsfähigkeit entweder gar keinen Unterhalt oder nur einen Betrag unterhalb des Kindergeldes aufbringen kann (§ 74 EStG; dazu Rn. 494).

Die strikte Halbteilung des Kindergeldes ist damit zu erklären, dass das Kindergeld seit 1. 1. 1996 in erster Linie eine **vorweggenommene Steuervergütung** ist und nach §§ 31 S. 6, 36 II 1 EStG auf die Einkommensteuer angerechnet wird, die unter Berücksichtigung

[39] BGH, FamRZ 2000, 1494 mit Anm. Scholz = R 546 d; vgl. auch BGH, FamRZ 1997, 806
[40] BGH, FamRZ 2000, 1494 mit Anm. Scholz = R 546 d
[41] BGH, FamRZ 1985, 1243 = NJW 1986, 186; FamRZ 1988, 604

der Freibeträge nach § 32 VI EStG ermittelt wird. Nur soweit das Kindergeld zur steuerlichen Freistellung des Existenzminimums nicht benötigt wird, ist es eine Sozialleistung (§ 31 S. 2 EStG; Rn. 493 a).

In einem solchen System hat ein anderer als der hälftige Ausgleich des Kindergeldes grundsätzlich keinen Platz. Vielmehr ist § 1612 b BGB als eine **abschließende Regelung** hinsichtlich der Anrechnung des Kindergeldes anzusehen. Beteiligt sich ein Elternteil weder durch Betreuung eines (minderjährigen) Kindes noch durch Zahlung am Unterhalt, greift § 74 EStG ein (dazu Rn. 494, 515). Daneben bedarf es eines privatrechtlichen familienrechtlichen Ausgleichsanspruchs grundsätzlich nicht mehr. Vgl. dazu Rn. 539 ff.

502 Ein Urteil, in dem auf den Unterhalt des Kindes anteiliges Kindergeld angerechnet wird, entscheidet rechtskräftig auch über den familienrechtlichen Ausgleichsanspruch der Eltern bezüglich des Kindergeldes (vgl. Rn. 543). Es kommt nicht darauf an, ob sich der Richter bewusst war, dass das Kind bezüglich des Kindergeldausgleichs als Prozessstandschafter des betreuenden Elternteils aufgetreten ist. Denn die materielle Rechtskraft tritt unabhängig davon ein, ob das Gericht alle rechtlichen Aspekte gesehen und zutreffend gewürdigt hat. Dies gilt auch dann, wenn im Vorprozess eine unrichtige Entscheidung ergangen ist.[42]

2. Einzelheiten der Anrechnung des Kindergeldes auf den Unterhalt

503 **a) Regelfall.** Nach **§ 1612 b I BGB** wird Kindergeld zur Hälfte auf den Tabellenbetrag des Kindesunterhalts angerechnet, wenn der barunterhaltspflichtige Elternteil das Kindergeld nicht erhält, weil ein anderer vorrangig berechtigt ist. Die komplizierte Formulierung des Gesetzes deckt zunächst den Regelfall ab, dass bei einem minderjährigen Kind **der betreuende Elternteil das Kindergeld** bezieht. Sie gilt auch, wenn das Kind volljährig geworden ist und weiterhin dem Haushalt des bisher betreuenden Elternteils angehört, gleichgültig, ob das Kind im Sinne des § 1603 II 2 BGB privilegiert ist oder nicht. Vgl. dazu Rn. 465. Darauf, ob auch der Elternteil, bei dem das Kind lebt, Barunterhalt zu leisten hat, kommt es nicht an. Bei beiderseitiger Barunterhaltspflicht ist ergänzend § 1612 b II BGB heranzuziehen. Vgl. dazu Rn. 513. § 1612 b I BGB greift ferner ein, wenn das Kindergeld einem Großelternteil ausgezahlt wird.[43] Kindergeld ist nicht anzurechnen, wenn der barunterhaltspflichtige Elternteil als Ausländer, der nicht im Inland wohnt, nur beschränkt steuerpflichtig und daher nicht kindergeldberechtigt ist (§ 62 I Nr. 2 EStG), da § 1612 b I BGB davon ausgeht, dass beide Eltern Anspruch auf Kindergeld haben.[44] Vgl. Rn. 488. Zudem ist zu berücksichtigen, dass in diesem Fall dem anderen Elternteil, der das volle Kindergeld erhält, nach § 32 VI EStG auch die vollen Freibeträge gebühren und diese daher bei der Günstigerprüfung dem vollen Kindergeld gegenüber gestellt werden müssen. Vgl. dazu Rn. 493 a.

Macht das Kind dynamischen Unterhalt nach § 1612 a BGB geltend, so ist das Kindergeld auf den Vomhundertsatz des Regelbetrages anzurechnen.[45] Der sich betragsmäßig ergebende Unterhalt ist von den Parteien oder dem Vollstreckungsorgan auszurechnen, bevor das Kindergeld angerechnet werden kann. Zur Tenorierung des Unterhalts in einem solchen Fall vgl. das Beispiel Rn. 246 h.

504 **b) Bei beiderseitiger Unterhaltspflicht der Eltern** ist nach **§ 1612 b II BGB** der Unterhaltsanspruch gegen den Elternteil, der das Kindergeld bezieht, um die Hälfte des Kindergeldes zu erhöhen. Daneben ist § 1612 b I BGB anzuwenden. Die Vorschrift hat insbesondere bei volljährigen Kindern Bedeutung (Rn. 513), aber auch bei minderjährigen Kindern, wenn ausnahmsweise beide Eltern barunterhaltspflichtig sind. Vgl. dazu Rn. 98, 289 ff., 293.

Beispiel:
Der bei seiner Mutter (M) lebende volljährige Sohn (S) hat einen Unterhaltsbedarf von 622,– € nach der 12. Einkommensgruppe der Düsseldorfer Tabelle, 4. Altersstufe. M bezieht das Kindergeld.

---

[42] BGH, FamRZ 1988, 834
[43] BT-Drucks. 13/7338 S. 30
[44] OLG Stuttgart, FamRZ 2000, 907; a. A. OLG Köln, FamRZ 2002, 845
[45] BT-Drucks. 13/7338 S. 26

Nach § 1606 III 1 BGB schuldet der Vater (V) 400,– €, M 222,– €. Nach Verrechnung des Kindergeldes hat V 400 – 77 = 323,– € zu zahlen (§ 1612b I BGB). M hat 222 + 77 = 299,– € aufzubringen (§ 1612b II BGB).

c) § 1612b III BGB. Nach dieser Vorschrift wird Kindergeld in voller Höhe angerechnet, wenn nur der barunterhaltspflichtige Elternteil Anspruch auf Kindergeld hat, es aber nicht an ihn ausgezahlt wird. Diese Norm betrifft nicht, wie man zunächst erwartet, den Fall, dass das volljährige Kind bei einem nicht leistungsfähigen Elternteil lebt und daher der andere allein barunterhaltspflichtig ist. Dann sind nämlich beide Eltern kindergeldberechtigt, jedoch wird das Kindergeld nach dem Vorrangprinzip an den nicht barunterhaltspflichtigen Elternteil ausgezahlt (§ 64 I 1, II 1 EStG). Dieser Fall ist über § 1612b I BGB und § 74 EStG zu lösen. Vgl. dazu Rn. 494, 515. Eine alleinige Kindergeldberechtigung des barunterhaltspflichtigen Elternteils besteht insbesondere dann, wenn der andere Elternteil verstorben ist. Lebt das Kind dann bei dem verbliebenen Elternteil und bezieht dieser das Kindergeld, so besteht kein Regelungsbedürfnis, da der überlebende Elternteil Naturalunterhalt gewährt (vgl. Rn. 9) und ihm daher zu Recht das Kindergeld zufließt. Hält sich das Kind dagegen in einem Heim auf und erhält der Sozialleistungsträger das Kindergeld nach § 74 I 4 EStG (Rn. 494), so ist das Kindergeld voll auf den Bedarf anzurechnen. Dieser wird sich in der Regel nicht nach der Düsseldorfer Tabelle, auch nicht nach dem doppelten Tabellensatz[46] bemessen, sondern nach den konkreten Bedürfnissen des Kindes, also z. B. nach den Heimkosten. Vgl. dazu Rn. 317, 323, 326. § 1612b III BGB greift auch in den sonstigen Fällen der Abzweigung nach § 74 EStG ein, z. B. bei Auszahlung des Kindergeldes an das volljährige, im eigenen Haushalt lebende Kind, nicht aber bei der Pfändung des Kindergeldanspruchs.[47] Beziehen **Großeltern,** Stief- oder Pflegeeltern nach §§ 32 I, 63 I Nr. 3 EStG das Kindergeld, ist § 1612b III BGB nicht einschlägig, sondern § 1612b I BGB.[48] Zur Problematik, wenn in einem solchen Fall beide Eltern barunterhaltspflichtig sind, vgl. Rn. 293. 505

d) Kindergeld für mehrere Kinder. Während bis zum 30. 6. 1998 das Kindergeld für mehrere Kinder zusammen- und jedem Kind anteilig zugerechnet wurde, bestimmt § 1612b I, II BGB, dass nur das auf das jeweilige Kind entfallende Kindergeld zur Hälfte zu berücksichtigen ist.[49] Beim ersten bis dritten Kind sind daher je 77,– €, beim vierten und bei jedem weiteren Kind je 89,50 € auszugleichen. Vgl. Rn. 492. Dies gilt sowohl für minderjährige als auch für volljährige Kinder. Die Reihenfolge richtet sich nach dem **Alter** des Kindes, nicht nach dem Belieben des den Kindesunterhalt einklagenden Elternteils. 506

Beispiel:
Der Vater verfügt über ein Einkommen von 4300,– €. Er schuldet nach der 12. Einkommensgruppe der Düsseldorfer Tabelle Unterhalt für fünf bei der Mutter lebende Kinder. Diese bezieht das Kindergeld von 154 + 154 + 154 + 179 + 179 = 820,– €. Kein Ehegattenunterhalt. V hat zu zahlen:
für K 1 (Student, 19 Jahre): 622 – 77 (Kindergeldanteil) = 545,– €;
für K 2 (Schüler, 16 Jahre): 540 – 77 (Kindergeldanteil) = 463,– €;
für K 3 (11 Jahre): 458 – 77 (Kindergeldanteil) = 381,– €;
für K 4 (5 Jahre): 379 – 89,50 (Kindergeldanteil) = 289,50 €;
für K 5 (4 Jahre): 379 – 89,50 (Kindergeldanteil) = 289,50 €.

e) Zählkindvorteil. Kindergeld darf zwischen den Eltern nur ausgeglichen werden, wenn und soweit es für gemeinsame Kinder gezahlt wird. Dies ist in § 1612b IV BGB nunmehr ausdrücklich festgelegt. Soweit einem Elternteil wegen der Berücksichtigung eines weiteren nicht gemeinsamen Kindes ein „Zählkindvorteil" erwächst, ist dieser dem Kindergeld für die gemeinsamen Kinder weder ganz noch teilweise zuzurechnen und damit auch nicht in den Ausgleich zwischen den unterhaltsverpflichteten Eltern einzubeziehen. Der Zählkindvorteil steht vielmehr allein dem Elternteil des Zählkindes zu; als unterhaltsrelevan- 507

[46] So aber BT-Drucks. 13/7338 S. 30 unter nicht zutreffendem Hinweis auf BGH, FamRZ 1980, 1109, 1111 = R 49
[47] BT-Drucks. 13/7338 S. 30
[48] BT-Drucks. 13/7338 S. 30
[49] OLG Celle, FamRZ 1999, 1455

tes Einkommen darf er weder für die Bemessung des Kindes- noch des Ehegattenunterhalts herangezogen werden.[50] Früher hat es der BGH für möglich gehalten, den Zählkindvorteil einkommenserhöhend zu berücksichtigen, wenn der Elternteil nur den bei ihm lebenden Kindern, nicht aber dem Zählkind Unterhalt gewährt.[51] Ob dieser Ansicht nach der Neugestaltung des Familienleistungsausgleichs und der Einfügung des § 1612 b IV BGB in das Gesetz zum 1. 7. 1998 noch gefolgt werden kann, halte ich für fraglich, da der BGH nunmehr eindeutig klar gestellt hat, dass Kindergeld, auch der Zählkindvorteil kein bedarfserhöhendes Einkommen ist.[52] Auf den Unterhaltsanspruch der gemeinsamen Kinder ist daher jeweils nur die Hälfte des fiktiven Kindergeldes anzurechnen, das der betreffende Elternteil für das jeweilige Kind erhalten würde, wenn es keine Zählkinder gäbe. Ungereimtheiten, die sich aus den besonderen Umständen des Einzelfalles ergeben, müssen nach der Rechtsprechung des BGH hingenommen werden.[53]

Beispiel:
Nettoeinkommen des Vaters (V): 2150,– €.
Unterhalt für 3 gemeinsame Kinder K 1 (12 Jahre), K 2 (8 Jahre) und K 3 (6 Jahre). Kein Ehegattenunterhalt.
Die Mutter (M) erhält für die gemeinschaftlichen Kinder Kindergeld von je 154,– € sowie für ein weiteres, nicht gemeinschaftliches einjähriges Kind K 4 von 179,– €, insgesamt also 641,- €. Tabellenunterhalt nach DT 6/2 und 3 für K 1 384,– €, für K 2 und K 3 je 326,– €. Nur das Kindergeld für die drei gemeinschaftlichen Kinder von je 154,– € pro Kind ist zur Hälfte auf den Kindesunterhalt anzurechnen. Der Zählkindvorteil für das vierte Kind K 4 bleibt M allein.
Unterhalt für K 1: 384 – 77 = 307,– €, Unterhalt für K 2 und K 3 je 326 – 77 = 249,– €.

508 Das Zählkind selbst hat keinen Anspruch auf Auskehrung des Zählkindvorteils an sich, auch nicht bei Leistungsunfähigkeit des Verpflichteten.[54] Ihm steht nur ein Unterhaltsanspruch zu, in dessen Rahmen der Zählkindvorteil zu berücksichtigen ist und die Leistungsfähigkeit des Verpflichteten erhöhen kann. Zur Auszahlung des Kindergeldes durch die Familienkasse an das (Zähl-)Kind bei Leistungsunfähigkeit des Schuldners nach § 74 EStG vgl. Rn. 494.

509 **f) Kindergeldverrechnung bei Gefährdung des Existenzminimums.** Nach § 1612 b V BGB in der bis zum 31. 12. 2000 geltenden Fassung unterblieb eine Anrechnung des Kindergeldes, soweit der Unterhaltspflichtige außerstande war, Unterhalt in Höhe des Regelbetrages nach der Regelbetrag-Verordnung zu zahlen.

Diese unglücklich formulierte und daher nur schwer verständliche Vorschrift wurde allgemein in Übereinstimmung mit der Begründung des Kindesunterhaltsgesetzes[55] dahin ausgelegt, dass der Pflichtige als Zahlbetrag – Leistungsfähigkeit vorausgesetzt – mindestens den Regelbetrag abzüglich des hälftigen Kindergeldes (vgl. § 1612 b I BGB) schuldete. Zum 1. 1. 2001 hat der Gesetzgeber die Vorschrift neu gefasst.[56] Danach wird Kindergeld schon dann nicht angerechnet, wenn der Schuldner nicht wenigstens **135% des Regelbetrages** (Rn. 205 ff.) abzüglich des hälftigen Kindergeldes leisten kann. 135% des Regelbetrages West entsprechen der 6. Einkommensgruppe der Düsseldorfer Tabelle. Der Schuldner hat daher nach der Düsseldorfer Tabelle – Leistungsfähigkeit auch hier vorausgesetzt – jeweils den Unterhalt nach der 6. Einkommensgruppe der Düsseldorfer Tabelle abzüglich des hälftigen Kindergeldes zu zahlen. Zum Beitrittsgebiet vgl. Rn. 510. Die Zahlbeträge belaufen sich nach der Düsseldorfer Tabelle Stand: 1. 7. 2003 auf:

	1. Altersstufe	2. Altersstufe	3. Altersstufe
für das 1.–3. Kind	269 – 77 = 192,– €	326 – 77 = 249,– €	384 – 77 = 307,– €
ab dem 4. Kind	269 – 89,50 = 179,50 €	326 – 89,50 = 236,50 €	384 – 89,50 = 294,50 €

[50] FamRZ 2000, 1494 mit Anm. Scholz = R 546 d
[51] BGH, FamRZ 1997, 806
[52] FamRZ 2000, 1494 mit Anm. Scholz = R 546 d
[53] BGH, FamRZ 1997, 806
[54] BGH, FamRZ 1985, 1243 = NJW 1986, 186, 187
[55] BT-Drucks. 13/7338 S. 30
[56] Gesetz zur Ächtung der Gewalt in der Erziehung und zur Änderung des Kindesunterhaltsrechts vom 2. 11. 2000 – BGBl. I 1479

In der 1. Alterstufe ergibt sich für das erste bis dritte Kind von der 1. bis zur 6. Einkommensgruppe stets derselbe Zahlbetrag von 192,– €; unterschiedlich ist allein der Betrag des anzurechnenden Kindergeldes. So sind in der 1. Altersstufe der 1. Einkommensgruppe 7,– €, in der 5. Einkommensgruppe dagegen 63,– € anzurechnen. Bei der 2. Altersstufe unterbleibt in der 1. Einkommensgruppe die Anrechnung völlig, bei der 3. Altersstufe dagegen sowohl in der 1. als auch in der 2. Einkommensgruppe, da die entsprechenden Tabellenbeträge unter den Mindestzahlbeträgen von 249,– € bzw. 307,– € liegen.[57] Der Zahlbetrag nach Abzug des anzurechnenden Kindergeldes wird also von einem Einkommen der 1. Gruppe (bis 1300,– €) bis zu einem Einkommen der 6. Gruppe (2100–2300,– €) weitgehend nivelliert. Dem Schuldner wird entgegen dem steuerlichen Halbteilungsgrundsatz, mit dem § 1612b I BGB korrespondiert (Rn. 501), die ihm zustehende Kindergeldhälfte ganz oder teilweise genommen.

Nach der in der Düsseldorfer Tabelle (Anm. A 10) und in der Vorbemerkung zur Berliner Tabelle wiedergegebenen **Formel** kann das bis zur Einkommensgruppe 6 anzurechnende Kindergeld wie folgt berechnet werden:

Anrechnungsbetrag = 1/2 des Kindergeldes + Richtsatz der jeweiligen Einkommensgruppe – Richtsatz der 6. Einkommensgruppe (135% des Regelbetrages). Bei einem Negativsaldo entfällt die Anrechnung.

Zur Vereinfachung enthalten die Düsseldorfer Tabelle, die Berliner Tabelle und die Leitlinien der meisten Oberlandesgerichte **Kindergeldverrechnungstabellen.**

Im **Beitrittsgebiet** richtet sich die Anrechnungsgrenze nach den dort geltenden Regel- 510 beträgen. 135% des Regelbetrages Ost (vgl. dazu Rn. 206a) decken sich nicht mit einer bestimmten Gruppe der Düsseldorfer Tabelle bzw. der Tabellen für das Beitrittsgebiet. Diese Grenze liegt vielmehr zwischen der 4. und 5. Einkommensgruppe der Tabellen; sie beträgt in den drei Altersstufen 248,– €, 300,– € bzw. 354,– €.[58] Die Zahlbeträge belaufen sich daher nach den Osttabellen auf:

	1. Altersstufe	2. Altersstufe	3. Altersstufe
für das 1.–3. Kind	248 – 77 = 171,– €	300 – 77 = 223,– €	354 – 77 = 277,– €
ab dem 4. Kind	248 – 89,50 = 158,50 €	300 – 89,50 = 210,50 €	354 – 89,50 = 264,50 €

Nur in der 2. und 3. Altersstufe der Vorgruppe a) ergeben sich mit 222,– € bzw. 262,– € geringere Zahlbeträge, da der Tabellenunterhalt 135% des Regelbetrages Ost abzüglich des hälftigen Kindergeldes nicht erreicht.

Verfügt das minderjährige Kind, das im Haushalt eines Elternteils wohnt, über **Einkom- 510a men,** z. B. über Zinseinkünfte, so ist dieses zur Hälfte auf den Tabellenunterhalt anzurechnen (Rn. 97). Der sich ergebende Restunterhalt kann nicht Maßstab für die 135%-Grenze und damit für die Anrechnung des Kindergeldes sein. Entscheidend ist, ob das Kind mit dem Zahlbetrag des Unterhalts und der anzurechnenden Hälfte der Zinseinkünfte das Existenzminimum von 135% des Regelbetrages erhält. Die Anrechnung des Kindergeldes hat nur zu unterbleiben, wenn und soweit dies nicht der Fall ist.

§ 1612b V BGB verfolgt das Ziel, die wirtschaftliche Lage minderjähriger Kinder zu 511 stärken und ihnen unter Wahrung des Selbstbehalts des Pflichtigen einen Barunterhalt in Höhe des Existenzminimums zu sichern. Das **Existenzminimum** ist nur **Anknüpfungspunkt für die Verrechnung des Kindergeldes.** Der Barunterhaltspflichtige ist gehalten, die ihm nach § 1612b I BGB zustehende Hälfte des Kindergeldes solange für den Unterhalt des Kindes einzusetzen, bis dessen Existenzminimum gesichert ist.[59] Darin erschöpft sich die Bedeutung des § 1612b V BGB. Insbesondere ist aus dieser Vorschrift nicht zu entnehmen, dass dem minderjährigen Kind ein Mindestbedarf in Höhe des Existenzminimums (135% des Regelbetrages) zusteht. Vgl dazu Rn. 127c. Vielmehr geht das Gesetz trotz § 1612 b V

[57] Zu den entsprechenden Zahlen für das vierte Kind vgl. die der Düsseldorfer Tabelle beigefügte Kindergeldverrechnungstabelle

[58] Vgl. die Vorbemerkung zur Berliner Tabelle

[59] BVerfG, FamRZ 2003, 1370, 1373 = R 593; BGH, FamRZ 2003, 445 = R 587b; vgl. auch BGH, FamRZ 2002, 536, 539 = R 572f.; FamRZ 2003, 363, 366 = R 584c mit Anm. Scholz FamRZ 2003, 514

BGB von einem individuell zu bestimmenden Kindesunterhalt aus, der bei entsprechendem Einkommen weiter den Gruppen 1–5 der Düsseldorfer Tabelle zu entnehmen ist.[60] Dies gilt auch dann, wenn bei Berechnung des Ehegattenunterhalts der Kindesunterhalt vorweg abgezogen wird. Der Vorwegabzug des Kindesunterhalts nach der 6. Einkommensgruppe der Düsseldorfer Tabelle ohne Rücksicht auf die Höhe des Einkommens ist unzulässig.[61]

512 § 1612 b V BGB ist **verfassungsgemäß.**[62] Gleichwohl erscheint es verfassungsrechtlich bedenklich, dass § 1612 b V BGB den barunterhaltspflichtigen Elternteil in engen Verhältnissen ganz oder teilweise vom Kindergeld ausschließt, obwohl er auch bei alleinigem Sorgerecht des anderen zum Umgang berechtigt und verpflichtet bleibt und ihn bei gemeinsamer elterlicher Sorge auch weitergehende Pflichten treffen können. Deshalb ist es aus verfassungsrechtlichen Gründen geboten, **§ 1612 b V BGB einschränkend auszulegen.** Auch muss ggf. auf anderem Weg versucht werden, die einschneidenden Wirkungen der Vorschrift abzumildern. Deshalb können nicht unerhebliche **Umgangskosten** des Barunterhaltspflichtigen, dem sein Kindergeldanteil ganz oder teilweise nicht verbleibt, evtl. auch sonstige Kosten der Kindesbetreuung im Einzelfall zu einer angemessenen Minderung des unterhaltsrechtlich relevanten Einkommens oder zu einer angemessenen Erhöhung des notwendigen Selbstbehalts führen.[62a] Dies ist offenbar auch die Auffassung des BGH,[63] der damit von seiner früheren Rechtsprechung[64] zur Berücksichtigung von Umgangskosten abgerückt ist. Vgl. dazu Rn. 168 ff.

Der BGH[65] hat jedoch offen gelassen, ob die steuerlichen Vorschriften über den Familienleistungsausgleich (Rn. 486 ff.) der Verfassung entsprechen. Insoweit sind Zweifel angebracht. Die Vorschrift des § 32 VI EStG benachteiligt im Falle des § 1612 b V BGB den Barunterhaltspflichtigen. Dieser stellt, wenn kein absoluter Mangelfall vorliegt, das sächliche Existenzminimum in vollem Umfang durch teilweisen Einsatz seiner Kindergeldhälfte sicher. Er erhält aber nur den halben Kinderfreibetrag, obwohl nach dem Stand vom 1. 7. 2003 selbst der volle Freibetrag von 3648,– € unter dem durchschnittlichen Existenzminimum eines Kindes liegt (Unterhalt eines Kindes nach DT 6/2 = 135% des Regelbetrages: 326 × 12 = 3912,– €).[66] Zudem kann der halbe Freibetrag des Barunterhaltspflichtigen für Betreuungsbedarf pp. auf einseitigen Antrag des betreuenden Elternteils auf diesen übertragen werden (§ 32 VI 6 EStG). Nach Auffassung des BVerfG[67] genügen die das Kindergeld betreffenden Regelungen in ihrer sozialrechtlichen, steuerrechtlichen und familienrechtlichen Verflechtung dem Gebot der Normenklarheit immer weniger, da nicht erkennbar sei, inwieweit das Kindergeld in seiner Doppelfunktion als Sozial- und als steuerliche Ausgleichsleistung Steuergerechtigkeit herstellen solle und welcher Anteil hiervon staatliche Familienförderung sei. Das BVerfG hat den Gesetzgeber aufgefordert, Abhilfe zu schaffen.

512 a § 1612 b BGB, insbesondere Absatz V der Vorschrift, regelt die unterhaltsrechtliche Berücksichtigung des Kindergeldes abschließend. Verfügt der Schuldner nach teilweiser Verrechnung des Kindergeldes über mehr als seinen notwendigen Selbstbehalt, z. B. weil er drei Kindern unter sechs Jahren den Unterhalt nach der 1. Einkommensgruppe der Düsseldorfer Tabelle von 199 – 7 (Kindergeldanteil) = 192,– € zu zahlen hat, so muss ihm dieser ohnehin meist nur geringe Betrag, hier von 21,– €, verbleiben. Er braucht ihn nicht für den Unterhalt eines anderen Kindes oder des Ehegatten einzusetzen.[68] Dies ergibt sich schon

---

[60] BGH, FamRZ 2002, 536, 539 ff. = R 572 f.; FamRZ 2003, 363, 366 = R 584 c mit Anm. Scholz FamRZ 2003, 514

[61] BGH, FamRZ 2003, 363, 366 = R 584 c mit Anm. Scholz FamRZ 2003, 514; Heger, FamRZ 2001, 1409; Soyka FamRZ 2001, 741; Graba NJW 2001, 253; teilweise anders Wohlgemuth FamRZ 2001, 743

[62] BVerfG, FamRZ 2003, 1370 = R 593; BGH, FamRZ 2003, 445 = R 587 b

[62a] BVerfG, FamRZ 2003, 1370, 1377 = R 593

[63] FamRZ 2003, 445 = R 587 c; vgl. auch OLG Düsseldorf FamRZ 2001, 1096; OLG Brandenburg FamRZ 2002, 1217

[64] BGH; FamRZ 1995, 215 = R 483

[65] BGH, FamRZ 2003, 445 = R 587 b

[66] Vgl. BGH, FamRZ 2003, 445 = R 587 b

[67] FamRZ 2003, 1370, 1374 f. = R 593

[68] A. A. OLG Hamm, FamRZ 2000, 1248 und die Vorauflage Rn. 511

daraus, dass Kindergeld nach der Rechtsprechung des BGH[69] kein unterhaltsrelevantes Einkommen ist.

IV. Besonderheiten der Kindergeldverrechnung bei volljährigen Kindern

a) Volljährige Kinder ohne Privilegierung. Bis zum 30. 6. 1998 minderte Kindergeld die Bedürftigkeit, wenn es dem Kind von dem berechtigten Elternteil zugewendet wurde. Von dem Restbedarf wurde der Haftungsanteil der Eltern berechnet. Dies führte dazu, dass die Eltern entsprechend diesem Haftungsanteil am Kindesunterhalt beteiligt wurden. Vgl. die 4. Auflage Rn. 511 ff. 513

Seit dem 1. 7. 1998 erfolgt die Anrechnung des Kindergeldes bei volljährigen Kindern nach § 1612 b I, II BGB. Der Bedarf des volljährigen Kindes ist nicht mehr um das Kindergeld, sondern nur um etwa anzurechnendes Einkommen des Kindes zu kürzen. Dieser (Rest-)Bedarf ist Basis für die Errechnung der Haftungsanteile der Eltern. Das Einkommen beider Eltern ist um einen Sockelbetrag in Höhe des angemessenen Selbstbehalts zu ermäßigen (vgl. Rn. 447). Der Haftungsanteil des Elternteils, der das Kindergeld nicht bezieht, ist um die Hälfte des auf das Kind entfallenden Kindergeld zu kürzen (§ 1612 b I BGB); der Haftungsanteil des anderen ist um das hälftige Kindergeld zu erhöhen (§ 1612 b II BGB).[70]

Beispiel:
Das auswärts studierende Kind verlangt 600,– € monatlichen Unterhalt von seinen Eltern. Bereinigtes Einkommen des Vaters (V) 1900,– €, der Mutter (M) 1600,– €. M bezieht das Kindergeld von 154,– €.
Nach Vorwegabzug von jeweils 1000,– € beträgt das vergleichbare Einkommen des V 900,– €, das der M 600,– €.
Haftungsanteil des V: 1600 × 900 : 1500 = 360,– €.
Haftungsanteil der M: 600 × 600 : 1500 = 240,– €.
V hat zu zahlen 360 – 77 (Kindergeldanteil) = 283,– €.
M hat zu zahlen 240 + 77 (Kindergeldanteil) = 317,– €.

Die Neuregelung begünstigt den weniger verdienenden Elternteil, da ihm das Kindergeld nunmehr zur Hälfte zusteht, während es ihm bis zum 30. 6. 1998 nur entsprechend seinem niedrigeren Haftungsanteil zugute kam. Verfassungsrechtliche Bedenken bestehen dagegen nicht,[71] da es dem Gesetzgeber freisteht, die Anrechnung zu vereinfachen und das Kindergeld jedem Elternteil pauschal nur zur Hälfte gutzubringen. Dies ist wegen der von ihm gewählten steuerlichen Lösung (Rn. 487 ff.) kaum zu vermeiden. Zudem ist es dem Gesetzgeber nicht verwehrt, dem Umstand Rechnung zu tragen, dass ein Elternteil, der mangels Leistungsfähigkeit nicht zur Zahlung von Barunterhalt verpflichtet ist, gleichwohl häufig das Kind in überobligationsmäßiger Weise unterstützt. Vgl. dazu Rn. 515. Entgegen Weychardt[72] besteht auch kein Grund, wegen der Kindergeldverrechnung nach § 1612 b BGB den Vorwegabzug eines Sockelbetrages zu unterlassen.

Nach Auffassung des OLG Hamburg[73] soll das Kindergeld nur teilweise anzurechnen sein, wenn sich ein Elternteil lediglich mit einer Quote von 25% oder darunter am Kindesunterhalt zu beteiligen hat; vgl. auch Rn. 515. Dies widerspricht jedoch dem Halbteilungsgrundsatz des § 1612 b I, II BGB. Vielmehr ist nach § 74 I 3, 4 EStG zu verfahren. Danach kann das Kindergeld an das Kind selbst oder an den anderen Elternteil ausgezahlt werden, wenn ein Elternteil nur Unterhalt in Höhe eines Betrages zu leisten braucht, der niedriger ist als das in Betracht kommende Kindergeld. Es muss daher dem Elternteil, der das Kindergeld nicht bezieht, überlassen bleiben, bei der Familienkasse eine entsprechende Auszahlung des Kindergeldes zu erwirken. Vgl. dazu Rn. 494. Zudem steht es ihm frei, beim Finanzamt 514

[69] FamRZ 2000, 1494 = R 546 d
[70] OLG Hamm, FamRZ 1999, 1018
[71] So aber Künkel, FPR 1998, 167, 171
[72] FamRZ 1999, 828
[73] FamRZ 2003, 180, 183

zu beantragen, dass der Kinderfreibetrag für das sächliche Existenzminimum (Rn. 493) nach § 32 VI 6 EStG auf ihn übertragen wird.

Erhält das volljährige Kind das Kindergeld nach § 74 EStG selbst, ist es als bedarfsdeckendes Einkommen des Kindes zu berücksichtigen (§ 1612 b III BGB).[74] Vgl. dazu Rn. 505. Dann haften die Eltern nur für den Restbedarf anteilig nach ihren Erwerbs- und Vermögensverhältnissen.

515 Im Gesetz nicht ausdrücklich geregelt ist der häufig vorkommende Fall, dass ein **Elternteil,** insbesondere derjenige, der das Kindergeld für das volljährige Kind bezieht, **nicht leistungsfähig** und daher nicht barunterhaltspflichtig ist, weil sein anrechenbares Einkommen den angemessenen Selbstbehalt von 1000,– € (vgl. Rn. 417) unterschreitet. Dies wird häufig auf die Mutter zutreffen, die das Kind während der Minderjährigkeit betreut hat. Der Vater ist dann allein barunterhaltspflichtig und muss den gesamten Bedarf des Kindes decken. Nach dem bis zum 30. 6. 1998 geltenden Recht kam ihm dann in der Regel das Kindergeld voll zugute, weil es bedarfsdeckend anzurechnen war, wenn die Mutter es dem Kind zuwendete. Nach neuem Recht greift dagegen § 1612 b I BGB ein, nach dem das Kindergeld nur zur Hälfte auf den Unterhaltsanspruch anzurechnen ist (vgl. Rn. 501).[75] Ich halte dieses Ergebnis für sachgerecht und nicht korrekturbedürftig. Lebt das Kind weiter bei dem nicht leistungsfähigen Elternteil, z. B. bei der Mutter, so kommt das Kindergeld ihm zugute, da es Teil des Einkommens der Mutter ist und daher für den gemeinsamen Haushalt verwendet wird, die Mutter zudem auch dem volljährigen Kind geldwerte Dienste durch Kochen, Putzen usw. zu erbringen pflegt.[76] Auch wenn das Kind z. B. als Student auswärts wohnt, ist nach § 1612 b I BGB zu verfahren.[76a] Nach der Lebenserfahrung kann davon ausgegangen werden, dass der nicht leistungsfähige Elternteil das Kind weiter unterstützt, ihm z. B. Geld oder Lebensmittel zuwendet, es bei Besuchen an den Wochenenden und den Ferien beköstigt und versorgt und es auf diesem Wege am Kindergeld beteiligt. Zwar mögen diese Zuwendungen dogmatisch gesehen freiwillige Leistungen Dritter sein, die grundsätzlich nicht als Unterhalt zu werten sind (vgl. Rn. 100 ff.). Dem Gesetzgeber steht es aber gleichwohl frei, den nicht leistungsfähigen Elternteil am Kindergeld hälftig zu beteiligen.[77] Für den Fall, dass er das Kindergeld ausschließlich für sich verwendet, hat der Gesetzgeber in § 74 EStG Vorsorge getroffen. Das Kind kann dann bei der Familienkasse beantragen, dass ihm das Kindergeld ausgezahlt wird. Vgl. dazu Rn. 494.

515 a **b) Privilegiert volljährige Kinder.** Auch bei derartigen Kindern haften die Eltern anteilig für den Unterhalt. Nur ausnahmsweise ist der Sockelbetrag auf den notwendigen Selbstbehalt zu senken, wenn bei Vorwegabzug des angemessenen Selbstbehalts der Bedarf des Kindes nicht sichergestellt werden kann. Vgl. Rn. 468. Das Kindergeld ist in der in Rn. 513 geschilderten Weise zu verrechnen.

515 b Ist bei einem privilegiert volljährigen Kind nur ein Elternteil barunterhaltspflichtig, ist das Kindergeld hälftig auf den Barunterhalt anzurechnen, da das Kind im Haushalt des nicht barunterhaltspflichtigen Elternteils lebt.[78] Vgl. auch Rn. 515.

515 c **§ 1612 b V BGB** ist bei einem privilegiert volljährigen Kind nicht entsprechend anwendbar.[79] Das Gesetz kennt Regelbeträge nur bei minderjährigen, dagegen nicht bei volljährigen Kindern (§ 1612 a I, III BGB). Es stellt die privilegiert volljährigen Kindern nur hinsichtlich der Leistungsfähigkeit und des Ranges den Minderjährigen gleich, nicht aber in sonstigen Fällen, z. B. bei der anteiligen Haftung der Eltern für den Barunterhalt (§ 1606 III 1 BGB),

---

[74] OLG Brandenburg, FamRZ 2003, 553

[75] A. A. OLG Düsseldorf, FamRZ 1999, 1452

[76] So auch OLG Brandenburg, FamRZ 2002, 1216; OLG Celle, FamRZ 2001, 47; OLG Nürnberg, NJW-RR 2000, 598; a. A. OLG Hamburg, JAmt 2001, 300; OLG Schleswig, FamRZ 2000, 1245; SchL 14 (volle Anrechnung des Kindergeldes)

[76a] OLG Celle, FamRZ 2003, 1408

[77] A. A. OLG Brandenburg, FamRZ 2003, 553; OLG Hamm, FamRZ 2001, 1727

[78] Vgl. OLG Brandenburg, FamRZ 2002, 1216; OLG Celle, FamRZ 2001, 47; OLG Nürnberg, NJW-RR 2000, 598; SchL 14 Vgl. auch Rn 515

[79] OLG Hamburg, FamRZ 2003, 180, 183; SchL 14; Soyka, Die Berechnung des Volljährigenunterhalts, 2. Aufl., Rn. 210; a. A. OLG Hamm, FamRZ 2001, 1727; OLG Koblenz 2002, 967, 969; OLG Düsseldorf, FUR 2002, 232; Göppinger/Häußermann, Unterhaltsrecht, 8. Aufl., Rn. 798

bei der Verwirkung (§ 1611 BGB), bei der Zulässigkeit des Vereinfachten Verfahrens (§ 645 ZPO) und im Rahmen der Zwangsvollstreckung (§ 850d II lit. a ZPO). Zudem passt § 1612b V BGB auf die Barunterhaltspflicht beider Eltern nicht, die auch bei volljährigen Kindern die Regel ist. Vgl. dazu Rn. 453. Schließlich ist die Vorschrift aus verfassungsrechtlichen Gründen eng auszulegen (Rn. 512).

V. Prozessuales

Im **Urteil** oder einem sonstigen Vollstreckungstitel ist der anzurechnende Kindergeldanteil 516
betragsmäßig auszuweisen. Vgl. dazu das Beispiel Rn. 246h. Der Urteilsausspruch darf nicht so gefasst werden, dass der Schuldner z.B. zu 384,– € Kindesunterhalt oder zu 135% des Regelbetrages der 3. Altersstufe „abzüglich der Hälfte des jeweiligen gesetzlichen Kindergeldes" verurteilt wird. Dies widerspricht dem Bestimmtheitsgrundsatz (vgl. § 253 ZPO).[80] Nach der Änderung des § 647 I Nr. 1 c ZPO zum 1. 1. 2002 wird man jedenfalls im Rahmen des vereinfachten Verfahrens eine eindeutig gefasste Anrechnungsformel, auch wenn sie keinen bestimmten Betrag nennt, im Hinblick auf § 1612b V BGB für zulässig halten müssen.[81] Das entspricht dem Willen des Gesetzgebers.[82] Es ist allerdings nicht zu verkennen, dass ein hinsichtlich des Kindergeldes nicht bestimmter Urteilstenor insbesondere an die Lohnbuchhaltungen der Arbeitgeber, die auf Grund eines Pfändungs- und Überweisungsbeschlusses gepfändete Beträge an den Gläubiger abführen müssen, kaum zumutbare Anforderungen stellt, zumal da ihnen nach Aufhebung des § 73 EStG die Auszahlung des Kindergeldes nicht mehr obliegt. Von ihnen kann nicht erwartet werden, dass sie über die Höhe des Kindergeldes, die allein zwischen 1996 bis 2002 fünfmal geändert worden ist, stets zuverlässig informiert sind. Es ist daher dringend zu empfehlen, jedenfalls die derzeitige Höhe des anzurechnenden Kindergeldes im Antrag und im Vollstreckungstitel anzugeben.[83]

Zur **Pfändung** des Anspruchs auf Kindergeld vgl. § 76 EStG.

8. Abschnitt: Sonderprobleme des Kindesunterhalts

I. Auskunftspflichten

Nach § 1605 I BGB sind **Eltern gegenüber Kindern,** aber auch **Kinder gegenüber** 517
ihren Eltern verpflichtet, auf Verlangen über ihre Einkünfte und ihr Vermögen Auskunft zu erteilen, soweit dies zur Feststellung eines Unterhaltsanspruchs erforderlich ist. Unter Umständen schulden auch die **Eltern untereinander** Auskunft, wenn dies notwendig ist, um ihre Haftungsanteile nach § 1606 III 1 BGB festzustellen.[1] Wegen der Einzelheiten vgl. Rn. 1/665ff.

Eine **Auskunftsverpflichtung** besteht allerdings **nicht,** wenn die begehrte Auskunft den 518
Unterhaltsanspruch oder die Unterhaltsverpflichtung unter keinem Gesichtspunkt beeinflussen kann.[2] Dies ist nicht schon dann der Fall, wenn der Unterhalt wie z.B. beim Studenten mit eigenem Haushalt nach **festen Bedarfssätzen** bemessen wird (teilweise anders Dose

---

[80] OLG Düsseldorf (8. FS), FamRZ 2001, 1096, 1098; OLG Naumburg, FamRZ 2002, 837; OLG Saarbrücken, JAmt 2002, 94

[81] So z.B. „Auf den Unterhalt ist das jeweilige hälftige Kindergeld für ein erstes Kind anzurechnen, soweit dieses zusammen mit dem Unterhalt 135% des Regelbetrages übersteigt." So OLG Düsseldorf (1. FS), FamRZ 2002, 1046; zu ähnlichen Formulierungen vgl. OLG Köln, JAmt 2000, 95; OLG Stuttgart, JAmt 2001, 369; Johannsen/Henrich/Graba, Eherecht, 4. Aufl., § 1612a Rn. 11a

[82] BT-Drs 14/7349 S. 25f.

[83] So mit Recht Johannsen/Henrich/Voßkuhle, § 647 ZPO Rn. 4

[1] BGH, FamRZ 1988, 268 = R 351

[2] BGH, FamRZ 1994, 1169 = R 481

Rn. 1/665). Auch der Unterhalt des Studenten oder des volljährigen Kindes mit eigenem Haushalt, der nach allgemeiner Ansicht in der Regel mit 600,– € angesetzt wird (vgl. Rn. 369; zum Studentenunterhalt im Beitrittsgebiet Rn. 420), kann bei guten Einkommensverhältnissen der Eltern erhöht werden (vgl. Rn. 128 ff., 376). Dem Kind muss daher die Möglichkeit offen stehen, durch Geltendmachung des Auskunftsanspruchs zu prüfen, ob die Eltern in derartig günstigen Verhältnissen leben. Zudem ist die Auskunft bei beiderseits barunterhaltspflichtigen Eltern in aller Regel erforderlich, um die Haftungsanteile der Eltern zu klären (zu den Haftungsanteilen der Eltern beim Volljährigenunterhalt Rn. 433 ff.).

519 Über die Höhe der Einkünfte sind auf Verlangen Belege, insbesondere **Gehaltsabrechnungen** und/oder Bescheinigungen des Arbeitgebers vorzulegen. Solche Belege müssen bei gerichtlicher Geltendmachung des Auskunftsanspruchs im Antrag genau bezeichnet werden. Die Vorlage der **Lohnsteuerkarte** reicht jedenfalls dann nicht aus, wenn der Auskunftspflichtige nicht lohnsteuerpflichtige Einkünfte, z. B. Überstundenvergütungen, bezogen haben kann. Vgl. auch Rn. 1/679.

II. Rangfolge der Unterhaltsberechtigten und Unterhaltsverpflichteten

520 Vgl. zur Beeinträchtigung der Leistungsfähigkeit durch Unterhaltsansprüche anderer Berechtigter und zu Mangelfällen beim Kindesunterhalt Rn. 159 ff., 429 ff. Allgemein zur Rangproblematik und zu Mangelfällen Rn. 5/1 ff., 5/35 ff.

III. Vereinbarungen zum Kindesunterhalt

1. Allgemeines

520 a Vereinbarungen zum Kindesunterhalt sind nur eingeschränkt zulässig, weil auf künftigen Unterhalt nicht verzichtet werden darf (§ 1614 I BGB). Vgl. dazu Rn. 521. Es ist aber möglich, durch Vereinbarung einen Anspruch auf Unterhalt zu begründen, auch wenn die gesetzlichen Voraussetzungen hierfür nicht vorliegen. So kann sich der Vater z. B. verpflichten, während einer Zweitausbildung nach dem Gesetz nicht geschuldeten Unterhalt zu zahlen. Eine solche Vereinbarung setzt aber eine eindeutige vertragliche Vereinbarung voraus; allein die Berufung auf Treu und Glauben ist nicht ausreichend. Nur ausnahmsweise kann sich aus § 1618 a BGB die Verpflichtung ergeben, Zahlungen, die ein Elternteil in der Vergangenheit ohne Rechtspflicht erbracht hat, für einen begrenzten Zeitraum fortzusetzen, wenn das Kind auf die Fortsetzung der Zahlungen vertrauen durfte und in diesem Vertrauen Dispositionen getroffen hat, die sich nicht sofort und ohne erhebliche Nachteile rückgängig machen lassen.[3]

520 b Vereinbarungen über den Kindesunterhalt selbst müssen zwischen dem volljährigen Kind und den Eltern bzw. einem Elternteil, beim minderjährigen Kind zwischen dem vertretungsberechtigten Elternteil und dem anderen getroffen werden. Für das minderjährige Kind muss also der allein Sorgeberechtigte, bei gemeinsamer Sorge der Elternteil, in dessen Obhut sich das Kind befindet (§ 1629 II 2 BGB; vgl. Rn. 316 a), die Vereinbarung schließen. Bei noch verheirateten, aber getrennt lebenden Eltern kann ein Elternteil den Unterhaltsanspruch des Kindes nur im eigenen Namen geltend machen (§ 1629 III 1 BGB) und sich dann auch für das Kind mit dem anderen Elternteil über den Kindesunterhalt einigen. Solche Vereinbarungen, die als gesetzlicher Vertreter im Namen des Kindes geschlossen sind oder die nach § 1629 III 2 BGB für und gegen das Kind wirken, sind von Freistellungsvereinbarungen zwischen den Eltern zu unterscheiden. Vgl. dazu Rn. 525 ff.

520 c Die Eltern sind nicht verpflichtet, Unterhalt durch Entrichtung einer Geldrente zu gewähren. Vielmehr können sie nach § 1612 II 1 BGB bestimmen, in welcher Art und für welche Zeit im Voraus der Unterhalt erbracht werden soll. Dies gilt auch beim volljährigen

---

[3] BGH, FamRZ 2001, 1601 = R 562 b

Kind. Insbesondere können die Eltern festlegen, dass Naturalunterhalt (Rn. 9) im Haushalt eines Elternteils oder in einem Internat gewährt werden soll. Über die Modalitäten können sich die Eltern mit dem Kind, aber auch untereinander einigen.

2. Kein Verzicht auf zukünftigen Kindesunterhalt

Auf Kindesunterhalt **kann für die Zukunft nicht verzichtet** werden (§ 1614 I BGB). 521
Dieses Verbot betrifft auch einen teilweisen Unterhaltsverzicht. Deshalb darf eine Vereinbarung über den Kindesunterhalt sich nicht soweit vom gesetzlichen Unterhaltsanspruch entfernen, dass sie auf einen vollständigen oder teilweisen Verzicht hinausläuft. Das gilt auch für eine Beschränkung der Möglichkeit, eine Erhöhung des Kindesunterhalts im Wege der Abänderungsklage (§ 323 ZPO) zu verlangen. Ohne Bedeutung ist, ob die Parteien einen Verzicht ausdrücklich vereinbart haben. Es genügt, wenn der Kindesunterhalt objektiv verkürzt würde.[4] Deshalb ist auch eine Vereinbarung unzulässig, durch die das volljährige Kind oder der gesetzliche Vertreter des minderjährigen Kindes in Kenntnis des § 1614 I BGB zugesagt hat, keinen Anspruch auf Kindesunterhalt geltend zu machen.[5]

Für die Unterhaltsbemessung nach § 1610 BGB besteht ein gewisser **Spielraum,** der von 522
den Parteien ausgeschöpft werden kann. Eine Unterhaltsvereinbarung ist deshalb erst dann unwirksam, wenn und soweit sie diesen Angemessenheitsrahmen unterschreitet. In der Rechtsprechung wird eine Unterschreitung der gebräuchlichen Tabellensätze bis zu 20% als hinnehmbar erwogen, eine Unterschreitung um 1/3 dagegen als im Regelfall mit § 1614 I BGB unvereinbar angesehen.[6] Bei Unterschreitung um mehr als 20% ist im Einzelfall zu prüfen, ob ein gegen § 1614 I BGB verstoßender Verzicht vorliegt.

Zulässig ist ein **Verzicht** auf Kindesunterhalt **für die Vergangenheit.** Ein solcher 523
Verzicht erfordert einen Erlassvertrag (§ 397 BGB), der auch durch schlüssiges Verhalten zustande kommen kann und aufseiten des Gläubigers einen rechtsgeschäftlichen Aufgabewillen voraussetzt. Darin, dass ein Unterhaltsanspruch längere Zeit nicht geltend gemacht worden ist, liegt allein noch kein solcher Verzicht. Es ist vielmehr zu prüfen, ob der Berechtigte einen triftigen Grund für einen solchen Verzicht hatte oder ob nicht eine andere Erklärung für die Unterlassung der Rechtsausübung näher liegt.[7]

Die Wirkungen eines Unterhaltsverzichts können teilweise durch eine Freistellungsver- 524
einbarung zwischen den Eltern erreicht werden (vgl. Rn. 525 ff.). Ein solcher Vertrag hindert das Kind jedoch nicht an der Geltendmachung seines Unterhaltsanspruchs gegen den Elternteil, der nach der Abmachung zwischen seinen Eltern vom Kindesunterhalt freigestellt werden soll. Diesem Elternteil bleibt es vielmehr überlassen, bei dem anderen Rückgriff zu nehmen.

3. Freistellungsvereinbarungen der Eltern bezüglich des Kindesunterhalts

Eine Freistellungsvereinbarung der Eltern, durch die ein Elternteil gegenüber dem ande- 525
ren die Erfüllung der Unterhaltsverpflichtung für ein Kind übernimmt, ist **zulässig.** Durch eine solche Vereinbarung bleibt der Unterhaltsanspruch des Kindes unberührt.[8] Das Kind wird dadurch nicht gehindert, einen höheren Anspruch geltend zu machen, weil die Freistellungsvereinbarung am gesetzlichen Unterhaltsanspruch des Kindes nichts ändert.[9] In Ausnahmefällen kann die Freistellungsvereinbarung zwischen den Eltern auch als Vertrag zu

[4] BGH, FamRZ 1984, 997, 999 = R 223 d
[5] A. A. zum Trennungsunterhalt OLG Köln, FamRZ 2000, 609 mit Anm. Bergschneider
[6] BGH, FamRZ 1984, 997, 999 = R 223 d
[7] BGH, FamRZ 1981, 763
[8] BVerfG, FamRZ 2002, 343, 348 mit Anm. Schwab
[9] BGH, FamRZ 1986, 444 = R 285; vgl. auch OLG Hamm, FamRZ 1999, 163 zur Verbindung einer Freistellungsvereinbarung hinsichtlich des Kindesunterhalts mit einem unwirksamen Verzicht auf Trennungsunterhalt

Gunsten des (volljährigen) Kindes angesehen werden, wenn durch sie ein unmittelbarer Anspruch des Kindes gegen den freistellenden Elternteil begründet werden soll.

526 Die zwischen den Eltern verabredete Freistellung von Unterhaltsansprüchen des Kindes beinhaltet rechtlich eine Erfüllungsübernahme. Aufgrund einer solchen Abrede kann der vom Kind in Anspruch genommene Elternteil vom anderen verlangen, dass dieser den Anspruch des Kindes befriedigt.[10]

527 Eine Unterhaltsfreistellung ist **sittenwidrig** (§ 138 I BGB), wenn sie in einer Scheidungsvereinbarung enthalten ist, die einen Vorschlag zur Regelung der elterlichen Sorge über gemeinschaftliche Kinder enthält, der sich über das Kindeswohl bewusst hinwegsetzt. Die Rechtsordnung kann nicht eine Vereinbarung anerkennen, die nicht dem Wohl des Kindes, sondern materiellen egoistischen Interessen eines Elternteils dient. Dabei kommt es nicht entscheidend darauf an, ob der Richter dem Vorschlag der Eltern gefolgt ist oder ob er erkannt hat, dass zum Wohl des Kindes eine vom Vorschlag abweichende Sorgerechtsentscheidung erforderlich ist.[11] Allein die Verbindung des Elternvorschlags mit einer Unterhaltsfreistellung und mit der Regelung weiterer Scheidungsfolgen in einer notariellen Urkunde oder einem gerichtlichen Vergleich reicht dagegen zur Bejahung der Sittenwidrigkeit nicht aus.[12] Ein Verstoß gegen § 138 I BGB ist jedoch zu bejahen, wenn das Sorgerecht über ein Kind als Tauschobjekt für die Freistellung von Unterhaltspflichten benutzt wurde.[13] Die Frage, ob die Sorgerechtsentscheidung dem Kindeswohl entspricht, ist im Rahmen des § 138 I BGB im Unterhaltsverfahren zu überprüfen.

528 Eine Freistellungsvereinbarung ist regelmäßig sittenwidrig (§ 138 I BGB), wenn sie unzulässigerweise mit einer Verpflichtung gekoppelt wurde, auf Dauer von der Ausübung des **Umgangsrechts** mit einem gemeinsamen Kind abzusehen. Hiervon ist in der Regel auszugehen, wenn die Unterhaltsfreistellung und der Verzicht auf den Umgang, zu dem jeder Elternteil nicht nur berechtigt, sondern auch verpflichtet ist (§ 1684 I BGB), in einem Gegenseitigkeitsverhältnis stehen und in ihrer Wirksamkeit voneinander abhängig sein sollen.[14]

528 a Eine Freistellungsvereinbarung zwischen den Eltern kann auch dann sittenwidrig sein oder jedenfalls gegen Treu und Glauben verstoßen, wenn der betreuende, sozial schwächere Ehegatte nicht nur den Kindesunterhalt ganz oder zu einem wesentlichen Teil sicherzustellen hat, sondern zugleich auf nachehelichen Unterhalt verzichtet. Verfügt er weder über sonstiges Einkommen noch über ausreichendes Vermögen, zwingt ihn die Vereinbarung entweder dazu, die Betreuung des Kindes ganz oder teilweise in fremde Hände zu legen, um einer Erwerbstätigkeit nachgehen zu können, oder mit dem Kind in Verhältnissen zu leben, die dessen Entwicklung nachhaltig beeinträchtigen.[15]

IV. Familienrechtlicher Ausgleichsanspruch

1. Ausgleich zwischen den Eltern

529 Ein familienrechtlicher Ausgleichsanspruch ist in der Rechtsprechung des BGH für Fälle anerkannt, in denen **ein Elternteil allein für den Unterhalt eines gemeinsamen Kindes aufgekommen** ist, obwohl auch der andere dem Kind unterhaltspflichtig war. Er beruht auf der Unterhaltspflicht beider Eltern gegenüber ihrem Kind und ergibt sich aus der Notwendigkeit, die Unterhaltslast im Verhältnis zwischen ihnen entsprechend ihrem Leistungsvermögen gerecht zu verteilen.[16] Bei den mit Hilfe des familienrechtlichen Ausgleichs-

[10] BGH, FamRZ 1986, 444 = R 285
[11] BGH, FamRZ 1986, 444 = R 285
[12] BGH, FamRZ 1986, 444 = R 285
[13] BGH, FamRZ 1984, 778 = R 219
[14] BGH, FamRZ 1984, 778 = R 219
[15] BVerfG, FamRZ 2001, 343, 348 mit Anm. Schwab = R 553 b; auch BVerG, FamRZ 2003, 985 = R 558
[16] BGH, FamRZ 1994, 1102 = R 480; FamRZ 1989, 850 = NJW 1989, 2816; FamRZ 1960, 194 = NJW 1960, 957

anspruchs geforderten Ersatzbeträgen handelt es sich wirtschaftlich gesehen um rückständige Unterhaltsleistungen, nämlich um Geldleistungen, die anstelle des Unterhalts dem Dritten zu erbringen sind, der die Unterhaltslast zunächst auf sich genommen hat.[17] Gleichwohl ist der Anspruch seiner Rechtsnatur nach kein Unterhalts-, sondern ein Erstattungs-(Ausgleichs-)anspruch.[18] Er kann nicht nur bei Gewährung laufenden Unterhalts, sondern auch bei Vorfinanzierung von Sonderbedarf, z. B. der Kosten einer ärztlichen Behandlung, in Betracht kommen.[19] Vom familienrechtlichen Ausgleichsanspruch wird teilweise auch gesprochen, wenn ein Ehegatte dem anderen Teil Leistungen, insbesondere sog. ehebedingte Zuwendungen, erbracht hat[20] oder wenn er unfreiwillig von seinem Einkommen höhere Zahlungen für den Familienunterhalt geleistet hat, als seiner anteilmäßigen Haftung entspricht.[21] Vgl. auch Rn. 3/42, 79 ff.

Der Anspruch eines Elternteils auf **Ausgleich des** dem anderen Elternteil gezahlten **530**
Kindergeldes (Rn. 500 ff.) ist ein Unterfall des familienrechtlichen Ausgleichsanspruchs,[22] obwohl hier nicht gezahlter Unterhalt, sondern eine vorweg genommene Steuervergütung bzw. eine staatliche Sozialleistung im Rahmen des Familienleistungsausgleichs (Rn. 487) ausgeglichen werden soll. Vgl. dazu näher Rn. 539.

Eine Erstreckung des familienrechtlichen Ausgleichsanspruchs auf sonstige Rückabwicklungsansprüche zwischen Eheleuten oder zwischen Eltern empfiehlt sich nicht.[23]

Die Einordnung des Kindergeldausgleichs in den familienrechtlichen Ausgleichsanspruch **531**
bedingt eine **Erweiterung der** obigen **Definition** dieses Anspruchs (vgl. Rn. 529). Der familienrechtliche Ausgleichsanspruch dient

– dem Ausgleich von Unterhaltsleistungen, die ein Elternteil anstelle des anderen erbracht und durch die er dessen Unterhaltspflicht gegenüber dem Kind erfüllt hat,
– oder dem Ausgleich von Leistungen im Rahmen des Familienleistungsausgleichs, die für beide Eltern zur Erleichterung des Kindesunterhalts bestimmt, aber entgegen § 1612 b BGB nur einem Elternteil zugeflossen sind, obwohl sie auch dem anderen zugute kommen sollen. Vgl. Rn. 539.

Das Rechtsinstitut des familienrechtlichen Ausgleichsanspruchs ist erforderlich, weil die **532**
Vorschriften des allgemeinen Schuldrechts nicht stets ausreichen, um der Interessenlage gerecht zu werden.

- Eltern sind nicht Gesamtschuldner des Kindesunterhalts. Auch wenn beide barunterhaltspflichtig sind, haften sie dem Kind nur als Teilschuldner (vgl. Rn. 308, 437). Ein Gesamtschuldnerausgleich nach § 426 BGB scheidet daher aus.
- Ein Anspruch auf Aufwendungsersatz nach §§ 683, 670 BGB ist in vielen Fällen fraglich, weil der Elternteil, der den Kindesunterhalt zunächst sicherstellt, selbst unterhaltspflichtig ist und deshalb nicht stets in der Absicht handelt, eine Verpflichtung des anderen Elternteils zu erfüllen.[24]
- Aus demselben Grund kann ein Bereicherungsanspruch nach § 812 BGB ausscheiden. Zudem ist die Anwendung des § 818 III BGB nicht angemessen, wenn ein Elternteil anstelle des anderen für den Unterhalt eines Kindes sorgt.

Der BGH hat bisher offen gelassen, ob der familienrechtliche Ausgleichsanspruch die **533**
Anwendung der schuldrechtlichen Vorschriften, insbesondere der §§ 683, 812 ff. BGB, ausschließt.[25] Er hat jedoch die Einschränkungen, denen der familienrechtliche Ausgleichsanspruch unterliegt, vor allem die entsprechende Anwendung der § 195 (früher § 197) BGB, § 1613 BGB (vgl. unten Rn. 541 f.), auch dann eingreifen lassen, wenn der Ausgleich aus Geschäftsführung ohne Auftrag oder ungerechtfertigter Bereicherung hergeleitet wird.[26]

---

17 BGH, FamRZ 1984, 775 = NJW 1984, 2158
18 BGH, FamRZ 1984, 775, 777 = NJW 1984, 2158
19 OLG Köln, FamRZ 2003, 251 mit Anm. Wever
20 BGH, FamRZ 1995, 537 = R 493 b; FamRZ 1994, 1167
21 OLG Celle, FamRZ 1999, 162
22 BGH, FamRZ 2002, 536, 541 = R 572 f; FamRZ 1997, 806; FamRZ 1988, 834
23 Vgl. Wever, Vermögensauseinandersetzung der Ehegatten, 3. Aufl., Rn. 673
24 BGH, FamRZ 1960, 194 = NJW 1960, 957
25 BGH, FamRZ 1994, 1102, 1104 = R 480; FamRZ 1984, 775, 777 = NJW 1984, 2158
26 BGH, FamRZ 1994, 1102, 1104 = R 480; FamRZ 1984, 775, 777 = NJW 1984, 2158

534 Der Forderungsübergang nach § 1607 II BGB erlaubt einen Ausgleich der Unterhaltsleistungen, die ein Elternteil anstelle des anderen für das Kind erbracht hat, nur dann, wenn die Rechtsverfolgung im Inland ausgeschlossen oder erheblich erschwert ist. Auf diese Anspruchsvoraussetzung kann nicht verzichtet werden. Dies hindert den Elternteil aber nicht daran, einen familienrechtlichen Ausgleichsanspruch geltend zu machen.[27] Zu § 1607 BGB vgl. Rn. 546 ff.

534 a Ein Elternteil kann **Erstattung** geschuldeter Unterhaltsleistungen **von dem Kind** selbstverständlich weder über § 812 BGB noch mit Hilfe des familienrechtlichen Ausgleichsanspruchs verlangen. Nur ausnahmsweise kommt in engen Grenzen ein Ersatzanspruch nach § 1648 BGB hinsichtlich solcher Aufwendungen in Betracht, die ein Elternteil über den Unterhalt hinaus erbracht hat. Entscheidend ist nicht, ob die Aufwendung notwendig war, sondern ob der Elternteil sie nach den Umständen, insbesondere den Vermögensverhältnissen des Kindes entsprechend dem Haftungsmaßstab des § 1664 I BGB subjektiv für erforderlich halten durfte. Anders als im Rahmen des § 685 BGB besteht keine tatsächliche Vermutung dafür, dass dem Elternteil die Absicht fehlt, von dem Kind Ersatz zu verlangen.[28]

2. Erfüllung einer dem anderen Elternteil obliegenden Unterhaltspflicht

535 Der Elternteil, der den Unterhalt für das Kind geleistet hat, muss anstelle des anderen Elternteils gehandelt, also mit seiner Leistung eine im Innenverhältnis der Eheleute zueinander **dem anderen obliegende Verpflichtung** gegenüber dem Kind **erfüllt** haben.[29] Im Rahmen des Ausgleichsanspruchs muss also geprüft werden, ob der andere Elternteil dem Kind unterhaltspflichtig, insbesondere ob er in dem Zeitraum, für den der Ausgleich verlangt wird, leistungsfähig war.[30] Waren beide Elternteile barunterhaltspflichtig, muss ihr Haftungsanteil nach § 1606 III 1 BGB ermittelt werden (vgl. Rn. 289 ff., 433 ff.). Der Ausgleichsanspruch ist dann nur insoweit begründet, als der andere Elternteil sich am Unterhalt zu beteiligen hatte.

536 Der Elternteil, der anstelle des anderen leistet, erbringt dem Kind in der Regel keinen Barunterhalt, sondern **Naturalunterhalt,** indem er den gesamten Lebensbedarf des Kindes in seinem Haushalt sicherstellt. Die Entscheidungen, in denen der BGH das Institut des familienrechtlichen Ausgleichsanspruchs entwickelt hat, betrafen gerade derartige Fallgestaltungen.[31] Nicht verständlich ist daher, dass der BGH – ohne Auseinandersetzung mit diesen Urteilen – nunmehr die Auffassung vertritt, dass ein „Elternteil, der einem gemeinsamen ehelichen Kind Betreuungs- und Barleistungen erbracht hat, ... daher vom anderen Elternteil ... grundsätzlich nur Erstattung geleisteten Barunterhalts, nicht dagegen Ersatz für geleistete Betreuung verlangen“ kann.[32] Der BGH übersieht, dass es bei derartigen Fallgestaltungen nicht um Ersatz des Betreuungsunterhalts geht, sondern um die Erstattung des Aufwandes, der dem Elternteil durch die Gewährung des Unterhalts in Natur entstanden ist (zum Bar-, Betreuungs- und Naturalunterhalt vgl. Rn. 8 ff.).[33] Wäre die Auffassung des BGH richtig, würde das Institut des familienrechtlichen Ausgleichsanspruchs weitgehend gegenstandslos werden. Vgl. auch Rn. 543. Nach Auffassung des OLG Frankfurt[34] soll der Aufwand, dessen Erstattung der betreuende Elternteil verlangen kann, nach der Düsseldorfer Tabelle ermittelt werden, und zwar auf der Basis seines

[27] BGH, FamRZ 1989, 850 = NJW 1989, 2816
[28] BGH, FamRZ 1998, 367, 368 = R 517 a hinsichtlich des Kaufs eines Pkws für ein vermögendes Kind
[29] BGH, FamRZ 1981, 761 = NJW 1981, 2348
[30] BGH, FamRZ 1960, 194, 197 = NJW 1960, 957
[31] BGH, FamRZ 1984, 775 = NJW 1984, 2158; FamRZ 1968, 450 = NJW 1968, 1780; FamRZ 1960, 194 = NJW 1960, 957
[32] BGH, FamRZ 1994, 1102 = R 480 mit Anm. Scholz, FamRZ 1994, 1314
[33] Scholz, FamRZ 1994, 1314
[34] FamRZ 1999, 1450; dagegen Wever, Vermögensauseinandersetzung, Rn. 696

Einkommens, nicht dagegen auf der Grundlage des Einkommens des barunterhaltspflichtigen Elternteils.

Der Elternteil, der für den Kindesunterhalt aufgekommen ist, kann nur Ausgleich verlangen, wenn er zur Zeit der Leistung die **Absicht** hatte, **Ersatz zu verlangen** (§ 1360 b BGB).[35] Dies gilt jedenfalls unter getrennt lebenden Eheleuten (§ 1361 IV 4 BGB).[36] Der BGH neigt offenbar dazu, § 1360 b BGB nach der Scheidung nicht mehr anzuwenden, hat dies aber letztlich offengelassen.[37] An die Darlegung und den Beweis, dass der leistende Ehegatte von dem anderen Ersatz zu verlangen beabsichtigte, sind für die Zeit nach der Trennung der Ehegatten keine hohen Anforderungen zu stellen, da in der Regel nicht anzunehmen ist, dass ein getrennt lebender Ehegatte den anderen begünstigen will. Zu § 1360 b BGB vgl. auch Rn. 3/79 ff. 537

Die Frage, ob das Kind einen Unterhaltsanspruch oder der bisher betreuende Elternteil einen familienrechtlichen Ausgleichsanspruch gegen den anderen Elternteil geltend machen kann, gewinnt praktische Bedeutung insbesondere dann, wenn das Kind während eines Unterhaltsprozesses **volljährig wird oder zum anderen Elternteil wechselt.** In beiden Fällen erlischt die Vertretungsmacht des bisher betreuenden Elternteils, entweder durch Eintritt der Volljährigkeit oder durch Obhutswechsel (§ 1629 II 2 BGB). Damit endet auch die gesetzliche Prozessstandschaft nach § 1629 III 1 BGB. Ein Prozess ist von dem volljährigen Kind oder bei einem Minderjährigen von einem Ergänzungspfleger fortzuführen. Vgl. dazu am Ende der Rn. 538

Das **volljährige Kind** kann den künftigen und den rückständigen Unterhalt allein gegen den pflichtigen Elternteil geltend machen. Über die Verwendung des künftigen Unterhalts entscheidet es allein. Der rückständige Unterhalt gebührt dagegen im Innenverhältnis dem bisher betreuenden Elternteil, wenn und soweit er bisher für den Unterhalt des Kindes in Natur aufgekommen ist (vgl. zum Naturalunterhalt Rn. 9). Ihm steht ein familienrechtlicher Ausgleichsanspruch gegen den anderen Elternteil zu. Die **Konkurrenz** dieses Anspruchs **zu dem fortbestehenden Unterhaltsanspruch** des Kindes wird am besten über das Institut der Gesamtgläubigerschaft (§ 428 BGB) gelöst.[38] Der Schuldner kann nach Belieben an einen der Gesamtgläubiger leisten. Das volljährige Kind ist gemäß §§ 242, 1618 a BGB verpflichtet, vom Pflichtigen eingehende Beträge an den bisher betreuenden Elternteil abzuführen. Darüber hinaus ist es gehalten, den Unterhaltsanspruch für die Zeit der Minderjährigkeit an ihn abzutreten.[39] Ist dagegen der Unterhalt mit Hilfe des Sozialamts sichergestellt worden, ist der Anspruch auf den Sozialhilfeträger übergegangen (§ 91 I BSHG) und kann vom Kind nicht mehr abgetreten werden. Der von Gießler[40] aufgezeigte Weg, dass der betreuende Elternteil gemäß § 267 BGB nachträglich bestimmt, dass mittels des ihm geleisteten Unterhalts der Anspruch des Kindes gegen den Verpflichteten getilgt werden sollte, ist m. E. nicht gangbar. Einmal leistet der betreuende Elternteil entgegen Gießler nicht anstelle des anderen Barunterhalt, sondern Natural- und Betreuungsunterhalt (vgl. dazu Rn. 8 ff., 536). Zum anderen bedarf es einer solchen Tilgungsbestimmung nicht, um den familienrechtlichen Ausgleichsanspruch zu begründen. Die Absicht des betreuenden Elternteils, für seine Aufwendungen vom anderen Ersatz zu verlangen, ergibt sich aus der Tatsache, dass er namens des Kindes Unterhalt gefordert hatte.[41] Vgl. dazu Rn. 537, 541.

Dieselben Grundsätze gelten für das **minderjährige Kind** nach einem Obhutswechsel. Es wird in der Regel notwendig sein, für das Kind einen Ergänzungspfleger zu bestellen (§ 1909 BGB). Der nunmehr betreuende Elternteil ist nicht befugt, im Namen des Kindes dessen Unterhaltsanspruch gegen sich selbst an den anderen abzutreten (§ 1629 II 1 BGB).[42] Zwar gilt § 1629 III 1 BGB auch für Passivprozesse, z. B. für einen Rechtsstreit, mit dem das

---

[35] BGH, FamRZ 1989, 850, 852 = NJW 1989, 2816
[36] BGH, FamRZ 1968, 450 = NJW 1968, 1780
[37] BGH, FamRZ 1989, 850, 852 = NJW 1989, 2816
[38] A. A. Gießler, FamRZ 1994, 800, 805
[39] Gießler, FamRZ 1994, 800, 805
[40] Gießler, FamRZ 1994, 800, 806; ebenso OLG Frankfurt, FamRZ 1999, 1450; OLG Karlsruhe, FamRZ 1998, 1190; OLG Koblenz, FamRZ 2002, 1281
[41] BGH, FamRZ 1989, 850, 852 = NJW 1989, 2816
[42] Gießler, FamRZ 1994, 800, 807

Kind auf Abänderung eines Titels über Kindesunterhalt in Anspruch genommen wird.[43] Darum geht es hier aber nicht.

3. Ausgleich von Kindergeld und anderen staatlichen kinderbezogenen Leistungen

539 Der **Ausgleich des Kindergeldes** erfolgt nach § 1612b I, II BGB über den Kindesunterhalt. Nach dem Halbteilungsgrundsatz steht jedem Elternteil grundsätzlich die Hälfte des Kindergeldes zu. Vgl. dazu Rn. 500 ff. Für die **Zukunft** hat die Anrechnung des Kindergeldes **ausschließlich nach § 1612 b BGB** zu erfolgen. Ein weiterer Ausgleich zwischen den Eltern findet nicht statt.

Diese Anrechnung des Kindergeldes nach § 1612b BGB, die allerdings kein zwingendes Recht darstellt und durch Parteivereinbarung ersetzt oder abgeändert werden kann, macht auch für die **Vergangenheit** grundsätzlich einen weiteren familienrechtlichen Ausgleich zwischen den Eltern entbehrlich. Dies gilt auch dann, wenn ein Elternteil geltend macht, er habe z. B. für ein volljähriges Kind mehr als den hälftigen Unterhalt geleistet. In einem solchen Fall kommt ein anderer als ein hälftiger Ausgleich des Kindergeldes grundsätzlich nicht in Betracht. Vgl. dazu Rn. 501, 515. Ein Urteil, in dem der Kindesunterhalt mit dem Kindergeld verrechnet worden ist, entscheidet mit Rechtskraftwirkung auch über den Ausgleich des Kindergeldes zwischen den Eltern.[44]

Jedoch kann einem Elternteil ausnahmsweise ein privatrechtlicher familienrechtlicher Ausgleichsanspruch zustehen, wenn das Kindergeld nicht entsprechend § 1612b BGB ausgeglichen worden ist, insbesondere wenn das Kindergeld entgegen §§ 62 ff. EStG an einen anderen Berechtigten ausgezahlt worden ist als dort vorgesehen, z. B. an den nicht betreuenden Elternteil, und deshalb die in § 1612b BGB vorgesehene Anrechnung des Kindergeldes nicht hat durchgeführt werden können. Zu beachten ist aber hier, dass dann die Familienkasse das zu Unrecht bezogene Kindergeld durch Verwaltungsakt zurückfordern kann.[45]

Nach § 1612b V BGB unterbleibt die Anrechnung des Kindergeldes, wenn und soweit der Barunterhaltspflichtige nicht in der Lage ist, Unterhalt in Höhe des Existenzminimums von 135% des Regelbetrages (abzüglich des hälftigen Kindergeldes) zu zahlen. Vgl. dazu Rn. 509 ff.). Durch diese Vorschrift wird die Anrechnung des Kindergeldes und dem gemäß auch der entsprechende familienrechtliche Ausgleichsanspruch beschränkt. Dem Unterhaltspflichtigen wird zugemutet, seinen Kindergeldanteil für den Unterhalt des Kindes einzusetzen, wenn andernfalls dessen Existenzminimum nicht gesichert wäre. Ihm wird daher eine Leistung des Staates indirekt wieder entzogen.[46]

Zum familienrechtlichen Ausgleichsanspruch, wenn nach dem bis zum 30. 6. 1998 geltenden Recht Kindergeld an den nicht berechtigten Elternteil ausgezahlt worden ist, vgl. die 4. Aufl. Rn. 538.

540 Andere Vergünstigungen, die Eltern für das Kind zustehen, sind nicht wie das Kindergeld auszugleichen. Sie erhöhen vielmehr das Einkommen des Empfängers und wirken sich dadurch auf die Höhe des Kindesunterhalts, ggf. auch auf die Höhe des Ehegattenunterhalts aus. Dies gilt zunächst für kinderbezogene Teile des **Familienzuschlags** zum Gehalt des Beamten, Richters und Soldaten bzw. des Ortszuschlags bei Angestellten und Arbeitern im öffentlichen Dienst (Rn. 496). Auch die **Freibeträge** nach § 32 VI 1 EStG, die sich ab 1. 1. 1996 nicht mehr beim Lohnsteuerabzug, wohl aber bei Solidaritätszuschlag und Kirchensteuer auswirken, jedoch nach wie vor bei der Einkommensteuerveranlagung berücksichtigt werden (Rn. 487), erhöhen allein das Einkommen desjenigen Elternteils, dem sie gewährt werden. Steuerrechtlich stehen sie jedem Elternteil zur Hälfte zu. Zur Übertragung der Freibeträge auf den anderen Elternteil Rn. 493. Ein Elternteil kann von dem anderen, bei dem sich die Freibeträge nicht oder nur unzureichend auswirken, die Zustimmung zu deren

---

[43] KG, FamRZ 1988, 313

[44] BGH, FamRZ 1988, 834

[45] FG Köln, FamRZ 2001, 1566; zur Handhabung der Rückforderung des Kindergeldes durch die Familienkasse, wenn dieses über Verrechnung mit dem Kindesunterhalt an den vorrangig Berechtigten „weitergeleitet" worden ist, vgl. Linderer in Heiß/Born, Unterhaltsrecht, 44 Rn. 24

[46] BGH, FamRZ 2002, 536, 541 = R 572 f.

Übertragung, soweit nach dem EStG zulässig, verlangen wenn er ähnlich wie beim Realsplitting (vgl. Rn. 1/584 f.) zusagt, etwaige Nachteile auszugleichen. Er muss aber nicht die Steuerersparnisse ersetzen, die der andere erzielen könnte, wenn er mit seinem jetzigen Ehepartner die Zusammenveranlagung nach § 26 I EStG wählt. Der entsprechende Anspruch auf Übertragung ist nach der recht weitgehenden Auffassung des BGH[47] ein Unterfall des familienrechtlichen Ausgleichsanspruchs. sodass §§ 195, 1613 I BGB analog heranzuziehen sind (vgl. Rn. 531, 541 f.).

Zum Verhältnis von Kindergeld und Kinderfreibeträgen im Rahmen des Familienleistungsausgleichs vgl. Rn. 487 ff.

4. Einschränkungen des familienrechtlichen Ausgleichsanspruchs

Da es sich bei den mit Hilfe des familienrechtlichen Ausgleichsanspruchs geforderten **541** Beträgen wirtschaftlich um rückständige Unterhaltsleistungen handelt (vgl. Rn. 529), besteht der Anspruch für die Vergangenheit nur in den Grenzen des § 1613 I BGB,[48] wenn nicht ausnahmsweise die Voraussetzungen des § 1613 II BGB gegeben sind. Er darf also erst ab Aufforderung zur Auskunft über Einkommen und Vermögen, ab **Verzug** oder ab Rechtshängigkeit zugesprochen werden. Es reicht allerdings aus, wenn der verpflichtete Elternteil durch eine Unterhaltsklage des Kindes, gesetzlich vertreten durch den ausgleichsberechtigten Elternteil, von seiner Zahlungsverpflichtung unterrichtet worden ist.[49] Dies hat insbesondere Bedeutung in den Fällen, in denen das Kind von einem Elternteil zum anderen gewechselt und diesem daraufhin das Sorgerecht übertragen worden ist. Zum Wechsel des Kindes zum anderen Elternteil vgl. Rn. 538; zum Ausgleichsanspruch des Elternteils, der den Naturalunterhalt des Kindes sichergestellt hat, vgl. Rn. 536; zum Unterhalt für die Vergangenheit vgl. Rn. 6/100 ff.

Beispiel:
Das Kind, gesetzlich vertreten durch die Mutter (M), hat durch Urteil Unterhalt seit 1. 1. 2001 erstritten. Der leistungsfähige Vater (V) zahlt nicht. Am 1. 1. 2003 wechselt das Kind zu V. Diesem wird im März 2003 anstelle von M das alleinige Sorgerecht übertragen. M, die aus dem Urteil über Kindesunterhalt mangels Vertretungsbefugnis nicht vollstrecken darf, kann von V Ersatz des von ihr sichergestellten Unterhalts für die Jahre 2001 und 2002 im Weg des familienrechtlichen Ausgleichsanspruchs verlangen.

Der Ausgleichsanspruch richtet sich auf wiederkehrende Leistungen; er unterliegt damit **542** der **dreijährigen Verjährung** nach § 195 BGB (bis zum 31. 12. 2001 der vierjährigen Verjährung nach § 197 BGB a. F.).[50] Die Verjährung beginnt mit dem Schluss des Jahres, in dem der Anspruch entstanden ist und in dem der Gläubiger von den den Anspruch begründenden Umständen Kenntnis erlangt hat oder ohne grobe Fahrlässigkeit Kenntnis hätte erlangen können (§ 199 I Nr. 1, 2 BGB). Solange die Ehe zwischen den Eltern besteht, ist die Verjährung gehemmt (§ 207 S. 1 BGB).[51] Zur Anwendung des seit dem 1. 1. 2002 geltenden Verjährungsrechts auf vor diesem Tag entstandene Ansprüche vgl. Art. 229 § 6 EGBGB.

Ein Elternteil darf durch Geltendmachung des familienrechtlichen Ausgleichsanspruchs **543** nicht ein **Urteil** oder einen gerichtlichen Vergleich über den **Kindesunterhalt unterlaufen.** In dem Rechtsstreit über den Kindesunterhalt werden die Leistungsfähigkeit beider Eltern und der Umfang ihrer Haftung geprüft. Dieses Urteil kann daher bei fortbestehender Barunterhaltspflicht nur auf Abänderungsklage veränderten Verhältnissen angepasst werden.[52] Anders ist es freilich, wenn der titulierte Anspruch auf Barunterhalt erloschen ist, weil

---

[47] BGH, FamRZ 1996, 725 = R 502; die Entscheidung betrifft z. T. heute nicht mehr geltendes Steuerrecht
[48] BGH, FamRZ 1984, 775 ff. = NJW 1984, 2158
[49] BGH, FamRZ 1989, 850, 852 = NJW 1989, 2816
[50] BGH, FamRZ 1960, 194 ff. = NJW 1960, 957
[51] BGH, FamRZ 1960, 194 ff. = NJW 1960, 957
[52] BGH, FamRZ 1994, 1102 = R 480 mit Anm. Scholz, FamRZ 1994, 1314; FamRZ 1981, 761 = NJW 1981, 2348

das Kind zu dem früher barunterhaltspflichtigen Elternteil gezogen ist und nunmehr von ihm Naturalunterhalt erhält. Dieser kann das Erlöschen der Barunterhaltspflicht und die Gewährung des Unterhalts in Natur gegenüber dem Kind jederzeit durch Vollstreckungsgegenklage (§ 767 ZPO) geltend machen, die nicht der Sperre des § 323 III ZPO unterliegt. Dann besteht aber kein Grund, dem Elternteil, der das Kind in seinen Haushalt aufgenommen und es in Natur unterhalten hat, den familienrechtlichen Ausgleichsanspruch gegen den anderen Elternteil zu versagen.[53] Vgl. dazu oben Rn. 536.

5. Verzinsung des Ausgleichsanspruchs

544 Der Ausgleichsanspruch ist ab Verzug oder Rechtshängigkeit zu verzinsen (§§ 288 I, 291 BGB). Die Geltendmachung des Unterhaltsanspruchs des Kindes, gesetzlich vertreten durch den ausgleichsberechtigten Ehegatten, reicht nicht aus (vgl. zur Problematik des § 1360 b BGB Rn. 537).[54] Eine Verzinsung nach § 256 S. 1 BGB hat der BGH abgelehnt, weil der ausgleichsberechtigte Ehegatte durch Sicherstellung des Kindesunterhalts keine Aufwendungen im Sinne dieser Vorschrift, also keine freiwilligen Vermögensopfer im Interesse eines anderen, erbracht habe.[55] Damit setzt sich der BGH allerdings in Widerspruch zu seiner grundlegenden Entscheidung vom 9. 12. 1959,[56] die unbefangen von Aufwendungen spricht. Gleichwohl ist die Ablehnung des Zinsanspruchs nach § 256 BGB zutreffend, weil die weitgehende Zinspflicht nach dieser Vorschrift nicht vereinbar ist mit der besonderen Natur des familienrechtlichen Ausgleichsanspruchs, der auf der Unterhaltspflicht beider Eltern gegenüber dem Kind und der Notwendigkeit beruht, die Unterhaltslast im Innenverhältnis zwischen den Eltern gerecht zu verteilen.[57]

V. Ersatzhaftung; gesetzlicher Forderungsübergang nach § 1607 BGB

545 **a) Reihenfolge der Haftung beim Kindesunterhalt.** Nach § 1606 II BGB haften unter den Verwandten der aufsteigenden Linie die näheren vor den entfernteren. Zunächst haben also die Eltern für den Unterhalt des Kindes aufzukommen, bevor eine Inanspruchnahme anderer Verwandter, insbesondere der Groß- oder gar der Urgroßeltern in Betracht kommt.[58] Wenn ein Elternteil nicht leistungsfähig ist, erhöht sich der Haftungsanteil des anderen (§ 1606 III 1 BGB).[59] Dies gilt auch dann, wenn ein Elternteil ein minderjähriges Kind betreut. § 1606 III 2 BGB, der die Betreuung als Unterhaltsgewährung ausreichen lässt, gilt nur im Verhältnis der Eltern zueinander, nicht aber im Verhältnis zu den nachrangig haftenden Großeltern.[60] Die betreuende Mutter muss daher, wenn der Vater erkrankt und deshalb nicht leistungsfähig ist, trotz der Betreuung kleiner Kinder eine Erwerbstätigkeit annehmen und für den Unterhalt der Kinder sorgen, soweit ihr dies möglich ist. Für die Erwerbsobliegenheit des betreuenden Elternteils gelten die in Rn. 50 ff. dargestellten Maßstäbe. Eine Ersatzhaftung der Großeltern kommt erst dann in Betracht, wenn der betreuende Elternteil den Bedarf des Kindes nicht decken kann.[61] Eine Haftung nach Verwandtschaftsstämmen (vgl. § 1924 BGB) ist in § 1606 II BGB nicht vorgesehen. Vielmehr haften alle noch lebenden Großeltern für den von den Eltern nicht gedeckten Bedarf des Enkelkindes nach Maßgabe ihrer Erwerbs- und Vermögensverhältnisse. Vgl. dazu Rn. 550.

---

[53] Scholz, FamRZ 1994, 1314, 1316 gegen BGH, FamRZ 1994, 1102, 1104 = R 480
[54] BGH, FamRZ 1989, 850, 853 = NJW 1989, 2816
[55] BGH, FamRZ 1989, 850, 853 = NJW 1989, 2816
[56] BGH, FamRZ 1960, 194 = NJW 1960, 957
[57] So mit Recht BGH, FamRZ 1989, 850, 853 = NJW 1989, 2816
[58] Johannsen/Henrich/Graba, Eherecht, 4. Aufl., § 1606 Rn. 3; § 1607 Rn. 3
[59] BGH, NJW 1971, 2069
[60] Schwab/Borth, Scheidungsrecht, 4. Aufl. IV Rn. 1192; Palandt/Diederichsen, § 1606 Rn. 19; § 1607 Rn. 6; a. A. Gerhardt, Handbuch des Fachanwalts Familienrecht, 4. Aufl. Kap. 6 Rn. 208 a
[61] Schwab/Borth, IV Rn. 1191

b) Primäre Haftung nachrangig Verpflichteter. Nach § 1607 I BGB hat ein nachrangig haftender Verwandter Kindesunterhalt zu zahlen, wenn der zunächst Verpflichtete nach § 1603 BGB nicht leistungsfähig und daher nicht unterhaltspflichtig ist. Die Vorschrift ordnet eine originäre Unterhaltspflicht des nachrangig haftenden Verwandten an. Daher besteht **keine Rückgriffsmöglichkeit** gegen den zunächst verpflichteten, aber nicht leistungsfähigen Verwandten, selbst wenn dieser später wieder leistungsfähig wird.[62] Deshalb geht auch der Unterhaltsanspruch des Kindes, anders als bei § 1607 II BGB (Rn. 554), nicht auf den nachrangig haftenden Verwandten über, wenn dieser den Unterhalt des Berechtigten sicherstellt. Die Ersatzhaftung der Großeltern greift insbesondere ein, wenn die Eltern den Unterhalt für ein minderjähriges oder privilegiert volljähriges Kind nicht aufbringen können. Dies ist bei getrennt lebenden Eltern, die für ein minderjähriges oder privilegiert volljähriges Kind zu sorgen haben, der Fall, wenn ihr notwendiger Selbstbehalt nach der Düsseldorfer Tabelle von 840,– € bzw. von 730,– € nicht gewahrt ist (vgl. Rn. 264, dort auch zu den Selbstbehaltssätzen anderer Oberlandesgerichte; Rn. 464). Beim volljährigen Kind kommt es auf die Wahrung des angemessenen Selbstbehalts an, der nach der Düsseldorfer Tabelle und den Leitlinien der meisten Oberlandesgerichte 1000,– € beträgt (Rn. 417; dort auch zu abweichenden Selbstbehaltssätzen). Bei zusammen lebenden Eltern, die für minderjährige Kinder verantwortlich sind, ist bei einem Elternteil auf den notwendigen Selbstbehalt, bei dem anderen auf den notwendigen Eigenbedarf nach B V der Tabelle von 615,– € bzw. 535,– € abzustellen), bei volljährigen Kindern auf den angemessenen Selbstbehalt von 1000,– € und bei mit einem Ehegatten zusammen lebenden Elternteil auf einen angemessenen Eigenbedarf von 750,– € nach DL 22. 2. Vgl. dazu Rn. 3/70. Wenn die Eltern bei Zahlung des Kindesunterhalts zwar ihren notwendigen Selbstbehalt wahren könnten, nicht aber ihren angemessenen Eigenbedarf, so können die Großeltern als andere unterhaltspflichtige Verwandte (Rn. 273) an ihrer Stelle zum Unterhalt verpflichtet sein, wenn sie in der Lage sind, den Unterhalt der Enkel ohne Gefährdung ihres eigenen (erhöhten) angemessenen Selbstbehalts aufzubringen (§ 1603 II 3 BGB). Vgl. dazu Rn. 548. 546

Der **Bedarf der Enkel** richtet sich nach den Lebensverhältnissen der Eltern (vgl. dazu Rn. 116, 273), nicht der Großeltern.[63] Lebt das Kind im Haushalt der Großeltern, wird man seine Lebensstellung wohl an den besseren Einkommensverhältnissen der Großeltern ausrichten können.[64] Wenn die Eltern nicht leistungsfähig sind, wird der Bedarf ihrer Kinder kaum über die Richtsätze der 1. Einkommensgruppe der Düsseldorfer Tabelle hinausgehen. Daher werden die Großeltern, auch wenn sie selbst in guten wirtschaftlichen Verhältnissen leben, in aller Regel nur in dieser Höhe Unterhalt für ihre Enkel zu zahlen haben. Dies gilt auch dann, wenn gegen die Eltern oder einen Elternteil höherer Kindesunterhalt tituliert ist, weil der Unterhaltstitel im Verhältnis zu den Großeltern keine Wirkung entfaltet, er zudem auf einem zu hohen früheren Einkommen beruhen dürfte und die Kinder ein Absinken des Einkommens ihrer Eltern mitzutragen haben (Rn. 116). Zum Unterhaltsanspruch gegen die Großeltern bei Ansatz eines fiktiven Einkommens vgl. Rn. 554. 547

Die Großeltern können sich gegenüber ihren Enkeln auf ihren **angemessenen Selbstbehalt** berufen (§ 1603 I BGB). Eine gesteigerte Unterhaltspflicht gegenüber minderjährigen und privilegiert volljährigen Kindern besteht nicht. Im Gegenteil ist der angemessene Selbstbehalt der Großeltern höher als derjenige anzusetzen, der den Eltern mit 1000,– € nach A Anm. 5 II der Düsseldorfer Tabelle und den meisten Leitlinien der Oberlandesgerichte verbleibt (vgl. Rn. 417).[65] Jedem Großelternteil ist grundsätzlich entsprechend D 1 der Düsseldorfer Tabelle ein Selbstbehalt von 1250,– € gegenüber seinen Enkeln zuzubilligen; bei zusammen lebenden Großeltern ist der Bedarf eines von ihnen wegen der Ersparnis durch gemeinsame Haushaltsführung auf 950,– € zu ermäßigen. Vgl. dazu Rn. 273. 548

Einkünfte des Kindes sind anzurechnen. **Sozialhilfe** ist subsidiär und daher kein anzurechnendes Einkommen. Dem steht nicht entgegen, dass der Unterhaltsanspruch des Enkels 549

[62] Schwab/Borth, IV Rn. 1191
[63] OLG Karlsruhe, FamRZ 2001, 782; Schwab/Borth IV Rn. 1191
[64] Palandt/Diederichsen, § 1607 Rn. 7
[65] OLG Oldenburg, NJW 2000, 2516

gegen die Großeltern nach § 91 I 3 BSHG nicht auf den Sozialhilfeträger übergeht.[66] Vgl. dazu Rn. 6/520, 569. Daher kann das Enkelkind seine Großeltern für die Zukunft ohne Anrechnung der Sozialhilfe auf Unterhalt in Anspruch nehmen. Jedoch darf das Sozialamt es nicht auf den Unterhaltsanspruch gegen die Großeltern verweisen und deshalb Sozialhilfe verweigern. Vgl. Rn. 6/501. Für die Vergangenheit wird die Geltendmachung Unterhaltsanspruchs nach § 242 BGB einzuschränken sein. Vgl. dazu Rn. 5/569. **Unterhaltsvorschuss** ist im Verhältnis zu den Großeltern anzurechnendes Einkommen, da der Vorschuss nicht von den Einkünften der Großeltern abhängt und eine dem § 2 BSHG entsprechende Vorschrift im UVG fehlt.[67] Dies gilt sowohl für bereits gezahlten als auch für noch zu gewährenden Vorschuss. Er ist nur im Verhältnis zum barunterhaltspflichtigen Elternteil subsidiär (vgl. §§ 1 I Nr. 3, 2 III Nr. 1 UVG). Vgl. dazu Rn. 6/575. Die Großeltern können das Enkelkind daher auf Unterhaltsvorschuss als erzielbares Einkommen verweisen, wenn es bei einem allein erziehenden Elternteil lebt. Sie haften dann nur für den darüber hinaus gehenden Bedarf.

550 Alle Großeltern haften für den Unterhalt der Enkel **anteilig** nach ihren Erwerbs- und Vermögensverhältnissen (§ 1606 III 1 BGB); eine Haftung nach Stämmen ist nicht vorgesehen (Rn. 545). Wenn das minderjährige Enkelkind von einem Großelternteil betreut wird, kann sich dieser in entsprechender Anwendung des § 1606 III 2 BGB im Verhältnis zu den anderen Großeltern darauf berufen, dass er seine Unterhaltspflicht durch Betreuung erfüllt. Die obigen Ausführungen (Rn. 545) stehen nicht entgegen, da es hier um das Verhältnis zwischen gleichrangig haftenden Schuldnern geht.

551 Die **Beweislast** für mangelnde Leistungsfähigkeit des zunächst Haftenden trifft nicht den in Anspruch genommenen nachrangigen Verwandten, sondern den Berechtigten.[68]

552 § 1607 I BGB hat im **Verhältnis der Eltern** zueinander keine Bedeutung. Ein Elternteil, der nicht leistungsfähig ist, haftet schon nach § 1606 III 1 BGB nicht auf Barunterhalt, da seine Erwerbs- und Vermögensverhältnisse dies nicht erlauben.[69]

553 Hat ein volljähriges Kind seinen Unterhaltsanspruch durch **Verwirkung** ganz oder teilweise verloren, kann es deswegen nicht einen anderen Verwandten auf Unterhalt in Anspruch nehmen (§ 1611 III BGB). Vgl. Rn. 485 a.

554 **c) Subsidiäre Haftung nachrangig Verpflichteter.** § 1607 II BGB sieht eine Aushilfshaftung des gleich- oder nachrangigen Verwandten vor, wenn der Primärschuldner zwar leistungsfähig ist oder sich als leistungsfähig behandeln lassen muss, die Rechtsverfolgung gegen ihn aber im Inland ausgeschlossen oder erheblich erschwert ist. Dies gilt zunächst im Verhältnis der **Eltern** zueinander. So muss die ein minderjähriges Kind betreuende Mutter bei unbekanntem Aufenthalt des leistungsfähigen Vaters auch den Barunterhalt des Kindes sicherstellen.[70] Eine Ersatzhaftung der Großeltern, und zwar sowohl der väterlichen wie der mütterlichen Linie kommt erst in Betracht, wenn die Mutter hierzu nicht in der Lage ist (Rn. 545) oder die Voraussetzungen des § 1603 II 3 BGB vorliegen (Rn. 273, 546). Ausgeschlossen ist die Rechtsverfolgung vor allem, wenn ein **nichteheliches Kind** vor Feststellung oder Anerkennung der Vaterschaft Unterhaltsansprüche gegen seinen Vater einklagen will. Die Rechtswirkungen der Vaterschaft können erst ab Anerkennung oder gerichtlicher Feststellung geltend gemacht werden, soweit sich aus dem Gesetz nicht ein anderes ergibt (§§ 1594 I, 1600 d IV BGB).[71] Dies gilt auch dann, wenn die Vaterschaft des Dritten unstreitig ist oder wenn dieser entgegen §§ 242, 826 BGB die offensichtliche Vaterschaft bestreitet.[72] Vor Anerkennung oder Feststellung der Vaterschaft kann sich das Kind nur nach § 1607 II BGB an die Mutter, ersatzweise an die mütterlichen, nicht aber an die väterlichen Großeltern wenden. Erheblich erschwert ist die Rechtsverfolgung im Inland vor allem bei

---

[66] BGH, FamRZ 1999, 843 = R 533 a; FamRZ 2000, 1358 = R 543 a

[67] Vgl. R. Scholz, UVG, 3. Aufl., § 2 Rn. 11

[68] BGH, FamRZ 1981, 347

[69] Ebenso im Ergebnis Johannsen/Henrich/Graba, Eherecht, 4. Aufl., § 1607 Rn. 3

[70] BGH, NJW 1971, 2069

[71] So zum früheren Recht BGH, FamRZ 1993, 696

[72] OLG Celle, NJW-RR 2000, 451; OLG Hamm, FamRZ 1989, 619; a. A. OLG Düsseldorf, FamRZ 2000, 1032; LG Halle, FamRZ 1999, 1295; vom BGH, FamRZ 1993, 696 offen gelassen

Auslands- oder bei unbekanntem Aufenthalt des Schuldners, aber auch dann, wenn ein Urteil voraussichtlich nicht wird vollstreckt werden können, weil der Pflichtige nur **auf Grund fiktiven Einkommens** verurteilt worden ist, er aber tatsächlich den Unterhalt nicht leisten kann, z. B. weil er Sozialhilfe bezieht.[73] Vgl. Rn. 440.

Da § 1607 II BGB nur eine subsidiäre Haftung des nachrangigen Verwandten anordnet, geht der Unterhaltsanspruch des Kindes auf ihn über, soweit er dem Kind Unterhalt geleistet hat (§ 1607 II 2 BGB). Dies gilt auch dann, wenn er Unterhalt in Natur (Rn. 9) erbracht hat, z. B. wenn der Großvater das Enkelkind in seinen Haushalt aufgenommen hat, weil die Eltern unbekannten Aufenthalts sind. Zum Ausgleichsanspruch unter Eltern, wenn einer von ihnen dem Kind Naturalunterhalt gewährt, vgl. Rn. 536. Voraussetzung für den **Anspruchsübergang** ist aber stets, dass die Rechtsverfolgung im Inland ausgeschlossen oder erheblich erschwert ist.[74] Andernfalls muss das Kind, ggf. gesetzlich durch einen vom Vormundschafts- oder Familiengericht zu bestellenden Pfleger (vgl. § 1697 BGB), selbst Klage erheben. **556**

§ 1607 II BGB ist auch auf die Teilunterhaltsschulden der **Eltern** gegenüber ihrem Kind nach § 1606 III 1 BGB anwendbar. Jedoch findet auch hier ein gesetzlicher Forderungsübergang nach § 1607 II 2 BGB nur bei Ausschluss oder erheblicher Erschwerung der Rechtsverfolgung im Inland statt. Dazu gehört die Erschwerung der Vollstreckung, wenn die Leistungsfähigkeit lediglich auf fiktivem Einkommen des Schuldners beruht.[75] Im Übrigen kommt nur ein familienrechtlicher Ausgleichsanspruch (dazu Rn. 529 ff.) in Betracht, wenn dessen Voraussetzungen vorliegen.[76] **557**

d) Unterhaltsleistung durch Dritten. § 1607 III BGB entspricht § 1615 b BGB in der bis zum 30. 6. 1998 geltenden Fassung. Jedoch gilt die Vorschrift anders als § 1615 b BGB nicht nur für nichteheliche, sondern auch für eheliche Kinder. Dadurch soll die Bereitschaft Dritter gefördert werden, statt des eigentlich Verpflichteten, der nach §§ 1594 I, 1600 d IV BGB vorerst nicht in Anspruch genommen werden kann (Rn. 554), vorläufig den Unterhalt von Mutter und Kind sicherzustellen.[77] Der Zahlende soll sicher sein, dass er Ersatz seiner Leistungen verlangen kann, sobald die Rechtsverfolgung gegen den wirklichen Vater möglich ist.[78] In erster Linie hat die Vorschrift freilich nach wie vor Bedeutung bei nichtehelichen Kindern. Sie gilt zunächst, wenn **ein anderer nicht unterhaltspflichtiger Verwandter des Kindes,** z. B. ein Onkel, eine Tante, ein älterer vermögender Bruder oder eine ältere Schwester, dessen Unterhalt sicherstellt.[79] Bei nachrangig unterhaltspflichtigen Verwandten der aufsteigenden Linie greift dagegen § 1607 I oder II BGB ein. § 1607 III 2 BGB ist auch anwendbar, wenn der **Ehemann der Mutter,** also der Stiefvater, den Unterhalt des Kindes erbringt. Gilt der Ehemann nach § 1592 Nr. 1 BGB **als Vater,** so ist § 1607 III 2 BGB heranzuziehen, der eine entsprechende Anwendung des § 1607 III 1 BGB anordnet. Dasselbe gilt, wenn zunächst die Vaterschaft von einem Mann anerkannt worden ist, später aber von ihm mit Erfolg eine Anfechtungsklage erhoben (§ 1600 BGB) und die Vaterschaft eines anderen Mannes festgestellt wird (§ 1600 d BGB). Es kommt nicht darauf an, ob der als Vater geltende Mann von der Vaterschaft eines anderen Mannes weiß. Auch wenn er in Kenntnis der wahren Verhältnisse für den Unterhalt des Kindes aufkommt, ist der Rückgriff gegen den wahren Vater nach Anerkennung oder Feststellung der Vaterschaft nicht ausgeschlossen.[80] Es ist freilich nicht notwendig, dass derjenige, der zunächst den Unterhalt für das Kind leistet, sog. **Scheinvater** ist. § 1607 III 2 BGB ist auch dann anzuwenden, wenn sich der Zahlende zu Unrecht für den Vater hält, so weil er mit der Mutter während der gesetzlichen Empfängniszeit geschlechtlich **558**

---

[73] OLG Frankfurt, FamRZ 1993, 231; OLG Nürnberg, MDR 2000, 34

[74] Vgl. dazu BGH, FamRZ 1989, 850 = NJW 1989, 2816

[75] OLG Nürnberg, MDR 2000, 34

[76] BGH, FamRZ 1989, 850 = NJW 1989, 2816

[77] BT-Drucks. 13/7338, S. 21

[78] Henrich, FamRZ 2001, 785

[79] Palandt/Diederichsen, § 1607 Rn. 15

[80] Palandt/Diederichsen, § 1607 Rn. 16; A. A. AG Wipperfürth, FamRZ 2001, 783 mit abl. Anm. Henrich

verkehrt hat. Auf das Bestehen einer nichtehelichen Lebensgemeinschaft mit der Mutter kommt es nicht an.[81]

Auch nach § 1607 III BGB geht der Unterhaltsanspruch des Kindes nur dann auf den Leistenden über, wenn die Rechtsverfolgung im Inland ausgeschlossen oder erheblich erschwert ist. Diese Voraussetzung liegt allerdings bei einem nichtehelichen Kind stets vor, da es vor Feststellung oder Anerkennung der Vaterschaft seinen Vater nicht in Anspruch nehmen kann. Eine einschränkende Auslegung des § 1607 III 2 BGB ist nicht erforderlich.

Der Scheinvater, der an Stelle des wahren Vaters Unterhalt für das Kind geleistet hat, kann den auf ihn übergegangenen Unterhaltsanspruch des Kindes auch dann durchsetzen, wenn die Voraussetzungen des § 1613 I BGB, unter denen Unterhalt für die Vergangenheit verlangt werden kann, nicht vorliegen. Nach § 1613 II Nr. 2a BGB kann der Scheinvater ohne diese Voraussetzungen Unterhalt verlangen, da das Kind vor rechtskräftiger Feststellung der Vaterschaft an seiner Geltendmachung rechtlich gehindert war. Vgl. dazu im Einzelnen Rn. 6/105a.

559 **e) Rechtsfolgen des Anspruchsübergangs.** Nach § 412 BGB gelten die Vorschriften der §§ 399–404, 406–410 BGB über die Abtretung einer Forderung entsprechend. Dem Schuldner bleiben insbesondere alle Einwendungen, die er gegen den Unterhaltsanspruch des Kindes oder des sonstigen Verwandten erheben kann, erhalten (§ 404 BGB). Der übergegangene Anspruch kann ohne die Beschränkungen des § 850d ZPO gepfändet werden. Deshalb sind weder § 394 BGB noch § 400 BGB anwendbar. Es besteht daher weder ein Abtretungs- noch ein Aufrechnungsverbot.[82]

560–599 *– In dieser Auflage nicht belegt –*

---

[81] Vgl. Palandt/Diederichsen, § 1607 Rn. 16

[82] Palandt/Diederichsen, § 1607 Rn. 13; Johannsen/Henrich/Graba, § 1607 Rn. 5

B. Unterhaltsansprüche sonstiger Verwandter

I. Grundlagen

1. Grundfragen zum geltenden Recht

Die §§ 1601 ff. BGB regeln nicht nur die Unterhaltspflicht der Eltern für ihre Kinder, **600**
sondern allgemein die Unterhaltspflicht zwischen **Verwandten in gerader Linie.** Die Verwandtschaft kann auch durch Adoption begründet werden (§ 1754 BGB). Für die Praxis spielen die Ansprüche bedürftiger Eltern gegenüber ihren Kindern und von Enkeln gegen ihre Großeltern die Hauptrolle. Dagegen bestehen **keine Unterhaltsansprüche zwischen Verwandten der Seitenlinie,** z. B. zwischen Geschwistern, **sowie zwischen Verschwägerten,** nämlich zwischen Schwiegereltern und Schwiegerkindern oder zwischen Stiefeltern und Stiefkindern.[1] Obwohl die geltende Regelung, die auf das römische und das gemeine Recht zurückgeht, seitdem unverändert gültig geblieben ist,[2] mehrten sich die Stimmen, welche das überkommene System des Verwandtenunterhalts in Frage stellten. Es wurde gefordert, den Verwandtenunterhalt auf die Unterhaltspflicht der Eltern gegenüber minderjährigen Kindern, ergänzt um Ausbildungsunterhalt für volljährige Kinder bis zu einer bestimmten Altersgrenze, **zu beschränken**[3] oder sonst einzuschränken.[4] Es seien die Probleme der sogenannten „Sandwichgeneration“ zu bedenken, die wegen der verlängerten Ausbildungszeiten der Kinder einerseits mit Kindesunterhalt sowie wegen der gestiegenen Lebenserwartung bedürftiger Eltern gleichzeitig mit Elternunterhalt (zum Elternunterhalt vgl. hierzu Rn. 629 ff.) belastet werde und in eben dieser Zeit zugleich die Hauptlast der allgemeinen Rentenfinanzierung trage. Diese immer wieder vorgetragenen Argumente haben inzwischen in der Tendenz sowohl beim Gesetzgeber als auch – im Rahmen der Gesetzesauslegung – in der BGH-Rechtsprechung Gehör gefunden. Der Gesetzgeber hat – ungeachtet der prekären Situation der öffentlichen Haushalte – bei dem am 1. 1. 2003 in Kraft getretenen Grundsicherungsgesetz (vgl. Rn. 603 a), das keinen Rückgriff vorsieht, die Gewährung der Grundsicherung von bestehenden, aber nicht erbrachten Unterhaltsansprüchen gegen Verwandte weitgehend unabhängig gemacht, nämlich soweit die Pflichtigen – ungeachtet ihres etwa vorhandenen Vermögens – kein Einkommen über 100 000 € erzielen. In drei Entscheidungen hat der BGH[5] die Unterhaltsverpflichtung von Kindern gegenüber ihren Eltern insbesondere über die Auslegung des Begriffs der Leistungsfähigkeit nach § 1603 I BGB bei aller unbestrittenen Notwendigkeit zur Begrenzung erheblich eingeschränkt und die Eltern damit, z. B. im Pflegefall, in vielen, wenn nicht den meisten Fällen, ohne Rückgriffsmöglichkeit auf die Leistungen der Allgemeinheit verwiesen. Die geschilderten Tendenzen kann man in gewissem Umfang durchaus als Abschied von der Solidarität als Grundlage des Verwandtenunterhalts bezeichnen[6] – vgl. auch Rn. 638 am Ende.

---

[1] Vgl. zu teilweise anderen Regelungen in europäischen Rechtsordnungen Schwenzer, FamRZ 1989, 685; Brudermüller, FamRZ 1996, 129; Büttner, FamRZ 1996, 1529

[2] Richter, FamRZ 1996, 1245

[3] Schwenzer, FamRZ 1989, 685, 691; Beschlüsse des 59. Deutschen Juristentages, FamRZ 1992, 1275; für die zeitliche Beschränkung des Unterhalts für volljährige Kinder auch Brudermüller, FamRZ 1996, 129, 134

[4] Empfehlungen des 11. Deutschen Familiengerichtstags, FamRZ 1996, 337, 339; Schwab, FamRZ 1997, 521, 526 f.; Schlüter/Kemper, FuR 1993, 245, 251

[5] BGH, FamRZ FamRZ 2002, 1698 ff. = R 580; FamRZ 2003, 860 ff. = R 590 A; FamRZ 2003, 1179 ff. = R 592

[6] So v. Koppelfels-Spies zum Grundsicherungsgesetz, FPR 2003, 341

2. Gerichtliche Zuständigkeit

601 Für die Unterhaltsansprüche sonstiger Verwandter einschließlich der nichtehelichen Kinder (zwischen ehelichen und nichtehelichen Kindern wird nicht mehr unterschieden) ist seit 1. 7. 1998 – wie für die auf einer Ehe oder auf ehelicher Abstammung beruhenden Ansprüche – das **Familiengericht mit Rechtszug zum Oberlandesgericht** zuständig (§§ 23a Nr. 2, 23b I Nr. 5, 119 I Nr. 2 u. 3 GVG).

3. Unterhaltsansprüche gegen Verwandte und Sozialgesetze

602 Der Rückgriff auf den nach bürgerlichem Recht Unterhaltspflichtigen ist den Sozialbehörden, wenn der Hilfsbedürftige öffentliche Leistungen erhält, beim Verwandtenunterhalt nur eingeschränkt möglich. Wenn **Sozialhilfe gewährt** wird, schließt § 91 I 3 BSHG die Inanspruchnahme durch Forderungsübergang **bei Verwandten zweiten oder entfernteren Grades** und in bestimmten Fällen auch bei Verwandten ersten Grades **aus** (vgl. Rn. 6/520f.). Der Träger der Sozialhilfe darf den Hilfsbedürftigen bei dieser Sachlage trotz des Nachrangs der Sozialhilfe (§ 2 BSHG) nicht auf Selbsthilfe verweisen, z. B. auf die Geltendmachung von Unterhaltsansprüchen gegen leistungsfähige Großeltern, weil sonst die gesetzliche Schutzvorschrift des § 91 I 3 BSHG unterlaufen und umgangen würde[7] (vgl. auch Rn. 6/569). Aus den eingeschränkten Rückgriffsmöglichkeiten ist der Schluss gezogen worden, dass der Unterhaltsberechtigte in den genannten Fällen, soweit er Anspruch auf Sozialhilfe habe, vom Unterhaltspflichtigen auf diesen Anspruch verwiesen werden könne, da die Bedürftigkeit entfalle.[8] Dies trifft jedoch nicht zu. Die Einschränkung der Rückgriffsmöglichkeiten hat nicht gleichzeitig den in § 2 BSHG geregelten Grundsatz der Subsidiarität der Sozialhilfe beseitigt,[9] sondern die bürgerlich-rechtlichen Unterhaltsansprüche unberührt gelassen.[10] Es mag unbefriedigend erscheinen, dass der Hilfsbedürftige dadurch **wählen kann, ob er Sozialhilfe** in Anspruch nehmen **oder Unterhalt** von einem Verwandten **verlangen will,** gegen den ein Rückgriff des Sozialhilfeträgers ausgeschlossen ist.[11] Da § 2 II 1 BSHG, wonach Unterhaltsansprüche durch das Bundessozialhilfegesetz nicht berührt werden, unverändert blieb, kann dem Gesetzgeber nicht unterstellt werden, es sei ein auch nur mittelbarer Eingriff in Unterhaltsansprüche gewollt gewesen. Nach der Gesetzesbegründung sollte einer Neuordnung des bürgerlichen Unterhaltsrechts gerade nicht vorgegriffen werden.[12] Allerdings darf der Berechtigte für denselben Zeitraum nicht sowohl Sozialhilfe als auch Unterhalt in Empfang nehmen, so dass der Pflichtige ihm, soweit er schon Sozialhilfe erhalten hätte, den Einwand unzulässiger Rechtsausübung entgegenhalten könnte (vgl. Rn. 6/567 und 569).

603 Anders ist die Sache zu beurteilen, wenn der Hilfsbedürftige **Vorausleistungen nach § 36 BAföG** erhalten könnte, die an sich subsidiär sind (vgl. Rn. 1/456) und für welche § 37 BAföG nur einen Anspruchsübergang zu Lasten der Eltern vorsieht. Der allgemeine Grundsatz des Nachrangs der Ausbildungsförderung (§ 1 BAföG) wird durch § 11 Abs. 2 BAföG dahin konkretisiert, dass die Familienabhängigkeit nur bezüglich des nicht dauernd getrennt lebenden Ehegatten und der Eltern besteht.[13] **Entferntere Verwandte,** also z. B. Großeltern, **können,** wenn Ausbildungsunterhalt gegen sie geltend gemacht wird, soweit Anspruch auf BAföG-Leistungen besteht, **auf die fehlende Bedürftigkeit**

[7] Schellhorn, FuR 1990, 20, 22; W. Schellhorn/H. Schellhorn, BSHG, 16. Aufl., Rn. 101 zu § 91; Ullenbruch, FamRZ 1982, 664

[8] Kunz, FamRZ 1977, 291 ff.

[9] BGH, FamRZ 2000, 1358, 1359; FamRZ 1999, 843, 845; BGH, FamRZ 1992, 41, 43; OLG Köln, FamRZ 1997, 1101, 1102; Heiß/Born/Hußmann, Unterhaltsrecht 16 Rn. 70; vgl. zum ähnlichen Fall der §§ 91 ff., 96 I Nr. 2 SGB VIII: BVerwG FamRZ 1997, 934, 937

[10] Ullenbruch, FamRZ 1982, 664, 665

[11] Schwenzer, FamRZ 1989, 685, 688; Künkel, FamRZ 1991, 14, 21; Bedenken gegen ein solches Wahlrecht: Giese, FamRZ 1982, 666 ff.

[12] Vgl. Ullenbruch, FamRZ 1982, 664, 665

[13] Ramsauer/Stallbaum, BAföG, 3. Aufl., Rn. 7 zu § 11

verweisen.[14] Dasselbe gilt, wenn ein Kind Anspruch auf Unterhaltsvorschuss nach dem **Unterhaltsvorschussgesetz (UVG)** hat. Die Unterhaltsleistung ist nach der gesetzlichen Regelung (§ 7 Abs. 1 UVG) nur gegenüber der Unterhaltspflicht des anderen Elternteils, bei dem das Kind nicht lebt, subsidiär. Eine allgemeine Nachrangregelung enthält das Gesetz darüber hinaus nicht.[15] Wegen der Anrechenbarkeit von BAföG-Darlehen vgl. Rn. 1/456.

Das am 1. 1. 2003 in Kraft getretene **Grundsicherungsgesetz** (GSiG = Art. 12 des Altersvermögensgesetzes vom 26. 6. 2001, BGBl. I 1310) will versteckter und verschämter Altersarmut abhelfen, weil vor allem ältere Menschen keine Sozialhilfeansprüche geltend gemacht hätten, um ihre Kinder nicht der Gefahr eines Unterhaltsrückgriffs auszusetzen.[16] **603 a**

Antragsberechtigte für die Grundsicherung sind Personen mit gewöhnlichem Aufenthalt in Deutschland, die das 65. Lebensjahr vollendet haben (§ 1 Nr. 1 GSiG) oder die das 18. Lebensjahr vollendet haben und im Sinne des § 42 II SGB VI dauerhaft voll erwerbsgemindert sind (§ 1 Nr. 2 GSiG). Der Leistungsanspruch auf **bedarfsorientierte Grundsicherung** im Umfang des § 3 GSIG (im Wesentlichen: Regelsatz eines Haushaltsvorstands zuzüglich 15% nach dem 2. Abschnitt des BSHG, angemessene tatsächliche Aufwendungen für Unterkunft und Heizung, Kranken- und Pflegeversicherungsbeiträge nach § 13 BSHG) ist den Sozialhilfesätzen nachgebildet und soll diese im Regelfall überflüssig machen.[17]

Anspruch auf Grundsicherung hat der Antragsberechtigte, soweit er seinen Lebensunterhalt nicht aus seinem Einkommen und Vermögen beschaffen kann (§ 2 I 1 GSiG). Zu seinem Einkommen gehört auch tatsächlich geleisteter Unterhalt seiner Verwandten[18] oder von Ehegatten bzw. von Lebenspartnern. Wenn die Verwandten – ungeachtet ihrer Unterhaltspflicht – nicht leisten, fehlt entsprechendes anrechenbares Einkommen. Der Leistungsträger darf den Antragsteller dann auch nicht auf an sich realisierbare Ansprüche auf Verwandtenunterhalt verweisen, solange das Einkommen des Verwandten – unbeschadet etwaigen Vermögens[19] – im Sinne des § 16 SGB IV unter einem Betrag von 100 000 € liegt (§ 2 I 3 GSiG). Zwar spricht das Gesetz insoweit nur von Unterhaltsansprüchen gegen Kinder und Eltern, gemeint sind aber die Ansprüche gegen sämtliche Aszendenten und Deszendenten, also z. B. auch gegen Enkel oder Großeltern. Insofern liegt lediglich ein gesetzestechnisches Versehen vor.[20] Ursprünglich sollte nämlich § 91 BSHG entsprechend geändert werden. § 91 I 3 BSHG schließt aber eine Inanspruchnahme von Verwandten des zweiten oder entfernteren Grades im Wegen des Forderungsübergangs aus. Für die Einkommensgrenze dürfte es auf die Verhältnisse des einzelnen Verwandten ankommen, bei zusammenveranlagten Eltern auf das Gesamteinkommen des einzelnen Elternteils.[21]

Im **privilegierten Unterhaltsverhältnis** zu einem Verwandten mit Einkommen unter 100 000 € kann der Verwandte den Berechtigten auf die vorrangige Inanspruchnahme der Grundsicherung verweisen. Es fehlt die Subsidiarität des Anspruchs wie bei der Sozialhilfe und es gibt keinen Anspruchsübergang.[22] Umgekehrt ist die Situation im **nicht privilegierten Unterhaltsverhältnis** zum Ehegatten, Lebenspartner oder Vater des nichtehelichen Kindes. Hier stehen realisierbare Ansprüche des Berechtigten im Rahmen der Einkommensprüfung der Gewährung der Grundsicherung entgegen. Anders wäre dies z. B. bei Aussichtslosigkeit der Vollstreckung oder Bejahung der Leistungsfähigkeit des Pflichtigen nur auf Grund ihm angelasteten fiktiven Einkommens.[23] Die Auffassung von Münder,[24] in den

---

[14] Vgl. Kunz, FamRZ 1977, 291, 292; Heiß/Born/Hußmann, Unterhaltsrecht 13 Rn. 30
[15] Vgl. Heiß/Born/Hußmann, Unterhaltsrecht 13 Rn. 29; Gutachten des Deutschen Instituts für Vormundschaftswesen DAVorm 1984/759 ff.
[16] Vgl. zur Gesetzesgeschichte, Klinkhammer, FamRZ 2002, 997
[17] Klinkhammer, FamRZ 2002, 997, 998
[18] Münder, NJW 2002, 3661, 3663; Klinkhammer, FamRZ 2002, 997, 999
[19] Klinkhammer, FamRZ 2002, 997, 1000
[20] Münder, NJW 2002, 3661, 3663; Klinkhammer, FamRZ 2002, 997, 999
[21] Münder, NJW 2002, 3661, 3663
[22] Vgl. Klinkhammer, FamRZ 2002, 997, 1000 f.
[23] Klinkhammer, FamRZ 2002, 997, 1000
[24] Münder, NJW 2002, 3661, 3664

genannten Beispielsfällen könne der Berechtigte im Hinblick auf die unterschiedliche Funktion von Grundsicherung und Sozialhilfe auf die Inanspruchnahme von Sozialhilfe verwiesen werden, um den gesetzlichen Forderungsübergang auf den Leistungsträger zu ermöglichen, ist mit dem Wortlaut von § 1 GSiG schwerlich vereinbar.

Da kein Vorrang der Grundsicherung im Verhältnis zum Unterhaltsanspruch besteht, ist der Berechtige im nicht privilegierten Unterhaltsverhältnis nicht gehindert, gegenüber dem Pflichtigen seinen vollen Unterhalt geltend zu machen und einzuklagen. Soweit er Grundsicherung bezogen hat, wurde sein Bedarf allerdings grundsätzlich gedeckt, zumal kein Anspruchsübergang auf den Träger der Grundsicherung im Umfang der Leistung vorgesehen ist. In Ausnahmefällen, soweit wirksam eine Rückforderung der Grundsicherungsleistungen gegen ihn geltend gemacht wurde, mag es trotz bezogener Grundsicherung möglich sein, den vollen Anspruch gegen den Pflichtigen durchzusetzen.

II. Rangfolge der Verpflichteten und Bedürftigen

1. Vorrangige Haftung des Ehegatten bzw. des Lebenspartners und des nichtehelichen Vaters

604 Der **Ehegatte** oder der Lebenspartner des Bedürftigen **haften vor** dessen **Verwandten** (§ 1608 S. 1 u. 4 BGB). Dies gilt auch für den geschiedenen Ehegatten (§ 1584 S. 1 BGB) oder den Lebenspartner nach aufgehobener eingetragener Partnerschaft (§§ 16 II 2 LPartG, 1584 S. 1 BGB). Bei Aufhebung der Ehe gilt § 1318 II BGB. Voraussetzung für den Vorrang des Ehegatten oder des Lebenspartners ist, dass überhaupt ein Unterhaltsanspruch gegen ihn besteht.[25] Dann schließt er die Verwandten, soweit er leistungsfähig ist, von der Haftung aus. § 1608 S. 2 BGB regelt nur eine Rangfrage. Die Bestimmung lässt den Anspruch auf Verwandtenunterhalt nicht entfallen, wenn gegen den Ehegatten aus anderen Gründen als mangelnder Leistungsfähigkeit kein Unterhaltsanspruch gegeben ist.

Bei fehlender Leistungsfähigkeit des Ehegatten oder Lebenspartners tritt die **Ersatzhaftung der Verwandten** ein (§§ 1608 S. 2, 1584 S. 2 BGB, 16 II 2 LPartG). Soweit die Unterhaltsverpflichtung deswegen entfällt, müssen die Verwandten **ohne Rückgriffsmöglichkeit** nach §§ 1608 S. 3, 1584 S. 3, 1607 II BGB, 16 II 2 LPartG eintreten – siehe dazu näher Finger, FamRZ 1999, 1298.

605 Die **Leistungsfähigkeit des Ehegatten** ist in diesem Zusammenhang grundsätzlich wie nach § 1603 I BGB zu beurteilen, dessen Wortlaut § 1608 S. 2 BGB wiederholt. Allerdings muss die den Geschiedenenunterhalt betreffende Rechtsprechung des Bundesgerichtshofs zu § 1581 BGB beachtet werden, welche wegen gleicher Interessenlage auf den Trennungsunterhalt zu übertragen ist (vgl. Rn. 4/35 und 4/566). Danach ist der in Anspruch genommene Ehegatte einerseits nicht auf den notwendigen Selbstbehalt im Sinne des § 1603 II BGB verwiesen, andererseits gibt aber auch der große oder **angemessene Selbstbehalt** im Sinne des § 1603 I BGB nur einen Anhaltspunkt für die Bemessung und **kann** je nach den Verhältnissen der Ehegatten **unterschritten werden** (vgl. Rn. 5/184 f.). Man spricht in diesem Zusammenhang beim Ehegatten vielfach vom **billigen Selbstbehalt.** Für die Verwandten bedeutet dies, dass sie auf den Restbedarf haften, wenn der angemessene Selbstbehalt des pflichtigen Ehegatten im Sinne des § 1603 I BGB nicht gesichert ist[26] (vgl. den insoweit übereinstimmenden Wortlaut von § 1581 I 1 und § 1608 S. 1 BGB). Wenn keine Verwandten vorhanden oder wenn diese selbst nicht leistungsfähig sind, tritt die verschärfte Haftung des Ehegatten unter Beschränkung auf den billigen Selbstbehalt ein, nicht allerdings auf den notwendigen Selbstbehalt, wie OLG Köln gemeint hat.[27] Der Ausfall unterhaltspflichtiger Verwandter ändert nichts daran, dass sich der pflichtige Ehegatte nur **in Ausnahmefällen,** z. B. wenn der bedürftige Ehegatte hilflos und

---

[25] Palandt/Diederichsen, BGB, 63. Aufl., Rn. 2 zu § 1608

[26] OLG Zweibrücken, FamRZ 1987, 590; OLG Köln, FamRZ 1990, 54

[27] OLG Köln, FamRZ 1990, 54

bedürftig wie ein minderjähriges Kind ist, **mit dem notwendigen Selbstbehalt begnügen** muss (vgl. Rn. 5/184). Dieser muss ihm als Existenzminimum aber jedenfalls bleiben.[28]

Der Umstand, dass der vorrangig unterhaltspflichtige Ehegatte bzw. Lebenspartner einkommenslos ist, schließt nicht aus, dass ihm wegen Verletzung seiner Erwerbsobliegenheit **fiktive Einkünfte** zuzurechnen sind mit dem Ergebnis, dass er in diesem Umfang als leistungsfähig zu behandeln ist (vgl. Rn. 1/487 f.). Entgegen der in der Vorauflage unter Hinweis auf OLG Oldenburg[29] vertretenen Meinung ist eine Inanspruchnahme der Verwandten insoweit wegen des Vorrangs der Ehegattenhaftung nicht ausgeschlossen. Es liegt vielmehr regelmäßig ein Fall erschwerter Rechtsverfolgung im Sinne des § 1607 II BGB vor, der zur Haftung mit Rückgriffsmöglichkeit führt – vgl. hierzu Rn. 608.

Soweit der **Unterhaltsanspruch gegen** den **Ehegatten oder den Lebenspartner** 606
gemäß §§ 1579 Nr. 2 bis 7 BGB, 12 II 1, 16 II 2 LPartG **ausgeschlossen** ist, besteht auch kein Unterhaltsanspruch gegen die Verwandten. Diese werden durch die entsprechend anzuwendende Vorschrift des § 1611 III BGB geschützt, weil der bedürftige Ehegatte bzw. Lebenspartner die Folgen seines unterhaltsschädlichen Verhaltens sonst auf seine Verwandten abwälzen könnte.[30] **Hat der** bedürftige **Ehegatte auf** seinen nachehelichen **Unterhaltsanspruch** zu Lasten der Verwandten **verzichtet,** könnte die Verzichtsvereinbarung je nach den Umständen des Einzelfalls gemäß § 138 I BGB sittenwidrig sein (vgl. Rn. 6/608). Das OLG Frankfurt[31] hat zum gegebenen Fall die Ansicht vertreten, der Unterhaltsverzicht binde nur die Vertragsparteien, nicht aber die am Verzicht nicht beteiligten Verwandten, so dass es – unabhängig von der Wirksamkeit des Verzichts – im Verhältnis zu ihnen beim Vorrang des Anspruchs gegen den Ehegatten verbleibe. Dies erscheint zweifelhaft. Der Verzichtsvertrag stellt, weil er keine unmittelbaren vertraglichen Verpflichtungen der Verwandten begründet, keinen (unwirksamen) Vertrag zu deren Lasten dar.[32] Nach der genannten Auffassung müssten auch einem unerwartet und unverschuldet in Not geratenen bedürftigen Ehegatten Ansprüche auf Verwandtenunterhalt versagt werden, wenn der andere Ehegatte wegen des Verzichts zwar rechtlich frei, aber tatsächlich leistungsfähig wäre. Richtiger dürfte es sein, den in § 162 BGB enthaltenen allgemeinen Rechtsgedanken heranzuziehen, wonach es einer Partei – hier innerhalb des Unterhaltsverhältnisses zu den Verwandten – verwehrt ist, Vorteil aus einer Lage zu ziehen, die sie selbst treuwidrig herbeigeführt hat.[33] Falls der Unterhaltsverzicht nicht ohnehin wegen Sittenwidrigkeit nichtig wäre, käme es damit darauf an, ob der Verzicht, der als Voraussetzung der Verwandtenhaftung zur Beseitigung des Ehegattenvorrangs führen würde, zur Zeit des Vertragsschlusses im Verhältnis zu den unterhaltspflichtigen Verwandten als treuwidrig anzusehen wäre.[34]

Wegen der **gestuften Rangverhältnisse zwischen** dem pflichtigen **Ehegatten und** den **Verwandten** vgl. Rn. 5/61 bis 63.

Auch der nichteheliche Vater haftet gemäß § 1615 l III 2 BGB vor den Verwandten der 606 a
Mutter für deren Unterhalt. Da § 1608 S. 2 BGB über § 1615 l III 1 BGB entsprechend gilt, müssen die Verwandten bei seiner Leistungsunfähigkeit ohne Rückgriffsmöglichkeit nach §§ 1608 S. 3, 1607 II BGB an seiner Stelle einspringen. Wegen des Problems der **gleichrangigen Haftung von nichtehelichem Vater und Ehegatten** wird auf Rn. 6/769 verwiesen. Ein gleichartiges Rangproblem kann im Verhältnis zur Lebenspartnerin der Kindsmutter auftreten.

---

[28] BVerfG, FamRZ 2001, 1685, 1686

[29] OLG Oldenburg, FamRZ 1991, 1090

[30] Beckmann, FamRZ 1983, 863, 865; Palandt/Diederichsen, BGB, 63. Aufl., Rn. 8 zu § 1611; einschränkend – nur wenn gleichzeitig die Voraussetzungen des § 1611 I BGB für den Ausschluss vorgelegen hatten: Heiß/Born/Hußmann Unterhaltsrecht, 13 Rn. 21

[31] OLG Frankfurt, FamRZ 1984, 395, 396

[32] Vgl. zum Vertrag zu Lasten Dritter v. Staudinger/Jagmann, BGB, Neubearbeitung 2001, Rn. 42 vor § 328

[33] Vgl. BGH, NJW 1968, 2051; BGHZ 1988, 240, 248; BGH, NJW-RR 1991, 177

[34] Vgl. zum Ergebnis: Heiß/Born/Hußmann, Unterhaltsrecht 13 Rn. 17

2. Rangfolge der unterhaltspflichtigen Verwandten

607 Gemäß § 1606 I BGB haften die Abkömmlinge **(Deszendenten) vor** den Verwandten der aufsteigenden Linie **(Aszendenten).** Innerhalb der Linie haften die näheren Verwandten vor den entfernteren (§ 1606 II BGB). Wie beim vorrangig haftenden Ehegatten treten die nachrangig haftenden Verwandten ohne Rückgriffsmöglichkeit an die Stelle des vorrangigen, soweit dieser nicht leistungsfähig im Sinne des § 1603 BGB ist (**Ersatzhaftung nach § 1607 I BGB** – siehe Rn. 607 a).

Gleich nahe (gleichrangige) **Verwandte haften anteilig,** also nicht als Gesamtschuldner,[35] nach ihren Erwerbs- und Vermögensverhältnissen (§ 1606 III 1 BGB). Wegen der problematischen Höhe des Haftungsanteils haben auch die betreffenden Verwandten untereinander nach Treu und Glauben einen Auskunftsanspruch.[36] Die Höhe der Teilschuld bestimmt sich jedenfalls im Bereich kleinerer und mittlerer Einkommen nicht auf Grund einer schematischen Quotierung der unterschiedlich hohen Einkünfte. Dies hätte zur Folge, dass der die Eigenbedarfsgrenze überschreitende Einkommensanteil bei dem geringer Verdienenden verhältnismäßig stärker in Anspruch genommen würde als bei dem besser Verdienenden. Die ungleiche Belastung wird dadurch vermieden, dass die **Haftungsquoten erst nach Abzug der für den eigenen Unterhalt erforderlichen Beträge** nach dem Verhältnis der verbleibenden Mittel ermittelt wird.[37] In der Praxis geschieht dies durch den Vorabzug von Sockelbeträgen für den angemessenen Eigenbedarf. Wegen der anteiligen Haftung von Eltern gegenüber ihren Kindern vgl. Rn. 289 ff., 433 ff. Ist ein gleichrangiger Pflichtiger nicht leistungsfähig, haften der oder die anderen gleichrangigen Pflichtigen auf den vollen Bedarf, ohne dass sie eine Rückgriffsmöglichkeit hätten – vgl. Rn. 607 a.

Das Amtsgericht Neu-Ulm[38] hat die Auffassung vertreten, falls die nichteheliche Mutter ihre Unterhaltspflicht gegenüber dem Kind durch Betreuung vollständig erfülle und nur der barunterhaltspflichtige Vater ausfalle, müssten für den ausgefallenen Barunterhalt des Kindes nur die väterlichen Großeltern, nicht aber auch die mütterlichen Großeltern einspringen, weil nur die Ersteren an die Stelle des vorrangig haftenden Vaters zu treten hätten. Diese durchaus interessante Überlegung dürfte mit der gesetzlichen Regelung in §§ 1606, 1607 BGB nicht vereinbar sein. Fallen beide Elternteile aus, weil auch die betreuende Mutter keinen Barunterhalt leisten kann, haften die nach den Eltern unterhaltspflichtigen Verwandten anteilig.

3. Ersatzhaftung

607 a **a) bei Leistungsunfähigkeit des vorrangig oder gleichrangig Unterhaltspflichtigen (§ 1607 I BGB):** Ist ein Verwandter im Sinne des § 1603 I BGB nicht leistungsfähig, haftet der leistungsfähige **gleichrangig pflichtige Verwandte** schon im Hinblick auf die sich aus § 1606 III 1 BGB ergebende Haftungsbeschränkung in vollem Umfang an seiner Stelle, ohne dass im Wege des Anspruchsübergangs eine Rückgriffsmöglichkeit nach § 1607 II 2 BGB eröffnet wäre. § 1607 I BGB, der sich ausdrücklich nur auf nachrangig haftende Verwandte bezieht, braucht für dieses Ergebnis nicht entsprechend angewendet werden.[39]

Eine Unterhaltspflicht **nachrangig haftender Verwandter** im Wege der Ersatzhaftung – tatsächlich handelt es sich um eine Primärhaftung[40] – nach § 1607 I BGB, z. B. der Großeltern beim Kindesunterhalt, entsteht erst, wenn und soweit die vorrangigen Verwandten mangels Leistungsfähigkeit (§ 1603 I BGB) den Unterhalt nicht voll erbringen können. Im erwähnten Fall ginge die Unterhaltspflicht der Großeltern wegen § 1603 II 3 BGB ggf. der

[35] BGH, FamRZ 1971, 569, 570 ff.
[36] OLG München, FamRZ 2002, 50
[37] BGH, FamRZ 1986, 153 = R 278 b; BGH, FamRZ 2002, 815, 818
[38] AG Neu-Ulm, Urt. v. 28. 7. 2000 – 3 F 586/00
[39] Vgl. v. Staudinger/Engler, BGB, Neubearbeitung 2000, Rn. 4 zu § 1607; Finger, FamRZ 1999, 1298 wendet § 1607 I BGB entsprechend an; ebenso offenbar MünchKommBGB/Luthin, 4. Aufl., Rn. 3 zu § 1607
[40] Staudinger (Fn. 39), Rn. 6

an sich gesteigerten Unterhaltspflicht der Eltern (§ 1603 II 1 BGB) vor[41] – vgl. auch oben Rn. 273. Nach Meinung des LG Kleve[42] soll hier die **Ersatzhaftung der Großmutter** nicht eintreten, falls die vorrangig haftende Mutter den vollen Barunterhalt zwar ohne Beeinträchtigung ihres notwendigen Selbstbehalts, jedoch ohne Wahrung ihres angemessenen Selbstbehalts aufbringen könnte. Dies dürfte mit **§ 1603 II 3 BGB** nicht vereinbar sein. Diese Vorschrift hat zur Folge, dass auch der andere Elternteil, z. B. der nicht barunterhaltspflichtige betreuende Elternteil einspringen muss, soweit dem anderen Elternteil nicht sein angemessener Selbstbehalt verbliebe.[43]

Ist der **Vater des nichtehelichen Kindes,** dessen Unterhaltsverpflichtung nach § 1615 l BGB der Verpflichtung der Verwandten der Mutter vorgeht (§ 1615 l III 2 BGB) nicht leistungsfähig, gilt über § 1615 l III 1 BGB der § 1607 I BGB unmittelbar, so dass die Verwandten der Mutter,[44] nicht aber die Verwandten des Vaters,[45] ohne Rückgriffsmöglichkeit haften müssen.

Bei fehlender Leistungsfähigkeit des **vorrangig haftenden Ehegatten** (vgl. Rn. 604, 605) oder **Lebenspartners** tritt die Ersatzhaftung der Verwandten nach §§ 1608 S. 2 u. 4, 1584 S. 2 BGB, 16 II 2 LPartG ein. Soweit eine Unterhaltsverpflichtung deswegen entfällt, müssen die Verwandten ohne Rückgriffsmöglichkeit nach §§ 1608 S. 3, 1607 II BGB einspringen.[46]

Die Ersatzhaftung des nachrangigen oder gleichrangigen Verwandten wegen Leistungs- **607 b** unfähigkeit, sei es nach § 1607 I BGB unmittelbar, sei es auf Grund entsprechender Anwendung der Vorschrift bzw. auf Grund anderweitiger Gesetzeslage, greift immer nur für den **Zeitraum der Leistungsunfähigkeit** des vorrangigen (gleichrangigen) Unterhaltspflichtigen ein. Sie erfasst keine vorher entstandenen Rückstände und endet mit der Wiederherstellung der Leistungsfähigkeit.[47]

Der **Bedarf** des Unterhaltsberechtigten bestimmt sich auch bei der Ersatzhaftung gemäß § 1607 I BGB aus seiner Lebensstellung (§ 1610 BGB). Das hat bei Kindern zur Folge, dass sich ihr Bedarf aus der Lebensstellung ihrer nicht leistungsfähigen Eltern, nicht etwa aus der Lebensstellung wohlhabender Großeltern bemisst.[48] Wird in einem solchen Fall vom barunterhaltspflichtigen Vater tatsächlich ein Unterhalt nach Maßgabe der 3. Einkommensstufe der Düsseldorfer Tabelle geleistet, bleibt für einen Restanspruch gegen die Großeltern kein Raum, falls damit dem sich aus der Lebensstellung der Eltern ergebenden Bedarf Rechnung getragen ist.[49] Es besteht daher kein Aufstockungsanspruch gegen die Großeltern bis zur Höhe eines angenommenen Mindestbedarfs, von z. B. 135% des Regelbetrags nach der Regelbetrag-Verordnung.[50] Problematisch ist, wie sich der Bedarf bestimmt, wenn der betreuende Elternteil z. B. durch Erkrankung, leistungsunfähig wird. Hier wird es ggf. auf die zur Sicherstellung der Betreuung zusätzlich aufzuwendenden Kosten ankommen.[51]

Will der Unterhaltsberechtigte einen nachrangig Haftenden in Anspruch nehmen, muss er die Leistungsunfähigkeit des vorrangig Pflichtigen zur Deckung seines vollen Bedarfs **darlegen und beweisen.**[52]

---

41 Staudinger (Fn. 39), Rn. 4
42 LG Kleve, FamRZ 1988, 1085
43 OLG Düsseldorf, FamRZ 2001, 1241, 1242; Palandt/Diederichsen, BGB, 63. Aufl., Rn. 60 zu § 1603
44 OLG München, FamRZ 1999, 1166
45 OLG Nürnberg, FamRZ 2001, 1322
46 Finger, FamRZ 1999, 1298
47 Staudinger (Fn. 39), Rn. 7 m. N. W.
48 Finger, FamRZ 1999, 1298; OLG Karlsruhe, FamRZ 2001, 782, 783; LG Regensburg, FamRZ 1986, 93 (Ls)
49 OLG Karlsruhe, FamRZ 2001, 782, 783
50 Vgl. BGH, FamRZ 2003, 363 ff. = R 584 b + c zur Einsetzung eines solchen Mindestbedarfs als Rechnungsposten bei der Mangelfallberechnung sowie zur grundsätzlichen Ablehnung eines Mindestbedarfs minderjähriger Kinder
51 Vgl. die ausführliche Darstellung der Problematik durch Kuhnigk, FamRZ 2002, 923 ff.
52 MünchKommBGB/Luthin, 4. Aufl., Rn. 12 zu § 1607; Staudinger (Fn. 39), Rn. 54; AG Leverkusen, FamRZ 2003, 627

608 **b) bei erschwerter Durchsetzbarkeit des Anspruchs (§ 1607 II BGB):** Es gibt Fälle, in denen sich der Unterhaltsanspruch gegen den pflichtigen Verwandten, obwohl er leistungsfähig ist oder als leistungsfähig zu behandeln wäre, nicht realisieren lässt. In solchen Fällen erheblich erschwerter Durchsetzbarkeit des Anspruchs **im Inland** müssen die nachrangig oder an sich gleichrangig haftenden Verwandten einspringen. Allerdings geht in diesem Fall der gegen den vorrangig Haftenden bestehende Unterhaltsanspruch im Umfang der Leistung auf den nachrangig Haftenden im Wege des **gesetzlichen Forderungsübergangs** über. Dies folgt aus § 1607 II 2 BGB, der bei Inanspruchnahme eines gleichrangig Haftenden an Stelle eines Pflichtigen entsprechend anzuwenden ist.[53] Auch bei der Ersatzhaftung nach § 1607 II BGB ist die Rangfolge der Verpflichteten zu beachten. Zunächst haften die Gleichrangigen und erst danach die vom Gesetz als nachrangig Eingestuften.[54]

§ 1607 II BGB gilt über §§ 1608 2 u. 3, 1584 2 u. 3 BGB, 16 II 2 LPartG auch bei vorrangiger Haftung des **Ehegatten oder** des **Lebenspartners** sowie über §§ 1615 l III 1 für den **Vater des nichtehelichen Kindes.**

Ausgeschlossen oder erheblich erschwert ist die Rechtsverfolgung im Inland gegen den Pflichtigen u. a.:[55]

- bei unbekanntem Aufenthaltsort,[56]
- bei Wohnsitz im Ausland, hier aber wegen Art. 18 I EGBGB bzw. Art. 5 Nr. 2 EuGVVO – Maßgeblichkeit des Wohnsitzes des Unterhaltsberechtigten – ggf. nicht für die Titulierung,[57] aber möglicherweise für die Vollstreckung,
- bei fehlender inländischer Gerichtszuständigkeit oder bei zu beachtender Exterritorialität (Immunität) des Pflichtigen,[58]
- bei fehlender Vollstreckungsmöglichkeit im Inland, weil der Pflichtige im Inland kein Vermögen hat,[59]
- bei voraussichtlicher Erfolglosigkeit der Zwangsvollstreckung gegen den an sich leistungsfähigen oder als leistungsfähig zu behandelnden Pflichtigen,[60]
- bei verantwortungsloser, zu mindest leichtfertiger und unterhaltsbezogener Herbeiführung der Leistungsunfähigkeit, so dass sich der Pflichtige unterhaltsrechtlich nicht auf sie berufen darf, z. B. durch Straftaten mit entsprechenden unterhaltsrechtlichen Bezug und dadurch verursachte Haftstrafe,[61]
- wenn die (rechtliche) Leistungsfähigkeit des vorrangigen Pflichtigen nur auf Grund der Zurechnung fiktiver Einkünfte besteht, weil auf solche Einkünfte nicht im Wege der Vollstreckung zugegriffen werden kann,[62]
- Nicht hierher dürften rechtliche Hindernisse gehören, welche die Entstehung eines Unterhaltsanspruch gerade verhindern,[63] z. B. die fehlende Anerkennung oder Feststellung der Vaterschaft zu einem nichtehelichen Kind (vgl. § 1600 d IV BGB).[64]

So kann ein volljähriges Kind vom einen der beiden Elternteile den vollen Unterhalt verlangen, wenn es vom anderen Elternteil, welcher wegen der Zurechnung fiktiver Einkünfte ebenfalls als leistungsfähig zu beurteilen ist, selbst mittels eines Vollstreckungstitels

---

[53] Finger, FamRZ 1999, 1298, 1299; BGH, FamRZ 1971, 571, 573 geht von der Anwendbarkeit des § 1607 II BGB bei anteiliger Haftung von Eltern und unbekannten Aufenthalts eines Elternteils als selbstverständlich aus; ebenso OLG Nürnberg, FamRZ 2000, 687, 688

[54] Staudinger (Fn. 39), Rn. 11

[55] Vgl. Finger, FamRZ 1999, 1298, 1299

[56] BGH, FamRZ 1971, 571, 573

[57] Vgl. BGH, FamRZ 2002, 21; Henrich, FamRZ 2003, 629 in Anm. zu AG Leverkusen, S. 627

[58] Staudinger (Fn. 39), Rn. 16

[59] Staudinger (Fn. 39), Rn. 17

[60] Staudinger (Fn. 39), Rn. 21

[61] Vgl. AG Bad Homburg, FamRZ 1999, 1450

[62] OLG Nürnberg, FamRZ 2000, 687, 688

[63] So aber Finger, FamRZ 1999, 1298, 1299

[64] Auch der Anspruch auf Unterhaltszahlung auf Grund einstweiliger Verfügung gemäß § 1615 o BGB dürfte vor der Anerkennung oder Feststellung der Vaterschaft keine Ersatzhaftung auslösen können, da der Anspruch auf die Person des vermuteten Vaters beschränkt ist

keinen Unterhalt erlangen könnte.[65] Die Großeltern müssen den Enkeln Unterhalt gewähren, falls ein Vorgehen gegen den unterhaltspflichtigen Vater, weil dieser ständig den Wohnsitz wechselt und keine Arbeit aufnimmt, praktisch nutzlos erscheint.[66] Zahlt ein Vater trotz Titulierung nur einen Teilunterhalt und scheitern Vollstreckungsmaßnahmen wegen des Restunterhalts tritt die Ersatzhaftung der Großeltern nach § 1607 II BGB ein.[67]

Die Ersatzhaftung des nachrangigen oder gleichrangigen Verwandten nach § 1607 II 1 BGB greift immer nur für den **Zeitraum der erschwerten Rechtsverfolgung** gegen den vorrangigen (gleichrangigen) Unterhaltspflichtigen ein. Sie erfasst keine vorher entstandenen Rückstände und endet mit der Wegfall der Erschwerungen.[68] Fraglich ist, ob die Ersatzhaftung für diejenigen Rückstände bestehen bleibt, die während des Zeitraums der Ersatzhaftung aufgelaufen sind und für welche mangels Erfüllung der Unterhaltsanspruch noch nicht nach § 1607 II 2 BGB übergegangen ist. Entgegen Engler[69] müsste dies jedenfalls für rechtskräftig oder durch Prozessvergleich titulierte rückständige Ansprüche gelten, weil dem Berechtigten insoweit weder ein Verzicht auf den Titel noch eine Neutitulierung gegen den vorrangigen Unterhaltsschuldner zumutbar ist. Anders liegt die Sache in den übrigen Fällen, weil auch die Haftung des Primärschuldners, wie § 1607 II 2 BGB zeigt, bestehen blieb.

Hinsichtlich des **Bedarfs** des Berechtigten wird auf Rn. 607 b zu § 1607 I BGB Bezug genommen.

Will der Unterhaltsberechtigte einen nachrangig Haftenden gemäß § 1607 II 1 BGB in Anspruch nehmen, muss er die Umstände **darlegen und beweisen,** aus denen sich der Ausschluss oder die Erschwernis der Rechtsverfolgung im Inland ergibt.[70]

Der gesetzliche Übergang des Anspruchs gegen den Erstschuldner nach § 1607 II 2 BGB fingiert das Weiterbestehen des an sich durch Erfüllung untergegangenen Anspruchs zugunsten des nachrangigen Schuldners. Gegenüber dem übergegangenen Anspruch sind Ansprüche des Berechtigten gegen den Erstschuldner auf laufenden Unterhalt vorrangig.[71] Die übergegangenen Ansprüche betreffen die gesetzliche Unterhaltspflicht (§§ 23 b I Nr. 4, 5, 13, 15 GVG, 661 I Nr. 4 LPartG) und sind vor den Familiengerichten geltend zu machen.

4. Rangfolge der Bedürftigen

Die Rangfolge der Bedürftigen ist in § 1609 BGB geregelt. Im Mangelfall werden die **609** Ansprüche der vorrangigen Bedürftigen im Rahmen der Leistungsfähigkeit des Verpflichteten, falls möglich, voll befriedigt. Die nachrangigen Berechtigten erhalten gegebenenfalls nichts mehr (vgl. Rn. 5/37 f.). Soweit **gleichrangige Berechtigte** zusammentreffen und der Pflichtige nicht vollständig leistungsfähig ist, wird eine **zweistufige Mangelfallberechnung** notwendig, wenn der Selbstbehalt des Verpflichteten gegenüber den gleichrangigen Berechtigten nicht in jeweils gleicher Höhe anzusetzen ist. So ist der Selbstbehalt des Pflichtigen gegenüber dem Ehegatten in der Regel höher als derjenige gegenüber den minderjährigen Kindern.[72] Dasselbe dürfte für die Unterhaltspflicht von Großeltern gegenüber minderjährigen bzw. gegenüber volljährigen Enkeln gelten (vgl. Rn. 620). Nach der zweistufigen Berechnungsweise wird zunächst der den höheren Selbstbedarf übersteigende Betrag der Verteilungsmasse auf die bedürftigen Berechtigten nach dem Verhältnis ihrer eigenen Mindestbedarfssätze verteilt. Anschließend wird die Differenz zwischen den beiden Selbstbehaltssätzen denjenigen Bedürftigen in entsprechender Weise zusätzlich zugeteilt,

---

[65] OLG Koblenz, FamRZ 1989, 307; OLG Karlsruhe, FamRZ 1991, 971, 973

[66] AG Alsfeld, DAVorm 1974, 518; vgl. auch AG Bad Homburg, FamRZ 1999, 1450 zur Unterhaltsverweigerung verbunden mit Haftzeiten wegen ständiger Straffälligkeit

[67] OLG München, FamRZ 2000, 688 (Ls) = OLGR 2000, 37

[68] Staudinger (Fn. 39), Rn. 22

[69] Staudinger (Fn. 39) Rn. 22

[70] Münch/Komm/BGB-Luthin, 4. Aufl., Rn. 12 zu § 1607; Staudinger (Fn. 39), Rn. 54; AG Leverkusen, FamRZ 2003, 627

[71] Vgl. Göppinger/Wax/Kodal, Unterhaltsrecht, 8. Aufl., Rn. 1607; Staudinger (Fn. 39), Rn. 49

[72] BGH, FamRZ 1990, 260, 265 = R 399 b; OLG Braunschweig, FamRZ 1995, 356, 358

denen gegenüber sich der Verpflichtete nur auf den niedrigeren Selbstbehalt berufen kann.[73] Siehe zur zweistufigen Mangelfallberechnung auch Rn. 5/231.

Wegen der Einzelheiten der in § 1609 BGB aufgestellten Rangfolge der Bedürftigen siehe Rn. 5/39.

5. Darlegungs- und Beweislast bei Rangfragen

610 Sollen **Verwandte statt des Ehegatten** oder des Lebenspartners auf Unterhalt in Anspruch genommen werden, muss der Berechtigte darlegen und beweisen, dass gegen den Ehegatten bzw. Lebenspartner kein Anspruch besteht bzw. dass dieser ohne Gefährdung seines eigenen angemessenen Unterhalts nicht leistungsfähig ist.[74] Kommen mehrere anteilig haftende Verwandte in Betracht, erstreckt sich die Darlegungs- und Beweislast auf den Umstand, dass die gleichrangigen Verwandten als Unterhaltsschuldner ausscheiden.[75] Soll der **geschiedene Ehegatte** in Anspruch genommen werden, haftet er nach § 1581 S. 1 BGB zunächst nur bis zu seinem angemessenen Selbstbehalt im Sinne des § 1603 I BGB (vgl. Rn. 605). Will der Berechtigte darüber hinaus Unterhalt von ihm, und zwar bis zum billigen Selbstbehalt im Sinne des § 1581 S. 1 BGB (vgl. Rn. 605), hat er darzulegen und zu beweisen, dass die Verwandten zur ergänzenden Unterhaltszahlung nicht leistungsfähig sind.[76]

III. Das Unterhaltsverhältnis im Einzelnen

611 In der Praxis geht es um die **Ansprüche von Enkeln gegen** ihre **Großeltern** bzw. **von** bedürftigen **Eltern gegen** ihre **Kinder.** Gerichtshängig werden vor allem Prozesse, welche die Sozialhilfeträger wegen übergegangener Unterhaltsansprüche bedürftiger Eltern, die oft nicht in der Lage sind, die erheblichen Heim- und Pflegekosten aufzubringen, gegen deren Kinder anstrengen.

1. Das Maß des Unterhalts

612 Der **Unterhaltsbedarf** des Berechtigten umfasst seinen gesamten Lebensbedarf einschließlich Ausbildungs- und Erziehungskosten, wie er sich aus der Lebensstellung des Bedürftigen ergibt (§ 1610 I und II BGB). Diese Lebensstellung leitet sich bei minderjährigen Kindern vom barunterhaltspflichtigen Elternteil oder beiden Eltern ab (siehe Rn. 108 ff., 121). Dies gilt auch teilweise für volljährige Kinder, nämlich, solange sie noch keine eigene originäre Lebensstellung erlangt haben, z. B., weil sie sich noch in Ausbildung befinden (siehe Rn. 111, 343). Soweit es für den Bedarf von Kindern auf die Lebensstellung der Eltern ankommt, ändert sich nichts, wenn sie andere Verwandte, z. B. Großeltern in Anspruch nehmen. Sie können sich nicht auf eine etwa gehobenere Lebensstellung der Großeltern berufen.[77] Im Übrigen kommt es nach der Grundregel auf die eigene Lebensstellung des Berechtigten an, der über den Unterhaltsanspruch nicht an der möglichen höheren Lebensstellung der Verpflichteten beteiligt werden soll. Die Lebensstellung des Berechtigten bestimmt sich in erster Linie nach seinen Einkommens- und Vermögensverhältnissen. Sie ist nicht unveränderlich, sondern passt sich – eventuell nach einer Übergangszeit – auch nachteiligen Veränderungen der Einkommensverhältnisse an, z. B. nach Eintritt in den Ruhestand.[78] Auch bei ganz dürftiger Lebensstellung ist jedenfalls das Existenzmini-

---

[73] Vgl. BGH, FamRZ 1992, 539 mit Anm. Graba S. 541 = R 444 b (gekürzt); OLG Braunschweig, FamRZ 1995, 356, 358

[74] OLG Frankfurt, FamRZ 1984, 395; OLG Hamm, FamRZ 1996, 116

[75] OLG Kiel, FamRZ 1996, 753; OLG Hamm, FamRZ 1996, 116

[76] OLG Zweibrücken, FamRZ 1987, 590; OLG Köln, FamRZ 1990, 54

[77] LG München I, FamRZ 1982, 1116

[78] BGH, FamRZ 2003, 860, 861 = R 590 A b

mum – z. B. entsprechend den Mindestbedarfssätzen der oberlandesgerichtlichen Leitlinien – als Bedarf geschuldet.[79] Der BGH hat die Ansetzung des Existenzminimums als Mindestbedarf nur für minderjährige Kinder abgelehnt.[80] Dies hängt aber damit zusammen, dass ein solches Kind noch keine eigene, sondern nur eine von seinen Eltern abgeleitete Lebensstellung hat. Bei Unterhaltsberechtigten mit eigener Lebensstellung kann diese unterhaltsrechtlich nicht unter dem Existenzminimum liegen – siehe auch Rn. 635.[81]

Zum nach § 1610 BGB geschuldeten Lebensbedarf gehören die im konkreten Fall angemessenen **Kosten der Kranken- und Pflegeversicherung,** die aus den laufenden Einkünften bestritten werden müssen und allgemeinen Lebensbedarf darstellen.[82] Dagegen kann **kein Alters-Vorsorgeunterhalt** verlangt werden, da §§ 1361 I 2, 1578 III BGB eine Sonderregelung für den Ehegattenunterhalt darstellen.

Nach der Rechtsprechung des Bundesgerichtshofs[83] ist der Anspruch auf **Leistung eines** 613
Prozesskostenvorschusses wegen der vom Gesetzgeber insoweit getroffenen Sonderregelungen (§§ 1360 a IV, 1361 IV 4 BGB) nicht generell als Teil des geschuldeten Lebensbedarfs anzusehen. Die entsprechende Anwendung des § 1360 IV BGB auf andere Unterhaltsverhältnisse komme nur in Betracht, wo die unterhaltsrechtliche Beziehung wie beim Familien- und Getrenntlebensunterhalt zwischen Ehegatten Ausdruck einer besonderen Verantwortung des Pflichtigen für den Berechtigten sei, wie z. B. im Verhältnis von Eltern zu ihren minderjährigen unverheirateten Kindern. Nach der überwiegenden Rechtsprechung der Oberlandesgerichte[84] wird diese besondere unterhaltsrechtliche Beziehung zu Eltern auch für volljährige Kinder bejaht, die noch keine selbstständige Lebensstellung erreicht haben (vgl. Rn. 6/24). Für den Verwandtenunterhalt folgt daraus, dass **kein Anspruch** von Eltern gegen Abkömmlinge auf Prozesskostenvorschuss besteht.[85] Dasselbe gilt im Verhältnis von Enkeln gegenüber Großeltern und entfernteren Verwandten der aufsteigenden Linie. Von Gesetzes wegen ist keine besondere unterhaltsrechtliche Verantwortung von Großeltern gegenüber ihren Enkeln vorhanden. Die Großeltern haften nur nachrangig. § 1603 II 1 BGB gilt für sie nicht. Gerichtlichen Entscheidungen,[86] wonach auch Urgroßeltern bzw. Großeltern Prozesskostenvorschuss für ihre Urenkel bzw. Enkel leisten mussten, ist daher nicht zuzustimmen.

2. Bedürftigkeit des Berechtigten

Nach § 1602 I BGB setzt der Unterhaltsanspruch die Bedürftigkeit des Berechtigten 614
voraus. Es darf also weder einsetzbares Vermögen vorhanden sein, noch dürfen Einkünfte aus Vermögen oder Erwerbstätigkeit zur Verfügung stehen bzw. wegen Verletzung der Obliegenheit zu sachgerechter Vermögensanlage oder zur Erwerbstätigkeit fiktiv zuzurechnen sein. Auch der **Stamm des** vorhandenen **Vermögens ist** grundsätzlich **zu verwerten** (wegen minderjähriger unverheirateter Kinder siehe § 1602 II BGB). Dies gilt ausnahmsweise nur dann nicht, wenn die Verwertung unmöglich ist oder ganz unwirtschaftlich wäre[87] – für volljährige Kinder vgl. Rn. 107. Eine Billigkeitsklausel wie unter Ehegatten (§ 1577 III BGB 2. Alternative) gilt im Verwandtenunterhalt nicht, so dass die Grenze der Zumutbarkeit enger zu ziehen ist.[88] Für die erforderliche **umfassende Zumutbarkeits-**

[79] BGH, FamRZ 2003, 860, 861 = R 590 A b für den Elternunterhalt
[80] BGH, FamRZ 2002, 536, 537 f. = R 572 c
[81] BGH, FamRZ 2003, 860, 861 = R 590 A b; OLG Koblenz, FamRZ 2001, 1212, 1213, jeweils für den Elternunterhalt
[82] BGH, FamRZ 2003, 860, 861 = R 590 A b; OLG Saarbrücken, FamRZ 1999, 382; Büttner, FamRZ 1995, 193, 197
[83] BGH, FamRZ 1984, 148 = R 182
[84] Vgl. z. B. OLG München, FamRZ 1993, 821
[85] OLG München, FamRZ 1993, 821
[86] OLG Düsseldorf, DAVorm 1990, 80; OLG Koblenz, FamRZ 1997, 681; ebenso dafür: Bißmaier, FamRZ 2002, 863, 864
[87] OLG Düsseldorf, FamRZ 1990, 1137; BGH, FamRZ 1998, 367, 369 = R 517 c
[88] BGH, a.a.O.

abwägung,[89] die alle bedeutsamen Umstände, insbesondere auch die Lage des Unterhaltsverpflichteten berücksichtigen muss, wird beim Berechtigten ein strengerer Maßstab anzulegen sein als beim Pflichtigen. So muss ein volljähriger Berechtigter mit beleihungsfähigem Grundbesitz bei vorübergehendem Unterhaltsbedarf, z. B. wegen noch andauernder Ausbildung, Kredit mit Zins- und Tilgungsaufschub aufnehmen, auch wenn eine Veräußerung unzumutbar wäre.[90] Dagegen müssen für den Berechtigten wertvolle Gebrauchsgegenstände mit marktbedingt geringem Veräußerungswert nicht verschleudert werden.[91] Bei unvernünftigem Vermögensverbrauch in Kenntnis der (künftigen) Unterhaltsbedürftigkeit kommt die **fiktive Anrechnung von Vermögenswerten** in Betracht.[92]

Dem Berechtigten ist jedoch je nach Umständen eine gewisse Vermögensreserve als **Schonvermögen** zu lassen, z. B. wenn er schon im fortgeschrittenen Alter ist und einer Rücklage für ungewöhnliche Ausgaben bedarf.[93] Auf jeden Fall wird es angemessen sein, dem Berechtigten in Anlehnung an die Regelung nach § 88 II Nr. 8 BSHG in Verbindung mit § 1 der DVO zu dieser Vorschrift (derzeit nach dem Stand vom 26. 6. 2001 bis 2301,– € zuzüglich 256,– € für jede unterhaltene Person) pauschal eine Reserve von 2500,– € zu belassen.[94] Auch davon kann nach den Umständen des Einzelfalls der Höhe nach teilweise abgesehen werden, z. B. wenn wegen vorgerückten Alters mit Bettlägerigkeit und Heimpflege keine Notwendigkeit zur Vorhaltung des vollen Betrags erkennbar ist.[95]

615 Wenn man das Unterhaltsverhältnis zwischen Eltern und minderjährigen unterhaltsberechtigten Kindern außer Betracht lässt, besteht die **Erwerbsobliegenheit des Berechtigten** anders als im Ehegattenunterhalt (vgl. Rn. 4/136) in schärferer Intensität als beim Pflichtigen.[96] Dies ist bei der erforderlichen Zumutbarkeitsprüfung (vgl. zur Zumutbarkeitsprüfung beim Unterhaltsschuldner Rn. 622) zu berücksichtigen. So gelten für die Obliegenheit des erwachsenen Unterhaltsgläubigers, wenn es sich nicht um ein volljähriges Kind in berechtigter Fortführung der Ausbildung handelt, ähnliche strenge Maßstäbe wie für den barunterhaltspflichtigen Elternteil gegenüber einem bedürftigen minderjährigen Kind.[97] Der Berechtigte muss selbst berufsfremde und unterhalb seiner beruflichen Qualifikation bzw. seiner gewohnten Lebensstellung liegende Tätigkeiten aufnehmen.[98] Ein Ortswechsel ist vielfach zumutbar.[99] Wegen der Erwerbsobliegenheit minderjähriger Kinder siehe oben Rn. 43 und 46. Beim volljährigen Studenten ist eine Erwerbstätigkeit neben dem Studium in der Regel unzumutbar, so dass für die Anrechnung von Einkünften aus einer derartigen Tätigkeit § 1577 II BGB entsprechend anzuwenden ist[100] (siehe Rn. 350).

3. Leistungsfähigkeit und Eigenbedarf des Pflichtigen

616 **a) Bemessung des Eigenbedarfs.** Nach § 1603 I BGB ist nicht unterhaltspflichtig, wer unter Berücksichtigung seiner sonstigen Verpflichtungen außerstande ist, ohne Gefährdung seines angemessenen Unterhalts den Unterhalt zu gewähren. Dem Pflichtigen sollen grundsätzlich die Mittel belassen werden, die er zur Deckung des seiner eigenen Lebensstellung entsprechenden allgemeinen Bedarfs benötigt.[101] In welcher Höhe dieser Bedarf zu bemessen ist, obliegt der tatrichterlichen Beurteilung des Einzelfalls.[102] Dabei gilt als Grundsatz,

---

[89] BGH a.a.O.
[90] Vgl. OLG Bamberg, FamRZ 1999, 876
[91] OLG Frankfurt, FamRZ 1987, 1179 f.
[92] OLG Frankfurt, a.a.O.
[93] BGH, FamRZ 1957, 120
[94] Vgl. OLG Düsseldorf, FamRZ 1990, 1137; BGH, FamRZ 1998, 367, 369 = R 517 c
[95] OLG Köln, FamRZ 2001, 437
[96] Anderer Ansicht Kalthoener/Büttner, NJW 1991, 398, 404 = grundsätzlich gleiche Intensität
[97] BGH, FamRZ 1985, 273; OLG Oldenburg, FamRZ 1991, 1090
[98] BGH, FamRZ 1985, 273; OLG Oldenburg, FamRZ 1991, 1090
[99] BGH, FamRZ 1994, 372 = R 473 c; FamRZ 1993, 1304, 1306 = R 464 b; FamRZ 1981, 539, 540 = R 073 a
[100] BGH, FamRZ 1995, 475, 477 = R 491 b
[101] BGH, FamRZ 1992, 795, 797
[102] BGH, FamRZ 2002, 1698, 1700 = R 580 c; FamRZ 2003, 1179, 1182 = R 592 e

dass der Eigenbedarf nicht durchgängig mit einem bestimmten festen Betrag angesetzt werden darf, sondern anhand der konkreten Umstände des Einzelfalls unter Berücksichtigung der besonderen Lebensverhältnisse des Pflichtigen zu ermitteln ist.[103] § 1603 I BGB gewährleistet im Verwandtenunterhalt vorrangig die Sicherung des eigenen angemessenen Unterhalts, also derjenigen Mittel, die der Pflichtige zur angemessenen Deckung seines allgemeinen Bedarfs benötigt.[104] In welcher Höhe der Bedarf zu bemessen ist, hängt von seiner Lebensstellung ab, die sich aus Einkommen, Vermögen und sozialem Rang ergeben. Denn die Lebensstellung wird erfahrungsgemäß an die zur Verfügung stehenden Mittel angepasst. Insofern kann der angemessene Eigenbedarf nicht unabhängig von dem im Einzelfall vorhandenen Einkommen bestimmt werden.[105] Dabei ist der Eigenbedarf keine unveränderliche Größe, sondern entsprechend den Umständen des Einzelfalls veränderlich.[106]

In der Praxis wird der Eigenbedarf des Unterhaltsschuldners für die Unterhaltsansprüche 617 von Kindern gegen ihre Eltern und unter Ehegatten **nach** den von den Oberlandesgerichten entwickelten **pauschalierten Selbstbehaltssätzen für den Mindestbedarf**[107] bemessen, die allerdings nach der Rechtsprechung des Bundesgerichtshofs unter Ehegatten nur mit Einschränkung gelten (vgl. Rn. 605). Bei Eltern mit verschärfter Unterhaltsverpflichtung gegenüber minderjährigen unverheirateten Kindern wird der ihnen zugestandene Eigenbedarf auf den **notwendigen Selbstbehalt** gemäß § 1603 II 1 BGB begrenzt (siehe Rn. 141, 260 f., 5/181). Gegenüber volljährigen Kindern gilt der **angemessene** oder große **Selbstbehalt** gemäß § 1603 I BGB (vgl. Rn. 407, 417 ff., 5/181 f.). Für die übrigen Unterhaltsverhältnisse des Verwandtenunterhalts werden derartige Richtlinien entwickelt. Es dient nämlich der Vorausschaubarkeit der Rechtsprechung und der Vereinheitlichung, wenn das Gericht unbeschadet der Einkommensverhältnisse und der gesellschaftlichen Stellung des Verpflichteten von pauschalierten Selbstbehaltsbeträgen ausgeht,[108] solange dies gerechtfertigt ist, weil es sich noch um bis durchschnittliche oder jedenfalls nicht besonders gehobene Einkommensverhältnisse handelt (siehe Rn. 620). Obwohl der BGH gegen eine Pauschalierung grundsätzliche Bedenken erhoben hat (vgl. Rn. 616), lehnt er Pauschalsätze nicht gänzlich ab. Insbesondere würden die Oberlandesgerichte den erhobenen Bedenken inzwischen Rechnung tragen und die Selbstbehaltssätze nur noch als Mindestbeträge angeben, so dass es tatrichterlicher Beurteilung unterliege, ob die Mindestbeträge zu erhöhen sind. Beim Elternunterhalt (vgl. hierzu Rn. 629 ff.) sei es deswegen auch grundsätzlich zu billigen, wenn für das einzusetzende Einkommen auf einen etwa hälftigen Anteil desjenigen Betrages abgestellt werde, der den an sich vorgesehenen Mindestselbstbehalt übersteige.[109] Eine derartige Pauschalierung beim Elternunterhalt hätte den Vorteil der Rechtssicherheit und Praktikabilität, außerdem würde eine ungerechtfertigte Nivellierung unterschiedlicher Verhältnisse vermieden.[110]

Kommt eine Pauschalierung nicht mehr in Betracht, ist die **konkrete Lebensstellung** 618 **maßgebend** (vgl. Rn. 616), die zunächst entscheidend vom Einkommen und sozialen Rang des Pflichtigen und der mit ihm zusammenlebenden übrigen Familienmitglieder geprägt ist.[111] Danach richtet sich, welche Beträge für die allgemeine Lebensführung, die Vermögensbildung, die Alterssicherung, für Anschaffungen und die Freizeitgestaltung zur Verfügung stehen.[112] Dabei müssen Ausgaben zur langfristig angelegten Vermögensbildung, soweit es um lange bestehende vertragliche Bindungen geht, nur im rechtlich zulässigen

---

[103] BGH, FamRZ 2002, 1698, 1701 = R 580 c für den Elternunterhalt
[104] BGH, FamRZ 2003, 1179, 1182 = R 592 e
[105] BGH, a.a.O.
[106] BGH, FamRZ 2002, 1698, 1700 = R 580 c; FamRZ 2003, 1179, 1182 = R 592 e
[107] Kritisch zur Unterhaltsberechnung anhand von Pauschalsätzen der Gerichtspraxis wegen „Unvereinbarkeit mit dem Demokratie- und Rechtsstaatsprinzip": Schlüter/Kemer, FuR 1993, 245, 252
[108] Stoffregen, FamRZ 1996, 1496 (Anm. zu LG Osnabrück a.a.O. S. 1494 f.); Schwab-Borth, Handbuch des Scheidungsrechts, 4. Aufl., Rn. IV 1083
[109] BGH, FamRZ 2002, 1698, 1700 ff. = R 580 c; FamRZ 2003, 1179, 1182 = R 592 e
[110] BGH, a.a.O.
[111] OLG Oldenburg, FamRZ 1991, 1347
[112] OLG Oldenburg, a.a.O.

Maß angemessenen eingeschränkt werden.[113] Entscheidend ist, ob sich die Ausgaben im Verhältnis zum vorhandenen Einkommen noch im Rahmen einer vernünftigen Lebensführung halten oder ob es sich um einen nach den Verhältnissen unangemessenen Luxusaufwand handelt.[114]

619 Wird das Einkommen – wie auch schon in durchaus gehobenen Verhältnissen vielfach üblich – vollständig verbraucht, ist zur Herstellung der Leistungsfähigkeit dann eine **Zurücknahme der Lebensführung** zumutbar, wenn der Pflichtige einen nach den Verhältnissen unangemessenen Aufwand betreibt oder ein Leben in Luxus führt.[115] Aufgrund der Rechtsprechung des BGH hat sich allerdings die Tendenz verstärkt, z. B. die eine Pflicht und damit eine Last darstellende Unterhaltspflicht von Kindern gegenüber bedürftig gewordenen Eltern über eine entsprechende Bewertung des angemessenen Eigenbedarfs weitgehend zu entschärfen. Wegen Einzelheiten hierzu siehe Rn. 639.

620 Auch für die Unterhaltsansprüche sonstiger Verwandter besteht für die Praxis ein Bedürfnis, dass im Rahmen der Leistungsfähigkeit des Pflichtigen **von pauschalierten Mindestsätzen für den Selbstbehalt** ausgegangen werden kann (vgl. Rn. 617). Hierbei geht es, da Ansprüche minderjähriger Kinder gegenüber Eltern ausscheiden, immer um den angemessenen oder großen Selbstbehalt gemäß § 1603 I BGB. Außerdem handelt es sich nicht um Unterhaltsverhältnisse zwischen Eheleuten bzw. zwischen Eltern und bedürftigen volljährigen Kindern, die noch keine selbstständige Lebensstellung erlangt haben. Dort wird die unterhaltsrechtliche Verantwortung speziell begründet, bei Eheleuten durch die Eheschließung und bei Eltern insoweit durch das besondere Pflichtenverhältnis von Eltern gegenüber ihren noch nicht selbstständigen – wenn auch volljährigen – Kindern. Demgegenüber ist das unterhaltsrechtliche Band des Gesetzes **bei Ansprüchen von volljährigen Enkeln gegen Großeltern oder** von bedürftig gewordenen **Eltern gegen** ihre **Kinder** als weniger streng gespannt zu beurteilen. Der Bundesgerichtshof hatte zu dieser Frage erstmals in einem Fall entschieden, der zu ihm gelangt war, weil in erster Instanz versehentlich das damals nicht zuständige Familiengericht entschieden hatte (Revisionsentscheidung zu OLG Oldenburg, FamRZ 1991, S. 1347). Dabei führte er zum Unterhaltsanspruch von bedürftigen Eltern gegen ihre Kinder aus, dass es sich bei den von der familiengerichtlichen Praxis entwickelten Selbstbehaltssätzen um Mindestbeträge handele, die bei durchschnittlichen Einkommensverhältnissen, wenn es um das Unterhaltsbegehren anderer Verwandter, z. B. von Eltern, gehe, um einen maßvollen Zuschlag erhöht werden könnten.[116] Es entspreche der natürlichen Generationenfolge, dass Eltern regelmäßig damit rechnen müssten, dass sie ihren Kindern ohne abgeschlossene Ausbildung und wirtschaftliche Selbstständigkeit auch über das 18. Lebensjahr hinaus Unterhalt zu gewähren haben. Mit einer solchen Entwicklung sei nicht gleichzusetzen, dass Eltern nach ihrem Ausscheiden aus dem Erwerbsleben ihre Kinder, die inzwischen selbst Familien gegründet haben, auf Unterhalt in Anspruch nehmen müssten.[117] In aller Regel hätten Eltern eine ausreichende Altersversorgung, so dass Kinder allenfalls wegen einer unerwarteten Hilfsbedürftigkeit mit ihrer Beteiligung an den dafür entstehenden zusätzlichen Kosten rechnen müssten. Zur Sicherstellung des Ausbildungsunterhalts für gerade volljährig gewordene Kinder könnten größere Opfer angesonnen werden, als wenn es um die Heimkosten der Eltern gehe. Die anderen unterhaltsberechtigten Verwandten würden ihre Lebensstellung nicht mehr von der des Pflichtigen ableiten, sondern hätten – oft seit langem – eine eigene Lebensstellung erlangt. Bei der Bestimmung der Leistungsfähigkeit gestatte das Gesetz ausdrücklich die Berücksichtigung sonstiger Verpflichtungen, zu denen auch solche gehörten, die sich nicht in einer konkreten Zahlungspflicht ausdrücken würden, sondern auf Vorsorge – etwa der angemessenen Bildung von Rücklagen – beruhten.[118] Diese Überlegungen, die der

---

113 OLG Oldenburg, a.a.O.

114 Vgl. BGH, FamRZ 2002, 1698, 1700 f. = R 580 c; FamRZ 2003, 1179, 1180 = R 592 b; OLG Oldenburg, a.a.O.

115 Vgl. BGH, FamRZ 2002, 1698, 1700 f. = R 580 c

116 BGH, FamRZ 1992, 795, 797; vgl. auch Stoffregen, FamRZ 1996, 1496; van Els, DAVorm 1995, 268, 270

117 BGH, FamRZ 1992, 795, 797

118 BGH, FamRZ 1992, 795, 797

BGH inzwischen für den Elternunterhalt (vgl. hierzu Rn. 629 ff.) in zwei weiteren Entscheidungen fortgeführt und zugunsten der unterhaltspflichtigen Kinder mit noch größerem Gewicht versehen hat[119] (vgl. 638 f.), gelten – jedenfalls, was einen Zuschlag von 25% (vgl. unten in dieser Randziffer) auf den sogenannten großen Selbstbehalt angeht – nicht nur für das Unterhaltsverhältnis zwischen bedürftig gewordenen Eltern und ihren Kindern, sondern auch für dasjenige zwischen Enkeln und Großeltern.[120] In diesem Sinn hat sich das OLG Oldenburg[121] dafür ausgesprochen, einem bei Ausfall der Eltern durch einen volljährigen Enkel in Anspruch genommenen Großvater über den üblichen Tabellensatz hinaus einen großzügigen Selbstbehalt zuzubilligen. Denn Großeltern könne nicht abverlangt werden, die eigenen, ihren wirtschaftlichen Verhältnissen angepassten Bedürfnisse in gleicher Weise einzuschränken, wie es Eltern für ihre Kinder tun müssten. Hiervon ist eine **Ausnahme** zu machen, wenn **minderjährige Enkel,** die auf Grund dieser Minderjährigkeit noch hilflos und bedürftig sind,[122] ihre Großeltern in Anspruch nehmen müssen. In diesem Fall dürfen sich die Großeltern nur auf den normalen, nicht auf einen erhöhten angemessenen Selbstbehalt berufen,[123] während Eltern bis zum notwendigen Selbstbehalt haften (vgl. Rn. 273 zur Gegenansicht). Die oberlandesgerichtlichen Leitlinien differenzieren beim Enkelunterhalt allerdings nicht zwischen minderjährigen und volljährigen Enkeln, sondern setzen unterschiedslos den angemessenen Selbstbehalt ohne Zuschlag an.

Der Zuschlag, den die Instanzgerichte vor der Begründung der familiengerichtlichen Zuständigkeit auf den normalen angemessenen Selbstbehalt, insbesondere beim Elternunterhalt (vgl. hierzu Rn. 629 ff.), vorgenommen hatten oder der sonst vorgeschlagen worden war, reichte von 20%[124] über 30%[125] bis 70%.[126] Hier war ab der 4. Auflage ein Zuschlag von 25% vorgeschlagen worden. Für den Elternunterhalt (vgl. Rn. 629 ff.) gingen die meisten oberlandesgerichtlichen Leitlinien von entsprechenden Zuschlägen aus. Allerdings hatte bereits der 11. Deutsche Familiengerichtstag[127] empfohlen, nur 50% des Einkommens über einem erhöht angesetzten Mindestbedarfs des Kindes für den Unterhalt in Anspruch zu nehmen. Entsprechende Empfehlungen kamen von dem Deutschen Verein für öffentliche und private Fürsorge[128] und vom 13. Deutschen Familiengerichtstag.[129]

Inzwischen hat der Bundesgerichtshof in zwei Entscheidungen[130] gebilligt, dass für den Elternunterhalt (vgl. Rn. 629 ff.) der nach den oberlandesgerichtlichen Leitlinien in der Regel um 25% erhöhte Mindestselbstbehalt in der Weise zugrunde gelegt wird, dass nur eine bestimmte Quote des übersteigenden Einkommens, also z. B. 50%, für den Unterhalt herangezogen werden. Zur Bewertung dieser Rechtsprechung siehe Rn. 600 und 638.

Oberlandesgerichtliche Leitlinien zum Mindest-Eigenbedarf (angemessenen Selbstbehalt) des Pflichtigen beim Unterhalt sonstiger Verwandter (sämtlich mit dem Stand vom 1. 7. 2003):[131] 620 a

---

[119] BGH, FamRZ 2002, 1698, 1700 ff. = R 580 c; FamRZ 2003, 1179 ff. = R 592

[120] Ebenso Luthin/Seidel, Unterhaltsrecht, 9. Aufl., Rn. 5041; anderer Ansicht offenbar OLG Dresden, OLGR 2003, 131

[121] OLG Oldenburg, NJW 2000, 2516 = FamRZ 2000, 688 (Ls)

[122] Vgl. hierzu BGH, FamRZ 1990, 260, 262 = R 399 b

[123] Ebenso Luthin/Seidel, Unterhaltsrecht, 9. Aufl., Rn. 5042 f.; a. A. OLG Dresden, FamRZ 2003, 1211

[124] LG Paderborn, FamRZ 1996, 1497; Fischer, FamRZ 1993, 732; Empfehlungen des 11. Deutschen Familiengerichtstags, FamRZ 1996, 337

[125] LG Münster, FamRZ 1994, 843; LG Kiel, FamRZ 1996, 753, 755; im Ergebnis auch etwa 30% AG Altena, FamRZ 1993, 835

[126] AG Hagen, FamRZ 1988, 755

[127] FamRZ 1996 337, 338 unter I. 4.2

[128] FamRZ 2000, 788, unter Nr. 121

[129] FamRZ 2000, 273, 274 unter I. 4 a)

[130] BGH, FamRZ 2002, 1698, 1701 = R 580 c; FamRZ 2003, 1179, 1182 = R 592 e

[131] Die Leitlinien sind mit Stand 1. 7. 2003 in der Beilage zu Heft 32/2003 der NJW und in der Beilage zu Heft 8/2003 der FPR abgedruckt

- Düsseldorfer Tabelle (siehe Anhang L) Anm. A 5. u. D. 1.:
  gegenüber nicht privilegierten volljährigen Kindern: 1000 €, darin enthalten eine Warmmiete von 440 €;
  gegenüber Eltern: mindestens 1250 €, einschließlich 440 € für Warmmiete, zuzüglich der Hälfte des darüber hinaus gehenden Einkommens; der angemessene Unterhalt des mit dem Pflichtigen zusammenlebenden Ehegatten beträgt die Hälfte des eheangemessenen Bedarfs, mindestens 950 € einschließlich 330 € für Warmmiete;
- Berliner Tabelle (FamRZ 2003, 906, 907) Anm. II. u. V.:
  gegenüber nicht privilegierten volljährigen Kindern: für Ostfälle beim erwerbstätigen Pflichtigen 925 €, beim nicht erwerbstätigen 825 €, für Westfälle beim erwerbstätigen Pflichtigen 1000 €, beim nicht erwerbstätigen 890 €;
  gegenüber Eltern: für Ostfälle mindestens 1155 €, für Westfälle mindestens 1250 €, jeweils zuzüglich der Hälfte des darüber hinausgehenden Einkommens;
- Süddeutsche Leitlinien (FamRZ 2003, 910, 912) Nr. 21.3:
  gegenüber nicht privilegierten volljährigen Kindern und Enkeln: 1000 €, darin enthalten 440 € für Unterkunft und Heizung;
  gegenüber Eltern: mindestens 1250 €, wobei die Hälfte des diesen Mindestbetrag übersteigenden Einkommens zusätzlich anrechnungsfrei bleibt, darin enthalten 440 € für Unterkunft und Heizung;
- OLG Brandenburg Nr. 21.3:
  gegenüber nicht privilegierten volljährigen Kindern: 925 €, darin enthalten eine Kaltmiete von 280 €, beim Pflichtigen ohne wesentliche Erwerbseinkünfte 825 €;
  gegenüber Eltern: 1155 € zuzüglich der Hälfte des darüber hinausgehenden bereinigten Einkommens, beim Pflichtigen ohne wesentliche Erwerbseinkünfte 1055 €;
- OLG Bremen Nr. 21.3.:
  gegenüber nicht privilegierten volljährigen Kindern und Enkeln 1000 €, darin enthalten Kosten für Wohnbedarf von 440 €;
  gegenüber Eltern: mindestens 1250 €, wobei die Hälfte des übersteigenden Einkommens zusätzlich anrechnungsfrei bleibt, darin enthalten Kosten für Wohnbedarf von 440 €;
- OLG Celle Nr. 21.3:
  gegenüber nicht privilegierten volljährigen Kindern und Enkeln: 1000 €;
  gegenüber Eltern: nach den Umständen des Einzelfalls, zumindest 1250 €;
- OLG Dresden Nr. 21.3:
  gegenüber nicht privilegierten volljährigen Kindern und Enkeln: 900 €, darin enthalten Kosten für Unterkunft einschließlich umlagefähiger Nebenkosten und Heizung von 315 €;
  gegenüber Eltern: mindestens 1125 €, wobei die Hälfte des übersteigenden Einkommens zusätzlich anrechnungsfrei bleibt, darin enthalten Kosten für Unterkunft einschließlich umlagefähiger Nebenkosten und Heizung von 400 €;
- OLG Düsseldorf Nr. 21.3:
  gemäß Düsseldorfer Tabelle;
- OLG Frankfurt Nr. 21.3:
  gegenüber nicht privilegierten volljährigen Kindern und Enkeln: 1000 €, darin enthalten 440 € für Wohnbedarf (360 € kalt und 80 € Nebenkosten und Heizung);
  gegenüber Eltern: mindestens 1250 €, wobei die Hälfte des übersteigenden Einkommens zusätzlich anrechnungsfrei bleibt, darin enthalten 440 € für Wohnbedarf (360 € kalt und 80 € Nebenkosten und Heizung);
- OLG Hamburg Nr. 21.3:
  gegenüber nicht privilegierten volljährigen Kindern und Enkeln: 1000 €, darin enthalten 440 € für Unterkunft und Heizung;
  gegenüber Eltern: mindestens 1250 €, wobei die Hälfte des diesen Mindestbetrag übersteigenden Einkommens zusätzlich anrechnungsfrei bleibt, darin enthalten 440 € für Unterkunft und Heizung;
- OLG Hamm Nr. 21.3:
  gegenüber nicht privilegierten volljährigen Kindern: 1000 €, darin enthalten eine Warmmiete einschließlich umlagefähiger Nebenkosten und Heizung von 440 €;

gegenüber Eltern: mindestens 1250 €, wobei die Hälfte des diesen Mindestbetrag übersteigenden Einkommens zusätzlich anrechnungsfrei bleiben kann, darin enthalten eine Warmmiete einschließlich umlagefähiger Nebenkosten und Heizung von 440 €;

– OLG Jena Nr. 21.3 u. 21.4:
gegenüber nicht privilegierten volljährigen Kindern: 825 € für nicht erwerbstätige und 915 € für erwerbstätige Unterhaltspflichtige, darin enthalten 290 € Warm- bzw. 195 € Kaltmiete;
gegenüber Eltern: mindestens 1155 €, wobei die Hälfte des diesen Mindestbetrag übersteigenden Einkommens zusätzlich anrechnungsfrei bleibt;

– Kammergericht Nr. 21.3:
gegenüber nicht privilegierten volljährigen Kindern und Enkeln: bei Pflichtigen aus dem Beitrittsgebiet 925 € beim Erwerbstätigen und 825 € beim Nichterwerbstätigen, bei den anderern 1000 € beim Erwerbstätigen und 890 € beim Nichterwerbstätigen;
gegenüber Eltern: mindestens 1155 € bei Pflichtigen aus dem Beitrittsgebiet und mindestens 1250 € bei den anderen, wobei die Hälfte des diesen Mindestbetrag überstgeigenden Einkommens zusätzlich anrechnugsfrei bleiben kann, wenn dies der Angemessenheit entspricht;

– OLG Köln Nr. 21.3:
gegenüber nicht privilegierten volljährigen Kindern: in der Regel 1000 €, darin enthalten eine Warmmiete von 440 €;
gegenüber Eltern: mindestens 1250 €, wobei die Hälfte des diesen Mindestbetrag übersteigenden Einkommens zusätzlich anrechnungsfrei bleibt, darin enthalten eine Warmmiete von 440 €;

– OLG Naumburg Nr. 21.3:
gegenüber nicht privilegierten volljährigen Kindern und Enkeln: 1000 €, nach den Umständen des Einzelfalls Herabsetzung, insbesondere beim nicht erwerbstätigen Unterhaltsschuldner;
gegenüber Eltern: mindestens 1250 €, wobei die Hälfte des übersteigenden Einkommens zusätzlich anrechnungsfrei bleibt;

– OLG Oldenburg Nr. 21.3:
gegenüber nicht privilegierten volljährigen Kindern und Enkeln: 1000 €;
gegenüber Eltern: mindestens 1250 €, wobei die Hälfte des diesen Mindestbetrag übersteigenden Einkommens anrechnungsfrei bleibt;

– OLG Rostock Nr. 21.3 u. 21.4:
gegenüber nicht privilegierten volljährigen Kindern: 900 € beim erwerbstätigen und 800 € beim endgültig aus dem Erwerbsleben ausgeschiedenen Unterhaltsschuldner;
gegenüber Eltern: 1125 € beim erwerbstätigen und 1020 € beim endgültig aus dem Erwerbsleben ausgeschiedenen Unterhaltsschuldner, wobei die Hälfte des den Mindestbetrag übersteigenden Einkommens zusätzlich anrechnungsfrei bleibt;

– OLG Saarbrücken Nr. 2. u. 4.:
gegenüber nicht privilegierten volljährigen Kindern: 1000 €
gegenüber Eltern: 1250 €

– OLG Schleswig Nr. 21.1 u. 21.3:
der große Selbstbehalt beträgt 920 €, darin enthalten bis 390 € für eine Warmmiete einschließlich umlagefähiger Nebenkosten und Heizung;
gegenüber Eltern: der angemessene Selbstbehalt sollte deutlich über dem großen Selbstbehalt liegen, die Festlegung bleibt der Entscheidung des Einzelfalls überlassen, wobei die Einkommens- und Vermögensverhältnisse aller Beteiligten zu berücksichtigen sind.

b) Abzug besonderer Aufwendungen. Die unterhaltsrechtliche Leistungsfähigkeit **620 b** wird zunächst vom Nettoeinkommen nach Abzug von Steuer und Soziallasten sowie beim Nichtselbstständigen auch von berufsbedingtem Aufwand geprägt. Weiter ist maßgebend der Abzug darüber hinausgehender unterhaltsrechtlich anerkennungsfähiger Verbindlichkeiten (vgl. Rn. 621) sowie die Berücksichtigung sonstigen **tatsächlichen Aufwands,** der als zusätzliche Last ebenfalls unterhaltsrechtlich anerkennungsfähig ist. So kann ein Selbstständiger, der nicht sozialversicherungspflichtig ist, in einer seinem Einkommen entsprechenden Weise tatsächlichen, nicht jedoch fiktiven Aufwand zur Sicherung seiner Altersversorgung treiben, und zwar nach den derzeitigen Verhältnissen in Höhe von etwa 20% seines Bruttoeinkommens.[132] Dabei kommt ihm, was die konkrete Art der Vorsorge angeht, ein weiter Ermessensspielraum zu, so dass im Einzelfall auch die Bildung bloßen Sparvermögens anzuerkennen sein kann.[133] Wegen Fehlens des Kündigungsrisikos nicht berücksichtigungsfähig wären Aufwendungen des Selbstständigen zur Absicherung vor Arbeitslosigkeit.[134] Die allgemeine Entwicklung der gesetzlichen Rentenversicherung und der Beamtenversorgung lassen auch zweifelhaft erscheinen, ob nicht generell auch bei Nichtselbstständigen Aufwendungen für eine Aufstockung der Altersvorsorge anerkannt werden müssen. Eindeutig ist dies, wenn das Einkommen eines rentenversicherungspflichtigen Arbeitnehmers über der Beitragsbemessungsgrenze liegt, weil seine gesetzliche Versorgung dann nicht mehr in Übereinstimmung mit seinem Einkommen stehen kann. Dasselbe gilt, wenn es um die Aufwendungen für die zusätzliche Altersversorgung nach Art. 6 des Altersvermögensgesetzes vom 26. 6. 2001 (BGBl I 1310, 1313 ff.), die so genannte Riesterrente, geht. Aber auch beim Beamten kann wegen der Kürzungen der Beamtenversorgung in maßvollem Umfang die Anerkennung entsprechenden tatsächlichen Aufwands in Betracht kommen.[135]

621 **c) Abzug von Verbindlichkeiten.** Abzuziehen sind vorrangige Unterhaltsverpflichtungen (vgl. Rn. 160). Wegen gleichrangiger Unterhaltsansprüche siehe Rn. 161.

Berücksichtigungswürdige sonstige Verpflichtungen können auch **Kreditverbindlichkeiten** sein. Die Abgrenzung zwischen berücksichtigungswürdigen und anderen Verbindlichkeiten geschieht im Rahmen einer umfassenden Interessenabwägung nach billigem Ermessen (vgl. hierzu Rn. 5/112 ff.). Für die Abwägung maßgeblich sind z. B. Zweck, Zeitpunkt und Art der Entstehung, Eingehen der Verbindlichkeiten vor oder nach der Inanspruchnahme auf Unterhalt, die Dringlichkeit der Bedürfnisse von Pflichtigem bzw. Berechtigten, die Kenntnis des Pflichtigen von Grund und Höhe der Unterhaltsschuld, die diesem zumutbare Möglichkeit zur Wiederherstellung seiner Leistungsfähigkeit, schutzwürdige Belange des Drittgläubigers.[136] Im Rahmen der Abwägung ist auch zu entscheiden, ob lediglich der Zinsaufwand oder auch der der Vermögensbildung dienende Tilgungsaufwand zu berücksichtigen ist. Grundsätzlich gilt, dass den Ansprüchen der Unterhaltsberechtigten kein allgemeiner Vorrang vor den anderen Verbindlichkeiten des Pflichtigen zukommt. Andererseits dürfen diese Verbindlichkeiten nicht ohne Rücksicht auf die Unterhaltsinteressen getilgt werden.[137] Werden **Großeltern von Enkeln** oder **Kinder von** bedürftig gewordenen **Eltern** in Anspruch genommen, kann vielfach ein **großzügigerer Maßstab** angebracht sein als zwischen Eheleuten und unterhaltspflichtigen Eltern und Kindern. Hier wird es sich im Regelfall um keine von vornherein voraussehbare Inanspruchnahme handeln, so dass die Pflichtigen in ihrer Finanzplanung freier waren. So hat der BGH[138] für den Elternunterhalt bei der Bewertung eines dem Pflichtigen zuzuordnenden Wohnwerts nicht nur die Zinsleistungen, sondern auch die Tilgungsleistungen für abziehbar angesehen, wenn die Darlehensverbindlichkeiten eingegangen wurden, bevor mit einer Inanspruchnahme auf Elternunterhalt (vgl. hierzu Rn. 629 ff.) gerechnet werden musste und entsprechender Elternunterhalt und Tilgungsleistungen nicht gleichzeitig aufgebracht werden können – siehe hierzu auch Rn. 624 u. 639.

Siehe zur Berücksichtigung von Schulden auch oben Rn. 158 sowie 1/614.

622 **d) Zurechnung fiktiver Einkünfte wegen Verletzung der Erwerbsobliegenheit.** Nach Zumutbarkeitsgesichtspunkten entscheidet sich die Frage, ob dem Unterhaltspflichtigen zur Bestimmung seiner Leistungsfähigkeit fiktive Einkünfte zuzurechnen sind, **weil** er es unterlässt, eine ihm mögliche Erwerbstätigkeit aufzunehmen oder eine ausgeübte Erwerbstätigkeit auszuweiten.[139] Hierbei ist die **Zumutbarkeitsschwelle je nach Unterhaltsver-**

---

[132] BGH, FamRZ 2003, 860, 863 = R 590 A d
[133] BGH, a.a.O.
[134] BGH, a.a.O.
[135] Vgl. dazu BGH, FamRZ 2003, 1179, 1182 = R 592 d
[136] BGH, FamRZ 1996, 160, 161 f. = R 496 c; BGH, FamRZ 2003, 1179, 1181 = R 592 c
[137] BGH, a.a.O. S. 1181 = R 592 c
[138] BGH, a.a.O. S. 1181 f. = R 592 c
[139] BGH, FamRZ 1996, 345, 346

hältnis höher oder niedriger anzusetzen. Besonders streng sind im Hinblick auf § 1603 II 1 BGB die Anforderungen an Eltern gegenüber ihren minderjährigen unverheirateten Kindern[140] (siehe Rn. 145 und 615). Im Unterhaltsverhältnis zwischen Eheleuten und zwischen Eltern und bedürftigen volljährigen Kindern, die noch keine selbstständige Lebensstellung erlangt haben, gründet sich die Unterhaltsverpflichtung auf der unterhaltsrechtlichen Verantwortung, welche bei Eheleuten durch die Eheschließung übernommen wurde und bei Eltern insoweit auf dem besonderen Pflichtenverhältnis von Eltern gegenüber ihren Kindern beruht (siehe auch oben Rn. 620). In den anderen Unterhaltsverhältnissen ohne derartige Besonderheit liegt die Zumutbarkeitsschwelle am höchsten. Grundsätzlich muss der Unterhaltspflichtige, soweit eine reale Beschäftigungschance besteht, seine Arbeitskraft entsprechend seiner Vorbildung, seinen Fähigkeiten und der Arbeitsmarktlage in zumutbarer Weise bestmöglich einsetzen.[141] Im Einzelfall ist ein Arbeitsplatz- oder Berufswechsel vorzunehmen,[142] in zumutbaren Grenzen auch ein Ortswechsel.[143] Dies bedeutet nicht, dass eine Großmutter fortgeschrittenen Alters, die seit langem nur eine Teilzeitarbeit ausübt, diese Tätigkeit ausweiten müsste, um unerwartete Unterhaltsansprüche von Enkeln befriedigen zu können. Hat der Pflichtige durch verantwortungsloses, zumindest leichtfertiges und unterhaltsbezogenes Verhalten seine **Leistungsunfähigkeit herbeigeführt,** z. B. wegen zurechenbaren Arbeitsplatzverlusts, kann ihm die Berufung hierauf ganz oder teilweise versagt sein.[144]

e) Verpflichtung zum Einsatz des Vermögens durch Verwertung. Der unterhaltspflichtige Verwandte muss in Ermangelung sonstiger Mittel grundsätzlich auch den Stamm seines Vermögens zur Bestreitung des Unterhalts einsetzen. Eine allgemeine Billigkeitsgrenze wie für den Unterhalt zwischen geschiedenen Eheleuten (§ 1581 S. 2 BGB) sieht das Gesetz für den Verwandtenunterhalt nicht vor.[145] Einschränkungen der Obliegenheit zum Einsatz des Vermögensstamms ergeben sich allein daraus, dass nach dem Gesetz (§ 1603 I BGB) auch die sonstigen Verpflichtungen des Unterhaltsschuldners zu berücksichtigen sind und er den eigenen Unterhalt nicht zu gefährden braucht. Allgemein muss der Unterhaltsschuldner den Stamm seines Vermögens nicht verwerten, wenn dies für ihn mit einem wirtschaftlich nicht mehr vertretbaren Nachteil verbunden wäre,[146] z. B. wenn er nur unter Inkaufnahme eines erheblichen Wertverlusts veräußern könnte. Eine Verwertung des Vermögensstamms kann nicht verlangt werden, wenn sie den Unterhaltsschuldner von fortlaufenden Einkünften abschneiden würde, die er zur Erfüllung weiterer Unterhaltsansprüche oder anderer berücksichtigungswürdiger Verbindlichkeiten oder zur Bestreitung seines eigenen Unterhalts benötigt. Ist das Vermögen zur Sicherung des eigenen Unterhalts zu schonen, muss die gesamte voraussichtliche Lebensdauer des Pflichtigen berücksichtigt werden.[147] Diese Opfergrenze gilt, soweit der notwendige Selbstbehalt berührt wird, auch bei gesteigerter Unterhaltspflicht von Eltern gegenüber minderjährigen Kindern gemäß § 1603 II 1 BGB.[148] Der Tatrichter hat eine umfassende **Zumutbarkeitsabwägung** vorzunehmen.[149] Vgl. wegen weiterer Einzelheiten auch Rn. 641 f. zum Elternunterhalt. 623

Dem Pflichtigen ist auf jeden Fall eine gewisse **Vermögensreserve** als Rücklage für unvorhergesehene Ausgaben zu belassen. Hierbei sollte ein großzügigerer Maßstab als beim Bedürftigen (siehe Rn. 614) angelegt werden. In den Fällen des Verwandtenunterhalts (z. B. Ansprüche von Enkeln gegen Großeltern, von Eltern gegen ihre Kinder) erscheint, wenn der konkrete Einzelfall keine höhere Reserve erfordert, eine Pauschale von jedenfalls 10 000 € (20 000,– DM), wie sie teilweise von den Instanzgerichten zugebilligt worden

[140] BGH, FamRZ 1994, 372 = R 473 c
[141] Vgl. BGH, FamRZ 1985, 158 = NJW 1985, 732
[142] Vgl. BGH, FamRZ 1994, 372, 373 = R 473 c
[143] BGH, FamRZ 1994, 372 = R 473 c; OLG Köln, FamRZ 1997, 1104: soweit die Arbeitsplatzchancen anderswo besser und die Umzugskosten tragbar sind
[144] Vgl. hierzu Pauling, FPR 2000, 11, 13
[145] BGH, FamRZ 1998, 367, 369 = R 517 c; BGH, FamRZ 1989, 170 = R 379 a
[146] BGH, FamRZ 1986, 48, 50 = R 275 c
[147] BGH, FamRZ 1989, 170 = R 379 a
[148] BGH, FamRZ 1989, 170 = R 379 a; OLG Bamberg, OLGR 1999, 191
[149] BGH, FamRZ 1998, 367, 369 = R 517 c

ist,[150] angemessen. Dies wäre der vierfache Betrag wie beim Bedürftigen (Rn. 614). Auch eine Erhöhung dieser Pauschale auf 12 500 € erscheint vertretbar. Der Deutsche Verein für öffentliche und private Fürsorge empfiehlt, eine Reserve von 12 500 € und in abgeschwächten Unterhaltsverhältnissen wie beim Elternunterhalt sogar von 25 000 € zu belassen, wobei beim Elternunterhalt, falls der Pflichtige über kein selbstgenutztes Wohneigentum verfüge, eine Erhöhung auf 75 000 € in Betracht komme.[151]

624 Die **Veräußerung eines** nach den übrigen Verhältnissen der Familie angemessenen **Familienheims** wird im Allgemeinen nicht verlangt werden können, weil es der Befriedigung des Unterhaltsbedarfs des Schuldners und gegebenenfalls weiterer Familienangehöriger dient und zugleich Mietaufwendungen erspart.[152] Anders ist es, wenn es sich um ein weder als Einkommensquelle noch zur Befriedigung des Wohnbedarfs der Familie nötiges Ferienhaus handelt.[153] Besteht danach keine Veräußerungspflicht, kann der Sozialhilfeträger, der ein unterhaltspflichtiges Kind aus übergegangenem Recht (§ 91 BSHG) in Anspruch nimmt, weil er die Kosten für die Heimunterbringung eines Elternteils aufbringt, ein sonst nicht leistungsfähiges Kind u. U. dazu verpflichten, in entsprechender Anwendung von § 89 BSHG ein zinsloses Darlehen anzunehmen, das bei Tod des Kindes fällig und auf dem zu verwertenden Grundstück durch ein Grundpfandrecht gesichert wird[154] – vgl. Rn. 642 ff.). Zwar muss der eigene Unterhalt des Pflichtigen bis zu seinem Lebensende sichergestellt sein, er hat jedoch keinen Anspruch darauf, dass der Vermögensstamm seinen Erben erhalten bleibt.[155] Hätte der Unterhaltsschuldner ein von ihm **verschenktes Hausgrundstück** für Unterhaltszwecke verwerten müssen, entsteht für ihn im Hinblick auf seine Unterhaltspflicht der Rückforderungsanspruch des § 528 I BGB (vgl. hierzu bezüglich des Rückforderungsanspruchs des selbst bedürftig gewordenen Schenkers im Einzelnen Rn. 631 ff.), welchen der Sozialhilfeträger bei Leistung von Sozialhilfe an den Unterhaltsberechtigten gemäß § 90 BSHG auf sich überleiten kann (vgl. Rn. 6/507). Ist der Schenker selbst unterhaltsbedürftig, kann der beschenkte Pflichtige, falls er unabhängig von der Schenkung unterhaltspflichtig, aber einkommenslos ist, verpflichtet sein, die ihm geschenkte Immobilie, möglicherweise mit Aussetzung oder Streckung von Zinszahlung und Tilgung, zu beleihen, um – zur Meidung einer Rückforderung nach § 528 BGB – den Unterhalt aufzubringen.[156] Für die Frage, ob bestehende **Lebensversicherungen** – falls dies im Hinblick auf den erzielbaren Rückkaufswert in wirtschaftlicher Weise möglich ist – verwertet werden müssen, kommt es darauf an, ob sie noch einer nach den Verhältnissen des Pflichtigen gebotenen Altersvorsorge dienen oder wegen genügender anderweitiger Alterssicherung als Kapitalanlage anzusehen sind.[157] Kapitalvermögen aus einer **Schmerzensgeldzahlung** oder aus einer von der Unfallversicherung bezahlten **Invaliditätsentschädigung** muss in der Regel nur eingeschränkt eingesetzt werden. Selbst im Rahmen der gesteigerten Unterhaltspflicht (§ 1603 II 1 BGB) von Eltern gegenüber minderjährigen Kindern ist der besonderen Ausgleichsfunktion des Schmerzensgelds bei der Bestimmung der Opfergrenze in billiger Weise Rechnung zu tragen. Andauernde verletzungsbedingte Behinderungen schwerwiegender Natur führen in diesem Fall auch unter Berücksichtigung der Kindesbelange zu einer maßvollen Anhebung dessen, was dem unterhaltpflichtigen Elternteil zu Deckung seines notwendigen Eigenbedarfs zu belassen ist.[158] In anderen Unterhaltsverhältnissen ohne gesteigerte Unterhaltspflicht liegt die Opfergrenze höher. Sind z. B. Kinder Unterhaltsschuldner gegenüber Eltern, kann – wenn schwerwiegende Verletzungsfolgen geblieben sind – der Einsatz der Entschädigung vollständig der Billigkeit widersprechen, so dass die Leistungsfähigkeit insoweit nur durch den Vermögensertrag bestimmt wird.[159]

---

[150] AG Höxter, FamRZ 1996, 752; AG Wetter, FamRZ 1991, 852; vgl. Meyer, FamRZ 1997, 225
[151] FamRZ 2002, 931, 937 unter 91 Nr. 4. u. 5
[152] BGH, FamRZ 2001, 21, 23; FamRZ 1986, 48, 50 = R 275 c
[153] BGH, FamRZ 1986, 48, 50 = R 275 c
[154] LG Duisburg, FamRZ 1996, 1498
[155] LG Duisburg, FamRZ 1996, 1498, 1499
[156] OLG München, FamRZ 2000, 1177 (Ls) = OLGR 2000, 78
[157] Meyer, FamRZ 1997, 225; vgl. AG Höxter FamRZ 1996, 752 mit Anm. Zieroth
[158] BGH, FamRZ 1989, 170 = R 379 b
[159] Vgl. LG Paderborn, FamRZ 1996, 1497

f) Unterhaltsansprüche von Eltern gegen verheiratete Kinder. Richtet sich der Unterhaltsanspruch von Eltern gegen ein verheiratetes Kind, ergeben sich aus dem gleichzeitig bestehenden Unterhaltsverhältnis der Ehegatten untereinander Reibungspunkte, die sich auch auf den Eigenbedarf des pflichtigen Ehegatten auswirken – siehe hierzu unter Rn. 645. 625

4. Beschränkung oder Wegfall der Unterhaltsverpflichtung nach § 1611 I BGB

§ 1611 BGB enthält eine dem § 1579 Nr. 2 bis 7 BGB für den Ehegattenunterhalt vergleichbare **negative Härteregelung** für den Verwandtenunterhalt, die als Ausnahmevorschrift eng auszulegen ist und deren Voraussetzungen der **Darlegungs- und Beweislast** des Unterhaltspflichtigen unterliegen. Die Klausel greift bei folgenden Tatbeständen ein: 626

- der Berechtigte ist durch sein sittliches Verschulden bedürftig geworden,
- der Berechtigte hat seine eigene Unterhaltspflicht gegenüber dem Pflichtigen gröblich vernachlässigt,
- der Berechtigte hat sich vorsätzlich einer schweren Verfehlung gegen den Pflichtigen oder einen nahen Angehörigen desselben schuldig gemacht.

Die drei Tatbestände setzen **Verschulden des Bedürftigen** voraus.[160] Die Annahme einer vorsätzlichen schweren Verfehlung erfordert eine umfassende Abwägung aller maßgeblichen Umstände unter Einbeziehung des Verhaltens des Pflichtigen.[161] Für alle Tatbestände kann die Frage eine Rolle spielen, ob dem Bedürftigen seine **Verfehlung** vom Pflichtigen **verziehen** worden ist.[162]

Ist der Tatbestand erfüllt, wird grundsätzlich nur noch der **Unterhaltsbeitrag, welcher der Billigkeit entspricht,** geschuldet. Lediglich ausnahmsweise, wenn die Inanspruchnahme des Verpflichteten insgesamt grob unbillig wäre, entfällt die Unterhaltspflicht vollständig (§ 1611 I 2 BGB). So müssen Eltern wegen Herbeiführung der Bedürftigkeit durch sittliches Verschulden keinen Unterhalt an den volljährigen Sohn bezahlen, der infolge jahrelanger Alkoholsucht arbeitsunfähig geworden ist, wenn er es zu Zeiten, als er noch nicht schuldunfähig war, vorwerfbar an der notwendigen Therapiebereitschaft fehlen ließ.[163] Hat sich ein Vater um seinen damals 12-jährigen Sohn seit der Scheidung von dessen Mutter sowohl in materieller als auch sonst in persönlicher Hinsicht nicht mehr gekümmert, obwohl ihm bekannt wurde, dass der finanzielle Unterhalt nicht mehr gesichert war, sind – falls der Vater nach Jahrzehnten bedürftig wird und Sozialleistungen empfangen muss – Unterhaltsansprüche gegen den Sohn wegen grober Unbilligkeit seiner Heranziehung verwirkt.[164] Dasselbe gilt bei langjähriger Vernachlässigung, Kontaktabbruch und Nichtleistung von Unterhalt gegenüber der Tochter für die unterhaltsbedürftig gewordene Mutter[165] oder überhaupt bei unverständlicher 32-jähriger Kontaktlosigkeit.[166] Bei Kränkung des Unterhaltspflichtigen wird es darauf ankommen, ob dies vorsätzlich und in der Absicht einer tiefen Verletzung geschehen ist.[167]

Liegen die Voraussetzungen für eine Beschränkung oder für den Wegfall des Unterhaltsanspruchs vor, kann der Berechtigte für seinen deswegen nicht gedeckten Bedarf nicht andere Verwandte in Anspruch nehmen (§ 1611 III BGB). Nach Sinn und Zweck der gesetzlichen Regelung gilt dies für gleichrangig oder nachrangig haftende Verwandte. Andererseits greift die Klausel und damit die **Sperrwirkung des § 1611 III BGB zugunsten anderer Verwandter** nicht ein, wenn unabhängig von § 1611 I BGB ohnehin kein Unterhaltsanspruch wegen mangelnder Leistungsfähigkeit des betreffenden Unterhaltspflichtigen bestand. In diesem Fall kommt es zu keiner Beschränkung, sondern unmittelbar zur 627

---

160 Köhler/Luthin, Handbuch des Unterhaltsrechts, 8. Aufl., Rn. 224
161 BGH, FamRZ 1995, 475 = R 491 a
162 Köhler/Luthin, Handbuch des Unterhaltsrechts, 8. Aufl., Rn. 224
163 Vgl. AG Altena, DAVorm 1995, 265, 267
164 LG Hannover, FamRZ 1991, 1094
165 AG Leipzig, FamRZ 1997, 965
166 AG Helmstedt, FamRZ 2001, 1395
167 Vgl. OLG Hamm, FamRZ 2001, 1395 (Ls)

Ersatzhaftung der anderen Verwandten nach § 1607 I BGB. Wäre der Anspruch eines Vaters gegen ein Kind verwirkt, das allerdings mangels Leistungsfähigkeit ohnehin nicht unterhaltspflichtig ist, könnten Geschwister (Halbgeschwister), denen gegenüber die Voraussetzungen des § 1611 I BGB nicht erfüllt sind, ungeachtet der Vorschrift des § 1611 III BGB in Anspruch genommen werden. Dieses Ergebnis erscheint auch zweckmäßig, weil vermieden wird, dass sich ein unterhaltspflichtiger Verwandter auf Verwirkung gegenüber einem anderen an sich vor- oder gleichrangigen Verwandten berufen darf, der unstreitig leistungsunfähig und damit aus der Reihe der Pflichtigen ausgeschieden ist.

628 Die Vorschrift ist auf die Unterhaltspflicht von **Eltern gegenüber** ihren **minderjährigen unverheirateten Kindern** nicht anzuwenden (§ 1611 II BGB). Ein etwaiges Fehlverhalten kann aus der Zeit seiner Minderjährigkeit kann dem volljährigen Kind nicht entgegen gehalten werden.[168] Ebenso wenig ist es möglich, gegenüber dem minderjährigen oder inzwischen volljährig gewordenen Kind ein Fehlverhalten seines gesetzlichen Vertreters aus der Zeit der Minderjährigkeit, z. B. wegen betrügerischen Erschleichens nicht zustehender Leistungen auf Kindesunterhalt, geltend zu machen, weil sonst das Gesetz umgangen würde. Wegen der Anwendung der Klausel auf den Unterhaltsanspruch volljähriger Kinder gegen ihre Eltern und wegen der sich hierzu ergebenden Einzelfälle im Übrigen siehe Rn. 478 ff.

5. Elternunterhalt im Besonderen

629 **a) Grundsätzliches.** Zu den Grundfragen der Unterhaltsverpflichtung von Kindern gegenüber ihren Eltern vgl. Rn. 600 u. 638 am Ende zu dem Umstand, dass Eltern am **Ende der Rangfolge** der Berechtigten stehen, vgl. § 1609 BGB und Rn. 609; vorrangig sind auch die Unterhaltsansprüche der Mutter oder des Vaters aus Anlass der Geburt eines Kindes (§ 1615 l III u. V BGB). Unterhaltssprüche von Eltern gegenüber Kindern kommen bislang offenbar nicht besonders häufig vor Gericht, wenn man die geringe Zahl veröffentlichter Entscheidungen bedenkt. Dennoch dürfte die Zahl betagter Menschen mit geringem Einkommen bzw. zu geringen Pflegeversicherungsansprüchen, so dass die Kosten der notwendigen Pflege nicht gedeckt werden können oder sonst wirtschaftliche Not besteht, nicht klein sein. Eltern machen im Interesse des Familienfriedens trotz wirtschaftlicher Notlage nur selten selbst Unterhaltsansprüche gegen Kinder geltend und scheuen – möglicherweise zur Vermeidung eines Rückgriffs gegen die Kinder – auch die Inanspruchnahme von Sozialhilfe[169] – vgl. hierzu Rn. 603 a zur Grundsicherung. Nur bei Heimunterbringung, wenn die Kosten vom Sozialhilfeträger übernommen werden müssen, kommt es in gewissem Ausmaß zur gerichtlichen Geltendmachung von Unterhaltsansprüchen aus übergegangenem Recht (§ 91 BSHG) durch den Träger.

630 **b) Bedürftigkeit des Berechtigten.** An Unterhaltsbedürftigkeit des Elternteils fehlt es, soweit Einkünfte oder verwertbares Vermögen vorhanden ist – vgl. Rn. 614. **Verwertbares Vermögen** ist zunächst zu verbrauchen, bevor Unterhalt verlangt wird. Die allgemeine Billigkeitsklausel des § 1577 III BGB 2. Alternative gilt im Verwandtenunterhalt nicht, so dass die Grenze der Zumutbarkeit enger zu ziehen ist.[170] Insofern sind bei unterhaltsberechtigten Eltern – abgesehen von dem Notgroschen in Anlehnung an § 88 BSHG (vgl. Rn. 614) – geringere Einschränkungen zu machen. Zwar ist auch bei ihnen eine **umfassende Zumutbarkeitsabwägung,** die etwa der Überprüfung nach grober Unbilligkeit entspricht, unter Berücksichtigung der Lage des Verpflichteten erforderlich,[171] es ist aber ein strengerer Maßstab anzulegen als umgekehrt bei den pflichtigen Kindern. Grundsätzlich ist das Vermögen zu verwerten, es sei denn, die Verwertung wäre nicht möglich[172] oder ganz unwirtschaftlich.[173] Anders als bei volljährigen Kindern (vgl. Rn. 107), die vielfach noch

---

[168] BGH, FamRZ 1998, 367, 370
[169] Vgl. Günther, FuR 95, 1
[170] BGH, FamRZ 1998, 367, 368 = R 517 c
[171] BGH a.a.O.
[172] Wegen des Problems, ob eine Vermögensverwertung möglich ist, vgl. BGH, FamRZ 1997, 281, 284 zur Frage einer gegenständlich beschränkten Teilauseinandersetzung einer Erbengemeinschaft
[173] BGH, FamRZ 1998, 367, 369 = R 517 c

keine selbstständige Lebensstellung erlangt haben, kommen darüber hinausgehende Billigkeitsüberlegungen nur in geringerem Umfang in Betracht. Der BGH[174] – der Fall betraf allerdings einen Schadensersatzanspruch nach § 844 II BGB wegen Verlust des Unterhaltsanspruchs – ging auch bei unterhaltsberechtigten Eltern bei der Zumutbarkeitsprüfung verhältnismäßig weit und nahm Unzumutbarkeit an, wenn der Verbrauch des Vermögens bei Berücksichtigung der voraussichtlichen Lebensdauer des Berechtigten dessen angemessenen Lebensunterhalt beeinträchtigen würde. Hiergegen spricht beim Elternunterhalt, dass der Stamm des Vermögens nicht den Erben zu erhalten ist (BGH a.a.O.) und dass die auf Grund der konkreten gesundheitlichen Verhältnisse oder auch der statistischen Lebenserwartung zu treffende Prognose einer noch erheblichen Lebensdauer, welche wegen Sicherstellung eines Teilunterhalts der Verwertung entgegenstehen würde, zu Lasten des unterhaltspflichtigen Kindes und zugunsten der Erben ginge. Richtig dürfte die Ansicht sein, dass die Verwertung nur dann nicht mehr verlangt werden kann, wenn der berechtigte Elternteil einen auch bei Berücksichtigung der Interessen des Unterhaltspflichtigen **wirtschaftlich nicht vertretbaren Nachteil**[175] erleiden würde, z. B. wenn eine Veräußerung auf Grund einer ungewöhnlichen Marktsituation nur zu einem Bruchteil des wirtschaftlichen Werts möglich wäre. Bei einem vom Berechtigten **selbst bewohnten Hausgrundstück** wird die Veräußerung trotz der dadurch vorliegenden langfristigen Deckung und Sicherung des Wohnbedarfs nur dann nicht verlangt werden können, wenn der Unterhaltsbedarf durch den Verbrauch des Erlöses und seiner Erträge nur für eine nicht erhebliche Zeit befriedigt werden könnte. Ist dies für einen ins Gewicht fallenden Anteil der bestehenden Lebenserwartung möglich, muss veräußert werden. Wie ausgeführt, ist die Verwertungspflicht des berechtigten Elternteils strenger zu beurteilen als die entsprechende Verpflichtung des Unterhaltspflichtigen; vgl. hierzu Rn. 623, 624 und Rn. 641. Der Berechtigte hat in erster Linie seinen gegenwärtigen Unterhaltsbedarf zu decken, so dass seine Bedürftigkeit – soweit sie von der Verwertungsfrage abhängt – nur mit Zurückhaltung auf Grund einer in die Zukunft gerichteten Prognose zu Lasten des Pflichtigen bejaht werden sollte, der seinerseits gegenwärtig lebt und gegenwärtig nicht in Anspruch genommen werden will. Auch eine angemessener Einsatz des üblicherweise belassenen Notgroschens kann im Einzelfall erforderlich sein – vgl. Rn. 614.

Zum einzusetzenden Vermögen gehört – wenn ein Elternteil nach Vollziehung einer Schenkung bedürftig geworden ist – auch der **Herausgabeanspruch nach § 528 I BGB,**.[176] der gegenüber dem Unterhaltsanspruch des Schenkers vorrangig ist.[177] Bei dem Anspruch handelt es sich auch dann um keinen Unterhaltsanspruch, für den die Familiengerichte zuständig wären, wenn er auf wiederkehrende Leistungen (vgl. Rn. 632) gerichtet ist.[178] Der Anspruch richtet sich gegen die Erben des Beschenkten, falls dieser vorverstorben ist.[179] 631

Der **Anspruch des Schenkers,** der die (volle oder teilweise) Unentgeltlichkeit der betreffenden Zuwendung[180] und seine Bedürftigkeit[181] beweisen muss, auf Herausgabe des Geschenks (§ 528 I S. 1 BGB) setzt voraus, dass er außerstande ist, seinen angemessenen Unterhalt (§ 1610 BGB) zu decken und sich die fehlenden Mittel auch nicht durch zumutbare Arbeit zu beschaffen vermag.[182] Der Bedarf des Schenkers bestimmt sich nicht nach seiner individuellen Lebensstellung vor der Ausführung der Schenkung, sondern er ist auf den Bedarf verwiesen, der objektiv seiner Lebensstellung nach der unentgeltliche Zuwendung sein, Schenkung angemessen ist.[183] Unentgeltliche Zuwendung im Sinne des § 528 632

[174] BGH, FamRZ 1966, 28, 29
[175] Vgl. zu diesem Ergebnis Staudinger-Kappe/Engler, BGB, 13. Aufl., Rn. 120 zu § 1602
[176] Wegen der rechtlichen Probleme der Vorschrift vgl. auch Franzen, FamRZ 1997, 528 ff.
[177] BGH, FamRZ 2001, 1137, 1139; NJW 1991, 1824
[178] Vgl. OLG Naumburg, FamRZ 1997, 293
[179] BGH, FamRZ 1991, 1288
[180] BGH, FamRZ 1995, 479, 480 – zur teilweisen Unentgeltlichkeit eines Übergabevertrags in Vorwegnahme der Erbfolge
[181] BGH, NJW-RR 2003, 53, 54
[182] BGH, FamRZ 1996, 483
[183] BGH, FamRZ 2003, 224, 228

BGB kann auch eine objektiv die güterrechtlich nicht als Schenkung, sondern als sogenannte **unbenannte Zuwendung** qualifiziert wird.[184]

Der **Rückforderungsanspruch** des Schenkers geht, wenn ein laufender Unterhaltsbedarf besteht, von vornherein **auf wiederkehrende Leistungen** in Höhe des Bedarfs, bis der Wert des Schenkungsgegenstands erschöpft ist.[185] Der Beschenkte darf nämlich nur insoweit nach den Vorschriften über die ungerechtfertigte Bereicherung in Anspruch genommen werden, als der Schenker seinen angemessenen Unterhalt nicht zu bestreiten vermag. Nur mit dieser Begrenzung des Rückforderungsanspruchs wird in Fällen eines wiederkehrenden Bedarfs gesichert, dass das Geschenk nur in dem Maße in Anspruch genommen wird, wie des dem Bedarf des Schenkers entspricht. Zugleich werden mögliche Rückforderungsansprüche des Beschenkten vermieden, die bei Wegfall des Unterhaltsbedarfs nach Herausgabe des Gesamtwerts entstehen könnten.[186] Für die Anwendung der Ersetzungsbefugnis des § 528 I S. 2 BGB bleibt damit bei wiederkehrendem Bedarf kein Raum.[187] Auf den Wegfall der Bereicherung (§ 818 III BGB) kann sich der Beschenkte nicht berufen, falls er im Sinne der §§ 818 IV, 819 I BGB bösgläubig war, weil er das Geschenk in Kenntnis von drohender Erwerbsunfähigkeit des Schenkers wegen Alkoholabhängigkeit entgegengenommen hat. Bei verschärfter Haftung muss der Beschenkte nach § 279 a. F. BGB (nunmehr zu entnehmen aus § 276 I 1 n. F. BGB) für seine finanzielle Leistungsfähigkeit eintreten, so dass er sich auch nicht auf § 529 II BGB berufen kann.[188]

Ist der Beschenkte, der Eigentümer eines wertvollen geschenkten Grundstücks, aber sonst einkommenslos ist, auch der kraft Gesetzes Unterhaltspflichtige, bedarf es keiner Rückforderung, wenn er das Grundstück, möglicherweise mit ausgesetzter oder gestreckter Zinszahlung und Tilgung beleihen kann, um den laufenden Unterhaltsbedarf des Beschenkten zu bestreiten.[189]

Mehrere Beschenkte haften, beschränkt auf den Wert des von ihnen jeweils Empfangenen, wie Gesamtschuldner jeder für sich bis zur Obergrenze des angemessenen Unterhaltsbedarfs des Schenkers.[190] Wegen der Frage, inwieweit der Schenker den Beschenkten in **Verzug** setzen muss (§§ 528 I, 3, 1613 BGB) und inwieweit der Anspruch auf die **Erben des Schenkers übergeht** (§§ 528 I 3, 1615 BGB).[191]

632 a Zum **Ausschluss des Rückforderungsanspruchs** siehe §§ 529, 534 BGB. Zugunsten des Beschenkten besteht eine 10-Jahresfrist zwischen Leistung des geschenkten Gegenstands und Eintritt der Bedürftigkeit des Beschenkten (§ 529 I BGB). Innerhalb dieser Frist muss die Bedürftigkeit schon eingetreten sein, es genügt nicht, dass sie schon gedroht hatte.[192]

Nach § 529 II u. I BGB kann die Herausgabe des Werts eines geschenkten Grundstücksanteils ausgeschlossen sein, wenn sich auf dem Grundstück das Familienheim befindet und wenn im Verkaufsfalle trotz des dem Schuldner verbleibenden anteiligen Verkaufserlöses der angemessene Unterhalt des Schuldners und seiner Familie gefährdet wäre.[193] Zur Beurteilung der Frage, was dem Beschenkten zur Sicherung seines standesgemäßen Unterhalts gemäß § 529 II BGB verbleiben muss, sind die einschlägigen familienrechtlichen Bestimmungen und die hierzu von der Rechtsprechung entwickelten Grundsätze heranzuziehen.[194]

---

[184] Vgl. BGH, FamRZ 2000, 84, 87 zum Begriff der Unentgeltlichkeit gem. § 822 BGB, wenn die Schenkung vom Beschenkten als unbenannte Zuwendung an seinen Ehegatten weitergegeben wurde

[185] BGH, FamRZ 1996, 483; NJW-RR 2003, 53, 54; BVerwG, FamRZ 1993, 184, 185 = NJW 1992, 3312; insoweit missverständlich formuliert OLG Naumburg, FamRZ 1997, 293

[186] BGH a.a.O.

[187] BGH a.a.O.

[188] BGH, FamRZ 2003, 1265, 1267

[189] Vgl. OLG München, FamRZ 2000, 1177 (Ls) = OLGR 2000, 78

[190] BGH, FamRZ 1998, 155

[191] Vgl. Franzen, FamRZ 1997, 528 ff.

[192] BGH, NJW 2000, 728, 729; FamRZ 2001, 409, 410

[193] Vgl. OLG Hamm, FamRZ, 1993, 1436

[194] BGH, FamRZ 2001, 21, 22

Für die Berufung des Beschenkten auf seine eigene Bedürftigkeit nach § 529 II BGB ist es grundsätzlich unerheblich, weshalb die Bedürftigkeit entstanden ist. Anders liegt der Fall, wenn der Beschenkte oder sein Erbe in Kenntnis des Notbedarfs des Schenkers die eigene Bedürftigkeit mutwillig, nämlich in grober Missachtung dessen, was jedem einleuchtet, z. B. durch unsinnige Luxusausgaben, herbeigeführt haben.[195] War er bei Verbrauch des geschenkten Gegenstands bösgläubig im Sinne des §§ 818 IV, 819 I BGB, kann er sich von vornherein nicht auf seine mangelnde finanzielle Leistungsfähigkeit berufen, weil er hierfür nach § 279 a. F. BGB (nunmehr zu entnehmen aus § 276 I 1 n. F. BGB) uneingeschränkt einstehen muss.[196]

Der Anspruch auf Rückforderung wegen Verarmung des Schenkers unterliegt der **Regelverjährung** von nunmehr 3 Jahren, auch wenn der Anspruch auf regelmäßig wiederkehrenden Bedarf und damit auf wiederkehrende Leistungen geht.[197] Die neue Verjährungsregelung auf Grund des Schuldrechtsmodernisierungsgesetzes muss aber andererseits zur Vermeidung eines unangemessenen Ergebnisses zur Konsequenz führen, dass der Anspruch in diesem Fall nicht von vornherein in voller Höhe entsteht, sondern jeweils als Teilanspruch, nämlich als immer wieder neu entstehender Anspruch auf Teilwertersatz in Geld.[198]

Der Herausgabeanspruch des Schenkers kann vom **Sozialhilfeträger** bis zur Höhe seiner 633
Aufwendungen für den Schenker **nach § 90 BSHG übergeleitet werden.** Die Überleitungsanzeige ist ein privatrechtsgestaltender Verwaltungsakt gegenüber dem Schenker und dem Beschenkten.[199] Sie hat Tatbestandswirkung auch gegenüber den Zivilgerichten.[200] Nach Überleitung bestimmt sich die Einstandspflicht des verschenkten Vermögens nach der Einkommens- und Vermögenslage des Schenkers zum Zeitpunkt der Beantragung der bewilligten Sozialhilfe. Die Überleitung bewirkt den Übergang eines bestehenden Rückforderungsanspruchs, der nicht wieder untergeht, wenn der Beschenkte wegen einer nach Gewährung der Sozialhilfe eingetretenen Verbesserung seiner Einkommensverhältnisse sich wieder selbst unterhalten kann.[201] Bei laufenden Leistungen geht der Anspruch auf Grund der Überleitung auf den Sozialhilfeträger über, solange die Sozialhilfe ohne Unterbrechung (als Unterbrechung gilt ein Zeitraum von mehr als 2 Monaten) gewährt wird (§ 90 II BSHG). Die Überleitung wirkt immer nur, soweit der Sozialhilfeträger bereits Leistungen erbracht hat. Der Übergang künftiger Ansprüche steht daher unter der aufschiebenden Bedingung der Sozialhilfegewährung.[202] Die Überleitungswirkung erlischt nicht mit dem **Tod des Schenkers**[203] und kann auch danach noch durch Überleitungsanzeige herbeigeführt werden.[204] Wird der Beschenkte Erbe des Schenkers tritt wegen der über den Tod hinaus bestehenden Erstattungspflicht kein Erlöschen des Anspruchs durch Konfusion ein, wenn der Schenker Sozialhilfe in Anspruch genommen hatte. Denn durch die Überleitungsanzeige wird die sich aus § 90 BSHG resultierende Rechtslage nicht erst geschaffen, sondern die Erstattungspflicht wird dadurch nur konkretisiert und individualisiert.[205] Nach Überleitung kann sich der Beschenkte **nicht durch Rückgabe des Geschenks** an den Schenker von der übergeleiteten Zahlungsverpflichtung befreien.[206] Der Sozialhilfeträger (oder ein anderer Abtretungsempfänger) darf sich den **Anspruch aus § 528 I S. 1 BGB** auch **abtreten lassen,** soweit er den Unterhalt des Bedürftigen sichergestellt hat und weiterhin sicherstellt.[207]

---

[195] BGH, FamRZ 2001, 286, 288
[196] BGH, FamRZ 2003, 1265, 1267
[197] BGH, FamRZ 2001, 409 noch zum alten Verjährungsrecht
[198] Vgl. BGH, a.a.O.
[199] Oestreicher/Schelter/Kunz, BSHG, Rn. 6–8 zu § 90; BGH, FamRZ 1995, 1123; BVerwG, NJW 1992, 3312
[200] Oestreicher/Schelter/Kunz, BSHG, Rn. 106 zu § 90
[201] BGH, FamRZ 2003, 1265, 1267
[202] Oestreicher/Schelter/Kunz, BSHG, Rn. 102 zu § 90
[203] BGH, FamRZ 1986, 877 (LS); FamRZ 1994, 103
[204] BGH, FamRZ 2001, 1137, 1139; FamRZ 1995, 1123
[205] BGH, FamRZ 1995, 1123
[206] BGH, FamRZ 1994, 815
[207] BGH, FamRZ 1995, 160, 161; anderer Ansicht OLG München, NJW-RR 1993, 250: Abtretung nur an die in § 528 I S. 1 BGB genannten Unterhaltsgläubiger

Der Beschenkte ist grundsätzlich darin frei, ob er sich mit weniger als dem angemessenen Unterhalt begnügen und daher auf die Geltendmachung des Rückforderungsanspruchs verzichten will. Dies gilt aber mit der Folge der Vererblichkeit des Anspruchs nicht, falls er sich gerade nicht im Interesse des Beschenkten eingeschränkt hat oder – z. B. wegen seiner Pflegebedürftigkeit – nicht in dessen Interesse einschränken konnte, sondern Sachleistungen oder sonstige Zuwendungen eines Dritten, z. B. eines Pflegeheims, entgegennahm. Er hat dann durch sein Verhalten, zu dem er sich bei Ablehnung einer Inanspruchnahme des Beschenkten in Widerspruch setzten würde, gezeigt, dass er den Rückforderungsanspruch geltend machen will.[208]

634 **c) Bedarf des Berechtigten.** Durch die Einführung der Pflegeversicherung, Buch XI des Sozialgesetzbuchs (SGB XI), das seit 1. 7. 1996 uneingeschränkt in Kraft getreten ist, ist bis zu bestimmten Höchstsätzen nur das Pflegefallrisiko (pflegebedingte Aufwendungen), nicht aber der sonstige Lebensbedarf, z. B. bei Heimunterbringung Unterkunft und Verpflegung, abgesichert. Kommt es zur Heimunterbringung, reichen u. U. auch die Höchstsätze der Pflegeversicherung (derzeit in Pflegestufe III 1432,– €, bei Härtefällen auch bis zu 1688,– € – § 43 V SGB XI) nicht zur Abdeckung des Pflegeaufwands aus, so dass bei Mittellosigkeit des Elternteils auch hier die Sozialhilfe einspringen muss (vgl. § 13 III Nr. 1 SGB XI).[209]

635 Der unterhaltsrechtliche **Bedarf von Eltern** bestimmt sich nach § 1610 BGB (vgl. Rn. 612). Nicht die etwa gehobene Lebensstellung eines unterhaltspflichtigen Kindes ist maßgebend, sondern die eigene Lebensstellung der Eltern. Diese bestimmt sich in erster Linie nach den Einkommens- und Vermögensverhältnissen des betreffenden Elternteils. Sie ist nicht unveränderlich, sondern passt sich – eventuell nach einer Übergangszeit – auch nachteiligen Veränderungen der Einkommensverhältnisse an, z. B. nach Eintritt in den Ruhestand.[210] Allerdings wird der Bedarf auch bei bescheidensten Verhältnissen nicht niedriger angesetzt werden können als gemäß den in unterhaltsrechtlichen Leitlinien angenommenen **Mindestbedarfssätzen** (z. B. nach B. Nr. V. und D. Nr. 2 der Düsseldorfer Tabelle (Stand: 1. 7. 2003) monatlich 840,– € beim Erwerbstätigen und 730,– € beim Nichterwerbstätigen).[211] Auch die Lebensstellung eines unterhaltsberechtigten Elternteils kann nämlich nicht unter dem Existenzminimum liegen.

636 Entstehen für pflegebedürftige Eltern ungedeckte **Heim- und/oder Pflegekosten,** handelt es sich um einen von den unterhaltspflichtigen Verwandten, also regelmäßig den Kindern, zu tragenden Unterhaltsbedarf.[212] Die Meinung des AG Hagen,[213] die Aufwendungen für die ständige Unterbringung in einem Pflegeheim stellten einen *regelmäßig auftretenden Sonderbedarf* dar, welcher nicht vom Unterhaltspflichtigen zu tragen sei, ist dogmatisch nicht haltbar. Soweit solche Kosten notwendigerweise entstehen, betreffen sie als existenzielle Bedürfnisse des Berechtigten dessen Bedarf, für den der Pflichtige einstehen muss,[214] solange ihm die Leistung ohne Gefährdung seines angemessenen Unterhalts (§ 1603 I BGB) möglich ist. An seiner früheren Rechtsprechung, dass der Pflichtige entsprechenden Bedarf des Berechtigten selbst dann befriedigen müsse, wenn dieser Bedarf den ihm als Selbstbehalt zugestandenen eigenen Bedarf übersteige,[215] hat der BGH jedenfalls für den Elternunterhalt offenbar nicht festgehalten – vgl. Rn. 638.

---

[208] BGH, FamRZ 2001, 1137, 1138

[209] Vgl. Menter, FamRZ 1997, 919

[210] BGH, FamRZ 2003, 860, 861 = R 590 A b

[211] BGH, FamRZ 2003, 860, 861 = R 590 A b; Günther, FuR 1995, 1, 2; OLG Koblenz, FamRZ 2001, 1212, 1213

[212] AG Hamburg, FamRZ 1991, 1086; LG Hagen, FamRZ 1989, 1330; vgl. BGH, FamRZ 1986, 48, 49 = NJW-RR 1986, 66 für die elterliche Unterhaltspflicht gegenüber einem untergebrachten volljährigen Kind

[213] AG Hagen, FamRZ 1988, 755, 756

[214] Vgl. Schwenzer, FamRZ 1989, 685, 688; Günther, FuR 1995, 1, 2; nach OLG Schleswig, OLGR 2003, 407 müssen die Unterbringungskosten im Verhältnis zur Lebensstellung angemessen sein

[215] BGH, FamRZ 1986, 48 = R 275 a; vgl. aber neuerdings BGH, U. v. 15. 10. 03 – XII 122/00, soweit auskömmlicher Familienunterhalt zur Verfügung steht

Zur Frage der **Prozesskostenvorschusspflicht** von Kindern gegenüber Eltern vgl. Rn. 613. 637

d) Leistungsfähigkeit des pflichtigen Kindes. Wegen der Frage, ob sich die Leistungsfähigkeit des Kindes auch auf fiktiven Einkünften beruhen kann, wird zunächst auf Rn. 622 verwiesen. Konsequenterweise muss die Zumutbarkeitsschwelle für die Berücksichtigung **fiktiver Einkünfte** wegen Verletzung einer Erwerbsobliegenheit oder wegen Herbeiführung der Leistungsunfähigkeit durch ein verantwortungsloses, zumindest leichtfertiges und unterhaltsbezogenes Verhalten, beim Elternunterhalt eher hoch angesetzt werden. Auch hier ist zu bedenken, dass das Unterhaltsverhältnis nach der BGH-Rechtsprechung nur vergleichsweise schwach ausgestaltet ist. Insoweit ist fiktives Einkommen beim Elternunterhalt nur in Ausnahmefällen anzusetzen.[216] 638

aa) Angemessener Eigenbedarf. Wegen des angemessenen Eigenbedarfs des pflichtigen Kindes ist zunächst auf die allgemeinen Ausführungen zum Verwandtenunterhalt – Rn. 616 ff. – zu verweisen. In welcher Höhe der Bedarf zu bemessen ist, obliegt der tatrichterlichen Beurteilung des Einzelfalls.[217] Es gilt als Grundsatz, dass der Eigenbedarf nicht durchgängig mit einem bestimmten festen Betrag angesetzt werden darf, sondern **anhand der konkreten Umstände des Einzelfalls** unter Berücksichtigung der besonderen Lebensverhältnisse des Pflichtigen zu ermitteln ist.[218] § 1603 I BGB gewährleistet im Verwandtenunterhalt vorrangig die Sicherung des eigenen angemessenen Unterhalts, also derjenigen Mittel, die der Pflichtige zur angemessenen Deckung seines allgemeinen Bedarfs benötigt.[219] In welcher Höhe der Bedarf zu bemessen ist, hängt von seiner Lebensstellung ab, die sich aus Einkommen, Vermögen und sozialem Rang ergeben. Denn die Lebensstellung wird erfahrungsgemäß an die zur Verfügung stehenden Mittel angepasst. Insofern kann der angemessene Eigenbedarf nicht unabhängig von dem im Einzelfall vorhandenen Einkommen bestimmt werden.[220] Dabei ist der Eigenbedarf keine unveränderliche Größe, sondern entsprechend den Umständen des Einzelfalls veränderlich.[221] Den Elternunterhalt bezeichnet der BGH unter anderem auf Grund seiner untergeordneten Rangstufe im Verhältnis zur Rangstufe anderer Unterhaltsverhältnisse als vergleichsweise schwach ausgestaltet. Der Pflichtige brauche daher bei Inanspruchnahme für Elternunterhalt keine spürbare und dauerhafte Senkung seines berufs- und einkommenstypischen Unterhaltsniveaus, an das er sich selbst schon längerfristig angepasst habe, hinzunehmen, soweit er nicht einen nach den Verhältnissen unangemessenen Aufwand betreibe oder ein Leben in Luxus führe.[222] Insoweit hält der BGH für den Elternunterhalt offenbar an der im Urteil vom 23. 10. 1985[223] vertretenen Auffassung nicht mehr fest, der Pflichtige habe einen entsprechenden, z. B. krankheitsbedingten Bedarf, des Berechtigten, selbst dann zu befriedigen, wenn dieser Bedarf höher ist als der ihm selbst zu belassende eigene angemessene Bedarf. Die Notwendigkeit, erhebliche Abstriche vom erlangten Lebenszuschnitt zu machen, würden für den Elternunterhalt auf eine übermäßige Belastung der Unterhaltspflichtigen hinauslaufen, die schon Leistungen für ihre eigenen Kinder und zugleich Sozialversicherungsabgaben zugunsten der Elterngeneration erbracht hätten.[224] Bei der notwendigen Betrachtung des Einzelfalls wird es ungeachtet der Rechtsprechung des BGH in konkreten Fällen möglich sein, besondere Umstände auf Seiten der Berechtigten angemessen zu berücksichtigen, z. B. wenn Eltern unter erheblichen eigenen Einschränkungen ein Studium oder eine andere längere Ausbildung finanziert haben und trotz des auf Grund dieser Ausbildung erlangten gehobenen Einkommens bei Pflegebedürftigkeit im Alter auf Sozialhilfe ohne Rückgriffsmöglichkeit verwiesen werden sollen.

---

[216] Vgl. OLG Köln, FamRZ 2002, 572, 573

[217] BGH, FamRZ 2002, 1698, 1700 = R 580 c; FamRZ 2003, 1179, 1182 = R 592 e

[218] BGH, FamRZ 2002, 1698, 1701 = R 580 c für den Elternunterhalt

[219] BGH, FamRZ 2003, 1179, 1180 + 1182 = R 592 b + e

[220] BGH, a.a.O.

[221] BGH, FamRZ 2002, 1698, 1700 = R 580 c; FamRZ 2003, 1179, 1180 = R 592 b

[222] BGH, FamRZ 2002, 1698, 1700 ff. = R 580 c; FamRZ 2003, 1179, 1180 = R 592 b

[223] BGH, FamRZ 1986, 48 = R 275 a; vgl. aber neuerdings BGH, U. v. 15. 10. 03 – XII 122/00, soweit auskömmlicher Familienunterhalt zur Verfügung steht

[224] BGH, FamRZ 2002, 1698, 1701 = R 580 c

Fraglich ist, ob nicht ein Rechtsgedanken des BGH verallgemeinert werden sollte, den dieser im Zusammenhang mit der Haftung eines verheirateten Kindes und von dessen vorrangiger Unterhaltspflicht gegenüber dem Ehegatten erörtert hat. Der BGH führt aus, dass die betreffenden ehelichen Verhältnisse mit der Folge eines Vorabzugs des Elternunterhalts sogar durch die **latente Unterhaltslast** für den Elternteil eines Ehegatten geprägt sein könnten, nämlich, falls die Bedürftigkeit des Elternteils – anders allerdings als in der Regel dessen Pflegebedürftigkeit – nicht unvorhersehbar eintrete.[225] Ist das Vorliegen einer derartigen latenten Unterhaltslast zu bejahen, dürfte sich dies auf das Unterhaltsverhältnis generell dahin auswirken, dass dennoch getroffene Vermögensdispositionen oder Steigerungen des Lebensstandards unter Umständen ganz oder teilweise im Rahmen der Überprüfung des angemessenen Eigenbedarfs außer Betracht zu bleiben haben.

Die unterhaltspflichtige Kinder in erheblichem Maße privilegierende **restriktive Rechtsprechung** des BGH erscheint nicht ganz unproblematisch. So wird z. B. das Grundsicherungsgesetz (vgl. Rn. 603 a) als Beleg für eine auch vom Gesetzgeber gewollte Einschränkung von Unterhaltsansprüchen herangezogen,[226] obwohl das genannte Gesetz nach den Motiven des Gesetzgebers die Unterhaltspflichtigen gerade nicht entlasten sollte.[227] Zwar sind unbestritten Begrenzungen erforderlich, es erscheint aber gesellschaftspolitisch zweifelhaft, wenn private Verpflichtungen, die bei einer anderen Bewertung der Zumutbarkeit von Einschränkungen durchaus noch privat erfüllt werden könnten, auf die öffentliche Hand abgewälzt werden, die sich ohnehin in einer solchen Finanzlage befindet, dass sie derzeit weder alle wichtigen Infrastrukturaufgaben ordnungsgemäß wahrnehmen noch sichere Konzepte für die Finanzierung der Renten und Pensionen späterer Generationen vorlegen kann. Insofern ist auch die großzügige Pauschalierung mit Hilfe eines Bonus von 50% des den Mindestbedarf des Pflichtigen übersteigenden Einkommens (Rn. 638 a) nicht ganz bedenkenfrei.

638 a In Rechtsprechung und Literatur hat sich die Auffassung durchgesetzt, dass die Unterhaltspflicht von Kindern gegenüber Eltern zunächst durch eine **Erhöhung des sogenannten großen Selbstbehalts um 25%** und durch eine **großzügigere Anerkennung von Abzugsposten** zu begrenzen sei. Dieser Auffassung lag eine Entscheidung des Bundesgerichtshofs[228] vom 26. 6. 1992 zugrunde (vgl. Rn. 620). Danach handele es sich bei der Unterhaltsverpflichtung von Kindern gegenüber Eltern um eine grundlegend andere Lebenssituation als bei der sich aus der natürlichen Generationenfolge ergebenden Verpflichtung von Eltern gegenüber volljährigen Kindern, die mangels Ausbildungsabschluss noch keine selbstständige Lebensstellung erlangt hätten. Insofern gestatte das Gesetz bei Kindern auch die Berücksichtigung sonstiger Verpflichtungen, darunter auch solcher die auf Vorsorge, z. B. auf Bildung angemessener Rücklagen, beruhen würden. Hierfür spreche auch die Entwicklung des Sozialrechts mit der Pflicht zur Abführung von Sozialabgaben durch die berufstätigen Kinder auf der einen Seite und die Einräumung von Schongrenzen durch die Sozialgesetze (vgl. § 92 II BSHG) auf der anderen Seite. In der Folgezeit empfahl der 11. Deutsche Familiengerichtstag,[229] nur 50% des Einkommens über einem erhöht angesetzten Mindestbedarfs des Kindes für den Unterhalt in Anspruch zu nehmen. Entsprechende Empfehlungen kamen von dem Deutschen Verein für öffentliche und private Fürsorge[230] und vom 13. Deutschen Familiengerichtstag.[231] In zwei neuen Entscheidungen hat sich der BGH diesen Empfehlungen hinsichtlich eines zusätzlichen **Bonus von etwa 50%** angeschlossen.[232] Durch eine solche Handhabung sei ein angemessener Ausgleich zwischen den Unterhaltsinteressen von Eltern und dem Interesse des Unterhaltspflichtigen an der Wahrung seines angemessenen Selbstbehalts zu bewirken. Zugleich könne eine ungerechtfertigte

---

[225] BGH, FamRZ 2003, 860, 865 f. = R 590 A h
[226] BGH, FamRZ 2002, 1698, 1701 = R 580 c
[227] Vgl. Klinkhammer, FamRZ 2002, 997, 1001
[228] BGH, FamRZ 1992, 795, 797
[229] FamRZ 1996 337, 338 unter I. 4.2
[230] FamRZ 2000, 788, unter Nr. 121
[231] FamRZ 2000, 273, 274 unter I. 4 a)
[232] BGH, FamRZ 2002, 1698, 1701 f. = R 580 c; FamRZ 2003, 1179, 1182 = R 592 e

Nivellierung unterschiedlicher Verhältnisse vermieden werden. Andererseits habe eine derartige Verfahrensweise den Vorteil der Rechtssicherheit und Praktikabilität für sich. Die **oberlandesgerichtlichen Leitlinien** folgen dem BGH auch bezüglich des Bonus von 50% über dem Mindestselbstbehalt fast durchgängig – auf die Auflistung der Leitlinien zum Mindestselbstbehalt in Rn. 620 a wird verwiesen.

Wird das Einkommen – wie auch in schon gehobenen Verhältnissen vielfach üblich – 639
vollständig verbraucht, ist nach der Rechtsprechung des BGH beim Elternunterhalt zur Herstellung der Leistungsfähigkeit eine **Zurücknahme einer aufwändigen Lebensführung** auf einen den konkreten Verhältnissen noch entsprechenden Standard grundsätzlich nur sehr eingeschränkt zumutbar. Eine spürbare und dauerhafte Senkung seines berufs- und einkommenstypischen Unterhaltsniveaus brauche der Unterhaltspflichtige wegen des von Gesetzes wegen schwach ausgestatteten Anspruchs der Eltern nämlich nur hinnehmen, wenn er einen nach den Verhältnissen unangemessenen Aufwand betreibe oder ein Leben in Luxus führe.[233] Es sei zu berücksichtigen, dass der Pflichtige, bevor er unerwartet auf Grund der Hilfs- und Pflegebedürftigkeit seiner Eltern in Anspruch genommen werden solle, sich selbst vielfach schon in höherem Lebensalter befinde und seine Lebensverhältnisse bereits längerfristig an sein Einkommensniveau angepasst habe.[234] Insbesondere werde die Grenze des Zumutbaren in der Regel überschritten, falls von ihm verlangt werde, mehr von seinem Einkommen für den Unterhalt der Eltern einzusetzen, als ihm selbst verbleibe.[235] Insofern hält der BGH für den Elternunterhalt offenbar an seiner in der Entscheidung vom 23. 10. 1985[236] vertretenen Auffassung nicht mehr fest, der Pflichtige habe einen entsprechenden, z. B. krankheitsbedingten Bedarf, des Berechtigten, selbst dann zu befriedigen, wenn dieser Bedarf höher ist als der ihm selbst zu belassende eigene angemessene Bedarf.

Wird der Wohnbedarf des unterhaltspflichtigen Kindes durch Wohneigentum in einer im Verhältnis zu den Einkünften nicht unangemessenen Weise abgedeckt, so dass auch keine Veräußerungspflicht bestehen kann (vgl. Rn. 624), hält es der BGH anders als beim Nachscheidungsunterhalt, wo die Verwertungspflicht strenger zu sehen sei, nicht für angemessenen, den objektiven Mietwert als **Wohnvorteil** anzusetzen. Beim vergleichsweise schwach ausgestalteten Elternunterhalt würde es auf eine Schmälerung des eigenen Bedarfs des Kindes hinauslaufen, wenn für die Bemessung seiner Leistungsfähigkeit auf Grund der Ansetzung des objektiven Mietwerts Mittel berücksichtigt würden, die tatsächlich nicht zur Verfügung stehen und die nur durch eine Verwertung der Immobilie zu realisieren wären.[237] Maßgebend sei daher entsprechend dem ehelichen Trennungsunterhalt die **ersparten Mietaufwendungen** für eine dem vorliegenden Lebensstandard entsprechende Mietwohnung. Der sich danach ergebende Wohnvorteil mindert sich durch die Aufwendungen für die allgemeinen Grundstückskosten und -lasten sowie die sonstigen verbrauchsunabhängigen Lasten.[238] Insbesondere, wenn das pflichtige Kind seine Verbindlichkeiten für die Schaffung des selbstgenutzten Wohneigentums Verbindlichkeiten vor Bekanntwerden der Unterhaltsverpflichtung eingegangen war, sind von den Darlehensraten nicht nur die Zinsleistungen, sondern auch die Tilgungsleistungen abzugsfähig.[239]

Der BGH hat beim Elternunterhalt inzwischen für bestimmte Fälle **zusätzlichen tatsächlichen Aufwand für die Altersvorsorge** als unterhaltsberücksichtigungsfähig bezeichnet. Insoweit wird auf Rn. 620 a verwiesen, wo die entsprechenden Überlegungen, welche auf die anderen Unterhaltsverhältnisse übertragbar erscheinen, dargestellt sind.

Die **Leitlinien der Oberlandesgerichte** zum Mindestbedarf des Pflichtigen beim 640
Elternunterhalt gehen fast durchgängig von einem um 25% erhöhten großen Selbstbehalt

---

[233] BGH, FamRZ 2002, 1698, 1700 f. = R 580 c; FamRZ 2003, 1179, 1180 = R 592 b

[234] BHG, FamRZ 2002, 1698, 1701 = R 580 c

[235] BGH, a.a.O.

[236] BGH, FamRZ 1986, 48 = R 275 a; vgl. aber neuerdings BGH, U. v. 15. 10. 03 – XII 122/00, soweit auskömmlicher Familienunterhalt zur Verfügung steht

[237] BGH, FamRZ 2003, 1179, 1181 = R 592 b

[238] BGH, a.a.O.

[239] BGH, a.a.O. R 592 c

aus, der sich um einen Bonus von 50% des den Mindestbedarf übersteigenden Einkommens erhöht. Die Leitlinien folgen damit der Rechtsprechung des BGH und den Empfehlungen des 11. und 13. Deutschen Familiengerichtstags bzw. des Deutschen Vereins für öffentliche und private Fürsorge (vgl. hierzu Rn. 638 a). Wegen der einzelnen Leitlinien auch zum Mindestbedarf des Pflichtigen beim Elternunterhalt siehe Rn. 620 a.

641 **bb) Pflicht zur Vermögensverwertung.** Allgemein zur Frage der Vermögensverwertung durch den Pflichtigen beim Verwandtenunterhalt, insbesondere dazu, dass die Verwertungspflicht weniger streng zu beurteilen ist als beim Berechtigten, siehe zunächst Rn. 623 und 624.

Zwar müssen auch Kinder zur Befriedigung von Unterhaltsansprüchen der Eltern den Stamm ihres Vermögens einsetzen, zumal – wie allgemein im Verwandtenunterhalt – keine gesetzliche Billigkeitsgrenze für den Einsatz wie beim Geschiedenenunterhalt (§ 1581 S. 2 BGB) besteht. Bei Anwendung der in Rn. 623 und 624 dargelegten Grundsätze wird aber zu berücksichtigen sein, dass die Kinder wegen ihrer noch höheren Lebenserwartung noch für längere Zeitabschnitte mit Hilfe ihres Vermögens **Vorsorge für** ihr eigenes **Alter** und für die Sicherung ihres eigenen Lebensbedarfs bzw. des Lebensbedarfs ihrer Familie treffen müssen. Es ist ihnen daher nicht zuzumuten, verwertbares Vermögen in einer kurzen Zeitspanne zu verbrauchen. Die **Absicherung der eigenen Existenz** und der eigenen vorrangigen Verpflichtungen sowie eine Verwertung nur unter dem Gesichtspunkt wirtschaftlich vernünftigen Handelns gehen vor.[240] Die Erwägungen, welche der Bundesgerichtshof zur Frage Einschränkung des Unterhaltsanspruchs von Eltern wegen erhöhten Eigenbedarfs der Kinder angestellt hat (vgl. Rn. 638 ff.), lassen sich auf die Bestimmung des Umfangs der Verwertungspflicht übertragen. Deswegen ist bei der Prüfung, ob die Bildung von Rücklagen erforderlich erscheint, großzügig zu verfahren. So ist derjenige, der sich seine Versorgungsansprüche kapitalisiert auszahlen ließ und mit dem Kapital seine Altersversorgung anderweitig sicherstellt, nur in Höhe eines entsprechenden monatlichen Rentenbetrags als leistungsfähig anzusehen.[241]

Zwar darf ein seinen Eltern unterhaltspflichtiges Kind in Kenntnis dieser Verpflichtung **keine Vermögensbildung** beginnen oder aufrechterhalten, die Lösung eines ohne diese Kenntnis begonnenen Engagements kann aber unzumutbar sein, wenn sie nur mit Verlust möglich ist.[242]

642 Dem pflichtigen Kind kann **keine unwirtschaftliche Verwertung** von Vermögen, die mit meinem wirtschaftlich nicht mehr vertretbaren Nachteil verbunden wäre, angesonnen werden, also keine deutlich unter dem wirtschaftlichen Wert des Gegenstands liegende Veräußerung. Das Kind muss sich durch einen Verkauf auch nicht von laufenden Einkünften abschneiden lassen, die es zur Erfüllung weiterer Unterhaltspflichten bzw. anderer berücksichtigungswürdiger Verbindlichkeiten oder für seinen eigenen Unterhalt – besonders im Alter – benötigt[243] (vgl. Rn. 623). Eine Pflicht zur Verwertung einer Immobilie scheidet aus, falls kein Überschuss erzielt werden könnte.[244] Dasselbe gilt, wenn das Kind den Vermögensstamm benötigt, um seinen eigenen angemessenen Lebensbedarf auch in Zukunft sicherstellen zu können.[245] Gehörtder Vermögensgegenstand zu einem notwendigen oder gewillkürten Betriebsvermögendass müssen auch die steuerlichen Folgen einer Veräußerung bedacht werden. Bei einer erheblichen Belastung mit Ertragssteuern könnte dies den Ruin des Betriebs zur Folge haben.[246] Ebenso kann eine **Veräußerung** auch **aus rechtlichen Gründen unmöglich** oder unzumutbar sein. So ist eine gegenständlich beschränkte Teilauseinandersetzung einer Erbengemeinschaft nur unter engen Voraussetzungen möglich.[247] Verweigert beispielsweise der Ehegatte des im gesetzlichen Güterstand lebenden, unterhalts-

---

[240] Schibel, NJW 1998, 3449, 3451; OLG Köln, FamRZ 2003, 470
[241] LG Lübeck, FamRZ 1996, 961
[242] OLG München, OLGR 1999, 284
[243] OLG Hamm, FamRZ 2002, 1212
[244] OLG Köln, FamRZ 2003, 471
[245] OLG Köln, FamRZ 2003, 470
[246] Vgl. hierzu Schibel, NJW 1998, 3449, 3452
[247] Vgl. BGH, FamRZ 1997, 281, 284

pflichtigen Kindes die nach § 1365 I 1 BGB erforderliche Zustimmung zur Veräußerung des Miteigentumsanteils an der gemeinsamen Eigentumswohnung, steht der Veräußerung zu Unterhaltszwecken ein rechtliches Hindernis entgegen, da auch die Teilungsversteigerung nach § 180 ZVG zustimmungspflichtig wäre.[248] Dem hält Büttner[249] entgegen, dass die aus § 1365 BGB resultierende Verfügungsbeschränkung deswegen die Leistungsfähigkeit nicht beschränke, da Gläubiger, also auch die Eltern, hierdurch nicht an der Zwangsvollstreckung gehindert würden. Hier geht es aber nicht um die Frage der Vollstreckung, sondern darum, ob eine Verwertung möglich und zumutbar ist. Ob eine **Beleihung des Miteigentumsanteils** zumutbar wäre, hängt insbesondere davon ab, ob das unterhaltspflichtige Kind auf Grund seines Einkommens überhaupt in der Lage wäre, den Kredit zu bedienen.[250] Im Einzelfall mag auch in Frage kommen, dass der Pflichtige ein im Grundbuch abgesichertes zinsloses Darlehen des Sozialhilfeträgers mit Fälligkeit des Darlehens nach seinem Tod annehmen muss.[251]

Beim Elternunterhalt ist dem Kind auf jeden Fall eine angemessene **Vermögensreserve** zu belassen. Wegen der vergleichsweise schwachen Ausprägung des Unterhaltsverhältnisses kann in Anlehnung an eine entsprechende Empfehlung des Deutschen Vereins für öffentliche und private Fürsorge[252] eine Erhöhung der üblichen Reserve von 10 000 bis 12 500 € auf das Doppelte angezeigt sein – siehe Rn. 623. Der Deutsche Verein schlägt beim Elternunterhalt darüber hinaus, falls der Pflichtige über kein selbstgenutztes Wohneigentum verfüge, eine Erhöhung auf 75 000 € vor.[253]

cc) Zusätzliche Schutz- und Schongrenzen zu Lasten des Sozialhilfeträgers. 643 Macht der Sozialhilfeträger einen auf ihn übergegangenen Anspruch auf Elternunterhalt (§ 91 I 1 BSHG) geltend, kommen dem herangezogenen Kind die Schutz- und Schongrenzen der §§ 92 II, 76 ff. BSHG zugute. Auch insoweit obliegt die Entscheidung dem Familiengericht (§ 92 IV 2 BSHG). Hat der Sozialhilfeträger den übergegangenen Anspruch zur gerichtlichen Geltendmachung an den Hilfeempfänger (Elternteil) zurückübertragen (§ 92 IV 1 BSHG), kann dies die Qualität des Anspruchs nicht mehr zu Lasten des Pflichtigen verändern, so dass § 91 II BSHG anwendbar bleibt.[254] Zum Ausschluss des Anspruchsübergangs wegen unbilliger Härte (§ 91 II 2 BSHG) siehe Rn. 6/546 ff.

Zu der nach § 91 II 1 BSHG vorzunehmenden **sozialhilferechtlichen Vergleichsberechnung,** die auch den Vermögenseinsatz betreffen kann (§§ 91 II 1, 88, 89 BSHG) und zur Gleichbehandlung von Unterhaltsschuldner und Hilfeempfänger führen soll, siehe Rn. 6/523 ff. sowie Hampel (FamRZ 1996, 513, 516 ff.). In der Praxis der Sozialhilfeträger spielen hierzu die Empfehlungen des Deutschen Vereins für öffentliche und private Fürsorge[255] eine erhebliche Rolle – vgl. Rn. 6/542. 644

e) Besonderheit beim Unterhaltsanspruch gegen ein verheiratetes Kind. Richtet 645 sich der Unterhaltsanspruch von Eltern gegen ein verheiratetes Kind, das mit einem Ehegatten zusammenlebt und diesem zum Familienunterhalt verpflichtet ist, ergeben sich aus dem gleichzeitig bestehenden Unterhaltsverhältnis der Ehegatten untereinander Reibungspunkte. Die Grundsätze der Hausmann-Rechtsprechung sind auf die Unterhaltspflicht von Eltern gegenüber minderjährigen unverheirateten Kindern beschränkt, so dass keine Pflicht zur Aufnahme einer Nebenerwerbstätigkeit besteht, soweit der pflichtige Ehegatten, seine Verpflichtung, zum Familienunterhalt beizutragen, durch Haushaltsführung erfüllt (§ 1360 S. 2 BGB).[256]

---

[248] LG Heidelberg, NJW 1998, 3502; OLG Frankfurt, NJW-RR 1999, 731
[249] Büttner, NJW 1999, 2315, 2318
[250] LG Heidelberg a.a.O.
[251] LG Duisburg, FamRZ 1996, 1498; ablehnend OLG Köln, FamRZ 2001, 1475, weil für die Leistungsfähigkeit immer nur auf den Zeitraum abzustellen sei, für den Unterhalt gefordert werde und die Leistungsfähigkeit nicht auf eine Zeit nach dem Tod des Pflichtigen verlagert werden könne, eine entsprechende Anwendung von § 89 BSHG scheide aus, weil die Vorschrift nur den Hilfsbedürftigen betreffe
[252] FamRZ 2002, 931, 937 unter 91 Nr. 4
[253] A.a.O. Nr. 91 Nr. 5
[254] Schibel, NJW 1998, 3449, 3450
[255] FamRZ 2002, 931, 941 f.
[256] Vgl. BGH, FamRZ 1987, 472

Eine Inanspruchnahme im Hinblick darauf, dass der andere Ehegatte über ein sehr hohes Einkommen verfügt, scheidet aus, weil **aus Unterhalt** grundsätzlich **kein Unterhalt** zu leisten ist (vgl. Rn. 1/479 f.). Allenfalls denkbar wäre ein teilweiser Zugriff auf einen nicht nur geringfügigen **Taschengeldanspruch,** welcher der Befriedigung persönlicher Bedürfnisse dient und in gewissem Umfang über den angemessenen Lebensbedarf hinausgehen kann.[257] Damit beschränkt sich die Pflicht zur Unterhaltsleistung prinzipiell auf diejenigen Fälle, in denen der unterhaltspflichtige Ehegatte **eigene Einkünfte** hat.[258] Diese stehen dann für Unterhaltszwecke zur Verfügung, wenn sie nicht für den Barunterhalt der Familie benötigt werden, weil der Ehegatte seine eigene Unterhaltspflicht durch Übernahme der Haushaltsführung erfüllt und auf Grund des durch den gut verdienenden anderen Ehegatten zu leistenden Familienunterhalts bereits angemessen versorgt ist.[259] Es handelt sich um Fälle einer Nebentätigkeit, welche die volle Übernahme der Haushaltsführung nicht hindert und deren Ertrag dem Ehegatten nicht für Unterhaltszwecke, sondern für sonstige beliebige Zwecke, z. B. für Luxusaufwendungen, Vermögensbildung usw. verbleibt. Ähnlich wäre es, falls – auch bei anderer Regelung der Haushaltsführung – das Einkommen des anderen Ehegatten ungewöhnlich hoch ist, so dass die Einkünfte des Pflichtigen im Rahmen des Familienunterhalts für die Deckung seines eigenen angemessenen Bedarfs keine Rolle mehr spielen. Problematisch wird es, soweit die Einkünfte des Unterhaltsschuldners auch für den Familienunterhalt verwendet werden müssen.

Im Normfall der **Allein- oder Doppelverdienerehe** haben die beiden zusammenlebenden Ehegatten nach §§ 1360, 1360 a BGB – durch Beteiligung an der Haushaltsführung bzw. durch Geldleistungen – zum vorrangigen Familienunterhalt und damit zur Sicherung des angemessenen Bedarfs der Familie beizutragen.[260] Es kann daher nicht einfach darauf abgestellt werden, ob der andere Ehegatte seinerseits verpflichtet ist, soviel zur Verfügung zu stellen, wie dem angemessenen Selbstbehalt des pflichtigen Ehegatten entspricht mit der Folge, dass dessen eigener Verdienst für Unterhaltsleistungen zur Verfügung steht.[261] Die gegenseitige Unterhaltspflicht der Ehegatten bezieht sich nämlich nicht nur darauf, dass der angemessene Selbstbehalt jedes von ihnen gedeckt wird, sondern der sich aus den ehelichen Verhältnissen ergebende Bedarf, der jeweils den angemessenen Selbstbehalt übersteigen kann. In der Doppel- oder Alleinverdienerehe beschränkt sich der **Anspruch des anderen Ehegatten auf Familienunterhalt** demnach nicht auf einen Mindestbetrag, sondern ist nach den individuellen Verhältnissen der Ehe (§ 1578 I 1 BGB) zu bemessen.[262] Er kann – obwohl er an sich grundsätzlich nicht auf Geldzahlung gerichtet ist – im Fall der Konkurrenz mit anderen Unterhaltsansprüchen in Höhe eines Geldbetrags veranschlagt werden.[263] Allerdings können bereits die ehelichen Verhältnisse durch die Unterhaltleistungen des pflichtigen Ehegatten für einen Elternteil, weil sie bereits zurzeit der Heirat erbracht wurden, **geprägt** worden sein, so dass der andere Ehegatte bei Bemessung seines Bedarfs den Vorwegabzug des Elternunterhalts trotz seines vorrangigen Anspruchs hinnehmen muss, es sei denn, es würde ihm dadurch nicht mehr sein Mindestbedarf verbleiben.[264] Im Ausnahmefall kann – offenbar gemeint ebenfalls bei Heirat[265] – sogar schon die entsprechende **latente Unterhaltslast** prägend gewesen sein, wenn der künftige Unterhaltsbedarf eines Elternteils mit geringem Einkommen – anders als bei der

---

[257] Vgl. nunmehr BGH, U. v. 15. 10. 03 – XII ZR 122/00; FamRZ 1987, 472 = R 327 a; Fischer, FamRZ 1996, 732; ablehnend OLG Köln, FamRZ 2001, 437, 438, weil der Taschengeldanspruch gerade zum angemessenen Unterhalt gehöre

[258] So auch Renn/Niemann, FamRZ 1994, 473, 477

[259] Vgl. OLG Hamm, FamRZ 2002, 125, 126; BGH, FamRZ 1987, 472 f.; Fischer, FamRZ 1993, 732; vgl. nunmehr BGH, U. v. 15. 10. 03 – XII ZR 122/00

[260] Vgl. Heinrich, FamRZ 1992, 590 in Anm. zu LG Bielefeld, FamRZ 1992, 589

[261] So aber LG Bielefeld, FamRZ 1992, 589

[262] BGH, FamRZ 2003, 860, 865 = R 590 A f

[263] BGH, a.a.O. S. 864 = R 590 A f

[264] BGH, a.a.O. S. 865 = R 590 A j + h

[265] Vgl. die Anm. Klinkhammer zu der zitierten BGH-Entscheidung, insbesondere zur Schaffung eines Einsatzpunktes Eheschließung für die Prägung der ehelichen Verhältnisse durch Elternunterhalt, FamRZ 2002, 866, 867 f.

in der Regel nicht vorhersehbaren Pflegebedürftigkeit – sich bereits seit längerem abgezeichnet habe.[266]

Müsste auch aus dem Einkommensteil des Pflichtigen Unterhalt bezahlt werden, der zur Deckung des (erhöhten) ehelichen Bedarfs zum Familienunterhalt beizusteuern ist, würde der Nachrang des Unterhaltsanspruchs der Eltern beseitigt. Damit stellt sich die schwierige Frage, auf welche Weise der angemessene Selbstbehalt des Pflichtigen zu bestimmen ist. Die in der Vorauflage vertretene Ansicht, es sei nicht allein auf den Eigenbedarf des Pflichtigen, sondern auf einen (ggf. pauschalierten) Bedarf der Familie abzustellen,[267] hat der BGH offensichtlich dem Grundsatz nach verworfen – siehe aber unten zu den oberlandesgerichtlichen Leitlinien. Der BGH stellt darauf ab, dass dem nicht unterhaltspflichtigen Ehegatten **Familienunterhalt in Höhe der Hälfte des beiderseitigen Einkommens** – Einkommen aus überobligationsmäßiger Tätigkeit bleibt außer Betracht – zusteht, soweit dieses Einkommen die ehelichen Verhältnisse geprägt hat und nicht zur Vermögensbildung verwendet wurde. Zumindest komme dem nichtpflichtigen Ehegatten der jeweilige Mindestbedarfssatz zu.[268] Dabei könne einkommenserhöhend, die **durch** die **gemeinsame Haushaltsführung** der Eheleute erfahrungsgemäß **eintretende Ersparnis,** die nach § 287 ZPO zu schätzen sei, berücksichtigt werden. Da auch die Einkommensersparnis die ehelichen Verhältnisse beider Eheleute prägt und der nicht pflichtige Ehegatte an diesen Verhältnissen gleichermaßen teilnimmt, ist die Entscheidung so zu verstehen, dass beim Pflichtigen im Rahmen der Bewertung seiner Leistungsfähigkeit nur die Hälfte dieser Ersparnis anzusetzen ist.

Für den Unterhalt eines Elternteils bleibt damit nur dasjenige Einkommen des pflichtigen Ehegatten, das sich nach Abzug derjenigen Beträge ergibt, die zur Bestreitung des eheangemessenen Unterhalts des anderen Ehegatten aufgewendet werden müssen. Das betreffende Resteinkommen ist um die Hälfte der Ersparnis zu erhöhen, die aus der gemeinsamen Lebensführung der Eheleute resultiert (vgl. oben in dieser Rn.). Der Pflichtigen selbst kann sich gegenüber dem unterhaltsberechtigten Elternteil dann nicht auf seinen ggf. höheren eheangemessenen Bedarf berufen, sondern nur auf den ihm gegenüber einem Elternteil zustehenden Eigenbedarf, den der BGH aber seinerseits (vgl. Rn. 638 ff.) so hoch angesetzt hat, dass eine Unterhaltsverpflichtung in einer erheblichen Zahl der Fälle ausscheiden wird.

In der Praxis wird es bei durchschnittlichen Einkommensverhältnissen dennoch möglich sein, für die Bewertung von **pauschalen Mindestsätzen** für den Eigenbedarf des pflichtigen und des mit ihm zusammenlebenden Ehegatten auszugehen, um auf diese Weise zu bestimmen, welche Beträge vor einer pauschalen Berechnung des Eigenbedarfs des Pflichtigen nach Abzug des Familienunterhalts noch zur Verfügung stehen. Der BGH hat dies zumindest für den Eigenbedarf des Pflichtigen nicht ausgeschlossen (vgl. im Einzelnen Rn. 620). Die oberlandesgerichtlichen Leitlinien (Rn. 646) schlagen weiterhin entsprechende Mindestbedarfssätze auch für den nicht pflichtigen Ehegatten vor. Für die pauschale Berechnung des für den Familienunterhalt zu veranschlagenden Teileinkommens wird es mit verschiedenen oberlandesgerichtlichen Leitlinien auch weiterhin zulässig sein, hierfür von einem Familienbedarf auszugehen, der sich aus dem um 25% erhöhten großen Selbstbehalt des Pflichtigen zuzüglich dem Mindestbedarf des mit ihm zusammenlebenden Ehegatten zusammensetzt. Dabei muss bei der Einzelfallprüfung im Hinblick auf die BGH-Rechtsprechung aber jeweils untersucht werden, ob diese Mindestbedarfssätze auf Grund der konkreten Umstände zu erhöhen sind.

Oberlandesgerichtliche Leitlinien zum Mindestbedarf des nichtpflichtigen Ehegatten beim Elternunterhalt nach den Stand vom 1. 7. 2003:[269] 646

[266] BGH, a.a.O. = R 590 A h

[267] Vgl. zustimmend OLG Hamm, FamRZ 2002, 125 ff.; Heinrich, FamRZ 1992, 590 (Anm. zu LG Bielefeld, FamRZ 1992, 589); Fischer, FamRZ 1993, 732 f. (Anm. zu LG Essen, FamRZ 1993, 731); ablehnend OLG Hamm, FamRZ 2002, 693 (Ls), weil auf diese Weise der eheangemessene Bedarf des nichtpflichtigen Ehegatten nicht hinnehmbar reduziert würde

[268] BGH, FamRZ 2003, 860, 866 = R 590 A j

[269] Die Leitlinien sind mit Stand 1. 7. 2003 in der Beilage zu Heft 32/2003 der NJW und in der Beilage zu Heft 8/2003 der FPR abgedruckt

- Düsseldorfer Tabelle (abgedruckt im Anhang L) Anm. D 1.:
  950 €, darin enthalten 330 € für Warmmiete;
- Süddeutsche Leitlinien (FamRZ 2003, 910) Nr. 22.3:
  950 €, im Familienbedarf von 2200 € (1250 € + 950 €) enthalten 770 € für Unterkunft und Heizung;
- OLG Bremen Nr. 22.3:
  950 €, im Familienbedarf von 2200 € (1250 € + 950 €) enthalten 770 € für Kosten des Wohnbedarfs;
- OLG Celle Nr. 22.3: 950 €
- OLG Dresden Nr. 22.3:
  850 €, im Familienbedarf von 1980 € (1125 € + 950 €) enthalten 660 € für Unterkunft einschließlich umlagefähiger Nebenkosten und Heizung;
- OLG Düsseldorf Nr. 22.3: entsprechend D 1. der Düsseldorfer Tabelle
- OLG Frankfurt Nr. 22.3:
  950 €, im Familienbedarf von 2200 € (1250 € + 950 €) enthalten 770 € für Unterkunft und Heizung (630 € kalt + 140 € Nebenkosten und Heizung);
- OLG Hamburg Nr. 22.3:
  950 €, im gemeinsamen Bedarf des Ehepaars von 2200 € (1250 € + 950 €) enthalten 770 € für Unterkunft und Heizung;
- OLG Hamm Nr. 22.3:
  950 €, im Familienbedarf von 2200 € (1250 € + 950 €) enthalten 770 € für Unterkunft und Heizung;
- Kammergericht Nr. 22.3:
- OLG Köln Nr. 22.3:
  950 €, im Familienbedarf von 2200 € (1250 € + 950 €) enthalten 770 € für Unterkunft und Heizung;
- OLG Naumburg Nr. 22.3:
  950 € bei einem Familienbedarf von 2200 €;
- OLG Oldenburg Nr. 22.3: 950 €
- OLG Schleswig Nr. 22.3: 920 €

§ 3 Familienunterhalt

I. Grundsätzliches

1 Trennungsunterhalt und nachehelicher Unterhalt dienen dazu, dem bedürftigen Ehegatten ein vom (früheren) Ehegatten unabhängiges Leben zu ermöglichen. Dies geschieht in der Regel dadurch, dass der Berechtigte als Unterhalt eine Quote des Einkommens des Verpflichteten oder der Differenz der Einkommen beider Ehegatten erhält (vgl. dazu Rn. 4/372 ff.). Der **Familienunterhalt** soll dagegen den Lebensunterhalt beider Ehegatten und der Kinder **bei bestehender Lebensgemeinschaft** sichern.[1] § 1360 BGB ist daher ein Ausfluss des § 1353 I 2 BGB, nach dem die Ehegatten zur ehelichen Lebensgemeinschaft verpflichtet und für einander verantwortlich sind. Deshalb sind grundsätzlich beide Ehegatten gehalten, durch ihre Arbeit und durch ihr Vermögen die Familie angemessen zu unterhalten. Die Eheleute vereinbaren in freier Entscheidung, ob sie Kinder haben wollen, wie sie die Arbeit in der Familie aufteilen, wer von ihnen zum Familieneinkommen durch Erwerbstätigkeit beiträgt, ob ein Ehegatte allein die Hausarbeit übernimmt, ob sie sich den Haushalt teilen oder ob sie sich der Hilfe eines Dritten bedienen.[2] Jeder Ehegatte hat seinen Beitrag zum Familienunterhalt entsprechend der von ihm übernommenen Funktion zu leisten.[3] Der Familienunterhalt ist, vom Taschen- und Wirtschaftsgeld (Rn. 46 ff., 56 ff.) abgesehen, **nicht auf eine Geldrente gerichtet,**[4] über die der Empfänger frei verfügen kann. Vielmehr dient er der Befriedigung der Bedürfnisse der Familie durch finanzielle Beiträge und durch Arbeitsleistung, Haushaltsführung, Pflege kranker Angehöriger usw. (vgl. dazu Rn. 31, 36). Daher ist der Familienunterhalt konkret nach den jeweiligen Bedürfnissen gerade der Familie zu bestimmen, um die es geht (§ 1360 a II 1 BGB). Dies bedeutet, dass die Vorschriften über Trennungsunterhalt (§ 1361 BGB) und nachehelichen Unterhalt (§§ 1569 ff. BGB) grundsätzlich nicht anwendbar sind, da diese Bestimmungen von der Unterhaltspflicht eines Ehegatten gegenüber dem anderen ausgehen. Die Begriffe des allgemeinen Unterhaltsrechts wie Bedürftigkeit, Leistungsfähigkeit, Unterhaltsquote, Selbstbehalt sind beim Familienunterhalt nur mit Vorsicht heranzuziehen.[5] Eine Verwirkung des Familienunterhalts analog §§ 1361 III, 1579 BGB ist ausgeschlossen.[6] Auch die Unterhaltstabellen und Leitlinien können nicht herangezogen werden, wenn es um die Bestimmung der Zahlungen geht, mit denen die Ehegatten zum Familienunterhalt beizutragen haben; vgl. aber Rn. 2. In Ausnahmefällen ist Familienunterhalt in Form einer Geldrente zu leisten, z. B. wenn ein Ehegatte pflegebedürftig wird und deshalb in einem Heim leben muss, die Eheleute aber nicht im Rechtssinne getrennt leben.[7]

2 Trotz der individuellen Bemessung des Familienunterhalts, insbesondere der von einem Ehegatten zu erbringenden Geldleistungen, muss der **Unterhaltsbedarf** eines oder mehrerer Mitglieder der Familie u. U. **in Geld veranschlagt** werden.[8] Dies ist z. B. der Fall, wenn ausnahmsweise einem (pflegebedürftigen) Ehegatten eine Geldrente gewährt werden

---

[1] Zu den Unterschieden zwischen Familien- und Trennungsunterhalt vgl. OLG Düsseldorf, FamRZ 1992, 943

[2] BVerfG, FamRZ 2002, 527 = R 571 mit Anm. Scholz, FamRZ 2003, 733; BGH, FamRZ 2001, 986 = R 563 a mit Anm. Scholz, FamRZ 2001, 1061

[3] BGH, FamRZ 1995, 537 = R 493 a

[4] BGH, FamRZ 2003, 363, 366 = R 584 g mit Anm. Scholz, FamRZ 2003, 514; OLG Hamm, FamRZ 1989, 947

[5] OLG Düsseldorf, FamRZ 1992, 943

[6] OLG Düsseldorf, FamRZ 1992, 943

[7] OLG Düsseldorf, NJW 2002, 1353

[8] BGH, FamRZ 2003, 860, 866 mit Anm. Klinkhammer = R 590 A f; OLG Hamburg, FamRZ 1993, 1453, 1455

muss (vgl. Rn. 1, 34), vor allem aber dann, wenn die **Unterhaltsansprüche Dritter** gegen einen Ehegatten zu berechnen sind. So muss die Unterhaltspflicht gegenüber dem jetzigen Ehegatten und den Kindern aus der neuen Ehe berücksichtigt werden, wenn minderjährige Kinder oder privilegiert volljährige Kinder (vgl. Rn. 2/454 ff.) aus einer früheren ehelichen oder nichtehelichen Verbindung, die nach § 1609 II 1 BGB grundsätzlich gleichrangig sind, Unterhalt von einem wiederverheirateten Elternteil verlangen. Dasselbe gilt, wenn volljährige (nach § 1609 II 2 BGB nachrangige) Kinder Unterhaltsansprüche geltend machen. Dem verpflichteten Ehegatten muss ermöglicht werden, Unterhaltspflichten gegenüber den Mitgliedern seiner jetzigen Familie nachzukommen, soweit dies sein Einkommen zulässt. In solchen Fällen ist es unerlässlich, den angemessenen Lebensbedarf der mit dem Verpflichteten zusammenlebenden Familienmitglieder in Geldbeträgen auszudrücken, obwohl dies in der Regel beim Familienunterhalt nicht in Betracht kommt (vgl. Rn. 1). Der Familienunterhalt ist dann auf die einzelnen Familienmitglieder, auch die Kinder, aufzuteilen; beim Ehegatten ist § 1578 BGB als Orientierungshilfe heranzuziehen. Ein Erwerbstätigenbonus ist nicht zu gewähren. Vielmehr gilt auch bei Erwerbstätigkeit eines oder beider Ehegatten der uneingeschränkte Halbteilungsgrundsatz.[9] Bei Konkurrenz mit den Unterhaltsansprüchen anderer Berechtigter muss allerdings dem Umstand Rechnung getragen werden, dass sich durch das Zusammenleben der Familie Ersparnisse ergeben, die zu einer Korrektur der Halbteilung des Familieneinkommens führen können. Vgl. dazu Rn. 76. Beim Kindesunterhalt sind die Tabellen und Leitlinien anzuwenden. Zur Konkurrenz des Familienunterhalts mit Unterhaltsansprüchen anderer Berechtigter vgl. im Einzelnen Rn. 64 ff.

3 Beim **Tod** oder bei **Verletzung eines Ehegatten** kann der andere Ehegatte vom Schädiger ggf. Schadensersatz in Form einer Geldrente verlangen (§§ 844 II 1, 845 S. 1 BGB). In diesem Fall kommt es darauf an, in welchem Umfang der getötete oder verletzte Ehegatte dem anderen zur Leistung von Familienunterhalt verpflichtet war. Für den Verlust dieses Unterhalts ist der andere Ehegatte zu entschädigen.[10] Auch in einem solchen Fall muss der bisher geleistete Unterhalt in einem Geldbetrag ausgedrückt werden.

4 **Klagen auf Familienunterhalt** sind in der Praxis selten. Sie dokumentieren in der Regel, dass die Ehe sich in einer nachhaltigen Krise befindet und die Trennung kurz bevorsteht. Mit der Klage kann ohnehin nur der Geldanteil des Familienunterhalts, also das Wirtschaftsgeld (Rn. 46 ff.) oder das Taschengeld (Rn. 56 ff.) für den haushaltführenden Ehegatten, geltend gemacht werden. Dennoch hat die Vorschrift des § 1360 BGB in der Praxis eine erhebliche Bedeutung. Sie stellt klar – ebenso wie dies bei § 1353 I 2 BGB hinsichtlich der Pflicht zur ehelichen Lebensgemeinschaft der Fall ist –, dass die Unterhaltspflicht zwischen den Ehegatten bei bestehender Ehe nicht nur eine sittliche, sondern eine **Rechtspflicht** ist. Auf diese Pflicht können sich die Ehegatten Dritten gegenüber berufen (Rn. 2, 3). Soweit es zur Bezifferung dieser Ansprüche erforderlich ist, kann jeder Ehegatte vom anderen **Auskunft** über dessen Einkommens- und Vermögensverhältnisse verlangen (§§ 242, 1353 BGB).[11] Zur Rechenschaftspflicht eines Ehegatten, der die Wirtschaftsführung übernommen hat, vgl. Rn. 47.

II. Voraussetzungen des Familienunterhalts

1. Eheliche Lebensgemeinschaft, Bedürftigkeit und Leistungsfähigkeit

5 Familienunterhalt wird nur geschuldet, wenn zwischen den Ehegatten eine **Lebensgemeinschaft** besteht. Die Unterhaltspflicht beginnt frühestens mit der Eheschließung. **Räumliche Trennung** schließt die eheliche Lebensgemeinschaft nicht aus, z. B. bei auswärtiger Arbeit eines Ehegatten oder bei Strafhaft. Vgl. dazu Rn. 4/4 ff. So kann die

---

[9] BGH, FamRZ 2003, 860, 866 mit Anm. Klinkhammer = R 590 A j; FamRZ 2002, 742 = R 576 a

[10] BGH, FamRZ 1993, 411 = NJW 1993, 124; BGH, FamRZ 1985, 466 = NJW 1985, 1460

[11] OLG Karlsruhe, FamRZ 1990, 161; Kleffmann in Scholz/Stein, Teil G Rn. 179

Ehefrau, die einen zu lebenslanger Freiheitsstrafe verurteilten Strafgefangenen geheiratet hat, nach § 1360 BGB verpflichtet sein, ihren Ehemann in bestimmter Weise zu unterstützen, wenn er in der Anstalt bestimmte Dinge nicht erhält, auf die er angewiesen ist, z. B. Diätkost. Andererseits können die Ehegatten in derselben Wohnung getrennt leben (§ 1567 I 2 BGB). Entscheidend ist allein, ob sie an der Ehe festhalten und entsprechend der von ihnen selbst gesetzten Ordnung und der von ihnen vereinbarten Aufgabenverteilung leben. Ein Anspruch auf Familienunterhalt besteht dagegen nicht, wenn von vornherein keine Lebensgemeinschaft geplant war oder eine ursprünglich geplante Lebensgemeinschaft später nicht realisiert wird. Vielmehr wird Trennungsunterhalt geschuldet, wenn dessen Anspruchsvoraussetzungen vorliegen (vgl. dazu Rn. 4/1 a).

Keine Anspruchsvoraussetzung ist die **Bedürftigkeit** eines Ehegatten. So kann der Ehegatteder vereinbarungsgemäß den Haushalt führt, Anspruch auf Wirtschaftsgeld gegen den anderen haben, selbst wenn er über ein beachtliches Einkommen oder Vermögen verfügt.[12] Zum Umfang des Anspruchs auf Wirtschaftsgeld, insbesondere des berufstätigen Ehegatten vgl. Rn. 46 ff., 52. Der Anspruch auf Familienunterhalt dient der Deckung des Bedarfs der gesamten Familie, nicht nur eines Ehegatten. Die Bedürftigkeit einzelner Familienmitglieder, z. B. Pflegebedürftigkeit, kann sich allerdings auf den Umfang des angemessenen Familienunterhalts auswirken.[13] Vgl. Rn. 1, 34. 6

Der Anspruch hängt ferner nicht von der **Leistungsfähigkeit** des Verpflichteten im Sinn der §§ 1581, 1603 I BGB ab, wohl aber davon, dass dieser überhaupt in der Lage ist, zum Unterhalt beizutragen. Der Anspruch entfällt daher nur, wenn ein Ehegatte weder durch Erwerbstätigkeit, noch durch Vermögenseinkünfte, noch durch Haushaltsführung zum Familienunterhalt beitragen kann. Auf den notwendigen oder den angemessenen Selbstbehalt nach den Tabellen und Leitlinien der Oberlandesgerichte kann grundsätzlich nicht abgestellt werden (vgl. dazu Rn. 1 f., 34). 7

Die **Abgrenzung zwischen Familien- und Trennungsunterhalt** ist schwierig, wenn die Ehe in eine Krise gerät und die persönlichen Beziehungen so gestört sind, dass jeder Ehegatte weitgehend seine eigenen Wege geht. Familienunterhalt wird nur dann geschuldet, wenn die eheliche Lebensgemeinschaft zumindest noch teilweise, insbesondere in wirtschaftlicher Hinsicht, besteht und mindestens ein Ehegatte Unterhalt in einer durch die eheliche Lebensgemeinschaft gebotenen Weise erhält. So hat der BGH einer Ehefrau, die nach wie vor Kost und Logis im Handwerksbetrieb ihres Ehemannes erhielt, Kleider- und Taschengeld als Teil des Familienunterhalts zugebilligt, obwohl der Ehemann sich einer anderen Frau zugewandt hatte, mit der er in einer anderen Wohnung zusammenlebte.[14] Vgl. auch Rn. 9, 77. 8

Der Anspruch auf Familienunterhalt **endet mit der Trennung** der Eheleute im Sinn von §§ 1361, 1567 BGB. Vgl. dazu Rn. 5, 4/4 f. Auf die Einreichung oder die Zustellung des Scheidungsantrages kommt es nicht an, da die Eheleute ausnahmsweise auch während des Scheidungsverfahrens noch (teilweise) zusammenleben, insbesondere gemeinsam wirtschaften können, was allerdings, wenn nicht die Voraussetzungen des § 1565 II BGB vorliegen, zur Abweisung des Scheidungsbegehrens führen wird. Erst mit der Trennung im Rechtssinne wandelt sich der bisherige Anspruch auf einen Beitrag zum Familienunterhalt nach §§ 1360, 1360 a BGB in einen persönlichen Anspruch des getrennt lebenden bedürftigen Ehegatten auf Trennungsunterhalt nach § 1361 BGB und in einen Anspruch jedes Kindes auf Kindesunterhalt nach §§ 1602 ff. BGB. Familien- und Trennungsunterhalt sind nicht identisch. Dies bedeutet, dass aus einem Titel über Familienunterhalt nach der Trennung der Eheleute im Rechtssinne nicht mehr vollstreckt werden darf, ebenso wie der Anspruch auf Trennungsunterhalt erlischt, wenn die Ehegatten die häusliche Gemeinschaft wiederherstellen. Dies kann mit der Vollstreckungsgegenklage gegen einen Titel über Trennungsunterhalt geltend gemacht werden.[15] Vgl. auch Rn. 78. 9

---

[12] BGH, NJW 1965, 1710
[13] Vgl. dazu BGH, FamRZ 1993, 411 = NJW 1993, 124; OLG Düsseldorf, NJW 2002, 1353
[14] BGH, FamRZ 1961, 432 = NJW 1961, 1811
[15] OLG Düsseldorf, FamRZ 1992, 943

2. Unterhaltsverpflichtung der Ehegatten und Aufgabenverteilung in der Ehe

10 **a) Verpflichtung beider Ehegatten.** Nach § 1360 BGB ist jeder Ehegatte zugleich Unterhaltsberechtigter und Unterhaltsverpflichteter, da die Eheleute einen gegenseitigen Anspruch auf einen Beitrag zum Familienunterhalt haben.[16] Dieser Anspruch umfasst die Bedürfnisse der gesamten Familie einschließlich der Kinder (vgl. Rn. 46).[17] Der Unterhaltsanspruch der **Kinder** ergibt sich ausschließlich aus §§ 1601 ff. BGB. Jedoch bestimmen Ehegatten in der Regel nach § 1612 I 2 BGB, dass unverheirateten minderjährigen und volljährigen Kindern **Unterhalt in Natur** im gemeinsamen Haushalt gewährt wird (vgl. Rn. 2/9, 2/21 ff.). Der Anspruch auf Kindesunterhalt wird also dadurch erfüllt, dass die Eltern ihrer Verpflichtung zur Leistung des Familienunterhalts nachkommen und dadurch auch den Bedarf des Kindes decken.[18] Leistet dagegen der erwerbstätige oder vermögende Elternteil den geschuldeten Familienunterhalt nicht, so kann zunächst der andere Elternteil Leistung des Familienunterhalts, insbesondere Zahlung des Wirtschaftsgeldes, verlangen und damit auch den Bedarf des Kindes sicherstellen (vgl. Rn. 22, 46). Das Kind selbst hat keinen Anspruch auf Familienunterhalt nach § 1360 BGB. Jedoch muss auch ihm, insbesondere nach Volljährigkeit, entgegen der Auffassung der 3. Auflage[19] das Recht zustehen, selbst nach §§ 1601 ff. BGB Unterhalt geltend zu machen.[20] Andernfalls wäre es rechtlos, wenn sich beide Eltern oder ein Elternteil ihrer Unterhaltspflicht entziehen, z. B. das Familieneinkommen vertrinken und nicht ausreichend für das Kind sorgen. In der Praxis werden derartige Fälle kaum vorkommen, da die Vernachlässigung des Kindes in der Regel zum Einschreiten des Familiengerichts nach § 1666 BGB oder bei einem volljährigen Kind zum Auszug aus der elterlichen Wohnung führen wird und dann ohnehin ein Anspruch auf Kindesunterhalt nach § 1601 BGB entsteht.

Ein Titel über Kindesunterhalt wird demgemäß nicht dadurch gegenstandslos, dass die zeitweise getrennt lebenden Eltern die eheliche Lebensgemeinschaft wiederherstellen oder nach Scheidung ihrer ersten Ehe erneut heiraten.[21] Der barunterhaltspflichtige Elternteil kann mit der Vollstreckungsgegenklage nur geltend machen, dass er während des erneuten Zusammenlebens mit dem anderen Elternteil Familienunterhalt geleistet und dadurch den Bedarf des Kindes gedeckt hat. Zum Verhältnis von Familienunterhalt und Trennungsunterhalt vgl. oben Rn. 9.

11 **b) Aufgabenverteilung in der Ehe.** Dem Grundgedanken des § 1360 BGB entspricht es, dass die Last des Familienunterhalts von beiden Ehegatten gemeinsam getragen wird.[22] Der Unterhalt ist von jedem Ehegatten unter Verwertung seiner Arbeitskraft und, wenn erforderlich, durch den Einsatz seines Vermögens zu leisten (Rn. 16 ff.). Auf welche Weise dabei jeder Ehegatte die ihm obliegende Unterhaltsverpflichtung zu erfüllen hat, bestimmt sich nach der konkreten **Aufgabenverteilung in der Ehe,** d. h. nach dem „gegenseitigen Einvernehmen" (§ 1356 I 1 BGB), das die Ehegatten hinsichtlich Haushaltsführung und Berufsausübung erzielt haben.[23] Sie können sowohl die Rollenverteilung in der Ehe als auch die Beschaffung und Verteilung des Unterhalts weitgehend frei gestalten (Rn. 6/603).[24] Diese Gestaltungsfreiheit gilt aber nur im Verhältnis der Ehegatten zueinander. Sie darf grundsätzlich nicht zu Lasten minderjähriger Kinder oder privilegiert volljähriger Kinder (Rn. 2/454 ff.) aus einer früheren Ehe und zu Lasten des in der Regel nach § 1582 BGB vorrangigen früheren Ehegatten gehen.[25] Dasselbe gilt natürlich auch für nichteheliche

---

[16] BGH, FamRZ 1995, 537 = R 493 a
[17] BGH, FamRZ 1997, 281 = R 509 b; FamRZ 1985, 343 = R 242
[18] BGH, FamRZ 2000, 640, 641
[19] Rn. 3/10
[20] BGH, FamRZ 1997, 281 = R 509 b
[21] BGH, FamRZ 1997, 281 = R 509 b
[22] BGH, FamRZ 1995, 537 = R 493 a
[23] BGH, FamRZ 1985, 576 = NJW 1985, 1394; vgl. auch BGH, FamRZ 1995, 537 = R 493 a
[24] BVerfG, FamRZ 2002, 527 = R 571 mit Anm. Scholz, FamRZ 2002, 733; BGH, FamRZ 2001, 986 = R 563 a mit Anm. Scholz, FamRZ 2001, 1061
[25] BGH, FamRZ 1996, 796 = R 500 a

Kinder. Insoweit kann auf die eingehenden Ausführungen zur sog. Hausmannsrechtsprechung Rn. 2/172 ff. verwiesen werden; vgl. auch unten Rn. 17, 27.

Bisher hat man hinsichtlich der Aufgabenverteilung in der Ehe zwischen verschiedenen Leitbildern unterschieden, nämlich der „Haushaltsführungsehe“, der „Doppelverdienerehe“, der „Zuverdienstehe“ und schließlich der „Nichterwerbstätigenehe“.[26] Spätestens seit den Entscheidungen des BGH vom 13. 6. 2001[27] und des BVerfG vom 5. 2. 2002[28] ist es aber an der Zeit, sich von bestimmten Ehebildern zu verabschieden. Es ist anders als früher nicht mehr die Regel, dass sich Eheleute auf Dauer zwischen Doppel- und Alleinverdienerehe entscheiden. Auch die Ehefrau will heute grundsätzlich einen Beruf ausüben. Die Erwerbstätigkeit wird nicht nur wegen der Kindererziehung von der Frau oder dem Mann unterbrochen, sondern auch aus anderen Gründen, die vor allem durch die langen Ausbildungszeiten und die Gegebenheiten auf dem Arbeitsmarkt bedingt sind.[29] Entscheidend ist, wie die Eheleute ihr Zusammenleben in freier Entscheidung gestalten. Nach der Eheschließung folgt häufig eine Phase beiderseitiger Berufstätigkeit, die von Kindererziehungszeiten abgelöst wird, in denen ein Ehegatte ganz oder teilweise nicht erwerbstätig ist. Sobald die Betreuung der Kinder dies zulässt, wird wieder eine voll- oder teilschichtige Erwerbstätigkeit aufgenommen, die schließlich in den Ruhestand einmündet. Die konkreten Lebensverhältnisse, insbesondere Arbeitslosigkeit, Berufswechsel, Krankheit können aber auch eine andere Gestaltung der ehelichen Lebensverhältnisse bedingen. Allein nach der Verteilung der Aufgaben in dem zu beurteilenden Zeitraum bestimmt sich, von wem und in welcher Weise Familienunterhalt zu gewähren ist (§ 1360 a II 1 BGB).

Bei **Haushaltsführung** und ggf. Kinderbetreuung allein durch einen Ehegatten geht in der Regel der andere einer Erwerbstätigkeit nach und verdient die für den Familienbedarf notwendigen Geldmittel. Vgl. auch Rn. 36. Nach § 1360 S. 2 BGB sind die Haushaltsführung des einen **und** die **Erwerbstätigkeit** des anderen Ehegatten **gleichwertig.** Der haushaltführende Ehegatte leistet regelmäßig einen „gleichwertigen und nicht ergänzungsbedürftigen“ Beitrag zum Familienunterhalt.[30] Das heißt freilich nicht, dass der erwerbstätige Ehegatte jede Hilfeleistung im Haushalt ablehnen darf. Im Gegenteil wird er vielfach nach § 1353 I 2 BGB zum Beistand verpflichtet sein. Um die Erziehung der Kinder muss sich ohnehin auch der berufstätige Ehegatte kümmern (§ 1626 I 1 BGB). Die Vereinbarung, dass allein ein Ehegatte den Haushalt führen soll, bedarf jedoch der Korrektur, wenn sie nicht mehr dem Willen beider entspricht oder wenn das Erwerbseinkommen des anderen Ehegatten und die etwaigen Erträge aus (beiderseitigem) Vermögen, z. B. im Falle einer Notlage, für den Unterhalt nicht mehr ausreichen (vgl. Rn. 17).[31] Dann müssen beide Ehegatten ganz oder teilweise erwerbstätig sein. Dies führt dann dazu, dass der bisher allein erwerbstätige Ehegatte sich an der Haushaltsführung beteiligen muss. Verdient der allein erwerbstätige Ehegatte mehr, als für den Familienunterhalt benötigt wird, kann er den überschießenden Teil der Erwerbseinkünfte für sich verwenden. 12

Bei beiderseitiger Erwerbstätigkeit ist die Haushaltstätigkeit auf beide Ehegatten entsprechend dem jeweiligen Zeitaufwand für den Beruf zu verteilen, d. h. bei beiderseits vollschichtiger Tätigkeit in der Regel gleichmäßig. Kinder sind von beiden Eltern gemeinsam zu betreuen. Jeder muss sich entsprechend seinem Einkommen finanziell am Familienunterhalt beteiligen. Vgl. Rn. 37. Einen Mehrverdienst, der nicht anteilig für den Familienunterhalt benötigt wird, kann jeder für persönliche Zwecke oder absprachegemäß verwenden. Bei einer ungleich größeren Gesamtbelastung eines Ehegatten durch Erwerbstätigkeit, Haushalt und Kinderbetreuung kann ein Ausgleich dadurch geschaffen werden, dass der weniger belastete Ehegatte einen größeren finanziellen Beitrag zum Familienunterhalt leistet. 13

---

[26] So auch die 5. Aufl. Rn. 3/11
[27] FamRZ 2001, 986 = R 563 mit Anm. Scholz, FamRZ 2001, 1061
[28] FamRZ 2002, 527 = R 571 mit Anm. Scholz, FamRZ 2002, 733
[29] Dazu im Einzelnen Scholz, FamRZ 2003, 265, 267
[30] Begründung zum 1. Ges. zur Reform des Ehe- und Familienrechts, BT-Drucks. 7/650 S. 99
[31] Scholz, FamRZ 2003, 265, 268

14 Vielfach ist nur ein Ehegatte voll erwerbstätig und stellt hierdurch das Familieneinkommen im Wesentlichen sicher. Der andere Ehegatte führt primär den Haushalt, betreut ggf. die Kinder und erzielt durch eine **teilschichtige Erwerbstätigkeit** zusätzliches Einkommen. Wird er im Hinblick auf diesen Nebenverdienst vom voll erwerbstätigen Ehegatten in angemessener Weise bei der Haushaltsführung entlastet oder reicht dessen Einkommen für eine angemessene Lebenshaltung nicht aus, muss er sich mit seinem Zuverdienst anteilig am Familienunterhalt beteiligen. Vgl. Rn. 43. Erfolgt keine entsprechende Entlastung, kann bei ausreichendem Einkommen des anderen Ehegatten ein geringer Zuverdienst in der Regel als Ausgleich für seine Mehrbelastung als Taschengeld (Rn. 56) angesehen und für eigene Zwecke verwendet. werden. Im Übrigen gelten die Ausführungen zu Rn. 12f. entsprechend.

15 Sind beide Ehegatten **nicht erwerbstätig,** müssen sie den Haushalt gemeinsam führen. Wie dies im Einzelnen geschehen soll, ist im gegenseitigen Einvernehmen festzulegen (§ 1356 I 1 BGB). Es geht nicht an, dass der eine Ehegatte nur seinen Hobbys nachgeht, während der andere allein die Last des Haushalts trägt. Zu den finanziellen Lasten des Haushalts müssen sie entsprechend ihren Einkünften beitragen. Vgl. Rn. 45.

3. Erwerbsobliegenheit der Ehegatten

16 Der allein **erwerbstätige Ehegatte** muss in der Regel einer Arbeit nachgehen, die seinen Fähigkeiten, insbesondere seiner beruflichen Vorbildung, entspricht und durch die er den finanziellen Bedarf der Familie decken oder zu ihm in angemessener Weise beitragen kann. Wenn dieser durch die ausgeübte Tätigkeit ganz oder teilweise nicht gesichert ist, kann von ihm ein Berufswechsel oder die Aufnahme einer anderen, besser bezahlten Arbeit verlangt werden, sofern ihm dies möglich und zumutbar ist. Vgl. Rn. 2/114.

17 Für den Ehegatten, der vereinbarungsgemäß den **Haushalt** führt, besteht nur ausnahmsweise bei einer familiären Notlage eine Erwerbsobliegenheit, d. h. wenn und solange das Erwerbseinkommen des anderen Ehegatten und etwaige Erträge beiderseitigen Vermögens zur Deckung des angemessenen Familienunterhalts nicht ausreichen. Vgl. Rn. 12. Im Normalfall genießt die gleichwertige Funktion des den Haushalt führenden Ehegatten **Vertrauensschutz.** Dies gilt vor allem, wenn Kinder zu versorgen sind. Es kann vom haushaltführenden Partner nicht ohne weiteres verlangt werden, eine Erwerbstätigkeit zur Verbesserung des Lebensstandards aufzunehmen. Eine solche Verpflichtung besteht auch dann nicht, wenn der haushaltführende Ehegatte mehr verdienen könnte, als an seiner Stelle eingesetztes Personal kosten würde. Andererseits kann ihm nach Ende der Kindererziehung die Wiederaufnahme oder die Erweiterung einer Erwerbstätigkeit eher zugemutet werden, wenn er längere Zeit voll erwerbstätig war oder bereits teilweise hinzuverdient hatte. Zur Einschränkung dieser Gestaltungsfreiheit durch die sog. Hausmannsrechtsprechung vgl. Rn. 2/172ff.; auch Rn. 11, 27.

18 – *In dieser Auflage nicht belegt* –

19 In **Notfällen** sind stets beide Ehegatten zu jeder nicht gesetz- oder sittenwidrigen Arbeit verpflichtet, um die Familie unterhalten zu können. Es gelten ähnliche Maßstäbe wie bei der verschärften Unterhaltsverpflichtung von Eltern gegenüber minderjährigen Kindern (vgl. dazu Rn. 2/247ff.).

20 Eine Erwerbsobliegenheit besteht nicht, wenn und solange der Familienunterhalt durch Renten, Pensionen oder durch Einkünfte aus dem **Vermögen** gedeckt werden kann. Der **Vermögensstamm** muss nur bei größeren Anschaffungen oder in Notlagen für Unterhaltszwecke verwendet werden, wenn die anderen Einkünfte zur Deckung des Familienunterhalts nicht ausreichen (vgl. auch Rn. 30).

21 Wer bei bestehender Erwerbsobliegenheit eine zumutbare Erwerbstätigkeit unterlässt, muss sich **fiktiv** so behandeln lassen, als würde er ein entsprechendes Einkommen erzielen. Zur Anrechnung fiktiver Einkünfte vgl. Rn. 1/487ff., 2/114, 144ff.

III. Bemessung des Familienunterhalts, Unterhaltsbeiträge der Ehegatten, Wirtschaftsgeld und Taschengeld

1. Lebensbedarf der Familie

Der Familienunterhalt dient der Deckung des **gesamten Lebensbedarfs der Familie** einschließlich der Kinder, nicht nur der Ehegatten. Nach § 1360 a I BGB umfasst der Familienunterhalt alles, was nach den Verhältnissen der Ehegatten und den zwischen ihnen getroffenen Absprachen erforderlich ist, um die Kosten des Haushalts zu bestreiten sowie persönliche Bedürfnisse der Ehegatten und den Lebensbedarf gemeinschaftlicher unterhaltsberechtigter Kinder zu befriedigen.[32] In der intakten Familie wird dieser Bedarf in der Regel nicht nur durch Geldmittel, insbesondere durch den Ertrag einer Erwerbstätigkeit, sondern auch durch Arbeitsleistung, vor allem durch die Arbeit der Hausfrau oder des Hausmanns sichergestellt, aber auch durch häusliche Arbeit des erwerbstätigen Ehegatten, wie z. B. durch Renovierung der Wohnung, Reparaturarbeiten im Haus, Gartenarbeit usw. Zu Ansprüchen der Kinder vgl. Rn. 10. 22

Für die rechtliche Betrachtung stehen die **finanziellen Aufwendungen** zur Deckung des Familienbedarfs im Vordergrund. Dazu zählen u. a.: 23

- Aufwendungen für das **Wohnen,** wie z. B. Miete und Mietnebenkosten, Zahlungen für das Familienheim (Annuitäten, verbrauchsabhängige und verbrauchsunabhängige Hauslasten) und Aufwendungen für Heizung, Wasser, Strom, Telefon, Radio, Fernsehen, Wohnungseinrichtung u. a.;
- **Haushaltskosten,** wie z. B. Aufwendungen für Verpflegung, Kleidung, Reinigung, Körper- und Gesundheitspflege;
- Aufwendungen für **Erholung,** Urlaub, Freizeitgestaltung und gesellschaftliche Verpflichtungen;
- Beiträge zu Verbänden, Organisationen mit religiösen, kulturellen, politischen oder sportlichen Zwecken einschließlich des **Kirchgeldes** (auch in einer Ehe, in der der nicht verdienende Ehegatte keiner Kirche angehört);[33]
- Aufwendungen für eine nach den Verhältnisssen der Ehegatten angemessene **Krankheits-, Pflege- und Altersvorsorge,** auch wenn sie über den Schutz der gesetzlichen Sozialversicherung hinausgeht, z. B. eine Krankenhaustagegeldversicherung;
- Aufwendungen für sonstige angemessene **Versicherungen,** z. B. Unfall-, Haftpflicht-, Hausrats- oder Rechtsschutzversicherungen;
- **Fahrtkosten,** insbesondere Aufwendungen für Anschaffung und Betrieb eines Kfz[34] (Steuer, Versicherungen, Benzin, Reparaturen usw.) oder für öffentliche Verkehrsmittel;
- Aufwendungen für nicht von der Krankenversicherung oder sonstigen Kostenträgern gedeckte **Krankheitskosten,** z. B. für Wahlleistungen im Krankenhaus, Zahnersatz, Brillen usw., soweit sie notwendig sind oder jedenfalls im Rahmen des üblichen Lebenszuschnitts der Familie liegen.[35] Es handelt sich u. U. um **Sonderbedarf.**[36] Zum Sonderbedarf vgl. Rn. 6/1 ff. Behandlungskosten, deren Höhe die Leistungsfähigkeit der Familie bei weitem übersteigen, sind nicht, jedenfalls nicht vollständig, durch den Familienunterhalt sicherzustellen. Hier kommt ggf. ergänzende Sozialhilfe in Betracht;[37]
- Aufwendungen für die **Pflege** eines kranken oder behinderten Familienmitglieds, die nicht von der Familie selbst geleistet werden kann, sondern durch Dritte, z. B. ambulante Pflegedienste, oder in einem Pflegeheim sichergestellt werden muss.[38] Bei Pflege durch

---

[32] BGH, FamRZ 1998, 608 = R 522 b; FamRZ 1985, 353 = R 242
[33] FG Hamburg, FamRZ 1997, 1155
[34] BGH, FamRZ 1983, 351 = NJW 1983, 1113
[35] BGH, FamRZ 1992, 291 = R 440; OLG Stuttgart, FamRZ 1994, 444
[36] BGH, FamRZ 1992, 291 = R 440
[37] BGH, FamRZ 1992, 291 = R 440
[38] BGH, FamRZ 1993, 411 = NJW 1993, 124; OLG Düsseldorf, NJW 2002, 1353

den Ehegatten besteht grundsätzlich keine Vergütungspflicht.[39] Seit dem 1. 4. 1995 wird die Familie hier ggf. durch Leistungen der Pflegeversicherung entlastet;

- Kosten der rechtlichen **Betreuung** eines Familienangehörigen im Sinne des § 1896 BGB oder der Vormundschaft (Pflegschaft) über ein minderjähriges Kind (§§ 1835 ff., 1836 d Nr. 2, 1836 e, 1908 i, 1915 I BGB), soweit sie nicht von der Staatskasse zu tragen sind.[40] Vgl. auch Rn. 2/317, 405;
- Aufwendungen für **persönliche Bedürfnisse** der Ehegatten, z. B. Sport, Hobbys;[41] diese Aufwendungen sind in erster Linie aus dem Taschengeld zu decken (vgl. dazu Rn. 59);
- vergleichbare Aufwendungen für unterhaltsberechtigte gemeinschaftliche **Kinder** einschließlich der Kosten für Erziehung und Ausbildung. Zum Unterhalt für sonstige im Haushalt lebende Kinder vgl. Rn. 27.

Die Bezahlung von Einkommenssteuer ist kein Teil des Familienunterhalts. Vielmehr mindert die Steuer das zur Verfügung stehende Einkommen.[42]

24 Entspricht die **Ausbildung** eines Ehepartners dem gemeinsamen Lebensplan oder, bei objektiver Betrachtung, dem Gebot vernünftiger Lebensgestaltung, sind die Ausbildungskosten im Rahmen des Familienunterhalts aufzubringen.[43] Wenn schon für die Zeit nach der Trennung und Scheidung nach §§ 1361, 1575 BGB ein Anspruch auf Ausbildungsunterhalt besteht (vgl. dazu Rn. 4/9 f., 4/147 ff.), muss dies aus Gründen der ehelichen Solidarität umso mehr für den Familienunterhalt der Ehegatten in einer intakten Ehe gelten.[44]

25 Bei einer einvernehmlichen Regelung ist der studierende Ehegatte für die Dauer des **Studiums** von der Pflicht befreit, durch Erwerbstätigkeit zum Familienunterhalt beizutragen (vgl. hierzu auch Rn. 6/603). Die Pflicht zur Mithilfe im Haushalt bleibt unberührt. Auch kann der studierende Ehegatte verpflichtet sein, durch sonstige Einkünfte oder den Stamm seines Vermögens zum Familienunterhalt beizutragen. Stehen solche Mittel nicht zur Verfügung, hat der andere Ehegatte die Mittel für den gesamten Familienunterhalt allein aufzubringen. Hierzu zählen auch Aufwendungen des Studierenden für Bücher, Lernmittel, Fahrtkosten u. ä.[45]

26 Zum Familienunterhalt kann auch die Tilgung und Verzinsung von **Schulden** gehören, insbesondere wenn sie zur Finanzierung eines Familienheims oder größerer für die Familie erforderlicher Anschaffungen eingegangen worden sind. Zu Schulden vgl. im übrigen Rn. 32.

27 **Unterhaltsansprüche sonstiger Verwandter** gehören nicht zum Lebensbedarf eines Ehegatten im Sinn des § 1360 a I BGB (vgl. Rn. 46). Jedoch ist jeder Ehegatte verpflichtet, seinen Partner teilweise von den häuslichen Pflichten freizustellen, um ihm die Möglichkeit zu geben, durch eine Erwerbstätigkeit, die bei Betreuung kleiner Kinder aus der jetzt bestehenden Ehe den Umfang einer Aushilfstätigkeit nicht zu übersteigen braucht, zum Unterhalt eines beim anderen Elternteil lebenden Kindes aus einer früheren Verbindung oder eines bedürftigen früheren Ehegatten beizutragen (vgl. dazu Rn. 2/183).[46] Zur entsprechenden Problematik bei Geltendmachung von Unterhaltsansprüchen eines volljährigen Kindes vgl. Rn. 2/187 ff., von Unterhaltsansprüchen eines bedürftigen Elternteils des Ehegatten vgl. Rn. 2/625, 645. Zum Familienunterhalt gehört dagegen auch der Bedarf eines in den Haushalt aufgenommenen Kindes eines Ehegatten aus einer früheren ehelichen oder nichtehelichen Verbindung oder eines Pflegekindes.[47] Der Unterhalt für ein solches Kind ist vorzugsweise aus dem Unterhalt, den der andere Elternteil leistet, oder aus dem Pflegegeld zu bestreiten, das für das Kind gezahlt wird. Ggf. muss der Ehegatte, der ein nicht gemeinschaftliches Kind in die Familie gebracht hat, einer Erwerbstätigkeit nachgehen, um für dessen Unterhalt zu sorgen. Zugunsten eines in den Haushalt aufgenommenen **Stiefkindes**

---

[39] BGH, FamRZ 1995, 537 = R 493 b; OLG Hamm, FamRZ 1999, 167
[40] OLG Düsseldorf, FamRZ 2002, 1590
[41] BGH, FamRZ 1983, 351 = NJW 1983, 1113
[42] BGH, FamRZ 2002, 1025
[43] BGH, FamRZ 1985, 353 = R 242; FamRZ 1981, 439
[44] OLG Stuttgart, FamRZ 1983, 1030
[45] BGH, FamRZ 1985, 353 = R 242; vgl. auch BGH, FamRZ 1983, 140 = NJW 1983, 814
[46] BGH, FamRZ 2001, 1065 mit Anm. Büttner = R 549 a
[47] BGH, FamRZ 1999, 367, 368 = R 530 c

kann eine Unterhaltsverpflichtung auf Grund einer ausdrücklichen oder stillschweigenden Übereinkunft bestehen.[48] Dasselbe gilt, wenn Eltern ein Kind ohne förmliche Adoption zu sich nehmen und es durch mittelbare Falschbeurkundung im Geburtenbuch als ihr eigenes Kind eintragen lassen.[49] Vgl. dazu Rn. 2/1 c.

2. Bemessung des Familienunterhalts und Leistungsfähigkeit

– In dieser Auflage nicht belegt – 28

Nach § 1360 a II 2 BGB sind Ehegatten verpflichtet, die zur Deckung des **finanziellen Bedarfs** (vgl. Rn. 23) erforderlichen Mittel für einen angemessenen Zeitraum im Voraus zur Verfügung zu stellen. Dazu ist es nötig, den durchschnittlichen finanziellen Bedarf konkret nach den Bedürfnissen und Verhältnissen der jeweiligen Familie zu bemessen. Die Unterhaltstabellen und Leitlinien der Oberlandesgerichte sind grundsätzlich nicht heranzuziehen, da sie den Unterhalt getrennt lebender oder geschiedener Eheleute betreffen und nur als Hilfsmittel benutzt werden können, wenn der Familienunterhalt aus besonderen Gründen insgesamt in Geld veranschlagt werden muss (vgl. dazu Rn. 1 f.). Zum Auskunftsanspruch vgl. Rn. 4; zur Berechnung des Familienunterhalts, wenn ein früherer Ehegatte oder Kinder aus anderen Verbindungen Unterhaltsansprüche geltend machen, vgl. unten Rn. 64 ff. 29

Maßgebliche Ausgangsbasis für die Bemessung des Familienunterhalts sind die **Einkommens- und Vermögensverhältnisse** der Eheleute.[50] Entscheidend sind in erster Linie die laufenden Einkünfte, z. B. aus Erwerbseinkommen, Renten, Pensionen, Zinsen. Der **Stamm des Vermögens** braucht nur angetastet zu werden, wenn die laufenden Einkünfte auch bei sparsamer Lebensführung nicht mehr ausreichen oder wenn größere Anschaffungen nötig werden (Rn. 20). 30

Sozialleistungen, die **für Körper- oder Gesundheitsschäden** gewährt werden, gehören zum Familieneinkommen, soweit der Berechtigte daraus keinen Mehrbedarf befriedigen muss. Die Vermutung des § 1610 a BGB gilt nur beim Verwandten-, insbesondere beim Kindesunterhalt, und kraft Verweisung auch beim Trennungsunterhalt sowie beim nachehelichen Unterhalt (§§ 1361 I 1 Halbs. 2, 1578 a BGB), nicht dagegen beim Familienunterhalt.[51] Zu dieser Vermutung vgl. Rn. 1/443 ff. Auch **Erziehungsgeld** ist trotz der Vorschrift des § 9 S. 1 BErzGG – anders als beim Trennungsunterhalt und beim nachehelichen Unterhalt (vgl. dazu Rn. 1/85) – zur Deckung des Bedarfs der gesamten Familie heranzuziehen, da es gerade dazu dient, den erziehenden Elternteil von einer sonst notwendigen Erwerbstätigkeit freizustellen. **Pflegegeld,** das für einen pflegebedürftigen Familienangehörigen gezahlt und für dessen Mehrbedarf nicht benötigt wird, kann für den Familienunterhalt verwendet werden. § 13 VI SGB XI[52] hat keine Bedeutung, solange die häusliche Gemeinschaft der Ehegatten noch besteht. Vgl. dazu auch Rn. 2/329. 31

Durch **Schulden** mindert sich das für den Familienunterhalt zur Verfügung stehende Einkommen, gleichgültig, ob sie vor oder während der Ehe entstanden sind (vgl. dazu auch Rn. 1/622 ff.). Das gilt grundsätzlich auch dann, wenn sie allein von einem Ehegatten ohne hinreichenden Grund aufgenommen worden sind. Bei bestehender Ehe müssen Ehegatte und Kinder auch wirtschaftlich unvernünftiges Verhalten des Partners bzw. Elternteils mittragen. Allerdings können sie verlangen, dass er besondere Anstrengungen unternimmt, um sein Einkommen, z. B. durch Überstunden, zu erhöhen, oder dass die Schuldtilgung gestreckt wird. Notfalls muss auch der bisher den Haushalt führende Ehegatte ganz oder teilweise einer Erwerbstätigkeit nachgehen (vgl. dazu oben Rn. 12, 17). Zu Unterhaltsschulden vgl. Rn. 27. 32

Das so berechnete Einkommen und etwa vorhandenes Vermögen begrenzen den finanziellen Gesamtbedarf (Rn. 22 ff.) nach oben; denn es darf in der Regel zur Bedarfsdeckung nicht mehr Geld ausgegeben werden, als für Unterhaltszwecke vorhanden ist. Der Lebens- 33

---

[48] OLG Nürnberg, FamRZ 1965, 217
[49] BGH, FamRZ 1995, 995; OLG Bremen, FamRZ 1995, 1291
[50] BGH, FamRZ 1985, 576 = NJW 1985, 1394; vgl. auch BGH, FamRZ 1992, 291 = R 440
[51] OLG Düsseldorf, NJW 2002, 1353
[52] I. d. F. des 4. SGB XI-Änderungsgesetzes vom 21. 7. 1999 – BGBl. I 1656

zuschnitt der Familie richtet sich nach den zur Verfügung stehenden Einkünften und nach den im Rahmen der gemeinsamen Lebensplanung getroffenen Absprachen (vgl. dazu Rn. 6/603). Notfalls müssen weniger wichtige Ausgaben unterbleiben. Andererseits ist **übertriebener Aufwand** nicht zu berücksichtigen. Dagegen bleibt es den Ehegatten unbenommen, gemeinsam eine **sparsame Lebensweise** zu vereinbaren, z. B. um ein Einfamilienhaus erwerben oder Rücklagen für die aufwändige Ausbildung eines Kindes bilden zu können. Derartige Absprachen sind bei Wahrung eines gewissen Mindeststandards grundsätzlich möglich. An einer zu dürftigen Lebensführung muss sich dagegen kein Ehegatte gegen seinen Willen auf Dauer festhalten lassen. Vgl. dazu Rn. 4/210.

Übersteigt das Einkommen den zur Deckung des Familienbedarfs (Rn. 22 ff.) erforderlichen und angemessenen finanziellen Aufwand, so verbleibt der unverbrauchte Rest demjenigen, der die Einkünfte erzielt. Etwaiger Vermögenszuwachs unterliegt bei Scheitern der Ehe dem Zugewinnausgleich. Zur Erhöhung des Wirtschaftsgeldes und zu Ausgleichsansprüchen vgl. Rn. 37, 42.

34 Die vorhandenen Mittel begrenzen naturgemäß die Leistungsfähigkeit der Eheleute. Jedoch können sie sich gegenüber dem anderen **nicht** auf einen angemessenen oder notwendigen **Selbstbehalt** berufen. Sie müssen vielmehr alle verfügbaren Mittel miteinander teilen, da allein dies der ehelichen Lebensgemeinschaft entspricht.[53] Bei beengten wirtschaftlichen Verhältnissen und im Notfall müssen die Lebensgewohnheiten drastisch eingeschränkt werden. Zur Finanzierung unabweisbarer Ausgaben, z. B. nicht von einer Krankenkasse getragener Behandlungskosten, müssen ggf. auch Schulden aufgenommen werden.[54] Freilich besteht in solchen Fällen häufig die Möglichkeit, Sozialhilfe in Anspruch zu nehmen. Können die Eheleute, ohne dass eine Trennung im Rechtssinne vorliegt, nicht mehr zusammen leben, z. B. weil einer von ihnen in einem Pflegeheim versorgt werden muss (vgl. Rn. 1), hat dieser Anspruch auf eine Geldrente. Dann wird man dem anderen Ehegatten den notwendigen Selbstbehalt nach der Düsseldorfer Tabelle von 840,– € bzw. von 730,– € belassen müssen, da er nicht selbst sozialhilfebedürftig werden darf (Rn. 2/261, 6/506, 523). Der notwendige Selbstbehalt kann ggf. erhöht werden, wenn die in die Tabelle eingearbeiteten Wohnkosten den Betrag von 360,– € übersteigen und dem anderen Ehegatten der Auszug aus der ehelichen Wohnung nicht zugemutet werden kann.[55] Die für den unterhaltspflichtigen Ehegatten bestehenden Härten werden allerdings vielfach dadurch gemildert, dass die Pflegekosten von der Pflegeversicherung und vom Sozialamt übernommen werden und § 91 II 1 BSHG den Übergang des Unterhaltsanspruchs auf den Sozialhilfeträger einschränkt. Vgl. dazu Rn. 6/538, 565 ff.

3. Anteilige Beiträge der Ehegatten zum Familienunterhalt

35 **a) Gleichwertigkeit der Haushaltstätigkeit.** Wie bereits ausgeführt (Rn. 10 ff.), müssen beide Ehegatten nach § 1360 S. 1 BGB im Prinzip gleichwertige Beiträge zum Familienunterhalt leisten, wobei der Arbeitseinsatz im Rahmen einer vollen Erwerbstätigkeit und die Haushaltsführung kraft Gesetzes als gleichwertig gelten (§ 1360 S. 2 BGB). Innerhalb einer intakten Ehe spielt die Bewertung der Beiträge zum Familienunterhalt in der Regel keine entscheidende Rolle. Immerhin hat aber die Gleichwertigkeit der Hausarbeit die Stellung der Hausfrau in der Familie entsprechend der Absicht des Gesetzgebers wesentlich aufgewertet, während dies bei der Stellung des Hausmanns im Bewusstsein der Allgemeinheit noch nicht in diesem Maße der Fall ist.

36 **b) Der allein erwerbstätige Ehegatte** hat mit seinem Arbeitseinkommen für den gesamten finanziellen Bedarf der Familie (Rn. 22 f.) allein aufzukommen, sofern der andere Ehegatte keine Vermögenseinkünfte hat. Der gleichwertige Beitrag des nicht erwerbstätigen Ehegatten besteht in der Führung des Haushalts einschließlich seiner für die Hausarbeit und die Betreuung der Kinder erforderlichen persönlichen Leistungen, ggf. auch in der Pflege

[53] MüKo/Wacke, BGB, 4. Aufl., § 1360 Rn. 5
[54] BGH, FamRZ 1992, 291 = R 440
[55] OLG Düsseldorf, NJW 2002, 1353

eines kranken Familienmitglieds (vgl. Rn. 31). Da der haushaltführende Ehegatte zur Erfüllung seiner Aufgabe Geld benötigt, hat er gegen den erwerbstätigen Ehegatten einen eigenen Anspruch auf das so genannte **Wirtschaftsgeld** (Rn. 46 ff.) und einen Anspruch auf **Taschengeld** (Rn. 56 ff.), mit dem er seine persönlichen Bedürfnisse befriedigen kann. Hat er selbst auch Einkünfte aus eigenem Vermögen, mindern sich das Wirtschaftsgeld und Taschengeld anteilig im Verhältnis der dann beiderseitigen Einkünfte. Die Haushaltsführung befreit ihn nur davon, durch Arbeit zum Familienunterhalt beizutragen (§ 1360 S. 2 BGB), nicht aber davon, Erträge seines Vermögens, in Ausnahmefällen auch den Stamm des Vermögens, hierfür einzusetzen (vgl. dazu Rn. 20, 30).

c) Beiderseits erwerbstätige Ehegatten haben mit ihrem Erwerbseinkommen einen angemessenen Teil des finanziellen Bedarfs zu bestreiten. Es ist allerdings nicht üblich, dass die Eheleute jede einzelne Ausgabe entsprechend ihren Anteilen an den Gesamteinkünften unter sich aufteilen. Vielmehr trägt der eine diese, der andere jene Kosten, ohne dass die Absicht besteht, Ausgleich zu verlangen.[56] Jedoch sollte grundsätzlich der Anteil eines Ehegatten an den Ausgaben für die Familie seinem Anteil an den Einkünften entsprechen. Zu etwaigen Ausgleichsansprüchen vgl. Rn. 42. Außerdem haben die Eheleute grundsätzlich auch die Hausarbeit und die Betreuung der Kinder gleichwertig untereinander aufzuteilen. Regelmäßig sollte der Anteil am Barunterhalt nach dem Verhältnis des Erwerbseinkommens der Eltern, der Betreuungsaufwand nach der faktischen Betreuung bemessen werden. Im Ergebnis sind beide Ehegatten am Gesamtunterhalt (Bar- und Naturalunterhalt) prinzipiell zu gleichen Teilen zu beteiligen, so dass für jeden von ihnen ein Mehr an Barunterhalt ein Weniger an Naturalunterhalt bedingt und umgekehrt.[57] 37

Wenn beide Ehegatten bei gleicher Arbeitszeit auch gleichwertige Leistungen für Haushalt und Kinder erbringen, ist der finanzielle Unterhaltsbedarf **im Verhältnis der beiderseitigen Einkünfte** (Erwerbseinkünfte einschließlich etwaiger Vermögenserträge) zu verteilen. Bei verschieden hohen Einkünften müssen beide Ehegatten im Verhältnis ihrer Einkünfte einen Unterhaltsbeitrag leisten.[58] Dies gilt auch, wenn ein Ehegatte genügend verdient, um den vollen Unterhalt allein bestreiten zu können.[59] 38

Der Anteil, mit dem jeder Ehegatte zum Familienunterhalt beizutragen hat, wird ähnlich wie bei § 1606 III 1 BGB (siehe dazu Rn. 2/294 ff., 448 f. und das folgende Beispiel) in der Weise berechnet, dass der finanzielle Bedarf der Familie mit dem vergleichbaren Nettoeinkommen jedes Ehegatten multipliziert und durch die Summe der vergleichbaren Nettoeinkommen beider Ehegatten geteilt wird. Des Vorwegabzuges eines Sockelbetrages in Höhe des angemessenen Selbstbehalts, der in der Regel mit 1000,– € angesetzt wird (Rn. 2/417 ff., 448 f.), bedarf es nicht, da beide Eheleute während des Zusammenlebens gemeinsam wirtschaften und es auf ihre Leistungsfähigkeit grundsätzlich nicht ankommt (vgl. Rn. 1, 7, 34). Jedoch erscheint es angemessen, dass jeder Ehegatte zunächst sein Taschengeld (vgl. Rn. 56 ff.) aus dem ihm zur Verfügung stehenden Einkommen entnimmt[60] und dass demgemäß jeweils 5 bis 7% des Nettoeinkommens der Familie (vgl. Rn. 60) vor Berechnung des Anteils abgezogen werden.[61] Die Auffassung der 4. Auflage (Rn. 3/39), nach der von jedem Vorwegabzug abzusehen war, gebe ich auf. 39

Beispiel:
Einkommen des Mannes (M): 1700,– €, der Frau (F): 1300,– €, finanzieller Bedarf der Familie: 2200,– €. Taschengeldanspruch jedes Ehegatten knapp 7% von 1700 + 1300 = 3000,– €, also rund 200,– €.
Vergleichbares Einkommen des M: 1700 – 200 = 1500,– €, der F 1300 – 200 = 1100,– €.
Anteil M: 1500 × 2200 : 2600 = 1269,– €
Anteil F: 1100 × 2200 : 2600 = 931,– €.

---

56 BGH, FamRZ 2002, 739 mit Anm. Wever = R 575
57 BGH, FamRZ 1985, 466 = NJW 1985, 1460
58 BGH, FamRZ 1967, 380
59 BGH, NJW 1974, 1238
60 BGH, FamRZ 1998, 608 = R 522 b
61 OLG Celle, FamRZ 1999, 162

40 Sind beide Ehegatten voll berufstätig, leistet aber einer von ihnen erheblich mehr im Haushalt und für die Kinder als der andere, so kann die sich aus dem Verhältnis der beiderseitigen Einkünfte ergebende rechnerische Verteilung (Rn. 39) **wertend** zugunsten des Ehegatten **verändert** werden, der durch Hausarbeit und Kinderbetreuung insgesamt mehr zum Familienunterhalt beiträgt. Zur wertenden Veränderung der Anteile vgl. Rn. 2/305, 2/450. Die Beitragspflicht dieses Ehegatten verringert sich entsprechend dem Umfang seiner Mehrarbeit im Haushalt oder seiner sonstigen Mehrbelastung.[62] In ähnlicher Weise kann die Verteilung wertend verändert werden, wenn ein Ehegatte durch die Vollerwerbstätigkeit, z. B. wegen ständiger Überstunden, erheblich stärker beansprucht wird als der andere Ehegatte.

41 Zur Orientierung bei einer wertenden Veränderung des Anteils dient der Grundsatz, dass die Leistungen für Erwerbstätigkeit, Haushaltstätigkeit und Betreuung der Kinder im Wesentlichen gleichwertig sind (vgl. Rn. 10 ff., 35). Für diese Wertung sind die tatsächlichen Verhältnisse maßgeblich.

Beispiel:
Einkommen und finanzieller Bedarf der Familie wie im Beispiel Rn. 39. Jedoch betreut die Ehefrau nach ihrer Arbeitszeit im Wesentlichen allein ein behindertes 16-jähriges Kind. Die übrige Hausarbeit wird gleichmäßig aufgeteilt. In einem solchen Fall kann eine wertende Veränderung der rechnerischen Anteile angezeigt sein, z. B. in der Weise, dass der Ehemann mit 1450,– € und die Ehefrau nur mit 750,– € zum Familienunterhalt herangezogen wird.

42 Leistet ein Ehegatte insgesamt einen größeren finanziellen Beitrag zum Familienunterhalt, als er ihn gemäß den Ausführungen zu Rn. 37–41 erbringen müsste, kann er vom anderen Ehegatten verlangen, dass sich dieser in Zukunft in geschuldetem Umfang am Familienunterhalt beteiligt. Für die Vergangenheit scheitert ein solcher Anspruch in der Regel an § 1360 b BGB. Danach wird vermutet, dass ein Ehegatte nicht beabsichtigt, vom anderen Ersatz zu verlangen, wenn er zum Unterhalt der Familie einen höheren Betrag leistet, als ihm obliegt. Vgl. Rn. 79 f. Beteiligt sich ein Ehegatte nicht in gebotenem Maße am Familienunterhalt und bildet deshalb nur er Ersparnisse, kann nur unter besonderen Umständen ein **Ausgleichsanspruch** in Betracht kommen.[63] Im Übrigen findet bei Scheitern der Ehe der Zugewinnausgleich statt.

43 **d) Zuverdienst.** Auch ein verhältnismäßig geringfügiger Zuverdienst ist jedenfalls bei einem Familieneinkommen im unteren oder mittleren Bereich zur Deckung des finanziellen Gesamtbedarfs im Verhältnis der beiderseitigen Einkünfte (vgl. Rn. 38) anteilig zu verwenden. Jedenfalls einen Teil des Zuverdienstes kann der haushaltführende Ehegatte jedoch als Taschengeld für sich behalten;[64] vgl. auch Rn. 58. Das OLG Celle hat z. B. bei einem Nettoeinkommen des Mannes von 2636,– DM von dessen Frau verlangt, dass sie aus ihrem Zuverdienst von netto 600,– DM aus einer Altenbetreuungstätigkeit einen Beitrag zum Wirtschaftsgeld leistet.[65] Das KG Berlin hat bei einem Nettoeinkommen des Mannes von ca. 2000,– DM einen Zuverdienst der Frau von netto 100,– DM auf deren Taschengeldanspruch verrechnet.[66] Ggf. ist eine **wertende Veränderung des Verteilungsschlüssels** (vgl. Rn. 40 f.) möglich, wenn ein Ehegatte z B. infolge gleichzeitiger Erwerbs- und Haushaltstätigkeit erheblich stärker belastet ist als der andere.[67]

44 *– In dieser Auflage nicht belegt –*

45 **e) Nicht erwerbstätige Ehegatten.** In der Regel wird sich jeder an der Haushaltsführung beteiligen müssen. Beide haben auch entsprechend ihren Einkünften (Renten, Ruhegehalt, Zinsen usw.) zum Familienunterhalt beizutragen. Versorgt nur ein Ehegatte den Haushalt ganz oder überwiegend, z. B. wegen Krankheit des anderen Teils, so kann die Verteilung wertend verändert werden. Es gelten sinngemäß dieselben Grundsätze wie bei der Doppelverdienerehe (vgl. Rn. 37 ff.).

---

[62] BGH, NJW 1957, 537
[63] Vgl. BGH, FamRZ 2002, 1696
[64] BGH, FamRZ 1999, 608 = R 522 b
[65] OLG Celle, FamRZ 1978, 380
[66] KG, FamRZ 1979, 427
[67] BGH, FamRZ 1974, 366; FamRZ 1967, 380

4. Wirtschaftsgeld

Aus § 1360 a II 2 BGB ergibt sich der Anspruch jedes Ehegatten, dass ihm die Mittel im Voraus zur Verfügung gestellt werden, die zum gemeinsamen Unterhalt der Familie benötigt werden. Von Bedeutung ist dies vor allem, wenn einem Ehegatten die Haushaltsführung allein obliegt. Er hat dann Anspruch auf Überlassung des Wirtschaftsgeldes, das er für die ihm nach § 1356 I 2 BGB obliegende **eigenverantwortliche Haushaltsführung** benötigt. Er muss das Wirtschaftsgeld für den Familienunterhalt verwenden, d. h. mit dem Wirtschaftsgeld die notwendigen Haushaltskosten bestreiten sowie die regelmäßigen Bedürfnisse beider Ehegatten und ihrer Kinder befriedigen. Er ist nicht berechtigt, es eigenmächtig für andere Zwecke auszugeben, wie z. B. zur Unterstützung von Verwandten, denen gegenüber keine Unterhaltsverpflichtung besteht (vgl. Rn. 27).[68] Ersparnisse aus dem Wirtschaftsgeld darf er nur dann für sich verwenden, wenn der andere Ehegatte damit einverstanden ist und der Unterhalt dadurch nicht beeinträchtigt wird.[69] Erhält er dagegen, wie es häufig der Fall ist, neben dem Wirtschaftsgeld kein Taschengeld, kann er Beträge, die als Taschengeld angemessen wären, für sich behalten.[70] 46

Das Wirtschaftsgeld wird nur **treuhänderisch** zur Verwendung für Bedürfnisse der Familie überlassen.[71] Der Anspruch auf Wirtschaftsgeld ist daher nicht pfändbar (vgl. dazu Rn. 82). Die Übernahme der Wirtschaftsführung durch einen Ehegatten begründet kein Auftragsverhältnis und damit keine Pflicht, Rechenschaft zu legen (§ 666 BGB).[72] Trotz der Eigenverantwortlichkeit des Haushaltführenden (Rn. 46) für die Wirtschaftsführung besteht eine familienrechtliche Obliegenheit, dem Partner Einblick in die Ausgabengestaltung zu geben und mit ihm wichtige Angelegenheiten zu besprechen. Eine übertriebene Kontrolle der Haushaltsführung kann ehewidrig sein.[73] Bei einem Streit über die Höhe des Wirtschaftsgeldes ist eine detaillierte Unterrichtung des Partners und eine Abrechnung über die Verwendung des Wirtschaftsgeldes erforderlich.[74] 47

Die **Höhe des Wirtschaftsgeldes** bestimmt sich im Allgemeinen nach den zur Deckung des Lebensbedarfs der Familie (vgl. Rn. 23, 29) ohne Taschengeld erforderlichen Geldmitteln unter Berücksichtigung des Einkommens und Vermögens beider Ehegatten (Rn. 30 ff.). Maßgebend sind ferner die Absprachen, die von den Ehegatten getroffen worden sind (vgl. auch Rn. 11). Demgemäß erweitert sich der Familienunterhalt, wenn und soweit der haushaltführende Ehegatte nach der tatsächlichen Handhabung in der Ehe Ausgaben zu tragen pflegt, die normalerweise nicht aus dem Wirtschaftsgeld bestritten werden.[75] 48

Soweit der nicht haushaltführende Ehegatte bestimmte laufende **Haushaltskosten** im Einverständnis mit dem anderen Ehegatten von einem Konto direkt begleicht, wie z. B. Aufwendungen für ein Familienheim oder sonstige Wohnkosten, Versicherungsprämien, Telefongebühren usw., ist dies mit dem Wirtschaftsgeld zu **verrechnen.** Der Anspruch auf Wirtschaftsgeld bezieht sich dann nur auf den Differenzbetrag.[76] Wenn der haushaltführende Ehegatte im Prozess Wirtschaftsgeld verlangt, muss deshalb geklärt werden, welche Ausgaben hiervon zu bestreiten sind und welche Kosten des Haushalts vom erwerbstätigen Ehegatten unmittelbar getragen, z. B. vom Girokonto abgebucht werden. 49

Einmalige größere Anschaffungen (z. B. Einrichtungsgegenstände oder Pkw) sowie **Sonderbedarf** (§§ 1360 a III, 1613 II BGB; vgl. dazu Rn. 6/1 ff.) sind im Wirtschaftsgeld, das nur den laufenden Bedarf decken soll, nicht enthalten. Für sie muss der erwerbstätige Ehegatte im Rahmen seiner Leistungsfähigkeit (Rn. 34) zusätzlich aufkommen. Verfügen 50

---

[68] OLG Hamburg, FamRZ 1984, 583
[69] OLG Hamm, FamRZ 1988, 947; OLG Frankfurt/Main, NJW 1970, 1882
[70] OLG Hamm, FamRZ 1988, 947
[71] BGH, FamRZ 1986, 668
[72] BGH, FamRZ 2001, 23
[73] OLG Nürnberg, FamRZ 1960, 64
[74] OLG Hamm, FamRZ 1988, 947; OLG Hamburg, FamRZ 1984, 583
[75] OLG Celle, FamRZ 1978, 589
[76] OLG München, FamRZ 1982, 801

beide Ehegatten über eigene Einkünfte oder Vermögen, kommt eine anteilige Deckung der Kosten in Betracht. Die Ehegatten können für solche Zwecke Rücklagen bilden.

51 Bei beiderseitiger Erwerbstätigkeit sind beide Ehegatten zur Haushaltsführung und zu finanziellen Beiträgen verpflichtet und berechtigt. Deshalb gibt es für sie nur einen anteiligen Anspruch auf Wirtschaftsgeld. Zum Ausgleich von Mehrleistungen vgl. Rn. 42.

52 Nach der **Trennung** der Eheleute erlischt in der Regel ein Anspruch auf Wirtschaftsgeld. Es kann weder für die Zeit nach der Trennung noch für den davorliegenden Zeitraum verlangt werden, da es nicht mehr für den Bedarf der Familie treuhänderisch verwendet werden kann.[77] Ausnahmsweise kann für die Zeit vor der Trennung ein Anspruch bestehen, wenn der haushaltführende Ehegatte zur Deckung des Familienunterhalts einen Kredit aufgenommen oder eigene Ersparnisse verwendet hat.[78] Dann kann ein familienrechtlicher Ausgleichsanspruch (Rn. 2/529) in Betracht kommen, der aber vielfach an den fehlenden Voraussetzungen des § 1360 b BGB scheitern wird (vgl. dazu Rn. 37, 79 f.).

53 Familienunterhalt ist in der Weise geschuldet, die durch die eheliche Lebensgemeinschaft geboten ist (§ 1360 a II 1 BGB). Daher ist eine Geldrente zu zahlen, wenn der nicht im Rechtssinne getrennt lebende Ehegatte in einem Pflegeheim versorgt werden muss.[79] Auch kann die Übernahme von Sonderbedarf eines Ehegatten erforderlich sein, z. B. die Zahlung von Krankenhauskosten, die nicht durch eine Krankenversicherung gedeckt sind.[80]

54, 55 *– In dieser Auflage nicht belegt –*

5. Taschengeld

56 Der **haushaltführende Ehegatte** hat Anspruch auf Taschengeld, das er zur Befriedigung seiner persönlichen Bedürfnisse **frei verwenden** kann.[81] Über diese Verwendung ist er niemandem Rechenschaft schuldig.[82] Deshalb ist Taschengeld im Gegensatz zum Wirtschaftsgeld **pfändbar** (vgl. Rn. 82).

57 Wird nur ein einheitlicher Betrag als Familienunterhalt bezahlt, dann ist in diesem Betrag auch das Taschengeld enthalten. Der Berechtigte kann dann einen entsprechenden Teil des Geldes für seine persönlichen Bedürfnisse (Rn. 59) verwenden.[83] Dies gilt allerdings nur dann, wenn die wirtschaftlichen Verhältnisse die Zahlung von Taschengeld überhaupt erlauben (vgl. Rn. 62).

58 Auch der **verdienende Ehegatte** hat einen Anspruch auf Taschengeld. Dieser Anspruch wird in der Regel dadurch befriedigt, dass er den entsprechenden Betrag von seinem Verdienst zur Verwendung für persönliche Zwecke einbehält.[84] Erzielt der haushaltführende Ehegatte nur einen geringen Zuverdienst, kann er ihn ggf. als Taschengeld behalten (vgl. Rn. 43);[85] u. U. kann er vom anderen Ehegatten eine Aufstockung des Taschengeldes verlangen.

59 Das Taschengeld dient zur Befriedigung der **persönlichen Bedürfnisse,** z. B. Hobbys, Sport, Theater, Kino, Gaststättenbesuche usw.

60 Beim Taschengeldanspruch handelt es sich um einen auf Geld gerichteten **Zahlungsanspruch** gegen den mehr verdienenden Ehegatten. Soweit der Taschengeldbedarf durch Eigenverdienst gedeckt wird, besteht kein Taschengeldanspruch.[86] Die **Höhe des Taschengeldes** richtet sich – wie beim Wirtschaftsgeld (Rn. 48) – nach den Einkommens- und Vermögensverhältnissen der Ehegatten und nach dem sich daraus ergebenden Lebens-

[77] OLG Hamm, FamRZ 1988, 947; OLG Köln, FamRZ 1984, 1089; OLG Hamburg, FamRZ 1984, 583
[78] OLG Hamm, FamRZ 1988, 947
[79] OLG Düsseldorf, NJW 2002, 1353
[80] BGH, FamRZ 1992, 291 = R 440
[81] BGH, FamRZ 1998, 608 = R 522 b
[82] OLG Hamm, FamRZ 1988, 947; OLG Bamberg, FamRZ 1988, 948
[83] OLG Hamm, FamRZ 1988, 947
[84] BGH, FamRZ 1998, 608 = R 522 b
[85] BGH, FamRZ 1999, 608 = R 522 b
[86] BGH, FamRZ 1998, 608 = R 522 b

zuschnitt und Lebensstil. In der Regel werden in der Praxis etwa 5% bis 7% des Nettoeinkommens der Familie als angemessen angesehen.[87] Wie auch sonst kann nur das bereinigte Nettoeinkommen als Bemessungsgrundlage dienen. Vom Nettoeinkommen sind also berufsbedingte Auslagen, Kindesunterhalt und berücksichtigungsfähige Schulden abzuziehen, bevor der Taschengeldanspruch ermittelt wird. Auch Schulden können das Taschengeld mindern.

Taschengeld ist nach den Grundsätzen der **Hausmannsrechtsprechung** bei Wiederver- 61
heiratung für den Unterhalt von Kindern aus erster Ehe zu verwenden, wenn der angemessene eigene Unterhalt durch die Familienunterhaltsleistungen des neuen Ehegatten gedeckt ist.[88] Vgl. dazu im einzelnen Rn. 2/172.

Ein Anspruch auf Taschengeld besteht für beide Eheleute nicht, wenn das Einkommen 62
nur zur Deckung des **notwendigen Familienunterhalts** ausreicht.[89]

Sofern die Voraussetzungen der §§ 1360 a III, 1613 I BGB vorliegen, kann auch nach der 63
Trennung der Eheleute Taschengeld für einen früheren Zeitraum zugesprochen werden, weil es zur freien Verwendung bestimmt ist. Der Taschengeldanspruch muss allerdings dann genau beziffert und substantiiert begründet werden.[90]

IV. Konkurrenz mit anderen Unterhaltsansprüchen, Besonderheiten des Familienunterhalts

1. Konkurrenz mit anderen Unterhaltsansprüchen

a) Vergleichbarkeit des Familienunterhalts und anderer Unterhaltsansprüche. 64
Der Anspruch auf Familienunterhalt richtet sich – vom Taschengeld (Rn. 56 ff.) abgesehen – nicht auf Zahlung eines Geldbetrages, der dem Berechtigten zur freien Verfügung steht. Der (haushaltführende) Ehegatte erhält vielmehr **Naturalleistungen,** z. B. zusammen mit den anderen Familienmitgliedern freies Wohnen in einem Einfamilienhaus, einer Eigentums- oder einer Mietwohnung, sowie **Wirtschaftsgeld,** das treuhänderisch für die gesamte Familie, also beide Ehegatten und die Kinder, zu verwenden ist (Rn. 46 ff.). Auch dem unverheirateten volljährigen Kind wird, solange es im Haushalt der Eltern lebt, Unterhalt in Natur gewährt (§ 1612 II 1 BGB). Vgl. dazu auch Rn. 10. Dagegen wird der Unterhalt anderer Berechtigter, vor allem des geschiedenen Ehegatten, der nicht beim Unterhaltspflichtigen lebenden ehelichen oder nichtehelichen Kinder, der nichtehelichen Mutter, der bedürftigen Eltern in Form einer Geldrente geleistet (§§ 1585 I 1, 1612 I 1, 1615 l III 1 BGB). Konkurrieren derartige Ansprüche mit dem Familienunterhalt, muss dieser auf die einzelnen Mitglieder der Familie aufgeteilt und in Geld veranschlagt werden.[91] Vgl. dazu auch Rn. 2.

b) Konkurrierende Ansprüche von Ehegatten und Kindern. Zu einer derartigen 65
Konkurrenz kommt es vor allem, wenn der Unterhaltspflichtige nach der Scheidung wieder heiratet und eine neue Familie gründet. Konkurrenzprobleme können aber auch dann auftreten, wenn ein volljähriges Kind einen eigenen Haushalt gründet und der vorrangige Unterhaltsanspruch des mit dem Pflichtigen zusammenlebenden Elternteils, in der Regel des jetzigen Ehegatten, zu berechnen ist. Zur Konkurrenz mit Unterhaltsansprüchen der Eltern eines Ehegatten vgl. Rn. 75 ff.

Bei der **Berechnung** ist wie folgt zu verfahren:

- Der Naturalunterhalt eines **minderjährigen Kindes aus der jetzigen Ehe** oder eines 66
privilegiert volljährigen Kindes (Rn. 2/454 ff.) ist in Höhe des Barunterhalts anzusetzen, der sich auf Grund des Einkommens des verpflichteten Elternteils aus der Düsseldorfer

[87] BGH, FamRZ 1998, 608 = R 522 b
[88] BGH, FamRZ 2001, 1065, 1068 mit Anm. Büttner = R 549 c; BVerfG, FamRZ 1985, 140, 145
[89] BGH, FamRZ 1998, 608 = R 522 b; OLG Hamm, FamRZ 1986, 357
[90] OLG Hamm, FamRZ 1988, 947
[91] BGH, FamRZ 2003, 860, 864 mit Anm. Klinkhammer = R 590 A f

Tabelle ergäbe (vgl. Rn. 2/209 ff.), im Beitrittsgebiet ggf. aus den niedrigeren Sätzen der dortigen Vortabellen (vgl. Rn. 2/210 a). Die Ansprüche der früheren Ehefrau, der Kinder aus der früheren Ehe und des Kindes aus der neuen Familie sind nach den allgemeinen Grundsätzen zu berechnen. Zum Mangelfall vgl. Rn. 74.

67 **Beispiel:**
Einkommen des wiederverheirateten Mannes (M) 3100.– €. Die teilweise erwerbstätige 2. Ehefrau (F 2) versorgt ein 5-jähriges Kind aus der neuen Ehe; sie ist wegen ihres Eigenverdienstes nicht unterhaltsbedürftig. M hat für die erwerbsunfähige 1. Ehefrau (F 1) und ein 15-jähriges Kind aus der früheren Ehe Unterhalt zu zahlen.
Tabellenunterhalt des 15-jährigen Kindes nach DT 9/3: 455,– €.
Tabellenunterhalt des 5-jährigen Kindes nach DT 9/1: 319,– €. Der Unterhalt dieses Kindes beeinflusst zwar den Bedarf von F 1 nicht, mindert aber die Leistungsfähigkeit vom M. Vgl. dazu Rn. 4/571.
Unterhaltsanspruch von F 1: 3100 – 455 – 319 = 2326 × 3/7 = 997,– €
Für das 15-jährige Kind sind 455 – 77 (Kindergeldanteil) = 378,– € zu zahlen. Das Zweitkindergeld für das 5-jährige Kind von 154,– €, das M erhält, bleibt bei der Bemessung des Unterhalts der Mitglieder der alten Familie unberücksichtigt (§ 1612 b IV BGB; vgl. Rn. 2/507).
Der Bedarfskontrollbetrag der 9. Einkommensgruppe von 1300,– € ist gewahrt, da M 3100 – 455 – 319 – 997 = 1329,– € behält. Vgl. dazu Rn. 2/239 ff.

68 • Bei einem **volljährigen Kind aus der jetzigen Ehe** des Verpflichteten ist gleichfalls vom Barunterhalt auszugehen, der aus der Düsseldorfer Tabelle oder den Leitlinien des jeweiligen Oberlandesgerichts zu entnehmen ist (vgl. Rn. 2/368 ff., 2/383 ff.; dort auch zu den Richtsätzen im Beitrittsgebiet). Der frühere Ehegatte, der jetzige Ehepartner, etwaige minderjährige sowie privilegiert volljährige Kinder gehen einem volljährigen Kind im Rang vor (§ 1609 I und II 1 BGB). Jedoch ist der Ehegattenunterhalt, wenn kein Missverhältnis entsteht, grundsätzlich unter Vorwegabzug des Unterhalts des volljährigen Kindes zu berechnen. Dazu Rn. 70. Reicht das Einkommen des Verpflichteten nicht für den Unterhalt aller Berechtigten aus, entfällt der Anspruch des volljährigen Kindes ganz oder teilweise aus. Vgl. dazu Rn. 2/152, 165, 429 ff., 4/189 c, 5/36 ff.

69 • Verlangt ein **minderjähriges oder privilegiert volljähriges Kind aus einer früheren Verbindung** Unterhalt, genügt es bei mittlerem oder höherem Einkommen des wiederverheirateten Verpflichteten in der Regel, den Kindesunterhalt der Düsseldorfer Tabelle zu entnehmen, da die Tabelle von Unterhaltspflichten gegenüber einem Ehegatten und zwei Kindern ausgeht (DT Anm. A 1). Einer Berechnung des Bedarfs des Ehegatten des Pflichtigen bedarf es – vom Mangelfall abgesehen (vgl. Rn. 74) – nicht.

70 • Begehrt ein (nicht privilegiert) **volljähriges Kind aus der früheren Ehe** des Verpflichteten Unterhalt, muss dem Schuldner der angemessene Eigenbedarf verbleiben (§ 1603 I BGB), der nach der Düsseldorfer Tabelle (A 5 II) mindestens 1000,– € beträgt (vgl. dazu und zu abweichenden Selbstbehaltssätzen Rn. 2/417 ff., zum angemessenen Selbstbehalt im Beitrittsgebiet Rn. 2/420). Der anteilige Familienunterhalt des jetzigen Ehegatten des Schuldners ist grundsätzlich unter Vorwegabzug des Unterhalts des volljährigen Kindes zu berechnen, da die Unterhaltspflicht gegenüber diesem Kind die ehelichen Lebensverhältnisse prägt.[92] Jedoch muss der Vorrang des jetzigen Ehegatten gewahrt bleiben. Zwischen dem Unterhalt des Ehegatten und dem Unterhalt des volljährigen Kindes darf kein Missverhältnis entstehen. Dem Ehegatten muss daher ein Mindestbedarf bleiben.[93] Dieser Mindestbedarf darf nicht mit dem sich aus der Düsseldorfer Tabelle (B VI) ergebenden notwendigen Eigenbedarf (dem Existenzminimum) des nicht getrennt lebenden Ehegatten von 615,– € bzw. 535,– € (vgl. dazu auch Rn. 74) angesetzt werden; denn der Ehegatte hat einen Anspruch auf angemessenen, nicht nur auf notwendigen Unterhalt (§ 1360 S. 1 BGB). Es empfiehlt sich daher, den **angemessenen Bedarf des Ehegatten** von dem sich aus der Düsseldorfer Tabelle (A 5) ergebenden angemessenen Eigenbedarf des Schuldners von 1000,– € abzuleiten und wegen der Ersparnisse infolge gemeinsamer

[92] BGH, FamRZ 2003, 860, 865 mit Anm. Klinkhammer = R 590 A g
[93] BGH, FamRZ 2003, 860, 865 mit Anm. Klinkhammer = R 590 A g

Haushaltsführung auf **750,– €** festzusetzen.[94] Dem folgen inzwischen die Leitlinien der meisten Oberlandesgerichte (so das Kammergericht und die Oberlandesgerichte Bremen, Celle, Düsseldorf, Frankfurt, Hamm, Köln, Oldenburg und die süddeutschen Oberlandesgerichte, jeweils Nr. 22.2).[95] Im Beitrittsgebiet gehen die Oberlandesgerichte Dresden und Rostock von 650,– €, das Kammergericht von 690,– € aus (jeweils 22.2 der Leitlinien). Dies bedeutet allerdings, dass das volljährige Kind in Westdeutschland keinen Unterhalt erhält, wenn der Verpflichtete für sich und seine jetzige Ehefrau nicht mehr als (1000 + 750 =) 1750,– € zur Verfügung hat. Die frühere Auffassung des BGH,[96] dass der eheangemessene Unterhalt auch im Rahmen des § 1360 a BGB keine Untergrenze in den Mindestbeträgen von Unterhaltstabellen und Leitlinien finde, ist m. E. überholt.

Beispiel: 71
Einkommen des Mannes (M): 2500,– €, Bedarf des studierenden Kindes aus erster Ehe nach der Düsseldorfer Tabelle (A 7 II): 600,– €.
M kann den Unterhalt für K aufbringen, da ihm für sich und seine F 1900,– € verbleiben und damit mehr als der angemessene Familienunterhalt, der mit (1000 + 750 =) 1750 € anzusetzen ist.

- Bei Unterhaltsansprüchen des geschiedenen Ehegatten und minderjähriger Kinder aus der früheren Ehe bleibt der Unterhaltsbedarf des **jetzigen Ehegatten** unberücksichtigt, wenn er dem geschiedenen Ehegatten **im Range nachgeht.**[97] Dies ist nach § 1582 I 1 BGB in der Regel der Fall. Vgl. dazu Rn. 5/44, 5/46. Der Vorrang setzt sich auch dann durch, wenn die Unterhaltsberechtigten, die mit dem Schuldner in einer Haushaltsgemeinschaft zusammenleben, durch die Leistung von Unterhalt an die vorrangig Berechtigten sozialhilfebedürftig würden.[98] 72
- Sind die Unterhaltsansprüche des **geschiedenen und des jetzigen Ehegatten** nach § 1582 I BGB oder nach § 59 S. 2 EheG **gleichrangig,** empfiehlt sich eine Berechnung nach den Leitlinien des OLG Hamm.[99] Nach HL 24.2.1 erhalten der geschiedene und der zweite Ehegatte grundsätzlich den gleichen Anteil. Das Einkommen des Pflichtigen ist auf ihn und die beiden Ehefrauen im Verhältnis 4 : 3 : 3, bei einem nichterwerbstätigen Schuldner im Verhältnis 1 : 1 : 1 zu verteilen. Lebt ein Ehegatte mit dem Pflichtigen zusammen, so ist wegen der Ersparnis durch gemeinsame Haushaltsführung ein Verteilungsschlüssel von 4 : 3,3 : 2,7 anzusetzen, dagegen von 3,6 : 3,6 : 2,8, wenn der Pflichtige nicht erwerbstätig ist (HL 24.2.2). Hat der frühere Ehegatte eigenes Einkommen, der jetzige dagegen nicht, richtet sich die Berechnung nach HL 24.2.3. Danach ist zunächst der Unterhalt des zweiten Ehegatten (ohne Einkommen) nach dem anrechenbaren Einkommen des Pflichtigen unter Berücksichtigung beider Ehegatten (Ehefrauen), aber ohne Berücksichtigung des Einkommens des geschiedenen Ehegatten zu berechnen. Sodann ist in einem zweiten Gang der Anspruch des geschiedenen Ehegatten – unter Abzug des zuvor ermittelten Unterhalts des zweiten Ehegatten vom Einkommen des Pflichtigen – zu errechnen. Vgl. hierzu eingehend Rn. 5/124 ff. 73

Beispiel:
Nettoeinkommen des Ehemannes: 2200,– €.
Erwerbseinkommen der geschiedenen Ehefrau: 700,– €.
Unterhalt der zweiten nicht erwerbstätigen Ehefrau, die mit dem Schuldner zusammen lebt: 2200 × 2,7 : 10 = 594,– €.
Unterhalt der geschiedenen Ehefrau: 2200 – 594 = 1606 – 700 = 906 × 3/7 = 389,– €.

c) Im verschärften Mangelfall hat sich der Jahrzehnte währende Streit, ob für den Bedarf des Ehegatten, insbesondere des mit dem Schuldner zusammen lebenden Ehegatten, ein tabellarischer Mindestbetrag angesetzt werden darf, durch die Entscheidung des BGH 74

---

[94] Vgl. Scholz, FamRZ 1993, 125, 134
[95] Das OLG Schleswig geht von 700,– € aus (SchL 22.2)
[96] BGH, FamRZ 1996, 345; FamRZ 1995, 537 = R 493 a
[97] BGH, FamRZ 1988, 705, 707 = R 364 b
[98] BGH, FamRZ 1996, 1272 = R 507 b
[99] Zur Berechnung des Unterhalts gleichrangiger Ehegatten eingehend Gutdeutsch, FamRZ 1995, 327 ff.; Hampel, FamRZ 1995, 1177 ff.

vom 22. 1. 2003[100] erledigt. Danach ist im Mangelfall wie folgt zu verfahren (Näheres Rn. 2/163):

Steht auf Grund der üblichen Unterhaltsberechnung fest, dass ein Mangelfall vorliegt, ist als Einsatzbetrag für jeden Berechtigten das Existenzminimum zugrunde zu legen. Es entspricht bei minderjährigen und privilegiert volljährigen Kindern den Richtsätzen der 6. Einkommensgruppe der Düsseldorfer Tabelle, bei getrennt lebenden oder geschiedenen Ehegatten dem notwendigen Eigenbedarf von 840,– € bzw. 730,– € nach B V der Tabelle und bei dem mit dem Schuldner zusammen lebenden Ehegatten dem notwendigen Eigenbedarf von 615,– € bzw. von 535,– € nach B VI der Düsseldorfer Tabelle. Diese Einsatzbeträge sind im Verhältnis zur Verteilungsmasse zu kürzen. Das Ergebnis ist auf Angemessenheit zu überprüfen. Kindergeld ist nicht in die Verteilungsmasse einzubeziehen, sondern am Schluss der Berechnung nach Maßgabe des § 1612 b V BGB zu verrechnen.

Beispiel:
Einkommen des Ehemannes (M): 1400,– €. Die bei M lebende 2. Ehefrau (F 2) ist erwerbsunfähig und daher unterhaltsbedürftig. M hat für ein 15-jähriges Kind (K) aus erster Ehe Unterhalt zu zahlen.
Einsatzbetrag F 2 nach B VI der Düsseldorfer Tabelle: 535,– €.
Einsatzbetrag K nach DT 6/3: 384,– €.
Summe der Einsatzbeträge: (535 + 384 =) 919,– €
Für den Unterhalt stehen zur Verfügung: 1400 – 840 (notwendiger Selbstbehalt) = 560,– €.
Unterhaltsberechnung:
Unterhalt F 2: 535 × 560 : 919 = 327,– €.
Unterhalt K: 384 × 560 : 919 = 234,– €.
Keine Kindergeldverrechnung (§ 1612 b V BGB).

75 **d) Konkurrierende Ansprüche von Eltern.** Der Unterhaltsbedarf eines Elternteils entspricht seiner bisherigen Lebensstellung (§ 1610 I BGB). Er deckt sich bei Pflege in einem Heim mit den dadurch entstehenden Kosten, soweit diese nicht durch Eigeneinkommen oder Versicherungsleistungen gedeckt sind. Lebt der Elternteil noch in einer eigenen Wohnung, ist sein Bedarf im Allgemeinen nicht höher als das **Existenzminimum** von 730,– € zuzüglich des Beitrags zur Kranken- und Pflegeversicherung und etwaigen (krankheitsbedingten) Mehrbedarfs.[101]

Konkurrieren der Unterhaltsanspruch eines Elternteils mit dem Familienunterhalt, den das unterhaltspflichtige Kind seinem Ehegatten und ggf. seinen eigenen Kindern zu gewähren hat, so muss dieser Unterhalt, wie bereits erörtert, in Geld veranschlagt werden (Rn. 2, 64). Die Ansprüche der Mitglieder der jetzigen Familie, also des Ehegatten und der minderjährigen oder volljährigen Kinder, gehen im Range dem Elternunterhalt vor (§ 1609 I, II BGB). Der angemessene Selbstbehalt, der dem Pflichtigen gegenüber seinen Eltern zu verbleiben hat, muss über dem **angemessenen Selbstbehalt** liegen, den der Pflichtige gegenüber seinen volljährigen Kinder verteidigen kann;[102] er beträgt nach Abschnitt D 1 der Düsseldorfer Tabelle 1250,– €. Diesen Betrag haben bis auf das OLG Schleswig alle bisher bekannt gewordenen Leitlinien der westdeutschen Oberlandesgerichte übernommen (jeweils 21.3.2 der Leitlinien). Im Beitrittsgebiet werden teilweise 1155,– € angesetzt (vgl. BL, BraL und ThL, jeweils 21.3.2), teilweise dagegen 1125,– € (DrL 21. 3. 2, RL 21.4). Das OLG Naumburg geht dagegen wie die westdeutschen Oberlandesgerichte von 1250,– € aus (Rn. 21. 3. 2). Dieser Mindestselbstbehalt des unterhaltspflichtigen Kindes erhöht sich in der Regel um 50% des den Selbstbehalt übersteigenden Einkommens.[103]

Der Unterhalt des mit dem Schuldner **zusammen lebenden Ehegatten** wird in den westdeutschen Leitlinien im Allgemeinen nur mit einem Mindestbetrag von 950,– € angegeben (22.3 der Leitlinien; anders SchL: nur 920,– €). Vielfach werden der angemessene Selbstbehalt des Schuldners und der Mindestbedarf des Ehegatten zu einem Familienbedarf

---

[100] FamRZ 2003, 363 = R 584 mit Anm. Scholz, FamRZ 2003, 514; anders früher BGH, FamRZ 1997, 806
[101] BGH, FamRZ 2003, 860, 861 mit Anm. Klinkhammer = R 590 A b
[102] BGH, FamRZ 2002, 1698 mit Anm. Klinkhammer = R 580 c
[103] BGH; FamRZ 2002, 1698 mit Anm. Klinkhammer = R 580 c

von 2200,– € zusammengefasst. Für das Beitrittsgebiet geht das KG von einem Mindestbedarf des nicht getrennt lebenden Ehegatten von 880,– €, das OLG Dresden von 820,– €, das OLG Naumburg von 950,– € aus (jeweils 22.3 der Leitlinien). Die übrigen Oberlandesgerichte der neuen Länder haben insoweit auf Empfehlungen verzichtet.

Nach Auffassung des BGH[104] darf der Unterhalt des mit dem Schuldner zusammen lebenden Ehegatten nicht auf einen Mindestbetrag beschränkt werden. Er ist vielmehr nach den individuell ermittelten Lebens-, Einkommens- und Vermögensverhältnissen, die den ehelichen Lebensstandard bestimmen, zu bemessen. Da der Ehegatte der Schwiegermutter bzw. dem Schwiegervater nicht unterhaltspflichtig sei, brauche er, so der BGH, im Hinblick auf deren nachrangige Unterhaltsansprüche keine Schmälerung seines angemessenen Bedarfs hinzunehmen. Dies gelte auch dann, wenn dem Unterhaltsverpflichteten möglicherweise weniger verbleibe, als seinem Ehegatten zur Verfügung stehe, da er ihm den eheangemessenen Unterhalt schulde, er gegenüber seinen Eltern aber nur die Mittel verteidigen könne, die er zur Deckung seines eigenen angemessenen Unterhalts im Sinne des § 1603 I BGB benötige. Familienunterhalt stehe dem Ehegatten in Höhe der Hälfte der beiderseitigen Einkünfte zu, soweit diese die ehelichen Lebensverhältnisse geprägt hätten. Diese könnten auch durch die latente Unterhaltslast gegenüber den bedürftigen Eltern eines Ehegatten geprägt sein, wenn sich diese bei Heirat bereits abzeichne.

Beispiel:
Die Mutter M des Ehemannes S verfügt nach dem Tod des Vaters über keine Einkünfte, da sie wegen zu hohen Bruttoeinkommens des S keine Grundsicherung erhält (vgl. Rn. 1/427 a). S hat ein anrechenbares Einkommen von 4000,– €; die Ehefrau F ist mittellos.
Vermutliche Lösung nach BGH:[105]
Der Bedarf der M beträgt 730,– € zuzüglich Versicherung, insgesamt 800,– €. Wenn S und F erst heiraten, nachdem M mittellos geworden ist, prägt die Unterhaltspflicht die ehelichen Lebensverhältnisse. Dann beträgt der Anspruch der F auf Familienunterhalt 4000 – 800 : 2 = 1600,– €. S zahlt an M 800,– € und behält selbst 1600,– €, also mehr als seinen angemessenen Selbstbehalt von 1250,– €.
Sind S und F seit langem verheiratet, beträgt der Unterhalt der F 4000 : 2 = 2000,– €. Von diesem Betrag behält S 1250,– € und die Hälfte des Rests, also 375,– €, insgesamt 1625,– €. An M sind 375,– € zu zahlen.

Ich halte die Entscheidung des BGH hinsichtlich des Bedarfs der Ehefrau nicht für **75 a** überzeugend. Bei einer langen Ehe wird sich kaum jemals bereits bei der Eheschließung zuverlässig beurteilen lassen, wie sich die Einkommens- und Vermögensverhältnisse der Eltern in deren Alter entwickeln werden. Nach Auffassung des BGH[106] kann die Unterhaltspflicht gegenüber den Eltern praktisch nur dann die ehelichen Lebensverhältnisse prägen, wenn die Ehegatten erst in vorgerücktem Alter heiraten. Zu Recht weist Klinkhammer[107] aber darauf hin, dass die ehelichen Lebensverhältnisse und damit der Familienunterhalt stetigen Veränderungen unterworfen sind. Daher beeinflusst die latente Unterhaltslast den Familienunterhalt auch dann, wenn sich bei Eheschließung die mögliche Unterhaltsbedürftigkeit der Eltern noch nicht abgezeichnet hat. Dann muss aber der Unterhaltsbedarf des Elternteils vorweg vom Einkommen des unterhaltspflichtigen Kindes abgezogen werden, wenn sich daraus kein **Missverhältnis** zum Unterhalt des Ehegatten ergibt.[108] Dies entsteht meist nicht, wenn der bedürftige Elternteil z. B. durch die Grundsicherung (Rn. 1/467 a) über eigene Mittel verfügt und nur Aufstockung seines Einkommens auf das Existenzminimum begehrt. Ich würde ein Missverhältnis dagegen im vorigen Beispiel und in der Regel auch dann bejahen, wenn der Bedarf des Elternteils bei Aufenthalt in einem Pflegeheim durch etwaiges Eigeneinkommens und durch Leistungen der Pflegeversicherung zu einem beachtlichen Teil nicht gedeckt ist. Bei dieser Betrachtungsweise relativiert sich die Bedeutung der Frage, ob die Unterhaltsbedürftigkeit des Elternteils die ehelichen Lebensverhält-

[104] BGH, FamRZ 2003, 860, 865 mit Anm. Klinkhammer = R 590 A f
[105] FamRZ 2003, 860, 865 mit Anm. Klinkhammer = R 590 A f, g
[106] FamRZ 2003, 860, 865 mit Anm. Klinkhammer = R 590 A g, j
[107] FamRZ 2003, 867
[108] BGH, FamRZ 2003, 860, 865 mit Anm. Klinkhammer = R 590 A g

nisse geprägt hat. Von größerem Interesse ist dann, wie hoch der (Eigen-)Bedarf der Familie des Schuldners ist. Bis zu einem Einkommen von 2200,– € ist inzwischen geklärt, dass dem Schuldner 1250,– € zu verbleiben haben und dass der Bedarf seines Ehegatten mindestens 950,– € beträgt. Dies hat der BGH gebilligt, allerdings eine Erhöhung des Bedarfs für geboten erachtet, wenn dies den ehelichen Lebensverhältnissen entspricht.[109]

76 Für den nicht verheirateten Schuldner hat der BGH[110] zutreffend entschieden, dass er bei höherem Einkommen 50% des über den Selbstbehalt hinausgehenden Betrages behalten darf, bevor die Unterhaltspflicht gegenüber einem Elternteil einsetzt.

Beispiel:
M lebt im Pflegeheim. Ihr ungedeckter Bedarf beträgt 1500,– €. Der Sohn S, der über ein Einkommen von 4000,– € verfügt, ist nicht verheiratet. Der erhöhte Selbstbehalt von S beträgt 1250 + (4000 – 1250) : 2 = 2625,– €, so dass er in Höhe von (4000 – 2625 =) 1375,– € leistungsfähig ist.

Ob und inwieweit in einem solchen Fall zusätzliche Belastungen des unterhaltspflichtigen Kindes berücksichtigt werden können, ist streitig. Vgl. dazu Rn. 2/620 b, 621.

Ist der Schuldner dagegen verheiratet, muss er aus seinem Einkommen neben seinem eigenen Selbstbehalt zunächst den Mindestbedarf des Ehegatten von 950,– € decken, sodass er für den Unterhalt der Familie jedenfalls 2200,– € behalten kann. Ebenso wenig wie der Schuldner darf der Ehegatte auf den Mindestbedarf verwiesen werden.[111] Dies bedeutet m. E. aber nicht, dass der Unterhaltsanspruch des nicht getrennt lebenden Ehegatten generell 50% des Einkommens des Schuldners beträgt. Allein mit dieser Quote wird nicht der Ersparnis Rechnung getragen, die beim Schuldner und dessen Familie dadurch entsteht, dass sie einen gemeinsamen Haushalt führen. Diese Ersparnis wird üblicherweise durch einen geringeren Bedarf beim Ehegatten berücksichtigt. So beträgt der notwendige Selbstbehalt (Existenzminimum) des Schuldners nach Anm. A 5 I und B IV der Düsseldorfer Tabelle 840,– € bzw. 730,– €; der notwendige Eigenbedarf (das Existenzminimum) des mit ihm zusammen lebenden Ehegatten beläuft sich dagegen auf 615,– € bzw. 535,– € (B VI der Düsseldorfer Tabelle). Die entsprechenden Zahlen für den angemessenen Eigenbedarf des Schuldners gegenüber dem volljährigen Kind lauten beim Schuldner 1000,– € (Anm. A 5 II der Düsseldorfer Tabelle), bei dem mit ihm zusammen lebenden Ehegatten 750,– € (22.2 der Leitlinien der meisten westdeutschen Oberlandesgerichte). Vgl. oben Rn. 70.

Der Mindestbedarf des Ehegatten nach D1 der Düsseldorfer Tabelle und den meisten Leitlinien von 950,– € (vgl. Rn. 75) beträgt 76% des angemessenen Selbstbehalts des Schuldners, also von 1250,– €. Es liegt nahe, den Ehegatten an dem über den Familienbedarf von (1250 + 950 =) 2200,– € hinausgehenden Einkommen in der Weise zu beteiligen, dass zunächst dem Schuldner die Hälfte des Mehreinkommens gebührt, dem Ehegatten 76% der anderen Hälfte. Der nicht verteilte Betrag steht für den Unterhalt des bedürftigen Elternteils zur Verfügung.

76 a **Beispiel:**
Sachverhalt wie im vorigen Beispiel. Jedoch ist S verheiratet. Seine Frau F ist mittellos.
Der Selbstbehalt des S beträgt 1250 + (4000 – 2200) : 2 = 1250 + 900 = 2150,– €. Der angemessene Bedarf des Ehegatten beläuft sich auf 950 + 76% von (4000 – 2200) : 2 = 950 + 684 = 1634,– €. Für den Unterhalt von M stehen 4000 – 2150 – 1634 = 216,– € zur Verfügung.

Diese Berechnung trägt dem Vorrang des Ehegattenunterhalts vor dem Elternunterhalt Rechnung. Sie belastet das unterhaltspflichtige Kind, das für den angemessenen Bedarf seines Ehegatten zu sorgen hat, nicht über Gebühr. Lebt dagegen der Schuldner mit seiner Familie im Überfluss, wird wie auch sonst bei höherem Einkommen der Bedarf des Schuldners und des Ehegatten konkret danach zu berechnen sein, welche Mittel zur Aufrechterhaltung des erreichten Lebensstandards erforderlich sind (vgl. Rn. 2/128, 229, 4/366 ff.).

76 b **e) Konkurrierende Ansprüche bei Geburt eines nichtehelichen Kindes.** Macht die Mutter eines nichtehelichen Kindes Unterhalt geltend, so haftet der Kindesvater dem Kind

[109] BGH, FamRZ 2003, 860, 865 mit Anm. Klinkhammer = R 590 A f
[110] BGH, FamRZ 2002, 1698 mit Anm. Klinkhammer = R 580 c
[111] BGH; FamRZ 2003, 860, 865 mit Anm. Klinkhammer = R 590 A f

bis zum notwendigen Selbstbehalt von 840,– € bzw. 730,– € (§ 1603 II 1 BGB; vgl. Rn. 2/264). Gegenüber der Mutter muss dem Vater dagegen der angemessene Selbstbehalt verbleiben (§§ 1615 l III 1, 1603 I BGB). Dieser beträgt nach Abschnitt D 2 der Düsseldorfer Tabelle 1000,– €. Der Anspruch des nichtehelichen Kindes hat mit den Ansprüchen der Ehefrau des Kindesvaters und der minderjährigen sowie der privilegiert volljährigen ehelichen Kinder den gleichen Rang (§ 1609 I, II BGB). Der Anspruch der nichtehelichen Mutter geht diesen Unterhaltsberechtigten im Range nach, einem nicht privilegierten volljährigen Kind jedoch vor (§ 1615 l III 3 BGB).[112] Die Unterhaltslast für das nichteheliche Kind prägt die ehelichen Verhältnisse und ist daher bei der Berechnung des Anteils der Ehefrau am Familienunterhalt vorweg abzuziehen. Vgl. dazu Rn. 4/189. Zum Unterhaltsanspruch nach § 1615 l BGB im Einzelnen vgl. Rn. 6/750 ff.

2. Keine Identität zwischen Familienunterhalt und Trennungsunterhalt

Der Anspruch auf Familienunterhalt ist mit dem Anspruch auf Trennungsunterhalt oder nachehelichen Unterhalt **nicht identisch.**[113] Vgl. auch Rn. 4, 4/14. Beim Familienunterhalt sind beide Ehegatten einander zum Unterhalt verpflichtet (§ 1360 S. 1 BGB). Er dient der gesamten Familie einschließlich der beiden Ehegatten und gemeinschaftlicher Kinder (vgl. dazu Rn. 10). Diese Familieneinheit zerfällt mit der Trennung. Danach bestehen nur noch ein Anspruch des bedürftigen Ehegatten gegen den anderen auf Trennungsunterhalt (§ 1361 I 1 BGB) und gesonderte Ansprüche der Kinder (§§ 1601 ff. BGB), die allerdings von dem Elternteil, in dessen Obhut sich die Kinder befinden, im eigenen Namen gegen den anderen geltend zu machen sind (§ 1629 II 2, III BGB). Verzug mit Familienunterhalt begründet daher keinen Verzug mit Trennungs- oder Kindesunterhalt. 77

Ein **Urteil** oder ein Vergleich über den Familienunterhalt kann für die Zeit nach der Trennung nicht mehr nach § 323 ZPO abgeändert werden. Vielmehr muss der Pflichtige nach § 767 ZPO Vollstreckungsgegenklage erheben.[114] Ebenso ist die Zwangsvollstreckung aus einem Titel über Trennungsunterhalt unzulässig, wenn die Partner sich versöhnt haben und die eheliche Lebensgemeinschaft wieder aufnehmen. Dies gilt auch bei erneuter Trennung.[115] Zu titulierten Ansprüchen der Kinder nach Versöhnung und erneuter Trennung der Eltern vgl. Rn. 10. 78

3. Ausgleichsanspruch nach § 1360 b BGB

Nach § 1360 b BGB kann ein Ehegatte, der für den Unterhalt freiwillig mehr geleistet hat, als es seiner Verpflichtung entsprach, die zu viel geleisteten Beträge im Zweifel nicht zurückverlangen, weil Eheleute nach der Lebenserfahrung gemeinsam wirtschaften und daher von einem **Verzicht auf Ersatzansprüche** auszugehen ist (vgl. Rn. 42). Die gesetzliche Vermutung des § 1360 b BGB gilt sowohl für einmalige und laufende Unterhaltsleistungen als auch für Leistungen aus dem Vermögensstamm, etwa zur Anschaffung eines Pkw.[116] Sie erfasst auch die Leistungen eines Ehegatten im Rahmen der Haushaltsführung oder Kindesbetreuung sowie die vielfältigen Dienste, die Ehegatten über den eigentlichen Unterhalt hinaus einander leisten.[117] Deshalb wird selbst für überobligationsmäßige Pflegeleistungen, die ein Ehegatte dem anderen erbringt, keine laufende Vergütung geschuldet, wenn eine entsprechende Vereinbarung fehlt.[118] 79

---

[112] Schwab/Borth, Scheidungsrecht, 4. Aufl., IV Rn. 1291; MüKo/Born, BGB, 4. Aufl., § 1615 l Rn. 40
[113] OLG Düsseldorf, FamRZ 1992, 943; OLG München, FamRZ 1981, 450 und FamRZ 1982, 801; OLG Hamm, FamRZ 1988, 947 und FamRZ 1980, 249
[114] OLG München, FamRZ 1981, 451
[115] OLG Düsseldorf, FamRZ 1992, 943
[116] BGH, FamRZ 1983, 351 = NJW 1983, 1113
[117] BGH, FamRZ 1992, 300 = NJW 1992, 564
[118] BGH, FamRZ 1995, 537 = R 493 b

80 § 1360 b BGB beinhaltet eine **widerlegbare Vermutung.** Der zurückfordernde Ehegatte muss darlegen und nachweisen, dass er einen höheren Beitrag geleistet hat, als ihm oblag, und dass er bereits bei der Zuvielleistung eine Rückforderungsabsicht hatte. Der Vorbehalt der Rückforderung muss entweder ausdrücklich erklärt worden sein oder sich für den anderen aus den Umständen ergeben. § 1360 b BGB schließt nicht nur einen familienrechtlichen Ausgleichsanspruch, sondern auch Ansprüche aus Geschäftsführung ohne Auftrag oder ungerechtfertigter Bereicherung aus, wenn der Beweis der Absicht, Erstattung zu verlangen, nicht geführt ist.[119]

81 Überschüssige Unterhaltsleistungen, die nach § 1360 b BGB ausnahmsweise zurückgefordert werden können, sind nicht nach § 1380 I 1 BGB auf die Zugewinnausgleichsforderung des anderen Ehegatten anzurechnen. Dagegen sind derartige Leistungen, wenn sie nach § 1360 b BGB nicht zu erstatten sind, freiwillig und ohne Äquivalent gegeben und deshalb als Zuwendungen im Sinne des § 1380 BGB anzusehen.[120]

4. Unpfändbarkeit des Familienunterhalts

82 Als echter Unterhaltsanspruch ist der Familienunterhalt nicht abtretbar (§ 394 BGB) und nicht pfändbar (§ 850 b I Nr. 2 BGB). Dies gilt jedenfalls für das **Wirtschaftsgeld,** da es nur treuhänderisch für den Unterhalt der gesamten Familie verwendet werden darf.[121] Hat ein Ehegatte einen Anspruch auf Deckung von Sonderbedarf, der durch eine ärztliche Behandlung entstanden ist, kann dieser Anspruch von dem behandelnden Arzt gepfändet werden.[122] Der Anspruch auf **Taschengeld** ist nicht gemäß § 851 ZPO unpfändbar; er kann vielmehr nach § 850 b I Nr. 2 ZPO im Rahmen einer Billigkeitsprüfung bedingt gepfändet werden.[123] Der Drittschuldner kann sich im Rahmen der Drittschuldnerklage nicht auf Pfändungsverbote oder -beschränkungen berufen.[124]

5. Sonderfragen

83 Nach § 1360 a III BGB sind auf den Familienunterhalt die §§ 1613 bis 1615 BGB entsprechend anzuwenden.

84 Nach § 1613 I BGB kann Familienunterhalt für die **Vergangenheit** nur ab Auskunftsaufforderung, Verzug oder Rechtshängigkeit verlangt werden. Sonderbedarf kann dagegen innerhalb eines Jahres nach seinem Entstehen auch ohne diese Voraussetzungen geltend gemacht werden (§ 1613 II Nr. 1 BGB). Zum Unterhalt für die Vergangenheit vgl. Rn. 6/100 ff.

85 Nach § 1614 I BGB kann auf Familienunterhalt **für die Zukunft nicht verzichtet** werden. Vgl. dazu Rn. 6/603.

86 Nach § 1615 I BGB erlischt der Anspruch auf Familienunterhalt mit dem **Tod** eines Ehegatten. Der Verpflichtete muss für die Beerdigungskosten aufkommen, wenn sie nicht vom Erben getragen werden (§ 1615 II BGB).

87 Bei **Vorauszahlungen** handelt der Schuldner auf eigene Gefahr, wenn er für eine längere Zeit als drei Monate im Voraus Unterhalt zahlt (§§ 1614 II, 760 II BGB). Leistet er Vorauszahlungen für einen längeren Zeitraum und benötigt der berechtigte Ehegatte nach Ablauf von drei Monaten wieder Mittel für den Unterhalt der Familie, z. B. weil er die Vorauszahlungen nicht richtig eingeteilt hat oder ihm das Geld abhanden gekommen ist, muss der Verpflichtete erneut leisten.[125]

---

119 BGH, NJW 1968, 1780
120 BGH, FamRZ 1983, 351 = NJW 1983, 1113
121 Büttner, FamRZ 1994, 1433, 1439
122 LG Frankenthal, FamRZ 2001, 842
123 Eingehend dazu Büttner, FamRZ 1994, 1433, 1439; vgl. auch OLG München, FamRZ 1988, 1161 mit Überblick über die Rechtsprechung; OLG Stuttgart, FamRZ 2002, 185; OLG Nürnberg, FamRZ 1999, 505; von BGH, FamRZ 1998, 608 = R 522 a offen gelassen
124 BGH, FamRZ 1998, 608 = R 522 a
125 BGH, FamRZ 1993, 1186 = R 463

§ 4 Ehegattenunterhalt

A. Allgemeines zur Struktur des Anspruchs

Der Anspruch auf Ehegattenunterhalt (Trennungs- bzw. Nachscheidungsunterhalt), der sich auf die durch die Eheschließung von den Ehegatten füreinander übernommene und fortwirkende Verantwortung gründet (Rn. 42), ist – ungeachtet fehlender rechtlicher Identität zwischen beiden Unterhaltsarten – jeweils wie folgt strukturiert: 1

1. Vorliegen eines Unterhaltstatbestands

Erforderlich ist, dass die Tatbestandsmerkmale einer gesetzlich definierten Bedürfnislage erfüllt sind:

- **Bei Getrenntleben** der Eheleute:
  - § 1361 BGB – Bedürfnislage wegen der konkreten Gestaltung der ehelichen Lebensverhältnisse
- **Nach Scheidung** der Eheleute:
  - § 1570 BGB – Bedürfnislage wegen Kindesbetreuung
  - § 1571 BGB – Bedürfnislage wegen Alters
  - § 1572 BGB – Bedürfnislage wegen Krankheit oder Gebrechens
  - § 1573 BGB – Bedürfnislage wegen fehlender angemessener Erwerbstätigkeit
  - § 1575 BGB – Bedürfnislage wegen Inanspruchnahme eines Ausbildungsrechts zur Erlangung oder Verbesserung der Erwerbsfähigkeit
  - § 1576 BGB – Bedürfnislage – im Sinne eines Auffangtatbestands – wegen Fehlens einer Erwerbsobliegenheit aus schwerwiegenden Gründen und weil die Versagung von Unterhalt bei Abwägung der Belange beider Ehegatten grob unbillig wäre.

2. Allgemeine Voraussetzungen beim Berechtigten

- **Bedürftigkeit**
  - Der Berechtigte ist **nicht in der Lage,** aus seinen Einkünften bzw. aus seinem Vermögen **seinen Bedarf** zu decken, der sich nach den ehelichen Lebensverhältnissen bestimmt.
  - Bei **Verletzung der** vorliegenden **Erwerbsobliegenheit** oder der Obliegenheit zur sachgerechten Vermögensanlage kann die Bedürftigkeit wegen der **Anrechnung fiktiver Einkünfte** gemindert anzusetzen sein oder entfallen. Bei mutwilliger **Herbeiführung der Bedürftigkeit** (§§ 1361 III, 1579 Nr. 3 BGB), z.B. wegen unverständlichen Vermögensverbrauchs oder wegen zurechenbaren Arbeitsplatzverlusts, kann sich der Berechtigte ggf. ganz oder teilweise nicht auf sie berufen.
- **Bedarf**
  - Der Bedarf bestimmt sich in erster Linie nach dem aktuellen **verfügbaren Einkommen** (bereinigtes, nach Abzug von Verbindlichkeiten und von berufsbedingtem Aufwand – dieser wird bei Einkünften aus nicht selbstständiger Arbeit vielfach mit 5% vom verbleibenden Nettoverdienst pauschaliert[1] – **verteilungsfähiges Einkommen**) der beiden Eheleute, **soweit** dieses Einkommen **für die ehelichen Verhältnisse prägend** war. Hierbei ist die Rechtsprechung des BGH zur Haushaltsführungsehe zu

[1] Vgl. aber BGH, FamRZ 2003, 860, 861 f., falls der Anfall berufsbedingten Aufwands bestritten ist

beachten, nämlich, dass das nach Trennung oder Scheidung anfallende Erwerbseinkommen des vorher haushaltsführenden Ehegatten als Surrogat seiner früheren Familienarbeit anzusehen ist, die den ehelichen Lebensstandard mitgeprägt hat.[1a] Für die Prägung der ehelichen Verhältnisse können nicht vorhanden gewesene **fiktive Einkünfte nicht** herangezogen werden. Allerdings wird auch ein fiktiv einzusetzendes Einkommen des früher haushaltsführenden Ehegatten als Surrogat seiner bisherigen Tätigkeit angesehen und als prägend behandelt.[2] Haben die Eheleute Einkünfte, die nicht prägend waren, scheiden diese bei der Bedarfsbemessung aus. Hierzu gehören nach der Rechtsprechung des BGH auch überobligationsgemäß erzielte Einkünfte des Berechtigten.[3] Bei diesem vermindern **nicht prägende Einkünfte** als bedarfsdeckendes anrechenbares Einkommen die Bedürftigkeit (sogenannte Berechnung nach der Anrechnungs- oder Substraktionsmethode). Für überobligationsmäßige Einkünfte ist die Anrechnungsfrage allerdings unter Billigkeitsgesichtspunkten zu überprüfen.[4] Sind **Unterhaltsleistungen für ein Kind** prägender Aufwand, vermindern sie (in der Regel in der Höhe des – wegen Kindergelds nicht geminderten – Tabellenunterhalts der Düsseldorfer Tabelle, Stand: 1. 7. 2003 = FamRZ 2003, 903) das betreffende verfügbare Einkommen.

- Nach der BGH-Rechtsprechung gibt es **beim Ehegattenunterhalt keinen pauschalierten Mindestbedarf** des bedürftigen Ehegatten, weil die konkreten ehelichen Lebensverhältnisse bedarfsbestimmend sind. Davon wird für eine Mangelfallberechnung abgewichen, wenn Kindesunterhalt und Ehegattenunterhalt gekürzt werden müssen.[5]
- Bei bescheidenen bis zu schon gehobenen Einkommensverhältnissen wird der Bedarf in der Praxis nach einer Quote des Berechtigten am verfügbaren prägenden Einkommen bestimmt. Maßgebend ist grundsätzlich der **Halbteilungsgrundsatz.** Allerdings erhalten erwerbstätige Ehegatten bezüglich des verfügbaren (verteilungsfähigen) Einkommens aus prägender oder nicht prägender Erwerbstätigkeit einen **Quotenvorteil** wegen der berufsbedingten Aufwendungen und als Arbeitsanreiz. Der entsprechende Bonus beträgt nach der Düsseldorfer Tabelle B. I.1. (Stand: 1. 7. 2003 = FamRZ 2003, 903) $^1/_7$, nach den Süddeutschen Leitlinien Nr. 15.2 (Stand: 1. 7. 2003 = FamRZ 2003, 910) $^1/_{10}$. Haben beide Ehegatten lediglich prägende Erwerbseinkünfte, beträgt der unterhaltsrechtliche Bedarf mit Rücksicht auf den beiden Eheleuten zukommenden Quotenvorteil $^3/_7$ oder $^{4,5}/_{10}$ der Differenz zwischen den beiden verfügbaren Einkommen. Für die auftretenden Fälle gibt es die entsprechenden **Berechnungsmethoden** wie Differenz- oder Additionsmethode. Ist der Unterhalt auf diese Weise zu ermitteln, spielt ein **trennungsbedingter Mehrbedarf,** der ggf. konkret darzulegen wäre, grundsätzlich keine Rolle, weil keine zusätzlichen Mittel zu seiner Deckung vorhanden sind[6] und weil er bei dieser Art der Bedarfsbemessung nicht besonders berücksichtigt wird.[7]
- Sind die Verhältnisse so gestaltet, dass ein erheblicher Teil des Einkommens nicht zur Aufrechterhaltung des bisherigen Lebensstandards ausgegeben werden muss, sondern anderweitig verwendet werden kann, ist eine **Ermittlung des konkreten Bedarfs** auf Grund gegebener ehelicher Verhältnisse erforderlich.[8]

- Wird **Unterhalt für die Vergangenheit** gefordert, muss für den Unterhaltszeitraum alternativ vorliegen: Zahlungsverzug, Verzug mit der Pflicht zur Auskunft über Einkommen und Vermögen zum Zwecke der Unterhaltsberechnung – beim Geschiede-

---

1a BGH, FamRZ 2001, 986, 991 = R 563 c
2 BGH, FamRZ 2003, 434, 435 = R 589
3 BGH, FamRZ 2003, 518, 520 = R 586 c
4 BGH, a.a.O.
5 BGH, FamRZ 2003, 363 ff. = R 581 a + b
6 Vgl. OLG Hamm, FamRZ 1997, 944; gänzlich gegen die Anerkennung von trennungsbedingtem Mehrbedarf: Gerhardt, FamRZ 2003, 272, 275 und in Handbuch des Fachanwalts für Familienrecht, 4. Aufl., 6. Kap., Rn. 247
7 BGH, FamRZ 1995, 343, 344 = R 489 c
8 Vgl. z. B. OLG Köln, FamRZ 2002, 326

nenunterhalt begründet durch eine sogenannte Stufenmahnung – (§§ 1613 I 1 bzw. 1585 b II BGB; siehe Rn. 6/119). Eine Sonderregelung gilt beim Trennungsunterhalt für Zeiträume, in denen der Berechtigte aus rechtlichen oder tatsächlichen Gründen an der Geltendmachung gehindert war (§ 1613 II Nr. 2 BGB). Beim Geschiedenenunterhalt ist auch die zusätzliche Einschränkung des § 1585 b III BGB für Unterhaltszeiträume von mehr als einem Jahr vor Rechtshängigkeit zu beachten. Wegen Sonderbedarfs siehe unten.

- Wird nicht laufender Bedarf, sondern **Sonderbedarf** (ein unregelmäßiger, nämlich nicht mit Wahrscheinlichkeit voraussehbarer, außergewöhnlich hoher Bedarf) verlangt, ist die Geltendmachung von Unterhalt für die Vergangenheit (siehe oben) erleichtert. Allerdings gibt es beim Trennungsunterhalt Einschränkungen für die Zeit nach Ablauf eines Jahres ab Entstehung des Anspruchs (§ 1613 II Nr. 1 BGB), beim Geschiedenenunterhalt ist die zusätzliche Einschränkung des § 1585 b III BGB zu beachten, wenn der Anspruch auf Sonderbedarf mehr als ein Jahr vor seiner Rechtshängigkeit entstanden ist.

3. Allgemeine Voraussetzung beim Pflichtigen

- **Leistungsfähigkeit**
  - Dem Pflichtigen müssen die Mittel zur Bestreitung seines eigenen angemessenen Lebensbedarfs verbleiben. Dabei gilt § 1581 BGB auch beim Trennungsunterhalt.[9] Das Existenzminimum muss gesichert sein.[10]
  - Liegt die bei der Bedürftigkeit des Berechtigen dargelegte Verletzung der Erwerbsobliegenheit oder der Obliegenheit zur sachgerechten Vermögensanlage beim Pflichtigen vor, kann dessen Leistungsfähigkeit auf Grund der **Zurechnung fiktiver Einkünfte** ganz oder teilweise als vorhanden anzusetzen sein. Hat der Pflichtige durch verantwortungsloses, zumindest leichtfertiges und unterhaltsbezogenes Verhalten seine **Leistungsunfähigkeit herbeigeführt,** z. B. durch unverständlichen Vermögensverbrauch oder wegen zurechenbaren Arbeitsplatzverlusts, kann ihm die Berufung hierauf ganz oder teilweise versagt sein.
  - Die Leistungsfähigkeit wird auch durch **nicht prägende Einkünfte** bestimmt.
  - In der Praxis wird die Leistungsfähigkeit durch **pauschalierte Selbstbehaltssätze** begrenzt (nach der Düsseldorfer Tabelle – Stand: 1. 7. 2003 – FamRZ 2003, 903 –: mindestens 840,– € beim Erwerbstätigen, 730,– € beim Nichterwerbstätigen, beim geschiedenen Unterhaltspflichtigen nach Maßgabe des § 1581 BGB u. U. höher; nach den Süddeutschen Leitlinien, FamRZ 2003, 910 – Nr. 21.4: eheangemessener Selbstbehalt = Unterhaltsbedarf des Berechtigten zuzüglich Erwerbstätigenbonus des Pflichtigen, mindestens aber notwendiger Selbstbehalt in derselben Höhe wie nach der Düsseldorfer Tabelle. Ein solcher pauschalierter Selbstbehalt muss dem Pflichtigen als Existenzminimum aufgrund seiner durch Art. 2 I GG geschützten Handlungsfreiheit belassen werden.[11]

Grundsätzlich darf dem Pflichtigen für seinen Bedarf **nicht weniger verbleiben** als dem Berechtigten.

4. Prüfung von Einwendungen und Einreden

- **Keine** vollständige oder teilweise **Verwirkung des Unterhaltsanspruchs** auf Grund der negativen Härteklausel des § 1579 BGB als grob unbillig (§§ 1361 III, 1579 BGB).
- **Keine** zeitliche **Unterhaltsbegrenzung oder Unterhaltsherabsetzung** beim Geschiedenenunterhalt aus Billigkeitsgründen (§§ 1573 V, 1578 I 2 BGB).

---

[9] BVerfG, FamRZ 2002, 1397, 1398
[10] BVerfG, FamRZ 2001, 1685
[11] BVerfG, a.a.O.

- **Kein Unterhaltsverzicht,** der auf Rückstände immer, beim Nachscheidungsunterhalt auch für die Zukunft möglich ist.
- **Keine Verwirkung nach Treu und Glauben** von Unterhaltsfälligkeiten für die Vergangenheit wegen illoyal verspäteter Geltendmachung.
- Bei Erhebung der Einrede **keine Verjährung** von Unterhaltsfälligkeiten für die Vergangenheit (dreijährige Verjährungsfrist gemäß §§ 195, 197 II, 199 I BGB; siehe aber wegen Verjährungshemmung für den Trennungsunterhalt § 207 I 1 BGB).

B. Einzelne Ansprüche und Unterhaltsverhältnis

1. Abschnitt: Der Trennungsunterhalt

I. Voraussetzungen, Arten und Dauer des Trennungsunterhalts

1. Anspruchsvoraussetzungen

1 a Nach § 1361 I 1 BGB kann bei Trennung ein Ehegatte von dem anderen den nach den Lebensverhältnissen und den Erwerbs- und Vermögensverhältnissen der Ehegatten angemessenen Unterhalt verlangen. Bei diesem Trennungsunterhalt, der durch **Zahlung einer Geldrente** zu gewähren ist (§ 1361 IV 1 BGB), handelt es sich nicht mehr um Familienunterhalt, weil mit der Trennung die häusliche Gemeinschaft und die Familieneinheit aufgelöst wurden. Er ist sowohl **vom Familienunterhalt** als auch **vom nachehelichen Unterhalt rechtlich verschieden** (siehe unten Rn. 14).

a) Voraussetzungen des Trennungsunterhalts:

- Bestand einer Ehe (ab Heirat bis Rechtskraft der Scheidung).
- Völliges Getrenntleben der Eheleute im Sinn von § 1567 BGB (dazu Rn. 4/5).

2 **Bedürftigkeit** des Ehegatten, der Trennungsunterhalt verlangt. Dies ist im Gesetz zwar nicht ausdrücklich erwähnt, ist aber nach der Rechtsprechung – wie beim nachehelichen Unterhalt gemäß § 1577 BGB oder beim Kindesunterhalt gemäß § 1602 BGB – eine selbstverständliche Unterhaltsvoraussetzung. Trennungsunterhalt steht nur demjenigen zu, der sich aus einzusetzenden Eigenmitteln bzw. aus zumutbarer Erwerbstätigkeit nicht nach dem Maßstab des § 1361 I 1 BGB angemessen zu unterhalten vermag, also seinen sich aus den ehelichen Lebensverhältnissen ergebenden Bedarf nicht decken kann. Fehlt es an der Bedürftigkeit, kommt es auf die vorhandene Leistungsfähigkeit des anderen Ehegatten nicht mehr an.[1]

Die Bedürftigkeit entfällt nicht ohne weiteres beim Zusammenleben des Ehegatten mit einem neuen Partner in nichtehelicher Lebensgemeinschaft, weil durch eine eheähnliche Gemeinschaft Unterhaltsansprüche zwischen den neuen Partnern nicht begründet werden. Der Berechtigte muss sich aber u. U. Versorgungsleistungen und Arbeitsleistungen, die er für den neuen Partner erbringt, sowie jedenfalls Vergütungen, die er von diesem erhält, entgegenhalten lassen.[2] Davon zu unterscheiden ist die Frage, ob in diesem Fall die Inanspruchnahme des Verpflichteten ganz oder teilweise grob unbillig wäre (§§ 1361 III, 1579 Nr. 6 und 7 BGB).

Genaueres zur Bedürftigkeit und zur bedürftigkeitsmindernden Anrechnung eigener Einkünfte des Berechtigten unten Rn. 526 ff. und 531 ff.

3 **Leistungsfähigkeit** des Unterhaltsverpflichteten. Auch dies ist, obwohl in § 1361 BGB ebenfalls nicht erwähnt, eine selbstverständliche Voraussetzung des Trennungsunterhalts. Der Verpflichtete muss Mittel zur Verfügung haben, die seinen eigenen angemessenen Lebens-

---

[1] BGH, FamRZ 1981, 1159

[2] Vgl. zuletzt BGH, FamRZ 2001, 1693, 1694 = R 567 b

bedarf übersteigen, also leistungsfähig sein.[3] Unterste Opfergrenze des Verpflichteten ist sein Selbstbehalt. Genaueres zur Leistungsfähigkeit des Verpflichteten siehe Rn. 564 ff.

b) Zur Anspruchsvoraussetzung völligen Getrenntlebens. Gemäß der Legaldefinition des § 1567 BGB liegt Getrenntleben vor, wenn zwischen den Ehegatten keine häusliche Gemeinschaft (mehr) besteht und ein Ehegatte sie erkennbar nicht herstellen will, weil er die eheliche Lebensgemeinschaft ablehnt. 4

- **Objektiv** darf keine häusliche Gemeinschaft bestehen. Erforderlich ist dazu eine vollkommene tatsächliche Trennung, d. h., die Eheleute müssen ihre Gemeinsamkeiten in allen Lebensbereichen aufgehoben haben.
  - Am eindeutigsten ist eine solche Trennung verwirklicht, wenn die Eheleute verschiedene Wohnungen bezogen haben.
  - Beim Wohnen in einer Wohnung kann nach § 1567 I 2 BGB die häusliche Gemeinsamkeit dennoch aufgehoben sein, wenn die Eheleute innerhalb der Wohnung getrennt leben. Sie müssen dazu entsprechend den tatsächlichen Möglichkeiten des Einzelfalls ein **Höchstmaß an Trennung in allen Lebensbereichen** im Sinne einer tatsächlichen und konsequenten Absonderung aller Lebensbereiche[4] praktizieren. Insbesondere müssen sie ihre Wohn- und Schlafbereiche[5] aufgeteilt haben und sich darüber hinaus soweit meiden, dass verbleibende Gemeinsamkeiten als gelegentliches Zusammentreffen auf Grund bloßen räumlichen Nebeneinanderseins zu beurteilen sind. Auch bei Hilfsbedürftigkeit eines Ehegatten dürfen über die notwendigen Hilfsmaßnahmen hinaus keine wesentlichen Berührungen mehr aufrechterhalten werden.[6] Eine bloß eingeschränkte gemeinsame Haushaltsführung reicht dazu nicht aus. Andererseits sprechen gemeinsame Tätigkeiten, die im Interesse des Wohls der Kinder vorgenommen werden (z. B. gemeinsame Betreuung und Erziehung von Kindern), nicht gegen die Annahme einer Trennung, wenn in allen anderen Bereichen eindeutige Trennungskonturen bestehen.[7] Geringe Gemeinsamkeiten, wie das dem trennungswilligen Teil aufgedrängte Putzen der Wohnung und Waschen der Wäsche, brauchen der Annahme des Getrenntlebens nicht entgegenzustehen, wenn sie sich in einer Gesamtwürdigung als unwesentlich darstellen.[8]
  - Eine objektive häusliche Trennung, auf die das Gesetz abstellt, liegt auch dann vor, wenn die Eheleute von Anfang an getrennt gelebt haben oder sich später aus beruflichen oder sonstigen Gründen wohnungsmäßig getrennt haben.
- **Subjektiv** muss der Ehegatte, der mit dem anderen nicht mehr zusammenleben will, erkennbar keine häusliche Gemeinschaft herstellen wollen, d. h. einen Trennungswillen haben und diesen äußern. Dieser **Trennungswille** muss erkennbar nach außen in Erscheinung treten, was vor allem dann wichtig ist, wenn bereits eine objektive häusliche Trennung besteht und ein Ehegatte erst nachträglich auch eine juristische Trennung beabsichtigt.[9] Gleiches gilt, wenn von Anfang an keine häusliche Gemeinschaft bestanden hat[10] oder bei unfreiwilliger Trennung infolge Strafhaft.[11] 5

In solchen Fällen muss der trennungswillige Partner zweifelsfrei zum Ausdruck bringen, dass er die eheliche Gemeinschaft nicht mehr fortsetzen will. Dies kann z. B. brieflich geschehen oder durch Erteilung einer Prozessvollmacht zur Einleitung des Scheidungsverfahrens.[12]

c) Umstände, die keine Anspruchsvoraussetzung darstellen. 6

- Keine Voraussetzung des Trennungsunterhalts ist es, dass die Eheleute vor der Trennung in häuslicher Gemeinschaft zusammengelebt haben. Ein Anspruch auf Trennungsunter-

---

[3] BGH, FamRZ 1981, 1159; BGH, FamRZ 2001, 619, 621 = R 548
[4] OLG München, FamRZ 2001, 1457 f.
[5] OLG Hamm, FamRZ 1999, 723: bei gemeinsamer Benutzung des Schlafzimmers keine Trennung
[6] BGH, FamRZ 1979, 469 = NJW 1979, 1390
[7] OLG Köln, FamRZ 1986, 388; FamRZ 1982, 807
[8] OLG München, FamRZ 1998, 826
[9] BGHZ 4/279
[10] BGHZ 38, 266
[11] OLG Bamberg, FamRZ 1981, 52
[12] KG, NJW 1982, 112

halt besteht auch, wenn die **Trennung** der Eheleute **von Anfang an** vorgelegen hat[13] oder wenn es zu einem ursprünglich geplanten Umzug in eine gemeinschaftliche Wohnung oder zu einem längeren Zusammenleben nicht mehr gekommen ist.[14] Ob hier im Einzelfall die Inanspruchnahme des Verpflichteten als grob unbillig angesehen werden kann (§§ 1361 III, 1579 Nr. 7 BGB), ist eine andere Frage (siehe hierzu Rn. 38).

- Für den Trennungsunterhalt ist es ohne Bedeutung, inwieweit es zu einer Verwirklichung der Lebensgemeinschaft und zur Verflechtung und Abhängigkeit der Lebenspositionen beider Ehegatten gekommen ist oder dass die Unterhaltsbedürftigkeit ihre Ursache in dem vorherigen Bestehen einer Lebensgemeinschaft hat.[15]
- Der Anspruch auf Trennungsunterhalt ist grundsätzlich nicht davon abhängig, in welcher Weise sich die **Verwendung der beiderseitigen Einkünfte** für den Unterhalt des anderen und für die gemeinsame Lebensführung entwickelt hatte.[16] Dies gilt auch, wenn die Eheleute zu keinem Zeitpunkt ihres Zusammenlebens eine wirtschaftliche Einheit bildeten, sondern stets mit getrennten Kassen lebten, oder wenn ein Ehegatte während des Zusammenlebens seinen Unterhalt im Wesentlichen aus seinem eigenen Einkommen bestritten hat und keinen Beitrag zu den Kosten einer gemeinsamen Lebensführung leistete.[17]
- Auch **Trennungsverschulden und sonstige Trennungsgründe** sind keine Anspruchsvoraussetzungen mehr.[18] Trennungsgründe und Trennungsverschulden können allerdings im Rahmen der über § 1361 III BGB entsprechend anwendbaren Härteklausel des § 1579 Nr. 6 BGB Bedeutung erlangen[19] (siehe Rn. 37). Die mit der Trennung verbundenen wirtschaftlichen Nachteile sind von beiden Ehegatten grundsätzlich hinzunehmen.

6 a **d) Darlegungs- und Beweislast.** Der Unterhalt begehrende Ehegatte hat die Darlegungs- und Beweislast für alle anspruchsbegründenden Tatsachen, auf die er seinen Anspruch stützt. Dies gilt auch für „doppelt relevante Tatsachen“, z. B. für die bedarfsbestimmende Gestaltung der ehelichen Lebensverhältnisse, welche zugleich zum Nachweis der Leistungsfähigkeit des pflichtigen Ehegatten dienen können, obwohl der Berechtigte hierfür weder darlegungs- noch beweispflichtig ist.[20] Der Pflichtige muss, wie sich aus der Formulierung des § 1361 II BGB „kann nur“ ergibt, beweisen, dass den Berechtigten eine Erwerbsobliegenheit trifft.[21] Steht diese fest, hat der Berechtigte die Beweislast für seine ausreichenden, erfolglosen Bemühungen und für das Fehlen einer realen Beschäftigungschance.[22]

Der Verpflichtete hat u. a. die Tatsachen für eine von ihm behauptete Leistungsunfähigkeit vorzutragen und nachzuweisen. Im Übrigen wird wegen der Darlegungs- und Beweislast auf das Sonderkapitel zur Darlegungs- und Beweislast (Rn. 6/700 ff.) verwiesen.

2. Arten des Trennungsunterhalts

7 **a) Elementarunterhalt, Vorsorgeunterhalt und sonstige unselbstständige Unterhaltsteile.** Der Trennungsunterhalt, der monatlich im Voraus in Form einer Geldrente zu bezahlen ist (§ 1361 IV 1 u. 2 BGB) umfasst – wie der nacheheliche Unterhalt – grundsätzlich den gesamten regelmäßigen Lebensbedarf des bedürftigen Ehegatten. Zu diesem Lebensbedarf zählen im Wesentlichen alle regelmäßigen Aufwendungen für Wohnen,

---

[13] BGH, FamRZ 1994, 558 = R 476
[14] BGH, FamRZ 1980, 876 = NJW 1980, 2349
[15] BGH, FamRZ 1994, 558 = R 476; FamRZ 1989, 838 = R 341; FamRZ 1985, 376, 378 = NJW 1985, 1345, 1347
[16] BGH, FamRZ 1989, 838 = R 341; FamRZ 1985, 376, 378 = NJW 1985, 1345, 1347
[17] BGH, FamRZ 1989, 838 = R 341
[18] BGH, FamRZ 1979, 569 = NJW 1979, 1348
[19] BGH, FamRZ 1979, 569 = NJW 1979, 1348
[20] OLG Karlsruhe, FamRZ 1997, 1011 = NJW-RR 1997, 323
[21] Johannsen/Henrich/Büttner, Eherecht, 4. Aufl., § 1361 BGB, Rn. 159; Palandt/Brudermüller, BGB, 63. Aufl., Rn. 72 zu § 1361
[22] Vgl. Johannsen/Henrich/Büttner und Palandt/Brudermüller, jeweils a.a.O.

Verpflegung, Kleidung, Freizeitgestaltung, Erholung, Gesundheitsfürsorge sowie für sonstige persönliche und gesellschaftliche Bedürfnisse. Die zur Deckung solcher regelmäßigen Aufwendungen erforderlichen Mittel beinhalten den Elementarunterhalt (siehe Rn. 167/168). Dieser wird im Regelfall pauschaliert als Quotenunterhalt geschuldet (siehe Rn. 372 ff.).

Ab Rechtshängigkeit des Scheidungsverfahrens – genau ab Ende der in § 1587 II BGB definierten Ehezeit mit Beginn des Monats[23] des Eintritts der Rechtshängigkeit – kann beim Trennungsunterhalt zusätzlich ein **Vorsorgeunterhalt** für den Fall des Alters und der verminderten Erwerbsfähigkeit verlangt werden. Dies gilt auch, wenn die Unterhaltsbedürftigkeit durch die berechtigte Aufnahme oder Weiterführung einer Ausbildung bedingt ist.[24] Die **Berechnung des Vorsorgeunterhalts** geschieht wie beim nachehelichen Unterhalt (siehe Rn. 467 ff.). Vor Berechnung des Quotenunterhalts ist der Vorsorgeunterhalt – außer in besonders günstigen wirtschaftlichen Verhältnissen oder soweit auf den Quotenunterhalt des Berechtigten nicht prägende (auch fiktive) Einkünfte anzurechnen sind – in der Regel vom Einkommen des Verpflichteten abzuziehen (siehe Rn. 477 ff./ 483 ff.).

Ab Trennung können folgende weitere unselbstständige Unterhaltsteile neben dem Elementarunterhalt verlangt werden, auch wenn sie in § 1361 BGB (anders als nach § 1578 II BGB) nicht eigens erwähnt sind: 8

- Kosten für eine **Krankenversicherung** (vgl. Rn. 498), wenn eine Mitversicherung mit dem Verpflichteten nicht oder nicht mehr besteht. Die Berechnung der Krankheitsvorsorgeaufwendungen geschieht wie beim nachehelichen Unterhalt (siehe Rn. 504 ff.). Vor der Berechnung des Quotenunterhalts ist der Krankheitsvorsorgeunterhalt in der Regel vom Nettoeinkommen des Verpflichteten abzuziehen (siehe Rn. 7 für den Altersvorsorgeunterhalt und Rn. 509 ff.). Dasselbe gilt für die Aufwendungen für die **Pflegeversicherung,** welche durch das am 1. 7. 1996 uneingeschränkt in Kraft getretene Buch XI des Sozialgesetzbuchs (SGB XI) eingeführt worden ist. Die Kosten der Pflegevorsorge sind ebenso wie die Kosten der Krankenvorsorge Bestandteil des Lebensbedarfs des Unterhaltsberechtigten.[25]
- Regelmäßiger **Mehrbedarf** des Ehegatten auf Grund besonderer Umstände.

Ein solcher regelmäßiger Mehrbedarf kann z. B. bestehen als krankheitsbedingter Mehrbedarf infolge einer chronischen Erkrankung oder als ausbildungsbedingter Mehrbedarf für den kostenverursachenden Besuch einer Ausbildungsstätte. Solche Mehrkosten müssen vorhersehbar und regelmäßig anfallen, sachlich berechtigt und dem Verpflichteten unterhaltsrechtlich zumutbar sein. Sie sind konkret geltend zu machen und bei Bestreiten nachzuweisen. Ihre Höhe kann nach § 287 ZPO geschätzt werden (siehe Rn. 169, 437 ff.).

Als unselbstständiger Unterhaltsteil ist der Mehrbedarf – wie der Vorsorgeunterhalt –, jedenfalls soweit er eheprägend war, vor Berechnung des Quotenunterhalts vom Nettoeinkommen des Verpflichteten abzuziehen (siehe Rn. 443 ff., vgl. aber Rn. 448 ff. bei nichtprägendem Einkommen des Berechtigten).

Davon abweichend ist trennungsbedingter Mehrbedarf – soweit er (siehe hierzu auch Rn. 1) noch anzuerkennen ist[26] – in der Regel durch Verrechnung mit nichtprägenden Einkünften oder Aufwendungen für die Vermögensbildung auszugleichen (siehe Rn. 418 ff., 427 ff.).

b) Ausbildungsunterhalt bei Trennung. Haben die Ehegatten ihre Lebensgemeinschaft vor der Trennung dahin gestaltet, dass einer der Ehegatten einem Studium nachgeht, so ist diesem während der Trennung – bei im Übrigen unveränderten Lebensverhältnissen – Ausbildungsunterhalt zu gewähren, wenn die **Ausbildung** dem im Lauf der Ehe einvernehmlich entwickelten, **gemeinsamen Lebensplan** der Eheleute entspricht. Dabei ist es unerheblich, ob es sich um eine Erst- oder Zweitausbildung handelt.[27] 9

---

[23] BGH, FamRZ 1981, 442
[24] BGH, FamRZ 1988, 1145, 1148 = R 372 e
[25] OLG Saarbrücken, FamRZ 1999, 382; Büttner, FamRZ 1995, 193, 197
[26] Vgl. hierzu Gerhardt, FamRZ 2003, 272, 275
[27] BGH, FamRZ 1985, 782 = R 262 a; FamRZ 1981, 439 = NJW 1981, 1214

Diese Grundsätze sind nicht anwendbar, wenn die nach Trennung begonnene Ausbildung nach dem gemeinsamen Lebensplan im Zeitraum der Trennungsphase noch gar nicht aufgenommen worden wäre.[28]

10 Ohne einen solchen gemeinsamen Lebensplan kann ein Anspruch auf Ausbildungsunterhalt nach § 1361 BGB unter **Heranziehung der Grundsätze zum Scheidungsunterhalt** bestehen, weil getrennt lebende Ehegatten im Zweifel unterhaltsrechtlich nicht schlechter gestellt werden dürfen, als sie im Fall der Scheidung stehen würden. Grundsätzlich kommt jedoch während der Trennung ein Anspruch auf Ausbildungsunterhalt nur insoweit in Betracht, als er sich nach den Kriterien des § 1573 I i. V. § 1574 III BGB begründen lässt. Der Bedürftige muss nach § 1574 III BGB verpflichtet sein, sich einer zur Erlangung einer angemessenen Erwerbstätigkeit erforderlichen Ausbildung zu unterziehen, damit bei Scheidung eine baldige (Wieder-)Eingliederung in das Erwerbsleben möglich wird. Dies liegt in aller Regel auch im Interesse des Verpflichteten.[29]

Auf eine entsprechende Anwendung von § 1575 BGB kann während der Trennungszeit ein Ausbildungsunterhalt grundsätzlich nicht gestützt werden, weil ein Anspruch nach § 1575 BGB nicht der Erhaltung des ehelichen Lebensstandards dient, sondern auch ehebedingte Nachteile ausgleichen soll und gegenüber den ehelichen Lebensverhältnissen Niveausteigerungen ermöglicht. Es kann dem Verpflichteten im Hinblick auf den provisorischen Charakter des Getrenntlebens, d. h. solange die Wiederherstellung der ehelichen Lebensgemeinschaft noch möglich erscheint, in der Regel nicht zugemutet werden, für den Unterhalt des Berechtigten in größerem Maße aufzukommen, als es durch die Aufrechterhaltung des ehelichen Lebensstandards geboten ist. Ein **Anspruch entsprechend § 1575 BGB** kann **während der Trennungszeit** aber im Vorgriff auf dessen Voraussetzungen bejaht werden – sofern dessen sonstige Voraussetzungen vorliegen[30] –, wenn die Trennung nach den Umständen dergestalt auf eine Scheidung abzielt, dass sich der Berechtigte auf das endgültige Scheitern der Ehe, z. B. wegen der Endgültigkeit der von seinem Partner vollzogenen Trennung und auf dessen konkret zum Ausdruck gebrachte Scheidungsabsicht einstellen muss. Dann hat der ausbildungswillige Partner ein berechtigtes Interesse daran, seinen Ausbildungsanspruch nach § 1575 BGB sobald als möglich zu verwirklichen. Dieses Interesse zählt dann zu seinen „persönlichen Verhältnissen" im Sinn von § 1361 II BGB und ist geeignet, die Unzumutbarkeit einer Erwerbstätigkeit zu begründen. Dem anderen Ehepartner ist es billigerweise verwehrt, die Zurückstellung des Ausbildungswunsches bis zur Scheidung zu verlangen. In derartigen Fällen ist die Ausbildung während des Getrenntlebens nur eine Vorwegnahme des nachehelichen Ausbildungsbeginns.[31] Genaueres zum Ausbildungsunterhalt nach § 1575 BGB siehe Rn. 147 ff.

11 **c) Prozesskostenvorschuss und Sonderbedarf.** Wegen des möglichen Anspruchs auf Sonderbedarf (§§ 1361 IV 4, 1360 a III, 1613 II Nr. 1 BGB) siehe Rn. 6/1 ff., wegen des Anspruchs auf Prozesskostenvorschuss (§§ 1361 IV 4, 1360 a IV BGB) siehe Rn. 6/20 ff.

12 **d) Gütergemeinschaft.** Der Anspruch auf Getrenntlebensunterhalt nach § 1361 BGB besteht grundsätzlich auch, wenn die Eheleute in Gütergemeinschaft leben (vgl. für diesen Fall im einzelnen Rn. 6/402 ff.). Allerdings ist die in § 1420 BGB aufgestellte Rangfolge zu beachten, wonach für den Unterhalt in erster Linie die Einkünfte, die in das Gesamtgut fallen, heranzuziehen sind. Bei gemeinschaftlicher Verwaltung des Gesamtguts besteht daher **in der Regel kein Zahlungsanspruch,** sondern ein Anspruch gegen den anderen Ehegatten auf Mitwirkung (§ 1451 BGB) dahin, dass der berechtigte Ehegatte den in bestimmter Höhe monatlich zu leistenden Unterhalt aus dem Gesamtgut erhält.[32] Ein entsprechendes

---

[28] BGH, FamRZ 1985, 782 = R 262 a

[29] BGH, FamRZ 2001, 350, 351 = R 551 b; FamRZ 1988, 1145 = R 372 b; FamRZ 1985, 782 = R 262

[30] OLG München, FamRZ 1998, 553 bejaht einen Anspruch auf Trennungsunterhalt entsprechend § 1575 I BGB, wenn der berechtigte Ehegatte wegen der Geburt eines Kindes eine Ausbildung abgebrochen hatte

[31] BGH, FamRZ 1985, 782 = R 262 a; FamRZ 2001, 350, 351 = R 551 b

[32] BGH, FamRZ 1990, 851 f. = R 420; kritisch hierzu Kleinle, FamRZ 1997, 1194

Urteil wäre nach § 888 ZPO zu vollstrecken. Ist der verpflichtete Ehegatte Alleinverwalter des Gesamtguts, muss er die Zahlungen aus dem Gesamtgut im Rahmen seiner Pflicht zur ordnungsgemäßen Verwaltung (§ 1435 1 BGB) bewirken. Auch hier würde das Urteil nicht unmittelbar auf Zahlung, sondern auf Bewirkung der Zahlung aus dem Gesamtgut lauten. Ein Zahlungstitel als solcher kommt bei Gütergemeinschaft nur in Betracht, wenn nach Maßgabe der Rangfolge des § 1420 BGB das gesamte Vermögen des in Anspruch genommenen Ehegatten für den Unterhalt zu verwenden wäre, also – soweit vorhanden – auch sein Vorbehalts- und Sondergut.[33]

Unabhängig von der materiell-rechtlichen Lage muss zum Schutz des mangels Zugriffs faktisch mittellosen Ehegatten aber der **Erlass einer auf Zahlung lautenden,** zeitlich begrenzten **einstweiligen Verfügung**[34] (§ 940 ZPO) bzw. nach Anhängigkeit der Scheidungssache oder der Unterhaltssache einer entsprechenden **einstweiligen Anordnung** (§§ 620 Nr. 6, 644 ZPO) möglich sein (zur Gegenmeinung siehe Rn. 6/423). Die gegenteilige Ansicht des OLG München[35] gibt dem jetzt bedürftigen Berechtigten Steine statt Brot. Die einstweilige Verfügung wird ohnehin auf die Zeit von 6 Monaten befristet (vgl. Rn. 8/257). Die einstweilige Anordnung, die das Gericht im Übrigen ebenfalls befristen könnte, kann auf Antrag des Pflichtigen jederzeit geändert werden und tritt bei Wirksamwerden einer anderweitigen Regelung, die hier wohl auch in einem negativen Feststellungsurteil über die Mitwirkungspflicht bestehen könnte, außer Kraft. Dass der Weg über eine Vollstreckung nach § 888 ZPO zu langwierig sein kann, zeigt die Entscheidung des Bayerischen Obersten Landesgerichts,[36] wonach dem Bedürftigen auch der Weg zum Vormundschaftsgericht eröffnet ist, damit die fehlende Mitwirkung (Zustimmung) des Pflichtigen zur Auszahlung von Teilen seines Arbeitslohns an die Berechtigte durch das Vormundschaftsgericht ggf. gemäß § 1452 I BGB ersetzt wird.

3. Beginn und Ende des Trennungsunterhalts

Der Anspruch auf Trennungsunterhalt **beginnt** mit der vollständigen Trennung der Eheleute (siehe oben Rn. 4). Bis zur Trennung besteht der wesensverschiedene Anspruch auf Familienunterhalt (Rn. 3/1 ff.). Der Anspruch auf Trennungsvorsorgeunterhalt beginnt erst ab Rechtshängigkeit des Scheidungsverfahrens (§ 1361 I 2 BGB). Siehe zum genauen Beginn Rn. 7. 13

Der Trennungsunterhalt **endet** mit dem Tag vor Eintritt der Rechtskraft der Scheidung. Ab dem Tag der Rechtskraft der Scheidung wird der wesensverschiedene nacheheliche Unterhalt geschuldet.[37] Die Auffassung, dass der Trennungsunterhalt nicht nur bis zum Tag der Scheidung, sondern bis zum Ende des Monats geschuldet werde, in welchen die Scheidung fällt, der Nachscheidungsunterhalt also erst mit dem Ersten des der Rechtskraft des Scheidungsurteils folgenden Monats beginne,[38] hat der Bundesgerichtshof wegen Unvereinbarkeit mit der Gesetzeslage ausdrücklich abgelehnt.[39]

Der Anspruch auf Trennungsunterhalt **erlischt** auch bei nicht ganz kurzfristiger Beendigung der häuslichen Trennung infolge Versöhnung wegen der unterschiedlichen Qualität von Trennungs- und Familienunterhalt.[40] Auch soweit der Anspruch vor der Versöhnung tituliert worden war, lebt er bei erneutem Getrenntleben nicht wieder auf, so dass sein Erlöschen mit der Vollstreckungsgegenklage geltend gemacht werden kann.[41]

---

[33] BGH, FamRZ 1990, 851, 853 = R 420; vgl. zu einem solchen Fall OLG Düsseldorf FamRZ 1999, 1348

[34] Vgl. zur Zulässigkeit einer einstweiligen Verfügung, seit gemäß § 644 ZPO einstweilige Anordnungen zum Unterhalt auch außerhalb eines Scheidungsverfahrens möglich sind: OLG Nürnberg NJW 1998, 3787

[35] OLG München, FamRZ 1996, 557

[36] BayObLG, FamRZ 1997, 422

[37] BGH, FamRZ 1981, 242; FamRZ 1984, 256, 257

[38] Luthin, FamRZ 1985, 262

[39] BGH, FamRZ 1988, 370, 372 = NJW 1988, 1137, 1138

[40] OLG Hamm, FamRZ 1999, 30

[41] OLG Hamm, a.a.O.; OLG Düsseldorf, FamRZ 1992, 943

4. Nichtidentität von Familienunterhalt, Trennungsunterhalt und nachehelichem Unterhalt

14 Der Anspruch auf **Trennungsunterhalt** ist **nicht identisch mit** dem Anspruch auf Familienunterhalt[42] (siehe Rn. 3/1 ff.). Er ist wegen der unterschiedlichen Anspruchsvoraussetzungen auch nicht identisch mit dem nachehelichen Unterhalt.[43]

Ein **Urteil** über den Trennungsunterhalt umfasst nicht den nachehelichen Unterhalt. Dieser muss bei Erlöschen des Trennungsunterhalts mit einer gesonderten Klage geltend gemacht werden. Der Verpflichtete kann gegen einen erloschenen Titel über den Trennungsunterhalt nach § 767 ZPO vorgehen. Dies kann im Einzelfall nach Treu und Glauben ausgeschlossen sein, wenn die Parteien beiderseits von Identität des Trennungsunterhalts mit dem Geschiedenenunterhalt ausgegangen waren, so dass deswegen eine wegen des Nachscheidungsunterhalts vom Berechtigten eingereichte Klage auf die entsprechende Einwendung des Pflichtigen nicht weiterverfolgt wurde.[44]

Vor Rechtskraft der Scheidung kann der nacheheliche Unterhalt, nicht jedoch der Trennungsunterhalt, als Folgesache im Verbund anhängig gemacht werden.[45] Ein **Titel über** den **Trennungsunterhalt** kann nicht nach § 323 ZPO für die Zeit nach Rechtskraft der Scheidung abgeändert werden.[46] Entsprechendes gilt auch für das Verhältnis Familienunterhalt/Trennungsunterhalt (siehe Rn. 3/78). Ein **Verfahren über** den **Trennungsunterhalt,** das über den Zeitpunkt der Rechtskraft der Scheidung hinaus geführt wird, erstreckt sich nicht automatisch – ohne dessen förmliche Geltendmachung – auf den Geschiedenenunterhalt.[47]

Auch eine **während der Trennungszeit geschlossene Vereinbarung** gilt in der Regel wegen des Grundsatzes der Nichtidentität nicht für die Zeit nach der Scheidung. Die Eheleute können aber eine solche Weitergeltung ausdrücklich vereinbaren. Wer eine solche Ausnahme von der Regel behauptet, trägt dafür die Behauptungs- und Beweislast.[48]

15 **Im Scheidungsverbund** kann per **einstweiliger Anordnung** auch der **Trennungsunterhalt** geregelt werden (§ 620 Nr. 6 ZPO). Eine solche einstweilige Anordnung über den Ehegattenunterhalt **gilt auch für den nachehelichen Unterhalt** so lange weiter, bis eine anderweitige Regelung wirksam wird (§ 620 f ZPO).[49] Sie regelt insofern in Abweichung vom Grundsatz der Nichtidentität den nachehelichen Unterhalt mit.[50] Anders ist es, wenn die einstweilige Anordnung nach ihrer Formulierung – insoweit atypisch – ausdrücklich nur für die Dauer des Scheidungsverfahrens oder die Zeit des Getrenntlebens erlassen wurde. In diesem Fall fehlt ihr von vornherein die Wirksamkeit für die Zeit nach Rechtskraft der Scheidung.

II. Erwerbsobliegenheit des bedürftigen Ehegatten nach der Trennung

1. Die Schutzvorschrift des § 1361 II BGB zugunsten des nicht erwerbstätigen Ehegatten

16 Nach § 1361 II BGB kann der bei Trennung nicht erwerbstätige Ehegatte nur dann darauf verwiesen werden, seinen Unterhalt durch eine Erwerbstätigkeit ganz oder teil-

[42] OLG München, FamRZ 1981, 450 und FamRZ 1982, 801 sowie OLG Hamm, FamRZ 1988, 947 und FamRZ 1980, 249

[43] Ständige Rechtsprechung des BGH seit BGH, FamRZ 1981, 242; FamRZ 1999, 1497; FamRZ 1984, 148 = R 182; die gegenteilige Ansicht wird im Schrifttum teilweise weiter vertreten, vgl. z. B. Göppinger/Wax-Bäumel, Unterhaltsrecht, 8. Aufl., Rn. 1134 ff.; Luthin, Handbuch des Unterhaltsrecht, 9. Aufl., Rn. 2093

[44] OLG Karlsruhe, FamRZ 1997, 895

[45] BGH, FamRZ 1982, 465 = NJW 1982, 1875; FamRZ 1981, 242; FamRZ 1981, 441

[46] BGH, FamRZ 1982, 465 = NJW 1982, 1875

[47] OLG Hamm, FamRZ 1998, 1512

[48] BGH, FamRZ 1985, 908

[49] Ist die anderweitige Regelung ein Urteil, setzt es die einstweilige Anordnung erst mit Eintritt seiner Rechtskraft außer Kraft: BGH, FamRZ 2000, 751, 752 = R 539 d

[50] BGH, FamRZ 1983, 355 = NJW 1983, 1330

weise selbst zu verdienen, wenn dies von ihm nach seinen persönlichen Verhältnissen, insbesondere wegen einer früheren Erwerbstätigkeit unter Berücksichtigung der Dauer der Ehe und nach den wirtschaftlichen Verhältnissen beider Ehegatten erwartet werden kann. Erforderlich ist dazu eine **Zumutbarkeitsabwägung aller maßgeblichen persönlichen und wirtschaftlichen Umstände** des Einzelfalls. Inwieweit von einem Ehegatten nach seinen persönlichen Verhältnissen eine Erwerbstätigkeit erwartet werden kann und die Abwägung der verschiedenen Gesichtspunkte ist weitgehend Sache tatrichterlicher Beurteilung.[51] Dabei müssen alle wesentlichen Umstände eingehend gewürdigt werden[52] (siehe Rn. 19 a ff.).

Für die Auslegung und Konkretisierung der persönlichen Verhältnisse nach § 1361 II BGB sind die §§ 1569 ff. BGB ergänzend heranzuziehen, denn im Zweifel dürfen Ehegatten nach der Trennung nicht schlechter gestellt werden, als sie nach einer Scheidung stehen würden. Deshalb können die **Tatbestände des nachehelichen Unterhalts** Maßstäbe für die Anwendung des § 1361 II BGB liefern, insbesondere zur Konkretisierung des Begriffs „persönliche Verhältnisse" dienen.[53] Andererseits hat die gesteigerte Verantwortung der Ehegatten während des Bestehens der Ehe zur Folge, dass der nicht erwerbstätige Ehegatte gemäß § 1361 II BGB nur unter wesentlich engeren Voraussetzungen darauf verwiesen werden kann, seinen Unterhalt durch eigene Erwerbstätigkeit (ganz oder teilweise) selbst zu verdienen, als dies gemäß § 1574 BGB nach der Scheidung der Fall ist.[54] 17

§ 1361 II BGB ist eine **Schutzvorschrift zugunsten des** bei Trennung **nicht erwerbstätigen** (haushaltführenden) **Ehegatten** vor einer vorzeitigen Aufnahme einer Erwerbstätigkeit. Sein bisheriger Status in der vereinbarten Haushaltsführungsehe soll auf Grund der Aufhebung der häuslichen Gemeinschaft infolge der Trennung zumindest für eine Klärungszeit nicht nachhaltig verändert werden. Die getrennt lebenden Ehegatten befinden sich zwar in einer schweren Ehekrise. Es ist aber noch offen, ob die Schwierigkeiten überwunden werden können oder ob sie zum endgültigen Scheitern der Ehe führen.[55] In einem solchen Fall sind einem Ehegatten solche Änderungen seiner Lebensstellung nicht zuzumuten, die sich im Fall einer möglichen Wiederherstellung der ehelichen Lebensgemeinschaft als nachteilig herausstellen würden. Es muss zumindest für eine geraume Zeit der bisherige Status des unterhaltsberechtigten Ehegatten beibehalten werden, schon um nicht das endgültige Scheitern der Ehe zu fördern, indem die Scheidungsfolgen vorweggenommen werden und damit die Trennung vertieft wird.[56] 18

Deshalb wird man **im Regelfall vor Ablauf des Trennungsjahres** vom haushaltführenden Ehegatten noch **keine Aufnahme einer Erwerbstätigkeit** erwarten können.[57] Der zeitliche Beginn einer Erwerbsobliegenheit ist nach den Umständen des Einzelfalls festzulegen. Der BGH hat in einer Entscheidung eine Erwerbsobliegenheit nach Ablauf von 2 Jahren seit Trennung für berechtigt gehalten.[58] In einer anderen Entscheidung lag die Trennung 15 Monate zurück.[59] Je nach Umständen, z. B. bei kurzer Ehedauer und relativ jungem Alter des Ehegatten kann die Erwerbsobliegenheit schon vor Ablauf des Trennungsjahres einsetzen,[60] insbesondere, wenn die Trennung nach den Umständen als endgültig anzusehen ist. Wäre der Ehegatte bei Fortbestand der ehelichen Lebensgemeinschaft auf Grund der konkreten Verhältnisse der Ehe (z. B. Übernahme der Betreuung des

---

51 BGH, FamRZ 1981, 752, 754 = R 76 a
52 BGH, FamRZ 1990, 283, 286 = R 400 c
53 BGH, FamRZ 1985, 782 = R 262 a
54 BGH, FamRZ 1991, 416, 418; FamRZ 1990, 283, 285 = R 400 c; FamRZ 1989, 1160 = R 395 a; FamRZ 1981, 242
55 BGH, FamRZ 1979, 569 = NJW 1979, 1348
56 BGH, FamRZ 1981, 439 = NJW 1981, 1214
57 BGH, FamRZ 1990, 283, 286 = R 400 c
58 BGH, NJW 1986, 722, 724
59 BGH, FamRZ 1990, 283, 286 = R 400 c
60 BGH, FamRZ 2001, 350, 351 = R 551 a; OLG Köln, FamRZ 1996, 1215; OLG Hamm, FamRZ 1997, 1536

neugeborenen Kindes durch die bisher allein berufstätige und nunmehr beurlaubte Mutter) zur alsbaldigen Arbeitsaufnahme verpflichtet, gilt dies auch für den Fall der Trennung.[61]

19 Bejaht der Richter auf Grund einer Abwägung der persönlichen und wirtschaftlichen Verhältnisse die Zumutbarkeit einer Erwerbstätigkeit, dann wird insoweit auch dem bisher nicht erwerbstätigen Ehegatten nach der Trennung eine **gesteigerte Eigenverantwortung** dafür auferlegt, seinen Unterhaltsbedarf durch Aufnahme einer Erwerbstätigkeit ganz oder teilweise selbst zu verdienen.[62]

Diese Verpflichtung findet nach Maßgabe des § 1361 II BGB ihre Rechtfertigung vor allem darin, dass mit der Trennung die bisherige Funktionsteilung im Rahmen des gemeinschaftlichen Haushalts gegenstandslos geworden ist. Der haushaltführende Ehegatte erbringt für den anderen Ehegatten keine haushaltführenden Leistungen mehr. Deshalb kann einem Ehegatten, insbesondere nach Wegfall der Mitarbeit im Haushalt, eine Erwerbstätigkeit angesonnen werden.[63]

2. Bei der Zumutbarkeitsabwägung zu berücksichtigende persönliche und wirtschaftliche Verhältnisse

19 a **a) Betreuung gemeinschaftlicher Kinder.** Insoweit gelten in vollem Umfang die Ausführungen zu § 1570 BGB, vor allem auch zum Alter der Kinder und zu den im Rahmen des § 1570 BGB zu berücksichtigenden persönlichen Verhältnissen (vgl. Rn. 65 ff.; wegen einschlägiger BGH-Entscheidungen zum Trennungsunterhalt siehe Fußnote).[64] Soweit die Betreuungssituation für die Kinder nach Trennung der Eheleute nicht entgegensteht (vgl. Rn. 24 a und 28), kann die Fortführung der schon während des Zusammenlebens ausgeübten, eingeschränkten Berufstätigkeit der Ehefrau, die 2 Kinder betreut, zumutbar sein.[65]

b) Betreuung eigener, nicht gemeinschaftlicher Kinder oder Pflegekinder. Zu den persönlichen Verhältnissen im Sinn des § 1361 II zählt jeder allein in der Person des Ehegatten begründete Umstand, der eine Erwerbstätigkeit unzumutbar macht, also auch die Inanspruchnahme durch eigene, nicht gemeinschaftliche Kinder oder die Betreuung von Pflegekindern.[66]

20 **c) Alter, Gesundheitszustand, Krankheit und Gebrechen.** Insoweit gelten die Ausführungen zu §§ 1571 und 1572 BGB (Rn. 88 ff. und 96 ff.). Der bedürftige Ehegatte darf nicht durch Krankheit (oder Alter) an der Aufnahme einer – auch nur zeitweise auszuübenden – Erwerbstätigkeit gehindert sein.[67] Eine Erwerbsobliegenheit entfällt jedenfalls ab Erreichen der Regelaltersgrenze für Rentenbezug und Beamtenversorgung von 65 Jahren.[68]

21 **d) Dauer der Ehe.** Diese ist ein in § 1361 II BGB ausdrücklich erwähntes Merkmal. Das Abstellen auf die Ehedauer hat nicht nur die Bedeutung, dass die erleichterte Wiedereingliederung in das Berufsleben nach einer durch die Ehe nur kurz unterbrochenen Berufstätigkeit berücksichtigt werden soll. Es bedeutet darüber hinaus allgemein, dass sich der bedürftige Ehegatte zur Begründung der Unzumutbarkeit einer Erwerbstätigkeit nicht auf einen erst durch die Eheschließung erlangten Status berufen darf, wenn die Ehe nur von kurzer Dauer war. Die Zumutbarkeit ist in einem solchen Fall nur nach den persönlichen Verhältnissen zu beurteilen, die ohne die durch die Eheschließung erlangte Verbesserung

---

61 AG Weilburg, FamRZ 1998, 1168
62 BGH, FamRZ 1984, 149; ferner FamRZ 1990, 283, 286 = R 400 c
63 BGH, FamRZ 1981, 439 = NJW 1981, 1214
64 BGH, FamRZ 1990, 283, 286 = R 400 c; FamRZ 1988, 256, 258 = R 355 e; FamRZ 1987, 356 = NJW 1987, 893; FamRZ 1984, 149; NJW 1986, 722, 724
65 OLG Köln, NJW-RR 1998, 1300
66 BGH, FamRZ 1982, 463 = NJW 1982, 1461; FamRZ 1981, 752, 754 = R 76 a
67 BGH, FamRZ 1981, 17
68 BGH, FamRZ 1999, 708, 709 f. = R 532 c

dieser Verhältnisse bestanden hätte.[69] Ein Unterhaltsausschluss nach §§ 1361 III, 1579 Nr. 1 BGB ist allerdings bei nur „kurzer Ehedauer" nicht möglich.[70]

e) Dauer der Trennung. Während im 1. Trennungsjahr in der Regel für den im Zeitpunkt der Trennung längere Zeit nicht erwerbstätigen Ehegatten gemäß § 1361 II BGB keine Erwerbsobliegenheit besteht (vgl. Rn. 18), sind mit zunehmender Verfestigung der Trennung die Voraussetzungen einer Erwerbsobliegenheit immer mehr den Maßstäben anzurechnen, die nach den §§ 1569 ff. BGB für den nachehelichen Unterhalt gelten.[71] 22

Die Aufrechterhaltung der bei Trennung bestehenden Verhältnisse und des bisherigen Status des nicht erwerbstätigen Ehegatten erscheint sinnvoll, wenn die Eheleute noch nicht lange getrennt leben und noch eine Hoffnung auf Wiederherstellung der ehelichen Lebensgemeinschaft besteht. Je länger die Trennung dauert, umso eher kann dem nicht erwerbstätigen Ehegatten die Aufnahme einer Erwerbstätigkeit zugemutet werden. Gleiches gilt, wenn beide Ehegatten die Scheidung wollen oder wenn vernünftigerweise eine Wiederherstellung der ehelichen Lebensgemeinschaft nicht mehr erwartet werden kann[72] (siehe auch Rn. 18).

f) Frühere Erwerbstätigkeit und Berufsausbildung. Auch eine frühere Erwerbstätigkeit ist ein in § 1361 II BGB ausdrücklich erwähntes Merkmal. Der BGH hat einer jungen Frau trotz 15-jähriger Arbeitsunterbrechung die Aufnahme einer Erwerbstätigkeit zugemutet mit der Begründung, bei einer ihrer früheren Tätigkeit als Spülerin vergleichbaren Beschäftigung oder einer Betätigung im Bereich der Raumpflege würden erfahrungsgemäß die typischen Probleme einer Wiedereingliederung in das Berufsleben nach längerer Arbeitspause nicht eintreten.[73] Zu einer solchen früheren Erwerbstätigkeit kann auch die Arbeit in der Praxis des Mannes zählen.[74] Bei einer früheren Erwerbstätigkeit ist auch zu berücksichtigen, wie lange sie zurückliegt, ob sie der inzwischen erreichten sozialen Stellung der Ehe noch entspricht und wie lange die Ehe gedauert hat. 23

Eine Berufsausbildung ist zu berücksichtigen, auch wenn dies in § 1361 II BGB nicht erwähnt ist. Fehlt eine Ausbildung, so kann ein Anspruch auf Ausbildungsunterhalt bestehen (siehe Rn. 9 und 10).

g) Eheangemessene Erwerbstätigkeit. Wie beim nachehelichen Unterhalt (§ 1574 BGB) darf der bedürftige Ehegatte nur auf eine Erwerbstätigkeit verwiesen werden, die den ehelichen Verhältnissen entspricht, d. h., es muss eine eheangemessene Erwerbstätigkeit im Sinn von § 1574 II BGB sein.[75] Auch insoweit gelten die Ausführungen zu § 1574 BGB (siehe Rn. 131 ff.). Wird dem Berechtigten die Ausübung einer unqualifizierten, berufsfremden Tätigkeit angesonnen, muss außerdem besonders geprüft werden, ob dies nach dem sozialen Status der Ehegatten angemessen ist.[76] Ob und inwieweit ein durch die Eheschließung erlangter Status sich bereits verfestigt hat, hängt wesentlich ab von der Dauer der Ehe (siehe vorher Rn. 21). Grundsätzlich steht es dem Ehegatten frei, die Art der ihm zuzumutenden angemessenen Erwerbstätigkeit selbst zu bestimmen. War der Lebensstandard der Eheleute in 20-jähriger Ehe durch die Mitarbeit in einem großen Betrieb des Mannes geprägt, ist die Frau berechtigt, nach der Trennung eine selbstständige Erwerbstätigkeit anzustreben und sich entsprechend ausbilden zu lassen.[77] 24

h) Gemeinsamer Lebensplan der Ehegatten. Nach der Trennung oder Scheidung kann bei Betreuung von Kindern im Alter von 6 und 8 Jahren eine ursprünglich gemeinsame Lebensplanung regelmäßig nicht mehr in der früher vorgesehenen Weise verwirklicht werden, weil die **Mehrbelastung des die Kinder betreuenden Elternteils** nicht wie in intakter Ehe durch den anderen Ehepartner aufgefangen werden kann. Es besteht keine 24 a

[69] BGH, FamRZ 1979, 571 = NJW 1979, 1452
[70] BGH, FamRZ 1994, 558 = R 476; FamRZ 1982, 573
[71] BGH, FamRZ 1990, 283, 286 = R 400 c
[72] OLG Düsseldorf, FamRZ 1980, 2453 f.
[73] BGH, FamRZ 1981, 17
[74] BGH, FamRZ 1982, 892
[75] BGH, FamRZ 1982, 892
[76] BGH, FamRZ 1990, 283, 286 = R 400 c
[77] BGH, FamRZ 1988, 1145 = R 372 b

Erwerbsobliegenheit, weil unter den gegebenen Verhältnissen eine Erwerbstätigkeit trotz des früheren gemeinsamen Lebensplanes nicht zumutbar ist.[78]

Haben die Eheleute ihre Lebensgemeinschaft einverständlich dahin gestaltet, dass einer von ihnen einem **Studium** nachgeht, so kann diesem nach der Trennung jedenfalls dann ein Studienabbruch nicht zugemutet werden, wenn das Studium zielstrebig betrieben wird und der Abschluss in absehbarer Zeit zu erwarten ist. Während dieser berechtigten Studienzeit besteht keine Erwerbsobliegenheit[79] (zum Ausbildungsunterhalt siehe Rn. 9 und 10).

25 **i) Wirtschaftliche Verhältnisse beider Ehegatten.** Wenn die Ehegatten nach der Trennung in bedrängten wirtschaftlichen Verhältnissen leben, besteht eine verschärfte Erwerbsobliegenheit. So hat der BGH einer Frau mit zwei schulpflichtigen Kindern eine stundenweise Erwerbstätigkeit zugemutet, weil sie trotz der Kinder bereits während des Zusammenlebens als Kellnerin tätig war und weil die wirtschaftlichen Verhältnisse vor allem wegen erheblicher ehebedingter Schulden beengt waren. Bei einer derartigen Verschuldung hätte auch bei Fortdauer der ehelichen Lebensgemeinschaft eine stundenweise Erwerbstätigkeit der Frau nahegelegen.[80]

Zu berücksichtigen sind auch relativ **günstige Verhältnisse des Verpflichteten.** Dem Berechtigten kann bei solchen Verhältnissen nicht entgegengehalten werden, dass er während einer Zeit beengter wirtschaftlicher Verhältnisse durch Erwerbstätigkeit einen entlastenden Beitrag zum Familieneinkommen geleistet hatte.[81]

Bei günstigen wirtschaftlichen Verhältnissen muss sich eine Frau ungeachtet ihrer qualifizierten Ausbildung nicht alsbald nach Ablauf des 1. Trennungsjahres auf eine sozialversicherungsfreie Beschäftigung verweisen lassen. Es ist vielmehr zu prüfen, ob sie sich nicht etwas länger um qualifizierte Tätigkeiten bemühen darf bzw. bei Erfolglosigkeit dieser Bemühungen das Recht auf Fortbildung oder Umschulung hat, um eine mit ihrer bisherigen Ausbildung vergleichbare berufliche Qualifikation zu erreichen.[82] Allerdings schließen auch sehr gute wirtschaftliche Verhältnisse des Pflichtigen oder ein zu erwartender erheblicher Vermögenserwerb des Berechtigten durch den Zugewinnausgleich die Erwerbsobliegenheit nicht aus. Es ist vielmehr eine Gesamtwürdigung vorzunehmen.[83]

Jahrelange freiwillige Zahlung von Trennungsunterhalt kann beim Berechtigten im Hinblick auf die Beurteilung seiner Erwerbsobliegenheit einen Vertrauenstatbestand schaffen, so dass ihm eine nicht zu kurz bemessene Übergangsfrist für die Suche einer angemessenen Arbeit zuzugestehen ist.[84]

3. Zumutbarkeitsabwägung bei Fortsetzung, Ausweitung oder Einschränkung einer bei Trennung bereits ausgeübten Erwerbstätigkeit

26 Der Schutz des § 1361 II BGB gilt nach dessen Wortlaut nur für den bei Trennung nicht erwerbstätigen Ehegatten, in der Regel den haushaltführenden Ehegatten in der Haushaltsführungsehe oder in der Zuverdienstehe. Der Schutz gilt nicht für die bei Trennung erwerbstätigen Ehegatten einer **Doppelverdienerehe.** Letztere haben grundsätzlich nach der Trennung ihre bisherige Erwerbstätigkeit fortzusetzen.[85]

27 Trotz des einschränkenden Wortlautes gilt die Regelung des § 1361 II BGB auch für solche Fälle, in denen der (haushaltführende) Ehegatte vor der Trennung im Einverständnis des anderen Ehepartners bereits einer eingeschränkten Erwerbstätigkeit nachgegangen war

[78] BGH, FamRZ 1988, 145, 148
[79] BGH, FamRZ 1981, 439 = NJW 1981, 1214
[80] BGH, FamRZ 1982, 23, 24 f
[81] BGH, FamRZ 1990, 283, 286 = R 400 c
[82] BGH, FamRZ 1990, 283, 286 = R 400 c
[83] KG, U. v. 24. 3. 1992 – 13 U F 6898/90 – nicht veröffentlicht
[84] OLG, Köln FamRZ 1999, 853
[85] BGH, FamRZ 1985, 782 = R 262; FamRZ 1981, 1159, 1161; OLG München, FamRZ 1982, 270

(Zuverdienstehe) und bei Fortsetzung des Zusammenlebens in intakter Ehe diese Erwerbstätigkeit nicht ausgeweitet hätte.[86] Die Frage, ob nach Trennung eine Ausweitung dieser Erwerbstätigkeit zugemutet werden kann, ist unter Berücksichtigung und Abwägung der oben (Rn. 19 a bis 25) erörterten Umstände zu beantworten. Wird die Frage bejaht, besteht eine entsprechende erweiterte Erwerbsobliegenheit, und zwar regelmäßig auf Aufnahme einer Vollerwerbstätigkeit.[87]

Unter Berücksichtigung der persönlichen und wirtschaftlichen Verhältnisse der Eheleute 28
kann die **Fortsetzung einer bei Trennung ausgeübten Erwerbstätigkeit** trotz der grundsätzlich dazu bestehenden Verpflichtung im Einzelfall dennoch unzumutbar sein. Dies kann der Fall sein, wenn bei Vorhandensein gemeinschaftlicher Kinder während intakter Ehe beide Ehegatten Betreuungs- und Haushaltsführungsaufgaben übernommen hatten und diese notwendige Mithilfe eines Ehegatten infolge der Trennung weggefallen ist. In solchen Fällen ist auch die Obliegenheit zur Fortsetzung einer bei Trennung ausgeübten Erwerbstätigkeit (bei der Doppelverdienerehe und Zuverdienstehe) auf Grund einer entsprechenden Zumutbarkeitsabwägung zu beurteilen,[88] mit der Folge, dass die bisherige Erwerbstätigkeit eingeschränkt oder eine Erwerbsobliegenheit ganz verneint werden kann (vgl. Rn. 19 a und 24 a). Anders ist es, falls die Mehrbelastung durch die Trennung durch den Betreuenden aufgefangen werden kann.[89] Führt der Pflichtige **trotz Bezugs von Erwerbsunfähigkeitsrente** eine vorher ausgeübte **selbstständige Tätigkeit** weiter, können ihm die Einkünfte aus dieser Tätigkeit bei der Bedarfsermittlung nicht mehr zugerechnet werden, da er sie an sich nicht neben der Erwerbsunfähigkeitsrente beziehen darf und die genannte Tätigkeit aus unterhaltsrechtlicher Sicht jederzeit aufgeben kann.[90]

4. Fiktive Zurechnung erzielbarer Einkünfte

Wird gemäß den Ausführungen zu Rn. 16 bis 28 eine zumutbare Erwerbsobliegenheit 29
bejaht, können dem Berechtigten erzielbare Nettoeinkünfte aus einer entsprechenden Erwerbstätigkeit fiktiv zugerechnet werden, wenn er sich nicht ernsthaft um eine entsprechende Arbeitsstelle bemüht und bei ernsthaften Bemühungen eine reale Beschäftigungschance bestanden hätte (Genaueres Rn. 1/527 ff.).

Zur Bemessung und Dauer fiktiver Einkünfte siehe Rn. 1/536 ff.

Fiktive Einkünfte des Berechtigten sind auf den Unterhaltsanspruch mit Hilfe der **Anrechnungsmethode** nur dann bedürftigkeitsmindernd anzurechnen, wenn sie auch nach der geänderten Rechtsprechung des BGH nicht als Surrogat für die vorherige Familienarbeit durch Haushaltsführung und damit als prägend anzusehen sind, so dass die **Differenz- oder Additionsmethode** für die Bedarfsbemessung gilt.[91]

Während des Getrenntlebens ist es einem Ehegatten zunächst nicht zumutbar, die von ihm allein weiter bewohnte, den Eheleuten oder einem von ihnen gehörende frühere Ehewohnung zur Steigerung seiner Einkünfte anderweitig, etwa durch Vermietung (oder Teilvermietung) zu verwerten. Dies gilt vor allem deswegen, weil während der Trennung eine Wiederherstellung der ehelichen Lebensgemeinschaft noch nicht ausgeschlossen ist, die nicht erschwert werden darf;[92] deshalb insoweit keine fiktive Zurechnung von Einkünften. Anders ist es bei lange dauernder oder endgültiger Verfestigung der Trennung. Wegen der einerseits bedarfsbestimmenden, andererseits bedürftigkeitsmindernden Anrechnung eines angemessenen – bei Weiternutzung einer nunmehr zu großen Wohnung nur eingeschränkten[93] – Wohnwerts siehe Rn. 1/314 ff.

---

[86] BGH, FamRZ 1984, 149
[87] OLG Frankfurt, FamRZ 2000, 25
[88] OLG München, FamRZ 1982, 270
[89] OLG Naumburg, FamRZ 1998, 552
[90] OLG Hamm, FamRZ 1998, 1169
[91] BGH, FamRZ 2001, 986, 991 = R 563 c
[92] BGH, FamRZ 1989, 1160 = R 395 b
[93] BGH, FamRZ 1998, 899, 901 = R 525 e + f

III. Bedarfsbemessung und Unterhaltsberechnung beim Trennungsunterhalt

1. „Eheliche Lebensverhältnisse“ und Bedarfsbemessung beim Trennungsunterhalt wie beim nachehelichen Unterhalt

30 Nach § 1361 I 1 BGB bestimmt sich das Maß des eheangemessenen Unterhalts nach den **„ehelichen Lebensverhältnissen“**, die sich inhaltlich mit den „ehelichen Lebensverhältnissen“ nach § 1578 BGB beim nachehelichen Unterhalt decken[94] (siehe Rn. 172 ff. und 225 ff.). Maßgebend sind nur die individuellen, ggf. sehr begrenzten ehelichen Lebensverhältnisse, nicht etwa ein höherer pauschalierter Mindestbedarf.[95] Hierdurch kann sich ergeben, dass der vorweg abzuziehende Kindesunterhalt nach der niedrigsten Tabellenstufe der Düsseldorfer Tabelle höher ist als der Bedarf des unterhaltsberechtigten Ehegatten. In diesem Fall dürfte das **Verhältnis von Kindes- und Ehegattenunterhalt** einer Angemessenheitsüberprüfung zu unterziehen sein.[96] Im Mangelfall scheidet ein Vorwegabzug des Kindesunterhalts deswegen regelmäßig aus.[97]

Die Lebensverhältnisse werden – wie beim nachehelichen Unterhalt – im Wesentlichen bestimmt durch das in der Ehe zur Deckung des Lebensbedarfs **verfügbare Einkommen** der Eheleute.[98] Verfügbar in diesem Sinn ist nur der Teil des Einkommens, der nach Abzug von Steuern und sonstiger gesetzlicher Abzüge, berufsbedingtem Aufwand, Vorsorgeaufwendungen, berücksichtigungswürdigen Verbindlichkeiten, Aufwendungen für Vermögensbildung und Barunterhaltsleistungen für den Kindesunterhalt zur Bestreitung des Lebensbedarfs der Eheleute verwendet werden kann[99] (siehe Rn. 185 ff.).

Im Rahmen der Bedarfsbemessung dürfen nur **nachhaltig prägende Einkünfte** der Eheleute berücksichtigt werden[100] (siehe Rn. 179 ff./186). Hierzu gehören keine Einkünfte aus einer – trotz Kindesbetreuung wegen beengter finanzieller Verhältnisse aufgenommenen – **überobligationsmäßigen Erwerbstätigkeit,** welche jederzeit ohne unterhaltsrechtliche Nachteile eingestellt werden könnte, weil hierdurch die Lebensverhältnisse nicht nachhaltig mitbestimmt werden.[101] Dasselbe gilt für eine neben der normalen Erwerbstätigkeit überobligatorisch durchgeführte Zweit(Neben)tätigkeit.[102] Nicht prägend sind grundsätzlich **fiktive Einkünfte** des Pflichtigen.[103] Soweit freilich dem unterhaltsberechtigten, vorher haushaltsführenden Ehegatte wegen seiner Erwerbsobliegenheit fiktive Einkünfte anzurechnen sind, sind diese als prägendes Surrogat seiner Familienarbeit anzusehen und in die Unterhaltsberechnung nach der Additions- bzw. Differenzmethode einzubeziehen.[104]

Eine nicht überobligationsmäßige prägende Arbeitsaufnahme durch den die Kinder betreuenden Ehegatten nach der Trennung liegt vor, wenn die **Arbeit auch ohne Trennung aufgenommen** worden wäre[105] – vgl. Rn. 31.

30 a Da das Eheband während der Trennung weiterbesteht, fließen grundsätzlich alle in dieser Zeit eintretenden **wirtschaftlichen und persönlichen Entwicklungen** der Ehegatten als prägend in die ehelichen Lebensverhältnisse ein[106] – vgl. Rn. 36. So ist die **Erbschaft** des

[94] BGH, FamRZ 1984, 356
[95] BGH, FamRZ 1998, 1501, 1503 = R 521 c; OLG Hamm FamRZ 1998, 1428
[96] OLG Hamm, FamRZ 1999, 512
[97] BGH, FamRZ 2003, 363, 365 = R 534 b
[98] BGH, FamRZ 1984, 356; FamRZ 1980, 876 = NJW 1980, 2349
[99] BGH, FamRZ 1983, 676 = NJW 1983, 1552, 1554
[100] BGH, FamRZ 1984, 356; FamRZ 1992, 1045. 1047 = R 448 b
[101] BGH, FamRZ 1998, 1501 = R 521 a; FamRZ 2003, 518, 520 = R 585 c
[102] OLG München, FamRZ 1998, 623
[103] BGH, FamRZ 1997, 281, 284 = R 509 i
[104] BGH, FamRZ 2003, 434, 435 = R 589
[105] OLG Köln, NJW-RR 1998, 723
[106] BGH, FamRZ 1999, 367, 368 f. = R 530 a + c; FamRZ 2000, 1492 = R 546 a

pflichtigen Ehegatten, die nach der Trennung, aber vor Scheidung anfällt, dann prägend, wenn der Erbfall absehbar und erwartet war.[107] Nach der Rechtsprechung prägt auch die **Unterhaltslast für das** in der Trennungszeit geborene **nichteheliche Kind** eines Ehegatten[108] mit der Folge, dass der betreffende Kindesunterhalt bei der Bedarfsbemessung vorweg abzuziehen ist. Gegen diese Rechtsprechung werden im Schrifttum mit Recht erhebliche Bedenken vorgebracht.[109] Zumindest, falls das fragliche Kind erst nach der Trennung gezeugt wurde, dürften die konkreten ehelichen Verhältnisse nach der Trennung eine unerwartete und vom Normalablauf abweichende Entwicklung genommen haben (vgl. Rn. 36), auch wenn – wegen neuer Partnerbeziehungen getrennter Eheleute – derartige Fallgestaltungen nicht selten sein werden.

Der Trennungsunterhalt darf allerdings nicht nach dem vor der Trennung bezahlten Haus- 31
haltsgeld oder den vor der Trennung bestehenden wirtschaftlichen Verhältnissen bemessen werden. Maßgeblich sind die **aktuellen Einkommensverhältnisse,** an deren Entwicklung die Eheleute bis zur Scheidung gemeinschaftlich teilhaben,[110] so wenn sich z. B. die Steuerbelastung des Pflichtigen geändert hat.[111]

Bei einer nach Trennung aufgenommenen (oder ausgeweiteten) zumutbaren Erwerbstätigkeit des Berechtigten im Sinn von § 1361 II BGB hängt die Berücksichtigung der Einkünfte aus dieser Tätigkeit bei der Bedarfsbemessung davon ab, ob die Aufnahme (oder Ausweitung) der Erwerbstätigkeit bereits in der Ehe angelegt war und damit auch ohne die Trennung erfolgt wäre. Ist dies zu bejahen, sind diese Einkünfte als prägend zu berücksichtigen, ohne dass insoweit der Dauer des Getrenntlebens eine Bedeutung beigemessen werden kann[112] Auch hier ist die geänderte Rechtsprechung des BGH zur **Haushaltsführungsehe** zu beachten. Danach ist das Einkommen des vorher haushaltsführenden Ehegatten als Surrogat seiner Familienarbeit prägend[113] (siehe auch Rn. 30).

Bezüglich des „verfügbaren" Einkommensteils (Rn. 30 und 31) gilt – wie beim nach- 32
ehelichen Unterhalt – der **Halbteilungsgrundsatz** (siehe Rn. 359 ff.). Dem Halbteilungsgrundsatz entspricht der Quotenunterhalt mit einem Quotenvorteil für Einkünfte aus Erwerbstätigkeit (Rn. 372 ff.).

In der „Alleinverdienerehe" entspricht der Unterhaltsbedarf der Ehegattenquote aus dem „verfügbaren" Einkommen.

In der „Doppelverdienerehe" kann der Unterhaltsbedarf nach der Differenzmethode, d. h. nach der Ehegattenquote (z. B. gemäß Düsseldorfer Tabelle – Stand: 1. 7. 2003 – mit $^{3}/_{7}$, gemäß Süddeutschen Leitlinien – Stand: 1. 7. 2003 – mit $^{4,5}/_{10}$) aus der Differenz der beiden „verfügbaren" Einkünfte bemessen werden (hierzu und zur Anwendung der Additionsmethode in diesem Fall vgl. Rn. 1/21 ff., 386 ff. und 394 ff.).

Bei überdurchschnittlichen wirtschaftlichen Verhältnissen, in denen erhebliche Teile des Einkommens nicht zur Deckung des allgemeinen Lebensbedarfs verwendet werden, scheidet ein Quotenunterhalt aus; es ist die **Ermittlung des konkreten Bedarfs** geboten[114] – Rn. 366 ff.

Werden neben dem Elementarunterhalt noch weitere berechtigte **unselbstständige** 33
Unterhaltsteile (z. B. Mehrbedarf, Vorsorgebedarf) geltend gemacht, so sind – wie beim nachehelichen Unterhalt – auch die hierfür erforderlichen Beträge vor Berechnung des

---

[107] OLG Hamm, FamRZ 1999, 620 = NJW-RR 1998, 6

[108] BGH, FamRZ 2000, 1492, 1493 = R 546 b; FamRZ 1999, 367, 369 = R 530 c; FamRZ 1994, 87, 89 = R 468 c; OLG Koblenz, FamRZ 1998, 1584

[109] Z. B. Ewers, FamRZ 1994, 816; Schuhmacher, FamRZ 1998, 1584; Graba, FamRZ 1999, 370

[110] BGH, FamRZ 1990, 283, 285 = R 400 d; FamRZ 2000, 1492 = R 546 a

[111] BGH, FamRZ 1990, 499, 502 = R 407 c; FamRZ 1990, 503 = R 413

[112] BGH, FamRZ 1985, 376, 378 = NJW 1985, 1345, 1347

[113] BGH, FamRZ 2001, 986, 991 = R 563 c

[114] OLG Köln, FamRZ 2002, 326; OLG Frankfurt, FamRZ 1997, 353; das AG München, FamRZ 1998, 1583 hat bei Glaubhaftmachung ganz überdurchschnittlicher Verhältnisse durch einstweilige Anordnung als konkreten Bedarf 15 000,– DM monatlich zugesprochen – vgl. hierzu wegen des Problems ausreichender Glaubhaftmachung die Anm. von Bergschneider zu dieser Entscheidung a.a.O.

Quotenunterhalts von dem „verfügbaren" Einkommen abzuziehen (siehe Rn. 8, 443 ff., 477 ff. und 509 ff.).

34 Da nach der Rechtsprechung des BGH der Unterhaltsbedarf beim **Trennungsunterhalt und nachehelichen Unterhalt** im Prinzip nach den gleichen Grundsätzen bemessen wird,[115] gelten die genaueren Ausführungen zur Bedarfsbemessung beim Nachscheidungsunterhalt (Rn. 172 ff.) in vollem Umfang auch für den Trennungsunterhalt.

2. Anrechnung nichtprägender Einkünfte des Berechtigten, Leistungsfähigkeit des Verpflichteten und Unterhaltsberechnung

35 Auch insoweit gelten die gleichen Grundsätze wie beim nachehelichen Unterhalt, weshalb auf die entsprechenden Ausführungen (Rn. 532 ff. und 540) verwiesen wird.

Wie beim nachehelichen Unterhalt sind nichtprägende Einkünfte bedürftigkeitsmindernd mit der **Anrechnungsmethode** auf den Unterhaltsbedarf zu verrechnen. Allerdings darf dabei die Rechtsprechung des BGH zur Anwendung der **Differenzmethode bei der Haushaltsführungsehe** nicht übersehen werden[116] – vgl. Rn. 31.

Die Grundsätze des § 1577 BGB, der sich auf den nachehelichen Unterhalt bezieht, sind auch im Rahmen der Bemessung des Trennungsunterhalts nach § 1361 BGB zu berücksichtigen. Es muss gewährleistet sein, dass bei an sich gleicher Sachlage der Anspruch auf Trennungsunterhalt nicht niedriger ausfällt als der nacheheliche Unterhalt[117] (Genaueres Rn. 542 ff.).

Beim Trennungsunterhalt sind im Rahmen des § 1361 BGB in gleicher Weise die **Grundsätze des § 1581 BGB** zur Beurteilung der Leistungsfähigkeit des Verpflichteten mit heranzuziehen[118] unter Berücksichtigung der Besonderheiten, die das Verhältnis der Ehegatten zueinander während des Getrenntlebens zu demjenigen nach der Scheidung kennzeichnen[119] (Genaueres Rn. 564 ff.).

Auch die Beispiele zur Unterhaltsberechnung gelten in gleicher Weise für Trennungsunterhalt und Scheidungsunterhalt (siehe z. B. Rn. 386 ff., 390 ff., 537 ff., 554 ff.).

3. Maßgeblicher Bemessungszeitpunkt bei Trennungsunterhalt und nachehelichem Unterhalt

36 Anders als der Anspruch auf nachehelichen Unterhalt, für den die ehelichen Lebensverhältnisse im Zeitpunkt der Scheidung maßgeblich sind (siehe Rn. 214 ff.), bemisst sich der Anspruch auf Trennungsunterhalt grundsätzlich nach dem jeweiligen Stand der wirtschaftlichen Verhältnisse, an deren Entwicklung bis zur Scheidung die Ehegatten gemeinschaftlich teilhaben[120] (ferner Rn. 30 a und 31 sowie 225 ff.).

Maßgeblich für die Bedarfsbemessung und die Berechnung des Trennungsunterhalts sind deshalb die **„gegenwärtigen" wirtschaftlichen Verhältnisse** der Ehegatten in dem Zeitraum, für den Trennungsunterhalt verlangt wird. In der Regel sind es die wirtschaftlichen Verhältnisse ab Trennung bis zur Rechtskraft der Scheidung. Soweit über den Trennungsunterhalt vor Rechtskraft der Scheidung entschieden wird, sind es die wirtschaftlichen Verhältnisse bis zum Zeitpunkt der Entscheidung über den Trennungsunterhalt.

Wie beim nachehelichen Unterhalt beeinflussen **prägende Veränderungen** die Einkommensverhältnisse **in der Zeit von Trennung bis Scheidung** die für die Unterhaltsbemessung maßgeblichen ehelichen Lebensverhältnisse. Nicht prägende Veränderungen, d. h. solche, die auf einer unerwarteten und vom Normalverlauf abweichenden Entwick-

---

115 BGH, FamRZ 1984, 356
116 BGH, FamRZ 2001, 986, 991 = R 563 c
117 BGH, FamRZ 1983, 146, 148 = R 142 b
118 Vgl. hierzu BVerfG, FamRZ 2002, 1397, 1398
119 BGH, FamRZ 1986, 556 = R 284
120 BGH, FamRZ 1994, 87, 88 = R 468 c; FamRZ 1988, 256; vgl. auch BGH, FamRZ 2000, 1492 = R 546 a zum nachehelichen Unterhalt

lung[121] oder auf trennungsbedingten Einkommenssteigerungen nach der Trennung beruhen,[122] sind bei der Bedarfsbemessung des Trennungsunterhalts nicht zu berücksichtigen, wohl aber im Rahmen der Bedürftigkeit des Berechtigten (siehe Rn. 526 ff.) und der Leistungsfähigkeit des Verpflichteten (siehe Rn. 564 ff.). **Prozesskosten für Scheidungs- und Scheidungsfolgeverfahren** sind trennungsbedingter Mehrbedarf (vgl. Rn. 1 u. Rn. 1/632) und mindern den ehelichen Bedarf daher nicht.[123]

IV. Anwendung der negativen Härteklausel des § 1579 BGB und sonstiger Normen auf den Trennungsunterhalt

1. Anwendung der Härteklausel des § 1579 BGB beim Trennungsunterhalt

Nach § 1361 III BGB ist § 1579 Nr. 2 bis Nr. 7 BGB entsprechend anzuwenden, d. h., 37
ein Anspruch auf Trennungsunterhalt kann versagt, herabgesetzt oder zeitlich begrenzt werden, soweit die Inanspruchnahme des Verpflichteten auch unter Wahrung der Belange eines dem Berechtigten zur Pflege oder Erziehung anvertrauten gemeinschaftlichen Kindes grob unbillig wäre, weil einer der in § 1579 Nr. 2 mit 7 BGB aufgeführten Gründe tatbestandsmäßig zu bejahen ist.

Erforderlich ist danach – wie beim nachehelichen Unterhalt – **das Vorliegen eines speziellen Härtegrundes** im Sinn der Nr. 2 mit 7 des § 1579 BGB. Insoweit gelten die Ausführungen zum nachehelichen Unterhalt (Rn. 596 ff.). Besonders bedeutsam ist beim Trennungsunterhalt vor allem § 1579 Nr. 6 BGB (schwerwiegendes, eindeutig beim Berechtigten liegendes Fehlverhalten). Die Entscheidungen des BGH (vgl. wegen der Fundstellen Rn. 710 ff.) zum einseitigen **Ausbruch aus einer** sogenannten **intakten Ehe**[124] und zum Zusammenleben mit einem neuen Partner sind überwiegend zum Trennungsunterhalt ergangen. An einem solchen schwerwiegenden und einseitigen Fehlverhalten fehlt es, wenn der Berechtigte eine vorübergehende Beziehung zu einem anderen Partner aus einer nicht mehr intakten Ehe heraus aufnimmt.[125] Hat der Pflichtige im gleichen Zeitraum seinerseits eine entsprechende außereheliche Beziehung aufgenommen, wird das Verhalten des Berechtigten relativiert, so dass es an den Voraussetzungen für die Anwendung von § 1579 Nr. 6 BGB fehlen kann.[126] Weitere Fälle des § 1579 Nr. 6 BGB können das Unterschieben eines Kindes[127] oder fortwährende Verweigerung des Umgangsrechts mit der unrichtigen Behauptung sexuellen Missbrauchs sein.[128]

Der Ausschlusstatbestand des § 1579 Nr. 7 BGB kommt auch beim Trennungsunterhalt bei länger dauerndem (im Allgemeinen nicht unter zwei bis drei Jahren) Zusammenleben des Berechtigten mit einem anderen Partner in Betracht.[129] Die Partner müssen nicht unbedingt in einer Wohnung zusammenleben, wenn nur ein Verhältnis besteht, das persönlich, wirtschaftlich und von seiner Intensität her einem eheähnlichen Verhältnis gleichkommt. Auch das Vorliegen einer intimen Beziehung ist nicht Voraussetzung.[130] Ist ein getrennt lebender Ehegatte voll erwerbsfähig und hat er eine eheangemessene Stelle, kann er wegen objektiver Unzumutbarkeit von Unterhaltsleistungen (§ 1579 Nr. 7 BGB) nach Jahren, in denen er sich allein unterhalten hat, nicht wegen des niedrigen Einkommensniveaus in seinem Heimatland – auch wenn ihm die Rückkehr nach Deutschland verwehrt ist –

---

[121] BGH, FamRZ 1994, 87, 88 = R 468 c; FamRZ 1982, 892
[122] BGH, FamRZ 1988, 256
[123] OLG München, FamRZ 1994, 898; OLG Karlsruhe, NJW-RR 1998, 578
[124] Zur Problematik des Begriffs „intakte Ehe“ vgl. Peschel-Gutzeit, FamRZ 1996, 1446, 1450
[125] KG, FamRZ 1998, 1112
[126] AG München, FamRZ 1998, 1112
[127] OLG Brandenburg, FamRZ 2000, 1372
[128] OLG Karlsruhe, FamRZ 1999. 92
[129] BGH, FamRZ 2002, 810, 811 = R 574 a
[130] BGH, FamRZ 2002, 810, 811 f = R 574 a u. b

Trennungs-Aufstockungsunterhalt verlangen, falls der Pflichtige für seine Rückkehr ins Ausland nicht verantwortlich ist.[131]

Außerdem ist bei jedem dieser Härtegründe besonders zu prüfen, ob und inwieweit deswegen die **Zumutbarkeitsgrenze** eines schuldunabhängigen Unterhaltsanspruchs überschritten ist, d. h. die Inanspruchnahme des Verpflichteten auch unter Wahrung der Belange eines dem Berechtigten anvertrauten gemeinschaftlichen Kindes grob unbillig ist. Anvertraut ist das Kind bei einer Sorgerechtsübertragung oder wenn sich die Parteien über die Betreuung einig sind. Die wichtigsten Beurteilungsmaßstäbe sind im Rahmen dieser Zumutbarkeitsabwägung die Erfordernisse des Kindeswohls, der Grundsatz der Verhältnismäßigkeit mit Vorrang des Kindeswohls sowie die sonstigen persönlichen und wirtschaftlichen Verhältnisse der Eheleute. Nach Beendigung der Kindesbetreuung kommt der jeweilige Härtegrund uneingeschränkt zum Tragen. Zur Zumutbarkeitsabwägung gelten ebenfalls die Ausführungen zum nachehelichen Unterhalt (Rn. 614 ff.).

Die negative Härteklausel des § 1579 BGB ist als Einwendung von Amts wegen zu beachten, wenn von den Parteien entsprechende Tatsachen vorgetragen werden. Die Beweislast hat der Unterhaltsverpflichtete (Rn. 609 ff.).

2. Härteklausel und kurze Ehedauer bzw. nur kurzes oder fehlendes Zusammenleben

38 Nach § 1361 III BGB ist eine kurze Ehedauer kein Ausschlussgrund für den Trennungsunterhalt, weil § 1579 Nr. 1 BGB in § 1361 III BGB ausdrücklich für nicht anwendbar erklärt wird;[132] auch die Tatsache, dass die Parteien nie zusammengelebt haben, reicht für einen Ausschluss nicht aus.[133] Gleiches gilt bei langjähriger Trennung.[134]

Eine **kurze Ehedauer** bzw. ein kurzes oder fehlendes Zusammenleben kann jedoch zusammen mit weiteren Umständen eine Rolle spielen für die Beurteilung der Frage, ob im Sinn von § 1361 II BGB eine Erwerbsobliegenheit des haushaltführenden Ehegatten besteht (Rn. 21 und 22). Außerdem kann sie bei der **Billigkeitsabwägung** im Rahmen eines Härtegrundes nach § 1579 Nr. 2 mit 7 BGB mitberücksichtigt werden. So hat der BGH eine Versagung von Unterhalt für gerechtfertigt gehalten, wenn es nicht zur Aufnahme irgendeiner Gemeinschaft gekommen ist, weil die Ehegatten ihre standesamtliche Heirat wegen einer kirchlich nicht geschiedenen Vorehe des einen von ihnen nach ihrer gemeinsamen Glaubensüberzeugung als irrelevant angesehen haben.[135] Ebenso hat das AG Essen einen Unterhaltsanspruch bei einer Dauer des Zusammenlebens der Ehegatten von nur 14 Tagen im Hinblick auf die Erwerbsobliegenheit der Ehefrau versagt, die überdies zum Zeitpunkt der Trennung anderweitige geschlechtliche Beziehungen aufgenommen hatte (§ 1579 Nr. 6 BGB).[136]

3. Unterhalt für Vergangenheit, Unterhaltsverzicht und Erlöschen des Unterhaltsanspruchs

39 Gemäß §§ 1361 IV, 1360 a III sind beim Trennungsunterhalt die §§ 1613, 1614 und 1615 BGB entsprechend anzuwenden.

Nach § 1613 I BGB kann rückständiger **Trennungsunterhalt für die Vergangenheit** nur ab Verzug mit der Unterhaltszahlung, ab Verzug mit der Pflicht zur Auskunft über Einkommen und Vermögen zum Zwecke der Unterhaltsberechnung oder ab Rechtshängigkeit verlangt werden. Wegen **Sonderbedarfs** (§ 1613 II Nr. 1 BGB) siehe Rn. 6/1 ff.

---

[131] OLG Köln, FamRZ 1999, 93
[132] BGH, FamRZ 1979, 569 = NJW 1979, 1348
[133] BGH, FamRZ 1994, 558 = R 476
[134] BGH, FamRZ 1981, 241 = NJW 1981, 753
[135] BGH, FamRZ 1994, 558 = R 476
[136] AG Essen, FamRZ 2000, 23

§ 1614 BGB verbietet, auf Trennungsunterhalt für die Zukunft ganz oder teilweise zu verzichten. Deshalb darf auch eine Unterhaltsvereinbarung nicht auf einen **Verzicht** oder teilweisen Verzicht hinauslaufen. Es genügt allein eine objektive Unterhaltsverkürzung.[137]

Da auch für die Bemessung des Trennungsunterhalts ein gewisser Angemessenheitsrahmen besteht, der von den Eheleuten ausgeschöpft werden kann, ist eine solche Unterhaltsvereinbarung erst dann unwirksam, wenn sie diesen **Angemessenheitsrahmen** unterschreitet. Eine solche Unterschreitung wird im Regelfall zu bejahen sein, wenn weniger als $^4/_5$ des berechtigten Trennungsunterhalts vereinbart werden[138] (siehe die Ausführungen zu Unterhaltsvereinbarungen Rn. 6/604).

Unwirksam ist auch eine Vereinbarung, den Trennungsunterhalt nicht gerichtlich geltend zu machen.[139]

Ein Verzicht auf Trennungsunterhalt **für die Vergangenheit** ist dagegen zulässig. In der Nichtgeltendmachung von Trennungsunterhalt für längere Zeit liegt allerdings noch kein solcher Verzicht. Es ist vielmehr zu prüfen, ob der Berechtigte einen triftigen Grund für einen solchen Verzicht hatte oder ob nicht eine andere Erklärung für die Unterlassung der Rechtsausübung naheliegt.[140] Allerdings kann – soweit Zeit- und Umstandsmoment vorliegen – nach Treu und Glauben wegen illoyal verspäteter Geltendmachung **Verwirkung** anzunehmen sein.[141]

Nach §§ 1361 IV 4, 1360 a III, 1615 I BGB erlischt der Trennungsunterhalt mit dem **Tod eines Ehegatten.** Der Verpflichtete muss jedoch die Beerdigungskosten zahlen, wenn eine Bezahlung von den Erben nicht zu erlangen ist (§ 1615 II BGB). Generell erlischt der Anspruch, wenn die Ehegatten ihre häusliche Trennung nicht nur ganz kurzfristig wieder herstellen – vgl. Rn. 13.

Ist das Erbrecht des unterhaltsberechtigten Ehegatten im Hinblick auf das bei Tod des Pflichtigen rechtshängige Scheidungs- oder Aufhebungsverfahren nach § 1933 S. 1 u. 2 BGB ausgeschlossen, tritt an die Stelle des Anspruchs auf Trennungsunterhalt ein **quasinachehelicher Unterhaltsanspruch** nach §§ 1569 bis 1586 b BGB, der die Erben als Nachlassverbindlichkeit trifft (§ 1933 S. 3 BGB). Siehe dazu Rn. 60 u. 60 a.

4. Rückforderung von Zuvielleistungen und Auskunftsanspruch

Der Verpflichtete, der freiwillig zu viel an Trennungsunterhalt bezahlt hat, kann solche 40
Zuvielleistungen im Zweifel nicht wegen ungerechtfertigter Bereicherung des Berechtigten zurückverlangen (§§ 1361 IV, 1360 b BGB). Gemäß der **Auslegungsregel des § 1360 b BGB** ist nach der Lebenserfahrung bei freiwilligen Mehrleistungen von einem Verzicht auf Ersatzansprüche auszugehen. Das gilt sowohl für laufende als auch für einmalige Unterhaltsleistungen oder für Leistungen aus dem Vermögensstamm.[142]

Die Vermutung des § 1360 b BGB kann jedoch widerlegt werden. Der zurückfordernde Ehegatte muss dann darlegen und nachweisen, dass er zu viel an Trennungsunterhalt bezahlt hat und dass er bereits bei Zahlung eine Rückforderungsabsicht hatte oder dass er nur unter Vorbehalt der Rückforderung bezahlt hat. Ein solcher Vorbehalt kann sich auch aus den Umständen ergeben. Siehe auch Rn. 3/80; zur Rückforderung überzahlten Unterhalts im Einzelnen, insbesondere auch zum Wegfall der Bereicherung (§ 818 III BGB), vgl. Rn. 6/200 ff.

Nach §§ 1361 IV, 1605 BGB besteht für getrennt lebende Ehegatten ein **Auskunftsanspruch** (Genaueres zum Auskunftsanspruch siehe Rn. 1/661 ff.).

5. Zur Geltendmachung des Trennungsunterhalts

Der Trennungsunterhalt ist grundsätzlich in einem **isolierten Unterhaltsverfahren** 41
geltend zu machen. Im Verbundverfahren (§ 623 ZPO) darf keine Sachentscheidung über

[137] BGH, FamRZ 1984, 997, 999 = R 223 d
[138] BGH, FamRZ 1984, 997, 999 = R 223 d; OLG Köln, FamRZ 1983, 750
[139] OLG Karlsruhe, FamRZ 1980, 1117
[140] BGH, FamRZ 1981, 763
[141] Vgl. zuletzt BGH, FamRZ 2002, 1698, 1699 = R 577
[142] BGH, NJW 1983, 1113 = FamRZ 1983, 351

den Trennungsunterhalt ergehen. Ein verfahrenswidrig im Verbund anhängig gemachtes Verfahren müsste abgetrennt und gesondert weitergeführt werden.[143]

Ist bereits ein Scheidungsverfahren anhängig, kann nach § 620 Nr. 6 ZPO auch der Trennungsunterhalt auf Antrag für die Dauer des Scheidungsverfahrens durch **einstweilige Anordnung** geregelt werden. Eine solche Regelung schließt das Rechtsschutzbedürfnis für eine Klage auf Leistung von Trennungsunterhalt nicht aus, weil die einstweilige Anordnung nur auf Grund summarischer Prüfung ergeht.[144] Die unbefristete einstweilige Anordnung wirkt aber – anders als ein Urteil über den Trennungsunterhalt – nach § 620 f ZPO über die Rechtskraft der Scheidung hinaus bis zum Wirksamwerden einer neuen Regelung (vgl. Rn. 15).

Der Unterhaltsverpflichtete kann mit einer **negativen Feststellungsklage** feststellen lassen, dass die in der Anordnung geregelte Unterhaltsverpflichtung nicht oder nur in geringerem Umfang besteht.[145]

Außerhalb des Scheidungsverfahrens kann – wenn die Voraussetzungen einer einstweiligen Anordnung gemäß § 644 ZPO nicht vorliegen – in dringenden Fällen durch **einstweilige Verfügung** der Notunterhalt für die Dauer von höchstens 6 Monaten verlangt werden.[146] Wegen der in § 644 ZPO eingeführten Möglichkeit, einstweilige Anordnungen auch außerhalb eines Scheidungsverfahrens zu erwirken, ist die Zahl der Fälle, in denen noch eine einstweilige Verfügung in Betracht kommt, beschränkt.[147]

Zur **Insolvenz des Unterhaltsschuldners** siehe unten Rn. 61 a.

6. Konkurrenzen

41 a Die getrennt lebende Ehefrau hat wegen eines nichtehelichen Kindes – nach rechtswirksamer Feststellung oder Anerkennung der Vaterschaft (vgl. Rn. 6/752) – auch dann einen Unterhaltsanspruch gegen den Kindsvater nach § 1615 l I bzw. II 2 BGB, wenn sie schon wegen der Betreuung ehelicher Kinder an einer Erwerbstätigkeit gehindert ist. Ihr hieraus resultierender Anspruch auf Trennungsunterhalt nach **§ 1361 BGB konkurriert mit** ihrem Anspruch nach **§ 1615 l BGB,** der entgegen der vielfach früher in der Rechtsprechung vertretenen Meinung[148] nicht gegenüber einem Anspruch auf Ehegattenunterhalt vorrangig ist (vgl. Rn. 6/769). Der BGH[149] wendet zur Bestimmung der anteiligen Haftung der beiden Verpflichteten über § 1615 l II 1 BGB die Vorschrift des § 1606 III S. 1 BGB entsprechend an, wobei sich die Haftungsquote nicht allein nach den jeweiligen Erwerbs- und Vermögensverhältnissen bestimmt, sondern z. B. auch danach, inwiefern die Mutter auf Grund der unterschiedlichen Betreuungsbedürftigkeit der einzelnen Kinder von einer Erwerbstätigkeit abgehalten wird (vgl. zu den Rangproblemen näher Rn. 6/769).

2. Abschnitt: Besonderheiten und Anspruchstatbestände des nachehelichen Unterhalts

I. Allgemeine Grundsätze und Besonderheiten des nachehelichen Unterhalts

1. Allgemeine Grundsätze

42 Der eigentliche Grund, sowohl für die eheliche wie für die nacheheliche Unterhaltspflicht, ist letztlich die **mit der Eheschließung von den Ehegatten füreinander übernommene Verantwortung.** Während des Bestehens der Ehe (bis zur Scheidung)

143 BGH, FamRZ 1982, 892, 894; FamRZ 1985, 578
144 BGH, FamRZ 1984, 356
145 BGH, FamRZ 1983, 355 = NJW 1983, 1330
146 OLG Köln, FamRZ 1983, 410; OLG Zweibrücken, FamRZ 1985, 928
147 OLG Nürnberg, NJW 1998, 3787
148 KG, FamRZ 1998, 556; OLG Hamm, FamRZ 1997, 1538
149 BGH, FamRZ 1998, 541, 544 = R 520 c

besteht insoweit eine gesteigerte Verantwortung der Eheleute füreinander. Diese beiderseitige Verantwortung ist nach der Scheidung abgeschwächt,[1] wirkt aber weiter in Form einer sich aus Art. 6 I GG ergebenden fortwirkenden nachehelichen Solidarität und Verantwortung.[2] Insofern muss sich der wirtschaftlich stärkere Ehegatte bei Erfüllung der Tatbestände des nachehelichen Unterhalts bis zur Grenze der Unzumutbarkeit mit seiner Unterhaltsbelastung abfinden.[3] Die geänderte Rechtsprechung des BGH zur Haushaltsführungsehe,[4] die wegen der Benachteiligung des haushaltsführenden Ehegatten freilich auch verfassungsrechtlich begründet war,[5] nimmt die gesteigerte und verlängerte Belastung des pflichtigen Ehegatten wegen Anwendung der Differenz- anstatt der Anrechungsmethode für die Unterhaltsberechnung unter Hinweis auf die Entlastungsmöglichkeit durch Unterhaltsbeschränkungen nach §§ 1573 V und 1578 I 2 BGB bewusst in Kauf.

Für die Zeit nach der Scheidung geht das Gesetz (§ 1569 BGB) grundsätzlich von der **Eigenverantwortung** jedes Ehegatten für seinen Lebensunterhalt aus. Es gewährt einen Anspruch auf nachehelichen Unterhalt nur unter besonderen, enumerativ (§§ 1570 bis 1576 BGB) aufgezählten Voraussetzungen.[6]

Die nach der Trennung und Scheidung fortwirkende personale Verantwortung beider Ehegatten reduziert sich im Unterhaltsbereich auf eine einseitige Unterhaltsverpflichtung des wirtschaftlich stärkeren Ehegatten gegenüber dem bedürftigen Partner. In Konsequenz des verschuldensunabhängigen Scheidungsrechts wird hierdurch allerdings der Grundsatz der wirtschaftlichen Eigenverantwortung der Ehegatten eingeschränkt auf den Grundsatz einer **nachwirkenden Mitverantwortung.**[7]

Diese nachwirkende Mitverantwortung soll nach der gesetzlichen Regelung nicht allgemein durch jede schicksalsbedingte Bedürftigkeit stets und auf Lebensdauer ausgelöst werden; vielmehr soll der Grundsatz nur eingreifen, wenn eine Bedürfnislage in Verbindung mit der Ehe steht. Dabei muss es sich aber um **keinen kausalen Zusammenhang zwischen Ehe und Bedürftigkeit** handeln.[8]

Eingeschränkter sieht die Gesetzgeber die Verantwortung der Ehegatten bei **Eheaufhebung.** Die §§ 1569 bis 1586 b BGB werden in diesem Fall nach § 1318 II BGB nur unter den dort festgelegten Voraussetzungen angewendet.

Die Grundlagen der nachehelichen Unterhaltspflicht, die in den Prinzipien der nachehelichen Solidarität und der in Verbindung mit der Ehe stehenden Bedürftigkeit zu sehen sind, verfestigen sich mit zunehmender Dauer der Ehe. Je länger eine Ehe dauert, umso stärker ist die wirtschaftliche Sicherung der Ehegatten mit dem Bestand der Ehe verbunden. Dem liegt die Erfahrung zugrunde, dass die Lebenssituation der Partner in der Ehe durch die gemeinsame Lebensplanung entscheidend geprägt wird. Mit **zunehmender Ehedauer** kommt es zu einer **wachsenden Verflechtung und Abhängigkeit** der beiderseitigen Lebensdispositionen sowie allgemein zu einer sich steigernden wirtschaftlichen Abhängigkeit des unterhaltsbedürftigen Ehegatten, gegenüber der sich dieser Ehegatte durch die unterhaltsrechtliche Solidarität des anderen Ehepartners abgesichert zu fühlen pflegt.[9] **43**

Trotz der gesetzlichen Vorgabe über den Vorrang der Eigenverantwortlichkeit der Ehegatten führen die Unterhaltstatbestände, vor allem der Aufstockungsunterhalt nach § 1573 II BGB, dazu, dass die Praxis häufig auf eine **Umkehr des Regel-/Ausnahmeverhältnisses** hinausläuft. Diese Tendenz wird durch die Rechtsprechung des BGH zur Haushaltsführungsehe verstärkt – siehe oben Rn. 42.

---

[1] BGH, FamRZ 1981, 242
[2] BGH, FamRZ 1999, 710, 711 = R 531 a
[3] BGH, a.a.O.
[4] BGH, FamRZ 2001, 986, 991 = R 563 c
[5] BVerfG, FamRZ 2002, 527, 530 = R 571 b
[6] BGH, FamRZ 1984, 353 = R 153 a; FamRZ 1981, 242
[7] BVerfG, FamRZ 1981, 745, 748 = NJW 1981, 1771; BGH, FamRZ 1981, 1163 = NJW 1982, 40
[8] BGH, FamRZ 1983, 800 = R 170 a; FamRZ 1982, 28 =; FamRZ 1981, 1163 = NJW 1982, 40
[9] BGH, FamRZ 1999, 710, 711 = R 531 a; FamRZ 1981, 140, 142 = NJW 1981, 754

2. Allgemeine Anspruchsvoraussetzungen des nachehelichen Unterhalts

44 Eine Unterhaltsverpflichtung auf Grund nachehelicher Solidarität besteht nach § 1569 BGB nur, wenn die Voraussetzungen eines der **sieben Unterhaltstatbestände** der §§ 1570 mit 1576 BGB vorliegen. Die §§ 1570 ff. BGB konkretisieren und begrenzen die Unterhaltsberechtigung durch die enumerative Nennung bestimmter Bedürfnislagen, die zu bestimmten Einsatzzeitpunkten vorliegen müssen.[10] Es handelt sich insoweit um enumerativ aufgezählte Ausnahmetatbestände zum Grundsatz der Eigenverantwortung. Ist keiner dieser Tatbestände gegeben, muss der Geschiedene für seinen Unterhalt grundsätzlich selbst aufkommen.[11]

Danach besteht ein Anspruch auf nachehelichen Unterhalt nur,

- wenn von dem Bedürftigen **keine Erwerbstätigkeit zu erwarten** ist, und zwar wegen Betreuung gemeinschaftlicher Kinder (§ 1570 BGB), wegen Alters (§ 1571 BGB), wegen Krankheit oder Gebrechen (§ 1572 BGB) oder aus sonstigen Billigkeitsgründen (§ 1576 BGB) oder
- wenn der Bedürftige **keine** seinen Unterhalt deckende **angemessene Erwerbstätigkeit zu finden** vermag (§ 1573 BGB) oder
- wenn der Bedürftige zur Erlangung einer angemessenen Erwerbstätigkeit einen **Ausbildungsbedarf** hat (§ 1575 BGB).

45 Der Anspruch auf nachehelichen Unterhalt setzt – wie der Trennungsunterhalt und der Kindesunterhalt – außerdem eine konkrete **Bedürftigkeit** (siehe Rn. 526 ff.) des berechtigten Ehegatten (§ 1577 BGB) und **Leistungsfähigkeit** (siehe Rn. 564 ff.) des verpflichteten Ehegatten (§ 1581 BGB) voraus.

45 a Der Unterhalt begehrende Ehegatte hat die **Darlegungs- und Beweislast** für alle anspruchsbegründenden Tatsachen der Normen, auf die er seinen Anspruch stützt. Dies gilt auch für „doppelt relevante Tatsachen", z. B. für die bedarfsbestimmende Gestaltung der ehelichen Lebensverhältnisse, welche zugleich zum Nachweis der Leistungsfähigkeit des pflichtigen Ehegatten dienen können, obwohl der Berechtigte hierfür weder darlegungs- noch beweispflichtig ist[12] (Genaueres zur Darlegungs- und Beweislast des Berechtigten siehe Rn. 6/703 ff.). Der Vortrag, der Verpflichtete habe Unterhalt für eine Übergangszeit zugestanden, reicht zur Erfüllung der Darlegungslast nicht aus. Das Gericht muss die entsprechenden Tatsachen feststellen, sofern kein vorbehaltloses wirksames prozessuales Anerkenntnis vorliegt.[13]

Der Verpflichtete hat u. a. die Tatsachen für eine von ihm behauptete Leistungsunfähigkeit vorzutragen und nachzuweisen (Genaueres Rn. 6/710 ff.).

3. Einheitlicher Anspruch auf nachehelichen Unterhalt

46 Der Anspruch auf nachehelichen Unterhalt ist stets ein einheitlicher Anspruch. Von den **Einzeltatbeständen** der §§ 1570 bis 1576 BGB können zwei oder **mehrere gleichzeitig** oder auch im zeitlichen Anschluss aneinander verwirklicht sein, ohne dass deshalb von ebenso viel Unterhaltsansprüchen die Rede sein könnte. Der Umfang des nachehelichen Unterhalts richtet sich stets inhaltlich nach den ehelichen Lebensverhältnissen (§ 1578 I BGB) und wird ausschließlich nach diesen einheitlich bemessen.[14]

Daraus folgt, dass der nacheheliche **Unterhaltsanspruch durch** ein **Urteil** in dem ausgeurteilten Umfang **insgesamt erfasst** wird, d. h. ohne Rücksicht darauf, welcher der Tatbestände der §§ 1570 ff. BGB in Betracht kommt und vom Gericht geprüft worden ist.[15] Auch ein klageabweisendes Urteil betrifft alle Einzeltatbestände der §§ 1570 ff. BGB.[16] Ein unerörtert gebliebener Unterhaltstatbestand kann nur unter der Voraussetzung des § 323

---

[10] BGH, FamRZ 1984, 353 = R 153 a
[11] BGH, FamRZ 1984, 353 = R 153 a; FamRZ 1981, 242
[12] OLG Karlsruhe, FamRZ 1997, 1011 = NJW-RR 1997, 323
[13] BGH, FamRZ 1985, 912, 915 = NJW 1985, 2713, 2715
[14] BGH, FamRZ 1984, 353 = R 153 a
[15] BGH, a.a.O.
[16] OLG Karlsruhe, FamRZ 1980, 1125

ZPO neu geltend gemacht werden. Nur wenn das Unterhaltsverlangen wegen fehlender Bedürftigkeit bzw. Leistungsfähigkeit abgewiesen worden ist, kann nach Eintritt der vormals **fehlenden Bedürftigkeit bzw. Leistungsfähigkeit** eine neue Leistungsklage (nicht Abänderungsklage nach § 323 ZPO) erhoben werden.[17] Wenn dagegen der Anspruch auf künftig fällig werdende Unterhaltsleistungen für eine bestimmte Zeit zugesprochen und erst ab einem in der Zukunft liegenden Zeitpunkt aberkannt wurde, so kann mit der Klage nach § 323 ZPO geltend gemacht werden, dass die dem Urteil zugrunde gelegten zukünftigen Verhältnisse tatsächlich anders eingetreten sind, als in der früheren Prognose angenommen worden war.

§ 1576 BGB ist ein subsidiärer Billigkeitstatbestand gegenüber den §§ 1570 mit 1575 47 BGB. Auch **§ 1573 BGB** ist **subsidiär** gegenüber den §§ 1570 bis 1572 BGB, da er zur Voraussetzung hat, dass keiner dieser Tatbestände vorliegt.[18] Allerdings gewähren die §§ 1570 bis 1572 BGB **bei einer Teilerwerbstätigkeit** des Berechtigten nur Anspruch auf den Unterhalt bis zur Höhe des Mehreinkommens, das bei einer Vollerwerbstätigkeit erzielt werden könnte, so dass für einen dann noch ungedeckten Bedarf **§ 1573 II BGB als Anspruchsgrundlage heranzuziehen** ist. Die Differenzierung ist nötig, da § 1573 V BGB anders als die anderen Unterhaltstatbestände die zeitliche Begrenzung der Ansprüche nach § 1573 I bis IV BGB ermöglicht.[19] Grundsätzlich sind die **Anspruchsgrundlagen** daher **genau zu bestimmen,** weil künftige Abänderungsverfahren und die unterschiedlichen Begrenzungsmöglichkeiten berücksichtigt werden müssen. Davon kann nur abgesehen werden, wenn im Einzelfall aus Billigkeitsgründen unter Berücksichtigung von Ehedauer, Kindesbetreuung, Art der Haushaltsführung und Erwerbstätigkeit eine zeitliche Begrenzung nach § 1573 V BGB ohnehin ausscheidet.[20]

4. Einsatzzeitpunkte und Anschlussunterhalt sowie Teilanschlussunterhalt

a) Einsatzzeitpunkt. In den Fällen der §§ 1571, 1572, 1573 und 1575 BGB besteht ein 48 Unterhaltsanspruch nur, wenn die übrigen **Tatbestandsvoraussetzungen zu bestimmten Einsatzzeitpunkten,** die ihrerseits Tatbestandsmerkmale sind, vorliegen. Die Darlegungs- und Beweislast des Berechtigten erstreckt auf das Bestehen des Anspruchs zum maßgebenden Einsatzzeitpunkt.[21] Nur Ansprüche nach den §§ 1570 und 1576 BGB sind nicht durch Einsatzzeitpunkte beschränkt. Strittig ist, ob zu den Tatbestandsvoraussetzungen, die zum Einsatzzeitpunkt gegeben sein müssen, auch die **Bedürftigkeit** des Berechtigten gehört oder ob diese auch erst **nachträglich eintreten kann.** Dies ist, wie sich aus einer Entscheidung des OLG München[22] ergibt, nicht der Fall. Die Einsatzzeitpunkte der §§ 1571 bis 1573 BGB knüpfen nach ihrem Wortlaut allein an die Erwerbsobliegenheit des Unterhaltsgläubigers an, nicht aber an seine Bedürftigkeit, welche nach § 1577 I BGB unabhängig von der Frage des Einsatzzeitpunkts entfällt, „solange“ sich der Berechtigte selbst unterhalten kann. Hieraus und aus dem Umstand, dass nur bei Eintritt der Bedürftigkeit wegen Wegfalls einer ursprünglichen Unterhaltssicherung aus Vermögen, nicht aber aus anderweitigen Einkünften (§ 1577 IV 1 BGB), grundsätzlich kein Unterhaltsanspruch mehr entsteht, ist der Schluss zu ziehen, dass der spätere Eintritt der Bedürftigkeit – abgesehen von Sonderregelungen (z. B. § 1573 IV BGB) – nicht schadet.

b) Anschlussunterhalt. Sind die Tatbestandsvoraussetzungen einer Anspruchsnorm be- 49 reits im Zeitpunkt der Scheidung erfüllt, so handelt es sich um einen originären Unterhaltsanspruch, der auf den vollen eheangemessenen Unterhalt (§ 1578 I BGB) geht.

---

[17] BGH, FamRZ 1984, 353 = R 153 a – der erwähnten fehlenden Bedürftigkeit steht die fehlende Leistungsfähigkeit gleich

[18] BGH, FamRZ 1988, 265 = NJW 1988, 2369; FamRZ 1987, 1011 = NJW-RR 1987, 1282; FamRZ 1987, 572 = NJW 1987, 1761

[19] BGH, FamRZ 1999, 708, 709 = R 532 b; FamRZ 1994, 228 = R 471 a; FamRZ 1993, 789, 791 = R 460 a; FamRZ 1990, 492 = R 404 a

[20] BGH, FamRZ 1999, 708, 709 = NJW 1999, 1547, 1548; FamRZ 1994, 228 = R 471 a; FamRZ 1993, 789, 791 = R 460 a; FamRZ 1990, 492 = R 404 a

[21] BGH, FamRZ, 2001, 1291, 1292 = R 564 a

[22] OLG München, FamRZ 1993, 564

Sind die Voraussetzungen der jeweiligen Anspruchsnorm erst zu einem späteren Zeitpunkt, einem maßgeblichen Einsatzzeitpunkt, erfüllt, so besteht ein Anspruch auf **Anschlussunterhalt.** Voraussetzung eines Anschlussunterhalts ist, dass die Einzelnen vorangegangenen Unterhaltsansprüche **ohne zeitliche Lücke** nahtlos aneinander anschließen.[23] Werden die Voraussetzungen für einen Anschlussunterhalt erst später erfüllt, entsteht kein Unterhaltsanspruch mehr.

50 **c) Teilanschlussunterhalt.** Bestand bei Beginn eines Anschlussunterhalts auf Grund des weggefallenen früheren Anspruchsgrundes nur ein Teilunterhaltsanspruch, dann bemisst sich auch der Anschlussunterhalt als **Teil-Anschlussunterhalt** umfangmäßig nur nach dem weggefallenen Teilanspruch. Eine andere Auslegung des Wortlauts der Einsatzzeitpunkte, vor allem des Wortes „soweit" stünde im Widerspruch zum Zweck der Einsatzzeitpunkte, die zu den wenigen Schutzvorschriften zugunsten des Verpflichteten gehören. Der Verpflichtete soll möglichst bald nach der Scheidung absehen können, mit welcher Unterhaltslast er zu rechnen hat. Deshalb ist der Anschlussunterhalt nach dem Sinn und Zweck des Gesetzes nur im Umfang des vorausgegangenen Teilanspruchs zu gewähren.[24] Die Verknüpfung mit den Vortatbeständen wahrt den Zusammenhang zwischen Unterhaltsbedürftigkeit und Ehe. Soweit es an dieser Verknüpfung fehlt, weil der Vortatbestand nur einen Teilunterhalt gewährte, hat der Berechtigte das Unterhaltsrisiko zu tragen.

51 **d) Beispiel zum Teil-Anschlussunterhalt.**

Die halbtags erwerbstätige Berechtigte hatte bisher nur einen Anspruch nach § 1570 BGB wegen Betreuung eines gemeinschaftlichen 13-jährigen Kindes.
Dieser Anspruch soll nach Maßgabe der Rechtsprechung des BGH zur Haushaltsführungsehe[25] als nach der Differenz- oder Additionsmethode berechneter Quotenunterhalt 600 € monatlich betragen haben.

Der Unterhaltsanspruch nach § 1570 BGB erlischt, wenn die Berechtigte durch die Betreuung des Kindes ab einem Alter von ca. 15 Jahren nicht mehr an einer vollen Erwerbstätigkeit gehindert wird.[26] Wenn sie zu diesem Zeitpunkt entweder infolge Alters (§ 1571 BGB) oder Krankheit (§ 1572 BGB) oder aus Gründen der Arbeitsmarktlage (§ 1573 I BGB) ihre bisherige Tätigkeit nicht ausweiten kann, entsteht ein Anspruch auf Teil-Anschlussunterhalt, der auf die Höhe beschränkt bleibt, in der der Anspruch aus § 1570 BGB zuletzt bestanden hatte, also grundsätzlich auf 600 €. Für die Bedarfsbestimmung ist dabei nur das bisherige Erwerbseinkommen des früher haushaltsführenden Ehegatten maßgebend – vgl. für den Fall der Erweiterung der Erwerbstätigkeit oder des gänzlichen Wegfalls der Erwerbsfähigkeit Rn. 86.

52 Anders ist es ausnahmsweise dann, wenn der Berechtigte im **Zeitpunkt der Scheidung** wegen einer Erkrankung bereits teilweise erwerbsunfähig war **und** infolge **Verschlimmerung desselben Leidens** erst nach geraumer Zeit (z. B. nach zwei Jahren) ganz erwerbsunfähig wurde. Dann handelt es sich um keinen Anspruch auf Anschlussunterhalt, sondern um den originären Anspruch auf Krankheitsunterhalt für den Zeitpunkt der Scheidung, der auf den vollen eheangemessenen Unterhalt geht.[27]

5. Beginn, Ende und Wiederaufleben des nachehelichen Unterhalts

53 Der nacheheliche **Unterhalt beginnt** mit dem Tag der Rechtskraft des Scheidungsurteils.[28] Die Auffassung, dass der Trennungsunterhalt nicht nur bis zum Tag der Scheidung, sondern bis zum Ende des Monats geschuldet werde, in welchen die Scheidung fällt, der

[23] BGH, FamRZ 2001, 1291, 1294 = R 564 d; OLG Düsseldorf, FamRZ 1998, 1519; OLG Celle, FamRZ 1997, 1074, 1075; OLG Bamberg, FamRZ 1997, 819, 820; OLG Stuttgart, FamRZ 1982, 1015

[24] BGH, FamRZ 2001, 1291, 1294 = R 564 d; OLG Stuttgart, FamRZ 1983, 501

[25] BGH, FamRZ 2001, 986, 991 = R 563 c

[26] BGH, FamRZ 1990, 260, 262 = R 399 a

[27] BGH, FamRZ 2001, 1291, 1293 = R 564 a; FamRZ 1987, 684 = R 331 a; OLG Stuttgart, FamRZ 1983, 501

[28] BGH, FamRZ 1981, 242; FamRZ 1981, 441

Nachscheidungsunterhalt also erst mit dem Ersten des der Rechtskraft des Scheidungsurteils folgenden Monats beginne,[29] hat der Bundesgerichtshof wegen Unvereinbarkeit mit der Gesetzeslage ausdrücklich abgelehnt.[30]

Der Anspruch auf nachehelichen **Unterhalt erlischt** ganz oder teilweise endgültig:

- Wenn die Voraussetzungen eines Anspruchstatbestands entfallen und für einen Anschlussunterhalt die Voraussetzungen eines anderen Unterhaltstatbestands zu dessen maßgeblichem Zeitpunkt nicht gegeben sind.
- Wenn der **Berechtigte wieder heiratet oder stirbt** (§ 1586 I BGB). Nach § 1586 II BGB bleiben allerdings Ansprüche auf Erfüllung oder Schadensersatz für die Vergangenheit bestehen und können vom Berechtigten oder dessen Erben weiterverfolgt werden. Gleiches gilt für die bei Tod oder Wiederverheiratung fällige Monatsrate.
- Wenn auf den nachehelichen Unterhalt **vertraglich verzichtet** wird. Dies ist nach § 1585 c BGB möglich (siehe hierzu Rn. 6/607 ff.).
- Wenn der Unterhalt durch eine **Kapitalabfindung** abgegolten wird (§ 1585 II BGB). Der Berechtigte kann eine Kapitalabfindung verlangen, wenn ein wichtiger Grund vorliegt und der Verpflichtete dadurch nicht unbillig belastet wird. Möglich ist auch die Vereinbarung einer Kapitalabfindung.
- Bezüglich aufgelaufener Rückstände, wenn wegen illoyal verspäteter Geltendmachung und dadurch bedingten Erfüllens des erforderlichen Zeit- und Umstandsmoments **Verwirkung nach Treu und Glauben** anzunehmen ist.
- Wenn ein auf § 1573 BGB beruhender Anspruch nach § 1573 V BGB **zeitlich begrenzt** wurde mit Ablauf der festgesetzten Zeitgrenze. 54
- Bei einer zeitlichen Bedarfsbegrenzung nach § 1578 BGB erlischt mit Ablauf der festen Zeitgrenze ein den „angemessenen" Unterhalt übersteigender Anspruch auf den „eheangemessenen" Unterhalt.
- Auch die Unterhaltsversagung auf Grund eines der **Verwirkungstatbestände des § 1579** BGB führt in der Regel zum endgültigen Verlust des Unterhaltsanspruchs in dem vom Familiengericht angeordneten Umfang, vor allem dann, wenn nur Belange eines Kindes zur Aufrechterhaltung der an sich gänzlich ausgeschlossenen Unterhaltsberechtigung Anlass gegeben haben. Nach Wegfall der Kindesbetreuung entsteht kein Anspruch auf Anschlussunterhalt mit neuer Billigkeitsprüfung.

Anders ist es, wenn ein Unterhaltsanspruch nach § 1579 Nr. 7 BGB auf Grund des Zusammenlebens in neuer nichtehelicher Lebensgemeinschaft versagt worden war. Nach Beendigung der nichtehelichen Lebensgemeinschaft ist unter Berücksichtigung zwischenzeitlicher Dispositionen des Verpflichteten eine neue Billigkeitsentscheidung gemäß § 1579 BGB zu treffen.[31]

Wird ein Unterhaltsanspruch versagt, weil der Verpflichtete nicht leistungsfähig ist, dann 55
kann der zeitweise erloschene Unterhaltsanspruch wieder aktualisiert werden, wenn der **Verpflichtete** ganz oder teilweise **wieder leistungsfähig** wird.

In ähnlicher Weise kann ein Unterhaltsanspruch zeitweise entfallen, wenn der **Berechtigte** seinen eheangemessenen Unterhalt durch eigene Einkünfte decken kann. Wird er **erneut bedürftig,** lebt der Unterhaltsanspruch wieder auf, wenn die Voraussetzungen dieses Unterhaltstatbestandes zu diesem Zeitpunkt noch vorliegen und der Unterhalt durch die eigenen Einkünfte noch nicht nachhaltig gesichert war (siehe Rn. 118).

Ein infolge **Wiederverheiratung erloschener Unterhaltsanspruch lebt** nach § 1586 a 56
BGB als Anspruch gemäß § 1570 BGB **wieder auf,** wenn die neue Ehe aufgelöst wird und der Berechtigte zu diesem Zeitpunkt oder danach ein Kind aus der alten Ehe zu pflegen und zu erziehen hat. Auflösungsgründe sind Scheidung, Aufhebung und Tod des neuen Ehegatten.[32] Anspruchsvoraussetzung ist, dass der Berechtigte infolge der Kindesbetreuung im Sinn von § 1570 BGB an einer angemessenen Erwerbstätigkeit gehindert ist. Da der Unterhaltsanspruch keinen Einsatzzeitpunkt voraussetzt, muss der Tatbestand der Kindesbetreuung

[29] Luthin, FamRZ 1985, 262
[30] BGH, FamRZ 1988, 370, 372 = NJW 1988, 1137, 1138
[31] BGH, FamRZ 1987, 689 = R 337 c; FamRZ 1987, 1238 = R 344 a
[32] OLG Saarbrücken, FamRZ 1987, 1046

nicht zum Zeitpunkt der Eheauflösung vorliegen. An den Anspruch kann sich als Anschlussunterhalt ein Anspruch nach §§ 1571 bis 1573 oder 1575 BGB anschließen, wenn deren Voraussetzungen im Zeitpunkt der Beendigung der Kindesbetreuung vorliegen. Nach § 1586a II BGB haftet bei mehreren Ehen der Ehegatte der später aufgelösten Ehe vor dem Ehegatten der früher aufgelösten Ehe. Dabei spielt es für den Verpflichteten aus der zuletzt aufgelösten Ehe keine Rolle, aus welchem Grund er zum Unterhalt verpflichtet ist.

56a Anders als beim Familien- und Trennungsunterhalt erlischt der Anspruch beim nachehelichen Unterhalt mit dem **Tod des Verpflichteten** nicht nach § 1615 I BGB (Rn. 39), sondern die Unterhaltspflicht geht auf die Erben des Pflichtigen als Nachlassverbindlichkeit über (§ 1586b I BGB). Siehe Rn. 60.

6. Sonstige materiell-rechtliche Besonderheiten des nachehelichen Unterhalts

57 **a) Auskunftsanspruch.** Nach den §§ 1580, 1605 BGB besteht für den geschiedenen Ehegatten ein Auskunftsanspruch ab Rechtshängigkeit des Scheidungsantrags. Wird der Auskunftsanspruch im Verhandlungsverbund mit einer Stufenklage geltend gemacht, dann kann über das Auskunftsbegehren vor der Entscheidung über den Scheidungsantrag verhandelt und erkannt werden;[33] (Genaueres zum Auskunftsanspruch siehe Rn. 1/661 ff.).

57a **b) Haftung.** Nach § 1584 BGB haftet der leistungsfähige verpflichtete geschiedene **Ehegatte vor Verwandten** des Berechtigten. Ist er nicht leistungsfähig, haften die Verwandten vorrangig. Eine Ersatzhaftung von Verwandten besteht auch bei erschwerter Durchsetzbarkeit des Unterhaltsanspruchs (§§ 1584 S. 3, 1607 II BGB). Genaueres zur vorrangigen Haftung und zur Ersatzhaftung siehe Rn. 2/604 u. 608; 5/61 ff.

c) Sicherheitsleistung. Nach § 1585a BGB hat der Verpflichtete auf Verlangen bis zum Jahresbetrag der Unterhaltsrente Sicherheit zu leisten. Die Verpflichtung zur Sicherheitsleistung entfällt, wenn die Unterhaltsleistung nicht gefährdet ist oder wenn der Verpflichtete durch die Sicherheitsleistung unbillig belastet würde.

58 **d) Sonderbedarf.** Nach § 1585b I BGB kann Sonderbedarf (§ 1613 II Nr. 1 BGB) für die Vergangenheit verlangt werden. Zum Sonderbedarf siehe Rn. 6/1 ff.

Im Übrigen kann nach § 1585b II BGB **Unterhalt für die Vergangenheit** oder Schadenersatz erst ab Verzug oder Rechtshängigkeit gefordert werden. Hinzu kommt die Möglichkeit der Stufenmahnung (Inverzugsetzung des Pflichtigen mit seiner Auskunftspflicht über Einkommen und Vermögen zum Zwecke der Anspruchsbezifferung, verbunden mit einem unbezifferten Zahlungsbegehren, siehe hierzu Rn. 6/119. Beim Trennungsunterhalt, für den anders als für den Geschiedenenunterhalt § 1613 I BGB neuer Fassung anwendbar ist, genügt das Auskunftsbegehren ohne unbestimmte Zahlungsaufforderung.

Bei vertraglich geregeltem nachehelichen Unterhalt kann ein Rückstand allerdings grundsätzlich auch ohne Verzug oder Rechtshängigkeit verlangt werden, und zwar in analoger Anwendung des § 1585b II BGB,[34] da sich der Schuldner auf Grund des Vertragsschlusses über seine Unterhaltspflicht im klaren ist.

Auch bei Verzug, Rechtshängigkeit oder vereinbartem Unterhalt – auch soweit dieser Sonderbedarf betrifft – kann nach § 1585b III BGB für eine **mehr als ein Jahr vor Rechtshängigkeit** liegende Zeit Erfüllung oder Schadensersatz nur verlangt werden, wenn sich der Verpflichtete seiner Leistung absichtlich entzogen hat. Dazu ist kein aktives Hintertreiben der Unterhaltsverpflichtung erforderlich. Es genügt jedes zweckgerichtete Verhalten (auch Unterlassen) des Schuldners, das eine zeitnahe Realisierung des Anspruchs verhindert oder zumindest erschwert. Der Berechtigte muss dazu im Prozess nur solche Umstände darlegen und beweisen, die nach der Lebenserfahrung den Schluss auf ein Sichentziehen rechtfertigen. Sache des Verpflichteten ist es dann, die gegen ihn sprechende Vermutung dadurch zu entkräften, dass er Tatsachen darlegt und beweist, die jene Schlussfolgerung zu erschüttern vermögen. Bei dem Tatbestandsmerkmal „absichtlich" handelt es sich um eine innere Tatsache, die sich regelmäßig nur indirekt aus dem zutage getretenen Verhalten der

[33] BGH, FamRZ 1982, 151; FamRZ 1996, 1070, 1071
[34] BGH, FamRZ 1989, 150 = R 375

Parteien erschließen lässt.[35] Die bloße unangekündigte Einstellung der Zahlung reicht dazu nicht aus, weil es Sache des Berechtigten ist, sich zeitnah um die Durchsetzung seines Anspruchs zu bemühen.[36]

e) Unterhaltsvereinbarungen. Nach § 1585 c BGB können Ehegatten den nachehelichen Unterhalt vertraglich regeln. Es besteht grundsätzlich volle Vertragsfreiheit.[37] Solche vertragliche Regelungen sind in der Regel konkretisierende und modifizierende Unterhaltsvereinbarungen. Diese lassen den Charakter des Anspruchs als gesetzlichen Unterhaltsanspruch unberührt, was bei einem Abänderungsbegehren wichtig werden kann. **59**

Der Unterhaltsanspruch kann aber auch unter Verzicht auf einen gesetzlichen Anspruch durch eine eigenständige vertragliche Unterhaltsvereinbarung geregelt werden. Auf solche rein vertraglich begründete Unterhaltsansprüche können die Normen des Unterhaltsrechts dann nur ergänzend zur Auslegung herangezogen werden. Streitigkeiten über solche echten Vertragsansprüche sind keine Familiensachen.

Auf nachehelichen Unterhalt können die Ehegatten nach § 1585 c BGB auch verzichten. Solche **Verzichtsvereinbarungen** können allerdings nach § 138 BGB sittenwidrig und damit nichtig sein (Genaueres zu Unterhaltsvereinbarungen siehe Rn. 6/605 ff.).

f) Erbenhaftung. Nach § 1586 b I 1 BGB geht ein gesetzlicher Anspruch auf nachehelichen Unterhalt **mit dem Tod des Verpflichteten** als **Nachlassverbindlichkeit** auf dessen Erben, also ggf. auch auf den Erbeserben[38] über. Die für die Zeit vor dem Tod entstandenen und noch nicht erfüllten Unterhaltsansprüche sind normale Nachlassverbindlichkeiten im Sinne des § 1967 I BGB.[39] Ist der Unterhalt durch eine Vereinbarung geregelt, kommt es darauf an, ob es sich – wie regelmäßig und im Zweifel – nur um eine Konkretisierung des gesetzlichen Unterhalts handelt (vgl. Rn. 59 und 6/600) oder ob es um die Ausgestaltung eines rein vertraglichen, von der gesetzlichen Unterhaltspflicht gelösten Anspruchs geht (vgl. Rn. 59 und 6/600). Während es bei der nur konkretisierenden Vereinbarung bei der Anwendung des § 1586 b BGB verbleibt, kommt es beim rein vertraglichen Anspruch darauf an, ob der Vertrag nach seinem Inhalt dahin auszulegen ist, dass das Leistungsversprechen nicht auch für die Erben des Versprechenden gelten sollte. Lässt sich die Frage durch Auslegung nicht klären, haftet der Erbe des Versprechenden im Zweifel aber, da es um kein gesetzliches Unterhaltsverhältnis geht, nach den allgemeinen Vorschriften (§§ 1922, 1967 BGB).[40] **60**

Handelt es sich um eine den gesetzlichen Unterhaltsanspruch lediglich konkretisierende Vereinbarung zwischen dem geschiedenen Ehegatten und dem Erblasser, bindet die Vereinbarung auch den Erben.[41] Ein Abänderungsprozess ist zwischen dem unterhaltsberechtigten Ehegatten auf der einen Seite und dem oder – bei einer Mehrheit von Erben – den Erben auf der anderen Seite zu führen – siehe Rn. 6/600 a.

Die Unterhaltspflicht geht auf den Erben grundsätzlich unverändert, also auch belastet mit einem Einwand nach § 1579 BGB über. Sie besteht nur, wenn die Voraussetzungen eine nachehelichen Unterhaltstatbestands (§§ 1570–1573, 1575, 1576 BGB) weiter vorliegen. Hat der Erblasser ungeachtet der vorliegenden Voraussetzungen der Verwirkung nach § 1579 BGB den Unterhalt weiter bezahlt, kann ein Vertrauensschutz des Berechtigten, z. B. unter dem Gesichtspunkt der Verzeihung, entfallen, falls die Zahlung nur geschah, um eine über den Unterhaltsbetrag hinausgehende Rentenkürzung zu vermeiden.[42] Auch die Voraussetzungen einer Unterhaltsbeschränkung nach §§ 1573 V oder 1578 I 2 BGB können vom Erben geltend gemacht werden, falls ihre tatbestandlichen Voraussetzungen erst nach einem zwischen dem Erblasser und dem unterhaltsberechtigten Ehegatten ergangenen Urteil

[35] BGH, a.a.O.

[36] OLG Köln, FamRZ 1997, 426

[37] BGH, FamRZ 1985, 788 = NJW 1985, 1833

[38] BGH, FamRZ 1985, 164 für § 70 EheG

[39] Bergschneider, FamRZ 2003, 1049, 1050

[40] OLG Köln, FamRZ 1983, 1036, 1038; nach Meinung von Hambitzer, FamRZ 2001, 201, 202, ist aus dem Ausnahmecharakter des § 1586 b BGB zu entnehmen, dass ein nichtgesetzlicher, selbstständiger Unterhaltsanspruch nicht passiv vererblich sei; vgl. auch Hambitzer, FPR 2003, 157 ff.

[41] OLG Koblenz, NJW 2003, 439, 440

[42] BGH, FamRZ 2003, 521 = R 578 a–c

oder nach einer entsprechenden Unterhaltsvereinbarung eingetreten sind[43] – vgl. hierzu näher Rn. 595 b.

Unterhaltsbeschränkungen wegen fehlender Leistungsfähigkeit entfallen nach §§ 1581, 1586 b I 2 BGB. Da der Anspruch nach § 1586 b BGB seine unterhaltsrechtliche Natur nicht verliert,[44] hängt er weiterhin von der **Bedürftigkeit des Berechtigten** ab und bestimmt sich wegen der Höhe von dessen **Bedarf** weiter nach § 1578 BGB.[45] Zum Unterhalt gehören ggf. nach § 1578 II u. III BGB auch Alters-, Kranken- und Pflegevorsorgeunterhalt.[46] Allerdings kann der Erbe trotz der unterhaltsrechtlichen Natur des Anspruchs wegen der ihm obliegenden Unterhaltsleistungen – mit der Folge der Nichtsteuerbarkeit des Unterhalts beim Empfänger – **nicht das Realsplitting** nach § 10 I Nr. 1 EStG durchführen, weil der Abzugstatbestand an persönliche Eigenschaften des Steuerpflichtigen anknüpft (Wegfall des Ehegattensplittings, Folgen der Eheauflösung), welche beim Erben nicht vorliegen.[47]

§ 1586 b I 3 BGB **begrenzt die Erbenhaftung** auf einen fiktiven Pflichtteil, der dem Berechtigten ohne Ehescheidung zugestanden hätte. Daneben gelten die allgemeinen Beschränkungen der Erbenhaftung nach §§ 1975 ff. BGB. Zur **Berechnung des fiktiven Pflichtteils** ist vom Gesamtnachlass im Zeitpunkt des Todes des Erblassers, nicht der Scheidung auszugehen.[48] Güterrechtliche Besonderheiten sind nicht zu berücksichtigen (§ 1586 b II BGB). Der gesetzliche Erbeteil bestimmt sich daher nur nach § 1931 I und II BGB, die für überlebende Ehegatten günstigeren Regelungen nach §§ 1371 I, 1931 IV BGB scheiden aus.[49] (Fiktive) Pflichtteilsergänzungsansprüche des Unterhaltsberechtigten werden eingerechnet.[50]

Hatte der geschiedene Ehegatte auf sein **Erbrecht** (§ 2346 I BGB) **oder** auf sein **Pflichtteilsrecht** § 2346 II BGB) **verzichtet,** setzt sich der Anspruch mit dem Tod des Verpflichteten nicht als Nachlassverbindlichkeit fort.[51] Beim Erbverzicht stünde der geschiedene Ehegatte besser da als der nicht geschiedene, dem weder ein Erbteil noch – vgl. § 1615 I BGB – ein Unterhaltsanspruch verbliebe. Aber auch der Pflichtteilsverzicht stellt keine einseitige Erklärung des Verzichtenden, sondern einen – vielfach auch mit einer Gegenleistung verbundenen – Vertrag mit dem Erblasser dar, in dessen Interesse der Verzicht in der Regel liegen wird. Es ist daher davon auszugehen, dass er die gewonnene volle Testierfreiheit in der Mehrzahl der Fälle zu Lasten des Ehegatten nutzen wird, so dass der Verzicht auf das Pflichtteilsrecht nicht anders zu behandeln ist als der Erbverzicht. Auch hier wäre der nicht geschiedene Ehegatte, weil er seine gesicherte Erberwartung aufgegeben hat, überwiegend schlechter gestellt als der geschiedene. Im Übrigen behandelt § 1586 b BGB den geschiedenen Ehegatten so, als habe er sein Pflichtteilsrecht behalten. Hatte er auf dieses vor der Scheidung verzichtet, erscheint wenig verständlich, dass es über § 1586 b I BGB wieder „aufleben“ soll.

60 a **g) Unterhaltsberechtigung nach §§ 1933 S. 3, 1569 ff.** Einen Sonderfall **quasinachehelichen Unterhalts** stellt der Unterhaltsanspruch nach §§ 1933 S. 3, 1569 bis 1586 b BGB dar. Der nicht geschiedene überlebende Ehegatte erlangt bei Verlust seines Erbrechts nach § 1933 S. 1 oder 2 BGB, weil der Erblasser im Fall eines rechtshängigen[52] und nach materiellem Scheidungsrecht an sich begründeten Scheidungs-

---

[43] Bergschneider, FamRZ 2003, 1049, 1051
[44] Diekmann, FamRZ 1992, 633
[45] BGH, FamRZ 2003, 848, 854 = R 588 k
[46] Bergschneider, FamRZ 2003, 1049, 1052
[47] BFH, DB 1998, 552 = FamRZ 1998, 738 (Ls)
[48] Bundestagsdrucksache 7/650, S. 153
[49] MünchKomm BGB/Richter Rn. 9 zu § 1586 b
[50] BGH, FamRZ 2001, 282, 283 = R 550 b; FamRZ 2003, 848, 854 = R 588 k; vgl. hierzu auch Dressler, NJW 2003, 2430 ff.
[51] Diekmann, FamRZ 1992, 633 ff. u. FamRZ 1999, 1029; MünchKomm BGB/Maurer, Rn. 2 zu § 1586 b; Palandt/Brudermüller, 63. Aufl., § 1586 b Rn. 8; Palandt/Edenhofer, Rn. 9 zu § 1933; anderer Ansicht: Pentz, FamRZ 1998, 1344; Grziwotz, FamRZ 1991, 1258; Schmitz, FamRZ 1999, 1569; Bergschneider, FamRZ 2003, 1049, 1057
[52] BGH, FamRZ 1990, 1109 = NJW 1990, 2382

antrag[53] diesen entweder eingereicht oder ihm zugestimmt hatte, bzw. seinerseits eine an sich begründete Aufhebungsklage erhoben hatte, einen Unterhaltsanspruch nach Maßgabe des nachehelichen Unterhaltsrechts,[54] der sich gegen die Erben des verstorbenen Ehegatten richtet (§ 1586 b BGB), als wäre er von dem verstorbenen Ehegatten geschieden gewesen (siehe Rn. 60). Da der Anspruch auf Geschiedenenunterhalt mit dem Tod des Erblassers erstmals entsteht, tritt – soweit ein Unterhaltsanspruch davon abhängt – dieser Zeitpunkt an die Stelle des Einsatzzeitpunkts der Scheidung.

h) Pfändbarkeit. Der Anspruch auf nachehelichen Unterhalt ist wie der Trennungsunterhalt und Familienunterhalt als echter Unterhaltsanspruch grundsätzlich **nicht pfändbar** (§ 850 b I Nr. 2 ZPO) und daher auch grundsätzlich **nicht abtretbar** (§ 400 BGB). Allerdings wird § 400 BGB auch bei Unterhaltsansprüchen nicht angewendet, wenn der Zedent vom Zessionar eine wirtschaftlich gleichwertige Leistung erhalten hat bzw. erhält.[55] **Aufrechnung** ist ebenfalls grundsätzlich **ausgeschlossen** (§ 394 BGB). Das Vollstreckungsgericht kann eine Pfändung nach § 850 b II ZPO bei Vorliegen besonderer Umstände ausnahmsweise zulassen. 61

i) Insolvenz des Unterhaltsschuldners. Familienrechtliche Unterhaltsansprüche, welche bis zur Eröffnung des Insolvenzverfahrens fällig geworden waren **(Rückstände)**, sind als normale Insolvenzforderungen (vgl. § 40 InsO) beim Insolvenzverwalter zur Eintragung in die Tabelle (§§ 174, 175 InsO) anzumelden. Nur insoweit – also nur bezüglich dieser Rückstände – wird ein anhängiger Unterhaltsprozess nach § 240 ZPO unterbrochen.[56] Die **laufenden Unterhaltsforderungen,** welche erst nach Eröffnung des Verfahrens fällig geworden sind, können im Insolvenzverfahren grundsätzlich nicht geltend gemacht werden (§ 40 InsO). Sie lassen sich nur außerhalb des Insolvenzverfahrens geltend machen bzw. einklagen.[57] Ein bereits anhängiger Prozess ist wegen dieser Unterhaltsforderungen mangels Unterbrechung fortzusetzen.[58] Für die laufenden Forderungen kann in das nicht zur Insolvenzmasse gehörende Vermögen vollstreckt werden, wobei allerdings in der Regel nur ein eingeschränkter Zugriff auf das Arbeitseinkommen bleibt, auf welches der Unterhaltsgläubiger wegen § 850 d ZPO in weiterem Umfang zugreifen kann als die Insolvenzgläubiger.[59] Der Grund für die Schlechterstellung des Unterhaltsgläubigers ist die familienrechtliche Grundlage des Anspruchs, welche den Berechtigten das wirtschaftliche Schicksal des Pflichtigen teilen lässt.[60] Beruht die Unterhaltsverpflichtung des **Schuldners** auf seiner Stellung **als Erbe des Verpflichteten** (vgl. § 1586 b BGB), sind auch die laufenden Unterhaltsforderungen als normale Insolvenzforderungen zu behandeln (§ 40 InsO), die für das Verfahren auch wegen der künftigen Fälligkeiten als fällig gelten (§ 41 I InsO). Einen Sonderfall stellt der **Unterhalt** dar, welcher dem Schuldner und seiner Familie von der Gläubigerversammlung **aus der Insolvenzmasse** bewilligt werden kann (§ 100 InsO). Dabei kommt die Gewährung notwendigen Unterhalts auch an den getrennt lebenden oder geschiedenen Ehegatten in Betracht (§ 100 II InsO). 61 a

Im Hinblick auf die Möglichkeiten des **Verbraucherinsolvenzverfahrens** nach §§ 304 ff. InsO wird zunehmend erwogen, ob ein überschuldeter Unterhaltsschuldner nicht verpflichtet sein kann, Insolvenzantrag zu stellen, um seine unterhaltsrechtliche Leistungsfähigkeit zu erhöhen.[61]

---

[53] Vgl. dazu OLG Frankfurt, FamRZ 1990, 210; BGH, FamRZ 1995, 229 ff.; OLG Zweibrücken, FamRZ 2001, 452

[54] Bundestagsdrucksache 7/650, S. 274 ff.; zur konkludenten Zustimmung des Erblassers zum Scheidungsantrag vgl. OLG Köln, FamRZ 2003, 1223

[55] BGH, FamRZ 1995, 160, 161

[56] OLG Koblenz, FamRZ 2003, 109 m. w. N.

[57] OLG Koblenz, FamRZ 2002, 31, 32

[58] OLG Koblenz, FamRZ 2003, 109

[59] Vgl. Wimmer-Schulz, InsO, Rn. 6 f. zu § 40

[60] Jaeger, KO, 9. Aufl., Rn. 109 zu § 3

[61] Vgl. Melchers, FamRZ 2001, 1509 ff.; Hoppenz, FF 2003, 158 ff.; OLG Hamm, FamRZ 2001, 441 ff. mit Anm. Born; AG Nordenham, FamRZ 2002, 896 ff. mit Anm. Melchers; OLG Dresden, FamRZ 2003, 1028; ablehnend OLG Naumburg, FamRZ 2003, 1215, weil sich die Leistungsfähigkeit nicht nach Vollstreckungsrecht, sondern nach materiellem Unterhaltsrecht bestimme

62 **j) Prozesskostenvorschuss.** Im Gegensatz zum Familienunterhalt und Trennungsunterhalt (§§ 1360 a IV und 1361 IV BGB) besteht nach Rechtskraft der Scheidung **kein Anspruch** mehr auf einen Prozesskostenvorschuss.[62] Dagegen kann für das Scheidungsverfahren selbst und für die Folgesachen im Verbund noch Prozesskostenvorschuss nach §§ 1361 IV, 1360 a IV BGB verlangt werden. Genaueres dazu siehe Rn. 6/20 ff.

7. Sonstige verfahrensrechtliche Besonderheiten des nachehelichen Unterhalts

63 **Nichtidentität** von Trennungsunterhalt und nachehelichem Unterhalt (dazu Rn. 14).

Vor Rechtskraft der Scheidung kann der nacheheliche Unterhalt als **Folgesache im Verbund** anhängig gemacht werden (dazu Rn. 14 und 41).

Ergeht im Scheidungsverfahren eine **einstweilige Anordnung** über den Ehegattenunterhalt (§ 620 Nr. 6 ZPO), so wirkt diese über den Zeitpunkt der Scheidung hinaus auch für den nachehelichen Unterhalt, bis eine anderweitige Regelung nach § 620 f ZPO wirksam wird (dazu Rn. 15 und 41). Wegen der in § 644 ZPO eingeführten Möglichkeit, einstweilige Anordnungen auch außerhalb eines Scheidungsverfahrens im Rahmen eines – auch nur wegen Prozesskostenhilfe anhängigen – Unterhaltsverfahrens zu erwirken, ist die Zahl der Fälle, in denen noch eine **einstweilige Verfügung** (vgl. Rn. 41) in Betracht kommt, beschränkt.[63]

II. Unterhalt wegen Betreuung eines gemeinschaftlichen Kindes nach § 1570 BGB

1. Anspruchsvoraussetzungen nach § 1570 BGB

64 Nach § 1570 BGB kann ein Ehegatte Betreuungsunterhalt verlangen, solange und soweit von ihm wegen der Pflege und Erziehung eines gemeinschaftlichen Kindes eine Erwerbstätigkeit nicht erwartet werden kann. Der Betreuungsunterhalt ist ein Anspruch im Interesse des Kindeswohls. Ein Kind soll unter der Scheidung seiner Eltern nicht mehr als unvermeidbar leiden, und deshalb soll wenigstens die persönliche Betreuung durch einen Elternteil gewährleistet bleiben, dem dafür eine Unterhaltssicherung gewährt wird. Leider ist gerade diese gesetzliche Unterhaltsregelung nicht selten Mitursache eines erbitterten Streits um die Kinder. **Anspruchsvoraussetzungen** nach § 1570 BGB:

- Gemeinschaftliches betreuungsbedürftiges Kind (Rn. 65).
- Berechtigte Betreuung des Kindes (Rn. 66).
- Wegen der Pflege oder Erziehung des Kindes kann vom betreuenden Elternteil keine oder nur eine zeitlich beschränkte Erwerbstätigkeit erwartet werden. Die Pflegenotwendigkeit kann sich dabei auch auf ein volljähriges, z. B. behindertes Kind beziehen.

65 Gemeinschaftlich im Sinn von § 1570 BGB sind leibliche Kinder beider Ehegatten und von den Ehegatten adoptierte Kinder, weil auch diese durch die Adoption jeweils die rechtliche Stellung eines **gemeinschaftlichen ehelichen Kindes** erlangt haben.[64]

Auch ein scheineheliches Kind gilt als gemeinschaftliches Kind, solange die Vaterschaft nicht wirksam angefochten ist.[65]

Nicht gemeinschaftlich ist ein Pflegekind, auch wenn es von beiden Ehegatten gemeinschaftlich in die Familie aufgenommen worden ist.[66]

Nicht gemeinschaftlich sind außerdem Stiefkinder sowie vor- und außereheliche Kinder eines Ehegatten. Insoweit kann evtl. ein Unterhaltsanspruch nach § 1576 BGB bestehen.[67]

---

[62] BGH, FamRZ 1984, 148 = R 182
[63] OLG Nürnberg, NJW 1998, 3787
[64] BGH, FamRZ 1984, 361 = R 196 a
[65] BGH, 1985, 51
[66] BGH, FamRZ 1984, 361 = R 196 a
[67] BGH, FamRZ 1984, 361, 363 = R 196 a; FamRZ 1984, 769 = NJW 1984, 2355

Da § 1570 BGB die Pflege und Erziehung gemeinschaftlicher Kinder aus der geschiedenen Ehe sicherstellen will, gilt er nicht, wenn die geschiedenen Ehegatten später ein **gemeinschaftliches nichteheliches** Kind bekommen. Die betreuende Mutter muss sich in diesem Fall mit dem Anspruch nach § 1615 l I u. II BGB begnügen.[68] Zur Frage, ob – ggf. nach Beendigung des befristeten Anspruchs nach § 1615 l I u. II BGB – ein Anspruch auf Billigkeitsunterhalt nach § 1576 BGB in Betracht kommt, hat der BGH den Standpunkt vertreten, dass § 1576 BGB nur nicht ausdrücklich geregelte Fälle nachehelichen Unterhalts auffangen wolle, der Anspruch der Mutter, die ein nichteheliches Kind betreue, werde in § 1615 l BGB darüber hinaus abschließend behandelt. Dies zeige sich auch daran, dass die bisherige zeitliche Begrenzung des Anspruchs der betreuenden Mutter auf 3 Jahre nach der Geburt nach der Neufassung des § 1615 l II S. 3 BGB unter Berücksichtigung der Kindesbelange bei Vorliegen einer groben Unbilligkeit verlängert werden könne.[69]

Das gemeinschaftliche Kind muss **betreuungsbedürftig** sein.[70]

Die **Betreuung** des Kindes muss **rechtmäßig** geschehen, d. h. entweder mit Einver- **66**
ständnis des anderen Elternteils oder auf Grund einer Sorgerechtsentscheidung ausgeübt werden.[71] Von rechtmäßiger Betreuung ist auszugehen, auch wenn der andere Elternteil nicht zugestimmt hat oder sogar widerspricht, solange die gemeinsame elterliche Sorge besteht. Dies ist aus der Vertretungsbefugnis des betreuenden Elternteils für den Kindesunterhalt (§ 1629 II 2 BGB) zu schließen.[72]

- Die Berechtigung zur Betreuung eines Kindes kann durch eine spätere Sorgerechtsänderung entfallen mit der Folge, dass auch ein Anspruch nach § 1570 BGB in Wegfall kommt.
- Bei gemeinschaftlichem Sorgerecht der Ehegatten ist die Betreuung stets berechtigt. Unterhaltsrechtlich kann ein Anspruch nach § 1570 BGB dann bestehen, wenn – wie in der Regel – ein Ehegatte auf Grund der getroffenen Vereinbarungen das Kind überwiegend betreut und aus diesem Grund an einer Erwerbstätigkeit gehindert ist.
- Bei einer Geschwistertrennung ist bei jedem Ehegatten unter Anlegung gleicher Maßstäbe zu prüfen, ob und in welchem Umfang ihm trotz der jeweils berechtigten Kindesbetreuung eine Erwerbstätigkeit zugemutet werden kann.

Die **Kindesbetreuung** muss grundsätzlich **ursächlich dafür** sein, **dass** der betreuende **67**
Ehegatte einer **Erwerbstätigkeit nicht oder nur teilweise** nachgehen kann.

Ob und in welchem Umfang einem Ehegatten trotz der Kindesbetreuung eine Erwerbstätigkeit zugemutet werden kann, hängt von den Umständen des Einzelfalls (Rn. 68) sowie vor allem von Alter und Zahl der zu betreuenden Kinder (Rn. 70) und von der Inanspruchnahme des Sorgeberechtigten durch die Betreuung ab.

Bei einem Einzelkind entfällt ein Anspruch nach § 1570 BGB in der Regel vollständig, wenn das Kind das 15. oder 16. Lebensjahr vollendet.[73] Auch bei einem behinderten, über 15 Jahre alten Kind, das sich in Ganztagsbetreuung befindet, kann jedenfalls eine Aushilfstätigkeit zumutbar sein.[74]

Die Notwendigkeit der Kindesbetreuung muss **nicht im Zeitpunkt der Scheidung oder zu einem sonstigen Einsatzzeitpunkt** bestehen. Sie kann später eintreten, wieder wegfallen und neu entstehen. Ein Betreuungsunterhalt kann selbst nach abgeschlossener Erziehung neu entstehen, wenn ein Kind infolge Unfalls oder Krankheit pflege- und betreuungsbedürftig wird.

Der Anspruch nach § 1570 BGB besteht auch, wenn ein Dritter (z. B. die Großmutter) das sechsjährige Kind zeitweise betreut, damit die sorgeberechtigte Tochter einer Aus-

---

[68] BGH, FamRZ 1998, 426 = R 519 a

[69] BGH, a.a.O.

[70] BGH, FamRZ 1980, 665, 667 = NJW 1980, 1686

[71] BGH, FamRZ 1983, 142 = NJW 1983, 451; FamRZ 1980, 665 = NJW 1980, 1686; a. A. Göppinger/Wax-Bäumel, Unterhaltsrecht, 8. Aufl., Rn. 954 – es komme nur auf die tatsächliche Übernahme der Betreuung an;

[72] Göppinger/Wax-Bäumel, Unterhaltsrecht, 8. Aufl., Rn. 954

[73] BGH, FamRZ 1990, 496 = R 414 a; FamRZ 1990, 260, 262 = R 399 a; vgl. zu den einschlägigen Leitlinien Rn. 80

[74] OLG Zweibrücken, FamRZ 2001, 833, 834

bildung nachgehen kann. Es kann nicht angenommen werden, dass die Großmutter mit der Betreuung des Kindes der Tochter eine den Verpflichteten entlastende Berufsarbeit ermöglichen will.[75] Ist die Berechtigte Schülerin und hätte sie ihre Schulausbildung trotz Kindes ohnehin fortgeführt, gilt dasselbe.[76] Die Verknüpfung zwischen Kindesbetreuung und fehlender Erwerbstätigkeit liegt hier darin, dass wegen der konkreten Betreuung, nicht aber wegen der fortgeführten Ausbildung, keine Erwerbstätigkeit erwartet werden kann.

Ein Anspruch nach § 1570 BGB kann entfallen bei **Heim- oder Internatsunterbringung** des Kindes, weil der Sorgeberechtigte dann nicht mehr durch die Kindesbetreuung an einer Erwerbstätigkeit gehindert ist.

2. Umstände, die bei Beurteilung einer Erwerbsobliegenheit zu berücksichtigen sind

68 Ob und in welchem Umfang eine **Erwerbsobliegenheit trotz Kindesbetreuung** besteht, ist nach objektiven Kriterien zu beurteilen. Bei der vorzunehmenden Abwägung unter umfassender Würdigung aller Umstände des konkreten Einzelfalls kommt es vor allem auf die persönlichen Verhältnisse des Unterhalt begehrenden Ehegatten, auf das konkrete Ausmaß der Betreuungsbedürftigkeit des Kindes sowie auf die wirtschaftlichen Verhältnisse beider Ehegatten an.[77]

69 Zu den **persönlichen Verhältnissen des** betreuenden **Ehegatten** zählen u. a. vor allem: sein Alter, sein Gesundheitszustand, seine Berufsvorbildung, seine Arbeitsfähigkeit und seine Arbeitsmarktchance, das Vorliegen einer krankheitsbedingten Erwerbsbehinderung, eine frühere berufliche Betätigung, wie lange nicht mehr in dem früheren Beruf gearbeitet worden ist, welche Wiedereingliederungsschwierigkeiten in das frühere Berufsleben bestehen, die Dauer der Ehe, persönliche Schwierigkeiten mit der Erziehung der Kinder sowie sonstige persönliche Verhältnisse.[78]

War die Bedürftige bis wenige Jahre vor der Ehe über längere Zeit stundenweise als Raumpflegerin tätig, ist nicht ohne weiteres ersichtlich, warum ihr bei Betreuung von zwei Kindern im Alter von 11 und 15 Jahren eine solche Tätigkeit nicht auch künftig wieder zugemutet werden könnte, auch wenn diese Tätigkeit schon lange zurückliegt.[79]

Wird dem Berechtigten die Ausübung einer unqualifizierten berufsfremden Tätigkeit angesonnen, muss besonders geprüft werden, ob dies nach dem sozialen Status der Ehegatten angemessen ist.[80]

70 Umstände, die sich aus der Person des oder der zu betreuenden Kinder ergeben, vor allem das **Ausmaß der Betreuungsbedürftigkeit.**

Alter und Anzahl der Kinder, ob und in welchem Umfang die Kinder zeitweise durch den Besuch eines Kindergartens, einer Schule oder eines Internats keiner Betreuung und Versorgung bedürfen, ob und in welchem Umfang die Kinder durch andere Personen ausreichend versorgt und betreut werden, Gesundheitszustand, Entwicklungszustand sowie schulische Probleme und Verhaltensauffälligkeiten oder Verhaltensstörungen des Kindes.[81]

Zu berücksichtigen ist auch ein überdurchschnittlich hoher Betreuungsbedarf bei sogenannten Problemkindern (z. B. besondere psychische Labilität in der Pubertät oder infolge der Scheidung).[82]

---

[75] BGH, FamRZ 1987, 252 = R 317 a

[76] Vgl. OLG Hamm, FamRZ 1997, 632, zum gleich lautenden § 1615 l II 2 BGB

[77] BGH, FamRZ 1990, 283, 286 = R 400 c; FamRZ 1989, 487 = R 383 a; FamRZ 1985, 50 = NJW 1985, 429

[78] BGH, FamRZ 1990, 283, 286 = R 400 c; FamRZ 1989, 487 = R 383 a

[79] BGH, FamRZ 1979, 571, 573 = NJW 1979, 1452

[80] BGH, FamRZ 1990, 283, 286 = R 400 c

[81] BGH, FamRZ 1985, 50 = NJW 1985, 429; vgl. auch BGH, FamRZ 1998, 541, 544 = R 520 c zu den entsprechenden Überlegungen beim Unterhaltsanspruch nach § 1615 l II BGB

[82] BGH, FamRZ 1984, 769 = R 214 a

Bedeutsam kann außerdem sein, ob es dritte Personen gibt, die im Fall berufsbedingter Abwesenheit bei der Betreuung des Kindes helfend zur Seite stehen können.[83]

Eine vom betreuenden Ehegatten nur aus Not aufgenommene **überobligationsmäßige Erwerbstätigkeit** bleibt auf jeden Fall unzumutbar.[84]

Die Tatsache, dass ein Dritter das Kind freiwillig zeitweise betreut, begründet keine Erwerbsobliegenheit, weil nach der Lebenserfahrung nicht ohne weiteres angenommen werden kann, dass dies geschieht, um dem betreuenden Ehegatten eine den Verpflichteten entlastende Erwerbstätigkeit zu ermöglichen.[85]

Von Gewicht ist auch, dass die Kinder einen Elternteil entbehren müssen und deshalb besonderer Zuwendung und Betreuung durch den anderen Elternteil bedürfen.[86]

Vom Alter der Kinder hängt auch der Umfang einer zu übernehmenden Teilzeitbeschäftigung ab. Das OLG München nimmt z. B. bei Betreuung von ein oder zwei Kindern an, dass ab Beginn des 3. Schulklasse des jüngsten Kindes die Obliegenheit zur **Teilzeittätigkeit** besteht, die sich auf eine Obliegenheit zur Halbtagstätigkeit ausweitet, wenn für das jüngste Kind die 5. Schulklasse beginnt.[87]

Zu berücksichtigen sind die **wirtschaftlichen Verhältnisse** beider Ehegatten.[88] **71**

Bei hohen Einkünften des Verpflichteten kann eine Erwerbsobliegenheit eher verneint werden[89] als bei sehr beengten wirtschaftlichen Verhältnissen beider Eheleute.[90]

In Mangelfällen nach § 1581 BGB bestehen verschärfte Anforderungen an die Erwerbsobliegenheit des betreuenden Elternteils.[91]

Nicht zu berücksichtigen ist, dass der betreuende Ehegatte durch eine Erwerbstätigkeit an der Versorgung seines neuen Partners gehindert würde.[92]

Die Rechtsprechung beurteilt die Frage der Erwerbsobliegenheit des betreuenden Ehe- **71 a**
gatten – ausgehend vom Alter des oder der Kinder – teilweise **nach Erfahrungssätzen** (vgl. Rn. 72 ff.); z. B. hat der BGH ausgesprochen, dass bei Betreuung eines noch nicht schulpflichtigen Kindes grundsätzlich keine Erwerbsobliegenheit besteht.[93] Wer sich darauf beruft, dass auf Grund der Umstände des konkreten Einzelfalls eine Abweichung von der erfahrungsgemäßen Regel vorliege, trägt für derartige Ausnahmeumstände die **Darlegungs- und Beweislast.**[94] Vgl. Rn. 72 zur entsprechenden Situation bei einem schulpflichtigen Kind unter 8 Jahren.

3. Keine Erwerbsobliegenheit bei Betreuung eines Kindes unter 8 Jahren

Der BGH hat bisher regelmäßig eine Erwerbsobliegenheit des betreuenden Elternteils **72**
verneint, solange das betreute Kind noch nicht acht Jahre alt ist.[95] Eine Erwerbsobliegenheit ist nicht zumutbar bei Betreuung eines noch nicht schulpflichtigen Kindes.[96]

Eine generelle **Unzumutbarkeit** ist auch zu bejahen **während der ersten beiden Grundschuljahre.** Dem liegt die Erfahrung zugrunde, dass ein schulpflichtiges Kind in den ersten Schuljahren noch einer verstärkten Beaufsichtigung und Fürsorge bedarf, die nicht auf bestimmte Zeitabschnitte eines Tages beschränkt ist. Die gesunde Entwicklung eines Kindes bis zu acht Jahren erfordert es in der Regel, dass sich ein Elternteil dem Kind noch

---

83 BGH, FamRZ 1989, 487 = R 383 a
84 BGH, FamRZ 1998, 1501, 1502 = R 521 a; OLG Karlsruhe, FamRZ 1981, 559
85 BGH, FamRZ 1987, 252 = R 317 a
86 BGH, FamRZ 1982, 23, 24 f.
87 OLG München, OLGR 1999, 92
88 BGH, FamRZ 90, 283, 286 = R 400 c; FamRZ 1984, 364
89 BGH, FamRZ 1984, 662 = NJW 1984, 2358
90 BGH, FamRZ 1984, 364; FamRZ 1982, 23, 24 f.
91 BGH, FamRZ 1983, 569, 570 f.
92 BGH, FamRZ 1980, 40, 42 = NJW 1980, 124, 126
93 BGH, FamRZ 1998, 1501, 1502 = R 521 a; FamRZ 1983, 456, 458
94 BGH, FamRZ 1998, 1501, 1502 = R 521 a; FamRZ 1983, 456, 458
95 BGH, FamRZ 1989, 487 = R 383 a; FamRZ 1984, 356; FamRZ 1983, 996, 997; FamRZ 1983, 456, 458
96 BGH, FamRZ 1998, 1501, 1502 = R 521 a; FamRZ 1983, 456, 458

jederzeit widmen kann, was einem Erwerbstätigen etwa bei ausfallenden Schulstunden und Erkrankung des Kindes nicht möglich wäre.[97]

Die generelle Verneinung einer Erwerbsobliegenheit bei Betreuung eines Kindes unter acht Jahren beinhaltet nach der Rechtsprechung des BGH einen allgemeinen Erfahrungssatz. Dies hat zur Folge, dass der Verpflichtete, der eine Ausnahme von dieser erfahrungsmäßigen Regel behauptet, die für die Bejahung einer Ausnahmesituation erforderlichen besonderen Umstände des Einzelfalls **darlegen und beweisen muss** – vgl. Rn. 71 a.[98]

73 Zur Beurteilung der Frage, ob ausnahmsweise eine **zumutbare Erwerbsobliegenheit** bejaht werden kann, sind sämtliche Umstände des Einzelfalls zu berücksichtigen (siehe Rn. 68 bis 71). Ein Indiz für die zumutbare Fortsetzung einer trotz Betreuung eines Kindes im Kindergartenalter bereits ausgeübten Erwerbstätigkeit kann sein, dass diese Tätigkeit aus freiem Willen, also nicht aus Not wegen unzureichender Versorgung durch den Verpflichteten, aufgenommen wurde und lediglich in gleichem Umfang fortgesetzt wird.[99] Unterdurchschnittliche wirtschaftliche Verhältnisse sprechen eher für eine frühzeitige Verpflichtung zur Arbeitsaufnahme.[100]

74 **Oberlandesgerichtliche Leitlinien** (sämtlich mit dem Stand vom 1. 7. 2003):[101]

- Süddeutsche Leitlinien (FamRZ 2003, 910) Nr. 17.1:
  keine Erwerbsobliegenheit, bis das jüngste Kind in die dritte Grundschulklasse kommt;
- OLG Brandenburg Nr. 17.1:
  nach den Umständen des Einzelfalls, insbesondere nach Alter und Zahl der betreuungsbedürftigen Kinder sowie der Dauer der Ehe;
- OLG Bremen Nr. 17.1:
  bei minderjährigen Kindern Erwerbsobliegenheit, wenn das jüngste Kind in die 3. Grundschuldklasse kommt;
- OLG Celle Nr. 17.1:
  im Allgemeinen keine Erwerbsobliegenheit, solange ein Kind noch die Grundschule besucht;
- OLG Dresden Nr. 17.1:
  nach den Umständen des Einzelfalls, abhängig von der in Frage kommenden Berufstätigkeit, Betreuungsmöglichkeiten sowie Alter und Zahl der Kinder;
- OLG Düsseldorf Nr. 17.1:
  keine Erwerbsobliegenheit bei Versorgung eines Kindes unter 8 Jahren;
- OLG Franfurt Nr. 17.1:
  in der Regel keine Erwerbsobliegenheit, bevor das jüngste Kind in die dritte Grundschulklasse kommt;
- OLG Hamburg Nr. 17.1:
  in der Regel Erwerbsobliegenheit erst, wenn das jüngste Kind in die 3. Grundschulklasse kommt;
- OLG Hamm Nr. 17.1.1:
  in der Regel keine Verpflichtung zur Erwerbstätigkeit, solange ein gemeinschaftliches Kind noch die Grundschule besucht, danach nach den Umständen des Einzelfalls;
- Kammergericht Nr. 17.1:
  in der Regel keine Erwerbsobliegenheit, bevor das Kind das zweite Grundschuljahr vollendet hat;
- OLG Koblenz (NJW 2003, 3753) Nr. 17.1:
  in der Regel keine Erwerbsobliegenheit bei einem Kind bis zum Ende des Jahres der Einschulung;

---

[97] BGH, FamRZ 1983, 456, 458

[98] BGH, FamRZ 1988, 145; FamRZ 1983, 996, 997; FamRZ 1983, 456, 458

[99] BGH, FamRZ 1983, 146 = R 142 a

[100] OLG Hamm, FamRZ 1997, 1073 (nur Ls) = OLGR 1997, 70

[101] Die Leitlinien sind mit Stand 1. 7. 2003 in den Beilagen zu Heft 32/2003 der NJW und zu Heft 8/2003 der FPR abgedruckt

- OLG Köln Nr. 17.1:
  in der Regel keine Erwerbsobliegenheit bei einem Kind unter 8 Jahren (bis Ende des 2. Schuljahrs);
- OLG Naumburg Nr. 17.1:
  im Allgemeinen keine Zumutbarkeit einer Erwerbstätigkeit, solange ein Kind noch die Grundschule besucht, danach kommt jedenfalls eine Teilzeittätigkeit in Betracht;
- OLG Oldenburg Nr. 17.1:
  nach den Umständen des Einzelfalls, in der Regel keine Erwerbsobliegenheit bis zur Vollendung des 8. Lebensjahres;
- OLG Rostock Nr. 17.1:
  nach den Umständen des Einzelfalls, insbesondere abzustellen auf Zahl und Alter der Kinder, etwaige Schulprobleme und andere Betreuungsmöglichkeiten;
- OLG Schleswig Nr. 17.1:
  regelmäßig keine Erwerbsobliegenheit, bevor das jüngste Kind die 4. Grundschulklasse beendet hat.

4. Erwerbsobliegenheit bei Betreuung eines Kindes zwischen 8 und 11 Jahren

Nach der Rechtsprechung des BGH lässt sich bei Kindern zwischen acht und elf Jahren keine allgemeine Regel aufstellen. Es ist jeweils nach den konkreten Umständen des Einzelfalls zu klären und zu entscheiden, ob und in welchem Umfang bereits eine Erwerbsobliegenheit besteht.[102] Dagegen geht z. B. das OLG Koblenz 4. FamS)[103] davon aus, dass vor Vollendung des 10. Lebensjahrs oder der vierten Grundschulklasse regelmäßig auch keine Verpflichtung zu einer Teilzeittätigkeit besteht. Das OLG Hamm (8. FamS)[104] verneint eine Erwerbsverpflichtung, solange sich das Kind noch im Grundschulalter befindet. **75**

Bei der Zumutbarkeitsabwägung sind u. a. im Wesentlichen alle unter Rn. 68 bis 71 erwähnten Umstände zu berücksichtigen.

Da bei dieser Altersgruppe **kein Regel-/Ausnahmeverhältnis** besteht, hat der Unterhalt begehrende Ehegatte die **Darlegungs- und Beweislast** für alle Umstände, die für eine fehlende Erwerbsobliegenheit sprechen können.

Oberlandesgerichtliche Leitlinien zu dieser Altersgruppe (sämtlich mit dem Stand vom 1. 7. 2003):[105] **76**

- Süddeutsche Leitlinien (FamRZ 2003, 910) Nr. 17.1:
  Obliegenheit zur Teilzeitbeschäftigung in der Regel ab Beginn der 3. Grundschulklasse des jüngsten Kindes;
- OLG Brandenburg Nr. 17.1:
  nach den Umständen des Einzelfalls, insbesondere nach Alter und Zahl der betreuungsbedürftigen Kinder sowie der Dauer der Ehe;
- OLG Bremen Nr. 17.1:
  bei minderjährigen Kindern Erwerbsobliegenheit, wenn das jüngste Kind in die 3. Grundschuldklasse kommt;
- OLG Celle 17.1:
  nach den Umständen des Einzelfalls – im Allgemeinen keine Erwerbsobliegenheit, solange ein Kind noch die Grundschule besucht, danach jedenfalls Teilzeitbeschäftigung;
- OLG Dresden Nr. 17.1:
  nach den Umständen des Einzelfalls, abhängig von der in Frage kommenden Berufstätigkeit, Betreuungsmöglichkeiten sowie Alter und Zahl der Kinder;
- OLG Düsseldorf Nr. 17.1:
  nach der Grundschulzeit ist im Allgemeinen eine Teilzeitarbeit zumutbar;

---

[102] BGH, FamRZ 1989, 487 = R 383 a
[103] OLG Koblenz, FamRZ 2001, 1617; anders die neuen Leitlinien 17.1, NJW 2003, 3753
[104] OLG Hamm, FamRZ 2000, 1375
[105] Die Leitlinien mit dem Stand vom 1. 7. 2003 sind in den Beilagen zu Heft 32/2003 der NJW und zu Heft 8/2003 der FPR abgedruckt

- OLG Franfurt Nr. 17.1:
  ab Beginn der dritten Grundschulklasse bis zur Vollendung des 15. Lebensjahrs des jüngsten Kindes in der Regel Teilerwerbsobliegenheit;
- OLG Hamburg Nr. 17.1:
  ab Beginn der 3. Grundschulklassse bis zur Vollendung des 15. Lebensjahrs des jüngsten Kindes in der Regel Obliegenheit zur teilweisen Erwerbstätigkeit;
- OLG Hamm Nr. 17.1.1:
  nach der Grundschulzeit Erwerbsobliegenheit nach den Umständen des Einzelfalls;
- Kammergericht Nr. 17.1:
  nach den Umständen des Einzelfalls – keine Erwerbsobliegenheit, bevor das Kind das zweite Grundschuljahr vollendet hat;
- OLG Köln Nr. 17.1:
  in der Regel Teilerwerbsobliegenheit bei einem Kind zwischen 8 und 16 Jahren;
- OLG Naumburg Nr. 17.1:
  im Allgemeinen keine Erwerbstätigkeit zumutbar, solange ein Kind noch die Grundschule besucht, danach kommt jedenfalls eine Teilzeittätigkeit in Betracht;
- OLG Oldenburg Nr. 17.1:
  Teilerwerbsobliegenheit beim Alter eines Kindes zwischen 8 und 15 Jahren bzw. bei mehreren Kindern zwischen 13 und 16 Jahren;
- OLG Rostock Nr. 17.1:
  nach den Umständen des Einzelfalls, insbesondere abzustellen auf Zahl und Alter der Kinder, etwaige Schulprobleme und andere Betreuungsmöglichkeiten;
- OLG Schleswig Nr. 17.1:
  in der Regel Teilerwerbsobliegenheit, nachdem das jüngste Kind die 4. Grundschuldklasse beendet hat, bis zur Vollendung des 16. Lebensjahrs des jüngsten Kindes.

5. Erwerbsobliegenheit bei Betreuung eines Kindes zwischen 11 und 15 Jahren

77 Nach der Rechtsprechung des BGH ist bei Betreuung eines 11- bis 15-jährigen Kindes in der Regel eine **Teilzeitbeschäftigung zumutbar,**[106] vor allem in den Vormittagsstunden, wenn das Kind die Schule besucht. Die Mutter ist durch den Schulbesuch und das Alter des Kindes nicht mehr so gebunden, dass sie an der Übernahme einer Teilzeitbeschäftigung gehindert wäre.[107] Die Teilzeitbeschäftigung muss nicht den Umfang einer Halbtagstätigkeit erreichen.[108]

Bei einem 13-jährigen Kind kann einem Lehrer die Ausübung des Lehrerberufes mit ²/₃ der normalen Pflichtstundenzahl zugemutet werden.[109]

Das Maß der zumutbaren Tätigkeit richtet sich nach den Umständen des Einzelfalls. Dabei ist auch ein überdurchschnittlich hoher Betreuungsbedarf sog. Problemkinder zu berücksichtigen.[110] Bei der Zumutbarkeitsabwägung sind die unter Rn. 68 bis 71 erörterten Umstände zu berücksichtigen, z. B. beim Kind (Kränklichkeit, Schulschwierigkeiten, Entwicklungsstörungen) und beim Betreuenden (Alter, Gesundheitszustand, Beschäftigungschancen, anderweitige Betreuungsmöglichkeiten).[111]

Nach allen **oberlandesgerichtlichen Leitlinien,** die zur Erwerbsobliegenheit des betreuenden Elternteils Stellung nehmen, kommt bei Kindern zwischen 11 und 15 Jahren – jedenfalls wenn nur ein Kind betreut wird – eine Teilerwerbsobliegenheit in Betracht.

6. Vollerwerbsobliegenheit bei Kind ab etwa 15 Jahren

78 Ein Kind im Alter von ca. 15 bis 16 Jahren ermöglicht es in aller Regel dem betreuenden Elternteil, eine Vollzeitbeschäftigung aufzunehmen. Wenn in diesem Alter eine bisherige

[106] BGH, FamRZ 1997, 671, 673 = R 511A c
[107] BGH, FamRZ 1982, 148, 150
[108] BGH, FamRZ 1997, 671, 673 = R 511A c; FamRZ 1984, 769 = R 214 a
[109] BGH, FamRZ 1984, 374, 376
[110] BGH, FamRZ 1984, 769 = R 214 a
[111] BGH, FamRZ 1997, 671, 673 = R 511 A c

Halbtagstätigkeit zur Ganztagstätigkeit ausgeweitet wird, ist dies keine unzumutbare Tätigkeit.[112]

Mit 15 1/2 Jahren hat ein Kind ein Alter erreicht, in dem es den betreuenden Elternteil in zeitlicher Hinsicht regelmäßig nicht mehr so beansprucht, dass sich die Pflege und Erziehung des Kindes bei entsprechend erhöhtem Einsatz grundsätzlich nicht auch neben einer Vollerwerbstätigkeit bewältigen lässt.[113] Ein Jugendlicher kann ab diesem Alter weitgehend für sich selbst sorgen. Eine größere Selbstständigkeit ist für seine Entwicklung sogar förderlich.[114] Die Betreuung eines 17-jährigen Kindes, das im Haushalt lebt und ein Gymnasium besucht, schränkt daher die Erwerbsobliegenheit nicht auf eine Teilzeitarbeit ein.[115]

Im Rahmen der Prüfung der Voraussetzungen des § 1570 BGB kann deshalb nach Heranwachsen des Kindes in diese Altersstufe im Allgemeinen davon ausgegangen werden, dass ein weiterer Aufschub für die Aufnahme einer vollen Erwerbstätigkeit durch den betreuenden Elternteil nur gerechtfertigt ist, wenn besondere Gründe vorliegen. Falls der betreuende Elternteil eine Ausnahme dieser auf der Lebenserfahrung beruhenden Regel für sich in Anspruch nimmt, hat er im Prozess die hierfür erforderlichen Voraussetzungen darzulegen und nachzuweisen.[116] Ob bei einem 15-jährigen Kind mehr als eine Halbtagsbeschäftigung zugemutet werden kann, ist weitgehend Sache tatrichterlicher Beurteilung auf Grund einer Abwägung aller Einzelumstände.[117] 79

Vergleichsweise kann durch eine individuelle Vereinbarung geregelt werden, dass dem betreuenden Elternteil trotz einer 17-jährigen Tochter nur eine Halbtagsbeschäftigung zugemutet werden soll. Erweitert der Berechtigte nach Volljährigkeit der Tochter seine Tätigkeit zu einer Ganztagsbeschäftigung, so liegen die Voraussetzungen für einen Unterhaltsanspruch nach § 1570 BGB – auch in der vertraglichen Ausgestaltung durch den Vergleich – nicht mehr vor.[118]

Sobald trotz Kindesbetreuung eine volle Erwerbstätigkeit zumutbar ist, erlischt der Anspruch nach § 1570 BGB. Wenn zu diesem Zeitpunkt die Voraussetzungen eines anderen Anspruchstatbestandes gegeben sind, kann ein Anschlussunterhaltsanspruch oder Teil-Anschlussunterhaltsanspruch bestehen (siehe Rn. 48 ff.).

Oberlandesgerichtliche Leitlinien (sämtlich mit dem Stand vom 1. 7. 2003):[119] 80

- Süddeutsche Leitlinien (FamRZ 2003, 910) Nr. 17.1:
  Obliegenheit zur Ganztagstätigkeit ab Beginn des 16. Lebensjahrs des jüngsten Kindes (wenn es das 15. Lebensjahr vollendet hat);
- OLG Bremen Nr. 17.1:
  nach Vollendung des 15. Lebensjahrs des jüngsten Kindes in der Regel Obliegenheit zur vollen Erwerbstätigkeit;
- OLG Celle Nr. 17.1:
  nach den Umständen des Einzelfalls;
- OLG Dresden Nr. 17.1:
  nach den Umständen des Einzelfalls, abhängig von der in Frage kommenden Berufstätigkeit, Betreuungsmöglichkeiten sowie Alter und Zahl der Kinder;
- OLG Düsseldorf Nr. 17.1:
  Obliegenheit zur Vollzeittätigkeit, wenn das Kind das 16. Lebensjahr vollendet hat;
- OLG Frankfurt Nr. 17.1:
  in der Regel ab Vollendung des 15. Lebensjahrs des jüngsten Kindes Vollerwerbsobliegenheit;

---

112 BGH, FamRZ 1997, 671, 673 = R 511A c; FamRZ 1990, 260, 262 = R 399 a; FamRZ 1985, 50 = NJW 1985, 429; FamRZ 1984, 149

113 BGH, FamRZ 1983, 569, 570 f.

114 BGH, FamRZ 1985, 50 = NJW 1985, 429

115 BGH, FamRZ 1988, 265 = R 354 b; FamRZ 1985, 50 = NJW 1985, 429; FamRZ 1985, 161 = NJW 1985, 1026; OLG Naumburg, FamRZ 1998, 479

116 BGH, FamRZ 1985, 50 = NJW 1985, 429

117 BGH, FamRZ 1981, 752, 754 = R 76 a; FamRZ 1981, 17

118 BGH, FamRZ 1985, 161 = NJW 1985, 1026

119 Die Leitlinien sind mit Stand 1. 7. 2003 in den Beilagen zu Heft 32/2003 der NJW und zu Heft 8/2003 der FPR abgedruckt

- OLG Hamburg Nr. 17.1:
  ab Vollendung des 15. Lebensjahrs des jüngsten Kindes in der Regel Obliegenheit zur vollen Erwerbstätigkeit;
- OLG Hamm Nr. 17.1.1:
  ab Vollendung des 16. Lebensjahrs des Kindes regelmäßig Obliegenheit zur Vollzeittätigkeit;
- Kammergericht Nr. 17.1:
  Obliegenheit zur Vollzeittätigkeit kommt ab Beginn des 16. Lebensjahrs des Kindes (wenn es 15 Jahre alt ist) in Betracht;
- OLG Koblenz (NJW 2003, 3755) Nr. 17.1:
  in der Regel Obliegenheit zur Vollzeittätigkeit ab Vollendung des 15. Lebensjahres des Kindes;
- OLG Köln Nr. 17.1:
  in der Regel Obliegenheit zur Vollerwerbstätigkeit bei einem Kind ab 17 Jahren;
- OLG Oldenburg 17.1:
  in der Regel Obliegenheit zur Ganztagstätigkeit ab Beginn des 16. Lebensjahrs eines Einzelkindes (wenn es 15 Jahre alt ist) bzw. Beginn des 17. Lebensjahres des jüngsten Kindes bei mehreren Kindern (wenn das jüngste Kind 16 Jahre alt ist);
- OLG Schleswig Nr. 17.1:
  in er Regel Obliegenheit zur Vollerwerbstätigkeit, wenn das jüngste Kind das 16. Lebensjahr vollendet hat.

7. Erwerbsobliegenheit bei Betreuung mehrerer Kinder

81 Wenn zwei oder mehrere Kinder zu betreuen sind, ist eine eigene **Erwerbstätigkeit** grundsätzlich nur **in geringerem Maße zumutbar,** als wenn nur ein Kind betreut werden muss. Jedes Kind benötigt für seine Versorgung ein durch seine besonderen Bedürfnisse bestimmtes Maß an Arbeitsleistung der betreuenden Person. Auch wenn einzelne dieser Leistungen ohne wesentlichen Zeitaufwand für mehrere Kinder gleichzeitig erbracht werden, nimmt der Arbeitsaufwand mit der Zahl der Kinder unvermeidbar zu. Außerdem ist zu bedenken, dass es zum Gedeihen der Kinder einer auf deren Eigenart eingehenden persönlichen und ungeteilten Zuwendung bedarf. Die besondere und zusätzliche Betreuung, die jedes weitere Kind braucht, schränkt daher in der Regel die Arbeitskraft und Leistungsfähigkeit des betreuenden Elternteils weiter ein.[120]

Die Frage der Erwerbsobliegenheit bei Betreuung mehrerer Kinder muss nach den konkreten Umständen des Einzelfalls, vor allem nach den Besonderheiten der persönlichen und ehelichen Verhältnisse beurteilt werden.[121] Sie erfordert eine umfassende Würdigung aller wesentlichen Umstände.[122] Ob und in welchem Ausmaß dem betreuenden Elternteil bei Betreuung mehrerer Kinder eine Erwerbstätigkeit zugemutet werden kann, hängt vor allem vom Alter, der Anzahl und der Betreuungsbedürftigkeit der Kinder ab. Darüber hinaus sind in die Gesamtabwägung alle Umstände umfassend einzubeziehen, die bereits erörtert wurden[123] (siehe Rn. 68 bis 71).

82 Eine **Erwerbsobliegenheit besteht nicht bei zwei kleinen Kindern.**[124]

Die Fortsetzung einer bereits ausgeübten Teilzeit-Lehrertätigkeit bei **zwei Kindern unter acht Jahren** kann zumutbar sein, wenn damit eine in der Ehe trotz der Belastung durch die zunächst noch kleinen Kinder beibehaltene Berufstätigkeit lediglich im gleichen Umfang fortgeführt wird. Die Ausübung einer freien Willens, also nicht aus Not wegen unzureichender Versorgung aufgenommenen Tätigkeit kann ein bedeutsames Indiz für eine zumutbare Erwerbstätigkeit sein.[125]

Bei zwei schulpflichtigen **Kindern** im Alter **von 11 und 15 Jahren** scheidet eine Teilzeitbeschäftigung nicht von vornherein aus, vor allem, wenn die wirtschaftlichen Ver-

---

120 BGH, FamRZ 1982, 148, 150
121 BGH, FamRZ 1984, 662 = NJW 1984, 2358
122 BGH, FamRZ 1990, 283, 286 = R 400 c
123 So auch BGH, FamRZ 1984, 662 = NJW 1984, 2358; FamRZ 1990, 283, 286 = R 400 c
124 BGH, FamRZ 1982, 463 = NJW 1982, 1461
125 BGH, FamRZ 1983, 569, 570 f.; FamRZ 1983, 146 = R 142 a

hältnisse durch hohe ehebedingte Schulden beengt sind. Es ist zu prüfen, ob zumindest eine stundenweise Aushilfstätigkeit in dem früheren Beruf als Kellnerin zugemutet werden kann.[126] Sind die Kinder **10 und 14 Jahre** alt, kann einer geschiedenen Ehefrau eine teilschichtige Erwerbstätigkeit demnach zumutbar sein, wenn sie ihre Arbeitszeit frei bestimmen kann und die Eheleute in beengten wirtschaftlichen Verhältnissen leben.[127] Bei Kindern von 11 und 14 Jahren und beengten Verhältnissen ist bei Beurteilung der Beschäftigungschancen des betreuenden Ehegatten ggf. auch zu berücksichtigen, dass er sich auf untergeordnete, unqualifizierte Arbeiten verweisen lassen muss.[128]

War die Frau vor der Ehe stundenweise als Raumpflegerin beschäftigt, kann ihr eine solche Tätigkeit trotz der langen Zwischenzeit und der beiden Kinder im Alter von 11 und 15 Jahren wieder zugemutet werden.[129]

Bei Betreuung von zwei **Kindern** im Alter **von 8 und 11 Jahren** kommt möglicherweise noch keine Verpflichtung zu einer Teilzeittätigkeit in Betracht, weil hier die Grundsätze wie bei Betreuung nur eines Kindes nicht entsprechend gelten.[130] Einer lange Jahre beurlaubt gewesenen Beamtin ist bei Kindern von 8 und 13 Jahren aber zuzumuten, eine ihr vom Dienstherrn angebotene Halbtagstätigkeit anzunehmen, anstatt aus dem Beamtenverhältnis auszuscheiden.[131] In zwei Fällen hat der BGH bei Betreuung von zwei Kindern im Alter von 11 und 12 Jahren sowie von 11 und 13 Jahren nach Abwägung der konkreten Einzelfallumstände eine Erwerbsobliegenheit verneint.[132] Unter Umständen entsteht die Erwerbsobliegenheit erst, **wenn das jüngste Kind das 14. oder 15. Lebensjahr vollendet hat.**[133] Dies gilt jedenfalls dann (Vollendung des 15. Lebensjahrs des jüngsten Kindes), wenn insgesamt vier Kinder betreut werden.[134]

Bei Betreuung **eines Kindes von 9 Jahren und Zwillingen von 17 Jahren** hat der BGH die Zumutbarkeit einer ausgeübten Vollerwerbstätigkeit zwar grundsätzlich verneint, aber eine abweichende Beurteilung unter Berücksichtigung der „einfachen" wirtschaftlichen Verhältnisse der Parteien und des viel höheren Alters des Verpflichteten offengelassen.[135] Bei zwei Kindern im Alter von 11 und 18 Jahren hält der BGH zumindest eine stundenweise Beschäftigung im Bereich der Alten- und Familienpflege für zumutbar.[136]

Bei Betreuung von **drei schulpflichtigen Kindern** im Alter von acht (Zwillingen) und elf Jahren hat der BGH eine Erwerbsobliegenheit nach Abwägung der konkreten Umstände des Falles verneint.[137] Desgleichen bei Betreuung von vier Kindern im Alter von 7 bis 16 Jahren.[138] Ebenso entschied das OLG Zweibrücken[139] bei Betreuung von drei Kindern im Alter von 9 bis 12 Jahren.

Der BGH[140] hat eine Entscheidung, in der eine Erwerbsobliegenheit bei Betreuung von 3 Kindern im Alter von 9, 13 und 16 Jahren bejaht worden war, wegen Fehlens einer umfassenden Würdigung aller wesentlichen Umstände aufgehoben. Trotz Betreuung von drei schulpflichtigen Kindern (14, 13, und fast 11 Jahre alt) und Vorliegens einer Schwangerschaft kam das OLG Hamm[141] zur Verneinung der Bedürftigkeit, weil wegen beengter wirtschaftlicher Verhältnisse und mit Rücksicht auf die schon vor Trennung der Eheleute ausgeübte stundenweise Tätigkeit eine entsprechende Erwerbsobliegenheit bestehe.

---

[126] BGH, FamRZ 1982, 23, 24 f.
[127] OLG Hamm, FamRZ 1999, 235
[128] KG, FamRZ 1998, 556
[129] BGH, FamRZ 1979, 571, 573 = NJW 1979, 1452
[130] BGH, FamRZ 1997, 873, 875 = R 513 d
[131] OLG Celle, FamRZ 1998, 1518
[132] BGH, FamRZ 1984, 662 = NJW 1984, 2358; FamRZ 1982, 148, 150
[133] BGH, FamRZ 1997, 873, 875 = R 513 d
[134] OLG Hamm, FamRZ 1998, 243
[135] BGH, FamRZ 1984, 364
[136] BGH, FamRZ 1981, 541, 543 = NJW 1981, 2462
[137] BGH, FamRZ 1983, 146 = R 142 a
[138] BGH, FamRZ 1979, 569, 571 = NJW 1979, 1348
[139] OLG Zweibrücken, FamRZ 2001, 228
[140] BGH, FamRZ 1990, 283, 286 = R 400 c
[141] OLG Hamm, FamRZ 2001, 627

83 **Oberlandesgerichtliche Leitlinien** (sämtlich mit dem Stand vom 1. 7. 2003):[142]

- Süddeutsche Leitlinien (FamRZ 2003, 910) Nr. 17.1:
  keine Erwerbsobliegenheit bis das jüngste Kind in die 3. Grundschulklasse kommt; davon kann abgewichen werden, vor allem bei mehreren Kindern oder bei Fortsetzung einer bereits vor der Trennung nicht wegen einer Notlage ausgeübten Tätigkeit;
- OLG Brandenburg Nr. 17.1:
  nach den Umständen des Einzelfalls, insbesondere nach Alter und Zahl der betreuungsbedürftigen Kinder sowie der Dauer der Ehe;
- OLG Bremen Nr. 17.1:
  nach den Umständen des Einzelfalls – in der Regel keine Erwerbsobliegenheit, bis das jüngste Kind in die Grundschule kommt, danach jedenfalls Teilzeittätigkeit; abzustellen ist auf Zahl und Alter der Kinder auf den Umfang einer vor Trennung ausgeübten Erwerbstätigkeit sowie auf die Möglichkeiten der Kinderbetreuung;
- OLG Celle Nr. 17.1:
  nach den Umständen des Einzelfalls – in der Regel keine Erwerbsobliegenheit, solange ein Kind noch die Grundschule besucht; abzustellen ist auf Zahl und Alter der Kinder sowie auf andere Betreuungsmöglichkeiten;
- OLG Düsseldorf Nr. 17.1:
  nach den Umständen des Einzelfalls;
- OLG Hamburg Nr. 17.1:
  es kann von der Regel für den Beginn einer Teil- oder Vollerwerbsobliegenheit, nämlich ab Beginn der 3. Grundschulklasse bzw. ab Vollendung des 15. Lebensjahrs des jüngsten Kindes, vor allem bei mehreren Kindern abgewichen werden;
- OLG Hamm Nr. 17.1.1:
  nach den Umständen des Einzelfalls;
- Kammergericht Nr. 17.1: – so auch OLG Koblenz, a.a.O. –
  nach den Umständen des Einzelfalls, von der Regel für die Erwerbsobliegenheit für ein Kind kann bei mehreren Kindern abgewichen werden;
- OLG Köln Nr. 17.1:
  in der Regel keine Erwerbsobliegenheit bei Betreuung von mehreren Kindern unter 14 Jahren; Teilerwerbsobliegenheit bei mehreren Kindern zwischen 14 und 18 Jahren;
- OLG Naumburg Nr. 17.1:
  nach den Umständen des Einzelfalls, abzustellen ist insbesondere auf die Zahl der Kinder, deren Alter, auf etwaige Schulprobleme und andere Betreuungsmöglichkeiten;
- OLG Oldenburg Nr. 17.1:
  bei der Betreuung mehrerer minderjähriger Kinder zwischen 13 und 16 Jahren besteht nur eine Teilerwerbsobliegenheit, danach in der Regel eine Vollerwerbsobliegenheit;
- OLG Rostock Nr. 17.1:
  nach den Umständen des Einzelfalls, insbesondere abzustellen auf Zahl und Alter der Kinder, etwaige Schulprobleme und andere Betreuungsmöglichkeiten;
- OLG Schleswig Nr. 17.1:
  in der Regel Vollerwerbsobliegenheit, wenn das jüngste Kind das 16. Lebensjahr vollendet hat. Davon kann u. a. und vor allem bei mehreren Kindern abgewichen werden.

8. Zumutbare Erwerbsobliegenheit bei Fortsetzung einer bereits ausgeübten Erwerbstätigkeit

84 Die Zumutbarkeit einer Erwerbstätigkeit kann in der Regel bejaht werden, wenn sie bereits während der Ehe **trotz Kindesbetreuung ausgeübt** wurde **und lediglich** im gleichen Umfang **fortgesetzt** wird. Die freiwillige und ohne finanzielle Not fortgesetzte Tätigkeit kann hierzu ein bedeutsames Indiz sein.[143] Bei der Frage, ob eine vor der Trennung

[142] Die Leitlinien sind mit Stand 1. 7. 2003 in den Beilagen zu Heft 32/2003 der NJW und zu Heft 8/2003 der FPR abgedruckt

[143] BGH, FamRZ 1983, 146 = R 142 a

der Eheleute trotz Betreuung bereits ausgeübte Tätigkeit fortzuführen ist, kommt es auch darauf an, ob der Betreuende die **Mehrbelastung durch die Trennung** (vgl. Rn. 28) auffangen kann.[144]

Die Erwerbstätigkeit kann dennoch unzumutbar sein, wenn die Frau während der Ehe im **Betrieb des Mannes** mitgearbeitet hatte und ihre Mitarbeit umfangs- und zeitmäßig selbst gestalten und mit ihren Pflichten als Hausfrau und Mutter abstimmen konnte. Dann ist diese Tätigkeit nicht vergleichbar mit der nach der Trennung aufgenommenen Berufstätigkeit an einem fremden Arbeitsplatz.[145]

Ein **Lehrer,** der seine (12¹/2-jährige) Tochter in seinen Haushalt aufnimmt und betreut, ist nicht berechtigt, seine Lehrtätigkeit auf praktisch die Hälfte der Stunden einzuschränken. Als Lehrer hat er gegenüber anderen Berufen Vorteile in der Einteilung der Arbeitszeit und hinsichtlich der Anwesenheit im Haus. Da er wieder verheiratet ist, wird er auch im Haushalt teilweise entlastet. Deshalb muss er alle ihm möglichen und zumutbaren Anstrengungen unternehmen, um seinen Unterhaltspflichten gegenüber drei weiteren noch jüngeren, bei der Mutter lebenden Kindern nachkommen zu können. Er darf sich nicht zu Lasten der barunterhaltsberechtigten Kinder auf die Bevorzugung der betreuungsberechtigten Tochter konzentrieren.[146]

Eine **Rollenwahl des Unterhaltspflichtigen,** der in einer neuen Ehe oder in einer nichtehelichen Lebensgemeinschaft Haushaltsführung und Kindesbetreuung übernimmt, ist nur in eng begrenzen Ausnahmefällen möglich. Wenn die Rollenwahl, z. B. weil sich der Familienunterhalt durch die Vollerwerbstätigkeit des neuen Ehegatten oder des Lebenspartners wesentlich günstiger gestaltet, hinzunehmen ist, kann jedenfalls eine Nebentätigkeit zumutbar sein.[147]

In einer weiteren Entscheidung hat es der BGH offengelassen, ob der Unterhaltsverpflichtete im Hinblick auf die Betreuung von zwei ehelichen Kindern im Alter von 13 und 14 Jahren seine **Ganztagstätigkeit** hätte **einschränken** dürfen.[148]

Siehe zur Zumutbarkeit einer Fortsetzung der in der Ehe trotz Kindesbetreuung ausgeübten Erwerbstätigkeit auch Rn. 1/544 f.

9. Privilegierter Anspruch nach § 1570 BGB, Konkurrenzen zu § 1573 BGB und Sonstiges

a) Privilegierung. Der Anspruch nach § 1570 BGB ist in mehrfacher Hinsicht gegenüber anderen Unterhaltsansprüchen privilegiert: 85

- Es gibt **keinen Einsatzzeitpunkt,** d. h., der Anspruch entsteht originär, wenn wegen einer notwendigen Kindesbetreuung eine Erwerbstätigkeit nicht oder nur teilweise ausgeübt werden kann.
- Dem Unterhaltspflichtigen wird teilweise eine **gesteigerte Erwerbsverpflichtung** wie gegenüber den minderjährigen Kindern auch bezüglich des Betreuungsunterhalts auferlegt, weil geringere Anforderungen letztlich zu Lasten der Kinder gingen.[149]
- Die **Verwirkungstatbestände** des § 1579 Nr. 1 bis 7 BGB greifen beim Betreuungsunterhalt nur eingeschränkt. Der Unterhaltsanspruch des sorgeberechtigten Ehegatten ist nämlich nur zu versagen, herabzusetzen oder zeitlich zu begrenzen, soweit die Inanspruchnahme des Verpflichteten auch unter Wahrung der Belange der dem Berechtigten zur Pflege und Erziehung anvertrauten gemeinschaftlichen Kinder grob unbillig wäre. Der Betreuungsunterhalt nach § 1570 BGB ist danach selbst bei Vorliegen der Härtegründe des § 1579 BGB in dem Sinn privilegiert, dass er im Interesse des Wohles der betreuten Kinder trotz Fehlverhaltens des sorgeberechtigten Ehegatten diesem gleichwohl die Wahrnehmung seiner Elternverantwortung sichern und gewährleisten soll. Dem wird

---

144 OLG Naumburg, FamRZ 1998, 552
145 BGH, FamRZ 1983, 146 = R 142 a
146 BGH, FamRZ 1984, 374, 376
147 BGH, FamRZ 614, 615 ff. (mit Anm. Büttner) = R 556 a–c
148 BGH, FamRZ 1982, 779, 780
149 OLG Karlsruhe, FamRZ 1998, 560

in der Regel dadurch Genüge getan, dass der Unterhaltsanspruch auf das zur Kindesbetreuung notwendige Mindestmaß herabgesetzt wird.[150]

- Bei einem wirksamen **Unterhaltsverzicht** kann sich der Unterhaltspflichtige so lange und soweit nicht auf den Verzicht berufen, als der für die Kindesbetreuung notwendige Unterhalt erforderlich ist, um aus denselben Gründen wie bei Vorliegen eines Härtegrundes nach § 1579 BGB (siehe oben) die schutzwürdigen Interessen der Kinder zu wahren[151] (vgl. Rn. 6/609).
- Bei einem Anspruch nach § 1570 BGB besteht ein **Vorrang gegenüber Unterhaltsansprüchen** eines neuen Ehegatten des Verpflichteten (§ 1582 BGB), selbst wenn dessen Anspruch auch auf § 1570 BGB beruht.
- Bei späterem **Vermögensverfall des Berechtigten** entsteht nach § 1577 IV 2 BGB ein Anspruch auf Betreuungsunterhalt.
- Der Anspruch nach § 1570 BGB lebt gemäß § 1586 a BGB nach **Auflösung einer neuen Ehe** wieder auf – vgl. Rn. 56.
- Im Fall des Todes des Verpflichteten tritt nur beim Anspruch nach § 1570 BGB gegebenenfalls die sog. **Erziehungsrente** an dessen Stelle (§ 47 SGB VI).

86 **b) Betreuungs- und Aufstockungsunterhalt sowie Anschlussunterhalt:** Wenn der Berechtigte durch eine Kindesbetreuung vollständig an einer Erwerbstätigkeit gehindert ist, besteht nur ein Anspruch nach § 1570 BGB, der auf den vollen Unterhalt (§ 1578 I 1 BGB) geht. Daneben besteht kein Anspruch nach § 1573 II BGB.[152] Auch ein Anschlussunterhalt (z. B. nach § 1572 BGB wegen Krankheit) geht auf den vollen Unterhalt[153] (siehe Rn. 49 und 50).

Bei einer **Teilerwerbstätigkeit** erfasst der Anspruch nach § 1570 BGB nur den Unterhalt bis zur Höhe des Mehreinkommens, das der Berechtigte durch eine Vollerwerbstätigkeit erzielen könnte. Daneben kann ein Anspruch auf Aufstockungsunterhalt (§ 1573 II BGB) bestehen, wenn das durch die volle Erwerbstätigkeit erzielbare Einkommen nicht zur Deckung des vollen Unterhalts ausreicht.[154] Durch die Rechtsprechung des BGH zur Haushaltsführungsehe[155] ändert sich in diesem Zusammenhang grundsätzlich nichts. Der eheangemessene Bedarf nach § 1578 BGB wird auch durch das Einkommen des bisher haushaltsführenden Ehegatten aus seiner erstmals aufgenommenen Teilerwerbstätigkeit geprägt. Der auf der Anwendung der Differenz- oder Additionsmethode beruhende Unterhaltsanspruch ist Aufstockungsunterhalt, soweit der errechnete Anspruch das zusätzliche Einkommen übersteigt, das der berechtigte Ehegatte bei einer Vollerwerbstätigkeit erzielen könnte.

Beispiel:
Der unterhaltspflichtige Ehemann hat ein verteilungsfähiges Monatseinkommen von 3500 €, die teilerwerbstätige unterhaltsberechtigte Ehefrau ein entsprechendes Monatseinkommen von 1000 €. Bei einer Vollerwerbstätigkeit könnte sie ein verteilungsfähiges Einkommen von 2000 € erzielen. Nach den gegenwärtigen Einkommensverhältnissen beträgt ihr Unterhaltsanpruch 1250 € Davon sind 1000 € Betreuungsunterhalt und 250 € Aufstockungsunterhalt.

Fällt der Teilanspruch aus § 1570 BGB wegen Vollendung des 15. oder 16. Lebensjahrs des Einzelkinds weg (vgl. Rn. 78), entsteht – falls eine Ausweitung der Erwerbstätigkeit misslingt – ein Anspruch auf **Teil-Anschlussunterhalt** nach § 1573 I, III BGB, in der Höhe, in welcher der Anspruch nach § 1570 BGB zuletzt bestanden hatte (siehe Rn. 50 und 51). Soweit Aufstockungsunterhalt weiterzuzahlen wäre, bestünden Teilansprüche nach § 1573 I und § 1573 II BGB, die jeweils nach § 1573 V BGB zeitlich begrenzt werden können, nebeneinander.

Fallen zu diesem Zeitpunkt auch die Einnahmen aus der Teilerwerbstätigkeit weg, z. B. weil aus gesundheitlichen Gründen die Arbeitsfähigkeit entfallen ist, bleibt es für die Berech-

[150] BGH, FamRZ 1997, 873, 875 = R 513 c; FamRZ 1997, 671, 672 = R 511A b
[151] BGH, FamRZ 1997, 873, 875 = R 513 b + c
[152] BGH, FamRZ 1990, 492 = R 404 a
[153] BGH, FamRZ 1988, 265 = NJW 1988, 2369; FamRZ 1987, 1011 = NJW-RR 1987, 1282; FamRZ 1987, 572 = NJW 1987, 1761
[154] BGH, FamRZ 1990, 492 = R 404 a
[155] BGH, FamRZ 2001, 986, 991 = R 563 c

nung des Teil-Anschlussunterhalts nach § 1572 BGB bei der bisherigen Differenzrechnung unter Ansatz des bisherigen Einkommens der Berechtigten, wenn die Erwerbseinkünfte nachhaltig gesichert waren.[156] Waren die Einkünfte nicht nachhaltig gesichert, kann auch insoweit ein neuer Anspruch nach § 1573 I in Verbindung mit § 1573 IV 1 BGB entstehen – vgl. dazu Rn. 116.

Gelingt die Ausweitung der Erwerbstätigkeit steigt der in die Differenzberechnung einzustellende eheangemessene Bedarf wegen des nunmehr höheren Einkommens des Unterhaltsberechtigten.[157] Anschlussunterhalt ist in diesem Fall ein zusätzlicher Aufstockungsunterhalt nach § 1573 II u. III BGB. Allerdings vermindert sich der zu zahlende Gesamtunterhalt wegen der Berücksichtigung des höheren Einkommens des unterhaltsberechtigten Ehegatten. Er beträgt nach dem obigen Beispiel nicht mehr 1250 €, sondern nur noch 750 €. Dasselbe würde gelten, wenn der unterhaltsberechtigten Ehefrau wegen Verstoßes gegen ihre Erwerbsobliegenheit ein entsprechendes fiktives Mehreinkommen angelastet werden müsste.[158]

c) Betreuungsunterhalt und Mutterunterhalt nach § 1615 l BGB: Die Ehefrau hat 86 a
wegen eines nichtehelichen Kindes – nach rechtswirksamer Feststellung oder Anerkennung der Vaterschaft (vgl. Rn. 6/752) – auch dann einen Unterhaltsanspruch gegen den Kindsvater nach § 1615 l I bzw. II 2 BGB, wenn sie schon wegen der Betreuung ehelicher Kinder an einer Erwerbstätigkeit gehindert ist. Ihr hieraus resultierender Anspruch auf Unterhalt nach § 1570 BGB **konkurriert mit** ihrem **Anspruch nach § 1615 l BGB,** der entgegen der vielfach früher in der Rechtsprechung vertretenen Meinung[159] nicht gegenüber einem Anspruch auf Ehegattenunterhalt vorrangig ist (vgl. Rn. 6/769). Der BGH[160] wendet zur Bestimmung der anteiligen Haftung der beiden Verpflichteten über § 1615 l II 1 BGB die Vorschrift des § 1606 III 1 BGB entsprechend an, wobei sich die Haftungsquote nicht allein nach den jeweiligen Erwerbs- und Vermögensverhältnissen bestimmt, sondern z. B. auch danach, inwiefern die Mutter auf Grund der unterschiedlichen Betreuungsbedürftigkeit der einzelnen Kinder von einer Erwerbstätigkeit abgehalten wird (vgl. zu den Rangproblemen näher Rn. 6/769).

d) Sonstiges. Ansprüche nach § 1570 BGB können überlagert sein durch gleichzeitig 87
bestehende Ansprüche nach §§ 1571, 1572 und 1575 BGB.

Besteht auch ein Anspruch nach § 1576 BGB wegen Betreuung weiterer nicht gemeinschaftlicher Kinder, ist wegen der Subsidiarität des § 1576 BGB erst der Anspruch nach § 1570 BGB zu beziffern und zuzusprechen. Nur der darüber hinaus geltend gemachte Anspruchsteil, der gesondert zu beziffern ist, kann auch nach § 1576 BGB geprüft werden.[161]

Der Anspruch nach § 1570 BGB kann nach § 1578 I 2 BGB **zeitlich begrenzt und herabgesetzt** werden (siehe Rn. 583 ff.), nicht aber nach § 1573 V BGB (siehe Rn. 578).

Spätere Abänderungsverfahren und unterschiedliche Begrenzungsmöglichkeiten erfordern, die jeweilige Anspruchsgrundlage möglichst genau zu bestimmen.[162]

III. Unterhalt wegen Alters nach § 1571 BGB

1. Anspruchsvoraussetzungen nach § 1571 BGB

Nach § 1571 BGB ist anspruchsberechtigt, wer aus Altersgründen zu bestimmten Einsatz- 88
zeitpunkten durch eine angemessene eigene Erwerbstätigkeit seinen Lebensbedarf nicht mehr decken kann. Es bestehen drei Anspruchsvoraussetzungen:

---

156 BGH, FamRZ 2001, 1291, 1294 = R 564 c
157 Vgl. Borth, FamRZ 2001, 1653, 1654
158 Vgl. BGH, FamRZ 2003, 434, 435 = R 589; FamRZ 2001, 1291, 1294 = R 564 c
159 KG, FamRZ 1998, 556; OLG Hamm, FamRZ 1997, 1538
160 BGH, FamRZ 1998, 541, 544 = R 520 c für den Trennungsunterhalt
161 BGH, FamRZ 1984, 361 = R 196 b; FamRZ 1984, 769 = NJW 1984, 2355
162 BGH, FamRZ 1999, 708, 709 = R 532 b; FamRZ 1994, 228 = R 471 a; FamRZ 1993, 789, 791 = R 460 a; FamRZ 1990, 492 = R 404 a; FamRZ 1988, 265 = NJW 1988, 2369

- Wegen des Alters ist **keine** angemessene **Erwerbstätigkeit mehr zu erwarten.**
- Es muss das im konkreten Einzelfall **maßgebliche Alter erreicht** sein.
- Das **Vorliegen eines Einsatzzeitpunkts** neben dem Vorliegen der übrigen Anspruchsvoraussetzungen. Die Darlegungs- und Beweislast des Berechtigten erstreckt auf das Bestehen des Anspruchs zum maßgebenden Einsatzzeitpunkt.[163]

89 Für den Anspruch nach § 1571 BGB ist **keine Ehebedingtheit der Unterhaltsbedürftigkeit** erforderlich. Der Anspruch besteht auch dann, wenn der Berechtigte im Zeitpunkt der Eheschließung wegen seines Alters keiner Erwerbstätigkeit mehr nachgehen konnte oder bereits Rentenempfänger war.[164]

Der Altersunterhalt knüpft nur an die Voraussetzung an, dass wegen des Alters eine Erwerbstätigkeit nicht mehr erwartet werden kann. Insoweit wirkt der Grundsatz der Mitverantwortung der Ehegatten füreinander über den Zeitpunkt der Scheidung hinaus fort.[165]

Bei **kurzer Ehedauer** (bis ca. 2 Jahren) kann der Anspruch auf Altersunterhalt nach § 1579 Nr. 1 BGB selbst dann herabgesetzt oder ausgeschlossen werden, wenn beide Ehegatten bei Eingehung der Ehe im Rentenalter waren und die ihnen bis dahin zufließenden Altersruhegelder und Pensionen weiterbezogen haben.[166]

2. Ursächlichkeit des Alters dafür, dass eine angemessene Erwerbstätigkeit nicht mehr erwartet werden kann

90 Ob wegen des Alters noch eine Erwerbstätigkeit erwartet werden kann, ist nicht nur im Blick auf das Lebensalter des Unterhalt begehrenden Ehegatten von Bedeutung, sondern hängt vor allem davon ab, welche Art von entgeltlicher Beschäftigung als angemessene Erwerbstätigkeit im Sinn von § 1574 II BGB in Frage kommt, weil der geschiedene Ehegatte nach § 1574 II BGB nur eine ihm angemessene Erwerbstätigkeit ausüben muss.[167]

Angemessen ist nach der Legaldefinition des § 1574 II BGB eine Erwerbstätigkeit nur, wenn sie der Ausbildung, den Fähigkeiten, dem Lebensalter und dem Gesundheitszustand des geschiedenen Ehegatten sowie den ehelichen Lebensverhältnissen entspricht; bei den ehelichen Lebensverhältnissen sind die Dauer der Ehe und die Dauer der Pflege oder Erziehung eines gemeinschaftlichen Kindes zu berücksichtigen. Die inhaltliche Beschränkung der Erwerbsobliegenheit auf eine **eheangemessene berufliche Beschäftigung** und die gesetzliche Umschreibung der Angemessenheit tragen damit zur Konkretisierung des Anspruchs auf Altersunterhalt bei. Diese Angemessenheit einer nachehelichen Erwerbstätigkeit lässt sich allgemein nur dann zutreffend beurteilen, wenn dazu die gesamte Entwicklung der ehelichen Lebensverhältnisse bis hin zur Scheidung im Rahmen einer dem Tatrichter obliegenden **Gesamtwürdigung aller Umstände** des Einzelfalls berücksichtigt wird. Zu berücksichtigen ist in der Regel der bei Scheidung, d. h. im Zeitpunkt der letzten mündlichen Verhandlung, erreichte berufliche und soziale Status des Verpflichteten. Nur außergewöhnliche, nicht vorhersehbare Veränderungen können außer Betracht bleiben. Wenn auf Grund der Umstände des Einzelfalls allein die Aufnahme solcher beruflicher Tätigkeiten in Betracht kommt, die nach § 1574 II BGB nicht als angemessen anzusehen sind, kann im Sinn von § 1571 BGB wegen Alters eine Erwerbstätigkeit nicht erwartet werden.[168] Zur angemessenen Erwerbstätigkeit siehe auch Rn. 131 ff.

Der BGH hat es offengelassen, ob einer 50-jährigen Frau ein Altersunterhalt zugesprochen werden kann, weil von ihr eine dem sozialen und beruflichen Status des Mannes als Professor an der Hochschule für Bildende Künste entsprechende eheangemessene Erwerbstätigkeit nicht mehr erwartet werden könne.[169]

---

[163] BGH, FamRZ, 2001, 1291, 1292 = R 564 a
[164] BGH, FamRZ 1983, 150, 151; FamRZ 1982, 28
[165] BGH, FamRZ 1982, 28
[166] BGH, FamRZ 1981, 140, 142 = NJW 1981, 754
[167] BGH, FamRZ 1985, 371, 373 = NJW 1985, 1340; FamRZ 1983, 144 = R 144
[168] BGH, FamRZ 1983, 144 = NJW 1983, 1483 = R 144
[169] BGH, FamRZ 1983, 144 = R 144

In einer anderen Entscheidung hat der BGH den vom OLG bejahten Altersunterhalt bestätigt mit der Begründung, der 53-jährigen, in der Ehe nicht berufstätigen Frau könne im Hinblick auf die 20-jährige Ehedauer und die berufliche Stellung ihres Mannes, der während der Ehe zum hochbezahlten Betriebsleiter aufgestiegen war, wegen Alters eine Erwerbstätigkeit nicht mehr zugemutet werden.[170]

Ist wegen vorgerückten Alters im erlernten Beruf keine Erwerbstätigkeit mehr zu finden oder entspricht der erlernte Beruf nicht mehr den ehelichen Lebensverhältnissen, so besteht nach § 1574 III BGB eine Verpflichtung des geschiedenen Ehegatten, **sich ausbilden, fortbilden** oder **umschulen** zu lassen, wenn ein erfolgreicher Abschluss der Ausbildung zu erwarten ist. Statt eines Anspruchs auf Ausbildungsunterhalt nach § 1574 III BGB kann aber ein Anspruch auf Altersunterhalt nach § 1571 BGB bestehen, wenn eine solche Ausbildung wegen des Alters (57 Jahre) nicht mehr sinnvoll ist.[171]

Aus den bereits zitierten BGH-Entscheidungen ergibt sich auch, dass das **Alter** **91**
kausal dafür sein muss, dass eine angemessene Erwerbstätigkeit nicht mehr zu erwarten ist. Probleme entstehen dann, wenn ein Ehegatte, der während der Ehe nicht berufstätig war, wegen seiner auch altersbedingten Wiedereingliederungsschwierigkeiten in die Arbeitswelt trotz ausreichender Bemühungen keine angemessene Arbeitsstelle findet. Liegt der Schwerpunkt seiner Schwierigkeiten mehr in seinem Alter, besteht ein Anspruch auf Altersunterhalt, liegt er mehr darin, dass wegen der schlechten Arbeitsmarktlage keine reale Beschäftigungschance besteht, kann ein Erwerbslosigkeitsunterhalt nach § 1573 I BGB in Frage kommen. Maßgebend ist, ob **typischerweise** in diesem Alter und der in Betracht kommenden Berufssparte **keine angemessene Arbeit mehr gefunden werden kann** – dann § 1571 BGB – oder ob die Arbeitsaufnahme nur auf Grund der konkreten Einzelfallumstände auf Grund des Alters scheitert – dann § 1573 I BGB.[172]

3. Das maßgebliche Alter des Berechtigten

Vom Gesetzgeber wurde bewusst **keine feste Altersgrenze** festgelegt. Ob wegen **92**
Alters keine Erwerbstätigkeit mehr erwartet werden kann, ist daher ausschließlich auf Grund der konkreten Umstände des Einzelfalls zu entscheiden. Zu diesen Umständen zählen vor allem Berufsvorbildung, frühere Erwerbstätigkeit, Dauer einer Arbeitsunterbrechung, Wiedereingliederungsprobleme in die Arbeitswelt, eheliche Verhältnisse, Ehedauer, Gesundheitszustand und sonstige persönliche und wirtschaftliche Verhältnisse. Bei der Abwägung dieser Umstände spielt gemäß den Ausführungen zu Rn. 90 eine besonders wichtige Rolle, welche Art von Erwerbstätigkeit als angemessene Erwerbstätigkeit in Frage kommt, ob eine solche Erwerbstätigkeit auf Grund des konkreten Alters und der sonstigen Umstände noch erwartet werden kann, ob dazu eine Ausbildung erforderlich wäre und ob diese im Hinblick auf das Alter noch sinnvoll ist. So muss auch bei einem 60-jährigen Unterhaltsgläubiger geprüft werden, ob sich für eine konkret in Betracht zu ziehende Erwerbstätigkeit gerade aus dem Alter ein Hindernis ergibt.[173]

Obwohl gemäß den Ausführungen zu Rn. 90 das maßgebliche Alter nur relativ bezogen auf die Umstände des Einzelfalls bestimmt werden kann, wird mit dem **Erreichen des Rentenalters** eine obere Altersgrenze überschritten, ab der in der Regel bedenkenfrei ein Altersunterhalt bejaht werden kann.

Maßgeblich dafür ist die in der gesetzlichen Altersversorgung bestehende Regelaltersgrenze von 65 Jahren.[174] Vor Vollendung des 65. Lebensjahrs – also auch wenn auf Grund der flexiblen Altersgrenzen schon mit Vollendung des 63. Lebensjahrs bzw. beim vorgezogenen Altersruhegeld für Frauen schon mit Vollendung des 60. Lebensjahrs

---

[170] BGH, FamRZ 1985, 371, 373 = NJW 1985, 1340; entsprechend hat das OLG Schleswig, OLGR 1998, 204, im Fall einer 57 Jahre alten Frau nach 28 Jahren Ehe ohne Berufstätigkeit entschieden

[171] BGH, FamRZ 1987, 691 = R 332 a

[172] BGH, FamRZ 1999, 708, 709 = R 532 a

[173] OLG Hamm, FamRZ 1995, 1416

[174] BGH, FamRZ 1999, 708, 710 = R 532 c

Rente bezogen wird – ist die Frage der Erwerbsobliegenheit allein nach unterhaltsrechtlichen Gesichtspunkten zu beurteilen.[175] Die Altersgrenzen für das vorgezogene Altersruhegeld oder für einen vorgezogenen Ruhestand sind nicht maßgebend, weil solche Vergünstigungen unterhaltsrechtlich nicht freiwillig in Anspruch genommen werden dürfen, solange eine Unterhaltsverpflichtung oder eine Unterhaltsberechtigung besteht. Ähnliches gilt bezüglich der Altersgrenzen, die bei besonderen Berufen (z. B. nach § 45 SoldG oder § 5 BPolBG) ausschließlich im öffentlichen Interesse festgelegt sind.

93 Für **freiberuflich Tätige** gelten an sich keine Altersgrenzen. Trotzdem wird man auch ihnen, soweit sie nicht freiwillig weiterhin einer Erwerbstätigkeit nachgehen, nicht generell über das allgemeine Rentenalter hinaus eine Erwerbstätigkeit zumuten können.

Ein ganz anderes Problem ist es, dass ihnen Einkünfte aus einer trotz Rentenalters freiwillig fortgesetzten Erwerbstätigkeit u. U. als Einkünfte aus zumutbarer Erwerbstätigkeit zugerechnet werden können, vor allem wenn nach den ehelichen Lebensverhältnissen eine Erwerbstätigkeit über die üblichen Altersgrenzen hinaus geplant war.[176]

4. Maßgebliche Einsatzzeitpunkte

94 Ein Anspruch nach § 1571 BGB besteht nur, wenn eine Erwerbstätigkeit wegen Alters zu bestimmten Einsatzzeitpunkten nicht mehr erwartet werden kann. Solche **Einsatzzeitpunkte** sind:

- Scheidung.
- Beendigung der Pflege oder Erziehung eines gemeinschaftlichen Kindes.
- Wegfall der Voraussetzungen eines Anspruchs nach § 1572 BGB.
- Wegfall der Voraussetzungen eines Anspruchs nach § 1573 BGB.

Zeitpunkt der Scheidung ist der Eintritt der Rechtskraft der Scheidung. Beim Verbundurteil sind es die im Zeitpunkt der letzten mündlichen Verhandlung bestehenden Verhältnisse, wenn die bis zum Eintritt der Rechtskraft zu erwartende Entwicklung nicht vorhersehbar ist.[177]

Ist im Zeitpunkt der Scheidung wegen Alters keine Erwerbstätigkeit mehr zu erwarten, handelt es sich um einen originären Anspruch auf Altersunterhalt.

Bezüglich des Zeitpunkts „**Beendigung der Pflege oder Erziehung** eines gemeinschaftlichen Kindes“ ist entgegen dem insoweit missverständlichen Wortlaut dieser Vorschrift nach deren Sinn und Zweck auf den Zeitpunkt abzustellen, in dem die Voraussetzungen für einen auf § 1570 BGB gestützten Anspruch entfallen.[178] Insoweit handelt es sich um einen Anschlussunterhalt.

Der Einsatzzeitpunkt des **Wegfalls eines Anspruchs nach § 1572 BGB** ist zu bejahen, wenn ein Unterhaltsanspruch wegen krankheitsbedingter Erwerbsunfähigkeit entfällt, weil der Berechtigte gesund geworden ist. Auch insoweit handelt es sich um einen Anschlussunterhalt.

Der Einsatzzeitpunkt des **Wegfalls eines Anspruchs nach § 1573 I BGB** liegt vor, wenn der Berechtigte einen Anspruch auf Erwerbslosigkeitsunterhalt hatte, weil er auf Grund der aktuellen Arbeitsmarktlage keine Beschäftigung finden konnte. Findet er später infolge seines Alters keine Beschäftigung, entsteht anstelle des Anspruchs nach § 1573 I BGB ein Anschlussunterhalt wegen Alters.

Gleiches gilt, wenn ein nach § 1573 I BGB ruhender Unterhalt nach § 1573 IV BGB wieder aufgelebt war, weil es trotz Bemühungen nicht gelungen war, den Unterhalt durch eine Erwerbstätigkeit nach der Scheidung nachhaltig zu sichern, und wenn sich an diesen Anspruch nach § 1573 BGB ein Altersunterhalt anschließt. Voraussetzung des Anspruchs nach § 1571 BGB bleibt aber, dass der Berechtigte im Zeitpunkt des Anschlusses einen

---

[175] BGH, a.a.O.

[176] OLG Frankfurt, FamRZ 1985, 481; OLG Hamburg, FamRZ 1985, 394

[177] BGH, FamRZ 1983, 144 = R 144; FamRZ 1982, 892

[178] BGH, FamRZ 1990, 260, 262 = R 399 a für die entsprechende Regelung des § 1572 BGB

Anspruch nach § 1573 I, II oder IV hatte. Dies ist nicht der Fall, wenn der Berechtigte eine im Sinn von § 1573 IV BGB seinen Anspruch nachhaltig sichernde Erwerbstätigkeit gefunden hatte, aber diese aus Gründen des allgemeinen Arbeitsplatzrisikos, z. B. durch Arbeitgeberkündigung, verloren hatte und nunmehr infolge seines Alters keine angemessene Erwerbstätigkeit mehr findet.

An einen Aufstockungsunterhalt nach **§ 1573 II BGB** schließt sich ein Altersunterhalt an, wenn der Berechtigte seine bisherigen Erwerbseinkünfte verliert und infolge Alters keine Arbeitsstelle mehr findet, bzw. infolge Erreichen des Rentenalters keine Arbeitsverpflichtung mehr hat.

Beim **Anschlussunterhalt** ist zu beachten, dass dieser nur in dem Umfang weiterbesteht, wie er im Zeitpunkt der weggefallenen früheren Tatbestandsvoraussetzungen bestanden hatte (siehe dazu Rn. 50 und 51).

5. Konkurrenzen und Sonstiges

Wenn der Berechtigte altersbedingt vollständig an einer Erwerbstätigkeit gehindert ist, **95**
besteht nur ein Anspruch nach § 1571 BGB, der auf den vollen Unterhalt (§ 1578 I 1 BGB) geht. Daneben besteht kein Anspruch nach § 1573 BGB.[179]

Bei einer altersbedingten **Teilerwerbstätigkeit** erfasst der Anspruch nach § 1571 BGB nur den Unterhalt bis zur Höhe des Mehreinkommens, das der Berechtigte durch eine Vollerwerbstätigkeit erzielen könnte. Daneben kann ein Anspruch nach § 1573 II BGB bestehen, wenn der Anspruch nach § 1571 BGB zusammen mit den Teilerwerbseinkünften zur Deckung des vollen Unterhalts (§ 1578 I 1 BGB) nicht ausreicht.[180] Diese vom BGH zunächst nur für §§ 1570 und 1572 BGB entschiedene Auffassung trifft, wie der BGH bestätigt hat,[181] auch auf einen Anspruch nach § 1571 BGB zu – vgl. hierzu – auch wegen der Rechtsprechung des BGH zur Haushaltsführungsehe – Rn. 86.

Bezieht ein Berechtigter vorgezogenes Altersruhegeld und ist er wegen Alters sowie wegen der Arbeitsmarktsituation gehindert, vollschichtig zu arbeiten, kommt entweder ein **Anspruch** auf Altersunterhalt **nach § 1571 oder nach § 1573 I BGB** wegen Erwerbslosigkeit in Betracht.[182] § 1571 BGB wäre erfüllt, falls typischerweise in diesem Alter und in der in Frage kommenden Berufssparte keine angemessene Arbeit mehr gefunden werden kann, § 1573 I BGB, wenn und soweit wegen der konkreten Umstände des Einzelfalls auf Grund des Alters die Aufnahme einer angemessenen Arbeit scheitert – siehe Rn. 91.[183]

Ansprüche nach § 1571 BGB können überlagert sein durch gleichzeitig bestehende Ansprüche nach §§ 1570 und 1572 BGB.

Der Anspruch nach § 1571 BGB kann nach § 1578 I 2 BGB **der Höhe nach zeitlich begrenzt und danach herabgesetzt** werden, nicht aber nach § 1573 V BGB ausgeschlossen werden. Aus diesem Grund und wegen späterer Abänderungen ist die **Anspruchsgrundlage** möglichst genau festzulegen.[184]

Die negative Härteklausel des **§ 1579 BGB findet Anwendung.** Vor allem kann § 1579 Nr. 1 BGB in Frage kommen, wenn eine in hohem Alter geschlossene Ehe nicht lange gedauert hat und die Ehegatten sich deshalb noch nicht nachhaltig in ihren beiderseitigen persönlichen und wirtschaftlichen Lebensverhältnissen auf eine gemeinsame Lebensführung eingestellt haben.[185]

---

[179] BGH, FamRZ 1990, 492 = R 404 a

[180] BGH, FamRZ 1993, 789, 791 = R 460 a; FamRZ 1990, 492 = R 404 a

[181] BGH, FamRZ 1999, 708, 709 = R 532 b

[182] BGH, a.a.O.

[183] BGH, a.a.O.

[184] BGH, FamRZ 1999, 708, 709 = R 532 b; FamRZ 1994, 228 = R 471 a; FamRZ 1993, 789, 791 = R 460 a; FamRZ 1990, 492 = R 404 a; FamRZ 1988, 265 = NJW 1988, 2369

[185] BGH, FamRZ 1982, 28

IV. Unterhalt wegen Krankheit nach § 1572 BGB

1. Anspruchsvoraussetzungen nach § 1572 BGB

96 Nach § 1572 BGB besteht ein Unterhaltsanspruch wegen Krankheit, wenn und soweit wegen Krankheit oder anderen Gebrechen oder Schwäche der körperlichen oder geistigen Kräfte zu einem maßgeblichen Einsatzzeitpunkt eine Erwerbstätigkeit nicht erwartet werden kann.

Danach ist anspruchsberechtigt, wer zum maßgeblichen Einsatzzeitpunkt nicht oder nur teilweise infolge Krankheit seinen Lebensbedarf durch eine angemessene eigene Erwerbstätigkeit decken kann. Es bestehen drei Anspruchsvoraussetzungen:

- **Vorliegen einer Krankheit,** eines anderen Gebrechens oder Schwäche der körperlichen oder geistigen Kräfte.
- Aus krankheitsbedingten Gründen ist eine **angemessene Erwerbstätigkeit nicht** oder nur teilweise **zu erwarten.**
- Das **Vorliegen eines Einsatzzeitpunkts** neben dem Vorliegen der übrigen Anspruchsvoraussetzungen. Die Darlegungs- und Beweislast des Berechtigten erstreckt auf das Bestehen des Anspruchs zum maßgebenden Einsatzzeitpunkt.[186]

Für den Anspruch nach § 1572 BGB ist **keine Ehebedingtheit der Unterhaltsbedürftigkeit** erforderlich. Die von § 1572 BGB erfasste Bedürfnislage kann auch auf einer bereits vor der Ehe ausgebrochenen und im Zeitpunkt der Scheidung noch bestehenden Erkrankung beruhen. Der Anspruch besteht auch, wenn der Verpflichtete im Zeitpunkt der Eheschließung die bereits bestehende Erkrankung nicht kannte, insbesondere kann er sich deswegen nicht auf die Härteregelung des § 1579 Nr. 7 BGB berufen.[187]

2. Krankheit, Gebrechen oder geistige Schwäche

97 Krankheit ist nach ständiger Rechtsprechung des BSG ein objektiv fassbarer **regelwidriger Körper- oder Geisteszustand,** der ärztlicher Behandlung bedarf und/oder Arbeitsunfähigkeit zur Folge hat.[188] Der Krankheit stehen andere Gebrechen oder Schwächen der körperlichen oder geistigen Kräfte gleich.

Gebrechen sind alle von der Regel abweichenden körperlichen oder geistigen Zustände, mit deren Dauer für nicht absehbare Zeit zu rechnen ist,[189] wie z. B. Blindheit, Taubheit, Lähmungen, Körperbehinderungen u. ä.

Zur körperlichen oder geistigen Schwäche zählen u. a. vorzeitiger Kräfteverbrauch, Altersabbau, Abnutzungserscheinungen, geistige Verkümmerung und Schwachsinn.

Als Gebrechen oder Schwäche in diesem Sinn kommt auch eine massive, nicht kompensierbare Persönlichkeitsstörung in Betracht, die durch geringe Vitalität, geringe Ausdauer und Belastbarkeit sowie rasche Erschöpfbarkeit, Konzentrationsschwäche und dergleichen gekennzeichnet ist.[190]

Krankheit in diesem Sinn ist auch eine bis zur Krankheit gesteigerte **Alkohol- oder Tablettenabhängigkeit,** die zur Folge hat, dass jemand nicht in der Lage ist, eine Arbeitsstelle einfachster Art über einen nennenswerten Zeitraum hinaus beizubehalten, weil er infolge krankhafter Willensschwäche keine geregelte Erwerbstätigkeit durchhalten kann.[191]

Gleiches gilt für Drogenabhängige sowie für Personen, die infolge einer seelischen Störung (z. B. Neurose) erwerbsunfähig sind. Darunter fallen auch Rentenneurosen oder

---

[186] BGH, FamRZ, 2001, 1291, 1292 = R 564 a
[187] BGH, NJW-RR 1995, 449, 451; FamRZ 1994, 566 = R 475; FamRZ 1988, 930 = NJW-RR 1988, 834; FamRZ 1981, 1163 = NJW 1982, 40
[188] Z. B. BSGE 35, 10 = NJW 1973, 582 u. a.
[189] BSGE 14, 83 = NJW 1961, 987
[190] OLG Bamberg, FamRZ 2000, 231, 232
[191] BGH, FamRZ 1988, 375, 377 = R 356 a

vergleichbare **Unterhaltsneurosen.** Eine solche Neurose ist als Krankheit anzusehen, wenn die seelische Störung aus eigener Kraft nicht überwindbar ist. Wenn vorhergesagt werden kann, dass eine Rentenablehnung die neurotischen Erscheinungen des Betroffenen verschwinden lässt, muss die Rente versagt werden, weil es mit dem Sinn und Zweck der Rente nicht zu vereinbaren ist, dass gerade die Rente den Zustand aufrechterhält, dessen nachteilige Folgen sie ausgleichen soll. Gleiches gilt für die Unterhaltsneurose. Hier ist ein Krankheitswert im Sinn des § 1572 BGB nur anzuerkennen, wenn die seelische Störung so übermächtig ist, dass auch bei einer Unterhaltsversagung keine Erwerbstätigkeit aufgenommen oder ausgeweitet werden wird und auch keine Therapie eine Veränderung dieses Zustands verspricht. Die Flucht in die neurotische Erkrankung darf nicht rechtlich „honoriert" werden. Wegen der Simulationsnähe von Neurosen ist stets Wachsamkeit des Sachverständigen und des Tatrichters geboten.[192]

In Grenzfällen hat der Unterhalt Begehrende die Beweislast dafür, dass bei ihm keine Rentenneurose vorliegt oder dass seine psychische Abartigkeit so übermächtig ist, dass sie auch bei Anspruchsversagung nicht überwunden werden kann.[193]

Auch eine nur vorübergehende heilbare Erkrankung fällt unter den Krankheitsbegriff. Der krankheitsbedingt Erwerbsunfähige hat die Pflicht, sich einer notwendigen ärztlichen **Heilbehandlung zu unterziehen** und aktiv an seiner Genesung mitzuarbeiten. Unterlässt er die notwendigen und zumutbaren therapeutischen Maßnahmen zur Herstellung seiner Erwerbsfähigkeit, so kann darin ein Verhalten liegen, das die **Härteregelung des § 1579 Nr. 3 BGB** erfüllt. Die Bedürftigkeit wird mutwillig herbeigeführt, wenn sich der Kranke in Kenntnis der Unterhaltsfolgen leichtfertig einer sachgemäßen Behandlung entzieht[194] (siehe dazu auch Rn. 666 ff.).

Eine krankheitsbedingte Erwerbsunfähigkeit liegt nicht schon vor bei gewissen verbreiteten körperlichen **Abnutzungserscheinungen und Unpässlichkeiten.** Insbesondere haben zahlreiche Kriegsverletzte gezeigt, dass auch erheblich Versehrte noch zu einer Erwerbstätigkeit in der Lage sind.[195]

Bei Erkrankung eines Erwerbstätigen besteht soweit und so lange kein Anspruch nach § 1572 BGB, als auf Grund der Krankheit noch **Lohnersatzleistungen** wie Krankengeld u. ä. bezahlt werden. Auch Unfallrenten haben neben dem Entschädigungscharakter auch Lohnersatzfunktion, so dass sich ihre Zahlung bedarfsmindernd auswirkt.

Der Richter muss zur Krankheit und krankheitsbedingten Erwerbsunfähigkeit **Feststellungen** treffen.[196] Der Unterhaltsberechtigte hat hierzu die **Darlegungs- und Beweislast,** ihn trifft das Beurteilungsrisiko. Art und Umfang der gesundheitlichen Beeinträchtigungen oder Leiden sind von ihm darzulegen.[197] Verlässt er sich auf ein privatärztliches Attest und unterlässt er deshalb eine Erwerbstätigkeit, so tut er dies auf eigenes Risiko. Ist ein in erster Instanz erholtes ärztliches Gutachten nicht für den gesamten in Frage stehenden Zeitraum aussagekräftig und liegen auch die im Wege des Urkundenbeweises verwertbaren Bescheinigungen des behandelnden Arztes bereits längere Zeit zurück, so dass eine abschließende sichere Prognose nicht getroffen werden kann, dann muss auf Antrag ein Sachverständigengutachten darüber eingeholt werden, dass sich die Folgen einer Erkrankung nicht kurzfristig beheben oder nachhaltig bessern ließen.[198] **98**

3. Krankheitsbedingte Erwerbsunfähigkeit

Nicht jede Krankheit löst einen Unterhaltsanspruch aus. Die Krankheit muss vielmehr ursächlich dafür sein, dass keine Erwerbstätigkeit ausgeübt werden kann, d. h., es muss eine krankheitsbedingte Erwerbsunfähigkeit oder Erwerbsbeschränkung vorliegen. Wegen des **99**

[192] BGH, FamRZ 1984, 660 = R 208
[193] OLG Hamburg, FamRZ 1982, 762
[194] BGH, FamRZ 1988, 375, 377 = R 356 b; FamRZ 1981, 1042, 1043 f.
[195] BGH, FamRZ 1984, 353, 356
[196] BGH, FamRZ 1988, 265 = NJW 1988, 2369
[197] BGH, FamRZ 2001, 1291, 1292 = R 564 a
[198] BGH, FamRZ 1985, 50 = NJW 1985, 429; FamRZ 1982, 779, 781

Zusatzes „soweit" reicht es aus, dass eine Teilzeitbeschäftigung wegen der Krankheit nicht zu einer Vollerwerbstätigkeit ausgeweitet werden kann.[199]

Der ursächliche Zusammenhang zwischen Krankheit und Nichterwerbstätigkeit ist sorgfältig zu überprüfen, denn es ist zu verhindern, dass eine medizinisch in Wahrheit nicht gerechtfertigte Untätigkeit auf Kosten des ehemaligen Partners über einen Unterhaltsanspruch finanziert wird.[200] **Psychische Belastungen** gehen mit Trennung und Ehescheidung vielfach einher und können ggf. durch Behandlung überwunden werden. Sie sind daher nicht generell zur Begründung eines Unterhaltsanspruchs wegen Krankheit geeignet.[201]

Die nicht mögliche Erwerbstätigkeit muss – wie bei den §§ 1570 und 1571 BGB – eheangemessen im Sinn von § 1574 II BGB sein. Die inhaltliche Beschränkung der Erwerbsobliegenheit auf eine **eheangemessene berufliche Beschäftigung** und die gesetzliche Umschreibung der Angemessenheit in § 1574 II BGB tragen zur Konkretisierung der Voraussetzungen des Anspruchs wegen Krankheit nach § 1572 BGB bei[202] (siehe auch Rn. 131 ff.).

Ein Anspruch nach § 1572 BGB entfällt, wenn infolge der bestehenden Leiden zwar der alte Beruf nicht mehr ausgeübt werden kann, aber andere berufliche Tätigkeiten vollschichtig möglich sind, sofern es sich um angemessene Tätigkeiten im Sinn des § 1574 II BGB handelt.

4. Maßgebliche Einsatzzeitpunkte

100 Ein Anspruch nach § 1572 BGB besteht nur, wenn und soweit eine Erwerbstätigkeit wegen Krankheit zu bestimmten Einsatzzeitpunkten nicht erwartet werden kann. Solche **Einsatzzeitpunkte** sind:

- Scheidung.
- Beendigung der Pflege oder Erziehung eines gemeinschaftlichen Kindes.
- Beendigung der Ausbildung, Fortbildung oder Umschulung.
- Wegfall der Voraussetzungen eines Anspruchs nach § 1573 BGB.

Im **Zeitpunkt der Scheidung** bedeutet eine Erkrankung bei Eintritt der Rechtskraft der Scheidung. Beim Verbundurteil sind es die im Zeitpunkt der letzten mündlichen Verhandlung bestehenden Verhältnisse, wenn die bis zum Eintritt der Rechtskraft zu erwartende Entwicklung nicht voraussehbar ist.[203] **Gesundheitliche Störungen,** welche erst **nach der Scheidung** zur Erwerbsunfähigkeit führen, können nur dann einen Anspruch nach § 1572 BGB begründen, wenn die Beschwerden schon im Zeitpunkt der Scheidung bestanden und sich nachher entsprechend verschlimmert haben und soweit der Unterhalt noch nicht durch Erwerbstätigkeit nachhaltig gesichert war.[204] Allerdings dürfte es dabei – um den Einsatzzeitpunkt nicht zu entwerten – notwendig sein, dass zum Zeitpunkt der Scheidung oder doch in nahem zeitlichen Zusammenhang mit der Scheidung auf Grund des fraglichen Leidens schon eine teilweise Erwerbsunfähigkeit vorgelegen hatte,[205] auch wenn der Berechtigte davon unabhängig noch weitergehend erwerbstätig gewesen war. Deshalb kann keine Erhöhung des titulierten Unterhalts verlangt werden, falls 3 Jahre nach Rechtskraft der Scheidung eine neue Erkrankung (Verlust der Funktionsfähigkeit der rechten Hand wegen eines eingeklemmten Nervs) eingetreten ist, obwohl es sich um die Spätfolge einer Nervenschädigung handelt, deretwegen die Berechtigte bereits vor der Scheidung in ärztlicher Behandlung war.[206] Das OLG Hamm[207] meint dagegen, dass die Ewerbsunfähigkeit auch zu einem

[199] BGH, FamRZ 1988, 265 = NJW 1988, 2369; FamRZ 1987, 684, 685 = R 331 a; FamRZ 1985, 50 = NJW 1985, 429
[200] BGH, FamRZ 1984, 353, 356
[201] OLG Hamm, FamRZ 1995, 996
[202] BGH, FamRZ 1983, 144 = R 144
[203] BGH, FamRZ 1983, 144 = R 144; FamRZ 1982, 892
[204] OLG Hamm, FamRZ 1999, 230
[205] Vgl. hierzu BGH, FamRZ 1987, 684 = R 331 a
[206] OLG Karlsruhe, FamRZ 1999, 917 (Ls)
[207] OLG Hamm, FamRZ 2002, 1564

späteren Zeitpunkt eintreten könne, wenn nur die gesundheitlichen Störungen schon rechtzeitig vorgelegen hätten. Der BGH verlangt jedenfalls einen nahen zeitlichen Zusammenhang zwischen Scheidung und Eintritt der Erwerbsunfähigkeit.[208] Deswegen genügt auch eine im Zeitpunkt der Scheidung bereits **latent vorhandene Erkrankung** nicht für die Begründung eines Anspruchs nach § 1572 Nr. 1 BGB, wenn sie nicht in nahem zeitlichen Zusammenhang der Scheidung ausgebrochen ist und zur Erwerbsunfähigkeit geführt hat.[209] Der Auffassung, dass es bei einer bei Scheidung bereits vorhandenen Erkrankung nicht darauf ankomme, ob die dadurch bedingte Erwerbsunfähigkeit noch wenigstens in nahem zeitlichen Zusammenhang mit der Scheidung eingetreten ist, läuft Wortlaut und Zweck des Gesetzes zuwider, das gerade darauf abstellt, dass zum Einsatzzeitpunkt keine Erwerbstätigkeit erwartet werden könne. Der nahe zeitliche Zusammenhang fehlt, falls die Erkrankung die Erwerbsfähigkeit erstmals 23 Monate nach Scheidung gemindert hat.[210]

Ist im **Zeitpunkt der Scheidung** wegen Krankheit eine Erwerbstätigkeit nicht zu erwarten, besteht ein originärer Krankheitsunterhalt.

War im Zeitpunkt der Scheidung wegen Krankheit nur eine halbtägige Erwerbstätigkeit möglich und verschlimmert sich in der Folgezeit die Krankheit so sehr, dass nach zwei weiteren Jahren völlige Erwerbsunfähigkeit eintritt, dann ist der spätere völlige Wegfall der Erwerbsfähigkeit noch dem Einsatzzeitpunkt der Scheidung zuzurechnen. Es besteht nach Eintritt der völligen Erwerbsunfähigkeit ein originärer Anspruch auf den vollen eheangemessenen Unterhalt nach § 1572 BGB.[211]

Bezüglich des Zeitpunkts „**Beendigung der Pflege oder Erziehung** eines gemeinschaftlichen Kindes" ist entgegen dem insoweit missverständlichen Wortlaut dieser Vorschrift nach deren Sinn und Zweck auf den Zeitpunkt abzustellen, in dem die Voraussetzungen für einen auf § 1570 BGB gestützten Anspruch entfallen.[212] Es handelt sich um einen Anschlussunterhalt.

Erkrankung im Zeitpunkt der **Beendigung einer Ausbildung,** Fortbildung oder Umschulung nach § 1575 BGB.

Die Voraussetzungen eines Anspruchs nach § 1575 BGB müssen bestanden haben, und die krankheitsbedingte Erwerbsunfähigkeit muss bei Ende der Ausbildung eingetreten sein. Es handelt sich um einen Anschlussunterhalt.

Der Einsatzzeitpunkt des **Wegfalls** der Voraussetzungen **eines Anspruchs nach § 1573 I BGB** wegen Erwerbslosigkeit liegt vor, wenn der Berechtigte bei Ausbruch der Krankheit einen Anspruch auf Erwerbslosigkeitsunterhalt hatte.[213] U. U. kann sich der Verpflichtete allerdings nach § 242 BGB nicht darauf berufen, dass der Berechtigte, während einer Zeit, in der der Pflichtige tatsächlich Unterhalt leistete, die zum Nachweis eines Anspruchs nach § 1573 I BGB erforderlichen Erwerbsbemühungen unterlassen hatte.[214]

Bestand im Zeitpunkt der Erkrankung ein Anspruch auf **Aufstockungsunterhalt** (§ 1573 II BGB) und verliert der Berechtigte infolge der krankheitsbedingten Erwerbsunfähigkeit seine Stelle, entfällt der Anspruch auf Aufstockungsunterhalt, der die Ausübung einer angemessenen Erwerbstätigkeit voraussetzt.[215] Anschlussunterhalt wäre nach § 1572 Nr. 4 BGB zu bezahlen.

Beim **Anschlussunterhalt** ist zu beachten, dass dieser nur in dem Umfang weiterbesteht, **101**
wie er im Zeitpunkt der weggefallenen Tatbestandsvoraussetzungen bestanden hatte (siehe Rn. 50 und 51). Scheitert ein Krankheitsunterhalt nur am Einsatzzeitpunkt, ist auch **§ 1576 BGB** zu prüfen.[216]

---

[208] BGH, FamRZ 2001, 1291, 1293 = R 564 a
[209] BGH, a.a.O.
[210] BGH, a.a.O. = insoweit bestätigendes Revisionsurteil zu OLG Karlsruhe, FamRZ 2000, 233
[211] BGH, FamRZ 1987, 684 = R 331 a; OLG Stuttgart, FamRZ 1983, 501
[212] BGH, FamRZ 1990, 260, 262 = R 399 a
[213] BGH, FamRZ 1988, 927 = R 358 c
[214] BGH, FamRZ 1990, 496, 498 = R 414 b
[215] BGH, FamRZ 1988, 701 = R 362 a
[216] BGH, FamRZ 1990, 496, 499 = R 414 c

5. Konkurrenzen und Sonstiges

102 Wenn der Berechtigte krankheitsbedingt vollständig an einer Erwerbstätigkeit gehindert ist, besteht nur ein Anspruch nach § 1572 BGB, der auf den vollen eheangemessenen Unterhalt (§ 1578 I 1 BGB) geht,[217] und zwar auch dann, falls der Berechtigte bereits eine Erwerbsunfähigkeitsrente bezieht und ihm daneben ein Wohnwert zuzurechnen ist.[218]

Bei einer krankheitsbedingen **Teilerwerbstätigkeit** erfasst der Anspruch nach § 1572 BGB den Unterhalt nur bis zur Höhe des Mehreinkommens, das der Berechtigte durch eine Vollerwerbstätigkeit erzielen könnte. Daneben kann ein Anspruch nach § 1573 II BGB bestehen, wenn der Anspruch nach § 1572 BGB zusammen mit den Teilerwerbseinkünften nicht zur Deckung des vollen Unterhalts (§ 1578 I 1 BGB) ausreicht.[219] Wegen weiterer Einzelheiten und auch im Hinblick auf die Rechtsprechung des BGH zur Haushaltsführungsehe wird auf Rn. 86 verwiesen.

Hindert die krankheitsbedingte Einschränkung nicht die Arbeitsfähigkeit als solche, sondern werden nur die Verwendungsmöglichkeiten an einem Arbeitsplatz eingeschränkt, so dass dennoch eine eheangemessene Tätigkeit möglich wäre, kommt bei Verletzung der Erwerbsobliegenheit wegen der dann erforderlichen Zurechnung fiktiver Einkünfte nur ein Anspruch auf Aufstockungsunterhalt nach § 1573 II BGB, nicht ein Anspruch nach § 1572 BGB in Betracht.[220] Dasselbe gilt, wenn die vorliegende gesundheitliche Beeinträchtigung zwar eine eheangemessene Erwerbstätigkeit nicht hindert, aber bestimmte sonst mögliche Tätigkeiten mit höheren Einkommen ausschließt.[221]

Ansprüche nach § 1572 BGB können überlagert sein durch gleichzeitig bestehende Ansprüche nach den §§ 1570, 1571 und 1575 BGB.

103 Der Anspruch nach § 1572 BGB kann nach § 1578 I 2 BGB **zeitlich begrenzt und herabgesetzt werden,** nicht aber nach § 1573 V BGB. Aus diesem Grund und wegen späterer Abänderungen ist die **Anspruchsgrundlage** möglichst genau zu bestimmen.[222]

Genaueres zu § 1578 I 2 BGB Rn. 583 ff.

Nach **§ 1579 Nr. 7 BGB** kann eventuell eine Unterhaltsbegrenzung in Frage kommen, wenn der Berechtigte bereits vor Eingehung der Ehe über gesicherte Erkenntnisse hinsichtlich seiner Erkrankung verfügte und diese Umstände verschwiegen hat. Der BGH hat die Entscheidung dieser Frage ausdrücklich offengelassen.[223] Keinen objektiven Härtegrund im Sinne des § 1579 Nr. 7 BGB stellt der Umstand dar, dass eine latent bereits vor Eheschließung **vorhandene Erkrankung** sich für die Parteien nicht voraussehbar nach der Trennung chronifiziert hat und zu einer lebenslangen Unterhaltslast führen kann. Wenn diese Erkrankung den Unterhaltsanspruch des § 1572 Nr. 1 BGB auslöst, kann sie nicht gleichzeitig einen „anderen Härtegrund“ gemäß § 1579 Nr. 7 BGB darstellen.[224] In einem Fall, in welchem dem Pflichtigen, der nur über bescheidene Einkünfte verfügte, bei Eheschließung Art und Schwere der bereits vorhandenen Erkrankung nicht bekannt war, hat das OLG Karlsruhe dennoch eine zeitliche Begrenzung nach § 1579 Nr. 7 BGB für gerechtfertigt gehalten, obwohl die Berechtigte offenbar nichts verschwiegen hatte.[225]

Der Unterhaltsberechtigte ist auf Verlangen zur **Auskunftserteilung über die Art seiner Beschwerden** verpflichtet sowie darüber, ob die krankheitsbedingte Erwerbsunfähigkeit noch fortdauert.[226]

---

217 BGH, FamRZ 1993, 789, 791 = R 460 a; FamRZ 1990, 492 = R 404 a
218 OLG München, FamRZ 1997, 295
219 BGH, FamRZ 1993, 789, 791 = R 460 a
220 OLG Dresden, FamRZ 1999, 232
221 BGH, FamRZ 1991, 170
222 BGH, FamRZ 1999, 708, 709 = R 532 b; FamRZ 1994, 228 = R 471 a; FamRZ 1993, 789, 791 = R 460 a; FamRZ 1990, 492 = R 404 a; FamRZ 1988, 265 = NJW 1988, 2369
223 BGH, FamRZ 1994, 566 = R 475; FamRZ 1981, 1163 = NJW 1982, 40
224 BGH, FamRZ 1995, 1405, 1407 = R 490A c
225 OLG Karlsruhe, FamRZ 1998, 751
226 OLG Schleswig, FamRZ 1982, 1018

V. Unterhalt wegen Erwerbslosigkeit nach § 1573 I BGB

1. Anspruchsvoraussetzungen nach § 1573 I BGB

Nach § 1573 I BGB kann Unterhalt wegen Erwerbslosigkeit verlangt werden, soweit kein Unterhaltsanspruch nach den §§ 1570, 1571 und 1572 BGB besteht und soweit der Berechtigte zu einem maßgeblichen Einsatzzeitpunkt keine angemessene Erwerbstätigkeit zu finden vermag. Ein solcher Anspruch besteht nach § 1573 IV BGB auch bei späterem Verlust eines Arbeitsplatzes, wenn trotz ausreichender Bemühungen eine nachhaltige Unterhaltssicherung durch eine angemessene Erwerbstätigkeit noch nicht erreicht worden ist. 104

Es bestehen danach fünf Anspruchsvoraussetzungen:
- kein Anspruch nach den **§§ 1570, 1571 oder 1572 BGB,**
- der Unterhaltsberechtigte findet **keine angemessene Erwerbstätigkeit,**
- **trotz notwendiger Bemühungen** um eine angemessene Erwerbstätigkeit,
- **zu einem** maßgeblichen **Einsatzzeitpunkt,** dabei erstreckt sich die Darlegungs- und Beweislast des Berechtigten auf das Bestehen des Anspruchs zum maßgebenden Einsatzzeitpunkt.[227]
- noch **keine nachhaltige Unterhaltssicherung** durch eine bereits ausgeübte angemessene Erwerbstätigkeit.

Der Anspruch nach § 1573 I BGB muss nicht ehebedingt sein. Es ist nicht erforderlich, dass der Anspruchsteller vor oder während der Ehe erwerbstätig war oder gerade wegen der Ehe keiner Erwerbstätigkeit nachging. Zur Begründung der unterhaltsrechtlichen Mitverantwortung des anderen Ehegatten genügt es, wenn die Bedürfnislage irgendwie mit der Ehe in Verbindung steht.[228] 105

Der Anspruch nach § 1573 I BGB besteht, solange und soweit keine angemessene Erwerbstätigkeit gefunden wird. Der Anspruch findet mit der Aufnahme einer (ersten) angemessenen, zur Deckung des Unterhalts ausreichenden Erwerbstätigkeit nach der Scheidung sein Ende.[229]

Der **Anspruch** nach § 1573 I BGB **lebt wieder auf, wenn** die Einkünfte aus der angemessenen Erwerbstätigkeit wegfallen, weil es dem Betroffenen trotz seiner Bemühungen **nicht gelungen** war, **den Unterhalt** durch die aufgenommene Erwerbstätigkeit nach der Scheidung im Sinn von § 1573 IV BGB **nachhaltig zu sichern**[230] (siehe Rn. 118).

Der Anspruch nach § 1573 I BGB wandelt sich in einen Anspruch auf **Aufstockungsunterhalt** (§ 1573 II BGB), wenn durch die Aufnahme einer angemessenen Erwerbstätigkeit der volle eheangemessene Unterhalt (§ 1578 I 1 BGB) nicht gedeckt wird.[231]

2. Fehlen eines Anspruchs nach §§ 1570, 1571 oder 1572 BGB

Ein Anspruch nach § 1573 I BGB setzt voraus, dass der Berechtigte keinen **Anspruch wegen Kindesbetreuung** (§ 1570 BGB), **wegen Alters** (§ 1571 BGB) oder wegen Krankheit (§ 1572 BGB) hat, d. h., das Bestehen eines solchen Anspruchs **schließt** einen Anspruch nach **§ 1573 I BGB aus.**[232] 106

Diese Subsidiarität des § 1573 I BGB hat zur Folge, dass bei Vorliegen der Voraussetzungen einer vorrangigen Norm auch keine Teilansprüche nach § 1573 I BGB bestehen können.

---

227 BGH, FamRZ, 2001, 1291, 1292 = R 564 a
228 BGH, FamRZ 1980, 126 = NJW 1980, 393
229 BGH, FamRZ 1985, 791 = R 257 a
230 BGH, FamRZ 1985, 791 = R 257 a
231 BGH, FamRZ 1988, 265 = R 354 a; FamRZ 1985, 908 = NJW-RR 1986, 68
232 BGH, FamRZ 1988, 927 = R 358 b + c

Da § 1573 I BGB stets eine Erwerbsobliegenheit voraussetzt, die bei Ansprüchen nach §§ 1575 und 1576 BGB fehlt, sind auch Ansprüche nach §§ 1575 und 1576 BGB vorrangig gegenüber den Ansprüchen nach § 1573 BGB.

Scheitert ein vorrangiger Anspruch nur daran, dass die Anspruchsvoraussetzungen nicht zum maßgeblichen Einsatzzeitpunkt vorliegen, dann fehlt grundsätzlich auch ein Einsatzzeitpunkt für einen Anspruch nach § 1573 I BGB.

3. Der Unterhaltsberechtigte findet keine angemessene Erwerbstätigkeit

107 Ein Anspruch nach § 1573 I BGB setzt voraus, dass der Unterhalt Begehrende aus Gründen der Arbeitsmarktlage nach der Scheidung **keine angemessene Erwerbstätigkeit** findet.[233]

Ein Anspruch nach § 1573 I BGB besteht nicht, solange der Berechtigte eine angemessene Erwerbstätigkeit ausübt. Dies gilt auch, wenn zwar der künftige Verlust des bisherigen Arbeitsplatzes bereits feststeht, aber der genaue Zeitpunkt des Verlustes noch nicht bekannt ist. Außerdem steht nicht fest, dass der Berechtigte keine angemessene neue Erwerbstätigkeit finden wird. In Fällen, in denen sich die künftige Entwicklung der maßgeblichen Verhältnisse nicht mit hinreichender Sicherheit voraussehen lässt, ist es angemessen, nur die im Zeitpunkt der letzten mündlichen Verhandlung bestehenden Verhältnisse zugrunde zu legen und es den Parteien zu überlassen, bei anderweitiger Entwicklung der Verhältnisse eine Abänderungsklage nach § 323 ZPO zu erheben.[234]

108 Bei der nach § 1573 I BGB zu suchenden Erwerbstätigkeit muss es sich um eine **eheangemessene Erwerbstätigkeit** im Sinn der Legaldefinition des § 1574 II BGB handeln. Diese inhaltliche Beschränkung der Erwerbsobliegenheit auf eine eheangemessene berufliche Beschäftigung und die gesetzliche Umschreibung tragen damit – wie beim Altersunterhalt – zur Konkretisierung der Voraussetzungen des Erwerbslosigkeitsunterhalts bei.[235]

Die Beurteilung, welche Art von Erwerbstätigkeit in diesem Sinn eheangemessen ist, obliegt dem Tatrichter, der dazu alle in Frage kommenden Umstände des konkreten Einzelfalls festzustellen und umfassend abzuwägen hat.[236]

Nach dem Maßstab des § 1574 II BGB ist auch zu beurteilen, ob umfangmäßig – wie in der Regel – eine volle Erwerbstätigkeit angemessen ist oder auf Grund einer Abwägung aller Umstände nur eine Teilerwerbstätigkeit in Frage kommt.[237]

Die ehelichen Lebensverhältnisse, die nach § 1574 II BGB die Angemessenheit einer zumutbaren Erwerbstätigkeit mitbestimmen, sind regelmäßig unter Einbeziehung der gesamten Entwicklung bis zur Rechtskraft der Scheidung zu beurteilen.[238]

Weitere Einzelheiten zur eheangemessenen Erwerbstätigkeit nach § 1574 II BGB siehe Rn. 131 ff.

109 Geht der Berechtigte zwar einer der Art nach angemessenen **Teilzeitbeschäftigung** nach, nicht aber einer ihm zumutbaren Vollzeitbeschäftigung, weil er aus Gründen der Arbeitsmarktlage noch keine vollschichtige Arbeit gefunden hat, so hat er nach § 1573 I BGB einen **Unterhaltsanspruch in Höhe seines** durch die Teilzeitbeschäftigung noch nicht gedeckten **vollen Unterhaltsbedarfs.**[239] Außerdem muss er sich weiterhin laufend um eine angemessene Vollzeitbeschäftigung bemühen.

Ein Anspruch nach § 1573 I BGB besteht auch, wenn der Berechtigte zwar einer Erwerbstätigkeit nachgeht, diese aber der Art nach nicht angemessen ist. Die Höhe dieses Anspruchs ist ebenfalls nach der Differenz zwischen dem vollen Bedarf (§ 1578 I 1 BGB) und den anrechenbaren Einkünften aus der nicht angemessenen Erwerbstätigkeit zu bemes-

---

[233] BGH, FamRZ 1988, 927 = R 358 b; FamRZ 1988, 265 = R 354 a
[234] BGH, FamRZ 1984, 988 = R 191 a
[235] BGH, FamRZ 1983, 144 = R 144
[236] BGH, FamRZ 1987, 795, 797 = R 333 c; FamRZ 1984, 561 = R 203 a
[237] BGH, FamRZ 1985, 908 = NJW-RR 1986, 68
[238] BGH, FamRZ 1984, 561 = R 203 a
[239] BGH, FamRZ 1988, 265 = R 354 a

sen. Gleichzeitig muss der Berechtigte seine Bemühungen um eine angemessene Erwerbstätigkeit fortsetzen.

Statt eines Anspruchs nach § 1573 I BGB besteht ein Anspruch auf **Aufstockungsunterhalt** nach § 1573 II BGB, wenn der Berechtigte nach Art und Umfang einer angemessenen Erwerbstätigkeit nachgeht, was im Einzelfall auch eine Teilzeitbeschäftigung sein kann.[240] Der Berechtigte erfüllt dann im vollen Umfang die ihm zumutbare angemessene Erwerbsobliegenheit.

Ein Anspruch auf Aufstockungsunterhalt (§ 1573 II BGB) besteht auch dann, wenn sich der Berechtigte nicht in ausreichendem Maß um eine angemessene Erwerbstätigkeit bemüht hat und ihm deshalb erzielbare Einkünfte fiktiv zugerechnet werden, die seinen vollen Unterhalt nicht decken.[241]

Kommen nach den Umständen des Falles auf Grund der Vorbildung oder aus sonstigen Gründen gegenwärtig nur Erwerbstätigkeiten in Betracht, die nicht eheangemessen sind, dann tritt nach § 1574 III BGB an die Stelle der Erwerbsobliegenheit eine **Obliegenheit** des geschiedenen Ehegatten, **sich ausbilden,** fortbilden oder umschulen **zu lassen,** soweit es zur Aufnahme einer angemessenen Erwerbstätigkeit erforderlich ist und ein erfolgreicher Abschluss der Ausbildung zu erwarten ist.[242] 110

Für die Regelzeit der Ausbildungsdauer besteht dann keine Erwerbsobliegenheit. Genaueres zur Ausbildungsobliegenheit und zum Ausbildungsunterhalt nach § 1574 III BGB siehe Rn. 144 ff.

Ein Ausbildungsanspruch nach §§ 1574 III, 1573 I BGB kann auch bestehen, wenn der Mann während der Ehe nach der internen Aufgabenverteilung in der Ehe einem Studium nachgegangen war, während die Frau (auch weiterhin) das Geld verdiente. Der Anspruch dauert bis zum Abschluss des Studiums (nach Scheidung) innerhalb zumutbarer Zeit.[243]

4. Notwendige Bemühungen um eine angemessene Erwerbstätigkeit

Aufgrund der bestehenden Erwerbsobliegenheit muss der Berechtigte genügend intensive, **ernsthafte und nachhaltige Bemühungen** zur Erlangung einer angemessenen Erwerbstätigkeit aufwenden. Er hat die Darlegungs- und Beweislast für seine Bedürftigkeit und muss daher grundsätzlich in nachprüfbarer Weise vortragen, welche Schritte er im Einzelnen unternommen hat, um einen Arbeitsplatz zu finden und sich bietende Erwerbsmöglichkeiten zu nutzen, wozu die bloße Meldung beim Arbeitsamt nicht genügt.[244] **Zweifel** an der Ernsthaftigkeit seiner Arbeitsbemühungen gehen **zu Lasten des Berechtigten.** 111

Objektiv muss nach den jeweiligen Arbeitsmarktverhältnissen eine reale Beschäftigungschance bestanden haben. Die **objektive Feststellung einer realen Beschäftigungschance** hängt ab von den jeweiligen Verhältnissen auf dem Arbeitsmarkt sowie von den persönlichen Eigenschaften und Verhältnissen des Arbeitsuchenden, wie z. B. Alter, Ausbildung, Berufserfahrung, Gesundheitszustand u. ä. Eine absolute Sicherheit gibt es dazu nicht. Dieses Unsicherheitsmoment ist tatrichterlich zu bewältigen. Jeder ernsthafte **Zweifel** daran, ob bei ernsthaften Bemühungen eine Beschäftigungschance bestanden hätte, geht **zu Lasten des Arbeitsuchenden.**[245]

Genauere Einzelheiten zu den notwendigen Bemühungen und zur realen Beschäftigungschance siehe Rn. 1/527 ff.

---

[240] BGH, FamRZ 1985, 908 = NJW-RR 1986, 88

[241] BGH, FamRZ 1988, 927, 929 = R 358 d; FamRZ 1985, 908 = NJW-RR 1986, 68; ferner FamRZ 1986, 553, 555 = R 276 c

[242] BGH, FamRZ 1987, 795, 797 = R 333 b; FamRZ 1986, 1085 = R 305 a; FamRZ 1984, 561 = R 203 a

[243] BGH, FamRZ 1980, 126 = NJW 1980, 393

[244] BGH, FamRZ 1990, 499 = R 407 a; FamRZ 1986, 1085 = R 305 b; FamRZ 1986, 244, 246; FamRZ 1982, 255 = NJW 1982, 1873

[245] BGH, FamRZ 1988, 604 = NJW 1988, 2799; FamRZ 1987, 912 = NJW-RR 1987, 962; FamRZ 1987, 691 = NJW 1987, 2739; FamRZ 1987, 144 = R 314; FamRZ 1986, 885 = R 302 b

112 Ein Anspruch nach § 1573 BGB kann aber nicht unbedingt deshalb versagt werden, weil der Berechtigte sich **nicht sofort nach** der **Trennung** intensiv um eine Erwerbstätigkeit im Rahmen seiner beruflichen Vorbildung **bemüht** hat, sondern erst 1/2 Jahr später eine Ausbildung als Altenpfleger begonnen hat. Für eine Erwerbsobliegenheit während der Ehe bestehen nach § 1361 II BGB andere Voraussetzungen als für eine Erwerbsobliegenheit nach der Scheidung. Außerdem steht es dem Berechtigten grundsätzlich frei, die Art seiner ihm zuzumutenden Erwerbstätigkeit selbst zu bestimmen. Er kann daher – auch abgesehen von gesundheitlichen Gesichtspunkten – unterhaltsrechtlich nicht ohne weiteres auf die Wiederaufnahme einer früheren Tätigkeit verwiesen werden. Ergibt die richterliche Prognose, dass der Berechtigte wegen der in die tatrichterliche Würdigung einzubeziehenden Lage auf dem Arbeitsmarkt auf Dauer sicherer eine Anstellung als Altenpfleger finden wird als in seinem früheren Beruf, dann wird die zeitlich begrenzte Fortdauer einer während der Trennung begonnenen Ausbildung nach der Scheidung anstelle einer Erwerbsobliegenheit hinzunehmen sein.[246]

Andererseits können während der Trennungszeit unterlassene Bemühungen um eine zumutbare Erwerbstätigkeit zur Anwendung des § 1579 Nr. 3 BGB führen, wenn sich nämlich der Berechtigte dadurch selbst mutwillig bedürftig gemacht hat und der Verpflichtete die Folgen der leichtfertigen Herbeiführung der Bedürftigkeit unterhaltsrechtlich mittragen müsste.[247]

113 Fehlt ein ausreichender Tatsachenvortrag zu den Bemühungen um eine Erwerbstätigkeit oder bestehen bzw. bleiben **Zweifel an ernsthaften Bemühungen** und ist nicht auszuschließen, dass bei ausreichenden Bemühungen eine reale Beschäftigungschance bestanden hätte, dann ist ein Unterhaltsanspruch wegen Erwerbslosigkeit zu versagen, wenn erzielbare Einkünfte aus dieser Tätigkeit den Unterhaltsbedarf gedeckt hätten. Können nur erzielbare Einkünfte fiktiv zugerechnet werden, die den Bedarf nicht decken, kann ein Anspruch auf Aufstockungsunterhalt nach § 1573 II BGB in Frage kommen.[248]

Es gibt keine Beweiserleichterung nach **§ 287 II ZPO,** soweit es nach § 1573 I BGB um die Anspruchsvoraussetzung „keine angemessene Erwerbstätigkeit zu finden vermag" geht. Hierbei handelt es sich nicht um die Ausfüllung eines Unterhaltsanspruchs, sondern darum, ob überhaupt ein Unterhaltstatbestand, nämlich der des § 1573 I BGB, erfüllt ist.[249]

5. Maßgebliche Einsatzzeitpunkte

114 Ein Anspruch nach § 1573 I BGB besteht nur, wenn der Betroffene zu bestimmten Einsatzzeitpunkten keine eheangemessene Arbeit hat. Solche **Einsatzzeitpunkte** sind:
- nach der Scheidung.
- Wegfall eines Anspruchs nach § 1570 BGB.
- Wegfall eines Anspruchs nach § 1571 BGB.
- Wegfall eines Anspruchs nach § 1572 BGB.

Nach dem Gesetzeswortlaut **„nach der Scheidung"** ist der Einsatzzeitpunkt des originären Erwerbslosigkeitsunterhalts nicht so eng an den Zeitpunkt der Scheidung gebunden wie bei den Unterhaltstatbeständen der §§ 1571 Nr. 1 und 1572 Nr. 1 BGB, deren Voraussetzungen „im Zeitpunkt der Scheidung" bzw. „vom Zeitpunkt der Scheidung an" gegeben sein müssen. Andererseits ist „nach der Scheidung" nicht als zeitlich unbegrenzt zu verstehen. Vielmehr muss zumindest noch ein zeitlicher Zusammenhang mit der Scheidung bestehen. Nach etwa eineinhalb Jahren nach der Scheidung besteht keinesfalls ein solcher zeitlicher Zusammenhang mit der Scheidung mehr.[250]

Das OLG Oldenburg hält den **erforderlichen zeitlichen Zusammenhang** bereits ein Jahr nach der Scheidung für unterbrochen. Danach entfällt ein originärer Anspruch nach § 1573 I BGB, wenn sich der Betroffene im ersten Jahr nach der Scheidung nicht aus-

246 BGH, FamRZ 1986, 1085 = R 305 c; FamRZ 1986, 553 = R 276 a
247 BGH, FamRZ 1986, 1085 = R 305 d
248 BGH, FamRZ 1988, 927, 929 = R 358 d
249 BGH, FamRZ 1986, 885 = R 302 a
250 BGH, FamRZ 1987, 684, 687 = R 331 c

reichend um eine angemessene Erwerbstätigkeit bemüht hat und der Unterhaltsbedarf durch erzielbare Einkünfte aus einer zumutbaren Erwerbstätigkeit hätte gedeckt werden können. Der weggefallene Anspruch lebt auch nicht wieder auf, wenn sich der Berechtigte später in unterhaltsrechtlich gebotenem Maß um eine Arbeitsstelle bemüht. Solche verspäteten Anstrengungen sind nicht zum Einsatzzeitpunkt „nach der Scheidung" erfolgt und dienen deshalb nicht mehr der Behebung einer ehebedingten Bedürfnislage, sondern der Beseitigung einer durch langfristige Untätigkeit selbst verursachten Bedürfnissituation.[251]

Ein Sonderproblem stellt sich, wenn der **Unterhalt zum Zeitpunkt der Scheidung** durch eine angemessene Erwerbstätigkeit **nachhaltig gesichert** war, aber der Arbeitsplatz wenige Tage nach der Scheidung verloren geht. Zum Zeitpunkt der Scheidung bestand dann kein Anspruch nach § 1573 I BGB. Nach Meinung des OLG Bamberg entsteht ein solcher Anspruch auch trotz des wenige Tage nach Scheidung eingetretenen Arbeitsplatzverlustes nicht, weil Anspruchsvoraussetzung vorbehaltlich der besonderen Regelung in § 1573 IV BGB (fehlende nachhaltige Sicherung) sei, dass der geschiedene Ehegatte zum Zeitpunkt der Scheidung keine angemessene Erwerbstätigkeit ausgeübt habe.[252] Dies erscheint zweifelhaft, da der erforderliche zeitliche Zusammenhang für den Anspruch § 1573 I BGB jedenfalls wenige Tage nach Scheidung noch vorliegen dürfte. So hat der BGH[253] in einem Fall, bei dem die klagende Ehefrau zum Zeitpunkt der Scheidung bereits berufstätig war, den Anspruch nach § 1573 I BGB allein mit der Begründung verneint, dass die Erwerbslosigkeit erst über 2 Jahre nach der Scheidung eingetreten sei und damit der zeitliche Zusammenhang mit der Scheidung fehle, die Sache aber aufgehoben und zur Prüfung zurückverwiesen, ob wegen des eventuellen Anspruchs nach § 1573 IV BGB die kurze Zeit vor Scheidung aufgenommene Tätigkeit im Zeitpunkt ihrer Aufnahme bereits eine nachhaltige Unterhaltssicherung dargestellt habe. Allerdings trifft zu, dass der zeitliche Zusammenhang der anschließenden Erwerbslosigkeit mit der Scheidung im Fall nachhaltiger Sicherung des Unterhalts zum Scheidungszeitpunkt nur bei verhältnismäßig kurzen Zeiträumen bestehen kann, weil sonst der Zweck des § 1573 IV BGB verfehlt würde, dem Pflichtigen nicht das Erwerbsrisiko des Berechtigten aufzubürden.

Der Einsatzzeitpunkt „Wegfall des Anspruchs nach **§ 1570 BGB**" ist zu bejahen, wenn **115**
der Berechtigte wegen des Alters des Kindes durch dessen Betreuung nicht mehr an der Aufnahme einer Vollerwerbstätigkeit gehindert wird, aber wegen der Arbeitsmarktlage keine Erwerbstätigkeit findet. Hierbei handelt es sich um einen Anschlussunterhalt.

Der Einsatzzeitpunkt „Wegfall eines Anspruchs nach **§ 1571 BGB**" spielt praktisch keine Rolle, denn es kann nicht angenommen werden, dass ein berechtigter Anspruch auf Altersunterhalt später nochmals wegfallen wird, wenn der Betreffende noch älter geworden ist. Ein Unterhalt wegen vorzeitigen Alterns, der bei einer späteren Genesung wieder entfallen könnte, ist kein Altersunterhalt, sondern ein Krankheitsunterhalt.

Der Einsatzzeitpunkt „Wegfall eines Anspruchs nach **§ 1572 BGB**" liegt vor, wenn der Berechtigte wieder gesund wird und deshalb erneut arbeiten kann, aber keine angemessene Arbeit findet. Es ist ein Anschlussunterhalt.

Der Einsatzzeitpunkt des **„Wegfalls eines Ausbildungsunterhalts"** liegt vor, wenn der Betreffende nach Beendigung einer berechtigten Ausbildung keine angemessene Erwerbstätigkeit findet. Es ist ein Anschlussunterhalt.

Beim **Anschlussunterhalt** ist zu beachten, dass dieser nur in dem Umfang weiterbesteht, wie er im Zeitpunkt des wegfallenden Vortatbestandes bestanden hatte (Rn. 50 und 51).

6. Nachhaltige Unterhaltssicherung durch Erwerbstätigkeit

a) Nachhaltige Sicherung. Nach § 1573 IV 1 BGB besteht ein Anspruch nach § 1573 **116**
BGB auch dann, wenn die Einkünfte aus einer angemessenen Erwerbstätigkeit wegfallen,

[251] OLG Oldenburg, FamRZ 1986, 64

[252] OLG Bamberg, FamRZ 1997, 819 = NJW-RR 1997, 198; der Ansicht angeschlossen hat sich OLG Köln, FamRZ 1998, 1434

[253] BGH, FamRZ 1988, 701 = R 362 a

weil es dem Betroffenen trotz seiner Bemühungen nicht gelungen war, seinen Unterhalt durch die Erwerbstätigkeit nach der Scheidung nachhaltig zu sichern. War der Unterhalt teilweise nachhaltig gesichert, kann nach § 1573 IV 2 BGB der Unterschiedsbetrag zwischen dem nachhaltig gesicherten Teil und dem vollen Unterhalt verlangt werden.

Diese Bestimmung stellt auf die Unterhaltssicherung durch die Erwerbstätigkeit ab.[254] Danach kann ein bereits weggefallener Anspruch nach § 1573 I BGB wieder aufleben, wenn und soweit der Unterhalt durch die Erwerbstätigkeit noch nicht nachhaltig gesichert war. Damit eröffnet § 1573 IV BGB praktisch eine **neue Einsatzzeit,** an die sich auch ein Anschlussunterhalt anschließen kann. Diese Einsatzzeit beginnt mit dem Wegfall der ausgeübten Erwerbstätigkeit.

War der Berechtigte im Zeitpunkt der Scheidung erwerbstätig, kann bei einem späteren Verlust der Arbeitsstelle nur über § 1573 IV BGB ein Unterhaltsanspruch entstehen, weil § 1573 I BGB an sich voraussetzt, dass bei Scheidung oder zu einem anderen Einsatzzeitpunkt keine angemessene Erwerbstätigkeit ausgeübt wird (vgl. aber Rn. 114 zum Verlust des Arbeitsplatzes wenige Tage nach Scheidung).

War dagegen der Berechtigte in nachhaltig gesicherter Weise bereits in das Erwerbsleben eingegliedert, so trägt er auch die Gefahr unvorhergesehener Ereignisse und Entwicklungen selbst, ohne sich unterhaltsmäßig noch an seinen früheren Ehepartner halten zu können.[255]

117 **b) Voraussetzungen des Wiederauflebens** des Unterhaltsanspruchs nach § 1573 IV 1 BGB:

- Ausübung einer angemessenen Erwerbstätigkeit nach der Scheidung.
- Unverschuldeter späterer Wegfall der Einkünfte aus dieser Erwerbstätigkeit.
- Keine nachhaltige Unterhaltssicherung durch die Erwerbstätigkeit.

Der Berechtigte muss **nach der Scheidung** eine **angemessene Erwerbstätigkeit** ausgeübt haben. War die ausgeübte Erwerbstätigkeit nicht angemessen im Sinn von § 1574 II BGB, dann war der Anspruch nach § 1573 I BGB noch nicht weggefallen. Unerheblich ist, ob die angemessene Erwerbstätigkeit bereits vor der Scheidung begonnen hatte oder erst danach.[256] Die **Einkünfte** aus der Erwerbstätigkeit müssen **unverschuldet weggefallen** sein. Diese Voraussetzung ergibt sich aus der Formulierung „trotz seiner Bemühungen".

Ein unverschuldeter Verlust liegt z. B. vor bei Verlust der Arbeitsstelle infolge eines Unfalls, einer Krankheit, infolge Alters, unverschuldeter Arbeitgeberkündigung, Insolvenz des Arbeitgebers, Aufnahme einer zeitlich befristeten Arbeitsbeschaffungsmaßnahme.

Verschuldet ist der Verlust bei Arbeitnehmerkündigung, ohne eine gleichwertige Arbeit zu haben, bei schuldhaft herbeigeführter Arbeitgeberkündigung und wenn nur Gelegenheitsarbeiten übernommen werden, obwohl bei entsprechenden Bemühungen auch eine nachhaltige Tätigkeit hätte gefunden werden können. Entfällt eine Erwerbstätigkeit durch eigenes Verschulden, so lebt der Unterhaltsanspruch nicht wieder auf.

118 Durch die weggefallene Tätigkeit darf der Unterhalt noch nicht nachhaltig gesichert gewesen sein.

- Nach § 1573 IV BGB ist auf die **nachhaltige Sicherung des Unterhalts** abzustellen, nicht auf die nachhaltige Sicherung eines bestimmten Arbeitsplatzes.[257] Diese Sicherung kann u. U. auch angenommen werden, wenn nur **fiktive Einkünfte** zuzurechnen wären.[257a]
- Für die Beurteilung, ob der Unterhalt nachhaltig gesichert erscheint, ist maßgebend, ob die Erwerbstätigkeit im Zeitpunkt ihrer Aufnahme nach objektiven Maßstäben und allgemeiner Lebenserfahrung mit einer gewissen Sicherheit im Sinne **objektiviert vorausschauender Betrachtung**[258] als dauerhaft angesehen werden kann oder ob befürchtet werden muss, dass der Bedürftige sie durch außerhalb seiner Entschließungsfreiheit liegende Umstände in absehbarer Zeit wieder verliert. Dabei sind vom Standpunkt eines optimalen Beobachters auch solche Umstände in die Beurteilung einzubeziehen, die zwar

---

[254] BGH, FamRZ 1987, 689 = R 337 a

[255] BGH, FamRZ 1988, 701 = R 362 a; FamRZ 1985, 1234 = R 274

[256] BGH, FamRZ 1985, 53, 55

[257] BGH, FamRZ 1985, 53, 55 = NJW 1985, 430, 432

[257a] BGH, FamRZ 2003, 1734, 1736

[258] BGH, FamRZ 1988, 701 = R 362 a; FamRZ 1985, 1234 = R 274

schon zu diesem Zeitpunkt bestehen, aber erst später zutage treten.[259] Die ex-ante-Betrachtung zum Zeitpunkt des Beginns der Erwerbstätigkeit hat nicht auf Grund einer subjektiven Vorausschau nach dem Erkenntnisstand der Unterhaltsparteien zu geschehen, sondern es sind bei der gebotenen objektiven Betrachtung **(objektiv vorausschauende Prognose)** Umstände zu berücksichtigen, die schon vorlagen, aber erst später zutage getreten sind. Bei einer Lehrerin betrifft die Prognose neben der fachlicher Qualifikation auch die gesundheitliche Eignung. Wird sie zwei Tage nach Dienstantritt wegen einer Nervenerkrankung dienstunfähig und tritt im Lauf von zwei Jahren keine Besserung ein, dann fehlt schon bei Aufnahme des Dienstes die gesundheitliche Eignung, auch wenn die Symptome der schon bestehenden Krankheit nicht sofort bei Dienstbeginn aufgetreten sind.[260] Jedenfalls nach einer **Dauer der Erwerbstätigkeit** von 2 Jahren dürfte von einer nachhaltigen Unterhaltssicherung auszugehen sein.[261] Dasselbe gilt bei Verlust des Arbeitsplatzes 4 Jahre nach Scheidung.[262]

- War eine **Erwerbstätigkeit** bereits **vor der Scheidung** aufgenommen worden, kann die Frage, ob eine nachhaltige Unterhaltssicherung vorliegt, frühestens zum Zeitpunkt der Scheidung beurteilt werden[263] – vgl. dazu Rn. 114. War der Berechtigte bereits während der Ehe einer Erwerbstätigkeit nachgegangen, die seinen Unterhalt nachhaltig zu sichern schien, und verlor er dann diese noch vor der Scheidung, besteht ein Anspruch nach § 1573 I BGB. Gleiches gilt über § 1573 IV BGB, wenn der Verlust der Erwerbstätigkeit zwar erst nach der Scheidung eintritt, aber zum Scheidungszeitpunkt bereits wahrscheinlich oder voraussehbar war.[264]
- War im Zeitpunkt der Scheidung die Aufnahme einer Erwerbstätigkeit noch nicht sicher abzusehen, verschiebt sich der Beurteilungszeitpunkt notwendigerweise auf den Zeitpunkt der Aufnahme der Tätigkeit.[265]
- Auch bei einer **kurzen tatsächlichen Beschäftigungszeit** kann der Unterhalt nachhaltig gesichert sein. Dies ist z. B. der Fall, wenn der Bedürftige nach Abschluss eines langfristigen Arbeitsvertrages seine Stelle verliert, weil der Arbeitgeber unerwartet in Konkurs gefallen ist. Andererseits kann im Fall der Vereinbarung einer Probezeit die nachhaltige Sicherung des Arbeitsplatzes bei Antritt der Stellung noch zu verneinen sein, aber zu einem späteren Zeitpunkt, der vor der tatsächlichen Beendigung des Beschäftigungsverhältnisses liegt, zu bejahen sein.[266]
- **Einkünfte,** die dem Berechtigten **wegen Versorgung eines neuen Partners** in nichtehelicher Lebensgemeinschaft zugerechnet werden, sind keine nachhaltig gesicherten Einkünfte aus einer angemessenen Erwerbstätigkeit. Auf solche Einkünfte besteht kein Rechtsanspruch, weshalb sie jederzeit wieder wegfallen können.[267] In der Regel bleibt aber die Verpflichtung bestehen, sich auch während des Zusammenlebens in nichtehelicher Lebensgemeinschaft um eine angemessene Erwerbstätigkeit zu bemühen. Bei unterlassenen Bemühungen kann ein Unterhaltsanspruch entfallen.

Sind unterhaltsrechtliche Beziehungen der Parteien – vorbehaltlich des Eingreifens der Härteklausel des § 1579 BGB – aufgrund der vorübergehenden Deckung des Lebensbedarfs durch solche zuzurechnende Einkünfte nicht erloschen, kann nach erneutem Eintritt der Bedürftigkeit infolge des Scheiterns der nichtehelichen Lebensgemeinschaft wieder ein Anspruch nach § 1573 I entstehen, wenn der Berechtigte auch bei ausreichenden Bemühungen um eine Erwerbstätigkeit während der Zeit des Zusammenlebens in nichtehelicher Lebensgemeinschaft keine Arbeit gefunden hätte, die seinen Unterhalt nachhaltig gesichert hätte.[268]

---

[259] BGH, FamRZ 1988, 701 = R 362 a; FamRZ 1985, 1234 = R 274; FamRZ 1985, 791 = R 257 a
[260] BGH, FamRZ 1985, 791 = R 257 a
[261] OLG Karlsruhe, FamRZ 2000, 233
[262] OLG Dresden, FamRZ 2001, 833 (Ls)
[263] Vgl. OLG Bamberg, FamRZ 1997, 819 = NJW-RR 1997, 198; der Ansicht angeschlossen hat sich OLG Köln FamRZ 1998, 1434
[264] BGH, FamRZ 1985, 53, 55
[265] BGH, FamRZ 1988, 701 = R 362 a
[266] BGH, FamRZ 1985, 1234 = R 274
[267] BGH, FamRZ 1987, 689 = R 337 a
[268] BGH, FamRZ 1987, 689 = R 337 b

- Noch nicht nachhaltig gesichert ist ein Unterhalt, wenn eine Erwerbstätigkeit von vornherein zeitlich begrenzt ist oder wenn sich der Berechtigte in Überschätzung seiner Leistungsfähigkeit trotz Alters oder Krankheit übernimmt und deshalb seine Tätigkeit nach einiger Zeit wieder aufgeben muss.[269]
- Wer den anderen auf Unterhalt in Anspruch nimmt, hat die **Darlegungs- und Beweislast** dafür, dass eine nachhaltige Sicherung seines Unterhalts nicht zu erreichen war.[270]

119 War der **Unterhalt** vor Verlust des Arbeitsplatzes wenigstens **teilweise gesichert,** so beschränkt sich der Unterhaltsanspruch nach § 1573 IV 2 BGB auf den Unterschiedsbetrag zwischen dem nachhaltig gesicherten Unterhalt und dem vollen Unterhalt. Betrug der volle Unterhalt 1500 € und waren davon 1000 € durch die bisherige Erwerbstätigkeit nachhaltig gesichert, dann besteht bei Verlust des Arbeitsplatzes nur ein Unterhaltsanspruch in Höhe von 500 € weiter. Auch bei einem Anschlussunterhalt bleibt der Anspruch auf 500 € begrenzt – vgl. Rn. 86.

War der **Unterhalt vollständig** durch die Erwerbstätigkeit nachhaltig **gesichert,** dann ist kein Unterhaltsanspruch nach § 1573 I BGB und kein Anschlussunterhalt nach §§ 1571, 1572, 1575 BGB mehr möglich. Der Unterhaltsanspruch erlischt mit der Aufnahme einer den Unterhalt nachhaltig sichernden Tätigkeit.[271]

7. Zeitliche Begrenzung des Unterhalts nach § 1573 V BGB und § 1578 I 2 BGB

120 Nur ein Unterhaltsanspruch, der auf § 1573 BGB beruht, kann unter den in Abs. 5 erwähnten Voraussetzungen **zeitlich begrenzt** werden, nicht Ansprüche nach §§ 1570–1572, 1576 BGB. Einzelheiten zur Begrenzung nach § 1573 V BGB: Rn. 578 ff.

Bei einem Anspruch nach § 1573 BGB ist außerdem nach § 1578 I 2 BGB eine zeitliche Begrenzung der Bemessung des Unterhalts nach den ehelichen Lebensverhältnissen und seine anschließende Beschränkung auf den angemessenen Lebensbedarf möglich sowie eine gestaffelte zeitliche Begrenzung sowohl nach § 1578 I 2 BGB als auch nach § 1573 V BGB (siehe Rn. 589).

8. Sonstiges

121 Der Anspruch nach **§ 1573 I BGB geht** in der Regel **auf den vollen** eheangemessenen **Unterhalt** (§ 1578 I 1 BGB). Bei Einkünften aus nicht angemessener Erwerbstätigkeit oder sonstigen nicht auf Erwerbstätigkeit beruhenden Einkünften geht er auf den nicht gedeckten Teil des vollen Unterhalts.

Ein Anspruch nach § 1573 I BGB entfällt stets, wenn ein Unterhaltsanspruch nach §§ 1570, 1571, 1572, 1575 oder nach § 1576 BGB bejaht werden kann (dazu Rn. 106).

Statt eines Anspruchs nach § 1573 I BGB besteht ein Anspruch nach § 1573 II BGB, wenn Einkünfte aus einer eheangemessenen Erwerbstätigkeit den vollen Unterhaltsbedarf nicht decken (Rn. 109 und 122 ff.).

VI. Aufstockungsunterhalt nach § 1573 II BGB

1. Anspruchsvoraussetzungen nach § 1573 II BGB

122 Nach § 1573 II BGB kann der Bedürftige den Unterschiedsbetrag zwischen seinen tatsächlichen oder fiktiven[272] Einkünften aus einer tatsächlich ausgeübten oder ihm möglichen angemessenen Erwerbstätigkeit und seinem vollen Unterhalt verlangen.

---

[269] OLG Hamm, FamRZ 1997, 26
[270] BGH, FamRZ 1985, 1234 = R 274
[271] BGH, FamRZ 1985, 791 = R 257 a
[272] BGH, FamRZ 1990, 979

Bei diesem Anspruch handelt es sich um eine Art **Lebensstandardgarantie** für die Zeit nach der Scheidung auf Grund nachwirkender ehelicher Mitverantwortung.[273]

Der Anspruch gleicht nicht ehebedingte Nachteile aus, sondern sichert ehebedingte Vorteile. Diese Lebensstandardgarantie des § 1573 II BGB ist nicht verfassungswidrig, auch wenn der Aufstockungsunterhalt ohne Befristung oder anderweitige Reduzierung zugesprochen wird.[274] Der Aufstockungsunterhalt hat vier Anspruchsvoraussetzungen:

- Es darf **kein anderweitiger Anspruch** auf den vollen Unterhalt nach den §§ 1570, 1571, 1572 oder 1573 I BGB bestehen (siehe Rn. 124).
- Der Bedürftige muss bereits eine **angemessene Erwerbstätigkeit** ausüben oder zugerechnet erhalten (siehe Rn. 125).
- Die tatsächlichen oder fiktiven **Einkünfte** aus der angemessenen Erwerbstätigkeit **decken nicht den vollen Unterhalt** (Rn. 127).
- Die Voraussetzungen müssen zu den **maßgeblichen Einsatzzeitpunkten** vorliegen (Rn. 126).

Der ergänzende Anspruch auf den Unterschiedsbetrag zwischen den Erwerbseinkünften und dem vollen Unterhalt braucht **nicht ehebedingt** zu sein. Der Aufstockungsunterhalt sichert ehebedingte Vorteile. Es genügt, wenn – wie bei Erwerbslosigkeitsunterhalt – die Bedürfnislage irgendwie mit der Ehe in Verbindung steht.[275]

Der Anspruch besteht auch, wenn die Eheleute während der Ehe keine Wirtschaftsgemeinschaft gebildet haben und auch sonst ihre beiderseitigen, auch wirtschaftlichen Lebenspositionen nicht aufeinander abgestimmt haben.[276]

Der **Aufstockungsunterhalt erlischt,** wenn die Einkünfte aus der angemessenen Erwerbstätigkeit den vollen Unterhalt decken. Wenn sich später wieder Unterschiede zwischen dem vollen Unterhalt und den Erwerbseinkünften ergeben, sind diese nicht mehr auszugleichen, wenn der volle Unterhalt inzwischen durch die Erwerbstätigkeit nachhaltig gesichert war (siehe Rn. 116 bis 119 und anschließend). Ein Anspruch auf Aufstockungsunterhalt kann allerdings neu entstehen als Anschlussunterhalt nach § 1573 III BGB (siehe Rn. 126). **123**

Ein erloschener **Anspruch kann** als Aufstockungsunterhalt oder Erwerbslosigkeitsunterhalt **wieder aufleben,** wenn die Einkünfte aus der angemessenen Erwerbstätigkeit zu einer Zeit wieder entfallen, zu der es dem Berechtigten trotz seiner Bemühungen nicht gelungen war, seinen Unterhalt durch die Erwerbstätigkeit ganz oder teilweise nachhaltig zu sichern. Damit eröffnet § 1573 IV BGB praktisch eine weitere Einsatzzeit, an die sich ein Anschlussunterhalt anschließen kann. Genauere Einzelheiten zur nachhaltigen Unterhaltssicherung durch eine Erwerbstätigkeit: Rn. 116 bis 119.

2. Verhältnis des Aufstockungsunterhalts zu Ansprüchen nach den §§ 1570, 1571, 1572 oder 1573 I BGB

Wenn der Berechtigte aus einem der Anspruchsgründe der §§ 1570, 1571 oder 1572 **vollständig an einer Erwerbstätigkeit gehindert** ist, besteht nur nach dem jeweiligen Unterhaltstatbestand ein Anspruch auf den vollen Unterhalt. Daneben besteht kein Anspruch nach § 1573 II BGB.[277] Dies gilt auch, soweit der aus gesundheitlichen Gründen völlig erwerbsunfähige Berechtigte Erwerbsunfähigkeitsrente bezieht.[278] **124**

Ist der Berechtigte wegen Kindesbetreuung, Alter oder Krankheit nur **teilweise** an einer Erwerbstätigkeit gehindert, erfassen die Ansprüche nach den §§ 1570, 1571 oder 1572 BGB den Unterhalt jeweils nur bis zur Höhe des Mehreinkommens, das der Berechtigte bei einer Vollerwerbstätigkeit erzielen könnte. Reicht dieser Unterhaltsanspruch zusammen mit dem

---

[273] BGH, FamRZ 1982, 892

[274] BVerfG, FamRZ 1993, 171 = R 457; FamRZ 1981, 745, 748 = NJW 1981, 1771; BGH, FamRZ 1982, 360 = NJW 1982, 1869

[275] BGH, FamRZ 1980, 126 = NJW 1980, 393, 394

[276] OLG Düsseldorf, FamRZ 1983, 1139

[277] BGH, FamRZ 1990, 492 = R 404 a; FamRZ 1988, 265 = NJW 1988, 2369; FamRZ 1987, 1011, 1012 = NJW-RR 1987, 1282

[278] OLG München, FamRZ 1997, 295

Teilerwerbseinkommen nicht zur Deckung des vollen Bedarfs (§ 1578 I 1 BGB) aus, besteht **zusätzlich** ein **Anspruch auf Aufstockungsunterhalt** nach § 1573 II BGB.[279] Diese vom BGH zunächst für §§ 1570 und 1572 BGB entschiedene Auffassung trifft, wie der BGH inzwischen bestätigt hat,[280] in gleicher Weise für den Anspruch nach § 1571 BGB zu (siehe hierzu Rn. 47). Wegen weiterer Einzelheiten – auch im Hinblick auf die Rechtsprechung des BGH zur Haushaltsführungsehe – wird auf Rn. 86 verwiesen.

Ein Anspruch nach § 1573 II BGB setzt außerdem voraus, dass kein Anspruch nach § 1573 I oder IV BGB besteht. Deshalb muss in allen Fällen, in denen ein zur Erwerbstätigkeit verpflichteter Berechtigter nicht oder nicht voll erwerbstätig ist, vorweg geklärt werden, ob nicht ein Anspruch nach § 1573 I oder IV BGB bejaht werden kann.[281]

3. Ausübung einer angemessenen Erwerbstätigkeit

125 Der Berechtigte muss eine angemessene Erwerbstätigkeit ausüben, oder es müssen ihm wegen der Nichtausübung einer zumutbaren Erwerbstätigkeit **fiktiv erzielbare Einkünfte**[282] zugerechnet werden. Die ausgeübte oder zugemutete Erwerbstätigkeit muss nach Art und Umfang angemessen sein im Sinn von § 1574 II BGB. Genauere Einzelheiten zur angemessenen Erwerbstätigkeit: Rn. 108 und 131 ff.

In der Regel muss es sich dem Umfang nach um eine **Vollbeschäftigung** handeln.[283]

Geht der Berechtigte, der umfangmäßig zu einer Vollerwerbstätigkeit verpflichtet ist, nur einer Teilzeitbeschäftigung nach, weil er auf Grund der Arbeitsmarktlage trotz ausreichender Bemühungen keine angemessene Vollerwerbstätigkeit findet, dann besteht kein Anspruch auf Aufstockungsunterhalt, sondern ein Anspruch nach § 1573 I BGB, weil er umfangmäßig keine angemessene Erwerbstätigkeit ausübt[284] (siehe Rn. 109).

Ausnahmsweise kann im Einzelfall auf Grund einer Abwägung aller Umstände als **eheangemessen nur eine Teilzeitbeschäftigung** zumutbar sein. Übt der Berechtigte eine solche angemessene Teilzeitbeschäftigung aus, so besteht ein Anspruch auf Aufstockungsunterhalt, weil er seiner eheangemessenen Erwerbsobliegenheit voll nachkommt.[285]

Ein Anspruch nach § 1573 II BGB besteht auch, wenn dem Berechtigten wegen Verletzung seiner Erwerbsobliegenheit fiktiv erzielbare Einkünfte aus einer angemessenen Vollerwerbstätigkeit zugerechnet werden, weil nicht auszuschließen ist, dass er bei ausreichenden Bemühungen eine solche Tätigkeit gefunden hätte.[286]

4. Maßgebliche Einsatzzeitpunkte

126 § 1573 II BGB enthält – anders als § 1573 I BGB – nach seinem Wortlaut keine ausdrücklich benannte Einsatzzeit. Trotzdem müssen die **Voraussetzungen des originären Aufstockungsunterhalts** bereits **zurzeit der Scheidung** oder doch im zeitlichen Zusammenhang mit der Scheidung vorliegen. Der BGH verweist darauf, dass die Sonderfälle des § 1573 III und IV BGB nicht verständlich wären, wenn für den Anspruch nach § 1573 II BGB nicht die Zeit der Scheidung als Einsatzzeit gelten würde.[287] Richtig dürfte sein, dass jedenfalls ein zeitlicher Zusammenhang mit der Scheidung bestehen muss.[288]

Der sehr weitgehende Aufstockungsunterhalt kann nicht ohne eine solche Eingrenzung bleiben. Demgegenüber hat das OLG Zweibrücken entschieden, dass in Einzelfällen auch

[279] BGH, FamRZ 1993, 789, 791 = R 460 a; FamRZ 1990, 492 = R 404 a
[280] BGH, FamRZ 1999, 708, 709 = R 532 b
[281] BGH, FamRZ 1988, 701 = R 362 a
[282] BGH, FamRZ 1990, 979
[283] BGH, FamRZ 1988, 265 = R 354 a
[284] BGH, FamRZ 1988, 265 = R 354 a
[285] BGH, FamRZ 1985, 908 = NJW 1986, 88
[286] BGH, FamRZ 1990, 979; FamRZ 1988, 927, 929 = R 358 d; FamRZ 1986, 553, 555 = R 276 c; FamRZ 1985, 908 = NJW-RR 1986, 68
[287] BGH, FamRZ 1983, 886; ebenso
[288] OLG Hamm, FamRZ 1994, 1392

lange Zeit nach Scheidung erstmals Aufstockungsunterhalt verlangt werden könne, z. B. wenn der eheangemessene Bedarf nachträglich nicht mehr durch die eigene Erwerbstätigkeit vollständig gedeckt sei, weil die Berechtigte, die Betreuungsunterhalt für ein Kind geleistet habe, nunmehr erstmals auf Barunterhalt in Anspruch genommen werde.[289]

Nach § 1573 III BGB sind **weitere Einsatzzeitpunkte** für den Aufstockungsunterhalt als Anschlussunterhalt der Wegfall der Voraussetzungen eines Unterhaltsanspruchs nach den §§ 1570, 1571, 1572 und 1575, d. h., zu einem dieser Zeitpunkte schließt sich ein Aufstockungsunterhalt an den wegfallenden und vorrangigen Unterhaltsanspruch an, wenn zu dieser Zeit die Einkünfte aus einer angemessenen Erwerbstätigkeit den vollen Unterhalt nicht decken.

Der Aufstockungsunterhalt kann sich – obwohl nicht eigens erwähnt – auch an einen Erwerbslosigkeitsunterhalt nach § 1573 I BGB anschließen, wenn der Berechtigte eine angemessene Erwerbstätigkeit aufnimmt, die seinen vollen Unterhalt nicht deckt.

Beim Anschlussunterhalt ist zu beachten, dass dieser nur in dem Umfang weiterbesteht, wie er im Zeitpunkt des wegfallenden Vortatbestandes bestanden hatte (dazu Rn. 50 und 51).

5. Zur Berechnung des Aufstockungsunterhalts

Nach § 1573 II BGB kann der **Unterschiedsbetrag** zwischen vollem Unterhalt und den Einkünften aus angemessener Erwerbstätigkeit als Aufstockungsunterhalt verlangt werden. Dazu ist zunächst der nach den ehelichen Lebensverhältnissen angemessene volle Unterhalt (§ 1578 I 1 BGB) zu bestimmen.[290] Für diese Bedarfsbemessung dürfen nur prägende Einkünfte beider Ehegatten verwendet werden (Rn. 175 + 179 ff.). 127

Ist das Einkommen beider Ehegatten prägend (**Doppelverdienerehe** – oder nach der geänderten Rechtsprechung des BGH[291] – **Haushaltsführungsehe**), wird die Ehegattenquote aus der Differenz der Einkünfte beider Ehegatten berechnet (zur Differenzmethode: Rn. 1/21 ff. und 394, zur Additionsmethode Rn. 386 ff.).

Diese so berechnete Ehegattenquote beinhaltet sowohl den vollen angemessenen Unterhaltsbedarf nach § 1578 I 1 BGB als auch den Aufstockungsunterhalt nach § 1573 II BGB, weil in diesem Fall bereits auf der Bedarfsstufe die Differenz der unterschiedlichen Einkünfte berücksichtigt wurde. Der BGH hält in einem solchen Fall die Differenzmethode (oder die Additionsmethode) als billigenswerte Methode zur Bemessung des Aufstockungsunterhalts.[292] Der so errechnete Aufstockungsunterhalt kann sich im Einzelfall dadurch verringern, dass weitere nichtprägende Einkünfte des Berechtigten bedürftigkeitsmindernd auf den so bemessenen vollen Unterhaltsbedarf angerechnet werden (Rn. 532 ff.).

Soweit das Erwerbseinkommen des Berechtigten **nicht prägend** ist (Einkommensteile, die auf einer ungewöhnlichen, vom Normalverlauf erheblich abweichenden Karriereentwicklung beruhen), wird die Ehegattenquote mit Hilfe der Differenz- oder Additionsmethode nur aus den prägenden Einkünften beider Ehegatten berechnet. Auf den so ermittelten vollen eheangemessenen Unterhalt (§ 1578 I 1 BGB) werden alle nichtprägenden Einkünfte des Berechtigten auf der Bedürftigkeitsstufe bedarfsmindernd angerechnet (siehe Rn. 535). Die Differenz zwischen dem vollen Unterhalt und den nichtprägenden Einkünften, d. h. der verbleibende Rest, beinhaltet dann den Aufstockungsunterhalt.

Da der Aufstockungsunterhalt ehebedingte Vorteile (Erhaltung des ehelichen Lebensstandards) sichern soll, sind nur **nicht ganz geringfügige Einkommensunterschiede auszugleichen.** Nach der Rechtsprechung des BGH darf jedenfalls ein Anspruch in Höhe von mehr als 82 € (160,– DM) nicht vernachlässigt werden.[293] OLG-Entscheidungen[294] 128

[289] OLG Zweibrücken, FamRZ 2002, 1565
[290] BGH, FamRZ 1983, 886; FamRZ 1982, 575; FamRZ 1982, 892
[291] BGH, FamRZ 2001, 986, 991 = R 563 c
[292] BGH, FamRZ 1982, 892
[293] BGH, FamRZ 1984, 988, 990; a. A. wohl KG FamRZ 1981, 156 und OLG Braunschweig FamRZ 1979, 1020
[294] OLG Düsseldorf, FamRZ 1996, 947; OLG München, FamRZ 1997, 425

halten einen Mindestbetrag des Aufstockungsunterhalts von ca. 50 € (100,– DM) für erforderlich. Der 16. Senat des OLG München (B. v. 6. 11. 03 – 16 WF 1599/03) hat inzwischen vorgeschlagen, einen Aufstockungsbetrag von unter 10% des bereinigten Nettoeinkommens des Bedürftigten als unwesentliche Abweichung vom Halbteilungsgrundsatz zu bewerten.

Genauere Einzelheiten zur Berechnung des vollen eheangemessenen Bedarfs aus prägenden Einkünften und zur bedarfsmindernden Anrechnung nichtprägender Einkünfte siehe Rn. 179 ff. und 540 ff.

6. Zeitliche Begrenzung des Aufstockungsunterhalts nach §§ 1573 V BGB und 1578 I 2 BGB

129 Nur ein Anspruch nach § 1573 BGB kann unter den Voraussetzungen des § 1573 V BGB zeitlich begrenzt werden.[295] Genauere Einzelheiten hierzu Rn. 578 ff.

Bei einem Anspruch nach § 1573 BGB kann außerdem nach § 1578 I 2 BGB der eheangemessene Unterhaltsbedarf nach Ablauf einer Schonfrist zeitlich begrenzt und auf den angemessenen Lebensbedarf herabgesetzt werden. Genauere Einzelheiten hierzu Rn. 583 ff.

Bei einem Anspruch nach § 1573 BGB können ferner die zeitlichen Begrenzungsmöglichkeiten nach den §§ 1578 I 2 BGB und 1573 V BGB gestaffelt miteinander kombiniert werden (Rn. 589).

7. Konkurrenzen und Sonstiges

130 Zum Verhältnis des Anspruchs nach § 1573 II BGB zu den Ansprüchen nach den §§ 1570, 1571, 1572 oder 1573 I BGB **(eingeschränkte Subsidiarität)** siehe Rn. 124.

Auch Ansprüche nach den §§ 1575 und 1576 BGB sind gegenüber Ansprüchen nach § 1573 II BGB vorrangig, weil § 1573 II BGB von einer angemessenen Erwerbstätigkeit auf Grund einer bestehenden Erwerbsobliegenheit ausgeht, während die Ansprüche nach den §§ 1575 und 1576 BGB voraussetzen, dass auf Grund der besonderen Umstände eine solche Erwerbsobliegenheit gerade (noch) nicht besteht.

Scheitert ein vorrangiger Anspruch nur daran, dass die Anspruchsvoraussetzungen nicht zum maßgeblichen Einsatzzeitpunkt vorliegen, dann entfällt auch ein Anschlussunterhalt nach § 1573 III und II BGB.

Der Berechtigte hat die **Darlegungs- und Beweislast** für die Anspruchsvoraussetzungen einschließlich der Höhe seines vollen Unterhalts und der Höhe seiner eigenen anrechenbaren Einkünfte.

VII. Angemessene Erwerbstätigkeit nach § 1574 BGB und Ausbildungsunterhalt nach § 1574 III i. V. mit § 1573 I BGB

1. Bedeutung des § 1574 BGB

131 Das Prinzip der Eigenverantwortlichkeit erfordert vom Berechtigten, grundsätzlich nach der Scheidung für seinen Unterhalt durch eine eigene Erwerbstätigkeit selbst aufzukommen[296] (Rn. 42).

Ein Anspruch auf nachehelichen Unterhalt besteht nur, wenn der Bedürftige aus Gründen, die in den enumerativen Anspruchstatbeständen der §§ 1570, 1571, 1572, 1573, 1574 III, 1575 und 1576 BGB normiert sind, nach der Scheidung nicht oder nicht ausreichend durch eigene Erwerbstätigkeit selbst für seinen Unterhaltsbedarf sorgen kann[297] (§ 1569 BGB; siehe Rn. 44).

Diese **generelle Erwerbsverpflichtung des Bedürftigen** wird von § 1574 I BGB inhaltlich auf eine ihm angemessene Erwerbstätigkeit beschränkt. An dieser Angemessenheit

---

[295] BGH, FamRZ 1988, 265 = NJW 1988, 2369
[296] BGH, FamRZ 1984, 561 = R 203 a
[297] BGH, FamRZ 1984, 353 = R 153 a; FamRZ 1981, 242

einer Erwerbstätigkeit ist die Zumutbarkeit der Aufnahme oder Ausweitung einer Erwerbstätigkeit bei allen Unterhaltstatbeständen zu beurteilen.[298]

Für die Frage, welche Erwerbstätigkeit angemessen ist, zählt § 1574 II BGB die wichtigsten Kriterien im Sinne einer Legaldefinition[299] der zu berücksichtigenden Umstände auf.

§ 1574 I und II BGB stellen demgemäß keine eigene Anspruchsgrundlage dar, sondern sind Hilfsnormen zur Auslegung des Begriffs „Erwerbstätigkeit", der bei allen Anspruchstatbeständen der §§ 1570, 1571, 1572, 1573, 1575 und 1576 BGB eine wesentliche Rolle spielt. Deshalb sind § 1574 I und II BGB bei jeder dieser Anspruchsnormen ergänzend heranzuziehen. Außerdem trägt die inhaltliche Beschränkung der Erwerbsobliegenheit auf eine angemessene berufliche Beschäftigung (§ 1574 I BGB) und die gesetzliche Umschreibung der Angemessenheit (§ 1574 II BGB) zur Konkretisierung der Voraussetzungen der Unterhaltsansprüche nach den §§ 1571, 1572 und 1573 BGB bei.[300]

Nach § 1574 III BGB obliegt es dem Bedürftigen, sich ausbilden, fortbilden oder umschulen zu lassen, soweit dies erforderlich ist, um eine angemessene Erwerbstätigkeit aufnehmen zu können, und wenn ein erfolgreicher Abschluss der Ausbildung zu erwarten ist. Sind diese Voraussetzungen erfüllt, besteht anstelle einer Erwerbsobliegenheit eine **Ausbildungsobliegenheit.**[301] Unterzieht sich der Bedürftige einer solchen Ausbildung, hat er nach § 1574 III i. V. mit § 1573 I BGB für die Regeldauer einer solchen Ausbildung einen zeitlich begrenzten Anspruch auf Ausbildungsunterhalt.[302] Insofern beinhaltet § 1574 III BGB i. V. mit § 1573 I BGB neben § 1575 BGB eine weitere Anspruchsgrundlage für einen Ausbildungsunterhalt (Rn. 144 ff.). 132

Beim **Trennungsunterhalt** (Rn. 16 ff.) kann der nicht erwerbstätige Ehegatte nur unter wesentlich engeren Voraussetzungen darauf verwiesen werden, seinen Unterhalt durch eigene Erwerbstätigkeit zu verdienen, als dies gemäß § 1574 II BGB nach der Scheidung der Fall ist.[303]

2. Zur angemessenen Erwerbstätigkeit nach § 1574 II BGB

Nach § 1574 II BGB ist eine Erwerbstätigkeit angemessen, die der Ausbildung, den Fähigkeiten, dem Lebensalter und dem Gesundheitszustand des Bedürftigen sowie den ehelichen Lebensverhältnissen entspricht. Bei den ehelichen Lebensverhältnissen sind die Dauer der Ehe und die Dauer der Pflege und Erziehung eines gemeinschaftlichen Kindes zu berücksichtigen. Die **Aufzählung der Kriterien in § 1574 II BGB** ist **nicht erschöpfend.** Es können auch andere Gesichtspunkte berücksichtigt werden. Im Einzelnen werden die Angemessenheitskriterien nachfolgend unter Rn. 137 ff. erörtert. § 1574 II BGB dient dem Zweck, den nicht erwerbstätig gewesenen Ehegatten vor dem nach der Scheidung drohenden sozialen Abstieg zu bewahren.[304] 133

Unter Abwägung dieser Kriterien sind vom Tatrichter folgende Fragen zu klären:
- Ist vom Bedürftigen überhaupt noch eine angemessene Erwerbstätigkeit zu erwarten?[305]
- Kann dem Berechtigten umfangmäßig als angemessen eine **Vollerwerbstätigkeit oder** nur eine **Teilerwerbstätigkeit** zugemutet werden?[306]

---

[298] BGH, FamRZ 1983, 144 = R 144
[299] BGH, FamRZ 1985, 371, 373 = NJW 1985, 1340
[300] BGH, FamRZ 1983, 144 = R 144
[301] BGH, FamRZ 1986, 1085 = R 305 a
[302] BGH, FamRZ 1987, 795, 797 = R 333 b; FamRZ 1986, 553 = R 276 a; FamRZ 1984, 561, 563 = R 203 b
[303] BGH, FamRZ 1991, 416, 418 = NJW 1991, 1049, 1051; FamRZ 1989, 1160 = R 395 a; FamRZ 1981, 242 = NJW 1981, 978
[304] KG, FamRZ 1984, 898
[305] BGH, FamRZ 1987, 691 = R 332 a; FamRZ 1985, 371, 373 = NJW 1985, 1340; FamRZ 1983, 144 = R 144
[306] BGH, FamRZ 1985, 908 = NJW-RR 1986, 68

- Welche Arten von Erwerbstätigkeiten können dem Bedürftigen als angemessen zugemutet werden?[307]
- Besteht für den Bedürftigen eine **Ausbildungsobliegenheit,** weil für ihn nach den Umständen des Falles keine oder nur eine nicht angemessene Erwerbstätigkeit in Frage käme oder weil er dann eher eine Arbeitsstelle findet als in seinem früheren Beruf?[308]

134 Die Beantwortung dieser Fragen obliegt dem **Tatrichter.** Dieser hat dazu alle Angemessenheitskriterien und sonstigen besonderen Umstände des Einzelfalls festzustellen und umfassend abzuwägen. Rechtsfehlerhaft ist es, wenn die Beurteilung der Angemessenheit z. B. nur auf eines von mehreren zu beachtenden Kriterien gestützt wird[309] oder wenn das Gericht erkennbar keine umfassende und abschließende Angemessenheitsprüfung vornehmen wollte.[310]

Die Kriterien (z. B. Lebensalter, Gesundheitszustand und eheliche Lebensverhältnisse) müssen im Hinblick auf die nachehelichen beruflichen Möglichkeiten notwendig aus der **Sicht des Scheidungszeitpunktes** gewürdigt werden unter Beachtung der Entwicklung bis zur Auflösung der Ehe. Bei der dem Tatrichter obliegenden Gesamtwürdigung spielt auch die gesamte weitere **Entwicklung der Verhältnisse seit der Trennung bis zur Scheidung** eine wichtige Rolle. Nur außergewöhnliche, nicht vorhersehbare Veränderungen bleiben außer Betracht.[311]

135 Der Bedürftige kann die Art der ihm zuzumutenden angemessenen Erwerbstätigkeit grundsätzlich **selbst bestimmen.** Hat er während 20-jähriger Ehe im selbstständigen Betrieb seines Partners mitgearbeitet, ist rechtlich nichts dagegen einzuwenden, wenn er nach der Trennung eine selbstständige Erwerbstätigkeit anstrebt und sich zu diesem Zweck in entsprechender Weise ausbilden lässt.[312]

Ob eine bestimmte Erwerbstätigkeit als angemessen anzusehen ist und dem Bedürftigen eine ausreichende berufliche Entwicklung ermöglicht, ist unter **Zumutbarkeitskriterien** zu beantworten. Eine optimale berufliche Erfüllung durch die Erwerbstätigkeit kann nicht verlangt werden.[313] Die für einen Ehegatten erreichbare Erwerbstätigkeit ist nicht erst dann angemessen, wenn das damit erzielte Einkommen den vollen Unterhalt erreicht.[314] Angemessen ist eine Tätigkeit auch nicht allein deshalb, weil sie vor der Ehe oder während der ersten Ehejahre ausgeübt worden ist.[315]

136 Die **Angemessenheitskriterien** des § 1574 II BGB gelten in entsprechender Weise auch für eine Erwerbstätigkeit des Verpflichteten. § 1574 BGB steht zwar im Zusammenhang von Bestimmungen, die dem Bedürftigen Ansprüche gewähren. Aber der Grundsatz der Gleichberechtigung und Gleichbehandlung gebietet es, bedürftige und verpflichtete Ehegatten zur Frage der Angemessenheit einer Erwerbstätigkeit gleich zu behandeln.

In Mangelfällen besteht für Bedürftige und Verpflichtete eine **verstärkte Erwerbsobliegenheit** mit der Folge, dass sie bis zur Behebung der Mangelsituation auch eine nach § 1574 II BGB nicht angemessene Erwerbstätigkeit aufzunehmen oder auszuweiten haben. Dabei ist, wie auch sonst, auf eine gleichmäßige Belastung beider Ehegatten zu achten. Die in Mangelfällen mit den Unterhaltsleistungen verbundenen Belastungen und Einschränkungen des Verpflichteten scheinen nur zumutbar, wenn auch dem Bedürftigen entsprechende Einschränkungen und Opfer zugemutet werden.[316]

---

[307] BGH, FamRZ 1987, 795, 797 = R 333 c; FamRZ 1986, 1085 = R 305 a + c; FamRZ 1986, 553 = R 276 a

[308] BGH, FamRZ 1987, 795, 797 = R 333 b; FamRZ 1986, 1085 = R 305 a + c

[309] BGH, FamRZ 1984, 561 = R 203 a

[310] BGH, FamRZ 1987, 795, 797 = R 333 c

[311] BGH, FamRZ 1984, 561 = R 203 a; FamRZ 1983, 144 = R 144

[312] BGH, FamRZ 1988, 1145 = R 372 b; FamRZ 1986, 1085 = R 305 c; FamRZ 1984, 561 = R 203 b

[313] BGH, FamRZ 1985, 782 = R 262; FamRZ 1984, 988 = R 191 a

[314] BGH, FamRZ 1985, 782 = R 262

[315] BGH, FamRZ 1986, 1085 = R 305 a

[316] BGH, FamRZ 1985, 782 = R 262

3. Die Angemessenheitskriterien nach § 1574 II BGB im Einzelnen

a) Berufliche Ausbildung. Es handelt sich hierbei um eine berufliche Ausbildung, die der Bedürftige vor oder während der Ehe abgeschlossen hat. Vergleichbar ist eine berufliche Tätigkeit, die er vor oder während der Ehe bereits ausgeübt hat, denn die bisherige berufliche Entfaltung ist die selbstgewählte und deshalb im Zweifel auch angemessene Erwerbstätigkeit. 137

- Ist eine **Ausbildung nicht abgeschlossen,** ist sie als Kriterium unbeachtlich. Gegebenenfalls ist ihr Abschluss nachzuholen. Es besteht dann für die Dauer der Ausbildung ein Anspruch auf Ausbildungsunterhalt nach § 1574 III i. V. mit § 1573 I BGB oder nach § 1575 BGB.
- Auf eine **der beruflichen Vorbildung entsprechende Erwerbstätigkeit** darf sich der Bedürftige aber nur berufen, wenn eine solche unter Abwägung aller Kriterien aus objektiven und subjektiven Gründen sinnvoll ist, d. h., wenn der Bedürftige auch in der Lage ist, eine entsprechende Erwerbstätigkeit auszuüben. Eine approbierte Ärztin, welche nie in ihrem Beruf tätig war, kann sich bei ihren Bemühungen um eine Erwerbstätigkeit nicht auf ärztliche Beschäftigungen beschränken, sondern muss sich auch um anderweitige Tätigkeiten bemühen, z. B. in der Aus- und Weiterbildung.[317] Eine angemessene Berufsfähigkeit beschränkt sich nämlich nicht auf der durch Ausbildung erworbene Berufsbild, sondern umfasst auch solche Tätigkeiten, die dem Status der erworbenen Ausbildung entsprechen.[318]
- Eine **ausgeübte Beschäftigung** ist in der Regel angemessen, wenn sie der beruflichen Vorbildung oder dem Ausbildungsniveau der Vorbildung oder der selbstgewählten bisherigen beruflichen Entwicklung entspricht. Dagegen ist eine unterqualifizierte Tätigkeit in der Regel nicht angemessen.
- Eine **Vorbildung** ist **unbeachtlich,** wenn sie wegen der Lage auf dem Arbeitsmarkt oder aus anderen Gründen praktisch keine konkrete Erwerbstätigkeit ermöglicht oder wenn die möglichen Berufe nicht geeignet sind, sichere und ausreichende Einkünfte zu erzielen. Sie ist ferner unbeachtlich, wenn die zur Berufsausübung notwendigen Fähigkeiten nicht mehr vorhanden sind oder wenn der Bedürftige entsprechende Berufe aus gesundheitlichen oder altersmäßigen Gründen nicht mehr ausüben kann.

b) Fähigkeiten. Fähigkeiten sind **persönliche Eigenschaften,** die zur Ausübung eines Berufs benötigt werden. Dazu zählen auch Geschicklichkeiten, Fertigkeiten und sonstiges beruflich verwertbares Können. In erster Linie sind solche Fähigkeiten gemeint, die beim Fehlen einer Ausbildung die berufliche Qualifikation ausmachen. 138

- Solche **Fähigkeiten** müssen **im Zeitpunkt der Scheidung** bereits vorhanden und beruflich verwertbar sein. Nicht gemeint sind anlagemäßig angelegte, aber noch nicht entwickelte oder noch nicht in eine berufliche Tätigkeit umsetzbare Fähigkeiten.
- Entsprechende Fähigkeiten werden erworben auf Grund einer Ausbildung oder auf Grund einer bereits ausgeübten Erwerbstätigkeit oder durch Mitarbeit im Betrieb oder Geschäft des Partners. Auch in der Haushaltsführungsehe kann der nicht erwerbstätige Ehegatte beruflich nutzbare Fähigkeiten durch Haushaltstätigkeit und Kindererziehung entwickelt haben, die z. B. in sozialpflegerischen Berufen, eventuell nach einer weiteren Ausbildung, gebraucht werden können.
- Der Bedürftige ist grundsätzlich verpflichtet, seine Fähigkeiten bestmöglich zur Sicherung seines Unterhaltsbedarfs einzusetzen und dazu eine entsprechende Erwerbstätigkeit aufzunehmen. Angemessen ist in der Regel jede anständige Arbeit, die den Fähigkeiten entspricht, sofern nicht die Angemessenheit einer solchen Erwerbstätigkeit nach anderen Kriterien zu verneinen ist.
- Ist zweifelhaft, ob der Bedürftige nach längerer Arbeitspause die Fähigkeiten für einen bestimmten Beruf noch besitzt, obliegt ihm der Versuch mit Vereinbarung einer Probezeit oder er muss sich einer **beruflichen Fortbildung oder Umschulung unterziehen.** Im

[317] OLG Hamm, FamRZ 1998, 243
[318] OLG Hamm, FamRZ 1992, 1184

Alter von 41 Jahren ist es einer Frau möglich, sich die fehlende Berufserfahrung durch eine Fortbildungs- oder Umschulungsmaßnahme zu verschaffen.[319]

139 **c) Lebensalter.** Das Lebensalter ist im Wesentlichen in zweierlei Hinsicht bedeutsam:

- Es kann ein Unterhaltsanspruch nach § 1571 BGB entstehen, wenn wegen des Alters keine angemessene Erwerbstätigkeit mehr erwartet werden kann (siehe Rn. 90 und 92).
- Eine Erwerbstätigkeit ist nur dann **angemessen, wenn sie dem Lebensalter entspricht.** Im Allgemeinen kann dies bis zur Regelaltersgrenze für den Rentenbezug angenommen werden, sofern nicht für bestimmte Erwerbstätigkeiten schon früher die dafür bestehenden Voraussetzungen aus Altersgründen entfallen. Bei manchen Berufen scheitert die Wiederaufnahme einer früher ausgeübten Erwerbstätigkeit an der inzwischen nicht mehr vorhandenen Leistungsfähigkeit (z. B. bei Berufssportlern, Krankenpflegern oder Masseuren) oder an den bei einem Beruf bestehenden oder praktizierten Altersbegrenzungen (wie z. B. beim Flugpiloten, Mannequin oder Fotomodell). Allgemein kann das Lebensalter auch bei solchen Erwerbstätigkeiten wichtig sein, die so erhebliche körperliche und psychische Kräfte erfordern, dass sie der Berechtigte altersmäßig gar nicht mehr oder nicht mehr voll aufbringen kann.
- Findet eine 57-jährige Nur-Hausfrau ohne Ausbildung keine angemessene Erwerbstätigkeit, kann ein Anspruch auf Altersunterhalt (§ 1571 BGB) bestehen, wenn die Ausbildung wegen des Alters nicht mehr sinnvoll ist.[320] Für eine 53-jährige Ehefrau ohne Berufsausbildung kann nach 20-jähriger Ehe dasselbe gelten. Allerdings ist der Altersunterhalt nach § 1579 Nr. 3 BGB zu kürzen, wenn sie sich in der Vergangenheit einer als notwendig erkannten, Erfolg versprechenden Ausbildungsmaßnahme i. S. des § 1574 III BGB mutwillig verschlossen hat.[321] Dies ändert nichts am Grundsatz, dass auch im Alter von 53 Jahren regelmäßig die Aufnahme einer Erwerbstätigkeit zumutbar ist, selbst wenn die unterhaltsbegehrende Ehefrau seit ihrem 22. Lebensjahr nicht mehr erwerbstätig war.[322]

140 **d) Gesundheitszustand.** Auch der Gesundheitszustand ist – wie das Lebensalter – im Wesentlichen in zweierlei Hinsicht bedeutsam:

- Es kann ein Unterhaltsanspruch nach § 1572 BGB bestehen, wenn und soweit aus Krankheitsgründen eine angemessene Erwerbstätigkeit nicht oder nur teilweise erwartet werden kann.
- Eine Erwerbstätigkeit ist nicht zumutbar und damit nicht angemessen, wenn sie wegen des schlechten Gesundheitszustandes nicht ausgeübt werden kann. Ist aus gesundheitlichen Gründen nur eine **Teilzeitbeschäftigung** möglich, dann ist nur eine solche angemessen. Auch die Behauptung, aus **psychischen Gründen** einen bestimmten Beruf nicht mehr ausüben zu können, darf nicht übergangen werden.[323]

  Ist im Hinblick auf den Gesundheitszustand eine Erwerbsobliegenheit zwar grundsätzlich zu bejahen, so kann trotzdem eine **konkrete Erwerbstätigkeit** aus gesundheitlichen Gründen als **unangemessen** ausscheiden, z. B. bei einem Bandscheibenschaden eine Beschäftigung, zu der das Heben und Tragen schwerer Gegenstände gehört.
- In der Regel werden bestrittene krankheitsbedingte Beschränkungen der Erwerbsfähigkeit im Rahmen des § 1572 BGB **durch medizinische Gutachten** zu klären sein. Dabei spielt vor allem eine Rolle, welche Krankheiten vorliegen, welche Erwerbstätigkeiten in welchem Umfang trotz einer Erkrankung noch möglich sind, ob und in welchem Umfang therapeutische Heilungschancen bestehen und wie sich die krankheitsbedingte Erwerbsbeschränkung voraussichtlich weiterentwickeln wird (Genaueres Rn. 97 bis 99).

141 **e) Eheliche Lebensverhältnisse.** Bedeutsam sind dazu alle Umstände, die im Zeitpunkt der Scheidung die ehelichen Lebensverhältnisse nachhaltig geprägt haben.

---

[319] OLG Schleswig, FamRZ 1994, 1404
[320] BGH, FamRZ 1987, 691 = R 332 a
[321] OLG Hamburg, FamRZ 1991, 445
[322] OLG Koblenz, 1992, 950
[323] BGH, FamRZ 1986, 1085 = R 305 a

Einzubeziehen ist die gesamte Entwicklung der Verhältnisse seit der Trennung bis zur Scheidung, sofern es sich nicht um außergewöhnliche, nicht vorhersehbare Veränderungen handelt. Dies gilt auch für die Beurteilung der Angemessenheit einer Erwerbstätigkeit.[324]

Zu den wichtigsten Umständen zählen die **prägenden Einkommens- und Vermögensverhältnisse** und – mit diesen zusammenhängend – die erreichte berufliche und soziale Stellung des Unterhaltsverpflichteten sowie der **soziale Zuschnitt der ehelichen Lebensgemeinschaft** durch die praktizierte Aufgabenverteilung in der Ehe. Die Stellung des Bedürftigen wird auch durch sein eigenes Verhalten bei bestehender Ehe gekennzeichnet. Trotz gehobener wirtschaftlicher ehelicher Lebensverhältnisse ist ihm die Arbeit in einem Pflegeberuf jedenfalls dann zumutbar, wenn er bereits bei bestehender Ehe in diesem Beruf gearbeitet hatte.[325] Außerdem steht die Berücksichtigung der ehelichen Lebensverhältnisse auch unter dem vorrangig zu beachtenden Gebot **der wirtschaftlichen Eigenverantwortung** (§ 1569 BGB). Da der geschiedene Ehegatte gemäß § 1574 I BGB nur eine ihm angemessene Erwerbstätigkeit auszuüben braucht, kann sich bei langer Ehedauer in gehobenen wirtschaftlichen Verhältnissen zwar der Kreis der als angemessen in Betracht kommenden Erwerbstätigkeiten verengen. Das bedeutet aber nicht, dass für eine Ehefrau von 50 Jahren, deren frühere Ausbildung der heute gesetzlich vorgesehenen Qualifikation für ihren erlernten Beruf nicht mehr entspricht, nach 23-jähriger Ehe in guten finanziellen Verhältnissen praktisch keine ihrem sozialen Status entsprechende Erwerbsmöglichkeit auf dem Arbeitsmarkt bestünde. Bei derartigen Verhältnissen kommt z. B. durchaus die Tätigkeit als Verkäuferin in einem entsprechend gehobenen Einrichtungshaus in Betracht.[326]

– Die ehelichen Lebensverhältnisse werden in erster Linie durch das in der Ehe zur Deckung des laufenden Lebensbedarfs **verfügbare Einkommen** eines oder beider Ehegatten geprägt.[327] Hierbei ist ein **objektiver Maßstab anzulegen,** d. h., eine nach den gegebenen Verhältnissen zu dürftige Lebensführung bleibt ebenso außer Betracht wie ein übertriebener Aufwand.[328]

Einkünfte, die auf einer unerwarteten, **vom Normalverlauf erheblich abweichenden Entwicklung** beruhen, prägen die ehelichen Lebensverhältnisse in der Regel nicht. Zur Beurteilung der Angemessenheit einer Erwerbstätigkeit gewinnen die Einkommensverhältnisse auch dann keine ausschlaggebende Bedeutung, wenn sie durch eine unerwartete Entwicklung während der Trennungszeit verbessert worden sind.[329]

– Die **soziale Stellung** des Bedürftigen hängt vor allem vom beruflichen und sozialen Status des Unterhaltsverpflichteten im Zeitpunkt der Scheidung ab, sofern ein zwischenzeitlicher Aufstieg nicht unerwartet und außergewöhnlich war.[330] Nach Scheidung der Ehe kann ein Ehegatte regelmäßig nicht auf seinen Ausbildungs- und Berufsstatus, den er bei Ehebeginn innehatte, zurückgeworfen werden, wenn er diesen während der Ehe im Sinne einer Statusverbesserung hinter sich gelassen hat.[331]
– Der **soziale Zuschnitt** der ehelichen Lebensgemeinschaft richtet sich nach der einverständlichen Aufgabenverteilung in der Ehe. War diese von Anfang an einverständlich so gestaltet, dass einer seinem Studium nachgeht und der andere einer Erwerbstätigkeit, dann kann eine Erwerbsobliegenheit als nicht angemessen entfallen bis zum Abschluss des erfolgreich begonnenen Studiums innerhalb zumutbarer Zeit.[332]

f) Ehedauer, Kindererziehung. Nach § 1574 II BGB sind bei den ehelichen Lebens- 142
verhältnissen die Dauer der Ehe und die Dauer der Pflege oder Erziehung eines gemeinschaftlichen Kindes zu berücksichtigen.

---

[324] BGH, FamRZ 1984, 561 = R 203 a; FamRZ 1983, 144 = R 144
[325] OLG Hamm, FamRZ 1997, 1075
[326] BGH, FamRZ 1991, 416, 419 = R 435 a
[327] BGH, FamRZ 1984, 988, 990; FamRZ 1982, 892
[328] BGH, FamRZ 1985, 371, 373 = NJW 1985, 1340; FamRZ 1982, 151
[329] BGH, FamRZ 1984, 561 = R 203 a
[330] BGH, FamRZ 1986, 885 = NJW 1986, 3080; FamRZ 1983, 144 = R 144
[331] OLG Hamm, FamRZ 1993, 970
[332] BGH, FamRZ 1980, 126 = NJW 1980, 393

Eine **lange Ehedauer und nacheheliche Kindesbetreuung,** deren Zeit in § 1574 II BGB der Ehedauer gleichgesetzt wird, erhöhen das Gewicht der ehelichen Lebensverhältnisse gegenüber den anderen Angemessenheitskriterien. Mit zunehmender Ehedauer kommt es zu einer wachsenden Verflechtung und Abhängigkeit der beiderseitigen Lebenspositionen sowie allgemein zu einer sich steigernden wirtschaftlichen Abhängigkeit.[333]

Die gewichtsverstärkende Wirkung einer längeren Ehedauer und ehelicher oder nachehelicher Kindesbetreuung wird vor allem bedeutsam, wenn bei einem außerordentlichen beruflichen Aufstieg des Unterhaltsverpflichteten der frühere berufliche Status des haushaltführenden Ehegatten so sehr überstiegen wird, dass eine der jetzigen beruflichen Stellung des Unterhaltsverpflichteten entsprechende angemessene Erwerbstätigkeit nicht mehr gefunden werden kann. In einem solchen Fall darf dem geschiedenen Ehegatten nach längerer Ehedauer keine Erwerbstätigkeit mehr angesonnen werden, die im Hinblick auf den bei Scheidung bestehenden Lebenszuschnitt nicht mehr angemessen wäre.[334]

Von einer 53-jährigen haushaltführenden Frau kann nach 30-jähriger Ehedauer bei einem Aufstieg des Mannes zum kaufmännischen und technischen Leiter eines Unternehmens nicht die Rückkehr in den früheren Beruf als Bürokraft verlangt werden.[335]

Die Ausübung untergeordneter Tätigkeiten als Haushaltshilfe oder als Pflegerin ist einer 57-jährigen Hausfrau nach 32-jähriger Ehedauer angesichts der Einkünfte des Mannes von 350 000 DM (vor Steuern) nicht zumutbar.[336]

Für die 47-jährige Frau eines Oberstudiendirektors sind nach 20-jähriger Ehe Erwerbstätigkeiten bei der Presse oder Rundfunk, bei einer Fluggesellschaft, im Touristikgewerbe als Reiseleiterin oder auch als Fremdsprachenkorrespondentin oder Dolmetscherin angemessen, sofern sie eine entsprechende Vor- oder Ausbildung besitzt.[337]

Für die 48-jährige Frau eines Dipl.-Ing. mit einem monatlichen Nettoeinkommen von ca. 6000 DM ist nach 22-jähriger Ehe eine eigenständige Tätigkeit in einem Unternehmen als Sachbearbeiterin, Buchhalterin, Vorzimmerdame u.ä. selbst dann angemessen, wenn sie damit nur ein Drittel des Manneseinkommens verdient. Die Bürotätigkeit darf sich jedoch nicht in bloßen Hilfstätigkeiten erschöpfen.[338]

In **gehobenen wirtschaftlichen Verhältnissen** kann sich bei einer 50-jährigen Ehefrau mit einer inzwischen nicht mehr den Anforderungen entsprechenden Ausbildung der Kreis der in Betracht kommenden Erwerbstätigkeiten zwar verengen, dies bedeutet aber nicht, dass keine angemessene Erwerbsmöglichkeit mehr bestünde, nämlich zwar nicht als einfache Verkaufshilfe, aber z. B. als Verkäuferin in einem gehobenen Einrichtungshaus.[339]

143 **g) Getrenntleben.** Längeres Getrenntleben kann andererseits das Gewicht der ehelichen Lebensverhältnisse nach den Umständen des Falles mindern. Erforderlich ist hierzu allerdings eine tatrichterliche Prüfung, inwieweit Entwicklungen, die erst nach der Trennung der Parteien innerhalb der langen Trennungszeit eingetreten sind, noch imstande waren, die ehelichen Lebensverhältnisse prägend zu beeinflussen.[340]

h) Kein abschließender Kriterienkatalog. Die Aufzählung der Angemessenheitskriterien ist in § 1574 II BGB nicht abschließend. Deshalb können auch andere Gründe berücksichtigt werden. Den gesetzlich genannten Merkmalen kommt jedoch bei der Gesamtabwägung eine besondere Bedeutung zu. Zu den sonstigen Gesichtspunkten gehören vor allem objektive Merkmale eines Arbeitsplatzes, wie z. B. die Entfernung einer möglichen Arbeitsstelle, die Verkehrsverbindung oder die ungünstige Arbeitsmarktlage für bestimmte Erwerbstätigkeiten.[341]

---

333 BGH, FamRZ 1981, 140, 142 = NJW 1981, 754
334 BGH, FamRZ 1983, 144 = R 144
335 BGH, FamRZ 1985, 371, 373 = NJW 1985, 1340
336 BGH, FamRZ 1987, 691 = R 332 a
337 BGH, FamRZ 1986, 553 = R 276 a
338 OLG Hamburg, FamRZ 1985, 1260
339 BGH, NJW-RR 1992, 1282 = R 454; FamRZ 1991, 416, 419 f. = R 435 a
340 BGH, FamRZ 1983, 144 = R 144
341 BGH, FamRZ 1986, 553 = R 276 a; FamRZ 1985, 908 = NJW-RR 1986, 68

4. Ausbildungsunterhalt nach § 1574 III i. V. mit § 1573 I BGB

Nach § 1574 III BGB obliegt es dem Bedürftigen, sich ausbilden, fortbilden oder umschulen zu lassen, wenn dies zur Aufnahme einer angemessenen Erwerbstätigkeit erforderlich ist und wenn ein erfolgreicher Ausbildungsabschluss zu erwarten ist. **144**

An die Stelle der Erwerbsobliegenheit tritt eine **Ausbildungsobliegenheit.**[342]

Diese Ausbildungsobliegenheit beginnt spätestens mit der Scheidung oder einem nach § 1573 III BGB gleichstehenden Einsatzzeitpunkt. Über § 1361 BGB kann sie bereits während der Trennungszeit entstanden sein.[343]

Mit der Ausbildungsobliegenheit korrespondiert eine Ausbildungsberechtigung und ein Anspruch auf Ausbildungsunterhalt. **Voraussetzungen** der Ausbildungsobliegenheit sind:

– Die Ausbildung muss zur Aufnahme einer angemessenen Erwerbstätigkeit erforderlich sein. Daran fehlt es, wenn nach den ehelichen Verhältnissen die Aufnahme einer unqualifizierten Tätigkeit angemessen und zumutbar ist[344] und durch die Ausbildung keine ehebedingten Nachteile des beruflichen Fortkommens auszugleichen sind.[345]
– Ein erfolgreicher Ausbildungsabschluss muss zu erwarten sein.
– Es muss eine realistische Chance bestehen, dass nach Ausbildungsabschluss eine angemessene Erwerbstätigkeit erlangt wird.

Unter dieser Voraussetzung besteht eine Ausbildungsobliegenheit, wenn der Bedürftige derzeit eine nicht angemessene Erwerbstätigkeit ausübt oder wenn nach den Umständen des Falles gegenwärtig nur unangemessene Tätigkeiten in Frage kämen.[346]

Eine Ausbildungsobliegenheit besteht dagegen nicht, wenn der Bedürftige bereits eine angemessene Erwerbstätigkeit ausübt, aber diese seinen vollen Unterhalt nicht deckt. Er hat dann einen Anspruch auf Aufstockungsunterhalt,[347] aber **keine Berechtigung zur Ausbildung.**

Eine Ausbildungsobliegenheit besteht auch nicht, wenn eine Ausbildung wegen des Alters des Bedürftigen nicht mehr sinnvoll ist[348] oder wenn keine einigermaßen sichere Aussicht besteht, dass der Bedürftige nach Ausbildungsabschluss unter Berücksichtigung der Lage auf dem Arbeitsmarkt eine angemessene Erwerbstätigkeit finden wird.[349]

Die gesetzliche Einschränkung, dass die Ausbildung zu einer angemessenen Erwerbstätigkeit führen muss, stellt sicher, dass der Verpflichtete kein zum bloßen Vergnügen betriebenes Studium zu finanzieren braucht.[350]

Der Bedürftige kann die erforderliche Ausbildung selbst wählen. Er kann dabei auf seine Neigungen Rücksicht nehmen. **145**

Kommen mehrere Ausbildungsgänge in Betracht, so darf er sich jedoch einer **besonders zeit- und kostenaufwändigen Ausbildung** höchstens dann unterziehen, wenn außergewöhnliche Gründe vorliegen, die geeignet sind, die hohe Belastung des während der Ausbildungszeit unterhaltspflichtigen Ehegatten zu rechtfertigen. Fehlen solche außergewöhnlichen Gründe, muss eine möglichst kurze und kostengünstige Ausbildung gewählt werden.[351]

Bei der gewählten Ausbildung muss es sich um ein nach einem bestimmten Ausbildungsplan ausgerichtetes Ausbildungsverhältnis zu einem anerkannten Ausbilder, der die Ausbildung leitet, handeln[352] (siehe auch Rn. 159).

---

342 BGH, FamRZ 1986, 1085 = R 305 a; FamRZ 1984, 561 = R 203 a
343 BGH, FamRZ 1985, 782 = R 262
344 BGH, FamRZ 2001, 350, 352 = R 551 b
345 BGH, FamRZ 1985, 782 = R 262 a; FamRZ 1987, 795 = R 333 a
346 BGH, FamRZ 1984, 561 = R 203 a
347 BGH, FamRZ 1982, 360 = NJW 1982, 1869
348 BGH, FamRZ 1987, 691 = R 332 a
349 BGH, FamRZ 1986, 553 = R 276 a
350 BGH, FamRZ 1987, 795 = R 333 a
351 BGH, FamRZ 1984, 561, 563 = R 203 b
352 BGH, FamRZ 1987, 795 = R 333 a

Bei der Wahl der Ausbildung ist außerdem zu berücksichtigen, ob und inwieweit unter Einschätzung der Lage auf dem Arbeitsmarkt für den Bedürftigen eine konkrete Aussicht auf eine angemessene Erwerbstätigkeit besteht.[353]

Es muss eine einigermaßen sichere Aussicht bestehen, dass die notwendige Ausbildung **erfolgreich abgeschlossen** werden wird.[354]

Dies wird vor allem von der Befähigung, dem Gesundheitszustand, dem Alter, der Einsatzbereitschaft des Bedürftigen und von sonstigen konkreten äußeren Umständen abhängen. Der Bedürftige ist verpflichtet, seine Ausbildung zielstrebig, intensiv und mit Fleiß zu betreiben.

Erfüllt der Bedürftige seine Ausbildungsobliegenheit, so besteht für die Dauer einer durchschnittlichen Ausbildung ein **zeitlich begrenzter Anspruch auf Ausbildungsunterhalt.**[355]

- Dieser Anspruch beruht auf §§ 1573 I i. V. mit 1574 III BGB, nicht auf § 1575 BGB.[356]
- Der Anspruch umfasst sowohl die **laufenden Lebenshaltungskosten** (§ 1578 I 1 BGB) als auch nach § 1578 II BGB zusätzliche besondere **Ausbildungskosten.**[357]
- Auf den Unterhaltsanspruch sind staatliche Förderungsleistungen, z. B. nach dem BafōG, bedürftigkeitsmindernd anzurechnen.

146 Kommt der Bedürftige seiner Ausbildungsobliegenheit schuldhaft nicht rechtzeitig nach, so darf er sich nach § 1579 Nr. 3 BGB nicht mehr auf seine Ausbildungsberechtigung berufen, wenn sein bisheriges Verhalten als mutwillige Herbeiführung der Bedürftigkeit im Sinn dieser Vorschrift gewertet werden kann. Dies gilt auch, wenn bereits während der Trennungszeit eine Erwerbs- und Ausbildungsobliegenheit nach § 1361 I BGB bestanden hatte und eine rechtzeitig aufgenommene Ausbildung inzwischen ganz oder teilweise abgeschlossen wäre.[358]

In einem solchen Fall erlischt sowohl der Ausbildungsanspruch als auch ein Unterhaltsanspruch wegen Erwerbslosigkeit nach den § 1573 I, III BGB. An deren Stelle kann aber ein Anspruch nach § 1573 II BGB treten. Wer **mutwillig,** d. h. in Kenntnis der Auswirkungen auf den Unterhaltsanspruch, eine ihm obliegende **Ausbildung unterlässt,** kann rechtlich so behandelt werden wie jemand, der sich nicht in ausreichender Weise um eine zumutbare angemessene Erwerbstätigkeit bemüht. Es sind ihm **fiktive Einkünfte zuzurechnen,** die er bei ordnungsgemäßer Ausbildung aus einer angemessenen Erwerbstätigkeit hätte erzielen können. Im Fall der **Verletzung einer Fortbildungsobliegenheit** wird sogar die Ansicht vertreten, dass der unterhaltsbegehrende Ehegatte bei der Beurteilung der Beschäftigungschancen für die Aufnahme einer Erwerbstätigkeit auch auf die Aufnahme einer nicht angemessenen Erwerbstätigkeit verwiesen werden darf, aus der gegebenenfalls fiktive Einkünfte zuzurechnen sind.[359] Decken diese zuzurechnenden fiktiven Einkünfte nicht den Unterhaltsbedarf nach § 1578 I 1 BGB, so besteht in Höhe der verbleibenden Differenz ein Anspruch auf Aufstockungsunterhalt nach § 1573 II BGB.[360] Dasselbe gilt, wenn die Ausbildung nicht mit dem erforderlichen Einsatz intensiv und zielstrebig betrieben wird oder nicht innerhalb einer normalen Ausbildungszeit abgeschlossen wird. Für den Anspruch eines Kindes auf Ausbildungsunterhalt (§ 1610 II BGB) hat der BGH[361] ausgesprochen, dass dem Ausbildungsanspruch ein **Gegenseitigkeitsprinzip** immanent ist, dessen Verletzung, weil die Ausbildung nicht mit Fleiß sowie der gebotenen Schnelligkeit und Zielstrebigkeit betrieben wird, den Anspruch entfallen lässt. Diese Grundsätze lassen sich auch auf den nachehelichen Ausbildungsunterhalt übertragen.

---

[353] BGH, FamRZ 1986, 553 = R 276 a
[354] BGH, FamRZ 1986, 553 = R 276 a
[355] BGH, FamRZ 1986, 553 = R 276 a
[356] BGH, FamRZ 1985, 782 = R 262; FamRZ 1984, 561, 563 = R 203 b
[357] BGH, FamRZ 1985, 782 = R 262
[358] BGH, FamRZ 1986, 553, 555 = R 276 b
[359] OLG Hamburg, FamRZ 1991, 1298
[360] BGH, FamRZ 1988, 927, 929 = R 358 d; FamRZ 1986, 553, 555 = R 276 b + c
[361] BGH, FamRZ 1998, 671 = R 523

Der Anspruch nach § 1573 I BGB lebt bei einer **verspätet aufgenommenen Ausbildung** nicht wieder auf. Dies ergibt sich aus dem zeitlichen Zusammenhang der Ausbildungsobliegenheit nach § 1574 III BGB und der Erwerbsobliegenheit nach § 1573 I BGB sowie daraus, dass der Anspruch nach § 1573 I BGB wirksam und endgültig in einen Anspruch aus § 1573 II BGB übergegangen ist.

Findet der Bedürftige trotz ordnungsgemäßen Ausbildungsabschlusses keine angemessene Erwerbstätigkeit i. S. von § 1574 II BGB, dann besteht der Anspruch nach § 1573 I BGB unverändert weiter.

Zu den Begriffen Ausbildung, Fortbildung oder Umschulung siehe Rn. 159.

VIII. Ausbildungsunterhalt nach § 1575 BGB

1. Zweck des Ausbildungsanspruchs nach § 1575 BGB und Verhältnis zum Ausbildungsanspruch nach den §§ 1573 I, 1574 III BGB

Der Anspruch nach § 1575 I und II BGB **soll ehebedingte Ausbildungsnachteile ausgleichen** und dem Bedürftigen einen besseren Ausbildungsstand und damit anspruchsvollere Erwerbstätigkeiten ermöglichen, als es angemessene Erwerbstätigkeiten i. S. von § 1574 II BGB wären. Keine Voraussetzung für § 1575 BGB ist, dass der Bedürftige ohne die Ausbildung keine angemessene Erwerbstätigkeit i. S. von § 1574 II BGB finden würde.[362] Die Bestimmung hat nämlich auch den Ausgleich von Nachteilen zum Ziel, die ein Ehegatte in seinem beruflichen Fortkommen mit Rücksicht auf die Ehe auf sich genommen hat.[363] Der ausbildungswillige Ehegatte kann also eine Verbesserung seines Status im Erwerbsleben anstreben, den er ohne die Ehe schon früher erreicht hätte.[364] 147

Demgegenüber besteht ein Anspruch auf **Ausbildungsfinanzierung** nach den §§ 1574 III, 1573 I BGB nur, wenn die Ausbildung notwendig ist, damit eine angemessene Erwerbstätigkeit i. S. von § 1574 II BGB ausgeübt werden kann (Genaueres Rn. 144 ff.).

Die Ansprüche nach § 1575 BGB und den §§ 1574 III, 1573 I BGB bestehen nach Voraussetzung und Dauer völlig unabhängig voneinander.

Sie können gleichzeitig vorliegen, wenn z. B. die Ausbildung sowohl erforderlich ist, um ehebedingte Ausbildungsnachteile auszugleichen, als auch, um nach Ausbildungsabschluss eine angemessene Erwerbstätigkeit finden zu können.

Findet der Bedürftige nach Abschluss einer niveausteigernden Ausbildung gemäß § 1575 BGB keine seinem neuen Ausbildungsniveau entsprechende Arbeitsstelle, dann entsteht nach § 1573 I und III BGB ein **Anspruch auf Erwerbslosigkeitsunterhalt als Anschlussunterhalt.** Insoweit kann sich nach §§ 1573 I, 1574 III BGB ein weiterer Anspruch auf Ausbildungsunterhalt ergeben, wenn er ohne zusätzliche Ausbildung keine angemessene Erwerbstätigkeit zu finden vermag. Für den Anschlussunterhalt (§ 1573 I BGB) bleibt bei Bestimmung der angemessenen Erwerbstätigkeit i. S. von § 1574 II BGB der erreichte **höhere Ausbildungsstand** gemäß Ausbildung im Rahmen des § 1575 BGB außer Betracht (§ 1575 III BGB).

Im **Mangelfall** kann es zweifelhaft sein, ob ein Anspruch nach § 1575 BGB besteht, falls der angemessene Lebensbedarf des Pflichtigen infolge des Ausbildungsunterhalts i. S. des § 1581 BGB gefährdet wäre. Der Billigkeitsunterhalt, der bei Anwendung des § 1581 BGB zu leisten ist, setzt stets voraus, dass die mit der Unterhaltsleistung verbundenen Belastungen und Beschränkungen dem Verpflichteten nur zugemutet werden dürfen, wenn auch dem Berechtigten entsprechende Einschränkungen und Opfer zugemutet werden.[365]

---

[362] BGH, FamRZ 1987, 795 = R 333 a
[363] BGH, FamRZ 1985, 782 = R 262 a
[364] BGH, FamRZ 1987, 795 = R 333 a
[365] BGH, FamRZ 1985, 782 = R 262 b

2. Die Voraussetzungen des Ausbildungsunterhalts nach § 1575 I BGB

148 Nach § 1575 I BGB besteht für die normale Dauer einer Ausbildung ein Anspruch auf Ausbildungsunterhalt, wenn der Bedürftige, der in Erwartung der Ehe oder während der Ehe eine Schul- oder Berufsausbildung nicht aufgenommen oder abgebrochen hat, diese oder eine entsprechende Ausbildung sobald wie möglich aufnimmt, um eine angemessene Erwerbstätigkeit, die den Unterhalt nachhaltig sichert, zu erlangen, und wenn der erfolgreiche Abschluss der Ausbildung zu erwarten ist. Dabei sind ehebedingte Ausbildungsverzögerungen zu berücksichtigen.

Ein solcher Anspruch kann auch bestehen, wenn der Bedürftige eine nach § 1574 II BGB angemessene Erwerbstätigkeit an sich finden könnte. Der Anspruch hat neben der Erlangung oder Festigung der wirtschaftlichen Selbstständigkeit vor allem den Ausgleich von Nachteilen zum Ziel, die ein Ehegatte in seinem beruflichen Fortkommen mit Rücksicht auf die Ehe auf sich genommen hat. Der Anspruch ermöglicht deshalb Niveausteigerungen gegenüber den ehelichen Lebensverhältnissen.[366]

Die gesetzliche Einschränkung, dass die Ausbildung zu einer angemessenen Erwerbstätigkeit führen muss, stellt lediglich sicher, dass der Verpflichtete kein Studium finanzieren muss, das lediglich zum bloßen Vergnügen betrieben wird. Dagegen schließt sie den Bedürftigen, der bereits eine angemessene Erwerbstätigkeit aufnehmen könnte, jedoch durch die Ausbildung eine ohne die Ehe schon früher erreichte Verbesserung seines Status im Erwerbsleben anstrebt, nicht von einem Anspruch nach § 1575 BGB aus.[367]

a) Anspruchsvoraussetzungen. Nach § 1575 I BGB bestehen folgende Anspruchsvoraussetzungen:

- Der Bedürftige muss **in Erwartung der Ehe oder während der Ehe** eine Schul- oder Berufsausbildung **nicht aufgenommen oder abgebrochen** haben (Rn. 149).
- Der Bedürftige muss diese oder eine entsprechende Ausbildung **sobald wie möglich nach der Scheidung aufgenommen** haben (Rn. 150).
- Die Ausbildung muss notwendig sein, um eine angemessene Erwerbstätigkeit zu erlangen, die den Unterhalt nachhaltig sichert (Rn. 151).
- Der Ausbildungsabschluss muss **innerhalb normaler Ausbildungszeit** zu erwarten sein, wobei ehebedingte Ausbildungsverzögerungen zu berücksichtigen sind (Rn. 152).

149 **Ehebedingte Nichtaufnahme einer Ausbildung oder Abbruch einer Ausbildung.** Da der Anspruch nach § 1575 I BGB ehebedingte Ausbildungsnachteile ausgleichen soll, muss ein Ehegatte, der weder vor noch während der Ehe eine Ausbildung begonnen hat, darlegen und nachweisen, dass er wegen der Ehe eine Ausbildung unterlassen hat. Es müssen bereits feste Berufspläne bestanden haben und zumindest konkrete Maßnahmen getroffen worden sein, wie z. B. die Anmeldung bei einer Ausbildungsstätte u. ä., um diese Pläne zu verwirklichen.[368] Die bloße Äußerung von Berufswünschen reicht hierzu nicht aus.[369] Es kann kein Hochschulstudium begonnen werden, wenn es nicht den ehelichen Lebensverhältnissen und dem Niveau der Ausbildung entspricht, die infolge der Eheschließung und der Kindererziehung nicht zu Ende geführt wurde.[370]

Ist eine **Ausbildung** vor der Ehe **abgebrochen** worden, muss der Bedürftige die Ehebedingtheit des Abbruchs darlegen und nachweisen.

Wird die Ausbildung dagegen erst während der Ehe abgebrochen, muss der Abbruch nicht wegen der Ehe erfolgt sein. Das Gesetz nimmt in Kauf, dass ein Anspruch auf Fortsetzung der abgebrochenen Ausbildung auch bei Nichtursächlichkeit besteht.[371]

Dem Abbruch einer Ausbildung kann eine längere **krankheitsbedingte Unterbrechung** der Fortbildung gleichgesetzt werden.[372]

---

[366] BGH, FamRZ 1985, 782 = R 262
[367] BGH, FamRZ 1985, 782 = R 262
[368] OLG Bamberg, FamRZ 1981, 150
[369] OLG Frankfurt, FamRZ 1985, 712
[370] OLG Frankfurt, FamRZ 1995, 879
[371] BGH, FamRZ 1980, 126 = NJW 1980, 393
[372] BGH, FamRZ 1980, 126 = NJW 1980, 393

Der Bedürftige muss die unterlassene oder abgebrochene Ausbildung oder eine entsprechende Ausbildung sobald wie möglich aufnehmen. 150

Aufzunehmen ist die konkret unterlassene oder abgebrochene Ausbildung oder eine entsprechende Ausbildung. Entsprechend ist eine im Niveau etwa gleichwertige Ausbildung. Die **Aufnahme einer nicht gleichwertigen Ausbildung** rechtfertigt keinen Anspruch nach § 1575 BGB.[373] Dies gilt z. B., falls eine deutlich höherwertige Ausbildung begonnen wird.[374] Auch die Vorbereitung einer Promotion nach Abschluss eines Hochschulstudiums, die lediglich die Arbeitsmarktchancen verbessern soll, rechtfertigt keinen Ausbildungsunterhalt.[375]

War die abgebrochene **Ausbildung bereits weit fortgeschritten,** muss sie fortgesetzt werden. Es darf dann keine gleichwertige Ausbildung neu aufgenommen werden.

Kommen bei der Wahl einer gleichwertigen Ausbildung mehrere Ausbildungsgänge in Betracht, darf der Bedürftige eine **besonders zeit- und kostenaufwändige Ausbildung** nur dann wählen, wenn außergewöhnliche Gründe vorliegen, die geeignet sind, die hohe Unterhaltsbelastung des Verpflichteten während der Ausbildungszeit zu rechtfertigen. Fehlen solche außergewöhnlichen Gründe, muss eine möglichst kurze und kostengünstige Ausbildung gewählt werden.[376]

Bei der gewählten Ausbildung muss es sich um ein nach einem bestimmten Ausbildungsplan ausgerichtetes **anerkanntes Ausbildungsverhältnis** zu einem die Ausbildung leitenden Ausbilder handeln. Eine selbstständige Tätigkeit in einem Buchhandel als Mitunternehmerin ist keine solche Ausbildung.[377]

Die **Ausbildung** muss **sobald wie möglich** nach der Scheidung aufgenommen werden. Ein fester Einsatzzeitpunkt wurde nicht gesetzlich fixiert. Eine gewisse Überlegungszeit ist zuzubilligen. Bei zurechenbaren Verzögerungen entfällt ein Anspruch, nicht dagegen bei Hindernissen, die der Bedürftige nicht zu vertreten hat. Auch eine Zeitspanne von 14 Monaten nach Scheidung kann im Einzelfall noch rechtzeitig sein, wenn der Berechtigte zunächst vergeblich versucht hat, mit Hilfe seiner früheren beruflichen Erfahrungen aus einer abgebrochenen Ausbildung nachhaltig ins Berufsleben einzutreten.[378] Der Unterhaltsanspruch umfasst auch die Zeit bis zur Aufnahme einer Ausbildung.[379]

Ein **Ausbildungsanspruch** kann auch bereits **vor der Scheidung** nach § 1361 BGB entstehen. Der Anspruch nach § 1575 BGB erfasst dann die Fortsetzung der Ausbildung nach der Scheidung.[380] Zur Ausbildung bei Trennung siehe Rn. 9 und 10.

Die Ausbildung muss notwendig und geeignet sein, um eine angemessene Erwerbstätigkeit zu erlangen, die den Unterhalt nachhaltig sichert. Daran fehlt es, wenn nach den ehelichen Verhältnissen die Aufnahme einer unqualifizierten Tätigkeit angemessen und zumutbar ist[381] und durch eine Ausbildung keine ehebedingten Nachteile des beruflichen Fortkommens auszugleichen sind.[382] 151

Die gesetzliche Einschränkung stellt sicher, dass vom Verpflichteten **keine Ausbildung** finanziert werden muss, die **zum bloßen Vergnügen** betrieben wird.[383]

Ziel der Ausbildung bleibt, dass der Bedürftige nach der Ausbildung eine angemessene Erwerbstätigkeit ausüben kann und dadurch wirtschaftlich selbstständig wird.

Zur Wahl der Ausbildung ist prognostisch zu berücksichtigen, ob und inwieweit unter Einschätzung der konkreten Lage auf dem Arbeitsmarkt für den Bedürftigen eine berechtigte Aussicht besteht, dass er eine der Ausbildung entsprechende angemessene Erwerbstätigkeit

---

373 OLG Düsseldorf, FamRZ 1980, 585
374 OLG Frankfurt, FamRZ 1995, 879
375 OLG Düsseldorf, FamRZ 1987, 708
376 BGH, FamRZ 1984, 561, 563 = R 203 b
377 BGH, FamRZ 1987, 795 = R 333 a
378 OLG Köln, FamRZ 1996, 867
379 OLG Hamm, FamRZ 1983, 181
380 BGH, FamRZ 1985, 782 = R 262
381 Vgl. BGH, FamRZ 2001, 350, 352 = R 551 b zum Ausbildungsanspruch entsprechend § 1573 I i.V.m. § 1574 III BGB
382 BGH, FamRZ 1985, 782 = R 262 a; FamRZ 1987, 795 = R 333 a
383 BGH, FamRZ 1987, 795 = R 333 a; FamRZ 1985, 782 = R 262

finden wird.[384] Bei negativer Prognose entfällt ein Ausbildungsanspruch. Ein Ausbildungsanspruch kann auch entfallen, wenn die Ausbildung wegen des Alters des Bedürftigen **nicht mehr sinnvoll** ist.[385]

Die anzustrebende angemessene Erwerbstätigkeit i. S. von § 1575 BGB kann ein **höheres Niveau beinhalten** als die angemessene Erwerbstätigkeit nach § 1574 II BGB (siehe Rn. 147). Ferner handelt es sich im Rahmen des § 1575 BGB um Anlagen, die durch die Ausbildung erst entwickelt werden können, während § 1574 II BGB von Anlagen ausgeht, die bei Scheidung bereits entwickelt sein müssen (Rn. 138).

Zur nachhaltigen Unterhaltssicherung durch eine Erwerbstätigkeit siehe Rn. 118.

152 Der erfolgreiche **Abschluss** einer Ausbildung muss **innerhalb normaler Ausbildungszeit** zu erwarten sein. Abzustellen ist dabei auf eine durchschnittlich aufzuwendende Ausbildungszeit, nicht auf eine Mindeststudienzeit.

Für diese Beurteilung kommt es vor allem auf die Befähigung, den Gesundheitszustand, das Alter und die Einsatzbereitschaft des Bedürftigen an, aber auch auf sonstige konkrete äußere Umstände. Der Bedürftige ist verpflichtet, die Ausbildung zielstrebig und fleißig zu betreiben und innerhalb angemessener und üblicher Dauer abzuschließen.

Die Erfolgsaussicht muss sowohl bei Ausbildungsaufnahme als auch während des weiteren Verlaufs der Ausbildung bestehen.

Der Tatrichter hat insoweit eine realistische Prognose zu treffen. Fällt sie negativ aus, besteht kein Anspruch nach § 1575 I BGB. Erbringt der Bedürftige schuldhaft nicht die erforderlichen Ausbildungsleistungen, wie z. B. Zwischenprüfungen, Vordiplom u. ä., verliert er seinen Ausbildungsanspruch. Der Ausbildungsanspruch erlischt ferner mit Ablauf der üblichen Ausbildungszeit.

Ehebedingte Verzögerungen der Ausbildung sind allerdings **zu berücksichtigen** (§ 1575 I 2 BGB), d. h., sie können eine Verlängerung der Ausbildungszeit rechtfertigen. Dazu zählen z. B. Betreuung eines gemeinschaftlichen Kindes oder Umstellungsschwierigkeiten nach der Scheidung. Krankheitsbedingte Verzögerungen der Ausbildung sind, auch wenn die Krankheit selbst mit der Ehe nichts zu tun hat, jedenfalls dann wie ehebedingte Verzögerungen zu behandeln, wenn sie von dem einverständlich aufrechterhaltenen Eheplan gedeckt sind und von den Eheleuten einverständlich in Kauf genommen worden sind.[386] Keine ehebedingten Verzögerungen sind solche, die aus rein persönlichen Gründen des Bedürftigen entstehen.[387]

Ein **Ausbildungswechsel** muss nicht finanziert werden.

153 **b) BGH-Rechtsprechung.** Nach der Rechtsprechung des BGH besteht nach § 1575 I oder II BGB kein Anspruch auf die Finanzierung einer niveausteigernden **Zweit- oder Drittausbildung,** wenn der Bedürftige bereits über eine abgeschlossene Berufsausbildung verfügt, die ihm die Ausübung einer einträglichen angemessenen Erwerbstätigkeit ermöglicht. Dies ginge über den Bereich der nachehelichen Solidarität hinaus. Unmaßgeblich ist, ob die Erstausbildung vor oder während der Ehe oder erst nach der Scheidung stattgefunden hat. Auch, dass der Ehepartner die mit der Ausbildung verbundenen Nachteile nicht getragen hat, ändert nichts. Vor allem ein Studium scheidet als zulässige weitere Ausbildung aus, weil die in § 1575 II BGB angesprochene Fortbildung oder Umschulung im Sinne des früheren Arbeitsförderungsgesetzes zu verstehen ist, das die Hoch- oder Fachhochschulausbildung aus seinem Förderungsbereich ausgeschlossen hatte[388] – siehe Rn. 158.

154 Nach der Rechtsprechung des BGH muss der Bedürftige außerdem wegen der Ausbildung an der Ausübung einer Erwerbstätigkeit gehindert sein. Der Anspruch nach § 1575 I oder II BGB kann danach daran scheitern, dass **der Bedürftige bereits einer angemessenen Erwerbstätigkeit nachgeht.**[389]

---

[384] BGH, FamRZ 1986, 553 = R 276 a
[385] BGH, FamRZ 1987, 691 = R 332 a
[386] BGH, FamRZ 1980, 126 = NJW 1980, 393
[387] BGH, FamRZ 1980, 126 = NJW 1980, 393
[388] BGH, FamRZ 1985, 782 = R 262
[389] BGH, FamRZ 1987, 795, 797 = R 333 a + b

Dies gilt aber nach den der BGH-Entscheidung (Fn. 389) zugrundeliegenden Verhältnissen nur für einen Anspruch nach § 1575 BGB, der in seiner Zielrichtung deckungsgleich ist mit einem Anspruch nach den §§ 1574 III, 1573 I BGB. Es gilt nicht für einen über § 1574 III BGB hinausgehenden niveausteigernden Anspruch nach § 1575 BGB. Wenn z. B. der Berechtigte bereits einer angemessenen Erwerbstätigkeit im Sinn des § 1574 II BGB nachgeht, aber zum Zweck der Niveausteigerung berechtigterweise durch den Besuch eines Abendgymnasiums eine aus ehebedingten Gründen abgebrochene Ausbildung nachholt, besteht trotz der Ausübung einer angemessenen Erwerbstätigkeit ein Anspruch nach § 1575 I BGB, der eine niveauerhöhende Erwerbstätigkeit ermöglichen soll.

Dieser Anspruch geht auf den vollen Unterhalt nach § 1578 I 1 BGB einschließlich zusätzlicher Ausbildungskosten (§ 1578 II BGB). Mit ihm sind die Einkünfte aus der angemessenen Erwerbstätigkeit zu verrechnen, und zwar mittels der Differenzmethode bei prägenden Einkünften und mittels der Anrechnungsmethode bei nichtprägenden Einkünften.

c) Sonstiges. Die Leistung von Ausbildungsunterhalt muss **dem Verpflichteten** im 155
Hinblick auf seine wirtschaftlichen Verhältnisse **zumutbar sein.** Diese Voraussetzung ergibt sich zwar nicht aus dem Gesetz, wohl aber aus dem Gegenseitigkeitsprinzip, das auch dem ehelichen Unterhaltsrecht zugrunde liegt[390] – vgl. auch Rn. 146. Insoweit ist auch eine Zumutbarkeitsabwägung erforderlich zwischen der Schwere der durch die Ausbildung auszugleichenden ehebedingten Nachteile und der konkreten wirtschaftlichen Belastung des Verpflichteten durch die Zahlung des Ausbildungsunterhalts.

Der für die Dauer der Ausbildung zeitlich begrenzte Ausbildungsunterhalt bemisst sich nach § 1578 I und III BGB (siehe dazu Rn. 145).

Scheitert die niveauerhöhende **Ausbildung** nach § 1575 I BGB unverschuldet oder 156
findet der Bedürftige nach Ausbildungsabschluss keine der Ausbildung entsprechende Erwerbstätigkeit, dann erlischt der Ausbildungsunterhalt und es entsteht ein Anschlussunterhalt nach § 1573 I, III BGB[391] (siehe dazu Rn. 147).

Nach § 1575 III BGB bleibt in diesem Fall der durch die Ausbildung gemäß § 1575 I BGB erreichte **höhere Ausbildungsstand** bei der Bestimmung der angemessenen Erwerbstätigkeit nach § 1574 II BGB **außer Betracht.** § 1575 III BGB ist praktisch ohne Bedeutung, wenn die Ausbildung zur Aufnahme einer angemessenen Erwerbstätigkeit i. S. von § 1574 II BGB und nicht zu einer niveausteigernden Erwerbstätigkeit notwendig war.

Kommt der Bedürftige seiner **Ausbildungsobliegenheit** mutwillig, d. h. in Kenntnis der unterhaltsrechtlichen Auswirkungen nicht nach, dann erlöschen die Ansprüche nach den §§ 1575, 1573 I BGB – vgl. Rn. 146. Der Anspruch nach § 1573 I BGB kann in einen Anspruch auf Ergänzungsunterhalt nach § 1573 II BGB übergehen, wenn fiktiv zuzurechnende Einkünfte, die bei ordnungsgemäßer Ausbildung hätten erzielt werden können, nicht den Bedarf nach § 1578 I 1 BGB decken (Genaueres dazu Rn. 146).

Zum Begriff der Ausbildung siehe Rn. 159.

3. Der Anspruch auf Fortbildung oder Umschulung nach § 1575 II BGB

Nach § 1575 II BGB gilt § 1575 I BGB entsprechend, wenn sich der Bedürftige fort- 157
bilden oder umschulen lässt, um Nachteile auszugleichen, die durch die Ehe eingetreten sind.

Dieser Anspruch bezweckt den Ausgleich beruflicher Nachteile, die der Bedürftige kausal durch die Ehe erlitten hat. Er soll es ihm ermöglichen, durch Fortbildung oder Umschulung wieder eine vollwertige Kraft im Berufsleben zu werden. Es muss aber stets ein **Ursachenzusammenhang zwischen den ehebedingten Nachteilen und** der notwendigen Fortbildung oder Umschulung bestehen.

---

[390] BGH, FamRZ 1985, 782 = R 262; zum Gegenseitigkeitsprinzip siehe BGH, FamRZ 1980, 665; FamRZ 1998, 671 = R 523

[391] OLG Hamm, FamRZ 1983, 181

Der Anspruch nach § 1575 II BGB hat folgende **Voraussetzungen,** die sich weitgehend mit denen des § 1575 I BGB decken, weshalb insoweit auf die entsprechenden Ausführungen (Rn. 148 ff.) verwiesen wird:
- Die Fortbildung oder Umschulung muss notwendig sein zum Ausgleich von kausalen ehebedingten Nachteilen (Rn. 158).
- Die Fortbildung oder Umschulung muss erforderlich sein, um eine angemessene Erwerbstätigkeit zu erlangen, die den Unterhalt nachhaltig sichert (siehe Rn. 151).
- Die Fortbildung oder Umschulung muss sobald wie möglich aufgenommen werden (siehe Rn. 150).
- Der erfolgreiche Abschluss muss innerhalb normaler Fortbildungszeit zu erwarten sein (siehe Rn. 152).
- Die Fortbildungs- oder Umschulungsmaßnahme darf kein Hochschulstudium sein (Rn. 158).

158 Die ehebedingten Nachteile i. S. von § 1575 II BGB können vielfältiger Art sein. Soweit es dabei um berufliche Nachteile geht, ergeben sich solche aus einem Vergleich der beruflichen Stellung, die der Ehegatte voraussichtlich ohne die Eheschließung haben würde, mit der derzeitigen Situation auf Grund der Ehe. Ein solcher Nachteil liegt nicht nur dann vor, wenn die jetzt mögliche berufliche Stellung einen geringeren Lebensstandard ermöglicht als die ohne Eheschließung erreichte berufliche Stellung, sondern auch dann, wenn die jetzt mögliche berufliche Stellung dem Bedürftigen keine angemessene Entfaltung seiner Fähigkeiten und Kenntnisse erlaubt, wobei allerdings eine optimale berufliche Erfüllung nicht verlangt werden kann. Der Bedürftige ist hierzu darlegungs- und beweispflichtig.[392]

Fortbildung oder Umschulung i. S. von § 1575 II BGB setzt grundsätzlich eine bereits **abgeschlossene Berufsausbildung oder Berufserfahrung** voraus. Dies ergibt sich daraus, dass für die Begriffe Fortbildung und Umschulung das Verständnis dieser Begriffe nach dem früheren Arbeitsförderungsgesetz maßgebend war, welches für eine Fortbildung oder Umschulung eine abgeschlossene Berufsausbildung oder angemessene Berufserfahrung verlangte[393] (siehe auch nachfolgend Rn. 159). Nach der jetzt geltenden Regelung in § 87 III SGB III ist grundsätzlich eine dreijährige Berufserfahrung erforderlich, es sei denn, dass eine berufliche Erstausbildung oder eine berufsvorbereitende Bildungsmaßnahme aus persönlichen Gründen nicht möglich oder zumutbar ist.

Nach dem früheren § 34 IV AFG war ein Hochschul- oder Fachhochschulstudium aus dem Förderbereich ausgeschlossen. Durch die gesetzliche Neuregelung (§§ 77 ff. SGB III) sollte der Kreis der Fördermaßnahmen weder verengt noch erweitert werden, so dass die Rechtslage sich materiell nicht geändert hat, wie sich allgemein aus § 87 SGB III und bezüglich des Hochschulstudiums aus § 87 II Nr. 1 SGB III entnehmen lässt. Deshalb kann nach § 1575 II BGB **keine Finanzierung eines** solchen **Studiums** verlangt werden.[394]

Der Fortbildungs- oder Umschulungsunterhalt ist **zeitlich begrenzt** auf die durchschnittliche Dauer der Fortbildung oder Umschulung. Er bemisst sich umfangmäßig nach § 1578 I und III BGB (siehe auch Rn. 145).

Zu den Folgen bei einem Scheitern der Fortbildung oder Umschulung oder bei Arbeitslosigkeit nach Abschluss der Fortbildung oder Umschulung gilt Entsprechendes wie zu Rn. 146 und 156.

4. Ausbildung, Fortbildung, Umschulung

159 Ausbildung ist im weitesten Sinn zu verstehen. Es muss sich um ein anerkanntes festes Berufsausbildungsverhältnis zu einem Ausbilder handeln, der die Ausbildung nach einem bestimmten Ausbildungsplan leitet. Eine bereits ausgeübte selbstständige berufliche Tätigkeit ist selbst dann keine Ausbildung, wenn sie die Zulassung zu einer berufsqualifizierenden

---

[392] BGH, FamRZ 1984, 988 = R 191 a
[393] BGH, FamRZ 1987, 795, 797 = R 333 b
[394] BGH, FamRZ 1985, 782, 783 = R 262

Prüfung ermöglicht.[395] In Hinblick auf die gesetzliche Neuregelung (§ 77 I Nr. 4 SGB III) muss es sich um eine vom Arbeitsamt anerkannte Maßnahme der Weiterbildungsförderung handeln.

Die neue gesetzliche Regelung in § 77 SGB III benutzt nur noch den Oberbegriff **„Berufliche Weiterbildung"**, unter welche sowohl berufliche Fortbildung als auch berufliche Umschulung fallen, ohne dass sich deren Definition geändert hätte, wie sich aus § 87 I SGB III ergibt. Bei ungelernten Arbeitnehmern ist im Gegensatz zum früher geltenden AFG nicht mehr erforderlich, dass sie eine berufliche Qualifikation im Sinne eines anerkannten Berufsabschlusses erwerben konnten. Nach § 77 I Nr. 1 SGB III genügt, dass sie ihre bisherige berufliche Qualifikation zum Zwecke der Wiedereingliederung in den Arbeitsmarkt erweitern.

Unter beruflicher **Fortbildung** war nach der Legaldefinition des früheren § 41 I AFG die Teilnahme an Maßnahmen zu verstehen, die das Ziel haben, berufliche Kenntnisse und Fertigkeiten festzustellen, zu erhalten und zu erweitern oder der technischen Entwicklung anzupassen oder einen beruflichen Aufstieg zu ermöglichen. Die berufliche Fortbildung setzt grundsätzlich eine abgeschlossene Berufsausbildung oder angemessene Berufserfahrung voraus[396] – siehe dazu § 77 II u. III SGB III und oben Rn. 158. Wegen der jetzt geltenden gesetzlichen Definition wird auf den Begriff der Weiterbildungsförderung im Sinne des § 87 I Nr. 1 SGB III verwiesen. Unter den Begriff der „Weiterbildung" fällt nach §§ 77 II und III, 87 I Nr. 2 SGB III auch die Weiterbildung zur Ermöglichung eines bislang fehlenden beruflichen Abschlusses.

Unter beruflicher **Umschulung** war nach dem früheren § 47 I AFG die Teilnahme an Maßnahmen zu verstehen, die das Ziel haben, einem Arbeitsuchenden den Übergang in eine andere geeignete berufliche Tätigkeit zu ermöglichen, insbesondere um die berufliche Beweglichkeit zu sichern und zu verbessern. Auch die berufliche Umschulung setzt grundsätzlich eine abgeschlossene Berufsausbildung oder eine angemessene Berufserfahrung voraus[397] – siehe dazu § 77 II u. III SGB III und oben Rn. 158. Wegen der nunmehr geltenden gesetzlichen Definition wird auf die Weiterbildungsförderung in Sinne des § 87 I Nr. 3 SGB III verwiesen.

IX. Billigkeitsunterhalt nach § 1576 BGB

1. Anspruchsvoraussetzungen und Normzweck des § 1576 BGB

Nach § 1576 BGB besteht ein Anspruch auf Billigkeitsunterhalt, soweit und solange vom 160
Bedürftigen aus sonstigen schwerwiegenden Gründen eine Erwerbstätigkeit nicht erwartet werden kann und eine Versagung von Unterhalt unter Berücksichtigung der Belange beider Ehegatten grob unbillig wäre. Schwerwiegende Gründe dürfen nicht allein deswegen berücksichtigt werden, weil sie zum Scheitern der Ehe geführt haben.

Der Billigkeitsunterhalt hat danach folgende **Voraussetzungen:**

- Es muss ein sonstiger schwerwiegender Grund vorliegen (Rn. 161).
- Wegen des schwerwiegenden Grundes ist eine Erwerbstätigkeit nicht oder nur teilweise zu erwarten.
- Die Versagung des Unterhalts wäre unter Berücksichtigung der Belange beider Ehegatten grob unbillig (Rn. 162).

Bei § 1576 BGB handelt es sich um eine **Härteklausel für Ausnahmefälle.** Diese Härteklausel oder Billigkeitsklausel ist kein Ersatz für die vom Gesetzgeber abgelehnte unterhaltsrechtliche Generalklausel. Sie soll nach Art eines Auffangtatbestandes Regelungslücken schließen und die **Erfassung jeder ehebedingten Unterhaltsbedürftigkeit** sicherstellen.

---

[395] BGH, FamRZ 1987, 795 = R 333 a
[396] BGH, FamRZ 1987, 795, 797 = R 333 b
[397] BGH, FamRZ 1987, 795, 797 = R 333 b

Ferner soll sie Härten vermeiden, die sich aus dem enumerativen Tatbestandskatalog der §§ 1570 bis 1575 BGB ergeben.[398]

Die §§ 1570 ff. BGB dienen zur Orientierung bei der Auslegung des § 1576 BGB. § 1576 BGB soll Lücken bei den §§ 1570 bis 1575 BGB füllen und eingreifen, wenn und soweit nach diesen genau umrissenen Tatbeständen Unterhaltsansprüche nicht bestehen.[399]

§ 1576 BGB soll einerseits sicherstellen, dass jede ehebedingte Unterhaltsbedürftigkeit erfasst wird. Er ist aber andererseits – wie die Tatbestände der §§ 1570 ff. BGB – **nicht auf ehebedingte Bedürfnislagen beschränkt.** Deshalb müssen weder die „schwerwiegenden Gründe“ noch die „Unterhaltsbedürftigkeit“ ehebedingt sein.[400]

2. Vorliegen eines sonstigen schwerwiegenden Grundes

161 Zur Orientierung für die Auslegung des Begriffs „sonstiger schwerwiegender Grund“ dienen vor allem die Gründe, die den Tatbeständen der §§ 1570 bis 1572 BGB zugrunde liegen. Diese sonstigen Gründe müssen in ihrer Bedeutung und ihrem Gewicht den Tatbeständen der §§ 1570 bis 1572 BGB vergleichbar sein.[401]

Ehebedingtheit ist **keine Voraussetzung,** wohl aber ein wichtiger Anhaltspunkt dafür, ob ein sonstiger schwerwiegender Grund nach seinem Gewicht bejaht werden kann (siehe Rn. 160). Wird eine geschiedene Ehefrau unterhaltsbedürftig, weil sie mehr als 1 Jahr nach der Scheidung ihre Arbeitsstelle in Polen aufgibt, um sich zu ihren erwachsenen Kindern nach Deutschland zu begeben, fehlt es an einer ehebedingten Bedürftigkeit und damit an einem schwerwiegenden Grund, weswegen keine Erwerbstätigkeit erwartet werden kann.[402]

Nach § 1576 S. 2 BGB dürfen schwerwiegende Gründe nicht allein deshalb berücksichtigt werden, weil sie zum Scheitern der Ehe geführt haben. Sie können aber neben anderen Gesichtspunkten einen Unterhaltsanspruch rechtfertigen und vor allem bei der Billigkeitsabwägung (Rn. 162) bedeutsam werden.[403] Nach BGH ist § 1576 BGB auch zu prüfen, wenn ein **Krankheitsunterhalt nur am Einsatzzeitpunkt scheitert.**[404] Entsprechendes dürfte gelten, wenn ein anderer Unterhaltstatbestand nach §§ 1571 bis 1573 BGB nur am Einsatzpunkt scheitert.[405] Abzulehnen ist die Auffassung, dass ein Billigkeitsunterhalt in einem solchen Fall grundsätzlich ausscheide, weil die nach § 1572 BGB oder den anderen Unterhaltstatbeständen vorausgesetzten Einsatzpunkte auch im Rahmen des § 1576 BGB zu beachten seien, um – auch im Hinblick auf die Subsidiarität des Anspruchs – eine uferlose Ausweitung des Tatbestands zu vermeiden.[406] Das Gesetz setzt Einsatzpunkte nicht voraus. Eine uferlose Ausweitung wird durch eine sachgerechte Billigkeitsprüfung vermieden.[407] Mit zunehmender Entfernung von den Einsatzpunkten sind strengere Anforderungen an die Ausweitung der nachehelichen Solidarität, die dem Anspruch nach § 1576 zugrunde liegt, zu stellen[408] – vgl. auch Rn. 164.

Der BGH hat bisher einen solchen schwerwiegenden Grund bejaht bei der **Betreuung nicht gemeinschaftlicher Kinder,** wie Pflegekinder und Stiefkinder[409] (Genaueres dazu Rn. 163). Haben die Eheleute ein Pflegekind erst kurz vor dem endgültigen Scheitern der Ehe aufgenommen, weil sie sich davon vergeblich eine Stabilisierung der Ehe versprachen, muss sich der pflichtige Ehegatte allerdings nicht an der Aufnahmeentscheidung festhalten

---

[398] BGH, FamRZ 1984, 361 = R 196 b; FamRZ 1983, 800 = R 170 a + b
[399] BGH, FamRZ 1984, 361 = R 196 b; FamRZ 1983, 800 = R 170 a
[400] BGH, FamRZ 1983, 800 = R 170 a
[401] BGH, FamRZ 1983, 800, 802 = R 170 b
[402] OLG Karlsruhe, FamRZ 1991, 1449
[403] BGH, FamRZ 1984, 361, 363 = R 196 d
[404] BGH, FamRZ 1990, 496, 499 = R 414 c; OLG Zweibrücken, FamRZ 2002, 821, 822
[405] OLG Hamm, FamRZ 1999, 230, 232
[406] So aber z. B. Kalthoener/Büttner/Niepman, Die Rechtsprechung zur Höhe des Unterhalts, 8. Aufl., Rn. 455; gegen einen Einsatzpunkt nunmehr auch BGH, FamRZ 2003, 1734, 1737
[407] Göppinger/Wax/Bäumel, Unterhaltsrecht, 8. Aufl., Rn. 1008
[408] OLG Zweibrücken, FamRZ 2002, 821, 822
[409] BGH, FamRZ 1984, 361, 363 = R 196 c; FamRZ 1984, 769 = NJW 1984, 2355; FamRZ 1983, 800, 802 = R 170 a + b

lassen.[410] Dies scheint dann zutreffend, wenn sich das Pflegeverhältnis noch nicht so verfestigt hatte, dass die Beendigung der Pflege auch mit Rücksicht auf das betroffene Kind noch ohne weiteres möglich ist.

Nach dem OLG Düsseldorf kann § 1576 BGB auch bejaht werden bei **Betreuung eines** pflegebedürftigen **nahen Angehörigen.**[411] Ähnlich liegt der Fall bei Pflege und Erziehung eines Enkelkindes der Ehegatten, dessen Eltern für die Betreuung ausscheiden.[412]

Keine Anwendung findet § 1576 BGB bei Betreuung eines behinderten erwachsenen Stiefkindes, wenn sich dieses während der Ehe vereinbarungsgemäß in einem Heim aufgehalten hatte.[413] Betreut der geschiedene Ehegatte ein nach Rechtskraft der Scheidung geborenes **gemeinsames nichteheliches Kind** der Ehegatten, scheidet ein Unterhaltsanspruch nach § 1570 BGB aus (Rn. 65). Die betreuende Mutter muss sich in diesem Fall mit dem Anspruch nach § 1615 l I u. II BGB begnügen.[414] Zur Frage, ob – ggf. nach Beendigung des befristeten Anspruchs nach § 1615 l I u. II BGB – ein Anspruch auf Billigkeitsunterhalt nach § 1576 BGB in Betracht kommt, hat der BGH den Standpunkt vertreten, dass § 1576 BGB nur nicht ausdrücklich geregelte Fälle nachehelichen Unterhalts auffangen wolle, der Anspruch der Mutter, die ein nichtehelichen Kind betreue, werde in § 1615 l BGB darüber hinaus abschließend behandelt. Dies zeige sich auch daran, dass die bisherige zeitliche Begrenzung des Anspruchs der betreuenden Mutter auf 3 Jahre nach der Geburt nach der Neufassung des § 1615 l II S. 3 BGB unter Berücksichtigung der Kindesbelange bei Vorliegen einer groben Unbilligkeit verlängert werden könne.[415] Anders liegt der Fall, wenn es sich, belegt durch ein Abstammungsgutachten, zwar um ein biologisch, nicht aber rechtlich gemeinsames Kind handelt.[416]

3. Bei der Billigkeitsabwägung zu berücksichtigende Umstände

Nach § 1576 BGB muss eine Unterhaltsversagung unter Berücksichtigung der Belange beider Ehegatten grob unbillig sein, d. h. dem Gerechtigkeitsempfinden in unerträglicher Weise widersprechen.[417] Dazu ist eine **Billigkeitsprüfung unter Abwägung aller Umstände** des konkreten Falles durchzuführen.[418] Allein die Tatsache einer schicksalhaften Erkrankung genügt nicht, um grobe Unbilligkeit anzunehmen, sondern es müssen weitere besondere Umstände hinzukommen, die nicht unbedingt in der Ehe angelegt zu sein brauchen, die aber einen schutzwürdigen Vertrauenstatbestand schaffen.[419] 162

Nach der Rechtsprechung des BGH sind u. a. folgende **Gesichtspunkte** im Rahmen der Billigkeitsprüfung zu berücksichtigen:[420]
- Ein Zusammenhang der Bedürfnislage mit den ehelichen Lebensverhältnissen.
- Ein Verhalten des Verpflichteten, auf Grund dessen der Bedürftige auf die Mitverantwortung für eine nacheheliche Bedürfnislage vertrauen durfte.
- Besondere Opfer des Bedürftigen für die Lebensgemeinschaft oder den Ehegatten beim Aufbau oder der Sicherung der Existenz oder in Krankheitszeiten und in sonstigen Notlagen.
- Eine lange Ehedauer, weil diese die nachwirkende Mitverantwortung erhöht.
- Alter, Krankheit und sonstige Umstände, die unter die §§ 1571, 1572 BGB fallen.
- Wirtschaftliche Verhältnisse beider Ehegatten, vor allem, wenn der Verpflichtete unschwer Unterhalt bezahlen kann.

---

[410] Vgl. OLG Hamm, FamRZ 1996, 1417
[411] OLG Düsseldorf, FamRZ 1980, 56
[412] AG Herne-Wanne, FamRZ 1996, 1016
[413] OLG Köln, FamRZ 1980, 1006
[414] BGH, FamRZ 1998, 426 = R 519 a
[415] BGH, a.a.O.
[416] OLG Düsseldorf, FamRZ 1999, 1274
[417] BGH, FamRZ 1983, 800, 802 = R 170 b
[418] BGH, FamRZ 1984, 361, 363 = R 196 d
[419] OLG Karlsruhe, FamRZ 1994, 104
[420] BGH, FamRZ 1984, 361, 363 = R 196 d; FamRZ 1983, 800, 802 = R 170 b

– Eheliches Fehlverhalten des Bedürftigen.
– Betreuung nicht gemeinschaftlicher Kinder und Betreuung weiterer gemeinschaftlicher Kinder. Dabei kommt dem Kindeswohl gegenüber einem ehelichen Fehlverhalten oder den sonstigen Umständen ein besonderes Gewicht zu.

Da § 1576 BGB nur Unterhalt auf Grund einer Billigkeitsabwägung gewährt, bei der auch eheliches Fehlverhalten mit zu berücksichtigen ist, wird die negative Härteklausel **§ 1579 BGB** auf einen Anspruch nach § 1576 BGB nicht zusätzlich angewendet. Aufgrund einer Abwägung nach § 1576 BGB sind allerdings auch andere Ergebnisse möglich als nach § 1579 BGB.[421]

4. Bisher vom BGH entschiedene Fälle zu § 1576 BGB bei Betreuung eines nicht gemeinschaftlichen Kindes

163 **a) Pflegekind.** Der bedürftige geschiedene Ehegatte betreut ein Pflegekind, das die Eheleute **gemeinsam** während der Ehe auf Dauer **aufgenommen** hatten. Hier spricht für die Zubilligung eines Unterhaltsanspruchs in erster Linie der Gesichtspunkt der gemeinschaftlich übernommenen Verantwortung für das Pflegekind. Auch die gesetzgeberische Grundentscheidung in den §§ 1570, 1579 BGB für das Kindeswohl und gegen das Interesse des nicht betreuenden Ehegatten von einer wegen eines Fehlverhaltens des anderen Ehegatten an sich unzumutbaren Unterhaltslast befreit zu werden, muss bei der Abwägung mitberücksichtigt werden. Bei der Abwägung kommt dem Wohl des Kindes gegenüber einem etwaigen Fehlverhalten des Ehegatten ein besonderes Gewicht zu. Ferner ist zu berücksichtigen, in welchem Alter das Kind aufgenommen wurde und wie lange es in den neuen Lebenskreis eingegliedert ist. Unabhängig davon, sind alle für und gegen die Zuerkennung des Anspruchs sprechenden Gründe zu prüfen.[422]

b) Leibliches Kind. Betreuung des leiblichen Kindes eines Elternteils, das während der Ehe mit Einwilligung des Stiefvaters in den häuslichen Haushalt aufgenommen worden war. Hier genügt die Einwilligung bei Aufnahme noch nicht, um einen Unterhaltsanspruch zu begründen. Es müssen gewichtige besondere Umstände hinzutreten, um einen Anspruch nach § 1576 zu rechtfertigen.[423]

Ähnlich ist der Fall zu beurteilen, wenn das Kind **nicht** von den Eheleuten **gemeinschaftlich,** sondern nur vom bedürftigen Ehegatten **in Pflege genommen** worden war und der andere Ehegatte der Aufnahme lediglich zugestimmt hatte. In diesem Fall hat der auf Unterhalt in Anspruch genommene Ehegatte die Verantwortung für das Kind nicht in gleicher Weise übernommen (wie im Fall a). Deshalb müssen auch hier noch gewichtige weitere Gründe hinzukommen.[424]

c) Zum gemeinschaftlichen nichtehelichen Kind, das nach der Scheidung geboren wurde – siehe Rn. 161.

5. Einsatzzeitpunkt, Dauer und Höhe des Unterhaltsanspruchs

164 Da das Gesetz **keinen Einsatzzeitpunkt** (vgl. hierzu näher Rn. 161) vorsieht, kann der Anspruch grundsätzlich unbeschränkt nach der Scheidung originär entstehen, also nicht als Anschlussunterhalt. Im Rahmen der Billigkeitsprüfung wird mit **zunehmendem zeitlichen Abstand von der Scheidung** ein Unterhaltsanspruch nach § 1576 BGB eher zu versagen sein. Dieser Ansicht mit Ablehnung eines Einsatzzeitpunkts folgt nunmehr auch der BGH.[424a] Mit zunehmendem Zeitablauf wächst auch das Interesse des Verpflichteten daran und sein Vertrauen darauf, nicht mehr auf Unterhalt in Anspruch genommen zu werden. Insofern wird gefordert, dass der maßgebliche Grund i. S. des § 1576 BGB zumindest in einem zeitlichen oder sachlichen Zusammenhang mit den ehelichen Lebensverhältnissen steht.[425]

[421] BGH, FamRZ 1984, 361, 363 = R 196 d
[422] BGH, FamRZ 1984, 361, 363 = R 196 d
[423] BGH, FamRZ 1983, 800, 802 = R 170 b
[424] BGH, FamRZ 1984, 769 = NJW 1984, 2355
[424a] FamRZ 2003, 1734, 1737
[425] OLG Karlsruhe, FamRZ 1996, 948; vgl. auch Kalthoener/Büttner/Niepman, (Fn. 406) Rn. 455

Billigkeitsgesichtspunkte sind mit *Diekmann* (FamRZ 1981, 98) auch bei der Entscheidung über die Höhe und Dauer des Anspruchs zu berücksichtigen. Der volle Unterhalt nach § 1578 I 1 BGB wird deshalb nur ausnahmsweise zuzusprechen sein. Oft wird auch eine **zeitliche Befristung** für eine Übergangszeit in Betracht kommen.[426]

6. Konkurrenzen und deren Folgen

Der Anspruch nach § 1576 BGB ist **gegenüber** einem Anspruch nach **§ 1570 BGB subsidiär**. Besteht ein Anspruch nach § 1570 BGB wegen Betreuung eines gemeinschaftlichen Kindes und gleichzeitig ein Anspruch nach § 1576 BGB wegen Betreuung eines nicht gemeinschaftlichen Kindes, so ist wegen der Subsidiarität der nach § 1570 BGB bestehende Anspruch zu beziffern. Nur der darüber hinaus geltend gemachte Anspruchsteil wegen der Betreuung des nicht gemeinschaftlichen Kindes kann auch nach § 1576 BGB unter Billigkeitsgesichtspunkten geprüft werden.[427] § 1576 BGB darf daher erst dann geprüft werden, wenn der vorrangige Anspruch ganz oder teilweise verneint wird. 165

Subsidiarität besteht auch gegenüber Ansprüchen nach den §§ 1571 und 1572 BGB. Der BGH hat dies inzwischen auch für § 1572 BGB entschieden.[428] Wegen der zu bejahenden Subsidiarität gelten die obigen Ausführungen entsprechend.

Ausbildungsunterhalt kann nach § 1576 BGB nicht zugesprochen werden, weil die §§ 1575 und 1574 III, 1573 I BGB im Verhältnis zu § 1576 BGB eine abschließende Regelung beinhalten.[429]

An den Unterhalt und § 1576 BGB kann sich, wie sich aus dem Wortlaut der §§ 1571 ff. BGB ergibt **kein Anschlussunterhalt** anschließen.

3. Abschnitt: Unterhaltsbedarf und Bedarfsbemessung beim Ehegattenunterhalt

I. Unterhaltsbedarf nach den ehelichen Lebensverhältnissen

1. Der Unterhaltsbedarf als gesamter Lebensbedarf

Der nacheheliche Unterhalt umfasst den gesamten Lebensbedarf (§ 1578 I 4 BGB). Zu diesem Lebensbedarf gehören auch die Kosten einer angemessenen Versicherung für den Fall der Krankheit sowie die Kosten einer Schul- oder Berufsausbildung, einer Fortbildung oder Umschulung nach den §§ 1574, 1575 BGB (§ 1578 II BGB). Bei einem Unterhaltsanspruch nach den §§ 1570 bis 1573 oder 1576 BGB gehören zum Lebensbedarf ferner die Kosten einer angemessenen Versicherung für den Fall des Alters sowie der Berufs- oder Erwerbsunfähigkeit (§ 1578 III BGB). 166

Dieser Lebensbedarf oder **Gesamtbedarf umfasst** somit den laufenden **Elementarbedarf** (s. Rn. 168) und bei Vorliegen besonderer Umstände einen **regelmäßigen Mehrbedarf** (s. Rn. 169). Hinzu kommen kann als eigener Anspruch ein **unregelmäßiger Sonderbedarf** (vgl. ausführlich Rn. 6/1 ff.). 167

Der regelmäßige Elementar- und Mehrbedarf wird unter Berücksichtigung von Bedürftigkeit und Leistungsfähigkeit als laufender Unterhalt nach § 1585 I BGB in Form einer monatlich im Voraus zu zahlenden Geldrente geschuldet. Da die Parteien beim nachehelichen Unterhalt gemäß § 1585 c BGB eine andere Art der Unterhaltsgewährung verein-

---

[426] BGH, FamRZ 1984, 769 = NJW 1984, 2355
[427] BGH, FamRZ 1984, 361 = R 196 b; FamRZ 1984, 769 = NJW 1984, 2355
[428] BGH, FamRZ 2003, 1734, 1735
[429] OLG Düsseldorf, FamRZ 1980, 585

baren können, kann ein Teil auch durch Naturalleistung, z. B. Zurverfügungstellung des Miteigentumsanteils der gemeinsamen Wohnung, geleistet werden[1] (s. auch Rn. 1/364). Bewohnt ein Ehegatte nach der Trennung weiterhin das gemeinsame Eigenheim und wird bei der Unterhaltsberechnung das mietfreie Wohnen berücksichtigt (vgl. Rn. 1/311 ff.), liegt im Ergebnis bezüglich der Nutzung des Miteigentumsanteils des Ausziehenden immer eine Naturalleistung vor, die als Unterhaltsleistung bei getrennter steuerlicher Veranlagung im Rahmen des Realsplittings neben dem geleisteten Barunterhalt nach § 10 I Nr. 1 EStG angesetzt werden kann.[2] Ein Sonderbedarf kann nach § 1585 b I BGB zusätzlich zum Regelbedarf verlangt werden, und zwar auch für die Vergangenheit.

Die Bedarfsbemessung ist nicht gleichbedeutend mit dem endgültigen Unterhalt, denn die Höhe des konkreten Unterhalts wird wesentlich mitbestimmt durch die Bedürftigkeit des Berechtigten, d. h. sein nach § 1577 I BGB auf den Bedarf anzurechnendes Einkommen (vgl. Rn. 526 ff.), sowie die Leistungsfähigkeit des Verpflichteten (vgl. näher Rn. 564 ff.).

168 • **Elementarbedarf:**
Zum Elementarbedarf zählen alle regelmäßigen Aufwendungen für Wohnung, Ernährung, Kleidung, Bildung, Erholung, Freizeitgestaltung, Gesundheitsfürsorge, geistige und kulturelle Interessen und sonstige persönliche und gesellschaftliche Bedürfnisse.

169 • **Mehrbedarf:**
Bei Vorliegen besonderer Umstände kann zusätzlich ein regelmäßiger Mehrbedarf bestehen, der durch den Elementarbedarf nicht abgedeckt ist. Zur Abgrenzung vom Sonderbedarf muss es sich hierbei um regelmäßig anfallende Mehraufwendungen auf Grund besonderer Umstände handeln.

• **Typische Mehrbedarfsfälle:**
- Mehrbedarf für einen angemessenen **Krankenversicherungsschutz** (§ 1578 II BGB) einschließlich Pflegeversicherung.
- Mehrbedarf für eine eheangemessene **Alters**- und **Invaliditätsversicherungsvorsorge** (§ 1578 III BGB).
- **Ausbildungsbedingter** Mehrbedarf, wenn für die Ausbildung als solche zusätzliche Kosten anfallen (§ 1578 II BGB).
- **Altersbedingter** Mehrbedarf.
- **Krankheitsbedingter** Mehrbedarf.

Zur Bedarfsbemessung bei regelmäßigem Mehrbedarf s. Rn. 437 ff., zum Krankheitsvorsorgeunterhalt s. Rn. 498 ff. und zum Vorsorgeunterhalt für Alter und Invalidität s. Rn. 453 ff. Umstritten ist, ob zum Gesamtbedarf auch ein **trennungsbedingter Mehrbedarf** zu rechnen ist (vgl. auch Rn. 432 a). Nach der bisherigen Rechtsprechung des BGH umfasst der volle Unterhalt die Quote aus den beiderseitigen Einkünften zuzüglich eines trennungsbedingten Mehrbedarfs;[3] soweit nur prägende Einkünfte vorhanden sind, wird mit der Quote aber alles verteilt, so dass kein zusätzlicher trennungsbedingter Mehrbedarf zugesprochen werden kann.[4] Im Gesetz selbst ist ein genereller trennungsbedingter Mehrbedarf nicht normiert, sondern nur die bereits angeführten Mehrbedarfsfälle. Wie Graba überzeugend ausgeführt hat, war der trennungsbedingte Mehrbedarf nicht Teil des Begriffs der ehelichen Lebensverhältnisse nach dem alten Recht (§ 58 EheG), obwohl die Bestimmung in § 1361 I BGB wörtlich und in § 1578 I BGB inhaltsgleich übernommen wurde.[5] Der trennungsbedingte Mehrbedarf wurde im Ergebnis nur entwickelt, um die Härten der früheren Anrechnungsmethode für die Hausfrauen zu mildern.[6] Durch die geänderte Rechtsprechung des BGH zu dieser Frage bestehen diese Härten aber nicht mehr. Es ergeben sich deshalb grundsätzliche Bedenken, unter den Begriff „eheliche Lebensverhältnisse" auch trennungsbedingte Mehrkosten zu subsumieren. Soweit der

---

[1] BGH, FamRZ 1997, 484, 486 = R 508
[2] BFH, FamRZ 2000, 1360
[3] Vgl. z. B. BGH, FamRZ 1987, 913 = NJW-RR 1987, 1218; FamRZ 1984, 358 = NJW 1984, 1237; FamRZ 1984, 149 = NJW 1984, 292; FamRZ 1982, 255 = NJW 1982, 1873
[4] BGH, FamRZ 1994, 343 = R 489 c; FamRZ 1984, 358 = NJW 1984, 1237
[5] Graba, FamRZ 2002, 857 ff.
[6] Graba, a.a.O.; Luthin, FamRZ 1996, 328

Gesetzgeber mit der Trennung anfallende Mehrkosten dem Bedarf zuordnen wollte, nämlich im Bereich der Kranken- und Altersvorsorge sowie durch eine notwendige Aus- oder Fortbildung enstehende Kosten, hat er dies ausdrücklich normiert (vgl. §§ 1361 I 2, 1578 II, III BGB). Sonstige trennungsbedingte Mehrkosten im Bereich der allgemeinen Lebensführung hat er dagegen in §§ 1361, 1578 BGB nicht erwähnt. Der Begriff der ehelichen Lebensverhältnisse kann damit nur den in der Ehe erreichten Status umfassen, nicht aber generelle Mehrkosten durch getrennte Haushalte. Diese haben nichts mit der Ehe zu tun, sondern sind allein Folgen der Trennung. Abgesehen von dem Umstand, dass sie beide Eheleute gleichermaßen treffen und damit vom Grundsatz her wertneutral sind, würde eine andere Auslegung entgegen Art. 6 I GG scheidungsfördernd und nicht eheerhaltend wirken. Denn nach der Abkehr vom Verschuldensprinzip kommt es bei der Scheidung nicht mehr darauf an, wer sie verursacht hat. Es kann auch nicht unterstellt werden, der Bedürftige sei immer das Trennungsopfer. In Unterhaltsstreitigkeiten sind zwar nach wie vor überwiegend Frauen die Bedürftigen, nach den statistischen Zahlen beantragen aber mehr Frauen als Männer die Scheidung. Es entspricht deshalb auch keinem Gerechtigkeitsgebot, trennungsbedingten Mehrbedarf in die ehelichen Lebensverhältnisse einzubeziehen. Die Erhöhung der Lebenshaltungskosten durch getrennte Haushalte ist damit nicht Teil der ehelichen Lebensverhältnisse und damit trennungsbedingter Mehrbedarf nicht als Bestandteil der Unterhaltszumessung anzuerkennen (vgl. auch Rn. 432 a).[7] Dies würde auch dem Grundsatz der Eigenverantwortung nicht entsprechen. Trennungsbedingte Mehrkosten sind daher nur in den gesetzlich normierten Fällen anzuerkennen (Kranken- und Altersvorsorge), ferner im Ausgabenbereich, soweit es sich um berücksichtigungsfähige Verbindlichkeiten handelt. Zum trennungsbedingten Mehrbedarf vgl. auch Rn. 416 ff. und Rn. 1/310 e, 379, 590.

- **Sonderbedarf:** 170

  Nach den §§ 1585 b I, 1613 II Nr. 1 BGB kann auch ein Sonderbedarf als Unterhalt verlangt werden. Nach der Legaldefinition des § 1613 II Nr. 1 BGB ist Sonderbedarf ein nicht vorhersehbarer, unregelmäßiger außerordentlich hoher Bedarf. Er muss überraschend und der Höhe nach nicht abschätzbar sein. Er ist unregelmäßig, wenn er nicht mit Wahrscheinlichkeit vorausgesehen und deshalb bei der laufenden Unterhaltsrente nicht berücksichtigt werden kann. Er ist deshalb als selbstständiger Anspruch geltend zu machen. Genaueres zum Sonderbedarf Rn. 6/1 ff.

Diese Ausführungen gelten in gleicher Weise für den **Trennungsunterhalt** nach § 1361 BGB (s. Rn. 7 ff.) und für den Unterhalt **nach altem Recht.** 171

2. Bedarfsbemessung nach den ehelichen Lebensverhältnissen

Nach § 1578 I 1 BGB bestimmt sich das Maß des Unterhalts nach den ehelichen Lebensverhältnissen. Nach § 1361 I 1 BGB kann ein Ehegatte von dem anderen den nach den Erwerbs- und Vermögensverhältnissen der Eheleute angemessenen Unterhalt verlangen. 172

Der BGH sieht in diesen Bestimmungen eine inhaltsgleiche Regelung der „ehelichen Lebensverhältnisse", die für die Unterhaltsbemessung nach den §§ 1361, 1578 BGB maßgebend sind.[8] 173

Die ehelichen Lebensverhältnisse werden damit zum zentralen Maßstab für die Höhe jedes Anspruchs auf Ehegattenunterhalt. Deshalb kann die Höhe des Unterhaltsbedarfs sowohl beim nachehelichen Unterhalt als auch beim Trennungsunterhalt nach den gleichen Maßstäben bemessen werden.

Ein **Unterschied** zwischen dem **Trennungsunterhalt** und dem **nachehelichen Unterhalt** besteht allerdings hinsichtlich des **Zeitpunktes,** der für die Beurteilung und Feststellung der ehelichen Lebensverhältnisse maßgeblich ist. 174

- Beim **nachehelichen** Unterhalt sind es die ehelichen Lebensverhältnisse im Zeitpunkt der Scheidung (Genaueres Rn. 214 ff.).

---

[7] Büttner, NJW 2001, 3244; Graba, FamRZ 2002, 857; Gerhardt, FamRZ 2003, 272

[8] BGH, FamRZ 1990, 250 = NJW-RR 1989, 1154; FamRZ 1984, 356 = NJW 1984, 1237

- Beim **Trennungsunterhalt** sind es die gegenwärtigen Verhältnisse in dem Zeitraum, für den Trennungsunterhalt verlangt wird (s. näher Rn. 225 ff.).

175 Der zentrale Begriff **„eheliche Lebensverhältnisse"** ist im Gesetz nicht näher definiert.[9] Nach Auffassung des BGH sind mit diesem Begriff erkennbar diejenigen Verhältnisse gemeint, die für den Lebenszuschnitt in der Ehe und damit für den ehelichen Lebensstandard bestimmend, d. h. **prägend** waren.[10] Dazu gehören zum einen die den Lebensstandard bestimmenden wirtschaftlichen Verhältnisse, also Einkommen und Vermögen, soweit es in die Bedarfsdeckung eingeflossen ist, sowie Belastungen.[11] Zum anderen fallen nach der geänderten Rechtsprechung des BGH hierunter aber auch alle sonstigen beruflichen, gesundheitlichen, familiären und ähnlichen Faktoren, die für den Lebenszuschnitt von Bedeutung waren, insbesondere die Haushaltsführung und Kinderbetreuung des in der Ehe nicht berufstätigen Ehegatten.[12] **Nichtprägende** Einkünfte haben hingegen keinen Einfluss auf die ehelichen Lebensverhältnisse.[13] Die ehelichen Lebensverhältnisse können dabei nur aus einem in der Ehe vorhandenen Einkommen, nicht aus lediglich gedachten fiktiven Verhältnissen hergeleitet werden.[14]

Für die Beurteilung der Frage, ob die ehelichen Lebensverhältnisse den Lebensstandard beider Ehegatten bis zur Scheidung nachhaltig geprägt haben, ist der Lebenszuschnitt maßgebend, den die Eheleute während ihres **Zusammenlebens in der Ehe** durch ihre Leistungen begründet haben, wobei eine **normale Weiterentwicklung** der wirtschaftlichen Verhältnisse nach der Trennung bis zur Scheidung grundsätzlich in diese Beurteilung mit einzubeziehen ist.[15]

Die Frage, welcher Zeitpunkt für die Beurteilung und Feststellung der ehelichen Lebensverhältnisse beim Trennungs- und nachehelichen Unterhalt maßgebend ist, ist von der Frage **zu unterscheiden, welche Einkünfte** die ehelichen Lebensverhältnisse **geprägt** haben. Die Ehe wird zwar erst mit der Scheidung beendet. Beim nachehelichen Unterhalt sind aber Einkommensveränderungen nach der Trennung, die ohne Trennung nicht eingetreten wären und keiner normalen Weiterentwicklung entsprechen, nach der Rechtsprechung des BGH nicht zu berücksichtigen.[16] Dies hat der BGH schon sehr früh um sog. Pelzhändlerfall entschieden,[17] diese Rechtsprechung später beibehalten und zwischenzeitlich nach seiner geänderten Rechtsprechung zu den ehelichen Lebensverhältnissen erneut bestätigt.[18] Bei der Prüfung der Prägung eines Einkommens ist daher auch **beim nachehelichen Unterhalt auf die Trennung** und nicht nur auf die Scheidung abzustellen ist (s. näher Rn. 216; vgl. aber auch Rn. 184 a ff., 230 ff.).

Darlegungs- und beweispflichtig, dass ein bei Scheidung erzieltes Einkommen nicht den ehelichen Lebensverhältnisse entspricht, sondern auf einer vom Normalverlauf abweichenden Entwicklung beruht, ist der Pflichtige, nachdem die Ehegatten bis zur Scheidung am ehelichen Status teilnehmen.[19]

176 Der nach den ehelichen Lebensverhältnissen zu bemessende eheangemessene Unterhalt ist identisch mit dem in den §§ 1573 II, 1577 II BGB genannten **vollen Unterhalt.**

177 Durch die Anknüpfung des vollen eheangemessenen Unterhalts (§ 1578 I 1 BGB) an die ehelichen Lebensverhältnisse wollte der Gesetzgeber vermeiden, dass der bedürftige Ehegatte einen **sozialen Abstieg** erleidet, obwohl das erreichte eheliche Lebensniveau als das

---

[9] BGH, FamRZ 1999, 367, 368 = R 530 a
[10] BGH, FamRZ 1984, 149 = NJW 1984, 292; FamRZ 1982, 576 = NJW 1982, 292
[11] BGH, FamRZ 1999, 367, 368 = R 530 a
[12] BGH, FamRZ 2001, 986, 989 = R 563 a
[13] BGH, FamRZ 1994, 87 = R 468 c; FamRZ 1992, 1045 = R 448 a; FamRZ 1984, 149 = NJW 1984, 292; FamRZ 1984, 151 = NJW 1984, 294
[14] BGH, FamRZ 1997, 281 = R 509 f.; FamRZ 1992, 1045, 1047 = R 448 a, c
[15] BGH, FamRZ 2003, 590, 592 = R 586 a; FamRZ 1992, 1045, 1047 = R 448 a
[16] BGH, FamRZ 2003, 590, 592 = R 586 b; FamRZ 1994, 87 = R 468 c; FamRZ 1992, 1045 = R 448 a; FamRZ 1984, 149 = NJW 1984, 292; FamRZ 1984, 151 = NJW 1984, 294; FamRZ 1982, 576 = R 114 b
[17] BGH, FamRZ 1982, 576 = R 114 b
[18] BGH, FamRZ 2003, 590, 592 = R 586 b
[19] BGH, FamRZ 1986, 244 = R 280 a

Ergebnis der Leistung beider Ehegatten anzusehen ist. Dem entspricht auch der Ergänzungsanspruch des § 1573 II BGB, der insoweit eine **Lebensstandardgarantie** beinhaltet.[20]

Nach BGH dürfen bei der nach objektiven Kriterien vorzunehmenden Bestimmung der ehelichen Lebensverhältnisse **keine Billigkeitserwägungen** herangezogen werden, weil § 1578 BGB die Berücksichtigung von Billigkeitsgesichtspunkten nicht vorsieht.[21] Der BGH hat dies in seiner Entscheidung vom 23. 11. 1983 damit begründet, dass im Gesetz ausdrücklich normiert sei, wann Billigkeitsgesichtspunkte heranzuziehen sind, z. B. in §§ 1576, 1577 II 2, III, 1579, 1361 III BGB.[22] Durch das UÄndG vom 20. 2. 1986 wurde § 1578 BGB aber um Billigkeitskriterien bezüglich der Herabsetzung des Unterhalts auf den angemessenen Bedarf erweitert, so dass diese Argumentation nicht mehr zutrifft. Deshalb sind auch Billigkeitselemente, soweit sie objektivierbar sind, in den Bedarf nach den ehelichen Lebensverhältnissen einzubeziehen. Diese Frage ist vor allem von Bedeutung, wenn es um den Ansatz von Einkünften aus unzumutbarer Tätigkeit bei der Bedarsermittlung geht (näher Rn. 256 ff., 1/544 a). 178

3. Nachhaltige Prägung der ehelichen Lebensverhältnisse durch Einkommen und andere Umstände

Die ehelichen Lebensverhältnisse wurden nach der früheren Rechtsprechung des BGH in erster Linie **geprägt** durch die wirtschaftlichen Grundlagen des Lebensstandards der Eheleute. Darunter fallen die **Einkünfte beider Ehegatten,** mit denen sie sich ihren Lebenszuschnitt geschaffen haben und weiterhin aufrechterhalten können. Deshalb gehörten nach ständiger Rechtsprechung des BGH zu den die ehelichen Lebensverhältnisse prägenden Umständen vor allem die Einkommensverhältnisse der Eheleute, die während der Ehe ihren Lebensstandard geprägt haben.[23] Mit seiner Grundsatzentscheidung vom 13. 6. 2001 hat der BGH diese Rechtsprechung **geändert** und auch die **gleichwertige Haushaltstätigkeit** in den ehelichen Lebenszuschnitt einbezogen.[24] 179

Ist auf das Einkommen abzustellen, sind die jeweils **aktuellen Einkommensverhältnisse** heranzuziehen, an deren Weiterentwicklung die Eheleute nicht nur bis zur Scheidung,[25] sondern auch darüber hinaus teilhaben.[26] Dies gilt sowohl für Einkommensverbesserungen als auch für nicht vorwerfbare Einkommensminderungen.[27] Die Eheleute sollen im Ergebnis unterhaltsrechtlich nicht besser oder schlechter als ohne Scheidung gestellt werden.[28]

- In der **Doppelverdienerehe,** in der beide Ehegatten einer Erwerbstätigkeit nachgehen, sind es regelmäßig die **zusammengerechneten Einkünfte** beider Ehegatten.[29]
  Gleiches gilt, wenn beide Ehegatten **sonstige prägende Einkünfte** haben.
  Verschieden hohe Einkünfte aus beiderseitiger Erwerbstätigkeit der Ehegatten führen nicht zu einer unterschiedlichen Beurteilung der ehelichen Lebensverhältnisse. Beide Eheleute nehmen **in gleicher Weise** an dem durch ihre beiderseitigen Einkünfte geprägten Lebensstandard teil.[30]
  Auch aus der Tatsache, dass in der Doppelverdienerehe der besser verdienende Ehegatte dem anderen bisher keinen Ergänzungsunterhalt bezahlt hat, so dass sich dadurch die konkrete Lebensstellung der beiden Eheleute während der Trennung unterschiedlich entwickelte, kann keine Beschränkung des Unterhaltsbedarfs des Ehegatten mit dem geringeren Einkommen hergeleitet werden.

---

[20] BGH, FamRZ 1983, 678 = R 168 a; BVerfG, FamRZ 1981, 745, 748 = NJW 1981, 1771
[21] BGH, FamRZ 1984, 151 = NJW 1984, 294
[22] BGH, a.a.O.
[23] BGH, FamRZ 1984, 356 = NJW 1988, 2034; FamRZ 1982, 360; FamRZ 1982, 576 = R 114 b
[24] BGH, FamRZ 2001, 986, 989 = R 563 a, c
[25] BGH, FamRZ 1990, 283, 285 = R 400 d
[26] BGH, FamRZ 1988, 701, 703 = NJW 1988, 2034; FamRZ 1987, 459 = R 324 c
[27] BGH, FamRZ 2003, 590, 591 = R 586 a
[28] BGH, FamRZ 2003, 590, 591 = R 586 c; FamRZ 2003, 848, 850 = R 588 a
[29] BGH, FamRZ 1989, 838 = R 341; FamRZ 1983, 886 = NJW 1983, 2321; FamRZ 1982, 892
[30] BGH, FamRZ 1983, 678 = R 168 a

- In der **Alleinverdienerehe** oder **Haushaltsführungsehe,** in der nur ein Ehegatte prägende Einkünfte hat, werden die ehelichen Lebensverhältnisse nach der **geänderten Rechtsprechung** des BGH gemäß seiner Grundsatzentscheidung vom 13. 6. 2001 nicht nur durch die Einkünfte des erwerbstätigen Ehegatten geprägt, sondern auch durch die **häusliche Mitarbeit** des anderen Ehegatten und den dadurch erreichten sozialen Status (vgl. eingehend Rn. 184 a ff.).[31] Nur dies entspricht der nach Art. 6 I i. V. mit Art. 3 II GG gebotenen Gleichwertigkeit von geleisteter Familienarbeit und erzielten ehelichen Einkünften.[32] Das gewandelte Eheverständnis in den letzten 20 Jahren hat im Übrigen dazu geführt, dass heute bei Kinderbetreuung nur noch selten von einer reinen Haushaltsführungsehe ausgegangen werden kann, sondern von einer **Doppelverdienerehe mit zeitweiliger Aussetzung der Berufstätigkeit**[33] bzw. von einer **Aneinanderreihung von Ehetypen.**[34] Das vom bisher den Haushalt führenden Ehegatten nach Trennung/Scheidung erzielte Einkommen ist **Surrogat** der früheren Familienarbeit und fließt voll in die Bedarfsermittlung ein.[35] Diese geänderte Rechtsprechung des BGH führt zu einer völligen Neubewertung der ehelichen Lebensverhältnisse im Einkommensbereich (vgl. Rn. 228 ff.). Übt der den Haushalt führende Ehegatte dagegen nach Trennung/Scheidung zunächst ohne Verstoß gegen seine Erwerbsobliegenheit noch keine Berufstätigkeit aus, weil er z. B. noch kleine Kinder betreut, kann die Unterhaltsberechnung nur aus den vorhandenen Barmitteln erfolgen.[36]

180 Als **Einkommen** sind alle Einkünfte der Eheleute zu berücksichtigen, gleich welcher Art sie sind und aus welchem Anlass sie zufließen. Ausschlaggebend ist allein, ob diese Einkünfte zur Deckung des Lebensbedarfs zur Verfügung stehen.[37]

Deshalb ist zur Bedarfsbemessung das Einkommen insgesamt zu ermitteln.[38]

In Frage kommen nicht nur **Erwerbseinkünfte,** sondern auch **Vermögenserträge** und sonstige **wirtschaftliche Vermögensnutzungen,** wie z. B. der Wohnvorteil beim Wohnen im eigenen Haus[39] oder nach der geänderten Rechtsprechung des BGH die Zinsen aus dem Verkaufserlös des Familienheimes (näher Rn. 1/383 ff.).[40]

Praktisch sind es alle unterhaltsrechtlich relevanten Einkünfte beider Ehegatten im Sinn der Ausführungen zu Rn. 1/9 ff.

Zu berücksichtigen sind nach der geänderten Rechtsprechung des BGH bei der Bedarfsbemessung auch **fiktive Einkünfte,** die der in der Ehe den Haushalt führende **Berechtigte** erzielen könnte, aber tatsächlich nicht erzielt, weil auch diese ein Surrogat seiner früheren Familienarbeit darstellen.[41] Das Gleiche gilt für wegen unterhaltsbezogen leichtfertiger Aufgabe eines Arbeitsplatzes oder Verstoß gegen die Erwerbsobliegenheit beim Pflichtigen angesetzten fiktiven Einkünften.[42] **Nicht angesetzt** werden beim **Pflichtigen** für die Bedarfsermittlung dagegen fiktive Einkünfte, die er während des Zusammenlebens objektiv nie oder jedenfalls nicht nachhaltig hatte[43] (vgl. eingehend Rn. 272 ff.).

181 Die ehelichen **Lebensverhältnisse** beinhalten stets auch ein **Mehr als die aktuellen Einkommensverhältnisse.** Sie umfassen alle Umstände, die für die Unterhaltsbemessung im konkreten Fall bedeutsam sind oder bei späteren Veränderungen bedeutsam werden können bzw. geworden sind. Sie beinhalten die Gesamtheit aller wirtschaftlich relevanten beruflichen, gesundheitlichen, familiären und sonstigen Faktoren.[44]

---

[31] BGH, FamRZ 2001, 986, 989 = R 563 a, c
[32] BVerfG, FamRZ 2002, 527, 530 = R 571 a
[33] Gerhardt, FamRZ 2000, 134
[34] Büttner, FamRZ 1999, 893
[35] BGH, FamRZ 2001, 986, 991 = R 563 c
[36] BGH, FamRZ 2001, 986, 991 = R 563 c
[37] BGH, FamRZ 1994, 21, 22 = R 466 a; FamRZ 1986, 780 = R 301 a
[38] BGH, FamRZ 1988, 259, 262 = NJW 1988, 2376
[39] BGH, FamRZ 1995, 869 = R 494
[40] BGH, FamRZ 2001, 986, 991 = R 563 e
[41] BGH, FamRZ 2003, 434 = R 589; FamRZ 2001, 1291 = R 564 c; FamRZ 2001, 1693 = R 567 a
[42] BGH, FamRZ 1993, 1304 = R 464 a; FamRZ 1992, 1045
[43] BGH, FamRZ 1997, 281 = R 509 f.; FamRZ 1992, 1045, 1047 = R 448 a
[44] BGH, FamRZ 2001, 986, 989 = R 563 a

Danach können neben dem Einkommen im Wesentlichen noch folgende Umstände prägend sein:

- Haushaltsführung und Kinderbetreuung in der Ehe (näher Rn. 184 a ff.)
- Umstände zur **Erwerbsobliegenheit,** die bereits im Rahmen des § 1574 II BGB erörtert worden sind (s. näher Rn. 133 ff.). So können z. B. die ehelichen Lebensverhältnisse dadurch nachhaltig geprägt worden sein, dass der Verpflichtete seinen bisherigen Beruf als Fernfahrer aus gesundheitlichen Gründen aufgeben musste und dadurch die Möglichkeiten einer künftigen Erwerbstätigkeit sowie deren Ertrag unsicher geworden sind,[45] dass der Pflichtige nach unverschuldeter Arbeitslosigkeit aus Arbeitsmarktgründen nur einen schlechter bezahlten Arbeitsplatz finden kann[46] oder dass der Berechtigte seinem früher ausgeübten Beruf aus gesundheitlichen Gründen nicht mehr nachgehen kann.[47]
- **Vermögenslage** und sonstige wirtschaftliche Verhältnisse der Ehegatten.[48]
- Umstände, die den **Ausgabenbereich** von Einkünften betreffen.[49] Darunter fallen vor allem solche Umstände, auf Grund deren Teile des Einkommens nicht zur Deckung des laufenden Lebensbedarfs zur Verfügung stehen und die deshalb bei der Bildung des bereinigten Nettoeinkommens vorweg abgezogen werden (s. näher Rn. 1/586 ff.).
  Es sind dies:
  - Steuern;
  - Vorsorgeaufwendungen für Krankheit, Alter, Invalidität und Arbeitslosigkeit;
  - Berufs- und ausbildungsbedingte Aufwendungen, Betriebsausgaben und sonstige Werbungskosten;
  - ehebedingte Verbindlichkeiten;
  - Unterhaltsleistungen für Kinder;
  - vermögensbildende Aufwendungen des Pflichtigen nach einem objektiven Maßstab.

  Genaueres dazu nachfolgend Rn. 185 ff.
- Umstände, die **regelmäßige Mehraufwendungen** betreffen, wie z. B. eine schwere Erkrankung und die auf dieser beruhende Hilfs- und Pflegebedürftigkeit eines Ehegatten.[50]
  Entsprechendes gilt auch bei altersbedingtem und sonstigem regelmäßigen Mehrbedarf.
- **Prägend** können auch erst künftig nach der Scheidung eintretende Änderungen sein, wie z. B. die **begründete Aussicht,** dass sich die Einkommensverhältnisse oder sonstige Lebensumstände in kalkulierbarer Weise günstiger oder ungünstiger gestalten werden[51] oder durch den Altersruhestand voraussehbar absinken.[52]

Die Bedarfsbemessung kann nur an solchen Einkünften und sonstigen, die ehelichen **182**
Lebensverhältnisse bestimmenden Umständen ausgerichtet werden, die einen **dauernden Bestand** gewonnen haben oder wenigstens die **Gewähr einer gewissen Stetigkeit** in sich tragen.

Soweit es hierbei auf die Einkommensverhältnisse der Eheleute ankommt, darf nur auf **regelmäßig** und **nachhaltig** erzielte dauerhafte Einkünfte abgestellt werden, die den ehelichen Lebensstandard tatsächlich geprägt haben. **Kurzfristige Einkommensänderungen** sind daher bei der Bedarfsbemessung nicht zu berücksichtigen.[53] Nach BGH ist auch ein **Einkommen aus unzumutbarer Tätigkeit,** für das keine Erwerbsobliegenheit besteht, nicht dauerhaft, da die Tätigkeit jederzeit beendet werden kann, und damit nicht prägend.[54] Dies gilt in erster Linie für überobligatorische Einkünfte des Bedürftigen, teilweise aber auch

---

[45] BGH, FamRZ 1984, 356 = NJW 1984, 1537
[46] BGH, FamRZ 2003, 590, 594 = R 586 c
[47] BGH, FamRZ 1986, 1085 = R 305 a
[48] BGH, FamRZ 2000, 950, 952 = R 540 a
[49] BGH, FamRZ 1999, 367 = R 530 a
[50] BGH, NJW-RR 1989, 196 = R 378
[51] BGH, FamRZ 2003, 848, 850 = R 588 a; FamRZ 2003, 590, 592 = R 586 a; FamRZ 1988, 1031 = R 373 a; FamRZ 1987, 459 = R 324 c
[52] BGH, FamRZ 2003, 848, 850 = R 588 a
[53] BGH, FamRZ 1992, 1045, 1047 = R 448 b
[54] BGH, FamRZ 1998, 1501, 1502 = R 521 a; FamRZ 1985, 360 = R 244 b; FamRZ 1983, 146, 149 = R 142 d

beim Pflichtigen.[55] Dieser Auffassung kann nach der gänderten Rechtsprechung des BGH zu den ehelichen Lebensverhältnissen nicht mehr gefolgt werden. Es entspricht dem gewandelten Selbstverständnis vieler Frauen, trotz Betreuung kleiner Kinder einer Berufstätigkeit nachzugehen, d. h. es ist regelmäßig nicht beabsichtigt, sie kurzfristig und jederzeit wieder aufzugeben (s. näher Rn. 256 ff. und 1/540 ff.). Das Gleiche gilt bei Zusatztätigkeiten des Pflichtigen neben einer vollen Berufstätigkeit (näher Rn. 260 ff. und 1/554 ff.). Eine überobligatorische Tätigkeit ist daher nach einer gemäß § 1577 II BGB beim Bedürftigen bzw. § 242 BGB beim Pflichtigen vorgenommenen angemessenen Kürzung in den Bedarf einzubeziehen und die Aufgabe diese Tätigkeit nur als Abänderungsfalls gemäß § 323 ZPO zu betrachten.

183 **Nichtprägende Einkünfte,** d. h. Einkünfte, die den ehelichen Lebensstandard nicht nachhaltig und dauerhaft geprägt haben, sind als Unterhaltsbemessungsmaßstab ungeeignet und dürfen daher im Rahmen der **Bedarfsbemessung nicht berücksichtigt** werden.[56] Durch die geänderte Rechtsprechung zu den ehelichen Lebensverhältnissen ist bei den Erwerbseinkünften aber im Ergebnis nur noch eine auf einer unerwarteten, vom Normalverlauf abweichenden Gehaltssteigerung (sog. Karrieresprung) als nichtprägend zu betrachten (näher Rn. 220, 231, 246 ff.).

Solche **nichtprägende Einkünfte des Berechtigten** sind aber auf der Bedürftigkeitsstufe nach § 1577 BGB mit der Anrechnungsmethode, bzw. bei der Ermittlung der Unterhaltshöhe durch Anrechnung des gesamten Eigeneinkommens auf den Bedarf nach der Additionsmethode bedürftigkeitsmindernd auf den vollen Unterhaltsbedarf **anzurechnen** (Genaueres s. Rn. 386 ff.).

Nichtprägende Einkünfte des Verpflichteten erhöhen dessen **Leistungsfähigkeit** (Genaueres Rn. 570).

184 Weil im Rahmen der **Bedarfsbemessung** nur **prägende Einkünfte** verwendet werden dürfen, ist es sehr wichtig, alle Einkünfte danach zu differenzieren, ob sie **prägend** oder **nichtprägend** sind. Entsprechendes gilt auch hinsichtlich der sonstigen, die ehelichen Lebensverhältnisse bestimmenden Umstände.

Die nach **objektiven Kriterien** vorzunehmende Beurteilung, ob Einkünfte und sonstige Umstände als prägend oder nichtprägend anzusehen sind, gilt in gleicher Weise für den Berechtigten wie für den Verpflichteten, weil die ehelichen Lebensverhältnisse nur einheitlich beurteilt werden können. Die Differenzierung ist sowohl bei den Erwerbs- als auch bei den Vermögenseinkünften zu beachten, ebenso bei den das Einkommen kürzenden Ausgaben.

Nähere Einzelheiten und Rechtsprechungshinweise zu den prägenden und nichtprägenden Einkünften bei Einkommensänderungen zwischen Trennung und Scheidung und nach der Scheidung s. ausführlich Rn. 228 ff., 304 ff., 316 ff., zu prägenden und nichtprägenden zu berücksichtigenden Ausgaben Rn. 185 ff., 292 ff.

4. Haushaltsführung und Kinderbetreuung in der Ehe

184 a Nach der früheren Rechtsprechung des BGH wurden die ehelichen Lebensverhältnisse nur durch die vorhandenen Barmittel, nicht aber durch den wirtschaftlichen Wert der von beiden Ehegatten erbrachten Leistungen bestimmt, Haushaltsführung und Kinderbetreuung in der Ehe daher bei der Ermittlung der ehelichen Lebensverhältnisse nicht berücksichtigt.[57] Diese Auffassung des BGH benachteiligte massiv den haushaltsführenden und/oder kinderbetreuenden Ehegatten, der bis zur Scheidung noch keine Erwerbstätigkeit aufgenommen hatte bzw. aufnehmen konnte. Sie wurde deshalb bereits in den 80er Jahren mit berechtigter Kritik überzogen;[58] Ende der 90er Jahre wurde diese Kritik erneuert und vehement eine

[55] BGH, FamRZ 2003, 848, 851 = R 588 d; FamRZ 1985, 360 = R 244 b; FamRZ 1983, 146, 149 = R 142 d

[56] BGH, FamRZ 2001, 986, 991 = R 563 c

[57] BGH, FamRZ 1986, 783, 785 = NJW 1987, 58; FamRZ 1985, 161 = NJW 1985, 1026

[58] Vgl. z. B. eingehend Büttner FamRZ 1984, 534; Laier FamRZ 1993, 393

Änderung dieser Rechtsprechung gefordert, so auch von der Vorauflage (vgl. 5. Auflage Rn. 184 a ff.).[59]

Mit seiner Grundsatzentscheidung vom 13. 6. 2001 hat der BGH seine frühere Rechtsprechung zu den ehelichen Lebensverhältnissen bei Haushaltsführung in der Ehe grundlegend geändert und sich dieser Kritik angeschlossen.[60] Dies ist uneingeschränkt zu begrüßen. Nach heutigem Eheverständnis regeln die Ehegatten im gegenseitigen Einvernehmen und unter Rücksichtnahme auf die jeweiligen Belange des anderen und der Familie, wer erwerbstätig sein und wer vollständig oder zum Teil die Haushaltsführung übernehmen soll (§ 1356 BGB). Auch der Gesetzgeber ging davon aus, dass die ehelichen Lebensverhältnisse nicht nur durch die Bareinkünfte des erwerbstätigen Ehegatten, sondern auch durch die Leistungen des anderen Ehegatten im Haushalt mitbestimmt werden. Dessen Tätigkeit ersetzen Dienst- und Fürsorgeleistungen, die sonst durch teure Fremdleistungen erkauft werden müssten. Die ehelichen Lebensverhältnisse werden nicht nur von dem in der Ehe verfügbaren Einkommen geprägt, sondern von allen wirtschaftlich relevanten beruflichen, gesundheitlichen, familiären und ähnlichen Faktoren mitbestimmt.[61] Das der früheren Rechtsprechung zugrunde liegende Ehebild (Haushaltsführung- oder Doppelverdienerehe) ist im Übrigen inzwischen weitgehend überholt. Bei Kinderbetreuung kann man heute in der Regel von einer Doppelverdienerehe mit zeitweiliger Aussetzung der Berufstätigkeit wegen Kinderbetreuung[62] bzw. einer Aneinanderreihung von Ehetypen[63] ausgehen. Zu berücksichtigen sind deshalb nicht nur die aus der Berufstätigkeit erzielten Einkünfte, sondern auch die der Erwerbstätigkeit gleichwertigen Familienarbeit (Haushaltsführung und Kinderbetreuung).[64]

Bei den Lösungsmöglichkeiten – Surrogats- oder Bewertungslösung[65] – hat sich der BGH vernünftigerweise für die Surrogatslösung entschieden,[66] die den praktikableren Weg darstellt. Soweit er sich in der Entscheidung die Möglichkeit offen hielt, in Einzelfällen auch die Bewertungslösung heranzuziehen,[67] ist dies seit der Entscheidung des BVerfG, in der die Surrogatslösung gebilligt wurde,[68] überholt. Nimmt der haushaltsführende Ehegatte nach Trennung/Scheidung eine Erwerbstätigkeit auf oder erweitert er eine Teilzeittätigkeit, stellt das Einkommen hieraus das **Surrogat der bisherigen Familienarbeit** dar und erhöht entsprechend die ehelichen Lebensverhältnisse. Der Wert seiner Haushaltsleistung spiegelt sich dann in dem daraus erzielten oder erzielbaren Einkommen wider. Dies gewährleistet, dass wie früher die Familienarbeit nunmehr das beiderseits erzielte Einkommen beiden Eheleuten zugute kommt.[69]

Der BGH hat damit seine frühere Rechtsprechung zur Prägung und Nichtprägung von Erwerbseinkünften vollständig geändert. Maßgebend ist für die Prägung nicht mehr, ob die Tätigkeit noch vor der Trennung aufgenommen wurde oder bei Aufnahme nach der Trennung hierfür ein Lebensplan bestand,[70] sondern allein, dass es sich bei der Aufnahme bzw. Ausweitung der Tätigkeit nach Trennung/Scheidung um ein Surrogat der früheren Haushaltsführung handelt (vgl. auch Rn. 252 ff.). Besteht für den Bedürftigen nach der Trennung eine Erwerbsobliegenheit und hat er eine Arbeitsplatzchance für eine eheangemessene Tätigkeit, wird das Surrogat dabei spätestens bis zur Scheidung verwirklicht

59 Büttner, FamRZ 1999, 893; Born FamRZ 1999, 541; Graba, FamRZ 1999, 1115; Gerhardt, FamRZ 2000, 134; Borth, FamRZ 2001, 193; Gerhardt/Gutdeutsch, FuR 1999, 241; Palandt-Brudermüller, BGB, 60. Aufl., § 1578 Rn. 31; Göppinger/Bäumel, Unterhaltsrecht, 7. Aufl., Rn. 1073

60 BGH, FamRZ 2001, 986 = R 563 a, b, c

61 BGH, FamRZ 2001, 986, 989 = R 563 a

62 Gerhardt, FamRZ 2000, 134

63 Büttner, FamRZ 1999, 893

64 BGH, FamRZ 2001, 986, 989 = R 563 a

65 Vgl. eingehend Vorauflage Rn. 184 b sowie Gerhardt, FamRZ 2000, 134

66 BGH, FamRZ 2001, 986, 990 = R 563 c

67 BGH, FamRZ 2001, 986, 991 = R 563 b, c

68 BVerG, FamRZ 2002, 2002, 527, 530 = R 571 b

69 BGH, FamRZ 2001, 986, 991 = R 563 c

70 Vgl. Vorauflage Rn. 220 ff.

werden. Wurden in der Ehe kleine Kinder betreut, so dass noch keine Erwerbsobliegenheit gegeben ist (näher Rn. 72 ff.), kann das Surrogat auch erst nach der Scheidung, u. U. sogar viele Jahre später verwirklicht werden und dann regelmäßig zunächst nur zum Teil und erst zu einem noch späteren Zeitpunkt in vollem Umfang, wenn eine Erwerbsobliegenheit zu einer Vollzeittätigkeit besteht.

184 b Mit Beschluss vom 5. 2. 2002 hat das BVerfG die von der früheren Rechtsprechung bei Aufnahme der Berufstätigkeit einer Hausfrau nach und wegen der Trennung angewandte **Anrechnungsmethode** wegen Verstoß gegen Art. 6 I i. V. mit Art. 3 II GG für **verfassungswidrig** erklärt.[71] Da die Leistung des haushaltsführenden Ehegatten mit der Leistung des einer Erwerbstätigkeit nachgehenden anderen Ehegatten gleichwertig ist, würde die Nichtberücksichtigung des nach der Trennung vom Ersteren erzielten Einkommen die erbrachte Familienarbeit zu dessen Nachteil missachten. Wer in der Ehe die Familienarbeit verrichtet, verzichtet zugleich zugunsten des anderen Ehegatten auf ein eigenes Einkommen; er darf hierdurch nicht benachteiligt werden. Im Übrigen entspricht das der Anrechnungsmethode zugrunde liegende Ehebild einer endgültig erfolgten Arbeitsaufteilung nicht mehr der heutigen Ehewirklichkeit.[72] Das Bundesverfassungsgericht hat in seinem Beschluss zugleich die Surrogatslösung des BGH als verfassungsgemäß bezeichnet. Hierbei hat es ausgeführt, die Surrogatslösung trage der Gleichwertigkeit von Haushaltsführung eines Ehegatten in der Ehe und Erwerbstätigkeit des anderen Ehegatten Rechnung. Sie zeige eine möglichen verfassungsrechtlich nicht zu beanstandenden Weg auf, um den Wert, der in der Ehe aus der Familienarbeit erwächst, unterhaltsrechtlich zum Tragen zu bringen.[73]

184 c Die Änderung der Rechtsprechung ist **uneingeschränkt zu begrüßen.** Mit seiner Grundsatzentscheidung und mehreren Folgeentscheidungen hat der BGH die Weichen für eine Neubewertung der ehelichen Lebensverhältnisse im Bereich der Erwerbseinkünfte gestellt. Es sind allerdings noch nicht alle Einzelheiten zu diesem Problemkreis in vollem Umfang geklärt, zum Teil wurden die neuen Entscheidungen des BGH angegriffen (vgl. Rn. 231 a, 256 ff., 260 a ff.).

Die Erwerbseinkünfte bilden regelmäßig das Schwergewicht der ehelichen Lebensverhältnisse. Sie sind seit der geänderten Rechtsprechung mit Ausnahme des Karrieresprungs eheprägend,[74] so dass erfreulicherweise zugleich die viel zu kompliziert gewordene Unterhaltsrechtsprechung in diesem Bereich vereinfacht wurde. Für die Praxis wird sich ferner positiv auswirken, dass der Arbeitsanreiz für den haushaltsführenden Ehegatten wesentlich gesteigert wurde, da seine Erwerbseinkünfte zu einer verbesserten Lebensstellung führen und nicht nur wie bisher nach der Anrechnungsmethode zur Folge haben, dass der Pflichtige in seiner Unterhaltszahlung entlastet wird. Entsprechend der geänderten Ehewirklichkeit ist bei Kinderbetreuung davon auszugehen, dass Frauen in der Regel wesentlich früher in den Beruf zurückkehren bzw. diesen ausweiten werden,[75] so dass die sehr großzügige Rechtsprechung des BGH, ab wann bei Kinderbetreuung eine Erwerbsobliegenheit beginnt,[76] zumindest im Sinne der teilweise weniger großzügigen Unterhaltsleitlinien zu korrigieren sein wird.[77] Nachdem seit dem 1. 7. 1998 unterhaltsrechtlich alle ehelichen und nichtehelichen Kinder gleich zu behandeln sind, sind die unterschiedlichen persönlichen Betreuungszeiten in § 1615 l II 2 BGB und in der Rechtsprechung zu § 1570 BGB zumindest im derzeitigen Umfang rechtlich äußerst problematisch. Durch die geänderte Rechtsprechung bekommen ferner bisher vielfach vernachlässigte Rechtsfragen, wie die zeitliche Begrenzung des Unterhalts nach § 1573 V BGB und die Begrenzung auf den angemessenen Bedarf nach § 1578 I 2 BGB, ein wesentlich stärkeres Gewicht und werfen neue Probleme auf, vor allem bei Teilansprüchen (s. unten Fall). Beide Bestimmungen werden künftig auch wesentlich

---

[71] BVerfG, FamRZ 2002, 527 = R 571 a
[72] BVerfG, FamRZ 2002, 527 = R 571 a
[73] BVerfG, FamRZ 2002, 527 = R 571 b
[74] BGH, FamRZ 2001, 986, 991 = R 563 c
[75] BVerfG, FamRZ 2002, 527 = R 571 a
[76] Vgl. z. B. BGH, FamRZ 1997, 671 = R 511 A c; FamRZ 1997, 873 = R 513 d
[77] Vgl. z. B. SüdL Nr. 17.1

großzügiger zu handhaben sein, da sie eine Ausformung des Grundsatzes der Eigenverantwortung nach § 1569 BGB darstellen.

Zuletzt ist darauf hinzuweisen, dass die Surrogatslösung stärker als bisher zur Folge hat, dass der **Bedarf nach den ehelichen Lebensverhältnissen keine Konstante** ist, sondern sich laufend nach oben oder unten verändern kann. Werden keine Kinder betreut, ist bei Erwerbsobliegenheit einer Hausfrau bereits in der Trennungszeit der Bedarf durch ihr Einkommen zu erhöhen; betreut sie Kinder, kann das Surrogat u. U. erst lange nach der Scheidung in vollem Umfang erfüllt werden. Veränderungen gab es auch bereits bisher, z. B. durch übliche Einkommensänderungen, Verrentung, unverschuldete Arbeitslosigkeit, Änderung der Steuerklasse oder der Vorsorgeaufwendungen, Wegfall der Verbindlichkeiten oder des Kindesunterhalts. Konstant bleibt allein die **abstrakte Grundlage der ehelichen Lebensverhältnisse,** z. B. dass der Pflichtige in der Ehe berufstätig war, Steuer- und Vorsorgeaufwendungen hatte, Schulden abzahlen musste, die Eheleute mietfrei wohnten, der Bedürftige die gemeinsamen Kinder betreute und/oder den Haushalt führte.

Fall

M und F heiraten im Dezember 1994. M hat ein Nettoeinkommen von 2300 EUR, fährt mit öffentlichen Verkehrsmitteln zum Arbeitsplatz und zahlt eine Eheschuld von 185 EUR ab. F führte den Haushalt. 2001 trennen sich die Eheleute, im Oktober 2002 wird das Scheidungsverfahren rechtshängig, im Dezember 2003 wird die Ehe geschieden.

F verlangt nach der Scheidung nachehelichen Unterhalt; wobei

a) aus der Ehe keine Kinder hervorgingen und F wegen der Scheidung ganztags mit einem Nettokommen von 1053 EUR arbeitet und ebenfalls mit öffentlichen Verkehrsmitteln zum Arbeitsplatz fährt

b) F keiner Tätigkeit nachgeht, obwohl sie bei ausreichenden Bemühungen eine Ganztagstätigkeit mit einem bereinigten Nettoeinkommen von 1053 EUR finden könnte.

c) F das vor der Ehe am 10. 3. 1991 geborene Kind betreut und wegen der Trennung seit Februar 2003 halbtags mit einem bereinigten Nettoeinkommen von 650 EUR arbeitet, wobei sie nachgewiesene Fahrtkosten von 50 EUR hat. Bei einer Ganztagstätigkeit würde F nach Abzug der Fahrtkosten 1100 EUR verdienen.

Lösung

zu a:

Tatbestand: § 1573 II BGB

Das durch die Aufnahme einer Berufstätigkeit wegen der durch Trennung und Scheidung entstandenen Erwerbsobliegenheit bezogene Einkommen der F ist als Surrogat der früheren Haushaltsführung eheprägend. Der Bedarf errechnet sich damit aus dem beiderseitigen Erwerbseinkommen.

Bereinigtes Nettoeinkommen M: 2300 – 5% berufsbedingte Aufwendungen (= 115) – 185 (eheprägende Schuld) = 2000

Bereinigtes Nettoeinkommen F: 1053 – 5% berufsbedingte Aufwendungen (= 53) = 1000

Nach SüdL mit $^1/_{10}$:

Bedarf: $^1/_2$ ($^9/_{10}$ 2000 + $^9/_{10}$ 1000) = 1350

Höhe: 1350 ./. $^9/_{10}$ 1000 = 450

(BGH bisher: $^1/_2$ aus $^9/_{10}$ 2000 = 900; 900 – $^9/_{10}$ 1000 = 0)

Nach DT mit $^1/_7$:

Bedarf: $^1/_2$ ($^6/_7$ 2000 + $^6/_7$ 1000) = 1286

Höhe: 1286 ./. $^6/_7$ 1000 = 429

Der Aufstockungsunterhalt ist bei einer Ehedauer von 8 Jahren (Eheschließung bis Rechtshängigkeit des Scheidungsverfahrens) nach § 1573 V BGB zeitlich zu begrenzen, z. B. auf 5 Jahre (Einzelfallprüfung, vgl. Rn. 581)

zu b:

F hat eine Erwerbsobliegenheit zu einer Ganztagstätigkeit, so dass ein fiktives Einkommen von 1053 EUR anzusetzen ist; auch dieses fiktive Einkommen ist als Surrogat der eheprägenden Haushaltsführung anzusehen; Lösung damit wie a.

zu c:

Tatbestand: §§ 1570, 1573 II BGB BGB

Das Einkommen der F ist prägend, da die ehelichen Verhältnisse auch durch den lebensstandarderhöhenden Wert der Haushaltsführung und Kinderbetreuung geprägt wurde und das Einkommen aus der Berufstätigkeit als Surrogat der früheren Haushaltsführung und Kinderbetreuung anzusehen ist.

Bereinigtes Nettoeinkommen M: 2300 – 5% berufsbedingte Aufwendungen (= 115) – 185 (eheprägende Schuld) = 2000; Kindesunterhalt nach DT Gr. 6 (+ 1), St. 3: 384; 2000 – 384 = 1616

Bereinigtes Nettoeinkommen F: 650 – 50 (konkret nachgewiesene berufsbedingte Aufwendungen) = 600

Nach SüdL mit 1/10:
Bedarf: 1/2 (9/10 1616 + 9/10 600) = 990
Höhe: 990 ./. 9/10 600 = 457

Nach DT mit 1/7:
Bedarf: 1/2 (6/7 1616 + 6/7 600) = 950
Höhe: 950 ./. 6/7 600 = 436

Bei Dauer der Ehe und Alter des Kindes wird keine zeitliche Begrenzung des Teilanspruchs Aufstockungsunterhalt nach § 1573 V BGB in Betracht kommen, da F erst nach der Trennung 2003 zu arbeiten begann (Einzelfallbetrachtung: anders z. B., wenn bereits in der Ehe mit Halbtagstätigkeit begonnen wurde und F keine beruflichen Nachteile entstanden sind; vgl. insgesamt hierzu Rn. 124, 578 ff.).

Nach BGH sind die Teilansprüche betragsmäßig zu differenzieren.

Bei einer Ganztagstätigkeit hätte F folgenden Anspruch nach § 1573 II BGB:

Nach SüdL mit 1/10:
Bedarf: 1/2 (9/10 1616 + 9/10 1100) = 1222
Höhe: 1222 ./. 9/10 1100 = 232

Der Teilanspruch nach § 1570 BGB würde sich damit auf 225 EUR belaufen (457–232), der Teilanspruch nach § 1573 II BGB auf 232 EUR.

Nach DT mit 1/7:
Bedarf: 1/2 (6/7 1616 + 6/7 1100) = 1165
Höhe: 1165 ./. 6/7 1100 = 222

Der Teilanspruch nach § 1570 BGB würde sich damit auf 214 EUR belaufen (436–222), der Teilanspruch nach § 1573 II BGB auf 222 EUR.

5. Bedarfsbemessung nur nach dem Teil der prägenden Einkünfte, der zur Deckung des Lebensbedarfs verfügbar ist

185 Die ehelichen Lebensverhältnisse werden nur durch solche Einkünfte geprägt, die zur Deckung des laufenden Lebensbedarfs **zur Verfügung stehen** und dafür eingesetzt werden bzw. unter Anlegung eines objektiven Maßstabs dafür verwendet werden können.[78]

Der BGH spricht insoweit auch von dem in der Ehe verfügbaren Einkommen,[79] oder vom verteilungsfähigen Einkommen,[80] oder vom Einkommen, welches allein für den Unterhalt zur Verfügung gestanden hat.[81]

Einkommensteile, die für andere Zwecke als den laufenden Lebensbedarf verwendet werden müssen oder die während des Zusammenlebens in der Ehe nach einem objektiven Maßstab für die Vermögensbildung verwendet worden sind, stehen zur Deckung des laufenden Lebensbedarfs nicht zur Verfügung und haben deshalb bei der Bemessung des angemessenen Bedarfs außer Ansatz zu bleiben.[82]

Bei den danach im Rahmen der Bedarfsbemessung **nicht zu berücksichtigenden Einkommensteilen** handelt es sich um folgende typische Abzugsposten vom Bruttoeinkommen:

- Zahlungen für **Lohn-, Einkommen- und Kirchensteuer**[83] einschließlich des Solidaritätszuschlages (näher Rn. 186 und 1/565 ff.; 591 ff.).
- **Vorsorgeaufwendungen** für Krankheit, Invalidität, Alter und Arbeitslosigkeit[84] (näher Rn. 1/596 ff.).

---

[78] BGH, FamRZ 1997, 806 = R 512 b; FamRZ 1995, 869 = R 494; FamRZ 1987, 456, 458 = R 329 b; FamRZ 1986, 780 = R 301 a; FamRZ 1985, 471 = R 252 b

[79] BGH, FamRZ 1999, 367, 368 = R 530 d; FamRZ 1990, 499, 502 = R 407 c; FamRZ 1983, 678 = R 168 a

[80] BGH, FamRZ 1997, 806 = R 512 b; FamRZ 1988, 259, 262 = NJW 1984, 2376

[81] BGH, FamRZ 1985, 374

[82] BGH, FamRZ 1983, 678 = R 168 a; FamRZ 1984, 149, 151 = NJW 1984, 292

[83] BGH, FamRZ 1991, 304 = R 425; FamRZ 1990, 499, 502 = R 407 c; FamRZ 1990, 981 = R 416 c; FamRZ 1988, 817 = NJW 1988, 2101, 2103

[84] BGH, FamRZ 1991, 304 = R 425; FamRZ 1985, 471 = R 252 b

- **Aufwendungen,** die **zur Erzielung des Einkommens** erforderlich sind. Dazu gehören berufs- oder ausbildungsbedingte Aufwendungen bei abhängiger Arbeit (s. Rn. 1/87 ff.; 604), unterhaltsrechtlich relevante Betriebsausgaben bei Freiberuflern und Unternehmern (s. Rn. 1/601) sowie Werbungskosten bei Miet-, Kapital- und sonstigen Einkünften (s. Rn. 1/298; 408; 602).
- **Zins- und Tilgungsleistungen** für vor der Trennung begründete ehebedingte Schulden für Konsumkredite (s. Rn. 1/622 ff.)[85] und Ehewohnung[86] (s. Rn. 1/343 ff.).
- **Unterhaltsleistungen für Kinder und sonstige Verwandte** (s. Rn. 188 ff. und 1/655 ff.).
- **Vermögensbildende Aufwendungen des Pflichtigen nach einem objektiven Maßstab** (s. Rn. 200 ff. und 1/659).

Die Abzüge Steuer und Vorsorgeaufwendungen vom Bruttoeinkommen ergeben bei Nichtselbstständigen das **Nettoeinkommen.**

Die weiteren Abzüge ergeben das sogenannte **bereinigte Nettoeinkommen** (s. näher Rn. 1/588 ff.).

Für die Unterhaltsbemessung darf nur das um solche typische Abzugsposten bereinigte Nettoeinkommen als nachhaltig prägendes Einkommen verwendet werden.

Auch diese einkommensbereinigenden Abzüge haben zur Voraussetzung, dass die den **186** jeweiligen **Abzugsposten** zugrundeliegenden Umstände die ehelichen Lebensverhältnisse **nachhaltig geprägt** haben, d. h. dass die entsprechenden Einkommensteile nachhaltig nicht zur Deckung des laufenden Lebensbedarfs verwendet werden konnten bzw. können.

Das ist dem Grunde nach bei allen oben aufgezählten Abzugsposten fraglos der Fall.

Bedenken an der Nachhaltigkeit könnten allerdings insoweit bestehen, als sich die Höhe der Abzugsbeträge oftmals ändert, vor allem bei den einkommensabhängigen Steuern und Vorsorgeaufwendungen sowie den berufsbedingten Aufwendungen Nichtselbstständiger (= Werbungskosten, vgl. Rn. 1/604), den Betriebsausgaben bei Selbstständigen und Gewerbetreibenden und den Werbungskosten bei Miet- und Kapitaleinkünften.

Nach der Rechtsprechung des BGH **prägen** solche Veränderungen im Ausgabenbereich die ehelichen Lebensverhältnisse, auch wenn sie nach der Trennung oder Scheidung eintraten, weil insoweit immer auf das **Nettoeinkommen,** d. h. auf das nunmehr **tatsächlich verfügbare Einkommen** abzustellen ist.

Zu berücksichtigen ist deshalb eine Änderung der Steuerklasse von 3 auf 1 durch die Trennung und Scheidung, obwohl es sich jeweils um eine Trennungsfolge handelt.[87] Für die Änderung der Steuerklasse durch die Trennung ist dem uneingeschränkt zuzustimmen, weil für den Berechtigten ein Ausgleich über das Realsplitting erfolgt. Nach der bisherigen Rechtsprechung des BGH galt dies noch bei Wiederverheiratung des Pflichtigen.[88] An dieser Rechtsprechung des BGH bestanden stets Bedenken, weil der erste Ehegatte daneben zusätzlich den Steuervorteil aus dem Realsplitting hat.[89] Mit Beschluss vom 7. 10. 2003 hat das BVerfG zwischenzeitlich die Rechtsprechung des BGH in diesem Punkt wegen Verstoß gegen Art. 6 I GG für verfassungswidrig erklärt. Der **Splittingvorteil durch Wiederverheiratung des Pflichtigen** hat grundsätzlich der neuen Ehe zu verbleiben; Vorteile aus einer neuen Ehe sind nicht in der früheren Ehe angelegt und daher nicht prägend.[90] Es ist damit in diesen Fällen stets eine fiktive Steuerberechnung entsprechend einer getrennten Veranlagung des Pflichtigen unter Berücksichtigung des Realsplittings durchzuführen (vgl. auch Rn. 1/591 b und zum Kindesunterhalt Rn. 1/591 c).

Bei einer Änderung der **Vorsorgeaufwendungen,** z. B. der Krankenversicherungskosten, der Rentenversicherungsbeiträge, der Kosten der Pflegeversicherung gelten die gleichen

[85] BGH, NJW 1998, 2821 = R 525 b; FamRZ 1982, 678 = NJW 1982, 1641
[86] BGH, FamRZ 2000, 950 = R 540 d; FamRZ 1995, 291, 295 = R 487; FamRZ 1994, 1100, 1102 = R 482 b; FamRZ 1990, 283, 287
[87] BGH, FamRZ 1991, 304, 305 = R 425; FamRZ 1990, 499, 502 = R 407 c; FamRZ 1990, 503
[88] BGH, FamRZ 1990, 981 = R 416 c; FamRZ 1988, 486 = R 359 b
[89] Vgl. Schürmann, FuR 2002, 438
[90] BVerfG, FamRZ 2003, 1821 = NJW 2003, 3466

Grundsätze.[91] Da es sich um gesetzliche Abzüge handelt, ist unabhängig von Trennung und Scheidung der tatsächlich entfallende Betrag vom Bruttoeinkommen abzuziehen. Dies gilt auch für nach Trennung/Scheidung neu hinzugekommene Vorsorgeleistungen, z. B. die Riester- und Eichel-Rente oder die Aufstockung einer Altersversorgung durch einen Selbstständigen auf 20% seines Bruttoeinkommens.

Bei **berufsbedingten Aufwendungen** gelten die selben Maßstäbe, da sie steuerrechtlich den Werbungskosten entsprechen. Entscheidend ist jeweils der tatsächliche Anfall der Kosten. Davon zu unterscheiden ist die Frage, ob sie in voller Höhe berücksichtigungswürdig sind. Dies ist z. B. zu verneinen bei Fahrten mit dem PKW zum Arbeitsplatz, wenn dadurch ein unverhältnismäßig hoher Aufwand entsteht, der etwa 1/3 des Nettoeinkommens aufzehrt.[92]

Bei einer **normalen Weiterentwicklung** des bereinigten Einkommens nach oben oder nach unten sind auch die entsprechenden **Abzugsposten prägend.**

187 Wegen solcher normaler Änderungen wird das Nettoeinkommen in der Regel nach dem **Jahresdurchschnitt** berechnet. Bei größeren Einkommensschwankungen kann auch von einem **Mehrjahresschnitt,** in der Regel einem Dreijahresschnitt ausgegangen werden (vgl. Rn. 1/672).

6. Vorabzug des Kindesunterhalts und sonstigen Verwandtenunterhalts vom Nettoeinkommen

188 **a) Eheprägender Kindesunterhalt.** Unterhaltszahlungen für **Kinder** während bestehender Ehe **prägen** die ehelichen Lebensverhältnisse, wenn, wie in der Regel, das Einkommen in Höhe solcher Zahlungen zur Verwendung für den allgemeinen Lebensbedarf der Ehegatten nicht zur Verfügung steht. Dies rechtfertigt den in der Praxis üblichen Vorwegabzug von Unterhaltsleistungen für Kinder vom Nettoeinkommen,[93] da Eltern regelmäßig zuerst den Bedarf ihrer Kinder decken. Der Vorabzug gilt sowohl für minderjährige als auch für volljährige Kinder. Maßgebend ist insoweit zunächst nicht die Rangfrage, sondern die Prägung der ehelichen Lebensverhältnisse. Eine Ausnahme besteht wegen des Gleichrangs des Ehegatten mit minderjährigen Kindern und privilegierten Volljährigen sowie des Nachrangs mit den übrigen Volljährigen gemäß § 1609 I, II BGB nur, wenn der Vorabzug zu einem Missverhältnis des wechselseitigen Lebensbedarfs der Beteiligten führt (s. unten Rn. 189 b ff.).[94] Aus Gründen der Gleichbehandlung gilt der Vorabzug nicht nur beim Pflichtigen, sondern auch, wenn der Berechtigte Barunterhaltsleistungen erbringt.[95]

So auch die oberlandesgerichtlichen Leitlinien in Nr. 15. 2: SüdL, BL, BraL, BrL, CL, DL, DrL, FL, HaL, HL (15. 2. 3) KL, NaL, OL (15.1), RL, TL, SchL (15.1) und die DT B III.

189 Dieser Vorwegabzug hat zur Voraussetzung, dass es sich um den Unterhalt für ein **gemeinschaftliches Kind** der Ehegatten oder für ein **vor**[96]**- oder nichteheliches Kind** eines Ehegatten handelt, für das bereits während bestehender Ehe aufzukommen war, weil nur dann die ehelichen Lebensverhältnisse durch die Unterhaltsverpflichtung **mitgeprägt** wurden.[97]

Die Unterhaltspflicht gegenüber einem **vor der Scheidung geborenen nichtehelichen Kind** des Verpflichteten ist nach der Rechtsprechung des BGH auch dann zu berück-

---

[91] BGH, FamRZ 1991, 304 = R 425

[92] BGH, FamRZ 1998, 1501, 1502 = R 521 b

[93] BGH, FamRZ 2003, 363, 365 = R 584 f; FamRZ 1999, 367, 368 = R 530 b; FamRZ 1997, 806; FamRZ 1986, 553, 555 = R 276 c

[94] BGH, FamRZ 2003, 363, 365 = R 584 f; FamRZ 2003, 860, 865 = R 590 A g; FamRZ 1999, 367, 368 = R 530 b

[95] BGH, FamRZ 1999, 367, 370 = R 530 c; FamRZ 1991, 1163 = R 437 a

[96] BGH, FamRZ 2003, 860, 865 = R 590 A g; FamRZ 1991, 437 = R 437 a

[97] BGH, FamRZ 2003, 363, 365 = R 584 b; FamRZ 2000, 1492 = R 546 b; FamRZ 1999, 367, 370 = R 530 c

sichtigen, wenn es **nach der Trennung** geboren wurde.[98] Während der Trennungszeit befindet sich die Ehe in einem Stadium, in dem eine Wiederherstellung der ehelichen Lebensgemeinschaft nicht gänzlich auszuschließen ist; bei einer Versöhnung würde die Unterhaltspflicht für das nichteheliche Kind die ehelichen Lebensverhältnisse aber für die Zukunft prägen. Ob es sich insoweit um eine unerwartete Entwicklung handelt, ist ohne Bedeutung. Die diesbezügliche Rechtsprechung ist nur auf vermögensrechtliche Dispositionen und Ereignisse zugeschnitten, nicht auf persönliche Umstände oder Ereignisse, denen sich der Verpflichtete nicht entziehen kann, weil sie wie die Geburt eines nichtehelichen Kindes Rechtsfolgen nach sich ziehen.[99] Dies gilt auch, wenn das Kind erst zwischen Scheidung und Rechtskraft der Scheidung geboren wurde.[100] Der BGH begründet dies u. a. auch damit, dass die Rechtskraft der Scheidung als zeitliche Zäsur für die Bemessung der ehelichen Lebensverhältnisse für diese Fälle eine klare und praktikable Handhabung ermöglicht, während Trennung oder Zerrüttung der Ehe demgegenüber keine vergleichbar geeignete Anknüpfungspunkte sind. Dem ist zuzustimmen, insbesondere auch aus dem Gesichtspunkt, dass sich minderjährige Kinder nicht selbst unterhalten können und sie bei Auslegungsfragen daher im Zweifel zu bevorzugen sind.

Ist der Unterhalt minderjähriger Kinder und privilegierter Volljähriger abzuziehen, ist zu **189 a** beachten, dass für die minderjährigen Kinder nur ein Elternteil Barunterhalt leistet (§ 1606 III 2 BGB), während für den Barunterhalt des gleichrangigen privilegierten Volljährigen eine anteilige Barunterhaltspflicht für beide Elternteile nach § 1606 III 1 BGB besteht.[101] Dies gilt unabhängig davon, ob es sich bei den minderjährigen Kindern um gemeinschaftliche Kinder oder um Kinder eines Elternteils aus einer neuen Beziehung handelt. Um keinen der Elternteile des privilegierten Volljährigen unangemessen zu belasten, ist zunächst der Gesamtunterhaltsbedarf aller gleichrangigen Kinder mit dem Bedarf des privilegierten Volljährigen ins Verhältnis zu setzen und der sich daraus ergebende Anteil sodann mit dem nach Abzug des Selbstbehalts verbleibenden verfügbaren Einkommen des anderen Elternteils (vgl. Rn. 2/470 a mit Beispiel).[102]

Der Vorabzug des Kindesunterhals entfällt, wenn dadurch ein **Missverhältnis** zum dem **189 b** Ehegatten verbleibenden Bedarf entsteht.[103] Dabei ist zu differenzieren zwischen den minderjährigen Kindern und ihnen gemäß § 1603 II 2 BGB gleichgestellten privilegierten Volljährigen und den sonstigen Volljährigen.

- Beim **minderjährigen Kind und dem privilegierten** Volljährigen ist zu beachten, dass **189 c** sie gemäß § 1609 I, II BGB mit dem Ehegatten gleichrangig sind. Der Vorabzug als prägende Verbindlichkeit kann damit nicht mehr vorgenommen werden, wenn für den Ehegatten ein Bedarf verbleibt, mit dem er nicht mehr existieren kann und der deshalb mit den ehelichen Lebensverhältnisse nicht im Einklang steht. Nach BGH kann dies angenommen werden, wenn der sog. Notbedarf als Einsatzbetrag für den Mangelfall (= notwendiger Selbstbehalt gegenüber Minderjährigen) von derzeit 730 € bei Nichterwerbstätigen und 840 € bei Erwerbstätigen in den alten Bundesländern[104] im Verhältnis des Existenzminimums von minderjährigen Kindern (= 135% des Regelbetrags) zum Regelbetrag unterschritten wird[105] (vgl. auch § 5 Rn. 226). Derzeit wären dies beim nichterwerbstätigen Bedürftigen ca. 540 € (730 ./. 730 : 135 × 100), beim erwerbstätigen Bedürftigen ca. 620 € (840 ./. 840 : 135 × 100). Den meisten Oberlandesgerichten ist diese vom BGH vorgeschlagene Berechnung zu kompliziert, so dass sie in

[98] BGH, FamRZ 2000, 1492, = R 546 b; FamRZ 1999, 367, 368 = R 530 c; FamRZ 1997, 806 = R 512 a; FamRZ 1994, 87, 89 = R 468 c
[99] BGH, FamRZ 1994, 87, 89 = R 468 c
[100] BGH, FamRZ 1999, 367, 368 = R 530 c
[101] BGH, FamRZ 2002, 815 = R 570 b
[102] BGH, FamRZ 2002, 815 = R 570 d
[103] BGH, FamRZ 2003, 363, 365 = R 584 f; FamRZ 2003, 860, 865 = R 590 A g; FamRZ 1999, 367, 368 = R 530 b
[104] DT A 5, B IV; SüdL, BL, BrL, CL, FL (nur 840 €), HaL, HL, KL, OL jeweils Nr. 21.2; nach SchL 820 €; in den neuen Bundesländern nach BL, BraL, NaL, TL 675/775 €; nach DrL, RL 650/750 €
[105] BGH, FamRZ 2003, 363, 366 = R 584 f

den Leitlinien entsprechende Festbeträge ansetzten, die dem Eigenbedarf des mit dem Pflichtigen zusammenlebenden Ehegatten gegenüber minderjährigen Kindern entsprechen (derzeit 535/615 €).[106] Im Ergebnis bedeutet dies, dass der Vorabzug des Unterhalts minderjähriger Kinder und privilegierter Volljähriger gekappt wird, wenn die genannten Beträge unterschritten werden. Dies führt regelmäßig zum Mangelfall.

189 d • Beim **volljährigen Kind** wirkt sich der Nachrang ebenfalls nur aus, wenn ein Missverhältnis zum verbleibenden Bedarf des vorrangigen Ehegatten besteht.[107]
Der Vorwegabzug ist ansonsten berechtigt, weil die Aufwendungen für ein in Ausbildung befindliches oder studierendes Kind für die Dauer der Ausbildung oder des Studiums zur Deckung des allgemeinen Lebensbedarfs ebenfalls nicht zur Verfügung stehen und auch bei Fortbestehen einer intakten Ehe nicht zur Verfügung gestanden hätten. Dies gilt insbesondere, wenn ein Studium dem gemeinsamen Entschluss der Eheleute und damit einer entsprechenden übereinstimmenden Disposition über die Einkommensverhältnisse für die voraussichtliche Studiendauer entspricht.[108] Ein Missverhältnis zum Bedarf des vorrangigen Ehegatten, das den Vorabzug entfallen lässt, ist wegen des Nachrangs des Volljährigen zu bejahen, wenn ein **Mangelfall** gegeben wäre. Gegenüber volljährigen Kinder liegt er vor, wenn dem Ehegatten durch Unterhalt und Eigeneinkommen der sog. **angemessene Bedarf** nicht verbleibt.[109] Dieser angemessene Bedarf entspricht dem angemessenen Selbstbehalt gegenüber Volljährigen und beträgt damit derzeit in den alten Bundesländern nach Nr. 21.3 der Leitlinien 1000 €.[110]

189 e • Bei gemeinsamen Kindern können sich Eltern einigen auf eine unterhaltsmäßig gleichrangige Behandlung minderjähriger und volljähriger Kinder. Dann besteht kein Vorrang- bzw. Nachrangverhältnis.[111]

190 **b) Prägender sonstiger Verwandtenunterhalt.** Auch weitere **nachrangige Unterhaltslasten,** für die in der Ehe aufgekommen wurde und die daher eheprägend sind, sind für die Ermittlung des bereinigten Nettoeinkommens beim Ehegattenunterhalt Abzugsposten, soweit durch den Vorwegabzug kein Missverhältnis zum verbleibenden Unterhalt des Ehegatten entsteht,[112] d. h. kein Mangelfall (vgl. Rn. 189 d). Denn die Rangfrage spielt, ebenso wie beim Volljährigen, erst im Mangelfall eine Rolle. Dies gilt insbesondere bei Zahlung von **Elternunterhalt,**[113] hat aber auch bei Ansprüchen nach § 1615 l II BGB zu gelten. Maßgebend ist, dass dieser Unterhalt nicht nur vorübergehend, sondern regelmäßig in der Ehe erbracht wurde.[114] Außerdem ist Voraussetzung, dass ein Unterhaltsanspruch rechtlich gegeben war und es sich nicht nur um eine freiwillige Leistung handelte. Nach BGH kann beim Elternunterhalt auch eine **latente Unterhaltslast** die ehelichen Lebensverhältnisse prägen, wenn z. B. auf Grund einer sehr geringen eigenen Altersversorgung sich die Unterhaltsverpflichtung für einen Elternteil bereits in der Ehe wegen Gewährung von Sozialhilfe abzeichnete.[115] Man wird deshalb eine erst nach der Trennung konkret geltend gemachte, aber sich bereits in der Ehe abzeichnende Unterhaltsverpflichtung gegenüber einem Elternteil als eheprägend zu berücksichtigen haben, wenn für diesen Elternteil bereits in der Ehe Sozialhilfe geleistet oder berechtigt Unterhalt gezahlt wurde.

191 **c) Nichtprägender Kindesunterhalt.** Ein **Vorabzug** ist bei der Bedarfsermittlung **nicht berechtigt,** wenn es sich um Unterhalt für ein **Kind aus einer späterer Ehe** des Verpflichteten oder ein erst nach Rechtskraft der Scheidung geborenes nichteheliches Kind handelt. Eine solche erst nach der Scheidung entstandene Unterhaltsverpflichtung hat die

---

[106] Vgl. z. B. SüdL. HaL, KL jeweils Nr. 23.1; CL Nr. 15.2
[107] BGH, FamRZ 2003, 860, 865 = R 590 A g
[108] BGH, FamRZ 1991, 1163 = R 437 a; FamRZ 1989, 842, 843; FamRZ 1986, 553, 555 = R 276 c
[109] BGH, FamRZ 1991, 1163 = R 437 a; FamRZ 1986, 553, 555 = R 276 c
[110] DT Anm. A 5; SüdL, BrL, CL, FL, HaL, HL, KL, OL jeweils Nr. 21.3.1; nach SchL 920 €; in den neuen Bundesländern nach NaL ebenfalls 1000 €, nach BL, BraL, TL 925/825 €, nach DrL 900 €, nach RL 900/800 €
[111] BGH, FamRZ 1981, 341, 343 = R 58 b
[112] BGH, FamRZ 2003, 860, 865 = R 590 A g
[113] BGH, a.a.O.
[114] BGH, a.a.O.
[115] BGH, FamRZ 2003, 860, 865 = R 590 A h

ehelichen Lebensverhältnisse nicht mitgeprägt. Außerdem liefe ein solcher Vorwegabzug auf eine Schmälerung des nachehelichen Unterhalts hinaus, die der geschiedene Ehegatte als mit dem Kind gleichrangiger Unterhaltsberechtigter nicht hinzunehmen braucht. Dies gilt für die **Ermittlung des Bedarfs** nach den ehelichen Lebensverhältnissen grundsätzlich sogar dann, wenn der Verpflichtete nur beschränkt leistungsfähig ist.[116] Bei der **Leistungsfähigkeit** sind dagegen auch nach der Scheidung entstandene neue **gleichrangige** Unterhaltspflichten zu berücksichtigen, was im Einzelfall zum Mangelfall führt, wenn dem Pflichtigen zur Deckung dieser Unterhaltslast keine zusätzlichen Mittel zur Verfügung stehen (vgl. insoweit näher Rn. 5/18, 123 ff.). **Nachrangige** Unterhaltslasten sind bei der Leistungsfähigkeit dagegen nicht zu berücksichtigen, da ansonsten bei fehlenden zusätzlichen Mitteln ein Mangelfall beim Ehegattenunterhalt eintreten würde. Es kommt vielmehr nur darauf an, ob dem Pflichtigen nach Abzug des Ehegattenunterhalts noch mehr als der angemessene Selbstbehalt zur Zahlung des nachrangigen Unterhalts verbleibt.

d) Höhe des Abzugspostens. Abzuziehen ist der jeweils **angemessene volle Kindesunterhalt.** **192**

- Beim Unterhalt **Minderjähriger** ist der jeweilige **Tabellenbetrag** nach der DT ohne Berücksichtigung einer Kindergeldverrechnung abzuziehen, weil der Abzug des Zahlbetrages zur Folge hätte, dass bei einem Elternteil das Kindergeld unterhaltsrechtlich als Einkommen berücksichtigt würde, während beim anderen Elternteil keine solche Anrechnung erfolgt.[117] Dies gilt auch bei nichtgemeinschaftlichen Kindern.[118]
  Diese Rechtsprechung wurde von der DT Anm. B III und den einzelnen Leitlinien in Nr. 15.2 übernommen, vgl. SüdL, BL, BraL (Nr. 15.1), BrL, CL, DL (Nr. 15.1), DrL, HaL, HL, KL, NaL, OL (Nr. 15.1) RL, SchL (Nr. 15.1). Nach FL Nr. 15.2 erfolgt der Abzug des Tabellenkindesunterhalts nur bei hälftiger Kindergeldverrechnung, bei anteiliger Kindergeldverrechnung nach § 1612 b V BGB bleibt die Frage offen.
  Abzuziehen ist dabei der entsprechend dem Einkommen des Pflichtigen **tatsächlich geschuldete Unterhalt,** auch wenn er in anderer Höhe tituliert ist (s. unten Rn. 195). Seit der Streichung des § 1603 BGB a. F. durch das KindUG zum 1. 7. 1998 gibt es nach BGH **keinen Mindestkindesunterhalt** mehr,[119] so dass sich die Höhe des Kindesunterhalts aus der sich am Einkommen des Barunterhaltspflichtigen orientierenden Eingruppierung in der Düsseldorfer Tabelle richtet (näher Rn. 2/219 ff.). Dies gilt grundsätzlich auch zur Feststellung, ob ein **Mangelfall** vorliegt. Ist ein sog. verschärfter Mangelfall mit minderjährigem Kind und Ehegatten gegeben, sind nach der mit Urteil des BGH vom 22. 1. 2003 geänderten früheren Rechtsprechung als Einsatzbeträge für die Mangelfallberechnung Mindestbeträge anzusetzen (näher Rn. 2/163; 5/226 ff.).[120] Zur Prüfung, ob ein verschärfter Mangelfall vorliegt, ist dabei für die Ermittlung des Ehegattenunterhalts der Tabellenkindesunterhalt, für die Ermittlung, ob der Selbstbehalt des Pflichtigen gewahrt bleibt, dagegen nach der überwiegenden Auffassung der Obergerichte der nach Kindergeldverrechnung zu zahlende Kindesunterhalt anzusetzen, da dem Pflichtigen im Mangelfall lediglich der notwendige Selbstbehalt zu verbleiben hat (näher Rn. 5/233).[121]
- Bei **volljährigen Kindern** gilt seit der Neufassung des § 1612 b BGB das Gleiche. Abzuziehen ist der geschuldete Kindesunterhalt ohne Kindergeldverrechnung.
- Hat das Kind **eigenes Einkommen,** z. B. eine Ausbildungsvergütung, BAföG, Zinsen, kürzt dieses den Bedarf. Abzuziehen ist dann jeweils der sog. **Restbedarf** (ohne Kindergeldverrechnung). Beim Minderjährigen ist dabei wegen der Gleichwertigkeit von Bar- und Betreuungsunterhalt jeweils die Hälfte des Einkommens auf den Barunterhalt anzurechnen, beim Volljährigen kürzt eigenes Einkommen voll den Bedarf (s. näher mit Rechtsprechungshinweisen Rn. 2/96 ff.).

---

[116] BGH, FamRZ 1987, 456, 458 = R 329 b
[117] BGH, FamRZ 1997, 806 = R 512 a; FamRZ 1986, 783, 786 = NJW 1987, 58
[118] BGH, FamRZ 1997, 806 = R 512 a
[119] BGH, FamRZ 2002, 536 = R 572 c
[120] BGH, FamRZ 2003, 363, 365 = R 584 c
[121] Vgl. SüdL, CL, DrL, HaL, KL, RL jeweils Nr. 23

193 **e) Kinderbetreuungskosten und Betreuungsbonus.** Geht der **Bedürftige** oder **Pflichtige** trotz Betreuung eines kleinen Kindes einer Erwerbstätigkeit nach und fallen hierfür konkrete Kinderbetreuungskosten an, sind diese in angemessenem Rahmen als Abzugsposten bei der Bereinigung des Nettoeinkommens zu berücksichtigen (näher Rn. 1/605).[122] Wie Steuer, Vorsorgeaufwendungen und berufsbedingte Aufwendungen sind sie in der tatsächlich anfallenden Höhe **eheprägend,** auch wenn diese Kosten erst durch Trennung/Scheidung konkret angefallen sind. Denn soweit die entsprechenden Aufwendungen in der Ehe noch nicht erbracht werden mussten, weil z. B. ein Ehegatte diese Betreuungsleistung übernommen hatte, sind sie nach Trennung/Scheidung Teil des Surrogats der Familienarbeit in der Ehe.

Geht der **Pflichtige** nach Trennung/Scheidung einer vollen Erwerbstätigkeit nach, obwohl er ein gemeinsames kleines Kind betreut und macht keine konkreten Betreuungskosten geltend, ist nach BGH sein Einkommen um einen sog. **Betreuungsbonus** zu kürzen.[123] Dessen Höhe richtet sich nach den Umständen des Einzelfalles (näher Rn. 1/605 a). Aus den oben genannten Gründen ist auch dieser Betreuungsbonus **eheprägend.** Kommt der Pflichtige zusätzlich für den **Barunterhalt** des Kindes auf, weil der an sich barunterhaltspflichtige Ehegatte keinen Kindesunterhalt zahlt, ist daneben der sich aus seinem Einkommen errechnete Kindesunterhalt Abzugsposten.[124]

Ein Betreuungsbonus steht dem Verpflichteten auch zu, wenn seine neue Ehefrau das Kind betreut, da diese dem geschiedenen Ehegatten gegenüber zur Betreuung nicht verpflichtet ist. Deshalb kann der Verpflichtete im Verhältnis zum geschiedenen Ehegatten unterhaltsrechtlich so gestellt werden, als erbrächte er die Betreuung des gemeinschaftlichen Kindes in eigener Person.[125] Das Gleiche gilt, wenn die neue Lebensgefährtin das Kind betreut.[126] Zur Bonushöhe vgl. Rn. 1/605 a.

Übt der **Bedürftige** trotz Betreuung kleiner Kinder eine Erwerbstätigkeit aus bzw. ist er über das gebotene Maß hinaus tätig und macht keine konkreten Betreuungskosten geltend, ist nach den Empfehlungen des Arbeitskreises 13 des 14. Deutschen Familiengerichtstages[127] und der Rechtsprechung vieler Obergerichte[128] wie beim Pflichtigen einen Betreuungsbonus abzuziehen (näher Rn. 1/605 a).[129] Der BGH hat zu dieser Frage bisher noch nicht näher Stellung genommen, sondern lediglich differenziert, ob es sich um eine freiwillig aufgenommene und damit normale Tätigkeit oder um eine aus Not ausgeübte und damit überobligatorische Tätigkeit handelt.[130] Auch nach seiner geänderten Rechtsprechung zu den ehelichen Lebensverhältnissen soll letztere die ehelichen Lebensverhältnisse nicht prägen (näher Rn. 256 ff.).[131] Wie bereits eingehend ausgeführt wurde, kann dem nicht gefolgt werden; die Tätigkeit ist vielmehr als Surrogat der Haushaltsführung eheprägend, wobei das Einkommen des Bedürftigen jeweils vorab um konkrete Betreuungskosten oder einen Betreuungsbonus zu kürzen ist (vgl. eingehend Rn. 1/543 ff.).

194 **f) Zusatzfragen.** Bei einer **Geschwistertrennung** kann für den Unterhalt nahezu gleichaltriger Kinder aus Gründen der Gleichbehandlung bei beiden Eltern ein gleich hoher Betrag für Unterhaltsleistungen vom jeweiligen Einkommen abgezogen werden.[132]

195 Ob und in welcher Höhe der Kindesunterhalt **tituliert** ist, ist im Regelfall ohne Bedeutung. Eine Titulierung ist zwar ein Indiz, dass der Kindesunterhalt in dieser Höhe geschuldet

---

[122] BGH, FamRZ 2001, 350 = R 551 c; FamRZ 1991, 182 = R 430 b

[123] BGH, FamRZ 2001, 350 = R 551 c; FamRZ 1991, 182 = R 430 b; FamRZ 1986, 790 = NJW 1986, 2054

[124] BGH, FamRZ 1991, 182 = R 430 b

[125] BGH, FamRZ 1986, 790 = NJW 1986, 2054

[126] BGH, FamRZ 2001, 350 = R 551 c

[127] Brühler Schriften zum Familienrecht, Bd. 12, 14. Deutscher Familiengerichtstag 2001, Beschlüsse des Arbeitskreises 13 zu I 5

[128] OLG Hamm, FamRZ 2002, 1708; OLG München, FamRZ 2002, 1407; OLG Köln, FamRZ 2002, 463; OLG Koblenz, FamRZ 2003, 611; OLG Karlsruhe NJW 2002, 900

[129] Vgl. auch SüdL, BraL, BrL, CL, DL, DrL, FL, HaL, HL, KL, NaL, OL, RL jeweils Nr. 10.3

[130] BGH, FamRZ 1998, 1501, 1502 = R 521 a

[131] BGH, FamRZ 2003, 518, 520 = R 585 c

[132] BGH, FamRZ 1984, 151, 153 = NJW 1984, 151

und bezahlt wird. Soweit die Titulierung aber mit dem geschuldeten Unterhalt nicht mehr übereinstimmt, kann davon ausgegangen werden, dass bei Abweichungen von der materiellen Rechtslage eine Abänderung des Titels möglich ist.[133]

Wurde ein **höherer** als der geschuldete Unterhalt auf Grund eines Titels bereits während der Ehe mehrere Jahre lang tatsächlich gezahlt, hat diese Verbindlichkeit allerdings die ehelichen Lebensverhältnisse geprägt.[134] Für die Dauer des Bestehens des Titels ist dieser dann zu beachten. Sonst kann eine die Unterhaltsschuld übersteigende Titulierung nur auf der Stufe der Leistungsfähigkeit unter dem Gesichtspunkt einer sonstigen Verbindlichkeit u. U. Berücksichtigung finden. 196

Besteht noch kein Unterhaltstitel und zahlt der Verpflichtete einen **geringeren** als den geschuldeten Unterhalt, so kann bis zur Erwirkung eines Titels beim Ehegattenunterhalt nur der tatsächlich geleistete Kindesunterhaltsbetrag abgezogen werden, wenn der Kindesunterhalt nach § 1613 BGB nicht rückwirkend erhöht werden kann. 197

Die Geltendmachung von **Vorsorgeunterhalt** beeinflusst den Kindesunterhalt und damit auch den Vorabzug von Kindesunterhalt nicht, weil der Ehegattenunterhalt (Elementarunterhalt und Vorsorgeunterhalt) erst nach dem Vorabzug bemessen wird.[135] 198

Zur Auswirkung auf die ehelichen Lebensverhältnisse, wenn die **Unterhaltsverpflichtung** für ein Kind nach der Trennung oder Scheidung **entfällt,** s. Rn. 297 und 352. 199

7. Aufwendungen zur Vermögensbildung

a) Bedarf. Eine **gemeinsame** Vermögensbildung der Eheleute und die hierauf zu leistenden Zahlungen sind grundsätzlich als eheprägende Abzugsposten bei dem Ehegatten, der sie erbringt, zu berücksichtigen (näher Rn. 1/659). 200

Der Verpflichtete ist dagegen nicht berechtigt, auf Kosten des Unterhaltsbedürftigen **einseitig** Vermögen zu bilden.[136] Das Gleiche gilt für den Bedürftigen.[137] Vermögensbildende Aufwendungen, die nur einem Ehegatten zugute kommen, sind daher an sich bei der **Bedarfsermittlung** ab Rechtshängigkeit als Stichtag für den Zugewinn keine berücksichtigungswürdigen Verbindlichkeiten.[138] Soweit bereits **in der Ehe** vermögensbildende Aufwendungen getätigt wurden, ist aber zu beachten, dass dieser Teil des Einkommens für die Lebensführung nicht zur Verfügung stand.[139]

Ob ein Abzug vermögensbildender Aufwendungen berechtigt ist, richtet sich deshalb nach BGH nach dem **objektiven Maßstab eines vernünftigen Betrachters.** Eine nach den Verhältnissen zu dürftige Lebensführung bleibt ebenso außer Betracht wie ein übertriebener Aufwand.[140] Maßgebend ist insbesondere, ob es sich im Verhältnis zum Einkommen um einen angemessenen Betrag handelt (s. näher Rn. 1/660).[141] Entsteht durch vermögensbildende Aufwendungen ein unterhaltsrechtlich relevanter Gegenwert, z. B. ein eheprägender Wohnwert, sind Abzahlungen (Zins und Tilgung) in einem wirtschaftlich sinnvollen Rahmen, d. h. regelmäßig bis zur Höhe der Marktmiete, für die Bedarfsermittlung zu berücksichtigen[142] (s. näher Rn. 1/343 ff.); handelt es sich um gemeinsames Eigentum, auch darüber hinaus, da dann eine gemeinsame Vermögensbildung vorliegt, die beiden Ehegatten zugute kommt. 201

---

133 BGH, FamRZ 2003, 363, 367 = R 584 h; FamRZ 1992, 797, 798 = R 447 b; FamRZ 1990, 1091, 1094 = R 422 b
134 BGH, FamRZ 1990, 1091, 1094 = R 422 b
135 BGH, FamRZ 1982, 887 = NJW 1982, 1983
136 BGH, FamRZ 1987, 36 = R 310 a; FamRZ 1987, 572, 575 = R 323 e
137 BGH, FamRZ 1991, 1163, 1165 = R 437 b
138 BGH, FamRZ 1991, 1163, 1165 = R 437 b; FamRZ 1987, 36 = R 310 a; FamRZ 1987, 572, 575 = R 323 e
139 BGH, FamRZ 1987, 36, 39 = R 310 d; FamRZ 1984, 149 = NJW 1984, 292
140 FamRZ 1993, 789, 792 = R 460 b; FamRZ 1989, 1160 = R 395 c; FamRZ 1987, 36, 39 = R 310 d
141 BGH, FamRZ 1984, 149 = NJW 1984, 292
142 BGH, FamRZ 1995, 869 = R 494

Haben die Eheleute während der Zeit ihres Zusammenlebens sehr dürftig gelebt und durch die Einschränkung ihres Konsumverhaltens eine hohe Vermögensbildung ermöglicht, so braucht sich der bedürftige Ehegatte nach der Trennung eine solche, das verfügbare Einkommen unangemessen einschränkende Vermögensbildung nicht weiter entgegenhalten zu lassen, auch wenn er sie während des Zusammenlebens widerspruchslos hingenommen hatte.[143]

202 Bei **gehobenem Einkommen des Pflichtigen** wird es den ehelichen Lebensverhältnissen entsprechen, dass dieses Einkommen nicht gänzlich für den allgemeinen Lebensbedarf verbraucht, sondern teilweise auch der Vermögensbildung zugeführt wurde. Da solche der Vermögensbildung vorbehaltene Einkommensteile der Befriedigung laufender Lebensbedürfnisse entzogen sind, dürfen sie zur Unterhaltsbemessung nicht herangezogen werden.[144] Das Einkommen des Verpflichteten ist deshalb durch einen Abzug in Höhe der durchschnittlichen vermögensbildenden Aufwendungen zu bereinigen (s. auch Rn. 185, 366 ff. und 1/659 ff.). In der Regel erfolgt bei sehr guten Einkünften eine konkrete Bedarfsermittlung (s. unten Rn. 205 und eingehend Rn. 366 ff.).

202 a Nach der Trennung neu entstehende und damit **nichtprägende** Aufwendungen zur Vermögensbildung haben auf die Bedarfsermittlung generell keinen Einfluss (s. unten Rn. 206).

203 **b) Vermögensbildende Aufwendungen** sind vor allem Aufwendungen für Lebensversicherungen, Kapitalanlagen, Immobilien, Bau eines Eigenheimes und für sonstige Vermögenswerte.

Nicht der Vermögensbildung dienen sog. Konsumkredite, mit denen abnutzbare Bedarfsgüter und Gebrauchsgegenstände wie z. B. Hausrat, Pkw, Wohnwagen, Motorrad, Foto- oder Filmausrüstung u. ä. angeschafft wurden, auch wenn solche Gegenstände einen hohen Wert haben. Solche Bedarfsgüter dienen der allgemeinen Lebensführung. Ihr Wert nimmt mit zunehmendem Gebrauch laufend ab. Die entsprechenden Aufwendungen sind daher den laufenden **Lebenshaltungskosten** zuzurechnen.[145] Ob Konsumkredite als Abzugsposten das Einkommen kürzen, d. h. die ehelichen Lebensverhältnisse prägen, richtet sich danach, ob es sich um eine bei der Bedarfsermittlung berücksichtigungswürdige Schuld handelt (vgl. Rn. 185 und ausführlich Rn. 1/622 ff.).

Auch Sparleistungen dienen häufig der Ansparung solcher größerer Ausgaben und sind dann ebenfalls nicht der Vermögensbildung, sondern der Lebenshaltung zuzurechnen.[146]

Keine vermögensbildenden Aufwendungen sind ferner bei Selbstständigen und Nichtselbstständigen mit einem Einkommen unter der Beitragsbemessungsgrenze **Vorsorgeaufwendungen** in angemessenem Rahmen, d. h. bis 20% des Bruttoeinkommens, auch wenn sie der Vermögensbildung dienen. Altersvorsorge kann nicht nur durch Bildung von Renteneinkünften, sondern auch durch Kapitalbildung betrieben werden (näher Rn. 1/598).[147]

204 **c) Bereinigung des Nettoeinkommens.** Bei den berücksichtigungswürdigen vermögensbildenden Aufwendungen handelt es sich um einen die ehelichen Lebensverhältnisse prägenden **Abzugsposten** vom Nettoeinkommen. Dadurch verringert sich das unterhaltsrechtlich **prägende** bereinigte Nettoeinkommen, was sich unterhaltsmindernd auswirkt (vgl. auch Rn. 185 und 1/660). Soweit sich eine vermögensbildende Ausgabe auf eine bestimmte Einkommensart bezieht, z. B. Zahlung von Zins und Tilgung beim eheprägenden Wohnwert, kürzt sie nur diese (vgl. näher Rn. 1/343 ff.).

Der Abzug vermögensbildender Aufwendungen hat zur Folge, dass der Verpflichtete in diesem Umfang für sich allein weiterhin Vermögen bilden kann, während der Berechtigte seinen Unterhalt zur Deckung seines laufenden Bedarfs benötigt. Dies ist bei ausreichend hohen Einkünften des Pflichtigen hinzunehmen, denn es gehört **nicht** zu den Zwecken des Ehegattenunterhalts, dem Berechtigten mit dem Unterhalt **auch eine Vermögensbildung zu ermöglichen.**[148]

---

[143] BGH, FamRZ 1987, 36, 39 = R 310 d
[144] BGH, FamRZ 1987, 36, 39 = R 310 d; FamRZ 1984, 149, 151 = NJW 1984, 292
[145] BGH, FamRZ 1984, 149, 151 = NJW 1984, 292
[146] BGH, FamRZ 1983, 678 = R 168 a
[147] BGH, FamRZ 2003, 860, 862 = R 590 A d
[148] BGH, FamRZ 1998, 87, 88 = R 516 b; FamRZ 1987, 36, 39 = R 310 d

Der **Umfang** vermögensbildender Aufwendungen darf nicht pauschal nach einer Vermögensbildungsrate oder nach einem Prozentsatz des Nettoeinkommens bemessen werden, weil es von der individuellen Entscheidung der Ehegatten abhängt, ob und wieviel sie von ihrem Einkommen monatlich der Vermögensbildung zuführen. Dies kann daher auch nicht Gegenstand eines Erfahrungssatzes sein. Es bedarf vielmehr dazu stets konkreter Feststellungen zu der im Einzelfall vorgenommenen Vermögensbildung.[149] 205

Der Richter muss Feststellungen darüber treffen, wieviel die Eheleute während ihres Zusammenlebens (bis zur Trennung) durchschnittlich für die Vermögensbildung aufgewendet haben.[150]

Die **Darlegungs- und Beweislast** für solche Aufwendungen hat der Verpflichtete. Er muss konkret darlegen, welche Zahlungen die Eheleute in den letzten ein bis drei Jahren vor der Trennung für die Vermögensbildung geleistet haben und welcher Art diese Aufwendungen waren.

Bei **überdurchschnittlich hohen Einkünften,** die unter Anlegung eines objektiven Maßstabs für großzügige Verhältnisse nicht zur Deckung des laufenden Lebensbedarfs benötigt werden, ist der Tatrichter nicht daran gehindert, den eheangemessenen Unterhaltsbedarf durch Festlegung der konkreten Kosten zu ermitteln, die für die Aufrechterhaltung des bis zur Scheidung erreichten Lebensstandards erforderlich sind[151] (s. näher Rn. 366 ff.).

d) Prägende und nichtprägende vermögensbildende Aufwendungen. Maßgeblich für die Beurteilung der Berechtigung und des Umfangs eines Abzugs für vermögensbildende Aufwendungen sind die Verhältnisse **während des Zusammenlebens** der Eheleute bis zur Trennung[152] (s. näher Rn. 261 ff.). 206

Für die Durchschnittsberechnung kommen die letzten ein bis drei Jahre in Frage.

Vermögensbildende Aufwendungen, die der Verpflichtete einseitig erstmals **nach der Trennung** vornimmt oder ausweitet, berechtigen nicht zu einem einkommensmindernden Abzug, weil sich der Bedürftige nach der Trennung solche einseitigen Maßnahmen nicht unterhaltsmindernd entgegenhalten lassen muss. Sie sind **nichtprägend** (s. näher Rn. 263 ff.).

Der zum **Zeitpunkt der Trennung** festgestellte Betrag für Vermögensbildung kann jedoch, wenn sich die Einkommensverhältnisse bis zur Scheidung wesentlich verbessert haben, tatrichterlich im Wege der **Schätzung** an die verbesserten Einkommensverhältnisse **angepasst** werden, wenn davon ausgegangen werden kann, dass die Eheleute bei Fortdauer ihres Zusammenlebens einen entsprechend höheren Betrag für die Vermögensbildung abgezweigt hätten.[153]

Eine solche Fortschreibung ist nicht möglich bei nichteinvernehmlichen Maßnahmen eines Ehegatten.

e) Leistungsfähigkeit. Entstehen nach Trennung/Scheidung beim Pflichtigen neue nichtprägende unumgängliche Verbindlichkeiten, die bei seiner Leistungsfähigkeit zu berücksichtigen sind (näher Rn. 1/642), müssen Mittel zur Vermögensbildung, die bei guten Einkommensverhältnissen des Pflichtigen als Abzugsposten zu berücksichtigen waren, zu dessen Deckung herangezogen werden. Der Verpflichtete darf sich bei der Berücksichtigung vermögensbildender Aufwendungen für die Bedarfsermittlung **nicht auf mangelnde Leistungsfähigkeit,** z. B. durch neue nichtprägende Unterhaltspflichten oder nichtprägende Schulden, berufen.[154] Er muss zur Wahrung seiner Leistungsfähigkeit eine derartige Vermögensbildung einschränken oder ganz unterlassen und finanzielle Lasten abbauen, die er aus Gründen der Vermögensbildung eingegangen ist, zumal dem Berechtigten eine weitere Vermögensbildung des Verpflichteten nicht mehr zugute kommt[155] (s. näher Rn. 1/346, 207

---

149 BGH, FamRZ 1987, 36, 39 = R 310 d; FamRZ 1983, 678 = R 168 a; FamRZ 1984, 151, 153 = NJW 1984, 294

150 BGH, FamRZ 1987, 36, 39 = R 310 d; FamRZ 1987, 913, 916 = NJW-RR 1987, 1218

151 BGH, FamRZ 1987, 691, 693 = R 332 b; FamRZ 1985, 582 = NJW 1985, 1343

152 BGH, FamRZ 1987, 36, 39 = R 310 d

153 BGH, a.a.O.

154 BGH, FamRZ 1987, 36 = 310 d; FamRZ, 1984, 149, 151 = NJW 1984, 292

155 BGH, FamRZ 1989, 1160 = R 395 c

660 a). Das Gleiche gilt, soweit man trennungsbedingten Mehrbedarf des Pflichtigen entsprechend der bisherigen Rechtsprechung des BGH bei der Leistungsfähigkeit berücksichtigt. Der Verpflichtete ist nicht mehr berechtigt, eine Vermögensbildung, die sich einseitig zu seinen Gunsten auswirkt, zum Nachteil des laufenden Lebensbedarfs des anderen Ehegatten in dem vor der Trennung als angemessen zu erachtenden Rahmen fortzusetzen[156] (vgl. Rn. 427 ff.).

208 Die zum Zeitpunkt der Trennung festgestellte Vermögensbildungsrate kann in einem solchen Fall vielmehr zum Ausgleich nichtprägender Verbindlichkeiten oder trennungsbedingter Nachteile verringert werden.[157]

209 **f) Bedürftigkeit.** Eine Berücksichtigung vermögensbildender Aufwendungen auf der Bedürftigkeitsstufe kommt nur in Betracht, wenn es sich um eine **gemeinschaftliche** Vermögensbildung handelt und sich die Parteien die Abzahlungen auf ein gemeinsames Eigenheim nach der Trennung geteilt haben, solange das Objekt nicht verkauft oder zwangsversteigert wurde.[158] Der Bedürftige ist dagegen **nicht berechtigt, einseitige** vermögensbildende Ausgaben einkommensmindernd abzuziehen. Der vom Pflichtigen bezahlte Unterhalt dient nur zur **Deckung der Lebenshaltungskosten, nicht zur Vermögensbildung** des Berechtigten.[159] Eine Ausnahme besteht bei einer sog. **aufgedrängten Vermögensbildung.**[160] Von letzterem ist auszugehen, wenn der Bedürftige während der Ehe bei überdurchschnittlichen Einkünften der Eheleute mit Wissen und Wollen des Partners ein Abschreibungsmodell als Vermögensanlageform wählte, in dem nach der Lebenserfahrung die gemeinsame Verminderung der Steuerlast im Vordergrund stand und damit die ehelichen Lebensverhältnisse prägte. Bis zur Rechtshängigkeit des Scheidungsverfahrens kann er insoweit auch die Tilgung für vermögensbildende Ausgaben absetzen, weil dies dem Pflichtigen über den Zugewinn zugute kommt, ab Rechtshängigkeit und nach der Scheidung im Einzelfall ebenfalls, wobei dann aber nach §§ 1361 III, 1579 Nr. 7 BGB eine Herabsetzung des Unterhaltsanspruchs nach Billigkeitsgesichtspunkten zu prüfen ist.[161]

8. Konsumverhalten und objektiver Maßstab für die Bedarfsbemessung

210 Sowohl bei der Bemessung des Trennungsunterhalts als auch des nachehelichen Unterhalts ist nach ständiger Rechtsprechung des BGH ein **objektiver Maßstab** anzulegen. Entscheidend ist derjenige Lebensstandard, der nach den von dem Einkommen geprägten ehelichen Lebensverhältnissen vom Standpunkt eines vernünftigen Betrachters aus als angemessen erscheint. Damit hat, gemessen am verfügbaren Einkommen, sowohl eine zu dürftige Lebensführung als auch ein übermäßiger Aufwand außer Betracht zu bleiben.[162] Nur in diesem Rahmen kann das tatsächliche Konsumverhalten der Ehegatten während des Zusammenlebens berücksichtigt werden.[163]

211 Der Bedürftige braucht sich nach der Trennung an einer während des Zusammenlebens in der Ehe zugunsten einer Vermögensbildung **übertriebenen Einschränkung des Konsumverhaltens** nicht mehr festhalten lassen. Er kann den nach den Einkommensverhältnissen bei objektiver Beurteilung angemessenen Unterhalt verlangen mit der Folge, dass der Verpflichtete die bisherige Vermögensbildung einzuschränken oder ganz zu unterlassen hat (s. oben Rn. 202). Gleiches gilt nach der bisherigen Rechtsprechung, wenn sich der

---

156 BGH, FamRZ 1987, 913, 916 = NJW-RR 1987, 1218; FamRZ 1984, 149, 151 = NJW 1984, 292

157 BGH, FamRZ 1987, 36, 39 = R 310 d

158 BGH, FamRZ 1994, 1100, 1102 = R 482 b

159 BGH, FamRZ 1998, 87, 88 = R 516 b; FamRZ 1992, 423 = R 442 b

160 BGH, FamRZ 1991, 1163, 1165 = R 437 b

161 BGH, a.a.O.

162 BGH, FamRZ 1989, 838 = R 341; FamRZ 1987, 36, 39 = R 310 d; FamRZ 1984, 358, 360 = NJW 1984, 1237; FamRZ 1983, 678 = R 168 a

163 BGH, FamRZ 1995, 869 = R 494; FamRZ 1989, 1160 = R 395 c; FamRZ 1988, 259, 262 = NJW 1988, 2376

eheliche Lebensstandard nach der Trennung wegen **trennungsbedingtem Mehrbedarf** anders nicht aufrechterhalten lässt[164] (vgl. Rn. 207).

Umgekehrt kann sich der Bedürftige nicht auf einen **überhöhten Aufwand** berufen, wenn die Eheleute während ihres Zusammenlebens erheblich über ihren wirtschaftlichen Verhältnissen oder gar zu Lasten einer Überschuldung **verschwenderisch** gelebt haben (s. auch Rn. 1/644 ff.). Auch in diesem Fall besteht kein Anspruch auf Fortsetzung des nicht realistischen bisherigen Lebensstandards. Unterhalt ist nur berechtigt in einem Umfang, der nach den Einkommensverhältnissen unter Berücksichtigung des Umfangs der bestehenden Verschuldung vom Standpunkt eines vernünftigen Betrachters aus als angemessen erscheint. 212

- Wurde während des Zusammenlebens ein nach objektiven Maßstäben **unvertretbar geringer Teil** des Einkommens zur **Rückführung von Verbindlichkeiten** aufgewendet, ist zu fragen, wie sich ein vernünftiger Betrachter bei Fortdauer der ehelichen Gemeinschaft verhalten hätte, und es ist dementsprechend auf einen **vernünftigen Tilgungsplan** abzustellen. Einkommensmindernd sind dann als Schuldenabzug Beträge in einer Höhe zu berücksichtigen, die im Fall der Fortdauer der ehelichen Gemeinschaft bei verantwortlicher Abwägung der Unterhaltsbelange und der Fremdgläubigerinteressen für die Schuldentilgung verwendet worden wären.[165]
- Haben sich die Eheleute während des Zusammenlebens **im Übermaß verschuldet,** muss das bisherige Konsumverhalten zugunsten einer Rückführung der bestehenden Verschuldung bei beiden Ehegatten eingeschränkt werden. Der Verpflichtete hat sich unter Ausnutzung aller zumutbaren Möglichkeiten um eine Rückgängigmachung der getroffenen Dispositionen und um die weitestmögliche Wiederherstellung seiner Leistungsfähigkeit – auch durch Verwertung von nicht dringend benötigten Vermögensobjekten – zu bemühen. Soweit dies nicht gelingt, muss sich der Bedürftige mit einer den notwendigen Unterhalt unterschreitenden Alimentierung zufriedengeben und sich fehlende Mittel unter äußerster Anstrengung seiner Kräfte durch einen über das allgemein Gebotene hinausgehenden Einsatz selbst verschaffen.[166]
- Genaueres zur Berücksichtigung von **ehebedingten Schulden** Rn. 1/622 ff.

Die Orientierung der Unterhaltsbemessung an einem objektiven Maßstab, d. h. am Durchschnittsverhalten vernünftiger Betrachter, ist Sache des **Tatrichters,** der zu diesem Zweck die konkreten Umstände des Einzelfalls zu beurteilen und abzuwägen hat. 213

9. Trennung und Scheidung als maßgeblicher Zeitpunkt für die Beurteilung des prägenden Charakters ehelicher Lebensverhältnisse beim nachehelichen Unterhalt

a) Zeitpunkt zur Feststellung der ehelichen Lebensverhältnisse. Nach ständiger Rechtsprechung des BGH sind für die Bemessung des nachehelichen Unterhalts die im **Zeitpunkt der Scheidung** prägenden ehelichen Lebensverhältnisse maßgeblich.[167] 214

Diese Rechtsprechung ist mit dem GG vereinbar.[168] Hierzu zählen auch Einkünfte aus einer nach Trennung/Scheidung aufgenommenen Erwerbstätigkeit als Surrogat der in der Ehe ausgeübten Familienarbeit.[169]

Der BGH begründet seine Auffassung im Wesentlichen damit, dass das Eheband und die daraus resultierende unterhaltsrechtliche Verantwortung der Eheleute bis zur Rechtskraft der Scheidung fortbesteht und dass deshalb auch der bis zur Auflösung der Ehe erreichte Lebenszuschnitt der Ehegatten maßgeblich sein muss, da die eheliche Lebensgemeinschaft jederzeit bis zu diesem Zeitpunkt wieder aufgenommen werden kann.[170] Die Rechtskraft

---

[164] BGH, FamRZ 1989, 1160 = R 395 c
[165] BGH, FamRZ 1982, 678 = NJW 1982, 678
[166] BGH, FamRZ 1984, 657 = R 216
[167] BGH, FamRZ 1999, 367, 368 = R 530 a; FamRZ 1994, 228 = R 471 b; FamRZ 1993, 1304 = R 464 a; FamRZ 1991, 307 = R 427 a; FamRZ 1990, 499, 502 = R 407 c
[168] BVerfG, FamRZ 1993, 171 = R 457
[169] BGH, FamRZ 2001, 986, 989 = R 563 c
[170] BGH, FamRZ 1999, 367, 368 = R 530 a; FamRZ 1984, 149 = NJW 1984, 292

der Scheidung setzt den Schlusspunkt hinter die gemeinsame wirtschaftliche Entwicklung der Ehe.[171]

Der unterhaltsberechtigte Ehegatte nimmt an einer **normalen Weiterentwicklung** der ehelichen Lebensverhältnisse von der **Trennung bis zur Scheidung** teil.[172] Die Einkommensverhältnisse, die während des Zusammenlebens in der Ehe den ehelichen Lebensstandard nachhaltig geprägt haben, behalten ihren Charakter als eheliche Lebensverhältnisse grundsätzlich auch während der Trennungszeit, selbst wenn sie sich während der Trennungszeit ändern. Dies gilt sowohl bei einer **normalen Weiterentwicklung** der wirtschaftlichen Verhältnisse bis zur Scheidung[173] als auch bei Aufnahme oder Ausweitung einer Berufstätigkeit nach Trennung/Scheidung als **Surrogat** der früheren Haushaltsführung.[174] Bei einer **nicht vorwerfbaren Herabsetzung** des Einkommens, z. B. durch Verrentung, Arbeitslosigkeit oder Gehaltsreduzierung, finden die gleichen Grundsätze Anwendung. Es handelt sich zwar insoweit nicht um die Teilhabe an dem durch gemeinsame Leistung in der Ehe erworbenen, sondern um die sachgerechte Verteilung eines durch Einkommensrückgang geschmälerten Bedarfs.[175] Auch bei Fortdauer der Ehe hätte der Bedürftige diese negative Einkommensentwicklung mitzutragen, durch die Scheidung kann er insoweit nicht besser gestellt werden.[176]

Die Teilnahme an der Fortentwicklung des Einkommens gilt im Übrigen auch **über die Scheidung hinaus,** wenn es sich um eine sog. Normalentwicklung handelt (näher Rn. 299 ff.), die durch die gemeinsame Lebensleistung erreicht wurde.[177]

215 Auszugehen ist daher stets von den Einkommensverhältnissen und sonstigen Umständen, wie sie im Zeitpunkt der Scheidung bestehen. Diese Verhältnisse sind festzustellen und daraufhin zu beurteilen, ob die **ehelichen Lebensverhältnisse** durch sie **nachhaltig geprägt** worden sind. Denn die zurzeit der Scheidung bezogenen Einkünfte und sonstigen Umstände bestimmen die ehelichen Lebensverhältnisse nur, soweit es sich um **prägende,** d. h. nachhaltig erzielte dauerhafte Einkünfte handelt.[178]

Für die Beurteilung des prägenden Charakters der ehelichen Lebensverhältnisse ist nach der Rechtsprechung des BGH entscheidungserheblich, ob die entsprechenden Verhältnisse schon **während des ehelichen Zusammenlebens** wenigstens **dem Grunde nach** bereits **prägend bestanden** und ob diese Umstände ihren prägenden Charakter bei Änderungen zwischen Trennung und Scheidung behalten haben. Eine Teilhabe des bedürftigen Ehegatten am Lebensstandard des Pflichtigen ist lediglich gerechtfertigt, wenn und soweit er durch die **gemeinsame Lebensleistung der Ehegatten** erreicht wurde.[179] Nur wenn dies bejaht werden kann, sind die Verhältnisse im Zeitpunkt der Scheidung der Unterhaltsbemessung als prägend zugrunde zu legen. Nach der geänderten Rechtsprechung des BGH ist dabei als dem Grunde nach bereits in der Ehe angelegt auch die Aufnahme oder Ausweitung einer Berufstätigkeit nach Trennung/Scheidung bei Haushaltsführung in der Ehe anzusehen (näher Rn. 184 a).[180]

216 **b) Prüfungszeitpunkte zur Feststellung der eheprägenden Verhältnisse.** Für die Prüfung der Frage, ob und in welcher Höhe ein Einkommen als prägend in die Bedarfsermittlung einfließt, ist **sowohl auf die Trennung als auch auf die Scheidung** abzustellen. Dabei empfiehlt sich eine abstrakte Betrachtung, d. h. ein Abstellen auf die zugrundeliegenden Einkommensquellen (näher unten Rn. 222). Auch die **geänderte Rechtspre-**

---

[171] BGH, FamRZ 2003, 590, 592 = R 586 b

[172] BGH, FamRZ 1999, 367, 368 = R 530 a; FamRZ 1994, 87 = R 468 c; FamRZ 1994, 228 = R 471 b

[173] BGH, FamRZ 2003, 590, 592 = R 586 b, c; FamRZ 2003, 848, 850 = R 588 a, c; FamRZ 1992, 1045 = R 448 a

[174] BGH, FamRZ 2001, 986, 989 = R 563 c

[175] BGH, FamRZ 2003, 590, 592 = R 586 a, c; FamRZ 2003, 848, 850 = R 588 a

[176] BGH a.a.O.

[177] BGH, FamRZ 2003, 590, 592 = R 586 a; FamRZ 2003, 848, 850 = R 588 a

[178] BGH, FamRZ 2003, 590, 592 = R 586 a, c; FamRZ 1990, 499, 502 = R 407 c; FamRZ 1993, 1304 = R 464 a; FamRZ 1994, 228 = R 471 b

[179] BGH, FamRZ 2003, 848, 850 = R 588 c; FamRZ 1987, 459, 460 = R 324 c

[180] BGH, FamRZ 2001, 986, 989 = R 563 c

chung des BGH zu den ehelichen Lebensverhältnissen hat an diesen Grundsätzen nichts geändert.[181]

- Vor der Trennung eingetretene Einkommensentwicklungen sind stets prägend.[182] Voraussetzung ist nur, dass es sich um **nachhaltig erzielte dauerhafte Einkünfte** handelte. Nur vorübergehende **kurzfristige Veränderungen** (Verbesserungen oder Verschlechterungen) sind unbeachtlich.[183] Kein dauerhaftes Einkommen liegt ferner nach der derzeitigen Rechtsprechung des BGH bei einer **unzumutbaren Tätigkeit** vor, da derjenige, der sie ausübt, unterhaltsrechtlich nicht gehindert ist, sie jederzeit wieder zu beenden.[184] Dies gilt sowohl für eine überobligatorische Tätigkeit des Bedürftigen[185] als auch des Pflichtigen.[186] Beim Pflichtigen hat der BGH seine Rechtsprechung inzwischen allerdings präzisiert, dass eine überobligatorische Tätigkeit bedarfsprägend berücksichtigt werden kann, wenn Treu und Glauben dies erfordert.[187] Der Rechtsprechung des BGH kann aber auch beim Berechtigten nicht gefolgt werden. Seit seiner geänderten Rechtsprechung zu den ehelichen Lebensverhältnissen ist auch das überobligatorische Einkommen des Bedürftigen aus Erwerbstätigkeit, wie er zunächst zutreffend ausgeführt hatte,[188] in der Höhe, in der es nach § 1577 II BGB angesetzt wird, eheprägend (eingehend Rn. 256 ff. und 1/544 a). Bei dem Hauptanwendungsfall der Berufstätigkeit trotz Betreuung kleiner Kinder ist aber vorab immer zu prüfen, inwieweit überhaupt eine unzumutbare Tätigkeit gegeben ist,. Soweit z. B. eine Frau trotz Betreuung kleiner Kinder bereits während der Ehe aus freien Stücken einen Beruf ausübte und ihre Tätigkeit nach der Trennung fortsetzt, liegt regelmäßig keine unzumutbare Tätigkeit vor[189] (vgl. näher Rn. 1/543 ff. mit weiteren Nachweisen). 217
- Einkommensänderungen zwischen Trennung und Scheidung sind **prägend,** wenn es **bereits bei der Trennung** entsprechende, wenn auch nicht gleich hohe Erwerbseinkünfte gegeben hat oder die Aufnahme bzw. Ausweitung der Erwerbstätigkeit **Surrogat der Familienarbeit** des Bedürftigen ist und die Weiterentwicklung der Einkommensverhältnisse und sonstigen Umstände bis zur Scheidung auf einem Normalverlauf beruhte. Dies gilt auch für Einkommensänderungen nach der Scheidung, wenn ihnen eine Entwicklung zugrunde liegt, die mit hoher Wahrscheinlichkeit zu erwarten war.[190] 218
  Die Voraussetzungen einer solchen normalen Weiterentwicklung des Erwerbseinkommens müssen somit bereits in den für die eheliche Lebensgestaltung vor der Trennung maßgeblichen Umständen begründet gewesen sein.[191] Im Zeitpunkt der Scheidung sind aus einer Erwerbstätigkeit erzielte Einkünfte damit immer **prägend,** wenn die Einkommensentwicklung nach den Verhältnissen während des ehelichen Zusammenlebens, d. h. nach den Verhältnissen in der Ehe bis zur Trennung angelegt war und auch ohne die Trennung erfolgt wäre[192] oder es sich bei dem Erwerbseinkommen um ein Surrogat der Haushaltsführung in der Ehe handelt.
- Eheprägend sind auch Einkommensveränderungen bei **Vermögenseinkünften** nach der Trennung, wenn die Einkunftsquelle bereits in der Ehe bestand (näher Rn. 261 ff.), z. B. bei Zinseinkünften aus Kapitalvermögen und Einkünften aus Vermietung/Verpachtung 219

[181] BGH, FamRZ 2003, 848, 850 = R 588 a; FamRZ 2003, 518, 520 = R 586 b
[182] BGH, FamRZ 1988, 259, 262 = NJW 1988, 2376
[183] BGH, FamRZ 1992, 1045, 1047 = R 448 b
[184] BGH, FamRZ 2003, 518, 520 = R 585 c; FamRZ 1998, 1501 = R 521 a; FamRZ 1985, 360 = R 244 b; FamRZ 1983, 146 = R 142 d, e
[185] BGH, FamRZ 2003, 518, 520 = R 585 c; FamRZ 1998, 1501, 1502 = R 521 a
[186] BGH, FamRZ 1983, 146 = R 142 d; FamRZ 1985, 360 = R 244 b
[187] BGH, FamRZ 2003, 848, 851 = R 588 d; FamRZ 2001, 350 = R 551 c
[188] BGH, FamRZ 2001, 1687, 1691 = R 566 b
[189] BGH, FamRZ 1998, 1501, 1502 = R 521 a
[190] BGH, FamRZ 2003, 848, 850 = R 588 c; FamRZ 1994, 228 = R 471 b
[191] BGH, FamRZ 2003, 590, 592 = R 586 b; FamRZ 1988, 259, 262 = NJW 1988, 2376; FamRZ 1988, 927, 929 = R 358 e; FamRZ 1982, 576
[192] BGH, FamRZ 1994, 228 = R 471 b; FamRZ 1991, 307 = R 427 a; FamRZ 1988, 927 = R 358 e; FamRZ 1985, 161, 162

oder es sich um das **Surrogat früherer Vermögenseinkünfte** handelt, z. B. Zinseinkünfte aus Veräußerung des Familienheimes (näher Rn. 1/383 ff.).[193]

220 • Kommt es **nach der Trennung** zu einer **unerwarteten, außerhalb des Normalverlaufs** liegenden Einkommensentwicklung, kann nicht mehr davon ausgegangen werden, dass die bei Scheidung erzielten Einkünfte noch ein Ausdruck der ehelichen Lebensverhältnisse sind, wie sie während des Zusammenlebens in intakter Ehe bis zur Trennung bestanden haben.[194] Dies hat der BGH bereits im sogenannten Pelzhändlerfall entschieden.[195] Auch nach seiner **geänderten Rechtsprechung zu den ehelichen Lebensverhältnissen** hat der BGH an diesen **Grundsätzen festgehalten.**[196]
Bei einer solchen, vom Normalverlauf abweichenden Entwicklung ist daher auch ein im Zeitpunkt der Scheidung erzieltes Einkommen **nur in der Höhe prägend** geblieben, in der es im Zeitpunkt der Trennung prägend war. Bei langjähriger Trennung kann dieser Betrag fiktiv nach den Indexdaten der statistischen Jahrbücher auf den Zeitpunkt der Scheidung hochgerechnet werden.[197]
Eine unerwartete, vom Normalverlauf abweichende Einkommensentwicklung liegt bei einer sog. **Leistungsbeförderung** bzw. einem **nicht voraussehbaren Karrieresprung**[198] oder einer besonderen unternehmerischen Leistung[199] nach der Trennung vor.

221 • Bei **Vermögenseinkünften** liegt eine **unerwartete Einkommensentwicklung** vor, wenn sie erstmals nach der Trennung entstehen und damit der Ehepartner an diesen Einkünften während des Zusammenlebens niemals partizipiert hat, d. h. der Lebensstandard durch sie nie geprägt wurde. Dies gilt vor allem für Zinseinkünfte, die erst **nach der Trennung erstmals entstanden** sind, z. B. aus einer erst nach der Trennung angefallenen **Erbschaft** (näher Rn. 262),[200] erst nach der Trennung neu entstandenen Kapitaleinkünften und für eine nach der Trennung bezahlte Nutzungsentschädigung für eine gemeinsame Immobilie.[201] Entsprechendes gilt für erst nach der Scheidung entstandene Vermögenseinkünfte z. B. Zinseinkünfte aus dem **Zugewinn** (näher Rn. 264);[202] der Zugewinn beruht idR auf Vermögen, aus dem in der Ehe noch keine Nutzung gezogen wurde, z. B. einem Anfangsvermögen oder der Bewertung einer Lebensversicherung, einer Praxis, im Alleineigentum eines Ehegatten stehenden Gegenständen usw. Hieraus bezogene Einkünfte sind damit nicht wie bei der Veräußerung des Familienheimes Surrogat eines früheren Einkommens, sondern neu entstandene Kapitaleinkünfte, die allein auf der Trennung beruhen. Eine Ausnahme besteht nur, wenn der Zugewinn lediglich zu einer Aufteilung bisher allein von einem Ehegatten bezogenen Zinsen aus Wertpapieren beruht.[203] Dies wird mE bei obergerichtlichen Entscheidungen übersehen, die die Surrogatslösung des BGH bei der Veräußerung des Familienheimes auch auf Einkünfte aus dem Zugewinn übertragen.[204] Der BGH hat zu dieser Frage seit seiner geänderten Rechtsprechung zu den ehelichen Lebensverhältnissen noch nicht Stellung genommen.

221 a • Auch im **Ausgabenbereich** ist für die Prüfung der Eheprägung zunächst auf die Trennung abzustellen, soweit die Ausgaben auf dem persönlichen Konsumverhalten der Eheleute oder trennungsbedingten Umständen beruhen. **Prägend** sind damit die in der Ehe bereits vorhanden Schulden, ebenso deren Wegfall (näher Rn. 295 und 1/622 ff.) oder

---

193 BGH, FamRZ 2002, 88 = R 569 b; FamRZ 2001, 1140 = R 560 b; FamRZ 2001, 986, 991 = R 563 e
194 BGH, FamRZ 1982, 576, 578 = R 114 b
195 BGH, FamRZ 1982, 576, 578 = R 114 b
196 BGH, FamRZ 2003, 848, 850 = R 588 c; FamRZ 2003, 590, 592 = R 586 b
197 BGH, FamRZ 1982, 576, 578 = R 114 b
198 BGH, FamRZ 2001, 986, 991 = R 563 c; FamRZ 1990, 1085 = R 423 b; FamRZ 1987, 913, 915 = R 339 c
199 BGH, FamRZ 1982, 576, 578 = R 114 b
200 BGH, FamRZ 1988, 1145; OLG Frankfurt, FamRZ 1986, 165; OLG Hamm, FamRZ 1992, 1184
201 Gerhardt, FamRZ 2002, 272
202 BGH, FamRZ 1985, 357 = R 243 d
203 Gerhardt a.a.O.
204 OLG Saarbrücken, FamRZ 2003, 685

nach einem objektiven Maßstab anzuerkennende vermögensbildende Ausgaben, **nichtprägend** nach der Trennung neu entstandener Verbindlichkeiten (näher Rn. 1/629 ff.). Eine **Ausnahme** macht der BGH lediglich beim Unterhalt von erst nach der Trennung, aber vor Rechtskraft der Scheidung geborenen Kindern aus einer Beziehung mit einem neuen Partner, im Ergebnis aber nur, um die Kinder besser zu schützen, da sie sich im Gegensatz zu Erwachsenen nicht selbst unterhalten können und damit an sich generell vorrangig sein müssten. Der insoweit zu leistende Kindesunterhalt ist eheprägend (näher Rn. 188). Andere Kriterien gelten, soweit es sich um vom Gesetzgeber vorgeschriebene Ausgabenpositionen handelt (Steuer, Vorsorgeaufwendungen) oder sie zur Erzielung von Erwerbseinkünften erforderlich sind (berufsbedingte Aufwendungen, Kinderbetreuungskosten); insoweit ist immer auf die tatsächlich zu leistenden Kosten abzustellen (näher Rn. 186, 193).

Zusammenfassend ist daher festzustellen, dass nach der Rechtsprechung des BGH zwar von den Verhältnissen im Zeitpunkt der Scheidung auszugehen ist, dass aber der **prägende Charakter** dieser Verhältnisse danach zu beurteilen ist, ob die entsprechenden Verhältnisse bereits im **Zeitpunkt der Trennung** prägend vorhanden waren und ob sich diese Verhältnisse bis zur Scheidung normal weiterentwickelt haben und deshalb auch im Zeitpunkt der Scheidung als prägend zu berücksichtigen bzw. Surrogat der gleichwertigen früheren Haushaltsführung sind. In diesem Sinn sind alle Veränderungen zwischen Trennung und Scheidung in diese Beurteilung miteinzubeziehen. 222

Der **Endpunkt für diese Entwicklung** der prägenden ehelichen Verhältnisse tritt nach BGH mit **Rechtskraft** der Scheidung ein. Deshalb sind bei der Entscheidung über den nachehelichen Unterhalt die ehelichen Lebensverhältnisse maßgebend, wie sie sich bis zur Scheidung prägend weiterentwickelt haben. Im Ergebnis handelt es sich aber insoweit nur um die Feststellung der abstrakten Grundlagen der Unterhaltsberechnung, d. h. ob in der Ehe gearbeitet wurde und um welche Tätigkeit es sich handelte, ob ein Ehegatte die gleichwertige Familienarbeit übernommen hatte und jetzt erwerbstätig ist, ob Vermögenseinkünfte erzielt wurden, welche Ausgaben die Eheleute hatten usw.[205] Einkommensveränderungen nach der Scheidung sind ebenfalls eheprägend, soweit sie auf einer normalen Entwicklung beruhen, wobei diese Grundsätze nicht nur bei Einkommenserhöhungen, sondern auch bei nicht vorwerfbaren Einkommenssenkungen gelten.[206] Das Gleiche gilt bei Wegfall von Schulden oder Kindesunterhalt, wodurch sich das Realeinkommen erhöht. Der Bedarf nach den ehelichen Lebensverhältnissen ist damit keine Konstante, sondern eine sich entsprechend den der konkreten Unterhaltsberechnung zugrundeliegenden Zahlen ständig verändernde Variable. Konstant bleiben nur die bei der Scheidung als prägend festgelegten abstrakten Grundlagen der Einkommensverhältnisse.[207] Im Ergebnis ist darauf abzustellen, welche auf dem Zusammenleben in der Ehe beruhende Einkommensentwicklungen auch ohne Scheidung eingetreten wären.[208]

c) Bei **Abänderungsklagen** für spätere Zeiträume ist die Unterhaltsbemessung an den festgestellten oder festzustellenden prägenden Verhältnissen im Zeitpunkt der Scheidung auszurichten.[209] 223

Deshalb sind die maßgeblichen prägenden ehelichen Lebensverhältnisse im Urteil bindend festzustellen.[210] Für die Beurteilung der prägenden ehelichen Lebensverhältnisse im Zeitpunkt der Scheidung gelten die gleichen Grundsätze.

d) Die **geänderte Rechtsprechung** des BGH zu den ehelichen Lebensverhältnissen führte zu einer dringend erforderlichen **Vereinfachung der Unterhaltsrechtsprechung.** Erwerbseinkünfte sind idR eheprägend mit Ausnahme von Erhöhungen durch einen sogenannten Karrieresprung. Bei Vermögenseinkünften ist zu differenzieren, ob es sich um bereits in der Ehe während des Zusammenlebens vorhandenes Einkommen bzw. Surrogate 224

205 Gerhardt, FamRZ 2003, 272
206 BGH, FamRZ 2003, 590, 592 = R 586 a, c; FamRZ 2003, 848, 849 = R 588 a
207 Gerhardt, FamRZ 2003, 272
208 BGH, FamRZ 2003, 848, 849 = R 588 a
209 BGH, FamRZ 1985, 371, 373
210 BGH, a.a.O.

hieraus handelt (= eheprägend) oder um nach der Trennung neu entstandene Einkünfte (= nichtprägend). Im Ausgabenbereich wurde die Rechtsprechung des BGH nicht geändert, es handelt sich im Ergebnis um eine praxisorientierte Fallrechtsprechung.[211]

10. Maßgeblicher Zeitpunkt für die Beurteilung des prägenden Charakters ehelicher Lebensverhältnisse beim Trennungsunterhalt

225 Beim Trennungsunterhalt sind für die Bedarfsbemessung maßgeblich die ehelichen Lebensverhältnisse in den **Zeiträumen** zwischen Trennung und Scheidung, **für die Unterhalt verlangt wird.** In der Regel sind es die Verhältnisse im Zeitpunkt der Entscheidung, sofern diese vor Rechtskraft des Scheidungsurteils ergeht. In diese Beurteilung ist die voraussehbare weitere Entwicklung bis zur Scheidung miteinzubeziehen. Genaueres dazu Rn. 228 ff.

226 Die bestimmenden ehelichen Lebensverhältnisse sind beim Trennungsunterhalt **inhaltsgleich** mit denen des nachehelichen Unterhalts. Deshalb gelten auch für den Trennungsunterhalt die Ausführungen zu Rn. 166 ff.

227 Auch beim Trennungsunterhalt ist **der prägende Charakter** der ehelichen Lebensverhältnisse danach zu beurteilen, ob die entsprechenden Verhältnisse bereits bei Trennung prägend bestanden haben bzw. Surrogat der gleichwertigen Familienarbeit sind und ob sie sich seit der Trennung bis zur Scheidung normal weiterentwickelt haben. Bei einer **unerwarteten, vom Normalverlauf abweichenden Entwicklung** sind die neuen Verhältnisse **nicht prägend.** Hier gilt insoweit das Gleiche wie zu Rn. 216 ff., bezogen allerdings nicht auf den Zeitpunkt der Scheidung, sondern der Entscheidung über den Trennungsunterhalt.

II. Überblick zu den prägenden und nichtprägenden Einkünften sowie Änderungen der Einkommensverhältnisse zwischen Trennung und Scheidung

1. Überblick zu den prägenden und nichtprägenden Einkünften

228 **a) Einkünfte** fließen in unterschiedlicher und sich ändernder Höhe aus verschiedenen konkreten Einkunftsquellen.

Die wichtigsten Einkunftsquellen sind:

- **Erwerbseinkünfte** (z. B. aus abhängiger oder selbstständiger Erwerbstätigkeit).
- **Vermögenseinkünfte** (z. B. Mietzinsen, Kapitalzinsen, Unternehmensbeteiligungen, Nutzungsentschädigungen, Wohnvorteil u. ä.).
- **Sonstige** gesetzliche oder soziale Leistungen des Staates, (z. B. Arbeitslosengeld, Krankengeld, Pflegegeld, Renten (hierzu näher Rn. 338 ff.).
- Vermögenswerte Vorteile (z. B. private Nutzung eines Firmenwagens, Haushaltsführung für einen neuen Partner).

229 **b)** Wie bereits ausgeführt, beurteilt sich der **prägende Charakter** von Einkünften bis zur Scheidung in erster Linie danach, ob die aus einer konkreten Einkunftsquelle geflossenen Einkünfte als in der Ehe angelegt und damit als prägend angesehen werden können.

Dies kann bejaht werden, wenn die **konkrete Einkunftsquelle in der Ehe vorhanden** war und die Einkünfte aus dieser Einkunftsquelle auf Grund der Aufgabenverteilung in der Ehe und der sonstigen gemeinsamen Eheplanung zu erzielen waren (s. Rn. 214 ff.) oder ein **Surrogat der gleichwertigen Familienarbeit** (s. Rn. 184 a ff., 252 ff.) bzw. **vorhandener Vermögenseinkünfte** sind (s. Rn. 261 ff. und 1/383 ff.). Danach sind im Zeitpunkt der Trennung in der Regel prägend:

- Einkünfte, die **bis zur Trennung** aus einer Einkunftsquelle geflossen sind, weil in der Regel anzunehmen ist, dass die Erzielung solcher Einkünfte aus den in der Ehe angelegten Einkunftsquellen der ehelichen Lebensplanung entspricht (s. näher Rn. 218, 230).

---

[211] Gerhardt, FamRZ 2003, 272

- Einkünfte, die zwar erstmals nach der Trennung aus einer Einkunftsquelle fließen, aber Surrogat der gleichwertigen Familienarbeit sind oder Surrogat nach einer Vermögensumschichtung (z. B. Zinsen statt Wohnwert bei Veräußerung des Familienheimes).

c) Prägende Einkünfte: 230

- Einkünfte, die im Zeitpunkt der Trennung als prägend beurteilt werden können, **behalten ihren prägenden Charakter,** wenn sie aus der gleichen Einkunftsquelle normal weiterfließen.
- Einkommensänderungen sind **in der bis zur Scheidung erzielten Höhe** prägend, wenn die Einkommensentwicklung zwischen Trennung und Scheidung einem **Normalverlauf** entspricht (s. näher Rn. 218, 235 ff.). Dies gilt sowohl für übliche Gehaltssteigerungen oder sog. Regelbeförderungen (s. Rn. 240 ff.) als auch für Einkommensreduzierungen z. B. durch nichtvorwerfbare Gehaltssenkungen, unverschuldete Arbeitslosigkeit oder Pensionierung (s. Rn. 238 ff.).
- Bei einer unerwarteten, vom Normalverlauf erheblich abweichenden Einkommensentwicklung (z. B. einem Karrieresprung) sind solche Einkünfte auch im Zeitpunkt der Scheidung nur in der vor Beginn der vom Normalverlauf abweichenden Entwicklung erzielten Höhe prägend (s. näher Rn. 220, 246).
- Nach der Trennung erstmalig erzielte Erwerbseinkünfte, die als Surrogat der Haushaltsführung in der Ehe anzusehen sind (näher Rn. 184 a ff., 252 ff.).
- **Fiktive Einkünfte des Bedürftigen** wegen Verstoß gegen die Erwerbsobliegenheit als Surrogat der Haushaltsführung in der Ehe (näher Rn. 272 ff.) und **des Pflichtigen** in Höhe der bei Trennung bereits prägenden Einkünfte, wenn er sich nach Treu und Glauben nicht auf eine nach Trennung eingetretene Leistungsunfähigkeit oder Leistungsminderung berufen darf oder bei unverschuldetem Arbeitsplatzverlust ein Verstoß gegen die Erwerbsobliegenheit zu bejahen ist. Es darf sich dabei aber immer nur um in der Ehe bereits vorhandene Einkünfte handeln, nicht um lediglich gedachte wirtschaftliche Verhältnisse, die keine Grundlage in der tatsächlichen Einkommenssituation des Unterhaltspflichtigen haben (näher Rn. 276).
- **Vermögenseinkünfte,** die nach einer Vermögensumschichtung als **Surrogat** von in der Ehe vorhandenem Einkommen anzusehen sind, z. B. Zinsen aus dem Verkaufserlös des Familienheimes anstelle des früheren Wohnwertes, auch wenn sie sich durch die Umschichtung erhöhten (näher Rn. 1/383 ff.).
- Auch nachhaltige **Änderungen im Ausgabenbereich** (dazu Rn. 185, 292 ff.) prägen die Einkommensverhältnisse bis zur Scheidung mit, sofern sie sich auf prägende Einkünfte beziehen. Solche prägende Ausgaben mindern das unterhaltsrechtlich relevante Einkommen, bzw. erhöhen es, wenn sie wegfallen.

d) Nichtprägende Einkünfte: 231

- Einkünfte aus einer bei Trennung bereits bestehenden Erwerbsquelle, wenn und soweit diese Mehreinkünfte auf einer **unerwarteten, vom Normalverlauf erheblich abweichenden Entwicklung** beruhen (vgl. Rn. 220, 246 ff.).
- **Vermögenseinkünfte,** die ohne Trennung nicht entstanden wären oder erst nach der Trennung fließen, z. B. Zinsen aus einer erst nach der Trennung erfolgten Erbschaft (näher Rn. 221, 263 ff.).
- Änderungen im **Ausgabenbereich** sind nicht nichtprägend, wenn sich die Ausgaben nur auf nichtprägende Einkünfte beziehen oder wenn es sich um erstmals **nach der Trennung** von einem Ehepartner aufgenommene neue Schulden (näher Rn. 1/629) oder vermögensbildende Ausgaben (näher Rn. 1/659) oder um **nach der Scheidung** entstandene neue Unterhaltspflichten für minderjährige Kinder (näher Rn. 191) bzw. **nach der Trennung** entstandene nachrangige Unterhaltslasten, z. B. für die Eltern, handelt (näher Rn. 191). Solche Ausgaben prägen das unterhaltsrechtlich relevante Einkommen nicht und dürfen deshalb nicht von diesem abgezogen werden (s. Rn. 298).

e) Umstrittene Fragen: 231 a

• Einkommen aus **überobligatorischer Tätigkeit** ist nach BGH auch nach seiner geänderten Rechtsprechung beim Bedürftigen nichtprägend.[212] Beim Pflichtigen ist es nach

[212] BGH, FamRZ 2003, 518, 520 = R 585 a mit zustimmender Anm. Gutdeutsch, FamRZ 2003, 1002

Treu und Glauben im Einzelfall teilweise prägend.[213] Die Rechtsprechung des BGH zu dieser Frage ist allerdings widersprüchlich, da er zunächst ausgeführt hatte, dass auch beim Bedürftigen überobligatorisches Einkommen Surrogat der früheren Haushaltsführung sein kann.[214] Nach überwiegender Auffassung der Obergerichte[215] und den Empfehlungen des Arbeitskreises 13 des 14. Deutschen Familiengerichtstages[216] ist auch ein Einkommen aus unzumutbarer Tätigkeit zumindest teilweise, z. B. nach Kürzung um einen Betreuungsbonus eheprägend (näher Rn. 256 und 1/543 ff.). Die Frage liegt dem BGH erneut zur Entscheidung vor.

• **Einkommen aus Haushaltsführung für einen neuen Lebenspartner** war nach der früheren Rechtsprechung des BGH nichtprägend,[217] nach seiner geänderten Rechtsprechung zu den ehelichen Lebensverhältnissen ist es als Surrogat der Haushaltsführung in der Ehe prägend.[218] Nach OLG Oldenburg und OLG München handelt es sich weiterhin um nichtprägendes Einkommen.[219] Maßgebend ist insoweit vor allem, weshalb hierfür ein Einkommen angesetzt wird, als Vergütungsleistung, aus Billigkeitsgründen oder wegen ersparter Aufwendungen (näher Rn. 260 a ff. und 1/471 ff.). Auch diese Frage liegt dem BGH zur erneuten Entscheidung vor.

232 **f)** Besondere Probleme entstehen, wenn aus einer Erwerbsquelle nach der Trennung keine Einkünfte mehr erzielt werden, z. B. bei **Arbeitsplatzverlust** (s. dazu Rn. 284 ff.), oder wenn die **Erwerbsquelle ausgewechselt** wird, z. B. bei Arbeitsplatzwechsel, Berufswechsel oder beruflicher Verselbstständigung (s. dazu Rn. 280 ff.).

- Das bisherige Einkommen bleibt (fiktiv) **prägend,** d. h. Änderungen sind unterhaltsrechtlich unbeachtlich, wenn die Änderungen durch ein **unterhaltsrechtlich vorwerfbares,** zumindest **leichtfertiges Verhalten** des betroffenen Ehegatten verursacht wurden und wenn sich die Änderungen nachteilig auf den anderen Ehegatten auswirken.
- Das Einkommen aus der neuen Tätigkeit tritt **prägend** an die Stelle der ausgewechselten alten Tätigkeit (vgl. Rn. 234 ff.), wenn der betroffene Ehegatte die Änderung **nicht leichtfertig verschuldet** hat oder wenn sich die Änderung ohnehin nicht zum Nachteil des anderen Ehegatten auswirkt.
- Ein dabei entstehendes **Mehreinkommen** ist **nichtprägend,** wenn es sich bei der Änderung um eine **unerwartete,** vom Normalverlauf abweichende **Entwicklung** handelt (s. nachfolgend Rn. 283).

233 **g)** Besondere Probleme entstehen außerdem, wenn sich ein Ehegatte trotz einer bestehenden Erwerbsobliegenheit **nicht ernsthaft** und in ausreichendem Maß um eine zumutbare Erwerbstätigkeit **bemüht,** so dass ihm erzielbare Einkünfte **fiktiv** zugerechnet werden (s. Rn. 1/487 ff.).

Durch ein nicht vorhandenes Einkommen kann der Lebensstandard weder aufgebaut noch aufrechterhalten werden. Die Zurechnung fiktiver Einkünfte ist nur zu verstehen als **unterhaltsrechtliche Sanktion** gegen ein unterhaltsrechtlich vorwerfbares pflichtwidriges Verhalten. Dagegen können **lediglich gedachte wirtschaftliche Verhältnisse,** die keine Grundlage in der tatsächlichen Einkommenssituation in der Ehe haben, die ehelichen Verhältnisse nicht prägen; geht der Pflichtige trotz eines höheren Ausbildungslevels in der Ehe nur einer untergeordneten Tätigkeit nach oder arbeitet er, um mehr Freizeit zu haben, in der Ehe nicht ganztags, sondern nur teilweise, kann für den Ehegattenunterhalt kein über dem in der Ehe erzielten Einkommen liegendes fiktives Einkommen angesetzt werden. Ansonsten ist nach der **geänderten Rechtsprechung des BGH** zu den ehelichen Lebensverhältnissen das wegen Verstoß gegen die Erwerbsobliegenheit fiktiv angesetzte Einkom-

---

[213] BGH, FamRZ 2003, 848, 851 = R 588 d; FamRZ 2001, 350 = R 551 c
[214] BGH, FamRZ 2001, 1687, 1691 = R 566 b
[215] OLG Hamm, FamRZ 2002, 1708; OLG München, FamRZ 2002, 1407; OLG Köln, FamRZ 2002, 463; OLG Koblenz, FamRZ 2003, 611; OLG Karlsruhe, NJW 2002, 900
[216] Brühler Schriften zum Familienrecht Bd. 12, 14. Deutscher Familiengerichtstag 2001, Beschlüsse des Arbeitskreises 13 zu I 5
[217] BGH, FamRZ 1995, 343 = R 489 c
[218] BGH, FamRZ 2001, 1693, 1696 = R 567 b
[219] OLG Oldenburg, FamRZ 2002, 1488; OLGR München, FuR 2003, 329

men nicht nur wie bisher beim Pflichtigen, sondern auch beim Bedürftigen eheprägend (näher Rn. 272 ff.).

- Beim **Berechtigten,** der in der Ehe keiner oder nur einer Teilzeiterwerbstätigkeit nachgegangen ist, sind die wegen Verstoß gegen die Erwerbsobliegenheit angesetzten fiktiven Einkünfte **Surrogat** der früheren Familienarbeit und damit **prägende Einkünfte.**[220] Die Sanktion liegt in dem Ansatz eines fiktiven Einkommens über das der Bedürftige tatsächlich nicht verfügt (näher Rn. 274).
- Dem **Verpflichteten** sind fiktive Einkünfte wie **prägende Einkünfte** zuzurechnen, d. h. sie sind ebenfalls bei der Bedarfsbemessung zu berücksichtigen, weil sonst sein pflichtwidriges Verhalten ohne unterhaltsrechtliche Sanktionen bliebe. Er wird unterhaltsrechtlich so gestellt, als ob er pflichtgemäß die fiktiven Einkünfte als prägende Einkünfte erzielen würde und einen entsprechenden Unterhalt an den anderen Ehegatten zahlen könnte. Deshalb sind auch beim Verpflichteten fiktiv zuzurechnende Einkünfte bereits bei der Bedarfsbemessung zu berücksichtigen und außerdem im Rahmen der Beurteilung seiner Leistungsfähigkeit. Diese Einkünfte müssen sich aber an den **Verhältnissen in der Ehe** orientieren, nicht an einem zwar möglicherweise erreichbaren, aber nie erzielten Einkommen (s. näher Rn. 276).

2. Normale Einkommensänderungen und vom Normalverlauf erheblich abweichende Einkommensänderungen

a) Prägendes Erwerbseinkommen. Einkünfte aus der **gleichen Einkunftsquelle,** die bereits bei der Trennung prägend waren, bleiben in der bis zur Scheidung erzielten Höhe **prägend,** wenn die Veränderungen zwischen Trennung und Scheidung einer normalen Weiterentwicklung entsprechen. 234

Für die Beurteilung des prägenden Charakters von Einkünften ist der Lebenszuschnitt maßgeblich, den die Eheleute durch ihre Leistungen begründet haben, wobei eine normale Entwicklung der wirtschaftlichen Verhältnisse bis zur Scheidung miteinbezogen sein soll.[221] Haben sich die Einkommensverhältnisse bei keiner Partei nach der Trennung außergewöhnlich verändert, prägen die zuletzt bezogenen Einkünfte die ehelichen Lebensverhältnisse.[222]

Von einer solchen normalen Weiterentwicklung ist auszugehen, wenn das Einkommen in der fraglichen Zeit nicht in einer von der allgemeinen Einkommensentwicklung und den gestiegenen Lebenshaltungskosten auffällig abweichenden Weise angewachsen ist.[223]

Die Einkommensänderungen zwischen Trennung und Scheidung entsprechen einer **normalen Weiterentwicklung,** wenn die Voraussetzungen dieser Weiterentwicklung in den für die eheliche Lebensgestaltung maßgebenden Umständen vor der Trennung begründet wurden.[224] Der Bedürftige soll mit dem Unterhalt weiterhin am Lebensstandard, der durch die gemeinsamen Leistungen in der Ehe erreicht wurde, teilhaben.[225] 235

Die Beurteilung, dass eine vom Normalverlauf nicht abweichende Einkommensentwicklung das zuletzt bezogene Einkommen prägt, gilt in gleicher Weise **für Einkünfte des Verpflichteten** und **Einkünfte des Berechtigten.**[226]

- Eine solche normale Weiterentwicklung ist zu bejahen, wenn der für eine Einkommenssteigerung entscheidende **berufliche Aufstieg** (zum geschäftsführenden Sparkassendirektor) noch **vor der Trennung** lag. Die nach dem Aufstieg eingetretenen Einkommensverbesserungen sind dann nicht unerwartet und außergewöhnlich.[227] 236

---

220 BGH, FamRZ 2003, 434 = R 589; FamRZ 2001, 1291 = R 564 c; FamRZ 2001, 1693 = R 567 a
221 BGH, FamRZ 1994, 228 = R 471 b; FamRZ 1986, 437 = NJW 1986, 1342
222 BGH, FamRZ 1986, 244 = R 280 a
223 BGH, FamRZ 1987, 257, 259
224 BGH, FamRZ 1982, 576
225 BGH, FamRZ 2003, 590, 592 = R 586 a, c
226 BGH, FamRZ 1982, 892
227 BGH, FamRZ 1988, 259, 262 = NJW 1988, 2376

237 • Prägend ist, wenn sich das Einkommen im Zuge **allgemeiner Einkommenssteigerung** nach der Trennung erhöht.[228]

238 • Entsprechendes gilt bei **Einkommensminderungen.** Es handelt sich insoweit nicht um die Teilhabe am durch gemeinsame Leistungen in der Ehe erreichten Lebensstandard, sondern um die **sachgerechte Verteilung** einer durch Einkommensrückgang erzwungenen Schmälerung des Bedarfs. Da der Bedürftige durch die Trennung nicht besser gestellt werden soll, als er ohne Trennung stünde, hat er auch eine Reduzierung des Bedarfs hinzunehmen, soweit der Einkommensrückgang auf nicht vorwerfbaren Gründen beruht.[229] Wird z. B. der Verpflichtete in der Trennungszeit pensioniert, dann sind ab dem Zeitpunkt der Pensionierung die Altersbezüge als Ersatz für die Einkünfte aus der früheren Erwerbstätigkeit prägend[230] (vgl. auch Rn. 338 ff.); ebenso, wenn statt dem Gehalt Krankengeld[231] oder wegen unverschuldeter Arbeitslosigkeit Arbeitslosengeld[232] bezogen wird (vgl. auch Rn. 286).

239 • Veräußert der Verpflichtete nach der Trennung unter Aufgabe seiner bisherigen Tätigkeit in einer Gesellschaft mit einem Jahreseinkommen zwischen 150 000 € und 200 000 € seine Gesellschaftsanteile auf **Leibrentenbasis,** um sich entsprechend seiner Lebensplanung gegen Ende seines Erwerbslebens aus dem aktiven Geschäftsleben zurückzuziehen, entspricht die dadurch eintretende **Absenkung des Lebensstandards** einer natürlichen Entwicklung am Ende eines Erwerbslebens und ist als Normalentwicklung hinzunehmen.[233] Das Gleiche gilt, wenn wegen sehr guter Einkommensentwicklung eine **konkrete Bedarfsermittlung** stattfand (näher Rn. 366 ff.) und der Pflichtige im Ruhestand **deutlich geringere Versorgungsbezüge** hat;[234] diese Versorgungsbezüge sind auch **nicht anzuheben mit Kapitaleinkünften,** die der Pflichtige erst nach der Scheidung erworben hat, da es sich insoweit nicht mehr um die Teilhabe an der gemeinsamen Lebensleistung handelt.[235]

239 a Prägend ist auch ein nichtvorwerfbarer **Einkommensrückgang nach einem Arbeitsplatzwechsel,** z. B. nach einer unverschuldeten Kündigung und Aufnahme eines neuen Arbeitsplatzes.[236] Das Gleiche gilt, wenn es bei gleich bleibendem Arbeitsplatz aus **betriebs- oder konjunkturell bedingten Gründen** zu einer Absenkung des Einkommens kommt. Ist dem Pflichtigen ein unterhaltsbezogen leichtfertiges Verhalten beim Arbeitsplatzwechsel vorzuwerfen, bleibt hingegen das bisherige Einkommen (fiktiv) prägend (näher Rn. 275). Wurde bei einer Kündigung vom Arbeitgeber eine **Abfindung** bezahlt und findet der Pflichtige ohne Verletzung seiner Erwerbsobliegenheit nur einen schlechter dotierten Arbeitsplatz, ist die Abfindung nicht zur Aufstockung des Einkommens auf das frühere Niveau heranzuziehen; denn der Bedürftige hat wie in der Ehe auch nach der Trennung das Risiko der dem Pflichtigen nicht vorwerfbaren negativen Einkommensentwicklung mitzutragen.[237]

239 b • Geht der Pflichtige nach der Trennung in **Altersteilzeit** und senkt sich dadurch sein Einkommen, ist eine umfassende Einzelfallprüfung vorzunehmen, ob ein unterhaltsbezogen leichtfertiges Verhalten vorliegt (gefährdeter Arbeitsplatz, gesundheitliche Beeinträchtigung, Lebensplanung in der Ehe, finanzielle Verhältnisse des Bedürftigen)[238] Die Vereinbarung der Altersteilzeit für sich allein kann nicht bereits als leichtfertiges Verhalten angesehen werden, nach dem der Gesetzgeber diese Möglichkeit aus arbeitsmarktpoliti-

[228] BGH, FamRZ 1987, 459 = R 324 c; FamRZ 1982, 576 = NJW 1982, 1870
[229] BGH, FamRZ 2003, 848, 849 = R 588 a; FamRZ 2003, 590, 592 = R 586 a, c
[230] BGH, FamRZ 2003, 848, 850 = R 588 c; FamRZ 1988, 259, 262 = NJW 1988, 2376; FamRZ 1988, 817, 819 = NJW 1988, 2101
[231] BGH, FamRZ 1987, 913 = NJW-RR 1987, 2376
[232] BGH, FamRZ 1985, 374
[233] BGH, FamRZ 1994, 228 = R 471 b
[234] BGH, FamRZ 2003, 848, 850 = R 588 a
[235] BGH a.a.O.
[236] BGH, FamRZ 2003, 590, 592 = R 586 a, c
[237] BGH, FamRZ 2003, 590, 592 = R 586 d
[238] OLG Hamm, NJW-RR 2001, 434; FamRZ 1999, 1079

schen Gründen geschaffen hat. In der Praxis werden idR keine dem Pflichtigen vorwerfbaren Gründe vorliegen, soweit zumindest der angemessene Bedarf des Berechtigten gedeckt bleibt, so dass die eingetretene Einkommensreduzierung **eheprägend** ist.

- Bei **Einkommenserhöhungen** nach der Trennung durch einen **beruflichen Aufstieg** liegt eine prägende Normalentwicklung vor, wenn es sich um eine mit hoher Wahrscheinlichkeit zu erwartende Beförderung handelt. Bejaht wurde dies bei sog. **Regelbeförderungen** im öffentlichen Dienst, zu denen es nach den heutigen Laufbahnerwartungen üblicherweise kommt, z. B. bei der Beförderung vom Hauptmann zum Major und später zum Oberstleutnant in der Besoldungsgruppe A 14,[239] vom Werkstattleiter bei der Bundeswehr (Oberfeldwebel) zum Gewerbelehrer[240] oder vom Referatsleiter zum Ministerialrat[241] (vgl. aber Rn. 247). Das Gleiche gilt in der freien Wirtschaft, wenn es sich um eine **regelmäßige berufliche Entwicklung** handelt, z. B. vom Maschinensteiger zum Reviersteiger[242] (vgl. aber Rn. 247). 240
- Eine Normalentwicklung liegt ferner vor, wenn vor der Trennung der **Grundstein für den späteren beruflichen Werdegang** gelegt wurde. 241
  Prägend ist deshalb das Einkommen als **Arzt,** wenn der Verpflichtete vor der Trennung und Scheidung einen wesentlichen Teil der Ausbildung abgeschlossen hat und kurz **nach der Scheidung als Assistenzarzt** zu arbeiten begann.[243]
  Prägend ist ferner das Einkommen eines **Gewerkschaftssekretärs,** der zurzeit der Trennung einen einjährigen Lehrgang auf der Akademie für Arbeit absolvierte und deshalb seine Funktion als freigestellter **Betriebsratsvorsitzender** aufgegeben hatte, weil dieser Lehrgang nicht der Fortbildung als Betriebsrat nach §§ 37 VI, VII BetrVG, sondern der gewerkschaftlichen Funktionärsschulung und damit einer neuen beruflichen Entwicklung diente.[244]
  Prägend ist das Einkommen aus einer nach einer **Strafhaft** aufgenommenen Erwerbstätigkeit, wenn der Pflichtige in der Ehe vor der Inhaftierung berufstätig war.[245]
- Prägend ist nach BGH ferner das Einkommen des Verpflichteten aus einer bei Scheidung ausgeübten Tätigkeit als **Oberarzt** in einem Krankenhaus, obwohl er bei Trennung nur **Assistenzarzt** war und nach der gemeinsamen Eheplanung eine Tätigkeit als Frauenarzt in eigener Praxis beabsichtigt war, weil sich die Tätigkeit als Assistenzarzt und als Oberarzt in verschiedenen Krankenhäusern „im Rahmen einer normalen beruflichen Entwicklung" bewegt.[246] Sofern mit dem Aufstieg zum Oberarzt eine erhebliche Einkommenssteigerung verbunden war, kann dieser Rechtsprechung des BGH nicht gefolgt werden (s. unten Rn. 247). 242
- Prägend ist das Einkommen eines im Zeitpunkt der Scheidung freiberuflich als **Röntgenologe** tätigen Arztes, der im Zeitpunkt der Trennung in der **Radiologieabteilung** eines Krankenhauses tätig war, wenn die zur beruflichen Veränderung führende Entwicklung und der Entschluss zur Niederlassung noch in die Zeit des Zusammenlebens fallen. Es handelt sich dabei auch um keine außergewöhnliche, während des Zusammenlebens nicht vorhersehbare berufliche Entwicklung.[247] 243
- Prägend ist bei einem **Berufswechsel** nach der Trennung das Einkommen aus dem Beruf bei Scheidung (Zechenarbeiter, vor der Trennung Bankangestellter), wenn sich die früheren und jetzigen Einkünfte in einer vergleichbaren Größenordnung bewegen und das frühere Einkommen jedenfalls nicht höher war.[248] Entscheidend ist, dass der Verpflichtete nach der ehelichen Lebensplanung durch seine Erwerbstätigkeit für den Unter- 244

[239] BGH, FamRZ 1982, 684, 686 = R 122 b
[240] OLG Hamm, FamRZ 1990, 1361
[241] OLG Köln, FamRZ 1993, 711
[242] BGH, FamRZ 1990, 1090 = R 424 a
[243] BGH, FamRZ 1986, 148 = R 279
[244] BGH, FamRZ 1991, 307, 309 = R 427 a
[245] OLG Hamm, FamRZ 1999, 515
[246] BGH, FamRZ 1988, 145 = NJW-RR 1988, 514
[247] BGH, FamRZ 1988, 927, 929 = R 358 e
[248] BGH, FamRZ 1985, 911 = NJW 1985, 2268

halt aufkommen sollte und dass der Berufswechsel als eine dem Normalverlauf entsprechende Entwicklung angesehen werden kann.

245 • Eine Normalentwicklung liegt auch vor, wenn die unterhaltsberechtigte Frau bis zur Trennung neben der Haushaltsführung und Kinderbetreuung in der tierärztlichen **Praxis des Mannes mitgearbeitet** und nach der Trennung ihren erlernten Beruf als medizinisch-technische Assistentin wiederaufgenommen hat.[249] Insoweit würde das jetzt erzielte Einkommen im Übrigen auch als Surrogat der Familienarbeit eheprägend sein.

246 **b) Nichtprägendes Erwerbseinkommen.** Kommt es **nach der Trennung** auf Grund außergewöhnlicher Umstände zu einer **unerwarteten, vom Normalverlauf erheblich abweichenden Entwicklung,** dann sind die neuen Einkommensverhältnisse **nicht mehr prägend.** Es kann nicht mehr davon ausgegangen werden, dass die neuen Verhältnisse Ausdruck der früheren ehelichen Lebensverhältnisse sind und dass sie diese maßgeblich bestimmt haben.[250] Diesen Grundsatz hat der BGH schon sehr früh im sog. Pelzhändlerfall entschieden,[251] diese Rechtsprechung später beibehalten[252] und nunmehr auch nach seiner geänderten Rechtsprechung zu den ehelichen Lebensverhältnissen bestätigt.[253] Ein sog. Karrieresprung kann dabei, seit die Aufnahme oder die Ausweitung einer Erwerbstätigkeit durch den haushaltsführenden Ehegatten als eheprägend anzusehen ist, nicht mehr nur beim **Pflichtigen,** sondern auch beim **Bedürftigen** eintreten.

246 a • Nicht prägend ist **der Mehrverdienst,** der wegen der vom Normalverlauf abweichenden Entwicklung erzielt wird. Das Einkommen bleibt in der bei Trennung bzw. bei Beginn der abweichenden Entwicklung erzielten Höhe prägend.

Bei langjähriger Trennung kann in diesem Fall das bei Trennung erzielte Einkommen nach den Indexdaten der statistischen Jahrbücher auf ein fiktives Einkommen im Zeitpunkt der Scheidung (Entscheidung) hochgerechnet werden.[254] Einfacher wird es zumeist sein, soweit der Pflichtige noch beim gleichen Arbeitgeber tätig ist, sich eine Bescheinigung über die für die frühere Tätigkeit angefallene Bruttolohnsteigerung vorlegen zu lassen, bzw. bei einem Arbeitsplatzwechsel die durchschnittlichen Gehaltssteigerungen entsprechend § 1612 a IV BGB heranzuziehen.

Ein auf einer nicht vorhersehbaren außergewöhnlichen Einkommenssteigerung beruhendes Einkommen darf daher nicht in vollem Umfang als prägend berücksichtigt werden,[255] sondern nur in Höhe des fiktiv hochgerechneten früheren Einkommens ohne Karrieresprung. Wann eine vom Normalverlauf abweichende Entwicklung vorliegt, ist immer eine Einzelfallentscheidung des Tatrichters. In der Vergangenheit wurde diese Frage zu Lasten des Pflichtigen sehr einengend ausgelegt, u. U. auch wegen der generellen Benachteiligung der Hausfrauen durch die frühere Rechtsprechung und wegen der Schwierigkeiten bei der fiktiven Hochrechnung des früheren Gehalts. Nachdem die Benachteiligung des die Familienarbeit in der Ehe ausübenden Ehegatten in der Unterhaltsrechtsprechung beseitigt wurde, besteht für eine einengende Auslegung dieses Problems keine Veranlassung mehr. **Indiz für eine außergewöhnliche, vom Normalverlauf abweichende Einkommensentwicklung** ist dabei immer eine **erheblich über den normalen Gehaltserhöhungen liegende Einkommenssteigerung,** vor allem bei Tätigkeiten in der freien Wirtschaft.[256]

247 • Eine unerwartete, vom Normalverlauf abweichende Entwicklung liegt bei einer sog. **Leistungsbeförderung** bzw. einem **Karrieresprung** nach der Trennung vor. Letzteres ist z. B. gegeben, wenn der als Buchdrucker und Schichtarbeiter tätige Verpflichtete nach der Trennung bei einer Steigerung des Jahresbruttoeinkommens von 75 500 DM im Jahr 1983 auf 84 000 DM im Jahr 1985 freigestellter Betriebsrat geworden ist.[257] Das Gleiche

---

[249] BGH, FamRZ 1982, 892
[250] BGH, FamRZ 2003, 590, 592 = R 586 a, b; FamRZ 1991, 307, 309 = R 427 a; FamRZ 1987, 913, 915 = R 339 c; FamRZ 1982, 576, 578 = R 114 b
[251] BGH, FamRZ 1982, 576, 578 = R 114 b
[252] Vgl. z. B. BGH, FamRZ 1991, 307, 309 = R 427 a; FamRZ 1987, 913, 915 = R 339 c
[253] BGH, FamRZ 2003, 590, 592 = R 586 b
[254] BGH, FamRZ 1982, 576, 578 = R 114 b
[255] BGH, FamRZ 1987, 913, 915 = R 339 c
[256] OLG München, FuR 2003, 328
[257] BGH, FamRZ 1987, 913, 915 = R 339 c

gilt bei einem Aufstieg vom Vertriebsingenieur zum Geschäftsführer einer GmbH,[258] vom wissenschaftlichen Angestellten bei der Universität nach BAT IIa zum Systemprogrammierer in der freien Wirtschaft[259] (s. näher Rn. 334), vom kaufmännischen Sachbearbeiter zum Abteilungsbereichsleiter,[260] vom Angestellten zum freien Handelsvertreter mit höherem Einkommen,[261] vom Angestellten in gehobener Position in die Geschäftsführung,[262] vom Geschäftsführer eines mittelständischen Unternehmens zum „Senior Manager" eines international operierenden Konzerns,[263] vom Verkaufsleiter einer Firma zum Geschäftsführer mit einer Steigerung des Einkommens von ca. 6000 € brutto monatlich auf ca. 8000 € brutto,[264] bei einer Gehaltssteigerung nach Wechsel des Arbeitgebers in der freien Wirtschaft mit erweitertem Tätigkeitsbereich von über 10 000 € brutto jährlich[265] sowie einer Leistungsbeförderung vom gehobenen in den höheren Dienst[266] und einer Beförderung eines Richters von R 2 in R 3.[267]

- Der BGH hat eine vom Normalverlauf erheblich abweichende Entwicklung bejaht bei einem Pelzhändler, der bis zur Trennung ein **kleines Pelzwarengeschäft** betrieben hat und dieses nach der Trennung mit Hilfe seiner neuen Lebensgefährtin zu einem gut gehenden, **gewinnbringenden Unternehmen** mit einem Jahresumsatz von ca. 500 000 € und monatlichen Nettoeinkünften von ca. 3600 € ausgeweitet hat. Der geschäftliche Aufschwung beruhte erkennbar nicht mehr auf den früheren gemeinsamen Arbeits- und Lebensverhältnissen der Parteien, sondern auf besonderen, während der 18-jährigen Trennungszeit erbrachten unternehmerischen Leistungen des Verpflichteten.[268] 248

Wenn ein Ehegatte, dessen Einkommens- und Vermögensverhältnisse sich während der Trennungszeit in unerwarteter außergewöhnlicher Weise verbessert haben, den anderen Ehegatten an dieser Einkommensverbesserung durch erhöhte Unterhaltszahlungen oder andere laufende Zuwendungen dauerhaft beteiligt hat, dann wird dessen **Lebensstandard durch diese Leistungen angehoben,** was bei der Bemessung des nachehelichen Unterhalts mitzubeachten ist.[269] 249

c) Einkommensänderungen durch die Wiedervereinigung. Auch wenn es für die Prägung des Einkommens auf die bei Trennung und Scheidung zu erwartende Normalentwicklung ankommt, sind die durch die Wiedervereinigung eingetretenen Einkommensverbesserungen, die auf dem Wechsel der unterschiedlichen gesellschaftlichen und wirtschaftlichen Verhältnisse in der BRD und DDR beruhen, als **prägend** anzusehen.[270] Die Fortschreibung der früheren Einkünfte wäre nämlich nicht geeignet, dem Bedürftigen nach der Wiedervereinigung den Lebensstandard zu garantieren, der bei Anlegung eines objektiven Maßstabes dem in der DDR erreichten sozialen Status entspricht.[271] Abzustellen ist insoweit auf die Lebensverhältnisse, die sich ergeben, wenn man die persönlichen Verhältnisse der Parteien im Zeitpunkt der Trennung/Scheidung auf die entsprechenden Verhältnisse in der Bundesrepublik projiziert. Prägend sind ebenso die allgemeinen Einkommensverbesserungen in den neuen Bundesländern, die sich auf Grund der Wiedervereinigung ergeben und ihre Ursache in der Veränderung des gesamten Lohn-Preis-Gefüges haben.[272] **Nichtprägend** sind dagegen Einkommensverbesserungen, die auf einer Flucht eines Ehe- 250

---

[258] BGH, FamRZ 1990, 1085 = R 423 b
[259] BGH, FamRZ 1985, 791 = R 257 b
[260] OLG Hamm, FamRZ 1990, 65
[261] OLG Stuttgart, FamRZ 1991, 952
[262] OLG Düsseldorf, FamRZ 1992, 1439
[263] OLG Hamm, FamRZ 1994, 515
[264] OLG München, FamRZ 1997, 613
[265] OLG München, FuR 2003, 328
[266] OLG Koblenz, FamRZ 1997, 1079
[267] OLG Celle, FamRZ 1999, 858
[268] BGH, FamRZ 1982, 576, 578 = R 114 b
[269] BGH, FamRZ 1984, 561 = R 203 a
[270] BGH, FamRZ 1995, 472, 474 = R 492 A; OLG Karlsruhe, FamRZ 1997, 370
[271] BGH, a.a.O.
[272] BGH, a.a.O.

partners aus der früheren DDR, die zur Scheidung führte, beruhen, da es sich insoweit um eine rein trennungsbedingte, nicht in der Ehe angelegte Einkommensentwicklung handelt.[273]

251 **d) Darlegungs- und Beweislast.** Der **Bedürftige** ist für den Unterhaltsmaßstab darlegungs- und beweispflichtig.[274] Insoweit genügt es aber, die gegenwärtigen beiderseitigen Einkommens- und Vermögensverhältnisse darzulegen.[275]

Für den **Ausnahmefall einer** unerwarteten, vom Normalverlauf erheblich **abweichenden Entwicklung** des Einkommens seit der Trennung ist derjenige darlegungs- und beweispflichtig, der sich hierauf beruft, d. h. regelmäßig der **Pflichtige.**[276]

Dazu gehört u. a. der Vortrag, welche Position er bei Trennung erreicht hatte, was er zu diesem Zeitpunkt verdiente, worin die behauptete unerwartete Einkommensentwicklung besteht und warum die derzeitige berufliche Stellung nicht schon während des ehelichen Zusammenlebens angelegt gewesen ist.[277]

3. Aufnahme oder Ausweitung einer zumutbaren Erwerbstätigkeit durch den Berechtigten nach der Trennung

252 Bei **erstmaliger Aufnahme einer Erwerbstätigkeit** durch den Bedürftigen nach der Trennung handelt es sich seit der Grundsatzentscheidung des BGH vom 13. 6. 2001 um ein **Surrogat** der früheren Haushaltstätigkeit, die **eheprägend** ist (eingehend Rn. 184 a ff.).[278] Das Gleiche gilt, wenn eine Teilzeittätigkeit auf eine Ganztagstätigkeit ausgeweitet wird. Dabei kommt es nach der Surrogatslösung nicht darauf an, wie und in welchem Umfang in der Ehe der Haushalt geführt wurde.[279]

253 Mit der Trennung beginnt eine wirtschaftliche Mitverantwortung des bisher den haushaltführenden Ehegatten. Er ist gemäß § 1361 II BGB allerdings nicht verpflichtet, sofort eine Erwerbstätigkeit aufzunehmen, sondern kann i. d. R. erst ein Jahr nach der Trennung abwarten (näher Rn. 16 ff.).[280] Bei einer sehr kurzen Ehedauer und bei beengten Verhältnissen ist diese Frist kürzer, bei einer langen Ehe länger, vor allem wenn gemeinsame Kinder betreut werden. Bei Kinderbetreuung kommt es auf das Alter und die Anzahl der Kinder an (näher Rn. 68 ff.). Verstößt der Bedürftige gegen seine Erwerbsobliegenheit, ist das dann anzusetzende **fiktive Einkommen Surrogat** der früheren Familienarbeit.[281]

254 Hat der Bedürftige nach der Trennung eine Erwerbstätigkeit als Surrogat seiner früheren Familienarbeit aufgenommen und kommt es bei einer längeren Trennungszeit bei ihm zu einem sog. **Karrieresprung,** d. h. einer vom Normalverlauf erheblich abweichenden Einkommensentwicklung, bleibt nur sein fortgeschriebener ursprünglicher Verdienst eheprägend, der Mehrverdienst ist dagegen nichtprägend (näher Rn. 246 ff.).

255 **Verdient der in der Ehe haushaltsführende Ehegatte nach Aufnahme einer Berufstätigkeit mehr** wie der in der Ehe das Haushaltsgeld verdienende Ehepartner, z. B. bei Aufnahme einer Erwerbstätigkeit durch eine Akademikerin nach kurzer Ehedauer, ist auch dieses Einkommen in voller Höhe Surrogat der Haushaltsführung in der Ehe. Dies ist die Konsequenz jeder Surrogatslösung, wie der BHG z. B. bereits bei der Veräußerung des Familienheimes und Zinsen als Surrogat des früheren Wohnwertes entschieden hat, wenn letztere den Wohnwert übersteigen.[282] Damit liegt ein eheprägendes Einkommen in dieser Höhe und nicht etwa nur in Höhe des niederigen Verdienstes des Ehegatten vor, so dass der

---

[273] OLG Karlsruhe, FamRZ 1997, 370
[274] BGH, FamRZ 1990, 1085 = R 423 b; FamRZ 1984, 149 = NJW 1984, 292
[275] BGH, FamRZ 1986, 244 = R 280 a
[276] BGH, FamRZ 1986, 244 = R 280 a; FamRZ 1983, 352 = R 154 a
[277] BGH, FamRZ 1983, 352 = R 154 a
[278] BHG, FamRZ 2001, 986, 991 = R 563 c
[279] Gerhardt, FamRZ 2003, 272
[280] Vgl. z. B. SüdL, BrL, CL, DL, DrL, FL, HaL, HL, KL, NaL, OL, RL, SchL jeweils Nr. 17.2
[281] BGH, FamRZ 2003, 434 = R 589; FamRZ 2001, 1291 = R 564 c; FamRZ 2001, 1693 = R 567 a
[282] BGH, FamRZ 2002, 88 = R 569 b

in der Ehe den Haushalt führende Ehegatte zum Unterhaltspflichtigen werden kann. In der Praxis wird dies allerdings ein seltener Ausnahmefall sein.

4. Einkünfte aus unzumutbarer Erwerbstätigkeit

a) Bedürftiger: Einkünfte aus einer vom Bedürftigen während des Getrenntlebens aufgenommenen unzumutbaren Erwerbstätigkeit blieben nach der früheren Rechtsprechung des BGH bei der Bedarfsbemessung unberücksichtigt, weil sie die ehelichen Lebensverhältnisse nicht dauerhaft prägten und damit als Unterhaltsmaßstab ungeeignet waren (vgl. auch Rn. 542 ff.).[283] 256

Die Beurteilung einer Tätigkeit als unzumutbar bedeutet nach BGH, dass derjenige, der sie ausübt, unterhaltsrechtlich nicht gehindert ist, sie jederzeit zu beenden, gleichgültig ob er Unterhaltsschuldner oder Unterhaltsgläubiger ist[284] (s. näher Rn. 1/540 ff.). Der BGH hatte zwar nach seiner grundsätzlichen Änderung der Rechtsprechung zu den ehelichen Lebensverhältnissen mit Urteil vom 5. 9. 2001 ausgeführt, dass auch Einkommen aus überobligatorischer Tätigkeit Surrogat der früheren Haushaltsführung ist[285] und dies mit Entscheidung vom 24. 10. 2001 bestätigt.[286] Er hat dann aber mit Urteil vom 22. 1. 2003 ohne nähere Begründung entschieden, dass ein Einkommen aus unzumutbarer Tätigkeit nicht prägend ist und dabei auf seine frühere Rechtsprechung Bezug genommen.[287] Ist die Tätigkeit des Bedürftigen nur **teilweise überobligatorisch,** weil er z. B. statt halbtags 30 Stunden wöchentlich arbeitet, ist lediglich die Halbtagstätigkeit Surrogat der früheren Haushaltsführung, der darüber hinausgehende überobligatorische Teil des Einkommens hingegen nichtprägend.[288]

Nach BHG gelten die gleichen Grundsätze, wenn der Bedürftige bereits **in der Ehe einer überobligatorischen Tätigkeit** nachgeht und diese Tätigkeit nach der Trennung fortsetzt. Dies betrifft insbesondere die Aufnahme einer Berufstätigkeit trotz Betreuung kleiner Kinder. Wurde diese in der Ehe **aus Not** aufgenommen, handelt es sich nach BGH um ein Einkommen aus unzumutbarer Tätigkeit, wurde die Erwerbstätigkeit **aus freien Stücken** ausgeübt, handelt es sich um eine normale Tätigkeit (näher Rn. 1/543 ff.).[289] Gerade letzteres zeigt die Problematik der Rechtsprechung des BGH auf. Zum einen ist in der Praxis eine Differenzierung, ob eine Erwerbstätigkeit bei Kinderbetreuung aus Not oder aus freien Stücken aufgenommen wurde, nur sehr schwer möglich, weil sich beide Motive nicht gegenseitig ausschließen. Zum anderen ist es bei beengten finanziellen Verhältnissen regelmäßig unumgänglich, dass auch bei Kinderbetreuung beide Ehegatten arbeiten, um die Lebenshaltungskosten finanzieren zu können. Die gemeinsame Lebensleistung der Eheleute, die die ehelichen Lebensverhältnisse prägte und an der der Bedürftige nach der Trennung weiter teilhaben soll,[290] entspricht dann aber gerade dem Einkommen beider Eheleute.

Die oben angeführte Abgrenzungsfrage stellt sich seit der Surrogatslösung des BGH nicht mehr nur wie früher bei einer bereits in der Ehe trotz Kinderbetreuung aufgenommene Erwerbstätigkeit, sondern auch bei jeder nach Trennung/Scheidung trotz Betreuung kleiner Kinder aufgenommenen oder ausgeweiteten Berufsausübung.

Der Auffassung des BGH, ein überobligatorisches Einkommen des Bedürftigen sei nichtpägend, kann aus verschiedenen Gründen **nicht gefolgt werden** (vgl. aber Rn. 556 b). 257

---

[283] BGH, FamRZ 1998, 1501 = R 521 a; FamRZ 1984, 149 = NJW 1984, 292; FamRZ 1984, 151 = NJW 1984, 151; FamRZ 1983, 146, 148 = R 142 d

[284] BGH, FamRZ 1998, 1501 = R 521 a; FamRZ 1985, 360 = R 244 b; FamRZ 1984, 364 = NJW 1984, 364; FamRZ 1983, 146, 148 = R 142 d

[285] BGH, FamRZ 2001, 1687 = R 566 b

[286] BGH, FamRZ 2002, 23 = R 568 b

[287] BGH, FamRZ 2003, 518, 520 = R 585 c mit zustimmender Anmerkung Gutdeutsch FamRZ 2003, 1002

[288] BGH, a.a.O.

[289] BGH, FamRZ 1998, 1501 = R 521 a; FamRZ 1983, 146 = R 142 a

[290] BHG, FamRZ 2003, 848, 850 = R 588 a

Nach der Rechtsprechung eines Teils der Obergerichte[291] und den Empfehlungen des Arbeitskreises 13 des 14. Deutschen Familiengerichtstages[292] ist seit der Surrogatslösung des BGH auch eine **überobligatorische Tätigkeit zumindest teilweise eheprägend,** wobei bei einer Berufstätigkeit trotz Kinderbetreuung das Einkommen um konkrete Betreuungskosten und/oder einen Betreuungsbonus zu kürzen ist (eingehend Rn. 1/543 ff.).

Beide Lösungen beruhen zwar auf unterschiedlichen Ansätzen, führen aber seit der geänderten Rechtsprechung des BGH **rechnerisch zu ähnlichen Ergebnissen** (vgl. Rn. 1/543 ff. mit Beispiel Rn. 1/545 f.).

258 Ist nur **ein Teil** des Erwerbseinkommens überobligatorisch, ergeben sich in den Lösungsmöglichkeiten kaum Unterschiede, da das übrige Einkommen als Surrogat der früheren Haushaltsführung in den Bedarf einfließt und der verbleibende Rest entweder nach § 1577 II BGB oder über einen Betreuungsbonus gekürzt wird. Die Abgrenzung, ob die Ausweitung der Tätigkeit von z. B. 20 Stunden auf 30 Stunden oder ganztags aus freien Stücken oder aus Not erfolgte, ist in der Praxis kaum zu führen; sie wurde in der Vergangenheit zu meist auch nur vorgenommen, um die Härten der früheren Anrechnungsmethode für Hausfrauen zu mildern.

258 a Ist das erzielte Einkommen **in voller Höhe als überobligatorisch** anzusetzen, z. B. bei Aufnahme einer Halbtagstätigkeit, nach dem das 4-jährige Kind in den Kindergarten kam, ist auch diese Tätigkeit gekürzt um konkrete Betreuungskosten und/oder einen Betreuungsbonus als eheprägend anzusehen. Die Ausübung einer Berufstätigkeit nach Haushaltsführung und Kinderbetreuung in der Ehe ist nach der geänderten Rechtsprechung des BGH Surrogat der früheren Familienarbeit. Hierbei kann es keine Rolle spielen, aus welchen Gründen die Tätigkeit aufgenommen wurde – freiwillig oder aus Not –, maßgebend ist vielmehr allein, dass sich im erzielten Einkommen der wirtschaftliche Wert der früheren Haushaltsarbeit wiederspiegelt.[293] Dem Umstand, dass gegenüber einem Erwerbstätigen ohne Kinderbetreuung ein erhöhter Einsatz erforderlich ist, wird durch Berücksichtigung konkreter Betreuungskosten und/oder eines Betreuungsbonus ausreichend Rechnung getragen und zugleich damit auch das Billigkeitskriterium des § 1577 II BGB berücksichtigt.[294] Diese Lösung entspricht im Übrigen der Rechtsprechung des BGH, wenn der Pflichtige trotz Betreuung der gemeinschaftlichen Kinder im vollen Umfang berufstätig ist.[295] Auch wenn der Gesetzgeber nur beim Bedürftigen in § 1577 II BGB das Einkommen aus unzumutbarer Tätigkeit geregelt hat, ist es nicht gerechtfertigt, gleiche Problemlagen unterschiedlich zu behandeln. Schließlich ist zu beachten, dass nach der Surrogatslösung das erzielte Einkommen des Bedürftigen auf jeden Fall eheprägend werden muss, wenn das Kind älter wurde und damit eine Erwerbsobliegenheit des Bedürftigen gegeben ist. Es wäre aber ein völliger Bruch mit den bisherigen Grundsätzen, dass ein nichtprägendes Einkommen später prägend werden kann.

258 b Die Gründe, die von der früheren Rechtsprechung angeführt wurden, warum ein Einkommen aus unzumutbarer Tätigkeit nicht prägen könne, überzeugen nicht. Soweit ausgeführt wurde, in §§ 1361, 1578 BGB sei keine Billigkeitsabwägung vorgesehen, der Gesetzgeber habe aber ausdrücklich normiert, wann Billigkeitsabwägungen erfolgen können, z. B. in §§ 1577 II, 1579, 1581 BGB,[296] ist dieses Argument seit dem UÄndG vom 20. 2. 1986 überholt, weil zwischenzeitlich auch im § 1578 BGB eine Billigkeitsabwägung normiert wurde (vgl. Rn. 178). § 1577 II BGB ist zwar nur eine den Bedürftigen betreffende Bestimmung. Die vom Gesetzgeber vorgenommene Reihenfolge der einzelnen Paragraphen schließt aber eine Anwendung im nachfolgenden § 1578 BGB nicht aus. Hauptargument war stets, dass sich der Unterhaltschuldner, dessen Partner eine unzumutbare

---

291 OLG Hamm, FamRZ 2002, 1708; OLG München FamRZ 2002, 1407; OLG Koblenz FamRZ 2003, 611

292 Brühler Schriften zum Familienrecht Bd. 12, 14. Deutscher Familiengerichtstag 2001, Beschlüsse des Arbeitskreises 13 zu I 5

293 BGH, FamRZ 2001, 986, 991 = R 563 c

294 Scholz, FamRZ 2003, 265; Gerhardt, FamRZ 2003, 272; Soyka, FuR 2003, 193

295 BGH, FamRZ 2001, 350 = R 551 c

296 BGH, FamRZ 1984, 151 = NJW 1984, 294

Erwerbstätigkeit aufnimmt, bei der Gestaltung seiner eigenen Lebensverhältnisse weder auf die Fortdauer dieser Tätigkeit noch auf eine nachhaltige Entlastung durch die aus dieser Tätigkeit fließenden Einkünfte einrichten kann, weil sie jederzeit eingestellt werden kann.[297] Letzteres ist zwar zutreffend, da hierin gerade die Abgrenzung zur normalen Tätigkeit liegt. Die Einstellung der Tätigkeit mit dem Wegfall dieses Einkommens ist aber immer ein Abänderungsfall, unabhängig davon, ob das Einkommen als prägend oder nichtpägend angesehen wird. Die ehelichen Lebensverhältnisse sind keine feste Zahl, sondern eine variable Größe (vgl. Rn. 222). Wie der BGH zwischenzeitlich anerkannt hat, können sich die ehelichen Lebensverhältnisse nicht nur durch Einkommensverbesserungen erhöhen, sondern auch durch nicht vorwerfbare Einkommenssenkungen reduzieren (vgl. Rn. 214, 230, 238 ff.). Zu einer derartigen Einkommensreduzierung zählt auch die berechtigte Beendigung einer überobligatorischen Tätigkeit.

Eine **überobligatorische Tätigkeit des Bedürftigen** ist deshalb seit der Surrogatslösung zumindest **teilweise als eheprägend** anzusehen (vgl. Rn. 1/543 ff. mit Rechenbeispiel Rn. 1/545 f.). Diesen Lösungsweg hat der BGH bereits beschritten, wenn der Bedürftige nach der Trennung ohne Verstoß gegen seine Erwerbsobliegenheit eine nicht als angemessen i. S. des § 1574 BGB anzusehende Tätigkeit aufgenommen hat (näher Rn. 1/549). Bei Berufstätigkeit trotz Betreuung kleiner Kinder ist das Einkommen deshalb zunächst um konkrete Betreuungskosten und/oder einen Betreuungsbonus zu kürzen und der verbleibende Rest als prägend anzusehen (näher Rn. 1/543 ff., 547, vgl. aber auch Rn. 556 b). Mit dieser Lösung wird auch berücksichtigt, dass der Halbteilungsgrundsatz gewahrt bleibt. Eine Differenzierung, ob die Aufnahme einer Erwerbstätigkeit aus Not oder aus freien Stücken erfolgte, ist aus Gleichbehandlungsgrundsätzen nicht durchzuführen, da in beiden Fällen der gleiche erhöhte Aufwand besteht; bei Berufstätigkeit trotz Betreuung kleiner Kinder sind vielmehr vom Erwerbseinkommen vorab konkrete Betreuungskosten abzuziehen sind (näher Rn. 193 und 1/605 werden letztere nicht oder nur in zu geringem Umfang geltend gemacht, ein Betreuungsbonus (näher Rn. 193 und 1/605 a). 259

b) Pflichtiger: Übt **der Pflichtige** bereits während des Zusammenlebens eine unzumutbare Tätigkeit aus, weil er z. B. nach der Trennung die gemeinschaftlichen kleinen Kinder trotz voller Erwerbstätigkeit betreut, gelten die oben gemachten Ausführungen entsprechend (s. o. Rn. 259 sowie näher Rn. 1/543 ff. mit Rechenbeispiel Rn. 1/545 f.). Handelt es sich bei der überobligatorischen Tätigkeit um Nebentätigkeiten (s. näher Rn. 1/554 ff.), ist in Änderung der früheren Rechtsprechung des BGH[298] auch dieses Einkommen nach Billigkeitsabwägung zum Teil, z. B. zu 1/2 oder 1/3 als eheprägend anzusehen, solange es weiter bezogen wird, nachdem die Eheleute in der Ehe hiervon gelebt hatten (vgl. Rn. 1/557 b).[299] 260

5. Einkommen aus Haushaltsführung für einen neuen Partner

Nach der Rechtsprechung des BGH ist bei Zusammenleben des Bedürftigen mit einem neuen Partner für erbrachte Versorgungsleistungen als Einkommen ein **Vergütungsanspruch eigener Art** als anderweitige Deckung des Unterhaltsbedarfs anzusetzen, wenn der neue Partner leistungsfähig ist (näher Rn. 1/471 ff.).[300] Es handelt sich insoweit nicht um eine Vergütung analog § 850 h II ZPO, wie Wohlgemuth überzeugend ausführt,[301] sondern um eine besondere Art der Deckung des Unterhaltsbedarfs aus Billigkeitsgründen.[302] Es ist deshalb auch ein Einkommen anzusetzen, wenn eine Haushaltsführung durch den Bedürftigen für den neuen Partner neben einer teilweisen Erwerbstätigkeit mit Kinderbetreuung oder einer vollen Erwerbstätigkeit stattfindet, wobei dieses Einkommen regelmäßig nicht überobligatorisch ist.[303] In der Rechtsprechung der Obergerichte wird der 260 a

[297] BGH, FamRZ 1983, 146, 148 = R 142 c
[298] BGH, FamRZ 1985, 360 = R 244 b
[299] BGH, FamRZ 2003, 848, 851 = R 588 d; vgl. auch Gerhardt, FamRZ 2003, 272
[300] BGH, FamRZ 1995, 343 = R 489 a; FamRZ 1987, 1011 = R 338 c
[301] Wohlgemuth, FamRZ 2003, 983
[302] BGH, FamRZ 1987, 1011 = R 383 c
[303] BGH, FamRZ 1995, 343 = R 489 a

Ansatz eines Einkommens deshalb vielfach mit **ersparten Aufwendungen** durch einen Doppelhaushalt statt Führung eines Einzelhaushaltes begründet.[304] Letzteres umfasst im Rahmen einer Billigkeitsabwägung besser alle Fallgestaltungen in der Praxis, d. h. nicht nur Fälle, in denen tatsächlich Leistungen gewährt werden wie mietfreies Wohnen, sondern auch Fälle, in denen alle Leistungen im Sinne einer modernen Partnerschaft geteilt, der neue Partner und nicht der Bedürftige Leistungen erbringt oder der Pflichtige mit einem neuen Partner zusammen lebt.

260 b Werden Leistungen durch den Partner erbracht, handelt es sich stets um **freiwillige Leistungen,** die den Unterhaltspflichtigen nicht entlasten sollen und die damit kein unterhaltsrechtliches Einkommen darstellen (vgl. Rn. 1/471). Unterhaltsrechliches Einkommen des Bedürftigen ist aus Billigkeitsgründen nur der **Vorteil des Zusammenlebens** mit einem Partner. Im Ergebnis handelt es sich dabei um eine Sanktion, weil der Bedürftige – ohne dass eine Verwirkung vorliegt – mit einem neuen Partner zusammen lebt und damit gegenüber einem alleinlebenden Bedürftigen seinen Bedarf bereits teilweise deckt bzw. decken kann.

260 c In den Leitlinien wird hierfür regelmäßig in Nr. 6 ein Betrag zwischen 200 bis 550 Euro bei einer sog. Nur-Hausfrau angesetzt.[305]

260 d Aus obigen Ausführungen ergibt sich bereits, dass ein wegen Zusammenlebens mit einem neuen Partner angesetztes Einkommen die ehelichen Lebensverhältnisse nicht prägen kann. Dies war nach der früheren Rechtsprechung des BGH auch unstreitig.[306] Nach seiner geänderten Rechtsprechung handelt es sich dagegen nach BGH um ein **Surrogat** der früheren Haushaltsführung und damit um ein prägendes Einkommen.[307] Auch wenn es auf den ersten Blick konsequent erscheint, bei Haushaltsführung in der Ehe das Einkommen aus Haushaltsführung in der neuen Partnerschaft als Surrogat anzusehen und deshalb ein Teil der Literatur die Auffassung des BGH teilt,[308] kann dem **nicht gefolgt** werden. Vom OLG Oldenburg wurde deshalb zu Recht die Auffassung des BGH abgelehnt,[309] ebenso vom OLG München,[310] die Frage liegt dem BGH zur Überprüfung seiner Rechtsauffassung nochmals vor. Der BGH hat übersehen, dass es sich in diesen Fällen um kein Erwerbseinkommen, sondern um eine Bedarfsdeckung aus Billigkeitsgründen handelt (s. oben Rn. 260 a), d. h. der Ansatz eines Einkommens beseitigt keine bestehende Erwerbsobliegenheit. Surrogat der Haushaltsführung in der Ehe kann nur ein Erwerbseinkommen bzw. bei Verstoß gegen die Erwerbsobliegenheit ein statt dessen angesetztes fiktives Einkommen sein, nicht eine Bedarfsdeckung durch einen neuen Partner. Ein Fall kann nicht anders beurteilt werden, wenn ein in der Ehe den Haushalt führender Bedürftiger ein Jahr nach der Trennung eine Vollzeittätigkeit aufnimmt und entweder 6 Monate vorher oder nachher mit einem neuen Partner zusammenzieht.[311] Soweit letzterem entgegengehalten wird, dass dann in Abänderung der bisherigen Rechtsprechung kein Einkommen mehr aus Haushaltsführung anzusetzen sei, würde die Ersparnis aus dem Zusammenleben unberücksichtigt bleiben (s. oben Rn. 260 a). Mit OLG Oldenburg und OLG München ist das Einkommen aus Haushaltsführung für einen neuen Partner beim **Bedürftigen** daher als **nichtprägend** anzusehen.[312] Da es sich im Ergebnis um den Ansatz ersparter Aufwendungen aus Billigkeitsgründen handelt, wird es regelmäßig nicht auf die Leistungsfähigkeit des neuen Partners ankommen. Aus Gleichbehandlungsgründen kann auch beim **Pflichtigen** bei Zusammenleben mit einem neuen Partner wegen ersparter Aufwendungen ein Einkommen angesetzt

---

304 Vgl. z. B. OLG München, FuR 2003, 329
305 SüdL, BL, DrL, HL, RL jeweils Nr. 6; nach DL, FL 350 €; nach OL 425 €, nach TL 300 €
306 BGH, FamRZ 1995, 343 = R 489 a; FamRZ 1995, 344 = R 488 c
307 BGH, FamRZ 2001, 1693 = R 567 b
308 Vgl. z. B. Büttner, FamRZ 2003, 641; Born, FamRZ 2002, 1603; Schwolloch, FuR 2003, 118
309 OLG Oldenburg, FamRZ 2002, 1488
310 OLG München, FuR 2003, 329
311 Gerhardt, FamRZ 2003, 272
312 OLG Oldenburg, FamRZ 2002, 1488; OLG München, FuR 2002, 329; ebenso Gerhardt, FamRZ 2003, 272; Wohlgemuth FamRZ 2003, 983; Scholz, FamRZ 2003, 265 und FamRZ 2001, 1061 in Anm. zu BGH, FamRZ 2001, 986

werden, das ebenfalls **nichtprägend** ist und damit nur bei fehlender Leistungsfähigkeit im Mangelfall heranzuziehen ist.

6. Prägende und nichtprägende Einkünfte aus Vermögen

In der heutigen Zeit, in der viele Eheleute während des Zusammenlebens Vermögen 261
bilden, gehören Einkünfte aus dem Vermögen nach den Erwerbseinkünften zu den wichtigsten Einnahmequellen, die unterhaltsrechtlich aber oft nicht ausreichend beachtet werden. Zu den Vermögenseinkünften zählen insbesondere **Miet- und Kapitalzinsen,** Unternehmensbeteiligungen sowie ein **Wohnwert.** Während eine Vermögensverwertung unterhaltsrechtlich nur verlangt werden kann, wenn sie im Einzelfall nicht unwirtschaftlich oder unter Berücksichtigung der beiderseitigen finanziellen Verhältnisse nicht unbillig ist (vgl. eingehend Rn. 1/410 ff.), sind die aus dem Vermögen gezogenen Nutzungen stets als Einkommen heranzuziehen. **Prägend** sind dabei für die Bedarfsermittlung nur die **vor der Trennung** bereits gezogenen tatsächlichen Nutzungen, z. B. der Wohnwert im Eigenheim oder nach der geänderten Rechtsprechung des BGH das **Surrogat** aus bereits in der Ehe vorhandenen Vermögenseinkünften, z. B. Zinsen aus dem Verkauf des Familienheimes anstelle des früheren Wohnwertes (siehe unten Rn. 262). Alle erst **nach der Trennung** neu hinzugekommenen Vermögenseinkünfte sind nach der Rechtsprechung des BGH **nicht prägend,** z. B. Zinsen aus einer Erbschaft, da sie entweder während des Zusammenlebens noch nicht flossen oder als Trennungsfolge auf einer vom Normalverlauf abweichenden Einkommensentwicklung beruhen. Als **nichtprägendes Einkommen reduzieren** sie gem. § 1577 I BGB die **Bedürftigkeit** des Berechtigten, bzw. **erhöhen** nach § 1581 BGB die **Leistungsfähigkeit** des Pflichtigen, haben aber **keinen Einfluss auf den Bedarf** nach den ehelichen Lebensverhältnissen.

Kapitalzinsen oder Mieteinkünfte, die die Eheleute während des Zusammenlebens bis 262
zur Trennung hatten, **prägen** ihren Bedarf unabhängig davon, ob es sich um Nutzungen aus dem gemeinsamen oder dem einem Ehegatten allein gehörenden Vermögen handelt (vgl. z. B. zum Wohnwert Rn. 1/365). Änderungen der Zins- oder Miethöhe entsprechen einer Normalentwicklung. Soweit aus einem **Vermögen keine Nutzungen** gezogen werden, obwohl eine entsprechende Unterhaltsobliegenheit besteht, z. B. eine leer stehende Garage nicht vermietet oder eine Eigentumswohnung unentgeltlich einem volljährigen Kind mit eigenem Einkommen überlassen wird, hat dies **keinen Einfluss auf den Bedarf** nach den ehelichen Lebensverhältnissen. Denn insoweit sind keine (fiktiven) prägenden Einkünfte vorhanden, die den Lebensstandard erhöht hatten. Für die Bedarfsermittlung dürfen **keine fiktiven Einkünfte** als prägend herangezogen werden, die **in der Ehe nicht oder nicht in dieser Höhe** vorhanden waren.[313] Im Rahmen des auf den Bedarf anzurechnenden Eigeneinkommens des **Berechtigten,** bzw. der Leistungsfähigkeit des **Pflichtigen,** sind dagegen entsprechende fiktive nichtprägende Einkünfte aus unterlassener Vermögensnutzung anzusetzen (vgl. eingehend mit weiteren Nachweisen Rn. 1/425 ff.).

Ein bei der Trennung vorhandener **Wohnwert** eines Eigenheims, in dem die Eheleute gemeinsam lebten, gehört nach Abzug der Instandhaltungskosten sowie der auf der Immobilie lastenden Verbindlichkeiten zu den die ehelichen Lebensverhältnisse prägenden Einkünften (vgl. eingehend Rn. 1/366 ff.). Soweit ein Ehegatte nach der Trennung aus der Ehewohnung auszieht und diese damit nicht mehr nutzt, hat dies keinen Einfluss auf die Beurteilung der prägenden ehelichen Lebensverhältnisse, weil der bedürftige Ehegatte nach der Intention des Gesetzes vor einem sozialen Abstieg durch Trennung und Scheidung bewahrt werden soll.[314] Um zu berücksichtigen, dass der im Eigenheim verbleibene Ehegatte an sich nunmehr in einer zu großen Wohnung lebt (sog. totes Kapital), wird in der Trennungszeit aber nur ein angemessener Wohnwert und nicht die Markmiete als eheprägend angesetzt (eingehend Rn. 1/317 ff.). Wird das Familienheim verkauft, prägen anstelle des früheren Wohnwertes die Zinsen aus dem Erlös oder ein mit dem Erlös geschaffener

[313] BGH, FamRZ 1997, 281, 283 = R 509 f, i; FamRZ 1992, 1045, 1047 = R 448 a
[314] BGH, FamRZ 1986, 437 = NJW 1986, 1342

neuer Wohnwert als **Surrogat** des früheren mietfreien Wohnens die ehelichen Lebensverhältnisse (näher Rn. 1/383 ff.).[315] Dies gilt auch, wenn die Zinsen den früheren Wohnwert übersteigen.[316]

263 **Nichtprägend** sind alle Einkünfte, die auf der Trennung beruhen, vor der Trennung nicht vorhanden waren und ohne die Trennung nicht erzielt worden wären (s. näher Rn. 231, 267 ff.).

264 • Dazu zählen Zinsen aus einem im Wege des (vorzeitigen) **Zugewinnausgleichs** erworbenen Kapitalvermögen.[317] Eine Ausnahme kann bejaht werden, wenn es sich hierbei nur um die Umschichtung von bisher allein vom Pflichtigen bezogenen Zinsen auf den Bedürftigen handelt (näher Rn. 221).

265 • Nichtprägend ist ein unterhaltsrechtlich anzurechnender Erlös aus einer **zumutbaren Vermögensverwertung** (§§ 1577 III, 1581 BGB), wenn es ohne die Trennung nicht zur Vermögensverwertung gekommen wäre und aus dem Vermögen in der Ehe keine Nutzungen gezogen wurden.

266 **Nichtprägend** sind außerdem Einkünfte aus Einkunftsquellen, die erstmals nach der Trennung zu fließen beginnen, nicht auf der Trennung beruhen und kein Surrogat von in der Ehe vorhandenen Vermögenseinkünften sind, weil solche Einkünfte den ehelichen Lebensstandard während der Zeit des Zusammenlebens nicht geprägt haben.

Dazu zählen u. a.:

267 • Der Wohnvorteil eines Familienheims, das von den Eheleuten zwar als Ehewohnung geplant war, aber **nicht gemeinsam bewohnt** worden ist, weil es bei Trennung erst im **Rohbau** fertiggestellt war.[318] Das Gleiche gilt, wenn eine Ehegatte mit nichtprägenden Mitteln, z. B. aus einer Erbschaft, einen neuen Wohnwert erlangt.

268 • Eine nach der Trennung gezahlte **Nutzungsentschädigung** für ein gemeinsames Familienheim, das nur noch ein Ehegatte bewohnt (vgl. Rn. 1/362 a).

269 • Zinseinkünfte aus einem **Kapitalvermögen,** das ein Ehegatte erst **nach der Trennung** auf Grund einer **Erbschaft**[319] oder eines Lotteriegewinns erworben hat. Bei einer Erbschaft hat der BGH ausdrücklich darauf abgestellt, ob die Erbschaft den Familienunterhalt, der nur bis zur Trennung besteht, beeinflusste, nur dann sei die Erbschaft prägend.

270 • **Mieteinkünfte,** die nach der Trennung erstmals erzielt werden bzw. erzielt werden müssen, weil z. B. eine Wohnung in der Ehe kostenlos einem Kind überlassen wurde, das die Ausbildung bereits abgeschlossen hat und ausreichend verdient.[320] Kein fiktives Einkommen aus erzielbaren Mieteinkünften ist anzusetzen, wenn sich das Kind noch in Ausbildung befindet und deshalb weiterhin kostenlos in der Wohnung lebt.[321]

271 • Zinseinkünfte aus einem Kapitalvermögen, das sich ein Ehegatte erst **nach der Trennung** ohne unterhaltsrechtliche Benachteiligung des anderen Ehegatten durch **Ansparungen** und sonstige unternehmerische Initiativen gebildet hat.

271 a • Realisierbare Forderungen gegen Dritte, die man in zumutbarer Weise einziehen kann, z. B. ein Vermächtnis.[322]

7. Fiktive Einkünfte beim Berechtigten und Verpflichteten nach der Trennung

272 Bei der Einordnung fiktiver Einkünfte ist nach der geänderten Rechtsprechung des BGH zu differenzieren, ob es sich um **Erwerbs- oder Vermögenseinkünfte** handelt.

273 Der Ansatz von fiktiven Einkünften ist stets eine Sanktion wegen Verstoß gegen die Erwerbsobliegenheit bzw. die Obliegenheit, sich leistungsfähig zu halten. Die Folgen der

---

[315] BGH, FamRZ 2001, 986, 991 = R 563 e; FamRZ 2001, 1140, 1143 = R 560 b
[316] BGH, FamRZ 2002, 88, 91 = R 569 b
[317] BGH, FamRZ 1986, 437, 439
[318] BGH, FamRZ 1988, 145 = NJW-RR 1988, 514
[319] BGH, FamRZ 1988, 1145, 1146; OLG Frankfurt FamRZ 1986, 165; OLG Hamm, FamRZ 1992, 1184; aA OLG Hamm, FamRZ 1998, 620
[320] BGH, FamRZ 1990, 269 = NJW 1990, 709
[321] BGH, FamRZ 2000, 351 = R 538 c
[322] BGH, FamRZ 1998, 367 = R 517 b

Sanktion sind allerdings unterschiedlich. Beim Bedürftigen reduziert das fiktive Einkommen den Unterhalt, beim Pflichtigen wird das Problem in die Vollsteckung verlagert.

Erzielbare **Erwerbseinkünfte,** die dem in der Ehe den Haushalt führenden **Berechtigten** nach der Trennung wegen Verstoßes gegen seine Erwerbsobliegenheit fiktiv zugerechnet werden, sind nach der geänderten Rechtsprechung des BGH **Surrogat** und damit **eheprägend.**[323] Das Gleiche gilt, wenn der Bedürftige seinen Arbeitsplatz verliert und sich nicht ausreichend um eine neue Stelle bemüht. 274

Auch die beim **Pflichtigen** angesetzten fiktiven Erwerbseinkünfte sind **eheprägend.**[324] Wenn dem Verpflichteten wegen einem unterhaltsbezogen verantwortungslosen oder leichtfertigen Verhalten oder wegen nicht ausreichender oder nicht ernsthafter Bemühungen um eine zumutbare Erwerbstätigkeit oder wegen eines anderen unterhaltsrechtlich vorwerfbaren Verhaltens erzielbare Einkünfte fiktiv zugerechnet werden (vgl. insoweit näher Rn. 284 ff.), genügt es nicht, ihm solche Einkünfte nur auf der Leistungsstufe leistungssteigernd zuzurechnen, weil der Unterhaltsanspruch nicht nach der Leistungsfähigkeit des Verpflichteten, sondern auf der Bedarfsstufe nach den prägenden Einkünften bemessen wird. Bleiben fiktive Einkünfte als nichtprägende Einkünfte auf der Bedarfsstufe unberücksichtigt, dann bestünde ohne die Zurechnung fiktiver Einkünfte kein oder nur ein verminderter Unterhaltsanspruch und eine durch die fiktive Zurechnung erhöhte Leistungsfähigkeit hätte zugunsten des benachteiligten Unterhaltsgläubigers keine Auswirkung. Das vorwerfbare Verhalten des Verpflichteten bliebe für diesen ohne wirtschaftlich nachteilige Konsequenzen. Die Nachteile würden ausschließlich und sanktionslos nur dem Berechtigten aufgebürdet. 275

Deshalb ist der Verpflichtete auch hinsichtlich der Bedarfsbemessung so zu behandeln, als wenn er seine unterhaltsrechtliche Erwerbspflicht nicht verletzt hätte.[325] Sein fiktives Einkommen ist daher **bedarfserhöhend.**

Die Anrechnung fiktiver Einkünfte darf beim Pflichtigen aber nur an die ehelichen Lebensverhältnisse bis zur Trennung der Eheleute **anknüpfen.** Möglicherweise erzielbare, in der Ehe aber nie erzielte Einkünfte des Pflichtigen, die er bei größerem Einsatz hätte erreichen können, prägen dagegen die ehelichen Lebensverhältnisse nicht, da sich die Eheleute von vornherein mit einem niedrigeren Lebensstandard begnügt hatten.[326] Die **Bemessung des Bedarfs** kann sich nur an in der Ehe **tatsächlich vorhandenen,** nicht aber an nur gedachten wirtschaftlichen Verhältnissen, die die ehelichen Lebensverhältnisse nicht prägen, orientieren.[327] 276

Soweit der **Bedürftige** oder **Verpflichtete** ihm gehörendes **Vermögen nicht nutzt,** z. B. Garagen nicht vermietet, von seinem volljährigen, bereits im Berufsleben stehenden Kind für eine überlassene Wohnung keine Miete verlangt oder realisierbare Forderungen nicht einzieht (vgl. Rn. 270, 271 a) und deshalb fiktive Einkünfte anzusetzen sind (vgl. näher Rn. 1/425 ff.), hat dies dagegen keinen Einfluss auf die ehelichen Lebensverhältnisse, da die entsprechenden Mittel während des Zusammenlebens nicht vorhanden waren. Es handelt sich damit um **nichtprägende** Einkünfte die lediglich bedarfsmindernd bzw. leistungserhöhend wirken. Das Gleiche gilt für fiktive Nutzungen aus einem erst nach der Trennung erworbenen Vermögen, das kein Surrogat von Nutzungen eines entsprechenden Vermögens in der Ehe ist. 277

Somit sind **fiktive Erwerbseinkünfte** stets wie **prägende Einkünfte** bei der **Bedarfsbemessung** zu berücksichtigen, **fiktive Vermögenseinkünfte** dagegen nur bei der Bedürftigkeit, bzw. Leistungsfähigkeit. 278

Nach der Rechtsprechung des BGH ist Voraussetzung einer fiktiven Zurechnung von Einkünften auf den Bedarf, die Bedürftigkeit und die Leistungsfähigkeit, dass auf Grund einer umfassenden Zumutbarkeitsabwägung ein **unterhaltsrechtlich vorwerfbares Ver-** 279

[323] BGH, FamRZ 2003, 434 = R 589; FamRZ 2001, 1291 = R 564 c; FamRZ 2001, 1693 = R 567 a
[324] BGH, FamRZ 1993, 1304, 1306 = R 464 a; FamRZ 1992, 1045, 1047 = R 448 a, b
[325] BGH, FamRZ 1993, 1304, 1306 = R 464 a; FamRZ 1992, 1045, 1047 = R 448 a, b
[326] BGH, a.a.O.
[327] BGH, FamRZ 1997, 281, 283 = R 509 f, i

halten in der Form eines zumindest leichtfertigen Verhaltens bejaht wird (s. eingehend Rn. 1/494 ff.).

Typische Fälle der Zurechnung fiktiver Einkünfte:

- Wenn im Rahmen einer bestehenden Erwerbsobliegenheit bei ausreichenden und ernsthaften Bemühungen um eine zumutbare Erwerbstätigkeit eine **reale Beschäftigungschance** bestanden hätte (s. Rn. 1/529).
- Wenn ein **freiwilliger Arbeitsplatz**- oder **Berufswechsel** oder eine freiwillige berufliche Verselbstständigung eine leichtfertig verschuldete Einkommensminderung zur Folge hat (s. Rn. 1/492).
- Wenn ein **Arbeitsplatzverlust** unterhaltsbezogen leichtfertig verschuldet ist (s. Rn. 1/494 ff.).
- Wenn der Umfang einer selbstständigen **Erwerbstätigkeit** ohne rechtfertigenden Grund **eingeschränkt** wird[328] (s. Rn. 1/494 ff.).
- Wenn bei einem einschneidenden **Einkommensrückgang eines Selbstständigen** der Unterhaltspflichtige seine Arbeitskraft oder sonstige zu Gebote stehenden Einkommensquellen nicht so gut wie möglich einsetzt.[329]
- Wenn ein **Vermögen** nicht in zumutbarer Weise ertragbringend genutzt wird (s. Rn. 262, 271 a und 1/425 ff.). Soweit ein Vermögen verbraucht wurde, ohne Nutzungen zu ziehen, kommt eine fiktive Anrechnung aber nur in Betracht, wenn eine mutwillige Herbeiführung der Bedürftigkeit bzw. Leistungsunfähigkeit vorliegt[330] (vgl. eingehend Rn. 1/392).

8. Einkommensänderungen nach der Trennung durch freiwillige Disposition (z. B. Arbeitsplatzwechsel, Berufswechsel oder berufliche Verselbstständigung)

280 Wie bereits ausgeführt, sind Einkünfte bei der Scheidung grundsätzlich **prägend,** wenn sie bereits bei der Trennung aus der gleichen Erwerbsquelle geflossen sind und im Rahmen einer normalen Weiterentwicklung nach der Trennung weiterfließen. Der tieferliegende Grund besteht darin, dass dadurch eine bereits während des Zusammenlebens in der Ehe bestehende Erwerbsobliegenheit weiterhin durch die gleiche Erwerbsquelle realisiert wird.

Prägend sind ferner Erwerbseinkünfte als Surrogat der Familienarbeit in der Ehe.

Bei einem freiwilligen Arbeitsplatzwechsel, Berufswechsel oder bei freiwilliger beruflicher Verselbstständigung wird eine bestehende Erwerbsquelle durch eine **andere konkrete Erwerbsquelle ersetzt.** Dadurch wird ebenfalls die schon vor der Trennung entstandene Erwerbsobliegenheit weiterhin realisiert, wenn auch mittels einer neuen Erwerbsquelle. Bei einer solchen Auswechslung der Erwerbsquellen tritt grundsätzlich die neue an die Stelle der alten Erwerbsquelle und dementsprechend die neuen an die Stelle der alten Einkünfte, wenn aus unterhaltsrechtlichen Gründen keine durchgreifenden Bedenken gegen eine solche Auswechslung bestehen und es sich um eine normale Weiterentwicklung handelt.

281 Unterhaltsrechtlich bestehen in der Regel keine Bedenken, wenn sich die Auswechslung nicht zum Nachteil des anderen Ehepartners auswirkt, d. h. wenn sich die früheren und neuen Einkünfte in einer vergleichbaren Größenordnung bewegen und **das frühere Einkommen** jedenfalls **nicht höher** war.[331]

Dabei kann eine voraussichtliche normale Weiterentwicklung als vergleichbar prognostiziert werden. Um eine unterhaltsrechtlich unbedenkliche Auswechslung und normale Weiterentwicklung handelt es sich z. B., wenn eine Frau während intakter Ehe in der **tierärztlichen Praxis** ihres Mannes in ähnlicher Weise wie in ihrem erlernten Beruf mitgearbeitet hatte und nach der Trennung in ihrem erlernten Beruf als **medizinisch-technische**

[328] BGH, FamRZ 1992, 1045, 1047 = R 448 a
[329] BGH, FamRZ 1993, 1304, 1306 = R 464 a
[330] BGH, FamRZ 1990, 989, 991 = R 418 d
[331] BGH, FamRZ 1985, 911 = NJW 1985, 2268

Assistentin weitergearbeitet hat. Die Einkünfte aus der neuen Tätigkeit sind weiterhin als **prägend** zu berücksichtigen.[332]

Ist die Auswechslung unterhaltsrechtlich bedenkenfrei, gelten die sich normal weiterentwickelnden Einkünfte aus der neuen Tätigkeit auch im Zeitpunkt der Scheidung als **prägend.**[333]

Werden aus der neuen Tätigkeit vorhersehbar und nachhaltig **geringere Einkünfte** als 282 aus der alten Tätigkeit erzielt, ist genau zu prüfen, ob unterhaltsrechtliche Bedenken gegen eine Auswechslung bestehen. Die Einkommenssenkung darf nicht auf einem Verstoß gegen die Erwerbsobliegenheit beruhen, es darf ferner kein unterhaltsbezogen leichtfertiges Verhalten vorliegen.[334] Der Ehepartner ist, soweit er keine anzuerkennenden Gründe hat, zu einem beruflichen Wechsel mit Einkommenssenkung nur berechtigt, wenn er vor dem Wechsel durch Rücklagenbildung, Kreditaufnahme oder ähnliche Maßnahmen eine ausreichende Vorsorge dafür getroffen hat, dass dem anderen Ehepartner dadurch keine Nachteile entstehen, d. h. dass er den Unterhalt in bisheriger Höhe weiterzahlen kann (s. Rn. 1/494 ff.); sonst darf ein Ehegatte seine bisherige Tätigkeit nicht freiwillig aufgeben.[335]

- Wenn der **Unterhaltsverpflichtete leichtfertig** gegen diese Obliegenheit verstößt und seine frühere Erwerbstätigkeit trotz des zu erwartenden Einkommensrückgangs in vorwerfbarer Weise aufgibt, dann bleiben für die Bemessung des Unterhaltsbedarfs des Berechtigten die Einkommensverhältnisse vor der leichtfertigen beruflichen Veränderung maßgeblich.[336] Er wird deshalb unterhaltsrechtlich so behandelt, als ob er die Einkünfte aus der früheren Tätigkeit weiterhin erzielen würde.
- Kommt es bei Beibehaltung des Arbeitsplatzes zu einem **Einkommensrückgang,** ist ebenfalls zu prüfen, ob ein unterhaltsbezogen leichtfertiges Verhalten vorliegt. Dabei ist eine umfassende Interessenabwägung vorzunehmen, insbesondere ob betriebliche, gesundheitliche oder altersbedingte Umstände zur Reduzierung der Tätigkeit und damit des Einkommens vorlagen, ob beim Bedürftigen dadurch der angemessene Bedarf (= angemessener Selbstbehalt) nicht mehr gesichert ist und ob die Einkommenssenkung auch bei Fortdauer der Ehe erfolgt wäre. I. d. R. wird die Reduzierung einer in der Ehe über das normale Maß hinausgehenden Tätigkeit auf eine übliche Tätigkeit zu akzeptieren sein, z. B. der Abbau regelmäßig geleisteter Überstunden, der Wechsel von einer Nachtschicht in eine Normalschicht, der Übergang in die Altersteilzeit.
- Wird auf Grund einer umfassenden Zumutbarkeitsabwägung **kein zumindest unterhaltsbezogen leichtfertiges** Verhalten festgestellt, dann ist die Einkommensreduzierung unterhaltsrechtlich nicht vorwerfbar. Es handelt sich jeweils um eine durch Einkommensrückgang erzwungene Schmälerung des Bedarfs. Da die früheren ehelichen Lebensverhältnisse keine unverändert fortschreitende Lebensstandardgarantie beinhalten, muss der Bedürftige auch die **negative Einkommensentwicklung** des Partners wirtschaftlich mittragen, d. h. die **Einkommenssenkung** ist **eheprägend.**[337] Das Unterhaltsrecht will den bedürftigen Ehegatten nach Trennung/Scheidung wirtschaftlich nicht besser stellen, als er sich ohne Trennung/Scheidung stünde.[338] Der Unterhaltsanspruch ist dann nach den verminderten tatsächlichen Einkünften aus der neuen Tätigkeit zu bemessen.[339] Die **nicht vorwerfbare Einkommensreduzierung** bei einem Arbeitsplatzwechsel ist auch

---

332 BGH, FamRZ 1982, 892

333 BGH, FamRZ 1985, 911 = NJW 1985, 2268

334 BGH, FamRZ 2003, 590, 592 = R 586 c

335 BGH, FamRZ 1988, 145 = NJW-RR 1988, 514; FamRZ 1988, 256 = R 355 d; FamRZ 1988, 705 = R 364 a; FamRZ 1987, 930, 932

336 BGH, FamRZ 1988, 145 = NJW-RR 1988, 514; FamRZ 1988, 256 = R 355 d; FamRZ 1987, 930, 932

337 BGH, FamRZ 2003, 590, 592, = R 586 a

338 BGH, FamRZ 2003, 848, 850 = R 588 a

339 BGH, FamRZ 2003, 590, 592 = R 586 c; FamRZ 1988, 256 = R 355 d; FamRZ 1983, 140 = R 147 a

nicht durch eine bei Verlust des ersten Arbeitsplatzes ausbezahlte **Abfindung** auszugleichen.[340]

283 Erzielt der Ehegatte aus der neuen Erwerbstätigkeit **erheblich höhere Einkünfte** als aus der früheren Tätigkeit, so werden in vielen Fällen die neuen Einkünfte auf einer im Zeitpunkt der Trennung **unerwarteten, vom Normalverlauf erheblich abweichenden Entwicklung** beruhen. Es bleibt dann das aus der früheren Erwerbstätigkeit erzielte Einkommen bis zur Scheidung prägend, d. h. der Unterhaltsbedarf ist nach dem früheren Einkommen zu bemessen, während der **Mehrverdienst,** der auf der vom Normalverlauf abweichenden Entwicklung beruht, **nichtprägend** ist (vgl. näher Rn. 246 ff.).

9. Einkommensänderungen bei Arbeitsplatzverlust und Arbeitslosigkeit

284 Bei Arbeitsplatzverlust ist stets im Rahmen einer umfassenden Zumutbarkeitsabwägung festzustellen, ob der Verlust durch ein unterhaltsrechtlich **vorwerfbares Verhalten** in der Form eines zumindest **unterhaltsbezogen leichtfertigen Verhaltens** verursacht worden ist[341] (s. näher Rn. 282 und ausführlich Rn. 1/494 ff.). Maßgebend ist insoweit **nicht ein schuldhaftes,** sondern allein ein **unterhaltsbezogen leichtfertiges Verhalten.**

Typische Fälle eines leichtfertigen Verlustes sind:

- Leichtfertige **Kündigung** des Arbeitsplatzes **durch** den **Verpflichteten.**[342]
- Vom Verpflichteten unterhaltsbezogen leichtfertig **verschuldete Kündigung des Arbeitgebers.**[343] Nicht ausreichend ist jedoch ein zwar selbst verschuldeter, aber ungewollter Arbeitsplatzverlust, z. B. bei einem Diebstahl oder Trunkenheit am Arbeitsplatz[344] oder bei Inhaftierung nach einer nicht gegen den Bedürftigen oder einen nahen Angehörigen gerichteten Straftat.[345]
- **Reduzierung** der bisherigen Tätigkeit, ohne hierzu unterhaltsrechtlich berechtigt zu sein[346] (s. auch Rn. 291).
- Leichtfertige sonstige **Arbeitsplatzaufgabe.**[347]

Entsprechendes gilt auch bei Erwerbseinkünften des Berechtigten.

285 Bei **Bejahung** eines zumindest **unterhaltsbezogen leichtfertigen Verhaltens** wird dem **Verpflichteten** als Sanktion für sein unterhaltsrechtlich vorwerfbares Verhalten sein bisher erzieltes Einkommen **fiktiv** weiterhin als **prägend** zugerechnet und danach der Unterhaltsbedarf bemessen (s. oben Rn. 275). In der Praxis wird dies selten zu bejahen, da selbst bei Arbeitsplatzverlust durch Straftaten i. d. R. der unterhaltsrechtliche Bezug fehlt. Soweit es dabei um einen Verstoß gegen die Erwerbsobliegenheit geht, ist aber bei der Höhe des fiktiven Einkommens genau zu prüfen, ob der Pflichtige nach den Verhältnissen auf dem Arbeitsmarkt und seinen persönlichen Eigenschaften (Alter, Ausbildung, Berufserfahrung, Gesundheitszustand) dieses Einkommen auch tatsächlich noch erreichen kann.[348]

Trifft den **Berechtigten** ein entsprechendes Verschulden am Verlust einer bereits bei Trennung ausgeübten oder als Surrogat der Haushaltsführung nach Trennung aufgenommenen Erwerbstätigkeit, bleibt das bisherige Einkommen **fiktiv eheprägend.**

---

340 BGH, FamRZ 2003, 590, 592 = R 586 d

341 BGH, FamRZ 2002, 813 = R 573; FamRZ 2000, 815 = R 541; FamRZ 1994, 240; FamRZ 1993, 1055 = R 462A b

342 BGH, FamRZ 1993, 1055 = R 462A b; FamRZ 1985, 158

343 BGH, FamRZ 1993, 1055 = R 462A b; FamRZ 1988, 597, 599 = NJW 1988, 2239

344 BGH, FamRZ 2000, 815 = R 541; FamRZ 1994, 240 = NJW 1996, 517; FamRZ 1993, 1055 = R 462A b

345 BGH, FamRZ 2002, 813 = R 573

346 BGH, FamRZ 1992, 1045, 1047 = R 448 a

347 BGH, FamRZ 1993, 1055 = R 462A b

348 BGH, FamRZ 1996, 345 = NJW 1996, 517

Bei **Verneinung** eines zumindest leichtfertigen Verhaltens ist der Bedarf auf der Grundlage der tatsächlich bestehenden Verhältnisse **neu zu bemessen.** Der Einkommensrückgang ist beim Trennungsunterhalt von beiden Ehegatten wirtschaftlich mitzutragen. Beim nachehelichen Unterhalt ist bei einem unverschuldeten Einkommensrückgang des Bedürftigen durch einen Arbeitsplatzverlust vorab zusätzlich zu prüfen, inwieweit ein Anschlusstatbestand gegeben ist (näher Rn. 50 ff.). 286

Bei Bezug von Arbeitslosengeld für eine bei Trennung ausgeübte Tätigkeit ist dieses als **Einkommensersatzleistung prägend** zu berücksichtigen, wenn die Arbeitslosigkeit länger andauert. Nach Meinung des BGH müsste es auf Unverständnis stoßen, wenn eine zwischen Trennung und Scheidung unerwartet eintretende Arbeitslosigkeit des Verpflichteten nicht schon die ehelichen Lebensverhältnisse, sondern erst dessen Leistungsfähigkeit beeinflusst.[349] Auch insoweit muss die negative Einkommensentwicklung von beiden Eheleuten mitgetragen werden.[350] Nichts anderes gilt bei unverschuldeter Arbeitslosigkeit des Bedürftigen.

Während der **Zeit der Arbeitslosigkeit** besteht die unterhaltsrechtliche Erwerbsobliegenheit weiter. Deshalb ist der Erwerbslose auch unterhaltsrechtlich verpflichtet, sich ernsthaft und intensiv um eine neue zumutbare Erwerbstätigkeit zu bemühen.[351] 287

Unterlässt er solche zumutbare Bemühungen und hätte bei ernsthaften ausreichenden Bemühungen eine reale Beschäftigungschance bestanden, dann ist dem **Berechtigten** oder dem **Verpflichteten** ein erzielbares Einkommen fiktiv als **prägend** zugerechnet werden.

Findet der Erwerbslose später einen **neuen Arbeitsplatz** und bewegen sich die früheren und neuen Einkünfte in einer vergleichbaren Größenordnung, dann treten die Einkünfte aus der neuen Erwerbsquelle **prägend** an die Stelle der Einkünfte und Einkommensersatzleistungen aus der früheren prägenden Erwerbsquelle. Es handelt sich um eine zeitlich verschobene, unterhaltsrechtlich nicht zu beanstandende Auswechslung von Erwerbsquellen, die einem Normalverlauf entspricht (vgl. Rn. 281). 288

Erzielt der Ehegatte aus der neuen Erwerbstätigkeit **erheblich höhere Einkünfte,** kann dies auf einer vom Normalverlauf erheblich abweichenden Entwicklung beruhen. Es gelten dann die Ausführungen zu Rn. 246 und 283. 289

Kann der Unterhaltspflichtige aus arbeitsmarktpolitischen Gründen nach einem unverschuldeten Arbeitsplatzverlust keine neue Stelle finden und macht sich deshalb selbstständig, ohne über ausreichende Rücklagen zu verfügen, ist die darauf zurückzuführende Einkommensreduzierung vor allem in der Anfangsphase zu billigen. Auch insoweit handelt es sich um eine von beiden Ehegatten wirtschaftlich mitzutragende negative Einkommensentwicklung (vgl. Rn. 282). 290

Beruht eine Minderung des Einkommens auf einer **Verletzung der Erwerbsobliegenheit,** etwa weil der Verpflichtete seine selbstständige Erwerbstätigkeit eingeschränkt hat, um das **Sorgerecht** zu erlangen oder weniger Unterhalt zahlen zu müssen, so kann das nicht die ehelichen Lebensverhältnisse zum Nachteil des Unterhaltsberechtigten verändern, soweit über das Sorgerecht bereits entschieden wurde und sich der Unterhaltspflichtige nicht bemüht, das frühere Einkommen wiederzuerreichen.[352] Der Verpflichtete wird vielmehr fiktiv an seinem früheren Einkommen festgehalten (s. oben Rn. 275). Beruht die Einschränkung einer Erwerbstätigkeit dagegen allein auf den Bemühungen, das **Sorgerecht** für das Kind **zu erlangen,** muss der Bedeutung und Tragweite des Elternrechts Rechnung getragen werden.[353] Insoweit ist im Einzelfall genau zu prüfen, ob der Pflichtige mit dem Arbeitgeber eine nur vorläufige Reduzierung seiner Tätigkeit, die er nach der Sorgerechtsentscheidung rückgängig machen kann, vereinbaren konnte.[354] Zur Betreuung eines Kindes aus einer neuen Ehe und dadurch entstehender Erwerbslosigkeit **bei Wiederverheiratung** vgl. Rn. 332. 291

---

349 BGH, FamRZ 1988, 256 = NJW-RR 1988, 519
350 BGH, FamRZ 2003, 590, 592 = R 586 c
351 BGH, FamRZ 1994, 372, 374 = R 473 c
352 BGH, FamRZ 1992, 1045, 1047 = R 448 a
353 BVerfG, FamRZ 1996, 343 = R 498
354 BVerfG, a.a.O.

10. Prägende und nichtprägende Änderungen im Ausgabenbereich

292 Die ehelichen Lebensverhältnisse werden auch **durch Ausgaben mitgeprägt,** weil Einkünfte in Höhe solcher abziehbarer typischer Ausgaben zur Verwendung für den laufenden Lebensbedarf nicht zur Verfügung stehen (dazu und zu den typischen Ausgabenposten s. Rn. 185 ff.).

293 **Änderungen** im Ausgabenbereich zwischen Trennung und Scheidung (und nach der Scheidung) **prägen** deshalb die maßgeblichen Einkommensverhältnisse, sofern sie sich auf **prägende** Einkünfte beziehen.

Sie erhöhen oder mindern das prägende Einkommen. Auch bei laufenden Änderungen gelten sie als nachhaltig prägend (s. näher Rn. 351 ff.).

294 • Stets zu beachten sind einkommensabhängige Änderungen von **Steuern und Vorsorgeaufwendungen** mit Ausnahme des Steuervorteils des Pflichtigen durch Wiederverheiratung (näher Rn. 185 ff.) sowie von Betriebsausgaben bei Selbstständigen/Gewerbetreibenden und Werbungskosten bei Kapital- und Miet-/Pachteinkünften. Das Gleiche gilt für **berufsbedingte Aufwendungen** Nichtselbstständiger, die steuerrechtlich nichts anderes als Werbungskosten sind (vgl. Rn. 1/604). Ihre Höhe richtet sich stets nach den tatsächlich angefallenen Kosten, selbst wenn eine Erhöhung trennungsbedingt ist (vgl. Rn. 186). Solche sich ändernde Ausgaben werden – wie das Bezugseinkommen – in der Regel nach einem Ein- bzw. Dreijahresschnitt berechnet, bei üblichen Erhöhungen z. B. der Krankenkasse nach den aktuellen Kosten. Ihr Abzug vom Bruttoeinkommen ergibt das prägende Nettoeinkommen.

295 • Ehebedingte **Verbindlichkeiten** dürfen nach der Trennung nicht mehr einseitig zum Nachteil des anderen Ehegatten erhöht werden. Sie bleiben deshalb auf dem Stand der Trennung der Höhe nach begrenzt. Wird eine Eheschuld umgeschuldet und wegen neuer nach der Trennung entstandener Verbindlichkeiten erhöht, prägt nur die Eheschuld für die Dauer ihrer Laufzeit die ehelichen Lebensverhältnisse.[355] Sie können aber niedriger werden bei voller oder teilweiser Tilgung bis zur Scheidung. Die Reduzierung bzw. der Wegfall der berücksichtigungswürdigen Schuld ist **prägend**[356] (vgl. auch Rn. 1/627). Dies gilt z. B. auch, wenn wegen der Trennung ein Schrebergarten veräußert und mit dem Erlös eine Eheschuld getilgt wurde.[357] Nicht zu verwechseln mit ehebedingten Verbindlichkeiten sind notwendige Ausgaben infolge der Trennung und Scheidung, z. B. Umzugskosten oder Anschaffung von neuem Hausrat. Diese sind nichtprägend und können nur beim Pflichtigen bei seiner Leistungsfähigkeit als unumgängliche Schulden Berücksichtigung finden (Genaueres s. Rn. 1/629, 632 ff.).

296 • Auch **Aufwendungen zur Vermögensbildung** dürfen, soweit sie bei gutem Einkommen des Pflichtigen nach einem objektiven Maßstab einkommensmindernd zu berücksichtigen sind (vgl. näher Rn. 200 ff.), nach der Trennung zum Nachteil des anderen Ehegatten nicht mehr erhöht werden. Deshalb wird in der Regel der im Zeitpunkt der Trennung bestehende Umfang als prägend fortgeschrieben.

297 • Änderungen in den Aufwendungen für prägenden **Kindesunterhalt** (Erhöhungen und Wegfall) sind ebenfalls prägend und daher bis zur Scheidung (und darüber hinaus) stets in vollem Umfang zu beachten[358] (s. näher Rn. 188 ff. und 352).

298 Änderungen im Ausgabenbereich prägen nicht, wenn und soweit sich die Ausgaben **nur auf nichtprägende Einkünfte beziehen,** z. B. bei einem Karrieresprung oder bei nichtprägenden Vermögenseinkünften. Solche Ausgaben dürfen nur von den jeweiligen nichtprägenden Einkünften abgezogen werden, nicht aber von prägenden Einkünften. Sie verändern deshalb die prägenden Einkünfte nicht.

---

[355] BGH, NJW 1998, 2821, 2822 = R 525 b
[356] BGH, NJW 1998, 2821, 2822 = R 525 a; FamRZ 1988, 701, 703 = NJW 1988, 2034
[357] BGH, NJW 1998, 2821 = R 525 a
[358] BGH, FamRZ 1990, 1085 = NJW 1990, 2886

III. Einkommensänderungen nach der Scheidung

1. Scheidung als Endpunkt für die Weiterentwicklung prägender ehelicher Lebensverhältnisse und Voraussetzung für die Berücksichtigung späterer Änderungen der Einkommensverhältnisse

Die **Rechtskraft** der Scheidung setzt regelmäßig den Endpunkt, bis zu dem Ehegatten an der Entwicklung ihrer Lebensverhältnisse in gleicher Weise teilhaben.[359] 299

Die prägenden ehelichen Lebensverhältnisse werden mit Rechtskraft der Scheidung dauerhaft fixiert. Deshalb ist für die Unterhaltsbemessung in späteren Zeiträumen grundsätzlich an den Lebensbedarf anzuknüpfen, der den ehelichen Lebensverhältnissen im Zeitpunkt der Scheidung entspricht.[360]

Nach der Rechtsprechung des BGH schließt diese grundsätzliche Ausrichtung des nachehelichen Unterhalts an den zurzeit der Scheidung prägenden ehelichen Lebensverhältnissen jedoch nicht aus, **später eintretende Änderungen zu berücksichtigen.** Sinkt nämlich das Einkommen des Verpflichteten, dann hätte auch bei fortgesetztem Zusammenleben der Berechtigte die entsprechende Minderung seines Lebensstandards hinnehmen müssen. Der nacheheliche Unterhalt garantiert nicht einen Lebensstandard, der sich später nicht aufrechterhalten lässt. Bei sinkendem Einkommen des Pflichtigen sinkt daher grundsätzlich auch der Bedarf des Berechtigten.[361] 300

An einer Verbesserung der Lebensverhältnisse des Unterhaltspflichtigen nimmt der Berechtigte nur teil, wenn diesen Änderungen eine Entwicklung zugrunde liegt, die aus der Sicht des Zeitpunkts der Scheidung **mit hoher Wahrscheinlichkeit zu erwarten** war und wenn ihre Erwartung die ehelichen Lebensverhältnisse im Zeitpunkt der Scheidung bereits mitgeprägt hat.[362] 300 a

Die im Zeitpunkt der Scheidung prägenden ehelichen Lebensverhältnisse beinhalten mehr als nur die aktuellen Einkommensverhältnisse. Sie umfassen **alles,** was für den Lebenszuschnitt der Ehegatten **tatsächlich eine Rolle spielt.** Dazu gehört auch die **begründete Absicht,** dass sich die Lebensumstände künftig in kalkulierbarer Weise günstiger gestalten werden.[363] 301

Auch der Gedanke der nachehelichen Solidarität, in dem das gesamte Recht des nachehelichen Unterhalts seine eigentliche Rechtfertigung findet, legt die Auslegung nahe, dass der Unterhaltsbedürftige an späteren Einkommensverbesserungen zu beteiligen ist, deren **Grund in der Ehe gelegt** worden ist und die sich **im Zeitpunkt der Scheidung bereits abzeichneten.** Auch pflegen sich Ehegatten auf hinreichend sichere Einkommensverbesserungen schon im Vorhinein bei der Gestaltung ihrer Verhältnisse einzustellen und sie in ihre Entscheidung einzubeziehen. In dieser Weise entfalten voraussehbare Einkommensverbesserungen, insbesondere die üblichen Gehaltserhöhungen, schon bevor sie eingetreten sind, eine die ehelichen Lebensverhältnisse prägende Wirkung.[364] 302

Wegen des Ausnahmecharakters der Fälle, in denen nach der Scheidung eintretende, günstige Umstände als bereits im Zeitpunkt der Scheidung prägend noch berücksichtigt werden dürfen, müssen die Eheleute solchen Umständen erkennbar schon im Voraus und noch während des Bestehens der Ehe einen **prägenden Einfluss auf ihre Lebensverhältnisse eingeräumt** haben. Hierfür kann sprechen, dass solche auf einem gemeinsamen Lebensplan beruhende Änderung noch in engem zeitlichen Zusammenhang mit der Schei- 303

---

[359] BGH, FamRZ 1988, 701, 703; FamRZ 1986, 783, 785

[360] BGH, FamRZ 1986, 148, 149 = NJW 1986, 720; FamRZ 1985, 371, 373

[361] BGH, FamRZ 2003, 484 = NJW 2003, 1796 = R 588 a; FamRZ 1994, 228 = R 471 b; FamRZ 1993, 1304 = R 464 a

[362] BGH, NJW-RR 1989, 1154; FamRZ 1987, 459 = R 324 c; FamRZ 1986, 148 = R 279, FamRZ 2003, 848 = R 588 c, FamRZ 1982, 684 = 122 b

[363] BGH, FamRZ 1987, 459 = R 324 c

[364] BGH, FamRZ 1990, 1091 = R 422 a; FamRZ 1987, 459 = R 324 c

dung steht[365] oder dass sie bei einer üblichen beruflichen Weiterentwicklung auch ohne Trennung eingetreten wäre.[366]

303 a Nach der **Surrogattheorie** des BGH[367] ist ein verändertes Einkommen auch dann prägend, wenn die neu entstandene Einkommensquelle sich als Surrogat einer anderen weggefallenen prägenden Einkommensquelle darstellt, insbesondere der Haushaltsführung und Kindererziehung in der Haushaltsführungsehe[368] oder Zinseinkünfte anstelle eines Wohnwerts.[369]

304 Zusammenfassend ist daher festzustellen, dass nach der Rechtsprechung des BGH Änderungen nach der Scheidung nur dann im Rahmen der Bedarfsbemessung berücksichtigt werden dürfen, wenn die ehelichen Lebensverhältnisse **durch die Erwartung** solcher Änderungen bereits im Zeitpunkt der Scheidung **mitgeprägt** worden sind.[370] Der BGH bejaht einen solchen mitprägenden Einfluss künftiger Änderungen auf die ehelichen Lebensverhältnisse im Zeitpunkt der Scheidung, wenn folgende Voraussetzungen bejaht werden können:

305 Die spätere Entwicklung muss **in der Ehe angelegt** sein und aus der Sicht zurzeit der Scheidung mit **hoher Wahrscheinlichkeit** zu erwarten gewesen sein.[371]

306 Diese Erwartung muss die ehelichen Lebensverhältnisse bereits geprägt haben. Das kann angenommen werden, wenn die Ehegatten „ihren **Lebenszuschnitt**" schon im Blick auf die bevorstehende Entwicklung **gestalten** konnten.[372]

307 Bei **erstmaliger Aufnahme einer Erwerbstätigkeit** nach Scheidung und vorheriger **Ausbildung** stellte der BGH auf den gemeinsamen Lebensplan ab, sah das daraus folgende Einkommen aber nur dann als prägend an, wenn die Änderung in engem zeitlichen Zusammenhang mit der Scheidung erfolgte.[373] Ebenso argumentierte es früher auch bei vorheriger Haushaltsführung. Nach seiner neuen Surrogattheorie ist dieses Einkommen jetzt aber **Surrogat der Haushaltsführung** und damit praktisch immer prägend[374] (im Einzelnen Rn. 325 f.).

308 Bei späterem **Wegfall von Unterhaltsverpflichtungen** konnte ein enger zeitlicher Zusammenhang ein wichtiges Indiz für die Beurteilung der Frage, ob die ehelichen Lebensverhältnisse durch die unerwartete Änderung bereits geprägt worden sind, sein.[375] Zur **Unterhaltspflicht gegenüber einem Kind** hat der BGH seine Rechtsprechung jedoch geändert. Dieser Wegfall ist in der Regel eheprägend (siehe Rn. 352).[376] Im Übrigen hat das **Zeitargument** in der neueren Argumentation des BGH an **Gewicht verloren.**

309 Die Beurteilung, ob in diesem Sinn die ehelichen Lebensverhältnisse aus der Sicht des Scheidungszeitpunkts bereits geprägt worden sind, ist wesentlich Sache der **tatrichterlichen Würdigung** und daher in der Revision nur beschränkt nachprüfbar.[377]

310 In seiner Entscheidung vom 21. 2. 1987[378] hat es der BGH ausdrücklich **abgelehnt,** bei Einkommensverbesserungen nach der Scheidung den für den Zeitpunkt der Scheidung errechneten Unterhalt lediglich entsprechend dem **Lebenshaltungskostenindex** an die Entwicklung der allgemeinen Lebenshaltungskosten anzupassen, da er mit der individuellen Einkommensentwicklung nicht übereinstimmt. Er hat demgegenüber daran festgehalten, dass stets die effektiven Einkommensverbesserungen als prägend zu berücksichtigen sind,

---

[365] BGH, FamRZ 1990, 258; FamRZ 1988, 701, 703

[366] BGH, FamRZ 1993, 1304 = R 464 a

[367] BGH, FamRZ 2001, 986 = R 563; FamRZ 2001, 1592 = R 567; FamRZ 2002, 88 = R 569

[368] BGH, FamRZ 2001, 986 = R 563; FamRZ 2001, 1592 = R 567; FamRZ 2002, 88 = R 569

[369] BGH, FamRZ 2001, 1592 = R 567

[370] BGH, FamRZ 1987, 459 = R 324 c; FamRZ 1986, 783, 785 ferner R 279, R 122 b, R 257 c

[371] BGH, FamRZ 1986, 783, 785; ferner R 324 c, R 279, R 122 b

[372] BGH, FamRZ 1987, 459 = R 324 c; FamRZ 1982, 895: ferner R 279, R 122 b

[373] BGH, FamRZ 1986, 148 = R 279

[374] BGH, FamRZ 2001, 986 = R 562; FamRZ 2001, 1592 = R 566; FamRZ 2002, 88 = R 568

[375] BGH, FamRZ 1988, 701, 703; FamRZ 1988, 817, 819 = NJW 1988, 2101, 2103; FamRZ 1987, 913

[376] BGH, FamRZ 1990, 1085, 1087 = R 423 b

[377] BGH, FamRZ 1986, 148 = R 279

[378] BGH, FamRZ 1987, 459 = R 324 c

wenn die unter Rn. 304–308 erörterten Voraussetzungen für eine prägende Zurechnung bejaht werden. Der BGH hat damit für solche Fälle praktisch eine unbefristete Beteiligung des geschiedenen Ehegatten an solchen Einkommenssteigerungen des Verpflichteten bejaht (vgl. aber Rn. 313).

Mit der bei Rn. 310 erörterten Auffassung hat der BGH jedoch nicht generell eine Anpassung des nachehelichen Unterhalts an gesteigerte Lebenshaltungskosten abgelehnt, sondern nur eingeschränkt, **wenn Einkommensänderungen prägend zu berücksichtigen** sind. 311

Kommt es nach der Scheidung zu erheblichen **nichtprägenden Einkommenssteigerungen,** dann kann zugunsten des Berechtigten zum Ausgleich einer zwischenzeitlich eingetretenen Verteuerung der Lebenshaltungskosten der auf die Zeit der Scheidung fixierte prägende Unterhaltsbedarf unter Verwendung des Preisindexes des Statistischen Bundesamtes an die gestiegenen Lebenshaltungskosten angepasst werden. Eine solche **Hochrechnung** unter Verwendung der **statistischen Indexwerte** dient nur als Hilfsmittel, um für den bei Scheidung bemessenen Unterhalt Annäherungswerte für die gegenwärtigen Verhältnisse zu gewinnen.[379]

Auch bei einem **fest vereinbarten Unterhaltsbetrag** kann nach § 242 BGB eine Betragsanpassung auf die verringerte Kaufkraft der Währung gestützt werden, wenn dies nicht durch ausdrückliche Parteierklärung ausgeschlossen sein soll, was im Zweifel nicht angenommen werden kann.[380]

Eine solche **Indexanpassung** darf jedoch nicht dazu führen, dass der Berechtigte auf diese Weise einen höheren Unterhaltsanspruch erhält, als dem Verpflichteten nach Abzug dieses Unterhalts für den eigenen Bedarf verbleibt.

Der Unterhaltsgläubiger, der seinen Anspruch auf den bereits bei Scheidung prägenden Charakter späterer Einkommensverbesserungen oder auf den prägenden späteren Wegfall von Unterhaltsverpflichtungen stützt, hat die **Darlegungs- und Beweislast** für die Tatbestandsvoraussetzungen des § 1578 I 1 BGB und damit für die in Rn. 304–308 erörterten Voraussetzungen.[381] 312

Für die Fälle, in denen eine unbefristete Beteiligung des geschiedenen Ehegatten an Einkommenssteigerungen des Verpflichteten nicht angemessen wäre, sieht der BGH ein Regulativ in § 1578 I 2 BGB. Danach besteht bei Vorliegen der Voraussetzungen des § 1578 I 2 BGB die Möglichkeit, den nachehelichen „eheangemessenen Unterhalt" **zeitlich zu begrenzen** und danach auf den „angemessenen Unterhalt" zurückzugehen (siehe näher Rn. 583 ff.).[382] 313

1 a. Einkommenserhöhungen und Einkommensverminderungen

Die Ehescheidung als Grenze gilt also nur für Einkommenserhöhungen. Bei diesen stellt sich Frage, wieweit der bedürftige Gatte am Lebensstandard des unterhaltspflichtigen teilhaben soll. Das ist nur insoweit gerechtfertigt, als dieser Lebensstandard durch die **gemeinsame Leistung der Ehegatten** erreicht worden ist.[383] 313 a

Wenn demgegenüber das **Einkommen nachhaltig sinkt** und der Unterhaltpflichtige dieses Absinken nicht abwenden kann, geht es dagegen um die sachgerechte Verteilung einer durch Einkommensrückgang erzwungenen Schmälerung des Bedarfs. Das bedeutet, dass nach der Ehebedingtheit einer Einkommensänderung nur dann gefragt wird, wenn es sich um eine Erhöhung handelt, während von dem unvermeidlichen Sinken des Einkommens des Verpflichteten der Berechtigte immer betroffen wird.

Eine Einkommenserhöhung des Pflichtigen ist **nicht bereits deshalb prägend,** weil sie eine eine **Absenkung ausgleicht.** Wenn daher durch den Rentenfall und die Ersetzung des Erwerbseinkommens durch ein Renteneinkommen das Einkommen sinkt, sind die Zinsen

---

[379] BGH, NJW-RR 1987, 71
[380] BGH, FamRZ 1986, 458
[381] BGH, FamRZ 1990, 1085, 1087
[382] BGH, FamRZ 1987, 459 = R 324 c
[383] BGH, FamRZ 2003, 848, 849 = R 588 a, c

aus dem zwischenzeitlich gebildeten Vermögen dann nicht prägend, ist wenn im Scheidungszeitpunkt völlig ungewiss war, ob der Pflichtige erneut heiraten und ob und in welchem Umfange er sparen und Vermögen bilden würde und wie lange er überhaupt berufstätig sein werde.[384]

2. Einkommensänderungen bei Fortsetzung einer bei Scheidung ausgeübten Erwerbstätigkeit nach der Scheidung

314 Wird die **gleiche Erwerbstätigkeit** nach Trennung und Scheidung fortgesetzt, sind sowohl die Erwerbstätigkeit als solche als auch Einkommensänderungen aus dieser Erwerbstätigkeit in der Ehe angelegt. Es kann bereits bei Scheidung mit großer Wahrscheinlichkeit damit gerechnet werden, dass sich die Höhe der Einkünfte aus dieser Tätigkeit künftig ändern wird. Der Grund für solche Änderungen kann in der Anpassung an gestiegene Lebenshaltungskosten oder an die allgemeine Einkommensentwicklung liegen oder in einer zu erwartenden Gehaltssteigerung oder Regelbeförderung im öffentlichen Dienst.

Halten sich solche im Zeitpunkt der Scheidung bereits zu erwartende Änderungen im Rahmen einer allgemeinen normalen Entwicklung, dann können Ehegatten bereits bei Scheidung mit hoher Wahrscheinlichkeit erwarten, dass es zu solchen Änderungen kommen wird, und sie können vernünftigerweise ihren Lebenszuschnitt bereits auf solche Veränderungen einstellen, auch wenn die konkrete Höhe solcher Änderungen noch nicht bekannt ist.

In solchen Fällen genügt es nach der Rechtsprechung des BGH für eine prägende Berücksichtigung späterer Einkommenssteigerungen, wenn sich diese im durchschnittlichen Einkommensbereich halten, mit dessen Erreichen bei normaler beruflicher Entwicklung gerechnet werden konnte.[385] Darunter fallen nicht nur normale Gehaltssteigerungen, sondern auch Änderungen der persönlichen Verhältnisse des Einkommenbeziehers (Wiederheirat, Erhöhung der Kinderzahl, siehe näher Rn. 320).

Insoweit spielt nach der Rechtsprechung des BGH der sonst teilweise geforderte zeitliche Zusammenhang zwischen Scheidung und Änderung keine Rolle. Der BGH hat in solchen Fällen grundsätzlich eine unbefristete Beteiligung des Unterhaltsgläubigers an Einkommenssteigerungen des Verpflichteten bejaht.[386] Allerdings kann die Bemessung des Unterhalts nach den ehelichen Lebensverhältnissen u. U. zeitlich begrenzt werden (zu den Einzelheiten vgl. Rn. 583 f.).

315 Diese Grundsätze gelten **in gleicher Weise für den Berechtigten und den Verpflichteten,** wenn beide bei Scheidung prägende Erwerbseinkünfte haben. Sie gelten auch für prägende Einkünfte aus sonstigen Erwerbsquellen.

316 Der BGH hat unter Anwendung dieser Grundsätze in folgenden Fällen eine prägende Berücksichtigung von späteren Einkommenserhöhungen bei Fortsetzung der gleichen Erwerbstätigkeit bejaht (siehe auch Rn. 230, 235 f.):

Übliche Gehaltssteigerungen,[387] Einkünfte aus der mit hoher Wahrscheinlichkeit zu erwartenden **Beförderung eines Berufsoffiziers,** der bei Scheidung noch Hauptmann (A 11) war, zum Oberstleutnant (A 14).[388]

Gleiches gilt für die im Rahmen normaler Erwartung liegenden künftigen **Regelbeförderungen im öffentlichen Dienst** z. B. vom Hauptmann zum Major und später Oberstleutnant[389] oder vom Referatsleiter zum Ministerialrat.[390] Diese werden üblicherweise als künftige Stationen der Einkommensentwicklung von Eheleuten schon vorausschauend auf ihren Lebenszuschnitt berücksichtigt, etwa bei Entscheidungen im Zusammenhang mit dem Aufbau einer Altersversorgung, dem Entschluss zum Erwerb eines Familienheims und der Disposition über die Ausbildung der Kinder. Sie prägen deshalb bereits die für die Höhe des

[384] BGH, FamRZ 2003, 848, 850 = R 588 a, c
[385] BGH, FamRZ 1990, 1091 = R 422 a; FamRZ 1988, 1031 = R 373 a
[386] BGH, FamRZ 1987, 459 = R 324 c
[387] BGH, FamRZ 1986, 783, 785; ferner R 324 c, R 279, R 122 b
[388] BGH, FamRZ 1982, 684, 686 = R 122 b
[389] BGH, FamRZ 1985, 791, 793 = R 257 c; FamRZ 1982, 684, 686 = R 122 b
[390] OLG Köln, FamRZ 1993, 711

nachehelichen Unterhalts maßgebenden ehelichen Lebensverhältnisse zurzeit der Scheidung. Deshalb kann ihnen sowohl nach altem (§§ 58, 59 EheG) wie auch nach neuem Recht ein Einfluss auf die Höhe des nachehelichen Unterhalts nicht abgesprochen werden. Nicht erforderlich ist, dass solche künftige Entwicklungen bei Scheidung bereits sicher voraussehbar gewesen sein mussten.[391]

Üblicher beruflicher Aufstieg oder übliche berufliche Veränderung, z. B. Werkstatt- 317
leiter (Oberfeldwebel) bei der Bundeswehr zum Gewerbelehrer,[392] vom Maschinensteiger zum Reviersteiger,[393] vom Schweißer und Betriebsratsvorsitzenden mit Teilnahme an einem Lehrgang der Akademie der Arbeit zum Gewerkschaftssekretär,[394] vom Assistenzarzt zum Oberarzt,[395] vom Betriebsarzt zum Arbeitsmediziner mit vergleichbaren Einkünften[396] (vgl. im Übrigen Beispiele Rn. 240 f.).

Einkommen aus einer erst nach der Scheidung realisierten **Anstellung als Kraftfahr-** 318
zeugmeister beim gleichen Arbeitgeber hat die ehelichen Lebensverhältnisse bereits bei Scheidung geprägt, wenn der Verpflichtete die **Meisterprüfung noch während der Ehe** abgelegt hatte und sich seine Einstellung als Meister nur deshalb verzögert hatte, weil bei seinem Arbeitgeber erst eine entsprechende Stelle frei werden musste.[397]

In gleicher Weise zu beurteilen sind Einkommenssteigerungen eines Angestellten auf 319
Grund tariflich geregelter **Lebensaltersstufen** oder die allein vom **Besoldungsdienstalter** abhängigen Gehaltserhöhungen eines Beamten;[398] ferner **Besoldungsanpassungen** und Aufrücken in eine **höhere Besoldungsstufe.** Entscheidend ist, dass solche Besoldungsverbesserungen bereits bei Scheidung sicher zu erwarten waren.[399]

Wenn nach der Scheidung das aus der fortgeführten Tätigkeit erzielte Nettoeinkommen 320
Schwankungen, auch größeren Umfangs erfährt, die sich aus dem **Erwerb oder Verlust von in Besoldungs- oder Versorgungssystemen vorgesehenen Zuschlägen** ergeben, waren nach der bisherigen Rechtsprechung des BGH diese Veränderungen immer zu berücksichtigen.[400] Das Bundesverfassungsgericht hat jedoch in seiner Entscheidung vom 7. 10. 2003 (FamRZ 2003, 1821 = NJW 2003, 3466) dem Richter verboten, eine gesetzgeberische Entscheidung, der neuen Ehe bestimmte Leistungen zukommen zu lassen, im Wege der Einkommenszurechnung zu korrigieren.

Nicht zu berücksichtigen sind spätere Änderungen, die im Zeitpunkt der Scheidung noch 321
nicht vorauszusehen waren, weil sie auf einer vom Normalverlauf abweichenden Entwicklung beruhen. Dazu zählen u. a.:

- Gehaltssteigerungen auf Grund einer Beförderung, die nicht als Regelbeförderung erwartet werden konnte **(Karrieresprung)**, wie z. B. die nicht einer Regelbeförderung entsprechende Versetzung eines Oberstleutnants (A 14) auf einen herausgehobenen Posten der Besoldungsgruppe A 15.[401]
- Gehaltssteigerungen auf Grund einer **höheren tariflichen Einstufung wegen besonderer Leistungen.**
- **Besonderer beruflicher Aufstieg,** z. B. vom Angestellten zum geschäftsführenden Sparkassendirektor,[402] Betriebsingenieur zum Geschäftsführer einer GmbH,[403] vom Geschäftsführer eines mittelständischen Unternehmens zum „Senior Manager" eines internationalen Konzerns[404] (weitere Beispiele Rn. 240 ff.).

---

[391] BGH, FamRZ 1985, 791, 793 = R 257 c; FamRZ 1982, 684, 686 = R 122 b
[392] OLG Hamm, FamRZ 1990, 1361
[393] BGH, FamRZ 1990, 1090 = R 424 a
[394] BGH, FamRZ 1991, 307 = R 427 a
[395] BGH, FamRZ 1988, 145
[396] BGH, FamRZ 1988, 156, 159
[397] BGH, FamRZ 1985, 791, 793 = R 257 c
[398] BGH, FamRZ 1982, 895
[399] BGH, FamRZ 1989, 172, 174 = R 380 c
[400] BGH, FamRZ 1990, 503 = R 413
[401] BGH, FamRZ 1982, 684, 686 = R 122 b
[402] BGH, FamRZ 1988, 259, 262
[403] BGH, FamRZ 1990, 1085 = R 423 b
[404] OLG Hamm, FamRZ 1994, 515

- **Außergewöhnliche Einkommensentwicklung** bei einem Freiberufler oder Unternehmer.

322 Bei diesen **nichtprägenden Einkünften** infolge vom Normalverlauf abweichender besonders günstiger Einkommensentwicklung kann zum Ausgleich an gestiegene Lebenshaltungskosten der Unterhaltsanspruch statt nach einer fiktiven Entwicklung des prägenden Einkommens auch nach den statistischen **Indexwerten** an die gegenwärtigen Verhältnisse angepasst werden (Genaueres siehe vorher Rn. 310).

323 Einkommensminderungen sind grundsätzlich zu berücksichtigen (vgl. Rn. 300, 313 a). Ist der voraussehbare Einkommensrückgang aber so einschneidend, dass er den erreichten Lebensstandard grundlegend verändert, und ist er von unabsehbarer Dauer ohne Aussicht auf Besserung (Preisverfall in der Landwirtschaft), so **gewinnt die unterhaltsrechtliche Erwerbsobliegenheit an Bedeutung,** und der Unterhaltspflichtige muss seine Arbeitskraft und sonstige ihm zu Gebote stehende Einkommensquellen so gut wie möglich einsetzen, um den einmal erreichten ehelichen Lebensstandard zu halten, sonst wird ein fiktives Einkommen in bisheriger Höhe zugerechnet[405] (vgl. näher Rn. 272 ff., 284 ff., 1/387 ff.).

Zu Einkommensveränderungen anlässlich der **Wiedervereinigung** vgl. Rn. 249 a.

3. Erstmalige Aufnahme oder Ausweitung einer Erwerbstätigkeit nach der Scheidung

324 Einkünfte aus einer vom **Unterhaltsgläubiger** erstmalig **nach der Scheidung** aufgenommenen Erwerbstätigkeit sind in der Regel **Surrogat der vorherigen Haushaltsführung.** Wegen der Gleichwertigkeit von Haushaltsführung und Erwerbstätigkeit in der Haushaltsführungsehe prägen sie nach der von der mehr als zwanzigjährigen bisherigen ständigen Rechtsprechung[406] sich abwendenden neuen Rechtsprechung des BGH in der Regel die ehelichen Lebensverhältnisse.[407] (siehe näher auch Rn. 251 f.).

Damit folgt der BGH der Kritik an den unbefriedigenden Ergebnissen der Anrechnungsmethode,[408] auch in der Vorauflage dieses Werks (5. Aufl. § 4 Rn. 224, 224 b, 325 a).

325 Wenn dagegen der Berechtigte während der Ehe eine **Ausbildung** absolvierte und deshalb Haushaltsführung und etwaige Kinderbetreuung zwischen den Gatten geteilt wurde, dann tritt die spätere Erwerbstätigkeit nicht an die Stelle der Haushaltsführung, sondern an die Stelle der Ausbildung. Diese war als solche kein gleichwertiger Beitrag zum Familienunterhalt, sondern ein einseitiger Vorteil, der dem einen Gatten vom anderen zugewandt wurde in der Erwartung, dass später die Vorteile der dadurch ermöglichten Erwerbstätigkeit beiden Gatten zugute kommen würde. Diese Erwartung aber wird durch die Scheidung enttäuscht. Sie hat sich nur dann (teilweise) verwirklicht, wenn die Berufstätigkeit noch vor der Scheidung aufgenommen worden ist.

325 a **Haushaltsführung und Ausbildung** können aber auch zusammentreffen. Wenn der Ehegatte zuerst den Haushalt führte, danach aber eine Ausbildung begann, dann wird das Einkommen aus der neuen Erwerbstätigkeit nach der Scheidung jedenfalls **in der Höhe** prägen, in der es auch dann vorhanden wäre, wenn die spätere Ausbildung nicht absolviert worden wäre. Im Übrigen wird es darauf ankommen, ob sich die Erwerbstätigkeit noch während der Ehe begonnen hatte und deshalb das Einkommen nach den allgemeinen Regeln die Lebensverhältnisse in der Ehe geprägt hat. Wenn die Haushaltführung übernommen und daneben eine Ausbildung absolviert wurde, so wird eine erst lang nach der Scheidung aufgenommene Erwerbstätigkeit die ehelichen Lebensverhältnisse nur in der Höhe prägen, die nicht auf der Ausbildung beruht.

Die enttäuschte Erwartung des anderen Gatten auf spätere Teilhabe an dem von ihm durch die Ausbildung finanzierten Einkommen lässt sich nur durch die Härteregelungen angemessen erfassen (vgl. Rn. 160 ff., Rn. 758).

---

[405] BGH, FamRZ 1993, 1304 = R 464 a

[406] BGH, FamRZ 1985, 161; FamRZ 1984, 149; FamRZ 1984, 151

[407] BGH, FamRZ 2001, 986 = R 563; FamRZ 2001, 1592 = R 567; FamRZ 2002, 88 = R 569

[408] Vgl. Büttner, FamRZ 1999, 893, Gerhardt/Gutdeutsch, FuR 1999, 221; Graba FamRZ 1999, 1115

Erlangt ein **Unterhaltsverpflichteter** erstmals nach der Scheidung, aber in näherem Zusammenhang mit dieser, eine Anstellung als **Assistenzarzt, nachdem er** während der Ehe **studiert** und erst nach der Scheidung sein medizinisches Examen abgelegt hatte, dann werden ausnahmsweise die ehelichen Lebensverhältnisse im Zeitpunkt der Scheidung bereits durch die bei Scheidung noch nicht erzielten Einkünfte aus dieser Anstellung geprägt. Entscheidend ist, dass insoweit eine Entwicklung vorliegt, die in den Verhältnissen während der Ehe angelegt war, der ehelichen Lebensplanung entsprochen hat, und der Verpflichtete sein Studium so zielstrebig betrieben hat, dass die Parteien während der Ehe die begründete Erwartung hegen konnten, die beengten wirtschaftlichen Verhältnisse während des Studiums würden nur vorübergehend sein. Die wirtschaftliche Entwicklung nach der Scheidung (Einkommen aus Assistenzarzttätigkeit) kann auf die ehelichen Lebensverhältnisse bei Scheidung bezogen werden, weil sie der Erwartung aus der Sicht des Scheidungszeitpunktes entspricht und weil sie sich in engem zeitlichen Zusammenhang mit der Scheidung verwirklicht hat. Prägend wirken bei Scheidung in einem solchen Fall die sichere Erwartung der alsbaldigen Verwirklichung der in der Ehe angelegten beruflichen Tätigkeit als Arzt.[409] 326

Wegen dem zusätzlichen Erfordernis eines engen zeitlichen Zusammenhangs zwischen Scheidung und Realisierung der Erwerbstätigkeit war die Feststellung nicht erforderlich, dass die Eheleute ihren Lebenszuschnitt bereits im Hinblick auf die künftige Entwicklung gestalten konnten (siehe dazu vorher Rn. 306). 327

Die Entscheidung ist ein Einzelfall geblieben. Seine Besonderheiten, insbesondere die Unterstützung des Gatten beim Studium durch die Ehefrau, welche nach den Feststellungen des BGH in der Ehe überobligationsmäßig erwerbstätig war, legen nahe, dass hier ein Sonderfall vorlag, der mit Hilfe des Billigkeitsunterhalts nach § 1576 BGB hätte gelöst werden sollen (vgl. Rn. 160 f, 325 d).

Der BGH hat einen engen zeitlichen Zusammenhang **verneint,** wenn die erstmalige Aufnahme der Erwerbstätigkeit **fast zwei Jahre nach der Scheidung** lag.[410] Für die Annahme einer wenigstens teilweisen Realisierung der geplanten Aufnahme einer Erwerbstätigkeit reicht es auch nicht aus, dass der Berechtigte schon früher erwerbstätig geworden wäre, wenn er eine geeignete Beschäftigung gefunden hätte, oder dass er 14 Monate nach der Scheidung für kurze Zeit halbtags gearbeitet hat.[411] 328

Auch in einer weiteren Entscheidung hat der BGH die Einkünfte aus einer zwei Jahre nach der Scheidung wiederaufgenommenen Berufstätigkeit als nichtprägend beurteilt, weil einem noch während des Zusammenlebens vorgefassten Lebensplan nur ausnahmsweise dann ein prägender Einfluss auf die ehelichen Lebensverhältnisse zukommen kann, wenn die Planung noch vor der Scheidung wenigstens teilweise verwirklicht worden ist.[412]

Ein vor der Trennung gefasster **Lebensplan verliert mit der Scheidung seine Wirkung,** sofern er bis zur Scheidung oder in einem engen zeitlichen Zusammenhang mit der Scheidung **nicht verwirklicht** worden ist.

Aus der unten näher ausgeführten Entscheidung des BGH zur Ausweitung der Erwerbstätigkeit ergibt sich, dass auch bei Realisierung eines Lebensplans erst 1 Jahr nach der Scheidung der notwendige enge zeitliche Zusammenhang fehlt.[413]

Auch bei **Ausweitung einer Erwerbstätigkeit des Berechtigten** nach der Scheidung kommt es darauf an, ob diese zu Lasten einer vorher ausgeübten Haushaltstätigkeit geht, oder eine Ausbildung vorhergegangen ist. 329

Hat der Berechtigte bei Scheidung wegen der Betreuung von Kindern nur eine **Halbtagstätigkeit** ausgeübt, deren Einkünfte bei der Unterhaltsbemessung als prägend berücksichtigt wurden, sind bei einer Ausweitung dieser Tätigkeit auf eine Vollerwerbstätigkeit diese Einkünfte grundsätzlich Surrogat der bisherigen Haushaltsführung und Kindererziehung und deshalb prägend.[414]

[409] BGH, FamRZ 1986, 148 = R 279
[410] BGH, FamRZ 1988, 145; FamRZ 1986, 783, 785
[411] BGH, FamRZ 1986, 783, 785
[412] BGH, FamRZ 1988, 145
[413] BGH, FamRZ 1985, 161
[414] BGH, FamRZ 2001, 986 = R 563; FamRZ 2001, 1592 = R 567; FamRZ 2002, 88 = R 569

330 **Fiktive Einkünfte,** die sich der **Berechtigte wegen Nichtaufnahme einer zumutbaren Erwerbstätigkeit** nach der Scheidung bedarfsmindernd anrechnen lassen muss, sind dann prägend, wenn sie an die Stelle der realen Haushaltsführung treten,[415] weil diese tatsächlich die Lebensverhältnisse geprägt hat, sonst prägen sie nicht (siehe auch Rn. 272 f.).[416]

4. Einkommensänderungen bei Arbeitsplatzverlust, Arbeitslosigkeit, Arbeitsplatzwechsel, Berufswechsel und beruflicher Verselbstständigung nach Scheidung

331 Im Normalfall kann zumindest in Zeiten erhöhter Arbeitslosigkeit bei Scheidung damit gerechnet werden, dass ein Ehegatte **seinen Arbeitsplatz verlieren** kann, ähnlich wie mit normalen Einkommensänderungen bei gleich bleibender Tätigkeit gerechnet werden kann (dazu vorher Rn. 314 f.). Außerdem besteht bei abhängiger Arbeit durch die gesetzliche Arbeitslosenversicherung eine Vorsorge gegen das Risiko eines Arbeitsplatzverlustes, so dass bei Arbeitsplatzverlust das Arbeitslosengeld als Surrogat (Einkommensersatzleistung) an die Stelle des Lohnes tritt.

Einkommensminderungen, die nicht auf einem unterhaltsbezogenen leichtfertig verursachten **Arbeitsplatzverlust** beruhen (dazu näher Rn. 284 f., 1/502, 1/527 f.), wirken sich deshalb prägend auf die ehelichen Lebensverhältnisse aus.[417] Der Unterhalt ist bei längerer Arbeitslosigkeit dann nach dem Bezug des Arbeitslosengeldes zu bemessen. Der Unterhaltsberechtigte muss ein solches Absinken des Bemessungsmaßstabes gegenüber den Verhältnissen bei Scheidung hinnehmen, so wie er es auch bei weiterbestehender Ehe hätte hinnehmen müssen.[418]

Es gelten insoweit ebenfalls die unter Rn. 286 f. für die Zeit bis zur Scheidung erörterten Grundsätze.

Findet der Erwerbslose später einen neuen Arbeitsplatz, gelten die unter Rn. 288 f. erörterten Grundsätze.

332 Bei einem **durch unterhaltsbezogene Leichtfertigkeit verschuldeten Arbeitsplatzverlust** des Pflichtigen bleiben die Erwerbseinkünfte in bisheriger Höhe unverändert prägend, weil unterhaltsrechtlich mit einem leichtfertig verschuldeten Einkommensrückgang bei Scheidung nicht gerechnet werden muss (vgl. im Übrigen Rn. 1/487 ff., Rn. 4/275 f.).

Wird die Arbeitsstelle aufgegeben, um in einer neuen Ehe die Kinder zu versorgen und den Haushalt zu führen, so muss der geschiedene Gatte das nur dann hinnehmen, wenn bei einer umfassenden Abwägung der Belange das Interesse des Unterhaltspflichtigen und seiner Familie an der neuen Aufgabenverteilung das Interesse der Unterhaltsberechtigten an der Beibehaltung ihrer bisherigen Unterhaltssicherung deutlich überwiegt. War der Pflichtige in der vorhergehenden Ehe Alleinverdiener, sind besonders restriktive Maßstäbe anzulegen. Der Regelungsgehalt des § 1582 I 2 BGB ist zu beachten. U. U. ist dem Pflichtigen zuzumuten, für die Unterhaltsberechtigten Vorsorge zu treffen.[419] Bei unberechtigtem Rollentausch ist dem Pflichtigen sein bisheriges Einkommen fiktiv zuzurechnen.

332 a Von der Frage der Folge eines **Arbeitsplatzverlustes** muss die Frage unterschieden werden, ob der Verpflichtete oder Berechtigte in der Lage wäre, eine **neue Arbeitsstelle** zu erlangen und so seine Arbeitslosigkeit zu beenden. Während die unterhaltsbezogene Leichtfertigkeit des Arbeitsplatzverlustes (beim Berechtigten nach § 1579 Nr. 3 BGB, vgl. Rn. 666 ff., beim Verpflichteten § 242, vgl. Rn. 1/487 ff., Rn. 5/25 f.) vom jeweiligen Gegner zu beweisen ist, im Falle des Berechtigten nach § 1579 Nr. 3 BGB also vom Verpflichteten, ist die Möglichkeit des Berechtigten, eine neue Arbeitsstelle zu erlangen, eine Frage der Bedürftigkeit, die immer vom Berechtigten zu beweisen ist (vgl. Rn. 6/705).[420]

---

415 BGH, FamRZ 2001, 986 = R 563

416 BGH, FamRZ 1985, 908; FamRZ 1985, 374

417 BGH, FamRZ 1988, 256

418 BGH, FamRZ 1988, 705 = R 364 a

419 BGH, FamRZ 1996, 796 = R 500 a

420 Soweit die Unfähigkeit des Verpflichteten, eine neue Arbeitsstelle zu erlangen, eine Frage der Leistungsfähigkeit ist, muss er sie beweisen, wenn es um die Höhe des Bedarfs geht, der Berechtigte vgl. Rn. 1/387 f.

Durch einen **freiwilligen Arbeitsplatzwechsel,** Berufswechsel oder durch berufliche Verselbstständigung werden nach der Scheidung in der Regel die bei Scheidung prägenden Einkommensverhältnisse nicht verändert. 333

Bei Einkünften aus einer **besser bezahlten neuen Tätigkeit** kann nicht angenommen werden, dass diese auf einer normalen Entwicklung beruht und die ehelichen Lebensverhältnisse bereits bei Scheidung geprägt haben. Der BGH hat dies entschieden bei einem Verpflichteten, der bei Scheidung **wissenschaftlicher Hilfsarbeiter im Hochschuldienst** war und bei dem bei Scheidung noch ungewiss war, welche Tätigkeit er nach Auslaufen des Anstellungsvertrages ausüben werde. Deshalb war bei der Unterhaltsbemessung weiterhin von dem aus der früheren Tätigkeit erzielten Einkommen nach BAT II a auszugehen. Dies gilt auch bei einer Anpassung des Einkommens an allgemeine Einkommenssteigerungen und für einen Ausgleich von Kaufkraftverlusten. Das höhere und auf anderer Basis gewährte neue Einkommen aus der **jetzigen Tätigkeit bei einer Computerfirma** spielt für die Unterhaltsbemessung keine Rolle, weil es die Verhältnisse bei Scheidung nicht geprägt hat.[421] 334

- Wird aus der neuen Tätigkeit ein **geringeres Einkommen** erzielt, gelten die bereits dargestellten Grundsätze zur leichtfertig herbeigeführten Arbeitslosigkeit (siehe oben Rn. 332 sowie näher Rn. 1/494 f.). 335
- Bewegen sich die aus der neuen Tätigkeit erzielten Einkünfte in einer **vergleichbaren Größenordnung** wie die früheren Einkünfte, kann die Auswechslung unterhaltsrechtlich als bedenkenfrei beurteilt werden. Es treten dann die sich normal weiterentwickelnden Einkünfte aus der neuen Tätigkeit ersatzweise an die Stelle der prägenden Einkünfte aus der früheren Tätigkeit, zumal auch die Erwerbsobliegenheit als solche unverändert bleibt. 336

5. Einkünfte aus Vermögen

Bei Einkünften aus Vermögen (Miet- und Kapitalzinsen, Wohnwert, Unternehmensbeteiligungen) gelten die für den Zeitraum vor der Trennung bereits dargestellten Grundsätze entsprechend (vgl. Rn. 261 f.). 337

6. Einkommensänderungen infolge erstmaligem Rentenbezug nach der Scheidung

Bisher hatte der BGH in ständiger Rechtsprechung Renten der gesetzlichen Rentenversicherung, was auf dem Versorgungsausgleich beruhten, als nicht eheprägend angesehen und im Wege der Anrechnungsmethode berücksichtigt,[422] allerdings die dabei entstehenden unbilligen Ergebnisse durch eine Billigkeitskorrektur vermieden.[423] Seit der Änderung der Rechtsprechung des BGH zur Anrechnungsmethode[424] sind die **Renteneinkommen beider Parteien** grundsätzlich als **prägendes Einkommen** zu behandeln, wobei es nicht mehr darauf ankommt, ob die Renten auf einer Berufstätigkeit vor, in oder nach der Ehe oder auf dem Versorgungsausgleich beruhen, nicht darauf, ob es sich um eine Alters- oder Erwerbsminderungsrente handelt und auch nicht darauf, ob der Rentenfall zurzeit der Scheidung bereits eingetreten war, oder nicht.[425] Soweit die Renten auf einer Berufstätigkeit vor, in oder nach der Ehe beruhen, sind sie Surrogat der Berufstätigkeit, welche in der Regel prägend ist. Soweit sie auf dem Versorgungsausgleich beruht, tritt sie an die Stelle der entsprechenden die ehelichen Lebensverhältnisse prägenden Einkommens des Ausgleichspflichtigen. 338

Nachehelich erworbene Renten können allerdings auch das **Surrogat für ein nicht prägendes Erwerbseinkommen** sein, wenn nämlich nach der Ehe auf Grund eines Karrieresprungs oder einer anderen nachehelichen Erhöhung des Einkommens, welche die ehelichen Lebensverhältnisse nicht mehr prägt, eine erhöhte Rente oder sonstige Altersversor- 339

---

[421] BGH, FamRZ 1985, 791 = R 257 b
[422] BGH, FamRZ 1988, 1156; FamRZ 1989, 159
[423] BGH, FamRZ 1989, 159
[424] BGH, FamRZ 2001, 986 = R 563
[425] BGH, FamRZ 2002, 88 = R 569

gung bezieht. Ein solches Renteneinkommen des bleibt bei der Bedarfsbemessung außer Betracht, gleich ob es vom Unterhaltsschuldner oder vom Unterhaltsgläubiger erworben wurde.

Eine weitere Ausnahme könnte gemacht werden für den Fall, dass das Renteneinkommen des Unterhaltsgläubigers zwar **auf dem Versorgungsausgleich** beruht, der Unterhaltspflichtige aber noch erwerbstätig ist und keine Rente bezieht, die gekürzt werden könnte.[426] Auch in diesem Fall ist zwar die Versorgungsausgleichsrente Surrogat der bisherigen Haushaltsführung. Es fehlt aber der unmittelbare Zusammenhang von Ausgleichsrente und Kürzung, so dass der Rentenfall eine Erhöhung des gemeinsamen Einkommens und damit des Bedarfs bringen kann, die ohne die Scheidung nicht eingetreten wäre. Unter der Geltung der Anrechnungsmethode für Versorgungsausgleichsrenten hatte der BGH aber entscheiden, dass die von ihm empfohlene Billigkeitskorrektur der Anrechnungsmethode nicht dazu führen dürfe, dass im Rentenfall sich der Bedarf erhöhe. Es erscheint aber auch nicht als ausgesprochen ungerecht, dass diese Einkommenserhöhung zwischen den Ehegatten geteilt wird. Daher dürfte diese eher seltene und meist nur kurzfristig bedeutsame Konstellation letztlich keine Abweichung von dem nunmehr geltenden Grundsatz, dass alle Renten prägendes Einkommen sind, rechtfertigen.

340 Die Altersversorgung von Selbstständigen beruht vielfach auf der Verrentung von **Lebensversicherungen.** Diese treten an die Stelle des Erwerbseinkommens, wenn sich der Selbstständige zur Ruhe setzt. Soweit das Versicherungsvermögen bereits in der Ehe gebildet wurde, war die daraus fließende Altersversorgung bereits während bestehender Ehe zu erwarten und hat damit die ehelichen Lebensverhältnisse **geprägt.** Dasselbe gilt, wenn das Ansparen der Lebensversicherung in vergleichbarem Umfang **nach der Scheidung fortgesetzt** worden ist.

340 a Die Lebensversicherung kann allerdings bereits dem **Ausgleich als Zugewinn** unterlegen haben. Das allein hindert jedoch nicht ihre Berücksichtigung als prägend, da auch die im Versorgungsausgleich berücksichtigten Renten weiterhin prägendes Einkommen darstellen. Wurde aber der Ausgleichsbetrag nicht aus anderen baren Mitteln aufgebracht, sondern finanziert oder abgezahlt, so wurde durch spätere Sparleistungen die Auflösung der Versicherung vermieden. Es handelt sich dann letztlich um eine nach der Ehe erworbene Versorgung, welche auf Leistungen beruht, **welche über die normalen Vorsorgeleistungen hinausgehen.** Es erscheint dann nicht gerecht, den Ehegatten an dieser Altersversorgung zu beteiligen.[427] Solche Renteneinkommen wird man deshalb nicht als prägend anerkennen dürfen. Auch sonst wird man Versorgungen aus Sparleistungen, welche **bei der Unterhaltsbemessung unberücksichtigt** geblieben sind, als **nicht prägend** aus der Bedarfsrechnung auszuscheiden haben[428] (zur Berücksichtigung von Vorsorgeaufwendungen vgl. Rn. 1/596 ff.).

341 Die prägenden Renteneinkommen des Verpflichteten sind regelmäßig geringer als die von ihnen ersetzten Erwerbseinkommen. Von großer Bedeutung ist dann die Frage, ob etwaiges **Renteneinkommen des Berechtigten** als eheprägend anzuerkennen, im Ergebnis also nur zur Hälfte anzurechnen ist. Die durch ein **eheprägendes Erwerbseinkommen** begründete Versorgung ist selbst ebenfalls eheprägend. Durch **nichtprägende Erwerbstätigkeit** begründete Versorgung ist nicht prägend.

341 a Dem durch **zweckentsprechende Verwendung des Altersvorsorgeunterhalts** begründeten Renteneinkommen liegt ein vom Verpflichteten bereits geleisteter Unterhalt zugrunde, was gegen eine Berücksichtigung bei der Bedarfsbemessung spräche. Andererseits vertritt der Altersvorsorgeunterhalt den Versorgungsausgleich was dafür spricht, die aus beiden erfließenden Renten gleich und zwar als **eheprägend zu** behandeln. Das ist jedenfalls im Normalfall der **zweistufigen Berechnung** gerechtfertigt, weil hier der Vorsorgeunterhalt von beiden Eheleuten gemeinsam getragen wurde. Anders liegt der Fall dann, wenn bei

---

[426] Scholz FamRZ 2003, 265, 269

[427] Solche Schulden werden bei der Unterhaltsbemessung in der Regel nicht berücksichtigt, weil dem Berechtigten die Finanzierung seines Zugewinnausgleichs aus dem Unterhalt meist nicht zugemutet wird (vgl. Heiß/Heiß Kap. 3 Rn. 764)

[428] Vgl. OLG Düsseldorf, FamRZ 1998, 621; OLG Hamm, FamRZ 1998, 1520

Vorhandensein unverteilten Einkommens der Vorsorgeunterhalt **einstufig berechnet** und deshalb auch allein vom Pflichtigen getragen wurde. Für einen solchen Fall hat der BGH zu Recht entschieden, dass das resultierende Renteneinkommen nicht eheprägend sei und der **Anrechnungsmethode** unterliege, weil der Pflichtige sonst doppelt zahlen müsse.[429]

Wenn der Pflichtige seine Lebensversicherung ohne triftigen Grund nicht verrentet, sondern sich bar auszahlen lässt, um dann **von seinem Vermögensstamm zu leben** (vgl. Rn. 1/410 ff.), kann er fiktiv so zu behandeln sein, als hätte er das Rentenwahlrecht ausgeübt, weil er durch eine solche Entscheidung seine Unterhaltslast nicht einseitig vermindern darf. Wenn er aber von vornherein **nur Vermögen angespart** und keinen Versicherungsvertrag abgeschlossen hat, dient das Vermögen selbst der Aufrechterhaltung des Lebensstandards im Versorgungsfall. Der Verpflichtete kann dann auf den Verbrauch des Vermögenstamms verwiesen werden, welcher aber seinen lebenslangen Bedarf (unter Berücksichtigung seiner Lebenserwartung, vgl. Rn. 1/410 ff., 5/111) sichern muss. Ob er den Verbrauch des Vermögens auch unter Hinweis auf den möglichen Pflegefall verweigern kann, erscheint zweifelhaft, weil wegen des insoweit unkalkulierbaren Risikos eine Vermögensverwertung kaum jemals zugemutet werden könnte. Zur Absicherung des Pflegefalls kann eine Versicherung abgeschlossen, nicht aber Kapital zurückgehalten werden. 342

Zur Berechnung des verbrauchbaren Teils des Vermögensstamms kann nicht auf die Werte der Tabellen Rn. 6/615 f. zurückgegriffen werden, weil eine lebenslange Absicherung bei unsicherer Lebensdauer sich nicht an einem Durchschnitt orientieren kann.[430] Es kann nur von der maximalen vernünftigerweise anzunehmenden Lebensdauer ausgegangen werden. Das sind derzeit ca. 95 bis 100 Jahre, weil nur wenige älter werden. Dabei sind die Verhältnisse des Einzelfalls, insbesondere die Lebensdauer der Eltern und Verwandten zu würdigen.

Beispiel:
Das Alter von M betrage 66 Jahre. Es wird ein Höchstalter von 100 Jahren angenommen. Das Kapital betrage 500 000. Ein Zinssatz von 3% sei nach Abzug von Steuern nachhaltig erzielbar. Ein Kapital von 500 000 DM kann in 34 Jahren bei einem Zinssatz von 3% mit Raten von 1956 DM getilgt werden. Umgekehrt kann aus einem Kapital von 500 000 DM bei einer Nettoverzinsung von 3% für die Dauer von 34 Jahren monatlich 1956 DM entnommen werden.[431]
Die Folge ist allerdings, dass in den meisten Fällen ein Vermögensrest an die Erben fallen wird. Diese haften nach § 1586 b Abs. 1 BGB für den Unterhalt nur in Höhe des fiktiven Pflichtteils, also je nach Verwandtschaftsgrad der Erben oder anderer Pflichtteilsberechtigter zwischen 1/8 und 1/2 des Nachlasswerts. Man wird dem Unterhaltspflichtigen zumuten können, bei einem Lebensversicherungsunternehmen eine Leibrente[432] einzukaufen, welche eine höhere Leistung erbringen wird. Hier kommt es auf die Versicherungskonditionen an, vgl. auch Rn. 1/422. Eine Abschätzung für den Kaufpreis einer Leibrente ermöglicht die Barwertberechnung mit dem Gutdeutsch-Programm,[433] wenn hier anstelle des wahrscheinlichen langfristigen Zinses von ca. 5,5% zur Sicherheit wegen wachsender Lebenserwartung und geringer erzielbarer Zinsen ein Rechnungszins von nur 2,5% zugrunde gelegt wird.

in dieser Auflage nicht belegt 343–350

7. Änderungen im Ausgabenbereich nach der Scheidung, vor allem durch Wegfall von Unterhaltslasten und Kreditverbindlichkeiten

Auch Änderungen im **Ausgabenbereich** sind grundsätzlich nur dann noch prägend, wenn ihnen eine Entwicklung zugrunde liegt, die aus der Sicht des Scheidungszeitpunktes 351

[429] BGH, FamRZ 2003, 848 mit kritischer Anmerkung Hoppenz

[430] Vgl. dazu Bienko, FamRZ 1999, 517

[431] Die reine Verzinsung betrüge nur 1250 DM monatlich, der reine Kapitalverbrauch ohne Zinsen 1225 DM

[432] Ohne Leistung im Todesfall

[433] Familienrechtliche Berechnungen (Verlag C. H. Beck): versicherungsmathematischer Barwert. Das Programm berechnet den Barwert einer bestimmten Rente bei Zugrundelegung eines bestimmten Rechnungszinses. Hier kann durch wiederholte Versuche die Leibrente ermittelt werden, die mit einem bestimmten Kaufpreis erworben werden kann, wenn eine Abzinsung etwa von 2,5%, welche auch die Gefahr steigender Lebensdauer berücksichtigt, zugrunde gelegt wird

mit hoher Wahrscheinlichkeit zu erwarten war und wenn diese Entwicklung die ehelichen Lebensverhältnisse dadurch bereits mitgeprägt hat, dass ihnen die Ehegatten erkennbar schon im Voraus und noch während des Bestehens der Ehe einen prägenden Einfluss auf die ehelichen Lebensverhältnisse eingeräumt haben.

352 **a) Wegfall der Unterhaltslast für ein Kind.** Unterhaltsverbindlichkeiten für Kinder sind ohne Zweifel in der Ehe angelegt. In ihrer jeweils geschuldeten Höhe werden sie deshalb vom unterhaltsrechtlich relevanten Einkommen abgezogen. Ihr späterer Wegfall ist ziemlich sicher und kann auch zeitlich mehr oder weniger genau vorhergesehen werden. In der Regel müssen Eltern im Hinblick auf den Bedarf der Kinder auf Konsumwünsche verzichten und richten sich darauf ein, in der Zeit, wenn die Kinder wirtschaftlich selbstständig geworden sind, diese zunächst zurückgestellten Bedürfnisse zu befriedigen. Der BGH hat – auch im Hinblick auf die Veränderlichkeit des Kindesunterhalts als Maßstabs für den Gattenunterhalt – deshalb unter Aufgabe seiner entgegenstehenden früheren Rechtsprechung den Grundsatz aufgestellt, dass der Wegfall von Unterhaltspflichten für gemeinsame Kinder den Unterhaltsbedarf des geschiedenen Ehegatten entsprechend erhöht, wenn nicht (ausnahmsweise) die frei werdenden Mittel nach objektivem Urteil der Vermögensbildung oder anderen nicht dem Lebensbedarf zuzurechnenden Zwecken dienen.[434]

Somit führt der Wegfall von Kindesunterhalt in gleicher Weise wie dessen Veränderung zu einer Änderung der Bemessungsgrundlage für den Gattenunterhalt. Nur in Ausnahmefällen, wenn nach den Verhältnissen der Parteien davon auszugehen ist, dass die Höhe des Konsums von der Unterhaltslast den Kindern gegenüber unabhängig ist, also vor allem in den Fällen der konkreten Bedarfsermittlung, ändert sich der Bedarf des geschiedenen Ehegatten nicht. Die Voraussetzungen für einen solchen Ausnahmefall hat der Verpflichtete im Streitfall vorzutragen und gegebenenfalls zu beweisen.

353 **b) Erhöhung des Kindesunterhalts.** Auch diese Änderungen, die zumeist mit dem Alter und Ausbildungsstand des Kindes zusammenhängen, wirken sich in der Regel prägend auf die Verhältnisse bei Scheidung aus, solange die Unterhaltsverpflichtung besteht, weil beide Ehegatten mit solchen Änderungen rechnen und dafür in ihrer wirtschaftlichen Planung eine Vorsorge treffen müssen. Ein naher zeitlicher Zusammenhang der Änderung mit der Scheidung ist auch hier nicht erforderlich.

354 **c) Wegfall von ehebedingten Verbindlichkeiten.** Die wirtschaftlichen Verhältnisse können sich auch dadurch verbessern, dass regelmäßig wiederkehrende ehebedingte Verbindlichkeiten, wie Kreditraten für Konsumkredite, erwartungsgemäß zu einem bestimmten, nach der Scheidung liegenden Zeitpunkt entfallen.[435] Durch die dabei eintretende Erhöhung des bereinigten Nettoeinkommens (s. o. Rn. 1/586 f.) erhöht sich der Bedarf des Berechtigten. Soweit bei höheren Einkommen die freiwerdenden Mittel nicht konsumiert, sondern als Resteinkommen gespart würden, müssen die beim Kindesunterhalt bereits erörterten Grundsätze entsprechend gelten. Bei Einkünften im mittleren Bereich wird in der Regel ein enger zeitlicher Zusammenhang zwischen Wegfall und Scheidung erforderlich sein. Nach der Scheidung neu begründete Schulden sind ohne Einfluss auf die Bedarfsbemessung, können aber Auswirkungen auf die Leistungsfähigkeit haben.

Zu den ehebedingten Verbindlichkeiten siehe Rn. 185 ff., 292 ff., 1/614 ff.

355 Sind bei der erstmaligen Bemessung des nachehelichen Unterhalts **Aufwendungen zur Vermögensbildung** vom Einkommen abgezogen worden (vgl. Rn. 200 ff.), wird dieser Abzugsbetrag durch spätere Änderungen der vermögensbildenden Aufwendungen nicht mehr berührt. Er bleibt prägend auf dem Stand bei Scheidung fixiert, kann aber ev. mit Mehrbedarf verrechnet werden (dazu Rn. 449).

356 **Änderungen der Lohn-, Einkommen- und Kirchensteuern** hat der BGH bisher in der jeweils gezahlten Höhe berücksichtigt. Diese Rechtsprechung hat das BVerfG nun beanstandet.[436] Die Unterhaltsberechnung darf nicht darüber hinweggehen, dass der Gesetzgeber den Splittingvorteil nicht der alten, sondern der neuen Ehe zugebilligt hat. Deshalb muss in Fällen der Wiederverheiratung in Zukunft im Wege einer fiktiven Steuerberechnung

---

[434] BGH, FamRZ 1990, 1085, 1087
[435] BGH, FamRZ 1988, 701, 703 = R 362 a
[436] BVerfG B. v. 7. 10. 2003 – 1 BvR 246/93, 2298/94

ermittelt werden, welche Steuern der Unterhaltspflichtige zu zahlen hätte, wenn er unverheiratet geblieben wäre. Genaueres zu den Steuern Rn. 1/560 ff.

Gleiches wie zu Rn. 356 gilt für Änderungen bezüglich der gesetzlich geregelten **Vorsorgeaufwendungen für Krankheit, Invalidität, Alter und Arbeitslosigkeit.** Bei entsprechenden freiwilligen Leistungen können die bei Scheidung berücksichtigten Beträge entsprechend der allgemeinen Entwicklung an veränderte Verhältnisse angepasst werden. **357**

Auch Änderungen bei **berufsbedingten Aufwendungen** (Werbungskosten und Betriebsausgaben) können bei späteren Unterhaltsbemessungen (z. B. wegen Anpassung an prägende Einkommenssteigerungen) an den jeweiligen Stand der Verhältnisse als prägende Abzugsposten berücksichtigt werden. **358**

IV. Halbteilungsgrundsatz, konkrete Bedarfsbemessung und Berechnungsmethoden

1. Halbteilungsgrundsatz

Es entspricht gefestigter ständiger Rechtsprechung des BGH, dass bei der Bedarfsbemessung jedem Ehegatten die Hälfte des verteilungsfähigen Einkommens zuzubilligen ist, weil die Ehegatten grundsätzlich in gleicher Weise am ehelichen Lebensstandard teilnehmen.[437] **359**

Nur eine Einkommensaufteilung, die diesem **Halbteilungsgrundsatz** entspricht, ist unterhaltsrechtlich angemessen. **Abweichungen** vom Grundsatz der Halbteilung bedürfen stets besonderer Gründe.[438]

Wird beim Bedürftigen ein nach Trennung/Scheidung erzieltes Einkommen als **Surrogat** seiner Haushaltstätigkeit in der Ehe angesetzt, entspricht dies dem Grundsatz der Halbteilung. Denn diese der Erwerbstätigkeit des anderen Ehegatten gleichwertige Familienarbeit hat die Ehe in gleicher Weise geprägt und wirtschaftlich verbessert.[439] Nur dies entspricht der Gleichwertigkeit der Leistung, die der nichterwerbstätige Ehegatte für die Familienarbeit in der Ehe erbracht hat.[440] **359 a**

Der Halbteilungsgrundsatz ist sowohl bei einer **konkreten Bedarfsbemessung** zu beachten (s. Rn. 366 ff.) als auch bei einer **Bedarfsbemessung nach Ehegattenquoten** (s. Rn. 372 ff.). Er gilt in gleicher Weise für den **Berechtigten** wie für den **Verpflichteten,**[441] dessen sog. eheangemessener Selbstbehalt der anderen Hälfte des Bedarfs entspricht (vgl. Rn. 568). **360**

Aus dem Halbteilungsgrundsatz ergibt sich, dass dem Berechtigten kein höherer Unterhalt als **die Hälfte des verteilungsfähigen Einkommens** zugesprochen werden darf.[442] Bei Geltendmachung von Vorsorgeunterhalt vgl. Rn. 379. Der Bedarf kann hierbei nicht aus lediglich **gedachten fiktiven Einkünften** des Pflichtigen, die keine Grundlage in der tatsächlichen Einkommenssituation der Ehegatten während der Ehe hatten, abgeleitet werden.[443] Derartige Einkünfte prägen die ehelichen Lebensverhältnisse nicht.[444] Möglicherweise durch größeren Einsatz erzielbare, in der Ehe aber nie erzielte Einkünfte sind daher nicht bedarfsbestimmend (näher Rn. 276). **361**

Auch bei niedrigen Einkünften kann der eheangemessene Bedarf **nicht nach generellen Mindestsätzen** bemessen werden. Der eheliche Lebensstandard ist grundsätzlich individuell angelegt. Er kann wirtschaftlich über oder unter dem Niveau von Tabellenwerten liegen. **361 a**

---

437 BGH, FamRZ 2001, 986, 991 = R 563 a; FamRZ 1999, 372, 374 = R 529 b; FamRZ 1992, 539, 541 = R 444 c; BGH, FamRZ 1988, 265, 267 = R 354 c

438 BGH, FamRZ 1988, 265, 267 = R 354 c; FamRZ 1984, 988, 990

439 BGH, FamRZ 2001, 986, 991 = R 563 c

440 BVerfG FamRZ 2002, 527 = R 571 a

441 BGH, FamRZ 1981, 442, 444 = NJW 1981, 1556, 1558

442 BGH, FamRZ 1995, 346 = NJW 1995, 963

443 BGH, FamRZ 1997, 281, 283 = R 509 f.

444 BGH, a.a.O.

Inhalt der Unterhaltspflicht ist nicht die Sicherung eines Existenzminimums des Berechtigten[445] (vgl. auch Rn. 434 ff.). Dies gilt auch, soweit im Mindestbedarf ein pauschaler trennungsbedingter Mehrbedarf enthalten sein soll.[446] Eine **Ausnahme** besteht im **verschärften Mangelfall.** Der BGH hat insoweit mit Urteil vom 22. 1. 2003 nach anhaltender Kritik seine bisherige Rechtsprechung geändert und als **Einsatzbeträge** für die Mangelfallrechnung einen **Mindestbedarf** in Höhe des sog. Existenzminimums, d. h. des notwendigen Selbstbehalts gegenüber Minderjährigen von derzeit 730 € beim Nichterwerbstätigen und 840 € beim Erwerbstätigen bejaht[447] (s. auch Rn. 5/16, 5/226 ff.).

362 Hälftig aufzuteilen ist aber nur das **„verteilungsfähige Einkommen"**, d. h. der Teil der nachhaltig prägenden Einkünfte, der zur Deckung des Lebensbedarfs zur Verfügung steht (s. dazu Rn. 185 ff.). Das prägende Einkommen der Eheleute ist zur Ermittlung des Bedarfs daher vorher zu **bereinigen,**[448] d. h. um Steuern, Vorsorgeaufwendungen, berufsbedingte Aufwendungen, Schulden und Kindesunterhalt, im Einzelfall ferner um alters- oder krankheitsbedingten Mehrbedarf und bei hohen Einkünften des Pflichtigen um vermögenswirksame Leistungen zu kürzen (s. näher Rn. 1/588 ff.). Bei Erwerbseinkünften ist ferner **vorab** vom bereinigten Nettoeinkommen der **Erwerbstätigenbonus abzuziehen**[449] (s. näher Rn. 372 ff.).

2. Keine Sättigungsgrenze bei der Bedarfsbemessung

363 Der BGH geht in ständiger Rechtsprechung davon aus, dass es grundsätzlich für die Bedarfsbemessung des Ehegattenunterhalts (Trennungsunterhalt und nachehelicher Unterhalt) keine Obergrenze oder Sättigungsgrenze gibt.[450]

364 Eine solche Sättigungsgrenze kann allenfalls in seltenen Ausnahmefällen bei **besonders hohen Einkünften** als Beschränkung des Unterhalts auf Mittel, die nach einem objektiven Maßstab eine Einzelperson auch bei Berücksichtigung hoher Ansprüche für billigenswerten Lebensbedarf sinnvoll ausgeben kann, in Betracht gezogen werden. Ein solcher Ausnahmefall ist nicht anzunehmen, wenn und solange sich die Einkünfte im Normalbereich halten.[451] Als besonders hohe Einkünfte sind vielmehr nur Einkommensverhältnisse anzunehmen, die zu einem Bedarf über den Einkommensgruppen der Düsseldorfer Tabelle führen (z. Z. über 4800 €), wobei jedoch auch insoweit stets auf den Einzelfall abzustellen ist.

365 Bei besonders günstigen wirtschaftlichen Verhältnissen der Eheleute bestehen normale Korrekturmöglichkeiten dadurch, dass entweder der Unterhaltsbedarf losgelöst vom Einkommen konkret bemessen wird (s. unten Rn. 366 ff.) oder dass nach einem objektiven Maßstab prägende Einkünfte um vermögensbildende Aufwendungen (vgl. Rn. 202 ff. und 1/659 ff.) bereinigt werden.[452] Mittelbar führt diese zu einer Begrenzung des Unterhalts nach oben.

3. Konkrete Bedarfsbemessung

366 Der Tatrichter kann den eheangemessenen Unterhaltsbedarf konkret durch die Feststellung der Kosten ermitteln, die für die **Aufrechterhaltung des erreichten Lebensstandards** erforderlich sind.[453]

---

445 BGH, FamRZ 2003, 363, 364 = R 584 a; FamRZ 1998, 1501, 1503 = R 521 c; FamRZ 1995, 346 = NJW 1995, 963

446 BGH, a.a.O.

447 BGH, FamRZ 2003, 363, 364 = R 584 b

448 BGH, FamRZ 1999, 367, 370 = R 530 c, d; FamRZ 1994, 87, 90 = R 468 b; FamRZ 1993, 1304, 1306 = R 464 c; FamRZ 1991, 304 = R 425; FamRZ 1990, 499, 502 = R 407 c

449 BGH, FamRZ 1999, 367, 370 = R 530 d; 1997, 806 = R 512 b, c

450 BGH, FamRZ 1990, 280 = R 401 a; FamRZ 1983, 150 = NJW 1983, 683; FamRZ 1982, 151 = NJW 1982, 1645

451 BGH, FamRZ 1983, 150 = NJW 1983, 683

452 BGH, FamRZ 2003, 848, 850 = R 588 b; FamRZ 1987, 913, 915 = NJW-RR 1987, 1218

453 BGH, FamRZ 1990, 280 = R 401 a; FamRZ 1987, 691, 693 = R 332 b; FamRZ 1985, 582 = NJW 1985, 1343

Eine solche konkrete Unterhaltsbemessung ist vor allem dann gerechtfertigt, wenn die Einkünfte des Verpflichteten **überdurchschnittlich hoch** sind, weil in solchen Fällen das Einkommen während des Zusammenlebens nicht ausschließlich für die Lebenshaltungskosten verwendet worden ist, sondern teilweise auch der Vermögensbildung oder anderen Zwecken gedient hat.[454] Daneben kommt sie auch bei schwer durchschaubaren Einkommensverhältnissen, z. B. durch ineinander verschachtelte unternehmerische Tätigkeiten oder hohen Negativeinkünften zur einseitigen Vermögensbildung, in Betracht.[455]

Bei einer solchen Unterhaltsbemessung sind alle zur Aufrechterhaltung des bisherigen Lebensstandards benötigten **Lebenshaltungskosten konkret zu ermitteln.** Dazu zählen u. a. die Aufwendungen für das Haushaltsgeld, Wohnen, Kleidung, Geschenke, Putzhilfe, Reisen, Urlaub, sportliche Aktivitäten, kulturelle Bedürfnisse, Pkw-Nutzung, Vorsorgeaufwendungen, Versicherungen und sonstige notwendige Lebenshaltungskosten.[456] Es genügt, dass der Bedürftige die in den einzelnen Lebensbereichen anfallenden Kosten überschlägig darstellt, so dass sie nach § 287 ZPO geschätzt werden können, sie müssen nicht in allen Punkten konkret nachgewiesen werden.[457] **367**

Auch im Rahmen einer konkreten Bedarfsbemessung ist ein **objektiver Maßstab** anzulegen, d. h., ein übertriebener Aufwand ist nicht zu berücksichtigen.[458] **368**

Eine **Sättigungsgrenze,** d. h. eine obere Grenze für Unterhaltsansprüche, hat der BGH bisher bei seinen Entscheidungen **nicht angenommen.** Eine solche Sättigungsgrenze wird nach Meinung des BGH in seltenen Ausnahmefällen bei besonders hohen Einkünften als Beschränkung des Unterhalts auf die Mittel, die eine Einzelperson auch bei Berücksichtigung hoher Ansprüche für billigenswerten Lebensbedarf sinnvoll ausgeben kann, in Betracht gezogen werden können. In welcher Höhe derartige Einkünfte liegen müssen, hängt immer vom konkreten Einzelfall ab, bei sehr guten Einkommensverhältnissen und entsprechend hohen Lebenshaltungskosten kann der **Bedarf** (nicht das Einkommen des Pflichtigen) auch über 5000 € liegen.[459]

In den Leitlinien der meisten Oberlandesgerichte findet sich in Nr. 15.3 nur der pauschale Hinweis, dass bei sehr guten Einkommensverhältnissen des Pflichtigen eine konkrete Bedarfsbemessung in Betracht kommt.[460] Nach OLG Hamm und OLG Oldenburg kommt eine konkrete Bedarfsbemessung bei einem gemeinsamen bereinigten Nettoeinkommen der Eheleute über der höchsten Einkommensgruppe der DT in Betracht (derzeit 4800 €).[461] Nach OLG Frankfurt ist bei einem Elementarunterhalt von über 2000 € eine konkrete Bedarfermittlung durchzuführen,[462] nach dem Thüringer Oberlandesgericht von über 1840 €.[463] **368 a**

Eine konkrete Bedarfsbemessung verstößt nicht gegen den **Halbteilungsgrundsatz,** wenn dem Verpflichteten zur Deckung seines Unterhaltsbedarfs ein mindestens gleich hoher Betrag verbleibt. Er muss allenfalls Aufwendungen für die Vermögensbildung oder für sonstige Zwecke einschränken (s. dazu Rn. 207). **369**

Gegen den **Halbteilungsgrundsatz** wird allerdings verstoßen, wenn dem Verpflichteten unter Einbeziehung vermögensbildender Aufwendungen zur Deckung seines eigenen Bedarfs von seinem prägenden Einkommen **weniger** verbleiben würde, **als es dem** für den Berechtigten **konkret bemessenen Unterhaltsbedarf entspricht.** Hat der Bedürftige den konkreten Bedarf nach den ehelichen Lebensverhältnissen nachgewiesen, trifft den **Pflichti-**

---

[454] BGH, FamRZ 2003, 848, 850 = R 588 b; FamRZ 1982, 1187; OLG Hamm, FamRZ 2001, 21; FamRZ 1999, 723; OLG Köln, FamRZ 2002, 326; OLG Karlsruhe, FamRZ 2000, 1366; OLG Düsseldorf, FamRZ 1996, 1418; OLG Frankfurt, FamRZ 1997, 353

[455] OLG Hamm, FamRZ 1995, 1578

[456] BGH, FamRZ 1990, 280 = R 401 a; FamRZ 1987, 691, 693 = R 332 b

[457] OLG Hamm, FamRZ 1999, 723

[458] BGH, FamRZ 1985, 582 = NJW 1985, 1343

[459] Vgl. z. B. OLG Hamm, FamRZ 1999, 723: 15 000 DM bei Einkommen des Mannes von mindestens 70 000 DM; OLG Frankfurt, FamRZ 1997, 353: 11 500 DM

[460] SüdL, BL, BraL, BrL, CL, DL, DrL, HaL, NaL, RL, TL, jeweils Nr. 15.3

[461] HL, OL jeweils Nr. 15.3

[462] FL Nr. 15.3

[463] TL Nr. 15.3

gen die Darlegungs- und Beweislast, dass ihm nicht die Hälfte des Einkommens verbleibt und er daher nicht leistungsfähig ist. Dies ist in der Praxis vor allem bedeutsam, wenn zwar einerseits in der Ehe ein großzügiger Lebensstandard gepflegt wurde, die Einkommensverhältnisse aber andererseits z. B. durch Ausnützen aller steuerlichen Möglichkeiten sehr undurchsichtig sind.

370 Bei einer konkreten Bedarfsbemessung **entfällt,** soweit Krankenvorsorge- und Altersvorsorgeunterhalt geltend gemacht wird, **eine zweistufige Berechnung** des Elementarunterhalts, weil diese nur sicherstellen soll, dass nicht zu Lasten des Verpflichteten vom Grundsatz der gleichmäßigen Teilhabe der Ehegatten am ehelichen Lebensstandard abgewichen wird.[464]

371 Bei einer konkreten Bedarfsbemessung bleibt der Unterhalt auch für spätere Zeiten **auf den festgesetzten Bedarf fixiert.** Eine **Abänderungsklage** kann daher nicht darauf gestützt werden, dass sich das Einkommen des Pflichtigen **erhöht** hätte.[465] Eine Abänderung ist aber möglich zum Zweck der Anpassung des Unterhalts an allgemein gestiegene Lebenshaltungskosten (s. auch Rn. 311). Eine Abänderung nach unten kommt in Betracht, wenn der Unterhalt mit Rücksicht auf einen besonderen Bedarf des Berechtigten höher bemessen worden ist, als es sonst den ehelichen Lebensverhältnissen entsprochen hätte, und dieser besondere Bedarf später wegfällt. Dann wäre der Unterhaltsanspruch entsprechend zu ermäßigen.[466]

371 a **Verringern** sich die sehr guten Einkommensverhältnisse des Pflichtigen, z. B. durch Eintritt in den Altersruhestand, kann von der konkreten Bedarfsermittlung in einem Abänderungsverfahren in die übliche **Quotenberechnung** entsprechend den jetzt vorhandenen Einkünften **übergegangen** werden, da auch die nicht vorwerfbare Reduzierung des Einkommens eheprägend ist.[467]

4. Bedarfsbemessung nach Ehegattenquoten

372 **a) Quotenbedarf.** In der richterlichen Praxis wird – von den wenigen Ausnahmen der konkreten Bedarfsermittlung abgesehen – der Bedarf fast ausschließlich nicht nach den Mitteln bemessen, die zur Aufrechterhaltung des ehelichen Lebensstandards benötigt werden, sondern pauschal nach einer Quote, der Ehegattenquote, des für Unterhaltszwecke verteilbaren prägenden Einkommens.

Diese Bedarfsbemessung nach dem verteilbaren Einkommen (und nicht nach dem tatsächlichen Bedarf) ist eine praktische Konsequenz aus der Tatsache, dass in der weitaus überwiegenden Zahl aller Fälle bei Eheleuten mit niedrigem oder durchschnittlichem Einkommen der bis zur Trennung erreichte Lebensstandard nach Trennung und Scheidung mit dem verteilbaren Einkommen nicht aufrechterhalten werden kann. Deshalb wird wenigstens das verteilbare Einkommen angemessen gequotelt, weil mehr ohnehin nicht verteilt werden kann. Jeder muss auf seine Weise versuchen, mit diesem Anteil seinen Lebensbedarf zu decken, und dazu sein bisheriges Konsumverhalten ggf. entsprechend einschränken.

Die Unterhaltsbemessung nach Quoten dient dem Zweck, die für den allgemeinen Lebensbedarf der Ehegatten **verfügbaren Einkünfte** entsprechend dem Grundsatz der gleichmäßigen Teilhabe an den ehelichen Lebensverhältnissen **angemessen zu verteilen.**[468]

373 **b) Erwerbstätigenbonus.** Der BGH hält in gefestigter ständiger Rechtsprechung daran fest, dass es dabei dem **Halbteilungsgrundsatz** nicht widerspricht, zugunsten eines Erwerbstätigen von einer strikt hälftigen Aufteilung in maßvoller Weise abzuweichen, um den mit einer Berufsausübung verbundenen höheren Aufwand zu berücksichtigen und zugleich einen Anreiz zur Erwerbstätigkeit zu schaffen und aufrechtzuerhalten. Demgemäß hat der

---

[464] BGH, FamRZ 1999, 372, 374 = R 529 b
[465] BGH, FamRZ 1990, 280 = R 401 a
[466] BGH, FamRZ 1985, 582
[467] BGH, FamRZ 2003, 848, 850 = R 588 b
[468] BGH, FamRZ 1982, 890 = R 133

BGH die in der Rechtsprechung der Oberlandesgerichte entwickelten Leitlinien gebilligt, bei deren Anwendung dem erwerbstätigen Ehegatten ein sog. **Erwerbstätigenbonus** aus dem verteilungsfähigen Einkommen **vorab** verbleibt,[469] der **Bedarf** sich also nur aus den **bereinigten** und bei **Erwerbstätigkeit vorab um den Bonus gekürzten Erwerbseinkünften** berechnet.[470] Der Vorabzug eines Erwerbstätigenbonus widerspricht nicht der Gleichwertigkeit mit der in der Ehe geleisteten Familienarbeit eines Ehegatten mit der Erwerbstätigkeit des anderen, da nach der Surrogatslösung auch beim Bedürftigen nach Aufnahme einer Berufstätigkeit ein Erwerbstätigenbonus vorab abzuziehen ist. Erwerbseinkünfte sind dabei das Einkommen Nichtselbstständiger, Selbstständiger, Gewerbetreibender und Land- oder Forstwirte.

Bei **sonstigen Einkünften,** die auf keiner Erwerbstätigkeit beruhen, gibt es keinen solchen „Bonus“, d. h., die Ehegattenquoten müssen **gleich hoch** sein. Kein Erwerbstätigenbonus ist deshalb bei Renten,[471] Pensionen, Arbeitslosengeld,[472] Krankengeld, Zinsen, Mieten, Wohnwert anzusetzen.[473]

Liegen besondere Umstände des Einzelfalls vor, kann auch bei diesen Einkünften ausnahmsweise eine vom Grundsatz der hälftigen Aufteilung abweichende Bedarfsbemessung gerechtfertigt sein.[474] Der BGH verlangt dafür eine besondere Begründung. Er hat z. B. die Zubilligung eines Bonus von 1/5 für ein Renteneinkommen des Berechtigten (ebenso hoch wie der Bonus des erwerbstätigen Verpflichteten) gebilligt, weil das OLG dies mit krankheitsbedingten Nachteilen gerechtfertigt hat.[475]

Die Bemessung des angemessenen Unterhalts und damit die Feststellung der Quote ist **374**
Aufgabe des **Tatrichters.**[476]

Der Tatrichter kann sich dabei an Richtsätzen und Leitlinien orientieren. Die durch die Anwendung solcher Hilfsmittel erzielten Ergebnisse müssen im Einzelfall jedoch daran gemessen werden, ob sie den anzuwendenden Rechtsgrundsätzen Rechnung tragen und angemessen sind. Falls erforderlich, müssen sie nach den besonderen Umständen des Einzelfalls berichtigt werden.[477]

Während früher die Leitlinien der Oberlandesgerichte sehr unterschiedliche Höhen beim Erwerbstätigenbonus von 1/5, 1/7, 1/10 oder variabel nach Einkommen bis zu 1/20 enthielten, gibt es seit der gemeinsamen Leitlinienstruktur und der dadurch eingetretenen größeren Vereinheitlichung der obergerichtlichen Rechtsprechung ab 1. 7. 2003 für die Unterhaltsberechnung nur noch einen Erwerbstätigenbonus von 1/10 oder 1/7 (s. näher Rn. 380).

Den **Erwerbstätigenbonus** gibt es bei allen **prägenden** Erwerbseinkünften des **Ver- 375**
pflichteten und des **Berechtigten**[478] als Ausgleich für den mit einer Erwerbstätigkeit verbundenen besonderen Aufwand und als Arbeitsanreiz. Der „Bonus“ entspricht dem Halbteilungsgrundsatz.[479]

Aus Gründen der Gleichbehandlung ist er auch bei **nichtprägenden** Erwerbseinkünften des Berechtigten, z. B. bei einem Karrieresprung zu berücksichtigen, die auf den Unterhaltsbedarf angerechnet werden;[480] ebenso, wenn Erwerbseinkünfte wegen Verstoß gegen die

---

469 BGH, FamRZ 1999, 367, 370 = R 530 d; FamRZ 1992, 539, 541 = R 444 c; FamRZ 1991, 304 = R 425; FamRZ 1990, 1085, 1087 = R 423 d; FamRZ 1988, 265, 267 = R 354 c; FamRZ 1987, 913, 915; FamRZ 1986, 437, 439 = R 288 b; FamRZ 1985, 908; FamRZ 1981, 1165

470 BGH, FamRZ 1997, 806 = R 512 c

471 BGH, FamRZ 1999, 981 = R 416 a

472 OLG Karlsruhe, FamRZ 1998, 746

473 BGH, FamRZ 1991, 1163, 1166 = R 437 c

474 BGH, FamRZ 1988, 265, 267 = R 354 c

475 BGH, FamRZ 1990, 981 = R 416 a

476 BGH, FamRZ 2002, 1687, 1691 = R 566 c; NJW 1998, 2821 = R 525 c; FamRZ 1990, 1085, 1087 = R 423 d; FamRZ 1987, 913, 915 = NJW-RR 1987, 1218

477 BGH, FamRZ 1983, 678

478 BGH, FamRZ 1999, 367, 370 = R 530 e

479 BGH, FamRZ 1989, 842 = NJW – RR 1989, 1992

480 BGH, FamRZ 1988, 256, 259 = NJW-RR 1988, 519; FamRZ 1985, 908, 910 = NJW-RR 1986, 68

Erwerbsobliegenheit nur **fiktiv** angesetzt wurden, weil der Berechtigte so gestellt werden muss, wie wenn er diese Einkünfte erzielen würde.[481]

Der Bonus muss für Verpflichtete und Berechtigte **gleich hoch** sein.

376 Der „Bonus" muss bereits im Rahmen der Bedarfsbemessung berücksichtigt werden,[482] nicht erst bei der Billigkeitsabwägung nach § 1581 BGB.[483] Es entspricht der ständigen Rechtsprechung des BGH, dass für die Ermittlung der ehelichen Lebensverhältnisse nach § 1578 I BGB dem erwerbstätigen Verpflichteten ein die Hälfte des verteilungsfähigen Einkommens maßvoll übersteigender Betrag verbleiben muss. Aus Gleichheitsgründen gilt dies auch bei prägenden Erwerbseinkünften des Bedürftigen.[484] Dem entspricht z. B. bei beiderseits prägenden Erwerbseinkünften die 3/7-Quote der Differenzmethode nach der DT bzw. der Vorabzug des Erwerbstätigenbonus von 1/10 oder 1/7 nach der Additionsmethode (näher Rn. 386 ff.). Die z. T. vertretene Auffassung,[485] bei Erwerbseinkünften des Bedürftigen sei dessen Erwerbstätigenbonus bei der Bedarfsermittlung zu berücksichtigen, d. h. nicht vorab abzuziehen, entspricht nicht dieser Gleichbehandlung.

377 Der **Erwerbstätigenbonus** wird vom **bereinigten Nettoeinkommen** abgezogen, nicht bereits vom Nettoeinkommen, d. h., zunächst ist das Erwerbseinkommen um unterhaltsrechtlich relevante Abzüge zu kürzen (s. Rn. 1/588 ff.) und erst anschließend um den Erwerbstätigenbonus zu reduzieren.[486] Denn dem Erwerbstätigen soll bei Erwerbstätigkeit ein die Hälfte des verteilungsfähigen Einkommens maßvoll übersteigender Betrag verbleiben; verteilungsfähig ist aber nur das bereinigte Einkommen.[487] Diesen Grundsatz hat der BGH in seiner Entscheidung vom 16. 4. 1997 nochmals ausdrücklich bestätigt.[488] In den ab 1. 7. 2003 geltenden Leitlinien der einzelnen Oberlandesgerichte wurde dies in Nr. 15.2 entsprechend aufgenommen.[489]

Bei **Mischeinkünften** darf der Erwerbstätigenbonus nur von Erwerbseinkünften, nicht von den sonstigen Einkünften abgezogen werden.[490] Dies erreicht man am einfachsten durch Anwendung der Additionsmethode (s. näher unten Rn. 386 ff.). Zur Bereinigung des Nettoeinkommens bei Mischeinkünften vgl. Rn. 404 ff.

378 Wie bereits ausgeführt, beinhaltet der Erwerbstätigenbonus nach dem BGH sowohl einen **Anreiz zur Steigerung der Berufstätigkeit** als auch eine **pauschale Abgeltung** des mit der Erwerbstätigkeit verbundenen erhöhten Aufwandes.[491] Soweit mit letzterem auch konkret anfallende berufsbedingte Aufwendungen Nichtselbstständiger erfasst werden sollen, erscheint diese Definition des BGH etwas ungenau. Zwischen **berufsbedingten Aufwendungen Nichtselbstständiger** einerseits und dem **Erwerbstätigenbonus** andererseits ist strikt zu **trennen,** da ansonsten Nichtselbstständige und Selbstständige/Gewerbetreibende unterschiedlich behandelt würden. Während bei Selbstständigen/Gewerbetreibenden alle betrieblichen Ausgaben bereits bei der Gewinnermittlung berücksichtigt werden und das Einkommen entsprechend kürzen (vgl. Rn. 1/232 ff.), sind berufsbedingte Aufwendungen Nichtselbstständiger (= Werbungskosten) erst bei der Bildung des bereinigten Nettoeinkom-

---

[481] BGH, FamRZ 1995, 346 = NJW 1995, 963; FamRZ 1991, 307, 310 = NJW- RR 1991, 130; FamRZ 1990, 979, 981 = NJW-RR 1990, 578

[482] BGH, FamRZ 1999, 367, 370 = R 530 c; FamRZ 1997, 806 = R 512 c; FamRZ 1991, 304 = R 425; FamRZ 1991, 1414 = NJW-RR 1991, 1346; FamRZ 1990, 499, 502 = R 407 e; FamRZ 1990, 979 = R 412 c; FamRZ 1990, 1085, 1087

[483] BGH, FamRZ 1989, 842 = NJW – RR 1989, 1992; FamRZ 1988, 265, 267 = R 354 c

[484] BGH, FamRZ 1999, 367, 370 = R 530 d

[485] Sog. Quotenbedarfsmethode, vgl. DL Nr. 15.2; zur Quotenbedarfsmethode vgl. Rn. 400

[486] BGH, FamRZ 1999, 367, 369 = R 530 d; FamRZ 1997, 806 = R 512 b; OLG Düsseldorf, FamRZ 1994, 1049; OLG München, FamRZ 1993, 328; OLG Karlsruhe, FamRZ 1992, 1438

[487] Vgl. z. B. BGH, FamRZ 1991, 304 = R 425; FamRZ 1990, 1085 = R 423 d

[488] BGH, FamRZ 1997, 806 = R 512 b

[489] Vgl. SüdL, BL, CL, DrL, FL, HaL, HL, KL, NaL, RL jeweils Nr. 15.2; ebenso BraL 15.2 mit Ausnahme des 3. Senats, der entgegen BGH den Bonus vom Nettoeinkommen vor Bereinigung um den Kindesunterhalt und Schuldendienst abzieht

[490] BGH, FamRZ 1991, 1163, 1166 = R 437 c

[491] BGH, FamRZ 1992, 539, 541 = R 444 c; FamRZ 1991, 670 = R 431 a; FamRZ 1990, 1085, 1087 = R 423 d; FamRZ 1988, 265, 267 = R 354 c

mens abzuziehen, soweit sie im Einzelfall anfallen (vgl. Rn. 1/87 ff., 604). Eine pauschale Abgeltung dieser berufsbedingten Aufwendungen mit dem Erwerbstätigenbonus würde damit zu einer Benachteiligung des Nichtselbstständigen gegenüber dem Selbstständigen/ Gewerbetreibenden führen. Der vom BGH zur Begründung des Bonus angeführte, mit der Erwerbstätigkeit verbundene erhöhte Aufwand kann sich damit nur auf den mit einer Berufstätigkeit generell verbundenen, im Einzelfall aber kostenmäßig nicht messbaren erhöhten Aufwand beziehen.

Da die Bedarfsbemessung nach Quoten auch bei einem „Bonus" bei Erwerbseinkünften stets dem Halbteilungsgrundsatz entspricht, wirkt sich jede über den Quotenanteil hinausgehende Zahlungsverpflichtung zum Nachteil des Verpflichteten aus und stört das unterhaltsrechtliche Gleichgewicht. Deshalb darf der **Kranken- und Altersvorsorgeunterhalt** nicht zusätzlich zum Quotenunterhalt zugesprochen werden, sondern ist zweistufig zu berechnen. Eine Ausnahme besteht nur, wenn zusätzliche Mittel durch nichtprägende Einkünfte des Bedürftigen, vorhanden sind, die sichern, dass dem Pflichtigen auch ohne Vorabzug der Vorsorgeaufwendungen des Bedürftigen die Hälfte des Bedarfs nach den ehelichen Lebensverhältnissen verbleibt.[492] Im Regelfall muss dagegen der errechnete Vorsorgeunterhalt vorab vom verteilungsfähigen Einkommen abgezogen werden, ehe der endgültige Elementarunterhalt nach einer Quote bemessen wird. Dies erfordert eine zweistufige Berechnung des Elementarunterhalts, wenn auch Vorsorgeunterhalt verlangt wird.[493] Das Gleiche gilt bei einem ausbildungsbedingten oder krankheitsbedingten Mehrbedarf. Zur zweistufigen Berechnung vgl. Rn. 443 ff. und 467 ff., 477 ff., zur Ausnahme vgl. Rn. 483 ff. 379

5. Überblick zu den Quoten bei Einkünften aus Erwerbstätigkeit und sonstigen Einkünften und zur Höhe des Erwerbstätigenbonus

a) Quoten bei Erwerbseinkünften. Gemäß der von den Oberlandesgerichten vereinbarten einheitlichen Leitlinienstruktur ab 1. 7. 2003 ist die Bonushöhe in Nr. 15.2 abgehandelt. Dabei wird nur mehr mit einem Bonus von 1/7 oder 1/10 gerechnet werden. Der zuletzt noch vom OLG Frankfurt angesetzte Bonus von 1/5 gehört der Vergangenheit an. Es ist zu hoffen, dass sich die Oberlandesgerichte bei der nächsten Änderung der Leitlinien im Hinblick auf den inzwischen weitgehend angeglichenen Wortlaut auch auf einen einheitlichen Bonus einigen können. 380

- Die meisten Oberlandesgerichte bemessen nach Leitlinien oder in Anlehnung an die DT den **Erwerbstätigenbonus mit 1/7,** d. h., dem Verpflichteten bleiben von seinem Erwerbseinkommen 4/7, der Berechtigte erhält 3/7 (vgl. DT Anm B I).
  So KG Berlin, OLG Braunschweig, OLG Brandenburg (außer 3. Senat), OLG Bremen, OLG Celle, OLG Dresden, OLG Düsseldorf, OLG Frankfurt, OLG Hamburg, OLG Hamm, OLG Jena; OLG Koblenz, OLG Köln, OLG Oldenburg, OLG Rostock, OLG Saarbrücken, OLG Schleswig.
- Die Süddeutschen Leitlinien (Oberlandesgerichte Bamberg, Karlsruhe, München, Nürnberg, Stuttgart und Zweibrücken) sowie das OLG Naumburg und der 3. Senat des OLG Brandenburg setzen den Erwerbstätigenbonus mit 1/10 an.

Der **BGH** hat in bisher ständiger Rechtsprechung sowohl die 1/7- als auch die 1/10-Quotierung gebilligt, ebenso die früher geltende 1/5-Quote. Dagegen hat er eine Quote von 1/4 : 3/4 als nicht angemessen erachtet.[494] Er hat auch einen über 1/7 hinausgehenden weiteren Bonus von 5% als Verdienerabzug (statt pauschaler berufsbedingter Aufwendungen) als nicht gerechtfertigt angesehen.[495] 381

Der BGH hat in den neunziger Jahren in einer Folge von Hinweisen die Meinung vertreten, wenn das Erwerbseinkommen bereits um pauschale berufsbedingte Aufwendungen bereinigt sei, bedürfe die Zubilligung eines ungekürzten Erwerbstätigenbonus von 1/7 382

[492] BGH, FamRZ 2003, 590, 593 = R 586 d; FamRZ 1999, 372, 374 = R 529 b
[493] BGH, FamRZ 1981, 442
[494] BGH, FamRZ 1979, 692
[495] BGH, FamRZ 1995, 346 = NJW 1995, 963

einer besonderen Begründung.[496] Die vom BGH in diesen Entscheidungen geäußerte Ansicht war allerdings in keinem Fall Entscheidungsgrundlage, weil die Frage vom Tatrichter im Rahmen seiner Beurteilung der Angemessenheit des Unterhaltsanspruchs zu lösen ist.[497] Sie war im Übrigen nicht ohne weiteres verständlich, solange er einen Erwerbstätigenbonus von 1/5 zugelassen hat. Denn 5% und 1/7 ergeben erst 19,3% gegenüber 20% bei 1/5. Andererseits ist es zutreffend, dass ein Abzug von 1/7 neben pauschalen 5% berufsbedingten Aufwendungen im Einzelfall nicht mehr als maßvoller Zuschlag, der dem Berufstätigen als Erwerbstätigenbonus anrechnungsfrei verbleiben soll, angesehen werden kann. Die SüdL haben deshalb den Erwerbstätigenbonus auf 1/10 gesenkt, was auch praktikabler ist.

In einem **Mangelfall** hat der BGH die Zubilligung eines Erwerbstätigenbonus neben pauschalen 5% berufsbedingten Aufwendungen wegen der besonders beengten wirtschaftlichen Verhältnisse abgelehnt,[498] in einem anderen Fall die Herabsetzung des Bonus von 1/7 auf 1/9 neben konkreten berufsbedingten Aufwendungen gebilligt.[499] Nachdem auf Grund der geänderten Rechtsprechung des BGH im verschärften Mangelfall Mindestbeträge in Höhe des Existenzminimums anzusetzen sind,[500] ist künftig eine Bonuskorrektur nicht mehr erforderlich.

383 Die Bemessung der Quote obliegt dem Tatrichter. Diese kann nur insoweit revisionsrechtlich nachgeprüft werden, als der Grundgedanke der gleichmäßigen Teilhabe am ehelichen Lebensstandard unter maßvoller Berücksichtigung erhöhter Aufwendungen und Arbeitsanreiz gewahrt bleiben muss.[501] Der Tatrichter geht im Regelfall nach den in seinem Bezirk geltenden Tabellen bzw. Leitlinien vor. Dem Recht suchenden Bürger dürfte es aber kaum vermittelbar sein, dass die Bonushöhe in den einzelnen OLG-Bezirken z. T. nach wie vor noch etwas differiert.

383 a In **Unterhaltsabänderungsverfahren** besteht an Leitlinien und den dort aufgeführten Erwerbstätigenbonus **keine Bindungswirkung** (näher Rn. 8/158 a).[502] Damit kann für die Neuberechnung eine andere Bonushöhe herangezogen werden.[503]

384 **b) Quote bei Nichterwerbseinkünften:** Bei allen sonstigen Einkünften (z. B. aus Rente, Vermögen, Wohnwert u. ä.), die nicht auf einer Erwerbstätigkeit beruhen, gibt es für eine unterschiedliche Quotierung weder aus dem Gedanken der Erhaltung der Arbeitsfreude (Arbeitsanreiz) noch wegen einem erhöhten berufsbedingten Aufwand einen hinreichenden Grund. Deshalb ist grundsätzlich jedem Ehegatten als **Quote die Hälfte** des verteilungsfähigen Einkommens zuzubilligen.[504]

385 Dem Grundsatz nach halten sich alle Oberlandesgerichte an diese Rechtsprechung. Im Einzelfall wird bei Mischeinkünften zuweilen übersehen, Nichterwerbseinkünfte (z. B. Kapitalzinsen) neben Erwerbseinkünften gesondert zu quotieren, wenn nicht nach der Additionsmethode gerechnet wird.

6. Unterhaltsberechnung nach der Additionsmethode

386 Sowohl beim Trennungs- als auch beim nachehelichen Unterhalt bestimmt sich das Maß des Unterhalts gemäß §§ 1361 I, 1578 I BGB nach den prägenden ehelichen Lebensverhältnissen, an denen beide Eheleute **gleichmäßig,** d. h. je zur Hälfte, teilnehmen. Auf diesen Bedarf muss sich der Berechtigte nach § 1577 I BGB sein gesamtes **prägendes und nichtprägendes Einkommen anrechnen** lassen. Für die Unterhalts-

[496] BGH, NJW 1998, 2821, 2822 = R 525 c; FamRZ 1993, 1304, 1306 = R 464 c; FamRZ 1991, 416, 420 = NJW 1991, 1049; FamRZ 1990, 979, 981 = R 412 c; FamRZ 1990, 989, 991 = R 418 c; FamRZ 1990, 1085, 1087 = R 423 d; FamRZ 1990, 1090 = R 424 b
[497] BGH, NJW 1998, 2821, 2822 = R 525 c
[498] BGH, FamRZ 1992, 539, 541 = R 444 c
[499] BGH, FamRZ 1997, 806 = R 512 b
[500] BGH, FamRZ 2003, 363 = R 581 b
[501] BGH, FamRZ 1981, 442; FamRZ 1981, 1165 = NJW 1991, 1049
[502] BGH, FamRZ 1990, 1085 = R 423 a
[503] BGH, FamRZ 2001, 1687, 1691 = R 566 c
[504] BGH, FamRZ 1991, 1163, 1166 = R 437 c; FamRZ 1984, 662, 664 = NJW 1984, 2358

berechnung bietet sich daher die Additionsmethode an,[505] die inzwischen von fast allen Leitlinien in Nr. 15, 16 übernommen wurde.[506] Der BGH hat die Additionsmethode zwischenzeitlich als die **verständlichere Methode** gegenüber der verkürzenden Differenzmethode bezeichnet.[507]

Bei der Additionsmethode wird der Unterhalt in zwei Stufen errechnet. In einem ersten 387
Schritt ermittelt man den **Bedarf nach den prägenden ehelichen Lebensverhältnissen,** im zweiten Schritt die **Unterhaltshöhe unter Anrechnung der gesamten prägenden und nichtprägenden Einkünfte des Berechtigten.** Dabei wird entsprechend den vielfachen Hinweisen des BGH konsequent zwischen Erwerbs- und sonstigen Einkünften getrennt und der Erwerbstätigenbonus nur von den Erwerbseinkünften abgezogen. Der **Vorteil** der Additionsmethode gegenüber der Differenz- und Anrechnungsmethode liegt in ihrer Verständlichkeit, in der Vermeidung von Fehlern bei Mischeinkünften und in der Festlegung des Bedarfs, wodurch der Blick für damit zusammenhängende Fragen, z. B. der zeitlichen Begrenzung des Anspruchs beim Erwerbslosen- und beim Aufstockungsunterhalt nach § 1573 I, II, V BGB sowie bei Teilerwerbstätigkeit nach §§ 1570, 1571, 1572, 1573 II, V BGB, der Begrenzung auf den angemessenen Bedarf nach § 1578 I 2 BGB, der Beachtung des eheangemessenen Selbstbehalts des Pflichtigen als andere Hälfte des Bedarfs, geschärft wird. Die Additionsmethode führt auch bei schwierigsten Fallgestaltungen, in denen ohne Ermittlung des Bedarfs die Feststellung der Unterhaltshöhe nicht möglich ist, zu klaren und verständlichen Ergebnissen, z. B. bei Berechnungen mit einem Wohnwert auf dem noch Verbindlichkeiten lasten, die der Pflichtige weiterhin abzahlt (vgl. Beispiele Rn. 1/353).

Für die Unterhaltsberechnung nach der Additionsmethode empfiehlt sich folgende For- 388
mel:[508]

1. Stufe (= Ermittlung des Unterhaltsbedarfs nach §§ 1361, 1578 BGB):

Bedarf = die Hälfte des prägenden Einkommens des Pflichtigen (= prägende Erwerbseinkünfte zu $^9/_{10}$, bzw. $^6/_7$ + sonstiges prägendes Einkommen) zuzüglich des prägenden Einkommens des Berechtigten (= prägende Erwerbseinkünfte zu $^9/_{10}$, bzw. $^6/_7$ + sonstiges prägendes Einkommen)

2. Stufe (= Berechnung der Unterhaltshöhe nach Anrechnung aller Einkünfte des Bedürftigen gemäß § 1577 I BGB)

Höhe = Unterhaltsbedarf (aus Stufe 1) abzüglich Eigeneinkommen des Berechtigten (= prägende und nichtprägende Erwerbseinkünfte zu $^9/_{10}$, bzw. $^6/_7$ + sonstiges prägendes und nichtprägendes Einkommen).

Rechenbeispiele: 389
Fall:
M hat bereinigtes Nettoerwerbseinkommen von 3000 EUR, F hat bereinigtes Nettoeinkommen von 1000 EUR.
a) prägend aus Erwerbstätigkeit,
b) prägend aus Zinsen/Wohnwert,
c) nichtprägend aus Erwerbstätigkeit,[509]
d) nichtprägend aus Zinsen/Wohnwert.

Lösung
Zu a:
Nach SüdL mit $^1/_{10}$:
1. Stufe (Bedarf): $^1/_2$ ($^9/_{10}$ 3000 + $^9/_{10}$ 1000) = 1800
2. Stufe (Höhe): 1800 – $^9/_{10}$ 1000 = 900

---

[505] Vgl. hierzu näher Mayer, FamRZ 1992, 138; Gerhardt, FamRZ 1993, 261
[506] SüdL, BL, BraL, BrL, CL, DrL, FL, HaL; KL, NaL, RL; die DL und HL führen alle Berechnungsmethoden auf, die OL, TL und SchL lediglich die von der DT Anm. B I angewandte Differenz – und Anrechnungsmethode
[507] BGH, FamRZ 2001, 986, 991 = R 563 c
[508] Gerhardt, a.a.O.
[509] Nach der geänderten Rechtsprechung des BGH gibt es nichtprägende Erwerbseinkünfte an sich nur noch für einen Teil des Einkommens bei einem Karrieresprung, vgl. Rn. 246 a

Nach DT mit $^1/_7$:
1. Stufe (Bedarf): $^1/_2$ ($^6/_7$ 3000 + $^6/_7$ 1000) = 1715
2. Stufe (Höhe): 1715 – $^6/_7$ 1000 = 857

Zu b):
Nach SüdL mit $^1/_{10}$:
1. Stufe (Bedarf): $^1/_2$ ($^9/_{10}$ 3000 + 1000) = 1850
2. Stufe (Höhe): 1850 – 1000 = 850
Nach DT mit $^1/_7$:
1. Stufe (Bedarf): $^1/_2$ ($^6/_7$ 3000 + 1000) = 1786
2. Stufe (Höhe): 1786 – 1000 = 786

Zu c):
Nach SüdL mit $^1/_{10}$:
1. Stufe (Bedarf): $^1/_2$ ($^9/_{10}$ 3000 + 0) = 1350
2. Stufe (Höhe): 1350 – $^9/_{10}$ 1000 = 450
Nach DT mit $^1/_7$:
1. Stufe (Bedarf): $^1/_2$ ($^6/_7$ 3000 + 0) = 1286
2. Stufe (Höhe): 1286 – $^6/_7$ 1000 = 428

Zu d):
Nach SüdL mit $^1/_{10}$:
1. Stufe (Bedarf): $^1/_2$ × $^9/_{10}$ 3000 = 1350
2. Stufe (Höhe): 1350 – 1000 = 350
Nach DT mit $^1/_7$:
1. Stufe (Bedarf): $^1/_2$ × $^6/_7$ 3000 = 1286
2. Stufe (Höhe): 1286 – 1000 = 286

Fall:
M hat ein prägendes bereinigtes Erwerbseinkommen von 2000 EUR und prägende Zinseinkünfte von 300 EUR, F hatte in der Ehe 1000 EUR Erwerbseinkünfte, nach der Trennung zusätzlich durch Erbschaft 150 EUR Zinseinkünfte.
Lösung
Nach SüdL mit $^1/_{10}$:
Bedarf: $^1/_2$ ($^9/_{10}$ 2000 + 300 + $^9/_{10}$ 1000) = 1500
Höhe: 1500 – ($^9/_{10}$ 1000 + 150) = 450
Nach DT mit $^1/_7$:
Bedarf: $^1/_2$ ($^6/_{17}$ 2000 + 300 + $^6/_7$ 1000) = 1436
Höhe: 1436 – ($^6/_7$ 1000 + 150) = 428

7. Unterhaltsberechnung nach Differenz- und Anrechnungsmethode

390 **a) Quotenunterhalt.** Wie bereits ausgeführt, dürfen im Rahmen der Bedarfsbemessung nur **prägende Einkünfte** berücksichtigt werden, genauer der Teil der prägenden Einkünfte, der zur Verwendung für den Lebensbedarf zur Verfügung steht (siehe dazu Rn. 179 f., 185 f., 228 f.).

Die Bedarfsbemessung erfolgt nach der Formel:
Bedarf = prägendes verteilbares Einkommen × Quote

Beispiele:
- Erwerbseinkommen = 2800 × $^3/_7$ = 1200
bzw. bei Bonus 10%: 2800 × 45% = 1260
- Renteneinkommen = 2800 : 2 = 1400
- Bei Mischeinkünften ist das Erwerbseinkommen vorweg um den „Ehegattenbonus" zu bereinigen.

Dieser bereinigte Betrag wird mit den sonstigen Einkünften addiert. Die Unterhaltsquote beträgt die Hälfte dieser Summe.
Berechnung: 2800 (Erwerbseinkommen) × $^6/_7$ = 2400
200 (Zinseinkünfte)
Summe = 2400 + 200 = 2800

Unterhalt = 2800 : 2 = 1400
oder bei Bonus 10%:
2800 × 90% + 200 = 2720 : 2 = 1360

b) Haushaltsführungsehe, Doppelverdienerehe, Zuverdienerehe und besondere Umstände. Ob Einkünfte der Eheleute die ehelichen Lebensverhältnisse geprägt haben, hing bisher davon ab, ob es sich um eine sog. Haushaltsführungsehe, Doppelverdienerehe oder Zuverdienerehe handelte. Die Änderung der Rechtsprechung des BGH zur Anrechnungsmethode in seinem Urteil vom 13. 6. 2001[510] hat diese Unterschiede beseitigt, weil in all diesen Fällen die Erwerbstätigkeit des Ehegatten eheprägend ist, entweder weil bereits in der Ehe die Erwerbstätigkeit aufgenommen wurde oder weil die Erwerbstätigkeit als Surrogat an die Stelle der eheprägenden Haushaltstätigkeit getreten ist. 391

Nur in **Sonderfällen** kann jetzt das Erwerbseinkommen des Unterhaltsgläubigers als nicht eheprägend behandelt und bei der Bedarfsbemesssung außer Betracht gelassen werden.

Nicht prägend sind die Erwerbseinkünfte vor allem dann, wenn sie an die Stelle der Bemühungen um eine Ausbildung treten (vgl. Rn. 325 b). Auch in anderen Ausnahmefällen, etwa bei Strafhaft oder Drogenkonsum kann es an einer die ehelichen Lebensverhältnisse prägenden Entlastung des anderen Ehegatten durch Übernahme der Haushaltsführung fehlen.[511] Daneben können aber auch nur Teile des Einkommens die ehelichen Lebensverhältnisse prägen, z. B. bei Einkommenserhöhungen durch einen Karrieresprung (vgl. Rn. 321) oder soweit die Einkommenserhöhung nicht eine Haushaltstätigkeit, sondern entsprechende Ausbildungsbemühungen ersetzt (vgl. Rn. 325 c). 392

Bei Vermögenseinkünften oder Vorteilen aus kostenloser Wohnungsnutzung hängt die Entscheidung, ob sie als prägend zu berücksichtigen sind, davon ab, ob sie bereits vor der Scheidung geflossen sind der Surrogat von Einkünften sind, die schon vor der Scheidung flossen (vgl. Rn. 261 f.).

Je nachdem, ob für die Unterhaltsberechnung nur prägende, oder aber prägende und nichtprägende bzw. nur teilweise prägende Einkünfte heranzuziehen sind, bestimmt sich nach der Rechtsprechung des BGH, der DT und ihnen folgend den meisten Unterhaltstabellen und Leitlinien die anzuwendende Berechnungsmethode. 393

Haben beide Ehegatten ein prägendes Erwerbseinkommen, erfolgte die Unterhaltsberechnung früher überwiegend nach der **Differenzmethode,** welche vielfach Gegenstand der BGH-Rechtsprechung geworden ist. An ihr wurden die wesentlichen Strukturen des geltenden Unterhaltsrechts entwickelt. 394

Nach Auffassung des BGH berücksichtigte sie, dass in einer Doppelverdienerehe die ehelichen Lebensverhältnisse regelmäßig von dem beiderseitigen Einkommen geprägt werden, und trägt dem Umstand beiderseitiger Erwerbstätigkeit grundsätzlich in angemesser Weise Rechnung, weil sie jedem Ehegatten mehr als die Hälfte seines Einkommens belässt und damit sowohl einen pauschalen Ausgleich für den mit der Berufstätigkeit verbundenen erhöhten Aufwand schafft, als auch einen gewissen Anreiz zur Erwerbstätigkeit bietet.[512] Die Gleichstellung der Haushaltsführung mit der Erwerbstätigkeit nach der Surrogatstheorie des BGH[513] führt jetzt dazu, dass auch das Erwerbseinkommen des bisher den Haushalt führenden Ehegatten in diese Differenzberechnung aufgenommen wird.

Die Differenzmethode ist auch beim Trennungsunterhalt anzuwenden.[514]

Nichtprägende Einkünfte dürfen bei der Differenzmethode nicht berücksichtigt werden.

Sie geht davon aus, dass nur die verschiedene Höhe der beiderseits prägenden Einkommen einen Ausgleich erforderlich macht,[515] so dass sich ohne Ermittlung des Bedarfs durch die Berücksichtigung des prägenden Einkommens des Bedürftigen sofort die Unterhaltshöhe errechnet.

---

[510] BGH, FamRZ 2001, 986 = R 563
[511] Vgl. Scholz FamRZ 2003, 265, 269
[512] BGH, FamRZ 1981, 752, 754; FamRZ 1979, 692; ferner BGH, FamRZ 1983, 146 = R 142 a + e, BGH, FamRZ 1982, 896
[513] BGH, FamRZ 2001, 986 = R 563; FamRZ 2001, 1592 = R 567; FamRZ 2002, 88 = R 569
[514] BGH, FamRZ 1983, 146 = R 142 a + e
[515] Differenzrechnung wie beim Zugewinn

Berechnungsziel ist also der Ausgleichsbedarf (Differenzbedarf). Dieser errechnet sich aus der Differenz der jeweils prägenden Einkommen beider Gatten unter Anwendung der jeweils maßgebenden Quote (3/7 oder 45%[516] für Erwerbs-, 1/2 für Nichterwerbseinkommen).

Der volle Bedarf des Gatten nach § 1578 I BGB, der nicht explizit berechnet wird, ergibt sich aus der Summe von Differenzbedarf und prägendem Einkommen des Berechtigten.[517]

395 **c) Anrechnungsmethode.** Soweit die ehelichen Lebensverhältnisse nur durch das Einkommen des Pflichtigen geprägt wurden, bestimmen seine Einkünfte allein den Bedarf nach §§ 1361 I, 1578 I BGB, wobei dem Pflichtigen gegebenenfalls ein Quotenvorteil (Erwerbstätigenbonus) zusteht. Nichtprägendes Einkommen des Berechtigten hat jedoch auf die Höhe des Bedarfs keinen Einfluss und ist auf diesen nach § 1577 I BGB anzurechnen. Die Anrechnungsmethode hat durch die Surrogatstheorie des BGH[518] einen großen Teil ihrer praktische Bedeutung verloren, weil viele bisher als nichtprägend behandelte Einkommen sich als Surrogat eines anderen prägenden Einkommens darstellen, vor allem als Surrogat der Haushaltsführung.

396 Handelt es sich bei dem Bedürftigen (ausnahmsweise) um ein nichtprägendes **Erwerbseinkommen,** muss auch ihm in gleicher Weise wie dem Verpflichteten der **„Erwerbstätigenbonus"** in Höhe von 10%, 1/7 oder 1/5 zugute kommen. Denn auch ihm ist der mit der Ausübung der Erwerbstätigkeit verbundene höhere Aufwand abzugelten und ein Anreiz für die weitere Erwerbstätigkeit zuzubilligen[519] (vgl. auch Rn. 375).

Dies geschieht am einfachsten dadurch, dass das bereinigte Nettoeinkommen des Bedürftigen nur in Höhe von 6/7 (bei einem Bonus von 10% : 90%) auf seinen Bedarf angerechnet wird.[520]

Der Bonus ist dabei auch **bei fiktiven nichtprägenden Einkünften des Berechtigten** zu berücksichtigen.[521]

397 **d) Gemischte Differenz- und Anrechnungsmethode.** Haben beide Eheleute prägende Einkommen, der Berechtigte darüber hinaus aber auch noch nichtprägende Einkünfte, kann für den Bedarf wiederum nur das prägende Einkommen der Eheleute herangezogen und daraus nach der Differenzmethode die Quote gebildet werden. Das nichtprägende Einkommen des Berechtigten ist nach § 1577 I BGB darauf anzurechnen.

398 *– In dieser Aufl. nicht belegt –*

8. Methodenwahl

399 Nach der Rechtsprechung des BGH obliegt die Wahl der Berechnungsmethode dem Tatrichter, der sie auf ihre Angemessenheit zu überprüfen hat.[522] Das bedeutet in erster Linie, dass der BGH unterschiedliche Quoten (2/5, 3/7 und 45%) gebilligt hat, betrifft aber auch sonstige Bedarfsberechnungen, die sich im Rahmen der BGH-Rechtsprechung halten. Die vorher dargestellte **Additionsmethode** (s. o. Rn. 386) kommt zu denselben Ergebnissen wie die Bedarfsberechnung nach den älteren Rechenwegen, die unter den Namen **Differenzmethode, Anrechnungsmethode** und **Mischmethode** (s. o. Rn. 394, 395, 396) bekannt sind.

400 Zu den gleichen Ergebnissen führt auch die **Quotenbedarfsmethode,** welche Scholz[523] zuerst dargestellt hat und die in den Leitlinien des OLG Düsseldorf verwendet wird.[524] Hiernach berechnet sich der Bedarf des Berechtigten (ebenso wie der Eigenbedarf = eheangemessene Selbstbehalt des Verpflichteten, vgl. Rn. 568) aus 4/7 des eigenen Erwerbseinkommens, 3/7 des Erwerbseinkommens des Gatten und 1/2 der sonstigen beiderseitigen

---

[516] (100%–10%)/2 = 45%

[517] BGH, FamRZ 1985, 161, 164

[518] BGH, FamRZ 2001, 986 = R 563; FamRZ 2001, 1592 = R 567; FamRZ 2002, 88 = R 569

[519] BGH, FamRZ 1988, 265, 267; FamRZ 1988, 701, 704; FamRZ 1988, 256, 259; FamRZ 1986, 783, 786

[520] BGH, FamRZ 1988, 256, 259

[521] BGH, FamRZ 1995, 346; FamRZ 1991, 307, 310; FamRZ 1990, 979, 981 = R 412 c

[522] BGH, FamRZ 1984, 151

[523] Scholz, FamRZ 1990, 1088

[524] DL 39

Einkünfte. Auf diesen Bedarf sind nichtprägende Erwerbseinkünfte nur zu $^6/_7$ oder 90% anzurechnen, andere Einkünfte (sonstige Einkünfte und prägende Erwerbseinkünfte) dagegen in voller Höhe.

Die Übereinstimmung dieser Berechnungsmethoden im Ergebnis und der jeweilige Rechenweg sei an den folgenden Beispielen gezeigt: 401

Fall 1
prägendes Erwerbseinkommen des M: 2800 €
prägendes Erwerbseinkommen der F: 700 €
Berechnung mit Bonus 10%:

Lösung: Differenzmethode:
(2800 – 700) × 45% = 945

Lösung: Additionsmethode
(90% × 2800 + 90% × 700) × $^1/_2$ – 90% × 700 = 945

Lösung: Quotenbedarfsmethode:
2800 × 45% = 1260
700 × 55% = 385
Bedarf 1645
1645 – 700 = 945

Fall 2
Wie 1. mit zusätzlichem prägendem Wohnwert 500 € beim Berechtigten

Lösung: Differenzmethode, wobei jedoch zwischen Erwerbseinkommen und anderem Einkommen zu trennen ist.
Berechnung mit Bonus $^1/_7$:
(2800 – 700) × $^3/_7$ = 900
(0 – 500) × $^1/_2$ = – 250
Unterhaltsanspruch 650[525]

Lösung: Additionsmethode
($^6/_7$ × 2800 + $^6/_7$ × 700 + 500) × $^1/_2$ – $^6/_7$ × 700 – 500 = 650

Lösung: Quotenbedarfsmethode
2800 × $^3/_7$ = 1200
700 × $^4/_7$ = 400
500 × $^1/_2$ = 250
Bedarf 1850
1850 – 700 – 500 = 650

Fall 3
prägendes Erwerbseinkommen des M: 3000 €
nichtprägendes Erwerbseinkommen der F: 1000 €
Berechnung mit Bonus 10%
(Ausnahmefall – keine Haushaltsführung oder Kinderbetreuung)

Lösung: Anrechnungsmethode:
3000 × 45% = 1350
1350 – 90% × 1000 = 450

Lösung: Additionsmethode
90% × 3000 × $^1/_2$ – 90% × 1000 = 450

Lösung: Quotenbedarfsmethode
3000 × 45% = 1350
1350 – 90% × 1000 = 450

Fall 4
prägendes Erwerbseinkommen des M: 2800 €
nichtprägendes Zinseinkommen der F: 1000 €
Berechnung mit Bonus $^1/_7$

Lösung: Anrechnungsmethode
2800 × $^3/_7$ = 1200
1200 – 1000 = 200

---

[525] Vielfach wird die Differenzmethode in solchen Fällen nicht streng durchgeführt, sondern mit der Additions- (= Halbteilungs-)Methode gemischt

Lösung: Additionsmethode
$^6/_7 \times 2800 \times ^1/_2 = 1200$
$1200 - 1000 = 200$

Lösung: Quotenbedarfsmethode
$2800 \times ^3/_7 = 1200$
$1200 - 1000 = 200$

Fall 5
prägendes Erwerbseinkommen des M: 3000 €
prägendes Erwerbseinkommen der F: 1000 €
nichtprägendes Erwerbseinkommen der F: 500 €
Berechnung mit Bonus 10%

Lösung: gemischte Differenz- und Anrechnungsmethode
$(3000 - 1000) \times 45\% = 900$
$900 - 90\% \times 500 = 450$

Lösung: Additionsmethode
$(90\% \times 3000 + 90\% \times 1000) \times ^1/_2 - 90\% \times 500 = 450$

Lösung: Quotenbedarfsmethode
$3000 \times 45\% = 1350$
$1000 \times 55\% = 550$
Bedarf 1900
$1900 - 1000 - 90\% \times 500 = 450$

Fall 6
prägendes Erwerbseinkommen des M: 2800 €
prägender Wohnwert von M: 500 €
prägendes Erwerbseinkommen der F: 700 €
nichtprägendes Zinseinkommen der F: 500 €
Berechnung mit Bonus $^1/_7$

Lösung: gemischte Differenz- und Anrechnungsmethode, wobei zwischen Erwerbs- und Nichterwerbseinkünften zu unterscheiden ist.
$(2800 - 700) \times ^3/_7 = 900$
$(500 - 0) \times ^1/_2 = 250$
Differenzbedarf 1150
$1150 - 500 = 650$

Lösung: Additionsmethode
$(^6/_7 \times 2800 + ^6/_7 \times 700 + 500) \times ^1/_2 - ^6/_7 \times 700 - 500 = 650$

Lösung: Quotenbedarfsmethode
$2800 \times ^3/_7 = 900$
$700 \times ^4/_7 = 400$
$500 \times ^1/_2 = 250$
Bedarf 1550
$1550 - 400 - 500 = 650$

402 Die Wahl zwischen diesen Rechenwegen ist eine Frage der Zweckmäßigkeit.

Die **Differenzmethode** hat den Vorzug der in vielen Fällen einfacheren Berechnung.

Der Vorzug der **Additionsmethode** liegt in der Tatsache, dass der Bedarf im Hinblick auf eine spätere Abänderung des Titels explizit festgestellt wird und dass der rechtliche Zusammenhang besonders in komplizierten Fällen durchsichtiger, letztlich also auch besser verständlich ist als die verkürzende Differenzmethode.[526] Dasselbe gilt für die **Quotenbedarfsmethode.** Beide unterscheiden sich in dem von ihnen als voller Bedarf nach § 1578 I BGB angesetzten Betrag. Bei Quotenbedarfsmethode wird der vom prägenden Einkommen gewährte Erwerbsbonus zum Bedarf gerechnet, bei der Additionsmethode wird er nur durch Vorabzug berücksichtigt. Einfluss auf das Ergebnis kann der Unterschied nur dann haben, wenn in einem Mangelfall nach § 1581 BGB die Bedarfsbeträge des Pflichtigen und Berechtigten verhältnismäßig gekürzt werden. Der Vorabzug nach der Additionsmethode bedeutet dann eine Privilegierung des Erwerbstätigen (s. Rn. 5/151 f., 5/159 f., 5/167 f.). Die Quotenbedarfsmethode unterscheidet sich von der Additionsmethode weiter dadurch,

[526] So der BGH in FamRZ 2001, 986 = R 563 d

dass prägendes Erwerbseinkommen (im Gegensatz zum nichtprägenden) – ebenso wie sonstiges Einkommen – nicht zu 6/7, sondern voll anzurechnen ist. Für den Rechenweg ergibt das keine Komplikationen.

Die Praxis wendet die Methoden oft nebeneinander an. Die Differenzmethode eignet sich für einfache Fälle und dann, wenn es nur auf das Ergebnis ankommt, während Additionsmethode oder die Quotenbedarfsmethode dann zu verwenden sind, wenn die rechtliche Begründung des Ergebnisses im Einzelnen erörtert wird oder wenn in komplizierteren Fällen der Rechenweg dadurch übersichtlicher wird. Die Additionsmethode wird von der Praxis häufiger verwendet und wurde vom BGB ausdrücklich gebilligt.[527] **403**

9. Auswirkungen des Vorabzugs von Schulden und Kindesunterhalt auf den Erwerbstätigenbonus bei Mischeinkünften

Wie bereits ausgeführt (vgl. Rn. 185, 362 und eingehend Rn. 1/568 ff.), errechnet sich der Bedarf nach den ehelichen Lebensverhältnissen aus dem bereinigten Nettoeinkommen, d. h. aus dem durch unterhaltsrechtlich relevante Abzüge gekürzten Einkommen. Berücksichtigungswürdige Schulden und Kindesunterhalt sind somit vor der Bildung der Ehegattenquote vom Einkommen des Pflichtigen abzuziehen, weil sie für den Lebensbedarf nicht zur Verfügung stehen (s. o. Rn. 185). Damit ist der Bonus aus dem bereinigten Nettoeinkommen (verfügbares Einkommen) zu berechnen (vgl. Rn. 373, 377).[528] **404**

Wenn der Verpflichtete in solchen Fällen prägendes Einkommen aus Erwerbstätigkeit und daneben noch anderes Einkommen bezieht, etwa aus Zinsen oder dem Wohnwert eines Hauses, so gilt für den einen Einkommensteil das Prinzip der Halbteilung, während für den anderen dem Verpflichteten ein Bonus zusteht. Je nachdem, ob nun die Schulden oder der Kindesunterhalt auf das Erwerbseinkommen, auf das Nichterwerbseinkommen oder auf beide verrechnet werden, fällt der Erwerbsbonus höher oder niedriger aus.[529]

Handelt es sich bei den Abzugsposten um eindeutig einem Einkommen zurechenbare Ausgaben, dürfen sie nur dort abgezogen werden, z. B. Lohnsteuer, gesetzliche Sozialabgaben und berufsbedingte Aufwendungen nur vom Erwerbseinkommen des Nichtselbstständigen (vgl. Rn. 1/604), Depotkosten von Kapitaleinkünften (vgl. Rn. 1/409), verbrauchunabhängige Nebenkosten vom Wohnwert (vgl. Rn. 1/335 ff.). **405**

Berücksichtungswürdige Schulden für Konsumkredite oder Kindesunterhalt sind hingegen nicht ohne weiteres einer bestimmten Einkommensart zuzuordnen. Hier sind bisher vier Lösungswege eingeschlagen worden, welche in der Reihenfolge des durchschnittlich geringeren Bonus geordnet dargestellt werden: **406**

- Berechnung des Erwerbsbonus aus dem Nettoerwerbseinkommen (ohne Kürzung um Schulden u. a.).[530]
- Vorrangiger Abzug vom Nichterwerbseinkommen (Prinzip der Bonusbegrenzung).[531]
- Anteiliger Abzug von Erwerbs- und Nichterwerbseinkommen.[532]
- Vorrangiger Abzug vom Haupteinkommen (in der Regel dem Erwerbseinkommen).[533]

Der BGH hat die Lösung 1 abgelehnt,[534] sonst aber zu diesem Problem bisher noch nicht abschließend Stellung genommen. Welche Lösung sich durchsetzen wird, ist bisher offen.

---

527 BGH, FamRZ 2001, 986 = R 563 d; FamRZ 2001, 1687 = R 566 b; FamRZ 2001, 1693 = R 567 a

528 BGH, FamRZ 1989, 842 = NJW 1989, 1992; FamRZ 1984, 662, 664 = NJW 1984, 2358

529 Vgl. Gutdeutsch, FamRZ 1994, 346 ff.; FamRZ 1994, 1161; Gerhardt, FamRZ 1994, 1158

530 OLG Hamburg, FamRZ 1991, 953; zust. Kalthoener/Büttner, NJW 1992, 2992, 3000; ebenso im Ergebnis OLG Hamm, FamRZ 1993, 1237; abl. OLG Karlsruhe, FamRZ 1992, 1438. Der BGH hat in der Leitentscheidung FamRZ 1989, 1160, 1162 = R 395 d den Bonus aus dem Nettoerwerbseinkommen von 2770 und nicht aus dem verfügbaren Einkommen von 2770 + 105–195 = 2680 DM berechnet, dabei aber die Abweichung von seiner bisherigen Rechtsprechung nicht erörtert

531 Graba, NJW 1993, 3033, 3037; Gutdeutsch, FamRZ 1994, 346; FamRZ 1994, 1161

532 Scholz, FamRZ 1993, 127, 143

533 OLG Hamburg, FamRZ 1991, 445, 448; Gerhardt, FamRZ 1994, 1158; für geringes Nebeneinkommen auch Scholz, FamRZ 1993, 127, 143

534 BGH, FamRZ 1997, 806 = R 512 b

407 • Die Vertreter der **Lösung 1** (maximaler Bonus) sehen deren Vorteil darin, dass bei der Berechnung des Bonus der Erwerbstätige, welcher Kindesunterhalt zu zahlen hat, mit demjenigen gleichbehandelt wird, für den das nicht zutrifft.[535]

408 • Die Vertreter der **Lösung 2** sehen den Vorteil dieser Lösung darin, dass sie sich am engsten an die Unterhaltsbemessungspraxis vor dem Urteil des BGH vom 12. 7. 1989,[536] welche die OLGs zu einer unterschiedlichen Behandlung von Erwerbs- und Nichterwerbseinkommen veranlasste, anschließt. Sie sei rechnerisch leicht zu handhaben, weil sie sich letztlich auf die Prüfung beschränkt, ob das verfügbare oder das Erwerbseinkommen geringer sei.[537]
Aus den Gründen, auf welchen die Zubilligung des Bonus beruhte (als Anreiz und als Ausgleich für einen allgemein erhöhten Aufwand), folgt, dass er vom verfügbaren Einkommen, höchstens aber (nach der BGH-Rechtsprechung) dem Erwerbseinkommen abzuziehen ist.[538] Gegen eine über die Vorgaben des BGH hinausgehende Kürzung des Bonus spricht, dass sich der BGH[539] in der Leitentscheidung nicht gegen eine Erhöhung des Bonus, sondern **gegen eine Verkürzung** des dem Verpflichteten zustehenden **Bonus** von 396 auf 281 gewandt hatte.[540]

409 • Die Vertreter der **Lösung 3** vermitteln zwischen gegensätzlichen Standpunkten durch eine anteilige Verrechnung. welche in der Regel als gerechter Interessenausgleich angesehen wird, allerdings erhöhten Rechenaufwand verursacht. Da die Quotierung aber bei geringfügigem Nebeneinkommen kaum andere Ergebnisse als die Lösung 4 liefert, wird in solchen Fällen darauf verzichtet und die Lösung 4 angewandt.

410 • Die Vertreter der **Lösung 4** (durchschnittlich geringster Bonus) rechtfertigen ihre Lösung damit, dass berücksichtigungswürdige Schulden und Kindesunterhalt in der Regel aus dem Haupteinkommen bezahlt würden, das dann in einem Rechengang durch Abzug von Steuern, Vorsorgeaufwendungen, berufsbedingten Aufwendungen, berücksichtigungsfähigen Schulden und Kindesunterhalt bereinigt werden kann. Sie sehen ihre Methode als die praktikabelste an, weil in der Regel das Erwerbseinkommen das Haupt-

---

[535] Der Vorabzug vom ungekürzten Erwerbseinkommen hat auch große praktische Vorteile und ist deshalb verbreiteter, als die Veröffentlichungen erkennen lassen (etwa BGH, FamRZ 1989, 1160, 1162 = R 395 d), zumal die mit dieser Bonusrechnung verknüpfte Halbteilung der gemeinschaftlichen Schulden auch i. d. Regel als gerecht empfunden wird (OLG Hamburg, FamRZ 1991, 953)

[536] BGH, FamRZ 1989, 1160, 1162 = R 395 d

[537] Die Lösung hat allerdings den Nachteil, dass auch bei Vorabzug von Kindesunterhalt der Bonus relativ höher ausfällt, also die kinderbetreuende Frau benachteiligt wird. Das widerspricht der in diesem Fall von den Eheleuten zu erwartenden stärkeren Solidarität, welche wegen der gemeinsamen Verantwortung für die Kinder gerade einen geringeren Bonus nahelegen würde
Dieses Problem lässt sich jedoch dadurch lösen, dass im Falle eines Vorabzugs von Kindesunterhalt der Bonus auf 10% herabgesetzt, in den anderen Fällen geringfügig auf 15% erhöht wird
Da der 15%-Bonus sich mit 5% berufsbedingten Aufwendungen zu 20% Erwerbspauschale vereinigen lässt, ergeben sich bei dieser Lösung weitere Vereinfachungen in der Berechnung. Bei Berücksichtigung von Kindesunterhalt muss dagegen i. d. R. ohnehin zweistufig verfahren werden, indem zuerst die berufsbedingten Aufwendungen abgezogen werden, um das Bemessungseinkommen für den Kindesunterhalt zu erhalten. Danach wäre erst der Bonus von 10% des Ursprungsbetrags abzusetzen
Für die Lösung spricht auch, dass die gemeinsame Verantwortung für die Kinder durch die Halbteilung der Unterhaltslast unterstrichen wird
Vielleicht stand einer Einigung der OLGs über die Höhe des Bonus (bisher zwischen 10% und 20%) bisher im Wege, dass die einen die kinderbetreuende Frau, die anderen die kinderlose Frau zum Maßstab genommen haben. Träfe das zu, so könnte der Ausweg in einer Differenzierung des Bonus bestehen

[538] Gegen die Lösung wird eingewandt, dass das Nichterwerbseinkommen in der Praxis vielfach im Wohnwert bestehe und dass aus diesem kein Kindesunterhalt gezahlt werden könne. Das geschieht aber auch nicht. Vielmehr soll nur auf den Wohnwert der Kindesunterhalt verrechnet werden, ebenso wie bei der Bemessung des Gattenunterhalts der Wohnwert beim Pflichtigen herangezogen wird, obgleich er nicht als Unterhalt ausgezahlt werden kann

[539] BGH, FamRZ 1989, 1163 = R 395 d

[540] 2770 : 7 = 396; (2770 + 105–195 – (600 + 150–40)) : 7 = 281

einkommen sei und die Berücksichtigung des Nichterwerbseinkommens mit einer einfachen Zusatzberechnung erfolgen könne. In den selteneren Fällen, in denen das Nichterwerbseinkommen Haupteinkommen ist, könnten Schulden oder Kindesunterhalt von diesem abgezogen und für Erwerbseinkommen dann der ohnehin niedrige volle Bonus bleiben. In den äußerst seltenen Ausnahmefällen, in denen bei gleicher Höhe der Einkommensarten ein Haupteinkommen nicht feststellbar sei, könne die Lösung 3 angewandt werden. Die Lösung stehe auch in Übereinstimmung mit einer Tendenz des BGH, die Kumulation von 5% berufsbedingten Aufwendungen und $^1/_7$ Erwerbsbonus für unzulässig anzusehen, den Bonus also im Ergebnis herabzusetzen (vgl. Rn. 381 m. w. N.).

Die stärkeren rechtlichen Gründe sprechen für die Lösung 2, weil der Bonus als Erwerbsanreiz diesen soll, und seine Kürzung sich nur dann gerechtfertigt ist, wenn das verfügbare Einkommen geringer ist, als das Erwerbseinkommen. (s. a. Rn. 408) **410 a**

Im Gegensatz zu den verschiedenen Methoden der Bedarfsbemessung führen die unterschiedlichen **Methoden der Bonusberechnung** zu **verschiedenen Ergebnissen:** **411**

Beispiel 1:
Der Mann verdient 1800 € netto abzüglich 100 € berufsbedingte Aufwendungen und hat aus Hausnutzung und Kapital ein weiteres Einkommen von 1000 €. Er ist der einkommenslosen Frau und zwei Kindern im Alter von 3 und 7 Jahren unterhaltspflichtig.
Vor Berechnung des Bedarfs des Gatten sind vom Einkommen des Mannes sowohl der Kindesunterhalt als auch der Erwerbsbonus abzuziehen.
Nach der DT 8/1 und DT 8/2 beträgt der Kindesunterhalt 299 + 362 = 661 €.

Lösung 1: Bonus aus dem vollen Erwerbseinkommen:
(1800 – 100) × $^6/_7$ + 1000 – 661 = 1831 × $^1/_2$ = 916

Lösung 2: Bonus aus dem vollen Erwerbseinkommen, weil der Kindesunterhalt (661) aus dem Nichterwerbseinkommen (1000) gedeckt werden kann:
(1800 – 100) + 1000 – 661 – 1700 × $^1/_7$ = 1831 × $^1/_2$ = 916

Lösung 3: Bonus aus dem anteiligen Erwerbseinkommen (Berechnung nach Scholz a.a.O.):
(1800 – 100) : (1800 – 100 + 1000) = 63% Erwerbseinkommen
(2700 – 661) × 63% × $^3/_7$ = 551
(2700 – 661) × 37% × $^1/_2$ = 377
insgesamt 928

Lösung 4: Abzug vom Erwerbseinkommen als Haupteinkommen:
(1800 – 100 – 661) × $^3/_7$ + 1000 × $^1/_2$ = 946
oder nach der Additionsmethode:
(1800 – 100 – 661) × $^6/_7$ + 1000) × $^1/_2$ = 946

Zwischen den Gatten kann verteilt werden:
1800 + 1000 – 100 – 661 = 2039
Der Bonus, um welchen das Resteinkommen des Pflichtigen den Gattenunterhalt übersteigt, beträgt nach den
Lösungen 1 und 2: 2039 – 2 × 916 = 207,
nach der Lösung 3: 2039 – 2 × 928 = 183 und
nach der Lösung 4: 2039 – 2 × 946 = 147

Beispiel 2:
Der Mann verdient 2500 € netto abzüglich 100 € berufsbedingte Aufwendungen und bezieht daneben eine Rente von 250 €.
Nach der Düsseldorfer Tabelle beträgt der Kindesunterhalt wieder 299 + 362 = 661 €

Lösung 1: Bonus aus dem vollen Erwerbseinkommen:
(2500 – 100) × $^6/_7$ + 250 – 661 = 1646 : 2 = 823

Lösung 2: Bonus aus dem verfügbaren Einkommen, weil der Kindesunterhalt (661) aus dem Nichterwerbseinkommen (250) nicht gedeckt werden kann:
(2500 – 400 + 250 – 661) × $^3/_7$ = 853
oder nach der Additionsmethode:
(2500 – 400 + 250 – 661) × $^6/_7$ × $^1/_2$ = 853

Lösung 3: Bonus aus dem anteiligen Erwerbseinkommen (Berechnung nach Scholz a.a.O.):
(2500 – 100) : (2500 – 100 + 250) = 91% Erwerbseinkommen
(2650 – 661) × 91% × $^3/_7$ = 776,

(2650 – 661) × 9% × 1/2 = 90
insgesamt 866
Lösung 4: Abzug vom Erwerbseinkommen als Haupteinkommen:
(2500 – 100 – 661) × 3/7 + 250 : 2 = 870
oder nach der Additionsmethode:
(2500 – 100 – 661) × 6/7 + 250) : 2 = 870
Zur Verteilung zwischen den Gatten steht zur Verfügung:
2500 + 250 – 100 – 661 = 1989
Der Bonus, um welchen das Resteinkommen des Pflichtigen den Gattenunterhalt übersteigt, beträgt
nach der Lösung 1 : 1989 – 2 × 823 = 343,
nach der Lösung 2 : 1989 – 2 × 853 = 283,
nach der Lösung 3 : 1989 – 2 × 866 = 275 und
nach der Lösung 4 : 1989 – 2 × 870 = 249

10. Bedarfsbemessung bei konkurrierendem Gattenunterhalt

412 Hat der Verpflichtete für den Unterhalt eines weiteren Gatten aufzukommen und ist dessen Unterhaltsanspruch nach § 1582 BGB **nachrangig** (zu den Rangverhältnissen s. u. § 5 II. 4. Rn. 5/44 ff.), so haben dessen Bedarf und die an ihn zu erbringenden Unterhaltsleistungen keinen Einfluss auf den Bedarf des vorrangigen Gatten.[541]

413 Ist der Unterhaltsanspruch des ersten Gatten vorrangig, so ist dessen Unterhalt vom prägenden Einkommen des Verpflichteten vorab abzuziehen, weil die Unterhaltspflicht aus einer vorhergegangenen Ehe die wirtschaftlichen Verhältnisse der neuen nachhaltig prägt.

414 Bei Gleichrang beider Unterhaltsansprüche ist zu unterscheiden:

Der **Unterhaltsbedarf** des Gatten aus der **ersten Ehe** wird durch die neue Eheschließung **nicht verändert.** Für den Unterhalt des zweiten Gatten kann nichts anderes gelten als für den des Kindes aus der zweiten Ehe.[542]

Der Gleichrang des zweiten Gatten kann deshalb für den ersten nur auf der Leistungsstufe, nicht der Bedarfsstufe, Bedeutung haben.

Der Bedarf des ersten Gatten ist unabhängig von der zweiten Ehe zu bestimmen und verursacht insofern keine Probleme.

- Der **Bedarf des zweiten Gatten** hingegen wird **geprägt** durch die **Unterhaltspflicht** aus der geschiedenen Ehe. Diese ist aber wiederum durch den Gleichrang mit dem Unterhalt des zweiten Gatten eingeschränkt.

Diese zirkelhafte Abhängigkeit von Bedarf und Leistungsfähigkeit lässt sich wie folgt auflösen:

- Der **Unterhalt des ersten Gatten** wird in einer Mangelfallberechnung, bei welcher ein fiktiver Bedarf des zweiten Gatten einbezogen wird, auf den **gleichrangigen Unterhalt** gekürzt. Letzterer wird dann als **prägende Verbindlichkeit** vom Einkommen des Verpflichteten **abgezogen** und der **volle Bedarf des zweiten Gatten** in üblicher Weise berechnet.[543]

415 Da die Berechnung des vollen Bedarfs des zweiten Gatten zugleich einen Mangelunterhalt des ersten berechnet, wird der Rechenweg zusammenhängend bei den Mangelfällen dargestellt (s. Rn. 5/124 f.). Dort sind deshalb auch die Beispiele zur Bedarfsbemessung des zweiten Gatten bei Gleichrang zu finden.

11. Quotenunterhalt, voller Unterhalt und trennungsbedingter Mehrbedarf

416 **a) Quotenunterhalt.** Durch die Bedarfsbemessung nach Quoten wird nur das für Unterhaltszwecke verwendbare Einkommen nach dem Halbteilungsgrundsatz angemessen verteilt. Der Quotenunterhalt bietet keine Gewähr dafür, dass mit ihm der während des Zusammenlebens in der Ehe erreichte Lebensstandard nach Trennung und Scheidung aufrechterhalten werden kann. Das führte zur Konzeption des **trennungsbedingten**

---

[541] BGH, FamRZ 1987, 916, FamRZ 1988, 705 = R 364 b, FamRZ 1986, 790 = R 297 c
[542] Nach der Rechtsprechung des BGH darf der Unterhalt für ein Kind zweiter Ehe bei der Bedarfsbestimmung für den ersten Gatten nicht herangezogen werden: FamRZ 1987, 456, 458 = R 329 b
[543] Vgl. Gutdeutsch, FamRZ 1995, 327; dazu auch Hampel FamRZ 1995, 1177

Mehrbedarfs als der Differenz von vollem Unterhalt im Sinn von § 1578 I 1 BGB und Unterhaltsquote. Ein Zurückbleiben der Quote hinter dem Betrag dieses vollen Unterhalts im ist insbesondere im Hinblick auf Mehrkosten möglich, die den Ehegatten infolge der Trennung erwarten und die dazu führen können, dass die Eheleute mit den Mitteln der Quote ihren ehelichen Lebensstandard nicht mehr aufrechterhalten können.[544] (**Zur Kritik** vgl. Rn. 432 a.)

In solchen Fällen, in denen der Quotenunterhalt wegen eines trennungsbedingten Mehrbedarfs hinter dem vollen Unterhalt zurückbleibt, beinhaltet nach h. M. der Quotenunterhalt einen Unterhalt, der gemäß § 1581 BGB nach den Erwerbs- und Vermögensverhältnissen der Ehegatten der Billigkeit entspricht.[545]

Der volle Unterhalt setzt sich in solchen Fällen zusammen aus dem Quotenunterhalt (§ 1581 BGB) und dem durch diesen Quotenunterhalt und andere nichtprägende Mittel nicht gedeckten trennungsbedingten Mehrbedarf.

417 Allerdings kann ein den Quotenunterhalt übersteigender voller Unterhalt nur dann Berücksichtigung finden, wenn **zusätzliche Mittel** vorhanden sind, um ihn – zumindest teilweise – zu decken.[546]

418 **b) Trennungsbedingter Mehrbedarf.** In den meisten Fällen entstehen durch die Trennung **im Verhältnis zurzeit vor der Trennung Mehrkosten,** wie etwa durch eine neue zusätzliche Wohnung oder durch die getrennte Haushaltsführung.[547]

Solche und andere Mehrkosten, die nur infolge der Trennung neu entstehen, verursachen den von der bisherigen Rechtsprechung anerkannten **trennungsbedingten Mehrbedarf** (dagegen aber s. u. Rn. 432 a). Zwar sind die hier entstandenen Kosten insofern nicht eheprägend, als sie erst durch die Trennung entstehen. Nach Auffassung des BGH können sie aber deshalb anerkannt werden, weil sie für die Aufrechterhaltung des ehelichen Lebensstandards erforderlich sind.[548]

Zu berücksichtigen sind hier u. a. die Mehrkosten des wegziehenden Ehegatten für eine anzumietende neue Wohnung (Kaltmiete), einschließlich Umzugskosten, Mietvorauszahlung u. ä., ebenso die Mietkosten des in der Ehewohnung zurückbleibenden Ehegatten, für die er jetzt allein aufkommen muss, angemessene Aufwendungen für dringend benötigten neuen Hausrat oder Zins- und Tilgungsleistungen für einen Kredit, der zur Finanzierung entsprechender trennungsbedingter Kosten aufgenommen worden ist. Außerdem ist das Leben in zwei getrennten Haushalten teurer als in einem Haushalt, weil der Vorteil des gemeinsamen Wirtschaftens und der Vorteil der Aufgabenverteilung in der Ehe entfällt.

Auch die Scheidungskosten können berücksichtigt werden. Doch ist es in den meisten Fällen zumutbar, dass jeder diese aus seinem Vermögen und aus seiner Einkommensquote selbst trägt. Bei beengten wirtschaftlichen Verhältnissen kann Prozesskostenhilfe beansprucht werden. Etwaige PKH-Raten[549] sind so bemessen, dass sie aus der Einkommensquote bezahlt werden können, so dass die Berücksichtigung als trennungsbedingter Mehrbedarf nur in Ausnahmefällen in Betracht kommt (vgl. näher Rn. 1/636).

419 Trennungsbedingter Mehrbedarf ist mit diesen Mehrkosten **nicht immer identisch,** weil der entsprechende Kostenaufwand auch eine gegenüber der vorherigen Lage höhere Bedarfsdeckung bewirken kann, umgekehrt auch das Fehlen entsprechender Mehrkosten darauf beruhen kann, dass die Mittel zu deren Deckung fehlen. Dabei ist auch zu berücksichtigen, dass die Höhe der Mehrkosten von den Entscheidungen des Bedürftigen abhängt[550] und deshalb nur mit Vorsicht zur Unterhaltsbemessung herangezogen werden sollte. In der Praxis

[544] BGH, FamRZ 1983, 146, 148 = R 142 b + d; FamRZ 1982, 255, 257 = R 93 c
[545] BGH, FamRZ 1986, 783, 786 = R 299 b; FamRZ 1984, 358
[546] BGH, FamRZ 1984, 358; FamRZ 1982, 255, 257 = R 93 c
[547] BGH, FamRZ 1982, 255, 257 = R 93 c; ferner R 289 a, R 168 a, R 93 c, R 176 b, R 299 b, R 388 c, R 142 b + d
[548] BGH, FamRZ 1982, 255, 257 = R 93 c
[549] Als trennungsbedingten Mehrbedarf behandelt die Prozesskostenhilferaten OLG München, FamRZ 1994, 898
[550] Vgl. die berechtigte Kritik von Spangenberg, FamRZ 1991, 269

wird der Mehrbedarf daher meist anhand der Mehrkosten und anderen Vortrags geschätzt, nicht aber mit den Mehrkosten gleichgesetzt. Diese Praxis hat der BGH gebilligt.[551]

420 Trennungsbedingter Mehrbedarf kann sowohl aufseiten des **Berechtigten** als auch aufseiten des **Verpflichteten** anfallen.[552] Er wird in der Regel auf beiden Seiten bestehen, wenn auch vielfach in unterschiedlicher Höhe. Er ist auch noch beim nachehelichen Unterhalt zu berücksichtigen, wenn und soweit er bei Scheidung fortbesteht.[553] Ein trennungsbedingter Mehrbedarf besteht nicht, wenn der Unterhaltsbedarf konkret bemessen wird (vgl. Rn. 366 f.).

421 Trennungsbedingter Mehrbedarf ist grundsätzlich im Rahmen der Bemessung des vollen eheangemessenen Unterhaltsbedarfs zu berücksichtigen.[554]

Er kann aber nur dann zur Zubilligung eines höheren Unterhalts führen, wenn **nichtprägende Einkünfte** vorhanden sind (Näheres unten Rn. 427).

422 Trennungsbedingter Mehrbedarf muss **konkret geltend gemacht** werden, weil er nicht ausnahmslos bei der Trennung anfällt.[555] Er entsteht z. B. **regelmäßig nicht,** wenn der Bedürftige mit einem **neuen Partner** zusammenlebt.[556] Dasselbe muss auch für den Pflichtigen gelten. Es müssen daher konkrete Tatsachen vorgetragen werden, die das Vorliegen des Mehrbedarfs belegen.[557]

Die **Höhe** des trennungsbedingten Mehrbedarfs ist **tatrichterlich** unter Berücksichtigung der konkreten Umstände des Einzelfalls zu ermitteln.[558]

Dabei ist es dem Tatrichter nicht verwehrt, unter Zuhilfenahme allgemeiner Erfahrungssätze nach § 287 ZPO zu verfahren.[559] Der Bedarf kann nach § 287 II BGB geschätzt werden, wenn ausreichende Schätzungsgrundlagen vorgetragen worden sind.[560] Bei beengten Einkommensverhältnissen brauchen insoweit nur geringe Anforderungen gestellt zu werden.[561]

423 Die Bedarfshöhe darf **nicht** generell nach einem **Pauschalsatz** oder nach einem **prozentualen Anteil des Bedarfs** während der Ehe bemessen werden.[562]

Der trennungsbedingte Mehrbedarf kann sich **aus mehreren Einzelpositionen** zusammensetzen (z. B. Wohnbedarf, Mehrbedarf für getrennte Haushaltsführung u. a.) **oder einheitlich** nach § 287 II ZPO konkret **geschätzt** werden. In der Regel wird nur eine grobe Schätzung möglich sein, weil auch durch Vergleichsberechnungen die tatsächlichen Mehrkosten nur schwer feststellbar sind, zumal ein Teil solcher Kosten mit der Ehegattenquote abgedeckt sein kann (siehe Rn. 424).

Nach welchen **Kriterien** der trennungsbedingte Mehrbedarf zu ermitteln ist, lässt sich aus der bisherigen Rechtsprechung des BGH **nicht entnehmen.** Doch hat er in einem Falle den Vortrag über die Höhe der Miete, des Krankenkassenbeitrags, der Hausratsversicherung und der Telefonkosten als **Schätzgrundlage nach § 287 ZPO** genügen lassen.[563]

424 **c) Berechnung des trennungsbedingten Mehrbedarfs bei Mehrkosten für das Wohnen und für doppelte Haushaltsführung.** Für die Berechnung des trennungsbedingten Mehrbedarfs können nicht einseitig die neuen Mietkosten herangezogen werden, sondern er ist, wie sich aus dem Begriff des Mehrbedarfs ergibt, durch einen Vergleich mit den

---

[551] BGH, FamRZ 1990, 499, 503 = R 407 e
[552] BGH, FamRZ 1984, 772, 774; FamRZ 1983, 886 = R 176 b
[553] BGH, FamRZ 1986, 783, 786 = R 299 b
[554] BGH, FamRZ 1988, 701, 704 = R 362 e; FamRZ 1983, 146, 148 = R 142 b + d; FamRZ 1982, 255, 257 = R 93 c
[555] BGH, FamRZ 1995, 346; FamRZ 1991, 670 = R 431 a; FamRZ 1990, 1085, 1088
[556] BGH, FamRZ 1990, 1085, 1088, vgl. auch R 489 b; R 431 a
[557] BGH, FamRZ 1986, 439, 441 = R 290 c; FamRZ 1984, 149, 151; FamRZ 1983, 886 = R 176 b; ferner R 299 b
[558] BGH, FamRZ 1986, 439, 441 = R 290 c; ferner R 93 c, R 176 b
[559] BGH, FamRZ 1983, 146, 148 = R 142 b + d; ferner R 93 c, R 176 b
[560] BGH, FamRZ 1990, 499, 503 = R 407 e
[561] BGH, FamRZ 1989, 872 = R 388 c
[562] BGH, FamRZ 1991, 670 = R 431 a; FamRZ 1983, 886 = R 176 b; ferner R 93 c
[563] BGH, FamRZ 1990, 499, 503 = R 407 e

während des Zusammenlebens angefallenen Kosten zu ermitteln, die hälftig auf jeden Ehegatten fielen.

Würden die neuen **Mietkosten des ausziehenden** Ehegatten nur bei diesem zusätzlich als trennungsbedingter Mehrbedarf berücksichtigt, ginge dies einseitig zu Lasten des anderen Ehegatten, der aus seiner Ehegattenquote die Kosten der bisherigen Ehewohnung zahlen müsste, während der andere die vollen Mietkosten als trennungsbedingten Mehrbedarf zusätzlich zur Ehegattenquote erhalten würde.

Beispiel:
Mietzins der Ehewohnung, die von F weiter bewohnt wird, 800 €
Mietzins der neuen Wohnung des M 700 €
Hälftebetrag, der durch die Quote abgegolten ist = 800 : 2 = 400 (in der Unterhaltsquote enthaltener Mietzinsanteil)
trennungsbedingter Mehrbedarf der F = 800 – 400 = 400
trennungsbedingter Mehrbedarf des M = 700 – 400 = 300.

Bewohnten die Eheleute ein **Eigenheim,** aus dem einer ausgezogen ist, so ist zu unterscheiden zwischen der Zurechnung eines trennungsbedingten Mehrbedarfs und der Zurechnung eines Wohnvorteils[564] (vgl. näher Rn. 1/377 ff.):

Der Wohnvorteil besteht im Überschuss des Wohnwerts über die Hauslasten und ist dem als Einkommen zuzurechnen, der ihn bezieht. Da er aber gezwungen ist, die vollen Hauslasten aus seinem Anteil zu bezahlen, besteht bei ihm ein Mehrbedarf in Höhe der halben Hauslasten, die er zusätzlich zu begleichen hat.

Anders als bis zur 3. Auflage dieses Buches vertreten, ist jedoch auch die Hälfte eines eheprägenden Wohnvorteils nach Auszug des anderen Ehegatten als trennungsbedingter Mehrbedarf zu betrachten, weil dieser Teil des Wohnvorteils nach dem Prinzip der Halbteilung dem anderen Ehegatten zugute kommt.

Ein **Beispiel** macht das klar:

Die Eheleute M und F bewohnen ein Eigenheim und erzielen damit einen Wohnvorteil von 1000 €.
M verdient 3000 €. F ist erwerbsunfähig.
Der Erwerbsbonus sei 10%.
1. M und F leben in der Ehewohnung getrennt.
Dann erhält jeder Gatte die Hälfte des Wohnwerts von 1000 €, also 500 €. F kann von M 45% seines Erwerbseinkommens verlangen, also 3000 × 45% = 1350 €.
2. F zieht aus.
Ihr Mehrbedarf bleibe vorerst unberücksichtigt. M werde unter Berücksichtigung der Mietkosten von F ein Wohnwert von 600 € zugerechnet. Dann muss er an F nun 1350 + (600 : 2) = 1650 € Unterhalt bezahlen, also 300 € mehr als vor ihrem Auszug. Um seinen Lebensstandard zu halten, braucht er ein Zusatzeinkommen von 300 €, hat also einen Mehrbedarf von 300 €. Das Ergebnis ist wirtschaftlich dasselbe, wie wenn M an F 300 € Nutzungsentschädigung zu zahlen verpflichtet wäre, also gewissermaßen wegen des Auszugs nun eine Teilmiete zahlen müsste.

Der andere Gatte (welcher ausgezogen ist) muss jetzt Miete zahlen und hat am Wohnwert keinen Anteil mehr. Da der Wohnwert die ehelichen Lebensverhältnisse geprägt hat, wird ihm aber (im Wege der Differenz- oder Additionsmethode) der hälftige Wohnvorteil als Bedarf zugerechnet. Um diesen Betrag ist der Mietzins zu vermindern, weil dieser Bedarfsteil bereits als prägender Wohnwert berücksichtigt ist. Aus der Gattenquote waren jedoch auch die Hauskosten zu zahlen, so dass auch deren Hälfteteil vom Mietzins des ausgezogenen Gatten abzuziehen ist. Der verbleibende Teil stellt dann den Mehrbedarf des ausgezogenen Gatten dar.

Die Summe der so berechneten Mehrbedarfsbeträge für beide Ehegatten stimmt mit den durch den Auszug verursachten Mietmehrkosten überein.

Beispiel:
Wohnwert des Hauses, das von M weiter bewohnt wird = 1000,– €. M zahlt alle Hauslasten.
Verbrauchsunabhängige Hausunkosten (incl. Schuldendienst) bei Trennung und Entscheidung = 600 €,

[564] BGH, FamRZ 1988, 701, 704; FamRZ 1986, 441 = R 289 a

Wohnvorteil des M = 1000 (Wohnwert) – 600 (Hausunkosten) = 400 €
Hälftebetrag der Hausunkosten = 600 : 2 = 300
Hälftebetrag des Wohnvorteils = 400 : 2 = 200
Miete (kalt) für die neue Wohnung der F = 700 €
trennungsbedingter Mehrbedarf der F = 700 (Miete) – 300 (Hauskostenanteil) – 200 (ant. Wohnvorteil) = 200 €
trennungsbedingter Mehrbedarf des M = 300 (halbe Hauskosten) + 200 (halber Wohnvorteil) = 500 €
Summe des beiderseitigen Mehrbedarfs: 200 + 500 = 700 ebenso wie die durch den Auszug entstandenen Mietmehrkosten.
Anderer Lösungsweg vgl. Rn. 1/378.

425 Auch bei den Mehrkosten für die doppelte Haushaltsführung sind **in der Ehegattenquote die Kosten für die einfache Haushaltsführung enthalten,** so dass nur die echten Mehrkosten als trennungsbedingter Mehrbedarf ermittelt werden dürfen. Im Zweifel sind sie nach § 287 II ZPO zu schätzen und in der Regel je zur Hälfte auf jeden Ehegatten aufzuteilen.

426 Besteht der trennungsbedingte Mehrbedarf in Aufwendungen für neuen **Hausrat, Umzugskosten** oder **Mietvorauszahlungen,** so ist zunächst die Höhe solcher Aufwendungen auf ihre unterhaltsrechtliche Angemessenheit zu überprüfen. Ein höherer angemessener Betrag ist auf einen längeren Zeitraum umzulegen. Würde der Betrag durch Kreditaufnahme finanziert, beinhalten die Kreditraten (Zins und Tilgung) den entsprechenden trennungsbedingten Mehrbedarf.

427 **d) Heranziehung von Zusatzeinkommen.** Trennungsbedingter Mehrbedarf kann, wie bereits ausgeführt, in der ermittelten Höhe zusätzlich zum Quotenunterhalt im Rahmen des vollen Unterhalts nur berücksichtigt werden, **wenn zusätzliche Mittel** vorhanden sind.

Solche zusätzliche Mittel gibt es, wenn entweder der **Verpflichtete vermögensbildende Aufwendungen** tätigt, die das für Unterhaltszwecke verfügbare Einkommen mindern (näher Rn. 200), oder wenn der **Berechtigte nichtprägende Einkünfte** hat, die auf den vollen Unterhalt bedarfsmindernd angerechnet werden können auch Rn. 1/370 ff.).

In gleicher Weise muss auch der Verpflichtete, der seinerseits nichtprägende Einkünfte (z. B. Zinseinkünfte) hat oder wegen nichtprägender Einkünfte des Berechtigten nicht dessen vollen Bedarf decken muss, zunächst diese Mittel für einen bei ihm anfallenden trennungsbedingten Mehrbedarf heranziehen, diese auf seinen vollen Bedarf verrechnen.

428 **Vermögensbildende Aufwendungen** standen während des Zusammenlebens für den laufenden Lebensbedarf nicht zur Verfügung und rechnen deshalb nicht zu dem für Unterhaltszwecke verteilbaren Einkommen (Rn. 185).

Besteht ein trennungsbedingter Mehrbedarf, ist der Verpflichtete zur Fortsetzung einer solchen, sich einseitig zu seinen Gunsten auswirkenden Vermögensbildung nicht mehr berechtigt.[565]

Deshalb kann eine zum Zeitpunkt der Trennung angemessene Vermögensbildungsrate zum Ausgleich trennungsbedingter Nachteile um trennungsbedingten Mehrbedarf verringert werden.[566]

Außerdem muss der Verpflichtete zur Wahrung seiner Leistungsfähigkeit eine derartige **Vermögensbildung einschränken** oder ganz unterlassen und finanzielle Belastungen abbauen, die er aus Gründen der Vermögensbildung eingegangen ist.[567] Das gilt auch bei einem eigenen trennungsbedingten Mehrbedarf des Verpflichteten.

Der trennungsbedingte Mehrbedarf ist dann zusätzlich zum Elementarunterhalt aus der Vermögensbildungsrate zu bezahlen, die sich um den Mehrbedarf verringert. Ist der trennungsbedingte Mehrbedarf größer als die Vermögensbildungsrate, entfällt ein Abzug für Vermögensbildung. Wegen des ungedeckten Restes handelt es sich bei dem Quotenunter-

---

565 BGH, FamRZ 1987, 913, 916; FamRZ 1984, 149, 151
566 BGH, FamRZ 1987, 36, 39 = R 310 d
567 BGH, FamRZ 1987, 913, 916

halt in diesem Fall um einen Unterhalt nach § 1581 BGB und nicht um den vollen Unterhalt nach § 1578 I BGB.

Hat der **Berechtigte nichtprägende Einkünfte,** so bestehen keine Bedenken, diese auf den um den trennungsbedingten Mehrbedarf erhöhten vollen Unterhaltsbedarf anzurechnen.[568] Der verbleibende Rest beinhaltet dann den Unterhaltsanspruch. Die auf diese Weise möglich werdende Berücksichtigung des trennungsbedingten Mehrbedarfs mildert die Auswirkungen der Anrechnungsmethode (vgl. Rn. 536). 429

Der Verpflichtete muss – wie der Berechtigte – ebenfalls einen trennungsbedingten Mehrbedarf mit nichtprägenden Einkünften (z. B. Zinsen aus Veräußerungserlös eines Hauses) oder sonstigen Mitteln decken, wie z. B. aus Mitteln, die für ihn durch die Anrechnung der um trennungsbedingten Mehrbedarf gekürzten nicht prägenden Einkünfte des Berechtigten frei werden.

Wird der trennungsbedingte Mehrbedarf auf diese Weise abgedeckt, beinhaltet die Unterhaltsbemessung den vollen eheangemessenen Bedarf.

Der trennungsbedingte Mehrbedarf **darf nicht** in der Weise berücksichtigt werden, dass er **von dem die ehelichen Lebensverhältnisse bestimmenden Einkommen abgezogen** wird.[569] 430

Die Auswirkungen der Trennung und damit auch **trennungsbedingter Mehrbedarf** dürfen keinen Einfluss auf die prägenden Einkünfte haben, nach denen der Bedarf bemessen wird.[570]

e) Mangelfall durch trennungsbedingten Mehrbedarf. Vor allem bei beengten wirtschaftlichen Verhältnissen, aber auch sonst gibt es oft Fälle, in denen ein trennungsbedingter Mehrbedarf nicht berücksichtigt werden kann, weil die Rn. 427 ff. erörterten Voraussetzungen fehlen. Es bleibt dann der Quotenunterhalt wegen des trennungsbedingten Mehrbedarfs hinter dem vollen Unterhalt zurück und stellt nur den Unterhalt dar, der gemäß § 1581 BGB nach den Erwerbs- und Vermögensverhältnissen der Ehegatten der Billigkeit entspricht.[571] Hierbei handelt es sich um eine **Unterhaltskorrektur wegen fehlender Leistungsfähigkeit,** nicht aber um eine Änderung der Bedarfsbemessung (dazu Rn. 574). 431

In solchen Mangelfällen, in denen bei einer Doppelverdienerehe für die Deckung des durch die Trennung eintretenden erhöhten Bedarfs nicht mehr Mittel zur Verfügung stehen als für die Bedarfsdeckung während des Zusammenlebens, ist die **Differenzmethode,** jedenfalls bei durchschnittlichen Einkommen, regelmäßig **geeignet,** auch dem **beiderseitigen Mehrbedarf** angemessen Rechnung zu tragen.[572]

Aus diesem Grund wird der Unterhalt auch in derartigen Fällen in der Praxis in der Regel nach der Differenzmethode bemessen, ohne dass auch die Höhe des vollen Unterhalts ermittelt wird.[573] Die Quote beinhaltet in solchen Fällen einen **Billigkeitsunterhalt** nach § 1581 BGB.

Wurde in einem **Vergleich** (oder **Urteil**) der Unterhaltsbedarf als Quotenunterhalt nur nach dem Nettoeinkommen des alleinverdienenden Verpflichteten bemessen, weil andere Einkünfte nicht zur Verfügung standen, dann musste sich der Berechtigte ersichtlich mit Rücksicht auf die Leistungsfähigkeit des Verpflichteten (§ 1581 BGB) mit einer Quote des Einkommens zufriedengeben, die den an den ehelichen Lebensverhältnissen ausgerichteten vollen Unterhaltsbedarf nicht abdeckte. Daraus folgt aber nicht, dass der Berechtigte trotz einer durch eigene Erwerbstätigkeit verbesserten wirtschaftlichen Lage weiterhin an eine derartige Einschränkung gebunden bleibt. Reichen die zur Verfügung stehenden Mittel für eine höhere Leistung nunmehr aus, dann ist der Unterhaltsanspruch um den nunmehr 432

568 BGH, FamRZ 1982, 255, 257 = R 93 c

569 BGH, nicht veröffentlichtes Urteil vom 11. 1. 1984 IV b ZR 393/81, zitiert nach Lohmann, 5. A., Seite 74; nicht in 6. A.

570 BGH, FamRZ 1986, 437

571 BGH, FamRZ 1984, 358

572 BGH, FamRZ 1984, 149, 151; FamRZ 1982, 892

573 BGH, FamRZ 1984, 358

geltend gemachten trennungsbedingten Mehrbedarf **bis zur Deckung des eheangemessenen vollen Bedarfs anzuheben.**[574]

432 a **f) Kritik.** Durch die **Änderung der Rechtsprechung des BGH zur Anrechnungsmethode**[575] ist der Anwendungsbereich wesentlich geringer geworden, weil nicht prägendes Erwerbseinkommen des Berechtigten kaum noch vorkommt. Er kann aber

- bei nichtprägenden Erwerbseinkünften oder
- bei Anerkennung einer Sparquote beim Verpflichteten oder
- bei nichtprägendem Wohnwert oder
- bei entsprechenden Kapitaleinkünften beider Parteien noch erhebliche Bedeutung haben.

Doch sprechen triftige **Gründe für die gänzliche Abschaffung** dieses Rechtsinstituts: Es wurde deshalb entwickelt, weil auf andere Weise die durch die Anwendung der Anrechnungsmethode in Fällen der Hausfrauenehe geschaffene Gerechtigkeitslücke nicht geschlossen werden konnte,[576] war aber immer dogmatisch umstritten.[577] Durch die Anerkennung des Surrogatsprinzips[578] besteht die Lücke aber nicht mehr. Rechtlich ist die Anerkennung des trennungsbedingten Mehrbedarfs als eheprägend problematisch, denn dieser Bedarf entsteht typischerweise gerade durch die Trennung und kann als solcher daher kaum die Ehe geprägt haben. Er wird mit den ehelichen Lebensverhältnissen nur durch den Begriff des ehelichen Lebensstandards verknüpft (s. o. Rn. 418). Eine „Lebensstandardgarantie“ war aber zwar Motiv des Gesetzgebers (vgl. Rn. 177),[579] ist aber als solche nicht Gesetz geworden. Vielmehr sind es nur die ehelichen Lebensverhältnisse, die der BGH normalerweise immer an konkrete Verhältnisse, vor allem aber an die Einkommensquellen, geknüpft hat. Neben diesen hat der Lebensstandard immer nur eine abgeleitete Bedeutung. Deshalb hat der Gesetzgeber auch besondere trennungsbedingte Mehrkosten, welche typischerweise einseitig nur den Unterhaltsberechtigten belasten, durch die Sonderregelungen der §§ 1361 I 2. 1578 II BGB zum Lebensbedarf hinzugerechnet. Die Kosten der Alters- und Krankheitsvorsorge entstehen nämlich trennungs- und scheidungsbedingt einseitig beim Unterhaltsgläubiger, weil durch die Scheidung Hinterbliebenenversorgung und die Familienversicherung wegfallen. Wenn Trennungs- und Scheidungsfolgen nach der Vorstellung des Gesetzgebers nicht zu den ehelichen Lebensverhältnissen gehören, mussten dafür Spezialregelungen geschaffen werden. Im Umkehrschluss kann daraus deshalb auch gefolgert werden, dass andere Auswirkungen von Trennung und Scheidung auf den Lebensstandard unberücksichtigt bleiben, weil sie eben nicht zu den ehelichen Lebensverhältnissen gehören und im Regelfall beide Parteien in grundsätzlich gleicher Weise treffen.

Erkennt man den allgemeinen trennungsbedingten Mehrbedarf, insbesondere höhere Wohnkosten, nicht mehr als eheprägend an, muss jede Partei diese Mehrkosten, die die ja weitgehend selbst verantwortet, auch selbst tragen. Das erscheint durchaus nicht als ungerecht und harmoniert gut mit dem weitgehend anerkannten Grundsatz, dass trennungsbedingter Mehrbedarf unberücksichtigt bleibt, wenn kein nichtprägendes Zusatzeinkommen vorhanden ist (s. o. Rn. 427). Viele sonstige Probleme, zu deren Lösung der trennungsbedingte Mehrbedarf herangezogen wird (z. B. Rn. 424), lassen sich auch auf andere Weise lösen. Das Rechtsinstitut hat sich in der Praxis auch nicht bewährt, weil der trennungsbedingte Mehrbedarf nur sehr selten geltend gemacht wurde, obgleich er meist vorhanden war. Seine Abschaffung würde daher der Rechtsgleichheit dienen, ohne das Maß an Gerechtigkeit erkennbar zu vermindern. Endlich würde die Abschaffung das Unterhaltsrecht wesentlich vereinfachen und damit dem rechtssuchenden Publikum nützen. Alle diese Gründe sprechen dafür, dem trennungsbedingten Mehrbedarf – der als

---

[574] BGH, FamRZ 1986, 783, 786 = R 299 b

[575] BGH, FamRZ 2001, 986 = R 563; FamRZ 2001, 1592 = R 567; FamRZ 2002, 88 = R 569

[576] Hampel FamRZ 1981, 851, 1984, 621; Luthin FamRZ 1996, 328

[577] Dieckmann FamRZ 1984, 946, 951, ders. in Erman, 10. Aufl, (2000) § 1578 Rn. 32, Spangenberg FamRZ 1991, 269, Mayer FamRZ 1992, 138, 140, Graba FamRZ 2002, 857, Gerhardt FamRZ 2003, 272, 275, ders. in FA-FamR 4. Aufl. 6. Kapitel Rn. 247

[578] BGH, FamRZ 2001, 986 = R 563

[579] Vgl. BGH, FamRZ 1983, 678 = R 168 a; BVerfG FamRZ 1981, 745, 748 = NJW 1981, 1771

solcher zweifelsfrei vorhanden ist – in Zukunft seine **keinen Einfluss auf den Bedarf zuzuerkennen.**[580]

Unterhaltsberechnung bei trennungsbedingtem Mehrbedarf: 433

Fall:
Prägendes Erwerbseinkommen des M = 3000
Aufwendungen des M zur Vermögensbildung = 100
nichtprägende Zinseinkünfte des M = 300
prägende Erwerbseinkommen der F = 700
nichtprägende Erwerbseinkommen der F = 300
Kaltmiete der F für die von ihr bewohnte Ehewohnung = 500
Kaltmiete des M für seine neue Wohnung = 400
M und F machen trennungsbedingten Mehrbedarf geltend
M in Höhe von 250, davon 150 für erhöhte Wohnkosten und 100 für doppelte Haushaltsführung
F in Höhe von 350, davon 250 für erhöhte Wohnkosten und 100 für doppelte Haushaltsführung
Lösung:
– Trennungsbedingter Mehrbedarf von M und F
erhöhte Wohnkosten des M = 400 (Mietzins) – 250 (Hälftebetrag vor der Trennung) = 150
erhöhte Wohnkosten der F = 500 (Mietzins) – 250 (Hälftebetrag) = 250
Je 100 € können bei M und F nach § 287 II ZPO als angemessener Mehraufwand für getrennte Haushaltsführung geschätzt werden.
Trennungsbedingter Mehrbedarf des M = 150 + 100 = 250
Trennungsbedingter Mehrbedarf der F = 250 + 100 = 350
– Bereinigtes Netto von M: 3000 – 100 = 2900
weiter bei einem Bonus von 1/7:
– Unterhalt F
Stufe 1 (Bedarf): 1/2 × (6/7 × 2900 + 6/7 × 700) = 1543
Erhöhung um trennungsbedingten Mehrbedarf:
1543 + 350 = 1893
Stufe 2 (Unterhaltshöhe): 1893 – 6/7 × 1000 = 1036
– Leistungsfähigkeit von M:
Eigenbedarf: 1543 + 2900 × 1/7 (Bonus) + 250 (Mehrb.) = 2207
M bleibt 3000 + 300 – 1036 = 2264, also mehr als 2207.
– ohne trennungsbedingten Mehrbedarf (vgl. Rn. 432 a)
Stufe 1 (Bedarf): 1/2 × (6/7 × 2900 + 6/7 × 700) = 1543
Stufe 2 (Unterhaltshöhe): 1593 – 6/7 × 1000 = 686
bei einem Bonus von 10%:
– Unterhalt F
Stufe 1 (Bedarf): 1/2 × 90% × 2900 + 1/2 × 90% × 700 = 1620
Erhöhung um trennungsbedingten Mehrbedarf:
1620 + 350 = 1970
Stufe 2 (Unterhaltshöhe): 1970 – 90% × 1000 = 1070
– Leistungsfähigkeit von M:
Eigenbedarf: 1620 + 2900 × 10% (Bonus) + 250 (Mehrb.) = 2160
M bleibt 3000 + 300 – 1070 = 2230, also mehr als 2160.
– ohne trennungsbedingten Mehrbedarf (vgl. Rn. 432 a)
Stufe 1 (Bedarf): 1/2 × (90% × 2900 + 90% × 700) = 1620
Stufe 2 (Unterhaltshöhe): 1620 – 90% × 1000 = 720
Es ist eine Bewertungsfrage, ob der Mehrbedarf mit dem nichtprägenden Einkommen abgedeckt werden sollte.

12. Quotenunterhalt und Mindestbedarf

Der eheangemessene Unterhalt ist nach der Rechtsprechung des BGH stets nach den **prägenden Einkünften** der Eheleute unter Anwendung des Halbteilungsgrundsatzes zu bemessen. Dem entspricht der **Quotenunterhalt.** 434

---

[580] Ebenso Graba FamRZ 2002, 857, Gerhardt FamRZ 2003, 272, 275, ders. in FA-FamR 4. Aufl. 6. Kapitel Rn. 247

Aus diesem Grund ist der eheangemessene Unterhalt der Höhe nach stets vom jeweils **prägenden Einkommen** abhängig und darf **nicht nach festen Bedarfssätzen bemessen werden.** Das gilt grundsätzlich auch für Mindestbedarfssätze. Nach der Rechtsprechung des BGH besteht für die Annahme eines von den ehelichen Lebensverhältnissen unabhängigen generellen Mindestbedarfs des Berechtigten keine gesetzliche Grundlage.[581] Der Bedarf ist stets individuell angelegt und kann daher wirtschaftlich über oder unter dem Niveau von Tabellenwerten liegen, die in der Regel auf querschnittlich ermittelten Kosten der allg. Lebensführung beruhen und daher Besonderheiten nicht berücksichtigen. Ein **Existenzminimum** zu sichern, ist notfalls Sache des **Sozialhilfeträgers.**[582]

435 Aus den gleichen Gründen darf der **Unterhaltsbedarf** auch **nicht** nach einem generell zu ermittelnden Lebensbedarf einer volljährigen Person und damit nach Richtsätzen bemessen werden, die die in der Praxis verwendeten Unterhaltstabellen für den **Selbstbehalt** eines Verpflichteten aufgestellt haben. Auch dies lässt außer acht, dass § 1578 I 1 BGB auf die Lebensverhältnisse in der jeweiligen Ehe abstellt.[583]

Die Selbstbehaltssätze beinhalten darüber hinaus lediglich eine untere Opfergrenze für den Verpflichteten im Rahmen von dessen Leistungsfähigkeit und spielen keine Rolle im Rahmen der Bedarfsbemessung (siehe Rn. 5/1 ff., 5/180 ff.).

Dem widersprachen früher teilweise die unterhaltsrechtlichen Tabellen und Leitlinien, soweit sie feste Sätze für einen Mindestbedarf des Berechtigten festlegten (vgl. aber auch Rn. 2/163). Lediglich für die Aufteilung des für die Berechtigten verfügbaren Betrags im Mangelfall hat der BGH den Mindestbedarfssätze als Einsatzbeträge zugelassen (vgl. Rn. 5/226 f.).

436 Eine Anhebung des Quotenunterhalts auf einen Mindestbetrag durch einen **pauschalen** trennungsbedingten Mehrbedarf ohne nähere konkrete Darlegung ist rechtlich nicht zulässig.[584] Der trennungsbedingte Mehrbedarf muss vielmehr in jedem Einzelfall konkret vorgetragen werden. Soweit in einigen Leitlinien ein notwendiger Bedarf einschließlich trennungsbedingten Mehrbedarfs mit festen Regelbeträgen angesetzt war, entsprach dies nicht der Rechtsprechung des BGH.

V. Unterhaltsrechtliche Berücksichtigung eines regelmäßigen Mehrbedarfs

1. Mehrbedarfsfälle und konkrete Bemessung des Mehrbedarfs

437 Ein **Mehrbedarf** besteht, wenn bei einem Ehegatten auf Grund besonderer Umstände des Einzelfalls zusätzliche Mittel für besondere Aufwendungen benötigt werden, die durch den Elementarbedarf nicht abgedeckt werden und deshalb zusätzlich zum Elementarbedarf als unselbstständige Unterhaltsbestandteile des einheitlichen Lebensbedarfs geleistet werden müssen und die deshalb bei Ermittlung des verteilungsfähigen Einkommens **vorweg abzuziehen** sind.

Zur Abgrenzung vom Elementarbedarf (IV) und Sonderbedarf (VI) muss es sich um regelmäßige zusätzliche Aufwendungen auf Grund besonderer Umstände handeln.

438 Ein Mehrbedarf in diesem Sinn und im Sinn der Ausführungen zu nachfolgend 2) sind:

- **Krankheits-** und **altersbedingter Mehrbedarf** (siehe dazu Rn. 1/605 ff.).
- **Ausbildungsbedingter Mehrbedarf** des Berechtigten nach den §§ 1578 II, 1361 BGB, wenn die Ausbildung, Fortbildung oder Umschulung besondere Kosten verursacht.
- **Krankheitsvorsorgeunterhalt** des Berechtigten nach den §§ 1578 II, 1361 I BGB (s. Rn. 498 ff.).

---

581 BGH, FamRZ 2003, 363, 364; FamRZ 1996, 345, 346; FamRZ 1987, 689, 691 = NJW 1987, 3129; FamRZ 1987, 266, 267; FamRZ 1987, 152, 154; FamRZ 1984, 356

582 BGH, FamRZ 1995, 346

583 BGH, FamRZ 1981, 241

584 BGH, FamRZ 1995, 346

- **Altersvorsorgeunterhalt** des Berechtigten nach den §§ 1578 III, 1361 I BGB (s. Rn. 453 ff.).
- **Trennungsbedingter Mehrbedarf** ist ein Mehrbedarf besonderer Art, der nach der Rechtsprechung des BGH nicht vom prägenden Einkommen abgezogen werden darf. Deshalb darf trennungsbedingter Mehrbedarf nur gemäß den Ausführungen Rn. 418 ff. berücksichtigt werden (zur Kritik an der weiteren Verwendung überhaupt vgl. Rn. 432 a), nicht aber gemäß den Ausführungen nachfolgend Rn. 443 f.

Kein zusätzlich zu berücksichtigender **Mehrbedarf** in diesem Sinn sind alle Aufwendun- **439**
gen, die bereits bei der Ermittlung des prägenden bereinigten Nettoeinkommens als Abzugsposten berücksichtigt werden (siehe Rn. 185 ff.). Dazu zählen vor allem:

- Zahlungen für **Einkommens**- und **Kirchensteuer.**
- **Vorsorgeaufwendungen** für Krankheit, Alter, Invalidität und Arbeitslosigkeit.
- **Berufs**- und **ausbildungsbedingte Aufwendungen,** Betriebsausgaben und sonstige Werbungskosten.
- Aufwendungen für ehebedingte **Schulden.**
- **Unterhaltszahlungen.**
- Aufwendungen für **Vermögensbildung,** soweit diese nach der Trennung in angemessenem Rahmen fortgesetzt werden darf.

Ausbildungsbedingter Mehrbedarf des Berechtigten sowie **Vorsorgebedarf** für Alter **440**
und Krankheit sind meist auch trennungsbedingter Mehrbedarf. Doch sind sie als Teil des Lebensbedarfs des Berechtigten ausdrücklich gesetzlich normiert (§ 1578 II, III BGB) und unselbstständige Teile des einheitlichen Unterhaltsanspruchs.[585] Der BGH hält in diesen Fällen einen Abzug vom prägenden Einkommen, also ihre Befriedigung zu Lasten des Elementarbedarfs, für zulässig, zumal die entsprechenden Aufwendungen des Verpflichteten bei Berechnung des bereinigten Nettoeinkommens vorweg abgezogen werden (s. Rn. 362, 1/496 ff.).

Vorsorgeunterhalt und Ausbildungsunterhalt sind nur zuzusprechen, wenn sie zusätzlich geltend gemacht werden.

Wird der **Elementarunterhalt** nach **Quoten** bemessen, besteht eine Abhängigkeit **441**
zwischen dem gekürzten Elementarunterhalt und dem Mehrbedarf, die eine Trennung des hierauf bezogenen Streitstoffs ausschließt. Wegen der Möglichkeit des Vorabzugs vom prägenden Einkommen hat die Zubilligung Einfluss auf die Höhe des Elementarunterhalts.[586] Deshalb sind auf diese Mehrbedarfsfälle nicht die Ausführungen zum trennungsbedingten Mehrbedarf, sondern die nachfolgenden Ausführungen Rn. 443 ff. anzuwenden.

Ein solcher Mehrbedarf ist grundsätzlich durch **Vortrag konkreter Tatsachen** geltend **442**
zu machen und tatrichterlich zu ermitteln. Behauptete Aufwendungen sind unter Berücksichtigung der beiderseitigen wirtschaftlichen und persönlichen Verhältnisse auf ihre Notwendigkeit und unterhaltsrechtliche Angemessenheit zu überprüfen. Die angemessene Höhe kann nach § 287 II ZPO geschätzt werden.[587]

Hierbei wird – je nach den Umständen des Einzelfalles – eine großzügigere Beurteilung geboten sein, wenn und soweit es einem Ehegatten nicht zumutbar ist, seine besonderen Aufwendungen in allen Einzelheiten spezifiziert darzulegen.[588] Beim **Altersvorsorgeunterhalt genügt** die **Geltendmachung** des Betrags, weil dieser ohne zusätzlichen Tatsachenvortrag berechnet werden kann (s. Rn. 467 f., 477 f.).

2. Unterhaltsberechnung bei Mehrbedarf

a) Krankheitsbedingter oder altersbedingter Mehrbedarf. Nach der Rechtspre- **443**
chung des BGH ist ein konkreter Mehrbedarf des Verpflichteten dadurch auszugleichen, dass ein **Vorabzug des Mehrbedarfs** vom prägenden Einkommen erfolgt und erst anschließend

---

[585] BGH, FamRZ 1982, 255 = R 93 a
[586] BGH, FamRZ 1982, 255 = R 93 a
[587] BGH, FamRZ 1981, 338
[588] BGH, FamRZ 1981, 338

der Quotenunterhalt bemessen wird. Ein Mehrbedarf des Berechtigten ist zusätzlich zum Quotenunterhalt zu bezahlen.[589]

Beispiel:
Renteneinkommen = 3000
Mehrbedarf = 300
Elementarunterhalt = 3000 – 300 = 2700 : 2 = 1350.
Hat der Verpflichtete den Mehrbedarf, erhält er 1650, der andere 1350.
Hat der Berechtigte den Mehrbedarf, erhält er die € 300 zusätzlich zum Quotenunterhalt (1500 + 300 = 1800).

Diese Berechnung gilt auch bei sonstigem krankheits- und altersbedingten Mehrbedarf.

Zulagen oder **Zuschüsse,** die ein Schwerbeschädigter wegen seines schädigungsbedingten Mehrbedarfs erhält, sind als Einkommen anzurechnen und **auf den Mehrbedarf zu verrechnen.**[590] Allerdings besteht nach § 1610 a BGB die widerlegliche Vermutung, dass die Zulage durch den Mehrbedarf aufgezehrt wird (s. näher Rn. 1/443).

Ein **Vorabzug des Mehrbedarfs** vom Einkommen des Pflichtigen **unterbleibt,** wenn die Zulagen und Zuschüsse höher sind als der Mehraufwand. Es ist dann die Differenz als Einkommen zuzurechnen.

444 **b) Ausbildungsmehrbedarf.** Besondere Kosten einer Ausbildung, Fortbildung oder Umschulung werden nach den § 1578 II, 1361 I BGB ebenfalls neben dem Elementarbedarf als unselbstständiger Unterhaltsbestandteil geschuldet.[591]

Hierzu gehören – zusätzlich zum Elementarunterhalt – die Kosten für Lernmittel, Gebühren, Fahrtkosten und eventuell auch Unterkunftskosten am Ausbildungsort.

Ausbildungsmehrbedarf ist deshalb nach den gleichen Grundsätzen (wie Rn. 443) ebenfalls vom Nettoeinkommen abzuziehen, ehe der Quotenunterhalt berechnet wird, und zusätzlich zum Quotenunterhalt zu bezahlen.

445 **c) Krankheitsvorsorgeunterhalt.** Die Kosten für eine Krankenversicherung des Berechtigten gemäß § 1578 II BGB (Krankheitsvorsorgeunterhalt) gehören zwar auch zum Lebensbedarf des Berechtigten, sind aber im Allgemeinen nicht in der Ehegattenquote enthalten und deshalb gesondert geltend zu machen und auszugleichen. Wenn die Krankenversicherungskosten des Verpflichteten vor Anwendung des Verteilungsschlüssels vom Einkommen abgesetzt worden sind, müssen zur Vermeidung eines Ungleichgewichts auch die Krankenversicherungskosten des Berechtigten durch Vorabzug vom Einkommen des Verpflichteten berücksichtigt werden und zusätzlich zum Quotenunterhalt bezahlt werden,[592] vgl. Rn. 498 bis 525.

Hat der Berechtigte ein eigenes **prägendes Einkommen,** sind die Kosten der Krankenversicherung soweit möglich von diesem abzuziehen. Aus dem Resteinkommen ist dann der Unterhalt zu berechnen.[593]

Der Vorsorgeunterhalt ist dann nicht zusätzlich zum Quotenunterhalt zu bezahlen.

Hat der Berechtigte ein **nichtprägendes Einkommen,** kann der Vorsorgeunterhalt u. U. auch mit diesem verrechnet werden (siehe dazu nachfolgend Rn. 448).

Wegen des **Krankheitsvorsorgeunterhalts** siehe auch Rn. 498 ff.

446 **d) Altersvorsorgeunterhalt** nach §§ 1361 I 2 und 1578 III BGB.

Auch ein Altersvorsorgeunterhalt ist zusätzlich zum Elementarunterhalt zu bezahlen und grundsätzlich vorab vom prägenden Einkommen abzuziehen. Erst danach erfolgt aus dem verbleibenden Rest die Bemessung des Elementarunterhalts nach der Ehegattenquote. Dafür spricht, dass entsprechende Vorsorgeaufwendungen des Verpflichteten ebenfalls vor Berechnung des Quotenunterhalts von dem Einkommen abgezogen werden.[594]

---

589 BGH, FamRZ 1982, 579, 580 = R 117 b; FamRZ 1981, 338
590 BGH, FamRZ 1982, 252 = R 100 zur Unfallrente; FamRZ 1981, 1165, FamRZ 1986, 885 sowie FamRZ 1982, 579 = R 117 a, R 117 b zur Grundrente nach BVersG
591 BGH, FamRZ 1982, 255 = R 93 a
592 BGH, FamRZ 1983, 888; FamRZ 1982, 887 = NJW 1982, 1983
593 BGH, FamRZ 1983, 676 = NJW 1983, 1552, 1554
594 BGH, FamRZ 1981, 864 = R 80 b; ferner R 133, R 120, R 93 b, R 132 d

Wegen der Berechnung des Altersvorsorgeunterhalts auf der Basis eines vorläufigen Elementarunterhalts und der dadurch notwendig werdenden zweistufigen Berechnung des Elementarunterhalts siehe Rn. 467 f., 477 f.

e) Vorabzug des Mehrbedarfs. Durch den Vorabzug des Mehrbedarfs vom prägenden Einkommen (a mit d) gibt es einen geringeren Elementarunterhalt. 447

Diese Minderung ist gerechtfertigt, soweit sie bereits den Bedarf nach den ehelichen Lebensverhältnissen vor der Trennung geprägt hatte. Hat sich jedoch nach der Trennung eine Erhöhung des Mehrbedarfs ergeben oder ist dieser – wie immer beim Altersvorsorgeunterhalt und meist beim Krankheitsvorsorgeunterhalt – erst nach der Trennung entstanden, so kann es der Billigkeit entsprechen, für diesen Zusatzbedarf etwa vorhandene nicht eheprägende Einkommensteile heranzuziehen, soweit sie nicht durch trennungsbedingten Mehrbedarf im engeren Sinn aufgezehrt sind.[595]

Dies kann bei Vorliegen besonderer Umstände in dreierlei Hinsicht erreicht werden:

f) Heranziehung nichtprägender Einkünfte des Berechtigten. Wenn der **Berechtigte nichtprägende Einkünfte** hat, erscheint es gerechtfertigt, seinen Mehrbedarf mit diesen zu verrechnen in gleicher Weise wie beim trennungsbedingten Mehrbedarf.[596] Es unterbleibt dann ein Vorabzug vom prägenden Einkommen des Verpflichteten. Auf den Quotenunterhalt wird bedarfsmindernd die Differenz zwischen nichtprägenden Einkünften und Mehrbedarf angerechnet. Ein Mehrbedarf ist nicht zusätzlich zum Quotenunterhalt zu zahlen. Für den Berechtigten wird auf diese Weise die Auswirkung der Anrechnungsmethode gemildert. 448

Beispiel:
Prägendes Erwerbseinkommen des V = 4200
Quote = 4200 × 3/7 = 1800
nichtprägendes Kapitaleinkommen des B = 600
Mehrbedarf des B = 400
Dieser Mehrbedarf wird dadurch berücksichtigt, dass auf die Quote von 1800 € nur die Differenz von 600 € (Einkommen) und 400 € (Mehrbedarf) = 200 € angerechnet werden, so dass B insgesamt 1600 € als Unterhalt erhält (1800 – 200).

Ebenso ist zu verfahren, wenn das nichtprägende Einkommen auf Seiten des Berechtigten erst nach der Scheidung hinzutritt. Der Berechtigte kann sich dann gegen eine Herabsetzung seines Unterhaltsanspruchs mit dem Argument verteidigen, er habe bisher nicht den vollen Unterhalt erhalten.[597]

g) Heranziehung der vermögensbildenden Aufwendungen. Wenn bei wirtschaftlich guten Verhältnissen **vermögensbildende Aufwendungen** vom Einkommen abgezogen werden können (siehe Rn. 200), ist beiderseitiger Mehrbedarf (soweit er durch die Trennung verursacht wurde) aus dieser Vermögensbildungsrate zu bezahlen, weil der Verpflichtete eine Vermögensbildung nicht fortsetzen darf, wenn und soweit ein Mehrbedarf besteht, der anderweitig nicht gedeckt werden kann.[598] 449

Der Verpflichtete muss dann zusätzlich zum Quotenunterhalt den Mehrbedarf aus der einzuschränkenden Vermögensbildungsrate bezahlen.

Ist der Mehrbedarf größer als die Vermögensbildungsrate, dann bleibt ein ungedeckter Rest, auf den gegebenenfalls nichtprägendes Einkommen verrechnet werden kann (Rn. 448).

Gibt es kein nichtprägendes Einkommen, wird der Rest vom prägenden Einkommen abgezogen und dann der Quotenunterhalt berechnet. Der Mehrbedarf ist zusätzlich zu zahlen.

Beispiel: 450
Prägendes bereinigtes Nettoeinkommen des V (nach Vorabzug einer Vermögensbildungsrate von 400 €) = 4900 €
Nichtprägende Zinseinkünfte des B = 200
Krankheitsbedingter Mehrbedarf des B = 300

---

595 OLG München, FamRZ 1992, 1310; 1994, 1459
596 BGH, FamRZ 1982, 255, 257 = R 93 c
597 BGH, FamRZ 1986, 783, 786 = R 299 b
598 BGH, FamRZ 1987, 913, 916

200,– € werden mit den nichtprägenden Zinseinkünften des B verrechnet. Es entfällt daher ein bedürftigkeitsmindernder Abzug bei B.
Weitere 100,– € muss V aus seiner Vermögensbildungsrate von 400 zusätzlich zum Quotenunterhalt an B bezahlen. Die Vermögensbildung reduziert sich dadurch auf 300,– €.
Quotenunterhalt = 4900 × $^3/_7$ = 2100
B erhält 2100 + 100 und darf seine 200 behalten = 2100 + 300.
oder mit Bonus 10%:
Quotenunterhalt = 4900 × 90% = 2205
B erhält 2205 + 100 und darf seine 200 behalten = 2205 + 300.

Hätte auch V einen berechtigten Mehrbedarf von 300, dann würde die Vermögensbildung entfallen müssen, damit der Mehrbedarf befriedigt werden kann. Reicht der Betrag nicht aus, gelten die Regeln des Mangelfalls nach § 1581 BGB (vgl. Rn. 564).

451 **h) Heranziehung nichtprägenden Mehreinkommens des Verpflichteten.** Die Frage, inwieweit dem Verpflichteten der Vorabzug eines Mehrbedarfs des Berechtigten vom prägenden Einkommen versagt werden kann, weil ihm **nach der Trennung ein Einkommen zugewachsen** ist, welches die ehelichen Lebensverhältnisse nicht geprägt hat, wurde vom BGH soweit ersichtlich bisher nicht entschieden. Indessen wird die Frage nicht anders als im Fall Rn. 448 gelöst werden können. In beiden Fällen ist davon auszugehen, dass der Berechtigte wegen unzureichender Leistungsfähigkeit des Verpflichteten nicht den vollen Unterhalt erhalten hatte. Wenn die Leistungsunfähigkeit des Verpflichteten dadurch entfällt, dass er nichtprägendes Einkommen hinzuerwirbt, wird der Unterhalt erhöht werden müssen, wenn die Leistungsfähigkeit des Verpflichteten nicht auf andere Weise, etwa durch nichtprägende Schulden, eingeschränkt ist.

452 **i) Mehrbedarf des Verpflichteten. Mehrbedarf des Verpflichteten** kommt nur in Gestalt des **krankheits-** und **altersbedingten** Mehrbedarfs in Betracht. Soweit dieser Mehrbedarf bereits bei der Ermittlung des Bedarfs zu berücksichtigen und deshalb vom prägenden Einkommen vorweg abzuziehen ist, kommt die Heranziehung nichtprägender Einkommensteile nicht in Betracht.

Beispiel mit nichtprägendem Mehrbedarf:
Prägendes Erwerbseinkommen des V = 4200
Nichtprägendes Zinseinkommen des V = 300
Prägendes Erwerbseinkommen des B = 700
Krankheitsbedingter Mehrbedarf des V = 300
ehelicher Bedarf: ($^6/_7$ × 4200 + $^6/_7$ × 700) $^1/_2$ = 2100
Unterhaltsbedarf: 2100 – $^6/_7$ × 700 = 1500
Eigenbedarf von V: 2100 + 4200 × $^1/_7$ + 300 = 3000
V bleibt: 4200 + 300 – 1500 = 3000
oder **bei Bonus 10%**
ehelicher Bedarf: (90% × 4200 + 90% × 700) $^1/_2$ = 2205
Unterhaltsbedarf: 2205 – 90% × 700 = 1575
Eigenbedarf von V: 2205 + 4200 × 10% + 300 = 2925
V bleibt: 4200 + 300 – 1575 = 2925
V ist leistungsfähig, weil er seinen Mehrbedarf mit den nichtprägenden Zinseinkünften abdecken kann.

4. Abschnitt: Vorsorgeunterhalt

I. Vorsorgeunterhalt wegen Alters, Berufs- und Erwerbsunfähigkeit

1. Voraussetzungen, Beginn und Dauer des Vorsorgeunterhalts beim Trennungs- und nachehelichen Unterhalt sowie Verfassungsmäßigkeit

453 Beim **Trennungsunterhalt** (§ 1361 I 2 BGB) hat der Anspruch auf Vorsorgeunterhalt wegen Alters, Berufs- und Erwerbsunfähigkeit – allgemein und nachfolgend nur Vorsorgeunterhalt genannt – zur Voraussetzung, dass ein Anspruch auf Trennungsunterhalt besteht.

Der Anspruch **beginnt** mit Eintritt der **Rechtshängigkeit des Scheidungsverfahrens** (§ 1361 I 2 BGB). Der Eintritt der Rechtshängigkeit ist im Sinne der unmittelbaren Anknüpfung der vom Versorgungsausgleich erfassten Ehezeit auszulegen, d. h., der Anspruch kann ab Beginn des Monats zugebilligt werden, in dem das Scheidungsverfahren rechtshängig geworden ist.[1] Der Anspruch **endet** mit **Rechtskraft der Scheidung.**[2]

Nach dem Unterhalt bei Trennung darf wegen der **Nichtidentität** von Trennungs- und nachehelichem Unterhalt nicht der Vorsorgeunterhalt nach Scheidung bemessen werden. Vielmehr sind Elementarunterhalt und Vorsorgeunterhalt für den nachehelichen Unterhalt **ohne Bindung** an die Festsetzungen für die Zeit vor der Scheidung neu zu bemessen.[3]

Wie der Trennungsunterhalt kann auch der Vorsorgeunterhalt **für die Trennungszeit nicht im Verbund** geltend gemacht werden.[4]

Beim **nachehelichen Unterhalt** muss als Voraussetzung des Vorsorgeunterhalts nach 454
§ 1578 III BGB ein Unterhaltsanspruch nach den §§ 1570 mit 1573 und § 1576 BGB bestehen. Beim **Ausbildungsunterhalt** nach § 1575 BGB gibt es **keinen Vorsorgeunterhalt,** wohl aber, wenn der Ausbildungsunterhalt auch auf § 1574 III BGB gestützt werden kann.

Der Anspruch **beginnt mit Rechtskraft** des Scheidungsurteils und endet, wenn der Anspruch auf nachehelichen Unterhalt erlischt oder ein Vorsorgebedürfnis nicht mehr besteht. Das Vorsorgebedürfnis erlischt erst, wenn die Versorgung des Berechtigten diejenige der Verpflichteten erreicht.[5] Änderungen sind möglich, wenn sich der Elementarunterhalt ändert.

Der Anspruch auf Vorsorgeunterhalt für die Zeit nach der Scheidung kann **im Verbundverfahren** geltend gemacht werden. Der Vorsorgeunterhalt darf, wie der nacheheliche Unterhalt, **nicht nach dem Trennungsunterhalt** und dem Vorsorgeunterhalt nach Trennung bemessen werden.[6] Bei der Berechnung des Vorsorgeunterhalts ist beim nachehelichen Unterhalt auf die Verhältnisse zum **Zeitpunkt der Scheidung** abzustellen.[7]

Der Vorsorgeunterhalt beinhaltet die Kosten einer angemessenen Versicherung für den 455
Fall des Alters sowie der Berufs- und Erwerbsunfähigkeit. Nach dem Zweck der Regelung sollen mit dem Vorsorgeunterhalt mit unterhaltsrechtlichen Mitteln Nachteile ausgeglichen werden, die dem Berechtigten aus einer ehebedingten Behinderung seiner Erwerbstätigkeit erwachsen.[8]

Diese Beurteilung rechtfertigt es, den Vorsorgeunterhalt stets auf der **Grundlage des Elementarunterhalts** zu berechnen, wie wenn der Berechtigte aus einer versicherungspflichtigen Erwerbstätigkeit ein Einkommen in Höhe des Elementarunterhalts hätte.[9]

Es wird ein Einkommen in Höhe des Elementarunterhalts aus einer versicherungspflichtigen Erwerbstätigkeit fingiert.

Vorsorgeunterhalt wird zusätzlich zum Elementarunterhalt geschuldet. Er ist ein **un-** 456
selbstständiger Bestandteil des einheitlichen Lebensbedarfs.[10] Ein Anspruch auf Vorsorgeunterhalt besteht, wenn und solange der Berechtigte keine **Altersversorgung** erwarten kann, die diejenige **des Verpflichteten erreicht.**[11]

Deshalb ist in der Regel zur Bemessung des Vorsorgeunterhalts keine Abwägung der Versorgungslage unter Berücksichtigung der aus dem Versorgungsausgleich zu erwartenden Leistungen erforderlich.[12]

---

[1] BGH, FamRZ 1982, 781 = NJW 1982, 1988; FamRZ 1981, 442, 45
[2] BGH, FamRZ 1982, 465 = NJW 1982, 1875
[3] BGH, FamRZ 1982, 465, 466 = NJW 1982, 1875
[4] BGH, FamRZ 1981, 442, 445
[5] BGH, FamRZ 1981, 442, 445; FamRZ 2000, 351 = R 538
[6] BGH, FamRZ 1982, 465 = NJW 1982, 1875
[7] BGH, FamRZ 1981, 864 = R 80 a
[8] BGH, FamRZ 1988, 145, 150; FamRZ 1981, 864 = R 80 a; ferner R 120
[9] BGH, FamRZ 1981, 442, 444 = NJW 1981, 1556, 1558; ferner R 120
[10] BGH, FamRZ 1982, 1187; ferner R 80 b
[11] BGH, FamRZ 1982, 1187; FamRZ 1981, 442, 444; FamRZ 2000, 351 = R 538
[12] BGH, FamRZ 1982, 1187

Der BGH hat abgelehnt, den Vorsorgeunterhalt nach der Höhe einer später zu erwartenden, den Lebensbedarf des Berechtigten sodann in angemessener Weise deckenden Versorgungsleistung auszurichten und zu bemessen, zumal es in der Regel mit erheblichen Schwierigkeiten verbunden sein dürfte, den angemessenen Lebensbedarf für den Zeitpunkt des Versicherungsfalls zu beurteilen.[13]

457 Ein Anspruch auf Vorsorgeunterhalt besteht **nicht** bei **krankheitsbedingter Arbeitslosigkeit,** soweit diese eine Unterbrechung einer versicherungspflichtigen Beschäftigung beinhaltet und sie einer versicherungspflichtigen Tätigkeit unmittelbar nachgefolgt ist. Sie gilt dann bis zur Wiederaufnahme einer Erwerbstätigkeit als rentenrechtliche Ausfallzeit nach AVG bzw. jetzt als Anrechnungszeit nach § 58 SGB VI.[14] Das Gleiche muss für sonstige Anrechnungszeiten gelten.

Soweit der Elementarbedarf durch **Kapitaleinkünfte** gedeckt ist, kann zusätzlich Vorsorgeunterhalt nicht verlangt werden, weil die Kapitaleinkünfte auch im Alter und bei Erwerbsunfähigkeit unverändert fließen.[15] Dasselbe gilt für den Vorteil des Wohnens in der eigenen Wohnung, welches ebenfalls auch im Alter möglich sein wird.[16]

Der Anspruch auf Vorsorgeunterhalt ist nicht **verfassungswidrig.**[17]

457 a Der Altersvorsorgeunterhalt ist (anders als der Krankheitsvorsorgeunterhalt) **gegenüber dem Elementarunterhalt nachrangig** (näheres unter Rn. 478).

2. Geltendmachung und Tenorierung des Vorsorgeunterhalts

458 Der Vorsorgeunterhalt muss im Hinblick auf seine Zweckbestimmung (vgl. Rn. 463) **besonders** und **betragsmäßig geltend** gemacht werden. Er wird nicht von Amts wegen zugesprochen. Es steht im freien Ermessen des Berechtigten, ob er ihn geltend machen will.[18]

Der Vorsorgeunterhalt kann erst **ab Geltendmachung** zugesprochen werden. Verlangt der Berechtigte nur Quotenunterhalt, beinhaltet dies keinen Vorbehalt der Nachforderung eines Vorsorgeunterhalts. Dies gilt auch dann, wenn der Berechtigte nicht wusste, dass er einen Vorsorgeunterhalt geltend machen kann.[19] Der Vorsorgeunterhalt kann auch mit einer Teilklage geltend gemacht werden.[20] Allerdings ist die gegenständliche Aufteilung in Elementarunterhalt und Vorsorgeunterhalt wegen der wechselseitigen Abhängigkeit problematisch.[21]

459 Ist in einem vorausgegangenen Verfahren kein Vorsorgeunterhalt verlangt worden, kann auch in einem **Änderungsverfahren** (§ 323 ZPO) erstmals Vorsorgeunterhalt verlangt werden (vgl. Rn. 490).[22]

460 Wenn der Berechtigte erstmals Vorsorgeunterhalt geltend macht, muss er **keine** konkreten **Angaben** über Art und Weise der von ihm **beabsichtigten Vorsorge** machen.[23] Zur Substantiierung seines Anspruchs muss er nur darlegen, dass und in welcher Höhe er Vorsorgeunterhalt verlangt. Er ist nicht verpflichtet, eine bestimmte Form der Vorsorgeversicherung und der konkret anfallenden Vorsorgeaufwendungen anzugeben. Er kann sich darauf beschränken, den Vorsorgeunterhalt betragsmäßig geltend zu machen, um ihn sodann dem gesetzlichen Zweck entsprechend zur Begründung einer angemessenen Versicherung zu verwenden.[24]

---

13 BGH, FamRZ 1988, 145, 150
14 BGH, FamRZ 1987, 36 = R 310 c
15 BGH, FamRZ 1992, 423, 425 = R 442 d
16 BGH, FamRZ 2000, 351 = R 538
17 BGH, FamRZ 1982, 887, 889; FamRZ 1981, 864 = R 80 b
18 BGH, FamRZ 1985, 690 = NJW 1985, 1701
19 BGH, FamRZ 1985, 690 = NJW 1985, 1701
20 BGH, FamRZ 1982, 1187
21 BGH, FamRZ 1982, 890 = R 133; FamRZ 1982, 255 = R 93 a
22 BGH, FamRZ 1985, 690 = R 259
23 BGH, FamRZ 1987, 684, 688 = R 331 d, anders noch BGH, FamRZ 1982, 579 = R 117 e
24 BGH, FamRZ 1982, 887, 889; ferner R 132 c

Der Verpflichtete kann in der Regel **nicht** verlangen, dass der Vorsorgeunterhalt von ihm unmittelbar **an den Versicherungsträger** bezahlt wird.[25] Dies gilt jedenfalls so lange, als kein begründeter Anlass für die Annahme einer zweckwidrigen Verwendung des Vorsorgeunterhalts besteht[26] (vgl. Rn. 463 f., 491). 461

Hinsichtlich der Verteilung des Gesamtunterhalts auf den Elementarunterhalt und den Vorsorgeunterhalt ist die **Dispositionsbefugnis** des Berechtigten **eingeschränkt** (s. Rn. 480). Der Richter ist nicht gehalten, von den Beträgen auszugehen, die verlangt werden. Selbst ein Anerkenntnis des Verpflichteten ist für ihn nicht bindend.[27] Eine Bindung besteht nur insoweit, als insgesamt nicht mehr zugesprochen werden darf, als verlangt worden ist.[28] 462

Wegen der Zweckbindung des Vorsorgeunterhalts (s. u. Rn. 463) ist der darauf entfallende Betrag **im Tenor gesondert auszuweisen.**[29]

3. Zweckbestimmung und nicht zweckbestimmte Verwendung des Vorsorgeunterhalts

Nach dem Zweck des Vorsorgeunterhalts soll einem Ehegatten, der unterhaltsberechtigt ist, die Möglichkeit verschafft werden, seine Altersversorgung im Wege der freiwilligen Weiterversicherung erhöhen zu können.[30] 463

Deshalb unterliegt der Vorsorgeunterhalt der besonderen **Zweckbindung,** die Alterssicherung des Berechtigten zu gewährleisten und zugleich den Verpflichteten nach Eintritt des Versicherungsfalls (des Berechtigten) unterhaltsrechtlich zu entlasten.

Wegen dieser Zweckbindung muss der Vorsorgeunterhalt für die Alterssicherung verwendet werden. Der Berechtigte darf ihn nicht für seinen laufenden Unterhalt verbrauchen.[31]

Wenn der Berechtigte den durch Urteil (oder Vergleich) zugesprochenen und bezahlten Vorsorgeunterhalt **nicht bestimmungsgemäß für seine Alterssicherung,** sondern für den laufenden Unterhalt verwendet, kann dies als Einwand unter dem Gesichtspunkt der fehlgeschlagenen Prognose des Gerichts mit einer **Abänderungsklage** geltend gemacht werden, die allerdings die Rechtskraftwirkung des abzuändernden Urteils bis zur Rechtshängigkeit der neuen Klage unberührt lässt (vgl. Rn. 491). Deshalb kann der bezahlte Vorsorgeunterhalt **nicht** nach § 812 BGB zurückverlangt werden.[32] 464

Eine nicht bestimmungsgemäße Verwendung des Vorsorgeunterhalts in der Vergangenheit kann bedeutsam für die Beurteilung sein, ob der Berechtigte **treuwidrig** handelt, wenn er im Rahmen einer Abänderungsklage weiterhin **Zahlung** des Vorsorgeunterhalts **an sich** verlangt. Wird eine solche Treuwidrigkeit, wie in der Regel, bejaht, kann der Berechtigte nur noch Zahlung des Vorsorgeunterhalts an den Versicherungsträger verlangen. Eine solche Verurteilung setzt aber voraus, dass der Berechtigte in Ausübung seines Wahlrechts (vgl. Rn. 460) einen geeigneten Versicherungsträger benennt und darlegt, dass Zahlungen an diesen zu einem geeigneten Versicherungsschutz führen. Fehlt es an solchen Darlegungen, ist der Anspruch auf Vorsorgeunterhalt nicht schlüssig und deshalb abzuweisen.[33] 465

Auch **§ 1579 Nr. 3 BGB** ist anwendbar, wenn der Vorsorgeunterhalt nicht bestimmungsgemäß verwendet worden ist. Dies setzt allerdings voraus, dass dem Berechtigten ein mutwilliges Verhalten vorgeworfen werden kann, was bei Bestehen einer Notlage oder bei Einkünften unterhalb des notwendigen Selbstbehalts fraglich sein kann.[34] 466

---

25 BGH, FamRZ 1983, 152 = R 132 c; FamRZ 1982, 1187
26 BGH, FamRZ 1987, 684, 688 = R 331 d
27 BGH, FamRZ 1985, 912, 915 = R 267 a
28 BGH, FamRZ 1989, 483 = R 382 b
29 BGH, FamRZ 1982, 1187; ferner R 132 d, R 259
30 BGH, FamRZ 1981, 442, 444 = NJW 1981, 1556, 1558
31 BGH, FamRZ 1987, 684, 686 = R 331 b; FamRZ 1982, 887, 889
32 BGH, FamRZ 1987, 684, 686 = R 331 b
33 BGH, FamRZ 1987, 684, 686 = R 331 b + d; FamRZ 1982, 1187
34 BGH, FamRZ 1987, 684, 686 = R 331 b; FamRZ 1982, 1187

Bei Bejahung der Voraussetzungen des § 1579 Nr. 3 BGB wird der Berechtigte wegen der zweckwidrigen Verwendung des Vorsorgeunterhalts so gestellt, als hätte er eine entsprechende Versorgung erlangt. Wirksam wird dieser Schutz allerdings erst im Rentenfall.[35]

4. Berechnung des Vorsorgeunterhalts aus dem Elementarunterhalt nach der Bremer Tabelle

467 **a) Berechnung aus dem Elementarunterhalt.** In welcher Weise der Vorsorgeunterhalt zu berechnen ist, ist im Gesetz nicht geregelt. Der BGH knüpft in gefestigter ständiger Rechtsprechung entsprechend dem Zweck des Vorsorgeunterhalts für die Berechnung an den Elementarunterhalt an, wie er ohne Vorsorgeunterhalt zu leisten wäre (Ausnahme vgl. Rn. 475).[36]

Deshalb ist zunächst – als erster Rechenschritt – der Elementarunterhalt festzustellen, der ohne Vorsorgeunterhalt geschuldet wäre. Dann ist – in einem zweiten Rechenschritt – dieser vorläufige Elementarunterhalt entsprechend dem Verfahren nach § 14 II SGB IV (Umrechnung sogenannter Nettovereinbarungen) wie ein Nettoarbeitsentgelt **zum sozialversicherungsrechtlichen Bruttolohn hochzurechnen.** Dies geschieht in der Praxis **nach der Bremer Tabelle** (vgl. Rn. 493), die vom BGH in ständiger Rechtsprechung anerkannt ist.

In einem dritten Rechenschritt wird aus dieser Bruttobemessungsgrundlage mit dem jeweils geltenden Beitragssatz gemäß §§ 157 f. SGB VI der Vorsorgeunterhalt berechnet.[37]

Der Beitragssatz beträgt seit 1. 1. 2003 19,5% und wird zum Jahre 2004 wahrscheinlich weiter angehoben werden. Vorher betrug er seit 2001 19,1%.

468 **Rechenbeispiel nach der Bremer Tabelle**
– Nettoeinkommen des V = 3500
bei einem Bonus von $^1/_7$:
Vorläufiger Elementarunterhalt = 3500 × $^3/_7$ = 1500
– Hochrechnung auf ein fiktives Bruttoeinkommen nach der Bremer Tabelle 2003
Zuschlag zum Nettoeinkommen = 1500 × 42% = 630
Fiktives Bruttoeinkommen = 1500 + 630 = 2130
– Vorsorgeunterhalt = 2130 × 19,5% = 415
bei einem Bonus von 10%:
Vorläufiger Elementarunterhalt = 3500 × 45% = 1575
– Hochrechnung auf ein fiktives Bruttoeinkommen nach der Bremer Tabelle 2003
Zuschlag zum Nettoeinkommen = 1575 × 44% = 693
Fiktives Bruttoeinkommen = 1575 + 693 = 2268
– Vorsorgeunterhalt = 2268 × 19,5% = 442

469 **b) Hochrechnen mit Lohnsteuer, Renten- und Arbeitslosenversicherung.** Für die an der Regel des § 14 II SGB IV orientierte Hochrechnung auf ein fiktives Bruttoarbeitsentgelt reicht es nicht aus, nur die Sozialversicherungsbeiträge zu berücksichtigen. Die vom BGH gebilligte Berechnung nach der Bremer Tabelle geht davon aus, dass außer den Beiträgen zur **gesetzlichen Rentenversicherung** und zur Arbeitslosenversicherung auch die aus dem Bruttoeinkommen abzuführende **Lohnsteuer** in die Hochrechnung einbezogen wird.[38]

Bei dieser Hochrechnung des vorläufigen Elementarunterhalts nach der Bremer Tabelle auf ein sozialversicherungsrechtliches Bruttoentgelt geht es weder um eine exakte Bemessung der Arbeitnehmerbeiträge zur Sozialversicherung noch um eine genaue Berechnung der Lohnsteuer. Durch diesen Berechnungsschritt soll vielmehr auf möglichst einfachem Weg ein **Hilfsmittel zur Bestimmung der Vorsorgekosten** gewonnen werden. Die

[35] BGH, FamRZ 1983, 676 = R 165 b; FamRZ 1982, 1187
[36] BGH, FamRZ 1988, 145, 150; ferner R 80 b, R 93 b, R 117 e, R 120, R 133, R 132 d, R 259, R 427 b
[37] BGH, FamRZ 1981, 442, 444 = NJW 1981, 1556, 1558; ferner R 80 b, R 93 b, R 133, R 132 d, R 427 b
[38] BGH, FamRZ 1985, 471; FamRZ 1981, 442, 444 = NJW 1981, 1556, 1558

Bremer Tabelle wird diesen Grundsätzen und den praktischen Erfordernissen in ausreichendem Maße gerecht.[39]

c) Kranken- und Pflegeversicherung unberücksichtigt. Die Bremer Tabelle berücksichtigt **keinen Beitrag zur gesetzlichen Krankenversicherung,** was an sich bei strikter Anwendung des § 14 II SGB IV ebenfalls erforderlich wäre. Trotzdem ist aus den bereits erwähnten Gründen keine Korrektur der Bremer Tabelle erforderlich, und zwar auch nicht für die Fälle, in denen auch Krankenversicherungskosten neben dem nach einer Quote bemessenen Elementarunterhalt zugebilligt werden. Dies würde zu der unerwünschten Folge führen, dass unterschiedliche Berechnungswege für den Vorsorgeunterhalt eingeschlagen werden müssten, je nachdem, ob bei dem Berechtigten ein Bedarf für Krankenversicherungskosten zu berücksichtigen ist oder nicht.

In den meisten Fällen besteht weder beim Trennungsunterhalt noch beim nachehelichen **470** Unterhalt ein solcher zusätzlicher Bedarf. Die **Außerachtlassung der Krankenversicherungsbeiträge** führt gegenüber den Ergebnissen, die bei strikter Anwendung des § 14 II SGB IV entstehen, zu verhältnismäßig geringen Differenzen, die im Hinblick auf die Vorzüge eines einheitlichen Berechnungsweges hingenommen werden können. Es erscheint daher gerechtfertigt, bei der Hochrechnung die Beitragspflicht zur gesetzlichen Krankenversicherung in allen Fällen außer acht zu lassen. Das führt zu angemessenen Ergebnissen und vermeidet unnötige Differenzierungen. Die praktischen Vorteile dieser Berechnungsart überwiegen seine Nachteile.[40]

In gleicher Weise bleiben auch die Beiträge zu der seit 1. 1. 1995 gesetzlich vorgeschriebenen **Pflegeversicherung** unberücksichtigt.[41]

d) Trennungsbedingter Mehrbedarf. Diese Berechnung des Vorsorgeunterhalts auf **471** der Grundlage des „vorläufigen Elementarunterhalts" ist auch dann rechtlich unbedenklich, wenn der **Elementarunterhalt** wegen trennungsbedingtem Mehrbedarf **nicht den vollen Unterhalt** beinhaltet, oder wenn er teilweise durch eigene prägende Einkünfte des Berechtigten (Doppelverdienerehe und Aufstockungsunterhalt) oder durch nichtprägende Einkünfte des Berechtigten gedeckt ist.

Bleibt der Elementarunterhalt wegen **trennungsbedingtem Mehrbedarf** (vgl. aber die **472** Kritik Rn. 432 a) hinter dem vollen Unterhalt nach § 1578 I 1 BGB zurück (§ 1581 BGB), dann ist trotzdem nur an den Elementarunterhalt anzuknüpfen. Gerade das im Unterhaltsrecht bestehende Bedürfnis nach einer einfachen Abwicklung der alltäglichen Ausgleichsfälle lässt es gerechtfertigt erscheinen, die Vorsorgeleistungen, deren Einbeziehung unterhaltsrechtlich ohnehin erhebliche Schwierigkeiten bereitet, auch dann nach dem laufenden Unterhalt zu bemessen, wenn dieser zur Deckung des vollen Unterhalts nicht ausreicht. Deshalb ist der Unterhalt, den der Berechtigte **bei voller Bedürftigkeit erhielte,** stets die **Obergrenze** des Betrages, der auf ein Bruttoentgelt hochzurechnen ist (vgl. Rn. 475).[42]

e) Nichteheliche Lebensgemeinschaft. Ein auf dieser Grundlage errechneter Vorsor- **473** geunterhalt ist auch dann als angemessen anzusehen, wenn der Berechtigte seinen Unterhaltsbedarf teilweise anderweitig deckt, ohne dabei zugleich eine entsprechende Altersvorsorge begründen zu können, wie es z. B. der Fall ist bei einem **Zusammenleben mit einem Partner** in nichtehelicher Lebensgemeinschaft. Dass der Verpflichtete hierdurch hinsichtlich des laufenden Unterhalts entlastet wird, gebietet es nicht, ihn hinsichtlich des Vorsorgeunterhalts in größerem Umfang heranzuziehen. Der Berechtigte ist hinsichtlich der Altersvorsorge so zu behandeln, wie wenn er aus einer versicherungspflichtigen Erwerbstätigkeit Einkommen in Höhe des ihm an sich zustehenden Elementarunterhalts hätte.[43]

f) Aufstockungsunterhalt. Die gleichen Grundsätze gelten bei einem Aufstockungs- **474** unterhalt nach § 1573 II BGB, und zwar sowohl bei prägenden wie bei nichtprägenden Einkünften des Berechtigten aus einer den vollen Unterhalt nicht deckenden Erwerbstätig-

---

[39] BGH, FamRZ 1985, 471; FamRZ 1983, 888
[40] BGH, FamRZ 1983, 888; dazu auch Gutdeutsch, FamRZ 1989, 451
[41] Vgl. Gutdeutsch, FamRZ 1994, 878; kritisch: Büttner, FamRZ 1995, 193, 197
[42] BGH, FamRZ 1982, 679 = R 120
[43] BGH, R 120, wie vorher

keit oder bei unzumutbaren Erwerbseinkünften, die nach § 1577 II BGB anzurechnen sind.[44]

Werden bei einer Teilzeitbeschäftigung Pflichtbeiträge zur gesetzlichen Rentenversicherung entrichtet, können seit 1. 1. 1992 keine weiteren Beiträge zur gesetzlichen Rentenversicherung mehr entrichtet werden. Auch vorher waren solche Beitragsleistungen wenig sinnvoll, weil aus diesen Beiträgen zur Höherversicherung keine dynamischen Versicherungsleistungen erwuchsen. Es kommen dann privatrechtliche Vorsorgemöglichkeiten in Betracht.[45]

Der Verpflichtete hat dem Berechtigten die für den Abschluss einer angemessenen Lebensversicherung benötigten Mittel als Vorsorgeunterhalt zur Verfügung zu stellen.[46]

475 **g) Versorgungswert des Einkommens u. a.** Wenn der Berechtigte eigenes **anzurechnendes Einkommen** bezieht, ist zu prüfen, ob dieses Einkommen auch im Rentenfall noch fließen wird (z. B. Kapitaleinkünfte[47] oder Wohnen im eigenen Haus[48]) oder ob das anzurechnende Einkommen mit dem Erwerb einer Versorgung verknüpft ist (z. B. Arbeitslosengeld).[49] In beiden Fällen ist das Einkommen vom Unterhaltsbedarf abzuziehen. Nur für einen etwa verbleibenden Unterhaltsanspruch kann Vorsorgebedarf geltend gemacht werden.

Bei anzurechnenden (realen oder fiktiven) Einkünften, welche **keinen Versorgungswert** haben (z. B. Betreuung eines Partners[50] oder geringfügige Erwerbstätigkeit ohne Versicherungspflicht),[51] ist der Unterhalt zugrunde zu legen, welcher ohne das anzurechnende Einkommen zu zahlen wäre.

476 Bei **zeitlichem Schwanken** der Vorsorgeunterhaltsbeträg kann der Berechtigte die Versicherungsprämien aus eigenen Mitteln aufstocken. Der Vorsorgeunterhalt darf nicht wegen Undurchführbarkeit der Vorsorge versagt werden.[52]

Bezieht der Berechtigte bereits sein **Altersruhegeld,** so widerspricht es Sinn und Zweck des Vorsorgeunterhalts, eine solche Leistung weiterhin erbringen zu müssen.[53] Wird nur eine Invalidenrente bezogen, kann Vorsorgeunterhalt verlangt werden – jedenfalls solange die Versorgung des Berechtigten nicht die des Pflichtigen übersteigt.[54]

5. Zweistufige Berechnung des Elementarunterhalts und Vorrang des Elementarunterhalts gegenüber dem Vorsorgeunterhalt

477 **a) Neuberechnung des Elementarunterhalts.** Wurde der Vorsorgeunterhalt gemäß den Ausführungen zu 4) auf der Grundlage des Elementarunterhalts (Quotenunterhalt) berechnet, muss (wenn Zusatzeinkommen nicht vorhanden ist, s. u. Rn. 483 f.) der **Elementarunterhalt** nach Vorabzug des Vorsorgeunterhalts vom Einkommen **erneut endgültig berechnet** werden.

Der Elementarunterhalt als Quotenunterhalt entspricht der hälftigen Aufteilung des für Unterhaltszwecke verfügbaren Einkommens. Es verstieße gegen den Halbteilungsgrundsatz, wenn der Verpflichtete den Vorsorgeunterhalt zusätzlich aus der ihm zustehenden Quote bezahlen müsste.[55]

Für ein solches Verfahren spricht auch, dass bei der Feststellung des verfügbaren Einkommens Vorsorgeaufwendungen des Verpflichteten ebenfalls vorweg vom Einkommen abge-

---

44 BGH, FamRZ 1988, 145, 150
45 BGH, FamRZ 1982, 579, 581 = R 117 e; FamRZ 1982, 255, 257 = R 93 b
46 BGH, FamRZ 1988, 145, 150
47 BGH, FamRZ 1992, 423, 425 = 442 c
48 BGH, FamRZ 2000, 351 = R 538
49 BGH, FamRZ 1987, 36 = R 310 c
50 BGH, R 310 c, wie vorher
51 BGH, FamRZ 1999, 372, 373 = R 529 a; FamRZ 1991, 307, 309 = R 427 b
52 BGH, FamRZ 1988, 145, 150
53 OLG Hamm, FamRZ 1987, 829
54 BGH, FamRZ 2000, 351 = R 538
55 BGH, FamRZ 1981, 864 = R 80 b; ferner R 132 d

zogen werden. Außerdem wird es dem Umstand gerecht, dass sich ein aus einer Erwerbstätigkeit ergebender Mehraufwand nur auf den normalen durch den Elementarunterhalt abzudeckenden Lebensbedarf erstreckt, so dass es auch nur hinsichtlich desjenigen Teils des verfügbaren Einkommens einer modifizierten Aufteilung bedarf, der der Befriedigung des Elementarbedarfs dient.[56]

b) Vorrang des Elementarunterhalts. Wenn in einem Mangelfall der nach Ermittlung des Vorsorgeunterhalts verbleibende endgültige Elementarunterhalt für den laufenden Unterhaltsbedarf nicht ausreicht, hat der **Elementarunterhalt Vorrang vor dem Vorsorgeunterhalt,** d. h. es bleibt bei dem ursprünglichen Elementarunterhalt. Ein Anspruch auf Vorsorgeunterhalt entfällt.[57] Ein Mangelfall kann angenommen werden, wenn der Elementarunterhalt den notwendigen Selbstbehalt (als spiegelbildlichen Eigenbedarf des Berechtigten) unterschreitet. Er ist zweifellos unterschritten, wenn der Elementarunterhalt 74% (= 1/135%) dieses Eigenbedarfs nicht erreicht.[58] 478

Gegebenenfalls ist in tatrichterlicher Verantwortung eine den Interessen der Parteien gerecht werdende anderweitige Unterhaltsbemessung vorzunehmen.[59]

Die **Leistungsfähigkeit** des Verpflichteten ist für den Elementarunterhalt und den Vorsorgeunterhalt einheitlich nach den gleichen Maßstäben zu beurteilen. Deshalb muss in einem Mangelfall für beide Unterhaltsbestandteile ein einheitlicher Selbstbehaltssatz verwendet werden.[60] 479

c) Beschränkte Parteiherrschaft. Wenn Vorsorgeunterhalt geltend gemacht und anerkannt wird, findet die **Wirksamkeit** eines prozessualen **Anerkenntnisses** dort ihre Grenze, wo **keine Parteiherrschaft** über den Streitgegenstand besteht. Dies ist der Fall, wenn wegen der wechselseitigen Abhängigkeit von Vorsorgeunterhalt und Elementarunterhalt eine zweistufige Berechnung des Elementarunterhalts notwendig ist. Insoweit ist im Unterhaltsprozess hinsichtlich der Verteilung des Gesamtunterhalts auf den Elementar- und Vorsorgeunterhalt die Dispositionsbefugnis des Berechtigten eingeschränkt. Das Gericht ist nicht gehalten, bei der Bemessung des Elementarunterhalts und des Vorsorgeunterhalts von den Beträgen auszugehen, die der Berechtigte hierfür verlangt. Es hat bei der Bemessung des Elementarunterhalts im Verhältnis zum Vorsorgeunterhalt ohne Bindung an Anerkenntnisse die allgemeinen Regeln zu beachten.[61] 480

Eine Bindung des Gerichts besteht nur insoweit, als insgesamt kein höherer Gesamtunterhalt zugesprochen werden darf, als beantragt worden ist. Bezüglich der Verteilung des Gesamtunterhalts auf Elementarunterhalt und Vorsorgeunterhalt besteht keine Bindung.[62]

Rechenbeispiele zur zweistufigen Berechnung 481

Normaler Fall:
Nettoeinkommen des M = 2100
prägendes Nettoeinkommen (mit Vorsorgewert) der F = 700
Bei Bonus 10%, Bremer Tabelle 2003:
Vorläufiger Elementarunterhalt = (2100 – 700) × 45% = 630
Vorsorgeunterhalt:
630 × 16% = 101; 630 + 101 = 731 × 19,5% = 143
Neuer Elementarunterhalt:
2100 – 143 – 700 = 1257 × 45% = 566
Bei Bonus $^1/_7$:
Vorläufiger Elementarunterhalt = (2100 – 700) × $^3/_7$ = 600
Vorsorgeunterhalt:
600 × 16% = 96; 600 + 96 = 696 × 19,5% = 136;

---

56 BGH, FamRZ 1981, 442, 444 = NJW 1981, 1556, 1558
57 BGH, FamRZ 1989, 483 = R 382 a; FamRZ 1987, 684, 686 = R 331 b; FamRZ 1981, 442, 445; FamRZ 1982, 887, 890
58 Vgl. BGH, FamRZ 2003, 363, 366 = R 584 f
59 BGH, FamRZ 1982, 887, 889; ferner R 133
60 BGH, FamRZ 1982, 890 = R 133
61 BGH, FamRZ 1985, 912, 915 = R 267 b
62 BGH, FamRZ 1989, 483 = R 382 b

Neuer Elementarunterhalt:
2100 – 136 – 700 = 1264 × 3/7 = 542
Kein Mangelfall, weil F 700 + 542 zuzüglich 136 hat und dem M 1422 (2100 – 542 – 136) verbleiben.

482 **Mangelfall:**
Nettoeinkommen des M = 1400 × 3/7 = 600
Vorsorgeunterhalt wie oben 136
Endgültiger Quotenunterhalt = 1400 – 136 = 1264 × 3/7 = 542
Nach dieser Berechnung erhält F 542 € als Elementarunterhalt und 136 € als Vorsorgeunterhalt. Dem M verbleiben 722 € (1400 – 542 – 136).
Es handelt sich um einen Mangelfall, bei dem dem M der Selbstbehalt von 840 € verbleiben muss, bei F wird der Nachrang des Vorsorgeunterhalts wirksam mit der Folge, dass dieser entfällt.

482 a Auf die Höhe des **Kindesunterhalts** hat der Vorsorgeunterhalt keinen Einfluss.[63] Die Neuberechnung des Elementarunterhalts führt deshalb nicht zur Neuberechnung des Kindesunterhalts unter Berücksichtigung des Bedarfskontrollbetrags (vgl. Rn. 2/239 f.).

483 **d) Einstufige Berechnung des Vorsorgeunterhalts.** Eine **zweistufige Berechnung** des Elementarunterhalts **unterbleibt:**

Wenn bei besonders **guten wirtschaftlichen Verhältnissen** des Verpflichteten der Elementarbedarf nicht nach einer Quote, sondern konkret (vgl. Rn. 366) bemessen wurde.[64]

Dann kann in der Regel der Vorsorgeunterhalt zusätzlich zum Elementarbedarf ohne Verstoß gegen den Halbteilungsgrundsatz bezahlt werden. Die zweistufige Berechnung soll nur sicherstellen, dass nicht zu Lasten des Verpflichteten vom Halbteilungsgrundsatz abgewichen wird.[65]

484 Entsprechendes gilt nach der **Rechtsprechung des BGH,**[66] wenn der **Berechtigte nichtprägende Einkünfte** hat, die auf seinen Quotenbedarf anzurechnen sind. Dadurch kommt es nämlich zu einer Entlastung des Verpflichteten, die es ihm ermöglicht, im Umfange des Anrechnungsbetrags Vorsorgeunterhalt zu leisten, ohne dass der Halbteilungsgrundsatz zu seinen Lasten verletzt wird.

Rechenbeispiel (mit Bonus 10%):
Nettoeinkommen des V = 3500
Nichtprägendes Nettoeinkommen des B (mit Vorsorgewert) = 1400 × 6/7 = 1260
Elementarrestunterhalt = 3500 × 45% = 1575 – 1260 = 315
Vorsorgeunterhalt aus 315 = 315 × 15% = 47; 315 + 47 = 362 × 19,5% = 71
Der Halbteilungsgrundsatz ist bereits dann gewahrt, wenn der Verpflichtete nicht mehr als 3500 × 45% = 1575 zu zahlen hat. Wenn er nur 300 Elementarunterhalt bezahlt, so kann er daneben noch 71 Vorsorgeunterhalt zahlen, ohne dass der Halbteilungsgrundsatz zu Lasten des Verpflichteten verletzt würde.[67]

485 Ebenso liegt es, wenn der **Verpflichtete** z. B. nach der Scheidung **nichtprägende Einkünfte** in mindestens gleicher Höhe hat. Auch in diesen Fällen wird durch die Zahlung des ungekürzten Elementarunterhalts der Halbteilungsgrundsatz nicht zu Lasten des Unterhaltspflichtigen verletzt. Er hat dann den Vorsorgeunterhalt zusätzlich zum Elementarunterhalt zu bezahlen.

Weitere Rechenbeispiele beim Krankheitsvorsorgeunterhalt, Rn. 516 f.

486 Auch in anderen Fällen kann der Verpflichtete den Altersvorsorgeunterhalt **neben dem ungekürzten Elementarunterhalt** leisten, ohne dass der Halbteilungsgrundsatz zu seinen Lasten verletzt wäre, nämlich in allen Fällen, in denen auf Grund nichtprägender Einkünfte beider Seiten (Vermögensbildungsquote des Verpflichteten, unerwartete Einkommenserhöhung desselben, Einkommen des Berechtigten aus nichtprägenden Ver-

---

63 BGH, FamRZ 1982, 887
64 BGH, FamRZ 1988, 1145, 1148 = R 372 f.
65 BGH, FamRZ 1982, 1187, 1188
66 BGH, FamRZ 1999, 372, 374 = R 529 b
67 Ebenso OLG München, FamRZ 1994, 1459; FamRZ 1992, 1310, 1311; vgl. auch Gutdeutsch, FamRZ 1989, 451, 452

mögenserträgen oder nichtprägendem Wohnwert) hinreichende zusätzliche Mittel zur Verfügung stehen.

Der Altersvorsorgeunterhalt ist als gesetzlich geregelte Form des trennungsbedingten Mehrbedarfs[68] zu qualifizieren, welcher grundsätzlich neben dem Elementarbedarf besteht und wegen seiner gesetzlichen Normierung auch dann anzuerkennen ist, wenn man mit Rn. 432 a den trennungsbedingten Mehrbedarf sonst ablehnt. Dementsprechend dürfte der Elementarunterhalt der zweiten Stufe nicht den vollen Bedarf, sondern einen Billigkeitsunterhalt nach § 1581 BGB darstellen.[69] Daraus folgt:

Wenn vor Berechnung des Quotenunterhalts vom Einkommen des Verpflichteten ein den Vorsorgeunterhalt übersteigender Betrag für **vermögensbildende Aufwendungen** abgezogen wurde, dann darf diese Vermögensbildung im Umfang des Vorsorgeunterhalts nicht mehr fortgesetzt werden. Die Vermögensbildung ist entsprechend einzuschränken, und der Vorsorgeunterhalt ist aus den dadurch für Unterhaltszwecke freiwerdenden Mitteln zusätzlich zu dem auf der Basis eines Vorabzugs vermögensbildender Aufwendungen berechneten Elementarunterhalt zu bezahlen (siehe Rn. 443). 487

Rechenbeispiel (mit Bonus $^1/_7$):
Nettoeinkommen des V = 3000 €, bereinigt um 550 € angemessene vermögensbildende Aufwendungen = 2450 €
Vorsorgeunterhalt = 2450 × $^3/_7$ = 1050 × 26% = 273
1050 + 273 = 1323 × 19,5% = 258 €
In Höhe von 258 € sind die vermögensbildenden Aufwendungen von 550 € einzuschränken und aus den dadurch freiwerdenden Mitteln der Vorsorgeunterhalt (258) zusätzlich zum Elementarunterhalt (1050) zu bezahlen.

– *In dieser Aufl. nicht belegt* – 488

6. Vorsorgeunterhalt bei späteren Abänderungen

Wird im Wege einer **Abänderungsklage** der laufende Trennungsunterhalt an das gestiegene Einkommen des Verpflichteten durch eine Neubemessung des Elementarunterhalts angepasst, dann ist ein Vorsorgeunterhalt nach dem neuen (vorläufigen Elementarunterhalt) entsprechend den Grundsätzen Rn. 467 ff. zu berechnen und erst nach Vorabzug des Vorsorgeunterhalts gemäß den Ausführungen Rn. 477 die neue endgültige Anpassung des Elementarunterhalts vorzunehmen.[70] 489

Gleiches gilt bei einem Anspruch auf nachehelichen Unterhalt.

Der **nacheheliche Unterhaltsanspruch** (Elementar- und Vorsorgeunterhalt) kann nicht im Wege der Abänderung eines Titels über den Trennungsunterhalt bemessen werden. Elementar- und Vorsorgeunterhalt sind nach den erörterten Grundsätzen für die Zeit nach der Scheidung neu zu bemessen.[71]

Bei einer Abänderungsklage kann auch **erstmals Vorsorgeunterhalt** für die Zukunft verlangt werden, sofern die sonstigen Voraussetzungen einer Abänderungsklage vorliegen. Der Abänderungsklage steht nicht entgegen, dass der Vorsorgeunterhalt noch nicht Gegenstand des Vorprozesses war und demgemäß keine Rechtskraftwirkung des ergangenen Urteils zu beseitigen ist. Die Abänderungsklage kann allerdings nicht allein darauf gestützt werden, dass nunmehr auch Vorsorgeunterhalt verlangt wird. Es entspricht dem Sinn des § 323 ZPO, dass der Berechtigte bei ansonsten gleichgebliebenen Verhältnissen an seiner im Vorprozess getroffenen Wahl, noch keine Altersvorsorge zu betreiben, so lange festgehalten 490

---

[68] Ebenso OLG München, FamRZ 1992, 1310, 1311; FamRZ 1994, 1459, 1460; vgl. auch Gutdeutsch, FamRZ 1989, 451, 452

[69] Wenn der BGH von Halbteilung redete, meinte er bis 1990 allerdings in der Regel die Bedarfsquote. Doch hat er in seiner Entscheidung zum eheangemessenen Bedarf des Pflichtigen als Einstiegsgrenze zum Billigkeitsunterhalt (BGH, FamRZ 1990, 260 f. = R 399) den Bereich des letzteren wesentlich erweitert. In Lichte dieser Entscheidung wird man den Elementarunterhalt der zweiten Stufe als Billigkeitsunterhalt nach § 1581 BGB zu qualifizieren haben

[70] BGH, FamRZ 1982, 465 = NJW 1982, 1875

[71] BGH, FamRZ 1982, 465, 466 = NJW 1982, 1875

wird, bis sich auch die sonstigen seinerzeit maßgebend gewesenen Verhältnisse wesentlich geändert haben.

Kommt es bei einer derartigen Nachforderung von Vorsorgeunterhalt in einem zulässigen Abänderungsverfahren zu einer zweistufigen Berechnung des Elementarunterhalts (Rn. 477 f.), kann das Abänderungsverfahren zwar zu einem höheren Gesamtunterhalt führen, aber zu einem gegenüber dem Urteil des Vorprozesses verringerten laufenden Unterhalt.[72]

491 Eine nachträgliche Änderung der maßgeblichen Verhältnisse im Sinn des § 323 ZPO ist zu bejahen, wenn der Berechtigte den ihm zuerkannten Vorsorgeunterhalt **nicht bestimmungsgemäß**, sondern für den laufenden Bedarf **verwendet** hat.

Der Verpflichtete kann in einem solchen Fall mit der Abänderungsklage erreichen, dass der Vorsorgeunterhalt direkt an eine Versicherung gezahlt wird oder dass die Klage als nicht schlüssig abgewiesen wird, wenn der Berechtigte keine Versicherung benennt und weitere Zahlung an sich verlangt.[73]

7. Rechenbeispiel des BGH zum Vorsorgeunterhalt (nach BGH, FamRZ 1983, 888, 889 = NJW 1983, 2937, 2938)

492 Beträge in DM und monatlich

a) Unterhaltspflichtiges Einkommen des Ehemannes 6468
abzüglich Unterhalt für Kinder 1050
abzüglich Krankenversicherungsunterhalt Ehefrau 205

b) bereinigtes Nettoeinkommen 5213

c) Vorläufige Quote von 3/7 (fiktives Nettoarbeitsentgelt) 2234

d) fiktives Bruttoarbeitsentgelt (vgl. Bremer Tabelle, Stand 1981, ohne Beitrag zur gesetzlichen Krankenversicherung): 3306

e) Vorsorgeunterhalt (= damals 18,5% aus d) 612

f) Verbleibendes bereinigtes Nettoeinkommen 4601

g) Elementarunterhalt (3/7 aus f) 1972

h) Krankenversicherungsvorsorge (10,42% aus g) 205

Aus den Positionen e, g und h ergibt sich ein Unterhaltsanspruch in Höhe von insgesamt DM 2789.

Bedenken bei dieser Rechnung bestehen insofern, als der BGH unter a) einen Krankenversicherungsunterhalt von 205 DM eingesetzt hat, den er unter h) erst aus g) errechnet. Das ist rechnerisch nur durch vielfache Versuche in einem Abtastverfahren möglich.

In solchen Fällen, in denen auch der Krankheitsvorsorgeunterhalt nach einem Prozentsatz des Elementarunterhalts (damals 10,42%) bemessen wird, kann die Berechnung dadurch vereinfacht werden, dass erst aus dem vorläufigen Unterhalt der Krankheitsvorsorgeunterhalt berechnet, sodann nach Vorabzug des Krankheitsvorsorgeunterhalts der Altersvorsorgeunterhalt und schließlich nach Vorabzug des Altersvorsorgeunterhalts und Krankheitsvorsorgeunterhalts vom einstufigen Elementarunterhalt der endgültige Elementarunterhalt errechnet wird. Eine solche dreistufige Berechnung des Elementarunterhalts ließe sich mit dem Vorrang des Krankheitsvorsorgeunterhalts vor dem Altersvorsorgeunterhalt rechtfertigen.

Rechenbeispiel dazu Rn. 518.

8. Bremer Tabelle zur Berechnung des Altersvorsorgeunterhalts

493 Die Bremer Tabelle, fortgeführt von *Gutdeutsch,* ist in ihrer neuesten Fassung regelmäßig in der NJW (zuletzt Beilage zu Heft 32/03), in der FamRZ und in anderen familienrechtlichen Zeitschriften abgedruckt.

---

[72] BGH, FamRZ 1985, 690 = R 259

[73] BGH, FamRZ 1989, 483 = R 382 a; FamRZ 1987, 684, 688 = R 331 b + d; FamRZ 1982, 1187

Bremer Tabelle zur Berechnung des Altersvorsorgeunterhalts (Stand: 1. 1. 2003)[74]

Nettobemessungsgrundlage in Euro	Zuschlag in Prozent zur Berechnung der Bruttobemessungsgrundlage	Nettobemessungsgrundlage in Euro	Zuschlag in Prozent zur Berechnung der Bruttobemessungsgrundlage
1– 795	16%	1766–1800	49%
796– 825	17%	1801–1840	50%
826– 860	18%	1841–1880	51%
861– 885	19%	1881–1915	52%
886– 910	20%	1916–1955	53%
911– 935	21%	1956–1990	54%
936– 965	22%	1991–2030	55%
966– 990	23%	2031–2065	56%
991–1020	24%	2066–2105	57%
1021–1040	25%	2106–2140	58%
1041–1060	26%	2141–2175	59%
1061–1075	27%	2176–2210	60%
1076–1100	28%	2211–2250	61%
1101–1120	29%	2251–2285	62%
1121–1145	30%	2286–2315	63%
1146–1165	31%	2316–2350	64%
1166–1185	32%	2351–2385	65%
1186–1215	33%	2386–2415	66%
1216–1250	34%	2416–2450	67%
1251–1280	35%	2451–2480	68%
1281–1315	36%	2481–2510	69%[75]
1316–1350	37%	2511–2545	70%
1351–1385	38%	2546–2575	71%
1386–1420	39%	2576–2605	72%
1421–1460	40%	2606–2630	73%
1461–1495	41%	2631–2660	74%
1496–1535	42%	2661–2690	75%
1536–1570	43%	2691–2715	76%
1571–1610	44%	2716–2745	77%
1611–1645	45%	2746–2770	78%
1646–1685	46%	2771–2800	79%
1686–1725	47%	2801–2825	80%[76]
1726–1765	48%		

Ein Hilfsmittel zur vereinfachten Berechnung des Altersvorsorgeunterhalts für die meisten Fälle stellt die ebenfalls regelmäßig veröffentlichte „Tabellarische Übersicht auf der Grundlage der Bremer Tabelle" dar. Wenn man die Zwischenwerte in dem nach Einkommensdifferenzen zu 100 € gestuften Tabellenwerk interpoliert, ergibt sich ein hinreichend genauer Wert für Elementar- und Vorsorgeunterhalt, sonst eine überschlägige Orientierung. 494

9. Sonstige Vorsorgeunterhaltsberechnungen

Gröning bezieht in seiner Tabelle[77] den Krankenvorsorgeunterhalt in die Hochrechnung des Elementarunterhalts auf einen Bruttolohn mit ein und versucht gleichzeitig, ein ange- 495

[74] Fortgeführt von *Werner Gutdeutsch,* Richter am OLG München. Berechnet unter Berücksichtigung von Beitragssätzen von 19,50% für die Rentenversicherung und 6,5% für die Arbeitslosenversicherung und Lohnsteuer der Klasse 1 ohne Kinderfreibeträge mit Solidaritätszuschlag; zur Anwendung vgl. *BGH,* NJW 1981, 1556 (1558 f.) = FamRZ 1981, 442 (444 f.); NJW 1983, 2937 (2938 f.) = FamRZ 1983, 888 (889 f.); s. auch NJW 1985, 1347 L = FamRZ 1985, 471 (472 f.)

[75] In den neuen Bundesländern wird bei einer Beitragsbemessungsgrenze von 4250 Euro mit einer Nettobemessungsgrundlage von 2509,40 Euro und einem Zuschlag von 69,36% der höchstmögliche Einzahlungsbetrag in die gesetzliche Rentenversicherung von 829 Euro erreicht

[76] In den alten Bundesländern wird bei einer Beitragsbemessungsgrenze von 5100 Euro mit einer Nettobemessungsgrundlage von 2825,14 Euro und einem Zuschlag von 80,52% der höchstmögliche Einzahlungsbetrag in die gesetzliche Rentenversicherung von 995 Euro erreicht

[77] FamRZ 1984, 736 f.

messenes Verhältnis des Vorsorgeunterhalts zum Elementarunterhalt herzustellen, das den Halbteilungsgrundsatz für das Resteinkommen wahrt. Er leitet den Vorsorgeunterhalt vom Elementarunterhalt ab, verkürzt aber den Rechengang durch eine unmittelbare Umrechnung des Einkommens des Verpflichteten in den Vorsorgeunterhalt.

496 Die integrierte Berechnung des Vorsorge- und Grundunterhalts von *Jacob*[78] versucht wie die Tabelle von *Gröning* ein angemessenes Verhältnis des Vorsorgeunterhalts zum Elementarunterhalt herzustellen, kommt dabei für jedes Jahr mit wenig Tabellen aus, die überdies zu Beträgen führen, die mit dem Ergebnis einer einstufigen Berechnung nach der Bremer Tabelle harmonieren. Außerdem kann im gleichen Rechengang auch ein Krankheitsvorsorgeunterhalt berechnet werden, wenn sich dieser nach einem Prozentsatz des Elementarunterhalts richtet. Ist dies nicht der Fall, muss der Krankheitsvorsorgeunterhalt konkret bestimmt und bei der Unterhaltsberechnung vorweg abgezogen werden. Gegen die Berechnung nach *Jacob* bestehen aber insoweit Bedenken, als bei integrierter Berechnung die Gründe, welche für das Nichtberücksichtigen des Krankenkassenbeitrags nach der Rechtsprechung des BGH maßgebend sind, ihre Gültigkeit verlieren, so dass die Werte der Bremer Tabelle für eine solche Berechnung korrigiert werden müssten. Außerdem ist die integrierte Berechnung des Vorsorgeunterhalts nur in bestimmten Fallkonstellationen möglich, während sich die Bremer Tabelle in der Deutung des BGH als einfaches universelles Hilfsmittel hinreichender Genauigkeit darstellt.[79]

497 Das **OLG Düsseldorf** wendete teilweise die leicht modifizierte Tabelle von *Gröning* an.[80] Im Anschluss an *Gröning* rechnete es bei nichtprägenden Einkünften des Berechtigten den vollen Unterhaltsbedarf auf ein fiktives Bruttoeinkommen hoch und errechnete daraus den vollen Vorsorgebedarf (Beitragssatz). Von diesem vollen Vorsorgebedarf zog es die entsprechenden Vorsorgebeträge des tatsächlichen Bruttoeinkommens ab, die aus der Lohnabrechnung entnommen werden können (einschließlich Arbeitgeberbeiträgen oder 18,7% aus dem Bruttoeinkommen).

Für diese Berechnungen stehen keine aktuellen Hilfsmittel zur Verfügung, weil die entsprechenden Tabellen nicht fortgeführt worden sind.

II. Vorsorgeunterhalt wegen Krankheit

1. Voraussetzungen des Krankheitsvorsorgeunterhalts und Krankenversicherungsschutz bei Trennung oder Scheidung

498 **a) Krankheitsvorsorge in der Trennungszeit.** Solange Ehegatten noch **nicht geschieden** sind, entstehen in der Regel für den Berechtigten mit der Trennung noch keine zusätzlichen Krankenversicherungskosten, weil die Krankheitsvorsorge durch die Mitversicherung bei dem erwerbstätigen Ehegatten sichergestellt ist. Der Berechtigte hat insoweit noch keinen zusätzlichen Bedarf. Eine solche **Mitversicherung** besteht in der gesetzlichen Krankenversicherung nach § 10 SGB V, bei Ersatzkassen und Privatkassen nach Maßgabe der jeweiligen Satzung.[81]

Während der Trennungszeit kann dieser Versicherungsschutz entfallen, wenn nach § 1361 BGB kein Unterhaltsanspruch besteht. Dann besteht allerdings auch kein Anspruch auf einen Krankheitsvorsorgeunterhalt.

Besteht eine private Krankenversicherung, muss der Verpflichtete diese in bisheriger Höhe aus seinem Einkommen weiter bezahlen. Tut er dies nicht oder besteht aus sonstigen Gründen ausnahmsweise kein angemessener Krankenversicherungsschutz des Berechtigten, dann kann dieser nach § 1361 BGB einen Krankheitsvorsorgeunterhalt verlangen, auch wenn dies in § 1361 BGB (anders als in § 1378 II BGB) nicht extra erwähnt ist. Solche

[78] FamRZ 1988, 999 f.
[79] Vgl. Gutdeutsch, FamRZ 1989, 451 ff.
[80] OLG Düsseldorf, FamRZ 1984, 736; FamRZ 1987, 70
[81] BGH, FamRZ 1983, 888; FamRZ 1982, 887 = NJW 1982, 1983

Leistungen gehören mit zum angemessenen Unterhalt im Sinn des § 1361 BGB, wenn ein Trennungsunterhalt geschuldet ist (siehe Rn. 8).

b) Weiterversicherung nach der Scheidung. Nach § 1578 II BGB gehören bei **nachehelichem Unterhalt** zum Lebensbedarf auch die Kosten einer angemessenen Versicherung für den Fall Krankheit. 499

Solche Kosten entstehen in der Regel durch die Scheidung, weil mit der Rechtskraft des Scheidungsurteils die Familienmitversicherung erlischt (§ 10 I SGB V). Diese setzt eine bestehende Ehe voraus. Der Berechtigte muss sich selbst versichern, wenn er keiner versicherungspflichtigen Erwerbstätigkeit nachgeht.[82]

Bestand im Zeitpunkt der Scheidung eine gesetzliche Mitversicherung, ist der vom Erlöschen betroffene Ehegatte nach § 9 I Nr. 2 SGB V berechtigt, der **gesetzlichen Krankenversicherung** beizutreten. Zwingende Voraussetzung ist, dass der Verpflichtete bei Rechtskraft der Scheidung der Krankenversicherung entweder auf Grund eines Pflichtversicherungsverhältnisses oder auf Grund freiwilliger Versicherung angehörte. Der Beitritt ist innerhalb einer Ausschlussfrist von drei Monaten ab Eintritt der Rechtskraft der Scheidung zu beantragen (§ 9 II 2 SGB V). Nach Fristablauf steht es im Ermessen der Krankenkasse, ob sie dem Aufnahmeantrag noch stattgeben will. 500

Der Berechtigte muss im Verhältnis zum Verpflichteten von dieser Möglichkeit Gebrauch machen, weil es sich hierbei um die kostengünstigste Art einer angemessenen Krankenversicherung handelt.[83]

Ehegatten eines Beamten haben keine Möglichkeit, in die gesetzliche Krankenversicherung aufgenommen zu werden, wenn und solange sie nicht selbst pflichtversichert sind. Da die Beihilfeberechtigung mit der Scheidung wegfällt, können sie für sich nach der Scheidung eine private Krankenversicherung abschließen, um auf diese Weise einen gleichwertigen Schutz aufrechtzuerhalten.[84] 501

c) Verhältnis zum Elementarunterhalt. Der Krankheitsvorsorgeunterhalt ist – wie der Vorsorgeunterhalt – als **unselbstständiger Unterhaltsbestandteil** des einheitlichen Lebensbedarfs in der Regel **zusätzlich** zum Elementarunterhalt zu bezahlen, wenn dieser nach einer Ehegattenquote bemessen wird.[85] Er ist in der Ehegattenquote nicht mitenthalten.[86] 502

Ist der Krankheitsvorsorgeunterhalt im Verhältnis zum Elementarunterhalt überproportional hoch, kann der Tatrichter gehalten sein, den Gesamtunterhalt in einer den Interessen beider Parteien gerecht werdenden Weise abweichend auf die unselbstständigen Unterhaltsbestandteile zu verteilen. Dabei ist allerdings zu beachten, dass – anders als bei Altersvorsorgeunterhalt – beim Krankheitsvorsorgeunterhalt kein grundsätzlicher Vorrang des Elementarunterhalts besteht, weil auch die Versicherung gegen Krankheit einen wichtigen Teil des gegenwärtigen Unterhaltsbedarfs beinhaltet, vor allem, wenn ein schlechter Gesundheitszustand besteht.[87]

Der Anspruch des Berechtigten auf Krankheitsvorsorgeunterhalt besteht nicht, wenn er durch eine **eigene versicherungspflichtige Erwerbstätigkeit** bereits ausreichend gesichert ist. 503

2. Berechnung des Krankheitsvorsorgeunterhalts

Der **angemessene Krankenversicherungsschutz** bestimmt sich nach den ehelichen Lebensverhältnissen. Deshalb steht dem Berechtigten auch nach der Scheidung grundsätzlich ein gleichwertiger Versicherungsschutz zu wie während der Ehe.[88] Der Berechtigte ist allerdings verpflichtet, die kostengünstigste Versicherung zu wählen.[89] 504

---

[82] BGH, FamRZ 1983, 888, 889; FamRZ 1982, 887 = NJW 1982, 1983
[83] BGH, FamRZ 1983, 888
[84] BGH, FamRZ 1989, 483 = R 382 a; FamRZ 1983, 676 = R 165 b
[85] BGH, FamRZ 1982, 255 = R 93 a
[86] BGH, FamRZ 1983, 888
[87] BGH, FamRZ 1989, 483 = R 382 a
[88] BGH, FamRZ 1983, 676 = R 165 b
[89] BGH, FamRZ 1983, 888

505 Ist der nach § 9 SGB V beitrittsberechtigte Ehegatte der gesetzlichen Krankenkasse beigetreten oder hat er **schuldhaft einen solchen Beitritt unterlassen,** bemisst sich der Krankenvorsorgeunterhalt nach dem Elementarunterhalt in Verbindung mit dem Beitragssatz der jeweiligen Krankenkassen (derzeit etwa 14%).

Anders als beim Altersvorsorgeunterhalt (Rn. 467) erfolgt dazu keine Hochrechnung des Einkommens in Höhe des Elementarunterhalts auf einen versicherungsrechtlichen Bruttolohn.

Beispiel:
Nettoeinkommen des V = 3500
mit Bonus $^1/_7$:
Elementarunterhalt = 3500 × $^3/_7$ = 1500
Krankheitsvorsorgeunterhalt = 1500 × 14% = 210
mit Bonus 10%:
Elementarunterhalt = 3500 × 45% = 1575
Krankheitsvorsorgeunterhalt = 1575 × 14% = 221

Allerdings ist in jedem Fall maßgebend, in welcher Weise die Krankenkasse den Krankenkassenbeitrag tatsächlich berechnet. Gegebenenfalls ist in die Berechnung auch weiteres Einkommen des Berechtigten einzubeziehen, vielleicht sogar der Vorsorgeunterhalt, wodurch sich die Berechnung sehr kompliziert gestalten kann.

506 Bestand während der Ehe eine **private Krankenversicherung,** kann diese übernommen und weitergeführt werden. Die Krankenversicherungsbeiträge entsprechen den ehelichen Lebensverhältnissen und sind vom Verpflichteten als Krankheitsvorsorgeunterhalt in entsprechender konkreter Höhe zu bezahlen.

507 Bestand während der Ehe neben einer Beihilfeberechtigung nur eine **ergänzende Privatversicherung,** kann diese übernommen und ausgeweitet werden, bis ein gleichwertiger Schutz gewährleistet ist.

508 In den Fällen Rn. 506, 507 ist der Vorsorgeunterhalt unabhängig vom Elementarunterhalt **konkret** zu **bemessen.**

3. Vorabzug der Krankenversicherungsbeiträge und des Krankheitsvorsorgeunterhalts vom Einkommen sowie mehrstufige Berechnung des Elementarunterhalts

509 Nach gefestigter Rechtsprechung des BGH sind Krankenversicherungskosten des Verpflichteten und des Berechtigten **vom Einkommen abzuziehen,** weil das Einkommen in Höhe derartiger Aufwendungen für den allgemeinen Lebensbedarf nicht zur Verfügung steht[90] (siehe Rn. 185).

510 Haben **beide Ehegatten** ein **prägendes Einkommen** (Doppelverdienerehe), sind beim Berechtigten und beim Verpflichteten vorab die Kosten einer angemessenen Krankenversicherung vom jeweiligen Einkommen abzuziehen und dann der Unterhalt nach der Differenzmethode zu berechnen.[91]

511 Hat der **Berechtigte** ein **nichtprägendes Einkommen,** gehört ein solcher Vorabzug in gleicher Weise zur Berechnung seines Nettoeinkommens, weil er insoweit mit dem Verpflichteten gleich behandelt werden muss und weil auch er die von ihm zu zahlenden Versicherungskosten nicht für seinen laufenden Lebensbedarf verwenden kann.

512 Hat **nur** der **Verpflichtete** ein **Einkommen,** sind zur Vermeidung eines Ungleichgewichts von diesem Einkommen sowohl die Krankenversicherungskosten des Verpflichteten als auch der Vorsorgeunterhalt des Berechtigten abzuziehen, ehe der Elementarunterhalt endgültig berechnet wird.[92]

513 Wird der Krankenvorsorgeunterhalt wegen Beitritts zur gesetzlichen Krankenversicherung aus dem Elementarunterhalt **mit dem Krankenversicherungsbeitragssatz errechnet,**

---

[90] BGH, FamRZ 1985, 357 = R 243 b; FamRZ 1983, 888, 889
[91] BGH, FamRZ 1983, 676 = NJW 1983, 1552, 1554
[92] BGH, FamRZ 1983, 888

dann ist – wie beim Vorsorgeunterhalt (Rn. 5/477 f.) – eine zweistufige Berechnung des Elementarunterhalts erforderlich.

Der Elementarunterhalt muss nach Vorabzug des Krankheitsvorsorgeunterhalts vom Einkommen erneut endgültig berechnet werden, weil sonst gegen den Halbteilungsgrundsatz verstoßen würde, wenn der Verpflichtete den Krankheitsvorsorgeunterhalt zusätzlich aus der ihm zustehenden Einkommensquote bezahlen müsste, während der Berechtigte ihn zusätzlich zu seiner ungekürzten Quote erhalten würde.

Beispiel:
Nettoeinkommen des Verpflichteten = 4200
mit Bonus 1/7:
Quote = 4200 × 3/7 = 1800
Krankheitsvorsorgeunterhalt = 1800 × 14% = 252
Endgültiger Elementarunterhalt:
4200 – 252 = 39 484 × 3/7 = 1692
Der Berechtigte erhält 252 € Krankheitsvorsorgeunterhalt und 1692 € Elementarunterhalt.
mit Bonus 10%:
Quote = 4200 × 45% = 1890
Krankheitsvorsorgeunterhalt = 1890 × 14% = 265
Endgültiger Elementarunterhalt:
4200 – 265 = 3935 × 45% = 1771
Der Berechtigte erhält 265 € Krankheitsvorsorgeunterhalt und 1771 € Elementarunterhalt.

Verlangt der Ehegatte eines Beamten Vorsorgeunterhalt in Höhe **fester Versicherungsprämien** für einen gleichwertigen Versicherungsschutz und gleichzeitig Altersvorsorgeunterhalt, bereitet die Berechnung des Altersvorsorgeunterhalts und des Elementarunterhalts keine besonderen Probleme. 514

Aus dem nach Vorabzug des Krankheitsvorsorgeunterhalts berechneten Elementarunterhalt wird der Altersvorsorgeunterhalt ermittelt und anschließend der endgültige Elementarunterhalt gemäß den Ausführungen Rn. 467, 477 berechnet. In der Entscheidung vom 7. 12. 1988[93] befindet sich dazu ein vom BGH akzeptiertes Rechenbeispiel.

Problematisch ist die Berechnung, wenn der Berechtigte **Altersvorsorgeunterhalt und Krankheitsvorsorgeunterhalt** verlangt und auch der Krankheitsvorsorgeunterhalt nach dem Elementarunterhalt in Verbindung mit dem **Beitragssatz der** jeweiligen **Krankenkasse** zu berechnen ist (Rn. 505). 515

Dann empfiehlt sich wegen des Vorrangs des Krankheitsvorsorgeunterhalts vor dem Altersvorsorgeunterhalt eine **dreistufige Elementarunterhaltsberechnung.**[94]

– Im ersten Rechenschritt wird ein vorläufiger Elementarunterhalt berechnet und nach diesem der Krankheitsvorsorgeunterhalt bemessen.
– Im zweiten Rechenschritt wird nach Vorabzug des Krankheitsvorsorgeunterhalts aus dem neuen Elementarunterhalt der Altersvorsorgeunterhalt berechnet.
– Im dritten Rechenschritt wird aus dem vorläufigen Elementarunterhalt des ersten Rechenschrittes nach Vorabzug des Krankheitsvorsorgeunterhalts und des Altersvorsorgeunterhalts der endgültige Elementarunterhalt berechnet.

Beispiel zu Rn. 515 516
mit Bonus 1/7:
Nettoeinkommen des V = 3500
Vorläufiger erster Elementarunterhalt = 3500 × 3/7 = 1500
Krankheitsvorsorgeunterhalt = 1500 × 14% (Beitragssatz) = 210
Neuer, zweiter Elementarunterhalt = 3500 – 210 = 3290 × 3/7 = 1410
Altersvorsorgeunterhalt = 1410 + 16% = 1636 × 19,5% = 319
Endgültiger dritter Elementarunterhalt = 3500 – 210 – 319 = 2971 × 3/7 = 1273
B erhält 1273 Elementarunterhalt, 210 Krankheitsvorsorgeunterhalt und 319 Altersvorsorgeunterhalt, insgesamt 1802.
Dem V verbleiben nach Vorabzug seiner Vorsorgeaufwendungen 1698. Dies entspricht nach dem Halbteilungsgrundsatz dem Elementarunterhalt von 1273 €.

---

[93] BGH, FamRZ 1989, 483 = R 382 a
[94] OLG Hamm, FamRZ 1997, 1278

(Zu beachten ist allerdings, dass die Krankenkassen i. d. R. auch den Altersvorsorgeunterhalt als zur Bemessung des Krankenvorsorgeunterhalts heranziehen. Daher ist eine Kontrollrechnung zweckmäßig: (1273 + 319)* 14% = 223, also ist der Krankheitsvorsorgeunterhalt geringer als der tatsächliche Beitrag. Wird allerdings dieser Beitrag als Krankheitsvorsorgeunterhalt verlangt, verringert sich wieder der Elementarunterhalt und mit diesem im Zirkel der Krankheitsvorsorgeunterhalt. Nach wenigen Wiederholungen der Berechnung kommt man aber zum Ergebnis.)

517 Wie beim Vorsorgeunterhalt (Rn. 483 f.) **unterbleibt eine zweistufige Berechnung** des Elementarunterhalts, wenn:

(1) der Unterhalt **konkret bemessen** wird (siehe Rn. 366, 383),

(2) der Krankheitsvorsorgeunterhalt **einkommensunabhängig** berechnet wird, wie z. B. bei einer Privatversicherung (hier entfällt die erste Berechnungsstufe),

(3) der Krankheitsvorsorgeunterhalt mit **nichtprägenden** Einkünften des **Berechtigten** verrechnet werden kann (siehe Rn. 484),

(4) der Krankheitsvorsorgeunterhalt durch **Einschränkung** einer **Vermögensbildung** zusätzlich zum Elementarunterhalt bezahlt werden kann (siehe Rn. 487),

(5) der Krankheitsvorsorgeunterhalt mit **nichtprägenden** Einkünften des **Verpflichteten** zusätzlich zum Elementarunterhalt bezahlt werden kann (siehe Rn. 485).

518 **Rechenbeispiele** zu Rn. 517:

zu (3)
Erwerbseinkommen des M = 3500; Krankheitsvorsorgeunterhalt der F = 200; nichtprägende Zinseinkünfte der F = 400
mit Bonus 1/7:
Quotenbedarf der F = 3500 × 3/7 = 1500
voller Bedarf der F = 1500 + 200 = 1700
mit Bonus 10%:
Quotenbedarf der F = 3500 × 45% = 1575
voller Bedarf der F = 1575 + 200 = 1775
Das anzurechnende Zinseinkommen von F in Höhe von 400 € entlastet M so weit, dass er die Krankheitsvorsorge für F in Höhe von 200 € zusätzlich zum Elementarunterhalt zahlen kann.

zu (4)
Erwerbseinkommen des M = 3800; angemessene Vermögensbildung = 300 Krankheitsvorsorge Unterhalt der F = 200
bei Bonus 1/7:
Quotenbedarf der F = 3800 – 300 = 3500 × 3/7 = 1500
voller Bedarf der F = 1500 + 200 = 1700
bei Bonus 10%:
Quotenbedarf der F = 3800 – 300 = 3500 × 45% = 1575
voller Bedarf der F = 1575 + 200 = 1775
Auf der Leistungsstufe ist dem M zuzumuten, die 200 zusätzlich zum Quotenunterhalt (1500 bzw. 1575) durch Einschränkungen seiner Vermögensbildung (300 – 200 = 100) zu bezahlen.

zu (5)
Erwerbseinkommen des M = 3500; nichtprägende Zinseinkünfte des M = 200
Krankheitsvorsorgeunterhalt der F = 200
bei Bonus 1/7:
Quotenbedarf der F = 3500 × 3/7 = 1500
voller Bedarf der F = 1500 + 200 = 1700
bei Bonus 10%:
Quotenbedarf der F = 3500 × 45% = 1575
voller Bedarf der F = 1575 + 200 = 1775
Auf der Leistungsstufe muss M auch die nicht prägenden Zinseinkünfte zur Deckung des vollen Bedarfs verwenden. Er kann deshalb den vollen Bedarf (1700 bzw. 1575) bezahlen, ohne dass dadurch sein eigener angemessener Bedarf (3500 × 4/7 = 2000 bzw. 3500 × 55% = 1925) gefährdet wird (3500 + 200 – 1700 = 2000, bzw. 3500 + 200 – 1775 = 1925).

Weitere Beispiele beim Altersvorsorgeunterhalt Rn. 485 f.

519 Gemäß den Ausführungen zu Rn. 484 beinhaltet der 2stufig berechnete Elementarunterhalt einen **Billigkeitsunterhalt** im Sinn von **§ 1581 BGB.**

520 Das jeweilige Endergebnis ist **auf** seine **Angemessenheit** zu **überprüfen.** Erscheinen die Vorsorgeunterhaltsbeträge im Verhältnis zum Elementarunterhalt zu hoch, kann der

Tatrichter den Gesamtunterhalt in einer den Interessen beider Parteien gerecht werdenden Weise **abweichend** auf die verschiedenen Unterhaltsbestandteile **verteilen.** Dabei ist allerdings zu beachten, dass nur der Altersvorsorgeunterhalt **Nachrang** gegenüber Elementarunterhalt und Krankheitsvorsorgeunterhalt hat.[95]

Nichtprägendes Einkommen des Berechtigten ist in Mangelfällen wegen der Rangverhältnisse primär anteilig auf den Elementarunterhalt und Krankheitsvorsorgeunterhalt, die beide am dringendsten benötigt werden, zu verrechnen.[96] 521

4. Geltendmachung des Krankheitsvorsorgeunterhalts

Wie der Vorsorgeunterhalt (Rn. 458 f.) muss auch der Krankheitsvorsorgeunterhalt als unselbstständiger Unterhaltsbestandteil **betragsmäßig zusätzlich geltend gemacht** werden. Es steht im freien Ermessen des Berechtigten, ob er ihn geltend machen will. Er darf nicht von Amts wegen zugesprochen werden. Wird er geltend gemacht, ist er wegen der Zweckbindung im Tenor gesondert auszuweisen. 522

Wegen der **Zweckbindung** ist der Berechtigte verpflichtet, den Krankheitsvorsorgeunterhalt tatsächlich für eine Krankenversicherung zu verwenden.[97] 523

Der Verpflichtete kann grundsätzlich **nicht** verlangen, die Zahlungen **unmittelbar an den Versorgungsträger** zu leisten. Ausnahmen kommen nur in Betracht, wenn besondere Umstände vorliegen, die das Verlangen des Berechtigten auf Zahlung an sich selbst als einen Verstoß gegen Treu und Glauben (§ 242 BGB) erscheinen lassen. Dies kann bejaht werden, wenn bereits ein entsprechender Titel vorliegt und der Berechtigte die Weiterzahlung verlangt, obwohl er den Krankheitsvorsorgeunterhalt nicht bestimmungsgemäß verwendet. 524

Der Verpflichtete kann in einem solchen Fall mit einer Abänderungsklage erreichen, dass der Krankheitsvorsorgeunterhalt **direkt an** den **Versicherungsträger** gezahlt wird. Benennt der Berechtigte in diesem Verfahren keinen Versicherungsträger, ist der Anspruch auf Weiterzahlung an sich selbst als nicht mehr schlüssig abzuweisen.[98]

Bei **nicht bestimmungsgemäßer Verwendung** des Krankheitsvorsorgeunterhalts ist der Verpflichtete dadurch geschützt, dass der Berechtigte im Krankheitsfall so zu behandeln ist, als hätten die Beträge zu einer entsprechenden Versicherung geführt.[99] § 1579 Nr. 3 BGB ist anwendbar.[100] Im Übrigen gelten die Ausführungen zum Altersvorsorgeunterhalt Rn. 458 f., 463 f., 489 f. entsprechend. 525

III. Pflegevorsorgeunterhalt

Seit 1. 1. 1995 ist das Pflegeversicherungsgesetz vom 26. 5. 1994[101] in Kraft. Wenn der Unterhaltsberechtigte in der gesetzlichen Krankenversicherung freiwillig versichert ist, ist er nach § 20 III SGB XI zugleich in der ges. Pflegeversicherung pflichtversichert. Ist er privat krankenversichert, so muss er nach § 23 SGB XI auch eine Pflegeversicherung abschließen. Daraus ergibt sich, dass die Beiträge zur Pflegeversicherung ebenso wie die Krankheitsvorsorge zum allgemeinen Lebensbedarf gehören und vom Unterhaltspflichtigen im Bedürftigkeitsfall durch Leistung von Pflegevorsorgeunterhalt abzudecken sind.[102] 525 a

Der **Pflegevorsorgeunterhalt** folgt in jeder Hinsicht den Regeln des **Krankenvorsorgeunterhalts** und kann auch als Teil desselben abgerechnet werden. Es kann daher auf die Ausführungen zum Krankheitsvorsorgeunterhalt (Rn. 498 bis 521) Bezug genommen werden.

---

[95] BGH, FamRZ 1989, 483 = R 382 a
[96] BGH, FamRZ 1989, 483 = R 382 b
[97] BGH, FamRZ 1989, 483 = R 382 a
[98] BGH, FamRZ 1989, 483 = R 382 a; FamRZ 1987, 684, 686 = R 331 b + d; FamRZ 1983, 676 = R 165 b
[99] BGH, FamRZ 1983, 676 = R 165 b
[100] BGH, FamRZ 1989, 483 = R 382 a
[101] BGBl. I 1014
[102] Büttner, FamRZ 1995, 193, 196; Gutdeutsch, FamRZ 1994, 878

5. Abschnitt: Zur Bedürftigkeit des Berechtigten

I. Unterhaltsbedürftigkeit

1. Bedürftigkeit als Unterhaltsvoraussetzung

526 Der Berechtigte kann den vollen, nach den ehelichen Lebensverhältnissen bemessenen Bedarf (§§ 1361 I, 1578 I 1 BGB) nur verlangen, wenn und soweit er bedürftig ist. Er ist bedürftig, wenn er diesen seinen Bedarf nicht oder nicht ausreichend auf **andere Weise deckt** oder in zumutbarer Weise decken könnte.[1]

Das Vorliegen einer solchen Bedürftigkeit ist eine weitere Unterhaltsvoraussetzung, die im Anschluss an die Bedarfsbemessung (Abschnitt 4 und 5, Rn. 359 ff., 437 ff.) auf der sogenannten Bedürftigkeitsstufe zu prüfen ist, wenn dem Grunde nach ein Unterhaltsanspruch nach den §§ 1361, 1570 bis 1576 BGB besteht.

527 Für den **nachehelichen Unterhalt** ist die Bedürftigkeit in § 1577 BGB wie folgt geregelt:

- Nach **§ 1577 I BGB** hat der Berechtigte keinen Unterhaltsanspruch, solange und soweit er sich aus seinen Einkünften und Vermögen **selbst unterhalten kann** (Genaueres nachfolgend Rn. 531 bis Rn. 540).
- **§ 1577 II BGB** regelt die Anrechnung von Einkünften aus **unzumutbarer Erwerbstätigkeit** und sonstiger Einkünfte, die in unzumutbarer Weise erzielt werden (Genaueres Rn. 542 f.).
- **§ 1577 III und IV BGB** regelt die Vermögensverwertung und die Unterhaltssicherung aus Vermögen (Genaueres Rn. 557 ff.).

528 Obwohl beim **Trennungsunterhalt** eine entsprechende Bestimmung fehlt, dürfen die Grundsätze des § 1577 BGB bei der Beurteilung des Trennungsunterhalts nicht außer acht gelassen werden. Es muss gewährleistet sein, dass bei an sich gleicher Sachlage der Anspruch auf Trennungsunterhalt nicht niedriger ausfällt als der nacheheliche Unterhalt. Deshalb sind die Grundsätze des § 1577 BGB in entsprechender Weise auch auf den Trennungsunterhalt anzuwenden.[2]

529 Die Anwendung des § 1577 BGB setzt einen **bestehenden Unterhaltsanspruch** voraus. Hatte der Berechtigte wegen ausreichender Einkünfte aus einer Erwerbstätigkeit zunächst keinen Unterhaltsanspruch und wird er zu einem späteren Zeitpunkt bedürftig, dann müssen im Zeitpunkt des Eintritts der Bedürftigkeit die Voraussetzungen eines Unterhaltstatbestandes (§§ 1361, 1570 bis 1576 BGB) entweder originär oder als Anschlussunterhalt vorliegen. Ist dies nicht der Fall, entsteht durch den späteren Eintritt der Bedürftigkeit kein Unterhaltsanspruch mehr.

530 Im Gegensatz dazu besteht **nach altem Recht** bei einer Verschuldensscheidung ein Unterhaltsanspruch dem Grunde nach unverändert bis zum Tod fort. Er wird aktualisiert, sobald der Berechtigte bedürftig wird, wobei kein zeitlicher Zusammenhang zwischen dem Eintritt der Bedürftigkeit und der geschiedenen Ehe bestehen muss. Der Berechtigte hat auch dann einen Unterhaltsanspruch, wenn sein Unterhalt nach der Scheidung durch Einkünfte aus einer Erwerbstätigkeit nachhaltig gesichert war und er erst viel später bedürftig geworden ist.[3]

Der Berechtigte hat die **Darlegungs- und Beweislast** für seine uneingeschränkte Bedürftigkeit[4] (vgl. auch Rn. 6/707 f.).

---

[1] BGH, FamRZ 1989, 487 = R 383 b
[2] BGH, FamRZ 1983, 146, 148 = R 142 b + d
[3] BGH, FamRZ 1987, 152
[4] BGH, FamRZ 1989, 487 = NJW 1989, 1083

2. Bedürftigkeitsmindernde Anrechnung der Einkünfte des Berechtigten

Das Ausmaß der Bedürftigkeit richtet sich stets nach dem **vollen eheangemessenen Bedarf** (§ 1361 I 1), den der Berechtigte durch **eigene Einkünfte nicht decken** kann (§ 1577 BGB). Damit sind für die Beurteilung des Ausmaßes der Bedürftigkeit bzw. für die Ermittlung einer verbleibenden Restbedürftigkeit zwei unterschiedliche Kriterien maßgeblich, die jeweils mit unterschiedlichen Einkommensteilen ausgefüllt werden müssen. 531

- Der volle eheangemessene **Bedarf** des Berechtigten nach den §§ 1361 I, 1578 I 1 BGB als **Sollbetrag.**
- Und als **Istbetrag** die Summe der **Einkünfte** des Berechtigten.

Der Sollbetrag bildet die Obergrenze der Bedürftigkeit.

Gemäß den Ausführungen in Abschnitt 5) dürfen zur Bemessung dieses Bedarfs nur prägende Einkünfte beider Eheleute berücksichtigt werden. Wenn der Berechtigte prägendes Einkommen hat, hängt der Sollbedarf ab von der gewählten Methode der Bedarfsberechnung: der Differenz-, Additions- oder Quotenbedarfsmethode (siehe dazu auch die Ausführungen zu Rn. 386 bis Rn. 401 i. V. m. Rn. 179 f., 228 f.).

Entsprechend unterscheiden sich die nach § 1577 BGB **anzurechnenden Einkünfte** des Berechtigten. 532

- Bei der **Differenzmethode** sind dies nur alle nichtprägenden Einkünfte des Berechtigten, die dieser tatsächlich erzielt oder die ihm fiktiv zuzurechnen sind.
  Ausgenommen sind von der Anrechnung alle prägenden Einkünfte des Berechtigten, denn diese sind bereits im Rahmen der Bedarfsbemessung unter Anwendung der Differenzmethode (Rn. 394) berücksichtigt worden. Dadurch kam es zu einem geminderten Unterhaltsbedarf.
- Bei der **Additionsmethode** (Rn. 386) und der **Quotenbedarfsmethode** (Rn. 400) sind im Grundsatz alle Einkünfte anzurechnen. Hier hat bei der Bedarfsberechnung noch keine Einkommensanrechnung stattgefunden.
- Nichtprägende Erwerbseinkünfte sind vor der Anrechnung um den **Erwerbsbonus** zu bereinigen, in der Regel also mit $^6/_7$ anzusetzen. Bei der Anrechnung prägenden Erwerbseinkommens ist zu unterscheiden: Der Bedarf nach der Additionsmethode umfasst **nicht** den Erwerbsbonus. Daher ist das prägende Erwerbseinkommen nur $^6/_7$ anzurechnen. Dagegen ist bei der Quotenbedarfsmethode im Bedarf auch der Bonus enthalten. Hier ist daher prägendes Erwerbseinkommen ungekürzt anzurechnen.

Die Anrechnung der Einkünfte des Berechtigten erfolgt stets durch Abzug der Einkünfte vom festgestellten Unterhaltsbedarf. 533

In Höhe der **Differenz** zwischen dem Bedarf und den anzurechnenden Beträgen ist der Berechtigte bedürftig, d. h., das Ausmaß seiner **Bedürftigkeit** richtet sich nur nach diesem ungedeckten Bedarf. Gleichzeitig beinhaltet dieser ungedeckte Bedarf die Höhe des zu leistenden Unterhalts, wenn der Verpflichtete in dieser Höhe leistungsfähig ist (siehe Rn. 570).

Beispiele zu Einkommensanrechnung finden sich bei den Berechnungsmethoden Rn. 386 bis Rn. 401. 534

3. Anrechnung auf den vollen Unterhalt unter Berücksichtigung von Mehrbedarf

Nichtprägende Einkünfte sind grundsätzlich auf den **vollen Unterhaltsbedarf** (§§ 1361 I, 1578 I 1 BGB) anzurechnen.[5] 535

Der nach den ehelichen Lebensverhältnissen angemessene volle Unterhaltsbedarf (§§ 1361 I, 1578 I 1 BGB) ist nicht identisch mit dem **Quotenunterhalt, wenn ein ungedeckter Mehrbedarf** besteht. Dies kann der Fall sein:

- bei **trennungsbedingtem** Mehrbedarf (Rn. 418 ff., vgl. aber die Kritik Rn. 432 a),
- bei **sonstigem** Mehrbedarf (Rn. 437 ff.).

---

[5] BGH, FamRZ 1989, 487 = R 383 b; FamRZ 1988, 486; FamRZ 1987, 46 = R 313 a

In solchen Fällen besteht der volle Unterhalt aus Quotenunterhalt und ungedecktem Mehrbedarf.

536 Vereinfacht kann in solchen Fällen die Anrechnung nichtprägender Einkünfte in der Weise erfolgen, dass der Mehrbedarf von den **nichtprägenden Einkünften abgezogen wird** und nur der Differenzbetrag unterhaltsmindernd auf den Quotenunterhalt angerechnet wird. Dadurch wird die Auswirkung der Anrechnungsmethode gemildert (siehe Rn. 429, 448). Allerdings darf kein Mangelfall nach § 1581 BGB vorliegen (siehe Rn. 572, Rn. 5/11 ff.).

537 **Beispiel:**
Quotenunterhalt = 1500
Ungedeckter trennungsbedingter Mehrbedarf = 500
Nichtprägendes Erwerbseinkommen des B = 700 × 6/7 = 600
bedürftigkeitsmindernder Differenzbetrag = 600 – 500 = 100
Ungedeckter Unterhaltsbedarf = 1500 – 100 = 1400 (= Unterhaltsanspruch)

538 Trennungsbedingter Mehrbedarf und sonstiger Mehrbedarf ist in der Regel nur zu berücksichtigen, **wenn er geltend gemacht wird** (Rn. 422, 442).

Unterbleibt eine solche Geltendmachung – wie oft bei trennungsbedingtem Mehrbedarf –, dann ist das nichtprägende Einkommen auf den Quotenunterhalt zu verrechnen.

Im Beispiel Rn. 537 beträgt dann der Unterhaltsanspruch nur 900 € statt 1400 € (1500 – 600 = 900).

539 Beträgt die Summe aus Quotenunterhalt und nichtprägendem Einkommen des Berechtigten infolge beengter wirtschaftlicher Verhältnisse weniger als 840 € bei Erwerbseinkünften des Berechtigten und 730 € bei Nichterwerbseinkünften des Berechtigten, konnte nach den Leitlinien einiger OLGs davon ausgegangen werden, dass ein trennungsbedingter Mehrbedarf bestehe, der es rechtfertige, den vollen eheangemessenen Unterhalt (Quotenunterhalt + trennungsbedingter Mehrbedarf) in der Höhe von **Mindestbedarfssätzen** des Berechtigten oder Mindestselbstbehaltssätzen des Verpflichteten zu bemessen. Diese Auffassung hat jedoch der BGH in ständiger Rechtsprechung mißbilligt[6] (siehe dazu Rn. 434).

4. Nach § 1577 I BGB in vollem Umfang anzurechnende Einkünfte des Berechtigten

540 Wie bereits Rn. 532 ausgeführt, sind alle Einkünfte, die in zumutbarer Weise erzielt werden oder erzielt werden könnten (bei der Differenzmethode: nur die nichtprägenden Einkünfte), nach § 1577 I BGB in vollem Umfang bedürftigkeitsmindernd auf den Bedarf anzurechnen (Erwerbseinkünfte – mit Ausnahme der nichtprägenden im Falle der Quotenbedarfsmethode, s. Rn. 532 – zu 6/7). Als solche Einkünfte kommen praktisch alle nichtprägenden Einkünfte im Sinn der Ausführungen zu Teil I in Frage, die der Berechtigte erhielt oder zumutbarerweise erzielen könnte, ohne Rücksicht auf Herkunft und Verwendungszweck. Maßgeblich sind die bereinigten Nettoeinkünfte, wobei es bei dem Berechtigten keinen Abzug für vermögensbildende Aufwendungen gibt, wohl aber für Unterhaltsverpflichtungen und von ihm abzutragende ehebedingte Verbindlichkeiten.

Die wichtigsten dieser Einkünfte sind:

- **Erwerbseinkünfte** aus abhängiger Arbeit (Rn. 1/46 ff.), aus selbstständiger Erwerbstätigkeit, Gewerbe oder aus Land- und Forstwirtschaft (Rn. 1/110 ff.) und aus Erwerbsersatzleistungen wie Krankengeld, Arbeitslosengeld (Rn. 1/80 ff.), Renten und Pensionen (Rn. 1/438 ff.).
- **Vermögenseinkünfte** aus Vermietung und Verpachtung (Rn. 1/293 ff.), aus Kapital- und sonstigem Vermögen (Rn. 1/403 ff.) sowie aus Wohnvorteilen und sonstigen Gebrauchsvorteilen des Vermögens (Rn. 1/311 ff.).
- Einkünfte aus **sozialstaatlichen Zuwendungen** und sonstigen Leistungen des Staates, wie Wohngeld (Rn. 1/451 ff.), BAföG-Leistungen (Rn. 1/456 ff.), Pflegegeld (Rn. 1/463 ff.) und Steuererstattungen (Rn. 1/560) sowie Zählkindvorteil (Rn. 1/462).

---

[6] BGH, FamRZ 1997, 806; FamRZ 1995, 346, vgl. auch BGH, FamRZ 1996, 345

Einkünfte aus **nichtehelicher Lebensgemeinschaft** mit einem neuen Partner[7] (vgl. Rn. 1/471 f.).

- **Fiktiv zuzurechnende erzielbare Einkünfte** aus unterlassener zumutbarer Erwerbstätigkeit (Rn. 387 ff.), aus unterlassener zumutbarer Vermögensnutzung und Vermögensverwertung (Rn. 1/425 ff.), aus **unterlassener Inanspruchnahme sozialstaatlicher Leistungen** wie z. B. Wohngeld oder BAföG (Rn. 1/459).
- **Nicht anzurechnen** sind freiwillige unentgeltliche Zuwendungen Dritter (Rn. 368 f.), Sozialhilfe, wiederaufgelebte Witwenrente, Arbeitnehmersparzulage und Hausgeld des Strafgefangenen (Rn. 1/483 f.).

5. Abänderungsklage bei späteren Änderungen der Bedürftigkeit

Eine erst nach der Unterhaltstitulierung eintretende Änderung bei den Einkünften des Berechtigten oder sonstigen Änderungen zur Bedürftigkeit beinhalten in der Regel eine Änderung der wirtschaftlichen Verhältnisse, die dem Anwendungsbereich des § 323 ZPO zuzuordnen ist. 541

So mindert ein späterer Rentenbezug, der auf dem Versorgungsausgleich beruht, als bedarfsmindernd anzurechnendes nichtprägendes Einkommen die Bedürftigkeit des Berechtigten. Der Verpflichtete kann dies mit der Abänderungsklage geltend machen, wenn auch die sonstigen Voraussetzungen des § 323 ZPO gegeben sind.[8]

Der Berechtigte kann die Klage nach § 323 ZPO erheben, wenn sich seine Bedürftigkeit erhöht, z. B. weil ohne sein Verschulden nichtprägende Erwerbseinkünfte entfallen sind und sein Unterhaltsbedarf durch die Erwerbstätigkeit noch nicht nachhaltig gesichert war.

II. Anrechnung von Einkünften aus unzumutbarer Erwerbstätigkeit des Berechtigten nach § 1577 II BGB

1. Zur Auslegung und zum Anwendungsbereich des § 1577 II BGB

§ 1577 II BGB ist eine rechtpolitisch mißglückte, unklar gefasste und schwer verständliche Bestimmung, die verschiedene Auslegungsmöglichkeiten zulässt. 542

Der BGH hat in seiner Grundsatzentscheidung vom 24. 11. 1982[9] eine **eingehende Interpretation** vorgenommen und dabei wichtige Grundsätze aufgestellt, die nachfolgend erörtert werden. Die sich aus diesen Grundsätzen ergebende Berechnungsweise ist teilweise kompliziert, wenn ein ungedeckter, trennungsbedingter Mehrbedarf besteht oder wenn aus sonstigen Gründen der Quotenunterhalt einen Billigkeitsunterhalt nach § 1581 BGB beinhaltet.

Diese Grundsätze zu § 1577 II BGB, der an sich nur für den nachehelichen Unterhalt gilt, sind **auch auf den Trennungsunterhalt** entsprechend anzuwenden.[10]

§ 1577 II BGB betrifft nur Einkünfte aus **unzumutbarer Erwerbstätigkeit des Berechtigten,** d. h. Einkünfte, die der Berechtigte erzielt, obwohl für ihn nach den §§ 1361 II, 1570, 1573 I und 1574 II BGB keine Erwerbsobliegenheit besteht (siehe dazu Rn. 16 ff., 64 ff., sowie Rn. 1/540 f.). 543

Nicht erforderlich ist, dass die Aufnahme der unzumutbaren Erwerbstätigkeit durch Nichterfüllung oder durch unvollständige Erfüllung der Unterhaltspflicht veranlasst worden ist.[11] Das hat nur auf die Billigkeitsabwägung Einfluss (vgl. Rn. 550).

Ob § 1577 II BGB auch bei **sonstigen Einkünften** anzuwenden ist, deren Erzielung dem Berechtigten nicht zugemutet werden kann (z. B. erhöhte Zinseinkünfte aus einer sehr 544

[7] BGH, FamRZ 1995, 343 = R 489 a; FamRZ 1989, 487 = NJW 1989, 1083
[8] BGH, NJW-RR 1983, 322 = R 377 a
[9] FamRZ 1983, 146 bis 150 = R 142 b, d, e
[10] BGH, FamRZ 1983, 146, 148 = R 142 b
[11] BGH, FamRZ 1983, 146, 148 = R 142 d

riskanten Vermögensanlage), hat der BGH **noch nicht entschieden,** dürfte aber zu bejahen sein (so Lohmann, 6. A., Seite 103 und Krenzler, FamRZ 1983, 653).

545 Einkünfte aus unzumutbarer Erwerbstätigkeit sind **nichtprägende Einkünfte**[12] (vgl. auch Rn. 258 f.). Hieran hat der BGH auch nach Änderung der Rechtsprechung zur Anrechnungsmethode[13] festgehalten, nachdem es vorher schien, er wolle auch insoweit seine Rechtsprechung ändern. Zur Gegenmeinung vgl. Rn. 256 f., Rn. 556 a, Rn. 1/544 a.[14]

Deshalb dürfen sie bei der Bedarfsbemessung nicht berücksichtigt werden. Sie sind nach § 1577 II BGB auf den Unterhaltsbedarf nur gekürzt anzurechnen. § 1577 II BGB regelt den Umfang einer solchen Kürzung.

Nicht anzuwenden ist § 1577 II BGB auf alle sonstigen nichtprägenden Einkünfte des Berechtigten. Diese sind nach § 1577 I BGB grundsätzlich in vollem Umfang gemäß den Ausführungen zu I auf den vollen Unterhaltsbedarf anzurechnen.

2. Ermittlung des anrechnungsfreien Betrages nach § 1577 II 1 BGB (anrechnungsfreies Defizit)

546 Nach § 1577 II 1 BGB sind Einkünfte aus unzumutbarer Erwerbstätigkeit **nicht anzurechnen,** wenn und soweit der Verpflichtete wegen beschränkter Leistungsfähigkeit nicht den vollen Unterhalt (§§ 1361 I, 1578 I 1 BGB), sondern nur einen Billigkeitsunterhalt (§ 1581 BGB) leistet.

547 Als **Unterhaltsleistung des Verpflichteten** ist das zu verstehen, was dieser als Quotenunterhalt ohne die unzumutbaren Einkünfte des Berechtigten zu leisten hätte.

Dieser rechnerische Quotenunterhalt ist dann niedriger als der volle Unterhalt (§ 1578 I 1 BGB), wenn ein ungedeckter, trennungsbedingter Mehrbedarf (Rn. 431) oder ein ungedeckter sonstiger Mehrbedarf (Rn. 443, 447) besteht oder wenn es sich aus sonstigen Gründen bei dem Quotenunterhalt um einen Billigkeitsunterhalt nach § 1581 BGB handelt (siehe Rn. 569, 573 f., 5/11 ff.). Für den Umfang der Nichtanrechnung von Einkünften aus unzumutbarer Erwerbstätigkeit ist daher allein maßgeblich, inwieweit eine Unterhaltsleistung des Verpflichteten zusammen mit sonstigen Einkünften des Berechtigten hinter dem vollen Unterhalt zurückbleibt. Nur in Höhe des verbleibenden Defizits sind die Einkünfte aus unzumutbarer Erwerbstätigkeit nach § 1577 II 1 BGB **anrechnungsfrei**[15] (sonst nach Billigkeit teilweise anrechnungspflichtig, Rn. 550).

548 Für das Vorliegen eines solchen **anrechnungsfreien Defizits** ist der Berechtigte **darlegungs- und beweispflichtig.** Trägt er dazu nichts vor oder kann ein entsprechender Nachweis nicht geführt werden, richtet sich die Anrechnung ausschließlich nach § 1577 II 2 BGB (Rn. 6/709).

549 Ist das anrechnungsfreie Defizit im Sinn der Ausführungen zu Rn. 547 größer als das unzumutbare Erwerbseinkommen, dann wird nach § 1577 I 1 BGB kein unzumutbares Erwerbseinkommen angerechnet.

Ist das anrechnungsfreie Defizit geringer als das unzumutbare Erwerbseinkommen, dann ist ein Betrag in Höhe des anrechnungsfreien Defizits vom unzumutbaren Erwerbseinkommen abzuziehen. Der **Rest** wird nach § 1577 II 2 BGB unter Berücksichtigung von **Billigkeitsgesichtspunkten** auf den Unterhalt **angerechnet** (siehe Rn. 550 f.). Es ist dies der Teil der unzumutbaren Erwerbseinkünfte, der im Sinn des § 1577 II 2 BGB den vollen Unterhalt übersteigt. Besteht kein anrechnungsfreies Defizit, weil der Quotenunterhalt den vollen Unterhalt (§ 1578 I 1 BGB) beinhaltet, dann ist das gesamte Einkommen aus unzumutbarer Erwerbstätigkeit nach § 1577 II 2 BGB anrechnungsfähig.

Gleiches gilt, wenn ein anrechnungsfreies Defizit nicht nachgewiesen werden kann oder nicht geltend gemacht wird.

---

[12] BGH, FamRZ 1983, 146, 148 = R 142 d

[13] BGH, FamRZ 2003, 512, mit zust. Anm. Gutdeutsch FamRZ 2003, 1002

[14] BGH, FamRZ 2002, 23 = R 568, die Entscheidung stellt bei genauem Lesen keine Abkehr von der alten Rechtsprechung dar

[15] BGH, FamRZ 1983, 146, 148 = R 142 d

Vorweg vom Einkommen aus unzumutbarer Erwerbstätigkeit **abzuziehen** sind auch die tatsächlichen **Aufwendungen für die Kindesbetreuung,** welche die die Erwerbstätigkeiterst ermöglichen (vgl. Rn. 257, Rn. 1/545 b). 549 a

3. Billigkeitsanrechnung nach § 1577 II 2 BGB

Nach § 1577 II 2 BGB sind Einkünfte, die den vollen Unterhalt übersteigen, insoweit anzurechnen, als dies unter Berücksichtigung der **beiderseitigen wirtschaftlichen Verhältnisse** der Billigkeit entspricht. Es sind dies die Beträge gemäß den Ausführungen zu Rn. 549. 550

Zur Billigkeitsabwägung nach § 1577 II 2 BGB:
Kriterien für eine individuelle Bemessung des Umfangs der Anrechnung im Rahmen der erforderlichen Billigkeitsabwägung können sein:
Einkommens- und Vermögensverhältnisse sowie sonstige wirtschaftliche Verhältnisse beider Ehegatten; persönliche Verhältnisse wie Alter, Gesundheitszustand, Erwerbsfähigkeit, Art und Ausmaß der Anstrengungen zur Erzielung unzumutbarer Einkünfte; unterschiedlicher Lebensstandard; weitere Unterhaltsverpflichtungen; Betreuungsmehrbedarf für ein pflegebedürftiges Kind; sonstige besondere Belastungen u. ä. Es kann aber auch das **Verhalten des Verpflichteten** Bedeutung haben, insbesondere, wenn dieser den geschuldeten Unterhalt nicht geleistet hat und der Berechtigte deshalb die unzumutbare Erwerbstätigkeit aufgenommen hat.[16]

Bei dieser Billigkeitsabwägung ist in der Regel auch zu berücksichtigen, dass der Verpflichtete nach **§ 1581 BGB** bei beschränkter Leistungsfähigkeit nur insoweit Unterhalt zu leisten hat, als es mit Rücksicht auf die Bedürfnisse und die Erwerbs- und Vermögensverhältnisse der Ehegatten der Billigkeit entspricht.[17]

Nach den Leitlinien der Oberlandesgerichte erfolgte teilweise eine **Anrechnung je zur Hälfte,** wenn keine besonderen Umstände vorliegen, die eine Abweichung von dieser Regel rechtfertigten (so HL02 31). Das erscheint fragwürdig. Hier wird bei der Billigkeitsabwägung offenbar übersehen, dass es im Falle zumutbarer Erwerbstätigkeit auf Grund der Bedarfserhöhung letztlich nur zu einer Halbanrechnung käme. Bei Unzumutbarkeit der Erwerbstätigkeit darf der Berechtigte aber nicht schlechter stehen. Die Billigkeit fordert deshalb, dass eine Anrechnung deutlich unter der Hälfte erfolgt, etwa 1/3.

Aufgrund einer konkreten Billigkeitsabwägung kann im Rahmen des § 1577 II 2 BGB eine **Anrechnung auch ganz unterbleiben.**[18]

Wenn nach mehreren Vorschriften eine **Billigkeitsabwägung** zu erfolgen hat, so ist diese **einheitlich durchzuführen.** Insbesondere kann die Billigkeitsabwägung nach § 1579 BGB dazu führen, dass Einkommen aus unzumutbarer Tätigkeit gem. § 1577 II 2 BGB voll anzurechnen ist.[19] 551

Der nach § 1577 II 2 BGB anzurechnende Einkommensteil ist im Weg des Direktabzugs **(Anrechnungsmethode)** auf den Unterhalt anzurechnen, den der Verpflichtete ohne Berücksichtigung der Einkünfte aus unzumutbarer Erwerbstätigkeit schulden würde, weil es sich bei den Einkünften aus unzumutbarer Erwerbstätigkeit stets um nichtprägende Einkünfte handelt.[20] 552

Hat der Berechtigte neben Einkünften aus unzumutbarer Erwerbstätigkeit auch **sonstige prägende und nichtprägende Einkünfte,** dann sind prägende Einkünfte im Rahmen der Bedarfsbemessung zu berücksichtigen, nichtprägende Einkünfte aus unzumutbarer Erwerbstätigkeit nach § 1577 II BGB auf den Bedarf anzurechnen und die sonstigen nichtprägenden Einkünfte nach § 1577 I BGB. 553

---

16 BGH, FamRZ 1995, 475 = R 491 b
17 BGH, FamRZ 1983, 146, 148 = R 142 d
18 BGH, FamRZ 1988, 145, 148
19 BGH, FamRZ 1992, 1045, 1049 = R 448 c; FamRZ 1990, 1091, 1095 = R 422 c
20 BGH, FamRZ 1984, 364, 365

4. Rechenbeispiele zu § 1577 II BGB

554 **Einfacher Fall:**
Mit Erwerbsbonus $^{1}/_{7}$:
Nettoeinkommen des M = 3500
unzumutbares Erwerbseinkommen der F = 1400 × $^{6}/_{7}$ = 1200
trennungsbedingter Mehrbedarf bei M und F je 300
Quotenunterhalt = 3500 × $^{3}/_{7}$ = 1500
voller Unterhalt = 1500 + 300 = 1800
anrechnungsfreies Defizit nach § 1577 I 1 BGB = 300 (1800 – 1500) = trennungsbedingter Mehrbedarf
Nach § 1577 II 2 BGB anzurechnender Differenzbetrag aus unzumutbarem Erwerbseinkommen und anrechnungsfreiem Defizit = 1200 – 300 = 900
Davon ist nach Billigkeitsabwägung gemäß § 1577 II 2 BGB die Hälfte anzurechnen = 900 : 2 = 450
geschuldeter Unterhalt = 1500 – 450 = 1050
M kann seinen trennungsbedingten Mehrbedarf dadurch selbst ausgleichen, dass ihm von seinem Einkommen € 3500 – 1050 – 300 = 2150 verbleiben. Das ist mehr als seine Quote von 2000 (3500 × $^{4}/_{7}$).

555 **Differenzierter Fall:**
Mit Erwerbsbonus 10%
Trennungsbedingter Mehrbedarf bei M und F je 300
Nettoeinkommen des M = 3600
Unterhalt für zwei Schulkinder nach DT 5/2 = je 552 = 1104
Prägende Erwerbseinkünfte der F = 700
Nichtprägende Einkünfte der F aus ausgeweiteter unzumutbarer Erwerbstätigkeit nach der Trennung = 700 × 90% = 630
Nichtprägende Zinseinkünfte aus Zugewinn = 300
Differenzquotenunterhalt = 3600 – 1104 (Kindesunterhalt) – 700 (prägendes Erwerbseinkommen) = 1796 × 45% = 808
voller Unterhalt = 808 + 300 = 1108
Anrechnungsfreies Defizit nach § 1577 I 1 BGB in Höhe des trennungsbedingten Mehrbedarfs = 300 (1108 – 808)
Nach § 1577 II 2 BGB anzurechnender Differenzbetrag = 630 (unzumutbares Erwerbseinkommen) – 300 = 330
Davon nach Billigkeitsabwägung gemäß § 1577 II 2 BGB die Hälfte = 330 : 2 = 165
Geschuldeter Unterhalt = 808 (Quote) – 165 (§ 1577 II 2 BGB) – 300 (§ 1577 I BGB) = 343
M kann seinen trennungsbedingten Mehrbedarf von 300 € dadurch ausgleichen, dass ihm von seinem bereinigten Einkommen von 2450 € (3500 – 1050) für den eigenen Bedarf 2150 € verbleiben (2450 – 300). Das ist mehr als seine Quote (2450 × 55% + 700 × 45% = 1663).

5. Anrechnung unzumutbarer Erwerbseinkünfte nach altem Recht

556 Die §§ 58ff. EheG enthielten keine dem § 1577 II BGB entsprechende Regelung. § 1577 II BGB kann auch nicht rückwirkend oder entsprechend auf Altfälle angewendet werden.

Nach der Rechtsprechung des BGH erfolgt bei solchen Altfällen eine Anrechnung nach den Grundsätzen von **Treu und Glauben** unter Berücksichtigung der Umstände des Einzelfalles.[21]

Nach diesen Grundsätzen kann es auf Grund einer Billigkeitsabwägung angemessen sein, dass nur der **halbe Arbeitsverdienst** als Einkommen angerechnet wird.[22]

6. Prägung der Lebensverhältnisse durch unzumutbare Einkünfte des Berechtigten?

556a Die Rechtsprechung der Oberlandesgerichte tendierte (im Gegensatz zum BGH[23] s. o. Rn. 545) dazu, auch Einkommen aus **unzumutbarer Erwerbstätigkeit** als **eheprägend**

---

[21] BGH, FamRZ 1983, 146, 148 = NJW 1983, 933, 935
[22] BGH, wie vorher
[23] BGH, FamRZ 2003, 512, mit zust. Anm. Gutdeutsch FamRZ 2003, 1002

anzuerkennen und hat die insoweit nicht eindeutigen Urteile des BGH vom 5. 9. 2001[24] und 24. 10. 2001[25] mit der Unterstützung eines Teils der Literatur[26] zum Anlass genommen, den Unterhalt unter der Annahme der Prägung des Bedarfs auch durch unzumutbares Erwerbseinkommen zu berechnen.[27]

- Der **methodisch konsequenteste Weg** besteht darin, den **Bedarf** nach dem **vollen Einkommen** beider Gatten (auch soweit es unzumutbar ist) zu bestimmen und **nur die Anrechnung** des Einkommens des Berechtigten auf seinen Bedarf **nach Billigkeit** entsprechend § 1577 II S. 2 BGB **einzuschränken.** Diesen Weg wählte das OLG Karlsruhe,[28] welches nach der **Additionsmethode** in die Berechnung des Bedarfs das volle Einkommen der kinderbetreuenden Frau einsetzte und auf diesen Bedarf das Einkommen der Frau entsprechend § 1577 II S. 2 BGB nur insoweit anrechnete, als es der Billigkeit entsprach. Das tatsächliche Einkommen der Frau von 752,50 DM legte es der Bedarfsbestimmung zugrunde, rechnete auf den so berechneten Bedarf aber nur den verminderten Betrag von 500 DM an.
- Die Oberlandesgerichte Köln[29] und Hamm,[30] vgl auch HL 17.3, dagegen setzten das nach Billigkeit gekürzte prägende Einkommen der Ehefrau in die Berechnung nach der **Differenzmethode** ein. Da diese Methode die Berechnung des Bedarfs und der Bedürftigkeit in einem Rechengang vereint, bewirkt sie, dass die nur teilweise Anrechnung des Einkommens der Frau nach § 1577 II S. 2 BGB auch ihren **Bedarf vermindert.** Ob das mit § 1577 II BGB vereinbar ist, erscheint allerdings zweifelhaft, denn die Vorschrift regelt nach ihrem Wortlaut nur die Anrechnung des Einkommens auf den Unterhaltsbedarf, nicht aber die Berechnung dieses Bedarfs.
- Zugleich stellt sich aber das OLG Hamm[31] dem Problem der Einschränkung der Anrechnung nach § 1577 II S. 1 BGB. Hiernach hat eine Anrechnung insoweit gänzlich zu unterbleiben, als der geschuldete Unterhalt hinter der Bedürftigkeit des Berechtigten zurückbleibt. Das OLG misst nun das Ergebnis seiner Unterhaltsberechnung an dem **Grundsatz der Halbteilung** und kommt zu dem Ergebnis, dass der **Ausschluss der Anrechnung** nach § 1577 II S. 1 BGB bei prägendem unzumutbaren Einkommen **nicht angewandt werden dürfe** und dass die Einschränkung der Anrechnung auf einen Billigkeitsbetrag gem. § 1577 II S. 2 BGB **auf die Gewährung eines Betreuungsbonus beschränkt** werden müsse.[32]
- In allen Fällen wird das Einkommen aber am Anfang um den **konkreten Betreuungsaufwand** bereinigt (z. B. Vergütung für Kinderbeaufsichtigung, Kostgeld, Fahrgeld u. ä.).[33]

Diese neue Rechtsprechung ist abzulehnen (vgl. aber Gerhardt in diesem Werk Rn. 1/544 a ff., Rn. 4/231, 4/256 f.). Es besteht keine Notwendigkeit, von der alten Rechtsprechung, wonach unzumutbares Einkommen nicht prägend sein könne, abzurücken. **556 b**

- Bis zur Änderung der Rechtsprechung zur Anrechnungsmethode bestand das folgende Dilemma: Wurde festgestellt, dass die Erwerbstätigkeit bei Ehezeitende unzumutbar gewesen war, dann fiel bei späterem Zumutbarwerden der Erwerbstätigkeit das daraus folgende Einkommen unter die Anrechnungsmethode. Die Feststellung der Unzumutbarkeit hatte deshalb erhebliche Nachteile für die kinderbetreuende Frau zur Folge. Diesen Nachteil konnte man vermeiden, wenn man die Erwerbstätigkeit als prägend

[24] BGH, FamRZ 2001, 1687 = R 566
[25] BGH, FamRZ 2002, 23 = R 568
[26] U. a. Büttner/Niepmann NJW 2002, 2283, 2285; Scholz FamRZ 2002, 773, 774; FA-FamR/Gerhardt 6. Kapitel Rn. 268,
[27] OLG München FamRZ 2000, 1286 [LSe]; OLG Köln NJW 2001, 3716; OLG Karlsruhe NJW 2002, 900; OLG Hamm NJW 2003, 223
[28] OLG Karlsruhe NJW 2002, 900
[29] OLG Köln NJW 2001, 3716
[30] OLG Hamm NJW 2003, 223
[31] OLG Hamm NJW 2003, 223
[32] FA-FamR/Gerhardt 6. Kapitel Rn. 268
[33] OLG Köln NJW 2001, 3716; OLG Hamm NJW 2003, 223

ansah. Weil jetzt aber auch bei Zumutbarwerden der Erwerbstätigkeit diese als eheprägend, nämlich als Surrogat der sie unzumutbar machenden Kindererziehung zu behandeln ist, ist dieser **Grund** durch die neue Surrogatsrechtsprechung **weggefallen.**

- Dagegen bestand offenbar **kein Bedenken** hinsichtlich des durch die alte Regelung bewirkten **Verteilungsergebnisses.** Hätte man hier Bedenken gehabt, so hätte man ihnen im Wege einer abweichenden Anrechnungsquote unschwer Rechnung tragen können (vgl. Rn. 550). Umgekehrt wird aber unter Hinweis auf den Halbteilungsgrundsatz die Herabsetzung der Einkommensanrechnung nach § 1577 II S. 1 und S. 2 BGB jetzt bekämpft. Das Ergebnis der neuen Lösung, nämlich die durch die Wertung als unzumutbar bewirkte **verminderte Anrechnung** und damit eine das Resteinkommen des Unterhaltspflichtigen übersteigende Versorgung der kinderbetreuenden Frau ist also vielfach **unerwünscht.**
- Das Argument, dieses Einkommen sei deshalb prägend, weil es für den Lebensbedarf **tatsächlich zur Verfügung** gestanden habe, greift nicht. Prägende Lebensverhältnisse unterliegen immer auch einer normativen Kontrolle. So prägt der tatsächliche eheliche Lebensstandard die Lebensverhältnisse dann nicht, wenn er allzu dürftig oder unangemessen hoch war.[34] Ebenso führt eine Verletzung der Erwerbsobliegenheit nicht zu einem entsprechend geringeren Bedarf.[35] Dann kann auch eine Übererfüllung der Erwerbsobliegenheit nicht zur Erhöhung des Bedarfs führen.[36]
- Für diese Lösung spricht auch der Vergleich mit der Behandlung von Einkommen des **Pflichtigen aus unzumutbarer Erwerbstätigkeit.** Hier hat der BGH entschieden, auch dieses sei nicht prägend. Sie können allenfalls dann bedarfssteigernd berücksichtigt werden, wenn Treu und Glauben eine solche Berücksichtigung erfordern. Aus Billigkeitsgründen könnten sie aber teilweise als prägend behandelt werden[37] (vgl. dazu Rn. 1/45 ff.). Einkommen des Pflichtigen hat aber (von Ausnahmefällen abgesehen) nur dann Einfluss auf den Gattenunterhalt, wenn er als prägend behandelt wird – anders als das unzumutbare Einkommen des Berechtigten, welches über die Anrechnung nach Billigkeit gem. § 1577 II BGB unmittelbar Einfluss auf den Unterhalt hat. Deshalb könnte zwar auch ein Einkommen der Berechtigten aus Billikeitsgründen bei der Bedarfsberechnung berücksichtigt werden. Anders als beim Pflichtigen besteht aber wegen der Anrechnungsfreiheit hierfür kein Bedürfnis.

III. Vermögensverwertung nach § 1577 III BGB und nachhaltige Unterhaltssicherung durch Vermögen nach § 1577 IV BGB

1. Vermögensverwertung nach § 1577 III BGB

557 Nach § 1577 III BGB braucht der Berechtigte den Stamm seines Vermögens nicht zu verwerten, soweit die Verwertung unwirtschaftlich oder unter Berücksichtigung der beiderseitigen wirtschaftlichen Verhältnisse unbillig wäre.

Unter Vermögen in diesem Sinn ist das **gesamte Aktivvermögen** des Berechtigten zu verstehen, und zwar Vermögen jeder Art. Zu berücksichtigen sind auch Vermögenswerte, die erst nach der Trennung oder Scheidung zugeflossen oder entstanden sind, wie z. B. durch eine Erbschaft oder Schenkung, durch den Veräußerungserlös eines früheren gemeinsamen Hauses oder durch eine Vermögensbildung nach der Scheidung.

Das Vermögen dient dazu, den Unterhalt des Berechtigten ergänzend zu dessen sonstigen Einkünften **auf Lebenszeit zu sichern.**[38]

---

[34] BGH, FamRZ 1982, 151; FamRZ 1984, 358, 360; FamRZ 1987, 36, 39; FamRZ 1989, 1160; FamRZ 1993, 789, 792

[35] BGH, FamRZ 2001, 986 = R 563, es sei denn es handele sich lediglich um gedachte wirtschaftliche Verhältnisse: BGH, FamRZ 1992, 1045, 1047

[36] BGH, FamRZ 1983, 146, 148

[37] BGH, FamRZ 2003, 848, 851

[38] BGH, FamRZ 1985, 354 = R 222 c

Der Berechtigte muss Vermögen grundsätzlich verwerten und für Unterhaltszwecke verwenden, wenn die Verwertung **weder unwirtschaftlich noch unbillig** ist. Ist eine dieser beiden Alternativen erfüllt, entfällt eine Verwertungsobliegenheit. 558

Wirtschaftlich ist die **Verwertung des Miteigentums an einem Haus** durch Aufhebung der Miteigentumsgemeinschaft statt einer Beleihung des Miteigentumsanteils.[39] 559

Eine Verwertung ist nicht deshalb unwirtschaftlich, weil das Vermögen dadurch während der voraussichtlichen Lebensdauer verbraucht wird, denn das Vermögen soll in der Regel dazu dienen, den Unterhaltsbedarf des Berechtigten ergänzend zu dessen sonstigen Einkünften auf Lebenszeit zu sichern.[40] Es soll nicht zu Lasten des Verpflichteten für Erben erhalten werden. Doch ist ihm zuzumuten, eine **Leibrente** einzukaufen, wobei die in Rn. 342 entwickelten Grundsätze entsprechend gelten.

Eine Vermögensverwertung kann **unwirtschaftlich** sein, wenn der Berechtigte aus dem Vermögen Erträge erzielt, die seinen Unterhaltsanspruch mindern, es sei denn, die Erträge stehen in keinem angemessenen Verhältnis zum Wert des dafür eingesetzten Vermögens. In entsprechender Weise ist der Verkauf eines Eigenheims unwirtschaftlich, wenn eine entsprechende Mietwohnung auf Dauer teurer wäre als der Wert des Wohnvorteils.

Unwirtschaftlich kann die Veräußerung eines landwirtschaftlichen Grundstücks sein, wenn eine erhebliche **Wertsteigerung alsbald zu erwarten** ist, weil das Grundstück in die Baulandplanung einbezogen wird.

Die Verwertung eines **Barvermögens** ist in der Regel nicht unwirtschaftlich, kann aber unbillig sein.[41]

Zur **Unbilligkeit** der Verwertung: 560

Diese erfordert eine umfassende tatrichterliche Billigkeitsabwägung aller Umstände des Einzelfalls, vor allem der beiderseitigen wirtschaftlichen Verhältnisse. Siehe dazu die Ausführungen zu Rn. 5/73 ff. Jedoch dürfen dabei nicht aus Gründen der Gleichbehandlung ohne weiteres die gleichen Maßstäbe angelegt werden, welche für die Zumutbarkeit der Vermögensverwertung durch einen Unterhaltspflichtigen gelten.[42]

Auch das Geltendmachen des **Pflichtteils** kann zumutbar sein.[43]

Der Berechtigte hat die **Darlegungs- und Beweislast** für alle Umstände, aus denen sich die Unbilligkeit oder Unwirtschaftlichkeit einer Vermögensverwertung ergibt. Der Verpflichtete muss seinerseits im Rahmen seines qualifizierten Bestreitens solche Umstände vortragen, die für eine Vermögensverwertung sprechen, vgl. auch Rn. 6/709, Rn. 6/712. 561

2. Nachhaltige Unterhaltssicherung durch Vermögen nach § 1577 IV BGB

War zum Zeitpunkt der Ehescheidung zu erwarten, dass der Unterhalt des Berechtigten aus seinem Vermögen nachhaltig gesichert sein wird, dann besteht **kein Unterhaltsanspruch** (§ 1577 IV 1 BGB). 562

Der Anspruch bleibt auch dann **erloschen, wenn das Vermögen** später, sei es verschuldet oder unverschuldet, **wegfällt.** Dies ist wie bei § 1573 IV 1 BGB eine Folge der nachhaltigen Unterhaltssicherung.

Ausnahmsweise entsteht nach § 1577 IV 2 BGB trotzdem ein neuer Unterhaltsanspruch nach § 1570 BGB, wenn im Zeitpunkt des Vermögenswegfalls vom Berechtigten wegen der Pflege oder Erziehung eines gemeinschaftlichen Kindes keine Erwerbstätigkeit erwartet werden kann. 563

---

39 BGH, FamRZ 1984, 662 = NJW 1984, 2358
40 BGH, R 222 c, wie oben
41 BGH, FamRZ 1985, 360 = R 244 a
42 BGH, FamRZ 1993, 1065 = R 461 a
43 BGH, FamRZ 1993, 1065 = R 461 a, b

6. Abschnitt: Zur Leistungsfähigkeit des Verpflichteten

I. Leistungsunfähigkeit als Einwendung

564 Für den Geschiedenenunterhalt beinhaltet § 1581, ähnlich wie § 1603 BGB und früher § 59 EheG, eine Regelung der Leistungsfähigkeit sowie der Folgen einer ganz oder teilweise fehlenden Leistungsfähigkeit. Das Gesetz verwendet zwar nicht ausdrücklich den Begriff der Leistungsfähigkeit, meint sie aber nach Sinn und Zweck der Regelung.

565 Obwohl die Leistungsfähigkeit an sich – wie die Bedürftigkeit – eine weitere Voraussetzung jedes Unterhaltsanspruchs ist und damit zur Klagebegründung gehören würde, ist sie in den §§ 1581, 1603 BGB aus Zweckmäßigkeitsgründen **als Einwendung ausgestaltet** mit der Folge, dass der Verpflichtete die Darlegungs- und Beweislast hat für eine von ihm behauptete beschränkte oder fehlende Leistungsfähigkeit (vgl. Rn. 6/711, 712). Diese Umkehr der Darlegungs- und Beweislast ist verfassungsrechtlich bedenkenfrei.[1]

Erhebt der Verpflichtete hinsichtlich seiner Leistungsfähigkeit keine Einwendungen, wird die Leistungsfähigkeit vermutet. Der Richter ist nicht verpflichtet, sich von Amts wegen nach Umständen zu erkundigen, die die Leistungsfähigkeit beeinträchtigen könnten, wie z. B., ob er gegenüber seiner Frau aus neuer Ehe unterhaltsverpflichtet ist.[2]

566 Beim **Trennungsunterhalt** fehlt eine dem § 1581 BGB entsprechende Regelung. Trotzdem sind die Grundsätze des § 1581 BGB auch beim Trennungsunterhalt in entsprechender Weise mit heranzuziehen.[3]

II. Eigener eheangemessener Bedarf

567 Der Verpflichtete ist nach § 1581 BGB leistungsfähig, wenn er wirtschaftlich in der Lage ist, den **vollen eheangemessenen Unterhalt** (§§ 1361, 1578 I 1 BGB) des Berechtigten ohne Beeinträchtigung seines **eigenen eheangemessenen Bedarfs** zu bezahlen. Er ist dann auch zu entsprechenden Unterhaltszahlungen verpflichtet. Er hat dazu alle eheprägenden und -nichtprägenden Einkünfte heranzuziehen (Rn. 570).

568 In seiner **grundsätzlichen Entscheidung** vom 18. 10. 1989 (IV b ZR 89/88[4]) hat der BGH die in diesem Buch vertretene Auffassung bestätigt, dass der eigene angemessene Unterhalt im Sinn von § 1581 BGB grundsätzlich mit dem **vollen eheangemessenen Unterhalt nach § 1578 I 1 BGB gleichzusetzen** ist. Nur ein solches Verständnis fügt sich in die gesetzliche Regelung ein, die in § 1578 I 1 BGB die ehelichen Lebensverhältnisse für den Regelfall zum Maßstab des nachehelichen Unterhalts bestimmt. Diese Gleichsetzung des eigenen angemessenen Unterhalts in § 1581 BGB mit dem eheangemessenen Unterhalt im Sinn des § 1578 I 1 BGB und nicht mit einem aus § 1603 II entlehnten, nicht selten unter dem eheangemessenen Unterhalt liegenden Selbstbehalt vermeidet insbesondere, dass der Berechtigte unter Verstoß gegen den Grundsatz der gleichmäßigen Teilhabe am ehelichen Lebensstandard seinen vollen eheangemessenen Unterhalt erhält, während der Verpflichtete erst dann nicht mehr als voll leistungsfähig behandelt wird, wenn ein generell bestimmter, womöglich unter seinem eheangemessenen Bedarf liegender Selbstbehalt gefährdet wäre. Die in § 1581 BGB vorgeschriebene Abwägung hat neben der Sicherung des Eigenbedarfs des Verpflichteten auch den Zweck, das verfügbare Einkommen unter den geschiedenen Eheleuten so zu verteilen, dass die dem Berechtigten zustehenden Unterhaltsleistungen nicht in einem unbilligen Verhältnis zu den Mitteln stehen, die dem Verpflichte-

[1] BVerfG FamRZ 1985, 143, 146 = R 235; BGH, FamRZ 1988, 930 = R 368 b
[2] BGH, FamRZ 1988, 930 = R 368 b
[3] BGH, FamRZ 1986, 556 = R 284
[4] BGH, FamRZ 1990, 260 = R 399 b

ten zur Deckung seines eigenen Bedarfs verbleiben. Um diesem Umstand voll gerecht zu werden, muss diese Billigkeitsabwägung nach § 1581 BGB bereits eröffnet sein, wenn der Verpflichtete den vollen geschilderten Unterhalt im Sinn des § 1578 I 1 BGB nicht ohne Gefährdung seines eigenen eheangemessenen Unterhalts (im Sinn des § 1578 I 1 BGB) leisten kann.[5]

Demgemäß ist ein **Mangelfall** im Sinn des § 1581 BGB bereits dann zu bejahen, wenn **569** das verfügbare Einkommen nicht ausreicht, um den beiderseitigen vollen eheangemessenen Unterhalt (§ 1578 I 1 BGB) einschließlich des typischerweise trennungsbedingt auftretenden trennungsbedingten Mehrbedarfs zu befriedigen.[6]

Die Praxis nimmt oft irrig einen Mangelfall erst dann an, wenn der angemessene oder der notwendige Selbstbehalt gefährdet wird. Das sind jedoch besondere Arten des Mangelfalls, die in diesem Buch als verschärfter Mangelfall bezeichnet werden (vgl. Rn. 5/1 ff.) im Gegensatz zu dem eingeschränkten Mangelfall des § 1581 BGB.

Die SüdL 21.4 bezeichnen den Betrag, welchen der Verpflichtete für seinen eheangemessenen Unterhalt benötigt, als **eheangemessenen Selbstbehalt,** dessen Unterschreitung die Billigkeitsabwägung auslöst.

In einem solchen Mangelfall schlägt der Unterhaltsanspruch des Berechtigten im Sinn von § 1578 I 1 BGB deshalb um in einen **Billigkeitsunterhalt** nach § 1581 BGB, dessen Umfang der Tatrichter unter Abwägung der beiden Eheleuten zur Bedarfsdeckung zur Verfügung stehenden Mittel sowie der beiderseits zu befriedigenden Bedürfnisse nach individuellen Gesichtspunkten zu bestimmen hat.[7]

Der volle eheangemessene Unterhalt (= eheangemessene Selbstbehalt) im Sinn von **570** Rn. 567 beinhaltet deshalb im Regelfall den **Quotenbedarf zuzüglich trennungsbedingten Mehrbedarfs und ev. sonstigen Mehrbedarfs** gemäß den Ausführungen in Abschnitt 3 (Rn. 416, 447, wobei auch der trennungsbedingte Mehrbedarf des Verpflichteten i. d. R. nur zum Zuge kommt, wenn es durch ein nichtprägendes Zusatzeinkommen gedeckt werden kann).

- Erhebt der Verpflichtete **keine Einwendungen zu seiner Leistungsfähigkeit** (Rn. 565), dann ist der volle Bedarf als Unterhalt zuzusprechen.
- **Behauptet der Verpflichtete,** ganz oder teilweise nicht leistungsfähig zu sein, muss er dies konkret darlegen und nachweisen, dass und warum er den vollen Unterhalt nicht ohne Beeinträchtigung seines eigenen vollen Bedarfs bezahlen kann (siehe Rn. 6/710 f.).

Im Rahmen der Überprüfung seiner Leistungsfähigkeit sind auf der Leistungsstufe **sämtliche Einkünfte des Verpflichteten zu berücksichtigen,**[8] also sowohl prägende wie nichtprägende Einkünfte (siehe Rn. 1/20 f.). Außerdem können dem Verpflichteten im Rahmen der Leistungsfähigkeit verstärkt in zumutbarer Weise erzielbare Einkünfte fiktiv zugerechnet werden (siehe Rn. 1/487 ff.).

- Andererseits sind im Rahmen der Leistungsfähigkeit nach § 1581 BGB **auch sonstige berücksichtigungswürdige Verbindlichkeiten,** wie z. B. Unterhalt für Kinder aus neuer Ehe, zu berücksichtigen, die bei der Bedarfsbemessung nicht berücksichtigt werden durften. Dazu ist ein entsprechender Vortrag des Verpflichteten erforderlich. Dieser hat auch die Darlegungs- und Beweislast für Umstände, aus denen sich die Berücksichtigungswürdigkeit einer solchen Verbindlichkeit ergibt.[9] (Ferner Rn. 5/112 ff. und Rn. 1/614 ff.) **571**
- Der durch § 1578 I BGB hergestellte Bezug zur konkreten Ehe hat zur Folge, dass der eheangemesssene Selbstbehalt des Verpflichteten keine unabhängig vom Unterhaltsrechtsverhältnis festgelegte Größe ist. Ist der Verpflichtete **mehreren Ehegatten zum Unterhalt verpflichtet,** so kann er einem jeden nur den eheangemessenen Selbstbehalt entgegenhalten, welcher sich nach den wirtschaftlichen **Verhältnissen der jeweiligen Ehe** bestimmt.

---

[5] BGH, FamRZ 1990, 260 = R 399 b
[6] BGH, FamRZ 1990, 260 = R 399 b
[7] BGH, FamRZ 1990, 260 = R 399 b
[8] BGH, FamRZ 1989, 159 = R 377 d
[9] BGH, FamRZ 1990, 283, 287 = R 400 c

572 Bei beschränkter Leistungsfähigkeit besteht ein **Mangelfall** im Sinn von § 1581 BGB. Geschuldet wird dann nicht mehr der volle Unterhalt nach § 1578 I 1 BGB, sondern auf Grund einer Billigkeitsabwägung nach § 1581 BGB ein Billigkeitsunterhalt. Diese Feststellung ist wichtig, weil bei einer **späteren Abänderung** der volle Unterhalt verlangt werden kann, wenn nun mehr Mittel zur vollen Bedarfsdeckung vorhanden sind. Es besteht kein Grund, die Parteien in einem solchen Fall an der früheren Beschränkung auf einen Billigkeitsunterhalt festzuhalten[10] (Rn. 5/31 f.).

III. Bedarfsquote und Billigkeitsquote, konkreter Bedarf

573 Oft wird nämlich auch bei einem Mangelfall nach § 1581 BGB der Unterhalt nach der **Ehegattenquote** bemessen (Rn. 372). Diese Ehegattenquoten beinhalten ihrerseits bereits einen Mangelfall, wenn ein trennungsbedingter Mehrbedarf oder sonstiger Mehrbedarf vorhanden ist, der nicht durch zusätzliche nichtprägende Einkünfte des Berechtigten oder des Verpflichteten oder durch Einschränkung einer Vermögensbildung gedeckt werden kann (siehe Rn. 5/28, 5/73 ff.).

Es ist daher zu unterscheiden zwischen der auf § 1581 BGB gründenden **Billigkeitsquote** des Gattenunterhalts bei beschränkter Leistungsfähigkeit, die der ursprünglichen Düsseldorfer Tabelle zugrunde lag,[11] und der **Bedarfsquote,** welche der BGH mit der Anrechnungsmethode[12] begründet und der Zuordnung des Bonus zum Bedarf weiterentwickelt hat.[13]

574 Bei der Billigkeitsquote sind alle zumutbar erzielten oder erzielbaren prägenden und nichtprägenden Einkünfte zugrunde zu legen, bei der Bedarfsquote nur die prägenden. Jedoch kann im eingeschränkten Mangelfall auch eine proportionale Kürzung des Bedarfs erfolgen. Einzelheiten zu den Folgen des Mangelfalls siehe Rn. 5/73 ff.

575 Bei einer **konkreten Bedarfsbemessung** (siehe Rn. 366) gibt es in der Regel wegen der besonders guten wirtschaftlichen Verhältnisse keinen Mangelfall. Ein Mangel kann aber dann eintreten, wenn der Verpflichtete, z. B. infolge eines Konkurses, einkommens- und vermögenslos wird. Es sind dann die allgemeinen Grundsätze einer Mangelfallrechnung anzuwenden.

IV. Schuldhaft herbeigeführte Leistungsunfähigkeit, Folgen des Mangelfalls

576 Eine (teilweise oder völlige) Leistungsunfähigkeit ist grundsätzlich zu beachten, und zwar auch dann, wenn der Verpflichtete sie selbst, sogar **schuldhaft herbeigeführt** hat.[14] Ausnahmsweise kann dem Verpflichteten nach **Treu und Glauben** (§ 242 BGB) die Berufung auf eine beschränkte oder fehlende Leistungsfähigkeit verwehrt sein, wenn ihm ein verantwortungsloses, zumindest leichtfertiges Verhalten von erheblichem Gewicht vorgeworfen werden kann, was eine wertende Betrachtung und Abwägung aller Umstände des Einzelfalles erfordert[15] (genauer Rn. 331 ff., Rn. 1/494 ff. und nachfolgend Rn. 5/25 f.).

577 Die Folgen des Mangelfalls sind im § 5 Mangelfälle unter Rn. 5/35 f., 5/73 f., 5/180 f. dargestellt.

---

[10] BGH, FamRZ 1989, 842 a; FamRZ 1989, 817 = R 369 a; FamRZ 1987, 257

[11] Deutlich in DT98 B I 1 und HL98 27, 29, welche den Billigkeitunterhalt als Regelfall voranstellten und dann auf den Bedarf beschränken, vgl. Hampel, Bemessung des Unterhalts, Rn. 530

[12] BGH, FamRZ 1983, 146, 148 = R 142 d; FamRZ 1982, 576

[13] BGH, FamRZ 1989, 842

[14] BGH, FamRZ 1987, 372, 374; FamRZ 1985, 158 = NJW 1985, 732

[15] BGH, FamRZ 1989, 159, 161 = R 377 d

7. Abschnitt: Zeitliche Unterhaltsbegrenzung und Unterhaltsherabsetzung nach den §§ 1573 V, 1578 I 2 BGB

I. Zeitliche Unterhaltsbegrenzung nach § 1573 V BGB

1. Voraussetzungen und Anwendungsbereich einer zeitlichen Begrenzung nach § 1573 V BGB

Nach § 1573 V BGB können Unterhaltsansprüche nach § 1573 I bis IV BGB, die nach dem 31. 3. 1986 fällig geworden sind (unten Rn. 579), **zeitlich** dem Grunde nach **begrenzt** werden, soweit insbesondere unter Berücksichtigung der Dauer der Ehe sowie der Gestaltung der Haushaltsführung und Erwerbstätigkeit ein zeitlich unbegrenzter Unterhaltsanspruch unbillig wäre; dies gilt in der Regel nicht, wenn der Berechtigte nicht nur vorübergehend ein gemeinschaftliches Kind allein oder überwiegend betreut hat oder betreut. Die Zeit der Kindesbetreuung steht der Ehedauer gleich (vgl. hierzu Rn. 592). 578

Diese Voraussetzungen für eine **zeitliche Begrenzung** des Unterhalts nach § 1573 V BGB sind inhaltsgleich mit den Voraussetzungen für eine **zeitliche Herabsetzung** des Unterhalts nach § 1578 I 2 BGB. Das OLG Frankfurt[1] hat die zeitliche **Begrenzung** nach § 1573 V BGB **beschränkt auf die Erhöhungsbeträge** vorgenommen, die sich zugunsten der Berechtigten in dem von ihr betriebenen Abänderungsverfahren ergaben – vgl. dazu Rn. 580.

Voraussetzungen für eine zeitliche Begrenzung dem Grunde nach:

- **Bejahung eines Unterhaltsanspruchs nach § 1573 I mit IV BGB.** Ansprüche, die nicht auf § 1573 BGB beruhen, können nicht zeitlich begrenzt werden.[2]
  Dies kann sein:
  Ein Erwerbslosigkeitsunterhalt nach § 1573 I BGB (dazu Rn. 104 ff.).
  Ein Aufstockungsunterhalt nach § 1573 II BGB (dazu Rn. 122 f.).
  Ein Anschlussunterhalt nach § 1573 III BGB (dazu Rn. 115 und Rn. 126).
  Ein wiederaufgelebter Anspruch nach § 1573 IV BGB, wenn der Unterhalt noch nicht nachhaltig durch eine Erwerbstätigkeit gesichert war (dazu Rn. 116 ff.).
- **Unbilligkeit eines zeitlich unbefristeten Unterhalts** auf Grund einer Abwägung der Umstände des Einzelfalls, insbesondere der Ehedauer, der Gestaltung von Haushaltsführung und Erwerbstätigkeit sowie der Betreuung gemeinschaftlicher Kinder.

§ 1573 V BGB ist durch das ab 1. 4. 1986 in Kraft getretene UÄndG vom 20. 2. 1986 neu eingeführt worden. Er gilt für Unterhaltsansprüche, die nach dem 31. 3. 1986 fällig geworden sind.[3] 579

§ 1573 V BGB enthält eine **Billigkeitsklausel,** die nur angewandt werden soll, wenn **keine erheblichen ehebedingten Nachteile** vorliegen. Grundsätzlich bleibt nach der Scheidung das Prinzip der nachwirkenden wirtschaftlichen Mitverantwortung bestehen. Nach dem Wortlaut „soweit ... unbillig wäre“ handelt es sich um eine **Ausnahmeregel,** deren Anwendung vor allem bei kurz dauernden kinderlosen Ehen in Betracht kommt. Grundsätzlich ist eine eingehende, **umfassende Billigkeitsabwägung** erforderlich. Dabei erfordert § 1573 V BGB anders als § 1579 BGB **keine grobe Unbilligkeit.**[4] Wegen der Einzelheiten der zutreffenden Billigkeitsabwägung siehe Rn. 591 ff.

Nach der Begründung des Regierungsentwurfs sollen durch § 1573 V BGB unbillige Ergebnisse beseitigt werden können, die in der Privatisierung des Arbeitsplatzrisikos durch Ansprüche nach § 1573 BGB liegen können. Für eine zeitliche Begrenzung spreche es, wenn der Berechtigte, der während der Ehe gearbeitet habe, seinen Arbeitsplatz nicht

[1] OLG Frankfurt, FamRZ 1999, 97
[2] BGH, FamRZ 1988, 265 = NJW 1988, 2369
[3] BGH, FamRZ 1988, 259 = NJW 1988, 2376
[4] BGH, FamRZ 1990, 492, 494 = R 404 b

ehebedingt, sondern ausschließlich aus konjunkturellen Gründen verloren habe. Dagegen scheide in Fällen einer Kindesbetreuung in der Regel eine zeitliche Begrenzung aus. Beim **Aufstockungsunterhalt** sei zu prüfen, ob die Differenz zwischen den Einkommen der Ehegatten ehebedingt sei.

2. Rechtsfolgen nach § 1573 V BGB

580 Als Rechtsfolge kann ein Anspruch nach § 1573 BGB **zeitlich** dem Grunde nach **begrenzt** werden. Dies bedeutet einerseits, dass der Berechtigte zunächst eine Übergangsfrist erhält, die es ihm ermöglichen soll, sich wirtschaftlich und persönlich auf die vom Gericht festzusetzende zeitliche Grenze einzustellen.

Andererseits **erlischt der Unterhaltsanspruch vollständig** nach Ablauf dieser Übergangsfrist. Es endet grundsätzlich die unterhaltsrechtliche Abhängigkeit vom Verpflichteten. Allerdings stellt der Wegfall des Anspruchs nach § 1573 BGB zugleich einen **Einsatzzeitpunkt für** einen Anspruch auf **Anschlussunterhalt** wegen Alters (§ 1571 Nr. 3 BGB) oder wegen Krankheit (§ 1572 Nr. 4 BGB) dar.[5] Soweit diese Tatbestände eingreifen, kommt nur eine Herabsetzung auf den angemessenen Lebensbedarf in Betracht (§ 1578 I 2 BGB).

Nach dem Wortlaut des Gesetzes gibt es **keine Unterhaltsherabsetzung**[6] – vgl. aber zum Abänderungsverfahren wegen Herabsetzung von Erhöhungsbeträgen Rn. 578 u. 595 b. Ob es tatsächlich möglich ist – wenn die Voraussetzungen des § 1578 I 2 BGB nicht vorliegen –, ein gleichartiges Ergebnis dadurch zu erzielen, dass die zeitliche Herabsetzung nach § 1573 V BGB auf die Erhöhungsbeträge beschränkt wird, die sich im Abänderungsverfahren ergeben, erscheint unter dem Gesichtspunkt einer Gesetzesumgehung zweifelhaft. An sich ergreift § 1573 V BGB den Grund des Anspruchs, allerdings wird auch die Ansicht vertreten, es sei eine anteilige zeitliche Begrenzung, z. B. in nacheinanderfolgenden Stufen, möglich.[7] Dies dürfte mit dem Gesetzeswortlaut nicht in Einklang zu bringen sein, weil danach der Unterhaltsanspruch, also der gesamte Anspruch, zeitlich zu begrenzen ist. Der BGH hat für die Anwendung des § 1573 V BGB darauf hingewiesen, dass nach Wegfall des Anspruchs nach § 1573 BGB zu prüfen sei, ob ein Anschlussunterhalt wegen Alters oder Krankheit in Betracht käme,[8] was dafür spricht, dass auch der BGH nicht von der Möglichkeit einer zeitlichen Herabsetzung ausgeht.

581 Die Bestimmung der **Zeitgrenze ist eine richterliche Ermessensentscheidung.**

Für die Bemessung der Zeitspanne, in der der Berechtigte seinen eheangemessenen Unterhalt erhält, spielt in der Regel eine große Rolle, welche Zeit er braucht, um sich auf die neue Lebenssituation einzustellen.[9] Dabei gibt es keine schematische Bindung zwischen Ehedauer und Dauer der Gewährung des vollen Unterhalts im Sinne einer zeitlichen Entsprechung[10] – siehe auch Rn. 592.

Dies erfordert beim Erwerbslosigkeitsunterhalt meist eine Prognose dazu, innerhalb welcher Zeit es dem Berechtigten voraussichtlich gelingen kann, einen Arbeitsplatz zu finden.

Beim Aufstockungsunterhalt wird der Berechtigte meist seine bisherige Tätigkeit fortsetzen und deshalb nicht mehr verdienen. Ihm wird dennoch nach dem Sinn und Zweck des Gesetzes eine Begrenzung zugemutet, und zwar mit umso kürzerer Übergangszeit, je kürzer die Ehe gedauert hat.

Zugunsten des Berechtigten kann berücksichtigt werden, dass er seine (Teil-)Erwerbstätigkeit trotz Übernahme der mit einer Kinderbetreuung verbundenen zusätzlichen Belastungen aufrechterhält.[11]

Im Übrigen können alle **Gesichtspunkte,** die bereits bei **der Billigkeitsabwägung** berücksichtigt worden sind, **auch für die Bemessung der Übergangszeit** eine Rolle

---

[5] BGH, FamRZ 1995, 665, 667 = R 493 B c
[6] Vgl. Hahne, FamRZ 1986, 305, 310; Brudermüller, FamRZ 1998, 649, 657
[7] Vgl. OLG Düsseldorf, FamRZ 1987, 945
[8] BGH, FamRZ 1995, 665, 667 = R 493 B c
[9] BGH, FamRZ 1986, 886, 888 = R 307 b
[10] OLG Hamm, FamRZ 1998, 292, 294
[11] BGH, FamRZ 1990, 492, 494 = R 404 b

spielen. Entscheidend wird dabei in den meisten Fällen sein, wie lange und wie intensiv die Eheleute ihre Lebensposition aufeinander abgestellt haben.

Obwohl das Gesetz bei den Billigkeitskriterien die Berücksichtigung der Ehedauer vorschreibt und damit eine Beziehung zwischen **Dauer der Ehe und Dauer des** vollen eheangemessenen **Unterhalts** herstellt, ist nach dem Regierungsentwurf an keine schematische Anbindung im Sinn einer zeitlichen Entsprechung gedacht.[12] In der richterlichen Praxis besteht eine Tendenz, sich u. a. vor allem an der Ehedauer zu orientieren, wobei als Ehedauer die Zeit zwischen Eheschließung und Rechtshängigkeit des Scheidungsantrags zählt,[13] zuzüglich danach liegender Zeiten der Kindesbetreuung (vgl. Rn. 592). Zu den Kriterien der Billigkeitsabwägung siehe im einzelnen Rn. 591 ff.

3. Darlegungs- und Beweislast sowie verfahrensrechtliche Probleme

§ 1573 V BGB ist eine in ihrer Wirkung mit § 1579 BGB vergleichbare, die Unterhaltsverpflichtung einschränkende Norm. Sie wirkt sich zugunsten des Verpflichteten aus. Deshalb hat der Verpflichtete, wie bei § 1579 BGB, **die Darlegungs- und Beweislast** für das Vorliegen der Billigkeitsgründe, die eine zeitliche Begrenzung rechtfertigen.[14] Er muss u. a. auch dartun und beweisen, dass eine Arbeitslosigkeit des Berechtigten nicht ehebedingt ist, sondern auf anderen, z. B. konjunkturellen Gründen beruht. **582**

Liegen die tatbestandlichen Voraussetzungen des § 1573 V BGB vor, **muss der Richter** den Unterhalt **begrenzen,** auch wenn sich der Verpflichtete nicht auf eine solche Begrenzung beruft.

Eine **zeitliche Begrenzung** nach § 1573 V BGB kann **mit zeitlicher Herabsetzung** nach § 1578 I 2 BGB **kombiniert** werden (siehe Rn. 589).

Wegen weiterer Einzelheiten siehe Rn. 595.

II. Zeitliche Begrenzung und Herabsetzung des eheangemessenen Unterhalts auf den angemessenen Lebensbedarf nach § 1578 I 2 BGB

1. Voraussetzungen und Anwendungsbereich nach § 1578 I 2 BGB

Nach § 1578 I 1 BGB ist der nacheheliche Unterhalt nach den ehelichen Lebensverhältnissen im Zeitpunkt der Scheidung zu bemessen (Rn. 299 ff.). In Verbindung mit § 1573 I und II BGB bedeutet dies für den bedürftigen Ehegatten eine zeitlich unbeschränkte Lebensstandardgarantie, solange dem Grunde nach ein Unterhaltsanspruch fortbesteht. **583**

Nach § 1578 I 2 BGB kann die Unterhaltsbemessung nach den ehelichen Lebensverhältnissen (§ 1578 I 1 BGB) für nach dem 31. 3. 1986 fällig gewordene Ansprüche (siehe Rn. 585) **zeitlich der Höhe nach begrenzt und** danach auf den angemessenen Lebensbedarf **herabgesetzt werden,** soweit insbesondere unter Berücksichtigung der Dauer der Ehe sowie der Gestaltung von Haushaltsführung und Erwerbstätigkeit eine zeitlich unbegrenzte Bemessung nach § 1578 I 1 BGB unbillig wäre; dies gilt in der Regel nicht, wenn der Berechtigte nicht nur vorübergehend ein gemeinschaftliches Kind allein überwiegend betreut hat oder betreut. Die Zeit der Kindesbetreuung steht der Ehedauer gleich (vgl. hierzu Rn. 592).

Diese Voraussetzungen für eine zeitlich begrenzte Herabsetzung sind mit Ausnahme des Anwendungsbereichs inhaltsgleich mit den Voraussetzungen des § 1573 V BGB.

Voraussetzungen für eine zeitlich begrenzte Herabsetzung: **584**

- § 1578 I 2 BGB gilt für **alle Tatbestände des nachehelichen Unterhalts** (§§ 1570 ff. BGB), also auch für einen Anspruch nach § 1573 BGB.

---

[12] BGH, FamRZ 1986, 886, 888 = R 307 b

[13] BGH, FamRZ 1986, 886, 888 = R 307 b

[14] BGH, FamRZ 1990, 857, 859 = R 417

– Eine zeitlich unbegrenzte Unterhaltsbemessung nach den ehelichen Lebensverhältnissen muss unter Berücksichtigung der Dauer der Ehe, der Gestaltung von Haushaltsführung und Erwerbstätigkeit sowie der Betreuung gemeinschaftlicher Kinder unbillig sein. Dies erfordert eine **umfassende Billigkeitsabwägung** aller Umstände des Einzelfalls[15] (Genaueres dazu Rn. 591 ff.).

Liegen die Voraussetzungen des § 1578 I 2 BGB vor, muss der Richter trotz des Wortes „kann" den Unterhaltsanspruch **herabsetzen.** Wenn gleichzeitig die Voraussetzungen des § 1573 V BGB erfüllt sind, kann er außerdem den Unterhaltsanspruch nach dieser Vorschrift zeitlich begrenzen.

585 § 1578 I 2 BGB ist durch das am 1. 4. 1986 in Kraft getretene UÄndG vom 20. 2. 1986 neu eingeführt worden. Es gilt für Unterhaltsansprüche, die nach dem 31. 3. 1986 fällig geworden sind.[16] Wie § 1573 V BGB hat auch § 1578 I 2 BGB **Ausnahmecharakter.**

Nach der Begründung des Regierungsentwurfs soll mit dieser Neuregelung die in § 1578 I 1 BGB enthaltene zeitlich unbegrenzte Lebensstandard-Garantie relativiert werden, indem nach den Umständen des konkreten Einzelfalls nach Ablauf einer Übergangsfrist eine Herabsetzung auf den angemessenen Lebensbedarf möglich wird. Damit steht ein Regulativ auch für diejenigen Fälle zur Verfügung, in denen eine unbefristete Beteiligung des geschiedenen Ehegatten an späteren Einkommenssteigerungen des Verpflichteten nicht angemessen wäre, auch wenn solche Steigerungen zurzeit der Scheidung bereits abzusehen waren.[17]

Nicht anwendbar ist § 1578 I 2 BGB auf altrechtliche Unterhaltsansprüche nach § 58 EheG.[18]

2. Rechtsfolgen des § 1578 I BGB

586 Als Rechtsfolge kann jeder Anspruch gemäß den §§ 1570 mit 1576 BGB vom eheangemessenen Unterhalt gemäß § 1578 I 1 BGB nach Ablauf einer Übergangsfrist auf den angemessenen Lebensbedarf (Rn. 587) herabgesetzt werden; ein vollständiger Wegfall des Unterhaltsanspruchs scheidet hiernach aus.[19]

Nach dem Wortlaut des § 1578 I 2 BGB gibt es allerdings **keine sofortige Herabsetzung.**

Anders als bei § 1573 V BGB endet der Unterhaltsanspruch nicht mit Ablauf der zeitlichen Begrenzung, sondern geht in einen **verminderten Unterhalt** über. Dieser ist dann in der festgesetzten Höhe solange zu bezahlen, wie dem Grunde nach ein Unterhaltstatbestand erfüllt ist. Die Höhe dieses Anspruchs bestimmt sich nicht mehr nach den wirtschaftlichen Verhältnissen des Verpflichteten, sondern ist nur noch von seiner fortbestehenden Leistungsfähigkeit und der Bedürftigkeit des Berechtigten abhängig.

Die **Festlegung der Zeitgrenze** geschieht wie bei § 1573 V BGB durch eine richterliche Ermessensentscheidung.

Für die Bemessung der Zeitspanne, in der der Berechtigte seinen eheangemessenen vollen Unterhalt erhält, spielen alle Gesichtspunkte des konkreten Einzelfalls eine Rolle, die bei der Billigkeitserwägung (vgl. Rn. 591 ff.) zu den Voraussetzungen einer Herabsetzung zu berücksichtigen waren.

Außerdem kommt es darauf an, welche Zeit der Berechtigte braucht, um sich auf die neuen Verhältnisse eines geminderten Unterhalts einzustellen. Auch wenn das Gesetz, das die Berücksichtigung insbesondere der Ehedauer vorschreibt, damit eine Beziehung zwischen **Dauer der Ehe und der Dauer der Gewährung des vollen Unterhalts** herstellt, ist an keine schematische Anbindung im Sinne einer zeitlichen Entsprechung gedacht[20] – siehe auch Rn. 592.

---

[15] BGH, FamRZ 1986, 886, 888 = R 307 b
[16] BGH, FamRZ 1988, 259 = NJW 1988, 2376
[17] BGH, FamRZ 1987, 459
[18] OLG Zweibrücken, FamRZ 1999, 1140
[19] BGH, FamRZ 1999, 710, 712 = R 531 b
[20] BGH, FamRZ 1986, 886, 888 = R 307 b

Für die Zeit nach Ablauf der Übergangsfrist ist der Unterhalt nach einem anderen Maßstab als nach § 1578 I 1 BGB zu bemessen. Als Ersatzmaßstab prägt das Gesetz den Begriff des **„angemessenen Lebensbedarfs“.** 587

Dieser „angemessene Lebensbedarf“ im Sinne des § 1578 I 2 BGB ist **nicht gleichbedeutend mit dem Billigkeitsunterhalt nach § 1581 BGB.** Hiermit ist vielmehr eine dem Einzelfall gerecht werdende Bemessungsgrundlage gemeint, für die als Anknüpfungspunkt im Gesetzgebungsverfahren die Lebensstellung des Berechtigten vor der Ehe oder die Lebensstellung, die er ohne die Ehe gehabt hätte, genannt worden sind. Durch die Formulierung „angemessen“ bringt das Gesetz zum Ausdruck, dass der **Bedarf oberhalb des Existenzminimums** und des notwendigen Unterhalts liegen soll. Auch wird entsprechend der Zielrichtung des UÄndG, den Ausgleich ehebedingter Nachteile zu gewährleisten, ein Lebensbedarf nicht als angemessen angesehen werden können, der den vorehelichen Bedarf unterschreitet.[21]

In der Regel wird das voreheliche Einkommen des Berechtigten maßgeblich sein.[22]

Ein trennungsbedingter Mehrbedarf kann in der Regel wegen der Anknüpfung an die Verhältnisse vor der Ehe nicht mehr berücksichtigt werden.

Der „angemessene Lebensbedarf“ kann **nicht höher** sein **als der den ehelichen Verhältnissen entsprechende Bedarf.** Dies gilt bei engen Verhältnissen, die als ehelichen Bedarf nicht einmal das Existenzminimum, z. B. in Form des notwendigen Eigenbedarfs nach der Düsseldorfer Tabelle (Stand: 1. 7. 2003 = 730 – 840 €), bestimmen. Der individuell angelegte eheliche Lebensstandard ist nach oben wie nach unten von Tabellenwerten und von dem, was als Existenzminimum oder angemessener Bedarf angesehen wird, unabhängig.[23] Überschreitet schon der eheliche Bedarf nicht das Existenzminimum bzw. den notwendigen Eigenbedarf, wird eine Herabsetzung regelmäßig ausscheiden. Bei auskömmlicheren wirtschaftlichen Verhältnissen stellt der **notwendige Eigenbedarf** bzw. das Existenzminimum die **unterste Grenze** dar. Bei beiderseits besseren wirtschaftlichen Verhältnissen wird ein Betrag nicht unter dem angemessenen Selbstbehalt der Verpflichteten (derzeit z. B. nach der Düsseldorfer Tabelle, Stand: 1. 7. 2003, 1000 €) in Frage kommen.

Auf den „angemessenen Lebensbedarf“ und damit auch auf diese untere Grenze ist eigenes Einkommen des Berechtigten wie nichtprägendes Einkommen **bedarfsmindernd anzurechnen** und nur eine verbleibende Differenz zwischen dem „angemessenen Bedarf“ und dem Eigeneinkommen als Unterhalt zuzusprechen.

Wenn die vorehelichen Verhältnisse des Berechtigten wirtschaftlich besser als die ehelichen Verhältnisse waren, kommt eine Herabsetzung wegen der vorhandenen ehebedingten Nachteile in der Regel nicht in Betracht.

Wird neben Elementarunterhalt auch **Krankheitsvorsorgeunterhalt und Altervorsorgeunterhalt** verlangt, ist bei Vorliegen der Voraussetzungen des § 1578 I 2 BGB außerdem zu prüfen, ob sich der Berechtigte nach Ablauf der Übergangszeit mit einer weniger aufwändigen Krankenversicherung zufrieden geben muss und ob ein Altersvorsorgeunterhalt evtl. ganz entfällt. Dabei ist zu berücksichtigen, wie viel der Berechtigte vor der Eheschließung für die Krankenversicherung bezahlt hat und ob er aus finanziellen Gründen offensichtlich keine Altersvorsorge betreiben konnte.[24] 588

3. Kombination der zeitlichen Herabsetzung nach § 1578 I 2 BGB und der zeitlichen Begrenzung nach § 1573 V BGB

Die §§ 1578 I 2 BGB und 1573 V BGB können bei einem Unterhaltsanspruch nach § 1573 BGB unabhängig voneinander und auch kombiniert angewendet werden. Dabei gibt es folgende Kombinationen. 589

---

[21] BGH, FamRZ 1986, 886, 888 = R 307 b
[22] BGH, FamRZ 1986, 886, 888 = R 307 b; OLG Hamm, FamRZ 1998, 292, 293
[23] BGH, FamRZ 1995, 346
[24] BGH, FamRZ 1989, 483, 486 = R 382 e

Der Unterhalt nach § 1573 BGB wird gemäß § 1573 V BGB zeitlich begrenzt (siehe Rn. 580 f.).

Der Unterhalt nach § 1573 BGB wird gemäß § 1578 I 2 BGB nach einer Übergangszeit auf den „angemessenen Lebensbedarf" herabgesetzt (siehe Rn. 586 f.).

Der Unterhalt nach § 1573 BGB wird nach einer Übergangszeit gemäß § 1578 I 2 BGB auf den „angemessenen Lebensbedarf" herabgesetzt und nach einer weiteren Übergangszeit gemäß § 1573 V BGB völlig versagt.

4. Darlegungs- und Beweislast sowie verfahrensrechtliche Probleme

590 Der Verpflichtete hat die Darlegungs- und Beweislast für alle Tatsachen, die eine zeitliche Herabsetzung nach § 1578 I 2 BGB rechtfertigen. Er wird durch die Rechtsfolgen begünstigt.

Liegen die tatbestandlichen Voraussetzungen des § 1578 I 2 BGB vor, **muss der Richter** eine zeitlich begrenzte Herabsetzung aussprechen, auch wenn sich der Verpflichtete hierauf nicht berufen hat.

Bei der **erstmaligen Unterhaltsfestsetzung** nach § 1578 I 2 BGB hat eine Doppelberechnung zu erfolgen. Es ist erst der eheangemessene Unterhalt nach § 1578 I 1 BGB zu ermitteln und sodann der angemessene Lebensbedarf nach § 1578 I 2 BGB.

Wegen weiterer Einzelheiten siehe Rn. 595.

III. Kriterien zu der nach §§ 1573 V BGB und 1578 I 2 BGB erforderlichen Billigkeitsabwägung

1. Billigkeitsabwägung zur zeitlichen Begrenzung und Herabsetzung des Unterhalts

591 Die geänderte Rechtsprechung des BGH zur Haushaltsführungsehe,[25] die freilich wegen der Benachteiligung des haushaltsführenden Ehegatten auch verfassungsrechtlich begründet war,[26] nimmt die gesteigerte und verlängerte Belastung des pflichtigen Ehegatten wegen Anwendung der Differenz- anstatt der Anrechungsmethode für die Unterhaltsberechnung unter Hinweis auf die Entlastungsmöglichkeit durch Unterhaltsbeschränkungen nach §§ 1573 V und 1578 I 2 BGB bewusst in Kauf. In den Fällen, in denen bisher wegen Anwendung der Substraktions- oder Anrechnungsmethode ein Wegfall des Anspruchs absehbar war, wird es erforderlich sein, mit mehr Akribie als vorher anhand des Gesetzes zu prüfen, ob die Voraussetzungen einer Begrenzung vorliegen. Wenn man den vom Gesetz postulierten Grundsatz der Eigenverantwortung (§ 1569 BGB) zusätzlich in die Abwägung einbezieht, wird man bei Anwendung des Gesetzes die **Maßstäbe** der Billigkeitsprüfung zu Lasten des Unterhaltspflichtigen **nicht** zu **überspannen** dürfen. Insbesondere bietet sich trotz der gleich lautenden gesetzlichen Regelung auch eine Differenzierung zwischen der zeitlichen Unterhaltsbegrenzung nach § 1573 V BGB und der zeitlichen Herabsetzung nach § 1578 I 2 BGB an, da bei der Abwägung auch die unterschiedlichen Rechtsfolgen, nämlich gänzlicher Wegfall des Anspruchs bzw. alleinige Beschränkung des Anspruchs der Höhe nach berücksichtigt werden müssen. Soweit *Maier*[27] darauf verweist, dass die geänderte Rechtsprechung des BGH nicht zu einer erweiterten Begrenzung oder Befristung des Unterhaltsanspruchs führen könne, ist dies im Hinblick auf die ungeänderte Gesetzeslage im Ansatz durchaus zutreffend. Die Begrenzungsfrage wird aber künftig ein viel größere Rolle als bisher spielen müssen und deswegen häufig genauer als bislang zu untersuchen sein. Für die erforderliche Abwägung spielt darüber hinaus gerade auch eine Rolle, wie lange ein Unter-

---

[25] BGH, FamRZ 2001, 986, 991 = R 563 c
[26] BVerfG, FamRZ 2002, 527, 530 = R 571 b
[27] NJW 2003, 1631

haltsanspruch nach der zu treffenden Prognose den Pflichtigen belasten und in seiner Lebensplanung beeinträchtigen wird.

Die Anwendung der §§ 1573 V und 1578 I 2 BGB verlangt eine umfassende Billigkeitsabwägung der in diesen Bestimmungen genannten Billigkeitskriterien und Einbeziehung aller Umstände des konkreten Einzelfalls. **Grobe Unbilligkeit** ist **nicht erforderlich.**[28] Ein entscheidendes Gewicht bei dieser Abwägung haben **fortbestehende ehebedingte Nachteile** des Berechtigten. Je weniger die Bedürftigkeit des Berechtigten auf ehebedingte Nachteile zurückzuführen ist, desto eher kommt eine zeitliche Begrenzung oder Herabsetzung in Betracht.[29]

Die gesetzlich angeführten Kriterien, wie Dauer der Ehe (Rn. 592), Gestaltung von Haushaltsführung und Erwerbstätigkeit (Rn. 593) sowie die Betreuung gemeinschaftlicher Kinder (Rn. 594), sind stets zu berücksichtigen.[30]

Darüber hinaus sind auch sonstige Umstände (Rn. 595) des Berechtigten und des Verpflichteten zu berücksichtigen, wie sich aus der Formulierung „insbesondere" ergibt.

Bei der Billigkeitsabwägung bleibt ein **Fehlverhalten** des Unterhaltsberechtigten **unberücksichtigt,** denn die Rechtsfolgen eines Fehlverhaltens sind abschließend in § 1579 BGB geregelt.[31]

2. Dauer der Ehe

Für die Berechnung der Ehedauer wird wie bei den §§ 1582 und 1579 Nr. 1 BGB an **592**
die Zeit zwischen Eheschließung und Rechtshängigkeit des Scheidungsantrags angeknüpft.[32] Unerheblich ist die Dauer des tatsächlichen Zusammenlebens der Eheleute. Deshalb verkürzt eine lange Trennungszeit die Ehedauer grundsätzlich nicht. Haben die geschiedenen Eheleute später wieder einander geheiratet, zählt die Dauer der ersten Ehe nicht mit.[33]

Der Ehedauer stehen Zeiten der nicht nur vorübergehenden rechtmäßigen[34] **Betreuung von gemeinschaftlichen Kindern** gleich (§§ 1578 I 2, 1573 V 2 BGB). In solchen Fällen verlängert sich die Ehedauer um die Zeit, in der der Berechtigte ab Rechtshängigkeit des Scheidungsantrags ein gemeinschaftliches Kind betreut und voraussichtlich bis zur Entstehung der Erwerbsobliegenheit zu einer Ganztagstätigkeit weiterbetreuen wird,[35] also in der Regel bis zur Vollendung des 15. oder 16. Lebensjahres des Kindes (vgl. Rn. 78 ff.). Die Ansicht, dass sich die Ehedauer bis zur Volljährigkeit des weiter betreuten Kindes ausdehne, trifft nicht zu. Im Gesetzgebungsverfahren hat der Regierungsentwurf auf die Zeit abgestellt, in der der Berechtigte Unterhalt nach § 1570 BGB verlangen konnte, um klarzustellen, dass auch Zeiten einzurechnen sind, in denen mangels Leistungsfähigkeit des Pflichtigen kein Betreuungsunterhalt zu bezahlen war.[36]

Es gibt **keine von vornherein festgelegte „lange Ehedauer",**[37] ab deren Vorliegen eine Begrenzung grundsätzlich ausscheidet.[38] Insbesondere besteht keine feste Zeitgrenze von 10 Jahren. Allerdings nähert sich eine solche Ehedauer dem Grenzbereich, in dem der Dauer der Ehe – vorbehaltlich stets zu berücksichtigender besonderer Umstände des Einzelfalls – als Billigkeitskriterium durchschlagendes Gewicht für eine dauerhafte Unterhalts-

---

[28] BGH, FamRZ 1990, 492, 494 = R 404 b

[29] Brudermüller, FamRZ 1998, 649, 659

[30] BGH, FamRZ 1986, 886, 888 = R 307 b

[31] BGH, FamRZ 1987, 572, 575 = R 323 c; FamRZ 1986, 886, 888 = R 307 b

[32] BGH, FamRZ 1986, 886, 888 = R 307 b

[33] OLG Düsseldorf, FamRZ 1996, 1416; OLG Karlsruhe, FamRZ 1989, 511 = NJW-RR 1989, 1348

[34] Hahne, FamRZ 1986, 305, 307

[35] OLG Hamm, FamRZ 95, 1204; Brudermüller, FamRZ 1998, 649, 652; Gerhardt, FuR 1997, 249, 251

[36] Vgl. Hahne, FamRZ 1986, 305, 307

[37] BGH, FamRZ 1990, 857 = R 417; OLG Karlsruhe, FamRZ 1989, 511 = NJW-RR 1989, 1348

[38] So aber Hahne, FamRZ 1986, 305, 307: 10 Jahre; Giesing, FamRZ 1986, 937: 10 Jahre; AG Charlottenburg, DAVorm 1989, 90: 10 Jahre, spätestens nach 15 Jahren

„Garantie" zukommt, weil mit zunehmender Verflechtung der Lebensverhältnisse und häufig wachsender wirtschaftlicher Abhängigkeit des Berechtigten zu rechnen ist.[39] So kommt bei einer 32jährigen Ehedauer grundsätzlich keine zeitliche Begrenzung aus Billigkeitsgründen mehr in Betracht.[40] Umgekehrt spricht eine Ehedauer von nur 2 Jahren 10 Monaten für eine Begrenzung.[41] Bei einer Ehedauer von 8 Jahren kann eine zeitliche Begrenzung bei ehebedingten Nachteilen infolge überwiegender Haushaltsführung versagt werden,[42] bzw. – wenn wirtschaftliche Nachteile trotz zusätzlicher Kindesbetreuungszeit fehlen – angeordnet werden.[43] Ist der Berechtigte noch relativ jung und sind ihm durch die Ehe keine beruflichen Nachteile entstanden, steht einer zeitlichen Begrenzung des Aufstockungsunterhalts auch eine Ehedauer von über 13 Jahren nicht entgegen.[44] Eine zeitliche Begrenzung des Aufstockungsunterhalts ist selbst nach 16-jähriger Ehedauer bzw. Kinderbetreuung zu erwägen, wenn der Berechtigte keine ehebedingten Nachteile bezüglich seiner Erwerbsmöglichkeiten erlitten hat und noch relativ jung ist.[45] Fehlt es an der bei langer Ehedauer normalerweise üblichen zunehmenden Verflechtung und Abhängigkeit sowie beim Berechtigten an einem verfestigten Gefühl wirtschaftlicher Absicherung, hindert auch eine Ehedauer von 18 Jahren die Begrenzung nicht.[46]

Wegen der Berücksichtigung der **Kindesbetreuung als zusätzliches Billigkeitsmerkmal** siehe Rn. 594.

Dauer der Ehe und **Dauer der Gewährung des vollen Unterhalts** sind nicht schematisch im Sinne einer zeitlichen Entsprechung aneinander zu binden – vgl. Rn. 581. Die Praxis verfährt allerdings teilweise nach dieser Methode, z. B. voller Unterhalt für eine Zeit, die der halben Ehedauer entspricht, oder voller Unterhalt für die Zeit des tatsächlichen Zusammenlebens, wobei auf diese Zeitdauer die Zeit des Getrenntlebens angerechnet wird.

Soweit eine schon **lange Dauer der Ehe** in die Gesamtabwägung einfließen muss, ist es im Hinblick auf die unterschiedlichen Rechtsfolgen trotz gleich lautender gesetzlicher Regelung eher gerechtfertigt, eine Begrenzung der Höhe nach gemäß § 1578 I 2 B BGB vorzunehmen als den Anspruch gemäß § 1573 V BGB vollständig wegfallen zu lassen. Eine Differenzierung zwischen den beiden Begrenzungstatbeständen erscheint gerade im Hinblick auf die geänderte Rechtsprechung zur Haushaltsführungsehe mit der Folge der zeitlichen Ausdehnung von Unterhaltsberechtigungen geboten, weil auch die Rechtsfolgen der Begrenzung in die Gesamtabwägung einfließen müssen – siehe hierzu auch Rn. 591.

3. Gestaltung der Haushaltsführung und Erwerbstätigkeit

593 Dieses Merkmal bezieht sich auf den häufigsten Fall einer ehebedingten Unterhaltsbedürftigkeit, die Hausfrauenehe. Soweit z. B. ein Ehegatte eigene Berufs- und Erwerbsaussichten zurückgestellt hat, um durch die Übernahme der Haushaltsführung dem anderen Ehegatten die volle berufliche Entfaltung zu ermöglichen, soll dies zu seinen Gunsten als ehebedingter Nachteil berücksichtigt werden. Daraus ist allgemein zu folgern, dass eine zeitliche Begrenzung des vollen Unterhalts umso weniger in Betracht kommt, je mehr die Bedürftigkeit des Berechtigten auf **ehebedingte,** insbesondere **berufliche Nachteile** zurückzuführen ist.[47] Ein sozialer Abstieg unter das eheliche Lebensniveau soll durch Aufstockungsunterhalt vermieden werden, wenn das erreichte Niveau als Ergebnis der Leistung beider Ehegatten

[39] BGH, FamRZ 1990, 857, 859 = R 417
[40] BGH, FamRZ 1987, 691, 693 = R 332 a
[41] BGH, FamRZ 1986, 886, 888 = R 307 b
[42] BGH, FamRZ 1988, 1031, 1034 = R 373 f.
[43] OLG Düsseldorf, FamRZ 1994, 756, 758
[44] OLG Düsseldorf, FamRZ 1987, 945
[45] OLG Hamm, FamRZ 1995, 1204
[46] OLG Köln, NJW-RR 1995, 1157, 1159
[47] BGH, FamRZ 1986, 886, 888 = R 307 b

anzusehen ist.[48] Insoweit braucht ein Einkommensgefälle zwischen den Eheleuten nicht ehebedingt sein.[49]

Solche **ehebedingte Nachteile müssen** noch **fortbestehen.** Sie entfallen z. B., wenn der Berechtigte nach vorübergehender Beurlaubung wieder voll in sein früheres Beschäftigungsverhältnis ohne Einkommenseinbußen zurückkehren kann. Ebenso wenn ein Studium während der Ehe aus freien Stücken aufgegeben wird, ohne dass in der Ehe übernommene Aufgaben die Fortführung gehindert hätten.[50] Ehebedingte Nachteile entfallen demnach, wenn der früher haushaltsführende Ehegatte durch seine eigene Erwerbstätigkeit den Status erreicht hat, den er ohne die Ehe bei Fortsetzung seiner Berufstätigkeit eingenommen hätte. Insofern kommt eine **Begrenzung** oder Herabsetzung **bei der Haushaltsführungsehe** in Betracht, auch wenn wegen der Anwendung der Differenz- oder Additionsmethode das erzielte Einkommen nicht den ehelichen Bedarf abdecken kann.

Die Bedürftigkeit beruht in der Regel nicht auf ehebedingten Nachteilen, wenn die Berechtigte während kinderloser Ehe voll erwerbstätig war und eine spätere Erwerbslosigkeit auf Alkoholmissbrauch beruht,[51] oder wenn die Berechtigte 6 Monate vor der Trennung in ihrem erlernten Beruf wieder vollschichtig tätig war und in diesem eine übliche Vergütung verdient.[52]

Nicht ehebedingt ist in der Regel auch der Verlust eines Arbeitsplatzes aus konjunkturbedingten Gründen.

Ein typischer ehebedingter Nachteil ist es, wenn die Berechtigte bei Heirat einvernehmlich ihren Beruf aufgegeben und ganz die Haushaltsführung übernommen hat. Ihre Bedürftigkeit ist dagegen nicht ehebedingt, wenn die Berufsaufgabe ohne sachliche Notwendigkeit und gegen den Willen des anderen Ehegatten erfolgte. Bei einem Einkommensgefälle, das nur auf der unterschiedlichen beruflichen Entwicklung der Eheleute vor Eheschließung beruht, fehlt die Ehebedingtheit.[53]

4. Betreuung gemeinsamer Kinder

Die Betreuung gemeinsamer Kinder ist der wichtigste **Fall eines ehebedingten Nachteils.** Bei ihr entfällt eine zeitliche Begrenzung vielfach schon deswegen, weil der Unterhaltsanspruch nicht auf § 1573 BGB, sondern auf § 1570 BGB beruht. Ferner entfällt in der Regel auch eine Herabsetzung des Unterhalts nach § 1578 I 2 BGB. 594

Der Berechtigte muss gemeinsame Kinder tatsächlich allein oder überwiegend, nicht nur vorübergehend, betreuen oder betreut haben (§§ 1573 V, 1578 I 2 BGB).

Bei einer Betreuungszeit nach Rechtshängigkeit des Scheidungsantrags wird gleichzeitig die Ehedauer um diese Betreuungszeit verlängert. Dabei kann in der Regel von einer zuzurechnenden Betreuungszeit bis zum Entstehen der Vollerwerbsobliegenheit (vgl. dazu Rn. 592) für die Berechnung der Gesamtehedauer ausgegangen werden.

Nur ausnahmsweise kann trotz Kindesbetreuung eine **Herabsetzung** nach § 1578 I 2 BGB **oder** auch, soweit Unterhalt nur nach § 1573 BGB geschuldet ist, eine zeitliche **Begrenzung** nach § 1573 V in Frage kommen:

- Wenn der Berechtigte ein gemeinschaftliches Kind unberechtigt entgegen einer Sorgerechtsregelung oder ohne Einverständnis des anderen Elternteils betreut.[54]
- Wenn der Berechtigte seine Betreuungspflichten nachhaltig verletzt, z. B. das Kind verwahrlosen lässt.
- Wenn der Berechtigte trotz Kindesbetreuung berufstätig war und keinerlei berufliche Nachteile erlitten oder nur kurzfristige Einkommenseinbußen erlitten hat.[55]

---

[48] OLG Düsseldorf, FamRZ 1987, 162
[49] OLG Düsseldorf, FamRZ 1988, 838
[50] OLG Köln, NJW-RR 1995, 1157, 1159
[51] OLG Hamburg, FamRZ 1987, 1250
[52] OLG Düsseldorf, FamRZ 1987, 945
[53] KG, FamRZ 1992, 948
[54] Vgl. Hahne, FamRZ 1986, 305, 307
[55] BGH, FamRZ 1990, 492, 494 = R 404 b

5. Sonstige Umstände

595 Bei der Billigkeitsabwägung sind auch sonstige Umstände des konkreten Einzelfalls als Billigkeitsgesichtspunkte zu berücksichtigen. Eine kausale Verknüpfung mit ehebedingten Nachteilen ist insoweit nicht erforderlich.

Zu den zu berücksichtigenden sonstigen Umständen zählen **auf Seiten des Berechtigten** vor allem dessen Alter, Gesundheitszustand, überobligationsmäßiger Einsatz zugunsten des Verpflichteten. Ferner ein Nachteil infolge einer Vermögensverwertung während der Ehe, wie z. B. die Kündigung eines Kommanditanteils, aus dem der Berechtigte Einkünfte bezogen hatte.[56] Zu berücksichtigen ist auch, wenn sich der Berechtigte bei seiner Mithilfe zum Bau des Familienheimes ein schweres Rückenleiden zugezogen hat.[57]

Berücksichtigt werden kann außerdem, wenn der Berechtigte einen gemeinsamen Sohn aus erster Ehe betreut und dadurch wirtschaftliche Nachteile erlitten hat.[58]

Ähnliches gilt, wenn die Eheleute vor der Eheschließung in nichtehelicher Lebensgemeinschaft zusammengelebt haben und die Berechtigte während dieser Zeit bereits ein gemeinsames Kind aus dieser Verbindung betreut hat.

Auf Seiten des Verpflichteten sind alle Umstände zu berücksichtigen, die auch bei einer Zumutbarkeitsabwägung im Rahmen des § 1581 BGB zu beachten sind, vor allem seine persönlichen und wirtschaftlichen Verhältnisse, sein Alter, sein Gesundheitszustand, ein besonderer Einsatz für den Berechtigten oder ein berechtigter Wunsch nach einem Orts- oder Berufswechsel.

Nicht zu berücksichtigen ist der **Verlust eines Unterhaltsanspruchs aus einer vorausgegangenen Ehe** infolge der Eheschließung.[59] Dies gilt jedenfalls dann, wenn der frühere Unterhaltsanspruch wegen fehlender Leistungsfähigkeit des ersten Mannes jetzt praktisch wertlos wäre.[60]

IV. Gemeinsame verfahrensrechtliche Fragen bei Anwendung der §§ 1573 V und 1578 I 2 BGB

1. Geltendmachung im Erstverfahren

595 a Die gesetzlichen Tatbestandsmerkmale „Dauer der Ehe", „Gestaltung der Haushaltsführung" und „Erwerbstätigkeit" beziehen sich grundsätzlich auf bereits abgeschlossene Sachverhalte.[61] Auch die der Ehedauer hinzuzurechnende Dauer der künftigen Kinderbetreuungszeit (bis zum Eintritt der Vollerwerbsfähigkeit – vgl. Rn. 592) lässt sich absehen. **Soweit die** im Rahmen der Billigkeitsabwägung zu bewertenden **Umstände bekannt sind, ist** über die Unterhaltsbegrenzung **im Erstverfahren zu entscheiden.**[62] Läst sich lediglich die Höhe des angemessenen Lebensbedarfs nach § 1578 I 2 BGB für die als billig angesehene spätere Begrenzung noch nicht überblicken, kann der Zeitpunkt, von dem an die Beschränkung eintritt, auf einen hilfsweise gestellten Feststellungsantrag hin festgelegt werden.[63]

Der Berechtigte muss seinen Anspruch, um Kostennachteile zu vermeiden, gegebenenfalls **zeitlich und höhenmäßig gestaffelt** geltend machen, weil die Klage sonst teilweise abzuweisen wäre. Zweckmäßig kann es sein, zur beanspruchten Unterhaltsdauer einen Mindestzeitraum und eine geschätzte angemessene Zeitdauer anzugeben, so dass sich hieraus

---

[56] BGH, FamRZ 1986, 886, 888 = R 307 b
[57] BGH, FamRZ 1986, 886, 888 = R 307 b
[58] OLG Karlsruhe, FamRZ 1989, 511
[59] OLG Düsseldorf, FamRZ 1987, 1254 und OLG Hamm, FamRZ 1986, 908
[60] BGH, FamRZ 1989, 483, 486 = R 382 c + d
[61] Vgl. Christl, FamRZ 1986, 627
[62] BGH, FamRZ 2000, 1499 = R 542 b; FamRZ 2001, 905, 906 = R 545 b; OLG Düsseldorf, FamRZ 1992, 951 = NJW-RR 1992, 1154
[63] OLG Düsseldorf, FamRZ 1992, 951 = NJW-RR 1992, 1154

ggf. die Beschwer für ein Rechtsmittel ergibt.[64] Lehnt das Familiengericht eine erstrebte Unterhaltsbegrenzung ab, muss der Berufungsantrag die geltend gemachte Begrenzung zwar nicht exakt bezeichnen, das Bestimmtheitserfordernis zwingt jedoch zur Angabe, welche zeitliche Begrenzung bei § 1573 V BGB bzw. welche Herabsetzung nach § 1578 I 2 BGB als angemessen angesehen wird, damit festgestellt werden kann, ob und in welchem Umfang der Rechtsmittelkläger obsiegt bzw. unterliegt.[65]

2. Geltendmachung in einem späteren Abänderungsverfahren

Eine nachträgliche zeitliche Begrenzung oder Herabsetzung des Unterhalts kann **nicht** 595 b **mittels Vollstreckungsgegenklage,** sondern nur in einem Abänderungsverfahren geltend gemacht werden, weil sich der Gesetzgeber insoweit ausdrücklich für die Abänderungsklage entschieden hat.[66]

Ein späteres **Abänderungsverfahren** kann wegen der sonst eintretenden Präklusionswirkung des § 323 II ZPO[67] **gegen ein Urteil** nur Erfolg haben, falls zum Zeitpunkt der Erstentscheidung (Schluss der mündlichen Verhandlung) wegen mangelnder Überschaubarkeit der Billigkeitskriterien **keine sichere Prognose möglich gewesen** war[68] oder nachträglich **neue Umstände** für eine entsprechende Billigkeitsentscheidung **eingetreten** sind, z. B. weil ein ehebedingter beruflicher Nachteil oder die Betreuungsbedürftigkeit eines Kindes – etwa infolge Übernahme der Betreuung durch den Unterhaltspflichtigen – weggefallen sind.[69] Die Unterhaltsbegrenzung – insbesondere die zeitliche Begrenzung dem Grunde nach – kann in der Abänderungsentscheidung nicht ohne Prüfung der Präklusionsfrage vorgenommen werden. Das OLG Frankfurt[70] hat § 1573 V BGB in einem Abänderungsverfahren erstmals angewendet, weil seit dem abzuändernden Urteil 3 Jahre vergangen seien und es der Berechtigten nicht gelungen sei, ihre konjunkturell bedingte Teilzeittätigkeit trotz der entsprechenden Erwerbsobliegenheit auf eine ganztägige Beschäftigung auszudehnen; insofern sei eine anteilige **zeitliche Herabsetzung der** sich im Abänderungsverfahren ergebenden **Unterhalts-Erhöhungsbeträge** geboten – vgl. Rn. 580.

Bei der **Abänderung von Unterhaltsvergleichen,** bei denen die Anpassung an veränderte Verhältnisse allein nach den Regeln des materiellen Rechts geschieht (vgl. Rn. 6/601), kommt es darauf an, ob im Hinblick auf den der Einigung der Parteien zugrunde gelegten Parteiwillen eine Störung der Geschäftsgrundlage eingetreten ist. So muss der die Beweislast für einen Abänderungsgrund tragende Abänderungskläger dartun, dass die **Geschäftsgrundlage für einen unbefristeten Anspruch** auf Aufstockungsunterhalt nach § 1573 II BGB fortgefallen ist, bevor die gesetzlichen Voraussetzungen des § 1573 V BGB geprüft werden können.[71] Die gesetzliche Einführung der Unterhaltsbegrenzung nach § 1573 V BGB allein ist freilich noch kein Abänderungsgrund.[72] Ist der Anspruch auf Aufstockungsunterhalt danach weggefallen, besteht die Möglichkeit, dass sich Ansprüche auf Anschlussunterhalt nach §§ 1571 Nr. 3 oder 1572 Nr. 4 BGB anschließen, die gemäß § 1578 I 2 BGB nur zur Herabsetzung auf den angemessenen Lebensbedarf führen[73] (siehe Rn. 580).

---

[64] Vgl. im einzelnen Christl, FamRZ 1986, 627 ff.
[65] OLG Karlsruhe, FamRZ 1989, 511 = NJW-RR 1989, 1348
[66] BGH, FamRZ 2000, 1499, 1502 = R 542 c; FamRZ 2001, 905, 906 f. = R 545 b
[67] Zur Präklusionswirkung bei mehreren aufeinander folgenden Abänderungsprozessen vgl. BGH, FamRZ 1998, 99 = NJW 1998, 161
[68] BGH, FamRZ 2000, 1499, 1501 = R 542 b; OLG Düsseldorf, FamRZ 1996, 1416 für den Fall, dass in der Erstentscheidung festgestellt wurde, dass zum gegenwärtigen Zeitpunkt eine Begrenzung ausscheide; Mörsch, FamRZ 1986, 627, 629
[69] BGH, FamRZ 2000, 1499, 1501 = R 542 b; FamRZ 2001, 905, 906 = R 545 a; Hahne, FamRZ 1986, 305, 310
[70] OLG Frankfurt, FamRZ 1999, 97
[71] BGH, FamRZ 1995, 665, 666 f. = R 493 B b
[72] BGH, FamRZ 1995, 665 = R 493 B a
[73] BGH, FamRZ 1995, 665, 667 = R 493 B c

Bei **Abänderung von Unterhaltstiteln aus der Zeit vor Inkrafttreten** (1. 4. 1986) **des UÄndG** vom 20. 2. 1986 sind die Übergangsvorschriften des Art. 6 Nr. 1 des Gesetzes zu beachten. Eine zeitliche Begrenzung von Unterhaltsansprüchen, die vor dem 1. 4. 1986 fällig geworden sind, scheidet nach Art. 6 Nr. 1 Satz 4 UÄndG allerdings von vornherein aus.[74]

V. Berechnungsbeispiele

595 c **Fall 1:**
M und F heiraten am 18. 10. 1989. Ihre Ehe wird auf den am 5. 11. 1999 zugestellten Scheidungsantrag am 30. 6. 2001 rechtskräftig geschieden. F arbeitet halbtags und erzielt ein prägendes bereinigtes Nettoeinkommen von 1050 € monatlich. Bei einer Vollerwerbstätigkeit könnte sie 2100 € verdienen. Das prägende bereinigte Nettoeinkommen von M beträgt 4200 €.
a) F betreut den bei Zustellung des Scheidungsantrags gerade 9-jährigen Sohn S. Der für ihn zu erbringende Barunterhalt ist beim prägenden Einkommen von M bereits berücksichtigt.
Bedarf von F nach den ehelichen Lebensverhältnissen nach der Additionsmethode:
$^1/_2$ ($^6/_7$ aus 4200 + $^6/_7$ aus 1050) = 2250 €
Unterhaltshöhe (2250 – $^6/_7$ aus 1050) = 1350 €
Davon fallen 900 € ($^6/_7$ aus dem bei Volltätigkeit möglichen Zuverdienst von 1050) auf § 1570 BGB, der Rest von 450 € auf § 1573 II BGB. Eine zeitliche Begrenzung des Aufstockungsunterhalts nach § 1573 V BGB dürfte ausscheiden. Die Ehedauer bis zur Rechtshängigkeit des Scheidungsverfahrens betrug 10 Jahre. Hinzu kommen bis zum Einsetzen der Vollerwerbsobliegenheit der Mutter noch etwa 6 bis 7 Jahre ehebedingter Kinderbetreuungszeit (bis zum Entstehen der Vollerwerbsobliegenheit). Eine höhenmäßige Begrenzung des Betreuungsunterhalts scheidet ebenfalls grundsätzlich aus (§ 1578 I 2 letzter Halbsatz BGB).
b) F ist wegen einer schon vor Eheschließung vorhandenen Hüfterkrankung nur für eine Halbtagstätigkeit erwerbsfähig. Die Ehe ist kinderlos.
Bedarf und Unterhaltshöhe wie unter a).
Unterhaltstatbestände: §§ 1572 Nr. 1, 1573 II BGB (auf den Aufstockungsunterhalt fallen wieder 450 €)
Hier kommt eine zeitliche Begrenzung des Aufstockungsunterhalts nach § 1573 V BGB, z. B. mit einer Übergangszeit von einigen Jahren, in Betracht, da die Ehedauer (von Heirat bis Rechtshängigkeit des Scheidungsantrags) „nur" 10 Jahre betrug und die berufliche Einschränkung von F nicht ehebedingt ist. Tatfrage ist, ob auch eine Herabsetzung des Unterhalts nach § 1572 I Nr. 1 BGB gemäß § 1578 I 2 BGB nach einer entsprechenden Zeit der Billigkeit entspricht. Voraussetzung jeder Begrenzung wird sein, dass durch die Halbtagstätigkeit das Existenzminimum gesichert ist.
Fall 2:
M und F heiraten am 1. 7. 1995. Der Scheidungsantrag wird am 15. 7. 2000 zugestellt. M hat ein prägendes Nettoeinkommen aus Erwerbstätigkeit von 3500 € monatlich, F wie bereits vor und in der Ehe eine Erwerbsunfähigkeitsrente von 500 € monatlich, die sich auf Grund des Versorgungsausgleichs ab Scheidung auf 650 € erhöht.
Bedarf von F nach den ehelichen Lebensverhältnissen nach der Additionsmethode:
$^1/_2$ ($^6/_7$ aus 3500 + 650) = 1825 €[75]
Unterhaltshöhe (1825 – 650) = 1175 €
Der Unterhalt beruht auf § 1572 Nr. 1 BGB, da F erwerbsunfähig ist. Eine zeitliche Begrenzung nach § 1573 V BGB scheidet aus. Wegen der verhältnismäßig kurzen Ehedauer von 5 Jahren kommt eine Begrenzung auf den angemessenen Bedarf nach § 1578 I 2 BGB in Betracht. Der angemessene Bedarf orientiert sich am Einkommen vor der Eheschließung, darf aber grundsätzlich nicht den notwendigen Bedarf (nach der Düsseldorfer Tabelle Stand: 1. 7. 2003, hier 730 €) unterschreiten. Der Unterhalt ist daher z. B. nach einer Übergangszeit von einem oder wenigen Jahren der Höhe nach zu begrenzen, wobei ein Bedarf von 730 € monatlich die unterste Grenze darstellen würden. Wegen der guten Einkommensverhältnisse des Mannes käme hier allerdings eher ein höherer Unterhalt in Betracht. Man könnte den angemessenen Bedarf für die Folgezeit z. B. auf einen Betrag von1150 € festsetzen, so dass noch 500 € zu bezahlen wären.
Vgl. wegen weiterer Beispiele auch Rn. 184 c.

---

74 OLG Hamm, FamRZ 1987, 707

75 Vgl., BGH, FamRZ 2002, 88, 91 = R 569 a zur Bewertung von Renteneinkünften als prägend, und zwar unabhängig davon, ob sie auf vorehelichen Anwartschaften oder auf der Durchführung des Versorgungsausgleichs beruhen; bestätigt durch BGH, FamRZ 2003, 848, 852 = R 588 g + h, abgesehen von dem Rententeil, der aus den mit dem Vorsorgeunterhalt bezahlten Beiträgen herrührt – vgl. hierzu aber die ablehnende Anm. von Hoppenz, a.a.O., S. 855

8. Abschnitt: Die Härteklausel des § 1579 BGB

I. Normzweck, gesetzliche Regelung und Anwendungsbereich des § 1579 BGB

1. Normzweck und entstehungsgeschichtliche Entwicklung

Durch das 1. EheRG ist am 1. 7. 1977 mit der Abkehr vom Verschuldensprinzip im Scheidungsrecht auch ein verschuldensunabhängiges Unterhaltsrecht eingeführt worden. Diese verschuldensunabhängige Unterhaltsverpflichtung beruht auf der nach der Scheidung fortwirkenden Mitverantwortung des wirtschaftlich stärkeren Ehegatten (s. Rn. 42). Sie beinhaltet einen Eingriff in die durch Art. 2 GG geschützte Handlungsfreiheit des Verpflichteten und darf deshalb nicht gegen den Grundsatz der Verhältnismäßigkeit verstoßen. 596

§ 1579 BGB bestimmt als unterhaltsrechtliche Härteklausel die vom Grundsatz der Verhältnismäßigkeit gezogenen Grenzen der Unterhaltspflicht.[1]

Nach § 1579 I BGB a. F. entfiel ein Unterhaltsanspruch, wenn die Inanspruchnahme des Verpflichteten bei Vorliegen eines der aufgezählten vier Härtegründe unbillig war. 597

Nach § 1579 II BGB a. F. galt Abs. I nicht, solange und soweit von dem Berechtigten wegen der Pflege und Erziehung eines gemeinschaftlichen Kindes eine Erwerbstätigkeit nicht erwartet werden konnte.

Das BVerfG hat in seiner Entscheidung vom 14. 7. 1981[2] diese negative Härteregelung des Abs. I a. F. für unbedingt erforderlich gehalten, um die Verfassungsmäßigkeit des schuldunabhängigen Unterhaltsrechts zu gewährleisten. Es hat andererseits Abs. II a. F. für verfassungswidrig erklärt, soweit die Härteklausel des Abs. I auch in besonders gelagerten Härtefällen ausgeschlossen worden ist, weil die stringente Formulierung des Abs. II nicht in ausreichendem Maß dem Verfassungsgrundsatz der Verhältnismäßigkeit Rechnung getragen hat. Dadurch ist eine Neufassung des § 1579 BGB notwendig geworden, die mit dem UÄndG vom 20. 2. 1986 am 1. 4. 1986 in Kraft getreten ist.

Diese Neufassung des § 1579 BGB trägt zunächst den Bedenken des BVerfG in der Weise Rechnung, dass sie keinen Abs. II mehr enthält und die vorrangige Berücksichtigung der Belange eines gemeinschaftlichen Kindes, das dem Berechtigten zur Pflege und Erziehung anvertraut ist, ausdrücklich im Einleitungssatz regelt. Die unverändert gebliebenen Härtegründe der Nummern 1) mit 3) wurden durch drei weitere neu formulierte Härtegründe ergänzt, und aus der bisherigen Nummer 4 wurde die neue Nummer 7. 598

Sachlich entspricht die Neufassung des § 1579 BGB der damaligen Rechtsprechung des BVerfG und des BGH, weshalb diese Rechtsprechung auch für die Auslegung des neuen § 1579 BGB bedeutsam bleibt. Das weggefallene frühere Kinderbetreuungsprivileg ist als Kindesinteressenwahrungsvorbehalt ausdrücklich in den Billigkeitstatbestand der Härteklausel aufgenommen worden. Auch die Ausweitung der Härtegründe (von vier auf sieben) erfolgte unter Berücksichtigung der damaligen Rechtsprechung des BGH. 599

2. Voraussetzungen für die Anwendung der Härteklausel

Nach § 1579 BGB ist ein Unterhaltsanspruch zu versagen, herabzusetzen oder zeitlich zu begrenzen, soweit die Inanspruchnahme des Verpflichteten auch unter Wahrung der Belange eines dem Berechtigten zur Pflege oder Erziehung anvertrauten gemeinschaftlichen Kindes grob unbillig wäre (vgl. Rn. 614 ff.), weil 600

- Nr. 1, die Ehe von kurzer Dauer war; der Ehedauer steht die Zeit gleich, in welcher der Berechtigte wegen der Pflege oder Erziehung eines gemeinschaftlichen Kindes nach § 1570 BGB Unterhalt verlangen konnte (vgl. Rn. 637 ff.),

---

[1] BVerfG, FamRZ 1981, 745, 748 = NJW 1981, 1771

[2] BVerfG, a.a.O.

- Nr. 2, der Berechtigte sich eines Verbrechens oder eines schweren vorsätzlichen Vergehens gegen den Verpflichteten oder einen nahen Angehörigen schuldig gemacht hat (vgl. Rn. 657 ff.),
- Nr. 3, der Berechtigte seine Bedürftigkeit mutwillig herbeigeführt hat (vgl. Rn. 666 ff.),
- Nr. 4, der Berechtigte sich über schwerwiegende Vermögensinteressen des Verpflichteten mutwillig hinweggesetzt hat (vgl. Rn. 693 ff.),
- Nr. 5, der Berechtigte vor der Trennung längere Zeit hindurch seine Pflicht, zum Familienunterhalt beizutragen, gröblich verletzt hat (vgl. Rn. 702 ff.),
- Nr. 6, dem Berechtigten ein offensichtlich schwerwiegendes, eindeutig bei ihm liegendes Fehlverhalten gegen den Verpflichteten zur Last fällt (vgl. Rn. 710 ff.),
- Nr. 7, ein anderer Grund vorliegt, der ebenso schwer wiegt wie die in den Nrn. 1) mit 6) aufgeführten Gründe (vgl. Rn. 742 ff.).

601 Als **Voraussetzungen** für die Anwendung der Härteklausel sind damit immer **zwei Fragen zu prüfen:**

- Es muss einer der sieben alternativen Härtegründe (Nr. 1 mit 7) vorliegen (vgl. Rn. 637 ff.).
- Der Unterhaltsanspruch muss bei Bejahung eines Härtegrundes auf Grund einer **umfassenden Billigkeitsabwägung** aller Umstände des Einzelfalls grob unbillig sein (vgl. Rn. 614 ff.). Bei dieser Billigkeitsabwägung sind vorrangig Belange eines gemeinschaftlichen Kindes zu berücksichtigen (vgl. Rn. 625 ff.).

3. Rechtsfolgen der Härteklausel

602 Als Rechtsfolge kann nach § 1579 BGB ein Unterhaltsanspruch **versagt, herabgesetzt** oder **zeitlich begrenzt** werden.

Möglich ist auch eine **Kombination** dieser Reaktionsmöglichkeiten. So kann z. B. der Unterhaltsanspruch zeitlich begrenzt zunächst voll gewährt werden, dann herabgesetzt und nach einer weiteren Übergangszeit gänzlich versagt werden. Dies ist aus dem Wort „soweit" zu entnehmen.

603 Diese abgestuften Begrenzungsmöglichkeiten erlauben es, ganz individuell und differenziert im Einzelfall auf das Ausmaß einer Unbilligkeit zu reagieren.

Die **Wahl dieser Rechtsfolgen** ist eine tatrichterliche Ermessensentscheidung.[3] Bedeutsam für diese Wahl sind alle bei der Billigkeitsabwägung zu berücksichtigenden Gesichtspunkte (vgl. Rn. 614 ff.), vor allem das Ausmaß der Unbilligkeit, die Härte der Unterhaltslast für den Verpflichteten und die Auswirkungen auf ein vorrangig zu berücksichtigendes Kind.

Ferner sind zu berücksichtigen die Schwere des jeweiligen Härtegrundes im konkreten Einzelfall und die unterschiedliche Gewichtung der Härtegründe in ihrem Verhältnis zueinander. So wiegt z. B. eine objektive Unbilligkeit im Sinn der Nr. 7 weniger schwer als ein schwerwiegendes, eindeutig beim Berechtigten liegendes Fehlverhalten im Sinn der Nr. 6.

Deshalb sind auch zum Ausmaß der Herabsetzung oder zur Versagung eines Unterhaltsanspruchs die Umstände des Einzelfalles zur Schwere des Härtegrundes und zur Unbilligkeit in die Erwägungen einzubeziehen.[4]

Eine Herabsetzung statt einer gänzlichen Versagung kommt in Frage, wenn der völlige Ausschluss nicht geboten erscheint, um einen groben Widerspruch zum Gerechtigkeitsempfinden zu vermeiden.[5] Der Betreuungsunterhalt nach § 1570 BGB ist selbst bei Vorliegen von Härtegründen in dem Sinne privilegiert, dass er im Interesse des Wohles der betreuten Kinder trotz Fehlverhaltens des sorgeberechtigten Elternteils regelmäßig nur zu einer Herabsetzung des Unterhalts auf das zur Kinderbetreuung notwendige Mindestmaß führt[6] (näher Rn. 625 ff.).

---

[3] BGH, FamRZ 2002, 810 = R 574 d
[4] BGH, FamRZ 2002, 810 = R 574 d; FamRZ 1987, 1238 = NJW-RR 1988, 70
[5] BGH, FamRZ 1984, 364, 366
[6] BGH, FamRZ 1997, 873, 875 = R 513 c

Diese differenzierten Rechtsfolgen waren trotz der anderslautenden Fassung des § 1579 I BGB a. F. nach der Rechtsprechung des BGH bereits nach dem früheren Recht möglich.[7] **604**

4. Anwendungsbereich des § 1579 BGB

§ 1579 BGB ist anzuwenden beim **nachehelichen Unterhalt** sowie beim **Trennungsunterhalt** über § 1361 III BGB mit Ausnahme bei kurzer Ehedauer[8] (§ 1579 Nr. 1 BGB, s. näher Rn. 637). **605**

Beim nachehelichen Unterhalt gelten die Bestimmungen **neben den Begrenzungsbestimmungen** der §§ 1573 V, 1578 I 2 BGB. Bei einer sehr kurzen Ehedauer ist regelmäßig zunächst der für alle Unterhaltstatbestände geltende Verwirkungsgrund nach § 1579 Nr. 1 BGB vor der nur für die Tatbestände des § 1573 BGB anwendbaren zeitlichen Begrenzung des Anspruchs gemäß § 1573 V BGB zu prüfen.

Die Verwirkungseinwendung nach § 1579 BGB gilt auch für nach dem Tode des Verpflichteten gemäß § 1586 b BGB **auf den Erben** als Nachlassverbindlichkeit **übergegangene Unterhaltsansprüche.** Die Unterhaltspflicht geht auf den Erben unverändert, d. h. auch mit der Belastung eines Einwandes aus § 1579 BGB, über. Ausgenommen ist lediglich die Leistungsfähigkeit, da es sich jetzt um eine Nachlassverbindlichkeit handelt und die Haftung gemäß § 1586 b BGB auf den kleinen Pflichtteil begrenzt ist (näher Rn. 60 ff.).[9] Für die Billigkeitsabwägung können dann auch Gesichtspunkte eine Rolle spielen, die das Verhältnis zwischen Bedürftigen und Erben betreffen (vgl. auch Rn. 619, 622).[10] **606**

Bei einer Eheaufhebung gelten die Bestimmungen entsprechend, wenn nach § 1318 II BGB ein Unterhaltsanspruch besteht. **607**

Die in § 1579 BGB normierten Härtegründe sind eine Folge des schuldunabhängigen Unterhaltsrechts und können deshalb **nicht** auf Unterhaltsansprüche nach den §§ 58 ff. EheG **bei Altehen** übertragen werden.[11] **608**

§ 1579 BGB ist ferner **nicht** anwendbar bei einem Anspruch **nach § 1576 BGB** (s. Rn. 162).

5. Darlegungs- und Beweislast

Gesetzestechnisch ist § 1579 BGB als **rechtsvernichtende Einwendung** konstruiert, d. h., Härtefälle sind **von Amts wegen** zu berücksichtigen, wenn entsprechende Tatsachen vorgetragen werden, auch wenn sich der Verpflichtete nicht auf die grobe Unbilligkeit seiner Inanspruchnahme beruft.[12] Soweit nach entsprechendem Sachvortrag in einem Urteil weder im Tatbestand noch in den Entscheidungsgründen auf die Verwirkung eingegangen wird und die Frage weder aus formellen noch materiellen Gründen übergangen werden durfte, liegt eine Verletzung des rechtlichen Gehörs vor, die zur Aufhebung des Urteils führt.[13] **609**

Wegen des Charakters als Einwendung hat der **Verpflichtete** die Darlegungs- und Beweislast für die **tatsächlichen Voraussetzungen** des jeweiligen Härtegrundes sowie für alle Umstände, die die Inanspruchnahme des Verpflichteten als grob unbillig erscheinen lassen.[14] **610**

Wer das Nichtvorhandensein von Tatsachen (sogenannte **Negativtatsachen**) behauptet, ist nicht von der ihn hierzu treffenden Darlegungspflicht befreit. Er darf sich nicht mit einfachem Bestreiten begnügen, sondern muss im Einzelnen darlegen, dass die bestrittenen Behauptungen unrichtig sind, sofern er dazu in der Lage ist[15] (s. näher Rn. 6/721 ff.). **611**

---

[7] BGH, FamRZ 1987, 1238 = NJW-RR 1988, 70
[8] BGH, FamRZ 1979, 569
[9] BGH, FamRZ 2003, 521 = R 581 a
[10] BGH, a.a.O.
[11] BGH, FamRZ 1991, 1040; NJW-RR 1986, 1386; NJW-RR 1986, 719
[12] BGH, FamRZ 1991, 670 = R 431 b; FamRZ 1984, 364, 366
[13] BVerfG, FamRZ 1992, 782
[14] BGH, FamRZ 1991, 670, 672 = R 431 b; FamRZ 1989, 1054 = NJW-RR 1989, 1218, FamRZ 1984, 364, 366; FamRZ 1982, 463, 464 = NJW 1982, 1461
[15] BGH, FamRZ 1982, 463 = NJW 1982, 1461; NJW 1981, 577 = NJW 1981, 577

612 Behauptet der Verpflichtete das Vorliegen eines eheähnlichen Verhältnisses beim Berechtigten und trägt er dazu Umstände vor, die nach der allgemeinen Lebenserfahrung für ein solches Verhältnis sprechen, dann kann entsprechend den Grundsätzen des **Anscheinsbeweises** von einem solchen Verhältnis ausgegangen werden. Gleiches gilt bei einer nachgewiesenen nichtehelichen Abstammung eines Kindes für den Schluss auf einen der Frau bekannten empfängnisgeeigneten außerehelichen Geschlechtsverkehr. Nach den Grundsätzen des Anscheinsbeweises kann der einem feststehenden Sachverhalt nach der Lebenserfahrung zugrundeliegende Geschehensablauf als bewiesen angesehen werden, sofern er nicht dadurch entkräftet wird, dass der Prozessgegner Tatsachen behauptet und beweist, aus denen sich die ernsthafte Möglichkeit eines anderen Ablaufs ergibt.[16] Es obliegt dann dem Berechtigten, entsprechende Umstände vorzutragen und gegebenenfalls zu beweisen und dadurch den Anscheinsbeweis zu erschüttern.

613 Der **Berechtigte** hat die Darlegungs- und Beweislast für alle Umstände, die im Rahmen der Billigkeitsabwägung zu seinen Gunsten zu werten sind.

II. Grobe Unbilligkeit und Zumutbarkeitsabwägung nach § 1579 BGB

1. Grobe Unbilligkeit als eigene Anspruchsvoraussetzung bei jedem Härtegrund

614 Nach § 1579 BGB muss bei jedem Härtegrund (Nr. 1 mit Nr. 7) als eigene, zusätzliche Anspruchsvoraussetzung die Inanspruchnahme des Verpflichteten grob unbillig sein. Voraussetzung ist daher stets die Bejahung eines Härtegrundes (Nr. 1 mit Nr. 7) **und** eine grobe Unbilligkeit.[17] Bei jedem Ausschlusstatbestand muss geprüft werden, ob die Grenze des Zumutbaren eines schuldunabhängigen Unterhaltsanspruchs erreicht wird.[18]

615 Das Tatbestandsmerkmal der groben Unbilligkeit betont den **Ausnahmecharakter** des § 1579 BGB.[19] Grobe Unbilligkeit bedeutet mehr als einfache Unbilligkeit, d. h., es sind hierzu strengere Maßstäbe anzulegen als bei der Prüfung eines Verstoßes gegen Treu und Glauben.

Eine grobe Unbilligkeit ist zu bejahen, wenn nach den Verhältnissen des konkreten Einzelfalls die Zuerkennung eines Unterhaltsanspruchs dem Gerechtigkeitsempfinden in unerträglicher Weise widersprechen würde.[20]

Dies erfordert eine **umfassende Interessenabwägung,** bei der vor allem der verfassungsrechtliche Grundsatz der Verhältnismäßigkeit unter Vorrang des Kindeswohls zu beachten ist.[21] Das Erfordernis einer umfassenden Interessenabwägung gilt nicht nur bei besonders schweren,[22] sondern bei jedem Härtefall.[23] Eine solche Interessenabwägung ist außerdem erforderlich für die Ermessensentscheidung des Tatrichters, ob er im Hinblick auf die Schwere des Härtefalles unter Berücksichtigung des vorrangigen Kindeswohls und der Interessen beider Ehegatten den Unterhaltsanspruch versagen, herabsetzen oder zeitlich begrenzen will.

616 Die gebotene Interessenabwägung ist Sache des **Tatrichters,** der dazu einen ihm vorbehaltenen, nicht revisiblen Beurteilungsspielraum hat.[24]

Der Tatrichter hat zu diesem Zweck alle für die umfassende Interessenabwägung erforderlichen Tatsachen festzustellen und zu gewichten.[25]

---

[16] BGH, FamRZ 1985, 267 = NJW 1985, 2266
[17] BGH, FamRZ 1989, 483, 485 = R 382 c
[18] BGH, FamRZ 1999, 710, 711 = R 531 a; FamRZ 1990, 492, 495 = R 404 c
[19] BGH, FamRZ 1980, 981 = NJW 1980, 2247
[20] BGH, FamRZ 1982, 582 = NJW 1982, 2064
[21] BGH, FamRZ 1990, 492, 494 = R 404 c
[22] BGH, FamRZ 1984, 986, 988 = NJW 1984, 986; FamRZ 1983, 676 = NJW 1983, 1552
[23] BGH, FamRZ 1990, 492, 495 = R 404 c; FamRZ 1987, 689 = R 337 c; FamRZ 1984, 154 = NJW 1984, 297
[24] BGH, FamRZ 1988, 930 = R 368 c
[25] BGH, FamRZ 2002, 810 = R 574 d

Festzustellen und zu gewichten sind insbesondere
- die für die Interessenabwägung bedeutsamen Umstände (= Rn. 617 ff.),
- bei Kindesbetreuung zusätzlich die für die vorrangige Berücksichtigung des Kindeswohls maßgeblichen Umstände (= Rn. 625 ff.).

2. Umstände, die bei der Interessenabwägung zur Beurteilung einer groben Unbilligkeit zu berücksichtigen sind

a) Grundsatz. Abzuwägen sind jeweils im Verhältnis zum verwirklichten Härtegrund **617**
- die Interessen des Verpflichteten an einer unterhaltsrechtlichen Entlastung
- die Interessen des Berechtigten an Unterhaltsleistungen
- die vorrangigen Belange eines gemeinschaftlichen Kindes
- die sonstigen Umstände des konkreten Einzelfalles.

Eine grobe Unbilligkeit ist in der Regel indiziert, wenn ein Härtegrund (Nr. 1 mit Nr. 7) **618**
im konkreten Fall übererfüllt ist. Dies ist z. B. der Fall, wenn eine Ehe nur sechs Wochen gedauert hat,[26] wenn der Berechtigte in besonders krasser Weise einen Härtegrund verwirklicht hat[27] oder wenn mehrere Härtegründe vorliegen.

Je schwerer ein Härtegrund wiegt, umso mehr ist dem Berechtigten zuzumuten, die unterhaltsrechtlichen Folgen eines solchen Härtegrundes weitgehend selbst zu tragen und entsprechende Einschränkungen auf sich zu nehmen, sofern nicht das Kindeswohl eine andere Beurteilung erfordert (vgl. Rn. 625 ff.).

In weniger krassen Härtefällen ist eine umfassende Abwägung der beiderseitigen Interessen erforderlich. Je länger z. B. eine Ehe über zwei Jahre hinaus gedauert hat, umso mehr hängt die Anwendung der Härteklausel von der zusätzlichen Feststellung konkreter Umstände ab, die die Inanspruchnahme des Verpflichteten als unerträglichen Widerspruch zum Gerechtigkeitsempfinden erscheinen lassen.[28]

Bei einer Ehedauer bis zu zwei Jahren werden an die Darlegung von Unbilligkeitsgründen im Regelfall geringere Anforderungen gestellt. Denn schon wegen einer derart kurzen Ehedauer kann die innere Rechtfertigung für eine unbeschränkte Unterhaltsverpflichtung fehlen.[29]

b) Beim Verpflichteten zu berücksichtigende Interessen: **619**
- **Bedeutsam** ist in erster Linie, wie sehr den Verpflichteten nach seinen konkreten wirtschaftlichen und persönlichen Verhältnissen eine lebenslange Unterhaltsverpflichtung nach dem Maßstab der Zumutbarkeit belastet.[30] Ihm ist **mehr zuzumuten,** wenn der Berechtigte ein gemeinsames Kind betreut, wenn es sich bei dem Härtefall um einen Grenzfall handelt oder wenn er sich in wirtschaftlich guten Verhältnissen befindet.
- Die Beurteilung der Frage, ob ein Härtefall oder ein besonders schwerer Härtefall vorliegt, ist in der Regel ohne Kenntnis der wirtschaftlichen Verhältnisse des Verpflichteten nicht möglich.[31] Es kommt bevorzugt darauf an, in welcher Weise die Unterhaltslast im konkreten Fall den Verpflichteten trifft. Dabei sind insbesondere dessen wirtschaftliche Verhältnisse mit deren konkretem Gewicht in die Würdigung einzubeziehen.[32] Den Einkommensverhältnissen des Verpflichteten kommt somit stets eine wesentliche Bedeutung zu.[33]

  Im Rahmen des § 1579 BGB ist mit zu berücksichtigen, ob sich die Inanspruchnahme des Verpflichteten – wie regelmäßig bei beengten wirtschaftlichen Verhältnissen – drückend oder angesichts eines größeren finanziellen Bewegungsspielraums weniger drü-

---

[26] BGH, FamRZ 1981, 944
[27] BGH, FamRZ 1997, 873, 875 = R 513 c; FamRZ 1984, 154 = NJW 1984, 297; FamRZ 1983, 676 = NJW 1983, 1552 a
[28] BGH, FamRZ 1999, 710, 711 = R 531 a; FamRZ 1982, 582
[29] BGH, FamRZ 1989, 483, 485 = NJW-RR 1989, 386; FamRZ 1982, 582
[30] BGH, FamRZ 1988, 930 = R 368 c; FamRZ 1988, 259
[31] BGH, FamRZ 1983, 996, 998
[32] BGH, FamRZ 1989, 483, 485 = NJW-RR 1989, 386
[33] BGH, FamRZ 1984, 154 = NJW 1984, 297

ckend auswirkt.[34] Dabei ist auch zu beachten, ob der Berechtigte eigene Einkünfte hat oder ihm Einkünfte fiktiv zugerechnet werden, weil der Verpflichtete dadurch wirtschaftlich entlastet wird.[35]

- **Persönliche Verhältnisse** des Verpflichteten, wie Alter, Gesundheitszustand, Erwerbsbeschränkungen u. ä.; eventuell auch ein Fehlverhalten gegenüber dem Berechtigten.
- Bei Wiederverheiratung die Unterhaltsansprüche gegenüber einer neuen Frau und Kindern aus neuer Ehe,[36] vor allem bei Nachrang und im Mangelfall.[37]
- Besondere wirtschaftliche Belastungen während der Ehe durch Unterhaltsleistungen für ein unterschobenes außereheliches Kind der Berechtigten[38] oder wenn der Verpflichtete von der Berechtigten von einer Ehelichkeitsanfechtung abgehalten worden ist[39] oder solange der Verpflichtete wegen eines nicht leiblichen Kindes auf Unterhalt in Anspruch genommen wird, weil dieses Kind noch als ehelich gilt.[40]

619 a Nach dem **Tode des Pflichtigen** sind im Rahmen des § 1585 b BGB bei der Billigkeitsabwägung nicht nur Belange des verstorbenen Pflichtigen zu prüfen, sondern auch Umstände, die ausschließlich das Verhältnis Bedürftiger zu Erben betreffen.[41]

620 **c) Beim Berechtigten zu berücksichtigende Umstände:**

- Bedeutsam ist vor allem, wie sehr der Berechtigte auf Unterhalt angewiesen ist und diesen nicht durch eigene zumutbare Anstrengung ganz oder teilweise selbst decken kann.
- **Verschärfte Anforderungen** an zumutbare eigene Bemühungen des Berechtigten bestehen, wenn der Verpflichtete beschränkt leistungsfähig ist (Mangelfall) oder wenn der Berechtigte einen Härtegrund in besonders krasser Weise verwirklicht hat. Dem Berechtigten kann dann, auch wenn ihn nach § 1361 II BGB an sich noch keine Erwerbsobliegenheit trifft, die Aufnahme oder Ausweitung einer Erwerbsobliegenheit zugemutet werden.[42] Es können von ihm auch nicht angemessene Erwerbstätigkeiten (§ 1577 II BGB) verlangt werden. Er muss sich dann verstärkt um solche Erwerbstätigkeiten bemühen. Unterlässt er solche Bemühungen, können ihm fiktive Einkünfte zugerechnet werden. Einkünfte aus unzumutbarer Erwerbstätigkeit können ihm in erhöhtem Umfang als Einkommen angerechnet werden (§ 1577 II BGB). Auch freiwillige unentgeltliche Zuwendungen Dritter können bedarfsmindernd angesetzt werden. Es ist ihm zuzumuten, sich Mittel für seinen Unterhalt durch Verwertung seines Vermögens zu verschaffen, z. B. durch Verwertung des Miteigentumsanteils an einem gemeinsamen Haus.[43]
- Die wirtschaftlichen Verhältnisse des Berechtigten und die Auswirkungen einer Unterhaltsherabsetzung auf seine Lebensverhältnisse.[44]
- Schwere des Verwirkungsgrundes.[45]
- Persönliche Verhältnisse des Berechtigten wie Alter,[46] Gesundheitszustand, schicksalsbedingte Lebenssituation,[47] persönliche Leistungen für den Verpflichteten bzw. für die eheliche Lebensgemeinschaft, Verdienste um die Familie, insbesondere bei der Pflege und Erziehung von Kindern.[48]

---

[34] BGH, FamRZ 1983, 670 = R 149 a
[35] BGH, FamRZ 1988, 259; FamRZ 1984, 154 = NJW 1984, 297; FamRZ 1984, 662, 664 = NJW 1984, 2358
[36] BGH, FamRZ 1988, 930 = R 368 c
[37] BGH, FamRZ 1985, 911 = R 268 c
[38] BGH, FamRZ 1985, 267 = NJW 1985, 2266
[39] BGH, FamRZ 1985, 51 = NJW 1985, 428
[40] BGH, FamRZ 1984, 154
[41] BGH, FamRZ 2003, 521 = R 581 a
[42] BGH, FamRZ 1997, 873, 875 = R 513 c; FamRZ 1983, 670 = R 149 a
[43] BGH, FamRZ 1984, 154 = NJW 1984, 297
[44] BGH, FamRZ 2002, 810 = R 574 d
[45] BGH, FamRZ 1986, 889 = R 303
[46] BGH, FamRZ 1986, 670 = R 149 a
[47] BGH, FamRZ 1988, 930 = R 368 c
[48] BGH, FamRZ 2002, 810 = R 574 d; FamRZ 1986, 889 = R 303; FamRZ 1986, 670, 671 = R 149 a

- Im Rahmen der Billigkeitsabwägung ist auch zu berücksichtigen, wenn der Berechtigte schon vor der Eheschließung behindert und auf Dauer erwerbsunfähig war. Er ist dann durch die Eheschließung nicht an der Aufnahme einer geregelten Erwerbstätigkeit und damit an der Sicherstellung des Unterhalts gehindert worden.[49]
- Ehebedingte Nachteile des Berechtigten können nur dann berücksichtigt werden, wenn sie bei Beginn des nachehelichen Unterhaltsanspruchs noch fortwirken und nicht schon durch eine Änderung der Verhältnisse überholt sind. Das gilt für einen Unterhaltsanspruch der Frau aus erster Ehe, den sie durch die Heirat verloren hat, wenn dieser im Zeitpunkt der Scheidung mangels Leistungsfähigkeit des ersten Mannes schon seit längerer Zeit praktisch wirtschaftlich wertlos war.[50]

d) Zu berücksichtigende sonstige Umstände: 621

- Ein stets wichtiger Umstand ist die **Ehedauer.**[51] Je länger eine Ehe dauert, umso mehr wächst die wirtschaftliche Abhängigkeit des bedürftigen Ehegatten. Dieser fühlt sich mit zunehmender Ehedauer durch die unterhaltsrechtliche Solidarität des Ehepartners abgesichert. Deshalb wiegt der Verlust oder die Beschränkung eines Unterhaltsanspruchs umso schwerer, je länger eine Ehe gedauert hat.[52]
- Zu berücksichtigen ist auch das Zustandekommen und der Verlauf der Ehe[53] sowie die Zahl der aus der Ehe hervorgegangenen Kinder[54] und die Dauer des Zusammenlebens.
- Zu berücksichtigen ist außerdem die Dauer eines nichtehelichen Zusammenlebens des Berechtigten mit einem neuen Partner[55] und die finanzielle Absicherung in einer neuen Partnerschaft.[56]
- Beim Zusammenleben mit einem neuen Partner (§ 1579 Nr. 7 BGB) können auch dessen wirtschaftliche Verhältnisse zu berücksichtigen sein.[57]

e) Zusatzfragen: Wird ein Unterhaltsanspruch trotz Kenntnis des Verwirkungsgrundes 622
außergerichtlich **anerkannt,** entfällt in der Regel eine grobe Unbilligkeit.[58] Das Gleiche gilt, wenn jahrelang Unterhalt bezahlt wird, ohne sich auf die Unbilligkeit zu berufen.[59] Die sog. **Verzeihung** kann ausdrücklich oder konkludent erfolgen.[60] Sie lässt nicht den einzelnen Verwirkungstatbestand entfallen, sondern ist im Rahmen der Billigkeitsabwägung zu prüfen und gilt deshalb für alle Tatbestände des § 1579 BGB. Die Darlegungs- und Beweislast für eine Verzeihung trifft den Bedürftigen. Maßgebend für die Annahme einer Verzeihung ist, ob der Pflichtige mit seiner Unterhaltszahlung zu erkennen gab, dass trotz Vorliegens eines Verwirkungstatbestandes die Unterhaltsleistung für ihn keine grobe Unbilligkeit darstellt und damit ein **Vertrauensschutz** beim Bedürftigen entstehen konnte. Letzteres ist **nicht gegeben,** wenn der Pflichtige aus anderen Gründen den Unterhalt ungekürzt bezahlt, z. B. wegen der Betreuung gemeinschaftlicher Kinder,[61] wegen eines Versöhnungsversuches oder weil durch die Unterhaltsleistung eine Rentenkürzung nach § 5 VAHRG anfiel.[62] Lebt der Bedürftige mit einem neuen Partner zusammen und zahlt der Pflichtige in Kenntnis dieses Umstandes weiter Unterhalt, damit ihm gemäß § 5 VAHRG seine Rente ungeschmälert zufließt, kann er bei Wegfall dieses Privilegs durch Eintritt des Rentenfalls beim Bedürftigen den Verwirkungsgrund des § 1579 Nr. 7 BGB geltend machen, ohne dass der Berechtigte aus der bisherigen Zahlung einen Vertrauensschutz

---

[49] BGH, FamRZ 1988, 930 = R 368 c
[50] BGH, FamRZ 1989, 483, 485 = NJW-RR 1989, 386
[51] BGH, FamRZ 2002, 810 = R 574 d; FamRZ 1986, 443 = NJW 1986, 722; FamRZ 1986, 889, 890 = R 303; FamRZ 1983, 670 = R 149 a
[52] BGH, FamRZ 1986, 443 = NJW 1986, 722
[53] BGH, FamRZ 1988, 930 = R 368 c
[54] BGH, FamRZ 1983, 670 = R 149 a
[55] BGH, FamRZ 1987, 689 = R 337 c
[56] BGH, FamRZ 1986, 443 = NJW 1986, 722
[57] BGH, FamRZ 1989, 487 = R 383 d
[58] OLG Nürnberg, FamRZ 1992, 673
[59] OLG Düsseldorf, FamRZ 1997, 1159; OLG Hamm, FamRZ 1997, 1485; FamRZ 1994, 702, 705
[60] BGH, FamRZ 2003, 521 = R 581 b
[61] BGH, FamRZ 2003, 521 = R 581 c
[62] BGH, a.a.O.

herleiten kann.[63] Dies gilt auch, wenn der Pflichtige zwischenzeitlich verstorben ist und der Erbe sich im Rahmen des § 1586 b BGB auf Verwirkung des Anspruchs beruft (vgl. auch Rn. 606).[64] Der Verwirkungseinwand ist in diesen Fällen auch nicht präkludiert, da der Eintritt des Rentenfalls oder der Wegfall der Kinderbetreuung eine neue Tatsache i. S. des § 323 I ZPO darstellt.

623 Ein **Trennungsverschulden** kann seit der Abkehr vom Verschuldensprinzip nur bedeutsam sein, wenn es eindeutig und klar bei einem Ehegatten liegt, was vom Tatrichter festgestellt werden muss.[65]

624 Nicht zu berücksichtigen ist u. a., wie sich ein Ehegatte wirtschaftlich stellen würde, wenn er nicht geheiratet hätte.[66]

Bei Altersehen ist es kein besonderer Umstand, dass die Parteien bei Eheschließung bereits das Ergebnis ihrer Lebensarbeit erreicht haben.[67] Unerheblich ist auch die Behauptung, die Berechtigte habe nur geheiratet, um versorgt zu sein.[68] Auch eine wiederaufgelebte Witwenrente hat wegen Subsidiarität keine Unterhaltsersatzfunktion und ist deshalb im Regelfall im Rahmen des § 1579 BGB nicht zu berücksichtigen.[69]

3. Vorrangige Berücksichtigung des Kindeswohls bei Betreuung eines gemeinschaftlichen Kindes durch den Berechtigten

625 **a) Grundsatz.** Wenn der Berechtigte ein gemeinsames Kind betreut, ist im Rahmen der Billigkeitsprüfung nach § 1579 BGB stets **vorrangig** zu klären, ob und inwieweit die Inanspruchnahme des Verpflichteten auch unter Wahrung der Belange des dem Berechtigten zur Pflege und Erziehung anvertrauten gemeinschaftlichen Kindes grob unbillig ist. In der Regel wird es sich in solchen Fällen beim nachehelichen Unterhalt um einen Anspruch nach § 1570 BGB handeln (Rn. 64 ff.). Der Betreuungsunterhalt ist selbst bei Vorliegen von Härtegründen nach § 1579 BGB privilegiert, weil im Interesse des Kindeswohls trotz Fehlverhalten des Sorgeberechtigten die Wahrnehmung der Elternverantwortung gesichert bleiben soll.[70]

626 Das Kindeswohl ist in solchen Fällen nach dem Wortlaut des Gesetzes stets vorrangig gegenüber den Interessen des Verpflichteten. Dies entspricht auch der früheren Rechtsprechung zu § 1579 II BGB a. F.[71]

Durch diese vorrangige Berücksichtigung des Kindeswohls soll nach Möglichkeit verhindert werden, dass der betreuende Elternteil zu einer Tätigkeit gezwungen wird, die zum Nachteil des Kindes dessen **geordnete Betreuung und Erziehung erschwert.**[72] Der Lebensstandard des Kindes soll nicht wegen eines Fehlverhaltens des betreuenden Elternteils, das von ihm nicht zu verantworten ist, absinken. Aus diesem Grunde wurde im Gesetzgebungsverfahren zum UÄndG (vgl. Rn. 597) die nach dem Regierungsentwurf zu § 1579 BGB vorgesehenen Worte „Berücksichtigung der Belange“ durch die schärfere Formulierung „Wahrung der Belange“ ersetzt.[73] Nach der Rechtsprechung wird dem aber bei einem schwerwiegenden Fehlverhalten in der Regel Genüge getan, wenn der Unterhalt auf das zur Kinderbetreuung notwendige Mindestmaß herabgesetzt wird.[74] Es ist nach BGH nicht zu erwarten, dass sich für das Kind besondere Nachteile ergeben, wenn sich der betreuende

[63] BGH, a.a.O.
[64] BGH, FamRZ 2003, 521 = R 581 a, c
[65] BGH, FamRZ 1989, 483, 485 = NJW-RR 1989, 386
[66] BGH, FamRZ 1982, 582
[67] BGH, a.a.O.
[68] BGH, a.a.O.
[69] BGH, FamRZ 1986, 889 = R 303
[70] BGH, FamRZ 1997, 873, 875 = R 513 c; FamRZ 1997, 671 = R 511 A b; FamRZ 1987, 1238 = R 344 a
[71] BVerfG, FamRZ 1981, 745; BGH, FamRZ 1987, 1238 = R 344 a; FamRZ 1984, 154 = NJW 1984, 297; FamRZ 1983, 142
[72] BGH, FamRZ 1984, 986, 988 = NJW 1984, 2692
[73] BGH, FamRZ 1987, 1238 = R 344 a
[74] BGH, FamRZ 1997, 873, 875 = R 513 c; FamRZ 1987, 1238 = R 344 a

Elternteil einschränken muss.[75] Das Mindestmaß entspricht üblicherweise dem sog. Notunterhalt, was bedenklich erscheint, da finanziell zu eingeschränkte Lebensverhältnisse des kinderbetreuenden Elternteils entgegen der Auffassung des BGH immer auch Auswirkungen auf die Entwicklungsmöglichkeiten des Kindes haben.

In besonders krassen Fällen einer groben Unbilligkeit kann zur Vermeidung unbilliger Ergebnisse auch bei Kinderbetreuung eine Herabsetzung des Unterhalts über den Notbedarf hinaus bis zum völligen Wegfall in Betracht kommen.[76] Zu prüfen ist dann vorab, ob dem kinderbetreuenden Elternteil früher als üblich die Aufnahme einer Erwerbsobliegenheit angesonnen werden kann, um den Mindestbedarf selbst zu decken.[77]

Der Vorrang besteht nur bei Betreuung **gemeinschaftlicher Kinder, nicht** bei Pflegekindern oder Stiefkindern. Gemeinschaftliche Kinder sind leibliche Kinder, Adoptivkinder und scheineheliche Kinder, solange die Vaterschaft nicht wirksam angefochten ist (Rn. 65). **627**

Die **Betreuung** des Kindes muss **rechtmäßig** sein, d. h., der Berechtigte muss ein minderjähriges Kind entweder mit Einverständnis des Verpflichteten oder auf Grund einer Sorgerechtsentscheidung des Gerichts betreuen.[78] Nach der seit 1. 7. 1998 geltenden Rechtslage genügt es dabei, dass sich die Eltern einig sind, bei wem sich das Kind aufhält. **628**

Wenn der Berechtigte, der einen Härtegrund verwirklicht, bei der Trennung **eigenmächtig** ein Kind gegen den Widerspruch des anderen Elternteils mit sich nimmt, erhält er in der Regel einen Unterhaltsanspruch erst ab dem Zeitpunkt, in dem der Aufenthalt des Kindes durch eine wirksame gerichtliche Entscheidung zum Sorge- oder zumindest zum Aufenthaltsbestimmungsrecht (Beschluss oder einstweilige Anordnung) geregelt ist, er das Kind betreuen will und dazu ohne Gefährdung des Kindeswohls in der Lage ist. Sinn des Erfordernisses einer rechtmäßigen Betreuung ist es zu verhindern, dass ein Ehegatte aus einem rechtswidrigen Verhältnis wirtschaftliche Vorteile ziehen kann.[79]

Der **Vorrang des Kindeswohls** beruht darauf, dass dem Kind eigene Menschenwürde und ein eigenes Recht auf volle Entfaltung seiner Persönlichkeit zukommt und dass deshalb der Gesetzgeber auch im Unterhaltsverfahren Regelungen zu vermeiden hatte, die sich für die Entwicklung des Kindes nachteilig auswirken könnten. Mit der Trennung der Eltern ist für Kinder ohnehin in der Regel eine Verschlechterung ihrer Lebensverhältnisse verbunden. Einmal ist es die auf dem Verlust eines Elternteils beruhende seelische Belastung, die Kinder bewältigen müssen, zum anderen werden Kinder zwangsläufig auch von den meist ungünstigen wirtschaftlichen Folgen der Trennung und Scheidung betroffen. Kinder getrennt lebender oder geschiedener Eltern müssen darauf verzichten, mit ihren Eltern in Familiengemeinschaft zusammenleben zu können. Diese abträglichen Folgen des gestörten familiären Zustandes werden erheblich verstärkt, wenn Kinder zusätzlich auch noch weitgehend die persönliche Betreuung durch den Elternteil entbehren müssen, dem sie zugeordnet sind, weil dieser einer Erwerbstätigkeit nachzugehen hat. Es entspricht in der Regel dem Kindeswohl, wenn es sich auch nach Trennung oder Scheidung in der Obhut eines Elternteils weiß, der hinreichend Zeit hat, auf seine Fragen, Wünsche und Nöte einzugehen.[80] **629**

b) Prüfungsmaßstab. Grundrechtswidrige Ergebnisse lassen sich weitgehend dadurch vermeiden, dass der eheangemessene Unterhalt auf das zur **Kindesbetreuung erforderliche Maß reduziert** wird.[81] Dabei ist in einem Härtefall zu prüfen, ob und in welchem Umfang die Auferlegung von Unterhaltsleistungen im Interesse des Kindes erforderlich ist.[82] **630**

Außerdem ist festzustellen, ob die Betreuung von Kindern **jeglicher Erwerbstätigkeit** des Berechtigten im Weg steht oder ob neben der Kindesbetreuung wenigstens die **Aufnahme einer Teilzeitbeschäftigung** möglich wäre und ob deshalb ein erzielbares Einkommen fiktiv zugerechnet werden kann. Dies gilt insbesondere, wenn den kinderbetreuen-

---

[75] BGH, FamRZ 1987, 1238 = R 344 a
[76] BGH, FamRZ 1998, 541 = NJW 1998, 1309
[77] BGH a.a.O.
[78] BVerfG, FamRZ 1981, 745, 749; BGH, FamRZ 1983, 142
[79] BGH, a.a.O.
[80] BVerfG, FamRZ 1981, 745, 749
[81] BVerfG, FamRZ 1981, 745, 749
[82] BGH, FamRZ 1987, 671 = R 344 a; FamRZ 1984, 662, 664 = NJW 1984, 2358

den Bedürftigen bereits nach allgemeinen Grundsätzen eine Obliegenheit zu einer Teilzeit- oder Ganztagstätigkeit trifft[83] (s. hierzu näher Rn. 72 ff.). Die Verpflichtung zur Vollzeitbeschäftigung besteht regelmäßig ab dem 15. oder 16. Lebensjahr des Kindes, die Obliegenheit zur Teilzeittätigkeit, die nicht stets den Umfang einer Halbtagsbeschäftigung erreichen muss, nach BGH spätestens zwischen dem 11. und 15. Lebensjahr, 6 9 nach den meisten Leitlinien bereits ab Beginn der 3. Grundschulklasse (näher Rn. 75 ff.). Bei der Einzelfallprüfung sind dabei sowohl Umstände in der Person des Kindes (Kränklichkeit, Schulschwierigkeiten, Entwicklungsstörungen) als auch des Betreuenden (Alter, Gesundheitszustand, Beschäftigungschancen, anderweitige Betreuungsmöglichkeiten) zu berücksichtigen.[84] Trifft den Bedürftigen ein besonders schweres Fehlverhalten, kann im Einzelfall auch bereits zu einem früheren Zeitpunkt die Aufnahme oder Ausweitung einer Teilzeittätigkeit verlangt werden.[85] Auch bei einem unter 10 Jahre alten Kind kann einer Mutter angesonnen werden, unter Verzicht auf das heute übliche Maß an Freizeit, einer Halbtagsbeschäftigung nachzugehen.[86] Ebenso kann eine überobligatorische Tätigkeit voll angerechnet werden.

630 a Kann der Bedürftige die zur Sicherung des notwendigen Bedarfs erforderlichen Mittel **von anderer Seite erlangen** und ist deshalb auf den Unterhalt nicht angewiesen, sind die Kindesbelange ausreichend gewahrt.[87]

630 b Im Rahmen der Frage, inwieweit Unterhaltsleistungen an den Berechtigten durch die Kindesinteressen erforderlich sind, dürfen in der Person des Berechtigten liegende besondere Umstände, wie z. B., dass die Berechtigte ihre frühere Erwerbstätigkeit schon kurz nach der Ehe aufgegeben und auf Grund der hohen Einkünfte des Mannes in günstigen wirtschaftlichen Verhältnissen gelebt hat, dagegen nicht berücksichtigt werden.[88]

631 Da die **Belange des Kindes** nach dem Wortlaut des § 1579 BGB zu **„wahren"** sind, kommt eine Herabsetzung oder Versagung des Unterhalts lediglich in Betracht, wenn die Pflege und Erziehung des Kindes trotzdem gesichert bleibt.

- Dies ist der Fall, wenn der Unterhalt das Maß dessen übersteigt, was der betreuende Ehegatte zur **Deckung seines Mindestbedarfs** benötigt.[89]
  Die Belange des Kindes werden dabei nach BGH in der Regel ausreichend gewahrt, wenn dem Berechtigten dessen notdürftiger Unterhalt gesichert wird. Es ist nicht zu erwarten, dass sich für das Kind besondere Nachteile ergeben, wenn sich die Mutter einschränken muss[90] (vgl. aber Rn. 626); eine Herabsetzung auf den Mindestbedarf wird aber nur in besonders schwerwiegenden Härtefällen in Betracht kommen, eine Herabsetzung unter den Mindestbedarf in krassen Ausnahmefällen (s. oben Rn. 626).
- Dies ist ferner der Fall, wenn und soweit der Berechtigte die zur Deckung des Mindestbedarfs erforderlichen Mittel von anderer Seite erhalten kann und deshalb auf den Unterhalt nicht angewiesen ist.[91] Dies trifft z. B. zu, wenn die Berechtigte ihren Mindestbedarf durch die Versorgung ihres neuen Partners decken kann, ohne dadurch in der persönlichen Betreuung der Kinder behindert zu sein. Durch die Zurechnung eines fiktiven Einkommens für solche Versorgungsleistungen an den neuen Partner kann eine mit dem Verfassungsgrundsatz der Verhältnismäßigkeit unvereinbare Belastung des Verpflichteten vermieden werden.[92]
- Die Belange des Kindes können außerdem gewahrt sein, wenn seine Pflege und Erziehung in anderer Weise als durch elterliche Betreuung sichergestellt werden kann.[93]

---

[83] BGH, FamRZ 1997, 671 = R 511 A c
[84] BGH, a.a.O.
[85] BGH, FamRZ 1997, 873, 875 = R 513 c
[86] BGH, FamRZ 1987, 1238 = R 344 b
[87] BGH, FamRZ 1987, 671 = R 511 A b
[88] BGH, FamRZ 1984, 662, 664 = NJW 1984, 2358
[89] BVerfG, FamRZ 1981, 745, 749; BGH, FamRZ 1997, 873, 875 = R 513 c; FamRZ 1997, 671 = R 511 A b; FamRZ 1989, 1279 = R 396
[90] BGH, FamRZ 1987, 1238
[91] BGH, FamRZ 1997, 671 = R 511 A b; FamRZ 1989, 1279 = R 396
[92] BGH, FamRZ 1984, 154 = NJW 1984, 297; FamRZ 1984, 356
[93] BGH, FamRZ 1997, 671 = R 511 A b; FamRZ 1989, 1279 = R 396

Die Belange des Kindes im Sinn der obigen Ausführungen sind dagegen **nicht gewahrt,** wenn der Berechtigte bei einer Unterhaltsversagung **Sozialhilfe** beanspruchen muss. Eine Verweisung auf Sozialhilfe ist mit dem Grundsatz der Subsidiarität der Sozialhilfe nicht zu vereinbaren.[94] **632**

Die durch das Kindeswohl erforderliche Betreuungsintensität wird wesentlich bestimmt durch das Alter sowie die körperliche und geistige Entwicklung des Kindes.[95] Nach dem Entwicklungsstand des Kindes richtet sich auch die Freistellung des Berechtigten von einer eigenen Erwerbstätigkeit. Außerdem ist in diesem Zusammenhang zu prüfen, ob **angemessene Betreuungsmöglichkeiten** für das Kind bestehen, z. B. durch den Besuch eines Kindergartens, durch die Betreuung seitens naher Angehöriger wie z. B. der Großeltern oder durch die Betreuung durch den neuen Partner des Berechtigten. **633**

Über die Wahrung der Belange der gemeinschaftlichen Kinder hinaus ist zusätzlich zu prüfen, inwieweit die Inanspruchnahme des Verpflichteten grob unbillig ist.[96] **634**

Nach Beendigung der erforderlichen Kindesbetreuung erlischt der Vorrang des Kindeswohls und es greift der jeweilige Härtegrund uneingeschränkt durch. Dabei ist aber stets genau zu prüfen, ab wann nach den Umständen des Einzelfalls (s. oben Rn. 630) eine Teilzeitbeschäftigung trotz Kinderbetreuung begonnen bzw. ausgeweitet werden muss.[97] **635**

In der Regel wird bei Kindesbetreuung der angemessene Unterhalt auf das Maß herabgesetzt werden, das zur Wahrung der Belange des Kindes erforderlich ist. Bei Betreuung von Schulkindern wird dem Berechtigten in der Regel **zumindest der Mindestbedarf** nach der DT als Existenzminimum zu belassen sein. Dagegen wird der völlige Ausschluss nur selten in Betracht kommen.[98] **636**

III. Ehe von kurzer Dauer (§ 1579 Nr. 1 BGB)

1. Härtegrund der kurzen Ehedauer (Nr. 1)

Die Härteklausel der Nr. 1 ist anzuwenden, wenn die Ehe von kurzer Dauer war. Die Dauer der Ehe im Sinn der Nr. 1 bemisst sich nicht nach der Zeit des tatsächlichen Zusammenlebens der Eheleute, sondern nach der Dauer des rechtlichen Ehebandes.[99] Auch ein dem anhängigen Verfahren vorangegangener abgewiesener oder zurückgenommener Scheidungsantrag verkürzt die Ehezeit nicht.[100] **637**

Als **Ehedauer** ist in diesem Sinn die Zeit von **Eheschließung bis zur Rechtshängigkeit** des Scheidungsantrags (nicht der Rechtskraft des Scheidungsverfahrens) zu verstehen.[101] In aller Regel vollzieht der Antragsteller den entscheidenden Schritt zur Beendigung einer Ehe mit der Rechtshängigmachung seines Antrags. Aus seiner Sicht dient das weitere Verfahren, vor allem, wenn es im Verbund mit den Folgesachen abläuft, im Allgemeinen nur noch der Abwicklung der ehelichen Beziehungen und der Regelung der Folgesachen. Auch für den Antragsgegner wird mit der Rechtshängigkeit des Antrags zumeist das Scheitern des gemeinsamen Lebensplanes und das Ende der gemeinschaftlichen Lebensgestaltung deutlich. Damit erscheint es auch im Hinblick auf die eheliche Situation, wie sie sich den Ehepartnern darstellt, als sachgerecht, die Zeit des Scheidungsrechtsstreits nicht in die Bemessung der **638**

---

94 BGH, FamRZ 1989, 1279 = R 396
95 BVerfG FamRZ 1981, 745, 749
96 BVerfG, FamRZ 1992, 1283
97 BGH, FamRZ 1997, 671 = R 511 A b, c
98 OLG Düsseldorf, FamRZ 1987, 1267; OLG Hamburg, FamRZ 1987, 1045; OLG Hamm, FamRZ 1993, 1450
99 BGH, FamRZ 1995, 1405 = R 490 A b; FamRZ 1986, 886 = NJW 1986, 2832
100 BGH, FamRZ 1986, 886 = NJW 1986, 2832
101 BGH, FamRZ 1995, 1405 = R 490 A b; FamRZ 1990, 492 = R 404 c; FamRZ 1986, 886 = NJW 1986, 2832

Ehedauer miteinzubeziehen.[102] Der Zugang eines Antrags auf PKH reicht deshalb nicht aus. Auch bei einem **verfrühten Scheidungsantrag** ist die Ehedauer bis zur Rechtshängigkeit des Antrags zu berechnen,[103] die Frage, ob und warum der Antrag verfrüht gestellt wurde, ist im Rahmen der Billigkeitsprüfung zu berücksichtigen.

639 Der Ehedauer steht nach dem Gesetzestext die Zeit, in welcher der Berechtigte wegen **Betreuung eines gemeinschaftlichen Kindes** nach § 1570 BGB Unterhalt beanspruchen kann, gleich. Wegen dieser Gleichstellung hatte der BGH früher in Fällen berechtigter Kindesbetreuung eine kurze Ehedauer verneint.[104] Nach Auffassung des BVerfG,[105] die der BGH übernommen hat, ist **auch bei Kindesbetreuung zunächst nur auf die tatsächliche Dauer** der Ehe von Eheschließung bis Rechtshängigkeit des Scheidungsverfahrens abzustellen. Nach dem Grundsatz der Verhältnismäßigkeit müsse auch bei der Kinderbetreuung in besonderen Härtefällen ein Ausschluss oder eine Herabsetzung des Unterhaltsanspruchs möglich sein, da andernfalls die Beschränkung der Dispositionsfreiheit des Verpflichteten im finanziellen Bereich als Folge der Unterhaltsansprüche des Bedürftigen nicht mehr Bestandteil der verfassungsmäßigen Ordnung sei und vor dem Grundrecht des Art. 2 II GG nicht bestehen könne. Erst wenn diese tatsächliche Ehedauer als kurz zu beurteilen ist, ist im Rahmen der Billigkeitsabwägung zu prüfen, inwieweit die Inanspruchnahme des Verpflichteten auf ungekürzten und unbefristeten Unterhalt auch unter Wahrung der Belange des zu betreuenden Kindes grob unbillig ist und dem Grundsatz der Verhältnismäßigkeit widerspricht.[106]

640 **Zum Verständnis des § 1579 Nr. 1 BGB** ist es notwendig, auf die Grundlagen der nachehelichen Unterhaltspflicht zurückzugreifen. Diese Grundlagen sind in den Prinzipien der nachehelichen Solidarität und der in Verbindung mit der Ehe stehenden Bedürftigkeit zu erblicken. Dabei geht das Gesetz ersichtlich davon aus, dass sich diese Grundlagen mit zunehmender Dauer der Ehe verfestigen. Dies ergibt sich auch aus § 1582 BGB, der dem geschiedenen Ehegatten gegenüber einem neuen Ehegatten u. a. dann einen erhöhten unterhaltsrechtlichen Vorrang einräumt, wenn die Ehe mit dem geschiedenen Ehegatten von langer Dauer war. Je länger eine Ehe dauert, umso stärker ist die Frage der wirtschaftlichen Sicherung des Ehegatten mit dem Bestand dieser Ehe verbunden. Dem liegt die Erfahrung zugrunde, dass die Lebenssituation der Partner in der Ehe durch den gemeinschaftlichen Lebensplan entscheidend geprägt wird und mit der Zunahme der Ehedauer auch eine zunehmende Verflechtung der beiderseitigen Lebensdispositionen sowie im Allgemeinen eine wachsende wirtschaftliche Abhängigkeit des unterhaltbedürftigen Ehegatten einhergeht, gegenüber der sich dieser Ehegatte durch die unterhaltsrechtliche Solidarität des Ehepartners abgesichert zu fühlen pflegt.[107] Als Folge der fortwirkenden nachehelichen Verantwortung für den bedürftigen Partner muss sich der wirtschaftlich stärkere Ehegatte bei Erfüllung eines der Tatbestände der §§ 1570 ff. BGB bis zur Grenze des Zumutbaren mit der finanziellen Unterhaltungsbelastung abfinden.[108]

641 Ob und inwieweit die Inanspruchnahme des Verpflichteten wegen einer kurzen Ehedauer grob unbillig ist, hat in erster Linie der Tatrichter zu beurteilen.[109] **Bei extrem kurzer Ehedauer** kann eine grobe Unbilligkeit in der Regel bejaht werden.[110] Es ist im Ergebnis aber immer eine Einzelfallentscheidung, bei der vor allem zu prüfen ist, inwieweit bereits eine wechselseitige Verflechtung und Abhängigkeit eintrat.

642 Auf den **Trennungsunterhalt** findet die Nr. 1 nach § 1361 III BGB keine Anwendung (vgl. Rn. 38). Dementsprechend kann eine kurze Ehedauer beim Trennungsunterhalt in der Regel auch nicht als selbstständiger Ausschlussgrund nach Nr. 7 berücksichtigt werden,[111] es

---

[102] BGH, FamRZ 1990, 492, 495 = R 404 c; FamRZ 1982, 254 = NJW 1982, 823
[103] OLG Schleswig, FamRZ 2003, 763; OLG Frankfurt, FamRZ 1991, 823
[104] BGH, FamRZ 1987, 572
[105] BVerfG FamRZ 1989, 941 = R 394
[106] BGH, FamRZ 1990, 492, 495 = R 404 c
[107] BGH, FamRZ 1999, 710, 711 = R 531 a
[108] BGH, FamRZ 1999, 710, 711 = R 531 a
[109] BGH, FamRZ 1982, 254 = NJW 1982, 823
[110] BGH, FamRZ 1982, 582; FamRZ 1981, 944
[111] BGH, FamRZ 1987, 572, 575 = R 323 b

sei denn, die Eheleute haben tatsächlich nur wenige Monate zusammengelebt[112] oder wollten von vornherein nie zusammenleben.[113]

2. Kurze Ehedauer bis zu zwei Jahren

Für die Bemessung der Ehedauer als kurz können keine festen abstrakten Maßstäbe zugrunde gelegt werden. Es kommt vielmehr auf die Lebenssituation der Ehegatten im Einzelfall an. Das schließt es allerdings nicht aus, im Interesse der praktischen Handhabung der Vorschrift die zeitlichen Bereiche zu konkretisieren, innerhalb deren eine Ehe in aller Regel von kurzer oder nicht kurzer Dauer ist. **643**

Hat die Ehe nicht länger als zwei Jahre bestanden, so wird sie deshalb in aller Regel als kurz zu beurteilen sein.[114] Dies gilt selbst dann, wenn sich die Ehegatten bei der Eheschließung bereits in vorgerücktem Alter befunden haben.[115] Es besteht kein Grund, für solche Ehe andere Grenzen zu ziehen als bei Ehen, die in jüngeren Jahren geschlossen wurden.[116] Das Alter der Eheleute kann daher für sich allein weder einen Grund darstellen, die Ehe generell als kurz, noch als lang anzusetzen (s. auch unten Rn. 646, 647).

Eine kurze Ehedauer kann trotz Kinderbetreuung vorliegen, wenn die tatsächliche Ehezeit nur 18 Monate betrug.[117] Soweit sich der Bedürftige bereits innerhalb der beiden ersten Ehejahre einem neuen Partner zuwendet und dadurch zeigt, dass er die Ehe nicht als feste Bindung ansieht, kann auch bei einer Ehedauer von knapp 3 Jahren und Betreuung eines gemeinschaftlichen Kindes eine kurze Ehe vorliegen[118] (s. näher Rn. 656 a).

Fälle kurzer Ehedauer nach BGH: 6 Wochen,[119] 18 Monate,[120] 19 Monate[121] und knapp 2 Jahre.[122] **644**

3. Nicht mehr kurze Ehedauer ab ca. 3 Jahren

Im Regelfall hält der BGH eine Ehedauer von mehr als drei Jahren nicht mehr für kurz, weil Eheleute innerhalb dieser Zeit ihre Lebenspositionen in der Ehe bereits so weit aufeinander abgestimmt und in wechselseitiger Abhängigkeit auf ein gemeinsames Lebensziel ausgerichtet haben, dass die unterhaltsrechtliche Verpflichtung für die Zeit nach der Scheidung nicht mehr dem Billigkeits- und Gerechtigkeitsempfinden in grober Weise widerspricht.[123] Bei Vorliegen besonderer Umstände kann im Einzelfall aber auch noch eine Ehedauer von knapp 5 Jahren als kurz angesehen werden, wenn sich die Ehegatten in ihrer Lebensführung nicht aufeinander eingestellt und in wechselseitiger Abhängigkeit auf ein gemeinsames Ziel ausgerichtet haben.[124] **645**

Fälle nicht mehr kurzer Ehedauer nach BGH: 41 Monate,[125] 41 1/2 Monate,[126] 43 Monate,[127] 60 Monate,[128] 5 1/4 Jahre.[129] **646**

---

[112] BGH, FamRZ 1988, 930 = R 368 c
[113] BGH, FamRZ 1994, 558 = R 476
[114] BGH, FamRZ 1999, 710, 712 = R 531 a; FamRZ 1995, 1405 = R 490 A b; FamRZ 1990, 492, 495 = R 404 c
[115] BGH, FamRZ 1982, 894 = NJW 1982, 2442; FamRZ 1981, 140 = NJW 1981, 754
[116] BGH, FamRZ 1982, 894 = NJW 1982, 2442
[117] BGH, FamRZ 1990, 492, 495 = R 404 c
[118] OLG München, FamRZ 1996, 1078
[119] BGH, FamRZ 1981, 944
[120] BGH, FamRZ 1990, 492, 495 = R 404 c; FamRZ 1987, 572
[121] BGH, FamRZ 1981, 140 = NJW 1981, 754
[122] BGH, FamRZ 1989, 483, 485 = NJW-RR 1989, 386
[123] BGH, FamRZ 1999, 710, 712 = R 531 a; FamRZ 1995, 1405 = R 490 A b; FamRZ 1986, 886 = NJW 1986, 2832
[124] BGH, FamRZ 1999, 710, 712 = R 531 a
[125] BGH, FamRZ 1982, 254 = NJW 1982, 823
[126] BGH, FamRZ 1982, 894 = NJW 1982, 2442
[127] BGH, FamRZ 1981, 140, 142 = NJW 1981, 754
[128] BGH, FamRZ 1995, 1405 = R 490 A b; FamRZ 1983, 150 = NJW 1983, 683
[129] BGH, FamRZ 1999, 710, 712 = R 531 a

Bei einer 41 Monate dauernden Ehe hat der BGH z. B. die Beurteilung als kurz abgelehnt mit der Begründung, die Parteien hätten sich bei der Eheschließung bereits in vorgerücktem Alter (63 und 55 Jahre) befunden. Infolgedessen sei die mögliche Dauer ihrer Ehe im Vergleich zu einer in jungen Jahren geschlossenen Ehe von vornherein begrenzt gewesen. Hinzu komme, dass die Berechtigte auf Wunsch des Verpflichteten ihre Erwerbstätigkeit als Büro- und Haushaltshilfe beendet und dadurch dokumentiert habe, dass sie sich unter Aufgabe ihrer bisherigen Lebensbedingungen auf ein gemeinsames Leben eingerichtet habe.[130] In einer anderen Entscheidung bei einer Ehedauer von 41 1/2 Monaten hat er darauf hingewiesen, dass das vorgerückte Alter der Eheleute kein Grund sei, die Ehe noch als kurz zu bezeichnen.[131]

4. Ehedauer zwischen zwei und drei Jahren und sonstige Sonderfälle

647 In Fällen, die durch besondere, vom Regelfall abweichende Umstände in den Lebensverhältnissen der Ehegatten gekennzeichnet sind, sowie in den Fällen im Zwischenbereich von zwei und drei Jahren ist die Beurteilung in besonderer Weise davon abhängig zu machen, ob die Eheleute sich bereits in wechselseitiger Abhängigkeit auf ein gemeinschaftliches Lebensziel ausgerichtet haben.[132]

Der BGH hat solche Besonderheiten bei einer noch nicht länger als zwei Jahre bestandenen **Rentnerehe** verneint. Beide Ehegatten waren bei Eingehung der Ehe rentenberechtigt und bezogen die ihnen bis dahin zufließenden Altersruhegelder und Pensionen weiter. Besondere Umstände, die eine wechselseitige Abhängigkeit der Lebenspositionen begründet haben könnten, konnten nicht festgestellt werden.[133] Aus den gleichen Gründen hat er eine Ehedauer von **30 Monaten** bei Rentnern als kurz beurteilt, weil noch keine Abhängigkeit der Lebensposition erreicht war.[134]

648 Je länger eine Ehe über zwei Jahre hinaus gedauert hat, umso mehr hängt die Anwendung der Härteklausel von der Feststellung konkreter Umstände ab, die die Inanspruchnahme des Verpflichteten als unerträglichen Widerspruch zum Gerechtigkeitsempfinden erscheinen lassen. Dabei kommt es bevorzugt darauf an, in welcher Weise die Unterhaltspflicht den Schuldner trifft.[135] Bei einer Ehedauer von **36 Monaten,** in der sich die Bedürftige voll auf die neue Ehe eingestellt hat und deshalb nicht nur in eine andere Stadt zog, sondern auch den Arbeitsplatz aufgab, hat der BGH eine kurze Ehe verneint.[136]

649 Eine tatsächliche Besonderheit, die die Anwendung der für Regelfälle entwickelten Grundsätze ausschließt, liegt darin, dass die Parteien die – bereits zweite – Ehe erst in vorgerücktem Lebensalter geschlossen haben. Es besteht kein durchgreifender Grund, für Altehen andere Grenzen zu ziehen als bei Ehen, die in jüngerem Alter geschlossen werden. Entscheidungserheblich ist auch nicht, dass die Parteien nur 10 Monate lang zusammengelebt, danach aber bis zur Rechtshängigkeit des Scheidungsantrags bereits mehrere Jahre getrennt gelebt haben. Ein **langjähriges Getrenntleben** führt selbst in Fällen, in denen die Ehegatten nur kurz zusammengelebt haben, nicht zu einer Beschränkung des Unterhaltsanspruchs nach Nr. 1[137] (u. U. aber nach Nr. 7, vgl. Rn. 758).

650 Auch eine Ehe von **3 Jahren und 4 Monaten** kann noch als „kurz“ beurteilt werden, wenn der durch die Krankheit unterhaltsbedürftig gewordene Ehegatte sich bei Ausbruch seiner Krankheit noch nicht darauf eingestellt hatte, in dauernder wirtschaftlicher Abhängigkeit von der damals noch jugendlichen Ehefrau zu leben;[138] ebenso, wenn der Pflichtige bereits nach 20 Monaten Ehedauer Scheidungsantrag stellen wollte, davon aber Abstand

---

130 BGH, FamRZ 1982, 254 = NJW 1982, 823
131 BGH, FamRZ 1982, 894 = NJW 1982, 2442
132 BGH, FamRZ 1981, 140, 142 = NJW 1981, 754
133 BGH, FamRZ 1981, 140 = NJW 1981, 754, 756
134 BGH, FamRZ 1982, 582 = NJW 1982, 2064
135 BGH, FamRZ 1982, 582 = NJW 1982, 2064
136 BGH, FamRZ 1986, 886
137 BGH, FamRZ 1982, 894 = NJW 1982, 2442; FamRZ 1982, 582 = NJW 1982, 2064
138 Unveröffentlichte Entscheidung des BGH vom 15. 6. 1983 – AZ IVb ZR 381/81

nahm, weil die Bedürftige befürchtete, vor Abschluss des Studiums als Ausländerin abgeschoben zu werden.[139]

Der BGH hat bei einer Ehedauer von **ca. 39 Monaten** eine Unterhaltsminderung um die Hälfte gebilligt mit der Begründung, dies sei nach tatrichterlicher Würdigung der gesamten Umstände einschließlich des Alters und der Vermögenslage der Parteien bei Eingehen der Ehe gerechtfertigt. Die Entscheidung trage sowohl der ehelichen Lebensgestaltung der Parteien während der Dauer ihres Zusammenlebens als auch der altersbedingten Unterhaltsbedürftigkeit beider Eheleute in angemessener Weise Rechnung.[140] 651

5. OLG-Entscheidungen mit Billigkeitsabwägungen

Das **OLG Düsseldorf** hat unter entsprechender Billigkeitsabwägung bei einer Ehedauer von 4 Jahren eine Unterhaltskürzung um die Hälfte bejaht und dabei insbesondere die wirtschaftliche Selbstständigkeit sowie die früh eingetretene Ehezerrüttung berücksichtigt.[141] Bei einer Ehedauer von 2 Jahren 6 Monaten hat es dagegen eine kurze Ehe verneint, weil durch die Heirat die Witwenrente entfiel.[142] 652

Das **OLG Hamm** hat eine Ehe von kurzer Dauer bei einem Ehezeitraum von knapp 3 Jahren auch dann angenommen, wenn die Heirat zu einem Wegfall der Witwenrente der Ehefrau nach ihrem früheren Mann geführt hat.[143] Bei einer Ehedauer von über 3 Jahren hat es eine kurze Ehedauer bejaht, weil die Eheleute ihren Lebensplan noch nicht aufeinander abgestellt und in wechselseitiger Abhängigkeit auf ein gemeinsames Leben ausgerichtet hatten,[144] ebenso bei einer Ehedauer von 4 Jahren 2 Monaten bei Eheschließung im Rentenalter.[145] 653

Das **OLG Frankfurt** hat bei 4 Jahren und 5 Monaten noch eine „kurze Ehedauer" bejaht, weil die Ehegatten in dieser Zeit wegen einer Suchterkrankung der Frau und wiederholten, immer wieder abgebrochenen Krankenhausaufenthalten nur 9 Monate tatsächlich zusammengelebt und deshalb ihre Lebensdispositionen noch nicht entscheidend aufeinander eingestellt hatten.[146] Bei einer Ehedauer von 16½ Monaten hat es generell eine kurze Ehe angenommen.[147] Bei einer Ehedauer von 3 Jahren und 2 Monaten und Betreuung eines gemeinschaftlichen Kindes hat es eine kurze Ehedauer bejaht, weil die Eheleute bei Eheschließung erst jeweils 22 Jahre alt waren und die bedürftige Ehefrau das Kind nur bis zum 6. Lebensjahr betreute, und deshalb den Unterhaltsanspruch herabgesetzt.[148] 654

Das **OLG Karlsruhe** hat eine Ehedauer von 2 Jahren 11 Monaten als nicht kurz angesehen, weil die Ehefrau die Arbeitsstelle in Bulgarien aufgab, um in die BRD zu übersiedeln.[149] 655

Des **OLG Köln** hat bei einer Ehedauer von knapp 4 Jahren noch eine kurze Ehe bejaht, weil die Parteien nur 2½ Jahre zusammenlebten, die Ehefrau bereits bei Eingehung der Ehe wegen Asthma bronchiale 4 Jahre erwerbslos war und noch keine wechselseitigen Verflechtungen und Abhängigkeiten in Ausrichtung auf ein gemeinsames Lebensziel vorlagen.[150] 656

Das **OLG München** hat bei einer Ehedauer von fast 3 Jahren und Betreuung eines gemeinschaftlichen Kindes eine kurze Ehedauer bejaht, weil die Bedürftige bereits ein Jahr nach Ehebeginn eine Beziehung zu einem neuen Partner aufnahm und aus diesem Ehebruch ein nichteheliches Kind stammte, ihr Verhalten also aufzeigte, dass sie die Ehe nicht als feste 656 a

---

139 BGH, FamRZ 1987, 463 = NJW 1987, 2161
140 BGH, FamRZ 1982, 28, 29 = NJW 1982, 929
141 OLG Düsseldorf, FamRZ 1983, 1139
142 OLG Düsseldorf, FamRZ 1992, 1188, 1190
143 OLG Hamm, FamRZ 1984, 903
144 OLG Hamm, FamRZ 1988, 1285
145 OLG Hamm, FamRZ 1992, 326
146 OLG Frankfurt, FamRZ 1989, 630
147 OLG Frankfurt, FamRZ 1993, 823
148 OLG Frankfurt FamRZ 1999, 237
149 OLG Karlsruhe, FamRZ 1990, 67
150 OLG Köln, FamRZ 1992, 65

Bindung ansah und deshalb die Zukunftsplanung nicht auf ein längeres Zusammenleben mit dem Ehepartner einrichtete. Um die Belange des gemeinschaftlichen Kindes zu wahren, wurde der Anspruch bis zu dessen 9. Lebensjahr zeitlich begrenzt.[151]

IV. Härtegrund eines Verbrechens oder schweren vorsätzlichen Vergehens gegen den Verpflichteten oder einen nahen Angehörigen (§ 1579 Nr. 2 BGB)

1. Härtegrund der Nr. 2

657 Die Härteklausel der Nr. 2 ist anzuwenden, wenn sich der Berechtigte eines Verbrechens oder eines schweren vorsätzlichen Vergehens gegen den Verpflichteten oder einen nahen Angehörigen des Verpflichteten schuldig gemacht hat. Aus dem Tatbestandsmerkmal „schweres Vergehen" ergibt sich, dass es sich um eine Straftat von erheblichem Gewicht handeln muss, die über die bei Trennung vielfach übliche Auseinandersetzung hinausgeht.

658 **Beispiele** für solche Straftaten sind

- Mord, Totschlag, Eigentumsdelikte,[152] Unterhaltspflichtverletzungen, schwere Verletzungen der Fürsorge- und Erziehungspflichten gegenüber Kindern sowie körperliche Misshandlung von Kindern,[153] sexuelle Vergehen gegenüber Stieftochter;[154]
- fortgesetzte schwere Beleidigungen, Verleumdungen und schwerwiegende falsche Anschuldigungen über einen längeren Zeitraum, besonders wenn sie sich auf die persönliche und berufliche Entfaltung des Verpflichteten sowie seine Stellung in der Öffentlichkeit nachteilig auswirken;[155]
- nicht provozierte Körperverletzungen;[156] anlässlich des Umgangsrechts im Voraus geplante Körperverletzung des anderen Ehegatten;[157]
- Schusswaffengebrauch des Unterhaltsberechtigten gegenüber dem Verpflichteten;[158]
- Vermögensdelikte, vor allem **Betrugshandlungen** zum Nachteil des Verpflichteten einschließlich **Prozessbetrug,** z. B. durch **Verstoß gegen die prozessuale Wahrheitspflicht** wie falsche Angaben zum Einkommen,[159] Verschweigen des Abbruchs der Ausbildung[160] oder eigener Einkünfte[161] (s. näher Rn. 665), Verschweigen eigener Einkünfte trotz Offenbarungspflicht,[162] vehementes Bestreiten des Zusammenlebens mit einem neuen Partner,[163] falsche Angaben im Rahmen einer Parteivernehmung zum Umfang der Beziehungen zu einem neuen Partner,[164] im Einzelfall auch wahrheitswidrige Angaben im Verbundverfahren Zugewinnausgleich.[165]
- Falschaussagen des Berechtigten im Ehelichkeitsanfechtungsverfahren.[166]

659 Da die Verwirklichung strafrechtlicher Tatbestände stets **schuldhaftes Verhalten** und damit Schuldfähigkeit voraussetzt, entfällt der Härtegrund bei **Schuldunfähigkeit.** Die

[151] OLG München, FamRZ 1996, 1078
[152] OLG Hamm, FamRZ 1994, 168
[153] OLG Hamm, FamRZ 2002, 240
[154] OLG Hamm, FamRZ 1990, 887
[155] BGH, NJW 1982, 100, 101
[156] OLG Koblenz, FamRZ 1991, 1312; OLG Düsseldorf, FamRZ 1983, 585
[157] OLG Zweibrücken, FamRZ 2002, 242
[158] OLG Düsseldorf, FamRZ 1994, 896
[159] BGH, FamRZ 2000, 153 = R 534 b, d; FamRZ 1997, 483 = R 510 b
[160] BGH, FamRZ 1990, 1095, 1096 = R 421 b
[161] BGH, FamRZ 2000, 153 = R 534 b, d; FamRZ 1997, 483 = R 510 b; OLG Celle, FamRZ 1991, 1313; OLG Frankfurt, FamRZ 1990, 1363; OLG Düsseldorf, FamRZ 1981, 883
[162] BGH, FamRZ 1997, 483 = R 510 b
[163] OLG Hamm, FamRZ 1996, 1079; 1993, 566, 567
[164] OLG Hamm, FamRZ 1999, 1337
[165] OLG Köln, FamRZ 2003, 678
[166] OLG Bremen, FamRZ 1981, 953

Tötung eines gemeinsamen Kindes durch die Kindsmutter im Zustand der Schuldunfähigkeit auf Grund einer affektiven Psychose führt daher nicht zur Verwirkung des Unterhaltsanspruchs nach § 1579 Nr. 2 BGB.[167] Eine **verminderte Schuldfähigkeit** lässt den Tatbestand dagegen nicht entfallen, kann aber eine grobe Unbilligkeit beseitigen oder mindern. Maßgebend ist die Schwere der jeweiligen Verfehlung. Deshalb muss die Schuldfähigkeit oder verminderte Schuldfähigkeit für den jeweils in Betracht kommenden Zeitraum festgestellt werden.[168] Bei gravierenden Straftaten, z. B. Sexualdelikten gegenüber einem nahen Familienangehörigen über einen längeren Zeitraum oder gefährliche Körperverletzung eines Säuglings, wird auch eine verminderte Schuldfähigkeit regelmäßig zur Verwirkung führen.[169] Bei einer im Zustand der verminderten Schuldfähigkeit begangenen Verleumdung, z. B. des Vorwurfs des sexuellen Missbrauchs der gemeinschaftlichen Kinder, wird der Tatbestand dagegen regelmäßig zu verneinen sein.[170] Ein schweres Vergehen liegt ferner nicht vor, wenn der Pflichtige eine Straftat selbst zunächst nicht als gravierend ansah.[171]

Ob ein strafbares vorsätzliches Verhalten gegen den Unterhaltsverpflichteten schwer im **660** Sinn dieser Vorschrift ist, hat im Wesentlichen der Tatrichter zu entscheiden. Das Revisionsgericht prüft nur, ob er dabei von richtigen Rechtsvorstellungen ausgegangen ist. Im Urteil bedarf es nicht des ausdrücklichen Eingehens auf alle Gesichtspunkte, die für und wider ein bestimmtes Ereignis sprechen. Es muss lediglich aus dem Gesamtinhalt der Gründe hinreichend deutlich sein, dass insgesamt eine sachentsprechende Beurteilung stattgefunden hat.[172]

Die Verwirkung greift bei Bejahung des Härtegrundes **nur für die Zukunft,** nicht für **661** vor der Straftat liegende Rückstände ein.[173] Die Nr. 2 ist vergleichbar mit § 66 EheG nach dem früheren Recht, wonach der unterhaltsberechtigte geschiedene Ehegatte den Unterhaltsanspruch verwirkte, wenn er sich einer schweren Verfehlung gegen den Verpflichteten schuldig machte. Nach einhelliger Auffassung in Rechtsprechung und Schrifttum trat eine **Verwirkung** nach § 66 EheG **nur für die Zukunft** ein und ließ bis zur Tat bereits entstandene Unterhaltsansprüche unberührt. Dies **gilt auch für die Ausschlusswirkung nach Nr. 2.**[174]

Dauert und wirkt das strafbare Verhalten **fort,** z. B. bei einem Prozessbetrug, kann es **662** auch noch in einer Abänderungsklage geltend gemacht werden, **ohne** nach § 323 II ZPO **präkludiert** zu sein.[175]

Zu den **nahen Angehörigen** des Verpflichteten zählen auch dessen neuer Ehegatte sowie **663** Verwandte des Verpflichteten ersten Grades. Nach dem Zweck der Regelung bestimmt sich der Kreis der Angehörigen vor allem danach, wie stark sich der Verpflichtete familiär mit dem Angehörigen verbunden fühlt.

2. Beleidigungen, Verleumdungen und falsche Anschuldigungen

Fortgesetzte schwere Beleidigungen, Verleumdungen und schwerwiegende falsche An- **664** schuldigungen können zum völligen oder teilweisen Ausschluss des Unterhaltsanspruchs führen. Zwar sind Ehrverletzungen und Tätlichkeiten, die den Rahmen typischer Eheverfehlungen nicht übersteigen, in der Regel nicht als schwere vorsätzliche Ehevergehen im Sinn der Nr. 2 zu behandeln. Dies schließt jedoch eine andere Beurteilung in Fällen **wiederholter schwerwiegender Beleidigungen und Verleumdungen** insbesondere dann nicht aus, wenn derartige Verletzungen mit **nachteiligen Auswirkungen** auf die persönliche berufliche Entfaltung sowie die Stellung des Unterhaltsverpflichteten in der

---

[167] OLG Hamm, FamRZ 1997, 1485
[168] BGH, NJW 1982, 100, 101
[169] OLG Hamm, FamRZ 2002, 240; FamRZ 1990, 887
[170] OLG Hamm, FamRZ 1995, 808
[171] OLG Düsseldorf, FamRZ 1994, 896
[172] BGH, FamRZ 1997, 483 = R 510 b; FamRZ 1984, 34 = R 184
[173] BGH, FamRZ 1984, 34 = R 184
[174] BGH, a.a.O.
[175] BGH, FamRZ 1990, 1095

Öffentlichkeit verbunden sind.[176] Unter solchen Umständen können auch Beleidigungen und Verleumdungen – je nach Dauer und Intensität ihrer Begehung – die Voraussetzungen der Nr. 2 BGB erfüllen. Dasselbe gilt für die **vorsätzlich falsche Anzeige** wegen eines angeblich begangenen Mordversuchs, die zu einem strafrechtlichen Ermittlungsverfahren gegen den Verpflichteten oder einen seiner nahen Angehörigen führt. Dabei ist auch zu prüfen, ob die Verfehlungen ganz oder teilweise **verziehen** worden sind und welche Auswirkungen eine Verzeihung auf den Unterhaltsanspruch haben könnte (s. auch Rn. 622).[177]

3. Betrug und versuchter Prozessbetrug

665 Macht eine Partei einen Unterhaltsanspruch in einem Prozess geltend, hat sie alle der Begründung des Anspruchs dienenden tatsächlichen Umstände **wahrheitsgemäß** anzugeben und darf **nichts verschweigen,** was ihre Unterhaltsbedürftigkeit in Frage stellen könnte (vgl. auch § 138 I ZPO).[178] Es obliegt nicht dem Ermessen des Bedürftigen, ob einzelne Tatsachen z. B. die Schenkung eines größeren Geldbetrages durch die Eltern und Verbrauch dieser Mittel unterhaltsrechtlich relevant sind oder nicht; diese Prüfung obliegt allein dem Tatrichter.[179] Macht der Berechtigte daher in einer Unterhaltsklage, auch einer Abänderungsklage, unvollständige oder fehlerhafte Angaben zu seinem Einkommen und/oder aus einem Vermögen erzielbaren Einkünften oder offenbart er während des laufenden Unterhaltsverfahrens Einkommensänderungen nicht, begeht er einen Prozessbetrug bzw. versuchten Prozessbetrug.[180] Der Versuch eines Prozessbetrugs beginnt bereits mit der Einreichung eines Schriftsatzes bei Gericht, der bewusst falsche Aussagen enthält oder für die Unterhaltsberechnung notwendige Angaben, z. B. eine Einkommenserhöhung, verschweigt.[181] Ein derartiges Verhalten reicht grundsätzlich aus, um die Rechtsfolgen der Nr. 2 auszulösen. Die besondere Schwere und Verwerflichkeit dieses Verhaltens besteht darin, dass der Berechtigte vom Verpflichteten nacheheliche Solidarität fordert, es selbst aber an einer solchen fehlen lässt und es darauf abstellt, durch Täuschung vom Verpflichteten eine ihm nicht zustehende Leistung zu erlangen.[182]

Das Gleiche gilt, wenn der Berechtigte Ausbildungsunterhalt begehrt, aber verschweigt, dass er die Ausbildung während des Verfahrens abgebrochen hat;[183] unerheblich sind dabei die Gründe, die zum Ausbildungsabbruch führten.[184] Wird ein Prozesskostenvorschuss beantragt und dabei für die Kosten ausreichend vorhandenes Vermögen verschwiegen, ist ein Betrugsversuch zu bejahen.[185] Ebenso wenn in einem Unterhaltsprozess bewusst falsche Angaben zum Zusammenleben mit einem neuen Partner gemacht werden[186] oder ein Zusammenleben mit einem neuen Partner vehement bestritten wird.[187] Einen versuchten Prozessbetrug hat das OLG Hamm bereits angenommen bei Verschweigen eines Urlaubs mit einem neuen Partner im Rahmen einer Parteivernehmung.[188] Dem kann nur gefolgt werden, wenn sich aus dem gemeinsamen Urlaub eine dauerhafte feste Verbindung, die an die Stelle einer Ehe trat und deshalb den Tatbestand des § 1579 Nr. 7 BGB erfüllt (vgl. Rn. 755), herleiten lässt.

---

[176] BGH, NJW 1982, 100
[177] BGH, NJW 1982, 100
[178] BGH, FamRZ 2000, 153 = R 534 b
[179] BGH, FamRZ 2000, 153 = R 534 d
[180] BGH, FamRZ 2000, 153 = R 534 d
[181] OLG Köln, FamRZ 2003, 678
[182] OLG Hamm, FamRZ 2002, 1038; OLG Karlsruhe, FamRZ 2002, 1037; OLG Celle, FamRZ 1991, 1313; OLG Frankfurt, FamRZ 1990, 1363; OLG Düsseldorf, FamRZ 1989, 61
[183] BGH, FamRZ 1990, 1095 = NJW-RR 1990, 1410
[184] BGH, a.a.O.
[185] OLG Hamm, FamRZ 2002, 242 (nur § 1579 Nr. 4 BGB)
[186] OLG Koblenz, FamRZ 2000, 605
[187] OLG Hamm, FamRZ 1996, 1079; FamRZ 1993, 566, 567
[188] OLG Hamm, FamRZ 1999, 1337

Ein Betrug kann ferner vorliegen, wenn sich **nach Titulierung** eines Unterhaltsanspruchs wesentliche Veränderungen ergeben und eine **Verpflichtung zur ungefragten Information** besteht (näher Rn. 6/233). Dies gilt insbesondere bei **Vergleichen** im Hinblick auf die sich aus einer Vereinbarung ergebende Treuepflicht, die die Rücksichtnahme auf die Belange des Pflichtigen erhöht; der Berechtigte ist deshalb gehalten, jederzeit und unaufgefordert dem Pflichtigen Umstände zu offenbaren, die ersichtlich dessen Leistungen aus dem Vergleich berühren.[189] **665 a**

Vereinbaren die Eheleute in einem Unterhaltsvergleich, dass ein bestimmter monatlicher Nettoverdienst des Berechtigten **anrechnungsfrei** bleiben soll, liegt ein betrügerisches Verhalten des Bedürftigen vor, das zur Anwendung der Nr. 2 führen kann, wenn er verschweigt, dass sein Einkommen diese Grenze inzwischen deutlich übersteigt. Der Berechtigte hat in diesem Fall aus dem Vergleich eine vertragliche Pflicht zur ungefragten Information seines über den anrechnungsfreien Betrag hinausgehenden Einkommens.[190] Das Gleiche gilt, wenn sich das Einkommen des Bedürftigen deutlich erhöht oder er trotz Kinderbetreuung eine Erwerbstätigkeit aufnimmt bzw. ausweitet. Soweit der Unterhalt in einem **Urteil** tituliert wurde, besteht dagegen nur in Ausnahmefällen eine Verpflichtung zur ungefragten Information über Einkommensverbesserungen (s. näher Rn. 1/696 ff., 6/233).

Bei Annahme eines Betruges oder eines Betrugsversuches ist im Rahmen der **Prüfung einer groben Unbilligkeit** genau abzuwägen, ob der Anspruch insgesamt zu versagen, nur herabzusetzen oder zeitlich zu begrenzen ist. Dies gilt insbesondere, wenn das Einkommen des Bedürftigen unter dem Existenzminimum liegt und sein Auskommen nicht von dritter Seite gesichert ist. Es wird dann in der Regel nur eine Herabsetzung des Anspruchs in Betracht kommen. Das Gleiche gilt, wenn der Betrug im Versuchsstadium stecken blieb und deshalb beim Pflichtigen kein Schaden eintrat oder wenn auch der Pflichtige falsche Einkommensangaben machte. Letzteres bleibt zwar unterhaltsrechtlich sanktionslos, ist aber bei der Billigkeitsabwägung zu berücksichtigen. Hat eine falsche Angabe zum Einkommen und Vermögen auf den Unterhaltsanspruch keinerlei Auswirkung, wird eine grobe Unbilligkeit zu verneinen sein. **665 b**

V. Mutwillige Herbeiführung der Bedürftigkeit (§ 1579 Nr. 3 BGB)

1. Der Härtegrund der Nr. 3

Die Härteklausel der Nr. 3 ist anzuwenden, wenn der Berechtigte seine Bedürftigkeit mutwillig herbeigeführt hat. **666**

Die Nr. 3 sieht eine Sanktion für den Fall vor, dass die **gegenwärtige Bedürftigkeit** des Berechtigten ganz oder teilweise durch ein eigenes Verhalten in der Vergangenheit herbeigeführt worden ist. Sie hat aber auch **Schutzwirkung** insoweit, als das frühere Verhalten des Berechtigten keine Auswirkung auf den Unterhaltsanspruch haben soll, wenn ihm **keine Mutwilligkeit** vorgeworfen werden kann.[191]

Voraussetzungen der Nr. 3: **667**

(1) Der Berechtigte muss bedürftig sein (s. unten Rn. 668).

(2) Der Berechtigte muss die Bedürftigkeit mutwillig herbeigeführt haben (s. unten Rn. 669).

Der Berechtigte ist **bedürftig,** wenn ihm die für seinen angemessenen Lebensbedarf erforderlichen Mittel nicht zur Verfügung stehen und wenn er sich diese auch nicht in zumutbarer Weise beschaffen kann. Wer keiner zumutbaren Erwerbstätigkeit nachgeht, obwohl er dies könnte, ist in Höhe des erzielbaren Einkommens nicht bedürftig. Solche **668**

[189] BGH, FamRZ 2000, 153 = R 534 a; 1997, 483 = R 510 b
[190] BGH, FamRZ 1997, 483 = R 510 b
[191] BGH, FamRZ 2003, 848, 853 = R 588 c; FamRZ 1987, 684, 686 = R 331 b

erzielbaren Einkünfte werden ihm fiktiv zugerechnet (s. Rn. 1/519 ff.), wodurch sich bereits sein Unterhaltsanspruch nach § 1577 I BGB entsprechend kürzt.

Die Nr. 3 betrifft stets ein **zurückliegendes Verhalten,** dessen Auswirkung den Bedürftigen in einem Unterhaltsstreit, also aktuell, hindern, seinen Lebensbedarf durch eigenen Einsatz selbst zu bestreiten. Da der Tatbestand des § 1572 BGB nicht auf eine unverschuldete Erwerbsunfähigkeit oder -minderung abstellt, kann bei schuldhaft herbeigeführter Erwerbsunfähigkeit/-minderung das Ergebnis nur über die Verwirkung nach § 1579 Nr. 3 BGB korrigiert werden (s. auch Rn. 97). Ein solcher Fall liegt z. B. vor, wenn der Betroffene sich in früherer Zeit durch Alkoholismus oder Drogenabhängigkeit außerstande gesetzt hat, einer Erwerbstätigkeit nachgehen zu können, wodurch er seine derzeitige Bedürftigkeit zumindest mindern könnte. Ist der durch sein Verhalten geschaffene Zustand reparabel, dann besteht eine Bedürftigkeit nur, soweit er die zur Deckung seines Lebensbedarfs benötigten Mittel nicht durch eine zumutbare Änderung des bestehenden Zustands beschaffen kann.

669 Hat der Berechtigte in diesem Sinn seine Bedürftigkeit selbst herbeigeführt, kommt es darauf an, ob dies **mutwillig** geschehen ist. Mit dem Merkmal der Mutwilligkeit ist der Gesetzgeber bewusst vom Begriff des „sittlichen Verschuldens" (§ 1611 I 1 BGB und § 65 I EheG) abgegangen. Die hierzu entwickelten Grundsätze sind deshalb für die Nr. 3 bedeutungslos.

Dem Wortlaut und dem Regelungszusammenhang der Nr. 3 entspricht es, dass der Begriff „mutwillig" nicht nur im einschränkenden Sinn eines **vorsätzlichen zweckgerichteten Verhaltens** zu interpretieren ist, sondern auch ein **leichtfertiges Verhalten** des Berechtigten umfasst.[192]

Erforderlich ist eine **unterhaltsbezogene** Mutwilligkeit. Deshalb müssen sich die Vorstellungen und Antriebe, die dem zu beurteilenden Verhalten zugrunde liegen, auch auf die Bedürftigkeit als Folge dieses Verhaltens erstrecken.[193] Mutwilligkeit ist zu bejahen, wenn sich der Bedürftige in Verantwortungs- und Rücksichtslosigkeit gegenüber dem Pflichtigen über die erkannte Möglichkeit nachteiliger finanzieller Folgen seines Handelns auf seinen Unterhaltsbedarf hinweggesetzt und dabei zumindest leichtfertig gehandelt hat.[194]

Ein **einfaches Verschulden** reicht zur Bejahung der Mutwilligkeit **nicht** aus.[195]

670 Der Verpflichtete muss **darlegen und beweisen,** dass der Unterhaltsgläubiger seine Bedürftigkeit mutwillig herbeigeführt hat. Dazu gehört grundsätzlich, dass er ein Vorbringen der Gegenseite, welches im Fall seiner Richtigkeit gegen die Annahme einer mutwilligen Herbeiführung der Bedürftigkeit sprechen würde, zu widerlegen hat.[196]

Um darzutun, dass der Berechtigte seine Bedürftigkeit mutwillig herbeigeführt hatte, obliegt es daher dem Verpflichteten, nachzuweisen, dass die geltend gemachten Aufwendungen nicht notwendig waren, soweit er diese und deren Angemessenheit bestreitet. Gelingt ihm der Nachweis nicht, dass der Berechtigte Ausgaben vorgenommen hat, die den Rahmen des nach der individuellen Bedürfnislage unter Berücksichtigung auch der wirtschaftlichen Verhältnisse erforderlichen und angemessenen Aufwands deutlich überstiegen haben, so muss das zu seinen Lasten gehen. Er dringt dann mit der Einwendung aus Nr. 3 nicht durch.[197]

671 Die Nr. 3 schließt in ihrem Geltungsbereich den Rückgriff auf allgemeine Grundsätze aus. Wenn dem Bedürftigen daher **keine Mutwilligkeit** nach Nr. 3 vorgeworfen werden kann, hat sein Verhalten **keine Auswirkungen** auf den Unterhaltsanspruch.[198]

672 Der Härtegrund des Nr. 3 kann sowohl vor als auch erst nach der Scheidung verwirklicht werden.

---

[192] BGH, FamRZ 1989, 1054 = R 393 a; FamRZ 1988, 375, 377 = R 356 b; FamRZ 1982, 463 = NJW 1982, 1461

[193] BGH, FamRZ 2001, 541 = R 555; FamRZ 1988, 1031 = R 373 c; FamRZ 1988, 375, 377 = R 356 b; FamRZ 1984, 364, 366

[194] BGH, FamRZ 2003, 848, 853 = R 588 c

[195] BGH, FamRZ 1988, 375, 377 = R 356 b

[196] BGH, FamRZ 1989, 1054 = R 393 a; FamRZ 1984, 364, 366

[197] BGH, FamRZ 1984, 364, 366

[198] BGH, FamRZ 1987, 684, 686 = R 331 b; FamRZ 1986, 560, 562 = NJW-RR 1986, 746

2. Mutwillige Bedürftigkeit infolge Alkohol- oder Drogenabhängigkeit

Bei einer Erwerbsunfähigkeit durch Alkohol- oder Drogenabhängigkeit kommt es für die Anwendung der Nr. 3 vor allem darauf an, ob es der Bedürftige in mutwilliger Weise unterlassen hat, sich **rechtzeitig,** insbesondere, als sich die Trennung anbahnte, einer Erfolg versprechenden Behandlung zur Wiederherstellung seiner Arbeitsfähigkeit zu unterziehen. Dass der Berechtigte während des ehelichen Zusammenlebens nicht erwerbstätig war und kein eigenes Einkommen hatte, steht der Anwendung der Härteklausel nicht entgegen. Es kommt entscheidend darauf an, dass er nach der Trennung darauf verwiesen werden konnte, seinen Unterhalt selbst zu verdienen, und er sich durch eine Alkoholabhängigkeit außerstande gesetzt hat, eine solche Erwerbstätigkeit aufzunehmen.[199] 673

Die Unterhaltsbedürftigkeit eines Alkoholikers ist zu verneinen, wenn Ärzte ihn auf seinen Alkoholismus und auf die **dringende Notwendigkeit einer Entziehungskur hingewiesen** hatten und er sich deshalb seines Krankheitszustands und der dadurch bedingten Erwerbsunfähigkeit sowie der Notwendigkeit einer Entziehungskur bewusst war. Er hat dann eine derartige Entziehungsbehandlung als einen Erfolg versprechenden und notwendigen Schritt zur Wiedererlangung der Erwerbsfähigkeit gekannt und damit als mögliche Folge der Verweigerung einer solchen Behandlung seine Unfähigkeit voraussehen können, nach der Trennung den Unterhalt selbst zu verdienen. Die Leichtfertigkeit steht außer Zweifel, wenn der Alkoholiker die ihm gebotenen Möglichkeiten einer Entziehungsbehandlung deshalb ungenutzt gelassen hat, weil er der Meinung war, er könne seinen Zustand auch ohne eine Entziehungskur bessern und seine Erwerbsfähigkeit wiedererlangen.[200] 674

Es kommt entscheidend darauf an, ob der Berechtigte zu einer Zeit, als die Aussicht und die Fähigkeit, danach zu handeln, es noch zuließen, eine ihm angeratene Entziehungskur unterlassen hatte und er sich der Möglichkeit bewusst war, er werde infolgedessen im Fall einer Trennung der Eheleute außerstande sein, eine Berufstätigkeit aufzunehmen und den Unterhalt selbst zu verdienen.[201]

Stellt das Gericht fest, der Berechtigte habe zwar im nicht intoxierten Zustand die Notwendigkeit einer Entziehungskur und Entwöhnungsbehandlung einsehen können, aber infolge der Persönlichkeitsstörung und der daraus resultierenden Einschränkung der Steuerungsfähigkeit sowie wegen Willensschwäche nicht nach dieser Einsicht zu handeln vermocht, dann wird dadurch eine mutwillige Herbeiführung der Bedürftigkeit rechtlich unangreifbar verneint.[202]

Die Bedürftigkeit kann auch dadurch mutwillig herbeigeführt werden, dass es der Berechtigte in **vorwerfbarer Weise unterlassen hat,** durch geeignete und zumutbare Maßnahmen seine Erwerbsfähigkeit wiederherzustellen, und keine Maßnahmen gegen die erkannte Alkoholabhängigkeit ergriffen hat. Die Frage, von welchem Zeitpunkt an dem Berechtigten die Erkenntnis über die Art seiner Erkrankung **zugerechnet** werden kann und die Beurteilung des Zeitraums, innerhalb dessen er gehalten war, wirksame Maßnahmen zur Wiederherstellung seiner Gesundheit zu ergreifen, sind Gegenstand **tatrichterlicher** Beurteilung.[203] 675

Die gleichen Grundsätze gelten bei **Drogenabhängigkeit und Medikamentenmissbrauch** sowie bei sonstigen Suchterkrankungen. 676

Ob der Abhängige bereits so erkrankt ist, dass seine Einsichts- und Steuerungsfähigkeit nicht mehr besteht, wird **regelmäßig** nur durch einen **Sachverständigen** zuverlässig festgestellt werden können. Hierzu bedarf es einer sorgfältigen Prüfung, inwieweit die bei Suchtkranken meist festzustellende psychische Labilität Krankheitswert besitzt. Die Einholung eines Sachverständigengutachtens nach § 144 ZPO steht im pflichtgemäßen Ermessen des Gerichts. Sofern diesem die notwendige Sachkunde für die Beantwortung einer 677

---

[199] BGH, FamRZ 2001, 541 = R 555; FamRZ 1981, 1042 = NJW 1981, 2805

[200] BGH, a.a.O.

[201] BGH, FamRZ 1988, 375, 377 = R 356 b

[202] BGH, a.a.O.; KG, FamRZ 2001, 1617; OLG Bamberg, FamRZ 1998, 370; OLG Köln, FamRZ 1999, 920

[203] BGH, FamRZ 1987, 359, 361 = NJW 1987, 1554

entscheidungserheblichen Frage fehlt, handelt es ermessensfehlerhaft, wenn es nicht von Amts wegen ein Sachverständigengutachten erholt.[204] Werden in solchen Fällen Erfolg versprechende therapeutische Maßnahmen zur Herstellung der Arbeitsfähigkeit wahrgenommen, besteht in der Regel ein Unterhaltsanspruch nach den §§ 1361, 1572 BGB.

3. Mutwillige Bedürftigkeit wegen Aufgabe einer Erwerbstätigkeit oder wegen unterlassener Maßnahmen zur Herstellung der Erwerbsfähigkeit

678 Kann der Berechtigte nach der Trennung oder Scheidung darauf verwiesen werden, seinen Unterhalt durch eine Erwerbstätigkeit selbst zu verdienen (vgl. Rn. 131 ff.), so ist er, falls er die nötige Aufnahme einer zumutbaren Erwerbstätigkeit unterlässt, nicht als bedürftig anzusehen, weil er in der Lage wäre, sich selbst zu unterhalten. Es wird ihm dann ein erzielbares Einkommen **fiktiv** zugerechnet.

678 a Ein mutwilliges Verhalten liegt vor, wenn der Bedürftige durch eine vorsätzliche Straftat seinen Arbeitsplatz verloren hat oder notwendige berufliche Aus- oder Weiterbildungsmaßnahmen unterlässt.[205]

679 Setzt sich der Ehegatte **mutwillig außerstande,** eine Erwerbstätigkeit aufzunehmen, so kann auch darin ein Verhalten liegen, das die Härteregelung der Nr. 3 erfüllt. Davon ist auszugehen, wenn der Ehegatte zwar zur Aufnahme der Erwerbstätigkeit außerstande ist, aber die notwendigen und zumutbaren Maßnahmen zur Herstellung seiner Erwerbsfähigkeit unterlässt und dadurch seine Bedürftigkeit herbeiführt.[206] Dies gilt insbesondere bei einer sog. **Unterhaltsneurose,** wenn ärztliche Hilfe vermieden und keine Therapie durchgeführt wird.[207] Bei allen Erscheinungsformen einer Krankheit trifft den Bedürftigen die **Obliegenheit zur Krankheitsbehandlung** und **aktiven Mitarbeit an seiner Genesung** (näher Rn. 97). Zumutbar sind dabei alle Behandlungen, die relativ gefahrlos, schmerzarm und aussichtsreich sind. Kein mutwilliges Verhalten liegt vor, wenn der Berechtigte bei einer depressiven Neurose ein mit starken Nebenwirkungen verbundenes Medikament nicht einnimmt und das abgelehnte Medikament nicht nachweisbar wirksamer als das bereits vom Berechtigten verwendete ist.[208]

680 Die Nr. 3 kann erfüllt sein, wenn die Berechtigte freiwillig ihren **sicheren Arbeitsplatz aufgibt** und an einen Ort zieht, wo sie nicht vermittelt werden kann.[209] Ebenso, wenn dem Berechtigten **selbstverschuldet gekündigt** wurde, ohne Arbeitslosengeld zu erhalten, oder wenn grundlos weder Arbeitslosenhilfe noch Krankengeld in Anspruch genommen wird, das den angemessenen Lebensbedarf gedeckt hätte. Voraussetzung ist aber jeweils die Bejahung eines unterhaltsbezogen zumindest leichtfertigen Verhaltens.[210]

681 Mutwilligkeit kann auch bejaht werden, wenn die Berechtigte sich nach der Trennung einer von ihr als notwendig erkannten, Erfolg versprechenden Ausbildungsmaßnahme leichtfertig verschlossen hat, um den Unterhaltsanspruch nicht zu gefährden.[211]

682 Mutwilligkeit kann ferner bejaht werden, wenn die Berechtigte während der Trennungszeit unterlassen hat, sich um einen Arbeitsplatz in einem früheren Beruf zu bemühen, statt dessen eine Ausbildung in einem neuen Beruf begonnen hat und dadurch bedürftig wurde. Eine Mutwilligkeit kann in einem solchen Fall jedoch verneint werden, wenn die Umschulung jedenfalls längerfristig gerade der Behebung einer Erwerbslosigkeit diente und die Berechtigte allenfalls noch für eine übersehbare kurze Zeit nach der Scheidung ihre Bedürftigkeit als Folge hinnahm.[212]

---

[204] BGH, FamRZ 1989, 1054 = R 393 a
[205] BGH, FamRZ 2001, 541 = R 555
[206] BGH, FamRZ 1981, 1042 = NJW 1981, 2805
[207] OLG Hamm, FamRZ 1999, 237
[208] OLG Hamm, FamRZ 1996, 836
[209] BGH, a.a.O.; OLG Bremen, FamRZ 1978, 410; OLG Köln, FamRZ 1985, 930
[210] BGH, FamRZ 1981, 1042 = NJW 1981, 2192
[211] BGH, FamRZ 1986, 553, 555 = R 276 b
[212] BGH, FamRZ 1986, 1085 = R 305 d

Aus einem **früheren Verhalten des Berechtigten** können negative Auswirkungen auf seinen Unterhaltsanspruch nur dann hergeleitet werden, wenn ihm Mutwilligkeit bei der Herbeiführung seiner gegenwärtigen Bedürftigkeit vorgeworfen werden kann.[213] 683

4. Mutwillige Bedürftigkeit wegen Verschwendung oder unwirtschaftlicher Vermögensanlage

Eine mutwillige Herbeiführung der Bedürftigkeit ist nicht schon dann anzunehmen, wenn ein Mann, der allein lebt, in erster Linie von der Substanz eines Vermögens zehrt und mehr ausgibt, als seinem angemessenen Eigenbedarf entspricht. Von grober Missachtung dessen, was jedem einleuchtet, oder von Verantwortungs- oder Rücksichtslosigkeit kann erst gesprochen werden, wenn wesentlich mehr ausgegeben wird, als es den im Einzelfall vorliegenden Verhältnissen unter Beachtung eines individuellen, insbesondere trennungs-, alters- und krankheitsbedingten Mehrbedarfs auch angesichts der wirtschaftlichen Verhältnisse des potentiell Unterhaltspflichtigen angemessen erscheinen lassen.[214] 684

Wer sein **Vermögen verbraucht,** obwohl er notwendig voraussieht, dass er nach Erschöpfung dieses Vermögens unterhaltsbedürftig sein wird, kann die Nr. 3 erfüllen, wenn der Verbrauch der Mittel **unterhaltsbezogen leichtfertig** war. Dazu ist zu prüfen, ob und gegebenenfalls bis zu welchem Betrag das Vermögen angegriffen werden musste. Dabei können das Alter, der angegriffene Gesundheitszustand des Bedürftigen sowie die Vermögensverhältnisse des anderen Teils eine Rolle spielen. Stand bei dem anderen Teil kein Vermögen zur Verfügung, mit dem er etwa auf seiner Seite entstehenden Sonderbedarf decken konnte, so wird es unter Billigkeitsgesichtspunkten nicht gerechtfertigt sein, einen Teil des Vermögens auf Kosten des Unterhaltspflichtigen als „Notgroschen" unangegriffen zu lassen. Braucht er dagegen einen bestimmten Teil seines Vermögens nicht anzugreifen, so wird der Verbrauch dieses Teils nicht als mutwillige Herbeiführung der Bedürftigkeit gewertet werden können, weil dann die unterhaltsrechtlich relevante Bedürftigkeit schon vor dem Verbrauch dieser finanziellen Reserve erreicht war.[215] 685

Ebenso kann ein mutwilliges Verhalten nicht bejaht werden, wenn ein Nachlass zur **Tilgung von Hausschulden** verwendet wird; ein derartiges Vorgehen wird von einem erheblichen Teil der Bevölkerung ausgeübt und für sinnvoll angesehen.[216]

Soweit der Bedürftige **Gelder,** die ihm im Rahmen der **Vermögensauseinandersetzung oder des Zugewinnausgleichs** zugeflossen sind, **verbraucht,** ohne einen unterhaltsrechtlich relevanten Gegenwert zu erzielen, z. B. durch Zinsen oder Wohnwert, liegt eine mutwillige Herbeiführung der Bedürftigkeit i. S. eines zumindest leichtfertigen Verhaltens nur vor, wenn er sich unter grober Mißachtung dessen, was jedem einleuchten muss, oder in Verantwortungs- und Rücksichtslosigkeit gegen den Unterhaltspflichtigen über die erkannte Möglichkeit nachteiliger Folgen seiner Bedürftigkeit hinweggesetzt hat.[217] Die Voraussetzungen der Nr. 3 sind insoweit **zu verneinen,** wenn der Bedürftige mit dem Geld die Verfahrenkosten, den Umzug, notwendiges neues Mobiliar[218] oder einen zur Berufsausübung oder Kinderbetreuung benötigten Pkw bezahlt, es zur Altersvorsorge in einer Lebensversicherung verwendet,[219] vorhandene Schulden tilgt[220] oder in der Ehe verbrauchtes Kindesvermögen zurückzahlt.[221] Wird bei Verbrauch von Vermögen eine **mutwillige Herbeiführung der Bedürftigkeit** verneint, können **keine fiktiven Zinseinkünfte** angesetzt werden, da das Verhalten des Bedürftigen in diesen Fällen nur sanktioniert werden kann, wenn die Voraussetzung des § 1579 Nr. 3 BGB vorliegen.[222] 686

---

[213] BGH, FamRZ 1988, 701 = R 362 b
[214] BGH, FamRZ 1984, 364, 366
[215] BGH, a.a.O.
[216] BGH, FamRZ 1986, 560, 562 = NJW-RR 1986, 746
[217] BGH, FamRZ 1990, 989, 991 = R 418 d
[218] BGH, a.a.O.
[219] BGH, a.a.O.
[220] BGH, FamRZ 1986, 560, 562 = NJW-RR 1986, 746
[221] BGH, FamRZ 1990, 989, 991 = R 418 d
[222] BGH, FamRZ 1990, 989, 991 = R 418 d

687 Nr. 3 ist hingegen zu **bejahen,** wenn ein Ehegatte seine Bedürftigkeit mutwillig herbeiführt, indem er den ihm vorzeitig ausbezahlten Zugewinnausgleichsbetrag bis zur Rechtskraft der Scheidung für **Luxusausgaben,** z. B. teure Hobbys, Reisen, Kleidung, verwendet und sich dadurch mittellos macht. Nicht erforderlich ist, dass der Handelnde die Bedürftigkeit herbeiführen wollte. Es genügt, dass er mit der Möglichkeit gerechnet hat.[223] Ein Ansatz fiktiver Zinsen wegen Verbrauchs des Vermögensstammes, z. B. des Zugewinnausgleichs, entfällt jedoch von vornherein, wenn bei **Betreuung gemeinschaftlicher Kinder** der Mindestbedarf des Unterhaltsberechtigten nicht gesichert ist.[224]

688 Ein typischer Fall mutwillig herbeigeführter Bedürftigkeit liegt vor, wenn der Berechtigte sein Vermögen auf Grund einer **Spielleidenschaft** verliert[225] oder für Luxusausgaben verschleudert.[226]

5. Mutwillige Bedürftigkeit wegen bestimmungswidriger Verwendung des Vorsorgeunterhalts

689 Hat der Berechtigte einen Vorsorgeunterhalt in der Vergangenheit nicht bestimmungsgemäß verwendet, so berührt das seinen Unterhaltsanspruch **ab Eintritt des Rentenfalls** nur unter den Voraussetzungen der Nr. 3. Er kann allerdings dann nur so behandelt werden, als hätte er eine mit dem Vorsorgeunterhalt erreichbare Altersversorgung erlangt, wenn ihm ein mutwilliges Verhalten vorgeworfen werden kann, indem er sich leichtfertig über erkannte nachteilige Folgen für seine spätere Bedürftigkeit hinweggesetzt hat.[227] Dies wird regelmäßig zu bejahen sein, wenn der Elementarunterhalt zur Finanzierung der Lebenshaltungskosten ausreichte und dem Bedürftigen bewusst ist, dass die abredewidrige Verwendung des Vorsorgeunterhalts zur Schmälerung seiner Altersversorgung führt.[228]

Ein mutwilliges Verhalten kann ausnahmsweise fehlen, wenn sich der Berechtigte in einer Notlage befunden hat, weil er trotz hinreichender Bemühungen keinen geeigneten Arbeitsplatz finden konnte. Außerdem besteht bei Einkünften unterhalb des sogenannten notwendigen Selbstbehalts keine Obliegenheit zu Vorsorgemaßnahmen nach § 1578 III BGB.[229] Der Berechtigte ist in diesen Fällen allerdings regelmäßig gehalten, den Pflichtigen zu informieren. Da der Vorsorgeunterhalt subsidiär zum Elementarunterhalt ist, darf er nicht zugesprochen werden, wenn ein Mangelfall vorliegt bzw. der Bedarf des Berechtigten unter dem Notbedarf liegt.[230]

Ein Verwirkungsgrund entfällt ferner, wenn die Parteien in einem Vergleich die abredewidrige Verwendung des Vorsorgeunterhalts bereits geregelt haben.[231]

6. Sonstige Fälle, in denen der BGH eine Mutwilligkeit verneint hat

690 Nr. 3 wurde verneint, wenn der Berechtigte nach einem Unfall einen **Rechtsstreit wegen eines Verdienstausfallschadens** sowohl wegen des Kostenrisikos als auch angesichts der mit einem solchen Rechtsstreit notwendig verbundenen psychischen Belastung unterlassen hat, weil er wegen eines dabei erlittenen Schädel-Hirntraumas stark behindert war.[232]

---

[223] OLG Karlsruhe, FamRZ 1983, 506
[224] BGH, FamRZ 1997, 873, 875 = R 513 c
[225] BGH, FamRZ 1981, 1042
[226] BGH, FamRZ 2001, 541, 544 = R 555
[227] BGH, FamRZ 2003, 848, 853 = R 588 c; FamRZ 1988, 817, 820 = R 369 d
[228] BGH, FamRZ 2003, 848, 853 = R 588 c
[229] BGH, FamRZ 1987, 684, 686 = R 331 b
[230] BGH, a.a.O.
[231] BGH, FamRZ 2003, 848, 853 = R 588 c
[232] BGH, FamRZ 1988, 1031 = R 373 c

Die Nr. 3 ist nicht erfüllt durch den **Auszug aus der Ehewohnung** und den dadurch verursachten trennungsbedingten Mehrbedarf, weil nach der gesetzgeberischen Wertung die Trennung als solche keine unterhaltsrechtlichen Sanktionen zur Folge haben soll.[233] 691

Keine mutwillige Herbeiführung der Bedürftigkeit besteht bei Arbeitsunfähigkeit infolge eines **fehlgeschlagenen Selbsttötungsversuchs.**[234] 692

Keine mutwillige Herbeiführung der Bedürftigkeit liegt ferner vor, wenn sich eine Ehefrau einer **homologen In-vitro-Fertilisation** unterzieht, obwohl der Ehemann sein Einverständnis zurückgezogen hat.[235] Die Ehegatten entscheiden in gemeinsamer freier Verantwortung, ob, zu welchem Zeitpunkt und ggf. auf welche Weise sie Nachkommen haben wollen. Aus dem Konsens ergibt sich aber keine Bindung auf Dauer, jeder Ehegatte kann sich nachträglich von dieser Vereinbarung wieder lossagen. Die trotzdem erfolgte Verwirklichung des Kinderwunsches durch die Ehefrau ist aber kein sinnloses leichtfertiges Verhalten, das den Tatbestand des § 1579 Nr. 3 BGB verwirklicht.[236] 692 a

VI. Mutwillige Verletzung von Vermögensinteressen des Verpflichteten (§ 1579 Nr. 4 BGB)

1. Zum Härtegrund der Nr. 4

Die Härteklausel der Nr. 4 ist anzuwenden, wenn der Berechtigte sich über **schwerwiegende Vermögensinteressen** des Verpflichteten mutwillig hinweggesetzt hat. 693

Sinn dieser Regelung ist es, dass der Berechtigte trotz Trennung oder Scheidung alles zu unterlassen hat, was dem Verpflichteten die Erfüllung seiner Unterhaltspflicht erschwert oder unmöglich macht.

Objektiv muss das Verhalten des Berechtigten eine besondere Intensität erreicht haben, was sich aus den Worten „schwerwiegend“ und „hinwegsetzen“ ergibt. Allerdings stellt der Tatbestand nicht auf die Intensität der Pflichtverletzung, sondern auf den Umfang der Vermögensgefährdung ab. 694

Nicht erforderlich ist, dass bei dem Verpflichteten ein Vermögensschaden tatsächlich eingetreten ist. Es genügt, dass die Vermögensinteressen, zu denen auch die Einkommensverhältnisse aus einer beruflichen Tätigkeit zählen, schwerwiegend gefährdet werden.

Subjektiv muss der Berechtigte mutwillig handeln. Wie bei Nr. 3 kann ein leichtfertiges Verhalten des Berechtigten das Tatbestandsmerkmal der Mutwilligkeit erfüllen. Es gelten insoweit die Ausführungen zu Rn. 669. 695

Da die Nr. 4 keine zeitliche Begrenzung enthält, kann ein entsprechendes Fehlverhalten sowohl vor als auch nach der Scheidung entstehen und berücksichtigt werden.[237] 696

Wie bei Nr. 2 (Rn. 661) treten die Rechtsfolgen des Fehlverhaltens **für die Zeit ab dem Fehlverhalten** ein, während der Unterhaltsanspruch für die Zeit bis zum Fehlverhalten unverändert bleibt. 697

2. Fälle zu Nr. 4

Ein **betrügerisches Verhalten** im Unterhaltsprozess erfüllt nicht nur den Tatbestand der Nr. 2, sondern auch von Nr. 4.[238] Eine Betrugshandlung gegen Dritte, z. B. ein **Versicherungsbetrug,** in die der Ehepartner gegen dessen Willen einbezogen wird, wird nur mit weiteren Vermögensdelikten, wie einem versuchten Prozessbetrug durch Verschweigen eigenen höheren Vermögens bei Antrag auf Prozesskostenvorschuss als mutwilliges Hinweg- 698

[233] BGH, FamRZ 1989, 1160, 1162; FamRZ 1986, 434 = NJW 1986, 1340
[234] BGH, FamRZ 1989, 1054 = R 393 a
[235] BGH, FamRZ 2001, 541 = R 555
[236] BGH, a.a.O.
[237] OLG Hamburg, FamRZ 1987, 1044
[238] BGH, FamRZ 1990, 1095 = R 421 b

setzen über schwerwiegende Vermögensinteressen des Pflichtigen angesehen werden können.[239]

699 **Anschwärzen** des Verpflichteten bei dessen Arbeitgeber. Ausreichend ist die Gefährdung des Arbeitsplatzes durch Anschwärzen aus Rachsucht.[240] Der Bedürftige hat insoweit alles zu unterlassen, was zur Durchsetzung des eigenen Anspruches nicht erforderlich ist, so dass eine Mitteilung gegenüber dem Arbeitgeber des Pflichtigen über angeblich in der Firma verübte Diebstähle den Tatbestand erfüllt.[241]

Belastende Aussage in einem Disziplinarverfahren gegen den Ehepartner, anstatt vom Aussageverweigerungsrecht Gebrauch zu machen.[242]

700 **Strafanzeigen,** die zu einem Ermittlungsverfahren führen, können geeignet sein, Vermögensinteressen des Berechtigten maßgeblich zu tangieren, sei es wegen einer Minderung des Ansehens in der Öffentlichkeit mit nicht auszuschließenden Auswirkungen auf die Kreditwürdigkeit, sei es wegen einer möglichen Bestrafung.[243]

Kein mutwilliges Verhalten liegt aber vor, wenn die Anzeige **zur Wahrnehmung berechtigter Interessen** erfolgt ist.[244] Nr. 4 ist deshalb nicht gegeben bei Erstattung einer Strafanzeige wegen Unterhaltspflichtverletzung, es sei denn, es liegt ein Fall von falscher Anschuldigung vor.[245] Das Gleiche gilt bei Strafanzeigen wegen falscher Versicherung an Eides Statt, wenn die erhobenen Vorwürfe nach den zur Leistungsfähigkeit des Pflichtigen getroffenen Feststellungen zumindest teilweise sachlich berechtigt waren.[246] Nr. 4 ist ebenfalls nicht gegeben, wenn die Strafanzeige im öffentlichen Interesse liegt, z. B. bei einer Trunkenheitsfahrt.[247] Nr. 4 entfällt ferner, wenn trotz Strafanzeige der Trennungsunterhalt zunächst anerkannt wurde.[248]

Eine leichtfertig erhobene Strafanzeige wegen **Steuerhinterziehung** kann im Einzelfall zu einer Verwirkung führen, wenn sie eine schwerwiegende Gefährdung der Einkommens- und Vermögenssituation des Pflichtigen zur Folge hat.[249] Sind die belastenden Angaben nicht geeignet, einen Tatverdacht zu begründen, so ist eine mutwillige Verletzung der Vermögensinteressen des Pflichtigen nicht gegeben.[250] Der Tatbestand entfällt, wenn die Angaben des Pflichtigen zur behaupteten Anzeige beim Finanzamt zu unsubstantiiert sind.[251] Ein mutwilliges Verhalten ist ferner nicht gegeben, wenn die Anzeige wegen Steuerhinterziehung zur Wahrnehmung berechtigter Interessen erfolgt.[252] Letzteres liegt insbesondere vor, wenn sich zunächst der Pflichtige über die eheliche Solidarität hinweggesetzt hat, indem er im Unterhalts- und/oder Zugewinnverfahren Einkünfte oder Vermögen verschwiegen hat (sog. Schwarzgeld).

701 **Geschäftliche Schädigung** durch Mitwirkung an der Kündigung von Geschäftsbeziehungen eines Dritten mit dem Verpflichteten.[253]

---

[239] OLG Hamm, FamRZ 2002, 242

[240] OLG Zweibrücken, FamRZ 1989, 63; FamRZ 1980, 1010; OLG München, FamRZ 1982, 270; OLG Hamm, FamRZ 1987, 946; OLG Koblenz, FamRZ 1991, 1312

[241] OLG Karlsruhe, FamRZ 1998, 747

[242] OLG Köln, FamRZ 1995, 1580

[243] OLG Zweibrücken, FamRZ 1989, 603; OLG München, FamRZ 1982, 270; FamRZ 1981, 154; OLG Celle, FamRZ 1987, 69; OLG Bamberg, FamRZ 1987, 1264; OLG Koblenz, FamRZ 1991, 1312

[244] BGH, FamRZ 2002, 23, 25 = R 568 d

[245] OLG Stuttgart, FamRZ 1979, 40

[246] BGH, FamRZ 2002, 23, 25 = R 568 d

[247] OLG Bamberg, FamRZ 1987, 1264

[248] OLG Nürnberg, FamRZ 1992, 673

[249] OLG Köln, NJW-FER 1999, 107

[250] OLG Köln, a.a.O.

[251] BGH, FamRZ 2002, 23, 25 = R 568 d

[252] BGH, a.a.O.

[253] AG Darmstadt, FamRZ 1979, 507

VII. Gröbliche Verletzung der Pflicht, zum Familienunterhalt beizutragen (§ 1579 Nr. 5 BGB)

1. Zum Härtegrund der Nr. 5

Die Härteklausel der Nr. 5 ist anzuwenden, wenn der Berechtigte vor der Trennung längere Zeit hindurch seine Pflicht, zum Familienunterhalt beizutragen, gröblich verletzt hat. **702**

Es handelt sich um eine Konkretisierung der allgemeinen Härteklausel, die den §§ 1587 c Nr. 3 und 1587 h Nr. 3 BGB nachgebildet ist.

Nach dem eindeutigen Wortlaut dürfen nur Gründe berücksichtigt werden, die **vor der Trennung** entstanden sind (Verletzung des Familienunterhalts). Nach der Trennung entstandene Unterhaltspflichtverletzungen können unter die Nr. 2, 6 oder 7 subsumiert werden. **703**

Die Verletzung der Familienunterhaltspflicht (§ 1360 BGB) kann auch gegenüber gemeinsamen Kindern begangen werden. Entscheidend ist, ob der Berechtigte seinen Pflichten nachgekommen ist, die er auf Grund der Aufgabenverteilung in der Ehe übernommen hat, z. B. die Pflicht zur Haushaltsführung und Kindesbetreuung seitens des haushaltführenden Ehegatten. **704**

War der Berechtigte erwerbstätig, kann eine Pflichtverletzung darin bestehen, dass er kein Wirtschaftsgeld für den Familienunterhalt geleistet hat. Hat er gegen den Willen des Verpflichteten nicht gearbeitet, kann eine Pflichtverletzung darin liegen, dass er sich nicht ernsthaft und ausreichend um eine Arbeit bemüht hat.

Solche Pflichten müssen gröblich verletzt worden sein. Dies setzt subjektiv mindestens ein grob fahrlässiges (leichtfertiges) Verhalten voraus. Außerdem müssen weitere objektive Merkmale vorliegen, die dem pflichtwidrigen Verhalten ein besonderes Gewicht verleihen. Regelmäßig wird erforderlich sein, dass die Familie durch die Nichtgewährung des Familienunterhalts in ernstliche Schwierigkeiten geraten ist. Die Pflichtverletzung entfällt nicht dadurch, dass der andere Ehegatte durch seinen Einsatz die Familie vor einer Notlage bewahrt hat. **705**

Die Pflichtverletzung muss vor der Trennung längere Zeit gedauert haben. In der Regel ist dies erfüllt, wenn die Verletzungen etwa ein Jahr vor der Trennung andauernd und nicht nur gelegentlich erfolgt sind. **706**

Wie bei Nr. 2 und Nr. 3 muss die Pflichtverletzung schuldhaft sein, was Schuldfähigkeit im Zeitraum der Unterhaltspflichtverletzung voraussetzt. Eine verminderte Schuldfähigkeit kann eine grobe Unbilligkeit beseitigen (näher Rn. 659). **707**

Bisher gibt es noch keine BGH-Entscheidung zur Nr. 5. **708**

2. Fälle einer Pflichtverletzung zu Nr. 5

Der erwerbstätige Berechtigte hat **kein Wirtschaftsgeld** zum Familienunterhalt zur Verfügung gestellt. **709**

Der Berechtigte hat gegen den Willen des Verpflichteten **nicht gearbeitet** und sich auch nicht ausreichend um Arbeit bemüht.

Der Berechtigte hat wegen **übermäßigen Alkoholgenusses** den Haushalt vernachlässigt und dann seinen Unterhaltsanspruch auf suchtbedingte Arbeitsunfähigkeit gestützt.[254]

Der Berechtigte ist wegen Trunksucht (Drogensucht) arbeitslos geworden und geblieben und hat nichts zum Familienunterhalt beigetragen.

Der Berechtigte hat als haushaltführender Ehegatte den Haushalt und die Kinder über einen längeren Zeitraum vernachlässigt.

---

[254] OLG Düsseldorf, FamRZ 1981, 1177

VIII. Offensichtlich schwerwiegendes, eindeutig beim Berechtigten liegendes Fehlverhalten (§ 1579 Nr. 6 BGB)

1. Zum Härtegrund der Nr. 6 BGB

710 Die Härteklausel der Nr. 6 ist anzuwenden, wenn dem Berechtigten ein **offensichtlich schwerwiegendes, eindeutig bei ihm liegendes Fehlverhalten** gegen den Verpflichteten zur Last fällt.

711 Mit dieser Klausel ist im Wesentlichen die frühere Rechtsprechung des BGH zum ehelichen Fehlverhalten im Rahmen der Nr. 4 a. F. übernommen und neu formuliert worden. Nach dieser Rechtsprechung war ein schwerwiegendes, klar bei einem Ehegatten liegendes einseitiges Fehlverhalten geeignet, die Voraussetzungen der Nr. 4 a. F. zu erfüllen.[255]

Soweit die Neufassung der jetzigen Nr. 6 auf ein offensichtlich schwerwiegendes Fehlverhalten abstellt, beinhaltet dies keinen wesentlichen Unterschied zu der zuletzt vom BGH geprägten Formulierung „schwerwiegendes, klar bei dem Berechtigten liegendes Fehlverhalten".

Deshalb kann für die Auslegung der Nr. 6 auch die frühere Rechtsprechung des BGH zur Nr. 4 a. F. weiter herangezogen werden.[256]

712 Aus dem Fehlen einer zeitlichen Begrenzung in Nr. 6 ergibt sich, dass ein Fehlverhalten sowohl **bis zur Scheidung** als auch **nach der Scheidung** begangen werden kann.

713 • Bei einem Fehlverhalten **bis zur Scheidung** muss es sich um einen Verstoß gegen **schwerwiegende eheliche Pflichten** handeln. Wichtige Pflichten sind in diesem Zusammenhang die ehelichen **Treuepflichten, eheliche Solidarität** und der **Grundsatz der Gegenseitigkeit.** Während der Ehe besteht eine gesteigerte Verantwortung der Eheleute füreinander.

714 • Mit der Scheidung findet ein Teil dieser Pflichten ein Ende, vor allem die Verpflichtung zur ehelichen Treue.[257]

Auch unterhaltsrechtlich geht das Gesetz **nach der Scheidung** grundsätzlich von der Eigenverantwortung jedes Ehegatten für seinen Unterhalt aus (§ 1569 BGB).

Deshalb muss es sich bei einem Fehlverhalten nach der Scheidung um Verstöße gegen Pflichten handeln, die aus Gründen der nachehelichen Solidarität noch nachwirken, wie z. B. allgemeine Gebote eines fairen mitmenschlichen Umgangs und der Rücksichtnahme auf beiderseitige persönliche und wirtschaftliche Interessen.

715 • **Voreheliche Täuschungshandlungen** können nur dann noch bedeutsam sein, wenn sie sich auf die ehelichen Lebensverhältnisse ausgewirkt haben.

716 Das Fehlverhalten muss offensichtlich **schwerwiegend** sein, d. h., es muss nach allgemeinem, nicht nur einseitigem Eheverständnis missbilligt werden. Es muss sich um einen Fall grober Verantwortungslosigkeit und Pflichtwidrigkeit handeln.

Deshalb reicht ein einfaches Fehlverhalten oder die Feststellung durchschnittlicher Scheidungsschuld für die Bejahung der Nr. 6 nicht aus. Das dem neuen Scheidungsrecht zugrundeliegende Zerrüttungsprinzip verbietet es, Eheverfehlungen von bloß durchschnittlicher Schwere gegeneinander aufzurechnen.[258]

717 Das Fehlverhalten muss sich **gegen den Verpflichteten** richten. Ein Fehlverhalten gegen einen Angehörigen reicht nicht aus. Es kann im Rahmen der Nr. 6 allenfalls nur dann bedeutsam werden, wenn und soweit sich das Fehlverhalten auch gegen den Verpflichteten richtet.

718 Das Fehlverhalten muss **schuldhaft** sein und setzt deshalb Schuldfähigkeit voraus. Eine verminderte Schuldfähigkeit kann Einfluss darauf haben, ob das Fehlverhalten als schwerwiegend oder als grob unbillig zu beurteilen ist.

---

[255] BGH, FamRZ 1983, 142 = NJW 1983, 541; FamRZ 1982, 466
[256] So im Ergebnis auch BGH, FamRZ 1989, 1279 = R 396
[257] BGH, FamRZ 1995, 344 = R 488 a; FamRZ 1989, 487, 489 = R 383 c
[258] BGH, FamRZ 1981, 752 = NJW 1981, 1782

2. Verstöße gegen die eheliche Treuepflicht als offensichtlich schwerwiegendes Fehlverhalten

Als offensichtlich schwerwiegendes Fehlverhalten zählen in erster Linie Verstöße gegen die eheliche Treuepflicht. Praktisch spielt dies allerdings nur **für den Trennungsunterhalt** eine Rolle, weil die eheliche Treuepflicht spätestens mit der Scheidung endet.[259] Da die ehelichen Bindungen während des Getrenntlebens fortbestehen, kann auch ein erst nach der Trennung erfolgter Treuebruch zur groben Unbilligkeit führen.[260] Der Treuebruch verstößt jeweils gegen den Grundsatz der Gegenseitigkeit und lässt die Inanspruchnahme des anderen Ehegatten als grob unbillig erscheinen.[261] Die Zuwendung zu einem neuen Partner während Bestehen der Ehe begründet dagegen für sich allein noch kein offensichtlich schwerwiegendes, eindeutig beim Bedürftigen liegendes Fehlverhalten, sondern es müssen weitere Umstände hinzukommen.[262] Beim Treuebruch darf es sich nicht um einen einmaligen Vorfall handeln. 719

- Der BGH hat ein schwerwiegendes Verhalten bejaht, wenn sich der Unterhaltsberechtigte gegen den Willen seines Partners von diesem abgewendet hat und mit einem Dritten in **nichtehelicher Lebensgemeinschaft** zusammenlebt. Dadurch distanziert er sich von seinen eigenen ehelichen Bindungen und wendet die dem anderen geschuldete Hilfe einem Dritten zu. Die Inanspruchnahme des Ehepartners aus dessen ehelicher Mitverantwortung für sein wirtschaftliches Auskommen widerspricht dem Grundsatz der Gegenseitigkeit, der dem ehelichen Unterhaltsrecht zugrunde liegt.[263] 720
  Ein Zusammenleben in **eheähnlicher Gemeinschaft** liegt vor, wenn der Bedürftige in Wohn- und Wirtschaftsgemeinschaft mit einem Dritten lebt (vgl. auch § 122 BSHG). Neben dem gemeinsamen Wohnen erfordert dies auch Haushaltsführung und Versorgungsleistungen für den Partner.[264]
  Eine **eheähnliche Gemeinschaft besteht dagegen nicht,** wenn es zwar eine Wohn-, aber keine Wirtschaftsgemeinschaft zwischen dem Bedürftigen und dem Dritten gibt, d. h., wenn keine gemeinsame Haushaltsführung vorliegt und dem anderen keine ins Gewicht fallenden Betreuungs- und Versorgungsleistungen erbracht werden.[265]
- Ein schwerwiegendes Fehlverhalten ist auch zu bejahen, wenn der Berechtigte während der Ehe ein **nachhaltiges, auf längere Dauer angelegtes intimes Verhältnis** zu einem Dritten aufnimmt und gegen den Willen des Verpflichteten fortführt, auch wenn es zu keiner eheähnlichen Gemeinschaft kommt.[266] Dies gilt auch, wenn die Beziehung erst **nach der Trennung** der Eheleute aufgenommen wurde, soweit sich der Partner vorher nicht seinerseits von der Ehe losgesagt hat.[267] Ein dem Trennungswunsch des Pflichtigen zeitlich vorausgehendes langjähriges intimes Verhältnis des Bedürftigen, das dem Pflichtigen bei Trennung nicht bekannt war, stellt ebenfalls ein schwerwiegendes Fehlverhalten dar.[268] 721
- Ein schwerwiegendes eheliches Fehlverhalten ist ferner gegeben, wenn der Ehegatte während der Ehe **intime Beziehungen zu wechselnden Partnern** aufnimmt. Es besteht kein Grund, einen solchen Ehegatten unterhaltsrechtlich milder zu behandeln als 722

---

[259] BGH, FamRZ 1995, 344 = R 488 a; FamRZ 1989, 487, 489 = R 383 c; FamRZ 1983, 569, 571 = NJW 1983, 1548, 1550
[260] BGH, FamRZ 1989, 1279 = R 396
[261] BGH, FamRZ 1989, 1279 = R 396
[262] BGH, FamRZ 2001, 1693 = R 567 c
[263] FamRZ 1989, 487, 489 = R 383 c; FamRZ 1989, 1279 = R 396; NJW 1986, 722; FamRZ 1984, 356 = NJW 1984, 1537; FamRZ 1984, 154 = NJW 1984, 297; FamRZ 1983, 142 = NJW 1983, 541; FamRZ 1983, 150, 152 = NJW 1983, 683; FamRZ 1983, 670 = R 149 a; FamRZ 1982, 466 = NJW 1982, 1216
[264] BGH, FamRZ 1984, 154 = NJW 1984, 297
[265] BGH, FamRZ 1981, 1042 = NJW 1981, 2805
[266] BGH, FamRZ 1989, 1279 = R 396; FamRZ 1983, 142 = NJW 1983, 541; FamRZ 1982, 466 = NJW 1982, 1216
[267] BGH, FamRZ 1989, 1279 = R 396
[268] BGH, NJW 1986, 722

denjenigen, der sich einem einzelnen anderen Partner zuwendet. Im entschiedenen Fall hatte die Klägerin nach 30-jährigem Bestand der Ehe in den letzten Jahren vor der Trennung der Parteien zu vier Männern ehebrecherische Beziehungen aufgenommen. Nach den Feststellungen des OLG hat der Beklagte erst kurz vor der Trennung von den Ehebrüchen erfahren. Danach kam es nach einer tätlichen Auseinandersetzung zur Trennung, nachdem der Beklagte in der Zwischenzeit von der Klägerin Abbitte für ihr Fehlverhalten verlangt und das Haushaltsgeld mit der Begründung gekürzt hatte, dass sie Geld mit anderen Männern durchgebracht habe. Das OLG hat diesem Hergang entnommen, dass die Ehebrüche der Klägerin der auslösende Grund für die Trennung der Parteien gewesen sei, und daraus geschlossen, dass danach nicht davon ausgegangen werden könnte, der Beklagte habe sich unabhängig von dem Verhalten der Klägerin seinerseits von der Ehe abgekehrt. Die innere Rechtfertigung für die Berücksichtigung ehelichen Fehlverhaltens liegt in dem Gedanken der Lösung aus der ehelichen Solidarität und der Abkehr von den ehelichen Bindungen. Äußert sich diese, wie im vorliegenden Fall, in der Bereitschaft zur Aufnahme intimer Kontakte zu wechselnden Partnern, so macht es für die Unterhaltsbemessung keinen greifbaren Unterschied, ob solche Kontakte zu vier oder wie der Pflichtige behauptet zu sieben anderen Partnern aufgenommen worden sind.[269] Es ist aus Rechtsgründen nicht zu beanstanden, wenn das OLG in den außerehelichen Beziehungen der Klägerin zu anderen Männern ein schwerwiegendes Fehlverhalten gesehen hat.[270]

722 a • Ein schwerwiegendes eheliches Fehlverhalten liegt ferner vor, wenn der Unterhaltsberechtigte knapp zwei Jahre ein intimes Verhältnis zu einem gemeinsamen Freund unterhält;[271] ebenso, wenn die Bedürftige zum Erzeuger ihres Kindes zieht, obwohl der Pflichtige nach langjähriger Ehe den Ehebruch zur Rettung der Ehe verziehen hatte.[272]

723 Bei allen Verstößen gegen die Treuepflicht ist im Einzelfall aber genau zu prüfen, ob es sich um ein **einseitiges und schwerwiegendes Fehlverhalten** handelt (vgl. näher Rn. 735). Ist dies zu bejahen, liegt eine so gravierende Abkehr von den ehelichen Bindungen vor, dass die Inanspruchnahme des anderen Ehegatten auf Unterhalt grob unbillig erscheint. Ein Ehegatte, der sich auf diese Weise von seinen ehelichen Bindungen distanziert und seine Ehe faktisch als nicht mehr bestehend betrachtet, kann nicht seinerseits den Ehepartner aus dessen ehelicher Mitverantwortlichkeit für sein wirtschaftliches Auskommen in Anspruch nehmen und indirekt eine Mitfinanzierung seines Zusammenlebens mit einem Dritten verlangen.[273] Im Rahmen der **Billigkeitsabwägung** ist dann im Einzelfall genau zu prüfen, insbesondere bei langen Ehen und bei Kinderbetreuung, inwieweit nur eine **Herabsetzung** oder **zeitliche Begrenzung** des Anspruchs in Betracht kommt.[274] Die völlige Versagung des Unterhaltsanspruchs ist in diesen Fällen die härteste Sanktion, für deren Angemessenheit der Pflichtige vortragungspflichtig ist.[275]

3. Sonstige Fälle eines schwerwiegenden Fehlverhaltens

724 Ein schwerwiegendes Fehlverhalten kann nicht nur durch Verletzung der ehelichen Treue verwirklicht werden, sondern auch in dem **Verstoß gegen andere eheliche Pflichten** liegen. So hat der BGH ein schwerwiegendes Fehlverhalten in diesem Sinn (Nr. 4 a. F.) bejaht, wenn eine Frau ihrem Mann nach der Empfängnis eines Kindes wahrheitswidrig beteuert, das Kind stamme von ihm, und wenn sie ihn jahrelang in diesem Glauben belässt,

---

[269] BGH, FamRZ 1983, 670 = R 149 a
[270] BGH a.a.O.
[271] OLG Koblenz, FamRZ 2000, 290
[272] OLG Nürnberg, MDR 2000, 1194
[273] BGH, FamRZ 1989, 1279 = R 396; FamRZ 1984, 154 = NJW 1984, 154; FamRZ 1983, 569, 571 = NJW 1983, 1548, 1550
[274] BGH, FamRZ 2001, 1693 = R 567 c; FamRZ 1989, 1279 = R 396; NJW 1986, 722; FamRZ 1983, 670 = R 149 a
[275] BGH, FamRZ 2001, 1693 = R 567 c

obwohl sie mindestens damit rechnete, dass ein anderer Mann der Vater ist. Entscheidend ist allein, dass in einem solchen Fall die Auferlegung von Unterhaltszahlungen für den Verpflichteten die Grenzen des Zumutbaren übersteigt. Dies ist der Fall, wenn einem Mann Unterhaltszahlungen an seine geschiedene Frau angesonnen werden, nachdem bekannt geworden war, dass sie ihm jahrelang, sei es auch nur mit bedingtem Vorsatz, ein **fremdes Kind unterschoben** hat. Ein solches Fehlverhalten erfährt durch die Scheidung keine Veränderung.[276] Bei Feststellung der nichtehelichen Abstammung des Kindes besteht dabei Anscheinsbeweis für eine außereheliche Beziehung.[277]

Als schwerwiegende Eheverfehlung kann auch angesehen werden, wenn die geschiedene **725** Ehefrau den Mann von der rechtzeitigen **Anfechtung der Ehelichkeit eines Kindes** abgehalten hat. Sie ist dadurch mitverantwortlich, dass dieser nun auf Dauer Kindesunterhalt zahlen muss, was er durch rechtzeitige Ehelichkeitsanfechtung hätte vermeiden können. Eine solche Situation ist insofern noch belastender als das Unterschieben eines fremden Kindes (oben Rn. 724), weil das wahre Abstammungsverhältnis nicht mehr korrigiert werden kann.[278]

Tätlichkeiten mit Verletzungsfolgen gegenüber dem Verpflichteten können nicht nur **726** den Tatbestand der Nr. 2, sondern auch von Nr. 6 erfüllen,[279] ebenso die **Vernichtung persönlicher Gegenstände** des Pflichtigen von erheblichem Wert[280] oder die **gewerbsmäßige Ausübung von Telefonsex** ohne Wissen des Ehemanns und unter Vorspiegelung falscher Tatsachen.[281]

Eine **fortgesetzte, massive Vereitelung des Umgangsrechts** mit den gemeinschaftlichen Kindern kann in gravierenden Fällen als schwerwiegendes Fehlverhalten angesehen werden.[282] Es muss sich dabei aber um eine nicht nur vorübergehende, sondern nachhaltige, lang dauernde Störung handeln, wobei bei Wiederaufnahme des Umgangsrechts der Unterhaltsanspruch wiederauflebt.[283]

Voreheliche Täuschungshandlungen der in § 1314 II Nr. 3 BGB bezeichneten Art **727** führen jedenfalls dann nicht zu einer Unterhaltsbeschränkung nach Nr. 6, wenn sie bereits erfolglos in einem Eheaufhebungsverfahren geltend gemacht worden sind. Eine andere Beurteilung würde dem Zweck des § 1317 BGB zuwiderlaufen, wonach die Verwirklichung von Rechten des vor der Eheschließung unlauter handelnden Ehegatten von einer binnen bestimmter Frist abzugebenden Erklärung des anderen Teils abhängt.[284]

Die **Weigerung** eines Ehegatten, einen **gemeinsamen Wohnsitz** an dem vom anderen **728** Ehegatten gewünschten Ort **zu begründen,** kann nur dann ein Härtegrund im Sinn der Nr. 6 sein, wenn sich der Berechtigte einem objektiv vernünftigen und zumutbaren Vorschlag ohne sachliche Gründe von einigem Gewicht willkürlich verschlossen hat. Auch wenn ein Umzug möglicherweise zu einer ökonomisch günstigeren Lösung geführt hätte, können gewichtige sachliche Gründe für die Beibehaltung des bisherigen Arbeitsplatzes gesprochen haben.[285] Ein einseitiges schwerwiegendes Fehlverhalten ist zu verneinen, wenn sich der Berechtigte aus beachtlichen Gründen weigert, umzuziehen.[286]

Verheimlicht der Berechtigte in einem Unterhaltsverfahren eigene Einkünfte, so kann **729** auch dies einen Verstoß gegen Nr. 6 beinhalten. In der Regel wird in solchen Fällen allerdings ein Verstoß gegen die Nr. 2 und Nr. 4 zu bejahen sein.

---

276 BGH, FamRZ 1985, 267 = NJW 1985, 2266
277 BGH, a.a.O.
278 BGH, FamRZ 1985, 51 = NJW 1985, 428
279 OLG Hamm, FamRZ 1994, 168
280 OLG Oldenburg, FamRZ 2002, 243
281 OLG Karlsruhe, FamRZ 1995, 1488
282 BGH, FamRZ 1987, 356 = R 320 b; OLG München, FamRZ 1998, 750; OLG Nürnberg, FamRZ 1994, 1393
283 OLG München, FamRZ 1998, 750; OLG Nürnberg, FamRZ 1997, 614
284 BGH, FamRZ 1983, 456 = NJW 1983, 1427 zur entsprechenden Rechtslage nach §§ 33, 37 II EheG
285 BGH, FamRZ 1990, 492, 495 = R 404 d; FamRZ 1987, 572, 574 = NJW 1987, 1761
286 BGH, a.a.O.

4. Fälle, in denen der BGH ein schwerwiegendes Fehlverhalten verneint hat

730 **Wandert der sorgeberechtigte Elternteil** mit dem ihm anvertrauten Kind **aus** und erschwert er dadurch dem anderen Elternteil die Ausübung des Umgangsrechts, so liegt darin in der Regel kein schwerwiegendes Fehlverhalten im Sinn der Nr. 6 (Nr. 4 a. F.). Das gilt jedenfalls dann, wenn die Auswanderung nicht in der Absicht erfolgt ist, das Umgangsrecht des anderen Elternteils zunichte zu machen, sondern auf anderen, verständlichen Motiven beruht. Das nur im Rahmen der bisherigen Wohnsitzverhältnisse praktisch ausübbare Umgangsrecht muss in einem solchen Fall dem stärkeren Sorgerecht weichen.[287]

731 Die Behauptung, die Berechtigte habe den Verpflichteten vor und während der Ehe über erhebliche **Umstände aus ihrem früheren Leben belogen,** ist kein schwerwiegendes Fehlverhalten im Sinn der Nr. 6.[288]

732 Die Nr. 6 (Nr. 4 a. F.) ist auch nicht erfüllt, wenn die Berechtigte dem anderen Ehegatten einen mit Reis gefüllten Teller nachwirft, um **weitere Tätlichkeiten** abzuwehren, nachdem sie vorher von diesem geohrfeigt worden war.[289]

733 **Unmutsäußerungen während ehelicher Auseinandersetzungen** sind kein Ausschlussgrund nach Nr. 6.[290] Das Gleiche gilt für auf verständlicher Verärgerung beruhenden vorwurfsvollen Äußerungen gegenüber dem Ehepartner.[291]

734 Auch die **Trennung als solche** ist trotz der darin liegenden Verletzung der Pflicht zur ehelichen Lebensgemeinschaft kein Fehlverhalten im Sinn der Nr. 6, solange nicht andere schwerwiegende Umstände hinzukommen, wie z. B. das Verlassen des anderen in hilfloser Lage.

5. Eindeutig beim Berechtigten liegendes Fehlverhalten

735 **a) Fehlverhalten des Berechtigten.** Das schwerwiegende Fehlverhalten muss **eindeutig beim Berechtigten** liegen. Mit dieser Formulierung ist sinngemäß dasselbe gemeint, was der BGH zu Nr. 4 a. F. mit der Formel „klar bei ihm liegendes Fehlverhalten" oder auch kurz „einseitiges Fehlverhalten" zum Ausdruck gebracht hat.[292]

736 Bei der Beurteilung, ob ein Fehlverhalten als einseitiges Fehlverhalten in diesem Sinn gewertet werden kann, muss stets auch das Verhalten des Verpflichteten mitberücksichtigt werden.[293]

- An einer **einseitigen Abkehr** von den ehelichen Bindungen fehlt es, wenn sich die Parteien **einvernehmlich getrennt** haben und die Berechtigte erst vier Monate **nach dieser Trennung** eine neue Beziehung aufgenommen hat.[294] Ebenso, wenn beide Eheleute die Ehe für gescheitert ansahen und deshalb einen Notar mit dem Entwurf einer Scheidungsfolgenvereinbarung beauftragten und die neue Beziehung erst danach aufgenommen wird.[295]
- Gleiches gilt, wenn der **Verpflichtete** sich seinerseits **von seinen ehelichen Bindungen losgesagt** hatte, als erster **Scheidungsabsichten äußerte** und selbst die Trennung sowie den Auszug der Frau aus dem gemeinsam bewohnten Haus wünschte,[296] oder der Verpflichtete die Trennung gewünscht und von sich aus realisiert hat, eine Wiederaufnahme der ehelichen Lebensgemeinschaft beharrlich ablehnte und seinerseits die Scheidung betrieb.[297] Nicht ausreichend ist jedoch, wenn die Eheleute nur allgemein über eine

---

[287] BGH, FamRZ 1987, 356 = R 320 b
[288] BGH, FamRZ 1986, 886, 888 = NJW 1986, 2832
[289] BGH, FamRZ 1986, 434, 436 = NJW 1986, 1340
[290] BGH, FamRZ 1987, 572, 575 = NJW 1987, 1761
[291] BGH, FamRZ 1982, 573, 575 = NJW 1982, 1460
[292] BGH, FamRZ 1989, 1279 = R 396
[293] BGH, FamRZ 1981, 1042 = NJW 1981, 2805
[294] BGH, a.a.O.
[295] OLG Hamm, FamRZ 1996, 1080
[296] BGH, FamRZ 1981, 752 = NJW 1981, 1782
[297] BGH, FamRZ 1983, 150, 152 = NJW 1983, 683

Scheidung gesprochen haben, ohne dass erkennbar war, dass ernsthafte Scheidungsabsichten bestehen.[298]

Die spätere Eingehung einer neuen Bindung durch die Frau beinhaltet dann keine einseitige Abkehr von ihrem Mann.

- An einem einseitigen „Ausbrechen aus intakter Ehe" fehlt es auch, wenn sich der **Verpflichtete** bereits vorher von der Ehe losgesagt hatte, indem er **ehewidrige Beziehungen zu einer anderen Frau aufgenommen** hat und zu dieser gezogen ist.[299]
- Ein Abkehren von den ehelichen Bindungen durch den Verpflichteten liegt auch vor, wenn er jahrelang keine sexuellen Kontakte mehr zuließ.[300]

b) Einseitiges Fehlverhalten. Ein einseitiges Fehlverhalten ist **zu bejahen,** wenn sich der Berechtigte einem Dritten zuwendet, ehe sich der Verpflichtete seinerseits von der Ehe abwendet, Scheidungsabsichten äußert oder sich ebenfalls einem Dritten zuwendet. **737**

Ehewidrige Beziehungen des Verpflichteten oder sonstiges ehewidriges Verhalten (Trunksucht, Misshandlungen) nehmen nur dann dem Fehlverhalten des anderen Ehegatten den Charakter der Einseitigkeit, wenn sie diesem Fehlverhalten den Boden bereitet haben. Werden sie dagegen erst aufgenommen, nachdem die intimen Beziehungen des Berechtigten bereits seit längerem bestanden haben, können sie auf dessen Abkehr von der Ehe nicht von Einfluss gewesen sein. Etwas anderes kann dann gelten, wenn auch auf Seiten des **Verpflichteten die ehelichen Gefühle** bereits im Zeitpunkt der Abkehr des Berechtigten **erkaltet** waren und er von dessen Fehlverhalten nicht mehr wesentlich betroffen wurde.[301]

Ist die Ehe an dem Fehlverhalten der Berechtigten zerbrochen und stellen sich die dem Verpflichteten vorgeworfenen späteren Ausfälligkeiten als Reaktionen auf das ihm zu dieser Zeit bekannt gewordene Fehlverhalten dar, dann kann ein späteres eigenes Fehlverhalten des Verpflichteten die Einseitigkeit des Fehlverhaltens des Bedürftigen nicht mehr beseitigen. Anders wäre es nur, wenn der Verpflichtete durch ein vorausgegangenes ehewidriges Verhalten Anlass zum Fehlverhalten des Berechtigten gegeben hätte.[302]

Nicht jedes Fehlverhalten des Verpflichteten kann dem Fehlverhalten des Berechtigten den Charakter der Einseitigkeit nehmen. Aus der grundsätzlichen Abkehr des Gesetzgebers vom Schuldprinzip ist zu folgern, dass im Rahmen der Prüfung der Einseitigkeit des Fehlverhaltens nicht allen Vorwürfen des Berechtigten nachzugehen ist, sondern dass nur konkret vorgebrachte Verfehlungen von einigem Gewicht Bedeutung erlangen können, die dem Berechtigten das Festhalten an der Ehe erheblich erschwert haben und sein eigenes Verhalten in einem milderen Licht erscheinen lassen.[303] **738**

Außerdem muss das Fehlverhalten des Verpflichteten einen Bezug zum Fehlverhalten des Berechtigten haben. Für eine hinreichende Substantiierung von Gegenvorwürfen reicht die allgemeine Behauptung nicht aus, der Verpflichtete habe seinerseits auch in erheblichem Maß gegen die Treuepflichten verstoßen und die Berechtigte ständig beschimpft und geprügelt. Erforderlich ist eine konkrete Schilderung einzelner Vorkommnisse.[304]

Streitigkeiten und Auseinandersetzungen der Ehegatten, in deren Verlauf der Verpflichtete beleidigende und herabsetzende Äußerungen gemacht hat, sind keine Umstände, die die Einseitigkeit eines schwerwiegenden Fehlverhaltens entfallen lassen.[305]

Als Verfehlung von einigem Gewicht kann es angesehen werden, wenn der **Verpflichtete häufig betrunken** ist und es in diesem Zusammenhang zu **wüsten Auseinandersetzungen** kommt[306] oder wenn er die Ehefrau **geschlagen** hat.[307] **739**

---

298 OLG Hamm, FamRZ 1997, 1484
299 BGH, FamRZ 1989, 487, 489 = R 383 c; NJW 1987, 893, 895
300 KG, FamRZ 1992, 571
301 BGH, NJW 1986, 722
302 BGH, FamRZ 1983, 670 = R 149 a
303 BGH, FamRZ 1983, 670 = R 149 a; FamRZ 1982, 463 = NJW 1982, 1461
304 BGH, FamRZ 1983, 670 = R 149 a
305 BGH, NJW 1986, 722
306 BGH, FamRZ 1982, 463 = NJW 1982, 1461
307 BGH, FamRZ 1989, 487, 489 = R 383 c

Keine Verfehlungen im Sinn der Nr. 6 sind dagegen **krankheitsbedingte Verhaltensauffälligkeiten,** weil eine Verfehlung ein schuldhaftes Verhalten voraussetzt und erheblich sein muss.[308]

740 **c) Darlegungs- und Beweislast.** Die Beurteilung des beiderseitigen Verhaltens einschließlich seiner Abwägung ist wesentlich Sache tatrichterlicher Würdigung.[309]

741 Der **Verpflichtete** hat die Darlegungs- und Beweislast dafür, dass ein offensichtlich schwerwiegendes, eindeutig beim Berechtigten liegendes Fehlverhalten vorliegt. Er hat daher etwaige Gegenvorwürfe auszuräumen, die von ihrem Gewicht her gesehen geeignet sind, dem Fehlverhalten des Berechtigten den Charakter eines einseitigen Fehlverhaltens zu nehmen.[310]

Soweit der Verpflichtete nur allgemein behauptete Gegenvorwürfe des Berechtigten lediglich bestreitet, sind an die Substantiierung seiner Darlegungen nach § 242 BGB keine allzu hohen Anforderungen zu stellen, da es sich im Wesentlichen um die Behauptung sogenannter negativer Tatsachen handelt. Er ist zwar nicht von der ihn treffenden Darlegungspflicht befreit. Der Berechtigte darf sich aber in einem solchen Fall nicht mit einem einfachen Bestreiten begnügen, sondern muss im Einzelnen darlegen, dass die von ihm bestrittene Behauptung unrichtig und sein eigener Vortrag richtig ist.[311]

Darüber hinaus muss der Verpflichtete nicht auf alle Vorwürfe des Berechtigten reagieren, sondern nur **Vorwürfe von einigem Gewicht widerlegen.** Kein ausreichender Gegenvorwurf der Berechtigten ist nach BGH die Behauptung, der Verpflichtete habe mit ihr kaum noch gesprochen, sondern über Zettel mit ihr verkehrt, wobei berücksichtigt wurde, dass die Berechtigte zu dieser Zeit schon ehebrecherische Verhältnisse zu Männern hatte.[312] Nicht ausreichend ist ferner die Behauptung, die Eheleute hätten sich weitgehend auseinandergelebt.[313]

Der Pflichtige hat ferner die Darlegungslast, ob bei Bejahung des Tatbestandes eine **völlige Unterhaltsversagung** als härtestes Sanktion und nicht nur eine Herabsetzung des Anspruchs angemessen ist.[314]

IX. Anderer schwerwiegender Grund nach § 1579 Nr. 7 BGB

1. Zum Härtegrund der Nr. 7

742 Die Härteklausel der Nr. 7 ist anzuwenden, wenn ein anderer Grund vorliegt, der ebenso schwer wiegt wie die in den Nrn. 1 bis 6 aufgeführten Gründe.

743 Die Nr. 7 beinhaltet einen Auffangtatbestand, der wörtlich mit der Nr. 4 a. F. übereinstimmt. Der Gesetzgeber hat damit die frühere Konzeption beibehalten, nämlich Regelbeispiele mit einem Auffangtatbestand zu verbinden. Durch die Verknüpfung der Nr. 7 mit den Regelbeispielen (Nr. 1 mit Nr. 6) wird die Nr. 7 auf Sachlagen eingegrenzt, die mit den Fällen der Nrn. 1 mit 6 in ihrer Schwere, nicht in ihrer Art vergleichbar sind. Ein zentrales Merkmal der Nr. 7 ist der gleich schwerwiegende Grund, der in untrennbarem Zusammenhang mit der groben Unbilligkeit steht.

744 Die Auffangregelung der Nr. 7 will allgemein eine unverhältnismäßige Belastung des Verpflichteten vermeiden. Deshalb ist sie auch dann anzuwenden, wenn allein objektive Gründe vorliegen, die eine Inanspruchnahme des Verpflichteten als unzumutbar erscheinen lassen.[315]

---

[308] BGH, FamRZ 1989, 1279 = R 396
[309] BGH, FamRZ 1982, 463 = NJW 1982, 1461
[310] BGH, FamRZ 1983, 670 = R 149 a; FamRZ 1982, 779 = NJW 1982, 2664
[311] BGH, FamRZ 1982, 463 = NJW 1981, 577
[312] BGH, FamRZ 1983, 670 = R 149 a
[313] BGH, FamRZ 1981, 439 = NJW 1981, 1214
[314] BGH, FamRZ 2001, 1693 = R 567 c
[315] BGH, FamRZ 1995, 1405 = R 490 A a; FamRZ 1994, 558 = R 476; FamRZ 1988, 930 = R 368 c; FamRZ 1987, 572, 575 = R 323 b

Andererseits kann die Nr. 7 auch subjektive Härtefälle erfassen, weil auch die Fälle Nr. 1 mit Nr. 6 sowohl objektive (Nr. 1) wie subjektive Härtefälle (Nr. 2 mit Nr. 6) beinhalten. **Praktisch** werden durch die Nr. 7 vor allem die Gründe **objektiver Unzumutbarkeit** erfasst.

In den Fällen, in denen nach den Nrn. 1 mit 6 ein Härtegrund nur unter besonderen **745** Voraussetzungen anerkannt wird, kann, wenn es an einem der dort genannten gesetzlichen Tatbestandsmerkmale fehlt, in der Regel der gleiche Sachverhalt nicht nochmals als ein „anderer Grund" nach Nr. 7 berücksichtigt werden[316] **(Verbot der Doppelverwertung).** So hat z. B. die Weigerung der Frau, dem vom Ehemann gewünschten Wohnsitz zuzustimmen, objektiv zum Scheitern der Ehe beigetragen. Trotzdem wird dadurch nicht der Härtegrund der Nr. 7 verwirklicht, wenn der Frau ihre Weigerung nicht als offensichtlich schwerwiegendes Fehlverhalten nach Nr. 6 vorzuwerfen ist. In gleicher Weise kann der Umstand, dass die Ehe der Parteien ohne Berücksichtigung der Kindererziehungszeiten nur etwas über 18 Monate gedauert hat und dass die Parteien nur während einer zweiwöchigen Reise und an einigen Wochenenden tatsächlich zusammengelebt haben, nicht nach Nr. 7 als Härtegrund gewertet werden.[317] War die Dauer der Ehe mit knapp 5 Jahren bei dreijährigem Zusammenleben keine kurze Ehe im Sinne von § 1579 Nr. 1 BGB, weil es an dem dort genannten gesetzlichen Tatbestandsmerkmal fehlt, kann die Dauer der Ehe auch nicht als ein anderer Grund nach Nr. 7 berücksichtigt werden.[318] Liegt bei einer Erkrankung des Bedürftigen kein Ausschlussgrund nach Nr. 3 vor, kann auch keine Verwirkung nach Nr. 7 bejaht werden (näher Rn. 763).[319]

Eine **Ausnahme** von diesem Grundsatz besteht, wenn **andere Tatsachen** hinzukommen, die in ihrer Gesamtheit zu einer unzumutbaren Belastung des Pflichtigen führen und deshalb als grob unbillig anzusehen sind. So hat der BGH bei § 1579 Nr. 1 BGB Ausnahmen gemacht, soweit die Eheleute nie oder nur sehr kurz zusammenlebten **und** noch weitere Umstände hinzukamen. Bei einer Ehe von 4 Jahren und 8 Monaten hat er einerseits den Härtegrund der Nr. 1 abgelehnt, andererseits trotzdem den Härtegrund der Nr. 7 bejaht mit der Begründung, dass die Eheleute tatsächlich nur wenige Monate zusammengelebt hätten und die Bedürftige bereits vor der Eheschließung behindert und auf Dauer erwerbsunfähig war.[320] Bei einem Anspruch auf Trennungsunterhalt, bei dem § 1579 Nr. 1 BGB nach § 1361 III BGB nicht anwendbar ist, hat er eine grobe Unbilligkeit nach Nr. 7 bejaht, weil die Parteien nie zusammenlebten und die Aufnahme einer Ehegemeinschaft auch nie beabsichtigten.[321] Bei einem im Zustand der Schuldunfähigkeit begangenen versuchten Totschlag hat das OLG Schleswig den Unterhaltsanspruch nach § 1579 Nr. 7 BGB wegen der fortdauernden psychischen Folgen der Tat für den Pflichtigen herabgesetzt.[322]

Nach der vom BGH übernommenen Auffassung des BVerfG muss bei allen Ausschluss- **746** tatbeständen des § 1579 BGB geprüft werden, ob die Grenze des Zumutbaren eines schuldunabhängigen Unterhaltsanspruchs überschritten ist, weil sonst die Beschränkung der wirtschaftlichen Dispositionsfreiheit des Verpflichteten als Folge der Unterhaltsansprüche gegen Art. 2 II GG verstoße.[323] Für solche Fälle bleibt letztlich immer die Nr. 7 als **genereller Auffangtatbestand.**

In jedem Fall ist eine **Abwägung erforderlich,** ob und inwieweit die Inanspruchnahme **747** des Verpflichteten auf Unterhalt nach der gegebenen Situation für den Verpflichteten eine unzumutbare Belastung wäre. Dabei sind auch die Folgen, die sich für beide Ehegatten bei Gewährung, Versagung, Minderung oder zeitlicher Begrenzung ergeben würden, gegeneinander abzuwägen. Eine **grobe Unbilligkeit** kann umso eher bejaht werden, je besser die

---

316 BGH, FamRZ 1987, 572, 575 = R 323 b
317 BGH, FamRZ 1987, 572, 575 = R 323 b; FamRZ 1980, 981 = NJW 1980, 2247, 2249
318 BGH, FamRZ 1995, 1405, 1407 = R 490 A b, c
319 BGH, FamRZ 1995, 1405, 1407 = R 490 A c
320 BGH, FamRZ 1988, 930 = R 368 c
321 BGH, FamRZ 1994, 558 = R 476
322 OLG Schleswig, FamRZ 2000, 1375
323 BGH, FamRZ 1990, 492, 495 = R 404 c

Chancen des Berechtigten sind, für seinen eigenen Unterhalt selbst aufkommen zu können, und je eher dies dem Berechtigten zugemutet werden kann.

Bei einer solchen **Abwägung** sind u. a. zu berücksichtigen die schicksalsbedingte allgemeine Lebenssituation des Berechtigten, Dauer und Verlauf der Ehe, die durch eine neue Ehe des Verpflichteten entstandene Interessenlage, die Zumutbarkeit einer lebenslangen Unterhaltsverpflichtung für den Verpflichteten[324] und die wirtschaftlichen Verhältnisse des neuen Partners des Bedürftigen.

747 Bei Anwendung der Nr. 7 und Würdigung der beiderseitigen Rechts- und Interessenlagen im Rahmen der hierzu gebotenen Zumutbarkeitsprüfung hat der Tatrichter einen ihm vorbehaltenen Beurteilungsspielraum, der nur einer rechtlichen Kontrolle durch das Revisionsgericht, nicht aber einer Angemessenheitskontrolle unterliegt. Dies gilt auch für die Bemessung der Höhe des Unterhaltsanspruchs nach Nr. 7.[325]

2. Härtegrund der Nr. 7, wenn nach der Scheidung ein ehewidriges Verhältnis gemäß Nr. 6 fortgeführt wird

748 **Voraussetzung** ist in diesem Fall, dass der Berechtigte sich schon **während bestehender Ehe** einem neuen Partner in einer Weise zugewandt hat, die ein offensichtlich schwerwiegendes, eindeutig bei ihm liegendes Fehlverhalten im Sinn der Nr. 6 beinhaltet, und dass der Berechtigte dieses Verhältnis nach der Scheidung fortsetzt. Obwohl nach der Scheidung keine eheliche Treuepflicht mehr besteht und deshalb nicht mehr von einem Fehlverhalten gesprochen werden kann, kann dadurch die Nr. 7 verwirklicht werden.[326]

749 **Dauert eine eheähnliche Gemeinschaft,** durch die während der Trennungszeit die Nr. 6 verwirklicht wurde, nach der Scheidung an, so erfüllt dies **regelmäßig** auch für den nachehelichen Unterhalt die Voraussetzungen der Nr. 7.[327]

750 Die rechtliche Selbstständigkeit des Trennungsunterhalts gegenüber dem nachehelichen Unterhalt (Nichtidentität) ist kein Kriterium, das bei fortgesetztem Fehlverhalten einer Fortwirkung der nach § 1361 III BGB i. V. § 1579 Nr. 6 BGB für den Trennungsunterhalt bestehenden Unbilligkeit nach der Scheidung entgegensteht. Wurde während der Trennungszeit die Nr. 6 verwirklicht, bezieht sich die Unzumutbarkeit der Inanspruchnahme auf Unterhalt nicht nur auf Fürsorge bis zur Scheidung, sondern auch auf den nachehelichen Unterhalt.[328] Das gilt umso mehr, als das Gesetz während der Ehe auch für die Zeit des Getrenntlebens eine gesteigerte Verantwortung der Eheleute füreinander vorsieht, während es nach der Scheidung grundsätzlich von der Eigenverantwortung jedes Ehegatten für seinen Unterhalt ausgeht (§ 1569 BGB).

Es kommt in einem solchen Fall entscheidend darauf an, ob die aus der Unterhaltspflicht erwachsenden Belastungen für den Verpflichteten die Grenzen des Zumutbaren überschreiten.[329]

3. Härtegrund der Nr. 7 bei Zusammenleben mit einem neuen Partner nach der Scheidung, ohne dass vorher die Nr. 6 verwirklicht wurde

751 **a) Kein Verwirkungsgrund.** Allein die **Tatsache,** dass der Berechtigte nach der Scheidung eine **intime Beziehung** oder eine **nichteheliche Lebensgemeinschaft** mit einem neuen Partner eingeht und unterhält, stellt **keinen „anderen Grund"** im Sinn der Nr. 7

---

[324] BGH, FamRZ 1988, 930 = R 368 c
[325] BGH, FamRZ 1994, 558 = R 476; FamRZ 1988, 930 = R 368 c
[326] BGH, FamRZ 1991, 670, 673 = R 431 c; FamRZ 1989, 487, 489 = R 383 d; FamRZ 1985, 267 = R 238; FamRZ 1983, 569, 571 = NJW 1983, 1548, 1550
[327] BGH, FamRZ 1984, 154 = NJW 1984, 297; FamRZ 1984, 356 = NJW 1984, 1537; FamRZ 1984, 662, 664 = NJW 1984, 2358; FamRZ 1983, 676 = NJW 1983, 1552; FamRZ 1983, 569, 571 = NJW 1983, 1548, 1550; FamRZ 1983, 996 = NJW 1983, 2243
[328] BGH, FamRZ 1991, 670, 673 = R 431 c
[329] BGH, FamRZ 1983, 569, 571 = NJW 1983, 1548, 1550

dar.[330] Derartige Beziehungen zwischen nicht miteinander verheirateten Personen werden vom heutigen Verständnis in einem Maße hingenommen, dass eine Unterhaltsverpflichtung nicht schon aus diesem Grund generell als unzumutbar angesehen werden kann. Eine solche Unbilligkeit ergibt sich auch nicht aus dem Argument, der Pflichtige müsse mit dem ihm gezahlten Unterhalt den neuen Partner des Bedürftigen mitunterhalten, weil der Berechtigte über den ihm zustehenden Unterhalt grundsätzlich frei verfügen kann.[331] Der Verpflichtete ist nicht berechtigt, mit den Mitteln des Unterhaltsrechts auf die Entscheidung der Berechtigten für ihren neuen Partner Einfluss zu nehmen.[332]

Gleiches gilt, wenn der Berechtigte seine Beziehung zum neuen Partner bereits während der Trennungszeit aufgenommen hatte, es sich dabei aber nicht um ein eindeutig bei ihm liegendes Fehlverhalten im Sinn der Nr. 6 handelte (s. Rn. 736). Das ist z. B. der Fall, wenn der Berechtigte die neue Beziehung erst nach einvernehmlicher Trennung[333] aufgenommen oder sich der Verpflichtete vorher von der Ehe losgesagt,[334] bzw. selbst so ehewidrig verhalten hat, dass sich das Verhalten des Berechtigten nicht als einseitiges, eindeutig bei ihm liegendes Fehlverhalten darstellt.[335] Die Fortsetzung dieses Verhältnisses nach der Scheidung beinhaltet weder einen fortwirkenden Verstoß gegen die Nr. 6 noch einen Verstoß gegen die eheliche Treuepflicht, weil diese nach der Scheidung endet.

Von dem Problem der Verwirkung zu trennen ist in diesem Fall die Frage, ob dem Bedürftigen wegen **Haushaltsführung für einen neuen Partner** ein Einkommen anzurechnen ist (näher Rn. 260 a und 1/471 ff.).

b) Verwirkungsgrund. Ein Verwirkungsgrund durch das Zusammenleben mit einem **752** neuen Partner ist zu bejahen, wenn **zusätzliche Umstände** hinzutreten, die eine volle Unterhaltsbelastung für den Pflichtigen unzumutbar erscheinen lassen. Durch die geänderte Rechtsprechung des BGH zu den ehelichen Lebensverhältnissen (Surrogationslösung) kommt dem Verwirkungsgrund nach Nr. 7 als Regulativ zur Vermeidung einer zu langen oder zu hohen Unterhaltsbelastung neben den Begrenzungsvorschriften nach §§ 1573 V, 1578 I 2 BGB in Zukunft erhöhte Bedeutung zu.

- **Die Nr. 7 kann erfüllt** sein, wenn die Beziehung des Berechtigten zu seinem neuen **752 a** Lebensgefährten wegen besonderer, etwa **kränkender oder sonst anstößiger Begleitumstände** geeignet ist, den Verpflichteten in außergewöhnlicher Weise zu treffen, ihn in der Öffentlichkeit bloßzustellen oder sonst in seinem Ansehen zu schädigen. Derartige Umstände müssen vorgetragen und tatrichterlich festgehalten werden.[336]
- Nr. 7 kann auch verwirklicht sein, wenn der Berechtigte von einer **Eheschließung** mit **753** seinem neuen Partner nur deshalb **absieht,** weil er den **Unterhaltsanspruch nicht verlieren will.**[337] Dies liegt nicht vor, wenn die Berechtigte einen beachtlichen Grund hat, von einer Eheschließung mit dem neuen Partner abzusehen. Ein solcher Grund kann in wirtschaftlichen Verhältnissen bestehen, z. B. darin, dass sie von diesem eine Sicherung ihres Lebensbedarfs nicht erwarten kann.[338] Es können aber auch persönliche Gründe ausschlaggebend sein, z. B. die gescheiterte Ehe; es steht in der freien Entscheidung des Berechtigten, ob er wieder heiraten will oder nicht. Deshalb müssen ohnehin schwerwiegende Gründe hinzutreten, damit in dem Absehen von einer Heirat ein schwerwiegender Grund im Sinn der Nr. 7 (Nr. 4 a. F.) erblickt werden kann.[339]

  In der Praxis wird nur selten festgestellt werden können, dass eine Wiederverheiratung allein deshalb unterlassen wird, um den Unterhaltsanspruch nicht zu verlieren. Es handelt sich hierbei um eine auf einem freien Willensentschluss beruhende, individuelle Verhal-

---

[330] BGH, FamRZ 1995, 540 = R 479 A; FamRZ 1989, 487 = R 383 d
[331] BGH, FamRZ 1989, 487 = R 383 d
[332] BGH, a.a.O.
[333] BGH, FamRZ 1981, 1042 = NJW 1981, 2805
[334] BGH, FamRZ 1987, 356 = NJW 1987, 893, 895; FamRZ 1983, 150 = NJW 1983, 683
[335] BGH, FamRZ 1982, 779 = NJW 1982, 2664
[336] BGH, FamRZ 1995, 344 = R 488 a; FamRZ 1989, 487 = R 383 d
[337] BGH, FamRZ 1995, 540, 542 = R 479 A; FamRZ 1989, 487 = R 383 d; FamRZ 1984, 986 = NJW 1984, 2692
[338] BGH, a.a.O.
[339] BGH, FamRZ 1984, 986 = NJW 1984, 2692

tensweise, die dem Anscheinsbeweis nicht zugänglich ist, ebenso nicht einer generalisierenden Beurteilung auf Grund allgemeiner Erfahrungssätze.[340]

754 • Auch wenn der Berechtigte, der mit einem neuen Partner **dauerhaft in einer festen sozialen Verbindung zusammenlebt,** von einer neuen Eheschließung aus hinzunehmenden Gründen absieht, kann die neue Verbindung dazu führen, dass die Fortdauer der Unterhaltsbelastung für den Verpflichteten unzumutbar wird. Das ist der Fall, wenn kein verständlicher Grund dafür ersichtlich ist, dass die Parteien nicht zu einer „ehegleichen ökonomischen Solidarität" im Sinne einer **Unterhaltsgemeinschaft** gelangen, mithin gemeinsam wirtschaften, wobei der haushaltführende Ehegatte wie in einer Ehe von dem anderen unterhalten wird.[341] Es muss sich dabei um eine **dauerhafte** feste soziale Verbindung handeln,[342] was regelmäßig erst nach längerer Bekanntschaft und einer gewissen Zeit des Zusammenlebens im Einzelfall bejaht werden kann. Auf eine derartige Unterhaltsgemeinschaft kann der Verpflichtete die Berechtigte nur verweisen, wenn diese in der neuen Gemeinschaft **wirtschaftlich ihr Auskommen** finden kann. Hat der neue Partner nicht die dazu erforderlichen Mittel, liegt keine sog. Unterhaltsgemeinschaft vor.[343] Es ist dabei allein Aufgabe des Tatrichters, Feststellungen zu treffen, aus denen er eine Unterhaltsgemeinschaft bejaht.[344] Indizien hierfür sind ein aus der neuen Verbindung hervorgegangenes Kind, der Kauf oder Bau eines gemeinsamen Eigenheims, Zusammenleben mit den beiderseitigen Kindern bei ausreichendem Einkommen des neuen Partners für einen gemeinsamen Haushalt, Finanzierung des Haushalts oder eines Teils sowie der Wohnung durch den Lebensgefährten.

755 • Die Unzumutbarkeit nach Nr. 7 kann sich unabhängig von der Vorwerfbarkeit bestimmter Verhaltensweisen auch aus **objektiven Gegebenheiten** und Veränderungen der Lebensverhältnisse der geschiedenen Eheleute ergeben. So kann z. B., wenn der Berechtigte zu einem neuen Partner **ein auf Dauer angelegtes Verhältnis** aufnimmt und das **nichteheliche Zusammenleben gleichsam an die Stelle einer Ehe** getreten ist **(eheähnliches Zusammenleben),** das Erscheinungsbild dieser Verbindung in der Öffentlichkeit unter Umständen dazu führen, dass die Fortdauer der Unterhaltsbelastung und des damit verbundenen Eingriffs in seine Handlungsfreiheit und Lebensgestaltung für den Verpflichteten unzumutbar ist.[345] Die **wirtschaftliche Lage** des neuen Partners spielt hierbei – anders als bei einer Verweisung auf die Unterhaltsgemeinschaft – für das Vorliegen des Tatbestandes keine Rolle[346] (s. aber unten Rn. 756).

Nach welchen **Zeitablauf** und unter welchen weiteren Umständen ein eheähnliches Zusammenleben angenommen werden kann, lässt sich nicht allgemein verbindlich festlegen. Eine gewisse Mindestdauer, die im Einzelfall kaum unter zwei bis drei Jahren liegen dürfte, wird in der Regel nicht unterschritten werden dürfen. Denn vor Ablauf einer solchen zeitlichen Mindestgrenze wird sich im Allgemeinen nicht verlässlich beurteilen lassen, ob die Partner nur „probeweise" zusammenleben, etwa um eine spätere Eheschließung vorzubereiten – ein Verhalten, das die Nr. 7 nicht erfüllt –, oder ob sie auf Dauer in einer verfestigten Gemeinschaft leben und nach dem Erscheinungsbild der Beziehung in der Öffentlichkeit diese Lebensform bewusst auch für ihre weitere Zukunft gewählt haben.[347] Eine auf Dauer verfestigte Gemeinschaft entfällt auch nicht dadurch, dass sich die neue Beziehung, bei der der neue Lebensgefährte der Bedürftigen noch seine

---

340 BGH, FamRZ 1983, 569, 571 = NJW 1983, 1548, 1550

341 BGH, FamRZ 1995, 540, 542 = R 479 A; FamRZ 1989, 487, 490 = R 383 d; FamRZ 1987, 1011, 1013 = NJW-RR 1987, 1282

342 BGH, FamRZ 1995, 540, 542 = R 479 A

343 BGH, FamRZ 1995, 540, 542 = R 479 A; FamRZ 1989, 487, 490 = R 383 d; FamRZ 1987, 1011 = NJW-RR 1987, 1282

344 BGH, FamRZ 1995, 540, 542 = R 479 A

345 BGH, FamRZ 2002, 810, 811 = R 574 a; FamRZ 2002, 23, 25 = R 568 c; FamRZ 1997, 671 = R 511 A a; FamRZ 1995, 540, 542 = R 479 A; FamRZ 1989, 487, 490 = R 383 d

346 BGH, FamRZ 1995, 540, 542 = R 479 A; FamRZ 1989, 487, 490 = R 383 d

347 BGH, FamRZ 2002, 810, 811 = R 574 a; FamRZ 1997, 671, 672 = R 511 A a; FamRZ 1989, 487, 491 = R 383 d

bisherige Wohnung behalten hat, nach Angaben von Zeugen in letzter Zeit nach außen hin flüchtiger gestaltete.[348]

Eine feste „soziale Verbindung" setzt außerdem regelmäßig einen **gemeinsamen Haushalt** voraus Dies ist aber nicht zwingend. Im Einzelfall kann auch bei einer andersartig gestalteten **dauerhaften Verbindung** je nach deren Erscheinungsbild in der Öffentlichkeit auf ein eheliches Zusammenleben geschlossen werden,[349] z. B. bei einer sog. Wochenendehe[350] oder wenn der neue Partner noch eine eigene Wohnung hat.[351] Für das Erscheinungsbild in der Öffentlichkeit kommt es dabei nur auf die Erkennbarkeit der Partnerschaft auf Grund der nach außen dringenden Gegebenheiten an; nicht maßgeblich ist, dass sie von anderen als nichteheliche Lebensgemeinschaft bewertet wird.[352] Auch hier obliegt die Würdigung, ob nach den getroffenen Feststellungen von einem eheähnlichen Zusammenleben auszugehen ist, allein dem Tatrichter.[353] Indizien sind vor allem, dass die Partner die überwiegende Zeit außerhalb der Berufstätigkeit miteinander verbringen, sich gegenseitig Hilfe und Unterstützung gewähren und gemeinsam wirtschaften, so dass nicht mehr nur von einer **bloßen Freundschaft** ausgegangen werden kann. Auch aus einer späteren Eheschließung können Rückschlüsse gezogen werden. Nicht erforderlich ist nach BGH, dass auch eine **sexuelle Beziehung** besteht, da die Unzumutbarkeit einer fortdauernden uneingeschränkten Unterhaltsbelastung für den Pflichtigen allein auf der verfestigten Beziehung zu einem neuen Partner beruht, die ähnlich einer Ehe ausgestaltet ist.[354] Aus diesem Grunde kann nach BGH auch eine Beziehung einer Frau zu einem Homosexuellen wie ein eheähnliches Verhältnis bewertet werden, wenn eine ständige gegenseitige Hilfe und Unterstützung im Alltag, verbunden mit einer gemeinsamen Freizeitgestaltung und einer gemeinsamen Zukunftsplanung durch finanzielle Hilfe beim Kauf eines Grundstücks gegen Wohnungsüberlassung vorliegen, da über Intimitäten der Partner regelmäßig nichts nach außen dringt.[355] An dieser Auffassung bestehen erhebliche Bedenken, da sexuelle Beziehungen ein wesentliches Abgrenzungsmerkmal zwischen einer reinen Freundschaft und einer eheähnlichen Partnerschaft mit einem neuen Lebensgefährten darstellen; nach BGH soll es dabei nicht einmal darauf ankommen, dass der Homosexuelle seinerseits intime Beziehungen zu einem anderen Mann hat und mit ihm zusammenlebt,[356] obwohl gerade letzteres für eine Freundschaft und gegen ein eheähnliches Verhältnis spricht.

- **Kein** eheähnliches Zusammenleben nach Nr. 7 liegt bei einer **bewusst auf Distanz** **755 a** **gehaltenen Beziehung** vor.[357] Die Entscheidung für ihre Lebensgestaltung treffen die Beteiligten in eigener Verantwortung. Wenn sie bewusst ihren eigenen Lebensbereich mit getrennten Wohnsitzen aufrecht erhalten, um sich z. B. auf Grund der in früheren Lebensgemeinschaften gemachten Erfahrungen einen eigenen Freiraum zu bewahren und ihre Unabhängigkeit zu behalten, ist dies zu respektieren. Maßgebend ist allerdings, dass das auf Distanz angelegte Verhalten auch nach außen in der tatsächlichen Lebensgestaltung zum Ausdruck kommt und nicht nur subjektiv vorhanden ist.[358] Entscheidend ist insoweit, ob die vom Tatrichter getroffenen Feststellungen ergeben, dass die Partnerschaft von ihrer Intensität keinem eheähnlichen Zusammenleben entspricht, weil z. B. trotz gemeinsamer Freizeitgestaltung, Urlaub und Besuch von Familienfeiern jeder seinen eigenen Haushalt beibehält und dort seine überwiegende Zeit verbringt.

---

348 BGH, FamRZ 1997, 671 = R 511 A a
349 BGH, FamRZ 2002, 810, 811 = R 574 b; FamRZ 2002, 23, 25 = R 568 c; FamRZ 1995, 540, 542 = R 479 A
350 OLG Koblenz, FamRZ 1991, 1314
351 BGH, FamRZ 1997, 671 = R 511 A a
352 BGH, FamRZ 1997, 671 = R 511 A a
353 BGH, FamRZ 2002, 810, 811 = R 574 a; FamRZ 2002, 23, 25 = R 568 c
354 BGH, FamRZ 2002, 810, 811 = R 574 b
355 BGH, a.a.O.
356 BGH, a.a.O.
357 BGH, FamRZ 2002, 23, 25 = R 568 c
358 BGH, a.a.O.

Zu verneinen ist ein auf Dauer angelegtes Verhältnis nach Nr. 7 ferner, wenn weder ein Zusammenleben noch ein gemeinsames Wirtschaften oder sonstige finanzielle Unterstützung, sondern nur ein intimes Verhältnis vorliegt.[359]

755 b • Ein Verwirkungsgrund nach Nr. 7 durch Zusammenleben mit einem neuen Partner kann nach BGH nicht nur beim nachehelichen Unterhalt, sondern auch beim **Trennungsunterhalt** vorliegen.[360] Maßgebend sei entgegen einer teilweisen vertretenen obergerichtlichen Rechtsprechung nicht, dass der Bedürftige statt dem eheähnlichen Zusammenleben auch heiraten könnte mit der Folge des Wegfalls des Anspruchs nach § 1586 BGB. Entscheidend sei vielmehr allein, dass die **Fortdauer der Unterhaltsbelastung** und des damit verbundenen Eingriffs in die Handlungs- und Lebensgestaltung durch das Zusammenleben mit dem neuen Partner für den Pflichtigen **unzumutbar** wird.[361] Auch wenn die ursprüngliche Begründung des BGH – neue Partnerschaft bei Absehen von einer Eheschließung[362] – dem widerspricht, ist der Auffassung des BGH im Hinblick auf die geänderte Rechtsprechung zu den ehelichen Lebensverhältnissen zu folgen.

756 Bei der neben der Feststellung des Tatbestandes gebotenen Billigkeitsabwägung sind – neben anderen Kriterien – auch die wirtschaftlichen Verhältnisse des neuen Partners des Berechtigten mitzuberücksichtigen,[363] ferner die Ehedauer,[364] die vom Bedürftigen in der Ehe wahrgenommenen Aufgaben der Kinderbetreuung,[365]umfangreiche finanzielle Unterstützung durch den neuen Partner bereits vor dem Zusammenleben,[366] gemeinsamer Bau eines neuen Hauses.[367] Im Einzelfall wird dabei nicht nur ein Wegfall, sondern auch lediglich eine Herabsetzung des Unterhaltsanspruchs angemessen sein.

757 **c) Gleichgeschlechtliche Partnerschaft.** Ein langjähriges **Zusammenleben mit einem gleichgeschlechtlichen Partner** kann seit dem Lebenspartnerschaftsgesetz vom 16. 2. 2001 ebenfalls als ein eheähnliches Zusammenleben angesehen werden und damit nach den oben dargestellten Grundsätzen zu einer Verwirkung führen. Der BGH hat, wie oben ausgeführt, inzwischen seine frühere Begründung zu einem Verwirkungsgrund nach Nr. 7 wegen Zusammenlebens mit einem neuen Partner geändert und nicht mehr auf die fehlende Eheschließungsmöglichkeit, sondern die Unzumutbarkeit der fortdauernden Unterhaltsbelastung für den Pflichtigen abgestellt.[368] Dies gilt gleichermaßen für gleichgeschlechtliche Partnerschaften. Hinzu kommt, dass seit dem Lebenspartnerschaftsgesetz auch eine Lebenspartnerschaft durch Eintragung entsprechend einer Ehe begründet werden kann, so dass zu einer unterschiedlichen Behandlung keinerlei Veranlassung mehr besteht.

Nachdem ein geschiedener Ehegatte in der privaten Gestaltung seines Lebens frei und dem Unterhaltsschuldner gegenüber weder zur Treue verpflichtet noch in sonstiger Weise verantwortlich ist, kann die Beziehung zu einem gleichgeschlechtlichen Partner für sich allein dagegen nicht zu einer Verwirkung nach Nr. 7 BGB führen. Eine Ausnahme kann nur bestehen, wenn besonders kränkende oder sonstige anstößige Begleitumstände hinzutreten, die geeignet sind, den Verpflichteten in außergewöhnlicher Weise zu treffen, bloßzustellen oder in seinem Ansehen zu schädigen.[369]

4. Der Härtegrund der Nr. 7 in sonstigen Fällen

758 Der BGH hat bei einer Ehe von 4 Jahren und 8 Monaten den Härtegrund der kurzen Ehedauer (Nr. 1) abgelehnt, aber die Anwendung der Nr. 7 auf einen Anspruch nach

[359] BGH, FamRZ 1995, 540, 542 = R 479 A; OLG Karlsruhe, FamRZ 1994, 174; OLG München, FamRZ 1990, 1243
[360] BGH, FamRZ 2002, 810, 813 = R 574 c
[361] BGH, a.a.O.
[362] BGH, FamRZ 1995, 540 = R 479 A
[363] BGH, a.a.O.
[364] BGH, FamRZ 2002, 810, 813 = R 574 d; FamRZ 1987, 689 = R 337 c
[365] BGH, FamRZ 2002, 810, 813 = R 574 d
[366] OLG Düsseldorf, FamRZ 1992, 955
[367] OLG Köln, FamRZ 2000, 290; OLG Düsseldorf, FamRZ 1994, 176
[368] BGH, FamRZ 2002, 810, 812 = R 574 c
[369] BGH, FamRZ 1995, 344 = R 488 a

§ 1572 BGB bejaht mit der Begründung, eine unbefristete Inanspruchnahme auf nachehelichen Unterhalt sei objektiv unzumutbar, weil sie den Verpflichteten in grob unbilliger Weise belasten würde. Zur Begründung wird ausgeführt, die Parteien hätten in der nur **kurzen Zeit** ihres tatsächlichen ehelichen **Zusammenlebens** (ca. 9 Monate) ihre Lebensdispositionen nicht aufeinander einstellen können. Die erst 31-jährige Berechtigte sei bereits **bei Heirat auf Dauer erwerbsunfähig** gewesen und habe deshalb **keine ehebedingten Nachteile** erlitten (s. aber auch Rn. 763). Deshalb sei eine unbegrenzte Unterhaltsbelastung auch unter Berücksichtigung der nachehelichen Solidarität nicht gerechtfertigt, zumal der Verpflichtete wieder verheiratet sei und bei neuen Kindern zusätzlich erheblich unterhaltsbelastet sein werde.[370] Der BGH hat in diesem Sonderfall die grobe Unbilligkeit im Ergebnis in erster Linie darauf gestützt, dass keine ehebedingten Nachteile des Bedürftigen durch das kurze Zusammenleben und die bereits bei Eheschließung bekannte Erwerbsunfähigkeit eintraten.

Beim **Trennungsunterhalt** hat der BGH eine grobe Unbilligkeit nach Nr. 7 bejaht, wenn die Eheleute wegen einer kirchlich noch nicht geschiedenen Vorehe des Bedürftigen **nie beabsichtigen, zusammenzuleben.**[371]

Weicht eine Ehe stark vom klassischen Ehebild ab, weil die Eheleute während einer Ehedauer von 24 Jahren ständig räumlich getrennt lebten und sich die persönlichen Kontakte auf drei bis vier Treffen im Jahr beschränkten, kann die unbegrenzte Inanspruchnahme auf nachehelichen Unterhalt für den Pflichtigen nach Nr. 7 unzumutbar sein und der Unterhalt herabgesetzt werden.[372]

Der BGH hat eine OLG-Entscheidung bestätigt, in der der Berechtigte durch **Medikamentenmissbrauch** seine Erwerbsunfähigkeit herbeigeführt hat, aber eine mutwillige Herbeiführung der Bedürftigkeit im Sinn der Nr. 3 wegen der psychisch labilen Persönlichkeit des Berechtigten nicht nachgewiesen werden konnte. Es hat aber einen Härtegrund nach Nr. 7 bejaht, weil die Arbeitsunfähigkeit durch die Medikamentenabhängigkeit verursacht sei und das Verhalten der Berechtigten bei unterhaltsrechtlicher Wertung einen schwerwiegenden anderen Grund im Sinn der Nr. 7 beinhalte. Eine Unterhaltspflicht in voller Höhe sei bei der selbst herbeigeführten Bedürftigkeit selbst bei einem nicht feststellbaren Verschulden der Berechtigten für den Verpflichteten grob unbillig.[373] 759

Nach der bisherigen Rechtsprechung des BGH kam der **Splittingvorteil** des Verpflichteten aus einer neuen Ehe sowohl dem geschiedenen Ehegatten als auch den Kindern aus der früheren Ehe zugute. Bei beengten finanziellen Verhältnissen der neuen Familie, d. h., wenn dem Verpflichteten nicht genügende Mittel für den Unterhalt seines bedürftigen neuen Ehegatten verblieben, konnte es im Sinn der Auffangregelung der Nr. 7 unbillig sein, wenn der Verpflichtete auch noch den Splittingvorteil mit dem früheren Ehegatten teilen sollte.[374] Durch Entscheidung des BVerfG vom 7. 10. 2003 wurde diese Rechtsprechung für den Ehegattenunterhalt geändert.[375] Der Splittingvorteil durch Wiederverheiratung des Pflichtigen hat grundsätzlich der neuen Ehe zu verbleiben, so dass sich die Frage der Korrektur im Einzelfall nach § 1579 Nr. 7 BGB nicht mehr stellt (vgl. näher Rn. 186 und 1/591 b). 760

Die Nr. 7 kann auch in Frage kommen bei einem **grob rücksichtslosen Verhalten** gegenüber dem Verpflichteten, bei Verbrechen oder Vergehen gegenüber dessen neuem Lebensgefährten und bei einer sonstigen schwer verletzenden Distanzierung von ehelichen Bindungen und nachwirkenden ehelichen Pflichten. 761

5. Kein Härtegrund nach Nr. 7

Die Nr. 7 ist **nicht erfüllt** bei Unterhaltsbedürftigkeit des Berechtigten infolge eines **Selbsttötungsversuchs.** Der Verpflichtete muss das schwere Schicksal des 762

[370] BGH, FamRZ 1988, 930 = R 368 c
[371] BGH, FamRZ 1994, 558 = R 476
[372] OLG München, FamRZ 2003, 875
[373] BGH, FamRZ 1988, 927 = R 358 a
[374] Vgl. BGH, FamRZ 1990, 981 = R 416 c; FamRZ 1986, 798 = R 298; FamRZ 1985, 911 = NJW 1985, 2268
[375] BVerfG, FamRZ 2003, 1821 = NJW 2003, 3466

in Not geratenen Partners nach der Scheidung auch dann mittragen, wenn ihn keine Mitschuld an der Notlage trifft.[376]

763 Eine Verwirkung nach Nr. 7 kann ferner nicht darauf gestützt werden, dass der Bedürftige an einer **unerkannten vorehelichen Erkrankung** leidet, da dies der Zielsetzung des § 1572 BGB zuwiderläuft.[377] Die zurzeit der Scheidung fortdauernde Erkrankung kann nicht einerseits den Unterhaltsanspruch nach § 1572 Nr. 1 BGB auslösen, andererseits durch eine Verwirkung nach § 1579 Nr. 7 BGB den Anspruch wieder ausschließen. Dies gilt auch, wenn die schon vor der Ehe zumindest latent vorhandene Erkrankung erst **nach der Trennung** voll ausbricht.[378] § 1579 Nr. 7 BGB greift ferner nicht ein, wenn die Eheleute glaubten, dass die Bedürftige nach Abschluss ihrer Ausbildung trotz ihrer Erkrankung erwerbstätig sein könne, der gewählte Beruf aber dann doch nicht ausgeübt werden konnte.[379] Anders liegt der Fall, wenn die Eheleute nur wenige Monate zusammenlebten und die Erkrankung bekannt war (s. oben Rn. 758).

763 a Eine Herabsetzung des Unterhaltsanspruchs kommt nach § 1579 Nr. 7 BGB nicht in Betracht, weil die **neue Familie** des Unterhaltsverpflichteten bei Erfüllung des Unterhaltsanspruchs des geschiedenen Ehegatten **unterhalb der Sozialhilfeschwelle** leben muss.[380] Soweit der geschiedene Ehegatte mit dem neuen Ehegatten und den Kindern aus der neuen Ehe gleichrangig ist, kommt daher bei fehlender Leistungsfähigkeit nur eine anteilige Kürzung aller Ansprüche nach Mangelfallgrundsätzen in Betracht, ansonsten würde die gesetzliche Rangregelung missachtet.[381]

X. Wiederaufleben eines nach § 1579 BGB ausgeschlossenen Anspruchs und endgültiger Ausschluss nach § 1579 BGB

1. Wiederaufleben eines nach Nr. 7 ausgeschlossenen Anspruchs

764 Ein aus objektiven Gründen nach Nr. 7 erfolgter Unterhaltsausschluss wegen einem für längere Zeit bestehenden festen sozialen und wirtschaftlichen Zusammenschluss des Berechtigten mit einem neuen Partner muss nicht notwendig endgültig sein. Ändern sich später die Umstände, die die Unzumutbarkeit der Inanspruchnahme des früheren Ehegatten auf Unterhalt begründet haben, bleiben diese Änderungen weder unberücksichtigt noch führen sie ohne weiteres zur Wiederherstellung der unterhaltsrechtlichen Lage, die vor Eintritt der die Unzumutbarkeit begründenden Umstände bestanden hat.[382]

Erforderlich ist eine neue umfassende tatrichterliche Prüfung der Frage, ob die aus einer wiederauflebenden Unterhaltspflicht erwachsende Belastung für den Verpflichteten weiterhin die Zumutbarkeitsgrenze überschreitet.[383]

765 In diese neue Prüfung sind grundsätzlich **alle Umstände einzubeziehen,** die die gebotene Billigkeitsabwägung beeinflussen können. Wesentliche Bedeutung kommt dabei dem **Zeitfaktor,** d. h. der Ehedauer zu, weil diese eine die Grundlage der Unterhaltspflicht verstärkende Wirkung hat.[384]

Zu berücksichtigen ist deshalb einerseits die Dauer der früheren Ehe und andererseits die Dauer der Verhältnisse, die eine Unterhaltsgewährung als objektiv unzumutbar erscheinen ließen. Je länger der Verpflichtete nach Nr. 7 von einer Inanspruchnahme auf Unterhalt ganz oder teilweise verschont geblieben ist, umso härter wird ihn eine erneute Inanspruchnahme treffen.[385] Waren die Eheleute 12 Jahre verheiratet und hat danach die Frau etwa 7 Jahre mit

[376] BGH, FamRZ 1989, 1054 = R 393 b
[377] BGH, FamRZ 1995, 1405, 1407 = R 490 A c; FamRZ 1994, 566 = R 475
[378] BGH, FamRZ 1995, 1405, 1407 = R 490 A c
[379] BGH, FamRZ 1995, 1405 = R 490 A c
[380] BGH, FamRZ 1996, 1272 = R 507 a, b
[381] BGH, a.a.O.
[382] BGH, FamRZ 1987, 689 = R 337 c; FamRZ 1987, 1238 = R 344 a
[383] BGH, a.a.O.; FamRZ 1986, 443 = NJW 1986, 722
[384] BGH, FamRZ 1987, 689 = R 337 c; FamRZ 1986, 443 = NJW 1986, 722
[385] BGH, FamRZ 1987, 689 = R 337 c

dem neuen Partner zusammengelebt, wird sich nicht ohne weiteres feststellen lassen, dass die aus der früheren Ehe erwachsene wirtschaftliche Abhängigkeit schon deshalb schwerer wiegt, weil sie die Dauer der nichtehelichen Partnerschaft um einige Jahre übersteigt. Gegen ein Wiederaufleben des ausgeschlossenen Unterhaltsanspruchs kann sprechen, wenn der Verpflichtete auf den endgültigen Wegfall der Unterhaltslast vertrauen konnte und sich darauf durch wirtschaftliche Dispositionen, wie z. B. durch Kreditaufnahme oder Eingehung einer neuen Ehe und daraus erwachsenen neuen Unterhaltsverpflichtungen eingestellt hat.[386]

2. Wiederaufleben eines Anspruchs aus Gründen des vorrangigen Kindeswohls

Auch ein aus sonstigen Gründen (Nr. 1 mit Nr. 6) ausgeschlossener Unterhaltsanspruch **766** kann wiederaufleben, wenn dies aus Gründen des vorrangig zu berücksichtigenden Kindeswohls erforderlich ist. Dies kann z. B. der Fall sein, wenn der Berechtigte infolge einer Änderung der Sorgerechtsentscheidung nach § 1570 BGB auf Unterhalt angewiesen ist.

Soweit nach dem Eingangssatz des § 1579 die Belange eines gemeinschaftlichen Kindes **767** zu wahren sind, kann dies nicht davon abhängig sein, ob der Unterhaltsberechtigte für einen vergangenen Zeitraum wegen eines Fehlverhaltens den Unterhaltsanspruch eingebüßt hatte. Nach der Rechtsprechung des BVerfG und des BGH kommt dem Kindeswohl gegenüber Belangen des Verpflichteten grundsätzlich der Vorrang zu. Dieser kann unter den Voraussetzungen der Härteregelung nur insoweit von Unterhaltszahlungen freigestellt werden, wie die Interessen des Kindes nicht entgegenstehen. Der Lebensstandard des Kindes soll nicht wegen eines Fehlverhaltens des Berechtigten absinken, das von ihm nicht zu vertreten ist. Eine Auslegung des § 1579 BGB, die die Belange des Kindes wegen eines Fehlverhaltens des Berechtigten vernachlässigen würde, wäre mit verfassungsrechtlichen Grundsätzen nicht vereinbar. Deshalb ist § 1579 BGB stets erneut umfassend zu überprüfen, wenn die Voraussetzungen des erörterten Eingangssatzes neu eintreten. Die hierin liegende Privilegierung des berechtigten Elternteils gilt, ähnlich wie nach § 1570 BGB, solange der Berechtigte das Kind tatsächlich betreut, und zwar entweder mit Einverständnis des anderen Elternteils oder auf Grund einer gerichtlichen Entscheidung.[387]

3. Wiederaufleben oder endgültiger Unterhaltsausschluss in sonstigen Fällen

Abgesehen von den unter 1) und 2) erörterten Fällen ist für die Beurteilung eines **768** endgültigen Ausschlusses bei den Tatbeständen des § 1579 BGB eine differenzierende Betrachtungsweise angezeigt, wobei es auf die jeweiligen Umstände des Einzelfalles ankommt. Das Gesetz spricht in § 1579 BGB von einer Verwirkung des Unterhaltsanspruchs, die in der Auslegung als endgültig angesehen wurde.[388]

Wenn besondere Umstände fehlen, lebt ein nach § 1579 Nr. 1 mit 6 BGB ausgeschlosse- **769** ner Unterhaltsanspruch – von den unter 1) und 2) erörterten Fällen abgesehen – in der Regel nicht wieder auf. Dies gilt vor allem bei einem Ausschluss wegen kurzer Ehedauer (Nr. 1) sowie wegen der Zwecksetzung der jeweiligen Härtegründe bei besonders schweren Verstößen gegen Nr. 2,[389] Nr. 4, Nr. 5 und Nr. 6.

Besondere Umstände, die eine Abweichung vom Regelfall rechtfertigen, können z. B. **770** angenommen werden, wenn der Verpflichtete nach dem Vorfall, der den jeweiligen Härtegrund erfüllt, dem Berechtigten **verziehen** hat, oder wenn sich die Eheleute wieder **versöhnt** haben. Es ist dann eine erneute Zumutbarkeitsabwägung und Berücksichtigung solcher besonderer Umstände erforderlich.

Besondere Umstände liegen ferner vor, wenn ein nachehelicher Unterhaltsanspruch **771** wegen nachhaltiger und massiver **Behinderung des Umgangsrechts** teilweise verwirkt ist, der Unterhaltsberechtigte aber zwischenzeitlich auf die Kinder so eingewirkt hat, dass ein dauerhafter und angemessener Umgang ausgeübt werden kann.[390]

---

[386] BGH, a.a.O.
[387] BGH, FamRZ 1987, 1238 = R 344 a
[388] BGH, a.a.O.
[389] OLG Hamm, FamRZ 1997, 373
[390] OLG München, FamRZ 1998, 750; OLG Nürnberg, FamRZ 1997, 614

§ 5 Rangverhältnisse und Mangelfälle

I. Selbstbehalt und Mangelfall

1. Relativität von Eigenbedarf, Selbstbehalt und Mangelfall

Jeder Unterhalt ist in Höhe des bestehenden Bedarfs nur dann geschuldet, wenn die entsprechende Leistungsfähigkeit des Verpflichteten gegeben ist. Ist das nicht der Fall, so besteht ein **Mangelfall,** welcher zu einer Verminderung des Unterhalts unter den Unterhaltsbedarf führt. Ist bei nicht ausreichender Leistungsfähigkeit auch der Bedarf des Verpflichteten nur teilweise zu decken, so soll hier zur Unterscheidung von einem **eingeschränkten** Mangelfall die Rede sein; muss dem Verpflichteten ein bestimmter Betrag bleiben, von einem **verschärften** Mangelfall, entsprechend auch von **eingeschränktem bzw. verstärktem Eigenbedarf oder Selbstbehalt.** 1

Der Eigenbedarf des Verpflichteten ist für jedes Unterhaltsrechtsverhältnis selbstständig zu bestimmen, insofern ist er immer **relativ.** Besteht Unterhaltspflicht gegenüber mehreren Unterhaltsgläubigern, so können diesen gegenüber verschiedene Eigenbedarfsbeträge maßgebend sein. Tritt bei Beeinträchtigung des Eigenbedarfs ein verschärfter Mangelfall ein, wird also nur der Unterhalt gekürzt, so wird der Eigenbedarf auch **Selbstbehalt** genannt. Teilweise werden die Begriffe Eigenbedarf und Selbstbehalt auch als gleichbedeutend behandelt, so wenn die SüdL 20 f. von eheangemessenem Selbstbehalt reden.

Absolut ist ein **Selbstbehalt,** welcher als **unterste Grenze der Inanspruchnahme** durch jeden Unterhaltsgläubiger anerkannt ist. Wird ein Mangelfall an ihm gemessen, so wird er auch als **absoluter Mangelfall** bezeichnet.

- Der **eheangemessene Eigenbedarf** oder **Selbstbehalt** (s. o. Rn. 4/569) ist ein Spiegelbild des eheangemessenen Bedarfs des Gatten und berechnet sich aus dem prägenden Einkommen der Gatten und dem Mehrbedarf. Er ist ein eingeschränkter Selbstbehalt, weil er im Mangelfall ebenso wie der Unterhalt des Berechtigten gekürzt werden muss. Daneben wird in vielen Leitlinien ein Mindestbetrag des eheangemessenen Selbstbehalts angenommen, welcher als 2
- **billiger Selbstbehalt** bezeichnet wird. Er wird meist nur ungefähr angegeben, aber als feste Grenze der Inanspruchnahme durch den Gatten und damit als **verstärkter** Selbstbehalt behandelt. Seine Höhe liegt i. d. R. zwischen 840 und 1000 €. 3
- Minderjährigen Kindern gegenüber gilt der (verstärkte) **notwendige Selbstbehalt** von 840 € (bei Nichterwerbstätigen 730 €), gegenüber 4
- volljährigen Kindern, welche sich in der Ausbildung befinden, der **angemessene Selbstbehalt** von i. d. R. 1000 €. In derselben Höhe wird auch der Selbstbehalt gegenüber dem Unterhaltsanspruch der nichtehelichen Mutter (Vater) nach § 1615 l BGB anerkannt (vgl. Rn. 6/759 a). 5
- Gegenüber dem Unterhaltsanspruch der Eltern ist nunmehr ein Selbstbehalt von 1250 € (und zusätzlich 950 € für den Ehegatten) anerkannt, in welchem eine Warmmiete von 440 € (mit Gatten 770 €) enthalten ist (DT D.1.). Dieser Betrag erhöht sich noch um einen Anteil an dem darüber hinausgehenden Einkommen, für den der BGH 50% vorschlägt.[1] Dieser Selbstbehalt sollte als **allgemeiner Selbstbehalt** anerkannt werden und auch für die Ansprüche von Kindern nach der Ausbildung, von Enkeln und von Großeltern gelten (s. a. Rn. 2/273, 2/616 f.). Es handelt sich nach Rechtsprechung des BGH um einen einkommensabhängigen variablen Selbstbehalt. 6
- Es können auch **mehrere Selbstbehalte gegenüber der gleichen Person** gelten. Gegenüber dem Ehegatten ist als erstes der **eheangemessene Selbstbehalt** zu beachten. 7

---

[1] BGH, FamRZ 2002, 1698 = R 580 c

Er führt als **eingeschränkter Selbstbehalt** zu einer Kürzung auf beiden Seiten. Doch ist der Kürzung auf der Seite des Verpflichteten eine Grenze gesetzt, die entweder durch den notwendigen Selbstbehalt (Rn. 4) als Untergrenze jeder Inanspruchnahme oder durch den billigen Selbstbehalt (Rn. 3) bestimmt ist.
Bei minderjährigen Kindern gilt grundsätzlich der angemessene Selbstbehalt (Rn. 5); und nur wenn keine leistungsfähigen Verwandten vorhanden sind, ist der notwendige Selbstbehalt maßgebend.

8 – Eine absolute Grenze der Inanspruchnahme allen Unterhaltsansprüchen gegenüber stellt auch die **Sozialgrenze** dar, die sich daraus ergibt, dass nach der Rechtsprechung des BGH niemand durch Unterhaltszahlungen Sozialfall werden soll (genauer Rn. 196).

9 – Der **Bedarfskontrollbetrag** der DT (vgl. näher Rn. 2/239 f.) könnte als eingeschränkter Selbstbehalt erscheinen, weil Unterschreitung desselben zur Herabgruppierung in der DT und damit zur Senkung sowohl des Kindesunterhalts als auch wiederum des Bedarfskontrollbetrags führt. Da jedoch der Bedarf eines Kindes nicht durch die ehelichen Lebensverhältnisse bei Scheidung festgelegt ist, sondern im Rahmen der Zumutbarkeit an jeder Minderung des Lebensstands des Verpflichteten teilnimmt, wird der Bedarfskontrollbetrag zutreffend nicht als Kennzeichnung eines (eingeschränkten) Mangelfalls, sondern als Rechenhilfe zur Bestimmung des angemessenen Bedarfs eines Kindes betrachtet.[2]

10 – Jeder Mangelfall beruht darauf, dass ein bestimmter Eigenbedarf bei Erfüllung aller Unterhaltspflichten nicht gewahrt werden kann. Wegen der Relativität des Selbstbehalts müssen auch der Mangelfall und seine Folgen **relativ zum Unterhaltsberechtigten,** dem der Pflichtige einen bestimmten Eigenbedarf entgegensetzen kann, betrachtet werden.

10 a Der **Selbstbehalt** eines Unterhaltsschuldners kann unter die Richtwerte **herabgesetzt werden,** wenn der Bedarf durch gemeinsame Haushaltsführung mit einem ebenfalls berufstätigen Ehegatten teilweise abgedeckt ist.[3]

Verlangt ein minderjähriges Kind Unterhalt von seinem allein barunterhaltspflichtigen Elternteil und hat dieser in der neuen Ehe die Haushaltsführung übernommen, so ist sein Eigenbedarf durch die Haushaltsführung gedeckt und seine Leistungsfähigkeit richtet sich nur nach seinem möglichen Nebenerwerb.[4] Von dem hierdurch erzielbaren Einkommen ist **kein Selbstbehalt** abzuziehen. Doch ist die Leistungsfähigkeit nicht größer, als sie wäre, wenn der Pflichtige erwerbstätig geblieben wäre.

2. Voraussetzungen eines Mangelfalls nach §§ 1581, 1603 BGB

11 Nach §§ 1581, 1603 BGB besteht ein Mangelfall, wenn der Verpflichtete nach seinen Erwerbs- und Vermögensverhältnissen unter Berücksichtigung seiner sonstigen Verpflichtungen außerstande ist, ohne Gefährdung seines eigenen Unterhalts dem Berechtigten Unterhalt zu gewähren.

Damit sind für die Feststellung eines Mangelfalls folgende Umstände zu klären:

- Der eigene **Unterhalt des Verpflichteten.** Soweit es um die Feststellung eines Mangelfalls gegenüber einem Gatten geht, ist der eheangemessene Selbstbehalt einzusetzen, geht es um den Mangelfall gegenüber einem Kind oder anderen Verwandten, der jeweilige Selbstbehalt des Verpflichteten diesem gegenüber (vgl. Rn. 2 bis 6).
- Der **volle Unterhalt des Berechtigten** nach dem Maßstab seiner Bedürftigkeit.
- Die **Erwerbs- und Vermögensverhältnisse des Verpflichteten.**
- Die **sonstigen Verpflichtungen** des Verpflichteten, zu denen auch andere Unterhaltsverpflichtungen gehören.

12 Für die Beurteilung, ob ein Mangelfall vorliegt, sind zwei verschiedene Bereiche miteinander zu vergleichen:

---

[2] Vgl. Hampel, Bemessung des Unterhalts, Rn. 35

[3] BGH, FamRZ 1998, 286, 288 = R 518 a, b

[4] BGH, FamRZ 2001, 1065 = R 549

- Der **Sollbereich oder Bedarfsbereich.** Dieser Bereich umfasst alle Bedarfspositionen und bestimmt die **erforderliche** Leistungsfähigkeit auf der Leistungsstufe (Genaueres dazu Rn. 14 f.).
- Der **Haben-Bereich oder die Deckungsmasse.** Dieser Bereich beinhaltet alle zur Bedarfsdeckung verwendbaren Mittel des Verpflichteten und bestimmt seine **tatsächliche** Leistungsfähigkeit (Genaueres dazu nachfolgend Rn. 19 f.).
- Die **bedarfsbestimmenden** (z. B. die ehelichen Lebensverhältnisse **prägenden**) Unterhaltsverpflichtungen und anderen **Verpflichtungen** gehören zu den Erwerbs- und Vermögensverhältnissen. Bei der Gegenüberstellung können sie vom Einkommen vorweg abgezogen werden (Nettomethode) oder dem Soll- oder Bedarfsbereich zugerechnet werden Bruttomethode).

Ist bei einem Vergleich der beiden Bereiche der Soll-Bereich größer als der Haben-Bereich, besteht eine beschränkte Leistungsfähigkeit und damit ein **Mangelfall.** Die Differenz beinhaltet den **Fehlbedarf** und damit das Ausmaß der beschränkten Leistungsfähigkeit (Vergleichsmethode). 13

In der Praxis wird oft nur dieser Fehlbedarf berechnet, indem erst die Posten des Habenbereichs addiert und dann davon alle Posten des Sollbereichs bis auf den Eigenbedarf des Verpflichteten abgezogen werden. Ist der Rest geringer als der Eigenbedarf, so besteht ein Mangelfall (Abzugsmethode).

Sind beide Bereiche gleich groß oder ist der Soll-Bereich kleiner als der Haben-Bereich, dann ist der Verpflichtete **voll leistungsfähig.** Die Abzugsmethode ergibt dann einen Restbetrag in Höhe mindestens des Eigenbedarfs.

Das Gericht hat abzuwägen, ob der Verpflichtete nach diesem Maßstab zu Unterhaltsgewährung in der Lage ist.[5]

3. Die Bedarfspositionen

Wie bereits ausgeführt (Rn. 11, 12), zählen zum Soll-Bereich oder Bedarfsbereich der Bedarf des Verpflichteten und des Berechtigten, sowie sonstige Verpflichtungen. 14

Je nachdem, wem gegenüber der Mangelfall zu prüfen ist, muss der Bedarf des Verpflichteten unterschiedlich festgelegt werden. Er ist grundsätzlich identisch mit dem jeweiligen Eigenbedarf (s. o. Rn. 1 ff.). 15

Im Verhältnis **zwischen Ehegatten** wird der beiderseitige Bedarf als **eheangemessener Bedarf** (beim Verpflichteten auch eheangemessener Selbstbehalt genannt, siehe Rn. 4/569) in Gestalt des **Quotenunterhalt**s berechnet. Dabei dürfen nur prägende Einkünfte berücksichtigt werden. 16

Dieser Bedarf darf nicht nach einem Mindestbedarfssatz oder Selbstbehaltssatz festgelegt werden, sondern muss individuell bemessen werden (Rn. 4/434 f., 4/539).

Der **eheangemessene Bedarf** nach § 1581 BGB beinhaltet stets den vollen Bedarf im Sinn des § 1578 I 1 BGB. Das ist wichtig, wenn trennungsbedingter Mehrbedarf (vgl. aber Rn. 4/432 a) oder sonstiger Mehrbedarf geltend gemacht wird und dieser nicht durch Verrechnung mit nichtprägenden Einkünften abgedeckt werden kann, weil dann der volle Bedarf aus **Quotenunterhalt und trennungsbedingtem Mehrbedarf** besteht (Rn. 4/416 f.).

Beim **Verwandtenunterhalt** nach §§ 1601, 1603 BGB tritt neben den festen **Selbstbehalt** des Pflichtigen der **volle Bedarf des Verwandten,** welcher bei minderjährigen Kindern meist nach der DT (Rn. 2/204 ff.), bei volljährigen Kindern vielfach nach festen Beträgen (Rn. 2/391 f.) bestimmt wird und ebenfalls durch in diesen Unterhaltssätzen nicht berücksichtigten Mehrbedarf (Rn. 2/317 f., 2/401) erhöht sein kann. 17

§ 1581 BGB schreibt ausdrücklich vor, dass im Rahmen der Leistungsfähigkeit auch **alle sonstigen Verpflichtungen** zu berücksichtigen sind. Deshalb erhöhen auch solche Verpflichtungen zunächst den Bedarfsbereich. Es muss sich aber auch auf der Leistungsstufe um berücksichtigungswürdige Verbindlichkeiten handeln (siehe Rn. 112 f.). 18

---

[5] BGH, FamRZ 1990, 260 = R 399 b; FamRZ 1985, 691

Zu den „sonstigen Verpflichtungen", die den Bedarfsbereich erhöhen, zählen nur **nichtprägende Verpflichtungen,** die nicht bereits bei der Einkommens- und Bedarfsberechnung berücksichtigt sind. Es sind dies:

- alle **nichtprägenden Unterhaltsverpflichtungen,** wie z. B. für Kinder aus neuer Ehe oder für den neuen Ehegatten;
- alle sonstigen tatsächlich bestehenden nichtprägenden **regelmäßigen Zahlungsverpflichtungen,** auch solche, die erst nach Trennung oder Scheidung begründet werden.

Demgegenüber sind prägende Unterhaltsverpflichtungen und prägende ehebedingte Verbindlichkeiten bereits im Rahmen der Bedarfsbemessung durch Vorabzug vom prägenden Einkommen berücksichtigt worden.

4. Die Deckungsmasse

19 Im Rahmen der Leistungsfähigkeit sind alle tatsächlichen Einkünfte des Verpflichteten zu berücksichtigen.[6] Das sind alle prägenden Einkünfte und alle nichtprägenden Einkünfte, gleich welcher Art sie sind und auf welcher Grundlage sie bezogen werden. Es sind praktisch alle in § 1 erörterten Einkünfte, die der Verpflichtete tatsächlich erzielt hat oder in zumutbarer Weise erzielen könnte, ohne Rücksicht auf Herkunft und Verwendungszweck. Maßgeblich sind die Nettoeinkünfte, wobei ein Abzug prägender Unterhaltsverpflichtungen und sonstiger prägender Verpflichtungen unterbleibt, soweit diese im Bedarfsbereich berücksichtigt werden (Rn. 18).

Die wichtigsten der zur Bedarfsdeckung verwendbaren Mittel sind:

20 **Erwerbseinkünfte** aus abhängiger Arbeit (Rn. 1/46 ff.), aus selbstständiger Erwerbstätigkeit, Gewerbetätigkeit oder aus Land- und Forstwirtschaft (Rn. 1/110 ff.) sowie aus Erwerbsersatzeinkünften wie Krankengeld, Arbeitslosengeld (Rn. 1/80 ff.), Renten und Pensionen (Rn. 1/438 ff.).

Vermögenseinkünfte aus Vermietung und Verpachtung (Rn. 1/293 ff.), aus Kapital- und sonstigem Vermögen (Rn. 1/403 ff.) sowie aus Wohnvorteilen und sonstigen Gebrauchsvorteilen des Vermögens (Rn. 1/311 ff.).

21 Einkünfte aus **unzumutbarer Erwerbstätigkeit** des Verpflichteten (Rn. 1/540 ff.). Diese sind auf Grund einer Billigkeitsabwägung nach Treu und Glauben (§ 242 BGB) und nicht nach § 1577 BGB anzurechnen.

22 Einkünfte aus **sozialstaatlichen Zuwendungen** und sonstige Leistungen des Staates, wie z. B. aus Wohngeld (Rn. 1/452 f.), aus BAföG-Leistungen (Rn. 456), aus Pflegegeld (Rn. 463 f.), aus Steuererstattungen (Rn. 1/558). Zum Kindergeld vgl. Rn. 1/460 f.

23 **Fiktive Zurechnung** erzielbarer Einkünfte.

Auch im Rahmen seiner Leistungsfähigkeit muss der Verpflichtete seine **Arbeitskraft** und **Erwerbsfähigkeit** so gut wie möglich einsetzen und eine zumutbare Erwerbstätigkeit ausüben. Unterlässt er dies, wird er so behandelt, als würde er aus einer zumutbaren Erwerbstätigkeit tatsächlich ein Einkommen erzielen (vgl. Rn. 1/487 ff.).[7]

Ähnliches gilt für **sonstige Einkünfte,** die zumutbarerweise erzielt werden könnten, wie z. B. angemessene Zinsen aus einem unrentabel angelegten Kapital.

24 Fiktive Beträge aus einer **unterlassenen Vermögensverwertung,** sofern auch ohne Mangelfall eine Obliegenheit zur Vermögensverwertung besteht (Rn. 108 f., Rn. 1/410 f.).

5. Beachtlichkeit selbstverschuldeter Leistungsunfähigkeit

25 Nach der Rechtsprechung des BGH ist eine tatsächlich bestehende Leistungsunfähigkeit grundsätzlich selbst dann zu beachten, wenn der Verpflichtete sie selbst – sogar **schuldhaft** – herbeigeführt hat.[8]

---

[6] BGH, FamRZ 1989, 159, 161 = R 377 d

[7] BGH, FamRZ 1990, 283, 288 = R 400 e; FamRZ 1985, 158 = NJW 1985, 732

[8] BGH, FamRZ 2000, 815 = R 541; FamRZ 1989, 159, 161 = R 377 d; FamRZ 1985, 158 = NJW 1985, 732; FamRZ 1987, 930 = R 328 b

Dem Verpflichteten kann ausnahmsweise die Berufung auf seine (volle oder teilweise) Leistungsunfähigkeit nach Treu und Glauben (§ 242 BGB) verwehrt sein, wenn er diese durch ein **verantwortungsloses,** zumindest leichtfertiges **Verhalten** von erheblichem Gewicht herbeigeführt hat.[9] 26

Ein solcher Vorwurf setzt voraus, dass dem Verpflichteten die Verantwortungslosigkeit seines Verhaltens einsichtig war, was sich aus dem Bezug zur Unterhaltsverpflichtung ergeben kann.[10]

Die Bejahung eines solchen Verhaltens erfordert eine wertende Betrachtung und Abwägung aller Umstände des Einzelfalls.[11]

Als Folge wird der Verpflichtete im Rahmen der Leistungsfähigkeit so behandelt, als hätte er sein Einkommen noch und würde den Unterhalt in bisheriger Höhe weiterzahlen können.[12]

Der BGH hat diese Grundsätze entwickelt bei Einkommensminderungen infolge **Arbeitsplatzaufgabe** oder Arbeitsplatzwechsel, Berufswechsel, beruflicher Verselbstständigung und sonstiger beruflicher Veränderung (Genaueres dazu Rn. 1/487 f.). 27

Diese Grundsätze gelten darüber hinaus auch, wenn die Begründung von Verbindlichkeiten auf einem verantwortungslosen, zumindest leichtfertigen Verhalten beruht.

6. Unterschiedliche Mangelfälle nach § 1581 BGB und Beispiele dazu

Mangelfall gegenüber dem Gatten wegen eines ungedeckten, **trennungsbedingten Mehrbedarfes** (vgl. dazu aber die Bedenken Rn. 4/432 a) oder sonstigen ungedeckten Mehrbedarfes, weil dann vom Verpflichteten der volle Unterhalt nicht geleistet werden kann.[13] 28

Beispiel dazu (mit Erwerbsbonus $1/7$):
Nettoeinkommen des M = 3500
Unterhalt für nicht erwerbstätige F ohne Kinder
Trennungsbedingter Mehrbedarf des M = 200
Trennungsbedingter Mehrbedarf der F = 300
Keine nichtprägenden Einkünfte
- Voller Unterhalt des M = 3500 × $4/7$ = 2000 + 200 = 2200
- Voller Unterhalt der F = 3500 × $3/7$ = 1500 + 300 = 1800
- Gesamtbedarf = 2200 + 1800 = 4000
- Deckungsmasse = 3500
- Fehlbedarf = 4000 – 3500 = 500

Dies entspricht der Höhe des trennungsbedingten Mehrbedarfs.

Dieser Mangelfall bleibt bei Anwendung der Differenzmethode i. d. R. unberücksichtigt (s. u. Rn. 166).

Mangelfall gegenüber dem Gatten bei **zusätzlichen Verpflichtungen** 29

Hierbei handelt es sich um nichtprägende Unterhaltsverpflichtungen und sonstige nichtprägende Verbindlichkeiten, die bei der Bedarfsbemessung nicht berücksichtigt werden dürfen und deshalb vom Verpflichteten aus seiner angemessenen Quote beglichen werden müssen, wenn keine sonstigen nichtprägenden Einkünfte bestehen.

Beispiel (mit Erwerbsbonus $1/10$):
Nettoeinkommen des M = 2500
ehebedingte Verbindlichkeiten = 300
nichtprägende sonstige Verbindlichkeiten aus Bürgschaft für Schwester = 250
Unterhalt für ein volljähriges Kind = 600

---

[9] BGH, FamRZ 2000, 815 = R 541; FamRZ 1994, 240; FamRZ 1987, 930 = R 328 b; FamRZ 1993, 1055 = R 462A b

[10] BGH, FamRZ 1985, 158 = NJW 1985, 732

[11] BGH, FamRZ 1993, 1055 = R462A b; FamRZ 1988, 597, 599; FamRZ 1987, 930, 932 = R 328 b; FamRZ 1987, 372, 374 = NJW-RR 1987, 770; FamRZ 1985, 158 = NJW 1985, 732

[12] BGH, FamRZ 1981, 539 = R 73 a

[13] BGH, FamRZ 1986, 783, 786 = R 299 b; FamRZ 1984, 358

abzüglich 154 Erstkindergeld, welches ihm ausgezahlt wird: 444
Unterhalt für ein erst nach der Scheidung geborenes Kind aus nichtehelicher Lebensgemeinschaft: nach DT 5/1 (2500 – 300 – 250 = 1950) = 255
M bezieht Zweitkindergeld von 154
Keine nichtprägenden Einkünfte.
- **Bedarf der F = 2500 – 300 (ehebedingte Schulden) – 600 (Volljährigenunterhalt) = 1600** × 45% = 720

Bei der Bedarfsbemessung kein Abzug von 250 (sonstige Verbindlichkeit) und 255 (Kindesunterhalt), weil nichtprägend.
- Vergleichbarer angemessener Unterhalt des M = 1600 × 55% = 880
- Gesamtbedarf = 720 + 880 + 300 + 600 + 255 + 250 = 3005

Hier sind auch die nichtprägenden Verbindlichkeiten anzusetzen, sofern sie auf der Leistungsstufe berücksichtigungswürdig sind.
- Deckungsmasse = 2500
- Fehlbedarf = 3005 – 2500 = 505

Dies entspricht den zusätzlichen Verpflichtungen.

30 **Absoluter Mangelfall,** wenn dem Verpflichteten nicht der **notwendige Selbstbehalt** verbleibt gegenüber einem Gatten mit minderjährigen Kindern.

Beispiel (mit Erwerbsbonus 1/7):
Nettoeinkommen des M = 1200
Unterhalt für zwei Kleinkinder und Frau
Keine sonstigen Einkünfte.
- Bedarf der Kinder nach DT 1/1 je 199 = 398
- Bedarf der F = 1200 – 398 = 802 × 3/7 = 344

(Dies läge unter einem Mindestbedarf von 730 €, vgl. Rn. 4/436).
- Bedarf des M = 1200 – 398 = 802 × 4/7 = 458

Dies liegt unter dem notwendigen Selbstbehalt von 840.
- Gesamtbedarf 398 + 840 + 344 = 1582

(oder 398 + 840 + 730 = 1968 mit Mindestbedarf, s. Rn. 4/436)
- Deckungsmasse = 1200
- Fehlbedarf = 1582 – 1200 = 382

(oder 1968 – 1200 = 768)

Weitere Mangelfälle und Mangelfallrechnungen siehe Rn. 167 f., 245 f.

7. Abänderungsklage bei späteren Änderungen der Leistungsfähigkeit

31 Eine erst **nach Unterhaltstitulierung** eintretende Änderung der Leistungsfähigkeit beruht in der Regel auf Änderungen der wirtschaftlichen Verhältnisse (ebenso wie die Änderungen der Bedürftigkeit). Deshalb sind Änderungen in der Leistungsfähigkeit dem Anwendungsbereich des § 323 ZPO zuzuordnen.[14]

Eine Klage nach § 323 ZPO kann erhoben werden, wenn auch die sonstigen Voraussetzungen des § 323 ZPO zu bejahen sind (vgl. Rn. 8/138 ff.).

Der **Verpflichtete** kann die Klage nach § 323 ZPO erheben, wenn er wegen geänderter Leistungsfähigkeit den Unterhalt in bisheriger Höhe nicht mehr weiterbezahlen kann.

Auch der **berechtigte Gatte** kann nach § 323 ZPO den vollen eheangemessenen Unterhalt verlangen, wenn ihm im Vorverfahren nur ein Billigkeitsunterhalt nach § 1581 BGB zugesprochen worden war und der Verpflichtete zwischenzeitlich voll leistungsfähig geworden ist.[15]

Dies gilt unabhängig davon, ob die Steigerung der Leistungsfähigkeit auf einer Erhöhung des laufenden Einkommens beruht oder auf einem einmaligen Vermögenszuwachs oder auf beidem.[16]

[14] BGH, FamRZ 1989, 159, 161 = R 377 a
[15] BGH, FamRZ 1989, 817 = R 369 a
[16] BGH, FamRZ 1985, 155 = R 232 a

Bei solchen nachträglichen Änderungen der Leistungsfähigkeit entsteht für die zurückliegende Zeit keine Unterhaltspflicht und damit auch keine Nachzahlungsverpflichtung, auch nicht für einen sogenannten objektivierten Nachholbedarf.[17]

Die Abänderung eines **Billigkeitsunterhalts** (§ 1581 BGB) erfolgt in der Weise, dass der Billigkeitsunterhalt unter **Wahrung der Grundlagen** des abzuändernden Titels an die veränderten Verhältnisse angepasst wird. Unveränderte Verhältnisse, die bereits dem Ersturteil zugrunde lagen und in diesem bewertet worden sind, können im Rahmen der Klage nach § 323 ZPO nicht abweichend beurteilt werden.[18] 32

Sind in dem früheren Verfahren die für die Bedarfsbemessung maßgeblichen ehelichen **Lebensverhältnisse nicht festgestellt** worden und ist dem Berechtigten erkennbar nur ein Billigkeitsunterhalt zugesprochen worden, besteht **keine Bindung** an die damals beschränkte Leistungsfähigkeit des Verpflichteten. Der Bedarf ist im Abänderungsverfahren nach den prägenden ehelichen Lebensverhältnissen neu zu bemessen, d. h. wie in einer Erstentscheidung nach der materiellen Rechtslage zu ermitteln.[19] 33

Gleiches gilt, wenn der **Berechtigte** später durch Aufnahme oder Ausweitung einer Erwerbstätigkeit oder aus sonstigen Gründen (z. B. Zinsen aus Zugewinn oder Veräußerungserlös) **nichtprägende Einkünfte** erzielt, die auf den vollen eheangemessenen Unterhalt verrechnet werden können, so dass kein Mangelfall mehr besteht. 34

II. Rangverhältnisse und Mangelfall

1. Aktualisierung von Rangverhältnissen im Mangelfall

Rangverhältnisse (Gleichrang oder Nachrang) können bestehen, wenn der Verpflichtete **an mehrere Berechtigte** Unterhalt zu leisten hat, z. B. an volljährige und minderjährige Kinder (§§ 1582, 1609 BGB; siehe nachfolgend Rn. 39 bis 60). 35

Außerdem bestehen Rangverhältnisse, wenn mehrere Verpflichtete auf Unterhalt in Anspruch genommen werden können (§§ 1584, 1606, 1607, 1608 BGB; siehe Rn. 61 bis 71).

Solche Rangverhältnisse haben unterhaltsrechtlich so lange keine Auswirkung, als der Inanspruchgenommene voll leistungsfähig und leistungswillig ist, d. h. solange kein **Mangelfall** vorliegt. Dann können alle Unterhaltsansprüche in der angemessenen Höhe befriedigt werden. 36

Eine **Besonderheit** besteht für den **Unterhaltsanspruch eines zweiten Gatten,** weil bereits sein Bedarf davon abhängt, in welchem Rangverhältnis er zu dem ersten steht (§ 1582 BGB) und ob im Verhältnis zum ersten Gatten ein Mangelfall besteht, weil diese Verhältnisse die Lebensverhältnisse in der zweiten Ehe prägen (vgl. näher Rn. 124 f., Rn. 4/414). Entsprechendes gilt auch für die Berücksichtigung eines **nachrangigen Volljährigenunterhalts** als prägender Verbindlichkeit bei Berechnung des Gattenunterhalts (vgl. Rn. 58, 132).

Wenn der Verpflichtete in einem Unterhaltsverfahren einwendet, er sei nicht oder nur beschränkt leistungsfähig, und wenn dann im Sinn der Ausführungen zu I ein Mangelfall festgestellt wird, kommt es zu einer **Aktualisierung der Rangverhältnisse** mit der Folge, dass mit den verfügbaren Mitteln (Deckungsmasse) erst die angemessenen Ansprüche der vorrangig Berechtigten voll befriedigt werden. An die nachrangig Berechtigten darf nur ein etwa noch verbleibender Rest verteilt werden (Wenn ihnen gegenüber ausnahmsweise ein geringerer Selbstbehalt gilt, steht ihnen außerdem die Differenz der Selbstbehalte zu).[20] 37

Aus diesem Grund beinhalten Rangverhältnisse praktisch einen Sonderfall im Rahmen der Leistungsfähigkeit des Verpflichteten, nachdem ein Mangelfall festgestellt wurde. Der 38

---

[17] BGH, FamRZ 1985, 155 = R 232 a

[18] BGH, FamRZ 1989, 842; FamRZ 1988, 817 = R 369 a; FamRZ 1987, 257

[19] BGH, FamRZ 1989, 842; FamRZ 1988, 817 = R 369 a; FamRZ 1987, 257

[20] BGH, FamRZ 1988, 705, 707 = R 364 b; FamRZ 1986, 790, 792 = R 297 c; FamRZ 1986, 48 = R 275 b; FamRZ 1980, 555 = R 37 c

Nachrang eines Berechtigten wirkt sich nur dann aus, wenn die verbleibenden Einkünfte des Verpflichteten nicht ausreichen, um den angemessenen Unterhalt aller Berechtigten und den Eigenbedarf des Verpflichteten ihm gegenüber zu gewährleisten.[21] Erst dann kommt es zu Kürzung oder Wegfall des nachrangigen Unterhalts.

2. Die gesetzliche Rangfolge bei mehreren Berechtigten

39 Das Gesetz sieht bei mehreren Berechtigten folgende **Rangstufen** vor. Innerhalb dieser Rangstufen besteht **Gleichrang.**

Stufe 1:

Minderjährige unverheiratete Kinder (§ 1609 I, § 1603 II S. 1 BGB; siehe Rn. 40)
- Volljährige unter 21 Jahren, die noch bei einem Elternteil leben und eine allgemeine Schule besuchen (§ 1609 I, § 1603 II S. 2 BGB)
- Verheiratete Ehegatten, die minderjährigen, unverheirateten Kindern gleichstehen (§ 1609 II BGB).

Dazu zählt der geschiedene Ehegatte und im Fall einer Wiederverheiratung auch der neue Ehegatte des Verpflichteten, wenn Gleichrang nach § 1582 BGB besteht.

Ist der geschiedene Ehegatte nach § 1582 BGB bevorrechtigt gegenüber dem neuen Ehegatten, dann gilt Gleichrang nach § 1609 II BGB nur für die minderjährigen unverheirateten Kinder und den geschiedenen Ehegatten (siehe Rn. 44).

Stufe 2:

Gegenüber dem geschiedenen Ehegatten nach § 1582 BGB nachrangiger neuer Ehegatte des Verpflichteten (§§ 1609 II, 1582 BGB; siehe Rn. 44).

Stufe 3:

Mutter eines nichtehelichen Kindes (§ 1615 l III 3 BGB; vgl. Rn. 6/770).

Stufe 4:

Volljährige Kinder (§ 1609 I BGB; siehe Rn. 40) und minderjährige verheiratete Kinder.

Stufe 5:

Enkelkinder (§ 1609 I BGB).

Stufe 6:

Verwandte in aufsteigender Linie, d. h. Eltern und Großeltern (§ 1609 I BGB).

3. Zum Rangverhältnis unter mehreren berechtigten Kindern

40 **Vorrang** haben minderjährige unverheiratete Kinder und die ihnen durch § 1603 II S. 2 BGB gleichgestellten Volljährigen vor ihren anderen volljährigen Geschwistern und vor minderjährigen Geschwistern, die bereits verheiratet sind (§ 1609 I BGB).

Gleichrang haben auf der ersten Stufe alle minderjährigen und nach § 1603 II S. 2 BGB ihnen gleichgestellten Geschwister untereinander und auf der zweiten Stufe alle nachrangigen volljährigen Geschwister untereinander.[22]

41 Unterhaltsansprüche von **Adoptivkindern** sind gleichrangig mit den Unterhaltsansprüchen leiblicher Kinder des Annehmenden. Adoptivkinder sind leiblichen Kindern in vollem Umfang gleichgestellt. Es spielt keine Rolle, aus welchen Gründen das Kind adoptiert wurde. Der Gleichrang gilt sowohl nach vollzogener Adoption (§§ 1754 I, 1601 f. BGB) als auch bei Ansprüchen während der vorbereitenden Adoptionspflege nach § 1557 IV BGB, jedenfalls dann, wenn es zur Adoption kommt.[23]

42 Ein **behindertes volljähriges Kind,** das infolge einer körperlichen oder geistigen Behinderung nicht erwerbsfähig ist, darf unterhaltsrechtlich nicht wie ein minderjähriges

---

[21] BGH, FamRZ 1985, 912, 916 = NJW 1985, 2713, 2716

[22] BGH, FamRZ 1987, 472, 474 = NJW 1987, 1549; FamRZ 1986, 48 = R 275 b; FamRZ 1985, 357, 360 = NJW 1985, 909, 911; FamRZ 1984, 683, 685 = R 212 b; FamRZ 1981, 541, 543 = NJW 2462; FamRZ 1980, 555 = R 37 c

[23] BGH, FamRZ 1984, 378

Kind behandelt werden. Es steht rangmäßig einem volljährigen Kind gleich. Der Rang bestimmt sich ausschließlich nach dem tatsächlichen Alter des Kindes.[24]

Eltern **können sich darauf einigen,** dass minderjährige und volljährige Kinder rangmäßig gleich behandelt werden sollen.[25] Dann spielt der Nachrang keine Rolle. 43

4. Rangverhältnisse nach § 1582 BGB zwischen mehreren unterhaltsberechtigten Ehegatten

Grundsätzlich besteht nach § 1582 I 1 BGB ein **Vorrang des geschiedenen** Ehegatten vor dem neuen Ehegatten des Verpflichteten. 44

Beide Ehegatten sind nach § 1582 BGB **gleichrangig,** wenn der neue Ehegatte bei entsprechender Anwendung der §§ 1569 bis 1574, 1576 und 1577 I unterhaltsberechtigt wäre (§ 1582 I 1 BGB). Dabei ist, ausgehend von der hypothetischen Annahme, der neue Ehegatte sei im Beurteilungszeitpunkt geschieden, zu prüfen, ob er dann bedürftig und unterhaltsberechtigt wäre. Er wäre es z. B., wenn von ihm wegen der Pflege und Erziehung eines gemeinschaftlichen Kindes eine Erwerbstätigkeit nicht erwartet werden könnte.[26]

Der **Gleichrang entfällt,** d. h., der neue Ehegatte ist nachrangig, wenn der geschiedene Ehegatte nach § 1570 BGB oder § 1576 BGB unterhaltsberechtigt ist oder wenn die geschiedene Ehe von langer Dauer war (§ 1582 II 2 BGB). Der Ehedauer steht die Zeit gleich, in der ein Ehegatte wegen der Pflege oder Erziehung eines gemeinschaftlichen Kindes unterhaltsberechtigt war (§ 1582 I 3 BGB). 45

Als **Ehedauer** im Sinn des § 1582 BGB gilt, wie bei § 1579 Nr. 1 BGB, die Zeit von der Eheschließung bis zur Rechtshängigkeit des Scheidungsantrags zuzüglich Kindererziehungszeiten nach § 1582 I 3 BGB.[27]

Das Gesetz erläutert nicht, wann von einer **langen Ehedauer** im Sinn des § 1582 I 2 BGB gesprochen werden kann. Nach der Rechtsprechung des BGH kann nach Ablauf von 15 Jahren eine den Unterhaltsvorrang sichernde lange Ehedauer bejaht werden.

Gleiches ist möglich, wenn Ehen diese Zeit zwar nicht ganz erreichen, aber dafür besondere Umstände des Einzelfalls vorliegen. Der Unterhaltsvorrang beruht auf dem Gedanken, dass das Vertrauen des Ehegatten auf Erhalt fortwährenden Unterhalts zu schützen ist, wenn er sich in der Ehe langjährig unter Verzicht auf eine eigene berufliche Entwicklung vorwiegend dem Haushalt und der Pflege und Erziehung der Kinder gewidmet hat. Eine Verfestigung der eigenen Lebensposition im Sinn einer über lange Zeit beiderseits ausgeübten Erwerbstätigkeit hingegen wird im Allgemeinen gegen die Annahme einer schon vor dem Ablauf von 15 Jahren erreichten, den Unterhaltsvorrang sichernden „Ehe von langer Dauer" sprechen.[28]

Dagegen ist es nicht zu beanstanden, wenn unter Würdigung der tatsächlichen Verhältnisse eine kinderlos gebliebene und durch beiderseits volle Erwerbstätigkeit geprägte Ehe der Parteien bei einer Dauer von ca. acht Jahren zwischen Eheschließung und Zustellung des Scheidungsantrags nicht als Ehe von langer Dauer angesehen wird.[29]

Die **Vorrangstellung** des geschiedenen Ehegatten setzt sich in Mangelfällen **uneingeschränkt** durch, selbst wenn der neue Ehegatte hierdurch im äußersten Fall darauf verwiesen wird, für seinen Unterhalt Sozialhilfe in Anspruch nehmen zu müssen, und wenn der Verpflichtete auf diese Weise gehalten ist, den ihm an sich für seinen eigenen Bedarf zustehenden Selbstbehalt mit seinem neuen Ehegatten zu teilen.[30] 46

---

[24] BGH, FamRZ 1987, 472, 474 = NJW 1987, 1549; FamRZ 1986, 48 = R 275 b; FamRZ 1985, 357, 360 = NJW 1985, 909, 911; FamRZ 1984, 683, 685 = R 212 b

[25] BGH, FamRZ 1981, 341, 343 = R 58 b

[26] BGH, FamRZ 1983, 678 = R 168 b

[27] BGH, FamRZ 1983, 886 = R 176 c

[28] BGH, FamRZ 1986, 790, 792 = R 297 c; FamRZ 1985, 362; FamRZ 1983, 886 = R 176 c

[29] BGH, FamRZ 1983, 678 = R 168 b

[30] BGH, FamRZ 1992, 539 = R 444 b; FamRZ 1988, 705, 707 = R 364 b; FamRZ 1986, 790, 792 = R 297 c; BVerfG, FamRZ 1984, 346

47 Die Vorrangregelung zugunsten des geschiedenen Ehegatten verstößt **nicht gegen die Verfassung.**[31] Art. 6 GG schützt nicht nur die bestehende Ehe, sondern auch die Folgewirkung einer geschiedenen Ehe, wozu auch die Unterhaltsregelung gehört. Es gibt ausreichende Gründe, die eine unterschiedliche Behandlung der unterhaltsrechtlichen Position der geschiedenen und der neuen Ehefrau im Sinn des § 1582 BGB rechtfertigen.[32]

48 Gegen § 1582 BGB wird **verstoßen,** wenn bei Gleichrang im Rahmen einer Billigkeitsentscheidung nach § 1581 BGB der Anspruch der geschiedenen Ehefrau auf Ergänzungsunterhalt zugunsten der neuen Ehefrau **vollständig ausgeschlossen wird.** Nach dem Gesetz besteht kein Vorrang des neuen Ehegatten. Ihn im Weg einer Billigkeitsentscheidung (§ 1581 BGB) anzuordnen, kann daher allenfalls in einem seltenen Ausnahmefall in Frage kommen.[33]

Bei einer **Billigkeitsabwägung** im Rahmen der §§ 1581, 1582 BGB kann jedoch berücksichtigt werden, wenn die neue Ehefrau neben einem eigenen Kind aus der neuen Ehe auch Kinder des Verpflichteten aus der alten Ehe betreut.[34]

49 Das **alte Eherecht** (§§ 58 ff. EheG, für vor dem 1. 7. 1977 geschiedene Ehen) enthielt keine entsprechende Regelung der Rangverhältnisse. § 1582 BGB kann nicht entsprechend auf Altfälle angewendet werden. Für Altehen bleibt es nach Art. 12 Nr. 3 II des 1. EheRG bei dem früheren Rechtszustand, nach dem der geschiedene und der neue Ehegatte gleichen Rang haben.[35]

5. Rangverhältnis zwischen Ehegatten und Kindern

50 Nach § 1609 II 1 BGB steht ein **Ehegatte** den nach § 1603 II BGB bevorrechtigten Kindern gleich. Er hat dann grundsätzlich gleichen Rang mit diesen auf der ersten Stufe (Rn. 39) und Vorrang vor sonstigen volljährigen Kindern, verheirateten minderjährigen Kindern und sonstigen Verwandten.[36]

51 Die Stellung des **geschiedenen Ehegatten** im Verhältnis zu den nach § 1603 II BGB bevorrechtigten Kindern ist in § 1609 BGB nicht ausdrücklich geregelt. Es werden aber als Ehegatten im Sinn des 1609 II BGB alle Ehepartner (neue und alte) des Verpflichteten verstanden, weil sonst der Vorrang des geschiedenen vor dem neuen Ehepartner nach § 1582 BGB nicht verwirklicht werden könnte.[37] Deshalb ist der geschiedene Ehegatte ranggleich mit bevorrechtigten Kindern des Verpflichteten, auch wenn dazu eine ausdrückliche Bestimmung fehlt.[38]

52 Treffen in Mangelfällen bevorrechtigte Kinder sowohl mit einem nach § 1582 BGB **bevorrechtigten** geschiedenen Ehegatten zusammen (Rn. 44 f.) **als auch mit** einem nach § 1582 BGB **nachrangigen** neuen Ehegatten des Verpflichteten, so ist § 1609 II BGB in dem Sinn einschränkend auszulegen, dass der dort vorgesehene **Gleichrang** mit bevorrechtigten Kindern **nur für** den **vorrangigen** geschiedenen Ehegatten gilt und nicht auch für den relativ nachrangigen neuen Ehegatten. Nur bei einer solchen Auslegung lässt sich eine Verletzung der nach dem ausdrücklichen Willen des Gesetzes als vorrangig erachteten Rechtsprinzipien vermeiden, die einerseits in den §§ 1609 I und II und 1603 II BGB und zum anderen in § 1582 BGB ihren Niederschlag gefunden haben.[39]

---

[31] Art. 6 I, 3 I GG; BVerG, FamRZ 1984, 346; bestätigt durch BVerfG FamRZ 2003, 1821 = NJW 2003, 3466

[32] BGH, FamRZ 1986, 790, 792 = R 297 c

[33] BGH, FamRZ 1983, 678 = R 168 b

[34] Nicht veröffentlichte Entscheidung des BGH vom 29. 6. 1983, IVb ZR 379/81, zitiert nach Lohmann, 6. A., Rz 136

[35] Nicht veröffentlichte BGH-Entscheidung vom 27. 6. 1984, IVb ZR 1923/83, zitiert nach Lohmann, 6. A., Rz 135

[36] BGH, FamRZ 1985, 471; FamRZ 1985, 357, 360 = NJW 1985, 909, 911; FamRZ 1984, 683, 685 = R 212 b; FamRZ 1981, 541, 543 = NJW 1981, 2462; FamRZ 1980, 555 = R 37 c

[37] BVerfG, FamRZ 1984, 346

[38] BGH, FamRZ 1983, 678 = R 168 b

[39] BGH, FamRZ 1989, 172, 174 = R 380 d; FamRZ 1988, 705, 707 = R 364 b

Soweit diese Lösung dazu führt, dass der neue Ehegatte auch gegenüber bevorrechtigten Kindern aus seiner eigenen Ehe im Rang zurücktritt und – äußerstenfalls – gezwungen wird, zur Sicherstellung seines eigenen Lebensbedarfs einer Erwerbstätigkeit nachzugehen mit der Folge, dass er seinen Kindern eine umfassende persönliche Betreuung vorenthalten muss, begründet dies **keine verfassungsmäßigen Bedenken** gegen diese Regelung.[40]

Steht allerdings dem vorrangigen Gatten kein Unterhalt zu, weil er darauf **verzichtet** hat, besteht **Gleichrang** zwischen den Kindern der ersten Ehe und dem **an sich nachrangigen** zweiten Gatten.[41]

Sind **beide Ehegatten** nach § 1582 BGB **gleichrangig,** dann sind beide auch nach 53
§ 1609 II BGB gleichrangig mit den nach § 1603 II BGB bevorrechtigten Kindern.

Der neue Ehegatte geht aber mit seinem Familienunterhaltsanspruch nach § 1360 BGB einem **volljährigen Kind** nach § 1609 III BGB im Rang vor.[42] Dasselbe muss für verheiratete minderjährige Kinder gelten.

6. Ausscheiden nachrangig Berechtigter in Mangelfällen

In einem Mangelfall ist der Anspruch der **vorrangig Berechtigten** auf den vollen 54
angemessenen Unterhalt zuerst in **vollem Umfang** zu **erfüllen,** und zwar unabhängig davon, ob und wieviel dann für einen nachrangig Berechtigten von der Verteilungsmasse noch übrigbleibt. Ein nachrangig Berechtigter kommt erst dann zum Zug, wenn nach Befriedigung aller vorrangigen Unterhaltsansprüche und nach Deckung des Eigenbedarfs des Verpflichteten noch ein freier Betrag verbleibt.[43] Der Nachrang gilt nur im Verhältnis zu dem vorrangigen Unterhaltsberechtigten. Im Verhältnis zum Verpflichteten kommt es nur darauf an, in welcher Höhe dieser einen Eigenbedarf geltend machen kann. Der eheangemessene Eigenbedarf des Verpflichteten hat z. B. gegenüber verschiedenen Gatten unterschiedliche Höhe (s. o. Rn. 4/571). Der vorrangig Berechtigte darf durch die nachrangige Unterhaltspflicht keinen Nachteil, aber auch keinen Vorteil haben.

Dies gilt auch, wenn ein nachrangig Berechtigter bereits einen **vollstreckbaren Unter-** 55
haltstitel besitzt. Es ist in Rechtsprechung und Literatur anerkannt, dass es nicht zu Lasten des bevorrechtigten Unterhaltsgläubigers gehen darf, wenn ein nachrangig Berechtigter bereits einen vollstreckbaren Titel hat. Trotz eines solchen Titels sind die Ansprüche vorrangig Berechtigter so zu beurteilen, wie es im Fall gleichzeitiger Entscheidung über alle Ansprüche zu geschehen hätte. Der Verpflichtete ist gegenüber dem nachrangig Berechtigten darauf verwiesen, im Weg der Klage nach § 323 ZPO Abhilfe zu suchen.[44]

Deshalb mindert sich die Leistungsfähigkeit des Verpflichteten nicht um die Beträge, die er an volljährige Kinder zahlt, wenn dies zum Nachteil des angemessenen Unterhalts des vorrangig berechtigten Ehegatten geht.[45]

Da **Rangverhältnisse** erst in einem **Mangelfall aktualisiert** werden (Rn. 36), ist stets 56
vorweg festzustellen, ob die Deckungsmasse (Rn. 19 f.) ausreicht, um den vollen angemessenen Bedarf aller Berechtigten und des Verpflichteten (Rn. 14 f.) zu befriedigen. Wird bei dem **Vergleich des Gesamtbedarfs und der Deckungsmasse** ein Fehlbedarf festgestellt, dann müssen die durch den Mangelfall aktualisierten Rangverhältnisse geklärt werden und nachrangig Berechtigte von der Verteilung der Deckungsmasse ausgeschieden werden. Dafür spielt es keine Rolle, durch welche Art von Mangelfall (Rn. 28 f.) der Fehlbedarf verursacht worden ist.

Besteht ein **Nachrangverhältnis,** wird als weiterer Schritt die Deckungsmasse auf die 57
vollen angemessenen Unterhaltsansprüche der **vorrangig Berechtigten** und den zugehörigen Eigenbedarf des Verpflichteten verteilt.

---

[40] BGH, FamRZ 1988, 705, 707 = R 364 b; FamRZ 1987, 916; BVerfG, FamRZ 1984, 346
[41] OLG Bamberg NJW 1998, 2371
[42] BGH, FamRZ 1984, 683
[43] BGH, FamRZ 1985, 357, 360 = NJW 1985, 909, 911; FamRZ 1984, 683, 685 = R 212 b; FamRZ 1980, 555 = R 37 c
[44] BGH, FamRZ 1980, 555 = R 37 c
[45] BGH, FamRZ 1985, 471

Können diese **vorrangigen Ansprüche** auf diese Weise **voll befriedigt** werden, besteht für die vorrangig Berechtigten kein Mangelfall, der für sie eine weitere Kürzung nach Billigkeitsgrundsätzen gemäß § 1581 BGB rechtfertigen könnte. Sie erhalten im Rahmen der Leistungsfähigkeit ihren vollen angemessenen Unterhalt.

Verbleibt nach dieser Verteilung von der Deckungsmasse noch ein **Restbetrag,** dann ist dieser auf die nachrangig Berechtigten zu verteilen, in der Regel in proportionalem Verhältnis zu deren angemessenem Bedarf.

Dasselbe gilt auch, wenn der **Eigenbedarf** des Verpflichteten dem Nachrangigen gegenüber **geringer** ist und sich daraus noch eine – beschränkte – Leistungsfähigkeit ergibt.

7. Rechenbeispiele zum Ausscheiden bzw. zur Berechnung des Unterhalts nachrangig Berechtigter

58 **Fall 1**

Vorrangiger Gattenunterhalt von nachrangigem Kindesunterhalt geprägt, Erwerbsbonus 1/10:
Nettoeinkommen des M = 2400; M erhält das Kindergeld von 154 + 154 = 308.
16-jähriger Schüler A, der bei der erwerbsunfähigen F lebt, und 24-jähriger Student B mit eigenem Hausstand.
– Bedarfsfeststellung ohne Berücksichtigung von Kindergeld
Unterhalt des A nach DT 7/3 = 404
Unterhalt des B. Fester Satz nach SüdL 15 b = 600
Unterhalt F wäre = 2400 – 404 – 600 = 1396 × 45% = 628
Der Vorabzug des Volljährigenunterhalts bei der Bedarfsberechnung für die Ehefrau ist jedoch nur insoweit berechtigt, als dem Verpflichteten die Möglichkeit bleibt, dem Gatten den angemessenen Unterhalt zu leisten[46] (vgl. Rn. 132). Der angemessene Bedarf des Gatten in dieser Hinsicht muss nach den gleichen Maßstäben bemessen werden wie der angemessene Selbstbehalt. Daher muss bei Berechnung des Unterhalts eines nicht mit dem Verpflichteten zusammenlebenden Gatten bei beiden Gatten der anngemessene Selbstbehalt, beim erwerbstätigen M also 1000, bei der erwerbslosen F 890 insgesamt also 1890 zugrunde gelegt werden, soweit dies durch Wegfall des Volljährigenunterhalts geschehen kann. Hier bleibt bei Wegfall des Vorabzugs für das Kind B nur: 2400 – 404 = 1996, also kann in Höhe von 1996 – 1890 = 106 noch ein Vorabzug für das Kind B erfolgen. Es bleibt also 2400 – 404 – 106 = 1890.
Dieser Betrag ist der Bemessung des Gattenunterhalts zugrunde zu legen:
Unterhalt F also: 1890 × 45% = 851
Eigenbedarf von M gegenüber F = 1890 × 55% = 1040
– Deckungsmasse = 2400
– Gesamtbedarf relativ zu F = 404 + 600 + 851 + 1040 = 2895
Fehlbetrag: 2895 – 2400 = 495, der Gesamtbedarf relativ zu B weicht davon jedoch ab, weil ihm gegenüber ein geringerer Eigenbedarf gilt. Er beträgt = 404 + 600 + 851 + 1000 = 2855
Fehlbetrag: 2855 – 2400 = 455
F und B gegenüber ist also ein Mangelfall gegeben, jedoch mit unterschiedlichen Fehlbeträgen.
– Vorrangwirkung
Es besteht Vorrang von F gegenüber B. Entfällt B, so besteht für F kein Mangelfall, denn: 404 + 851 + 1040 = 2295, also weniger als die Deckungsmasse von 2400.
– Neubemessung des Bedarfs gegenüber B: 404 + 600 + 851 + 1000 = 2855
Fehlbetrag: 2855– 2400 = 455
Kürzung des Unterhalts von B auf 600 – 455 = 145
– Kontrolle: M bleibt 2400 – 404 – 145 – 851 = 1000

59 **Fall 2**

Wie Fall 1, aber mit Erwerbsbonus 1/7 und einem weiteren volljährigen Studenten C (eigener Hausstand).
Bedarfsbeträge
Kind A: 404
Kind B: 600
Kind C: 600

[46] BGH, FamRZ 1986, 553, 555 = R 276 c; FamRZ 1985, 912, 916 = R 267 b

Bedarf F: 1890 × 3/7 = 810
Eigenbedarf M gegen F: = 1890 × 4/7 = 1080
Eigenbedarf M gegen B und C: 1000
Rechnung wie Fall 1.
– Deckungsmasse: 2400
– Gesamtbedarf relativ zu F = 404 + 600 + 600 + 810 + 1080 = 3494
Fehlbetrag: 3494 – 2400 = 1084
– Gesamtbedarf relativ zu B und C = 404 + 600 + 600 + 810 + 1000 = 3414 Fehlbetrag: 3414 – 2400 = 1014 ist auf den Unterhalt beider Studenten anteilig aufzuteilen: 1014 : 2 = 507
Jeder erhält: 600 – 507 = 93
– Kontrolle: M bleibt 240 – 404 – 93 – 93 – 810 = 1000

Fall 3 60
vorrangiger und nachrangiger Gatte, Erwerbsbonus 1/10
Nettoeinkommen des M = 2000
Erwerbsloser geschiedener Ehegatte F 1
Erwerbsloser nachrangiger neuer Ehegatte F 2 (lange Dauer der ersten Ehe)
Ein Kind K aus neuer Ehe (1 Jahr).
– Bedarfsfeststellung ohne Berücksichtigung von Kindergeld
K = nach DT 5/1 = 241
F 1 = 2000 × 45% = 900
M gegen F 1 = 2000 × 55% = 1100
Kein Vorabzug des Unterhalts für K, weil nicht prägend
F 2 = 2000 – 241 – 900 = 859 × 45% = 387
M gegenüber F 2 = 859 × 55% = 472
Untergrenze der Inanspruchnahme jedoch 840
– Deckungsmasse = 2000
– Gesamtbedarf gegen F 1 = 241 + 900 + 387 + 1100 = 2628
Fehlbedarf gegenüber F 1 = 2628 – 2000 = 628
– Gesamtbedarf gegen F 2 = 241 + 900 + 387 + 840 = 2368
Fehlbedarf gegenüber F 2 = 2368 –2000 = 368
– Für Unterhaltsberechnung betr. F 1 scheidet F 2 als nachrangig aus, weil ihr Einsatzbetrag von 387 geringer als der Fehlbedarf von 628 ist
– Nach ihrem Ausscheiden berechnet sich der Gesamtbedarf zu 241 + 900 + 1100 = 2241,
der Fehlbedarf zu 2241 – 2000 = 241
Eine proportionale Kürzung des Gattenunterhalts führt auf 900 × 2000 : 2241 = 803
M bleiben dann 2000 – 241 – 803 = 956
– Der nachrangigen Ehefrau F 2 stünde dann (im Fall der Trennung) zu:
956 – 840 = 116
Dieser Betrag ist nicht zur Auffüllung des gekürzten Unterhalts von F 1 heranzuziehen, weil der vorrangig Berechtigte durch die nachrangige Unterhaltspflicht keinen Nachteil, aber auch keinen Vorteil haben darf.

8. Rangverhältnis zwischen dem Verpflichteten und leistungsfähigen Verwandten des berechtigten Ehegatten

a) Rangordnung. Die Rechtsfolgen des § 1581 BGB treten trotz festgestellter beschränkter Leistungsfähigkeit des Verpflichteten auch dann nicht ein, wenn es leistungsfähige Verwandte des Berechtigten gibt, die für dessen Unterhalt aufkommen können. Grundsätzlich haftet der verpflichtete **Ehegatte vor Verwandten** des berechtigten Ehegatten für den Unterhalt. Dies gilt nach § 1584 S. 1 BGB für den nachehelichen Unterhalt, nach § 1608 S. 1 BGB für den Familien- und Trennungsunterhalt und nach § 63 I 1 EheG für Ehen, die vor dem 1. 7. 1977 geschieden wurden. Mit der Eheschließung übernehmen die Eheleute eine primäre gegenseitige Unterhaltsverpflichtung füreinander, deren Ausgestaltung ihrem gemeinsamen Lebensplan entspricht. Darin liegt keine verfassungswidrige Erschwerung der Eheschließung.[47] Deshalb besteht bei Leistungsfähigkeit des Verpflichteten grundsätzlich kein Unterhaltsanspruch gegen nachrangig verpflichtete Verwandte. 61

[47] BGH, FamRZ 1985, 353 = R 242

62 **b) Umkehrung im Mangelfall.** Dieses Rangverhältnis (Rn. 61) **kehrt sich um in einem Mangelfall,** d. h. wenn der verpflichtete Ehegatte ohne Gefährdung seines eigenen angemessenen Unterhaltsbedarfs zur Unterhaltsleistung nicht in der Lage ist. Nach den §§ 1584 S. 2, 1608 S. 2 BGB (und nach § 63 I 2 EheG) haften im Mangelfall die leistungsfähigen Verwandten des Berechtigten vor dem verpflichteten Ehegatten. Die Verwandten sind dann vorrangig zum Unterhalt verpflichtet. Vom Ehegatten kann nur nachrangig ein Billigkeitsunterhalt nach § 1581 BGB verlangt werden, wenn es keine leistungsfähigen Verwandten des Berechtigten gibt.

Wegen der Klausel „soweit" in den §§ 1584 S. 2, 1608 S. 2 BGB und § 63 I 2 EheG gilt diese Rangumkehrung allerdings nur in Bezug auf den Teil des eigenen angemessenen Unterhaltsbedarfs des Verpflichteten, der gefährdet wäre, wenn der Verpflichtete den vollen Unterhalt des Berechtigten zahlen würde. Dies hat zur Folge, dass die Verwandten des Berechtigten nur in Höhe des leistungsmäßigen Fehlbedarfs vorrangig haften können.

62 a **c) Angemessener Unterhalt und eheliche Lebensverhältnisse.** Eine weitere Einschränkung ergibt sich daraus, dass der Verwandtenunterhalt sich nach dem angemessenen Unterhalt bemisst und sich vom Unterhalt nach den ehelichen Lebensverhältnissen der Höhe nach unterscheiden kann.[48] Da der Verwandtenunterhalt sich nach § 1610 BGB bemisst und nicht wie der Gattenunterhalt gem. § 1578 I BGB von einer Lebenstandardgarantie geprägt ist, wird er allenfalls in einem Rahmen zwischen dem Unterhalt eines Studenten und dem angemessenen Selbstbehalt, also im Rahmen zwischen 600 und 1000 € liegen können.

63 **d) Restunterhalt.** Bezüglich des übrigen Bedarfs bleibt der Verpflichtete voll leistungsfähig. Deshalb haftet er auch insoweit vorrangig weiter. Es kommt dadurch zu einer Aufspaltung des Unterhaltsanspruchs:

- Der **Verpflichtete** haftet für den Ehegattenunterhalt in Höhe seiner Leistungsfähigkeit (Deckungsmasse).
- Die nachrangigen leistungsfähigen **Verwandten** haften in Höhe des Fehlbedarfs bis zur Höhe des angemessenen Unterhalts.
- **Soweit** dann noch ein **Fehlbedarf** des Berechtigten nach den ehelichen Lebensverhältnissen verbleibt, insbesondere wenn diese höher liegen als der angemessene Unterhalt, kommt eine **Aufteilung** des verbleibenden Mangels zwischen den Eheleuten in Betracht.

64 **e) Mehrere Verwandte, Ersatzhaftung für Kindesunterhalt.** Bei **mehreren** leistungsfähigen Verwandten des Berechtigten haften die Abkömmlinge vor Verwandten der aufsteigenden Linie und dabei jeweils die näheren Verwandten vor den entfernteren Verwandten (§ 1606 I 2 BGB).

Entsprechendes (Rn. 61 f.) gilt bei der **Unterhaltsverpflichtung gegenüber Kindern** nach den §§ 1607 I, 1603 III 2 BGB (Verwandtenunterhalt).

- Nach § 1603 I BGB ist ein **Elternteil** nicht unterhaltsverpflichtet, wenn er bei Berücksichtigung seiner sonstigen Verpflichtungen außerstande ist, ohne Gefährdung seines angemessenen Unterhaltsbedarfs (= angemessenen Selbstbehalts) den Unterhalt zu gewähren.
- Nach § 1603 II 2 BGB hat dann ein **anderer Verwandter** für den Unterhalt aufzukommen, sofern er leistungsfähig ist. Ein anderer Verwandter in diesem Sinn ist auch der andere Elternteil.
- Sind **beide Eltern nicht leistungsfähig,** haben nach § 1607 I BGB nachrangig haftende leistungsfähige Verwandte den Unterhalt zu gewähren in der Reihenfolge des § 1606 I 2 BGB (siehe Rn. 64 Anfang).
- Nur wenn solche leistungsfähigen **sonstigen Verwandten fehlen,** kommt es zur gesteigerten Unterhaltsverpflichtung der beschränkt leistungsfähigen Eltern nach § 1603 II 1 BGB (siehe genauer Rn. 2/271 ff.).

65 **f) Folgen der Ersatzhaftung.** Wenn und soweit ein Berechtigter im Sinn der bisherigen Ausführungen einen **vorrangigen Anspruch** gegenüber einem **leistungsfähigen Ver-**

---

[48] Nach § 1578 Abs. 1 S. 2 BGB kann der eheangemessene Unterhalt auf den angemessenen Unterhalt herabgesetzt werden

wandten hat, ist er in diesem Umfang gegenüber dem Verpflichteten nicht bedürftig. Er hat dann diesem gegenüber insoweit auch keinen Unterhaltsanspruch. Haftet demgegenüber der nachrangig Verpflichtete nur deshalb, weil die Rechtsverfolgung im Inland ausgeschlossen oder erheblich erschwert ist, bleibt nach § 1607 II BGB die Unterhaltsverpflichtung bestehen, und es geht der Anspruch auf den Zahlenden über (siehe Rn. 68).

Sonst sind leistungsfähige Verwandte in diesem Sinn **Unterhaltsschuldner auf Grund eigener Haftung.** Ein Rückgriff auf den erstverpflichteten Ehegatten scheidet aus. Ein Ersatzanspruch nach allgemeinen schuldrechtlichen Grundsätzen (§§ 677 f., 812 f. BGB) kann nur dann in Betracht kommen, wenn Dritte oder nicht zum Unterhalt verpflichtete Verwandte dem Berechtigten Unterhalt leisten. 66

Kommt ein Elternteil allein für den Unterhalt eines ehelichen Kindes auf, kann er in den Grenzen des § 1613 I BGB einen **familienrechtlichen Ausgleichsanspruch** gegen den anderen Elternteil haben (vgl. Rn. 2/529 ff.).

Beruft sich der **verpflichtete Ehegatte** auf den Verwandtenvorrang der §§ 1584, 1608 BGB wegen eigener beschränkter Leistungsfähigkeit, so muss er **darlegen und nachweisen,** dass und in welchem Umfang er ohne Gefährdung seines eigenen angemessenen Unterhaltsbedarfs nicht leistungsfähig ist. 67

g) Beweislast. Der **Berechtigte** hat dann seinerseits die Darlegungs- und Beweislast für alle Tatsachen, aus denen sich ergibt, dass er keinen Anspruch gegen Verwandte hat, d. h., er muss nachweisen, dass alle in Frage kommenden Verwandten ihrerseits in Höhe des Fehlbedarfs nicht leistungsfähig sind (zur Leistungsfähigkeit beim Verwandtenunterhalt vgl. Rn. 6, 2/273). 68

Nimmt der Berechtigte einen nachrangig haftenden Verwandten in Anspruch, muss er darlegen und nachweisen, dass der erstverpflichtete Ehegatte in Höhe des Fehlbedarfs nicht leistungsfähig ist oder dass die Rechtsverfolgung im Inland unmöglich oder erheblich erschwert ist (§§ 1584 S. 3, 1608 S. 3, 1607 II 2 BGB). Im letzteren Fall gibt es einen gesetzlichen Forderungsübergang, wenn der Verwandte Unterhalt leistet. Dies kann nicht zum Nachteil des Berechtigten geltend gemacht werden (§ 1607 II 3 BGB).

Wenn es einen leistungsfähigen Verwandten gibt, der den ungedeckten Fehlbedarf leisten kann und muss (Rn. 62), gibt es im Verhältnis der beiden Ehegatten keine weitere Billigkeitskürzung nach § 1581 BGB. 69

Kann der Unterhalt durch den Mangelfall unter den angemessenen Unterhalt sinken, ist deshalb vor Anwendung des § 1581 BGB auch zu klären, ob leistungsfähige Verwandte des Berechtigten vorhanden sind.

Wenn die ehelichen Einkommensverhältnisse die Deckung des angemessenen Bedarfs nicht gestatten, liegt der eheangemessene Bedarf niedriger als der angemessene. In diesen Fällen kann ein ergänzender Anspruch auf Verwandtenunterhalt auch dann bestehen, wenn der eheangemessene Unterhalt geleistet wird und deshalb ein Fall des § 1581 nicht vorliegt. 70

9. Rechenbeispiele bei vorrangiger Unterhaltsverpflichtung von Verwandten des berechtigten Ehegatten im Mangelfall

Fall 1 71

Nettoeinkommen des M = 2100, Erwerbsbonus $1/7$
Trennungsbedingter Mehrbedarf der erwerbslosen F = 100
F hat leistungsfähige Eltern.
– Bedarfsfeststellung
F = 2100 × $3/7$ = 900 + 100 (trennungsbedingter Mehrbedarf) = 1000
M = 2100 × $4/7$ = 1100
Gesamtbedarf = 2200
Fehlbedarf = 2200 – 2100 = 100 (= trennungsbedingter Mehrbedarf).
– Der angemessene Verwandtenunterhalt der erwachsenen F kann mit 1700 angenommen werden (vgl. Rn. 62 a).

Dann ist der Betrag von 900 € um 100 € durch Unterhaltszahlungen der Eltern aufzustocken. M muss an F 900 € als Unterhalt zahlen; ihm verbleiben seine 1100 €. Deshalb keine weiteren Kürzungen nach § 1581 BGB.

71 a **Fall 2**
Wie Fall 1, aber Erwerbsbonus 1/10; auch M hat einen trennungsbedingten Mehrbedarf von 200 €
Der volle Unterhalt des M beträgt 2100 × 55% + 200 = 1355
Der volle Unterhalt der F beträgt 2100 × 45% + 100 = 1045
Wenn der volle eheangemessene Unterhalt des M nicht gefährdet werden soll, darf M für sich 1355 € behalten.
Er kann dann nur 745 € (2100 – 1355) an die F zahlen.
Eine Mehrzahlung würde bereits auf einer Kürzung des eigenen Bedarfs nach § 1581 BGB beruhen.
Der Unterhaltsanspruch der F gegen ihre Eltern beträgt daher: 1045 – 745 = 300.
Die Eltern finanzieren dadurch indirekt den trennungsbedingten Mehrbedarf des M und der F.

72 **Fall 3**
M verdient nur 1400, Erwerbsbonus 1/7, sonst wie Fall 2.
– Feststellung des Gesamtbedarfs F = 1400 × 3/7 = 600
Voller Unterhalt = 600 + 100 (trennungsbedingter Mehrbedarf) = 700
Bedarf des M = 1400 × 4/7 = 800 + 200 (trennungsbedingter Mehrbedarf) = 1000
Gesamtbedarf = 700 + 1000 = 1700
Fehlbedarf = 1700 – 1400 = 300
– In Höhe des Fehlbedarfs (300) haften die Eltern vorrangig. Sie finanzieren dadurch indirekt auch den trennungsbedingten Mehrbedarf des M mit.
M muss nur 400 an F bezahlen (1400 – 1000), weil sonst sein eigener angemessener Unterhalt (1000) gefährdet wäre.
– Da der angemessene Unterhalt von F nach § 1610 BGB (welcher mit dem eheangemessenen nicht identisch ist) 700 € übersteigt (vgl. Rn. 62 a), schulden die unterhaltspflichtigen Verwandten auch einen etwa über 400 hinausgehenden Betrag. Wird der Bedarf z. B. mit 1100 angesetzt, so erhöht sich bei entsprechender Leistungsfähigkeit der Verwandten der von ihnen zu leistende Unterhalt auf 400 + (1100 – 700) = 800 €. M wird dadurch nicht entlastet, weil er in Höhe des von ihm zu zahlenden Betrags voll leistungsfähig und F auch bedürftig ist. Die nachrangige Unterhaltspflicht der Verwandten kann bei voller Leistungsfähigkeit nicht zu einer Einschränkung der Unterhaltspflicht des Gatten führen.

III. Eingeschränkter Selbstbehalt und Billigkeitsunterhalt nach § 1581 BGB

1. Überblick über die Rechtsfolgen eines eingeschränkten Mangelfalls nach § 1581 BGB

73 **a) Voraussetzungen.** Nach § 1581 BGB muss der Verpflichtete in einem **Mangelfall** nur insoweit Unterhalt leisten, als dies mit Rücksicht auf die Bedürfnisse und die Erwerbs- und Vermögensverhältnisse der Ehegatten der Billigkeit entspricht (= **Billigkeitsunterhalt**). Den Stamm des Vermögens muss der Verpflichtete nicht verwerten, soweit die Verwertung unwirtschaftlich oder unter Berücksichtigung der beiderseitigen Verhältnisse unbillig wäre (vgl. Rn. 1/410 ff.).

74 Ein solcher Billigkeitsunterhalt hat **drei Voraussetzungen:**

- Gemäß den Ausführungen zu I (Rn. 3) muss ein **Fehlbedarf** und damit ein Mangelfall festgestellt werden. Ein solcher Mangelfall kann auch bestehen, wenn dem Verpflichteten mehr als sein angemessener oder notwendiger Selbstbehalt verbleibt (eingeschränkter Mangelfall Rn. 1).
- **Auch nach Ausscheiden nachrangig Berechtigter** (Rn. 54 bis 60) darf die Deckungsmasse zur Befriedigung der vollen Unterhaltsansprüche aller vorrangig Berechtigten und des Verpflichteten nicht ausreichen.
- Es darf **keine** leistungsfähigen und -pflichtigen **Verwandten** des Berechtigten geben, die gemäß den Ausführungen zu Rn. 61 bis 72 bis zur Höhe des Fehlbedarfs in Anspruch genommen werden könnten.

75 **b) Zwei Bereiche, gleichwertige Opfer.** Nach § 1581 BGB ist der angemessene Unterhalt als Folge des Mangelfalls auf einen Billigkeitsunterhalt zu kürzen, wobei die

Bedürfnisse beider Ehegatten **(Bedarfsbereich)** und die Erwerbs- und Vermögensverhältnisse beider Ehegatten **(Deckungsmasse)** zu berücksichtigen sind.[49]

Diese, nach Billigkeitsgesichtspunkten erfolgende Kürzung setzt voraus, dass beiden Ehegatten **gleichwertige Opfer** und Einschränkungen zugemutet werden, die sowohl die Unterhaltskürzung für den Berechtigten als auch die mit der Unterhaltszahlung verbundene Belastung des Verpflichteten zumutbar erscheinen lassen.[50]

Für die Obliegenheit beider Ehegatten zum Einsatz ihrer wirtschaftlichen Mittel sind grundsätzlich die gleichen Maßstäbe anzulegen.[51] Deshalb sind im Rahmen der erforderlichen Billigkeitsabwägung alle Umstände, die bei beiden Ehegatten für die Zumutbarkeit der Unterhaltskürzung eine Rolle spielen können, erneut einer bewertenden Überprüfung zu unterziehen und gegebenenfalls wertend angemessen zu verändern. Die Zumutung von gleichwertigen Opfern ist umso größer, je größer das leistungsmäßige Defizit (Fehlbedarf) ist, das durch eine Unterhaltskürzung ausgeglichen werden muss.

Ist zugleich nach anderen Vorschriften eine Billigkeitsabwägung angezeigt, so kann die Abwägung nur **einheitlich** erfolgen.[52] Zu diesen Billigkeitserwägungen gehört nicht die Frage, wen eine Schuld an der Scheidung trifft.

c) Neubewertung und Kürzung. Im Rahmen einer solchen Billigkeitsabwägung und **76**
der mit dieser verbundenen Neubewertung unterhaltsrechtlich relevanter Umstände kann es sowohl im Bereich der Deckungsmasse (Rn. 77) Änderungen geben als auch im Bedarfsbereich (Rn. 78). Ein trotz solcher Änderungen verbleibender Fehlbedarf kann als weitere Folge der Billigkeitsabwägung durch **pauschale Billigkeitsverteilung** des verfügbaren Einkommens, eine **proportionale Kürzung** des veränderten Gesamtbedarfs (Rn. 78) zur veränderten Deckungsmasse (Rn. 77) und auch durch **weitere individuelle Kürzungen** ausgeglichen werden.

Im Rahmen solcher Kürzungen ist aber darauf zu achten, dass dem Verpflichteten jedenfalls sein notwendiger Selbstbehalt als unterste Opfergrenze verbleibt (siehe Rn. 180 ff.). Insoweit handelt es sich um eine untere Haftungsgrenze im Gegensatz zum Haftungsmaßstab als Einstiegsgrenze für eine Mangelfallrechnung.[53] Das Ergebnis beinhaltet stets, also auch bei einer Neubewertung innerhalb der Deckungsmasse oder des Bedarfsbereichs, einen Billigkeitsunterhalt nach § 1581 BGB, nicht einen vollen Unterhalt nach §§ 1578 I 1, 1361 I BGB.

d) Deckungsmasse. Wertende Änderungen im Bereich der Deckungsmasse: **77**

- Erhielt der **Verpflichtete Kindergeld,** erhöhte nach früherer Rechtsprechung des BGH dieses im Mangelfall dessen verteilungsfähiges Einkommen (siehe Rn. 83 f.), soweit es nicht an den anderen Gatten anteilig weitergeleitet wurde (ML 96 1. 19, 4. 2). Seit der Änderung des § 1612 b V BGB wird diese Auffassung aber kaum noch vertreten (Rn. 83 f.).
- Im Mangelfall besteht eine **gesteigerte Erwerbsobliegenheit** beider Ehegatten. Deshalb können dem Verpflichteten fiktive Einkünfte zugerechnet werden, die die Verteilungsmasse erhöhen, wenn er eine zumutbare Erwerbstätigkeit unterlässt (siehe Rn. 94 f.).
- Einkünfte des Verpflichteten aus **unzumutbarer Erwerbstätigkeit** können diesem im Mangelfall in erhöhtem Umfang oder ganz zugerechnet werden (siehe Rn. 98 f.).
- Unentgeltliche **freiwillige Zuwendungen Dritter** an den Verpflichteten können diesem im Mangelfall als Einkünfte zugerechnet werden (siehe Rn. 95 f.).
- Im Mangelfall sind **Aufwendungen konkret nachzuweisen,** wobei die Anforderungen an die Notwendigkeit der Aufwendungen erschwert sind. Gleiches gilt für alle Betriebsausgaben und Ausgabenposten in Überschussrechnungen oder Gewinn- und Verlustrechnungen (siehe Rn. 103 f.).
- Die Verteilungsmasse kann auch durch eine erst im Mangelfall zumutbare **Vermögensverwertung** erhöht werden (§ 1581, 2 BGB; siehe Rn. 108 f.).

---

[49] BGH, FamRZ 1990, 260, 262 = R 399 b
[50] BGH, FamRZ 1985, 782 = R 262 b
[51] BGH, FamRZ 1985, 354, 356 = R 222 b
[52] BGH, FamRZ 1992, 1045, 1049 = R 448 c; FamRZ 1990, 1091, 1095 = R 422 c
[53] BGH, FamRZ 1990, 260, 262 = R 399 b

78 **e) Bedarfsbereich.** Änderungen im Bedarfsbereich:

- Erhält im Mangelfall der **Berechtigte Kindergeld,** konnte dieses nach bisheriger[54] Rechtsprechung des BGH als Einkommen seinen Bedarf mindern (siehe Rn. 83 f.), soweit es nicht durch Anrechnung auf den Kindesunterhalt dem anderen Gatten zufloss (früher ML 4.2).
- Unter Anwendung der **Bedarfskontrollbeträge** wird der Kindesunterhalt einer niedrigeren Einkommensgruppe oder der 1. Einkommensgruppe entnommen (vgl. Rn. 91 a).
- Auch dem Berechtigten kann im Mangelfall wegen **gesteigerter Erwerbsobliegenheit** bei unterlassener zumutbarer Erwerbstätigkeit ein fiktives Einkommen zugerechnet werden. Eine solche Zurechnung mindert seinen Bedarf (siehe Rn. 94 f.).
- Einkünfte des Berechtigten aus **unzumutbarer Erwerbstätigkeit** können im Mangelfall nach § 1577 II 2 BGB über das bisherige Maß hinaus oder voll bedarfsmindernd angerechnet werden (siehe Rn. 97 f.).
- Unentgeltliche **freiwillige Zuwendungen Dritter** an den Berechtigten können diesem im Mangelfall bedarfsmindernd als Einkünfte zugerechnet werden (siehe Rn. 95 f.).
- Im Mangelfall hat auch der Berechtigte bei Erwerbseinkünften berufsbedingte **Aufwendungen konkret nachzuweisen,** wobei die Anforderungen an die Notwendigkeit der Aufwendungen erschwert sind (siehe Rn. 103 f.).
- Berücksichtigungswürdige **Verbindlichkeiten des Verpflichteten** sind im Mangelfall daraufhin zu überprüfen, ob und in welcher Höhe sie auch noch unter den verschärften Anforderungen des Mangelfalls berücksichtigt werden können. Entfällt im Rahmen einer solchen Billigkeitsabwägung ganz oder teilweise die Berücksichtigung nichtprägender Verbindlichkeiten, so mindert sich dadurch der Bedarf des Verpflichteten (siehe Rn. 112 f.).
- Bei nichtprägenden oder **nachrangigen Unterhaltsverpflichtungen** bedarf es besonderer Gründe dafür, ob, warum und gegebenenfalls in welchem Umfang dem Berechtigten hierwegen eine Schmälerung seines Unterhaltsanspruchs zugemutet werden kann.
- Ein ungedeckter **trennungsbedingter Mehrbedarf** ist daraufhin zu überprüfen, ob er in voller Höhe aufrechtzuerhalten ist oder ob es zumutbar ist, ihn auf ein angemessenes Maß einzuschränken (vgl. aber die Bedenken in Rn. 4/432 a).

79 **f) Bemessung des Billigkeitsunterhalts.** Kommt es auf Grund der Billigkeitsabwägung zu entsprechenden Änderungen im Bereich der Deckungsmasse (Rn. 77) und (oder) im Bedarfsbereich (Rn. 78), dann ist der für eine abschließende Bemessung des Billigkeitsunterhalts maßgebliche **Fehlbedarf neu zu berechnen** (siehe Rn. 123 f.).

80 Die **abschließende Bemessung** des Billigkeitsunterhalts auf der Basis des neu berechneten Fehlbedarfs kann auf verschiedene Weise erfolgen:

- Die DT B (und früher HL 27) geht davon aus, dass wegen der wirtschaftlichen Nachteile im Zusammenhang mit der Scheidung in der Regel ein Mangelfall nach § 1581 BGB vorliegt und dass es der Billigkeit entspreche, wenn das gesamte verfügbare Einkommen beider Gatten nach der **Differenzmethode** auf diese verteilt werde (ebenso früher DL 28). Diese **Begrenzung auf die Billigkeitsquote** hat den Vorteil, dass sie die beiderseitigen Erwerbsbemühungen angemessen honorieren kann (siehe Rn. 165 f.).
- Eine weitere Möglichkeit besteht darin, den Unterhaltsbedarf aller im Verhältnis zur Deckungsmasse **proportional** zu **kürzen** und das Ergebnis dann auf seine Angemessenheit zu überprüfen (siehe Rn. 159 f.).
- Bei Vorliegen besonderer Umstände kann statt einer proportionalen Kürzung auch eine **individuelle Kürzung** erfolgen (siehe Rn. 156 f.).
- Verlangt der Berechtigte auch Vorsorge für Alter und Invalidität, dann kann **der Nachrang gegenüber dem Elementarunterhalt** zu Kürzung oder Wegfall des Vorsorgeunterhalts führen. Doch gilt das nicht absolut. Insbesondere bewirkt nicht jeder Mangelfall nach § 1581 BGB den Wegfall des Altersvorsorgeunterhalts. Vielmehr tritt bei geringem Einkommen der Elementarbedarf in den Vordergrund, während bei höherem Einkommen entsprechend der zweistufigen Berechnungsmethode des BGH der Elementarunterhalt zugunsten des Altersvorsorgeunterhalts gekürzt wird (siehe Rn. 4/478).

---

[54] Zur ausnahmsweisen Berücksichtigung als Einkommen nach jetziger Rechtslage vgl. Rn. 91

Dies gilt nicht für den Krankheitsvorsorgeunterhalt (siehe Rn. 4/502).

In allen unterRn. 80 aufgezählten Fällen ist darauf zu achten, dass dem Verpflichteten sein jeweiliger **Mindestselbstbehalt** verbleibt (siehe Rn. 181 f.). **81**

Wird dieser infolge der Kürzungen zu Rn. 80 unterschritten, so besteht ein sogenannter **verschärfter Mangelfall,** der eine die „untere Opfergrenze" des Verpflichteten berücksichtigende Mangelfallberechnung notwendig macht. Diese besteht darin, dass dem Verpflichteten auf jeden Fall sein Selbstbehalt verbleibt, indem dieser vorweg von der Deckungsmasse abgezogen wird. Der dann noch verbleibende Rest wird proportional zum Bedarf der Berechtigten auf diese verteilt (siehe Rn. 192 f.).

Wegen der Einstiegsgrenze des § 1578 I 1 für die Mangelfallrechnung gibt es **in der Praxis sehr viele Fälle,** in denen eine solche individuelle Billigkeitsabwägung erforderlich wird. Das muss im Interesse angemessener Lösungen hingenommen werden.[55] **82**

Nachfolgend (Rn. 83 mit 178) werden die wichtigsten typischen Mangelfallsituationen mit Rechenbeispielen erörtert.

2. Kindergeld und Zählkindvorteil im Mangelfall, Bedarfskontrollbetrag

Solange der Verpflichtete voll leistungsfähig ist, war schon bisher das kraft Gesetzes den Eltern zustehende **Kindergeld** (und kindergeldgleiche Zuschüsse) dem Elternteil, der es erhält, unterhaltsrechtlich **nicht als Einkommen zugerechnet,** weil es aus praktischen Gründen bereits bei der Berechnung des Kindesunterhalts als familienrechtlicher Ausgleichsanspruch der Eltern untereinander mit dem Kindesunterhalt verrechnet wurde. Dadurch wird das Kindergeld faktisch in Höhe des familienrechtlichen Ausgleichsanspruchs der Eltern wie ein Einkommen des Kindes behandelt (siehe Rn. 1/460 f., 2/497 f.). **83**

Vor 1997 waren nach der Rechtsprechung des BGH in einem Mangelfall das Kindergeld und kindergeldgleiche Zuschüsse auf der Leistungsstufe als Einkommen zu berücksichtigen, wodurch der Fehlbedarf geringer wurde.[56] **84**

In seinem Urteil vom 16. 4. 1997 war der BGH dann von seinem Ansatz, das Kindergeld sei Einkommen, nach genauerer Prüfung abgerückt, weil die damit verknüpfte Bedarfserhöhung mit der Zweckbestimmung des Kindergelds nicht vereinbar sei und weil damit auch gegen den gesetzlichen Aufteilungsmaßstab des § 1606 III BGB verstoßen werde.[57]

Erst bei der abschließenden Angemessenheitsprüfung in der 4. Stufe der Mangelfallrechnung sei die Frage des Kindergeldausgleichs zu erörtern. Wenn der betreuende Elternteil mit den Kindern in beengten wirtschaftlichen Verhältnissen lebe, in denen auch der angemessene Unterhalt der Kinder nicht gedeckt sei, könne es ihm nicht zugemutet werden, die eigentlich dem Pflichtigen zustehende Kindergeldhälfte an diesen abzuführen.[58] Einer Auseinandersetzung mit der strittigen Frage, ob der Kindergeldanteil allen Unterhaltsberechtigten oder nur den Kindern zugute kommen solle, bedürfe es nicht, weil die tatsächliche Bedarfsdeckung aus derselben Kasse erfolge.

Endlich hat das **KindUG** in § 1612 b V BGB eine Regelung für die Anrechnung des Kindergelds im Mangelfall getroffen, welche **seit 1. 7. 1998 für die Unterhaltsberechnung maßgebend** ist. Hiernach unterblieb im Mangelfall die Kindergeldanrechnung insoweit, als der Regelbetrag unterschritten wurde. Dieser Grenzwert wurde mit Wirkung zum 1. 1. 2001 auf 135% des Regelbetrags – entsprechend der Gruppe 6 der Düsseldorfer Tabelle – erhöht (im Einzelnen vgl. Rn. 2/509). **85**

Beispiel: **86**
Einkommen des Pflichtigen (ohne Kindergeld) 1250 €, 2 Kinder im Alter von 7 und 5 Jahren. Die nicht leistungsfähige wiederverheiratete Mutter bezieht das Kindergeld von 154 + 154 = 308 €.

---

[55] BGH, FamRZ 1990, 260, 262 = R 399 b
[56] BGH, FamRZ 1992, 539, 541 = R 444 c
[57] BGH, FamRZ 1997, 806
[58] BGH, FamRZ 1997, 806

Unterhaltsberechnung:

aus Einkommen des Pflichtigen	1250 €
Kindesunterhalt nach Gruppe 1 der Düsseldorfer Tabelle	
1. Kind	228 €
2. Kind	188 €
insgesamt	416 €
bleibt	834 €
Der Selbstbehalt von 840 € gegenüber minderjährigen Kindern ist nicht gewahrt.	
Verteilungsmasse 1250 – 840 =	410 €
gleichrangiger Unterhaltsbedarf:	416 €
Kürzung des Unterhalts auf:	
360 : 416 =	98,56%
1. Kind gekürzt:	225 €
226 × 135% = 308 €	
Defizit 308 – 225 = 83 €, also mehr als der Kindergeldanteil von M in Höhe von 77 €. Eine Kindergeldanrechnung entfällt deshalb.	
2. Kind gekürzt:	185 €
188 × 135% = 254 €	
Defizit 254 – 185 = 69	
bleibt	840 €

Kindergeldausgleich vermindert um Defizit:
1. Kind
Das Defizit von 83 € ist größer als der hälftige Kindergeldanteil von 77 €. Deshalb unterbleibt eine Kindergeldanrechnung.
2. Kind
77 – 69 = 8 €.
Die Anrechnung vermindert den Kindesunterhalt auf 185 – 8 = 177 €.

87 *Graba*[59] und *Strauß*[60] nehmen an, dass der nach Anwendung des § 1612b V BGB dem Pflichtigen verbleibende Kindergeldbetrag zur **Aufstockung des Mangelunterhalts** gleichrangiger Kinder und des Ehegatten herangezogen werden könne. Demgegenüber gehen die SüdL Nr. 3. davon aus, dass in seinem Anwendungsbereich § 1612b V BGB die **Kindergeldanrechnung im Mangelfall abschließend** regele. **Dem ist zu folgen.** Es kann kaum zweifelhaft sein, dass das auch tatsächlich der Vorstellung des Gesetzgebers entsprach. Diese Auffassung ist auch mit dem Ziel der verfassungsrechtlich gebotenen steuerlichen Entlastung des Unterhaltspflichtigen besser zu vereinbaren. Auch sollte die Regelung sicherlich die Kindergeldverrechnung vereinfachen. Zieht man den verbleibenden Anrechnungsbetrag aber wiederum zur Aufstockung von Mangelunterhaltsbeträgen heran, so ergibt sich eine weitere Verkomplizierung gegenüber der bisherigen Praxis. M. E. kann gerade im Hinblick auf das steuerliche Entlastungsziel durchaus hingenommen werden, dass im Randbereich des Mangelfalls, in dem für einzelne Kinder das Existenzminimum mit Hilfe des Kindergelds aufgefüllt werden kann, dem Verpflichteten etwas mehr als der notwendige Selbstbehalt verbleibt.[61]

88 § 1612b V BGB enthält aber **keine Vorschrift,** wie im Mangelfall das Kindergeld auf den **Unterhalt volljähriger Kinder,** für welche ein Regelbetrag nicht vorgesehen ist, anzurechnen ist. Eine Gesetzesanalogie würde voraussetzen, dass hier eine Lücke vorläge, was nach der Gesetzesentstehung wenig plausibel erscheint. Eine Anknüpfung an den Regelbetrag ist ebenfalls nicht möglich, weil es für Volljährige einen solchen nicht gibt. Das gilt auch für die nach § 1603 II BGB privilegierten Volljährigen unter 21 Jahren, die noch bei einem Elternteil wohnen und eine allgemeinbildende Schule besuchen. Ihre Privilegierung ist nämlich ausdrücklich auf den Selbstbehalt und auf das Rangverhältnis beschränkt. Die stärkeren Gründe sprechen deshalb dafür, hier e contrario zu argumentieren und die

59 Johannsen/Henrich/Graba, Rn. 14 zu § 1612b BGB
60 Strauß, FamRZ 1998, 993, 1000
61 Problematischer ist allerdings der Fall, wenn der Bedarf des Kindes sich nicht nach dem Regelbetrag bemisst, weil z. B. die Kosten einer Fremdunterbringung abzudecken sind. Hier kommt die Sozialhilfe in Form der Hilfe in besonderen Lebenslagen in Betracht

Auffüllung des Bedarfs eines Volljährigen mit dem Kindergeldanteil des Barunterhaltspflichtigen **abzulehnen** (vgl. auch Rn. 2/510, anders noch die Vorauflage).

Nicht geregelt ist auch die Auffüllung des Kindesunterhalts für die Fälle, in denen der **Pflichtige das Kindergeld erhält** und deshalb den Unterhalt um die ihm nicht zustehende Hälfte des Kindergelds aufstocken muss (§ 1612 b II BGB, vgl. Rn. 2/504, 515 c). Bei Minderjährigen ist dieser Fall irregulär (weil das Kindergeld an den, bei dem das Kind lebt, auszuzahlen ist und derjenige, bei dem das Kind lebt, nicht barunterhaltspflichtig ist), aber er ist immerhin möglich, bei Volljährigen ist er häufig. Auch hier dürfte das Schweigen des Gesetzgebers als Ablehnung zu werten sein, zumal § 1612 b II BGB die Aufstockung des Kindesunterhalts mit Kindergeld abschließend regeln dürfte. Die in der Vorauflage vertretene gegenteilige Meinung wird aufgegeben, zumal der Gesetzgeber bei der Novellierung des § 1612 b die Vorschriften nicht geändert hat. **89**

Einkommen ist jedoch der **Zählkindvorteil,** also der Kindergeldanteil, welcher nach § 1612 b IV BGB nicht anrechnungspflichtig ist, in dem seltenen Fall, dass dem Zählkind kein Unterhalt geleistet wird.[62] Diese Rechtsprechung muss auch nach Inkrafttreten des KindUG am 1. 7. 1998 noch gelten, denn wer keinen Unterhalt leistet, braucht nicht steuerlich entlastet zu werden. Deshalb lässt sich daraus auch der weitere Satz ableiten, dass **Kindergeldzahlungen** an einen Elternteil, welcher **keinen Unterhalt leistet,** als sein **Einkommen** zu berücksichtigen sind.[63] **90**

Die DT sichert ein angemessenes Verhältnis zwischen Betrag, der dem Pflichtigen verbleibt, und der Höhe des Kindesunterhalts durch den jeder Einkommensgruppe der DT zugeordneten **Bedarfskontrollbetrag** (vgl. Rn. 2/239 ff.). Ist dieser unterschritten, so ist der Kindesunterhalt einer niedrigeren Einkommensgruppe zu entnehmen, wenn deren Bedarfskontrollbetrag gewahrt werden kann. Die Herabgruppierung führt durch Verminderung des Kindesunterhalts zu einer Verkleinerung des Sollbereichs. Allerdings erhöhen sich, soweit der Kindesunterhalt eheprägend ist, zugleich Gattenunterhalt und eheangemessener Selbstbehalt, so dass es beim relativen Mangelfall bleibt. **91**

Der Bedarfskontrollbetrag wird nicht von allen OLGs angewandt (vgl. FT 11, OL 11, RL 11, ThT 11). Der **BGH** hat ihn jetzt als Möglichkeit der Angemessenheitskontrolle akzeptiert.[64] **92**

Da im absoluten Mangelfall der Mindestselbstbehalt unterschritten wird, ergibt sich aus dem Prinzip des Bedarfskontrollbetrags, dass in diesem Fall der Kindesunterhalt der niedrigsten Gruppe zu entnehmen ist. Deshalb ist nach der DT und vielen anderen Leitlinien im absoluten Mangelfall der **Kindesunterhalt** der **niedrigsten Einkommensgruppe** zu entnehmen. Das hat nun der BGH **missbilligt,** weil ebenso wie für den Gatten ein fester Mindestunterhalt nicht angenommen wird, dürfe auch für den Kindesunterhalt nur ein individuell aus dem Einkommen bestimmter Betrag angesetzt werden.[65] Inzwischen hat der BGH ein eigenes Modell für die Mangelfallberechnung empfohlen.[66]

– In dieser Aufl. nicht belegt – **93**

3. Zurechnung fiktiver Einkünfte wegen gesteigerter Erwerbsobliegenheit und erhöhte Zurechnung von Einkünften aus unzumutbarer Erwerbstätigkeit

Hat der Verpflichtete nach § 1581 BGB nur nach Billigkeitsgrundsätzen Unterhalt zu leisten, kann dies zu einer **Verschärfung der Anforderungen** führen, die an die **Erwerbsobliegenheit** des Berechtigten im Rahmen der § 1361 II, 1570 und 1574 II BGB zu stellen **94**

---

[62] BGH, FamRZ 1997, 806

[63] Falls das Einkommen aber trotz Zurechnung dieses Kindergelds für Unterhaltszahlungen nicht ausreicht, entfällt ein Unterhaltsanspruch. Die Auskehrung des Kindergelds kann nicht verlangt werden

[64] BGH, FamRZ 2000, 1492 = R 546 c, auch FamRZ 2003, 363 = NJW 2003, 1112 = R 581

[65] BGH, FamRZ 1997, 806

[66] BGH, FamRZ 2003, 363 = R 584

sind.[67] Diese verschärften Anforderungen sind umso größer, je größer der leistungsmäßige Fehlbedarf ist.

Bei Überschuldung des Verpflichteten muss sich der Berechtigte fehlende Mittel unter äußerster Anspannung seiner Kräfte durch einen über das allgemein Gebotene hinausgehenden Einsatz selbst verschaffen.[68] Allerdings hat die neu eingeführte Möglichkeit des Insolvenzverfahrens mit Restschuldbefreiung zu veränderten Rahmenbedingungen geführt (vgl. Rn. 105 a).[69]

95 Diese verschärften Anforderungen an die **Erwerbsobliegenheit** des Berechtigten gelten in **gleicher Weise** auch **für** den **Verpflichteten,** weil auch dieser gleichwertige Opfer erbringen muss. Deshalb kann bei sehr beschränkter Leistungsfähigkeit von beiden Ehegatten auch die Aufnahme oder Ausweitung einer Erwerbstätigkeit verlangt werden, die bei bestehender Leistungsfähigkeit im Hinblick auf Ausbildung, Gesundheitszustand, Alter und ähnliche Kriterien als unzumutbare Erwerbstätigkeit beurteilt werden könnte. Aus dem gleichen Grund sind auch verstärkte Bemühungen um eine entsprechende Erwerbstätigkeit zuzumuten. Ähnliche Grundsätze gelten für die Zumutung von **Nebentätigkeiten** zur Erhöhung des Einkommens.

96 Kommt einer der Ehegatten solchen verschärften Anforderungen nicht oder nicht ausreichend nach, können ihm Einkünfte, die er zumutbarerweise erzielen könnte, **fiktiv zugerechnet** werden (Rn. 23, Rn. 1/487 ff.).[70] Werden einem Ehegatten im Rahmen der Bedarfsbemessung oder der Bedürftigkeit bereits fiktive Einkünfte zugerechnet, kann bei beschränkter Leistungsfähigkeit auf der Leistungsstufe auch eine erhöhte Zurechnung erfolgen. Fiktiv können auch erhöhte Zinsen zugerechnet werden, wenn eine rentablere Kapitalanlage zugemutet werden kann. Beim Verpflichteten erhöht eine fiktive Zurechnung die Deckungsmasse, beim Berechtigten mindert sie dessen Bedarf.

97 **Unzumutbare Erwerbseinkünfte des Berechtigten,** die diesem bisher nach § 1577 II 2 BGB nur teilweise oder nicht angerechnet worden sind, können, je nach Ausmaß der beschränkten Leistungsfähigkeit, in erhöhtem bis vollem Umfang angerechnet werden. Jedenfalls ist nach der Rechtsprechung des BGH in die nach § 1581 BGB zu treffende Entscheidung auch die Frage einzubeziehen, ob es die Billigkeit erfordert, die Einkünfte aus unzumutbarer Erwerbstätigkeit über das in § 1577 II 1 BGB vorgesehene Maß hinaus anzurechnen.[71] Bei erhöhter Anrechnung mindert sich der Bedarf des Berechtigten.

98 Die gleichen Grundsätze (Rn. 97) gelten auch bei dem **Verpflichteten,** wenn dieser Einkünfte aus unzumutbarer Erwerbstätigkeit hat (z. B. überdurchschnittlich hohe, nicht berufstypische Überstunden), die nach § 242 BGB nicht oder nur teilweise angerechnet werden. Eine solche erhöhte Anrechnung erhöht die Deckungsmasse.

99 **Rechenbeispiel** zur fiktiven Zurechnung erzielbarer Einkünfte und zur Anrechnung unzumutbarer Erwerbseinkünfte.

Fall

Nettoeinkommen des M 1400 (1200 + 200 aus Überstunden)
Überstunden von 400 wurden nach § 242 BGB als überdurchschnittlich und berufsuntypisch zur Hälfte (200) angerechnet. Unterhalt für Kinder im Alter von 7 (1. Grundschulklasse) und 10 Jahren, M erhält das Kindergeld von 154 + 154 = 308.
Die nicht erwerbstätige F könnte während der Schulstunden einer Teilzeitbeschäftigung nachgehen und dabei 500 € verdienen. Der Erwerbsbonus betrage $^1/_7$.

– Bedarfsfeststellung

Kinder nach DT 2/2 (1300 – 1500) je 244
M: 1400 – 244 – 244 = 912 × $^4/_7$ = 521
= verschärfter Mangelfall, weil 840 € nicht erreicht.
Bei Rückstufung der Kinder auf DT 1/2, weil der Bedarfskontrollbetrag von 900 € nicht erreicht ist, beträgt der Kindesunterhalt je 228 €.

---

[67] BGH, FamRZ 1987, 46 = R 313 a; FamRZ 1983, 569

[68] BGH, FamRZ 1984, 657 = R 216

[69] Vgl. Melchers/Hauß, Unterhalt und Verbraucherinsolvenz, Köln 2003 und Melchers FuR 2003, 145 m. w. N.

[70] BGH, FamRZ 1988, 604, 607

[71] BGH, FamRZ 1983, 146, 148 = R 142 b + d

M = 1400 – 228 – 228 = 944 × 4/7 = 540
F = 944 × 3/7 = 405.
– Änderungen der Deckungsmasse im Rahmen der Leistungsfähigkeit.
Bei M ist es im absoluten Mangelfall zumutbar, die Überstunden voll anzurechnen (+ 200).
Neue Deckungsmasse = 1400 + 200 = 1600.
Der F ist im absoluten Mangelfall zumutbar, trotz der beiden Kinder von 7 und 10 Jahren die während der Schulzeit mögliche Teilerwerbstätigkeit auszuüben. Die erzielbaren Einkünfte von 500 € können ihr in Höhe von 6/7 = 428 € bedarfsmindernd zugerechnet werden.
– Neue Rechnung im Rahmen der Leistungsfähigkeit
Kinder je 228 = 456; M = 1600 – 456 = 1144 × 4/7 = 654
F = 1144 × 3/7 = 490.
Die einheitliche Billigkeitsabwägung nach § 1577 II 2, § 1 581 BGB kann sich hier auf die Höhe des anzurechnenden Teils des aus an sich unzumutbarer Tätigkeit erzielbaren Einkommens von F von 428 € beziehen. Werden 214 € angerechnet, so verbleibt ein Unterhalt von 490 – 214 = 276.
F hat 500 Erwerbseinkommen, 276 Unterhalt (und 154 anteiliges Kindergeld), also 930 zur Verfügung.
– M kann diesen Bedarf von 2 × 228 und 276 ohne weitere Unterhaltskürzungen befriedigen. Ihm verbleiben auf Grund der Mangelfallrechnung: 1600 – 456 – 277 = 868.
Der notwendige Selbstbehalt ist gewahrt. (M steht anteiliges Kindergeld nicht zur Verfügung, weil es nach § 1612b V BGB zur Auffüllung des Kindesunterhalts auf 135% des Regelbetrags benötigt wird.)
Der Ehegattenunterhalt von 276 beinhaltet jedoch einen Billigkeitsunterhalt, was Bedeutung gewinnen kann, wenn sich die wirtschaftliche Lage von F bessert.

4. Zurechnung unentgeltlicher freiwilliger Zuwendungen Dritter

Freiwillige unentgeltliche Zuwendungen Dritter dürfen im Rahmen der Bedarfsbemessung und bei Leistungsfähigkeit des Verpflichteten **grundsätzlich bei keinem Ehegatten** als Einkommen zugerechnet werden, solange der Verpflichtete leistungsfähig ist, weil nach der Lebenserfahrung der Dritte damit den Berechtigten zusätzlich unterstützen will und nicht den Verpflichteten entlasten will (vgl. Rn. 1/368 ff.).[72] **100**

Gleiches gilt für freiwillige Zuwendungen eines Dritten an den Verpflichteten, weil nach der Lebenserfahrung die Zuwendung nicht dazu bestimmt ist, dass sich durch diese der Unterhaltsanspruch des Berechtigten erhöhen soll.

Anders ist es in einem **Mangelfall.** Je nach Ausmaß der beschränkten Leistungsfähigkeit können freiwillige unentgeltliche Zuwendungen eines Dritten unter Billigkeitsgesichtspunkten dem, der die Zuwendung erhält, ganz oder teilweise als Einkommen zugerechnet werden.[73] Das gilt aber nur für eine **Billigkeitsabwägung auf der Leistungsstufe.** An dem auf der Bedarfsstufe bemessenen Bedarf ändert sich dadurch nichts. **101**

Rechenbeispiel zur Berücksichtigung freiwilliger Zuwendungen im Rahmen der Leistungsfähigkeit. **102**

Fall:
Nettoeinkommen des M = 1300
2 Kinder im Alter von drei und vier Jahren, die bei der erwerbslosen F leben.
F wohnt ohne Gegenleistung unentgeltlich bei ihren Eltern; Wohnwert 250.
M wohnt ohne Gegenleistung unentgeltlich bei seiner Freundin; Wohnwert auch 250.
Der Erwerbsbonus betrage 1/7.
– Bedarfsfeststellung
Kinder nach DT 1/1 (bis 1300) = je 228
M = 1300 – 228 – 228 = 844 × 4/7 = 482
F = 844 × 3/7 = 362
verschärfter Mangelfall, weil unter 840;
– Änderungen im Rahmen der Leistungsfähigkeit
Wegen des verschärften Mangelfalls werden die unentgeltlichen Zuwendungen Dritter bei beiden Ehegatten als bedarfsdeckendes Einkommen zugerechnet. Möglich wäre auch eine Teilanrechnung.

---

[72] BGH, FamRZ 1995, 537, 539 = R 493b; FamRZ 1985, 584; FamRZ 1980, 40, 42
[73] RG, JW 1917, 288

Rechnerisch bietet es sich an, den notwendigen Selbstbehalt um 250 € auf 840 – 250 = 590 herabzusetzen. Der Wohnwert bei F kann hier mit einem Drittel des – seher geringen – rechnerischen Bedarfs, also 121 € angesetzt werden. Es bleibt der Bedarf von 362 – 121 = 241 €.

– Neue Rechnung im Rahmen der Leistungsfähigkeit

Den Unterhalt von 241 kann M ohne Beeinträchtigung seines notwendigen Selbstbehalts von 590 € bezahlen, denn: 1300 – 288 – 288 – 241 = 603 und damit mehr als 590.

Der Ehegattenunterhalt von 241 ist ein Billigkeitsunterhalt.

5. Verschärfte Anforderungen an Abzugsposten vom Bruttoeinkommen bei Berechnung des Nettoeinkommens

103 Das unterhaltsrechtlich relevante Nettoeinkommen wird berechnet durch Abzug von berufsbedingten Aufwendungen, Betriebsausgaben und sonstigen Werbungskosten sowie von Vorsorgeaufwendungen und Steuern vom Bruttoeinkommen.

Bei beschränkter Leistungsfähigkeit bestehen auch bezüglich dieser Abzugsposten **verschärfte Anforderungen an die Notwendigkeit** solcher Abzüge. Deshalb können auch diese als unterhaltsrechtlich maßgebliche Umstände unter Billigkeitsgesichtspunkten wertend auf ihre Angemessenheit neu unter Anlegung verschärfter Anforderungen und Maßstäbe überprüft werden.

104 Nachfolgend werden einige solcher typischen Abzugsposten beispielhaft angesprochen. Darüber hinaus können in jedem konkreten Einzelfall auch alle sonstigen konkreten Abzugsposten in entsprechender Weise überprüft und wertend abgeändert werden.

Bei **abhängiger Arbeit** bestehen erhöhte Anforderungen an die Notwendigkeit **berufsbedingter Aufwendungen.** Wenn es zweifelhaft ist, ob konkret überhaupt solche Aufwendungen bestehen, entfällt der Abzug einer **5%-Pauschale.** Nach BraL 7, DrL 7 und NaL 7 kann im Mangelfall eine Pauschale nicht angesetzt werden. Tatsächliche Aufwendungen sind konkret nachzuweisen. Anstelle eines Pkw kann die Benutzung **öffentlicher Verkehrsmittel** zugemutet werden, auch wenn dies umständlich ist. Bei sehr hohen Fahrtkosten kann auch ein **möglicher Umzug** zugemutet werden.[74]

105 Bei **Unternehmern** und **Freiberuflern** bestehen im Mangelfall verschärfte Anforderungen an die Notwendigkeit von **Betriebsausgaben,** betrieblichen Investitionen sowie an die Reaktivierung stiller Reserven. Ähnliches gilt für die Ausgabenposten in Überschussrechnungen und Gewinn- und Verlustrechnungen.

Unternehmer und Freiberufler können durch **private Versicherungsleistungen** in angemessenem Umfang **Vorsorge für ihr Alter** treffen. Wenn in einem Mangelfall der Berechtigte wegen des Nachrangs des Vorsorgeunterhalts keinen Vorsorgeunterhalt zugesprochen erhält (siehe Rn. 4/478), dann kann auch dem Freiberufler oder Unternehmer zum Ausgleich für diesen Verzicht eine **Reduzierung seiner Vorsorgeaufwendungen** zugemutet werden.

106 **Steuern** werden in jeweiliger Höhe vom Einkommen abgezogen. Im Mangelfall kann dem Verpflichteten verschärft zugemutet werden, seine laufende Steuerlast durch die **Eintragung von Freibeträgen auf der Lohnsteuerkarte** zu mindern. Unterlässt er dies, kann sein Einkommen um eine fiktive Steuerersparnis erhöht werden (siehe auch Rn. 1/593 f.).

107 Kommt es auf Grund einer wertenden Überprüfung zu solchen veränderten Abzügen, dann wird dadurch die **Deckungsmasse** entsprechend **erhöht.**

Beispiel für einen veränderten Abzug bei berufsbedingten Aufwendungen.

Fall:

Nettoeinkommen des M 1300 €nach Abzug von 300 € berufsbedingten Aufwendungen für Pkw-Fahrten zur Arbeitsstätte.

Die Arbeitsstätte ist mit öffentlichen Verkehrsmitteln nur bei einer zeitlichen Mehrbelastung von 2 Stunden erreichbar. Kosten für öffentliche Verkehrsmittel 100 €.

Unterhalt nur gegenüber erwerbsloser F, Erwerbsbonus 10%.

– Bedarfsfeststellung

M = 1300 × 55% = 715 = unter dem notwendigen Selbstbehalt von 840.

---

[74] OLG Brandenburg, FamRZ 1999, 1010

F = 1300 × 45% = 585.
– Änderungen im Rahmen der Leistungsfähigkeit
Bei verschärftem Mangelfall ist trotz der zeitlichen Mehrbelastung von 2 Stunden die Benutzung öffentlicher Verkehrsmittel zumutbar.
– Neue Rechnung im Rahmen der Leistungsfähigkeit
M = 1300 + 300 (Pkw-Fahrtkosten) – 100 (Kosten der öffentlichen Verkehrsmittel).
M kann den Unterhalt von 585 ungekürzt zahlen, denn ihm bleibt: 1500 – 585 = 915.

6. Erhöhung der Deckungsmasse durch eine zumutbare Vermögensverwertung

Nach § 1581 S. 2 BGB muss der Verpflichtete bei beschränkter Leistungsfähigkeit den Vermögensstamm verwerten, soweit die Verwertung nicht unwirtschaftlich oder unter Berücksichtigung der beiderseitigen wirtschaftlichen Verhältnisse nicht unbillig ist. Grundsätzlich besteht daher für den Verpflichteten im Mangelfall eine Verwertungsobliegenheit wie für den Berechtigten nach § 1577 III BGB (siehe dazu Rn. 4/557 f.). Diese in den §§ 1581 S. 2, 1577 II BGB festgelegten **Maßstäbe der Unbilligkeit und Unwirtschaftlichkeit** setzen äußerste Grenzen, bis zu denen eine Vermögensverwertung im Mangelfall verlangt werden kann.[75] Zur Unwirtschaftlichkeit und Unbilligkeit siehe die Ausführungen Rn. 1/410 ff. und 4/557 f. **108**

Beim **Trennungsunterhalt** fehlt eine den §§ 1581 S. 2, 1577 III BGB entsprechende Bestimmung. Der BGH stützt eine Verwertungspflicht auf § 1361 BGB, wobei die Grundsätze zu den §§ 1581 S. 2, 1577 III BGB ergänzend heranzuziehen sind mit der Maßgabe, dass während der Trennungszeit nach Möglichkeit die wirtschaftlichen Grundlagen der ehelichen Gemeinschaft nicht beeinträchtigt werden sollen und offengehalten werden soll, dass die Ehegatten zur ehelichen Gemeinschaft wieder zurückfinden. Je länger eine Trennung dauert, desto eher kann auch beim Trennungsunterhalt eine Vermögensverwertungspflicht bejaht werden (Näheres Rn. 1/410 ff.).[76] **109**

Zu verwerten ist grundsätzlich Vermögen jeder Art (Rn. 1/423 f.). Eine Verwertung ist in der Regel zumutbar, wenn aus dem Erlös der Unterhaltsbedarf beider Ehegatten neben sonstigen Einkünften **auf Lebenszeit** erfüllt werden kann. Vermögen dient in erster Linie dazu, den Unterhaltsbedarf ergänzend zu sonstigen Einkünften auf Lebenszeit zu sichern. Es ist nicht für Erben zu erhalten (Rn. 1/422, 4/342).[77] **110**

Wer es unterlässt, Vermögen in zumutbarer ertragbringender Weise zu verwerten, kann im **Mangelfall fiktiv** so behandelt werden, wie wenn er das Vermögen in zumutbarer Weise verwertet hätte. Voraussetzung ist eine entsprechende Zumutbarkeitsprüfung, bei der die Belange beider Ehegatten unter Berücksichtigung der Umstände des Einzelfalls gegeneinander abgewogen werden müssen (Rn. 1/410 f.).[78]

Beispiel zur Zurechnung des Erlöses aus einer Vermögensverwertung. **111**

Fall
Der 66-jährige M hat aus einem Renteneinkommen von 2500 € monatlich 1100 € an die gleichaltrige F als eheangemessenen Unterhalt bezahlt unter Berücksichtigung einer prägenden Versorgungsausgleichsrente der F von 300.
Er heiratet erneut und wird unterhaltspflichtig für ein neugeborenes Kind und die Frau, welche mit der geschiedenen Frau gleichrangig ist, weil deren Ehe nicht von langer Dauer war (vgl. Rn. 44 f.).
Diese Belastungen haben auf den Bedarf von F keinen Einfluss, weil sie nicht eheprägend sind.
Er verlangt aber nach § 323 ZPO Abänderung der Unterhaltszahlungen wegen beschränkter Leistungsfähigkeit. Er hat Immobilien im Veräußerungswert von 400 000 €.
– Bedarfsfeststellung
Der eheangemessene bisherige Unterhalt beträgt 2500 – 300 = 2200 : 2 = 1100 €.
Dem entspricht ein eheangemessener Bedarf des M als Rentner ebenfalls von 1100.
Er schuldet aber dem Kind nach DT 6/1 von 254 € und Unterhalt des weiteren Gatten nach HL 37:

---

[75] BGH, FamRZ 1986, 556 = R 284
[76] BGH, FamRZ 1986, 556 = R 284; FamRZ 1985, 360 = R 244 a
[77] BGH, FamRZ 1986, 556 = R 284; FamRZ 1985, 360 = R 244 a
[78] BGH, FamRZ 1986, 556 = R 284; FamRZ 1985, 360 = R 244 a

2500 – 254 = 2246 × 2,7 : 9,3 = 652.
Die nichtprägenden Belastungen bewirken einen leistungsmäßigen Fehlbedarf von
254 + 562 = 906 €
Deshalb Mangelfall.

– Der Fehlbedarf kann durch Teilveräußerung der Immobilien gedeckt werden. Im Mangelfall ist nach § 1581 S. 2 BGB eine solche Teilverwertung zumutbar.

Der Barwert einer Rente von 900 € für M auf Lebenszeit beträgt bei einem Rechnungszins von nur 2,5% bis 3% zwischen 120 000 und 130 000 €.[79]
Zu einem Preis in dieser Größenordnung kann M daher bei einem Versicherungsunternehmen oder bei einer Bank eine Leibrente von 900 € erwerben. Es ist M daher zuzumuten, durch Teilveräußerung seines Grundbesitzes sich ein solches lebenslanges Einkommen zu verschaffen.

– Abweisung der Klage nach § 323 ZPO, weil M durch eine entsprechende Vermögensverwertung als leistungsfähig zur Fortzahlung des eheangemessenen Unterhalts von 1100 € angesehen werden kann.

7. Berücksichtigung von Verbindlichkeiten des Verpflichteten

112 **a) Prägende und nichtprägende Schulden.** Bei der Bedarfsbemessung werden prägende ehebedingte Verbindlichkeiten durch Vorabzug vom prägenden Einkommen berücksichtigt.

Im Rahmen der Feststellung einer beschränkten Leistungsfähigkeit sind auch alle **sonstigen nichtprägenden regelmäßigen Zahlungsverpflichtungen** zu berücksichtigen, sofern sie berücksichtigungswürdig sind (Rn. 18, 114). Der Unterhaltsanspruch des Berechtigten genießt auf der Leistungsstufe keinen Vorrang vor anderen regelmäßigen Verbindlichkeiten des Verpflichteten.[80]

113 Wird ein Mangelfall bejaht, sind alle Verbindlichkeiten daraufhin **wertend zu überprüfen,** ob sie auch unter Berücksichtigung von Billigkeitsgesichtspunkten noch berücksichtigungswürdig sind (siehe Rn. 114).

Dies gilt sowohl für prägende wie für nichtprägende Verbindlichkeiten, wobei die Anforderungen an nichtprägende Verbindlichkeiten strenger sind, weil diese in der Regel nicht einvernehmlich begründet worden sind und weil sich der Verpflichtete nicht durch ein unverantwortliches oder eigensüchtiges einseitiges Schuldenmachen seiner Unterhaltsverpflichtung entziehen darf.

114 **b) Neue Interessenabwägung.** Im Rahmen der Leistungsfähigkeit ist zwischen berücksichtigungswürdigen und anderen Verbindlichkeiten zu differenzieren. Die Frage, ob vom Verpflichteten eingegangene sonstige Verbindlichkeiten auf der Leistungsstufe berücksichtigungswürdig sind, erfordert eine **umfassende Interessenabwägung.**[81] Da jede Rechtsposition unter dem Vorbehalt von Treu und Glauben steht, darf sich der Verpflichtete nicht auf Verbindlichkeiten berufen, die er leichtfertig für luxuriöse Zwecke oder ohne verständigen Grund eingegangen ist.[82] Der Verpflichtete darf sich nicht durch ein unverantwortliches oder eigensüchtiges Schuldenmachen seiner Unterhaltsverpflichtung entziehen.[83] Auch die Kenntnis von einer Unterhaltsverpflichtung verwehrt es dem Pflichtigen in der Regel, sich auf eine infolge von Schulden eingetretene Verminderung der Leistungsfähigkeit zu berufen, es sei denn, deren Eingehung ist notwendig und unausweichlich gewesen.[84]

Andererseits ist nach der Rechtsprechung des BGH eine tatsächlich bestehende Leistungsunfähigkeit grundsätzlich auch dann zu beachten, wenn der Verpflichtete sie selbst – sogar schuldhaft – herbeigeführt hat. Die Berufung auf seine Leistungsunfähigkeit ist ihm nur dann

---

[79] Versicherungsmathematischer Barwert, berechnet mit dem Gutdeutsch-Programm (Familienrechtliche Berechnungen, Verlag C. H. Beck): Bei einem versicherungsmathematischen Alter des Mannes von 65 Jahren ergibt sich z. B. nach der abgekürzten Sterbetafel 1997/99 bei einem Rechnungszins von 2,5% und einer Monatsrente von 900 € ein Barwert von 127 548 €
[80] BGH, FamRZ 1984, 657 = R 216
[81] BGH, FamRZ 1990, 283, 287 = R 400 c
[82] BGH, FamRZ 1984, 358; FamRZ 1982, 898
[83] BGH, FamRZ 1982, 157
[84] BGH, FamRZ 1990, 283, 287 = R 400 c

verwehrt, wenn er diese durch ein verantwortungsloses, zumindest **leichtfertiges Verhalten von erheblichem Gewicht** herbeigeführt hat (siehe auch Rn. 25).[85] Bei Verbindlichkeiten spielt diese Rechtsprechung eine Rolle, wenn die Begründung der Verbindlichkeiten auf einem verantwortungslosen, zumindest leichtfertigen Verhalten des Verpflichteten beruht.

Ob nach diesen Grundsätzen im Einzelfall eine **Verbindlichkeit ganz oder teilweise zu berücksichtigen** ist, kann nur im Rahmen einer tatrichterlichen Interessenabwägung aller konkreten Umstände nach billigem Ermessen beurteilt werden.[86] **115**

Nach dieser Rechtsprechung sind vor allem **folgende Umstände** in diese Abwägung einzubeziehen:

- Zweck der Verbindlichkeiten.
- Zeitpunkt und Art ihrer Begründung.
- Dringlichkeit der Bedürfnisse beider Ehegatten.
- Kenntnis des Verpflichteten von Grund und Höhe des Unterhaltsanspruchs bei Begründung der Verbindlichkeiten.
- Begründung der Verbindlichkeiten mit (oder ohne) Einvernehmen des Berechtigten.
- Interesse des Verpflichteten an der Tilgung der Verbindlichkeiten, deren weiteres Anwachsen diesem nicht zugemutet werden kann.
- Möglichkeiten des Verpflichteten, die Verbindlichkeiten zeitlich zu strecken und im Rahmen eines vernünftigen Tilgungsplanes abzutragen.
- Möglichkeiten des Verpflichteten, seine Leistungsfähigkeit in zumutbarer Weise teilweise oder ganz wiederherzustellen.
- Möglichkeiten des Berechtigten, sich fehlende Mittel durch eigenen Einsatz selbst zu verschaffen.
- Schutzwürdige Belange von Drittgläubigern.

Diese Grundsätze gelten auch beim **Trennungsunterhalt** (§ 1361 BGB), d. h., auch bei diesem sind im Rahmen der Leistungsfähigkeit grundsätzlich auch sonstige berücksichtigungswürdige Schulden zu berücksichtigen, weil den Unterhaltsansprüchen kein Vorrang vor anderen Verbindlichkeiten des Verpflichteten zukommt. **116**

Ob und in welchem Umfang solche Verbindlichkeiten auch bei einer beschränkten Leistungsfähigkeit zu berücksichtigen sind, ist ebenfalls nur auf Grund einer umfassenden Interessenabwägung (wie Rn. 115) nach billigem Ermessen zu beurteilen.[87]

Nach diesen Entscheidungen bedarf es im Mangelfall eines **Ausgleichs der Belange des Unterhaltsgläubigers, Unterhaltsschuldners und Drittgläubigers,** der nur auf Grund einer Interessenabwägung gefunden werden kann, weil die vollstreckungsrechtlichen Regeln keine Gewähr für einen sachgerechten Ausgleich bieten.

Diese nach Billigkeitsgrundsätzen vorzunehmende Interessenabwägung kann bei Überschuldung des Verpflichteten ergeben, dass der Berechtigte als Unterhalt nicht die zur Deckung seines Mindestbedarfs erforderlichen Mittel erhält, vor allem dann, wenn die Verschuldung so groß ist, dass der Verpflichtete zur Begleichung der laufenden Zinsen nicht mehr in der Lage ist und Unterhaltsleistungen daher nur auf Kosten einer entsprechenden Erhöhung des Schuldenstandes möglich sind, dessen Amortisation den Verpflichteten ohnehin auf Jahrzehnte im vollstreckungsrechtlich höchstzulässigen Maß belasten wird.[88]

Diese Ausführungen des BGH betrafen einvernehmlich begründete prägende ehebedingte Verbindlichkeiten aus einer bereits bei Trennung bestehenden Überschuldung. Beruht die Überschuldung auf einseitig begründeten nichtprägenden Verbindlichkeiten des Verpflichteten, ist es diesem bei der Abwägung eher zuzumuten, die Hauptlast solcher Verbindlichkeiten selbst zu tragen, d. h., solche Verpflichtungen sind nur in eingeschränktem Maß als berücksichtigungswürdig zu beurteilen. Außerdem ist seit Inkrafttreten der **Insolvenzordnung** immer zu prüfen, ob es dem Pflichtigen zuzumuten ist, sich auf Pfändungsfreigrenzen zu berufen oder Insolvenzantrag zu stellen (Rn. 122 a).

[85] BGH, FamRZ 1988, 597, 599; FamRZ 1987, 930, 932 = R 328 b; FamRZ 1987, 372, 374 = NJW-RR 1987, 770; FamRZ 1985, 158 = NJW 1985, 732
[86] BGH, FamRZ 1984, 358; ferner R 216, R 149 c, R 400 c
[87] BGH, FamRZ 1984, 657 = R 216; FamRZ 1982, 678
[88] BGH, FamRZ 1984, 657 = R 216; FamRZ 1982, 678

117 Der Verpflichtete hat die **Darlegungs- und Beweislast** für Umstände, mit denen er die Berücksichtigungswürdigkeit und unterhaltsrechtliche Erheblichkeit von ihm eingegangener Verbindlichkeiten begründet (vgl. auch Rn. 6/712).[89]

117 a **c) Tilgungsplan.** Bei einer Überschuldung hat eine Tilgung der berücksichtigungswürdigen Schulden im Rahmen eines vernünftigen Tilgungsplanes zu erfolgen.[90]

Der Verpflichtete muss sich bei seinen Gläubigern um günstigere Zahlungsbedingungen bemühen. Er muss dazu im Einzelnen darlegen und beweisen, was er in dieser Hinsicht unternommen hat. Unterlässt er zumutbare Bemühungen, kann tatrichterlich fiktiv eine zumutbare Anpassung der Zins- und Tilgungsleistungen vorgenommen werden.

In der Praxis wird eine Umschuldung oder ein Zahlungsaufschub angesichts der bedrängten wirtschaftlichen Lage oft schwer zu realisieren sein. Im Einzelfall kann es bei erfolglosen Bemühungen zumutbar sein, es auf eine Vollstreckung durch die Gläubiger ankommen zu lassen.

Stammen die Schulden aus der Zeit vor der Trennung, ist danach zu fragen, wie sich der Verpflichtete ohne die Trennung vernünftigerweise verhalten hätte. Er kann sich auf seine Schulden nur im Rahmen eines vernünftigen Tilgungsplanes berufen. Dementsprechend sind nur Beträge zu berücksichtigen, wie sie im Fall der Fortdauer der ehelichen Lebensgemeinschaft bei verantwortlicher Abwägung der Unterhaltsbelange und der Fremdgläubigerinteressen für die Schuldentilgung verwendet worden wären. Ihre Höhe ist anhand des verfügbaren oder erzielbaren Einkommens zu schätzen.[91]

In der Regel sind dabei dem Verpflichteten wenigstens so viele Mittel zu belassen, dass er zumindest die Zinsen zahlen und ein weiteres Anwachsen der Schulden verhindern kann.[92]

118 Berücksichtigungswürdig sind in der Regel Verbindlichkeiten, die der Verpflichtete zur Finanzierung von Anschaffungen eingeht, die er für seine **Lebensführung dringend benötigt,** wie z. B. für die angemessene Einrichtung einer neuen Wohnung nach der Trennung oder für die Kosten des Scheidungsverfahrens (mit Folgesachen). Solche Kosten können im Rahmen des vollen Unterhalts in der Regel auch als trennungsbedingter Mehrbedarf berücksichtigt werden (siehe Rn. 142 f.).

Wenn der Verpflichtete **Prozesskostenhilfe gegen Ratenzahlung** erhält, die er bei beschränkter Leistungsfähigkeit beantragen muss, dann wird seine Leistungsfähigkeit in Höhe der angeordneten Ratenzahlung gemindert. In der Regel kann ihm jedoch zugemutet werden, solche Raten bei beschränkter Leistungsfähigkeit aus seiner Ehegattenquote zu bezahlen (vgl. Rn. 1/636 b).[93]

Berücksichtigungswürdig sind auch die Finanzierungskosten für einen **beruflich benötigten Pkw.**

119 **d) Schuldenmachen.** In der Regel sind Verbindlichkeiten nicht oder nur eingeschränkt zu berücksichtigen, die der Verpflichtete **in Kenntnis der Unterhaltslast** einseitig leichtfertig eingegangen ist oder die er leichtfertig für luxuriöse Zwecke oder ohne verständigen Grund eingegangen ist,[94] weil er sich durch ein unverantwortliches, zumindest **leichtfertiges** oder eigensüchtiges Schuldenmachen seiner Unterhaltspflicht nicht entziehen darf.[95] Danach können Verbindlichkeiten unberücksichtigt bleiben, die der Verpflichtete im Zusammenhang mit dem Erwerb einer Eigentumswohnung durch seine neue Partnerin übernommen hat.[96]

In der Regel sind auch solche Schulden nicht zu berücksichtigen, die der Verpflichtete deshalb macht, weil er mit dem für seinen Lebensbedarf zur Verfügung stehenden Geld nicht auskommt und deshalb z. B. **laufend sein Girokonto überzieht.** Tilgungen und neuerli-

89 BGH, FamRZ 1990, 283, 287 = R 400 c
90 BGH, FamRZ 1982, 250, 252 ferner R 216
91 BGH, FamRZ 1982, 23 = NJW 1982, 232
92 BGH, FamRZ 1982, 678
93 Als trennungsbedingten Mehrbedarf behandelt die Prozesskosten OLG München FamRZ 1994, 898
94 BGH, FamRZ 1984, 358
95 BGH, FamRZ 1982, 157
96 BGH, FamRZ 1982, 898

che Überziehungen gleichen sich zudem meist aus. Nur die Zinsen können berücksichtigungsfähig sein.

Auch Aufwendungen für die Vermögensbildung dürfen bei beschränkter Leistungsfähigkeit nicht fortgesetzt werden, weil der Verpflichtete auf Kosten des Berechtigten keine Vermögensbildung betreiben darf. So darf z. B. auch eine Lebensversicherung im Mangelfall nicht fortgesetzt werden mit der Folge, dass die **Versicherungsprämien** im Rahmen der Leistungsfähigkeit nicht zu berücksichtigen sind.[97]

Dem Verpflichteten ist es zuzumuten, solche Verbindlichkeiten rückgängig zu machen.

Verbindlichkeiten für ein **Haus** können nicht berücksichtigt werden, soweit sie **mit** **120**
einem Wohnwert verrechnet werden. Nur ein den Wohnwert übersteigender Betrag ist berücksichtigungswürdig (Näheres Rn. 1/354 f.).[98]

Wenn gemeinsam eingegangene Verbindlichkeiten nach der Trennung im Verhältnis zwi- **121**
schen den Eheleuten vom Verpflichteten **gegen den Willen des Berechtigten aufrechterhalten** werden (z. B. Bereitstellungszinsen für einen geplanten Hausbau, der vom anderen Ehegatten nicht mehr gewollt wird), sind diese unterhaltsrechtlich nicht zu berücksichtigen.[99]

Wegen der Berücksichtigung von Verbindlichkeiten siehe auch Rn. 1/614 ff.

Rechenbeispiel zum Mangelfall wegen Zahlungsverpflichtungen. **122**

Fall

Nettoeinkommen des M aus abhängiger Arbeit = 3500
Unterhalt für erwerbslose F
prägende ehebedingte Schulden = 700
Kreditkosten für nach der Trennung gekauften Pkw, der nur für private Zwecke benutzt wird = 800
Raten für nach der Trennung abgeschlossene Lebensversicherung = 200
Überziehungszinsen auf Girokonto für Lebenshaltungskosten nach der Trennung = 200
Kreditkosten für Geschenk an die neue Freundin = 200
Kreditkosten für dringend benötigten Hausrat der neuen Wohnung = 200.

– Bedarfsfeststellung mit Erwerbsbonus $^1/_7$:
3500 – 700 (prägende ehebedingte Schulden) = 2800
M = 2800 × $^4/_7$ = 1600
F = 2800 × $^3/_7$ = 1200
Mangelfall wegen weiterer, bei der Bedarfsfeststellung nicht zu berücksichtigender nichtprägender Verbindlichkeiten von 800 + 200 + 200 + 200 + 200 = 1600, von denen aber nur 200 berücksichtigungswürdig sind. Nach Abzug verbleibt dem M nichts, bzw. 1400.

– Änderungen im Rahmen der beschränkten Leistungsfähigkeit:
Zu berücksichtigen sind DM 200 für dringend benötigten (durch Hausratsteilung nicht zu erlangenden) Hausrat (= trennungsbedingter Mehrbedarf)
Nicht zu berücksichtigen sind die übrigen Kreditkosten:
800 Pkw-Kosten; leichtfertig für private Zwecke gekauft; Veräußerung zur Schuldendeckung zumutbar; Lebensversicherungskosten; vermögensbildende Aufwendungen für rentenversicherten Arbeitnehmer nicht erforderlich; Rückgängigmachung der Lebensversicherung zumutbar,
200 Überziehungszinsen für Lebenshaltungskosten sind aus der eigenen Unterhaltsquote zu bezahlen.
200 Kreditkosten für Geschenk an Freundin ist eine verantwortungslose, zumindest leichtfertige Verbindlichkeit, durch die der Unterhaltsanspruch nicht geschmälert werden darf.

– Neue Rechnung im Rahmen der Leistungsfähigkeit.
Auf der Leistungsstufe können berücksichtigungswürdige, trennungsbedingte Mehraufwendungen durch Vorabzug vom verteilungsfähigen Einkommen berücksichtigt werden (siehe Rn. 142 ff.).
Die übrigen Verbindlichkeiten sind nicht zu berücksichtigen.
Voller Unterhalt der F = 1200
Billigkeitsunterhalt nach § 1581 = 2800 – 200 = 2600 × $^3/_7$ = 1114.
Dem M verbleiben 2600 × $^4/_7$ = 1486 + 200 = 1686.
Möglich ist auch eine proportionale Kürzung des jeweiligen Bedarfs (1800 bzw. 1200) im Verhältnis zur Deckungsmasse (2800) und zum Gesamtbedarf (1800 + 1200 = 3000).
Anteil des M = 1800 × 2800 : 3000 = 1680
Anteil der F = 1200 × 2800 : 3000 = 1120.

---

[97] BGH, FamRZ 1984, 149, 151
[98] BGH, FamRZ 1986, 437, 439
[99] BGH, FamRZ 1983, 670, 673 = R 149 c

8. Obliegenheit, sich auf die Pfändungsfreigrenzen zu berufen und evtl. Insolvenzantrag zu stellen

122 a Dem **in Abhängigkeit Erwerbstätigen** stand schon immer die Möglichkeit zur Seite, sich gegenüber Drittgläubigern auf die **Pfändungsfreibeträge nach § 850 c ZPO** zu berufen. Die Rechtsprechung der Untergerichte hatte auch eine entsprechende Obliegenheit im Interesse der Unterhaltsberechtigten angenommen. Der BGH hat es indessen als für den Unterhaltsschuldner unzumutbar angesehen, durch die Unterhaltszahlungen immer tiefer in Schulden zu geraten.[100] Damit wurden die Unterhaltsgläubiger auf die Sozialhilfe verwiesen und die Drittgläubiger erlangten die Rückzahlung ihrer Forderungen letztlich zu Lasten der öffentlichen Hand, welche auf diese Weise das Risiko des Kreditgebers verminderte. Durch die Einführung der Verbraucherinsolvenz mit Restschuldbefreiung nach §§ 304 ff. InsO hat der Gesetzgeber die Rahmenbedingungen verändert und der bisherigen Rechtssprechung des BGH ihre Grundlage genommen. Dieses Verfahren kann es dem Unterhaltsschuldner nämlich ermöglichen, **Unterhalt zu leisten** und außerdem nach angemessener Zeit **Befreiung von seinen Schulden** zu erlangen.[101] Die Verbraucherinsolvenz hat nämlich zur Folge, dass dem Schuldner von seinem Einkommen der pfändungsfreie Betrag einschließlich der auf Unterhaltspflichten entfallenden Anteile verbleibt. Aus der generellen Pflicht des Unterhaltsschuldners, seine Leistungsfähigkeit nach Möglichkeit zu verbessern, folgt daher auch seine Obliegenheit, sich anderen Gläubigern gegenüber auf die Pfändungsfreigrenzen zu berufen, wenn er durch einen Antrag auf Eröffnung des Verbraucherinsolvenzverfahrens mit Restschuldbefreiung die Beseitigung seiner Schulden erreichen kann.

In gleicher Weise ist derjenige, der auf andere Weise durch **persönliche Arbeit seinen Unterhalt verdient,** gehalten, den entsprechenden **Pfändungsschutz gem. § 850 i ZPO** in Anspruch zu nehmen, weil auch er im Prinzip die Möglichkeit hat, das Anwachsen der Schulden durch eine Verbraucherinsolvenz mit Restschuldbefreiung zu vermeiden.

Die Pfändungsfreibeträge nach § 850 c ZPO sind aber nur die **Untergrenze der Pfändungsfreiheit.** Soweit der **Sozialhilfebedarf** darüber liegt, kann der Pfändungsschuldner nach **§ 850 f ZPO** einen darüber liegenden Freibetrag in Anspruch nehmen und hat unterhaltsrechtlich auch die entsprechende Obliegenheit. Im Prinzip darf die Sozialhilfe also nur mehr dann eingreifen, wenn der Unterhaltsschuldner auch bei Absehen von seinen privaten Schulden nicht in der Lage ist, den sozialhilferechtlichen Bedarf für sich und die, für die er unterhaltspflichtig ist, abzudecken.

122 b Die **Verbraucherinsolvenz** vollzieht sich in 4 Schritten:

- Im außergerichtlichen Schuldenbereinigungsverfahren muss sich der Schuldner um eine Einigung mit seinen Gläubigern bemühen. Das förmlich belegte Scheitern dieses Versuches ist Voraussetzung für
- den Antrag auf gerichtliche Schuldenbereinigungsplanverfahren, bei welchem der Schuldner das Scheitern es außergerichtlichen Einigungsversuchs belegen und Verzeichnisse der Gläubiger und ihrer Forderungen sowie des Vermögens einschließlich aller Einkünfte vorlegen und die Gründe der Scheiterns der Einigungsbemühungen darlegen muss (§ 305 InsO). Darauf folgt der gerichtliche Versuch, eine einvernehmliche Lösung zu erreichen, bei der die Zustimmung einzelner Gläubiger vom Gericht ersetzt werden kann (§ 309 InsO).
- Im Falle des Scheiterns wird das Insolvenzverfahren eröffnet, dass, zur Bestellung eines Insolvenzverwalters und, wenn keine Versagungsgründe entgegenstehen, zur Ankündigung der Restschuldbefreiung im Falle des Wohlverhaltens nach § 291 InsO führt.
- Nach der Wohlverhaltensperiode von regelmäßig sechs Jahren ab Verfahrenseröffnung (Verkürzung auf fünf Jahre ist möglich), in welcher das den pfändbaren Betrag über-

---

[100] BGH, FamRZ 1984, 477 = R 216

[101] Ausführlich zu dem Thema: Melchers/Hauß, Unterhalt und Verbraucherinsolvenz, Köln 2003, Melchers FuR 2003, 145; Melchers FamRB 2002, 180; Melchers FamRZ 2001, 1509, kritisch Uhlenbruck FamRZ 1998, 1473

steigende Einkommen (soweit vorhanden) an die Gläubiger abgeführt wird, folgt die Restschuldbefreiung nach § 300 InsO, wenn keine Versagungsgründe nach § 290 InsO erfolgreich geltend gemacht worden sind.

Voraussetzung für die **Eröffnung des Insolvenzverfahrens** ist nach § 17 InsO allerdings die **Zahlungsunfähigkeit,** also die Unfähigkeit, den fälligen Zahlungspflichten zu erfüllen. Aus bisherigen Rechtsprechung, wonach dem Schuldner nicht zuzumuten war, dass Anwachsen seiner Schulden hinzunehmen und ihm daher gestattet wurde, zu Lasten seiner Unterhaltsgläubiger seine anderen Gläubiger zu befriedigen, wird teilweise gefolgert, Zahlungsunfähigkeit liege nur vor, wenn ohne jede Unterhaltszahlung die Erfüllung der Verbindlichkeiten nicht möglich sei. Solange noch Unterhalt geleistet werde, liege keine Insolvenz vor, weil mangels Leistungsfähigkeit zuerst die Unterhaltspflichten entfallen müsse.[102] Das dürfte aber dem Zweck des Verbraucherinsolvenzverfahrens widersprechen, welches ersichtlich darauf angelegt ist, die Unterhaltsgläubiger anderen Gläubigern gegenüber zu bevorzugen und dadurch die Sozialkassen zu entlasten. Vielmehr wird die Leistungsfähigkeit des Unterhaltsschuldners gerade durch die Möglichkeit eines Antrags auf Eröffnung des Verbraucherinsolvenzverfahrens erhöht. Zum selben Ergebnis kommt man letztlich bei der Frage, inwieweit die Obliegenheit, einen Insolvenzantrag zu stellen, Einfluss auf die einkommensabhängige Bedarfsbemessung haben kann. Hier muss man darauf abstellen, wie sich der Unterhaltsschuldner ohne die Trennung verhalten hätte. In der Regel wird man davon ausgehen können, dass er sich zum Schutz des Familienunterhalts auf die Pfändungsfreigrenzen berufen und Insolvenzantrag gestellt hätte. Demnach durfte sich auch das prägende Einkommen durch die Obliegenheit, einen Insolvenzantrag zu stellen, erhöhen. 122 c

Der Insolvenzantrag könnte **unzumutbar** sein, wenn er nicht zur Restschuldbefreiung führen kann, wenn also Versagungsgründe gem. § 290 InsO vorliegen. Das wäre z. B. dann der Fall, soweit die Forderungen aus einer vorsätzlichen unerlaubten Handlung resultieren, der Schuldner sich im letzten Jahr vor dem Antrag vorsätzlich oder grob fahrlässig leistungsunfähig gemacht hat oder innerhalb der Letzten 10 Jahre eine Restschuldbefreiung gewährt oder versagt wurde. Hier sind die Interessen von Unterhaltsschuldner und -gläubiger unter Berücksichtigung von Billigkeitsgründen gegeneinander abzuwägen, was durchaus dazu führen kann, dass sich der Unterhaltsschuldner auch dann auf die Pfändungsfreigrenzen berufen muss, wenn eine Restschuldbefreiung nicht möglich ist. Dies muss umso mehr gelten, als im Interesse der öffentlichen Kassen der Gesetzgeber den **Unterhaltsansprüchen einen Vorrang gegenüber anderen Ansprüchen** eingeräumt hat. Dieser muss sich auch dann durchsetzen, wenn aus Gründen, die in der Person des Unterhaltsschuldners liegen, eine Restschuldbefreiung ausscheidet. Schließlich betrifft aber die unterhaltsrechtliche Zumutbarkeitsprüfung meist nicht den Antrag auf Verbraucherinsolvenz, die **Berufung auf die Pfändungsfreigrenzen nach §§ 850 c, 850 f und 850 i ZPO.** 122 d

Die Verbraucherinsolvenz führt im Falle der Restschuldbefreiung auch zum **Erlöschen** der bis dahin nicht erfüllten **Unterhaltsrückstände** aus der Zeit vor der Verfahrenseröffnung (vgl. Rn. 4/61 a). Wenn die Nachteile auch des Unterhaltsgläubigers überwiegen, weil er ohne die Restschuldbefreiung Hoffnung hätte, auf Grund einer dem Unterhaltsschuldner zufallenden Erbschaft zur Erfüllung seiner Unterhaltsansprüche zu kommen, so können im Einzelfall die Gründe, die gegen eine Berufung auf die Pfändungsfreibeträge und einen Antrag auf Eröffnung des Verbraucherinsolvenzverfahrens sprechen, überwiegen. 122 e

122 f

Beispiel für Berufung auf die Pfändungsfreibeträge:
Einkommen von M (ohne Kindergeld) 3000,00 €, Schulden 1500,00 €
verbleibendes Einkommen 1500,00 €
Kind A Alter 14 Jahre, Kind B Alter 7 Jahre, Gatte F ohne Einkommen
Erwerbsbonus 10%

---

[102] Diese Argumentation liegt letztlich der Beschluss des OLG Stuttgart vom 17. 9. 2001 FamRZ 2002, 982 zu Grunde

Unterhaltsberechnung:
aus Einkommen des Pflichtigen 1500,00 €
Kindesunterhalt nach der Düsseldorfer Tabelle Gruppe 2: (1300–1500) Kind A 288,00 €, Kind B 244,00 €, insgesamt 532,00 €
F erhält: (1500 – 532) × 90%/2 = 436,00 €,
M behält nur 532,00 €, daher **Mangelfall.**
M wäre aber ein Antrag auf Restschuldbefreiung möglich und zumutbar. Dadurch erhöht sich seine Leistungsfähigkeit:
Sein Einkommen vor Abzug der Schulden beträgt 3000,00 €, hiervon sind pfändungsfrei 2496,70 €, anerkennungsfähige Schulden deshalb 503,30 €, nicht anerkennungsfähige Schulden 996,70 € sind hinzuzurechnen. Damit bleiben M nicht 532 €, sondern 1528,70 €. Davon abzuziehen sind Kosten der Restschuldbefreiung von monatlich geschätzt 50 €, sodass M 1528,70 – 50 = 1478,70 € bleiben und kein Mangelfall mehr besteht. Die Berufung auf den Pfändungsfreibetrag erhöht jedoch auch das prägende Einkommen. Dieses beträgt nun 3000 – 503,30 – 50 = 2446,70 €, daraus berechnet sich nun auch der Kindesunterhalt nach der Düsseldorfer Tabelle nach Gruppe 7 (2300 – 2500) A 382,00 €, B 324,00 €, insgesamt 706,00 €.
Unterhalt von F: 2447 – 706 = 1741,00 × 90%/2 = 783,00 €
M bleibt 958 €
Es besteht kein Mangelfall, weil der Pflichtige sich auf den Pfändungsfreibetrag berufen muss.

9. Bedarfsbemessung bei konkurrierenden prägenden und nichtprägenden Unterhaltsverpflichtungen sowie Nichtberücksichtigung nachrangiger Unterhaltsverpflichtungen im Mangelfall

123 **a) Kürzung von Kindesunterhalt.** Prägende Unterhaltsverpflichtungen für minderjährige und volljährige Kinder werden bereits bei der Bedarfsbemessung durch Vorabzug vom Nettoeinkommen berücksichtigt (Rn. 4/188). Wird die absolute Grenze der Inanspruchnahme des Verpflichteten nicht erreicht, so wird der Kindesunterhalt meist mit Hilfe des **Bedarfskontrollbetrags** auf das Resteinkommen des Verpflichteten abgestimmt (vgl. Rn. 2/239 f.). In diesen Fällen ist eine nochmalige anteilige Kürzung des Kindesunterhalts nicht gerechtfertigt. Vielmehr ist nur der Gattenunterhalt, welcher nach der Lebensstandardsgarantie (den ehelichen Lebensverhältnissen) bemessen wird, zu kürzen. Das geschieht in der Regel durch die **Ehegattenquote** nach der Differenzmethode der Düsseldorfer Tabelle B. Wird jedoch der Bedarfskontrollbetrag nicht angewandt (FT 11, OL 11, RL 11, ThT 11), muss auch der Kindesunterhalt in der Mangelfallberechnung gekürzt werden.

124 **b) Konkurrenzen von zwei gleichrangigen Ehegatten.** Gibt es zwei gleichrangige Ehegatten, soll das nach Vorabzug des prägenden Kindesunterhalts verbleibende Einkommen nach den **Hammer Leitlinien** (HL 24.2) im Verhältnis 4 : 3 : 3 verteilt werden. Ist der Verpflichtete nicht erwerbstätig, folgt die Aufteilung dem Verhältnis 1 : 1 : 1.

Lebt ein Ehegatte mit dem Verpflichteten zusammen, gilt zum Ausgleich einer Ersparnis durch die gemeinsame Haushaltsführung das Verhältnis 4 : 3,3 : 2,7. Ist der Verpflichtete nicht erwerbstätig, gilt das Verhältnis 3,6 : 3,6 : 2,8 (HL 24.2.2).

Hat der geschiedene Ehegatte eigenes Einkommen, so soll nach HL 24.2.3 zunächst der Unterhalt des einkommenslosen zweiten Ehegatten nach dem anrechenbaren Einkommen des Verpflichteten unter Berücksichtigung beider Ehegatten, aber ohne Berücksichtigung des Einkommens des geschiedenen Ehegatten zu berechnen sein.

Sodann sei in einem zweiten Rechenschritt vom Einkommen des Verpflichteten der ermittelte Unterhalt des neuen Ehegatten als Verbindlichkeit abzuziehen und sodann der endgültige Unterhaltsbedarf des geschiedenen Ehegatten zu berechnen. Der so ermittelte Bedarf beider Ehegatten sei in die Mangelfallrechnung einzustellen.

125 Die Verteilung des Gattenunterhalts bei Gleichrang nach festen Schlüsseln (HL 24.2) befriedigt jedoch nicht, weil sie letztlich die **Frage nach dem Bedarf** offenlässt. Wenn man den Schlüssel als Bedarfsverteilung betrachtet, so überzeugt die Lösung nicht, weil sich der Bedarf des ersten Gatten nicht durch die zweite Ehe verändert, damit aber seine Bedarfsquote nicht durch das Hinzutreten des zweiten Gatten vermindert werden kann. Vielmehr kann wie folgt vorgegangen werden:

- **Erste Stufe:** Berechnung des **vollen Bedarfs des ersten Gatten** (ohne Berücksichtigung des zweiten, s. o. Rn. 4/414) und des ihm gegenüberstehenden **Eigenbedarfs des Pflichtigen** nach § 1581 BGB (Rn. 4/567 ff.) als ersten und zweiten Posten für die Mangelfallberechnung.
- **Zweite Stufe:** Berechnung des **fiktiven vollen Bedarfs** des **zweiten** Gatten (ohne Berücksichtigung des Unterhalts des ersten). Dieser muss ggf. mit den beiden anderen Posten vergleichbar gemacht werden. Eine gleichmäßige Verteilung auf alle drei Beteiligten wird erreicht, wenn man in gleicher Weise einen fiktiven Eigenbedarf des Pflichtigen gegenüber dem zweiten Gatten berechnet.[103] Stimmt dieser mit dem der ersten Stufe überein, ist der fiktive Bedarf des zweiten Gatten der **dritte Einsatzbetrag,** andernfalls ist der fiktive Bedarf im Verhältnis des Eigenbedarfs der Stufe eins zum fiktiven Eigenbedarf vermindert oder erhöht. Das Ergebnis ergibt den dritten Einsatzbetrag (für den zweiten Gatten). **126**
- **Dritte Stufe:** Der Summe der drei Einsatzbeträge (Sollbetrag) ist die Summe aller verfügbaren Einkommen, die die zweite Ehe geprägt haben (Deckungsbetrag), gegenüberzustellen. Reicht das Einkommen aus, so stellt der volle Bedarf des ersten Gatten zugleich seinen gleichrangigen Bedarf dar. Andernfalls muss der volle Bedarf des ersten Gatten im Wege einer Billigkeitskürzung nach § 1581 BGB auf den **gleichrangigen Bedarf** desselben herabgesetzt werden. **127**
- **Vierte Stufe:** Vom gleichrangigen Bedarf ist das Einkommen des ersten Gatten, soweit es für die Erste und zweite Ehe prägend war, abzuziehen. Das Ergebnis ist der **gleichrangige Unterhalt.** **128**
- **Fünfte Stufe:** Von dem die zweite Ehe prägenden Einkommen des Verpflichteten ist der gleichrangige Unterhalt des ersten Gatten wie eine sonstige prägende Verbindlichkeit vorweg abzuziehen. Sodann ist in üblicher Weise der **Bedarf des zweiten Gatten** und der ihm gegenüberstehende Eigenbedarf des Verpflichteten zu berechnen.
- **Sechste Stufe:** Durch Anrechnung des Einkommens des zweiten Gatten wird sein **Unterhalt** berechnet.
- **Siebte Stufe:** Unter Einbeziehung aller nichtprägenden Einkünfte der Beteiligten, etwaigen trennungsbedingten Mehrbedarfs aus der zweiten Ehe und anerkennungsfähigen nichtprägenden Verpflichtungen des Verpflichteten ist zu prüfen, ob die verfügbaren Mittel den Bedarf nach der zweiten Ehe (welcher den gleichrangigen Bedarf des ersten Gatten umfasst) decken. Ist das nicht der Fall, so können die drei Bedarfsbeträge und damit auch die Unterhaltsbeträge **anteilig gekürzt** werden. Übersteigen dagegen die verfügbaren Beträge den Bedarf nach der zweiten Ehe, so kann es sein, dass auch ein darüber hinausgehender Bedarf aus der ersten Ehe gedeckt werden kann. Es ist dann der volle Unterhalt des zweiten Gatten vom Deckungsbetrag vorweg abzuziehen. Wenn der verbleibende Betrag nicht ausreicht, den beiderseitigen Bedarf aus der ersten Ehe (Stufe eins) zu decken, so kann er ihren Bedarfsbeträgen entsprechend verteilt werden. **129**

Die **Berechnung** des **gleichrangigen Bedarfs** bzw. des gleichrangigen Unterhalts in Stufe 3 und 4 sind das **eigentliche Problem.** Vertretbare Ergebnisse in Anlehnung an die HL werden erzielt, wenn man den fiktiven Bedarf des zweiten Gatten mit Hilfe der **verschiedenen Eigenbedarfsbeträge** des Pflichtigen umrechnet.[104] Jedoch ist fraglich, ob sie nicht zu einer übermäßigen Nivellierung der Bedarfsbeträge führt, weil sie letztlich einer Dreiteilung der Mittel mit individueller Verteilung des Erwerbsbonus analog zu HL 24.2 entspricht.[105, 106] **130**

---

[103] Vgl. Gutdeutsch, FamRZ 1995, 327, 329

[104] Vgl. Gutdeutsch, FamRZ 1995, 327, 329

[105] Eine Vergleichbarkeit unter Wahrung des unterschiedlichen Bedarfs würde erreicht, wenn man den fiktiven Bedarf des zweiten Gatten nicht umrechnet, sondern statt dessen bei seiner Berechnung (fiktiv) das die erste Ehe prägende Einkommen des Verpflichteten heranzieht. Das Ergebnis würde logisch überzeugender die Unterschiede im Bedarf der Gatten widerspiegeln. Es müsste jedoch hingenommen werden, dass bei hohem Bedarf des ersten Gatten der dem Pflichtigen verbleibende Betrag geringer ist als der gleichberechtigte Bedarf des ersten Gatten. Das wäre kein Verstoß gegen den Halbteilungsgrundsatz. Bei Nachrang des zweiten Gatten bleibt dem Pflichtigen im Hinblick auf seine weitere Unterhaltspflicht wesentlich weniger, ohne dass damit der Halbteilungsgrundsatz

und den Pflichtigen immer besser stellt als den Geschiedenen, was der BGH nicht für richtig hält.[107]

131 Eine Unterhaltsverpflichtung für ein **Kind aus neuer Ehe** darf bei der Bedarfsermittlung für den geschiedenen Ehegatten nicht durch einen Vorabzug vom Einkommen berücksichtigt werden, weil das neue Kind die ehelichen Lebensverhältnisse der alten Ehe nicht geprägt hat (siehe Rn. 4/191).

In einem solchen Fall wird der Bedarf des geschiedenen Ehegatten ohne Vorabzug ermittelt und in die Mangelfallrechnung eingestellt.

132 Der Unterhalt für **Kinder aus erster Ehe** ist prägend für den Ehegatten aus neuer Ehe.

124 **c) Nachrangige Unterhaltsverpflichtungen.** Diese sind **gegenüber einem volljährigen Kind** sind ebenfalls grundsätzlich für beide Ehegatten prägend und deshalb im Rahmen der Bedarfsbemessung durch Vorabzug zu berücksichtigen (siehe Rn. 123). Jedoch muss bei mangelhafter Leistungsfähigkeit der Verpflichteten der Vorabzug unterbleiben, wenn danach dem Verpflichteten die Möglichkeit nicht mehr bleibt, dem Gatten den angemessenen Unterhalt zu zahlen.[108] Wenn die Möglichkeit, den angemessenen Gattenunterhalt zu zahlen, nur eingeschränkt würde, muss jedenfalls insoweit der Vorabzug unterbleiben. Zweifelhaft kann sein, wie hoch der angemessene Gattenunterhalt zu bemessen ist, der den bedarfseinschränkenden Vorabzug hindert. Es kann sich nicht um den eheangemessenen Unterhalt selbst handeln, weil dieser erst Ergebnis der Bedarfsbemessung entsprechend der Ehegattenquote nach Vorabzug des Kindesunterhalts sein soll, die Definition deshalb zirkelhaft wäre. Es liegt nahe, dass ein stärker typisierter Bedarf gemeint ist entsprechend dem angemessenen Unterhalt des § 1578 I S. 2 BGB oder dem angemessenen Selbstbehalt nach § 1603 I BGB. Der zwischen Gatten geltende Halbteilungsgrundsatz rechtfertigt es, den Bedarf des Gatten, welcher den Vorabzug einschränkt, in gleicher Höhe zu wählen wie den angemessenen Selbstbehalt und ihn bei Zusammenleben mit dem Verpflichteten auf 75% hiervon[109] herabzusetzen (vgl. Rn. 3/69). In der Regel darf somit bei der Bemessung des Gattenbedarfs ein Volljährigenunterhalt nur insoweit abgezogen werden, als dadurch nicht der verteilungsfähige Betrag unter 1000 + 1000 = 2000 €, bei Zusammenleben 1000 + 750 = 1750 €, vermindert wird. Der sich nach diesem verteilungsfähigen Einkommen nach der Gattenquote berechnend Gattenbedarf ist vom Einkommen des Verpflichteten abzuziehen. Der Volljährige kann nur insoweit Unterhalt erhalten, als das ohne Beeinträchtigung des angemessenen Selbstbehalts des Verpflichteten möglich ist (s. Beispiele unten Rn. 134 bis 136, oben Rn. 58, 59).

Wie diese Beispiele zeigen, kann dem volljährigen Kind ein Teilunterhalt auch dann zustehen, wenn ihm nach der Mangelfallberechnung gegenüber dem Gatten kein Unterhalt zustünde, denn der Selbstbehalt gegenüber dem volljährigen Kind liegt vielfach unter dem Selbstbehalt gegenüber dem Ehegatten.

Lebt der Verpflichtete mit dem Ehegatten zusammen, so besteht kein vorrangiger Barunterhaltsanspruch (vgl. Rn. 3/2). Der Vorrang des Gatten wirkt sich als Erhöhung des Selbstbehalts um einen Ehegattenanteil von 750 € aus (vgl. Rn. 3/71).

133 **d) Nachrangige Unterhaltsansprüche eines neuen Ehegatten.** Diese sind bei der Bemessung des Bedarfs des geschiedenen Ehegatten nicht zu berücksichtigen, weil solche

---

verletzt wäre. Jedoch wird – wie die nicht endende Kritik an der Anrechnungsmethode belegt – eine gleichmäßige Verteilung immer als gerechter angesehen als eine solche, die sich an einem rechnerischen Bedarf orientiert

106 Hampel (FamRZ 1995, 1177) berechnet demgegenüber den Bedarf des neuen Gatten nach einem Prinzip der Dreiteilung der für die zweite Ehe maßgebenden Einkommen. Die Ermittlung des Erwerbstätigenbonus für den Pflichtigen macht bei dieser Lösung Schwierigkeiten

107 BGH, FamRZ 1983, 678 = R 168 b

108 BGH, FamRZ 1986, 553, 555 = R 276 c; FamRZ 1985, 912 = R 267 b; FamRZ 1985, 912, 916 = NJW 1985, 2713, 2716

109 Vgl. zur Problematik: Hampel, Bemessung des Unterhalts, Rz 213 a. Der Meinung von Hampel, bei der Bedarfsbemessung für den Gatten sei der Bedarf des Volljährigen ungekürzt vorweg abzuziehen, kann nicht gefolgt werden. Wenn etwa der Pflichtige nur 2800 bezieht, sollte das Einkommen im Verhältnis 1600: 1 200 auf die (getrennten) Gatten verteilt werden und nicht im Verhältnis 1600: 857: 343 auf Gatten und Volljährigen

Ansprüche die ehelichen Lebensverhältnisse nicht geprägt haben. Deshalb darf bei Nachrang der Bedarf nicht gemäß den Ausführungen zu Rn. 119 bemessen werden. Im Mangelfall dürfen solche Ansprüche wegen des Nachrangs nicht berücksichtigt werden, sofern es nicht einen noch verteilbaren Rest gibt.

Billigkeitsgesichtspunkte können den Rang eines Ehegatten nicht beeinflussen.[110] Der Nachrang muss jedoch nicht immer zum Wegfall des Unterhaltsanspruchs führen, weil der eheangemessene Selbstbehalt des Verpflichteten dem nachrangigen Gatten gegenüber meist geringer ist als der gegenüber dem vorrangigen. Nur wenn eine Untergrenze der Inanspruchnahme berührt wird, also ein absoluter Mangelfall eintritt, kommt es zu Kürzung oder Wegfall des nachrangigen Gattenunterhalts.

e) Fall mit Konkurrenz von volljährigem Kind und Gatten **134**

Nettoeinkommen des M 2200 €
Unterhalt für volljährigen A aus erster Ehe (auswärts wohnender Student)
Unterhalt für erwerbslose geschiedene F 1
– Berechnung des Bedarfs von F:
Der Vorabzug des Volljährigenunterhalts ergäbe 2200 – 600 = 1600, also weniger als 2000. Deshalb wird der Vorabzug so weit beschränkt, dass 2000 bleiben.
– Selbstbehalt vom M gegenüber A: 1000
weiter mit Bonus $^1/_7$:
Der Bedarf von F beträgt: 2000 × $^3/_7$ = 857
– Eigenbedarf von M gegenüber F: 2000 × $^4/_7$ = 1143
– Die Mangelprüfung beginnt bei dem nachrangigen A:
Gesamtbedarf 1000 + 857 + 600= 2457
Fehlbetrag 2457 – 2200 = 257
und mit Bonus $^1/_{10}$:
Der Bedarf von F beträgt: 2000 × 45% = 900
– Eigenbedarf von M gegenüber F: 2000 × 55% = 1100
– Die Mangelprüfung beginnt bei dem nachrangigen A:
Gesamtbedarf 1000 + 900 + 600 = 2500
Fehlbetrag 2500 – 2200 = 300
weiter:
Der Unterhalt von A wird um den Fehlbedarf gekürzt:
bei Bonus $^1/_7$: 600 – 257 = 343
bei Bonus 10%: 600 – 300 = 300
– M bleibt immer 1000 : 2200 – 857 – 343 = 2200 – 900 – 300 = 1000
– Der eheangemessene Eigenbedarf von M gegenüber F betrüge zwar: 2000 × $^4/_7$ = 1143 bzw. 2000 × 55% = 1100.
Das führt aber nicht zur Kürzung des Gattenunterhalts, weil M der F den Unterhaltsanspruch von A wegen dessen Nachrang nicht entgegenhalten kann. Ebensowenig kann M dem A seinen eheangemessenen Selbstbehalt entgegenhalten.

wie Rn. 134, M ist **Rentner** **135**
– **Bedarf von F: 2000** × $^1/_2$ = 1000 (nach DT Anm. 5)
– Selbstbehalt vom M gegenüber A: 1000
– Kürzungsrechnung gegenüber A
Gesamtbedarf gegenüber A: 1000 + 1000 + 600 = 2600
Fehlbetrag 2600 – 2200 = 400
Unterhalt von A gekürzt auf 600 – 400 = 200
– M bleibt 2200 – 1000 – 200 = 1000
übereinstimmend mit Eigenbedarf gegenüber F 2000 × $^1/_2$ = 1000

wie Rn. 134, jedoch ist die Ehe nicht geschieden und M und F **leben zusammen.** **136**
In diesem Fall hat F keinen Barunterhaltsanspruch, welcher nach der Halbteilung zu bestimmen wäre, sondern nur einen Anspruch auf Familienunterhalt nach § 1360, 1360 a BGB von 750 (vgl. Rn. 132, 2/69).
Daher ist der Anspruch von F zusätzlich zum Selbstbehalt von M in Höhe von 1000 € durch einen Zusatzbetrag von 750 €zu berücksichtigen (vgl. Rn. 132).
Zu berücksichtigender angemessener Selbstbehalt:
1000 + 750 = 1750
Dieser Betrag wird nicht zwischen M und F geteilt, weil sie zusammenleben.

---

[110] BGH, FamRZ 1985, 911 = R 268 b

Gesamtbedarf: 1750 + 600 = 2350
Fehlbetrag 2350 – 2200 = 150
Dieser Betrag wird vom Bedarf des A abgezogen:
gekürzter Unterhalt von A: 600 – 150 = 450

137 **f) Fall zum Nachrang von Ehegatten mit Kindern und einem nichtprägenden Kindesunterhalt**

Nettoeinkommen des M = 4000
Unterhalt für erwerbslose geschiedene F 1 (lange Ehedauer)
Unterhalt für erwerbslose F 2 aus neuer Ehe
Unterhalt für volljährigen A aus erster Ehe (auswärts wohnender Student)
Unterhalt für 16 jährigen B aus erster Ehe; wohnt bei F 1
Unterhalt für 2 jähriges Kind aus zweiter Ehe; wohnt bei M und F 2
F 1 erhält das Kindergeld für B: 154
A = fester Satz nach SüdL 13.1.2 und DT A 7 = 600
Wegen Unterschreitung des Bedarfskontrollbetrags Herabgruppierung auf Gruppe 4 der Düsseldorfer Tabelle: B = nach DT 4/3 = 344
C = nach DT 4/1 = 241
Der Erwerbstätigenbonus betrage $^1/_7$
Bedarf F 1 = 4000 – 600 – 344 = 3056 × $^3/_7$ = 1310
Bedarf des M gegenüber F 1 = 3056 × $^4/_7$ = 1746
Da M und F 2 zusammenleben, gibt es keinen Quotenunterhalt von F 2. Der Bedarf hat nur als Selbstbehalt gegenüber A Bedeutung. Er beträgt für
M: 1000; für F 2: 750 (vgl. Rn. 132, 136, 2/69)
– Die Mangelprüfung beginnt mit A, weil er allen anderen nachrangig ist.
Selbstbehalt gegenüber A: 1000
Der Bedarf von F 2 gegenüber A bestimmt sich als Erhöhung des Selbstbehalts von M.
Gesamtbedarf gegenüber M: 600 + 344 + 241 + 1310 + 1000 + 750 = 4245
Deckungsmasse: 4000
Fehlbetrag = 4245 – 4000 = 245
Der Volljährigenunterhalt vermindert sich daher auf
600 – 245 = 355.
Die Kontrolle ergibt, dass dann der Selbstbehalt gegenüber A gewahrt ist:
4000 – 355 – 344 – 241 – 1310 – 750 = 1000

138 **g) Mangelfall bei zwei gleichrangigen Ehegatten**

Mangelfall bei zwei gleichrangigen Ehegatten[111]
Nettoeinkommen des M = 4000
Unterhalt nach § 1573 I BGB für erwerbslose F 1 aus erster Ehe (keine lange Ehedauer). F 1 hat trennungsbedingten Mehrbedarf von 100, welcher vorweg zu berücksichtigen ist, weil M und F 2 zusammenleben und deshalb keinen trennungsbedingten Mehrbedarf haben.
Unterhalt nach § 1573 I BGB für erwerbslose F 2 aus neuer Ehe; F 2 lebt in Haushaltsgemeinschaft mit M.
Gleichrang von F 1 und F 2 nach § 1582 S. 1 BGB, weil beide einen Anspruch nach § 1573 I BGB haben bzw. hätten und die kinderlose erste Ehe nicht von langer Dauer war.

139 Gattenunterhalt bei Gleichrang in sieben Stufen (s. o. Rn. 119 f.):

Mit Erwerbsbonus $^1/_7$:

1. Stufe:
voller Bedarf F 1 = 4000 × $^3/_7$ = 1714 + 00 = 1814
Eigenbedarf von M gegenüber F 1: 4000 × $^4/_7$ = 2286

2. Stufe:
fiktiver Bedarf von F 2: = 4000 × $^3/_7$ = 1714
fiktiver Eigenbedarf von M gegenüber F 2: 4000 × $^4/_7$ = 2286

---

[111] Vgl. Gutdeutsch, FamRZ 1995, 327 mit weiteren Beispielen, ähnlich Hampel FamRZ 1995, 1177

3. Stufe:
Aus dem Deckungsbetrag wird der Mehrbedarf von F 1 vorweg befriedigt. Dieser Betrag scheidet daher aus dem Gesamtbedarf und dem Deckungsbetrag aus. Bei der Verteilung ist nur der Bedarf von 1814 – 100 = 1714 einzusetzen.
Deckungsbetrag: 4000 – 100 = 3900
Der Eigenbedarf von M gegenüber beiden Gatten ist gleich (jeweils 2286), daher keine Umrechnung.
Gesamtbedarf: 1714 + 1714 + 2286 = 5714
gleichberechtigter Bedarf von F 1: 1714 × 3900 : 5714 = 1170 + 100 = 1270

4. Stufe:
Da F 1 kein Einkommen hat, entspricht der gleichberechtigte Bedarf dem Unterhalt, welcher bei der Unterhaltsberechnung für F 2 vorweg abzuziehen ist.

5. Stufe:
voller Bedarf von F 2 = 4000 – 1270 = 2730 × $^3/_7$ = 1170
Eigenbedarf von M gegenüber F 2 = 2730 × $^4/_7$ = 1560

6. Stufe:
Da F 2 kein Einkommen hat, entspricht das ihrem Unterhalt.

7. Stufe:
Mangelprüfung auf der Stufe des gleichberechtigten Bedarfs
Gesamtbedarf:
1270 + 1170 + 1560 = 4000
Bezogen auf F 2 besteht kein Mangelfall.
Mangelprüfung im Verhältnis zu F 1
Gesamtbedarf: 1814 + 1170 + 2286 = 5170;
Fehlbetrag 5170 – 4000 = 1170.

mit Erwerbsbonus $^1/_{10}$:

1. Stufe:
voller Bedarf F 1 = 4000 × 45% = 1800 + 100 = 1900
Eigenbedarf von M gegenüber F 1: 4000 × 55% = 2200

2. Stufe:
fiktiver Bedarf von F 2: = 4000 × 45% = 1800
fiktiver Eigenbedarf von M gegenüber F 2: 4000 × 55% = 2200

3. Stufe:
Aus dem Deckungsbetrag wird der Mehrbedarf von F 1 vorweg befriedigt. Dieser Betrag scheidet daher aus dem Gesamtbedarf und dem Deckungsbetrag aus. Bei der Verteilung ist nur der Bedarf von 1900 – 100 = 1800 einzusetzen.
Deckungsbetrag: 4000 – 100 = 3900
Der Eigenbedarf von M gegenüber beiden Gatten ist gleich (jeweils 2200), daher keine Umrechnung.
Gesamtbedarf: 1800 + 1800 + 2200 = 5800
gleichberechtigter Bedarf von F 1: 1800 × 3900 : 5800 = 1210 + 00 = 1310

4. Stufe:
Da F 1 kein Einkommen hat, entspricht der gleichberechtigte Bedarf dem Unterhalt, welcher bei der Unterhaltsberechnung für F 2 vorweg abzuziehen ist.

5. Stufe:
voller Bedarf von F 2 = 4000 – 1310 = 2690 × 45% = 1210
Eigenbedarf von M gegenüber F 2 = 2690 × 55% = 1480

6. Stufe:
Da F 2 kein Einkommen hat, entspricht das ihrem Unterhalt.

7. Stufe:
Mangelprüfung auf der Stufe des gleichberechtigten Bedarfs
Gesamtbedarf:
1310 + 1210 + 1480 = 4000
Bezogen auf F 2 besteht kein Mangelfall.
Mangelprüfung im Verhältnis zu F 1
Gesamtbedarf: 1900 + 1210 + 2200 = 5310;
Fehlbetrag 5310 – 4000 = 1310.

Der Fehlbetrag kann auch nicht teilweise gedeckt werden, weil über den gleichberechtigten Bedarf hinaus kein Einkommen vorhanden ist.

140 **h) Gleichrangige Ehegatten**

Bedarfsbemessung bei zwei gleichrangigen Ehegatten, wenn der geschiedene Ehegatte eigene prägende und nichtprägende Einkünfte hat und Kindesunterhalt geschuldet ist. Erwerbsbonus $^1/_7$:
Nettoeinkommen des M = 3000
Aufstockungsunterhalt (§ 1 573 II BGB) für F 1; keine lange Ehedauer; prägendes Erwerbseinkommen der F 1 = 700; nichtprägendes Zinseinkommen der F 1 = 200
Unterhalt für erwerbslose F 2 (§ 1570 BGB); keine Haushaltsgemeinschaft mit M;
Unterhalt für zweijähriges Kind K, das bei F 2 lebt.
Kindesunterhalt:
K = nach DT 9/1 = 319

141 Gattenunterhalt bei Gleichrang in sieben Stufen (s. o. Rn. 119 f.):

1. Stufe:
voller Bedarf F 1 = 3000 × $^3/_7$ + 700 × $^4/_7$ = 1686
Eigenbedarf M gegenüber F 1 = 3000 × $^4/_7$ + 700 × $^3/_7$ = 2014

2. Stufe:
fiktiver Bedarf von F 2 = 3000 – 319 = 2681 × $^3/_7$ = 1149
fiktiver Eigenbedarf von M gegenüber F 2 = 2681 × $^4/_7$ = 1532

3. Stufe:
Die Eigenbedarfsbeträge sind unterschiedlich. Daher ist der fiktive Bedarf von F 2 umzurechnen (um ihn vergleichbar zu machen):
1149 × 2014 : 1532 = 1510
Gesamtbedarf: 319 + 1686 + 1510 + 2014 = 5529
Deckungsbetrag: 3000 + 700 + 200 = 3900
gleichberechtigter Bedarf von F 1:
1686 × 3900 : 5529 = 1189

4. Stufe:
gleichberechtigter Unterhalt von F 1 = 1189 – 700 – 200 = 289

5. Stufe:
voller Bedarf von F 2 = 3000 – 319 – 289 = 2392 × $^3/_7$ = 1025
Eigenbedarf von M gegenüber F 2 = 2392 × $^4/_7$ = 1367

6. Stufe:
Da F 2 kein Einkommen hat, entspricht das ihrem vollen Unterhalt.

7. Stufe:
Auf der Ebene des gleichberechtigten Bedarfs (gegenüber F 2) besteht kein Mangelfall:
Gesamtbedarf 319 + 1189 + 1025 + 1367 = 3900
Deckungsbetrag: 300 + 700 + 200 = 3900
Gegenüber F 1 ergibt sich jedoch ein Fehlbetrag:
Gesamtbedarf 319 + 1686 + 2014 + 1025 = 5044
Deckungsbetrag = 3900
Fehlbetrag 5044 – 3900 = 1144
Dieser kann nicht gedeckt werden, weil über den gleichberechtigten Bedarf hinausgehende Mittel nicht vorhanden sind.[112]

---

[112] Wenn man die Nivellierung des Bedarfs nicht billigt (vgl. Rn. 130), kann der fiktive Bedarf von F 2 auch dadurch vergleichbar gemacht werden, dass das **die erste Ehe prägende Einkommen des Pflichtigen** zum Maßstab genommen wird. Er berechnet sich dann wie folgt:

2. Stufe:
Fiktiver Bedarf von F 2: 3000 × $^3/_7$ = 1386

3. Stufe:
Gesamtbedarf: 319 + 1686 + 1386 + 2014 = 5405
Deckungsbetrag: 3000 + 700 + 200 = 3900
gleichberechtigter Bedarf von F 1: 1686 × 3900 : 5405 = 1217

4. Stufe:
gleichberechtigter Unterhalt von F 1: 1217–700–200 = 317

10. Trennungsbedingter Mehrbedarf im Mangelfall

Besteht ein ungedeckter trennungsbedingter Mehrbedarf, so beinhaltet die Ehegattenquote nicht den vollen Unterhalt, sondern einen Billigkeitsunterhalt und damit einen Mangelfall, weil der Verpflichtete nicht in der Lage ist, zusätzlich zum Quotenunterhalt einen trennungsbedingten Mehrbedarf aus nichtprägenden Einkünften zu bezahlen und auch der Berechtigte keine nichtprägenden Einkünfte hat, die er auf den trennungsbedingten Mehrbedarf verrechnen könnte. Genauere Einzelheiten zum trennungsbedingten Mehrbedarf siehe Rn. 4/416 ff. **142**

Besteht ein Mangelfall **in Höhe des** ungedeckten trennungsbedingten **Mehrbedarfs** (vgl. aber die Bedenken Rn. 4/432 a), ergibt sich der volle Bedarf durch Erhöhung der Ehegattenquote um den ungedeckten Mehrbedarf. Dem erhöhten Bedarf kann auf dreierlei Art Rechnung getragen werden: **143**

- Im Allgemeinen bleibt trennungsbedingter **Mehrbedarf unberücksichtigt,** weil er nur in Betracht kommt, wenn nichtprägendes und unverteiltes Einkommen vorhanden ist. Dies entspricht auch der BGH-Rechtsprechung.[113] **144**
- Soweit der trennungsbedingte Mehrbedarf vom Gesetz dem Berechtigten ausdrücklich zugesprochen wurde, weil er Aufwendungen decken soll, welche auf Seiten des Verpflichteten bereits bei der Ermittlung des verteilungsfähigen Einkommens abgezogen wurden, insbesondere die Vorsorgeaufwendungen für Kranken- und Altersversicherung (Krankheits- und Altersvorsorgeunterhalt), so sind diese Mehrbedarfsbeträge – wenn unverteiltes Einkommen fehlt – vom verteilungsfähigen Einkommen des Verpflichteten **vorweg abzuziehen.** Ebenso kann mit dem sonstigen trennungsbedingtem Mehrbedarf des unterhaltsberechtigten 1. Gatten verfahren werden, wenn der Verpflichtete mit einem anderen Partner zusammenlebt und deshalb keinen trennungsbedingten Mehrbedarf hat[114] (siehe Rn. 129, 4/422). **145**
- Es gibt Fälle, in denen diese Regeln nicht zu befriedigenden Ergebnissen führen. Dann kann eine **proportionale Verteilung** des verfügbaren Einkommens entsprechend dem jeweiligen vollen Bedarf, wie sie in der 2. Auflage dieses Werks vertreten wird, das bessere Ergebnis liefern. **146**

Ist neben dem prägenden Einkommen **Zusatzeinkommen vorhanden,** so kann daraus der trennungsbedingte Mehrbedarf gedeckt werden. **Reicht** das Zusatzeinkommen hierzu jedoch **nicht aus,** so gibt es vier Möglichkeiten der Mangelverteilung: **147**

- Soweit ein **Vorabzug des Mehrbedarfs** gerechtfertigt ist (s. o. Rn. 145), kann das Resteinkommen aus prägendem und nicht prägendem Einkommen nach DT B IV nach der Differenzmethode verteilt werden. **148**
- Sonst bleibt nach der DT der **Mehrbedarf außer Betracht.** Jedoch wird das gesamte prägende und nicht prägende Einkommen nach der Differenzmethode verteilt. Diese Methode hat aber den Nachteil, dass sie den vollen Bedarf beider Parteien nicht berück- **149**

---

5. Stufe:
voller Bedarf von F 1: 3000–319–317 = 2364 × 3/7 = 1013
Eigenbedarf von M gegenüber F 2: 2364 × 4/7 = 1351

6. Stufe:
Da F 2 kein Einkommen hat, entspricht der Bedarf dem vollen **Unterhalt**

7. Stufe:
Auf der Ebene des gleichrangigen Bedarfs (gegenüber F 2) besteht kein Mangelfall:
Gesamtbedarf: 319 + 1013 + 1217 + 1351 = 3900
Deckungsbetrag: 300 + 700 + 200 = 3900
Gegenüber F 1 ergibt sich jedoch ein Fehlbetrag:
Gesamtbedarf: 319 + 1686 + 1013 + 2014 = 5032
Fehlbetrag 5032–3900 = 1132

[113] BGH, FamRZ 1984, 149, 151
[114] BGH, FamRZ 1995, 343, 344 = R 489 b; FamRZ 1990, 1085, 1088

sichtigt, also dazu führen kann, dass trotz des Mangelfalls einer von beiden zu Lasten des anderen **mehr als seinen Bedarf** erhält. Wird die Differenzmethode generell als Billigkeitskontrolle verwendet, kann es auch geschehen, dass der Berechtigte einen gekürzten Billigkeitsunterhalt erhält, obgleich ein Mangelfall gar nicht vorliegt. Wird der Mangelfall selbstständig geprüft, kommt es zu einem Bewertungssprung an der Mangelgrenze (s. u. Beispiel e). Das spricht für

150 • die Verteilung des Zusatzeinkommens im **Verhältnis der** jeweiligen **Mehrbedarfsbeträge.**[115] Die proportionale Verteilung berücksichtigt meist angemessen den beiderseitigen Mehrbedarf. Durch Vorabzug zu berücksichtigender Mehrbedarf (Vorsorgeunterhalt) ist vorweg aus dem Mehreinkommen zu befriedigen (vgl. Rn. 4/483 f. Rn. 4/517).

151 • Schließlich bietet die **anteilige Kürzung des** jeweiligen **Gesamtbedarfs** ebenfalls eine brauchbare Lösung, die sich jedoch nicht mit der Kürzung auf die Billigkeitsquote kombinieren lässt.

152 **Beispiel für einen Mangelfall wegen trennungsbedingtem Mehrbedarf:**
Es wird dabei **unterstellt, dass die trennungsbedingten Mehrkosten auch als trennungsbedingter Mehrbedarf anzuerkennen sind** (vgl. Rn. 4/419 aber auch die Kritik Rn. 4/432 a).
NettoEinkommen des M = 2100 €
Miete für die Ehewohnung, die von M weiter bewohnt wird = 400 EUR
Die erwerbslose F zahlt für ihre vergleichbare neue Wohnung 500 EURMehrbedarf beider Ehegatten wegen doppelter Haushaltsführung je 50 EURKein Ehegatte hat nichtprägende Einkünfte.
– **Berechnung des vollen Unterhalts**
mit Erwerbsbonus 1/7:
Quotenunterhalt des M = 2100 × 4/7 = 1200
Quotenunterhalt der F = 2100 × 3/7 = 900
Berechnung des trennungsbedingten Mehrbedarfs (siehe Rn. 4/419, 4/424 f.)
Hälftebetrag der Miete für die Ehewohnung = 400: 2 = 200
Trennungsbedingter Mehrbedarf des M = 400 – 200 = 200 (Mietmehrbedarf) + 50 (Haushaltsmehrbedarf) = 250
Trennungsbedingter Mehrbedarf der F = 500 – 200 = 300 (Mietmehrbedarf) + 50 (Haushaltsmehrbedarf) = 350
Voller Bedarf des M = 1200 + 250 = 1450
Voller Bedarf der F = 900 + 350 = 1250
Gesamtbedarf beider = 1450 + 1250 = 2700.

153 Nach Rn. 144, 145 bliebe der **Mehrbedarf unberücksichtigt,** weil ein Vorabzug hier nicht in Betracht käme.
– **Proportionale Anteilsberechnung nach Rn. 146 ergäbe:**
Anteil des M = 1450 × 2100 : 2700 = 1228
Anteil der F = 1250 × 2100 : 2700 = 972
– **Wenn es sich beim Mehrbedarf von F in Höhe des Teilbetrags von 200 um Vorsorgeaufwendungen handelt, welche bei der Einkommensberechnung bei M bereits abgezogen sind, käme der Vorabzug in Betracht:**
2100 – 200 = 1900 × 3/7 = 814
F erhielte 200 + 814 = 1014 (inklusive Vorsorge)
M behielte 2100 – 200 – 814 = 1086 (nur für den Elementarbedarf).

154 **Beispiel mit Zusatzeinkommen:**
NettoE des M = 2000 €
trennungsbedingter Mehrbedarf von M 100 €, von F 300 €
Erwerbsbonus 10%:
F hat nichtprägende Einkünfte von 250 €, die auf ihren Bedarf anzurechnen sind.
– Voller Bedarf des M = 2000 × 55% = 1100 + 100 = 1200
Voller Bedarf der F = 2000 × 45% = 900 + 300 = 1200
Restbedarf 1200 – 250 = 950
Gesamtbedarf = 1200 + 1200 = 2400.
Deckungsbetrag = 2000 + 250 = 2250
Fehlbetrag 2400 – 2250 = 150

---

[115] In diese Richtung weist wohl die Rechtsprechung des BGH: BGH, FamRZ 1987, 913, 916; FamRZ 1982, 255, 257 = R 93 c

Handelt sich beim Mehrbedarf der F um **Alters- und Krankheitsvorsorgeunterhalt,** sind der Vorabzug und Verteilung nach der **Billigkeitsquote gerechtfertigt** (Rn. 148, zweistufige Berechnung beim Vorsorgeunterhalt, Rn. 4/477 f.), während der **Mehrbedarf von M** nur in Betracht kommt, wenn **ausreichendes Zusatzeinkommen** vorhanden ist: 155

2000 – 300 = 1700 × 45% = 765 – 250
= 515
F erhält Elementarunterhalt 515 und Vorsorgeunterhalt 300,
M behält 2000 – 300 – 515 = 11 085, wovon 1100 auf seinen Elementarbedarf und 85 auf den Mehrbedarf entfallen.

– **Ohne Vorabzug ergibt sich nach der Billigkeitsquote (Rn. 149):**
2000 – 250 = 1750 × 45% = 788
F erhält 250 + 788 = 1031
M behält 2000 – 788 = 1212, obgleich sein Bedarf sich nur auf 1200 beläuft. Diese Lösung kann daher nicht zutreffen. Statt dessen:

– **anteilige Kürzung des Mehrbedarfs von F nach Rn. 150:**
Mehrbedarf insgesamt: 100 + 300 = 400
unverteiltes Einkommen: 250
Kürzungsrechnung: 300 × 250 : 400 = 188
gekürzter Bedarf: 900 + 188= 1088
gekürzter Unterhalt: 1088 – 250 = 838
F erhält 250 + 838 = 1088
M behält 2000 – 838 = 1162
und damit ebenfalls etwas weniger als den vollen Bedarf.

– **anteilige Kürzung des Gesamtbedarfs nach Rn. 151:**
1200 × (2000 + 250)/2400 = 1125
gekürzter Unterhalt = 1125 – 250 = 875
F erhält 250 + 875 = 1125
M behält 2100 – 875 = 1125

Weitere Beispiele zum trennungsbedingten Mehrbedarf siehe Rn. 167 ff.

11. Individuelle oder schematische Kürzung eines verbleibenden Fehlbedarfs nach § 1581 BGB

Kommt es auf Grund der Billigkeitsabwägung gemäß den Ausführungen zu Rn. 83 mit 134 zu entsprechenden **Änderungen** im Bereich der **Deckungsmasse** (Rn. 83 mit 111) oder im **Bedarfsbereich** (Rn. 112 mit 134), dann ist abschließend auch neu festzustellen, ob trotz solcher Änderungen noch ein ungedeckter Fehlbedarf verbleibt. Dies geschieht durch Abzug der berücksichtigungsfähigen Deckungsmasse vom verbleibenden berücksichtigungsfähigen Gesamtbedarf. 156

Ergibt sich hierbei kein ungedeckter Restbedarf, verbleibt es bei dem auf diese Weise ermittelten Unterhalt. Dieser Unterhalt ist ein nach § 1581 BGB gekürzter Billigkeitsunterhalt, der auf den vollen Unterhalt zu erhöhen ist, sobald der Verpflichtete dazu leistungsfähig ist.

Ergibt sich als Differenz (Rn. 156) ein **ungedeckter Restbedarf,** so muss nach § 1581 BGB eine **weitere Unterhaltskürzung** erfolgen. 157

Diese Kürzung geschieht
- Individuell auf Grund einer **neuen Gesamtabwägung** aller Billigkeitsgesichtspunkte (Rn. 158) oder
- durch eine **proportionale Kürzung** (Rn. 159 f.) oder
- **Beschränkung auf die Billigkeitsquote** (Rn. 165 f.).

Bei einer **individuellen Kürzung** sind alle Umstände des konkreten Einzelfalles individuell zu gewichten und gegeneinander abzuwägen. 158

Wichtige Kriterien hierzu können z. B. sein:
- Die Einkommens- und Vermögensverhältnisse sowie sonstige wirtschaftliche Verhältnisse beider Ehegatten;
- persönliche Verhältnisse jedes Ehegatten, wie Alter, Gesundheitszustand sowie individuelle Bedürfnisse;
- eheliche Lebensverhältnisse vor und nach der Trennung;

- Erwerbsfähigkeit, zumutbare Tätigkeiten, besonderer Leistungseinsatz, ernsthafte Erwerbsbemühungen und besondere Anstrengungen zur Erzielung zumutbarer, evtl. auch unzumutbarer, überobligationsmäßiger Einkünfte;
- besondere Belastungen durch Kinder und sonstige besondere Belastungen;
- der Umfang, in welchem bei der Bedarfsbemessung bereits Vorabzüge und andere Posten der Mangelfallberechnung berücksichtigt wurden.

Nicht zu berücksichtigen ist ein Verschulden an der Trennung oder Scheidung.

Die zur Kürzung nach § 1581 BGB führende Billigkeitsabwägung kann aber für beide Gatten nur einheitlich erfolgen.[116]

12. Proportionale Kürzung

159 Fehlen besondere individuelle Gesichtspunkte für eine neue Gesamtabwägung aller Billigkeitsumstände, dann kann eine proportionale Kürzung des Unterhalts erfolgen im Verhältnis des auf der Leistungsstufe noch berücksichtigungsfähigen Bedarfs jedes Ehegatten zur verbleibenden berücksichtigungsfähigen Deckungsmasse und zum Gesamtbedarf beider Ehegatten. Die Einsatzbeträge für die proportionale Aufteilung sind dann nicht der jeweilige volle Bedarf, sondern ein bereits durch Verschärfung der Maßstäbe nach Rn. 83 bis 134 begrenzter Bedarf. Eine unmittelbare Anwendung der Quotierung auf den vollen Bedarf würde die unterschiedliche Wertigkeit des Bedarfs der Beteiligten unberücksichtigt lassen. Sie ist nur zulässig, wenn der Bedarf der Beteiligten bereits als in etwa gleichwertig angenommen werden kann.

Für diese proportionale Kürzung ist zunächst für jeden Ehegatten zu klären:

160 Der auf der Leistungsstufe zu berücksichtigende **Bedarf jedes Ehegatten** (= B 1 oder B 2). Dabei ist zu beachten, dass auch der im Wege der Anrechnung gedeckte Bedarf einzubeziehen ist, weil sonst der Bedarf des Verpflichteten überproportional gekürzt wird.

161 Die auf der Leistungsstufe verteilbare berücksichtigungswürdige **Deckungsmasse** (= D). Dazu gehört auch das nichtprägende Einkommen beider Gatten, jeweils bereinigt um den Erwerbsbonus. Prägendes Einkommen ist demgegenüber voll einzusetzen, weil insoweit der Bonus auch im Bedarf enthalten ist.

162 Der **Gesamtbedarf beider Ehegatten** (= GB)

Die proportionale Kürzung erfolgt nach der Formel:

Proportional gekürzter Unterhalt = B 1 × D: GB

Rechenbeispiele dazu siehe Rn. 167 bis 179 sowie vorher Rn. 152 bis 155.

163 Die proportionale Kürzung eignet sich vor allem für Mangelrechnungen mit mehr als einem Ehegatten, weil sich dabei die Differenzmethode (s. u. Rn. 165 f.) nicht anwenden lässt. Wenn der Bedarf von mehr als einem berechtigten Gatten zu berücksichtigen ist, so ist gegenüber jedem Gatten der Eigenbedarf des Verpflichteten selbstständig zu bestimmen (s. o. Rn. 4/571). Dadurch entstehen zwei verschiedene Gesamtbedarfsbeträge je nachdem, für welchen Gatten die Abwägung nach § 1581 BGB vorgenommen werden soll.

164 Die gemäß Rn. 141 oder 163 gefundenen Ergebnisse sind abschließend tatrichterlich auf ihre Angemessenheit zu überprüfen (sog. **Angemessenheitskontrolle**).[117] Bei derselben ist auch etwaiges Kindergeld zu berücksichtigen.[118]

Sind neben den Eheleuten weitere Unterhaltsberechtigte vorhanden, ist auch deren Bedarf in diese proportionale Kürzungsrechnung mit einzubeziehen, wenn die Mangellage nicht bereits bei der Bemessung des Bedarfs berücksichtigt wurde.

13. Begrenzung auf die Billigkeitsquote

165 Die DT B I hat die Gattenquote nach der Differenzmethode nicht als Bedarfsbemessung, sondern als Billigkeitsquote nach § 1581 BGB angesehen. Später hat der BGH die Gattenquote als Bedarfsquote verstanden und darauf seine Anrechnungsmethode gestützt. Die

---

[116] BGH, FamRZ 1992, 1045, 1049 = R 448 c; FamRZ 1990, 1091, 1095 = R 422 c
[117] BGH, FamRZ 1986, 783, 786 = R 299 b
[118] BGH, FamRZ 1997, 806

Leitlinien der OLGs haben diese Lösung nach längerer Auseinandersetzung einhellig übernommen.

Die Gattenquote nach der **Differenzmethode** unter Einbeziehung aller – auch der nichtprägenden – Einkommen wird jedoch weiterhin vielfach als geeignete **Verteilung für den Mangelfall** nach § 1581 BGB angesehen, weil sie rechnerisch einfacher als die proportionale Bedarfskürzung ist und auch besser an die bisherige Unterhaltsbemessungspraxis anschließt (DL02 28; HL02 27, 29, 30).[119]

Während der proportionalen Kürzung das Additionsprinzip (Bruttoprinzip) zugrunde liegt, bei welchem alle Bedarfs- und Einkommensposten auf beiden Seiten addiert und einander gegenübergestellt werden, rechnet die Methode der Begrenzung auf die Gattenquote nach dem Differenzprinzip.

Das beiderseitige Einkommen wird vorab um die Posten, die als nicht verteilungsfähig angesehen und vorab befriedigt werden müssen, bereinigt. Die Differenz der beiderseitigen verteilungsfähigen Resteinkommen wird durch die Unterhaltszahlung ausgeglichen, wobei dem jeweils Erwerbstätigen bei dem Ausgleich ein Quotenvorteil bleibt. **166**

Bedarfsposten, die nicht vorweg abgezogen werden, sind in der verbleibenden Gattenquote pauschal berücksichtigt. Damit wird die **Frage des Vorabzugs** zum **Kern der Billigkeitsprüfung** auf der Bedarfsseite.

Vorweg abzuziehen sind solche anerkennungsfähigen Bedarfsbeträge, denen sich der jeweilige Gatte **nicht entziehen kann.** Dadurch scheidet der betreffende Einkommensteil aus dem verteilbaren Einkommen aus. Wichtigste Beispiele sind Pflichtversicherungen, Steuern und anerkennungsfähige Schulden wie Unterhaltszahlungen, z. B. Vorsorgeunterhalt. Im Einzelfall kann auch krankheitsbedingter Mehrbedarf durch Vorabzug berücksichtigt werden. Trennungsbedingter Mehrbedarf wird bei dieser Methode nur dann berücksichtigt, wenn nicht prägendes (unverteiltes) Einkommen vorhanden ist.

14. Beispiele für proportionale Kürzung und Begrenzung auf die Billigkeitsquote nach § 1581 BGB

Mangelfallbeispiel, wenn der Verpflichtete ein Familienheim nach Auszug des Berechtigten weiter während der Trennungszeit bewohnt und trennungsbedingter Mehrbedarf geltend gemacht wird. Bonus $^1/_7$, Bedarf nach Quotenbedarfsmethode. **167**

Die trennungsbedingten Mehrkosten werden als Mehrbedarf anerkannt (Rn. 4/419).
Nettoerwerbseinkommen des M = 2900
M zahlt für verbrauchsunabhängige Hauslasten 400 EUR
F zahlt für die neue Wohnung 600 EUR und 200 EUR Kreditkosten für Umzug und Wohnungseinrichtung.
Mehrbedarf für doppelte Haushaltsführung bei M und F je DM 50
F hat prägende Erwerbseinkünfte von 500 € und nichtprägende von 400 €, weil erst eine Ausbildung zur Erhöhung des Einkommens nach der Scheidung geführt hat.
F und M machen trennungsbedingten Mehrbedarf geltend.
– der prägende Wohnwert wird mit 300 angenommen.
Hierauf sind 400 Hausunkosten anzurechnen, so dass kein Wohnwert verbleibt.
Der offene Differenzrest von 100 kann als ehebedingte Schulden von dem prägenden Einkommen abgezogen werden.
– Quotenunterhalt der F
2900 – 100 = 2800 × $^3/_7$ + 500 × $^4/_7$ (weil keine Wohnwertanrechnung) = 1485.
– Trennungsbedingter Mehrbedarf der F
50 = Mehrbedarf (wegen doppelter Haushaltsführung)
200 = Kreditkosten (für Umzug und Wohnungseinrichtung)
400 erhöhte Wohnkosten aus 600 (Mietzins) abzüglich 200 (Hälfte der Hauslasten (statt Miete) von 400 : 2 = 200, vgl. Rn. 4/424)
Mehrbedarf insgesamt 50 + 200 + 400 = 650.
– Voller Unterhalt der F = 1485 + 650 = 2135
Darauf sind die nichtprägenden Erwerbseinkünfte der F von 400 × $^6/_7$ = 343 anzurechnen

[119] Vgl. auch Hampel, Bemessung des Unterhalts Rn. 148 ff., 530

Restbedarf = 1792.
- Anteiliger Quotenbedarf des M = 2800 × 4/7 + 500 × 3/7 = 1814.
- Trennungsbedingter Mehrbedarf des M = 50 (doppelte Haushaltführung) 200 erhöhte Wohnkosten aus 400 (Hauslasten) – 200 (Hälfte der Hauslasten) = 200 zusammen 50 + 200 = 250.
- Voller Bedarf des M = 1814 + 250 = 2064.
- Gesamtbedarf von M und F = 2064 + 2135 = 4199

Deckungsmasse = 2800 + 500 + 400 × 6/7 = 3643
Fehlbedarf 4199 – 3643 = 556; deshalb Mangelfall.

168 – **Lösung 1: Proportionale Kürzung**
Anteil des M = 2056 × 3643 : 4199 = 1784
Anteil der F = 2135 × 3643 : 4199 = 1852
Unterhalt F = 1852 – 500 – 400 × 6/7 = 952
M hat 2800 – 952 (Unterhalt) – 400 (Hauslasten) = 1448 zuzüglich Wohnvorteil.
F hat 952 + 900 = 1852; sie muss davon 600 für Miete (ihr Wohnvorteil) und 200 für Kreditkosten zahlen. Ihr verbleiben 1052

169 – **Lösung 2: Beschränkung auf die Billigkeitsquote**
Zum Vorabzug eignet sich die Miete nur beschränkt, wenn sie von der Entscheidung der F abhängt. Doch kann es der Billigkeit entsprechen, den Vorabzug der Kreditkosten zuzulassen, weil F durch den Umzug einseitig belastet ist.
Anzurechnendes Einkommen von F = 900 – 200 = 700.
Unterhalt F = 2800 – 700 = 2100 × 3/7 = 900
M behält 2800 – 900 = 1900
F erhält 700 + 900 = 1600, hat aber außerdem höhere Lasten.
Wird der Vorabzug der Schulden der Frau nicht gestattet, so vermindert sich ihr Unterhalt nach der Billigkeitsquote auf: 2800 – 900 = 1900 × 3/7 = 814
M behält 2800 – 814 = 1986
F erhält 900 + 814 = 1714

169 a – **Lösung 3: Quotierung des Mehrbedarfs (vgl. Rn. 150)**
verfügbar für Mehrbedarf: 400 × 6/7 = 343
Mehrbedarf insgesamt: 650 + 250 = 900
anteilig gedeckter Mehrbedarf von F = 650 × 343 : 900 = 248
gekürzter Bedarf von F = 2135 – 650 + 248 = 1733
Unterhalt von F = 1733 –500 – 400 × 6/7 = 890
M behält 2800 – 890 = 1910
F erhält 900 + 890 = 1790

170 **Mangelfallbeispiel,** wenn die Berechtigte F nach der Trennung das Haus weiter bewohnt, der Verpflichtete M die verbrauchsunabhängigen Hauslasten weiterbezahlt und trennungsbedingter Mehrbedarf geltend gemacht wird.

Die folgenden Mehrkosten werden als Mehrbedarf anerkannt (Rn. 4/419).

Nettoerwerbseinkommen des M = 2800
verbrauchsunabhängige Hauslasten = 400
M zahlt 600 für die neue Wohnung und 200 für Kreditkosten (Umzug und Wohnungseinrichtung)
Mehrbedarf von M und F für doppelte Haushaltsführung je 50.
nichtprägendes Erwerbseinkommen der F = 400, prägendes 500 wie vorher.
Der prägende Wohnwert wird entsprechend des Miete von M mit 600 angenommen, der Erwerbsbonus mit 1/10.
Auf die 600 ist nichts zu verrechnen, weil F keine verbrauchsunabhängigen Hauskosten bezahlt.
- Quotenunterhalt der F

verfügbares Einkommen = 2800 – 400 (ehebedingte Hauskosten, die M bezahlt) = 2400
Bedarfsberechnung
voller Bedarf = 2400 × 45% + 500 × 55% + 600 × 1/2 = 1655
- Trennungsbedingter Mehrbedarf der F = 600 : 2 + 50 (doppelte Haushaltsführung) = 350 (vgl. Rn. 4/424);

Voller Bedarf der F
= 1655 + 350 = 2005;
hierauf ist der prägende Wohnwert von 600 und das prägende und nichtprägende Erwerbseinkommen der F von 500 + 400 × 90% = 860 anzurechnen.
- voller Unterhaltsbedarf der F = 2005 – 600 – 860 = 545.
- Anteiliger Quotenbedarf des M = 2800 – 400 (Hauslasten) = 2400 × 55% + 500 × 45% + 600 : 2 = 1845.

– Trennungsbedingter Mehrbedarf des M =
50 Mehrbedarf (für doppelte Haushaltsführung) +
200 Kreditkosten (für Umzug und Einrichtung) +
400 erhöhte Wohnkosten aus 600 (Mietzins) abzüglich 200 (hälftige Hauslasten von 400 : 2)
zusammen = 650.
– Voller Bedarf des M = 1845 + 650 = 2495.
– Gesamtbedarf von M und F = 2495 + 2005 = 4500
Deckungsmasse = 2400 + 600 + 500 + 400 × 90% = 3860
Fehlbedarf = 640.

– **Lösung 1: proportionale Kürzung:** **171**
Anteil des M = 2495 × 3860 : 4500 = 2140
Anteil der F = 2005 × 3860 : 4500 = 1720
nach Anrechnung 1720 – 600 – 500 – 400 × 90% = 260
F hat 600 + 500 + 400 + 260 = 1760.
M behält 2400 – 260 = 2140 und muss davon die eigene Wohnung und den Kredit zahlen.

– **Lösung 2: Beschränkung auf die Billigkeitsquote:** **172**
Hier kann man M den Vorabzug der Kreditkosten gestatten (s. o. Rn. 169). Anzurechnen bei M also
2400 – 200 = 2200
Differenzquote = (2200 – 900) × 45% + (0 – 600) × $^{1}/_{2}$ = 285
F hat 600 + 900 + 285 = 1785.
M behält 2400 – 285 = 2115 und muss davon seine neue Wohnung und den Kredit zahlen.

– **Lösung 3: anteilige Deckung des Mehrbedarfs** **172 a**
unverteiltes Einkommen = 400 × 90% = 360
Mehrbedarf insgesamt = 350 + 650 = 1000
Deckung des Mehrbedarfs von F = 350 × 360 : 1000 = 126
gekürzter Bedarf von F: 2005 – 350 + 126 = 1781
nach Anrechnung: 1781 – 600 – 500 – 400 × 90% = 321
F hat 600 + 900 + 321 = 1821.
M behält 2400 – 321 = 2079 und muss davon Wohnung und Kredit zahlen.

Beispiel wegen trennungsbedingten Mehrbedarfs **nach Verkauf** des gemeinsamen **Familienheims.** **173**

Nettoerwerbseinkommen des M = 2800
Verbrauchsunabhängige Hauslasten bei Trennung = 400
Aus Hausverkauf nach der Trennung erhalten M und F nach Abzug aller Hausverbindlichkeiten je 110 000, die beide in Höhe von je 100 000 € anlegen und daraus monatlich je 500 € Zinsen erzielen.
Mehrkosten wegen doppelter Haushaltsführung je 50
Neue Miete des M = 500
und neue Miete der F = 600
werden als Mehrbedarf anerkannt, da vorher mietfrei gewohnt wurde.
Trennungsbedingte Kreditkosten bei M 150, bei F 100
Die erwerbslose F verlangt Trennungsunterhalt.
Der Erwerbsbonus beträgt $^{1}/_{7}$:
– Quotenunterhalt der F = 2800 × $^{3}/_{7}$ = 1200.
Bis zur Entwicklung der Surrogattheorie des BGH waren die Zinseinkünfte als nicht prägend anzusehen und einem trennungsbedingten Mehrbedarf durch erhöhte Mietkosten gegenzurechnen. Nunmehr sind sie als prägend anzusehen, weil sie an die Stelle des eheprägenden Wohnwerts getreten sind. Sie erhöhen den Bedarf um 500 : 2 + 500 : 2 auf 1700. Daneben ist kein unverteiltes Einkommen vorhanden, so dass für einen etwaigen trennungsbedingten Mehrbedarf keine Mittel zur Verfügung stehen.

Gemischter Fall mit Kürzung bei trennungsbedingtem Mehrbedarf, **zwei gleichrangigen** Ehegatten und zwei Kindern aus neuer Ehe. **174–178**

Nettoerwerbseinkommen des M = 3000
prägendes Erwerbseinkommen der F 1 = 400
Kind K 1 (8 Jahre) und
Kind K 2 (5 Jahre) aus zweiter Ehe, leben bei M und F 2
F 2 ist nicht erwerbstätig;
Dauer der ersten Ehe 11 Jahre
F 1 bewohnt die alte Ehewohnung; Mietzins 500

M wohnt mit F 2 in der von ihm nach der Trennung bezogenen Wohnung; Mietzins 600.
Der Erwerbsbonus betrage nach den Leitlinien $^{1}/_{7}$.

- Gleichrang aller, weil Anspruch von F 1 nicht auf § 1570 BGB beruht und die erste Ehe nicht von langer Dauer ist (11 Jahre).
- Kindesunterhalt bei zwei Ehegatten und zwei Kindern nach der Düsseldorfer Tabelle Stand 1. 7. 2003, statt aus DT 9 (2800 – 3200) aus DT 8 (2500 – 2800) wegen Abweichung vom Regelfall der Düsseldorfer Tabelle.

K 1 = DT 8/2 = 362; K 2 = DT 8/1 = 299.

179 – Unterhaltsberechnung bei gleichrangigen Gatten in sieben Stufen (s. o. Rn. 125 f.)

1. Stufe:
Die Gattenquote für F 1 wird ohne Vorabzug von Kindesunterhalt berechnet, weil dieser die ehelichen Lebensverhältnisse von F 1 nicht geprägt hat:
Quotenbedarf F 1 = 3000 × $^{3}/_{7}$ + 400 × $^{4}/_{7}$ = 1514
Zuzüglich trennungsbedingtem Mehrbedarf = 500 – 250 = 250
voller Bedarf F 1 = 1514 + 250 = 1764
Quotenbedarf von M gegenüber F 1 = 3000 × $^{4}/_{7}$ + 400 × $^{3}/_{7}$ = 1886
Zuzüglicher trennungsbedingter Mehrbedarf des M von 100 wegen 600 × $^{1}/_{2}$ (anteiliger Mietzins) abzüglich halber Anteil der früheren Miete = 200 (400 : 2 = 200); 300 – 200 = 100
Voller Bedarf des M gegenüber F 1 = 1886 + 100 = 1986.

2. Stufe:
fiktiver Bedarf von F 2
= 3000 – 299 – 362 = 2339 × $^{3}/_{7}$ = 1002
fiktiver Eigenbedarf von M gegenüber F 2
= 2339 × $^{4}/_{7}$ = 1337.

3. Stufe:
Da sich die Eigenbedarfsbeträge von M unterscheiden, ist der fiktive Bedarf von F 2 umzurechnen:
1002 × 1986 : 1337 = 1488
Gesamtbedarf = 1986 + 1488 + 1764 = 5238
Deckungsbetrag
= 3000 – 299 – 362 + 400 = 2739
gleichberechtigter Bedarf von F 1 = 1764 × 2739 : 5238 = 922.

4. Stufe:
gleichberechtigter Unterhalt von F 1 = 922 – 400 = 522.

5. Stufe:
voller Bedarf von F 2: 3000 – 299 – 362 – 522 = 1817 × $^{3}/_{7}$ = 779
Eigenbedarf von M gegenüber F 2 = 1817 × $^{4}/_{7}$ = 1038.

6. Stufe:
Da F 2 kein Einkommen hat, stimmen voller Unterhalt und voller Bedarf überein.

7. Stufe:
Bei bestehender zweiter Ehe gibt es keine nichtprägenden Einkommen oder Belastungen.
– F 1 hat 400 + 522 = 922
F 2 hat 779
K 1 hat 299
K 2 hat 362
M bleibt 3000 – 522 – 779 – 299 – 362 = 1038
wozu noch das Kindergeld von 2 × 154 = 308 kommt, welches mit F 2 zu teilen wäre.

IV. Verstärkter Selbstbehalt des Verpflichteten und verschärfter Mangelfall

1. Allgemeines zum angemessenen und notwendigen Selbstbehalt des Verpflichteten

180 **a) Angemessener eigener Unterhaltsbedarf des Verpflichteten.** Dieser bemisst sich gemäß § 1578 I 1 BGB nach den prägenden ehelichen Lebensverhältnissen (siehe Rn. 4/166 bis Rn. 4/227).

Da diese ehelichen Lebensverhältnisse individuell unterschiedlich sind, gibt es für diesen Unterhaltsbedarf grundsätzlich keine festen Richtsätze. Auch für die Annahme eines von den ehelichen Lebensverhältnissen unabhängigen generellen Mindestbedarfs aufseiten des berechtigten Ehegatten gibt es keine gesetzliche Grundlage.[120]

Einstiegsgrenze für einen Mangelfall und damit für eine Billigkeitsabwägung nach § 1581 BGB ist eine Gefährdung des vollen eheangemessenen Unterhalts (§ 1578 I 1 BGB) beider Ehegatten (siehe Rn. 4/564 ff.).

Da die im Rahmen der Billigkeitsabwägung zu treffende Entscheidung jeweils auf die **konkreten Umstände des Einzelfalles abzustellen** hat (siehe Rn. 75 ff.), kann der dem Verpflichteten zu belassende Teil **nicht generell für alle Fälle gleich** sein. Dies schließt es jedoch nicht aus, eine Mindestgrenze zu bestimmen, die dem Verpflichteten als unterste Opfergrenze für seinen eigenen Bedarf auf jeden Fall verbleiben soll.[121] Solche untere Opfergrenzen zum Schutz des Verpflichteten beinhalten die Selbstbehaltssätze (verstärkter Selbstbehalt, vgl. Rn. 1).

b) Selbstbehaltsgrenzen. Beim Kindesunterhalt hat die Rechtsprechung im Rahmen des § 1603 BGB für den Verpflichteten so genannte Selbstbehaltsgrenzen entwickelt. Der Selbstbehalt ist der Betrag, der dem Verpflichteten gegenüber einem Berechtigten auf jeden Fall als unterste Opfergrenze verbleiben muss. Seine Unterhaltsverpflichtung setzt regelmäßig erst oberhalb solcher Selbstbehaltsgrenzen ein. Bis zur Höhe des Selbstbehalts benötigt der Verpflichtete Einkünfte zur Deckung seines eigenen Lebensbedarfs.[122] **181**

Gegenüber **minderjährigen Kindern** gilt der **notwendige Selbstbehalt** als unterste Opfergrenze. Diese unterste Opfergrenze wird weniger durch die individuellen Lebensumstände des Verpflichteten bestimmt als vielmehr durch das Erfordernis, die Grenzen seiner Inanspruchnahme generalisierend festzulegen (siehe auch Rn. 2/141, 2/260 f.).[123]

Gegenüber **volljährigen Kindern** gilt der **angemessene Selbstbehalt** als untere Opfergrenze (siehe Rn. 2/141, 2/407 f., 2/417 ff.).[124]

c) Billigung durch den BGH. Der BGH billigt in ständiger Rechtsprechung diese fast gewohnheitsrechtliche Handhabung des § 1603 I BGB durch die Praxis.[125] **182**

Der „angemessene Selbstbehalt" muss nach § 1603 I BGB allerdings höher sein als der „notwendige Selbstbehalt". Dagegen verstieß die Nürnberger Tabelle, wenn sie in den unteren Einkommensgruppen den notwendigen und den angemessenen Selbstbehalt einheitlich mit 890 DM bemaß.[126]

d) Die Bemessung des notwendigen und des angemessenen **Selbstbehalts** ist Sache des Tatrichters. Diesem ist es nicht verwehrt, sich dabei an Richtwerte in Leitlinien der Oberlandesgerichte anzulehnen, sofern nicht im Einzelfall besondere Umstände eine Abweichung bedingen.[127]

e) Abweichende Bemessung des Selbstbehalts. Sie kann veranlasst sein, wenn ein Teil des allgemeinen Lebensbedarfs des Verpflichteten anderweitig gedeckt ist, z. B. durch ein wohnkostenfreies Wohnen oder durch die Leistungen des neuen Ehemannes zum Familienunterhalt in einer neuen Ehe.[128] **183**

Da in den Selbstbehaltssätzen grundsätzlich auch ein **Anteil für Mietkosten des Verpflichteten** enthalten ist, verringert sich sein angemessener Bedarf im Verhältnis zum Berechtigten um den entsprechenden Anteil der Mietkosten, wenn der Verpflichtete mietfrei wohnt.[129]

Die Düsseldorfer Tabelle gibt zu jedem Selbstbehaltssatz die darin enthaltene Warmmiete an: im notwendigen Selbstbehalt von 840 EUR bzw. 730 EUR sind 360 EUR, im

---

120 BGH, FamRZ 1995, 346, 347; FamRZ 1987, 689, 691 = NJW 1987, 3129
121 BGH, FamRZ 1990, 260, 262 = R 399 b
122 BGH, FamRZ 1987, 472
123 BGH, FamRZ 1982, 365
124 BGH, FamRZ 1987, 472
125 BGH, NJW 1984, 1614 = R 210
126 BGH, FamRZ 1989, 272
127 BGH, FamRZ 1982, 365
128 BGH, FamRZ 1998, 286 = R 518 a a. E., FamRZ 1987, 472 ferner R 210
129 BGH, FamRZ 1984, 683

angemessenen Selbstbehalt von 1000 EUR sind es 440 EUR, beim angemessenen Selbstbehalt gegenüber sonstigen Verwandten von 1250 EUR bzw. 950 EUR sind es 440 EUR. Entsprechende Angaben enthalten auch die Leitlinien der meisten OLGs (SüdL BrL, FT, HaL, KL, ThT, NaL, DrL, BraL je Nr. 21). Wird der festgesetzte Betrag überschritten, so erhöht sich der Selbstbehalt entsprechend, soweit die Wohnkosten als unvermeidlich anerkannt werden. Bei niedrigeren Wohnkosten kann der Selbstbehalt entsprechend herabgesetzt werden (näher Rn. 202 f.).

184 **f) Gegenüber dem geschiedenen Ehegatten.** In seiner Grundsatzentscheidung vom 18. 10. 1989[130] hält es der BGH nach erneuter Prüfung aus Rechtsgründen nicht für vertretbar und deshalb nicht für „billig“, dem Verpflichteten **im Verhältnis zum geschiedenen Ehegatten,** dessen Existenzminimum nicht sichergestellt ist, regelmäßig als untere Opfergrenze **nur den notwendigen Selbstbehalt** zu belassen (so DT B V u. a.). Die hierin zum Ausdruck kommende generelle unterhaltsrechtliche Gleichbehandlung geschiedener Ehegatten mit minderjährigen Kindern, wie sie für das Rangverhältnis in § 1609 II 2 BGB angeordnet ist, ist im Rahmen der Billigkeitsregelung nach § 1581 BGB nicht gerechtfertigt. Sie berücksichtigt nicht den Regelungshintergrund des § 1603 II BGB, der wesentlich darin zu sehen ist, dass minderjährigen Kindern wegen ihres Alters von vornherein die Möglichkeit verschlossen ist, durch eigene Anstrengungen zur Deckung ihres notwendigen Lebensbedarfs beizutragen. Bei Erwachsenen, auch wenn diese aus Gesundheits-, Alters- oder sonstigen Gründen auf vollen Unterhalt angewiesen sind, ist dies grundsätzlich nicht in demselben Maße der Fall. Wenn allerdings ein Berechtigter im Einzelfall aus besonderen Gründen **ähnlich hilflos und bedürftig ist wie ein minderjähriges Kind,** so steht nichts im Wege, dem Verpflichteten bei der Billigkeitsabwägung nach § 1581 BGB ausnahmsweise eine Unterhaltsverpflichtung bis zur Grenze des eigenen notwendigen Selbstbehalts aufzuerlegen. Für den Regelfall kann das jedoch nicht als der Billigkeit entsprechend gelten. Hieran vermag auch die Tatsache nichts zu ändern, dass der Berechtigte auf diese Weise gezwungen sein kann – überhaupt oder in stärkerem Maße, als es sonst der Fall wäre –, öffentliche Mittel für seinen Unterhalt in Anspruch zu nehmen. Dies ist auch unter verfassungsrechtlichen Gesichtspunkten nicht zu beanstanden und lässt sich bei Abwägung mit dem widerstreitenden eigenen Unterhaltsinteresse des Verpflichteten auf den in § 1569 BGB niedergelegten Grundsatz der Eigenverantwortlichkeit jedes Ehegatten für seinen Unterhalt nach der Scheidung zurückführen. Der den §§ 1570 bis 1576 BGB zugrundeliegende Grundsatz der fortwirkenden Verantwortung der Ehegatten füreinander auch nach Beendigung der Ehe stößt an seine Grenzen, wenn andernfalls der Verpflichtete auf das eigene Existenzminimum zurückgedrängt würde.[131] (Nur für den Fall des Zusammentreffens mit minderjährigen Kindern hat der BGH diese Rechtsprechung modifiziert, vgl. Rn. 226.).

185 **g) Billigkeitsabwägung im Einzelfall.** Aus dem Erfordernis, die nach § 1581 BGB zu treffende Billigkeitsabwägung jeweils nach den Besonderheiten des Einzelfalls vorzunehmen, ergibt sich andererseits, dass auch der sogenannte **große** oder **angemessene Selbstbehalt** im Sinn von § 1603 I BGB nicht für den Regelfall als untere Grenze des dem Verpflichteten gegenüber einem Ehegatten zu belassenden Betrages gelten kann. Diese Größe kann allenfalls einen Anhalt bieten. Je nach den Umständen des Falles, insbesondere auch den Verhältnissen des Berechtigten, kann der dem Verpflichteten zu belassende Teil auch unter dem großen Selbstbehalt liegen.[132] Soweit ein billiger Selbstbehalt von den Gerichten bestimmt wird, liegt er daher zwischen dem großen und kleinen Selbstbehalt.

186 **h) Verweis auf Leitlinien.** Wenn jedoch der Tatrichter die nach § 1581 BGB vorgeschriebene individuelle Billigkeitsabwägung durch den Hinweis auf eine regelmäßige Übung in Mangelfällen (auf Grund von Leitlinien) ersetzt, **verkürzt er vorab in unzulässiger Weise den Ermessensspielraum** für die individuelle Abwägung der beiderseitigen Bedürfnisse. Ohne Rechtfertigung durch besondere individuelle Umstände des Einzelfalls entspricht es grundsätzlich nicht der Billigkeit im Sinn von § 1581 BGB, den Verpflichteten für seinen eigenen Unterhalt auf den notwendigen Selbstbehalt zu verweisen. Dies kann

---

[130] BGH, FamRZ 1990, 260, 262 = R 399 b
[131] BGH, FamRZ 1990, 260, 262 = R 399 b
[132] BGH, FamRZ 1990, 260, 262 = R 399 b

revisionsrechtlich überprüft werden. Zwar unterliegt eine vom Tatrichter nach Billigkeitsgesichtspunkten getroffene Entscheidung nur in beschränktem Umfang der revisionsrechtlichen Überprüfung. Eine solche ist aber dann eröffnet, wenn die Entscheidung den gesetzlich vorgegebenen Ermessensspielraum nicht ausschöpft oder auch gesetzliche Wertungen außer Betracht lässt.[133]

Im Hinblick auf diese BGH-Rechtsprechung (Rn. 184 bis 186) werden die in der Praxis bisher in Tabellen und Leitlinien entwickelten und angewandten **Richtwerte in der Praxis modifiziert** angewandt werden müssen. 187

Trotz solcher Leitlinien genügt nicht eine bloße Bezugnahme auf diese Richtwerte, sondern es ist in jedem Fall eine individuelle Billigkeitsabwägung nach § 1581 BGB erforderlich.

Für Rechtsuchende und ihre Anwälte ist dies bedauerlich, weil dadurch für sie auch in den häufigen verschärften Mangelfällen der Unterhalt nicht mehr eindeutig berechenbar ist, denn die verschärfte Mangelfallrechnung (siehe Rn. 224 ff.) bleibt abhängig von dem vor der richterlichen Abwägung noch offenen Ergebnis zur Bemessung der unteren Opfergrenze. Deshalb bleiben im Interesse eines berechenbaren Unterhalts solche Regelungen in Tabellen und Leitlinien nach wie vor besonders wichtig als Orientierungshilfen für normale Durchschnittssituationen bei verschärften Mangelfällen.

Der BGH selbst hat in früheren Entscheidungen[134] betont, dass der Tatrichter sich bei der Unterhaltsbemessung an solche Richtsätze und Leitlinien anlehnen kann und dass dies auch für die Festlegung der Selbstbehaltssätze des Verpflichteten gilt, die weniger durch dessen individuelle Lebensstellung bestimmt sind als durch das Erfordernis, die Grenze seiner Inanspruchnahme generalisierend festzulegen. Wenn im konkreten Fall keine besonderen Umstände vorliegen, die für eine abweichende Bemessung sprechen, ist es aus Rechtsgründen nicht zu beanstanden, wenn der Richter sich im Rahmen seiner Billigkeitsabwägung an den Selbstbehaltssätzen orientiert und diese übernimmt, die für den Selbstbehalt eines Verpflichteten ausgeworfen sind.[135] Bei der individuellen Billigkeitsabwägung ist allerdings zu beachten, dass trotz solcher Richtwerte grundsätzlich ein Spielraum zwischen dem angemessenen und dem notwendigen Selbstbehalt als unterster Opfergrenze bleibt. 188

Im Rahmen einer individuellen Billigkeitsabwägung kann bei Vorliegen besonderer Gründe, die mit der Bedürftigkeit Minderjähriger vergleichbar sind, der **notwendige Selbstbehalt als Opfergrenze** bejaht werden. Der BGH hält dies für möglich, wenn der Berechtigte im Einzelfall aus besonderen Gründen **ähnlich hilflos und bedürftig** ist **wie ein minderjähriges Kind.**[136] Er hat eine solche Lage angenommen in einem Fall, in dem bei äußerst beengten Verhältnissen dem unterhaltsberechtigten Gatten und den Kindern im Vergleich zum Pflichtigen immer noch erheblich weniger zur Bedarfsdeckung verblieb.[137] Einer solchen Situation vergleichbar ist ein Berechtigter, der minderjährige Kinder betreut und versorgt und deshalb einen privilegierten Unterhaltsanspruch nach § 1570 BGB hat. Er verdient im Interesse des Kindeswohls nach der gesetzgeberischen Wertung einen ähnlichen Schutz im Verhältnis zum Verpflichteten wie die minderjährigen Kinder selbst. Als Sorgeberechtigter muss er ohnehin innerhalb der Familien- und Wirtschaftsgemeinschaft seinen und der Kinder Unterhalt verantwortlich und haushälterisch für alle wie aus einer gemeinsamen Kasse verwenden. Deshalb ist es im Rahmen einer individuellen Abwägung gerechtfertigt, ihn mit den minderjährigen Kindern gleichzubehandeln, jedenfalls solange ein Anspruch nach § 1570 BGB besteht. Auch können die **wirtschaftlichen Verhältnisse so beengt** sein, dass der Eigenbedarf nach den ehelichen Lebensverhältnissen auch unter Berücksichtigung trennungsbedingten Mehrbedarfs den notwendigen Selbstbehalt nicht übersteigt. Nach SüdL 21.4 kann auch in solchen Fällen der notwendige Selbstbehalt als unterste Grenze der Inanspruchnahme eingreifen.

---

[133] BGH, FamRZ 1990, 260, 262 = R 399 b
[134] Z. B. NJW 1985, 318 = R 229; FamRZ 1982, 365
[135] FamRZ 1982, 365
[136] BGH, FamRZ 1990, 260, 262 = R 399 b
[137] BGH, FamRZ 1997, 806

189 **i) Trennungsunterhalt.** Die Entscheidung und Begründung des BGH[138] betrifft einen nachehelichen Unterhalt. Das Erfordernis einer **individuellen Billigkeitsabwägung** besteht aber im Mangelfall **auch bei** einem **Trennungsunterhalt** im Rahmen des § 1361 BGB in entsprechender Anwendung der Grundsätze zu § 1581 BGB und unter Berücksichtigung der Besonderheiten, die das Verhältnis der Ehegatten zueinander während des Getrenntlebens zu demjenigen nach der Scheidung kennzeichnen.[139] Die während der Trennungszeit noch bestehende stärkere Verantwortung der Eheleute füreinander und das höhere Maß an Rücksichtnahme auf beiderseitige Interessen kann es im Rahmen der erforderlichen Billigkeitsabwägung gerechtfertigt erscheinen lassen, die untere Opfergrenze beim Trennungsunterhalt niedriger anzusetzen als beim nachehelichen Unterhalt.

190 **j) Tabellen und Leitlinien.** Zu den in der Praxis bisher üblichen Selbstbehaltssätzen siehe nachfolgend Rn. 206 ff.

Diese in der Praxis in Tabellen und Leitlinien bissher entwickelten Richtwerte weichen teilweise voneinander ab. Allerdings besteht für die Zeit seit 1. 7. 2003 eine Einigung der Oberlandesgerichte, eine einheitliche Leitlinienstruktur zu verwenden. Die süddeutschen Oberlandesgerichte (Bamberg, Karlsruhe, München, Nürnberg, Stuttgart und Zweibrücken) haben sich überdies auf gemeinsame Leitlinien geeinigt (SüdL), welche nur durch die Modifikationen des 7. Senats des OLG Nürnberg noch Abweichungen enthalten. Deshalb sind sie für jedes Oberlandesgericht individuell festzustellen.

- Teilweise wird beim Trennungs- und nachehelichen Unterhalt ein **billiger Selbstbehalt** angenommen, wenn der Berechtigte keine minderjährigen Kinder betreut, und der **notwendige Selbstbehalt,** wenn der Berechtigte minderjährige Kinder betreut. So OLG Hamm (HL 21.4.1) und OLG Saarbrücken, ähnlich auch das OLG Oldenburg, das dabei wie die SüdL 21.4 (s. u.) auch den eheangemessenen Selbstbehalt verwendet, allerdings begrenzt nach unten auf den billigen Selbstbehalt.
- Teilweise wird beim Trennungsunterhalt und nachehelichen Unterhalt einheitlich der **notwendige Selbstbehalt** angenommen. So nach DT B IV von den Oberlandesgerichten, die die DT anwenden und keine eigenen, davon abweichenden Leitlinien haben.
- Teilweise werden **unterschiedliche Selbstbehaltssätze** angenommen, je nachdem, ob es sich um Trennungsunterhalt oder nachehelichen Unterhalt handelt. Dabei wird bei Trennungsunterhalt der notwendige Selbstbehalt und bei nachehelichem Unterhalt der angemessene Selbstbehalt angenommen. So OLG Frankfurt (FT 21.4), OLG Köln (KL 21.2, 21.4), OLG Thüringen (ThL 21.2, 21.3).
- Teilweise wird beim bei Trennungs- und Geschiedenenunterhalt einheitlich der sogenannte **„billige Selbstbehalt"** angenommen, der zwischen dem angemessenen und notwendigen Selbstbehalt angesiedelt wird. So KG Berlin (BL 21.5), OLG Brandenburg (BraL 21.4), OLG Celle (CL 21.4), OLG Schleswig (SchL 21.4).
- Die Süddeutschen Leitlinien (OLGs Bamberg, Karlsruhe, München, Nürnberg, Stuttgart und Zweibrücken) und das OLG Naumburg unterscheiden beim Gattenunterhalt zwischen dem **eheangemessenen Selbstbehalt,** welcher sich aus der Ehegattenquote zuzüglich trennungsbedingten Mehrbedarfs herleitet, und dem **notwendigen Selbstbehalt** als der untersten Grenze der Inanspruchnahme (SüdL 21.4, NaL 21.4).

191 **k) Auslandsfälle.** Wohnt der Verpflichtete im Ausland, sind für die Ermittlung des „angemessenen Selbstbehalts", den der Verpflichtete benötigt, um seinen Unterhaltsbedarf sicherzustellen, die Geldbeträge maßgeblich, die er an seinem Aufenthaltsort aufwenden muss, um nach den dortigen Verhältnissen den vergleichbaren „angemessenen Lebensstandard" aufrechterhalten zu können. Dabei ist der außenwirtschaftliche Kurs der fremden Währung nicht notwendig ein Spiegelbild ihres Binnenwertes und braucht sich mit der Kaufkraft der ausländischen Währung im Inland nicht zu decken[140] (vgl. Rn. 7/14, 7/19).

---

[138] BGH, FamRZ 1990, 260, 262 = R 399 b

[139] BGH, FamRZ 1986, 556 = R 284

[140] BGH, FamRZ 1988, 705, 708 = R 364; zu den Kaufkraftparitäten vgl. auch die Aufstellung FamRZ 1993, 1158 ff. sowie Gutdeutsch/Zieroth, FamRZ 1993, 1152 m. w. N.

2. Der verschärfte Mangelfall

Entsprechend den Ausführungen zu Rn. 4/569 f. besteht ein Mangelfall im Sinn des § 1581 BGB bereits dann, wenn der Verpflichtete nicht in der Lage ist, den vollen angemessenen Unterhalt des oder der Berechtigten zu erfüllen, ohne dadurch seinen eigenen vollen eheangemessenen Bedarf zu gefährden. Das kann auch dann der Fall sein, wenn ihm weit mehr als sein angemessener Selbstbehalt verbleibt. 192

Wird **bei beschränkter Leistungsfähigkeit** des Verpflichteten dessen **untere Opfergrenze** (Selbstbehalt oder Mindestbedarf) **gefährdet,** dann besteht ein verschärfter Mangelfall. Dies ist der Fall, wenn dem Verpflichteten auf Grund der Bedarfsbemessung und der anschließenden Billigkeitskürzung nach § 1581 BGB weniger als der Selbstbehalt für den eigenen Lebensbedarf bleiben würde. 193

Ein solcher verschärfter Mangelfall lässt eine weitere Billigkeitskürzung nach § 1581 BGB beim Bedarf des Verpflichteten nicht mehr zu, weil dem Verpflichteten der Selbstbehalt als seine untere Opfergrenze bleiben muss. Ist diese untere Opfergrenze erreicht, **darf** nach § 1581 BGB **nur noch der Bedarf des oder der Berechtigten** proportional oder nach Billigkeit **gekürzt werden.** Dadurch unterscheidet sich der normale Mangelfall vom verschärften Mangelfall. 194

Im Prinzip gilt dies in gleicher Weise beim angemessenen und beim notwendigen Selbstbehalt als unterster Mindestbedarf. Unterschiedlich ist dabei nur die Selbstbehaltsgrenze als untere Opfergrenze und nicht die Art der verschärften Mangelfallrechnung.

Lediglich der eheangemessene Selbstbehalt nach NaL 21.4, SüdL 21.4 ist eine variable Größe, welche mit dem vollen Bedarf des Verpflichteten identisch ist und deshalb nicht dem verschärften Mangelfall, sondern dem einfachen Mangelfall zuzuordnen ist.

Praktisch erfolgt die Verschärfte-Mangelfall-Rechnung in der Weise, dass nach **Feststellung eines verschärften Mangelfalls** die jeweils in Anlehnung an Leitlinien auf Grund einer individuellen Billigkeitsabwägung ermittelte untere Opfergrenze (Selbstbehalt oder Mindestbedarf) von der Deckungsmasse abgezogen und dem Verpflichteten belassen wird. Der verbleibende Rest der Deckungsmasse wird dann auf die Berechtigten proportional zu deren Bedarf im Verhältnis zum Gesamtbedarf verteilt. Genaueres dazu Rn. 224 ff. 195

In der Praxis wird oft – nicht hinterfragt – unter Mangelfall nur diese verschärfte Art eines Mangelfalls verstanden.

3. Sozialhilfebedürftigkeit des Verpflichteten als absolute Grenze und Prozesskostenhilfe

Jede Unterhaltspflicht findet dort ihre Grenze, wo dem Betroffenen nicht die Mittel für den eigenen notwendigen Lebensbedarf bleiben. Diese Opfergrenze, der sog. **notwendige Selbstbehalt,** wird im Allgemeinen etwas über dem **Sozialhilfebedarf** des in Anspruch Genommenen angesetzt. Wenn der Sozialhilfebedarf aber im Einzelfall höher liegt als diese generellen Sätze, erhöht sich der Selbstbehalt entsprechend. Daher liegt der Selbstbehalt eines Rentners, der wegen Pflegebedürftigkeit auf Dauer in ein Heim untergebracht ist, nicht unter den dafür erforderlichen Kosten.[141] Auch in anderen Fällen wird aber zu prüfen sein, ob der Selbstbehalt den Sozialhilfebedarf (für die Hilfe zum Lebensunterhalt) nicht unterschreitet.[142] Gegebenenfalls ist der Selbstbehalt entsprechend zu erhöhen. 196

In solchen Fällen wird auch aufseiten des Unterhaltsberechtigten meist Sozialhilfeberechtigung bestehen. Wenn der **Berechtigte Sozialhilfe bezieht,** geht in Höhe der Leistung nach § 91 I BSHG die Unterhaltsforderung auf das Sozialamt über. Jedoch ist dieser Forderungsübergang nach § 91 II BSHG begrenzt auf den Betrag, welchen der Unterhaltspflichtige verfügbar hat, ohne selbst sozialhilfeberechtigt zu werden. Dadurch wird der Unterhaltspflichtige aber nicht definitiv entlastet, denn den im Hinblick auf die Sozialgrenze 197

---

[141] BGH, FamRZ 1990, 849
[142] BGH, FamRZ 1984, 1000 = R 210

nach § 91 II BSHG nicht übergegangenen Teil des zivilrechtlichen Unterhaltsanspruchs kann der Unterhaltsberechtigte selbst in Anspruch nehmen, weil die Sozialhilfe grundsätzlich nachrangig ist.[143] Nur aus Billigkeitsgründen kann der Umstand, dass die Sozialhilfe den Unterhaltsbedarf bereits abgedeckt hat, zur Herabsetzung der bis zur Rechtshängigkeit aufgelaufenen Rückstandsforderung führen, wenn nämlich der Unterhaltspflichtige sonst nicht imstande wäre, seinen laufenden Unterhaltspflichten nachzukommen[144] (vgl. hierzu Rn. 6/521 ff.).

198 In Mangelfällen wird in der Regel auch **Prozesskostenhilfe** beantragt. Seit 1. 1. 1995 wird die Bedürftigkeit nach § 115 ZPO nach dem gleichen Schema geprüft wie bei der Sozialhilfe. Es liegt daher nahe, die Untergrenze des notwendigen Selbstbehalts an dem Freibetrag nach § 115 ZPO zu orientieren.

199 Dabei dürfen jedoch die **Besonderheiten des Unterhaltsrechts** nicht außer Acht gelassen werden.

- So können insbesondere **Wohnkosten** im Prozesskostenhilferecht anzuerkennen sein, obgleich sie den verschärften Maßstäben der Inanspruchnahme für den Unterhalt eines minderjährigen Kindes gem. § 1603 I S. 1 BGB nicht standhalten. Auch das Sozialhilferecht anerkennt Wohnkosten vorläufig, wenn sie bei Eintritt der Bedürftigkeit geschuldet werden, während das Unterhaltsrecht im Hinblick auf die meist vorhersehbare Unterhaltspflicht überhöhte Wohnkosten nur bei Verbleiben in der Ehewohnung bei der Trennung zeitweise akzeptiert, in der Regel jedoch nicht anerkennt. Hinzu kommt die unterschiedliche prozessuale Lage: Im Zivilprozess hat der Unterhaltsverpflichtete seine Leistungsunfähigkeit und damit seine Unfähigkeit, eine billigere Wohnung zu finden, zu beweisen, während im Sozialgerichtsprozess die Amtsmaxime gilt, was letztlich zur Beweislast der Behörde führt.

200 • Für das Prozesskostenhilferecht entfällt nach § 115 I 2 ZPO die Leistungsfähigkeit, soweit **die bei dem Pflichtigen lebenden Kinder und sein Gatte** bedürftig werden würden. Würde das Unterhaltsrecht dem folgen, wären der zweite Gatte und die bei dem Pflichtigen lebenden Kinder mit ihrem Mindestbedarf vorrangig gegenüber dem ersten Gatten und den Kindern, die nicht bei dem Pflichtigen leben. Das widerspräche den **Rangregeln des Unterhaltsrechts** (vgl. Rn. 39 ff.).

201 • Das Unterhaltsrecht billigt den Unterhaltspflichtigen im Mangelfall nur einen **Erwerbstätigenbonus** von 110 € (Unterschied zwischen dem notwendigen Selbstbehalt eines Erwerbstätigen von 840 € und eines Nichterwerbstätigen von 730 €).[145] Demgegenüber akzeptieren die Sozialämter i. d. R. einen Erwerbsbonus nach § 76 II a Nr. 1 BSHG in Höhe des halben Eckregelsatzes, also ca. 147 €; entsprechend auch die Prozesskostenhilfe. Die unterschiedliche Höhe des Bonus rechtfertigt sich im Prinzip aus der unterschiedlichen Interessenlage, insbesondere der geringere Bonus des Unterhaltsrechts aus der strengen Erwerbsobliegenheit gegenüber dem minderjährigen Kind. Es ist auch fraglich, ob die Familiengerichte bei der Anwendung des § 76 II a BSHG denselben Bonus zugrunde legen müssen, wie er der Praxis der Sozialämter entspricht. Andererseits sollte nach der Rechtsprechung des BGH der Selbstbehalt etwas über dem Existenzminimum liegen. Deshalb sprechen gute Gründe dafür, dass die Familiengerichte den Selbstbehalt des Erwerbstätigen erhöhen und damit den unterhaltsrechtlichen Erwerbstätigenbonus an den sozialrechtlichen **angleichen.**

Das würde auch die Schwierigkeiten vermindern, die sich im Unterhaltsrecht aus der unterschiedlichen Höhe des Bonus im Normalfall und im Mangelfall ergeben.

201 a Zu beachten ist aber vor allem, dass das Sozialrecht keine fiktiven Einkünfte berücksichtigt, was regelmäßig zu Abweichungen führen kann. In diesen Fällen kann nur für Rückstände aus der Zeit vor Rechtshängigkeit nach § 242 BGB ein Ausgleich gefunden werden[146] (s. o. Rn. 197).

---

[143] BGH, FamRZ 1999, 843 = NJW 1999, 2365 = R 533 a, b

[144] BGH, FamRZ 1999, 843 = NJW 1999, 2365 = R 533 c

[145] Der BGH hat in einem Mangelfall die Herabsetzung des Erwerbsbonus auf 5% für angemessen gehalten: FamRZ 1992, 539, 541 = R 444 b

[146] BGH, FamRZ 1999, 843 = NJW 1999, 2365 = R 533 c

4. Selbstbehalt und Wohnkosten

Die Wohnkosten in **Ballungsgebieten** unterscheiden sich stark von den in ländlichen Gegenden. Weil die meisten OLG-Bezirke sehr unterschiedlich strukturierte Gebiete umfassen, war es schon lange Anlass zur Kritik, dass sich zwar die Selbstbehalte der verschiedener OLGs oft unterschieden, innerhalb desselben OLG-Bezirks jedoch einheitliche Selbstbehaltssätze gelten. Die Sozialhilfe ihrerseits verwendet nur für den allgemeinen Lebensbedarf pauschale Regelsätze und deckt die Wohnkosten im Grundsatz nach ihrer tatsächlichen Höhe, wobei bei mehreren Bewohnern die Kosten nach Köpfen verteilt werden. Der daraus resultierenden Abweichung tragen die OLGs nun dadurch Rechnung, dass sie **in ihren Selbstbehaltssätzen** einen **Wohnkostenanteil ausweisen.** Die NaL 21.5.2 haben auch Vorschläge für die Aufteilung der Wohnkosten unter mehrere Mitbewohner derselben Wohnung. Hiernach sind unter Erwachsenen die Kosten nach Köpfen zu teilen. Kindern sind 20% ihres Barunterhalts zuzurechnen (vgl. auch Rn. 183). 202

Die ausgewiesenen Wohnkosten sind in den Leitlinien unterschiedlich abgegrenzt: ThT 21 liefert verschiedene Werte für **Warm- und Kaltmiete,** BraL 21, Werte für Kaltmiete, RL (alt) IV, DrL 21 liefern Werte für Warmmiete zuzüglich Mietnebenkosten, FT 21, Kaltmiete und Mietnebenkosten, auch BrL 21, KL 21 weisen die Warmmiete aus, Ha 21.2, 21.3.1, NaL 21.5.2 „Unterkunft und Heizung". Man wird davon ausgehen dürfen, dass mit „Warmmiete" dasselbe gemeint ist wie mit „(Kalt)Miete zuzüglich Mietnebenkosten" oder „Unterkunft und Heizung". Soweit auf diese Weise Kalt- und Warmmiete ausgewiesen sind, kann durch konkreten (durch Vorlage des Mietvertrags belegten) Vortrag des einen oder des anderen Betrags eine Herabsetzung des Selbstbehalts erreicht werden. Ist nur die Kaltmiete ausgewiesen, so muss bei einer weitere Kosten umfassenden Pauschalmiete der Anteil der Kaltmiete durch eine Schätzung ermittelt werden, für welche die Leitlinien gewisse Anhaltspunkte bieten, weil sie den Nebenkostenanteil der Warmmiete teils mit 19% (FT III E), teils mit 25% (ThT C) ansetzen. 203

Ist umgekehrt nur die Warmmiete ausgewiesen, kann der Verpflichtete normalerweise Miete und Nebenkostenvorauszahlungen geltend machen. Heizt er selbst, so muss er seine Heizkosten berechnen und ggf. belegen. Sonst kann nur die etwa belegte Kaltmiete, erhöht um einen mäßigen Nebenkostenzuschlag (30%), geltend gemacht werden.

Bewohner eines eigenen Hauses können die Finanzierungszinsen (als Korrelat der Miete) und die sonstigen verbrauchsunabhängigen und verbrauchsabhängigen Kosten einschließlich der Heizkosten ansetzen, auch soweit sie nicht umlagefähig sind.

Stromkosten werden in der Regel vom Mieter direkt bezahlt und sind von den Nebenkosten nicht erfasst. Soweit Kosten der Warmwasserbereitung gemeinsam mit den Heizkosten abgerechnet werden, sind sie (anders als im Sozialhilferecht) aus Gründen der Praktikabilität als Nebenkosten zu behandeln.

Einer übermäßigen Mietbelastung soll das **staatliche Wohngeld** (vgl. näher Rn. 1/452f.) entgegenwirken. Unterhaltsrechtlich maßgebend ist bei der Leistungsfähigkeit nicht das tatsächlich bezogene Wohngeld, sondern der insoweit bestehende Anspruch, weil der Unterhaltspflichtige die Obliegenheit hat, sich zumutbares Einkommen zu verschaffen. Das gilt in erhöhtem Maße im Mangelfall. Deshalb schrieben BayL 20f. die Anrechnung des Wohngelds auf die Mietbelastung vor. Allerdings wird bei der derzeitigen Fassung des WoGG ein Unterhaltspflichtiger – im Gegensatz zu Unterhaltsberechtigten – nur in seltenen Fällen Leistungen erhalten können, weil seine Unterhaltsleistungen in § 12a WoGG meist nur unzureichend berücksichtigt werden und auch die Pauschale für gesetzliche Abzüge (§ 17 WoGG) nur selten die tatsächlich gezahlten Beträge erreichen wird. 204

Beispiel zur Korrektur des Selbstbehalts wegen Wohnkosten. 205

M ist der einkommenslosen nach langer Ehe (18 Jahren) geschiedenen Frau F 1 unterhaltspflichtig sowie der bei ihm lebenden – nachrangigen neuen Ehefrau F 2 und den Kindern der neuen Ehe A und B im Alter von 3 und 7 Jahren.
M verdient 1700, hat eine Warmmiete von 850 zu zahlen und erhält 308 Kindergeld.
Barunterhaltsanspruch der beiden Kinder, wegen Unterhaltspflicht gegenüber 2 Frauen und 2 Kindern,

herabgesetzt um eine Einkommensgruppe: DT 03 2/1, 2/2 = 213, 258
Mietanteil 15% des Kindesunterhalts = (213 + 258) × 0,20 = 94
anteilige Wohnkosten von M (neben F 2) = (850 – 94) : 2 = 378,
sie übersteigen den ausgewiesenen Betrag von 360 (SüdL 21.2) um 18
notwendiger Selbstbehalt vom M = 840 + 18 = 858

5. Überblick zu den unterschiedlichen Richtsätzen der Oberlandesgerichte zum angemessenen und notwendigen Selbstbehalt des Verpflichteten

206 Bei den OLGs **Celle, Dresden, Hamburg** dem **Kammergericht,** dem OLG **Naumburg** und den süddeutschen **OLGs (Bamberg, Karlsruhe, München, Nürnberg, Stuttgart und Zweibrücken)** (CL 21.4, DrL 21.4, HaL 21.4, BL 21.4, NaL 21.4, SüdL 21.4) steht dem Verpflichteten gegenüber einem geschiedenen oder getrennt lebenden Ehegatten ein „eheangemessener Selbstbehalt" zu, welcher aber den notwendigen Selbstbehalt nicht unterschreiten darf. Der eheangemessene Selbstbehalt ist aber keine feste Grenze wie die anderen Selbstbehalte. Vielmehr ist er definiert als der eheangemessene volle Bedarf des Verpflichteten spiegelbildlich zum vollen Bedarf des Ehegatten. Im Mangelfall kann dieser Selbstbehalt im Wege der Billigkeitsprüfung nach § 1581 BGB herabgesetzt werden. Nur in Ausnahmefällen darf der Bedarf auf den notwendigen Selbstbehalt herabgesetzt werden. Unterste Grenze der Inanspruchnahme sowohl für den Trennungsunterhalt als auch für den Geschiedenenunterhalt bildet der notwendige Selbstbehalt.

206 a Bei den **süddeutschen OLGs (Bamberg, Karlsruhe, München, Nürnberg, Stuttgart und Zweibrücken)** beträgt der notwendige Selbstbehalt für Erwerbstätige 840 € **(SüdL 21.2),** für Nichterwerbstätige 730 €. Er gilt auch dann, wenn sich der eheangemessene Selbstbehalt auf einen geringeren Betrag beschränken würde, und auch im Verhältnis zu minderjährigen und ihnen gleichgestellten Kindern.

Der angemessene Selbstbehalt gegenüber nichtprivilegierten volljährigen Kindern beträgt 1000 € **(SüdL 4.3.1).**

207 Auch das **KG Berlin** (BL 21.4) berücksichtigt bei geschiedenen und getrennt lebenden Ehegatten den eheangemessenen Selbstbehalt (vgl. Rn. 206).

Gegenüber minderjährigen und ihnen gleichgestellten Kindern beträgt der Selbstbehalt bei Erwerbstätigkeit 840 €, bei Nichterwerbstätigkeit 730 €. Gegenüber volljährigen Kindern beträgt der Selbstbehalt 1000 € bei Erwerbstätigkeit, bei Nichterwerbstätigkeit 890 € (BL 21.3.1).

Lebt der Verpflichtete im Ostteil der Stadt, gelten abweichende Selbstbehalte, nämlich der notwendige Selbstbehalt von 775 €, bei Nichterwerbstätigen 675 €, der angemessene Selbstbehalt von 925 €, bei Nichterwerbstätigen 825 €.

207 a **Nach OLG Brandenburg** gilt gegenüber minderjährigen Kindern und ihnen gleichgestellten sowie den sie betreuenden Ehegatten ein Selbstbehalt von 775 € (inklusive Kaltmiete 235 €) (BraL 21.2). Der Selbstbehalt gegenüber volljährigen Kindern beträgt 925 € (inkl. Kaltmiete 280) (BraL 21.3.1), gegenüber Gatten, die keine gemeinsamen Kinder betreuen, 850 € mit Mietanteil 255 € (BraL 21.4). Der Selbstbehalt vermindert sich für Nichterwerbstätige um 100 € und (BraL 21.4).

Das **OLG Braunschweig** wendet die Düsseldorfer Tabelle an (Rn. 211).

208 **Nach OLG Bremen** (BrT 21.) beträgt beim Trennungsunterhalt und gegenüber minderjährigen und ihnen gleichgestellten Kindern der „notwendige Selbstbehalt" bei Erwerbstätigkeit 840 €, bei Nichterwerbstätigkeit 730 €. Ein „angemessener Selbstbehalt" von 1000 € besteht gegenüber volljährigen Kindern. Beim nachehelichen Unterhalt verwendet das OLG Bremen den eheangemessenen Selbstbehalt (Rn. 206).

209 **Nach OLG Celle** (CL 21.4) verwendet für Ehegatten den eheangemessenen Selbstbehalt (Rn. 206). Der „notwendige Selbstbehalt" gegenüber minderjährigen und ihnen gleichgestellten Kindern (§ 1603/II BGB) beträgt bei Erwerbstätigkeit 840 €, bei Nichterwerbstätigkeit 730 € (CL 21.2, 21.3). Der „angemessene Selbstbehalt" gegenüber einem volljährigen Kind beträgt 1800 DM (CL IV 2).

Das OLG Dresden berücksichtigt gegenüber minderjährigen und ihnen gleichgestellten Kindern einen notwendigen Selbstbehalt von 750 € (wenn nicht erwerbstätig 650 €) mit Mietanteil (Warmmiete) 280/265 € (DrL 21.2), gegenüber volljährigen Kindern einen Selbstbehalt von 900 € mit Mietanteil (Warmmiete) 315 € (DrL 21.3). Gegenüber getrennt lebenden oder geschiedenen Gatten gilt der eheangemessene Selbstbehalt (Rn. 206). 210

Die Düsseldorfer Tabelle (DT B IV) kennt bei Ehegatten keinen „angemessenen Selbstbehalt", sondern nur einen „notwendigen Selbstbehalt", der bei Erwerbstätigkeit 840 €, bei Nichterwerbstätigkeit 730 € beträgt. Nur gegenüber volljährigen Kindern besteht nach DT A 5 ein angemessener Selbstbehalt von 1000 € oder höher. 211

Nach OLG Frankfurt (FT 21.2) gilt gegen Ehegatten der eheangemessene Selbstbehalt (Rn. 206), der allerdings bei geschiedenen Ehegatten nach unten nicht durch den notwendigen, sondern den angemessenen Selbstbehalt von 1000 € begrenzt wird. Gegenüber nichtprivilegierten volljährigen Kindern gilt der „große Selbstbehalt". Dieser beträgt in der Regel 1000 € (darin Kaltmiete 360, Heizung und Nebenkosten 80). 212

Beim Trennungsunterhalt und beim Unterhalt gegenüber minderjährigen und ihnen gleichgestellten Kindern gilt der „kleine Selbstbehalt". Dieser beträgt 840 (darin Kaltmiete 285, Heizung und Nebenkosten 75).

Nach OLG Hamburg (HaL) verwendet bei Ehegatten den eheangemessenen Selbstbehalt (Rn. 206) (HaL 21.4). 213

Der Selbstbehalt gegenüber nichtprivilegierten volljährigen Kindern beträgt bei Erwerbstätigen 1000 € incl. Unterkunft und Heizung von 440 €. Der notwendige Selbstbehalt beträgt gegenüber minderjährigen und ihnen gleichgestellten Kindern bei Erwerbstätigkeit 840 €, bei Nichterwerbstätigkeit 730 € (darin Warmmiete 360 €).

Diese Selbstbehaltssätze gelten für den Regelfall, dass der Verpflichtete alleinstehend ist. Beim Zusammenleben in einer häuslichen Gemeinschaft kommt eine Herabsetzung der Selbstbehaltssätze in Betracht (HaL 2).

Nach OLG Hamm (HL 21.4) beträgt der „notwendige Selbstbehalt" gegenüber dem Ehegatten, der mit unterhaltsberechtigten Kindern zusammenlebt, mindestens 840 € bei Erwerbstätigkeit und 730 € bei Nichterwerbstätigkeit (darin Warmmiete 360 €). 214

In anderen Fällen kann ein höherer Selbstbehalt anerkannt werden, der sich nach Billigkeitsgesichtspunkten bestimmt; vielfach wird ein Betrag von 920 € (billiger Eigenbedarf) in Betracht kommen.

Gegenüber nichtprivilegierten volljährigen Kindern beträgt der Selbstbehalt im Regelfall mindestens 1000 €, kann aber auch höher sein (HL 21.3.1).

Nach dem OLG Jena (ThT 21.2) gilt im Verhältnis zu minderjährigen und ihnen gleichgestellten Kindern und getrennt lebenden Ehegatten ein Selbstbehalt von 675 € für Nichterwerbstätige und von 775 € für Erwerbstätige, worin jeweils 235 € Warmmiete bzw. 155 € Kaltmiete enthalten sind. 215

Gegenüber nichtprivilegierten volljährigen Kindern und geschiedenen Gatten gilt ein Selbstbehalt von 825 € für nichterwerbstätige und 925 € für erwerbstätige Unterhaltspflichtige, worin jeweils 290 € Warmmiete bzw. 195 € Kaltmiete enthalten sind.

Das OLG Karlsruhe folgt den SüdL (vgl. Rn. 206).

Das **OLG Koblenz** hat Ende 2003 erstmals eigene Leitlinien veröffentlicht (NJW 2003, 3753) und orientiert sich an den SL (730 € bzw. 840 € für Erwerbstätige, KobL 21.2); angemessener Selbstbehalt 1000 € (KobL 21.3.1). 216

Nach OLG Köln (KL 21.4) beträgt der „notwendige Selbstbehalt" beim Trennungsunterhalt und bei Ansprüchen minderjähriger und ihnen gleichgestellter Kinder für Erwerbstätige 840 €, für Nichterwerbstätige 730 €. Darin sind 360 € für Warmmiete enthalten. Beim nachehelichen Unterhalt kann nach den §§ 1581 BGB, 58, 59 EheG ein höherer Betrag billig sein, meist 1000 €. 217

Der angemessene Selbstbehalt beträgt mindestens 1000 € (KL 21.3.1), darin 440 € Warmmiete.

Die Oberlandesgerichte München und Nürnberg folgen den SüdL (vgl. Rn. 206). 218

Nach OLG Naumburg gilt gegenüber minderjährigen Kindern ein notwendiger Selbstbehalt von 775 €, für Nichterwerbstätige 675 € (NaL 21.2, bei Pflichtigen im Westen 840 € bzw. 730 €), gegenüber volljährigen Kindern ein angemessener Selbstbehalt von 219

1000 € (NaL 2.3.1) und gegenüber getrennt lebenden und geschiedenen Gatten der eheangemessene Selbstbehalt wie nach den SüdL 21.4 wie unter Rn. 206 dargestellt (NaL 21.4).

220 **Nach OLG Oldenburg** (OL 21) gilt gegenüber getrennt lebenden und geschiedenen Ehegatten, welche keine Kinder betreuen, der eheangemessene Selbstbehalt (Rn. 206), nach unten begrenzt auf den billigen Selbstbehalt von 925 €, für kinderbetreuende Ehegatten sowie miderjährige und ihnen gleichgestellte Kinder der notwendige Selbstbehalt von 840 € bei Erwerbstätigen und 730 € bei Nichterwerbstätigen.

221 **Nach OLG Rostock** gilt gegenüber minderjährigen Kindern ein Selbstbehalt von 750 €, bei endgültig aus dem Erwerbsleben Ausgeschiedenen 650 €, gegenüber Volljährigen gelten entsprechend 900 € und 800 €, gegenüber Ehegatten mit minderjährigen Kindern 750 € bzw. 650 €, ohne minderjährige Kinder 900 € bzw. 800 € (RL 21.2, 21.3). In diesen Beträgen sind Wohnkosten (Kaltmiete und Mietnebenkosten) von 430 DM enthalten (RL 21).

Das **OLG Saarbrücken** wendet die Düsseldorfer Tabelle an (Rn. 211).

222 **Nach OLG Schleswig** (SchL21.2, 21.3, 21.4) gilt gegenüber Ehegatten und volljährigen Kindern der große Selbstbehalt von 920 €, gegenüber minderjährigen Kindern der kleine Selbstbehalt von 820 €.

223 **Das OLG Stuttgart und** das **OLG Zweibrücken** wenden die SüdL an (Rn. 206)

V. Verschärfte Mangelfallrechnungen, Einsatzbeträge für die Berechtigten

1. Vorabzug des Selbstbehalts und proportionale Kürzung der Einsatzbeträge der Berechtigten

224 Wie bereits unter Rn. 194 ff. ausgeführt, wird im verschärften Mangelfall zunächst von der Deckungsmasse der Betrag abgezogen, der der **Haftungsgrenze des Verpflichteten** entspricht, die unter Anlehnung an Tabellen oder Leitlinien auf Grund einer individuellen Billigkeitsabwägung als unterste Opfergrenze des Verpflichteten ermittelt wurde. Das kann je nach besonderer Fallkonstellation und nach Auffassung des jeweiligen Oberlandesgerichts sowohl der angemessene Selbstbehalt als auch der notwendige Selbstbehalt oder ein Zwischenbetrag sein. Dem Verpflichteten soll sein auf diese Weise individuell ermittelter Selbstbehalt als unterste Haftungsgrenze ungekürzt verbleiben, was durch diesen Vorabzug von der Deckungsmasse erreicht wird.

225 Der Rest der Deckungsmasse ist anschließend auf die **Berechtigten angemessen zu verteilen.**

Das geht in der Regel ohne besondere Probleme, wenn nur minderjährige Kinder oder nur Ehegatten unterhaltsberechtigt sind. Einsatzbeträge für die **proportionale** Kürzung sind dann die jeweiligen Bedarfsbeträge, die im Verhältnis zur verbleibenden Deckungsmasse und zum Gesamtbedarf gekürzt werden. Im Unterschied zur Mangelfallberechnung nach § 1581 BGB ist der **Einsatzbetrag um eigenes Einkommen des Berechtigten** vorher **zu vermindern** und nur der verbleibende Unterhaltsbedarf einzusetzen. Das ist möglich, weil der Unterhaltsbedarf des Verpflichteten an der Kürzung nicht teilnimmt, und sinnvoll, weil dem Berechtigten dadurch die Vorteile des eigenen Einkommens erhalten bleiben.

Für volljährige Kinder bedarf es keiner zusätzlichen Einsatzbeträge, weil diese im verschärften Mangelfall wegen ihres Nachrangs ohnehin als Unterhaltsberechtigte ausscheiden.

2. Mangelfallberechnung des BGH seit 2003 bei Konkurrenz von Gatten und Minderjährigen

226 Problematisch sind die **Einsatzbeträge,** wenn Ehegatten und minderjährige Kinder unterhaltsberechtigt sind, weil sich das **Verhältnis** zwischen ihnen **durch den Vorabzug** des Kindesunterhalts vor Bemessung der Ehegattenquote **verschiebt.**

Mit seiner **richtungweisenden Entscheidung vom 22. 1. 2003**[147] hat der BGH unter Abkehr von seiner bisherigen nicht überzeugenden Rechtsprechung zu den Einsatzbeträgen im Mangelfall nunmehr Klarheit geschaffen. Die Einsatzbeträge stimmen nicht mit dem jeweiligen Unterhaltsbedarf überein, sondern dienen nur der angemessenen Verteilung im Mangelfall.[148] Statt des Unterhaltsbedarfs wählt der BGH als Einsatzbeträge das jeweilige Existenzminimum, welches dem notwendigen Selbstbehalt des Pflichtigen oder den Eigenbedarfssätzen des bei ihm lebenden Ehegatten[149] und für die Kinder analog § 1612 b V BGB 135% des Regelbetrags nach der RegelbetragsVO[150] entspricht.

Nach der BGH-Rechtsprechung gliedert sich die Mangelfallberechnung in vier Stufen:

1. Ermittlung der Bedarfsbeträge mit Feststellung, ob ein Mangelfall besteht,
2. Feststellung der Einsatzbeträge,
3. Bestimmung der Quoten und der gekürzten Unterhaltsbeträge,
4. Kontrolle, ob die Mangelquote höher ist, als der Bedarfsbetrag und gegebenenfalls Kürzung.

3. Feststellung des Mangelfalls

Ein Mangelfall liegt vor, wenn der Unterhaltsbedarf aller gleichrangig Unterhaltsberech- 227
tigten ohne Unterschreitung des Selbstbehalts nicht erfüllt werden kann.

a) Bestimmung des Kindesunterhalts. Hier hat der BGH die Berechnungen des OLG Nürnberg unbeanstandet übernommen, in denen unter Berücksichtigung der Bedarfskontrollbeträge auf der Kindesunterhalt die Gruppe 1 herabgruppiert wurde. Er hat aber die Anwendung der Bedarfskontrollbeträge nur als eine Möglichkeit zu einem angemessenen Verhältnis von Kindsunterhalt und Resteinkommen des Pflichtigen betrachtet und nicht vorgeschrieben (vgl. Rn. 92).

b) Bestimmung des Gattenunterhalts. Der Gattenunterhalt berechnet sich grundsätzlich aus dem Resteinkommen nach Abzug des Kindesunterhalts (vgl. Rn. 188 f.).

Jedoch hat der Vorabzug des Kindesunterhalts zu unterbleiben, wenn sich daraus ein Missverhältnis zum wechselseitigen Lebensbedarf der Beteiligten ergibt[151] (vgl. Rn. 4/189 a ff. **Der BGH** betrachtet die in den Leitlinien angesetzten Selbstbehalte und Mindestbedarfssätze als Existenzminima, welche dem Existenzminimum eines minderjährigen Kindes in Höhe von 135% des Regelbetrags (nach § 1612 b V BGB) entsprechen. Wenn deshalb bei beengten Verhältnissen der Unterhaltsbedarf eines Kindes nach Gruppe 1 der Düsseldorfer Tabelle nur 100/135 des Existenzminimums beträgt, ist erst bei einem Gattenunterhalt von weniger als 100/135 seines Mindestbedarfs ein Missverhältnis zum Kindesunterhalt gegeben. Das bedeutet, dass der Vorabzug des Kindesunterhalts dann unterbleibt, wenn sich sonst ein Ehegattenunterhalt von weniger als 100/135 seines Mindestbedarfs ergibt. Allerdings darf der dadurch berechnete Gattenunterhalt dann auch 100/135 des Mindestbedarfs nicht übersteigen. Bei einem notwendigen Selbstbehalt von 730 € für Nichterwerbstätige und 840 € für Erwerbstätige ergibt sich daraus ein Grenzwert von 541 € für einen nichterwerbtätigen und von 622 € für einen erwerbstätige Ehegatten. Die **Kürzung auf 100/135** gilt allerdings wohl nur dann, wenn der Kindesunterhalt der **Gruppe 1** entnommen wird. Wenn eine Herabgruppierung nach den Bedarfskontrollbeträgen nicht erfolgt, sondern der Kindesunterhalt z. B. der **Gruppe 3** der Düsseldorfer Tabelle folgt und sich deshalb auf **114/135 des Existenzminimums** beläuft, muss ein ausgewogener Gattenunterhalt entsprechend 114/135 des Existenzminimums (nicht auf 100/135 wie im Beispielsfall des BGH) betragen. Zur Frage, ob diese Berechnung erforderlich ist vgl. Rn. 231.

---

[147] BGH, FamRZ 2003, 363 = NJW 2003, 1112 = R 584
[148] BGH, FamRZ 2003, 363 = NJW 2003, 1112 = R 584 d
[149] BGH, FamRZ 2003, 363 = NJW 2003, 1112 = R 584 b
[150] BGH, FamRZ 2003, 363 = NJW 2003, 1112 = R 584 c
[151] BGH, FamRZ 2003, 363 = NJW 2003, 1112 = R 584 f

4. Feststellung der Einsatzbeträge

228 Hinsichtlich der eigentlichen Mangelfallrechnung, insbesondere der Einsatzbeträge für die Quotenrechnung bei einer Anspruchskonkurrenz von Ehegatten und minderjährigen Kindern, stimmen die Oberlandesgerichte mit dem BGH[152] überein:

- Der Einsatzbetrag für die **minderjährigen Kinder** beträgt hiernach 135% des Regelbetrags nach der RegelbetragsVO, was der Gruppe 6 der Düsseldorfer Tabelle und seinem Existenzminimum entspricht (vgl. Rn. 2/127 ff.). Dasselbe gilt für die nach § 1603 II 2 BGB rangmäßig **gleichgestellten Volljährigen** unter 21 Jahren, welche bei einem Elternteil leben und noch eine allgemeinbildende Schule besuchen. Zwar richtet sich deren Bedarf nach dem Einkommen beider Elternteile (Rn. 2/462 f.). Doch gehört auch bei bescheidener Leistungsfähigkeit der Ehegatte im absoluten Mangelfall nicht zu den Unterhaltsberechtigten, so dass ein Anspruch des Ehegatte bei der Mangelfallrechnung nicht zu berücksichtigen ist.
- Für den **geschiedenen oder getrennt lebenden Ehegatten** ist ebenfalls sein Existenzminimum anzusetzen, welcher dem notwendigen Selbstbehalt des Verpflichteten entspricht, also 840 € für den erwerbstätigen Gatten und 730 € für den nichterwerbstätigen (DT B V, C; SüdL 23.2.2). Für die neuen Bundesländer und auch für das OLG Schleswig gelten geringere Sätze die teilweise auch geringer sind als der korrespondierende Selbstbehalt der Pflichtigen (635 bzw. 550 € nach DrL 23.2.2 und ThT 23.2.2, 775 sowie 675 € nach BL 23.2.2; einheitlich 820 € nach SchL 23.2.2).
- Für den Ehegatten, welcher mit dem Unterhaltspflichtigen zusammenlebt wird ebenfalls ein fester Satz als Existenzmininum angesetzt, der wegen der Ersparnisse des Zusammenlebens um ca. 25% niedriger ist, als der bei Getrenntleben, im Regelfall also 615 € bei Erwerbstätigkeit und 535 € bei Nichterwerbstätigen (DT B VI, C; SüdL 23.2.3). Die entsprechenden Beträge für die neuen Bundesländer: 565 bzw 495 € nach BL 23.2.3 und ThT 23.2.3, 530 bzw. 460 € nach DrL 23.2.3, und für das OLG Schleswig: einheitlich 550 €. Es handelt sich hier um den Anteil der Ehegatten am Familienunterhalt (vgl. Rn. 3/1 ff.), welcher aber analog dem Anspruch auf Trennungsunterhalt berechnet werden darf.[153]

5. Berechnung der Mangelquoten

229 Die Mangelrechnung erfolgt durch proportionale Kürzung der Einsatzbeträge im Verhältnis des über den Selbstbehalt hinaus vorhandenen Einkommens zu der Summe der Einsatzbeträge:

Mangelunterhalt = Einsatzbetrag × verfügbarer Betrag/Summe der Einsatzbeträge.

6. Schlusskontrolle

230 Weil die Feststellung des Mangelfalls andere Bedarfsbeträge zugrunde legt, als die Mangelfallquotierung selbst, besteht die Gefahr, dass die Mangelfallrechnung in Grenzbereichen zu einem höheren Mangelunterhalt führt, als dem Bedarf entspricht. Deshalb hat der BGH[154] gefordert, dass zum Abschluss das Ergebnis auf seine Angemessenheit zu kontrollieren sei, insbesondere darauf, dass kein höherer Unterhalt berechnet wurde, als dem Bedarf entspricht welcher nach Rn. 227 berechnet wurde.

---

[152] BGH, FamRZ 2003, 363 = NJW 2003, 1112 = R 584 b, c
[153] BGH, FamRZ 2003, 363 = NJW 2003, 1112 = R 584 g
[154] BGH, FamRZ 2003, 363 = NJW 2003, 1112 = R 584 e

7. Zum Erfordernis der Schlusskontrolle und der Bedarfsberechnung im Mangelfall

Die Schlusskontrolle mit Berechnung des Gattenbedarfs nach einem Verhältnis von Prozentsätzen bedarf besonderen Aufwands. Daher versuchen die Oberlandesgerichte in ihren Leilinien sie zu vermeiden. 231

Wenn allerdings entsprechend der Vorgabe des BGH der Bedarf des Gatten nach oben auf einen bestimmten **Prozentsatz des seines Existenzminmums** begrenzt wurde (vgl. Rn. 227), welcher genau dem Prozentsatz entspricht, um welchen auch der Kindesunterhalt unter dem Existenzminimum der Kinder liegt, dann **kann es überhaupt nicht vorkommen,** dass der Tabellenunterhalt des Kindes oder der auf einen Prozentsatz des Existenzminimums begrenzte Bedarf des Gatten über dem Mangelunterhalt liegt, denn Bedarf und Mangelunterhalt sind dann in der selben Weise, nur mit verschiedenen Prozentsätzen, berechnet worden. Nur wenn beim Gatten der Bedarf mit 100/135 des Existenzminimums auch dann festgesetzt wurde, wenn der Kindesunterhalt mit 135% des Regelbetrags angesetzt wurde, ensteht ein Ungleichgewicht, das dazu führen kann, dass der Mangelunteralt den Bedarf übersteigt. Auch wenn der Unterhalt nicht, wie die Düsseldorfer Tabelle, auf einer Prozentrechnung beruht, wenn es also als konkreter Bedarf oder Mehrbedarf bestimmt wurde, z. B. nach den Kosten der Unterbringung in einem Kinderheim, kann die Mangelfallberechnung nahe der Mangelgrenze in Einzelfällen ausnahmsweise zu höheren Beträgen führen als die Bedarfsberechnung. In diesen Fällen wird allerdings im Mangelfall für die Kosten der Heimunterbringung ein Anspruch auf Hilfe in besonderen Lebenslagen nach § 79 BSHG bestehen, welcher auch dem Unterhaltspflichtigen zusteht.

Auch die **Berechnung des Bedarfs des Gatten** nach Rn. 227 ohne Vorabzug des Kindesunterhalts und Begrenzung nach oben ist nur für zweierlei erforderlich:

- für die Kontrolle nach Rn. 230 und
- für die Feststellung der Mangelgrenze.

Das Erstere ist wie oben ausgeführt nur in Ausnahmefällen nötig. Die Berechnung der Mangelgrenze aber benötigt eine Berechnung des Gattenbedarfs ohne Vorabzug des Kindesunterhalts nur dann, wenn der Gattenunterhalt mit Vorabzug des Kindesunterhalts nicht zu einer ausgewogenen Verhältnis von Gattenbedarf und Kindesbedarf führt. Denn den Vorabzug kann zu einem zu geringen Gattenbedarf führen (bis zum sog. „Nullbedarf"). In der Nähe der Mangelgrenze – nur dort besteht die Gefahr eines zu hohen Mangelunterhalts – übersteigt aber regelmäßig der unter Vorabzug des Kindesunterhalts berechnete Gattenunterhalt den nach Rn. 277 berechneten Gattenbedarf. Der Gattenunterhalt an der Mangelgrenze lässt sich nämlich aus dem Selbstbehalt des Pflichtigen und der Gattenquote berechnen: Er beträgt

Gattenunterhalt an der Mangelgrenze = Selbstbehalt × Gattenquote/(1 – Gattenquote).

Wird die Gattenquote nicht als Bruch, sondern als Prozentwert ausgegeben, dann steht an der Stelle der 1 ein 100%.

Bei einer Gattenquote von $^3/_7$ beträgt die Mangelgrenze also

$840 \times 3/7/(1 - {}^3/_7) = 840 \times {}^3/_4 = 630$ €.

Die Obergrenze des Gattenbedarfs aber beträgt beim nichterwerbstätigen Gatten 730 × 100/135 = 541 €., selbst wenn man von Gruppe 3 ausgeht, ergibt sich 730 × 114/135 = 616 €. Nur wenn entgegen der Rechtsprechung des BGH[155] für Kinder ein Mindestbedarf in Höhe des Existenzminimums von 135% des Regelbetrags vorweg abgezogen wird (OLG Stuttgart nach SüdL 15.2),[156] liegt die Gattenquote an der Mangelgrenze (630 €) deutlich unter dem Existenzminimum der Kinder entsprechenden Betrag des Gattenunterhalts von 730 €, so dass eine Berechnung des Gattenunterhalt ohne Vorabzug des Kindesunterhalts mit entsprechender Begrenzung grundsätzlich nötig wäre.

---

155 BGH, FamRZ 2003, 363 = NJW 2003, 1112 = R 581, FamRZ 2002, 536 = NJW 2002, 1269 = R 572

156 Bei diesem betrüge bei einem Bonus von 10% der Gattenbedarf an der Mangelgrenze aber 840 × 45%/55% = 687 €, was aber immer noch viel weniger ist als 730 €

Wird aber ein Mangelfall solange nicht als gegeben betrachtet, als das **dem Pflichtigen verbleibende Kindergeld** genügt, um den notwendigen Selbstbehalt zu sichern, dann unterschreiten die berechneten Beträge des Mangelunterhalts tatsächlich den vorher errechneten Bedarf nicht. Allerdings nimmt man dafür an der Mangelgrenze einen Bewertungssprung in Kauf.: Bei Verminderung des Einkommens unter die Mangelgrenze erhöht sich zuerst der dem Pflichtigen verbleibende Betrag um den Teil des Kindergelds. der auch im Mangelfall noch anzurechnen ist und sinkt erst bei weiterer Verminderung des Einkommens auf den notwendigen Selbstbehalt. Allerdings kann die Kontrollrechnung auch deshalb unnötig sein, weil der Gattenunterhalt an der Mangelgrenze nach den Vorgaben des BGH in ein angemessenes Verhältnis zum Kindesunterhalt gesetzt wird. Das bedeutet, dass der Gattenunterhalt auf 100/135 des Existenzminimums beschränkt wird, wenn der Kindesunterhalt der Gruppe 1 der Düsseldorfer Tabelle entnommen wird, also auch nur 100/135 des Existenzminimums eines Kindes beträgt. Wurde aber der Kindesunterhalt nicht herabgruppiert, sondern entsprechend der Eingruppierung nach dem Einkommen in Gruppe 3 der Düsseldorfer Tabelle, also bei 114/135 des Existenzminimums bemessen, dann müsste nach der Vorgabe des BGH auch die Obergrenze des Gattenunterhalts auf 114/135 seines Existenzminimums festgesetzt werden.

Ergebnis: Weder besondere Berechnung des Gattenbedarfs nach BGH noch die Kontrollrechnung sind erforderlich, wenn der Grenzwert nicht starr mit 100/135, sondern variabel wie Rn. 277 angesetzt wird.

8. Umsetzung durch die Oberlandesgerichte

232 **a)** Die Oberlandesgerichte haben die **neuen Einsatzbeträge** (Rn. 228) vom BGH in ihre Leitlinien übernommen und setzen sie wie dieser in die Mangelfallquotierung ein. Hinsichtlich des Kindesunterhalts folgen sie den 135% des Regelbetrags, beim Einsatzbetrag des Gatten gibt es Unterschiede:

- Für den **geschiedenen oder getrennt lebenden Ehegatten** wird grundsätzlich sein Existenzminimum angesetzt, welcher dem notwendigen Selbstbehalt des Verpflichteten entspricht, also 840 € für den erwerbstätigen Gatten und 730 € für den nichterwerbstätigen (DT B V, C; SüdL 23.2.2). Für die neuen Bundesländer und auch für das OLG Schleswig gelten aber geringere Sätze, die teilweise auch geringer sind als der korrespondierende Selbstbehalt der Pflichtigen (635 bzw. 550 € nach DrL 23.2.2 und ThT 23.2.2, 775 sowie 675 € nach BL 23.2.2; einheitlich 820 € nach SchL 23.2.2).
- Für den Ehegatten, welcher **mit dem Unterhaltspflichtigen zusammenlebt** wird ebenfalls ein fester Satz als Existenzmininum angesetzt, der wegen der Ersparnisse des Zusammenlebens um ca. 25% niedriger ist, als der bei Getrenntleben, im Regelfall also 615 € bei Erwerbstätigkeit und 535 € bei Nichterwerbstätigen (DT B VI, C; SüdL 23.2.3). Die entsprechenden Beträge für die neuen Bundesländer: 565 bzw 495 € nach BL 23.2.3 und ThT 23.2.3, 530 bzw. 460 € nach DrL 23.2.3, und für das OLG Schleswig: einheitlich 550 €. Es handelt sich hier um den Anteil der Ehegatten am Familienunterhalt (vgl. Rn. 3/1 ff.), welcher aber analog dem Anspruch auf Trennungsunterhalt berechnet werden darf.[157]

b) Die **Bedarfsberechnung an der Mangelgrenze** haben die OLGs selten **übernommen.**

- Für die Feststellung des Mangelfalls berechnen viele OLGs viele Oberlandesgerichte den Gattenunterhalt nur aus dem Resteinkommen nach Abzug des Kindesunterhalts (vgl. Rn. 188 f.). und sehen keinen Bedarf für eine Neuberechnung ohne Vorabzug von Kindesunterhalt (begrenzt durch einen Höchstbetrag, wie der BGH es für erforderlich hält. Das gilt für die OLGs Bremen, Dresden, das Kammergericht, das Thüringische OLG und die süddeutschen Oberlandsgerichte Bamberg, Karlsruhe, München, Nürnberg, Stuttgart und Zweibrücken (BrL 23.1, DrL 23.1, BL 23.1, ThT 23.1, SüdL 23).

---

[157] BGH, FamRZ 2003, 363 = NJW 2003, 1112 = R 584 g

- Das OLG Hamm geht demgegenüber zwar weiter von der Gattenquote nach Vorabzug des Kindesunterhalts aus, stellt es jedoch frei, im Einzelfall vom Vorabzug des Kindesunterhalts abzusehen (HL 23.1), ebenso das OLG Frankfurt, das allerdings auf die Berechnung des BGH Bezug nimmt, also in der Regel mit dem herabgesetzten Mindestbedarf des BGH arbeiten müsste (FL 23.1) und das OLG Hamburg (HaL 23.1), das Mindestbedarfssätze von 615 € für den erwerbstätigen und 535 € für den nicht erwerbstätigen Gatten angibt.
- Direkt auf den BGH Bezug nimmt das OLG Celle (CL 23.5).
- In Anlehnung an die Berechnung des BGH hat das OLG Köln den Mindestbetrag für den Unterhalt des Gatten mit 535 €, im Falle der Erwerbstätigkeit mit 615 € angesetzt (KL 23.1).
- Das OLG Oldenburg setzt demgegenüber bereits für die Feststellung des Mangelfalls den vollen Mindestbedarf von 730 € als Ehegattenunterhalt ein (OL 23.2.2).

Hinsichtlich des **Kindesunterhalts an der Mangelgrenze** bestehen ebenfalls noch erhebliche Unterschiede: Die vor allem durch die nur teilweise übliche Herabgruppierung nach Maßgabe der Bedarfskontrollbeträge entstehen. Werden diese angewandt, so hat das zur Folge, dass vor der Feststellung des Mangelfalls die Beträge des Kindesunterhalts auf die Einkommensgruppe 1 der Düsseldorfer Tabelle herabgruppiert werden müssen. So verfahren die OLGs Brandenburg, Bremen, Dresden, Düsseldorf, Hamburg, Hamm, Karlsruhe, Köln, Saarbrücken, Schleswig (vgl. Rn. 2/239 ff.), während das OLG Stuttgart zwar auch die Bedarfskontrollbeträge anwendet, aber nicht zu Abgruppierung auf die erste Einkommensgruppe kommt, weil es einen Mindestbedarf von 135% des Regelbetrags annimmt (SüdL 15.2).

Die anderen Oberlandesgerichte wählen die Gruppe der Düsseldorfer Tabelle nach dem Einkommen des Pflichtigen und ändern diese nach der Zahl der Unterhaltsberechtigten. Sind es weniger als drei, so wird heraufgruppiert, sind es mehr, so wird in der Regel für jeden weiteren Unterhaltsberechtigten um eine Gruppe herabgestuft (vgl. auch Rn. 2/ 231 ff.).

c) Kindergeldverrechnung. Die SüdL 23.1 stellen nur dann einen Mangelfall fest, **233**
wenn trotz der Entlastung durch die Kindergeldverrechnung nach Abzug des zu zahlenden Unterhalts dem Pflichtigen weniger als sein notwendiger Selbstbehalt verbliebe, ebenso das Kammergericht (BL 23.1). Das OLG Köln gestattet die Berücksichtigung des Kindergeldabzugs, schreibt sie aber nicht vor (KL 23.1). Die anderen Leitlinien äußern sich zu dieser Frage nicht explizit, doch sollen n. A. auch die OLGs Celle, Dresden, Hamburg und Rostock den **Zahlbetrag** nach Abzug des anteiligen Kindergelds zugrundelegen. Diese Berechnungsweise widerspricht zwar dem Grundsatz, dass Kindergeld nicht zum unterhaltsrechtlichen Einkommen zu rechnen sei (SüdL 3., vgl. Rn. 83, 1/360 ff., 2/497 ff.). lässt sich aber damit rechtertfertigen, dass eine Mangelkürzung von Kindesunterhalt im Hinblick auf die verschärfte Haftung nach § 1603 II 1 BGB („alle verfügbaren Mittel ... gleichmäßig verwenden") nicht zulässig sei, solange dem Pflichtigen in Wirklichkeit mehr als sein notwendiger Selbstbehalt bleibe. Als praktischer Vorteil kommt hinzu, dass sich im Regelfall die vom BGH vorgeschriebene rechnerisch schwierige Ergebniskontrolle erübrigt. Demgegenüber hat BGH in seiner Leitentscheidung die Kindergeldverrechnung unberücksichtigt gelassen, also nicht den **Zahlbetrag,** sondern den **Tabellenbetrag** des Kindesunterhalts der Mangelfallfeststellung zugrundegelegt.[158]

9. Zweistufige Mangelfallberechnung

Soweit die OLGs für die gleichrangigen Unterhaltsansprüche der minderjährigen Kinder **234**
und der getrennt lebenden oder geschiedenen Ehegatten unterschiedliche Selbstbehalte verwenden, führt das Zusammentreffen der verschiedenen Selbstbehalte zu einer zweistufigen Mangelfallberechnung. Allerdings haben inzwischen das OLG Frankfurt und das OLG Oldenburg in Anlehnung an den BGH diese zweistufigen Berechnung aufgegeben und legen bei Zusammentreffen von Kindern und Ehegatten einheitlich den notwendigen Selbstbehalt zugrunde. Nur das Kammergericht und das OLG Schleswig verwenden für den

[158] BGH, FamRZ 2003, 363 = NJW 2003, 1112 = R 584 f

Ehegatten und die Kinder auch dann verschiedene Selbstbehalte, wenn beide unterhaltsberechtigt sind. (BL 23.3, SchL 23.3, und SchL.Anl. III).

Hiernach ist vom anrechenbaren Einkommen des Pflichtigen der zuerst höhere Selbstbehalt gegenüber dem Gatten abzuziehen. Das Ergebnis wird durch die Summe der gleichrangigen Unterhalts(rest)bedarfsbeträge geteilt. Mit dieser Quote werden die Unterhaltsbeträge berechnet. Soweit dabei die Kindesunterhaltsbeträge unter die Mindestbeträge gekürzt wurden, werden sie anteilig aufgefüllt mit dem Unterschiedsbetrag zwischen dem bei der Quotierung verwendeten Selbstbehalt und dem notwendigen Selbstbehalt (Beispiele Rn. 250 ff.).

Der **BGH** hat in einer älteren Entscheidung die zweistufige Berechnung gebilligt (allerdings den damals vom OLG Oldenburg verwendeten Mindestbedarf des Gatten als Einsatzbetrag beanstandet).[159] In der neuesten Entscheidung, in welcher er von der bisherigen Rechtsprechung abgewichen ist, hat er einstufig gerechnet – was sich allerdings bereits dadurch ergab, dass konkurrierender Gattenunterhalt der Anteil des bei dem Pflichtigen lebenden Gatten am Familienunterhalt war.[160]

10. Überblick zur Unterhaltsberechnung im verschärften Mangelfall nach den Leitlinien der Oberlandesgerichte

Im Einzelnen gilt Folgendes:

233 **Die süddeutschen OLGs** (Bamberg, Karlsruhe, München, Nürnberg, Stuttgart und Zweibrücken Südl 23) beurteilen den Eintritt des Mangelfalls nach dem Zahlbetrag des Unterhalts, wobei Stuttgart Gruppe 6, Nürnberg Gruppe 1 und die anderen die je gewählte Gruppe der DT zugrunde legen, was allerdings wegen der Kindergeldverrechnung selten zu einem Unterschied führt. Die Einsatzbeträge des getrennt lebenden Gatten entsprechen dem notwendigen Selbstbehalt, der des mit dem Pflichtigen zusammenlebenden beträgt 535 € bzw. 615 bei Erwerbstätigkeit, die der Kinder der 6 Einkommensgruppe.

233 a **Das OLG Brandenburg** führt ebenfalls eine einheitliche Mangelfallberechnung durch, mit den Einsatzbeträgen der BGH-Rechtsprechung, wobei auf für die weiteren Einzelheiten auf eben diese Rechtsprchung Bezug genommen wird. (BraL 23).

233 b Auch das OLG Bremen (BrL 23) nimmt auf die BGH-Rechtsprechung Bezug und verwendet als Einsatzbeträge für den beim Pflichtigen lebenden Gatten 535 € bzw. 615 € bei Erwerbstätigkeit.

233 c **Das OLG Celle** nimmt den verschärften Mangelfall an, wenn das Einkommen für den notwendigen Selbstbehalt und gleichrangige Unterhaltsansprüche nicht ausreicht. Auf die BGH-Rechtsprechung wird Bezug genommen. Die Einsatzbeträge für den beim Pflichtigen lebenden Gatten betragen 535 € bzw. 615 € bei Erwerbstätigkeit (CL 23).

233 d **Das OLG Dresden** (DrL 23) misst den absoluten Mangelfall am notwendigen Selbstbehalt. Als Einsatzbeträge verwendet es die Gruppe 6 der DT für die Kinder, 550 € (bei Erwerbstätigkeit 635 €) für den getrennt lebenden oder geschiedenen und 460 € (bei Erwerbstätigkeit 530 €) bei dem beim Pflichtigen lebenden Gatten.

234 **Die Düsseldorfer Tabelle** (DT C) verteilt im Mangelfall (wenn das Einkommen für den Bedarf des Unteraltspflichtigen und der gleichrangigen Unterhaltsberechtigten nacht ausreicht), das den notwendigen Selbstbehalt des Pflichtigen übersteigende Einkommen desselben nach dem Verhältnis der jeweiligen Existenzminima, bei den Kindern Gruppe 6 der DT und 730 € (bei Erwerbstätigkeit 840 €) bei getrennt lebenden oder geschiedenen sowie 615 € (bei Erwerbstätigkeit 615 €) bei dem mit dem Pflichtigen zusammenlebenden Ehegatten.

Die DL 23 stimmen sachlich mit der DT überein

235 **Nach KG Berlin** (BL 23) ist in verschärften Mangelfällen **zweistufig** zu verfahren: Zuerst wird unter Zugrundelegung des billigen Selbstbehalts von regelmäßig 950 € der überschießende Betrag anteilig auf Gatten und Kinder verteilt und daraus der Unterhalt des

[159] BGH, FamRZ 1992, 39 = R 444 b

[160] BGH, FamRZ 2003, 363 = NJW 2003, 1112 = R 584 b

Gatten entnommen. Anschließend wird das nach Abzug des Gattenunterhalts verbleibende Einkommen des Verpflichteten nach Abzug des notwendigen Selbstbehalts auf die unterhaltsberechtigten Kinder im Verhältnis ihrer Ansprüche verteilt. Dabei stimmen die Einsatzbeträge mit der DT (Rn. 234) überein. Für den privilegierten Volljährigen 135% des Regelbetrags der 3. Altersgruppe. Wenn der Pflichtige im Beitragsgebiet lebt, dann beträgt der Einsatzbetrag für den geschiedenen oder getrennt lebenden Ehegatten 675 € (bei Erwerbstätigkeit 775 €) und für den mit dem Pflichtigen zusammenlebenden 495 € (bei Erwerbstätigkeit 565 €).

Nach OLG Frankfurt (FL 23) liegt der absolute Mangelfall vor, wenn das Einkommen nicht den notwendigen Selbstbehalt und den Kindesunterhalt nach dem Tabellenbetrag und den Ehegattenunterhalt nach dem Restbedarf entsprechend der Gattenquote ausreicht, wobei der Vorabzug des Kindesunterhalts teilweise unterbleiben kann. Dann wird das den notwendigen Selbstbehalt übersteigende Einkommen im Verhältnis der Eisatzbeträge verteilt, wobei für die Kinder Gruppe 6 der DT und für den geschiedenen oder getrennt lebenden Gatten 840 €, für den mit dem Pflichtigen zusammenlebenden Gatten 530 € anzusetzen sind. **236**

Das OLG Hamburg misst den absoluten Mangelfall am notwendigen Selbstbehalt, wobei die Kinder mit dem Tabellenbetrag, ein Ehegatte mit seinem Restbedarf nach der Gattenquote berücksichtigt wird und gegebenenfalls der Vorabzug des Kindesunterhalts unterbleiben kann. Die Mangelfallberechnung kann unterbleiben, wenn unter Berücksichtigung der Zahlbeträge kein Mangelfall vorliegt. Die Einsatzbeträge im Mangelfall entsprechen denen der DT (Rn. 234). **237**

Nach OLG Hamm (HL 23) erfolgt die Mangelfallrechnung, wenn nach Abzug von Kindesunterhalt nach dem Tabellenbetrag (ohne Herabstufung auf die Gruppe 1 nach dem Bedarfskontrollbetrag) sowie des konkret berechneten Bedarfs des mit den Kindern gleichrangigen Ehegatten dem Pflichtigen weniger als der notwendige Selbstbehalt bleibt. Die Mangelfallrechnung stimmt mit der DT (Rn. 234) überein. **238**

Das OLG Jena (ThT 23) verwendet als Einsatzbeträge im Mangelfall 135% des Regelbetrags für minderjährige Kinder, 135% des Unterhalts der niedrigsten Einkommensgruppe für privilegierte volljährige Kinder sowie 550 € (bei Erwerbstätigkeit 635 €) für den geschiedenen oder getrennt lebenden undvon 495 € (bei Erwerbstätigkeit 565 €) für den bei dem Pflichtigen lebenden Ehegatten. **238 a**

Nach OLG Köln (KL 23) liegt ein absoluter Mangelfall vor, wenn nach Abzug von Kindesunterhalt nach dem Tabellenbetrag (ohne Herabstufung auf die Gruppe 1 nach dem Bedarfskontrollbetrag) sowie des konkret berechneten Bedarfs des mit den Kindern gleichrangigen Ehegatten dem Pflichtigen weniger als der notwendige Selbstbehalt bleibt. Die Mangelfallrechnung kann unterbleiben, wenn nach Kindergeldverrechnung kein Mangelfall vorliegt, Sonst stimmt die Mangelfallberechnung mit der DT (Rn. 234) überein. **239**

Das OLG Naumburg verwendet als Einsatzbeträge für den Kindesunterhalt die Regelbeträge dann, wenn nur Kindesunterhalt geschuldet ist. Wenn ein Gatte gleichrangig berechtigt ist, wird für den Kindesunterhalt 135% des Regelbetrags und 675 € (bei Erwerbstätigkeit 775 €) für den geschiedenen oder getrennt lebenden und 495 € (bei Erwerbstätigkeit 565 € für den beim Pflichtigen lebenden Gatten. Lebt der Pflichtige in den alten Bundesländern, dann werden Einsatzbeträge verwendet, die mit denen der DT übereinstimmen (NaL 23.2). **240**

Das OLG Oldenburg hat die zweistufige Berechnung für die Fälle des kinderbetreuenden Ehegatten aufgegeben. Als Einsatzbetrag für die Kinder verwendet es die Werte der Gruppe 6 der DT, für den Ehegatten den Quotenbedarf, mindestens aber 730 €, bei Zusammenleben mit dem Pflichtigen 535 € (OL 23.3). **241**

Das OLG Rostock (RL 23) verwendet den Kindesunterhalt der niedrigsten Einkommensgruppe als Einsatzbeträge dann, wenn nur Kindesunterhaltsansprüche miteinander konkurrieren, Sonst sind die Existenzminima einzusetzen, nälich 135% des Regelbetrags für die Kinder und der notwendige Eigenbedarf des Gatten. Diese beträgt 650 € (bei Erwerbstätigkeit 750 €) bei geschiedenen und getrennt lebenden Ehegatten und 500 € (bei Erwerbstätigkeit 570 €) bei dem mit dem Pflichtigen zusammenlebenden Gatten. **242**

243 **Das Schleswig-Holsteinische OLG (SL 23)** rechnet im Mangelfall mit Gatten und Kindern **zweistufig,** wobei der Ehegattenunterhalt einer Mangelfallberechnung unter Vorabzug des großen Selbstbehalts von 920 € entnimmt. Die zweite Quotierung für den Kindesunterhalt (vgl. KG Rn. 235) erspart es sich, indem es den Kindesunterhalt bereits im ersten Durchgang gemeinsam mit dem Gattenunterhalt berechnet und den Unterschied zwischen dem kleinen Selbstbehalt von 820 € und dem großen von 920 € auf die Kinder nach Kopfteilen verteilt. Daneben ist aber auch die quotale Aufteilung zugelassen, welche der zweistufigen Berechnung des KGs (Rn. 235) entspricht. Als Einsatzbeträge für die Kinder folgen der Gruppe 6 der DT, für den getrennt lebenden oder geschiedenen Gatten werden 820 €, für den mit dem Pflichtigen zusammenlebenden 550 € angesetzt.

11. Rechenbeispiele zum verschärften Mangelfall

245 Soweit bei den nachfolgenden Mangelfällen es nicht um die individuelle untere Haftungs- oder Selbstbehaltsgrenze des Verpflichteten geht, wird davon ausgegangen, dass der jeweils der Berechnung zugrunde gelegte **billige Selbstbehalt** im Sinn der Rechtsprechung des BGH zwar in Anlehnung an Tabellen und Leitlinien, aber auf Grund einer individuellen Billigkeitsabwägung nach § 1581 BGB unter besonderer Berücksichtigung der Umstände des Einzelfalls ermittelt worden ist.

246 **Beispiel: Mangelfall bei einem Ehegatten**

NettoE des M = 1400, Erwerbstätigenbonus $^1/_7$.
Der eheangemessene Selbstbehalt betrüge 1400 × $^4/_7$ = 800
und unterschreitet auch den notwendigen Selbstbehalt von 840 € als unterste Grenze jeder Inanspruchnahme.
Legen die Leitlinien keinen höheren Selbstbehalt zugrunde, so ergibt sich der gekürzte Unterhalt zu:
1400 – 840 = 560
Wird nach den Leitlinien ein höherer Selbstbehalt anerkannt, z. B. 950 nach BL 21.5, so ist dieser Betrag abzuziehen:
1400 – 950 = 450

247 **Mangelfall** bei vier **minderjährigen Kindern** im Alter von 9, 11, 13 und 15 Jahren.

Nettoeinkommen des M = 1200
F erhält das Kindergeld von 154 + 154 + 154 + 179 = 641 und ist wiederverheiratet.
Gesamtbedarf = nach DT 1/2 und DT 1/3 = 241 + 241 + 284 + 284 = 1050
Verteilungsmasse nur 1200. Verschärfter Mangelfall, weil dem M 840 als notwendiger Selbstbehalt verbleiben müssen.

248 Für die Unterhaltsberechtigten bleibt 1200 – 840 = 360. Obgleich der Gatte nicht unterhaltsberechtigt ist, werden als Einsatzbeträge die Werte der Gruppe 6 verwendet, weil dadurch die Grundlage für die Kindergeldverrechnung klarer ist: Die Summe der Einsatzbeträge beträgt dann 326 + 326 + 384 + 384 = 1420:
Anteile von K 1 und K 2 = 326 × 360 : 1420 = je 83, Defizit je 326 – 83 = 243
Anteile von K 3 und K 4 = 384 × 360 : 1420 = je 97, Defizit je 384 – 97 = 287
Ein Kindergeldausgleich unterbleibt nach § 1612b V BGB, weil auch der höchste Kindergeldausgleich von 179 : 2 = 89,50 € das geringste Defizit von 243 € nicht erreicht.

249 *– In dieser Aufl. nicht belegt –*

250 **Beispiel: Verschärfter Mangelfall** bei einem **Ehegatten und zwei Kindern.**

Fall:
Nettoeinkommen des M = 2000 €
Unterhalt für zwei Schulkinder im Alter von 14 und 15 Jahren
Trennungsunterhalt für erwerbslose F, die das Kindergeld von 154 + 154 = 308 EUR erhält.
Der Selbstbehalt beträgt beim Trennungsunterhalt mit minderjährigen Kindern nach den meisten Oberlandesgerichten 840 € (so nach DT B IV, SüdL 21.2, HL 21.2). Davon abweichend beträgt der Selbstbehalt in einem solchen Fall nach OLG Dresden und OLG Rostock 750 € (DrL 21.2, RL 21.2), OLG Jena und OLG Naumburg 775 €, (ThT 21.2, Na 21.2), während Kammergericht und Schleswig zweistufig rechnen.

Lösung 1: Mangelfallrechnung mit Gattenquote $^{1}/_{7}$ ohne Anwendung des Bedarfskontrollbetrags (wie OLG Celle CL 21.2) 251

Bedarf der Kinder nach DT 5/3 je 364
Bedarf der F = 2000 – 728 = 1272 × $^{3}/_{7}$ = 545.
Gesamtbedarf = 364 + 364 + 545 = 1273
Verteilungsmasse = 2000 – 840 = 1160
Daher liegt ein Mangelfall vor. Nach BGH, FamRZ 2003, 363 und CL 23.2 für die Kinder 135% des Regelbetrags, also die Bedarfssätze der Gruppe 6 der Düsseldorfer Tabelle, für den getrennt lebenden Gatten der notwendige Selbstbehalt:
Einsatzbeträge:

K 1	384 €
K 2	384 €
F	730 €

Die Summe der Einsatzbeträge beträgt: 1498 €, daher sind dieselben im Verhältnis 1160 : 1498 auf die Verteilungsmasse zu kürzen:

K 1	384 × 1160 : 1498 = 297 €
K 2	384 × 1160 : 1498 = 297 €
F	730 × 1160 : 1498 = 565 €

Die Kürzung des Kindesunterhalts ist zugleich ein Maßstab für die Kindergeldanrechnung welche nach § 1612b V BGB wegfällt, weil der Kindergeldanteil von 154 : 2 = 77 € nicht genügt, die Kürzung von 384 – 297 = 87 € auszugleichen. M bleiben deshalb 2000 – 297 – 297 – 565 = 841 €.
Schlusskontrolle:
Der Betrag des Gattenunterhalts von 565 liegt höher als der bei der Feststellung des Mangelfalls berechnete Bedarf des Gatten von 545 €. Der Mangelunterhalt darf aber nicht höher als der wirkliche Bedarf sein. Der Betrag von 545 ist jedoch durch Vorabzug von Kindesunterhalts errechnet worden und diese Berechnung ist nur zulässig, wenn sie nicht zu einem Missverhältnis zu dem Kindesbedarf führt. Wenn aber die Kinder in Gruppe 5 der Düsseldorfer Tabelle 128% des Regelbetrags und damit 128 : 135 ihres Existenzminimums erhalten, liegt ein Missverhältnis vor, wenn dem Gatten weniger als 128 : 135 seines Existenzminimums von 730 €, also 692 € als Gattenbedarf zugeordnet werden. Der errechnete Mangelunterhalt von 565 € überschreitet diesen Betrag nicht. Wollte man allerdings schematisch des Gattenbedarf nach BGH 2003, 363 mit 730 × 100 : 135 = 541 € berechnen, ohne zu berücksichtigen, dass im Fall des BGH der Kindesunterhalt der Gruppe 1 entnommen war,. Käme man zur Herabsetzung des Gattenunterhalts auf seinen Bedarf von 541 €.

Lösung 2: Mangelfallrechnung mit Gattenquote $^{1}/_{7}$ und Bedarfskontrollbetrag (wie OLG Düsseldorf DT A.6, B.I,III, IV, V, C)). 252

Bedarf der Kinder nach DT 1/3 beträgt je 284, weil sonst der Bedarfskontollbetrag unterschritten würde.
Bedarf von F = 2000 – 568 = 1432 × $^{3}/_{7}$ = 614 Gesamtbedarf = 284 + 284 + 614 = 1182
Verteilungsmasse = 2000 – 840 = 1160
daher Mangelfall, die Mangelfallberechnung selbst wie oben:
Einsatzbeträge:

K 1	384 €
K 2	384 €
F	730 €

Summe der Einsatzbeträge beträgt: 1498 €

K 1	384 × 1160 : 1498 = 297 €
K 2	384 × 1160 : 1498 = 297 €
F	730 × 1160 : 1498 = 565 €

M bleiben wieder 2000 – 297 – 297 – 565 = 841 €.
Hier aber übersteigt der Mangelunterhalt der Kinder mit 297 ihren Bedarf nach Gruppe 1 der Düsseldorfer Tabelle in Höhe von je 284 € und müsste nach den Regeln des BGH deshalb auf diesen Betrag gekürzt werden. Auch hier aber bestehen Bedenken, weil durch die Herabgruppierung bis zur Gruppe 1 der Kindesunterhalt in keinem angemessenen Verhältnis zum Gattenunterhalt mehr stand, denn dem Gatten stand 614 : 730 = 84% seines Existenzminimums zu, den Kindern aber nur 1 : 135% = 74% ihres Existenzminimums.

Lösung 3: Mangelfallrechnung mit Erwerbsbonus $^{1}/_{10}$ ohne Anwendung der Bedarfskontrollbeträge 253

Bedarf der Kinder nach DT 5/3 je 364
Bedarf der F = 2000 – 728 = 1272 × 45% = 573.

Gesamtbedarf = 364 + 364 + 573 = 1301
Verteilungsmasse = 2000 – 840 = 1160
Daher liegt ein Mangelfall vor. die Mangelfallberechnung selbst wie oben:
Einsatzbeträge:

K 1	384 €
K 2	384 €
F	730 €

Die Summe der Einsatzbeträge beträgt: 1498 €, daher sind dieselben im Verhältnis 1160 : 1498 auf die Verteilungsmasse zu kürzen:

K 1	384 × 1160 : 1498 = 297 €
K 2	384 × 1160 : 1498 = 297 €
F	730 × 1160 : 1498 = 565 €

M bleiben wieder 2000 – 297 – 297 – 565 = 841 €.
Alle Mangelunterhaltsbeträge bleiben wegen der höheren Gattenquote unter dem festgesetzten Bedarf.

253 a **Lösung 4: Mangelfallrechnung mit Erwerbsbonus 1/10 und Bedarfskontrollbeträgen**
Bedarf der Kinder nach DT 1/3 beträgt je 284, weil sonst der Bedarfskontrollbetrag unterschritten würde.
Bedarf von F = 2000 – 568 = 1432 × 45% = 645
Gesamtbedarf = 284 + 284 + 645 = 1213
Verteilungsmasse = 2000 – 840 = 1160
daher Mangelfall, die Mangelfallberechnung selbst wie oben:
Einsatzbeträge:

K 1	384 €
K 2	384 €
F	730 €

Summe der Einsatzbeträge beträgt: 1498 €

K 1	384 × 1160 : 1498 = 297 €
K 2	384 × 1160 : 1498 = 297 €
F	730 × 1160 : 1498 = 565 €

M bleiben wieder 2000 – 297 – 297 – 565 = 841 €.
Auch hier scheint der Kindesunterhalt zu hoch und müsste auf den Bedarf gekürzt werden. Es bestehen allerdings dieselben Bedenken wie zu Lösung 2, welche sich gegen den Bedarfskontrollbetrag als angemessene Kontrolle richten.

254 **Lösung 5: Mangelfallrechnung mit** Erwerbsbonus 1/10 und Vorabzug des Kindesunterhalts von 135% des Regelbetrags (OLG Stuttgart, SüdL 23)
Bedarf der Kinder nach DT 6/3 je 384
Bedarf der F = 2000 – 768 = 1232 × 45% = 555.
Gesamtbedarf = 384 + 384 + 555 = 1323.
Verteilungsmasse = 2000 – 840 = 1160
daher Mangelfall, die Mangelfallberechnung selbst wie oben:
Einsatzbeträge:

K 1	384 €
K 2	384 €
F	730 €

Summe der Einsatzbeträge beträgt: 1498 €

K 1	384 × 1160 : 1498 = 297 €
K 2	384 × 1160 : 1498 = 297 €
F	730 × 1160 : 1498 = 565 €

M bleiben wieder 2000 – 297 – 297 – 565 = 841 €.
Allerdings liegt der Betrag des Gattenunterhalts von 565 höher, als der bei der Feststellung des Mangelfalls berechnete Bedarf des Gatten von 555 € und der Mangelunterhalt darf nicht höher als der Bedarf sein. Der Betrag von 555 ist jedoch durch Vorabzug von Kindesunterhalts errechnet worden und diese Berechnung ist nur zulässig, wenn sie nicht zu einem Missverhältnis zu dem Kindesbedarf führt. Wenn aber die Kinder in Gruppe 6 der Düsseldorfer Tabelle 135% des Regelbetrags und damit ihr volles Existenzminimums erhalten, liegt ein Missverhältnis vor, wenn dem Gatten weniger als sein Existenzminimum von 730 € als Gattenbedarf zugeordnet werden. Der

errechnete Mangelunterhalt von 565 € überschreitet diesen Betrag nicht. Wollte man allerdings schematisch des Gattenbedarf nach BGH 2003, 363 mit 730 × 100 : 135 = 541 € berechnen, ohne zu berücksichtigen, dass im Fall des BGH der Kindesunterhalt der Gruppe 1 entnommen war. Käme man zur Herabsetzung des Gattenunterhalts auf seinen Bedarf von 541 €.

Lösung 6: Zweistufige Berechnung nach dem Kammergericht mit Erwerbsbonus 1/7, ohne Bedarfskontrollbetrag. 255

Bedarf der Kinder nach DT 5/3 je 364
Bedarf der F = 2000 – 728 = 1272 × 3/7 = 545.
Gesamtbedarf = 364 + 364 + 545 = 1273
Verteilungsmasse nach dem eheangemessenen Selbstbehalt = 2000 – 950 = 1050
Daher liegt ein Mangelfall vor. die Mangelfallberechnung selbst wie oben:
1. Stufe
Einsatzbeträge:

K 1	384 €
K 2	384 €
F	730 €

Die Summe der Einsatzbeträge beträgt: 1498 €, daher sind dieselben im Verhältnis 1050 : 1498 auf die Verteilungsmasse zu kürzen:

F	730 × 1050 : 1498 = 512 €

2. Stufe
M bleibt 2000 – 512 = 1488,
Verteilungsmasse für Kinder: 1488 – 840 = 648 €
Einsatzbeträge der Kinder insgesamt: 768 €
Gekürzter Unterhalt der Kinder:

K 1	384 × 648 : 768 = 324 €
K 2	384 × 648 : 768 = 324 €

Der Mangelunterhalt der Kinder liegt um 384 – 324 = 60 € unter dem Existenzminimum, Der Kindergeldabzug ist daher gem. § 1612 b V BGB um 60 € auf 154 : 2 – 60 = 17 € zu kürzen.
Kindesunterhalt nach Verrechnung:

K 1	324 – 17 = 307 €
K 2	324 – 17 = 307 €

M bleiben 2000 – 307 – 307 – 512 = 874 €. Der Mangelunterhalt unterschreitet in allen Fällen die Bedarfsbeträge.

Lösung 7: Zweistufige Berechnung nach OLGSchleswig. 256

Bedarf der Kinder nach DT 5/3 je 364
Bedarf der F = 2000 – 728 = 1272 × 3/7 = 545.
Gesamtbedarf = 364 + 364 + 545 = 1273
Verteilungsmasse nach dem eheangemessenen Selbstbehalt = 2000 – 950 = 1050
Daher liegt ein Mangelfall vor. die Mangelfallberechnung selbst wie oben:
Einsatzbeträge:

K 1	384 €
K 2	384 €
F	820 €

(OLG Schleswig unterscheidet beim Selbstbehalt nicht zwischen Erwerbstätigen und nicht Erwerbstätigen)
Verteilungsmasse gegenüber dem Gatten: 2000 – 920 = 1080
Die Summe der Einsatzbeträge beträgt: 384 + 384 + 820= 1588 €, daher sind dieselben im Verhältnis 1080 : 1588 auf die Verteilungsmasse zu kürzen.

F	820 × 1080 : 1588 = 558 €
K 1	384 × 1080 : 1588 = 261 €
K 2	384 × 1080 : 1588 = 261 €

Der Selbstbehalt gegenüber den Kindern von 820 € liegt um 100 € unter dem gegenüber der F mit 920. Diese Differenz wird auf die Kinder verteilt:

K 1	261 + 50 = 311 €
K 2	261 + 50 = 311 €

Der Mangelunterhalt der Kinder liegt um 384 – 311 = 73 € unter dem Existenzminimum von 384 €, Der Kindergeldabzug ist daher gem. § 1612 b V BGB um 60 € auf 154 : 2 – 73 = 4 € zu kürzen. Kindesunterhalt nach Verrechnung:

K 1	311 – 4 = 307 €
K 2	311 – 4 = 307 €

M bleiben 2000 – 307 – 307 – 558 = 828 € und damit über dem notwendigen Selbstbehalt nach SchL 21.2 von 820 €. Der Mangelunterhalt von F überschreitet den Bedarfsbetrag von 545 € und wäre nach den Regeln des BGH auf diesen zu kürzen. Dagegen bestehen aber dieselben Bedenken wie bei Lösung 1.

257 **Beispiel: Nachehelicher Unterhalt im verschärften Mangelfall** bei zwei Kindern aus neuer Ehe, zwei gleichberechtigten Ehegatten und Eigenverdienst des geschiedenen Ehegatten

Fall:
Nettoeinkommen des M = 2000; M erhält für zwei Kinder aus neuer Ehe (K 1 und K 2, Alter 10 und 12 Jahre) 308 € Kindergeld
F 1 hat ein prägendes Erwerbseinkommen von 200
Trennungsbedingter Mehrbedarf der F 1 = 200
F 2 ist ohne Einkünfte, lebt bei M; die erste Ehe war nicht von langer Dauer.

- Gleichrangigkeit von F 1 und F 2 nach § 1582 BGB, weil nur der Anspruch der F 2 auf § 1570 BGB beruht und die erste Ehe nicht von langer Dauer war.
- Bedarfsbemessung

K 1 und K 2 Bedarf nach DT 2/4 und 3/4 (1700 bis 1900) infolge Rückstufung wegen zwei Ehegatten und zwei Kindern K 1 = 292, K 2 = 344.
Der Erwerbsbonus betrage 1/10.

258 Bedarfsberechnung für gleichberechtigte Ehegatten in **7 Stufen** (s. o. Rn. 125 f.)

1. Stufe:
voller Bedarf F 1 = 2000 × 45% + 200 × 55% = 1010 + 200 = 1210
Eigenbedarf von M gegenüber F 2000 × 55% + 200 × 45% = 1190

2. Stufe:
fiktiver Bedarf F 2 = 2000 – 292 – 344 = 1346 × 45% = 614
fiktiver Eigenbedarf von M gegenüber F 2 1346 × 55% = 750

3. Stufe:
Die Eigenbedarfsbeträge unterscheiden sich. Daher ist der fiktive Bedarf von F 2 umzurechnen:
614 × 1190 : 750 = 974
Für die Berechnung des gleichberechtigten Unterhalts wird der Kindesunterhalt vorab berücksichtigt (HL 24.34).
Gesamtbedarf: 1190 + 1210 + 974 = 3374
Deckungsbetrag: 2000 + 200 – 292 – 344 = 1564
gleichberechtigter Bedarf F 1 = 1210 × 1564 : 3374 = 561

4. Stufe:
gleichberechtigte Bedürftigkeit F 1 = 561 – 200 = 361

5. Stufe:
voller Bedarf F 2 = 2000 – 292 – 344 – 361 = 1003 × 45% = 451

6. Stufe:
Da F 2 kein Einkommen hat, entspricht das der Bedürftigkeit

7. Stufe:
Einkommen, welche die zweite Ehe nicht geprägt hätte, ist nicht vorhanden.

259 **Fortsetzung 1: Einstufige Mangelfallrechnung** nach BGH (wie Rn. 226 ff.).
Selbstbehalt = 840
gleichrangiger Unterhaltsbedarf = 292 + 344 + 451 + 361 = 1448
Deckungsmasse = 2000 – 840 = 1160
daher Mangelfall.
Einsatzbeträge nach BGH, FamRZ 2003, 363:
Kindesunterhalt 135% des Regelbetrags:

K 1	326
K 2	384

Gattenunterhalt nach Mindestbedarf (SüdL 23.2.2, 23.2.3)

F 1	840 – 200 = 640
F 2	535

Summe aller Einsatzbeträge: 1885
anteilige Kürzung:
Unterhalt K 1 = 326 × 1160 : 1885 = 201, Defizit 326 – 201 = 125
Unterhalt K 2 = 384 × 1160 : 1885 = 236, Defizit 384 – 236 = 148
Unterhalt F 1 = 640 × 1160 : 1885 = 394
Unterhalt F 2 = 535 × 1160 : 1885 = 329

Fortsetzung 2: Zweistufige Berechnung nach KG (wie Rn. 256). 260
Berechnung mit DM 950 Selbstbehalt gegenüber F 1 und F 2 und DM 840 gegenüber K 1, K 2.

1. Stufe:
Deckungsmasse = 2000 – 950 = 1050
Summe aller Einsatzbeträge: 1885
Unterhalt F 1 = 640 × 1050 : 1885 = 356
Unterhalt F 2 = 535 × 1050 : 1885 = 298

2. Stufe:
Gesamtbedarf der Kinder = 326 + 384 = 710
Deckungsbetrag: 2000 – 840 – 356 – 298 = 506
Unterhalt K 1 = 384 × 506 : 710 = 274, Defizit 384 – 274 = 110
Unterhalt K 2 = 326 × 506 : 710 = 232, Defizit 326 – 232 = 94

Der Kindergeldausgleich findet nur mit F 2, welche mit M zusammenlebt, statt. F 1 kann 261
(unabhängig von der Berechnungsweise) eine Auffüllung ihres Unterhalts aus dem Kindergeld nach neuer Rechtsprechung des BGH nicht erwarten, weil Kindergeld nicht als Einkommen in Betracht kommt. Lebte auch F 2 von M getrennt und bezöge deshalb sie das Kindergeld, so käme wegen der Höhe des Defizits keine Kindergeldverrechnung nach § 1612 b I, V BGB in Betracht.

12. Mangelfall bei Barunterhaltspflicht beider Elternteile

Beiderseitige Barunterhaltspflicht für ein **volljähriges Kind.** 263

Auch bei der Berechnung der anteiligen Haftung für den Unterhalt eines volljährigen Kindes nach dem Resteinkommen, das den angemessenen Selbstbehalt und sonstige Unterhaltsbelastungen übersteigt (Rn. 2/289 f., 2/433 f.), kann ein Mangelfall auftreten, wenn die Summe der beiderseits verfügbaren Restbeträge zur Deckung des Bedarfs desjenigen Kindes, für dessen Barunterhalt beide haften, nicht ausreicht. In diesen Fällen erhält das Kind von beiden Elternteilen entsprechend weniger. Sind mehrere volljährige (und damit gleichrangige Kinder in dieser Lage, so ist die Verteilungsmasse auf sie im Verhältnis ihrer Bedarfsbeträge zu verteilen.

Das Gleiche muss auch dann gelten, wenn der eine Elternteil noch für ein weiteres volljähriges Kind aufzukommen hat, für **welches der andere nicht mithaftet.** Im Mangelfall ist der Vorabzug seines Unterhalts vor Berechnung des Haftungsanteils der Eltern nicht gerechtfertigt. Vielmehr muss unter Einbeziehung dieses Kindes die **Mangelkürzung für alle gegenüber dem jeweiligen Gatten gleichrangig berechtigten Kinder**[161] erfolgen. Bei der Berechnung der Haftungsquote ist vom Einkommen des für ihn allein unterhaltspflichtigen Elternteils **nur dieser gekürzte Betrag vorweg abzuziehen.**

Beispiel 1: 264
(zwei – nichtprivilegierte – volljährige Kinder, **nur für eines haften beide)**
M verdient 1700, F 1300. Beide haften für das Kind A mit einem Bedarf 600 €. M haftet allein für den Unterhalt von B mit einem Bedarf von ebenfalls 600 €. Zur Berechnung der anteiligen Haftung von M für A muss von seinem Einkommen vorher der Unterhalt von B als sonstige Belastung abgezogen werden. Dann bleibt 1100. Sein Haftungsanteil betrüge 1100 – 1000 = 100 €, derjenige von F 1300 – 1000 = 300. A erhielte nur 300 + 100 = 400. Wegen des Gleichrangs mit B ist im Wege einer Mangelrechnung, in die alle gleichrangigen Kinder eingehen, statt dessen auszugleichen:
Verteilungsmasse: 1700 – 1000 = 700
Gesamtbedarf: 600 + 600 = 1200
Mangelquote: 700 : 1200 = 58,33%.

[161] BGH, FamRZ 2002, 815, 818 = R 570 c

Damit entfällt auf A 600 × 58,33% = 350 EUR zu. Dieser Betrag ist bei der Verteilungsrechnung als Anteil von M anzusetzen, derjenige von F beträgt 300, so dass an A 350 + 300 = 650 verteilt werden können.
Demnach an A zu zahlen

M	350 × 600 : 650 = 323
F	300 × 600 : 650 = 277

Wenn F das Kindergeld von 154 € erhält, so muss sie davon 77 € nach § 1612 b II BGB zusätzlich an A zahlen, während die Zahlung von M sich um 77 € auf 246 € vermindert.

265 Beiderseitige Barunterhaltspflicht für ein **minderjähriges oder diesem gleichgestelltes Kind (vgl. auch Rn. 2/298 ff.).**

Hier ist streitig, ob bei beiderseitiger Barunterhaltspflicht die Verteilungsrechnung auf den **notwendigen** oder den **angemessenen** Unterhalt abstellen muss. Ein Teil der OLGs hat sich auf den notwendigen Selbstbehalt festgelegt (BL 13.3, BraL 13.3, DL 13.3, HL 13.3, OL 13.3), die anderen setzen nur im Mangelfall den Vorabzug bis zum notwendigen Selbstbehalt herab (SüdL 13.3, BraunL 13.3, CL 13.3, FL 13.3, HaL 13.3, KL 13.3, Na 13.3, RL 13.3) oder lassen diesen Fall ungeregelt (Th 13.3, SL 13.3). Der BGH hat zu dieser Frage angesprochen, jedoch keine Stellung bezogen.[162] Wird der notwendige Selbstbehalt vorweg abgezogen, dann kann es dabei geschehen, dass der eine barunterhaltspflichtige Elternteil weniger und der andere mehr als den angemessenen Selbstbehalt behält. Dann wäre der Letztere ein anderer unterhaltspflichtiger Verwandter, welcher ohne Beeinträchtigung des angemessenen Selbstbehalts den Unterhalt zahlen könnte, und müsste an seiner Stelle zahlen. Das spricht dafür, entsprechend den allgemeinen Regeln der § 1603 I, II 3, § 1606 III 1 BGB zuerst der Verteilung den angemessenen Selbstbehalt zu Grunde zu legen und nur im Mangelfall den Vorwegabzug bis zum notwendigen Selbstbehalt herabzusetzen. Diese Lösung führt auch zu den gerechteren Ergebnissen (vgl. Rn. 2/567 ff.).

Beispiel 2:
K ist 20 Jahre alt, Schüler und lebt bei F, M verdient 1500, F 1100 und erhält 154 € Kindergeld.
Bedarf von K nach dem zusammengerechneten Einkommen von 2600 nach Gruppe 4/8 : 491 €.
Verteilung nach dem notwendigen Selbstbehalt führt zu:
Verteilbarer Betrag bei M: 1500 – 840 = 660
Verteilbarer Betrag bei F: 1100 – 840 = 260
insgesamt 920
M zahlt 491 × 660/920 = 352, behält also 1500 – 352 = 1148
F zahlt 491 × 260/920 = 139 und behält nur 961.
Den Teilbetrag von 1000 – 961 = 39 € muss F gem. § 1603 II 2 BGB nur dann zahlen, wenn kein leistungsfähiger unterhaltspflichtiger Verwandter vorhanden ist. Das aber ist hier der Fall, weil M noch in Höhe von 1148 – 1000 = 148 € leistungsfähig ist. Also muss M an ihrer Stelle zahlen, und **beiden bleibt der angemessene Selbstbehalt.**
Richtig zu rechnen wäre also
Verteilbarer Betrag bei M: 1500 – 1000 = 500
Verteilbarer Betrag bei F: 1100 – 1000 = 100
insgesamt 600
M zahlt 491 × 500/600 = 409, behält also 1091
F zahlt 491 × 100/600 = 82 und behält 1018.

Nur im **Mangelfall,** wenn also auch bei dieser Verteilungsmethode der angemessene Selbstbehalt nicht gewahrt werden kann, **muss daher der Sockelbetrag** entsprechend **herabgesetzt** werden (SüdL 13.3, BraunL 13.3, CL 13.3, FL 13.3, HaL 13.3, KL 13.3, Na 13.3, RL 13.3).

Beispiel 3:
wie Beispiel 2, jedoch beträgt das Einkommen von Mnicht 1500, sondern nur 1300.
Bedarf von K nun nach DT 4/7 nur 465 €.
Verteilbarer Betrag bei M: 1300 – 1000 = 300
Verteilbarer Betrag bei F: 2000 1100 - 1000 = 100
insgesamt 400, Defizit 465 – 400 = 65.
Der Sockelbetrag muss jeweils um die Hälfte des Defizits, also 65/2 = 32,50 €, **herabgesetzt** werden auf 1000 – 32,50 = 967,50 €:

[162] BGH, FamRZ 2001, 815 = R 570 e

Verteilbarer Betrag bei M: 1300 – 967,50 = 332,50 €
Verteilbarer Betrag bei F: 1100 – 967,50 = 132,50 €
M zahlt 465 × 3 32,50/465 = 332,50, behält also 967,50 €
F zahlt 465 × 132,50/465 = 132,50 und behält ebenfalls 967,50 €.
Die Gegenmeinung muss hier gesondert die Subsidiarhaftung berechnen:
Verteilbarer Betrag bei M: 1300 – 840 = 460
Verteilbarer Betrag bei F: 1100 – 840 = 260
insgesamt 720
auf M entfällt 465 × 460/720 = 297, ihm bleibt 1300 – 297 = 1003 €
auf F entfällt 465 × 260/720 = 168, ihr bleibt 1100 – 168 = 932 €
M haftet in Höhe von 3 € nach § 1603 II 3 BGB subsidiär für F, also zahlt M 300 €, F 165 €.

Nur wenn der **notwendige Selbstbehalt** bei Erfüllung der vollen Unterhaltspflicht **nicht gewahrt** wäre, stellt dieser den **Sockelbetrag** dar. Verteilungsrechnung und Mangelrechnung können dabei in der Weise zusammengefasst werden, dass statt des verfügbaren Einkommens der Gesamtbedarf in den Nenner gesetzt wird: 266

Beispiel 4:
wie 3, jedoch ist neben K1 mit 20 Jahren auch K2 mit 19 Jahren beiden Eltern gegenüber barunterhaltsberechtigt.
Der Unterhaltsbedarf beträgt dann nach DT 7/4 465 + 465 = 930 (Gesamtbedarf).
Verteilbarer Betrag bei M: 1300 – 1000 = 300
Verteilbarer Betrag bei F: 1100 – 1000 = 100
insgesamt 400, Defizit 930 – 400 = 530
Der **Sockelbetrag** wäre also um 530/2 = 265 auf 1000 – 265 = 735 **herabzusetzen.** Damit wäre der notwendige Selbstbehalt unterschritten, so dass mit einem **Sockelbetrag von 840** zu rechnen ist:
Verteilbarer Betrag bei M: 1300 – 840 = 460 (verfügbar)
Verteilbarer Betrag bei F: 1100 – 840= 260 (verfügbar)
insgesamt 720
Beide zahlen den über 840 hinaus verfügbaren Betrag:
M zahlt je 465 × 460 (verfügbar)/930(Gesamtbedarf) = 230, behält also 1300 – 230 – 230 = 840
F zahlt je 465 × 260 (verfügbar)/930(Gesamtbedarf) = 130 und behält ebenfalls 1100–130 –130 = 840.

Entsprechend ist zu rechnen, wenn auch ein Kind, für welches **nur ein Elternteil unterhaltspflichtig** ist, berücksichtigt werden muss. Hier muss vermieden werden, dass der andere Elternteil auch mit dem Unterhalt des anderen Kindes belastet wird. Deshalb kann keine einheitliche Mangelfallrechnung durchgeführt werden, sondern diese muss in Stufen erfolgen: zuerst muss errechnet werden, welcher Teil der Leistungsfähigkeit des einen Elternteils auf das gemeinsame Kind entfüllt. Dieser Betrag ist dann ohne weiteren Vorabzug in die Quotenrechnung einzusetzen.[163] 267

Beispiel 5:
(**zwei** bevorrechtigte Kinder, nur für **eines** haften **beide Gatten**)
wie Beispiel 4, jedoch haften nur für das Kind A F und M, für das Kind B aber nur M.
Bedarf von B nach DT 1/4: 327 €
Bedarf von A wie oben nach DT 7/4: 465 €,
doch haftet M nur soweit der Unterhalt seinem Einkommen entspricht, also bis 327 €
Die Berechnung erfolgt hier in zwei Stufen:
1. Berechnung der auf B entfallenden Leistungsfähigkeit des M:
Bedarf der gleichrangigen Unterhaltberechtigten 327 + 327 = 654
verfügbar bis zum notwendigen Selbstbehalt: 1300 – 840 = 460
Auf A entfallender Anteil: 327 × 460/654 = 230
2. Berechnung des auf beide Eltern entfallenden Unterhalts:
Verfügbar bei F 1100 – 840 = 260
Verfügbar bei M: 230 (wie oben)
insgesamt 230 + 260 = 490
Damit kann der Bedarf von A in Höhe von 465 voll abgedeckt werden (was nicht der Fall wäre, wenn M und F für beide haften würden). Doch ihr Selbstbehalt um 490 – 465 = 25 : 2 = 12,50 über dem notwendigen Selbstbehalt liegen, also bei 840 + 12,50 = 852,50 €, die Leistungsfähigkeit sinkt damit bei
M auf 230 – 12,50 = 217,50 €, bei

[163] BGH, FamRZ 2002, 815, 1818 R 570 c

F auf 260 – 12,50 = 247,50 €,
was zugleich dem beiderseitigen Anteil am Unterhalt von A entspricht.

268 Problematisch kann hiernach sein, welcher Teil des Einkommens des einen Elternteils auf das Kind entfallen, wenn dieser ohne Beeinträchtigung seines notwendigen Selbstbehalts den Unterhalt leisten könnte.[164]

Beispiel 6:
wie Beispiel 5, aber mit einem Einkommen des M von 1700
Bedarf von A nach DT 8/4: 491 €, doch haftet M nur nach DT 3/4 bis 373 €
Bedarf von B nach DT 3/4 373
1. Berechnung der auf A entfallenden Leistungsfähigkeit des M:
Bedarf der gleichrangigen Unterhaltberechtigten 373 + 373 = 746
verfügbar bis zum notwendigen Selbstbehalt: 1700 – 840 = 860, also noch kein Mangelfall
Hier wird wieder auf den Selbstbehalt abgestellt werden müssen.
Nach Abzug des Bedarfs von B und des notwendigen Selbstbehalts bleibt M 1700 – 373 + 840 = 487
nach Abzug des angemessenen Selbstbehalts 1700 – 373 – 1000 = 327
2. Berechnung des auf beide Eltern entfallenden Unterhalts:
F bleibt nach Abzug des angemessenen Selbstbehalts 1100 – 1000 = 100
Insgesamt sind also 427 verfügbar bei einem Bedarf des A von 491 €, deshalb muss der Selbstbehalt um 491 – 427 = 64 : 32 € auf 1000 – 32 = 968 € herabgesetzt werden.
Dann ergibt sich eine
Leistungsfähigkeit des M von 1700 – 373 – 968 = 359 € und eine
Leistungsfähigkeit der F von 1100 – 968 = 132 €,
was, weil weitere gemeinsame Kinder nicht vorhanden sind, dem jeweiligen Haftungsanteil an dem Unterhalt von A entspricht, denn 359 + 132 = 491 €.

Beispiel 7:
(Konstellation ähnlich BGH, FamRZ 2002, 815[165])
V mit Einkommen 2100 € schuldet Unterhalt seiner nichtehelichen Tochter A, die zwar volljährig, aber noch nicht 21 Jahre alt ist, sich noch in allgemeiner Schulausbildung befindet und bei ihrer Mutter M mit Einkommen 1100 € lebt, dazu auch seiner einkommenslosen Ehefrau E und zwei minderjährigen Kindern B und C in der 1. Altersstufe.
1. Berechnung der auf A entfallenden Leistungsfähigkeit des V:
Summe der Einkommen 2100 + 1100 = 3200, Bedarf von A nach DT 9/4: 524 €, wobei V aber nur bis zur Höhe von 396 € haftet nach DT 4/4 (wegen 4 Unterhaltsberechtigten um eine Gruppe herabgesetzt).
Bedarf von B und C nach DT 4/1 je 241 €
Bedarf von E 2100 – 396 – 241 – 241 = 1222 × 45% = 550,
so dass dem V 2100 – 396 – 241 – 241 – 550 = 672 € bleiben, also weniger als sein notwendiger Selbstbehalt. Auch wenn man für E deren Existenzminimum von 535 einsetzt, bleibt 688 €, besteht also immer noch ein Mangelfall. Das verfügbare Einkommen von 2100 – 840 = 1260 ist deshalb nach Maßgabe der Existenzminima zu verteilen.
Einsatzbetrag für E: 535
Einsatzbetrag für A: 442
Einsatzbetrag für B: 269
Einsatzbetrag für A: 269
insgesamt 1515
so dass auf A entfällt: 442 × 1260 : 1515 = 368 € bei Wahrung des notwendigen Selbstbehalts.
2. Berechnung des auf beide Eltern entfallenden Unterhalts:
verfügbar bei M 1100 – 840 = 260 €, bei V 368 €
insgesamt 368 + 260 = 628 €, so dass der Bedarf von 524 voll abgedeckt werden kann. Dabei stehen 628 – 524 = 104 : 2 = 52 zur Erhöhung des Selbstbehalts zur Verfügung.
Der Selbstbehalt beträgt bezogen auf A deshalb 840 + 52 = 892 €
Die Leistungsfähigkeit von V vermindert sich deshalb auf
368 – 52 = 316 €, diejenige von M auf
260 – 52 = 208 €, was auch bereits den Haftungsanteilen bezüglich A entspricht, denn 316 + 208 = 524 €.

---

164 BGH, FamRZ 2002, 815, 1818 = R 570 c
165 Vgl. R 570

§ 6 Sonderfragen

1. Abschnitt: Selbstständige Bestandteile des Unterhaltsanspruchs

I. Sonderbedarf

1. Anspruchsvoraussetzungen

Das Gesetz regelt nicht, unter welchen Voraussetzungen Sonderbedarf neben dem laufenden Unterhalt verlangt werden kann. Es enthält lediglich in § 1613 II Nr. 1 BGB, der den Verwandtenunterhalt für die Vergangenheit betrifft, eine gesetzliche Definition. Danach ist Sonderbedarf ein unregelmäßiger außergewöhnlich hoher Bedarf. Auf § 1613 II BGB wird beim Familienunterhalt (§ 1360 a III BGB), beim Trennungsunterhalt (§ 1361 IV 4 BGB), beim nachehelichen Unterhalt (§ 1585 b BGB), beim Unterhalt der nichtehelichen Mutter bzw. des nichtehelichen Vaters (§ 1615 l III 1, 4, IV BGB), beim Unterhalt zwischen getrennt lebenden Lebenspartnern (§ 12 II LPartG, § 1361 IV 4, 1360 a III BGB) und beim nachpartnerschaftlichen Unterhalt (§ 16 II 2 LPartG, § 1585 b BGB) verwiesen. Daraus folgt, dass Sonderbedarf neben dem laufenden Unterhalt bei allen Unterhaltsarten geschuldet ist, auch beim nachehelichen Unterhalt nach §§ 58, 59 EheG[1] und beim Verwandtenunterhalt. 1

Sonderbedarf ist Teil des Lebensbedarfs im Sinne des § 1610 II BGB. Er dient nicht der Finanzierung unnötiger Vergnügungen. So rechtfertigt er nicht den Ersatz unnötiger Fernsprechgebühren, die ein minderjähriges oder volljähriges Kind durch die Anwahl sog. Servicenummern, die Telefonsex anbieten, verursacht hat.[2] Im Übrigen können Kosten für Telefon, Internet und Handy in unserer hoch technisierten Zeit zum Bedarf gehören; sie sind aber als regelmäßige Ausgaben aus dem laufenden Unterhalt zu bestreiten. Sonderbedarf ist dagegen ein unregelmäßiger außerordentlich hoher Bedarf, der nicht auf Dauer besteht und daher zu einem einmaligen, jedenfalls aber zeitlich begrenzten Ausgleich neben dem regelmäßig geschuldeten Barunterhalt führen kann (vgl. Rn. 2/138). Er ist zu unterscheiden einerseits vom Regelbedarf (Rn. 2/122), andererseits vom Mehrbedarf (Rn. 2/133, 317 ff., 401 ff., 4/437 ff.). 2

Unregelmäßig ist der Bedarf, der **nicht** mit Wahrscheinlichkeit **vorauszusehen** ist und deshalb bei der Bemessung des Regelbedarfs (einschließlich des regelmäßigen Mehrbedarfs) und damit des laufenden Unterhalts nicht berücksichtigt werden kann.[3] Selbst eine im Verhältnis zum laufenden Unterhalt ungewöhnlich hohe Einzelausgabe stellt keinen Sonderbedarf dar, wenn sie nach dem gewöhnlichen Lauf der Dinge voraussehbar war (vgl. aber Rn. 4). Ausgaben, auf die sich der Berechtigte hätte einstellen können, sind durch den laufenden Unterhalt auszugleichen. Dieser ist so zu bemessen, dass sämtliche voraussehbaren Ausgaben abgedeckt werden und genügend Spielraum für eine vernünftige Planung verbleibt.[4] Ggf. ist der sich aus den Tabellen und Leitlinien ergebende Regelbedarf um **Mehrbedarf** angemessen zu erhöhen.[5] Dies bedeutet allerdings, dass der zusätzliche Unterhalt – anders als Sonderbedarf (vgl. dazu Rn. 9) – nur unter den Voraussetzungen der §§ 1613 I, 1585 b II BGB (vgl. dazu Rn. 100 ff.), also in der Regel bei Verzug, geschuldet wird.[6] Liegt über den laufenden Unterhalt bereits ein Titel vor, muss wegen des Mehrbedarfs Abänderungsklage erhoben werden.[7] Sonderbedarf ist dagegen durch Zusatzklage geltend zu machen. 3

---

[1] BGH, FamRZ 1983, 29 = R 138
[2] Scholz, FamRZ 2003, 1900; a.A. AG Nordenham, FamRZ 2003, 629 mit zust. Anm. Melchers
[3] BGH, FamRZ 1982, 145 = R 95; vgl. auch BGH, FamRZ 2001, 1603, 1605
[4] BGH, FamRZ 1982, 145 = R 95
[5] OLG Hamm, FamRZ 1994, 1281
[6] OLG Hamm, FamRZ 1996, 1218
[7] OLG Hamm, FamRZ 1994, 1281

4 Viele außerplanmäßige Ausgaben zeichnen sich jedenfalls eine gewisse Zeit vorher ab. Dies gilt – von akuten Krankheitsfällen abgesehen – selbst für Operationen und Kuren (vgl. Rn. 14). In solchen Fällen darf das Erfordernis der **Nichtvorhersehbarkeit** des Zusatzbedarfs nicht dazu führen, unabweisbare Ausgaben von der Unterhaltspflicht auszunehmen. Entscheidend ist, ob der Berechtigte sich noch auf die **Zusatzausgaben** einstellen und sie bei seinen Planungen berücksichtigen kann.[8] Derartige Kosten können danach als Sonderbedarf vom Unterhaltspflichtigen zu tragen sein,

- wenn sich die Notwendigkeit der zusätzlichen Kosten so kurzfristig abzeichnet, dass aus dem laufenden Unterhalt keine ausreichenden Rücklagen mehr gebildet werden können,
- wenn die laufende Unterhaltsrente so niedrig ist, dass sie die Bildung ausreichender Rücklagen von vornherein nicht erlaubt.[9]

5 Wann ein unregelmäßiger Bedarf **außergewöhnlich hoch** ist, lässt sich nur nach den Umständen des Einzelfalls beurteilen. Entscheidend sind die Höhe des laufenden Unterhalts, die sonstigen Einkünfte des Berechtigten, der Lebenszuschnitt der Beteiligten sowie Art und Umfang der besonderen Aufwendung. Unter beengten wirtschaftlichen Verhältnissen wird eine unvorhergesehene Ausgabe eher außergewöhnlich hoch erscheinen als bei gehobenem Lebenszuschnitt. Ausschlaggebend ist das Verhältnis der in Frage stehenden Aufwendung zu den Mitteln, die dem Berechtigten für seinen laufenden Unterhalt zur Verfügung stehen.[10]

6 In der Wortwahl des Gesetzes, das nur einen „außergewöhnlich" hohen Bedarf als Sonderbedarf gelten lässt, kommt zum Ausdruck, dass es im Zweifel bei der laufenden Unterhaltsrente, die den gesamten regelmäßigen Bedarf einschließlich etwaigen Mehrbedarfs abzudecken hat, sein Bewenden haben muss und nur **in Ausnahmefällen** die gesonderte Ausgleichung unvorhergesehener Ausgaben erfolgen soll. Die Pauschalierung des laufenden Unterhalts soll im Interesse einer Befriedung und Beruhigung des Verhältnisses von Unterhaltsgläubiger und Unterhaltsschuldner die Berücksichtigung bedarfserhöhender Umstände nach Möglichkeit vermeiden.[11] Vgl. dazu Rn. 2/125, 2/212 ff.

7 Sonderbedarf wird nur geschuldet, wenn und soweit der Pflichtige **leistungsfähig** ist. Ihm muss beim Kindesunterhalt mindestens der notwendige Selbstbehalt nach den Tabellen und Leitlinien verbleiben (vgl. Rn. 2/264 ff.). Denselben Maßstab wird man vielfach beim Trennungsunterhalt anlegen können. Beim nachehelichen Unterhalt ist § 1581 BGB zu beachten. Die Leistungsfähigkeit muss **im Zeitpunkt der Fälligkeit des Sonderbedarfs** bestehen.[12] Wird der Schuldner erst zu einem späteren Zeitpunkt leistungsfähig, entsteht eine Nachzahlungspflicht nicht.[13] Dies gilt auch dann, wenn der Schuldner innerhalb der Jahresfrist des § 1613 II Nr. 1 BGB zu höherem Einkommen gelangt, das ihm nunmehr die Befriedigung des Sonderbedarfs erlauben würde.[14] Andererseits wird man nicht verlangen können, dass der Schuldner in der Lage sein muss, den Sonderbedarf gerade aus dem Einkommen des laufenden Monats aufzubringen. Der Berechtigte hat die Obliegenheit, den Schuldner rechtzeitig auf die Entstehung von Sonderbedarf **hinzuweisen,** damit dieser die erforderlichen Rücklagen bilden und den Anspruch bei Fälligkeit (Rn. 8) erfüllen kann.[15] Zudem ist ggf. der Berechtigte, beim Kindesunterhalt der andere Elternteil, an der Finanzierung des Sonderbedarfs zu beteiligen; vgl. dazu Rn. 10 ff.

8 Der Anspruch auf Erstattung des Sonderbedarfs wird **fällig,** sobald der besondere Bedarf entsteht, in der Regel also, wenn die Kosten dem Berechtigten in Rechnung gestellt werden. Dies kann zu Schwierigkeiten führen, da der Berechtigte dann den Bedarf vorfinanzieren muss. Jedoch steht ihm die Klage auf künftige Leistung nach § 259 ZPO offen; hierfür ist nur notwendig, dass der Schuldner seine Leistungspflicht ernstlich, wenn auch gutgläubig

---

[8] OLG Karlsruhe NJW-RR 1998, 1226

[9] Ähnlich OLG Karlsruhe, FamRZ 1991, 1349; NJW-RR 1998, 1226

[10] BGH, FamRZ 1982, 145 = R 95; OLG Karlsruhe NJW-RR 1998, 1226; vgl. auch BVerfG, FamRZ 1999, 1342

[11] BGH, FamRZ 1982, 145 = R 95; BGH, FamRZ 1984, 470, 472

[12] OLG Karlsruhe NJW-RR 1998, 1226

[13] KG, FamRZ 1993, 501 = NJW-RR 1993, 1223; OLG Köln, FamRZ 1986, 593

[14] Anders Schwab/Borth, Scheidungsrecht, 4. Aufl., IV 134

[15] OLG Hamburg, FamRZ 1991, 109 mit Anm. Henrich, a.a.O.; vgl. auch OLG Hamm, FamRZ 1994, 1281

bestreitet.[16] Einer Feststellungsklage bedarf es nicht. Im Übrigen darf das Problem nicht überbewertet werden. Werden für längere Zeit Aufwendungen erforderlich, die über den Regelbedarf hinausgehen, liegt im Zweifel kein Sonderbedarf, sondern Mehrbedarf vor, der durch Erhöhung des laufenden Unterhalts auszugleichen ist (vgl. Rn. 2/317 ff., 4/437 ff.).

Sonderbedarf kann für die **Vergangenheit** auch dann verlangt werden, wenn die Voraus- 9
setzungen des § 1613 I BGB nicht vorliegen, insbesondere der Schuldner nicht in Verzug gesetzt worden ist. Der Anspruch erlischt jedoch spätestens ein Jahr nach seiner Entstehung, wenn nicht vor Fristablauf Verzug oder Rechtshängigkeit eingetreten sind (§ 1613 II 1 BGB). Zur Obliegenheit, den Schuldner rechtzeitig auf bevorstehenden Sonderbedarf hinzuweisen, vgl. Rn. 7; zum Unterhalt für die Vergangenheit vgl. Rn. 6/100 ff.

2. Beteiligung des Unterhaltsgläubigers an der Finanzierung des Sonderbedarfs

a) Ehegattenunterhalt. Sonderbedarf wird nur in seltenen Fällen auszugleichen sein, 10
wenn der **Unterhaltsbedarf** bei besonders guten wirtschaftlichen Verhältnissen nicht nach einer Quote, sondern **konkret bemessen** wird (vgl. Rn. 4/366 ff.). In derartigen Fällen ist der laufende Unterhalt meist so hoch, dass der Berechtigte auch höhere außergewöhnliche Ausgaben selbst tragen kann. Kommt gleichwohl der Ausgleich von Sonderbedarf, z. B. außergewöhnlich hoher Umzugskosten, in Betracht, muss der Verpflichtete vielfach den Sonderbedarf zusätzlich zum laufenden Unterhalt zahlen. Voraussetzung ist allerdings, dass sein Einkommen nicht nur für den laufenden Unterhalt, sondern auch für den Sonderbedarf ausreicht, ohne dass sein eigener angemessener Bedarf gefährdet wäre (§ 1581 BGB), oder dass er über Vermögen verfügt (vgl. Rn. 11).

Durch **Bemessung des laufenden Unterhalts nach Quoten** wird bereits eine ange- 11
messene Aufteilung der verfügbaren Mittel nach dem Halbteilungsgrundsatz durchgeführt. Dann ist es, jedenfalls wenn der Pflichtige nicht über zusätzliche (nichtprägende) Einkünfte verfügt (vgl. dazu Rn. 4/231), nicht gerecht, dass Sonderbedarf allein von ihm aufgebracht wird, weil der Schuldner ihn in der Regel aus der ihm verbleibenden Quote zahlen müsste, während der Berechtigte den Sonderbedarf zusätzlich zur ungeschmälerten Quote erhalten würde. Infolgedessen muss der Berechtigte in solchen Fällen den Sonderbedarf ganz oder zum Teil selbst tragen. Ob und ggf. in welchem Verhältnis eine Aufteilung des Sonderbedarfs vorzunehmen ist, hängt von den Umständen des Einzelfalles ab.[17] Haben beide Ehegatten keine zusätzlichen Einkünfte, kann ein hälftiger Ausgleich angemessen sein. Verfügt der Berechtigte über Vermögen, wird er in der Regel den Stamm des Vermögens zur Finanzierung des Sonderbedarfs verwerten müssen, auch wenn er ihn zur Bestreitung des laufenden Unterhalts nicht einzusetzen hat (vgl. dazu Rn. 1/410 ff.).

Eine für den Berechtigten günstigere Aufteilung des Sonderbedarfs kann in Betracht 12
kommen, wenn die Belastung des Verpflichteten durch den Ehegattenunterhalt gering ist,

- weil der Schuldner über **nichtprägende Einkünfte** verfügt, die das in der Ehe angelegte Einkommen deutlich übersteigen, er z. B. nach der Scheidung unerwartet befördert worden ist (vgl. Rn. 4/246 a ff.).
- weil der Berechtigte über Einkünfte verfügt, die auf seinen nur nach dem Einkommen des Pflichtigen berechneten Bedarf angerechnet werden, der Unterhalt also nach der **Anrechnungsmethode** bemessen wird (vgl. Rn. 4/395 f.), die allerdings nach der Entscheidung des BGH vom 13. 6. 2001[18] nur noch ausnahmsweise anzuwenden ist.

b) Kindesunterhalt. Auch beim Kindesunterhalt schuldet der Pflichtige nicht stets den 13
vollen Ausgleich des Sonderbedarfs. Insbesondere wenn er über ein geringes Einkommen verfügt, kann von ihm vielfach nur eine **Beteiligung am Sonderbedarf** verlangt werden. Den Rest muss der Berechtigte aus der laufenden Unterhaltsrente entnehmen oder sich, falls dies nicht möglich ist, an das Sozialamt wenden, das Hilfe in besonderen Lebenslagen gewähren kann (§ 27 BSHG). Auch der **betreuende Elternteil** kann verpflichtet sein, zum

---

[16] BGH, NJW 1978, 1262
[17] BGH, FamRZ 1983, 29 = R 138; BGH, FamRZ 1982, 145 = R 95
[18] FamRZ 2001, 986 = R 563 mit Anm. Scholz FamRZ 2001, 1061

Sonderbedarf beizutragen, wenn er eine Erwerbstätigkeit ausübt oder über sonstige Einkünfte verfügt.[19] Maßstab für die Höhe des Beitrags sind die beiderseitigen Erwerbs- und Vermögensverhältnisse (§ 1606 III 1 BGB). Die Pflege und Betreuung eines minderjährigen Kindes schließen eine Beteiligung am Sonderbedarf ebenso wenig aus wie einen Beitrag zum Mehrbedarf (vgl. Rn. 2/289 ff., 325). Der Kindesbetreuung kann durch eine wertende Veränderung des Verteilungsschlüssels Rechnung getragen werden (vgl. Rn. 2/305). Bezieht der betreuende Elternteil selbst Ehegattenunterhalt, so ist der Kindesunterhalt einschließlich des ggf. auf mehrere Monate verteilten Sonderbedarfs vorweg vom Einkommen des Unterhaltspflichtigen abzuziehen. Dies verkürzt die Unterhaltsquote des betreuenden Elternteils. Damit beteiligt sich dieser in der Regel ausreichend am Sonderbedarf.

3. Einzelfälle

14 Als Sonderbedarf kommen vor allem Kosten in Betracht, die durch eine **Krankheit** oder eine Behinderung entstehen, insbesondere Aufwendungen für ambulante oder stationäre Behandlung, eine Kur, für Hilfsmittel, z. B. ein Behindertenfahrzeug, Prothesen, Brillen usw., auch für die Anschaffung geeigneter Matratzen und Bettwäsche bei einer Hausstauballergie.[20] Voraussetzung ist, dass die Kosten nicht von einer Krankenkasse getragen werden. Sie müssen im Übrigen angemessen sein. So ist ein aufwändiges Brillengestell für ein Kind, das nur einen geringen Tabellenunterhalt bezieht, in der Regel nicht angemessen. Andererseits muss sich der Pflichtige, sofern er leistungsfähig ist, auch an außergewöhnlich hohen, aber unvermeidbaren Behandlungskosten eines krebskranken Ehegatten unter dem Gesichtspunkt des Sonderbedarfs beteiligen.[21] Erfordert die Krankheit eine längere Behandlung, deren Dauer sich nicht absehen lässt, insbesondere einen Heimaufenthalt oder zahlreiche psychotherapeutische Behandlungen,[22] liegt kein Sonderbedarf, sondern Mehrbedarf (Rn. 3, 2/133, 4/437 ff.) vor. Die Vergütung, die für die rechtliche Betreuung eines Behinderten an den Betreuer oder an die Staatskasse zu zahlen ist (§§ 1835 ff., 1836 d Nr. 2, 1836 e, 1908 i BGB), kann Sonderbedarf, bei längerer Betreuung auch Mehrbedarf sein.[23] Dasselbe gilt für die Vergütung eines Vormunds oder Pflegers für ein minderjähriges Kind. Vgl. Rn. 2/317, 405, 3/23.

15 Die **Erstausstattung eines Säuglings** ist in angemessenem Rahmen Sonderbedarf.[24] Zwar sind die Geburt und die damit verbundene Notwendigkeit von Anschaffungen für die Mutter voraussehbar. Das Kind hat jedoch erst mit der Geburt Anspruch auf Unterhalt und konnte daher Rücklagen für die erforderlich werdenden Anschaffungen nicht machen (vgl. Rn. 4). Dies schließt freilich eine Beteiligung der Mutter an den Kosten der Erstausstattung nicht aus, wenn sie über Einkünfte oder Vermögen verfügt (vgl. Rn. 13). Auf eheliche oder uneheliche Geburt des Kindes kommt es nicht an.[25]

16 Kosten aus Anlass der **Kommunion oder Konfirmation** können Sonderbedarf sein. Die aufwändige Bewirtung einer Vielzahl von Gästen in einer Gastwirtschaft gehört, jedenfalls wenn die Wohnung des Elternteils, bei dem das Kind lebt, ausreichend Platz für eine angemessene Zahl von Verwandten und Freunden bietet, nicht zum Bedarf des Kindes, sondern ist der Lebenshaltung des Elternteils zuzurechnen.[26] Die Kosten müssen sich in einem angemessenen Rahmen halten und sich an den Einkommens- und Vermögensverhältnissen der Eltern, insbesondere des barunterhaltspflichtigen Elternteils orientieren (vgl. Rn. 13). An der Voraussehbarkeit des Festes und damit der Aufwendungen sollte dagegen eine angemessene Beteiligung des barunterhaltspflichtigen Elternteils nicht scheitern (vgl.

---

[19] BGH, FamRZ 1998, 286 = R 518 a; FamRZ 1983, 689 = R 169 a
[20] OLG Karlsruhe, FamRZ 1992, 850
[21] BGH, FamRZ 1992, 291 = R 440
[22] OLG Hamm, FamRZ 1996, 1218; OLG Saarbrücken, FamRZ 1989, 1224
[23] OLG Nürnberg, MDR 1999, 616
[24] BVerfG, FamRZ 1999, 1342; OLG Oldenburg, FamRZ 1999, 1685
[25] BVerfG, FamRZ 1999, 1342
[26] OLG Karlsruhe, FamRZ 1991, 1349, 1350; FamRZ 1995, 1009

dazu Rn. 3 f.). Im Einzelnen ist vieles streitig. Die Sonderbedarf befürwortenden und ablehnenden Entscheidungen halten sich etwa die Waage.[27]

Urlaub begründet keinen Sonderbedarf, ebenso wenig die Teilnahme an einer Jugendfreizeit. Die dadurch entstehenden Kosten sind aus dem laufenden Unterhalt zu bestreiten. Anders kann es dagegen bei einer **Klassenfahrt** liegen.[28] Vorübergehender **Nachhilfeunterricht,** der nicht aus dem laufenden Unterhalt finanziert werden kann, ist in der Regel Sonderbedarf. Ist das Kind dagegen ständig auf Nachhilfe angewiesen, besucht es eine **Privatschule,** die Schulgeld erhebt, oder ein **Internat,** handelt es sich um regelmäßigen Mehrbedarf[29] (vgl. dazu Rn. 2/133 ff., 317). Zu **Kindergartenkosten** vgl. Rn. 2/275. Die Kosten eines längeren **Auslandsstudiums** sind Mehrbedarf, nicht Sonderbedarf;[30] anders kann es bei einem Schüleraustausch sein.[31] Vgl. dazu im Einzelnen Rn. 2/67. Dagegen können die Kosten der Anschaffung eines teuren **Musikinstrumentes** für ein begabtes Kind oder einen Musikstudenten u. U. als Sonderbedarf anerkannt werden; jedoch ist das Kind ggf. darauf zu verweisen, ein besonders kostspieliges Instrument, wie ein Klavier oder einen Flügel, zu mieten oder außerhalb der elterlichen Wohnung in einer Musik(hoch)schule zu üben.[32] Der Berechtigte hat den Pflichtigen rechtzeitig auf eine zu erwartende besonders hohe Ausgabe hinzuweisen, damit dieser Rücklagen bilden kann.[33] Vgl. dazu Rn. 7. 17

Umzugskosten und die Kosten der Einrichtung einer neuen Wohnung können Sonderbedarf sein und vor allem neben laufendem Ehegattenunterhalt zu erstatten sein.[34] Vgl. zum Umfang des Anspruchs Rn. 10 f. 18

Für **Prozesskosten** besteht die Spezialregelung der §§ 1360 a IV, 1361 IV 4 BGB. Danach kann nur unter bestimmten Voraussetzungen ein **Prozesskostenvorschuss** (vgl. Rn. 20 ff.) verlangt werden. Der Umstand, dass der Unterhaltsberechtigte infolge eines verlorenen Rechtsstreits oder infolge anwaltlicher Beratung Kosten zu tragen hat, begründet keinen unterhaltsrechtlichen Sonderbedarf. Denn die Unterhaltspflicht umfasst grundsätzlich nicht die Verpflichtung, Schulden des Berechtigten zu tilgen.[35] Dagegen hat der BGH[36] die Kosten des nichtehelichen Kindes für den Ehelichkeitsanfechtungsprozess als Sonderbedarf anerkannt, für den der als Vater festgestellte Erzeuger aufzukommen hat. Zur Prozesskostenvorschusspflicht des Scheinvaters vgl. Rn. 30. 19

II. Prozesskostenvorschuss

1. Anspruchsberechtigte

Eine Prozesskostenvorschusspflicht besteht zwischen nicht getrennt lebenden Ehegatten (§ 1360 a IV BGB). Die Vorschrift regelt sie Verpflichtung unter Ehegatten abschließend.[37] Der Anspruch ist unterhaltsrechtlicher Natur und Teil des **Familienunterhalts.**[38] 20

---

[27] Vgl. z. B. OLG Frankfurt/Main, FamRZ 1988, 100; OLG Düsseldorf, FamRZ 1990, 1144 einerseits, KG, FamRZ 1987, 306; OLG Hamm, FamRZ 1991, 1332; OLG Karlsruhe, FamRZ 1995, 1009 andererseits

[28] OLG Köln, NJW 1999, 295; OLG Hamm, FamRZ 1992, 346; OLG Braunschweig, FamRZ 1995, 1010; Vogel, FamRZ 1991, 1134 mit weiteren Nachweisen

[29] OLG Köln, NJW 1999, 295; vgl. auch OLG Zweibrücken, FamRZ 1994, 770, 771

[30] OLG Hamm, FamRZ 1994, 1281; vgl. auch BGH, FamRZ 1992, 1064 = R 446

[31] OLG Naumburg, FUR 1999, 476, das einen Anspruch auf Sonderbedarf bei einem schlechten Schüler verneint

[32] BGH, FamRZ 2001, 1603

[33] Vgl. OLG Frankfurt/Main, FamRZ 1995, 631, dem ich nur teilweise folgen kann; OLG Karlsruhe, FamRZ 1997, 967

[34] BGH, FamRZ 1983, 29 = R 138; OLG München, FamRZ 1996, 1411

[35] BGH, NJW 1985, 2265; anders OLG München, FamRZ 1990, 312, das offenbar unter engen Voraussetzungen einen Anspruch auf Sonderbedarf bejahen will

[36] FamRZ 1988, 387 ff. = NJW 1988, 2604 ff.; OLG Dresden, FamRZ 1999, 303; OLG München, FamRZ 1997, 1286

[37] BGH, FamRZ 1964, 197 = NJW 1964, 1129, 1131

[38] BGH, FamRZ 1985, 802 = NJW 1985, 2263

21 Auch **getrennt lebende Ehegatten** haben Anspruch auf Prozesskostenvorschuss, da § 1361 IV 3 BGB auf die Vorschrift des § 1360 a IV BGB verweist. Dasselbe gilt für getrennt lebende Lebenspartner (§ 12 II 2 LPartG, § 1361 IV 3, 1360 a IV BGB).

22 **Geschiedene Ehegatten** sind – ebenso wie Lebenspartner nach Aufhebung ihrer Partnerschaft – nicht verpflichtet, einander Prozesskosten vorzuschießen. Eine entsprechende Anwendung des § 1360 a IV BGB kommt nicht in Betracht. Prozesskosten sind auch nicht Teil des gesamten Lebensbedarfs im Sinne des § 1578 I 2 BGB; die Vorschriften über den Sonderbedarf können nicht herangezogen werden (vgl. Rn. 19).[39] Die Prozesskostenvorschusspflicht endet daher mit der Scheidung. Wird ein Verbundurteil durch Berufung oder Beschwerde nur hinsichtlich einer oder mehrerer Folgesachen angegriffen und wird daher der Scheidungsausspruch während des Verfahrens im zweiten Rechtszug rechtskräftig (§ 629 a III ZPO), kann ein Prozesskostenvorschuss nicht mehr durch einstweilige Anordung nach § 620 Nr. 10 ZPO zugesprochen werden, da der Anspruch erloschen ist.[40] Das Gegenteil ergibt sich auch nicht aus §§ 127 a, 620 Nr. 10 ZPO. Denn diese Verfahrensvorschriften setzen den Bestand eines materiell-rechtlichen Anspruchs auf einen Prozesskostenvorschuss voraus.[41] Jedoch wird man dem bedürftigen Ehegatten einen Schadensersatzanspruch nach §§ 280, 286 II BGB zubilligen müssen, wenn er den Verpflichteten vor Rechtskraft der Scheidung in Verzug gesetzt hat.[42] Dieser Anspruch kann aber nicht Gegenstand einer einstweiligen Anordung sein. Ist vor Rechtskraft der Scheidung der Prozesskostenvorschuss durch Urteil oder einstweilige Anordnung zugesprochen worden, kann aus dem Titel auch in der nachfolgenden Zeit vollstreckt werden.[43]

Die **nichteheliche Mutter** hat keinen Anspruch auf Prozesskostenvorschuss gegen den Kindesvater, da § 1615 l III BGB auf die Vorschriften über den Verwandtenunterhalt verweist, nicht dagegen auf § 1360 a IV BGB und da nicht verheiratete Eltern im Rechtssinne nicht stärker miteinander verbunden sind als geschiedene Ehegatten.[44]

23 **Minderjährige, unverheiratete Kinder** haben nach allgemeiner Auffassung Anspruch auf Prozesskostenvorschuss gegen ihre Eltern.[45]

24 Eltern sind unter den noch zu erörternden Voraussetzungen (vgl. Rn. 26–30) verpflichtet, ihren **volljährigen Kindern** die Kosten eines Prozesses vorzuschießen, aber nur dann, wenn diese noch keine selbstständige Lebensstellung erreicht haben.[46] Dies gilt nicht nur für privilegiert volljährige Kinder (Rn. 2/454 ff.), sondern für alle volljährigen Kinder bis zum Abschluss der Ausbildung. Jedoch braucht der Vater einer verheirateten Tochter keinen Vorschuss für die Kosten eines Scheidungsprozesses zu leisten.[47] Dasselbe gilt für die Eltern eines Sohnes, der von einem nichtehelichen Kind auf Feststellung der Vaterschaft in Anspruch genommen wird.[48] **Eltern** haben gegen ihre volljährigen, erst recht gegen ihre minderjährigen Kinder keinen Anspruch auf Prozesskostenvorschuss.[49] Auch im Verhältnis zwischen Großeltern und Enkeln besteht keine Prozesskostenvorschusspflicht.[50] Vgl. dazu Rn. 2/613.

---

[39] BGH, FamRZ 1984, 148 = R 182

[40] OLG München, FamRZ 1997, 1542; anders OLG Nürnberg, FamRZ 1990, 421; Kalthoener/Büttner,/Niepmann; Rechtsprechung zur Höhe des Unterhalts, 8. Aufl., Rn. 374

[41] BGH, FamRZ 1984, 184 = R 182

[42] Vgl. zu der vergleichbaren Problematik, wenn der säumige Schuldner den Anspruch nicht vor Beendigung des Verfahrens, für das der Kostenvorschuss benötigt wird, erfüllt: OLG Köln, FamRZ 1992, 842 mit abl. Anm. Knops, a.a.O.

[43] Vgl. OLG Frankfurt/Main, FamRZ 1993, 1465, 1467

[44] Kalthoener/Büttner/Niepmann, Rn. 375; a.A. OLG München, FamRZ 2002, 1119

[45] Vgl. Schwab/Borth IV 65 mit weiteren Nachweisen (auch zum Rechtsgrund des Anspruchs)

[46] OLG Hamm, FamRZ 2000, 255; OLG Nürnberg, FamRZ 1996, 814; OLG Zweibrücken, FamRZ 1996, 891; gegen eine Prozesskostenvorschusspflicht der Eltern überhaupt OLG Hamm, FamRZ 1995, 1008

[47] OLG Hamburg, FamRZ 1990, 1141

[48] OLG Düsseldorf, FamRZ 1990, 420

[49] OLG München, FamRZ 1993, 821

[50] Kalthoener/Büttner, 8. Aufl., Rn. 380; unklar OLG Koblenz, FamRZ 1999, 241 einerseits, FamRZ 1997, 681 andererseits

2. Anspruchsvoraussetzungen

Der Anspruch auf Prozesskostenvorschuss ist sowohl beim Ehegatten als auch beim minderjährigen oder volljährigen Kind aus der **Unterhaltspflicht** des Ehegatten bzw. der Eltern herzuleiten.[51] Da der **betreuende Elternteil** durch die Pflege und Erziehung des minderjährigen Kindes nach § 1606 III 2 BGB nur im Regelfall seine Unterhaltspflicht erfüllt (vgl. dazu Rn. 2/11 ff.), kann auch er auf Leistung eines Prozesskostenvorschusses in Anspruch genommen werden.[52] § 1606 III 2 BGB gilt bei Zusatzbedarf, zu dem auch der Prozesskostenvorschuss zählt, nicht.[53] Vgl. Rn. 2/289, 325. Allerdings wird die Leistungsfähigkeit des betreuenden Elternteils (Rn. 27) näher geprüft werden müssen; im Rahmen der Billigkeit (Rn. 30) sind besondere Belastungen durch die Kindesbetreuung, z. B. neben einer Erwerbstätigkeit, und die Einkommens- und Vermögensverhältnisse des anderen Elternteils zu berücksichtigen. 25

Der Anspruch auf Prozesskostenvorschuss ist an folgende Voraussetzungen geknüpft:

Der Berechtigte muss **bedürftig,** also außerstande sein, die Prozesskosten selbst zu tragen. Da der Prozesskostenvorschuss der Billigkeit entsprechen muss (Rn. 30), ist die Bedürftigkeit des einen unter Berücksichtigung der Leistungsfähigkeit des anderen zu beurteilen. Je leistungsfähiger der verpflichtete Ehegatte ist, umso geringere Anforderungen sind an die Bedürftigkeit zu stellen.[54] Ggf. hat der Berechtigte auch den **Stamm seines Vermögens** für die Finanzierung des Rechtsstreits einzusetzen, zumal auch bei intakter Ehe die Kosten eines Prozesses vielfach nicht aus dem laufenden Einkommen bestritten, sondern den Ersparnissen entnommen werden.[55] Ein Prozesskostenvorschuss wird daher in der Regel nicht geschuldet, wenn der Ehegatte, der den Prozess führen will, aus der Veräußerung des Familienheims ausreichende Mittel erhalten hat.[56] Nur in Ausnahmefällen, z. B. wenn die Vermögenslage des anderen Ehegatten wesentlich günstiger ist und der Berechtigte den Stamm des Vermögens derzeit nur schwer verwerten kann, weil er Geld langfristig angelegt hat, kann ein Prozesskostenvorschuss der Billigkeit entsprechen. Zur Rückzahlungspflicht in solchen Fällen vgl. Rn. 34. Bei Kindern, insbesondere minderjährigen Kindern (vgl. § 1602 II BGB), wird man allerdings bei der Verweisung auf den Stamm des Vermögens zurückhaltend sein müssen. Macht ein Elternteil gemäß § 1629 III BGB Unterhalt im Wege der Prozessstandschaft geltend (vgl. Rn. 2/316 a), kommt es auf seine Bedürftigkeit, nicht auf diejenige des Kindes an.[57] 26

Der Schuldner muss **leistungsfähig** sein. Daran fehlt es in aller Regel, wenn er den Prozesskostenvorschuss nur mit Hilfe eines Kredits aufbringen kann. Anders mag es sein, wenn der Pflichtige über Vermögen verfügt, derzeit aber nicht liquide ist. Wer selbst, wenn auch gegen Raten, **Prozesskostenhilfe** erhalten könnte, braucht keinen Prozesskostenvorschuss zu leisten. Daher ist es verfehlt, dem Unterhaltspflichtigen aufzuerlegen, den **Prozesskostenvorschuss in Raten** zu entrichten, und gleichzeitig dem Unterhaltsberechtigten Prozesskostenhilfe gegen Raten in Höhe der Zahlungen auf den Prozesskostenvorschuss zu bewilligen.[58] Richtet sich der Rechtsstreit, den der Berechtigte zu führen beabsichtigt, gegen den Verpflichteten, kommt ein Prozesskostenvorschuss ohnehin nur in Betracht, wenn der Schuldner zunächst seine eigenen Kosten aufgebracht hat. Der Maßstab an die Leistungsfähigkeit kann nicht so streng sein wie beim Sonderbedarf (vgl. Rn. 7). **Schulden** sind mindestens in dem Rahmen zu berücksichtigen, in dem sie bei Bewilligung von Prozess- 27

---

[51] Schwab/Borth IV 62, 65

[52] OLG Karlsruhe, FamRZ 1996, 1100; OLG Jena FamRZ 1998, 1302; a.A. OLG München, FamRZ 1991, 347; OLG Schleswig, FamRZ 1991, 855. Vgl. auch BGH, FamRZ 1998, 286 = R 518 a; FamRZ 1983, 689 = R 169 a

[53] BGH, FamRZ 1998, 286 = R 518 a

[54] OLG Hamm, NJW-RR 2002, 1585

[55] Vgl. BGH, FamRZ 1985, 360 = R 244 a

[56] Schwab/Borth IV 74

[57] OLG Hamm, FamRZ 2001, 924; OLG Köln, FamRZ 1993, 1472; a.A. OLG Bamberg, FamRZ 1994, 635 m. w. N.

[58] OLG München, FamRZ 1993, 714, gegen KG, FamRZ 1990, 183; OLG Koblenz, FamRZ 1991, 346; OLG Zweibrücken, FamRZ 1997, 757

kostenhilfe anzuerkennen wären (§ 115 I 3 Nr. 4 ZPO). Ein Vorrang des Prozesskostenvorschusses vor der Tilgung von Schulden besteht nicht.[59] Dem Pflichtigen wird auch gegenüber einem minderjährigen Kind mindestens sein angemessener Bedarf, der nach der Düsseldorfer Tabelle 1000,– € beträgt (vgl. dazu, auch zu abweichenden Sätzen anderer Oberlandesgerichte Rn. 2/272, 2/417 ff.; zum angemessenen Bedarf im Beitrittsgebiet vgl. Rn. 2/420), verbleiben müssen.[60] Beim Ehegattenunterhalt scheidet ein Prozesskostenvorschuss in der Regel aus, wenn der Unterhalt nach Quoten bemessen wird und zusätzliches nichtprägendes Einkommen nicht vorhanden ist (vgl. zu gleichgelagerten Problematik beim Sonderbedarf Rn. 11 f.). Dann muss der Ehegatte den Prozess aus dem Quotenunterhalt finanzieren und ggf. Prozesskostenhilfe in Anspruch nehmen. Anders ist es nur, wenn der Verpflichtete den Prozesskostenvorschuss ohne Gefährdung seines eigenen angemessenen Unterhalts aus dem Stamm seines Vermögens aufbringen kann; dabei braucht lediglich ein verhältnismäßig geringer Teil des Vermögens eingesetzt zu werden.[61]

28 Der beabsichtigte Rechtsstreit muss eine **persönliche Angelegenheit** betreffen, also eine genügend enge Verbindung zur Person des betreffenden Ehegatten haben.[62] Es genügt nicht, dass der Prozess lebenswichtig ist oder die Existenzgrundlage berührt. Eine allgemeingültige Definition des Begriffs der persönlichen Angelegenheit wird sich nur schwer finden lassen.[63] Auch vermögensrechtliche Ansprüche können hierunter fallen, selbst wenn sie sich gegen einen Dritten richten, aber ihre Wurzel in den aus der Ehe erwachsenen persönlichen oder wirtschaftlichen Beziehungen haben.[64] Dies ist bei gesellschaftrechtlichen Ansprüchen gegen einen Verwandten nicht der Fall.[65] Persönliche Angelegenheiten sind dagegen

- Ehesachen und Familiensachen i. S. d. § 621 ZPO, insb. Unterhaltssachen,[66]
- Ansprüche auf Auseinandersetzung des Vermögens zwischen Eheleuten, einschließlich des sie vorbereitenden Auskunftsprozesses;[67] dazu gehört auch ein Anspruch auf Nutzungsentgelt für eine von einem Ehegatten bewohnte Immobilie, die dem anderen gehört,[68]
- Insolvenzverfahren mit dem Ziel der Restschuldbefreiung, wenn die Insolvenz nicht vorwiegend auf vorehelichen Schulden beruht,[68a]
- Vormundschafts-, Pflegschafts-, Betreuungs- und Unterbringungssachen,[69]
- alle Statusverfahren,[70] insbesondere auch Verfahren auf Feststellung der Vaterschaft und Anfechtung der Ehelichkeit (vgl. dazu aber Rn. 30),[71]
- Ansprüche auf Ersatz eines Körperschadens einschließlich Schmerzensgeld,[72]
- Ansprüche auf Ausbildungsförderung nach dem BAföG, nicht dagegen Ansprüche auf Rückforderung zu Unrecht bezogener Förderungsmittel,[73]
- Prozesse, in denen vor den Verwaltungsgerichten das Nichtbestehen einer ersten Staatsprüfung, z. B. für das Lehramt, angefochten wird,[74]
- Prozesse um Renten aus der Sozialversicherung,[75]
- Kündigungsschutzprozesse,[76]

---

[59] So mit Recht Schwab/Borth IV 77; anderer Ansicht OLG Hamm, FamRZ 1986, 1013; OLG Karlsruhe, FamRZ 1987, 1062
[60] OLG Karlsruhe, FamRZ 1997, 757; Schwab/Borth IV 77
[61] OLG Hamm, NJW-RR 2002, 1585; OLG Düsseldorf, FamRZ 1999, 1673
[62] BGH, FamRZ 1964, 197, 199 = NJW 1964, 1129, 1131
[63] BGH, FamRZ 1964, 197, 199 = NJW 1964, 1129, 1131
[64] BGH, FamRZ 2003, 1651; FamRZ 1960, 130; FamRZ 1964, 197, 199
[65] BGH, FamRZ 1964, 197, 199 = NJW 1964, 1129, 1131
[66] Schwab/Borth IV 72; vgl. auch BGH, FamRZ 1960, 130 = NJW 1960, 765
[67] BGH, FamRZ 1960, 130 = NJW 1960, 765
[68] a.A. OLG Frankfurt, FamRZ 2001, 1148 mit abl. Anm. von Carnap
[68a] BGH, FamRZ 2003, 1651 = NJW 2003, 2910
[69] Palandt/Brudermüller, BGB, § 1360 a Rn. 14
[70] Palandt/Brudermüller, § 1360 a Rn. 14
[71] OLG Hamburg, FamRZ 1996, 224; OLG Karlsruhe, FamRZ 1996, 872
[72] OLG Köln, FamRZ 1994, 1109
[73] OVG Hamburg, FamRZ 1991, 960
[74] OVG Münster, FamRZ 2000, 21
[75] BSG, NJW 1960, 502
[76] LAG Berlin, MDR 1982, 436

- die Verteidigung in einem Strafverfahren (§ 1360 a IV BGB),
- Ansprüche auf Sozialhilfe,[77]
- Anfechtung von Ausweisungs- und Abschiebungsverfügungen der Ausländerbehörden.[78]

Die beabsichtigte Rechtsverfolgung muss **hinreichende Aussicht auf Erfolg** bieten; sie darf nicht mutwillig sein. Es müssen hier dieselben Anforderungen gestellt werden, wie sie für die Bewilligung von Prozesskostenhilfe gelten (§ 114 ZPO). Es besteht kein Anlass, die Prozesskostenvorschusspflicht an geringere Voraussetzungen als die Prozesskostenhilfe zu knüpfen und sie schon dann eingreifen zu lassen, wenn die Rechtsverfolgung nicht offensichtlich aussichtslos erscheint.[79] Dies würde nicht der Billigkeit entsprechen. Es widerspricht dem Rechtsgefühl und ist dem Pflichtigen nicht begreiflich zu machen, dass er nicht nur die Kosten eines verlorenen Prozesses, sondern auch eines solchen zu tragen hat, den er selbst gewonnen hat, wenn nur der Rechtsstreit nicht offensichtlich aussichtslos war. Daher muss die Rechtsverfolgung wenigstens bei vorausschauender Betrachtung Erfolg versprechend im Sinne des § 114 ZPO gewesen sein. Zur Rückforderung des Prozesskostenvorschusses vgl. Rn. 34. 29

Die Zubilligung des Prozesskostenvorschusses muss unter Berücksichtigung der bisher aufgeführten Kriterien (Rn. 26–29) und der sonstigen Umstände der **Billigkeit** entsprechen. Auf die zu erwartende Kostenentscheidung kommt es nicht an. Deshalb kann für einen Scheidungsprozess oder ein Statusverfahren Prozesskostenvorschuss gewährt werden, auch wenn die Kosten im Urteil wahrscheinlich gegeneinander aufgehoben werden (§§ 93 a, 93 c ZPO).[80] Es kann dagegen unbillig sein, den zweiten Ehegatten mit den Kosten eines Rechtsstreits zu belasten, in dem es um vermögensrechtliche Ansprüche seines Partners aus dessen früherer Ehe geht.[81] Anders kann es dagegen sein, wenn um Sorge- und Umgangsrecht für die Kinder aus der ersten Ehe gestritten wird. Hier wird in jedem Einzelfall geprüft werden müssen, ob die Prozesskostenvorschusspflicht für den zweiten Ehegatten zumutbar ist oder nicht.[82] Unterhalt für ein Kind des Ehegatten aus dessen früherer Ehe ist allein eine persönliche Angelegenheit des Kindes und nicht des Elternteils; eine Prozesskostenvorschusspflicht des Ehegatten scheidet daher von vornherein aus.[83] Macht ein Ehegatte gegen den anderen einen auf den Sozialhilfeträger übergegangenen und rückabgetretenen Unterhaltsanspruch geltend (§ 91 IV BSHG), kommt ein Prozesskostenvorschuss des Schuldners gleichfalls nicht in Betracht.[84] Vgl. Rn. 558. Dagegen kann ein Prozesskostenvorschuss für eine Ehesache nicht von vorneherein verneint werden, wenn der Anspruch auf Elementarunterhalt während der Trennungszeit nach §§ 1361 III, 1579 Nr. 2–7 BGB verwirkt ist.[85] 30

Bei Ehelichkeitsanfechtungsverfahren entspricht die Heranziehung des Ehemannes der Kindesmutter, der (noch) als Scheinvater gilt (§ 1592 Nr. 1 BGB), in der Regel nicht der Billigkeit, wenn bei vorausschauender Betrachtung davon auszugehen ist, dass die Anfechtung begründet ist. Zwar haftet der Scheinvater bis zur rechtskräftigen Feststellung der Nichtehelichkeit auf Unterhalt. Dies reicht allerdings allein für die Anwendung des § 1360 a IV BGB nicht aus.[86] Erstattungsansprüche gegen den als Vater rechtskräftig festgestellten Mann, auf die vielfach verwiesen wird (vgl. Rn. 19), sind häufig nicht realisierbar.[87] Zur Frage, ob die Kosten des Statusverfahrens als Sonderbedarf angesehen werden können, vgl. Rn. 19.

Zur Haftung des Elternteils, der ein minderjähriges Kind betreut, vgl. Rn. 25.

---

[77] OVG Münster, JurBüro 1992, 185
[78] Hess. VGH, EzFamR § 1360 a BGB Nr. 9
[79] BGH, FamRZ 2001, 1363 = R 554 mit zahlreichen Nachweisen, auch zur früheren h. M.
[80] KG (18. ZS), FamRZ 2003, 773 gegen KG (16. ZS), FamRZ 1955, 680
[81] OLG Nürnberg, FamRZ 1986, 697; a.A.: OLG Koblenz, FamRZ 1986, 466; OLG Hamm, FamRZ 1989, 277
[82] Vgl. dazu Schwab/Borth IV 73
[83] OLG Schleswig, FamRZ 1991, 855
[84] AG Mosbach, FamRZ 1997, 1090
[85] OLG Zweibrücken, FamRZ 2001, 149
[86] So mit Recht OLG Koblenz, FamRZ 1999, 241; OLG Hamburg, FamRZ 1996, 224; a.A. OLG Karlsruhe, FamRZ 1996, 872 mit kritischer Anm. Gottwald, FamRZ 1996, 873
[87] OLG Hamburg, FamRZ 1996, 224; vgl. zu dieser Problematik auch BGH, FamRZ 1988, 387 = NJW 1988, 2604; OLG München, FamRZ 1996, 1426; OLG Nürnberg, FamRZ 1995, 1593

3. Inhalt des Anspruchs

31 Verlangt werden kann nur ein **Vorschuss** für die zu erwartenden Prozesskosten. Dies bedeutet, dass nach Beendigung des Rechtsstreits oder der Instanz ein Anspruch auf die bereits entstandenen Kosten nicht mehr geltend gemacht werden kann.[88] Jedoch kann ein Schadensersatzanspruch entstehen, wenn der Schuldner vor Beendigung des Prozesses oder der jeweiligen Instanz in Verzug gesetzt worden ist.[89] Der Anspruch richtet sich auf einen bestimmten Geldbetrag, nicht dagegen auf Mitwirkung an der Verwertung gemeinsamer Wertgegenstände, die in einem Banksafe verwahrt werden, zu dem der andere Ehegatte den Zugang verweigert.[90] Auch für die Kosten einer außergerichtlichen Rechtsberatung kann analog § 1360 a IV BGB ein Vorschuss zugebilligt werden.[91]

32 Die Höhe des Anspruchs richtet sich nach den Gebühren, die das Gericht und der Prozessbevollmächtigte bereits vor Aufnahme ihrer Tätigkeit verlangen können. In bürgerlichen Rechtsstreitigkeiten sind nach § 65 I GKG, Nr. 1201 KV drei Gerichtsgebühren vor Klagezustellung zu zahlen, im Verbundverfahren dagegen nur eine Gerichtsgebühr für die Ehesache (§ 65 I GKG, Nr. 1510 KV). Rechtsanwälte haben Anspruch auf die voraussichtlich entstehenden Gebühren und Auslagen einschließlich der Mehrwertsteuer (§ 17 BRAGO), in Verfahren, in denen eine Beweisaufnahme zu erwarten ist, wie regelmäßig in einer Ehesache (§ 613 I 1 ZPO, § 31 I Nr. 3 BRAGO), auf drei Gebühren.

4. Prozessuales, Rückforderung des Prozesskostenvorschusses

33 Der Prozesskostenvorschuss ist vor den Familiengerichten geltend zu machen. Der Anspruch kann im ordentlichen Rechtsstreit eingeklagt werden. Dies geschieht wegen der Eilbedürftigkeit aber nur selten. Der Berechtigte kann jedoch durch **einstweilige Anordnung** die Zubilligung eines Prozesskostenvorschusses erwirken

- im Verbundverfahren für die Ehesache und die Folgesachen (§ 620 Nr. 10 ZPO),
- in Unterhaltssachen (§ 127 a ZPO),
- in sonstigen Familiensachen (§ 621 f I ZPO).

Wird ein Kostenvorschuss für einen Prozess vor einem Zivil- oder einem allgemeinen oder besonderen Verwaltungsgericht begehrt, steht dem Berechtigten der Weg der einstweiligen Verfügung offen, die beim Familiengericht zu beantragen ist.

34 Der Prozesskostenvorschuss kann – wie sonstiger Unterhalt – **grundsätzlich nicht zurückgefordert** werden. Allein die Tatsache, dass der Rechtsstreit gegen den anderen Ehegatten zuungunsten des Berechtigten ausgegangen ist und diesem demgemäß die Kosten auferlegt worden sind, führt nicht zu einer Rückzahlungsverpflichtung. Daher kann auch nach einer solchen Kostenentscheidung noch aus dem Titel vollstreckt werden, durch den der Kostenvorschuss zugesprochen worden ist.[92] Deshalb kann ein Prozesskostenvorschuss im Kostenfestsetzungsverfahren grundsätzlich nicht berücksichtigt werden; dies gilt jedenfalls dann, wenn streitige Rechtsfragen zu klären sind, die dem Erkenntnisverfahren vorbehalten bleiben müssen.[93] Ein Rückforderungsanspruch ist begründet, wenn sich die wirtschaftlichen Verhältnisse des vorschussberechtigten Ehegatten wesentlich gebessert haben oder die Rückzahlung aus sonstigen Gründen der Billigkeit entspricht.[94] Dies kann insbesondere der Fall sein, wenn er aus dem Zugewinnausgleich oder durch Verkauf eines den Ehegatten gemeinsam gehörenden Grundstücks beachtliche Geldmittel erhalten hat. Die Nachzahlung des geschuldeten Unterhalts reicht dagegen in aller Regel nicht aus. Ein zur Rückzahlung verpflichtender Billigkeitsgrund kann vorliegen, wenn sich nachträglich herausstellt, dass die

---

[88] BGH, FamRZ 1985, 902 = NJW 1985, 2265; OLG Köln, FamRZ 1991, 842
[89] OLG Köln, FamRZ 1991, 842
[90] OLG Zweibrücken, FUR 2002, 272 (der Ehegatte ist auf Ansprüche aus Gemeinschaftsrecht zu verweisen)
[91] Kalthoener/Büttner/Niepmann, Rn. 381
[92] BGH, NJW 1985, 2263
[93] Vgl. OLG Düsseldorf, FamRZ 1996, 1409 m. w. N.
[94] BGH, NJW 1971, 1262; NJW 1985, 2263

Voraussetzungen für die Gewährung des Vorschusses nicht gegeben waren, insbesondere wenn das Einkommen des Verpflichteten die Zahlung eines Vorschusses nicht zuließ.[95] Wenn der Vorschuss teilweise durch die Gebühren für den Abschluss eines Prozessvergleichs verbraucht ist, scheidet insoweit eine Rückforderung aus, da sie nicht der Billigkeit entspricht.[96] Der Rückforderungsanspruch ist ein Anspruch eigener Art; er ist nicht aus §§ 812 ff. BGB herzuleiten; deshalb gelten §§ 814, 818 III BGB nicht.[97]

– In dieser Auflage nicht belegt – **35–99**

2. Abschnitt: Unterhalt für die Vergangenheit

I. Anspruchsvoraussetzungen

1. Gesetzliche Grundlagen

Unterhalt für die Vergangenheit kann beim Verwandtenunterhalt nach § 1613 BGB, bei **100** Ansprüchen nichtverheirateter Eltern aus Anlass der Geburt eines Kindes nach §§ 1615 l III 1, 1613 BGB, beim Familienunterhalt nach §§ 1360 a III, 1613 BGB, beim Trennungsunterhalt nach §§ 1361 IV 4, 1360 a III, 1613 BGB und beim nachehelichen Unterhalt nach § 1585 b II BGB verlangt werden. Seit Inkrafttreten des KindUG am 1. 7. 1998 sind die Voraussetzungen aber außer beim Sonderbedarf – unverständlicherweise – unterschiedlich geregelt, da lediglich § 1613 BGB, nicht aber auch § 1585 b BGB geändert wurde. Beim **Verwandtenunterhalt, Unterhalt nach § 1615 l I, II BGB,** Familien- und **Trennungsunterhalt** kann ein Rückstand nicht nur wie bisher nach § 1613 I 1 BGB ab **Rechtshängigkeit** und **Verzug,** sondern auch ab **Auskunftsbegehren** zum Zweck der Geltendmachung eines Unterhaltsanspruches begehrt werden. Beim **nachehelichen Unterhalt** ist dagegen gemäß § 1585 b BGB Voraussetzung entweder **Rechtshängigkeit** des Unterhaltsanspruchs oder **Verzug.** Wegen der gesetzlichen Sonderregelung in §§ 1613, 1585 b BGB tritt Verzug dabei nicht generell nach § 286 II Nr. 1 BGB mit Kalenderfälligkeit ein, weil der Unterhalt gemäß §§ 1361 IV 2, 1585 I 2, 1612 III 1 BGB monatlich im Voraus zu zahlen ist (s. unten Rn. 115). Eine Unterhaltsnachforderung ist vielmehr ausgeschlossen, wenn sich der Bedürftige untätig verhält. Der Unterhalt dient seinem Wesen nach zur Bestreitung der laufenden Lebensbedürfnisse, soweit der Bedürftige nichts verlangt, ist davon auszugehen, dass er sie selbst decken kann. Der Verpflichtete muss außerdem rechtzeitig in die Lage versetzt werden, sich auf die laufenden Unterhaltsleistungen einzustellen.[1]

Seit der Neufassung des § 1613 BGB kann der Verwandtenunterhalt, Unterhalt nach **100 a** § 1615 l I, II BGB, Familien- und Trennungsunterhalt **ab dem 1. des Monats** verlangt werden, indem Rechtshängigkeit oder Verzug eintrat, bzw. Auskunft begehrt wurde, wenn der Anspruch dem Grunde nach bestand (§ 1613 I 2 BGB). Beim nachehelichen Unterhalt verbleibt es dagegen bei der bisherigen Rechtsprechung, dass Unterhalt erst ab dem Tag der Rechtshängigkeit, bzw. dem Eintritt des Verzugs zugesprochen werden kann[2] (s. näher Rn. 126). Die Neuregelung in § 1613 I 2 BGB führt zu einer erheblichen Verfahrensvereinfachung, da der Unterhalt nicht mehr tageweise auszurechnen ist; es ist zu hoffen, dass der Gesetzgeber baldigst § 1585 b II BGB entsprechend anpasst. Gerhardt

Beim **Sonderbedarf** als selbstständigen Bestandteil des Unterhaltsanspruchs gelten die **101** oben angeführten Einschränkungen nicht, §§ 1585 b I, 1613 II Nr. 1 BGB (vgl. Rn. 105).

Beim Verwandtenunterhalt, Ansprüchen nach § 1615 l I, II BGB, Familien- und Tren- **101 a** nungsunterhalt kann rückständiger Unterhalt auch **ohne Rechtshängigkeit, Verzug oder Auskunftsbegehren** verlangt werden, wenn er entweder aus rechtlichen Gründen

[95] BGH, FamRZ 1990, 491 = R 415
[96] A. A. OLG Köln, FamRZ 2002, 1134
[97] BGH, FamRZ 1990, 491 = R 415
[1] BGH, FamRZ 1992, 920 = R 449 a; FamRZ 1989, 150, 152 = R 375
[2] BGH, FamRZ 1990, 283 = R 400 b

(§ 1613 II Nr. 2a BGB) oder aus tatsächlichen Gründen, die in den Verantwortungsbereich des Pflichtigen fallen (§ 1613 II Nr. 2b BGB), nicht vorher verlangt werden konnte (näher Rn. 105 a).

102 Bei **übergeleiteten und übergegangenen Ansprüchen** kann der Unterhalt auch ab der sog. Rechtswahrungsanzeige verlangt werden, vgl. § 91 III 1 BSHG, § 37 IV BAföG, § 7 II UVG, § 203 I 2 SGB III, § 96 III SGB VIII (vgl. Rn. 106).

103 Beim **nachehelichen Unterhalt** gilt ferner die **Einschränkung,** dass für eine mehr als ein Jahr vor der Rechtshängigkeit liegende Zeit rückständiger Unterhalt nur noch bei einem **absichtlichen Leistungsentzug** zugesprochen werden kann (vgl. Rn. 110).

2. Rechtshängigkeit

104 Rechtshängigkeit des Unterhaltsanspruchs tritt mit förmlicher Zustellung der Klage ein (§§ 253 I, 261 I ZPO). Wird ein Anspruch erst im Laufe des Prozesses geltend gemacht, z. B. bei einer Unterhaltserhöhung, ab Zustellung des entsprechenden Schriftsatzes oder Antragstellung in der Hauptverhandlung, § 261 II ZPO. Dies gilt auch, wenn die Klage zunächst unschlüssig war.[3]

Bei einer **Stufenklage** tritt auch für den mit dem Auskunftsbegehren verbundenen unbezifferten Unterhaltsantrag bereits mit Zustellung der Klage Rechtshängigkeit des gesamten Verfahrens ein.[4]

Die formlose Übersendung eines **Prozesskostenhilfegesuchs** bewirkt hingegen **keine Rechtshängigkeit,**[5] auch wenn dem Antrag zur Begründung ein Klageentwurf beigefügt wurde. Die Zusendung des Antrags steht jedoch einer Mahnung gleich,[6] so dass Unterhaltsrückstand ab diesem Zeitpunkt wegen Verzugs verlangt werden kann (vgl. Rn. 120).

3. Auskunft

104 a Im Geltungsbereich des § 1613 BGB (Verwandtenunterhalt, Ansprüche nach § 1615 l I, II BGB, Familien- und Trennungsunterhalt) ist es seit 1. 7. 1998 ausreichend, dass Auskunft zum Einkommen und/oder Vermögen zum Zweck der Geltendmachung von Unterhalt verlangt wurde, um rückständigen Unterhalt begehren zu können. Nach der bisherigen Rechtsprechung, die beim nachehelichen Unterhalt weiterhin gilt, war zumindest eine Stufenmahnung erforderlich (vgl. Rn. 119). Die Neufassung des § 1613 I BGB ist zu begrüßen, da sie der Vereinfachung und Verfahrensbeschleunigung dient. Denn in vielen Fällen kann erst über eine Auskunft eine genaue Bezifferung des Unterhaltsanspruchs erfolgen. Hinzu kommt, dass durch die ebenfalls zum 1. 7. 1998 erfolgte Neuregelung des § 93 d ZPO bei nicht oder nicht vollständig erteilter Auskunft den Pflichtigen auch im anschließenden Prozess die Kostentragungspflicht treffen wird.

4. Sonderbedarf

105 Verlangt der Bedürftige einen Sonderbedarf (vgl. hierzu näher Rn. 1 ff.), kann er diesen auch ohne Verzug oder Rechtshängigkeit **innerhalb eines Jahres rückwirkend** beanspruchen, §§ 1585 b I, 1613 II Nr. 1 HS 2 BGB. Nachdem es sich beim Sonderbedarf um einen unregelmäßigen außergewöhnlich hohen Bedarf handelt, liegt es gerade in der Natur dieses Anspruchs, dass der Verpflichtete vorher meist nicht mehr rechtzeitig in Verzug gesetzt oder verklagt werden kann. Für mehr als ein Jahr zurückliegende Ansprüche bleibt es dagegen nach § 1613 II 1 BGB bei der generellen Regelung in §§ 1613 I, 1585 b III BGB.

---

3 BGH, FamRZ 1996, 1271 = NJW-RR 1996, 1409
4 BGH, FamRZ 1990, 283, 285 = R 400 b
5 BGH, a.a.O.
6 BGH, a.a.O.

5. Rückwirkender Unterhalt nach § 1613 II Nr. 2 BGB

Durch die Neufassung des § 1613 II Nr. 2 BGB zum 1. 7. 1998 wurde für den gesamten Verwandtenunterhalt, Ansprüche nach § 1615 l I, II BGB sowie den Familien- und Trennungsunterhalt die früher nur beim Unterhalt nichtehelicher Kinder geltende Regelung des § 1615 d BGB a. F. übernommen. Unterhalt für die Vergangenheit kann demnach auch ohne Rechtshängigkeit, Verzug oder Auskunftsverlangen begehrt werden, wenn er aus rechtlichen (§ 1613 II Nr. 2 a BGB) oder tatsächlichen, vom Pflichtigen zu vertretenden Gründen (§ 1613 II Nr. 2 b BGB) nicht früher geltend gemacht werden konnte. **Rechtliche Gründe** sind insbesondere eine zunächst notwendige Vaterschaftsfeststellung, **tatsächliche, vom Pflichtigen zu verantwortende Gründe** ein Auslandsaufenthalt oder unbekannter Aufenthalt. 105 a

In den Fällen des § 1613 II Nr. 2 BGB kann der Unterhaltsrückstand nach § 1613 III BGB, der § 1615 i BGB a. F. entspricht, aus Billigkeitsgründen gestundet, zum Teil oder vollständig erlassen oder Ratenzahlung angeordnet werden. Eine grobe Unbilligkeit kann bei hohen Unterhaltsrückständen bejaht werden, die die Leistungsfähigkeit des Pflichtigen unter Berücksichtigung seiner Einkommens- und Vermögensverhältnisse überfordern, ferner wenn der Unterhaltsschuldner nicht mit Ansprüchen aus der Vergangenheit rechnen musste. Die Darlegungs- und Beweislast für die Voraussetzungen des § 1613 III BGB trägt der Pflichtige. § 1613 III BGB gilt auch bei Ersatzansprüchen Dritter, z. B. nach § 1607 III BGB, **nicht** dagegen bei sonstigen Unterhaltsrückständen außerhalb § 1613 II Nr. 2 BGB.

6. Übergeleitete und übergegangene Unterhaltsansprüche

Soweit Unterhaltsansprüche auf öffentliche Träger, die für den Bedürftigen Hilfe leisten, kraft Gesetzes **übergehen,** z. B. bei Leistungen von Sozialhilfe (§ 91 I 1 BSHG), Unterhaltsvorschuss für minderjährige Kinder (§ 7 I 1 UVG), Ausbildungsförderung (§ 37 I BAföG), Arbeitslosenhilfe (§ 203 I 3 SGB III), oder **übergeleitet werden,** z. B. Leistungen der Jugendhilfe (§ 96 I SGB VIII), kann Unterhalt für die Vergangenheit nicht nur ab Verzug, Auskunft oder Rechtshängigkeit, sondern auch ab der sog. **Rechtswahrungsanzeige** verlangt werden (vgl. § 91 III 1 BSHG, § 7 II UVG, § 37 IV BAföG, § 203 I 2 SGB III, § 96 III SGB VIII). Die Rechtswahrungsanzeige eröffnet somit dem Träger der staatlichen Sozialleistung eine **weitere selbstständige Möglichkeit** zur rückwirkenden Inanspruchnahme des Verpflichteten, ohne dass es einer vorhergehenden Mahnung bedarf.[7] 106

Die **Rechtswahrungsanzeige** stellt keinen Verwaltungsakt dar[8] (näher Rn. 515). Sie erfolgt nach den jeweiligen gesetzlichen Bestimmungen durch eine schriftliche Anzeige. Auch wenn sie dieselben Rechtsfolgen wie eine verzugsbegründende Mahnung auslöst und für den Verpflichteten vergleichbare Warnfunktion erfüllt, unterliegt sie nicht den gleichen Bestimmtheitsanforderungen.[9] Der Gesetzgeber verlangt bei Leistung von Sozialhilfe nur eine **schriftliche Mitteilung** der Hilfegewährung (§ 91 III 1 BSHG), bei Leistungen der Jugendhilfe eine **unverzügliche schriftliche Mitteilung** (§ 96 III SGB VIII), bei Gewährung von Arbeitslosenhilfe eine **unverzügliche Anzeige** (§ 203 I 2 SGB III), bei Zahlung von Unterhaltsvorschuss und Vorauszahlungen zur Ausbildungsförderung **Kenntnis und Belehrung** über die Inanspruchnahme (§ 7 Nr. 2 UVG, § 37 IV Nr. 2 BAföG). Die Rechtswahrungsanzeige muss daher weder die Höhe der staatlichen Sozialleistung noch die Höhe der Inanspruchnahme des Pflichtigen enthalten, um wirksam zu sein; denn allein die Mitteilung staatlicher Unterstützung des Bedürftigen zerstört bereits das Vertrauen des Schuldners, dass die Dispositionen über seine Lebensführung nicht durch Unterhaltspflichten berührt werden.[10] 107

---

[7] BGH, FamRZ 2003, 860, 861 = R 590 A a; FamRZ 1989, 1054 = NJW-RR 1989, 1218
[8] BGH, FamRZ 1985, 586 = NJW 1985, 2589
[9] BGH, a.a.O.
[10] BGH, a.a.O.

Eine **unverzügliche** schriftliche Mitteilung/Anzeige gemäß **§ 96 III SGB VIII, § 203 I 2 SGB III** bedeutet, dass die Rechtswahrungsanzeige ohne schuldhaftes Verzögern mit der gebotenen Beschleunigung dem Pflichtigen übersandt wird.[11] Der Behörde ist aber eine angemessene Überlegungfrist einzuräumen, ob sie ihre Rechte durch eine Anzeige wahren muss, z. B. bei einer Heimunterbringung, ob der Jugendliche auch das Heim besucht.[12]

108 Nach der Neufassung des § 91 III 1 BSHG zum 1. 8. 1996 genügt bei Zahlung von **Sozialhilfe** und Übergang des Unterhaltsanspruchs nach § 91 I BSHG als Rechtswahrungsanzeige die **schriftliche Mitteilung der Hilfegewährung.** Die Mitteilung muss nicht mehr, wie es die alte Fassung des § 91 III 1 BSHG noch forderte, unverzüglich erfolgen. Die Rechtswahrungsanzeige wirkt nach der Neufassung des § 91 III 1 BSHG nach dem eindeutigen Gesetzeswortlaut nicht mehr auf den Beginn der Hilfe zurück, auch nicht auf den Zeitpunkt des Erlasses des Hilfebescheides, sondern entfaltet erst mit ihrem **Zugang Wirksamkeit.**[13] Die Zeit zwischen Antragstellung und Zugang der Rechtswahrungsanzeige ist bei Leistung von Sozialhilfe damit von der Erstattung ausgenommen, soweit der Unterhaltsgläubiger den Schuldner nicht vorher in Verzug setzte.[14] Da es allein auf die Mitteilung der Hilfegewährung ankommt, entstehen die Verzugswirkungen aber auch, wenn der Träger der Sozialhilfe zunächst nur Vorausleistungen erbringt, dies dem Schuldner bekanntgibt und den Sozialhilfebescheid erst später erlässt (vgl. Rn. 515). Soweit es um übergegangene Unterhaltsansprüche für die Zeit **vor dem 1. 8. 1996** geht, gelten für die Rechtswahrungsanzeige und deren Folgen noch die alte Rechtslage, d. h. sie musste unverzüglich schriftlich erfolgen und wirkte auf den Beginn der Hilfe zurück.[15]

7. Sonstige Ansprüche

109 Die Regelungen des § 1613 BGB gelten auch bei familienrechtlichen **Ausgleichsansprüchen,**[16] wenn ein Elternteil allein für den Kindesunterhalt aufkommt (näher Rn. 2/529 ff.). Bei **Schadensersatzansprüchen** wegen nicht erteilter oder falscher Auskunft[17] sind die Bestimmungen der §§ 1613, 1585 b BGB dagegen nicht anwendbar (vgl. auch Rn. 119, 230 ff.). Bei **Unterhaltsvereinbarungen** gilt § 286 II Nr. 1 BGB (näher Rn. 129).

8. Absichtlicher Leistungsentzug beim nachehelichen Unterhalt

110 Beim nachehelichen Unterhalt kann nach § 1585 b III BGB auch bei Verzug rückständiger Unterhalt für eine mehr als ein Jahr vor Rechtshängigkeit liegende Zeit nur verlangt werden, wenn sich der Verpflichtete absichtlich seiner Leistung entzogen hat. Bei dieser Einschränkung handelt es sich dem Wesen nach um eine Ausformung des Rechtsinstituts der Verwirkung, die an eine illoyal verspätete Geltendmachung des Rechts nachteilige Folgen für den Rechtsinhaber knüpft.[18] Der Gläubiger soll dadurch veranlasst werden, seinen Unterhaltsanspruch zeitnah zu verwirklichen, um beim Schuldner das Anwachsen einer übergroßen Schuldenlast zu verhindern. Für die Jahresfrist gilt die Vorwirkung des § 167 ZPO (= 270 III ZPO a. F.), wenn die Klage rechtzeitig anhängig wurde.[19] Nicht ausreichend ist hingegen die Übersendung eines Prozesskostenhilfeantrags.[20] Der Rechtsgedanke

[11] BGH, FamRZ 1990, 510 = NJW 1990, 1853; FamRZ 1989, 1054 = NJW-RR 1989, 1218
[12] BGH, FamRZ 1990, 510 = NJW 1990, 1853
[13] Künkel, FamRZ 1996, 1509, 1513; die anderslautenden Ausführungen in BGH, FamRZ 2003, 860, 861 = R 590 A a betrafen die Rechtslage vor dem 1. 8. 1996
[14] Künkel a.a.O.
[15] BGH, FamRZ 2003, 860, 861 = R 590 A a; eingehend Künkel, FamRZ 1994, 540, 547
[16] BGH, FamRZ 1984, 775 = NJW 1984, 2158
[17] BGH, FamRZ 1984, 163 = NJW 1984, 868
[18] BGH, FamRZ 1989, 150, 152 = R 375
[19] OLG Düsseldorf, FamRZ 2002, 327
[20] OLG Karlsruhe, FamRZ 2002, 1039

der Verwirkung gemäß § 1585 b III BGB gilt auch für Nebenforderungen wie der nachträglichen Geltendmachung von Zinsen (vgl. Rn. 132).

Für einen **absichtlichen Leistungsentzug** genügt jedes **zweckgerichtete Verhalten** 111
des Pflichtigen, die zeitnahe Realisierung der Unterhaltsschuld zu verhindern oder zumindest wesentlich zu erschweren.[21] Ein absichtlicher Leistungsentzug ist daher nicht nur bei einem aktiven Hintertreiben der rechtzeitigen Geltendmachung von Unterhaltsansprüchen, z. B. durch nicht gemeldeten Wohnsitzwechsel, zu bejahen. Es ist auch ausreichend, dass der Schuldner entgegen der in einer Vereinbarung übernommenen Verpflichtung Einkommensänderungen nicht unaufgefordert mitteilt.[22] Eine Zahlungseinstellung reicht hingegen nicht aus.[23]

§ 1585 b III BGB gilt auch für auf **den Träger der Sozialhilfe übergegangene** oder 112
übergeleitete Unterhaltsansprüche. § 91 III BSHG erweitert zwar die Zugriffsmöglichkeit des Trägers der Sozialhilfe, die Regelung lässt aber § 1585 b III BGB unberührt.[24]

Die Zeitschranke des § 1585 b III BGB für rückständigen nachehelichen Unterhalt ist auch eingehalten, wenn der Gläubiger innerhalb der Jahresfrist mit seinen Unterhaltsansprüchen gegen Ausgleichsansprüche des Schuldners **aufrechnet.**[25] Die Aufrechnung mit Unterhaltsansprüchen ist – im Gegensatz zum Aufrechnungsverbot gegen Unterhaltsansprüche, vgl. §§ 850 b I ZPO, 394 BGB (s. näher Rn. 302 ff.) – zulässig und kann auch in einer Nichtfamiliensache vor einem allgemeinen Zivilgericht erklärt werden.[26]

§ 1585 b III BGB gilt analog bei **Ausgleichsansprüchen** des Unterhaltsberechtigten 113
infolge der Teilnahme am begrenzten **Realsplitting.** Nach dem Schutzgedanken des § 1585 b III BGB sind auch diese Ansprüche binnen Jahresfrist geltend zu machen, um eine übermäßige Belastung des Pflichtigen durch zu hohe Rückstände zu vermeiden. Die Jahresfrist beginnt dabei erst mit der bestandskräftigen Festsetzung der auf der Teilnahme des Realsplittings beruhenden Steuerschuld.[27]

Die **Darlegungs- und Beweislast** für das Vorliegen eines absichtlichen Leistungsentzugs 114
hat zwar der **Bedürftige,** er muss jedoch nur solche Umstände vortragen, die nach der Lebenserfahrung den Schluss auf ein Sichentziehen rechtfertigen. Der **Verpflichtete** muss dann die gegen ihn sprechende Vermutung entkräften, indem er Tatsachen vorträgt und beweist, die geeignet sind, die Schlussfolgerungen eines absichtlichen Verhaltens zu erschüttern.[28]

II. Verzug

1. Verzug nach § 286 I BGB

Verzug nach § 286 I BGB (= § 284 I BGH a. F.) erfordert eine **Mahnung nach Fälligkeit.** 115
Zu beachten ist dabei, dass sich die Verpflichtung zur Unterhaltsleistung und dessen Fälligkeit unmittelbar aus dem Gesetz ergeben.[29]

Das führt jedoch nicht zu einem generellen Verzug des Unterhaltsschuldners wegen Kalenderfälligkeit nach § 286 II Nr. 1 BGB, weil der Unterhalt nach §§ 1361 IV 2, 1585 I 2, 1612 III 1 BGB monatlich im Voraus, d. h. nach § 192 BGB zum Ersten des Monats zu leisten ist. Denn dann wären die Vorschriften der §§ 1585 b II, 1613 I BGB überflüssig. Sie schränken vielmehr die Verzugsbestimmungen dahingehend ein, dass **Verzug** erst in Betracht kommt, wenn der gesetzliche Unterhaltsanspruch **nach Höhe und Beginn** im Einzelfall **konkretisiert** wurde.

---

21 BGH, FamRZ 1989, 150, 152 = R 375
22 BGH, a.a.O.
23 OLG Köln, FamRZ 1997, 426
24 BGH, FamRZ 1987, 1014 = R 342
25 BGH, FamRZ 1996, 1067 = R 505 b
26 BGH, FamRZ 1996, 1067 = R 505 a
27 OLG Hamburg, FamRZ 2000, 888
28 BGH, FamRZ 1989, 150, 153 = R 375
29 OLG Bamberg, FamRZ 1990, 1235

§§ 1585 b II, 1613 I BGB beruhen auf dem Gedanken, dass Unterhalt seinem Wesen nach zur Bestreitung des laufenden Lebensbedarfs dient und die Befriedigung der Bedürfnisse einer zurückliegenden Zeit an sich nicht möglich ist, so dass grundsätzlich keine Notwendigkeit besteht, darauf beruhende Ansprüche fortgelten zu lassen. Zugleich soll der Unterhaltspflichtige in die Lage versetzt werden, sich auf die auf ihn zukommenden Belastungen einzustellen.[30]

Bei familienrechtlichen Unterhaltsschulden tritt **Verzug** somit nur ein, wenn dem Pflichtigen seine **Schuld** nicht nur nach ihrer Existenz, sondern auch nach ihrem Umfang, also **nach der Höhe des geschuldeten Betrags** bekannt ist.[31] Außerdem muss der **Zeitpunkt,** ab wann Unterhalt verlangt wird, angegeben werden.[32]

116 Der Verzug des Schuldners setzt somit regelmäßig eine Mahnung nach Eintritt der Fälligkeit voraus (§ 286 I 1 BGB).

Die **generelle Fälligkeit** des Unterhalts als gesetzlichem Anspruch ergibt sich aus der Verpflichtung, den geschuldeten Unterhalt monatlich im Voraus leisten zu müssen, §§ 1361 IV 2, 1585 b I 2, 1612 III 1 BGB.

116 a Durch das Gesetz zur Beschleunigung fälliger Zahlungen vom 30. 3. 2000 war ab 1. 5. 2000 mit der Einfügung von § 284 III BGB a. F. eine unklare Rechtslage für Unterhaltsrückstände entstanden, da nach dem gesetzlichen Wortlaut auch Unterhaltsforderungen Geldforderungen i. S. dieser Bestimmung waren, der Gesetzgeber aber offensichtlich die Sonderregelungen im Unterhaltsrecht nach §§ 1613, 1585 b BGB nicht bedacht hatte.[33] Mit der Schuldrechtsreform und der Neufassung des § 286 III BGB zum 1. 1. 2002 wurde klargestellt, dass diese Bestimmung auf Unterhaltsforderungen nicht anwendbar ist.[34] § 284 III BGB a. F. ist daher dahingehend auszulegen, dass diese Regelung auch für die Zeit vom 1. 5. 2000 bis 31. 12. 2001 für Unterhaltsforderungen nicht galt.

117 Die **Mahnung** erfordert für ihre Wirksamkeit eine der **Höhe nach bestimmte und eindeutige Leistungsaufforderung.**[35] Die Aufforderung an den Schuldner, ab einem bestimmten Zeitpunkt einen konkreten Unterhalt zu zahlen, z. B. ab 1. Juni monatlich 1000 €, ist damit im Ergebnis sowohl die Konkretisierung des gesetzlichen Anspruchs nach Beginn und Höhe als auch die Mahnung nach Fälligkeit.[36]

Eine bestimmte und eindeutige **Leistungsaufforderung** erfordert im Regelfall eine **ziffernmäßige Angabe** der Unterhaltshöhe.[37]

118 • Ausnahmsweise kann auch ohne konkrete Angabe eines Betrags eine wirksame Mahnung vorliegen, wenn nach den gesamten Umständen des Falles für den Schuldner klar ist, welchen Unterhalt der Gläubiger von ihm fordert.[38] **Nicht ausreichend** ist aber, dass ein Pflichtiger, dem Kindesalter und eigenes Nettoeinkommen bekannt sind, den Kindesunterhalt unter Inanspruchnahme fachkundiger Hilfe oder Beratung ziffernmäßig selbst ermitteln[39] oder über die RegelbetragsVO den Mindestbedarf feststellen kann.[40] Zu unbestimmt und damit als Mahnung unwirksam ist auch eine **Zahlungsaufforderung** an **mehrere Personen** mit einem **einheitlichen Betrag,** z. B. für Mutter und Kind, ohne dass die Unterhaltshöhe für den einzelnen Unterhaltsgläubiger feststellbar ist.[41]

119 • Eine sog. **Stufenmahnung,** d. h. ein Auskunftsbegehren verbunden mit einem unbezifferten Unterhaltsbegehren (entsprechend einer Stufenklage) ist nach BGH zur Leistungs-

---

[30] BGH, FamRZ 1992, 920 = R 449 a; FamRZ 1989, 150, 152 = R 375
[31] BGH, FamRZ 1982, 887, 890 = R 128 g
[32] OLG Karlsruhe, FamRZ 1998, 742
[33] Näher Büttner, FamRZ 2000, 921; Löhnig, NJW 2000, 3548
[34] Büttner, FamRZ 2002, 361
[35] BGH, FamRZ 1985, 155, 157 = R 232 b; FamRZ 1984, 163 = NJW 1984, 868; FamRZ 1982, 887, 890 = R 128 g
[36] A.A. OLG Bamberg, FamRZ 1990, 1235, 1236, das insoweit Verzug nach § 286 II Nr. 1 BGB annimmt
[37] BGH, FamRZ 1985, 155, 157 = R 232 b; FamRZ 1984, 163 = NJW 1984, 868
[38] BGH, FamRZ 1984, 163 = NJW 1984, 868
[39] BGH, a.a.O.
[40] BGH, a.a.O.
[41] OLG Hamm, FamRZ 1995, 106

bestimmung ausreichend. Nach Treu und Glauben kann der Unterhaltsschuldner keine Vorteile daraus ziehen, dass der Bedürftige ohne Auskunft den Unterhaltsanspruch nicht beziffern kann.[42] Eine wirksame Stufenmahnung setzt allerdings voraus, dass der Schuldner mit der Auskunft in Verzug geraten ist, d. h. dass bei erneutem Auskunftsbegehren die Zweijahresfrist nach §§ 1580, 1605 II BGB beachtet wurde.[43] Zur Berechnung und den Voraussetzungen der Zweijahresfrist s. näher Rn. 1/674. Da es bei der Stufenmahnung nur darum geht, den Unterhaltsgläubiger nach Treu und Glauben nicht zu benachteiligen, weil er ohne die geschuldete Auskunft den Anspruch nicht beziffern kann, ist es für ihre Wirksamkeit nicht erforderlich, dem Schuldner mit dem Auskunftsverlangen alle Daten, die er vom Gläubiger für eine Unterhaltsberechnung benötigt, z. B. beim Ehegattenunterhalt dessen Einkommen, mitzuteilen.[44] Die sog. Stufenmahnung ist seit dem 1. 7. 1998 aber nur noch beim **nachehelichen Unterhalt** erforderlich, wenn dieser mangels Kenntnis des Einkommens des Pflichtigen nicht sofort beziffert werden kann. Bei allen sonstigen Unterhaltsansprüchen kann seit der Neufassung des § 1613 BGB Unterhalt für die Vergangenheit auch ab Auskunftsbegehren verlangt werden (vgl. Rn. 104 a).
Keine verzugsbegründende Stufenmahnung liegt beim **nachehelichen Unterhalt** vor, wenn **nur Auskunft** verlangt wird.[45] Das Auskunftsverlangen für sich allein steht einer konkreten Aufforderung zur Leistung nicht gleich.[46] Soweit der Pflichtige mit der Auskunft in Verzug ist, kann das aber zur **Schadensersatzpflicht** führen und der Unterhaltsrückstand als Verzugsschaden eingeklagt werden.[47]

- Die Übersendung eines **Prozesskostenhilfegesuchs** steht einer Mahnung gleich.[48] Das Gleiche gilt bei Übersendung eines Antrags auf Erlass einer einstweiligen Anordnung.[49] 120
- Beim **Kindesunterhalt Minderjähriger** erfordert eine wirksame Mahnung, dass der Elternteil das Kind in Unterhaltsstreitigkeiten nach der Trennung gesetzlich vertritt, d. h. das Kind in Obhut hat (§ 1629 II BGB), bzw. nach Regelung der elterlichen Sorge Sorgerechtsinhaber ist, soweit er für das Kind Unterhaltsansprüche geltend macht.[50] Bei einem Sorgerechtswechsel ist eine vorher erklärte Mahnung unwirksam, auch wenn sich das Kind zu diesem Zeitpunkt bereits in Obhut dieses Elternteils befand, da es sich bei der Mahnung um eine Handlung mit rechtsgeschäftsähnlichem Charakter handelt, für die § 180 BGB gilt.[51] Die Ausnahmeregelung des § 180 S. 2 BGB kann im Ergebnis nur greifen, wenn der (Noch-)Sorgerechtsinhaber mit der Geltendmachung von Kindesunterhaltsansprüchen gegen sich einverstanden ist.[52] Ausreichend ist aber, wenn nach einem Obhutswechsel dem nunmehr betreuenden Elternteil mit einstweiliger Anordnung das Aufenthaltsbestimmungsrecht übertragen wird.[53] Soweit der Unterhalt noch nicht tituliert wurde, kann die Zahlungsaufforderung des Nichtsorgeberechtigten allerdings als Geltendmachung eines Ausgleichsanspruches ausgelegt werden (s. insoweit näher Rn. 2/529 ff.). 121
- Eine **Zuvielforderung** im Mahnschreiben **schadet nicht.** Verzug tritt dann nur in der geschuldeten Höhe ein.[54] Auch wenn im Schuldrecht im Einzelfall eine unverhältnismäßig hohe Mehrforderung nach Treu und Glauben dazu führen kann, dass eine Mahnung als nicht rechtswirksam angesehen wird,[55] führt wegen der Schwierigkeit der Berechnung im Unterhaltsrecht auch eine beträchtlich zu hohe Mehrforderung zum Verzug. Sie ist als Aufforderung zur Bewirkung der tatsächlich geschuldeten Leistung zu werten, zumal kein 122

[42] BGH, FamRZ 1990, 283, 285 = R 400 b
[43] OLG Düsseldorf, FamRZ 1993, 591
[44] A.A. KG, FamRZ 1994, 1344
[45] BGH, FamRZ 1984, 163 = NJW 1984, 868
[46] BGH, FamRZ 1985, 155, 157 = R 232 b
[47] BGH, a.a.O.; FamRZ 1984, 163 = NJW 1984, 868
[48] BGH, FamRZ 1992, 920 = NJW 1992, 1956; FamRZ 1990, 283, 285 = R 400 b
[49] BGH, FamRZ 1995, 725 = R 493 A; FamRZ 1983, 352, 354 = NJW 1983, 2318
[50] OLG Düsseldorf FamRZ 2000, 442
[51] OLG Bremen, FamRZ 1995, 1515
[52] OLG Bremen a.a.O.
[53] OLG Köln, FamRZ 1998, 1194
[54] BGH, FamRZ 1982, 887, 890 = R 128 g
[55] BGH, NJW 1991, 1286, 1288

Zweifel daran bestehen kann, dass ein Unterhaltsgläubiger auch zur Annahme von Minderleistungen bereit ist.[56] Dies gilt auch, wenn der Leistungsaufforderung keine Unterhaltsberechnung beilag, da Verzug nur die Leistungsbestimmung verlangt.

123 • Verlangt der Gläubiger dagegen mit der Mahnung **zu wenig,** begründet dies **keinen Verzug** auf einen **höheren** als den begehrten **Betrag.**[57]

124 • Die Mahnung ist **nicht formgebunden,** kann also auch mündlich, z. B. bei einem Telefonat, wirksam erklärt werden.[58]

125 Beim Unterhalt handelt es sich um eine wiederkehrende Leistung, so dass die Mahnung wegen laufenden Unterhalts **nicht monatlich wiederholt** werden muss.[59]

126 Soweit die verzugsauslösende Leistungsaufforderung den Beginn der Leistung rückwirkend festlegt, tritt **beim nachehelichen Unterhalt Verzug erst mit Zugang des Mahnschreibens** ein.[60] Nach § 286 I 1 BGB löst erst die Mahnung den Verzug aus, erst mit ihr wird der Unterhaltsanspruch im Regelfall konkretisiert und damit die Leistungsaufforderung ausreichend bestimmt (s. oben Rn. 115). Durch die Neufassung des § 1613 I 2 BGB tritt dagegen beim **Verwandtenunterhalt, Ansprüchen nach § 1615 l I, II BGB, Familien- und Trennungsunterhalt** Verzug ab dem **Monatsersten,** in dem des Aufforderungsschreiben zuging, ein, wenn der Anspruch bereits dem Grunde nach bestand.

127 **Verzug** für den **Trennungsunterhalt** begründet **keinen Verzug für den nachehelichen Unterhalt.** Trennungs- und nachehelicher Unterhalt sind verschiedene Streitgegenstände. Sind für den Bedürftigen die Voraussetzungen für einen Anspruch auf nachehelichen Unterhalt gegeben, entsteht für ihn ein neues Recht auf wiederkehrende Leistungen, so dass er den Pflichtigen neu anmahnen muss.[61]

128 Eine Mahnung wegen **nachehelichen Unterhalts,** die **vor dem Eintritt der Rechtskraft des Scheidungsausspruchs zugeht,** begründet **keinen Verzug.**[62] Nach dem klaren Wortlaut des § 286 I 1 BGB kommt der Schuldner nur durch eine Mahnung in Verzug, die nach Eintritt der Fälligkeit erfolgt. Vor Rechtskraft der Scheidung besteht aber noch kein fälliger Anspruch auf nachehelichen Unterhalt.[63] Eine vor Entstehung des Anspruchs ausgesprochene Mahnung ist wirkungslos und bleibt es auch nach dem Eintritt dieser Voraussetzung.[64] Soweit der Bedürftige dringend auf Unterhalt angewiesen ist, hat er die Möglichkeit, den nachehelichen Unterhalt im Scheidungsverbund geltend zu machen oder während der Trennungszeit im Scheidungsverfahren eine einstweilige Anordnung nach § 620 Nr. 4, 6 ZPO zu erwirken, die gemäß § 620 f ZPO für die Zeit nach der Scheidung bis zu einer anderweitigen Regelung fortwirkt, um zu verhindern, dass durch die im Einzelfall für die Partei oft sehr schwierige Feststellung des Eintritts der Rechtskraft der Scheidung eine unwirksame, bzw. verspätete Mahnung übersandt und dadurch der benötigte Unterhalt nicht sofort ab Scheidung geschuldet wird.[65] Eine in einem Trennungsunterhaltsverfahren erlassene einstweilige Anordnung nach § 644 ZPO würde dagegen nicht ausreichen, da ihre Wirkung nicht weitergehen kann wie das Hauptsacheverfahren.

2. Verzug nach § 286 II Nr. 1 BGB

129 Ein Verzug ohne Mahnung nach § 286 II Nr. 1 BGB (**Kalenderfälligkeit = § 284 II BGB** a. F.) setzt bei familienrechtlichen Unterhaltspflichten voraus, dass dem **Verpflichteten seine Schuld** sowohl **ihrer Existenz** als auch **ihrem Umfang nach bekannt ist.** Dies ist insbesondere bei **vertraglich vereinbarten Unterhaltsleistungen** der Fall. Durch eine Verein-

---

[56] BGH, FamRZ 1983, 352, 355 = NJW 1983, 2318
[57] BGH, FamRZ 1990, 283, 285 = R 400 b
[58] BGH, FamRZ 1993, 1055 = R 462 A a
[59] BGH, FamRZ 1988, 370 = NJW 1988, 1137; FamRZ 1983, 352, 354 = NJW 1983, 2318
[60] BGH, FamRZ 1990, 283 = R 400 b
[61] BGH, FamRZ 1988, 370 = NJW 1988, 1137
[62] BGH, FamRZ 1992, 920 = R 449 a
[63] BGH, a.a.O.
[64] BGH, FamRZ 1988, 370 = NJW 1988, 1137
[65] BGH, FamRZ 1992, 920 = R 449 a

barung ist zwischen den Beteiligten klargestellt, dass Unterhalt geschuldet wird, der Berechtigte die Erfüllung seines Anspruchs verlangt und in welcher Höhe der Unterhalt zu leisten ist.[66]

Das Gleiche gilt, wenn der Schuldner **freiwillig leistet** (sog. Selbstmahnung) und seine Zahlung nach mehreren Leistungen einstellt.[67] Die Annahme der Leistung durch den Gläubiger bewirkt wie bei einer vertraglichen Regelung die Konkretisierung der Unterhaltshöhe, die Kalenderfälligkeit ergibt sich jeweils aus der gesetzlichen Regelung, den Unterhalt monatlich im Voraus zu zahlen (§§ 1361 IV 2, 1585 I 2, 1612 III 1 BGB). Nach BGH liegt bei Einstellung bisher regelmäßig erbrachter Zahlungen eine eindeutige und endgültige Leistungsverweigerung vor, was zum gleichen Ergebnis führt[68] (s. unten Rn. 130).

Eine Kalenderfälligkeit besteht ferner für titulierte Ansprüche (... fällig jeweils monatlich im Voraus).

3. Verzug nach § 286 II Nr. 3 BGB

130 Die Neufassung des § 286 II Nr. 3 BGB übernahm die bisher von der Rechtsprechung entwickelten Grundsätze. Eine Mahnung ist demnach entbehrlich, wenn der Verpflichtete die Unterhaltsleistung **eindeutig und endgültig verweigert.**[69] An die Annahme einer endgültigen Erfüllungsverweigerung sind strenge Anforderungen zu stellen. Das Verhalten des Schuldners muss zweifelsfrei ergeben, dass er sich über das Erfüllungsverlangen des Gläubigers hinwegsetzt.[70] Im Schweigen auf ein Unterhaltsbegehren oder in der bloßen Nichtleistung von Unterhalt kann daher keine die Mahnung entbehrlich machende Unterhaltsverweigerung gesehen werden.[71] Ebensowenig ist es ausreichend, dass der bisher die Kinder betreuende Elternteil aus der Ehewohnung unter Zurücklassung der Kinder auszieht und dadurch keine Betreuungsleistungen mehr erbringt.[72] Lehnt der Pflichtige dagegen bereits die Erteilung einer Einkommensauskunft mit dem Hinweis ab, keinen Unterhalt zu schulden, liegt eine eindeutige und endgültige Leistungsverweigerung vor. Das Gleiche gilt, wenn der Pflichtige bei einem Telefonat erklärt, er zahle den verlangten höheren Unterhalt nicht.[73] Dies führt aber erst von dem Zeitpunkt an, in dem die Weigerung erklärt wurde, zum Verzug, nicht rückwirkend zu einem früheren Zeitpunkt.[74]

4. Verzug nach § 286 II Nr. 4 BGB

130 a Die sog. Selbstmahnung (vgl. Rn. 129) kann auch unter die Neufassung des § 286 II Nr. 4 BGB subsummiert werden. Besondere Gründe, die unter Abwägung der beiderseitigen Interessen den sofortigen Eintritt des Verzugs erfordern, können ferner angenommen werden, wenn sich der Unterhaltspflichtige der Mahnung entzieht.[75]

5. Verschulden des Pflichtigen

131 Nach § 286 III BGB kommt der Schuldner nur in Verzug, soweit die Verzögerung der Leistung auf einem Umstand beruht, den er zu vertreten hat. Dabei hat er für eigenes Verschulden und das seiner Erfüllungsgehilfen und gesetzlichen Vertreter einzustehen, §§ 276, 278 BGB.

---

[66] BGH, FamRZ 1989, 150, 152 = R 375; FamRZ 1983, 352, 354 = NJW 1983, 2318
[67] OLG Köln, FamRZ 2000, 433
[68] BGH, FamRZ 1983, 352, 354 = NJW 1983, 2318
[69] BGH, FamRZ 1992, 920 = NJW 1992, 1956; FamRZ 1985, 155, 157 = R 232 b; FamRZ 1983, 352, 354 = NJW 1983, 2318
[70] BGH, NJW 1996, 1814
[71] BGH, FamRZ 1992, 920 = NJW 1992, 1956
[72] OLG München, FamRZ 1997, 313
[73] BGH, FamRZ 1993, 1055 = R 462 A a
[74] BGH, FamRZ 1985, 155, 157 = R 232 b
[75] OlG Köln, NJW-RR 1999, 4

Ein Irrtum über die Rechtslage beseitigt ein Verschulden in der Regel nicht. An den Ausschluss des Schuldnerverzugs wegen unverschuldeten Rechtsirrtums werden vom BGH sehr strenge Voraussetzungen geknüpft.[76] Nimmt der Pflichtige fehlerhaft an, er müsse keinen Unterhalt leisten, weil der Bedürftige mit einem neuen Lebensgefährten zusammenwohnt, kann er das Risiko eines Irrtums über die Rechtslage nicht dem Gläubiger zuschieben. Er darf nicht einmal einer Rechtsauffassung vertrauen, die in gerichtlichen Urteilen zum Ausdruck gekommen ist, wenn mit einer abweichenden Beurteilung anderer Gerichte oder des BGH gerechnet werden muss.[77] Ebensowenig darf er bei Ablehnung eines Antrags auf Erlass einer einstweiligen Anordnung nach §§ 620 Nr. 4, 6, 644 ZPO davon ausgehen, dass die Frage der Unterhaltspflicht damit endgültig und zutreffend beurteilt wurde.[78]

6. Verzugszinsen

132 Der Barunterhalt wird als Geldrente geschuldet, §§ 1361 IV 1, 1585 I 1, 1612 I 1 BGB. Bei Verzug und/oder Rechtshängigkeit ist der Unterhalt nach §§ 288, 291 BGB zu verzinsen.[79] Maßgebend ist insoweit lediglich, dass Verzug oder Rechtshängigkeit vorliegt, die Zinsen können dann auch noch nachträglich im Laufe eines Verfahrens rückwirkend verlangt werden. Beim nachehelichen Unterhalt ist allerdings bei rückwirkender Geltendmachung die zeitliche Begrenzung nach § 1585 b III BGB zu beachten (vgl. Rn. 110). Nicht ausreichend ist für eine Zinsforderung ein Auskunftsbegehren (vgl. Rn. 119), es sei denn, es handelt sich um eine sog. Stufenmahnung.

132 a Seit der Neuregelung des § 288 I BGB zum 1. 5. 2000 durch das Gesetz zur Beschleunigung fälliger Zahlungen betragen die Verzugszinsen für Geldforderungen 5% über dem Basiszinssatz.[80] Unstreitig sind auch Unterhaltsforderungen Geldforderungen nach § 288 I BGB, so dass es auf einen Schadensnachweis nicht ankommt. Durch die Schuldrechtsreform wurde § 288 I BGB nicht verändert. Der Basiszinssatz, der sich zum 1. 1. und 1. 7. eines jeden Jahres verändern kann, wurde aber in der Neufassung von § 247 BGB näher definiert.[81] Für Prozesszinsen verweist § 291 BGB auf § 288 I BGB. Bis 30. 4. 2000 betrugen die Verzugs- und Prozesszinsen 4%. Ab 1. 5. 2000 erhöhten sie sich durch die Gesetzesänderung auf 8,42%. Ab 1. 9. 2000 betrugen sie 9,26%, ab 1. 9. 2001 8,62%, ab 1. 1. 2002 7,57%, ab 1. 7. 2002 7,47%,[82] ab 1. 1. 2003 6,97%, ab 1. 7. 2003 6,22%.

Die Zinsen sind seit der Änderung des § 288 I BGB variabel zu **tenorieren** (... nebst Zinsen von 5% über dem Basiszinssatz seit ...). Auch die Zinsen unterliegen dem Aufrechnungsverbot nach §§ 394 BGB, 850 b ZPO.[83]

7. Beseitigung der Verzugsfolgen und Verwirkung

133 **a) Erlassvertrag.** Verzugsfolgen können durch Parteivereinbarung beseitigt werden, z. B. einen Erlassvertrag (§ 397 BGB).[84] Soweit Unterhaltsvereinbarungen geschlossen werden und dabei Rückstände in Betracht kommen, empfiehlt sich in der Praxis die Aufnahme einer entsprechenden Abgeltungsklausel.

Ein Verzicht (Erlass), der rückwirkend durch Vertrag die Verzugsfolgen beseitigt, kann auch durch schlüssiges Verhalten der Parteien zustande kommen.[85]

134 **b) Keine einseitige Rücknahme einer Mahnung.** Eine verzugsbegründende Mahnung kann dagegen vom Berechtigten für die Vergangenheit **nicht** einseitig zurückgenom-

[76] BGH, FamRZ 1983, 352, 355 = NJW 1983, 2318
[77] BGH, FamRZ 1985, 155, 158 = NJW 1985, 486
[78] BGH, FamRZ 1983, 352, 355 = NJW 1983, 2318
[79] BGH, FamRZ 1987, 352 = NJW-RR 1987, 386
[80] Näher Büttner, FamRZ 2000, 921
[81] Büttner, FamRZ 2002, 361
[82] Vgl. Tabelle von Schöppe-Fredenburg, FuR 2002, 315
[83] OLG Hamm, FamRZ 1988, 952
[84] BGH, FamRZ 1995, 725 = R 493 A; FamRZ 1988, 478 = R 353 a; FamRZ 1987, 40 = R 308
[85] BGH, FamRZ 1987, 40, 42 = R 308

men werden. Die Mahnung ist keine rechtsgeschäftliche Willenserklärung, sondern hat nur rechtsgeschäftsähnlichen Charakter. Auch wenn die allgemeinen Vorschriften über Willenserklärungen entsprechend anwendbar sind, ist dies nicht ausreichend, um die durch die Mahnung ausgelöste gesetzliche Rechtsfolge, den Verzug, durch einseitige Rücknahme entfallen zu lassen.[86]

Die Abweisung eines Antrags auf Erlass einer einstweiligen Anordnung beseitigt daher die Verzugsfolgen nicht, auch wenn der Gläubiger im Anschluss daran nicht binnen 6 Monaten Leistungsklage erhebt.[87] Bleibt der Berechtigte zu lange untätig, kann er sich aber unter Umständen nach Treu und Glauben nicht mehr auf die Verzugsfolgen wegen Verwirkung berufen. Vor Ablauf der sich aus dem Rechtsgedanken der §§ 204 II, 210 I 1, 211 BGB hergeleiteten Sechsmonatsfrist kommt dabei eine Verwirkung regelmäßig nicht in Betracht[88] (s. unten Rn. 136).

Lag die Mahnung gemäß § 286 I 2 BGB in der Erhebung der Klage, bewirkt die **Zurücknahme der Unterhaltsklage** aber ab diesem Zeitpunkt die Zurücknahme der Mahnung, wodurch die Voraussetzungen des Verzugs für die Zukunft entfallen. Von einer zurückgenommenen Mahnung können keinerlei Rechtswirkungen für künftigen Unterhalt mehr ausgehen.[89]

c) Verwirkung. Bei Vorliegen besonderer Umstände kann sich der Unterhaltsgläubiger nach Treu und Glauben unter dem Gesichtspunkt der Verwirkung nicht mehr auf die Verzugsfolgen berufen.[90] Eine Verwirkung erfordert ein **Zeit- und ein Umstandsmoment.** **135**

- Je kürzer die Verjährungsfrist ist, desto seltener ist Raum für eine Verwirkung. Ansprüche auf Unterhalt verjähren seit der Neufassung der Verjährungsvorschriften durch die Schuldrechtsreform nach § 197 II BGB in 3 Jahren (s. unten Rn. 140), die Verjährung ist aber beim Trennungsunterhalt bis zur Scheidung, beim Kindesunterhalt bis zur Volljährigkeit gehemmt (§ 207 BGB), wodurch die kurze Verjährungsfrist nicht effektiv werden kann.[91] Beim Unterhalt können nach BGH an das **Zeitmoment** ferner keine großen Anforderungen gestellt werden. Von einem Unterhaltsgläubiger, der lebensnotwendig auf Unterhaltsleistungen angewiesen ist, ist eher als von einem Gläubiger anderer Forderungen zu erwarten, dass er sich zeitnah um die Durchsetzung seines Anspruchs bemüht. Tut er das nicht, erweckt sein Verhalten in der Regel den Eindruck, er sei nicht bedürftig. Ferner ist zu beachten, dass Unterhaltsrückstände zu einer erdrückenden Schuldenlast anwachsen können, die auch die Leistungsfähigkeit für den laufenden Unterhalt gefährden.[92] Das Zeitmoment kann daher bereits für Zeitabschnitte, die **mehr als ein Jahr vor Rechtshängigkeit** der Klage oder einem erneuten Tätigwerden zurückliegen, bejaht werden.[93] Das Gesetz schenkt bei Unterhaltsrückständen für eine mehr als ein Jahr zurückliegende Zeit dem Schuldnerschutz besondere Beachtung, wie die Jahresgrenze in § 1585 b III BGB beim nachehelichen Unterhalt und in § 1613 II Nr. 1 BGB beim Sonderbedarf zeigt. Diesem Rechtsgedanken ist auch bei der Bemessung des Zeitmoments für die Verwirkung Rechnung zu tragen.[94] **136**
- Das **Umstandsmoment** erfordert besondere Umstände, auf Grund derer sich der Unterhaltsverpflichtete nach Treu und Glauben darauf einrichten kann, dass der Berechtigte sein Recht nicht mehr geltend macht.[95] Insoweit kann ausreichend sein, dass der Unterhaltsanspruch von Anfang an streitig war, der Bedürftige über ein eigenes Einkommen verfügte und den Trennungsunterhalt erst nach der Scheidung einklagt,[96] oder sich 2 bis **137**

---

[86] BGH, a.a.O.
[87] BGH, FamRZ 1995, 725 = R 493 A
[88] BGH, a.a.O.
[89] BGH, FamRZ 1983, 352, 354 = NJW 1983, 2318
[90] BGH, FamRZ 2002, 1698 = R 580 a; FamRZ 1988, 370, 372 = R 357 b; FamRZ 1988, 478, 479
[91] BGH, FamRZ 1988, 370, 372 = R 357 b
[92] BGH, FamRZ 2002, 1698 = R 580 a; FamRZ 1988, 370, 372
[93] BGH, a.a.O.
[94] BGH, a.a.O.
[95] BGH, a.a.O.
[96] BGH, FamRZ 1988, 370, 372 = R 357 b

3 Jahre nach der letzten Mahnung untätig verhält[97] oder nach Erteilung der geforderten Auskunft durch den Pflichtigen 15 Monate nichts unternimmt.[98] Das Umstandsmoment fehlt dagegen, wenn der Unterhalt in regelmäßigen Abständen moniert wird und der Gläubiger durch sein Verhalten deutlich zu erkennen gibt, dass er den Rückstand weiterhin geltend macht.[99]

138 Ist der Unterhaltsanspruch auf eine **Behörde übergegangen,** z. B. nach § 91 I BSHG, gelten für die Verwirkung die gleichen Voraussetzungen, denn durch den gesetzlichen Übergang von Unterhaltsansprüchen wird deren Natur, Inhalt und Umfang nicht verändert.[100] Auch wenn Behörden nicht lebensnotwendig auf den Unterhaltsanspruch angewiesen sind, müssen sie sich bei der Rechtsnatur des Anspruchs um eine zeitnahe Durchsetzung bemühen.

139 Rückständige **titulierte Unterhaltsansprüche** können der Verwirkung unterliegen, wenn sich ihre Geltendmachung unter dem Gesichtspunkt illoyal verspäteter Rechtsausübung als unzulässig darstellt. Dies gilt auch beim Unterhalt minderjähriger Kinder.[101] Bei titulierten Ansprüchen ist generell bei der Prüfung, ob eine Verwirkung vorliegt, ein strengerer Maßstab anzulegen.[102] An das Zeitmoment wird man die oben genannten Anforderungen stellen. Beim Umstandsmoment ist auf die Untätigkeit von Vollstreckungsmaßnahmen abzustellen; ist eine Vollstreckung ohne weiteres möglich, weil der Pflichtige in einem geregelten Arbeitsverhältnis steht, ist das Umstandsmoment zu bejahen, wenn nichts unternommen wird.[103] Ist eine Vollstreckung dagegen nicht erfolgsversprechend, weil der Pflichtige unbekannten Aufenthalts ist, laufend den Arbeitsplatz wechselt oder kein pfändbares Einkommen hat, wird das Umstandsmoment regelmäßig zu verneinen sein.

III. Verjährung

140 Unterhaltsansprüche verjähren nach der Neufassung der Verjährungsvorschriften durch das Schuldrechtsmodernisierungsgesetz seit 1. 1. 2002 gemäß §§ 197 II, 195 BGB in drei Jahren. Die Verjährungsfrist **beginnt** dabei nach § 199 I BGB am Schluss des Jahres, in dem der Anspruch entstanden ist und der Gläubiger von den den Anspruch begründenden Umständen und der Person des Schuldners Kenntnis erlangt oder ohne grobe Fahrlässigkeit erlangen müsste. Bis 31. 12. 2001 betrug die Verjährung nach § 197 BGB a. F. **vier Jahre.**

Die **Übergangsregelung** ergibt sich aus dem schwer verständlichen Artikel 229 § 6 EGBGB. Bei den am 1. 1. 2002 bereits verjährten Ansprüchen bleibt es bei der früheren Regelung. Für die am 1. 1. 2002 bestehenden noch nicht verjährten Unterhaltsansprüche gilt das neue Recht, wobei die 3-Jahresfrist erst ab 1. 1. 2002 zu laufen beginnt; eine Ausnahme besteht, wenn die frühere Regelung (4-Jahresfrist) für den Schuldner günstiger ist, weil bis 1. 1. 2002 bereits ein Teil der Frist verstrichen ist. Für die Hemmung gilt das Stichtagsprinzip, d. h. für die Zeit bis 31. 12. 2001 gilt altes Recht, ab 1. 1. 2002 neues Recht.

141 Die Neuregelung gilt nach Aufhebung des § 1615 l IV BGB a. F. auch für Ansprüche nicht verheirateter Eltern, für den Sonderbedarf[104] und familienrechtliche Ausgleichsansprüche beim Kindesunterhalt (vgl. Rn. 2/529 ff.).[105] Zinsansprüche verjähren mit der Hauptsache (§ 217 BGB).

---

[97] OLG Hamm, FamRZ 1996, 1239; OLG Naumburg, FamRZ 1996, 1239
[98] BGH, FamRZ 2002, 1698 = R 580 a
[99] BGH, FamRZ 1988, 478, 480 = R 353 b
[100] BGH, FamRZ 2002, 1698 = R 580 a
[101] BGH, FamRZ 1999, 1422 = R 535
[102] OLG Stuttgart, FamRZ 1999, 859
[103] OLG München, FamRZ 2002, 68
[104] Näher hierzu Büttner, FamRZ 2002, 362
[105] A.A. nach altem Recht BGH, FamRZ 1988, 387 = NJW 1988, 2604

Die **Vollstreckungsverjährung** beträgt nach § 197 I 3 BGB für bis zur Rechtskraft des Urteils aufgelaufenen Leistungen bzw. nach § 197 I 4 BGB bis zum Vergleichsabschluss oder der Errichtung einer vollstreckbaren Urkunde entstandenen Ansprüche 30 Jahre, für titulierten künftigen Unterhalt nach §§ 197 II, 195 BGB 3 Jahre statt wie bisher 4 Jahre (vgl. § 218 BGB a. F.). Bei der regelmäßigen Verjährung gilt für den Verjährungsbeginn § 199 I BGB (s. oben Rn. 140). 142

Nach § 207 BGB ist die Verjährung beim Ehegattenunterhalt bis zur Scheidung, beim Kindesunterhalt bis zur Volljährigkeit **gehemmt,** ebenso bei Bestehen einer Lebenspartnerschaft. Durch die Schuldrechtsreform wurden die Gründe für eine Hemmung der Verjährung, während der die Verjährungsfrist nicht läuft (§ 209 BGB), durch §§ 203, 204 BGB erheblich ausgeweitet. Im Unterhaltsrecht sind insbesondere § 203 BGB (schwebende Verhandlungen), § 204 I Nr. 1 BGB (Klageerhebung, auch bei einer Stufenklage, Antrag auf Erteilung der Vollstreckungsklausel), § 204 I Nr. 2 BGB (Zustellung des Antrags im vereinfachten Verfahren über den Unterhalt Minderjähriger), § 204 I Nr. 3 BGB (Zustellung des Mahnbescheides), § 204 I Nr. 9 BGB (Zustellung eines Antrags auf Arrest, einstweilige Verfügung oder einstweilige Anordnung), § 204 I Nr. 14 BGB (Prozesskostenhilfeantrag) und § 205 BGB (Stundung) zu beachten. Die Hemmung endet in den Fällen des § 204 BGB 6 Monate nach rechtskräftiger Entscheidung oder anderweitiger Beendigung des Verfahrens. 143

Bei einer Abschlagszahlung auf Unterhaltsrückstände beginnt die Verjährung neu zu laufen, ebenso bei Vollstreckungshandlungen (§ 212 I BGB).

– In dieser Aufl. nicht belegt – **144–199**

3. Abschnitt: Rückforderung von zu Unrecht gezahltem Unterhalt

I. Grundsätze

1. Ausgangslage

Bei der Rückforderung von überzahltem Unterhalt geht es regelmäßig um **unfreiwillige Leistungen,** weil der Anspruch überhöht tituliert war. **Freiwillige Mehrleistungen** können beim Familien- und Trennungsunterhalt nach §§ 1361 IV 4 BGB, 1360 b BGB, beim nachehelichen Unterhalt und Verwandtenunterhalt nach § 814 BGB nicht zurückverlangt werden (näher Rn. 224 ff.). **200**

Ist ein Unterhaltsanspruch tituliert, entspricht der Titel aber materiell-rechtlich nicht oder nicht mehr der Rechtslage, stellt sich das Problem, ob das zu viel Gezahlte zurückverlangt werden kann. Die Umstände, die einer Unterhaltsberechnung zugrunde lagen, können sich schnell ändern. Ein sog. Hauptsachetitel, d. h. ein Urteil, ein Prozessvergleich oder eine vollstreckbare Urkunde kann dadurch rückwirkend geändert, ein Titel aus dem summarischen Verfahren der einstweiligen Anordnung ohne Rechtsgrund erlassen, ein Vollstreckungstitel durch falsche Angaben erschlichen oder durch treuwidriges Verschweigen von Einkommensänderungen zu Unrecht aufrechterhalten werden. Als monatlich jeweils im Voraus zu zahlende Dauerleistung, auf die einerseits der Unterhaltsgläubiger zur Bestreitung seiner Lebenshaltungskosten regelmäßig angewiesen ist, die dem Unterhaltspflichtigen andererseits aber oft hohe Einschränkungen der eigenen Bedürfnisse abverlangt, hat die Möglichkeit der Rückforderung von Überzahlungen für Gläubiger wie Schuldner in der Praxis in den angeführten Fällen erhebliche Bedeutung.

Trotz der speziellen Konstellation im Unterhaltsrecht hat der Gesetzgeber diese Fragen außer in § 1360 b BGB nicht gesondert geregelt, es gelten vielmehr nur die allgemeinen, der Unterhaltsproblematik nicht immer voll gerecht werdenden Rückforderungs- und Schadensersatzansprüche, die von der Rechtsprechung nur in wenigen Fällen weiterentwickelt bzw. angepasst wurden. **201**

202 Werden in einem **laufenden Prozess** zum Teil Überzahlungen geleistet, zum Teil zu wenig gezahlt, handelt es sich um ein **Verrechnungsproblem.** Es ist im Zweifel immer davon auszugehen, dass die Parteien damit einverstanden sind.[1] Zur **Aufrechnung von Rückforderungsansprüchen** mit künftigem Unterhalt vgl. Rn. 311.

2. Anspruchsgrundlagen

203 Grundlagen für die Rückforderung von zu Unrecht gezahltem Unterhalt bilden in erster Linie Ansprüche aus ungerechtfertigter Bereicherung nach § 812 BGB, z. B. bei rückwirkender Abänderung eines Unterhaltstitels nach § 323 ZPO oder Feststellung, dass entgegen einer einstweiligen Anordnung kein oder nur ein geringerer Unterhalt geschuldet wird (vgl. Rn. 204 ff.).

Wegen der Verwendung des Unterhalts zur Begleichung der laufenden Lebenshaltungskosten und der dadurch entstehenden Entreicherung führt diese Anspruchsgrundlage im Regelfall nur bei Vorliegen einer verschärften Haftung zum Erfolg (s. näher Rn. 207 ff.).

Daneben kommen Schadensersatzansprüche aus dem Vollstreckungsrecht nach §§ 641 g, 717, 945 ZPO (vgl. Rn. 226 ff.) und aus unerlaubter Handlung wegen Prozessbetrugs bzw. vorsätzlicher sittenwidriger Ausnützung eines unrichtig gewordenen Vollstreckungstitels in Betracht (vgl. Rn. 230 ff.), bei denen die Entreicherungsproblematik keine Rolle spielt.

Sonderfälle mit Lösungen nach § 242 BGB können beim Eintritt des Rentenfalles (vgl. Rn. 235 ff.) und beim Prozesskostenvorschuss bestehen (vgl. Rn. 238 ff.).

II. Rückforderungsansprüche aus ungerechtfertigter Bereicherung

1. Anspruchsgrundlage

204 Die auf Grund einer summarischen Prüfung erlassene **einstweilige Anordnung** nach §§ 620 Nr. 4, 6, 644 ZPO trifft nur eine vorläufige Regelung, die keine rechtskräftige Entscheidung über den Unterhaltsanspruch darstellt. Die einstweilige Anordnung ist rein prozessualer Natur und schafft lediglich eine einstweilige Vollstreckungsmöglichkeit eines vorläufig als bestehend angenommenen Anspruchs, die nach § 620 f ZPO bis zur anderweitigen Regelung, also bei einstweiligen Anordnungen im Scheidungsverfahren nach § 620 Nr. 4, 6 ZPO auch über die Scheidung hinaus gilt. Geht die einstweilige Anordnung über Bestand und Höhe des materiell-rechtlichen Unterhaltsanspruchs hinaus, leistet der Schuldner insoweit ohne Rechtsgrund nach § 812 I 1 BGB.[2] Eine anderweitige Regelung nach § 620 f ZPO bildet in diesen Fällen bei **einstweiligen Anordnungen nach § 620 Nr. 4, 6 ZPO** ein im ordentlichen Rechtsstreit ergehendes Urteil. In der Regel handelt es sich insoweit um eine vom Verpflichteten erhobene **negative Feststellungsklage,** dass kein bzw. kein so hoher Unterhaltsanspruch besteht. Aber auch eine sofort erhobene **Bereicherungsklage** ist zugleich eine anderweitige Regelung i. S. des § 620 f ZPO.[3] Die Wirkung des § 620 f ZPO tritt dabei erst mit der Rechtskraft des Urteils ein.[4]

Bei **einstweiligen Anordnungen nach § 644 ZPO** im Unterhaltsprozess steht durch das Leistungsurteil fest, ob und in welcher Höhe der Unterhaltsanspruch besteht. Ging die einstweilige Anordnung darüber hinaus, wurde insoweit ohne Rechtsgrund nach § 812 I 1 BGB geleistet. Das Leistungsurteil führt zugleich ab Rechtskraft die Wirkung nach § 620 f ZPO herbei.[5] Eine negative Feststellungsklage kann bei einer überhöhten einstweiligen Anordnung nicht erhoben werden, um vorzeitig die Wirkung des § 620 f ZPO herbei-

[1] BGH, FamRZ 1985, 908 = R 266 c
[2] BGH, FamRZ 1992, 1152 = R 452; FamRZ 1984, 767 = NJW 1984, 2095
[3] BGH, FamRZ 1984, 767 = NJW 1984, 2095
[4] BGH, FamRZ 1991, 180
[5] BGH, FamRZ 2000, 751, 753 = R 539 d

zuführen, da wegen der positiven Leistungsklage das Feststellungsinteresse fehlt.[6] Es kann lediglich sofort eine Bereicherungswiderklage anhängig gemacht werden, um die verschärfte Haftung nach § 818 IV BGB herbeizuführen (vgl. auch Rn. 213, 223).

Wird ein sog. **Hauptsachetitel** über Unterhalt (Urteil, Vergleich, vollstreckbare Urkunde) rückwirkend nach § 323 ZPO abgeändert, entfällt nachträglich die Rechtsgrundlage aus dem alten Titel für den bisher geleisteten Unterhalt (§ 812 I 2 BGB).[7] Eine rückwirkende Herabsetzung kommt bei Urteilen nach § 323 III ZPO erst ab Rechtshängigkeit des Verfahrens in Betracht, die Rückforderung kann also nur den zwischen Rechtshängigkeit und Urteil gezahlten Unterhalt erfassen, während er vor Rechtshängigkeit mit Rechtsgrund geleistet wurde. Bei Vergleichen und vollstreckbaren Urkunden gilt nach ständiger Rechtsprechung das Rückwirkungsverbot des § 323 III ZPO nicht.[8] 205

Kein Anspruch nach § 812 BGB ist dagegen gegeben, wenn der durch rechtskräftiges Urteil zugesprochene Unterhalt mit der Begründung zurückgefordert wird, der Rechtsstreit sei nicht richtig entschieden worden.[9] 206

2. Entreicherung

Nach § 818 I BGB kann der Schuldner bei ungerechtfertigter Bereicherung Herausgabe des Erlangten bzw. nach § 818 II BGB Wertersatz verlangen. Der Gläubiger kann jedoch einwenden, dass er **nicht** mehr **bereichert** ist (§ 818 III BGB). Die Vorschrift dient dem Schutz des „gutgläubig" Bereicherten, der das rechtsgrundlos Empfangene im Vertrauen auf das (Fort-)Bestehen des Rechtsgrundes verbraucht hat und daher nicht über den Betrag einer bestehengebliebenen Bereicherung hinaus zur Herausgabe oder zum Wertersatz verpflichtet werden soll.[10] 207

Für die **Entreicherung** ist maßgebend, ob der Unterhaltsgläubiger die Beträge restlos für seine laufenden Lebensbedürfnisse verbraucht hat oder ob sich in seinem Vermögen noch vorhandene Werte – auch in Form anderweitiger Ersparnisse, Anschaffungen oder Tilgung von Schulden – befinden.[11] Da der Unterhalt der Lebensführung dient, wird regelmäßig eine Entreicherung vorliegen, da nach der Lebenserfahrung das Erhaltene zur Verbesserung des Lebensstandards ausgegeben wurde (s. unten Rn. 211).[12] 208

Keine Entreicherung liegt vor, wenn der Bedürftige Rücklagen bildete oder sich mit dem Geld noch in seinem Vermögen vorhandene Werte oder Vorteile verschafft hat, z. B. einen Pkw oder Haushaltsgegenstände gekauft bzw. Schulden getilgt hat.[13] 209

Vermögensvorteile, die einem Wegfall der Bereicherung entgegenstehen, liegen aber nur vor, wenn die rechtsgrundlose Zahlung **kausal** für den verbleibenden Vermögensvorteil ist.[14] Der Bereicherte kann sich damit erfolgreich auf eine Entreicherung berufen, wenn er die Anschaffung oder Schuldentilgung mit von dritter Seite geschenktem Geld zahlte, den Unterhalt dagegen ersatzlos verbrauchte.[15] 210

Nach BGH besteht ferner keine Bereicherung, wenn der Bedürftige mit dem Geld zwar Anschaffungen tätigte oder Schulden tilgte, aber davon auszugehen ist, dass er sich dies auch ohne Überzahlung **unter Einschränkung seiner sonstigen Bedürfnisse** geleistet hätte. Die Zuvielzahlung bewirkte dann nur, dass sich der Bedürftige in seiner Lebensführung weniger einschränkte als bei einem niedrigeren Unterhalt bzw. Einkommen. Entscheidend ist insoweit der Nachweis, dass der Bereicherte den Vermögensvorteil in jedem Fall auch

[6] BGH, NJW 1999, 2516 (generell); OLG Naumburg, FamRZ 2001, 1082; OLG Köln, FamRZ 2001, 106; OLG Brandenburg, FamRZ 1999, 662
[7] BGH, FamRZ 1992, 1152 = R 452 a
[8] Vgl. z. B. BGH, FamRZ 1991, 542 = R 433; FamRZ 1983, 22, 24 = NJW 1983, 228
[9] BGH, FamRZ 1984, 767 = NJW 1984, 2095
[10] BGH, FamRZ 2000, 751 = R 539 a; FamRZ 1992, 1152 = R 452 b
[11] BGH, 2000, 751 = R 539 a; FamRZ 1998, 951 = R 526 a;
[12] BGH, FamRZ 2000, 751 = R 539 a
[13] BGH, FamRZ 2000, 751 = R 539 a; FamRZ 1992, 1152 = R 452 b
[14] BGH, FamRZ 1992, 1152 = R 452 b
[15] BGH, a.a.O.

ohne Überzahlung des Unterhalts, notfalls unter Reduzierung seines Lebensstandards, erworben hätte, so dass die Überzahlung für den Vermögensvorteil nicht ursächlich war.[16] Dabei kommt es nicht darauf an, ob der Bedürftige den bestehengebliebenen Vermögensvorteil aus dem rechtsgrundlos gezahlten Unterhalt oder aus seinem Eigeneinkommen erworben hat. Dies lässt sich zumeist auch gar nicht mehr feststellen.[17]

211 Die Entreicherung stellt eine **rechtsvernichtende Einwendung** dar, für die der Bereicherte **vortragungs- und beweispflichtig** ist.[18] Nachdem der Unterhalt der Bezahlung der laufenden Lebenshaltungskosten dient und üblicherweise verbraucht ist, nach der Lebenserfahrung ferner Überzahlungen regelmäßig zur Verbesserung des Lebensstandards ausgegeben werden, besteht aber zugunsten des Empfängers die Vermutung, dass die Überzahlung verbraucht ist.[19] Dies gilt insbesondere bei niedrigen und mittleren Einkommensverhältnissen, so dass keine besonderen Verwendungsnachweise zu erbringen sind.[20]

3. Verschärfte Haftung

212 Der Bedürftige kann sich auf eine Entreicherung nach § 818 III BGB nicht berufen, wenn eine verschärfte Haftung nach §§ 818 IV, 819 I, 820 I BGB eingreift.

213 Gemäß **§ 818 IV BGB** kann sich der Empfänger einer rechtsgrundlosen Leistung vom Eintritt der Rechtshängigkeit an nicht mehr auf den Wegfall der Bereicherung stützen. Die verschärfte Haftung knüpft nach BGH jedoch nicht an die Rechtshängigkeit eines Abänderungsverfahrens (Abänderungsklage, negative Feststellungsklage) an, in dem über Grund und Höhe des Unterhaltsanspruchs gestritten wird. Als eng zu sehende Ausnahme vom Grundsatz, dass der Bereicherte auf Ersatz nur bis zur Grenze einer noch vorhandenen Bereicherung haftet, betrifft die verschärfte Haftung nach § 818 IV BGB vielmehr nur die **Rechtshängigkeit der Rückforderungsklage.**[21] Der Unterhaltsschuldner ist durch die Möglichkeit der Einstellung der Zwangsvollstreckung oder einer mit einem Unterhaltsabänderungsverfahren erhobenen Rückforderungsklage nicht schutzlos gestellt[22] (s. näher Rn. 219 ff.).

214 Eine verschärfte Haftung nach **§ 819 I BGB** ab dem Zeitpunkt, ab dem der Bereicherungsempfänger den Mangel des rechtlichen Grundes kennt, erfordert eine **positive Kenntnis** von der Rechtsgrundlosigkeit des überzahlten Unterhalts. Ein fahrlässiges Verhalten (= Kennenmüssen) oder bloße Zweifel am Fortbestand des Rechtsgrundes reichen nicht aus. Die positive Kenntnis muss sich dabei nicht nur auf die Tatsachen, auf denen das Fehlen des Rechtsgrundes beruht, beziehen, sondern auch auf die sich daraus ergebenden Rechtsfolgen.[23] Für die Bösgläubigkeit reicht daher regelmäßig nicht bereits die Erhebung einer Unterhaltsabänderungsklage aus,[24] sondern erst die Entscheidung des Gerichts im Abänderungsverfahren.

215 Eine verschärfte Haftung nach **§ 820 I BGB** ist auf Fälle zugeschnitten, in denen nach dem Inhalt eines Rechtsgeschäfts der Eintritt des bezweckten Erfolges als ungewiss oder der Wegfall des Rechtsgrundes als möglich angesehen wird. Diese Konstellationen liegen bei Unterhaltszahlungen regelmäßig nicht vor, auch nicht bei Vereinbarungen.[25]

216 • Soweit der Unterhalt auf Grund einer einstweiligen Anordnung geleistet wurde, entfällt eine unmittelbare Anwendung des § 820 I 1 BGB, weil die einstweilige Anordnung nur eine vorläufige Vollstreckungsmöglichkeit eines vorläufig als bestehend angenommenen

---

16 BGH, a.a.O.
17 BGH, a.a.O.
18 BGH, FamRZ 2000, 751 = R 539 a; FamRZ 1992, 1152 = R 452 b
19 BGH, a.a.O.
20 BGH, a.a.O.
21 BGH, FamRZ 2000, 751 = R 539 b; FamRZ 1998, 951 = R 526 b; FamRZ 1992, 1152, 1154 = R 452 c; FamRZ 1986, 793 = NJW 1986, 2057
22 BGH, FamRZ 1998, 951, 952 = R 526 b; FamRZ 1992, 1152, 1154 = R 452 d
23 BGH, FamRZ 1998, 951, 952 = R 526 c; FamRZ 1992, 1152, 1154 = R 452 e
24 BGH, a.a.O.
25 BGH, FamRZ 2000, 751 = R 539 b; FamRZ 1998, 951 = R 526 d; FamRZ 1984, 767 = NJW 1984, 2095

Unterhaltsanspruchs darstellt (s. oben Rn. 204) und damit die Überzahlung von Unterhalt auf einem staatlichen Hoheitsakt und nicht auf einem Rechtsgeschäft beruht. Eine analoge Anwendung von § 820 I 1 BGB mit der Erwägung, die Unterhaltsregelung im Wege einer einstweiligen Anordnung sei nur vorläufig, so dass der Berechtigte damit rechnen müsse, die Zahlungen würden möglicherweise ohne rechtlichen Grund erfolgen, kommt nicht in Betracht. Die Vorschrift des § 820 I BGB ist auf Fälle zugeschnitten, in denen nach dem Inhalt des Rechtsgeschäfts beiderseits der Erfolg als ungewiss angesehen wird. Der Bedürftige als Empfänger der Leistung, der zur Bestreitung seiner Lebenshaltungskosten den Unterhalt benötigt, muss jedoch davon ausgehen können, dass die einstweilige Anordnung der Rechtslage entspricht.[26]

- Wird ein Hauptsachetitel rückwirkend abgeändert (s. oben Rn. 205), kommt als verschärfte Haftung die Anwendung von § 820 I 2 BGB in Frage. Sie greift aber bei Unterhaltszahlungen aus den bereits genannten Gründen ebenfalls nicht ein, auch nicht analog.[27] § 820 I 2 BGB verlangt, dass beide Parteien von vornherein davon ausgehen, dass die Möglichkeit des Wegfalls des Rechtsgrundes besteht und deshalb mit einer Rückgabeverpflichtung zu rechnen ist.[28] Davon kann bei Unterhaltsanpassungen nicht ausgegangen werden, auch nicht bei Vergleichen, da letztere den Unterhaltsanspruch nur modifizieren.[29] 217
- Auch die **Unterhaltsleistung unter Vorbehalt** führt nicht zu einer analogen Anwendung des § 820 I 1 BGB. Sie hat, soweit der Unterhalt auf Grund eines Titels geleistet wird, regelmäßig nur die Bedeutung, dass die Zahlung kein Anerkenntnis darstellt und die Wirkung des § 814 BGB ausgeschlossen wird.[30] 218

4. Möglichkeiten des Pflichtigen gegen den Entreicherungseinwand

Aus den oben geschilderten Ausführungen ergibt sich, dass ein Rückforderungsanspruch für zu Unrecht geleisteten Unterhalt nach § 812 BGB häufig an einer Entreicherung des Bedürftigen und einer nicht bestehenden verschärften Haftung zu scheitern droht. Der Verpflichtete ist aber insoweit nicht rechtlos gestellt, da er verschiedene Möglichkeiten hat, zumindest ab Rechtshängigkeit des Abänderungsverfahrens dieser Gefahr zu begegnen.[31] 219

Nach ständiger Rechtsprechung können sowohl bei Abänderungs- als auch bei negativen Feststellungsklagen **Vollstreckungsschutzanträge** in analoger Anwendung des § 769 ZPO gestellt werden. Der Erlass einer einstweiligen Anordnung nach § 769 ZPO setzt voraus, dass die tatsächlichen Behauptungen, die den Antrag begründen, glaubhaft gemacht werden können (§ 769 I 2 ZPO). Das Gericht hat dann genau zu prüfen, ob die vorgetragenen und glaubhaft gemachten Gründe eine Einstellung rechtfertigen.[32] Soweit das Familiengericht dem Antrag nicht stattgibt, ist nach h. M. eine sofortige Beschwerde in entsprechender Anwendung von §§ 719, 707 ZPO auf Fälle der greifbaren Gesetzeswidrigkeit beschränkt, was die praktische Handhabung von § 769 ZPO einschränkt. 220

Der Pflichtige kann die Abänderungs- oder negative Feststellungsklage im Wege der **Klagehäufung** mit einer **Klage** nach § 258 ZPO **auf Rückforderung** des während der Dauer des Abänderungsverfahrens überzahlten Unterhalts verbinden.[33] Zur Vermeidung des Kostenrisikos kann der Antrag hilfsweise für den Fall des Obsiegens im Abänderungsverfahren gestellt werden.[34] Mit Rechtshängigkeit der Klage tritt dann die verschärfte Haftung 221

---

[26] BGH, a.a.O.
[27] BGH, FamRZ 2000, 751 = R 539 b
[28] BGH, FamRZ 1998, 951, 953 = R 526 d
[29] BGH, a.a.O.
[30] BGH, FamRZ 1984, 470 = NJW 1984, 2826
[31] BGH, FamRZ 2000, 751 = R 539 e; FamRZ 1998, 951, 952 = R 526 b; FamRZ 1992, 1152, 1154 = R 452 d
[32] BGH, FamRZ 2000, 751 = R 539 e; FamRZ 1998, 951, 952 = R 526 b; FamRZ 1992, 1152, 1154 = R 452 d
[33] BGH, a.a.O.
[34] BGH, a.a.O.

nach § 818 IV BGB ein. Der Antrag ist wegen § 253 II Nr. 2 ZPO genau zu beziffern (z. B.... den ab 1. 4.... mtl. über 300 € hinausgehenden Unterhalt von 500 € zurückzuzahlen).

222 Der Verpflichtete kann außerdem die strittige Überzahlung während des Abänderungsverfahrens als **zins- und tilgungsfreies Darlehen** anbieten, verbunden mit der Verpflichtung, im Falle der Abweisung des Abänderungsbegehrens auf Rückzahlung zu verzichten. Dem Unterhaltsberechtigten obliegt es dann, nach Treu und Glauben einen in solcher Weise angebotenen Kredit anzunehmen[35] (vgl. auch Rn. 235 ff.). Kommt er dem nicht nach, macht er sich schadensersatzpflichtig.

223 Handelt es sich bei dem Vollstreckungstitel um eine **einstweilige Anordnung** nach § 620 Nr. 4, 6 ZPO, kann der Pflichtige statt einer negativen Feststellungsklage auch **sofort eine Rückforderungsklage** erheben, um die Wirkung der einstweiligen Anordnung nach § 620f ZPO zu beseitigen[36] (vgl. Rn. 204). Handelt es sich um eine einstweilige Anordnung nach § 644 ZPO, ist die Rückforderungswiderklage die einzige Möglichkeit, überzahlte Beträge zurückzubekommen (vgl. Rn. 204). Mit der Rechtshängigkeit der Rückforderungsklage tritt nämlich zugleich die verschärfte Haftung nach § 818 IV BGB ein. Bei sog. Hauptsachetiteln (Urteil, Vergleich, vollstreckbare Urkunde) besteht diese Möglichkeit nicht, da insoweit erst über eine Abänderungsklage der Rechtsgrund beseitigt werden muss (vgl. Rn. 205).

5. Mehrleistung mit Erstattungsabsicht

224 Soweit beim Familien- und Trennungsunterhalt überhöhte Unterhaltsleistungen erbracht werden, ist nach §§ 1361 IV 4, 1360b BGB im Zweifel anzunehmen, dass eine Rückforderung nicht beabsichtigt ist (vgl. näher Rn. 3/79 ff.). Es handelt sich um eine widerlegbare Vermutung, weshalb der Pflichtige darlegen und beweisen muss, dass er die Überzahlung nicht freiwillig, sondern mit Erstattungsabsicht erbrachte. Beim nachehelichen Unterhalt und Verwandtenunterhalt gilt § 1360b BGB nicht. Soweit ein Rückforderungswillen fehlt, entfällt ein Anspruch aus ungerechtfertigter Bereicherung.

225 Kann der Pflichtige nachweisen, dass die Mehrleistung mit Erstattungsabsicht erfolgte, besteht dagegen ein Anspruch nach § 812 I 2 BGB, nicht aus eigenem Recht.[37] Es gelten dann die bereits zur ungerechtfertigten Bereicherung gemachten Ausführungen. Der Umstand der Trennung spricht bei überhöhten Unterhaltsleistungen, die nicht freiwillig, sondern auf Grund einer Titulierung erbracht wurden, regelmäßig für eine Erstattungsabsicht.

III. Ansprüche aus dem Vollstreckungsrecht

1. Ansprüche bei vorläufig vollstreckbaren Urteilen

226 Soweit ein vorläufig vollstreckbares Unterhaltsurteil des Familiengerichts im Berufungsverfahren zugunsten des Pflichtigen abgeändert wird, hat der Verpflichtete für die bereits vollstreckten Leistungen nach § 717 II ZPO einen Schadensersatzanspruch. Das Gleiche gilt bei Versäumnisurteilen des OLG (§ 717 III 1 ZPO). Maßgebend ist aber, dass der Pflichtige nachweist, dass der Bedürftige aus dem Urteil und nicht aus einer im Verfahren ergangenen einstweiligen Anordnung vollstreckt hat.[38] Letzteres wird in der Praxis aber der Regelfall sein, wenn eine einstweilige Anordnung nach §§ 644, 620 Nr. 4, 6 ZPO erlassen wurde, da die Wirkung der einstweiligen Anordnung erst mit Rechtskraft des Urteils beendet ist (vgl. Rn. 204) und bei einem Urteil der Pflichtige nach § 711 ZPO die Vollstreckung abwenden kann.

---

[35] BGH, FamRZ 1992, 1152, 1155 = R 452d; FamRZ 1989, 718 = R 386
[36] BGH, FamRZ 1998, 951 = R 526d; FamRZ 1984, 767, 768 = NJW 1984, 2095
[37] BGH, FamRZ 1984, 767 = NJW 1984, 2095
[38] BGH, FamRZ 2000, 751 = R 539c

Handelt es sich um ein vorläufig vollstreckbares Urteil des OLG, das in der Revision abgeändert wird, besteht gemäß § 717 III 1 ZPO kein Schadensersatzanspruch, sondern ein Anspruch aus ungerechtfertigter Bereicherung (§ 717 III 3 ZPO). Auf eine Entreicherung kann sich der Bedürftige in diesem Fall nicht berufen, da nach § 717 III 4 ZPO ab Leistung aus dem vorläufig vollstreckbaren Urteil eine verschärfte Haftung besteht. **227**

2. Ansprüche bei Notunterhalt

Erweist sich die Anordnung einer einstweiligen Verfügung auf Notunterhalt als von Anfang an unrichtig oder wird die einstweilige Verfügung nach §§ 936, 926 II ZPO aufgehoben, weil trotz Aufforderung keine Hauptsacheklage eingereicht wurde, besteht ein Schadensersatzanspruch nach § 945 ZPO. Durch die seit 1. 7. 1998 gemäß § 644 ZPO gegebene Möglichkeit, in allen Unterhaltsprozessen einstweilige Anordnungen zu beantragen, kommt eine einstweilige Verfügung auf Notunterhalt nach § 940 ZPO allerdings nur noch in seltenen Ausnahmefällen in Betracht (vgl. Rn. 8/250). **228**

3. Ansprüche bei Vaterschaftsfeststellung

Wird in einem Vaterschaftsfeststellungsverfahren die Klage zurückgenommen oder abgewiesen, besteht nach § 641 g ZPO ein Schadensersatzanspruch für im Rahmen einer einstweiligen Anordnung nach § 641 d ZPO an das Kind und die Kindsmutter erbrachte Unterhaltsleistungen. **228 a**

4. Keine Ansprüche bei einstweiligen Anordnungen

Die §§ 620 ff. ZPO beinhalten eine geschlossene Sonderregelung des einstweiligen Rechtsschutzes in Ehesachen. Eine den §§ 641 g, 717 II, 945 ZPO entsprechende Regelung fehlt, so dass Schadensersatzansprüche aus dem Vollstreckungsrecht nicht in Betracht kommen. Nachdem die §§ 620 ff. ZPO erst durch das 1. EheRG v. 14. 8. 1976 in das BGB eingefügt wurden und keine Schadensersatzansprüche enthalten und § 644 ZPO auf §§ 620 ff. ZPO verweist, kommt mangels Gesetzeslücke auch keine analoge Anwendung der §§ 641 g, 717 II, 945 ZPO in Betracht. Der Gesetzgeber wollte bei der einstweiligen Anordnung das Risiko des Unterhaltsbedürftigen, der eine einstweilige Anordnung erwirkt und daraus vollstreckt, bewusst kleinhalten, um den einstweiligen Rechtsschutz in Ehesachen zu erleichtern.[39] Der Unterhaltsempfänger sollte nicht gezwungen werden, unter dem Druck etwaiger Rückforderungsansprüche den Unterhalt für eine Rückzahlung bereitzuhalten anstatt ihn für seine Lebensführung zu verbrauchen. Es besteht auch keine ungleiche Risikoverteilung zu Lasten des im Nachhinein gesehen überhöht in Anspruch genommenen Unterhaltsschuldners. Dessen Schutz ist ausreichend gewährleistet, weil er mit Erhebung der negativen Feststellungsklage einen Antrag auf einstweilige Einstellung der Zwangsvollstreckung nach § 769 ZPO stellen bzw. die negative Feststellungsklage mit einer Rückforderungsklage verbinden kann (näher Rn. 219 ff.).[40] Der BGH hat daher mit Urteil vom 27. 10. 1999 der in der Literatur vertretenen gegenteiligen Auffassung[41] erneut eine Absage erteilt.[42] **229**

---

[39] BGH, FamRZ 2000, 751 = R 539 e; FamRZ 1985, 368 = NJW 1985, 1075; FamRZ 1984, 767, 769 = NJW 1984, 2095

[40] BGH, FamRZ 2000, 751 = R 539 e

[41] Vgl. z. B. Olzen, FamRZ 1986, 1169; Dietzen, FamRZ 1988, 349; Zöller-Philippi, 23. Auflage, § 620 f, Rn. 25

[42] BGH, FamRZ 2000, 751 = R 539 e

IV. Ansprüche aus unerlaubter Handlung

1. Anspruch bei Betrug

230 Begeht der Bedürftige im Unterhaltsverfahren einen **Prozessbetrug,** hat der Pflichtige in Höhe des zu Unrecht gezahlten Unterhalts einen Schadensersatzanspruch nach § 823 II BGB i. V. mit § 263 StGB.[43] Dies gilt vor allem, wenn im Unterhaltsverfahren Einkünfte oder Einkommensveränderungen verschwiegen wurden oder ein entsprechender Sachvortrag des Gegners bestritten wird. Wer einen Unterhaltsanspruch geltend macht, hat die der Begründung dienenden tatsächlichen Umstände **wahrheitsgemäß** anzugeben und darf nicht verschweigen, was die Unterhaltsbedürftigkeit in Frage stellen könnte.[44] Dies gilt im Hinblick auf die prozessuale Wahrheitspflicht nach § 138 I ZPO erst recht, während eines laufenden Rechtstreits. Ändern sich im Prozess die maßgeblichen Verhältnisse, ist dies ungefragt anzuzeigen.[45] Es obliegt auch nicht der Partei, sondern allein dem Gericht, den Lebenssachverhalt rechtlich zu werten, z. B. ob bei einer höheren Zuwendung der Eltern eine freiwillige Leistung vorliegt, die den Pflichtigen nicht entlasten sollte, oder ob das erhaltene Geld in unterhaltsrechtlich vorwerfbarer Weise verbraucht wurde. Bei Verschweigen liegt damit regelmäßig durch Entstellen des zur Beurteilung der Unterhaltsbedürftigkeit maßgebenden Gesamtsachverhalts eine Täuschung durch positives Tun vor (vgl. näher Rn. 4/665).[46]

Ein **Betrug** ist ferner gegeben, wenn ein titulierter **Unterhalt** entgegengenommen wird, obwohl eine Verpflichtung zur ungefragten **Information** über eine Einkommensänderung bestand, die zur Reduzierung des Unterhalts geführt hätte.

230 a Bei **Vergleichen** erhöht sich die Rücksichtnahme der einen Partei auf die Belange der anderen. Im Hinblick auf die vertragliche Treuepflicht ist der Unterhaltsberechtigte gehalten, jederzeit und unaufgefordert dem anderen Teil Umstände zu offenbaren, die ersichtlich dessen Verpflichtung aus dem Vertrag berühren.[47] Dies gilt insbesondere, wenn in einem Vergleich vereinbart wurde, dass der Bedürftige ein bestimmtes Einkommen anrechnungsfrei verdienen kann und er Mehreinkünfte nicht mitteilt[48] (s. unten Rn. 233). Aber auch die Aufnahme oder Ausweitung der Erwerbstätigkeit ist bei Vergleichen anzuzeigen, wenn sie dem Pflichtigen nicht bekannt ist, ansonsten liegt Betrug vor.

2. Vorsätzliche sittenwidrige Ausnützung eines unrichtig gewordenen Vollstreckungstitels

231 Erkennt ein Unterhaltsgläubiger, dass durch veränderte Einkommensverhältnisse ein rechtskräftiger Titel unrichtig wurde, besteht ein Schadensersatzanspruch nach § 826 BGB, wenn eine vorsätzliche sittenwidrige Ausnützung des unrichtig gewordenen Urteils zu bejahen ist.[49] Nachdem es sich bei diesem Anspruch um eine Rechtskraftdurchbrechung handelt, ist er auf **Ausnahmefälle beschränkt,** in denen die Annahme überhöhter Unterhaltszahlungen durch den Berechtigten im besonderen Maß unredlich und geradezu unerträglich ist.[50]

232 Der **Anspruch setzt voraus,** dass

(1) der Unterhaltsberechtigte weiß, dass ein Titel wegen veränderter Umstände inhaltlich unrichtig wurde,

---

43 BGH, FamRZ 1984, 767, 769 = NJW 1984, 2095
44 BGH, FamRZ 2000, 153 = R 534 b
45 BGH a.a.O.
46 BGH a.a.O.
47 BGH a.a.O.
48 BGH, FamRZ 1997, 483 = R 510 a
49 BGH, FamRZ 1988, 270 = R 350; FamRZ 1986, 794 = R 296 a; FamRZ 1986, 450 = R 291 a
50 BGH, FamRZ 1986, 794 = R 296 a; FamRZ 1986, 450, 452 = R 291 a

(2) das Verhalten des Unterhaltsberechtigten als sittenwidrige, d. h. im besonderen Maße unredliche und unerträgliche Ausnützung des unrichtig gewordenen Vollstreckungstitels anzusehen ist.

Ein sittenwidriges Verhalten des Unterhaltsgläubigers kann nicht allein aus einem fehlenden Hinweis an den Schuldner auf veränderte Umstände, die Grund und Höhe des Unterhaltsanspruchs beeinflussen können, hergeleitet werden.[51] Nach der gesetzlichen Regelung in §§ 1605, 1580 BGB besteht eine Auskunftspflicht über Einkommensveränderungen nur auf Verlangen.[52] Eine generelle unaufgeforderte Auskunftsverpflichtung gibt es bei Urteilen im Unterhaltsrecht nicht. Eine **Pflicht zur ungefragten Information** neben der Auskunft auf Verlangen kommt nach Treu und Glauben daher nur in Ausnahmefällen in Betracht, in denen der Unterhaltspflichtige auf Grund vorangegangenen Tuns des Unterhaltsgläubigers sowie nach der Lebenserfahrung keine Veranlassung hatte, sich durch ein Auskunftsbegehren über veränderte Einkommensverhältnisse des Unterhaltsgläubigers zu vergewissern[53] (s. näher Rn. 1/696 ff.). Bei **Vereinbarungen** erhöht sich dagegen die Pflicht zur Rücksichtnahme auf die Belange des anderen Teils, es sind unaufgefordert alle Umstände zu offenbaren, die erkennbar zu einer Änderung der Vereinbarung führen (s. oben Rn. 230 a).[54] **233**

- Der BGH hat bei einem **Urteil** eine derartige Pflicht zur ungefragten Information bejaht bei einer 54jährigen, seit 10 Jahren nicht mehr berufstätigen Frau, die wegen schlechten Gesundheitszustandes mit Zustimmung des Mannes keiner Berufstätigkeit nachgehen musste und 2 Jahre nach dem Urteil zunächst eine Halbtags- und dann eine Ganztagstätigkeit aufnahm,[55] sowie bei einem Rentner, der neben der Rente voll und nicht nur geringfügig tätig war, obwohl er ein vorangehendes Unterhaltsabänderungsverfahren erfolgreich auf seine geringen Renteneinkünfte stützte.[56]
- Eine Verpflichtung zur ungefragten Information hat der BGH dagegen verneint bei einer Frau, der im Unterhaltsurteil ein fiktives Einkommen aus einer Halbtagstätigkeit von 515,– DM zugerechnet wurde, weil sie auf Grund des Alters der Kinder teilzeitarbeiten könne, und die daraufhin eine Halbtagstätigkeit mit einem Einkommen von ca. 1050,– DM annahm.[57]
- Bei einem **Unterhaltsvergleich** hat der BGH eine Verpflichtung zur ungefragten Information bejaht, wenn in dem Vergleich eine Klausel aufgenommen wird, dass ein bestimmter monatlicher **Nettoverdienst** des Berechtigten **anrechnungsfrei bleiben** soll und der Berechtigte diese Einkommensgrenze deutlich übersteigt;[58] ebenso wenn eine Schenkung der Eltern an die Bedürftige von 125 000 € erfolgte und diese sich dahingehend einließ, die Zuwendung sollte nach dem Willen der Eltern den Pflichtigen nicht entlasten, im Übrigen sei das Geld bereits überwiegend verbraucht worden.[59] Das Verschweigen des höheren Einkommens hat der BGH zugleich als Betrug angesehen (s. oben Rn. 230).

In **subjektiver Hinsicht** erfordert der Tatbestand des § 826 BGB nicht, dass dem Bedürftigen bewusst ist, sich sittenwidrig zu verhalten. Es genügt, dass er die Tatumstände kennt, die sein Verhalten objektiv als Verstoß gegen die guten Sitten erscheinen lassen.[60] Nach dem Wortlaut des § 826 BGB ist dagegen bezüglich der Schadenszufügung Vorsatz erforderlich.[61] **234**

Bei Schadensersatzansprüchen nach §§ 823 II, 826 BGB ist eine mögliche Entreicherung nach § 818 III BGB nicht zu prüfen.[62]

---

[51] BGH, FamRZ 1988, 270 = R 350; FamRZ 1986, 794 = R 296 a, b; FamRZ 1986, 450 = R 291 b
[52] BGH, a.a.O.
[53] BGH, a.a.O.
[54] BGH, FamRZ 2000, 153 = R 534 a; FamRZ 1997, 483 = R 510 a
[55] BGH, FamRZ 1986, 450, 452 = R 291 b
[56] BGH, FamRZ 1988, 270 = R 350
[57] BGH, FamRZ 1986, 794 = R 296 b
[58] BGH, FamRZ 1997, 483 = R 510 a
[59] BGH, FamRZ 2000, 153 = R 534 b, d
[60] BGH, FamRZ 1988, 270, 272 = R 350; FamRZ 1986, 450, 454 = R 291 b
[61] BGH, a.a.O.
[62] BGH, FamRZ 1986, 450 = R 291 a

V. Sonderfälle

1. Rückforderung bei Rentennachzahlung

235 Geht der Pflichtige oder Bedürftige in Rente, dauert es in der Praxis oft lange, bis nach Antragstellung der Rentenbescheid ergeht. Die Rente wird dann nachbezahlt, was zur erheblichen Einkommensveränderung führen kann (vgl. hierzu Rn. 1/448 ff.). Dies gilt insbesondere in Fällen, in denen der Versorgungsausgleich nicht mit der Scheidung, sondern erst im Rentenfall des Unterhaltsgläubigers durchgeführt wird (vgl. z. B. § 5 VAHRG), wodurch sich rückwirkend die Leistungsfähigkeit des Pflichtigen reduzieren und zugleich das Einkommen des Bedürftigen erhöhen kann, sowie bei Zahlung einer Erwerbsunfähigkeitsrente an einen einkommenslosen Bedürftigen. Unterhaltsrechtlich beeinflussen diese Einkommensveränderungen weder beim Pflichtigen noch beim Berechtigten den Umfang der Unterhaltspflicht für die zurückliegende Zeit, da sie erst ab Zugang der Nachzahlung zu berücksichtigen sind[63] (s. näher Rn. 1/449 ff.).

236 Dem Pflichtigen stehen in diesen Fällen somit zwar keine Unterhaltsrückforderungsansprüche zu, falls sich bei sofortiger Zahlung der Rente ein niedrigerer Unterhalt errechnet hätte.[64] Nach BGH hat er aber aus dem Grundsatz von Treu und Glauben einen Erstattungsanspruch eigener Art nach § 242 BGB auf einen Teil der Rentennachzahlungen.[65] Die Höhe bemisst sich nach der Unterhaltsermäßigung, wenn die Rente ab Antragstellung bezahlt worden wäre[66] (vgl. insoweit ausführlich Rn. 1/450).

237 Zu Möglichkeiten des Pflichtigen, bei Kenntnis des Rentenfalles das Ergebnis von vornherein durch eine Darlehenszahlung abzuwenden, vgl. Rn. 222 und ausführlich Rn. 1/449.

2. Rückforderungen von Prozesskostenvorschuss

238 Leistet der Pflichtige an den Bedürftigen einen Prozesskostenvorschuss, besteht ein Rückforderungsanspruch, wenn sich die **wirtschaftlichen Verhältnisse** des Unterhaltsgläubigers nachträglich erheblich **verbessert haben** oder die Rückzahlung der Billigkeit entspricht[67] (s. auch Rn. 34). Der Rückforderungsanspruch ergibt sich nach BGH aus dem Vorschusscharakter der Leistung gemäß § 1360 a IV BGB als Anspruch eigener Art, nicht aus dem Bereicherungsrecht.[68]

239 Eine Veränderung der wirtschaftlichen Verhältnisse kann sich insbesondere durch einen Zugewinnausgleich bei der Scheidung oder eine im Zusammenhang mit der Trennung erfolgte Vermögensauseinandersetzung ergeben.

240 Eine Rückzahlung aus Billigkeit kommt in Betracht, wenn sich nachträglich herausstellt, dass das Gericht bei Erlass einer einstweiligen Anordnung zum Prozesskostenvorschuss von falschen Einkommensverhältnissen ausging und bei Zugrundlegung des tatsächlichen Einkommens kein Anspruch auf Prozesskostenvorschuss bestanden hätte.[69]

241–299 *– In dieser Aufl. nicht belegt –*

4. Abschnitt: Aufrechnung mit Gegenforderungen

I. Aufrechnungsverbot für unpfändbare Forderungen

300 Dem zu Unterhalt Verpflichteten stehen häufig **Gegenansprüche** zu, mit denen er gegen die Unterhaltspflicht aufrechnen möchte. Bei Miteigentum an der Familienwohnung kann es sich um die Nutzungsentschädigung oder den Ausgleich für geleistete Schuldzahlungen aus

---

[63] BGH, FamRZ 1990, 269, 272 = R 405 e; FamRZ 1985, 155 = R 232 a
[64] BGH, FamRZ 1989, 718 = R 386
[65] BGH, FamRZ 1990, 269, 272 = R 405 f; FamRZ 1989, 718, 719 = R 386
[66] BGH, FamRZ 1990, 269, 272 = R 405 f
[67] BGH, FamRZ 1990, 491 = R 415
[68] BGH, a.a.O.
[69] BGH, a.a.O.

gesamtschuldnerischer Haftung handeln. Es können aber auch Ansprüche auf Kostenersatz aus einem Vorprozess, wegen eines Treuhandverhältnisses, Schadensersatz, Darlehen, Rückzahlung zu viel geleisteten Unterhalts (dazu s. Rn. 200 f.) und dergleichen mehr vorliegen.[1] In all diesen Fällen stellt sich die Frage, ob der Unterhaltspflichtige nach § 387 BGB gegen die Unterhaltsforderung aufrechnen darf.[2] Dies wird häufig unter Hinweis auf ein generelles „Aufrechnungsverbot" nach § 394 BGB verneint. Damit wird die bestehende Rechtslage jedoch nicht vollständig wiedergegeben. Nach § 394 BGB darf gegen eine **unpfändbare Forderung** nicht aufgerechnet werden. Welche Forderungen unpfändbar sind, ergibt sich aus den §§ 850 ff. ZPO, die zwischen absolut unpfändbaren (§ 850 a ZPO) und bedingt pfändbaren (§ 850 b) Forderungen unterscheiden. Unterhaltsforderungen gehören nach § 850 b I Nr. 2 ZPO zu den bedingt pfändbaren Forderungen und sind damit grundsätzlich den unpfändbaren Forderungen gleichgestellt.[3] Nur ausnahmsweise können auch Unterhaltsansprüche nach § 850 II ZPO eingeschränkt gepfändet werden, wenn die Vollstreckung in das sonstige Vermögen des Unterhaltsberechtigten erfolglos war oder sein wird und die Pfändung im Einzelfall der **Billigkeit** entspricht. Auch dann kommt aber nur eine Pfändung im Rahmen der Pfändungsfreigrenzen des § 850 c ZPO in Betracht, weil § 850 b II ZPO ausdrücklich auf die für Arbeitseinkommen geltenden Grundsätze verweist. Das **Existenzminimum** ist dem Unterhaltsberechtigten also stets zu belassen. Dieses Existenzminimum entspricht bei der Aufrechnung nach Rn. 302 f. den pfändungsfreien Beträgen des Arbeitseinkommens und bei der Aufrechnung nach Rn. 307 dem notwendigen Selbstbehalt.[4] Aufrechnungen wirken sich daher regelmäßig nur gegenüber höheren Unterhaltsansprüchen aus.

Bei der Entscheidung über eine Aufrechnungsforderung kann sich das Familiengericht **301**
nicht schon von vornherein auf eine fehlende funktionelle oder sachliche **Zuständigkeit** berufen.[5] Die Aufrechnungsforderung kann auch aus Rechtsgebieten stammen, die nicht in die Zuständigkeit des Familiengerichts fallen. Richtet sich die Aufrechnung gegen einen bestehenden Titel, ist die **Vollstreckungsgegenklage** nach § 767 ZPO zulässig, nicht hingegen die Abänderungsklage nach § 323 ZPO.[6] **Mit** Unterhaltsansprüchen kann der Unterhaltsgläubiger jederzeit aufrechnen. Dies kann auch gegen nicht familienrechtliche Forderungen geschehen, die vor einem allgemeinen Zivilgericht anhängig sind.[7] Die anderweitige Rechtshängigkeit schließt die Aufrechnung nicht aus.[8] Ist die Aufrechnung nicht schon aus grundsätzlichen Erwägungen ausgeschlossen (siehe Rn. 302 ff.), kommt deswegen nur eine Aussetzung des Rechtsstreits in Betracht.[9]

II. Aufrechnungen gegen Unterhaltsforderungen

Nach § 394 BGB kann gegen unpfändbare Forderungen nicht aufgerechnet werden. **302**
Unter diese Bestimmung fallen nach § 850 b I Nr. 2 ZPO auch alle **gesetzlichen Unterhaltsansprüche** (s. Rn. 300). Nach dem Zweck und der geschichtlichen Entwicklung[10] erstreckt sich die Unpfändbarkeit über den Wortlaut der Norm hinaus (Unterhalts-„Renten") generell auf Unterhaltsforderungen, die im Rahmen und auf Grund einer gesetzlichen Unterhaltsverpflichtung geschuldet werden, und damit auch auf einmalig zu zahlende Unterhaltsbeträge.[11] Erfasst sind außerdem Rückstände,[12] Zinsen,[13] Sonderbe-

[1] Zu den Ansprüchen zwischen Ehegatten s. Haußleiter/Schulz, Vermögensauseinandersetzung bei Trennung und Scheidung, 3. Auflage Rn. 6/3 ff., 6/92 ff., 6/157 ff., 6/224 ff., 6/278 ff., 6/316 ff.
[2] Vgl. Wohlfahrt FamRZ 2001, 1185 ff.
[3] BGH, FamRZ 1970, 23; KG OLGZ 70, 19; OLG Düsseldorf FamRZ 1081, 970, 971
[4] BGH, FamRZ 1993, 1186, 1188 = R 463
[5] OLG Köln, FamRZ 1992, 450
[6] BGH, FamRZ 1959, 288
[7] BGH, FamRZ 1996, 1067 = R 505 a
[8] BGH, FamRZ 2000, 355, 357
[9] BGH, FamRZ 2002, 1179, 1180 f. = R 577
[10] OLG Düsseldorf FamRZ 1992, 498, 499
[11] BGH, FamRZ 2002, 1179, 1181 = R 577; 1997, 544, 545
[12] BGHZ 31, 210, 218 = FamRZ 1960, 110; OLG Koblenz FamRZ 2000, 1219; OLG Düsseldorf, FamRZ 1981, 970, 971
[13] OLG Hamm, FamRZ 1988, 952, 953

darf,[14] Abfindungsbeträge[15] und Prozesskostenvorschüsse.[16] Der Anspruch auf Erstattung der steuerlichen Nachteile, die beim Realsplitting entstehen (Rn. 1/473 f.), gehört ebenfalls dazu.[17] Voraussetzung der Unpfändbarkeit ist allerdings, dass die Unterhaltsansprüche auf einer **gesetzlichen Vorschrift** beruhen. Ansprüche, die sich ausschließt auf eine Parteiabrede gründen, sind davon nicht erfasst. Ein Unterhaltsanspruch verliert seinen Charakter als gesetzlicher Anspruch jedoch nicht schon deshalb, weil die Parteien ihn zum Gegenstand einer vertraglichen Regelung gemacht haben. Das gilt jedenfalls dann, wenn sie den Bestand des gesetzlichen Anspruchs unberührt lassen und ihn lediglich inhaltlich nach Höhe, Dauer und Modalitäten näher ausgestalten und präzisieren.[18] Nur wenn die Parteien die von ihnen geregelte Unterhaltspflicht völlig auf eine vertragliche Grundlage gestellt und den Zahlungsanspruch damit seines Wesens als gesetzlicher Anspruch entkleidet haben, bleibt für die Unpfändbarkeit und ein Aufrechnungsverbot nach § 394 BGB kein Raum.[19] Eine Umgehung des Aufrechnungsverbotes durch Überweisung des geschuldeten Unterhalts auf ein zuvor gepfändetes Konto wird nicht geduldet.[20] Gegen gesetzliche Unterhaltsansprüche kann also nur sehr eingeschränkt aufgerechnet werden (s. Rn. 300), was außerdem regelmäßig eine vorherige Zulassung der Pfändung durch das Vollstreckungsgericht voraussetzt[21] (dazu s. Rn. 303 f.).

303 Die konstitutive Entscheidung, ob die Voraussetzungen für eine Pfändbarkeit vorliegt, hat nach überwiegender Auffassung nicht der Familienrichter im Unterhaltsverfahren, sondern das Vollstreckungsgericht zu treffen. Die Rechtsprechung leitet dieses aus der Verfahrensvorschrift des § 850 b III ZPO ab.[22] Diese **Zuständigkeitsregelung** macht einen **großen Umweg** erforderlich: Der Unterhaltsschuldner muss sich für seine Gegenforderung zunächst einen Titel beschaffen und damit den Unterhaltsanspruch des Berechtigten gegen sich selbst als „Drittschuldner" pfänden und sich überweisen lassen. Drittschuldner und Gläubiger können identisch sein. Der Gläubiger muss den Pfändungsbeschluss unter diesen Umständen an sich selbst zustellen lassen.[23] Erst wenn dies geschehen ist, kann wirksam aufgerechnet werden. Eine schon früher erklärte Aufrechnung wäre unwirksam.[24] Es ist nicht möglich, ohne Titel und Pfändungsantrag beim Vollstreckungsgericht die Feststellung der Pfändbarkeit zu beantragen.[25]

304 Die Praxis hält sich (vorbehaltlich der unter Rn. 307 f. beschriebenen Arglist-Fälle) seit Jahrzehnten streng an diese Regeln, obwohl es **nicht einleuchtet,** warum der Familienrichter aus Gründen des Sachzusammenhangs im Rahmen des Unterhaltsverfahrens nicht auch über die hier nur theoretische Frage der „Pfändbarkeit" als Voraussetzung einer Aufrechnung entscheiden darf. Der Wortlaut des § 850 b III ZPO kann nicht entscheidend dagegen sprechen. Es ist schon fraglich, ob die in dieser Bestimmung festgelegte Anhörungspflicht überhaupt als Zuständigkeitsbestimmung anzusehen ist. Aber auch unabhängig davon wird mit dem Hinweis auf das Vollstreckungsgericht nur sichergestellt, dass sich der Gläubiger, der eine Unterhaltsforderung pfänden will, nicht noch einmal an das Prozessgericht wenden muss. Er kann vielmehr zusammen mit dem Pfändungsgesuch den Antrag nach § 850 II ZPO stellen. Diese zugunsten des Gläubigers getroffene Zuständigkeitsregelung stellt auf das normale Vollstreckungsverfahren ab und müsste nicht zwangsläufig auf das Aufrechnungsverfahren übertragen werden.[26]

---

[14] OLG Düsseldorf, FamRZ 1982, 498
[15] OLG Bamberg, FamRZ 1996, 1487
[16] OLG Karlsruhe, FamRZ 1984, 1090
[17] BGH, FamRZ 1997, 544, 545; OLG Nürnberg FamRZ 2000, 880; OLGR Schleswig 1997, 113
[18] BGH, FamRZ 2002, 1179, 1181 = R 577; 1997, 544, 545
[19] BGH, FamRZ 2002, 1179, 1181 = R 577; 1984, 874, 875
[20] LG Bonn, FamRZ 1996, 1486
[21] Wohlfahrt FamRZ 2001, 1185, 1186
[22] BGH, FamRZ 1970, 23; KG FamRZ 1999, 405, 406; OLG Bamberg FamRZ 1988, 948, 949; OLG Celle 1986, 196; OLG Düsseldorf, FamRZ 1981, 970, 971; OLG München FamRZ 1981, 449, 450; OLG Zweibrücken FamRZ 1980, 455, 456; OLG Hamm FamRZ 1978, 602, 603
[23] Stein-Jonas, ZPO, 21. Aufl. § 829 Rn. 122
[24] Stein-Jonas, a.a.O. § 850 b Rn. 34
[25] Stein-Jonas, a.a.O.
[26] So auch Wohlfahrt FamRZ 2001, 1185, 1186

Besonders unangenehm ist dieses umständliche Verfahren, wenn der Unterhaltsverpflichtete eine Vollstreckungsgegenklage betreiben muss, weil der Berechtigte aus einem früher geschaffenen Titel vollstreckt. Solange der Unterhaltsanspruch nicht gepfändet ist, kann diese Klage nicht erfolgreich sein, weil der Unterhaltsanspruch jedenfalls bis zu diesem Zeitpunkt einer Aufrechnung entzogen ist.[27] Ein Vorteil dieser Regelung besteht allerdings darin, dass der Unterhaltsprozess im Interesse des Unterhaltsgläubigers nicht mit dem Streit über Aufrechnungsforderungen belastet wird. 305

Trotz dieser Schwierigkeiten sollte sich niemand abschrecken lassen, in geeigneten Fällen Aufrechnungsforderungen auf dem in Rn. 303 beschriebenem Weg durchzusetzen, wenn sie anders nicht vollstreckt werden können. Bei Zahlungsunwilligen ist ohnehin ein Titel erforderlich, so dass insofern keine zusätzlichen Kosten entstehen. Voraussetzung für einen erfolgreichen Pfändungsantrag ist allerdings, dass ein Unterhaltsanspruch gegeben ist, der erheblich über dem Betrag liegt, der beim Arbeitseinkommen pfändungsfrei ist (vgl. Rn. 300). Sonst liegt tatsächlich ein Aufrechnungsverbot vor. Eine Aufrechnung ist auch dann ausgeschlossen, wenn sie bereits in einem Vorprozess oder – soweit ein Unterhaltsvergleich vorliegt – bei Vergleichsabschluss hätte geltend gemacht werden können.[28] 306

III. Der Arglisteinwand

Der Unterhaltsverpflichtete muss nicht stets den Umweg über § 850b II ZPO nehmen. Steht dem Unterhaltsverpflichteten eine Gegenforderung aus einer vorsätzlichen unerlaubten Handlung des Unterhaltsgläubigers nach §§ 823 II, 826 BGB zu, die dieser im Rahmen des Unterhaltsverhältnisses begangen hat, steht dem Aufrechnungsverbot der sog. Arglisteinwand entgegen. Der BGH[29] hat schon früh ausgesprochen, „es dürfe dem in § 394 BGB zum öffentlichen Wohl und im Staatsinteresse verfolgten Zweck der Sicherung des Lebensunterhalts und eines darüber hinaus genügenden Einkommensteils keine Durchführung und Erfüllung zugestanden werden, die auf dem Wege eines formalistischen Haftens am Gesetzeswortlaut **der Arglist zum Sieg verhelfen würde**". Auch der Einwand der Arglist kann daher eine sonst unzulässige Aufrechnung ermöglichen. Der Arglisteinwand ist nach der auch später bestätigten Rechtsprechung des BGH[30] allerdings nicht zulässig, wenn die unerlaubte vorsätzliche Handlung außerhalb des Unterhaltsrechts erfolgte oder sich die Gegenforderung aus einer vorsätzlichen Vertragsverletzung ergibt. Umgekehrt kommt eine Aufrechnung in erster Linie bei **betrügerischem Verhalten** im Zusammenhang mit der Durchsetzung von Unterhaltsansprüchen oder der Aufrechterhaltung von früheren Titeln in Betracht (vgl. insoweit Rn. 230 ff.). 307

Liegt ein solcher Ausnahmefall vor, kann der Familienrichter selbst ohne weiteres über die Aufrechnungsforderung entscheiden. Dann ist der Umweg über das Vollstreckungsgericht unnötig. Bei seiner Entscheidung muss allerdings auch der Familienrichter (vgl. Rn. 300) beachten, dass dem Berechtigten zum Schutz der öffentlichen Kassen das **Existenzminimum** belassen wird, das der BGH[31] mit dem geringfügig oberhalb der Sozialhilfesätze liegenden Selbstbehalt bemisst. 308

IV. Die Aufrechnungserklärung

Nach § 387 BGB kann erst aufgerechnet werden, wenn der Aufrechnungswillige „die ihm obliegende Leistung bewirken kann". Danach kann gegenüber rückständigem Unterhalt jederzeit aufgerechnet werden. Bei erst künftig fällig werdenden Unterhaltsraten kommt 309

[27] MünchKomm/von Feldmann § 394 BGB Rn. 3
[28] BGH, FamRZ 1993, 1186 = R 463
[29] BGH, FamRZ 1959, 288
[30] BGH, FamRZ 1993, 1186 = R 463
[31] BGH, FamRZ 1993, 1186, 1188 = R 463; vgl. auch BGH, FamRZ 2003, 363 = R 584 a, b

es darauf an, in welchem Umfang der aufrechnungswillige Unterhaltsschuldner berechtigt ist, den Unterhaltsanspruch vorab zu befriedigen. Zum Schutz des Unterhaltsberechtigten vor unbedachten Geldausgaben ist dieses nicht grenzenlos möglich. **Beim Kindes-, Trennungs- und Familienunterhalt** wird der Unterhaltsschuldner nach §§ 1614 II, 760 II, 1360 a III, 1361 IV BGB durch Vorauszahlungen nur für höchstens drei Monate befreit. **Beim nachehelichen Unterhalt** fehlen zwar entsprechende Vorschriften. Nach der Rechtsprechung des BGH ist hier jedoch ein Zeitraum von sechs Monaten anzunehmen.[32] Die Aufrechnungserklärung kann sich immer nur auf diese kurzen Zeiträume beziehen und **muss daher regelmäßig wiederholt werden,** wenn sie auch den für spätere Zeitabschnitte bestimmten Unterhalt umfassen soll. Dabei reicht es jedoch aus, „wenn nach erfolgter Aufrechnung in angemessenen Abständen der Wille zum Ausdruck gebracht wird, an der Aufrechnung festzuhalten".[33]

V. Die Aufrechnungsvereinbarung

310 Die Beteiligten können auch vertraglich eine Aufrechnung vereinbaren. Dem Berechtigten ist dies sogar zu empfehlen, wenn die materiellen Aufrechnungsvoraussetzungen vorliegen, weil er sich damit die Kosten der Titulierung und der Pfändung ersparen kann. Auch in einem solchen Fall sind die Aufrechnungserklärungen alle drei bzw. sechs Monate zu wiederholen (vgl. Rn. 309). Fehlen die materiellen Aufrechnungsvoraussetzungen, kann die Aufrechnungsvereinbarung nur die Rückstände erfassen, weil lediglich diese zur freien Verfügung des Berechtigten stehen. Für die erst künftig fällig werdenden Unterhaltsraten wäre eine Aufrechnungsvereinbarung dann gemäß § 134 BGB nichtig.[34]

VI. Die Aufrechnung mit Rückforderungsansprüchen aus Unterhaltsüberzahlungen

311 Bei Unterhaltsstreitigkeiten ergibt sich häufig, dass der Verpflichtete für unterschiedliche Zeiträume verschieden hohe Zahlungen zu leisten hat. Hat er teilweise zu wenig, zum Teil aber auch zu viel geleistet, stellt sich die Frage, ob von dem zusammengerechneten Gesamtrückstand alle geleisteten Zahlungen abgesetzt werden können. In der gerichtlichen Praxis werden Ansprüche auf Rückzahlung häufig mit Restforderungen auf Unterhalt verrechnet. Eine solche **Saldierung** ist dann unbedenklich, wenn alle Ansprüche in einem laufenden Prozess geltend gemacht werden und somit den gleichen Streitgegenstand betreffen. Nur dann, wenn ein Unterhaltsanspruch schon tituliert war, der Titel aber nicht oder nicht mehr der materiellen Rechtslage entspricht, stellt sich das Problem, ob das zu viel Geleistete zurück verlangt werden kann oder ob mit einem solchen Anspruch auf Rückzahlung gegen künftig eingeklagte Unterhaltsansprüche aufgerechnet werden kann. Eine solche Aufrechnung scheidet deswegen häufig aus, weil überzahlter Unterhalt schon nur unter sehr erschwerten Bedingungen zurückverlangt werden kann (s. Rn. 200 f.) und weil auch die Rückforderung einer überzahlten Leistung eine Gegenforderung ist, die – mit Ausnahme von Fällen der Arglist – unter das **Aufrechnungsverbot** fällt.[35] In diesen Fällen ist eine vollständige Aufrechnung der gegenseitigen (Nach- und Rückzahlungs-)Forderungen regelmäßig nur mit Einverständnis der Parteien zulässig. Liegt diese vor, kann so verfahren werden.[36]

311 a In der Rechtsprechung einiger Oberlandesgerichte[37] wird diese strenge Linie unter Hinweis auf § 242 BGB durchbrochen, wenn der Unterhaltsberechtigte aus einem später aufgehobenen vorläufig vollstreckbaren Titel vollstreckt hat und nach §§ 717 II, 945 ZPO

[32] BGH, FamRZ 1993, 1186, 1188 = R 463
[33] BGH, FamRZ 1993, 1186, 1188 = R 463
[34] MünchKomm/von Feldmann § 394 BGB Rn. 6
[35] OLG Karlsruhe FamRZ 2003, 33
[36] BGH, FamRZ 1985, 908, 910 = R 266 c
[37] OLG Hamm, FamRZ 1999, 436; OLG Naumburg, FamRZ 1999, 437; OLG Schleswig, FamRZ 1986, 707

ohne Rücksicht auf fehlendes Verschulden oder den Wegfall der Bereicherung die beigetriebenen Beträge zurückzahlen muss. Dem kann nicht gefolgt werden. Es trifft zwar zu, dass das Aufrechnungsverbot im Einzelfall zurücktreten muss, soweit Treu und Glauben dies erfordern.[38] Darauf beruht auch der in Rn. 307 dargestellte Arglisteinwand. Der Unterhaltsberechtigte, der Gebrauch von einem vorläufig vollstreckbaren Titel macht, handelt aber in der Regel weder arglistig, noch betrügerisch. Der Anspruch auf Schadensersatz setzt nicht einmal Fahrlässigkeit voraus und beruht auf einer verschuldensunabhängigen Gefährdungshaftung.[39] Auch der Schaden kann neben der Beitreibung des Unterhalts außerhalb des Unterhaltsrechts darin liegen, dass der Schuldner dem Gerichtsvollzieher eine Sicherheitsleistung zur Abwendung der Vollstreckung übergeben hat. Eine Übertragung des Arglisteinwandes auf diese Fälle wird deswegen zu Recht überwiegend abgelehnt.[40] Auch in diesen Fällen ist daher das Aufrechnungsverbot zu beachten.

VII. Zusammenfassung

Grundsätzlich kann mit Gegenforderungen jeder Art auch gegen Unterhaltsforderungen aufgerechnet werden. Es bestehen jedoch große Hürden. 312

- Dem Gegner ist in jedem Fall der notwendige Selbstbehalt zu belassen (Rn. 300) oder – im Rahmen des § 850 b II ZPO – das pfändungsfreie Einkommen.
- Auch die übrigen Voraussetzungen des § 850 b II ZPO müssen vorliegen: Das sonstige bewegliche Vermögen darf keine Befriedigung versprechen und die Pfändung muss der Billigkeit entsprechen. Bei der Billigkeitsprüfung ist das Interesse des Aufrechnenden an der Schuldtilgung gegen das Interesse des anderen an der Aufrechterhaltung seines Lebensstandards abzuwägen. In der Regel wird der Aufrechnungsgegner Einbußen am Lebensstandard hinnehmen müssen.
- Für die Aufrechnungsforderung ist ein Titel zu schaffen (Rn. 303), mit dem der Aufrechnende die gegen ihn selbst bestehende Unterhaltsforderung pfänden muss (Rn. 303). Erst wenn dies geschehen ist, kann wirksam aufgerechnet werden.
- Aufrechnungen gegenüber zukünftigem Unterhalt müssen in drei bzw. sechs Monaten jeweils wiederholt werden (Rn. 309).

Prozessual privilegiert sind nur Aufrechnungsforderungen aus vorsätzlicher unerlaubter Handlung, die ihren Grund in betrügerischem Verhalten bei der Auseinandersetzung um den Unterhalt haben (Rn. 307). Nur in diesen Fällen kann im Unterhaltsprozess ohne weiteres auch über die Aufrechnung entschieden werden. Auch hier ist jedoch dem Aufrechnungsgegner der Selbstbehalt zu belassen.[41] 313

– In dieser Aufl. nicht belegt – 314–399

5. Abschnitt: Unterhalt bei Gütergemeinschaft

I. Überblick

Das Unterhaltsrecht geht von der Vorstellung aus, dass es einen bedürftigen Berechtigten und einen leistungsfähigen Verpflichteten gibt, der wegen seiner besseren Einkommens- und Vermögensverhältnisse zum Ausgleich verpflichtet ist. Bei der Gütergemeinschaft kann es jedoch eine solche Konstellation grundsätzlich nicht geben, weil mit Ausnahme des selten vereinbarten Vorbehaltsgutes (§ 1418 BGB) und des ohnehin für Rechnung des Gesamtgutes zu verwaltenden Sondergutes (§ 1417 BGB) **keine Vermögenstrennung** besteht. 400

[38] BGH, FamRZ 1993, 1186, 1188 = R 463
[39] BGH NJW 1982, 2813, 2815 (zu § 717 II ZPO); BGH NJW-RR 1992, 998 (zu § 945 ZPO)
[40] OLG Karlsruhe FamRZ 2003, 33; Wohlfahrt FamRZ 2001, 1185, 1190 m. w. N.
[41] BGH, FamRZ 1993, 1186, 1188 = R 463

Das Vermögen des Mannes und das Vermögen der Frau verschmelzen zu einer Einheit, dem Gesamtgut (§ 1416 BGB). **Dazu gehören auch die beiderseitigen Erwerbseinkünfte.**[1]

401 Es gibt nur einen „Topf", der rechtlich beiden Eheleuten in ihrer gesamthänderischen Verbundenheit zusteht (§ 1419 BGB). Beide sind daher stets in gleicher Weise bedürftig oder leistungsfähig. Gleichwohl kann es vorkommen, dass ein Ehegatte dem anderen die zum Unterhalt benötigten Mittel vorenthält. Derartige Störungen können aber immer nur auf der **Verwaltungsebene** auftreten und sind daher grundsätzlich auch dort zu beheben. Die Lösung kann nicht wie beim gesetzlichen Güterstand oder bei Gütertrennung in einer „Umverteilung" durch Gewährung von Zahlungsansprüchen bestehen, sondern nur in der **Korrektur einer fehlerhaften Verwaltung des Gesamtguts.** Denn zu einer ordnungsgemäßen Verwaltung gehört auch die Leistung des nach § 1420 BGB in erster Linie aus dem Gesamtgut zu erbringenden Unterhalts.[2]

II. Ehegattenunterhalt

1. Trennungsunterhalt

402 Leben die Ehegatten getrennt, kann auch bei gemeinsamer Verwaltung im Innenverhältnis ein Unterhaltsbedarf eines Ehegatten bestehen. Die rechtliche Einordnung dieses Anspruchs hat der BGH[3] grundlegende geklärt. Danach hat ein getrennt lebender Ehegatte unter den Voraussetzungen des § 1361 BGB und in dem dort bestimmten Umfang auch dann Anspruch auf Trennungsunterhalt, wenn er mit dem anderen in Gütergemeinschaft lebt. Auch hier ist deswegen zunächst der Unterhaltsbedarf nach den **Einkommens- und Vermögensverhältnissen** festzustellen. In einem ersten Schritt sind somit alle Einkünfte des Gesamtguts zu ermitteln. Nur bei überdurchschnittlich hohem Einkommen muss auch hier der Bedarf konkret anhand der bisherigen Lebensgewohnheiten ermittelt werden (Rn. 4/366 f.). Der Umstand, dass zwischen den Eheleuten Gütergemeinschaft besteht, bleibt also zunächst unberücksichtigt.

403 Steht die Höhe des Unterhaltsanspruches fest, ist die Haftungsgrundlage zu klären. Wie das Einkommen und das Vermögen der Eheleute für den Unterhalt heranzuziehen sind, wird in § 1420 BGB geregelt. Danach besteht folgende Reihenfolge:

404 – In erster Linie sind die Einkünfte heranzuziehen, die in das **Gesamtgut** fallen. Dazu gehören alle Einnahmen, soweit sie nicht ausnahmsweise dem Vorbehalts- oder Sondergut zuzurechnen sind. In das Gesamtgut fallen vor allem die **beiderseitigen Erwerbseinkünfte,** aber auch die Erträge des Gesamtguts, also etwa **Mieteinnahmen** oder der **Veräußerungserlös beim Verkauf der Erzeugnisse** eines landwirtschaftlichen Betriebes. Die Erträge des Sondergutes fallen ebenfalls ins Gesamtgut (§ 1417 III S. 2 BGB). Einkünfte der Eheleute fallen auch dann ins Gesamtgut, wenn sie auf ein Einzelkonto eingezahlt wurden, das ein Ehegatte mit alleiniger Verfügungsbefugnis im Außenverhältnis eröffnet hat, um sie der gesamthänderischen Bindung zu entziehen.[4] In einem solchen Fall kann es sinnvoll sein, die Bank auf die gesamthänderische Bindung hinzuweisen.

– Reichen die Einkünfte des Gesamtgutes nicht aus, sind auch die Einkünfte des beiderseitigen **Vorbehaltsgutes** heranzuziehen, wenn ein solches ausnahmsweise vereinbart wurde.

– Kann der Fehlbedarf auch durch die Einkünfte von Vorbehaltsgut nicht gedeckt werden, ist der **Stamm des Gesamtguts** heranzuziehen. Dabei kommt vor allem der Verkauf von Immobilien, Wertpapieren oder sonstigen Vermögensgegenständen in Betracht.

---

[1] OLG München, FamRZ 1996, 557
[2] OLG Zweibrücken, FamRZ 1998, 239
[3] BGH, FamRZ 1990, 851 = R 420
[4] BGH, a.a.O. = R 420 II 4. Absatz

6. Abschnitt: Unterhalt und Sozialleistungen

I. Auswirkungen der Sozialhilfe auf den Unterhaltsanspruch

Vorbemerkung 499

Der Gesetzgeber hat noch im Jahre 2003
– das Vierte Gesetz für moderne Dienstleistungen am Arbeitsmarkt[1]
– das Gesetz zur Einordnung des Sozialhilferechts in das Sozialgesetzbuch[2]
verabschiedet und damit Vorschläge der sog. **Hartz-Kommission** umgesetzt. Beide Gesetze werden am **1. 1. 2005** in Kraft treten.[3]

Das Vierte Gesetz für moderne Dienstleistungen am Arbeitsmarkt sieht die Zusammenführung von Arbeitslosenhilfe und Sozialhilfe vor. Die entsprechenden Vorschriften finden sich im neu geschaffenen **SGB II** – Grundsicherung für Arbeitsuchende. Nach § 19 SGB II erhalten erwerbsfähige Hilfebedürftige statt Arbeitslosenhilfe bzw. Sozialhilfe künftig Arbeitslosengeld II. Dieses entspricht der Höhe nach grundsätzlich der Sozialhilfe. Während der ersten zwei Jahre nach Ende des Bezugs des Arbeitslosengeldes wird ein Zuschlag gezahlt (§ 24 SGB II). Nicht erwerbsfähigen Angehörigen, die mit dem Hilfsbedürftigen in einer Bedarfsgemeinschaft leben, wird Sozialgeld gewährt, das sich grundsätzlich mit dem Arbeitslosengeld II deckt; Kinder erhalten geringere Regelleistungen (§ 28 SGB II). Zuständig sind die Bundesagentur für Arbeit, teilweise die Kreise und kreisfreien Städte (§ 6 SGB II). Diese können durch schriftliche Anzeige, also durch Verwaltungsakt, den Unterhaltsanspruch des Empfängers von Arbeitslosen- oder Sozialgeld – bei Verwandten nur unter engen Voraussetzungen – auf sich überleiten (§ 33 SGB II).

Durch das Gesetz der Einordnung des Sozialhilferechts in das Sozialgesetzbuch wird das Sozialhilferecht reformiert und (bei Aufhebung des BSHG) künftig im **SGB XII** geregelt. Wer Leistungen zur Sicherung des Lebensunterhalts nach dem SGB II bezieht, erhält grundsätzlich keine Hilfe zum Lebensunterhalt nach dem 3. Kapitel des SGB XII (§ 5 II 1 SGB II). Die Regelsätze der Sozialhilfe sollen grundsätzlich den gesamten Bedarf des notwendigen Lebensunterhalts umfassen (§ 28 SGB XII). Die Kosten für Unterkunft und Heizung kommen hinzu (§ 29 SGB XII). Einmalige Hilfen werden nur noch in seltenen Ausnahmefällen gewährt (§ 31 SGB XII). Die Unterscheidung zwischen Hilfe zum Lebensunterhalt und Hilfe in besonderen Lebenslagen entfällt. Unterhaltsansprüche des Hilfeempfängers gehen weiterhin auf den Sozialhilfeträger kraft Gesetzes über; jedoch wird die sozialhilferechtliche Vergleichsberechnung vereinfacht (§ 94 SGB XII). Das Grundsicherungsgesetz (unten Rn. 503 a) wird aufgehoben und in das SGB XII integriert (§§ 19 II, 41 ff. SGB XII).

1. Sozialhilfe als anrechnungsfähiges Einkommen

a) Nachrang der Sozialhilfe. Sozialhilfe ist grundsätzlich **kein bedarfsdeckendes Einkommen** und hat daher auf den Unterhaltsanspruch in der Regel keinen Einfluss.[4] Vgl. dazu auch Rn. 1/483). Bis zum Jahre 1993 war es nahezu einhellige Praxis, Sozialhilfe im Unter- 500

[1] Vom 24. 12. 2003 – BGBl I S. 2954
[2] Vom 27. 12. 2003 – BGBl I S. 3022
[3] Der Verfasser wird die Gesetzesänderungen in der voraussichtlich Ende 2004 erscheinenden Ergänzungslieferung zum Scholz/Stein, Praxishandbuch Familienrecht, kommentieren.
[4] BGH, FamRZ 1999, 843, 846 = R 533 b

haltsprozess generell nicht zu berücksichtigen. Dies lässt sich seit der Einfügung des § 91 BSHG[5] in das Gesetz zum 27. 6. 1993 (vgl. unten Rn. 508) nicht mehr halten. Nach dieser Vorschrift geht der Unterhaltsanspruch bis zur Höhe der geleisteten Sozialhilfe unter bestimmten Voraussetzungen auf den Sozialhilfeträger über (Rn. 549 ff., 565 ff.). Dieser kann seit dem 1. 8. 1996 den übergangenen Anspruch nach § 91 IV 1 BSHG auf den Hilfeempfänger zur gerichtlichen Geltendmachung rückübertragen und sich den geltend gemachten Anspruch wieder abtreten lassen (Rn. 554 ff.). In Ausnahmefällen kann sich der Bezug von Sozialhilfe durch den Unterhaltsberechtigten nach § 242 BGB auf seine Bedürftigkeit auswirken (vgl. dazu Rn. 567 ff.); andererseits können die Vorschriften des BSHG auch die unterhaltsrechtliche Leistungsfähigkeit des Schuldners beeinflussen (vgl. Rn. 571 f.).

501 Wer nicht in der Lage ist, aus eigenen Kräften seinen Lebensunterhalt zu bestreiten oder in besonderen Lebenslagen sich selbst zu helfen, und auch von anderer Seite keine ausreichende Hilfe erhält, hat ein Recht auf persönliche und wirtschaftliche Hilfe, die seinem besonderen Bedarf entspricht, ihn zur Selbsthilfe befähigt, die Teilnahme am Leben in der Gemeinschaft ermöglicht und die Führung eines menschenwürdigen Lebens sichert (§ 9 SGB I). Sozialhilfe erhält also nicht, wer sich selbst helfen kann oder wer die erforderliche Hilfe von anderen, besonders von Angehörigen oder von Trägern anderer Sozialleistungen, erhält (§ 2 I BSHG). Sozialhilfe ist daher **subsidiär** oder nachrangig. Der **Nachrang der Sozialhilfe** besagt, dass eigenes Einkommen oder eigenes Vermögen bei der Gewährung der Sozialhilfe zu berücksichtigen ist. Eigenes Einkommen sind auch Unterhaltsleistungen, die ein Dritter tatsächlich erbringt. Dies gilt auch dann, wenn der Dritte nach bürgerlichem Recht nicht zum Unterhalt verpflichtet ist.[6] Forderungen, die dem Hilfeempfänger zustehen, gehören ebenfalls zum Einkommen, allerdings nur, wenn sie in absehbarer Zeit durchsetzbar sind, da es für die Gewährung von Sozialhilfe auf die **„bereiten Mittel"** ankommt, die zur Behebung der Notlage erforderlich sind.[7] Auch **Unterhaltsansprüche** können bereite Mittel in diesem Sinne sein. Deshalb kann der Sozialhilfeträger den Unterhaltsberechtigten zur Selbsthilfe anhalten und darauf verweisen, einen Unterhaltsanspruch gegen den Verpflichteten geltend zu machen, und nur vorläufig bis zur Realisierung des Anspruchs Sozialhilfe gewähren.[8] Ein Unterhaltsanspruch, der nicht unmittelbar erfüllt wird, dessen Realisierung wegen Eilbedürftigkeit nicht sogleich möglich oder dessen Geltendmachung dem Hilfesuchenden nicht zuzumuten ist, beseitigt dagegen die Bedürftigkeit im Sinne des Sozialhilferechts nicht.[9] Weigert sich der Hilfesuchende, einen leistungsfähigen und leistungsbereiten Schuldner auf Unterhalt in Anspruch zu nehmen, so verliert er den Anspruch auf Sozialhilfe.[10] Voraussetzung ist allerdings, dass der Sozialhilfeempfänger auf den Unterhaltsanspruch zurückgreifen darf, was nach § 91 BSHG in bestimmten Fällen, z. B. bei Verwandten zweiten oder eines entfernteren Grades, bei Schwangeren und bei Müttern, die ein Kind unter sechs Jahren betreuen, hinsichtlich des Anspruchs gegen ihre Eltern (§ 91 I 3 BSHG) ausgeschlossen ist[11] (vgl. Rn. 521) oder im Hinblick auf die öffentlich-rechtliche Vergleichsberechnung (Rn. 523 ff., 565 f.) ganz oder teilweise unzulässig sein kann.

Nach § 2 II 1 BSHG werden Verpflichtungen anderer, besonders Unterhaltspflichtiger, durch dieses Gesetz nicht berührt. Danach ist zwar der Sozialhilfeträger häufig zur Vorleistung verpflichtet, wenn ein Unterhaltsschuldner seiner Leistungspflicht nicht nachkommt. Hierdurch wird jedoch die an sich vorrangige Verpflichtung des Dritten zur Leistung von Unterhalt nicht beeinflusst. Sie besteht weiter und ist zu erfüllen. Dieser Nachrang der

[5] Vgl. Art. 7 Nr. 22 des Gesetzes zur Umsetzung des Föderalen Konsolidierungsprogramms vom 23. 6. 1993 (BGBl. I 952)

[6] BFH, NJW 2003, 1415

[7] BVerwG, NJW 1983, 2954 (vgl. dazu aber Fn. 11); BGH, NJW 1996, 2933; FamRZ 1999, 843, 845 = R 533 a

[8] Nr. 125 ff. Empfehlungen des Deutschen Vereins für die Heranziehung Unterhaltspflichtiger in der Sozialhilfe (Empfehlungen DV), FamRZ 2002, 931

[9] BGH, FamRZ 1999, 843, 845 = R 533 a

[10] BVerwG, NJW 1983, 2954

[11] Deshalb müsste die in Fn. 7, 10 zitierte Entscheidung des BVerwG, NJW 1983, 2954 heute möglicherweise anders ausfallen

Sozialhilfe wird durch den Anspruchsübergang nach § 91 I BSHG verwirklicht. Die Sozialhilfe bleibt auch dann nachrangig, wenn der Übergang des Unterhaltsanspruchs ausnahmsweise nach § 91 II 1 BSHG ausgeschlossen ist, z. B. weil der Schuldner nicht über effektive Einkünfte verfügt, ihm vielmehr nach Unterhaltsrecht ein fiktives Einkommen zugerechnet wird.[12]

Sozialhilfe ist ausgeschlossen, wenn ein Bedürftiger mit seinem Ehegatten oder mit seinen Eltern (oder einem Elternteil) in einer **Bedarfsgemeinschaft**[13] (vgl. dazu Rn. 517) zusammenlebt und das Einkommen aller Mitglieder ausreicht, den sozialhilferechtlichen Bedarf zu decken. Dies gilt sowohl für die Hilfe zum Lebensunterhalt (§ 11 I BSHG) als auch für die Hilfe in besonderen Lebenslagen (§ 28 BSHG); allerdings kann in letzterem Fall Sozialhilfe auch dann gewährt werden, wenn den Mitgliedern der Bedarfsgemeinschaft die Aufbringung der Mittel aus ihrem Einkommen oder Vermögen nicht zuzumuten ist. Erscheint die Heranziehung dieser Personen zum Teil als zumutbar, steht dem Sozialhilfeträger die Möglichkeit offen, durch **Verwaltungsakt** einen öffentlich-rechtlichen Aufwendungsersatz bzw. einen öffentlich-rechtlichen Kostenbeitrag zu verlangen (§§ 11 II 2, 29 S. 2, 43 I 2 BSHG).[14] Vgl. dazu auch Rn. 517 f. 502

b) Bedürftigkeit nach Unterhalts- und Sozialhilferecht. Wer Sozialhilfe erhält, ist deshalb **nicht ohne weiteres unterhaltsbedürftig.** Die Unterhaltsbedürftigkeit bestimmt sich allein nach den Vorschriften des BGB. Ein Kind ist unterhaltsberechtigt, wenn es sich nicht selbst unterhalten kann (§ 1602 I BGB), insbesondere wenn und solange es sich berechtigterweise einer Berufsausbildung unterzieht (§ 1610 II BGB). Zur Bedürftigkeit des Kindes, insbesondere zum Ausbildungsunterhalt vgl. Rn. 2/42 ff., 2/56 ff. Beim Ehegatten, der nicht über anderweite bedarfsdeckende Einkünfte verfügt, kommt es darauf an, ob von ihm eine Erwerbstätigkeit erwartet werden kann (§§ 1361, 1570 ff. BGB). Vgl. dazu Rn. 4/16 ff., 4/44 ff. 503

Sozialhilfe erhält dagegen, wer sich nicht selbst helfen kann (§ 2 I BSHG; vgl. Rn. 501). Nach § 18 I, III BSHG besteht auch im Sozialhilferecht eine **Erwerbsobliegenheit,** da jeder Hilfesuchende seine Arbeitskraft zur Beschaffung des Lebensunterhalts für sich und seine unterhaltsberechtigten Angehörigen einzusetzen hat.[15] Die Anforderungen, die an den Hilfesuchenden gestellt werden, sind teilweise strenger als im Unterhaltsrecht. So ist entgegen den zu § 1570 BGB entwickelten Grundsätzen (Rn. 4/72 ff.) die geordnete Erziehung eines dreijährigen Kindes in der Regel schon dann nicht gefährdet, wenn dessen Betreuung in einem Kindergarten sichergestellt ist (§ 18 III 3 BSHG). Die Maßstäbe des Sozialhilferechts decken sich also eher mit den Grundsätzen, die für die Bedürftigkeit eines volljährigen Kindes gelten, das ein eigenes Kind betreut und von seinen Eltern Unterhalt für sich selbst verlangt (vgl. Rn. 2/50 ff.). Gleichwohl ist die Versagung von Sozialhilfe wegen Verletzung der Erwerbsobliegenheit nur unter engen Voraussetzungen möglich (vgl. Rn. 505).

Auf die Unterschiede zwischen Sozialhilfe- und Unterhaltsrecht[16] kommt es in dem hier interessierenden Zusammenhang aber in der Regel nicht an. Der Unterhaltsanspruch geht im Umfang der gewährten Sozialhilfe, ggf. eingeschränkt durch den Schuldnerschutz nach § 91 BSHG, auf den Sozialhilfeträger über. Dies gilt auch dann, wenn die Sozialhilfe zu Unrecht gewährt worden ist. Der Unterhaltspflichtige kann sich hierauf nicht berufen, es sei denn, dass andernfalls seine Belange in unzulässiger Weise verkürzt würden.[17] Er kann aber Einwendungen aus dem Unterhaltsrecht erheben und insbesondere die Bedürftigkeit des Berechtigten nach Unterhaltsrecht bestreiten. Daneben kann er geltend machen, dass der Anspruch im Hinblick auf die Vorschriften des § 91 I 3, II BSHG nicht auf den klagenden

---

[12] BGH, FamRZ 1999, 843, 845 = R 533 a; FamRZ 2001, 619 = R 548

[13] Zum Teil wird auch von „Bedarfs-/Einsatzgemeinschaft" gesprochen, so Nr. 131, 133 Empfehlungen DV, FamRZ 2002, 931; Schellhorn, FuR 1995, 10

[14] Nr. 135 ff. Empfehlungen DV, FamRZ 2002, 931; Schellhorn, FuR 1995, 11, 15

[15] BVerwG, FamRZ 1996, 106

[16] Vgl. hierzu Hußmann in Heiß/Born, 16 Rn. 14 ff.

[17] Schellhorn, BSHG, 16. Aufl., § 91 Rn. 47; Hußmann in Heiß/Born, 16 Rn. 31; BVerwG, FamRZ 1993, 183 (zu § 90, 91 BSHG a. F.); a.A. Münder, NJW 2001, 2301, 2302

Sozialhilfeträger übergegangen sei; in Ausnahmefällen kann er sich darauf berufen, dass die gewährte Sozialhilfe nach § 242 BGB der weiteren Verfolgung des Unterhaltsanspruchs ganz oder teilweise entgegenstehe (vgl. dazu Rn. 567 ff.).

503 a Die Gewährung von Leistungen nach dem Gesetz über die bedarfsorientierte Grundsicherung im Alter und bei Erwerbsminderung **(Grundsicherungsgesetz – GSiG)** vom 26. 6. 2001[18] schließt die Gewährung von Sozialhilfe in Höhe der Grundsicherung aus. Die Grundsicherung ist Einkommen nicht nur im Sinne des Unterhaltsrechts (vgl. dazu Rn. 1/467 a ff., 2/357), sondern auch im Sinne des Sozialhilferechts. Sie deckt daher ganz oder teilweise den sozialhilferechtlichen Bedarf. Sozialhilfe kommt jedoch als Überbrückungsmaßnahme in Betracht, wenn die Leistungen nach dem GSiG noch nicht bewilligt sind. Sie kann auch gewährt werden, wenn und soweit die Grundsicherung den Bedarf nicht sicherstellt. Dies kann insbesondere dann der Fall sein, wenn sich der Hilfeempfänger in einem Heim befindet und weder die Grundsicherung noch das Pflegegeld nach dem SGB XI für den vollen Bedarf ausreichen. In Höhe der gewährten Sozialhilfe kommt ein Anspruchsübergang nach § 91 I BSHG in Betracht. Das GSiG selbst kennt dagegen keinen Forderungsübergang auf die bewilligende Gemeinde. Jedoch ist die Gewährung von Grundsicherung ausgeschlossen, wenn ein Unterhaltspflichtiger über ein jährliches (Brutto-)Einkommen von mindestens 100 000 € verfügt (§ 2 I 3 GSiG). Maßgebend sind insoweit die Einkünfte des Einkommenssteuerrechts, also bei Selbstständigen der Gewinn vor Steuern, bei Arbeitnehmern der Überschuss der Einkünfte über die Werbungskosten. Sonderausgaben und Steuern (Einkommenssteuer, Kirchensteuer und Solidaritätszuschlag) bleiben unberücksichtigt.[19]

504 Unterschiede zwischen Unterhaltsrecht und Sozialhilferecht bestehen jedoch hinsichtlich der Verpflichtung, **Einkommen und Vermögen** für den eigenen Lebensunterhalt **einzusetzen.**[20] Insbesondere müssen Einkommen und Vermögen im Sozialhilferecht nicht stets in vollem Umfang zur Deckung des Bedarfs verwendet werden (vgl. z. B. §§ 76 ff. BSHG). Genaueres dazu Rn. 527 ff. Leistungen, die auf Grund öffentlich-rechtlicher Vorschriften zu einem ausdrücklich genannten Zweck gewährt werden, sind nur insoweit als Einkommen zu berücksichtigen, als die Sozialhilfe im Einzelfall demselben Zweck dient (§ 77 I BSHG). Schmerzensgeld bleibt unberücksichtigt (§ 77 II BSHG). Näheres dazu Rn. 537. Im Unterhaltsrecht werden dagegen grundsätzlich alle Einkünfte ohne Rücksicht auf ihre Zweckbestimmung zur Bedarfsdeckung herangezogen (vgl. Rn. 1/9); dies gilt auch für Kapitalerträge, die aus Schmerzensgeld erzielt werden (vgl. Rn. 1/482, 2/259). Lediglich bei bestimmten Sozialleistungen für Aufwendungen wegen Körper- oder Gesundheitsschäden stellen §§ 1610 a, 1361 I 1, 1578 a, 1615 l III 1 BGB, §§ 12 I 1, 16 II 2 LPartG die widerlegbare Vermutung auf, dass die Kosten der Aufwendungen nicht geringer sind als die Höhe der Sozialleistungen (vgl. dazu Rn. 1/443 ff.).

505 **c) Leistungsfähigkeit nach Unterhalts- und Sozialhilferecht.** Wer Sozialhilfe bezieht, ist nicht schon deshalb außerstande, Unterhalt zu leisten. Auch diese Diskrepanz beruht auf dem unterschiedlichen Einkommensbegriff des Sozialhilfe- und des Unterhaltsrechts (vgl. dazu Rn. 503, 527 ff.). Die Leistungsfähigkeit eines Unterhaltsschuldners beurteilt sich nach bürgerlichem Recht (§§ 1581, 1603 I, 1615 l III 1 BGB, §§ 12 I 1, 16 II 2 LPartG). Dem Verpflichteten, der sich nicht ausreichend um eine Arbeitsstelle bemüht, kann u. U. ein **fiktives Einkommen** zugerechnet werden. Genaueres dazu Rn. 1/487 ff., 2/144 ff. Dagegen ist der Ansatz fiktiver Einkünfte im Sozialhilferecht allenfalls unter ganz engen Voraussetzungen möglich.[21] Allerdings kann der Hilfesuchende den Anspruch auf Sozialhilfe ganz oder teilweise verlieren, wenn er sich weigert, zumutbare Arbeit zu leisten (§ 25 I BSHG). Auch kann die Hilfe in bestimmten Fällen auf das zum Lebensunterhalt Unerlässliche eingeschränkt werden (§ 25 II BSHG). Dies darf aber nicht darüber hinweg-

---

[18] BGBl. I 1310, 1335, geändert durch Gesetz vom 27. 4. 2002 – BGBl. I 1462

[19] Zum Grundsicherungsgesetz vgl. Günther, FF 2003, 10; Klinkhammer, FamRZ 2002, 997; Münder, NJW 2001, 3661; Steymanns, FamRZ 2002, 1687

[20] Vgl. dazu BGH, FamRZ 1999, 843, 846 = R 533 a, b

[21] BGH, FamRZ 1998, 818 = R 524; FamRZ 1999, 843, 844 = R 533 b; vgl. auch Künkel, FamRZ 1996, 1509, 1512

täuschen, dass Sozialhilfe wegen Verletzung einer Erwerbsobliegenheit (vgl. dazu Rn. 503) nur unter besonderen Umständen versagt werden kann.[22] So hat das BVerwG[23] vom Sozialhilfeträger die Prüfung verlangt, ob der einzelne Hilfesuchende mit der selbstständigen Arbeitssuche überfordert sei und ob durch eine entsprechende Aufforderung dem Hilfezweck entgegengewirkt werde; es hat die Gewährung von Sozialhilfe bereits dann gebilligt, wenn der Hilfesuchende es weder grundsätzlich abgelehnt habe, sich beim Arbeitsamt zu melden, noch eigene Bemühungen gänzlich unterlassen habe. Es bedarf keiner näheren Darlegung, dass unter derartigen Voraussetzungen im Unterhaltsrecht ohne weiteres ein fiktives Einkommen angesetzt würde, wenn nur eine reale Arbeitsmöglichkeit besteht. Hinzu kommt, dass im Unterhaltsrecht stets derjenige, der sich darauf beruft, dass durch Arbeit kein Einkommen erzielt könne, die Beweislast dafür trägt. Im Sozialhilferecht ist dagegen die Verletzung der Erwerbsobliegenheit im Sinne des § 25 I BSHG von der Behörde festzustellen.[24] Vgl. dazu auch Rn. 534, 572.

Der **Pflichtige** darf durch die Leistung von Unterhalt selbst **nicht sozialhilfebedürftig** 506 werden (§ 91 II 1 BSHG; vgl. Rn. 523). Dieser Satz gilt nicht nur im Sozialhilferecht,[25] sondern auch im Unterhaltsrecht. Daher kann niemand unterhaltspflichtig sein, der bei Zahlung von Unterhalt selbst Sozialhilfe in Anspruch nehmen müsste.[26] Dies gilt jedoch nur zugunsten des Unterhaltspflichtigen selbst, nicht auch zugunsten weiterer Unterhaltsberechtigter, die mit ihm in einer Bedarfsgemeinschaft leben.[27] Zur abweichenden Auffassung des Sozialhilferechts und den sich daraus ergebenden Konsequenzen vgl. Rn. 526. Der notwendige Selbstbehalt der Tabellen und Leitlinien muss daher mit einem Betrag angesetzt werden, der die Sozialhilfe, die der Unterhaltsschuldner erhalten könnte, maßvoll übersteigt.[28] Deshalb muss ggf. der Selbstbehalt, der dem Schuldner bei allein unterhaltsrechtlicher Betrachtungsweise verbleiben würde, im Einzelfall angemessen erhöht werden.[29] Vgl. dazu Rn. 2/261, 269.

2. Verwirklichung des Nachrangs der Sozialhilfe

Nach **§ 90 BSHG a. F.** konnte der Sozialhilfeträger Unterhaltsansprüche durch sog. 507 **Überleitungsanzeige** auf sich überleiten. Diese Anzeige war ein Verwaltungsakt und konnte allein vor den Verwaltungsgerichten angefochten werden. Die Schutzvorschriften des § 91 BSHG a. F. unterlagen daher ausschließlich der verwaltungsgerichtlichen Kontrolle. Die ordentlichen Gerichte, insbesondere die Familiengerichte, waren wegen der Tatbestandswirkung des Verwaltungsakts an die Überleitungsanzeige und damit an die Entscheidung des Sozialhilfeträgers gebunden, ob und in welchem Umfang er nach seinem Ermessen von den Schutzvorschriften zugunsten des Unterhaltsschuldners Gebrauch machen wollte. Sie hatten nur über den Bestand des Unterhaltsanspruchs zu befinden. Da der Sozialhilfeträger vielfach von einer Überleitung absah und den Hilfeempfänger vorschickte, um im Wege der Prozesskostenhilfe den Unterhaltsanspruch geltend zu machen, hatten die Familiengerichte es in der Regel nicht mit einem Prozess des Sozialhilfeträgers gegen den Unterhaltspflichtigen, sondern mit einem „normalen" Prozess zwischen Familienmitgliedern zu tun, in dem die Bewilligung von Sozialhilfe allenfalls die Aktivlegitimation beeinflusste, im Übrigen aber kaum eine Rolle spielte. Der Sozialhilfeträger konnte auch nach Erlass des Urteils den titulierten Anspruch auf sich überleiten. Wenn er wegen der Schutzvorschriften des §§ 91 I 2, III 1 BSHG a. F. hiervon nur teilweise Gebrauch machte, verblieb der nicht von der Überleitung erfasste Anspruchsteil beim Unterhaltsgläubiger. Dieser konnte insoweit

[22] BGH, FamRZ 1998, 818 = R 524
[23] FamRZ 1996, 106 ff.
[24] Vgl. BVerwG, FamRZ 1996, 106, 108
[25] Dazu BVerwG, FamRZ 1999, 780
[26] BGH, FamRZ 1984, 1000 = R 210; 1990, 849; 1996, 1272 = R 507 b
[27] BGH, FamRZ 1996, 1272 = R 507 b
[28] BGH, FamRZ 1984, 1000 = R 210
[29] Seetzen, NJW 1994, 2505, 2508 m. w. N.; Künkel, FamRZ 1994, 540, 546; Hampel, Bemessung des Unterhalts, Rn. 88, 95

aus dem Urteil des Familiengerichts vollstrecken, ohne die beigetriebenen Beträge an den Sozialhilfeträger abführen oder die erhaltenene Sozialhilfe zurückzahlen zu müssen. Dadurch konnte er letztlich einen nicht gerechtfertigten Vorteil erlangen.

508 Mit Wirkung vom **27. 6. 1993** hat der Gesetzgeber die frühere Regelung durch einen **gesetzlichen Forderungsübergang** ersetzt.[30] § 90 BSHG gilt nicht mehr für (gesetzliche) Unterhaltsansprüche, sondern nur noch für sonstige Ansprüche, z. B. für die Rückforderung eines Geschenks wegen Verarmung des Schenkers (§ 528 BGB), für Ansprüche aus landwirtschaftlichen Übergabeverträgen und für Gehaltsansprüche.[31] Zu vertraglichen Unterhaltsansprüchen vgl. Rn. 510. Gesetzliche Unterhaltsansprüche werden nunmehr nur noch von der Spezialvorschrift des § 91 BSHG n. F. erfasst.[32] Eines Verwaltungsakts bedarf es nicht mehr. Vielmehr geht der Unterhaltsanspruch kraft Gesetzes auf den Sozialhilfeträger über, allerdings nur in bestimmten Grenzen, die in §§ 91 I, II BSHG festgelegt sind.[33] Dies gilt auch für Unterhaltsansprüche, die **vor** dem 27. 6. 1993 entstanden sind. Sie sind kraft Gesetzes am 27. 6. 1993 auf den Sozialhilfeträger übergegangen, wenn zwar vorher die Voraussetzungen für die Geltendmachung des Anspruchs für die Vergangenheit, sei es durch Verzug nach § 1613 BGB oder durch Rechtswahrungsanzeige nach § 90 I BSHG a. F. gegeben waren, aber eine Überleitung nach § 90 BSHG a. F. noch nicht erfolgt war.[34]

Durch Gesetz zur Reform des BSHG vom 23. 7. 1996 – BGBl. I 1068 hat der Gesetzgeber § 91 BSHG erneut geändert und insbesondere in Absatz 4 die Möglichkeit einer Rückübertragung des Unterhaltsanspruchs auf den Hilfeempfänger vorgesehen. Vgl. hierzu Rn. 554 ff., zu den weiteren Änderungen des § 91 BSHG vgl. Rn. 510, 515, 532.

508 a Der Nachrang der Sozialhilfe wird bei Vorliegen einer Bedarfsgemeinschaft (vgl. Rn. 517) durch einen öffentlich-rechtlichen Anspruch auf Aufwendungsersatz (§§ 11 II 2, 29 S. 2, 43 I 2 BSHG) verwirklicht. Dann scheidet ein Anspruchsübergang aus (§ 91 I 3 BSHG). Schließlich kann der Sozialhilfeträger Kostenersatz von demjenigen verlangen, der nach Vollendung des 18. Lebensjahres die Voraussetzungen für die Gewährung der Sozialhilfe an sich oder seine unterhaltsberechtigten Angehörigen durch vorsätzliches oder grob fahrlässiges Verhalten herbeigeführt hat (§ 92 a I 1 BSHG).

II. Geltendmachung des Unterhaltsanspruchs durch den Sozialhilfeträger

509 **a) Gesetzlicher Forderungsübergang.** Da der Unterhaltsanspruch nunmehr **kraft Gesetzes** auf den Sozialhilfeträger übergeht, finden nach § 412 BGB die Vorschriften der §§ 399–404, 406–410 BGB über die Forderungsabtretung entsprechende Anwendung. Einer Mitteilung des Sozialhilfeträgers an den Hilfeempfänger und an den Unterhaltspflichtigen bedarf es für den Anspruchsübergang nicht, mag eine solche Mitteilung auch zweckmäßig und empfehlenswert sein.[35] Ein Verwaltungsakt ergeht nicht mehr. Deshalb entfällt auch die Überprüfung durch die Verwaltungsgerichte. Vielmehr entscheiden über alle Fragen, die mit dem **Forderungsübergang** zusammenhängen, die **Familiengerichte** (§ 91 IV 3 BSHG, § 23 b I Nr. 5, 6, 13 GVG).[36] Dies gilt auch für die Überprüfung der sozialhilferechtlichen Schutzvorschriften der §§ 91 I und II BSHG.[37]

510 Folgende Ansprüche gehen nach § 91 I 1 BSHG auf den Sozialhilfeträger über:

- **gesetzliche Unterhaltsansprüche,** also Ansprüche auf Kindesunterhalt, Verwandtenunterhalt (mit Ausnahme der in Rn. 520 genannten Fälle), Trennungsunterhalt, nach-

[30] Art. 7 Nr. 22 des Gesetzes zur Umsetzung des Föderalen Konsolidierungsprogramms vom 23. 6. 1993 – BGBl. I 944, 952; vgl. dazu Scholz, FamRZ 1994, 1
[31] Scholz, FamRZ 1994, 1, 2; vgl. BGH, FamRZ 1995, 1123 = NJW 1995, 2287
[32] BGH, FamRZ 1995, 871; 1996, 1203, 1204
[33] BGH, FamRZ 1995, 871; 1996, 1203, 1205
[34] BGH, FamRZ 1996, 1207
[35] So mit Recht Nr. 145 Empfehlungen DV, FamRZ 2002, 931
[36] BGH, FamRZ 1996, 1203, 1205
[37] Dazu Münder, NJW 2001, 2201, 2209

ehelichen Unterhalt, auf Unterhalt der nicht verheirateten Mutter oder des nicht verheirateten Vaters aus Anlass der Geburt eines nichtehelichen Kindes (§ 1615 l I, II, IV BGB), auf Trennungsunterhalt bei Lebenspartnern und auf nachpartnerschaftlichen Unterhalt (§§ 12, 16 LPartG), **nicht dagegen** Ansprüche auf Familienunterhalt (§ 1360 BGB) und auf Unterhalt zwischen nicht getrennt lebenden Lebenspartnern, weil dann in aller Regel eine Bedarfsgemeinschaft bestehen wird (dazu Rn. 508 a, 517), ebenso wenig Zinsansprüche,[38] da §§ 412, 401 BGB andere Ansprüche aus demselben Schuldverhältnis nicht erfassen;[39]

– **vertragliche Unterhaltsansprüche,** wenn sie im Wesentlichen den gesetzlichen entsprechen und daher denselben sozialhilferechtlichen Schutz verdienen,[40] insbesondere wenn der Vertrag die gesetzlichen Ansprüche konkretisiert oder modifiziert, nicht dagegen, wenn die Ansprüche auf einem Austauschvertrag beruhen;[41] in diesem Fall ist eine Überleitung nach § 90 BSHG möglich (vgl. Rn. 508),
– **unterhaltsrechtliche Auskunftsansprüche.**

Seit der Neufassung des § 91 BSHG zum 1. 8. 1996 (vgl. Rn. 508) geht zusammen mit dem Unterhaltsanspruch auch der privatrechtliche Auskunftsanspruch nach §§ 1605, 1361 IV, 1580 BGB auf den Sozialhilfeträger, in der Regel auf die zuständige Gemeinde oder den Landkreis, über.[42] Erhält ein Kind neben der Sozialhilfe auch Unterhaltsvorschuss, kommt ein weiterer Übergang des Auskunftsanspruchs auf das Land als Unterhaltsvorschusskasse in Betracht (§ 7 I 1 UVG). Auch dem Hilfeempfänger wird man als Unterhaltsgläubiger die Geltendmachung des ihm zustehenden Auskunftsanspruchs nicht verwehren können, da er in der Lage sein muss, die Berechtigung etwa ihm verbliebener Anspruchsteile und künftig entstehender Ansprüche zu prüfen.[43] Die dogmatische Einordnung der gesetzlichen Regelung bleibt unklar. Man wird wohl davon ausgehen können, dass der Hilfeempfänger Gläubiger des Stammrechts auf Unterhalt[44] und damit auch des Auskunftsanspruchs bleibt und dass der Sozialhilfeträger und die Unterhaltsvorschusskasse trotz des weitergehenden Gesetzeswortlauts nur die Befugnis erwerben, den Auskunftsanspruch im eigenen Namen geltend zu machen. Jedenfalls kann der Sozialhilfeträger den übergegangenen Unterhaltsanspruch auch im Wege der Stufenklage (§ 254 ZPO) verfolgen. Ihm bleibt es allerdings weiterhin unbenommen, den Schuldner durch Verwaltungsakt auf Auskunft in Anspruch zu nehmen (§ 116 I BSHG).[45] Die Auskunftspflicht nach BSHG geht über die nach bürgerlichem Recht bestehende Verpflichtung (§ 1605 BGB) hinaus. Auskunftspflichtig sind auch die nicht getrennt lebenden Ehegatten des Unterhaltspflichtigen und unter bestimmten Voraussetzungen Personen, die mit ihm in Haushaltsgemeinschaft leben, der Arbeitgeber und das Finanzamt (§ 116 I 3, II BSHG, § 21 IV SGB X).

b) Umfang des Forderungsübergangs. Nach § 91 I 1 BSHG geht der Unterhalts- **511**
anspruch **bis zur Höhe der geleisteten Sozialhilfe,** also soweit und solange Sozialhilfe gezahlt wird, auf den Sozialhilfeträger über, allerdings vorbehaltlich der Schutzvorschriften der §§ 91 I 2–4 und II BSHG. Vgl. dazu Rn. 516 ff. Wird die Hilfegewährung unterbrochen, gehen nur die Ansprüche über, die in der Zeit entstehen, in der Sozialhilfe gewährt wird. Die Dauer der **Unterbrechung** ist unerheblich. § 90 II 2. Halbsatz BSHG ist nicht anzuwenden. Ist die Sozialhilfe geringer als der Unterhaltsanspruch, geht nur ein Teil des Anspruchs über; der über die Sozialhilfe hinausgehende Unterhaltsanspruch verbleibt beim Hilfeempfänger.

Der Anspruchsübergang findet nur statt, wenn der Unterhaltsschuldner in dem Zeitraum, **512**
für den Sozialhilfe gewährt wird, leistungsfähig ist. Bewilligungszeitraum ist grundsätzlich

[38] OLG Hamm, FamRZ 2002, 983
[39] BGH NJW 1961, 1524; Palandt/Heinrichs, BGB, § 401 Rn. 6
[40] Nr. 50 f., 150 Empfehlungen DV, FamRZ 2002, 931
[41] Vgl. BVerwG, FamRZ 1994, 31 = NJW 1994, 64
[42] Die gegenteilige Rechtsprechung des BGH, FamRZ 1991, 1117 = NJW 1991, 1235 ist überholt
[43] KG, FamRZ 1997, 1405
[44] Oestreicher/Schelter/Kunz, BSHG, § 91 Rn. 165; LSG Niedersachsen FamRZ 2000, 773
[45] Zu den Voraussetzungen und dem Umfang des Auskunftsanspruchs nach § 116 BSHG vgl. BVerwG, FamRZ 1994, 33 = NJW 1994, 66

der jeweilige Kalendermonat. Dies kann bei **einmaligen Leistungen** der Sozialhilfe (§§ 21, 84 III BSHG) zu Problemen führen. Einmalige Leistungen sind auf einen längeren Zeitraum, in der Regel auf mehrere Monate, zu verteilen. Eine solche Regelung findet sich in § 21 II 2 BSHG, allerdings nicht im Rahmen der Leistungsfähigkeit, sondern der Sozialhilfebedürftigkeit. Es bietet sich gleichwohl an, den dort genannten Zeitraum von sechs Monaten nach Ablauf des Monats, in dem über die Hilfe entschieden worden ist, auch hier heranzuziehen;[46] es ist dann zu prüfen, ob der Schuldner in diesem Zeitraum leistungsfähig ist. Der Zeitraum vor Auszahlung der einmaligen Hilfe bleibt außer Betracht.[47]

Beispiel:
Der getrennt lebenden Ehefrau wird Sozialhilfe von monatlich 600,– € gewährt. Sie erhält im Mai 2003 450,– € als einmalige Hilfe zur Anschaffung von Hausrat. Der Unterhalt beträgt 3/7 des Einkommens des Mannes von 1540,– €, also 660,– €. Die Hilfe von 450,– € kann in Höhe von jeweils 75,– € auf 6 Monate verteilt werden (vgl. auch § 21 II 2 BSHG), so dass die Sozialhilfe von Juni bis November pro Monat insgesamt 675,– € beträgt. Der Unterhaltsanspruch für diese Zeit geht daher in voller Höhe von 660,– €, nicht nur in Höhe von 600,– € auf den Sozialhilfeträger über.

Zur Verrechnung einmaliger Leistungen im Rahmen der Hilfe in besonderen Lebenslagen vgl. § 84 III BSHG.

513 Die Bewilligung der Sozialhilfe für den jeweiligen Kalendermonat führt in der Praxis zu erheblichen Schwierigkeiten, weil die Höhe der Sozialhilfe, auch wenn keine einmaligen Leistungen gewährt werden, sich häufig ändert, z. B. weil sich Miete, Wohnnebenkosten, Krankenkassenbeiträge, anzurechnendes Wohngeld oder ähnliche Positionen erhöhen oder ermäßigen, weil Überzahlungen auszugleichen sind oder Nachzahlungen erfolgen. Die im Unterhaltsrecht übliche Durchschnittsberechnung hinsichtlich Einkommen, Bedarf und Leistungsfähigkeit über einen längeren Zeitraum würde in den Fällen, in denen ein Anspruchsübergang nach § 91 BSHG in Betracht kommt, zum Teil gegenstandslos, wenn bzgl. der gewährten Sozialhilfe auf den jeweiligen Monat abzustellen, für jeden Monat eine Vergleichsberechnung durchzuführen und im Urteil ein unterschiedlicher Betrag auszuweisen wäre, in Höhe dessen der Unterhaltsanspruch auf den Sozialhilfeträger übergegangen ist. Es bestehen m. E. keine Bedenken, auch bzgl. der in der Vergangenheit gewährten Sozialhilfe einen Durchschnittsbetrag zu errechnen und bei der Errechnung der übergegangenen Unterhaltsansprüche zugrunde zu legen.[48] Dies ist allerdings nur so lange möglich, als sich die Grundlagen der Sozialhilfegewährung und/oder der Unterhaltsberechnung nicht verändern. Nimmt der Sozialhilfeempfänger eine Erwerbstätigkeit auf und verringern sich dadurch sowohl die Sozialhilfe als auch der Unterhaltsanspruch, so muss selbstverständlich vom Beginn der Erwerbstätigkeit an eine Neuberechnung erfolgen.

514 Ein Unterhaltsanspruch kann nur dann übergehen, wenn mit der Sozialhilfe nicht nur Bedarf im Sinne des Sozialhilferechts, sondern auch **Unterhaltsbedarf** sichergestellt wird. Dies ist z. B. nicht der Fall, wenn durch den Sozialhilfeträger Schulden, insbesondere Mietschulden zur Sicherung einer Unterkunft, übernommen (§ 15 a BSHG) oder Hilfen zum Aufbau oder Sicherung einer Existenz (§ 30 BSHG) gewährt werden.[49]

515 **c) Unterhalt für die Vergangenheit, Rechtswahrungsanzeige.** Der übergegangene Unterhaltsanspruch kann vom Sozialhilfeträger von dem Zeitpunkt an geltend gemacht werden, zu dem die Voraussetzungen der §§ 1613 I, 1585 b BGB vorliegen. Dazu Rn. 100 ff. Dies ist dann der Fall, wenn bereits der Berechtigte den Schuldner vor dem gesetzlichen Forderungsübergang gemahnt hatte.[50] Nach Gewährung der Sozialhilfe und nach Anspruchsübergang kann auch der Sozialhilfeträger den Schuldner mahnen. Dies setzt allerdings die Anmahnung eines bestimmten Betrages voraus. Nachdem nunmehr auch der privatrechtliche Auskunftsanspruch übergeht (vgl. Rn. 510), kann der Sozialhilfeträger den Schuldner zum Zweck der Geltendmachung des Unterhaltsanspruchs auffordern, über seine

[46] So Hußmann in Heiß/Born, 16 Rn. 41 ff.
[47] Hußmann in Heiß/Born, 16 Rn. 44
[48] A.A. Hußmann in Heiß/Born, 16 Rn. 34 ff., 38 m. w. N.
[49] Vgl. dazu Nr. 27–34 Empfehlungen DV, FamRZ 2002, 931
[50] Scholz, FamRZ 1994, 1 f.

Einkünfte und sein Vermögen Auskunft zu erteilen, dadurch verzugsähnliche Wirkungen herbeizuführen (§ 1613 I 1 BGB) oder ihn im Weg der sog. Stufenmahnung[51] in Verzug setzen. Letzteres erfordert die Aufforderung zur Auskunft und zur Zahlung des Betrages, der sich nach Erteilung der Auskunft ergibt (vgl. dazu Rn. 119).

Die Wirkungen des Verzuges können auch durch eine **Rechtswahrungsanzeige** (§ 91 III 1 BSHG) herbeigeführt werden. Diese Anzeige ist – wie schon nach früherem Recht (vgl. Rn. 507) – kein Verwaltungsakt, sondern eine privatrechtliche Erklärung. Nach der Neufassung des § 91 III BSHG zum 1. 8. 1996 reicht es für die Rechtswahrungsanzeige aus, dass dem Unterhaltsschuldner die Gewährung der Hilfe schriftlich mitgeteilt wird. Die Anzeige braucht nicht in derselben Weise bestimmt zu sein wie eine Mahnung, die Höhe der Aufwendungen muss nicht angegeben,[52] der Betrag, in dessen Höhe der Schuldner in Anspruch genommen werden soll, nicht beziffert werden.[53] Eine Rechtswahrungsanzeige während der Trennungszeit begründet die Wirkungen des Verzuges auch hinsichtlich des nachehelichen Unterhalts, soweit sich nicht aus dem Inhalt der Anzeige ergibt, dass allein der Anspruch auf Trennungsunterhalt geltend gemacht werden soll.[54] Es ist nicht erforderlich, dass die Rechtswahrungsanzeige dem Schuldner, wie früher, unverzüglich zugeht. Eine Rückwirkung auf den Beginn der Hilfe oder auf den Bewilligungsbescheid, wie in den früheren Fassungen des § 91 BSHG vorgesehen, kommt der Rechtswahrungsanzeige nicht mehr zu.[55] Vielmehr kann der Sozialhilfeträger den Schuldner nach jetzt geltendem Recht erst ab Zugang der Anzeige in Anspruch nehmen. Der Zugang begründet auch dann die Wirkungen des Verzuges, wenn der Sozialhilfeträger Vorausleistungen erbringt und die Sozialhilfe erst später endgültig bewilligt wird. Dem Schuldner wird durch die Rechtswahrungsanzeige hinreichend klargemacht, dass er mit der Geltendmachung des übergegangenen Unterhaltsanspruchs zu rechnen hat. Die Rechtsprechung des BGH,[56] der eine Rückwirkung der Anzeige nur bis zum Zeitpunkt des Erlasses des Bewilligungsbescheides, nicht dagegen bis zum (früheren) tatsächlichen Beginn der Hilfe annahm, ist m. E. überholt.[57] Sie beruhte auf der bis zum 27. 6. 1993 geltenden Fassung des § 91 BSHG (vgl. Rn. 507), die auch eine Inanspruchnahme des Schuldners für die Vergangenheit zuließ und deshalb der Einschränkung bedurfte. Näheres zur Rechtswahrungsanzeige oben Rn. 106 ff.

Da sich durch den gesetzlichen Übergang Natur, Inhalt und Umfang des Unterhaltsanspruchs nicht ändern,[58] hat der Sozialhilfeträger beim nachehelichen Unterhalt und beim nachpartnerschaftlichen Unterhalt (§ 16 II 2 LPartG) auch § 1585 b III BGB zu beachten, nach dem für eine mehr als ein Jahr vor Rechtshängigkeit liegende Zeit Erfüllung oder Schadensersatz wegen Nichterfüllung nur verlangt werden kann, wenn anzunehmen ist, dass der Verpflichtete sich der Leistung absichtlich entzogen hat. Vgl. dazu Rn. 110, 112.

d) Unterhaltsverzicht. Auf Kindesunterhalt, Verwandtenunterhalt, Familienunterhalt, **515 a**
Trennungsunterhalt unter Eheleuten und Lebenspartnern, Unterhalt der nicht verheirateten Mutter oder des nicht verheirateten Vaters kann für die Zukunft nicht verzichtet werden (§§ 1614 I, 1360 a III, 1361 IV 4, 1615 l III 1 BGB, § 12 II 2 LPartG). Ein derartiger Verzicht ist unwirksam (§ 134 BGB). Soweit im Übrigen ein Unterhaltsverzicht, insbesondere auf nachehelichen und nachpartnerschaftlichen Unterhalt zulässig ist, kann er wegen Verstoßes gegen die guten Sitten (§ 138 BGB) nichtig sein, wenn der Bedürftige infolge des Verzichts zwangsläufig der Sozialhilfe zur Last fällt. Es reicht dagegen nicht aus, wenn der bedürftige Ehegatte im Mangelfall auf nachehelichen Unterhalt verzichtet, der Pflichtige deshalb die Unterhaltsansprüche der Kinder erfüllen kann, die Kinder infolgedessen nicht

[51] BGH, FamRZ 1990, 283, 285 = R 400 b
[52] BGH, FamRZ 1985, 586
[53] BGH, FamRZ 1983, 895
[54] BGH, FamRZ 1988, 375 = NJW 1988, 1147 (zur Überleitungsanzeige nach § 90 II BSHG a. F.)
[55] Vgl. 3. Aufl. Rn. 6/514
[56] FamRZ 1985, 793
[57] So auch Hußmann in Heiß/Born, 16 Rn. 243; unentschieden Künkel, FamRZ 1996, 1509, 1513
[58] BGH, FamRZ 2002, 1698 f. = R 580 a mit Anm. Klinkhammer

mehr auf Sozialhilfe angewiesen sind, der bedürftige Ehegatte jetzt aber (in höherem Maße) sozialhilfebedürftig ist.[59] Insbesondere bei späterer Geburt von Kindern kann der Verzicht gegen § 242 BGB verstoßen. Vgl. hierzu im Einzelnen Rn. 608 f. Ein nichtiger oder wegen Verstoßes gegen § 242 BGB unbeachtlicher Verzicht kann dem Sozialhilfeträger nicht entgegengehalten werden. Ein Verzicht des Hilfeempfängers auf den Unterhaltsanspruch nach Gewährung von Sozialhilfe ist bereits deshalb unwirksam, weil allein der Sozialhilfeträger über den übergegangenen Anspruch verfügen darf.

III. Ausschluss des Anspruchsübergangs

1. Laufende Zahlung des Unterhalts

516 Nach § 91 I 2 BSHG ist der Übergang des Anspruchs ausgeschlossen, wenn der Unterhaltsanspruch durch **laufende Zahlung** erfüllt wird. Die Vorschrift betrifft weniger die Berechtigung des Sozialhilfeträgers, den Unterhaltsanspruch geltend zu machen, als die Frage, an wen der Schuldner leisten darf. Der Schuldner kann bereits nach §§ 412, 407 I BGB mit befreiender Wirkung an den Unterhaltsberechtigten zahlen, wenn ihm die Gewährung der Sozialhilfe und damit der Anspruchsübergang nicht bekannt sind. § 91 I 2 BSHG soll darüber hinaus dem Schuldner die Möglichkeit geben, jederzeit wieder mit laufenden Zahlungen an den Berechtigten zu beginnen und damit die Gewährung von Sozialhilfe ganz oder teilweise entbehrlich zu machen.[60] Die Erfüllung tritt auch dann ein, wenn der Schuldner die Zahlung aufnimmt, nachdem bereits die Sozialhilfe für den betreffenden Monat beim Unterhaltsgläubiger eingegangen ist, selbst wenn ihm die Gewährung von Sozialhilfe bekannt war. Zu verlangen ist lediglich, dass der Unterhalt dem Berechtigten noch in dem Monat, für den gezahlt wird, zur Verfügung steht.[61] Die Zahlung erst im folgenden Monat reicht dagegen nicht mehr aus.[62] Der Ansicht, dass die laufende Zahlung vom Schuldner rechtzeitig, also spätestens am Ersten des laufenden Monats, angewiesen worden sein müsse,[63] nimmt § 91 I 2 BSHG jeden eigenständigen Inhalt; sie überzeugt daher nicht.

2. Unterhaltsansprüche in der Bedarfsgemeinschaft

517 **a) Hilfe zum Lebensunterhalt.** Hilfe zum Lebensunterhalt wird demjenigen gewährt, der seinen notwendigen Lebensunterhalt nicht oder nicht ausreichend aus eigenen Kräften oder Mitteln, vor allem seinem Einkommen oder Vermögen, beschaffen kann (§ 11 I 1 BSHG). Zur Bemessung der Hilfe zum Lebensunterhalt vgl. Rn. 539 ff. Zu berücksichtigen ist nicht nur das eigene Einkommen oder Vermögen, sondern auch dasjenige der **Bedarfsgemeinschaft.** Dazu gehören zunächst nicht getrennt lebende Eheleute, nicht aber Lebenspartner nach dem LPartG.[64] Geht es um Unterhalt bedürftiger minderjähriger Kinder, zählen auch die Eltern oder der Elternteil, bei dem das Kind lebt, zu dieser Gemeinschaft. Dies ändert freilich nichts daran, dass allein der Hilfesuchende, nicht die Bedarfsgemeinschaft als solche Träger des Anspruchs auf Sozialhilfe ist. § 11 I 2 BSHG regelt nur, welches Einkommen und welches Vermögen dem Bedarf des Hilfesuchenden gegenüber zu stellen sind.[65]

---

[59] Dazu Flieser-Hartl, FamRZ 2000, 335, 339

[60] Vgl. BGH, FamRZ 1982, 23, 25 = NJW 1982, 232; Münder, NJW 2001, 2202, 2203

[61] Künkel, FamRZ 1994, 540, 545; Derleder/Bartels, FamRZ 1995, 1111, 1119; Scholz, FamRZ 1994, 1, 3; a.A. Hußmann in Heiß/Born, 16 Rn. 63; Schellhorn, BSHG, 16. Aufl., § 11 Rn. 7

[62] A.A. Derleder/Bartels, FamRZ 1995, 1111, 1119

[63] Hußmann in Heiß/Born, 16 Rn. 63; Schellhorn, a.a.O., § 11 Rn. 7

[64] Schellhorn, BSHG, 16. Aufl. § 11 Rn. 20

[65] BVerwG, FamRZ 1999, 781; Schellhorn, BSHG, 16. Aufl., § 11 Rn. 7; Münder, NJW 2001, 2201, 2202

Das BSHG berücksichtigt bei der Hilfe zum Lebensunterhalt Unterhaltspflichten zwischen Mitgliedern der Bedarfsgemeinschaft bereits bei der Feststellung des einzusetzenden Einkommens oder Vermögens.[66] Sozialhilfe wird also grundsätzlich nicht gewährt, wenn das Einkommen der Mitglieder der Bedarfs-/Einsatzgemeinschaft ausreicht, ihren Bedarf zu decken. Nur in begründeten Fällen kann Hilfe zum Lebensunterhalt in Betracht kommen. Jedoch besteht dann ggf. ein **öffentlich-rechtlicher Anspruch auf Aufwendungsersatz** (§ 11 II 2 BSHG). Vgl. dazu Rn. 502, 508 a. Im Hinblick auf diese öffentlich-rechtliche Lösung schließt § 91 I 3 BSHG den Übergang eines zivilrechtlichen Unterhaltsanspruchs auf den Sozialhilfeträger aus. Daher geht der Anspruch auf Familienunterhalt (Rn. 3/1 ff.) nicht nach § 91 I BSHG über. Der Sozialhilfeträger ist vielmehr darauf angewiesen, durch **Verwaltungsakt** Aufwendungsersatz geltend zu machen. Dieser Verwaltungsakt kann nur vor den Verwaltungsgerichten angefochten werden.

b) Hilfe in besonderen Lebenslagen. Hier ist die Rechtslage ähnlich. Zu dieser Art 518
der Sozialhilfe (vgl. auch Rn. 538, 545) gehören vor allem die Eingliederungshilfe für Behinderte (§§ 27 I Nr. 3, 43 I BSHG), die Blindenhilfe (§§ 27 I Nr. 4, 67 I BSHG) und die Hilfe zur Pflege (§§ 27 I Nr. 5, 68 ff. BSHG). In diesem Bereich wird die Sozialhilfe allerdings seit 1. 4. 1995 durch die Pflegeversicherung in erheblichem Umfang entlastet (§ 28 SGB XI). Hilfe in besonderen Lebenslagen wird gewährt, soweit dem Hilfesuchenden, seinem nicht getrennt lebenden Ehegatten und bei einem minderjährigen, unverheirateten Kind grundsätzlich auch den Eltern, die nicht mit dem Kind zusammenleben müssen,[67] die Aufbringung der Mittel aus ihrem Einkommen oder Vermögen nach Maßgabe der §§ 76 ff. BSHG nicht zuzumuten ist (§ 28 BSHG). Wird gleichwohl Hilfe in besonderen Lebenslagen bewilligt, z. B. weil die Heimkosten das zumutbare Maß übersteigen, kann der Sozialhilfeträger **durch Verwaltungsakt einen öffentlich-rechtlichen Kostenbeitrag** verlangen (§§ 29 S. 2, 43 I 2 BSHG). Auch hier schließt § 91 I 3 BSHG einen Übergang des Anspruchs auf Familienunterhalt aus. Vgl. dazu auch Rn. 502.

c) Haushaltsgemeinschaft. Eheähnliche Gemeinschaft. §§ 11, 28 BSHG werden 519
durch § 16 BSHG ergänzt. Lebt ein Hilfesuchender mit Verwandten und Verschwägerten in Haushaltsgemeinschaft, so wird vermutet, dass er von ihnen Leistungen zum Lebensunterhalt erhält, soweit dies nach ihrem Einkommen und Vermögen erwartet werden kann. Von praktischer Bedeutung ist dies vor allem, wenn ein Kind bei seinen Großeltern lebt. Sozialhilfe wird dann bei hinreichender Leistungsfähigkeit der Großeltern an das Kind nicht gezahlt. Diesen müssen allerdings Mittel verbleiben, die deutlich über der Hilfe zum Lebensunterhalt liegen, die sie selbst erhalten können.[68] In einem solchen Fall steht nicht dem Sozialamt, sondern dem Kind Anspruch auf Unterhalt gegen seine Eltern zu. Die Leistungen der nachrangig haftenden Großeltern sind in der Regel freiwillige Leistungen Dritter, die nur bei entsprechendem Willen des Leistenden die Eltern entlasten (vgl. Rn. 2/100 ff.).

Personen, die in eheähnlicher Gemeinschaft leben, dürfen nach § 122 BSHG hinsichtlich der Voraussetzungen sowie des Empfangs der Sozialhilfe nicht besser gestellt werden als Ehegatten; § 16 BSHG gilt entsprechend. Eine solche Gemeinschaft kann nur zwischen Mann und Frau, nicht aber zwischen gleichgeschlechtlichen Partnern bestehen.[69] Sie muss auf Dauer angelegt sein, über eine reine Haushalts- und Wirtschaftsgemeinschaft hinausgehen und sich durch innere Bindungen auszeichnen, die ein gegenseitiges Einstehen der Partner füreinander begründen.[70] Nach § 122 BSHG ist daher der Partner einer solchen Gemeinschaft wie ein nicht getrennt lebender Ehegatte in die Bedarfsgemeinschaft einzubeziehen.[71]

---

[66] Nr. 130 Empfehlungen DV, FamRZ 2002, 931
[67] Nr. 157 Empfehlungen DV, FamRZ 2002, 931
[68] BVerwG, FamRZ 1996, 936; zur Anwendung des § 16 BSHG bei Zusammenleben des Kindes mit seinem Stiefvater vgl. BVerwG, FamRZ 1999, 780
[69] Schellhorn, BSHG, 16. Aufl., § 122 Rn. 4 a
[70] BVerwG, FamRZ 1995, 1352
[71] OLG Düsseldorf, FamRZ 1999, 885

3. Unterhaltsansprüche bestimmter Verwandter

520 Ein Anspruchsübergang findet nicht statt, wenn der Unterhaltspflichtige mit dem Hilfeempfänger im zweiten oder einem entfernteren Grad verwandt ist (§ 91 I 3 BSHG). Dies betrifft vor allem Ansprüche gegen die **Großeltern** (vgl. dazu auch Rn. 2/273). Zu der Frage, ob die Enkel selbst Ansprüche gegen die Großeltern geltend machen können, obwohl sie Sozialhilfe in Anspruch nehmen oder jedenfalls nehmen könnten, vgl. Rn. 569.

521 Ebenfalls ausgeschlossen ist der Übergang von Unterhaltsansprüchen gegen Verwandte ersten Grades einer **Schwangeren oder einer Mutter,** die ihr leibliches Kind bis zur Vollendung seines 6. Lebensjahres betreut (§ 91 I 3 BSHG). Die Regelung geht auf Art. 8 des Schwangeren- und Familienhilfegesetzes vom 27. 7. 1992 – BGBl. I 1398, 1401 zurück. Zur Geltendmachung von Unterhaltsansprüchen der Hilfesuchenden selbst gegen ihre Eltern, obwohl sie Sozialhilfe in Anspruch nehmen oder jedenfalls nehmen könnte, vgl. Rn. 569.

4. Unterhaltsansprüche bei Arbeitsförderungsmaßnahmen

522 Durch die Verweisung auf § 90 IV BSHG in § 91 I 4 BSHG wird klargestellt, dass ein Anspruchsübergang nicht stattfindet, wenn ein Hilfeempfänger mit gemeinnütziger Arbeit beschäftigt wird oder wenn seine Gewöhnung an berufliche Arbeit gefördert oder erprobt werden soll und er während dieser Zeit Hilfe zum Lebensunterhalt zuzüglich einer Entschädigung für Mehraufwendungen erhält (§§ 19 II, 20 II BSHG). Dasselbe gilt, wenn einem Hilfeempfänger für die Ersten zwölf Monate nach Aufnahme einer Tätigkeit auf dem allgemeinen Arbeitsmarkt ein monatlicher Zuschuss gewährt wird (§ 18 V 2 BSHG). In solchen Fällen ist ohnehin fraglich, ob der Hilfeempfänger unterhaltsbedürftig ist.

IV. Öffentlich-rechtliche Vergleichsberechnung

1. Grundsatz der Meistbegünstigung

523 Nach § 91 II 1 BSHG geht der Unterhaltsanspruch nur über, soweit ein Hilfeempfänger sein Einkommen und Vermögen nach den Bestimmungen des Abschnitts 4 (§§ 76–89 BSHG) mit Ausnahme der §§ 84 II, 85 I Nr. 3 S. 2 BSHG einzusetzen hat. Der Unterhaltspflichtige soll durch diese Bestimmung in gleicher Weise wie der Hilfeempfänger geschützt werden. Er darf also durch die Inanspruchnahme auf Unterhalt **nicht selbst sozialhilfebedürftig** werden. Dies würde gegen die Menschenwürde und das Sozialstaatsprinzip verstoßen.[72] Dieser Grundsatz gilt auch im Unterhaltsrecht für die Leistungsfähigkeit des Pflichtigen.[73] Vgl. dazu Rn. 506 und 2/261. Gleichwohl geht der **Schuldnerschutz** im Sozialhilferecht deutlich weiter als im Unterhaltsrecht. § 91 II 1 BSHG hat den Zweck, den Unterhaltsschuldner gegenüber dem Sozialhilfeträger nicht schlechter als den Hilfeempfänger zu behandeln. Der Unterhaltspflichtige genießt im Rahmen des Anspruchsübergangs sozialhilferechtlich den gleichen Schutz, den er hätte, wenn er selbst Empfänger der konkreten Hilfe wäre und ihm Sozialhilfe gewährt werden müsste.[74] Dies gilt sowohl hinsichtlich seines sozialhilferechtlichen Bedarfs, also der Leistungen, die er nach dem BSHG erhalten könnte (Rn. 539 ff.), als auch hinsichtlich des Einsatzes seines Einkommens und Vermögens (Rn. 527 ff.), wenn er selbst in der Lage des Hilfeempfängers wäre. Dieser Schutz des Pflichtigen kommt auch darin zum Ausdruck, dass nicht nur der Hilfeempfänger, sondern auch der **Unterhaltsschuldner** einen **Anspruch auf Beratung** über seine Rechte und Pflichten nach dem BSHG hat (§ 14 SGB I); das Sozialamt hat ihn auf rechtliche Regelungen, hinzuweisen, die sich zu seinen Gunsten auswirken können, insbesondere auf § 91 II 1 BSHG.[75]

524 Zunächst ist festzustellen, in welchem Umfang der Pflichtige nach bürgerlichem Recht zum Unterhalt verpflichtet ist. Danach ist in einer sozialhilferechtlichen **Vergleichsberech-**

---

[72] BGH, FamRZ 1990, 849 = NJW 1991, 356; BVerwG, FamRZ 1999, 780; BSG, FamRZ 1985, 379 f.; OLG Düsseldorf, FamRZ 1999, 127 = NJW 1998, 1502

[73] BGH, FamRZ 1996, 1272 = R 507 b; FamRZ 1990, 849 = NJW 1991, 356

[74] BGH, FamRZ 1999, 843, 846 = R 533 b; vgl. auch BGH, FamRZ 1998, 818 = R 524; Münder, NJW 2001, 2201, 2207

[75] Schellhorn, FuR 1995, 10

nung zu prüfen, ob der Unterhaltsschuldner vom Sozialhilfeträger nach § 91 II BSHG nur mit einem geringeren Betrag zum Unterhalt des Hilfeempfängers herangezogen werden kann. Nach dem Grundsatz der **Meistbegünstigung** geht der Unterhaltsanspruch nur in Höhe des geringeren Betrages auf den Sozialhilfeträger über.[76] Zur Auswirkung des § 91 II BSHG auf den beim Unterhaltsberechtigten verbliebenen Anspruch vgl. Rn. 567 ff.

Dem Unterhaltspflichtigen muss derjenige Betrag verbleiben, den er selbst als Empfänger der konkreten Sozialhilfe erhalten könnte.[77] Zu prüfen ist daher,[78] 525
- welcher Bedarf des Schuldners sozialhilferechtlich anzuerkennen wäre (vgl. Rn. 539 ff.),
- in welchem Umfang er sein Einkommen und Vermögen zur Deckung dieses Bedarfs nach Sozialhilferecht einsetzen müsste (vgl. Rn. 527 ff.).

Die Verweisung in § 91 II 1 BSHG auf die Bestimmungen des Abschnitts 4 des Gesetzes betrifft nur die Pflicht zum Einsatz von Einkommen und Vermögen. Der sozialhilferechtliche Bedarf ist dagegen, soweit er die Hilfe zum Lebensunterhalt betrifft, in §§ 11 ff., 21 ff. BSHG und, soweit er die Hilfe in besonderen Lebenslagen betrifft, in §§ 27 ff. BSHG geregelt. Auf diese Vorschriften nimmt § 91 II BSHG nicht Bezug. Gleichwohl muss bei der sozialhilferechtlichen Vergleichsberechnung auch der Bedarf des Pflichtigen nach dem BSHG berücksichtigt werden. Dies folgt unmittelbar aus dem Grundsatz, dass der Schuldner durch die Inanspruchnahme auf Unterhalt nicht selbst sozialhilfebedürftig werden darf (Rn. 523) und ist daher letztlich aus dem Grundrecht des Art. 1 I GG und dem Sozialstaatsprinzip (Art. 20 I GG) herzuleiten.[79] Die öffentliche Hand darf nicht dadurch, dass der Sozialhilfeträger einen übergegangenen Unterhaltsanspruch geltend macht, dem Unterhaltspflichtigen die Mittel entziehen, die ihm der Staat als Mindestbedarf im Rahmen sozialstaatlicher Hilfe zur Verfügung stellen müsste.[80] Daher findet die sozialhilferechtliche **Vergleichsberechnung** nicht nur bei der Hilfe in besonderen Lebenslagen, sondern auch und gerade **bei der Hilfe zum Lebensunterhalt** statt.[81]

In die Vergleichsberechnung sind auch die Mitglieder der Bedarfsgemeinschaft einzubeziehen. 526 Dem Schuldner muss also nach §§ 11 I 2, 91 II BSHG derjenige Betrag verbleiben, der ihm für sich, seinen nicht getrennt lebenden Ehegatten und seine mit ihm in einem Haushalt lebenden minderjährigen, unverheirateten Kinder als Sozialhilfe gebühren würde. Damit genießen, soweit es um die Frage des Anspruchsübergangs auf den Sozialhilfeträger geht, die Ansprüche der Mitglieder der Bedarfsgemeinschaft **sozialhilferechtlich** den **Vorrang** vor den Ansprüchen des getrennt lebenden oder geschiedenen Ehegatten sowie den Unterhaltsansprüchen von Kindern, die nicht mit dem Pflichtigen in einem Haushalt zusammenleben.[82] Die Unterhaltsansprüche dieses Personenkreises gehen nur insoweit auf den Sozialhilfeträger über, als der sozialhilferechtliche Bedarf des Pflichtigen und der mit ihm in einer Bedarfsgemeinschaft lebenden Angehörigen gedeckt ist. Nach bürgerlichem Recht haben dagegen die Ansprüche aller minderjährigen Kinder mit denen des jetzigen und des früheren Ehegatten den gleichen Rang (§ 1609 I, II BGB); der geschiedene Ehegatte geht dem jetzigen sogar in der Regel im Rang vor (§ 1582 BGB). Dies gilt auch dann, wenn die Unterhaltsberechtigten, die mit dem Schuldner in Haushaltsgemeinschaft leben, durch dessen Unterhaltslasten selbst sozialhilfebedürftig werden.[83] Vgl. hierzu Rn. 5/39 ff. und zu den sich daraus ergebenden Schwierigkeiten im Rahmen des § 91 BSHG Rn. 573.

---

[76] BGH, FamRZ 1998, 818 = R 524; OLG Düsseldorf, FamRZ 1999, 843, 846; Nr. Nr. 2, 85, 147 Empfehlungen DV, FamRZ 2002, 931

[77] BGH, FamRZ 1999, 843, 846 = R 533 b

[78] OLG Düsseldorf, FamRZ 1999, 127 = NJW 1998, 1502

[79] BSG, FamRZ 1985, 379 f.; Künkel, FamRZ 1996, 1509, 1511

[80] BVerfG, FamRZ 1993, 285 = NJW 1992, 3153 zur vergleichbaren Problematik der steuerlichen Freistellung des Existenzminimums

[81] BGH, FamRZ 1998, 818 = R 524; Künkel, FamRZ 1995, 1509, 1511; Nr. 152 ff. Empfehlungen DV, FamRZ 2002, 931; a.A. Hußmann in Heiß/Born, 16 Rn. 181 ff. und die durch Neufassung des § 91 BSHG überholte Rechtsprechung der Verwaltungsgerichte. Vgl. dazu Atzler, NJW 1999, 700

[82] So Nr. 151 f, 154 Empfehlungen DV, FamRZ 2002, 931; Schellhorn, BSHG, 16. Aufl., § 91 Rn. 73; vgl. auch Brudermüller, FamRZ 1995, 1033, 1036; zweifelnd Künkel, FamRZ 1994, 540, 546

[83] BGH, FamRZ 1996, 1272 = R 507 b

2. Einsatz des Einkommens und des Vermögens im Rahmen der öffentlich-rechtlichen Vergleichsberechnung

527 Der Hilfesuchende hat zur Deckung seines sozialhilferechtlichen Bedarfs (Rn. 539 ff.) sein Einkommen einzusetzen, das ihm in der Zeit des Bedarfs zur Verfügung steht. Dasselbe gilt für sein Vermögen. **Einkommen** ist alles, was jemand in der Bedarfszeit wertmäßig dazu erhält, und **Vermögen** das, was er in der Bedarfszeit bereits hat. Mittel, die der Hilfesuchende früher als Einkommen erhalten hat, sind, soweit sie in der nun aktuellen Bedarfszeit noch vorhanden sind, Vermögen. Dabei ist Bedarfszeit die Zeit, in der der Bedarf besteht und zu decken ist. Entscheidend ist der Zeitpunkt, zu dem die Mittel dem Hilfesuchenden tatsächlich zufließen, falls nicht das Gesetz ein anderes bestimmt (vgl. § 84 II, III BSHG).[84]

527 a Der Einkommensbegriff des Sozialhilferechts weicht aus sozialpolitischen Gründen in einzelnen Punkten von demjenigen des Unterhaltsrechts ab.[85] Er gilt sowohl für die Hilfe zum Lebensunterhalt (Rn. 517) als auch für die Hilfe in besonderen Lebenslagen (Rn. 518).

Die **Einkommensermittlung** richtet sich nach §§ 76–87 BSHG. Die wichtigste Vorschrift ist § 76 BSHG.[86] Danach gehören zum Einkommen im Sinne des BSHG grundsätzlich alle Einkünfte in Geld oder Geldeswert. Jedoch gelten zahlreiche Ausnahmen. Bestimmte Einkünfte, insbesondere sozialstaatliche Zuwendungen, bleiben unberücksichtigt (Rn. 537). Bei der Hilfe in besonderen Lebenslagen sind allgemeine und besondere Einkommensgrenzen zu beachten. Vgl. dazu Rn. 538 f.

527 b Die **Grundsicherung** ist Einkommen im Sinne des BSHG. Der Hilfesuchende kann daher darauf verwiesen werden, seinen Anspruch auf Grundsicherung bei der zuständigen Behörde geltend zu machen. Bis zur Entscheidung der Behörde kann vorübergehend Sozialhilfe gewährt werden. Vgl. Rn. 503 a und 1/467 a.

528 Das Einkommen ist nach § 76 II, II a BSHG um bestimmte Beträge zu bereinigen. Hinweise für die Ermittlung des Einkommens, insbesondere des Einkommens aus unselbstständiger Tätigkeit, enthält die **Verordnung zur Durchführung des § 76 BSHG (DVO).**[87]

529 Die Ermittlung des Bruttoeinkommens, der zu entrichtenden Steuern und der Pflichtbeiträge zur Sozialversicherung einschließlich der Arbeitslosenversicherung (§ 76 II Nr. 1, 2 BSHG) folgt im Wesentlichen denselben Kriterien wie im Unterhaltsrecht. Vgl. Rn. 1/586 ff. Zu den Sozialversicherungsbeiträgen gehören seit 1. 1. 1995 auch die Beiträge zur Pflegeversicherung. Zu berücksichtigen sind auch (Mindest-)Beiträge zur Altersversorgung nach §§ 82, 86 EStG (Riesterrente; vgl. § 76 II Nr. 3 BSHG). Auszugehen ist von den monatlichen Bruttoeinnahmen (§ 3 III 1 DVO). Einmalige Zahlungen (**Sonderzuwendungen,** Gratifikationen, Steuererstattungen usw.) sind wie im Unterhaltsrecht auf einen angemessenen Zeitraum zu verteilen und monatlich mit einem entsprechenden Teilbetrag anzusetzen (§ 3 III 2, 3 DVO).[88]

530 Als **Versicherungsbeiträge** erkennen die Sozialhilfeträger auch Beiträge zu Versicherungen, insbesondere zur Hausrats- und Haftpflichtversicherung, in angemessener Höhe an (§ 76 II Nr. 3 BSHG).[89] Im Unterhaltsrecht sind derartige Ausgaben grundsätzlich aus dem Selbstbehalt zu bestreiten. Zur Riesterrente vgl. Rn. 529.

531 Die mit der Erzielung des Einkommens verbundenen notwendigen Ausgaben werden grundsätzlich nicht pauschaliert. Berücksichtigt werden vor allem Kosten für Fahrten zwischen Wohnung und Arbeitsstelle mit öffentlichen Verkehrsmitteln sowie Gewerkschaftsbeiträge (§ 3 IV Nr. 2 und 3 DVO). Nur in Ausnahmefällen wird die Benutzung eines Kfz anerkannt; ggf. sind monatlich 5,20 € für jeden vollen Kilometer abzuziehen, den die Wohnung von der Arbeitsstätte entfernt liegt, jedoch nicht mehr als 40 km (§ 3 VI DVO). Für Arbeitsmittel kann ein Pauschbetrag von 5,20 € pro Monat angesetzt werden (§ 3 V DVO). Im Unterhaltsrecht werden solche **berufsbedingten Aufwendungen** dagegen

---

[84] BVerwG, FamRZ 1999, 1654 = NJW 1999, 3649

[85] BGH, FamRZ 1999, 843, 846 = R 533 b, c

[86] Die Vorschrift ist abgedruckt bei Schönfelder, Deutsche Gesetze, und in den gängigen ZPO-Kommentaren, jeweils bei § 115 ZPO

[87] Vom 28. 11. 1962 – BGBl. I 692, zuletzt geändert durch Gesetz vom 21. 12. 2000 – BGBl. I 1983

[88] BVerwG, FamRZ 1999, 1653 = NJW 1999, 3649

[89] Oestreicher/Schelter/Kunz, BSHG, § 76 Rn. 35

häufig, wie z. B. in der Düsseldorfer Tabelle (A 3), mit einer Pauschale von 5% der Erwerbseinkünfte abgegolten (vgl. dazu Rn. 1/89).

Bei Personen, die Hilfe zum Lebensunterhalt beziehen, sind nach § 76 II a BSHG angemessene Beträge vom Einkommen abzusetzen. Von besonderer Bedeutung ist der **Abzug für Erwerbstätige.** Dessen Höhe hat die Bundesregierung in der DVO zu § 76 BSHG (vgl. Rn. 528) bisher nicht festgelegt. Nach den Empfehlungen des Deutschen Vereins,[90] denen die meisten Sozialhilfebehörden folgen, beträgt der Absetzungsbetrag im Allgemeinen 148,– €, nämlich die Hälfte des Regelsatzes für einen Alleinstehenden (vgl. Rn. 539).[91] Der Vorschlag, den Absetzungsbetrag wie im Unterhaltsrecht mit 1/7 des Erwerbseinkommens anzusetzen,[92] führt nicht weiter, da der Erwerbstätigenbonus nur beim Ehegatten-, nicht aber beim Kindesunterhalt gewährt wird (vgl. Rn. 4/373 ff.). § 76 II a BSHG ist **seit dem 1. 8. 1996** zugunsten des Unterhaltspflichtigen im Rahmen der sozialhilferechtlichen Vergleichsberechnung **nicht** mehr zu berücksichtigen, wie sich aus § 91 II 1 BSHG i. d. F. des Gesetzes vom 23. 7. 1996 – BGBl. I 1088 ergibt (vgl. Rn. 508). Dem Pflichtigen steht also kein Abzug für Erwerbstätige zu. Dagegen scheinen auf den ersten Blick verfassungsrechtliche Bedenken zu bestehen, weil sich der Grundsatz, dass niemand durch Unterhaltsgewährung sozialhilfebedürftig werden darf, unmittelbar aus der Verfassung ergibt (vgl. Rn. 525). Die Problematik wird jedoch weitgehend dadurch entschärft, dass nach der Düsseldorfer Tabelle und den meisten anderen Tabellen und Leitlinien des alten Bundesgebiets dem erwerbstätigen Unterhaltsschuldner auch im Mangelfall[93] ein um 110 € höherer notwendiger Selbstbehalt (840,– € gegenüber 730,– €) belassen wird.[94] Vgl. dazu Rn. 2/264 ff.; 5/180 ff. Beim Ehegattenunterhalt verbleibt dem erwerbstätigen Schuldner der Erwerbstätigenbonus von 1/7 bzw. 1/10 seines anrechnungsfähigen Einkommens (vgl. Rn. 4/373 ff., 380 ff.). Im Mangelfall kann der Schuldner auch gegenüber dem Ehegatten – jedenfalls bei den in aller Regel vorliegenden beengten Verhältnissen – auf den notwendigen Selbstbehalt verwiesen werden.[95] Im Einzelfall, insbesondere bei nicht vermeidbaren hohen Wohnkosten kann der notwendige Selbstbehalt angemessen erhöht werden; vgl. Rn. 2/269. Der erwerbstätige Schuldner wird also in aller Regel bereits durch das Unterhaltsrecht geschützt.[96] 532

Schulden sind bei der sozialhilferechtlichen Einkommensermittlung grundsätzlich nicht abzuziehen, es sei denn, der Schuldner kann sich ihnen nicht entziehen, was z. B. bei der Aufrechnung gegen die Gehaltsforderung oder bei Pfändung des Arbeitslohns der Fall möglich ist, da dann dem Hilfeempfänger bereits Mittel zur Bestreitung seines Lebensunterhalts fehlen.[97] In Ausnahmefällen können Mietschulden als Hilfe zum Lebensunterhalt vom Sozialamt übernommen werden (vgl. § 15 a I BSHG). 533

Fiktives Einkommen kann im Sozialhilferecht grundsätzlich nicht berücksichtigt werden.[98] Dies beruht darauf, dass aus der Verletzung der Erwerbsobliegenheit im Sozialhilferecht andere Konsequenzen als im Unterhaltsrecht zu ziehen sind (vgl. Rn. 505; 1/487 ff., 2/144 ff.). Wird dem Schuldner nach Unterhaltsrecht ein fiktives Einkommen wegen Verletzung seiner Erwerbsobliegenheit zugerechnet, so ist im Sozialhilferecht von den niedrigeren 534

---

[90] Kleinere Schriften Heft 55

[91] Zur Berechnung vgl. Schellhorn, FuR 1995, 11, 13 und Zöller/Philippi, ZPO, 23. Aufl., § 115 Rn. 28 f.; Kalthoener/Büttner/Wrobel-Sachs, Prozesskostenhilfe und Beratungshilfe, 2. Aufl., Rn. 263 f.

[92] OLG Karlsruhe, FamRZ 1995, 615, 616; Brudermüller, FuR 1995, 17, 20

[93] Vgl. dazu BGH, FamRZ 2003, 363, 367 = R 584 b mit Anm. Scholz FamRZ 2003, 514, 516

[94] Im Beitrittsgebiet ist die Differenz 100,– €. Zu den Selbstbehaltssätzen in den neuen Bundesländern Rn. 2/265 a

[95] BGH, FamRZ 2003, 363, 367 sub bb (insoweit in R 584 nicht abgedruckt) mit Anm. Scholz, FamRZ 2003, 514, 516

[96] Künkel, FamRZ 1996, 1509 f.

[97] Vgl. BVerwGE 55, 148, 152; auch Hußmann in Heiß/Born, 16 Rn. 121

[98] BGH, FamRZ 1998, 818 = R 524; 1999, 843, 846 = R 533 b; FamRZ 2000, 1358 = R 543 a; FamRZ 2001, 619 = R 548; OLG Düsseldorf, FamRZ 1999, 127 = NJW 1998, 1502; OLG Hamm, FamRZ 1997, 90; OLG Koblenz, FamRZ 1996, 1548 = NJW-RR 1996, 2; a.A. OLG Karlsruhe, FamRZ 1995, 615

tatsächlichen Einkünften, z. B. von Arbeitslosenhilfe auszugehen.[99] Zu den Schwierigkeiten für die sozialhilferechtliche Vergleichsberechnung vgl. Rn. 572, 583.

535 Der **Wohnwert** eines Hausgrundstücks oder einer Eigentumswohnung ist grundsätzlich kein sozialhilferechtliches Einkommen.[100] Dies ergibt sich unmittelbar aus § 4 I 2. Halbsatz DVO zu § 76 BSHG (Rn. 528). Entscheidend ist allein, welche Wohnkosten dem Hilfesuchenden entstehen. Diese sind bei der Bemessung der Sozialhilfe zu berücksichtigen (§ 3 RegelsatzVO; vgl. dazu Rn. 541). Zahlt der Hilfeempfänger keine Miete und trägt er auch keine Belastungen für eine Eigentumswohnung oder ein Eigenheim, z. B. weil der getrennt lebende Ehegatte diese Kosten trägt, wird insoweit keine Sozialhilfe geleistet. Wohngeld ist auf den Wohnbedarf anzurechnen und kein Teil der subsidiären Sozialhilfe.[101] Soweit Wohngeld gewährt wird, kommt daher ein Anspruchsübergang nach § 91 BSHG nicht in Betracht. Vgl. auch Rn. 541.

535 a **Kindergeld** (vgl. Rn. 2/486 ff.) ist Einkommen im Sinne des Sozialhilferechts. Soweit es für minderjährige, unverheiratete Kinder gewährt wird, bleibt es bis zum 30. 6. 2005 bei einem Kind in Höhe von 10,25 €, bei mehreren Kindern in Höhe von 20,50 € monatlich anrechnungsfrei (§ 76 II Nr. 5 BSHG). Im Übrigen ist es anzurechnen, da Kindergeld und Hilfe zum Lebensunterhalt demselben Zweck dienen (§ 77 I 1 BSHG; vgl. Rn. 537).[102] Dagegen verfolgt die Eingliederungshilfe nicht denselben Zweck wie das Kindergeld. Die Eltern müssen es daher nicht zur Finanzierung der Eingliederungsmaßnahme einsetzen, sondern können es für sonstige Kosten der Erziehung verwenden.[103] Kindergeld wird im Regelfall bei dem Elternteil als Einkommen angerechnet, der es bezieht; es kann auch bei dem Kind angerechnet werden, dem es die Eltern zuwenden.[104]

536 Der Einsatz des **Vermögens** richtet sich nach § 88 BSHG. Nach dieser Bestimmung, die dem Familienrechtler durch die Verweisung in § 115 II 2 ZPO bekannt ist, darf Sozialhilfe insbesondere nicht von dem Einsatz oder der Verwertung eines angemessenen Hausgrundstücks abhängig gemacht werden, das von dem Hilfesuchenden oder einem Mitglied der Bedarfsgemeinschaft (vgl. Rn. 502, 517 f.) allein oder zusammen mit Angehörigen ganz oder teilweise bewohnt wird. Zur Angemessenheit des Grundstücks vgl. § 88 II Nr. 7 S. 2 BSHG. Nach § 88 II Nr. 8 BSHG bleiben kleinere Barbeträge und sonstige Geldwerte grundsätzlich anrechnungsfrei. Nach § 1 I 1 Nr. 1 der VO zur Durchführung des § 88 II Nr. 8 BSHG[105] beträgt dieses Schonvermögen bei der Hilfe zum Lebensunterhalt 1279,– €, bei über 60-jährigen, bei voll Erwerbsgeminderten und Invalidenrentnern und bei der Hilfe in besonderen Lebenslagen 2301,– € sowie bei Blinden und Schwerstpflegebedürftigen 4091,– € zuzüglich eines Betrages von 256,– € für jede Person, die vom Hilfesuchenden überwiegend unterhalten wird. Nachzahlungen von Renten gehören in der Regel zum Vermögen, nicht zum Einkommen.[106] Zur Abgrenzung von Einkommen und Vermögen vgl. Rn. 527.

Sozialhilfe darf nicht vom Einsatz oder der Verwertung eines Vermögens abhängig gemacht werden, soweit dies für den Hilfeempfänger und seine unterhaltsberechtigten Angehörigen eine **Härte** bedeuten würde (§ 88 III BSHG). Dies kann der Fall sein, wenn ein PKW für die Betreuung von Kleinkindern benötigt wird und ein etwaiger Verkaufserlös außer Verhältnis zu den bei Veräußerung zu besorgenden Nachteilen steht.[107] Der Einsatz von Schmerzensgeld stellt eine Härte im Sinne des § 88 III BSHG dar.[108] Eine Härte liegt bei Hilfe in besonderen Lebenslagen vor, soweit eine angemessene Lebensführung oder die Aufrechterhaltung einer angemessenen Alterssicherung wesentlich er-

[99] OLG Düsseldorf, FamRZ 1999, 127 = NJW 1998, 1501
[100] LG Duisburg, FamRZ 1992, 1086
[101] Schellhorn, BSHG, 16. Aufl. § 77 Rn. 12 m. w. N.
[102] BVerwGE 94, 326 = NVwZ 1999, 1214; FamRZ 1999, 781 f.
[103] BVerwG, FamRZ 1999, 781 f.
[104] BVerwGE 60, 6; OVG Bautzen, FamRZ 1998, 1069; Schellhorn, BSHG, § 76 Rn. 28, § 77 Rn. 15; vgl. auch BVerwG, NVwZ 2002, 96
[105] Vom 1. 2. 1988 – BGBl. I 150, zuletzt geändert durch Gesetz vom 26. 6. 2001 – BGBl. I 1310
[106] BVerwGE 45, 135
[107] OVG Bautzen, FamRZ 1998, 1069
[108] BVerwG, FamRZ 1995, 1348 = NJW 1995, 3001

schwert würden (§ 88 III 2 BSHG).[109] Zur Eingliederungshilfe zur Beschäftigung in einer Werkstatt für Behinderte vgl. § 88 III 3 BSHG. Über § 88 III BSHG hinaus wird der Unterhaltsschuldner durch § 91 II 2 BSHG geschützt. Danach ist der Anspruchsübergang ausgeschlossen, wenn er eine unbillige Härte bedeuten würde. Vgl. dazu Rn. 546 ff.

Die Sozialämter sehen bei der Berechnung des Unterhalts, insbesondere beim Verwand- **536 a**
tenunterhalt, teilweise beachtliche Werte als unterhaltsrechtliches Schonvermögen an. So bleibt nach Nr. 91 Nr. 5 Empfehlungen DV[110] ein Betrag von 75 000,– € anrechnungsfrei, falls der Schuldner nicht über eine selbst bewohnte Eigentumswohnung oder ein selbst bewohntes Hausgrundstück verfügt. An eine derartige Verwaltungspraxis bleibt die Verwaltungsbehörde gebunden (vgl. Rn. 547).

Besitzt der Unterhaltsberechtigte nach § 88 II, III BSHG geschütztes Vermögen, dessen Stamm er nach bürgerlichem Recht für seinen Unterhalt einzusetzen hat, soll der Pflichtige nach Nr. 79 Empfehlungen DV für den Zeitraum nicht in Anspruch genommen werden, für den das Vermögen zur Deckung des Bedarfs ausgereicht hätte; nach dessen Ablauf sei der Unterhaltsberechtigte als bedürftig anzusehen, auch wenn das geschützte Vermögen noch vorhanden sei.[111] Diese Auffassung ist bedenklich, da der Berechtigte nach wie vor nicht unterhaltsbedürftig ist und seine Sozialhilfebedürftigkeit auf spezifisch sozialrechtlichen Erwägungen des Gesetzgebers beruht, die für das Unterhaltsrecht nicht maßgebend sein können. Im Übrigen erlaubt § 92 c BSHG in vielen Fällen den Zugriff auf das Schonvermögen nach dem Tode des Hilfeempfängers.[112]

Im Gegensatz zum Unterhaltsrecht, nach dem – von wenigen Ausnahmen abgesehen – **537**
alle Einkünfte ohne Rücksicht auf ihre Zweckbestimmung angerechnet werden (vgl. Rn. 1/9, 40 ff.), sind im Sozialhilferecht bestimmte Einkünfte und Einkommensteile nicht zu berücksichtigen. Sie sind sozialhilferechtlich nicht existent. Dies gilt vor allem

- für Leistungen nach dem BSHG (§ 76 I BSHG),
- für die **Grundrente** nach dem Bundesversorgungsgesetz und für bestimmte Renten und Leistungen nach dem Bundesentschädigungsgesetz (§ 76 I BSHG),
- für **Leistungen,** die auf Grund öffentlich-rechtlicher Vorschriften **zu einem ausdrücklich genannten Zweck** gewährt werden, es sei denn, dass die Sozialhilfe im Einzelfall demselben Zweck dient (§ 77 I BSHG), z. B. für das Pflegegeld nach §§ 36, 43 SGB XI. Dies gilt auch dann, wenn das Pflegegeld nicht voll für den Pflegebedürftigen benötigt, sondern an die Pflegeperson weitergeleitet wird, die selbst der Sozialhilfe bedarf.[113] Zur unterhaltsrechtlichen Behandlung des weitergeleiteten Pflegegeldes vgl. § 13 VI SGB XI[114] sowie Rn. 1/463 ff., 2/329;
- für das **Schmerzensgeld** (§ 77 II BSHG), das allerdings zu Vermögen wird, wenn es nicht ausgegeben wird; der Einsatz des Schmerzensgeldes stellt aber in der Regel eine Härte im Sinne des § 88 III BSHG dar und kann daher grundsätzlich nicht verlangt werden (Rn. 536);[115]
- für das **Erziehungsgeld** (§ 8 I 1 BErzGG).

Leistungen der freien Wohlfahrtspflege sind grundsätzlich kein Einkommen (§ 78 I BSHG). Freiwillige Leistungen, die ein Dritter ohne rechtliche oder sittliche Verpflichtung gewährt, bleiben – abweichend vom Unterhaltsrecht (Rn. 2/100 ff.) – nur bei besonderer Härte für den Empfänger anrechnungsfrei (§ 78 II BSHG). Zur Sozialhilfe bei Zusammenleben des Hilfeempfängers mit anderen in einer Bedarfsgemeinschaft vgl. Rn. 517 ff.

Bei der **Hilfe in besonderen Lebenslagen** (§§ 27 ff. BSHG; vgl. Rn. 518) bleiben nach **538**
§§ 79 ff. BSHG bestimmte Beträge anrechnungsfrei. Die **Einkommensgrenzen,** bis zu

---

[109] Vgl. Schellhorn, BSHG, 16. Aufl., § 88 Rn. 78, auch BSG, FamRZ 1999, 1655 mit Anm. Büttner (zu §§ 133, 137 AFG)

[110] FamRZ 2002, 931

[111] So auch Hußmann in Heiß/Born 16 Rn. 21

[112] So mit Recht Münder, NJW 2001, 2201, 2206

[113] BVerwGE 90, 217 = NwVZ 1993, 66

[114] i. d. F. des 4. SGB XI-Änderungsgesetzes vom 21. 7. 1999 – BGBl. I 1656

[115] BVerwG, FamRZ 1995, 1348 = NJW 1995, 3001; anders für das Unterhaltsrecht BGH, FamRZ 1989, 170 = R 379 b; dazu Rn. 1/482, 2/259

denen dem Hilfesuchenden die Aufbringung der Mittel nicht zuzumuten ist, betragen im alten Bundesgebiet (Stand: 1. 7. 2003):
- nach §§ 79 I Nr. 1, 82 BSHG im Allgemeinen 569,– €
- nach §§ 81 I, 82 BSHG insbesondere bei der Eingliederungshilfe für Behinderte nach § 39 I 1, II BSHG und bei der Heimpflege für erheblich Pflegebedürftige und Schwerpflegebedürftige (§ 81 I Nr. 5 BSHG) 853,– €
- nach §§ 81 II, 82 BSHG bei Schwerstpflegebedürftigen (§ 69 a III BSHG) und bei Blinden 1705,– €, im Beitrittsgebiet 1499,– €[116]

Die Einkommensgrenzen werden gemäß § 82 BSHG zum 1. 7. jeden Jahres entsprechend der Veränderung des aktuellen Rentenwerts in der gesetzlichen Rentenversicherung angepasst.

Die Grundbeträge erhöhen sich nach § 79 I Nr. 2 BSHG um die Kosten der **Unterkunft** ohne Heizung[117] und nach § 79 I Nr. 3 BSHG um einen Familienzuschlag in Höhe von 80% des Regelsatzes eines Haushaltsvorstandes für den nicht getrennt lebenden Ehegatten und für vom Hilfeempfänger oder von seinem Ehegatten überwiegend unterhaltene Personen (vgl. Rn. 539).

Die obigen Einkommensgrenzen kommen im Rahmen der öffentlich-rechtlichen Vergleichsberechnung auch dem Schuldner zugute, der vom Sozialhilfeträger nach § 91 BSHG auf Unterhalt in Anspruch genommen werden soll.[118] Vgl. dazu Rn. 573 a.

Bei dem unterhaltsrechtlich wichtigsten Fall der Heimpflege kann der Hilfeempfänger wegen der ersparten Aufwendungen für die häusliche Lebenshaltung in stärkerem Umfang zur Bedarfsdeckung herangezogen werden. Jedoch hat der Sozialhilfeträger im Wege einer Ermessensentscheidung zu berücksichtigen, dass der Hilfeempfänger einem anderen, insbesondere seinem geschiedenen oder getrennt lebenden Ehegatten oder einem Kind unterhaltspflichtig sein kann (§ 85 I Nr. 3 BSHG). Dann sollen dem Hilfeempfänger in angemessenem Umfang die Mittel zur Erfüllung seiner Unterhaltspflicht belassen bleiben.[119] Der Hilfeempfänger ist aber berechtigt, seine gesamten Einkünfte zunächst für seinen eigenen Bedarf, insbesondere die Kosten eines Pflegeheims, zu verwenden und den Unterhaltsberechtigten ggf. auf die Inanspruchnahme von Sozialhilfe zu verweisen.[120] Eigene Einkünfte des Hilfeempfängers aus einer entgeltlichen Beschäftigung, insbesondere aus Arbeit zu therapeutischen Zwecken, werden nur teilweise als Einkommen berücksichtigt (§ 85 II BSHG).[121] Zur Auswirkung des § 85 I Nr. 3 BSHG auf die Unterhaltspflicht vgl. Rn. 2/261 a.

3. Bemessung des sozialhilferechtlichen Bedarfs

539 **a) Hilfe zum Lebensunterhalt.** Diese wird nach **Regelsätzen** bemessen, die von den Landesregierungen durch Rechtsverordnung festgesetzt werden (§ 22 BSHG). Die Regelsätze betragen ab 1. 7. 2003 in den meisten alten Bundesländern und in Gesamtberlin für den Haushaltungsvorstand oder einen Alleinstehenden 296,– €, im Beitrittsgebiet zwischen 282,– und 285,– € pro Monat.[122] Für die weiteren Haushaltsangehörigen gelten, nach Alter gestaffelt, geringere Sätze.[123] Die Altersstufen decken sich nicht mit denjenigen des Unter-

---

[116] Vgl. die Übersicht des Bundesministeriums für Gesundheit und Soziale Sicherung über die Einkommensgrenzen ab 1. 7. 2003 im Internet (www.bmgs.bund.de); die Einkommensgrenzen seit dem 1. 7. 1985 sind bei Schellhorn, BSHG, 16. Aufl., § 82 Rn. 7 abgedruckt. Seit dem 1. 7. 1999 gelten im Beitrittsgebiet nur noch für Schwerstpflegebedürftige niedrigere Sätze

[117] Schellhorn, BSHG, 16. Aufl., § 79 Rn. 26

[118] OLG Koblenz, NJW-RR 1998, 1698; vgl. auch BGH, FamRZ 1999, 843, 846 = R 533 b

[119] BSG, FamRZ 1996, 1404

[120] BGH, FamRZ 1990, 849 = NJW 1991, 356

[121] Vgl. dazu Künkel, FamRZ 1996, 1509, 1513

[122] Bei Abschluss des Manuskripts war noch nicht über eine Initiative des Bundesrats entschieden, die Regelsätze in den Ländern Brandenburg und Sachsen-Anhalt nur bis zur Höhe der Regelsätze der Länder Mecklenburg-Vorpommern, Sachsen und Thüringen anzuheben und die Anhebung in Berlin bis zum 30. 6. 2005 auszusetzen (BR-Drs 154/03)

[123] Vgl. die Übersicht des Bundesministeriums für Gesundheit und Soziale Sicherung über die Regelsätze ab 1. 7. 2003 im Internet (www.bmgs.bund.de). Die Regelsätze für das gesamte Bundesgebiet sind zusammengestellt nach dem Stand vom
- 1. 7. 1994 in FamRZ 1994, 1310,

haltsrechts (§ 1612a III BGB). Nach § 2 der VO zur Durchführung des § 22 BSHG betragen die Regelsätze für sonstige Haushaltsangehörige (in Klammern die Beträge in Nordrhein-Westfalen[124] nach dem Stand vom 1. 7. 2003)

- bis zur Vollendung des 7. Lebensjahres 50% (148,– €), bei Zusammenleben mit einem allein erziehenden Elternteil 55% (163,– € = erhöhter Regelsatz),
- vom Beginn des 8. bis zur Vollendung des 14. Lebensjahres 65% (192,– €),
- vom Beginn des 15. bis zur Vollendung des 18. Lebensjahres 90% (266,– €),
- vom Beginn des 19. Lebensjahres 80% (237,– €)

des Regelsatzes für den Haushaltsvorstand.

80% des Regelsatzes gelten auch für die Ehefrau des Hilfeempfänger oder sonstige erwachsene Angehörige.[125]

Die Altersstufen der Regelsätze decken sich nicht mit denjenigen des Unterhaltsrechts (§ 1612a III BGB). Dies ist ein unnötiger Unterschied zwischen Sozialhilfe- und Unterhaltsrecht.

Die Regelsätze sollen zusammen mit den durchschnittlichen Aufwendungen einer Familie mit drei Kindern für Unterkunft und Heizung (Rn. 541) und für einmalige Hilfen (Rn. 542) unter den durchschnittlichen Nettolöhnen eines Alleinverdieners in den unteren Lohn- und Gehaltsgruppen zuzüglich Kinder- und Wohngeld bleiben (§ 22 IV BSHG). Seit dem 1. 7. 2000 erhöhen sich die Regelsätze um den Vomhundertsatz, um den sich der allgemeine Rentenwert in der gesetzlichen Rentenversicherung verändert; dies gilt bis zum Jahr 2004 (§ 22 VI BSHG).

Die Regelsätze umfassen die **laufenden Leistungen** für Ernährung, hauswirtschaftlichen 540
Bedarf einschließlich Haushaltsenergie sowie für persönliche Bedürfnisse des täglichen Lebens. Dazu gehören auch die laufenden Leistungen für die Beschaffung von Wäsche und Hausrat von geringem Anschaffungswert, für die Instandsetzung von Kleidung, Schuhen und Hausrat in kleinerem Umfang sowie für Körperpflege und Reinigung (§ 1 I Regelsatzverordnung[126]). Für **Pflegekinder** gelten die Regelsätze **nicht;** hier werden Hilfen in Höhe der tatsächlichen Kosten der Unterbringung gewährt (§ 3 III RegelsatzVO).

Laufende Kosten für **Unterkunft und Heizung** werden neben den Regelsätzen in Höhe 541
der tatsächlichen Aufwendungen gezahlt. Kosten für Elektrizität und Gas fallen nur darunter, soweit sie der Beheizung dienen.[127] Wohngeld ist kein Teil der Sozialhilfe und wird auf den Wohnbedarf angerechnet (vgl. Rn. 535). Soweit die Aufwendungen für die Unterkunft den der Besonderheit des Einzelfalles angemessenen Umfang übersteigen, sind sie als Bedarf der Bedarfsgemeinschaft (vgl. Rn. 502, 517) so lange anzuerkennen, als es nicht möglich oder zumutbar ist, durch einen Wohnungswechsel, durch Vermieten oder auf andere Weise die Aufwendungen auf das aus sozialhilferechtlicher Sicht erforderliche Maß zu senken (§ 3 I 2 RegelsatzVO).[128] Auf die Dauer können auch im Sozialhilferecht diese Kosten nicht höher liegen als die Kosten, die nach dem Wohngeldgesetz zu berücksichtigen sind.[129]

- 1. 7. 1995 in FamRZ 1995, 1558,
- 1. 7. 1996 in FamRZ 1996, 1264,
- 1. 7. 1997 in FamRZ 1997, 1064,
- 1. 7. 1998 in FamRZ 1998, 1161,
- 1. 7. 1999 in FamRZ 1999, 1196
- 1. 7. 2000 in FamRZ 2000, 1011
- 1. 7. 2001 in FamRZ 2001, 1210
- 1. 1. 2002 in FamRZ 2002, 225
- 1. 7. 2002 in FamRZ 2002, 1012
- 1. 7. 2003 in FamRZ 2003, 1250

[124] Verordnung über die Regelsätze der Sozialhilfe vom 3. 6. 2003 – GV. NRW. 304. Die dort ausgewiesenen Regelsätze decken sich weitgehend mit denjenigen der anderen westdeutschen Bundesländer

[125] Schellhorn, BSHG, 16. Aufl., § 2 RegelsatzVO Rn. 5 ff.

[126] Vom 20. 7. 1962 – BGBl. I 515, zuletzt geändert durch Gesetz vom 21. 12. 2000 – BGBl. I 1983

[127] OLG Düsseldorf, FamRZ 1999, 127 = NJW 1998, 1502; OLG Nürnberg, FamRZ 1997, 1542; a.A. OLG Koblenz, FamRZ 1997, 679 mit Anm. Atzler, FamRZ 1997, 1018

[128] BVerwG, NJW 2003, 157

[129] OVG Lüneburg, NJW 2002, 841; KG, FamRZ 1994, 1047

542 Die Sozialhilfe, die der Unterhaltspflichtige erhalten könnte, wird üblicherweise nach den **Empfehlungen des Deutschen Vereins** für öffentliche und private Fürsorge für die Heranziehung Unterhaltspflichtiger in der Sozialhilfe[130] berechnet. Nach diesem **Berechnungsschema**[131] kommen zu den Regelsätzen und den Kosten der Unterkunft und der Heizung hinzu, soweit nicht im Einzelfall ein abweichender Bedarf besteht:

- **Mehrbedarfszuschläge** von 20% des Regelsatzes für Personen über 65 Jahre und voll erwerbsgeminderte Personen unter 65 Jahren, die im Besitz eines Schwerbehindertenausweises mit dem Merkzeichen G sind (§ 23 I Nr. 1 und 2 BSHG), sowie für werdende Mütter nach der 12. Schwangerschaftswoche (§ 23 I a BSHG),
- Mehrbedarfszuschläge von 40% des Regelsatzes für Alleinerziehende, die mit einem Kind unter 7 Jahren oder mit 2 oder 3 Kindern unter 16 Jahren zusammenleben (§ 23 II BSHG), sowie für Behinderte, denen Eingliederungshilfe nach § 40 I Nr. 3 bis 6 BSHG gewährt wird (§ 23 III BSHG),
- **einmalige Leistungen** der Sozialhilfe (§ 21 I a BSHG), die nach Nr. 152 der Empfehlungen des Deutschen Vereins[132] für die öffentlich-rechtliche Vergleichsrechnung mit 20% des Regelsatzes pauschaliert werden,[133]
- in angemessener Höhe krankheitsbedingter Mehrbedarf für eine kostenaufwändige Ernährung (§ 23 IV BSHG),
- die notwendigen und unaufschiebbaren Aufwendungen des Unterhaltspflichtigen (z. B. wegen Ausbildung, Krankheit oder Behinderung);[134] dazu können auch die Kosten des Umgangs mit seinen Kindern gehören;[135]
- ausnahmsweise Schuldtilgungsraten, insbesondere wenn ihre Übernahme durch den Sozialhilfeträger zur Sicherung der Unterkunft erforderlich ist (§ 15 a BSHG).

543 In die Vergleichsberechnung sind der Unterhaltspflichtige und seine unterhaltsberechtigten Angehörigen einzubeziehen, die mit ihm in einer **Bedarfsgemeinschaft** leben.[136] Zu den Regelsätzen, den Kosten für Unterkunft und Heizung sowie für Mehrbedarf nach Rn. 542 kommen die entsprechenden Beträge für die weiteren Mitglieder der Bedarfsgemeinschaft hinzu. **Wohnkosten** sind, folgt man einer verbreiteten Praxis, **nach Kopfteilen** auf die Mitglieder der Bedarfsgemeinschaft zu verteilen.[137] Hiergegen bestehen im Hinblick auf die gegenteilige Rechtsprechung des BVerfG,[138] das auf die Mehrkosten der Wohnung insbesondere durch Kinder abstellt, Bedenken.[139] Diese Verteilung der Wohnkosten nach Kopfteilen führt zu einem weiteren wichtigen Unterschied zum Unterhaltsrecht. Denn dort entfallen die Wohnkosten in erster Linie auf den Unterhaltspflichtigen und seinen Ehegatten und nur in geringem Umfang auf die Kinder. Der Anteil der Kinder ist bei Einkünften im mittleren Bereich der Düsseldorfer Tabelle mit ca. 20% des Tabellenunterhalts anzusetzen (KL, SüdL 21.5.2) Vgl. dazu Rn. 2/214.

544 Die Aufteilung der Wohnkosten nach Kopfteilen bei der öffentlich-rechtlichen Vergleichsberechnung führt zu unnötigen Problemen beim Anspruchsübergang, da ein unverhältnismäßiger Teil der Sozialhilfe auf die Kinder entfällt, die nach der Düsseldorfer Tabelle vielfach einen deutlich geringeren Unterhalt zu beanspruchen haben. Die Sozialhilfe, die dem Ehegatten gewährt wird, liegt dagegen häufig unter dem Anspruch auf Trennungs- oder nachehelichen Unterhalt. Dies hat die Konsequenz, dass der Sozialhilfeträger die Erstattung der Sozialhilfeaufwendungen nur zu einem Teil verlangen kann (vgl. dazu Rechenbeispiel

[130] FamRZ 2002, 931
[131] Nr. 152 Empfehlungen DV, FamRZ 2002, 931; vgl. dazu auch Schellhorn, FuR 1995, 10, 12
[132] FamRZ 2002, 931
[133] Vgl. OLG Düsseldorf, FamRZ 1999, 127 = NJW 1998, 1502; OLG Köln, FamRZ 1996, 811; für eine Pauschale von 25%: OLG Karlsruhe, FamRZ 1995, 615 m. w. N.
[134] Nr. 152 Empfehlungen DV
[135] BVerfG, FamRZ 1995, 86; BVerwG, FamRZ 1996, 105; zur Berücksichtigung von Umgangskosten im Unterhaltsrecht Rn. 2/169
[136] Schellhorn, BSHG, 16. Aufl., § 91 Rn. 93; Nr. 152 Empfehlungen DV
[137] BVerwG, NJW 1989, 313
[138] FamRZ 1999, 291, 293
[139] So mit Recht Hußmann in Heiß/Born 16 Rn. 47 a

Rn. 580). Diese „hausgemachten Probleme“[140] können dadurch vermieden werden, dass der **Wohnkostenanteil wie im Unterhaltsrecht** mit 20% angesetzt wird. Als Bezugsgröße bietet sich im Unterhaltsrecht der Tabellenunterhalt (vgl. Rn. 2/214; KL, SüdL 21.5.2), im Sozialhilferecht der jeweilige Regelsatz an. Dann betrüge z. B. im alten Bundesgebiet der Wohnkostenanteil eines neunjährigen Kindes **20% des Regelsatzes** von 192,– €, also rund 39,– €. Die Problematik ist noch nicht ausdiskutiert. Ob es eine für alle Fälle passende Lösung gibt, erscheint fraglich.[141]

b) Hilfe in besonderen Lebenslagen wird häufig neben der Hilfe zum Lebensunterhalt gewährt. Nur bei Aufenthalt des Hilfeempfängers in einer Anstalt, einem Heim oder einer gleichwertigen Einrichtung sowie bei teilstationärer Betreuung umfasst sie auch den Lebensunterhalt einschließlich der einmaligen Hilfen nach § 21 I a BSHG (§ 27 III BSHG). Bei der Hilfe in besonderen Lebenslagen (Rn. 518, 538) deckt sich der sozialhilferechtliche Bedarf des Hilfeempfängers vielfach mit den Kosten, die dem Sozialhilfeträger durch die Hilfe entstehen, z. B. mit den Pflegesätzen des Heims, in dem der Hilfeempfänger untergebracht ist. Hinzu kommen ggf. Zuschläge für Taschengeld, Krankenversicherungsbeiträge und ähnliches. 545

V. Schuldnerschutz aus Billigkeitsgründen

Die **allgemeine Härteregelung** des § 91 II 2 BGHG schließt den Anspruchsübergang aus, wenn er eine **unbillige Härte** bedeuten würde. Die Vorschrift betrifft alle Fälle, in denen Unterhaltsansprüche auf den Sozialhilfeträger übergehen. Sie gilt insbesondere beim Unterhalt minderjähriger Kinder, beim Ehegatten- und Elternunterhalt, aber auch beim Unterhalt nach § 1615 l BGB und nach §§ 12, 16 LPartG. Für den Unterhalt volljähriger behinderter Kinder trifft § 91 II 3–5 BSHG in der seit dem 1. 1. 2002 geltenden Fassung[142] eine Sonderregelung (dazu Rn. 547, 547 a). Die Anwendung der allgemeinen Härteregelung des § 91 II 2 BGHG wird dadurch allerdings nicht ausgeschlossen.[143] 546

Bei dem Begriff der unbilligen Härte kann auf die Rechtsprechung der Verwaltungsgerichte zur früheren Fassung des § 91 III 1 BSHG zurückgegriffen werden, obwohl dort nur eine Härte, nicht wie nunmehr eine unbillige Härte oder wie bis zum Jahre 1974 eine besondere Härte verlangt wurde.[144] Danach ist entscheidend, ob aus der Sicht des Sozialhilferechts **soziale Belange** berührt werden. Dies kann der Fall sein, wenn die Höhe des Heranziehungsbetrages in keinem Verhältnis zu einer etwa heraufbeschworenen Störung des Familienfriedens steht, wenn die Heranziehung das weitere Verbleiben des Hilfeempfängers im Familienverband gefährdet, wenn der Pflichtige den Hilfeempfänger früher weit über das Maß seiner Unterhaltspflicht hinaus betreut und gepflegt hat oder wenn die Heranziehung wegen eines durch Höhe und Dauer gekennzeichneten Bedarfs zu einer unzumutbaren Beeinträchtigung des Unterhaltspflichtigen und der übrigen Familienmitglieder führt.[145]

Der Sozialhilfeträger hat keinen Ermessensspielraum. Vielmehr ist das Kriterium der unbilligen Härte ein unbestimmter Rechtsbegriff, über dessen Auslegung die nunmehr zuständigen Familiengerichte (Rn. 509)[146] zu befinden haben. Das Verständnis der unbilligen Härte hängt von den sich wandelnden Anschauungen der Gesellschaft ab. Was früher im Rahmen des Familienverbandes als selbstverständlicher Einsatz der Familienmitglieder galt, wird heute vielfach als Härte empfunden.[147]

[140] Künkel, FamRZ 1994, 540, 544
[141] So mit Recht Hußmann in Heiß/Born, 16 Rn. 55
[142] Gesetz vom 19. 6. 2001 – BGBl. I 1046
[143] BGH, FamRZ 2003, 1468
[144] Vgl. dazu Scholz, FamRZ 1994, 1, 4
[145] BGH, FamRZ 2003, 1468 im Anschluss an BVerwGE 58, 209, 216; eingehend Hußmann in Heiß/Born, 16 Rn. 87 ff.; vgl. auch Rn. 13–17 Empfehlungen DV, FamRZ 2002, 931
[146] BGH, FamRZ 2003, 1468; vgl. auch BGH, FamRZ 1996, 1203, 1205; die Entscheidung des BGH, FamRZ 1993, 417, 420 = NJW-RR 1993, 322, die eine Bindung an die bestandskräftige Entscheidung der Verwaltungsbehörden annahm, ist durch § 91 IV 3 BSHG überholt
[147] BGH, FamRZ 2003, 1468

547 Die besondere Härteregelung des § 91 II 3 BSHG betrifft den Unterhaltsanspruch **volljähriger Kinder** über 18 Jahren (nicht wie früher über 21 Jahren) gegen ihre Eltern oder gegen einen Elternteil. Die Vorschrift legt fest, dass eine unbillige Härte in der Regel vorliegt, soweit dem Kind Eingliederungshilfe für behinderte Menschen oder Hilfe zur Pflege gewährt wird. Eine vollstationäre Unterbringung des Kindes ist hier (anders als bei § 91 II 3, 4 BSHG; dazu Rn. 547 a) nicht erforderlich. Der unterhaltspflichtige Elternteil kann von der Inanspruchnahme durch den Sozialhilfeträger nur bis zur Höhe der Eingliederungshilfe oder der Hilfe zur Pflege freigestellt werden. Für die Hilfe zum Lebensunterhalt gilt die Härteregelung nicht.[148] In Ausnahmefällen ist trotz § 91 II 5 BSHG ein Übergang des Unterhaltsanspruchs gegen die Eltern eines Kindes über 18 Jahren nicht ausgeschlossen. Man wird hier die Grundsätze anwenden können, die bis zum 31. 12. 2001 für die Eltern eines Kindes über 21 Jahren galten, das behindert, von Behinderung bedroht oder pflegebedürftig war. Danach wird auch nach § 91 II 2, 5 BSHG n. F. ein Anspruchsübergang in Betracht kommen, wenn ein unterhaltspflichtiger Elternteil über ein überdurchschnittliches Einkommen verfügt und er dem Kind ein Studium finanziert hätte, wenn es nicht behindert wäre.[149] Regelmäßig wird die Vollendung des 27. Lebensjahres die Grenze für die Inanspruchnahme der Eltern sein. Jedoch kann auch bei einem älteren Kind eine unbillige Härte ausnahmsweise verneint werden, wenn die Eltern in sehr guten Einkommens- und Vermögensverhältnissen leben.[150] Zugunsten der Eltern wird dann zu berücksichtigen sein, dass sie entweder nicht mehr erwerbstätig sind oder kurz vor Eintritt in den Ruhestand stehen und sie ihr Vermögen ganz oder teilweise für ihre eigene Altersversorgung benötigen.[151] Bei der Beurteilung der Frage, ob in solchen Verhältnissen eine unbillige Härte vorliegt, müssen nach dem Gleichheitsgrundsatz (Art. 3 I GG) auch die Verwaltungsbestimmungen herangezogen werden, die die Sozialhilfeträger zu beachten haben. Diese Richtlinien binden die Gerichte natürlich nicht. Sie entsprechen jedoch in der Regel dem Sozialstaatsprinzip (Art. 20 I GG), da sie über den Wortlaut des Gesetzes hinaus dem Unterhaltsschuldner hohe Freibeträge, insbesondere beim Einsatz des Vermögens gewähren. [152] Gegen ihre Berücksichtigung zugunsten des Schuldners bestehen daher keine rechtsstaatlichen Bedenken.

Soweit dem Schuldner der Einsatz seines Vermögens zugemutet werden soll, ist ferner § 88 III BSHG zu beachten. Vgl. dazu Rn. 536.

547 a Bei Kindern, die nach Vollendung des 18. Lebensjahres Eingliederungshilfe oder Hilfe zur Pflege in einer **vollstationären Einrichtung** erhalten, geht das Gesetz in § 91 II 3 BSHG davon aus, dass der Unterhaltsanspruch des Kindes gegen die Eltern oder einen Elternteil in Höhe von 26,– € auf den Sozialhilfeträger übergeht. Da die in einem Heim geleistete Hilfe in besonderen Lebenslagen auch die Hilfe zum Lebensunterhalt umfasst (§ 27 III BSHG), kommt ein Anspruchsübergang in Höhe der Hilfe zum Lebensunterhalt nicht in Betracht (anders als bei § 91 II 5 BSHG; vgl. Rn. 547). Auch bei sehr guten Einkommensverhältnissen ist die Heranziehung der Eltern zu einem höheren Unterhalt durch den Sozialhilfeträger ausgeschlossen.[153] Die Pauschalierung des übergegangenen Anspruchs macht eine öffentlich-rechtliche Vergleichsberechnung nach § 91 II 1 BSHG und die Prüfung einer unbilligen Härte nach § 91 II 2 BSHG entbehrlich. Jedoch können die Eltern den Antrag stellen, dass diese Vorschriften zu ihren Gunsten angewendet werden (§ 91 II 4 BSHG). Allerdings ist dieser Antrag nur bis zur Vollendung des 27. Lebensjahres des Kindes zulässig.[154]

548 Zu einer Prüfung der unbilligen Härte im Sinne des § 91 II 2 BSHG besteht nur Anlass, wenn der Unterhaltsanspruch nicht bereits auf Grund der Vorschriften des BGB ausgeschlossen oder eingeschränkt ist. In Betracht kommen hier die Normen über die Verwirkung des Unterhaltsanspruchs nach §§ 1361 III, 1579, 1611 BGB, §§ 12 II, 16 II 2 LPartG (vgl. dazu

---

[148] BGH, FamRZ 2003, 1468

[149] BVerwGE 56, 220; OLG Oldenburg, FamRZ 1996, 625; vgl. auch Müller, Der Rückgriff gegen Angehörige von Sozialhilfeempfängern, Rn. 232

[150] BVerwG, FamRZ 1994, 33; OLG Hamm FamRZ 1999, 126

[151] Vgl. OLG Koblenz, FamRZ 1997, 476

[152] Nr. 91 Empfehlungen DV, FamRZ 2002, 931

[153] Schellhorn, BSHG, 16. Aufl., § 91 Rn. 98

[154] Gegen diese Beschränkung wendet sich zu Recht Schellhorn, BSHG, § 91 Rn. 99 b

Rn. 4/596 ff., 2/478 ff., 6/780 ff.), aber auch über die Beschränkung des Anspruchs auf den angemessenen Bedarf nach §§ 1573 V, 1578 I 2 BGB (vgl. dazu Rn. 4/578 ff., 4/583 ff.). Schließlich kann sich eine Begrenzung des Unterhalts auch ergeben, wenn der Schuldner Einkünfte aus unzumutbarer Tätigkeit bezieht, die nach § 242 BGB bei der Unterhaltsbemessung nicht oder nur teilweise angerechnet werden können (vgl. dazu Rn. 1/540 ff.).

VI. Materiell-rechtliche und prozessuale Konsequenzen des § 91 BSHG

1. Umfang des Anspruchsübergangs

Der Unterhaltsanspruch geht nach § 91 I 1 BSHG auf den Sozialhilfeträger für die Zeit über, für die Hilfe gewährt wird. Der Anspruchsübergang verwirklicht sich daher mit der Auszahlung der Sozialhilfe an den Hilfeempfänger, selbst wenn der Sozialhilfeträger zunächst nur Vorausleistungen erbringt und der formelle Bewilligungsbescheid erst später ergeht. Andererseits verbleibt der Unterhaltsanspruch **für die Zukunft beim Berechtigten.** Zum Klagerecht des Sozialhilfeträgers für die Zukunft vgl. Rn. 562. **549**

Der Unterhaltsanspruch steht daher **für die Vergangenheit** und für den Monat, für den die Hilfe bereits ausgezahlt worden ist, dem **Sozialhilfeträger** zu. Für diesen Zeitraum kann nur er über den Anspruch verfügen, ihn im Prozesswege geltend machen (vgl. dazu Rn. 551 a), auf ihn verzichten oder Stundung gewähren. Die Verkehrsfähigkeit der übergegangenen Forderung ist nicht eingeschränkt; insbesondere gilt das Abtretungsverbot des § 400 BGB nach dem gesetzlichen Forderungsübergang nicht mehr.[155] Auch der Pfändungsschutz des § 850 b I Nr. 2 ZPO entfällt nach Übergang des Unterhaltsanspruchs auf den Sozialhilfeträger.[156] Deshalb kann der Schuldner mit einer Forderung gegen den übergangenen Anspruch **aufrechnen** (§ 394 BGB),[157] und zwar auch mit Ansprüchen gegen den Unterhaltsberechtigten, wenn die Voraussetzungen des § 406 BGB vorliegen. Das bedeutet freilich nicht, dass die sozialhilferechtlichen Schutzvorschriften des § 91 II BSHG nach der Rückabtretung an den Hilfeempfänger nicht mehr anzuwenden sind. Für die Vergangenheit kann Zahlung nur an den Sozialhilfeträger geleistet werden, solange eine Rückabtretung (§ 91 IV 1 BSHG) nicht erfolgt ist. Vgl. dazu Rn. 554 ff.

Soweit der Unterhaltsanspruch übergegangen ist, hat der Schuldner an den Sozialhilfeträger zu zahlen. Ist der Anspruchsübergang teilweise unwirksam, hat eine Zahlung an den Sozialhilfeträger befreiende Wirkung, wenn sie mit Zustimmung des Unterhaltsgläubigers erfolgt, z. B. wenn dieser im Prozess gemäß § 265 II ZPO die Verurteilung des Pflichtigen zur Zahlung an den Sozialhilfeträger beantragt (vgl. Rn. 553).[158] Leistungen des Schuldners an den (ursprünglichen) Unterhaltsgläubiger haben nur dann befreiende Wirkung, wenn dem Schuldner der Anspruchsübergang noch nicht bekannt war (§§ 412, 407 I BGB), insbesondere wenn ihm der Sozialhilfebedarf noch nicht durch Rechtswahrungsanzeige nach § 91 III 1 BSHG (vgl. dazu Rn. 515) mitgeteilt worden war. Für den jeweiligen Monat kann der Pflichtige jedoch an den Unterhaltsberechtigten leisten und den Anspruch durch „laufende Zahlung" erfüllen (§ 91 I 2 BSHG; vgl. Rn. 516).

Der Anspruchsübergang findet auch dann statt, wenn die Sozialhilfe nach § 15 b BSHG nur als **Darlehen** gewährt wird.[159] Dies kommt z. B. in Betracht, wenn der Hilfeempfänger über Vermögen verfügt, das derzeit nicht realisiert werden kann, z. B. über Grundbesitz, der nicht Schonvermögen im Sinne des § 88 II Nr. 7 BSHG ist, oder über einen noch nicht titulierten Zugewinnausgleichsanspruch. Der Sozialhilfeträger kann dann entweder vom Hilfeempfänger Rückzahlung des Darlehens bei Fälligkeit verlangen oder aus dem übergegangenen Unterhaltsanspruch gegen den Pflichtigen vorgehen.[160] **550**

---

[155] BGH, FamRZ 1996, 1203, 1204 = NJW 1996, 3273, 3274
[156] BGH, FamRZ 1982, 50 = NJW 1982, 515; Zöller/Stöber, ZPO, 23. Aufl., § 850 b Rn. 3
[157] A.A. zu Unrecht AG Gummersbach, FamRZ 1998, 177 mit Anm. Plascher a.a.O.
[158] BGH, FamRZ 2000, 1358 (insoweit in R 543 nicht abgedruckt)
[159] Vgl. dazu OLG Stuttgart, FamRZ 1995, 1165; OLG Saarbrücken, FamRZ 1995, 1166
[160] OLG Hamm 2001, 1237

2. Geltendmachung des Unterhaltsanspruchs im Prozess

551 **a) Konsequenzen des Anspruchsüberganges.** Nach § 90 BSHG a. F. konnte der Sozialhilfeträger von der Überleitung des Unterhaltsanspruchs absehen und die Geltendmachung des Anspruchs vor den Familiengerichten dem Unterhaltsberechtigten überlassen (vgl. Rn. 507). Dieser erhielt in der Regel Prozesskostenhilfe, während der Sozialhilfeträger nach Überleitung des Anspruchs den Prozess auf eigene Kosten hätte führen müssen. Ob dieser Weg auch nach Neufassung des § 91 BSHG noch eingeschlagen werden kann, insbesondere ob der Sozialhilfeträger den auf ihn übergegangenen Unterhaltsanspruch auf den Unterhaltsberechtigten zurückübertragen, ihn zur Einziehung des Anspruchs oder ihn jedenfalls zur Prozessführung ermächtigen darf, war zunächst höchst umstritten.[161] Nachdem der BGH[162] die Zulässigkeit von Rückabtretung und Einziehungsermächtigung sowie der gewillkürten Prozessstandschaft[163] verneint hatte, hat der Gesetzgeber durch die Neufassung des § 91 IV BSHG ab 1. 8. 1996 (vgl. Rn. 508) die Rückübertragung des auf den Sozialhilfeträger übergegangenen Anspruchs auf den Hilfeempfänger zugelassen. Vgl. dazu eingehend Rn. 554 ff.

551 a Nach § 91 I 1 BSHG erwirbt der Sozialhilfeträger den Unterhaltsanspruch des Hilfeempfängers, soweit er für diesen Sozialhilfe geleistet hat. Natur, Inhalt und Umfang des Anspruchs werden nicht verändert.[164] Der Sozialhilfeträger hat also im Prozess die klagebegründenden Tatsachen vorzutragen. Er muss insbesondere Bedarf und Bedürftigkeit des Hilfeempfängers nach Unterhaltsrecht darlegen. Die Verweisung auf die geleistete Sozialhilfe reicht nicht aus.[165] Andererseits kann sich der Unterhaltsschuldner auf alle Einwendungen gegen die übergegangenen Forderung berufen (vgl. Rn. 549); er kann insbesondere geltend machen, dass er eine Unterhaltsbestimmung nach § 1612 II BGB getroffen habe und deshalb nicht zum Barunterhalt verpflichtet sei oder dass der Unterhaltsanspruch nach § 1585 b III BGB erloschen oder nach § 242 BGB wegen verspäteter Geltenmachung verwirkt sei.[166]

552 Der Hilfeempfänger darf für die **Zukunft** den Unterhaltsanspruch gegen den Schuldner geltend machen. Das Recht des Sozialhilfeträgers, nach § 91 III 2 BSHG bis zur Höhe der bisherigen monatlichen Aufwendungen auf künftige Leistung zu klagen (vgl. Rn. 562), steht dem nicht entgegen. Vielmehr muss es dem Berechtigten unbenommen bleiben, durch Erwirkung und Vollstreckung eines obsiegenden Urteils den Schuldner zur Leistung zu zwingen und damit die Sozialhilfe entbehrlich zu machen. Dieses Recht kann ihm auch nicht durch Verweigerung von Prozesskostenhilfe wegen Mutwillens entzogen werden.[167] Hat allerdings der Sozialhilfeträger bereits Klage erhoben, steht einer weiteren Klage des Hilfeempfängers die Einrede der Rechtshängigkeit entgegen, soweit sich die Ansprüche decken. Hat dagegen der Gläubiger den Unterhaltsanspruch gerichtlich geltend gemacht, ist eine weitere Klage des Sozialhilfeträgers aus demselben Grund unzulässig.[168]

553 Erhält der Unterhaltsberechtigte **nach Rechtshängigkeit** des Unterhaltsanspruchs weiter Sozialhilfe und geht demgemäß der rechtshängige Anspruch auf den Sozialhilfeträger über, wird der Rechtsstreit fortgeführt (§ 265 II 1 ZPO); der Kläger ist allerdings gehalten, dem gesetzlichen Forderungsübergang durch **Umstellung des Klageantrags** Rechnung zu tragen und die Verurteilung des Beklagten zur Zahlung an den Sozialhilfeträger im Umfang des Anspruchsübergangs zu begehren,[169] und zwar bis zum Ende des Monats, in dem die letzte mündliche Verhandlung stattfindet.[170] Dies gilt auch dann, wenn ein Elternteil nach

---

[161] Vgl. die Nachweise bei BGH, FamRZ 1996, 1203, 1204 = NJW 1996, 3273, 3274

[162] FamRZ 1996, 1203 = NJW 1996, 3273, 3274

[163] BGH, FamRZ 1996, 1207

[164] BGH, FamRZ 2002, 1698 = R 580 a mit Anm. Klinkhammer

[165] BGH, FamRZ 2003, 1468

[166] BGH, FamRZ 2002, 1698 = R 580 a mit Anm. Klinkhammer

[167] So mit Recht OLG Nürnberg, MDR 1999, 748; OLG Koblenz, FamRZ 1997, 308; OLG München, FamRZ 1995, 625; anderer Ansicht: OLG Köln, FamRZ 1994, 970; OLG Saarbrücken, FamRZ 1995, 1166

[168] Vgl. dazu BGH, FamRZ 1992, 797, 799 = R 447 c

[169] BGH, FamRZ 1996, 1203, 1207 = NJW 1996, 3273, 3276; FamRZ 2000, 1358 (zu § 7 UVG; insoweit in R 543 nicht abgedruckt)

[170] BGH, FamRZ 2001, 619; OLG Karlsruhe, FamRZ 1995, 615, 617; Brudermüller, FamRZ 1995, 17, 19

§ 1629 III 1 BGB als Prozessstandschafter Kindesunterhalt geltend macht.[171] Eine Änderung des Klageantrags ist allerdings nicht erforderlich, wenn der Sozialhilfeträger die Unterhaltsforderung im Einvernehmen mit dem Hilfeempfänger auf diesen zurückübertragen hat (§ 91 IV 1 BSHG). Vgl. dazu Rn. 554 ff. Die Schuldnerschutzvorschriften des § 91 II BSHG sind sowohl im Falle des § 265 II ZPO als auch bei Rückabtretung des Unterhaltsanspruchs zu beachten.[172] Vgl. dazu Rn. 565 ff.

Für die **Vergangenheit,** also für die Zeit vor Rechtshängigkeit, ist zunächst allein der Sozialhilfeträger als Anspruchsinhaber befugt, den Unterhaltsanspruch, soweit er auf ihn übergegangen ist, gerichtlich und außergerichtlich geltend zu machen. Vollzieht sich der Anspruchsübergang nach Erwirken eines Vollstreckungstitels, ist die Vollstreckungsklausel nach § 727 ZPO dem Sozialhilfeträger als Rechtsnachfolger zu erteilen. Dieser hat darzulegen und durch öffentliche oder öffentlich beglaubigte Urkunden nachzuweisen, dass der Anspruch nach Maßgabe der öffentlich-rechtlichen Vergleichsberechnung auf ihn übergegangen ist (vgl. Rn. 555, 563).[173]

b) Rückübertragung des übergegangenen Unterhaltsanspruchs. Seit der Einfügung des § 91 IV 1 und 2 BSHG durch das Gesetz zur Reform des Sozialhilferechts vom 23. 7. 1996 – BGBl. I 1088 – kann der Sozialhilfeträger den auf ihn übergegangenen Unterhaltsanspruch im Einvernehmen mit dem Hilfeempfänger auf diesen zur gerichtlichen Geltendmachung zurückübertragen. **554**

Der **BGH**[174] hat nach dem bis zum 31. 7. 1996 geltenden Recht die Rückabtretung wegen Verstoßes gegen § 32 SGB I als unzulässig angesehen. Nach dieser Vorschrift sind privatrechtliche Vereinbarungen nichtig, die zum Nachteil des Sozialleistungsberechtigten von den Vorschriften des Sozialgesetzbuchs, zu dem auch das BSHG gehört (§ 68 Nr. 11 SGB I), abweichen. Der BGH[175] hat insbesondere auf das Prozess- und das Kostenrisiko verwiesen, das der Hilfeempfänger nach der gesetzlichen Regelung nicht zu tragen hat, das ihn aber bei einer Rückabtretung treffen kann. Es kommt nicht darauf an, ob sich aus der Rückabtretung für den Hilfeempfänger Vorteile ergeben, die deren Nachteile überwiegen; § 32 SGB I verbietet vielmehr jede Abwägung von Vorteilen und Nachteilen.[176] Diese Entscheidungen sind durch die Neufassung des § 91 IV BSHG zum 1. 8. 1996 **teilweise überholt,** da der Gesetzgeber nunmehr die vom BGH vermisste gesetzliche Bestimmung geschaffen hat, nach der Vereinbarungen über eine Rückabtretung des Unterhaltsanspruchs zulässig sind. Die Auslegung des § 32 SGB I durch den BGH gilt jedoch nach wie vor für die Einzugsermächtigung und die gewillkürte Prozessstandschaft (Rn. 560) sowie für Rückabtretungen, die vor dem 1. 8. 1996 erfolgt sind. Sie sind wegen Verstoßes gegen ein gesetzliches Verbot nichtig. Die spätere Rechtsänderung heilt die vor dem 1. 8. 1996 vorgenommene und daher nichtige Rückabtretung nicht; notwendig ist vielmehr eine Neuvornahme nach § 141 BGB.[177] Von Bedeutung sind die vom BGH aufgestellten Grundsätze ferner für den gesetzlichen Forderungsübergang auf einen Sozialleistungsträger, wie er in verschiedenen anderen Gesetzen angeordnet ist, z. B. in § 37 I 1 BAföG, § 94 III 2 SGB VIII. Zu § 7 UVG, insbesondere zur Rückabtretung des auf das Land übergegangenen Anspruchs auf Kindesunterhalt vgl. Rn. 574 ff., 576.

c) Erneute Abrechnung an den Sozialhilfeträger. Nach § 91 IV 1 BSHG in der seit dem 1. 8. 1996 geltenden Fassung kann der Träger der Sozialhilfe den auf ihn übergegangenen Unterhaltsanspruch im Einvernehmen mit dem Hilfeempfänger auf diesen zur gerichtlichen Geltendmachung rückübertragen und sich den geltend gemachten Unterhaltsanspruch erneut abtreten lassen. Während Sinn und Zweck der Rückübertragung sogleich einleuchten, ist dies hinsichtlich der Abtretung des „geltend gemachten" Anspruchs an den Sozialhilfeträger nicht der Fall. Nach dem Gesetz entsteht der Unter- **555**

---

[171] BGH, FamRZ 2001, 619
[172] Vgl. dazu BGH, FamRZ 2001, 619
[173] OLG Stuttgart, FamRZ 2001, 838 m. w. N.; vgl. auch OLG Hamburg, FamRZ 1997, 1489
[174] FamRZ 1996, 1203 = NJW 1996, 3273
[175] FamRZ 1996, 1203, 1205 = NJW 1996, 3273, 3275
[176] BGH, FamRZ 1997, 608
[177] BGH, FamRZ 1997, 608; OLG Düsseldorf, FamRZ 1997, 501

haltsanspruch in der Person des Berechtigten, geht mit der Gewährung der Sozialhilfe auf den Sozialhilfeträger über, kann von diesem an den Unterhaltsberechtigten rückabgetreten und dann vom Berechtigten an den Sozialhilfeträger erneut abgetreten werden. Wahrlich eine Meisterleistung des Gesetzgebers an Klarheit und Verständlichkeit! Sinnvoll ist die Abtretung des „geltend gemachten Unterhaltsanspruchs" nur dann, wenn sie erst nach Erlass eines rechtskräftigen Urteils erfolgt, da eine frühere Abtretung des rückübertragenen Unterhaltsanspruchs an den Sozialhilfeträger die Aktivlegitimation des Unterhaltsberechtigten im Prozess gegen den Pflichtigen beseitigen würde. Nach Rechtskraft des Urteils erlaubt die Abtretung des zugunsten des Hilfeempfängers titulierten Anspruchs dagegen dem Sozialhilfeträger, die Vollstreckungsklausel gemäß § 727 I ZPO auf ihn umschreiben zu lassen und die Zwangsvollstreckung gegen den Unterhaltsschuldner zu betreiben. Vgl. dazu Rn. 553. Dieser komplizierte Weg kann dadurch etwas vereinfacht werden, dass die Beteiligten schon bei der Rückabtretung des Unterhaltsanspruchs an den Hilfeempfänger vereinbaren, dass dieser den Anspruch unter der aufschiebenden Bedingung, dass ein zusprechendes rechtskräftiges Urteil ergeht, erneut an den Sozialhilfeträger abtritt.

556 **d) Einvernehmen.** Die Rückabtretung setzt das Einvernehmen des Hilfeempfängers voraus. Sie ist kein mitwirkungsbedürftiger Verwaltungsakt, sondern eine privatrechtliche Vereinbarung zwischen Sozialhilfeträger und Hilfeempfänger.[178] Die Beteiligten müssen also einen Vertrag schließen, der tunlichst die Einzelheiten der Prozessführung regelt, z. B. Hinzuziehung eines Anwalts, Weisungsrecht des Sozialhilfeträgers (Rn. 556 a), Kosten und Prozesskostenhilfe (Rn. 558).[179] Allein die Abtretungserklärung des Sozialhilfeträgers reicht dazu nicht aus. Vielmehr muss der Hilfeempfänger das darin liegende Angebot angenommen haben. Hiervon kann im Unterhaltsprozess regelmäßig ausgegangen werden, wenn der klagende Hilfeempfänger die Abtretungserklärung des Sozialhilfeträgers vorlegt. Dieser wird im Allgemeinen auf den Zugang der Annahmeerklärung verzichtet haben, so dass der Vertrag nach § 151 BGB zustande gekommen ist.[180]

Da die Rückabtretung das Einvernehmen des Hilfeempfängers voraussetzt, ist dieser nicht gezwungen, das entsprechende Angebot des Sozialhilfeträgers anzunehmen. Die weitere Gewährung der Sozialhilfe darf gemäß § 2 BSHG nicht davon abhängig gemacht werden, dass der Hilfeempfänger die Rückabtretung annimmt und den Unterhaltsanspruch für die zurückliegende Zeit gegen den Unterhaltsschuldner gerichtlich geltend macht. Denn für die Vergangenheit – und nur darum geht es hier – kann sich der Hilfeempfänger nicht mehr selbst helfen. Vielmehr ist ihm durch Gewährung von Sozialhilfe bereits geholfen. Zum Grundsatz der Selbsthilfe bzgl. künftigen Unterhalts vgl. Rn. 501.

556 a Die Rückabtretung hat, auch wenn dies im Abtretungsvertrag nicht ausdrücklich erwähnt wird, treuhänderischen Charakter.[181] Ihr liegt ein **Auftrag** oder jedenfalls ein auftragsähnliches Geschäft zugrunde. Daher sind §§ 662 ff. BGB anzuwenden.[182] Der Hilfeempfänger übernimmt mit Abschluss der Vereinbarung die Pflicht zur unentgeltlichen Ausführung des Auftrags, also zur gerichtlichen Geltendmachung des rückabgetretenen Unterhaltsanspruchs (§ 662 BGB); er kann sich wegen einer Vertragsverletzung schadensersatzpflichtig machen.[183] Er ist grundsätzlich an die Weisungen des Sozialhilfeträgers gebunden (§ 665 BGB), hat Auskunft über den Stand der Sache zu erteilen, Rechenschaft zu legen (§ 666 BGB) und das Erlangte herauszugeben, insbesondere Zahlungen des Schuldners auf den rückabgetretenen Unterhaltsanspruch an den Sozialhilfeträger weiterzuleiten (§ 667 BGB). Der Sozialhilfeträger kann den Auftrag jederzeit widerrufen, der Hilfeempfänger kann ihn jederzeit kündigen; eine Kündigung zur Unzeit ist jedoch nicht zulässig und verpflichtet zum Schadensersatz (§ 671 I, II BGB). Der Sozialhilfeträger muss die Aufwendungen des Hilfeempfängers ersetzen, die dieser nach den Umständen für erforderlich halten darf (§ 670

178 BGH, FamRZ 1996, 1203, 1205 = NJW 1996, 3273, 3275; FamRZ 1997, 608
179 Vgl. Nr. 158 Empfehlungen DV, FamRZ 2002, 931; Münder, NJW 2001, 2201, 2209
180 Offen gelassen von BGH, FamRZ 1997, 608
181 Vgl. dazu OLG Köln, FamRZ 1998, 175
182 BGH, FamRZ 1996, 1203, 1205 = NJW 1996, 3273, 3274
183 BGH, a.a.O.

BGB). Dies gilt insbesondere für den Ersatz der Prozesskosten, worauf § 91 IV 2 BSHG ausdrücklich hinweist. Vgl. dazu Rn. 558.

e) Gerichtliche Geltendmachung. Der Unterhaltsanspruch darf nach § 91 IV 1 BSHG zur gerichtlichen Geltendmachung (rück-)abgetreten werden. Das spricht dafür, dass ein Prozess des Hilfeempfängers gegen den Unterhaltspflichtigen bereits anhängig sein oder jedenfalls unmittelbar bevorstehen muss. Ergibt sich, dass ein Prozess nicht aussichtsreich oder z. B. mangels Vollstreckungsmöglichkeit untunlich ist, kann der Sozialhilfeträger den mit der Rückabtretung verbundenen Auftrag widerrufen, der Hilfeempfänger kann kündigen (vgl. Rn. 556 a). Besondere Voraussetzungen brauchen nicht erfüllt zu sein. **557**

f) Kosten. Nach § 91 IV 2 BSHG hat der Sozialhilfeträger Kosten, mit denen der Hilfeempfänger durch die Rückabtretung selbst belastet wird, zu übernehmen. Dies ist eine gesetzliche Folge der Rückabtretung und braucht daher nicht Bestandteil des Abtretungsvertrages selbst zu sein.[184] Lehnt es dagegen der Sozialhilfeträger entsprechend einer bisher verbreiteten Praxis ausdrücklich ab, Kosten zu übernehmen, so ist eine derartige Erklärung nichtig (§ 134 BGB, § 32 SGB I); dies führt im Zweifel nach § 139 BGB auch zur Nichtigkeit der Rückabtretung selbst.[185] Eine unzulässige Einschränkung der Rückabtretung liegt auch vor, wenn der Sozialhilfeträger Kosten nur in dem Umfang übernehmen will, der auch durch Prozesskosten- oder Beratungshilfe abgedeckt wäre. Der Sinn des § 91 IV 2 BSHG liegt gerade darin, den Schuldner vor solchen Kosten zu bewahren, die trotz Gewährung von Prozesskostenhilfe auf ihn zukommen können,[186] z. B. vor den Wahlanwaltsgebühren seines Rechtsanwalts[187] oder vor dem Kostenerstattungsanspruch des obsiegenden Gegners (§ 123 ZPO).[188] **558**

Ob dem Hilfeempfänger für den rückabgetretenen Teil des Unterhaltsanspruchs, dessen zusätzliche Geltendmachung vielfach den Streitwert erhöht (§ 17 IV 1 GKG), **Prozesskostenhilfe** bewilligt werden kann, ist zweifelhaft.[189] Nach der Begründung zum Entwurf des Kindesunterhaltsgesetzes, durch das die Änderungen des § 91 IV BSHG in das Unterhaltsvorschussgesetz übernommen worden sind (vgl. Rn. 576 a), wird durch die Formulierung, dass der Unterhaltsberechtigte nicht selbst mit Kosten belastet werden soll, klargestellt, dass die Prozesskostenhilfe vorrangig zur Deckung der Prozesskosten heranzuziehen ist.[190] Der Sozialhilfeträger ist daher nicht verpflichtet, dem Hilfeempfänger einen Prozesskostenvorschuss zu leisten.[191] Auch der Unterhaltsschuldner ist im Falle des § 91 I BSHG nicht vorschusspflichtig (vgl. Rn. 30).[192] Man wird daher dem Sozialhilfeempfänger grundsätzlich Prozesskostenhilfe bewilligen müssen, insbesondere für eine Klage auf künftigen Unterhalt.[193] Klagt er dagegen ausschließlich oder im Wesentlichen rückständigen Unterhalt ein, kann Prozesskostenhilfe ausnahmsweise wegen Mutwillens versagt werden, da der Unterhaltsberechtigte hier ersichtlich vorgeschoben wird, um den Prozess auf Staatskosten für den Sozialhilfeträger zu führen, der selbst nicht bedürftig im Sinne des § 114 f ZPO ist.[194] Der Hilfeempfänger und sein Anwalt brauchen sich nicht auf die Prozesskostenhilfe (und damit nicht auf die niedrigeren Anwaltsgebühren) verweisen zu lassen. Der Unterhaltsberechtigte kann sein Einvernehmen mit der Rückabtretung (Rn. 556) davon abhängig machen, dass der Sozialhilfeträger die zusätzlichen Kosten übernimmt, die durch die Geltendmachung des auf diesen übergegangenen Unterhaltsanspruchs für die zurückliegende Zeit entstehen werden.

---

[184] BGH, FamRZ 2000, 221, 222; OLG Köln, FamRZ 1997, 297; a.A. OLG Hamm, FamRZ 1998, 174

[185] OLG Hamm, FamRZ 2000, 1222 (LS); Schellhorn, BSHG, 16. Aufl., § 91 Rn. 133

[186] So die Begründung zum Regierungsentwurf des KindUG, BT-Drucks. 13/7338 S. 46

[187] Zöller/Philippi, ZPO, 23. Aufl., § 120 Rn. 16 f m. w. N.

[188] Schellhorn, BSHG, 16. Aufl., § 91 Rn. 133

[189] Für die Gewährung von Prozesskostenhilfe: OLG Hamm, FamRZ 1997, 275; OLG Köln, FamRZ 2003, 100; dagegen KG, FamRZ 2003, 99; OLG Karlsruhe, FamRZ 1999, 1508

[190] BT-Drucks. 13/7338 S. 46

[191] OLG Köln, FamRZ 1998, 175; OLG Nürnberg, MDR 1999, 747; a.A. OLG Celle, MDR 1999, 101

[192] AG Mosbach, FamRZ 1997, 1090

[193] A.A. zu Unrecht OLG Naumburg, FamRZ 2001, 1081

[194] OLG Nürnberg, FamRZ 1999, 1284; OLG Köln, FamRZ 2003, 100; OLG Frankfurt/Main, FamRZ 1999, 1283

559 **g) Schuldnerschutz.** Die Rückabtretung macht die Prüfung, ob die sozialhilferechtlichen Schutzvorschriften zugunsten des Unterhaltspflichtigen (§ 91 I 3 und II BSHG) eingreifen, nicht entbehrlich.[195] Diese Vorschriften können dazu führen, dass der Anspruchsübergang auf den Sozialhilfeträger ausgeschlossen ist. Dann geht die Rückabtretung ins Leere. Der Unterhaltsanspruch steht damit scheinbar nach wie vor dem Unterhaltsberechtigten zu. Es ergibt sich dann jedoch die Problematik, die in Rn. 565 ff. eingehend erörtert wird.

560 **h) Einzugsermächtigung. Prozessstandschaft.** Der Sozialhilfeträger kann nicht statt der Rückabtretung dem Hilfeempfänger eine Einziehungsermächtigung erteilen und ihn beauftragen, den übergegangenen Unterhaltsanspruch für ihn im Wege der gewillkürten Prozessstandschaft geltend zu machen.[196] Der BGH hat dies in den Entscheidungen zu der bis zum 31. 7. 1996 geltenden Fassung des § 91 BSHG nicht nur wegen Verstoßes gegen § 32 SGB I, sondern auch deshalb für unzulässig gehalten, weil dem Hilfeempfänger ein eigenes schutzwürdiges Interesse fehlt, die auf den Sozialhilfeträger übergegangenen Ansprüche im eigenen Namen geltend zu machen.[197] Dieses Interesse fehlt nach wie vor, auch wenn der Verstoß gegen § 32 SGB I nach Änderung des § 91 BSHG nicht mehr gegeben sein mag. Das eigene schutzwürdige Interesse wird nicht allein dadurch begründet, dass eine Abtretung zulässig ist. Bei der Einziehungsermächtigung, die lediglich die materiell-rechtliche Grundlage der gewillkürten Prozessstandschaft ist, muss der Ermächtigte (der Hilfeempfänger) vielmehr ein eigenes Interesse daran haben, dass er den beim Gläubiger (dem Sozialhilfeträger) verbliebenen Anspruch geltend macht. Dadurch erlangt er jedoch keine eigenen Vorteile. Im Gegenteil wird seine Rechtsstellung im Prozess erschwert, da er auf die Belange des Sozialhilfeträgers Rücksicht zu nehmen hat.[198]

561 **i) Konkurrenz zwischen Unterhaltsberechtigtem und Sozialhilfeträger.** Der gesetzliche Anspruchsübergang des § 91 BSHG kann dazu führen, dass der Sozialhilfeträger den auf ihn übergegangenen Anspruch und der Unterhaltsberechtigte den darüber hinausgehenden Anspruchsteil einklagt. Eine solche sicherlich missliche Situation konnte aber auch bereits nach dem bis 1993 geltenden Recht (vgl. Rn. 507) eintreten, da der Sozialhilfeträger den Unterhaltsanspruch nur in Höhe der gewährten Sozialhilfe auf sich überleiten konnte und es dem Hilfeempfänger unbenommen blieb, den darüber hinausgehenden Anspruchsteil selbst geltend zu machen. Hier hilft jetzt, wenn der Hilfeempfänger einverstanden ist (Rn. 556), die Rückabtretung des auf den Sozialhilfeträger übergegangenen Anspruchs oder Anspruchsteils nach § 91 IV BSHG. Im Übrigen lässt sich die Anspruchskonkurrenz durch ein Zusammenwirken des Sozialhilfeträgers und des Hilfeempfängers entschärfen, indem sie z. B. im selben Prozess als Streitgenossen auftreten. Dies belastet den Hilfeempfänger weniger, da er sich nicht durch ein auftragsähnliches Rechtsverhältnis, das der Rückabtretung zugrunde liegt, verpflichtet, auf die Interessen des Sozialhilfeträgers Rücksicht zu nehmen.[199] Das häufig gehörte Argument, dass die Sozialhilfebehörden weder über die persönlichen noch über die sachlichen Mittel verfügten, um die übergegangenen Unterhaltsansprüche mit Nachdruck zu verfolgen, verfängt nicht. Die öffentliche Hand kann sich nicht mit dem Argument leerer Kassen ihren Aufgaben entziehen. Zudem sind die Sozialhilfeträger nicht gezwungen, selbst Volljuristen zu beschäftigen. Sie können wie kleinere Firmen, die über keine eigene Rechtsabteilung verfügen, einen Anwalt mit ihrer ständigen Beratung und Vertretung beauftragen. Die Erstattung der dadurch entstehenden Kosten können sie – jedenfalls zum großen Teil – nach § 91 ZPO von den Unterhaltsschuldnern verlangen, wenn sie diese wirklich nur in aussichtsreichen Fällen in Anspruch nehmen.

562 Für die Zukunft kann der **Sozialhilfeträger** bis zur Höhe der bisherigen monatlichen Aufwendungen **auf künftige Leistung klagen,** wenn die Hilfe voraussichtlich auf längere Zeit gezahlt werden muss (§ 91 III 2 BSHG). Die nach früherem Recht in das Urteil

[195] Vgl. dazu Münder, NJW 2001, 2201, 2210
[196] OLG Celle, FamRZ 1998, 1444
[197] BGH, FamRZ 1997, 608; FamRZ 1996, 1203, 1206 = NJW 1996, 3273, 3275; die Entscheidung des BGH, FamRZ 1998, 357 betrifft § 7 UVG und ist zudem durch die Einfügung des § 7 IV UVG in das Gesetz hinsichtlich der hier interessierenden Problematik überholt
[198] BGH, FamRZ 1996, 1203, 1206 = NJW 1996, 3273, 3275
[199] Vgl. BGH, FamRZ 1996, 1203, 1206 = NJW 1996, 3273, 3275

aufzunehmende Bedingung, dass auch künftig Sozialhilfe in Höhe der zugesprochenen Beträge gewährt wird, ist nicht mehr erforderlich.[200] Zur Rechtslage, wenn sowohl Berechtigter als auch Sozialhilfeträger denselben Anspruch geltend machen, vgl. Rn. 552.

Obwohl die ordentlichen Gerichte im Rahmen des § 91 BSHG über öffentlich-rechtliche Fragen zu entscheiden haben und insoweit an die Stelle der Verwaltungsgerichte getreten sind (Rn. 509), gilt nicht das Prinzip der Amtsermittlung. Vielmehr haben die Parteien die **Darlegungs- und Beweislast;** sie haben daher die erheblichen Tatsachen vorzutragen und zu beweisen. Klagt der Unterhaltsgläubiger trotz Sozialhilfebezugs, muss er bei Bestreiten der Aktivlegitimation dartun, dass der Anspruch nicht auf den Sozialhilfeträger übergegangen ist.[201] Der Sozialhilfeträger hat die Darlegungs- und Beweislast dafür, dass der Schuldner nach der öffentlich-rechtlichen Vergleichsberechnung (vgl. Rn. 523 ff.), also nach den Kategorien des Sozialhilferechts, leistungsfähig ist. Da der Anspruch auf den Sozialhilfeträger nur übergeht, soweit der Hilfeempfänger sein Einkommen und Vermögen nach §§ 76 ff. BSHG einzusetzen hat, muss der Träger der Sozialhilfe darlegen und ggf. beweisen, dass die Schutzvorschriften des Sozialhilferechts nicht zugunsten des Schuldners eingreifen und der Anspruch daher übergegangen ist.[202] Vgl. auch Rn. 566. Der Schuldner muss dagegen seine Leistungsunfähigkeit nach Unterhaltsrecht dartun und beweisen.[203] Zum Nachweis des Anspruchsübergangs im Rahmen des § 727 ZPO vgl. Rn. 553. **563**

j) Abänderungsklage. Der Anspruchsübergang wirft hinsichtlich der Abänderungsklage nach § 323 ZPO eine Reihe von Fragen auf:[204] **564**

- Hat der Sozialhilfeträger ein Urteil über künftigen Unterhalt erwirkt (Rn. 562), kann er selbst Abänderungsklage erheben; die Klage des Unterhaltspflichtigen ist gegen ihn zu richten.[205]
- Der Sozialhilfeträger kann Abänderungsklage erheben, wenn der Berechtigte einen Unterhaltstitel in den Händen hat und er nunmehr Sozialhilfe bezieht, die den titulierten Anspruch übersteigt.[206] Soweit der Vollstreckungstitel reicht, kommt eine Umschreibung der Vollstreckungsklausel auf den Sozialhilfeträger in Betracht. Vgl. dazu Rn. 553.
- Dagegen ist im vorgenannten Fall eine Abänderungsklage des Pflichtigen gegen den Unterhaltsberechtigten zu erheben, da die Abänderung des Titels zugunsten des Schuldners nur für die Zeit nach Klageerhebung möglich ist (§ 323 III ZPO) und der Anspruchsübergang nach Rechtshängigkeit unerheblich ist (§ 265 II 1 ZPO).[207] Vgl. dazu auch Rn. 553. Kann der Titel, z. B. ein gerichtlicher Vergleich, für die Zeit vor Rechtshängigkeit abgeändert werden (vgl. Rn. 8/165 d), ist auch der Sozialhilfeträger passiv legitimiert.[208] Wird der Berechtigte verklagt, so kann er sich trotz des Anspruchsübergangs darauf beschränken, Klageabweisung zu beantragen. Er braucht nicht darauf hinzuwirken, dass das frühere Urteil dahin abgeändert wird, dass der Unterhalt für die Zeit vor der letzten mündlichen Verhandlung im Umfang des Anspruchsübergangs an den Sozialhilfeträger zu zahlen ist. Vielmehr ist dem Anspruchsübergang durch Umschreibung der Vollstreckungsklausel nach § 727 I ZPO Rechnung zu tragen, wenn sich die Abänderungsklage als unbegründet erweist. Vgl. dazu Rn. 553. Soweit der Titel zugunsten des Pflichtigen abgeändert wird, kommt es auf den gesetzlichen Forderungsübergang ohnehin nicht mehr an.

---

[200] So mit Recht OLG Koblenz, FamRZ 1996, 756; Schellhorn, BSHG, 16. Aufl., § 91 Rn. 128; a.A. Münder, NJW 2001, 2202, 2205; zum früheren Recht BGH, FamRZ 1992, 797, 799 = R 447 c
[201] Brudermüller, FuR 1995, 17, 22
[202] So OLG Stuttgart, FamRZ 2001, 838 m. w. N.
[203] Vgl. BGH, FamRZ 1998, 357
[204] Zusammenstellung der Problematik im Rechtsgutachten DIJuF, JAmt 2001, 32
[205] BGH, FamRZ 1992, 797, 799 = R 447 c; OLG Brandenburg, FamRZ 1999, 1512
[206] BGH, FamRZ 1986, 153
[207] Vgl. OLG Düsseldorf, FamRZ 1994, 794, das jedoch zu Unrecht eine Ausnahme von diesem Grundsatz zulässt, wenn die Unterhaltsberechtigte hilflos ist und unter Betreuung steht
[208] OLG Düsseldorf, FamRZ 1994, 794

3. Rechtslage bei Ausschluss des Anspruchsübergangs

565 **a) Geltendmachung des Unterhaltsanspruchs durch den Sozialhilfeträger.** Dem Sozialhilfeträger ist nach § 91 BSHG der Rückgriff gegen den Unterhaltsschuldner in zahlreichen Fällen verwehrt. Der **Übergang** des Unterhaltsanspruchs auf ihn ist insbesondere **ausgeschlossen**

- bei Unterhaltsansprüchen gegen Verwandte zweiten oder eines entfernteren Grades (Rn. 520),
- bei Unterhaltsansprüchen gegen Verwandte ersten Grades, insbesondere gegen die Eltern einer Schwangeren oder einer Mutter, die ein Kind bis zum 6. Lebensjahr betreut (Rn. 521),
- wenn und soweit die öffentlich-rechtliche Vergleichsberechnung nach Sozialhilferecht eine geringere Leistungsfähigkeit als nach Unterhaltsrecht ergibt (Rn. 523 ff.),
- wenn und soweit eine unbillige Härte vorliegt (Rn. 546).

Die weiteren Fälle des Ausschlusses des Anspruchsübergangs sind hier nicht von Interesse. Die Haftung eines Mitglieds der Bedarfsgemeinschaft gegenüber dem Sozialhilfeträger ist öffentlich-rechtlich geregelt (vgl. Rn. 502, 517 f.). Bei Erfüllung des Unterhaltsanspruchs durch laufende Zahlung geht es nicht um die Berechtigung des Sozialhilfeträgers, sondern darum, inwieweit der Schuldner mit befreiender Wirkung an den Unterhaltsberechtigten zahlen kann (vgl. Rn. 516).

566 Soweit der **Anspruchsübergang teilweise ausgeschlossen** ist, kann der Sozialhilfeträger nur auf den restlichen (übergegangenen) Teil des Anspruchs gegen den Unterhaltsverpflichteten zurückgreifen. Diese Konstellation kommt insbesondere bei der sozialhilferechtlichen Vergleichsberechnung (Rn. 523 ff.) vor. Der Sozialhilfeträger hat dann darzulegen und ggf. zu beweisen,

- in welchem Umfang nach bürgerlichem Recht ein Unterhaltsanspruch des Hilfeempfängers gegen den Pflichtigen besteht,
- in welchem Umfang der Pflichtige nach Sozialhilferecht leistungsfähig ist.[209]

Der Sozialhilfeträger muss also dem Gericht eine sozialhilferechtliche Vergleichsberechnung unterbreiten. Vgl. auch Rn. 563. Fiktives Einkommen wegen Verletzung der unterhaltsrechtlichen Erwerbsobliegenheit darf dem Pflichtigen nicht zugerechnet werden (vgl. Rn. 505, 525, 534). Entscheidend sind daher allein seine effektiven Einkünfte.[210] Daher muss die Klage des Sozialhilfeträgers abgewiesen werden, wenn er sich allein auf fiktives Einkommen des Unterhaltsschuldners beruft. Dies gilt auch dann, wenn er von seiner Befugnis Gebrauch macht, nach § 91 III 2 BSHG bis zur Höhe der bisherigen monatlichen Aufwendungen auf künftige Leistung zu klagen (vgl. Rn. 552, 562).[211] Zur Klage des Unterhaltsgläubigers bei fiktivem Einkommen vgl. Rn. 572.

567 **b) Geltendmachung des Unterhaltsanspruchs durch den Hilfeempfänger.** Ist der Übergang des Anspruchs in den in Rn. 565 erwähnten Fällen ausgeschlossen, verbleibt der Unterhaltsanspruch beim Berechtigten. Eine gleichwohl vorgenommene Rückabtretung geht ins Leere.[212] Der Hilfeempfänger kann also – jedenfalls auf den ersten Blick – den Unterhaltsanspruch gegen den Verpflichteten geltend machen, ohne dass die erhaltene Sozialhilfe angerechnet wird, da diese subsidiär ist (§ 2 I BSHG). Vgl. dazu Rn. 500 f. Eine Verpflichtung zur Rückzahlung der Sozialhilfe besteht nicht.[213] Wenn und soweit es dem Hilfeempfänger gelingt, aus einem obsiegenden Urteil zu vollstrecken, wäre sein **Bedarf** daher **doppelt gedeckt.** Dieses Ergebnis kann nicht befriedigen. Es wird daher die Auffassung vertreten, dass jedenfalls dann, wenn der Unterhaltsanspruch nicht auf den Sozialhilfeträger übergeht, die erhaltene Sozialhilfe als bedarfsdeckend anzusehen ist.[214] Der BGH

---

[209] OLG Koblenz, FamRZ 1996, 1548

[210] BGH, FamRZ 1999, 843, 846 = R 533 b; FamRZ 1998, 818 = R 524; Künkel, FamRZ 1996, 1509, 1512

[211] BGH, FamRZ 1998, 818 = R 524

[212] Vgl. dazu und den sich daraus ergebenden prozessualen Problemen BGH, FamRZ 2001, 619

[213] BGH, FamRZ 1996, 1203, 1205 = NJW 1996, 3273, 3275

[214] OLG Köln, FamRZ 1997, 1101; OLG Hamburg, FamRZ 1992, 713; kritisch dazu Kalthoener/Büttner/Niepmann, Die Rechtsprechung zur Höhe des Unterhalts, 8. Aufl., Rn. 564 c, f

ist dieser Ansicht entgegen getreten, hält es aber für möglich, dass dem Gläubiger in einem solchen Fall für die Vergangenheit unter bestimmten Voraussetzungen der Einwand der unzulässigen Rechtsausübung entgegen gehalten wird.[215] Dies kann dazu führen, dass der Gläubiger den Anspruch in Höhe der erhaltenen Sozialhilfe nicht mehr geltend machen kann. De facto würde die Sozialhilfe dann als bedarfsdeckend behandelt.

Betrachtet man die Problematik nur aus der Sicht des Unterhaltsrechts, dürfte man die **568** Sozialhilfe nicht als bedarfsdeckend anerkennen, da sie subsidiär und damit kein anrechnungsfähiges Einkommen ist, und sich die Leistungsfähigkeit des Schuldners allein nach bürgerlichem Recht bestimmt. Sieht man das Problem dagegen allein aus der Sicht des Sozialhilferechts, müsste die Sozialhilfe auch den Unterhaltsbedarf decken, da es widersinnig wäre, den Schuldner für Unterhalt in weiterem Umfang haften zu lassen, als es den sozialhilferechtlichen Schutzvorschriften des § 91 BSHG entspricht. Der Schuldner, der über das Maß des Sozialhilferechts hinaus zum Unterhalt verpflichtet wäre, hätte möglicherweise selbst Anspruch auf ergänzende Sozialhilfe. Die Lösung dieses Problems kann nicht darin bestehen, dem Unterhaltsrecht oder dem Sozialhilferecht den Vorrang einzuräumen. Der Gesetzgeber hat die Unterschiede zwischen Sozialhilfe- und Unterhaltsrecht sehr wohl gesehen, gleichwohl aber von einer Angleichung bislang abgesehen. So hat er nicht etwa die Unterhaltsansprüche der Enkel gegen ihre Großeltern (und umgekehrt) abgeschafft, sondern sich darauf beschränkt, die Rückgriffsansprüche des Sozialhilfeträgers auszuschließen.[216] Dies spricht dafür, nicht schlechthin in den Fällen, in denen ein Rückgriffsanspruch des Sozialhilfeträgers nicht besteht, der Sozialhilfe eine bedarfsdeckende Wirkung zuzuerkennen, sondern entsprechend der Auffassung des BGH[217] vielmehr nach **§ 242 BGB** von Fall zu Fall eine angemessene und interessengerechte **Lösung** zu suchen und dem Schuldner ggf. den **Einwand unzulässiger Rechtsausübung** zuzubilligen (vgl. Rn. 572). Dies kann bei den verschiedenen Fallgruppen durchaus zu unterschiedlichen Ergebnissen führen.

Ist der Übergang von Unterhaltsansprüchen gegen bestimmte Verwandte (der Enkel gegen **569** die **Großeltern,** der Großeltern gegen die Enkel, der Schwangeren oder der ein Kleinkind betreuenden Mutter gegen die Eltern) nach § 91 I 3 BSHG ausgeschlossen (vgl. Rn. 520 f.), wird man dem Berechtigten selbst die Geltendmachung des Anspruchs nach §§ 1601 ff. BGB nicht verwehren können. Dem unterhaltspflichtigen Verwandten steht es offen, durch Zahlung von Unterhalt für die **Zukunft,** also für die Zeit ab Rechtshängigkeit der Unterhaltsklage (vgl. Rn. 572), die doppelte Befriedigung des Bedarfs durch Sozialhilfe und Unterhalt zu verhindern. Für die **Vergangenheit,** in der der Berechtigte die nicht rückzahlbare Sozialhilfe bereits entgegengenommen hat, dürfte es dagegen Treu und Glauben entsprechen, den Unterhaltsanspruch in Höhe der erhaltenen Sozialhilfe auszuschließen.[218]

Bei der **öffentlich-rechtlichen Vergleichsberechnung** sind im Wesentlichen drei Fall- **570** gruppen zu unterscheiden. Die sozialhilferechtliche Leistungsunfähigkeit des Schuldners kann beruhen

- auf erhöhtem Eigenbedarf, z. B. pauschaliertem Mehrbedarf nach § 23 I Nr. 1 und 2 BSHG (Rn. 542), aber auch auf hohen vom Sozialhilfeträger jedenfalls vorläufig anerkannten Wohnkosten (Rn. 541), während dem Schuldner nach Unterhaltsrecht nur der notwendige Selbstbehalt nach den Tabellen und Leitlinien verbleibt,
- auf Anerkennung der Arbeitslosigkeit, während dem Schuldner nach Unterhaltsrecht ein fiktives Einkommen zugerechnet wird,
- auf der Einbeziehung der Mitglieder der Bedarfsgemeinschaft in die Vergleichsberechnung, während diese nach Unterhaltsrecht dem Hilfeempfänger entweder im Range gleichstehen oder nachgehen.

Hier gewinnt der sowohl im Unterhaltsrecht als auch im Sozialhilferecht geltende Grundsatz Bedeutung, dass niemand durch Erfüllung einer Unterhaltspflicht selbst sozialhilfebedürftig werden darf. Vgl. dazu Rn. 2/261 einerseits, Rn. 505, 523, 525 andererseits.

---

[215] BGH, FamRZ 1999, 843, 846 = R 533 c

[216] BGH, FamRZ 1999, 843, 846 = R 533 a; FamRZ 1992, 41 = NJW 1992, 115

[217] BGH, FamRZ 1999, 843, 846 = R 533 c; FamRZ 2000, 1348 = R 543 a

[218] So auch Kalthoener/Büttner/Niepmann, Die Rechtsprechung zur Höhe des Unterhalts, 8. Aufl., Rn. 564 b

571 Die Diskrepanz zwischen Sozialhilfe- und Unterhaltsrecht beim Selbstbehalt kann jedenfalls in vielen Fällen dadurch abgemildert werden, dass bei der Unterhaltsberechnung nicht sklavisch an dem in den Tabellen und Leitlinien festgelegten **Selbstbehalt** festgehalten wird, sondern in größerem Umfang als bisher Kosten anerkannt werden, die den Eigenbedarf des Schuldners **erhöhen.** Dies gilt vor allem für die **Wohnkosten.** Die Anerkennung überhöhter Wohnkosten ist rechnerisch ohne weiteres möglich, da die Düsseldorfer Tabelle und verschiedene andere Leitlinien derartige Kosten im Selbstbehalt offen ausweisen. Im notwendigen Selbstbehalt für das alte Bundesgebiet in Höhe von 840,– € bzw. 730,– € gegenüber dem minderjährigen und dem privilegiert volljährigen Kind sind bis 360,– € für Unterkunft einschließlich umlagefähiger Nebenkosten (Warmmiete) enthalten (vgl. Rn. 2/268 ff.). Der Selbstbehalt kann angemessen erhöht werden, wenn die Beträge für die Warmmiete im Einzelfall erheblich überschritten werden und dies nicht vermeidbar ist. Als Anhalt für unvermeidbare Wohnkosten können die Sätze des Wohngeldgesetzes dienen.[219] Der Mietanteil im angemessenen Selbstbehalt von 1000,– € beträgt 440,– € (Rn. 2/422). Zu den Selbstbehaltssätzen und der Warmmiete beim Verwandtenunterhalt vgl. D 1 der Düsseldorfer Tabelle Stand: 1. 7. 2003 vgl. Rn. 2/273, 620 a, 3/75.

Auch **Schulden** können grundsätzlich die Leistungsunfähigkeit des Schuldners mindern. Dies ist auch im Unterhaltsrecht unbestritten (vgl. Rn. 1/614 ff.). Die Berücksichtigung von Schulden wird in der Praxis allerdings teilweise sehr restriktiv gehandhabt. Um unnötige Diskrepanzen zwischen Unterhalts- und Sozialrecht zu vermeiden, sollte jeweils im Einzelfall geprüft werden, ob Schulden nicht jedenfalls dann bei der Unterhaltsbemessung berücksichtigt werden können, wenn sie vom Sozialhilfeträger anerkannt werden. Vgl. dazu Rn. 533.

Die Erhöhung des Selbstbehalts kann nicht in allen Fällen die Unterschiede zwischen Sozialhilfe- und Unterhaltsrecht ausräumen (vgl. dazu das Rechenbeispiel Rn. 584). Ggf. muss daher auch in den hier interessierenden Fällen eine interessengerechte Lösung mit Hilfe des Verbots der unzulässigen Rechtsausübung (§ 242 BGB) gesucht werden (vgl. Rn. 568).

572 Beruht die Leistungsfähigkeit des Schuldners unterhaltsrechtlich auf **fiktivem Einkommen,** scheidet grundsätzlich ein Anspruchsübergang auf den Sozialhilfeträger aus. Anders kann es sein, wenn der Schuldner über niedrigere effektive Einkünfte verfügt, die auch sozialhilferechtlich als Einkommen gelten, z. B. wenn der Pflichtige Arbeitslosenhilfe bezieht. Dann kommt ein (teilweiser) Anspruchsübergang auf der Basis der niedrigeren Einkünfte in Betracht, wenn und soweit die Arbeitslosenhilfe den sozialhilferechtlichen Bedarf des Schuldners deckt.[220] Vgl. Rn. 534 und das Beispiel Rn. 583.

Behält der Hilfeempfänger den Unterhaltsanspruch, weil der Pflichtige nach Sozialhilferecht nicht leistungsfähig ist, er z. B. selbst Sozialhilfe bezieht, bestimmt sich jedenfalls für die **Zukunft** seine Leistungsfähigkeit ausschließlich nach Unterhaltsrecht.[221]

In der 4. Auflage habe ich an dieser Stelle die Auffassung vertreten, dass der Schuldner erst seit der letzten mündlichen Verhandlung im Unterhaltsprozess als leistungsfähig zu behandeln sei, und er erst seitdem zu Unterhaltszahlungen nach Maßgabe seines fiktiven Einkommens verurteilt werden könne. Der BGH[222] hat nunmehr entschieden, dass sich die unterhaltsrechtliche Betrachtung – nicht zuletzt aus Gründen der Rechtsklarheit und Praktikabilität – bereits **ab Rechtshängigkeit** der Unterhaltsklage durchsetze, und der Schuldner von diesem Zeitpunkt an auf Grund eines fiktiven Einkommens als leistungsfähig behandelt werden könne. Nach Auffassung des BGH wird der Schuldner durch die Zustellung der Klageschrift eindringlich darauf hingewiesen, dass er ungeachtet seiner bisherigen Einkommenslosigkeit auf Unterhalt in Anspruch genommen werde und dass es deshalb nicht gerechtfertigt sei, ihm entgegen der unterhaltsrechtlichen Gesetzeslage nach § 242 BGB den Einwand zuzubilligen, dass der Unterhaltsberechtigte Sozialhilfe beziehe und deshalb auf Unterhalt nicht angewiesen sei. Ich schließe mich für den Regelfall der Ansicht des BGH an, zumal meine frühere Auffassung in der Tat den Schuldner dazu veranlassen konnte, den Prozess in die Länge zu ziehen, um bis zur letzten mündlichen Verhandlung den Schutz des

[219] Vgl. KG, FamRZ 1994, 1047
[220] OLG Düsseldorf, FamRZ 1999, 127 = NJW 1998, 1502
[221] BGH, FamRZ 1999, 843, 847 = R 533 c; FamRZ 2000, 1358 = R 543 a; FamRZ 2001, 619
[222] FamRZ 1999, 843, 847 = R 533 c; FamRZ 2000, 1358 = R 543 a

§ 242 BGB zu genießen. Ob dem Schuldner in besonders gelagerten Fällen ausnahmsweise auch in der Zeit nach Rechtshängigkeit der Einwand aus § 242 BGB zugebilligt werden kann, muss allerdings offen bleiben.

Für die **Vergangenheit,** also für die Zeit vor Rechtshängigkeit, kann der Schuldner sich nicht generell darauf berufen, dass die Geltendmachung des Unterhaltsanspruchs durch den Hilfeempfänger gegen Treu und Glauben verstoße, weil dies dazu führen würde, dass die gesetzlich gewollte Subsidiarität der Sozialhilfe (§ 2 BSHG; vgl. Rn. 501) mit Hilfe des § 242 BGB außer Kraft gesetzt wird. Jedoch hält es der BGH[223] insbesondere in Mangelfällen für möglich, eine (Teil-)Anrechnung der dem Unterhaltsberechtigten gewährten Sozialhilfe auf den Unterhaltsanspruch vorzunehmen, wenn andernfalls für den Schuldner die Gefahr bestünde, mit derartig hohen Forderungen aus der Vergangenheit belastet zu werden, dass es ihm voraussichtlich auf Dauer unmöglich gemacht würde, diese Schulden zu tilgen und daneben noch seinen laufenden Verpflichtungen nachzukommen. Dies hat der BGH[224] bei Unterhaltsrückständen von wenigen hundert DM verneint. Jedoch wird die vom BGH in den Vordergrund gestellte Gefahr einer lebenslangen Verschuldung nicht stets gefordert werden dürfen. Zu beachten ist, dass der Berechtigte Sozialhilfe typischerweise dann erhält, wenn die Einkommens- und Vermögensverhältnisse des Schuldners angespannt sind, dieser den vollen Bedarf des oder der Unterhaltsgläubiger und seinen eigenen Unterhalt nur teilweise decken kann und deshalb ein Mangelfall vorliegt. Jedenfalls dann, wenn dem Pflichtigen bei der Bemessung des laufenden Unterhalts nur der notwendige Selbstbehalt von 840,– € bzw. 730,– (vgl. Rn. 2/264) oder nur ein wenig darüber liegender Betrag belassen wird und Unterhalt für mehrere Monate rückständig ist, fällt ihm in der Regel die Befriedigung des laufenden Unterhalts neben der Tilgung der Rückstände so schwer, dass die Anwendung des § 242 BGB in Betracht zu ziehen ist. Eine Rückabtretung des Unterhaltsanspruchs durch den Sozialhilfeträger an den Hilfeempfänger geht bei Heranziehung des § 242 BGB ins Leere, weil der Sozialhilfeträger den Anspruch nicht erworben hat (§ 91 II 1 BSHG; siehe oben Rn. 565 ff.). Vgl. auch das Rechenbeispiel Rn. 583.

Beruht der sozialhilferechtliche Schuldnerschutz auf der **Einbeziehung von Angehörigen** des Schuldners in die öffentlich-rechtliche Vergleichsberechnung, die nach Unterhaltsrecht gleichrangig und nachrangig sind (vgl. Rn. 526), müssen sich die Rangvorschriften des Unterhaltsrechts (§§ 1582, 1609 BGB) durchsetzen. Zu Recht hat es der BGH abgelehnt, den Grundsatz, dass durch die Unterhaltsleistung keine Sozialhilfebedürftigkeit eintreten darf, auch zugunsten der Unterhaltsberechtigten anzuwenden, die mit dem Schuldner in einer Haushaltsgemeinschaft leben; hier setzen sich vielmehr die Rangvorschriften des BGB, insbesondere § 1582 BGB, durch.[225] Vgl. auch Rn. 2/261, 6/543. Die sozialhilferechtliche Leistungsunfähigkeit des Schuldners bleibt bei der öffentlich-rechtlichen Vergleichsberechnung daher unberücksichtigt, soweit sie auf dem Bedarf der Mitglieder der **Bedarfsgemeinschaft** beruht. Dies schließt freilich nicht aus, erhöhte Wohnkosten, soweit sie auf den Pflichtigen selbst entfallen, bei der Bemessung des Selbstbehalts zu berücksichtigen (vgl. Rn. 543 f., 571). **573**

Bei der **Hilfe in besonderen Lebenslagen** braucht der Schuldner sein Einkommen im Rahmen der sozialhilferechtlichen Vergleichsberechnung nur einzusetzen, soweit es die Einkommensgrenzen nach §§ 79, 81 BSHG übersteigt. Dies bedeutet, dass ihm die in diesen Vorschriften genannten Grundbeträge, die dem Hilfeempfänger gewährt werden, zuzüglich der Kosten der Unterkunft und etwaiger Familienzuschläge. zugute kommen.[226] Vgl. dazu Rn. 538. Wie sich allerdings Ersparnisse für den häuslichen Lebensunterhalt, die nach § 85 I Nr. 3 BSHG bei einem Heimaufenthalt die für den Hilfeempfänger geltenden Einkommensgrenzen mindern, im Rahmen der Vergleichsberechnung auf die dem Schuldner nach §§ 91 II 1, 79, 81 BSHG zustehenden Freibeträge auswirken, bleibt unklar. **573 a**

---

[223] FamRZ 1999, 843, 847 = R 533 c
[224] FamRZ 2001, 619
[225] BGH, FamRZ 1996, 1272 = R 507 b
[226] Schellhorn, FUR 1999, 4, 7 f.

VII. Sozialhilfe und Unterhaltsvorschuss

574 Die Rechtsordnung kennt eine Reihe von Sozialleistungen, die neben der Sozialhilfe subsidiär zur Deckung des Bedarfs eines Bürgers bestimmt sind, der sich nicht allein helfen kann. Hierzu zählen Arbeitslosenhilfe (Rn. 593 ff.), Leistungen der Jugendhilfe (Rn. 2/327 a), Ausbildungsförderung nach dem BAföG (Rn. 585 ff.) und Unterhaltsvorschuss,[227] in Ausnahmefällen auch Leistungen nach dem Bundesversorgungsgesetz (vgl. § 27 g BVG). In all diesen Fällen geht der Unterhaltsanspruch des Sozialleistungsempfängers gegen den Unterhaltspflichtigen unter bestimmten Voraussetzungen auf den Leistungsträger über (§ 94 III 2 SGB VIII, § 37 BAföG, § 7 UVG) oder kann übergeleitet werden (§ 203 SGB III, §§ 95, 96 SGB VIII, § 27 g BVG). Zu einer Konkurrenz mit dem Anspruchsübergang nach § 91 BSHG kommt es in der Regel nur beim Unterhaltsvorschuss.

575 **Unterhaltsvorschuss** steht dem Kind, nicht dem betreuenden Elternteil zu. Die Leistung erhält ein Kind mit deutscher, in bestimmten Fällen auch ausländischer Staatsangehörigkeit bis zum Alter von 12 Jahren,
- das im Inland bei einem allein erziehenden Elternteil lebt, der ledig, verwitwet, geschieden ist oder dauernd getrennt von seinem Ehegatten lebt,
- wenn der andere Elternteil seine Unterhaltspflicht nicht oder nicht regelmäßig durch Vorausleistung erfüllt oder wenn er oder ein Stiefelternteil verstorben ist und das Kind nicht Waisengeld mindestens in Höhe des Unterhaltsvorschusses bezieht (§ 1 I, II a, IV UVG).

Beim Getrenntleben verweist § 1 II 1 UVG auf die Voraussetzungen des 1567 BGB; Getrenntleben im Sinne des UVG liegt auch vor, wenn ein Elternteil wenigstens sechs Monate in einer Anstalt untergebracht ist. Nach Auffassung des OVG Münster[228] sollen Eltern auch dann getrennt leben, wenn sie zwar die eheliche Lebensgemeinschaft aufnehmen wollen, ein Elternteil aber wegen eines Einreiseverbots nicht nach Deutschland kommen kann.

Unterhaltsvorschuss wird nicht gewährt, wenn der betreuende Elternteil wiederverheiratet ist und mit dem neuen Ehegatten zusammenlebt, da sich der Stiefvater oder die Stiefmutter in aller Regel wenigstens an der Betreuung und Erziehung des Kindes beteiligen. Diese Regelung entspricht der Verfassung.[229] Die Rechtslage bei Getrenntleben von Lebenspartnern ist angesichts der Widersprüche zwischen § 1 I Nr. 2 und § 1 II UVG unklar.[230] Ein Anspruch besteht ebenfalls nicht, wenn der betreuende Elternteil mit dem anderen Elternteil in nichtehelicher Gemeinschaft zusammenlebt, wenn er sich weigert, die zur Durchführung des Gesetzes erforderlichen Auskünfte nach § 6 UVG zu erteilen, oder wenn er es ablehnt, bei der Feststellung der Vaterschaft oder des Aufenthalts des anderen Elternteils mitzuwirken (§ 1 III UVG). Zur Anspruchsberechtigung bei Kindern mit ausländischer Staatsangehörigkeit vgl. § 1 II a UVG. Unterhaltsvorschuss ist eine Familienleistung im Sinne des Art. 4 I h der VO (EWG) Nr. 1408/71.[231]

Auf das Einkommen des Kindes kommt es nicht an. Entscheidend ist allein, ob das Kind regelmäßig Unterhalt erhält oder es über bestimmte eigene Einkünfte, insbesondere Waisengeld, verfügt (§§ 1 IV, 2 III UVG). Vermögen des Kindes wird nicht angerechnet; das Gleiche gilt für Zinsen. Einkommen und Vermögen des betreuenden Elternteils und sonstiger unterhaltspflichtiger Verwandter, insbesondere der Großeltern, bleiben außer Betracht.[232] Zur Unterhaltspflicht der Großeltern vgl. Rn. 2/273, 545 ff., 620.

Unterhaltsvorschuss wird vom letzten Monat vor der Antragstellung an für längstens 72 Monate gewährt (§§ 3, 4 UVG), und zwar gemäß § 2 I, II UVG in Höhe der für Kinder der ersten und zweiten Altersstufe jeweils geltenden Regelbeträge (vgl. Rn. 2/205 f.) abzüglich der Hälfte des Erstkindergeldes von derzeit 154,– € (vgl. Rn. 2/492). Auf das höhere

---

[227] Zum Unterhaltsvorschuss als Sozialleistung vgl. BGH, FamRZ 2001, 619, 621
[228] NJW 2002, 3564
[229] BVerwG, FamRZ 2001, 1452
[230] Dazu Rechtsgutachten DIJuF, JAmt 2002, 20
[231] EuGH, FamRZ 2002, 449
[232] R. Scholz, UVG, § 2 Rn. 11

Kindergeld bei vier und mehr Kindern kommt es nicht an. Der Unterhaltsvorschuss beläuft sich daher im alten Bundesgebiet ab 1. 7. 2003

- auf 122,– € (199 – 77) bei einem Kind bis zum vollendeten 6. Lebensjahr,
- auf 164,– € (241 – 77) bei einem Kind bis zum vollendeten 12. Lebensjahr.

Im Beitrittsgebiet werden 106,– € (183 – 77) bzw. 145,– € (222 – 77) gezahlt.

Der Unterhaltsvorschuss wird zu einem Drittel vom Bund, im Übrigen von den Ländern getragen (§ 8 I 1 UVG). Die Länder können die Gemeinden in angemessenem Umfang an den Kosten beteiligen (§ 8 I 2 UVG). Sie bedienen sich mit Ausnahme der Stadtstaaten zur Ausführung des Gesetzes vielfach der Kreise und größeren Städte, die auch für die Gewährung der Sozialhilfe zuständig sind.

Nach § 7 I 1 UVG **geht der Unterhaltsanspruch** des Kindes gegen den pflichtigen Elternteil, bei dem es nicht lebt, zusammen mit dem unterhaltsrechtlichen Auskunftsanspruch auf das Land über. Der Übergang von Unterhaltsansprüchen gegen sonstige Verwandte, insbesondere die Großeltern, ist nicht vorgesehen. Für die Vergangenheit kann der pflichtige Elternteil von dem Zeitpunkt an in Anspruch genommen werden, in dem die Voraussetzungen des § 1613 BGB vorgelegen haben (vgl. dazu Rn. 100 ff.) oder der pflichtige Elternteil von dem Antrag auf Unterhaltsleistung Kenntnis erhalten hat und über die Möglichkeit der Inanspruchnahme belehrt worden ist (§ 7 II UVG). 576

Besondere Schuldnerschutzvorschriften wie in § 91 II BSHG enthält das UVG nicht. Da keine Regelungslücke vorliege, findet nach Auffassung des BGH[233] eine öffentlich-rechtliche Vergleichsberechnung nach § 91 II 1 BSHG nicht statt. Vgl. dazu Rn. 523 ff. Demgemäß geht auch ein Unterhaltsanspruch, der auf fiktivem Einkommen des Schuldners beruht, auf das Land (Unterhaltsvorschusskasse) über. Der Grundsatz, dass niemand durch die Erfüllung einer Unterhaltspflicht selbst sozialhilfebedürftig werden darf, gilt aber auch hier, da er letztlich aus dem Verfassungsrecht herzuleiten ist (Rn. 525). Diese Ansicht teilt auch der BGH;[234] er meint allerdings, dass der Schuldner durch den notwendigen Selbstbehalt des Unterhaltsrecht hinreichend geschützt sei. Das ist allerdings nur schwer mit seiner zu § 91 II 1 BSHG vertretenen gegenteiligen Auffassung[235] zu vereinbaren. Vgl. dazu Rn. 525, 534. Da sich die Sach- und Interessenlage weitgehend entsprechen (vgl. dazu Rn. 577 und das dortige Beispiel), sollte § 91 II 1, 2 BSHG auch bei Gewährung von Unterhaltsvorschuss entsprechend angewendet werden.[236] 576 a

Seit 1. 7. 1998 sieht § 7 IV 2 UVG eine § 91 IV 1 BSHG entsprechende **Rückabtretung** des kraft Gesetzes auf das Land übergegangenen Unterhaltsanspruchs an das Kind vor. Die Vorschrift gilt bei einer vor dem 1. 7. 1998 vorgenommenen Rückabtretung entsprechend.[237] Ebenso kann sich das Land den geltend gemachten Unterhaltsanspruch wieder abtreten lassen (§ 7 IV 2 UVG). Auf die Ausführungen zu § 91 BSHG kann verwiesen werden (Rn. 554 ff.). Einziehungsermächtigungen und Prozessstandschaft sind auch hier wegen Verstoßes gegen § 32 SGB I nichtig.[238] Vgl. dazu auch Rn. 560.

Seit 1. 7. 1998 kann das Land auf künftige Leistung klagen, wenn voraussichtlich auf längere Zeit Unterhaltsvorschuss gewährt werden wird. Der früher vom BGH[239] gewählte Weg, dem Land die Geltendmachung des Unterhaltsanspruchs für das berechtigte Kind in gewillkürter Prozessstandschaft zu gestatten, ist nicht mehr erforderlich.

Sozialhilfe wird nicht gewährt, soweit Unterhaltsvorschuss gezahlt wird (§ 2 I BSHG). Jedoch übersteigt der Anspruch des Kindes auf Sozialhilfe in aller Regel den Unterhaltsvorschuss von 122,– bzw. 164,– € (Rn. 575). So liegt bereits der Regelbedarf eines Kindes der ersten Altersstufe nach § 22 BSHG (Rn. 539) in allen Bundesländern nach dem Stand vom 1. 7. 2003 über dem Unterhaltsvorschuss. Hinzu kommen einmalige Leistungen und anteilige Wohnkosten (vgl. Rn. 541). Daher geht der Unterhaltsanspruch in Höhe des 577

---

[233] FamRZ 2001, 619, 621 = R 548
[234] FamRZ 2001, 619, 621 = R 548
[235] BGH, FamRZ 1999, 843, 846 = R 533 b, c
[236] So auch OLG Brandenburg, NJW-FER 2001, 8; OLG Nürnberg, FamRZ 1999, 1021
[237] BGH, FamRZ 2000, 221
[238] BGH, FamRZ 1996, 1203, 1205; FamRZ 1996, 1207
[239] FamRZ 1998, 357

Unterhaltsvorschusses auf das Land, in Höhe der Sozialhilfe auf den Sozialhilfeträger über. Ein etwaiger Restanspruch verbleibt dem berechtigten Kind. Ist der Schuldner nur teilweise leistungsfähig, geht der auf das Land übergegangene Anspruchsteil vor.[240] Auch wenn dieselbe Stadt oder derselbe Kreis Sozialhilfe und – im Auftrag des Landes – Unterhaltsvorschuss gewähren, kann im Unterhaltsprozess nicht offen bleiben, in welcher Höhe der Anspruch auf das Land und in welcher Höhe er auf die Stadt oder den Kreis als örtlichen Sozialhilfeträger übergegangen ist.[241]

Beispiel:
Ein neunjähriges Kind hat gegen seinen Vater, der zwar über ein hohes Einkommen verfügt, gleichwohl aber nicht zahlt, einen Unterhaltsanspruch nach DT 9/2 von 386,– € ./. 77,– € Kindergeldanteil = 309,– €. Es erhält 164,– € (241 – 77) Unterhaltsvorschuss. Der Regelsatz nach § 22 BSHG beträgt in den meisten Bundesländern 192,– €. Gezahlt werden an Sozialhilfe 28,– € (192 – 164), 38,– € pauschalierte Hilfen (20% von 192,– €) und z. B. ein Wohnkostenanteil von 60,– €, insgesamt also 126,– €. Von der Unterhaltsforderung des Kindes von 309,– € gehen 164,– € auf das Land, 126,– € auf den Sozialhilfeträger über. Ein Restanspruch von 19,– € verbleibt beim Kind.

578 Die **Konkurrenz zwischen Unterhaltsvorschuss und Sozialhilfe** wird durch § 7 I 2 UVG geregelt. Wird ein Kind sozialhilfebedürftig, gewährt in der Regel der Sozialhilfeträger sofort Hilfe, und zwar auch soweit Anspruch auf Unterhaltsvorschuss besteht. Die Zahlung des Unterhaltsvorschusses wird in der Praxis oft erst nach etlichen Monaten aufgenommen. In diesem Fall geht der Unterhaltsanspruch nicht nach § 7 I 1 UVG auf das Land über, solange Sozialhilfe gezahlt wird. Es verbleibt für die Zeit der Gewährung von Sozialhilfe beim Anspruchsübergang auf den Sozialhilfeträger nach § 91 BSHG. Diesem obliegt es, die Erstattung seiner Aufwendungen vom Land nach § 104 SGB X oder vom Unterhaltsschuldner nach § 91 BSHG zu verlangen. Der Sozialhilfeträger kann den nach § 91 I 1 BSHG übergegangenen Unterhaltsanspruch an das Land abtreten, soweit dieses Erstattung geleistet hat.[242] Auch kann er bei der zuständigen Stelle (Rn. 575) nach § 91 a BSHG die Feststellung des Unterhaltsvorschusses und damit mittelbar seines Erstattungsanspruchs nach § 104 SGB X gegen das Land beantragen (§ 7 I 2 UVG). Erst ab Gewährung des Unterhaltsvorschusses und entsprechender Kürzung der Sozialhilfe geht der Anspruch in Höhe der vom Land erbrachten Leistungen auf dieses über (vgl. Rn. 577).

VIII. Rechenbeispiele zu Sozialhilfe und Unterhaltsvorschuss

579 **Vorbemerkung:** Die Sozialhilfe wird nach den in Nordrhein-Westfalen geltenden Regelsätzen Stand: 1. 7. 2003[243] berechnet. Einmalige Hilfen werden zur Vereinfachung stets pauschal mit 20% angesetzt (Rn. 542), selbst wenn Sozialhilfe tatsächlich gewährt wird und die Hilfen in der Praxis beziffert werden können. Beim Unterhalt wird die Düsseldorfer Tabelle Stand: 1. 7. 2003 zugrunde gelegt. Die Zahlen sind aus Vereinfachungsgründen in der Regel auf den nächsten vollen Euro auf- bzw. abgerundet.

1. Die Sozialhilfe übersteigt den Unterhaltsanspruch. Anspruchsübergang bei mehreren Berechtigten. Aufteilung der Wohnkosten. Unterhaltsvorschuss wird noch nicht gewährt.

580 **Fall:**

Die nicht erwerbstätige getrennt lebende Ehefrau (F) bezieht Sozialhilfe. Sie versorgt 2 Kinder im Alter von 3 und 5 Jahren. Miete einschließlich Heizung: 650,– €. Wohngeld: 140,– €. Kindergeld: 154,– € je Kind. Noch kein Unterhaltsvorschuss (vgl. Rn. 578).

---

[240] OLG Düsseldorf, FamRZ 1996, 167, 169
[241] Davon geht BGH, FamRZ 1996, 1207 als selbstverständlich aus; a.A. zu Unrecht Seetzen, NJW 1994, 2505
[242] Rechtsgutachten DIJuF, JAmt 2001, 473
[243] Vgl. die Verordnung über die Regelsätze vom 3. 6. 2003 – GV. NRW. S. 304

Einkommen des Ehemannes (M): 2120,– €. Ehebedingte Schulden (Gehaltspfändung): 100,– €. Miete einschließlich Heizung: 380,– €. Kein Wohngeld. Monatskarte: 50,– €. Gewerkschaft: 20,– €. Hausratsversicherung: 10,– €.

Lösung:

Sozialhilfe (vgl. Rn. 539 ff.):

Regelsatz F	296,– €
40% Mehrbedarf für 2 Kinder unter 16 Jahren	118,– €
einmalige Hilfen F (20%)	59,– €
erhöhter Regelsatz K 1	163,– €
erhöhter Regelsatz K 2	163,– €
einmalige Hilfen K 1	33,– €
einmalige Hilfen K 2	33,– €
Miete abzüglich Wohngeld	510,– €
	1375,– €
Kindergeld für 2 Kinder	./. 308,– €
anrechnungsfreies Kindergeld	+ 20,50 €
	1087,50 €

Unterhaltsberechnung:

Vorläufige Berechnung:
Einkommen des M: 2120 – 106 (5%) – 100 (Schulden) = 1914,– €.
Kindesunterhalt (nach DT 5/1): je 255,– €.
Ehegattenunterhalt: 1914 – 255 – 255 (Kindesunterhalt) = 1404 × $^{3}/_{7}$ = 602,– €.
M behält 1404 – 602 = 802,– und damit weniger als den notwendigen Selbstbehalt von 840,– €.
Korrigierte Berechnung unter Herabstufung der Kinder in die 1. Einkommensgruppe (DT A Anm. 1; vgl. Rn. 2/239 ff.):
Kindesunterhalt (nach DT 1/1): je 199,– €. Zahlbetrag: je 199 – 7 (Kindergeldanteil) = 192,– € (§ 1612 b V BGB; Rn. 2/509).
Ehegattenunterhalt: 1914 – 199 – 199 = 1516 × $^{3}/_{7}$ = 650,– €.
Gesamtunterhalt: 650 + 199 + 199 = 1048,– €.
M behält (1516 – 650 =) 866,– € sowie seinen Kindergeldanteil von 14,– €. Er hat damit mehr als den notwendigen Selbstbehalt und kann auch die Miete von 380,- €, die die im Selbstbehalt enthaltene Warmmiete von 360,– € um 20,– € übersteigt, tragen. Es kann also offen bleiben, ob die Mietmehrbelastung unvermeidbar ist.

Öffentlich-rechtliche Vergleichsberechnung nach § 91 II 1 BSHG (vgl. Rn. 523 ff.):
Einkommensermittlung nach § 76 BSHG (vgl. Rn. 527 ff.):

Nettoeinkommen M	2120,– €
Monatskarte öff. Verkehrsmittel	50,– €
Gewerkschaft	20,– €
Hausratsversicherung	10,– €
Schulden (Gehaltspfändung)	100,– €
Abzug für Erwerbstätige (Rn. 532)	0,– €
	1940,– €

Sozialhilferechtlicher Bedarf (vgl. Rn. 539 ff.):	
Regelsatz M	296,– €
einmalige Hilfen	59,– €
Wohnung	380,– €
	735,– €

M ist in Höhe von (1940 – 735) = 1205,– € nach Sozialhilferecht leistungsfähig, könnte also die Unterhaltsansprüche eigentlich decken.

Ergebnis:
Da nur der Unterhaltsanspruch jedes Berechtigten auf den Sozialhilfeträger übergeht, muss die Sozialhilfe auf F und die Kinder aufgeteilt werden.

Verteilt man die Wohnkosten von 510,– € (nach Abzug des Wohngeldes) entsprechend einer verbreiteten Praxis nach Köpfen (vgl. Rn. 543), ergibt sich folgende Aufteilung:
Sozialhilfe der F: Regelsatz, Mehrbedarf, einmalige Hilfen: 296 + 118 + 59 = 473,– € + Wohnung: 170,– € ./. Kindergeld: 308,– € + anrechnungsfreies Kindergeld: 20,50 € = 355,50 €.
Sozialhilfe der Kinder jeweils: Regelsatz, einmalige Hilfen: 163 + 33 + Wohnung 170,– € = 366,– €.
Bei dieser Berechnung geht der Unterhaltsanspruch der F von 650,– € nur in Höhe der erbrachten Sozialhilfe von 355,50 € auf den Sozialhilfeträger über, der Kindesunterhalt dagegen in voller Höhe von je 192,– €. Der Sozialhilfeträger kann also den Schuldner trotz ausreichender Leistungsfähigkeit nur in Höhe von (355,50 + 192 + 192 =) 739,50,– € in Anspruch nehmen.
Teilt man dagegen die Wohnkosten entsprechend obigem Vorschlag (Rn. 544) auf, ergibt sich folgende Berechnung:
Wohnkostenanteil der Kinder: jeweils 20% des Regelsatzes von 163,– €, also je 33,– €. Auf F entfallen also an Wohnkosten (510 – 33 – 33 =) 444,– €.
Sozialhilfe der F: Regelsatz, Mehrbedarf, einmalige Hilfen: 473,– € + Wohnung: 444,– € ./. Kindergeld: 308,– € + anrechnungsfreies Kindergeld 20,50 € = 629,50 €.
Sozialhilfe der Kinder jeweils: Regelsatz, einmalige Hilfen: 163 + 33 = 196,– € + Wohnung 33,– € 229,– €.
Bei dieser Berechnung geht der Unterhaltsanspruch der F von 650,– € in Höhe der gewährten Sozialhilfe von 629,50 € auf den Sozialhilfeträger über, sodass er einschließlich des übergegangenen Kindesunterhalts von je 192,– € insgesamt (629,50 + 192 + 192 =) 1013,50 € und damit die Erstattung eines wesentlich höheren Teils der Sozialhilfe von 1087,50 € vom Schuldner verlangen kann.

2. Die Sozialhilfe übersteigt den Unterhaltsanspruch. Anspruchsübergang bei mehreren Berechtigten. Aufteilung der Wohnkosten. Unterhaltsvorschuss wird gewährt.

581 **Fall:**
wie Rn. 580; jedoch wird inzwischen Unterhaltsvorschuss von 122,– € pro Kind gezahlt.

Lösung:

Sozialhilfe:

Regelsatz F	296,– €
40% Mehrbedarf für 2 Kinder unter 16 Jahren	118,– €
einmalige Hilfen F	59,– €
erhöhter Regelsatz K 1 (163 ./. 122 UVZ)	41,– €
erhöhter Regelsatz K 2	41,– €
einmalige Hilfen K 1	33,– €
einmalige Hilfen K 2	33,– €
Miete abzüglich Wohngeld	510,– €
	1131,– €
Kindergeld für 2 Kinder	308,– €
anrechnungsfreies Kindergeld	+ 20,50 €
	843,50 €

F erhält also an Sozialhilfe und Unterhaltsvorschuss (843,50 + 122 + 122 =) 1087,50 €. Vgl. Rn. 580.

Unterhaltsberechnung:
wie Rn. 580.

Öffentlich-rechtliche Vergleichsberechnung:
Das nach BSHG errechnete Einkommen des M von 1940,– € (Rn. 580) ist um den dem Land geschuldeten Unterhaltsvorschuss (Rn. 575 f.) für K 1 und K 2 von insgesamt 244,– € zu kürzen, so dass 1696,– € verbleiben.
Sozialhilferechtlicher Bedarf des M: 735,– € (wie Rn. 580).
M ist nach Sozialhilferecht in Höhe von (1696 – 735 =) 961,– € leistungsfähig.

Ergebnis:
Der Kindesunterhalt geht nur in Höhe von je 122,– € auf das Land über (§ 7 I UVG), da höhere Leistungen vom Land nicht erbracht werden. Der restliche Teil des Unterhaltsanspruchs der Kinder von 192 – 122 = 70,– € geht auf den Sozialhilfeträger über (§ 91 I 1 BSHG). Beim Unterhaltsanspruch der Kinder kommt es nicht darauf an, wie man die Wohnkosten auf F und die Kinder verteilt. Die Sozialhilfe der F beträgt bei Verteilung der Wohnkosten nach Kopfteilen 473 + 170 – 308 + 20,50 € = 355,50 € (vgl. Rn. 580). Daher geht der Unterhaltsanspruch der F von 650,– € nur in Höhe von 355,50 € auf den Sozialhilfeträger über (Rn. 580).
Werden die Wohnkosten dagegen mit je 20% des Regelsatzes bei K 1 und K 2 berücksichtigt, also mit je 33,– €, mit dem Rest von 444,– € bei F, so geht deren Unterhaltsanspruch in Höhe der ihr gezahlten Sozialhilfe von 629,50 € auf den Sozialhilfeträger über (vgl. Rn. 580).

3. Gesamte Sozialhilfe für mehrere Berechtigte unterschreitet die Summe der Unterhaltsansprüche

Fall: 582
wie Rn. 580. Jedoch beträgt die Miete der F einschließlich Heizung nur 250,– €. Kein Wohngeld.

Lösung:

Sozialhilfe:
wie Rn. 580, jedoch statt 1087,50 € wegen der um 260,– € niedrigeren Mietbelastung nur 827,50 €.

Unterhaltsansprüche:
der F: 650,– €, der Kinder: je 192,– € (wie Rn. 580).

Öffentlich-rechtliche Vergleichsberechnung:
M ist in Höhe von 1205,– € nach Sozialhilferecht leistungsfähig (wie Rn. 580).

Ergebnis:
Bei Aufteilung der Wohnkosten von 250,– € nach Kopfteilen (Rn. 543) entfallen auf F und die Kinder je 83,– €.
Sozialhilfe der F: Regelsatz, Mehrbedarf, einmalige Hilfen 296 + 118 + 59 = 473,– € + Wohnung: 83,– € ./. Kindergeld: 308,– € + anrechnungsfreies Kindergeld: 20,50 € = 268,50 €.
Sozialhilfe der Kinder jeweils: Regelsatz, einmalige Hilfen 163 + 33 = 196,– € + Wohnung 83,– € = 279,– €.
Danach gehen die Unterhaltsansprüche nur in Höhe von 268,50 + 192 + 192 = 652,50 € auf den Sozialhilfeträger über. Dieser fällt in Höhe von (827,50 – 652,50 =) 175,– € aus.
Verteilt man dagegen die Wohnkosten mit 20% des Regelsatzes auf die Kinder (vgl. Rn. 544), entfallen auf sie insgesamt 66,– € und auf F (250 – 66 =) 184,– €.
Sozialhilfe der F: Regelsatz, Mehrbedarf, einmalige Hilfen 473,– € + Wohnung: 184,– € – Kindergeld: 308,– € ./. anrechnungsfreies Kindergeld: 20,50 € = 369,50 €.
Sozialhilfe der Kinder jeweils: Regelsatz, einmalige Hilfen 196,– € + Wohnung 33,– € = 229,– €.
Auf den Sozialhilfeträger gehen über: 369,50 € (für F gezahlte Sozialhilfe, die niedriger als der geschuldete Unterhalt von 650,– € ist) und pro Kind 192,– € (Unterhaltsanspruch, der niedriger als die Sozialhilfe ist), insgesamt also 753,50 €. Der Sozialhilfeträger fällt also nur mit (827,50 – 753,50 =) 74,– € aus. Dies beruht im Wesentlichen darauf, dass im Sozialhilferecht das Kindergeld als Einkommen der F angesehen, im Unterhaltsrecht dagegen mit dem Anspruch des Kindes verrechnet wird. Vgl. Rn. 535 a, 2/503.

4. Fiktives Einkommen beim Unterhaltsschuldner

Fall: 583
Das 12-jährige Kind K lebt bei der geschiedenen Mutter F, die keinen Anspruch auf nachehelichen Unterhalt hat. F bezieht für sich und das Kind Sozialhilfe. Der früher gut verdienende M ist seit langem arbeitslos. Er erhält 765,– € Arbeitslosenhilfe.

Lösung:

Sozialhilfe:
Entscheidend ist nicht die für die Bedarfsgemeinschaft von F und K gezahlte Sozialhilfe, sondern der auf K entfallende Anteil, also Regelsatz von 192,– €, einmalige Hilfen von 38,– € und 1/2 der Warmmiete für die Wohnung von 200,– €, insgesamt (vgl. Rn. 543 f.), also 430,– €.
Das Kindergeld wird nicht dem Kind, sondern der Mutter als Einkommen zugerechnet (Rn. 535 a).

Unterhaltsberechnung:
M wird wegen unzureichender Bemühungen um einen Arbeitsplatz ein fiktives Einkommen von 1550,– € zugerechnet (vgl. Rn. 1/487 ff.). Er schuldet K bei Höhergruppierung um drei Gruppen (Rn. 2/233) Unterhalt nach DT 6/3 von 384,– € – 77,– € Kindergeld = 307,– €.

Öffentlich-rechtliche Vergleichsberechnung:
Einkommensermittlung:
Arbeitslosenhilfe von 765,– € – 10,– Haftpflichtversicherung = 755,– €.
Sozialhilferechtlicher Bedarf: Regelsatz von 296,– € + einmalige Hilfen 59,– € + Warmmiete von 300,– € = 655,– €.
M ist nach § 91 II 1 BSHG für das Sozialhilferecht in Höhe von 755 – 655 = 100,– € leistungsfähig (vgl. Rn. 505, 534, 572).

Ergebnis:
Anspruchsübergang auf den Sozialhilfeträger nur in Höhe von 100,– €. Der restliche Unterhaltsanspruch von 207,– € verbleibt beim Kind. Vgl. dazu Rn. 572.

5. Sozialhilfe für 2 Kinder, Leistungsfähigkeit bei geringem Einkommen und verhältnismäßig hoher Mietbelastung

584 **Fall:**
2 Kinder im Alter von 16 und 17 Jahren wohnen bei der erwerbstätigen, geschiedenen Ehefrau (F), die keinen Unterhaltsanspruch hat. Sie bezieht ergänzende Sozialhilfe. Nettoeinkommen der F: 800,– €. Miete einschließlich Heizung: 450,– €. Kein Wohngeld. Versicherungen: 10,– €.
Nettoeinkommen des Ehemannes (M): 1170,– €, Miete einschließlich Heizung: 420,– €. Kein Wohngeld. Monatskarte: 50,– €. Gewerkschaftsbeitrag: 20,– €. Hausrats- und Haftpflichtversicherung: 10,– €.

Lösung:

Sozialhilfe:

Regelsatz F	296,– €
einmalige Hilfen F	59,– €
Regelsatz K 1	266,– €
Regelsatz K 2	266,– €
einmalige Hilfen K 1	53,– €
einmalige Hilfen K 1	53,– €
Miete	450,– €
	1443,– €
Einkommen F: 800 – 148 (Erwerbstätigenabzug) – 10 (Versicherungen)	./. 642,– €
Kindergeld für 2 Kinder	./. 308,– €
anrechnungsfreies Kindergeld	+ 20,50 €
Höhe der Sozialhilfe	513,50 €

Unterhaltsberechnung:
1170 – 50 (Monatskarte) – 20 (Gewerkschaft) = 1100,– €. Die Pauschale von 5% (58,50 €) reicht nicht aus, da die nachgewiesenen berufsbedingten Auslagen höher sind (DT Anm. 3 S. 2). Der Selbstbehalt sollte wegen überhöhter Wohnkosten auf 900,– € angehoben werden, da die im Selbstbehalt enthaltene Warmmiete von 360,– € um 60,– € überschritten ist (Rn. 2/268, 6/571).
Bei einem Selbstbehalt von 900,– € verbleibt ein zu verteilendes Einkommen von 200,– €. Unterhaltsanspruch pro Kind: 100,– €. Keine Kindergeldverrechnung (§ 1612 b V BGB; Rn. 509).

Öffentlich-rechtliche Vergleichsberechnung:

Einkommensermittlung:	
Nettoeinkommen M	1170,– €
Monatskarte öff. Verkehrsmittel	50,– €
Gewerkschaft	20,– €
Versicherung	10,– €
Abzug für Erwerbstätige (Rn. 532)	0,- €
	1090,– €

Sozialhilferechtlicher Bedarf:	
Regelsatz M	296,– €
einmalige Hilfen	59,– €
Wohnung	420,– €
	775,– €

Für den Unterhalt stehen nach Sozialhilferecht daher (1090 – 775) = 315,– € zur Verfügung, pro Kind also 157,50 €.

Ergebnis:
Die öffentlich-rechtliche Vergleichsberechnung beschränkt im vorliegenden Fall den Unterhaltsanspruch von je 100,– € nicht. Dieser geht vielmehr in Höhe von je 100,– € auf den Sozialhilfeträger über. Dies beruht im Wesentlichen darauf, dass dem Schuldner seit dem 1. 8. 1996 der Abzug für Erwerbstätige nach § 76 II a BSHG nicht mehr zusteht (§ 91 II 2 BSHG; vgl. Rn. 532). Nach dem früheren Recht war dagegen in demselben Fall der Schuldner nach Sozialhilferecht nur teilweise leistungsfähig. Vgl. dazu die 3. Auflage (Rn. 6/568).

IX. Ausbildungsförderung nach dem BAföG

1. Voraussetzungen und Dauer der Förderung

Die Ausbildungsförderung nach dem BAföG ist eine **subsidiäre Sozialleistung.** Die Subsidiarität wird jedoch in der Regel nicht – wie bei der Sozialhilfe – dadurch verwirklicht, dass zunächst Förderung gewährt und dann Rückgriff beim Unterhaltsschuldner genommen wird (vgl. § 91 BSHG sowie Rn. 501, 549 ff.). Dies ist nur die Ausnahme (vgl. § 37 BAföG; unten Rn. 588). Vielmehr besteht von vornherein nur dann ein Anspruch auf Ausbildungsförderung, wenn dem Auszubildenden die für seinen Lebensunterhalt und seine Ausbildung erforderlichen Mittel anderweitig nicht zur Verfügung stehen (§ 1 BAföG). Zur Bestreitung des Lebensunterhalts und der Ausbildungskosten sind zunächst **Einkommen** und Vermögen des Auszubildenden sowie Einkommen seines nicht getrennt lebenden Ehegatten und seiner Eltern, und zwar in dieser Reihenfolge, heranzuziehen (§ 11 II BAföG). Diese Mittel werden daher grundsätzlich auf den Bedarf des Auszubildenden angerechnet. Wenn ein Auszubildender von seinen Eltern Unterhalt erhält, der seinen Bedarf im Sinne der §§ 12 ff. BAföG deckt, verfügt er über die für seinen Lebensunterhalt und seine Ausbildung erforderlichen Mittel, so dass Ausbildungsförderung nicht gewährt werden kann (§ 1 BAföG). Unter bestimmten Voraussetzungen, insbesondere bei Zweitausbildungen, bleiben Einkommen und Vermögen der Eltern außer Betracht (§ 11 III BAföG). Der Ausschluss von der Förderung ist allerdings dann verfassungswidrig, wenn bei einer Zweitausbildung nur eine elternabhängige Förderung vorgesehen ist, die Eltern aber den nach den Vorschriften des BAföG angerechneten Unterhaltsbetrag nicht leisten.[244] Einkommen und Vermögen des dauernd getrennt lebenden oder geschiedenen Ehegatten werden nicht angerechnet (§ 11 II 2 BAföG), sodass es auf Unterhaltsansprüche gegen den getrennt lebenden Ehegatten auch dann nicht ankommt, wenn sie tituliert sind.[245] 585

Das anzurechnende Einkommen wird in pauschaler Weise auf der Basis der positiven Einkünfte im Sinne des § 2 I, II EStG ermittelt (§ 21 BAföG). Beim Einkommen des Auszubildenden kommt es auf die Verhältnisse im Bewilligungszeitraum an (§ 22 I BAföG). Bei der Anrechnung des Einkommens der Eltern und des Ehegatten wird auf die Verhältnisse des vorletzten Kalenderjahres vor Beginn des Bewilligungszeitraums abgestellt (§ 24 I BAföG). Ist das derzeitige Einkommen wesentlich niedriger, ist auf Antrag von den Einkommensverhältnissen im Bewilligungszeitraum auszugehen (§ 24 III BAföG). Erhöht sich dagegen das anzurechnende Einkommen der Eltern, bleibt es dabei, dass die Verhältnisse des vorletzten Kalenderjahres maßgebend sind. Dies kann dazu führen, dass Anspruch auf

[244] BVerfG, FamRZ 1999, 357

[245] BVerfG, FamRZ 1995, 661, das die frühere Fassung des § 11 II a S. 1 BAföG für verfassungswidrig erklärt hat

Ausbildungsförderung besteht, obwohl die früher nicht leistungsfähigen Eltern jetzt ohne weiteres ihrem Kind die Kosten der Lebenshaltung und der Ausbildung zur Verfügung stellen könnten. Bestimmte Freibeträge bleiben beim Auszubildenden (§ 23 BAföG), bei den Eltern und beim Ehegatten (§ 25 BAföG) anrechnungsfrei.[246] Beim Auszubildenden kann auf Antrag ein weiterer Freibetrag bis zu 205,– € monatlich anrechnungsfrei belassen werden, wenn dies zur Deckung besonderer Kosten der Ausbildung erforderlich ist (§ 23 V BAföG). Beim Ehegatten und bei den Eltern werden 50% des die Freibeträge übersteigenden Einkommens nicht angerechnet (§ 25 IV BAföG). Vermögen ist nach Maßgabe der §§ 26 ff. BAföG zu berücksichtigen.

586 Beim **Bedarf** des Auszubildenden unterscheidet das Gesetz zwischen Schülern (§ 12 BAföG), Studierenden (§ 13 BAföG), und Praktikanten (§ 14 BAföG). Er setzt sich aus einem Grundbetrag, verschiedenen Zuschlägen, Wohnkosten, evtl. Beiträgen zur Kranken- und Pflegeversicherung zusammen. Die Höchstförderung beträgt im alten Bundesgebiet etwa 585,– € (§ 13 BAföG). Im Einzelnen ist die Berechnung des Bedarfs sowie des anzurechnenden Einkommens und Vermögens höchst kompliziert.

Ausbildungsförderung wird unter bestimmten Voraussetzungen gewährt für den Besuch von weiterführenden **Schulen,** insbesondere **Hochschulen** (§ 2 I, Ia BAföG), und zwar grundsätzlich nur bis zum ersten berufsqualifizierenden Abschluss (§ 7 BAföG). Ein Abbruch der Ausbildung oder ein Wechsel der Fachrichtung sind nur ausnahmsweise zulässig (§ 7 III BAföG). Die Ausbildung muss grundsätzlich im Inland durchgeführt werden; unter Umständen kann auch eine Ausbildung im Ausland gefördert werden (§§ 4 ff. BAföG). Die **Förderungshöchstdauer** entspricht der Regelstudienzeit nach § 10 II des Hochschulrahmengesetzes oder einer vergleichbaren Festsetzung. Sie richtet sich nach der besuchten Schule. Sie beträgt beim Besuch von höheren Fachschulen 6 Semester, von Universitäten grundsätzlich 9 Semester. Beim Besuch von Fachhochschulen werden 7 Semester (mit Praktikum 8 Semester), bei Lehramtsstudiengängen für die Primarstufe und die Sekundarstufe I ebenfalls 7 Semester gefördert (§ 15 a BAföG).

Die Ausbildungsförderung wird zur **Hälfte als Zuschuss**, bei Besuch von Hochschulen und vergleichbaren Einrichtungen zur anderen Hälfte **als Darlehen** gewährt (§ 17 I, II BAföG). Das Darlehen ist unverzinslich, solange der Schuldner mit der Rückzahlung nicht in Verzug gerät (§ 18 II BAföG). Es ist in monatlichen Raten von mindestens 105,– €, beginnend mit dem fünften Jahr nach Ende der Förderung, zu tilgen (§ 18 III BAföG). Auf Antrag kann der Schuldner auf Grund seiner Einkommensverhältnisse von der Rückzahlung ganz oder teilweise freigestellt werden; auch besteht bei guten Leistungen in der Abschlussprüfung die Möglichkeit eines Teilerlasses (§§ 18 a, b BAföG). Bei einer weiteren Ausbildung und bei Überschreitung der Förderungshöchstdauer kann ein **Bankdarlehen** gewährt werden (§ 17 III BAföG). Das Bankdarlehen ist zu verzinsen (§ 18 c II 1 BAföG). Zur Anwendung des § 37 BAföG beim Bankdarlehen vgl. unten Rn. 587.

Zuständig sind die Ämter für Ausbildungsförderung, die bei den Kreisen und kreisfreien Städten, für Studenten bei den Hochschulen oder den Studentenwerken errichtet sind (§ 40 BAföG). Das Verfahren richtet sich nach §§ 45 ff. BAföG. Das Gesetz wird grundsätzlich im Auftrag des Bundes von den Ländern ausgeführt (§ 39 BAföG). Die Kosten tragen der Bund zu 65% und die Länder zu 35% (§ 56 BAföG).

2. Das Verhältnis von Ausbildungsförderung und Unterhalt

587 **a) Ausbildungsförderung und Vorausleistung.** Endgültig festgesetzte BAföG-Leistungen sind unterhaltsrechtliches Einkommen und mindern daher den Bedarf des unterhaltsberechtigten Kindes. Dies gilt auch dann, wenn die Förderung nur als unverzinsliches Darlehen gewährt wird. Vgl. dazu im Einzelnen Rn. 1/456 ff. Ein verzinsliches Bankdarlehen nach § 17 III BAföG entspricht dagegen im Wesentlichen einem Kredit, der auf dem freien Mark aufgenommen werden kann. Es ist daher kein Einkommen im Sinne des Unterhaltsrechts und auch dann nicht auf den Unterhaltsanspruch anzurechnen, wenn in den

[246] Zu den Freibeträgen vgl. BGH, FamRZ 2000, 640

Fällen des 17 III BAföG die Eltern ausnahmsweise noch zum Unterhalt verpflichtet sind. Vgl. Rn. 586.

Kein Einkommen ist dagegen die **Vorausleistung** von Ausbildungsförderung, die nach § 36 BAföG auf Antrag gewährt wird, wenn die Eltern den nach dem BAföG angerechneten Unterhaltsbetrag nicht zahlen (§ 36 I 1 BAföG) oder sie ihre Mitwirkung bei der Bewilligung der Ausbildungsvergütung, insbesondere die geschuldete Auskunft über ihre Einkommens- und Vermögensverhältnisse verweigern (§ 36 II BAföG). Bei der Vorausleistung kann Einkommen der Eltern naturgemäß nicht angerechnet werden, da sonst das unterhaltsberechtigte Kind auf einen zeitraubenden Unterhaltsprozess verwiesen würde. Das soll ihm gerade nicht zugemutet werden. Voraussetzung einer Vorausleistung ist, dass die **Ausbildung** wegen des Verzuges der Eltern **gefährdet** ist (§ 36 I 1 BAföG). Eigenes Einkommen des Auszubildenden schließt eine Vorausleistung ganz oder teilweise aus (§ 36 I BAföG). Auch Einkommen des nicht getrennt lebenden Ehegatten im Bewilligungszeitraum ist zu berücksichtigen (§ 36 I 1 BAföG).

b) Anspruchsübergang. Ist die Ausbildungsförderung endgültig festgesetzt worden, 588
besteht keine Möglichkeit des Landes zum Rückgriff gegen den Unterhaltspflichtigen, da die Subsidiarität der Förderung bereits durch die Anrechnung des Einkommens des Auszubildenden, des Ehegatten oder seiner Eltern verwirklicht worden ist. Vgl. Rn. 585. Dagegen geht der Unterhaltsanspruch bei Gewährung einer **Vorausleistung** auf das Land über, soweit nach dem BAföG auf den Bedarf des Auszubildenden das Einkommen der Eltern anzurechnen ist (§ 37 I 1 BAföG). Der Forderungsübergang ist damit in dreifacher Weise eingeschränkt

- durch die Höhe der Vorausleistung des Amtes für Ausbildungsförderung,
- durch die Höhe des Unterhaltsanspruchs des Auszubildenden gegen seine Eltern
- und durch die Höhe des nach dem BAföG anzurechnenden Einkommens der Eltern.[247]

Damit wird die bei Festsetzung der Vorausleistung unterlassene Anrechnung nachgeholt und auf diese Weise die Subsidiarität der Ausbildungsförderung hergestellt.

Der Übergang des Unterhaltsanspruchs vollzieht sich **kraft Gesetzes** ohne Erlass eines Verwaltungsakts. Er erfasst nur den gesetzlichen Unterhaltsanspruch gegen die **Eltern,** nicht dagegen Ansprüche gegen den Ehegatten, auch nicht nach Trennung oder Scheidung. Auch die Großeltern können vom Land nicht in Anspruch genommen werden. Ein vertraglicher Unterhaltsanspruch des Auszubildenden gegen die Eltern geht nach § 37 I 1 BAföG nur auf das Land über, wenn er den gesetzlichen Anspruch lediglich modifiziert.[248] Ein vertraglicher Anspruch des einen Elternteils gegen den anderen auf Freistellung vom Kindesunterhalt fällt nicht unter § 37 BAföG, selbst wenn er an das bereits volljährige Kind abgetreten worden ist.[249] Auch der unterhaltsrechtliche **Auskunftsanspruch** nach § 1605 BGB geht über. Daneben besteht eine öffentlich-rechtliche Auskunftspflicht der Ausbildungsstätte, der Eltern und des Ehegatten, auch des dauernd getrennt lebenden, gegenüber dem Amt für Ausbildungsförderung (§ 47 IV BAföG, § 60 SGB I).

Ob ein **Unterhaltsanspruch** besteht, ist allein **nach bürgerlichen Recht** zu beurteilen. 589
Haben die Eltern wirksam bestimmt, dass das Kind den Unterhalt in ihrem Haushalt in Natur entgegenzunehmen hat, besteht ein Barunterhaltsanspruch, der allein übergehen könnte, nicht.[250] Näheres dazu Rn. 2/21 ff., 35. Zudem scheidet dann auch die Gewährung einer Vorausleistung aus (§ 36 III BAföG). Vgl. dazu oben Rn. 587. Ist die Unterhaltsbestimmung dagegen unwirksam, kann das Land den übergegangenen Anspruch gegen die Eltern geltend machen.[251] Vgl. dazu Rn. 2/36 f.

Auch Bedarf und Bedürftigkeit des Kindes sowie die Leistungsfähigkeit des Verpflichteten richten sich allein nach Unterhaltsrecht. Es kommt nicht darauf an, ob nach dem BAföG eine Zweitausbildung gefördert wird. Entscheidend ist, ob sie von den Eltern nach

---

[247] BGH, FamRZ 2000, 640

[248] Vgl. dazu oben Rn. 510 zur entsprechenden Problematik bei § 91 BSHG; auch BGH, FamRZ 1989, 499

[249] BGH, FamRZ 1989, 499

[250] BGH, FamRZ 1996, 798 = R 501 b

[251] BGH, FamRZ 1996, 798 = R 501 b

§§ 1610 II BGB geschuldet wird. Vgl. dazu Rn. 2/73 ff. Das Land muss darlegen, dass diese Voraussetzungen gegeben sind.

Der Unterhaltsanspruch muss während der Zeit bestehen, für die dem Auszubildenden die Förderung gezahlt wird, also während des Bewilligungszeitraums. Es gilt also der Grundsatz der **Gleichzeitigkeit.** Hier ergeben sich unter Umständen Schwierigkeiten, da das Einkommen, das den Eltern angerechnet wird, sich nach den Verhältnissen des vorletzten Kalenderjahres vor dem Bewilligungszeitraum richtet (§ 24 BAföG) und daher von den nach BGB maßgeblichen Einkünften im Unterhaltszeitraum vielfach abweichen wird.[252] Vgl. Rn. 585.

590 Unterhalt für die **Vergangenheit** kann von dem Zeitpunkt an verlangt werden, in dem die Voraussetzungen des bürgerlichen Rechts, insbesondere des § 1613 BGB, vorliegen (§ 37 IV Nr. 1 BAföG; vgl. dazu Rn. 100 ff.). Darüber hinaus kann Unterhalt von dem Zeitpunkt an gefordert werden, in dem die Eltern bei dem Antrag auf Förderung mitgewirkt oder sie von ihm Kenntnis erlangt haben und darüber belehrt worden sind, unter welchen Voraussetzungen das BAföG ihre Inanspruchnahme ermöglicht (§ 37 IV Nr. 2 BAföG). Es handelt sich auch hier um eine besonders ausgestaltete Rechtswahrungsanzeige (vgl. Rn. 106 f.). Liegt bereits ein Unterhaltstitel vor, kann das Land ihn auf sich umschreiben lassen (§ 727 ZPO). Vgl. dazu auch Rn. 553. Ist der titulierte Unterhalt zu gering, muss es Abänderungsklage erheben. Seit dem 1. 7. 1998 kann ein Urteil zugunsten des Landes auch für die Zeit vor Rechtshängigkeit der Abänderungsklage abgeändert werden, sofern die Voraussetzungen des § 1613 I BGB vorliegen (§ 323 III ZPO; vgl. dazu Rn. 8/165 a ff.).

591 Der Anspruchsübergang findet auch dann statt, wenn die **Bewilligung** der Ausbildungsförderung **rechtswidrig** ist. Die Eltern können daher nicht einwenden, dass ihrem Kind die Förderung nicht hätte gewährt werden dürfen.[253] Das Familiengericht ist an die Tatbestandswirkung des Bewilligungsbescheides gebunden. Die Eltern können jedoch geltend machen, dass ihr Einkommen ganz oder teilweise nicht hätte angerechnet werden dürfen. Dies ergibt sich aus dem Wortlaut des § 37 I 1 a. E. BAföG.[254] Die Einkommensanrechnung ist daher von den Familiengerichten zu überprüfen. Daneben stehen den Eltern sämtliche Einwendungen aus dem Unterhaltsrecht zu.

Der übergegangene Anspruch ist nach § 37 VI BAföG mit 6% zu verzinsen.

592 § 37 BAföG sieht eine **Rückabtretung** nicht vor. Sie ist daher unzulässig (§ 32 SGB X). Dies gilt ebenfalls für Einziehungsermächtigung und Prozessstandschaft.[255] Vgl. dazu auch Rn. 560. Das Land ist auch ohne ausdrückliche gesetzliche Bestimmung berechtigt, den Unterhalt für die Zukunft einzuklagen, wenn künftig mit der Gewährung von Ausbildungsbeihilfen zu rechnen ist (vgl. § 91 III 2 BSHG, § 7 IV 1 UVG).[256]

X. Arbeitslosenhilfe

593 **Arbeitslosengeld** ist nach wie vor eine nicht subsidäre Sozialleistung, auf die der Arbeitslose einen Anspruch hat, wenn er sich arbeitslos gemeldet, die Anwartschaftszeit erfüllt und das 65. Lebensjahr noch nicht vollendet hat (§§ 117, 123 SGB III).[257] Es ist im Unterhaltsrecht uneingeschränkt als Einkommen auf Seiten des Berechtigten und des Verpflichteten zu berücksichtigen (vgl. Rn. 1/81).

Arbeitslosenhilfe kann dagegen ein Arbeitsloser, der sich arbeitslos gemeldet, aber wegen Nichterfüllung der Anwartschaftszeit keinen Anspruch auf Arbeitslosengeld mehr hat, nur verlangen, wenn er bedürftig ist und besondere Anspruchsvoraussetzungen erfüllt (§ 190

---

[252] Vgl. dazu Rothe/Blanke, BAföG, § 36 Anm. 4.2

[253] Rothe/Blanke, § 37 Anm. 6.1

[254] Rothe/Blanke, § 37 Anm. 8.2

[255] BGH, FamRZ 1996, 1203, 1205 = NJW 1996, 3273, 3275; FamRZ 1996, 1207

[256] Vgl. BGH, FamRZ 1992, 797 = R 447 c

[257] Das Recht der Arbeitsförderung ist seit dem 1. 1. 1998 nicht mehr im AFG geregelt, sondern als Drittes Buch (SGB III) in das Sozialgesetzbuch eingefügt worden

SGB III). Arbeitslosenhilfe ist daher eine **subsidiäre Sozialleistung.**[258] Die Subsidiarität ist aber inzwischen stark eingeschränkt worden.[259] Zur geplanten Zusammenfassung von Arbeitslosen- und Sozialhilfe vgl. Rn. 499.

Bedürftig ist ein Arbeitnehmer, wenn und soweit er seinen Lebensunterhalt durch das zu berücksichtigende Einkommen und Vermögen[260] nicht bestreiten kann (§ 193 I, II SGB III, §§ 1 ff. AlHiVO[261]). **Einkommen** sind wie im Sozialhilferecht (vgl. Rn. 527 ff.) alle Einnahmen in Geld und Geldeswert einschließlich der Leistungen, die von Dritten beansprucht werden können (§ 194 II 1 SGB III). Steuern, Pflichtbeiträge zur gesetzlichen Sozialversicherung, private Versicherungen, soweit nötig und angemessen, und notwendige Werbungskosten sind abzusetzen (§ 194 II 2 SGB III). Nach § 194 I 1 Nr. 2 SGB III ist auch Einkommen des nicht dauernd getrennt lebenden Ehegatten oder einer Person, die mit dem Arbeitslosen in eheähnlicher Gemeinschaft[262] lebt, zu berücksichtigen, wenn es den in § 194 I 2, 3 SGB III festgelegten Freibetrag übersteigt. Wie bei der Sozialhilfe (Rn. 537) werden bestimmte Leistungen, insbesondere Sozialleistungen, nicht als Einkommen angesehen (§ 194 III SGB III).

Zum Einkommen gehören auch **Unterhalt** und Unterhaltsansprüche. Jedoch sind diese Ansprüche durch § 194 III Nr. 11 SGB III weitgehend privilegiert.[263] Der Unterhaltsanspruch eines minderjährigen Kindes gegen seine Eltern ist dagegen stets als Einkommen zu berücksichtigen. Unterhaltsansprüche gegen Verwandte zweiten und entfernteren Grades und Ansprüche, die ein Volljähriger gegen Verwandte, also insbesondere gegen seine Eltern oder ausnahmsweise gegen seine Kinder, hat, aber nicht geltend macht, gelten nicht als Einkommen (§ 194 III Nr. 11 SGB III). Tatsächlich erfüllte und geltend gemachte Unterhaltsansprüche sind dagegen anzurechnen.[264]

Die Arbeitslosenhilfe beträgt nach § 195 S. 1 SGB III zwischen 53 und 57% des Leistungsentgelts (§ 136 I SGB III), also des um die gesetzlichen Entgeltabzüge, die bei Arbeitnehmern gewöhnlich anfallen, verminderten Bemessungsentgelts (§ 132 SGB III). Sie vermindert sich um das im Rahmen der Bedürftigkeitsprüfung zu berücksichtigende Einkommen und Vermögen (§ 195 S. 2 SGB III), also auch um nicht anrechnungsfreie Unterhaltsansprüche.

Solange und soweit ein Arbeitsloser Leistungen, auf die er einen Anspruch hat, nicht **594**
erhält, kann das Arbeitsamt ohne Rücksicht auf diese Leistungen Arbeitslosenhilfe erbringen, insbesondere, wenn der Arbeitslose unterhaltsberechtigt ist, Unterhalt aber nicht gezahlt wird (§ 203 I 1 SGB III). Das Arbeitsamt hat seine Entscheidung nach pflichtgemäßem **Ermessen** zu treffen.[265] Es kann den Arbeitslosen auf die Verwirklichung durchsetzbarer Unterhaltsansprüche verweisen,[266] allerdings nur, wenn die Arbeitslosenhilfe gegenüber dem betreffenden Unterhaltsanspruch subsidiär ist.[267] Vgl. zur vergleichbaren Problematik bei der Sozialhilfe oben Rn. 501.

Unterhaltsansprüche, die das Arbeitsamt bei seiner Entscheidung nach § 203 I 1 SGB III **595**
vorerst nicht berücksichtigt hat (Rn. 594), gehen **nicht kraft Gesetzes** auf den Bund über. Vielmehr hat das Arbeitsamt die Erbringung der Arbeitslosenhilfe dem Leistungspflichtigen unverzüglich anzuzeigen. Erst die **Anzeige** bewirkt, dass die Ansprüche des Arbeitslosen gegen den Verpflichteten in Höhe der Aufwendungen an Arbeitslosenhilfe, die infolge der Nichtberücksichtigung der Leistungen entstanden sind oder entstehen, auf den Bund übergehen (§ 203 I 2, 3 SGB III). Die Anzeige behält ihre Wirkung auch für den Fall, dass später weitere (höhere) Leistungen gewährt werden. Der Übergang wird nicht dadurch aus-

---

[258] BSG, NJW 1968, 75
[259] Gagel/Ebsen, SGB III – Arbeitsförderung, § 194 Rn. 79, 128
[260] Zum Einsatz des Vermögens nach §§ 134, 137 AFG und der früheren Fassung der AlHiVO vgl. BSG, FamRZ 1999, 1655 mit Anm. Büttner
[261] Arbeitslosenhilfeverordnung vom 13. 12. 2001 – BGBl. I 3734, geändert durch Gesetz vom 23. 12. 2002 – BGBl. I 4607
[262] Vgl. BVerfG, FamRZ 1993, 164 ff.; Niesel-Brandts, SGB III, 2. Aufl., § 193 Rn. 19 ff.
[263] Gagel/Ebsen, § 194 Rn. 79
[264] Gagel-Ebsen, § 194 Rn. 128
[265] Niesel-Brandts, § 203 Rn. 3
[266] BSG, NJW 1968, 75
[267] Gagel/Ebsen, § 203 Rn. 1

geschlossen, dass der Anspruch nicht übertragen, gepfändet oder verpfändet werden kann (§ 203 I 4 SGB III). Die Bundesanstalt für Arbeit ist berechtigt, die Ansprüche für den Bund geltend zu machen (§ 203 I 5 SGB III). Die Anzeige nach § 203 I 2 SGB III ist eine Überleitungsanzeige, wie sie in der früheren Fassung des § 91 BSHG, wenn auch in anderer Form, vorgesehen war (vgl. dazu Rn. 507). Das Arbeitsamt ist zur Anzeige **verpflichtet,** hat also insoweit kein Ermessen auszuüben.[268] Gleichwohl hat die Überleitung des Unterhaltsanspruchs in der Praxis nur eine geringe Bedeutung.

Unterhaltsansprüche gehen infolge der Anzeige nur über, soweit gerade wegen Nichtberücksichtigung der Leistungen, auf die der Arbeitslose Anspruch hat, also wegen Nichtzahlung des Unterhalts, Arbeitslosenhilfe erbracht wird (§ 203 I 3 SGB III). Unterhaltsansprüche, die nicht als Einkommen gelten (§ 194 III Nr. 11 SGB III), also Ansprüche der Enkel gegen Großeltern und volljähriger Kinder gegen ihre Eltern sowie der Eltern gegen ihre Kinder, werden von der Anzeige nur erfasst, wenn sie vom Arbeitslosen tatsächlich geltend gemacht, also eingeklagt werden.

Der Unterhaltsanspruch muss in der Zeit bestehen, für die Arbeitslosenhilfe gewährt wird. Es gilt also der Grundsatz der **Gleichzeitigkeit.** Die Anzeige erfasst jedoch auch Ansprüche, die vor ihrem Zugang an den Schuldner entstanden sind. Notwendig ist allerdings, dass der rückständige Betrag nach bürgerlichem Recht geltend gemacht werden kann, also der Arbeitslose zuvor den Schuldner in Verzug gesetzt, den Anspruch rechtshängig gemacht oder den Pflichtigen – bei Anwendbarkeit des § 1613 BGB – zur Auskunft aufgefordert hat (vgl. dazu Rn. 100 ff.). Unter diesen Voraussetzungen wirkt die Anzeige zurück.[269] Eine besondere Rechtswahrungsanzeige (Rn. 106 ff.) ist nicht vorgesehen.

596 Der **Auskunftsanspruch** des Unterhaltsgläubigers (Arbeitslosen) geht nicht auf den Bund über. Vielmehr steht dem Arbeitsamt nach § 315 II 2 SGB III selbst das Recht zu, den Schuldner für die Feststellung einer Unterhaltsverpflichtung gemäß § 1605 I BGB auf Auskunft in Anspruch zu nehmen. Da auf § 1605 II BGB nicht verwiesen wird, besteht eine Auskunftspflicht auch schon vor Ablauf von zwei Jahren seit der letzten Auskunft.[270]

597 Arbeitslosenhilfe hat Lohnsatzfunktion. Sie kann daher die ehelichen Lebensverhältnisse und damit den Bedarf im Sinne des § 1578 BGB mitbestimmen.[271] Sie ist auf Seiten des **Unterhaltspflichtigen** Einkommen, das bei der Bemessung des Unterhalts, insbesondere bei der Beurteilung der Leistungsfähigkeit, zu berücksichtigen ist. Vgl. dazu Rn. 1/82. In der Praxis wird aber bei Bezug von Arbeitslosenhilfe nur selten ein Unterhaltsanspruch gegeben sein, da die Arbeitslosenhilfe in vielen Fällen den Selbstbehalt nicht überschreiten wird.

598 Arbeitslosenhilfe, die der **Unterhaltsberechtigte** erhält, ist grundsätzlich kein anzurechnendes Einkommen im Sinne des Unterhaltsrechts, weil sie neben Lohnersatz auch eine subsidäre Sozialleistung ist und das Arbeitsamt nach Überleitung des Anspruchs durch Anzeige nach § 203 I SGB III vom Verpflichteten Erstattung verlangen kann.[272] Nur dann, wenn die Überleitung unzulässig oder wenn sie unterblieben ist und nicht mehr nachgeholt werden kann, ist Arbeitslosenhilfe Einkommen, das die Bedürftigkeit des Unterhaltsberechtigten mindert.[273] Allerdings ist die Subsidiarität der Arbeitslosenhilfe inzwischen eingeschränkt worden, sodass eine Überleitung des Unterhaltsanspruch in vielen Fällen nicht mehr in Betracht kommt.[274] Vgl. Rn. 1/82.

599 Eine **Rückabtretung** des übergeleiteten Unterhaltsanspruchs ist im SGB III nicht vorgesehen und daher ebenso unzulässig wie eine Einziehungsermächtigung oder die Geltendmachung des Unterhaltsanspruchs in Prozessstandschaft durch den Berechtigten für das Arbeitsamt.[275] Vgl. dazu oben Rn. 560.

---

[268] Niesel-Brandts, § 203 Rn. 6
[269] Niesel-Brandts, § 203 Rn. 7
[270] Niesel, § 315 Rn. 21
[271] BGH, FamRZ 1996, 1067, 1069
[272] BGH, FamRZ 1987, 456, 458 = R 329 a
[273] BGH, FamRZ 1996, 1067, 1070; in BGH, FamRZ 1987, 456, 458 = R 329 a noch offen gelassen
[274] Gagel/Ebsen, § 194 Rn. 79, 128; vgl. auch BGH, FamRZ 1987, 456, 458 = R 329 a
[275] BGH, FamRZ 1996, 1203, 1205 = NJW 1996, 3273, 3275

7. Abschnitt: Vereinbarungen zum Ehegattenunterhalt

I. Allgemeines

Unterhaltsverträge zwischen den Ehegatten über den Familienunterhalt (§ 1360 bis 1360 a BGB), über den Getrenntlebensunterhalt (§ 1361 BGB) und über den Geschiedenenunterhalt (§ 1569 bis 1586 b BGB) sind ungeachtet der existentiellen Bedeutung, welche die Unterhaltsfrage für die Betroffenen vielfach hat, grundsätzlich **formlos möglich.**[1] Ein Unterhaltsvertrag mit Abänderungsmöglichkeit kann im Einzelfall auch dann vorliegen, wenn anstelle der an sich geschuldeten gesetzlichen Unterhaltsleistungen an Erfüllungs Statt **andere Leistungen** vereinbart worden sind, beispielsweise die Übernahme von Zins- und Tilgungsverpflichtungen.[2] **600**

Während für den Familien- und Getrenntlebensunterhalt nach §§ 1360 a III, 1361 Abs. IV 4, 1614 I BGB ein **Verzicht** für die Zukunft, also auf künftige Unterhaltsfälligkeiten, ausgeschlossen ist (vgl. hierzu näher Rn. 603 und 604), gelten für Vereinbarungen über den Nachscheidungsunterhalt (§ 1585 c BGB) nur die allgemeinen gesetzlichen Schranken der §§ 134, 138 BGB. Allerdings müssen bei Verzichtsvereinbarungen – wie sich aus der neueren Rechtsprechung des Bundesverfassungsgerichts ergibt – im Rahmen einer richterlichen Inhaltskontrolle auch verfassungsrechtliche Schranken beachtet werden, welche der Privatautonomie bei einseitiger Dominanz eines Ehepartners aus Gründen gestörter Vertragsparität im Hinblick auf die Schutzbedürftigkeit des verzichtenden Ehegatten gesetzt sein können (vgl. hierzu näher Rn. 600 b und 609). Im Zweifel stellen Verträge über die Leistung von Unterhalt an den anderen Ehegatten nur eine **Konkretisierung der gesetzlichen Unterhaltspflicht** dar[3] mit der Folge, dass die vertragliche Festlegung und Ausgestaltung des gesetzlichen Anspruchs dessen Rechtsnatur nicht ändert.[4] Rechtsgrund für die Zahlung von Unterhalt auf Grund einer derartigen konkretisierenden Vereinbarung bleibt die gesetzliche Unterhaltspflicht. Dieser Rechtsgrund wird durch die Vereinbarung nicht ausgewechselt, sondern es tritt die Vereinbarung, welche den gesetzlichen Unterhaltsanspruch modifiziert, nur als weitere schuldrechtliche Grundlage hinzu.[5] Aus diesem Grund ist bei rückwirkender Abänderung einer derartigen Vereinbarung auch **§ 820 I S. 2 BGB** (verschärfte Haftung für die Rückzahlung ungerechtfertiger erhaltener Zahlungen bei einem nach dem Inhalt des Rechtsgeschäfts vorauszusehenden Wegfall des Rechtsgrunds) weder unmittelbar noch entsprechend anzuwenden.[6]

Unterhaltsvereinbarungen unterliegen den allgemeinen Auslegungsregeln. Hierzu gehört auch der Grundsatz einer nach beiden Seiten interessegerechten **Auslegung.**[7] Soweit vergleichsweise eine Unterhaltszahlung „ohne Anerkennung einer Rechtspflicht" geschehen soll, bedeutet dies nur, dass der Vergleich selbst den Rechtsgrund darstellt. Soweit als Motiv der Vergleichsannahme die Ansicht geäußert wird, dass man eine Grundlage für die Fortsetzung der Ehe sehe, muss dieses Motiv von der begünstigten Unterhaltspartei nicht als auflösende Bedingung verstanden werden, weil eine Unterhaltsvereinbarung, die vom bloßen Willen oder der Enttäuschung einer Hoffnung des Pflichtigen abhängig wäre, ihren Zweck, eine Befriedung der Unterhaltsauseinandersetzung herbeizuführen, nicht erfüllen könnte.[8]

---

1 Grziwotz, FamRZ 1997, 585, 586 bezeichnet dies als eine Fehlleistung des Gesetzgebers
2 OLG Köln FamRZ 1998, 1236
3 BGH, FamRZ 1984, 874 = NJW 1984, 2350, 2351; FamRZ 1991, 673, 674 = NJW-RR 1991, 388; ML 4.3
4 BGH, FamRZ 1987, 1021 = NJW-RR 1987, 1287; FamRZ 1979, 910, 911 = NJW 1979, 2046
5 BGH, FamRZ 1998, 951, 953 = R 526 d
6 BGH, a.a.O.
7 BGH, FamRZ 2003, 741, 742 = R 590 a
8 BGH, a.a.O.

600 a Die Vertragsfreiheit erlaubt den Eheleuten, dass sie – jedenfalls hinsichtlich des Nachscheidungsunterhalts, für den das auf die Zukunft gerichtete Verzichtsverbot des § 1614 I BGB nicht gilt – sich mit ihrer Vereinbarung völlig vom gesetzlichen Unterhaltsanspruch lösen und die Deckung eines von ihnen angesetzten Lebensbedarfs des berechtigten Ehegatten ausschließlich auf eine eigenständige vertragliche Grundlage stellen, also einen **rein vertraglichen Unterhaltsanspruch** begründen.[9] Für diesen Fall können die besonderen Vorschriften über die Zuständigkeit des Familiengerichts für gesetzliche Unterhaltsansprüche nicht mehr angewendet werden.[10] Soweit Inhalt des rein vertraglichen Anspruchs ein **Leibrentenversprechen** (§§ 759, 760 BGB) wäre, müsste für das Versprechen die Schriftform des § 761 BGB gewahrt werden.[11] Würde ausnahmsweise ein Schenkungsversprechen (§ 518 I 1 BGB) vorliegen, wäre für das Versprechen die notarielle Form einzuhalten. Allerdings sind solche Fälle selten denkbar. Auch wenn offensichtlich kein entsprechender Unterhaltsanspruch entstehen kann, wird man jedenfalls in einer vor der Scheidung geschlossenen (rein vertraglichen) Unterhaltsvereinbarung über den nachehelichen Unterhalt grundsätzlich keine unentgeltliche Zuwendung sehen können, weil Zuwendungsgrund in der Regel die angenommene Nachwirkung der ehelichen Mitverantwortung ist und es insoweit noch um die innere Gestaltung der Ehe geht.[12] Es dürfte bei einer derartigen von der gesetzlichen Unterhaltspflicht gelösten, vertraglich eigenständigen Vereinbarung auch möglich sein, einen Unterhaltanspruch an das fehlende (überwiegende) Verschulden des Berechtigen an der Eheauflösung zu knüpfen.[13]

Für die Bestimmung der **Rechtsfolgen,** welche sich an die rein vertragliche Begründung eines vom Gesetz gelösten Unterhaltsanspruchs knüpfen, können die gesetzlichen Vorschriften für den gesetzlichen Unterhalt nur mit Vorsicht entsprechend angewendet werden. In erster Linie wird es auf die (ggf. auch ergänzende) Auslegung des geschlossenen Vertrags ankommen. Dies gilt für die Frage, ob der Anspruch mit der Wiederheirat des Berechtigten **entsprechend § 1586 I BGB**[14] erlischt und ggf. entsprechend **§ 1586 a I BGB** wieder auflebt (zu § 1586 a I BGB vgl. auch Rn. 606). Dagegen dürfte entsprechend § 1586 I BGB im Zweifel vom Erlöschen des Anspruchs mit dem Tod des Berechtigten auszugehen sein, weil Unterhalt seinem Begriff nach nur dem „Lebensbedarf" des Berechtigten dient. Ob der vereinbarte Anspruch als Verpflichtung auf die Erben des Unterhaltsschuldners entsprechend **§ 1586 b I BGB** übergeht, wird zunächst davon abhängigen, ob eine Auslegung der Vereinbarung ergibt, dass ein solcher Übergang ausgeschlossen sein soll. Im Zweifel haften die Erben bei einem solchen Anspruch aber nach den allgemeinen Vorschriften der §§ 1922, 1967 BGB[15] – vgl. dazu näher Rn. 4/60.

Handelt es sich um eine den gesetzlichen Unterhaltsanspruch lediglich konkretisierende Vereinbarung zwischen dem geschiedenen Ehegatten und dem Erblasser, bindet die Vereinbarung auch den Erben.[16] Geht es dabei um einen Prozessvergleich müssen Parteien des **Abänderungsverfahren** bei einer Mehrheit von Erben – ungeachtet ihrer gesamtschuldnerischen Haftung – wohl alle Miterben sein, weil die vorliegende Nachlassverbindlichkeit nur so mit Wirkung für und gegen alle Miterben abgeändert werden kann.

600 b Unterhaltsvereinbarungen unterliegen den allgemeinen Vorschriften der §§ 134, 138, 242 BGB. Selbst wenn die eingegangene Verpflichtung das Leistungsvermögen eines Schuldners überfordert, ist die Vereinbarung nicht ohne weiteres wegen **Sittenwidrigkeit** nichtig. Privatautonomie und Vertragsfreiheit, welche nicht nur Selbstbestimmung, sondern auch Selbstverantwortung bedeuten, überlassen es dem Schuldner auch die Grenzen seiner Leistungsfähigkeit selbst zu bestimmen.[17] Im Übrigen sind die allgemeinen Maßstäbe für die

[9] BGH, FamRZ 1978, 873, 874 = NJW 1979, 43

[10] BGH, FamRZ 1978, 674 = NJW 1978, 1924; FamRZ 1978, 873, 874 = NJW 1979, 43

[11] Vgl. zu einem solchen Fall OLG Schleswig FamRZ 1991, 1203

[12] Vgl. BFH BStBl II 1968, 239, 242

[13] Vgl. Walter, NJW 1981, 1409

[14] Vgl. hierzu OLG Bamberg, FamRZ 1999, 1278; ist nach gegenseitigem Unterhaltsverzicht eine lebenslange Leibrente vereinbart worden, scheidet eine Anwendung des § 1586 I BGB im Zweifel aus – OLG Koblenz, FamRZ 2002, 1040 f.

[15] OLG Köln, FamRZ 1983, 1036, 1038

[16] OLG Koblenz, NJW 2003, 439, 440

[17] OLG Stuttgart, FamRZ 1998, 1296, 1297; OLG Brandenburg, NJW-RR 2002, 578, 579

Annahme von Sittenwidrigkeit maßgebend. So kann ein Missverhältnis von Leistung und Gegenleistung vorliegen, wenn der Verpflichtete bei Eingehung der Verbindlichkeit außerstande war, zu deren Erfüllung aus eigenem Einkommen und Vermögen in nennenswerten Umfang beizutragen, ohne dass damit zu rechnen war, dass sich dies in absehbarer Zeit ändert.[18] War der Schuldner gegen seinen Willen unter Ausnutzung einer Zwangslage übervorteilt worden, können die Voraussetzungen des § 138 I BGB gegeben sein.[19] Verpflichtet sich der Unterhaltsschuldner ausdrücklich zur Weiterzahlung des Unterhalts ungeachtet einer etwa eintretenden Arbeitslosigkeit oder Einkommensminderung handelt er auf Grund seiner Verpflichtungsfreiheit und Selbstverantwortung, so dass für § 138 I BGB kein Raum ist.[20] Ebenso wenig tritt Nichtigkeit wegen Verstoßes gegen die Pfändungsschutzvorschriften des § 850 c ZPO ein, denn diese schützen nur vor Vollstreckungszugriffen, schränken aber nicht die Verpflichtungsmöglichkeiten des Schuldners ein.[21] Verschweigt der Berechtigte vor Vertragsschluss einen Vermögenserwerb, der seine Bedürftigkeit beeinflussen kann, kommt eine **Anfechtung** der Vereinbarung gemäß § 123 I BGB wegen arglistiger Täuschung in Betracht.[22] Eine Anfechtung wegen Täuschung ist aber dann ausgeschlossen, wenn der Aufklärungspflichtige annehmen durfte, dass der andere Vertragsteil bereits informiert sei.[23]

In Anwendung der privatrechtlichen Generalklauseln unterliegen Unterhaltsvereinbarungen einer **richterlichen Inhaltskontrolle,** soweit wegen mangelnder Vertragsparität und wegen Schutzbedürftigkeit des in einer Unterlegenheitsposition befindlichen Ehegatten diesem zukommende grundrechtliche Schutzrechte aus Art. 2 I, 6 II oder IV GG einen Schutz vor unangemessener Benachteiligung erfordern[24] – siehe näher Rn. 609.

Hat sich der Schuldner zu Unterhaltszahlungen deutlich über seine tatsächliche Leistungsfähigkeit hinaus verpflichtet, kann im Einzelfall eine richterliche Inhaltskontrolle geboten sein, wenn ein Fall mangelnder Vertragsparität und faktischer Fremdbestimmung vorliegt, weil nach den gegebenen Umständen die in Art. 2 I GG gewährten Privatautonomie vom Versprechenden nicht ausgeübt werden konnte. In der Regel wird er die Verpflichtung aber im Rahmen zulässiger Selbstbestimmung und Selbstverantwortung übernommen haben – siehe oben in dieser Rn. Unabhängig davon, sollte in einem solchen Fall geprüft werden, ob der Unterhaltsforderung der Einwand unzulässiger Rechtsausübung (§ 242 BGB) entgegensteht, soweit durch die Erfüllung der übernommenen Zahlungspflicht die eigene wirtschaftliche Existenz und Lebensmöglichkeit des Schuldners gefährdet würde – vgl. Rn. 601.

Bei Unterhaltsvereinbarungen – ausgenommen davon ist der Unterhaltsverzicht (vgl. dazu **601**
Rn. 607) – geschieht die **Anpassung an veränderte Umstände** allein **nach den Regeln des materiellen Rechts,** so dass es auch bei Vereinbarungen, die einen Vollstreckungstitel darstellen, nicht auf eine sich aus § 323 I ZPO ergebende Wesentlichkeitsschwelle ankommt; vielmehr kann bei beengten wirtschaftlichen Verhältnissen eine Abänderung auch unterhalb einer Schwelle von 10% in Betracht kommen.[25] Ebenso wenig gelten die Tatsachenpräklusion des § 323 II ZPO[26] oder das Verbot rückwirkender Abänderung nach § 323 III ZPO.[27] Maßgeblich sind vielmehr die aus § 242 BGB hergeleiteten Grundsätze über die Veränderung oder den Fortfall der Geschäftsgrundlage, die eine Anpassung rechtfertigen, wenn es einem Beteiligten aus Treu und Glauben nicht zugemutet werden kann, an der bisherigen Regelung festgehalten zu werden.[28] Für Fälle, auf welche das am 1. 1. 2002 in Kraft getretene **neue Schuldrecht** maßgebend ist, findet sich nunmehr in § 313 BGB n. F. eine gesetzliche Regelung. Der Tatrichter kann die Frage, ob bei einem Festhalten an der Vereinbarung die Opfergrenze überschritten würde, nur auf Grund einer an den Verhält-

---

[18] OLG Stuttgart, a.a.O.
[19] OLG Stuttgart, a.a.O.
[20] OLG Karlsruhe, FamRZ 1998, 1436, 1437
[21] OLG Karlsruhe, a.a.O.
[22] BGH, FamRZ 2000, 153, 154
[23] OLG Brandenburg, FamRZ 2003, 764, 766
[24] BVerfG, FamRZ 2001, 343 ff. = R 553 a u. b; FamRZ 2001, 985 = R 558
[25] BGH, FamRZ 1992, 539 R 444 a; BGH, FamRZ 1986, 790, 791 = NJW 1986, 2054, 2055
[26] BGH, FamRZ 1984, 997, 999 = NJW 1985, 64, 66
[27] BGH, FamRZ 1983, 22 = NJW 1983, 228
[28] BGH, FamRZ 1992, 539 R 444 a; FamRZ 1986, 790 = NJW 1986, 2054; FamRZ 1983, 22, 44

nissen des Falles ausgerichteten, **umfassenden Würdigung aller Umstände** zutreffend beantworten.[29] Geltungsgrund für die Vereinbarung, auch wenn es sich um einen gerichtlichen Vergleich handelt, ist ausschließlich der durch Auslegung zu ermittelnde Parteiwille.[30] Hierbei ist eine nach beiden Seiten interessegerechte Auslegung maßgebend.[31] Die Anpassung an geänderte Verhältnisse muss dabei nach Möglichkeit unter **Wahrung der dem Parteiwillen entsprechenden Grundlagen** geschehen.[32] Eine Korrektur dieser Grundlagen kommt nicht schon ohne weiteres deswegen in Betracht, weil ein Ehegatte im Zusammenhang mit der Vereinbarung ein inzwischen erzieltes höheres Einkommen verschwiegen hat. Dies kann nur angenommen werden, wenn ausnahmsweise eine Pflicht zur Selbstoffenbarung bestand[33] – vgl. hierzu auch Rn. 1/696 ff. Soweit sich die Verhältnisse so tiefgreifend geändert haben, dass dem Parteiwillen für die vorzunehmende Änderung kein hinreichender Anhaltspunkt mehr zu entnehmen ist, kommt eine Unterhaltsregelung wie eine Erstfestsetzung nach den gesetzlichen Vorschriften in Betracht, wobei allerdings zu prüfen bleibt, ob nicht wenigstens einzelne Elemente der ursprünglichen Vereinbarung nach dem erkennbaren Parteiwillen weiterwirken sollen.[34] Wenn eine Unterhaltsvereinbarung eine abschließende Regelung enthalten soll, scheidet die Annahme einer Regelungslücke im Allgemeinen aus, und die Vereinbarung ist keiner **ergänzenden Vertragsauslegung** zugänglich.[35] Lässt sich allerdings einem Vertrag bei seiner Auslegung keine bestimmte Regelung für einen regelungsbedürftigen Sachverhalt entnehmen, kommt eine ergänzende Auslegung in Betracht.[36] Aus dem Parteiwillen kann sich auch ergeben, dass eine **Anpassung** an veränderte Umstände gänzlich **ausgeschlossen** sein soll. Auch dieser Parteiwille ist zu respektieren,[37] soweit er – wie es beim Familien- oder Getrenntlebensunterhalt möglich ist – keinen unzulässigen teilweisen Unterhaltsverzicht bedeutet (vgl. Rn. 603 und 604). Der Wille, dass die Unterhaltsleistung unter allen Umständen konstant bleiben soll, ist nicht zu vermuten, sondern kann in der Regel nur einer ausdrücklichen Vereinbarung entnommen werden.[38] Selbst wenn ein entsprechender Parteiwillen festzustellen ist, kann – bei allerdings strengen Anforderungen – der Leistungsverpflichtung der **Einwand unzulässiger Rechtsausübung** entgegenstehen, weil niemand sein Recht gegen Treu und Glauben (§ 242 BGB) geltend machen darf, so wenn die unveränderte Weitererfüllung der eingegangenen Verpflichtung die eigene wirtschaftliche Existenz und Lebensmöglichkeit des Schuldners gefährden würde.[39]

601 a Für die Frage, welche tatsächlichen Umstände Geschäftsgrundlage der Unterhaltsvereinbarung waren und welche Veränderungen deshalb zu einer Anpassung des Vertrages führen, kommt es auf die **Vorstellungen** an, die für die Parteien bei der vertraglichen Bemessung des Unterhalts bestimmend waren.[40] Die Anpassung ist demnach möglich, wenn die zukünftigen Umstände, welche eine Abänderung rechtfertigen, bei Vertragsschluss noch nicht ohne weiteres **erkennbar oder voraussehbar** waren.[41]

Fraglich ist, ob allein eine wesentliche Veränderung des **Lebenshaltungskostenindex** zu Lasten des Berechtigten Anlass für eine Abänderung sein kann. Das OLG Bamberg[42] hat hierzu die Meinung vertreten, dass der Anstieg der Lebenshaltungskosten kein geeigneter Maßstab zur Abänderung eines gerichtlichen Unterhaltsvergleichs sei, weil die Inflationsrate

---

29 BGH, FamRZ 1986, 790, 791 = NJW 1986, 2054, 2055
30 BGH, FamRZ 1986, 790 = NJW 1986, 2054; FamRZ 1983, 22, 24
31 BGH, FamRZ 2003, 741, 742 = R 590 a
32 BGH, FamRZ 1994, 696 = R 477 a
33 OLG Schleswig, MDR 2000, 399
34 BGH, FamRZ 1994, 696, 698 = R 477 a
35 BGH, FamRZ 1985, 787 = NJW 1985, 1835, 1836
36 BGH, FamRZ 1995, 726, 727
37 Für gerichtliche Vergleiche: BGH, FamRZ 1983, 22, 24; OLG Stuttgart, FamRZ 1998, 1296, 1298
38 BGH, NJW 1962, 2147; VersR 1966, 37
39 RGZ 166/40, 49; OLG Karlsruhe, FamRZ 1998, 1436, 1437
40 BGH, FamRZ 1979, 210; OLG Karlsruhe, FamRZ 1997, 366
41 OLG Karlsruhe, FamRZ 1997, 366
42 OLG Bamberg, FamRZ 1999, 31

bei der Bemessung des Ehegattenunterhalts keine Rolle spiele, insbesondere keinen selbstständigen Bemessungsfaktor darstelle. Der nacheheliche Unterhalt bestimme sich vielmehr nach den ehelichen Verhältnissen, damit letztlich nach dem verfügbaren Einkommen. Dies trifft jedenfalls für einen nach dem konkreten Lebensbedarf bemessenen Unterhalt nicht zu, der nicht unmittelbar an das an sich einen höheren Unterhalt erlaubende Einkommen des Pflichtigen anknüpft. Hier würde die Bemessung nach den ehelichen Verhältnissen bei sonst unveränderten Umständen auch bei einem wesentlichen Anstieg der Lebenshaltungskosten, der sich aus einem Vergleich der Indexwerte des Lebenshaltungskosten-Index ergäbe, eine Anpassung rechtfertigen, falls der Anstieg etwa in Höhe von wenigstens 10% stattgefunden hat.[43] Nach der Rechtsprechung des BGH[44] können im Wege der Abänderungsklage nicht nur individuelle Änderungen der Verhältnisse, sondern auch Änderungen allgemeiner Art, wie etwa die generelle Entwicklung der Einkommen und Lebenshaltungskosten, geltend gemacht werden. Eine Berücksichtigung von Indexänderungen wird daher immer dann in Betracht kommen, wenn der Unterhalt nicht nach dem zur Verfügung stehenden Einkommen bemessen ist, z. B. weil er nach § 1578 I 2 BGB auf einen nur noch angemessenen Bedarf herabgesetzt wurde.

Die Anpassung einer Unterhaltsvereinbarung im Wege der Abänderung kann auch deswegen notwendig sein, weil inzwischen die tatsächlichen Voraussetzungen einer **Unterhaltsverwirkung oder Unterhaltsbegrenzung** eingetreten sind, auf welche sich die Vereinbarung, weil deren Eintritt noch nicht ausreichend beurteilt werden konnte, nicht erstreckte. Dies kann bei einer inzwischen eingetretenen mehrjährigen Verfestigung einer bei Vertragsschluss bereits aufgenommenen nichtehelichen Lebensgemeinschaft bezüglich der Anwendung des § 1579 Nr. 7 BGB der Fall sein.[45] War nicht genügend vorhersehbar, dass – wegen der unerwarteten Übernahme der Kindesbetreuung durch den Pflichtigen – ein Fall kurzer Ehedauer vorliegen würde, kann eine Anpassung unter Anwendung des § 1579 Nr. 1 BGB in Betracht kommen.[46]

Wenn sich die der Vereinbarung zugrunde gelegten Verhältnisse beim Unterhaltsschuldner **602**
oder beim Unterhaltsgläubiger gravierend ändern, kann sich in Nachwirkung der Ehe aus Treu und Glauben eine **Pflicht zur unaufgeforderten Mitteilung** ergeben, bei deren Unterlassung eine sittenwidrige vorsätzliche Schädigung des Vertragspartners mit Schadensersatzpflicht nach § 826 BGB in Betracht kommt. Die eine solche Folge auslösende Pflicht zur Offenbarung ist allerdings auf Ausnahmefälle beschränkt, in denen das Verschweigen einer Veränderung der Bedürftigkeit oder Verbesserung der Leistungsfähigkeit evident unredlich erscheint.[47] Dieser Fall liegt insbesondere dann vor, wenn der Unterhaltsgläubiger oder der Unterhaltsschuldner auf Grund vorangegangenen Tuns des Vertragspartners sowie nach der Lebenserfahrung keinen Anlass hatte, sich über den Fortbestand der unterhaltsbegründenden Verhältnisse durch ein Auskunftsverlangen zu vergewissern.[48] Geht es um die Durchführung einer Unterhaltsvereinbarung, nach der dem Berechtigten z. B. ein bestimmter Verdienst anrechnungsfrei verbleibt, erhöht sich die Informationspflicht des Berechtigten auf Grund seiner **vertraglichen Treuepflicht.** Er hat dem anderen Teil jederzeit und unaufgefordert die Umstände zu offenbaren, welche ersichtlich dessen Vertragspflichten berühren, also im konkreten Fall den Umstand einer deutlichen Überschreitung der Verdienstgrenze.[49] Es ist überhaupt bei Unterhaltsvereinbarungen eine grundsätzliche Verpflichtung des Berechtigten auf ungefragte Offenbarung von Umständen anzunehmen, die ersichtlich die Verpflichtungen des anderen Teils aus dem Vertrag berühren,[50] da letzterer regelmäßig keine Kenntnis von den verändernden Umständen haben kann.[51] Im Abände-

---

43 Vgl. hierzu OLG Frankfurt, FamRZ 1999, 97, 98 für die Abänderung eines Urteils
44 BGH, FamRZ 1995, 221, 222 = R 485 a
45 AG Hamburg, FamRZ 1997, 374, FamRZ 1999, 238
46 Vgl. OLG Frankfurt, FamRZ 1999, 237 zum Abänderungsbegehren der Berechtigten
47 BGH, FamRZ 1988, 270, 271 = R 350; FamRZ 1986, 450, 453 = R 291 b
48 BGH, FamRZ 1988, 270, 271 = R 350; FamRZ 1986, 450, 453 = R 291 b
49 BGH, FamRZ 1997, 483 = R 510 a; OLG Frankfurt, FamRZ 2003, 1750
50 Vgl. BGH, FamRZ 2000, 153, 154 = R 534
51 OLG Bamberg, MDR 2001, 697

rungsverfahren kann das Verschweigen zur Unterhaltsversagung nach § 1579 Nr. 2 BGB[52] oder nach § 1579 Nr. 7 BGB führen.[53] Die Ansicht des AG Dieburg,[54] es bestehe in einem solchen Fall ein Anspruch auf rückwirkende Abänderung eines Prozessvergleichs und Rückzahlung der überzahlten Unterhaltsraten als Schadensersatzanspruch gemäß § 286 II BGB a. F. (§§ 280 II, 286 BGB n. F.) wegen Verzugs mit der Erfüllung der Informationspflicht erscheint zweifelhaft. Die Folgen des pflichtwidrigen Verschweigens für die vorliegenden Unterhaltstatbestände dürften in den in Frage kommenden Fällen des § 1579 BGB, vgl. insbesondere Nr. 2, 4 u. 7, abschließend geregelt sein. Allerdings könnte – soweit die unter Anwendung des § 1579 BGB geschehene Abänderung auf der Erfüllung des strafrechtlichen Betrugstatbestands beruht – Rückforderung des dann überzahlten Unterhalts im Wege eines Schadensersatzanspruchs nach §§ 823 II BGB, 263 StGB in Betracht kommen (siehe dazu Rn. 230 und die dort zitierte BGH-Rechtsprechung). Die in der Vorauflage vertretene gegenteilige Ansicht wird nicht aufrecht erhalten. In diesem Zusammenhang kann aber wohl nicht, weil ein Verstoß gegen eine Vertragspflicht vorliege, auf einen Schadensersatzanspruch wegen positiver Vertragsverletzung ausgewichen werden, da die den gesetzlichen Unterhaltsanspruch konkretisierende Unterhaltsvereinbarung das gesetzliche Unterhaltsverhältnis als Schuldgrund nicht berührt (vgl. Rn. 600), so dass die Sonderregelungen des Unterhaltsrechts auch hier vorgehen dürften.

II. Vereinbarungen zum Familienunterhalt

603 Aus dem Regelungszusammenhang der § 1356, 1360, 1360 a BGB ergibt sich, dass die Ehegatten sowohl die Rollenverteilung in der Ehe als auch die Art und Weise der Beschaffung und Verteilung sowie das Maß des eheangemessenen Unterhalts weitgehend **frei gestalten** können. Dabei wird das Verbot, auf künftige Unterhaltsansprüche auch nicht teilweise zu **verzichten** (§§ 1360 a III, 1614 I BGB), dadurch relativiert, dass im Rahmen der genannten Gestaltungsfreiheit z. B. eine sparsamere Lebensführung mit verstärkter Vermögensbildung vereinbart oder Einigkeit darüber erzielt werden kann, dem einen Ehegatten, der seine Berufstätigkeit zunächst aufgibt, eine weitere Ausbildung wie etwa ein Studium zu ermöglichen. In funktionierender Ehe kommen derartige Einigungen regelmäßig auf Grund mündlicher, vielfach stillschweigender Abrede zustande. Die **Bindungswirkung und Durchsetzbarkei**t solcher Vereinbarungen ist schon aus tatsächlichen Gründen häufig gering. Einmal bestehen in der Sache liegende Beweisprobleme, zum anderen unterliegen Absprachen dieser Art in verstärktem Maße einer Anpassung an veränderte Verhältnisse. Auch ihre Rechtsqualität, insbesondere, ob ihnen im Einzelfall im rechtlichen Sinn überhaupt Vertragsqualität zukommt, kann zweifelhaft sein.[55] Sie spielen daher in der Praxis der Familiengerichte nur eine untergeordnete Rolle. Der Bundesgerichtshof musste sich in zwei Entscheidungen mit der Frage befassen, welche Auswirkungen das Einvernehmen der Eheleute darüber hatte, dass der Ehemann ein Studium fortführte, während die Ehefrau durch Teilzeittätigkeit im Wesentlichen den Familienunterhalt einschließlich Kindesunterhalt beschaffen sollte. Einmal ging es darum, dass der Sozialhilfeträger, der übergegangene Unterhaltsforderungen der Ehefrau und der Kinder geltend machte, die im konkreten Fall billigenswerte Einigung der Eheleute hinnehmen musste, weil deswegen keine Ansprüche gegen den Ehemann übergegangen waren.[56] Zum anderen wurde entschieden, dass der durch das wiederum billigenswerte Einvernehmen der Eheleute geschaffene konkrete Unterhaltsanspruch des Ehemanns auf Familienunterhalt seinen Ausbildungsbedarf mit umfasste, so dass ein nach § 37 BAföG überzuleitender Unterhaltsanspruch des Ehemanns, der Ausbildungsförderung erhalten hatte, gegen seinen Vater entfiel.[57]

[52] BGH, FamRZ 1997, 483 = R 510 b
[53] OLG Bamberg, MDR 2001, 697
[54] AG Dieburg, FamRZ 1999, 854
[55] Vgl. im Einzelnen Langenfeld in Heiß/Born Kap. 15 Rn. 8 ff.
[56] BGH, FamRZ 1983, 140, 141 = R 147 a
[57] BGH, FamRZ 1985, 353, 354

Selbstverständlich sind konkrete vertragliche und auch **einklagbare Unterhaltsvereinbarungen** möglich, z. B. über das vom verdienenden Ehegatten in angemessenen Zeiträumen (regelmäßig monatlich) im Voraus zu leistende (§ 1360 a II 2 BGB) Wirtschafts- und/oder Taschengeld.

III. Vereinbarungen zum Getrenntlebensunterhalt

Der Getrenntlebensunterhalt ist auf die Zahlung einer **Geldrente** gerichtet (§ 1361 IV 1 **604**
BGB). Grundsätzlich kann keiner der Ehegatten eine andere Art der Unterhaltsgewährung verlangen.[58] Insofern bietet es sich an, durch Unterhaltsverträge zu regeln, wenn **Sachleistungen** – z. B. Wohnungsgewährung oder Vorhaltung eines Pkw – ganz oder teilweise anstelle einer Geldrente treten sollen.

Wegen des Verbots, auf künftigen, nicht rückständigen Unterhalt zu verzichten (§§ 1361 IV 4, 1360 a III, 1614 I BGB), darf die Unterhaltsvereinbarung über den Getrenntlebensunterhalt – auch wenn es sich um einen Prozessvergleich handelt – keinen auch nur teilweisen **Verzicht** auf Unterhalt für die Zukunft beinhalten – etwa durch eine Erschwerung der Möglichkeit, bei veränderten Verhältnissen eine Erhöhung zu verlangen.[59] Ob den Vertragsschließenden der Verzichtscharakter bewusst war, spielt keine Rolle, maßgebend ist allein, ob der gesetzlich zustehende Unterhalt objektiv verkürzt wird.[60] Für die Bemessung des Unterhalts in einer Vereinbarung besteht andererseits ein Angemessenheitsrahmen, den die Parteien nach unten ausschöpfen können.[61] Die Toleranzgrenze, bei der für die Zukunft kein nach § 1361 I BGB angemessener Unterhalt mehr zugesagt ist, dürfte überschritten werden, sobald der vereinbarungsgemäß geleistete Unterhalt um mehr als 20% hinter der üblichen Ehegattenquote zurückbleibt.[62] Nach den Empfehlungen des 12. Deutschen Familiengerichtstags[63] soll sich die Grenze für zulässige Vereinbarungen allerdings nicht nach festen prozentualen Abschlägen vom gesetzlichen Unterhalt bestimmen, sondern nach den Umständen des Einzelfalls.

IV. Vereinbarungen zum Nachscheidungsunterhalt

1. Vorsorgende Vereinbarungen

§ 1585 c BGB erlaubt Verlobten vor der Eheschließung oder Ehegatten bei Beginn der **605**
Ehe oder zu jedem späteren Zeitpunkt der Ehe formlos und grundsätzlich in voller **Vertragsfreiheit**[64] für den Fall der Scheidung ihrer Ehe den nachehelichen Unterhalt durch eine sogenannte vorsorgende Vereinbarung[65] zu regeln. Auch ein Unterhaltsverzicht (siehe Rn. 607 ff.) ist wirksam, soweit er nicht ausnahmsweise gegen die guten Sitten verstößt bzw. der verfassungsrechtlich gebotenen richterlichen Inhaltskontrolle nicht standzuhalten vermag. Abgesehen vom vollständigen Verzicht, der einen in der Praxis häufigen Fall der vorsorgenden Vereinbarung darstellt, sind im Rahmen der Vertragsfreiheit die unterschiedlichsten Gestaltungen möglich,[66] z. B. könnte bestimmt werden, dass keine Kapitalabfindung (§ 1585 II BGB) verlangt werden kann, kein Aufstockungsunterhalt (§ 1573 II BGB) in

---

[58] BGH, FamRZ 1990, 851, 852 = R 420
[59] BGH, FamRZ 1984, 997, 999 = R 223 d
[60] BGH, FamRZ 1984, 997, 999 = R 223 d
[61] BGH, FamRZ 1984, 997, 999 = R 223 d
[62] OLG Düsseldorf, MDR 2000, 1352; vgl. BGH, FamRZ 1984, 997, 999 = R 233 d zum Kindesunterhalt: Überlegungen zur Überschreitung des Tabellensatzes für den Kindesunterhalt um 20% bzw. 1/3
[63] FamRZ 1998, 473, 474 = NJW 1998, 2026, 2027
[64] BGH, FamRZ 1991, 306, 307 = R 432
[65] BGH, FamRZ 1985, 788 = NJW 1985, 1833
[66] Vgl. dazu näher Langenfeld, NJW 1981, 2377

Betracht kommt oder sich der Unterhalt nicht nach § 1578 I 1 BGB bemessen soll, sondern nach der vorehelichen oder auch der beruflichen Stellung des Berechtigten. Ob aus dem Katalog der Unterhaltsansprüche (§§ 1570–1573 I und IV, 1575, 1576 BGB) – abgesehen vom Anspruch auf Aufstockungsunterhalt (§ 1573 II BGB) – bestimmte Ansprüche ausgeschlossen werden können, ist, weil sich in erhöhtem Maß das Problem mangelnder Vorhersehbarkeit stellt, nicht ganz zweifelsfrei.[67] Allerdings dürfte hier zugunsten der den Ehegatten vom Gesetzgeber eingeräumten Vertragsfreiheit zu entscheiden sein. In Einzelfall könnte dem Ausschluss eines bestimmten Unterhaltstatbestands allerdings die Einrede der unzulässigen Rechtsausübung entgegenstehen (vgl. dazu die Ausführungen zum vollständigen Unterhaltsverzicht einschließlich Betreuungsunterhalt Rn. 609). Anstelle der in § 1585 I 1 BGB grundsätzlich vorgesehenen Unterhaltsgewährung in Geld können die Parteien jederzeit eine **andere Art der Unterhaltsgewährung** vereinbaren, z. B., indem sie sich im Hinblick auf die vom Berechtigten genutzte Wohnung, die dem Pflichtigen (anteilig) gehört, auf Naturalunterhalt einigen.[68] Sie können auch die Widerruflichkeit der Unterhaltsverpflichtung vereinbaren[69] oder die Wiederverheiratungsklausel des § 1586 I BGB abbedingen.[70]

2. Vereinbarungen anlässlich oder nach der Scheidung

606 Anders als bei der vorsorgenden Vereinbarung (Rn. 605) ist die eheliche Entwicklung abgeschlossen und deswegen ein höheres Maß an Vorhersehbarkeit der künftigen Entwicklung gegeben. Dies erleichtert den Abschluss einer Vereinbarung, die vielfach wegen bestehender Meinungsverschiedenheiten über Grund und Umfang der Unterhaltspflicht zugleich als **Vergleich im Sinne des** § 779 BGB[71] zu qualifizieren sein wird. Scheidungsvereinbarungen über den nachehelichen Unterhalt werden ohnehin überwiegend als gerichtliche Vergleiche abgeschlossen. Ist ein gerichtlicher Unterhaltsvergleich im Scheidungsverfahren formell als Prozessvergleich unwirksam, weil nicht beide Ehegatten anwaltlich vertreten waren, kann die getroffene Vereinbarung, wenn dies dem wirklichen oder mutmaßlichen Parteiwillen entspricht, als außergerichtlicher materiell-rechtlicher Vergleich Bestand haben.[72] Eine vergleichsweise Unterhaltsregelung über den Nachscheidungsunterhalt erfasst mangels Identität nicht den nach Auflösung einer weiteren Ehe gemäß § 1586 a I BGB möglicherweise neu entstehenden Unterhaltsanspruch.[73]

V. Vereinbarung eines Unterhaltsverzichts

607 In der Praxis spielt die Frage der Wirksamkeit und der Tragweite von Unterhaltsverzichtsvereinbarungen eine verhältnismäßig große Rolle. Der **Verzichtsvertrag** kann durch schlüssiges Handeln zustande kommen. Es muss aber zur Feststellung des rechtsgeschäftlichen Aufgabewillens des Gläubigers ein unzweideutiges Verhalten vorliegen, das vom Erklärungsgegner als Aufgabe des Rechts verstanden werden kann. Allein darin, dass der Anspruch auf die Unterhaltsleistungen längere Zeit nicht geltend gemacht wurde, können derartige Umstände, die den Verzichtswillen des Gläubigers ausdrücken, noch nicht gesehen werden.[74] Absichtserklärungen des Berechtigten gegenüber Dritten stellen kein Vertrags-

[67] Vgl. Langenfeld, NJW 1981, 2377, 2378
[68] BGH, FamRZ 1997, 484 = R 508
[69] KG, FamRZ 1999, 1277
[70] OLG Bamberg, FamRZ 1999, 1278; OLG Koblenz, FamRZ 2002, 1040 zum Unterhaltsverzicht und gleichzeitiger Vereinbarung einer Leibrentenzahlung bis zum Tode der Berechtigten;
[71] Vgl. BGH, FamRZ 1985, 787 = NJW 1985, 1835, 1836; FamRZ 1986, 1082, 1084 = NJW-RR 1986, 1258, 1259
[72] BGH, FamRZ 1985, 166 ff.
[73] BGH, FamRZ 1988, 46, 47
[74] BGH, FamRZ 1981, 763

angebot gegenüber dem Pflichtigen dar, das dieser annehmen könnte.[75] Ein Verzichtswille ist im Zweifel nicht zu vermuten.

Der Verzicht auf Unterhaltsansprüche kann zeitlich befristet, aufschiebend oder auflösend bedingt sowie der Höhe nach oder insgesamt auf Teile der Unterhaltsberechtigung beschränkt werden.[76]

Der uneingeschränkte Verzicht auf nachehelichen Unterhalt lässt nicht nur die einzelnen Unterhaltsansprüche, sondern das Unterhaltsstammrecht erlöschen;[77] die oft gebrauchte Formel, dass der Verzicht auch **für den Fall der Not** gelte, ist daher nur deklaratorisch.

Da der Verzicht damit im Zweifel auch ohne ausdrückliche Bestimmung den Fall der Not ergreift, gehört der Verzicht auch für diesen Fall zum Vertragsinhalt. Eine Anpassung nach Treu und Glauben wegen Veränderung oder Wegfalls der gemeinsamen Geschäftsgrundlage (siehe für gewährende Vereinbarungen Rn. 601) im Hinblick auf eine unerwartete Notlage des verzichtenden Ehegatten scheidet daher grundsätzlich aus.[78] Ein Unterhaltsverzicht enthält in der Regel keine „clausula rebus sic stantibus". Es obläge danach dem Verzichtenden darzulegen und zu beweisen, dass ein im Wortlaut des Verzichts selbst nicht enthaltener Vorbehalt unter Einbeziehung der Gesamtumstände aus der maßgeblichen Sicht des Erklärungsempfängers bei objektiver Würdigung nicht als uneingeschränkter und zeitlich unbefristeter Verzicht verstanden werden durfte.[79]

Wird der **Notbedarf** vertraglich vom Verzicht ausgenommen, kann für Zeiträume, in denen eine Notlage besteht, das zur Abwendung erforderliche verlangt werden, allerdings nicht etwa der angemessene oder nur der notdürftige, sondern der notwendige Unterhalt.[80]

Ein Unterhaltsverzicht kann nach § 138 I BGB wegen **Sittenwidrigkeit** nichtig sein, **608**
nicht dagegen gemäß § 138 II BGB, weil sich diese Vorschrift lediglich auf Austauschgeschäfte, nicht auf familienrechtliche Verträge bezieht.[81] Soweit die Voraussetzungen des § 138 II BGB teilweise erfüllt sind, ergibt sich die Sittenwidrigkeit möglicherweise aus § 138 I BGB.[82] Für die Beurteilung der Sittenwidrigkeit einer Verzichtsabrede kommt es auf den aus der Zusammenfassung von Inhalt, Beweggrund und Zweck zu entnehmenden Gesamtcharakter der Vereinbarung an.[83] Maßgeblicher Zeitpunkt für die Beurteilung ist der Zeitpunkt des Vertragsschlusses.[84]

Eine Scheidungsvereinbarung, in der ein erwerbsunfähiger und nicht vermögender Ehegatte auf nachehelichen Unterhalt verzichtet mit der Folge, dass er zwangsläufig der **Sozialhilfe anheim fällt,** kann sittenwidrig und nichtig sein, selbst wenn der Vertrag nicht auf einer Schädigungsabsicht der Ehegatten zu Lasten des Sozialhilfeträgers beruht.[85] Die Parteien müssen sich aber zurzeit des Abschlusses der Vereinbarung der möglichen späteren Sozialhilfebedürftigkeit der verzichtenden Partei bewusst gewesen sein.[86] Als sittenwidrig wurde vor der Neufassung des § 91 BSHG beurteilt, dass dem Sozialamt nach Leistung von Sozialhilfe an den Unterhaltsgläubiger die Geltendmachung von noch nicht übergeleiteten Unterhaltsansprüchen trotz Rechtswahrungsanzeige durch einen Verzicht auf rückständigen Unterhalt unmöglich gemacht wurde.[87] Sittenwidrig ist ein Unterhaltsverzicht in Kenntnis der bei der Berechtigten vorliegenden schweren Alkoholerkrankung mit Verwahrlosungstendenz, wenn der Verzicht sie der Sozialhilfe überantwortet.[88]

---

[75] OLG Stuttgart, FamRZ 1999, 1136, 1138
[76] BGH, FamRZ 1997, 873, 874 = R 513 a
[77] OLG München, FamRZ 1985, 1264, 1265
[78] Vgl. Herb, NJW 1987, 1525, 1527; Göppinger/Wax-Hoffmann, Unterhaltsrecht, 8. Aufl., Rn. 1365
[79] OLG Hamm, FamRZ 1993, 973
[80] BGH, FamRZ 1980, 1104, 1105 = NJW 1981, 51, 53
[81] BGH, FamRZ 1992, 1403, 1404 = R 455 a; FamRZ 1985, 788, 789 = NJW 1985, 1833, 1834
[82] BGH, FamRZ 1992, 1403, 1404 = R 455 a
[83] BGH, FamRZ 1983, 137, 139 = NJW 1983, 1851, 1852; FamRZ 1991, 306, 307 = R 432
[84] BGH, FamRZ 1991, 306, 307 = R 432
[85] BGH, FamRZ 1983, 137, 139 = NJW 1983, 1851, 1852; OLG Köln, MDR 2003, 511
[86] OLG Karlsruhe, MDR 2001, 335, 336
[87] BGH, FamRZ 1987, 40, 42 = NJW 1987, 1546, 1548
[88] OLG Köln, FamRZ 1999, 920

Ein Teilverzicht auf nachehelichen Unterhalt, der nur dann eintritt, wenn die unterhaltsberechtigte Ehefrau die bisher beim Vater befindlichen gemeinsamen minderjährigen Kinder zu sich nehmen würde, macht in sittenwidriger Weise das **Wohl der Kinder** zum Gegenstand eines Handels.[89]

Wegen des Verzichts einer **schwangeren Verlobten** und der insoweit erforderlichen richterlichen Inhaltskontrolle des Vertrags siehe Rn. 609. Problematisch ist in diesem Fall bei kürzerer Ehedauer, dass die schwangere Verlobte mit ihrer durch den Verzicht ermöglichten Heirat zugleich indirekt zu Lasten der Sozialhilfe auf ihre wegen der Geburt entstehenden und an sich unverzichtbaren Unterhaltsansprüche nach § 1615 l BGB verzichtet hat.

Auch wenn ein Ehegatte in einer **Ehekrise** die Fortsetzung der Ehe von einem Unterhaltsverzicht abhängig macht, ist der Verzichtsvertrag jedenfalls dann nicht wegen Sittenwidrigkeit nichtig, falls er nicht nach langjähriger Hausfrauenehe ohne nennenswerte Gegenleistung, sondern nach verhältnismäßig kurzer Dauer der Ehe abgeschlossen wird.[90]

Ob ein Unterhaltsverzicht, der in Kenntnis des Umstands vereinbart wird, dass der bedürftige Ehegatte nachrangig haftende **Verwandte in Anspruch nehmen muss,** als sittenwidrig zu beurteilen ist, wird davon abhängen, von welchen Vorstellungen sich die Eheleute leiten ließen, insbesondere, ob ihre Verzichtsabrede im Ergebnis einem unzulässigen Vertrag zu Lasten Dritter nahe käme.[91] Dies wäre nicht der Fall, soweit die in Frage kommenden Verwandten ihr Einverständnis zum Ausdruck gebracht hätten oder der verzichtende Ehegatte mit einigem Grund davon ausgegangen wäre, es werde zu keiner Inanspruchnahme von Verwandten kommen, weil er auf Grund eigenen Einkommens wenigstens seinen notwendigen Bedarf, auf den er sich beschränken wollte, werde abdecken können.

609 An sich würde die den Ehegatten zukommende Vertragsfreiheit – abgesehen vom Fall der Sittenwidrigkeit – einen umfassenden Unterhaltsverzicht auf nachehelichen Unterhalt sowohl als vorsorgende Vereinbarung (Rn. 604) als auch anlässlich oder nach der Scheidung erlauben. Die hiergegen vorgebrachte Kritik,[92] die im Hinblick auf die nachträglich eingetretene soziale Bedürftigkeit des Berechtigten nachvollziehbar war, hat das Bundesverfassungsgericht aufgegriffen. Es verlangt, dass im Rahmen einer **richterlichen Inhaltskontrolle** auch verfassungsrechtliche Schranken beachtet werden, welche der Privatautonomie bei einseitiger Dominanz eines Ehepartners aus Gründen gestörter Vertragsparität im Hinblick auf die Schutzbedürftigkeit des verzichtenden Ehegatten gesetzt sein können.[93] Insoweit setze die nach Art. 2 I GG gewährte Privatautonomie voraus, dass die Bedingungen zur Selbstbestimmung des Einzelnen auch tatsächlich gegeben seien. Enthalte ein Ehevertrag eine erkennbar einseitige Lastenverteilung und sei er im Zusammenhang mit einer Schwangerschaft geschlossen worden, gebiete es die Schutzwirkung des Art. 6 IV GG, insbesondere einen an sich formfrei möglichen Unterhaltsverzicht zugunsten der werdenden Mutter richterlich zu überprüfen. Bei der verlangten Überprüfung geht es um die **Drittwirkung von Grundrechtspositionen** der Vertragsparteien, die über die Anwendung der zivilrechtlichen Generalklauseln durch richterliche Inhaltskontrolle zu verwirklichen sind. Dies kann entweder zur Nichtigkeit wegen Sittenwidrigkeit nach § 138 BGB oder zur Anpassung nach § 242 BGB führen.[94]

Die beiden einschlägigen Entscheidungen des Bundesverfassungsgerichts sind jeweils zur **Situation einer Schwangeren vor Heirat** ergangen. Die frühere Rechtsprechung des BGH,[95] dass es in einem solchen Fall wegen der Eheschließungsfreiheit des späteren Ehemanns nicht um die sittenwidrige Ausnutzung einer Zwangslage gehen könne, ist damit

---

[89] OLG Karlsruhe, MDR 2000, 1016

[90] BGH, FamRZ 1997, 156, 158 = NJW 1997, 192, 193

[91] Vgl. BGH, FamRZ 1983, 137, 139 = NJW 1983, 1851, 1852

[92] Vgl. z. B. Büttner, FamRZ 1998, 1 ff.: gegen die Zulässigkeit eines Verzichts bei „struktureller Unterlegenheit„ des Verzichtenden bei Ausnutzung von dessen Zwangslage und für ihn einseitig belastendem Vertragsinhalt

[93] BVerfG, FamRZ 2001, 343 ff. = R 553 a u. b; FamRZ 2001, 985 = R 558

[94] Kalthoener/Büttner/Niepmann, Die Rechtsprechung zur Höhe des Unterhalts, 8. Aufl., Rn. 139

[95] BGH, NJW 1992, 3164, 3165; insoweit in FamRZ 1992, 1403 ff. nicht abgedruckt

überholt. Dennoch bedeutet die Rechtsprechung des Bundesverfassungsgerichts **keine Abschaffung der Privatautonomie** für den Verzicht auf nachehelichen Unterhalt. Selbst der Umstand, dass die Verzichtende schwanger ist, stellt nur ein Indiz für eine mögliche vertragliche Disparität dar.[96] Vermögenslage, berufliche Qualifikation und Perspektiven sind nämlich ebenfalls zu berücksichtigen. Je nach angestrebter künftiger familiärer Konstellation kann eine Unterlegenheitsposition der schwangeren Verlobten auch fehlen. Wenn bei gleichwertiger Berufstätigkeit beider Verlobten nacheheliche Unterhaltsansprüche ausgeschlossen werden, braucht dies keine ungleiche Belastung darzustellen.[97] Sieht die Lebensplanung allerdings vor, dass sich einer der Verlobten in der Ehe unter Aufgabe der Berufstätigkeit im Wesentlichen um Kinderbetreuung und Haushaltsführung kümmert, bedeutet dies eine Benachteiligung des Verzichtenden; dieser Benachteiligungseffekt kann sich desto mehr verstärken, je mehr Rechte abbedungen oder je mehr zusätzliche Pflichten übernommen worden sind.[98]

Die aufgeführten Erwägungen treffen allerdings eingeschränkt auf die Situation eines haushaltsführenden und kindererziehenden Mutter während bestehender Ehe zu. Auch hier kann sich das Problem vertraglicher Disparität schon im Hinblick auf die Grundrechtsposition der Mutter nach Art. 6 IV GG stellen. Wenn die richterliche Inhaltskontrolle wegen einer festgestellten Unterlegenheitssituation der Mutter zur Beanstandung des Verzichts führt, wird aber abzuwägen sein, ob nicht eine Anpassung der Vereinbarung nach § 242 BGB mit der Sicherstellung eines ungekürzten Betreuungsunterhalts genügt.

Allgemein ist zu bemerken, dass die **Vertragsfreiheit Ausgangspunkt der Überprüfung** bleibt.[99] Nur bei einer besonders einseitiger Aufbürdung von vertraglichen Lasten und bei erheblich ungleicher Verhandlungsposition mit der Folge faktisch einseitiger Bestimmung des Vertragsinhalts durch den begünstigten Partner werden der Privatautonomie durch die Grundrechtsposition des Art. 2 I GG, weil Selbstbestimmung in Fremdbestimmung verkehrt wird, Grenzen gesetzt.[100] Im Zweifel ist wegen des Vorrangs der Vertragsfreiheit der Vertrag als wirksam anzusehen. Die Auffassung von *Bergschneider*[101] zur Darlegungs- und Beweislast erscheint missverständlich. Er führt aus, es genüge, dass die verzichtende Vertragspartei sich auf das Vorliegen der vom Bundesverfassungsgericht genannten Kriterien, die auf Benachteiligung und einseitige Dominanz des anderen Vertragspartners hinwiesen, berufe, um diesem die Darlegungs- und Beweislast für die Entkräftung der belastenden Moment aufzuerlegen. Es kommt vielmehr darauf an, ob die – ggf. nach Beweisaufnahme – festgestellten belastenden Momente eine richterliche Korrektur erfordern. Lässt sich diese Frage nicht eindeutig beantworten, muss die Vertragsfreiheit als Obersatz den Vorrang haben.

Im Einzelnen wird von Bedeutung sein,[102]

- ob der Verzichtsvertrag nur schriftlich oder – an sich rechtlich nicht geboten – notariell beurkundet worden ist. Bei Nichteinhaltung der notariellen Form kommt eine verschärfte richterliche Inhaltskontrolle in Betracht,
- ob der Vertrag vor oder nach Eheschließung geschlossen wurde,
- ob die verzichtende Verlobte oder Ehefrau schwanger war oder noch weitere Kinder hatte,
- ob die Vermögenslage oder die beruflichen Perspektiven des verzichtenden Ehegatten für oder gegen eine einseitige Fremdbestimmung durch den anderen Ehegatten sprechen,
- ob die bestehenden Planungen über die Organisation von Kindesbetreuung und Haushaltsführung oder Berufstätigkeit für oder gegen eine Fremdbestimmung sprechen,
- ob über den Unterhaltsverzicht hinaus weitere Verzichtsvereinbarungen, insbesondere etwa ein Globalverzicht getroffen wurden,

---

[96] BVerfG, FamRZ 2001, 985 = R 558
[97] BVerfG, FamRZ 2001, 343, 347 = R 553 a
[98] BVerfG, a.a.O.
[99] Schwab, Anm. zur Entscheidung des Bundesverfassungsgerichts vom 6. 2. 2001, FamRZ 2001, 349; Goebel, FamRZ 2003, 1513 ff. verlangt dagegen generell eine auf § 242 BGB beruhende Ausübungskontrolle von Unterhaltsverzichten
[100] BVerfG, FamRZ 2001, 343, 345 = R 553 a
[101] FamRZ 2001, 1137, 1139
[102] Vgl. Bergschneider, FamRZ 2001, 1138 ff.; Schubert, FamRZ 2001, 733 ff.

- ob auf Grund eingeschränkter psychischer oder physischer Stabilität des Verzichtenden von faktisch einseitiger Bestimmung durch den anderen Vertragspartner auszugehen ist,
- ob auf Grund einer intellektuellen Unterlegenheit des Verzichtenden von einer Unterlegenheitsposition und einseitiger Dominanz des anderen Vertragspartner auszugehen ist.

Die konkrete Entscheidung erfordert eine Analyse des Vertragsinhalts, der persönlichen Kompetenz und Motive der Vertragsschließenden und der von ihnen ins Auge gefassten Auswirkungen der Vereinbarung.

609 a In einer **Entscheidung vom 1. 10. 2002** hat das **OLG München** – 4. Zivilsenat Augsburg –[103] unter Bezugnahme auf das Bundesverfassungsgericht die Grenzen der Vertragsfreiheit äußerst eng gezogen, wenn nicht gar mehr oder weniger beseitigt. In seiner Anmerkung zu dieser Entscheidung weist *Bergschneider*[104] mit Recht darauf hin, dass zahlreiche Umstände, welche den Vertragsschluss nicht als Ausdruck einer Unterlegenheitsposition oder einseitiger Bestimmung durch den begünstigten Ehemann erscheinen lassen können, unberücksichtigt blieben. Die Frau war bereits 32 Jahre alt und nicht schwanger, sie hatte eine akademische Ausbildung abgeschlossen und war vor der Eheschließung in leitender Stellung beruflich tätig. Der Vertrag wurde während laufender Ehe abgeschlossen, nachdem sich die Frau bereits seit Jahren der Erziehung des einzigen Kindes und der Haushaltsführung gewidmet hatte. Der Verzicht betraf nicht den Betreuungsunterhalt. Dem Verzicht auf Versorgungsausgleich stand ein Teiläquivalent in Form eines Ausgleichs durch eine Lebensversicherung gegenüber. Beim Verzicht auf Zugewinnausgleich spielte offenbar das erhebliche Anfangsvermögen des Ehemanns eine Rolle. Eine vom Ehemann bei Abschluss des Vertrags im Jahr 1988 ausgehende Drucksituation wurde nicht festgestellt. Im Ergebnis postuliert der 4. Zivilsenat des OLG München daher, dass die freie Willensentschließung einer Person, die in der Lage ist, für sich kompetent zu entscheiden, im Rahmen eines ehevertraglichen Verzichts nicht existiert. Es habe vielmehr eine Art vormundschaftsgerichtlicher Überprüfung dahin stattzufinden, ob der vereinbarte Verzicht einen einseitigen Nachteil bedeutet. Für eine so weitgehende Interpretation der beiden Entscheidungen des Bundesverfassungsgerichts, welche jeweils zu extremen Fallgestaltungen ergingen, besteht m. E. keine Notwendigkeit. Die Vertragsfreiheit besteht nicht nur darin, einen für sich günstigen Vertrag, sondern auch darin einen für sich nachteiligen Vertrag abzuschließen. Die Verwerfung eines Verzichtsvertrags durch richterliche Inhaltskontrolle betrifft nur Fälle, in denen nicht mehr im Rahmen der eigenen Privatautonomie, sondern fremdbestimmt gehandelt wurde. Dementsprechend hat auch der 16. Zivilsenat des OLG München[105] bei einem Vertrag mit Verzicht auf Unterhalt und Versorgungsausgleich sowie mit Vereinbarung von Gütertrennung die Unwirksamkeit unter Hinweis auf den Grundsatz der Privatautonomie verneint, weil die Eheleute bei Vertragsschluss ohne Kinderwunsch beide berufstätig waren, auch wenn später noch Kinder geboren wurden. Ähnlich restriktiv hat richtigerweise das OLG Brandenburg entschieden,[106] weil weder eine Zwangslage für die verzichtende Ehefrau vorgetragen worden sei, noch bei der bei Vertragsschluss berufstätigen Ehefrau eine Situation der Unterlegenheit bzw. Dominanz des Ehemanns wie in den vom Bundesverfassungsgericht entschiedenen Extremfällen werdender Mütter vorgelegen habe.

Wären die strengen Maßstäbe des OLG München – 4. Zivilsenat – maßgebend, müssten grundsätzlich auch Verträge durch richterliche Inhaltskontrolle verworfen werden, mit denen sich der Schuldner zu Unterhaltszahlungen deutlich über seine tatsächliche Leistungsfähigkeit hinaus verpflichtet hat – vgl. hierzu Rn. 600 b. Auch in solchen Fällen wird eine derartige Verwerfung nur unter den besonderen Umständen eines nicht mehr selbstbestimmten Vertragsschlusses in Betracht kommen.

609 b Wegen der erwähnten Vertragsfreiheit darf grundsätzlich auch der **Anspruch auf Betreuungsunterhalt** (§ 1570 BGB) ausgeschlossen werden, ohne dass ohne weiteres ein Verstoß gegen die guten Sitten anzunehmen oder der Vertrag im Wege richterlicher Inhaltskontrolle

---

[103] OLG München, FamRZ 2003, 35; über die Revision gegen diese Entscheidung wird der BGH wohl im Januar 2004 entscheiden

[104] Bergschneider, Anm. zur Entscheidung des OLG München vom 1. 10. 2002, FamRZ 2003, 38

[105] OLG München, FuR 2003, 233

[106] OLG Brandenburg, FamRZ 2003, 764, 765

von vornherein zu verwerfen wäre.[107] Allerdings bedarf es bei der richterlichen Überprüfung im Hinblick auf die Grundrechtsposition der Mutter nach Art. 6 IV GG (Anspruch auf Schutz und Fürsorge der Gemeinschaft) besonderer Sorgfalt – siehe hierzu Rn. 609. Bei wirksamen Auschluss des Betreuungsunterhalts kann sich aus Treu und Glauben (§ 242 BGB) ergeben, dass es dem anderen Ehegatten verwehrt ist, sich auf den Ausschluss zu berufen. Dies ist insbesondere der Fall, wenn sich die zurzeit des Unterhaltsverzichts bestehenden oder erwarteten Verhältnisse nachträglich so entwickelt haben, dass überwiegende schutzwürdige Interessen der gemeinschaftlichen Kinder, denen gegen den nicht betreuenden Elternteil ein grundrechtlich geschützter Anspruch auf Ermöglichung einer entsprechenden Betreuung und Erziehung zusteht, der Geltendmachung des Verzichts entgegenstehen.[108] Diese Erwägungen greifen selbst dann ein, wenn die Parteien des Verzichtsvertrags die dann tatsächlich eingetretene Entwicklung bereits bedacht hatten.[109] Allerdings kann der betreuende Ehegatte nur für die Zeit, solange die Notwendigkeit der Betreuung andauert, geltend machen, die **Berufung auf den Verzicht** sei **treuwidrig.**[110] Sein Unterhalt, der ungeachtet des an sich wirksamen Verzichts geschuldet wird, wird sich entgegen der früheren Rechtsprechung des BGH[111] regelmäßig nach den ehelichen Lebensverhältnissen (§ 1578 I 1 BGB) bemessen. Der betreuende Ehegatte ist nach der Rechtsprechung des Bundesverfassungsgericht nämlich grundsätzlich nicht lediglich auf den Mindestbedarf und damit nur auf die Sicherung seines Existenzminimums beschränkt.[112] Nur auf diese Weise lässt sich die vom Bundesverfassungsgericht postulierte Drittwirkung von Art. 2 I in Verbindung 6 IV GG (Schutz und Fürsorge der Gemeinschaft für die Mutter) verwirklichen.[113]

Im Einzelfall kann die Berufung auf den Verzicht **auch gegenüber einem anderen Unterhaltstatbestand treuwidrig** sein. Hat der bedürftige Ehegatte ein gemeinsames schwerbehindertes Kind jahrelang betreut und ist er gerade wegen der mit der Betreuung verbunden körperlichen und psychischen Belastungen erwerbsunfähig geworden, kann er auch bei Wegfall des Betreuungsunterhalts wegen Heimunterbringung des Kindes dennoch weiter den notwendigen Eigenbedarf gemäß dem dann vorliegenden Unterhaltstatbestand verlangen.[114]

VI. Vereinbarung einer Wertsicherungsklausel

Da nicht die Steigerung, sondern das Absinken des Geldwerts der allgemeinen Erfahrung **610**
und der Realität entspricht, liegt die Vereinbarung einer Wertsicherungsklausel im Interesse des Berechtigten. Für den Pflichtigen mag von Vorteil sein, dass er u. U. lästigen Abänderungsverfahren mit ungewissem Ausgang enthoben ist. Problematisch ist die Frage, inwieweit Wertsicherungsklauseln **genehmigungsbedürftig** nach § 2 I 1 Preisangaben- und Preisklauselgesetz sind. Teilweise wird die Ansicht vertreten, bei Unterhaltsforderungen handele es sich nicht um **Geldsummenschulden,** sondern um **Geldwertschulden,** deren Absicherung – was allerdings ebenfalls streitig ist[115] – von vornherein nicht genehmigungsbedürftig sei.[116] Dies dürfte bei der regelmäßig vereinbarten Unterhaltsleistung in Form

---

[107] BGH, FamRZ 1991, 306, 307 = R 432; FamRZ 1985, 788, 789 = NJW 1985, 1833, 1834, ergangen vor der neuen Rechtsprechung des Bundesverfassungsgerichts
[108] BGH, FamRZ 1992, 1403, 1404 = R 455 b; FamRZ 1985, 787, 788 = NJW 1985, 1835, 1836
[109] BGH, FamRZ 1992, 1403, 1404 = R 455 b
[110] BGH, FamRZ 1995, 291, 292 = R 487 a
[111] BGH, FamRZ 1997, 873, 874 = R 513 a; FamRZ 1992, 1403, 1405 = R 455 b; FamRZ 1995, 291, 292 = R 487 a, jeweils zum Rechtsstand vor den Entscheidungen des Bundesverfassungsgerichts
[112] So aber BGH, FamRZ 1997, 873, 874 = R 513 a vor der neuen Rechtsprechung des Bundesverfassungsgerichts
[113] BVerfG, FamRZ 2001, 343, 347 = R 553 b
[114] OLG Hamburg, FamRZ 1997, 563
[115] Dürkes, Wertsicherungsklauseln, 10. Aufl., Rn. D 198 f.
[116] So früher unter Geltung von § 3 Währungsgesetz Palandt-Heinrichs, BGB, 56. Aufl., Rn. 10 u. 18 zu § 245

einer auf einen bestimmten Geldbetrag lautenden Unterhaltsrente nicht zutreffen. Bei einer Geldwertschuld ist die Forderung noch nicht nach ihrem Betrag beziffert, sondern wird der Höhe nach durch den Wert einer anderen Sache bestimmt,[117] z. B., falls anstelle der für den Unterhalt zu liefernden Naturalien deren Erzeugerpreise verlangt werden können.[118]

611 Durch Art. 9 Euro-Einführungsgesetz vom 9. 6. 1998 (BGBl I 1242, 1253) wurde § 3 des Währungsgesetzes aufgehoben und zugleich – zur Wahrung der Preisstabilität (vgl. Vogler, NJW 1999, 1236) – in § 2 des Preisangabengesetzes vom 3. 12. 1984 unter gleichzeitiger Umbenennung des Gesetzes in **Preisangaben- und Preisklauselgesetz** (PaPkG) eine Neuregelung getroffen, die in § 2 I 1 des Gesetzes wie folgt lautet: „Der Betrag von Geldschulden darf nicht unmittelbar und selbsttätig durch den Preis oder Wert von anderen Gütern oder Leistungen bestimmt werden, die mit den vereinbarten Gütern oder Leistungen nicht vergleichbar sind.“ Hierzu hat die Bundesregierung auf Grund der eingeräumten Ermächtigung die **Preisklauselverordnung** (PrKV) vom 23. 9. 1998 (BGBl I 3043) erlassen, nach deren § 1 u. a. genehmigungsfrei sind:

1. Klauseln, die hinsichtlich des Ausmaßes der Änderung des geschuldeten Betrages einen Ermessenspielraum lassen, der es ermöglicht, die neue Höhe der Geldschuld nach Billigkeitsgrundsätzen zu bestimmen (Leistungsvorbehaltsklauseln),
2. Klauseln, bei denen die in ein Verhältnis zueinander gesetzten Güter oder Leistungen im Wesentlichen gleichartig oder zumindest vergleichbar sind (Spannungsklauseln).

Damit wurde die schon nach altem Recht angenommene Genehmigungsfreiheit von Leistungsvorbehalten und Spannungsklauseln (siehe Rn. 612) bestätigt. Überhaupt sollte durch die Neuregelung in § 2 des Preisangaben- und Preisklauselgesetzes dem Stand der Rechtsprechung zu § 3 S. 2 Währungsgesetz entsprochen werden (Vogler, NJW 1999, 1236, 1237).

Für die Erteilung der Genehmigung, z. B. bei einer genehmigungsbedürftigen Gleitklausel (Rn. 612), ist nach § 7 der PrKV das Bundesamt für Wirtschaft zuständig.

Nach altem Recht (§ 3 Währungsgesetz) bereits erteilte Genehmigungen gelten weiter (§ 8 PrKV).

612 Die Rechtsprechung unterscheidet zwischen **genehmigungsbedürftigen** Gleitklauseln, die bis zur endgültigen Versagung der Genehmigung schwebend unwirksam sind,[119] sowie **genehmigungsfreien** Leistungsvorbehalten und Spannungsklauseln (vgl. Rn. 611).

Die **Gleitklausel** wird dadurch gekennzeichnet, dass die Anpassung bei Änderung der vereinbarten Vergleichsgröße automatisch geschieht, ohne dass der Gläubiger z. B. ein Erhöhungsverlangen mit folgender neuer Parteivereinbarung geltend machen müsste.[120] Demgegenüber tritt die Erhöhung beim genehmigungsfreien **Leistungsvorbehalt**[121] erst ein, wenn auf Grund der geänderten Bezugsgröße eine vertragliche Neufestsetzung durchgeführt wird. Allerdings muss für die Neufestsetzung noch ein gewisser Ermessensspielraum verbleiben.[122] Kann der Gläubiger den Schuldner durch einseitige Erklärung zur Bezahlung des sich aus der Änderung der Vergleichsgröße rechnerisch ergebenden Betrags verpflichten, hätte der Gläubiger nicht nur das Recht zur billigen Bestimmung der Gegenleistung (§ 315 I BGB), sondern es läge die für die Genehmigungspflicht entscheidende automatische Kopplung vor.[123] Einen genehmigungsfreien Unterfall der Gleitklausel stellt die von der Rechtsprechung entwickelte und schon nach altem Recht von der Deutschen Bundesbank anerkannte[124] **Spannungsklausel** dar. Um eine solche genehmigungsfreie Klausel handelt es sich, wenn die in ein Verhältnis zueinander gesetzten Leistungen im Wesentlichen gleichartig oder zumindest vergleichbar sind.[125] Da Unterhalt nach dem jeweiligen Bedürfnis des

---

[117] Dürkes, Wertsicherungsklauseln, 10. Aufl., Rn. D 198
[118] Vgl. OLG Frankfurt/Main, DNotZ 1969, 98
[119] BGHZ 53, 315, 318
[120] Vgl. Dürkes, Wertsicherungsklauseln, 10. Aufl., Rn. B 27 ff.; BGHZ 53, 132, 134
[121] Vgl. BGH LM Nr. 37 zu § 3 WährG
[122] BGH LM Nr. 37 zu § 3 WährG
[123] Dürkes, Wertsicherungsklauseln, 10. Aufl., Rn. B 32
[124] Dürkes, Wertsicherungsklauseln, 10. Aufl., Rn. D 5
[125] BGH NJW-RR 1986, 877, 879

Berechtigten zu leisten ist und damit vom künftigen Preis und Wert der zur Bestreitung des Bedarfs erforderlichen Güter und Leistungen abhängt, bedeutet die Anknüpfung der Unterhaltshöhe an den Lebenshaltungskosten-Index eine Bezugnahme auf vergleichbare Leistungen, also grundsätzlich die Vereinbarung einer genehmigungsfreien Spannungsklausel.[126] Ob dies auch bei der Verknüpfung des geschuldeten Unterhaltsbetrags mit einer bestimmten Entwicklung von Erwerbsvergütungen oder Ruhegehältern, z. B. einer konkreten Beamten- oder Angestelltenkategorie, gilt, erscheint nicht ganz zweifelsfrei, da die Veränderung von derartigen Vergütungen auf vielfältigen Ursachen beruhen kann. **In Zweifelsfällen** ist es zweckmäßig, ein **Negativattest** des Bundesamts für Wirtschaft zu erholen. Ggf. kann mit einer Genehmigung gerechnet werden (vgl. § 3 PrKV – BGBl 1998 I 3043).

Zu beachten ist, dass ein Genehmigungsvorbehalt nur für Erhöhungsklauseln bestehen kann, welche unter den **Regelungsbereich des § 2 I 1 PaPkG** (vgl. Rn. 611) fallen. Genehmigungsfrei ist damit z. B. die Vereinbarung einer prozentualen Erhöhung in bestimmten Abständen.

Wird Wertsicherung mit Hilfe eines bestimmten Lebenshaltungskosten-Indexes verein- **613**
bart, können wegen der regelmäßigen **Umbasierung der Indexwerte** Auslegungsprobleme auftreten. Die Preisindizes für die Lebenshaltung werden in der Regel alle fünf Jahre umgestellt.[127] Weitere Schwierigkeiten ergeben sich daraus, dass es Indizes für Gesamtdeutschland, die alten Bundesländer und die neuen Bundesländer gibt. **Für neue Verträge** ist es zweckmäßig, auf den Index des Statistischen Bundesamts für die Lebenshaltung aller privaten Haushalte in Deutschland abzustellen:[128] z. B. maßgebend soll der Indexstand vom Januar 1999 sein; wird der Indexstand um mehr als 5% über- oder unterschritten, ändert sich der geschuldete Unterhaltsbetrag im gleichen Verhältnis. Hierzu schlägt Rasch[129] vor, im Hinblick auf die zu erwartenden **Indexumstellungen** – auch bei Altverträgen zu vereinbaren, dass von dem Monat an, ab dem letztmals angepasst wurde, für künftig zu leistende Unterhaltsbeträge auf den neuen Index für die Lebenshaltung aller privaten Haushalte in Deutschland übergegangen wird. Das Statistische Bundesamt hat in diesem Zusammenhang inzwischen mitgeteilt,[130] dass ab dem Jahr 2003 nur noch der Preisindex für die Lebenshaltung aller privaten Haushalte (für Deutschland insgesamt) berechnet wird. Andere Indexklauseln sollten daher nicht mehr verwendet und Altverträge auf den genannten Index umgestellt werden. Für die Übergangszeit stehen noch folgende Indizes nebeneinander:[131]

„Früheres Bundesgebiet“
- Alle privaten Haushalte
- 4-Personen-Haushalte von Beamten und Angestellten mit höherem Einkommen
- 4-Personen-Haushalte von Arbeitern und Angestellten mit mittlerem Einkommen
- 2-Personen-Rentner-Haushalte mit geringem Einkommen

„Neue Länder und Berlin-Ost“
- Alle privaten Haushalte
- 4-Personen-Haushalte von Beamten und Angestellten mit höherem Einkommen
- 4-Personen-Haushalte von Arbeitern und Angestellten mit mittlerem Einkommen
- 2-Personen-Rentner-Haushalte mit geringem Einkommen

VII. Vereinbarung einer Kapitalabfindung

Im Rahmen der in § 1585 c BGB den Eheleuten eingeräumten Vertragsfreiheit ist auch **614**
die Vereinbarung einer Kapitalabfindung für den nachehelichen Unterhalt möglich. Diese

[126] Vgl. OLG Frankfurt/Main, DNotZ 1969, 98, 99
[127] Rasch, NJW 1996, 34
[128] Rasch, NJW 1996, 34, 35
[129] Rasch, NJW 1996, 34, 35
[130] Vgl. FamRZ 2001, 404; vgl. auch Gutdeutsch, FamRZ 2003, 1061
[131] Vgl. FamRZ 2001, 404

unterscheidet sich von der bloßen Unterhaltsvorauszahlung.[132] Soll durch die Abfindungsvereinbarung – wie regelmäßig – die unterhaltsrechtliche Beziehung der Eheleute endgültig und vorbehaltlos beendet werden, **erlischt der Unterhaltsanspruch.**[133] Eine Anpassung an veränderte Umstände, z. B. wegen einer nicht bedachten Notsituation des Berechtigten, wegen seiner Wiederverheiratung oder wegen nachträglichen Wegfalls seiner Bedürftigkeit, scheidet dann aus.[134] Die Endgültigkeit der Abfindung ist – falls die Auslegung nicht anderes ergibt – im Zweifel[135] Vertragsinhalt, nicht nur Geschäftsgrundlage der Regelung. Wer statt laufender Zahlungen die Kapitalabfindung wählt, nimmt das Risiko in Kauf, dass die für ihre Berechnung maßgebenden Faktoren auf Schätzungen und unsicheren Prognosen beruhen. Darin liegt zugleich der Verzicht darauf, dass künftige Entwicklungen der persönlichen und wirtschaftlichen Verhältnisse berücksichtigt werden.[136]

Eine Besonderheit stellt der Fall dar, dass die **Abfindung** nicht in einer Summe zu bezahlen ist, sondern **in** einer festgelegten Anzahl von **Raten.** Verheiratet sich der Berechtigte wieder oder entfällt seine Bedürftigkeit nachträglich, erhebt sich die Frage, ob sich der Verpflichtete für die zu diesem Zeitpunkt noch nicht fälligen Raten auf den Wegfall der gemeinsamen Geschäftsgrundlage berufen kann. Dies dürfte nicht möglich sein, wenn eine endgültige Regelung gewollt war. Das Einverständnis mit Ratenzahlung bedeutete dann lediglich ein Entgegenkommen des Berechtigten, der deswegen kein Veränderungsrisiko übernehmen wollte. Davon unabhängig, kann eine Anfechtung wegen arglistiger Täuschung in Betracht kommen, falls der Berechtigte, über seine Absicht, alsbald wieder zu heiraten, getäuscht hätte. Handelt es sich um eine endgültig gewollte Regelung dürfte der offene Restanspruch entgegen der Ansicht des OLG Hamburg[137] nicht nach § 1615 I BGB untergehen, sondern auf die **Erben des Berechtigten** übergehen. Die Unterhaltsparteien hatten in diesem Fall nämlich die Unterhaltsfrage abschließend klären wollen, und zwar ungeachtet der bestehenden und bei der Bemessung der Abfindung grundsätzlich mit eingerechneten Risiken (vgl. Rn. 616), was die künftige Entwicklung des Unterhaltsanspruchs angeht.

Die **Pfändung** des Abfindungsanspruchs und die **Aufrechnung** gegen ihn ist nach §§ 850 b I Nr. 2 ZPO, 394 BGB ausgeschlossen, wenn die Abfindung einen gesetzlichen Unterhaltsanspruch betrifft, nicht aber wenn es sich bei der abgefundenen Unterhaltspflicht um eine eigenständige rein vertragliche Verpflichtung (vgl. Rn. 600 a) handelte.[138]

615 Bei Vereinbarung einer Kapitalabfindung muss ein **unterhaltspflichtiger Beamter** bedenken, dass wegen Untergangs seiner Unterhaltsverpflichtung auch sein Anspruch auf den Familienzuschlag der Stufe 1 entfällt.[139]

Geht der unterhaltspflichtige Ehegatte, dessen Rentenanwartschaften durch den Versorgungsausgleich gekürzt wurden, früher in Rente als der berechtigte, gilt **§ 5 I VAHRG** grundsätzlich auch bei Abfindung des Unterhaltsanspruchs durch eine Kapitalzahlung. Der pflichtige Ehegatte erhält bis zur Verrentung des berechtigten die ungekürzte Rente, wenn die Unterhaltsabfindung auch den entsprechenden Rentenbezugszeitraum erfassen sollte und der Berechtigte für diesen Zeitraum ohne Vereinbarung einer Abfindung einen gesetzlichen Unterhaltsanspruch gemäß §§ 1569 ff. BGB gehabt hätte.[140]

Aufgrund der Kapitalabfindung können auch **steuerliche Nachteile** eintreten. So entfällt – jedenfalls soweit eine Einmalzahlung vereinbart wurde – das Realsplitting für die Zukunft. Der Abfindungsbetrag ist in der Regel steuerlich nicht als außergewöhnliche Belastung zu berücksichtigen.[141]

616 Die sachgemäße **Bemessung der Kapitalabfindung** bereitet Schwierigkeiten, weil alle Gesichtspunkte zu beachten wären, die für spätere Änderungen oder den Wegfall des Unter-

---

[132] Vgl. BGHZ 2, 379, 386
[133] BVerwG, NJW 1991, 2718, 2719; Göppinger/Wax-Hoffmann, Unterhaltsrecht, 8. Aufl., Rn. 1377
[134] Göppinger/Wax-Hoffmann, Unterhaltsrecht, 8. Aufl., Rn. 1378
[135] Vgl. Göppinger/Wax-Hoffmann, Unterhaltsrecht, 6. Aufl., Rn. 1739
[136] BGHZ 79, 187, 193
[137] OLG Hamburg, FamRZ 2002, 234, 235
[138] BGH, FamRZ 2002, 1179, 1181 = R 576
[139] BVerwG, NJW 2003, 1886; NJW 1991, 2718
[140] BVerwG, NJW 2003, 1886; BSG NJW-RR 1996, 897
[141] Büttner, NJW 1999, 2315, 2321 unter Hinweis auf eine Entscheidung des BFH

haltsanspruchs von Bedeutung sein können,[142] z. B. die voraussichtliche Zeitdauer der Unterhaltsrente, die Lebenserwartung der Parteien, die Aussicht auf eine Wiederverheiratung des Berechtigten, dessen Berufsaussichten und die Entwicklung seiner Bedürftigkeit, die künftige Leistungsfähigkeit des Pflichtigen.[143] Die **Lebenserwartung des Berechtigten,** welche mit Hilfe der Kapitalisierungstabellen zur Kapitalabfindung für Renten berücksichtigt werden kann, stellt nicht den einzigen oder den allein wesentlichen Maßstab dar.[144] Vielfach wird der Berechnung der Kapitalabfindung ein **eingeschränkter Unterhaltszeitraum** zugrunde liegen; z. B. die Zeit bis zum Eintritt der Vollerwerbsobliegenheit des berechtigten Ehegatten mit dem als sicher angesehenen Wegfall des Anspruchs auf Betreuungsunterhalt (§ 1570 BGB) oder die Zeit bis zur Verrentung des Berechtigten, weil die Ehegatten davon ausgehen, dass die dann bezahlte Versorgung im Hinblick auf ihre Erhöhung durch den Versorgungsausgleich bedarfsdeckend ist.

Es empfiehlt sich, zunächst den in Frage kommenden **Unterhaltszeitraum** zu **bestimmen,** z. B. auf Lebenszeit des Berechtigten oder des Verpflichteten, bis zum voraussichtlichen Wegfall des Anspruchs auf Betreuungsunterhalt, bis zum Eintritt des Rentenfalls. Danach sollte man sich auf die **Höhe des derzeit geschuldeten monatlichen Unterhalts** einigen. Aus dessen Laufzeit ergibt sich ein abgezinster Kapitalbetrag. Von dem so mit Hilfe entsprechender **Kapitalisierungstabellen** errechneten Kapital sind wegen der weiteren Risiken je nach Umständen des Falles **Abschläge** zu machen. Zu denken ist u. a. an das Wiederverheiratungsrisiko, das Vorversterbensrisiko oder das Bedürftigkeitsrisiko (z. B. die Chance auf den Anfall einer Erbschaft oder für eine erfolgreiche spätere Berufstätigkeit) beim Berechtigten sowie an das Leistungsfähigkeitsrisiko oder das Vorversterbensrisiko beim Pflichtigen (nach Maßgabe des § 1586 b BGB besteht u. U. kein oder nur ein eingeschränkt realisierbarer Anspruch gegen die Erben).

Soll eine **lebenslange Unterhaltsrente** abgefunden werden, ergibt sich die prognostizierte Laufzeit aus der allgemeinen Sterbetafel, die hier zur Vornahme einer Abschätzung ohne Abzinsung in abgekürzter Form und auszugsweise wiedergegeben wird:[145] 617

Lebenserwartung in Deutschland (1997/99)

Männer Alter in vollendeten Jahren	Lebenserwartung in Jahren	**Frauen** Alter in vollendeten Jahren	Lebenserwartung in Jahren
15,00	60,35	15,00	66,06
20,00	55,53	20,00	61,15
25,00	50,76	25,00	56,24
30,00	45,97	30,00	51,13
35,00	41,18	35,00	46,44
40,00	36,45	40,00	41.62
45,00	31,86	45,00	36,88
50,00	27,42	50,00	32,25
55,00	23,18	55,00	27,72
60,00	19,17	60,00	23,30
65,00	15,49	65,00	19,06
70,00	12,24	70,00	15,09
75,00	09,36	75,00	11,48
80,00	06,99	80,00	08,37
85,00	05,13	85,00	05,87
90,00	03,98	90,00	04,07

[142] MünchKomm/Maurer, 4. Aufl., Rn. 11 zu § 1585
[143] Vgl. Soergel-Häberle, BGB 12. Aufl., Rn. 10 zu § 1585
[144] Soergel-Häberle, BGB 12. Aufl., Rn. 10 zu § 1585; Gernhuber/Coester-Waltjen, Lehrbuch des Familienrechts, 4. Aufl., S. 452
[145] Siehe Statistisches Jahrbuch für die Bundesrepublik Deutschland 2002 S. 72

Sind die Laufzeit ab Berechnungsstichtag (z. B. soweit es nur um laufenden Unterhalt geht, Tag oder Monat des Abschlusses der Abfindungsvereinbarung) und der Monatsbetrag der abzufindenden Unterhaltsrente bekannt, kann der abgezinste, kapitalisierte Rentenbetrag mit Hilfe von Kapitalisierungstabellen errechnet werden, bei welchen folgendes zu beachten ist:[146]

- Es dürfen **nicht die Tabellenwerte für eine Zeitrente** verwendet werden, da bei einer solchen Rente nach dem Tode des Berechtigten an dessen Erben weiterzuzahlen ist, also ohne Berücksichtigung der Sterbenswahrscheinlichkeit kapitalisiert wird.
- Handelt es sich nicht um die Abfindung einer lebenslangen, sondern nur einer zeitlich begrenzten Unterhaltsberechtigung, ist vielmehr der Barwert der vorliegenden **„temporären Leibrente"** zu berechnen. Dies bedeutet, dass vom Barwert einer lebenslangen Rente ab Berechnungsstichtag der entsprechende Barwert einer lebenslangen Rente, deren Beginn bis zum Ende des abzufindenden Unterhaltszeitraums aufgeschoben ist, abgezogen werden muss.
- Maßgebend sind ggf. die Jahreswert-Tabellen für monatlich vorschüssige Zahlung. Für den **Umfang der Abzinsung** kommt es auf den einzusetzenden Zinsfuß an, also auf die tatsächlich zu erwirtschaftende Verzinsung der Kapitalanlage.
- Hier bietet sich für eine überschlägige Berechnung zur Vorbereitung der Vereinbarung ein Zinssatz von 5 bis 6% an. Ein Zinssatz von 5 bis 5,5% soll im Übrigen bereits einen gewissen Dynamisierungsanteil enthalten.
- Geht man von einer deutlichen **Dynamisierung** aus, muss ein niedrigerer Zinssatz zugrunde gelegt werden. Eine jährliche Rentenerhöhung um 2% würde im Verhältnis zu einer statischen Rente beispielsweise eine Verminderung des Zinssatzes um 2% bedeuten.

Einen Rechnungszins von 5,5% wendet auch das Bewertungsgesetz in den Anlagen 9 zu § 14 und 9a zu § 13 an. Für die Neufassung vom 26. 5. 2003 der Barwert-Verordnung mit Wirkung zum 1. 1. 2003 (BGBl. I S. 728 ff.) ist der Verordnungsgeber ebenfalls bei einem Rechnungszins von 5,5% geblieben. Zur Vornahme einer **Abschätzung für die Kapitalisierung einer lebenslangen Unterhaltsrente** wird die Anlage 9 (zu § 14) des Bewertungsgesetzes (Fassung ab 1. 1. 2002) auszugsweise wiedergegeben, die sich noch auf die Sterbetafel 1986/88, allerdings für den Gebietstand ab 3. 10. 1990, bezieht.

Männer Alter in vollendeten Jahren	Kapitalwert der Jahresrente von 1 €	**Frauen** Alter in vollendeten Jahren	Kapitalwert der Jahresrente von 1 €
15,00	17,453 €	15,00	17,842 €
20,00	17,151 €	20,00	17,616 €
25,00	16,785 €	25,00	17,328 €
30,00	16,306 €	30,00	16,956 €
35,00	15,700 €	35,00	16,486 €
40,00	14,945 €	40,00	15,902 €
45,00	14,030 €	45,00	15,186 €
50,00	12,961 €	50,00	14,316 €
55,00	11,759 €	55,00	13,271 €
60,00	10,448 €	60,00	12,034 €
65,00	09,019 €	65,00	10,601 €
70,00	07,511 €	70,00	08,990 €
75,00	06,020 €	75,00	07,271 €
80,00	04,693 €	80,00	05,622 €
85,00	03,603 €	85,00	04,210 €
90,00	02,753 €	90,00	03,109 €

[146] Vgl. Schneider/Schlund/Haas, Kapitalisierungs- und Verrentungstabellen, 2. Aufl. (S. 13 ff., 24, 51, 64, 65, 89 f., 98)

Zum Zwecke der **Abschätzung einer zeitlich begrenzten Rente** wird die Anlage 9 a (zu § 13) des Bewertungsgesetzes auszugsweise abgedruckt. Dabei ist zu beachten, dass der kapitalisierte Rentenbetrag ohne Berücksichtigung des Vorversterbensrisikos des Berechtigten berechnet ist: **618**

Kapitalwert einer zeitlich beschränkten Rente in Höhe eines Jahresbetrags von 1,00 €
Rechnungszins einschließlich Zwischen- und Zinseszinsen = 5,5%
Mittelwert zwischen jährlich vorschüssiger und jährlich nachschüssiger Zahlung

Laufzeit in Jahren	Kapitalwert der Jahresrente von 1 €	**Laufzeit in Jahren**	Kapitalwert der Jahresrente von 1 €
01	00,974 €	16	10,750 €
02	01,897 €	17	11,163 €
03	02,772 €	18	11,555 €
04	03,602 €	19	11,927 €
05	04,388 €	20	12,279 €
06	05,133 €	21	12,613 €
07	05,839 €	22	12,929 €
08	06,509 €	23	13,229 €
09	07,143 €	24	13,513 €
10	07,745 €	25	13,783 €
11	08,315 €	26	14,038 €
12	08,856 €	27	14,280 €
13	09,368 €	28	14,510 €
14	09,853 €	29	14,727 €
15	10,314 €	30	14,933 €

Wegen einer **genaueren Ermittlung des abgezinsten Kapitalwerts** der Unterhaltsrente wird verwiesen auf Schneider/Schlund/Haas, Kapitalisierungs- und Verrentungstabellen, 2. Aufl., auf Vogels, Verrentung von Kaufpreisen – Kapitalisierung von Renten, 2. Aufl., sowie auf das familienrechtliche Berechnungsprogramm von Gutdeutsch (Familienrechtliche Berechnungen). Kapitalisierungstabellen befinden sich auch bei Küppersbusch, Ersatzansprüche bei Personenschaden, 7. Aufl., im Anhang. **619**

– In dieser Aufl. nicht belegt – **629–699**

8. Abschnitt: Darlegungs- und Beweislast sowie tatrichterliche Ermittlung und Schätzung nach § 287 ZPO

I. Zur Darlegungs- und Beweislast

1. Allgemeiner Überblick

Grundsätzlich hat jede Partei die Voraussetzungen der ihr günstigen Normen darzulegen und zu beweisen, sofern nichts anderes bestimmt ist oder keine von der Regel abweichende Ausnahmesituation besteht. Nach dieser Grundregel richtet sich auch die Darlegungs- und Beweislast im Unterhaltsrecht. **700**

- Der Unterhaltsberechtigte ist beweispflichtig für seine **Bedürftigkeit,** für die maßgeblichen Lebensverhältnisse, nach denen sich die Unterhaltshöhe bemisst und für die Tatbestandsvoraussetzungen der Normen, auf die er seinen Unterhaltsanspruch stützt (= Rn. 703 f.). **701**
- Der Unterhaltsverpflichtete hat die Beweislast für die Beschränkung seiner **Leistungsfähigkeit** und für Einwendungen, z. B. nach § 1579 BGB (= Rn. 710 f.).

- Wenn und soweit **Regelvorschriften** oder **Erfahrungsregeln** bestehen, hat derjenige die Behauptungs- und Beweislast, der eine von der Regel abweichende Ausnahmesituation behauptet. Zu solchen Regeln zählen auch **Tabellen und Leitlinien der Oberlandesgerichte** (= Rn. 713 f.).

702 • Eine **Umkehr der Beweislast** tritt ein, wenn die Beweisführung durch den nicht beweisbelasteten Gegner schuldhaft vereitelt oder erschwert wird (= Rn. 727 f.).

- Soweit die Unterhaltsermittlung unter Abwägung sachlicher Gesichtspunkte nach **billigem Ermessen** vorzunehmen ist, hat jeder diejenigen für die Abwägung erheblichen Tatsachen nachzuweisen, aus denen er Vorteile herleiten kann.

Zur Darlegungs- und Beweislast im Rahmen von **fiktiven** Einkünften s. Rn. 1/531.

2. Zur Darlegungs- und Beweislast des Unterhaltsberechtigten

703 Der Unterhaltsberechtigten trägt die Darlegungs- und Beweislast für seine Bedürftigkeit (s. Rn. 707 ff.) und für die Höhe seines Unterhaltsbedarfs.

a) Bei der **Bedarfsbemessung** haben unterhaltsberechtigte Ehegatten, Kinder und sonstige Verwandte in gerader Linie die Darlegungs- und Beweislast für alle Tatsachen, nach denen der Unterhaltsanspruch der Höhe nach bemessen wird, also vor allem auch für die **Einkommens- und Vermögensverhältnisse des Verpflichteten.**

704 • Ein **minderjähriges Kind,** das mehr als den Regelbetrag nach § 1612 a BGB (= Gruppe 1 der Düsseldorfer Tabelle) verlangt,[1] muss darlegen und nachweisen, dass der Verpflichtete ein entsprechend höheres Nettoeinkommen hat, das die Einordnung in eine höhere Einkommensgruppe der DT rechtfertigt. Daran hat sich auch durch jüngste Gesetzesänderungen und die neueste Rechtsprechung des BGB nichts geändert. Zwar sieht das Gesetz seit in Kraft treten des KindUG vom 6. April 1998 keinen Mindestbedarf minderjähriger Kinder mehr vor (s. Rn. 2/127 a). Für die Darlegungs- und Beweislast[2] hat sich dadurch aber nichts geändert. Die Begründung zum Regierungsentwurf hatte vielmehr ausdrücklich darauf hingewiesen, dass i. H. des Regelunterhalts das Kind von der Darlegungs- und Beweislast für seinen Bedarf sowie für die Leistungsfähigkeit des Unterhaltspflichtigen befreit sein solle.[3] Daran hat sich auch durch die späteren Änderungen im Gesetzgebungsverfahren nichts geändert.[4] Die zum 1. Januar 2001 in Kraft getretene Vorschrift des § 1612 b V BGB wirkt sich darauf ebenfalls nicht aus.[5] Der BGH geht nunmehr zwar in neuester Rechtsprechung[6] im Mangelfall von einem Einsatzbetrag minderjähriger Kinder in Höhe von 135% des Regelbetrags aus. Darin sieht er aber ausdrücklich keinen Mindestbedarf, weil der Einsatzbetrag noch anteilig gekürzt und das Ergebnis abschließend auf seine Angemessenheit überprüft werden muss. Nur hinsichtlich des Einsatzbetrages im Mangelfall ist das Kind also zusätzlich von seiner Darlegungs- und Beweislast enthoben.[7] Umgekehrt können die Sätze der Düsseldorfer Tabelle nicht schematisch fortgeschrieben werden. Wird ein **besonders hoher Bedarf** geltend gemacht, weil das Einkommen des barunterhaltspflichtigen Elternteils die Höchstgrenze der DT von 4800 EUR übersteigt muss der Unterhaltsberechtigte seinen Bedarf substantiiert darlegen und beweisen.[8] An diese Darlegungslast dürfen allerdings keine übertrieben hohen Anforderungen gestellt werden; vielmehr muss auch bei höheren Elterneinkommen sichergestellt bleiben, dass Kinder in einer ihrem Lebensalter entsprechenden Weise an der Lebensführung teilhaben, die der besonders günstigen wirtschaftlichen Situation

---

[1] OLG Karlsruhe FamRZ 2000, 1432; OLG München, FamRZ 1999, 884
[2] BGH, FamRZ 1998, 357, 359 = R 515 a
[3] BT-Drucks. 13/7338, S. 19
[4] BGH, FamRZ 2002, 536, 540 = R 572 d
[5] BGH, FamRZ 2002, 536, 540 f. = R 572 f.
[6] BGH, FamRZ 2003, 363 = R 584 c
[7] A.A. OLG Naumburg FamRZ 2002, 343, das ein unterhaltsberechtigtes Kind bis zur Höhe von 135% des Regelbetrages grundsätzlich von seiner Darlegungslast zum Bedarf freistellt
[8] BGH, FamRZ 2001, 1603, 1604 = R 559; 2000, 358, 359 = R 537 c; zum Ehegattenunterhalt OLG Celle FamRZ 2003, 177

der Eltern Rechnung trägt.[9] Dabei hat das Kind zwar einen Anspruch auf gute Lebensbedingungen, aber keinen Anspruch auf Teilhabe am Luxus.[10] Auch ein Sonderbedarf, z. B. zur Förderung des künstlerischen Talents, ist vom unterhaltsberechtigten Kind darzulegen und zu beweisen. Dazu muss es auch die tatsächlichen Ausgaben für einen repräsentativen Zeitraum detailliert und nachprüfbar aufschlüsseln.[11] Wird jedoch für ein minderjähriges Kind nur der **Mindestbedarf** verlangt, hat der Verpflichtete darzulegen und zu beweisen, dass er dazu nicht in der Lage ist.[12] Nur im vereinfachten Verfahren nach § 645 I ZPO kann das Eineinhalbfache des Regelbetrages ohne nähere Begründung verlangt werden, nicht aber im streitigen Verfahren.[13] Ein **volljähriges Kind** ist auch für die Haftungsverteilung unter den Eltern darlegungs- und beweispflichtig (s. Rn. 2/455 f.). Gleiches gilt auch für die Bedürftigkeit während einer mehrstufigen Ausbildung.[14]

- Ein berechtigter **Ehegatte** hat die Darlegungs- und Beweislast für die Gestaltung der ehelichen Lebensverhältnisse, nach denen sich sein Unterhaltsanspruch bemisst.[15] Das gilt auch für die eigenen Einkünfte.[16] Steht dem Ehegatten auch ein Unterhaltsanspruch nach § 1615 l BGB gegen den Vater ihres außerhalb der Ehe gezeugten Kindes zu,[17] so erstreckt sich ihre Darlegungs- und Beweislast auch auf die Voraussetzungen dieses weiteren Anspruchs und die Leistungsfähigkeit des nichtehelichen Vaters.[18]

Im Rahmen der **ehelichen Lebensverhältnisse** besteht eine Darlegungs- und Beweislast 705
u. a. zu folgenden Punkten:

- Beim **Trennungsunterhalt** für die Höhe der gegenwärtigen prägenden Einkommensverhältnisse des Verpflichteten und des eigenen prägenden Einkommens und Vermögens (Bruttoeinnahmen und Abzüge).[19]
- Beim **nachehelichen Unterhalt** ist die Höhe der im Zeitpunkt der Scheidung maßgeblichen beiderseitigen Einkommensverhältnisse (Bruttoeinnahmen und Abzüge) nachzuweisen.[20]
- Läßt sich nicht feststellen, dass eine Erwerbstätigkeit des Berechtigten auch ohne Trennung aufgenommen oder ausgeweitet worden wäre, so müssen die daraus erzielten Einkünfte bei der **Bedarfsbemessung** außer Betracht bleiben.[21]
- Trennungsbedingter Mehrbedarf (vgl. 4/418 f.) ist konkret darzulegen und zu beweisen, soweit dieser für seinen vollen Unterhalt und für eine Anrechnung nach § 1577 BGB bedeutsam wird.
- Für alle sonstigen Umstände, die für die Bedarfsbemessung im Rahmen des § 1578 BGB bedeutsam werden können.
- Der Meinung, dass sich die Darlegungs- und Beweislast auf den Unterhaltspflichtigen verlagert, wenn nur ein Mindestunterhalt verlangt wird,[22] kann schon deshalb nicht gefolgt werden, weil es beim Ehegattenunterhalt keinen allgemeinen Mindestbedarf gibt (s. Rn. 4/434).

Die anspruchsvolle und umfangreiche Darlegungslast des Berechtigten wird durch die 706
Auskunftspflicht erleichtert. Ohne diese Auskunftspflicht könnte der Berechtigte seiner

---

9 BGH, FamRZ 2001, 1603, 1604 = R 559; 2000, 358, 359 = R 537 c; 1983, 473
10 OLGR Schleswig 2001, 374
11 BGH, FamRZ 2001, 1603, 1605 = R 559
12 BGH, FamRZ 1998, 357 = R 515 a
13 OLG Karlsruhe FamRZ 2000, 1432; KG FamRZ 2000, 1174; OLG Köln FamRZ 2000, 310; OLG Dresden FamRZ 2000, 296; OLG München FamRZ 1999, 884
14 OLG Koblenz FamRZ 2001, 852
15 BGH, FamRZ 1984, 149; FamRZ 1983, 352 = R 154 a
16 OLG Köln, FamRZ 1998, 1427
17 BGH, FamRZ 1998, 541 = R 520 c (zur anteiligen Haftung)
18 OLG Zweibrücken FamRZ 2001, 29
19 BGH, FamRZ 1983, 352 = R 154 a
20 BGH, FamRZ 1995, 291; = R 487 c; OLG München FamRZ 1984, 393
21 BGH, FamRZ 1984, 149
22 Z. B. OLG Karlsruhe, FamRZ 1997, 1011

Darlegungslast, die sich im Rahmen des § 1578 I BGB auch auf die konkreten Einkommensverhältnisse des Verpflichteten bezieht, nicht nachkommen (näheres zu den Auskunfts- und Vorlegungspflichten Rn. 1/661 f.). Außerdem muss der Verpflichtete Tatsachen, die seinen eigenen Wahrnehmungsbereich betreffen, also auch Behauptungen zu seinen Einkünften, insoweit substantiiert bestreiten und dazu konkrete Tatsachen vortragen (genaueres dazu Rn. 721 f.).

707 **b)** Der Unterhaltsberechtigte muss stets vortragen und beweisen, dass, warum und in welchem Umfang er **bedürftig** ist. Nach der Rechtsprechung des BGH hat der Berechtigte trotz des Wortlauts des § 1577 BGB, der zu Zweifeln Anlass geben könnte, wegen des Grundsatzes der wirtschaftlichen Eigenverantwortung die Darlegungs- und Beweislast für seine Bedürftigkeit.[23] Der Berechtigte hat im Rahmen der Bedürftigkeitsprüfung u. a. die Darlegungs- und Beweislast zu folgenden Umständen:

708 • Dass er vom Gegner **behauptete Einkünfte nicht hat** und auch nicht erzielen könnte.[24]
- Hat er eigene Einkünfte, muss er deren Höhe sowie die Berechtigung und den Umfang der von ihm geltend gemachten **Abzugsposten** beweisen.
- Der Berechtigte hat den Einwand zu widerlegen, er erbringe einem anderen Partner **Versorgungsleistungen** und müsse sich dafür eine Vergütung anrechnen lassen.[25] Bei Aufnahme eines neuen Partners in seine Wohnung hat er die Höhe des Entgelts für die Wohnungsgewährung und für sonstige Aufwendungen zu beweisen.[26] Gleiches gilt für Art und Umfang sowie Wert der eigenen Versorgungsleistungen.
- Wer behauptet, er könne **wegen seines Alters** keine zumutbare Tätigkeit finden, muss dartun und beweisen, was er im Einzelnen in dieser Hinsicht unternommen hat. Unterlässt er dies, ist von einer Erwerbsmöglichkeit auszugehen.[27]

709 • Beansprucht der Berechtigte für Zeiten der **Arbeitslosigkeit** oder sonstiger Erwerbslosigkeit Unterhalt, muss er in nachprüfbarer Weise vortragen, welche Schritte er im Einzelnen unternommen hat, um einen zumutbaren Arbeitsplatz zu finden und sich bietende Erwerbsmöglichkeiten zu nutzen.[28] Er muss nachweisen, dass er keinen angemessenen Arbeitsplatz zu finden vermag.[29] Diese Anforderungen dürfen allerdings auch nicht überspannt werden.[30] Grundsätzlich muss jeder Bedürftige beweisen, dass ihn hinsichtlich einer fehlenden Erwerbstätigkeit keine Obliegenheitsverletzung trifft bzw. dass und warum im konkreten Fall keine Erwerbsobliegenheit besteht.[31] Eine Unterhaltsklage ist abzuweisen, wenn bei sachgerechten Bemühungen eine nicht ganz von der Hand zu weisende Beschäftigungschance bestanden hätte[32] (s. dazu auch Rn. 1/519, 527).
- Wenn er seine Bedürftigkeit mit **Erwerbsunfähigkeit** rechtfertigt, muss er deren Grund und Umfang im Einzelnen vortragen und nachweisen.[33]
- Wer behauptet, **wegen Krankheit** nicht arbeiten zu können, muss beweisen, dass er wegen der Krankheit erwerbsunfähig oder gemindert erwerbsfähig ist und dass er seinerseits alles Notwendige getan hat bzw. tut, um wieder arbeitsfähig zu werden, wie z. B. die Aufnahme und Durchführung einer Therapie bei Krankheit, Alkoholismus oder Rentenneurose.[34] Diese Ausführungen für den Unterhaltspflichtigen treffen auch beim Berechtigten zu, der behauptet, aus einem solchen Grund bedürftig zu sein (s. dazu auch Rn. 1/532).

---

[23] BGH, FamRZ 1995, 291 = R 487 c; 1986, 244, 246 = R 280 b; FamRZ 1984, 988; FamRZ 1983, 150, 152
[24] BGH, FamRZ 1995, 291 = R 487 c; FamRZ 1980, 126, 128 = NJW 1980, 393, 395
[25] BGH, FamRZ 1995, 291 = R 487 c; OLG Hamm FamRZ 2002, 1627
[26] BGH, FamRZ 1983, 150 = R 145 e
[27] BGH, FamRZ 1982, 255 = NJW 1982, 1873
[28] BGH, FamRZ 1996, 345; 1986, 244 = R 280 b
[29] BGH, FamRZ 1986, 885 = R 302 a
[30] BGH, FamRZ 1987, 144 = R 314
[31] OLGR Köln 2001, 239; OLG Hamburg, FamRZ 1985, 290
[32] BGH, FamRZ 1986, 885 = R 302 b
[33] BGH, FamRZ 1986, 244 = R 280 b
[34] OLG Düsseldorf, FamRZ 1985, 310

- Hat der Berechtigte **Vermögen,** muss er nachweisen, dass der Einsatz des Vermögens für ihn unzumutbar ist. Erhält er ein anlagefähiges Kapital (z. B. aus Zugewinnausgleich), muss er darlegen, auf welche Weise und für welche Zeit er das Kapital verzinslich anlegen wird und dass bzw. warum ihm eine günstigere frühere Anlage nicht zuzumuten ist[35] (s. dazu auch Rn. 1/425).
- Zu § 1577 II BGB muss der Berechtigte nachweisen, dass und warum eigene Einkünfte ausnahmsweise nicht oder nur teilweise anzurechnen sind.
- Macht der Bedürftige einen Mehrbedarf, erhöhten Bedarf oder Sonderbedarf geltend, muss er diesen nachweisen, weil ein solcher seine Bedürftigkeit erhöht.[36] Dies gilt vor allem für **krankheitsbedingten Mehrbedarf.** Dieser muss nach Art, Menge und Preis konkret vorgetragen werden; geschieht dies nicht, ist er nach § 287 ZPO zu schätzen[37] (dazu s. Rn. 728).
- Der Berechtigte hat darüber hinaus die Darlegungs- und Beweislast für alle sonstigen Tatbestandsvoraussetzungen einer unterhaltsanspruchsbegründenden Norm, auf die er seinen Anspruch stützt (§§ 1361, 1569 ff., 1601 ff., 1615 l BGB), so z. B. auch zum Eintritt eines Nachteils im Sinn von § 1575 II BGB.[38]
- Beruft sich der Verpflichtete mit einem unter Beweis gestellten substantiierten Tatsachenvortrag auf berufsbedingte Aufwendungen, kann dies der Entscheidung zugrunde gelegt werden, wenn sich der Berechtigte **mit einfachem Bestreiten begnügt.**[39]

3. Zur Darlegungs- und Beweislast des Verpflichteten

Der Verpflichtete hat die Darlegungs- und Beweislast für seine **Leistungsunfähigkeit.** **710**
Macht er geltend, er könne den Unterhaltsbedarf des Berechtigten ohne Gefährdung des eigenen angemessenen Lebensbedarfs nicht bestreiten, so hat er die Voraussetzungen einer begründeten Beschränkung darzulegen und zu beweisen. Beruft er sich dabei auf sein steuerpflichtiges Einkommen, so braucht er zwar nicht sämtliche Belege vorzulegen, durch die gegenüber der Steuerbehörde die behaupteten Aufwendungen glaubhaft zu machen sind. Er muss jedoch seine Einnahmen und behaupteten Aufwendungen im Einzelnen so darstellen, dass die allein steuerlich beachtlichen Aufwendungen von solchen, die unterhaltsrechtlich von Bedeutung sind, abgegrenzt werden können. Die allein ziffernmäßige Aneinanderreihung einzelner Kostenarten genügt diesen Anforderungen nicht.[40]

Obwohl an sich die **Leistungsfähigkeit** zur Klagebegründung gehören müsste, ist die **711**
Beweislast hier aus Zweckmäßigkeitsgründen umgekehrt worden, wie man aus den §§ 1603 I und 1581 BGB entnehmen kann. Das gilt auch dann, wenn der Unterhalt nicht vom berechtigten Kind, sondern aus übergegangenem Recht von öffentlichen Einrichtungen oder Verwandten geltend gemacht wird.[41] Auch verfassungsrechtlich ist es bedenkenfrei, dass den Verpflichteten die Darlegungs- und Beweislast für seine Leistungsunfähigkeit trifft, weil sie nach § 1603 I BGB als Einwendung ausgestaltet ist.[42] Danach muss der Verpflichtete u. a. darlegen und beweisen:

– Die seinen eigenen Bedarf bestimmenden Tatsachen wie Alter, Lebensstellung, Höhe seines **712**
Vermögens und Einkommens nebst Verbindlichkeiten, Werbungskosten, Aufwendungen, Betriebsausgaben und sonstige einkommensmindernde Abzugsposten.[43] Beruft er sich unter Vorlage von Einkommensteuerbescheiden auf seine Leistungsunfähigkeit, muss er seine Einnahmen und behaupteten Aufwendungen im Einzelnen so darstellen, dass die allein steuerlich beachtlichen Aufwendungen von solchen, die unterhaltsrechtlich von Bedeutung

[35] BGH, FamRZ 1986, 441, 443 = NJW-RR 1986, 682 = R 289 c
[36] BGH, FamRZ 2001, 1603, 1604 f. = R 559; 1983, 352
[37] OLG Karlsruhe, FamRZ 1998, 1435; OLGR Schleswig 1998, 105
[38] BGH, FamRZ 1984, 988
[39] BGH, FamRZ 1990, 266 = R 389 a
[40] BGH, FamRZ 1998, 357 = R 515 a; 1980, 770, 771; OLG Celle FamRZ 2003, 177
[41] BGH, FamRZ 2003, 444 = R 582
[42] BVerfG, FamRZ 1985, 143, 146 = R 235; FamRZ 1992, 797 = R 447 a
[43] BGH, FamRZ 1988, 930 = R 368 b

sind, abgegrenzt werden können.[44] Für die unterhaltsrechtliche Berücksichtigung betrieblicher Abschreibungen hat er darzulegen, dass und weshalb der Zeitraum der Abschreibung und der tatsächlichen Lebensdauer der betroffenen Güter deckungsgleich sind.[45]

- Art und Berechtigung einer Erwerbsminderung oder Erwerbsunfähigkeit und seine Bemühungen zu deren Behebung.
- Bemühungen um eine Arbeitsstelle bei Erwerbslosigkeit und Tatsachen zur berechtigten Beendigung eines Arbeitsverhältnisses.[46] Bei Arbeitslosigkeit muss der Unterhaltsverpflichtete die Erfolglosigkeit der Suche nach Arbeit darstellen und dazu nachprüfbar vortragen, was er im Einzelnen unternommen hat, um einen neuen Arbeitsplatz zu finden. Dazu gehören Angaben, wann und bei welchem Arbeitgeber er sich beworben hat.[47] Da der Arbeitslose für die Suche nach Arbeit die Zeit aufwenden soll, die ein Erwerbstätiger für seinen Beruf aufwendet, werden monatlich etwa 20 Bewerbungen erwartet.[48]
- Tatsachen, die nach § 1581 BGB eine **Billigkeitsabwägung** zu seinen Gunsten ermöglichen.
- Die Voraussetzungen für eine zeitliche Begrenzung oder Herabsetzung des Unterhalts nach §§ 1373 V, 1578 I 2 BGB.[49]
- Berufsbedingte Aufwendungen.[50] Wer den Aufwand für einen Pkw geltend macht, muss darlegen, dass die Benutzung von billigeren öffentlichen Verkehrsmitteln nicht möglich ist.[51]
- Höhe von durchschnittlichen Aufwendungen zur **Vermögensbildung** in den letzten drei Jahren vor der Trennung.
- Gründe, warum ein erzielbares Einkommen nicht erzielt worden ist.
- Tatsachen und Gründe für eine **rückläufige Entwicklung** der Einkünfte.[52]
- Tatsachen zu einkommensmindernden **Verbindlichkeiten;**[53] Umstände, die von ihm eingegangene Verbindlichkeiten auch aus unterhaltsrechtlicher Sicht rechtfertigen können.[54]
- Tatsachen für eine gleichrangige Unterhaltsverpflichtung gegenüber einer zweiten Ehefrau.[55]
- Tatsachen zu den **Einwendungen des § 1579 BGB**[56] oder des **§ 1611 BGB.**[57]
- Darlegungs- und Beweislast eines Abgeordneten zu Art und Höhe konkreter mandatsbedingter Aufwendungen.[58]
- Gründe für den Wegfall der verschärften Unterhaltspflicht nach § 1603 II BGB[59] und für die vorrangige Haftung eines anderen leistungsfähigen Verwandten nach § 1603 II S. 3 BGB.[60]
- Gründe für eine Erwerbsobliegenheit der nichtehelichen Mutter im Rahmen eines Unterhaltsanspruches nach § 1615 l BGB.[61]
- Gründe dafür, dass bei einem minderjährigen Kind nicht einmal der Mindestbedarf gedeckt werden kann.[62]

---

[44] BGH, FamRZ 1998, 357 = R 515 a; OLGR Koblenz 2002, 46
[45] OLG Köln FamRZ 2002, 819
[46] BGH, FamRZ 1986, 244, 246 = R 280 b
[47] BGH, FamRZ 1998, 357 = R 515 b; FamRZ 1996, 345; KG FamRZ 2001, 114
[48] OLG Naumburg, FamRZ 1997, 311
[49] BGH, FamRZ 1990, 857 = NJW 1990, 2810 = R 417
[50] BGH, FamRZ 1983, 352 = R 154 c
[51] OLG Dresden FamRZ 2001, 47; OLG Hamm, FamRZ 1996, 958
[52] BGH, FamRZ 1988, 145
[53] BGH, FamRZ 1988, 930 = R 368 b; FamRZ 1992, 797 = R 447 a
[54] BGH, FamRZ 1990, 283, 287 = R 400 e
[55] BGH, FamRZ 1988, 930 = R 368 b
[56] BGH, FamRZ 1991, 670 = R 431 b; FamRZ 1989, 1054 = R 393 a; FamRZ 1982, 463
[57] OLGR Koblenz 2000, 254
[58] BGH, FamRZ 1986, 780, 781 = R 301 b
[59] OLG Hamm, FamRZ 1998, 983
[60] OLGR Karlsruhe 2002, 105
[61] OLG Hamm, FamRZ 1998, 1254
[62] BGH, FamRZ 1998, 357 = R 515 a

Wegen der Darlegungs- und Beweislast des Verpflichteten zu Tatsachen, die den Wahrnehmungsbereich des Berechtigten betreffen und zu Negativtatsachen s. Rn. 721 f.

4. Zur Regel-Ausnahme-Situation

Wenn und soweit Regelvorschriften oder **Erfahrungsregeln** bestehen, hat derjenige die Behauptungs- und Beweislast, der eine von der Regel abweichende Ausnahmesituation behauptet. Weist etwa der Verpflichtete seine Leistungsunfähigkeit nach, ist es Sache des Berechtigten, nachzuweisen, dass ein Fall von **„unterhaltsbezogener Leichtfertigkeit"** vorliegt, der zur Annahme von fiktiven Einkünften (dazu s. Rn. 1/494 f.) berechtigt.[63] Zu solchen Regeln zählen auch Tabellen und Leitlinien der Oberlandesgerichte. Dazu hat der BGH entschieden: 713

Die Darlegungs- und Beweislast für die **Erwerbsobliegenheit einer Mutter,** die ein noch nicht achtjähriges Kind betreut, trägt der Vater, weil er eine Ausnahme von einer erfahrungsgemäßen Regel in Anspruch nimmt. Er muss Umstände vortragen, die für eine Erwerbsobliegenheit der Mutter trotz Betreuung des Kindes sprechen.[64] Die pauschale Behauptung, das Kind sei bereits in einem Alter, in dem es in den Kindergarten gehen könne, genügt hierzu nicht. Eine Regel in diesem Sinn ist die Erfahrung, dass ein schulpflichtiges Kind zunächst noch einer verstärkten Beaufsichtigung und Fürsorge bedarf, die nicht auf bestimmte Zeitabschnitte des Tages beschränkt sind. Die gesunde Entwicklung eines Kindes dieser Altersstufe erfordert es in der Regel, dass sich ein Elternteil ihm noch jederzeit widmen kann, was einem Erwerbstätigen etwa bei ausfallenden Schulstunden oder einer Krankheit nicht möglich wäre. Die gleichen Gründe gelten in verstärktem Maß für ein Kindergartenkind (s. Rn. 4/72 ff.). 714

Zur Beurteilung der **Zumutbarkeit** einer Berufstätigkeit der Mutter gehört die Darlegung, dass sie neben der Kinderbetreuung in zumutbarer Weise ihren vollen Unterhalt selbst verdienen könnte sowie Angaben zu den wirtschaftlichen Verhältnissen des Unterhaltsverpflichteten, weil sich selbst im Falle einer Erwerbsobliegenheit ein Aufstockungsunterhalt ergeben könnte.[65] 715

Bei Prüfung der Voraussetzungen des § 1570 BGB kann nach Heranwachsen des Kindes in die Altersstufe von etwa 16 Jahren im Allgemeinen davon ausgegangen werden, dass ein weiterer Aufschub der Aufnahme einer vollen Erwerbstätigkeit durch den betreuenden Elternteil nicht mehr gerechtfertigt ist. Wer eine Ausnahme von dieser auf der Lebenserfahrung beruhenden Regel für sich in Anspruch nimmt, hat die hierfür erforderlichen Voraussetzungen darzulegen und notfalls zu beweisen[66] (s. Rn. 4/78 ff.). 716

Beim **Trennungsunterhalt** richtet sich die Anspruchshöhe im Regelfall nach den gegenwärtigen Einkommensverhältnissen. Deshalb hat der Berechtigte für diese die Darlegungs- und Beweislast. Für den Ausnahmefall einer **unerwarteten, vom Normalverlauf erheblich abweichenden Entwicklung** seit der Trennung ist der **Pflichtige** darlegungs- und beweispflichtig, wenn er hieraus Rechte herleiten will.[67] Er muss darlegen, dass und warum seine derzeitige berufliche Stellung auf einer im Zeitpunkt der Trennung unerwarteten Entwicklung bestehe und nicht schon während des Zusammenlebens der Parteien angelegt gewesen sei und auf welchen Umständen sein seitheriger beruflicher Aufstieg beruht.[68] Beruft sich eine Partei darauf, dass sie eine konkrete **Steuerrückzahlung** künftig nicht oder nicht in dieser Höhe erhalten werde, trägt sie dafür die volle Darlegungs- und Beweislast. Sie hat substantiiert darzulegen, wie sich eine Veränderung der Einkommenssituation konkret auf die Steuerschuld auswirkt.[69] 717

---

[63] OLG Düsseldorf, FamRZ 1994, 926; a.A. OLG Hamm, FamRZ 1994, 755
[64] BGH, FamRZ 1983, 456, 458; bestätigt durch BGH, FamRZ 1998, 1501 = R 521 a
[65] BGH, FamRZ 1983, 996
[66] BGH, FamRZ 1985, 50 = NJW 1985, 429
[67] OLG Hamm FamRZ 2000, 1017
[68] BGH, FamRZ 1983, 352 = R 154 a
[69] OLG Köln FamRZ 2002, 1729

718 Beruft sich der auf Barunterhalt in Anspruch genommene Elternteil darauf, **dass der andere,** das Kind betreuende Elternteil im Hinblick auf seine günstigen wirtschaftlichen Verhältnisse **zum Barunterhalt beizutragen habe,** so trägt er die Beweislast dafür, dass die Einkommens- und Vermögensverhältnisse des anderen Elternteils dessen Heranziehung zum Barunterhalt rechtfertigen.[70] Im Hinblick auf § 1606 III 2 BGB, wonach der das Kind betreuende Elternteil durch seine persönliche Fürsorge seine Unterhaltspflicht vollständig erfüllt, entspricht die Inanspruchnahme des anderen Elternteils auf Barunterhalt regelmäßig auch dem Grundsatz anteiliger Haftung beider Elternteile. Damit macht das Kind weder eine Abweichung vom Grundsatz des § 1601 BGB geltend (= Inanspruchnahme des primär Verpflichteten) noch von dem Grundsatz der Gleichwertigkeit von Barunterhalt und Betreuungsleistung nach § 1606 III 2 BGB. Vielmehr macht der barunterhaltspflichtige Elternteil mit seiner Behauptung eine Abweichung vom Grundsatz des § 1606 III 2 BGB geltend (er meint, trotz dieser Bestimmung müsse Barunterhalt gezahlt werden), weshalb er die Voraussetzungen seiner Behauptung zu beweisen hat. Dass es dem unterhaltsberechtigten Kind häufig leichter möglich sein mag als dem Barunterhalt leistenden Elternteil, die wirtschaftlichen Verhältnisse des anderen Elternteils darzulegen, rechtfertigt keine abweichende Beurteilung. Dieses entspricht auch der Beweislast zur vorrangigen Haftung nach § 1603 II S. 3 BGB.[71]

719 Solange sich Unterhaltsforderungen an Bedarfsermittlungen anlehnen, wie sie den nach Erfahrungswerten aufgestellten Unterhaltstabellen und Richtlinien zugrunde liegen, werden an die Darlegungslast im Unterhaltsprozess keine besonderen Anforderungen gestellt. Wenn der Berechtigte aber im Blick auf eine weiter gehende Leistungsfähigkeit einen **erhöhten Bedarf geltend macht,** muss er im Einzelnen darlegen und beweisen, worin dieser Bedarf besteht und welche Mittel zu seiner Deckung im Einzelnen erforderlich sind.[72]

720 Der Unterhaltsberechtigte hat die Beweislast für die **mangelnde Leistungsfähigkeit des vorrangig Verpflichteten,** wenn er einen nachrangig Verpflichteten in Anspruch nimmt. Dies liegt darin begründet, dass sich der Berechtigte mit dem Wegfall der Unterhaltspflicht des primär Verpflichteten auf eine Abweichung von dem in § 1601 BGB aufgestellten Grundsatz beruft, für deren Voraussetzungen er die Beweislast trägt.[73]

5. Negativtatsachen und substantiiertes Bestreiten von Tatsachen aus dem eigenen Wahrnehmungsbereich

721 Im Unterhaltsrecht besteht oftmals eine Darlegungs- und Beweislast zu sogenannten Negativtatsachen oder zu Tatschen, die nur der Prozessgegner genauer kennen und aufklären kann. So muss z. B. der Verpflichtete im Rahmen des § 1579 Nr. 6 BGB darlegen, dass und warum dem anderen Ehegatten ein offensichtlich schwerwiegendes, einseitig bei diesem liegendes Fehlverhalten zur Last fällt. Der berechtigte Ehegatte muss darlegen, welche Einkünfte und Vermögensverhältnisse des Verpflichteten die ehelichen Lebensverhältnisse geprägt haben und weiter prägen, obwohl die genauen Verhältnisse nur dem Verpflichteten bekannt sind, oder er muss darlegen, dass er selbst keine anzurechnenden Einkünfte hat.

722 Bei einer Darlegungslast zu Tatsachen, die zum **Wahrnehmungsbereich des anderen** gehören, genügt es nach der Rechtsprechung des BGH, wenn solche Tatsachen **behauptet werden** und darauf hingewiesen wird, dass eine genauere Kenntnis zu diesen Tatsachen nur der Prozessgegner hat und dass diesem entsprechende Angaben zuzumuten sind. Dem Prozessgegner ist es dann im Hinblick auf die ihm nach § 242 BGB obliegende unterhaltsrechtliche Auskunftspflicht zuzumuten, sich zu diesen Behauptungen näher zu äußern.[74] Er muss substantiiert bestreiten, d. h. einen eigenen klärenden Tatsachenvortrag

---

[70] BGH, FamRZ 1984, 1000; FamRZ 1981, 347; OLGR Karlsruhe 2002, 105; OLG Nürnberg, FamRZ 1988, 981, 982
[71] OLGR Karlsruhe 2002, 105
[72] BGH, FamRZ 1993, 473
[73] BGH, FamRZ 1984, 1000; FamRZ 1981, 347
[74] BGH, FamRZ 1987, 259 = R 312 b; OLGR Koblenz 2000, 254

aus dem eigenen Wahrnehmungsbereich bringen. Ein einfaches Bestreiten genügt dann nicht. Unterlässt er eine solche, ihm nach den Umständen zumutbare Substantiierung, so gelten die Tatsachenbehauptungen seines Gegners nach § 138 III ZPO als zugestanden.[75] Wurde etwa in der Klage gegen einen **Selbstständigen** nachvollziehbar dargelegt, dass er über monatliche Einkünfte von 3000,– EUR verfügt, kann diese Behauptung als unstreitig behandelt werden, wenn der Beklagte nur bestreitet und nicht anhand seiner Gewinn- und Verlustrechnungen darlegt, dass ihm das behauptete Einkommen nicht zur Verfügung steht.

Ein ausreichendes substantiiertes Bestreiten liegt daher nur vor, wenn z. B. ein bilanzie- 723
render Unternehmer für die maßgeblichen Jahre **seine Bilanzen sowie Gewinn- und Verlustrechnungen vorlegt.**[76] Dann ist es wieder Sache des Darlegungspflichtigen, konkrete Positionen (z. B. bestimmte Ausgaben) zu bestreiten und eine weitere Klärung zu verlangen. Diesem Begehren muss entsprochen werden, weil auch hierzu die näheren Umstände im Wahrnehmungsbereich des anderen liegen.

Für die Darlegungslast zu sogenannten **Negativtatsachen** gilt ähnliches. Der BGH hat 724
einen entsprechenden Fall zu § 1579 Nr. 4 a. F. BGB entschieden.[77] Danach hatte der Verpflichtete die tatsächlichen Voraussetzungen der rechtsvernichtenden Einwendung des § 1579 I 4 BGB darzulegen und zu beweisen und dabei das Vorbringen der Gegenseite, das im Fall der Richtigkeit gegen die Annahme einer groben Unbilligkeit sprechen würde, **zu widerlegen.** Soweit der Verpflichtete ein derartiges Vorbringen nur in Abrede stellen kann, sind an die Substantiierung seiner Darlegungen nach dem auch das Prozessrecht beherrschenden Grundsatz von Treu und Glauben keine hohen Anforderungen zu stellen, da es sich im Wesentlichen um die Behauptung sogenannter negativer Tatsachen handelt.[78] Wenn nach der Art der Vorwürfe des anderen eine weitere Substantiierung nicht möglich oder zumutbar ist, genügt das Bestreiten, und es ist Sache des Gegners, entsprechende Beweise für seine Behauptungen anzubieten.

Ähnliches gilt, wenn der Verpflichtete behauptet, der Berechtigte habe **bedürftigkeits-** 725
mindernde Einkünfte aus einer Erwerbstätigkeit. Wenn dies nicht stimmt, kann der Berechtigte diese Behauptung trotz seiner Darlegungslast zur Bedürftigkeit nur bestreiten. Nunmehr muss der Verpflichtete im Einzelnen darlegen und nachweisen, warum seine Behauptung richtig ist. Der Berechtigte muss dann den neuen Vortrag widerlegen.

6. Darlegungs- und Beweislast bei Abänderungsklagen

Im Abänderungsverfahren nach § 323 ZPO hat der Abänderungskläger die Darlegungs- 726
und Beweislast für eine wesentliche Veränderung der Umstände, die für die Unterhaltsfestsetzung im vorausgegangenen Verfahren maßgeblich waren.[79] Er muss also die Grundlagen des früheren Unterhaltstitels als auch die inzwischen eingetretenen Veränderungen darlegen und beweisen.[80] Dies gilt auch für Tatsachen, die im früheren Prozess der Gegner zu beweisen hatte,[81] sofern es sich in dem Abänderungsverfahren noch um denselben anspruchsbegründenden Sachverhalt handelt. Im Abänderungsprozess gegen das volljährige Kind muss der die Abänderung begehrende Unterhaltsschuldner also auch den Haftungsanteil des andern Elternteils darlegen und beweisen.[82] Wegen der Identität der Unterhaltsansprüche des minderjährigen und des volljährigen Kindes[83] gilt dieses auch dann, wenn

---

[75] BGH, FamRZ 1987, 259 = R 312 b
[76] BGH, FamRZ 1987, 259 = R 312 b
[77] BGH, FamRZ 1984, 364 = R 192 d: FamRZ 1982, 463
[78] BGH, FamRZ 1984, 364 = R 192 d; FamRZ 1982, 463
[79] BGH, FamRZ 1987, 259 = R 312 a; eingehend dazu Graba, Die Abänderung von Unterhaltstiteln, 2. Aufl., Rn. 28, 271, 295, 298
[80] OLG München FamRZ 2002, 1271; OLG Brandenburg FamRZ 2002, 1049 (jeweils zur Jugendamtsurkunde); OLG Hamburg FamRZ 2002, 465 (zum Unterhaltsvergleich)
[81] OLG Zweibrücken, FamRZ 1981, 1102
[82] OLG Zweibrücken FamRZ 2001, 249
[83] BGH, FamRZ 1984, 682 = R 209

der frühere Titel den Unterhalt des minderjährigen Kindes regelte.[84] Soweit jedoch bestimmte Tatsachen in der Sphäre des Abänderungsbeklagten liegen und der Kläger hierzu keinen Zugang hat, genügt es, wenn er das ihm in zumutbarer Weise Erkennbare vorträgt. Der Beklagte hat dann diesen Vortrag konkret zu widerlegen[85] (näher dazu s. Rn. 721 f.). Stützt dagegen der Berechtigte in dem Abänderungsverfahren seinen Anspruch auf eine andere Anspruchsgrundlage (z. B. auf § 1573 I BGB statt auf § 1570 BGB), so obliegt ihm auch in dem neuen Verfahren nach den allgemeinen Grundsätzen die uneingeschränkte Darlegungs- und Beweislast für den neuen anspruchsbegründenden Lebenssachverhalt.[86]

7. Zur Umkehr der Beweislast

727 Eine Umkehr der Beweislast kann angenommen werden, wenn eine Partei die Beweisführung, insbesondere die Benutzung eines Beweismittels, durch den Gegner schuldhaft vereitelt oder erschwert.[87] Wenn z. B. ein Selbstständiger seine Einnahmen in Kenntnis der Unterhaltsschuld nur anhand von Tagesprotokollen erfasst, die alleinige Grundlage für die Eintragung der Monatseinnahmen im Kassenbuch sind und danach vernichtet werden, kehrt sich die Beweislast des Unterhaltsberechtigten dergestalt um, dass nunmehr der Unterhaltspflichtige darzulegen und zu beweisen hat, dass er die von dem Berechtigten behaupteten Einnahmen nicht hatte.[88] Eine solche Behinderung der gegnerischen Beweisführung kann aber nicht schon angenommen werden, wenn einer Partei angelastet wird, sie habe sich eines Verstoßes gegen die prozessuale Wahrheitspflicht schuldig gemacht, indem sie sich in ihren Schriftsätzen teilweise unwahrhaftig oder unvollständig erklärt oder widersprüchliche Angaben gemacht habe. Ein derartiges Verhalten kann statt dessen im Rahmen der freien Beweiswürdigung und Überzeugungsbildung des Gerichts nach § 286 I 1 ZPO gebührend berücksichtigt werden.[89]

II. Zur tatrichterlichen Ermittlung und Schätzung nach § 287 ZPO

1. Zur Anwendung des § 287 ZPO im Unterhaltsverfahren

728 § 287 II ZPO ist auch im Unterhaltsprozess anzuwenden. Es liegt eine vermögensrechtliche Streitigkeit im Sinn dieser Bestimmung vor, bei der die vollständige Aufklärung aller für die Höhe der Forderung maßgeblichen Umstände mit unverhältnismäßigen Schwierigkeiten verbunden sein kann. Deshalb kann Veranlassung zu einer richterlichen Schätzung bestehen.[90]

729 Dies gilt sowohl hinsichtlich des **gesamten Einkommens** bei unvollständigen und zweifelhaften Angaben als auch zu einzelnen Posten des anrechnungsfähigen Einkommens,[91] zu Abzugsposten, Bedarfsposten, vor allem zum konkreten Mehrbedarf sowie zu behaupteten Mehraufwendungen. Der BGH hat dieses vor allem zum Mehrbedarf, zum Mehraufwand sowie zum trennungsbedingten Mehrbedarf entschieden. Auch mandats-

[84] OLG Zweibrücken FamRZ 2001, 249; a.A. OLG Brandenburg MDR 2002, 844; OLG Hamm FamRZ 2000, 904; OLG Köln FamRZ 2000, 1043
[85] OLG Koblenz, FamRZ 1998, 565
[86] OLG Zweibrücken, FamRZ 1986, 811
[87] BGH, FamRZ 1981, 347, 349
[88] OLGR Koblenz 1999, 270
[89] BGH, FamRZ 1981, 347, 349
[90] BGH, FamRZ 1986, 885 = R 302 a; FamRZ 1981, 1165; FamRZ 1981, 338; FamRZ 1984, 149, 151; FamRZ 84, 151, 153; u. a.
[91] BGH, FamRZ 2001, 1603 = R 559 (zum Ausbildungsmehrbedarf); OLG München FamRZ 1999, 1350 (zum Gebrauchsvorteil privater PKW-Nutzung); OLGR Hamm 1999, 90 (zu Auslandszulagen); OLGR Hamm 1998, 344 (zu Abschreibungen); OLG Hamm FamRZ 1999, 233 (zum Wohnvorteil); OLGR Hamm 1998, 138 (zu geldwerten Versorgungsleistungen)

bedingte Aufwendungen eines Abgeordneten können nach § 287 II ZPO geschätzt und von der Kostenpauschale abgezogen werden. Außerdem kann auch dem Geheimhaltungsinteresse des Abgeordneten mit den Mitteln des § 287 II ZPO Rechnung getragen werden.[92]

Auch **Bedarfspositionen** aufseiten des Berechtigten sind einer Schätzung zugänglich.[93] 730
Ferner kann die Höhe **fiktiver Einkünfte,** wie sie bei der Bemessung des Unterhalts sowohl aufseiten des Berechtigten als auch des Verpflichteten einzustellen sein können, im Allgemeinen nur im Weg einer Schätzung ermittelt werden[94] (s. Rn. 1/536).

Im Rahmen der Bedarfsbemessung kann der Tatrichter den nach §§ 1361, 1578 BGB bei 731
der Beurteilung der ehelichen Lebensverhältnisse festzulegenden Unterhaltsmaßstab im Allgemeinen nur im Weg der Schätzung gemäß § 287 II ZPO ermitteln.[95] Das gilt besonders, wenn der Unterhaltsberechtigte im Ausland lebt und dessen Bedarf den dortigen Verhältnissen anzupassen ist[96] (s. Rn. 7/23 f.).

Ferner ist § 287 ZPO anwendbar im Abänderungsverfahren bei der Feststellung der 732
wesentlichen Grundlagen des abzuändernden Titels und den behaupteten veränderten neuen Verhältnissen sowie deren Auswirkungen.[97]

2. Zur Schätzung nach § 287 ZPO

Die Schätzung nach § 287 II BGB erfolgt unter Würdigung aller maßgeblichen Umstän- 733
de nach freier tatrichterlicher Würdigung, wobei auch allgemeine Erfahrungssätze zu Hilfe genommen werden können.[98] Dabei ist je nach den Umständen des Falles eine großzügige Beurteilung geboten, wenn und soweit es dem Beschädigten nicht zumutbar ist, seine besonderen Mehraufwendungen spezifiziert darzulegen. Diese Voraussetzungen liegen vor allem dann vor, wenn die Art einer Beschäftigung eine genaue Trennung des allgemeinen Lebensbedarfs und des schädigungsbedingten Mehrbedarfs erschwert.[99]

Im Rahmen einer Schätzung des schädigungsbedingten Mehraufwands bei einer 734
Grundrente hat der Tatrichter zu erwägen, ob und inwieweit bei der Anerkennung eines Mehraufwands auch der ideelle Zweck einer Grundrente besonders mitzuberücksichtigen ist.[100]

Unerfreulichen und wirtschaftlich wenig ergiebigen Streitigkeiten kann der Tatrichter 735
dadurch begegnen, dass er im Einzelfall die Darlegungs- und Beweisregeln – insbesondere im Rahmen des § 287 ZPO – zu einer auch dem wirtschaftlichen Gewicht des jeweiligen Streitpunktes angemessenen Weise handhabt.[101] Dabei sind jedoch enge Grenzen zu beachten. Hat etwa eine Bedienung unter Beweis gestellt, dass sie nur 30–40 EUR im Monat als Trinkgeld erhält, darf das Gericht nicht einfach pro Arbeitstag 5 EUR, also 110 EUR im Monat nach § 287 II ZPO schätzen.[102] Voraussetzung für eine Einkommensschätzung nach § 287 II ZPO ist stets, dass die weitere Aufklärung konkret aufgetretener Zweifel unverhältnismäßig schwierig ist und zu dem Umfang der Unterhaltsforderung in keinem Verhältnis steht.[103]

---

[92] BGH, FamRZ 1986, 780 = R 301 b
[93] OLGR Schleswig 1998, 81 und OLG Karlsruhe FamRZ 1998, 1435 (zu krankheitsbedingtem Mehrbedarf)
[94] BGH, FamRZ 1986, 885 = R 302 a; FamRZ 1984, 662 = R 211 a
[95] BGH, FamRZ 1988, 256 = R 355 d
[96] OLG München FamRZ 1998, 857
[97] BGH, FamRZ 1983, 260; 1979, 694, 696
[98] BGH, FamRZ 1984, 662 = R 211 a; FamRZ 1984, 149, 151; FamRZ 1984, 151, 153 = NJW 1984, 294, 296; FamRZ 1983, 456, 458 = NJW 1983, 1427, 1429; FamRZ 1983, 886 = NJW 1983, 2321; FamRZ 1982, 255, 257 = NJW 1982, 1873, 1875; FamRZ 1981, 338
[99] BGH, FamRZ 1981, 1165
[100] BGH, FamRZ 1981, 338 = R 117 b
[101] BGH, FamRZ 1984, 144 = R 190
[102] BGH, FamRZ 1991, 182, 184 = R 430 c
[103] BGH, FamRZ 1993, 789, 792 = R 460 b

3. Zu den Schätzungsvoraussetzungen

736 Voraussetzung für eine Schätzung nach § 287 II ZPO ist, dass bei Streit über die Unterhaltshöhe die völlige Aufklärung unverhältnismäßig schwierig ist im Vergleich zur Bedeutung der gesamten Forderung oder eines Teils der Unterhaltsforderung. Verfahrensfehlerhaft ist eine Schätzung nur dann, wenn sie auf grundsätzlich falschen oder offenbar unsachlichen Erwägungen beruht oder wesentliches tatsächliches Vorbringen außer Acht gelassen hat.[104] Der Richter entscheidet nach freier Überzeugung, darf dabei in zentralen Fragen allerdings nicht auf fachliche Kenntnisse verzichten, die nach Sachlage unerlässlich sind. Darüber hinaus sind angebotene Beweise nicht zu erheben. Der Richter muss aber das Parteivorbringen würdigen und die Ablehnung von angebotenen Beweisen begründen. In der Entscheidung müssen die tatsächlichen Grundlagen der Schätzung und deren Auswertung in objektiv nachprüfbarer Weise angegeben werden. Fehlt dem Gericht eine eigene Sachkunde, muss ein angebotenes Sachverständigengutachten eingeholt werden.[105]

737–749 *– In dieser Aufl. nicht belegt –*

9. Abschnitt: Ansprüche der Mutter oder des Vaters eines nichtehelichen Kindes gegen den anderen Elternteil und damit zusammenhängende Ansprüche

I. Allgemeines

750 Die **Ansprüche der Mutter eines nichtehelichen Kindes** gegen dessen Vater stellen einerseits einen Ausgleich dar für die besonderen physischen und psychischen Belastungen der Mutter durch die nichteheliche Schwangerschaft, insbesondere in der kritischen Phase vor und nach der Entbindung,[1] andererseits sollen sie indirekt helfen, die gedeihliche Entwicklung des Kindes zu fördern.[2] Bereits die ursprüngliche Fassung des BGB sah einen derartigen, allerdings sehr eingeschränkten Anspruch der Mutter vor. Die Ansprüche wurden inzwischen immer mehr ausgeweitet. So wurde die in § 1615 l II 3 a. F. BGB bestimmte Unterhaltsbefristung auf die Zeit von 1 Jahr ab Entbindung durch das Schwangeren- und Familienhilfeänderungsgesetz vom 21. 8. 1995 (BGBl I S. 1050) mit Wirkung vom 1. 10. 1995 auf 3 Jahre ab Entbindung verlängert. Inzwischen ist § 1615 l II 3 BGB durch das Kindschaftsreformgesetz vom 16. 12. 1997 (BGBl I S. 2942) mit Wirkung vom 1. 7. 1998 dahin abgeändert worden, dass sich die Unterhaltspflicht über die 3-Jahresfrist hinaus verlängert, „sofern es ... grob unbillig wäre, einen Unterhaltsanspruch nach Ablauf dieser Frist zu versagen".[3] Zuletzt hat das Kindschaftsreformgesetz durch § 1615 l V a. F. BGB, nunmehr § 1615 l IV BGB, einen **Anspruch des nichtehelichen Vaters** auf Betreuungsunterhalt gegen die Mutter (§ 1615 l II 2 BGB) eingeführt, falls er das Kind betreut. **In der Praxis** spielen die Ansprüche auf „Mutterschaftsunterhalt"[4] nach § 1615 l I 1 BGB und auf Erstattung von Schwangerschafts- und Entbindungskosten nach § 1615 l I 2 BGB sowie der Anspruch nach § 1615 m BGB auf Übernahme der Beerdigungskosten nur eine geringe Rolle, weil die Bedürftigkeit der Mutter vielfach wegen Lohnfortzahlung, Mutterschaftsgeld und Krankenversicherungsleistungen nach §§ 179, 195 ff. RVO entfällt oder weil – bezüglich der Beerdigungskosten – Subsidiarität besteht bzw. nach § 15 BSHG die Sozialhilfe einspringen muss.[5]

---

[104] BGH, FamRZ 2001, 1603 = R 559
[105] BGH, FamRZ 1990, 283, 287
[1] BGH, FamRZ 1998, 541, 542 = R 520 a
[2] Vgl. Brüggemann, FamRZ 1971, 140 f.
[3] Zur Gesetzesgeschichte vgl. Büdenbender, FamRZ 1998, 129; kritisch zur immer weiteren Ausdehnung der Ansprüche: Dieckmann, FamRZ 1999, 1029, 1034
[4] Begriff, verwendet von Büttner, FamRZ 2000, 781, 782
[5] Vgl. Göppinger/Wax-Maurer, Unterhaltsrecht, 8. Aufl, Rn. 1208

Hierher gehören auch der Ansprüche der geschiedenen Ehefrau, die ein **nichteheliches Kind vom geschiedenen Ehemann** hat und betreut.[6]

Das Kindschaftsreformgesetz vom 16. 12. 1997 (BGBl I 2942) hat mit Wirkung vom 1. 7. 751
1998 durch Änderung des GVG (§ 23b I Nr. 13) und der ZPO (§ 621 I Nr. 11) für die gerichtliche Geltendmachung der Ansprüche nach §§ 1615l und 1615m BGB die **Zuständigkeit des Familiengerichts** mit Rechtsmittelzug zum Oberlandesgericht (§ 119 I Nr. 1 u. 2 GVG) eingeführt. Aufgrund des Kindesunterhaltsgesetzes vom 6. 4. 1998 (BGBl I 666) wird der Anspruch der Mutter auf **Erstattung von Schwangerschafts- und Entbindungskosten** (früher § 1615k BGB) nicht mehr durch eine eigene Vorschrift geregelt, sondern bei gleichzeitigem Wegfall seiner Subsidiarität im Wege einer Ergänzung des § 1615l I durch einen Satz 2 als Unterfall des Unterhaltsanspruchs der Mutter behandelt, so dass er nach dem Willen des Gesetzgebers (Bundestagsdrucksache 13/7338, S. 32) nunmehr auch den Voraussetzungen der Bedürftigkeit und Leistungsfähigkeit unterliegt (siehe Rn. 759). Wegen der **prozessualen Übergangsfragen** siehe Art. 15 § 1 des Kindschaftsreformgesetzes (BGBl I 1997, 2942, 2966).

Die Ansprüche der Mutter richten sich gegen den Vater des nichtehelichen Kindes (oder 752
dessen Erben – § 1615n S. 1 BGB). Ausnahmsweise kann sich der Anspruch als Betreuungsunterhaltsanspruchs des Vaters gegen die Mutter (§ 1615l II 2, V BGB) richten. Die Ansprüche setzen – außer beim Antrag auf Erlass einer einstweiligen Verfügung gemäß § 1615o I u. II BGB und abgesehen vom Fall einer Fehl- bzw. Totgeburt (vgl. § 1615n S. 2 BGB) – die **rechtswirksame Feststellung der Vaterschaft** für und gegen alle durch gerichtliche Entscheidung oder Anerkennung voraus (§ 1600d IV mit § 1592 Nr. 2 u. 3 BGB). Bei Fehl- oder Totgeburt wird – falls vorhanden – die schon vor der Geburt (§ 1594 IV BGB) mit der notwendigen Zustimmung der Mutter (§ 1595 I i. V. m. § 1594 IV BGB) erklärte Anerkennung insoweit als wirksam behandelt werden können, als es um die Geltendmachung der ungeachtet der fehlenden Lebendgeburt verbliebenen Ansprüche (vgl. § 1615n BGB) geht. Im Übrigen müsste die Vaterschaft inzident mit Hilfe der Vaterschaftsvermutung des § 1600d II u. III BGB festgestellt werden, wobei allerdings bei einer Fehlgeburt[7] und wohl auch bei einer Totgeburt[8] keine gesetzliche Empfängniszeit feststünde.

Echte Unterhaltsansprüche, auf welche die Vorschriften des Verwandtenunterhalts 753
entsprechend anzuwenden sind und welche gemäß § 91 BSHG auf den Träger der Sozialhilfe übergehen können, sind die auf Unterhaltsleistung gerichteten Ansprüche aus § 1615l I und II BGB, während der Anspruch nach § 1615m BGB auf Übernahme von Beerdigungskosten vom Gesetz, das insoweit anders als in § 1615l III 1 BGB nicht auf die Vorschriften des Verwandtenunterhalts verweist, nach der herrschenden Meinung als normale Forderung zu behandeln ist, die im Gegensatz zu Unterhaltsforderungen als zusätzliche Tatbestandsvoraussetzungen weder die Bedürftigkeit der Berechtigten (§ 1602 I BGB) noch die Leistungsfähigkeit des Verpflichteten (§ 1603 I BGB) verlangt.[9] Dementsprechend wird in § 850d I 1 ZPO (Pfändbarkeit bei der Durchsetzung von Unterhaltsansprüchen) auch nur § 1615l BGB genannt. Allein die dort geregelten Ansprüche erlöschen mit Tod des/der Berechtigten (§ 1615 I BGB).

Anders als im Verwandtenunterhalt (§ 1615 I BGB) erlöschen die Ansprüche, auch soweit 754
sie Unterhaltsansprüche sind, **bei Tod** des pflichtigen Vaters oder der pflichtigen Mutter nicht (§ 1615l III 5 BGB), sondern richten sich **gegen die Erben.** § 1615n S. 1 BGB stellt darüber hinaus für sämtliche Ansprüche klar, dass dies auch gilt, falls der Vater vor der Geburt des Kindes verstorben ist. Wegen der entsprechenden Anwendung des § 1615l III 5 BGB auf den **Anspruch des Vaters** auf Betreuungsunterhalt (§ 1615l IV 2 BGB) gilt dies auch für den Fall, dass die Mutter bei oder nach der Geburt stirbt und der schon vor Geburt

---

6 BGH, FamRZ 1998, 426 = R 519a

7 Brüggemann, FamRZ 1971, 140, 142

8 MünchKommBGB/Born, 4. Aufl., Rn. 5 zu § 1615n

9 MünchKommBGB/Born, Rn. 2 zu § 1615m; AG Limburg, FamRZ 1987, 1192; AG Göttingen FamRZ 1988, 1204; LG Bremen, FamRZ 1993, 107; siehe aber auch Zöller-Philippi, ZPO, 24. Aufl., Rn. 2 u. 3 zu § 643 zur inkonsequenten Regelung des § 643 I ZPO

durch Anerkennung (vgl. Rn. 752) mit nachfolgender Zustimmung des Kindes (§ 1595 II BGB) oder nach Geburt gemäß § 1600 e I BGB durch Entscheidung des Familiengerichts festgestellte Vater die Betreuung übernimmt. Zwar bezieht sich § 1615 n I S. 1 BGB an sich nur auf den Anspruch der Mutter, es handelt sich hier aber lediglich um einen gesetzestechnischen Mangel, weil die Intention des Gesetzgebers, wie die übrigen Regelung zeigt, eindeutig auf eine Gleichstellung der Ansprüche des jeweiligen Elternteils hinausläuft.[10] Problematisch erscheint, dass der Unterhaltsanspruch nach § 1615 l II BGB rein formal der Höhe nach unbegrenzt sowie in Ausnahmefällen auch langfristig gegen die Erben geltend gemacht werden kann. Während der Anspruch des geschiedenen Ehegatten nach § 1586 b I 3 BGB der Höhe nach auf den Wert des fiktiven Pflichtteils beschränkt ist, fehlt hier eine solche Beschränkung für den mit dem verstorbenen Pflichtigen nicht verheiratet gewesenen Elternteil.[11] Dies hängt mit der Entstehungsgeschichte des Anspruchs der Mutter gegen den Erzeuger zusammen. Der sehr beschränkte Anspruch nach § 1715 BGB a. F. wurde bei Einführung des BGB nicht als Unterhaltsanspruch, sondern als Entschädigungsanspruch eigener Art aufgefasst, Für den – gewissermaßen selbstverständlich – die allgemeinen Vorschriften für die aktive und passive Vererblichkeit galten. Bei der jetzigen Gesetzeslage lassen sich jedenfalls nach Ablauf der 3-Jahres-Frist bei der Prüfung der Frage, ob die Versagung von Unterhalt grob unbillig ist, auch Vergleichserwägungen zu der Situation beim nachehelichen Unterhalt anstellen.[12]

II. Die einzelnen Ansprüche

1. Der Anspruch auf Erstattung von Schwangerschafts- und Entbindungskosten

755 Der **Anspruch nach § 1615 l I 2 BGB,** der an die Stelle des § 1615 k BGB a. F. getreten ist, und nunmehr als Unterhaltsanspruch entgegen der früheren Rechtslage Bedürftigkeit der berechtigten Mutter und Leistungsfähigkeit des Vaters voraussetzt (Rn. 751), erfasst – abgesehen von der sich aus dem Gesetz selbst ergebenden Ausschlusszeit (siehe Rn. 758) – grundsätzlich ohne zeitliche Beschränkung die eigentlichen **durch die Entbindung verursachten Kosten,** nämlich den Aufwand für Ärzte, Hebammen, Klinikaufenthalt, Arzneimittel usw., sowie **weitere Kosten,** welche **wegen der Schwangerschaft oder als Folge der Entbindung** entstanden sind, z. B. Kosten für ärztliche Vor- oder Nachbehandlungen, Umstandsbekleidung,[13] Kosten einer Haushaltshilfe[14] bei Problemschwangerschaft. Zu ersetzen sind die tatsächlich angefallenen, notwendigen bzw. angemessenen Kosten.[15] So bestimmt sich nach der Lebensstellung der Mutter (§§ 1615 l III 1, 1610 I BGB), welche Pflegeklasse im Krankenhaus sie beanspruchen kann. Die früher teilweise unter Bezugnahme auf § 1615 c BGB a. F. vertretene Ansicht, es sei die Lebensstellung beider Eltern maßgebend,[16] übersah, dass diese Vorschrift nur den Kindesunterhalt betraf und dass die Schwangerschaft die Lebensstellung der Mutter nicht ändert.

756 Früher bestand weitgehend Einigkeit darüber, dass die Kosten, welche einer **freiberuflich tätigen Mutter** infolge der Schwangerschaft und Entbindung entstehen, weil sie eine Hilfskraft oder einen Berufsvertreter einstellen muss, nicht dem Anspruch nach dem früheren § 1615 k BGB (nunmehr § 1615 l I 2 BGB) unterfielen, sondern im Rahmen eines möglichen Unterhaltsanspruchs gemäß § 1615 l I u. II BGB geltend zu machen waren. Diese Einschränkung war geboten, weil der Anspruch als bloßer Entschädigungsanspruch nach altem Recht keine Bedürftigkeit der Berechtigten voraussetzte.[17] Außerdem wäre auch die

---

[10] Büdenbender, FamRZ 1998, 129, 132
[11] Vgl. hierzu Dieckmann, FamRZ 1999, 1029, 1035; Puls, FamRZ 1998, 865, 876
[12] Dieckmann, a.a.O.
[13] LG Hamburg, FamRZ 1983, 301, 302; AG Krefeld, FamRZ 1985, 1181
[14] MünchKommBGB/Born, 4. Aufl., Rn. 13 zu § 1615 l
[15] Christian, Zentralblatt für Jugendrecht und Jugendwohlfahrt 1975, 449, 453
[16] So z. B. MünchKommBGB/Köhler, in der 3. Aufl., Rn. 1 zu § 1615 k
[17] LG Hamburg, FamRZ 1983, 301 ff. mit Anm. Büdenbender

zeitliche Beschränkung der Bedarfssicherung im Rahmen der durch § 1615 I u. II BGB gewährten Unterhaltsansprüche umgangen worden.[18] Nach neuem Recht scheint diese Einschränkung auf den ersten Blick gänzlich überflüssig, da die Ansprüche nunmehr vom Vorliegen einer unterhaltsrechtlichen Bedürftigkeit abhängen. Trotzdem müssen die nach bisherigem Recht angestellten Überlegungen weitergelten, soweit die Anwendung des § 1615 l II BGB in Frage kommt. Die fraglichen Aufwendungen stehen im Zusammenhang mit der Deckung des Lebensbedarfs durch eigene Erwerbstätigkeit, die nicht mehr voll ausgeübt werden kann. Die zeitlichen Schranken des Unterhaltsanspruch wegen fehlender oder eingeschränkter Erwerbsfähigkeit (§ 1615 l II BGB) könnten bei einer anderen Gesetzesanwendung umgangen werden.

Nicht hierher gehören **die dem Kind selbst zustehenden Ansprüche,** z. B. auf Tragung der ihm entstandenen Krankenhauskosten,[19] auf Bezahlung der Babyausstattung[20] usw.

§ 1615 k I 2 BGB a. F. ordnete die Subsidiarität des früheren Entschädigungsanspruchs an. **757**
Kosten, welche z. B. durch den Arbeitgeber, die Krankenversicherung oder den Dienstherrn bei einer beihilfeberechtigten Beamtin übernommen wurden, waren nicht zu erstatten. Grundsätzlich kam es auf die von anderer Stelle gedeckten, also tatsächlich übernommenen Kosten an. Es musste mindestens ein jederzeit und ohne Schwierigkeiten realisierbarer Anspruch bestehen.[21] Daran hat sich durch die Neuregelung in § 1615 l I 1 BGB nichts geändert, weil **Leistungen anderer Stellen bedürfnismindernd** sind. Bezüglich des Anspruchs nach altem Recht (§ 1615 k I BGB) wurde die Ansicht vertreten, dass einer Mutter der Einwand unzulässiger Rechtsausübung entgegengehalten werden kann, wenn sie sich durch ihr eigenes Verhalten um ihren Krankenversicherungsschutz gebracht hat, weil sie sich nach Scheidung von ihrem Ehemann, obwohl ihr als Sozialhilfeempfängerin kein finanzieller Aufwand entstanden wäre, nicht um den Fortbestand ihres Versicherungsschutzes gekümmert hat.[22] Diese Frage muss jetzt wegen der Verweisung in § 1615 l III 1 BGB auf den Verwandtenunterhalt unter Heranziehung von § 1611 BGB (siehe hierzu Rn. 2/626 ff.) beantwortet werden, dessen Voraussetzungen bei einer derartigen Fallgestaltung regelmäßig nicht vorliegen dürften.

Leistungen der Sozialhilfe (§§ 36 b, 38 BSHG) sind subsidiär (§ 2 II 1 BSHG) und hindern die Geltendmachung des Anspruchs nicht. Allerdings dürfte – soweit wegen der einschränkenden Übergangsregelung des § 91 BSGH kein Anspruchsübergang auf den Sozialhilfeträger stattfindet – einer doppelten Geltendmachung desselben Bedarfs der Einwand unzulässiger Rechtsausübung entgegenstehen (vgl. Rn. 568).

Die gesetzliche Neufassung nimmt von dem Anspruch ausdrücklich den in § 1615 l I 1 **758**
BGB geregelten **Unterhaltszeitraum (6 Wochen vor bis 8 Wochen nach der Geburt des Kindes)** aus. Entsprechende durch Entbindung oder Schwangerschaft in diesem Zeitraum entstandene Kosten, die wegen insoweit bestehender Bedürftigkeit zum Unterhaltsbedarf gehören, werden daher im Rahmen des nach § 1615 l I 1 BGB zu gewährenden Unterhalts abgedeckt.

2. Die Ansprüche auf Unterhaltsleistung

§ 1615 l I 1 und II BGB geben der Kindsmutter echte Unterhaltsansprüche, die von ihrer **759**
Bedürftigkeit und der **Leistungsfähigkeit** des Kindsvaters abhängen (Rn. 753), da die Vorschriften über den Verwandtenunterhalt entsprechend anzuwenden sind (§ 1615 l III 1 BGB). Durch die Verweisung werden auch die Vorschriften über **Auskunftsansprüche** (§ 1605 BGB) in Bezug genommen (vgl. OLG Nürnberg, OLGR 2003, 261).

Die **Bedürftigkeit** der Mutter kann z. B. entfallen, soweit der Lohn fortgezahlt oder Krankengeld bezogen wird. Die Mutter ist zur Bestreitung ihres Lebensbedarfs auch zum

[18] LG Hamburg, FamRZ 1983, 301, 303
[19] LG Aachen, FamRZ 1986, 1040
[20] LG Amberg, FamRZ 1997, 964; LG Düsseldorf, FamRZ 1975, 279
[21] Brüggemann, FamRZ 1971, 140, 144
[22] So aber LG Landshut, MDR 1991, 1175

Einsatz ihres etwa vorhandenen Vermögens verpflichtet (vgl. Rn. 2/614). Erbringt sie für einen leistungsfähigen Lebensgefährten, mit dem sie in eheähnlichem Verhältnis zusammenlebt, Versorgungsleistungen muss sie sich eine angemessene fiktive Vergütung anrechnen lassen.[23] Strittig war, ob das **Erziehungsgeld** ihre Bedürftigkeit mindert,[24] obwohl § 9 S. 1 BErzGG für den Regelfall das Gegenteil bestimmt (vgl. Rn. 1/85). Es trifft zwar zu, dass das Erziehungsgeld weitgehend denselben Zweck verfolgt wie § 1615l BGB, nämlich der Mutter zu ermöglichen, sich der Pflege und Erziehung des Kindes zu widmen, der Gesetzeswille ist aber eindeutig.[25] Auch die Höhe des Erziehungsgeldes von 307 € (bei Zahlung bis zur Vollendung des 24. Lebensmonats des Kindes) monatlich weist darauf hin, dass es nicht um die eigentliche Bedarfsdeckung, sondern um einen Zuschuss geht, der den Entschluss, sich ganz der Kindesbetreuung zu widmen, und dessen Aufrechterhaltung erleichtern soll. Inzwischen hat das Bundesverfassungsgericht[26] die Auffassung der herrschenden Meinung über die Nichtanrechenbarkeit bestätigt.

Die **Leistungsfähigkeit** des Kindsvaters oder der Kindsmutter (beim Anspruch des Vaters auf Betreuungsunterhalt nach § 1615l II 2 BGB) bestimmen sich – abgesehen von ihrem Erwerbseinkommen – ebenfalls durch ihr einsetzbares Vermögen[27] (vgl. Rn. 2/623). Erfüllen sie die ihnen unterhaltsrechtlich obliegende Erwerbsobliegenheit nicht, sind sie in Höhe der fiktiv erzielbaren Einkünfte als leistungsfähig zu behandeln[28] (vgl. Rn. 2/622). An einem solchen Verstoß gegen die Erwerbsobliegenheit fehlt es bei einem Studenten ohne abgeschlossene Berufsausbildung, der sich im Regelstudium befindet.[29]

Da das Maß des Unterhalts nur von der Lebensstellung der Mutter abhängt (vgl. Rn. 764) kann sich ergeben, dass der Bedarf der Mutter auf Grund ihrer höheren Lebensstellung so hoch ist, dass dem Vater unter Berücksichtigung des ihm an sich nur zukommenden pauschalierten Selbstbehalts deutlich weniger für seinen eigenen Bedarf verbliebe, als er an die Mutter bedarfsgerecht an Unterhalt bezahlen müsste. Für diesen Fall nimmt die wohl herrschende Meinung wie beim Ehegattenunterhalt eine **Bedarfsbegrenzung auf Grund des Halbteilungsgrundsatzes** vor.[30] Eine solche Unterhaltsbegrenzung ergibt sich aber in Anwendung der §§ 1615 III 1, 1603 I BGB wohl eher erst auf der Ebene der Leistungsfähigkeit. Dem Pflichtigen muss nämlich sein angemessener Eigenbedarf verbleiben, der sich aus seiner eigenen Lebensstellung ergibt, die nach den Umständen des Einzelfalls veränderlich ist.[31] Dabei kann sich im konkreten Fall ergeben, dass der pauschale Mindestsatz des sogenannten angemessenen Selbstbehalts zu überschreiten ist. Der Eigenbedarf wird hier einerseits durch die Unterhaltsleistung an das Kind andererseits durch die Unterhaltszahlung an die Mutter gekürzt. Nach dem für das Unterhaltsrecht zu verallgemeinernden Gegenseitigkeitsprinzip muss der Pflichtige keine Kürzung seines Eigenbedarfs hinnehmen, die diesen soweit schmälern würde, dass ihm weniger zur Verfügung bliebe, als die Mutter mit seiner Unterhaltszahlung an sie zur Verfügung hätte.[32]

759 a Gegenüber dem Unterhaltsanspruch steht dem Pflichtigen der angemessene Selbstbehalt zu, nicht nur der notwendige Selbstbehalt, der nur für verschärfte Unterhaltsverhältnisse wie zwischen minderjährigen Kindern und Eltern gilt. Je nach Umständen des Falles kann auch von einem darüber hinaus erhöhten Selbstbehalt ausgegangen werden.[33]

---

[23] LG Oldenburg, FamRZ 1990, 1034

[24] Dafür: v. Staudinger-Eichenhofer, BGB 13. Aufl., Rn. 13 zu § 1615 1; dagegen: OLG Düsseldorf, FamRZ 1989, 1226; OLG München, FamRZ 1999, 1166

[25] Vgl. zum Ergebnis AG Mannheim, FamRZ 1998, 117; auch der BGH hat in FamRZ 1998, 541, 542 die Anrechnung von Erziehungsgeld im Hinblick auf § 9 S. 2 BErzGG nur im Rahmen des Getrenntlebensunterhalts gemäß §§ 1361 III, 1579 BGB erörtert, nicht aber bezüglich der ebenfalls vorliegenden Ansprüche nach § 1615l I u. II BGB

[26] BVerfG, FamRZ 2000, 1149

[27] AG Lahnstein, FamRZ 1986, 100 ff. = NJW-RR 1986, 73

[28] OLG Düsseldorf, FamRZ 1989, 1226, 1228

[29] Vgl. OLG Frankfurt, FamRZ 1982, 734

[30] Vgl. dazu Wever/Schilling, FamRZ 2002, 581, 585; a. A. Büttner, FamRZ 2000, 781, 784

[31] Vgl. BGH, FamRZ 2002, 1698, 1700 = R 580 c

[32] OLG München, OLGR 2003, 340

[33] OLG Oldenburg, FamRZ 2000, 1521

Oberlandesgerichtliche Leitlinien zum monatlichen angemessenen Selbstbehalt des Pflichtigen (sämtlich mit dem Stand vom 1. 7. 2003):[34]

- Düsseldorfer Tabelle (FamRZ 2003, 903, 905) D. Nr. 2:
  mindestens 1000,– €
- Süddeutsche Leitlinien (FamRZ 2003, 910, 912) Nr. 21.3.1:
  1000 €, hierin enthalten 440 € für Unterkunft und Heizung;
- Berliner Tabelle (FamRZ 2003, 906, 907) Nr. VI.:
  für Ostfälle mindestens 925,– €, für Westfälle mindestens 1000,– €
- OLG Brandenburg Nr. 21.3.1:
  925,– € beim Erwerbstätigen, darin enthalten eine Kaltmiete von 280,– €; 825,– € beim Nichterwerbstätigen;
- OLG Bremen Nr. 21.3.1.:
  1000,– €, darin enthalten 440 € für Wohnbedarf;
- OLG Celle Nr. 21.3.1.: 1000,– €
- OLG Dresden Nr. 21.3.1:
  900,– € einschließlich Kosten für Unterkunft inklusive umlagefähiger Nebenkosten und Heizung von 315,– €;
- OLG Düsseldorf Nr. 21.3.1:
  Bezugnahme auf die Düsseldorfer Tabelle
- OLG Frankfurt Nr. 21.3.1.:
  1000,– €, davon 560,– € allgemeiner Lebensbedarf und 440,– € Wohnbedarf (360,– € Kaltmiete und 80,– € Nebenkosten und Heizung);
- OLG Hamburg Nr. 21.3.1:
  1000,– €, darin enthalten 440,– € für Unterkunft und Heizung;
- OLG Hamm Nr. 21.3.1:
  mindestens 1000,– €, darin enthalten Kosten für Unterkunft einschließlich umlagefähiger Nebenkosten und Heizung in Höhe von 360,– €;
- OLG Jena 21.5:
  mindestens 925,– €, darin enthalten (gemäß Nr. 21.3) ein Wohnanteil von 290,– € Warm- bzw. 195,– € Kaltmiete;
- Kammergericht Nr. 21.3.1:
  925,– € beim Erwerbstätigen und 825,– € beim Nichterwerbstätigen, falls er im Beitrittgebiet lebt, falls nicht 1000,– € beim Erwerbstätigen und 890,– € beim Nichterwerbstätigen;
- OLG Köln Nr. 21.3.1:
  1000,– €, darin enthalten eine Warmmiete bis 440,– €;
- OLG Naumburg Nr. 21.3.1:
  in der Regel 1000,– €, Herabsetzung nach den Umständen des Einzelfalls möglich, insbesondere beim nichterwerbstätigen Unterhaltsschuldner;
- OLG Oldenburg Nr. 21.3.1: 1000,– €
- OLG Rostock Nr. 21.5.:
  900,– € beim Erwerbstätigen und 800,– € beim endgültig aus dem Erwerbsleben Ausgeschiedenen;
- OLG Saarbrücken Nr. 5.:
  mindestens 1000,– €;
- OLG Schleswig Nr. 21.3.1:
  kann über dem großen Selbstbehalt von 920,– € liegen, Einzelfallentscheidung unter Berücksichtigung der Einkommens- und Vermögensverhältnisse aller Beteiligten und von gesetzlichen Unterhaltspflichten des Unterhaltsschuldners

Der allgemeine Anspruch auf Unterhalt **nach § 1615l I 1 BGB** für die Dauer von 6 Wochen vor und 8 Wochen nach der Geburt besteht **unabhängig davon, ob** die Bedürftigkeit der Mutter **durch die Schwangerschaft bzw.** die **Entbindung bedingt** ist **760**

---

[34] Die Leitlinien nach dem Stand vom 1. 7. 2003 sind abgedruckt in den Beilagen zu Heft 32/2003 der NJW und zu Heft 8/2003 der FPR

oder nicht. Es spielt keine Rolle, ob die Mutter auch schon vorher nicht erwerbstätig sein konnte.[35] Der Anspruch besteht bereits dann, wenn die Mutter aus anderen Gründen, etwa wegen Krankheit, wegen Betreuung eines anderen Kindes oder mangels Beschäftigungsmöglichkeit auf dem Arbeitsmarkt, ihren Bedarf nicht durch Erwerbstätigkeit decken kann, wenn also die Bedürftigkeit nicht erst durch die Schwangerschaft, die Entbindung oder die Versorgung des Neugeborenen eingetreten ist.[36] Der Anspruch sieht schon nach seinem Wortlaut anders als § 1615 l II 1 BGB keine Kausalität vor und soll die Mutter in der kritischen Phase vor und nach der Entbindung auch im Interesse des Kindes von jeder Erwerbstätigkeit freistellen und wirtschaftlich absichern.[37] Allerdings wird der Bedarf der Mutter während dieser Zeit meist durch Mutterschaftsgeld oder Lohnfortzahlung ganz oder teilweise gedeckt sein.

Nach § 1610 I BGB wird **der nach der Lebensstellung der Mutter angemessene Unterhalt** geschuldet. Wenn ihre Lebensstellung höher ist, als es ihrem wegen der Schwangerschaft ausgefallenen Erwerbseinkommen entspricht, z. B. weil ihre Stellung als geschiedener Ehefrau sich nach den ehelichen Verhältnissen (§ 1578 BGB) bemisst oder weil sie vor kurzem einen unverschuldeten beruflichen Abstieg erlitten hat, geht der Anspruch auf den vollen Bedarf – siehe Rn. 764 auch zu unterhaltsrechtlichen Nebenansprüchen und zu weiteren Einzelheiten der Bedarfsbestimmung).

761 **Der besondere Anspruch nach § 1615 l II BGB** auf erweiterten Unterhalt für Unterhaltszeiträume – nach dem klaren Gesetzeswortlaut – **außerhalb der in § 1615 l I 1 BGB geregelten Zeit**[38] beginnt frühestens 4 Monate vor der Entbindung und endet grundsätzlich spätestens 3 Jahre nach der Geburt (§ 1615 l II 3 BGB). Er dauert damit etwa bis zum Erreichen des Kindergartenalters durch das Kind. Insofern hat die Neuregelung (Ausdehnung der Unterhaltsbefristung von 1 Jahr auf 3 Jahre – vgl. Rn. 750) die verfassungsrechtlichen Bedenken des AG Erding[39] – ausgeräumt. Darüber hinaus endet der Anspruch auf Grund der letzten Novellierung (siehe Rn. 750) nur dann mit Ablauf der 3-Jahres-Frist, „sofern es nicht insbesondere unter Berücksichtigung der Belange des Kindes grob unbillig wäre, einen Unterhaltsanspruch nach Ablauf dieser Frist zu versagen."

Alternativ müssen folgende **Anspruchsvoraussetzungen** vorliegen:

- (Mit)verursacht durch die Schwangerschaft selbst oder durch eine durch die Schwangerschaft oder Entbindung bedingte Krankheit kann die Mutter ganz oder teilweise keiner Erwerbstätigkeit nachgehen (Abs. 2 S. 1),
- wegen der Übernahme von Pflege und Erziehung des Kindes kann von der Mutter oder dem Vater ganz oder teilweise keine Erwerbstätigkeit erwartet werden (Abs. 2 S. 2).

Darüber hinaus kann der Unterhalt **über die 3-Jahres-Frist hinaus** verlangt werden, weil er nur dann nach Ablauf der gesetzlichen Frist endet,

- sofern es nicht insbesondere unter Berücksichtigung der Belange des Kindes grob unbillig wäre, einen Unterhaltsanspruch nach Ablauf dieser Frist zu versagen (Rn. 763 a).

762 Für die erste Alternative (Abs. 2 S. 1) müssen **Schwangerschaft** bzw. schwangerschafts- oder entbindungsbedingte **Krankheitsfolgen** für die Einschränkung oder Aufgabe der Erwerbstätigkeit kausal, und zwar wenigstens **mitursächlich sein.**[40] War die Mutter schon vor Beginn der Schwangerschaft keiner Erwerbstätigkeit nachgegangen, weil sie durch eine andere Krankheit daran gehindert wurde, fehlt es der Kausalität, wenn diese Krankheit unverändert fortwirkt, so dass kein Anspruch nach § 1615 l II 1 BGB besteht. Dasselbe gilt, falls die Mutter wegen der Betreuung kleiner ehelicher Kinder nicht erwerbstätig sein konnte[41] und nunmehr Unterhalt nach § 1615 l II 1 BGB, nicht (!) nach § 1615 l II 2 BGB verlangt (siehe Rn. 763).

---

[35] OLG Hamm, FamRZ 1991, 979
[36] BGH, FamRZ 1998, 541, 542 = R 520 a
[37] BGH, a.a.O.
[38] Vgl. Büdenbender, FamRZ 1998, 129, 133
[39] AG Erding, FamRZ 1994, 1613
[40] BGH, FamRZ 1998, 541, 543 = R 520 b
[41] BGH, FamRZ 1998, 541, 543 = R 520 b; OLG Düsseldorf, FamRZ 1995, 690; OLG Hamm, FamRZ 1989, 619

Für die zweite Alternative (Abs. 2 S. 2) ist es von Gesetzes wegen nicht gänzlich der subjektiven Entscheidung der Mutter überlassen, ob **wegen Kindesbetreuung keine Erwerbstätigkeit** erwartet werden kann, sondern dies ist nach objektiven Kriterien zu beurteilen, liegt also nicht in ihrer vollständigen Entschließungsfreiheit.[42] Hieran hat sich durch die ab 1. 10. 1995 geltende Neufassung durch Gesetz vom 21. 8. 1995 (vgl. Rn. 750) nichts geändert. Die Neuregelung knüpft an den Wortlaut des § 1570 BGB an. Hierzu hat der Bundesgerichtshof entschieden, dass sich die Frage einer Erwerbsobliegenheit trotz Kindesbetreuung nach den konkreten Umständen des Einzelfalls entscheide, wobei es auf die persönlichen Verhältnisse des Berechtigten, die Betreuungsbedürftigkeit des Kindes und die wirtschaftlichen Verhältnisse der Eltern ankomme (vgl. Rn. 4/68 ff.). Da es wegen der grundsätzlichen Unterhaltsbefristung in aller Regel um sehr kleine Kinder geht, ist der Mutter eine Erwerbstätigkeit nach einem allgemeinen Erfahrungssatz im **Zweifel nicht zumutbar** (vgl. Rn. 4/72 ff.), so dass ihr eine **faktische Entschließungsfreiheit** zugunsten der Kindesbetreuung zukommt. Der Kindsvater müsste – was schwer denkbar erscheint – die besonderen Umstände darlegen und beweisen, welche eine Ausnahme von der Regel zumutbar erscheinen ließen (vgl. Rn. 4/73). Nach den Empfehlungen des 14. Deutschen Familiengerichtstags[43] soll die Vorschrift so verstanden werden, dass der betreuende Elternteil in der Regel in seiner Entscheidung zur Übernahme der Betreuung und zum Verzicht auf Erwerbstätigkeit in gleichen Umfang frei ist wie der betreuende Elternteil. Nach anderer Meinung sei die Mutter in ihrer Entscheidung vollständig frei.[44] Es war im Übrigen auch zur alten Gesetzesfassung anerkannt, dass sich die Mutter grundsätzlich nicht darauf verweisen zu lassen brauchte, ihr noch sehr kleines Kind fremden Personen zur Erziehung anzuvertrauen.[45] Abgesehen von der im Zweifel ohnehin vorliegenden Unzumutbarkeit einer Erwerbstätigkeit muss die Betreuung des nichtehelichen Kindes auf Grund der gesetzlichen Neuregelung, welche eine weitgehende Angleichung an den Betreuungsunterhalt bei ehelichen Kindern (§ 1570 BGB) erreichen will, **keine maßgebliche Ursache** dafür sein, dass keine Erwerbstätigkeit ausgeübt wird. Der Anspruch besteht daher auch, wenn die Mutter schon zuvor erwerbslos war oder ein anderes Kind betreute, das sie ebenfalls an einer Erwerbstätigkeit hinderte,[46] oder wenn die Mutter vor und nach Geburt Schülerin ist.[47] **763**

Das Kindschaftsreformgesetz vom 16. 12. 1997 hat mit Wirkung vom 1. 7. 1998 durch Änderung des § 1615 l II 3 BGB die starre **zeitliche Begrenzung** des Unterhaltsanspruchs **von 3 Jahren** ab Geburt (Entbindung) des Kindes aufgelöst. Für die Frage, ob die neue Regelung auf laufende Unterhaltsverhältnisse anzuwenden ist, kommt es auf den streitigen Unterhaltszeitraum an. Auf Unterhalt vor Inkrafttreten einer Neuregelung bleibt nämlich das bisherige Recht anwendbar, falls – wie hier – keine Übergangsregelung getroffen worden ist.[48] Die Anwendung der Neuregelung auf Unterhaltsansprüche, welche auf die Zeit nach Inkrafttreten der Neuregelung fallen, hat das Bundesverfassungsgericht für den vergleichbaren Fall der Änderung durch das Schwangeren- und Familienhilfeänderungsgesetz vom 21. 8. 1995 (BGBl I 1050), mit dem die frühere Jahresfrist für die Unterhaltsgewährung auf eine 3-Jahresfrist ausgedehnt worden war, im Hinblick auf die fehlende Übergangsregelung ausdrücklich gebilligt.[49] **763 a**

Nach dem Willen des Gesetzgebers handelt es sich bei der **zeitlichen Erweiterung** des Unterhaltsanspruchs im Sinne einer positiven Härteklausel um einen Ausnahmetatbestand **für den Fall grober Unbilligkeit** einer Unterhaltsversagung, für dessen Voraussetzungen

---

[42] Wever/Schilling, FamRZ 2002, 882; Brüggemann, FamRZ 1971, 140, 145 f. unter Hinweis auf die Gesetzesgeschichte zur früheren Gesetzesfassung „wenn die Mutter nicht oder nur beschränkt erwerbstätig ist, weil das Kind andernfalls nicht versorgt werden könnte"

[43] FamRZ 2002, 296, 297

[44] So Büttner, FamRZ 2000, 782, 782

[45] LG Verden, FamRZ 1991, 481; OLG Celle, FamRZ 1990, 1146; AG Karlsruhe-Durlach, FamRZ 1989, 315; AG Lahnstein, FamRZ 1985, 100

[46] BGH, FamRZ 1998, 541, 543 = R 520 b; OLG Hamm, FamRZ 1997, 632 meint, dass keinerlei kausale Verknüpfung bestehen müsse

[47] OLG Hamm, FamRZ 1997, 632

[48] BGH, FamRZ 1998, 426, 427 = R 519 b

[49] BVerfG, FamRZ 2003, 662

der Berechtigte darlegungs- und beweispflichtig ist.[50] Nach dem Regierungsentwurf[51] ging es darum in Ausnahmefällen die durch eine starre Befristung auftretenden Härten zu vermeiden. Zu denken sei daran, dass das Kind behindert und deshalb auf eine intensivere und längere Betreuung durch die Mutter angewiesen sei. Der Vorschlag des Bundesrats, den Anspruch der nichtehelichen Mutter auf Betreuungsunterhalt nicht zu befristen, sondern nur eine Billigkeitsklausel entsprechend § 1579 Hs. 1 BGB einzuführen, fand keine Billigung.[52] Damit muss die zeitliche Ausdehnung der Tendenz nach ein Ausnahmefall bleiben. Insbesondere spielt keine Rolle, dass nach der Rechtsprechung zu § 1570 BGB bei Kinder unter 8 Jahren grundsätzlich keine Erwerbstätigkeit der Mutter erwartet werden kann (vgl. Rn. 4/72ff.). Es bleibt vielmehr dabei, dass der Unterhaltanspruch in aller Regel endet, wenn das Kind mit einem Alter von 3 Jahren das Kindergartenalter erreicht hat – siehe Rn. 761. So sind in zumutbarer Weise überwindbare Schwierigkeiten der Mutter, eine mit der Kindesbetreuung vereinbare Arbeitsstelle zu finden, nicht ausreichend.[53] Allerdings ist bei der Konkretisierung des Begriffs der groben Unbilligkeit zu berücksichtigen, dass der verlängerte Anspruch der Mutter insbesondere auch um des Kindeswohles willen besteht, so dass, soweit es um die Wahrung dieses Wohles geht, die Hürde nicht allzu hoch angelegt werden sollte.[54] *Büttner*[55] weist in diesem Zusammenhang mit Recht darauf hin, dass die Maßstäbe für die Feststellung der groben Unbilligkeit strenger zu sehen sind, wenn es um in der Person der Mutter liegende Gründe geht, als wenn Belange des Kindes die Weiterbetreuung erfordern.

Weitere mögliche Fälle grober Unbilligkeit der Unterhaltsversagung hat *Puls*[56] aufgezeigt. Zu denken sei daran,
- dass das Kind aus einer Vergewaltigung der Mutter durch den Vater stamme,
- dass sich der Vater bei Verweigerung weiteren Unterhalts nach Treu und Glauben mit seinem früheren Verhalten in Widerspruch setze, weil er für die Mutter einen Vertrauenstatbestand geschaffen habe, z. B. weil die Eltern ursprünglich eine Lebensgemeinschaft mit dem oder den Kindern mit Betreuung durch die Mutter und gleichzeitiger Fortsetzung des Studiums der Mutter geplant hatten,[57]
- dass die Mutter aus gesundheitlichen Gründen oder wegen sonstiger besonderer Erschwernisse neben der Betreuung keine Erwerbstätigkeit ausüben könne.

Im Schrifttum werden darüber hinaus verschiedene Fallkonstellationen für eine Verlängerung diskutiert:
- Besondere Verpflichtung gegenüber der Mutter, weil diese die Ausbildung des Vaters finanziert hat.[58]
- Die Mutter kann nach Ende der 3 Jahre (trotz der erforderlichen Bemühungen) keinen Arbeitsplatz finden und der Vater ist ohne weiteres leistungsfähig.[59]
- Besonders günstige wirtschaftliche Verhältnisse des Vaters, die es unangemessen erscheinen lassen, das Kind auf die Betreuung durch eine mit Erwerbsarbeit zusätzlich belastete Mutter zu verweisen.[60]

Bei der vorzunehmenden **umfassenden Abwägung** zur Frage der groben Unbilligkeit kann eine Rolle spielen, in welchen Einkommensverhältnissen der Vater lebt, oder umgekehrt, ob die Mutter dem Vater vorgespiegelt hat, sie habe wirksame Maßnahmen der Empfängnisverhütung getroffen.[61] Darüber hinaus ist an schwere psychische Fehlentwick-

---

[50] Büttner, FamRZ 2000, 791, 783
[51] Bundestagsdrucksache 13/4899 S. 89
[52] Vgl. Puls, FamRZ 1998, 865, 872
[53] OLG Nürnberg, MDR 2003, 751 = NJW 2003, 3065
[54] Vgl. Schwab, Familienrecht, 11. Aufl., Rn. 773; vgl. auch in diesem Sinn OLG Celle, FamRZ 2002, 636
[55] Büttner, FamRZ 2000, 781, 783
[56] FamRZ 1998, 865, 872f.
[57] OLG Frankfurt, FamRZ 2000, 1522
[58] Schwab, Familienrecht, 11. Aufl., Rn. 773
[59] Schwab, a.a.O.
[60] Büttner, FamRZ 2000, 781, 783
[61] Puls, FamRZ 1998, 865, 873

lungen oder dauernde Erkrankungen des Kindes zu denken, welche eine gleich bleibende Versorgung erfordern.[62] Der 13. Familiengerichtstag[63] hat empfohlen, eine Verlängerung des Betreuungsunterhalts auch dann zu erwägen, wenn
- durch eine längere Beziehung der Eltern ein besonderer Vertrauenstatbestand geschaffen wurde,
- trotz zumutbarer Bemühungen keine Fremdbetreuungsmöglichkeiten bestehen,
- der besondere Betreuungsbedarf nach Vollendung des 3. Lebensjahres des Kindes eintritt,
- die Mutter mehrere Kinder desselben Vaters betreut und dadurch insgesamt die Versagung des Unterhalts grob unbillig wäre.

Zu dem neu eingeführten **Anspruch des nichtehelichen Vaters** gegen die Mutter **763 b**
(§ 1615 l II 2, V BGB) auf Betreuungsunterhalt, wenn er die Betreuung übernommen hat, siehe ausführlich Büdenbender, FamRZ 1998, 129 ff. Für diesen Anspruch gelten die Ausführungen zum Anspruch der Mutter entsprechend.

Da der Mutter nach § 1626 a II BGB – falls keine gemeinsame Sorgeerklärung abgegeben worden ist (§ 1626 a I Nr. 1 BGB) – grundsätzlich die elterliche Sorge für das nichteheliche Kind allein zusteht, muss – soweit der Vater die Betreuung übernommen hat – genauso wie bei § 1570 BGB (vgl. Rn. 4/66) geprüft werden, ob die **Betreuung rechtmäßig** geschieht, also ob entweder die gemeinsame elterliche Sorge besteht oder die sorgeberechtigte Mutter mit der Betreuung einverstanden ist. Dagegen wird vorgebracht, dass der Aspekt des Kindesschutzes im Vordergrund stehen müsse, so dass der Anspruch dem Vater schon dann zustehe, wenn er die Betreuung anstelle der sorgeberechtigten Kindsmutter übernehme, weil diese sich nicht um das Kind kümmere.[64] Dem ist entgegenzuhalten, dass mit der Frage, ob die Übernahme der Betreuung geboten war, weil die sorgeberechtigte Mutter pflichtwidrig ihre Betreuungsverantwortung nicht wahrgenommen habe, so vielfältige Abgrenzungs- und Definitionsprobleme verbunden sind, dass es bei einer eindeutigen rechtlichen Befugnis zur Übernahme der Betreuung bleiben sollte.

Für den Kindsvater besteht wie für die Mutter, weil vermutet wird, dass wegen des geringen Alters des Kindes keine Erwerbstätigkeit zumutbar ist (vgl. Rn. 763), eine **faktische Entschließungsfreiheit** zugunsten der Kindesbetreuung, auch wenn er bislang erwerbstätig war.[65]

Das **Maß des** nach 1615 l II BGB geschuldeten erweiterten **Unterhalts** bestimmt sich **764**
nach § 1610 BGB nach der Lebensstellung der Mutter (des Vaters).[66] Der sich hieraus ergebende Bedarf ist grundsätzlich konkret dazulegen, weil es nicht um zwischen Mutter und Vater bestehende gemeinsame Verhältnisse geht.[67] Vielfach wird der Verdienstausfall entweder dem vollen Bedarf oder – bei teilweiser Erwerbstätigkeit – dem Unterschiedsbetrag zum vollen Bedarf entsprechen. Im Einzelfall kann der volle Bedarf jedoch darüber hinausgehen, z. B. wenn bei einer geschiedenen Mutter die ehelichen Lebensverhältnisse bedarfsbestimmend sind (§ 1578 BGB)[68] oder die Mutter vor kurzem einen unverschuldeten beruflichen Abstieg erlitten hat. Hatte die Mutter, die vor Geburt ein geringeres Einkommen hatte, danach zunächst mit höherem Einkommen weiter gearbeitet, ist das zuletzt bezogene Einkommen maßgebend.[69] Die Verhältnisse der Berechtigten können auch durch das Zusammenleben in nichtehelicher Gemeinschaft mit dem Vater und das gemeinsame Wirtschaften mit dessen Einkommen geprägt sein, weil dies – wenn vom Vorliegen einer bereits nachhaltigen Unterhaltsgewährung auszugehen ist – die maßgebliche Lebensstellung bedeutet.[70] Bei einer noch von den Eltern abhängigen Schülerin kann es sich um eine von den Eltern abgeleitete Lebensstellung handeln. Unmaßgeblich ist die etwa höhere

---

[62] Büdenbender, FamRZ 1998, 129, 136
[63] FamRZ 2000, 273
[64] Büdenbender, a.a.O. S. 134
[65] Vgl. Büdenbender, a.a.O. S. 135
[66] OLG Köln, FamRZ 2001, 1322; OLG Bremen, FamRZ 2000, 636; OLG Koblenz, FamRZ 2000, 637; OLG Zweibrücken, FamRZ 2001, 444 (Ls)
[67] OLG Zweibrücken, FamRZ 2001, 444 (Ls)
[68] BGH, FamRZ 1998, 541, 544 = R 520 c
[69] OLG Celle, FamRZ 2002, 1220 (Ls)
[70] Wever/Schilling, FamRZ 2002, 581, 584; Büttner, FamRZ 2000, 781, 783

oder niedrigere Lebensstellung des Vaters. Eine Teilhabe an dessen Lebensstellung besteht nicht.[71] Es ist aber nicht weniger geschuldet, als es dem Sozialhilfesatz oder dem so genannten **Existenzminimum,** also etwa den Mindestbedarfssätzen der oberlandesgerichtlichen Leitlinien entspricht. Die Überlegung des OLG Köln,[72] das keinen Mindestbedarfssatz zugrunde legen will, wenn die Lebensstellung der Mutter darunter liegt, weil sie sonst besser als eine Ehefrau gestellt würde, überzeugt nicht. Beim Ehegattenunterhalt fließen die Verhältnisse beider Eheleute in die Bewertung ein, hier geht es um die Lebensstellung einer Person, die nach § 1610 II BGB ihr Existenzminimum verlangen kann.[73] Auch nach den Empfehlungen des 13. Deutschen Familiengerichtstags[74] sollte sich der Mindestbedarf des betreuenden Elternteils an den Mindestselbstbehaltssätzen der Düsseldorfer Tabelle orientieren.

Wegen des Problems der **Bedarfsbegrenzung durch den** entsprechend anzuwenden **Halbteilungsgrundsatz** des Unterhaltsrechts zwischen Ehegatten siehe Rn. 759.

Zum nach § 1610 BGB geschuldeten Lebensbedarf gehören die im konkreten Fall angemessenen **Kosten der Kranken- und Pflegeversicherung,** die aus den laufenden Einkünften bestritten werden müssen und allgemeinen Lebensbedarf darstellen.[75] Dagegen kann – wie allgemein im Verwandtenunterhalt – **kein Alters-Vorsorgeunterhalt** verlangt werden, da §§ 1361 I 2, 1578 III BGB eine Sonderregelung für den Ehegattenunterhalt darstellen, welche der Gesetzgeber offensichtlich nicht auf § 1615 l BGB ausdehnen wollte.[76] Entgegen der Ansicht des OLG München[77] hat die Mutter auch keinen Anspruch auf **Prozesskostenvorschuss** gegen den Vater, um ihren Unterhaltsanspruch gegen ihn realisieren zu können (vgl. hierzu Rn. 2/613). Die angestellten Billigkeitsargumente greifen nicht, weil der Anspruch auf Prozesskostenvorschuss nicht generell Teil des geschuldeten Lebensbedarfs ist und die hierzu bestehenden gesetzlichen Vorschriften (§§ 1360 a IV, 1361 IV 4 BGB) nur auf Unterhaltsverhältnisse mit einer besonderer Verantwortung des Pflichtigen für den Berechtigten wie im Verhältnis zwischen minderjährigen Kindern und ihren Eltern entsprechend anzuwenden sind.[78]

764 a **Oberlandesgerichtliche Leitlinien zum Mindestbedarf** (sämtlich mit dem Stand vom 1. 7. 2003) der Mutter (des Vaters):[79]

- Düsseldorfer Tabelle (FamRZ 2003, 903, 905) D. Nr. 2:
  mindestens 730,– €, bei Erwerbstätigkeit 840,– €;
- Berliner Tabelle (FamRZ 2003, 906, 907) Anm. IV. mit I.:
  in der Regel mindestens 775,- € in Ostfällen, 840,– € in Westfällen
- Süddeutsche Leitlinien (FamRZ 2003, 910, 912) Nr. 18.;
  mindestens 730,– €;
- OLG Bremen Nr. 18.:
  mindestens 730,– €, bei Erwerbstätigkeit 840,– €;
- OLG Dresden Nr. 18.:
  mindestens 650,– €
- OLG Düsseldorf Nr. 18.:
  mindestens 730,– €, bei Erwerbstätigkeit 840,– €
- OLG Frankfurt Nr. 18.: in der Regel mindestens 840,– €
- OLG Hamburg Nr. 8.:
  mindestens 730,– €, bei Erwerbstätigkeit mindestens 840,– €;
- OLG Hamm Nr. 18.:
  in der Regel mindestens 730,– €, bei Erwerbstätigkeit 840,– €

---

[71] OLG Koblenz, FamRZ 2000, 637
[72] OLG Köln, FamRZ 2001, 1322
[73] Vgl. Anm. von Fischer, FamRZ 2002, 634 zu OLG Köln, FamRZ 2001, 1322
[74] FamRZ 2000, 273, 274
[75] Vgl. Büttner, FamRZ 1995, 193, 197; Puls, FamRZ 1998, 865, 873; OLG Saarbrücken, FamRZ 1999, 382
[76] Vgl. Puls, a.a.O.
[77] OLG Münhen, FamRZ 2003, 1219 f.
[78] BGH, FamRZ 1984, 148 = R 182
[79] Die Leitlinien nach dem Stand vom 1. 7. 2003 sind abgedruckt in den Beilagen zu Heft 32/2003 der NJW und zu Heft 8/2003 der FPR bzw. NJW 2003, 3753 (Koblenz)

- OLG Jena Nr. 18.: mindestens 575,– €
- Kammergericht Nr. 18/19.: mindestens 730,– €, für im Beitrittsgebiet lebende Berechtigte 675,– €
- OLG Koblenz Nr. 18.: mindestens 730,– €, bei Erwerbstätigkeit 840,– €
- OLG Köln Nr. 18.: mindestens 730,– €

3. Der Anspruch auf Übernahme von Beerdigungskosten

Der Anspruch auf Übernahme von Beerdigungskosten gemäß § 1615 m BGB stellt, 765 obwohl er dem § 1615 II BGB aus dem Verwandtenunterhalt nachgebildet ist, **keinen Unterhaltstatbestand** dar (siehe Rn. 753), hängt also nicht von der Leistungsfähigkeit des Vaters ab (siehe hierzu aber Zöller-Philippi, ZPO, 21. Aufl., Rn. 2 u. 3 zu § 643 zur inkonsequenten Regelung des § 643 I ZPO). Er setzt voraus, dass die Mutter infolge der Schwangerschaft oder der Entbindung verstorben ist. Gegenüber der Haftung der Erben (§ 1968 BGB) ist er **subsidiär.** Soweit dem Vater als Verpflichteten die Übernahme der Kosten nicht zugemutet werden kann, muss sie die Sozialhilfe übernehmen (§ 15 BSHG).

Anspruchsinhaber sind entweder die Totensorgeberechtigten, in der Regel die nächsten Angehörigen, oder der nach öffentlichem Recht Bestattungspflichtige.[80] Für die Höhe der angemessenen Kosten ist nach allgemeiner Ansicht in entsprechender Anwendung von § 1610 BGB die Lebensstellung der Mutter maßgebend.[81] Der Anspruch unterliegt der regelmäßigen Verjährungsfrist von 3 Jahren gemäß § 195 BGB.[82] Die Verjährungsfrist beginnt nach § 199 I Nr. 1 u. 2 BGB mit dem Schluss des Jahres der Entstehung des Anspruchs auf Übernahme oder Erstattung bzw. der Kenntniserlangung durch den Gläubiger.

4. Ansprüche bei Totgeburt des Kindes oder Fehlgeburt

Sämtliche Ansprüche – bis auf den tatbestandlich ausgeschlossenen Anspruch auf Unter- 766 halt wegen Kindesbetreuung gemäß § 1615 l II 2 BGB – gelten unmittelbar auch bei Totgeburt des Kindes (§ 1615 n S. 1 BGB) und sinngemäß bei einer Fehlgeburt (§ 1615 n S. 2 BGB). Wegen der erforderlichen **Vaterschaftsfeststellung** siehe Rn. 752.

Je nach Zeitpunkt ihres Anfalls sind die mit der Fehl- oder Totgeburt zusammenhängenden **Behandlungs- und Klinikkosten** gemäß § 1615 l I S. 1 oder S. 2 BGB zu erstatten, nach allgemeiner Meinung bei einer Totgeburt auch die **Beerdigungskosten.** Für die Fristen der **Ansprüche nach § 1615 e I und II 1 BGB** ist der Zeitpunkt der Fehl- oder Totgeburt maßgebend.[83] Teilweise wird bezweifelt, dass der Mutter auch bei einer Fehlgeburt der ordentliche Unterhaltsanspruch des § 1615 l I 1 BGB zustehen würde, insbesondere, wenn die Fehlgeburt in einem frühen Schwangerschaftsstadium eintrete, so dass sich der Zwecke des Gesetzes Pflege und Betreuung des Kindes nach Entbindung sicherzustellen, nicht verwirklichen könne.[84] Dem ist entgegenzuhalten, dass die gesetzliche Regelung eindeutig erscheint und nicht allein auf diesen Zweck abzielt (vgl. Rn. 750).

Ein besonderes Problem stellt die rechtliche Behandlung des **Schwangerschafts-** 767 **abbruchs** dar. Dabei geht es um die Kosten des Abbruchs selbst, um die Rechtsfolgen einer späteren Fehlgeburt, welche durch einen vorangegangenen Abbruchsversuch ausgelöst wurde, und um die Frage, ob der Mutter in diesen Fällen die Unterhaltsansprüche des § 1615 l I

[80] Vgl. v. Staudinger/Engler, BGB, Neubearbeitung 2000, Rn. 10, 11 zu § 1615
[81] MünchKommBGB/Born, 4. Aufl., Rn. 9 zu § 1515 n; Göppinger/Wax/Maurer, Unterhaltsrecht, 8. Aufl. Rn. 1277
[82] Palandt/Diederichsen, BGB, 62. Aufl., Rn. 1 zu § 1615 m
[83] Soergel/Häberle, BGB 12. Aufl., Rn. 5 zu § 1615 n; MünchKommBGB/Born, 4. Aufl., Rn. 4 zu § 1615 n
[84] Vgl. v. Staudinger/Engler, BGB, Neubearbeitung 2000, Rn. 14 zu § 1615 n

und II 1 BGB zustehen, die sich auf die Abbruchskosten als Sonderbedarf erstrecken können.

Auszugehen ist von der Überlegung, dass das Gesetz eine Beendigung der Schwangerschaft durch einen unterbrechenden Eingriff kaum als Unterfall einer Fehlgeburt ansieht.[85] Jedenfalls sind die Kosten des Abbruchs begrifflich keine Entbindungskosten.[86] Eine **differenzierende Betrachtung** erscheint angebracht. Nimmt die Mutter eine gerechtfertigte Schwangerschaftsunterbrechung (sozial-medizinische Indikation nach § 218 a II StGB oder kriminologische Indikation nach § 218 a III StGB) vor, sollte der Vater gemäß § 1615 l I 1 BGB auch die Unterbrechungskosten als Folgekosten der Schwangerschaft übernehmen.[87] Handelt es sich um einen zwar nicht gerechtfertigten, aber strafrechtlich nicht tatbestandsmäßigen (§ 218 a I StGB) oder straffreien (§ 218 a IV StGB) Abbruch bzw. um einen strafbaren Abbruch wird man darauf abzustellen haben, ob der Erzeuger die Mutter zu dem Abbruch bestimmt hat oder mit dem Abbruch einverstanden war.[88] Für diesen Fall erscheint wegen der Abbruchskosten eine entsprechende Anwendung von § 1615 l I 1 BGB (Folgekosten der Schwangerschaft) geboten, weil auch die Gewissensfreiheit des Erzeugers (Art. 4 I GG)[89] einer Kostentragung nicht entgegenstehen kann. Beruht die Fehlgeburt auf einem Abbruchsversuch, dessen Kosten der Erzeuger demgemäß nicht übernehmen muss, gilt dies auch für die Kosten der Fehlgeburt. Fraglich erscheint, ob der Mutter auch dann, wenn sie einen nicht gesetzlich gerechtfertigten Schwangerschaftsabbruch auf Grund ihrer autonomen Entscheidung ohne Veranlassung oder Zustimmung des Erzeugers vornehmen ließ – in entsprechender Anwendung von § 1615 n BGB die Unterhaltsansprüche des § 1615 l I und II 1 BGB zustehen, soweit sie auch ohne den Abbruch bestanden hätten. Dies ist jedenfalls für die bis zum Abbruch bereits entstandenen Ansprüche zu bejahen. Für die Zeit danach kommt es darauf an, ob die Schwängerung als ursprünglicher Haftungsgrund weiter gilt oder ob die Kausalkette durch den allein von der Mutter verantworteten Abbruch unterbrochen worden ist.[90] In Änderung der in der Vorauflage vertretenen Ansicht, ist von einer solchen Unterbrechung generell auszugehen und nicht nur für den Fall, dass die Krankheit, welche die maßgebliche Anspruchsvoraussetzung nach § 1615 l II 1 BGB wäre, auf dem Abbruch oder Abbruchsversuch beruht. Durch einen derartigen Abbruch wird nämlich der gesetzgeberische Zweck der in Frage kommenden Unterhaltsvorschriften verfehlt.

III. Rangfragen und Ersatzhaftung

768 Die Rangfrage wegen Anspruchskonkurrenz kann sich vor wirksamer Anerkennung oder gerichtlicher Feststellung der Vaterschaft grundsätzlich nicht stellen.[91]

Das **Rangverhältnis zwischen** dem **Vater** des nichtehelichen Kindes **und** den unterhaltspflichtigen **Verwandten** regelt § 1615 l III 2 BGB. Danach haftet der Vater vor den Verwandten. Die Mutter hat keinen Anspruch gegen ihre Eltern, soweit sie Unterhalt von dem leistungsfähigen oder wegen zurechenbarer fiktiver Einkünfte als leistungsfähig zu behandelnden Erzeuger ihres Kindes, der noch pfändbare Habe hat, erlangen könnte.[92]

769 Strittig war die Frage, welches **Rangverhältnis zu dem** unterhaltspflichtigen (geschiedenen) **Ehemann der Mutter** besteht. Diese Frage kann sich nicht stellen, falls ein wirksamer

[85] So Brüggemann, FamRZ 1971, 140, 142; AG Brake, FamRZ 1976, 288; dagegen: Soergel/Häberle, BGB 12. Aufl., Rn. 6 zu § 1615 n

[86] MünchKommBGB/Köhler, 3. Aufl., Rn. 9 n § 1615 n BGB; Soergel/Häberle, BGB 12. Aufl., Rn. 6 zu § 1615 n

[87] Ähnlich wie hier: Göppinger/Wax/Maurer, Unterhaltsrecht, 8. Aufl., Rn. 1217

[88] Vgl. dazu AG Bühl, FamRZ 1985, 107; zustimmend: Göppinger/Wax/Maurer, Unterhaltsrecht, 8. Aufl., Rn. 1217

[89] Vgl. AG Bühl, FamRZ 1985, 107

[90] In diesem Sinn: Göppinger/Wax/Maurer, Unterhaltsrecht, 8. Aufl., Rn. 1217; Schwab/Borth, Handbuch des Scheidungsrechts, 4. Aufl., Rn. IV 1380

[91] OLG Hamm, FamRZ 1997, 1401 im Verhältnis zu § 1361 BGB (Ls)

[92] OLG Düsseldorf, FamRZ 1989, 1226, 1228

Verzicht auf nachehelichen Unterhalt vorliegt.[93] *Brüggemann*[94] hat aus dem Umstand, dass auf die Unterhaltsansprüche der Mutter nach § 1615 l III 1 BGB die Vorschriften des Verwandtenunterhalts entsprechend anzuwenden sind, den Schluss gezogen, dass der Anspruch gegen den Vater (Schwängerer) einem Anspruch gegen einen Verwandten gleichzuachten sei, so dass sich aus § 1608 S. 1 BGB (§ 1584 S. 1 BGB) der Vorrang für die Haftung des Ehegatten ergäbe. Es sei auch eher befremdlich, wenn der Ehemann die Ehefrau bei bestehender Ehe und Zusammenleben der Eheleute auf Ansprüche gegen den Schwängerer verweisen könne. Die herrschende Meinung ist früher vom Vorrang der Haftung des Vaters ausgegangen, weil dieser für die schwangerschaftsbedingte Bedürftigkeit der Mutter verantwortlich sei und ihr Ehemann deswegen nach Sinn und Zweck der Rangregelung in § 1615 l III 2 BGB nicht anders zu behandeln sei als die Verwandten.[95] Zunächst hat das OLG München[96] in zwei Entscheidungen die Ansicht vertreten, dass mangels anderweitiger gesetzlicher Regelung Gleichrang zwischen den Ansprüchen gegen den Ehemann und den Erzeuger des nichtehelichen Kindes bestehe. Darüber hinaus war die herrschende Meinung auch in der Literatur angegriffen worden.[97] Nunmehr hat der BGH für den Fall der Konkurrenz zwischen dem Anspruch auf Trennungsunterhalt nach § 1361 BGB und den Ansprüchen nach § 1615 l I und II 2 BGB entschieden, dass **Gleichrang** vorliege und der Haftungsgrad sich entsprechend § 1606 III 1 BGB bestimme.[98] § 1608 BGB scheide schon deswegen aus, weil die Sonderbestimmung des § 1615 III 2 BGB die Anwendung ausschließe. Umgekehrt könne der Ehemann der Mutter nicht mit den in § 1615 III 2 BGB genannten Verwandten der Mutter gleichgesetzt werden, weil sonst die auch vorliegende unterhaltsrechtliche Verantwortung des Ehemanns außer Acht gelassen und dieser gegenüber dem nichtehelichen Vater in ungerechtfertigter Weise privilegiert würde. Da sich die Annahme von Gleichrang unschwer mit der Gesetzeslage vereinbaren lässt und über die vom BGH dargelegte elastische, fallbezogene Handhabung der Anwendung des § 1606 III 1 BGB,[99] die nur „entsprechend" zu geschehen hat, sachgerechte Ergebnisse erzielt werden können, ist der Auffassung des BGH zu folgen. Für die Konkurrenz der Ansprüche nach § 1615 l I u. II BGB mit anderen Tatbeständen des ehelichen Unterhalts gilt dasselbe. Keine Rolle für den Eintritt der anteiligen Haftung spielt, ob der Aufwand für das Kind, weil es noch während bestehender Ehe geboren wurde, den ehelichen Verhältnissen zuzurechnen ist.[100] Die anteilige Haftung zwischen Ehemann und Kindsvater entsteht auch dann, wenn die Mutter erst heiratet, nachdem die Unterhaltspflicht des Kindsvaters bereits entstanden war.[101] Sie geht gegenüber dem Vater also durch die Heirat der Mutter auch nicht in entsprechender Anwendung von § 1586 I BGB unter, weil der Anspruch aus § 1615 l BGB gegenüber dem Anspruch aus § 1570 BGB bei einer Gesamtschau schwächer ausgestattet sei, so dass unter Berücksichtigung der Schutzrechte zugunsten der Mutter aus Art. 6 IV GG und zugunsten des nichtehelichen Kindes aus Art. 6 V GG wegen der Weitergeltung des Anspruchs kein Verstoß gegen Art. 6 I GG (Schutz von Ehe und Familie) angenommen werden könne.[102] Allerdings muss für den Fall, dass die Mutter wegen ihrer Heirat nunmehr **Anspruch auf Familienunterhalt** hat, beachtet werden, dass der Bedarf dadurch im Regelfall in vollem Umfang gedeckt ist. Eine anteilige Haftung auf den Familienunterhalt dürfte es im Hinblick auf die Regelung in §§ 1360, 1360 a BGB nicht geben, falls die Kindsmutter in der Ehe die Haushaltsführung übernommen hätte und damit ihren Beitrag zum Familienunterhalt erbringen würde.[103]

---

[93] OLG Koblenz, FamRZ 2001, 227
[94] FamRZ 1971, 140, 147
[95] Vgl. OLG Koblenz, FamRZ 1981, 92; OLG Hamm, FamRZ 91, 979; OLG Hamm, FamRZ 1997, 632
[96] OLG München, FamRZ 1997, 623; FamRZ 1994, 1108
[97] Wagner, NJW 1998, 3097; Puls, FamRZ 1998, 865, 875
[98] BGH, FamRZ 1998, 541, 543 = R 520 c
[99] BGH, FamRZ 1998, 541, 544 = R 520 c
[100] KG, FamRZ 2001, 29, 30
[101] OLG Schleswig, FamRZ 2000, 637, 638
[102] OLG Stuttgart, FamRZ 2003, 701, 702; zum Ergebnis siehe auch OLG München, OLGR 2002, 144, 145
[103] OLG München, OLGR 2002, 144, 145; siehe hierzu aber einschränken OLG Stuttgart, FamRZ 2003, 701, 702

In den Fällen anteiliger Haftung ist es grundsätzlich Sache der Ehefrau, die Voraussetzungen ihres Unterhaltsanspruchs nach § 1615 l BGB gegen den Kindsvater und dessen **Haftungsanteil darzulegen und** ggf. **zu beweisen,**[104] also z. B. die fehlende Leistungsfähigkeit des Ehemanns bzw. im ungekehrten Prozess die fehlende Leistungsfähigkeit des Kindsvaters[105] – vgl. auch Rn. 2/551 zum Haftungsanteil eines anteilig auf Kindesunterhalt haftenden Elternteils.

Der **Haftungsgrad** ist in entsprechender Anwendung von § 1606 III 1 BGB nicht schematisch ausschließlich nach den Erwerbs- und Vermögensverhältnissen der beiden Pflichtigen (Ehemann bzw. nichtehelicher Vater) zu bestimmen, sondern es kann eine fallbezogene, differenzierte Verteilung vorgenommen werden, um dem Einzelfall in flexibler Weise gerecht zu werden.[106] Geht es in beiden Fällen um Betreuungsunterhalt für eheliche Kinder bzw. das nichteheliche Kind, kann Zahl und unterschiedliche Betreuungsbedürftigkeit der Kinder bei der Haftungsverteilung Berücksichtigung finden. Zu beachten ist, dass bei erschwerter Rechtsverfolgung gegen den Vater wegen des entsprechend anzuwendenden § 1607 II BGB auch eine **Ersatzhaftung** (vgl. Rn. 2/608) **des Ehemanns**[107] oder **der Eltern der Mutter,** nicht aber der Eltern des Kindsvaters[108] in Betracht kommt, weil nur die Verwandten des Kindes ersatzweise haften (OLG Brandenburg, NJW-RR 2003, 1515).

770 Hat der Vater außer gegenüber der Mutter noch weitere Unterhaltspflichten zu erfüllen, bestimmt sich die **Rangfolge der Bedürftigen** nach § 1615 l III 3 BGB. Die Mutter ist gegenüber der (geschiedenen) Ehefrau[109] des Vaters und dessen minderjährigen unverheirateten Kindern, also auch gegenüber ihrem nichtehelichen Kind, nachrangig, dagegen vorrangig gegenüber volljährigen Kindern[110] und sonstigen Verwandten des Vaters. Sie ist auch vorrangig gegenüber einem früheren Lebenspartner des Vaters (§ 16 III LPartG).

IV. Geltendmachung rückständiger Beträge und Verjährung

1. Geltendmachung rückständiger Beträge

771 Vor Feststellung der Vaterschaft fällig gewordener Unterhalt kann nach § 1615 l III 4, 1613 II Nr. 2 a BGB ohne Rücksicht auf § 1613 I BGB verlangt werden. Die nochmalige Verweisung in § 1615 l III 4 BGB – ungeachtet der allgemeinen Verweisung in § 1615 l III 1 BGB – auf – 1613 II BGB erklärt sich damit, dass die in § 1613 II Nr. 1 BGB bestimmte Frist zur Geltendmachung rückständigen Sonderbedarfs auch **für den Regelbedarf** der Mutter gelten soll.[111] Der Entwurf des inzwischen in Kraft getretenen Kinderunterhaltsgesetzes (Bundestagsdrucksache 13/7338), das die Verweisung auf den neugefassten § 1613 II BGB vornimmt, hat keine zusätzliche Klarstellung gebracht. Die im Entwurf der Bundesregierung vom 7. 12. 1967 (Bundestagsdrucksache V/2370, S. 57) zur früheren Fassung des Gesetzes angestellten Erwägungen, auf welche sich die herrschende Meinung gründet, bleiben jedoch gültig.

772 Das frühere Recht sah die **Stundung** der vor Anerkennung oder Feststellung der Vaterschaft fällig gewordenen Unterhaltsbeträge über § 1615 l III 4, 1615 i I u. III a. F. BGB vor. Insoweit besteht jetzt die Stundungsregelung des § 1613 III 1 n. F. BGB, die auch dann gilt, soweit ein Dritter, der anstelle des Vaters geleistet hat, vom Vater Erstattung verlangen

---

[104] Vgl. OLG Zweibrücken, FamRZ 2001, 29 (Ls)
[105] KG, FamRZ 2001, 29, 30
[106] BGH, FamRZ 1998, 541, 544 = R 520 c
[107] BGH, a.a.O.
[108] OLG Nürnberg, FamRZ 2001, 1322
[109] Der Regierungsentwurf des Kindschaftsrechtsreformgesetzes (Bundestagsdrucksache 13/4899 S. 89) hat die Rangfrage im Verhältnis zum Unterhaltsanspruch einer Ehefrau gegen den Vater ausdrücklich unverändert gelassen
[110] OLG Celle, FamRZ 1990, 1146
[111] Gesetzentwurf der Bundesregierung vom 7. 12. 1967, Bundestagsdrucksache V/2370, S. 57; Brüggemann, FamRZ 1971, 140, 147; AG Krefeld, FamRZ 1985, 1181 mit Anm. Köhler; OLG Schleswig, NJW 2003, 3715

kann (Abs. III 2), und die nunmehr – unter erheblich erschwerten Voraussetzungen[112] – auch einen vollständigen **Erlass** gestattet.

2. Verjährung

Die Ansprüche der Mutter bzw. des Vaters verjähren **in 3 Jahren** (§§ 195, 197 II, 199 BGB). **773**
Wegen der Verjährung des Anspruchs auf Übernahme der Kosten für die Beerdigung der Mutter siehe Rn. 765. Die Verjährung beginnt mit Ablauf des auf die Entbindung folgenden Jahres, falls sie nicht gehemmt oder unterbrochen ist. Damit ist nach allgemeiner Auffassung gemeint, dass die Verjährung mit Rücksicht auf § 1594 I BGB (= § 1600 a S. 2 BGB a. F.) nicht beginnt, bevor die Vaterschaft anerkannt oder gerichtlich festgestellt worden ist.[113]

V. Geltendmachung mittels einstweiliger Verfügung

In Abweichung von dem Grundsatz, dass Ansprüche gegen den Vater erst nach Anerkennung **774**
oder Feststellung der Vaterschaft geltend gemacht werden können, erlaubt § 1615 o II BGB **der Mutter,** und zwar nur dieser und **nicht dem Vater,**[114] wegen ihrer besonderen Schutzbedürftigkeit vor und nach der Geburt[115] schon davor den Erlass einer einstweiligen Verfügung **(Leistungsverfügung)** in Höhe der nach § 1615 l I BGB – nicht § 1615 l II BGB – voraussichtlich zu leistenden Beträge zu erwirken. Durch das Kindesunterhaltsgesetz vom 6. 4. 1998 (BGBl I 666) wurde § 1615 o II BGB dahin abgeändert, dass sich die einstweilige Verfügung nicht mehr auf den Unterhaltsanspruch nach § 1615 l II BGB erstreckt. Die gesetzliche Regelung erlaubt auch für die Zeit nach der Vaterschaftsfeststellung unter Vorwegnahme der Hauptsache durch einstweilige Verfügung in weitgehenderem Umfang Unterhalt zuzusprechen, als dies nach allgemeinen Rechtsgrundsätzen (Zubilligung nur eines auf 6 Monate befristeten Notunterhalts – siehe Rn. 8/250 ff.) möglich wäre. Allerdings ist auch die bloße Sicherung des Anspruchs durch Anordnung der Hinterlegung eines angemessenen Betrags möglich. Kein Rechtsschutzbedürfnis für eine einstweilige Verfügung besteht, soweit nach Feststellung der Vaterschaft ein Hauptsacheverfahren über den Unterhalt anhängig ist, weil dann **über § 644 ZPO** – in diesem Fall natürlich ggf. auch durch den Vater – **eine einstweilige Anordnung** erwirkt werden kann. Dasselbe gilt, wenn das gerichtliche Verfahren auf Feststellung der Vaterschaft anhängig ist, so dass der Antrag auf Erlass einer einstweiligen Anordnung **nach § 641 d ZPO,** hier allerdings wiederum nur durch die Mutter, möglich ist.

Der **Verfügungsanspruch** für die einstweilige Verfugung nach § 1615 o II BGB ist **775**
glaubhaft zu machen.[116] Dazu gehört neben der Bedürftigkeit und der fehlenden Kostenübernahme bei § 1615 l I 2 BGB der Umstand, dass der Antragsgegner nach § 1600 d II u. III BGB als Erzeuger des erwarteten oder geborenen Kindes vermutet wird. Soweit Ansprüche vor der Geburt geltend gemacht werden sollen, muss auch der voraussichtliche Geburtstermin und das Bestehen der Schwangerschaft glaubhaft gemacht werden.

Der **Verfügungsgrund** braucht nicht glaubhaft gemacht zu werden (§ 1615 o III BGB). **776**
Die Bestimmung wird als **unwiderlegbare Vermutung** für die Gefährdung des Anspruchs angesehen.[117] Für **rückständigen Unterhalt,** der erst nach Ablauf des Unterhaltszeitraums des § 1615 l BGB (nach der damaligen Gesetzesfassung reichte der Unterhaltszeitraum bis ein Jahr nach Geburt des Kindes) im Wege der einstweiligen Verfügung verlangt wurde, hat das AG Berlin-Charlottenburg[118] die Ansicht vertreten, dies sei nicht mit dem Normzweck

[112] Palandt-Diederichsen, BGB, 62. Aufl., Rn. 25 zu § 1613
[113] Vgl. auch zur Gesetzesgeschichte Brüggemann, FamRZ 1971, 140, 145
[114] Büdenbender, FamRZ 1998, 129, 138
[115] Bundestagsdrucksache V/2370, S. 58
[116] Vgl. im Einzelnen v. Staudinger/Eichenhofer, BGB 13. Aufl., Rn. 12 f. zu § 1615 o
[117] MünchKommBGB/Born, 4. Aufl., Rn. 16 zu § 1615 o; v. Staudinger/Eichenhofer, BGB 13. Aufl., Rn. 11 zu § 1615 o; anderer Ansicht Brüggemann, FamRZ 1971, 140, 150: zwar brauche nicht glaubhaft gemacht werden, deswegen könne aber im Einzelfall das Gegebensein der Gefährdung entkräftet sein
[118] AG Berlin-Charlottenburg, FamRZ 1983, 305

des § 1615 o III BGB vereinbar und läge auch nicht mehr mehr im Schutzbereich des § 1615 o BGB. Dem ist für die Geltendmachung von Rückständen zuzustimmen. Im Gesetzentwurf der Bundesregierung vom 7. 12. 1967[119] ist ausgeführt, die wirtschaftliche Lage von Mutter und Kind könne im Einzelfall eine sofortige Unterhaltsbeitreibung erforderlich machen. Das Schutzbedürfnis von Kind und Mutter sei in der Zeit vor und nach der Geburt so stark, dass ein lückenloser Schutz angestrebt werden müsse und etwaige Bedenken zurücktreten müssten. Dies zeigt, dass der Gesetzgeber an die Befriedigung eines aktuellen Bedarfs gedacht hat. Die Gefährdungsvermutung erstreckt sich bei der gebotenen einschränkenden Auslegung daher nur auf den im Monat der Antragstellung fällig gewordenen Betrag und die künftig fällig werdenden Beträge,[120] die gemäß § 1615 l I BGB verlangt werden können. Soweit zur Befriedigung eines aktuellen Bedarfs ausnahmsweise darüber hinaus rückständige Beträge benötigt würden, wäre der Verfügungsgrund zusätzlich glaubhaft zu machen.

777 Nicht hierher gehört, dass § 1615 o I BGB es ermöglicht – ebenfalls vor Vaterschaftsfeststellung – auf Antrag des Kindes dessen voraussichtlichen Unterhaltsanspruch durch Leistungsverfügung für die Ersten 3 Monate nach Geburt zu regeln.

778, 779 – *In dieser Aufl. nicht belegt* –

10. Abschnitt: Unterhaltsansprüche zwischen eingetragenen Lebenspartnern

I. Allgemeines

1. Die eingetragene Lebenspartnerschaft als Unterhaltsvoraussetzung

780 Das inzwischen vom Bundesverfassungsgericht[1] gebilligte Lebenspartnerschaftsgesetz (LPartG),[2] das am 1. 8. 2001 in Kraft getreten ist, hat für gleichgeschlechtliche Partnerschaften die eingetragene Lebenspartnerschaft als eheähnliches Rechtsinstitut geschaffen. Die gegeneinander bestehenden Unterhaltsverpflichtungen der Lebenspartner einer eingetragenen Lebenspartnerschaft wurden in Anlehnung an die ehelichen Unterhaltstatbestände in §§ 5, 12 und 16 LPartG geregelt.

Voraussetzung jeden Unterhaltsanspruchs ist, dass zwischen den Lebenspartnern eine **wirksame eingetragene Lebenspartnerschaft** zustande gekommen war bzw. dass eine derartige Lebenspartnerschaft nach § 15 LPartG aufgehoben worden ist. Diese Vorfrage muss in Zweifelsfällen vor der Entscheidung über einen Unterhaltsanspruch geprüft werden. Begründungsmängel der Lebenspartnerschaft (vgl. wegen der Begründungsvoraussetzungen §§ 1 I 4 i. V. m. 6 I sowie 1 II LPartG) führen anders als bei der Eheschließung nicht zur bloßen Aufhebbarkeit für die Zukunft, sondern zur fehlenden Wirksamkeit der Begründung[3] mit der Folge, dass die Lebenspartnerschaft als ex tunc unwirksam anzusehen ist.[4] Problematisch kann insbesondere die Frage sein, ob die Lebenspartner die nach § 1 I 4 LPartG geforderte Erklärung über ihren Vermögensstand (§ 6 I LPartG) abgegeben hatten. Hierzu wird die Ansicht vertreten, das Fehlen der Erklärung im Rahmen der Abgabe der Partnerschaftserklärungen vor der zuständigen Behörde schade nicht, wenn die künftigen Lebenspartner tatsächlich vorher eine güterrechtliche Vereinbarung im Sinne des § 6 I

---

[119] Bundestagsdrucksache V/2370, S. 58

[120] MünchKommBGB/Born, 4. Aufl., Rn. 13 zu § 1615 o; anderer Ansicht: v. Staudinger/Engler, BGB, Neubearbeitung 2000, Rn. 14 zu § 1615 o; Soergel/Häberle, BGB 12. Aufl., Rn. 5 zu § 1615 o; die Gefährdungsvermutung gelte bis zum Ablauf der Unterhaltszeit des § 1615 I BGB auch für entsprechende Rückstände

[1] BVerfG, FamRZ 2002, 1169 ff.

[2] Art. 1 des Gesetzes zur Beendigung der Diskriminierung gleichgeschlechtlicher Gemeinschaften: Lebenspartnerschaften vom 16. 2. 2001 (BGBl I 266)

[3] Begründung des Koalitionsentwurfs zum Erlass des Gesetzes (Bundestagsdrucksache 14/3751), zitiert nach Meyer/Mittelstädt, Das Lebenspartnerschaftsgesetz, Bundesanzeigerverlag 2001, zu § 1; Kaiser, FamRZ 2002, 866, 867

[4] Empfehlung des 14. Deutschen Familiengerichtstags, FamRZ 2002, 296, 297

LPartG getroffen gehabt hätten, selbst wenn diese ihrerseits, z. B. wegen Formmangels, unwirksam gewesen wäre.[5] Auch wenn sie über die getroffene Vereinbarung bewusst falsche Angaben machen würden, z. B. weil sie in Wirklichkeit keine Vereinbarung wollen oder zwischen ihnen etwas anderes gelten soll, sei die Begründung der Lebenspartnerschaft im Hinblick auf § 6 III LPartG mit der Folge der Geltung von Vermögenstrennung wirksam.[6] Die gegenteilige Ansicht[7] erscheint – auch wegen der Rechtsklarheit und der für die Eingehung der eingetragenen Lebenspartnerschaft notwendigen Formstrenge – richtig.

Fehlt die Erklärung bei Abgabe der Partnerschaftserklärungen vor der zuständigen Behörde oder wird dort eine inhaltlich falsche Erklärung über den geschehenen Abschluss einer Vereinbarung abgegeben, wird die eingetragene Partnerschaft nicht wirksam. Nach der Begründung des Koalitionsentwurfs[8] des Gesetzes verlangt § 6 I LPartG, dass die Partner entweder gegenüber der zuständigen Behörde erklären, dass sie die Ausgleichsgemeinschaft vereinbart haben oder eine Ausfertigung des vor dem Notar geschlossenen Lebenspartnerschaftsvertrags vorlegen. Damit wäre keine wirksame eingetragene Lebenspartnerschaft zustande gekommen, wenn in einem notariellen Lebenspartnervertrag (§ 7 I 2 LPartG) tatsächlich Vermögenstrennung vereinbart worden war, vor der zuständigen Behörde aber erklärt würde, es sei die Ausgleichsgemeinschaft vereinbart bzw. es solle die Ausgleichsgemeinschaft gelten. Die Erklärung vor der Behörde selbst könnte die notarielle Vereinbarung nicht abändern.[9] Anders wäre es nur, wenn man einen formunwirksamen Partnerschaftsvertrag geschlossen hätte und die Abgabe der Erklärung vor der Behörde über die gewollte Ausgleichsgemeinschaft als neue Vereinbarung unter den Partnern zu werten wäre.[10] Müsste die wahrheitsgemäß vorgetragene Vereinbarung als unwirksam bewertet werden, z. B. weil sie später durch Anfechtung rückwirkend entfiele, änderte dies an der wirksamen Begründung nichts. Es würde vielmehr Vermögenstrennung nach § 6 III LPartG gelten.[11]

Wegen vorliegender Willensmängel gelten mangels eigener Regelung wie im Eherecht die allgemeinen Vorschriften der §§ 119 ff., 141 ff. BGB.[12] Die formlos mögliche **Anfechtung** der vor der zuständigen Behörde abgegebenen Partnerschaftserklärung führt ggf. zur Unwirksamkeit der eingetragenen Lebenspartnerschaft. Offen ist, ob diese Wirkung, wie es § 142 I BGB an sich anordnet, rückwirkend eintritt,[13] oder ob richtigerweise mit Kemper[14] wegen der sonst gegebenen Abwicklungsschwierigkeiten im Sinne einer teleologischen Reduktion des § 142 I BGB für den Fall, dass die Lebenspartnerschaft längere Zeit gedauert hat, nur von Unwirksamkeit ex nunc auszugehen ist. Nachpartnerschaftlichen Unterhalt kann es nach Wirksamwerden der Anfechtungserklärung jedenfalls nicht geben.

Wegen der insoweit im Gesetz enthaltenen Regelungslücke muss die eingetragene Lebenspartnerschaft im Zweifel als unwirksam geworden angesehen werden, wenn es ungeachtet des Bestehens der eingetragenen Lebenspartnerschaft bezüglich eines der beiden Lebenspartner zur **Eheschließung** gekommen ist.[15] Es kann danach weder Unterhalt nach §§ 5, 12 LPartG noch – wie schon § 16 II 1 LPartG zeigt – nachpartnerschaftlichen Unterhalt geben.

2. Die Unterhaltspflicht nach dem LPartG

Grundsätzlich hängen die Unterhaltsansprüche von der **Bedürftigkeit** des einen Partners und der **Leistungsfähigkeit** des anderen Partners ab. Dies gilt jedenfalls für den 781

[5] Schwab, FamRZ 2001, 387, 389; Palandt-Brudermüller, BGB, 62. Aufl., Rn. 2 zu § 6 LPartG; Meyer/Mittelstädt (vgl. Fn. 3), Anm. 5. zu § 1: im Fall einer unwirksamen Vereinbarung greife § 6 III LPartG mit der Folge von Vermögenstrennung ein;
[6] Schwab, FamRZ 2001, 385, 389
[7] Kaiser, FamRZ 2002, 866, 867
[8] Meyer/Mittelstädt (vgl. Fn. 3), zu § 6
[9] Kaiser, a.a.O.
[10] Kaiser, a.a.O.
[11] Schwab, FamRZ 2001, 385, 389; Kaiser, FamRZ 2002, 866, 867
[12] Kemper, FPR 2001, 449, 452 f.
[13] So aber Meyer/Mittelstädt (vgl. Fn. 3), Anm. 6 zu § 1
[14] A.a.O. S. 453
[15] Vgl. BVerfG, FamRZ 1169, 1171

Trennungsunterhalt nach § 12 LPartG und den nachpartnerschaftlichen Unterhalt nach § 16 LPartG. Beim Lebenspartnerschaftsunterhalt (§ 5 LPartG), der dem ehelichen Familienunterhalt nachgebildet ist, wird dies nur eingeschränkt gelten. Auch ein reicher Lebenspartner, der die Haushaltsführung in der Partnerschaft übernommen hat (vgl. Rn. 783), hätte wohl einen Anspruch auf ggf. geringe finanzielle Beteiligung des immerhin zahlungsfähigen „armen" Partners – vgl. hierzu für den ehelichen Familienunterhalt Rn. 3/6 u. 7.

Das **Maß des** geschuldeten **Unterhalts** bzw. der Bedarf des Berechtigten wird jeweils mit dem Begriff des nach den Lebensverhältnissen während der Lebenspartnerschaft angemessenen Unterhalts umschrieben. Für den Lebenspartnerschaftsunterhalt folgt dies aus § 5 in Verbindung mit der Verweisung auf § 1360a II 1 BGB. Für den Trennungsunterhalt befindet sich die Definition in § 12 I 1 LPartG, für den nachpartnerschaftlichen Unterhalt in § 16 I LPartG, wobei diese Vorschrift an sich überflüssigerweise zusätzlich auf § 1578 I 1 BGB verweist. Dass § 12 I 1 LPartG, dem Wortlaut des § 1361 I 1 folgend, zusätzlich noch an die Erwerbs- und Vermögensverhältnisse während der Lebenspartnerschaft anknüpft, ändert das Maß für den Trennungsunterhalt grundsätzlich nicht. Es wird auf diese Weise nur darauf hingewiesen, dass in der Trennungszeit, weil die Bindungen noch nicht endgültig gelöst sind, der Wahrung des bisherigen Status der Partner noch ein bedeutendes Gewicht zukommt. Dies ist bei der Verpflichtung zum Einsatz von Vermögen und bei der Erwerbsobliegenheit zu berücksichtigen.[16] Auch in der Rechtsprechung zum Ehegattenunterhalt ist anerkannt, dass der Bedarf für den Trennungsunterhalt und den nachehelichen Unterhalt im Prinzip nach den gleichen Grundsätzen zu bemessen ist.[17] Der BGH-Rechtsprechung zum Ehegattenunterhalt wird auch insoweit zu folgen sein, als es, zumal keine stärkeren Ansprüche als unter Eheleuten geschaffen werden sollten, **keinen** von den Lebensverhältnissen der Partner unabhängigen **Mindestbedarf** des Berechtigten gibt.

Der Bedarf des unterhaltsberechtigten Lebenspartners bestimmt sich dahin, dass der nach den Lebensverhältnissen während der Lebenspartnerschaft angemessene Unterhalt geschuldet ist. Solange die eingetragene Partnerschaft besteht – also nicht für den nachpartnerschaftlichen Unterhalt – sind die maßgebenden Verhältnisse nicht festgeschrieben, sondern es kommt auf den jeweiligen Stand der wirtschaftlichen Verhältnisse an, an deren Entwicklung die Lebenspartner grundsätzlich bis zur Aufhebung der eingetragenen Lebenspartnerschaft teilhaben. Insoweit kann die zum Trennungsunterhalt unter Eheleuten ergangene Rechtsprechung herangezogen werden.[18] Damit scheiden nur unerwartete, vom Normalverlauf abweichende Entwicklungen aus.[19] Maßgebend sind in erster Linie die aktuellen Einkommensverhältnisse bzw. beim nachpartnerschaftlichen Unterhalt die Einkommensverhältnisse zum Zeitpunkt der Aufhebung der eingetragenen Partnerschaft. Es kommt auf den jeweiligen Lebenszuschnitt der Partner und auf die derzeitigen Einkommens- und Vermögensverhältnisse an, welche die Partnerschaft prägen[20] bzw. beim nachpartnerschaftlichen Unterhalt im Zeitpunkt der Aufhebung geprägt haben. Wegen des Problems der Übertragung der Rechtsprechung des BGH zur Haushaltsführungsehe auf entsprechend gelagerte Fälle unter Lebenspartners siehe Rn. 787.

Wegen der unterschiedlichen gesetzlichen Voraussetzungen (vgl. Verweisungen auf die entsprechenden unterschiedlichen Normen des Ehegattenunterhaltsrechts) besteht **keine Identität** zwischen dem Lebenspartnerschaftsunterhalt (§ 5 LPartG), dem Trennungsunterhalt (§ 12 LPartG) und dem nachpartnerschaftlichen Unterhalt (§ 16 LPartG) – vgl. wegen der Rechtsfolgen die Ausführungen zu den entsprechenden Problemen beim Ehegattenunterhalt Rn. 2/14.

---

[16] Vgl. Begründung des Koalitionsentwurfs des Gesetzes (Bundestagsdrucksache 14/3751), zitiert nach Meyer/Mittelstädt (vgl. Fn. 3), zu § 5

[17] BGH, FamRZ 1984, 356 zum Ehegattenunterhalt

[18] Büttner, FamRZ 2001, 1105, 1107

[19] BGH, FamRZ 1999, 367, 368 f. = R 530 a + c; FamRZ 2000, 1492 = R 546 a, beide jeweils für den Ehegattenunterhalt

[20] Vgl. BGH, FamRZ 1998, 608, 609 = R 522 b für den Familienunterhalt

3. Gerichtliche Geltendmachung

Nach §§ 23b I Nr. 15 GVG, 661 I Nr. 4 u. II, 621 I Nr. 5 ZPO sind für Streitigkeiten über Unterhaltsansprüche, die auf der Lebenspartnerschaft beruhen, die Familiengerichte zuständig, die nach den für die entsprechenden Verfahren unter Eheleuten geltenden Vorschriften zu entscheiden haben (§ 661 II ZPO). Im Aufhebungsverfahren nach § 15 I LPartG kann ein Entscheidungsverbund entsprechend §§ 623 I, 629 ZPO mit dem nachpartnerschaftlichen Unterhalt hergestellt werden. Während der Anhängigkeit des Aufhebungsverfahrens können einstweilige Anordnungen über den Unterhalt entsprechend § 620 Nr. 6 ZPO ergehen, in einem isolierten Unterhaltsprozess entsprechend § 644 ZPO. 782

II. Die einzelnen Unterhaltsansprüche

1. Lebenspartnerschaftsunterhalt nach § 5 LPartG

Der Lebenspartnerschaftsunterhalt nach § 5 LPartG, den sich die Lebenspartner **bei Zusammenleben** gegenseitig schulden, entspricht dem ehelichen Familienunterhalt, kann sich anders als dieser aber nicht auf den Lebensbedarf gemeinsamer Kinder beziehen. Er ist eine Ausprägung der in § 2 LPartG statuierten Verpflichtung „zu Fürsorge und Unterstützung".[21] § 5 2 LPartG verweist auf die Vorschriften der §§ 1360 a und 1360 b zum Familienunterhalt. Wie beim Familienunterhalt muss eine räumliche Trennung, z. B. wegen arbeitsbedingten Auslandsaufenthalts eines Partners, wegen längeren Krankenhausaufenthalts oder weil sich ein Partner in Haft befindet, keine Aufhebung des Zusammenlebens bedeuten, solange der Wille zur gemeinsamen Partnerschaft noch vorhanden ist[22] – siehe zur Rechtslage bei der Ehe Rn. 4/4 u. 5. Umgekehrt kann das Zusammenleben durch Getrenntleben in der gemeinsamen Wohnung beendet werden (vgl. § 14 LPartG). Für die Abgrenzung können die Maßstäbe der Rechtsprechung zur Trennung von Eheleuten in der Ehewohnung entsprechend herangezogen werden. Hierbei muss allerdings beachtet werden, dass die Lebenspartner nach § 2 1 LPartG nur zur gemeinsamen Lebensgestaltung und nicht wie Eheleute zur ehelichen Lebensgemeinschaft verpflichtet sind.[23] Eine gemeinsame Lebensgestaltung der Partner kann daher bei getrennten Wohnungen eher vorliegen als unter Eheleuten mit getrennten Wohnungen eine eheliche Lebensgemeinschaft. 783

Eine Verweisung auf § 1360 2 BGB – Erfüllung der Unterhaltspflicht durch die übernommene **Haushaltsführung** – ist, weil offensichtlich nicht typisch für die gleichgeschlechtliche Partnerschaft ohne Kinder,[24] unterblieben. Trotzdem können die Lebenspartner ihre gemeinsame Lebensgestaltung wie eine Haushaltsführungsehe organisieren.[25] Dies zeigt schon die Formulierung in dem entsprechend anwendbaren § 1360 a II 1 BGB, wonach der Unterhalt in der Weise zu leisten ist, die durch die (konkrete) partnerschaftliche Gemeinschaft geboten ist. Nach dem Koalitionsentwurf des Gesetzes[26] sollte den Lebenspartnern durch die Verweisung auf §§ 1360 a, 1360 b BGB die größtmögliche Wahlfreiheit eingeräumt werden. Im Übrigen bezieht sich die Bestimmung über die Schlüsselgewalt (§§ 8 II LPartG, 1357 BGB) in erster Linie auf derartig gestaltete Lebenspartnerschaften.

Auch wenn § 1360 2 BGB nicht in Bezug genommen worden ist, kann die durch Haushaltsführung übernommene Arbeit der Erwerbstätigkeit des anderen Partners gleichstehen.[27] Hat ein Partner einen **übermäßigen Beitrag zur Haushaltsführung** geleistet, handelt es sich daher um eine Leistung zum Unterhalt der Partnerschaft im Sinne des

---

[21] Begründung des Koalitionsentwurfs des Gesetzes (Bundestagsdrucksache 14/3751), zitiert nach Meyer/Mittelstädt (vgl. Fn. 3), zu § 5;

[22] Meyer/Mittelstädt (vgl. Fn. 3), Anm. vor § 12

[23] Büttner, FamRZ 2001, 1105, 1106

[24] Büttner, a.a.O.; Meyer/Mittelstädt (vgl. Fn. 3), Anm. zu § 5

[25] Göppinger/Wax/Hoffmann, Unterhaltsrecht, 8. Aufl. Rn. 1154; Büttner a.a.O.

[26] Meyer/Mittelstädt (vgl. Fn. 3), zu § 5 LPartG

[27] Göppinger, a.a.O.

entsprechend anwendbaren § 1360 b BGB, so dass im Zweifel wegen dieser Mehrleistung entgegen Kemper[28] kein Ersatz verlangt werden kann.

784 Ein durchsetzbarer **Geldanspruch** kann sich wie beim Familienunterhalt nur in 3 Fällen ergeben. Hat der nicht erwerbtätige Partner die Haushaltsführung übernommen, hat er nach §§ 5 2 LPartG, 1360 a II 2 BGB einen Anspruch auf **Wirtschaftsgeld** – vgl. wegen der verschiedenen Fallgestaltungen Rn. 3/46 für den Familienunterhalt. Unabhängig von der Gestaltung der Lebenspartnerschaft bezüglich der Haushaltsversorgung kann der einkommenslose oder gering verdienende Partner gegen den gut verdienenden Partner einen Anspruch auf **Taschengeld**[29] haben, der sich nach den im Einzelfall gegebenen Einkommens- und Vermögensverhältnissen, dem Lebensstil und der Zukunftsplanung der Lebenspartner richtet, und der sich der Höhe nach auf eine Quote von 5% bis 7% des zur Verfügung stehenden Nettoeinkommens belaufen kann.[30] Schließlich folgt aus dem entsprechend anwendbaren § 1360 a Abs. 4 BGB, dass in persönlichen Angelegenheit auch ein Anspruch des bedürftigen gegen den leistungsfähigen Partner auf Erbringung eines **Prozesskostenvorschusses** in Betracht kommt.

785 Durch die Verweisung in § 5 2 LPartG auf § 1360 a BGB und die Weiterverweisung auf §§ 1613 bis 1615 BGB ergibt sich:

- Der Anspruch auf Lebenspartnerschaftsunterhalt ist für künftige Ansprüche **nicht verzichtbar** (§§ 5 2 LPartG, 1360 a III, 1614 BGB). Soweit in der Begründung des Koalitionsentwurfs des Gesetzes[31] davon gesprochen wird, der Anspruch sei lediglich im Interesse Dritter nicht verzichtbar, lässt sich daraus nicht der Schluss ziehen, man habe in Abkehr von der bisherigen und in Bezug genommenen Gesetzeslage nach § 1614 I BGB einen Verzicht „inter partes" ermöglichen wollen.[32]
- Der Anspruch erlischt grundsätzlich mit dem **Tod** des Berechtigten oder des Verpflichteten (§ 1615 I BGB). Beim Tod des Berechtigten kann die Verpflichtung zur Tragung der Beerdigungskosten entstehen (§ 1615 II BGB).
- **Unterhalt für die Vergangenheit und Sonderbedarf** kann nur nach Maßgabe des § 1613 BGB verlangt werden.

2. Trennungsunterhalt nach § 12 LPartG

786 **a) Anspruchsvoraussetzungen.** Der Unterhaltsanspruch gemäß § 12 LPartG ist die Entsprechung zum Trennungsunterhalt unter Eheleuten (§ 1361 BGB). § 12 I 1 LPartG greift die Formulierung von § 1361 I 1 BGB weitgehend auf. Bei Trennung kann ein Partner vom anderen den nach den Lebensverhältnissen und den Erwerbsverhältnissen während der Lebenspartnerschaft angemessenen Unterhalt verlangen.

Voraussetzungen sind:

- Bestand einer eingetragenen Lebenspartnerschaft – siehe Rn. 780.
- **Getrenntleben der Lebenspartner:** Trennung heißt auch hier im Regelfall räumliche Trennung wie beim Ehegattenunterhalt. Die Rechtsprechung zur Trennung von Eheleuten bzw. zur Auslegung des Trennungsbegriffs kann daher herangezogen werden[33] – siehe zur Rechtslage bei der Ehe Rn. 4/4 u. 5. Eine räumliche Trennung, z. B. wegen arbeitsbedingten Auslandsaufenthalts eines Partners, wegen längeren Krankenhausaufenthalts oder weil sich ein Partner in Haft befindet, muss keine Aufhebung des Zusammenlebens bzw. der gemeinsamen Lebensgestaltung bedeuten, solange der Wille zur gemeinsamen Partnerschaft noch vorhanden ist.[34] Umgekehrt kann das Zusammenleben durch Getrenntleben in der gemeinsamen Wohnung beendet werden (vgl. § 14 LPartG). Hatten die Partner von vornherein eine gemeinsame Lebensgestaltung mit getrennten Wohnun-

[28] Kemper, FPR 2001, 449, 455
[29] Büttner, FamRZ a.a.O.
[30] BGH, FamRZ 1998, 608, 609 = R 522 b für den Familienunterhalt
[31] Meyer/Mittelstädt (vgl. Fn. 3), zu § 5 LPartG
[32] Vgl. den Hinweis von Schwab, FamRZ 2001, 385, 392, Fn. 52
[33] Büttner, FamRZ 2001, 1105, 1106
[34] Meyer/Mittelstädt (vgl. Fn. 3), Anm. vor § 12

gen, kommt es darauf an, dass einer der Partner den Willen zur Aufhebung der gemeinsamen Lebensgestaltung nach außen erkennbar manifestiert – vgl. Rn. 4/5. Selbst wenn ein oder beide Partner Beendigungserklärungen nach § 15 II Nr. 1 oder 2 LPartG abgegeben haben, aber dennoch keine räumlich-gegenständliche Trennung in der gemeinsamen Wohnung durchführen, dürfte es an einer Trennung im Rechtssinne fehlen, so dass kein Trennungsunterhalt geschuldet ist.[35]

- **Bedürftigkeit** des Berechtigten,
  - weil er seinen den Lebensverhältnissen und den Erwerbs- und Vermögensverhältnissen der Partnerschaft entsprechenden angemessenen Unterhalt nicht durch eigene Erwerbstätigkeit sichern kann. § 12 I 2 LPartG geht davon aus, dass ohne Karenzfrist sofort nach Trennung eine Erwerbstätigkeit begonnen wird.[36] Deswegen muss der Berechtigte die entsprechende Vermutung widerlegen und darlegen, dass er ausnahmsweise (vgl. § 12 I 2 letzter Halbsatz LPartG) noch keine Erwerbsobliegenheit hat. Hierbei kann im Einzelfall zu berücksichtigen sein, dass der Berechtigte im Einvernehmen mit dem Partner seit Jahren ein eigenes Kind betreut hat, so dass ihm insoweit ein Vertrauenstatbestand zugute kommt.[37]
    Bezüglich der Angemessenheit der Tätigkeit ist nur auf die Verhältnisse des Berechtigten, nicht auf die partnerschaftlichen Verhältnisse abzustellen. Beim nachpartnerschaftlichen Unterhalt ist die Verweisung auf § 1574 II BGB unterblieben, hieraus muss auch für den Trennungsunterhalt der Schluss gezogen werden, dass nicht nur eine partnerschaftsangemessene Tätigkeit zumutbar ist.
  - weil er zwar bereits erwerbstätig ist, aber dadurch nicht so viel verdient, wie es für ihn zur Wahrung des bestehenden Status der Lebenspartnerschaft erforderlich wäre.[38] Insoweit kommt für die Trennungszeit auch ein **Aufstockungsunterhalt** in Betracht, der allerdings nach Billigkeit auf eine angemessene Zeit begrenzt werden kann (§ 12 II 1 LPartG) – siehe Rn. 788.
  - Die fehlende Erwerbsfähigkeit kann auch auf Alter oder Krankheit beruhen.
  - Zum Einsatz seines **Vermögensstamms** ist der Berechtigte insoweit nicht verpflichtet, als ihm dies auch nach Aufhebung der Lebenspartnerschaft nicht zumutbar wäre.[39]
- **Leistungsfähigkeit** des Pflichtigen:
  Entsprechend der Rechtsprechung zum ehelichen Trennungsunterhalt ist der für den nachpartnerschaftlichen Unterhalt über 16 II 2 LPartG ausdrücklich als entsprechend anwendbar in Bezug genommene § 1581 BGB auch beim Trennungsunterhalt unter Lebenspartnern entsprechend anzuwenden.

Keine Voraussetzung sind (vgl. dazu Rn. 4/6 für den ehelichen Trennungsunterhalt):

- Ein Zusammenleben der Lebenspartner in häuslicher Gemeinschaft vor Trennung oder eine Aufnahme der Lebenspartnerschaft in anderer Weise; der Anspruch besteht ggf. auch, wenn es nie zu der in § 2 LPartG vorgesehenen gemeinsamen Lebensgestaltung gekommen ist.
- Dass die Bedürftigkeit ihren Grund im Bestehen der Lebenspartnerschaft hätte.
- Gemeinsames Wirtschaften der Partner; der Anspruch kann auch bestehen, wenn man getrennte Kassen beibehalten hatte.
- ein fehlendes Trennungsverschulden des Berechtigten oder das Fehlen sonstiger in seiner Sphäre liegender Trennungsgründe.

Bei der **Auslegung des Gesetzes** ist zu berücksichtigen, dass es nicht zu einer Besserstellung gegenüber dem Ehegattenunterhalt kommen darf.[40]

---

[35] Büttner, FamRZ 2001, 1105, 1106

[36] Vgl. die Begründung des Koalitionsentwurfs des Gesetzes zu § 12, zitiert nach Meyer/Mittelstädt (vgl. Fn. 3), zu § 12

[37] Kemper, FPR 2001, 449, 456; Büttner, FamRZ 2001, 1105, 1109, jeweils für den nachpartnerschaftlichen Unterhalt

[38] Vgl. Fn. 35

[39] Begründung des Koalitionsentwurfs des Gesetzes zu § 12, zitiert nach Meyer/Mittelstädt (vgl. Fn. 3), zu § 12

[40] Empfehlung des 14. Deutschen Familiengerichtstags, FamRZ 2002, 296, 297

Der Berechtigte trägt wegen der entgegenstehenden gesetzlichen Vermutung (vgl. in dieser Rn. oben zur Bedürftigkeit) die **Darlegungs-Beweislast** dafür, dass er keine Erwerbsobliegenheit (z. B. wegen Alters oder Krankheit) hat oder ungeachtet nachgewiesener genügender Anstrengungen zum Finden einer Beschäftigung keine reale Beschäftigungschance hat – vgl. allgemein zur Beweislast Rn. 700 ff.

787 **b) Besonderheiten der Bedarfsbemessung.** Zur Bedarfsbemessung im Allgemeinen siehe Rn. 781. Problematisch erscheint, ob die Rechtsprechung des BGH zur **Haushaltsführungsehe**[41] für den Fall entsprechend anzuwenden ist, dass der vor der Trennung haushaltsführende Partner – was er ohne die Trennung nicht getan hätte – eine Erwerbstätigkeit aufnimmt oder erweitert, so dass das Einkommen bzw. Zusatzeinkommen nach der alten Rechtsprechung nicht prägend gewesen wäre. Eine Regelung, wie in § 1360 2 BGB, wonach die Haushaltsführung rechtlich die volle Erfüllung der Unterhaltspflicht aus dem Lebenspartnerschaftsunterhalt bedeutet, fehlt. Darüber hinaus kann der nichterwerbstätige Partner nach § 12 I 2 LPartG grundsätzlich darauf verwiesen werden, seinen Unterhalt durch Erwerbstätigkeit selbst zu verdienen. Käme man zur entsprechenden Anwendung der BGH-Rechtsprechung und damit zur Differenz- oder Anrechnungsmethode, würde sich in dem erwähnten Fall, in dem er trotz angemessener Tätigkeit nur weniger verdienen kann als der andere Partner, wegen des gestiegenen Bedarfs als Trennungsunterhalt immer ein Aufstockungsunterhalt errechnen, obwohl man vor der Trennung von einem Einkommen leben musste. Für den nachpartnerschaftlichen Unterhalt besteht wohl überwiegend Einigkeit darüber, dass es wegen Fehlens einer entsprechenden Verweisung und wegen der konkreten gesetzlichen Regelung einen dem § 1573 II BGB entsprechenden Aufstockungsunterhalt nicht gibt.[42] Tatsächlich erscheint die Surrogatsrechtsprechung des BGH auf den Partnerschaftsunterhalt nicht übertragbar.[43] Die Partner sind nur zur gemeinsamen Lebensgestaltung, nicht zur Lebensgemeinschaft verpflichtet. Eine Haushaltsführung im Zusammenhang mit der für den Ehegattenunterhalt vielfach typischen Betreuung gemeinsamer Kinder scheidet aus. Eine solche Auslegung des Gesetzes stellt auch keinen Verstoß gegen den verfassungsrechtlichen Gleichheitssatz (Art. 3 GG) dar, da Unterhaltsfragen im Zusammenhang mit der verfassungsrechtlich nach Art. 6 I GG besonders geschützten Ehe sich auf einen anderen Sachverhalt beziehen, als die eingeschränkteren Unterhaltsregelungen zwischen den Partnern einer eingetragenen Lebenspartnerschaft. Die Entscheidung des Bundesverfassungsgerichts vom 5. 2. 2002[44] zur verfassungsrechtlichen Billigung und Notwendigkeit der geänderten BGH-Rechtsprechung ist zu den besonderen Umständen der Ehe ergangen. Art. 6 I i. V. m. Art. 3 II GG gebiete die Gleichwertigkeit von geleisteter Familienarbeit und ehelichen Einkünften. Dass dieses Gebot auf die eingetragenen Lebenspartnerschaft ohne herausgehobene verfassungsrechtliche Stellung müsste, ist nicht ersichtlich.

Im Gegensatz zum Trennungsunterhalt unter Eheleuten wird, da das Gesetz nicht auf § 1361 I 2 BGB verweist, kein Vorsorgeunterhalt für eine Versicherung wegen Alters oder wegen verminderter Erwerbsfähigkeit geschuldet, sondern nur Vorsorgeunterhalt für Kranken- und Pflegeversicherung (vgl. Rn. 2/612). Da der **Alters-Vorsorgeunterhalt** nicht zum allgemeinen Unterhaltsbedarf gehört, sondern eine Sonderregelung darstellt, liegt eine bewusste Entscheidung des Gesetzgebers vor, hier zwischen Trennungsunterhalt und nachpartnerschaftlichen Unterhalt zu unterscheiden. Wenn zwischen den Partnern schon für die Zeit des Zusammenlebens und für die Trennungszeit bis zur Rechtshängigkeit des Aufhebungsantrags kein Versorgungsausgleich stattfindet, wäre es inkonsequent, für die folgende Trennungszeit einen Vorsorgeunterhalt zu gewähren. Die gegen die gesetzliche Regelung von *Büttner* vorgebrachten Bedenken[45] überzeugen nicht. Zwar ist es grundsätzlich richtig, dass es widersprüchlich erscheinen könnte, den Anspruch für die Zeit des Getrenntlebens schwächer auszustatten als den Anspruch nach Aufhebung der Lebenspartnerschaft. Zum einen kann der

---

41 BGH, FamRZ 2001, 986, 991 = R 563 c

42 Büttner, FamRZ 2001, 1105, 1109; Palandt (Fn. 5), Rn. 8 zu § 16 LPartG; anderer Ansicht Göppinger/Wax-Hoffmann (Fn. 24), Rn. 1165

43 Vgl. zum Ergebnis Kemper, FPR 2001, 449, 456

44 BVerfG, FamRZ 2002, 527 = R 571 a + b

45 Büttner, FamRZ 2001, 1105, 1107; zustimmend Göppinger/Wax-Hoffmann (Fn. 25), Rn. 1157

Gesetzgeber aber eine solche bewusste Entscheidung treffen, zum anderen ist zu berücksichtigen, dass der Anspruch auf nachpartnerschaftlichen Unterhalt, nach der Intention des Gesetzgebers, weil es anders als beim Trennungsunterhalt nicht mehr um die Wahrung des bestehenden Status geht, jedenfalls dem Grunde nach ungeachtet des Altersvorsorgeunterhalts als ein schwächerer Anspruch anzusehen ist.[46] *Koller* (FamRZ 2003, 1424, 1425) geht davon aus, dass für den nachpartnerschaftlichen Unterhalt ein Redaktionsversehen des Gesetzgebers vorliege.

Für die Zeit des Getrenntlebens besteht ein Anspruch auf **Prozesskostenvorschuss** (§§ 12 II 2 LPartG, 1361 IV 3, 1360 a IV BGB).

c) Die Härteklausel des § 12 II 1 LPartG. Mit § 12 II 1 LPartG hat der Gesetzgeber 788
eine über die Regelung beim ehelichen Trennungsunterhalt hinausgehende **generelle Billigkeitsklausel für Versagung, Herabsetzung oder zeitliche Begrenzung** des Unterhalts geschaffen. Die Klausel greift insbesondere schon bei bloßer Unbilligkeit ein und erfordert daher nicht wie die beim ehelichen Trennungsunterhalt in Bezug genommenen Tatbestände des § 1579 Nr. 2 bis 7 BGB eine grobe Unbilligkeit. Auch hierin zeigt sich die stärkere Betonung der wirtschaftlichen Eigenverantwortung unter den Lebenspartnern. Die Anwendung der Härteklausel kommt entgegen der Regelung in § 1361 III BGB allein schon deswegen in Betracht, weil die Lebenspartnerschaft bis zur Trennung nur für eine kurze Dauer bestand.[47] Hiergegen wird vorgebracht, trotz fehlender Verweisung sei § 1361 III BGB entsprechend anzuwenden.[48] Entsprechend hat auch das OLG Bremen[49] für den Fall entschieden, dass ein aidskranker erwerbsunfähiger Lebenspartner nach nur dreimonatigem Zusammenleben Trennungsunterhalt verlangt. Dass hier keine Unbilligkeit vorliegt, insbesondere, weil die Partnerschaft in Kenntnis der Aidserkrankung begründet worden war, liegt auf der Hand. Weshalb aber ein gesunder Partner, der keine partnerschaftsbedingten beruflichen Nachteile hatte und sich von seinem Einkommen ohne weiteres selbst unterhalten kann, nach kurzer Dauer der eingetragenen Lebenspartnerschaft Anspruch auf Trennungsunterhalt in Form eines Aufstockungsunterhalts haben müsste, nur weil der andere Partner mehr verdient, ist nicht einzusehen. Mit § 12 II 1 LPartG hat der Gesetzgeber eine generell anwendbare, allgemeine Härteklausel eingeführt, deren Voraussetzungen je nach Umständen des Falles auch bei einer bis zur Trennung kurzen Dauer der eingetragenen Lebenspartnerschaft vorliegen können. Dabei geht es in einem solchen Fall entgegen *Büttner*[50] um die unmittelbare Anwendung des § 12 II 1 LPartG und nicht um eine entsprechende Anwendung von § 1579 Nr. 1 BGB. Letzteres mag allerdings schon aus Gründen der formalen Logik ausgeschlossen sein, da die kurze Dauer einer bestehenden Lebenspartnerschaft – zumindest vor Zustellung des Aufhebungsantrags[51] – nicht feststehen könnte.

Abzulehnen ist die Ansicht, die als Billigkeitsmaßstab entgegen dem Wortlaut des Gesetzes (vgl. Art. 97 I GG) eine „grobe Unbilligkeit" fordert.[52] Freilich ist es in der Tat widersprüchlich, dass für den nachpartnerschaftlichen Unterhalt nach § 16 II LPartG die entsprechende Anwendung des § 1579 BGB vorgeschrieben ist, der auf grobe Unbilligkeit abstellt. Da der Gesetzgeber die Unterhaltsansprüche unter Lebenspartnern prinzipiell eher schwächer ausgestalten wollte, als diejenigen unter Eheleuten, bietet sich eher an, im Rahmen der entsprechenden Anwendung des § 1579 BGB für den nachpartnerschaftlichen Unterhalt bloße Unbilligkeit genügen zu lassen, weil dieser Unterhalt nicht stärker ausgestaltet sein kann als der Trennungsunterhalt.[53]

---

[46] Vgl. die Begründung des Koalitionsentwurfs des Gesetzes zu § 12 bzw. § 16, zitiert nach Meyer/Mittelstädt (vgl. Fn. 3), zu § 12 und § 16

[47] Anderer Ansicht Göppinger/Wax-Hoffmann (Fn. 25), Rn. 1158: die kurze Dauer allein könne kein Verwirkungsgrund sein

[48] Göppinger/Wax-Hoffmann a.a.O.

[49] OLG Bremen, FamRZ 2003, 1280

[50] Büttner, FamRZ 2001, 1105, 1107

[51] Vgl. die Rechtsprechung zur kurzen Ehedauer im Sinne des § 1579 Nr. 1 BGB (Zeit von der Eheschließung bis zur Rechtshängigkeit des Scheidungsantrags), z. B. BGH, FamRZ 1995, 1405 = R 490A b

[52] Empfehlung des 14. Deutschen Familiengerichts, FamRZ 2002, 296, 297; Palandt (Fn. 5), Rn. 9 zu § 12 und Rn. 12 zu § 16 LPartG; Kemper, FPR 2001, 449, 455

[53] Büttner, a.a.O.; wie hier: Göppinger/Wax-Hoffmann (Fn. 25), Rn. 1158 u. 1170

789 **d) Weitere Besonderheiten des Trennungsunterhalts.** Der Anspruch **beginnt** mit vollständiger Trennung der Lebenspartner **und endet** mit Ablauf des Tages vor Eintritt der Rechtskraft des Aufhebungsurteils. Ab dem Tag der Rechtskraft wird ggf. der nicht identische nachpartnerschaftliche Unterhalt geschuldet. Der Anspruch geht auf **Zahlung einer** monatlich im Voraus zu erbringenden **Geldrente** (§§ 12 II 2 LPartG, 1361 IV 1 u. 2 BGB).

Die **Rangfragen** sind entsprechend der Regelung für den nachpartnerschaftlichen Unterhalt in § 16 II LPartG zu beurteilen (vgl. Rn. 794). § 1609 BGB trifft zum Unterhaltsanspruch des Lebenspartners keine Regelung, so dass er nicht anwendbar erscheint. Insbesondere ist nicht anzunehmen, dass der Lebenspartner trotz der schwächeren Ausprägung seines Anspruchs wie ein Ehegatte gleichrangig mit minderjährigen Kindern sein sollte. Andererseits kann nicht davon ausgegangen werden, dass der Bedürftige für den Trennungsunterhalt rangmäßig schlechter als beim nachpartnerschaftlichen Unterhalt gestellt sein sollte. In § 1608 I 4 BGB ist angeordnet, dass der Lebenspartner des Berechtigten wie ein Ehegatte vor dessen Verwandten haftet.

Durch die Verweisung in § 12 II 2 LPartG auf § 1361 IV BGB und die Weiterverweisung auf §§ 1360 a III, 1613 bis 1615 BGB ergibt sich:

- Der Anspruch auf Lebenspartnerschaftsunterhalt ist für künftige Ansprüche **nicht verzichtbar** (§§ 12 II 2 LPartG, 1360 a III, 1614 BGB) – vgl. hierzu auch Rn. 785.
- Der Anspruch erlischt grundsätzlich mit dem **Tod** des Berechtigten oder des Verpflichteten (§ 1615 I BGB). Beim Tod des Berechtigten kann die Verpflichtung zur Tragung der Beerdigungskosten entstehen (§ 1615 II BGB).
- **Unterhalt für die Vergangenheit und Sonderbedarf** kann nur nach Maßgabe des § 1613 BGB verlangt werden.

Über § 1361 IV BGB besteht auch der **Auskunftsanspruch** aus § 1605 BGB.

3. Der nachpartnerschaftliche Unterhalt nach § 16 LPartG

790 **a) Anspruchsvoraussetzungen.** § 16 I LPartG gibt – wenn ein Lebenspartner nach Aufhebung der Partnerschaft nicht selbst für seinen Unterhalt sorgen kann – einen Anspruch auf den nach den Lebensverhältnissen während der Partnerschaft angemessenen Unterhalt, soweit und solange von ihm eine Erwerbstätigkeit, insbesondere wegen Alters, wegen Krankheit oder anderer Gebrechen, nicht erwartet werden kann.

Entgegen der Gesetzeslage beim nachehelichen Unterhalt hat sich der Gesetzgeber für eine generalklauselartige Regelung entschieden. Dabei ging er davon aus, dass der **Grundsatz der Eigenverantwortlichkeit** gelte und Tatbestände, die der Annahme wirtschaftlicher Selbstständigkeit von Lebenspartnern nach Aufhebung der Partnerschaft entgegenstehen könnten, nur in Ausnahmefällen zu erwarten seien.[54]

Voraussetzungen sind:

- Rechtskräftige Aufhebung der Lebenspartnerschaft;
- Das Unvermögen des Partners für sich selbst zu sorgen, weil alternativ
  - eine angemessene Erwerbstätigkeit nicht erreichbar ist. Dieser Anspruch ist § 1573 I BGB nachgebildet. Für die Angemessenheit der Erwerbstätigkeit sind nur auf die persönlichen Verhältnisse des Berechtigten und nicht die partnerschaftlichen Verhältnisse maßgebend. Eine Verweisung auf § 1574 II BGB ist nämlich unterblieben. Es muss daher grundsätzlich jede Arbeit aufgenommen werden, die der beruflichen Stellung vor Beginn der Partnerschaft entspricht, es sei denn, – bei einer langjährigen Partnerschaft – wäre eine solche persönliche Weiterentwicklung eingetreten, dass dies ausnahmsweise unzumutbar wäre. Unter Umständen kann, auch wenn § 1570 BGB nicht in Bezug genommen ist, zu berücksichtigen sein, dass der Berechtigte im Einvernehmen mit dem Partner seit Jahren ein eigenes Kind betreut hat, so dass ihm insoweit ein Vertrauenstatbestand zugute kommt[55] und er sich weiter ohne Arbeits-

[54] Begründung des Koalitionsentwurfs des Gesetzes zu § 16, zitiert nach Meyer/Mittelstädt (vgl. Fn. 3), zu § 12

[55] Kemper, FPR 2001, 449, 456; Büttner, FamRZ 2001, 1105, 1109

aufnahme der Betreuung eines noch nicht 8 Jahre alte Kindes oder eines besonders betreuungsbedürftigen älteren Kindes widmen darf.

– im Einzelfall eine insbesondere im Hinblick auf Alter oder Krankheit gegründete Annahme, die Aufnahme einer Erwerbstätigkeit nicht erwarten lässt. Die Ansprüche sind, ohne dass konkrete Einsatzpunkte formuliert wurden – vgl. Rn. 791, den §§ 1571 und 1572 BGB nachgebildet. Auf die Ausführungen zu diesen Vorschriften kann Bezug genommen werden.

- Bedürftigkeit und Bedarf des Berechtigten; diesem steht anders als beim Trennungsunterhalt (Rn. 786) grundsätzlich **kein Aufstockungsbedarf** zu. Einmal wurde § 1573 II BGB nicht in Bezug genommen, zum anderen würde ein solcher Anspruch mit dem Ausnahmecharakter des nachpartnerschaftlichen Unterhalts unvereinbar sein. Das Gesetz gewährt den Unterhaltsanspruch nur, solange und soweit eine Erwerbstätigkeit nicht erwartet werden kann. Wird die angemessene Erwerbstätigkeit ausgeübt, besteht daher, unabhängig von den partnerschaftlichen Verhältnissen, kein Anspruch.[56] Im Einzelfall kann es im Ergebnis zu einer anderen Entscheidung kommen, wenn die nur ein geringes Einkommen abwerfende Tätigkeit des Berechtigten wegen seiner Entwicklung während der Partnerschaft nicht mehr angemessen ist, obwohl sie seiner beruflichen Tätigkeit vor Beginn der eingetragenen Lebenspartnerschaft entspricht.
- Leistungsfähigkeit des Pflichtigen; § 1581 BGB ist entsprechend anwendbar (§ 16 II 2 LPartG).

Bei der **Auslegung des Gesetzes** ist zu berücksichtigen, dass es nicht zu einer Besserstellung gegenüber dem Ehegattenunterhalt kommen darf.[57]

Der Berechtigte trägt die **Darlegungs-Beweislast** dafür, dass er nicht für seinen Unterhalt sorgen kann, weil er keine Erwerbsobliegenheit hat oder ungeachtet nachgewiesener genügender Anstrengungen zum Finden einer Beschäftigung keine reale Beschäftigungschance hat bzw. wegen Alters oder Krankheit nicht zu arbeiten vermag – vgl. allgemein zur Beweislast Rn. 700 ff.

Spezielle **Einsatzzeitpunkte** formuliert das Gesetz nicht. In allen Unterhaltsfällen muss **791** bei der Gesetzesanwendung aber beachtet werden, dass dem berechtigten Lebenspartner kein weitgehender, sondern nur ein eingeschränkterer Unterhaltsanspruch als einem geschiedenen Ehegatten eingeräumt werden sollte – siehe Rn. 790 zur Auslegung. Soweit nach den tatsächlichen Umständen mangels Vorliegens eines Einsatzpunkts, Erwerbslosen-, Alters- oder Krankheitsunterhalt eines bedürftigen Ehegatten ausscheiden würde, hat auch ein Lebenspartner keinen Anspruch.[58] Für einen originären nachehelichen Erwerbslosenunterhalt nach § 1573 I BGB, der sich nicht an einen Unterhalt nach §§ 1571, 1572 BGB anschließt, verlangt die Rechtsprechung – da das Gesetz mit „nach der Scheidung" wie in § 16 I LPartG mit „nach Aufhebung der Lebenspartnerschaft" einen – allerdings unklaren – zeitlichen Bezug herstellt – einen zeitlichen Zusammenhang mit der Scheidung – vgl. Rn. 4/114. Dabei ist von Zeiträumen von ein bis zwei Jahren die Rede. Für den originären Erwerbslosigkeitsunterhalt des Lebenspartners kann nichts anderes gelten,[59] zumal eine zeitliche Begrenzung nach § 1573 V BGB nicht vorgesehen ist und das Arbeitsplatzrisiko nicht vom früheren Lebenspartner zu tragen ist. Anders als beim Ehegattenunterhalt muss der zeitliche Zusammenhang zwischen der Erwerbslosigkeit und der Aufhebung der Lebenspartnerschaft auch dann vorliegen, wenn der Unterhalt durch die bei Aufhebung ausgeübte Erwerbstätigkeit im Sinne einer ex-ante-Betrachtung (Rn. 4/118) noch nicht nachhaltig gesichert war. Ein Wiederaufleben eines Anspruchs auf Erwerbslosenunterhalt ist mangels Verweisung auf § 1573 IV BG nicht vorgesehen. Einsatzzeitpunkt für einen Erwerbslosigkeitsunterhalt könnte dagegen der Wegfall des Anspruchs auf Krankheitsunterhalts sein, der Wegfall eines Anspruchs auf Altersunterhalt ist dagegen kaum denkbar. Hatte der Berechtig-

[56] Büttner, FamRZ 2001, 1105, 1109; Palandt (Fn. 5), Rn. 8 zu § 16 LPartG; anderer Ansicht Göppinger/Wax (Fn. 25), Rn. 1165

[57] Empfehlung des 14. Deutschen Familiengerichtstags, FamRZ 2002, 296, 297; Meyer/Mittelstädt (Fn. 3), Anm. 1 zu § 16; Büttner, FamRZ 2001, 1105, 1108 f.

[58] Ebenso Büttner, FamRZ 1105, 1108 f.

[59] Ebenso Meyer/Mittelstädt (Fn. 3), Anm. 1 zu § 16

te, weil er wegen der Betreuung des eigenen Kindes ausnahmsweise keine Erwerbsobliegenheit hatte, einen Unterhaltsanspruch, kann sich der Anspruch auf Unterhalt wegen Erwerbslosigkeit im Sinne eines Anschlusses fortsetzen, wenn er nach Beendigung der Betreuung keine Beschäftigungschance mehr besteht, oder es kann sich ein Unterhaltsanspruch wegen Alters oder Krankheit anschließen.

Bestand zum Einsatzzeitpunkt für einen Anschlussunterhalt nur ein Teilanspruch auf Unterhalt bemisst sich auch der Folgeunterhalt umfangmäßig nur nach dem weggefallenen Teilanspruch (vgl. Rn. 4/50 u. 51 für den nachehelichen Unterhalt).

Einen Billigkeitsunterhalt im Sinne des **§ 1576 BGB** als Auffangtatbestand gewährt das Gesetz im Hinblick auf die allgemeinen Beschränkungen des Anspruchs nicht.

792 **b) Besonderheiten der Bedarfsbemessung.** Für die Bedarfsbemessung sind die Grundsätze der Rechtsprechung des BGH **zur Haushaltsführungsehe** nicht heranzuziehen, so dass in derartigen Fällen die Anrechnungsmethode gilt. Hierfür spricht auch, dass es für den nachpartnerschaftlichen Unterhalt keinen Aufstockungsunterhalt gibt und auch eine zeitliche Unterhaltsbegrenzung des Erwerbslosigkeitsunterhalts auf Grund entsprechender Anwendung des § 1573 V BGB vom Gesetzgeber nicht vorgesehen ist. Wegen der Einzelheiten der Problematik wird auf Rn. 787 verwiesen.

Der Unterhalt umfasst den gesamten Lebensbedarf (§§ 16 II 2 LPartG, 1578 I 4 BGB). Geschuldet wird auch **Vorsorgeunterhalt** für Kranken- und Pflegeversicherung entsprechend § 1578 II BGB sowie Altervorsorgeunterhalt entsprechend § 1578 IV BGB. *Koller* (FamRZ 2003, 1424, 1425) sieht in der Verweisung auf den nachehelichen Altersvorsorgeunterhalt ein Redaktionsversehen des Gesetzgebers. Aus den bei Meyer/Mittelstädt (Fn. 3) zu § 16 LPartG zitierten Gesetzesmaterialien lässt sich aber kein Anhaltspunkt für einen solchen Schluss entnehmen.

793 **c) Die Härteklauseln des nachpartnerschaftlichen Unterhalts.** Das Gesetz verweist in § 16 II 2 LPartG auf §§ 1579 und 1578 I 2 1. Halbsatz BGB, nicht aber auf § 1573 V BGB.

Dass **keine Verweisung auf § 1573 V BGB** über eine zeitliche Begrenzung des Erwerbslosigkeitsunterhalts stattgefunden hat, erscheint folgerichtig, wenn man sich der Auffassung anschließt, dass zum nachpartnerschaftliche Unterhalt kein Anspruch auf Aufstockungsunterhalt gehört (Rn. 790) und auch bei tatsächlichen Umständen wie bei einer Haushaltsführungsehe grundsätzlich die Anrechnungsmethode gilt, falls die neuen Einkünfte des Berechtigten ohne Anwendung der Surrogatsrechtsprechung des BGH nicht prägend wären (Rn. 792, 787). Weiter ist in diesem Zusammenhang von Bedeutung, dass der Berechtigte eine nach seinen persönlichen Verhältnissen angemessene Arbeit aufnehmen muss und sich nicht auf gehobenere partnerschaftliche Verhältnisse zurückziehen kann (Rn. 790). Ein Anspruch auf Erwerbslosenunterhalt entsteht auch nicht neu, wenn ohne zeitlichen Zusammenhang mit der Aufhebung der Partnerschaft ein noch nicht nachhaltig durch Erwerbstätigkeit gesicherter Unterhalt wegen Verlustes des Arbeitsplatzes wegfällt (Rn. 791). Insofern sind wegen der geringen Reichweite des Anspruchs kaum Fälle denkbar, in denen eine Anwendung des § 1573 V BGB in Betracht käme.

Bezüglich der Anwendung des **§ 1578 I 2 BGB** für eine Herabsetzung des Unterhalts der Höhe nach ergeben sich grundsätzlich keine Besonderheiten. Im Rahmen der Billigkeitsabwägung könnte bei der Dauer der Lebenspartnerschaft auch eine Zeit einbezogen werden, in welcher der Berechtigte ein Kind des anderen Partners betreut hat und deswegen keine Erwerbstätigkeit von ihm erwartet werden konnte.

Bei der entsprechenden Anwendung des **§ 1579 BGB** stellt sich die Frage, ob der Maßstab der Vorschrift, nämlich „grobe Unbilligkeit", oder nur der Maßstab des § 12 II 1 LPartG, nämlich bloß „Unbilligkeit", heranzuziehen ist. Die Lösung der Frage ist hochstreitig. Wegen der Einzelheiten zur Streitfrage wird auf Rn. 788 verwiesen. Dort ist näher dargestellt, weshalb es richtiger erscheint, da der nachpartnerschaftliche Unterhalt grundsätzlich keine weitgehenderen Ansprüche als der Trennungsunterhalt umfassen kann, § 1579 BGB nur mit bloßer „Unbilligkeit" als Maßstab entsprechend anzuwenden.

794 **d) Weitere Besonderheiten des nachpartnerschaftlichen Unterhalts.** Der Anspruch **beginnt** mit dem Tag der Rechtskraft des Aufhebungsurteils. Er ist nicht identisch mit dem Trennungsunterhalt – Rn. 781. Er geht auf Zahlung einer monatlich im Voraus zu entrichtenden **Geldrente** (§§ 16 II 2 LPartG, 1585 I 1 u. 2 BGB).

Die **Rangfragen** hat das Gesetz in § 16 III LPartG ohne Verweisung geregelt. Der frühere Lebenspartner geht im Fall des § 1581 BGB einem neuen Lebenspartner vor. Er ist gegenüber Kindern des Pflichtigen, seien sie minderjährig oder volljährig, nachrangig, dagegen vorrangig gegenüber den anderen Verwandten (den übrigen Verwandten im Sinne des § 1609 II 1 BGB). Nachrang besteht auch gegenüber einem geschiedenen oder neuen Ehegatten des Pflichtigen oder gegenüber einem Anspruch auf Unterhalt der Kindsmutter nach § 1615l BGB. Der pflichtige Partner haftet vor den Verwandten des Berechtigten (§§ 16 II 2 LPartG, 1584 BGB).

Durch die Verweisungen in § 16 II 2 LPartG auf §§ 1583 bis 1586 und § 1586b BGB ergibt sich:

- Der Anspruch auf nachpartnerschaftlichen Unterhalt ist auch für künftige Ansprüche formfrei **verzichtbar** (§ 1585c BGB). Der Verzicht kann im Einzelfall sittenwidrig sein (vgl. für den Verzicht unter Eheleuten Rn. 608). Eine richterliche Inhaltskontrolle (vgl. für den Verzicht unter Eheleuten Rn. 609) unter dem Gesichtspunkt mangelnder Vertragsparität wegen Fremdbestimmung durch einseitige Dominanz des anderen Partners und damit wegen Verstoßes gegen die verfassungsrechtlich geschützte Privatautonomie (Art. 2 I GG) wird nur in seltenen Ausnahmefällen in Betracht kommen, z. B. wenn ein Partner die Ausbildung des anderen finanziert hätte und trotz inzwischen eingetretener Bedürftigkeit auf Betreiben des anderen verzichtet, um diesen von der sonst angekündigten Trennung abzuhalten.
- Der Anspruch erlischt mit dem **Tod,** mit **Heirat** oder mit **Begründung einer Lebenspartnerschaft** des Berechtigten (§ 1586 I BGB).
- Ein **Wiederaufleben des Anspruchs** nach Auflösung der Ehe oder der neuen Partnerschaft sieht das Gesetz mangels Verweisung auf § 1586a BGB nicht vor. Der Fall, dass der betreffende Berechtigte ein gemeinschaftliches Kind betreut, kann nicht vorkommen. In bestimmten Ausnahmefällen, z. B. wenn der Berechtigte ein Kind des anderen Lebenspartners betreut oder wenn der Berechtigte schon während des Bestehens der Partnerschaft in Einvernehmen mit dem anderen wegen der Betreuung nicht berufstätig war und die Beziehung des Kindes zum anderen trotz der Beendigung der Partnerschaft weiterbesteht (vgl. § 1685 II BGB), wäre an sich eine entsprechende Anwendung von § 1586a BGB denkbar.[60] Es wird in diesen Fällen aber in aller Regel an dem notwendigen zeitlichen Bezug zwischen Aufhebung der Lebenspartnerschaft (siehe Rn. 791) und dem Beginn des Erwerbslosigkeitsunterhalts fehlen. Um das Wiederaufleben eines von einem Einsatzzeitpunkt unabhängiger Anspruchs wie beim Ehegattenunterhalt mit § 1570 BGB kann es hier nämlich nicht gehen.
- Bei Tod des Pflichtigen geht der Anspruch auf dessen **Erben als Nachlassverbindlichkeit** über (§ 1586b I BGB).
- **Unterhalt für die Vergangenheit** kann nach § 1585b II u. III BGB verlangt werden, **Sonderbedarf** nach Maßgabe des § 1613 II BGB (Verweisung in § 1585 I BGB).

Eine Verweisung auf §§ 1580, 1605 BGB ist unterblieben. Es dürfte insofern ein gesetzgeberisches Versehen vorliegen, da anspruchsvorbereitende **Auskunftsansprüche** sonst bei allen Unterhaltsansprüchen eingeräumt sind. Die §§ 1580, 1605 BGB sind ungeachtet der fehlenden Verweisung entsprechend anzuwenden.

---

[60] Vgl. Büttner, FamRZ 2001, 1105, 1111

§ 7 Auslandsberührung

1. Abschnitt: Materielles Recht

I. Rechtsquellen

Für die Zeit seit dem 1. 9. 1986 ergibt sich das auf Unterhaltspflichten **anwendbare** 1
Recht aus Art. 18 EGBGB.[1] Seit dem 1. 4. 1987 ist das **Haager Unterhaltsstatutabkommen vom 2. 10. 1973 (HUÜ 73)** in der Bundesrepublik mit dem Vorbehalt gemäß Art. 15 in Kraft.[2] Für die fünf neuen Bundesländer gilt es gemäß Art. 11 des Einigungsvertrages seit dem 3. 10. 1990. Es deckt sich inhaltlich im Wesentlichen mit Art. 18 EGBGB, geht aber gemäß Art. 3 II EGBGB vor.[3] Wegen der Inhaltsgleichheit ist es in der Praxis weit verbreitet, nur Art. 18 EGBGB zu zitieren, besser wäre es jedoch, auch die vorrangigen Vorschriften des HUÜ 73 anzuführen.

Das HUÜ 73 ist neben der Bundesrepublik Deutschland von Belgien, Estland, Frankreich, Italien, Japan, Litauen, Luxemburg, Niederlande, Polen, Portugal, Schweiz, Spanien und der Türkei (zum Teil mit dem Vorbehalt gemäß Art. 15) ratifiziert worden.[4] Unabhängig davon ist es gemäß Art. 3 auch im Verhältnis zu Nichtvertragsstaaten anzuwenden (sog. **weltweite Anerkennung**).

Das HUÜ 73 verdrängt im Bereich des Kindesunterhalts das Haager Abkommen vom 2
24. 10. 1956 (Art. 18 HUÜ 73), jedoch nur für die Zeit ab seinem Inkrafttreten (1. 4. 1987) und nur im Verhältnis zu den Vertragsstaaten des HUÜ 73, also nicht im Verhältnis zu Liechtenstein und Österreich.

Für den Unterhaltsanspruch eines Ehegatten, dessen Ehe vor dem Beitritt der neuen 3
Bundesländer geschlossen wurde, bleibt das bisherige Recht maßgebend (Art. 234 § 5 EGBGB).[5] In welchen Fällen das Recht der ehemaligen DDR „bisheriges Recht" war, ist nach innerdeutschem Kollisionsrecht zu beantworten, und zwar in Anlehnung an das internationale Privatrecht der Art. 3 ff EGBGB, lediglich mit dem Unterschied, dass in deutsch-deutschen Fällen nicht auf das Heimatrecht, sondern auf den gewöhnlichen Aufenthalt abgestellt wird.[6]

Im Verhältnis zu Iran ist noch das Niederlassungsabkommen vom 17. 2. 1929 in Kraft, das 4
auch für den Unterhalt gilt.[7] Voraussetzung ist, dass beide Parteien iranische Staatsangehörige sind.

II. Definition der Unterhaltspflicht

Das HUÜ 73 regelt das Kollisionsrecht auf dem Gebiete der Unterhaltspflicht (Art. 2). 5
Was unter Unterhaltspflicht zu verstehen ist, wird im Abkommen selbst nicht eigens definiert (auch nicht in Art. 18 EGBGB). Vielmehr richtet sich die Beantwortung nicht nur

---

[1] Für vor dem 1. 9. 1986 abgeschlossene Vorgänge gilt gemäß Art. 220 I und II EGBGB das frühere Recht, vgl. BT-Drucksache 10/504 S. 630 ff; BGH, FamRZ 1991, 925 = NJW 1991, 2212; FamRZ 1987, 682

[2] BGBl 1987 II 225, vgl. Rn. 9 a

[3] BGH, FamRZ 1991, 925; OLG Hamm, FamRZ 1998, 25

[4] S. die Übersicht im Internet unter „http://hcch.net/e/status/stat24 e.html"

[5] BGHZ 128, 320 = FamRZ 1995, 544 = R 492 a; BGH, FamRZ 1994, 160 = R 470 a

[6] BGHZ 85, 16, 22 f; 124, 270 f; BGH, FamRZ 1995, 473 = R 492A

[7] Vgl. BGH, FamRZ 1990, 32 = NJW 1990, 636; FamRZ 1986, 345 = IPRax 1986, 382; Jones, DRiZ 1996, 322

nach dem Recht des Gerichtsstaats (lex fori), sondern autonom nach dem Zweck und der Entstehungsgeschichte des Vertrages sowie der Rechtspraxis in den Vertragsstaaten,[8] wobei das jeweils anwendbare Recht berücksichtigt werden muss.

6 Eingegrenzt wird der Begriff der Unterhaltspflicht dahingehend, dass sie sich aus den Beziehungen der Familie, der Verwandtschaft, der Ehe u. a. ergeben muss. Gemeint sind damit **gesetzliche** Unterhaltspflichten. Nach h. M. sind insoweit Art. 1 HUÜ 73 und Art. 18 Abs. 1 EGBGB trotz des unterschiedlichen Wortlauts inhaltlich deckungsgleich.

7 Zum Unterhalt zählt in weiter Auslegung im Grundsatz alles, was zur Befriedigung der natürlichen Lebensbedürfnisse eines Menschen nötig ist (Nahrung, Kleidung, Wohnung, Ausbildung, Kultur u. a.). Die „Verpflichtung" besagt, wer dafür ganz oder teilweise aufkommen muss und in welcher Form.

8 Im Einzelnen gehören dazu

- die Barleistungen gegenüber dem jetzigen oder früheren Ehegatten,
- die Barleistungen, Betreuungs- oder Naturalleistungen seitens der Eltern gegenüber ihren Kindern,[9]
- der Prozesskostenvorschuss als Teilaspekt des Unterhalts. Umstritten ist die Rechtslage, wenn das anzuwendende Recht einen Prozesskostenvorschuss nicht kennt: Die einen wenden deutsches Recht gemäß Art. 6 HUÜ 73/Art. 18 II EGBGB an, andere lehnen den Rückgriff auf deutsches Recht ab,
- die Auskunft zur Beurteilung der Unterhaltspflicht; kennt das Unterhaltsstatut einen Auskunftsanspruch nicht, etwa weil von Amts wegen die Umstände zu ermitteln sind, ist nach deutschem Recht durch Angleichung die Zuerkennung eines solchen Anspruchs dennoch möglich,[10]
- die Zuweisung der Wohnung und des Hausrats während des Getrenntlebens (noch umstritten). Nach der Scheidung gilt das Scheidungsstatut unmittelbar gemäß Art. 17 I EGBGB oder über Art. 18 IV EGBGB/Art. 8 HUÜ 73,
- der familienrechtliche Ausgleichsanspruch, wie ihn z. B. das deutsche Recht kennt,
- die „prestations compensatoires" des französischen Rechts,[11]
- der Unterhaltsanspruch des schweizerischen ZGB (Art. 125), nicht jedoch der frühere immaterielle Genugtuungsanspruch gemäß Art. 151 II, sowie die Bedürftigkeitsrente gemäß Art. 152 schweizerisches ZGB,
- der dem schweizerischen ZGB nachgebildete Entschädigungsanspruch des türkischen Rechts gemäß Art. 174 I ZGB, nicht der immaterielle Genugtuungsanspruch nach Art. 174 II (vgl. Rn. 209), jedoch die Bedürftigkeitsrente des Art. 175 ZGB,
- die Morgengabe des islamischen Rechts, soweit sie im Zusammenhang mit der Scheidung zu zahlen ist, wegen ihres Versorgungszwecks (überwiegende Meinung), die allerdings schon wegen ihres häufig niedrigen Betrags (z. B. 1000 EUR bei in Deutschland geschlossenen Imam-Ehen) in der Alltagspraxis nur geringe Bedeutung hat.[12]

---

[8] Vgl. Kropholler, Internationales Privatrecht 4. Aufl. 2001, § 47 II 4; Hausmann, IPRax 1990, 382, 387

[9] Vgl. jedoch BGH, FamRZ 1994, 1102; Unterhalt ist gem. § 1612 I 1 BGB auf Geldleistung gerichtet. Kinderbetreuung beruht nicht auf einem Unterhaltsanspruch, auch wenn ein Elternteil durch Betreuung seine Unterhaltspflicht in der Regel erfüllt

[10] Z. B. OLG Stuttgart, IPRax 1990, 113

[11] Vgl. unten „Frankreich" Rn. 53; die Qualifikation ist streitig; vgl. Hausmann, IPRax 1990, 382 m. w. N.; Staudinger/von Bar, BGB 13. Auflage, Anh. I zu Art. 18 EGBGB Rn. 278

[12] Die Qualifikation ist streitig, vgl. z. B. BGH, FamRZ 1999, 217, 218 (Auslegung der getroffenen Vereinbarung); 1987, 13; OLG Nürnberg FamRZ 2001, 1613; OLG Düsseldorf, FamRZ 1998, 623 m. Anm. Öztan; gegen die Einordnung als unterhaltsrechtlicher Anspruch auch OLG Zweibrücken, FamRZ 1997, 1404; vgl. auch Staudinger/von Bar, BGB 13. Auflage, Anh. I zu Art. 18 EGBGB Rn. 282

III. Anwendbares materielles Recht – Unterhaltsstatut

1. Gesetzliche Grundlagen

Für Sachverhalte mit Bezug zum Recht eines ausländischen Staates richtet sich die Frage, welches materielle Recht anwendbar ist, nach den Regeln des von Amts wegen anzuwendenden deutschen Kollisionsrechts, des EGBGB.[13] Jedoch gehen Bestimmungen in völkerrechtlichen Vereinbarungen vor, soweit sie unmittelbar anwendbares innerstaatliches Recht geworden sind (Art. 3 I S. 1, II S. 1 EGBGB). Ein solcher Vorrang gilt nach dem Haager Übereinkommen über das auf Unterhaltspflichten anwendbare Recht vom 2. 10. 1973 (HUÜ 73), das für die Bundesrepublik Deutschland seit dem 1. 4. 1987 in Kraft ist (vgl. Rn. 1 f.). Es geht demnach formell den Regeln des Art. 18 EGBGB vor, der allerdings mit den Vorschriften des HUÜ 73 übereinstimmt.[14] Unabhängig von der Ratifizierung des Abkommens durch den weiteren beteiligten Staat gelten dessen Vorschriften nach Art. 3 HUÜ 73 auch im Verhältnis zu Nichtvertragsstaaten. Danach richtet sich das anzuwendende Recht nach folgenden Grundsätzen: 9

2. Vorbehalt nach Art 15 HUÜ

Bei der Ratifizierung des HUÜ 73 hat die Bundesrepublik Deutschland den Vorbehalt nach **Art. 15 HUÜ 73** erklärt. Danach gilt immer deutsches Recht, wenn sowohl der Unterhaltsberechtigte als auch der Unterhaltspflichtige Deutscher ist und der Unterhaltspflichtige seinen gewöhnlichen Aufenthalt in der Bundesrepublik Deutschland hat (Art. 15 HUÜ 73/Art. 18 V EGBGB). 9 a

3. Gewöhnlicher Aufenthalt

Gemäß Art. 4 I, II HUÜ 73/Art. 18 I 1 EGBGB ist Regelanknüpfungspunkt für das anzuwendende Recht der **gewöhnliche Aufenthalt des Berechtigten,** wobei ein Wechsel zu beachten ist (sog. Wandelbarkeit des Unterhaltsstatuts). Nur für den nachehelichen Ehegattenunterhalt gilt eine Sonderregelung (s. Rn. 17 ff.). 10

Der gewöhnliche Aufenthalt einer Person ist dort, wo sie sozial integriert ist und ihren Lebensmittelpunkt sowie den Schwerpunkt ihrer Bindungen in familiärer und beruflicher Hinsicht hat.[15] Maßgebend sind die **faktischen Verhältnisse,** wobei auch die Verweilabsichten der betreffenden Person von Bedeutung sind. Nicht notwendig ist der Wille, den Aufenthaltsort zum Lebensmittelpunkt zu machen (sonst wäre es der Wohnsitz). Durch zeitweilige Abwesenheit auch von längerer Dauer wird der gewöhnliche Aufenthalt in der Regel nicht aufgehoben, sofern Rückkehrabsicht besteht.[16] Für minderjährige Kinder, die ihren – selbstständigen – gewöhnlichen Aufenthalt in aller Regel bei den Eltern oder dem sorgeberechtigten Elternteil haben, ist eine Änderung des gewöhnlichen Aufenthalts ohne den Willen des gesetzlichen Vertreters bedeutungslos (Art. 5 III EGBGB).

Gewöhnlichen Aufenthalt hat 10 a
- der ausländische Gastarbeiter, der im Aufenthaltsstaat Wohnung und Arbeit gefunden hat, nachgezogene Familienangehörige nur bei längerem Aufenthalt[17] und Familienintegration,[18]
- der Student, der länger als etwa ein Semester im Gastland studieren will,

[13] BGH, FamRZ 1993, 1051; vgl. Kropholler, Internationales Privatrecht 4. Aufl. 2001 § 47 II
[14] BGH, FamRZ 2001, 412 = R 552
[15] BGH, FamRZ 2001, 412 = R 552; 1993, 798; 1981, 135 = NJW 1981, 520
[16] BGH, FamRZ 1993, 798
[17] OLG Karlsruhe, FamRZ 1992, 316: bei zweieinhalb Jahren
[18] OLG Karlsruhe, FamRZ 1990, 1351

- der Facharbeiter, der länger als nur einige Monate (Faustregel sechs Monate) im Ausland für seinen Arbeitgeber tätig ist,
- der gehobene Mitarbeiter eines ausländischen Arbeitgebers, sofern er nicht nur für einige Monate im Gastland eingesetzt werden soll,
- der Asylbewerber, grundsätzlich auch der noch nicht anerkannte, der sich längere Zeit im Gastland aufhält, vor allem dann, wenn er Wohnung und Arbeit gefunden hat. Beim nicht anerkannten wird es trotz längeren Aufenthalts an der sozialen Integration fehlen. Es kommt jeweils auf die tatsächlichen Verhältnisse an.[19]

4. Gemeinsame Staatsangehörigkeit

11 Ersatzweise ist anstelle des gewöhnlichen Aufenthalts das **gemeinsame Staatsangehörigkeitsrecht** maßgebend, wenn der Unterhaltsberechtigte vom Unterhaltspflichtigen nach dem innerstaatlichen Recht des Aufenthaltsorts „keinen Unterhalt erhalten" kann (Art. 5 HUÜ 73/Art. 18 I 2 EGBGB). Unter innerstaatlichem Recht sind nur die Sachnormen gemeint, nicht das Kollisionsrecht. Gibt es keine gemeinsame Staatsangehörigkeit, scheidet diese Möglichkeit aus. Bei gewöhnlichem Aufenthalt in der Bundesrepublik Deutschland geht immer das nach Art. 15 HUÜ/Art. 18 V EGBGB anwendbare deutsche Recht vor (s. Rn. 9 a).

12 Umstritten ist, ob bei sog. **Mehrstaatern** dasjenige Recht Vorrang hat, mit dem die maßgebliche Person am engsten verbunden ist, etwa durch ihre Lebensgeschichte (vgl. Art. 5 I EGBGB), oder ob das gemeinsame Heimatrecht immer zum Zuge kommt, auch wenn es „ineffektiv" ist. Wenn die „Effektivität" einer Staatsangehörigkeit dazu führt, dass dann keine gemeinsame Staatsangehörigkeit mehr vorhanden ist und die Regelung des Art. 5 HUÜ 73/Art. 18 I 2 EGBGB deswegen nicht zum Zuge kommen kann, widerspricht dies dem Zweck dieser hilfsweisen Anknüpfung, die dem Berechtigten die Erlangung von Unterhalt erleichtern soll (Günstigkeitsprinzip). Hat ein sog. Mehrstaater auch die deutsche Staatsangehörigkeit, hat diese immer Vorrang.

13 Wann und unter welchen Umständen der Unterhaltsberechtigte **„keinen Unterhalt erhalten"** kann, ist noch nicht völlig geklärt. Die Regelung in Art. 5 HUÜ 73/Art. 18 I 2 EGBGB ist zwar, wie erwähnt, als Begünstigung des Berechtigten zu verstehen, jedoch nicht als Meistbegünstigungsklausel, ebenso wenig wie die in Art. 6 HUÜ 73/Art. 18 II EGBGB.[20]

14 **a)** Besteht von vornherein überhaupt kein gesetzlicher Unterhaltsanspruch nach der anwendbaren Rechtsordnung im Verhältnis zwischen Unterhaltsberechtigtem und Unterhaltspflichtigem, so ist jene Voraussetzung eindeutig zu bejahen.

15 **b)** Scheidet ein Unterhaltsanspruch jedoch aus persönlichen oder wirtschaftlichen Gründen aus, liegt regelmäßig der in Art. 5 HUÜ 73/Art. 18 I 2 EGBGB angesprochene Fall nicht vor. Das gilt insbesondere (zum Teil streitig)

- bei mangelnder Bedürftigkeit des Berechtigten,[21]
- bei fehlender oder eingeschränkter Leistungsfähigkeit des Verpflichteten,[22]
- beim Rangverhältnis (Nachrang des Berechtigten),
- beim Nachrang des Verpflichteten in der Haftung,
- bei Verwirkung,[23]
- bei Verjährung,
- beim Erlöschen, etwa infolge Verzugs oder durch Abfindung,
- bei Verzicht,[24]

---

[19] Vgl. OLG Hamm, IPRax 1990, 247: mehr als vier Jahre; OLG Koblenz, IPRax 1990, 249: mehr als neun Jahre; OLG Nürnberg, IPRax 1990, 249: 23 Monate

[20] Henrich IPRax 2001, 437; vgl. auch KG, FamRZ 1988, 167

[21] BGH, FamRZ 2001, 412, 413 = R 552

[22] BGH, FamRZ 2001, 412, 413 = R 552; vgl. auch OLG Oldenburg, FamRZ 1996, 1240 m. Anm. Henrich, IPRax 1997, 46 f.

[23] Zur Versagung nachehelichen Unterhalts wegen Ehebruchs nach österreichischem Recht vgl. OLG Bremen, IPRax 1998, 366

[24] A.A. OLG Karlsruhe, FamRZ 1992, 316

- bei Befristung,
- bei generellen Beschränkungen, wenn z. B. das Unterhaltsstatut nur Elementarunterhalt gewährt, aber keinen Vorsorgeunterhalt oder keinen Prozesskostenvorschuss.[25]

5. Recht des Gerichtsstaats

Wiederum ersatzweise ist gemäß Art. 6 HUÜ 73/Art. 18 II EGBGB das Recht des Gerichtsstaats **(lex fori)**, bei Anrufung deutscher Gerichte also deutsches materielles Recht, maßgebend, wenn die Hauptanknüpfung (gewöhnlicher Aufenthalt des Berechtigten) und die vorrangige Ersatzanknüpfung an die gemeinsame Staatsangehörigkeit nicht zum Unterhalt führen. Für die Voraussetzung, einen Unterhalt nicht erhalten zu können, gilt dasselbe wie zu Art. 5 HUÜ 73/Art. 18 I 2 EGBGB (s. Rn. 13 ff.). **16**

6. Verstoß gegen den Ordre Public

Eine ausländische Rechtsnorm ist nicht anzuwenden, wenn ihre Anwendung zu einem Ergebnis führt, das mit **wesentlichen Grundsätzen des deutschen Rechts** (ordre public[26]) offensichtlich unvereinbar ist (Art. 11 I HUÜ 73/Art. 6 EGBGB).[27] Dafür reicht es aber nicht aus, wenn das Scheidungsstatut (s. Rn. 17 f.) nachehelichen Unterhalt grundsätzlich nicht, nur in geringerem Umfang oder nur unter engeren Voraussetzungen kennt als das deutsche Recht, dafür aber andere Möglichkeiten zur Verfügung stellt, wie z. B. das französische Recht mit den „prestations compensatoires" (vgl. unten „Frankreich"). Ein Verstoß gegen den ordre public kommt aber dann in Betracht, wenn auch für besondere Härtefälle kein Unterhalt vorgesehen ist.[28] Ist z. B. nach dem Heimatrecht der Parteien kein Anspruch auf nachehelichen Ehegattenunterhalt gegeben, so liegt darin ein Verstoß gegen den deutschen ordre public, wenn der unterhaltsbedürftige Ehegatte Kinder zu versorgen hat und ohne erhebliche Vernachlässigung seiner Elternpflicht nicht in der Lage wäre, seinen eigenen Lebensunterhalt sicherzustellen.[29] Gleiches kann der Fall sein, wenn eine Partei trotz offensichtlicher Bedürftigkeit nach ausländischem Recht wirksam auf Unterhaltsansprüche verzichtet hat.[30] Dann steht dem Berechtigten wegen des vorliegenden Härtefalls ein Anspruch auf nachehelichen Unterhalt zu. Das gilt allerdings nur für die Zeit ihres Aufenthaltes in Deutschland, denn die Anwendung des deutschen ordre public ist naturgemäß auf das Gebiet der Bundesrepublik beschränkt.[31] **16 a**

Ist eine Vorschrift des ausländischen Rechts wegen Verstoßes gegen den deutschen ordre public nicht anzuwenden, tritt an seine Stelle das **deutsche Recht.** Dabei kommt allerdings kein höherer Unterhaltsanspruch in Betracht, als zur Vermeidung einer Notlage erforderlich ist. Ggf. sind deshalb auch Einkünfte aus überobligatorischer Tätigkeit anzurechnen, wenn die Erwerbstätigkeit keine Vernachlässigung des Kindes zur Folge hat.[32] **16 b**

7. Folgen einer Scheidung

Wird die Ehe geschieden, für nichtig erklärt oder aufgehoben oder die Trennung von Tisch und Bett förmlich durch ein Gericht ausgesprochen, wie z. B. nach italienischem Recht (nicht bei faktischer Trennung allein!), so ist für den **nachehelichen Unterhalt** **17**

[25] Vgl. dazu KG, FamRZ 1988, 167
[26] S. Rn. 260
[27] OLG Düsseldorf, FamRZ 1995, 885; vgl. insoweit aber OLG Zweibrücken, FamRZ 1997, 1404 und OLG Zweibrücken, EZFamR aktuell 1999, 126
[28] Vgl. BGH, FamRZ 1991, 925 = NJW 1991, 2212; auch OLG Düsseldorf, FamRZ 1995, 885
[29] OLG Hamm FamRZ 1999, 1142; OLG Düsseldorf FamRZ 1995, 885; zum deutschen Recht vgl. insoweit BVerfG FamRZ 2001, 343 = R 553
[30] BGH, FamRZ 1983, 137; OLG Hamm FamRZ 2000, 31
[31] OLG Hamm FamRZ 2000, 29, 31; OLG Zweibrücken FamRZ 1997, 1404
[32] OLG Zweibrücken FamRZ 2000, 32

ausschließlich das auf die Scheidung/Trennung von Tisch und Bett angewendete Recht maßgebend, und zwar unwandelbar (Art. 8 HUÜ 73/Art. 18 IV EGBGB) und unabhängig davon, ob der betreffende Staat Vertragsstaat des Übereinkommens ist.[33] Vorrangig ist lediglich die sich aus dem deutschen Vorbehalt ergebende Sonderregelung des Art. 15/Art. 24 HUÜ 73/Art. 18 V EGBGB[34] (s. Rn. 9 a).

18 Verweigert das **Scheidungsstatut** einen Unterhaltsanspruch des Ehegatten, kann allenfalls eine Verletzung des deutschen „ordre public" nach Art. 11 I HUÜ 73/Art. 6 EGBGB vorliegen (s. Rn. 16 a f.). Ein Verstoß gegen den ordre public kommt aber nur dann in Betracht, wenn auch für besondere Härtefälle kein Unterhalt vorgesehen ist.[35]

19 Handelt es sich um ein **ausländisches Scheidungsurteil** zwischen einem Deutschen und einem Ausländer oder werden zwei Ausländer in einem Drittstaat geschieden, muss die Entscheidung gemäß Art. 7 § 1 FamRÄndG von der zuständigen Landesjustizverwaltung anerkannt werden.[36] Wird die Anerkennung rechtswirksam abgelehnt, ist die Scheidung nicht existent und folglich auch nicht maßgebend für das anzuwendende Unterhaltsrecht. Dann gelten die normalen (oben dargestellten) Regeln für den Unterhalt unter Ehegatten zum Trennungsunterhalt.[37] Ist eine solche Anerkennung nicht nötig, wie bei gemeinsamer Staatsangehörigkeit des Entscheidungsstaats, muss der Unterhaltsberechtigte selbst und das Familiengericht die Anerkennungsfähigkeit des Scheidungsurteils prüfen, und zwar nach § 328 ZPO.[38]

Hat der Scheidungsrichter ein nicht zutreffendes Statut angewendet, bleibt es trotzdem für den Unterhalt maßgebend.[39]

20 **Privatscheidungen,** auch solche im Ausland, an denen ein Deutscher beteiligt ist, können nicht anerkannt werden, weil bei ihnen als privates Rechtsgeschäft das Heimatrecht der Ehegatten maßgeblich ist, das deutsche Scheidungsrecht aber eine Privatscheidung nicht zulässt (§ 1564 S. 1 BGB).[40]

21 In der Alltagspraxis wird manchmal übersehen, dass auf Grund des **Statutenwechsels durch die Scheidung** für den nachehelichen Unterhalt andere Rechtsgrundlagen maßgebend sind als für den Trennungsunterhalt, etwa wenn der unterhaltsberechtigte Ausländer seinen gewöhnlichen Aufenthalt in Deutschland hat, aber nach seinem ausländischen Heimatrecht geschieden worden ist.

IV. Bemessung des Unterhalts

1. Bedarfsermittlung

22 Gemäß Art. 10 Nr. 1 HUÜ 73/Art. 18 VI Nr. 1 EGBGB bestimmt das Unterhaltsstatut insbesondere, ob, in welchem Ausmaß und von wem der Berechtigte Unterhalt verlangen kann. Immer sind jedoch die Bedürfnisse des Berechtigten und die wirtschaftlichen Verhältnisse des Verpflichteten zu berücksichtigen (Art. 11 II HUÜ 73/Art. 18 VII EGBGB). In der Praxis schwierig ist sowohl bei Anwendung des deutschen Unterhaltsrechts als auch bei

[33] OLG Hamm, FamRZ 1995, 886

[34] Vgl. BGH, FamRZ 1991, 925: Ehe nach polnischem Recht geschieden, beide Ehegatten inzwischen sog. Spätaussiedler in Deutschland mit deutschem Pass; OLG Hamm FamRZ 2001, 918 (für russische Spätaussiedler, die Deutsche i. S. v. Art. 116 GG waren) mit Anm. Steinbach FamRZ 2001, 1525

[35] Vgl. BGH, FamRZ 1991, 925 = NJW 1991, 2212; auch OLG Düsseldorf, FamRZ 1995, 885

[36] Vgl. die EU-Verordnung Nr. 1347/2000 des Rats über die Zuständigkeit und die Anerkennung und Vollstreckung von Entscheidungen in Ehesachen und in Verfahren betreffend die elterliche Verantwortung für die gemeinsamen Kinder der Ehegatten vom 29. Mai 2000, Schönfelder Ergänzungsband Nr. 103 b

[37] Vgl. OLG Koblenz, FamRZ 1991, 459; vgl. auch OLG Düsseldorf, FamRZ 1995, 885

[38] Vgl. OLG Hamm, FamRZ 1995, 886

[39] Vgl. BGH, FamRZ 1987, 682

[40] BGH, FamRZ 1990, 607 = BGHZ 110, 267; FamRZ 1994, 434 f; für das Inland vgl. auch Art. 17 II EGBGB

Anwendung eines ausländischen die Unterhaltsbemessung, wenn Berechtigter und Verpflichteter nicht im selben Staat leben.

Zunächst ist der Bedarf zu ermitteln, z. B. nach den ehelichen Lebensverhältnissen (Ehegatten) oder der Lebensstellung (Kinder). Sodann ist festzustellen, welchen Betrag der Berechtigte benötigt, um in dem Land, in dem er lebt, dieselbe Kaufkraft zur Verfügung zu haben.[41] Überwiegend bedient sich die Rechtsprechung der sog. Verbrauchergeldparitäten, die in regelmäßigen Abständen vom deutschen Statistischen Bundesamt bekanntgegeben werden.[42] Von Bedeutung ist auch der Devisenkurs.[43] Teilweise – insbesondere beim Kindesunterhalt – wird der nach der Düsseldorfer Tabelle errechnete Pauschalbedarf um einen Bruchteil (meist 1/3 bis 2/3) gekürzt, wobei auf eine Länderübersicht des Bundesfinanzministeriums zurückgegriffen wird.[44] Gegen diese Berechnung bestehen trotz größerer Praktikabilität Bedenken, weil sich steuerliche Erwägungen und unterhaltsrechtliche Bedarfsbemessung nicht decken und außerdem der Bedarf nicht ohne Berücksichtigung der konkreten Einzelumstände, auch des verschiedenen und wechselnden Ausmaßes der Inflation in dem betreffenden Ausland pauschal gekürzt werden kann. In jedem Falle ist darauf zu achten, dass der Berechtigte nicht mehr erhält, als seinem Bedarf entspricht.[45] Dem in Deutschland lebenden Unterhaltspflichtigen muss in jedem Fall der hier maßgebliche Selbstbehalt verbleiben.[46]

Ländergruppeneinteilung ab 2001

BStBl. 2000 I 1502

Unter Bezugnahme auf die Abstimmung mit den obersten Finanzbehörden der Länder sind die Beträge des § 1 III S. 2, des § 32 VI S. 5 und des § 33 a I S. 5 und II S. 3 EStG mit Wirkung ab 1. Januar 2001 wie folgt anzusetzen:[47]

in voller Höhe	mit 2/3	mit 1/3	
Wohnsitzstaat des Steuerpflichtigen bzw. der unterhaltenen Person			
1	2	3	
Europa	**Europa**	**Europa**	**Amerika**
EU-Mitgliedstaaten	Malta	Albanien	Belize
Gibraltar	Slowenien	Armenien	Bolivien
Island	Zypern	Aserbaidschan	Costa Rica
Liechtenstein		Bosnien und	Dominica
Monaco	**Afrika**	Herzegowina	Dominik. Republik
Norwegen	Libyen	Bulgarien	Ecuador
San Marino	Seychellen	Estland	El Salvador
Schweiz	Südafrika	Georgien	Guatemala
		Jugoslawien	Guyana
Amerika	**Amerika**	Kroatien	Haiti
Kanada	Argentinien	Lettland	Honduras
Vereinigte Staaten	Bahamas	Litauen	Jamaika
	Barbados	Mazedonien	Kolumbien

[41] BGH, FamRZ 1987, 682, 683 f. = R 334
[42] S. Rn. 23 f.
[43] Im Internet veröffentlicht unter „www.bundesbank.de/stat/zeitreihen/listen/www_s332_b01012_2.htm"
[44] OLG München FamRZ 2002, 55 (Herabsetzung um 1/3 für die Türkei); OLG Koblenz FamRZ 2002, 56 (Herabsetzung auf 1/3 für Russland); OLG Hamm, FamRZ 1989, 1332; OLG Düsseldorf, FamRZ 1989, 1335; OLG Celle, FamRZ 1990, 1390; OLG Celle, OLG-Report 1998, 149; OLG Karlsruhe, FamRZ 1991, 600; siehe Anlage „Ländergruppeneinteilung ab 2001", vgl. FamRZ 1996, 471
[45] Vgl. BGH, FamRZ 1992, 1060 = NJW-RR 1993, 5; KG, FamRZ 1994, 759
[46] Vgl. OLG Karlsruhe, FamRZ 1990, 313
[47] Im Internet veröffentlicht unter: „www.bundesfinanzministerium.de/Aktuell-.484 5992/Laendergruppeneinteilung-ab-2001.htm?sort=-nc.Titel"

in voller Höhe	mit $^{2}/_{3}$	mit $^{1}/_{3}$	
Wohnsitzstaat des Steuerpflichtigen bzw. der unterhaltenen Person			
1	2	3	
Asien Israel Japan Kuwait Singapur Verein. Arab. Emirate **Australien, Ozeanien** Australien Neuseeland	Bermudas Brasilien Chile Panama Trinidad und Tobago Uruguay **Asien** Bahrain China (Taiwan) Hongkong (VR China) Katar Korea, Republik Oman Saudi-Arabien	Moldau Polen Rumänien Russische Föderation Slowakei Tschechien Türkei Ukraine Ungarn Weißrussland **Afrika** Ägypten Äquatorialguinea Äthiopien Algerien Angola Benin Botsuana Burkina Faso Burundi Côte d'Ivoire Dschibuti Eritrea Gabun Gambia Ghana Guinea Guinea-Bissau Kamerun Kap Verde Kenia Komoren Kongo, Rep. Kongo, Dem. Rep. Lesotho Liberia Madagaskar Malawi Mali Marokko Mauretanien Mauritius Mosambik Namibia Niger Nigeria Ruanda Sambia Senegal Sierra Leone	Kuba Mexiko Nicaragua Paraguay Peru Suriname Venezuela **Asien** Afghanistan Bangladesch China, VR (ohne Hongkong) Indien Indonesien Irak Iran Jemen Jordanien Kambodscha Kasachstan Kirgisistan Korea, Dem. VR Laos Libanon Malaysia Malediven Mongolei Myanmar Nepal Pakistan Philippinen Sri Lanka Syrien Tadschikistan Thailand Turkmenistan Usbekistan Vietnam **Ozeanien** Fidschi Kiribati Papua-Neuguinea Salomonen Samoa Tonga Tuvalu Vanuatu

in voller Höhe	mit 2/3	mit 1/3	
Wohnsitzstaat des Steuerpflichtigen bzw. der unterhaltenen Person			
1	2	3	
		Simbabwe Somalia Sudan Swasiland Tansania Togo Tschad Tunesien Uganda Zentralafrik. Republik	

2. Bedarfskorrektur mit Hilfe der Verbrauchergeldparität

23 Befindet sich der Berechtigte oder der Verpflichtete im Ausland, so muss der Zahlungsbetrag des Unterhalts in der Regel in eine andere Währung umgetauscht werden. Die Verbrauchergeldparität gibt an, wie viele ausländische Geldeinheiten erforderlich sind, um die gleiche Gütermenge bestimmter Qualität im Ausland zu erwerben, die man in der Bundesrepublik Deutschland für einen Euro erhält. Aus der Verbrauchergeldparität allein lässt sich aber noch nicht erkennen, ob ein Land teurer oder billiger ist als ein anderes. Das kann durch einen **Vergleich der Verbrauchergeldparität mit dem Wechselkurs** festgestellt werden, zu dem man Euro in ausländische Währung tauscht. Wenn die Verbrauchergeldparität von der Devisenparität abweicht, ergibt sich dabei ein **Kaufkraftgewinn** oder ein **Kaufkraftverlust.** Ist die Verbrauchergeldparität größer als der Wechselkurs, dann ist das Ausland teurer als das Inland; umgekehrt ist das Leben im Ausland billiger, wenn der Devisenkurs größer ist als die Verbrauchergeldparität. Die Rechtsprechung versucht dem Rechnung zu tragen, indem sie den Bedarf entweder durch pauschale Abschläge[48] oder – besser – in Anknüpfung an die Abweichung der Kaufkraftparität vom Devisenkurs[49] korrigiert.

Auf die **Bedarfsbemessung** hat die Verbrauchergeldparität dann Einfluss, wenn der Bedarf des Berechtigten vom Einkommen des Verpflichteten abhängt. Der sich aus dem Einkommen (z. B. nach der Düsseldorfer Tabelle) ergebende Bedarf verändert sich dann durch die von der Devisenparität abweichende Verbrauchergeldparität. Kann z. B. der unterhaltsberechtigte geschiedene Gatte durch Übersiedlung in ein billigeres Land seinen Bedarf nach den ehelichen Lebensverhältnissen mit geringerem Aufwand decken, rechtfertigt das die Herabsetzung seines Unterhalts im Verhältnis des Kaufkraftgewinns.[50] Ebenso kann der Bedarf eines Kindes im Ausland geringer sein als der Betrag, der sich aus der Düsseldorfer Tabelle ergibt, wenn die Lebenshaltungskosten an seinem Aufenthaltsort geringer sind.[51]

48 OLG Celle, FamRZ 1993, 103 m. w. N.: Bedarf eines polnischen Kindes 2/3 des Bedarfs nach der Düsseldorfer Tabelle; OLG Koblenz, FamRZ 1995, 1439: ab November 1993 75% der Sätze der DT; s. auch Rn. 44

49 OLG Düsseldorf, FamRZ 1990, 556; OLG Hamburg, FamRZ 1990, 794, AG Hamburg-Altona, FamRZ 1992, 82

50 BGH, FamRZ 1987, 682; OLG München (Bedarfskorrektur auf 40% für Tschechien)

51 OLG Celle, OLG-Report Celle 1998, 149 (Bedarfskorrektur um 1/3 für Polen); OLG Karlsruhe, FamRZ 1998, 1531 (Bedarfskorrektur um 1/4 für Tschechien); OLG Düsseldorf, FamRZ 1990, 556 (Polen); OLG Hamburg, FamRZ 1990, 794 (Polen); LG Hannover, FamRZ 1998, 858 (Abschlag von 20% für Slowenien); OLG Koblenz FamRZ 1998, 1532 (Bedarfskorrektur auf 1/3 für Bulgarien); vgl. insoweit Buseva, FamRZ 1997, 264; OLG Stuttgart, FamRZ 1999, 887 (Herabsetzung auf 1/3 für Serbien)

24 Wegen der genaueren Ergebnisse ist einer Anpassung des geschuldeten Unterhalts mittels Verbrauchergeldparität und Devisenkurs[52] der Vorzug einzuräumen. Dabei ist zunächst in einem **ersten Schritt** wie in den folgenden Tabellen das **Verhältnis der Verbrauchergeldparität zum Devisenkurs** zu ermitteln. Die Verbrauchergeldparität bildet das Ergebnis eines Preisvergleichs für Waren und Dienstleistungen des privaten Verbrauchs zwischen ausländischen Staaten und der Bundesrepublik Deutschland. Sie wird regelmäßig, ggf. als Schätzung (s) oder als Prognose (p), vom Statistischen Bundesamt veröffentlicht.[53] Die damit zu vergleichenden Devisenkurse werden von der Deutschen Bundesbank errechnet und veröffentlicht.[54] Seit dem 1. 1. 1999 galten im europäischen Bereich gemäß Art. 109 I Abs. 4 des Vertrages über die Gründung der Europäischen Gemeinschaft für die an der Währungsunion teilnehmenden Länder unwiderruflich festgelegten Umrechnungskurse gegenüber dem Euro (EUR) und somit auch untereinander. Seit dem 1. Januar 2002 ist der Euro in Belgien, der Bundesrepublik Deutschland, Finnland, Frankreich, Griechenland, Irland, Italien, Luxemburg, Monaco, den Niederlanden, Österreich, Portugal, San Marino, Spanien und dem Vatikan gesetzliches Zahlungsmittel. Da die Devisenparität aber (neben der Verbrauchergeldparität) nur ein Faktor der unterschiedlichen Kaufkraft in den verschiedenen Ländern ist, muss auch für diese Länder nach wie vor geprüft werden, ob der nach deutschen Grundsätzen errechnete Bedarf oder die Leistungsfähigkeit anzupassen sind.[55]

24 a Das **Verhältnis (x) zwischen Verbrauchergeldparität (b) und Devisenkurs (a)** ist für die nunmehr auf der Grundlage des Euro ermittelten Werte nach folgender **Formel** zu berechnen: x = ((**100 a – 100 b)/b)**. Für die am häufigsten vorkommenden Länder sind die entsprechenden Werte in den folgenden Tabellen aufgelistet:

Belgien (Euro – EUR)

Jahr	Devisenkurs	Verbrauchergeldparität	Verhältnis zueinander
1974 bis 1993			+ 0,6 Durchschnitt
1994	40,3015	40,3264	– 0,1
1995	40,2401	40,1608	+ 0,2
1996	40,2500	40,9169	– 1,6
1997	40,3563	40,9169	– 1,4
1998	40,3464	41,0889	– 1,8
1999	40,3399	41,3495	– 2,4
2000	40,3399	41,6134	– 3,1
2001	40,3399	41,2622	– 2,2
2002 (EUR)	1,0000	1,0262	– 2,6
2/2003	1,0000	1,0360	– 3,5

Bulgarien (Lew – BGN)

Jahr	Devisenkurs	Verbrauchergeldparität	Verhältnis zueinander
1998	1,9558	1,4520	+ 34,7
1999	1,9558	1,4477	+ 35,1
2000	1,9558	1,5461	+ 26,5
2001	1,9482	1,6171	+ 20,5
2002	1,9492	1,6732 (s)	+ 16,5 (s)
2/2003	1,9540	1,6172 (s)	+ 20,8 (s)

[52] BGH, FamRZ 1987, 682, 683 f; OLG Hamm FamRZ 2000, 908; OLG Zweibrücken FuR 2000, 425

[53] Statistisches Bundesamt, Preise, Fachserie 17, Reihe 10, im Internet veröffentlicht unter „www.destatis.de", s. auch Internationaler Vergleich der Preise für die Lebenshaltung 1997, Januar 1998; vgl. Kemnade/Scholz/Zieroth, Daten und Tabellen zum Familienrecht, 3. Aufl. 2002, S. 544 ff.

[54] Im Internet veröffentlicht unter „www.bundesbank.de/stat/zeitreihen/listen/www_s332_b01012_2.htm"

[55] So auch Krause FamRZ 2002, 145

Dänemark (Dänische Krone – DKK)

Jahr	Devisenkurs	Verbrauchergeldparität	Verhältnis zueinander
1974 bis 1993			– 20,4 Durchschnitt
1994	7,6660	9,6919	– 20,9
1995	7,6489	9,7353	– 21,4
1996	7,5384	9,6489	– 21,9
1997	7,4511	9,7064	– 23,2
1998	7,4485	9,8037	– 24,0
1999	7,4355	10,0042	– 25,7
2000	7,4539	10,0920	– 26,1
2001	7,4521	9,9786	– 25,3
2002	7,4305	10,0894	– 26,4
2/2003	7,4317	10,2462	– 27,5

Estland (Estnische Krone – EEK)

Jahr	Devisenkurs	Verbrauchergeldparität	Verhältnis zueinander
1996	15,6466	10,2668	+ 52,4
1997	15,6466	11,1954	+ 39,8
1998	15,6466	11,9550	+ 30,9
1999	15,6466	12,1329	+ 29,0
2000	15,6466	12,4101	+ 26,1
2001	15,6466	12,6656	+ 23,5
2002	15,6466	12,9619	+ 20,7
2/2003	15,6466	13,1479 (s)	+ 19,0 (s)

Finnland (Euro – EUR)

Jahr	Devisenkurs	Verbrauchergeldparität	Verhältnis zueinander
1994	6,2872	6,9037	– 8,9
1995	5,9571	6,8481	– 13,0
1996	5,9691	6,8362	– 12,79
1997	5,8533	6,9751	– 16,1
1998	5,9412	7,0076	– 15,2
1999	5,94573	7,0633	– 15,8
2000	5,9457	7,1095	– 16,4
2001	5,9457	7,0761	– 16,0
2002 (EUR)	1,0000	1,1958	– 16,4
2/2003	1,0000	1,1993 (s)	– 16,6 (s)

Frankreich (Euro – EUR)

Jahr	Devisenkurs	Verbrauchergeldparität	Verhältnis zueinander
1974 bis 1993			– 0,1 Durchschnitt
1994	6,6893	6,6075	+ 1,2
1995	6,8105	6,6142	+ 3,0
1996	6,6511	6,6866	– 0,5
1997	6,5842	6,6706	– 1,3
1998	6,5568	6,6615	– 1,6
1999	6,55957	6,6729	– 1,7
2000	6,55957	7,3777	– 11,1
2001	6,55957	7,2952	– 10,1
2002 (EUR)	1,0000	1,1400	– 12,3
2/2003	1,0000	1,1545	– 13,4

Griechenland (Euro – EUR)

Jahr	Devisenkurs	Verbrauchergeldparität	Verhältnis zueinander
1994	229,4824	161,8246	+ 41,8
1995	316,2215	281,4144	+ 12,4
1996	312,9328	302,2921	+ 3,5
1997	308,0532	314,9485	– 2,2
1998	328,2696	311,9346	+ 5,2
1999	340,750	318,5391	+ 7,0
2000	340,750	321,6826	+ 5,9
2001	340,750	322,2125	+ 5,8
2002 (EUR)	1,0000	0,9678	+ 3,3
2/2003	1,0000	0,9848	+ 1,5

Irland (Euro – EUR)

Jahr	Devisenkurs	Verbrauchergeldparität	Verhältnis zueinander
1994	0,8064	0,7886	+ 2,3
1995	0,8511	0,7983	+ 6,6
1996	0,8126	0,8049	+ 1,0
1997	0,7437	0,8049	– 7,6
1998	0,7808	0,8082	– 3,4
1999	0,787564	0,8287	– 5,0
2000	0,787564	0,8541	– 7,8
2001	0,787564	0,8616	– 8,6
2002 (EUR)	1,0000	1,1359	– 12,0
2/2003	1,0000	1,1698	– 14,5

Italien (Euro – EUR)

Jahr	Devisenkurs	Verbrauchergeldparität	Verhältnis zueinander
1974 bis 1993			+ 15,3 Durchschnitt
1994	1944,9383	1674,5120	+ 16,1
1995	2219,0039	1732,3561	+ 28,1 (s)
1996	2005,7738	1786,1461	+ 12,3
1997	1920,4929	1792,6948	+ 7,1
1998	1939,3494	2018,4004	– 4,0
1999	1936,27	2043,7095	– 5,3
2000	1936,27	2052,2875	– 5,7
2001	1936,27	2047,9895	– 5,5
2002 (EUR)	1,0000	1,0712	– 6,6
2/2003	1,0000	1,0930	– 8,5

Kroatien (Kuna – HRK)

Jahr	Devisenkurs	Verbrauchergeldparität	Verhältnis zueinander
1998	7,1080	6,5281	+ 8,9
1999	7,6153	6,7326	+ 13,1
2000	7,6588	6,9430	+ 10,3
2001	7,4867	7,3355	+ 2,1
2002	7,4165	7,3813	+ 0,5
2/2003	7,5942	7,4477	+ 2,0

Lettland (Lats – LVL)

Jahr	Devisenkurs	Verbrauchergeldparität	Verhältnis zueinander
2001	0,5601	0,4918	+ 13,9
2002	0,5810	0,4952	+ 17,3
2/2003	0,6231	0,4990 (s)	+ 24,9 (s)

Litauen (Litas – LTL)

Jahr	Devisenkurs	Verbrauchergeldparität	Verhältnis zueinander
1996	5,1937	3,4739	+ 49,5
1997	4,5010	3,7297	+ 20,7
1998	4,4474	3,1233	+ 42,4
1999	4,2305	3,1338	+ 35,0
2000	3,6686	3,1001	+ 18,3
2001	3,5823	3,0527	+ 17,3
2002	3,4594	2,8076	+ 23,2
2/2003	3,4524	2,8031 (s)	+ 23,2 (s)

Luxemburg (Euro – EUR)

Jahr	Devisenkurs	Verbrauchergeldparität	Verhältnis zueinander
1994	40,3015	37,0422	+ 8,8
1995	40,2401	37,1125	+ 8,4
1996	40,2500	37,2539	+ 8,0
1997	40,3563	37,2539	+ 8,3
1998	40,3464	38,2746	+ 5,4
1999	40,3399	38,4250	+ 5,0
2000	40,3399	38,8833	+ 3,7
2001	40,3399	38,7293	+ 4,2
2002 (EUR)	1,0000	0,9670	+ 3,4
2/2003	1,0000	0,9861	+ 1,4

Malta (Maltesische Lira – MTL)

Jahr	Devisenkurs	Verbrauchergeldparität	Verhältnis zueinander
1999	0,4248	0,4069	+ 4,4
2000	0,4035	0,4075	– 1,0
2001	0,4030	0,4082	– 1,3
2002	0,4089	0,4058	+ 0,8
2/2003	0,4217	0,4106 (s)	+ 2,7 (s)

Mazedonien (Denar – MKD)

Jahr	Devisenkurs	Verbrauchergeldparität	Verhältnis zueinander
1998	60,5333	44,0502	+ 37,4
1999	60,6083	43,3665	+ 39,8
2000	60,7212	44,2495	+ 37,2
2001	60,9161	45,3868	+ 34,2
2002	60,9802	51,2002	+ 19,1
2/2003	61,4341	51,1785 (s)	+ 20,0 (s)

Niederlande (Euro – EUR)

Jahr	Devisenkurs	Verbrauchergeldparität	Verhältnis zueinander
1974 bis 1993			+ 3,1 Durchschnitt
1994	2,1933	2,0493	+ 7,0
1995	2,1909	2,0401	+ 7,4
1996	2,1916	2,0523	+ 6,8
1997	2,2011	2,0583	+ 6,9
1998	2,2046	2,1746	+ 1,4
1999	2,2037	2,2092	– 0,3
2000	2,2037	2,2162	– 0,6
2001	2,2037	2,2616	– 2,6
2002 (EUR)	1,0000	1,0469	– 4,5
2/2003	1,0000	1,0454	– 4,3

Norwegen (Norwegische Krone – NOK)

Jahr	Devisenkurs	Verbrauchergeldparität	Verhältnis zueinander
1974 bis 1993			– 26,4 Durchschnitt
1994	8,5103	10,6237	– 19,9
1995	8,6488	10,7228	– 19,3
1996	8,3970	10,7522	– 21,9
1997	7,9804	10,8718	– 26,6
1998	8,3952	11,0374	– 23,9
1999	8,3107	11,4846	– 27,6
2000	8,1131	11,5593	– 29,8
2001	8,0484	11,5738	– 30,5
2002	7,5086	11,4309	– 34,3
2/2003	7,5439	11,9742	– 37,0

Österreich (Euro – EUR)

Jahr	Devisenkurs	Verbrauchergeldparität	Verhältnis zueinander
1974 bis 1993			– 3,8 Durchschnitt
1994	13,7599	15,4245	– 10,8
1995	13,7599	15,4733	– 11,1
1996	13,7599	15,5843	– 11,7
1997	13,7638	15,5348	– 11,4
1998	13,7609	15,5348	– 12,9
1999	13,7603	14,8281	– 7,2
2000	13,7603	14,8619	– 7,4
2001	13,7603	14,8394	– 7,3
2002 (EUR)	1,0000	1,0835	– 7,7
2/2003	1,0000	1,0935	– 8,6

Polen (Zloty – PLN)

Jahr	Devisenkurs	Verbrauchergeldparität	Verhältnis zueinander
1979 bis 1993			+ 55,7 Durchschnitt
1994	71,608	93,84	+ 31,0
1995	59,139	74,23	+ 25,5
1996 (zum EUR)	3,5017	3,1323	+ 11,8
1997	3,6935	3,5586	+ 3,8
1998	3,8811	3,1828	+ 21,9
1999	4,2238	3,4032	+ 24,1
2000	4,0056	3,6709	+ 9,1
2001	3,6721	3,4042	+ 7,9
2002	3,8574	3,4303	+ 12,5
2/2003	4,1656	3,4378	+ 21,2

Portugal (Euro – EUR)

Jahr	Devisenkurs	Verbrauchergeldparität	Verhältnis zueinander
1974 bis 1993			+ 19,1 Durchschnitt
1994	200,1054	187,8799	+ 6,5
1995	204,6918	192,6926	+ 6,2
1996	200,5157	196,7636	+ 1,9
1997	197,6784	198,3600	– 0,3
1998	200,3308	182,6172	+ 9,7
1999	200,482	185,9154	+ 7,8
2000	200,482	187,1608	+ 7,1
2001	200,482	189,3349	+ 5,9
2002 (EUR)	1,000	0,9631	+ 3,8
2/2003	1,000	0,9917	+ 0,8

Rumänien (Leu – ROL)

Jahr	Devisenkurs	Verbrauchergeldparität	Verhältnis zueinander
1998	9788,9389	8061,9538	+ 21,4
1999	16 137,2112	11 607,2997	+ 39,0
2000	19 862,1915	16 687,9693	+ 19,0
2001	26 004,0000	21 972,8740	+ 18,3
2002	31 270,0000	24 731,4945	+ 26,4
2/2003	35 403,0000	27 737,5979 (s)	+ 27,6 (s)

Russische Föderation (Rubel – RUB)

Jahr	Devisenkurs	Verbrauchergeldparität	Verhältnis zueinander
1999	26,2176	23,9685	+ 9,4
2000	25,9360	28,3865	– 8,6
2001	26,1400	21,6867	+ 20,5
2002	29,7004	35,0873	– 15,4
2/2003	34,1878	37,4423 (s)	– 8,7

Schweden (Schwedische Krone – SEK)

Jahr	Devisenkurs	Verbrauchergeldparität	Verhältnis zueinander
1974 bis 1993			– 10,4 Durchschnitt
1994	9,3077	9,1266	+ 2,0
1995	9,7728	9,1996	+ 5,6
1996	8,7182	9,1011	– 4,2
1997	8,6092	10,5039	– 18,0
1998	8,8387	10,5492	– 16,2
1999	8,8077	10,7169	– 17,8
2000	8,4438	10,6237	– 20,5
2001	9,2551	10,5941	– 12,6
2002	9,1611	11,0356	– 17,0
2/2003	9,1455	11,0474	– 17,2

Schweiz (Schweizer Franken – CHF)

Jahr	Devisenkurs	Verbrauchergeldparität	Verhältnis zueinander
1974 bis 1993			– 22,4 Durchschnitt
1994	1,6475	2,1514	– 23,4
1995	1,6132	2,1599	– 25,3
1996	1,6046	1,9874	– 19,3
1997	1,6366	1,9694	– 16,9
1998	1,6109	1,9558	– 17,6
1999	1,6004	1,9653	– 18,6
2000	1,5570	1,9576	– 20,5
2001	1,5105	1,9046	– 20,7
2002	1,4670	1,8908	– 22,4
2/2003	1,4674	1,9055	– 23,0

Slowakische Republik (Slowakische Krone – SKK)

Jahr	Devisenkurs	Verbrauchergeldparität	Verhältnis zueinander
1999	44,0701	30,9467	+ 42,4
2000	42,5828	33,9554	+ 25,4
2001	43,3000	37,7233	+ 14,8
2002	42,6940	38,4424	+ 11,1
2/2003	41,9870	41,3445	+ 1,6

Slowenien (Tolar – SIT)

Jahr	Devisenkurs	Verbrauchergeldparität	Verhältnis zueinander
1996	176,1850	154,9786	+ 13,7
1997	180,3938	165,4679	+ 9,0
1998	184,6516	160,0516	+ 15,4
1999	194,3779	168,4608	+ 15,4
2000	206,5509	179,4339	+ 15,1
2001	217,9797	190,4351	+ 14,5
2002	225,9772	202,1582	+ 11,8
2/2003	231,3664	210,5068	+ 9,9

Spanien (Euro – EUR)

Jahr	Devisenkurs	Verbrauchergeldparität	Verhältnis zueinander
1974 bis 1993			+ 7,4 Durchschnitt
1994	161,4787	140,7072	+ 14,8
1995	170,0870	145,1990	+ 17,1
1996	164,6322	148,9589	+ 10,5
1997	165,1465	149,6427	+ 10,3
1998	166,0438	156,3413	+ 6,2
1999	166,386	159,3993	+ 4,4
2000	166,386	161,3721	+ 3,1
2001	166,386	162,4444	+ 2,4
2002 (EUR)	1,0000	0,9923	+ 0,8
2/2003	1,0000	1,0122	– 1,2

Tschechische Republik (Tschechische Krone – CZK)

Jahr	Devisenkurs	Verbrauchergeldparität	Verhältnis zueinander
1996	35,2974	25,9394	+ 36,1
1997	35,6643	27,6638	+ 28,9
1998	35,8276	30,3229	+ 18,1
1999	36,8677	26,9770	+ 36,7
2000	35,5929	27,3926	+ 29,9
2001	34,0680	27,7840	+ 22,6
2002	30,8040	27,8719	+ 10,5
2/2003	31,6410	27,9824	+ 13,1

Türkei (Türkische Lira – TRL)

Jahr	Devisenkurs	Verbrauchergeldparität	Verhältnis zueinander
1996	103 106,6477	78 547,3896	+ 31,2
1997	166 581,2111	140 909,9424	+ 18,2
1998	285 355,9965	279 005,7061	+ 2,3
1999	438 625,2523	452 00,720	– 3,6
2000	575 074,9779	598 113,1498	– 3,9
2001	1 102 425,0000	1 314 283,4028	– 16,1
2002	1 439 680,0000	1 273 250,0000	+ 13,1
2/2003	1 762 350,0000	1 460 353,6780	+ 20,7

Ukraine (Griwna – UAH)

Jahr	Devisenkurs	Verbrauchergeldparität	Verhältnis zueinander
1999	4,3804	4,0326	+ 8,6
2000	4,9996	5,0538	– 1,1
2001	4,8012	5,5306	– 13,2

Ungarn (Forint – HUF)

Jahr	Devisenkurs	Verbrauchergeldparität	Verhältnis zueinander
1982 bis 1993			+ 86,5 Durchschnitt
1994	126,4436	105,7205	+ 19,6
1995	170,5616	133,0497	+ 28,0
1996	198,2294	163,3943	+ 21,3
1997	210,4559	190,6267	+ 10,4
1998	238,1499	216,3529	+ 10,1
1999	252,7141	177,8027	+ 42,1
2000	260,0250	191,1857	+ 36,0
2001	256,5900	203,0982	+ 26,3
2002	242,9600	211,1409	+ 15,1
2/2003	245,1200	214,5188	+ 14,3

Vereinigtes Königreich (Pfund Sterling GBP)

Jahr	Devisenkurs	Verbrauchergeldparität	Verhältnis zueinander
1994	0,7881	0,7855	+ 0,3
1995	0,8646	0,7983	+ 8,3
1996	0,8330	0,8049	+ 3,5
1997	0,6884	0,8541	– 19,4
1998	0,6711	0,8654	– 22,5
1999	0,6586	0,8771	– 24,9
2000	0,6093	0,8731	– 30,3
2001	0,6219	0,8593	– 27,6
2002	0,6288	0,8603	– 26,9
2/2003	0,6698	0,8684	– 22,9

Vereinigte Staaten von Amerika (US-Dollar – USD)

Jahr	Devisenkurs	Verbrauchergeldparität	Verhältnis zueinander
1974 bis 1993			– 2,4 Durchschnitt
1994	1,2060	1,1782	+ 2,4
1995	1,3641	1,1854	+ 15,1
1996	1,3007	1,2148	+ 7,1
1997	1,1274	1,2224	– 7,8
1998	1,1118	1,2224	– 9,0
1999	1,0654	1,2700	– 16,1
2000	0,9215	1,2867	– 28,4
2001	0,8956	1,2686	– 29,4
2002	0,9456	1,2648	– 25,2
2/2003	1,0773	1,2844	– 16,1

Weißrussland (Belarus-Rubel – BYR)

Jahr	Devisenkurs	Verbrauchergeldparität	Verhältnis zueinander
2001	1241,5500	1095,7117	+ 13,3
2002	1688,5000	1516,0460	+ 11,4
2/2003	2128,3800	1873,1239 (s)	+ 13,6

In einem **zweiten Schritt** ist sodann der Unterhaltsbedarf (ausgehend von dem festgestellten Verhältnis zwischen Verbrauchergeldparität und Devisenkurs = x) anhand der folgenden Tabellen von Gutdeutsch/Zieroth zu errechnen. 25

Die **Abweichung der Verbrauchergeldparität** ist jedoch nicht immer gleich der **Bedarfskorrektur** (oder deren Kehrwert, wenn sich nicht der Verpflichtete, sondern der Berechtigte im Ausland befindet). Solange die Ehe besteht, sind nach dem Prinzip der 26

Halbteilung die verfügbaren Mittel jedoch so zu verteilen, dass beide Gatten in gleichem Umfang ihren Bedarf decken können. Dasselbe gilt für den Geschiedenenunterhalt, wenn die währungsraumübergreifende Bedarfslage bereits die ehelichen Lebensverhältnisse geprägt hatte, also bereits vorher beide Eheleute ihren Bedarf in verschiedenen Währungsgebieten gedeckt haben. Entsprechendes gilt auch für den Kindesunterhalt nach den Einkommensstufen der Düsseldorfer Tabelle.

In all diesen Fällen steht der Bedarfskorrektur aufseiten der Berechtigten eine gegenläufige Bedarfskorrektur aufseiten des Verpflichteten gegenüber, die das Ausmaß der nötigen Korrektur vermindert.[56] Das Ausmaß der Korrektur hängt in solchen Fällen davon ab, in welchem Umfang der Gesamtbedarf (des Verpflichteten und der Berechtigten) auf Inland und Ausland verteilt wird.

27 Die folgenden Tabellen von *Gutdeutsch/Zieroth*[57] ermöglichen es, für bestimmte prozentuale Verteilungen von Auslands- und Inlandsbedarf und bestimmte Abweichungen der Verbrauchergeldparität[58] einen Prozentsatz für die Bedarfskorrektur abzulesen:

Tabelle I

Abw. der VGP	isoliert	Bedarfskorrektur bei Auslandsberührung **(Berechtigte im Ausland)**: im Verbund (bei Auslandsanteil des Bedarfs von:)														
		5	10	15	20	25	30	35	40	45	50	55	60	65	70	75
– 50	100	90	82	74	67	60	54	48	43	38	33	29	25	21	18	14
– 45	82	75	68	62	56	51	46	41	37	33	29	25	22	19	16	13
– 40	67	61	56	52	47	43	39	35	32	28	25	22	19	16	14	11
– 35	54	50	46	42	39	36	32	29	27	24	21	19	16	14	12	10
– 30	43	40	37	34	32	29	27	24	22	20	18	16	14	12	10	8
– 25	33	31	29	27	25	23	21	19	18	16	14	13	11	10	8	7
– 20	25	23	22	20	19	18	16	15	14	12	11	10	9	8	6	5
– 15	18	17	16	15	14	13	12	11	10	9	8	7	6	6	5	4
– 10	11	10	10	9	9	8	8	7	6	6	5	5	4	4	3	3
– 5	5	5	5	4	4	4	4	3	3	3	3	2	2	2	2	1
0	0	0	0	0	0	0	0	0	0	0	0	0	0	0	0	0
5	– 5	– 5	– 4	– 4	– 4	– 4	– 3	– 3	– 3	– 3	– 2	– 2	– 2	– 2	– 1	– 1
10	– 9	– 9	– 8	– 8	– 7	– 7	– 7	– 6	– 6	– 5	– 5	– 4	– 4	– 3	– 3	– 2
15	– 13	– 12	– 12	– 11	– 11	– 10	– 10	– 9	– 8	– 8	– 7	– 6	– 6	– 5	– 4	– 4
20	– 17	– 16	– 15	– 15	– 14	– 13	– 12	– 12	– 11	– 10	– 9	– 8	– 7	– 7	– 6	– 5
25	– 20	– 19	– 18	– 18	– 17	– 16	– 15	– 14	– 13	– 12	– 11	– 10	– 9	– 8	– 7	– 6
30	– 23	– 22	– 21	– 20	– 19	– 18	– 17	– 16	– 15	– 14	– 13	– 12	– 11	– 10	– 8	– 7
35	– 26	– 25	– 24	– 23	– 22	– 21	– 20	– 19	– 17	– 16	– 15	– 14	– 12	– 11	– 10	– 8
40	– 29	– 28	– 26	– 25	– 24	– 23	– 22	– 21	– 19	– 18	– 17	– 15	– 14	– 12	– 11	– 9
45	– 31	– 30	– 29	– 28	– 26	– 25	– 24	– 23	– 21	– 20	– 18	– 17	– 15	– 14	– 12	– 10
50	– 33	– 32	– 31	– 30	– 29	– 27	– 26	– 25	– 23	– 22	– 20	– 18	– 17	– 15	– 13	– 11
55	– 35	– 34	– 33	– 32	– 31	– 29	– 28	– 26	– 25	– 23	– 22	– 20	– 18	– 16	– 14	– 12
60	– 38	– 36	– 35	– 34	– 32	– 31	– 30	– 28	– 26	– 25	– 23	– 21	– 19	– 17	– 15	– 13
65	– 39	– 38	– 37	– 36	– 34	– 33	– 31	– 30	– 28	– 26	– 25	– 23	– 21	– 19	– 16	– 14
70	– 41	– 40	– 39	– 37	– 36	– 34	– 33	– 31	– 30	– 28	– 26	– 24	– 22	– 20	– 17	– 15
75	– 43	– 42	– 40	– 39	– 37	– 36	– 34	– 33	– 31	– 29	– 27	– 25	– 23	– 21	– 18	– 16
80	– 44	– 43	– 42	– 40	– 39	– 37	– 36	– 34	– 32	– 31	– 29	– 26	– 24	– 22	– 19	– 17
85	– 46	– 45	– 43	– 42	– 40	– 39	– 37	– 36	– 34	– 32	– 30	– 28	– 25	– 23	– 20	– 18
90	– 47	– 46	– 45	– 43	– 42	– 40	– 39	– 37	– 35	– 33	– 31	– 29	– 26	– 24	– 21	– 18
95	– 49	– 47	– 46	– 45	– 43	– 42	– 40	– 38	– 36	– 34	– 32	– 30	– 28	– 25	– 22	– 19
100	– 50	– 49	– 47	– 46	– 44	– 43	– 41	– 39	– 37	– 35	– 33	– 31	– 29	– 26	– 23	– 20

[56] Lebt der Berechtigte in einem billigeren Land, braucht er weniger. Die resultierende Entlastung des Pflichtigen muss (soweit prägend) auf Grund des Halbteilungsgrundsatzes auch dem Berechtigten zugute kommen und vermindert daher die Herabsetzung seines Bedarfs. Soweit sich auf Grund der abweichenden Verbrauchergeldparität der Bedarf des Berechtigten erhöht, muss dieser die daraus resultierende Mehrbelastung des Pflichtigen mittragen, was auch die Erhöhung seines Bedarfs reduziert

[57] Gutdeutsch/Zieroth, Verbrauchergeldparität und Unterhalt, FamRZ 1993, 1152

[58] Tabelliert bei Kemnade/Schwab, Aktuelle Leitlinien zum Unterhalt, Versorgungs- und Zugewinnausgleich sowie für Juli 1992 bis Juni 1993 in FamRZ 1993, 1158

Tabelle II

Abw. der VGP	isoliert	Bedarfskorrektur bei Auslandsberührung **(Verpflichtete im Ausland)**: im Verbund (bei Inlandsanteil des Bedarfs von:) 5	10	15	20	25	30	35	40	45	50	55	60	65	70	75
– 50	– 50	– 49	– 47	– 46	– 44	– 43	– 41	– 39	– 37	– 35	– 33	– 31	– 29	– 26	– 23	– 20
– 45	– 45	– 44	– 42	– 41	– 40	– 38	– 36	– 35	– 33	– 31	– 29	– 27	– 25	– 22	– 20	– 17
– 40	– 40	– 39	– 37	– 36	– 35	– 33	– 32	– 30	– 29	– 27	– 25	– 23	– 21	– 19	– 17	– 14
– 35	– 35	– 34	– 33	– 31	– 30	– 29	– 27	– 26	– 24	– 23	– 21	– 20	– 18	– 16	– 14	– 12
– 30	– 30	– 29	– 28	– 27	– 26	– 24	– 23	– 22	– 20	– 19	– 18	– 16	– 15	– 13	– 11	– 10
– 25	– 25	– 24	– 23	– 22	– 21	– 20	– 19	– 18	– 17	– 15	– 14	– 13	– 12	– 10	– 9	– 8
– 20	– 20	– 19	– 18	– 18	– 17	– 16	– 15	– 14	– 13	– 12	– 11	– 10	– 9	– 8	– 7	– 6
– 15	– 15	– 14	– 14	– 13	– 12	– 12	– 11	– 10	– 10	– 9	– 8	– 7	– 7	– 6	– 5	– 4
– 10	– 10	– 10	– 9	– 9	– 8	– 8	– 7	– 7	– 6	– 6	– 5	– 5	– 4	– 4	– 3	– 3
– 5	– 5	– 5	– 5	– 4	– 4	– 4	– 4	– 3	– 3	– 3	– 3	– 2	– 2	– 2	– 2	– 1
0	0	0	0	0	0	0	0	0	0	0	0	0	0	0	0	0
5	5	5	4	4	4	4	3	3	3	3	2	2	2	2	1	1
10	10	9	9	8	8	7	7	6	6	5	5	4	4	3	3	2
15	15	14	13	12	12	11	10	9	8	8	7	6	6	5	4	3
20	20	19	18	17	15	14	13	12	11	10	9	8	7	6	5	4
25	25	23	22	20	19	18	16	15	14	12	11	10	9	8	6	5
30	30	28	26	24	23	21	19	18	16	15	13	12	10	9	7	6
35	35	33	30	28	26	24	22	20	18	17	15	13	12	10	8	7
40	40	37	35	32	30	27	25	23	21	19	17	15	13	11	9	8
45	45	42	39	36	33	30	28	25	23	21	18	16	14	12	10	8
50	50	46	43	40	36	33	30	28	25	22	20	18	15	13	11	9
55	55	51	47	43	40	36	33	30	27	24	22	19	17	14	12	10
60	60	55	51	47	43	39	36	32	29	26	23	20	18	15	13	10
65	65	60	55	50	46	42	38	34	31	28	25	22	19	16	13	11
70	70	64	59	54	49	45	40	37	33	29	26	23	20	17	14	11
75	75	69	63	57	52	47	43	39	35	31	27	24	21	18	15	12
80	80	73	67	61	55	50	45	41	36	32	29	25	22	18	15	13
85	85	77	71	64	58	53	47	43	38	34	30	26	23	19	16	13
90	90	82	74	67	61	55	50	44	40	35	31	27	23	20	17	13
95	95	86	78	71	64	58	52	46	41	37	32	28	24	21	17	14
100	100	90	82	74	67	60	54	48	43	38	33	29	25	21	18	14

Anwendungshinweise[59]

Die **Tabellen enthalten:**

- in der ersten Spalte (Vorspalte): 28
- die Abweichung der Verbrauchergeldparität von der Devisenparität in Prozent, wie sie den veröffentlichten Tabellen entnommen werden kann. Fehlen entsprechende Veröffentlichungen, so kann der Richter gegebenenfalls bei Vorhandensein entsprechender Erfahrungen diese Abweichung nach § 287 ZPO schätzen.
- in der zweiten Spalte:
  die Bedarfskorrektur (in Prozent) für einen Unterhaltsberechtigten, der in einem anderen Land lebt als der Unterhaltspflichtige, soweit der Bedarf sich aus dem Einkommen ableitet und die Korrektur auf den Bedarf des Berechtigten beschränkt wird.
- in den folgenden Spalten:
  die entsprechende Bedarfskorrektur, wenn von einem Bedarfsverbund ausgegangen wird, die Auswirkung der Paritätsabweichung auf die Bedarfsverteilung also ausgeglichen werden soll. Dabei gibt die Kopfzeile an, welcher Prozentsatz des Bedarfs auf den (die) Unterhaltsberechtigten im Ausland (Tabelle II: Inland) entfällt.

Die Tabellen geben **nur für bestimmte Kombinationen** von Bedarfsverteilung und Abweichung der Verbrauchergeldparität den Korrekturwert an. Liegen die maßgebenden Werte dazwischen, so müsste interpoliert oder direkt die Formel angewandt werden. Andererseits unterliegen die Abweichungen der Verbrauchergeldparität oft starken Schwankungen, so dass eine präzise Bedarfsberechnung nach den vorliegenden Werten nur zu einer Scheingenauigkeit führt. Deshalb kann es bei der Bedarfskorrektur nur um eine grobe 29

[59] Nach Gutdeutsch/Zieroth, a.a.O.

Annäherung gehen. Um das auch erkennbar zu machen, sollten für die Bedarfskorrektur **nur durch 5 teilbare Prozentwerte,** z. B. + 10% oder – 25% verwendet werden. Der Tabelle sollte dann nur entnommen werden, welcher so gerundete Prozentwert der gesuchten Kombination am nächsten ist. Im Zweifelsfall wäre einer Rundung auf ganze 10% der Vorzug zu geben. Es ließe sich auch vertreten, grundsätzlich die kleinere Korrektur zu wählen, weil sich die Abweichung als Regelwidrigkeit verstehen lässt, die durch wirtschaftspolitische Maßnahmen abgebaut werden sollte.

Beispiele zur Verwendung:[60]

30 **Beispiel 1:**

Der Mann mit prägendem Einkommen von 3500 EUR ist seiner geschiedenen Frau unterhaltspflichtig, die nach Polen verzogen ist (isolierter Bedarf) und dort 1500 Zloty (PLN) verdient, welche die ehelichen Lebensverhältnisse nicht geprägt haben.

- erster Schritt: Bedarfsberechnung
  $^6/_7 \times 3500 \times {}^1/_2$ = 1500 EUR
- zweiter Schritt: Korrektur des Bedarfs
  Die Verbrauchergeldparität übersteigt die Devisenparität um ca. 20% (s. Rn. 24). Damit weicht der Bedarf um – 17% ab (s. Rn. 27, Tabelle I Spalte 2, weil isoliert): 1500 EUR – 17% = 1245 EUR
- dritter Schritt: Berechnung des Anspruchs
  Einkommen der Frau:
  1500 PLN/4,1656 = 360 EUR
  1245 EUR – 360 EUR = 885 EUR
  Der Bedarf ist teilweise gedeckt. Es besteht noch ein Anspruch in Höhe von 885 EUR.

31 **Beispiel 2:**

Deutsche Eheleute leben in Dänemark. Die Frau kehrt ins billigere Deutschland zurück (isolierter Bedarf). Der Mann verdient 20 000 Dänische Kronen (DKK), also bei einem Devisenkurs von 7,4317 (s. Rn. 24) rd. 2690 EUR. Er ist der einkommenslosen Frau unterhaltspflichtig.

- erster Schritt: Bedarfsberechnung
  $^6/_7$ × 2690 EUR × $^1/_2$ = rd. 1153 EUR
- zweiter Schritt: Bedarfskorrektur
  Die Abweichung der Verbrauchergeldparität von 10,2462 und der Devisenparität von 7,4317 (s. jeweils Rn. 24) beträgt rd. – 25%. Denselben Wert hat die Bedarfsminderung der Frau, welche aus der Übersiedlung nach Deutschland resultiert (s. Rn. 27, Tabelle II Spalte 2, weil isoliert):
  1153 EUR – 25% = rd. 865 EUR

32 **Beispiel 3:**

Frau und Kind leben in den USA, was die ehelichen Lebensverhältnisse prägt oder geprägt hat (Bedarf im Verbund). Nach der Tabelle der Verbrauchergeldparitäten und Devisenkurse liegt das Verhältnis von Verbrauchergeldparität und Devisenparität im Mittel etwa bei – 25% (s. Rn. 24). Die Unterhaltsberechnung (Unterhalt = Bedarf) ergibt bei einem bereinigten Inlandseinkommen des Pflichtigen von 2650 EUR einen Unterhalt für
das Kind:
265 (342–77) EUR
die Ehefrau:
989 (2650–342 = 2308 × $^3/_7$) EUR
Summe:
1254 (265 + 989) EUR
Die Unterhaltssumme beläuft sich somit auf 47% des Einkommens. Tabelle I liefert für einen Auslandsanteil des Bedarfs von 45% und eine Abweichung der Verbrauchergeldparität von – 25% eine Bedarfskorrektur von + 16%. Nach den Anwendungshinweisen zur Tabelle wäre der Betrag auf + 15% zu runden und der Unterhalt entsprechend heraufzusetzen:
Kind:
265 + 15% = rd. 305 EUR
Ehefrau:
989 + 15% = rd. 1137 EUR
Summe:
1254+ 15% = rd. 1442 EUR
Dem Pflichtigen bleiben
2650–1442 = 1208 EUR

---

[60] Nach Gutdeutsch/Zieroth, a.a.O.

Beispiel 4: 33
Der Mann verdient 3500 EUR, welche die ehelichen Lebensverhältnisse geprägt haben. Zwei minderjährige Kinder sind unterhaltsbedürftig, von denen eines (15 Jahre alt) beim Vater in Deutschland, ein anderes (2 Jahre alt) bei der einkommenslosen Ehefrau in den USA lebt, welche ebenso wie die Kinder unterhaltsberechtigt ist. Die Kaufkraftdifferenz hat Einfluss auf den beiderseitigen Bedarf (Bedarf im Verbund).

- erster Schritt: Bedarfsberechnung
  Gruppe 10 der DT:
  1. Kind:
  381 (458–77) EUR
  2. Kind:
  243 (320–77) EUR
  Summe Kindesunterhalt (incl. halbes Kindergeld):
  778 EUR
  Vorabzug präg. Kindesunterhalts:
  3500–778 = 2722 EUR
  Ehegattenunterhalt aus prägendem Einkommen des Pflichtigen
  Voller Bedarf abzüglich Erwerbstätigenbonus für Pflichtigen:
  2722 × $^3/_7$ = 1167 EUR
- zweiter Schritt: Bedarfskorrektur
  Auslandsanteil:
  (1167 + 320)/3500 42%
  Kaufkraftverlust 25%
  Bedarfskorrektur nach der Tabelle I: + 18%
  Es wird + 15% gewählt (vgl. Anwendungshinweis 2)
  Bedarf 2. Kind:
  243 + 15% = rd. 280 EUR
  Bedarf Ehefrau:
  1167 + 15% = rd. 1342 EUR
  Bedarf des 1. Kindes beim Vater:
  381 EUR
  Dem Unterhaltspflichtigen bleiben:
  1497 (3500–280–1342–381) EUR

Beispiel 5: 34
Der unterhaltspflichtige Mann lebt in den USA und verdient 4000 US$ pro Monat, die unterhaltsberechtigte einkommenslose Frau lebt in Deutschland. Vom Erwerbseinkommen stehen $^1/_7$ dem Mann als Bonus zu. Die Devisenparität US$ und EUR beträgt gegenwärtig rd. 1,05 zugunsten des EUR. Die Kaufkraftdifferenz hat Einfluss auf den beiderseitigen Bedarf (Bedarf im Verbund).

- erster Schritt: Bedarfsberechnung
  Einkommen des Mannes:
  4000/1,05 = rd. 3810 EUR
  Bedarf: $^6/_7$ × 3810 × $^1/_2$ = 1633 EUR
- zweiter Schritt: Korrekturrechnung
  Inlandsanteil des Bedarfs:
  1633/3810 = 43%
  Bedarfskorrektur nach der Tabelle II:
  Verhältnis von Verbrauchergeldparität zu Devisenparität ca. – 25%; Inlandsanteil ca. 43%, also – 15%:
  1633–15% = 1388 EUR

V. Währung

Grundsätzlich kann der Berechtigte Unterhalt in der Währung seines Landes oder des Landes des Unterhaltspflichtigen verlangen, muss dabei aber auf die Verhältnisse und Interessen des Unterhaltspflichtigen Rücksicht nehmen.[61] Devisenrechtliche Beschränkungen müssen beachtet werden (solche sollen z. B. im Verhältnis zu Tschechien noch bestehen; im Verhältnis zu Polen sind sie weitgehend gelockert, siehe unten). 35

[61] Vgl. BGH, FamRZ 1992, 1060, 1063 = NJW-RR 1993, 5 und FamRZ 1990, 992 = NJW 1990, 2197; OLG Karlsruhe, FamRZ 1991, 600

Ist der Klageantrag auf Zahlung in ausländischer Währung gerichtet, darf der Richter nicht auf inländische Währung verurteilen (§ 308 I ZPO; Auslandswährung und DM-Währung sind nicht gleichartig, § 244 I BGB).[62]

VI. Ausgewählte Länder

35 a Auslandsrecht[63] wird in der Regel benötigt, wenn
- der Unterhaltsberechtigte im Ausland seinen gewöhnlichen Aufenthalt hat oder
- nach ausländischem Recht die Ehe geschieden, für nichtig erklärt, aufgehoben oder gerichtlich getrennt ist oder
- ein auf ausländisches Recht gestütztes Unterhaltsurteil abgeändert werden soll.

Während sich die Vorschriften zum Kindesunterhalt in weitem Umfang schon jetzt entsprechen, ist im Scheidungsrecht als Voraussetzung des nachehelichen Ehegattenunterhalts eine allgemeine Entwicklung zu verzeichnen. Sie verläuft ausgehend von der Verschuldensscheidung über die in vielfältigen Varianten fast überall etablierte Zerrüttungsscheidung hin zur einvernehmlichen Scheidung. Dabei sind die Übergänge fließend, denn in einigen Ländern ist die Verschuldensscheidung neben der Möglichkeit einer Scheidung wegen unheilbarer Zerrüttung beibehalten worden. Die Zerrüttungsscheidung wiederum nähert sich durch Vermutungstatbestände nach Ablauf bestimmter Fristen dem Prinzip der einvernehmlichen Scheidung an und erfasst diese teilweise sogar als Unterfall. Die schwedische Scheidung auf Wunsch eines Ehegatten hat sich als „Modell künftiger Generationen" noch nicht allgemein durchgesetzt.[64]

Belgien

1. Kinderunterhalt

36 Gemäß Art. 203 § 1 belg. Cc haben die Eltern die Pflicht, ihre Kinder zu unterhalten, und zwar bis zur Beendigung der Ausbildung, auch über den Eintritt der Volljährigkeit mit Vollendung des 18. Lebensjahres (Art. 388 belg. Cc) hinaus. Unbeschadet der Rechte des Kindes besteht insoweit eine gegenseitige Beitragspflicht der Eltern (Art. 203 bis). Innerhalb der Grenzen, die er aus dem Nachlass des verstorbenen Elternteils oder an Vorteilen durch Ehevertrag, Schenkung oder Testament von diesem erhalten hat, ist auch der Stiefelternteil zum Unterhalt verpflichtet (Art. 203 § 2 belg. Cc). Durch Scheidung oder Trennung der Eltern bleibt der Unterhaltsanspruch des Kindes im Wesentlichen unberührt (Art. 303, Art. 304, Art. 311 bis II belg. Cc). Die Höhe richtet sich nach der Bedürftigkeit des Berechtigten und der Leistungsfähigkeit des Verpflichteten (Art. 208 belg. Cc). Abänderung (Fortfall oder Ermäßigung) ist möglich (Art. 209 belg. Cc), wenn der Unterhaltspflichtige den Unterhalt nicht mehr gewähren kann oder der Unterhaltsberechtigte des Unterhalts nicht mehr bedarf. Der Richter kann auch von der Zahlungspflicht befreien, wenn Vater oder Mutter ihre Leistungsunfähigkeit nachweisen oder sich zur Aufnahme des Kindes in die Wohnung und zu dessen Verpflegung bereit erklären (Art. 210, 211 belg. Cc).

---

[62] Vgl. BGH, IPRax 1994, 366 und Anm. Grothe, IPRax 1994, 346

[63] Vgl. Rn 9 ff.; einen Überblick über Internet-Adressen zum internationalen, europäischen und ausländischen Recht gibt Otto, IPRax 1998, 231; eine große Anzahl internationaler und nationaler Vorschriften zum Unterhaltsrecht ist über die Homepage der Bundesnotarkammer „www.dnoti/Notarlinks_International.htm" abrufbar

[64] Zum Ergebnis des 6. Symposiums für Europäisches Familienrecht „Ehescheidung und Unterhalt im europäischen Vergleich", 2002 vgl. Walter FamRZ 2003, 218

2. Ehegattenunterhalt

Trennung. Gemäß Art. 213 belg. Cc schulden die Ehegatten einander Hilfe und Beistand. Dazu zählt auch die Unterhaltspflicht. Der Richter kann für die Zeit der Trennung die Zahlung einer Unterhaltsrente anordnen (Art. 223 belg. Cc), auch vorläufig. Nach der „Verkündung" der Trennung von Tisch und Bett besteht die Unterstützungspflicht nur noch zugunsten desjenigen Ehegatten, der die Trennung erwirkt hat (Art. 308 belg. Cc). Mit dem Tode des vorverstorbenen Ehegatten geht eine Unterhaltspflicht gegenüber dem hinterbliebenen Ehegatten als Nachlassverbindlichkeit auf die Erben über, wenn die Bedürftigkeit schon im Zeitpunkt des Todes bestand (Art. 205 bis § 1 belg. Cc). Das gilt auch bei Trennung von Tisch und Bett. Unterhalt geht zu Lasten des Nachlasses und wird von allen Erben und Vermächtnisnehmern im Verhältnis ihrer Erbteile geschuldet. Hat der Verstorbene ein Vermächtnis als vorrangig bezeichnet, haftet dieses nur nachrangig (Art. 205 bis § 3 belg. Cc). Der Unterhaltsanspruch muss innerhalb eines Jahres nach dem Tode geltend gemacht werden (Art. 205 bis § 5, Art. 310 § 6 belg. Cc). 37

Scheidung. In Belgien gibt es die Verschuldensscheidung[65] (z. B. Ehebruch, Art. 229 f belg. Cc), die Scheidung auf faktischer Trennung (widerlegbare Zerrüttungsvermutung) nach 2-jähriger ununterbrochener Trennungszeit[66] (Art. 232 belg. Cc) und die einverständliche Scheidung[67] (Art. 233, 275 f belg. Cc). Dazu kommt die Umwandlung der Trennung von Tisch und Bett in Scheidung. Die Verfahrensvorschriften für die Scheidung sind zum 1. 10. 1994[68] und erneut 1997 stark vereinfacht worden. 38

Gemäß Art. 301 § 1 belg. Cc kann der Richter demjenigen Ehegatten, der die Scheidung erwirkt hat, Unterhalt zubilligen in derjenigen Höhe, die zur Aufrechterhaltung des Lebensstandards wie während des Zusammenlebens (eheliche Lebensverhältnisse) notwendig ist. Unterhaltsberechtigt ist nur der unschuldige Ehegatte; der schuldige geschiedene Ehegatte hat also keinen Unterhaltsanspruch (Art. 299 belg. Cc).[69] Auch bei beiderseitigem Verschulden scheidet (anders als in Frankreich) ein Unterhaltsanspruch aus. Die Verpflichtung eines neuen Ehegatten geht der Unterhaltspflicht des geschiedenen Ehegatten vor. Die Höhe des Unterhalts ist bei der Verschuldensscheidung gesetzlich auf 1/3 des Einkommens des Unterhaltspflichtigen begrenzt. Bei der Unterhaltsbemessung wenden belgische Gerichte keine Leitlinien an; nur ausnahmsweise orientieren sie sich an den deutschen Leitlinien, wenn die Parteien zwar ihren Wohnsitz in Belgien, ihren Aufenthalt aber in Deutschland haben.

Bei der Scheidung wegen mehr als zweijähriger Trennung (Art. 232 belg. Cc) wird widerlegbar vermutet, dass derjenige Ehegatte, der den Scheidungsantrag eingereicht hat, schuld an der Scheidung war. Er hat jedoch die Möglichkeit zu beweisen, dass die Trennung auf den anderen Ehegatten zurückzuführen ist (Art. 306 belg. Cc). Bei Scheidung wegen zweijähriger Trennung auf Grund unheilbarer Zerrüttung wegen Geisteskrankheit des anderen Ehegatten besteht grundsätzlich ein Unterhaltsanspruch beider Ehegatten (Art. 232 II, Art. 307 belg. Cc). Sonst gelten im Falle einer Scheidung auf faktischer Trennung die selben Vorschriften wie im Falle einer Scheidung aus bestimmtem Grund. Nur ist die Unterhaltshöhe hier nicht notwendig auf 1/3 des Einkommens des Unterhalts-

---

[65] Sie setzt eine schwerwiegende Verfehlung voraus, die schuldhaft erfolgt ist und für den anderen Ehegatten beleidigend ist, d. h. seine Gefühle objektiv verletzt

[66] Die dafür erforderliche unheilbare Zerrüttung wird seit der letzten Gesetzesänderung im Jahre 2000 nach 2-jähriger ununterbrochener Trennung widerlegbar vermutet. Diese Form der Scheidung ist nur zulässig, wenn sich dadurch die materielle Situation der Kinder nicht verschlechtert. Sie kommt auch in Betracht, wenn eine Demenz Ursache der Trennung ist

[67] Für diese einfachste Form der Ehescheidung müssen die Ehegatten 20 Jahre alt sein, die Ehe muss bei Antragstellung mindestens 2 Jahre Bestand haben und die vermögensrechtlichen wie familienrechtlichen Scheidungsfolgen müssen vertraglich geregelt sein. Auf die Antragsschrift erhalten die Parteien eine 3-monatige Überlegungsfrist. Danach ist die richterliche Kontrolle (anders als in Frankreich) sehr eingeschränkt und im Wesentlichen auf Sittenwidrigkeit, den ordre public und die Wahrung außergewöhnlicher Kindesinteressen beschränkt

[68] Vgl. Pintens, FamRZ 1995, 1043

[69] OLG Düsseldorf, FamRZ 1995, 885

pflichtigen beschränkt, weil die Scheidung auf faktischer Trennung dem Unterhaltsberechtigten aufgezwungen werden kann (Art. 307 bis belg Cc).[70]

Bei einverständlicher Scheidung ist eine Unterhaltsvereinbarung mit positiver oder negativer Abänderungsklausel zu treffen, andernfalls ist diese Scheidungsform nicht möglich. Trotz der eingeschränkten richterlichen Kontrolle hat die für diese Scheidungsform notwendige Unterhaltsvereinbarung Vertragscharakter. Nach der Rechtsprechung entfallen die Rechtsfolgen auch nicht im Falle des Ehebruches, es sei denn, solches ergibt sich aus der vertraglichen Vereinbarung. Da hierfür die causa der Unterhaltspflicht bekannt sein muss, sind entsprechende Bedingungen in die vertraglich vereinbarte Unterhaltspflicht aufzunehmen. Entsprechend hat der belgische Kassationshof im Jahre 2000 unter Aufgabe seiner früheren Rechtsprechung entschieden, dass auch ein Ehevertrag auflösbar ist, was z. B. bei Betrug oder Arglist in Betracht kommt.

39 Der Grundbetrag ist an den Verbraucherindex im Zeitpunkt der Rechtskraft gekoppelt. Alle zwölf Monate ist er regelmäßig (ausnahmsweise „auf andere Weise") anzupassen (Art. 301 § 2 belg. Cc). Darüber hinaus ist eine Erhöhung oder Ermäßigung bei erheblicher Veränderung der Verhältnisse vorgesehen, damit der eheliche Lebensstandard erhalten bleibt (Art. 301 § 3). Obergrenze der Unterhaltsrente ist ein Drittel der Einkünfte des Unterhaltsschuldners. Bei Scheidung auf Grund faktischer Trennung (mehr als zwei Jahre Trennung, Art. 232 I belg. Cc) oder Geisteskrankheit (Art. 232 II belg. Cc) kann die Unterhaltsrente ein Drittel der Einkünfte des Schuldners (das ist bei normaler Heimtrennung in der Regel der Kläger, Art. 306 belg. Cc) übersteigen (Art. 307 bis belg. Cc), auch geändert werden oder ganz wegfallen je nach Veränderungen der Bedürftigkeit und der Leistungsfähigkeit der Parteien. Nach einer Entscheidung des Schiedshofs (belgisches Verfassungsgericht) verstößt diese Vorschrift allerdings gegen die Verfassung.

Auch eine Kapitalisierung ist möglich (Art. 301 § 5 belg. Cc).

3. Familienunterhalt

40 Die Kinder schulden ihren Eltern und ihren anderen Aszendenten (Verwandte in aufsteigender Linie) bei Bedürftigkeit Unterhalt (Art. 205 belg. Cc). Schwiegersöhne und Schwiegertöchter schulden ihren Schwiegereltern unter den gleichen Voraussetzungen Unterhalt. Diese Verpflichtung entfällt, wenn der Berechtigte eine neue Ehe eingeht oder wenn der Ehegatte, der die Schwägerschaft vermittelt, und evtl. gemeinsame Kinder verstorben sind (Art. 206 belg. Cc). Diese Verpflichtungen sind gegenseitig (Art. 207 belg. Cc).

Mit dem Tode eines vorverstorbenen Ehegatten geht die Unterhaltspflicht gegenüber seinen im Zeitpunkt des Todes bedürftigen Verwandten in aufsteigender Linie in Höhe der Erbrechte, die diesen Verwandten durch unentgeltliche Zuwendungen zugunsten des hinterbliebenen Ehegatten entzogen worden sind, als Nachlassverbindlichkeit auf die Erben über (Art. 205 bis § 2 belg. Cc). Das gilt auch bei Trennung von Tisch und Bett. Der Unterhalt muss innerhalb eines Jahres ab dem Tode geltend gemacht werden (Art. 205 bis § 5 belg. Cc).

Bosnien-Herzegowina

1. Allgemeines

40 a Nach Art. 229 I des Gesetzes über die Familie vom 29. 5. 1979 in der Fassung vom 20. 12. 1989 (Familiengesetzbuch – FGB)[71] ist der gegenseitige Unterhalt der Familienangehörigen und anderen Verwandten ihre Pflicht und ihr Recht. Kann der Unterhalt nicht oder nur teilweise verwirklicht werden, leistet die „Gesellschaftsgemeinschaft" unter den

[70] S. Rn. 39

[71] Bergmann/Ferid/Henrich, Internationales Ehe- und Kindschaftsrecht, Bosnien-Herzegowina, S. 51 ff.

gesetzlich bestimmten Voraussetzungen die notwendigen Mittel zum Unterhalt für unversorgte Familienangehörige (Art. 229 II FGB).

Ein **Verzicht** auf das Unterhaltsrecht hat keine Rechtswirkung (Art. 229 III FGB). Wie in anderen Rechtsordnungen kann allenfalls auf einzelne Unterhaltsbeträge für abgelaufene Zeitabschnitte, nicht hingegen auf das Stammrecht verzichtet werden. Nach Art. 230 I FGB tragen die Familienangehörigen und anderen Verwandten entsprechend ihren Möglichkeiten und Fähigkeiten im Einklang mit den Bedürfnissen des Unterhaltsberechtigten zum gegenseitigen Unterhalt bei. Das Maß des Unterhalts richtet sich also auch hier nach dem Bedarf des Unterhaltsberechtigten und der Leistungsfähigkeit des Unterhaltspflichtigen.

2. Kinderunterhalt

Nach Art. 230 II FGB sind die Eltern vor allem verpflichtet, ihre **minderjährigen** Kinder zu unterhalten. Zur Erfüllung dieser Verbindlichkeit müssen sie „alle ihre Möglichkeiten ausschöpfen". Hat das minderjährige Kind Vermögen oder Einkommen aus Vermögen, ist es verpflichtet, damit zu seinem Unterhalt beizutragen, wenn die Eltern arbeitsunfähig sind und selbst nicht ausreichende Mittel zum Leben haben oder diese aus ihrem Vermögen nicht realisieren können (Art. 232 II, 234 FGB). Befindet sich ein Kind in ordentlicher Schulausbildung, sind die Eltern verpflichtet, ihm nach ihren Möglichkeiten auch für die Zeit ab **Volljährigkeit** Unterhalt zu leisten. Der Anspruch ist bis zum 26. Lebensjahr begrenzt, es sei denn, die ordentliche Schulausbildung konnte aus gerechtfertigten Gründen bis zu diesem Zeitpunkt nicht abgeschlossen werden (Art 231 I FGB). Einem volljährigen Kind, das wegen Krankheit, physischer oder psychischer Gebrechen arbeitsunfähig und das weder ausreichenden Mittel zum Leben hat, noch diese aus seinem Vermögen realisieren kann, sind die Eltern so lange zum Unterhalt verpflichtet, wie diese Unfähigkeit andauert (Art. 231 II FGB). Ein Elternteil, dem das Elternrecht entzogen ist, wird dadurch von der Unterhaltspflicht gegenüber seinen minderjährigen Kindern nicht befreit (Art. 233 FGB). Nach Art. 235 I FGB sind auch **Stiefeltern** dem minderjährigen Kind zum Unterhalt verpflichtet, wenn diese keine anderen unterhaltspflichtigen Verwandten haben. Die Verpflichtung der Stiefeltern zum Unterhalt für ihre minderjährigen Stiefkinder bleibt auch nach dem Tod des Elternteils des Kindes bestehen, wenn sie im Zeitpunkt des Todes mit dem Elternteil und dem Kind in Familiengemeinschaft zusammengelebt haben (Art. 235 II FGB). Eine Unterhaltspflicht der Stiefeltern gegenüber den Stiefkindern ist aber beendet, wenn ihre Ehe mit dem Elternteil des Kindes geschieden oder für ungültig erklärt worden oder wenn das Nichtbestehen der Ehe festgestellt worden ist (Art 235 III FGB). Haben die Stiefeltern auch eigene Kinder, so ist die Unterhaltspflicht für die Kinder und die Stiefkinder „gemeinschaftlich" (§ 236 II FGB) also gleichrangig. **40 b**

Streiten die Eltern um den Kindesunterhalt, berücksichtigt das Gericht bei dem Elternteil, dem das Kind in Obhut und zur Erziehung anvertraut ist, insbesondere seine Arbeit und Sorge die er für die Erziehung und Aufziehung des Kindes erbringt, als Beitrag zum Unterhalt (Art. 252 FGB). Stellt das Gericht fest, dass die Eltern sogar gemeinschaftlich nicht in der Lage sind, die Bedürfnisse für den Unterhalt zu befriedigen, benachrichtigt es hiervon die Vormundschaftsbehörde zwecks Gewährleistung der Mittel zum Unterhalt des Kindes (Art. 253 FGB). Die Vormundschaftsbehörde bemüht sich darum, dass sich die Eltern über den Unterhalt des Kindes oder, wenn dies die erhöhen Bedürfnisse des Kindes erfordern oder die materiellen Umstände der Eltern ermöglichen, über die Erhöhung des Beitrags zum Unterhalt einigen. Dabei orientiert sie sich an der Weisung, die der Präsident des Republikskomitees für Gesundheitswesen, Arbeitswesen und Sozialschutz erlässt (Art. 255 I, III FGB). Die Einigung hat die Wirkung einer vollstreckbaren Urkunde (Art. 255 II FGB). Die Vormundschaftsbehörde kann im Namen des minderjährigen Kindes auch einen Rechtsstreit wegen Unterhalt oder Erhöhung des Unterhalts einleiten, wenn der sorgeberechtigte Elternteil dieses Recht nicht wahrnimmt. Sogar die Vollstreckung eines gerichtlich zugesprochenen Unterhalts kann sie betreiben, wenn der sorgeberechtigte Elternteil diese nicht beantragt (Art. 254 I, II FGB).

Überträgt das Gericht die Obhut und Erziehung (Sorgerecht) einem Elternteil, einem Dritten oder einer Organisation, so entscheidet es **von Amts wegen** über den Unterhalt des Kindes (259 I FGB). Gleiches gilt, wenn das Gericht in einem Rechtsstreit die Vaterschaft des Beklagten feststellt (Art. 259 II FGB).

An einem Rechtsstreit über den Unterhalt für minderjährige Kinder oder für volljährige Kinder in ordentlicher Schulausbildung (Art. 231 FGB) nimmt die Vormundschaftsbehörde zum Schutz der Kinder mit den Befugnissen nach Art. 76 FGB teil (Art. 261 FGB). Sie ist verpflichtet, auf Anordnung des Gerichts alle für die Unterhaltsentscheidung erheblichen Angaben zu beschaffen (Art. 262 FGB).

3. Ehegattenunterhalt

40 c Ein Ehegatte, der keine ausreichenden Mittel zum Leben hat oder sie aus seinem Vermögen nicht realisieren kann und arbeitsunfähig ist oder keine Beschäftigung aufnehmen kann, hat Anspruch auf Unterhalt gegenüber seinem Ehegatten nach dessen Möglichkeiten (Art. 239 FGB).[72] Das Recht auf Unterhalt **erlischt,** wenn der berechtigte Ehegatte aus einer geschiedenen oder für nichtig erklärten Ehe eine neue Ehe schließt oder wenn das Gericht feststellt, dass er dieses Rechts unwürdig geworden ist (Art. 245 FGB).

Der berechtigte Ehegatte muss den Unterhaltsantrag bis zum Abschluss der Hauptverhandlung im Streitverfahren über die Scheidung oder Nichtigerklärung der Ehe **einreichen** (Art. 240 I FGB). Nur ausnahmsweise kann der frühere Ehegatte auch innerhalb von 3 Jahren nach Beendigung der Ehe Unterhalt in einem gesonderten Verfahren beantragen, wenn die Unterhaltsvoraussetzungen bei Abschluss der Hauptverhandlung im Streitverfahren über die Scheidung oder Nichtigerklärung der Ehe bestanden und ununterbrochen bis zum Abschluss der Hauptverhandlung im Unterhaltsstreitverfahren angedauert haben (§ 240 II FamG). Spätester Einsatzzeitpunkt für das Bestehen eines Unterhaltsanspruches ist also die Auflösung der Ehe. Liegen die Voraussetzungen des Unterhaltsanspruches in diesem Zeitpunkt nicht vor, kann auch später kein Anspruch mehr entstehen. Das Gericht kann den Antrag auf Unterhalt abweisen, wenn sich der unterhaltsberechtigte Ehegatte ohne ernstlichen Anlass von Seiten des anderen Ehegatten in der Ehegemeinschaft gröblich und ungehörig verhalten hat oder wenn sein Antrag eine **offensichtliche Unbilligkeit** für den unterhaltspflichtigen Ehegatten darstellen würde (Art. 241 FamG). Auch in oder nach einem Rechtsstreit über die Nichtigkeit der Ehe kann das Gericht den Antrag auf Unterhalt abweisen, wenn er eine offensichtliche Unbilligkeit gegenüber dem anderen Ehegatten darstellen würde (Art. 242 FGB). Haben die Ehegatten während einer längeren Trennungszeit die Mittel für ihren Unterhalt selbstständig besorgt oder wird der berechtigte Ehegatte bei kurzer Ehezeit nicht in eine schwerere materielle Situation versetzt als bei Beginn der Ehezeit, kann das Gericht den Antrag auf Unterhalt ebenfalls abweisen (Art. 243 FGB). Insbesondere wenn die Ehe von kurzer Dauer war oder wenn der unterhaltsberechtigte Ehegatte imstande ist, die Mittel zum Lebensunterhalt in absehbarer Zeit auf andere Weise zu gewährleisten, kann das Gericht die Unterhaltspflicht auf eine bestimmte Zeitspanne **befristen** (Art. 244 I FGB). In berechtigten Fällen kann das Gericht die Unterhaltspflicht verlängern; die Klage auf Verlängerung des Unterhalts kann aber nur bis zum Ablauf der Zeit, für die der Unterhalt bestimmt wurde, eingereicht werde (Art. 244 II, III FGB).

4. Unterhalt des außerehelichen Partners

40 d Ist eine außereheliche Gemeinschaft, die längere Zeit gedauert hat, aufgelöst, so hat eine Person aus dieser Gemeinschaft, die keine ausreichenden Mittel zum Leben hat oder diese aus seinem Vermögen nicht realisieren kann, arbeitsunfähig ist oder keine Beschäftigung aufnehmen kann (vgl. Art. 239 für Ehegatten) ein Recht auf Unterhalt von der anderen Person (Art. 246 I FGB). Die Klage auf Unterhalt kann nur innerhalb einer **Frist** von drei Jahren von der Beendigung der außerehelichen Gemeinschaft an erhoben werden

[72] Vgl. OLG Hamm FamRZ 1995, 886

(Art. 246 II FGB). Das Gericht kann den Antrag auf Unterhalt abweisen, wenn der Kläger sich ohne ernsthaften Anlass von Seiten der anderen Person in der außerehelichen Gemeinschaft grob und ungehörig verhalten hat oder wenn der Unterhaltsanspruch eine offensichtliche Unbilligkeit für die andere Person darstellen würde (Art. 247 FGB). Insbesondere wenn der Kläger imstande ist, die Mittel zum Lebensunterhalt in absehbarer Zeit auf andere Weise zu gewährleisten, kann das Gericht die Unterhaltspflicht auf eine bestimmte Zeitspanne **befristen** (Art. 248 I FGB). In gerechtfertigten Fällen kann das Gericht die Unterhaltspflicht verlängern; die Klage auf Verlängerung des Unterhalts kann aber nur bis zum Ablauf der Zeit, für die der Unterhalt bestimmt wurde, eingereicht werde (Art. 248 II, III FGB). Das Recht auf Unterhalt **erlischt,** wenn die unterhaltsberechtigte Person eine Ehe eingeht oder wenn sie dieses Rechts unwürdig geworden ist (Art. 249 FGB). Der **Vater** eines außerehelichen Kindes ist auch unabhängig von einer früheren Lebensgemeinschaft verpflichtet, die Mutters eines außerehelichen Kindes entsprechend seinen Möglichkeiten während der Zeit von drei Monaten vor der Niederkunft bis ein Jahr nach der Niederkunft zu unterhalten, wenn sie keine ausreichenden Mittel zum Leben hat (Art. 250 FGB).

5. Verwandtenunterhalt

Hat ein Kind das 15. Lebensjahr vollendet und erzielt es durch Arbeit Einkommen, ist es verpflichtet, zum Unterhalt der Angehörigen der Familie, in der es lebt, beizutragen (Art. 232 I FGB). Allgemein sind Kinder verpflichtet, ihren **Eltern,** die arbeitsunfähig sind und nicht ausreichende Mittel zum Leben haben, oder diese aus ihrem Vermögen nicht realisieren können, zu unterhalten (Art. 234 FGB). Unter diesen Voraussetzungen sind auch minderjährige Kinder, die Vermögen oder Einkommen aus Vermögen haben, verpflichtet, zum Unterhalt der **Mitglieder der Familie,** in der sie leben, beizutragen (Art. 232 II FGB). Unter den gleichen Voraussetzungen schulden auch Stiefkinder ihren Stiefeltern Unterhalt, wenn sie von ihnen längere Zeit unterhalten wurden oder wenn die Stiefeltern für sie gesorgt haben (§ 236 I FGB). **40 e**

Eine Unterhaltspflicht besteht auch zwischen den übrigen Verwandten in gerader Linie sowie zwischen vollbürtigen Brüdern und Schwestern. Auch Halbbrüder und Halbschwestern sind einander unterhaltspflichtig, wenn der Unterhaltsberechtigte minderjährig ist oder wenn er nach Erreichen der Volljährigkeit wegen Krankheit, physischer oder psychischer Gebrechen arbeitsunfähig ist und weder ausreichende Mittel zum Leben hat, noch diese aus seinem Vermögen realisieren kann (Art. 237 FGB).

Für unterhaltsberechtigte alte oder alleinstehende Personen ist die Vormundschaftsbehörde auf Grund vorheriger Zustimmung befugt, als Bevollmächtigte in ihrem Namen einen Unterhaltsrechtsstreit gegen die Unterhaltspflichtigen zu führen (Art. 256 FGB).

6. Allgemeine Vorschriften zur Bestimmung des Unterhalts

Das Recht auf Unterhalt wird in der **Rangfolge** in Anspruch genommen, in der die Unterhaltspflichtigen zur Erbfolge berufen sind (Art. 238 I FGB). Sind mehrere Personen gemeinschaftlich unterhaltspflichtig, wird die Verpflichtung „gemäß ihren Möglichkeiten" zwischen ihnen geteilt (Art. 238 II FGB). **40 f**

Bei der Festsetzung des **Bedarfs** der unterhaltsberechtigten Person berücksichtigt das Gericht ihren Vermögensstand, ihre Arbeitsfähigkeit, ihre Möglichkeit zur Aufnahme einer Beschäftigung, ihren Gesundheitszustand und andere Umstände, von denen die Würdigung ihrer Bedürfnisse abhängt (Art. 251 I FGB). Wird Unterhalt für ein Kind verlangt, berücksichtigt das Gericht das Alter des Kindes sowie die Bedürfnisse für seine Schulausbildung (Art. 251 II FGB). Bei der Feststellung der **Leistungsfähigkeit** des Unterhaltspflichtigen berücksichtigt das Gericht alle Einkünfte und die tatsächlichen Möglichkeiten zur Erhöhung des Arbeitsverdienstes sowie seine eigenen Bedürfnisse und seine gesetzlichen Unterhaltsverpflichtungen (Art. 251 III FGB).

Unterhaltspflichtigen Personen, die sich in einem Beschäftigungsverhältnis befinden, die Nutznießer einer Pension sind oder die eine regelmäßige Geldrente in monatlichen Beträgen beziehen, verpflichtet das Gericht zur Zahlung einer künftigen monatlichen Unterhaltsleistung, die sich nach einem **Prozentsatz der Einkünfte** des Unterhaltspflichtigen bestimmt. Dieses Verfahren setzt das Gericht von Amts wegen in Gang (Art. 256 a I, II FGB). Befindet sich der Unterhaltspflichtige nicht in einem Beschäftigungsverhältnis und bezieht er werde eine Pension noch eine monatliche Geldrente, verurteilt ihn das Gericht zwecks Zahlung der künftigen monatlichen Unterhaltsleistungen zu Geldbeträgen, die sich prozentual vom gewährleisteten persönlichen Einkommen in der Republik bestimmen. Nur wenn dieser Unterhalt das gewährleistete persönliche Einkommen übersteigt, setzt das Gericht den Unterhalt in **Geldbeträgen** fest (Art. 256 b I, II FGB). Der Prozentsatz des Unterhalts nach Art. 256 a, 256 b FGB darf für jede unterhaltsberechtigte Person nicht geringer als 15% sein; insgesamt darf er allerdings 50% nicht übersteigen (Art. 256 c FGB). Ist dieses – z. B. wegen der großen Anzahl der Unterhaltsberechtigten – nicht möglich, muss der Unterhalt in Geldbeträgen ausgeurteilt werden.

Der Unterhaltsberechtigte und der Unterhaltspflichtige können beantragen, dass ein durch früheres rechtskräftiges Urteil zugesprochener Unterhalt **erhöht, ermäßigt oder aufgehoben** wird, wenn sich die Umstände, auf deren Grundlage das frühere Urteil ergangen ist, geändert haben (Art. 257 I FGB). Die Änderung kann nur für die Zeit ab der Antragstellung geltend gemacht werden (Art. 257 II FGB). Ein Organ, eine Organisation, eine Gemeinschaft bzw. eine Person kann die Aufwendungen zum Unterhalt einer dritten Person vom Unterhaltspflichtigen **erstattet verlangen,** wenn die Aufwendungen gerechtfertigt waren (Art. 258 FGB). Der Unterhaltsanspruch geht also mit der Zahlung auf den Leistenden über.

In einem Rechtsstreit über den Unterhalt für minderjährige oder ihnen gleichgestellte (Verlängerung des Elternrechts) Kinder kann das Gericht von Amts wegen **einstweilige Maßnahmen** zur Leistung des Unterhalts anordnen (Art. 260 I FGB). Sonst erlässt das Gericht einstweilige Maßnahmen nur auf Antrag des Berechtigten (Art. 260 II FGB). Einstweilige Maßnahmen setzen voraus, dass die Tatbestandsvoraussetzungen glaubhaft gemacht sind; im Verfahren der Vaterschaftsfeststellung genügt es, die Vaterschaft glaubhaft zu machen Art. 260 III FGB).

Dänemark

1. Kinderunterhalt

41 Nach § 13 I des Kinderversorgungsgesetzes[73] (KiVG) sind Eltern „jeder für sich verpflichtet, das Kind zu versorgen“. Kommt ein Elternteil seiner Versorgungspflicht gegenüber dem Kind nicht nach, so kann das Staatsamt ihm auferlegen, einen Beitrag zum Unterhalt des Kindes zu leisten (§ 13 II KiVG). Verträge über Unterhaltsbeiträge schließen eine abweichende Entscheidung des Staatsamts nicht aus, wenn der Vertrag offenbar unbillig erscheint, die Verhältnisse sich wesentlich geändert haben oder der Vertrag dem Besten des Kindes zuwiderläuft (§ 17 KiVG). Alle Entscheidungen über den Kindesunterhalt werden somit in Dänemark von den Staatsämtern bzw. (auf Beschwerde) vom Justizministerium getroffen.[74] Unterhaltsbeiträge stehen dem Kind zu und sind, sofern ein Gesamtbetrag gezahlt wird, mündelsicher anzulegen (§ 18 KiVG). Daraus folgt, dass ein wirksamer Verzicht auf Kindesunterhalt ausgeschlossen ist.[75] Antragsberechtigt ist derjenige, der die Personensorge ausübt und die Kosten der Versorgung des Kindes bestreitet. Soweit die Versorgung aus öffentlichen Mitteln bestritten wird, steht das Recht der Behörde zu (§ 18 II KiVG).

42 Der Unterhaltsbeitrag „wird mit Rücksicht auf das Beste des Kindes und die wirtschaftlichen Verhältnisse der Eltern einschließlich ihrer Erwerbsfähigkeit festgesetzt“ (§ 14 I KiVG). Sind beide Eltern unbemittelt, wird der Beitrag im Allgemeinen auf den geltenden Normal-

[73] Neuer Titel mit Wirkung vom 1. 7. 2002 gem. § 37 Nr. 1 des Kindergesetzes (KiG); bis dahin wurde das Kinderversorgungsgesetz als Kindergesetz zitiert

[74] Bergmann/Ferid/Henrich, a.a.O., Dänemark, S. 27

[75] Bergmann/Ferid/Henrich, a.a.O., Fn. 115

betrag festgesetzt.[76] Von dieser Vorschrift wird, auf Grund extensiver Auslegung des Begriffs „unbemittelt", sehr häufig Gebrauch gemacht. In fast allen übrigen Fällen orientiert sich die Praxis an den Sätzen der öffentlichen Unterhaltsvorschüsse und legt fest, dass der Normalbetrag mit einem schematisierten Zuschlag (von 25, 50 oder 100%) zu zahlen ist.[77] Für Sonderbedarf, z. B. für Taufe, Konfirmation, Krankheit oder Kosten eines anderen besonderen Anlasses kann ein besonderer Beitrag festgesetzt werden, wenn der Antrag binnen 3 Monaten beim Staatsamt gestellt wird (§ 15 I, II KiVG).

Der Unterhaltsbeitrag ist halbjährig im Voraus zu zahlen, wenn nichts anderes bestimmt **43** ist (§ 14 IV KiVG). Für einen Zeitraum, der mehr als 1 Jahr vor der Antragstellung liegt, kann ein Unterhaltsbeitrag nur dann auferlegt werden, wenn besondere Gründe dafür sprechen (§ 16 II KiVG). Die Beitragspflicht endet mit Vollendung des 18. Lebensjahres oder (bei einer Tochter) mit ihrer Eheschließung (§ 14 II KiVG). Ein Beitrag zum Unterhalt oder zur Ausbildung kann jedoch auch auferlegt werden, bis das Kind das 24. Lebensjahr vollendet hat (§ 14 III KiVG). Antragsberechtigt ist auch insoweit nur derjenige, der die Kosten der Versorgung des Kindes trägt.[78] Das Staatsamt kann einen Unterhaltsbeitrag (für die Vergangenheit nur bei ganz besonderen Umständen) auf begründeten Antrag jederzeit ändern (§ 16 I KiVG).

2. Ehegattenunterhalt

Trennung. Nach § 2 des Gesetzes über die Rechtswirkungen der Ehe[79] (Ehewirkungs- **44** gesetz – EheG II) obliegt es den Ehegatten, durch Geldleistungen, Haushaltstätigkeit oder auf andere Weise nach ihren Fähigkeiten zum Familienunterhalt beizutragen, der nach den Lebensverhältnissen der Ehegatten als angemessen anzusehen ist. Zum Unterhalt wird gerechnet, was für den Haushalt, für die Erziehung der Kinder sowie für die Befriedigung der besonderen Bedürfnisse eines jeden Ehegatten erforderlich ist (§ 2 S. 2 EheG II). Können die Bedürfnisse eines Ehegatten aus seinem Beitrag zum Familienunterhalt nicht gedeckt werden, ist der andere Ehegatte verpflichtet, ihm die erforderlichen Geldmittel in angemessenem Umfang zur Verfügung zu stellen (§ 3 EheG II). Erfüllt der Ehegatte diese Unterhaltspflicht nicht, ist ihm auf Antrag aufzuerlegen, einen nach den Umständen als billig anzusehenden Geldbeitrag zu leisten (§ 5 EheG II).

Für die Trennungszeit gelten die Vorschriften zum Familienunterhalt entsprechend (§ 6 EheG II). Auf Antrag ist der Geldbeitrag für den unterhaltsbedürftigen Ehegatten und die bei ihm lebenden Kinder festzusetzen. Nach § 6 S. 3 EheG II steht dem Ehegatten, der im Wesentlichen die Schuld an der Aufhebung des Zusammenlebens trägt, kein Unterhaltsanspruch zu, „es sei denn, dass ganz besondere Gründe dafür sprechen". In der heutigen Unterhaltspraxis wird die Schuldfrage allerdings regelmäßig nicht mehr aufgeworfen.[80]

Fragen über Unterhaltsbeiträge nach §§ 5, 6 EheG II werden von der höheren Ver- **45** waltungsbehörde (Staatsamt) entschieden (§ 8 I EheG II). Sie kann dabei auch von einer Vereinbarung der Parteien abweichen, wenn diese unbillig erscheint oder die Verhältnisse sich wesentlich geändert haben (§ 9 EheG II). Unterhaltsbeiträge werden nur aus besonderen Gründen für einen Zeitraum geschuldet, der mehr als ein Jahr vor der Antragstellung liegt (§ 8 II EheG II). Die Verwaltungsbehörde kann ihre Entscheidung auf Antrag jederzeit ändern, wenn sich die Verhältnisse wesentlich geändert haben (§ 8 I S. 2 EheG II). Die Ehegatten sind verpflichtet, einander die Auskünfte über ihre wirtschaftlichen Verhältnisse zu geben, die zur Beurteilung ihrer Unterhaltspflicht erforderlich sind (§ 10 EheG II).

---

[76] § 14 des Gesetzes v. 4. 6. 1986 (Nr. 350) über Kindeszuschuss und vorschussweise Auszahlung von Unterhaltsbeiträgen; Bergmann/Ferid/Henrich, a.a.O., S. 66 ff.

[77] Bergmann/Ferid/Henrich, a.a.O., Fn. 113

[78] Bergmann/Ferid/Henrich, a.a.O., Fn. 114

[79] Bekanntmachung vom 5. 1. 1995 (Nr. 37), geändert durch Gesetz vom 14. 6. 1995 (Nr. 389) und Gesetz vom 22. 5. 1996 (Nr. 385)

[80] Bergmann/Ferid/Henrich, a.a.O., S. 57 Fn. 5

46 **Scheidung.** Im Rahmen einer unstreitigen Ehetrennung nach § 29 des Gesetzes über die Eingehung und Auflösung der Ehe[81] (Ehegesetz – EheG I) und der darauf beruhenden Ehescheidung (§ 32 EheG I) haben die Ehegatten eine einvernehmliche Regelung u. a. darüber zu treffen, ob ein Ehegatte verpflichtet sein soll, einen Beitrag zum Unterhalt des anderen zu leisten (§§ 42 II S. 1, 49 EheG I). Die Frage der Höhe des Unterhaltsbeitrags können die Ehegatten der Entscheidung der höheren Verwaltungsbehörde überlassen (§ 42 II EheG I). In sonstigen Fällen der Ehetrennung oder -scheidung sowie bei Aufhebung der Ehe entscheidet das mit der Hauptsache befasste Gericht auch darüber, ob und für welche Zeit ein Ehegatte einen Beitrag zum künftigen Unterhalt des anderen zu leisten hat (§§ 49, 50, 25 I EheG I). Die in einem Urteil zur Ehetrennung festgesetzten Bedingungen gelten auch für die Zeit nach Ehescheidung, wenn das Gericht im Trennungsurteil zum Unterhaltsbeitrag nicht eine andere Bestimmung getroffen hat (§ 45 EheG I). Die Bemessung der Höhe von Unterhaltsbeiträgen obliegt jedoch stets den Staatsämtern, wenn keine Vereinbarung über diese Frage zustande kommt (§ 50 I EheG I). Ist die Ehetrennung oder -scheidung von einem Staatsamt bewilligt worden (§ 42 I EheG I), so bleibt dieses Amt drei Monate für die Beitragsbemessung zuständig (§ 25 Eheauflösungsbekanntmachung). In allen anderen Fällen richtet sich die örtliche Zuständigkeit nach Wohnsitz oder Aufenthalt primär des Zahlungspflichtigen und sekundär des Berechtigten.[82]

47 Bei der Entscheidung über die Pflicht zur Zahlung eines Unterhaltsbeitrags ist die Bedürftigkeit und Erwerbsfähigkeit des Berechtigten, die Leistungsfähigkeit des Pflichtigen und die Dauer der Ehe zu berücksichtigen (§ 50 II EheG I). Weiterhin kann berücksichtigt werden, ob der Berechtigte eine Ausbildungsbeihilfe oder ähnliches bedarf. In der Praxis ist die Beitragsbemessung jedoch stark schematisiert und zunehmend restriktiv.[83] Die Beitragspflicht entfällt, wenn der Berechtigte eine neue Ehe eingeht (§ 51 EheG I). Ein eheliches Zusammenleben steht einer neuen Ehe nicht gleich, führt aber oft dazu, dass ein Unterhaltsbeitrag „bis auf weiteres" mangels Bedürftigkeit versagt oder aberkannt wird.[84]

48 Eine Unterhaltsvereinbarung oder eine gerichtliche Entscheidung über die Beitragspflicht kann durch Urteil abgeändert werden, wenn sich die Verhältnisse wesentlich geändert haben und die Fortdauer dieser Unterhaltspflicht unbillig wäre (§§ 52, 53 I EheG I). Eine von der höheren Verwaltungsbehörde getroffene Entscheidung über die Höhe des Beitrags kann von dieser abgeändert werden, wenn die Umstände dafür sprechen (§ 53 II EheG I).

Frankreich

1. Kinderunterhalt

49 Gemäß Art. 203 des Zivilgesetzbuches (Code civil – Cc) haben beide Eltern die Verpflichtung, ihre Kinder zu ernähren und zu unterhalten, und zwar im Rahmen der Bedürfnisse des Unterhaltsberechtigten[85] und des „Vermögens" des Unterhaltspflichtigen (Art. 208 I Cc). Zu zahlen ist eine Unterhaltsrente, gegebenenfalls mit Gleitklausel (Art. 208 II Cc), jedoch kann bei Leistungsunfähigkeit oder entsprechendem Erbieten des Vaters oder der Mutter Unterhalt durch Aufnahme in die Wohnung und Gewährung von Naturalunterhalt vom Gericht angeordnet werden (Art. 210, 211 Cc). Die Scheidung der Eltern lässt deren Unterhaltspflicht gegenüber ihren Kindern grundsätzlich unberührt (Art. 286 Cc). Jedoch hat der nicht zur elterlichen Gewalt berechtigte Elternteil oder bei gemeinsamer Ausübung der elterlichen Gewalt derjenige, bei dem sich das Kind nicht gewöhnlich aufhält, dem anderen Elternteil einen Unterhaltsbeitrag zu leisten (Art. 288, 293

[81] Bekanntmachung vom 9. 3. 1999 (Nr. 147), zuletzt geändert durch § 3 des Gesetzes vom 7. 6. 2001 (Nr. 461)
[82] Bergmann/Ferid/Henrich, a.a.O., S. 23
[83] Bergmann/Ferid/Henrich, a.a.O., S. 46 Fn. 26
[84] Bergmann/Ferid/Henrich, a.a.O., S. 46 Fn. 27 m. w. N.
[85] Dazu gehört auch die Ausbildung über den Eintritt der Volljährigkeit hinaus, vgl. Bericht über das 3. Regensburger Symposion für Europ. Familienrecht, FamRZ 1996, 1529

Cc). Anpassung an die veränderten Verhältnisse ist möglich (Art. 209 Cc). Zahlt ein Ehegatte Unterhalt an ein bedürftiges volljähriges Kind, kann er von dem geschiedenen Ehegatten einen Beitrag zu Unterhalt und Erziehung verlangen (Art. 295 Cc).

2. Ehegattenunterhalt

Trennung. Die Trennung lässt die eheliche Hilfeleistungspflicht gemäß Art. 212 Cc unberührt (Art. 303 Cc). Nach Art. 212 Cc schulden die Ehegatten einander Hilfe und Beistand. Diese Pflicht umfasst auch den Unterhalt.[86] Gemäß Art. 303 II Cc wird Trennungsunterhalt ohne Rücksicht auf ein Verschulden an der Trennung gewährt. Der Unterhaltsschuldner kann sich im Fall eines eigenen Verstoßes des Unterhaltsberechtigten gegen seine Unterhaltspflicht aber auf die Verwirkungsvorschrift des Art. 207 II Cc berufen. 50

Hat nach Beginn des Scheidungsverfahrens (in Frankreich) ein französisches Gericht in einer „ordonnance de non conciliation contradictoire" eine Regelung des Trennungsunterhalts getroffen, bleibt diese grundsätzlich bis zur Rechtskraft der Scheidung wirksam. Sie ist mehr als eine einstweilige Anordnung oder einstweilige Verfügung nach deutschem Recht (§§ 620 ff., § 644, § 935, § 940 ZPO), sondern entspricht im Wesentlichen einem deutschen Trennungsunterhaltsurteil und ist die einzige Möglichkeit, während des Scheidungsverfahrens eine gerichtliche Regelung über den Trennungsunterhalt zu erlangen.[87]

Scheidung. Das französische Recht kennt mehrere Möglichkeiten einer Scheidung, 51
nämlich

- im Einvernehmen beider Ehegatten, die gemeinsam die Scheidungsfolgen im Voraus regeln, um vom Familienrichter ein Scheidungsurteil ausgesprochen zu bekommen (Art. 230 ff. Cc); dieses Verfahren setzt einen gemeinsamen Scheidungsantrag der Ehegatten voraus,
- den Scheidungsantrag eines Ehegatten, der sich auf Fakten bezieht, die von beiden Ehegatten vertreten werden müssen und die ein weiteres Zusammenleben unerträglich machen (Art. 233 ff. Cc); dieser Scheidungsgrund setzt voraus, dass der Ehegatte, der die Scheidungsinitiative nicht ergriffen hat, positiv antwortet, die vorgetragenen Tatsachen zugibt und die Scheidung akzeptiert,
- wegen Auseinanderbrechens der ehelichen Gemeinschaft (sog. Scheidungsverstoßung), die auf langjähriges Auseinanderleben abstellt; ein Ehegatte kann die Scheidung beantragen, wenn die Ehegatten seit mindestens sechs Jahren getrennt leben (Art. 237 Cc) oder wenn der Geisteszustand des anderen Ehegatten sich seit sechs Jahren so verschlimmert hat, dass keine Lebensgemeinschaft mehr zwischen den Ehegatten besteht (Art. 238 Cc),
- aus Verschulden (Art. 242 ff. Cc).

Hinzu kommt die Umwandlung eines Trennungsurteils in ein Scheidungsurteil nach dreijähriger Trennung von Tisch und Bett gemäß Art. 306 ff. Cc.

Nachehelicher Unterhalt wird grundsätzlich nicht geschuldet (Art. 270 I Cc), sondern nur im Falle der Scheidung wegen Auseinanderbrechens der ehelichen Gemeinschaft. Bei dieser Scheidung wird der Antragsteller wie alleinschuldig behandelt (Art. 265 I Cc) und bleibt zur „Hilfeleistung" unvermindert verpflichtet (Art. 281 I Cc). Zu zahlen ist eine Monatsrente, deren Betrag nach den Lebensverhältnissen der früheren Ehegatten festgelegt wird und ihr Alter sowie ihre Gesundheit berücksichtigt. Ziel ist es, dem Unterhaltsschuldner soweit wie möglich den gleichen Lebensstandard wie vor der Scheidung zu erhalten. Die Rente kann jederzeit nach Maßgabe der Bedürftigkeit und der Leistungsfähigkeit herabgesetzt werden (Art. 282 I Cc). Diese Regelung verstößt nur ausnahmsweise gegen den deutschen ordre public.[88] Wenn es das Vermögen des unterhaltspflichtigen Ehegatten gestattet, wird die Unterhaltsrente ganz oder teilweise durch Leistung eines Kapitals ersetzt (Art. 285 I Cc). Reicht dieses Kapital später nicht zur Befriedigung des Bedarfs des unterhaltsberechtigten Ehegatten aus, kann er eine Ergänzung in Form einer Unterhaltsrente 52

[86] Vgl. OLG Karlsruhe, FamRZ 1992, 58
[87] Vgl. OLG Karlsruhe, NJW-RR 1994, 1286
[88] Vgl. OLG Karlsruhe, FamRZ 1989, 748 = NJW-RR 1989, 1346: bei besonderem Härtefall

verlangen (Art. 285 II Cc). Die Unterhaltspflicht entfällt, wenn der Gläubiger eine neue Ehe eingeht oder „im Zustand offenbaren Konkubinats" lebt (Art. 283 Cc).

53 An die Stelle des Unterhalts (mit obiger Ausnahme) tritt eine Pflicht zu **Ausgleichsleistungen,** den sog. prestations compensatoires. Damit soll möglichst eine endgültige Regelung der finanziellen Verhältnisse der früheren Ehegatten erreicht werden. Die Ausgleichsleistung wird nach den Bedürfnissen des Empfängers und der Leistungsfähigkeit des anderen Ehegatten festgesetzt. Dabei ist die Lage im Zeitpunkt der Ehescheidung und ihre Entwicklung in absehbarer Zukunft zu berücksichtigen (Art. 271 Cc). Die Ausgleichsabfindung kann durch Kapitalabfindung in einem einzigen Betrag erfolgen. Bei der Bemessung der Bedürftigkeit und der Leistungsfähigkeit berücksichtigt der Richter insbesondere Alter und Gesundheit der Eheleute, die Erziehung vorhandener Kinder, die beruflichen Fähigkeiten, die Beschäftigungsmöglichkeiten, bestehende und zu erwartende Versorgungsanwartschaften und die Vermögenslage nach der güterrechtlichen Auseinandersetzung (Art. 272 Cc). Die Ausgleichsleistung hat Pauschalcharakter und kann selbst bei unvorhergesehener Änderung der Bedürftigkeit oder der Leistungsfähigkeit nicht geändert werden, es sei denn, es entstünden für einen der Ehegatten Folgen von außergewöhnlicher Härte (Art. 273 Cc). Wenn die Vermögenssituation des Schuldners es gestattet, nimmt die Ausgleichszahlung die Form einer Kapitalzuwendung an (Art. 274 Cc). Der Richter entscheidet über die Art und Weise der Übertragung, z. B. durch Zahlung einer Geldsumme, Überlassung beweglicher oder unbeweglicher Vermögenswerte zu Nießbrauch oder Hinterlegung von Vermögenswerten, aus denen ein Einkommen fließt (Art. 275 I cc). Das Scheidungsurteil kann von der Übertragung des Kapitals oder der Leistung der in Art. 277 Cc vorgesehenen Sicherheit abhängig gemacht werden (Art. 275 II Cc). Hat der Schuldner der Ausgleichszahlung keine flüssigen Mittel, kann ihm nach Leistung einer Bürgschaft als Sicherheit gestattet werden, das Kapital in bis zu acht Jahresraten aufzubringen (Art. 275–1 Cc). Nur wenn kein genügendes Kapital vorhanden ist, kann die Ausgleichszahlung ausnahmsweise die Form einer Lebensrente oder einer Rente auf Zeit annehmen (Art. 276, 276–1 I Cc). Die Rente wird mit einer Gleitklausen versehen und kann entweder für die gesamte Dauer einheitlich oder für verschiedene Zeiträume gestaffelt festgesetzt werden (Art. 276–1 II, III Cc). Die Rentenzahlungspflicht geht beim Tode des Schuldners auf dessen Erben über (Art. 276–2 Cc). Die Ausgleichszahlungen sind der Unterhaltspflicht einigermaßen vergleichbar (Art. 270 ff Cc), zumindest dann, wenn mangels Masse eine Ausgleichsleistung in Form einer großen Geldsumme oder Überlassung von Vermögenswerten in Natur u. a. (Art. 275 Cc) nicht möglich ist und eine Ausgleichsrente mit Gleitklausel festgesetzt wird (Art. 276 ff Cc). International-privatrechtlich ist umstritten, ob sie güterrechtlich zu qualifizieren ist (Art. 15 EGBGB)[89] oder unterhaltsrechtlich nach Art. 18 EGBGB.[90] Letzteres dürfte zutreffen wegen des stark auf Versorgung ausgerichteten und danach bemessenen (vgl. Art. 271, 272, 276 ff. Cc) Charakters der Ausgleichsleistungen.

Der ausschließlich schuldige Ehegatte hat grundsätzlich auch kein Recht auf Ausgleichsleistungen (Art. 280–1 I Cc), sondern nur bei Unbilligkeit (Art. 280–1 II Cc). Bei einem gemeinsamen Scheidungsantrag setzten die Ehegatten den Betrag und die Art und Weise der Ausgleichsleistung in einem Vertrag fest, den sie der richterlichen Genehmigung unterstellen. Der Richter darf die Genehmigung nur versagen, wenn die Rechte und Pflichten der Ehegatten unbillig festgesetzt sind (Art. 278 Cc). Die genehmigte Vereinbarung ist vollstreckbar und kann nur durch eine neue Vereinbarung der Eheleute abgeändert werden (Art. 279 I, II Cc), wenn sie nicht ursprünglich eine gerichtliche Abänderbarkeit vereinbart hatten (Art. 279 III Cc). Ein Verzicht auf Unterhalt oder eine Ausgleichsleistung ist vor der Ehe nicht zulässig.

54 Bei der Umwandlung eines Trennungsurteils in ein Scheidungsurteil (Art. 306 ff. Cc) richtet sich die Unterhaltspflicht und die Pflicht zu Ausgleichsleistungen nach den Regeln der Scheidung (Art. 308 Cc).

55 Gemäß Art. 259–3 Cc besteht eine gegenseitige Auskunftspflicht der Ehegatten, auch gegenüber dem Gericht.

[89] Vgl. OLG Karlsruhe, FamRZ 1989, 748 = IPRax 1990, 406 = NJW-RR 1989, 1346

[90] So Hausmann, IPRax 1990, 382, 387; EuGH, IPRax 1981, 19; für den Regelfall auch Staudinger/v. Bar, BGB 13. Auflage, Anh. I zu Art. 18 EGBGB Rn. 278

3. Familienunterhalt

Gemäß Art. 205 Cc sind Kinder gegenüber ihren Eltern und anderen Verwandten der aufsteigenden Linie unterhaltspflichtig, wenn diese bedürftig sind. Solche Unterhaltsleistungen schulden nach Art. 206 Cc auch Schwiegerkinder und Schwiegereltern. Diese Verpflichtung entfällt, wenn der Ehegatte, der die Schwägerschaft vermittelt, und evtl. gemeinsame Kinder verstorben sind. Die Verpflichtungen sind gegenseitig (Art. 207 Cc). Hat der Unterhaltsberechtigte jedoch selbst schwer gegen seine Verpflichtung gegenüber dem Unterhaltsschuldner verstoßen, kann das Gericht diesen ganz oder teilweise von seiner Unterhaltspflicht befreien (Art. 207 II Cc). 56

Griechenland

1. Kindesunterhalt

Nach Art. 1390 des Zivilgesetzbuchs vom 15. März 1940[91] (ZGB) sind die Ehegatten während der Ehe nach ihren Kräften verpflichtet, ihren Kindern Unterhalt zu leisten. Das Maß bestimmt sich nach den Umständen des Familienlebens, die Erfüllung erfolgt, wie es das eheliche Zusammenleben erfordert. Sonst sind Eltern und Kinder einander u. a. zur Hilfe verpflichtet (Art. 1507 ZGB). Eine Vermögenszuwendung eines Elternteils an das Kind zur Begründung oder Erhaltung der Selbstständigkeit oder zum Beginn oder zur Fortsetzung des Berufs ist nur dann als Schenkung zu qualifizieren, wenn sie das nach den Umständen erforderliche Maß übersteigt (Art. 1509 ZGB). 56 a

Sonst bestimmt sich die Unterhaltspflicht nach den Vorschriften über die Unterhaltspflicht zwischen Verwandten (Art. 1485 ff. ZGB). Ein minderjähriges Kind ist, auch wenn es **Vermögen** hat, seinen Eltern gegenüber zum Unterhalt berechtigt, soweit die Einkünfte aus seinem Vermögen oder der Ertrag seiner Arbeit zu seinem Unterhalt nicht ausreichen (Art. 1486 II ZGB). Die Eltern sind, jeder nach seinen Möglichkeiten, zum Unterhalt ihres Kindes gemeinsam verpflichtet (Art. 1489 II ZGB). Ihren minderjährigen Kindern sind die Eltern auch dann unterhaltspflichtig, wenn dadurch ihr eigener angemessener Unterhalt gefährdet würde (Art. 1487 S. 2 ZGB). Sowohl hinsichtlich des Bedarfs als auch zur Leistungsfähigkeit ist also von einer gegenüber den sonstigen Verpflichtungen **gesteigerten Unterhaltspflicht** gegenüber minderjährigen Kindern auszugehen. Der Ehegatte, dem die elterliche Sorge nicht zusteht, ist berechtigt, vom anderen Ehegatten **Auskunft** über die Person und das Vermögen des Kindes zu verlangen (Art. 1513 III ZGB). Die Eltern verwenden die Einkünfte aus dem Vermögen des Kindes für dessen Pflege, Bildung und Ausbildung. In Fällen außerordentlicher Not können Sie auch das Kapital des Kindesvermögens verwenden (Art. 1529 I, II ZGB).

Eltern dürfen ihren minderjährigen Kindern gegenüber bestimmen, in welcher Art und für welche Zeit im Voraus der Unterhalt gewährt werden soll. Wenn besondere Gründe vorliegen kann das Gericht auf Antrag des Kindes abweichend entscheiden (Art. 1497 ZGB). Ist die Mutter mittellos und die Vaterschaft wahrscheinlich, kann das Gericht schon vorab als Sicherheit monatliche Vorauszahlungen festsetzen (Art. 1502 ZGB).

2. Ehegattenunterhalt

Die Ehegatten sind nach Art. 1389 ZGB verpflichtet, die Bedürfnisse der Familie nach ihren Kräften zu befriedigen. Ihr Beitrag erfolgt durch ihre persönliche Arbeit, ihre Einkünfte und ihr Vermögen. 56 b

Soweit und solange ein **geschiedener** Ehegatte seinen Unterhalt nicht durch seine Einkünfte oder sein Vermögen sicherstellen kann, kann er nach Art. 1442 ZGB vom früheren Ehegatten Unterhalt verlangen, wenn

[91] In der Fassung des Gesetzes 2915/2001

- er im Zeitpunkt der Verkündung des Scheidungsurteils oder am Ende des in den nachfolgenden Fällen vorgesehenen Zeitraums wegen seines **Alters oder Gesundheitszustands** nicht gezwungen werden kann, einen eigenen Beruf aufzunehmen oder fortzusetzen, der seinen Unterhalt sichert,
- er die Sorge für ein **minderjähriges Kind** hat und aus diesem Grund an der Ausübung eines geeigneten Berufs gehindert ist,
- er keine geeignete dauerhafte Beschäftigung findet oder wenn er eine gewisse berufliche Ausbildung benötigt, wobei der Unterhalt auf drei Jahre seit der Verkündung des Scheidungsurteil begrenzt ist oder
- sonst ein nachehelicher Unterhalt aus Billigkeitsgründen geboten ist.

Bei der Bemessung der Bedürftigkeit ist ein ev. erhaltener Zugewinn zu berücksichtigen. Unterhalt schuldet nicht, wer dazu auch angesichts seiner übrigen Verpflichtungen nicht **leistungsfähig** ist, ohne seinen eigenen Unterhalt zu gefährden (Art. 1443, 1487 ZGB). Das **Maß** des angemessenen Unterhalts und die Abänderungsmöglichkeit richten sich nach den allgemeinen Bestimmungen (Art. 1443, 1493, 1494 ZGB). Die Höhe richten sich im Einzelfall nach der Bedürftigkeit und der Leistungsfähigkeit; Tabellen oder Richtlinien existieren nicht. Für die Vergangenheit wird Unterhalt nur bei Verzug geschuldet (Art. 1443, 1498 ZGB). Der Unterhalt ist monatlich im Voraus in Geld zu zahlen. In besonderen Fällen kann eine einmalige Leistung vereinbart oder vom Gericht angeordnet werden (Art. 1443 S. 2, 3 ZGB). Der nacheheliche Unterhalt ist weitgehend **dispositiv;** selbst ein Verzicht auf künftigen Unterhalt ist nach überwiegender Auffassung zulässig, weil Art 1443 ZGB nicht auf die entspr. Vorschrift des Art. 1499 ZGB verweist.

Der Unterhaltsanspruch kann **ausgeschlossen oder eingeschränkt** werden, wenn dies aus wichtigem Grund geboten ist (Art. 1444 I ZGB), insbesondere wenn
- die Ehe nur eine kurze Zeit gedauert hat,
- der Berechtigte an der Ehescheidung schuldig ist oder
- der Berechtigte seine Bedürftigkeit mutwillig verursacht hat.

Das Unterhaltsrecht **erlischt,** wenn der Berechtigte wieder heiratet oder dauerhaft in einer nichtehelichen Lebensgemeinschaft zusammenlebt. Mit dem Tod des Berechtigten erlischt es für künftig fällig werdende Raten; der Tod des Unterhaltspflichtigen lässt das Unterhaltsrecht nicht entfallen (Art. 1444 II ZGB).

Der unterhaltspflichtige frühere Ehegatte schuldet dem anderen **Auskunft** über sein Vermögen und seine Einkünfte; auf Antrag des Unterhaltsberechtigten sind auch der Arbeitgeber und das Finanzamt zur Auskunft verpflichtet (Art. 1445 ZGB).

Auf Antrag der Kindesmutter kann das Gericht den **nichtehelichen** Vater zur Zahlung der Entbindungskosten und eines für die Zeit von zwei Monaten vor bis vier Monate nach der Entbindung befristeten Unterhalts an die bedürftige Mutter verurteilen. Liegen besondere Umstände vor, kann die Unterhaltspflicht auf insgesamt ein Jahr verlängert werden. Der Anspruch erlischt nicht mit dem Tod des Vaters und verjährt in drei Jahren seit der Entbindung. Ein Anspruch auf Schadensersatz ist daneben nicht ausgeschlossen (Art. 1503 I, II ZGB).

3. Verwandtenunterhalt

56 c Aszendenten **(Vorfahren) und Abkömmlinge** sind sich gegenseitig nach den Vorschriften der Art. 1486 bis 1502 ZGB zum Unterhalt verpflichtet (Art. 1485 ZGB). Unterhaltspflichtig sind zunächst die Abkömmlinge in der Reihenfolge, in der sie als gesetzliche Erben berufen sind (Art. 1813 ZGB) nach dem Verhältnis ihres Erbteils (Art. 1488 ZGB). Sind keine Abkömmlinge vorhanden, so sind die nächsten Vorfahren zum Unterhalt verpflichtet und zwar zu gleichen Teilen, wenn mehrere des gleichen Grades vorhanden sind (Art. 1489 I ZGB). Wenn ein Vorfahre oder ein Abkömmling zur Unterhaltsleistung nicht in der Lage ist oder ein gerichtliches Vorgehen gegen ihn unmöglich oder besonders schwierig ist, trifft die Unterhaltspflicht den nächst Verpflichteten (Art. 1490 IZGB). In diesem Falle, wenn ein öffentlicher Träger Unterhalt gezahlt hat oder wenn die sorgeberechtigte Person oder der Ehegatte des Unterhaltspflichtigen Unterhalt an ein minderjäh-

riges Kind gezahlt hat, geht der Unterhaltsanspruch per Gesetz auf ihn über (Art. 1490 II ZGB).

Abkömmlinge und Vorfahren sind nur zum **Notunterhalt** berechtigt, der das unbedingt zur Erhaltung notwendige umfasst, wenn sie sich dem Unterhaltspflichtigen einer Verfehlung schuldig gemacht haben, die eine Enterbung rechtfertigt (Art. 1495 ZGB).

Geschwister schulden sich wechselseitig Unterhalt, wenn der Berechtigte aus besonderen Gründen, insbesondere wegen Alters, schwerer Krankheit oder Gebrechlichkeit außerstande ist, sich selbst zu unterhalten und die Verpflichtung unter Berücksichtigung aller Umstände angemessen ist. Der Unterhalt umfasst das unbedingt Notwendige zum Leben und die Erziehungskosten sowie die Kosten für die allgemeine und berufliche Ausbildung (Art. 1504 ZGB).

4. Allgemeine Grundsätze

Unterhaltsberechtigt ist nur, wer außerstande ist, sich selbst durch sein Vermögen oder **56 d**
durch eine seinem Alter, seinem Gesundheitszustand und seinen übrigen Lebensumständen unter Berücksichtigung seiner etwaigen Ausbildungsbedürfnisse angemessene Arbeit zu unterhalten. Nicht zum Unterhalt verpflichtet ist, wer angesichts auch seiner übrigen Verpflichtungen zur Leistung nicht in der Lage ist, ohne seinen eigenen Unterhalt zu gefährden (Art. 1487 S. 1 ZGB). Damit setzt die Unterhaltspflicht stets Bedürftigkeit des Berechtigten und Leistungsfähigkeit des Unterhaltspflichtigen voraus.

Der Unterhaltsanspruch gegenüber dem (geschiedenen) Ehegatten geht dem Anspruch gegenüber den Abkömmlingen und Vorfahren vor. Letztere haften nur, wenn der Ehegatte auch angesichts seiner übrigen Verpflichtungen nicht zur Zahlung des geschuldeten Unterhalts in der Lage oder wenn die Durchsetzung gegen ihn unmöglich oder besonders schwierig ist (Art. 1491 ZGB). Minderjährigen Kinder und (frühere) Ehegatten sind als Unterhaltsberechtigte gleichrangig und gehen anderen Unterhaltsberechtigten vor. Danach haben Abkömmlinge in der Reihe der gesetzlichen Erbfolge (Art. 1813 ZGB) Vorrang vor den Aszendenten. Bei den Vorfahren gehen schließlich die näheren den entfernteren vor (Art. 1492 ZGB).

Das **Maß** des Unterhalts bestimmt sich nach den Bedürfnissen des Berechtigten unter Berücksichtigung der Umstände seines Lebens (angemessener Unterhalt). Er umfasst alles, was zum Lebensunterhalt notwendig ist sowie die Kosten der Erziehung und die Kosten seiner allgemeinen und beruflichen Ausbildung (Art. 1473 ZGB). Der Unterhalt ist in Geld monatlich in voraus zu zahlen. Aus besonderem Anlass kann das Gericht dem Unterhaltspflichtigen gestatten, den Unterhalt in anderer Art (z. B. durch Wohnungsgewährung) zu erbringen (Art. 1496 ZGB). Haben sich die Verhältnisse seit Erlass eines Urteils geändert, kann das Gericht die Unterhaltspflicht **abändern** oder beenden (Art. 1494 ZGB). Für die **Vergangenheit** wird Unterhalt nur geschuldet, soweit sich der Unterhaltspflichtige im Verzug befand (Art. 1498 ZGB). Ein **Verzicht** auf künftigen Unterhalt ist nicht zulässig; Vorauszahlungen befreien den Unterhaltspflichtigen nur, wenn sie im Rahmen einer nach Art. 1496, 1497 ZGB zulässigen Unterhaltsbestimmung erfolgt sind (Art. 1499 ZGB). Der Unterhaltsanspruch der Verwandten **erlischt** mit dem Tod des Berechtigten oder des Verpflichteten, es sei denn, dass er die Vergangenheit oder schon fällige Raten betrifft (Art. 1500 ZGB).

Italien

1. Kinderunterhalt

Gemäß Art. 147, Art. 148 des Zivilgesetzbuches[92] (cc) haben die Eltern die Verpflich- **57**
tung, den gesamten Lebensbedarf ihrer Kinder zu tragen („mantenere"), sie auszubilden und

[92] Zivilgesetzbuch vom 16. 3. 1942, zuletzt geändert durch G Nr. 218 vom 31. 5. 1995

zu erziehen. Dabei ist auf die Fähigkeiten, Neigungen und Lebenspläne der Kinder Rücksicht zu nehmen. Daraus folgt, dass die Unterhaltspflicht über den Eintritt der Volljährigkeit oder der vorzeitigen Mündigkeit hinaus fortdauert, solange sie nicht in der Lage sein **können,** sich selbst zu unterhalten, z. B. im Falle eines Studiums. Maßgebend ist dabei eine abstrakte Betrachtung.[93] Eine feste Altersgrenze gibt es jedoch nicht.[94] Diese Verpflichtung hängt ab von ihren Vermögensverhältnissen und ihrer Erwerbs- und Haushaltsführungsfähigkeit (Art. 148 I cc). Gläubiger des Kindesunterhalts ist der andere Ehegatte, dem das Kind zugewiesen ist, nicht das Kind selbst.[95] Feste Regeln für die Bemessung der Unterhaltshöhe gibt es nicht,[96] jedoch ist eine automatische Gleitklausel vorgeschrieben, jedenfalls für den Kindesunterhalt nach Scheidung (Art. 6 Nr. 11 SchG).[97] Abänderung ist möglich (Art. 155 VIII cc). Das Gericht kann die Auszahlung eines Bruchteils der Einkünfte unmittelbar an den Träger der Unterhaltslast (z. B. den anderen Ehegatten) anordnen. Über den Kindesunterhalt wird zusammen mit der Trennung oder Scheidung von Amts wegen entschieden (Art. 155 I, II cc, Art. 6 Nr. 3 SchG).[98] Die Eltern haben ein Wahlrecht, in welcher Form sie Unterhalt leisten; bei Streit entscheidet das Gericht.[99] Ist diese Unterhaltspflicht beendet, kommt die Alimentenpflicht gem. Art. 433 ff. cc in Betracht, jedoch in geringerem Umfang wie diejenige nach Art. 147 f. cc, nämlich je nach der wirtschaftlichen Lage des Pflichtigen und dem notwendigen Bedarf des Kindes unter Beachtung seiner sozialen Stellung u. U. bis nahe an den standesgemäßen Unterhalt (in Ausnahmefällen), regelmäßig jedoch weit darunter.[100]

Der Unterhaltsanspruch minderjähriger Kinder ist mit demjenigen geschiedener Ehegatten gleichrangig. Das Gericht kann im Mangelfall bei unterschiedlichem Bedarf entscheiden, wer den Unterhalt vorrangig erhält.

2. Ehegattenunterhalt

58 **Trennung.** Gemäß Art. 143 cc begründet die Ehe u. a. die Pflicht zu gegenseitiger materieller Unterstützung. Diese Verpflichtung ruht bei Trennung gegenüber dem anderen Ehegatten, der unberechtigt getrennt lebt (Art. 146 I cc). Ein berechtigter Grund für die Trennung liegt vor, wenn Klage auf Trennung von Tisch und Bett oder auf Nichtigkeit, Auflösung oder Wirkungslosigkeit der Ehe erhoben ist (Art. 146 II cc). In Italien gibt es die einverständliche und die gerichtliche Trennung (Art. 150 II cc). Die einverständliche muss aber gerichtlich bestätigt werden (Art. 158 cc). Gemäß Art. 156 I, II cc regelt der Richter bei der gerichtlichen Trennung von Amts wegen den angemessenen Unterhalt zugunsten des nicht für die Trennung verantwortlichen bedürftigen Ehegatten.[101] Voraussetzung ist, dass ein Ausspruch über die Verantwortlichkeit des anderen Ehegatten ergangen ist (Art. 151 II cc).[102] Der für die Trennung nicht verantwortliche Ehegatte kann grundsätzlich den ehelichen Lebensstandard beibehalten (Art. 156 I cc „mantenimento"). Hat er selbst

---

[93] Vgl. Gabrielli in Entwicklungen des europäischen Kindschaftsrechts, 2. Auflage, S. 71

[94] Bericht über das 3. Regensburger Symposion für Europ. Familienrecht, FamRZ 1996, 1529

[95] Vgl. OLG Hamm, FamRZ 1993, 213

[96] Vgl. Grunsky, Italienisches Familienrecht, 1978, S. 119

[97] G Nr. 898 vom 1. 12. 1970 über die Regelung der Fälle der Eheauflösung in der Fassung des G Nr. 72 vom 6. 3. 1987

[98] Nach Winkler v. Mohrenfels in IPR und Rechtsvergleichung JuS-Schriftenreihe, 2. Auflage, S. 76 soll zwischen dem Kindesunterhalt während der Trennung und nach Scheidung der Eltern keine Identität bestehen. Dagegen spricht schon die Fassung des Art. 6 Nr. 1 SchG

[99] Bericht über das 3. Regensburger Symposion für Europäisches Familienrecht, FamRZ 1996, 1529

[100] Wie Fn. 93; Grunsky, a.a.O., S. 159

[101] Der Streitwert eines Verfahrens auf Trennung von Tisch und Bett ist grundsätzlich niedriger anzusetzen als der Streitwert eines Scheidungsverfahrens (OLG Karlsruhe, FamRZ 1999, 605). Für Folgesachen gilt verfahrensrechtlich der Entscheidungsverbund mit entsprechenden Streitwerten (OLG Karlsruhe EZFamR aktuell 1999, 147)

[102] Diesen Ausspruch trifft der Richter – auf Antrag – bereits im Trennungsurteil. Er kann aber auch im späteren isolierten Unterhaltsverfahren nachgeholt werden (OLG Karlsruhe, FamRZ 1991, 439; OLG Düsseldorf, FamRZ 1997, 559)

ausreichendes Einkommen, entfällt der Anspruch. Eine zumutbare Erwerbstätigkeit muss er ausüben. Von wesentlicher Bedeutung ist auch das Einkommen des Unterhaltsschuldners, weniger seine sonstigen Vermögensverhältnisse (Art. 156 II cc), während beim Unterhaltsgläubiger auch seine Vermögensverhältnisse zu berücksichtigen sein sollen.[103] Auf Trennungsunterhalt können die Ehegatten nicht verzichten.

Der für die Trennung verantwortliche und bedürftige Ehegatte (Art. 156 III, 438 I cc) 59
hat zwar auch einen Unterhaltsanspruch gegen den anderen, aber nur in wesentlich geringerem Umfang, nämlich nur auf das Notwendige unter Berücksichtigung seiner sozialen Stellung („alimenti“, Art. 156 III i. V. m. Art. 433 ff., Art. 438 II Satz 2 cc).[104] Sind beide Ehegatten schuldig an der Trennung, haben beide nur den Anspruch auf „alimenti“ gemäß Art. 156 III, Art. 433 ff. cc.

Die beiden Formen des Unterhaltsanspruchs sind, wenn nachträgliche Umstände dies 60
rechtfertigen, Abänderungen nach Maßgabe des Art. 156 VIII cc zugänglich.

Der Anspruch kann auch nach Erlass eines Trennungsurteils geltend gemacht werden (vgl. OLGR Düsseldorf 1996, 273).

Scheidung. Maßgebend ist das Gesetz zur Regelung der Fälle der Eheauflösung in der 61
Fassung vom 6. 3. 1987 (sog. Scheidungsgesetz – SchG –). Gemäß dessen Art. 5 Abs. 6 ff ordnet das Gericht auf Antrag[105] die Pflicht des einen Ehegatten an, dem anderen eine Unterhaltsrente zu zahlen. Danach ist die Verpflichtung zur Zahlung nachehelichen Ehegattenunterhalts zwar grundsätzlich im Scheidungsurteil auszusprechen. Diese verfahrensrechtliche Norm allein steht einem späteren Unterhaltsbegehren allerdings nicht entgegen. Nach der Rechtsprechung des italienischen Kassationshofs sind Unterhaltsansprüche eines Ehegatten nicht ausgeschlossen, wenn er sie in dem Trennungsprozess nicht geltend gemacht hat. Für Unterhaltsansprüche nach der Scheidung gilt dasselbe.[106] Voraussetzung ist, dass der andere keine hinreichenden Mittel hat und sich solche aus „objektiven“ Gründen auch nicht beschaffen kann. Das italienische Recht kennt auch einen dem deutschen § 1573 BGB vergleichbaren Ergänzungsunterhalt, wenn der bedürftige Ehegatte zwar erwerbstätig ist, aber mit den Einkünften nicht den ehelichen Lebensstandard erreicht.[107] Im Wesentlichen gelten für die Unterhaltsbemessung dieselben Maßstäbe wie für den deutschen nachehelichen Unterhalt.[108] Die persönlichen und wirtschaftlichen Verhältnisse der Ehegatten, wie Alter, Gesundheit, persönliche Stellung, Erwerbsfähigkeit, Vermögen und andere Unterhaltspflichten sind zu berücksichtigen. Auch die Gründe der Entscheidung sind von Bedeutung, was bei fehlendem Verschulden zu einer Erhöhung des Unterhalts führen kann.[109] Zeiten der Kindererziehung sind ebenso zu berücksichtigen, wie die Ehedauer. Tabellen o. ä. gibt es nicht.[110] Auch ein fester Selbstbehalt besteht nicht; wegen des Halbteilungsgrundsatzes darf dem Ehegatten aber allenfalls die Hälfte des beim Unterhaltspflichtigen vorhandenen Einkommens zugesprochen werden.

Unterhalt wird grundsätzlich in monatlichen Raten ohne zeitliche Grenze zugesprochen, kann aber auch befristet werden, wenn das Ende absehbar ist. Entscheidungen zur Unterhaltspflicht sind nach den Grundsätzen des Wegfalls der Geschäftsgrundlage abänderbar; teilweise ist dieses auch ausdrücklich gesetzlich geregelt (Art. 9 I SchG). Eine neue Ehe des Unterhaltspflichtigen kann eine Abänderung nicht begründen, die Unterstützung durch eine verfestigte nichteheliche Lebensgemeinschaft des Unterhaltsberechtigten kann hingegen zu einer Abänderung führen. Einmalige Abfindungen in Geld oder Immobilien sind möglich, wenn die Ehegatten damit einverstanden sind (Art. 5 VIII SchG)[111]

---

[103] Grunsky, a.a.O., S. 104; bei seit langem in Deutschland lebenden Ehegatten stellt das OLG Düsseldorf (FamRZ 1997, 559 = OLG-Report 1996, 273) auf die hiesigen Lebensverhältnisse ab

[104] Vgl. Grunsky, a.a.O., S. 105

[105] BGH NJW 2002, 145

[106] BGH NJW 2002, 145; OLG Düsseldorf NJW-RR 1997, 387; OLG Frankfurt FamRZ 1994, 584

[107] Battes/Korenke, FuR 1996, 199

[108] Vgl. auch Battes/Korenke, FuR 1996, 199

[109] Vgl. OLG Frankfurt, FamRZ 1994, 584; Patti, FamRZ 1990, 703, 706

[110] Jayme in einer Rezension FamRZ 1995, 205

[111] Eine einmalige Abfindung schließt auch im Falle einer späteren Bedürftigkeit eine weitere Klage auf Unterhalt aus

62 Eine Besonderheit ist die automatische Gleitklausel, die wenigstens den Geldentwertungsindex erreichen muss (Art. 5 VII SchG). Der Richter muss ausdrücklich begründen, wenn er von einer automatischen Anpassung abweichen will.

63 Die Unterhaltspflicht endet, wenn der berechtigte Ehegatte eine neue Ehe eingeht (Art. 5 X SchG) oder mit dem Tod des Unterhaltspflichtigen. Im letzten Fall kann aber nach billigem Ermessen ein neuer Anspruch auf nachehelichen Unterhalt als Nachlassverbindlichkeit entstehen. Eine vor Rechtshängigkeit geschlossene Vereinbarung z. B. über einen Verzicht auf den nachehelichen Unterhalt steht bei Beendigung der Ehe unter dem „Verdacht der Nichtigkeit“.[112]

Der Unterhalt kann auch noch nach Abschluss des Scheidungsverfahrens erstmalig und isoliert zugesprochen werden, und zwar auf Antrag.[113]

3. Verwandtenunterhalt

64 Nach Art. 433 Nr. 2, 4 und 6 cc sind Kinder und Schwiegerkinder sowie voll- und halbbürtige Geschwister zum Unterhalt verpflichtet. Dabei gehen die Kinder dem Ehegatten nach und den Eltern vor. Die Schwiegerkinder gehen auch den Eltern nach und den Schwiegereltern vor. Bei den weiter nachrangigen Geschwistern gehen vollbürtige den halbbürtigen vor. Bei mehreren gleichrangigen Unterhaltspflichtigen haben alle im Verhältnis ihrer eigenen wirtschaftlichen Umstände zur Unterhaltsleistung beizutragen (Art. 441 I cc). Unterhalt setzt stets Bedürftigkeit voraus (Art. 438 I cc). Die Höhe bestimmt sich nach dem Bedarf des Berechtigten und der Leistungsfähigkeit des Unterhaltspflichtigen (Art. 438 II cc). Zwischen Brüdern ist der Unterhalt strikt auf den notwendigen Bedarf beschränkt. Bei Minderjährigen kann er auch die Kosten für Erziehung und Unterricht umfassen (Art. 439 cc). Bei Änderung der wirtschaftlichen Verhältnisse kann der Unterhalt abgeändert werden (Art. 440 cc).

Kroatien

Nach Art. 210 des Familiengesetzes vom 16. 12. 1998 (FamG)[114] ist Unterhalt die Pflicht und das Recht der Eltern und der Kinder, der Ehegatten und außerehelichen Partner und der Verwandten in gerader Linie, wenn es durch dieses Gesetz vorgesehen ist.

1. Kinderunterhalt

64 a Nach Art. 213 FamG sind die Eltern verpflichtet, für ihre **minderjährigen** Kinder Unterhalt zu leisten. Besucht ein Kind regelmäßig die Schule, schulden die Eltern ihm auch nach der **Volljährigkeit** weiterhin Unterhalt (Art 214 I FamG). Hat das volljährige Kind die Schule beendet aber noch keine Beschäftigung gefunden, schulden die Eltern ihm für die Dauer eines Jahres nach der Schulausbildung weiterhin Unterhalt (Art. 214 II FamG). Das Gleiche gilt, wenn das volljährige Kind wegen Krankheit, geistiger oder körperlicher Gebrechen arbeitsunfähig ist, für die Zeit der Arbeitsunfähigkeit (Art 214 III FamG). Ein Elternteil, dem die elterliche Fürsorge eingeschränkt oder entzogen wurde oder der die elterliche Fürsorge nicht ausübt, wird dadurch nicht von der Unterhaltspflicht für das Kind befreit (Art. 216 FamG). Nach Art. 218 I FamG sind auch **Stiefeltern** dem minderjährigen Kind zum Unterhalt verpflichtet, wenn es von den Eltern keinen Unterhalt erlangen kann. Stiefeltern, die im Zeitpunkt des Todes eines Elternteils mit dem Kind zusammenlebten, schulden dem minderjährigen Kind auch nach dem Tode des Elternteils Unterhalt (Art. 218 II FamG). Eine Unterhaltspflicht der Stiefeltern entfällt aber, wenn ihre Ehe mit

---

[112] OLG Frankfurt, FamRZ 1994, 584

[113] Vgl. OLG Frankfurt, FamRZ 1994, 584; nach Grunsky, a.a.O., S. 1999, 105 nur bei Veränderung der Umstände seit Erlass des Scheidungsurteils

[114] Bergmann/Ferid/Henrich, a.a.O., Kroatien, S. 57

dem Elternteil des Kindes geschieden oder für ungültig erklärt worden ist (Art 218 III FamG). Leistet ein Elternteil keinen Unterhalt für das Kind, sind die **Großeltern** nach den für die Eltern geltenden Bestimmungen zum Kindesunterhalt verpflichtet (Art. 220 FamG).

Bei der Bemessung des **Unterhaltsbedarfs** sind neben den allgemeinen Grundsätzen (s. Rn. 64 e) auch das Alter des Kindes sowie die Bedürfnisse seiner Ausbildung in Betracht zu zeihen (Art. 236 I FamG). Ungeachtet der allgemeinen Grundsätze über die Bedürftigkeit und die Leistungsfähigkeit kann ein arbeitsfähiger Elternteil nicht von der Unterhaltspflicht für ein minderjähriges Kind befreit werden (Art. 236 II FamG). Der Unterhaltsbedarf eines Kindes kann mit einem erhöhten Betrag festgestellt werden, wenn dies den vergrößerten Möglichkeiten des einzelnen Elternteils entspricht (Art. 236 III FamG). Hat das Kind **eigene Einkünfte,** ist es verpflichtet, mit diesen zu seinem Unterhalt beizutragen (Art. 215 FamG). Im Unterhaltsstreitverfahren für ein Kind zieht des Gericht bei dem Elternteil, bei dem das Kind lebt, besonders die Arbeit und die Sorge, die er in das Heranwachsen des Kindes investiert, in Betracht und verringert demgemäß seinen Geldbetrag zum Kindesunterhalt (Art. 237 FamG).

Das **Zentrum für Sozialfürsorge** bemüht sich darum, dass Eltern sich mit ihren minderjährigen Kindern oder mit ihren volljährigen Kindern, die regelmäßig die Schule besuchen, außergerichtlich über die Höhe oder die Vergrößerung des Unterhaltsbeitrags für das Kind einigen. Diese Einigung soll dem Wohlergehen des Kindes Rechnung tragen (Art. 234 I FamG). Der im Zentrum für Sozialfürsorge geschlossene Vergleich ist eine vollstreckbare Urkunde (Art. 234 II FamG). Das Zentrum für Sozialfürsorge kann im Namen des Kindes ein Verfahren auf Erhöhung des Unterhalts einleiten und führen, wenn eine andere Person oder Einrichtung für das Kind sorgt oder wenn der Elternteil, mit dem das Kind lebt, den Anspruch aus unberechtigten Gründen nicht geltend macht (Art. 238 I FamG). Es kann auch die Vollstreckung der Unterhaltsentscheidung für das Kind beantragen (Art. 238 II FamG). Über Unterhaltsentscheidungen für Kinder, die ihm das Gericht nach Art. 303 II FamG zustellt und über bei ihm geschlossene Unterhaltsvergleiche führt es nach ministeriell vorgegebener Art und Weise Protokoll (Art. 239 FamG).

2. Ehegattenunterhalt

Ein Ehegatte, der nicht genügend Mittel zum Leben hat oder sie aus seinem Vermögen nicht beschaffen kann und arbeitsunfähig ist oder keine Beschäftigung findet, hat das Recht auf Unterhalt von seinem Ehegatten (Art. 221 FamG). Der Anspruch auf Unterhalt **endet,** wenn die Voraussetzungen des Art. 221 FamG nicht mehr gegeben sind, wenn der berechtigte Ehegatte aus einer geschiedenen oder für ungültig erklärten Ehe eine neue Ehe schließt oder wenn das Gericht feststellt, dass er in einer außerehelichen Gemeinschaft lebt oder dass er dieses Rechts unwürdig geworden ist (Art. 225 FamG). **64 b**

Der berechtigte Ehegatte muss den Unterhaltsantrag bis zum Abschluss der Hauptverhandlung im Streitverfahren über die Scheidung oder Ungültigerklärung der Ehe **einreichen,** worauf ihn das Gericht hinzuweisen hat (Art. 222 I FamG). Nur ausnahmsweise kann der frühere Ehegatte auch innerhalb von sechs Monaten nach Beendigung der Ehe Unterhalt beantragen, wenn die Unterhaltsvoraussetzungen bei Abschluss der Hauptverhandlung im Streitverfahren über die Scheidung oder Ungültigerklärung der Ehe bestanden und ununterbrochen bis zum Abschluss der Hauptverhandlung im Unterhaltsstreitverfahren angedauert haben (§ 222 II FamG). Spätester Einsatzzeitpunkt für das Bestehen eines Unterhaltsanspruches ist also die Auflösung der Ehe. Liegen die Voraussetzungen des Unterhaltsanspruches in diesem Zeitpunkt nicht vor, kann auch später kein Anspruch mehr entstehen.

Das Gericht kann den Unterhaltsanspruch des Ehegatten ablehnen, wenn der Unterhalt eine **offensichtliche Ungerechtigkeit** für den unterhaltspflichtigen Ehegatten darstellen würde (Art. 223 FamG). Insbesondere wenn die Ehe nur kurz dauerte oder wenn der unterhaltsberechtigte Ehegatte die Möglichkeit hat, die Mittel zum Lebensunterhalt in absehbarer Zeit auf andere Weise zu sichern, kann das Gericht die Unterhaltspflicht bis zu einem Jahr **befristen** (Art. 224 I FamG). In berechtigten Fällen kann das Gericht die Unterhaltspflicht verlängern; die Klage auf Verlängerung des Unterhalts kann aber nur bis zum Ablauf der Zeit, für die der Unterhalt bestimmt wurde, eingereicht werde (Art. 224 II, III FamG).

3. Unterhalt des außerehelichen Partners

64 c Endet die außereheliche Gemeinschaft einer Frau und eines Mannes, die längere Zeit dauerte, hat der außereheliche Partner, der die Voraussetzungen des Art. 3 FamG erfüllt, unter den gleichen Voraussetzungen wie ein Ehegatte (wenn er nicht genügend Mittel zum Leben hat oder sie aus seinem Vermögen nicht beschaffen kann und arbeitsunfähig ist oder keine Beschäftigung findet; Art. 221 FamG) das Recht auf Unterhalt von dem anderen außerehelichen Partner (Art. 226 I FamG). Der Anspruch auf Unterhalt **endet,** wenn die Voraussetzungen des Art. 221 FamG nicht mehr gegeben sind, wenn der berechtigte außereheliche Partner eine Ehe schließt oder wenn das Gericht feststellt, dass er in einer außerehelichen Gemeinschaft lebt oder dass er dieses Rechts unwürdig geworden ist (Art. 229 FamG). Der **Vater** eines außerehelichen Kindes ist auch unabhängig von einer früheren Lebensgemeinschaft verpflichtet, ein Jahr vom Tag der Kindesgeburt an Unterhalt für die Kindesmutter zu leisten, wenn sie für das Kind sorgt und nicht genügend Mittel zum Leben hat.

Die Unterhaltsklage kann nur innerhalb einer Frist von sechs Monaten von der Beendigung der außerehelichen Gemeinschaft an eingereicht werden (Art. 226 II FamG).

Das Gericht kann den Unterhaltsanspruch des außerehelichen Partners ablehnen, wenn der Unterhalt eine **offensichtliche Ungerechtigkeit** für den anderen außerehelichen Partner darstellen würde (Art. 227 FamG). Insbesondere wenn der unterhaltsberechtigte außereheliche Partner die Möglichkeit hat, die Mittel zum Lebensunterhalt in absehbarer Zeit auf andere Weise zu sichern, kann das Gericht die Unterhaltspflicht bis zu einem Jahr **befristen** (Art. 228 I FamG). In berechtigten Fällen kann das Gericht die Unterhaltspflicht verlängern; die Klage auf Verlängerung des Unterhalts kann aber nur bis zum Ablauf der Zeit, für die der Unterhalt bestimmt wurde, eingereicht werde (Art. 228 II, III FamG).

4. Verwandtenunterhalt

64 d Ein volljähriges Kind ist verpflichtet, für einen Elternteil, der arbeitsunfähig ist und nicht genügend Mittel zum Leben hat oder sie aus seinem Vermögen nicht beschaffen kann, Unterhalt zu leisten (Art. 217 I FamG). Hat der unterhaltsberechtigte Elternteil in einer Zeit, als dies seiner gesetzlichen Pflicht entsprach, aus unberechtigten Gründen keinen Unterhalt für das Kind geleistet, kann das Kind von seiner Unterhaltspflicht gegenüber dem Elternteil befreit werden (Art. 217 II FamG). Auch ein volljähriges Stiefkind ist unter den Voraussetzungen wie ein volljähriges leibliches Kind zum Unterhalt für ein Stiefelternteil verpflichtet, das längere Zeit für es Unterhalt gezahlt oder für es gesorgt hat (Art. 218 FamG).

5. Allgemeine Vorschriften zur Bestimmung des Unterhalts

64 e Der Unterhaltsanspruch des Ehegatten oder des außerehelichen Partners geht im **Rang** dem Verwandtenunterhalt vor (Art. 231 I FamG). Kinder und Stiefkinder haften ihren Eltern (bzw. Stiefeltern) gemeinschaftlich (Art. 231 II FamG). Haften nach dem Gesetz mehrere Personen gleichrangig für den Unterhalt, ist diese Verpflichtung nach ihren Möglichkeiten zu teilen (Art. 232 FamG). Ist ein vorrangiger Unterhaltspflichtiger nicht in der Lage, den vollständigen Unterhalt zu befriedigen, kann der Unterhaltsberechtigte auch von den nachrangigen Schuldnern Unterhalt verlangen (Art. 233 FamG).

Im Unterhaltsstreitverfahren stellt das Gericht den Gesamtbetrag der für den Unterhalt notwendigen Mittel fest (Art. 235 I FamG). Bei der Bemessung des **Unterhaltsbedarfs** berücksichtigt das Gericht die eigenen Einkünfte, den Vermögensstand, die Arbeitsfähigkeit, die Beschäftigungsmöglichkeit und andere Umstände, von denen die Unterhaltsentscheidung abhängt (Art. 235 II FamG). Bei der Bemessung der **Leistungsfähigkeit** des Unterhaltspflichtigen sind alle Einkünfte und sachlichen Möglichkeiten des Erwerbs eines vergrößerten Verdienstes, die eigenen Bedürfnisse und gesetzlichen Unterhaltsverpflichtungen zu berücksichtigen (Art. 235 III FamG).

Der Unterhalt ist **in Geld** zu bestimmen, wenn nicht berechtigte Gründe bestehen, dass er auf andere Art und Weise gesichert wird (Art. 242 FamG). Einem Unterhaltspflichtigen, der sich in einem Arbeitsverhältnis befindet, erlegt das Gericht monatliche Raten im Prozentsatz des Lohns oder des Lohnersatzes auf. Der Unterhaltspflichtige muss dem Unterhaltsberechtigten die im Prozentsatz bestimmten Beträge bei jeder Lohn- und Lohnersatzleistung zahlen (Art. 243 I, II FamG). Gleiches gilt, wenn der Unterhaltspflichtige Rentenempfänger ist (Art. 244 FamG). Auf Antrag des Unterhaltsberechtigten setzt das Gericht den Unterhalt aber in einem bestimmten Geldbetrag fest, wenn dafür berechtigte Interessen bestehen (Art. 245 FamG). Auch die Unterhaltszahlungen eines Selbstständigen oder sonst nicht in abhängiger Arbeit stehenden arbeitsfähigen Elternteils ordnet das Gericht in einem bestimmten Betrag an (Art. 246 FamG).

Das Gericht weist den Unterhaltspflichtigen an, dass die **Auszahlungen** der monatlichen Unterhaltsraten aus seinem Lohn, Lohnersatz oder seiner Rente nach seiner Zustimmung (administratives Verbot) ohne die Durchführung eines Vollstreckungsverfahrens ausgeführt werden können (Art. 240 FamG). Stimmt die einem Kind unterhaltspflichtige Person dem administrativen Verbot nicht zu, überprüft das Zentrum für Sozialfürsorge nach Ablauf von sechs Monaten ab Empfang der Gerichtsentscheidung oder ab Vergleichsschluss, ob der Unterhaltspflichtige seine Pflicht ordentlich und vollständig erfüllt und unternimmt die notwendigen Maßnahmen zum Schutz der Kindesinteressen (Art, 241 FamG). Der Unterhaltspflichtige hat einem neuen Arbeitgeber die Daten über eine vollstreckbare Urkunde zum Unterhalt und die Personalien des Unterhaltsberechtigten mitzuteilen (Art. 249 FamG). Der neue Arbeitgeber ist verpflichtet, den Unterhaltsberechtigten über das neue Arbeitsverhältnis zu benachrichtigen (Art. 250 FamG).

Der Unterhaltsberechtigte und der Unterhaltspflichtige können eine gerichtliche **Erhöhung oder Herabsetzung** des durch rechtskräftige Entscheidung oder durch einen vor dem Zentrum für Sozialfürsorge geschlossenen Vergleichs festgesetzten Unterhalts verlangen, wenn sich die Umstände, die der früheren Entscheidung zugrunde lagen, geändert haben (Art. 247 FamG). Eine natürliche oder juristische Person kann geleistete Unterhaltszahlungen von dem gesetzlich Verpflichteten **erstattet verlangen,** wenn die ausgelegten Kosten berechtigt waren (Art. 248 FamG). Der Unterhaltsanspruch geht also mit der Zahlung auf den Leistenden über.

Montenegro

Nach Art. 246 des Familiengesetzes vom 23. 3. 1989 (FamG)[115] ist der gegenseitige Unterhalt der Familienmitglieder und der anderen Verwandten ihre Pflicht und ihr Recht. Kann der Unterhalt ganz oder teilweise nicht verwirklicht werden, bietet die Gesellschaftsgemeinschaft den unversorgten Familienmitgliedern unter den gesetzlich bestimmten Bedingungen die zum Unterhalt unumgänglichen Mittel.

1. Kinderunterhalt

Eltern und Kinder sind einander zu gegenseitigem Unterhalt verpflichtet. Die Alters- **64 f**
grenze für den Kindesunterhalt beträgt 26 Jahre, wenn das Elternrecht nicht verlängert wird. Die Unterhaltspflicht der Eltern ist allerdings nicht vom Bestehen des Elternrechts abhängig. Stiefeltern schulden bei Fehlen anderer Unterhaltspflichtiger subsidiär Unterhalt. Der Tod des Elternteils hat auf die Unterhaltspflicht des mit ihm zusammenlebenden Stiefelternteils keinen Einfluss, wohl aber deren Ehescheidung:

[115] Bergmann/Ferid/Henrich, a.a.O., Jugoslawien, S. 33 ff., 112 ff.

Die Eltern sind verpflichtet, ihre **minderjährigen Kinder** zu unterhalten (Art. 247 I FamG). Im Streit der Eltern um den Kindesunterhalt wertet das Gericht die Arbeit und Fürsorge des Elternteils, dem das Kind zur Obhut und Erziehung anvertraut ist, als seinen Beitrag zum Unterhalt des Kindes (Art. 267 FamG). Ist einem Elternteil sein Elternrecht entzogen, befreit ihn das nicht von der Unterhaltspflicht für seine Kinder (Art. 249 FamG). Hat das Kind die Schulausbildung bis zur **Volljährigkeit** nicht abgeschlossen, schulden die Eltern bis zum Abschluss der Schulausbildung an der entsprechenden Schule oder Universität Unterhalt nach ihren Möglichkeiten. Auch wenn die Schulausbildung aus berechtigten Gründen verlängert wird, besteht diese Unterhaltspflicht aber längstens bis zum vollendeten 26. Lebensjahr (Art. 247 II FamG). Ist ein volljähriges Kind wegen Krankheit, körperlicher oder geistiger Gebrechen arbeitsunfähig, hat es nicht genügend Mittel für den Unterhalt oder kann es sie aus dem bestehenden Vermögen nicht aufbringen, sind die Eltern verpflichtet, Unterhalt zu leisten, solange dieser Zustand andauert (Art. 248 FamG). Nach Art. 251 I FamG sind auch **Stiefeltern** verpflichtet, ihre Stiefkinder zu unterhalten, wenn diese keine unterhaltspflichtigen Verwandten haben oder wenn die Verwandten nicht zu Unterhaltsleistungen in der Lage sind. Die Unterhaltspflicht besteht auch nach dem Tod des Elternteils fort, wenn sie bis zu diesem Zeitpunkt mit dem Elternteil und dem minderjährigen Stiefkind in einer Familiengemeinschaft gelebt haben (Art. 251 II FamG). Sie endet aber, wenn die Ehe des Stiefelternteil mit dem Elternteil des Kindes für ungültig erklärt oder geschieden wird (Art. 251 III FamG).

Die **Vormundschaftsbehörde** ist verpflichtet, über die unterhaltenen Kinder und die unterhaltspflichtigen Eltern Nachweis zu führen und Maßnahmen zu ergreifen, dass die Eltern sich außergerichtlich über den Kindesunterhalt einigen und die Höhe den veränderten Bedürfnissen des Kindes oder veränderten Möglichkeiten der Eltern angepasst wird (Art. 270 FamG). Sie kann im Namen des minderjährigen Kindes den Streit um Unterhalt bzw. um Erhöhung des Unterhalts einleiten und führen, wenn der sorgeberechtigte Elternteil das Recht aus unberechtigten Gründen nicht ausübt. Wenn der Elternteil die Vollstreckung einer Unterhaltsentscheidung nicht beantragt, kann die Vormundschaftsbehörde im Namen des minderjährigen Kindes bei Gericht auch den Vorschlag zur Vollstreckung der Entscheidung einreichen (Art. 268 I, II FamG).

Kommt der Elternteil seiner Unterhaltspflicht nicht ordnungsgemäß nach, ergreift die Vormundschaftsbehörde auf Vorschlag des anderen Elternteils oder von Amts wegen die Maßnahmen, um dem Kind gemäß den Vorschriften über den Sozial- und Kinderschutz ein vorübergehenden Unterhalt zu gewährleisten, solange der Elternteil nicht beginnt, seine Verpflichtung zu erfüllen (Art. 277 FamG). Der Unterhaltsanspruch des Kindes geht dann auf die Behörde über.

2. Ehegattenunterhalt

64 g Der Unterhalt eines Ehegatten ist durch seine Mittellosigkeit, seine Arbeitsunfähigkeit oder unverschuldete Arbeitslosigkeit bedingt, kann aber durch das Gericht versagt werden, wenn der andere Ehegatte böswillig oder unberechtigt verlassen wurde oder wenn der Scheidung eine längere Trennung vorausging und beide Ehegatten ihren Unterhalt selbst bestritten haben. Gleiches gilt, wenn die Ehe zu kurz dauerte, um daraus ein Unterhaltsrecht zu erwerben und dadurch minderjährige Kinder nicht gefährdet werden. Der Antrag auf Unterhalt muss im Ehescheidungsverfahren oder spätestens innerhalb eines Jahres danach gestellt werden, wenn dann die Voraussetzungen des Anspruches noch vorliegen. Abhängig von den Erwerbsmöglichkeiten des Unterhaltsberechtigten kann der Unterhalt zeitlich beschränkt oder auch verlängert werden. Das Unterhaltsrecht endet mit dem Wegfall der Voraussetzungen, mit dem Eingehen einer neuen Ehe des Unterhaltsberechtigten oder einer entsprechenden außerehelichen Gemeinschaft. Bei einer nichtigen Ehe ist nur der Ehegatte, der bei Eheschließung nicht vom Nichtigkeitsgrund wusste, unterhaltsberechtigt:

Nach Art. 255 FamG hat ein Ehegatte, der nicht genügend Mittel zum Unterhalt hat, arbeitsunfähig ist oder keine Arbeit findet eine Unterhaltsanspruch gegen seinen Ehegatten im Verhältnis zu dessen Möglichkeiten. Wird eine Ehe für ungültig erklärt, steht dem

Ehegatten, der den Nichtigkeitsgrund im Zeitpunkt der Eheschließung nicht kannte, unter den gleichen Voraussetzungen ein Anspruch auf Unterhalt zu (Art. 260 FamG). Der Unterhaltsberechtigte kann verlangen, dass ihm dieser Unterhaltsanspruch gegen den anderen Ehegatten **im Verfahren der Ehescheidung** zugesprochen wird (§ 256 I FamG). Hatte der Ehegatte im Scheidungsverfahren keinen Unterhalt beantragt, kann er ausnahmsweise innerhalb eines Jahres nach der Ehescheidung aus berechtigten Gründen eine isolierte Unterhaltsklage erheben. Das setzt aber voraus, dass die Unterhaltsvoraussetzungen schon im Zeitpunkt der Ehescheidung vorlagen und ununterbrochen bis zum Abschluss der Hauptverhandlung in dem isolierten Unterhaltsverfahren angedauert haben oder dass innerhalb dieser Frist eine Arbeitsfähigkeit als Folge einer körperlichen Verletzung oder einer geschwächten Gesundheit aus der Zeit vor der Ehescheidung eingetreten ist (Art. 256 II FamG). Hat der unterhaltspflichtige Ehegatte seit der Ehescheidung auf Grund einer Vereinbarung oder ohne ausdrückliches Übereinkommen zum Unterhalt des anderen Ehegatten durch Zahlung bestimmter Beträge, Überlassung der Nutzung seines Eigentums oder auf andere Weise beigetragen, beginnt die einjährige Antragsfrist mit dem Tag der letzten Leistung bzw. dem Tag der Rückgabe des Vermögensgegenstandes (Art. 256 III FamG).

Das Gericht kann den Antrag auf Unterhalt unter Berücksichtigung aller Umstände des Falles **abweisen,** wenn der Ehegatte den Unterhalt begehrt, der sich ohne ernsthaften Grund seitens des anderen Ehegatten grob verhalten hat oder seinen Ehegatten ohne berechtigten Grund verlassen hat, oder wenn sein Antrag für den anderen Ehegatten eine offensichtliche Ungerechtigkeit darstellen würde (Art. 255 II FamG). Ist die Lebensgemeinschaft der Ehegatten dauerhaft beendet, war der Berechtigte mehrere Jahre darauf angewiesen, die Mittel für den Unterhalt vollkommen selbstständig zu gewährleisten und hat dieser Zustand bis zur Ehescheidung angedauert, kann das Gericht den Unterhaltsantrag unter Berücksichtigung aller Umstände des Falles ebenfalls abweisen (Art. 257 FamG).

Wenn der Unterhaltsberechtigte die Möglichkeit hat, seinen Unterhalt in absehbarer Zeit auf andere Art und Weise zu gewährleisten, kann das Gericht den Unterhaltsanspruch auf eine bestimmte Zeit **befristen** (Art. 258 I FamG). Bei kurzer Ehedauer kann das Gericht den Antrag auf Unterhalt unter Berücksichtigung aller Umstände des Einzelfalles abweisen oder ebenfalls befristen, wenn der Unterhaltsberechtigte kein gemeinsames minderjähriges Kind erzieht. Dabei ist besonders zu berücksichtigen, ob sich die Vermögenssituation des Ehegatten seit der Heirat geändert hat (Art. 258 II FamG). In berechtigten Fällen kann das Gericht die Unterhaltspflicht verlängern; die Klage auf Verlängerung des Unterhalts kann aber nur bis zum Ablauf der Zeit, für die der Unterhalt bestimmt wurde, eingereicht werde (Art. 258 III, IV FamG).

Das Recht auf Unterhalt **endet,** wenn die Voraussetzungen des Unterhalts nach Art. 255 I FamG entfallen, wenn die Zeit, für die er zugesprochen wurde abläuft, wenn der unterhaltsberechtigte geschiedene Ehegatte eine neue Ehe eingeht oder eine außereheliche Gemeinschaft begründet oder wenn das Gericht unter Berücksichtigung aller Umstände des Einzelfalles befindet, dass der geschiedene Ehegatte dieses Rechts unwürdig wurde (Art. 259 FamG).

3. Unterhalt des außerehelichen Partners

Die außereheliche Lebensgemeinschaft endet faktisch und zwar durch die Trennung der Lebenspartner. Der mittellose frühere Lebenspartner kann unter den gleichen Voraussetzungen wie ein geschiedener Ehegatte Unterhalt verlangen. Ist ein nichteheliches Kind vorhanden, bedarf es keiner Lebensgemeinschaft zwischen den Eltern, damit ein Unterhaltsanspruch der Kindesmutter für die Zeit von drei Monaten vor der Geburt bis zu einem Jahr nach der Geburt entsteht. **64 h**

Endet die außereheliche Gemeinschaft einer Frau und eines Mannes, die längere Zeit dauerte, hat der außereheliche Partner unter den gleichen Voraussetzungen wie ein Ehegatte (wenn er nicht genügend Mittel zum Leben hat, arbeitsunfähig ist oder keine Arbeit findet; Art. 255 I FamG) das Recht auf Unterhalt von dem anderen außerehelichen Partner (Art. 261 I FamG). Die Klage auf Unterhalt kann nur **innerhalb eines Jahres** seit Beendigung der Lebensgemeinschaft und nur unter der Bedingung eingereicht werden, dass die Unterhaltsvoraussetzungen schon bei Beendigung der Gemeinschaft vorlagen und ununterbrochen bis zum Abschluss der Hauptverhandlung in dem Unterhaltsverfahren angedauert haben (Art. 261 II FamG).

Das Gericht kann den Antrag auf Unterhalt unter Berücksichtigung aller Umstände des Falles **abweisen,** wenn sich der unterhaltsberechtigte außereheliche Partner in der außerehelichen Gemeinschaft ohne ernsthaften Grund durch den anderen außerehelichen Partner grob oder ungehörig verhalten hat, wenn er die Lebensgemeinschaft böswillig oder ohne berechtigten Grund verlassen hat oder wenn sein Antrag eine offensichtliche Ungerechtigkeit für den anderen außerehelichen Partner bedeuten würde (Art. 261 III FamG).

Wenn der Unterhaltsberechtigte die Möglichkeit hat, seinen Unterhalt in absehbarer Zeit auf andere Art und Weise zu gewährleisten, kann das Gericht den Unterhaltsanspruch auf eine bestimmte Zeit **befristen** (Art. 262 I FamG). In berechtigten Fällen kann das Gericht die Unterhaltspflicht verlängern; die Klage auf Verlängerung des Unterhalts kann aber nur bis zum Ablauf der Zeit, für die der Unterhalt bestimmt wurde, eingereicht werde (Art. 262 II, III FamG).

Das Recht auf Unterhalt **endet,** wenn die Voraussetzungen des Unterhalts nach Art. 255 I FamG entfallen, wenn die Zeit, für die er zugesprochen wurde abläuft, wenn der unterhaltsberechtigte außereheliche Partner eine Ehe oder eine neue außereheliche Gemeinschaft eingeht oder wenn das Gericht unter Berücksichtigung aller Umstände des Einzelfalles befindet, dass der außereheliche Partner dieses Rechts unwürdig geworden ist (Art. 263 FamG).

Unabhängig davon, ob zwischen den Eltern eines außerehelich geborenen Kindes eine Lebensgemeinschaft bestand, ist der **Kindesvater** verpflichtet, im Verhältnis zu seinen Möglichkeiten am Unterhalt der Kindesmutter, die nicht genügend Mittel zur Verfügung hat, arbeitsunfähig ist oder keine Arbeit findet, teilzunehmen. Das gilt aber nur für die Zeit von drei Monaten vor der Geburt bis ein Jahr nach der Geburt des Kindes (Art. 264 I FamG). Das gilt auch dann, wenn das Kind tot geboren wurde oder nach der Geburt stirbt, für die Zeit der durch die Geburt hervorgerufenen Arbeitsunfähigkeit, längstens bis zu einem Jahr nach der Geburt (Art. 264 II FamG).

4. Verwandtenunterhalt

64 i Eltern und **Kinder** sind zu gegenseitigem Unterhalt verpflichtet. Schon ein berufstätiger 15-jähriger schuldet Familienunterhalt. Die Unterhaltspflicht von Stiefkindern ist dadurch bedingt, dass die Stiefeltern ihnen Unterhalt geleistet haben müssen. Geschwister sind subsidiär für ihre minderjährigen Brüder und Schwestern unterhaltspflichtig. Alle anderen Verwandten sind in gerader Linie unbeschränkt verpflichtet, Unterhalt für ihre mittellosen Vorfahren bzw. Nachkommen zu leisten. Die Reihenfolge der Unterhaltspflicht entspricht der Erbfolge:

Die Kinder sind verpflichtet, Unterhalt für ihre Eltern zu leisten, wenn diese arbeitsunfähig sind und keine ausreichenden Mittel zum Unterhalt haben oder sie aus dem bestehenden Vermögen nicht beschaffen können (Art. 250 I FamG). Ausnahmsweise kann das Gericht den Antrag auf Unterhalt abweisen, wenn dem Elternteil das Elternrecht entzogen war und er keinen Kindesunterhalt geleistet hat, obwohl er dazu in der Lage war oder wenn das Gericht unter Berücksichtigung aller Umstände des Einzelfalles befindet, dass dieses eine offensichtliche Ungerechtigkeit für das Kind bedeuten würde (Art. 250 II FamG). Auch **Stiefkinder** sind verpflichtet, ihre Stiefeltern zu unterhalten, wenn diese Unterhalt für sie geleistet und für sie gesorgt haben. Sie haften gemeinschaftlich mit sonstigen Kindern der Stiefeltern (Art. 252 FamG).

Geschwister sind verpflichtet, ihre minderjährigen Geschwistern, die sich selbst nicht unterhalten können und deren Eltern nicht mehr leben oder nicht leistungsfähig sind, zu unterhalten (Art. 253 FamG). Die Unterhaltspflicht besteht auch zwischen den **übrigen Blutsverwandten** in gerader Linie (Art. 254 I FamG). Das Recht auf Unterhalt von diesen Verwandten wird in der Reihenfolge verwirklicht, in der sie zu Erben berufen sind. Sind mehrere Personen gemeinsam zum Unterhalt verpflichtet, ist die Unterhaltspflicht zwischen Ihnen nach Ihren Möglichkeiten geteilt (Art. 254 II, III FamG).

Die **Vormundschaftsbehörde** kann im Namen einer alten und sich allein versorgenden Person, auf ihren Vorschlag oder aus eigene Initiative, ein Unterhaltsverfahren gegen gesetzlich verpflichtete Verwandte einleiten und führen. Widersetzt sich die unterhaltsberechtigte Person dem, ist die Behörde nicht befugt, das Verfahren im eigenen Namen einzuleiten (Art. 271 FamG).

5. Allgemeine Vorschriften zur Bestimmung des Unterhalts

Im Unterhaltsrechtsstreit stellt das Gericht den Gesamtbetrag der für den Unterhalt notwendigen Mittel fest. Diesen bestimmt das Gericht nach den Möglichkeiten der unterhaltspflichtigen Familienmitglieder und den Bedürfnissen der Unterhaltsberechtigten (Art. 265 I, II FamG). Der Gesamtbedarf des Unterhalts kann nicht geringer sein als der Betrag der ständigen Geldhilfe, die gemäß den Vorschriften über den Sozialschutz einer Person ohne jegliches Einkommen in der Gemeinde, in der die unterhaltsberechtigte Person ihren Wohnsitz hat, gegeben wird (Art. 265 III FamG) Bei der Bemessung des **Unterhaltsbedarfs** berücksichtigt das Gericht den Vermögensstand, den Grad der Arbeitsfähigkeit, die Beschäftigungsmöglichkeiten, den Gesundheitszustand und andere Umstände, von denen die Entscheidung über den Unterhalt abhängt. Wird Unterhalt für ein Kind beantragt, zieht das Gericht auch das Alter des Kindes und die Bedürfnisse seiner fachlichen Bildung in Betracht (Art. 266 I, II FamG). Bei der Bewertung der **Leistungsfähigkeit** des Unterhaltspflichtigen sind alle Einkünfte und materiellen Verdienstmöglichkeiten wie auch die eigenen Bedürfnisse und sonstige gesetzliche Unterhaltsverpflichtungen zu berücksichtigen (Art. 266 III FamG). **64 k**

Wird Unterhalt in Geld bestimmt, erlegt das Gericht dem Unterhaltspflichtigen die Zahlung der fälligen Unterhaltsbeträge in **monatlichen Geldbeträgen** auf (Art. 274 FamG). Erzielt der Unterhaltspflichtige bei einer Behörde, Organisation oder Gemeinschaft ein persönliches Einkommen, bestimmt das Gericht die künftigen Unterhaltsraten im **Prozentsatz** des gesamten persönlichen Einkommens für einen einzelnen Monat. Der Prozentsatz wird in der Regel aus dem Verhältnis der monatlichen Unterhaltsbeträge und dem gesamten monatlichen Einkommen der Unterhaltspflichtigen in dieser Zeit gebildet. In das persönliche Einkommen gehen alle Einkünfte aus Arbeit und Rente ein (Art. 275 I, II, III FamG). Erzielt der Unterhaltspflichtige keine monatlichen Geldeinkünfte, bestimmt das Gericht die künftigen Unterhaltsraten als Prozentsatz im Verhältnis zum Betrag des garantierten persönlichen Einkommens in der Republik. Der Prozentsatz wird in der Regel aus dem Verhältnis des durchschnittlichen Unterhaltsbetrages der letzten drei Monate mit dem garantierten persönlichen Einkommen in der Republik im Zeitpunkt der Hauptverhandlung gebildet. Die Unterhaltspflicht ändert sich dann mit jeder Änderung des garantierten persönlichen Einkommens in der Republik für dessen Geltungszeit (Art. 276 I, II, III FamG).

Der Unterhaltspflichtige kann **nach eigener Wahl** bestimmte Beträge auf den Unterhalt zahlen, den Berechtigten bei sich zum Unterhalt aufnehmen oder den Unterhalt auf andere Art und Weise gewährleisten. Das gilt jedoch nicht für die Barunterhaltspflicht des nicht sorgeberechtigten Elternteils für seine minderjährigen Kinder (Art. 272 I FamG). Der Unterhaltsberechtigte kann aus berechtigten Gründen beantragen, dass ihm der Unterhalt in Geld gezahlt wird. Eine solche Entscheidung kann das Gericht auch ohne Antrag und Zustimmung des Unterhaltsberechtigten treffen, wenn es das Verfahren von Amts wegen durchführt (Art. 272 II FamG).

Auf Vorschlag des Unterhaltsberechtigten oder des Unterhaltspflichtigen kann das Gericht den in einer früheren Gerichtsentscheidung zugesprochenen Unterhalt **abändern** (erhöhen, herabsetzen oder aufheben) oder seine Art und Weise ändern, wenn sich die Umstände, die der Entscheidung zugrunde lagen, später geändert haben (Art. 273 FamG). Hat eine natürliche oder juristische Person die Kosten des Unterhalts für einen Berechtigten getragen, kann sie durch Klage **Ersatz der Kosten** von demjenigen verlangen, der gesetzlich zum Unterhalt verpflichtet war, sofern die Leistungen notwendig waren. Sind mehrere Personen gemeinsam zum Unterhalt verpflichtet, haften sie der dritten Person für den geleisteten Unterhalt solidarisch bis zur Höhe ihrer materiellen Möglichkeiten (Art. 278 I, II FamG). Beim Tode einer Person, die Geldleistungen nach den Vorschriften über den Sozialschutz erhalten hat, können die Kosten dieser Hilfe aus ihrem Nachlass eingezogen werden und zwar ungeachtet dessen, ob die Erben ihr gesetzlich zum Unterhalt verpflichtet waren (Art. 278 III FamG).

Das Gericht ist verpflichtet, Unterhaltssachen **eilig** zu regeln. Jede Entscheidung über den Unterhalt muss es auch der zuständigen Vormundschaftsbehörde zustellen (Art. 269 FamG).

Niederlande

1. Kinderunterhalt

65 Gemäß Art. 404 I des Bürgerlichen Gesetzbuches[116] (Burgerlijk Wetboek – BW) sind Eltern verpflichtet, ihre minderjährigen Kinder zu ernähren, zu erziehen und für die Kosten dafür aufzukommen. Diese Pflicht besteht gemäß Art. 82 BW auch im Verhältnis der Eltern zueinander. Gegenüber volljährigen Kindern (minderjährig ist das noch nicht 18 Jahre alte unverheiratete Kind, Art. 233 BW) bis zum 21. Lebensjahr gilt die Verpflichtung hinsichtlich der Kosten des Lebensunterhalts und der Ausbildung weiter (Art. 395 a I BW). Die Unterhaltspflicht des Stiefelternteils besteht nur während der bestehenden Ehe mit dem Elternteil des im Hausstand lebenden minderjährigen Kindes (Art. 395 BW). Eltern können sich vom Gericht zur Leistung von Naturalunterhalt an volljährige Kinder berechtigen lassen (Art. 398 II BW). Bei der Bemessung werden die Bedürftigkeit des Berechtigten und die Leistungsfähigkeit des Verpflichteten berücksichtigt (Art. 397 I BW).[117] Ein neues Reformkonzept sieht vor, die Versorgungskosten und Unterhaltskosten abhängig vom Einkommen des Unterhaltspflichtigen und vom Alter des unterhaltsberechtigten Kindes zu ermitteln. Dafür sollen durch das Justizministerium feste Beträge festgesetzt werden. Mehrere Unterhaltspflichtige haften anteilig nach ihrer Leistungsfähigkeit und der Beziehung zum Berechtigten (Art. 397 II BW).

66 **Abänderung** wegen nachträglicher Veränderung der Verhältnisse oder auch wegen ursprünglicher Unrichtigkeit ist möglich (Art. 401 I–IV BW). Der festgesetzte Unterhalt wird jedoch ohnehin alljährlich kraft Gesetzes an den Lohnindex angepasst (Art. 402 a BW).[118] Ein **Verzicht** auf den gesetzlich geschuldeten Unterhalt ist nichtig (Art. 400 II BW).

67 Unterhalt für mehr als fünf Jahre vor Klageerhebung erlischt (Art. 403 BW).

2. Ehegattenunterhalt

68 **Trennung.** Während der Trennung hat der dafür verantwortliche Ehegatte dem anderen einen Betrag für dessen Lebensunterhalt auszukehren (Art. 84 II, VI BW). Konkrete Angaben zur Höhe ergeben sich aus dem Gesetz nicht. Die deutsche Rechtsprechung dazu geht von einem weiten Ermessensspielraum aus und orientiert sich weitgehend an der Düsseldorfer Tabelle.[119]

69 Bei einem auf Trennung von Tisch und Bett lautenden Urteil gilt analog dasselbe wie bei der Ehescheidung (Art. 169 II BW).

70 **Scheidung.** In den Niederlanden sind zur Auflösung einer Ehe drei Verfahren möglich: Die Trennung von Tisch und Bett (Art. 169 ff. BW) kann im Anschluss zur Auflösung der

[116] Neufassung durch die beiden Gesetze vom 11. 12. 1958 und 3. 4. 1969. Die Artikel der neuen Bücher, wie hier des 1. Buches „Personen- und Familienrecht" sind jeweils für sich gezählt, so dass grundsätzlich das Buch mit zitiert werden muss; z. B. Art. 1:2 BW für Artikel 2 des 1. Buches. Ohne Buch angegebene Artikel sind solche des 1. Buches

[117] OLG Hamm, FamRZ 1994, 1132

[118] OLG Düsseldorf FamRZ 2001, 1019, 1020

[119] OLG Hamm, FamRZ 1989, 1095

Ehe aus diesem Grunde führen. Die (am häufigsten beantragte) Scheidung sieht als einzigen Grund die dauerhafte Zerrüttung der Ehe vor (Art. 151 BW). Die Ehescheidung wird erst durch Eintragung des Beschlusses in das zuständige Personenstandsregister auf Antrag einer Partei wirksam. Wenn ein solcher Antrag nicht innerhalb von 6 Monaten nach Rechtskraft des Beschlusses gestellt worden ist, verliert die Entscheidung seine Rechtskraft (Art. 163 BW). Seit dem In-Kraft-Treten des Gesetzes zur Öffnung der Ehe für Gleichgeschlechtliche Paare zum 1. April 2001 gilt die Ehe auch als aufgelöst, wenn sie in eine – sodann aufgelöste – eingetragene Partnerschaft umgewandelt worden ist (sog. Blitzscheidung; Art. 149 e BW). Die Umwandlung in eine eingetragene Partnerschaft und die Auflösung der Partnerschaft durch Vertrag wird vom Standesbeamten registriert und kann theoretisch innerhalb von 24 Stunden stattfinden.

Mit der Abschaffung der Verschuldensscheidung im Jahre 1971 wurde der nacheheliche Unterhaltsanspruch von der prozessualen Stellung der Parteien im Scheidungsverfahren losgelöst. Ein geschiedener Ehegatten hat nur dann Anspruch auf Unterhalt, wenn er selbst weder ausreichende Einkünfte für seinen Unterhalt hat noch solche vernünftigerweise erwerben kann (Art. 157 I BW). Bei der **Bemessung** des nachehelichen Unterhaltsanspruchs werden die Lebensverhältnisse und Bedürfnisse des Unterhaltsberechtigten einerseits und die Leistungsfähigkeit des Unterhaltspflichtigen andererseits berücksichtigt. Bei der Bemessung ist das Gericht grundsätzlich frei. Ob eine Belastung die Leistungsfähigkeit vermindert, ist durch eine Kontrolle der Angemessenheit zu ermitteln. Die bloße Arbeitsaufgabe genügt dem ebenso wenig, wie die Arbeitslosigkeit eines neuen Ehegatten. Die Bedürftigkeit meint nicht denselben Unterhalt wie zur Ehezeit sondern den angemessenen Unterhalt; eine Erwerbstätigkeit ist dem Unterhaltsberechtigten deswegen oft zumutbar. Bei der Unterhaltsbemessung sind die Richtlinien des Vereins für Rechtspflege (die der Düsseldorfer Tabelle entsprechen) behilflich. Das niederländische Recht sieht seit dem 1. Juli 1994 eine **zeitliche Begrenzung** des nachehelichen Unterhalts vor (Art. 157 III–VI BW). Die Unterhaltspflicht kann regelmäßig (im Hinblick auf das Alter eines jüngsten Kindes) auf höchstens 12 Jahre festgesetzt werden. Ist keine Frist bestimmt, endet die Verpflichtung zum Lebensunterhalt nach 12 Jahren (Art. 157 IV BW). Für Altfälle beträgt die Frist statt 12 insgesamt 15 Jahre. Die Frist kann verlängert werden, wenn das Ende der Zahlungen dem Unterhaltsberechtigten nach „Gerechtigkeit und Billigkeit" nicht zugemutet werden kann. Der Antrag muss innerhalb von drei Monaten nach Fristablauf eingereicht werden (Art. 157 V BW). Bei einer Ehedauer bis zu 5 Jahren endet die Verpflichtung zum Lebensunterhalt, wenn keine Kinder aus der Ehe hervorgegangen sind, nach einer Frist, die der Ehedauer entspricht; sog. Spiegelunterhalt (Art. 157 VI BW).

Seit dem 1. Januar 1973 werden die durch richterliche Entscheidung oder Vertrag festgesetzten Unterhaltsbeiträge jährlich automatisch an den vom Justizminister festgesetzten **Lohnindex** angepasst (Art. 402 a BW).

Die Umstände, die zur dauerhaften Zerrüttung der Ehe geführt haben (Schuldfrage), spielen 71
bei der Bemessung des Unterhaltsanspruchs keine Rolle. Nur äußerst schwerwiegende, für den Unterhaltspflichtigen unzumutbare Umstände können den Unterhaltsanspruch beseitigen.

Das Rangverhältnis zwischen (früheren) Ehegatten, (früheren) eingetragenen Partnern, Eltern und (Stief-)Kindern ist gesetzlich nicht geregelt. Es entscheiden die Umstände des Einzelfalles, wobei minderjährige Kinder und Ehegatten regelmäßig erstrangig sind. Schwiegereltern und Schwiegerkinder sind nachrangig (Art. 400 I BW).

Die Unterhaltspflicht endet nicht nur im Falle einer Wiederheirat oder Eingehung einer eingetragenen Partnerschaft des Unterhaltsberechtigten sondern auch durch formloses Zusammenleben mit einem neuen Partner (Art. 160 BW). Ob das Zusammenleben eine hetero- oder homosexuelle Beziehung betrifft, ist unerheblich. Die Rechtsprechung stellt allerdings hinsichtlich der Dauer hohe Anforderungen und verlangt auch eine über bloßes Zusammenleben hinausgehende persönliche Beziehung.

Einen Prozesskostenvorschuss sieht das Gesetz nicht vor.[120]

Eine vor der Eheschließung getroffene Unterhaltsvereinbarung ist unwirksam. Später 72
können die Ehegatten aber vor oder nach der Ehescheidung vereinbaren, ob und mit

[120] OLG Düsseldorf, FamRZ 1978, 908

welchem Betrag ein Ehegatte dem andere zur Zahlung zu dessen Lebensunterhalt verpflichtet sein soll (Art. 158 BW).

3. Verwandtenunterhalt

72 a Allgemein sind Eltern, Kinder, Schwiegerkinder, Schwiegereltern und Stiefeltern auf Grund von Verwandtschaft oder Schwägerschaft zur Gewährung des Lebensunterhalts verpflichtet (Art. 392 I BW). Die Verpflichtung besteht, ausgenommen im Verhältnis der Eltern zu minderjährigen Kindern, nur bei Bedürftigkeit des Unterhaltsberechtigten und geht der Unterhaltspflicht des (geschiedenen) Ehegatten nach (Art. 392 II, III BW). Die Unterhaltspflicht von Schwiegerkindern und Schwiegereltern endet, wenn die Ehe des angeheirateten Kindes aufgelöst ist (Art. 396 I BW). Die Verpflichtung besteht nicht gegenüber einem Schwiegerkind, das von Tisch und Bett getrennt lebt und einem Schwiegerelternteil, der wieder geheiratet hat (Art. 396 II BW).

Bei der Bemessung des Verwandtenunterhalts werden die Bedürfnisse des Unterhaltsberechtigten einerseits und die Leistungsfähigkeit des Unterhaltspflichtigen andererseits berücksichtigt (Art. 397 I BW). Bei mehreren Unterhaltspflichtigen haften sie nach Leistungsfähigkeit und Beziehung anteilig (Art. 397 II BW).

Norwegen

1. Kinderunterhalt

73 Maßgebend ist – neben dem Gesetz über die Vermögensverhältnisse der Ehegatten, 1. Kap. – das Gesetz vom 8. April 1981 über Eltern und Kinder (Kindergesetz – KG). Nach § 51 KG haben die Eltern ihren Kindern Unterhalt (Kosten für Versorgung und Ausbildung) „nach den Fähigkeiten und der Begabung sowie nach den wirtschaftlichen Verhältnissen“ zu leisten, wenn das Kind selbst keine Mittel dafür hat. Leben die Eltern nicht mit dem Kind zusammen, ist dem Kind eine Geldrente zu zahlen, bei Zusammenleben mit einem Elternteil zu dessen Händen (§ 52 KG). Der Anspruch steht dem Kind zu und ist, wenn nichts anderes bestimmt ist, monatlich im Voraus zu zahlen. Er wird auch für den Monat, in dem der Anspruch entsteht und bis zum Ende des Monats in dem die Voraussetzungen entfallen sind, geschuldet (§ 52 III KG). Für besondere Auslagen eines Minderjährigen gibt es einen Sonderbeitrag, der innerhalb eines Jahres ab Entstehung geltend zu machen ist. Grundsätzlich dauert die Unterhaltspflicht bis zur Vollendung des 18. Lebensjahres des Kindes (§ 53 I KG). Bei Fortsetzung des üblichen Schulbesuchs hat das Kind einen Anspruch auf einen „Geldbeitrag“, sofern dies nicht unbillig ist, bei einer anderen Ausbildung **kann** den Eltern ein Beitrag auferlegt werden (§ 53 II, III KG). Für die Ansprüche eines volljährigen Kindes ist eine zeitliche Begrenzung festzusetzen. Die Höhe richtet sich – wenn die Eltern keine Vereinbarung in dieser Höhe getroffen haben – mindestens nach den Sätzen des Vorschussgesetzes (§ 54 I, VII KG i. V. m. der Verordnung über die Festsetzung des Unterhaltsbeitrages).

Die Sätze sind grundsätzlich einer Anpassung unterworfen (§ 56 I, II KG).[121] Maßgebend sind die vom statistischen Zentralamt festgelegten Änderungen des Verbraucherpreisindexes (§ 56 III, IV KG). Für eine Neufestsetzung muss sich der Verbraucherpreisindex für Januar um mindestes 5% gegenüber dem, der der vorherigen Anpassung zugrunde liegt, geändert haben; die Neufestsetzung gilt ab Juni (§ 56 III KG).

74 Daneben ist bei besonderen Umständen eine **Änderung** des Unterhalts möglich (§ 57 I KG und § 56 VII EheG). Geändert werden kann auch von Amts wegen und ohne Bindung an den Antrag (§ 58 KG).

---

[121] Vgl. OLG Hamm JAmt 2001, 549

Für die Vergangenheit kann bis zu drei Jahren vom Eingang des Antrags an Unterhalt verlangt und festgesetzt werden (§ 55 KG). Auf den Unterhaltsbeitrag nach § 52 I KG kann nicht verzichtet werden (§ 52 I S. 2 KG). 75

2. Ehegattenunterhalt

Trennung. In Norwegen gibt es die formalisierte Aufhebung der ehelichen Gemeinschaft durch Urteil oder Bewilligung (§§ 41 ff. des Ehegesetzes[122] – EheG) und die bloß tatsächliche Trennung. Für die formalisierte Trennung sind die §§ 79 ff. EheG, für die rein tatsächliche Trennung auf Grund der Verweisung in § 38 II EheG dieselben Vorschriften maßgebend. Mit der Aufhebung der ehelichen Gemeinschaft hören die gegenseitigen Verpflichtungen auf Familienunterhalt nach § 38 EheG auf. Ist die Fähigkeit und die Möglichkeit eines Ehegatten, selbst für einen angemessenen Unterhalt zu sorgen, durch die Sorge für gemeinsame Kinder oder die Aufgabenverteilung in der Ehe verringert worden, kann dem anderen Ehegatten auferlegt werden, einen Unterhaltsbeitrag zu zahlen (§ 79 III EheG). In anderen Fällen kann eine Beitragspflicht nur auferlegt werden, wenn besondere Gründe dafür sprechen (§ 79 IV EheG). 76

Der Beitrag ist nach der Bedürftigkeit des Berechtigten und der Leistungsfähigkeit des Verpflichteten zu bemessen. Wenn besondere Gründe dafür sprechen kann er ausschließlich mit einem einmaligen Betrag oder zusätzlich mit laufenden Beträgen festgesetzt werden (Art. 80 I, II EheG). Die Parteien können eine Vereinbarung über den Beitrag treffen. Wenn sie sich nicht einigen, kann jeder Ehegatte eine gerichtliche Entscheidung verlangen. Fall sie es wünschen kann der Beitrag auch von der Verwaltungsbehörde (Beitragsvogt) festgesetzt werden (§ 83 EheG). Grundsätzlich kann der Beitrag nur für eine begrenzte Zeit bis zu drei Jahren festgesetzt werden. Nur wenn besondere Gründe vorliegen, etwa bei langer Ehezeit, ist der Beitrag für längere Zeit oder ohne Zeitbegrenzung festzusetzen (§ 81 I EheG).

Der Unterhaltsbeitrag kann bis zu drei Jahren vor Geltendmachung verlangt werden (§ 81 II EheG). 77

Änderungen sind möglich bei geänderten Verhältnissen oder bei neuen Erkenntnissen. Jede Partei kann verlangen, dass ein durch die Verwaltungsbehörde oder ein Gericht festgesetzter Beitrag geändert wird; Wenn wichtige Gründe dafür sprechen, kann die Entscheidung auch Beiträge umfassen, die vor dem Änderungsverlangen fällig waren (§ 84 EheG). 78

Scheidung. Im Wesentlichen gelten dieselben Regelungen wie beim Trennungsunterhalt (siehe dort). In jedem Fall endet eine Unterhaltspflicht mit der Wiederverheiratung (§ 82 EheG). 79

Österreich

1. Kinderunterhalt

Gemäß § 140 I des Allgemeinen Bürgerlichen Gesetzbuchs[123] (ABGB) müssen die Eltern für den standesgemäßen (ihren Verhältnissen angemessenen) Unterhalt ihrer Kinder anteilig nach ihren Kräften beitragen. Dabei muss sich der unterhaltspflichtige Elternteil unter Umständen sogar eine Kürzung unter den Selbstbehalt gefallen lassen. Nach der Rechtsprechung reicht es aus, dass verbleibt, was zur Erhaltung der körperlichen und geistigen Kräfte notwendig ist. Das Kind hat insgesamt Anspruch auf volle Befriedigung seines Bedarfs. Dabei sind seine Anlagen, Fähigkeiten, Neigungen und Entwicklungsmöglichkeiten zu Berücksichtigen. Die Höhe des Bedarfs richtet sich nach dem Lebensstandard seiner 80

---

[122] Gesetz Nr. 47 vom 4. 7. 1991 über die Ehe (Ehegesetz)

[123] Vom 1. Juni 1811, JGS Nr. 946, mit zahlreichen Änderungen des Personen- und Familienrechts seit 1960

Eltern; bei stark unterschiedlichem Standard ist von einem Mittelwert auszugehen. In der Praxis gehen die Gerichte von den durchschnittlichen Lebenshaltungskosten aus, ermittelt vom Statistischen Zentralamt Österreichs, und passen diese Werte den Umständen des Einzelfalls an.[124] Es gibt auch Ansätze von Tabellen, etwa die vom österreichischen Bundesjustizministerium herausgegebene über die durchschnittlichen monatlichen Verbraucherausgaben für Kinder oder die Tabelle des Landesgerichts Wien über die Durchschnittsbedarfssätze von Kindern.[125] Auch nach Prozentpunkten des Nettoeinkommens des Unterhaltspflichtigen wird der Unterhalt berechnet: Pro Kind werden zwischen 16 und 22% je nach Alter angesetzt, bei weiteren Unterhaltspflichtigen ein bis drei Prozentpunkte weniger.[126] Bei ordnungsgemäßem Studiengang haben die Eltern auch für die Lebenshaltungs- und Ausbildungskosten während des Hochschulstudiums aufzukommen.[127] Zum Unterhalt gehört auch die Deckung des Wohnbedarfs.[128]

Der haushaltführende Elternteil erfüllt seine Unterhaltspflicht grundsätzlich durch persönliche Betreuung des Kindes (§ 140 II S. 1 ABGB). Wird die Betreuung teilweise Dritten übertragen, hat der haushaltführende Elternteil den Mehrbedarf selbst zu tragen, es sei denn, die Drittpflege war durch Umstände in der Person des Kindes, z. B. Krankheit, veranlasst. Zum Barunterhalt muss der betreuende Elternteil auch dann beitragen, wenn seine wirtschaftlichen Verhältnisse wesentlich besser sind als diejenigen des anderen Ehegatten und dieser zur Deckung der durchschnittlichen Kindesbedürfnisse ohne Gefährdung seines eigenen angemessenen Lebensstandards trotz Anspannung seiner Kräfte nicht in der Lage ist (§ 140 II ABGB). Zur Befriedigung des Unterhaltsbedarfs haben alle Unterhaltspflichtigen bis zur Höhe ihrer Leistungsfähigkeit beizutragen. Primär haften beide Eltern gleichrangig im Verhältnis ihrer Leistungsfähigkeit („nach ihren Kräften"), sekundär der Stamm des Kindesvermögens und zuletzt gleichrangig die Großeltern (§ 141 ABGB). Großeltern müssen aber nur dann Unterhalt zahlen, wenn sie unter Berücksichtigung sonstiger Sorgepflichten ihren eigenen angemessenen Unterhalt nicht gefährden. Dabei müssen sie u. U. aber sogar den Stamm ihres Vermögens heranziehen.[129] Die Unterhaltsschuld eines Elternteils geht bis zum Wert der Nachlassaktiva abzüglich der Nachlasschulden und Nachlassverbindlichkeiten ausgenommen Pflichtteile und letztwillige Verfügungen („Wert der Verlassenschaft") auf seine Erben über.[130] Anzurechnen ist aber alles, was das Kind als Erbteil, vertragliche oder durch letztwillige Verfügung sowie öffentlich-rechtliche (zum UVG vgl. Rn. 149) oder privatrechtliche Leistung erhalten hat (§ 142 I, II ABGB).

81 Der Unterhaltsanspruch endet ohne Rücksicht auf das Alter mit Eintritt der Selbsterhaltungsfähigkeit, gegebenenfalls nach einem Studium. Bei nachträglichem Verlust der Selbsterhaltungsfähigkeit lebt der Unterhaltsanspruch wieder auf. Eigene Einkünfte des Kindes werden angerechnet (Art. 140 III ABGB), sein Vermögen erst, wenn beide Eltern leistungsunfähig sind. Der Unterhalt kann auch für die vergangenen drei Jahre geltend gemacht werden.[131]

2. Ehegattenunterhalt

82 Zum 1. Januar 2000 ist in Österreich das Eherechts-Änderungsgesetz (EheRÄG 1999) in Kraft getreten. Es gleicht das österreichische Eherecht den gesellschaftlichen Entwicklungen an. Zwar fehlt noch ein gesellschaftlicher Konsens für die vollständige Ersetzung des Ver-

---

124 Bergmann/Ferid/Henrich, a.a.O., Österreich, Seite 61
125 Vgl. Gschnitzer/Faistenberger, Österreichisches Familienrecht, 2. Aufl., Anhang II S. 158
126 Bergmann/Ferid/Henrich, a.a.O., S. 104, Fn. 45
127 OGH 11. 3. 1992, ÖA 1992, 87; 14. 6. 1978, SZ 51/90
128 OGH 19. 2. 1992, EvBl. 1992/108
129 OGH 8. 4. 1981, SZ 54/52
130 OGH 14. 7. 1981, SZ 54/107
131 OGH 23. 10. 1990, SZ 63/181; 12. 7. 1990, ÖA 1991, 139; 3. 4. 1990, JBl. 1991, 40; 9. 6. 1988, SZ 61/143; Bergmann/Ferid/Henrich, a.a.O., S. 104, Fn. 44; Ferrari in Entwicklungen des europ. Kindschaftsrechts, 2. Auflage, S. 83

schuldensprinzips; in einzelnen Regelungen kommt aber eine Verstärkung des Zerrüttungsprinzips zum Ausdruck.[132]

Während der Ehezeit sollen die Ehegatten ihre Lebensgemeinschaft nach der neu gefassten Vorschrift des § 91 I AGBG so gestalten, dass ihre Beiträge, insbesondere die Haushaltsführung, die Erwerbstätigkeit, die Leistung des Beistands und der Obsorge, unter Rücksichtnahme aufeinander und auf das Wohl der Kinder bei gesamthafter Betrachtung voll ausgewogen sind. Bislang bestand der Unterhaltsanspruch eines Ehegatten bei bestehender Haushaltsgemeinschaft grundsätzlich in natura; nur einen geringen Teil von 5% des Nettoeinkommens des Partners konnte er als Taschengeld verlangen. Um diese Abhängigkeit zu verhindern, sieht § 94 III ABGB nun vor, dass der unterhaltsberechtigte Ehegatte seinen Unterhalt ganz oder teilweise in Geld verlangen kann, soweit nicht ein solches Verlangen, insbesondere im Hinblick auf die verfügbaren Mittel, unbillig wäre. Unbilligkeit kommt dann in Betracht, wenn das Einkommen des erwerbstätigen Ehegatten gerade die dringendsten Lebensbedürfnisse abdeckt oder wenn der Unterhaltspflichtige ohnedies Aufwendungen deckt, die allen Familienmitgliedern zugute kommen (Wohnungsmiete, Gas, Strom pp.). Gleiches gilt, wenn der Ehegatte eines Landwirts Unterhalt in Geld verlangt, um Lebensmittel zu kaufen, die am Hof ausreichend und wesentlich preiswerter zur Verfügung stehen.[133]

Trennung. Der Trennungsunterhaltsanspruch ist in § 94 II S. 2 ABGB geregelt. Dort **83**
wird an den Zustand vor der Trennung angeknüpft, d.h., derjenige Ehegatte, der den Haushalt geführt hat oder z. B. gemeinsame minderjährige Kinder betreut, hat weiter gegen den anderen Ehegatten grundsätzlich Anspruch auf angemessenen Unterhalt, in der Regel in Höhe von ca. einem Drittel von dessen Nettoeinkommen abzüglich eines Betrages für etwaigen Kindesunterhalt, den der Unterhaltspflichtige leistet.[134] Gegengrund ist „Missbrauch" oder „Verwirkung" (z. B. schwere Treueverstöße, grundloses Verlassen oder Aufnahme einer nichtehelichen Lebensgemeinschaft). Die Ehefrau handelt nicht missbräuchlich, wenn sie die eheliche Gemeinschaft wegen Drohungen des Ehemannes aufhebt.[135]

Maßstab ist der **gemeinsame Lebensstandard.**[136] Anzurechnen sind regelmäßig nur die tatsächlichen Nettoeinkünfte des Unterhaltsberechtigten[137] Einer Erwerbstätigkeit braucht die Hausfrau nicht nachzugehen.[138] Der Unterhaltsanspruch steht dem Ehegatten zu, soweit er einen eigenen Beitrag zur Deckung der Lebensverhältnisse nicht zu leisten vermag (§ 94 II S. 3 ABGB); er ist aber auch als Aufstockungsunterhalt geschuldet.[139] Dies ist ein wesentlicher Unterschied zum Unterhalt bei der Verschuldensscheidung, bei der eine Erwerbstätigkeit auszuüben ist, soweit sie „erwartet" werden kann.

Auf den Unterhaltsanspruch kann dem Grunde nach nicht von vornherein verzichtet werden, aber auf einzelne Unterhaltsleistungen (§ 94 III ABGB).[140]

Scheidung. Der Scheidungsunterhalt richtet sich danach, ob im Scheidungsurteil ein **84**
Schuldausspruch enthalten ist oder nicht (§ 66, § 69 EheG).[141] Durch das EheRÄG 1999 wurden die „absoluten Scheidungsgründe" Ehebruch und Verweigerung der Fortpflanzung (§§ 47, 48 EheG alt) in den Tatbestand der schweren Eheverfehlungen nach § 49 EheG aufgenommen, die nur dann als Scheidungsgrund in Betracht kommen, wenn sie auch zu

---

[132] Ferrari, FamRZ 2001, 896

[133] Ferrari, FamRZ 2001, 896, 897

[134] Bergmann/Ferid/Henrich, a.a.O., S. 101, Fn. 25. Zum Ziel des § 94 II S. 1 u. 2 vgl. österr. OGH, FamRZ 1997, 421 (LS) und ÖJZ 1996, 618

[135] OGH 12. 5. 1976, JBl. 1976, 481; Bergmann/Ferid/Henrich, a.a.O., S. 101, Fn. 28, 30

[136] Vgl. OLGR Stuttgart 2001, 380

[137] Bergmann/Ferid/Henrich, a.a.O., S. 101, Fn. 26

[138] OGH 17. 12. 1979, EF-Slg. 32 789; Bergmann/Ferid/Henrich, a.a.O., S. 101, Fn. 26; Ausnahme Rechtsmissbrauch, vgl. Gschnitzer/Faistenberger, a.a.O., S. 49

[139] Bergmann/Ferid/Henrich, a.a.O., S. 101, Fn. 29

[140] Bergmann/Ferid/Henrich, a.a.O., S. 101, Fn. 30

[141] Zur Versagung nachehelichen Unterhalts wegen Ehebruchs nach österreichischem Recht und zur evtl. Ergebniskorrektur wegen Verstoßes gegen den ordre public vgl. OLG Bremen, IPRax 1998, 366 und Schulze, IPRax 1998, 350

einer schweren Zerrüttung der Ehe geführt haben. Damit wurde diesen Gründen der absolute Charakter genommen. Außerdem wurde durch die Reform ein neuer, verschuldensunabhängiger Unterhaltsanspruch eingeführt.

85 Bei Scheidung mit **Schuldausspruch** wegen Ehebruchs u. a. (§§ 49, 60 EheG) oder der sog. Scheidung aus anderen Gründen (alleiniges Verschulden gemäß §§ 50–52 EheG) hat der schuldlose oder minderschuldige Ehegatte einen Anspruch auf angemessenen Unterhalt nach den ehelichen Lebensverhältnissen, soweit er sich nicht selbst unterhalten kann. Einkünfte aus Vermögen und Erträge einer zumutbaren Erwerbstätigkeit (insofern besteht ein Unterschied zum Trennungsunterhalt) sind zu berücksichtigen (§ 66 EheG). Beim Unterhaltspflichtigen sind Einschränkungen seiner Leistungsfähigkeit, etwa durch Zahlung von Kindesunterhalt, billigerweise zu beachten. Dieser Anspruch ist gleichrangig mit dem eines neuen Ehegatten.

Der Anspruch beträgt in der Regel ein Drittel des Nettoeinkommens des Unterhaltspflichtigen. Eigene Einkünfte des Berechtigten sind anzurechnen. Bei Doppelverdienern mit erheblichem Einkommensunterschied erhält der Unterhaltsberechtigte ca. 40% des Gesamtnettoeinkommens beider Ehegatten abzüglich des eigenen.[142]

Sind beide **gleich schuld** an der Scheidung, so kann der bedürftige Ehegatte vom anderen einen Unterhaltsbeitrag nach Billigkeit verlangen (§ 68 EheG). Diesen Anspruch haben grundsätzlich beide Ehegatten. Der Anspruch kann befristet werden und ist gleichrangig mit dem Anspruch eines neuen Ehegatten. Vorrangig ist hier das Vermögen des berechtigten Ehegatten und ein Unterhaltsanspruch gegen Verwandte heranzuziehen.

86 Ist die Ehe nach § 55 EheG (sog. **Heimtrennung**) mit Ausspruch des Zerrüttungsverschuldens zu Lasten des Klägers (allein oder überwiegend, § 61 III EheG) geschieden, setzt sich der Trennungsunterhaltsanspruch des anderen schuldlosen Ehegatten (Beklagter) gemäß § 94 ABGB fort (§ 69 II EheG; siehe oben).[143] Der Unterhaltsanspruch ist unbefristet und hat Vorrang gegenüber einem neuen Ehegatten. Der geschiedene Ehegatte haftet vor den Verwandten des Berechtigten.

87 **Fehlt** bei einer Scheidung aus sonstigen Gründen **ein Schuldausspruch,** ist der Kläger dem Beklagten zu Billigkeitsunterhalt nach Maßgabe des § 69 III EheG verpflichtet. Dabei kommt es auf die Bedürfnisse und die Vermögens- und Erwerbsverhältnisse der geschiedenen Ehegatten an.[144] Bei Widerklage gilt dasselbe entsprechend. Bei Klage und Widerklage kommen deshalb beide Beklagte als Unterhaltsanspruchsteller (Billigkeit) in Frage.[145]

88 Bei **einvernehmlicher Scheidung** – § 55 a EheG – gibt es keinen Schuldausspruch. Die Scheidung setzt eine Vereinbarung der Ehegatten über den Unterhalt voraus (§ 55 a II EheG) oder eine weiterwirkende rechtskräftige gerichtliche Entscheidung (§ 55 a III EheG). Nur soweit der vereinbarte Unterhalt den Lebensverhältnissen der Ehegatten angemessen ist, gilt er als der gesetzliche (§ 69 a EheG). Ist die Unterhaltsvereinbarung unwirksam, gilt § 69 b EheG (s. u.).

88 a Durch das EheRÄG 1999 wurde mit § 68 a EheG zum 1. 1. 2000 ein neuer, **verschuldensunabhängiger Unterhaltsanspruch** geschaffen. Danach gebührt dem bedürftigen Ehegatten unabhängig vom Verschulden an der Scheidung Unterhalt nach seinem Lebensbedarf,

- soweit und solange ihm auf Grund der Pflege und Erziehung eines gemeinsamen Kindes unter Berücksichtigung dessen Wohl nicht zugemutet werden kann, sich selbst zu unterhalten. Die Unzumutbarkeit wird vermutet, solange das Kind das fünfte Lebensjahr noch nicht vollendet hat. Bei der gerichtlichen Festsetzung ist der Unterhalt über das fünfte Lebensjahr des jüngsten Kindes hinaus jeweils auf längstens drei Jahre zu befristen. Nur in besonderen Fällen, etwa bei besonderer Betreuungsbedürftigkeit des Kindes, kann von der Befristung abgesehen werden (§ 68 a I EheG).

---

142 Bergmann/Ferid/Henrich a.a.O., S. 153, Fn. 82; OLGR Stuttgart 2001, 380

143 Im einzelnen Aicher, FamRZ 1980, 637; Bergmann/Ferid/Henrich, a.a.O., S. 154, Fn. 84; OLG Karlsruhe, zitiert nach BGH, FamRZ 1992, 298

144 OLG Karlsruhe, FamRZ 1995, 738

145 Bergmann/Ferid/Henrich, a.a.O., S. 154, Fn. 86

- wenn sich der unterhaltsbedürftige Ehegatte während der Ehe auf Grund der einvernehmlichen Gestaltung der ehelichen Lebensgemeinschaft der Haushaltsführung sowie ggf. der Pflege und Erziehung eines gemeinsamen Kindes oder der Betreuung eines Angehörigen der Ehegatten gewidmet hat und es ihm nun, nach der Scheidung, unzumutbar ist, sich selbst zu unterhalten (§ 68 a II EheG). Eine Unzumutbarkeit kann sich aus folgenden Gründen ergeben:
  - durch die Übernahme familiärer Aufgaben, wenn z. B. durch fehlende Aus- und Fortbildung keine Erwerbsmöglichkeit besteht,
  - wegen der Dauer der ehelichen Lebensgemeinschaft,
  - wegen des Alters,
  - wegen Krankheit.

  Auch der Unterhalt nach § 68 a II EheG ist grundsätzlich auf längstens drei Jahr zu befristen. Das gilt aber nur dann wenn erwartet werden kann, dass der Unterhaltsberechtigte danach in der Lage sein wird, seinen Unterhalt selbst zu sichern.

Der Unterhalt nach § 68 a I und II EheG vermindert sich oder entfällt ganz, wenn die Gewährung unbillig wäre (§ 68 a III EheG). Das kann der Fall sein, wenn der Bedürftige einseitig besonders schwere Eheverfehlungen begangen hat, er seine Bedürftigkeit grob schuldhaft herbeigeführt hat oder ein gleich schwerwiegender Grund vorliegt. Für den Anspruch nach § 68 a II gilt dieses auch bei kurzer Ehedauer. Dann muss der Bedürftige seinen Unterhalt auch durch sozial nicht adäquate Erwerbstätigkeit oder aus dem Stamm seines Vermögens decken (§ 68 a III S. 3 EheG).

Die Höhe des Unterhalts nach § 68 a I und II EheG richtet sich (entsprechend § 1578 BGB) nach dem Lebensbedarf des Bedürftigen. Ob sie den angemessenen Unterhalt erreichen kann, ist streitig.[146] Regelmäßig wird der Lebensbedarf zwischen dem notwendigen und dem angemessenen Bedarf liegen.

Nach dem ebenfalls durch das EheRÄG 1999 eingeführten § 69 b EheG ist § 69 a EheG **88 b**
entsprechend anwendbar, wenn die Ehe nicht aus Verschulden, sondern aus den Gründen der §§ 50–52 EheG (s. Rn. 84) oder des § 55 EheG (s. Rn. 88) geschieden worden ist. Bei der einvernehmlichen Scheidung gilt dieses aber nur, wenn die Ehegatten keine wirksame Vereinbarung nach § 55 a II EheG getroffen haben

Der **allein oder überwiegend Schuldige** hat sonst keinen Anspruch gegen den anderen **89**
Ehegatten.

Zu zahlen ist in der Regel eine monatlich im Voraus fällige Geldrente (Art. 70 I EheG). **90**
Nur ausnahmsweise ist eine Abfindung angemessen. Die Höhe des Unterhalts kann im Falle einer Änderung der maßgeblichen Verhältnisse angepasst werden.

Der Unterhaltsanspruch erlischt bei Wiederheirat des berechtigten Ehegatten endgültig. Lebt er in einer neuen Lebensgemeinschaft, ruht die Unterhaltspflicht des geschiedenen Ehegatten und zwar unabhängig davon, ob und in welchem Umfang der neue Lebenspartner Leistungen erbringt. Eine Verwirkung des Unterhaltsanspruchs kommt bei nachehelichem schweren Verschulden gegen den unterhaltspflichtigen Ehegatten, z. B. bei Vereitelung des Umgangsrechts mit einem gemeinsamen Kind in Betracht.

Unterhaltsvereinbarungen sind formlos auch vor oder während der Ehe zulässig. Eine Grenze bilden die guten Sitten, die z. B. bei grobem Missverhältnis zwischen den Leistungen beider Ehegatten oder im Falle eines Unterhaltsverzicht für den Fall der Not (str.) verletzt sind.

Einen **Auskunftsanspruch** wie § 1580 BGB gibt es im österreichischen Recht nicht. **91**
Die Höhe eines Unterhaltsanspruchs wird in Österreich von Amts wegen festgestellt.[147] Da im deutschen Unterhaltsprozessrecht der Amtsermittlungsgrundsatz nicht gilt, muss der deutsche Richter notfalls doch auf § 643 ZPO und § 1580 BGB analog zurückgreifen, wenn er die Verhältnisse in Anwendung österreichischen Sachrechts feststellt (Anpassung, im Einzelnen umstritten).[148]

---

[146] Ferrari, FamRZ 2001, 896, 898
[147] OLG Karlsruhe, FamRZ 1995, 738
[148] Vgl. OLG Karlsruhe, FamRZ 1995, 738 m. w. N.

Polen

1. Kinderunterhalt

92 Nach Art. 133 § 1 des Familien- und Vormundschaftsgesetzbuchs vom 25. 2. 1964[149] (FVGB) sind Eltern grundsätzlich zum Unterhalt gegenüber einem unvermögenden Kind verpflichtet, das sich nicht selbst unterhalten kann (Art. 133 § 1 FVGB), sog. privilegierter Unterhalt. Daneben gibt es bei Bedürftigkeit den einfachen Unterhalt gemäß Art. 133 § 2 FVGB.[150]

93 Der **privilegierte** Unterhaltsanspruch besteht, wenn das Kind noch nicht in der Lage ist, sich selbst zu unterhalten, weil es mangels Berufsausbildung noch keine angemessene Erwerbstätigkeit ausüben kann. Die Bedürftigkeit spielt beim privilegierten Unterhaltsanspruch nur insoweit eine Rolle, als dieser ausgeschlossen oder beschränkt ist, wenn das Kind seine Unterhalts- und Erziehungskosten aus Einkünften seines Vermögens oder durch sonstige Einkünfte (z. B. Hinterbliebenenrente, Stippendium) decken kann.[151] Das Alter, insbesondere die Volljährigkeit, hat auf die Unterhaltspflicht keinen Einfluss.[152] Eine Ausnahme gilt nur dann, wenn das volljährige Kind seine Berufsausbildung vernachlässigt, sei es, weil es die Lehrzeit unangemessen überschreitet, beim Studium keine Fortschritte macht oder keine Prüfungen ablegt.[153] Ist das Kind zugleich im Stande, eine Arbeit aufzunehmen, erlischt die Unterhaltspflicht der Eltern. Die Aufnahme einer Arbeit vor Beginn des Studiums zur Verbesserung der Berufsqualifikation schließt die Unterhaltspflicht während des folgenden Studiums nicht aus, wenn die Arbeit nicht länger als ein Jahr andauerte. Die Unterhaltspflicht kann auch lebenslang andauern, wenn das Kind z. B. wegen eines Gebrechens außerstande ist, sich selbst zu versorgen.

94 Der Umfang des privilegierten Unterhaltsanspruchs richtet sich nach den „gerechtfertigten" Bedürfnissen des Berechtigten und der Leistungsfähigkeit des Unterhaltspflichtigen (dessen Erwerbs- und Vermögensmöglichkeiten, Art. 135 § 1 FVGB). Verkürzungen der Leistungsfähigkeit ohne wichtigen Grund während der letzten drei Jahre vor der Geltendmachung des Unterhaltsanspruchs bleiben unberücksichtigt (Art. 136 FVGB).

Der privilegierte Unterhalt setzt nicht erst bei Bedürftigkeit ein, sondern berechtigt zum gleichen Lebensstandard, wie er beim Unterhaltspflichtigen besteht.[154] Unterschieden wird zwischen den Unterhaltskosten (die begrifflich im Wesentlichen unserem Barunterhalt entsprechen) und den Erziehungskosten oder sonstigen Unterhaltskosten (vergleichbar unserem Betreuungsunterhalt), die nicht in Geld ausgedrückt werden.[155] Der Unterhalt wird festgesetzt in bestimmten Sätzen oder in Prozentsätzen des Einkommens des Verpflichteten.[156] Polnische Gerichte neigen dazu, einem Kind bis zu 25% des Einkommens des Verpflichteten zuzuerkennen. Wenn deutsche Gerichte entscheiden sollte der Unterhalt nach den Bedarfssätzen der Düsseldorfer Tabelle ermittelt und dann mit Hilfe der Verbrauchergeldparität den wirtschaftlichen Verhältnissen in Polen angeglichen werden.[157] Teilweise sind aber auch pauschal Anteile von 2/3 dieser Sätze,[158] mindestens die Hälfte[159] oder nur 1/3[160] zugespro-

---

[149] Dz. U. 1964 Nr. 9, Pos 59, in Kraft seit dem 1. 1. 1965, mehrfach geändert, zuletzt DzU 1999 Nr. 52, Pos 532 und 2000 Nr. 122, Pos 1322

[150] Vgl. Passauer, FamRZ 1990, 14, 18 f.

[151] Vgl. Gralla/Leonhardt, Das Unterhaltsrecht in Osteuropa, Abschnitt Polen, S. 141

[152] Richtlinien des OG, Dz. U. 1988, Nr. 45, Pos 241

[153] Richtlinien des OG a.a.O. S. 380 f.

[154] Vgl. OLG Celle, FamRZ 1993, 103 = NJW-RR 1993, 651; OLG Celle, OLG-Report 1998, 149; OLG Nürnberg, FamRZ 1994, 1133

[155] Vgl. Art. 58 § 1 FVGB und dazu KG, FamRZ 1994, 759

[156] Bergmann/Ferid/Henrich, a.a.O., Polen, Art. 135 FVGB, Fn. 20; Passauer, FamRZ 1990, 14 (19)

[157] S. Rn. 23 ff.; OLGR Hamm 2000, 59

[158] OLG Nürnberg, FamRZ 1997, 1355; OLG Koblenz, FamRZ 1995, 1439; OLG Celle FamRZ 1993, 103; OLG Schleswig, FamRZ 1993, 1483 (L)

[159] OLG Düsseldorf, FamRZ 1991, 1095

[160] OLG Düsseldorf, FamRZ 1989, 1335; OLG Karlsruhe, FamRZ 1991, 600; vgl. auch Kleffmann, FuR 1998, 74, 75

chen worden. Statt eines festen Unterhaltsbetrages kann das Gericht die Höhe der Unterhaltsleistung auch prozentual bestimmen, wenn der Verpflichtete über ein für diese Bemessungsart geeignetes, nämlich stabiles Einkommen verfügt[161] Das Kammergericht[162] setzt einen altersbedingten Mehrbedarf gemäß Art. 135 § 1, Art. 138 FVGB von 20% bei Überschreitung des sechsten Lebensjahres an. Bei der Bemessung ist nicht nur das tatsächliche Einkommen des Unterhaltspflichtigen, sondern sein erzielbares maßgebend.[163]

Den **einfachen** Kindesunterhalt gemäß Art. 133 § 2 FVGB hat dasjenige Kind, das nachträglich bedürftig wird, nachdem es die Fähigkeit, sich selbst angemessen zu unterhalten, bereits erlangt hatte.[164] Der Umfang richtet sich nur auf die Befriedigung der gewöhnlichen „gerechtfertigten" Bedürfnisse (elementarer oder notwendiger Lebensbedarf). 95

Die in einem Scheidungsurteil auch ohne besonderen Antrag von Amts wegen enthaltene Titulierung des Kindesunterhaltsanspruchs wirkt für und gegen das Kind (Art. 58 § 1 S. 1 FVGB) und kann gem. Art. 138 FVGB abgeändert werden.[165] Das Gericht entscheidet über den Unterhalt auch dann, wenn die Eltern freiwillig zahlen.[166] An Vereinbarungen der Prozessparteien ist es dabei nicht gebunden. Die Entscheidung schließt neben der Festsetzung des Barunterhalts eines Ehegatten auch einen Ausspruch über den Betreuungsunterhalt durch den anderen Ehegatten ein, indem es ausspricht, dass der andere Elternteil das Kind betreuen und die restlichen Kosten der Erziehung tragen soll.[167] 96

Auf den Unterhaltsanspruch eines Kindes, dessen Abstammung von einem im Inland lebenden deutschen Vater festgestellt werden soll, ist nach Auffassung des OLG München[168] in diesem Verfahren auch dann deutsches Recht anzuwenden, wenn die Mutter Ausländerin ist und mit dem Kind im Ausland lebt (Art. 18 V EGBGB). Das Kind kann deswegen zugleich mit der Vaterschaftsfeststellung Leistung des Regelunterhalts verlangen.

2. Ehegattenunterhalt

Trennung. Nach Art. 23, Art. 27, Art. 28 FVGB sind beide Ehegatten verpflichtet, zur Befriedigung der Bedürfnisse der Familie beizutragen, jeder nach seinen Kräften und Erwerbsmöglichkeiten sowie seinem Vermögen. Diese Regelung für den Familienunterhalt schließt auch den Trennungsunterhalt ein.[169] Eine während des Zusammenlebens getroffenen Anordnung zum Familienunterhalt bleibt auch dann wirksam, wenn nach ihrem Erlass die eheliche Gemeinschaft beendet wird (Art. 28 § 2 FVGB). Dabei handelt es sich um einen sog. privilegierten Unterhaltsanspruch; die Unterhaltspflicht hängt davon ab, ob ein Ehegatte seine Bedürfnisse in dem Umfang befriedigen kann wie der andere Ehegatte (Lebensstandardprinzip).[170] Eine Unterhaltspflicht besteht also dann, wenn der Berechtigte seine am Lebensstandard des anderen Ehegatten gemessenen gerechtfertigten Bedürfnisse nicht selbst befriedigen kann, etwa wegen Betreuung der gemeinsamen Kinder, wegen Erwerbsunfähigkeit oder Nichtfinden einer Arbeitsstelle.[171] Auf Verschulden an der Trennung kommt es in der Regel nicht an, jedoch wird dem Alleinschuldigen analog Art. 60 FVGB Unterhalt nicht zuerkannt.[172] 97

Scheidung. Die unterhaltsrechtlichen Folgen der Scheidung (Art. 60 §§ 1–3 FVGB) richten sich nach dem **Schuldausspruch** im Scheidungsurteil, der unbedingt im Tenor auszusprechen ist (Art. 57 § 1 FVGB). Ein im Scheidungsurteil unterbliebener Schuldausspruch kann nicht mit einer isolierten Feststellungsklage nachgeholt werden.[173] Ist der 98

---

161 OG OSN 1980 Pos 129
162 KG, FamRZ 1994, 759
163 Vgl. Gralla/Leonhardt, a.a.O., S. 121
164 Gralla/Leonhardt, a.a.O., S. 143
165 KG, NJW-RR 1995, 202 LS
166 OG NO 1953, Nr. 7, S. 76
167 OG OSN 1952, Pos. 69
168 OLG München, FamRZ 1998, 503
169 Vgl. OLG Koblenz, FamRZ 1992, 1428 und Gralla/Leonhardt, a.a.O., S. 146
170 Vgl. Gralla/Leonhardt, a.a.O., S. 147
171 Vgl. OLG Koblenz, a.a.O.; Richtlinien des Pol.OG, FamRZ 1989, 471
172 Gralla/Leonhardt, a.a.O., S. 147; im Anschluss daran OLG Hamm, FamRZ 1994, 774
173 BGH MDR 1977, 126; OLG Hamm FamRZ 2000, 29

Schuldausspruch versehentlich unterblieben, kann dieser innerhalb der Frist nach § 321 ZPO (insoweit vergleichbar mit Art. 351 der polnischen ZPO) oder im Wege der Berufung ergänzt werden. Ist das Scheidungsurteil rechtskräftig, kommt im – späteren – Unterhaltsprozess allenfalls eine inzidente Schuldfeststellung in Betracht, wenn die Schuldfrage nach dem maßgeblichen Unterhaltsstatut von Bedeutung ist.[174]

- Bei Alleinverschulden hat der alleinschuldige Ehegatte keinen Anspruch, der andere den privilegierten Unterhaltsanspruch gemäß Art. 60 § 2 FVGB.[175]
- Bei beiderseitigem Verschulden hat jeder den einfachen Unterhaltsanspruch gemäß Art. 60 § 1 FVGB.
- Bei fehlendem Schuldausspruch oder der Feststellung, dass keinen Ehegatten die Schuld trifft, haben beide den einfachen Unterhaltsanspruch gemäß Art. 60 § 1 FVGB (Art. 57 § 2 FVGB).
- Soweit ersichtlich, wird überwiegendes Verschulden nicht festgestellt und steht jedenfalls dem alleinigen Verschulden nicht gleich. Auch dann sind beide Ehegatten als schuldig anzusehen, was auch für den minder schuldigen Ehegatten nur den einfachen Unterhaltsanspruch nach Art. 60 § 1 FVGB begründen kann.

99 Der Umfang des **privilegierten** Unterhaltsanspruchs hängt nicht von der Bedürftigkeit des Berechtigten ab (Art. 60 § 2 FVGB), sondern soll verhindern, dass durch die Scheidung eine wesentliche Verschlechterung der materiellen Situation des nichtschuldigen Ehegatten eintritt. Der Anspruch geht nicht auf den gleichen Lebensstandard, den der Unterhaltspflichtige hat, jedoch auf einen besseren Lebensstandard als nur die Befriedigung der gerechtfertigten (notwendigen) Bedürfnisse wie beim einfachen Unterhaltsanspruch.[176] Zu vergleichen ist der Lebensstandard vor und nach der Scheidung.[177] Im Ergebnis ist wie im deutschen Recht auf den Lebensstandard während der Ehe abzustellen. Der privilegierte Unterhaltsanspruch ist grundsätzlich unbegrenzt.

100 Der **einfache** Unterhaltsanspruch gemäß Art. 60 § 1 FVGB setzt Bedürftigkeit des Berechtigten (Notlage) und Leistungsfähigkeit des Unterhaltspflichtigen voraus. Er zielt auf die Befriedigung nur der elementaren Bedürfnisse des Berechtigten, also auf den Notunterhalt ab[178] und entspricht damit der Unterhaltspflicht von Verwandten (Art. 61 FVGB). Er erlischt regelmäßig in fünf Jahren seit Rechtskraft des Scheidungsurteils (Art. 60 § 3 FVGB), wenn der Unterhaltspflichtige nicht für (teil-)schuldig an der Zerrüttung der Ehe erklärt wurde. Liegen außerordentliche Umstände vor, kann der Anspruch über die Fünfjahresfrist hinaus verlängert werden (Art. 60 § 3 S. 2 Hs. 2 FVGB). Als außerordentlicher Umstand kann auch eine krankheitsbedingte Bedürftigkeit des Berechtigten in Betracht kommen, wenn die Ehe nicht von kurzer Dauer war.[179] Ein nicht im Scheidungstenor ausgesprochenes Verschulden kann hingegen nicht mehr berücksichtigt werden (vgl. aber Rn. 98).

101 Abänderung bei veränderten Umständen ist möglich (Art. 138 FVGB, materiell-rechtliche Regelung).[180] Rückwirkende Abänderung gibt es im polnischen Recht nicht.[181] Der Hinweis auf den inflationären Verfall der polnischen Währung und die dortige Erhöhung der Lebenshaltungskosten reicht als Abänderungsgrund nicht aus.[182]

102 Unterhaltsleistungen sind jetzt (seit etwa Mitte 1990) auch in Zloty und durch Dritte möglich.[183] Auf Verlangen ist in Euro zu verurteilen.[184] Ist der Klageantrag auf Zahlung in ausländischer Währung gerichtet, darf nicht in Euro verurteilt werden.[185]

---

174 Roth IPRax 2000, 292, 293 f.; zum gleichen Problem beim türkischen nachehelichen Unterhalt vgl. Rn. 203

175 Bergmann/Ferid/Henrich, a.a.O., Polen, S. 22 f.

176 Vgl. Gralla/Leonhardt, a.a.O., S. 149

177 Vgl. OLG Koblenz, FamRZ 1992, 1442

178 Vgl. Gralla/Leonhardt, a.a.O., S. 118/121/150; OLG Koblenz, a.a.O.

179 OLG Hamm FamRZ 2000, 29

180 Vgl. OLG Celle, FamRZ 1993, 103

181 Vgl. OLG Karlsruhe, FamRZ 1991, 600

182 OLG Hamm, OLG-Report 1998, 347 = FamRZ 1999, 677

183 Bytomsky, FamRZ 1991, 783; Bergmann/Ferid/Henrich, a.a.O. S. 22 f.

184 Vgl. zu DM: BGH, FamRZ 1990, 992; vgl. auch BGH, FamRZ 1992, 1060 = NJW-RR 1993, 5

185 BGH, IPRax 1994, 366 mit Anm. Grothe, IPRax 1994, 346

103 Eine Mahnung ist nach polnischem Recht entbehrlich, wenn auf Grund „nicht befriedigter Bedürfnisse“ ein Unterhaltsanspruch besteht.[186]

Eine vertragliche Regelung der Unterhaltspflicht muss mit dem Gesetz vereinbar sein. Die Unterhaltspflicht des Ehegatten geht derjenigen der Verwandten vor. Sie erlischt stets, wenn der unterhaltsberechtigte Ehegatte eine neue Ehe eingeht.

3. Verwandtenunterhalt

104 Nach Art. 128 FVGB obliegt gradlinigen Verwandte und Geschwistern die Verpflichtung zur Leistung von Mitteln für den Unterhalt und nach Bedarf auch für die Erziehung (Unterhaltspflicht). Die Unterhaltspflicht obliegt den Eltern und Großeltern vor den Abkömmlingen und diesen vor den Geschwistern; innerhalb dieser Gruppen gehen die gradnäheren der entfernteren vor (Art. 129 § 1 FVGB). Gleichrangige Unterhaltspflichtige haften anteilig nach ihren Einkommens- und Vermögensverhältnissen (Art. 129 § 2 FVGB). Die Unterhaltspflicht des früheren oder des „von Tisch und Bett getrennten“ Ehegatten geht der Unterhaltspflicht der Verwandten vor (Art. 130 FVGB). Die Unterhaltspflicht eines entfernteren Verwandten entsteht erst dann, wenn vorrangige Unterhaltspflichtige nicht vorhanden oder zu Unterhaltsleistungen nicht in der Lage sind. Gleiches gilt, wenn von ihnen Unterhaltsleistungen nicht oder nur mit schwer zu überwindenden Hindernissen erwirkt werden können (Art. 132 FVGB). Gegenüber den Geschwistern entfällt die Unterhaltspflicht dann, wenn sie für den Pflichtigen oder seine nächste Familie mit übermäßigen Einbußen verbunden wäre.

Die Höhe des geschuldeten Unterhalts hängt von den gerechtfertigten Bedürfnissen des Berechtigten (Bedarf) und den Erwerbs- und Vermögensmöglichkeiten des Verpflichteten (Leistungsfähigkeit) ab (Art. 135 § 1 FVGB). Hat der Unterhaltspflichtige innerhalb der letzten drei Jahre ohne wichtigen Grund auf Vermögensansprüche verzichtet, einen Verlust in anderer Weise ermöglicht oder eine Beschäftigung niedergelegt bzw. gegen eine weniger ergiebige eingetauscht, bleibt die Veränderung bei der Unterhaltsbemessung unberücksichtigt (Art. 136 FVGB). Bei veränderten Umständen kann eine Anpassung des gerichtlich festgesetzten oder des vertraglich vereinbarten Unterhalts beantragt werden (Art. 138 FVGB).

105 Unterhaltsansprüche verjähren mit Ablauf von drei Jahren (Art. 137 FVGB). Die Unterhaltspflicht geht nicht auf die Erben über (Art. 139 FVGB). Wer (ggf. als nachrangig Unterhaltspflichtiger) Unterhaltsleistungen erbringt, kann von den (vorrangig) Verpflichteten Erstattung dieser Leistungen verlangen; auch dieser Anspruch verjährt mit Ablauf von drei Jahren (Art. 140 §§ 1, 2 FVGB).

Ein nicht mit der Mutter verheirateter Vater schuldet der Kindesmutter für die Dauer von drei Monaten vor der Niederkunft, für die mit Schwangerschaft und Entbindung verbundenen angemessenen Ausgaben und für die Zeit von drei Monaten nach der Geburt Unterhalt. Aus wichtigen Gründen kann die Unterhaltspflicht auch über diesen Zeitraum hinaus verlängert werden (Art. 141, 142 FVGB). Ist die Vaterschaft nicht festgestellt, können die Ansprüchen, falls nicht das Kind verstorben ist, nur gleichzeitig mit dem Antrag auf Feststellung der Vaterschaft geltend gemacht werden.

Stiefeltern und Stiefkinder schulden einander Unterhalt, wenn dies den Grundsätzen des gesellschaftlichen Zusammenlebens entspricht (Art. 144 §§ 1–3 FVGB).

Portugal

1. Kinderunterhalt

106 Gemäß Art. 1874 I des Zivilgesetzbuches[187] (CC) schulden Eltern und Kinder einander Hilfe und Beistand. Die Beistandspflicht umfasst auch die Verpflichtung, Unterhalt zu leisten

[186] OLG Koblenz, FamRZ 1992, 1428

[187] In der nach Inkrafttreten der GV Nr. 496/77 geltenden Fassung mit Änderungen durch DL Nr. 21/98 vom 12. 5. 1998 (Abstammungsrecht) und DL Nr. 120/98 vom 8. 5. 1998 (Adoptionsrecht)

und während des Zusammenlebens entsprechend den eigenen wirtschaftlichen Mitteln zu den Lasten des familiären Lebens beizutragen (Art. 1874 II CC). Nach Art. 1878 CC obliegt es den Eltern auch für den Lebensunterhalt ihrer minderjährigen Kindern zu sorgen. Der Unterhalt umfasst den Lebensbedarf, die Wohnung, Kleidung, die Ausbildung und Erziehung, soweit sie notwendig ist (Art. 2003 I, II CC).

107 Die Unterhaltspflicht dauert grundsätzlich bis zur Vollendung des 18. Lebensjahres des Kindes (Art. 1877 f, 2003 II, 122 CC) oder dessen Eheschließung (Emanzipation entspricht der Volljährigkeit bis auf die Einschränkung der Verfügungsfreiheit über das Vermögen, Art. 133, 1649 CC). Hat das Kind seine in normaler Zeit zu bewerkstelligende Berufsausbildung bei Eintritt der Volljährigkeit oder der Emanzipation noch nicht abgeschlossen, so sind die Eltern weiterhin unterhaltspflichtig, soweit ein „vernünftiger Grund" dafür vorhanden ist (Art. 1880 CC). Hat das Kind z. B. genügend Vermögen oder ausnahmsweise genügend eigene Einkünfte, entfällt eine Unterhaltspflicht, jedenfalls bei Volljährigkeit (Art. 2011 I CC) und zwar auch dann, wenn das Vermögen verschenkt wurde. Die Unterhaltspflicht obliegt dann ganz oder teilweise den Schenkungsempfängern (Art. 2011 II CC).

108 Die **Höhe** hängt grundsätzlich von der Leistungsfähigkeit der Eltern und der Bedürftigkeit des Kindes ab (Art. 2004 I CC). Dabei muss dem Unterhaltspflichtigen ein Selbstbehalt für seinen eigenen Lebensunterhalt verbleiben (Art. 2004 II CC). Je mehr das Kind selbst seinen Unterhalt durch Arbeit oder sonstige Einkünfte sicherstellen kann, umso mehr mindert sich die Unterhaltspflicht der Eltern (Art. 1879 CC). Aus Art. 1879 CC ergibt sich, dass minderjährige Kinder nur den Erlös ihrer Arbeit oder anderer Einkünfte, also nicht den Stamm des Vermögens selbst, einsetzen müssen. Die Erträge eines vorhandenen Vermögens sind hingegen auch bei minderjährigen Kindern bedarfsdeckend zu berücksichtigen (vgl. Art. 1896 I–III CC).

109 Der Unterhalt ist grundsätzlich als monatliche Rente zu zahlen (Art. 2005 I CC), nur wenn eine abweichende Vereinbarung besteht oder aus besonderen Gründen ist eine Ausnahme gerechtfertigt. Ersatzweise kann die Unterhaltsleistung auch kraft richterlicher Anordnung durch Aufnahme in den Haushalt erfolgen, wenn der Unterhaltspflichtige eine Rente nicht leisten kann (Art. 2005 II CC). Geschuldet wird Unterhalt, wenn er festgesetzt oder vereinbart ist, ab Verzug, sonst ab Klageerhebung (Art. 2006 CC).

110 Eltern haften im Verhältnis ihrer Anteile als gesetzliche Erben des Kindes (Art. 2010 I CC). Kann ein Elternteil nicht zahlen, ist insoweit der andere grundsätzlich zur zusätzlichen Leistung verpflichtet (Art. 2010 II CC).

Auf den Unterhalt kann für die Zukunft nicht verzichtet werden, jedoch auf bereits fällige Leistungen; er ist nicht pfändbar und nicht aufrechenbar, auch nicht für die Vergangenheit (Art. 2008 I, II CC).

111 **Abänderung.** Der Unterhalt kann abgeändert werden, wenn sich die für die Festsetzung maßgebenden Umstände geändert haben (Art. 2012 CC).

Eheliche und nichteheliche Kinder sind gleichgestellt.

112 Bei gerichtlicher Trennung oder bei Scheidung müssen die Eltern dem Gericht eine Vereinbarung über den Kindesunterhalt (Höhe, Art der Leistung, Quote) vorlegen und vom Gericht bestätigen lassen (Art. 1905 I CC). Fehlt eine (gerichtlich bestätigte) Vereinbarung, entscheidet das Gericht selbst gemäß den Interessen des Minderjährigen (Art. 1906 II CC).

Solange der Unterhalt nicht endgültig festgesetzt ist, kann das Gericht nach Ermessen auf Antrag oder – bei minderjährigen Kindern – von Amts wegen einen vorläufigen Unterhalt zusprechen. Der empfangene vorläufige Unterhalt ist in keinem Fall zurückzuerstatten (Art. 2007 I, II CC).

2. Ehegattenunterhalt

113 **Trennung.** In Portugal wird unterschieden zwischen der tatsächlichen Trennung (Art. 1782 CC) und der gerichtlichen Trennung der Ehegatten selbst und ihres Vermögens (Art. 1794 ff. CC). Gemäß Art. 1672 CC sind die Ehegatten untereinander zu Beistand verpflichtet. Diese Beistandspflicht umfasst den Unterhalt (Art. 1675 I, Art. 2015 CC) und die Pflicht, zu den Lasten des familiären Lebens beizusteuern. Die Unterhaltspflicht besteht während der tatsächlichen Trennung grundsätzlich fort, jedoch wird danach unterschieden, wer die Trennung zu verantworten hat (Art. 1675 II CC). Trifft die **Verantwortung für die Trennung** nur den einen Ehegatten, bleibt er dem anderen grundsätzlich unterhaltspflichtig. Trifft die Verantwortung beide, ist der Hauptschuldige derjenige, der dem anderen unterhaltspflichtig ist. Ausnahmsweise kann der Richter in beiden Fällen dem schuldlosen oder minderschuldigen eine Unterhaltspflicht gegenüber dem anderen Ehegatten aufbürden (nach Billigkeit unter Berücksichtigung der Dauer der Ehe, des Umfangs des Einsatzes des allein oder überwiegend Schuldigen für die wirtschaftlichen Verhältnisse der Ehe, Art. 1675 III CC). Sind beide Ehegatten gleich schuldig an der Zerrüttung, verbleibt es beim Grundsatz der gegenseitigen Unterhaltspflicht (Art. 1675 II CC).

Die **Höhe** des Unterhalts richtet sich nach der Leistungsfähigkeit des Unterhaltspflichtigen und der Bedürftigkeit des unterhaltsberechtigten Ehegatten (Art. 2004 I, II CC), wobei der Wegfall der Leistungsfähigkeit oder der Bedürftigkeit ein Beendigungsgrund ist (Art. 2013 I b CC). **114**

Im Prinzip gilt dasselbe im Falle der **gerichtlichen Trennung** (der Personen und der Güter, Art. 1794 ff. CC). Danach besteht eine Unterhaltspflicht für den allein oder überwiegend schuldigen Ehegatten dann, wenn das Urteil mit schuldhafter Verletzung der ehelichen Pflichten (Art. 1779 CC) oder mit Ablauf bestimmter Trennungszeit oder mit längerer Abwesenheit/Verschollenheit, mit längerer Geistesstörung oder Geisteskrankheit des beklagten Ehegatten begründet ist jeweils mit der Folge der Beeinträchtigung des ehelichen Lebens. Für beide Ehegatten besteht die Unterhaltspflicht gegeneinander, wenn beide als gleichschuldig erkannt sind oder die Trennung auf beiderseitigem Einverständnis beruht (Art. 2016 I, IV CC). Ausnahmsweise kann in diesen Fällen dem anderen – normalerweise anspruchslosen – Ehegatten Unterhalt zuerkannt werden, wenn es die Billigkeit erfordert, insbesondere auf Grund der Ehedauer oder der für die Ehe geleisteten Arbeit (Art. 2016 II, IV CC). **115**

Auch bei der Bemessung dieses Unterhalts hat das Gericht die Leistungsfähigkeit des einen und die Bedürftigkeit des anderen Ehegatten zu berücksichtigen, insbesondere die beiderseitigen Einkünfte, das Alter, die gesundheitlichen Verhältnisse, die Erwerbsmöglichkeiten, den zeitlichen Aufwand für die Erziehung der gemeinsamen Kinder u. a. (Art. 2016 III CC). Die Unterhaltspflicht kann aus moralischen Gründen enden (Art. 2019 CC). **116**

Die allgemeinen Bestimmungen über den Beginn der Unterhaltsschuld (Klageerhebung oder Eintritt des Verzugs, Art. 2006 CC), den Verzicht und die Abtretbarkeit (Art. 2008 I CC), die Unpfändbarkeit, die Nichtaufrechenbarkeit (Art. 2008 II CC) sowie die Abänderbarkeit (Art. 2012 CC) gelten entsprechend (Art. 2014 II CC). **117**

Ist die Ehe für nichtig erklärt oder angefochten worden, behält der gutgläubige Ehegatte das Unterhaltsrecht nach Rechtskraft der entsprechenden Entscheidung.

Scheidung.[188] In Portugal gibt es die einvernehmliche und die streitige Scheidung (Art. 1773 ff. CC). Daneben ist die Umwandlung der gerichtlichen Trennung in Scheidung möglich (Art. 1795-D CC). **118**

Bei einverständlicher Scheidung muss eine Vereinbarung u. a. über den Unterhalt des bedürftigen Ehegatten sowohl während des Rechtsstreits (also vorläufig) als auch für die Zeit nach der Scheidung getroffen werden (Art. 1775 II und III CC), die vom Richter in der ersten Verhandlung (Art. 1776 II CC) und im Urteil über die Scheidung im gegenseitigen Einvernehmen (Art. 1778 CC) bestätigt werden muss.

Grundvoraussetzung für einen Unterhaltsanspruch bei streitiger Scheidung ist – wie bei der gerichtlichen Trennung (siehe dort) – eine entsprechende Begründung des Scheidungsurteils (Art. 2016 I a–c CC) oder Billigkeit (Art. 2016 II CC). Für die Höhe gilt dasselbe wie bei gerichtlicher Trennung (siehe Rn. 116). **119**

Bei Wiederverheiratung erlischt der Unterhaltsanspruch gegen den früheren Ehegatten (Art. 2019 CC). **120**

---

[188] Vgl. OLG Karlsruhe, FamRZ 1990, 168

3. Verwandtenunterhalt

121 Nach den Ehegatten und früheren Ehegatten und vor den Vorfahren sind auch die Abkömmlinge zum Unterhalt verpflichtet. Nach den Vorfahren haften die Geschwister, Onkeln und Tanten während der Minderjährigkeit des Unterhaltsberechtigten sowie Stiefeltern für die Kinder, die bis zum Tod des Ehegatten von diesem unterhalten wurden (Art. 2009 I CC). Ist ein Unterhaltspflichtiger nicht oder nicht vollständig zur Unterhaltsleistung in der Lage, obliegt die Unterhaltspflicht den nachfolgend Verpflichteten (Art. 2009 III CC). Mehrere Unterhaltspflichtige haften im Verhältnis ihres gesetzlichen Erbrechts. Ist eine Person leistungsunfähig, obliegt die Verpflichtung den übrigen (Art. 2010 I, II CC). Hat der Unterhaltsberechtigte unentgeltlich über sein Vermögen verfügt, haften in diesem Umfang der Schenkungsempfänger und dessen Erben vorrangig (Art. 2011 CC).

Die Unterhaltspflicht endet mit Wegfall der Voraussetzungen, durch den Tod des Unterhaltspflichtigen oder des Unterhaltsberechtigten und wenn der Unterhaltsberechtigte seine Pflichten gegenüber dem Unterhaltspflichtigen in schwerwiegender Weise verletzt (Art. 2013 I CC).

4. Unterhaltsanspruch der Kindesmutter

121 a Der nicht mit der Kindesmutter verheiratete Kindesvater schuldet ihr, unbeschadet weiter gehenden Schadensersatzes, für die Zeit der Schwangerschaft und das erste Lebensjahr des Kindes Unterhalt. Die Mutter kann den Unterhaltsanspruch mit der Klage auf Vaterschaftsermittlung verbinden und vorläufigen Unterhalt verlangen (Art. 1884 I, II CC).

Rumänien

1. Kinderunterhalt

122 Die Unterhaltspflicht zwischen Eltern und Kindern ist in Art. 86 I des Familiengesetzbuchs[189] (FGB) geregelt, in Art. 107 I FGB ergänzend die Unterhaltspflicht der Eltern gegenüber ihren minderjährigen Kindern. Voraussetzung ist grundsätzlich Bedürftigkeit (in der Regel auf Grund Arbeitsunfähigkeit, einem zentralen Begriff des rumänischen Unterhaltsrechts, Art. 86 II FGB) und Leistungsfähigkeit des Pflichtigen (Art. 94 I FGB). Stiefeltern sind dem minderjährigen Kind unterhaltspflichtig, wenn die leiblichen Eltern verstorben, vermisst oder leistungsunfähig sind (Art. 87 I FGB).

123 **Bedürftigkeit.** Minderjährige (bis zur Vollendung des 18. Lebensjahres) haben Anspruch auf Unterhalt gegenüber ihren Eltern ohne Rücksicht auf den Grund der Bedürftigkeit (Art. 86 III FGB); diese muss ausnahmsweise bei Minderjährigen nicht auf Arbeitsunfähigkeit beruhen. Entsprechendes gilt für Kinder im Studium oder in der sonstigen Berufsausbildung, jedoch nur bis zum 25. Lebensjahr.[190] Gemäß Art. 107 II FGB setzt die Leistungspflicht eines Elternteils aber erst dann ein, wenn der Minderjährige kein eigenes ausreichendes Einkommen hat; erst dann müssen die Eltern die erforderlichen Mittel für den Unterhalt, Erziehung und Berufsausbildung zur Verfügung stellen.

124 **Leistungsfähigkeit.** Die Unterhaltspflicht von Eltern beläuft sich auf etwa ein Viertel des Nettoeinkommens bei einem Kind, auf ein Drittel bei zwei Kindern und auf die Hälfte bei drei oder mehr Kindern (Art. 94 III FGB).[191] Kommt noch Ehegattenunterhalt hinzu,

[189] Vom 29. 12. 1953 B.Of. Nr. 1/4. 1. 1954 i. d. F. der Gesetze Nr. 4/4. 4. 1956, Nr. 3/28. 3. 1970, der Dekrete Nr. 779/8. 1. 1966, Nr. 174/30. 7. 1974, der Gesetze Nr. 11/31. 7. 1990, Nr. 48/16. 7. 1991, Nr. 59/23. 7. 1993, der DringAO der Reg. Nr. 25/9. 6. 1997 und des Gesetzes Nr. 23 vom 26. 1. 1999, M.Of. Nr. 35/28. 1. 1999

[190] Leonhardt, Das Unterhaltsrecht in Osteuropa, Rumänien, S. 191

[191] In der deutschen Rechtspraxis führt diese Pauschalierung zu erheblichen Mehrforderungen über den Sätzen der Düsseldorfer Tabelle, vgl. den Bericht des Bundesverwaltungsamts für 1995 in DAVorm 1996, 581

bleibt es bei höchstens der Hälfte des Arbeitseinkommens (Art. 41 III FGB). Unter Nettoeinkommen ist das Arbeitseinkommen gemeint.[192] Sonstiges Einkommen (z. B. aus Kapital) wird von dieser Begrenzung nicht erfasst.[193] Leitlinien oder Tabellen gibt es nicht.[194] Als gleichrangig Verpflichtete (Art. 97 I FGB) müssen Eltern im Verhältnis ihrer Mittel zu den Unterhaltskosten der Kinder beitragen (Art. 90 FGB). Art. 92 FGB enthält eine – aus der Sicht des deutschen ordre public bedenkliche – Besonderheit: Kann der Unterhaltspflichtige nicht gleichzeitig alle Unterhaltsberechtigten befriedigen, kann das Gericht unter Berücksichtigung der Bedürftigkeit eines jeden bestimmen, dass der Unterhalt nur an einen zu zahlen ist oder an einige oder alle aufgeteilt wird. Im Übrigen müssen sich die Berechtigten an die nachrangig Verpflichteten halten.

Der Unterhalt ist in Natur oder durch Geldrente zu leisten (Art. 93 I FGB). Die Art der Leistung wird durch das Gericht unter Berücksichtigung der Umstände bestimmt (Art. 93 II FGB). **125**

Unzulässig ist der Verzicht auf künftige Leistungen.[195] Geltend gemacht werden kann der Unterhalt grundsätzlich nur für die Zukunft ab Klageerhebung, für die Vergangenheit nur in zwei Ausnahmefällen: Zum einen, wenn vorher Unterhalt verlangt, die Leistung jedoch vom Unterhaltspflichtigen schuldhaft verzögert wurde, und zum anderen, wenn der Unterhaltsberechtigte für seinen Unterhalt Schulden machen musste.[196] **126**

Abänderung. Ändert sich die Leistungsfähigkeit oder die Bedürftigkeit, kann das Gericht den Unterhalt erhöhen oder ermäßigen (Art. 94 II FGB), ausnahmsweise auch rückwirkend ermäßigen ab dem Zeitpunkt des Eintritts der Änderung, wenn der Unterhaltsberechtigte seither den Unterhalt nicht mehr verlangt hat.[197] **127**

Bei Scheidung der Eltern setzt das Gericht von Amts wegen den von jedem Elternteil zu leistenden Kindesunterhalt fest (Art. 42 III FGB). **128**

Die Unterhaltspflicht erlischt mit dem Tode des Berechtigten und grundsätzlich auch mit dem Tode des Unterhaltsschuldners (Art. 95 FGB). Die Erben eines gegenüber Minderjährigen unterhaltspflichtigen Schuldners haften bis zum Wert der Erbschaft weiter auf Unterhalt, wenn die Eltern verstorben, vermisst oder leistungsunfähig sind (Art. 96 FGB).

Ein **Rangverhältnis** zwischen den Unterhaltsansprüchen minderjähriger Kinder und geschiedener Ehegatten sieht das Gesetz nicht vor. Ist der Unterhaltspflichtige nur eingeschränkt leistungsfähig, kann das Gericht nach den individuellen Bedürfnissen nur einem oder einigen Berechtigten Unterhalt zusprechen (s. Rn. 124). Zum Rangverhältnis mehrerer Unterhaltspflichtiger vgl. Rn. 133 a.

2. Ehegattenunterhalt

Trennung. Gemäß Art. 86 I FGB sind Ehegatten sich gegenseitig zum Unterhalt verpflichtet. Eine spezielle Norm für den Trennungsunterhalt findet sich in Art. 41 I FGB: Danach schulden die Ehegatten bis zur Auflösung der Ehe (Art. 39 FGB) einander Unterhalt. Wie beim Kindesunterhalt hat nur der infolge von Arbeitsunfähigkeit Bedürftige einen Anspruch. Die zwingende Betreuung eines Kindes durch die Mutter oder die Pflege eines kranken Angehörigen werden je nach den Umständen des Einzelfalls der Arbeitsunfähigkeit gleichgestellt.[198] Wer unberechtigt die Wohnung verlassen hat, kann Trennungsunterhalt nicht verlangen (z. B. bei Zusammenleben mit einem neuen Partner).[199] **129**

Zur Höhe gibt es für den Trennungsunterhalt keine gesetzliche Regelung. Jedoch bietet diejenige für den Scheidungsunterhalt (Art. 41 III FGB) Anhaltspunkte, wonach der Unter- **130**

---

[192] Leonhardt, a.a.O., S. 192
[193] Leonhardt, a.a.O., S. 179, 193
[194] Leonhardt, a.a.O., S. 178
[195] Leonhardt, a.a.O., S. 182
[196] Leonhardt, a.a.O., S. 180
[197] OLG Nürnberg FamRZ 1996, 353; Leonhardt, a.a.O., S. 179
[198] Leonhardt, a.a.O., S. 197
[199] Leonhardt, a.a.O., S. 197

halt bis zu einem Drittel beträgt und gemeinsam mit Kindesunterhalt die Hälfte des Nettoarbeitseinkommens des Pflichtigen nicht übersteigen darf.

131 **Scheidung.** Mit der Auflösung der Ehe endet grundsätzlich die Unterhaltspflicht der Ehegatten gegeneinander (Art. 86 I, Art. 41 I FGB). Dem schuldlos oder nur mitschuldig geschiedenen Ehegatten entsteht aber gemäß Art. 41 II FGB ein neuer, grundsätzlich unbegrenzter Unterhaltsanspruch, wenn er sich infolge vor oder während der Ehe eingetretener Arbeitsunfähigkeit in Not befindet, und zwar bis zu einem Drittel der Nettoarbeitseinkünfte des unterhaltspflichtigen Ehegatten, wobei diesem mindestens die Hälfte seines Nettoeinkommens bei Unterhaltspflicht auch für Kinder verbleiben muss (Art. 41 III FGB). Tritt die Arbeitsunfähigkeit innerhalb eines Jahres nach Auflösung der Ehe ein, muss die Arbeitsunfähigkeit auf Umstände zurückzuführen sein, die mit der Ehe zusammenhängen (z. B. Betreuung von Kleinkindern). Der Unterhalt ist regelmäßig als monatliche Geldrente zu leisten; ausnahmsweise kann auch ein Pauschalbetrag bestimmt werden, dessen sukzessive Auszahlung durch das Gericht bestimmt werden kann (Art. 93 FGB).

Die Leistungsfähigkeit des Unterhaltsschuldners hängt von den ihm „zur Verfügung stehenden Mitteln" (Art. 41 III FGB) ab. Unter dem Begriff, der nicht näher definiert ist, sind sowohl regelmäßige Einkünfte wie Arbeitseinkommen und Renten als auch andere Mittel wie Ersparnisse oder Zusatzgüter zu verstehen, die für den Unterhalt verwertet werden können. Nach der Rechtsprechung dürfen Zuschläge für besondere Arbeitsbedingungen, Reisespesen, Studienstipendien, Beihilfe für den Todesfall, Schwangerschaft und Pflege eines kranken Kindes sowie zufälliges Einkommen für die Unterhaltspflicht nicht herangezogen werden. Da der unterhaltspflichtige Ehegatte nur dann Unterhalt schuldet, wenn er über ausreichende materielle Mittel verfügt, kann in der gerichtlichen Praxis nur sehr selten Unterhalt zugesprochen werden.

Ein Unterhaltsanspruch erlischt mit der Wiederheirat des berechtigten Ehegatten (Art. 41 V FGB). Das formlose Zusammenleben mit einem neuen Partner lässt den Anspruch hingegen unberührt, weil das rumänische Gesetz keine entsprechende Verwirkungsvorschrift enthält. Die Wiederheirat des Unterhaltsschuldners lässt seine Unterhaltspflicht unberührt.

132 Gleichzeitig mit dem Scheidungsurteil wird von Amts wegen über den Scheidungs- und Kinderunterhalt entschieden (Art. 42 III FGB).[200] Ein **Scheidungsverschulden,** über das im Scheidungsbeschluss oder in einem nachfolgenden richterlichen Beschluss entschieden werden kann, ist für die Verpflichtung zum Unterhalt nicht von Bedeutung, weil die Unterhaltspflicht nicht auf einer deliktischen Haftung basiert. Unterhaltsberechtigt kann also auch der schuldig geschiedene Ehegatte sein. Allerdings beeinflusst der Verschuldensausspruch die Dauer der Unterhaltspflicht. Der schuldige Ehegatte hat höchstens für ein Jahr Anspruch auf nachehelichen Unterhalt, während der Unterhaltsanspruch des anderen Ehegatten oder der Anspruch bei Verschulden beider Ehegatten grundsätzlich unbegrenzt ist.

133 Die Unterhaltsentscheidung kann bei Änderung der maßgeblichen Umstände abgeändert werden (Art. 44, Art. 94 II FGB), was bis zum Wegfall des Unterhaltsanspruchs führen kann.

Vereinbarungen, durch die ein Berechtigter auf künftigen Unterhalt verzichtet, sind nach rumänischem Recht nicht zulässig.

3. Verwandtenunterhalt

133 a Neben Ehegatten und Eltern sind auch Kinder, Adoptierende und Adoptierte, Großeltern und Enkel, Urgroßeltern und Urenkel, Brüder und Schwertern sowie weitere im Gesetz genannte Personengruppen unterhaltspflichtig (Art. 86 I FGB). Ein Kind kann verpflichtet werden, demjenigen Unterhalt zu zahlen, von dem es während 10 Jahren gesetzlichen Unterhalt bekommen hat (Art. 87 II FGB). Pflegeeltern sind dem minderjährigen Kind unterhaltspflichtig, wenn die leiblichen Eltern verstorben, vermisst oder leistungsunfähig sind (Art. 88 FGB). Die Unterhaltspflichtigen haften in folgender Reihenfolge: Ehegatten,

---

[200] Leonhardt, a.a.O., S. 187

Abkömmlinge, Vorfahren (jeweils die näheren Verwandten vor den entfernteren), Adoptierende, leibliche Eltern, Geschwister und Großeltern (Art. 89 FGB). Mehrere gleichrangige Unterhaltspflichtige haften im Verhältnis ihrer Leistungsfähigkeit. Hat ein Kind allein Elternunterhalt geleistet, kann es diesen anteilig von seinen Geschwistern zurückfordern (Art. 90 I, II FGB). Reicht das Einkommen nicht zur Befriedigung aller Unterhaltsberechtigten aus, kann das Gericht unter Berücksichtigung der Bedürfnisse der Unterhaltsberechtigten bestimmen, an wen Unterhalt zu zahlen und in welcher Weise dieser aufzuteilen ist (Art. 92 FGB).

Schweden

1. Kinderunterhalt

Gemäß Kap. 7 § 1 I Elterngesetz[201] (EG, nachfolgend ohne Kapitel zitiert) haben die Eltern für den Kindesunterhalt nach ihren wirtschaftlichen Verhältnissen und den Bedürfnissen des Kindes zu sorgen, untereinander jeder nach seinen Möglichkeiten (§ 1 III EG), und zwar grundsätzlich nur bis zur Vollendung des 18. Lebensjahres,[202] ausnahmsweise bei Schulbesuch bis zur Vollendung des 21. Lebensjahres (§ 1 II EG); der Schulbesuch muss bei Vollendung des 18. Lebensjahres bestanden haben oder vor Vollendung des 19. Lebensjahres wieder aufgenommen worden sein.[203] Als Schulbesuch gilt der Besuch der Grundschule oder des Gymnasiums und einer vergleichbaren „Grundausbildung" (§ 1 II S. 3 EG). 134

Ein Elternteil hat seine Unterhaltspflicht durch Zahlung eines Unterhaltsbeitrags zu erfüllen, wenn er nicht allein Inhaber des Personensorgerechts ist und das Kind dauernd mit dem anderen Elternteil zusammenlebt (§ 2 I EG). Der Unterhaltsbeitrag wird durch Urteil oder Vertrag[204] festgesetzt (§ 2 II EG).

Dem Unterhaltspflichtigen verbleibt ein sog. **Vorbehaltsbetrag** (vergleichbar im Prinzip unserem Selbstbehalt; § 3 I EG). Dazu zählen die angemessenen Wohnkosten und die Kosten des sonstigen Lebensbedarfs. Dieser beträgt normalerweise 120% jährlich vom geltenden Grundbetrag nach dem Gesetz über die öffentliche Versicherung[205] (§ 3 II EG). In besonderen Fällen kommt ein weiterer Vorbehaltsbetrag in Höhe von regelmäßig 60% des erwähnten Grundbetrages hinzu, wenn der Pflichtige einen Ehegatten unterhält, mit dem er dauernd zusammenlebt, oder wenn er in einer nichtehelichen Lebensgemeinschaft mit einem Partner und einem gemeinsamen Kind zusammenlebt (§ 3 III EG). Für den Unterhalt eines bei ihm wohnenden Kindes darf der Unterhaltspflichtige einen weiteren Betrag vorbehalten in Höhe von 40% jährlich des erwähnten Grundbetrages einschließlich des vom anderen Elternteil geleisteten Unterhalts. Das Gericht kann jedoch einen anderen Vorbehaltsbetrag festsetzen, wenn dies durch die besonderen Umstände gerechtfertigt ist (§ 3 IV EG). 135

Nimmt der Unterhaltspflichtige ein unterhaltsberechtigtes Kind, für das er nicht sorgeberechtigt ist, mindestens 5 Tage zu je 24 Stunden zu sich, darf er von dessen (an den anderen Elternteil zu zahlenden) Unterhalt grundsätzlich $^{1}/_{40}$ pro vollem Tag vom dem entsprechenden Monatsbetrag des Unterhalts abziehen (§ 4 I EG). Der Betrag ist auf volle Kronen abzurunden und darf nur von dem Unterhalt der nächsten sechs Monate nach dem Ende des Aufenthalts abgezogen werden. Das Gericht darf den Abzug (für die Zeit vor Klagerhebung nicht gegen den Widerspruch einer Partei) bei Vorliegen besonderer Gründe auch anders

---

201 Vom 10. 6. 1949, neu im GBl veröffentlicht durch Gesetz 1995:974, zuletzt geändert durch Gesetz 2001:456

202 Das Kind ist bis zum 18. Lebensjahr minderjährig (Kap. 9 § 1 Elterngesetz: „jünger als 18 Jahre")

203 Nach einem Bericht über das 3. Regensburger Symposion für Europäisches Familienrecht in FamRZ 1996, 1529 sollen Eltern gegenüber ihren volljährigen, aber noch in der Ausbildung befindlichen Kindern „nie" unterhaltspflichtig sein, vgl. jedoch Rn. 138

204 Vgl. OLG Düsseldorf FamRZ 2002, 1422

205 Der Grundbetrag nach dem Gesetz über die öffentliche Versicherung vom 25. 5. 1962 (Nr. 381) betrug für das Jahr 2001 37 700 SEK

regeln (§ 4 II EG). Ein Abzug entfällt, wenn der Unterhaltsbeitrag schon auf dieser Grundlage festgesetzt worden war (§ 4 III EG).

136 Der Unterhalt ist **monatlich im Voraus** zu leisten (§ 7 I EG). Für einen längeren Zeitraum als 3 Jahren vor Klageerhebung darf der Klage nur stattgegeben werden, wenn der Unterhaltspflichtige einverstanden ist (§ 8 EG). Eine Vereinbarung über einen einmaligen Betrag oder für einen längeren Zeitraum als drei Monate ist nur in beglaubigter Form zulässig. Bei minderjährigen Kindern muss der Sozialausschuss der Gemeinde zustimmen; ein Einmalbetrag ist an ihn zu zahlen (§ 7 II, IV EG). Auch ein festgestellter Unterhaltsanspruch erlischt grundsätzlich 5 Jahre nach dem ursprünglich gültigen Fälligkeitstag (§ 9 I EG), anders bei Pfändung, Konkurs und Vergleich (§ 9 II, III). Eine dem widersprechende Vereinbarung ist ungültig (§ 9 IV EG).

137 **Abänderung** eines Urteils oder einer Unterhaltsvereinbarung ist bei Änderung der Verhältnisse ab Klageerhebung ohne weiteres möglich. Für die Zeit vorher kann dann abgeändert werden, wenn die Gegenpartei nicht widerspricht. Widerspricht sie einer Herabsetzung oder einem Wegfall, ist eine Änderung nur für die noch nicht gezahlten Beträge zulässig (§ 10 I EG). Eine Vereinbarung kann vom Gericht auch dann geändert werden, wenn sie von Anfang an unbillig war (§ 10 II EG). Sogar Rückzahlung kann angeordnet werden, allerdings nur, wenn besondere Gründe vorliegen. In § 1 des Gesetzes vom 16. Dezember 1966 Nr. 680 ist die Abänderung bestimmter Unterhaltsbeträge geregelt. Ist ein laufend gezahlter Unterhaltsbeitrag in den letzten 6 Jahren nur nach diesen Vorschriften geändert worden, kann das Gericht die Unterhaltsbestimmung für die Zeit nach Klagerhebung auch ohne Änderungsgrund überprüfen (§ 10 III EG).

138 Wurde der Unterhaltsbeitrag ursprünglich nur bis zu einem bestimmten Zeitpunkt bewilligt, steht das einer Bewilligung eines Beitrags für die darauf folgende Zeit nicht im Wege (10 IV EG). Der Unterhaltsbeitrag kann für einzelnen Teile des Unterhaltszeitraums auf verschiedene Beträge festgesetzt werden (§ 14 I EG). Eine Unterhaltsfestsetzung über die Vollendung des 18. Lebensjahres hinaus darf gegen den Widerspruch des Unterhaltspflichtigen nicht erfolgen, ehe zuverlässig beurteilt werden kann, ob für die Zeit danach eine Unterhaltspflicht vorliegt (§ 14 II EG).

139 Eheliche und nichteheliche Kinder sind hinsichtlich des Unterhalts materiell völlig gleichgestellt. Das adoptierte Kind gilt als Kind des Annehmenden, nicht als Kind seiner biologischen Eltern (Kap. 4, § 8). Stiefeltern schulden Unterhalt, wenn sie dauernd mit dem Kind zusammen leben, auch wenn sie nicht mit dem leiblichen Elternteil verheiratet sind, aber mit diesem auch ein gemeinsames Kind haben.

Für die Unterhaltsklage ist das Wohnsitzgericht des Beklagten örtlich zuständig (§ 12 I).

2. Ehegattenunterhalt

140 **Trennung.** Die Ehegatten haben, jeder nach seinen Möglichkeiten, zur Sicherung des gemeinsamen Unterhalts beizutragen (Kap. 6 § 1 I Ehegesetz – EheG, im Folgenden ohne Kap. zitiert). Verletzt ein Ehegatte seine Unterhaltspflicht, kann das Gericht diesen verpflichten, dem anderen Ehegatten einen Unterhaltsbeitrag zu zahlen (§ 5 EheG). Leben die Ehegatten getrennt, hat ein Ehegatte seine Unterhaltspflicht stets durch Zahlung eines Unterhaltsbeitrages zu erfüllen (§ 6 EheG).

141 Die **Höhe** des Beitrages hängt ab von den finanziellen Möglichkeiten beider Ehegatten wie schon während des Zusammenlebens (§ 1 und 2 EheG). Jedoch darf jetzt ein Ehegatte nicht mehr die Einkünfte des kranken oder abwesenden Ehegatten und die Erträgnisse seines Vermögens für den Unterhalt verwenden (§ 4 I EheG). Verletzt ein Ehegatte seine Unterhaltspflicht, kann das Gericht ihn verpflichten, dem anderen Ehegatten einen Unterhaltsbeitrag zu zahlen (§ 5 EheG).

142 **Scheidung.** Nach der Scheidung ist die gegenseitige Unterhaltspflicht grundsätzlich beendet; jeder Ehegatte ist für seine Versorgung verantwortlich (§ 7 I EheG).[206] Lediglich im Notfall kann ein Ehegatte vom anderen nach dessen Möglichkeiten und nach den

[206] Bergmann/Ferid/Henrich, a.a.O., Schweden, S. 12

sonstigen Umständen für eine Übergangszeit Unterhalt verlangen (§ 7 II EheG), nach langjähriger Ehe oder außerordentlichen Schwierigkeiten, sich selbst zu versorgen, auch für einen längeren Zeitraum. Dabei ist zu berücksichtigen, ob der unterhaltsbedürftige Ehegatte den Beitrag benötigt, um sich eine Altersversorgung zu schaffen (§ 7 III EheG).

Der Unterhalt ist fortlaufend als Rente und nur in besonderen Fällen, z. B. wenn der **143** Betrag benötigt wird um sich eine Altersversorgung zu schaffen, als Abfindung zu zahlen (§ 8 EheG). Er kann rückwirkend ohne Zustimmung des Unterhaltspflichtigen nur bis zu 3 Jahre vor Klageerhebung verlangt werden (§ 9 EheG). Ein festgestellter Unterhaltsbeitrag erlischt grundsätzlich 3 Jahre nach Fälligkeit; bei Zwangsvollstreckung, Konkurs oder Vergleich gelten jedoch Besonderheiten (§ 10 EheG).

Wegen der **Abänderung** gilt im Wesentlichen dasselbe wie beim Kindesunterhalt (§ 11 **144** EheG). Für die Zeit nach Scheidung darf der Unterhalt nur erhöht werden, wenn außerordentliche Gründe vorliegen. Ein Einmalbetrag darf überhaupt nicht abgeändert werden, wenn die andere Partei widerspricht.

Schweiz[207]

1. Kinderunterhalt

Gemäß Art. 276 I, 285, 328 II des Schweizerischen Zivilgesetzbuches[208] (ZGB) müssen **145** die Eltern bis zur Mündigkeit (18. Lebensjahr, Art. 14, Art. 277 I ZGB) Unterhalt leisten, in der Regel durch Pflege und Erziehung und außerhalb der Obhut, z. B. bei Trennung der Eltern, durch Geldzahlungen (Art. 276 II ZGB). Unterhalt umfasst alles, was nach den Verhältnissen der Eltern angemessen (nicht nur nötig) ist zum Leben, zur körperlichen und geistig/seelischen Entwicklung des Kindes (Art. 276 I, Art. 302 I ZGB). Voraussetzung ist Bedürftigkeit des Kindes (keine zumutbare Arbeit, keine anderen Mittel, Art. 276 III ZGB). Nach Eintritt der Volljährigkeit besteht die Unterhaltspflicht für das in Ausbildung befindliche Kind fort, bis die Ausbildung „ordentlicherweise" abgeschlossen werden kann (nicht unbedingt ist).[209] Die Unterhaltsleistung muss den Eltern nach den gesamten Umständen zumutbar sein (Art. 277 II ZGB). Gegenüber minderjährigen Kindern ist eine Einschränkung des Unterhaltspflichtigen bis zum Notbedarf[210] zumutbar, gegenüber dem volljährigen Kind wird ein erweiterter Notbedarf anerkannt zuzüglich etwa 20%.[211] Wenn ein Elternteil nichts verdient, obwohl er es könnte, wird er nach einem fiktiven Einkommen taxiert.[212] Grundsätzlich ist auch die betreuende Mutter barunterhaltspflichtig, jedoch wird die persönliche Betreuung als wesentlicher Unterhaltsbeitrag angesehen.[213] Der Unterhaltsanspruch steht dem Kind zu und ist, solange das Kind unmündig ist, an den gesetzlichen Vertreter oder – bei gemeinsamer elterlicher Sorge – an den Inhaber der Obhut zu leisten (Art. 289 I ZGB). Der Begriff der Obhut beschreibt die tatsächlichen Verhältnisse und ist nicht im Rechtssinne zu verstehen.

Die Festsetzung von Unterhaltsbeiträgen ist ein Ermessensentscheid, bei dem alle bedeut- **146** samen Umstände berücksichtigt werden müssen (vgl. auch Art. 4 ZGB). Neben der Lebensstellung und der Leistungsfähigkeit der Eltern und den Bedürfnissen des Kindes (bei denen

[207] Zu der zum 1. 1. 2000 in Kraft getretenen Neuregelung des nachehelichen Unterhaltsrechts vgl. Reusser FamRZ 2001, 595, 597 f.; s. auch Hausheer/Spycher, Handbuch des Unterhaltsrechts, Bern 1997 mit Buchbesprechung Schneyder, FamRZ 1999, 763

[208] In der Fassung der Änderung vom 26. Juni 1998, in Kraft seit dem 1. Januar 2000

[209] Vgl: OLG Karlsruhe FamRZ 2002, 1420

[210] Hinderling/Steck, Das schweizerische Ehescheidungsrecht, 4. Auflage, S. 298. Der Notbedarf orientiert sich am vollstreckungsrechtlichen Existenzminimum (bei uns etwa Pfändungsfreigrenze), dessen Berechnung jedoch individuell und dem Vollstreckungsbeamten überlassen ist. Zur Berechnung werden Richtlinien verwendet, die jedoch unverbindlich sind

[211] Hinderling/Steck, a.a.O., S. 461; Hegnauer, Entwicklungen des europäischen Kindschaftsrechts, 2. Auflage, S. 130

[212] Hinderling/Steck, a.a.O., S. 467

[213] Hinderling/Steck, a.a.O., S. 468

eigenes Einkommen und Vermögen zu berücksichtigen ist) verdeutlicht der neue Art. 285 I ZGB, dass auch der Beitrag des nicht obhutsberechtigten Elternteils an der Betreuung des Kindes ein wesentliches Kriterium für die Festsetzung der Höhe der Unterhaltsbeiträge ist. Allerdings werden die Grundkosten für den Unterhalt des Kindes wie Wohnungsanteil, Versicherungs- und Krankenkassenprämien, Bekleidungskosten usw. nicht durch den Umfang der Mitbetreuung beeinflusst. Wenn es die wirtschaftlichen Verhältnisse erlauben, soll der Unterhaltsbeitrag für das Kind aber so bemessen werden, dass sich der sorgeberechtigte Elternteil ein angemessenes Maß an Freizeit verschaffen kann, z. B. durch stundenweise Anstellung eines bezahlten Babysitters. Die gleiche Funktion kann die Mitbetreuung des Kindes durch den anderen Elternteil erfüllen, sei es, dass beide Eltern gemeinsam die elterliche Sorge ausüben, sei es, dass die Betreuung im Rahmen eines großzügig bemessenen Umgangsrechts wahrgenommen wird. Kinderzulagen u. a., die der Unterhaltspflichtige bezieht, müssen grundsätzlich zum Unterhalt dazubezahlt werden (Art. 285 II ZGB); stehen sie dem Kind selbst zu, gehören sie zu dessen Einkünften (Art. 285 I ZGB). Einen verordneten Mindestunterhalt gibt es nicht, auch keinen sog. Regelunterhalt, jedoch Empfehlungen der Jugendämter als Orientierungshilfe.[214] Verbreitet ist eine abstrakte Quotenaufteilung nach einem bestimmten Prozentsatz des Nettoeinkommens des Unterhaltspflichtigen, z. B. für ein Kind 10 bis 15%, für zwei Kinder 20 bis 25%, für drei Kinder 30 bis 33% usw. des Nettoeinkommens, alles jedoch unverbindlich und nach Art einer Faustregel.[215] Das Gericht kann bei der Festsetzung eine Indizierung anordnen (Art. 286 I ZGB); der Unterhaltsbetrag wird in der Regel auf den Monatsbeginn festgesetzt (Art. 285 III ZGB). In diesem Zeitpunkt entsteht die Einzelforderung und wird gleichzeitig fällig.[216]

Unterhaltsbeiträgen sind nach den Verhältnissen festzusetzen, wie sie sich voraussichtlich über längere Zeit hin gestalten. Gleiches gilt für die Abänderung von Unterhaltsbeiträgen. Nach der neuen Vorschrift des § 286 III ZGB kann das Gericht den unterhaltspflichtigen Elternteil bei nicht vorausgesehenen außerordentlichen Bedürfnissen zur Leistung eines besonderen Beitrags verpflichten. Zu denken ist dabei an außergewöhnliche Kosten z. B. für Zahnkorrektur oder für besondere schulische Förderung.

147 Auf das Stammrecht kann grundsätzlich nicht verzichtet werden, aber auf die einzelne Unterhaltsrate. Diese (nicht das Stammrecht) ist grundsätzlich vererblich, verjährbar (5 Jahre, Art. 128 Nr. 1 OR), verrechenbar, abtretbar und pfändbar.[217] Der Unterhalt kann für die Zukunft und für ein Jahr vor Klageerhebung verlangt werden (Art. 279 I ZGB).

148 **Abänderung.** Bei erheblichen Veränderungen der Einkommens- und sonstigen einschlägigen Verhältnisse (z. B. der Bedürftigkeit) ist eine Erhöhung, Ermäßigung oder Aufhebung der Unterhaltsrente möglich (Art. 286 II ZGB i. V. m. Art. 179 ZGB). Für den Änderungsbeginn ist auf den der Klageerhebung folgenden Monatsanfang abzustellen. Liegen besonders schwerwiegende Gründe vor, ist ausnahmsweise eine weitergehende Rückwirkung zulässig.[218] Eine Abänderung kommt auch in Betracht, wenn der nicht sorgeberechtigte Elternteil seinem bei der Unterhaltsbemessung berücksichtigten großzügigen Umgangsrecht nicht nachkommt und dadurch erhebliche finanzielle Mehrbelastungen des sorgeberechtigten Elternteils entstehen. Die zugrunde liegende Neuregelung des § 285 I ZGB soll allerdings nicht zu einer kleinlichen Aufrechnerei führen.

149 Bei Säumnis des Unterhaltsschuldners sieht das ZGB – neben der allgemeinen Zwangsvollstreckung – eine Reihe von unterstützenden Maßnahmen vor: Inkassohilfe (Art. 290 ZGB), richterliche Anweisung an Schuldner des Unterhaltspflichtigen, Zahlungen an den gesetzlichen Vertreter des Kindes zu leisten (Art. 291 ZGB), Anordnung von Sicherheitsleistung gegenüber dem Unterhaltspflichtigen für die künftigen Beiträge (Art. 292 ZGB), Übernahme der Unterhaltskosten durch den Staat/Kanton (Art. 293 I ZGB), Vorschusszahlungen des Staates/Kanton mit Übergang des Unterhaltsanspruchs (Art. 293 II,

---

[214] Bergmann/Ferid/Henrich, a.a.O., Schweiz, S. 74, Fn. 131; Hinderling/Steck, a.a.O., S. 465; Hegnauer, a.a.O., S. 131

[215] Hinderling/Steck, a.a.O., S. 465

[216] Hinderling/Steck, a.a.O., S. 471

[217] Hinderling/Steck, a.a.O., S. 472

[218] Hinderling/Steck, a.a.O., S. 480

Art. 289 II ZGB).[219] Wie der Unterhaltsvorschuss nach dem österreichischen Bundesgesetz für die Gewährung von Vorschüssen auf den Unterhalt von Kindern (UVG) ist auch der Vorschuss nach Art. 289 II ZGB eine Familienleistung im Sinne von Art. 4 Ih EWGVO 1408/71 vom 14. 6. 1971; er steht deswegen unter denselben Voraussetzungen auch den im Inland wohnenden ausländischen EU-Bürgern zu.[220]

Das Gericht erforscht den Sachverhalt von Amts wegen (Art. 280 II ZGB). Wegen dieser 150
Offizialmaxime besteht Streit darüber, ob der Richter mehr zusprechen darf als beantragt.[221]

2. Ehegattenunterhalt

Familienunterhalt. Der den Verhältnissen angepasste gesamte Lebensbedarf der Ehegatten und der im gemeinsamen Haushalt lebenden Kinder wird von ZGB als ehelicher Unterhalt bezeichnet und in Art. 163 ff. ZGB geregelt. Der Unterhalt umfasst neben den Grundbedürfnissen der Nahrung, Kleidung, Wohnung, Körper- und Gesundheitspflege auch die Befriedigung kultureller Bedürfnisse sowie die Absicherung gegen Risiken verschiedener Art, wie Krankheit, Unfall, Alter pp. 151

Der eheliche Unterhalt wird durch regelmäßige Geldbeiträge aus Einkommen und/oder Vermögen sowie durch Natural- und Sachleistungen sichergestellt. In Betracht kommen Zahlungen in die Haushaltskasse, Haushalts- und Betreuungsleistungen sowie die Überlassung von Hausrat oder Liegenschaften zu Nutzung. Regelmäßig leistet jeder Ehegatte seinen Beitrag in allen Formen aber in unterschiedlichem Ausmaß. Über die Beiträge im Einzelnen haben sich die Ehegatten nach Art. 163 ZGB zu verständigen.

Trennung. In der Schweiz gibt es die einfache Trennung (tatsächliche Aufhebung der ehelichen Lebensgemeinschaft) gemäß Art. 175 ZGB und die gerichtliche Trennung auf Grund sanktionierter Aufhebung der ehelichen Lebensgemeinschaft gemäß Art. 117 f. ZGB. Die gerichtliche Trennung können beide Ehegatten unter den gleichen Voraussetzungen wie bei der Scheidung verlangen (Art. 117 I ZGB). Mit der gerichtlichen Trennung tritt von Gesetzes wegen Gütertrennung ein (Art. 118 I ZGB). 152

Da auch die gerichtliche Trennung das Eheband nicht auflöst, gelten bei beiden Trennungsformen die Vorschriften über die Unterhaltsansprüche zwischen Ehegatten weiter. Dabei kommen bei der Festsetzung des Unterhalts (Art. 173 I, II; 176 I Nr. 1 ZGB) im Wesentlichen dieselben Grundsätze wie bei Maßnahmen zum Schutz der ehelichen Gemeinschaft zur Anwendung (Art. 118 II ZGB).[222] Mit zunehmender Dauer der Trennungszeit, z. B. bei der vierjährigen „Ersitzung" des Scheidungsgrundes nach Art. 114 ZGB, wird die Verpflichtung des Unterhaltsberechtigten zur Selbstversorgung stärker.

Jeder Ehegatte kann von dem anderen Auskunft über dessen Einkommen, Vermögen oder Schulden verlangen (Art. 170 ZGB).

Abänderung. Die Erhöhung, die Herabsetzung oder die Aufhebung des festgesetzten Unterhalts ist auf Begehren eines Ehegatten bei wesentlichen Änderungen der maßgebenden Verhältnisse möglich (Art. 179 I ZGB).[223] Nehmen die Ehegatten die eheliche Lebensgemeinschaft wieder auf, entfallen damit die für die Trennungszeit angeordneten Maßnahmen (Art. 179 II ZGB). 153

Gemäß Art. 177 ZGB kann der Richter die Schuldner des Unterhaltspflichtigen anweisen, unmittelbar an den unterhaltsberechtigten Ehegatten zu zahlen. 154

Scheidung. Seit der zum 1. 1. 2000 in Kraft getretenen Änderung des ZGB[224] ist 155
zwischen drei Arten der Ehescheidung zu unterscheiden:
- der Scheidung auf gemeinsames Begehren, die eine weitgehende Einigung über die Scheidungsfolgen voraussetzt (Art. 111–113, 116 ZGB),
- dem einseitigen Scheidungsantrag nach vierjähriger Trennungszeit (Art. 114 ZGB) und

[219] Hegnauer, a.a.O., S. 132
[220] EuGH FamRZ 2001, 683
[221] Bergmann/Ferid/Henrich, a.a.O., S. 74, Fn. 133
[222] Hinderling/Steck, a.a.O., S. 268
[223] Hinderling/Steck, a.a.O., S. 270
[224] Vgl. Reusser FamRZ 2001, 595 ff.

– dem einseitigen Scheidungsantrag, wenn dem Antragsteller die Fortsetzung der Ehe aus schwerwiegenden, ihm nicht zurechenbaren Gründen nicht zumutbar ist (Art. 115 ZGB)

Inzwischen erfolgt der weit überwiegende Anteil aller Ehescheidungen (98%) auf gemeinsames Begehren.

156 Dem neu in Art. 125 ZGB geregelten nachehelichen Unterhalt liegen zwei Prinzipien zugrunde:

- Nach der Ehescheidung muss sich jeder Ehegatte im Grundsatz selbst versorgen. Nur wenn dieses einem Ehegatten nicht zumutbar ist, kann ihm nachehelicher Unterhalt zugesprochen werden.
- Die Ehe wird so geschieden, wie sie gelebt worden ist. Entscheidend kommt es dabei auf die **Lebensprägung** an.[225] Ist die wirtschaftliche Selbstständigkeit durch die Ehe nicht beeinträchtigt, kann ein Unterhaltsanspruch nur aus Arbeitsmarktgründen oder bei unterbliebener Ausbildung begründet sein. Ist die Ehe hingegen lebensprägend geworden, soll der nacheheliche Ehegattenunterhalt den zuletzt erreichten ehelichen Standard aufrechterhalten. Das ist z. B. bei sehr langer Ehedauer, tatsächlicher Kindererziehung oder Umstellung auf einen anderen Kulturkreis der Fall. Selbst bei sehr großen Einkommensunterschieden ist Zurückhaltung geboten; regelmäßig muss ein anderer Unterhaltsgrund hinzutreten.[226]

157 Mit der Scheidung entfällt die Pflicht zur gemeinsamen Sorge (Art. 63 ZGB); ehebedingte Nachteile sind indes auszugleichen. Seine Rechtfertigung hat der nacheheliche Unterhalt damit im Schutz des Vertrauens darauf, dass sich ein Scheitern der Ehe nicht zum Nachteil nur eines Ehegatten auswirkt.[227] Ein angemessener Beitrag ist dem anderen Ehegatten nach Art. 125 I ZGB nur dann zu leisten, wenn ihm nicht zuzumuten ist, für den gebührenden Unterhalt einschließlich der Altersversorgung selbst aufzukommen.[228]

158 Die Beteiligung an der Bewältigung ehebedingter Nachteile setzt voraus, dass nach den konkreten Umständen (Art. 4 ZGB) einem Ehegatten nicht zumutbar ist, für den ihm gebührenden Unterhalt allein aufzukommen (Art. 125 I ZGB). Für die Zumutbarkeit ist allein die Fähigkeit maßgebend, sich selbst zu versorgen; auf ein Verschulden am Scheitern der Ehe kommt es nicht an. Solches ist nur zu berücksichtigen, wenn nach Art. 125 III ZGB ein Unterhaltsanspruch als offensichtlich unbillig versagt oder gekürzt werden soll.[229]

159 Bei der Entscheidung, ob und ggf. in welcher Höhe und wie lange ein Beitrag zu leisten ist, sind nach Art. 125 II ZGB insbesondere zu berücksichtigen:

– die **Aufgabenteilung** während der Ehe, wobei es auf die tatsächlich gelebten Verhältnisse ankommt,

– die **Dauer** der Ehe. Auch dabei ist massgeblich, inwieweit die Ehe den Lebensplan und die Fähigkeit des Unterhaltsberechtigten zur Selbstversorgung beeinflusst hat. Regelmäßig gelten kinderlose Ehen bis zu fünf Jahren als kurz, solche von über zehn Jahren als lang, was zum Alter des unterhaltsbedürftigen Ehegatten in Bezug zu setzen ist. Sind aus der Ehe Kinder hervorgegangen, kann auch eine nur kurze Ehe für den überwiegend mit Kindererziehung befassten Elternteil prägend geworden sein. Entsprechendes gilt mit Blick auf den Arbeits- und Wohnungsmarkt für einen Ehegatten aus einem fremden Kulturkreis.[230] Umgekehrt kann eine zwar langjährige aber schon lange getrennte Ehe trotz langer Dauer keine prägende Wirkung erreichen oder diese wegen früheren Eintritts der Fähigkeit zur Eigenversorgung wieder verloren haben.

– die einvernehmlich gelebte **Lebensstellung** während der Ehe. Maßgeblich ist dabei, was die Ehegatten sich als angemessen hätten leisten können. Ein Anspruch auf uneingeschränkte Fortführung des bisherigen Lebensstandards besteht allerdings nicht. Selbst bei

---

225 Reusser FamRZ 2001, 595, 597; der Begriff ist nicht identisch mit den ehelichen Lebensverhältnissen nach deutschem Recht

226 Reusser FamRZ 2001, 595, 598

227 Hegnauer/Breitschmid, Grundriss des Eherechts 4. Aufl. Rn. 11.36

228 Hegnauer/Breitschmid, a.a.O. Rn. 11.37

229 Hegnauer/Breitschmid, a.a.O. Rn. 11.41

230 Hegnauer/Breitschmid, a.a.O. Rn. 11.42 b

günstigen Verhältnissen bildet der angemessene bisherige Standard die Obergrenze des Unterhaltsbeitrags.

- **Alter und Gesundheit** der Ehegatten.
- **Einkommen und Vermögen** der Ehegatten. Dabei sind realistische Anwartschaften auch aus Erbrecht,[231] günstige Einkommensperspektiven aber auch künftige Belastungen wie Unterstützungspflichten oder unverschuldeter Verlust des Arbeitsplatzes zu berücksichtigen, wenn die Entwicklung mit einer gewissen Wahrscheinlichkeit absehbar ist.[232] Bei normalen Einkommensverhältnissen (zwischen 5000 und 9000 Franken/mtl.) kann der Lebensstandard regelmäßig nicht voll gehalten werden, was zur Herabsetzung aller Ansprüche führt. Bei gehobenen Einkommensverhältnissen ist als Obergrenze vom Verbrauch (ohne Vermögensbildung) zum Ende der Ehezeit auszugehen. Nach Art. 143 I ZGB ist im Urteil anzugeben, von welchem Einkommen oder Vermögen jedes Ehegatten ausgegangen wird. Bei Aufnahme einer nichtehelichen Lebensgemeinschaft ist zu prüfen, ob dieses Einfluss hat auf die Möglichkeit sich selbst zu versorgen und ob die Ehe bis zur Aufnahme der neuen Gemeinschaft prägend war.[233] 160
- Umfang und Dauer der von den Ehegatten noch zu leistenden **Betreuung der Kinder.**[234] Nach bisheriger Rechtsprechung sind Betreuungsleistungen bis zur Vollendung des 16. Lebensjahres des jüngsten Kindes zu berücksichtigen.[235] Bei nur einem Kind ist ab dem 10. Lebensjahr, nach wirtschaftlichen Verhältnissen und Betreuungsmöglichkeiten ggf. auch schon früher, eine Teilzeitbeschäftigung zumutbar.[236] Bei mehreren Kindern ist regelmäßig keine Berufstätigkeit zumutbar, 161
- die berufliche **Ausbildung und die Erwerbsaussichten** der Ehegatten sowie der mutmaßliche Aufwand für die berufliche Eingliederung des bedürftigen Ehegatten. Bei günstigen Verhältnissen hat der ökonomisch schwächere Ehegatte Anspruch auf Beibehaltung der ehelichen Lebensstellung. Ein Wiedereinstieg in das Berufsleben ist für eine geschiedene Ehefrau oft schon ab dem 45. Lebensjahr,[237] jedenfalls aber mit Vollendung des 50. Lebensjahr kaum noch möglich. Verfügt der Unterhaltspflichtige aber im Mangelfall nicht über ausreichende Mittel, kann zwangsläufig kein oder nur ein geringerer Unterhalt festgesetzt werden, was eigene Erwerbstätigkeit oder den Bezug von Sozialhilfe unumgänglich macht.[238]
- Ansprüche aus der ersten oder zweiten Säule der eidgenössischen **Alters- und Hinterbliebenenversorgung** und aus der beruflichen oder sonstigen privaten oder staatlichen Vorsorge nach Teilung der Austrittsleistungen.

Art. 125 II ZGB nennt damit nur Beispiele, die nach ihrer Bedeutung im konkreten Einzelfall zu gewichten sind. **Höhe und Dauer** des Unterhalts sind nach der Selbsterhaltungsfähigkeit des Berechtigten und der Leistungsfähigkeit des Unterhaltspflichtigen festzusetzen. Mit Ausnahme der Fälle einer alters-, gesundheits- oder bildungsbedingt dauerhaft reduzierten Eigenversorgung wird die Unterhaltsrente nur befristet (für eine bestimmte Dauer oder bis zum Eintritt einer Bedingung) oder allenfalls degressiv geschuldet.[239]

Nach Art. 125 III ZGB kann ein Unterhaltsbeitrag **versagt oder gekürzt** werden, wenn die Verpflichtung offensichtlich unbillig wäre, insbesondere wenn der Unterhaltsberechtigte seine eigene Pflicht, zum Unterhalt der Familie beizutragen, grob verletzt hat, seine Bedürftigkeit mutwillig herbeigeführt hat oder gegen den Unterhaltspflichtigen oder nahe Angehörige eine schwere Straftat begangen hat. Der Ausschluss darf sich nicht zu Lasten notwendiger Kinderbetreuung auswirken. Der Unterhaltsanspruch entfällt beim Tod des Berechtig- 162

---

[231] BGE 116 II 103, 105 E.2.b/c
[232] BEG 114 II 117
[233] Hegnauer/Breitschmid, a.a.O. Rn. 11.42 e
[234] Vgl. Reusser FamRZ 2001, 595, 598
[235] BEG 109 II 286; 110 II 225; 115 II 10; 115 II 431 Erw. 5; Hinderling/Steck, a.a.O., S. 285; Plate, FuR 1996, 50
[236] BGE 114 II 303 Erw. d; 115 II 10 Erw. 3 c; Hegnauer/Breitschmid a.a.O. Rn. 11.42 f
[237] BGE 114 II 9
[238] Hegnauer/Breitschmid a.a.O. Rn. 11.42 g
[239] Hegnauer/Breitschmid a.a.O. Rn. 11.43

ten und des Unterhaltspflichtigen. Vorbehaltlich einer abweichenden Vereinbarung entfällt er auch bei Wiederheirat des Unterhaltsberechtigten (Art. 130 I, II ZGB).

163 Beantragen die Ehegatten die Scheidung auf gemeinsames Begehren, müssen sie nach Art. 111 I ZGB eine vollständige Vereinbarung über die Scheidungsfolgen einreichen, die vom Gericht zu genehmigen ist (Art. 140 ZGB). Sie können aber auch verlangen, dass das Gericht die Scheidungsfolgen beurteilen soll, über die sie sich nicht einig sind. Insoweit stellen die Ehegatten dann wechselseitig Anträge, über die im Scheidungsurteil mit entschieden wird (Art. 112 I, III ZGB).

Das Gericht setzt als Unterhaltsbeitrag eine Rente fest und bestimmt den Beginn der Beitragspflicht. Rechtfertigen es besondere Umstände, kann anstelle der Rente eine Abfindung festgesetzt werden. Das Gericht kann den Unterhaltsbeitrag auch von Bedingungen abhängig machen (Art. 126 I–III ZGB). Damit kann es wichtigen Unwägbarkeiten in der Entwicklung schon im Voraus Rechnung tragen.

164 **Abänderung/Anpassung.** Nach Art. 127 ZGB können die Ehegatten (nicht das Gericht) in der Vereinbarung die Abänderung der festgesetzten Rente ganz oder teilweise ausschließen.[240] Das Gericht kann anordnen, dass der Unterhaltsbeitrag sich bei bestimmten Veränderungen der Lebenshaltungskosten ohne weiteres erhöht oder vermindert (Art. 128 ZGB). Die Indexierung ist auch ohne Antrag zu prüfen und festzusetzen, sofern die Rente nicht ohnehin auf wenige Jahre befristet ist (Art. 140 II, 143 Nr. 4 ZGB). Der Unterhaltspflichtige muss eine seine Leistungsfähigkeit übersteigende Wirkung der Indexierung durch Abänderungsklage geltend machen.[241] Ist ein nicht indexierter Unterhaltsbeitrag festgesetzt worden, kann dessen Anpassung an die Teuerung auch später verlangt werden, wenn das Einkommen des Unterhaltspflichtigen nach der Scheidung unvorhersehbar gestiegen ist (Art. 129 II ZGB). Dann kann eine Erhöhung und/oder eine Indexierung der Rente angeordnet werden.[242]

Bei erheblicher und dauerhafter Veränderung der Verhältnisse kann der Unterhaltspflichtige die Herabsetzung, Aufhebung oder befristete Einstellung der Rente verlangen (Art. 129 I ZGB). In Betracht kommt dies besonders bei einer Verminderung seiner Leistungsfähigkeit. Verbesserte Verhältnisse des Unterhaltsberechtigten können eine Herabsetzung nur begründen, wenn zuvor eine den gebührenden Unterhalt deckende Rente festgesetzt war (Art. 129 I S. 2 ZGB). Auch dann ist aber Zurückhaltung geboten, weil die erhöhte Eigenleistung des Berechtigten in erster Linie dessen Startchancen verbessern und nicht den Unterhaltspflichtigen entlasten soll.[243] Als Aufhebungsgrund kommt auch eine neue nichteheliche Lebensgemeinschaft in Betracht. Dies wird bei fünfjähriger Dauer vermutet, kann aber auch schon früher, z. B. bei gemeinsamen Erwerb von Wohneigentum vorliegen.[244]

Nunmehr kann auch nachträglich binnen fünf Jahren seit der Scheidung die Festsetzung einer Rente oder deren Erhöhung verlangt werden, wenn im Urteil festgehalten ist, dass kein zur Deckung des gebührenden Unterhalts ausreichender Betrag festgesetzt werden konnte, die wirtschaftlichen Verhältnisse des Unterhaltspflichtigen sich aber entsprechend verbessert haben (Art. 129 III ZGB).

3. Verwandtenunterhalt

165 Wer in günstigen Verhältnissen lebt, ist nach Art. 328 I ZGB verpflichtet, Verwandten in auf- und absteigender Linie zu unterstützen, die ohne diesen Beistand in Not geraten würden. Die Unterhaltspflicht der Eltern und des Ehegatten bleibt vorbehalten (Art. 328 II ZGB) und geht dem Verwandtenunterhalt vor. Schon nach dem Wortlaut setzt der Unterhaltsanspruch Leistungsfähigkeit des Unterhaltspflichtigen („Wer in günstigen Verhältnissen

---

[240] Zu den Risiken BGE 122 II 97
[241] Hegnauer/Breitschmid a.a.O. Rn. 11.54
[242] Hegnauer/Breitschmid a.a.O. Rn. 11.54
[243] BGE 108 II 83; Hegnauer/Breitschmid a.a.O. Rn. 11.55
[244] BGE 116 II 394; 124 III 54

lebt") und Bedürftigkeit des Unterhaltsberechtigten („die ohne diesen Beistand in Not geraten würden") voraus.[245]

Serbien

Der Unterhalt richtet sich nach den Bestimmungen des Gesetzes über die Ehe und die Familienbeziehungen vom 22. 4. 1980 in der Fassung vom 30. 5. 1994 (EheFamG).[246]

1. Kinderunterhalt

Eltern und Kinder sind einander zu gegenseitigem Unterhalt verpflichtet. Die Altersgrenze für den Kindesunterhalt beträgt 26 Jahre, wenn das Elternrecht nicht verlängert wird. Die Unterhaltspflicht der Eltern ist allerdings nicht vom Bestehen des Elternrechts abhängig. Stiefeltern schulden bei Fehlen anderer Unterhaltspflichtiger subsidiär Unterhalt. Der Tod des Elternteils hat auf die Unterhaltspflicht des mit ihm zusammenlebenden Stiefelternteils keinen Einfluss, wohl aber deren Ehescheidung: **165 a**

Die Eltern sind verpflichtet, ihre **minderjährigen Kinder** zu unterhalten (Art. 298 I EheFamG). Im Streit der Eltern um den Kindesunterhalt wertet das Gericht die Arbeit und Fürsorge des Elternteils, dem das Kind zur Obhut und Erziehung anvertraut ist, als seinen Beitrag zum Unterhalt des Kindes (Art. 311 EheFamG). Ist einem Elternteil sein Elternrecht entzogen, befreit ihn das nicht von der Unterhaltspflicht für seine Kinder (Art. 301 EheFamG). Hat das Kind die Schulausbildung bis zur **Volljährigkeit** nicht abgeschlossen, schulden die Eltern bis zum Abschluss der Ausbildung in der entsprechenden Schule oder Fakultät Unterhalt nach ihren Möglichkeiten. Auch wenn die Schulausbildung aus berechtigten Gründen verlängert wird, besteht diese Unterhaltspflicht aber längstens bis zum vollendeten 26. Lebensjahr (Art. 298 II EheFamG). Ist ein volljähriges Kind wegen Krankheit, körperlicher oder geistiger Gebrechen arbeitsunfähig, hat es keine notwendigen Mittel zum Unterhalt oder kann es sie aus dem bestehenden Vermögen nicht aufbringen, sind die Eltern verpflichtet, Unterhalt zu leisten, solange dieser Zustand andauert (Art. 299 EheFamG). Hat ein Kind das 15. Lebensjahr vollendet und erzielt es durch Arbeit Einkünfte, ist es verpflichtet, damit zu seinem Unterhalt beizutragen (Art. 300 EheFamG). Nach Art. 303 I EheFamG sind auch **Stiefeltern** verpflichtet, ihre Stiefkinder zu unterhalten, wenn diese keine unterhaltspflichtigen Verwandten haben oder wenn die Verwandten nicht zu Unterhaltsleistungen in der Lage sind. Die Unterhaltspflicht besteht auch nach dem Tod des Elternteils fort, wenn sie bis zu diesem Zeitpunkt mit dem Elternteil und dem minderjährigen Stiefkind in einer Familiengemeinschaft gelebt haben (Art. 303 II EheFamG). Sie endet aber, wenn die Ehe des Stiefelternteil mit dem Elternteil des Kindes für ungültig erklärt oder geschieden wird (Art. 303 III EheFamG).

Die **Vormundschaftsbehörde** ist verpflichtet, über die unterhaltenen Kinder und die unterhaltspflichtigen Eltern Nachweis zu führen und Maßnahmen zu ergreifen, dass die Eltern sich außergerichtlich über den Kindesunterhalt einigen und die Höhe den veränderten Bedürfnissen des Kindes oder veränderten Möglichkeiten der Eltern angepasst wird (Art. 313 EheFamG). Sie kann im Namen des minderjährigen Kindes den Streit um Unterhalt bzw. um Erhöhung des Unterhalts einleiten und führen, wenn der sorgeberechtigte Elternteil das Recht aus unberechtigten Gründen nicht ausübt. Wenn der Elternteil die Vollstreckung einer Unterhaltsentscheidung nicht beantragt, kann auch die Vormundschaftsbehörde im Namen des minderjährigen Kindes bei Gericht den Vorschlag zur Vollstreckung der Entscheidung einreichen (Art. 312 I, II EheFamG).

Kommt der Elternteil seiner Unterhaltspflicht nicht ordnungsgemäß nach, ergreift die Vormundschaftsbehörde auf Vorschlag des anderen Elternteils oder von Amts wegen die Maßnahmen, damit dem Kind gemäß den Vorschriften über den Sozial- und Kinderschutz

[245] Bergmann/Ferid/Henrich, a.a.O., S. 21 f.
[246] Bergmann/Ferid/Henrich, a.a.O., Jugoslawien, S. 33 ff., 73 ff.

ein zeitweiliger Unterhalt gewährleistet wird, bis der Elternteil beginnt, seine Verpflichtung auszuüben (Art. 318 EheFamG). Der Unterhaltsanspruch des Kindes geht dann auf die Behörde über (vgl. Rn. 165 e).

2. Ehegattenunterhalt

165 b Der Unterhalt eines Ehegatten ist durch seine Mittellosigkeit, seine Arbeitsunfähigkeit oder unverschuldete Arbeitslosigkeit bedingt, kann aber durch das Gericht versagt werden, wenn der andere Ehegatte böswillig oder unberechtigt verlassen wurde oder wenn der Scheidung eine längere Trennung vorausging und beide Ehegatten ihren Unterhalt selbst bestritten haben. Gleiches gilt, wenn die Ehe zu kurz dauerte, um daraus ein Unterhaltsrecht zu erwerben und dadurch minderjährige Kinder nicht gefährdet werden. Der Antrag auf Unterhalt muss im Ehescheidungsverfahren oder spätestens innerhalb von zwei Jahren danach gestellt werden, wenn dann die Voraussetzungen des Anspruches noch vorliegen. Abhängig von den Erwerbsmöglichkeiten des Unterhaltsberechtigten kann der Unterhalt zeitlich beschränkt oder auch verlängert werden. Das Unterhaltsrecht endet mit dem Wegfall der Voraussetzungen, mit dem Eingehen einer neuen Ehe des Unterhaltsberechtigten oder einer entsprechenden außerehelichen Gemeinschaft. Bei einer nichtigen Ehe ist nur der Ehegatte, der bei Eheschließung nicht vom Nichtigkeitsgrund wusste, unterhaltsberechtigt:

Nach Art. 287 EheFamG hat ein Ehegatte, der nicht genügend Mittel zum Unterhalt hat, arbeitsunfähig ist oder keine Arbeit findet eine Unterhaltsanspruch gegen seinen Ehegatten im Verhältnis zu dessen Möglichkeiten. Wird eine Ehe für ungültig erklärt, steht dem Ehegatten, der den Nichtigkeitsgrund im Zeitpunkt der Eheschließung nicht kannte, unter den gleichen Voraussetzungen ein Anspruch auf Unterhalt zu (Art. 292 EheFamG). Der Unterhaltsberechtigte kann verlangen, dass ihm dieser Unterhaltsanspruch gegen den anderen Ehegatten **im Verfahren der Ehescheidung** zugesprochen wird (§ 288 I EheFamG). Hatte der Ehegatte im Scheidungsverfahren keinen Unterhalt beantragt, kann er ausnahmsweise innerhalb einer Frist von zwei Jahren nach der Ehescheidung aus berechtigten Gründen eine isolierte Unterhaltsklage erheben. Das setzt aber voraus, dass die Unterhaltsvoraussetzungen schon im Zeitpunkt der Ehescheidung vorlagen und ununterbrochen bis zum Abschluss der Hauptverhandlung in dem isolierten Unterhaltsverfahren angedauert haben oder dass innerhalb dieser Frist eine Arbeitsfähigkeit als Folge einer körperlichen Verletzung oder einer angegriffenen Gesundheit aus der Zeit vor der Ehescheidung eingetreten ist (Art. 288 II EheFamG). Hat der unterhaltspflichtige Ehegatte seit der Ehescheidung auf Grund einer Vereinbarung oder ohne ausdrückliches Übereinkommen zum Unterhalt des anderen Ehegatten durch Zahlung bestimmter Beträge, Überlassung der Nutzung seines Eigentums oder auf andere Weise beigetragen, beginnt die zweijährige Antragsfrist mit dem Tag der letzten Leistung bzw. dem Tag der Rückgabe des Vermögensgegenstandes (Art. 288 III EheFamG).

Das Gericht kann den Antrag auf Unterhalt unter Berücksichtigung aller Umstände des Falles **abweisen,** wenn der berechtigte Ehegatte den anderen ohne berechtigten Grund verlassen hat (Art. 287 II EheFamG). Außerdem kann der Antrag auf Unterhalt abgewiesen werden, wenn sich der Unterhaltsberechtigte ohne besonderen Anlass durch den anderen Ehegatten in der ehelichen Gemeinschaft grob oder ungebührlich verhalten hat oder wenn sein Antrag eine offensichtliche Ungerechtigkeit für den anderen Ehegatten darstellen würde (Art. 288 IV EheFamG). Lebten die Ehegatten schon längere Zeit getrennt und waren beide Ehegatten bis zum Zeitpunkt der Ehescheidung „eine lange Reihe von Jahren" darauf angewiesen, ihren Unterhalt selbst sicherzustellen, kann das Gericht den Unterhaltsantrag unter Berücksichtigung aller Umstände des Falles ebenfalls abweisen (Art. 289 EheFamG).

Wenn der Unterhaltsberechtigte die Möglichkeit hat, seinen Unterhalt in absehbarer Zeit auf andere Art und Weise zu gewährleisten, kann das Gericht den Unterhaltsanspruch auf eine bestimmte Zeit **befristen** (Art. 290 I EheFamG). Bei kurzer Ehedauer kann das Gericht den Antrag auf Unterhalt unter Berücksichtigung aller Umstände des Einzelfalles abweisen oder ebenfalls befristen, wenn der Unterhaltsberechtigte kein gemeinsames minderjähriges Kind erzieht. Dabei ist auch zu berücksichtigen, ob sich die Vermögenssituation des Ehegatten seit der Heirat geändert hat (Art. 290 II EheFamG). In berechtigten Fällen kann das Gericht die Unterhaltspflicht verlängern; die Klage auf Verlängerung des Unterhalts kann aber nur bis zum Ablauf der Zeit, für die der Unterhalt bestimmt wurde, eingereicht werde (Art. 290 III, IV EheFamG).

Das Recht auf Unterhalt **endet,** wenn die Voraussetzungen des Unterhalts nach Art. 287 I EheFamG entfallen, wenn die Zeit, für die er zugesprochen wurde abläuft oder wenn der unterhaltsberechtigte geschiedene Ehegatte eine neue Ehe eingeht oder eine außereheliche Gemeinschaft begründet (Art. 291 EheFamG).

3. Unterhalt des außerehelichen Partners

Die außereheliche Lebensgemeinschaft endet faktisch und zwar durch die Trennung der Lebenspartner. Der mittellose frühere Lebenspartner kann unter den gleichen Voraussetzungen wie ein geschiedener Ehegatte Unterhalt verlangen; nur die Klagefrist ist halb so lang. Ist ein nichteheliches Kind vorhanden, bedarf es keiner Lebensgemeinschaft zwischen den Eltern, damit ein Unterhaltsanspruch der Kindesmutter für die Zeit von drei Monaten vor der Geburt bis zu einem Jahr nach der Geburt entsteht: **165 c**

Endet die außereheliche Gemeinschaft einer Frau und eines Mannes, die längere Zeit dauerte oder aus der ein gemeinsames Kind hervorgegangen ist, hat der außereheliche Partner unter den gleichen Voraussetzungen wie ein Ehegatte (wenn er nicht genügend Mittel zum Leben hat, arbeitsunfähig ist oder keine Beschäftigung findet; Art. 287 I EheFamG) das Recht auf Unterhalt von dem anderen außerehelichen Partner (Art. 293 I EheFamG). Die Klage auf Unterhalt kann nur **innerhalb eines Jahres** seit Beendigung der Lebensgemeinschaft und nur unter der Bedingung eingereicht werden, dass die Unterhaltsvoraussetzungen schon bei Beendigung der Gemeinschaft vorlagen und ununterbrochen bis zum Abschluss der Hauptverhandlung in dem Unterhaltsverfahren angedauert haben (Art. 293 II EheFamG). Hat der unterhaltspflichtige Partner seit der Trennung auf Grund einer Vereinbarung oder ohne ausdrückliches Übereinkommen zum Unterhalt des anderen außerehelichen Partners durch Zahlung bestimmter Beträge, Überlassung der Nutzung seines Eigentums oder auf andere Weise beigetragen, beginnt die einjährige Antragsfrist mit dem Tag der letzten Leistung bzw. dem Tag der Rückgabe des Vermögensgegenstandes (Art. 293 III EheFamG). Ein **Verzicht** auf das Unterhaltsrecht zwischen außerehelichen Partnern hat keine rechtliche Wirkung (Art. 296 EheFamG).

Das Gericht kann den Antrag auf Unterhalt unter Berücksichtigung aller Umstände des Falles **abweisen,** wenn sich der unterhaltsberechtigte außereheliche Partner in der außerehelichen Gemeinschaft ohne gerechtfertigten Anlass durch den anderen außerehelichen Partner grob oder ungebührlich verhalten hat, wenn er die Lebensgemeinschaft böswillig und ohne berechtigten Grund verlassen hat oder wenn sein Antrag eine offensichtliche Ungerechtigkeit für den anderen außerehelichen Partner bedeuten würde (Art. 293 IV EheFamG).

Wenn der Unterhaltsberechtigte die Möglichkeit hat, seinen Unterhalt in absehbarer Zeit auf andere Art und Weise zu gewährleisten, kann das Gericht den Unterhaltsanspruch auf eine bestimmte Zeit **befristen** (Art. 294 I EheFamG). Wenn die außereheliche Gemeinschaft mit Kindern nur kurz dauerte, kann das Gericht den Antrag auf Unterhalt unter Berücksichtigung aller Umstände des Einzelfalles abweisen oder ebenfalls befristen, wenn der Unterhaltsberechtigte kein gemeinsames minderjähriges Kind erzieht (Art. 294 II EheFamG). In berechtigten Fällen kann das Gericht die Unterhaltspflicht verlängern; die Klage auf Verlängerung des Unterhalts kann aber nur bis zum Ablauf der Zeit, für die der Unterhalt bestimmt wurde, eingereicht werde (Art. 294 III, IV EheFamG).

Das Recht auf Unterhalt **endet,** wenn die Voraussetzungen des Unterhalts nach Art. 287 I EheFamG entfallen, wenn die Zeit, für die er zugesprochen wurde abläuft oder wenn der unterhaltsberechtigte außereheliche Partner eine Ehe oder eine neue außereheliche Gemeinschaft eingeht (Art. 295 EheFamG).

Unabhängig davon, ob zwischen den Eltern eines außerehelich geborenen Kindes eine Lebensgemeinschaft bestand, ist der **Kindesvater** verpflichtet, im Verhältnis zu seinen

Möglichkeiten am Unterhalt der Kindesmutter, die nicht genügend Mittel zum zur Verfügung hat, arbeitsunfähig ist oder keine Arbeit findet, teilzunehmen. Das gilt aber nur für die Zeit von drei Monaten vor der Geburt bis ein Jahr nach der Geburt des Kindes (Art. 297 I EheFamG). Das gilt auch dann, wenn das Kind tot geboren wurde oder nach der Geburt stirbt, für die Zeit der durch die Geburt hervorgerufenen Arbeitsunfähigkeit, längstens bis zu einem Jahr nach der Geburt (Art. 297 II EheFamG).

4. Verwandtenunterhalt

165 d Eltern und **Kinder** sind zu gegenseitigem Unterhalt verpflichtet. Schon ein berufstätiger 15-Jähriger schuldet Familienunterhalt. Die Unterhaltspflicht von Stiefkindern ist dadurch bedingt, dass die Stiefeltern ihnen Unterhalt geleistet haben müssen. Geschwister sind subsidiär für ihre minderjährigen Brüder und Schwestern unterhaltspflichtig. Alle anderen Verwandten sind in gerader Linie unbeschränkt verpflichtet, Unterhalt für ihre mittellosen Vorfahren bzw. Nachkommen zu leisten. Die Reihenfolge der Unterhaltspflicht entspricht der Erbfolge:

Die Kinder sind verpflichtet, Unterhalt für ihre Eltern zu leisten, wenn diese arbeitsunfähig sind und keine ausreichenden Mittel zum Unterhalt haben oder sie aus dem bestehenden Vermögen nicht beschaffen können (Art. 302 I EheFamG). Ausnahmsweise kann das Gericht den Antrag auf Unterhalt abweisen, wenn dem Elternteil das Elternrecht entzogen war und er keinen Kindesunterhalt geleistet hat, obwohl er dazu in der Lage war oder wenn das Gericht unter Berücksichtigung aller Umstände des Einzelfalles befindet, dass dieses eine offensichtliche Ungerechtigkeit für das Kind bedeuten würde (Art. 302 II EheFamG). Hat ein Kind das 15. Lebensjahr vollendet und erzielt es durch Arbeit Einkünfte, ist es verpflichtet, damit zum Unterhalt der Familie, in der es lebt, beizutragen (Art. 300 EheFamG). Auch **Stiefkinder** sind verpflichtet, ihre Stiefeltern zu unterhalten, wenn diese länger Unterhalt für sie geleistet und für sie gesorgt haben. Sie haften gemeinschaftlich mit sonstigen Kindern der Stiefeltern (Art. 304 EheFamG).

Geschwister sind verpflichtet, ihre minderjährigen Geschwister, die sich selbst nicht unterhalten können und deren Eltern nicht mehr leben oder nicht leistungsfähig sind, zu unterhalten (Art. 305 EheFamG). Die Unterhaltspflicht besteht auch zwischen den **übrigen Verwandten** in gerader aufsteigender und absteigender Linie (Art. 306 EheFamG). Das Recht auf Unterhalt von Blutsverwandten ist in der Reihenfolge geltend zu machen, in der sie zu Erben berufen sind. Sind mehrere Personen gemeinsam zum Unterhalt verpflichtet, ist die Unterhaltspflicht zwischen Ihnen nach Ihren Möglichkeiten zu teilen (Art. 307 I, II EheFamG). Ein **Verzicht** auf den gesetzlichen Unterhaltsanspruch gegenüber Verwandten hat keine rechtliche Wirkung (Art. 308 EheFamG).

Die **Vormundschaftsbehörde** kann im Namen einer alten und sich selbst ernährenden Person, auf ihren Vorschlag oder aus eigene Initiative, ein Unterhaltsverfahren gegen gesetzlich verpflichtete Verwandte einleiten und führen. Stellt sich die unterhaltsberechtigte Person dem aber entgegen, ist die Behörde nicht befugt, das Verfahren im eigenen Namen einzuleiten (Art. 314 I, II EheFamG).

5. Allgemeine Vorschriften zur Bestimmung des Unterhalts

165 e Im Unterhaltsrechtsstreit stellt das Gericht den Gesamtbetrag der für den Unterhalt notwendigen Mittel fest. Diesen bestimmt das Gericht nach den Möglichkeiten der unterhaltspflichtigen Familienmitglieder und den Bedürfnissen der Unterhaltsberechtigten (Art. 309 I, II EheFamG). Bei der Bemessung des **Unterhaltsbedarfs** berücksichtigt das Gericht den Vermögensstand, die Stufe der Arbeitsfähigkeit, die Beschäftigungsmöglichkeiten, den Gesundheitszustand und andere Umstände, von denen die Entscheidung über den Unterhalt abhängt.[247] Wird Unterhalt für ein Kind beantragt, zieht das Gericht auch das Alter des Kindes und die Bedürfnisse seiner Fachausbildung in Betracht (Art. 310 I, II

[247] OLG Stuttgart FamRZ 1999, 887

EheFamG). Bei der Bewertung der **Leistungsfähigkeit** des Unterhaltspflichtigen sind alle Einkünfte und sachlichen Erwerbsmöglichkeiten wie auch die eigenen Bedürfnisse und sonstige gesetzliche Unterhaltsverpflichtungen zu berücksichtigen (Art. 310 III EheFamG).[248]

Das Gericht bestimmt die Unterhaltsverpflichtung **in Geld.** Steht der Unterhaltspflichtige in einem Arbeitsverhältnis, ist er Rentenempfänger oder erzielt er andere ständige monatlichen Geldeinkünfte, bestimmt das Gericht die künftigen Unterhaltsraten im **Prozentsatz** des Verdienstes, der Rente oder der anderen ständigen Geldeinkünfte (Art. 310 a I, II EheFamG). Erzielt der Unterhaltspflichtige keine monatlichen Geldeinkünfte, bestimmt das Gericht die künftigen Unterhaltsraten als Prozentsatz im Verhältnis zum Betrag des garantierten Verdienstes in der Republik für den Vormonat (Art. 310 a III EheFamG). Der Geldbetrag des Unterhalts nach Art. 310 a I, II EheFamG darf für jede unterhaltsberechtigte Person nicht geringer als 15% sein, andererseits aber 50% des monatlichen Gesamtverdienstes, der Rente oder der anderen ständigen Einkünfte nicht übersteigen (Art. 310 a IV EheFamG).

Der Unterhaltspflichtige kann **nach eigener Wahl** bestimmte Beträge auf den Unterhalt zahlen, den Berechtigten bei sich zum Unterhalt aufnehmen oder den Unterhalt auf andere Art und Weise gewährleisten. Das gilt jedoch nicht für die Barunterhaltspflicht des nicht sorgeberechtigten Elternteils für seine minderjährigen Kinder (Art. 315 I EheFamG). Der Unterhaltsberechtigte kann aus berechtigten Gründen beantragen, dass ihm der Unterhalt in Geld gezahlt wird (Art. 315 II EheFamG).

Auf Vorschlag des Unterhaltsberechtigten oder des Unterhaltspflichtigen kann das Gericht den in einer früheren Gerichtsentscheidung zugesprochenen Unterhalt **abändern** (erhöhen, verringern oder aufheben) oder seine Art und Weise ändern, wenn sich die Umstände, die der Entscheidung zugrunde lagen, später geändert haben (Art. 316 EheFamG). Hat eine natürliche oder juristische Person die Kosten des Unterhalts für einen Berechtigten getragen, kann sie durch Klage **Ersatz der Kosten** von demjenigen verlangen, der gesetzlich zum Unterhalt verpflichtet war, sofern die Leistungen notwendig waren. Sind mehrere Personen gemeinsam zum Unterhalt verpflichtet, haften sie der dritten Person für den geleisteten Unterhalt solidarisch bis zur Höhe ihrer materiellen Möglichkeiten (Art. 319 I, II EheFamG). Beim Tode einer Person, die Geldleistungen nach den Vorschriften über den Sozialschutz erhalten hat, kann Erstattung aus ihrem Nachlass verlangt werden und zwar unabhängig davon, ob die Erben ihr gesetzlich zum Unterhalt verpflichtet waren (Art. 319 III EheFamG).

Das Gericht ist verpflichtet, Unterhaltssachen **eilig** zu regeln. Das rechtskräftige Urteil stellt es dem Vollstreckungsgericht von Amts wegen zu (Art. 310 b I, II EheFamG).

Slowenien

Die familienrechtlichen Unterhaltsvorschriften sind in dem Gesetz über das internationale Privat- und Verfahrensrecht vom 30. Juni 1999 (EheFamG) geregelt.

1. Kinderunterhalt

Nach Art. 123 I EheFamG sind die Eltern verpflichtet, ihre Kinder zu unterhalten; **165 f**
befinden sie sich noch in ordentlicher Schulausbildung, dauert die Unterhaltspflicht über die **Volljährigkeit** hinaus an. Ist ein Kind wegen schwerer körperlicher oder geistiger Behinderung unterhaltsbedürftig, haften die Eltern im Rahmen ihrer Möglichkeiten neben den gesetzlichen Beihilfen. Eine Entziehung des Elternrechts wirkt sich auf die Unterhaltspflicht nicht aus (Art. 125 EheFamG). Stiefeltern haften dem minderjährigen Kind wenn kein leistungsfähiger leiblicher Elternteil vorhanden ist (Art. 127 I EheFamG).

[248] OLG Stuttgart FamRZ 1999, 887, 888

Mit einem Antrag auf einverständliche Scheidung haben die Ehegatten eine Vereinbarung u. a. über den Kindes- und Ehegattenunterhalt vorzulegen (Art. 64 I EheFamG). Das Gericht hat vor der Scheidung festzustellen, ob durch die Vereinbarung der Unterhalt hinreichend sichergestellt ist und holt dazu eine Stellungnahme des Zentrums für Sozialarbeit ein (Art. 64 II EheFamG). Scheidet das Gericht die Ehe auf Antrag eines Ehegatten, weil sie unhaltbar geworden ist (Art. 65 EheFamG), so entscheidet es zugleich u. a. auch über den Unterhalt für die gemeinsamen Kinder (Art. 78 I EheFamG).

Die **Höhe** des Beitrags zum Unterhalt bestimmt das Gericht nach den Möglichkeiten eines jeden Ehegatten und den Bedürfnissen des Kindes. Bei veränderten Umständen kann jeder Elternteil oder das Kind Anpassung der Unterhaltshöhe verlangen (Art. 79 EheFamG).

2. Ehegattenunterhalt

165 g Nach Art. 49 EheFamG tragen die Ehegatten nach ihren Möglichkeiten zum **Familienunterhalt** bei. Ein Ehegatte, der keine Mittel zum Leben hat, aber ohne sein Verschulden arbeitslos oder arbeitsunfähig ist, hat Anspruch auf Unterhalt gegenüber seinem Ehegatten, soweit dieser dazu in der Lage ist (Art. 50 EheFamG). Leben die Ehegatten getrennt, entfällt der Unterhaltsanspruch, wenn sie wirtschaftlich einander nicht mehr verbunden sind.[249]

Mit dem Antrag auf einvernehmliche Scheidung haben die Ehegatten eine Vereinbarung auch über den Unterhalt eines unversorgten Ehegatten vorzulegen (Art. 64 I EheFamG). Sonst spricht das Gericht dem unversorgten Ehegatten, der keine Mittel zum Leben hat, arbeitsunfähig oder arbeitslos ist und keine Beschäftigung aufnehmen kann, auf Antrag einen Unterhaltsbeitrag zu Lasten des anderen Ehegatten zu. Dabei kann es die Ursache, derentwegen die Ehe unhaltbar geworden ist, berücksichtigen (Art. 81 EheFamG). Der Unterhalt kann unbefristet oder für eine bestimmte Zeit zuerkannt werden, bis sich der Berechtigte in die neue Lage eingelebt und in den neuen Verhältnissen eingerichtet hat (Art. 82 EheFamG).

Ein Ehegatte ist **bedürftig,** wenn er die Kosten für seine Lebenshaltung nicht aus seinen Einkünften oder seinem Vermögen bestreiten kann. Ist dies nur teilweise möglich, kann er einen ergänzenden (Aufstockungs-) Unterhalt verlangen.[250] Geringe Ersparnisse, die den Unterhalt nicht dauerhaft sichern, Liegenschaften, die keine Erträge abwerfen und Hilfen der Eltern lassen die Bedürftigkeit nicht entfallen. Der unterhaltsberechtigte Ehegatte muss für seine Erwerbsunfähigkeit darlegen, dass er ohne Verschulden keine Arbeit finden kann, die wenigstens ungefähr seiner Ausbildung, seinen Qualifikationen oder Fähigkeiten entspricht[251] oder er nur eine solche Arbeit bekommen könnte, die zu einer erheblichen Verschlechterung seiner oder seiner Kinder Lebensumstände führen würde.[252] Das ist auch dann der Fall, wenn durch die Erwerbstätigkeit die Sorge für die Kinder unmöglich oder wesentlich erschwert würde. Grundsätzlich ist zwar eine Erwerbstätigkeit auch neben der Kinderbetreuung zumutbar; das richtet sich aber stets nach den konkreten Umständen.[253] Ein arbeitsfähiger Ehegatte hat alles zu tun, um Arbeit zu bekommen. Lehnt er eine angemessene Arbeit ab oder löst er ein bestehendes Arbeitsverhältnis auf, entfällt die Bedürftigkeit.

Bei der Beurteilung der **Leistungsfähigkeit** des Unterhaltspflichtigen sind seine regelmäßigen Einkünfte (Arbeitseinkommen, Urheberhonorar, Einkommen aus einem Gewerbebetrieb pp.) zu berücksichtigen. Bestimmte besondere Einkünfte, etwa die Invaliditätsrente,[254] Schadensersatz[255] oder Einkommen aus dem Verkauf des Vermögens[256] bleiben hin-

---

[249] E OG Jug 27. 6. 1963

[250] E OG Kroat 28. 6. 1978

[251] E OG Slow 23. 11. 1966

[252] Zur Beschäftigung an einem entfernten Ort E OG Slow 8. 11. 1973

[253] Einer sonst arbeitsfähigen Ehefrau, die ein pflegebedürftiges geistig behindertes Kind betreut, steht voller Unterhalt zu; E OG Slow 25. 4. 1973

[254] E OG Jug 28. 9. 1962

[255] E OG BH 30. 10. 1980

[256] E OG Slow 8. 11. 1970

gegen unberücksichtigt. Die Leistungsfähigkeit des Unterhaltspflichtigen hat nach slowenischen Recht der Berechtigte zu beweisen. Ein Auskunftsanspruch gegen den Unterhaltspflichtigen steht ihm dabei nicht zur Verfügung. Ein Ehegatte ist von der Unterhaltspflicht frei, solange er zu Unterhaltszahlungen außerstande ist, ohne seinen eigenen Unterhalt oder denjenigen vorrangiger Unterhaltsberechtigter zu gefährden. Allerdings hat der Ehegatte Vorrang vor den Eltern des Unterhaltspflichtigen.

Die **Höhe** des Unterhaltsbeitrags richtet sich nach den für einen angemessenen Unterhalt notwendigen Kosten.[257] Angemessen ist der durchschnittliche Lebensbedarf von Personen vergleichbarer sozialer Stellung, Ausbildung pp. unter Berücksichtigung der Vermögens- und Lebensverhältnisse des Unterhaltspflichtigen.[258] Leben die Ehegatten getrennt, sind im Wege der Billigkeit auch die Gründe zu berücksichtigen, die zur Aufhebung der Lebensgemeinschaft geführt haben (Art. 81 S. 2 EheFamG).

Die gesetzlichen Unterhaltsvorschriften sind nach überwiegender Auffassung zwingendes Recht. Danach dürfen die Ehegatten von ihnen auch durch Vereinbarung (vgl. Art. 130 EheFamG) nicht entscheidend abweichen sondern müssen sich auf die Modalitäten, z. B. die Art der Pflichterfüllung, beschränken. Nach neuerer Rechtsprechung ist aber sogar ein **Verzicht** auf den Ehegattenunterhalt möglich.[259] Außerdem können sich die Ehegatten über eine Unterhaltspflicht einigen, die über die gesetzliche Regelung hinausgeht.

Das Gericht kann den Unterhalt auf Antrag eines Ehegatten veränderten Umständen **anpassen.** Auch sonst wird der Unterhalt von Amts wegen der Wandlung der Lebenskosten angepasst (vgl. 4.) Der Anspruch **entfällt,** wenn der unterhaltsberechtigte Ehegatte nicht mehr bedürftig ist oder eine neue Ehe eingeht (Art. 83 EheFamG).

3. Verwandtenunterhalt

Volljährige Kinder sind verpflichtet, ihre Eltern zu unterhalten, wenn diese arbeitsunfähig sind und keine ausreichenden Mittel zum Leben haben (Art. 124 I EheFamG). Diese Unterhaltspflicht besteht aber nicht gegenüber einem Elternteil, der seine Unterhaltspflicht ihm gegenüber aus ungerechtfertigten Gründen nicht erfüllt hat (Art. 124 II EheFamG). Stiefkinder schulden ihren Eltern Unterhalt, wenn sie von diesen längere Zeit unterhalten oder umsorgt wurden. Sie haften gemeinsam mit weiteren leiblichen Kindern (Art. 127 II EheFamG). **165 i**

4. Allgemeine Vorschriften

Die **Höhe** des Unterhalts wird nach den Bedürfnissen des Unterhaltsberechtigten und den Möglichkeiten des Unterhaltspflichtigen festgesetzt (Art. 129 EheFamG). Die Parteien können über die Höhe und die Anpassung der Unterhaltspflicht vor dem Zentrum für Sozialarbeit eine Vereinbarung schließen, die einen Vollstreckungstitel bildet (Art. 130 I, II EheFamG). Ein gerichtlich festgesetzter Unterhalt wird den veränderten Lebenshaltungskosten durch Beschluss der Gemeinschaft für Sozialfürsorge Sloweniens mit Wirkung ab dem der Veröffentlichung folgenden Monat **angepasst.** Dazu übersendet das Gericht den Unterhaltstitel an das Zentrum für Sozialarbeit, das den Berechtigten und den Unterhaltspflichtigen schriftlich über die Anpassung und den neuen Unterhaltsbetrag informiert (Art. 132 III, IV EheFamG). Haben sich nachträglich die Umstände, auf deren Grundlage der Unterhalt vereinbart oder festgesetzt war, geändert, kann das Gericht den vereinbarten oder festgesetzten Unterhalt auf Antrag erhöhen, herabsetzen oder einstellen (Art. 132 V EheFamG). **165 k**

Ein Unterhaltspflichtiger kann, außer bei der Pflicht zum Unterhalt gegenüber minderjährigen Kindern, allein wählen, ob er dem Berechtigten bestimmte Unterhaltsbeträge leistet, ihn bei sich zum Unterhalt aufnimmt oder für dessen Unterhalt in anderer Weise

---

[257] E OG Slow 25. 7. 1968

[258] OLG Hamm v. 23. 6. 1983 – 1 UF 47/83 –

[259] E OG Slow 29. 2. 1980

sorgt (Art. 131 I EheFamG). Aus besonderen Gründen kann der Unterhaltsberechtigte aber auf Unterhalt durch Geldzahlungen klagen (Art. 131 II EheFamG).

Ein **Verzicht** auf den Unterhaltsanspruch hat keine Rechtswirkung (Art. 128 EheFamG).

Sind mehrere Personen **gleichrangig** unterhaltspflichtig, haften sie nach Maßgabe ihrer Möglichkeiten unter Berücksichtigung der ihnen zuteil gewordenen Obsorge und Hilfe (Art. 126 EheFamG).

Wer Aufwendungen für den Unterhalt einer Person hatte, kann diese von dem Unterhaltspflichtigen erstattet verlangen, soweit sie notwendig gewesen sind (Art. 133 EheFamG).

Spanien

166 In Spanien sind die unterhaltsrechtlichen Beziehungen hauptsächlich im Codigo civil (Bürgerliches Gesetzbuch) geregelt. Der Codigo civil (C. c.) gilt zwar in ganz Spanien, in den sog. autonomen Gemeinschaften Aragonien, Balearen, Baskenland, Galizien, Katalonien und Navarra jedoch nur subsidiär. Soweit ersichtlich bestehen jedoch auf dem Gebiet des einschlägigen Unterhaltsrechts keine wesentlichen Unterschiede, soweit überhaupt Sonderregelungen über den Unterhalt existieren.

1. Kinderunterhalt

167 Gemäß Art. 110 C. c. und Art. 154 II Nr. 1 C. c. sind die Eltern verpflichtet, den minderjährigen Kindern Unterhalt zu leisten. Eheliche und nichteheliche Kinder sind gleichgestellt (Art. 108 II C. c.). Die Unterhaltspflicht setzt sich nach Eintritt der Volljährigkeit (Vollendung des 18. Lebensjahres, Art. 315 C. c.) fort bis zur (nicht schuldhaft verzögerten) Beendigung der Ausbildung (Art. 142 II C. c.). Zum Unterhalt gehört der Lebensbedarf, Wohnung, Bekleidung, ärztliche Betreuung, Erziehung, Ausbildung u. a. (Art. 142 I, II C. c.). Die Höhe richtet sich nach der Leistungsfähigkeit des Unterhaltspflichtigen und der Bedürftigkeit des Unterhaltsberechtigten (Art. 146 C. c.). Bei der Leistungsfähigkeit ist der eigene Bedarf des Unterhaltspflichtigen und derjenige seiner Familie zu berücksichtigen (Art. 152 Nr. 2 C. c.), bei der Bedürftigkeit die Möglichkeit des Unterhaltsberechtigten, einen Beruf oder ein Gewerbe auszuüben oder sein eigenes Vermögen einzusetzen (Art. 152 Nr. 3 C. c.). Beruht die Bedürftigkeit eines Abkömmlings auf „schlechter Führung" oder Arbeitsunlust, entfällt der Unterhalt für die Dauer dieses Zustands (Art. 152 Nr. 5 C. c.), ebenso bei Erbunwürdigkeit (Art. 152 Nr. 4 C. c.).

168 Der Unterhaltsanspruch kann zwar mit dem Eintritt der Bedürftigkeit verlangt werden. Bei Klage ist er aber erst ab Einreichung der Klage zu leisten (Art. 148 I C. c.), und zwar monatlich im Voraus (Art. 148 II C. c.). Der Unterhaltspflichtige kann nach seiner Wahl den Unterhalt in Form einer Rente leisten oder dadurch, dass er den Unterhaltsberechtigten in sein Haus aufnimmt und dort unterhält (Art. 149 C. c.). Diese Wahlmöglichkeit entfällt, soweit sie einer gerichtlich festgelegten häuslichen Gemeinschaft widerspricht (Art. 149 II C. c.).

169 Der Unterhalt ist für die Zukunft unverzichtbar, nicht übertragbar und nicht aufrechenbar, anders jedoch die Rückstände (Art. 151 I, II C. c.).

170 Abänderung (Erhöhung, Ermäßigung, Wegfall) ist möglich, je nach Änderung der Bedürftigkeit oder der Leistungsfähigkeit (Art. 147 C. c.).

171 Eltern sind gleichrangig verpflichtet. Der Umfang ihrer Leistungspflicht richtet sich nach ihrer jeweiligen Leistungsfähigkeit (Art. 145 I i. V. m. Art. 91 und Art. 93 C. c.). Die Unterhaltspflicht entfällt mit dem Tod des Unterhaltspflichtigen (Art. 150 C. c.) und des Unterhaltsberechtigten (Art. 152 Nr. 1 C. c.).

172 In einem Trennungs- oder Scheidungsurteil, legt der Richter von Amts wegen den Kindesunterhalt fest (Art. 93 C. c.). Im Mangelfall geht der Kindesunterhalt auch dem Ehegattenunterhalt vor (Art. 145 III C. c.).

2. Ehegattenunterhalt

Trennung. In Spanien ist die Trennung (Art. 81 C. c.) stark institutionalisiert ähnlich wie die Scheidung selbst (Art. 85 C. c.): Die Trennung wird gerichtlich durch Trennungsurteil ausgesprochen. Neben der vereinbarten Trennung (beide Ehegatten beantragen sie oder einer beantragt sie, der andere stimmt zu) gibt es diejenige auf einseitigen Antrag eines Ehegatten. Die tatsächliche Trennung ist insofern bedeutsam, als sie nach bestimmten Fristen (z. B. bei einvernehmlichem Scheidungsantrag oder zuvor gerichtlich ausgesprochener Trennung nach zwei Jahren, Art. 86 Nr. 3 C. c.) einen gesetzlichen Grund für die Scheidung schafft. Erst das Trennungsurteil bewirkt rechtlich die endgültige Aufhebung der ehelichen Lebensgemeinschaft (Art. 83 C. c.). Ist die Trennungsklage zugelassen, so können die Ehegatten – jetzt in jedem Falle rechtmäßig – getrennt leben (Art. 102 Nr. 1 C. c.). 173

In Spanien wird unterschieden zwischen Beitrag zu den Lasten der Ehe, dem eigentlichen Unterhalt und der „Rente" (Pension).[260]

Der Trennungsunterhalt richtet sich nach den Regeln über den Verwandtenunterhalt (Art. 153; Art. 142 ff.; Art. 143 I Nr. 1 C. c.). Bei vereinbarter Trennung muss mit der Trennungsklage ein Vorschlag u. a. zum Unterhalt eingereicht werden (Art. 81 Nr. 1, Art. 90 I c, e C. c.). Der Vorschlag muss vom Richter gebilligt werden. Lehnt er ihn durch begründete Entscheidung ab, müssen die Ehegatten einen neuen Vorschlag unterbreiten. Die Vereinbarung ist ab richterlicher Billigung ein Vollstreckungstitel (Art. 90 II C. c.) und bei wesentlicher Änderung der Verhältnisse abänderbar (Art. 90 III C. c.). 174

Kommt es zu keiner Vereinbarung nach Art. 81 Nr. 1, 86 II, 90 C. c. (z. B. bei einseitiger Trennungsklage) oder billigt der Richter sie nicht, legt er von Amts wegen den Beitrag zu den Ehelasten und die Rente fest (Art. 91, 97, 103 Nr. 3 C. c.). Voraussetzung für die Rente ist, dass einem Ehegatten durch die Trennung eine wirtschaftliche Verschlechterung seiner früheren Lage in der Ehe widerfährt. Dabei sind u. a. zu berücksichtigen das Alter und der Gesundheitszustand, die berufliche Qualifikation und die Erwerbsmöglichkeiten, der Zeitaufwand für die Familie in Vergangenheit und Zukunft, die Tätigkeit in einem Gewerbebetrieb des anderen Ehegatten, die Dauer der Ehe und des ehelichen Zusammenlebens, der Verlust eines Rentenanspruchs und das Vermögen und Einkommen sowie die Bedürfnisse beider Ehegatten (Art. 97 C. c.). 175

Die Parteien könne vereinbaren, dass die Rente durch Abfindung mit einem Kapitalbetrag, Einräumung eines Nießbrauchs an bestimmten Vermögensgegenständen oder durch eine lebenslange Rente ersetzt wird (Art. 99 C. c.). Bei wesentlichen Veränderungen im Vermögen eines Ehegatten kann die Rente abgeändert werden, wenn sich die Grundlagen für die Aktualisierung aus dem Trennungs- oder Scheidungsurteil ergeben (Art. 100 C. c.). 176

Bei Abweisung der Trennungsklage bleibt es bei der rein faktischen Trennung, für die es keine besondere gesetzliche Regelung gibt (Verwandtenunterhalt). 177

Scheidung. Die unterhaltsrechtlichen Wirkungen der Scheidungsklage und der Scheidung entsprechen derjenigen der gerichtlichen Trennung (Art. 90 ff. C. c., siehe oben). 178

3. Verwandtenunterhalt

Nach Art. 143 C. c. sind Ehegatten, Verwandte in aufsteigender Linie sowie Abkömmlinge und Geschwister einander unterhaltspflichtig. Zum Unterhalt gehört alles, was zum Lebensbedarf, für Wohnkosten, Kleidung und ärztliche Betreuung notwendig ist (Art. 142 I C. c.). Er umfasst auch die Kosten einer Ausbildung, solange sie aus nicht zu vertretenden Gründen noch nicht abgeschlossen werden konnte. Auch die Kosten der Schwangerschaft und der Geburt zählen hinzu, soweit sie nicht anderweitig gedeckt sind (Art. 142 II, III C. c.). Von mehreren Unterhaltsschuldnern haften zunächst die Ehegatten, dann die gradnächsten Abkömmlinge, die gradnächsten Verwandten in aufsteigender Linie und schließlich die Geschwister vor den Halbgeschwistern. Abkömmlinge und Verwandte in aufsteigender Linie haften entsprechend ihrer Berufung zur gesetzlichen Erbfolge (Art. 144 I, II C. c.). Mehrere 178 a

[260] Vgl. Kneip, FamRZ 1982, 445, 449

gleichrangige Unterhaltspflichtige haften nach ihren Einkommens- und Vermögensverhältnissen. Das Gericht kann aber bei dringendem Bedarf unbeschadet seiner Rückgriffsmöglichkeit zunächst einen Unterhaltspflichtigen zur Zahlung vorläufigen Unterhalts verpflichten (Art. 145 II C. c.). Bei mehreren Unterhaltsberechtigten besteht eine gleiche Rangfolge; allerdings geht der Unterhaltsanspruch minderjähriger Kinder dem eines Ehegatten vor (Art. 145 III C. c.).

Tschechische Republik

1. Kinderunterhalt

179 Nach § 85 I des Familiengesetzbuches (FamG) sind die Eltern ihren Kindern so lange unterhaltspflichtig, wie diese selbst nicht fähig sind, sich zu unterhalten. Das Kind hat ein Recht auf den gleichen Lebensstandard wie die Eltern. Beide Eltern haben nach ihren Fähigkeiten, Möglichkeiten und Vermögensverhältnissen zum Unterhalt des Kindes beizutragen (§ 85 II FamG). Bei der Festsetzung der Barunterhaltspflicht ist zu berücksichtigen, welcher Elternteil in welchem Ausmaß für das Kind persönlich sorgt (§ 85 III FamG).

180 Allgemein hat das Gericht bei der Festsetzung des Unterhalts die begründeten Bedürfnisse des Berechtigten und die Fähigkeiten, Möglichkeiten und Vermögensverhältnisse des Verpflichteten zu berücksichtigen (§ 96 I S. 1 FamG). Die **Höhe** richtet sich also auch hier nach der Bedürftigkeit des Unterhaltsberechtigten und der Leistungsfähigkeit des Unterhaltspflichtigen. Dabei ist auch zu prüfen, ob der Verpflichtete eine bessere Beschäftigung, Verdienstmöglichkeit oder einen Vermögensvorteil ohne wichtigen Grund aufgegeben hat oder ob er Vermögensrisiken eingeht (§ 96 I S. 2 FamG). Ein selbstständiger Elternteil ist verpflichtet, dem Gericht seine Einkommensverhältnisse nachzuweisen, Unterlagen für die Feststellung seiner Vermögensverhältnisse vorzulegen und auch Einblick in andere relevante Tatsachen zu ermöglichen, die sonst geschützt sind (§ 85 a I FamG). Erfüllt er diese Pflicht nicht, wird angenommen, dass seine Einkünfte das 15fache des Existenzminimums[261] betragen. Lassen die Vermögensverhältnisse des unterhaltspflichtigen Elternteils dies zu, erstreckt sich der Unterhaltsbedarf auch auf die Bildung einer für die Ausbildung des Kindes zweckgebundenen Ersparnis (§ 85 a II FamG).

181 Hat das Kind eigenes Vermögen, sind die Erträge zunächst für den eigenen Unterhalt (§ 37 a II FamG) und erst dann in angemessener Weise für die Bedürfnisse der Familie zu verwenden (§§ 37 a II, 31 IV FamG).

182 Unterhaltsleistungen sind regelmäßig monatlich im Voraus fällig (§ 97 I FamG). In besonderen Fällen kann das Gericht entscheiden, dass der Unterhaltspflichtige den für die Zukunft anfallenden Betrag in einer Summe zu hinterlegen hat; dann muss es zugleich die für die Auszahlung der festgesetzten monatlichen Raten erforderlichen Maßnahmen treffen (§ 97 II FamG). Leben die Eltern nicht zusammen, regelt das Gericht **von Amts wegen** (§ 50 FamG) den Umfang ihrer Unterhaltspflicht oder genehmigt ihre Vereinbarung über die Höhe der Unterhaltsleistungen (§ 86 I FamG). Gleiches gilt, wenn die Eltern zusammenleben, aber einer von ihnen seine Unterhaltspflicht nicht freiwillig erfüllt (§ 86 II FamG). Entscheidet das Gericht über die Unterbringung eines Kindes, regelt es zugleich den Umfang der Unterhaltspflicht der Eltern, sofern der Bedarf nicht durch Pflegesätze[262] abgedeckt ist (§ 103 FamG). Vor einer Ehescheidung regelt das Gericht ebenfalls, in welcher Weise jeder Elternteil künftig zum Kindesunterhalt beizutragen hat (§ 26 I FamG). Unterhaltsleistungen für volljährige Kinder regelt das Gericht nur auf Antrag (§ 86 III FamG).

[261] § 3 II lit e des Gesetzes Nr. 463/1991 Sb über das Lebensminimum; vgl. Bergmann/Ferid/Henrich, a.a.O., Tschechische Republik, S. 27, 62

[262] Z. B. VO Nr. 82/1993 Sb über den Kostenersatz für Aufenthalte in Sozialeinrichtungen; RegAO Nr. 176/1996 über die Festlegung des Pflegesatzes für Jugendliche in Schuleinrichtungen der Anstalts- oder Präventivpflege

Leisten Dritte oder der Sozialhilfeträger[263] für den Unterhaltspflichtigen, können sie den gezahlten Betrag von dem vorrangig Unterhaltspflichtigen erstattet verlangen (§ 101 FamG). Hat der Sozialhilfeträger Leistungen auf einen schon gerichtlich festgesetzten Unterhaltsanspruch erbracht, geht der Anspruch bis zur Höhe des gezahlten Betrags auf ihn über; er ist dann berechtigt, aus der zuvor ergangenen gerichtlichen Entscheidung vorzugehen (§ 102 FamG). Eine **Aufrechnung** ist gegenüber Unterhaltsforderungen minderjähriger Kinder ausgeschlossen und gegenüber solchen volljähriger Kinder nur im Wege einer Vereinbarung zulässig (§ 97 III FamG). Der Unterhaltsanspruch selbst verjährt nicht, wohl aber Ansprüche auf einzelne wiederkehrende Unterhaltsleistungen (§ 98 I, II FamG). **Rückständigen** Unterhalt können minderjährige Kinder für einen Zeitraum von längstens 3 Jahren vor Eingang der Klageschrift verlangen; sonst kann Unterhalt erst ab Anhängigkeit des gerichtlichen Verfahrens zuerkannt werden (§ 98 I FamG). Bei veränderten Verhältnissen kann das Gericht (bei minderjährigen Kindern auch ohne Antrag) eine Vereinbarung oder gerichtliche Entscheidung über den Unterhalt ändern. Wird der Unterhalt für eine abgelaufene Zeit herabgesetzt, sind verbrauchte Unterhaltsleistungen nicht zurückzuerstatten (§ 99 I, II FamG). 183

2. Ehegattenunterhalt

Trennung. Ehegatten sind während bestehender Ehe einander verpflichtet, zu der Befriedigung der familiären Bedürfnisse je nach ihren Fähigkeiten, Möglichkeiten und materiellen Verhältnissen beizutragen (§ 19 I FamG). Die Erwerbspflicht kann ganz oder teilweise durch Haushaltstätigkeit oder Kindererziehung aufgewogen werden (§ 19 II FamG). Erfüllt ein Ehegatte seine Pflicht zur Deckung der Haushaltskosten nicht, entscheidet darüber auf Antrag des anderen Ehegatten das Gericht. 184

Nach § 91 I FamG schulden die Ehegatten einander Unterhalt. Erfüllt einer der Ehegatten diese Verpflichtung nicht, setzt das Gericht auf Antrag den Umfang fest, wobei es auch die Sorge für den gemeinsamen Haushalt berücksichtigt. Der Umfang der Unterhaltspflicht „wird so festgesetzt, dass das materielle und kulturelle Niveau beider Ehegatten gleich ist" (§ 91 II FamG), entspricht also dem Halbteilungsgrundsatz. Die Unterhaltspflicht des Ehegatten geht einer Unterhaltspflicht vermögender oder leistungsfähiger Kinder vor (§ 91 III FamG). 185

Bei der Festsetzung des Unterhalts hat das Gericht die begründeten Bedürfnisse des Berechtigten und die Fähigkeiten, Möglichkeiten und Vermögensverhältnisse des Verpflichteten zu berücksichtigen. Dabei ist auch zu prüfen, ob der Verpflichtete eine bessere Beschäftigung, Verdienstmöglichkeit oder einen Vermögensvorteil ohne Grund aufgegeben hat oder ob er Vermögensrisiken eingeht (§ 96 I FamG). Unterhalt kann nicht zuerkannt werden, wenn dies den guten Sitten widersprechen würde (§ 96 II FamG). Unterhaltsleistungen sind in wiederkehrenden Beträgen monatlich im Voraus fällig (§ 97 I FamG). 186

Leisten Dritte oder der Sozialhilfeträger für den Unterhaltspflichtigen, könne sie den gezahlten Betrag von dem unterhaltspflichtigen Ehegatten erstattet verlangen (§ 101 FamG). Hat der Sozialhilfeträger Leistungen auf einen schon gerichtlich festgesetzten Unterhaltsanspruch erbracht, geht der Anspruch bis zur Höhe des gezahlten Betrags auf ihn über; er ist dann berechtigt, aus einer zuvor ergangenen gerichtlichen Entscheidung vorzugehen (§ 102 FamG). Gegenüber der Unterhaltsforderung ist eine Aufrechnung nur im Wege einer Vereinbarung zulässig (§ 97 III FamG). Der Unterhaltsanspruch selbst verjährt nicht, wohl aber Ansprüche auf einzelne wiederkehrende Unterhaltsleistungen (§ 98 I, II FamG). Für die Vergangenheit kann Unterhalt nur ab dem Eingang der Klageschrift zuerkannt werden (§ 98 I S. 2 FamG). Bei veränderten Verhältnissen kann das Gericht auf Antrag eine Vereinbarung oder gerichtliche Entscheidung über den Unterhalt ändern. Wird der Unterhalt für eine abgelaufene Zeit herabgesetzt, sind verbrauchte Unterhaltsleistungen nicht zurückzuerstatten (§ 99 I, II FamG). 187

---

[263] § 5 des Sozialhilfegesetzes Nr. 482/1991 Sb

188 **Scheidung** Ein geschiedener Ehegatte, der nicht fähig ist, sich selbst zu unterhalten, kann von dem ehemaligen Ehegatten verlangen, dass dieser nach seinen Fähigkeiten, Möglichkeiten und Vermögensverhältnissen zu seinem angemessenen Unterhalt beiträgt. Einigen sie sich nicht, entscheidet auf Antrag das Gericht über den Unterhaltsanspruch (§ 92 I FamG). War ein Ehegatte an der Zerrüttung der Ehe überwiegend nicht beteiligt und ist ihm durch die Scheidung ein erheblicher Schaden entstanden, so kann ihm das Gericht auch einen Unterhaltsanspruch in der zwischen Ehegatten üblichen Höhe (§ 91 II FamG = Halbteilungsgrundsatz) zuerkennen (§ 93 I FamG). Dieser – höhere – Unterhaltsanspruch besteht allerdings maximal für die Dauer von 3 Jahren ab Rechtskraft der Ehescheidung (§ 93 II FamG). Der Unterhaltsanspruch erlischt, wenn der Berechtigte eine neue Ehe eingeht oder der Pflichtige stirbt (§ 94 I FamG). Er erlischt ebenfalls, wenn eine schriftlich vereinbarte einmalige Zahlung ausgezahlt wird (§ 94 II FamG). Im Übrigen gelten für die Festsetzung des Unterhalts die gleichen Vorschriften wie für den Trennungsunterhalt (§§ 96 bis 102 FamG).

189 Der nicht mit der Kindesmutter verheiratete **Kindesvater** schuldet ihr für die Dauer von 2 Jahren einen angemessenen Beitrag zur Bestreitung des Unterhalts und hat die mit der Schwangerschaft und der Entbindung verbundenen Kosten zu ersetzen (§ 95 I FamG). Auf Antrag der schwangeren Frau kann das Gericht „demjenigen, dessen Vaterschaft wahrscheinlich ist", auferlegen, den zur Sicherung der Ansprüche der Kindesmutter und des Kindesunterhalts für die Zeit des Mutterschaftsurlaubs[264] erforderlichen Betrag im Vorhinein zu leisten (§ 95 II FamG). Der Anspruch auf Erstattung der durch die Schwangerschaft und Entbindung entstandenen Auslagen verjährt in 3 Jahren ab der Entbindung (§ 95 III FamG).

3. Verwandtenunterhalt

189 a Kinder, die in der Lage sind, sich selbst zu unterhalten, schulden ihren Eltern bei Bedürftigkeit angemessenen Unterhalt und zwar anteilig nach den Fähigkeiten, Möglichkeiten und Vermögensverhältnissen weiterer unterhaltspflichtiger Kinder (§ 87 I, II FamG).

Verwandte in aufsteigender Linie und Abkömmlinge (Aszendenten und Deszendenten) schulden sich gegenseitig Unterhalt (§ 88 I FamG). Soweit die Abkömmlinge ihrer Unterhaltspflicht nicht nachkommen können, geht die Verpflichtung auf die Vorfahren über; nähere Verwandte haften vor entfernteren (§ 88 II FamG). Mehrere gleichrangige Unterhaltspflichtige haften anteilig nach ihren Fähigkeiten, Möglichkeiten und Vermögensverhältnissen (§ 89 FamG). Für den Unterhaltsanspruch minderjähriger Kinder gilt auch im Verhältnis zu sonstigen Verwandten die Vorschrift des § 85 FamG entsprechend (§ 88 III FamG). Die Unterhaltspflicht geschiedener Ehegatten geht der Verpflichtung der Kinder gegenüber ihren Eltern vor (§ 92 II FamG).

Ein Unterhaltsanspruch steht dem Bedürftigen gegen seine Verwandten aber nur zu, wenn er die Unterhaltsleistungen „notwendig braucht" (§ 90 FamG).

Türkei

190 Das materielle türkische Zivilrecht ist im Zivilgesetzbuch vom 22. November 2001[265] (im Folgenden nur ZGB) geregelt. Es ist weitgehend vom schweizerischen Recht (ZGB) übernommen und vom islamischen Recht losgelöst.[266] Beide Rechtsordnungen sind jedoch

[264] §§ 157 I, 158 des Arbeitsgesetzbuchs

[265] Übersetzt von Rumpf, StAZ 2002, 100 ff., Im Internet in aktuelle Fassung unter „www.dnoti.de/Notarlinks_International.htm" abrufbar; in Kraft seit dem 1. 1. 2002; die Neufassung hat die Struktur der 1988 grundlegend geänderten ZGB beibehalten und nur geringe weitere Änderungen eingeführt

[266] Mit der Neufassung ist auch die Vorschrift des Art. 152 I ZGB a. F. gestrichen worden, wonach der Mann „das Oberhaupt der ehelichen Verbindung" war

auf Grund eigener Rechtsentwicklung, insbesondere der zum 1. 1. 2000 in Kraft getretenen schweizerischen Reform des Scheidungs- und Unterhaltsrechts und der Neufassung des türkischen Zivilgesetzbuchs nicht mehr identisch. Bei der „Lückenfüllung" des türkischen Rechts durch Anwendung des schweizerischen Rechts ist deshalb Vorsicht geboten.[267]

1. Kinderunterhalt

Gemäß Art. 327 I, 332 II ZGB tragen die Eltern die Kosten für den Unterhalt, die Erziehung und den Schutz ihrer Kinder. Die Unterhaltspflicht dauert nach Art. 328 I ZGB bis zur Volljährigkeit des Kindes (mit Vollendung des 18. Lebensjahres oder vorheriger Heirat, Art. 11 ZGB), wenn das Kind bis dahin nicht wirtschaftlich selbstständig ist. Dauert die Ausbildung nach Volljährigkeit fort, sind die Eltern bis zum Ende der Ausbildung in dem Maße zum Unterhalt verpflichtet, wie es angesichts der Umstände von ihnen erwartet werden kann (Art. 328 II ZGB). Dabei ist die Rechtsprechung zur früheren Rechtslage von einer Altersgrenze bis zu 25 Jahren ausgegangen.[268] Unabhängig davon steht dem volljährigen Kind auch ein Anspruch auf Familienunterhalt als Notunterhalt zu (vgl. unten 3.). Falls die Eltern mittellos sind, bei außergewöhnlichen Ausgaben oder bei sonstigen besonderen Ursachen kann das Gericht den Eltern gestatten, den zur Bestreitung der Unterhalts- und Erziehungskosten festgesetzten Betrag aus dem Vermögen des minderjährigen Kindes zu entnehmen (Art. 327 II ZGB). 191

Im Falle der Scheidung der Eltern oder ihrer Trennung von Tisch und Bett ist der nicht sorgeberechtigte Elternteil nach seinen Fähigkeiten zur Zahlung von Kindesunterhalt verpflichtet (Art. 182 II ZGB).[269] Auf Antrag kann das Gericht die Höhe dieser als Rente zu leistenden Zahlungen auf Grund der sozialen und wirtschaftlichen Verhältnisse der Parteien festlegen (Art. 182 III ZGB). Der sorgeberechtigte Elternteil ist selbst und nicht nur in Prozessstandschaft zum Empfang des Unterhaltsbeitrags berechtigt.[270]

Der Unterhaltsbeitrag wird unter Berücksichtigung der Bedürfnisse des Kindes sowie der Lebensbedingungen und Leistungsfähigkeit der Eltern bestimmt (Art. 330 I S. 1 ZGB). Damit richtet sich die **Höhe** des Unterhalts einerseits nach der Leistungsfähigkeit des Pflichtigen, diese wiederum nach seinen Einkünften und seinem Vermögen, etwaigen weiteren Unterhaltspflichten, z. B. gegenüber Ehegatte und weiteren Kindern. Von Bedeutung sind aber auch die Bedürftigkeit des Kindes einschließlich seiner Einkünfte (Art. 330 I S. 2 ZGB) und die Verhältnisse in seinem Aufenthaltsstaat. Der Unterhalt muss sich auch an der Lebensstellung der Eltern orientieren. In der Türkei gibt es keine sog. Tabellen, der Unterhalt wird nach freiem Ermessen festgesetzt.[271] Lebt das Kind in der Türkei, lässt sich der Unterhaltsbedarf nicht ohne Berücksichtigung der dortigen Lebensverhältnisse beurteilen. Die Rechtsprechung geht von dem sich aus der Düsseldorfer Tabelle ergebenden Bedarf aus und vermindert diesen z. T. entspr. den Vergleichswerten zur Feststellung der Verbrauchergeldparität.[272] Z. T. wird auch eine Quote des sich aus der Düsseldorfer Tabelle ergebenden Bedarfs ermittelt, wobei entspr. der steuerlichen Behandlung von Unterhaltsleistungen an Angehörige im Ausland derzeit ein Abschlag von einem Drittel vorgenommen wird.[273] Besser ist es allerdings, die Höhe des nach der Düsseldorfer Tabelle ermittelten 192

[267] Vgl. Saltas – Özcan, Die Scheidungsfolgen nach türkischem materiellen Recht mit Besprechung Odendahl FamRZ 2002, 1691; Rumpf, IPRax 1983, 114; Bergmann/Ferid/Henrich, a.a.O., Türkei, S. 19, Fn. 2

[268] Bericht über das 3. Regensburger Symposion für Europ. Familienrecht, FamRZ 1996, 1529

[269] Vgl. OLG Celle FamRZ 1991, 598

[270] OLG Stuttgart, OLG-Report 1998, 313 = FamRZ 1999, 312 = IPRax 2001, 130 mit ablehnender Anmerkung Andrae IPRax 2001, 98 (Fortdauer der Prozessstandschaft des sorgeberechtigten Elternteils auch nach der Scheidung bis zur Volljährigkeit des Kindes)

[271] Vgl. OLG Celle, FamRZ 1991, 598, 599 f.

[272] OLG Hamm, FamRZ 1989, 1084; vgl. Gutdeutsch/Zieroth, FamRZ 1993, 1152

[273] OLG Celle, FamRZ 1993, 103; OLG Zweibrücken, FamRZ 1999, 33

Unterhalts im Verhältnis der Verbrauchergeldparität zum Wechselkurs den türkischen Verhältnissen anzupassen[274] (s. oben Rn. 24 ff.).

193 Den Eltern steht ein **Wahlrecht** zu, in welcher Form sie Unterhalt leisten;[275] dem Bedürftigen selbst steht dieses Wahlrecht nicht zu. In der Regel wird einem getrennt vom Unterhaltspflichtigen lebenden Kind eine monatliche Unterhaltsrente (Art. 330 II ZGB) gezahlt. Im Streitfall entscheidet der Richter bei beiden Unterhaltsarten sowohl über die Höhe wie über die Art und Weise der Erfüllung nach Ermessen.

194 Verändern sich die Verhältnisse der Eltern z. B. durch Wiederheirat, Umzug oder Tod eines Ehegatten maßgeblich, so trifft das Gericht auf Antrag eines Elternteils oder von Amts wegen die erforderlichen Maßnahmen (Art. 183 ZGB). Ändern sich sonst die Verhältnisse, setzt das Gericht auf Antrag den Unterhaltsbeitrag neu fest oder hebt den Unterhalt auf (Art. 331 ZGB). Entsprechendes hatte zuvor schon die deutsche Rechtsprechung zum türkischen Unterhaltsrecht angenommen.[276]

2. Ehegattenunterhalt

195 **Trennung.** Das materielle Unterhaltsrecht während bestehender Ehe ist im Wesentlichen in Art. 185 III, Art. 186 III und Art. 196 I ZGB, bei Gütertrennung i. V. mit Art. 190 ZGB, geregelt.[277] Nach Art. 186 III ZGB tragen die Ehegatten gemeinsam, ein jeder nach seinen Kräften, unter Einsatz von Arbeit und Vermögen zu den Ausgaben der Gemeinschaft bei. Zu dieser Unterhaltspflicht gehört die Gewährung von Wohnung, Nahrung, Kleidung, Bezahlung der Arztkosten, eines Taschengeldes u. a. Auf Begehren eines Ehegatten setzt das Gericht die Geldbeträge jedes Ehegatten zum Unterhalt der Familie fest (Art. 196 I ZGB). Dies alles gilt auch im Falle des Getrenntlebens.[278] Voraussetzung ist aber, dass die Eheleute berechtigt getrennt leben.[279] Gemäß Art. 197 II ZGB regelt der Richter bei „begründeter" Aufhebung der ehelichen Lebensgemeinschaft auf Antrag eines Ehegatten den Unterhaltsbeitrag. Nach der Neufassung des ZGB ist ein Ehegatte berechtigt, für so lange getrennt zu leben, als seine Persönlichkeit, seine wirtschaftliche Sicherheit oder der Friede der Familie durch das Zusammenleben erheblich gefährdet wäre (Art. 197 I ZGB). Damit ist der von der früheren Formulierung ausgehende Streit, ob dafür stets eine richterliche Genehmigung erforderlich ist, negativ entschieden. Entsprechend hatte die Literatur schon zum früheren Recht eine richterliche Erlaubnis nicht für nötig gehalten.[280] Die weitgehend an Tekinalp[281] orientierte abweichende Rechtsprechung ist nicht mehr haltbar. Berechtigtes Getrenntleben ist deswegen jedenfalls bei ernstlichen Bedrohungen der Gesundheit, des Rufs oder des beruflichen Fortkommens des trennungswilligen Ehegatten durch das Zusammenleben, im Falle des verlassenen Ehegatten (vgl. Art. 164 II ZGB) oder mit Einreichung der Klage auf Trennung oder Scheidung (Art. 170 ZGB) anzunehmen.[282]

Nach Art. 169, 197 II, III ZGB trifft der Richter schon im Falle des faktischen Getrenntlebens die notwendigen Maßnahmen, wenn die Aufforderung an den Ehemann zur Erfüllung seiner Pflichten erfolglos bleibt oder von vornherein aussichtslos ist. Zu diesen Maßnahmen gehört auch die Zuerkennung von Unterhalt.[283]

---

[274] Vgl. z. B. OLG Düsseldorf, FamRZ 1990, 556; OLG Hamburg, FamRZ 1990, 794, AG Hamburg-Altona, FamRZ 1992, 82

[275] Wie Fn. 268 und OLG Zweibrücken, FamRZ 1999, 33

[276] Vgl. KG, FamRZ 1993, 976 = NJW-RR 1994, 138

[277] Vgl. Rumpf, IPRax 1983, 114; OLG Karlsruhe, NJW-RR 1991, 643 = FamRZ 1990, 1351; Bergmann/Ferid/Henrich a.a.O., S. 30, Fn. 24

[278] Vgl. Rumpf, a.a.O.

[279] Tekinalp, IPRax 1985, 333

[280] Vgl. Tekinalp, a.a.O.; a.A. türkischer Kassationshof, zitiert bei Tekinalp, a.a.O.

[281] Vgl. OLG Karlsruhe, FamRZ 1990, 1351 = NJW-RR 1991, 643; OLG Hamm, FamRZ 1993, 69 = NJW-RR 1993, 1155

[282] Vgl. OLG Frankfurt, FamRZ 1990, 747

[283] Tekinalp, a.a.O.

196 Einstweilige Maßnahmen zum Trennungsunterhalt nach Art. 169 ZGB kann das Gericht auch bei einverständlichem Getrenntleben treffen, wenn die Ehegatten sich darüber nicht schon entsprechend Art. 166 III ZGB geeinigt haben.[284] Die Höhe des Bedarfs auf Trennungsunterhalt einer in die Türkei zurückgekehrten Ehefrau schätzt das OLG Düsseldorf[285] auf die Hälfte des Existenzminimums nach der Düsseldorfer Tabelle,[286] falls kein höherer Bedarf nach den ehelichen Lebensverhältnissen ersichtlich ist.

Ein Anspruch auf Trennungsunterhalt steht auch dem Ehemann gegenüber der Ehefrau zu.[287] Auf Antrag eines Ehegatten kann der Unterhalt bei Veränderung der Verhältnisse abgeändert oder aufgehoben werden (Art. 200 ZGB).

197 **Scheidung.** Für den Fall der Scheidung sind nach dem mit Wirkung zum 1. 1. 2002 neu verkündeten ZGB folgende Ansprüche auf Schadensersatz und auf Unterhalt vorgesehen:

- **Materieller Schadensersatz** nach Art. 174 I ZGB (früher Art. 143 I ZGB). Danach kann der Ehegatte, der an der Scheidung nicht oder weniger schuldig ist, einen angemessenen materiellen Schadensersatz verlangen, wenn durch die Scheidung für ihn bestehende oder erwartete Vorteile beeinträchtigt werden.
- **Immaterieller Schadensersatz (Genugtuung)** nach Art. 174 II ZGB (früher Art. 143 II ZGB). Danach kann der Ehegatte, der durch die Ereignisse, die Grund der Scheidung waren, eine Verletzung seiner Persönlichkeit erleidet, von der schuldigen Gegenseite einen angemessenen Betrag als Schmerzensgeld verlangen.
- **Bedürftigkeitsunterhalt** nach Art. 175 ZGB (früher Art. 144 ZGB). „Der Ehegatte, der durch die Scheidung bedürftig wird, und den kein höheres Verschulden trifft, kann vom anderen Ehegatten nach dessen wirtschaftlicher Leistungsfähigkeit für seine Lebensführung unbefristet Unterhalt verlangen. Auf ein Verschulden des Unterhaltspflichtigen kommt es nicht an.“

198 Im Falle der Scheidung kann der schuldlose oder nicht überwiegend schuldige bedürftige Ehegatte also auf unbegrenzte Dauer vom anderen Ehegatten **Unterhalt** verlangen (Art. 175 I ZGB).[288] Auf das Verschulden des Unterhaltspflichtigen kommt es nicht an (Art. 175 II ZGB). Dabei handelt es sich zwar nicht um einen Anspruch auf Notunterhalt,[289] er kommt jedoch erst in Betracht, wenn der materielle Schadensersatz (Art. 174 I ZGB) nicht ausreicht und der geschiedene Ehepartner bedürftig geworden ist. Dafür ist Kausalität zwischen der Scheidung und der Bedürftigkeit erforderlich.[290] Dem bedürftigen Unterhaltsberechtigten darf es nicht zumutbar sein, seinen Unterhalt durch eigene Arbeit abzudecken. Seit der Neuregelung dürfen an diese Voraussetzung keine zu hohen Anforderungen gestellt werden. In Betracht kommen insbesondere Fälle der Kindererziehung und der Krankheit oder der Erwerbslosigkeit.

199 Die **Höhe** des Unterhalts orientiert sich zwar nicht an den „ehelichen Lebensverhältnissen“ wie im deutschen Recht, jedoch richtet sie sich nach der Leistungsfähigkeit des Verpflichteten (Art. 175 I ZGB)[291] und den Bedürfnissen des Berechtigten. Dabei spielen die Dauer der Ehe, das Alter und die Gesundheit, die berufliche Ausbildung, die soziale Stellung, die Chancen auf dem Arbeitsmarkt, Kinderbetreuung, Vermögen, die Verhältnisse am Lebensmittelpunkt[292] u. a. eine Rolle (Billigkeit, soziale Gesichtspunk-

[284] Zur früheren Rechtslage vgl. Rumpf, Türkei, Beck'sche Reihe, S. 56
[285] FamRZ 1995, 37 = NJW-RR 1995, 903
[286] Vgl. insoweit BGH, FamRZ 2003, 363 mit Anmerkung Scholz FamRZ 2003, 514
[287] Vgl. OLG Karlsruhe, FamRZ 1990, 1351 = NJW-RR 1991, 643
[288] Vgl. Ansay/Krüger, StAZ 1988, 252; zum neuen türkischen ZGB vgl. Das Standesamt 2002, 97 ff.
[289] Vgl. OLG Stuttgart, FamRZ 1993, 975 = NJW-RR 1994, 135; OLG Köln, FamRZ 1992, 948; Staudinger/v. Bar, BGB 13. Auflage, Anh. I zu Art. 18 EGBGB Rn. 260; a.A. OLG Saarbrücken, FamRZ 1994, 579 und KG, FamRZ 1993, 976 = NJW-RR 1994, 138; Jayme, IPRax 1989, 330; OLG Hamm, FamRZ 1995, 881 = NJW-RR 1995, 521; zum Streitstand vgl. OLG Köln, FamRZ 1997, 1087; FamRZ 1999, 860, 861
[290] Öztan, FamRZ 1994, 1574
[291] Nach OLG Köln, NJW-RR 1998, 1540 = FuR 1998, 411 muss sich der unterhaltspflichtige Ehegatte auch fiktive Einkünfte anrechnen lassen, wenn er seine Arbeitskraft nicht ausschöpft
[292] OLG Düsseldorf FamRZ 2001, 919

te).[293] Der Unterhaltspflichtige darf durch die Unterhaltsleistung nicht selbst in Not geraten; sein angemessener Unterhalt muss gesichert sein. Eine Unterhaltspflicht der Ehefrau hängt seit der Neufassung des ZGB nicht mehr davon ab, dass sie wohlhabend ist. Das OLG Hamm[294] geht bei der Unterhaltsbemessung von den ehelichen Lebensverhältnissen aus und errechnet nach deutschen Regeln (3/7) den Bedarf. Ähnlich geht das OLG Köln im Rahmen des nach Art. 4 ZGB[295] gebundenen Ermessens vor[296] und meint, türkische Gerichte pflegten der Ehefrau ca. 1/5 bis 1/6 des Einkommens des Ehegatten als Unterhalt zuzusprechen.[297] Zu Unrecht meint der 12. Zivilsenat des OLG Hamm, der Unterhaltspflichtige habe nur das Existenzminimum („Mindestbedarf") des Berechtigten abzudecken; dies ergebe sich nach türkischem Rechtsverständnis aus der Fassung in Art. 144 a. F. ZGB „seinen Vermögensverhältnissen entsprechenden Beitrag".[298] Das OLG Hamm[299] zieht bei Anwendung des Art. 144 a. F. ZGB auch den Gesichtspunkt des Art. 18 VII EGBGB heran und berücksichtigt deswegen die Verhältnisse in Deutschland mit (Lebensmittelpunkt des Unterhaltsberechtigten).

Nach türkischem Recht sind die Unterhaltsansprüche der geschiedenen und der zweiten Ehefrau gleichrangig.[300]

200 Der Bedürftigkeitsunterhalt kann in einer Pauschalsumme oder, falls nach den Umständen erforderlich, als Rente zugesprochen werden (Art. 176 I ZGB). Ändern sich die wirtschaftlichen Verhältnisse der Parteien oder erfordert es die Billigkeit, ist eine Erhöhung, Ermäßigung oder ein Wegfall der Rente möglich (Art. 176 IV ZGB). Auf Antrag kann das Gericht die Höhe des Unterhalts auf Grund der sozialen und wirtschaftlichen Verhältnisse der Parteien in den kommenden Jahren festlegen (Art. 176 V ZGB).[301]

200 Das OLG Karlsruhe[302] hält einen nach türkischem Recht wirksamen **Unterhaltsverzicht** für unwirksam, solange der Berechtigte in Deutschland seinen gewöhnlichen Aufenthalt hat (s. Rn. 16 a).

201 Eine **Prozesskostenvorschusspflicht** gibt es nach türkischem Gesetzesrecht nicht ausdrücklich, sie wird aber von der Rechtsprechung und der Literatur aus der Sorge- und Beistandspflicht hergeleitet (Art. 151 III ZGB).[303]

202 Einen **Auskunftsanspruch** kennt das türkische Recht nicht, weil dort Untersuchungsmaxime herrscht. Durchweg wird jedoch von der deutschen Rechtsprechung bei Unterhaltsstreitigkeiten in Deutschland im Rahmen des anwendbaren deutschen Prozessrechts ein Auskunftsanspruch angenommen.[304]

203 Lange Zeit war umstritten, ob der Unterhaltsanspruch gemäß Art. 144 ZGB a. F. im Scheidungsverfahren geltend gemacht werden muss oder nicht. Inzwischen hat sich der türkische Kassationsgerichtshof in einer Plenarentscheidung vom 22. Januar 1988 der Auffassung angeschlossen, dass auch **nach rechtskräftigem Abschluss des Scheidungsverfahrens** noch eine Klage eines Ehegatten auf immateriellen Schadensersatz nach Art. 143 II ZGB zulässig ist. Der für die Scheidungsangelegenheiten zuständige 2. Senat des Kassationsgerichtshofs hat diese Rechtsprechung nunmehr auch auf materiellen Schadensersatz und Bedürftigkeitsunterhalt erstreckt.[305] Damit ist die Streitfrage im Sinne der Zulässigkeit eines

---

293 Öztan, FamRZ 1994, 1574; nach OLG Stuttgart NJW-RR 1994, 135 soll die Verpflichtung des Ehemannes zur Zahlung von nachehelichem Unterhalt bei der Entscheidung über den Entschädigungsanspruch der Ehefrau (Art. 143 I ZGB) zu berücksichtigen sein

294 FamRZ 1994, 582 = NJW-RR 1994, 136

295 Das Gericht hat sein Ermessen nach Recht und Billigkeit zu treffen

296 FamRZ 1992, 948, „freies Ermessen"

297 IPRax 1989, 53

298 NJW-RR 1995, 521 = FamRZ 1995, 881; eine nähere Begründung fehlt allerdings; zur Problematik des „Sprachrisikos" bei der Anerkennung und Vollstreckung deutscher Unterhaltsentscheidungen in der Türkei vgl. Kiliç, IPRax 1994, 477

299 FamRZ 1993, 75; so auch OLG Düsseldorf FamRZ 2001, 919, 920

300 OLG Düsseldorf FamRZ 2001, 919, 920; OLG Hamm FamRZ 1994, 582

301 Das berücksichtigt die entsprechende Entwicklung und ersetzt eine Abänderung

302 FamRZ 1992, 316

303 Vgl. Rumpf, IPRax 1983, 114

304 Z. B. OLG Hamm, FamRZ 1993, 69 = NJW-RR 1993, 1155

305 Zitat bei Öztan FamRZ 1994, 1574; OLG Köln FamRZ 1999, 869

nachträglichen Unterhaltsbegehrens hinreichend geklärt.[306] Voraussetzung ist jedoch, dass die Bedürftigkeit bereits im Zeitpunkt der Scheidung gegeben war.[307] Die gesetzliche Neuregelung hat sich dem angeschlossen (Art. 178 ZGB).

Nach der Rechtsprechung des Kassationsgerichtshofs zum früheren Recht **verjährte** das Unterhaltsstammrecht nicht, weil das Gesetz keine Frist zur Erhebung der Klage auf nachehelichen Unterhalt vorsieht. Der Verjährung unterlagen allerdings schon die Einzelforderungen als periodisch wiederkehrende Leistungen (muayyen zamanlarda tediye). Nach der neu geschaffenen Vorschrift des Art. 178 ZGB verjähren nunmehr die Ansprüche, die anlässlich der Beendigung durch Scheidung entstehen, ein Jahr nach Rechtskraft des Scheidungsurteils.[308] 203 a

Abänderung. Für den Ehegattenunterhalt nach Scheidung ergibt sich eine Abänderungsmöglichkeit wegen veränderter Umstände aus Art. 176 IV ZGB.[309] Fällt der Grund für die Rente weg, vermindert sich sein Gewicht oder nimmt die finanzielle Leistungsfähigkeit des Unterhaltspflichtigen erheblich ab, kann die Rente herabgesetzt oder aufgehoben, bei gegenläufiger Entwicklung nach Billigkeit auch erhöht werden. 204

Durch Wiederverheiratung entfällt ein Unterhaltsanspruch gegen den geschiedenen Ehepartner. Dasselbe gilt bei Aufnahme einer neuen Lebensgemeinschaft,[310] Wegfall der Bedürftigkeit, unehrenhaftem Lebenswandel oder Tod eines Ehegatten außer bei abweichender Vereinbarung. 205

Entschädigungs-/Genugtuungsansprüche. Neben dem Bedürftigkeitsunterhaltsanspruch gemäß Art. 175 ZGB ist im türkischen Recht ein Anspruch auf angemessenen Ersatz des materiellen Schadens gemäß Art. 174 I ZGB (Entschädigungsanspruch) und ein weiterer auf Ersatz des immateriellen Schadens gemäß Art. 174 II ZGB (Genugtuungsanspruch) vorgesehen. Der Entschädigungsanspruch kann als Pauschalsumme oder Rente, der Genugtuungsanspruch nur als Pauschalsumme zuerkannt werden (Art. 176 I, II ZGB). 206

Voraussetzungen für den Entschädigungsanspruch nach Art. 174 I ZGB ist, dass der Antragsteller schuldlos oder weniger schuldig an der Scheidung war. Ein (geringeres) Mitverschulden führt allerdings zu einer Kürzung des Ersatzanspruchs. Weitere Voraussetzung ist ein Verschulden des anderen Ehegatten und der Eintritt eines ersetzbaren **Vermögensschadens** als finanzielle Einbuße durch die Scheidung. Der Schaden kann z. B. im Verlust des ehelichen Unterhaltsanspruchs und des Erbrechts, eines sonstigen Vermögensverlusts, den Kosten für Umzug und neue Einrichtungsgegenstände, ärztlichen Behandlungskosten, entgangenen Gebrauchsmöglichkeiten oder den Prozesskosten der Scheidung liegen. Die Höhe der Entschädigung steht im Ermessen (Art. 4 ZGB) des Gerichts, erreicht aber nicht die volle Schadensumme. Als weitere Kriterien sind bei der Bemessung der Umfang des Verschuldens oder des Mitverschuldens, die wirtschaftlichen und persönlichen Verhältnisse, Alter, Gesundheit und Arbeitsfähigkeit sowie der Umfang der Kindererziehung zu berücksichtigen. Obwohl es sich um einen Schadensersatzanspruch handelt, ist auch hier ein Mangelfall und die dadurch bedingte Begrenzung möglich. 207

Die Höhe des Genugtuungsanspruchs nach Art. 174 II ZGB (kein eigentlicher Unterhaltsanspruch) richtet sich ebenfalls nach billigem Ermessen. Einzubeziehen sind sämtliche Umstände, die zur Scheidung geführt haben, Art und Ausmaß der Verletzung der persönlichen Interessen des anderen Ehegatten, der Grad des Verschuldens, die Dauer der Ehe, das Alter und die sozialen und wirtschaftlichen Verhältnisse der Ehegatten.[311] Auch der Genugtuungsanspruch kann nach der Scheidung selbstständig geltend gemacht werden.[312] 208

---

306 OLG Köln FamRZ 1999, 860; OLG Hamm, FamRZ 1994, 582 mit Anmerkung von Henrich = NJW-RR 1994, 136; OLG Saarbrücken, FamRZ 1994, 579; zweifelnd noch OLG Hamm, FamRZ 1994, 580; OLG Köln, FamRZ 1999, 1540

307 Vgl. Henrich, a.a.O.

308 Das OLG Düsseldorf FamRZ 2001, 919, 920 und Krüger FamRZ 2000, 1135, 1136 gehen insoweit noch von der früheren Rechtslage aus

309 Zu früheren Rechtslage vgl. OLG Hamm, FamRZ 1995, 882 = NJW-RR 1995, 456

310 Vgl. OLG Hamm, FamRZ 1995, 882 = NJW-RR 1995, 456

311 Vgl. OLG Frankfurt, FamRZ 1992, 1182

312 Vgl. OLG Hamm, FamRZ 1994, 580; Öztan, FamRZ 1994, 1574

209 Für die Abänderung des Entschädigungsanspruchs gilt dasselbe wie zum Unterhaltsanspruch (s. Rn. 204), wenn es sich um eine Rentenzahlung und nicht um einen Abfindungsbetrag handelt.

Das OLG Stuttgart[313] ordnet (wohl) den Genugtuungsanspruch aus Art. 174 II ZGB international-privatrechtlich nach Art. 14, 17 EGBGB, den Entschädigungsanspruch aus Art. 174 I ZGB nach Art. 18 EGBGB (wegen des vor allem unterhaltsrechtlichen Charakters zutreffend) ein. Das OLG Frankfurt[314] wendet zum Genugtuungsanspruch ebenfalls Art. 17 I, Art. 14 I Nr. 1 EGBGB an (zutreffend, weil der immaterielle Genugtuungsanspruch mit Unterhalt nichts zu tun hat).

3. Verwandtenunterhalt

209 a Nach Art. 364 ZGB ist jeder seinen Verwandten auf- und absteigender Linie sowie seinen Geschwistern unterhaltspflichtig, wenn sie ohne diese Unterstützung in Bedürftigkeit geraten würden.[315] Der Unterhaltsanspruch besteht allerdings nur für den Fall der Not (sog. Notunterhalt) und umfasst eine Leistung, die zum Lebensunterhalt des Bedürftigen erforderlich und den wirtschaftlichen Verhältnissen des Verpflichteten angemessenen ist (Art. 365 II ZGB). Der Anspruch ist gegen die Unterhaltspflichtigen in der Reihenfolge ihres Erbrechts geltend zu machen (Art. 365 I ZGB). Geschwister können nur herangezogen werden, wenn sie in eigenem Wohlstand leben (Art. 364 II ZGB). Gegenüber dem Unterhaltsanspruch der Kinder und der Ehegatten ist dieser Anspruch nachrangig (Art. 364 III ZGB). Wurde der Unterhalt von öffentlichen oder gemeinnützigen Einrichtungen gezahlt, geht der Unterhaltsanspruch auf sie über, sodass die Klage auch von ihnen erhoben werden kann (Art. 365 IV ZGB). Auf Antrag kann das Gericht die Höhe der Unterhaltsrente auf Grund der sozialen und wirtschaftlichen Verhältnisse der Parteien in den kommenden Jahren festlegen (Art. 365 V ZGB).

Ungarn

1. Kinderunterhalt

210 Er richtet sich für die minderjährigen Kinder nach § 69 A ff. des Gesetzes Nr. IV/1986 über die Änderung des Gesetzes Nr. IV/1952 über die Ehe, die Familie und die Vormundschaft[316] (FamG) und wird ergänzt durch die Regelungen über den Verwandtenunterhalt (§§ 60 ff FamG).[317] Zum Unterhalt gehört alles, was der Bedürftige zu seinem Lebensunterhalt benötigt, auch die Kosten für Erziehung und Ausbildung (§ 65 FamG). Minderjährig ist ein Kind bis zur Vollendung des 18. Lebensjahres (§ 12 II ZGB). Jedoch wird bereits von einem 16-jährigen Kind in der Regel erwartet, dass es einer Beschäftigung nachgeht, falls es nicht in Ausbildung steht.[318] Die Eltern sind verpflichtet, auch zu Lasten des eigenen notwendigen Unterhalts alles mit ihren minderjährigen Kindern zu teilen, was ihnen zum gemeinsamen Unterhalt zur Verfügung steht (§ 69 A I S. 1 FamG). Diese gesteigerte Unterhaltspflicht ist nicht maßgebend, wenn der Kindesunterhalt aus eigenen Vermögenserträgen gedeckt ist oder ein anderer gradliniger Verwandter (vgl. 3.) verpflichtet werden kann (§ 69 A I S. 2 FamG). Leben die Eltern getrennt, leistet der betreuende Elternteil Unterhalt in Natur, der andere zahlt eine monatliche Geldrente (§ 69 A II FamG). Auch wenn das Kind im Haushalt des unterhaltspflichtigen Elternteils lebt, dieser aber nicht für das Kind sorgt, muss er Leistungen in Geld erbringen (§ 69 D I FamG). Der Kindesunterhalt

[313] FamRZ 1993, 974 und 1993, 975
[314] FamRZ 1992, 1182
[315] Zum früheren Recht vgl. AG Fritzlar IPRax 1984, 278
[316] In der Fassung des Gesetzes XXXI/1996, zuletzt geändert 1997
[317] Bergmann/Ferid/Henrich, a.a.O., Ungarn, S. 28
[318] Rupp, Das Unterhaltsrecht in Ungarn, in: Das Unterhaltsrecht in Osteuropa, S. 304

geht dem Ehegatten- und dem Verwandtenunterhalt im Rang vor (§ 64 I, II FamG). Nach den Grundsätzen des Verwandtenunterhalts ist ein Stiefkind unterhaltsberechtigt, dass mit Einverständnis im gemeinsamen Haushalt lebt (§ 62 I FamG).

Die **Höhe** des Unterhalts richtet sich nach den Einkommens- und Vermögensverhält- 211
nissen beider Eltern unter Berücksichtigung weiterer unterhaltspflichtiger Kinder und den tatsächlichen Bedürfnissen des Kindes unter Berücksichtigung seines eigenen Einkommens (§ 69 C I S. 2 FamG). Im Regelfall werden pro Kind etwa 15–25% des monatlichen Durchschnittsverdienstes des Unterhaltspflichtigen angesetzt, insgesamt jedoch nicht mehr als die Hälfte seines Einkommens (§ 69 C I S. 1, II FamG). Lebt der Unterhaltspflichtige aus dienstlichen Gründen im Ausland, ist sein letztes ausländisches Einkommen maßgebend.[319] Dann kommt eine Anpassung im Verhältnis von Verbrauchergeldparität und Devisenkurs in Betracht (s. o. Rn. 24 ff.). Bei mehreren unterhaltsberechtigten Kindern ist eine gleichmäßige Behandlung sicherzustellen, insbesondere wenn sie nicht in einem Haushalt erzogen werden (§ 69 C II S. 2 FamG). Der Unterhalt kann in einem bestimmten Betrag, prozentual von einem bestimmten Verdienst oder als Summe dieser beiden Möglichkeiten festgesetzt werden (§ 69 C III FamG). Wird der Unterhalt prozentual festgesetzt, muss zugleich der Grundbetrag angegeben werden, um eine spätere Anpassung zu ermöglichen (§ 69 C IV FamG). Der eigene notwendige Unterhalt, der allgemein als Selbstbehalt verbleiben muss (§ 66 I FamG), kann durch die gesteigerte Unterhaltspflicht gegenüber minderjährigen Kindern auch unterschritten werden (§ 69 A I FamG).

Haben die Eltern keine Vereinbarung geschlossen, entscheidet das Gericht über den 212
Kindesunterhalt (§ 69 B FamG). Für die Vergangenheit kann grundsätzlich nur für 6 Monate Unterhalt geltend gemacht werden, hat ein Unterhaltsberechtigter den Anspruch schuldlos noch nicht geltend gemacht auch für einen längeren Zeitraum (§ 68 I, II FamG). Im Interesse des Minderjährigen sind neben dem sorgeberechtigten Elternteil, der aus eigenem Recht klagen kann (§ 67 II FamG), auch die Vormundschaftsbehörde und der Staatsanwalt befugt, Klage auf Unterhalt zu erheben (§ 67 I FamG).

Eine **Unterhaltsabänderung** ist bei wesentlicher Änderung der zugrundeliegenden 213
Verhältnisse möglich, eine Erhöhung auch dann, wenn bei einer abzuändernden Vereinbarung der Unterhalt erheblich unter dem, was nach dem Gesetz hätte verlangt werden können, festgelegt worden ist (§ 69 I, II FamG).

Ein volljähriges Kind kann Unterhalt verlangen, wenn es infolge Studiums bedürftig ist 214
(§ 60 II FamG). Dabei muss der eigene notwendige Unterhalt gewahrt bleiben (§ 66 I FamG).

Die Bestimmungen über den Verwandtenunterhalt haben auch erhebliche Bedeutung für 215
die Unterhaltspflicht der Eltern. Ein Wegfall des Unterhaltsanspruchs wegen Unwürdigkeit ist insoweit nach dem Gesetz (§ 60 IV FamG) als auch nach ständiger Rechtsprechung nur in ganz besonderen Ausnahmefällen möglich.[320] Der Unterhaltsanspruch eines volljährigen Kindes kann aber z. B. durch ein grundlos beleidigendes Verhalten gegenüber den Eltern entfallen.[321]

2. Ehegattenunterhalt

Trennung. Ein Ehegatte schuldet dem anderen Unterhalt, wenn dieser ohne eigenes 216
Verschulden bedürftig ist, der Unterhalt nicht den eigenen und den eines gleichrangigen Unterhaltsberechtigten gefährdet und der andere Ehegatte nicht unterhaltsunwürdig ist. Heranzuziehen ist zunächst das gemeinsame Vermögen, dann das Sondergut des Unterhaltspflichtigen (§ 32 III FamG; in Ungarn ist gesetzlicher Güterstand die Gütergemeinschaft mit gemeinsamem Vermögen und Sondergut, § 27 I FamG. Die Unterhaltsregelung gilt jedoch im Prinzip auch, wenn keine Gütergemeinschaft besteht).

Scheidung. Voraussetzung für nachehelichen Unterhalt ist, dass der Ehegatte ohne 217
eigenes Verschulden bedürftig geworden ist, z. B. durch Krankheit oder Alter. Die Dauer der

---

319 OG Nr. 344 PJD

320 Bergmann/Ferid/Henrich, a.a.O., S. 28

321 So ausdrücklich OG Nr. 353, PJD. S i ü u III B 6

Ehe spielt keine Rolle.[322] Der Unterhaltsberechtigte ist zwar nur in beschränktem Umfang verpflichtet, den Stamm seines Vermögens aufzubrauchen, eine ihm zumutbare Arbeit muss er aber annehmen. Eine Grenze findet der Unterhaltsanspruch in der **Leistungsfähigkeit** des Verpflichteten und damit in der Gefährdung des eigenen Unterhalts des Unterhaltspflichtigen und derjenigen Personen, denen er gleichrangig zu Unterhalt verpflichtet ist (§ 21 I FamG). Der Unterhalt wird jeweils für den Einzelfall festgelegt, Tabellen- oder Pauschalsätze gibt es nicht.[323] Abzudecken ist das Nötige für die Lebensführung. Zu zahlen ist eine monatliche Geldrente. Sie kann zeitlich begrenzt werden, wenn anzunehmen ist, dass die Unterhaltspflicht mit Ablauf der Frist endet (§ 21 II FamG). Unabhängig davon endet sie im Falle der Wiederheirat des Berechtigten (§ 22 II FamG), bei nachträglicher Unwürdigkeit oder bei Wegfall der Bedürftigkeit. Tritt die Bedürftigkeit neu auf, lebt auch der Unterhaltsanspruch wieder auf (§ 22 II S. 2 FamG). Die Unwürdigkeit des Berechtigten wird nicht von Amts wegen sondern nur dann geprüft, wenn der Unterhaltspflichtige sich darauf beruft. Eine Unwürdigkeit im Zeitpunkt der Scheidung liegt vor, wenn der berechtigte mit seinem Verhalten die moralische Grundlage der Ehe schwer verletzt hat und diese Verletzung dann zur Scheidung führte. Dabei muss aber auch das Verhalten des Unterhaltspflichtigen während der Ehe berücksichtigt werden. War sein Verhalten ebenfalls schwer ehewidrig, kann er sich nicht auf Unwürdigkeit berufen. Beruht die Unwürdigkeit hingegen auf einem späteren Verhalten des Berechtigten, kann das Verhalten während der Ehe nicht berücksichtigt werden. Dann ist der Berechtigte unwürdig, wenn er vorsätzlich die Interessen des unterhaltspflichtigen Ehegatten in persönlicher oder finanzieller Hinsicht verletzt (Verleumdung, Strafanzeige, Zufügung eines finanziellen Schadens usw.) oder ein schwer gesellschaftsfeindliches Verhalten zeigt (liederlicher Lebenswandel, Begehung schwerer Straftaten usw.).[324] Eine Verzeihung des Unterhaltspflichtigen schließt die Unwürdigkeit aus. Tritt die Unterhaltsbedürftigkeit erst nach Ablauf von fünf Jahren seit der Scheidung auf, kann der bedürftige Ehegatte nur ganz ausnahmsweise Unterhalt verlangen (besondere Billigkeitsgründe, § 22 III FamG).[325]

218 Eine Abänderung des Unterhalts ist möglich (§ 22 I FamG), wenn in den der Vereinbarung oder dem Urteil zugrundeliegenden Umständen eine wesentliche Änderung eingetreten ist. Ein Verzicht auf Unterhalt ist nur dann wirksam, wenn er entgeltlich war.

3. Verwandtenunterhalt

218 a Nach § 61 I, II FamG sind (neben dem Kindes- und Ehegattenunterhalt) in erster Linie die Abkömmlinge, danach Verwandte der aufsteigenden Linie zum Unterhalt verpflichtet. Der in der Abstammungsordnung näher stehende Verwandte haftet vor dem entfernteren Verwandten (§ 61 III FamG). Nachrangig sind auch volljährige Geschwister zum Unterhalt verpflichtet, aber nur dann, wenn sie zur Leistung imstande sind, ohne ihren eigenen Unterhalt, den Unterhalt ihres Ehegatten oder den Unterhalt eigener Verwandter in gerader Linie zu gefährden (§ 61 IV FamG). Unterhaltspflichtig ist auch ein Stiefkind, wenn der unterhaltsbedürftige Elternteil längere Zeit für seinen Unterhalt gesorgt hat (§ 62 II FamG). Mehrere gleichrangige Unterhaltspflichtige haften nach ihren Erwerbs-, Einkommens- und Vermögensverhältnissen. Dabei ist eine persönliche Betreuungsleistung zu berücksichtigen (§ 63 I, II FamG). Der Unterhaltsanspruch eines Kindes geht dem der (gleichrangigen) Ehegatten und geschiedenen Ehegatten, dieser den übrigen Verwandten (§ 64 II FamG), Kinder und Eltern den weiteren Verwandten, Abkömmlinge den Verwandten der aufsteigenden Linie und nähere Verwandte den entfernteren vor (§ 64 I FamG). Auf Antrag kann das Gericht in begründeten Fällen eine abweichende Reihenfolge festsetzen (§ 64 III FamG).

---

[322] Rupp, a.a.O., S. 319; Bergmann/Ferid/Henrich, a.a.O., S. 22 f.
[323] Rupp, a.a.O., S. 319
[324] So das Grundsatzurteil des OG Nr. XXXVII
[325] Rupp, a.a.O., S. 320

Der Anspruch umfasst alles, was der Berechtigte zum Lebensunterhalt benötigt. Für Abkömmlinge und Geschwister erstreckt er sich auch auf die Kosten der Erziehung und Ausbildung (§ 65 I FamG). Die Unterhaltspflicht erstreckt sich auch auf die Kosten der Betreuung infolge hohen Alters oder Pflegebedürftigkeit (§ 65 II FamG). Nicht zum Unterhalt verpflichtet ist, wer dadurch seinen eigenen notwendigen Unterhalt gefährden würde (§ 66 I FamG).

Der Unterhalt kann rückwirkend auf sechs Monate, darüber hinaus nur wenn dem Berechtigten keine Versäumnis bei der Geltendmachung des Anspruchs vorwerfbar ist, geltend gemacht werden (§ 68 I, II FamG). Bei veränderten Umständen kann eine Anpassung des Unterhalts oder ein Wegfall der Unterhaltspflicht verlangt werden. Eine Erhöhung kommt auch in Betracht, wenn der Unterhalt von Beginn an mit einem erheblich kleineren Betrag als vom Gesetz geschuldet festgesetzt war (§ 69 I, II FamG).

Vereinigte Staaten von Amerika (USA)

In den USA fällt das Unterhaltsrecht in die Zuständigkeit der 50 Einzelstaaten und **219**
weiterer Territorien. Diese verfügen jedoch nicht alle über vollständige und einheitliche Regelungen. Es gibt Leitgesetze (uniform acts), die jeweils aber nicht in sämtlichen Staaten und Territorien eingeführt oder voll anerkannt sind. Soweit sie nachfolgend dargestellt sind, gilt dies mit dieser Einschränkung. Die wichtigsten und einschlägigen Leitgesetze sind:

- das Heirats- und Scheidungsgesetz von 1970 (uniform marriage and divorce act – UMDA),[326]
- das Gesetz über die bürgerlich-rechtliche Unterhaltspflicht (uniform civil liability for support act – UCLSA),[327]
- das Gesetz über den zwischenstaatlichen (US-internen) Familienunterhalt von 1992 (uniform interstate family support act – UIFSA),[328]
- für nichteheliche Kinder das Elterngesetz von 1973 (uniform parentage act – UPA).[329]
- Für die Durchsetzung wichtig ist das revidierte Gesetz über die gegenseitige Vollstreckung von Unterhalt (uniform reciprocal enforcement of support act 1968 revised act – URESA).[330]

Das UIFSA enthält hauptsächlich – neben Begriffsbestimmungen – Regelungen zur Zuständigkeit sowie zum Verfahren und zur Vollstreckung. Es hat ergänzenden Charakter (§ 103), ist aber im Vordringen begriffen gegenüber dem URESA.[331] Nach einem Bericht des Deutschen Instituts für Vormundschaftswesen (DIV) werden die amerikanischen Unterhaltsfälle in der Regel noch nach dem URESA abgewickelt.[332]

---

[326] Geändert 1971 und 1973; ratifiziert von den Bundesstaaten Arizona, Colorado, Illinois, Kentucky, Minnesota, Missouri, Montana und Washington; zum amerikanischen Recht der Ehescheidung vgl. Krause, FamRZ 1998, 1406, 1407 ff.

[327] Das Gesetz hat den Zweck, die Anwendung des URESA zu fördern und zu erleichtern; es wurde ratifiziert von den Bundesstaaten California, Maine, New Hampshire und Utah

[328] Das Gesetz überlagert das URESA; Rechtsprechung ist dazu noch nicht nachgewiesen

[329] Das Gesetz wurde ratifiziert von den Bundesstaaten Alabama, California, Colorado, Delaware, Hawaii, Illinois, Kansas, Minnesota, Missouri, Montana, Nevada, New Jersey, New Mexico, North Dakota, Ohio, Rhode Island, Washington und Wyoming

[330] Durch diese Gesetz ist 1968 ein vorangegangenes Gesetz teilweise ersetzt, erweitert und ergänzt worden. Es ist ratifiziert worden von den Bundesstaaten Arizona, Arkansas, California, Colorado, Florida, Georgia, Hawaii, Idaho, Illinois, Iowa, Kansas, Kentucky, Louisiana, Maine, Michigan, Minnesota, Montana, Nebraska, Nevada, New Hampshire, New Jersey, New Mexico, North Carolina, North Dakota, Ohio, Oklahoma, Oregon, Pennsylvania, Rhode Island, South Carolina, South Dakota, Texas, Vermont, Virginia, West Virginia, Wisconsin und Wyoming

[331] Reimann, Einführung in das US-amerikanische Privatrecht, 1997, S. 176

[332] DAVorm 1996, 595. Zu den Entwicklungstendenzen mit dem Ziel einer zwischenstaatlichen Angleichung des Kindesunterhalts und dessen Vereinfachung der Vollstreckung vgl. Battes/Korenke, FuR 1995, 194

1. Kinderunterhalt

220 Nach dem Gesetz über die bürgerlich-rechtliche Unterhaltspflicht hat jeder Mann (§ 2 UCLSA) und jede Frau (§ 3 UCLSA) seinem/ihrem Kind Unterhalt zu leisten, unabhängig davon, ob einer von ihnen und ggf. wer die elterliche Sorge ausübt.[333] Das gilt sowohl für eheliche als auch für Kinder, die nicht aus einer Ehe hervorgegangen sind. Die Eltern sind im Verhältnis ihrer Mittel zum Kindesunterhalt verpflichtet,[334] wobei die Mittel des Kindes nur dann heranzuziehen sind, wenn die Eltern nicht leistungsfähig sind.[335] Bei Trennung oder Scheidung kann das Gericht nach § 309 UMDA den Unterhalt gegen den regelmäßig nicht sorgeberechtigten, unterhaltspflichtigen Elternteil festsetzen, wobei zu berücksichtigen sind

- die verfügbaren Mittel des Kindes, nach § 6 (b), (d) und (e) UCLSA das Vermögen und Einkommen der Parteien sowie die Erwerbsfähigkeit und der Bedarf des Berechtigten,
- die verfügbaren Mittel des Inhabers des Sorgerechts, nach § 6 (b) und (c) UCLSA das Vermögen und Einkommen der Parteien sowie die Erwerbsfähigkeit des Verpflichteten,
- der Lebensstandard, der für das Kind gegolten hätte, wenn die Ehe nicht aufgelöst worden wäre, nach § 6 (a) UCLSA der Lebensstandard der Parteien, denn das minderjährige Kind hat Anspruch darauf, in dem Maße unterstützt und aufgezogen zu werden, wie es der Stellung der Eltern in der Gesellschaft entspricht.[336] Das gilt auch für die medizinische Versorgung,[337]
- die körperliche und seelische Lage des Kindes,
- sein Erziehungsbedarf,
- nach § 6 (f) UCLSA das Alter der Parteien, wobei die Vollendung des 18. Lebensjahres für sich allein kein Anlass ist, den Unterhalt zu erhöhen, zu verringern oder zu streichen,[338]
- die finanziellen Mittel und der Bedarf des nichtsorgeberechtigten Elternteils.[339]

221 Dazu gibt es gesetzliche Richtlinien, die jedoch in den Einzelstaaten verschieden sind.[340] Ist in dem Scheidungsurteil keine Unterhaltspflicht ausgesprochen oder eine solche sogar abgewiesen, kann bei später auftretender Bedürftigkeit des Kindes auch dann noch Kindesunterhalt verlangt werden. Die Unterhaltspflicht gegenüber einem Kind endet grundsätzlich mit Eintritt von dessen Volljährigkeit, § 316 c UMDA, das ist in den meisten Staaten mit 18 Jahren. Die Tendenz der US-Gerichte geht jedoch dahin, die Unterhaltspflicht im Falle einer Ausbildung, insbesondere eines Studiums über das 18. Lebensjahr hinaus auszudehnen.[341] Sind volljährige Kinder sonst, z. B. durch Krankheit oder Geschäftsunfähigkeit außer Stande, sich selbst zu unterhalten, sind die Eltern nach dem Recht verschiedener Staaten aber nicht überall weiterhin unterhaltspflichtig.[342]

222 Die **Abänderung** einer gerichtlichen Unterhaltsfestsetzung ist nur bei schwerwiegenden und andauernden Änderungen der Umstände und nur für die Zukunft möglich, wenn dadurch die ursprüngliche Unterhaltsfestsetzung „unvernünftig" (unconscionable) geworden ist, § 316 a UMDA. Nach § 7 UCLSA soll sich das Gericht die Zuständigkeit bewahren, die Unterhaltsfestsetzung zu ändern oder aufzuheben, wenn dies gerecht ist. Rückstände kön-

---

[333] Bergmann/Ferid/Henrich, a.a.O., USA, S. 48 f, 58 und 106, Fn. 71; Lyons v. Municipal Court, Central Orange County Iudicial Dist. 1977, 142 Cal Rptr 449, 75 Cal. App. 3 d 829; Armstrong v. Armstrong 1976, 126 Cal. Rptr 805, 15 Cal. 3 d 942, 544 P 2 d 941

[334] Crookham v. Smith, 1977, 137 Cal Rptr 428, 68 Cal. App 3 d 773

[335] Bergmann/Ferid/Henrich, a.a.O., S. 106, Fn. 71; Armstrong v. Armstrong 1976, 126 Cal. Rptr 805, 15 Cal. 3 d 942, 544 P 2 d 941

[336] Marriage of Ames, 1976, 130 Cal. Rptr 435, 59 Cal. App. 3 d 234

[337] Ballard v. Anderson, 1971, 95 Cal. Rptr 1, 4 Cal. 3 d 873, 484 P 2 d 1345, 42 A. L. R. 3 d 1392

[338] Ganschow v. Ganschow, 1975, 120 Cal. Rptr 865, 14, Cal. 3 d 150, 534 P 2 d 705

[339] Bergmann/Ferid/Henrich, a.a.O., S. 158

[340] Reimann, a.a.O., S. 185; Battes/Flume, Familienrecht im Ausland, FuR 1994, 155; Battes/Korenke, FuR 1995, 194

[341] Reimann, a.a.O., S. 184; Bergmann/Ferid/Henrich, a.a.O., S. 158, Fn. 123

[342] Clark, Domestic Relations, Bd. 1, S. 435 ff.

nen noch für einen Zeitraum von 10 Jahren vollstreckt werden und sind nicht abänderbar, wenn sie gerichtlich festgesetzt waren.[343]

2. Ehegattenunterhalt

Trennung. Nach dem Gesetz über die bürgerlich-rechtliche Unterhaltspflicht hat der Mann seiner Frau Unterhalt zu leisten (§ 2 UCLSA).[344] Auch die Frau trifft gegenüber ihrem Mann eine Unterhaltspflicht, jedoch nur, wenn der Mann in Not ist (§ 3 UCLSA); eine solche Notlage („when in need") ist (erst) anzunehmen, wenn der Ehemann sämtliche nur erdenklichen Möglichkeiten zur Beschaffung der notwendigen Mittel ausgeschöpft hat.[345] Für die **Höhe** des Unterhalts sind der Lebensstandard beider Parteien, ihr Alter, ihre Erwerbsfähigkeit, ihr Einkommen und Vermögen, der Bedarf des Anspruchstellers und die Leistungsfähigkeit des Unterhaltspflichtigen maßgebend (§ 6 UCLSA). Verschulden des anderen Teils ist in der Regel nicht Voraussetzung.[346] Die Bedürftigkeit allein ist jedoch nicht ausschlaggebend, vielmehr kommt es auch auf Gesichtspunkte der Gerechtigkeit an, wodurch Fehlverhalten durchaus an Bedeutung gewinnen kann.[347] 223

Scheidung. Das Gericht kann den Unterhalt regeln, wenn der Anspruchsteller sich selbst, etwa wegen der Kinderbetreuung, nicht durch Arbeit oder Vermögen unterhalten kann.[348] Auch eine lange Ehedauer, verbunden mit Haushaltsführung und Kindererziehung, vermag Unterhaltsansprüche zu rechtfertigen. Bei der nach richterlichem Ermessen festzusetzenden Höhe und Dauer spielt das eheliche Verschulden dann eine Rolle, wenn auch die Scheidung auf Verschulden beruht,[349] aber zugleich der eheliche Lebensstandard, die Ehedauer, das Alter, die gesundheitliche Situation des Anspruchstellers sowie die Leistungsfähigkeit des Unterhaltspflichtigen (§ 308 b UMDA).[350] Der Unterhalt kann auf Dauer oder auf Zeit zuerkannt werden; die Tendenz geht aber dahin, den Unterhalt bis zur Wiedereingliederung des Berechtigten in das Berufsleben oder bis er sonst für sich selbst sorgen kann zu befristen.[351] In einigen Staaten gibt es überhaupt keinen nachehelichen Unterhalt,[352] z. B. in Texas.[353] Der Unterhaltsanspruch endet, wenn eine Partei stirbt oder wenn die Parteien eine Vereinbarung über die Erledigung treffen. Bei Wiederheirat des Unterhaltsberechtigten endet der Unterhaltsanspruch in einigen Bundesstaaten kraft Gesetz,[354] in anderen kann auf Abänderung der Unterhaltsanordnung geklagt werden. Geht der Unterhaltsberechtigte eine eheähnliche Beziehung ein, kann in den meisten Staaten auf Aufhebung der Unterhaltsverpflichtung geklagt werden.[355] Wird der Unterhalt nicht im Scheidungsverfahren geltend gemacht, besteht die Gefahr der Verspätung.[356] 224

Zahlt der Unterhaltsschuldner nicht, kann gegen ihn ein Verfahren wegen „contempt of court" (Missachtung des Gerichts) eingeleitet werden. Außerdem ist die Vollstreckung in sein Vermögen möglich.

Die Darstellung des Unterhaltsrechts aller Einzelstaaten und Territorien ist aus Raumgründen, aber auch mangels hinreichender Rechtsquellen leider nicht möglich. Andeutungen finden sich u. a. vereinzelt bei Bergmann/Ferid/Henrich, Internationales Ehe- und

[343] Szamocki's Marriage, 1975, 121 Cal. Rptr 231, 48 Cal. App. 3 d 812
[344] Bergmann/Ferid/Henrich, a.a.O., S. 106, Fn. 69, 70
[345] Bergmann/Ferid/Henrich, a.a.O., S. 106, Fn. 72; Disabled and Blind Action Committee of California v. Jenkins, 1974, 118 Cal. Rptr 536, 44, Cal. App. 3 d 74
[346] Bergmann/Ferid/Henrich, a.a.O., S. 56 f., 43
[347] Reimann, a.a.O., S. 171
[348] Bergmann/Ferid/Henrich, a.a.O., S. 45
[349] Reimann, a.a.O., S. 175
[350] Reimann, a.a.O., S. 175
[351] Reimann, a.a.O., S. 175; Bergmann/Ferid/Henrich, a.a.O., S. 45
[352] Bergmann/Ferid/Henrich, a.a.O., S. 44, 57
[353] Reimann, a.a.O., S. 175
[354] So in Alabama, Arizona, California, Colorado, Illinois, Minnesota, Missouri, New York, Oklahoma, Utah, Virginia und Washington
[355] Bergmann/Ferid/Henrich, a.a.O., S. 44, Fn. 32
[356] Bergmann/Ferid/Henrich, a.a.O., S. 57, Fn. 111

Kindschaftsrecht, Länderabschnitt USA oder unter der Homepage der Bundesnotarkammer „www.dnoti.de/Notarlinks_International.htm".

2. Abschnitt: Verfahrensrecht einschließlich Vollstreckung

I. Rechtsquellen

225 Eine systematische Kodifizierung des internationalen Zivilprozessrechts (IZPR), vergleichbar derjenigen des materiellen internationalen Privatrechts (IPR), gibt es nicht. Nach wie vor herrschend ist der Grundsatz, dass jedes Gericht sein Verfahrensrecht anwendet (sog. **lex fori**). Der deutsche Unterhaltsrichter wendet sonach in der Regel die ZPO an. Im Bereich des internationalen Verfahrensrechts sind jedoch, wie beim internationalen materiellen Recht, Staatsverträge zu beachten, die grundsätzlich dem autonomen, innerstaatlichen Recht vorgehen.[1]

226 Die internationale Zuständigkeit sowie die Anerkennung und Vollstreckung ausländischer Unterhaltsentscheidungen wird – abhängig von den jeweils beteiligten Ländern – in verschiedenen Abkommen, Verordnungen und Gesetzen geregelt. Dazu gehören insbesondere

- das **Haager Übereinkommen über die Anerkennung und Vollstreckung von Unterhaltsentscheidungen vom 2. 10. 1973 (HUVÜ 73)**,[2] nicht zu verwechseln mit dem Haager Übereinkommen über das auf Unterhaltspflichten anwendbare Recht (HUÜ 73) vom gleichen Tage (Rn. 1).
  Das HUVÜ 73 gilt in der Bundesrepublik Deutschland seit 1. 4. 1987. Weitere Mitgliedstaaten sind Belgien, Dänemark, Estland, Finnland, Frankreich, Großbritannien, Italien, Litauen, Luxemburg, die Niederlande, Norwegen, Österreich, Polen, Portugal, Schweden, Schweiz, die Slowakei,[3] Spanien, die Tschechisch Republik und die Türkei.[4] Das Abkommen regelt die Vollstreckung von familienrechtlichen Unterhaltsentscheidungen und Vergleichen über die Unterhaltspflichten nach dem HUÜ 73 und ist an die Stelle des Haager Übereinkommens über Unterhaltspflichten gegenüber Kindern vom 15. 4. 1958 getreten.
  Zur Ausführung des Abkommens ist das Gesetz zur Ausführung zwischenstaatlicher Verträge und zur Durchführung von Verordnungen der Europäischen Gemeinschaft auf dem Gebiet der Anerkennung und Vollstreckung in Zivil- und Handelssachen **(Anerkennungs- und Vollstreckungsausführungsgesetz – AVAG)** vom 19. 2. 2001 ergangen.[5] Dieses Ausführungsgesetz gilt zugleich für das HUVÜ 73 als auch für das EuGVÜ und die EG-Verordnung Nr. 44/2001 (s. u.);
- das bereits erwähnte Haager Übereinkommen über Unterhaltspflichten gegenüber Kindern vom 15. 4. 1958, nicht zu verwechseln mit dem Haager Übereinkommen über Unterhaltspflichten gegenüber Kindern vom 24. 10. 1956. Das Abkommen vom 15. 4. 1958 gilt nur noch gegenüber Liechtenstein, Surinam und Ungarn.[6] Dazu gilt weiterhin das Ausführungsgesetz vom 18. 7. 1961;
- die **Verordnung (EG) Nr. 44/2001 vom 22. 12. 2000** des Rates über die gerichtliche Zuständigkeit und die **Anerkennung und Vollstreckung von Entscheidungen in Zivil- und Handelssachen (Brüssel I-Verordnung – EuGVVO).**[7] Diese Verordnung

---

[1] Vgl. Kropholler, Europäisches Zivilprozessrecht, 6. Aufl. 1998, Einl. Rn. 13; Geimer/Schütze, Europäisches Zivilverfahrensrecht 1997, Einl. Rn. 23
[2] Abgedruckt bei Baumbach/Albers, ZPO 61. Aufl.; Schlussanhang V A 2
[3] Zur Slowakei OLG Jena, DAVorm 1995, 1086
[4] S. die Übersicht im Internet unter „http://hcch.net/e/status/stat23 e.html"
[5] Schönfelder Ergänzungsband Nr. 103 a; vgl. Rn. 261
[6] Zu seinem Geltungsbereich vgl. OLG Köln, FamRZ 1995, 1430: nur für vor Inkrafttreten des HUVÜ 73 fällig gewordene Unterhaltsforderung
[7] Schönfelder Ergänzungsband Nr. 103; vgl. auch Zöller/Geimer, ZPO 23. Aufl., Anhang I A

hat nach Art. 68 EuGVVO seit dem 1. 3. 2002 das EUGVÜ (s. u.) im Verhältnis zu allen Mitgliedsstaaten der EU mit Ausnahme von Dänemark (Art 1 III Brüssel I-VO) ersetzt. Sie gilt aber nicht für die in Art. 299 des EG-Vertrages ausgenommenen Territorien.[8]

Die EuGVVO ist nach Art. 1 I auf Zivil- und Handelssachen anzuwenden, ohne dass es auf die Art der Gerichtsbarkeit ankommt. Ausgenommen sind allerdings Steuer- und Zollsachen sowie verwaltungsrechtliche Angelegenheiten. In Unterhaltssachen ist die VO damit nicht auf Ansprüche zwischen den unmittelbaren Unterhaltsparteien beschränkt. Der Begriff „Zivilsache" erfasst vielmehr auch eine Rückgriffsklage, mit der eine öffentliche Stelle gegenüber einer Privatperson die Rückzahlung von Beträgen verfolgt, die sie als Sozialhilfe an den geschiedenen Ehegatten oder an das Kind dieser Person gezahlt hat, soweit für diese Klage die allgemeinen Vorschriften über Unterhaltsverpflichtungen gelten.[9] Das gilt nicht, wenn die Rückgriffsklage auf Bestimmungen gestützt ist, mit denen der Gesetzgeber der öffentlichen Stelle eine eigene, besondere Befugnis verliehen hat.

Die Verordnung regelt insbesondere die internationale Zuständigkeit (Kapitel II, Art. 2 bis 31; s. Rn. 228 ff.) sowie die Anerkennung und Vollstreckung ausländischer Entscheidungen (Kapitel III und IV, Art. 32 bis 58; s. Rn. 259 ff.). Die Vorschriften über die Zuständigkeit gelten nur für die nach dem 1. 3. 2002 erhobenen Klagen (§ 66 EuGVVO).

Zur Ausführung der europäischen VO hat die Bundesrepublik Deutschland das oben erwähnte **AVAG** erlassen, das auch für das HUÜV 73 und das EuGVÜ gilt.

Nach Art. 68 EGV ist der **EuGH** zur einheitlichen Auslegung der EuGVVO berufen.[10]

- das europäische Übereinkommen über die gerichtliche Zuständigkeit und Vollstreckung gerichtlicher Entscheidungen in Zivil- und Handelssachen vom 27. 9. 1968 – **EuGVÜ** – jetzt EuGVÜ 1989.[11] Das Abkommen gilt seit dem in Kraft treten der EuGVVO nur noch im Verhältnis zu Dänemark (s. o.).

  Zur Ausführung des Abkommens ist das oben erwähnte AVAG erlassen (§§ 1 I, 37 I Nr. 1, 2 AVAG), das gleichzeitig für die EuGVVO und das HUVÜ 73 gilt;[12]
- das Lugano-Abkommen (LugÜ)[13] vom 16. 9. 1988, welches die damaligen EG- und EFTA-Staaten als Parallelübereinkommen zum EUGVÜ unterzeichnet haben. Das Abkommen stimmt im Wesentlichen mit dem EuGVÜ überein;[14]
- das UN-Übereinkommen über die Geltendmachung von Unterhaltsansprüchen im Ausland vom 20. 6. 1956[15]
- das Gesetz zur Geltendmachung von Unterhaltsansprüchen im Verkehr mit ausländischen Staaten vom 19. 12. 1986 **(Auslandsunterhaltsgesetz – AUG)** tritt neben das UN-Übereinkommen vom 20. 6. 1956. Unter der Voraussetzung, dass Gegenseitigkeit verbürgt ist (§ 1 II AUG),[16] erleichtert es die Verfolgung und Durchsetzung von Unterhaltsansprüchen im Verhältnis der Bundesrepublik Deutschland zu ausländischen Staaten, mit denen keine völkerrechtlichen Verträge bestehen. Von praktischer Bedeutung ist das Gesetz insbesondere im Verhältnis zu den nordamerikanischen Staaten (der USA und Kanada) sowie zu Südafrika (s. Rn. 266).

---

[8] Die VO gilt nicht für die britische Kanalinsel Jersey, vgl. BGH NJW 1995, 264 (zum EuGVÜ)

[9] EuGH FamRZ 2003, 83, 84 (zum inhaltsgleichen EuGVÜ)

[10] Die Entscheidungen des EuGH können im Internet unter www.europa.eu.int (Kommission) oder „www.curia.eu.int" (EuGH) abgerufen werden

[11] Abgedruckt bei Zöller/Geimer, a.a.O. Anhang I B und bei Baumbach/Albers, a.a.O. Schlussanhang V C 1; s. dazu auch Dietze/Schnichels, NJW 1995, 2274; zur Entstehung vgl. Kropholler, a.a.O., Einl. Rn. 1 ff.; zu Reformbestrebungen vgl. Wagner, IPRax 1999, 241 und Huber, IPRax 1999, 29

[12] Schönfelder Ergänzungsband Nr. 103 a; vgl. Rn. 261

[13] BGBl 1994 II 2658, veröffentlicht bei Zöller/Geimer, a.a.O. Anhang I C; S. dazu etwa Dietze/Schnichels, NJW 1995, 2274; zur Entstehung vgl. Kropholler, a.a.O., Einl. Rn. 46 ff.

[14] Vgl. insoweit Jayme/Kohler IPRax 2000, 454, 462 f.

[15] BGBl 1959 II S. 150

[16] S. insoweit die Aufstellung bei Zöller/Geimer a.a.O. Anhang IV

- bilaterale Abkommen, z. B. zwischen der Bundesrepublik Deutschland und der Schweiz,[17] Norwegen,[18] Israel,[19] Tunesien,[20] zum Teil nachrangig, zum Teil konkurrierend mit den obigen Abkommen (vgl. Art. 69 f EuGVVO).

227 Das Haager Abkommen von 1958 und dasjenige von 1973 gelten neben dem EuGVÜ. Der Gläubiger hat ein Wahlrecht, nach welchem günstigeren Abkommen er vorgehen will, Art. 71 EuGVVO steht dem nicht entgegen.[21] Ob das autonome, innerstaatliche Recht neben dem (bilateralen) vertraglichen Anerkennungsrecht anwendbar ist **(Günstigkeitsprinzip),** ist durch Auslegung des jeweiligen Vertrages und des autonomen Rechts zu ermitteln. Die EuGVVO geht allerdings dem nationalen Recht vor (unten II 2).[22]

Nach dem Luxemburger Auslegungs-Protokoll vom 3. Juni 1971 i. d. F. des 3. Beitrittsübereinkommens vom 26. Mai 1989[23] ist der EuGH zur einheitlichen Auslegung der EuGVVO berufen.

227 a Die internationale Zusammenarbeit in Zivilsachen wird im Europäischen Bereich durch zwei weitere EU-Verordnungen erleichtert:[24]

- die Verordnung (EG) Nr. 1348/2000 vom 29. 5. 2000 des Rates über die **Zustellung gerichtlicher und außergerichtlicher Schriftstücke** in Zivil- und Handelssachen in den Mitgliedsstaaten (EuZustellVO).[25] Die Verordnung hat zwischen den Mitgliedsstaaten der EU (mit Ausnahme von Dänemark) Vorrang vor sonstigen bilateralen oder multilateralen Übereinkünften. Durch die Verordnung soll, im Interesse eines reibungslosen Binnenmarktes, eine schnelle Übermittlung und Zustellung von Schriftstücken erreicht werden. In Ausführung der VO hat jeder Mitgliedsstaat Übermittlungsstellen und Empfangsstellen sowie eine Zentralstelle zur Erteilung von Auskünften und Suche nach Lösungswegen mitgeteilt. Das Schriftstück wird – nach Anfertigung von Übersetzungen – von der Übermittlungsstelle weitergeleitet und der Empfangsstelle zugestellt. Die Zustellung kann nur in Ausnahmefällen abgelehnt werden.
- die **Verordnung (EG) Nr. 1206/2001 des Rates vom 28. 5. 2001 über die Zusammenarbeit zwischen den Gerichten der Mitgliedsstaaten auf dem Gebiet der Beweisaufnahme in Zivil- oder Handelssachen (EuBVO).**[26] Die Verordnung ist zwischen den Mitgliedsstaaten der EU (mit Ausnahme von Dänemark) anwendbar. Sie ist in Zivil- und Handelssachen anzuwenden, wenn das Gericht eines Mitgliedsstaates das zuständige Gericht eines anderen Mitgliedsstaates um Beweisaufnahme bittet oder wenn es darum ersucht, unmittelbar Beweis erheben zu dürfen. Zur Ausführung erlaubt die VO den **unmittelbaren Geschäftsverkehr** zwischen den beteiligten Gerichten (§ 2 EuBVO). Die von jedem Mitgliedsland benannte Zentralstelle hat lediglich die Aufgabe, Auskünfte zu erteilen oder bei Problemfällen nach Lösungsmöglichkeiten zu suchen.

II. Internationale Zuständigkeit und Verfahren

1. Internationale Zuständigkeit

228 Die Internationale Zuständigkeit betrifft die Frage, ob die Sache von einem deutschen oder einem ausländischen Gericht zu entscheiden ist. In der Regel folgt sie aus dem

[17] Vgl. Baumbach/Albers a.a.O. Schlussanhang V B 1
[18] Vgl. Baumbach/Albers a.a.O. Schlussanhang V B 10
[19] Vgl. Baumbach/Albers a.a.O. Schlussanhang V B 9
[20] Vgl. Baumbach/Albers a.a.O. Schlussanhang V B 8
[21] Vgl. Kropholler, a.a.O., Art. 57 Rn. 4 a. E. m. w. N. OLG München FamRZ 2003, 462 (jeweils zum inhaltsgleichen EuGVÜ)
[22] Kropholler, a.a.O., Einl. Rn. 13; vgl. BGH, FamRZ 1987, 580 = NJW 1987, 3083, Schweiz
[23] BGBl. 1994 II, 519, 531; vgl. Kropholler, a.a.O., Einl. Rn. 18 ff.
[24] Außerhalb Europas erfolgt die Zustellung im Ausland nach den Vorschriften des ZRHO. Für die USA ist im Auftrag des Department of Justice als Zentrale Behörde die Process Forwarding International in Seattle zuständig, s. insoweit im Internet „www.hagueservice.net“
[25] Schönfelder Ergänzungsband Nr. 103 c; vgl. auch Zöller/Geimer, a.a.O. Anhang II B
[26] Schönfelder Ergänzungsband Nr. 103; vgl. auch Zöller/Geimer, a.a.O. Anhang I A

inländischen Gerichtsstand vorbehaltlich anderslautender Regelungen in Staatsverträgen.[27] Sie ist in jeder Lage des Rechtsstreits **von Amts wegen zu prüfen** (Art. 25 EuGVVO). Daran hat sich auch durch das Gesetz zur Reform des Zivilprozesses vom 27. 7. 2001 und die neu geschaffene Vorschrift des § 545 II ZPO nichts geändert.[28] Die EuGVVO sieht allgemeine, besondere und ausschließliche internationale Zuständigkeiten sowie Zuständigkeitsvereinbarungen vor und schließt damit ausdrücklich das autonome Zuständigkeitsrecht der Mitgliedsstaaten aus (Art. 3 I und II EuGVVO). In **Unterhaltssachen**[29] ist die EuGVVO als spezielle Regelung vorrangig anwendbar, wenn der **Beklagte seinen Wohnsitz** in einem Vertragsstaat hat (Art. 2, 3). Das Vorliegen eines Wohnsitzes richtet sich nach dem Recht des Staates, für dessen Gebiet der Wohnsitz geprüft wird (Art. 59). Ein gewöhnlicher Aufenthalt in Deutschland und auch die gemeinsame deutsche Staatsangehörigkeit begründen (bei Wohnsitz im Ausland) im Rahmen der EuGVVO keine internationale Zuständigkeit deutscher Gerichte.[30] Studiert ein Kind im Ausland, kann dies regelmäßig keinen Wohnsitz am Studienort begründen. Das gilt insbesondere dann, wenn für den Auslandsaufenthalt nur ein zeitlich befristetes Visum besteht.[31] Hat der Beklagte keinen Wohnsitz im Hoheitsgebiet der Mitgliedsstaaten der EuGVVO bestimmt sich die Zuständigkeit vorbehaltlich einer ausschließlichen Zuständigkeit nach Art. 22 oder einer Vereinbarung der Zuständigkeit nach Art 23 (s. Rn. 231) nach den Vorschriften der ZPO (Art. 4). Auch außerhalb des Anwendungsbereichs der EuGVVO sind die Vorschriften der ZPO anwendbar.

Das international zuständige Gericht ist auch für eine **Widerklage,** die auf denselben Vertrag oder Sachverhalt wie die Klage gerichtet ist, zuständig (Art. 6 Nr. 3 EuGVVO). Dabei ist das Erfordernis der Konnexität weit auszulegen.[32]

Primär sieht die EuGVVO die internationale Zuständigkeit am Wohnsitz des Beklagten **229**
vor (Art. 2 I, 3 I). Für Unterhaltssachen sind in Art. 5 Nr. 2 weitere internationale Gerichtsstände vorgesehen, die wahlweise neben den Gerichtsstand des Wohnsitzes treten. Danach ist auch das Gericht international zuständig, in dem der **Unterhaltsberechtigte seinen Wohnsitz**[33] oder sogar nur seinen gewöhnlichen Aufenthalt hat. Damit soll dem Unterhaltsberechtigten als der regelmäßig schwächsten Partei die Rechtsverfolgung erleichtert werden. Die Zuständigkeit nach diesem besonderen Gerichtsstand ist allerdings eng auszulegen. Sie gilt deswegen nicht für die öffentliche Hand, wenn sie gesetzlich auf sie übergegangene Unterhaltsansprüche im Wege des Regresses gegen den Unterhaltspflichtigen geltend macht.[34] Soweit Art. 5 Nr. 2 die internationale Zuständigkeit regelt, enthält die Vorschrift zugleich eine Regelung der örtlichen Zuständigkeit. Für den Unterhaltspflichtigen besteht diese Wahlmöglichkeit nicht. Die Staatsangehörigkeit der Parteien spielt dabei keine Rolle.[35]

Liegen die Zuständigkeitsvoraussetzungen im Zeitpunkt der Klagerhebung vor, bleibt das angerufene Gericht auch bei veränderten Umständen weiterhin zuständig (**perpetuatio fori;** vgl. auch § 261 Abs. 3 Nr. 2 ZPO), treten sie später bis zur letzten mündlichen Verhandlung ein, ist dieses für die Zuständigkeit des schon mit der Sache befassten Gerichts noch ausreichend.[36]

---

[27] BGH, FamRZ 2001, 412; 1992, 1060 = NJW-RR 1993, 5; FamRZ 1991, 925; 1989, 603; FamRZ 1984, 465 = NJW 1984, 2040; FamRZ 1983, 806

[28] BGH, FamRZ 2003, 370

[29] Zur Abgrenzung zum nicht umfassten Ehegüterrecht vgl. EUGH, IPRax 1999, 35 m. Anm. Weller, IPRax 1999, 14; Zöller/Geimer, a.a.O. Anhang 1, Art. 1 GVÜ, Rn. 11; Kropholler, a.a.O., Art. 1 EuGVÜ Rn. 23 ff. und Art. 5 EuGVÜ Rn. 39 f.

[30] KG, IPRax 1999, 37 m. Anm. Schulze, IPRax 1999, 21

[31] OLG Hamm FamRZ 2002, 54

[32] BGH BB 2002, 14

[33] Unterhaltsberechtigter ist derjenige, der (auch erstmals) auf Unterhalt klagt; EuGH, IPRax 1998, 354 m. Anm. Fuchs, IPRax 1998, 327; Kropholler, a.a.O., Art. 5 EuGVÜ Rn. 41

[34] Der BGH (FamRZ 2002, 21) hat diese Frage dem EuGH (C 433/01) zur Entscheidung vorgelegt. Der Schlussantrag des Generalanwalts vom 10. 4. 2003 schließt ebenfalls eine Zuständigkeit aus

[35] Rauscher/Gutknecht, IPRax 1993, 21, 23

[36] Kropholler, a.a.O., Art. 2 EuGVÜ Rn. 12 ff.

230 Ist über eine Unterhaltssache im **Verbund** oder als Annex zur Ehesache zu entscheiden, ist nach der EuGVVO auch das Ehegericht zur Entscheidung über diese Familiensache international zuständig (Art. 5 Nr. 2, 2. Alt.). Dieses gilt ausnahmsweise nicht, wenn sich die Zuständigkeit in der Ehesache (z. B. nach § 606 a Abs. 1 S. 1 Nr. 1 ZPO) nur aus der Staatsangehörigkeit einer Partei ergibt. In diesem Fall ist die Unterhaltssache abzutrennen und von dem nach der allgemeinen Zuständigkeit des EuGVVO (s. Rn. 228) zuständigen Gericht zu entscheiden.[37] Die originäre Verbundzuständigkeit nach §§ 606 a, 623 ZPO ist demnach nur von Bedeutung, wenn der Beklagte weder im Inland noch in einem EU-Ausland wohnt. Nach Auffassung des KG[38] ergibt sich eine solche Annexzuständigkeit trotz § 621 Abs. 2 S. 1 ZPO nicht für Klagen auf Trennungsunterhalt.

231 **Gerichtsstandsvereinbarungen** sind auch im Bereich der internationalen Entscheidungszuständigkeit möglich. Ob eine solche Vereinbarung wirksam zustande gekommen ist, richtet sich nach dem maßgeblichen materiellen Recht (s. Rn. 9 ff).[39] Die Zulässigkeit und Wirkung für ein vor deutschen Gerichten rechtshängiges Verfahren bestimmt sich hingegen nach deutschem Prozessrecht.[40] Bei der Vereinbarung der internationalen Zuständigkeit wird § 38 Abs. 2 und 3 ZPO durch die Vorschrift des Art. 23 Abs. 1 EuGVVO verdrängt.[41] Der Begriff Gerichtsstandsvereinbarung ist für den Bereich der EuGVVO vertragsautonom auszulegen.[42] Die Vereinbarung muss einen bereits bestehenden oder einen aus einem bestimmten Rechtsverhältnis künftig entstehenden Rechtsstreit betreffen. Schon die Zuständigkeitsvereinbarung durch Schriftwechsel setzt nicht die **Form** des § 126 BGB voraus. Die Übermittlung von Kopien der Schriftstücke z. B. per Fernschreiben oder Telefax genügt. Die schriftlichen Erklärungen müssen nicht unterschrieben sein, jedoch muss die Identität der erklärenden Person feststehen.[43] Darüber hinaus genügt nach Art. 23 II EuGVVO jede Form der elektronischen Übermittlung, die den Nachweis einer Willenseinigung erlaubt. Mit Art. 23 I S. 2 EuGVVO ist klar gestellt, dass die Zuständigkeitsvereinbarung im Regelfall eine ausschließliche Zuständigkeit begründet, also die übrigen, an sich gegebenen Zuständigkeiten derogiert.[44] Die Parteien können jedoch auch nur eine weitere, mit den übrigen an sich gegebenen Zuständigkeiten konkurrierende Zuständigkeit begründen. Hierfür ist eine ausdrückliche Vereinbarung nicht erforderlich. Im Einklang mit der bisherigen Auslegung des Art. 17 I EuGVÜ genügt nach Art. 22 I S. 2 EuGVVO auch eine konkludente Vereinbarung. Einseitige fakultative Zuständigkeitsvereinbarungen sind ebenfalls zulässig, auch wenn das EuGVVO die ausdrückliche Regelung des Art. 17 Abs. 4 EuGVÜ[45] nicht übernommen hat. Neben der Zuständigkeit allgemein der Gerichte eines Vertragsstaats kann durch die Vereinbarung auch ein bestimmtes Gericht gewählt werden.[46] Ebenso kann durch Vereinbarung nach Art. 23 Abs. 1 EuGVVO auch die Zuständigkeit der Gerichte eines Vertragsstaats ausgeschlossen werden (Derogation). Eine (für sich betrachtet wirksame) die deutsche Gerichtsbarkeit ausschließende Gerichtsstandsvereinbarung ist dann unwirksam, wenn bei dem ausländischen Gericht eine sachgerechte, den elementaren rechtsstaatlichen Garantien entsprechende Entscheidung des Rechtsstreits nicht gewährleistet ist.[47]

---

37 Vgl. Kropholler, a.a.O., Art. 5 EuGVÜ Rn. 46
38 KG, IPRax 1999, 37, 38; a.A. Schulze, IPRax 1999, 21
39 BGH, NJW 1989, 1431, 1432
40 BGH, a.a.O.; Stein/Jonas/Bork, § 38 ZPO Rn. 13 a
41 Kropholler, a.a.O., Art. 17 EuGVÜ Rn. 16 (zum insoweit inhaltsgleichen EuGVÜ)
42 EuGH, NJW 1992, 1671
43 BGH NJW 2001, 1731
44 Zum Erfordernis eines internationalen Bezuges in der Vorgängerregelung des Art 17 I EuGVÜ: OLG Hamm, IPRax 1999, 244; m. (abweichender) Anm. Aull, IPRax 1999, 226
45 Zur Auslegung als einseitige Gerichtsstandsvereinbarung mit der weiter bestehenden Möglichkeit einer Inlandsklage nach Art. 17 I EuGVÜ BGH, IPRax 1999, 246; m. Anm. Schulze, IPRax 1999, 229
46 Rahm/Künkel/Breuer, Handbuch des Familiengerichtsverfahrens, 4. Aufl., Stand Juni 1997, Teil VIII, Rn. 238
47 OLG Frankfurt, IPRax 1999, 247; m. Anm. Hau, IPRax 1999, 232

Rügelose Einlassung[48] kann ebenfalls die internationale Zuständigkeit begründen. Art. 24 EuGVVO verdrängt in seinem Anwendungsbereich § 39 ZPO.[49] Erforderlich ist, dass der Beklagte sich vor dem an sich unzuständigen Gericht „auf das Verfahren einlässt" (Art. 18 S. 1). Eine Verhandlung zur Hauptsache (vgl. § 39 ZPO) ist nicht erforderlich;[50] auch Einreden zum Verfahren können die internationale Zuständigkeit nach Art 24 EuGVVO begründen. Das gilt aber dann nicht, wenn der Beklagte vorweg die internationale Zuständigkeit des angerufenen Gerichts gerügt hat. In diesem Fall bleibt es ihm unbenommen, sich hilfsweise auf das Verfahren einzulassen.[51] Wenn der Beklagte sein Bestreiten der internationalen Zuständigkeit noch in der Berufungsinstanz aufgibt, ist die Zuständigkeit nach Art. 24 EuGVVO gegeben.[52] Anders als im nationalen Recht (§§ 39 S. 2, 504 ZPO) ist eine fehlende Belehrung über die internationale Entscheidungszuständigkeit unschädlich.[53] 232

Nach Art. 68 EuGVVO gilt die Verordnung seit dem 1. 3. 2002 im Verhältnis zu allen Mitgliedsstaaten der EU mit Ausnahme von Dänemark (Art 1 III Brüssel I-VO):[54] Nur im Übrigen gelten die anderweitigen vertraglichen Regeln (s. Rn. 226); sonst folgt die internationale Zuständigkeit der örtlichen, im Verbundverfahren also aus § 606 a ZPO. 233

Rechtshängigkeit. Ist eine Unterhaltssache im Ausland bereits rechtshängig, ist dies analog § 261 III ZPO grundsätzlich ein Prozesshindernis, das von Amts wegen zu beachten ist. Richtet sich die internationale Zuständigkeit nach der EuGVVO, ist dessen Art. 27 anwendbar, der einen Wohnsitz der Parteien in einem der Vertragsstaaten nicht voraussetzt.[55] Notwendig ist die Identität der Parteien. Diese ist hinsichtlich des Kindesunterhalts nicht gegeben, wenn in einem ausländischen Verfahren der Elternteil den Unterhalt als eigenen einklagt.[56] Identisch müssen auch die beiden Streitgegenstände sein; sie müssen auf derselben „Grundlage" beruhen, wobei das Ziel des Verfahrens verschieden sein kann.[57] Trifft ein Verfahren auf Erlass einer einstweiligen Anordnung oder auf Erlass einer einstweiligen Verfügung mit einer Unterhaltshauptsache zusammen, besteht keine Rechtshängigkeitssperre (Art. 31 EuGVVO).[58] Bei einstweiligen Rechtsschutzverfahren im In- und Ausland kommt zwar grundsätzlich konkurrierende „Rechtshängigkeit" in Betracht.[59] In dringenden Einzelfällen muss jedoch über einen solchen Antrag im Inland in jedem Falle sachlich entschieden werden.[60] 234

Stellt die ausländische Rechtsordnung für die Frage der Rechtshängigkeit auf die bloße Einleitung (Klageeinreichung oder Antragseinreichung) ab, so ist damit, weil die Frage der Rechtshängigkeit jeweils der Entscheidungsstaat beantwortet,[61] Rechtshängigkeit auch im Sinne des deutschen Prozessrechts gegeben und die Rechtshängigkeitssperre eingetreten.[62]

---

[48] BGHZ 120, 334 = IPRax 1994, 204 = ZZP 107 (1994), 67, 68

[49] OLG Köln NJW 1988, 2182; Kropholler a.a.O., Art. 18 EuGVÜ Rn. 5

[50] Kropholler, a.a.O., Art. 18 EuGVÜ Rn. 7

[51] BGH, FamRZ 2002, 21, 22; EuGH, IPRax 1984, 259, 261 = NJW 1984, 2760 m. Anm. Hübner, IPRax 1984, 237; EuGH, IPRax 1982, 234; 1982, 238 m. Anm. Leipold, IPRax 1982, 222; OLG Hamm, NJW 1990, 652, 653; OLG Saarbrücken, NJW 1992, 987; Kropholler, a.a.O., Art. 18 Rn. 10 ff.

[52] OLG Koblenz RIW 1992, 59 = IPRspr 1991, 174; Geimer RIW 1988, 221

[53] Rahm/Künkel/Breuer, a.a.O., Rn. 240

[54] Zur Geltung des EuGVÜ siehe Kropholler, a.a.O., Art. 60 EuGVÜ Rn. 1 ff.

[55] EuGH, NJW 1992, 3221 m. Anm. Rauscher/Gutknecht, IPRax 1993, 21, 22 f.

[56] Vgl. für das italienische Recht BGH, NJW 1986, 662 = IPRax 1987, 314; Kropholler, a.a.O., Art. 21 EuGVÜ Rn. 4 f.

[57] EuGH, NJW 1989, 665, 666 m. Anm. Schack, IPRax 1989, 139; zur Konkurrenz von Leistungs- und Feststellungsklage OLG Köln, NJW 1991, 1427; vgl. auch Schack, IPRax 1991, 270, 272; Kropholler, a.a.O., Art. 21 EuGVÜ Rn. 6 ff.

[58] Vgl. BGH, NJW 1986, 662 = IPRax 1987, 314; OLG Karlsruhe, FamRZ 1986, 1226; OLG Köln, FamRZ 1992, 75 = FuR 1991, 359, Türkei; Kropholler, a.a.O., Art. 21 Rn. 11 und Art. 24 Rn. 8 f.

[59] Vgl. OLG Karlsruhe, FamRZ 1986, 1226

[60] Vgl. OLG Köln, FamRZ 1992, 75

[61] Vgl. BGH, NJW 1986, 662 = IPRax 1987, 314; EuGH, IPRax 1985, 336, 338 m. Anm. Rauscher, IPRax 1985, 317; Kropholler, a.a.O., Art. 21 EuGVÜ Rn. 3

[62] Vgl. BGH, FamRZ 1992, 1058, streitig

Nicht ohne weiteres reicht es aus, dass nach der ausländischen Rechtsordnung eine Unterhaltssache im Verbund mit der Scheidung zu entscheiden, aber noch nicht zum Verfahrensgegenstand gediehen ist (sog. Verbundbefangenheit).[63]

Eine überlange Dauer des ausländischen Verfahrens kann die Rechtshängigkeitssperre im Inland aufheben.[64]

235 Nach Art. 27 I EuGVVO muss das später angerufene Gericht sein Verfahren von Amts wegen aussetzen, bis die Zuständigkeit des zuerst angerufenen Gerichts feststeht.[65] Sobald die Zuständigkeit des zuerst angerufenen Gerichts feststeht, erklärt sich das später angerufene Gericht für unzuständig.[66] Die Verordnung lässt weder eine Prognose für die zu prüfende Zuständigkeit,[67] noch ein parallel betriebenes Verfahren zu. Erst wenn sich das zuerst angerufene Gericht für unzuständig erklärt hat, kann das später angerufene Gericht sein Verfahren fortsetzen. Eine Verweisung an ein ausländisches Gericht wegen internationaler Unzuständigkeit kommt nicht in Betracht.[68] Art. 27 EuGVVO findet sowohl Anwendung, wenn sich die Zuständigkeit des früher angerufenen Gerichts aus der Verordnung selbst ergibt, als auch dann, wenn sie nach Maßgabe des Art. 4 EuGVVO auf innerstaatlichen Rechtsvorschriften eines Vertragsstaats beruht.[69] Nach OLG München[70] ist Rechtshängigkeit i. S. v. Art. 21 EuGVÜ auch gegeben bei einer negativen Feststellungsklage in einem Vertragsstaat und Leistungsklage (Erfüllung) in einem anderen bezüglich derselben Ansprüche. Fehlt es an einer Identität des Streitgegenstandes, ist Art. 28 EuGVVO zu prüfen. Besteht zwischen erstinstanzlichen Verfahren verschiedener Vertragsstaaten ein „Zusammenhang", kann das später angerufene Gericht das Verfahren aussetzen und, wenn das zuerst angerufene Gericht für beide Klagen zuständig und eine Verbindung möglich ist, sich für unzuständig erklären. Ein Zusammenhang liegt vor, „wenn zwischen ihnen eine so enge Beziehung gegeben ist, dass eine gemeinsame Verhandlung und Entscheidung geboten erscheint, um zu vermeiden, dass in getrennten Verfahren widersprechende Entscheidungen ergehen können" (Art. 28 Abs. 3 EuGVVO).

236 **Rechtsschutzbedürfnis.** Ein Rechtsschutzbedürfnis besteht für eine Leistungsklage nach herrschender Meinung auch dann, wenn ein ausländischer Unterhaltstitel bereits vorliegt und gemäß §§ 722, 723, 328 ZPO für vollstreckbar erklärt werden kann. Das gilt jedoch dann nicht, wenn nach einem Vollstreckungsabkommen eine Klauselerteilung schneller und billiger möglich ist als eine Klage.[71]

2. Vollstreckungsklage (§§ 722, 723, 328 ZPO)

237 Ausländische Unterhaltstitel entfalten im Inland nur die von der deutschen Rechtsordnung zugebilligten Wirkungen. Dabei ist zwischen der **Anerkennung** ausländischer Urteile (vgl. Art. 33 ff. EuGVVO) und deren **Vollstreckbarerklärung** (vgl. Art. 38 ff. EuGVVO) zu unterscheiden. Während die Anerkennung von Statusurteilen ausdrücklich auszusprechen ist,[72] tritt sie in Unterhaltssachen automatisch ein (§ 723 Abs. 1 ZPO; Art. 33 I, 36, 45 II EuGVVO).[73] Die Übertragung der vollstreckungsrechtlichen Wirkungen des Unterhaltsurteils ist allerdings nur in einem besonderen gerichtlichen Verfahren möglich. Im Rahmen

[63] Vgl. BGH, NJW 1986, 662 = IPRax 1987, 314, Italien; sehr fraglich dazu OLG München, 12. ZS, FamRZ 1992, 73, Polen; kritisch dazu auch Linke, IPRax 1992, 159

[64] Vgl. BGH, FamRZ 1983, 368; Zöller/Geimer, a.a.O. Art. 21 EuGVÜ, Rn. 22

[65] Zur Gefahr des Rechtsverlustes durch Verjährung vgl. BGB WM 1993, 1102 = VersR 1993, 742

[66] Zur Neufassung vgl. Zöller/Geimer, a.a.O. Art 21 EuGVÜ, Rn. 1; Kropholler, a.a.O., Art. 21 EuGVÜ Rn. 21 ff.

[67] EuGH, IPRax 1993, 34 = NJW 1992, 303 m. Anm. Rauscher, IPRax 1993, 21

[68] Zöller/Geimer, a.a.O. Art. 20 EuGVÜ, Rn. 3

[69] EuGH, NJW 1992, 3221 m. Anm. Rauscher/Gutknecht, IPRax 1993, 21, 22 f.

[70] OLG München OLG-Report 1994, 166 = IPRax 1994, 308

[71] Vgl. auch EuGH, NJW 1977, 495 LS; LG Hamburg, IPRax 1992, 251; Rahm/Künkel/Breuer, a.a.O., Rn. 295; Kropholler, a.a.O., Art. 25 EuGVÜ Rn. 7

[72] Bergmann, FamRZ 1999, 487; siehe auch Boden, FamRZ 1998, 1416

[73] Kropholler, a.a.O., Art. 26 EuGVÜ Rn. 1

dieser Vollstreckungsklage ist von Amts wegen zu prüfen, ob die Anerkennungsvoraussetzungen vorliegen (Art. 34 EuGVVO/§ 723 II S. 2 ZPO).

Die Vollstreckbarerklärung ausländischer Unterhaltstitel erfolgt überwiegend nach staatsvertraglichem Anerkennungsrecht, insbesondere nach der EuGVVO und dem HUVÜ 73 (unten III). Das autonome, innerstaatliche Anerkennungsrecht hat demgegenüber eine geringe Bedeutung. Soweit die zwischenstaatlichen Abkommen nach dem Willen des Gesetzgebers die Anerkennung erleichtern und nicht erschweren sollen, hat der Titelberechtigte die Wahl zwischen vertraglichem und autonomem, innerstaatlichem Anerkennungsrecht.[74] Dieses Günstigkeitsprinzip gilt selbst für das Verhältnis mehrerer Staatsverträge und auch für den Verpflichteten.[75] Die **EuGVVO,** die auch einen besseren Schutz des Beklagten bezweckt,[76] beansprucht allerdings die ausschließliche Geltung gegenüber dem autonomen Recht und bildet damit eine Ausnahme vom Günstigkeitsprinzip.

Die **Anerkennung** des ausländischen Titels erfolgt nach den Grundsätzen des vorrangig **238**
anwendbaren EuGVVO und dem autonomen, innerstaatlichen Prozessrecht mit der Vollstreckungsklage (§ 722 ZPO). Unterhaltstitel fallen in den Anwendungsbereich der Art. 32 ff. EuGVVO, auch wenn mit dem Scheidungsurteil die entsprechende Statusentscheidung ausgenommen ist (Art. 1 II a EuGVVO). Diese Vollstreckungsklage ermöglicht es, einem sonst im Inland nicht vollstreckbaren ausländischen Titel (nach Art. 32 EuGVVO nicht nur Urteile im formellen Sinne, sondern auch Beschlüsse, Zahlungsbefehle, Vollstreckungsbescheide pp. einschließlich eines Kostenfestsetzungsbeschlusses[77]) die Vollstreckbarkeit zu verleihen. Erst dann ist die Entscheidung im Inland durchsetzbar. Streitgegenstand ist nicht der materiell-rechtliche Anspruch (vgl. Art. 33 I, 36 EuGVVO),[78] sondern die Zulässigkeit der inländischen Zwangsvollstreckung aus dem ausländischen Urteil. Sachlich zuständig ist bei Unterhaltstiteln das Familiengericht;[79] örtlich ausschließlich (§ 802 ZPO) zuständig ist das Wohnsitzgericht des Schuldners oder das Gericht seines Vermögensgerichtsstands (§§ 722 II, 23 ZPO). Das Verfahren richtet sich nach den allgemeinen Regeln des Erkenntnisverfahrens. Das Gericht entscheidet durch Urteil auf Grund mündlicher Verhandlung. Da das inländische Vollstreckungsurteil zum Vollstreckungstitel wird, muss der Klagantrag das ausländische Urteil und den gesamten Tenor vollständig benennen.

Voraussetzung der Anerkennung ist die Rechtskraft des Titels und seine Anerkennungs- **239**
fähigkeit (§ 328 ZPO). Die Anerkennung ist im Rahmen dieses innerstaatlichen Rechts ausgeschlossen, wenn die Entscheidung gegen den deutschen ordre public verstößt (§§ 723 II, 328 I Nr. 4 ZPO) oder wenn (anders als bei der Vollstreckbarerklärung nach der EuGVVO und dem HUVÜ73, vgl. III) die **Gegenseitigkeit** nicht verbürgt[80] ist. Nicht geprüft wird der sachlich-rechtliche Anspruch (§ 723 I ZPO).

Einwendungen (z. B. Erfüllung) können nur analog § 767 II ZPO erhoben werden.[81] Für solche, die auf wesentliche Änderungen analog § 323 ZPO hinauslaufen (wie etwa die Veränderung der wirtschaftlichen Verhältnisse), ist nur die Abänderungs(wider)klage möglich,[82] die mit der Vollstreckungsklage verbunden werden kann. Da der materielle Anspruch nicht Gegenstand der Vollstreckungsklage ist, kann die Abänderungsklage nur auf Veränderungen gestützt werden, die nach Erlass des ausländischen Urteils entstanden sind.[83]

---

[74] Rahm/Künkel/Breuer, a.a.O., Rn. 254

[75] Schack, IPRax 1986, 218, 219

[76] Österreichischer OGH, IPRax 1999, 47, 48 (zum inhaltsgleichen EuGVÜ)

[77] Für Unterhaltsvergleich BGH, FamRZ 1986, 45 = IPRax 1986, 294; OLG München, FamRZ 1992, 73, 75; vgl. auch Art. 25 EuGVÜ

[78] BGHZ 72, 23, 29

[79] BGHZ 88, 113 = FamRZ 1983, 1008 = IPRax 1984, 323

[80] BGH NJW 2001, 524; vgl. Auch Zöller/Geimer, a.a.O. Anhang IV; Rahm/Künkel/Breuer, a.a.O., Rn. 264, 269; zu Bosnien-Herzegowina vgl. AG München FamRZ 2003, 463

[81] BGH, FamRZ 1987, 370, 371; FamRZ 1987, 1146; FamRZ 1982, 785 = NJW 1982, 1947; IPRax 1993, 321 ff.

[82] BGH, FamRZ 1990, 504 = NJW 1990, 1419, Österreich

[83] BGH, FamRZ 1987, 370, 371; OLG Karlsruhe, FamRZ 1991, 600, Polen: OLG Hamm, FamRZ 1991, 718

240 Anstelle der Vollstreckungsklage kann auch **Klage auf Leistung** aus dem durch das ausländische Urteil festgestellten Anspruch erhoben werden.[84] Dabei ist jedoch wegen der Rechtskraft des ausländischen Urteils und seiner Anerkennung im Inland das deutsche Gericht bei seinem Sachurteil an den Inhalt des ausländischen Urteils gebunden. Es muss eine mit dem ausländischen Urteil übereinstimmende Sachentscheidung treffen. Das gilt auch für die Währung.[85]

241 Ist der ausländische Titel nach deutschem Recht zu unbestimmt gefasst, kann er in der Entscheidung über seine Vollstreckbarkeit ausnahmsweise noch konkretisiert werden.[86] Dabei müssen die zur Konkretisierung erforderlichen Feststellungen im Vollstreckbarerklärungsverfahren getroffen[87] und gegebenenfalls ein bestimmter Antrag angeregt werden.

242 Der Vollstreckbarerklärung steht nicht entgegen, dass der ausländische Unterhaltstitel auf EUR lautet, was den Einsatz eines im außereuropäischen Ausland belegenen Vermögens erschwert.[88] Nach OLG Hamm[89] soll die neue inländische Entscheidung jedoch auf EUR (statt z. B. Zloty) umgestellt werden können. Ein finnischer Unterhaltstitel ist auch hinsichtlich des gesetzlich indizierten Unterhaltsbetrages für vollstreckbar zu erklären.[90]

243 Häufig kommen auf Grund staatsvertraglicher Regelung für die Vollstreckbarerklärung **einfachere und billigere Verfahren** in Betracht, wie z. B. durch die EuGVVO oder das HUVÜ 73 (vgl. oben Rn. 226), jeweils i. V. m. dem Anerkennungs- und Vollstreckungsausführungsgesetz – AVAG –.[91] Da die zwischenstaatlichen Abkommen nach dem Willen des nationalen Gesetzgebers die Anerkennung erleichtern und nicht erschweren sollen, hat der Titelberechtigte grundsätzlich die Wahl zwischen dem vertraglichen und dem autonomen, innerstaatlichen Anerkennungsrecht.[92] Dieses Günstigkeitsprinzip gilt auch für den Verpflichteten.[93] Die EuGVVO, die auch einen besseren Schutz des Beklagten bezweckt, beansprucht für seinen Wirkungsbereich allerdings die ausschließliche Geltung gegenüber dem autonomen Recht und bildet damit eine wichtige Ausnahme vom Günstigkeitsprinzip. Im Verhältnis zu den Ländern der EU (mit Ausnahme von Dänemark) geht deswegen das einfachere Verfahren nach Art. 33 ff., 38 ff. EuGVVO vor.

244 Liegt ein im Inland anerkennungsfähiger ausländischer Titel vor, steht dessen Rechtskraft einer erneuten Klage wegen derselben Angelegenheit grundsätzlich entgegen.[94] Nach überwiegender Auffassung schließt dieses aber eine „unselbstständige" Leistungsklage auf Zahlung des titulierten Betrages in gleicher Währung nicht aus.[95] Die Rechtskraft des ausländischen Urteils steht diesem Verfahren nicht entgegen, weil das Gericht lediglich befugt ist, ohne inhaltliche Nachprüfung ein inhaltlich gleiches Sachurteil zu treffen.

245 Die Anerkennung einer ausländischen Entscheidung kann auch als selbstständige Inzidentanerkennung im Rahmen einer Zwischenfeststellungsklage einer rechtshängigen Familiensache begehrt werden,[96] wenn die Frage der Anerkennung in diesem Rechtsstreit auftritt. Daneben kann die Anerkennung auch zum Gegenstand einer gesonderten (positiven oder negativen) Feststellungsklage (§ 256 I ZPO) gemacht werden, um z. B. der Gefahr divergierender Entscheidungen bei der unselbstständigen Inzidentanerkennung zu begegnen.

---

84 BGH, FamRZ 1987, 370 = NJW 1987, 1146; FamRZ 1986, 665, 666; NJW 1979, 2477; NJW 1964, 1626

85 BGH, FamRZ 1987, 370 = NJW 1987, 1146, Tschechoslowakei; KG, FamRZ 1993, 976, Türkei

86 BGH, FamRZ 1986, 45 = NJW 1986, 1440, Schweiz

87 BGH, IPRax 1994, 367 mit Anm. Roth, IPRax 1994, 350, Italien

88 BGH, FamRZ 1990, 992

89 FamRZ 1991, 718; vgl. Rahm/Künkel/Breuer, a.a.O., Rn. 299

90 OLG Schleswig, FamRZ 1994, 53; Rahm/Künkel/Breuer, a.a.O., Rn. 293

91 Vgl. dazu etwa KG, FamRZ 1990, 1376 und OLG Schleswig, FamRZ 1994, 53 sowie OLG Hamm, FamRZ 1993, 213

92 Rahm/Künkel/Breuer, a.a.O., Rn. 254; Kropholler, a.a.O., Art. 25 EuGVÜ Rn. 8

93 Schack, IPRax 1986, 218, 219

94 EuGH, NJW 1977, 495; Kropholler, a.a.O., Art. 25 EuGVÜ, Rn. 7

95 BGH, FamRZ 1987, 370; OLG Karlsruhe FamRZ 1999, 309; Rahm/Künkel/Breuer, a.a.O., Rn. 296 m. w. N.

96 Rahm/Künkel/Breuer, a.a.O., Rn. 286

Als vorrangige Sonderregelung sieht das Staatsvertragsrecht (Art. 33 II EuGVVO) ein positives Anerkennungsfeststellungsverfahren vor. Das HUVÜ 73 enthält eine vergleichbare Regelung nicht, sondern überlässt die Frage dem autonomen Recht des Vollstreckungsstaats (Art. 13). Da das vereinfachte Verfahren nach dem AVAG für beide Staatsverträge gilt, ist das dort in § 27 f geregelte Anerkennungsverfahren als spezielle Regelung auch im Zuständigkeitsbereich des HUVÜ 73 anwendbar.[97] Das Verfahren auf Erteilung einer Vollstreckungsklausel (unten III) ist gegenüber dem Anerkennungsverfahren vorrangig, weil darin die Anerkennung zugleich verbindlich festgestellt wird.[98] 246

Urteile der früheren DDR bedürfen nicht der Vollstreckbarerklärung.[99] 247

3. Abänderungsklage

Die Zuständigkeit für eine Abänderungsklage richtet sich nach allgemeinen Grundsätzen. Eine internationale Entscheidungszuständigkeit deutscher Gerichte ist nicht allein deswegen gegeben, weil der Ersttitel von einem deutschen Gericht erlassen wurde.[100] 248

Ausländische Urteile. Für ihre Abänderung ist Voraussetzung u. a. die 249
- Anerkennung des ausländischen Urteils in Deutschland,
- Gleichheit der Parteien, sei es auch in umgekehrter Parteistellung,
- Abänderbarkeit nach dem maßgebenden (meist ausländischen) Unterhaltsstatut.

Anerkennung. Anerkennung ist die Ausdehnung der prozessualen Wirkungen des Auslandsurteils auf das Inland mit der Folge der Beachtlichkeit des Urteils im Inland.[101] Soweit nicht abweichende Staatsverträge Vorrang beanspruchen,[102] richtet sie sich in der Regel nach § 328 I 1–5 ZPO und bedarf nicht unbedingt einer förmlichen Entscheidung, etwa nach § 722 ZPO, sondern kann auch „inzident" im Abänderungsrechtsstreit bejaht werden, und zwar unabhängig davon, ob bereits eine Vollstreckbarerklärung vorliegt.[103] 250

Bei einer mit der ausländischen Scheidung verbundenen Unterhaltsregelung ist hinsichtlich des Ehegattenunterhalts zu beachten, dass vor der Anerkennung der Unterhaltsentscheidung durch den Abänderungsrichter u. U. die Scheidung selbst (nicht die Unterhaltsfolgesache) durch die Landesjustizverwaltung anerkannt sein muss (Art. 7 § 1 Abs. 1 FamRÄndG).[104] Beim Kindesunterhalt gilt dies nicht, weil er von der Scheidung unabhängig ist.

Parteiidentität. Die Parteien müssen grundsätzlich dieselben sein wie im Vorprozess. Wirkt ein Auslandsurteil nach der maßgebenden ausländischen Rechtsordnung unmittelbar für und gegen einen Dritten, z. B. ein Kind, kann dieser auf Abänderung klagen.[105] 251

Abänderbarkeit. Die Befugnis, ausländische Urteile abzuändern, bildet keinen Eingriff in fremde Hoheitsgewalt.[106] Bei der Abänderung ausländischer Urteile ist die prozessuale von der materiellrechtlichen Prüfung zu trennen. Ob und wie sich spätere Änderungen der maßgeblichen Verhältnisse auf den titulierten materiellen Unterhaltsanspruch auswirken, richtet sich allein nach dem international anwendbaren materiellen Recht. Nach dem eigenen Prozessrecht ist die Frage zu beantworten, ob die später eingetretenen Umstände eine Möglichkeit für dessen Abänderung eröffnen.[107] Der deutsche Abänderungsrichter ist 252

---

97 Str. vgl. Rahm/Künkel/Breuer, a.a.O., Rn. 289

98 Str. vgl. Rahm/Künkel/Breuer, a.a.O., Rn. 289; a.A. Kropholler, a.a.O., § 26 EuGVÜ Rn. 5 (für gleichzeitigen Feststellungsantrag)

99 BGHZ 84, 19; OLG Hamm, FamRZ 1991, 1078; OLG Brandenburg, FamRZ 1998, 1134

100 Kropholler, a.a.O., Art. 5 EuGVÜ Rn. 49

101 Vgl. Zöller/Geimer, a.a.O. § 328 Rn. 18

102 Art. 3 II EGBGB

103 Rahm/Künkel/Breuer, a.a.O., Rn. 246

104 Abgedruckt bei Schönfelder Nr. 45; BGH, FamRZ 1981, 1203

105 Vgl. BGH, FamRZ 1992, 1060 = NJW-RR 1993, 5; FamRZ 1983, 806 = NJW 1983, 1976 = R 174 a

106 BGH, IPRax 1984, 320, 321 = FamRZ 1983, 806 ff.

107 Rahm/Künkel/Breuer, a.a.O., Rn. 247

an das deutsche Prozessrecht gebunden, auch bei der Behandlung ausländischer Titel (Geltung der sog. lex fori). Dazu gehört § 323 ZPO, der nach h. M. prozessrechtlicher Natur ist.[108] Diese Vorschrift begründet für Urteile einen prozeßrechtlichen Abänderungsanspruch, sie setzt jedoch einen materiellrechtlichen Unterhaltsanspruch voraus.[109] Ungeachtet dogmatischer Bedenken geht die herrschende Rechtspraxis (folgerichtig) davon aus, dass dies als Folge der Anerkennung auch bei Auslandsurteilen gilt und – nach dem deutschen prozessrechtlichen Grundsatz der Wahrung der Grundlagen des abzuändernden Titels – vorbehaltlich eines Statutenwechsels (Rn. 254) von dem im Auslandsurteil zugrunde gelegten materiellen Recht (Unterhaltsstatut) auszugehen ist.[110]

253 In den Fällen, in denen schon nach dem anwendbaren materiellen Auslandsrecht eine Abänderungssperre zu beachten ist, wie z. B. nach dem schweizerischen ZGB bei Erhöhung der Unterhaltszusatzrente gem. Art. 151 I oder der Bedürftigkeitsrente gem. Art. 152,[111] bietet § 323 ZPO keine Grundlage für eine weiter gehende Abänderung, was aus dem Wesen als prozeßrechtliche Vorschrift folgt; andernfalls könnte eine Partei auf Grund deutschen Prozessrechts in Deutschland einen größeren Unterhalt erzielen, als ihr materiell nach dem anzuwendenden Unterhaltsstatut überhaupt zusteht. Gibt das anzuwendende Auslandsrecht materiellrechtlich ein Mehr, als das deutsche Prozessrecht zulässt (§ 323 ZPO), ist die Durchsetzung des Mehr in Deutschland nicht möglich, z. B. wegen der Sperre nach § 323 III ZPO. Diese prozessuale Beschränkung der Geltendmachung eines Rechts oder eines materiellen Anspruchs ist nichts Außergewöhnliches, wie etwa die Wirkung der Rechtskraft zeigt.

Soweit ersichtlich ist jedenfalls in den europäischen Rechtsordnungen nach materiellrechtlichen Vorschriften durchweg eine Abänderung von Unterhaltsurteilen grundsätzlich möglich, und zwar – meist – sowohl eine Erhöhung als auch eine Ermäßigung bis auf Null, wobei wie im deutschen (Prozess-)Recht abgestellt wird auf wesentliche Veränderung der für die ursprüngliche Verurteilung maßgebenden Umstände oder Verhältnisse.

254 **Statutenwechsel.** Ändert sich das Unterhaltsstatut, ändert sich auch das Abänderungsstatut, z. B. bei Zuzug des Unterhaltsberechtigten nach Deutschland (Art. 18 I EGBGB).[112] Der materiellrechtlichen Wandelbarkeit des Unterhaltsstatuts steht der prozeßrechtliche Grundsatz der Wahrung der Grundlagen des Titels nicht entgegen. Denn er besagt nur, dass diese bestehen bleiben, **soweit** sie sich nicht verändert haben. Der Veränderung unterliegen aber nicht nur tatsächliche Umstände, wie Bedürftigkeit oder Leistungsvermögen (beides auch Rechtsbegriffe), sondern auch das Recht selbst, und zwar nicht nur in seiner Gesamtheit (Statut), sondern auch innerhalb derselben Rechtsordnung.[113] Da in den (meisten) Ländern, zumindest in Europa, die Änderungsvoraussetzungen im Wesentlichen dieselben sind, wird sich der Statutenwechsel allein nicht oder kaum auswirken, allenfalls im Zusammenhang mit der Änderung weiterer Umstände.

255 Bei Scheidung oder gerichtlicher Trennung ist Abänderungsstatut das Scheidungs- oder Trennungsstatut, wenn die Scheidung oder Trennung von einem Vertragsstaat ausgesprochen oder anerkannt worden ist (Art. 18 IV EGBGB, Art. 8 HUÜ 73).[114]

---

[108] Zur Rechtslage in Italien, Frankreich und den Benelux-Staaten s. Schlosser, FamRZ 1973, 427 f; dazu und zur Rechtslage in der Schweiz, den osteuropäischen Staaten, dem angloamerikanischen Bereich und Österreich s. Siehr, FS Bosch, S. 927 f; zur Schweiz s. auch Leipold, FS Nagel, S. 189, 195; Gottwald, FS Schwab, S. 151, 153 f.; vgl. auch OG Uri, DAV 1983, 771 ff.

[109] Vgl. BGH, FamRZ 1983, 353

[110] Vgl. BGH, FamRZ 1983, 806 = NJW 1983, 1976 = R 174 b

[111] Siehe unter „Schweiz"; vom Fall der Indizierung abgesehen

[112] A.A. anscheinend BGH, FamRZ 1983, 806 = NJW 1983, 1976 = R 174 b im Bereich des Haager Kindesunterhaltsübereinkommens vom 24. 10. 1956; zum Statutenwechsel offengelassen. Die Änderung des gewöhnlichen Aufenthalts des Unterhaltsberechtigten bewirkt jedoch jedenfalls im Bereich des Haager Unterhaltsübereinkommens einen Statutenwechsel (zum Begriff vgl. etwa Palandt/Heldrich, BGB 62. Auflage, Einl. vor Art. 3 EGBGB Rn. 23)

[113] Z. B. BGH, FamRZ 1990, 1091 = NJW-RR 1990, 1410

[114] Vgl. BGH, FamRZ 1992, 298 = NJW 1992, 438

Im Bereich des Auslandsunterhaltsgesetzes (AUG; s. Rn. 226, 266) ist dessen Art. 10 II zu beachten.[115] Danach ist bei Rechtskraft der ausländischen Entscheidung eine Abänderung nur nach § 323 ZPO zulässig, d. h. in dessen (prozessualen) Grenzen. Ist die Auslandsentscheidung noch nicht rechtskräftig, ist eine Abänderung von Höhe und Dauer des festgelegten Unterhalts ohne die Schranken des § 323 ZPO möglich. 256

Prozessvergleich und vollstreckbare Urkunden. Beide sind zwar auch im Inland vollstreckbar (Art. 57, 58 EuGVVO), aber nicht abänderbar. Ist der Vergleich in ein gerichtliches Urteil eingeflossen, steht das Urteil mit **seine** Wirkungen im Vordergrund und ist als solches zu behandeln.[116] 257

4. Einstweiliger Rechtsschutz

Er gehört zum Prozessrecht und daher zur lex fori. Der deutsche Richter wendet die §§ 620 ff., 644 ZPO (einstweilige Anordnung) oder (subsidiär) § 935, § 940 ZPO (einstweilige Verfügung) an. Seine internationale Zuständigkeit folgt regelmäßig derjenigen der Hauptsache. Im EU-Bereich bestimmt Art. 31 EuGVVO, dass in einem Vertragsstaat einstweiliger Rechtsschutz nach den autonomen Regeln dieses Staates auch dann beantragt werden kann, wenn für die Hauptsache ein anderer Vertragsstaat zuständig ist.[117] Der EuGH hatte zur früheren Rechtslage daran festgehalten, dass auch einstweilige Maßnahmen nach Art. 24 EuGVÜ anerkannt und vollstreckt werden können, sofern sie nach Gewährung rechtlichen Gehörs erlassen worden sind. Nunmehr bestimmt Art. 47 EuGVVO zwar ausdrücklich, dass ein „Antragsteller nicht gehindert ist, einstweilige Maßnahmen einschließlich solcher, die auf eine Sicherung gerichtet sind, nach dem Recht des Vollstreckungsmitgliedsstaats in Anspruch zu nehmen, ohne dass es einer Vollstreckbarerklärung nach Art 41 bedarf".[118] Voraussetzung ist aber, dass die Entscheidung anerkennungsfähig ist und die Befugnis, solche Maßnahmen zu veranlassen, ergibt sich nach Art. 47 II EuGVVO erst aus der Vollstreckbarerklärung.[119] Um der Gefahr zu begegnen, dass sich eine Partei in einem der über Art. 31 EuGVVO eröffneten exorbitanten Gerichtsstände einen Titel nur zu dem Zweck verschafft, um diesen in einem anderen Mitgliedstaat zu vollstrecken, fordert der EuGH eine „reale Verknüpfung" des Verfahrensgegenstandes mit dem Gebiet des Urteilsstaates.[120] Der Begriff der einstweiligen Maßnahme in Art. 31 EuGVVO ist weit auszulegen und umfasst auch eine Verfügung, die eine (teilweise) Erfüllung der Hauptleistung anordnet. Wegen dieser einschneidenden Wirkungen verlangt der EuGH[121] allerdings Sicherungen, die eine spätere Rückabwicklung der einstweiligen Anordnung ermöglichen. 258

Materiell ist auch hier dasjenige Recht anzuwenden, das sich vorrangig aus Staatsverträgen (z. B. HUÜ 73) oder sonst nach den IPR-Regeln ergibt.

Weder die Vorschriften über einstweilige Anordnungen (§§ 620 ff, 644 ZPO) noch jene über einstweilige Verfügungen (§§ 935, 940 ZPO) bieten eine materielle Rechtsgrundlage.[122] Lediglich aus Zweckmäßigkeitserwägungen (dogmatisch höchst fragwürdig) wird in der deutschen Rechtsprechung deutsches materielles Recht angewendet, wenn das materielle Auslandsrecht nicht oder nur unter größten Schwierigkeiten zuverlässig zu ermitteln ist.

Soweit Staatsverträge zu beachten sind, lassen diese in aller Regel einstweiligen Rechtsschutz zu (z. B. Art. 31 EuGVVO).[123]

---

115 Abgedruckt bei Baumbach/Hartmann, ZPO 61. Auflage, § 722

116 Geimer, JZPR, 3. Auflage, Rn. 2861 ff. und 2655 ff.

117 Zur Zuständigkeit zum Erlass einstweiliger Maßnahmen vgl. EuGH, IPRax 1999, 240; m. Anm. Hess/Vollkommer, IPRax 1999, 220; siehe auch Kropholler, a.a.O., Art. 24 Rn. 6 ff.

118 Vgl. dazu Heß/Hub IPRax 2003, 93 ff.

119 Vgl. zum EuGVÜ Hess/Vollkommer, a.a.O.

120 EuGH, IPRax 1999, 240 (zum EuGVÜ)

121 EuGH, IPRax 1999, 240; m. Anm. Hess/Vollkommer, IPRax 1999, 220 (zum EuGVÜ)

122 Vgl. z. B. OLG München, FamRZ 1980, 448; vgl. insoweit auch Dose, Einstweiliger Rechtsschutz in Familiensachen Rn. 86

123 Vgl. EuGH, IPRax 1981, 19

III. Anerkennung und Vollstreckung nach Staatsvertragsrecht

259 Die EuGVVO erfordert für seinen Anwendungsbereich kein **besonderes** Anerkennungsverfahren (Art. 33 I). Entscheidungen eines Vertragsstaats werden grundsätzlich anerkannt bis auf die in Art. 34, 35 EuGVVO enthaltenen Ausnahmen (z. B. bei Verstoß gegen den ordre public).[124] Die ausländische Entscheidung darf keinesfalls in der Sache selbst nachgeprüft werden (Art. 36 EuGVVO). Die Vollstreckbarerklärung ausländischer Unterhaltstitel erfolgt überwiegend nach staatsvertraglichem Anerkennungsrecht, insbesondere nach der EuGVVO und dem HUVÜ 73 (oben Rn. 226). Das autonome, innerstaatliche Anerkennungsrecht (siehe oben Rn. 237 ff.) hat demgegenüber eine geringe Bedeutung, weil insbesondere das Verfahren nach dem EuGVVO vorgeht. Durch die Anerkennung eines ausländischen Titels erstreckt sich dessen materielle Bestandskraft auf das Inland. Eine erneute Anrufung des Gerichts wegen derselben Angelegenheit ist deswegen unzulässig. Dem steht der Einwand der Rechtskraft des ausländischen Titels entgegen.[125] Soweit eine Vollstreckbarerklärung mittels des Klauselerteilungsverfahrens möglich ist, dürfte auch die Vollstreckungsklage mangels Rechtsschutzbedürfnisses unzulässig sein.[126] Die EuGVVO, die neben einer Erleichterung der Anerkennung auch den Schutz des Beklagten bezweckt, beansprucht die ausschließliche Geltung gegenüber dem autonomen Recht.

260 Für die Vollstreckbarerklärung hat Art. 41 EuGVVO **für alle Mitgliedsstaaten ein einheitliches Verfahren** eingeführt, das die Postulate der Schnelligkeit und Effizienz in hohem Maße verwirklicht. Über die Vollstreckbarerklärung (durch Klauselerteilung) muss nicht in einem schwerfälligen Verfahren entschieden werden. Vielmehr stellt die Verordnung ein weiter vereinfachtes schriftliches Verfahren zur Verfügung, dessen Kernpunkt der Ausschluss der kontradiktorischen Verhandlung im ersten Verfahrensabschnitt ist. Nach Art. 41 S. 1 EuGVVO wird die Entscheidung unverzüglich für vollstreckbar erklärt, sobald die in Art. 53 EuGVVO vorgeschriebenen Förmlichkeiten erfüllt sind. Eine Prüfung der Anerkennungshindernisse der Art. 34, 35 EuGVVO erfolgt in diesem Verfahrensabschnitt nicht. Hinzu kommt der Überraschungseffekt. Nach Art. 41 S. 2 EuGVVO erhält der Schuldner in diesem Abschnitt des Verfahrens keine Gelegenheit, eine Erklärung abzugeben. Dem Schuldner soll nicht die Zeit bleiben, sein Vermögen im Zweitstaat dem Vollstreckungszugriff zu entziehen. Die Rechte des Schuldners werden durch das weitere Verfahren gewahrt. Er kann sich durch die Einlegung eines Rechtsbehelfs nach Art. 43 I EuGVVO rechtliches Gehör verschaffen. Während der Rechtsbehelfsfrist (regelmäßig ein Monat, bei Wohnsitz in einem anderen Mitgliedsstaat zwei Monate) und solange über den Rechtsbehelf noch nicht entschieden ist, darf die Zwangsvollstreckung in das dort gelegene Vermögen nicht über Maßnahmen der Sicherung hinausgehen (Art. 47 III EuGVVO). Im Verfahren über den Rechtsbehelf ist dem Antrag stattzugeben, wenn nicht die Voraussetzungen zur Versagung der Anerkennung nach Art. 34, 35 EuGVVO vorliegen. In der Sache selbst ist die Entscheidung nicht nachzuprüfen (Art. 45 II EuGVVO). Gegen die Entscheidung, die über den Rechtsbehelf ergangen ist, ist nur die Rechtsbeschwerde zulässig.[127]

Ein Verstoß gegen den deutschen **„ordre public“** steht einer Anerkennung und Vollstreckbarerklärung allerdings entgegen (Art. 34 Nr. 1, 43 III, 45 I EuGVVO). Inwieweit der **EuGH** den dafür entscheidenden Begriff der „öffentlichen Ordnung“ allgemein konkretisieren darf, ist durch einige jüngere Entscheidungen nunmehr im Wesentlichen geklärt.

---

[124] Vgl. zum inhaltsgleichen EuGVÜ BGH, IPRax 1994, 367

[125] EuGH, NJW 1977, 495; Kropholler, a.a.O., Art. 25 EuGVÜ Rn. 7; Zöller/Geimer, a.a.O. Anhang I Art. 31 EuGVÜ Rn. 10

[126] Siehe Anmerkung Gottwald zu OLG Karlsruhe, FamRZ 1999, 309, 310 f.; a.A. BGH, FamRZ 1987, 370 zur Vollstreckungsklage, wenn der Antrag auf Vollstreckbarerklärung rechtskräftig zurückgewiesen worden ist

[127] Vgl. Zöller/Geimer a.a.O. Anhang I A Art 38 ff. EuGVVO

Nach der richtungsweisenden Entscheidung *Krombach*[128] hat der EuGH seine Rechtsprechung in der Entscheidung *Renault SA*[129] weiter konkretisiert. Danach ist es nicht Aufgabe des EuGH, den Mitgliedsstaaten den Inhalt der öffentlichen Ordnung vorzuschreiben. Der Gerichtshof habe aber über die Grenzen zu wachen, innerhalb derer ein Mitgliedsstaat im Rahmen des Art. 27 Nr. 1 EUGVÜ (Vorgänger der EuGVVO) die Urteilsfreizügigkeit zurücknimmt. Damit hat der Gerichtshof eine zweistufige Begriffsbildung entwickelt. Der EuGH steckt den gemeinschaftlichen Rahmen des ordre public ab, während die konkrete Ausfüllung durch die Gerichte der Mitgliedsstaaten erfolgt.[130]

Das vereinfachte Verfahren der Vollstreckbarerklärung wird für die EuGVVO, das EuGVÜ und das HUVÜ 73 durch das **AVAG**[131] geregelt. Zuständig für die Erteilung der Vollstreckungsklausel ist nicht der Familienrichter, sondern der Vorsitzende einer **Zivilkammer** des Landgerichts am Wohnsitz des Schuldners (Art. 32 EuGVÜ, § 1, § 5 I AVAG).[132] Für den Anwendungsbereich des HUVÜ 73 gilt Art. 35 I Nr. 2 i. V. m. § 5 I AVAG. Der Vorsitzende der Zivilkammer entscheidet grundsätzlich ohne vorherige Anhörung des Schuldners und ohne mündliche Verhandlung.[133] Für die Antragstellung (§§ 3 II AVAG; 78 III ZPO) und das nachfolgende Verfahren (§ 5 II AVAG) besteht kein Anwaltszwang. Die von der Partei vorzulegenden Urkunden in der Form des Rechts des Ursprungstitels sind in Art. 46 EuGVÜ/Art. 17 HUVÜ 73 aufgeführt. Ein Vollstreckbarerklärungsverfahren in einem anderen Vertragsstaat begründet nicht den Einwand der anderweitigen Rechtshängigkeit.[134] Die Vollstreckbarerklärung geschieht jeweils in der Weise, dass auf den ausländischen Titel die Vollstreckungsklausel gesetzt wird (Art. 31 EuGVÜ, Art. 4 I HUVÜ 73, § 7 AVAG). Über die Kosten des Verfahrens ist entsprechend § 788 ZPO (§ 8 IV AVAG) zu entscheiden. Diese Vorschrift ist auch bei anderweitiger Erledigung oder Rücknahme anwendbar. **261**

Ist der Antrag unzulässig oder unbegründet, weist ihn der Vorsitzende durch begründeten Beschluss kostenpflichtig ab (§ 10 AVAG). Gegen die Entscheidung des Landgerichts kann der Schuldner befristete (grundsätzlich nach § 11 II binnen Monatsfrist; Ausnahmen §§ 9 II, 36, 40 AVAG), der Gläubiger unbefristete (§§ 11, 16 I AVAG) Rechtsbeschwerde beim OLG (§§ 12 I, 16 I AVAG) einlegen. Das OLG entscheidet nach Anhörung des Schuldners[135] oder auf Grund fakultativer mündlicher Verhandlung durch Beschluss (§§ 14 I, 16 I AVAG). Solange die mündliche Verhandlung nicht angeordnet ist, besteht kein Anwaltszwang (§§ 12 I S. 1, 14 II S. 1, 16 I AVAG; 78 III ZPO); nach Anordnung gilt § 78 I ZPO. Gegen den Beschluss des OLG findet u. U. die Beschwerde zum BGH statt (§§ 17 ff AVAG).[136] Das HUVÜ 73 gilt nicht für die vor Inkrafttreten fällig gewordenen Unterhaltsbeträge.[137] **262**

Ist der ausländische Titel unklar oder nicht genügend bestimmt (z. B. wegen Indizierung), ist eine Konkretisierung im Klauselerteilungsverfahren ausnahmsweise zulässig.[138] Dabei müssen die zur Konkretisierung erforderlichen Feststellungen, gegebenenfalls nach Anregung eines bestimmten Antrags (§ 139 I ZPO), im Klauselerteilungsverfahren getroffen werden. Der ausländische Titel ist so genau für vollstreckbar zu erklären wie ein entsprechender **263**

---

[128] EuGH vom 28. 3. 2000 – Rs. C-7/98; vgl., dazu Bar JZ 2000, 725 f.; Geimer ZIP 2000 859 ff.; Hau EWiR 2000, 441 f.; Piekenbrock IPRax 2000, 364 ff. und die Folgeentscheidung des BGH in BGHZ 144, 390

[129] IPRax 2001, 328

[130] Vgl. dazu Heß IPRax 2001, 301 und Jayme/Kohler IPRax 2000, 454, 460 f.

[131] BGBl 2001 I 288, 436, zuletzt geändert durch Gesetz vom 30. 1. 2002 BGBl 2002 I 564; Schönfelder Ergänzungsband Nr. 103 a; vgl. auch Zöller/Geimer, a.a.O. Anhang III und Baumbach/Albers, a.a.O. Schlussanhang V E

[132] Vgl. dazu OLG Düsseldorf, IPRax 1984, 217; OLG Köln, FamRZ 1995, 1430 für franz. Unterhaltstitel

[133] Kropholler, a.a.O., Art. 34 EuGVÜ Rn. 1 ff.

[134] EuGH, EuZW 1994, 278, 279 m. Anm. Karl

[135] EuGH, IPRax 1985, 274; Stürner, IPRax 1985, 254 ff.

[136] BGH, FamRZ 1990, 868 = NJW 1990, 2201 ff.

[137] OLG Köln, FamRZ 1995, 1430

[138] Vgl. BGH, FamRZ 1986, 45 = NJW 1986, 1440, Schweiz; NJW 1990, 3084 ff.; 1993, 1801, 1802; 1994, 1413 ff.; Kropholler, a.a.O., Art. 31 EuGVÜ Rn. 16

deutscher Titel.[139] Ein kraft Gesetz an den Index für Lebenshaltungskosten gebundener Unterhaltstitel kann auch wegen des Anpassungsbetrages für vollstreckbar erklärt werden.[140]

264 Ist zweifelhaft, ob ein Titel (z. B. eine Jugendamtsurkunde) durch eine spätere abweichende ausländische Entscheidung noch fortgilt, hat der Schuldner die Möglichkeit, dies durch negative Feststellungsklage klären zu lassen.[141]

265 Bei den **bilateralen Verträgen** muss jeweils im Einzelfall geprüft werden, wie die Vollstreckung geregelt ist. Im Geltungsbereich des Haager Vollstreckungsabkommens von 1958 ist das Familiengericht zuständig.

266 Im Rechtshilfeverkehr hauptsächlich mit den nordamerikanischen Staaten (der **USA und Kanadas) und Südafrika** gilt das Gesetz zur Geltendmachung von Unterhaltsansprüchen im Verkehr mit ausländischen Staaten vom 19. 12. 1986 – **AUG** –[142] (s. Rn. 226). Mit diesen Staaten bestehen keine vorgreiflichen vertraglichen Vereinbarungen, die notwendige Gegenseitigkeit (§ 1 II AUG) ist jedoch gewahrt. Das Gesetz ergänzt das UN-Übereinkommen über die Geltendmachung von Unterhaltsansprüchen im Ausland vom 20. 6. 1956,[143] in der Bundesrepublik in Kraft seit 19. 8. 1959. Dabei geht es jeweils um Rechtshilfe in Unterhaltssachen, auch zur Vollstreckbarerklärung ausländischer Unterhaltsentscheidungen (§ 8 II AUG, § 5 III UN-Übereinkommen).

Das Verfahren beginnt für den Unterhaltsberechtigten mit einem den Anforderungen des § 3 AUG genügenden Gesuch an das Amtsgericht seines gewöhnlichen Aufenthalts. Gegen eine ablehnende Entscheidung kann er nach § 23 EGGVG vorgehen (§ 3 I, § 4 I, II AUG). Hält das Amtsgericht hinreichende Erfolgsaussichten für gegeben, leitet es das Gesuch an den Generalbundesanwalt als Zentrale Behörde (§ 2 AUG) weiter. Dieser lehnt es gegebenenfalls seinerseits ab (§ 5 I AUG, § 23 EGGVG) oder leitet es an die Zentralbehörde des Auslandsstaates weiter, die versuchen muss, den Unterhaltsanspruch dort durchzusetzen.[144] Ähnlich verhält es sich umgekehrt mit dem Gesuch eines ausländischen Unterhaltsgläubigers gegen einen sich im Inland gewöhnlich aufhaltenden Unterhaltsschuldner.[145]

Das materielle Recht bleibt durch das AUG unberührt. Bei eingehenden Gesuchen bestimmt sich das anzuwendende Recht nach Art 18 i. V. m. Art 4 EGBGB. Ausgehende Gesuche (§§ 3 bis 6 AUG) werden allein nach deutschem materiellen Recht geprüft.

267 In dem Europäischen Übereinkommen betreffend Auskünfte über ausländisches Recht[146] mit Ausführungsgesetz vom 21. 1. 1987 (AuRAK)[147] haben die Vertragsparteien sich verpflichtet, einander Auskünfte über ihr Zivil- und Handelsrecht, ihr Verfahrensrecht auf diesen Gebieten und über ihre Gerichtsverfassung zu erteilen (Art. 1 I). Das Auskunftsersuchen muss von einem Gericht ausgehen und darf nur in einem bereits anhängigen Verfahren gestellt werden (Art. 3 I). Das Ersuchen (zum Inhalt vgl. Art. 4) ist „so schnell wie möglich" (Art. 12) zu beantworten.

IV. Beitrittsgebiet (ehemalige DDR)

268 Nach Art. 10, 11 Einigungsvertrag gelten die Staatsverträge der Bundesrepublik Deutschland mit Wirkung ab 3. 10. 1990 auch für das Gebiet der ehemaligen DDR. Deren Staats-

[139] BGH, IPRax 1994, 367 mit Anm. Roth, IPRax 1994, 350, Italien
[140] BGH NJW 1986, 1440, 1441; OLG Düsseldorf FamRZ 2001, 1019; OLG Stuttgart DAVorm 1990, 713; OLG Hamburg FamRZ 1983, 1157
[141] Vgl. OLG Hamm, FamRZ 1993, 339, Polen
[142] Abgedruckt bei Baumbach/Albers, a.a.O. § 168 GVG Anh. III; vgl. dazu Bach, FamRZ 1996, 1250
[143] Abgedruckt bei Baumbach/Albers, a.a.O. § 168 GVG Anh. II und Übers. § 78 ZPO Rn. 8; zum Verfahren vgl. Nds.RPfl. 1999, 8 ff.
[144] OLG Hamburg FamRZ 2003, 318 (zur Feststellung der Vaterschaft als notwendige Vorstufe der Unterhaltsklage)
[145] Vgl. im einzelnen Reichel, FamRZ 1990, 1329 und Ergänzung in FamRZ 1992, 1142 sowie KG, NJW-RR 1993, 69
[146] BGBl. 1974 II S. 938
[147] BGBl. 1987 II S. 58 i. d. F. der Bekanntmachung v. 11. 12. 1998, BGBl. 1999 II S. 15

verträge werden ab 3. 10. 1990 als erloschen angesehen.[148] Problematisch ist die Frage, ob die vor dem 3. 10. 1990 erlassenen Unterhaltsentscheidungen der DDR-Gerichte nach den bis dahin geltenden DDR-Staatsverträgen oder nach denjenigen der Bundesrepublik Deutschland anzuerkennen und zu vollstrecken sind und wie mit den vor dem 3. 10. 1990 erlassenen Entscheidungen von Vertragsstaaten der Bundesrepublik Deutschland für das Beitrittsgebiet verfahren werden soll. Nach dem Grundsatz, dass Staatsverträge, soweit nicht anders geregelt, erst für die ab ihrem Inkrafttreten entstandenen Tatbestände gelten, dürften die alten DDR-Verträge für die vor dem 3. 10. 1990 fällig gewordenen Unterhaltsansprüche noch anwendbar sein, ebenso für die vorher erlassenen Entscheidungen. Im Übrigen gilt, soweit keine DDR-Staatsverträge abgeschlossen wurden, das sog. Rechtsanwendungsgesetz (RAG) der früheren DDR (für die Zeit vor dem 3. 10. 1990). Zum Problemkreis muss die Rechtsentwicklung abgewartet werden, auch diejenige in den beteiligten Vertragsstaaten der früheren DDR und der Bundesrepublik Deutschland.

[148] Vgl. Pirrung, IPRax 1992, 08

§ 8 Verfahrensrecht

1. Abschnitt: Verfahrensgegenstand, Zuständigkeit und Gericht

I. Überblick

1 Das zivilgerichtliche Verfahren über einen den **gesetzlichen Unterhalt** betreffenden Anspruch läuft nach den Regeln der ZPO ab. Art, Voraussetzungen und Gang des jeweiligen Verfahrens bestimmen sich u. a. danach, ob wegen dieses Anspruchs ein Vollstreckungstitel erst geschaffen **(Leistungsklage)**, ein vorhandener den geänderten Verhältnissen angepasst **(Abänderungsklage)** oder seiner Wirkungen beraubt **(Vollstreckungsabwehrklage)** oder ein solcher Anspruch nur festgestellt oder verneint werden soll **(Feststellungsklage)**, ob eine endgültige Entscheidung **(Urteil)** oder nur eine vorläufige **(einstweilige Verfügung oder einstweilige Anordnung)** gesucht wird. Seit dem Inkrafttreten des 1. EheRG (1. 7. 1977) entscheiden darüber die ausschließlich zuständigen Familiengerichte (§ 23 b I S. 2 Nrn. 5 und 6 GVG) als Spezialgerichte für Ehesachen und ehebezogene Verfahren aus dem Verhältnis der Ehegatten untereinander sowie zu ihren gemeinschaftlichen Kindern,[1] im Instanzenzug die Familiensenate des OLG (§ 119 I Nrn. 1 und 2 GVG) und in bestimmten Fällen der BGH (§ 133 GVG). Seit dem Inkrafttreten des Kindschaftsrechtsreformgesetzes (KindRG) zum 1. 7. 1998 ist das Familiengericht für den gesamten Verwandtenunterhalt zuständig.

II. Verfahrensgegenstand

1. Die Familiensachen der gesetzlichen Unterhaltspflicht

2 Gegenstand des familiengerichtlichen Verfahrens im Bereich des Unterhaltsrechts sind Streitigkeiten, die die **gesetzliche** Unterhaltspflicht gegenüber einem Verwandten (also in der Regel gegenüber einem gemeinschaftlichen Kind; vgl. KindUG vom 6. 4. 1998; BGBl. I, 666, gem. Art. 8 I am 1. 7. 1998 in Kraft getreten) oder einem Ehegatten betreffen, unabhängig davon, ob die Ehe geschieden ist oder nicht (§ 23 b I S. 2 Nrn. 5 und 6 GVG) sowie Ansprüche nach den §§ 1615 l, 1615 m BGB (§ 23 b I Nr. 13 GVG). Familiensachen sind aber auch Unterhaltsklagen gegen Verwandte in der Seitenlinie oder Verschwägerte sowie Rechtsnachfolger.

Daraus ergibt sich eine **sachliche Beschränkung** auf die gesetzliche Unterhaltspflicht und eine persönliche auf den Bereich der Ehegatten und ihrer gemeinschaftlichen Kinder und deren Verwandten.

Ob eine Streitigkeit in diesem Sinne vorliegt, richtet sich allein nach der Begründung des geltend gemachten Anspruchs; der familienrechtliche Charakter der Einwendung oder des Verteidigungsvorbringens ist bedeutungslos.[2]

Die gesetzliche Unterhaltspflicht „betreffen“:

3 – Die Unterhaltsansprüche des minderjährigen oder volljährigen gemeinsamen Kindes gemäß §§ 1601 ff. BGB gegenüber seinen Eltern (und umgekehrt aller Vorfahren – Eltern, Großeltern, Tanten, Onkeln – gegenüber dem Kind),
– die Unterhaltsansprüche der in Gemeinschaft lebenden Ehegatten (§ 1360, § 1360 a BGB), z. B. Zahlung von Haushaltsgeld oder von Taschengeld,

[1] BGH, FamRZ 1984, 774

[2] St. Rechtspr., z. B. BGH, FamRZ 1985, 48 = NJW 1985, 189; FamRZ 1980, 988; für die Prozessaufrechnung BGH, FamRZ 1989, 166

- des getrennt lebenden Ehegatten (§ 1361 BGB),
- des geschiedenen Ehegatten gemäß §§ 1569 ff. BGB oder – bei Scheidung nach altem Recht – gemäß §§ 58 ff. EheG i. V. m. Art. 12 Nr. 3 S. 2 des 1. EheRG einschließlich des Unterhaltsbeitrags nach § 60 EheG,[3]
- die Unterhaltsansprüche der gebärenden oder Beerdigungskosten der infolge der Schwangerschaft verstorbenen Mutter gemäß §§ 1615 l I–IV, 1615 m oder des betreuenden Vaters (§ 1615 l V BGB),
- Vereinbarungen, die die gesetzliche Unterhaltspflicht lediglich ausformen.[4] Ausgeformt in diesem Sinne wird in aller Regel der gesetzliche Unterhalt, wenn er nach Zeitraum und Höhe konkretisiert wird. Eine selbstständige, vom Gesetz losgelöste Unterhaltsregelung liegt nicht schon deshalb vor, weil der vereinbarte Unterhaltsbetrag höher ist als der, der nach den tatsächlichen Verhältnissen kraft Gesetzes geschuldet wäre,[5] oder wenn ein nach früherem Recht begründeter Unterhaltsbeitragsanspruch gemäß § 60 EheG durch Vereinbarung des Versorgungsausgleichs nach neuem Recht modifiziert wird[6] oder wenn eine Art Vorsorgeunterhalt vereinbart wird. Für eine „Loslösung" müssen besondere Anhaltspunkte vorliegen (z. B. wenn überhaupt kein Unterhaltsanspruch gegeben wäre, bei früherem wirksamen Unterhaltsverzicht),
- die in einer Scheidungsvereinbarung der Eltern gegenüber einem Elternteil festgelegte Verpflichtung zur Entrichtung gesetzlich begründeter Unterhaltsleistungen für ein gemeinsames Kind, auch wenn die Vereinbarung ohne Beteiligung des Kindes vor dem 1. Juli 1977 abgeschlossen worden ist,[7] ferner die vertragliche Vereinbarung der Eltern, in Höhe des Kindesunterhalts Lebensversicherungsverträge abzuschließen,[8]
- der Anspruch auf Befreiung von einer in einem Scheidungsvergleich übernommenen Unterhaltsverpflichtung,[9]
- der Anspruch auf Erstattung bereits erbrachter Unterhaltsleistungen,[10]
- nach OLG Hamm[11] Erstattungsansprüche hinsichtlich eines Versorgungsausgleichs als Nebenpflicht aus dem Unterhaltsverhältnis,
- ein Rechtsstreit über die Rückgewähr von Leistungen, die zum Zwecke der Erfüllung einer gesetzlichen Unterhaltspflicht erbracht worden sind,[12]
- der „Ausgleichsanspruch" eines Elternteils gegen den anderen wegen Unterhaltsleistungen für ein gemeinsames Kind,[13] auch wegen des Kindergelds,[14]
- die Klage auf Rückzahlung eines Prozesskostenvorschusses,[15]
- die Klage auf Zahlung von Prozesskostenvorschuss zur Verteidigung gegen die Ehelichkeitsanfechtung,[16]
- der Streit um Kinderbetreuungskosten,[17]
- Sonderbedarf, z. B. Erstattung von Umzugskosten,[18]

---

[3] BGH, NJW 1979, 2517

[4] BGH, FamRZ 1979, 2517; FamRZ 1979, 220 = NJW 1979, 551; FamRZ 1979, 1005: Zahlung freiwilliger Beiträge in die gesetzliche Rentenversicherung des anderen Ehegatten; OLG Braunschweig, FamRZ 1983, 197: Übernahme von Grundstückslasten und Freistellung davon; OLG Hamburg, FamRZ 1985, 407: Übernahme von Kinderbetreuungskosten, a.A. BGH, FamRZ 1978, 873 bei Unterhaltsverzicht der Ehefrau

[5] BGH, FamRZ 1981, 19 = NJW 1981, 346

[6] BGH, FamRZ 1985, 367

[7] BGH, FamRZ 1978, 672 = NJW 1978, 1811

[8] BayObLG, FamRZ 1983, 1246

[9] BGH, FamRZ 1989, 603

[10] BGH, FamRZ 1984, 217

[11] FamRZ 1994, 705

[12] BGH, FamRZ 1978, 582 = NJW 1978, 1531

[13] BGH, FamRZ 1978, 770

[14] BGH, FamRZ 1980, 345

[15] OLG München, FamRZ 1978, 601; OLG Zweibrücken, FamRZ 1981, 1090

[16] OLG Koblenz, FamRZ 1982, 402

[17] OLG Hamburg, FamRZ 1985, 407; a.A. BGH, FamRZ 1978, 873 bei Unterhaltsverzicht der Ehefrau und eigener Regelung des Kindesunterhalts

[18] BGH, FamRZ 1985, 49

- der Anspruch auf Befreiung von Krankheitskosten und auf Zahlung von Krankenhaustagegeld, die im Rahmen einer Familienversicherung für den begünstigten Ehegatten angefallen sind,[19]
- der Rechtsstreit um Auskehrung von privaten Krankenkassenleistungen einschließlich Schadensersatz wegen Nichterfüllung,[20]
- die Klage auf Schadensersatz wegen unterlassener Weiterleitung von Arztrechnungen an die Beihilfestelle,[21]
- die Klage auf Beteiligung an den Zahlungen der Beihilfestelle und der Krankenkasse, soweit es um die Deckung tatsächlicher Krankheitskosten geht,[22]
- die Klage des Unterhaltsberechtigten aus § 419 BGB,[23]
- die Klage gegen ein Unterhaltsurteil gemäß § 826 BGB,[24]
- der aus dem gesetzlichen Unterhaltsrechtsverhältnis zwischen den Ehegatten hergeleitete Anspruch auf Zustimmung zum sog. steuerlichen Realsplitting gemäß § 10 I Nr. 1 EStG,[25]
- die Klage gegen den Ehegatten auf Ersatz der außergerichtlichen Kosten für die Geltendmachung des auf Grund des Realsplittings bestehenden Steuererstattungsanspruchs,[26]
- die Klage auf Schadensersatz wegen pflichtwidrig unterlassener Zustimmung zum steuerlichen Realsplitting,[27]
- der Streit über Schadensersatz wegen verspäteter Erstattung der Steuermehrbelastung auf Grund steuerlichen Realsplittings,[28]
- die (vor dem 27. 6. 1993) übergeleiteten oder übergegangenen gesetzlichen Unterhaltsansprüche, z. B. gemäß § 90 BSHG (jetzt gemäß § 91 BSHG n. F. oder § 37 IV BAföG),[29]
- der Bereicherungsanspruch des Unterhaltsschuldners gegen den Sozialhilfeträger bei „Abzweigung" von Arbeitslosengeld,[30]
- der wechselseitige Verzicht von Ehegatten auf Unterhalt,[31]
- das Verfahren über eine Vollstreckungsabwehrklage, wenn und soweit der Vollstreckungstitel, gegen den sie sich richtet, einen Unterhaltsanspruch nach § 23 b I S. 2 Nrn. 5 und 6 GVG zum Gegenstand hat,[32] auch dann, wenn Verwirkung des titulierten gesetzlichen Unterhaltsanspruchs geltend gemacht wird,[33]
- das Verfahren über die Vollstreckbarerklärung eines ausländischen Titels, wenn der Titel nach deutschem Recht Unterhaltsansprüche im Sinne des § 23 b I S. 2 Nrn. 5 und 6 GVG betrifft,[34]
- die Klage auf Abänderung eines Unterhaltstitels,[35] auch diejenige gemäß § 641 q ZPO a. F.,[36]
- der Antrag auf Ausspruch der Erledigung des Rechtsstreits,[37]
- der sog. Drittschuldnerprozess,[38]

---

[19] BGH, FamRZ 1994, 626 = NJW 1994, 1416; z. T. a.A. OLG Hamm, FamRZ 1991, 206
[20] OLG Düsseldorf, MDR 1994, 278
[21] AG Charlottenburg, FamRZ 1993, 714
[22] A.A. OLG München, FamRZ 1986, 74 mit abl. Anm. v. Rassow; vgl. OLG Hamm, FamRZ 1987, 1142
[23] Vermögensübernahme; OLG Frankfurt, FamRZ 1983, 196; a.A. OLG München, FamRZ 1978, 48; offengelassen OLG Frankfurt, FamRZ 1988, 734
[24] OLG Düsseldorf, FamRZ 1980, 376; OLG Karlsruhe, FamRZ 1982, 400
[25] Vgl. BGH, FamRZ 1984, 1211 = NJW 1985, 195
[26] OLG Zweibrücken, NJW-RR 1993, 644
[27] OLG Köln, NJW-RR 1987, 456; a.A. OLG München, FamRZ 1983, 614
[28] OLG Zweibrücken, FamRZ 1992, 830
[29] BGH, VersR 1979, 375; OLG München, FamRZ 1978, 48
[30] OLG Düsseldorf, FamRZ 1992, 481
[31] BGH, FamRZ 1981, 19 = NJW 1982, 346
[32] St. Rechtspr., z. B. BGH, FamRZ 1981, 19 = NJW 1981, 346
[33] BGH, FamRZ 1979, 910 = NJW 1979, 2046
[34] BGH, FamRZ 1988, 491
[35] St. Rechtspr., z. B. BGH, FamRZ 1979, 907
[36] OLG Frankfurt, FamRZ 1978, 348; OLG Hamm, FamRZ 1980, 190
[37] BGH, FamRZ 1981, 19 = NJW 1981, 346
[38] OLG Hamm, FamRZ 1985, 407

- das Arrestverfahren oder das einstweilige Verfügungsverfahren, wenn das Hauptsacheverfahren Familiensache wäre,[39]
- die eng mit einem Unterhaltsprozess zusammenhängenden Nebenverfahren, z. B. das Verfahren, in dem ein Richter in Unterhaltssachen als befangen abgelehnt wird gem. § 45 II ZPO,[40]
- die Kosten aus einer Familiensache,[41]
- das Kostenfestsetzungsverfahren,[42]
- das Prozesskostenhilfeverfahren, soweit es nicht ausschließlich die Zwangsvollstreckung betrifft,[43]
- die Erstattung außerprozessualer Kosten für die Geltendmachung gesetzlicher Unterhaltsansprüche,[44]
- die Klage wegen der im Rahmen einer Vollstreckungsgegenklage gegen einen Unterhaltstitel entstandenen Kosten,[45]
- der Schadensersatz aus § 717 II ZPO wegen der Kosten eines Unterhaltsrechtsstreits,[46]
- die Klage auf Schadensersatz wegen Zinsen auf überzahlten Unterhalt,[47]
- die Klage des Unterhaltsgläubigers auf Einwilligung zur Auszahlung eines gepfändeten und hinterlegten Betrages,[48]
- die Klage wegen Verzugsschadens[49] oder Schlechterfüllung,[50]
- die den gesetzlichen Unterhaltsanspruch vorbereitenden Auskunftsansprüche;[51] darunter fällt nach BayObLG auch die Klage auf Vorlage einer Verdienstbescheinigung oder Krankenkassenbescheinigung, um den eigenen Antrag auf Arbeitslosenhilfe zu belegen,[52]
- die Schadensersatzklage wegen Verschweigens von Einkünften im Unterhaltsprozess,[53]
- der Anspruch auf Zustimmung zur Gewährung von Versicherungsschutz durch eine Verkehrsrechtsschutzversicherung,[54]
- der Ausgleichsanspruch wegen gezahlter Mieten,[55]
- die Unterzeichnung der Anlage „U" durch den Unterhaltsgläubiger i. R. d. begrenzten Realsplittings sowie die Berücksichtigung von Familienfreibeträgen,[56]
- das vereinfachte Verfahren über den Unterhalt Minderjähriger nach §§ 645–660 ZPO.

2. Die Nichtfamiliensachen

Die gesetzliche Unterhaltspflicht **„betreffen" nicht:**

4 – rein vertragliche, vom Gesetz losgelöste Unterhaltsansprüche;[57] eine solche Loslösung ist nur ganz ausnahmsweise anzunehmen,[58]
- Klagen von Dritten gegen Eltern gemeinsamer Kinder auf Ersatz ihrer Aufwendungen für den Unterhalt der Kinder, etwa aus Geschäftsführung ohne Auftrag,[59]

---

[39] BGH, FamRZ 1980, 46; OLG Stuttgart, FamRZ 1978, 704; allg. M.
[40] BGH, FamRZ 1986, 1197
[41] BGH, FamRZ 1981, 19 = NJW 1981, 346
[42] BGH, FamRZ 1978, 585
[43] Vgl. BGH, FamRZ 1979, 421
[44] OLG Braunschweig, FamRZ 1979, 719
[45] OLG Hamm, FamRZ 1988, 1291
[46] OLG Düsseldorf, FamRZ 1988, 298
[47] OLG Düsseldorf, FamRZ 1988, 298
[48] OLG Düsseldorf, FamRZ 1988, 298
[49] OLG Braunschweig, FamRZ 1979, 719
[50] OLG Schleswig, FamRZ 1983, 394
[51] BGH, FamRZ 1985, 367
[52] FamRZ 1985, 945: sehr weitgehend!
[53] OLG Hamm, NJW-RR 1991, 1349
[54] Zahlung von Schmerzensgeld aus Verkehrsunfall; LG Aachen, FamRZ 1994, 310, sehr fraglich
[55] OLG Schleswig, SchlHA 1979, 144
[56] AG Gelnhausen, FamRZ 1988, 510
[57] BGH, FamRZ 1979, 220 = NJW 1979, 551
[58] BGH, FamRZ 1991, 1040
[59] BGH, FamRZ 1979, 218

- diejenigen Verrichtungen, die im VIII. Buch der ZPO (Zwangsvollstreckung) den Vollstreckungsgerichten zugewiesen sind,[60]
- Verfahren wegen der Vergütung eines Rechtsanwalts für geleistete Beratungshilfe, auch dann, wenn ihr Gegenstand bei gerichtlicher Geltendmachung eine Familiensache wäre,[61] auch nicht die Gebührenklage gemäß § 34 ZPO,[62]
- die Klage aus der Vereinbarung, eine Schuld des Ehegatten aus Anwaltsvertrag mitzutragen,[63]
- die Bestimmung des Anspruchsberechtigten gem. § 3 IV BKGG,[64]
- der Rechtsstreit wegen Gewährung von Kost und Wohnung für ein volljähriges, nicht unterhaltsberechtigtes Kind,[65]
- die Klage auf Auskunftserteilung gegen den Unterhaltsschuldner nach § 836 III ZPO,[66]
- der Streit über die Tilgung gemeinsamer Schulden,[67]
- die Klage gem. § 426 BGB,[68]
- die Klage eines Ehegatten gegen den anderen auf Freistellung von Verbindlichkeiten gegenüber einer Bank,[69]
- Ausgleichsansprüche wegen Verfügung über ein gemeinschaftliches Bankkonto,[70]
- die Klage auf Teilhabe am Lohnsteuerjahresausgleich,[71]
- die Klage auf Zustimmung zum Lohnsteuerermäßigungsantrag oder auf Stellung eines eigenen Lohnsteuerermäßigungsantrags,[72]
- die Klage auf Aufteilung der Steuerrückerstattung,[73]
- die Klage auf Mitwirkung bei der steuerlichen Zusammenveranlagung,[74]
- die Klage auf Schadensersatz wegen Verweigerung der Mitwirkung bei der steuerlichen Zusammenveranlagung,[75]
- die Klage auf Herausgabe des Steuerbescheids und auf Schadensersatz wegen Nichtzustimmung zur gemeinsamen steuerlichen Veranlagung zur Einkommensteuer,[76]
- die Klage des Scheinvaters auf Rückgewähr geleisteten Unterhalts für das Kind nach erfolgreicher Ehelichkeitsanfechtung;[77] seit dem 1. 7. 1998 ist § 1615 b BGB a. F. ersatzlos gestrichen,
- die Übertragung des Kfz-Schadensfreiheitsrabatts auf einen Dritten,[78]
- der Anspruch auf Auskehrung des Krankenhaustagegeldes und des Genesungsgeldes,[79]

---

[60] BGH, FamRZ 1979, 421
[61] BGH, FamRZ 1984, 774
[62] BGH, FamRZ 1986, 347; zum Anspruch auf „Beraterhonorar im Rahmen einer Scheidungsfolgenvereinbarung" BGH, FamRZ 1988, 1036
[63] OLG Düsseldorf, FamRZ 1991, 1070
[64] OLG Hamm, FamRZ 1981, 63: zuständig Vormundschaftsgericht; a.A. OLG Frankfurt, FamRZ 1979, 1038: Familiensache
[65] OLG Oldenburg, FamRZ 1981, 185
[66] Überweisung einer gepfändeten Geldforderung, OLG Nürnberg, FamRZ 1979, 524
[67] OLG Düsseldorf, FamRZ 1986, 180
[68] Gesamtschuldnerausgleich; allg. M., z. B. aus BGH, FamRZ 1987, 1239 = NJW 1988, 133
[69] OLG Nürnberg, FamRZ 1994, 838
[70] OLG Zweibrücken, FamRZ 1987, 1138; OLG Köln, FamRZ 1987, 1139
[71] BGH, FamRZ 1980, 554 = NJW 1980, 1283; OLG Hamm, FamRZ 1988, 518; OLG Hamburg, FamRZ 1982, 507
[72] BayObLG, FamRZ 1985, 947
[73] OLG Düsseldorf, FamRZ 1985, 82
[74] H. M.; vgl. dazu BGH, FamRZ 1977, 38 = NJW 1977, 378: damals gab es noch keine Familiengerichte, OLG Köln, NJW-RR 1993, 454; OLG Stuttgart, FamRZ 1992, 1447
[75] OLG München, FamRZ 1983, 614; a.A. OLG Köln, NJW-RR 1987, 456
[76] OLG Hamm, FamRZ 1991, 1070
[77] BayObLG, FamRZ 1979, 315
[78] OLG Stuttgart, FamRZ 1989, 763; ähnlich LG Freiburg, FamRZ 1991, 1447
[79] OLG Hamm, FamRZ 1991, 206; zum Krankenhaustagegeld a.A. BGH, FamRZ 1994, 626 = NJW 1994, 1416, s. o.

- der Anspruch des Unterhaltspflichtigen auf Erstattung zu Unrecht abgezweigter Sozialleistungen,[80]
- die Auseinandersetzung der Eltern über Beerdigungskosten ihres Kindes,[81]
- die Geltendmachung von Ansprüchen gegen den Übernehmer nach § 419 BGB, soweit sie auf der durch die Ehe begründeten gesetzlichen Unterhaltspflicht beruhen, wenn bereits ein entsprechender Unterhaltstitel vorliegt.[82]

Mischverfahren

5 Andere prozessuale Ansprüche als Familiensachen können nicht, auch nicht durch Klagehäufung (§ 260 ZPO) oder durch Widerklage (§ 33 ZPO) oder hilfsweise, zusammen mit Unterhaltssachen beim Familiengericht geltend gemacht werden.[83]

Zulässig und vom Familiengericht mitzuerledigen ist jedoch die nichtfamilienrechtliche Hilfsbegründung eines einzigen einheitlichen prozessualen Anspruchs.[84]

Beispiel:
Klage auf 2500 € wegen Unterhaltsüberzahlung, hilfsweise wegen Missbrauchs der Bankvollmacht für das Geschäftskonto.

Zulässig und wirksam ist die Aufrechnung mit einem familienrechtlichen Anspruch. Der Rechtsstreit wird dadurch jedoch nicht zur Familiensache.[85]

Für den umgekehrten Fall (Aufrechnung mit einer Zivilforderung gegen einen familienrechtlichen Anspruch) vgl. OLG Köln, FamRZ 1992, 450.

III. Bestimmung des zuständigen Gerichts (Kompetenzkonflikt)

6 Wichtigste Vorschrift hierfür ist § 36 Nr. 6 ZPO. Sinn und Zweck des Verfahrens ist es in erster Linie, im Interesse der Parteien und der Rechtssicherheit den misslichen Streit darüber, welches Gericht für die Sachentscheidung zuständig ist, schnell zu beenden.[86]

§ 36 Nr. 6 ZPO ist nicht nur im Erkenntnisverfahren, sondern auch im Vollstreckungsverfahren anwendbar.[87] Es reicht aus, dass nur die Zuständigkeit für die Entscheidung über ein Rechtsmittel streitig ist.[88] Eine Zuständigkeitsbestimmung ist schon im PKH-Verfahren möglich,[89] jedoch nur für die Zuständigkeit zur Entscheidung über den PKH-Antrag.[90] Ansonsten kommt die Bestimmung des zuständigen Gerichts gem. § 36 Nr. 6 ZPO grundsätzlich erst dann in Betracht, wenn in der Streitsache Rechtshängigkeit eingetreten ist.[91]

Die Zuständigkeitsbestimmung setzt einen **negativen Zuständigkeitsstreit** in einem rechtshängigen Verfahren voraus,[92] und zwar nach Zustellung der Klage oder gegebenenfalls Mitteilung der Antragsschrift an die Gegenpartei.[93] Ein „Antrag" ist nicht erforderlich, vielmehr genügt die Vorlage durch eines der beteiligten Gerichte.[94] Bei einem negativen Kompetenzkonflikt kann die Zuständigkeit durch den BGH nur bestimmt werden, wenn eines der beteiligten Gerichte nach den getroffenen Feststellungen zuständig ist.[95]

---

[80] BGH, Ez FamR aktuell 1993, 143
[81] OLG Schleswig, SchlHA 1981, 1978
[82] AG Westerstede, FamRZ 1995, 1279
[83] BGH, FamRZ 1986, 347 = NJW 1986, 1178
[84] BGH, FamRZ 1983, 155 = NJW 1983, 1913
[85] BGH, FamRZ 1989, 166
[86] BGH, FamRZ 1980, 557 = NJW 1980, 1282
[87] BGH, FamRZ 1983, 578 = NJW 1983, 1859
[88] BGH, NJWE-FER 1997, 40
[89] BGH, FamRZ 1987, 924
[90] BGH, FamRZ 1991, 1172
[91] BGH, NJW-RR 1996, 254
[92] BGH, FamRZ 1993, 49
[93] BGH, FamRZ 1993, 307
[94] BGH, FamRZ 1984, 774
[95] BGH, FamRZ 1995, 1135

7 Notwendig ist eine **rechtskräftige Unzuständigkeitserklärung.** Diese setzt die Zustellung der Klage oder – falls nach den verfahrensrechtlichen Vorschriften ausreichend – die Mitteilung der das Verfahren in Gang setzenden Antragsschrift voraus.[96] In bestimmten Fällen kann die Anhörung des Gegners unterbleiben (z. B. bei einer Pfändung gemäß § 834 ZPO).[97] Dass die Unzuständigkeitserklärung eines Gerichts unzulässig ist, steht nicht entgegen.[98]

Eine rechtskräftige Unzuständigkeitserklärung liegt nicht in der formlosen „Abgabe" an ein anderes Amtsgericht, ohne dass den Parteien, insbesondere dem Beklagten, davon Mitteilung gemacht würde,[99] auch nicht in einer gerichtsinternen, nicht hinausgegebenen „Begleitverfügung".[100] Entscheidungen, die den Parteien nicht bekannt gegeben worden sind, sind keine rechtskräftigen Unzuständigkeitserklärungen.[101]

Die Zuständigkeitsbestimmung ist nicht nach freiem Ermessen, sondern unter Beachtung der gesetzlichen Zuständigkeitsnormen und der Bindungswirkung vorangegangener Verweisungen zu treffen. Sie ist auch dann wirksam und bindend, wenn sie im Einzelfall den gesetzlichen Zuständigkeitsnormen nicht entspricht.[102] Allerdings ist auch für Zweckmäßigkeitserwägungen Raum.[103] Eine Gerichtsstandsbestimmung findet nicht statt, wenn nur ein Gericht sich für unzuständig erklärt und ein anderes den Rechtsstreit an dieses Gericht verwiesen hat, weil die Streitsache dort bereits anhängig sei.[104]

Eine Trennung gemäß § 145 ZPO ist im Rahmen einer Zuständigkeitsbestimmung nicht zulässig. Das Gericht, das über den Kompetenzkonflikt entscheidet, ist nicht „Prozessgericht".[105]

8 Einen **Kompetenzkonflikt zwischen einem Familiensenat und einem anderen Zivilsenat eines OLG** darüber, ob es sich um eine Familiensache handelt, entscheidet der BGH, in Bayern bisher noch das BayObLG in entsprechender Anwendung des § 36 Nr. 6 ZPO.[106] Das BayObLG, dessen Auflösung aber die bayr. Staatsregierung im Dezember 2003 beschlossen hat, ist in Familiensachen, in denen der Rechtszug zum BGH führt, auch zur Entscheidung eines Zuständigkeitsstreits bayerischer Gerichte berufen, wenn es nach dem allgemeinen Gerichtsaufbau das gemeinsame nächsthöhere Gericht ist.[107] Bei negativen Kompetenzkonflikten zwischen Gerichten der ordentlichen Gerichtsbarkeit und Arbeitsgerichten ist für die Bestimmung des zuständigen Gerichts auch nach der seit 1. 1. 1998 geltenden Fassung des § 36 ZPO derjenige oberste Gerichtshof des Bundes zuständig, der zuerst darum angegangen wird.[108]

Schließlich ist das BayObLG auch für einen Kompetenzkonflikt zwischen einem Vormundschaftsgericht und einem Familiengericht desselben bayerischen Amtsgerichts zuständig.[109]

In einem **Kompetenzkonflikt zwischen Familiengericht** einerseits und amtsgerichtlicher **Zivilabteilung** bzw. **Zivilkammer** des Landgerichts andererseits ist das Oberlandesgericht zuständig,[110] wobei es Frage der internen Geschäftsverteilung ist, welcher OLG-Senat den Kompetenzkonflikt entscheidet. Streiten sich einzelne **Familiengerichtsabteilungen beim gleichen Amtsgericht** über ihre Zuständigkeit, dann handelt es sich nicht um einen Streit bezüglich der Qualifizierung einer Rechtssache als Familiensache, sondern

---

[96] BGH, FamRZ 1987, 924
[97] BGH, FamRZ 1983, 578
[98] BGH, FamRZ 1978, 232
[99] BGH, FamRZ 1993, 49
[100] BGH, FamRZ 1982, 43 = NJW 1982, 1000
[101] BGH, FamRZ 1988, 1257
[102] BGH, FamRZ 1980, 670
[103] BGH, FamRZ 1984, 575
[104] BGH, FamRZ 1980, 45
[105] BGH, FamRZ 1979, 217
[106] BGH, FamRZ 1979, 911
[107] BGH, FamRZ 1979, 911 unter Aufgabe von BGH, FamRZ 1979, 219
[108] BGH, NJW 2001, 633
[109] BayObLG, FamRZ 1994, 1597
[110] OLG München, FamRZ 1978, 704

um eine Abgrenzung innerhalb der **Geschäftsverteilung** des Amtsgerichts. Hierüber hat das Präsidium des Gerichtes gemäß § 21 e I GVG zu entscheiden.

Der Streit bei einem OLG wegen der Rechtsmittelzuständigkeit auf Grund Verweisung in erster Instanz ist analog § 36 Nr. 6 ZPO zu entscheiden. Gegebenenfalls ist unmittelbar ein anderes, ausschließlich zuständiges Gericht zu bestimmen und an es zu verweisen, wenn rechtliches Gehör gewährt und Verweisungsantrag gestellt worden ist.[111] Ansonsten ist die Sache an das vorlegende Gericht zurückzugeben, damit dieses auf entsprechenden Antrag an das zuständige Gericht verweisen kann.[112] Dasselbe gilt allgemein für einen Kompetenzkonflikt gem. § 36 Nr. 6 ZPO.[113] Die Zuständigkeitsbestimmung ersetzt dann die Verweisung des Verfahrens nach § 281 ZPO, eventuell analog.[114]

Der Verweisungsantrag kann auch beim Kompetenzkonfliktgericht eingereicht werden.[115]

Einer mündlichen Verhandlung bedarf es nicht (§ 37 I ZPO).[116]

Die Zulässigkeit des beschrittenen Rechtswegs ist in dem durch § 17 a GVG eröffneten Instanzenzug festzulegen. Ein Ausspruch zur Zulässigkeit des Rechtswegs entspr. § 36 ZPO kommt ausnahmsweise in Betracht, wenn dies zur Wahrung einer funktionierenden Rechtspflege und der Rechtssicherheit notwendig ist.[117]

Die Verweisung an das zuständige Gericht ist auch dann unanfechtbar, wenn sie nicht durch Beschluss, sondern in einem Urteil erfolgt.[118]

IV. Das Familiengericht

1. Die sachliche Zuständigkeit

9 **a) Zuständigkeit in 1. Instanz.** Grundvorschrift ist § 23 b I S. 2 Nr. 5 u. 6 GVG. Zweck des § 23 b I GVG ist es, eine **Konzentration der Zuständigkeit** für alle ehebezogenen Verfahren zu schaffen und den Parteien hierfür einen Richter mit der als notwendig erachteten besonderen Sachkunde zur Verfügung zu stellen.[119] Diese Vorschrift regelt die **Zuständigkeit der Familiengerichte gerichtsintern,** nicht sachlich. Der fast gleich lautende § 621 I ZPO besagt nur, dass die sachliche Zuständigkeit der Amtsgerichte für die aufgeführten Familiensachen ausschließlich und die gerichtsinterne Regelung des § 23 b I GVG zwingend ist.[120] Ob eine Familiensache vorliegt, richtet sich nach der Begründung des geltend gemachten Anspruchs, bei Auslandsberührung nach deutschem Recht als der lex fori.[121]

Bei einem einheitlichen prozessualen Begehren mit verschiedenen sachlich-rechtlichen Begründungen, darunter einer familienrechtlichen, hat das Familiengericht Vorrang.[122]

Steht eine Familiensache mit einer Nichtfamiliensache im Verhältnis von Haupt- und Hilfsanspruch, so ist zunächst das Familiengericht (Abteilung) für den Hauptanspruch zuständig.

Nach dessen Abweisung kommt Verweisung an das für den Hilfsanspruch zuständige Gericht in Betracht.[123]

---

[111] BGH, FamRZ 1984, 465
[112] BGH, FamRZ 1995, 728
[113] BGH, FamRZ 1988, 492
[114] BGH, FamRZ 1980, 557 = NJW 1980, 1282
[115] BGH, FamRZ 1978, 402
[116] BGH, FamRZ 1980, 557 = NJW 1980, 1282
[117] BGH, NJW-RR 2002, 713
[118] BGH, NJW-RR 2002, 1731
[119] BGH, FamRZ 1980, 46
[120] BGH, FamRZ 1978, 582
[121] BGH, FamRZ 1983, 155
[122] BGH, FamRZ 1983, 155
[123] BGH, FamRZ 1981, 1047

Die Regelung von gesetzlichem Unterhalt gemäß § 23b I S. 2 GVG in einer Vereinbarung macht eine zugleich mit geregelte Nichtfamiliensache nicht zur Familiensache.[124]

Werden in einem Scheidungsfolgenvergleich Ansprüche zur einheitlichen Auseinandersetzung sowohl familienrechtlicher als auch allgemeiner vermögensrechtlicher Beziehungen der Ehegatten begründet, und ist keine Zuordnung bestimmter Ansprüche nur zu einem der beiden Regelungsbereiche möglich, dann ist der Rechtsstreit wegen aller Ansprüche Familiensache.[125]

Die Zuständigkeit des Gerichts der Ehesache (§ 621 II S. 1 ZPO) für weitere Familiensachen entfällt mit rechtskräftigem Abschluss des Scheidungsverfahrens, auch wenn das Verfahren über eine Folgesache anhängig geblieben ist.[126] Jedoch ist der Grundsatz der „perpetuatio fori" zu beachten.[127] Während der Anhängigkeit einer Ehesache ist für eine Vollstreckungsabwehrklage wegen Trennungsunterhalts das Gericht der Ehesache zuständig.[128]

Lässt sich der Aufenthalt des Beklagten (trotz aller Bemühungen) nicht ermitteln, ist das Familiengericht des letzten Wohnsitzes örtlich zuständig.[129]

b) Zuständigkeit in 2. Instanz. Seit 1. 4. 1986 gilt nicht mehr der Grundsatz der **10**
materiellen, sondern der **formellen Anknüpfung:** Hat ein Familiengericht entschieden, ist das OLG grundsätzlich auch dann zuständig, wenn materiell eine Nichtfamiliensache vorliegt (§ 119 I Nr. 1 a GVG). Angeknüpft wird daran, ob die allg. Prozessabteilung oder die Abteilung für Familiensachen (bei kleineren Amtsgerichten der allgemeine Zivilrichter oder der Familienrichter) die angefochtene Entscheidung erlassen hat.[130] Auf den Charakter der Rechtsstreitigkeit kommt es nicht mehr an.[131] Ergeben sich auf Grund unterschiedlicher Kennzeichnung des Gerichts und des Verfahrensgegenstands Zweifel darüber, ob das Amtsgericht als Familiengericht oder als allgemeines Prozessgericht entschieden hat, kann die Partei das Urteil nach dem Meistbegünstigungsgrundsatz sowohl beim Landgericht als auch beim Oberlandesgericht anfechten.[132] Etwas anderes gilt nur, wenn eine Zuständigkeitsrüge in zulässiger Weise erhoben wurde. Zu verhandeln und zu entscheiden hat ein Familiensenat des OLG, solange nicht in zulässiger Weise gerügt ist, dass keine Familiensache gegeben sei.[133]

Hat das OLG eine Sache ausdrücklich als Familiensache behandelt, ist der BGH daran gebunden.[134] Wenn die allg. Prozessabteilung des AG fälschlich über eine Familiensache entschieden hat, wahrt nur eine beim LG eingelegte Berufung die Rechtsmittelfrist; ist beim OLG Berufung eingelegt, kommt eine Verweisung weder an das LG noch an das AG in Betracht: das Rechtsmittel ist vielmehr wegen mangelnder Zuständigkeit als unzulässig zu verwerfen.[135] Hat das Familiengericht eine Familiensache fälschlich, aber bindend, an das LG verwiesen, kann bei Berufung das Oberlandesgericht prüfen, ob eine Familiensache vorliegt. Zuständig ist der Familiensenat jedenfalls dann, wenn der Beklagte der Verweisung schon vor dem Familiengericht widersprochen hat und vor dem OLG die Zuständigkeit des allg. Zivilsenats rügt.[136] Bei einem in der Berufungsinstanz erstmals erhobenen Anspruch prüft das OLG wie ein Erstgericht, ob eine Familiensache vorliegt, und zwar von Amts wegen.

---

[124] BGH, FamRZ 1981, 247
[125] BGH, FamRZ 1981, 19
[126] BGH, FamRZ 1982, 43; vgl. auch BGH, FamRZ 1981, 23
[127] Vgl. BGH, FamRZ 1986, 454
[128] BayObLG, FamRZ 1991, 1455 = NJW-RR 1992, 263
[129] Aus § 16 ZPO, vgl. BGH, NJW-RR 1992, 578
[130] BGH, FamRZ 1992, 665
[131] BGH, FamRZ 1993, 690 = NJW 1993, 1399
[132] BGH, FamRZ 1995, 219
[133] BGH, FamRZ 1989, 165
[134] BGH, FamRZ 1994, 693
[135] BGH, FamRZ 1991, 682
[136] BGH, FamRZ 1994, 25 = NJW-RR 1993, 1282

2. Die örtliche Zuständigkeit

11 Die örtliche Zuständigkeit in familienrechtlichen Unterhaltssachen bestimmt sich, sofern keine Ehesache anhängig ist, nach den §§ 13 ff. ZPO. Danach ist für die unterhaltsrechtliche **Leistungsklage** das **Wohnsitzgericht** bzw. das **Gericht des Aufenthaltes des Beklagten** zuständig. Ist aber eine Ehesache anhängig, dann ist für die Familiensachen nach § 621 I Nr. 5–9 ZPO (also auch für isoliert betriebene Unterhaltssachen der Nr. 5) gemäß § 621 II Satz 1 ZPO das Familiengericht zwingend zuständig, bei welchem die Ehesache verhandelt und entschieden wird. Diese Zuständigkeit endet dann, wenn vor Zustellung der Unterhaltsklage die Ehesache nicht mehr anhängig ist.[137] Ist jedoch die Ehesache rechtsmissbräuchlich anhängig gemacht worden, so z. B. vorsätzlich ohne Einhaltung des Trennungsjahres, soll die besondere Zuständigkeit des § 621 II S. 1 ZPO nicht begründet werden.[138]

Für eine Vollstreckungsabwehrklage, die eine Familiensache ist, mit der jedoch keine Regelung für den Fall der Scheidung begehrt wird, ist auch dann das Prozessgericht des ersten Rechtszugs i. S. d. § 767 I ZPO zuständig, wenn eine Ehesache anhängig ist oder während des Verfahrens anhängig wird. Die Regelungen des § 621 II S. 1 u. III ZPO haben keinen Vorrang.[139] Erhebt während der Anhängigkeit einer Ehesache ein Ehegatte gegen den anderen aus einer notariellen Urkunde über den Trennungsunterhalt Vollstreckungsabwehrklage, ist das Gericht der Ehesache zuständig.[140]

Richtet sich die Vollstreckungsabwehrklage gegen einen vor dem LG vor dem 1. 7. 1977 geschlossenen Unterhaltsvergleich, ist das Familiengericht zuständig,[141] und zwar örtlich das Amtsgericht, in dessen Bezirk das LG, bei dem das Verfahren im ersten Rechtszug anhängig war, seinen Sitz hat.[142]

Für die Kindesunterhaltsverfahren des § 621 I Nr. 4 ZPO ist wie folgt zu differenzieren: Bei Klagen von volljährigen Kindern ist der Wohnsitz des Beklagten maßgebend. Ist aber eine Ehesache im ersten Rechtszug anhängig, so besteht nur dann eine ausschließliche Zuständigkeit des Gerichts der Ehesache für einen Unterhaltsanspruch des gemeinschaftlichen (also sowohl volljährigen als auch minderjährigen) Kindes, wenn nicht das vereinfachte Verfahren zur Abänderung von Unterhaltstiteln zur Anwendung kommt. In letzterem Falle ergibt sich die örtliche Zuständigkeit aus § 642 I Satz 1 ZPO, wonach das Familiengericht ausschließlich zuständig ist, bei dem das Kind oder der Elternteil, der es gesetzlich vertritt, seinen allgemeinen Gerichtsstand hat.

Hier kann es örtliche Überschneidungen geben: Während das Gericht des § 642 I ZPO aus Gründen der perpetuatio fori (§ 261 III S. 2 ZPO) auch dann bis zur Entscheidung zuständig bleibt, wenn das Kind während der Laufdauer des Verfahrens volljährig geworden ist, müsste für eine gleichzeitig anhängig gemachte Klage des volljährigen Kindes auf Erstattung von Sonderbedarf das Wohnsitzgericht des beklagten Vaters zuständig sein. Hier ist daran zu denken, aus Gründen der Prozessökonomie und des Rechtsgedankens der perpetuatio fori auch die Hauptsacheklage des Kindes auf Sonderbedarf (§ 1613 II Nr. 1 BGB) am Gerichtsort des § 642 I ZPO zu führen. In dieser Rechtsanwendung besteht eine Ergänzung der Zuständigkeitsregelung für minderjährige Unterhaltsgläubiger insofern, als bei früher und bis jetzt noch anhaltender Zuständigkeit nach § 642 I ZPO auch Unterhaltsklagen des inzwischen volljährig gewordenen Gläubigers dem Zuständigkeitsschutz der Norm des § 642 ZPO unterfallen.

3. Abgabe und Verweisung

12 Abgabe und Verweisung sind die Überleitung eines Verfahrens von einer Gerichtsabteilung an die andere oder von einem Gericht an ein anderes. **Innerhalb desselben Gerichtes**

---

[137] BGH, FamRZ 1980, 1109
[138] So KG, FamRZ 1989, 1105
[139] BGH, FamRZ 1980, 346 = NJW 1980, 1393
[140] BayObLG, FamRZ 1991, 1455 = NJW-RR 1992, 263
[141] BGH, FamRZ 1978, 672 u. FamRZ 1979, 573
[142] BGH, FamRZ 1980, 47

spricht man – gleichgültig ob es sich um ein ZPO- oder FGG-Verfahren handelt – immer nur von **Abgabe.** Den Begriff der **Verweisung** gibt es nur bei der Überleitung von ZPO-Verfahren, nicht aber bei FGG-Familiensachen. Außerdem spricht man von Verweisung erst, nachdem das Verfahren rechtshängig geworden ist. Der wesentliche Unterschied zwischen Abgabe und Verweisung besteht darin, dass eine Verweisung bindend ist, eine Abgabe aber nicht.

a) Verweisung nach § 281 ZPO. § 281 ZPO setzt die Beteiligung zweier verschiedener Gerichte voraus.[143] Notwendig ist **Rechtshängigkeit;**[144] vor Rechtshängigkeit kann nur abgegeben werden. Der Verweisungsantrag kann in der Revisions- oder Beschwerdeinstanz nachgeholt werden.[145] Die Verweisung ändert die Rechtsnatur der Streitigkeit nicht.[146] Bei Verweisung vom Familiengericht an das LG hat bei Berufung das OLG die Rechtsnatur des Streitgegenstands selbst zu prüfen,[147] ebenso, falls der Beklagte der Verweisung vor dem Familiengericht widersprochen hat und vor dem OLG die Zuständigkeit des allgemeinen Zivilsenats rügt. Bei etwaiger Zurückverweisung wegen Verfahrensmängeln muss das OLG jedoch die **Bindung der Verweisung** an das LG beachten, auch wenn eine Familiensache vorliegt. Steht eine Nichtfamiliensache mit einer Familiensache im Verhältnis von Haupt- und Hilfsanspruch, so ist eine Verweisung an das Familiengericht erst nach Abweisung des Hauptanspruchs zulässig,[148] aber auch notwendig, weil das Prozessgericht sachlich nicht über einen familienrechtlichen (Hilfs-)Anspruch entscheiden kann. 12 a

Ist fälschlich gegen eine Entscheidung der allgemeinen Prozessabteilung des Amtsgerichts in einer Familiensache Berufung zum OLG eingelegt worden, so kommt weder eine Verweisung an das LG noch an das Familiengericht in Betracht.[149]

Eine fehlerhaft beim Oberlandesgericht eingelegte Berufung kann nicht nach § 281 ZPO oder in analoger Anwendung dieser Bestimmung an das Landgericht verwiesen werden.[150]

Ein Bedürfnis für eine entsprechende Anwendung des § 281 ZPO im Berufungsverfahren besteht nur, wenn in Anwendung des sog. Meistbegünstigungsgrundsatzes Berufung zu verschiedenen Gerichten eingelegt werden kann.[151]

Die Bindungswirkung des § 281 II S. 2 ZPO entfällt nicht bei jedem Verfahrensfehler, z. B. nicht bei Fehlen des Verweisungsantrags,[152] nicht in jedem Falle bei fehlender Begründung,[153] sondern nur bei einem besonders schwerwiegenden Verfahrensverstoß, z. B. Unterlassung des rechtlichen Gehörs[154] oder Willkür[155] oder bei Verweisung ohne Ankündigung nach Ablehnung eines Übernahmeersuchens durch das Familiengericht und Fortführung des Rechtsstreits durch das LG[156] oder bei Häufung grober Rechtsirrtümer.[157] Der Anspruch auf rechtliches Gehör ist bei prozessordnungswidriger Entscheidung über den Verweisungsantrag im schriftlichen Verfahren dann nicht verletzt, wenn das Gericht Gelegenheit zur Stellungnahme in angemessener Frist gegeben und erkennbar gemacht hat, dass es nach Fristablauf ohne mündliche Verhandlung entscheiden wird.[158] Auf die gerichtsinterne Zuständigkeitsregelung hat die Bindungswirkung keinen Einfluss.[159] 13

---

[143] BGH, FamRZ 1978, 582
[144] BGH, NJW-RR 1997, 1161
[145] BGH, FamRZ 1978, 873; FamRZ 1984, 465
[146] BGH, FamRZ 1980, 557
[147] BGH, FamRZ 1979, 1005 zur inzwischen überholten materiellen Anknüpfung; nunmehr BGH, FamRZ 1994, 25 = NJW-RR 1993, 1282 zur neuen Rechtslage (formelle Anknüpfung)
[148] BGH, FamRZ 1981, 1047
[149] Verwerfung! BGH, FamRZ 1991, 682
[150] BGH, FamRZ 1996, 1544
[151] BGH, NJW-RR 1997, 55
[152] RGZ 131, 200; BGHZ 1, 341
[153] BGH, FamRZ 1988, 943
[154] BGH, FamRZ 1989, 847
[155] BGH, FamRZ 1993, 50
[156] OLG Nürnberg, FamRZ 1994, 838
[157] BGH, NJW-RR 1992, 383
[158] BGH, NJW 1988, 1794
[159] BGH, FamRZ 1979, 1005

Die **Bindungswirkung bleibt erhalten,** wenn der Beklagte seinen Wohnsitz nachträglich ändert oder die Parteien anderweitige Verweisung übereinstimmend beantragen (§ 261 III Nr. 2 ZPO).[160] Durch den Antritt von Strafhaft wird ein Wohnsitz in der Justizvollzugsanstalt nicht begründet.[161] Hat ein Gericht eine zu ihm erhobene Klage wegen örtlicher Unzuständigkeit – rechtskräftig – abgewiesen, so steht diese Entscheidung der Bindungswirkung eines später in einem neuen Verfahren über denselben Streitgegenstand von einem anderen Gericht erlassenen Verweisungsbeschlusses an das erste Gericht nicht entgegen. § 11 ZPO ist in diesem Fall nicht anzuwenden.[162]

Der Verweisung von einem Rechtsmittelgericht zum andern kommt in der Regel keine Bindungswirkung zu.[163] Die Verweisung des Rechtsstreits durch das LG als Berufungsgericht an das OLG als Berufungsgericht wegen einer erst in der Berufungsinstanz eingetretenen Erweiterung des Klagebegehrens ist nicht zulässig. § 506 ZPO findet keine Anwendung.[164] Trotz fehlender Bindung ist das Verfahren beim angewiesenen Gericht anhängig.[165]

Verweist das LG an das AG, so ist nur das AG gebunden, nicht die – unselbstständige – familienrechtliche Abteilung.[166] Verweist das AG den Rechtsstreit an ein LG, weil der Streitwert die sachliche Zuständigkeit der AG übersteigt, so bindet der Verweisungsbeschluss auch hinsichtlich der örtlichen Zuständigkeit, wenn das AG erkennbar diese Zuständigkeit mitgeprüft und bejaht und auch insoweit die Bindungswirkung gewollt hat.[167]

Verweist das AG an das LG, weil keine Familiensache vorliege, wird jedoch beim LG die Klage (auch) auf einen familienrechtlichen Anspruch gestützt, ist die Rückverweisung an das AG wegen der Bindungswirkung ausgeschlossen.[168]

„Abgaben" oder „Verweisungen" unter Abteilungen oder Senaten desselben Gerichts sind nicht bindend; § 281 ZPO ist nicht anwendbar.[169]

Verweisung ist auch im Verfahren auf Erlass einer einstweiligen Verfügung möglich[170] und bindend. Dasselbe gilt für das PKH-Verfahren.[171] Der Erlass eines Teilanerkenntnisurteils hindert eine spätere Verweisung nicht.[172]

Eine Verweisung wegen anderweitiger Rechtshängigkeit sieht das Gesetz nicht vor. Sie hat keine Bindungswirkung.[173]

Eine Verweisung an das Gericht der Ehesache gem. § 621 III S. 1 ZPO ist nicht mehr zulässig, wenn im 1. Rechtszug eine abschließende Entscheidung ergangen ist.[174] Auf deren Rechtskraft kommt es nicht an. Die Abgabe einer Familiensache an das Gericht der Ehesache gem. § 621 III ZPO ist für dieses dann nicht bindend, wenn sie auf dem Irrtum des abgebenden Gerichts beruht, die Ehesache sei rechtshängig.[175]

13 a Die Verweisungsvorschrift des § 281 gilt unmittelbar nur für Urteilsverfahren, wird aber auf **Beschlussverfahren der ZPO** entsprechend angewendet, wie z. B. das Zwangsvollstreckungsverfahren, das PKH-Verfahren, das Verfahren des Arrestes und der einstweiligen Verfügung. Allerdings findet § 281 ZPO nur dort Anwendung, wo überhaupt ein anderes Gericht örtlich oder sachlich zuständig ist; ein ausländisches Gericht kann dies niemals sein, da jeder justizhoheitliche Akt an der Staatsgrenze endet.

---

160 BGH, FamRZ 1995, 729
161 BGH, FamRZ 1996, 1544
162 BGH, FamRZ 1997, 398 = NJW 1997, 869
163 BGH, FamRZ 1984, 36 und 1984, 774
164 BGH, NJW-RR 1996, 891
165 BGH, NJW 1989, 491
166 Heute ganz h. M., vgl. z. B. BGH, FamRZ 1988, 155
167 BayObLG, NJW-RR 1996, 956
168 OLG Frankfurt, FamRZ 1988, 734, fraglich
169 BGH, FamRZ 1980, 557 = NJW 1980, 1282
170 BGH, FamRZ 1989, 847
171 BGH, FamRZ 1991, 1172
172 BGH, NJW-RR 1992, 1091
173 BGH, FamRZ 1980, 45
174 BGH, FamRZ 1985, 800
175 BGH, NJW-RR 1996, 897

Ist noch keine Klageerhebung erfolgt, ist auf Antrag des Klägers nur eine formlose Abgabe möglich; sie entfaltet keine Bindungswirkung. Im Übrigen kann nur der Rechtsstreit als ganzer verwiesen werden, nicht einzelne Anspruchsgründe eines einheitlichen Verfahrens. Eine Teilverweisung ist nur dann zulässig, wenn auch eine Abtrennung gem. § 145 ZPO zulässig wäre. In diesem Falle stellt eine Teilverweisung eine gleichzeitige Abtrennung mehrerer Streitgegenstände voneinander dar.

Eine Verweisung erfolgt **nur auf Antrag einer Partei;** Verweisung von Amts wegen ist unzulässig mit jener Ausnahme des § 621 III ZPO. Der Verweisungsantrag selbst kann mündlich oder formlos schriftlich und ohne Anwaltszwang (§ 78 III ZPO) gestellt werden.

Der **Verweisungsbeschluss** ist gem. § 281 II S. 3 ZPO **unanfechtbar,** selbst bei Ver- **13 b**
sagung des rechtlichen Gehörs oder offensichtlicher Willkür. Allerdings besteht keine Bindungswirkung der Verweisung, wenn ihr jede rechtliche Grundlage fehlt und sie als objektiv willkürlich erscheint.[176]

Auch kann eine Verweisung im Verfahren der Prozesskostenhilfe nur für dieses binden, nicht für das Streitverfahren, welches in der Regel noch gar nicht rechtshängig ist.[177]

Wird wegen örtlicher Unzuständigkeit verwiesen, bindet dieses nicht hinsichtlich der sachlichen Zuständigkeit. Ist ein Verweisungsbeschluss unter Versagung des rechtlichen Gehörs ergangen, ist die Verweisung ebenfalls nicht bindend.

Dies gilt aber dann nicht, wenn die Anhörung der Gegenseite im einstweiligen Rechtsschutz- oder Vollstreckungsverfahren unterblieben ist und der Grund im Gläubigerschutz liegt.

Eine Verweisungsentscheidung hat Wirkung bis zur abschließenden Kostenentscheidung. Dort ist aufzunehmen, dass die Mehrkosten, die durch die Anrufung des unzuständigen Gerichts als Gerichts- bzw. außergerichtiche Kosten angefallen sind, zwingend dem Kläger auferlegt werden müssen (§ 281 III S. 2 ZPO).

b) Fortdauer der Zuständigkeit (perpetuatio fori). Für eine Klage ist sie ausdrück- **14**
lich in § 261 III Nr. 2 ZPO geregelt. Diese Vorschrift enthält einen allgemeinen Rechtsgedanken, der auch für die Zuständigkeit des Gerichts der Ehesache nach § 621 II S. 1 ZPO[178] und eine einstweilige Anordnung nach §§ 620ff. ZPO[179] gilt, ebenso für die internationale Zuständigkeit.[180] Die Zuständigkeit der Gerichte der Ehesache besteht über die Beendigung der Anhängigkeit der Ehesache hinaus,[181] sofern die andere Familiensache während der Anhängigkeit der Ehesache dort eingegangen ist.

§ 261 III Nr. 2 ZPO greift nicht nur bei einer Veränderung der tatsächlichen Umstände, sondern auch bei einer Rechtsänderung, insbesondere Gesetzesänderung, ein,[182] wobei sowohl die Aufgabe einer höchstrichterlichen Rechtsprechung als auch eine Gesetzesänderung unbeachtlich sind.[183] Die Streitsache muss aber beim örtlich und sachlich zuständigen Gericht rechtshängig geworden sein.[184] Entsprechendes gilt für andere Verfahrensarten.[185]

Der Grundsatz gilt nicht
- für den bevorstehenden Instanzenzug,[186]
- für die Abteilungen und Spruchkörper eines Gerichts.[187]

Die Vorschrift steht einer Zuständigkeitsvereinbarung entgegen, sofern diese nach Eintritt der Rechtshängigkeit geschlossen wird. Dasselbe gilt für übereinstimmende Anträge der

---

[176] BGH, NJW 1993, 1273
[177] BGH, NJW-RR 1992, 59
[178] BGH, FamRZ 1981, 23
[179] BGH, FamRZ 1980, 670
[180] BayObLG, FamRZ 1993, 1469
[181] BGH, FamRZ 1986, 454
[182] BGH, FamRZ 1978, 402
[183] BGH, FamRZ 1978, 403
[184] BGH, FamRZ 1978, 227; FamRZ 1978, 402
[185] BGH, FamRZ 1978, 402
[186] BGH, FamRZ 1978, 227
[187] BGH, FamRZ 1981, 758 = NJW 1981, 2464

Parteien oder für ihr ausdrückliches Einverständnis (mit der Zuständigkeit eines anderen Gerichts).[188]

15 c) **Zusammenfassung.** Insgesamt gibt es folgende Abgaben bzw. Verweisungen:

- **Abgabe innerhalb desselben Gerichts:**
  Hierbei handelt es sich um keine Frage der sachlichen Zuständigkeit, sondern um eine der Geschäftsverteilung innerhalb des gleichen Gerichtes. Daher ist die Abgabe nicht bindend und § 281 ZPO nicht anwendbar.
- **Verweisung des Oberlandesgerichts bzw. Landgerichts an das Familiengericht:**
  Eine Bindung nach § 281 II S. 2 ZPO tritt nur insoweit ein, als das Amtsgericht als solches an die Verweisung gebunden wird. Innerhalb dieses Gerichtes kann aber erneut der Rechtsstreit vom Zivilgericht an das Familiengericht wie umgekehrt abgegeben werden.
- **Verweisung des Familiengerichts an das Landgericht bzw. Oberlandesgericht:**
  Auch hierbei handelt es sich um die Frage der sachlichen Zuständigkeit, so dass das angegangene Gericht an die Verweisung nach § 281 II S. 2 ZPO gebunden ist.
- **Verweisung des erstinstanzlichen Gerichts an das Rechtsmittelgericht:**
  Da es sich hierbei um eine Frage der sachlichen Zuständigkeit handelt, ist die Verweisung gemäß § 281 ZPO bindend.[189]
- **Verweisung zwischen Rechtsmittelgerichten:**
  Da es sich hierbei um die Frage der funktionellen Zuständigkeit handelt, kommt der Verweisung keine Bindungswirkung zu.[190]

4. Der Familienrichter

16 Bei den Amtsgerichten entscheiden gemäß § 22 I GVG Einzelrichter, wobei gemäß § 22 V GVG **Richter auf Probe** und **Richter kraft Auftrags** verwendet werden können. Für Familienrichter macht hiervon § 23b III S. 2 GVG eine **Ausnahme.** Nach dieser Vorschrift dürfen Richter auf Probe im ersten Jahr nach ihrer Ernennung keine Geschäfte des Familienrichters wahrnehmen. Sie dürfen somit weder als Vertreter eines Familienrichters noch als Bereitschaftsrichter oder ersuchter Richter in Familiensachen tätig sein.[191] Im Gegenschluss ergibt sich hieraus aber, dass Richter kraft Auftrags als Familienrichter tätig sein können.

Bei den Familiensenaten des Oberlandesgerichts können nur **Richter auf Lebenszeit** verwendet werden. Dies ergibt sich daraus, dass § 115 GVG eine § 22 V GVG entsprechende Bestimmung nicht enthält.

16 a Die **Ausschließung** und **Ablehnung** von Familienrichtern bestimmt sich nach §§ 41 ff. ZPO. Danach ist zur Entscheidung über die Ablehnung eines Familienrichters ein **anderer Richter des Amtsgerichts** zuständig (§ 45 II ZPO). Wird ein **Familienrichter beim Familiensenat** des OLG abgelehnt, entscheidet sein **Senat** darüber. Ist dieser Senat infolge der Ablehnung beschlussunfähig geworden, entscheidet der nach der Geschäftsverteilung vertretungsweise zuständige Senat. Ein zulässiges Ablehnungsgesuch setzt voraus, dass die Begründung in den Kernpunkten zusammen mit dem Gesuch eingereicht oder zu Protokoll erklärt wird. Es kann weder eine Fristsetzung für die Einreichung einer Begründung verlangt noch angekündigt werden, die Begründung werde innerhalb einer bestimmten Frist nachgeliefert werden.[192]

17–132 *– Nicht mehr belegt –*

---

188 BGH, FamRZ 1995, 729
189 BGH, FamRZ 1979, 1004 = NJW 1979, 2519
190 BGH, FamRZ 1985, 1242, 1243 = NJW 1986, 2764
191 OLG Stuttgart, FamRZ 1984, 716
192 OLG Köln, FamRZ 1996, 1150 = NJW-RR 1996, 1339

2. Abschnitt: Die Schaffung und Abänderung von Unterhaltstiteln

I. Gewöhnliche Leistungsklage

1. Allgemeines

Ihr Ziel ist die Erlangung eines Vollstreckungstitels (Urteil oder Prozessvergleich) über künftig fällig werdende Leistungen (§ 258 ZPO), meist verbunden mit der Geltendmachung bereits fälliger Beträge (sog. Rückstände). 133

Wiederkehrende Leistungen einschließlich der Rückstände sind einseitige Verpflichtungen, die sich in ihrer Gesamtheit als Folge ein und desselben Rechtsverhältnisses ergeben, so dass die einzelne Leistung nur noch vom Zeitablauf abhängig ist, ohne dass der Umfang der Schuld von vornherein genau feststeht.[1]

Voraussetzung ist jedoch, dass der Unterhaltsanspruch bereits entstanden ist und noch besteht[2] und dass auch die für die Höhe der Leistungen wesentlichen Umstände mit ausreichender Sicherheit festzustellen sind.[3] Z. B. nicht entstanden vor der Scheidung ist der nacheheliche Unterhaltsanspruch.[4]

Wenn dem prozessualen Anspruch auf Grund der gegenwärtigen Verhältnisse nicht stattgegeben werden kann, führt dies zur Abweisung der Klage.[5]

Entscheidungsgrundlage sind die tatsächlichen Verhältnisse der Gegenwart und die voraussichtlichen der Zukunft.[6] Vorzunehmen ist deshalb eine Prognose der Entwicklung der zugrunde zu legenden Verhältnisse.[7]

Nicht ohne weiteres vorhersehbar ist z. B.

- innerhalb einer längeren Zeit die Entwicklung der allgemeinen wirtschaftlichen Verhältnisse,
- die Entwicklung der besonderen individuellen Verhältnisse wie etwa Krankheit, Arbeitslosigkeit, Hinzutreten weiterer Unterhaltsberechtigter, Wiederverheiratung.

Maßgebend ist immer der konkrete Einzelfall. Im Zweifel ist von einer Prognose abzusehen und von den im Zeitpunkt der letzten mündlichen Verhandlung gegebenen Verhältnissen auszugehen.

Selbst ohne weiteres vorhersehbare Ereignisse, wie z. B. das Vorrücken des Kindes in eine höhere Altersstufe der Düsseldorfer Tabelle oder der bereits feststehende Eintritt des Unterhaltsverpflichteten in den Ruhestand, können nicht immer berücksichtigt werden, weil die konkreten finanziellen Auswirkungen nicht hinreichend sicher vorauszusehen sind. Deshalb ist z. B. eine an den Altersstufen der Düsseldorfer Tabelle orientierte Verurteilung unzulässig.[8] Dasselbe gilt für die Zeit ab Vollendung des 18. Lebensjahres.[9]

Wird die Klage abgewiesen, etwa wegen fehlender Bedürftigkeit oder Leistungsfähigkeit,[10] liegt darin keine sachliche Beurteilung der voraussichtlich in der Zukunft bestehenden Verhältnisse.[11] Dasselbe gilt, wenn nur eine über einen freiwillig gezahlten Betrag hinausgehende Mehrforderung geltend gemacht und darüber negativ entschieden worden ist.[12]

---

[1] BGH, NJW 1986, 3142
[2] BGH, FamRZ 1982, 259
[3] BGH, NJW 1983, 2197
[4] BGH, FamRZ 1981, 242 = NJW 1981, 978
[5] BGH, FamRZ 1982, 479
[6] BGH, VersR 1981, 280
[7] St. Rechtspr., z. B. BGH, FamRZ 1982, 259
[8] BGH, DAVorm 1982, 263
[9] A.A. BGH, NJW 1983, 2197 zu § 844 II BGB
[10] BGH, FamRZ 1982, 259
[11] BGH, FamRZ 1982, 479
[12] BGH, FamRZ 1982, 479

2. Verhältnis zu anderen Titeln

134 Liegt bereits ein Unterhaltstitel vor, ist in aller Regel eine gewöhnliche Leistungsklage ausgeschlossen.

Geht der Kläger von der positiven Feststellungsklage zu einer deckungsgleichen Leistungsklage über, ohne die Feststellungsklage weiter zu verfolgen, handelt es sich um eine ohne weiteres zulässige Klageerweiterung nach § 264 Nr. 2 ZPO.[13]

Eine einstweilige Verfügung über denselben Unterhaltsanspruch hindert allerdings nicht, weil dadurch der Unterhaltsanspruch weder rechtshängig geworden noch über ihn rechtskräftig entschieden worden ist.

Eine einstweilige Anordnung steht nicht entgegen, weil sie nur auf Grund einer summarischen Prüfung ergeht.[14]

Eine einseitige Verpflichtungserklärung zu Urkunde des Notars (§ 794 I Nr. 5 ZPO) oder des Jugendamtes (§§ 59, 60 SGB VIII) nimmt der Leistungsklage in gleichem Umfang das Rechtsschutzbedürfnis, lässt aber eine darüber hinausgehende Mehrforderung ohne Bindung an die Grundlagen der einseitigen Verpflichtungserklärung zu.[15] Wahlweise ist für den Unterhaltsberechtigten auch die Abänderungsklage ohne die Beschränkungen des § 323 I und III ZPO möglich.[16] Der eine Herabsetzung begehrende Schuldner hat gegen diese Titel die Abänderungsklage.[17]

3. Rechtsschutzbedürfnis/Titulierungsinteresse

135 Für die Klage auf wiederkehrende Leistungen (§ 258 ZPO) besteht ein Rechtsschutzbedürfnis auch dann, wenn der Schuldner erfüllungsbereit ist, ja sogar dann, wenn bisher regelmäßig und freiwillig Unterhalt gezahlt wurde,[18] und zwar für den gesamten Unterhalt, nicht nur einen streitigen Mehrbetrag.[19]

Besteht bereits ein vollstreckbarer Titel über die Klageforderung, fehlt im Allgemeinen das Rechtsschutzbedürfnis. Es ist aber trotzdem zu bejahen, wenn ein besonderer Grund vorliegt. Das ist etwa der Fall, wenn gegen einen Prozessvergleich mit Vollstreckungsgegenklage zu rechnen ist oder die durch Vollstreckungsklausel festgelegten Mehrbeträge in Streit stehen.[20]

4. Streitwert/Aufrechnung

135 a Der Streitwert für Leistungsklagen auf Unterhalt ist nach dem vom Kläger tatsächlich begehrten Zahlbetrag zu berechnen. Selbst in den Fällen, in denen der Kläger den vollen Regelbetrag ohne eine ausdrückliche Bezifferung und ohne die hälftige Anrechnung von Kindergeld beantragt, ist das Kindergeld bei der Bemessung des Streitwerts hälftig anzurechnen, soweit diese Anrechnung auf Grund der materiellrechtlichen Regelung des § 1612b BGB vorzunehmen ist.[21] Rückstände für die Zeit vor Klageeinreichung sind gem. § 17 IV GKG hinzuzurechnen.[22]

Zeitlicher Beginn für eine Leistungsklage auf nachehelichen Unterhalt ist der Tag der Rechtskraft der Ehescheidung.[23]

---

[13] BGH, NJW-RR 2002, 283

[14] Z. B. BGH, FamRZ 1984, 767 = NJW 1984, 2095

[15] BGH, FamRZ 1980, 342; offengelassen für die Jugendamtsurkunde BGH, FamRZ 1984, 997

[16] BGH, FamRZ 1984, 997

[17] BGH, FamRZ 1989, 172

[18] Vgl. etwa OLG Stuttgart, FamRZ 1990, 1368; OLG Düsseldorf, FamRZ 1990, 1369

[19] Etwa OLG Düsseldorf, FamRZ 1991, 1207

[20] BGH, FamRZ 1989, 267

[21] OLG Brandenburg, FamRZ 2001, 1385; OLG Karlsruhe, FamRZ 2002, 684 unter Aufgabe von FamRZ 2001, 778; OLG München, FamRZ 2001, 1385; OLG Brandenburg, FamRZ 2001, 779

[22] OLG Köln, FamRZ 2001, 779

[23] OLG Köln, FamRZ 2002, 326

Der Wert eines gegenseitigen Nachehelichen-Unterhaltsverzichts ist in der Regel mit einem Jahresbetrag von 3600 DM, gerundet 2000 € anzusetzen.[24]

Gem. § 850 I Nr. 2 ZPO gibt es keine Aufrechnung gegen gesetzliche Unterhaltsansprüche.[25]

II. Zusatzklage, Nachforderungsklage, Teilklage

Diese (nicht mit der Nachforderungsklage des § 324 ZPO zu verwechselnde) Klage ist 136
eine gewöhnliche Leistungsklage nach § 258 ZPO und nur insoweit zulässig, als keine Abänderungsklage (§ 323 ZPO) zu erheben ist.[26] Sie kommt in Betracht, wenn der Kläger im ersten Verfahren nur eine Teilklage erhoben hat,[27] wenn er zum Ausdruck gebracht hat, dass er mehr verlangen könne, aber nicht wolle,[28] etwa, indem er von seinem Unterhalt nur einen Teil beansprucht oder ihn nur für einen bestimmten Zeitraum geltend macht. Ob dies der Fall ist, ergibt sich aus der Urteilsformel, für deren Auslegung Tatbestand und Entscheidungsgründe, insbesondere auch der dort in Bezug genommene Parteivortrag im Prozess samt Antrag heranzuziehen sind.[29]

Ob rückständige oder zukünftige Leistungen verlangt werden, ist gleichgültig.[30]

In der Regel macht der Unterhaltsgläubiger seinen vollen Unterhaltsanspruch geltend. Will er dies nicht, muss er dies ausdrücklich erklären (sog. offene Teilklage) oder sich erkennbar eine Nachforderung vorbehalten (sog. verdeckte Teilklage). Ein solcher Vorbehalt liegt nicht in der schlichten Geltendmachung des sog. Quotenunterhalts.[31]

Wird Unterhalt ohne nähere Aufschlüsselung in Elementar- und Vorsorgeunterhalt geltend gemacht, so wird der volle einheitliche Unterhaltsanspruch rechtshängig, dessen lediglich unselbstständiger Teil Vorsorgeunterhalt ist. Im Zweifel ist zu vermuten, dass Unterhalt in voller, der Klägerseite zustehender Höhe geltend gemacht wird.

Für die Annahme, ein solcherart geltend gemachter Unterhaltsanspruch sei lediglich als Teilklage erhoben worden, reicht es nicht aus, dass vorgerichtlich ein höherer Gesamtbetrag an Elementar- und Vorsorgeunterhalt angemahnt worden war. Auch der bloße Hinweis, eine Klagerweiterung werde vorbehalten, reicht nicht aus, um eine Klage als Teilklage zu qualifizieren.

Die nachträglich erhobene Klage auf Vorsorgeunterhalt ist bei dieser Sachlage unzulässig, da über den Unterhaltsanspruch insgesamt bereits entschieden worden ist.[32] Die Vermutung spricht gegen eine Teilklage.[33]

Beispiel:
Der Unterhaltspflichtige zahlt 500 € monatlich freiwillig. Der Unterhaltsgläubiger verlangt weitere 500 € monatlich Unterhalt. Diese Mehrforderung ist eine Teilklage.
Zahlt der Unterhaltspflichtige im Beispielsfalle die freiwilligen Leistungen ganz oder teilweise nicht mehr, muss der Unterhaltsgläubiger deswegen eine weitere Teilklage erheben, nicht die Abänderungsklage gegen den titulierten Betrag.[34]

Die Zusatzklage lässt zwar die Mehrforderung auch für die Vergangenheit zu, weil 137
§ 323 III ZPO nicht gilt, ist aber einerseits mit dem erheblichen Nachteil verbunden, dass der Kläger erneut die Anspruchsgrundlagen behaupten und notfalls beweisen muss,[35] hat aber andererseits den Vorteil, dass Bindungen aus § 323 ZPO nicht bestehen.

---

[24] Zum DM-Streitwert OLG Naumburg, FamRZ 2001, 433
[25] BGH, FamRZ 2002. 1179
[26] BGH, FamRZ 1985, 690 = R 259
[27] BGHZ 34, 110
[28] BGH, NJW-RR 1987, 386
[29] BGHZ 34, 337
[30] BGH, NJW 1986, 3142
[31] BGH, FamRZ 1985, 690 = R 259
[32] OLG Karlsruhe, FamRZ 1995, 1498
[33] BGH, FamRZ 1990, 863 = NJW-RR 1990, 390; ferner Urt. v. 15. 6. 1994 XII ZR 128/93
[34] BGH, FamRZ 1991, 320; FamRZ 1985, 371 = NJW 1985, 1340
[35] BGHZ 34, 110, 117; ebenso BGH, FamRZ 1985, 371 = NJW 1985, 1340

Hat der Unterhaltsschuldner nur einen Teil des geforderten Betrages titulieren lassen (z. B. durch Jugendamtsurkunde), handelt es sich beim Streit um den Rest (Spitzenbetrag) um eine Zusatz- oder Teilklage.[36] Im Zweifel ist der gesamte Unterhalt tituliert. Änderungen wirtschaftlicher Art müssen dann durch Anpassungsklage (§ 242 BGB) im Gewande des § 323 ZPO (ohne Bindung an § 323 III ZPO) geltend gemacht werden.[37]

Erhebt ein Unterhaltsgläubiger **Stufenklage** gemäß § 254 ZPO, handelt es sich bei den Urteilen über die einzelnen Stufen ebenfalls um **Teilurteile.** Das ist auch dann der Fall, wenn im Wege der **subjektiven Klagehäufung** mehrere Unterhaltsberechtigte in einem Prozess ihre Ansprüche geltend machen, wie z. B. die gemeinsamen minderjährigen Kinder zusammen mit ihrer getrennt lebenden Mutter. Klagt der Unterhaltsberechtigte auf Erhöhung seines Anspruchs und im Wege der Widerklage der Beklagte auf Reduzierung der gegen ihn gerichteten Unterhaltsforderung, ist nach BGH[38] ein Teilurteil über Klage oder Widerklage unzulässig, weil sich beide gegenseitig bedingen und damit im Falle der Entscheidungsreife der Klage auch über die Widerklage entschieden werden muss.

III. Abänderungsklage (§ 323 ZPO)

1. Allgemeines

138 Der Abänderungsklage nach § 323 ZPO unterliegen Verurteilungen zu künftig wiederkehrenden Leistungen des § 258 ZPO. Beide Regelungen sind durch die Novelle von 1898 in die ZPO eingefügt worden. Dabei bildet § 323 ZPO die Korrekturmöglichkeit zu § 258 ZPO, der bei wiederkehrenden Leistungen auch wegen der erst nach Erlass des Urteils fällig werdenden Leistungen Klage auf künftige Entrichtung gestattet. Mit dem Urteil nach § 258 ZPO werden somit künftige Ansprüche tituliert, die zum Zeitpunkt des Urteilserlasses noch nicht einmal entstanden und erst recht nicht fällig sind. Entstanden ist der Monatsbetrag einer Unterhaltsrente nämlich erst mit dem Beginn des Monats, in den die Unterhaltspflicht fällt (§ 1612 III S. 2 BGB). Schafft daher § 258 ZPO dem Gläubiger die Möglichkeit, einen Titel über noch gar nicht entstandene Ansprüche zu erlangen, korrigiert § 323 ZPO diesen Titel ab Rechtshängigkeit der Abänderungsklage bzw. ab Inverzugsetzung im Trennungs- oder Kindesunterhaltsverfahren (§ 323 III ZPO) für den Fall, dass die seit Erlass des Vorurteils eingetretene Sach- und Rechtslage sich wesentlich geändert hat. Es ist daher Ausfluss der materiellen Gerechtigkeit, den Ursprungstitel an die spätere Entwicklung anpassen zu können, wenn diese erheblich von der Vorausschau bei Erlass des abzuändernden Urteils abweicht. Damit eröffnet die Abänderungsklage nicht nur einen Angriff auf die Richtigkeit der Prognose des früheren Urteils,[39] sondern auch auf den Fortbestand des abzuändernden Titels überhaupt. Die Abänderungsklage stellt somit einen prozessualen Anwendungsfall der **clausula rebus sic stantibus** dar.[40]

138 a Die Abänderungsklage ist jedoch nur insoweit zulässig, als die Gründe, auf die sie gestützt wird, erst nach Schluss der mündlichen Verhandlung entstanden sind, in der eine Klagerweiterung oder die Geltendmachung von Einwendungen hätte spätestens erfolgen müssen. Insbesondere zur Absicherung der Rechtskraft unanfechtbar gewordener Entscheidungen ist danach eine Zeitschranke für die Berücksichtigung von Abänderungsgründen errichtet. Der Möglichkeit einer Abänderung bedarf es nämlich nicht, wenn die veränderten Verhältnisse schon im Ursprungsverfahren hätten geltend gemacht werden können. Maßgebender Zeitpunkt ist der Schluss der mündlichen Verhandlung der letzten Tatsacheninstanz, also auch der Berufungsinstanz, sofern eine solche stattgefunden hat.[41] Aus dem Charakter der Abänderungsklage als Anwendungsfall der clausula rebus sic stantibus ergibt sich weiter, dass die

[36] OLG Hamm, FamRZ 1996, 219
[37] Vgl. zur Problematik z. B. OLG Zweibrücken, FamRZ 1992, 840
[38] NJW 1987, 441 f.
[39] BGH, FamRZ 1982, 259
[40] BGH, NJW 1980, 2811
[41] Graba, FamRZ 2001, 585 ff., 592

Abänderung eines Urteils nicht weiter gehen darf, als dies aus Gründen der veränderten Verhältnisse notwendig erscheint. § 323 ZPO will weder eine Möglichkeit zur neuerlichen Wertung des alten Sachverhalts noch einen Weg eröffnen, diesen bei Gelegenheit einer Änderung abweichend zu beurteilen. Erst recht kann die Vorschrift nicht die Möglichkeit bieten, gegen den Grund des Anspruchs Einwendungen zu erheben oder diesen neu zur Nachprüfung zu stellen. Die Abänderungsklage stellt einen Ausnahmefall von den allgemeinen Regeln der Rechtskraft dar. Die sich aus der Rechtskraft ergebende Bindungswirkung des Ersturteils darf daher nach § 323 ZPO nur insoweit beseitigt werden, als das vorausgegangene Urteil auf Verhältnissen beruht, die sich inzwischen geändert haben. Ist eine Änderung nicht eingetreten, hindert die Bindung das Abänderungsgericht daran, die diesbezüglichen Tat- und Rechtsfragen neuerlich zu prüfen. Dass die Fragen möglicherweise unrichtig beurteilt worden sind, kann den Umfang der rechtlichen Bindung nicht beeinflussen, wie dies auch bei allen anderen Urteilen gilt.[42]

2. Rechtsnatur

Die Abänderungsklage ist zum einen eine prozessuale Gestaltungsklage, die einen früheren (meistens) rechtskräftigen Titel ändert und damit die Rechtsbeziehung zwischen den Parteien neu gestaltet (in Form einer Anspruchsminderung oder -erhöhung). Führt das Abänderungsurteil erneut zu einer Verurteilung auf Unterhalt, ist dieser neue Titel das Ergebnis einer Leistungsklage.[43] Begehrt der Unterhaltsschuldner der Abänderungsklage einen völligen Wegfall seiner Leistungspflicht, ist sein Begehren als negative Feststellungsklage aufzufassen. Ein zusätzlicher Feststellungsantrag kann aber mit der Abänderungsklage nicht verbunden werden, weil hierdurch keine Veränderung des Leistungsurteils erreicht werden kann und damit das Rechtsschutzinteresse fehlt.[44] Das Rechtsschutzbedürfnis für eine Abänderungsklage entfällt auch dann, wenn der Unterhaltsgläubiger den Titel zurückgibt. Benötigt er den Titel noch zur Vollstreckung von rückständigem Unterhalt, entfällt das Rechtsschutzbedürfnis, wenn der Unterhaltsgläubiger erklärt, ab einem bestimmten Zeitpunkt aus dem Titel nicht zu vollstrecken.[45] 139

3. Streitgegenstand

Die Frage, ob der Vorprozess und die Abänderungsklage den gleichen Streitgegenstand umfassen, wird in Rechtsprechung und Literatur nicht einheitlich beantwortet. Die herrschende Meinung[46] geht davon aus, dass das abzuändernde Urteil auch die erst in Zukunft eintretenden Tatsachen umfasst, die für die Verpflichtung zu den wiederkehrenden Leistungen maßgebend sind. Daher beziehe sich die materielle Rechtskraft der abzuändernden Entscheidung auch auf die richterliche Prognose und betreffe damit denselben Streitgegenstand wie die Abänderungsklage. § 323 wird deshalb als eine Vorschrift angesehen, die aus Gründen der Gerechtigkeit die Durchbrechung der materiellen Rechtskraft des abzuändernden Urteils zulässt **(sog. Billigkeitstheorie).**[47] 140

Demgegenüber wird eingewendet, ein identischer Streitgegenstand liege schon deswegen nicht vor, weil sich der auf künftige Abänderung (nämlich nach Rechtshängigkeit des Abänderungsverfahrens, § 323 III ZPO) gerichtete Antrag hinsichtlich seines zeitlichen Umfangs wie auch in seiner Antragstellung vom Erstprozess unterscheide. Da auch bei wiederkehrenden Leistungen die zeitliche Grenze wie sonst auch durch den Schluss der letzten mündlichen Tatsachenverhandlung des Vorprozesses gesetzt werde, liege der Abänderungsklage ein anderer Sachverhalt zugrunde und damit auch ein anderer Streitgegenstand.

[42] Vgl. dazu BGH, FamRZ 2001, 1364; NJW 2001, 937 ff.
[43] BGH, NJW 1986, 3142, 3143
[44] BGH, a.a.O.
[45] BGH, FamRZ 1984, 770, 771; OLG München, FamRZ 1999, 942
[46] BGH, FamRZ 1980, 1099
[47] Zuletzt BGH, FamRZ 1990, 496, 497

Das Abänderungsurteil könne daher die Rechtskraft des Vorprozesses nicht durchbrechen, sondern stehe mit ihr im Einklang **(sog. Bestätigungstheorie).**[48]

Der letzten Ansicht ist zuzustimmen. Der Streitgegenstand einer in die Zukunft offenen Leistungsklage nach § 258 ZPO (und damit auch der Leistungstitel) erweitert sich Monat für Monat durch bloßen Zeitablauf. Dieser zeitlich unbefristete Streitgegenstand wird nur (und erst) dadurch beschränkt, dass eine der beiden Parteien die Abänderung des Ersturteils begehrt. Ein diesbezügliches (neues) Prozessrechtsverhältnis wird durch Erhebung der Abänderungsklage herbeigeführt. Dieser Zeitpunkt begrenzt somit den Streitgegenstand. Das Erstverfahren setzt gleichzeitig den zeitlichen Beginn des Streitgegenstandes der Abänderungsklage. Damit sind beide Streitgegenstände nicht deckungsgleich, sie berühren sich vielmehr nur in der juristischen Sekunde der Klageerhebung. Nur diese Rechtsansicht ist im Einklang mit grundsätzlichen Prozessrechtsfragen, nämlich der Tatsache, dass ein rechtskräftiges Urteil (nach Durchlaufen des Instanzenzuges) nicht mehr erneut im Wege einer Superrevision auf seinen Bestand hin überprüft werden kann. Dies entspricht dem Grundsatz „ne bis in idem" und den Geboten von Rechtssicherheit, Gläubigerschutz und Rechtsbestand. Es bedarf daher nicht der Argumentation der Rechtskraftdurchbrechung aus Gründen von Treu und Glauben und allgemeiner Gerechtigkeit, um über § 323 ZPO die Überprüfung eines zeitlich unbefristet in die Zukunft wirkenden Urteils zu erreichen. § 323 ZPO enthält somit versteckt eine neue Leistungs- bzw. Gestaltungsklage ab Rechtshängigkeit im Abänderungsverfahren, wobei die Absätze I und II verschiedene Bindungen an das vorausgegangene Erstverfahren enthalten, die auch im Rahmen der Abänderung berücksichtigt werden müssen.

4. Anwendungsbereich

141 Da § 323 ZPO einen allgemeinen, entsprechender Anwendung fähigen Rechtsgedanken (nämlich der clausula rebus sic stantibus) enthält,[49] ist der Kreis der abänderungsfähigen Schuldtitel nicht auf die in Abs. I, IV und V genannten Titel beschränkt. Vielmehr gehören hierzu alle Verurteilungen bzw. Verpflichtungen zu künftig wiederkehrenden Leistungen i. S. d. § 258 ZPO, damit auch ein **Urteil auf Zahlung von Verzugszinsen.**[50] Da die Art des Urteils gleich ist, sind auch **Anerkenntnis-**[51] und **Versäumnisurteile,**[52] gegen die ein Einspruch nicht oder nicht mehr zulässig ist, abänderbar.[53] Im Übrigen kann ein prozessuales Anerkenntnis grundsätzlich weder angefochten noch widerrufen werden, außer wenn ein Restitutionsgrund oder ein Abänderungsgrund i. S. d. § 323 ZPO vorliegt.[54] Ebenso zählen hierzu **Vollstreckungsbescheide** nach § 700 I ZPO sowie auch **Abänderungsurteile**[55] gem. § 323 ZPO.[56] Rechtskräftig muss das abzuändernde Urteil (noch) nicht sein. Urteilen gleichgestellt sind **Schiedssprüche** (§§ 1040, 1054 ZPO) sowie **ausländische Urteile,** soweit sie im Inland anerkannt werden.[57]

Ob dem abzuändernden Titel inländisches oder ausländisches Sachrecht zugrunde liegt, ist nicht entscheidend für seine Abänderungsmöglichkeit.[58]

Auch ein auf eine **negative Feststellungsklage** gegen eine einstweilige Anordnung nach § 620 S. 1 Nr. 4, 6 ZPO ergangenes Urteil[59] oder ein **Teilurteil**[60] sind nach § 323 abänderbar.

---

[48] Gottwald, Festschrift für Schwab, 1990, S. 163 ff.
[49] BGHZ 28, 337
[50] BGH, NJW 1987, 3266
[51] BGH, NJW 1981, 2195; BGH, FamRZ 1981, 862
[52] BGH, FamRZ 1982, 792
[53] MünchKommZPO/Gottwald § 323, Rn. 8
[54] BGH, FamRZ 2002, 88
[55] BGH, FamRZ 1981, 59; OLG Karlsruhe, FamRZ 1987, 395
[56] OLG Karlsruhe, FamRZ 1987, 395
[57] BGH, FamRZ 1983, 806 R 174 a, b
[58] OLG Karlsruhe, FamRZ 1989, 1310
[59] Johannsen/Henrich/Brudermüller, Eherecht, 4. Aufl., § 323 ZPO Rn. 52
[60] OLG Karlsruhe, FamRZ 1992, 199

Eine Abänderung nach § 323 ZPO setzt einen **vollstreckbaren Unterhaltstitel** voraus; ein solcher liegt nicht vor, wenn der von der Mutter geltend gemachte Ehegatten- und Kindesunterhaltsanspruch unaufgeschlüsselt als Gesamtbetrag im Urteil ausgewiesen worden ist.

Handelt es sich um ein Urteil auf **Kapitalabfindung** anstelle einer Unterhaltsrente, ist wie folgt zu unterscheiden: Haben sich die Bezugsgrößen für die Kapitalabfindung nach Schluss der letzten mündlichen Verhandlung wesentlich geändert und waren diese unmittelbare Grundlage für die Berechnung des Abfindungsbetrages, findet § 323 ZPO Anwendung. Denn auch hierbei handelt es sich um wiederkehrende Leistungen (Monatsunterhaltsbeträge), die die Grundlage und Anspruchsvoraussetzung für den berechneten Abfindungsbetrag darstellen. Hat somit nach Schluss der letzten mündlichen Verhandlung die Leistungsfähigkeit des Unterhaltsschuldners oder die Bedürftigkeit des Berechtigten erheblich nachgelassen und waren diese Faktoren die bestimmenden Umstände für die Ermittlung des Abfindungsbetrags, muss diese Veränderung – soweit noch keine endgültige Erledigung des Verfahrens durch Zahlung erfolgt ist – im Wege der Abänderung berücksichtigt werden. Denn auch hier hat sich eine Zukunftsprognose als unrichtig erwiesen; dass zusätzlich ein Abfindungsmoment in der Kapitalleistung zu sehen ist, schließt die Anwendung des § 323 ZPO nicht aus.[61] 142

Allerdings erstreckt sich nach dem Wortlaut des § 323 I ZPO der Anwendungsbereich der Abänderungsklage nicht auf **klagabweisende Urteile,** da in ihnen keine Verurteilung zu künftigen Leistungen enthalten ist. Das heißt aber nicht automatisch, dass damit klagabweisende Urteile nicht gem. § 323 ZPO abgeändert werden könnten. Entscheidend für die Frage der Abänderbarkeit ist, ob dem klagabweisenden Urteil eine Prognose zugrunde liegt, die sich dann – später – als unrichtig erweist. Dann kann diese Entwicklung mittels Abänderungsklage korrigiert werden. Das ist z. B. der Fall bei einem zeitlich befristet zugesprochenen Unterhalt, der ab einem in der Zukunft liegenden Zeitpunkt wegfällt. In diesem Fall liegt eine dem § 323 ZPO unterfallende Verurteilung vor.[62] Hier hat das Gericht nämlich in einer Vorausschau (zu Unrecht) vorausgesetzt, dass der Unterhaltsanspruch künftig auf Dauer erlöschen könne. Ist diese dem klagabweisenden Teil des Urteils zugrunde liegende Prognose nicht eingetroffen, kann sie korrigiert werden. 142 a

Ist aber die Klage **mangels Bedürftigkeit des Klägers**[63] oder wegen **fehlender Leistungsfähigkeit des Unterhaltsschuldners**[64] abgewiesen worden, fehlt es an einer Prognoseentscheidung für die Zukunft, die sich als unrichtig erweisen könnte. Wurde die Unterhaltsklage **als zurzeit unbegründet** abgewiesen, weil die derzeitigen und künftigen Verhältnisse nicht hinreichend genug festgestellt werden konnten, ist ebenfalls eine Prognose unterblieben. Liegt somit dem abweisenden Unterhaltsurteil keine vorausschauende Würdigung zugrunde, kann ein klagabweisendes Urteil nicht über § 323 ZPO korrigiert werden.[65] 143

Wurde aber ein bereits titulierter Unterhaltsanspruch im Wege der Abänderungsklage ganz oder teilweise aberkannt und haben sich anschließend die wirtschaftlichen Verhältnisse des Bedürftigen erneut verschlechtert, ist eine erneute Unterhaltsklage im Wege der Abänderungsklage zu erheben.[66] Hat das vorausgegangene Urteil einen Abänderungsantrag abgewiesen, weil sich die Verhältnisse gegenüber dem Ersturteil nicht geändert hätten, kann der Kläger, falls sich anschließend die wirtschaftlichen Verhältnisse wirklich ändern, erneut Abänderungsklage erheben. Maßgebend für den Umfang der Veränderung sind dann die Verhältnisse zurzeit der Erstverurteilung gegenüber den jetzigen Umständen.

Weiter unterfallen der Abänderbarkeit nach § 323 ZPO **Unterhaltstitel nach § 794 I Nr. 1, 2 a und 5** i. V. m. § 323 IV und V ZPO: Hierzu gehören neben **gerichtlichen Vergleichen** und **Gerichts- oder Notarurkunden** auch **Beschlüsse,** die **in einem** 143 a

[61] So aber BGH, NJW 1981, 818
[62] BGH, FamRZ 1984, 353, 354
[63] BGH, FamRZ 1982, 259
[64] BGH, FamRZ 1984, 1001
[65] BGH, FamRZ 1982, 259
[66] BGH, FamRZ 1990, 863, 864; FamRZ 1985, 376, 377

vereinfachten Verfahren über den Unterhalt Minderjähriger nach dem ab 1. 7. 1998 geltenden KindUG festgesetzt worden sind. Hierzu zählen die Beschlüsse der §§ 649, 650 und 655 ZPO. Allerdings ist zunächst der gem. § 649 ZPO ergangene Beschluss durch die **Korrekturklage des § 654 ZPO** anzupassen; diese Vorschrift ist daher lex specialis gegenüber § 323 ZPO. Bei einem Titel nach § 650 ZPO ist zunächst das streitige Verfahren gem. § 651 ZPO durchzuführen; erst anschließend kann die hierauf ergangene Entscheidung unter den Voraussetzungen des § 323 ZPO abgeändert werden. Bei dem Beschluss nach § 655 ZPO ist zunächst abzuklären, ob nach § 656 ZPO eine Anpassung zu erfolgen hat. Aus § 323 V ZPO ergibt sich die Einschränkung der Abänderungsklage, soweit das vereinfachte Verfahren zur Abänderung des Vollstreckungstitels gem. § 655 ZPO zur Verfügung steht. Führt aber die Anrechnung bzw. Änderung der nach den §§ 1612 b, 1612 c BGB zu berücksichtigenden kinderbezogenen Leistungen (Anpassungsverfahren nach § 655 ZPO) zu einem Unterhaltsbetrag, der wesentlich von dem Betrag abweicht, der der Entwicklung der besonderen Verhältnisse der Parteien Rechnung trägt, ist eine Abänderung nach § 323 ZPO möglich. Abänderbar sind ferner **Schiedsvergleiche (§ 1053 ZPO)** und für vollstreckbar erklärte **Anwalts- und Notarvergleiche (§§ 796 a–796 c ZPO)** sowie **Jugendamtsurkunden** (§ 60 KJHG, bisher §§ 49, 50 JWG).[67] Da privatschriftliche Vereinbarungen der Parteien keinen Schuldtitel i. S. d. § 323 ZPO darstellen, können **außergerichtliche Parteivergleiche** nach einer Meinung nur dann dem Verfahren nach § 323 ZPO unterfallen, wenn dies die Parteien ausdrücklich vereinbart[68] und sich damit der Regelung des § 323 ZPO unterworfen haben. Diese Ansicht ist abzulehnen, weil die privatrechtliche Unterwerfung der Parteien unter § 323 ZPO deswegen die Rechtsanwendung dieser Vorschrift nicht herbeiführen kann, weil gem. § 794 I Nr. 1 ZPO der Abänderungsklage nur Vergleiche unterfallen, die vor einem deutschen Gericht abgeschlossen worden sind. Daher kann gegen **außergerichtliche** Vergleiche nie im Wege einer Klage nach § 323 ZPO vorgegangen werden.[69] Um einen außergerichtlichen Vergleich handelt es sich auch, wenn die Unterhaltsvereinbarung im Rahmen der Folgesache des § 621 I Nr. 4 und 5 ZPO erfolgt ist und nur eine Partei anwaltlich vertreten war (§ 78 II Nr. 1 ZPO).

144 **Einstweilige Anordnungen** können durch die Abänderungsklage nicht korrigiert werden. Hier besteht nur die Möglichkeit des § 620 b ZPO, **die Leistungsklage** für den Unterhaltsgläubiger oder die **negative** Feststellungsklage **oder die Vollstreckungsabwehrklage** zugunsten des Unterhaltsschuldners. Das Gleiche gilt für einen im Anordnungsverfahren geschlossenen **vorläufigen Prozessvergleich,** der keine endgültige Regelung darstellen soll.[70] Nur dann, wenn die Parteien mit ihrer Vergleichsregelung im einstweiligen Anordnungsverfahren einen endgültigen und nicht nur vorläufigen Titel schaffen wollten, kann dieser Vergleich i. S. d. § 794 I Nr. 1 ZPO der Abänderung nach § 323 ZPO unterfallen. Keine Anwendung findet § 323 ZPO auch auf **einstweilige Verfügungen,** weil diesbezügliche Veränderungen im Aufhebungsverfahren gem. §§ 927, 936 ZPO geltend zu machen sind.[71] Etwas anderes muss aber dann gelten, wenn das einstweilige Verfügungsverfahren auf Grund eingelegten Widerspruchs durch ein Verfügungsurteil erledigt wurde und sich hinsichtlich der titulierten (6-Monats- bzw. Jahres-) Unterhaltsbeträge anschließend wesentlich veränderte Umstände ergeben. Dann liegen die Voraussetzungen des § 323 ZPO vor, da Absatz I dieser Vorschrift keine bestimmte Mindestanzahl wiederkehrender Leistungen voraussetzt, vielmehr nur künftig fällig werdende wiederkehrende Leistungen meint. Um solche kann es sich auch bei einstweiligen Verfügungstiteln handeln, sofern noch keine Vollstreckung erfolgt ist. Nicht mehr vollstreckungsfähige Titel unterfallen nämlich nicht der Abänderungsklage; bezahlte Beträge können nur mit der Bereicherungsklage zurückgefordert werden.[72]

---

[67] BGH, FamRZ 1984, 797; OLG Karlsruhe, FamRZ 1983, 754, 755
[68] BGH, FamRZ 1960, 60
[69] BGH, FamRZ 1982, 782
[70] BGH, FamRZ 1983, 892, 893 = R 173 a
[71] BGH, NJW-RR 1991, 1155
[72] KG, FamRZ 1988, 310, 311

Schließlich sind **nicht abänderungsfähig** nach § 323 ZPO **privatschriftliche Vereinbarungen,** einseitige **Unterwerfungserklärungen** und die seit 1. 7. 1998 geltenden einstweiligen Anordnungen der §§ 641 d, 644 ZPO bzw. die einstweilige Verfügung des § 1615 o BGB (ausgenommen im Fall einer Titulierung nach mündlicher Verhandlung im Wege des einstweiligen Verfügungsurteils). **144 a**

5. Abgrenzung zwischen Abänderungs- und Vollstreckungsabwehrklage (§ 767 ZPO) bzw. zur Vollstreckungserinnerung (§ 766 ZPO)

Die Abänderungsklage nach § 323 ZPO ist eine Gestaltungsklage, die sowohl vom Unterhaltsschuldner als auch vom Unterhaltsgläubiger erhoben werden kann und sich gegen Urteile, gerichtliche Vergleiche, vollstreckbare Urkunden und Titel im vereinfachten Verfahren wendet. Sie verlangt eine wesentliche Änderung der wirtschaftlichen bzw. tatsächlichen Verhältnisse und betrifft damit Ereignisse, aus denen sich eine unmittelbare Auswirkung auf die vom Richter bei der Entscheidung über die Klage auf künftige Leistung zu treffende Zukunftsprognose ergibt. **145**

Mit der Vollstreckungsabwehrklage nach § 767 ZPO macht der Unterhaltsschuldner (und nur er) rechtsvernichtende und rechtshemmende Einwendungen gegen den titulierten Anspruch selbst geltend, wobei sich diese Abwehrklage zusätzlich zu den mit der Abänderungsklage anfechtbaren Titeln auch gegen eine einstweilige Anordnung gem. § 794 I Nr. 3 ZPO richten kann.

Auch die negative Feststellungsklage nach § 256 ZPO steht nur dem Unterhaltsschuldner zu. Auch sie kann – wie die Vollstreckungsabwehrklage – gegen einstweilige Anordnungen gerichtet sein; mit ihr wird das Bestehen einer Unterhaltsverpflichtung ganz oder teilweise bekämpft.

Während es somit bei der Abänderungsklage um die Berücksichtigung künftiger Veränderungen der wirtschaftlichen Verhältnisse auf Dauer geht, die materiell-rechtlich den Umfang der Unterhaltspflicht berühren,[73] lässt die Vollstreckungsgegenklage den materiell-rechtlichen Anspruch unberührt, erstrebt auch keine negative Feststellung über sein Fortbestehen, sondern will dem Titel nur durch Rechtsgestaltung seine Vollstreckbarkeit nehmen.[74] Maßgebend sind hierbei somit keine dauerhaften Veränderungen bezüglich des Anspruchs selbst, sondern nur punktuelle Einwendungen des Schuldners gegen die gegenwärtige bzw. begrenzte oder vollständige Vollstreckbarkeit des Titels.[75]

Mit der **Klage nach § 323 ZPO** sind – wie oben bereits differenziert – jene veränderten Tatsachen geltend zu machen, die dauerhaften und materiell-rechtlichen Einfluss auf die Zukunftsprognose der zeitlich unbefristeten Unterhaltspflicht haben. Hierzu gehören alle **Änderungen in den wirtschaftlichen Verhältnissen** beider Parteien bzw. Dritter (Kinder, sonstige Verwandte und nahe Angehörige), hierbei z. B. die Erhöhung des Lebensbedarfs,[76] Änderung der Einkommensverhältnisse, der Bedürftigkeit oder der Leistungsfähigkeit, Wegfall oder Hinzutreten weiterer Unterhaltsgläubiger. Die zeitliche Begrenzung des Unterhaltsanspruchs nach § 1573 V BGB oder § 1578 I Satz 2 BGB ist mit der Abänderungsklage nach § 323 ZPO geltend zu machen, nicht mit der Vollstreckungsgegenklage nach § 767 ZPO.[77] **146**

Mit der **Vollstreckungsabwehrklage** nach § 767 ZPO ist vorzugehen, wenn der Unterhalt ganz oder teilweise erfüllt ist, die Parteien einen teilweisen oder vollständigen **Unterhaltsverzicht** oder **Vollstreckungsverzicht** vereinbart haben, nach Rechtskraft der Scheidung aus einem Trennungsunterhaltstitel weiter vollstreckt wird oder mit dem Unterhalt **unzulässigerweise** (trotz der Ausschlussvorschriften der §§ 394 BGB, 850 b I Nr. 2, II ZPO) **aufgerechnet wird** oder sich der Unterhaltsschuldner auf den Erlass, die Verjährung oder Stundung der gegen ihn gerichteten Forderung beruft. Ferner ist die Klage nach § 767

[73] BGH, FamRZ 1982, 470
[74] BGH, FamRZ 1984, 878
[75] BGH, FamRZ 1982, 782
[76] BGH, FamRZ 1978, 177, 179
[77] BGH, FamRZ 2001, 905 = R 545 a

ZPO der richtige Rechtsbehelf, wenn ein Unterhaltsanspruch **zeitlich beschränkt** war und über die Zeitgrenze hinaus weiter vollstreckt wird, ein Elternteil nach Volljährigkeit des Kindes weiterhin **im eigenen Namen** (trotz Wegfalls seiner gesetzlichen Vertretung) den Kindesunterhalt beitreibt, oder aber nunmehr die **Nicht-Vaterschaft** des unterhaltspflichtigen Scheinvaters festgestellt wird. Ist der Unterhaltsanspruch für ein minderjähriges Kind tituliert, so sind Änderungen, die sich aus dem Erreichen der Volljährigkeit ergeben, im Wege der Abänderungsklage geltend zu machen. Das Gleiche gilt, wenn der Unterhaltsschuldner sich auf eine Beschränkung oder einen Wegfall der Verpflichtung nach § 1611 BGB beruft. In solchen Fällen kann der Kläger von der Vollstreckungsgegenklage zur Abänderungsklage übergehen.

Inzwischen hat auch der BGH[78] entschieden, dass eine Unterhaltsbegrenzung gem. § 1573 V BGB im Wege der Abänderungsklage, nicht mit der Vollstreckungsgegenklage geltend zu machen ist.

Abänderungsklage und Vollstreckungsabwehrklage schließen sich grundsätzlich gegenseitig aus.[79] Anstelle einer zulässigen Abänderungsklage kann daher keine Vollstreckungsgegenklage erhoben werden.[80] Ist ein Titel nicht mehr abänderbar (z. B. wegen Unterhaltsverzichts oder Ablauf der Zeitschranke der Unterhaltsgeltung), kann auch bei Änderung der wirtschaftlichen Verhältnisse nur die Klage nach § 767 ZPO erhoben werden.[81] Umgekehrt kann auch anstelle einer zulässigen Abänderungsklage keine Vollstreckungsgegenklage erhoben werden. Eine Vollstreckungsgegenklage kann in eine Abänderungsklage umgedeutet werden.[82]

Jedoch hat der BGH unter Aufgabe seiner früheren Rechtsprechung beide Klagemöglichkeiten zugelassen,[83] soweit es um die **Verwirkung** eines Unterhaltsanspruchs nach §§ 1579, 1611 BGB ging sowie beim **Bezug einer Versorgungsausgleichsrente** durch den Bedürftigen. Zur Abgrenzung zwischen Vollstreckungsgegenklage und Abänderungsklage vertritt das OLG Bamberg[84] zu Recht die Auffassung, dass der Einwand, der Unterhaltsberechtigte müsse sich nunmehr Einkünfte durch Versorgungsleistungen anrechnen lassen, im Wege der Abänderungsklage zu verfolgen ist. Dies ergibt sich daraus, dass keine Verwirkung (§ 1579 Nr. 6, 7 BGB) geltend gemacht wird, vielmehr sich bei dieser Sachlage die Bedarfsverhältnisse anders entwickelt haben als bei der Prognose angenommen.

147 Bei der Verwirkung des Unterhaltsanspruchs hat der BGH den Charakter der **rechtsvernichtenden Einwendung** betont.[85] Gleichzeitig hat die Verwirkung aber auch Einfluss auf die wirtschaftlichen Verhältnisse der Parteien und eröffnet damit auch eine Abänderungsmöglichkeit nach § 323 ZPO.[86] Welche von beiden Klagen zu erheben ist, hängt m. E. (vgl. dazu ausführlicher unten) davon ab, welches Klagziel der Kläger vor Augen hat. Will er nur vorläufig die Vollstreckbarkeit aus dem (dem Grunde nach nicht angegriffenen) Unterhaltstitel vorübergehend beseitigen, wird er die Vollstreckungsabwehrklage wählen. Ist die Einwendung von dauerhafter Natur (der Gegner lebt schon jahrelang mit einem neuen Partner zusammen und will erklärtermaßen bis zum Lebensende mit ihm zusammen bleiben, § 1579 Nr. 7 BGB), wird der Kläger mit der Klage nach § 323 ZPO versuchen, den Unterhaltstitel selber (und damit den materiell-rechtlichen Anspruch) auf Dauer zu beseitigen. Nach OLG Köln[87] ist der Einwand der Verwirkung nachehelichen Unterhalts im Wege der Abänderungsklage geltend zu machen, wenn auch ein zeitlich begrenzter Ausschluss oder eine zeitlich begrenzte Herabsetzung in Betracht kommen können. Die Vollstreckungsgegenklage wäre nach dieser Ansicht die richtige Klageart, wenn auf Grund des Verwirkungseinwandes nur ein Verlust des Unterhaltsanspruchs auf Dauer in Betracht käme.

---

[78] BGH, FamRZ 2000, 1499 = R 542
[79] Johannsen/Henrich/Brudermüller (Fn. 59), a.a.O. Rn. 13
[80] BGH, FamRZ 1988, 1156; offen BGH, FamRZ 1989, 159
[81] BGH, FamRZ 1981, 242
[82] BGH, NJW 1992, 439
[83] BGH, FamRZ 1990, 1095 ff.
[84] OLGR 1999, 141
[85] BGH, FamRZ 1991, 1175; 1987, 259, 261
[86] BGH, FamRZ 1990, 1095 ff.
[87] FamRZ 2001, 1717

Im Falle des Versorgungsausgleichsbezugs durch den Bedürftigen liegt sowohl eine Änderung seiner Einkommensverhältnisse vor, was § 323 ZPO Anwendung finden lassen könnte, als auch ein Erfüllungssurrogat, welches auf eine Anwendung des § 767 ZPO hindeutet.

Hier wird man berücksichtigen, dass die Abänderungsklage im Gegensatz zur Vollstreckungsabwehrklage gem. § 323 III ZPO eine Zeitschranke für die Herabsetzung des Unterhaltes hat, was für die Versorgungsausgleichsrente vor Rechtshängigkeit die Anwendung der Abwehrklage nahelegt, für die Zeit ab Rechtshängigkeit aber jene nach § 323 ZPO.

In den vorliegenden Fällen beider Klagemöglichkeiten ist eine kumulative Verbindung beider Klagen zulässig.[88] Beide Klagen dürfen hilfsweise verbunden werden, soweit die Voraussetzungen einer objektiven Klaghäufung (gleiche Zuständigkeit gem. §§ 12, 13, 767 I, 802 ZPO) vorliegen.[89] Schließlich ist auch die Umdeutung einer Abänderungsklage in eine Vollstreckungsgegenklage möglich.[90]

Herkömmlicherweise werden die beiden Klagearten unter dem Gesichtspunkt der in Betracht kommenden Klagegründe gegeneinander abgegrenzt.[91] Danach dient § 767 ZPO der Durchsetzung rechtsvernichtender, -hemmender und beschränkender Einwendungen, während § 323 ZPO die anspruchsbegründenden Tatsachen und damit den Klagegrund selbst betrifft. 148

Fällt aber nachträglich der Klagegrund weg, stellt auch dies einen ganz oder teilweise rechtsvernichtenden Umstand dar,[92] nämlich hinsichtlich des rechtskräftig bestehenden und nachträglich zu verändernden Titels. Auch die Abgrenzung, mit der Vollstreckungsabwehrklage sei ein scharf umrissenes, punktuelles Ereignis wie Verzicht, Erfüllung oder Verwirkung geltend zu machen, hilft nicht weiter. Denn auch der Wegfall der Leistungsfähigkeit durch plötzliche Arbeitslosigkeit oder Krankheit stellt ein scharf umrissenes, punktuelles Ereignis dar, welches in die Zukunft hineinreicht und Dauerwirkungen erzielt.

Hoppenz[93] kommt deshalb konsequenterweise zum Ergebnis, dass sich § 323 ZPO als Sonderregelung erweist, die mit Ausnahme der Erfüllung sämtliche Umstände erfasst, die mittelbar oder unmittelbar einen Anspruch auf wiederkehrende Leistungen beeinflussen, während der BGH und die herrschende Meinung der Vollstreckungsabwehrklage unterfallen lassen den **Erlass der Schuld,**[94] **Stundung und Verjährung, Verwirkung,**[95] **unzulässige Rechtsausübung,**[96] **Scheidung der Ehe** bei Unterhaltstiteln für die Zeit des Getrenntlebens,[97] **Wiederverheiratung** des geschiedenen Unterhaltsberechtigten, die **Erfüllung** sowie **Erfüllungssurrogate** wie das Kindergeld[98] sowie die Leistung von Naturalunterhalt durch den barunterhaltspflichtigen Elternteil,[99] wobei alle übrigen Umstände, insbesondere die dauerhafte Veränderung der wirtschaftlichen Verhältnisse, § 323 ZPO unterfallen sollen. 148 a

Eine derart genau und im Einzelnen umrissene Unterscheidung hinsichtlich der Anwendung beider Klagemöglichkeiten erlaubt aber der Gesetzestext beider Vorschriften nicht. Nach § 323 I ZPO ist eine Abänderungsklage dann zulässig, wenn sich diejenigen Verhältnisse wesentlich geändert haben, *„die für die Verurteilung zur Entrichtung der Leistungen, für die Bestimmung der Höhe der Leistungen oder der Dauer ihrer Einrichtung maßgebend waren"*. Diese allgemeine Gesetzesformulierung erfasst mit Ausnahme der **Erfüllung** und der **Erfüllungssurrogate** alle künftigen Ereignisse, die zu einer wesentlichen Veränderung führen. Man könnte somit von daher der Ansicht von Hoppenz folgen, § 323 ZPO greife für den Schuldner mit Ausnahme des Falls der Erfüllung immer ein (eine Erhöhung des laufenden 148 b

---

[88] Johannsen/Henrich/Brudermüller (Fn. 59), a.a.O. Rn. 12
[89] BGH, FamRZ 1979, 573, 575
[90] BGH, NJW-RR 1991, 899; NJW 1992, 439
[91] Vgl. Johannsen/Henrich/Brudermüller (Fn. 59), a.a.O. Rn. 7
[92] Hahne, FamRZ 1983, 1191
[93] FamRZ 1987, 1097 ff.
[94] BGH, FamRZ 1979, 573
[95] BGH, FamRZ 1987, 259
[96] BGH, FamRZ 1983, 355
[97] BGH, FamRZ 1981, 242
[98] BGH, FamRZ 1978, 177
[99] BGH, FamRZ 1984, 470; vgl. auch die Auflistung bei Hoppenz a.a.O.

Unterhalts zugunsten des Gläubigers kann ohnedies nur nach § 323 ZPO in Betracht kommen). Dem widerspricht jedoch die Formulierung in § 767 I ZPO, die ebenso alle künftigen Ereignisse umfasst, die zu einer Reduzierung oder zu einem Wegfall der Vollstreckungsfähigkeit führen können. Eine Vollstreckungsabwehrklage ist gem. § 767 I ZPO nämlich dann möglich, wenn der Schuldner Einwendungen geltend machen kann, „die den durch das Urteil festgestellten Anspruch selbst betreffen". Dies sind alle Umstände, die zum Erlass des vorausgegangenen Urteils geführt haben bzw. die, sofern sie damals bereits vorhanden gewesen wären, einen entsprechenden, unmittelbaren Einfluss auf die frühere Entscheidung gehabt hätten. Die Begriffe der „wesentlichen Änderung derjenigen Verhältnisse, die für die Verurteilung" maßgebend waren (§ 323 I ZPO) und der Einwendungen, „die den durch das Urteil festgestellten Anspruch selbst betreffen" (§ 767 I ZPO), sind demnach identisch; die Formulierung in § 323 ZPO differenziert nur hinsichtlich des Grundes des zugesprochenen Anspruchs, seines Umfangs, der Höhe und der zeitlichen Dauer. Dies aber sind alles Umstände bzw. Einwendungen, die gerade den durch das Urteil festgestellten Anspruch selbst betreffen.

148 c Stellt man daher mit dem BGH[100] fest, dass die Voraussetzungen beider Vorschriften schwer voneinander abgrenzbar sind, aber verwandten Zwecken dienen, kann eine Anwendung des § 323 ZPO bzw. des § 767 ZPO nur von dem Klagziel abhängen, welches der jeweilige Kläger vernünftigerweise vor Augen hat. Dabei ist die im 8. Buch der ZPO stehende Vorschrift des § 767 ZPO nur dazu gedacht, die Vollstreckung eines weiterhin existenten und damit rechtskräftig bleibenden Urteils vorübergehend oder auf Dauer einzustellen. Da aber im Zweifel ein Kläger den umfassenden Rechtsschutz zu seinen Gunsten sucht, wird in der Regel ein Unterhaltsschuldner versuchen, mit der Abänderungsklage den gänzlichen Wegfall des Ersturteils zu erreichen und nicht bloß – über § 767 ZPO – den bloßen Wegfall der Vollstreckbarkeit. Letzteres beantragt er nur dann, wenn dies infolge Reduzierung des Streitwertes für ihn kostengünstiger ist, den Zeitraum vor Rechtshängigkeit (§ 323 III ZPO) betrifft oder wenn es sich nur um einen vorübergehenden Aussschluss der Anspruchsdurchsetzung handelt. In allen übrigen Fällen wird der Unterhaltsschuldner die Abänderungsklage des § 323 ZPO bemühen, weil nur sie endgültige Rechtsbefriedung durch Wegfall des Ersttitels verschafft.

149 Anstelle einer Abänderungsklage können sowohl der Unterhaltsschuldner als auch der Unterhaltsgläubiger eine **Erinnerung nach § 766 I ZPO** einlegen, um Unterhaltsansprüche durchzusetzen oder aufzuhalten. Die Erinnerung gegen Art und Weise der Zwangsvollstreckung ist ein Rechtsbehelf gegen Zwangsvollstreckungsmaßnahmen durch den Gerichtsvollzieher nach dem 8. Buch der ZPO und gegen Zwangsvollstreckungsmaßnahmen des Vollstreckungsgerichtes (Richter oder Rechtspfleger). Unter § 766 ZPO fallen alle Anträge, Einwendungen und Erinnerungen, die die Art und Weise der Zwangsvollstreckung oder das vom Vollstreckungsgericht bei der Zwangsvollstreckung zu beachtende Verfahren betreffen. Dabei wird sich der Gläubiger im Wege der Erinnerung dagegen wehren, wenn sich der Gerichtsvollzieher weigert, den Zwangsvollstreckungsauftrag zu übernehmen bzw. weisungsgemäß durchzuführen, wenn er die Erledigung des Auftrags verzögert, oder aber wenn die Einstellung oder Beschränkung der Zwangsvollstreckung zu Unrecht erfolgt ist. Eine Erinnerung des Schuldners will die Zwangsvollstreckung ganz oder teilweise verhindern und kann sich auf Mängel des Vollstreckungstitels, das Fehlen einer ordnungsgemäßen Vollstreckungsklausel oder eine mangelnde Umschreibung der Klausel auf den Rechtsnachfolger gründen.

Allen Einwendungen des § 766 ZPO ist gemein, dass sie sich nur gegen die **Art und Weise der Zwangsvollstreckung** im Vollstreckungsverfahren wenden, keinen Angriff aber auf die im Erkenntnisverfahren ergangene materiell-rechtliche Entscheidung bedeuten. Derartige Einwendungen des Schuldners gegen den durch das Urteil oder den sonstigen Vollstreckungstitel ausgesprochenen Anspruch sind nicht vom Vollstreckungsorgan und daher nicht im Erinnerungsverfahren zu prüfen; Rechtsweg hierfür ist die Vollstreckungsabwehrklage des § 767 ZPO.[101]

---

[100] BGH, FamRZ 1984, 997

[101] Zöller/Stöber, a.a.O. § 766, Rn. 5

6. Abgrenzung von Abänderungsklage und negativer Feststellungsklage

Die Abänderungsklage dient der Anpassung der in § 323 I, IV ZPO genannten Unterhaltstitel **Urteil, gerichtlicher Vergleich, vollstreckbare Urkunde** und **Titel im vereinfachten Verfahren.** Soweit es um eine Korrektur dieser Titel geht, besteht für eine negative Feststellungsklage kein Rechtsschutzbedürfnis.[102] Soll aber eine **einstweilige Anordnung** nach § 620 Nr. 4, 6 ZPO oder eine **Leistungsverfügung** auf Unterhalt nach § 940 ZPO abgeändert werden, steht hierfür als Rechtsbehelf die negative Feststellungsklage zur Verfügung. Mit ihr kann der Unterhaltsschuldner den Bestand des Unterhaltsanspruchs in einem ordentlichen Rechtsstreit abklären, während der Unterhaltsgläubiger für eine endgültige Unterhaltsfestsetzung die Leistungsklage zur Verfügung hat. Ein Urteil, welches eine gegen eine einstweilige Anordnung nach §§ 620 Nr. 6, 620 a ZPO gerichtete negative Feststellungsklage abweist, steht einem positiven Leistungsurteil gleich und unterliegt den Beschränkungen des § 323 ZPO.[103] Soll ein **im Anordnungsverfahren geschlossener Vergleich** abgeändert werden, so kann dieser im Wege der Abänderungsklage nur angepasst werden, wenn er eine endgültige und über den Umfang des einstweiligen Anordnungsverfahrens hinausgehende Regelung darstellen soll.[104] Nur dann kann er mit der Abänderungsklage korrigiert werden. Ansonsten aber kann ein Prozessvergleich, durch den nichts anderes erreicht werden soll als eine abschließende Regelung des einstweiligen Anordnungsverfahrens, keine weitergehende Wirkung entfalten, als sie eine einstweilige Anordnung auch gehabt hätte.[105] Stellt der Vergleich daher nur eine vorläufige Regelung dar, ist er vom Unterhaltsschuldner mit der negativen Feststellungsklage und nicht mit der Abänderungsklage anzugreifen. 150

Da die Vollstreckungsabwehrklage des § 767 ZPO gem. § 795 ZPO bei allen in § 794 ZPO aufgeführten Titeln zulässig ist, kann sich der Schuldner sowohl mit einer Vollstreckungsabwehrklage als auch mit der negativen Feststellungsklage gegen einstweilige Anordnungen wenden. Soll mit den rechtshemmenden oder rechtsvernichtenden Einwendungen lediglich die Vollstreckbarkeit der einstweiligen Anordnung beseitigt werden, wird der Unterhaltsverpflichtete die Vollstreckungsabwehrklage bemühen.[106] Wendet sich der Unterhaltsschuldner gegen den materiell-rechtlichen Bestand der einstweiligen Anordnung selbst, wird er negative Feststellungsklage erheben.[107]

Soweit der Unterhaltsschuldner durch einfachere Rechtsbehelfe eine Abänderung oder den Wegfall der einstweiligen Anordnung erreichen kann, ist diese Vorgehensweise vorrangig vor einer negativen Feststellungsklage (vgl. dazu § 620 b I S. 1 ZPO i. V. m. §§ 641 e, f und § 644 ZPO).

7. Abgrenzung zwischen Abänderungs- und Zusatz- bzw. Nachforderungsklage

Mit der Zusatz- bzw. Nachforderungsklage wird über den Ersttitel hinaus ein weiterer Unterhaltsbetrag geltend gemacht, der entweder den Streitgegenstand des Vorverfahrens betrifft oder aber – bei gleicher Parteirolle – nicht streitgegenständlich ist. Hierfür steht entweder der Weg der zusätzlichen Leistungsklage des § 258 ZPO oder die Abänderungsklage nach § 323 ZPO zur Verfügung. 151

Der BGH geht davon aus, dass ein im Vorprozess voll obsiegender Unterhaltsberechtigter **Nachforderungen** (innerhalb des gleichen Streitgegenstands) nur unter den Voraussetzungen des § 323 ZPO **durch Abänderungsklage** geltend machen kann.[108] Damit lehnt der BGH die Lehre von der Zusatzklage ab, wonach der Unterhaltsberechtigte – ohne Beschränkung nach § 323 ZPO – Nachforderungen durch Leistungsklage geltend machen könne, da

[102] BGH, NJW 1983, 3142
[103] OLG Hamm, FamRZ 2000, 544
[104] OLG Brandenburg, FamRZ 2000, 1377
[105] BGH, FamRZ 1991, 1175, 1176
[106] BGH, FamRZ 1983, 355, 356
[107] Johannsen/Henrich/Brudermüller (Fn. 59), a.a.O. Rn. 26
[108] BGH, FamRZ 1961, 263

dieser Teil des gesamten Unterhaltsanpruchs im Vorprozess nicht Verfahrensgegenstand war (Fall der sog. verdeckten Teilklage). In einer weiteren Entscheidung hat der BGH erneut die Möglichkeit einer verdeckten Teilklage abgelehnt und festgestellt, dass im Zweifel eine Vermutung dafür spreche, dass im Vorprozess der Unterhalt in voller Höhe geltend gemacht worden sei.[109] Nur dann, wenn sich der Kläger im Erstverfahren ausdrücklich oder ansonsten erkennbar eine Nachforderung vorbehalten und damit eine offene Teilklage erhoben hat, kann somit ein bis dahin nicht titulierter Differenz- oder Zusatzbetrag durch Leistungsklage kumulativ geltend gemacht werden.[110] Um eine solche Teilklage handelt es sich, wenn der bisher titulierte Unterhalt zeitlich begrenzt ist, nur einen Grundbetrag darstellen soll (z. B. nur den Elementarunterhalt als Teil des einheitlichen Gesamtunterhaltes umfasst) oder über einen freiwillig bezahlten Betrag hinaus ein sogenannter Spitzenbetrag begehrt wird.

Im letzteren Fall wird in dem Ersturteil lediglich über den Spitzenbetrag entschieden, wenngleich das Gericht inzidenter in seinem Teilurteil feststellen musste, dass auch der freiwillig bezahlte Betrag geschuldet ist. Dieses Urteilselement wird jedoch – da nicht streitgegenständlich – von der Rechtskraft des Teilurteils nicht umfasst.[111]

152 Stellt nunmehr der Unterhaltsschuldner (auch) seine freiwillige Zahlung (den sog. Sockelbetrag) ein, kann der Unterhaltsgläubiger im Wege der **Zusatzklage** den bisher freiwillig gezahlten Betrag gem. § 258 ZPO einklagen. Will jetzt der Unterhaltsschuldner (nach Titulierung auch des Sockelbetrages) diesen allein oder den Gesamtbetrag in Wegfall geraten lassen, muss er gegen jedes der beiden Teilurteile (wobei das zweite Urteil ein sog. Schlussurteil ist) im Wege der Abänderungsklage vorgehen. Ist der Sockelbetrag noch nicht tituliert, kann der Unterhaltsschuldner im Fall reduzierter Leistungsfähigkeit durch Einschränkung seiner freiwilligen Zahlungen dem Rechnung tragen.[112] Im niedrigsten Fall bleibt dann der titulierte Spitzenbetrag zur Zahlung fällig. Meint der Unterhaltsschuldner, gar keinen Unterhalt mehr zu schulden oder jedenfalls einen geringeren als den Sockelbetrag, muss er dies im Wege der Abänderungsklage gegen das Urteil bezüglich des Spitzenbetrages geltend machen. Auf der anderen Seite kann der Unterhaltsgläubiger, sofern der Sockelbetrag noch nicht tituliert ist, im Wege der Nachforderungsklage auch über die Summe von Sockel- und Spitzenbetrag hinaus weitere Unterhaltsbeträge einklagen.[113]

Liegt ein **zeitlich befristetes Unterhaltsurteil** vor, kann eine Abänderung bis zum Fristende nur mit der Abänderungsklage geltend gemacht werden. Ab Fristende ist nur die Leistungsklage als Erstklage zulässig, da insoweit keine Vorentscheidung vorliegt und es sich beim neuen Klagzeitraum um einen anderen Streitgegenstand handelt.

Besitzt der Kläger ein Unterhaltsurteil, welches (nur) den **Elementarunterhalt** betrifft, ohne dass sich der Kläger dies im Vorprozess derart (als Teilklage) vorbehalten hatte, ist daraus zu schließen, dass er den gesamten ihm zustehenden Unterhalt geltend machen und sich keine Nachforderung vorbehalten wollte. Will er nunmehr zusätzlich Vorsorge- oder Krankenvorsorgeunterhalt geltend machen, kann er dies nur unter den Voraussetzungen des § 323 ZPO, damit erst dann, wenn sich die im Vorprozess maßgeblichen **Verhältnisse wesentlich geändert** haben.[114] Dies bedeutet, dass aus Gründen der Billigkeit in einer aus anderen Gründen zulässigen Abänderungsklage zusätzlich – sozusagen im Wege der Nachforderung – weitere Elemente des einheitlichen Unterhaltsanspruchs (nämlich Alters- bzw. Krankenvorsorgeunterhalt) verlangt werden können. Mit Brudermüller[115] ist dies im Ergebnis nichts anderes als ein Weg zur Fehlerberichtigung im Wege einer verdeckten Zusatzklage, wobei diese Umstände (nämlich der Bedarf an Vorsorgeunterhalt) bereits zurzeit des ersten Verfahrens vorgelegen haben können.

152 a Diese Rechtsprechung gilt für Sonderbedarf (§ 1613 BGB) nicht, da die Abänderungsklage des § 323 ZPO **nur Ansprüche auf regelmäßig wiederkehrende Leistungen**

---

[109] BGH, FamRZ 1987, 259, 262
[110] BGH, FamRZ 1995, 729, 730; 1993, 945, 946
[111] BGH, FamRZ 1995, 729, 730; 1993, 945, 946; 1991, 320
[112] BGH, FamRZ 1993, 945
[113] BGH, FamRZ 1991, 320
[114] BGH, FamRZ 1985, 690 = R 259
[115] Johannsen/Henrich/Brudermüller (Fn. 59), a.a.O. Rn. 23

betrifft, ein Sonderbedarf als einmaliger, unregelmäßiger Bedarf[116] somit durch Leistungsklage geltend gemacht werden muss. Wird aber der Sonderbedarf zum Dauerzustand (die einmalige Krankenbehandlung wird zum Dauerzustand und erhöht damit ab sofort den Lebensbedarf des Unterhaltsberechtigten), ist hinsichtlich dieser (wiederkehrenden) Mehrzahlungen die Abänderungsklage eröffnet.

Einer Zusatzklage bedarf es auch dann, wenn nur ein Titel über den Trennungsunterhalt vorliegt und der Gläubiger nunmehr **Nachscheidungsunterhalt** begehrt. Hierbei handelt es sich streng genommen nicht um eine Zusatzklage, sondern um eine Erstklage mit völlig neuem Streitgegenstand, was Klagzeitraum und Klaggründe anbelangt (§ 1361 BGB bzw. §§ 1569 ff. BGB).[117] 152 b

Demgegenüber ist der Unterhaltsanspruch des minderjährigen Kindes identisch mit jenem nach Eintritt der Volljährigkeit.[118]

Hat sich ein Unterhaltsschuldner einseitig zur Zahlung von Kindesunterhalt verpflichtet, ist wie folgt zu unterscheiden:

Hat sich der Unterhaltsschuldner zu weniger als dem gesetzlichen Unterhalt (im Zweifel mindestens der Regelunterhalt) verpflichtet, wäre die rügelose Entgegennahme dieser Unterzahlung ein unwirksamer Unterhaltsverzicht i. S. d. § 1614 I BGB. Der Unterhaltsgläubiger könnte jederzeit im Wege der Erstklage (weil die vollstreckbare Urkunde nichtig ist) Unterhalt in der gesetzlichen Höhe geltend machen.

Beinhaltet die Urkunde den gesetzlichen **Unterhaltsanspruch des Kindes,** kann dieses den nach seinen Vorstellungen geschuldeten Unterhalt trotz Vorliegens einer wirksamen Urkunde im Wege der Erstklage geltend machen. Wäre es von vornherein auf eine Abänderungsklage beschränkt, hätte der Unterhaltsschuldner durch Errichten einer derartigen Urkunde (auch vor dem Jugendamt) die Möglichkeit, einen im Verhältnis zu seiner Leistungsfähigkeit zu geringen Unterhalt zu beurkunden mit der Folge, dass diese Grundlage möglicherweise bindend und nur eine relative Anpassung möglich wäre.

Beispiel:
Der Unterhaltsschuldner anerkennt vor dem Jugendamt einen monatlichen Kindesunterhalt in Höhe von 350 € (statt, wie es seinem Nettoeinkommen von monatlich 4000 € entspricht, von 450 €). Erhöht sich nunmehr sein Einkommen auf 6000 € monatlich netto, könnte im Falle der Anwendung des § 323 ZPO drohen, dass das Kind statt 675 € Kindesunterhalt nur einen solchen in Höhe von monatlich 525 € erlangt und der Grundsatz der entsprechenden Abänderung i. S. d. § 323 I ZPO ernst genommen wird.

Eine einseitige Unterhaltsverpflichtung (und einseitige Titelschaffung) eröffnet damit nur dann den Rechtsweg des § 323 ZPO, wenn sich der Unterhaltsberechtigte ausdrücklich oder konkludent mit Grund und Höhe der Urkunde einverstanden erklärt hat, sozusagen seine Zustimmung eine vertragliche Unterhaltsregelung im Umfange seines gesetzlichen Anspruchs herbeiführt. Dann will der Unterhaltsgläubiger diesen konkreten Unterhaltsbetrag für und gegen sich geltend lassen, bis sich die diesem Titel zugrunde liegenden Umstände wesentlich verändert haben. Diese Zustimmung kann der Unterhaltsgläubiger auch durch (erstmalige) Erhebung der Abänderungsklage zeigen. Die von Gottwald[119] in diesem Zusammenhang aufgezeigte Wahlmöglichkeit zwischen Erst- und Abänderungsklage entspricht der Rechtsprechung des BGH.[120] 152 c

8. Abgrenzung zwischen Abänderungsklage und Rechtsmittel

Da die Abänderungsklage nach § 323 ZPO keine Rechtskraft des abzuändernden Urteils voraussetzt, kann zwischen der Abänderungsklage und der Berufung dann eine **Wahlmöglichkeit** bestehen, wenn die Korrektur auf Gründe gestützt wird, die nach dem Schluss der 153

[116] Hierzu BGH, FamRZ 1984, 470, 472
[117] BGH, NJW 1985, 1340
[118] BGH, NJW 1984, 1613 = R 209
[119] MünchKommZPO/Gottwald, a.a.O. Rn. 76
[120] BGH, FamRZ 1984, 997; 1980, 342, 343

mündlichen Verhandlung im Vorprozess entstanden sind. Diese doppelte Rechtsmöglichkeit besteht aber nur, solange es noch nicht zu einem Berufungsverfahren gekommen ist, in welchem die Abänderungsgründe im Wege zulässiger Anschließung und Klagerweiterung geltend gemacht werden können.[121] Weist das Gericht ein Unterhaltsbegehren zurück, weil es nicht im Wege der Abänderungsklage, sondern im Wege der Leistungsklage geltend gemacht wurde, so ist die dagegen eingelegte Berufung nicht deshalb unzulässig, weil der Rechtsmittelkläger sein Begehren nunmehr im Wege der Abänderungsklage verfolgt.[122] Kommt als Rechtsmittel nur die Revision in Betracht, ist daneben weiter die Abänderungsklage zulässig, da mit der Revision die Änderung der tatsächlichen Verhältnisse nicht gerügt werden kann. Daher hat jede Partei die Wahl, ob sie selbst Rechtsmittel einlegen oder Abänderungsklage erheben will.[123] Eine selbstständige Abänderungsklage neben dem laufenden Rechtsmittel ist aber unzulässig. Wird nach Erhebung einer Abänderungsklage Berufung eingelegt, ist die Abänderungsklage bis zum rechtskräftigen Abschluss des Vorprozesses auszusetzen (§ 148 ZPO).

Ist ein **Berufungsverfahren** anhängig, so hat der Berufungsführer mangels Rechtsschutzbedürfnisses kein Wahlrecht. Er muss alle Veränderungen, die nach Schluss der mündlichen Verhandlung in erster Instanz eingetreten sind, im Rahmen der Berufung (möglicherweise auch im Wege der Klagerweiterung, die auch nach Ablauf der Berufungsbegründungsfrist möglich ist),[124] geltend machen. Hat der Gegner der Abänderungspartei Berufung eingelegt, hat die Abänderungspartei alle im Verlaufe eines Rechtszugs bereits eingetretenen Änderungen im Wege der Anschlussberufung bzw. der Antragserweiterung vorzutragen. Eine selbstständige Abänderungsklage ist aus Gründen der Einheitlichkeit der Entscheidung nicht statthaft.[125] Verliert die Anschließung der Abänderungspartei infolge Rücknahme oder Verwerfung der Berufung ihre Wirkung, kann von der Abänderungspartei Abänderungsklage erhoben werden, wobei diese Klage als schon zum Zeitpunkt der Anschließung erhoben gilt.[126] Damit kann der bisherige Titel rückwirkend auf den Zeitpunkt der wirkungslos gewordenen Anschließung abgeändert werden, so dass die Abänderungspartei in ihrer Rechtsstellung nicht vom Ausgang des Berufungsverfahrens abhängig ist.

Dass neben einem Berufungsverfahren gleichzeitig nicht auch ein Abänderungsklagverfahren geführt werden kann, ergibt sich im Übrigen daraus, dass eine endgültige (nicht rechtskräftige) Verurteilung im Vorprozess vorliegen muss. Dies ist aber gerade im Falle der Berufungseinlegung nicht der Fall; hier liegt keine bereits erfolgte Verurteilung im Sinne einer endgültigen Regelung vor.

153 a Nach **Rücknahme der Berufung** und **Ausfall der Anschlussberufung** muss die Abänderungsklage allerdings innerhalb der 6-Monats-Frist des § 212 II BGB erhoben werden, wenn die Vorwirkung des Abänderungsbegehrens erhalten bleiben soll.

Wird die Berufung als unzulässig verworfen oder vom Beklagten zurückgenommen, ist der Schluss der letzten mündlichen Verhandlung in erster Instanz der für § 323 II ZPO maßgebende Präklusionszeitpunkt. Wird nicht nur die Berufung, sondern auch die Klage zurückgenommen, ist auf die letzte Tatsachenverhandlung eines etwaigen Vorprozesses abzustellen. Der Ansicht Brudermüllers[127] unter Bezugnahme auf den BGH,[128] im Falle einer erfolgten mündlichen Verhandlung in der Berufungsinstanz sei bei Berufungsrücknahme als Präklusionszeitpunkt der Schluss der letzten mündlichen Verhandlung vor dem Berufungsgericht maßgebend, kann nicht gefolgt werden. Ein zurückgenommener Klagantrag oder eine zurückgenommene Berufung haben die Wirkung des Verlustes des eingelegten Klagantrages oder des eingereichten Rechtsmittels (§§ 269 III, 516 III ZPO).

[121] Zöller/Vollkommer, ZPO, 21. Aufl., § 323, Rn. 13
[122] BGH, NJW 2001, 2259 = R 560
[123] MünchKommZPO/Gottwald, a.a.O. Rn. 31
[124] BGH, FamRZ 1982, 1198
[125] BGH, FamRZ 1986, 43, 44
[126] BGH, FamRZ 1988, 601
[127] Johannsen/Henrich/Brudermüller (Fn. 59), a.a.O. Rn. 114
[128] BGH, FamRZ 1988, 493 ff.; 1986, 43, 44

Rechtswirkungen wie die Verschiebung des Präklusionszeitpunktes durch das wirkungslos gewordene Klagverfahren oder Rechtsmittel können daher nicht eintreten.

Gem. § 323 II ZPO ist gegen ein Versäumnisurteil die Abänderungsklage jedoch nur dann zulässig, wenn eine Einspruchsmöglichkeit nicht oder nicht mehr besteht.[129]

9. Zulässigkeit der Abänderungsklage

a) Allgemeine Prozessvoraussetzungen. Die **örtliche Zuständigkeit** bestimmt sich nach den allgemeinen Regeln, so dass Ehegattenunterhalt normalerweise beim allgemeinen Gerichtsstand des Wohnsitzes des Beklagten (§§ 12, 13 ZPO) geltend zu machen ist, während Kindesunterhaltsverfahren im allgemeinen Gerichtsstand des Kindes oder seines gesetzlichen Vertreters anhängig zu machen sind (§ 642 I ZPO). Ist ein derartiges Kindesunterhaltsverfahren derzeit anhängig, kann als Gerichtsort für eine Ehegattenunterhaltsklage der Gerichtsstand des Kindes (zwecks einheitlicher Entscheidung) gewählt werden (§ 642 III ZPO). Eine Fortdauer der Zuständigkeit des früheren Prozessgerichts, wie dies § 767 I ZPO für die Vollstreckungsgegenklage vorsieht, gibt es bei der Abänderungsklage nicht. 154

Hinsichtlich der **sachlichen Zuständigkeit** gelten die Vorschriften der §§ 23 a Nr. 2, 23 b Nr. 5 und 6 GVG mit der Folge, dass die Verfahren vor dem Amtsgericht – Familiengericht in erster Instanz zu führen sind; die Zuständigkeit des Oberlandesgerichts in zweiter Instanz ergibt sich aus § 119 I Nr. 2 GVG.

Eine weitere allgemeine Prozessvoraussetzung ist, dass das vorausgegangene Unterhaltsverfahren abgeschlossen sein muss.[130] Dies bedeutet keine Rechtskraft des Vorprozesses, vielmehr nur materiellen Bestand der Erstverurteilung. Die Abänderungspartei muss deutlich machen bzw. davon ausgehen, dass es (für den Vorprozess) bei der Erstentscheidung bleibt, die damit zum Maßstab der entsprechenden Abänderung (als feste Größe) gewählt wird. Von dieser Endgültigkeit der Erstentscheidung kann dann nicht ausgegangen werden, wenn Berufung eingelegt wurde. Schon aus diesem Grund ist daher eine Abänderungsklage neben einer Berufung nicht zulässig. Die Abänderungspartei verdeutlicht ihre Absicht, das Ersturteil als bestandskräftig anzusehen, indem sie vor Rechtskraft Abänderungsklage erhebt. Damit macht sie deutlich, dass das vorausgegangene Urteil die Grundlage der künftigen Abänderung darstellen soll.

Gegenläufige Abänderungsklagen sind streitgegenständlich identisch. Dem zeitlich später bei einem anderen Gericht eingeleiteten Abänderungsprozess steht die Vorschrift des § 261 III Nr. 1 ZPO entgegen.[131] Beide Abänderungsklagen können aber gem. § 33 ZPO beim Erstprozess im Wege der Widerklage verbunden werden.

b) Besondere Prozessvoraussetzungen. Das Abänderungsverfahren bedarf eines Abänderungstitels nach § 323 I, IV ZPO, nämlich eines Leistungsurteils (auch Anerkenntnis-[132] und Versäumnisurteil[133]). Hierzu gehören auch ausländische Urteile, soweit sie im Inland anerkannt werden.[134] Auch Titel aus der früheren DDR unterfallen § 323 ZPO.[135] Allerdings muss die abzuändernde Entscheidung künftig fällig werdende wiederkehrende Leistungen betreffen (§ 258 ZPO); rechtskräftig muss die Vorentscheidung nicht sein. Da die Abänderungsklage der Rechtskraftdurchbrechung bei Prognosefehlern dient,[136] ist sie nicht zulässig, wenn der zugrunde liegende Titel keinen vollstreckungsfähigen Inhalt hat. In diesen Fällen bedarf es daher einer Erstklage. 155

Ferner verlangt das Abänderungsverfahren des § 323 ZPO eine **Identität des Streitgegenstandes.** Damit ist aber nicht gemeint, dass Vorprozess und Abänderungsverfahren den gleichen Streitstoff (Sachverhalt und Klagantrag) enthalten müssen. Vielmehr bedarf es

---

[129] BGH, FamRZ 1982, 793
[130] MünchKommZPO/Gottwald, a.a.O. Rn. 44 a
[131] BGH, FamRZ 1998, 99, 100; FamRZ 1997, 488
[132] BGH, FamRZ 1981, 862
[133] BGH, FamRZ 1982, 792
[134] BGH, FamRZ 1992, 1060, 1062
[135] BGH, FamRZ 1997, 281; 1995, 544 ff.
[136] Dazu Büttner, NJW 1999, 2327

nur einer Verfahrensübereinstimmung dem Grunde nach. Diese Übereinstimmung besteht zwischen dem Unterhaltsanspruch des Kindes gegen seine Eltern vor und nach Eintritt der Volljährigkeit,[137] auch wenn sich zwischenzeitlich die Leistungsform (Bar- statt Naturalunterhalt) geändert hat.[138] Eine Identität besteht beim Kindesunterhalt auch zwischen einer Verbundentscheidung und der nachfolgenden Abänderung durch das Kind selbst, sobald das Scheidungsverfahren rechtskräftig abgeschlossen ist. Dann ist nämlich die gesetzliche Prozessstandschaft des einen Elternteils (§ 1629 III S. 1 BGB) erloschen mit der Folge, dass die Prozessführungsbefugnis auf das (minderjährige oder inzwischen volljährige) Kind zurückfällt;[139] nunmehr ist das Kind allein aktivlegitimiert, möglicherweise gesetzlich vertreten durch einen Elternteil. Mit Volljährigkeit des Kindes tritt es automatisch – auch hinsichtlich der Unterhaltsrückstände – in den Rechtsstreit ein, und zwar auch im Verbundverfahren.[140]

Keine Identität besteht zwischen Trennungs- und Nachscheidungsunterhalt. Insoweit muss hierbei der Gläubiger eine neue Leistungsklage nach § 258 ZPO erheben; der Schuldner kann sich gegen seine Inanspruchnahme aus einem Trennungsunterhalt für die Zeit nach der Scheidung mit der Vollstreckungsgegenklage des § 767 ZPO wehren.

156 **c) Identität der Parteien.** Die Parteien des Abänderungsverfahrens müssen mit denen des Vorprozesses identisch sein; allerdings reicht aus, dass sich die Rechtskraft der Vorverurteilung auf sie erstreckt.[141] Klagebefugt ist auch der Rechtsnachfolger, z. B. das Land gem. § 37 I BAföG[142] oder der Sozialhilfeträger nach § 91 BSHG in Höhe des übergegangenen Anspruchs der Partei.

157 **d) Die Behauptung der wesentlichen Veränderung.** Als weitere besondere Prozessvoraussetzung verlangt die Abänderungsklage die Behauptung, dass eine wesentliche Veränderung der Verhältnisse nach Schluss der mündlichen Verhandlung im Vorprozess eingetreten sei. Dies ist Zulässigkeitsvoraussetzung.[143] Fehlt eine derartiger Sachvortrag, ist die Abänderungsklage unzulässig. Stellt sich die Behauptung der wesentlichen Änderung als unwahr dar oder ist die Änderung selbst nur unwesentlich, ist die Klage nach § 323 ZPO unbegründet. Die Änderung muss ferner bereits eingetreten sein; auch darf es sich nicht um eine bloße Prognose handeln. Dass die wesentliche Veränderung nur vorübergehend ist, ist nicht entscheidungserheblich. Diese zeitlich befristete Änderung führt damit zu einer entsprechend zeitlich begrenzten Urteilsabänderung, wie etwa zu einer Unterhaltsversagung mangels Leistungsfähigkeit für die voraussichtliche Dauer der Strafhaft des Unterhaltsschuldners.[144] Nach Ende des vorübergehenden Ereignisses lebt damit der Ersttitel in seiner ursprünglichen Höhe wieder auf. Soweit sich die Prognose einer vorübergehenden Leistungseinschränkung nicht bewahrheitet (z. B. durch Verlängerung der Strafhaft infolge weiterer Verurteilungen), ist dem Unterhaltsschuldner eine Abänderung des Abänderungsurteils unbenommen.

10. Begründetheit der Abänderungsklage

158 **a) Wesentlichkeit der Änderung.** Nach § 323 I ZPO müssen sich die Verhältnisse, die für die Verurteilung, für die Höhe oder die Dauer der Verurteilung maßgebend waren, wesentlich geändert haben. Dabei kommt es nicht auf das Ausmaß einzelner veränderter Umstände an, sondern darauf, ob die für die Unterhaltsbemessung maßgeblichen Verhältnisse wesentlich verändert sind.[145] Wesentlich ist die Änderung dann, wenn sie in einer nicht unerheblichen Weise zu einer anderen Beurteilung des Bestehens, der Höhe oder der Dauer des Anspruchs führt.[146] Dieses Merkmal der Wesentlichkeit im Rahmen des § 323 I ZPO ist

[137] BGH, FamRZ 1984, 682
[138] OLG Karlsruhe, FamRZ 1995, 938
[139] BGH, FamRZ 1986, 345
[140] BGH, FamRZ 1985, 471, 473; 1983, 474, 475
[141] BGH, FamRZ 1982, 587, 588
[142] BGH, FamRZ 1992, 1060
[143] BGH, FamRZ 1984, 353, 355
[144] BGH, FamRZ 1982, 792
[145] BGH, FamRZ 1985, 53, 56
[146] BGH, FamRZ 1984, 353, 355

materiellrechtlicher, nicht prozessualer Natur. Konkret gehen die Rechtsprechung und Lehre davon aus, dass eine Änderung von etwa 10% des Unterhaltsanspruchs als wesentlich anzusehen ist; bei beengten wirtschaftlichen Verhältnissen kann der Prozentsatz aber durchaus darunter liegen.[147]

Zum Begriff der Wesentlichkeit gehört in gewisser Weise auch die **Nachhaltigkeit.** Eine kurzfristige Arbeitslosigkeit wird daher nicht als wesentlich angesehen.[148] Kurzfristige Einkommens- oder Bedarfsschwankungen sollen unwesentlich sein. Hier ist aber Zurückhaltung geboten. Berücksichtigt man den Streitwert in Unterhaltssachen (Jahresstreitwert gem. § 17 I GKG hinsichtlich des laufenden Unterhaltes), so kommt schon dem Wegfall oder der Begründung einer Unterhaltsrente **für einen Monat** fast eine 10%ige, damit wesentliche Bedeutung zu, wenngleich im Tatsächlichen die Laufdauer einer Unterhaltsrente in der Regel gem. § 258 ZPO zeitlich unbefristet ist. Sollte allerdings in vermögenden Verhältnissen der Streit einen Monatsunterhalt von mehr als 600 € betreffen, könnte im Hinblick auf die Berufungssumme des § 511 a ZPO und die damit vom Gesetzgeber angenommene Bedeutung der Sache durchaus von einer wesentlichen Veränderung beim bloßen Streitgegenstand eines Monatsunterhaltes gesprochen werden. Dass hierbei nur ein Monatsbetrag und keine fortlaufende Rente abzuändern ist, kann nicht entscheidend sein. Denn nach dem Gesetzeswortlaut des § 323 I ZPO muss es sich nur bei der Erstverurteilung um wiederkehrende Leistungen handeln, nicht aber bei dem Abänderungsstreitgegenstand. 158 a

Die Änderung muss **tatsächlicher Art** sein. Eine neue und abweichende Bewertung gleichgebliebener Umstände genügt nicht. Beruht die vom Erstrichter zugrunde gelegte Prognose auf einer unrichtigen Bewertung der maßgeblichen Umstände, kann dieser Fehler nur mit einem **Rechtsmittel,** nicht mit der Abänderungsklage korrigiert werden.[149] Grundsätzlich ist der Abänderungsrichter an die Bewertung des Erstrichters gebunden.[150] Dies kann aber aus Gründen der materiellen Gerechtigkeit dann nicht gelten, wenn sich im Rahmen einer ansonsten zulässigen Abänderungsklage die rechtliche Bewertung des Erstrichters als falsch erweist und das Festhalten an ihr zu einem unerträglichen Ergebnis führen würde. Hier muss der allgemeine Billigkeitsgedanke korrigierend eingreifen.

Kein Abänderungsgrund sind neue Beweismöglichkeiten, bloße Änderungen von **Tabellensätzen** oder **Eckwerten,** es sei denn, der Abänderungskläger könnte die früheren Tabellensätze als maßgeblichen Umstand der erstmaligen Unterhaltsfestsetzung angeben und behaupten, die jetzige Veränderung der Tabellensätze sei wesentlich i. S. d. § 323 I ZPO. Dies gilt z. B. nicht, wenn im Vorprozess die Unterhaltshöhe konkret nach dem jeweiligen Bedarf bestimmt worden ist. Hier gehören somit Tabellensätze nicht zu den maßgeblichen, veränderten Umständen, die zu einer Korrektur führen könnten. 158 b

Neben der Veränderung der tatsächlichen Verhältnisse können auch **Prognoseänderungen** zu einer Abänderung führen. Schlägt eine Prognose über die Entwicklung der Einkünfte des Unterhaltsschuldners fehl, kann dies über eine Abänderungsklage korrigiert werden.[151] Ist das Ersturteil anspruchsverneinend davon ausgegangen, dass ab einem bestimmten Zeitpunkt die Bedürftigkeit infolge Wiedereingliederung in das Berufsleben wegfallen werde, und ist diese Erwartung nicht eingetreten, kann dies zu einer Abänderung des Ersturteils und Fortführung der Alimentierung über den Prognosezeitraum hinaus führen.[152]

Schließlich können auch im Ersturteil zugrunde gelegte **Fiktionen** einer Änderung unterzogen werden: Ist dem arbeitslosen Abänderungskläger im Ersturteil aus Gründen der unterhaltsrechtlichen Leichtfertigkeit ein fiktives Einkommen angerechnet worden, wird ihm im Abänderungsurteil ein solches nicht mehr entgegengehalten werden, wenn er sich hinreichend um die Erlangung einer neuen Arbeitsstelle bemüht und eine solche nicht 158 c

---

[147] BGH, FamRZ 1992, 539; vgl. zum Umfang der wesentlichen Abänderung auch Bieder, FamRZ 2000, 649 ff.

[148] BGH, FamRZ 1996, 345

[149] BGH, NJW-RR 1986, 938, 939

[150] BGH, NJW-RR 1992, 1091, 1092

[151] OLG Koblenz, FamRZ 2002, 471

[152] Dazu Johannsen/Henrich/Brudermüller (Fn. 59), Rn. 70

gefunden hat.[153] Ähnlich ist die Sachlage, wenn der arbeitslose Abänderungskläger auf Grund hinreichender Bemühungen eine neue Arbeitsstelle findet, bei der er allerdings erheblich weniger verdient, als ihm bisher fiktiv angerechnet worden ist. Auch in diesem Fall muss der Partei nach einer gewissen Zeitspanne ein Abänderungsverfahren möglich sein, wenn nicht eine einmal bemühte Fiktion oder Prognose unwandelbar werden soll mit der Folge, dass auf Dauer keine Korrektur des Ersttitels erfolgen könnte. Dies ist mit dem auf § 242 BGB beruhenden Gedanken der clausula rebus sic stantibus nicht vereinbar.

Graba[154] fasst sein Ergebnis zu den Fiktionen wie folgt zusammen: Mit der Abänderungsklage kann der Titel nicht nur angepasst werden, wenn sich die diesen tatsächlich zugrunde gelegten Verhältnisse anders entwickelt haben, als der Unterhaltsfestsetzung zugrunde gelegt wurde, auch, wenn der Titel auf fingierten Verhältnissen beruht. Dies gilt zunächst in den Fällen der Änderung des Gegenstands, der der Fiktion eines Geldeinkommens zugrunde gelegt wurde. Die Abänderung ist auch bei einer Fiktion möglich, die wegen Obliegenheitsverletzungen vorgenommen wurde, wenn sich die Obliegenheitslage geändert hat, und zwar sowohl beim Eintritt anderer Umstände, als der Unterhaltsfestsetzung zugrunde gelegt waren, als auch beim Ausbleiben einer erwarteten Änderung. Eine Korrektur unrichtiger Fiktionen ist jedenfalls im Rahmen einer aus anderen Gründen eröffneten Abänderungsklage für die Zukunft möglich, und zwar nicht nur bei dem versehentlich unterlassenen Ansatz eines fiktiven Einkommens, sondern auch bei einem von vorneherein falschen Ansatz und zur Beendigung einer „ewigen" Fiktion.

158 d Wesentlicher Änderungsgrund ist die **Änderung der Gesetzgebung.**[155] Ändert sich die Rechtsprechung, so kann dies für sich allein für eine Abänderung eines Urteils nicht ausreichen. Allerdings ist der Abänderungsrichter nicht gehindert, die neue Rechtsansicht bzw. die veränderte Rechtsprechung seiner Entscheidung zugrunde zu legen. Denn an die Rechtsansicht des Erstrichters besteht keine Bindung;[156] auch kann der Abänderungsrichter Rechtsfehler des Erstgerichts korrigieren.[157] Hat allerdings das Bundesverfassungsgericht eine Norm für unvereinbar mit dem Grundgesetz erklärt, steht dies einer Gesetzesänderung gleich und ist damit als Abänderungsgrund geeignet.[158]

Für Vergleiche ergibt sich aus dem materiellen Recht die Zulässigkeit einer Abänderung, wenn sich die Rechtsprechung geändert hat.[159] Auf eine veränderte Rechtsansicht oder eine andere Beurteilung der im Ersttitel gewürdigten früheren Umstände kann die Abänderungsklage nicht gestützt werden.[160]

158 e Einigkeit besteht allerdings darin, dass eine Änderung der Gesetzeslage und die ihr gleich kommende verfassungskonforme Auslegung einer Norm durch das Bundesverfassungsgericht eine Abänderung sowohl bei Vergleichen als auch bei Urteilen erlaubt.[161] Allerdings kommt eine rückwirkende Abänderung eines Prozessvergleichs, der noch auf der Anwendung der sog. Anrechnungsmethode zur Bemessung des Nachehelichenunterhalts beruhte, nicht in Betracht.[162] Vielmehr ist die Abänderung auf den Zeitpunkt der geänderten Rechtsprechung des BGH begrenzt, somit auf den Monatsanfang Juli 2001 als nächstfolgendem Monat nach der Entscheidung des BGH vom 13. 6. 2001. Nachdem zwischenzeitlich vom BVerfG die früher auf Hausfrauen angewandte Anrechnungsmethode für verfassungswidrig erklärt wurde[163] und eine Änderung der höchstrichterlichen Rechtsprechung durch ein Gebot des BVerfGs auch bei Urteilen einen Abänderungsgrund darstellt, bildet die **geänderte Rechtsprechung des BGH zur Haushaltsführung in der Ehe** auch bei Urteilen einen Abänderungsgrund.[164]

[153] OLG Karlsruhe, FamRZ 1983, 931, 932
[154] Die Abänderung von Unterhaltstiteln, FamRZ 2002, 6 ff., 12
[155] So bereits RGZ 166, 303 ff.
[156] MünchKommZPO/Gottwald, Rn. 68
[157] BGH, FamRZ 1984, 374
[158] BGH, FamRZ 1990, 1091, 1094
[159] BGH, FamRZ 1983, 569, 573
[160] BGH, FamRZ 1983, 260, 262
[161] BGH, FamRZ 2001, 1687, 1689 = R 566
[162] BGH, FamRZ 2003, 518 = R 585
[163] BVerfG, FamRZ 2002, 527
[164] BGH, FamRZ 2003, 848 m. Anm. Hoppenz; Gerhardt, FamRZ 2003, 272, 275

In Abweichung von der stringenten Rechtsprechung des BGH ist jedenfalls dann eine über den 13. 6. 2001 hinausgehende Korrektur der verfassungswidrigen Rechtsprechung des BGH dann möglich und angezeigt, wenn der Abänderungskläger einen anderen Abänderungsgrund für die Zeit vor dem 13. 6. 2001 geltend macht. Es kann nicht angehen, dass dann das Gericht sehenden Auges bis zum 1. 7. 2001 die verfassungswidrige bisherige Rechtsprechung perpetuiert und erst ab Juli 2001 die verfassungsmäßige Anwendung der Differenzmethode vornimmt. Diese Meinung geht konform mit der in der Rechtsprechung vertretenen Ansicht, dass im Rahmen einer Abänderungsklage auch Rechtsfehler dann korrigiert werden können, wenn sie nicht den einzigen Grund für das Abänderungsbegehren darstellen.

Können keine sonstigen Gründe für eine Abänderung des Titels vor dem 13. 6. 2001 geltend gemacht werden, sorgt diese zeitliche Zäsur für eine Wahrung der Rechtssicherheit.[165]

b) Einzelne Abänderungsgründe. Hierzu gehören **Arbeitslosigkeit,** wenn sie nicht 159
nur vorübergehend ist, **Einkommensveränderungen, Lebenshaltungskostensteigerungen, Bedarfsveränderungen infolge höheren Alters, Veränderung des Preisindices,** wenn dieser Umstand im Ersturteil mitbestimmend war, **Ausschluss- oder Herabsetzungsgründe nach § 1579 BGB,** Eintritt oder Verlust eines Zusatzeinkommens oder einer Rentenleistung, **Wiederverheiratung** oder **Geburt** eines weiteren Kindes, Eintritt des Schülers in das 22. Lebensjahr, Vaterschaftsanfechtung hinsichtlich des in der Ehe geborenen Kindes, erheblicher **Kaufkraftschwund** infolge kriegerischer Ereignisse, vorzeitiges Ausscheiden aus dem Erwerbsleben, Änderung einer Unterhaltstabelle als Ausfluss veränderter Lebenshaltungskosten.

c) Nachträgliche Änderung (§ 323 II ZPO). Nach § 323 II ZPO ist die Abände- 160
rungsklage nur zulässig, wenn die Gründe, auf die sie gestützt wird, erst nach der letzten Tatsachenverhandlung im Erstverfahren entstanden sind und durch Einspruch nicht mehr geltend gemacht werden können. Handelt es sich bei dem Ersturteil um ein Versäumnisurteil, sind somit alle Gründe präkludiert, die durch Einspruch nach § 338 ZPO noch hätten geltend gemacht werden können.[166] Handelt es sich beim Ersturteil um ein Berufungsurteil, ist die letzte mündliche Verhandlung in der Berufungsinstanz maßgebend. Im Falle der Berufungsrücknahme zählt wieder die letzte mündliche Verhandlung in erster Instanz.[167] Sind sich mehrere Abänderungsverfahren gefolgt, so präkludiert der Schluss der Tatsachenverhandlung im letzten Verfahren.[168] Im schriftlichen Verfahren gilt der gem. § 128 II S. 2 ZPO maßgebende Zeitpunkt.

Hat es der Gegner des früheren, auf Unterhaltserhöhung gerichteten Abänderungsprozesses versäumt, die seinerzeit bereits bestehenden, für eine Herabsetzung sprechenden Gründe geltend zu machen, kann er auf diese Gründe keine neue Abänderungsklage stützen. Das gilt auch dann, wenn er dazu im Vorprozess eine Abänderungsklage hätte erheben müssen.

Maßgeblich ist, wann die wesentliche Veränderung **tatsächlich eingetreten** ist, nicht aber der frühere Zeitpunkt ihrer Voraussehbarkeit. Wäre der Zeitpunkt der Voraussehbarkeit maßgebend, müsste die Abänderungspartei – zur Vermeidung der Präklusionswirkung – eine bedingte Klage erheben, wobei die Bedingung der künftige Eintritt des vorausgesehenen Ereignisses wäre. Da es nach deutschem Prozessrecht keine bedingte Klage gibt, ist diese Möglichkeit der eine Abänderung begehrenden Partei verwehrt. Nach dem eindeutigen Wortlaut in § 323 II ZPO („entstanden") ist entscheidend, wann die wesentliche Veränderung tatsächlich eingetreten ist.[169] Auch kommt es nicht darauf an, ob der maßgebliche Umstand erst später bekannt geworden ist.[170]

---

165 Vgl. zu allem BGH, FamRZ 2003, 518 = R 585 m. Anm. Büttner; FamRZ 2001, 1687 = R 566 m. Anm. Gottwald; Graba, a.a.O. Rn. 274, 275, 278; Scholz, Anm. in FamRZ 2001, 1061, 1064; Luthin, a.a.O. S. 1065

166 BGH, FamRZ 1982, 792, 793

167 BGH, FamRZ 1988, 493

168 BGH, FamRZ 1998, 99 = R 514

169 BGH, FamRZ 1992, 162, 163

170 BGH, FamRZ 1982, 687, 688

160 a Steht der Abänderungskläger kurz vor dem **Hineinwachsen in eine höhere Altersstufe,** kann dieser Umstand bereits ab dem Zeitpunkt des vorhergesehenen Eintrittes in das Ersturteil aufgenommen werden. Hierbei handelt es sich nicht um eine bedingte Klage, sondern um eine **Klage auf künftige** (auf höhere) **Leistungen,** die gem. § 258 ZPO zulässig ist. Allerdings ist die Partei nicht gezwungen, diese künftige Erhöhung in den Vorprozess aufzunehmen. Da man sich des Eintritts künftiger Ereignisse nicht eine Sekunde gewiss sein kann, gestattet es das Gesetz, die Aktualisierung der Unterhaltshöhe infolge inzwischen eingetretener Veränderungen[171] auch erst im Abänderungsprozess vorzunehmen.

160 b Von Bedeutung – daher in der gerichtlichen Praxis gar nicht mal so selten – ist die **Präklusion** im Vorprozess **nicht vorgetragener Umstände.** Da sie unstreitig vor Schluss der letzten mündlichen Verhandlung entstanden sind, spricht der Gesetzeswortlaut des § 323 II ZPO zunächst für eine klare Nichtberücksichtigung im Abänderungsverfahren. Denn beide Parteien sollen dazu angehalten werden, ihren Standpunkt bereits im Ausgangsprozess zur Geltung zu bringen.[172] Dies ist zwar mit dem Grundsatz der Rechtskraftwirkung zu vereinbaren, nicht aber mit der materiellen Gerechtigkeit. Möglicherweise sind im Vorprozess weitere Umstände deswegen nicht erwähnt worden, weil es auf sie gar nicht mehr ankam und die Klage auch ohnedies begründet oder abzuweisen war.

Hierbei ist wie folgt **zu unterscheiden:**

- Aufseiten des Klägers stellen die bisher verschwiegenen Tatsachen keinen Abänderungsgrund i. S. d. § 323 II ZPO dar. Ist aber seine Abänderungsklage aus anderen Gründen zulässig, sind die früher verschwiegenen Tatsachen dann zu berücksichtigen, wenn sie nicht zu einer Beseitigung der Rechtskraftwirkung führen.[173] Dies gilt immer dann, wenn auf eine Einwendung des Gegners hin der Abänderungskläger weitere für ihn sprechende Umstände benötigt, um wenigstens den bisherigen Titel aufrechterhalten zu können. Will aber der Abänderungskläger die Erhöhung (oder ausnahmsweise die Herabsetzung) seiner Rente (nachdem er in erster Instanz in voller Höhe Unterhalt geltend gemacht hatte) erreichen, kann der Abänderungskläger die bisher verschwiegenen Tatsachen nicht unterstützend im Abänderungsverfahren einsetzen. Sie sind verbraucht.
- Das Gleiche gilt für den Beklagten des Abänderungsverfahrens, wenn er im Vorprozess versäumt hat, seine verschwiegenen Einwendungen zum Zwecke der – ausnahmsweisen – Herabsetzung oder Erhöhung des Unterhaltes im Wege der Abänderungswiderklage einzusetzen. Auch dann befindet er sich nämlich in einer (Wider-)Klägerrolle, was gem. § 323 II ZPO ein verspätetes Vorbringen präkludiert.
- Will der Beklagte des Abänderungsverfahrens nur die Abweisung der Abänderungsklage erreichen, ist er mit seinen früher verschwiegenen Tatsachen nicht ausgeschlossen; er kann – ohne Verstoß gegen die Bindungswirkung des Vorurteils – alle früher bereits entstandenen und nicht vorgetragenen Umstände zum Zwecke der Klagabwehr geltend machen.[174] Grund hierfür ist, dass § 323 II ZPO für den Beklagten nicht gilt. Denn nur für die Klage selbst (also nur für die Klägerseite) müssen die sie stützenden Gründe nachträglich entstanden sein; für die Klagerwiderung gilt dies nicht, zumal sie keine Veränderung des bisher bestehenden Rechtszustandes will, sondern ihren Fortbestand wünscht. Somit sprechen auch keine Gründe der Rechtskraftwirkung gegen die Berücksichtigung dieser bisher nicht vorgetragenen Umstände; ihre Einführung in das jetzige Prozessrechtsverhältnis entspricht der Billigkeit allemal.

Allerdings gilt die Präklusion des § 323 II ZPO nicht für die nicht der Rechtskraft fähigen Titel des § 323 IV ZPO. Dieser Absatz verweist zwar auf die vorstehenden Vorschriften, damit auch auf Absatz II, die Präklusionswirkung ist indessen nur auf Urteile anwendbar.[175] **Prozessvergleiche** sind somit wie private Rechtsgeschäfte **abänderbar.**[176] Ist ein nicht rechtskraftfähiger Titel durch Urteil abgeändert worden, ist hiergegen die Abänderungsklage

---

171 Dazu Graba, Rn. 366

172 BGH, FamRZ 2000, 1499; vgl. auch Graba, FamRZ 2001, 585 ff., 592

173 BGH, FamRZ 1987, 259, 261

174 BGH, FamRZ 1992, 366; FamRZ 2000, 1499; vgl. auch Graba, FamRZ 2001, 585 ff., 592

175 BGH, FamRZ 1984, 797; 1983, 22, 25

176 MünchKommZPO/Gottwald, a.a.O. Rn. 62

mit der Präklusion des § 323 II ZPO eröffnet. Es stehen entweder der Weg der zusätzlichen Leistungsklage des § 258 ZPO oder die Abänderungsklage nach § 323 ZPO zur Verfügung.

Der BGH geht davon aus, dass ein im Vorprozess voll obsiegender Unterhaltsberechtigter Nachforderungen (beim gleichen Streitgegenstand) nur unter den Voraussetzungen des § 323 ZPO durch Abänderungsklage geltend machen kann.[177] Damit lehnt der BGH die Lehre von der **Zusatzklage** ab, wonach der Unterhaltsberechtigte – ohne Beschränkung nach § 323 ZPO – Nachforderungen durch Leistungsklage geltend machen kann, zumal dieser Teil des gesamten Unterhaltsanspruchs im Vorprozess kein Verfahrensgegenstand war (Fall der sog. **verdeckten Teilklage**). In einer weiteren Entscheidung hat der BGH erneut die Möglichkeit einer verdeckten Teilklage abgelehnt und ausgeführt, dass im Zweifel eine Vermutung dafür spreche, dass im Vorprozess der Unterhalt in voller Höhe geltend gemacht worden sei.[178] Nur dann, wenn sich der Kläger im Vorprozess ausdrücklich oder ansonsten erkennbar eine Nachforderung vorbehalten und damit eine **offene Teilklage** erhoben hat, kann somit ein bis dahin nicht titulierter Differenz- oder Zusatzbetrag durch Leistungsklage kumulativ geltend gemacht werden.[179] Um eine solche Teilklage handelt es sich, wenn der bisher titulierte Unterhalt zeitlich begrenzt ist, nur einen Grundbetrag darstellen soll (z. B. nur den Elementarunterhalt als Teil des einheitlichen Gesamtunterhaltes) oder über einen freiwillig bezahlten Betrag hinaus ein **sog. Spitzenbetrag** begehrt wird. **161**

Im letzteren Fall wird im Ersturteil lediglich über den Spitzenbetrag entschieden, wenngleich das Gericht inzidenter in seinem Teilurteil feststellen musste, dass auch der freiwillig gezahlte Betrag geschuldet ist. Dieses Urteilselement wird jedoch – da nicht streitgegenständlich – von der Rechtskraft des Teilurteils nicht umfasst.[180]

d) Entsprechende Änderung (Bindungswirkung). Das Abänderungsurteil nach § 323 I ZPO hat nicht nur die neuen, nach Schluss der letzten mündlichen Verhandlung veränderten Umstände zu berücksichtigen, sondern auch die im Ersturteil festgestellten und unverändert gebliebenen Verhältnisse samt ihrer rechtlichen Bewertung der Abänderungsentscheidung zugrunde zu legen. Dies bedeutet keine freie, von der bisherigen Höhe unabhängige Neufestsetzung des Unterhalts, sondern eine Anpassung der bisherigen Entscheidung an die zwischenzeitlich eingetretenen veränderten Verhältnisse unter Wahrung der Grundlagen der abzuändernden Entscheidung. Der Umfang der Anpassung richtet sich zum einen nach der Höhe der nach § 323 II ZPO geänderten Tatsachen nach Schluss der letzten mündlichen Verhandlung und zum anderen nach dem Umfang der Bindungswirkung des früheren Urteils, somit danach, mit welchem Gewicht weitere Umstände zwischen den Parteien für die Bemessung des Unterhalts im Ersturteil bestimmend gewesen sind. **162**

Neben der Wesentlichkeit der Änderung und der Erforderlichkeit der nachträglich eingetretenen Tatsachen ist somit die Bindungswirkung ein drittes Element, welches der Bestandskraft (nicht der Rechtskraft) dient.[181]

In der Praxis wird allerdings die Grenze zwischen nachträglicher Tatsachenänderung und Bindungswirkung häufig verwischt. Dabei ist wie folgt zu trennen:

Nachträglich aufgetretene Änderungen sind **objektive Merkmale** und Bestandteile der Abänderungsentscheidung, die oftmals ohne Zutun der Parteien und ohne deren Willen später eingetreten und damit nach § 323 II ZPO zu berücksichtigen sind. Dies ist sozusagen der partei-unabhängige Teil der für die Erstverurteilung maßgebenden Verhältnisse. **162 a**

Ein weiteres Element dieser Verhältnisse sind aber die subjektiven Parteivorstellungen und Umstände, die ebenfalls mit in die Urteilsfindung im Vorprozess eingeflossen sind. Hierzu gehören die Ermittlung der Einkommensverhältnisse, die Einbeziehung zusätzlicher Ab- und Zuschläge, die Bewertung besonderer Belastungen und Zugrundelegung fiktiver Einkünfte, Feststellungen zur Leistungsfähigkeit, Bedürftigkeit, zur Anrechnung weiterer Unterhaltspflichtiger oder -berechtigter, zur Nichtanrechnung von Einkommensarten sowie Feststellungen zur Arbeitsfähigkeit. All diese Einzelumstände sind – sozusagen als innerer

[177] BGH, FamRZ 1961, 263
[178] BGH, FamRZ 1987, 259, 262
[179] BGH, FamRZ 1995, 729, 730; 1993, 945, 946
[180] BGH, FamRZ 1995, 729, 730; 1993, 945, 946
[181] Vgl. insgesamt dazu BGH, FamRZ 1990, 280, 281; 1987, 257, 259, 263

Bestandteil des Unterhaltsprozesses – in die Erstentscheidung eingeflossen. Dabei haben die Parteien diese Grundlagen der ergangenen Entscheidung entweder dadurch akzeptiert, dass sie das Urteil unangefochten ließen, oder aber sie haben im Rahmen der Verhandlung oder der Vergleichsgespräche diese einzelnen Verhältnisse festgelegt und der nachfolgenden Entscheidung damit aufgezwungen (z. B. dadurch, dass die Parteien einen bestimmte Nebenverdienste als den Bedarf nicht erhöhend oder bestimmte Verbindlichkeiten nicht das Einkommen mindernd – da nicht eheprägend – bewertetet haben).

Nach der herrschenden Meinung besteht daher eine Bindung hinsichtlich der rechtlichen Beurteilung derjenigen unverändert gebliebenen tatsächlichen Verhältnisse, die der Richter im Vorprozess festgestellt und für seine Entscheidung über den Unterhalt für maßgeblich gehalten hat. § 323 ZPO lasse nämlich nach h. M. eine Abänderung nur aus Gründen der Billigkeit zu, wobei aus Gründen der Rechtskraftwirkung nur die Korrektur einer Prognoseentscheidung möglich sei, nicht dagegen § 323 ZPO einer ursprünglichen Fehlerbeseitigung dienen solle. Dies bedeutet damit aber auch, dass eine Billigkeitskorrektur selbst dann abgelehnt wird, wenn im Ersturteil fehlerhafte Feststellungen getroffen worden sind. Vielmehr sollen die Feststellungen des abzuändernden Urteils, die nicht von Änderungen betroffen sind, für das Abänderungsgericht bindend sein. Der Unterhaltstitel ist daher nach der herrschenden Meinung unter Wahrung der bisherigen Entscheidungsgrundlagen an die veränderten Verhältnisse anzupassen; eine vollständig freie Neubewertung erfolgt nicht.[182]

162 b Allerdings kann keine Bindung an die im Ersturteil zutage getretene **Rechtsansicht** des Erstgerichts bestehen. Hierbei handelt es sich nämlich weder um Tatsachenfeststellungen, die sich nachträglich geändert haben, noch um der Entscheidung immanente Verhältnisse i. S. d. § 323 I ZPO, vielmehr um die Rechtsanwendung des jeweils nur seinem eigenen Gewissen unterworfenen Richters. Weicht diese – dem Unabhängigkeitsgrundsatz entspringende – singuläre Rechtsansicht des Abänderungsrichters von jener im Erstverfahren ab, ist er an Letztere nicht gebunden, vielmehr kann er neu und anders bewerten. Auf diese Weise ist er nicht gehindert, **Rechtsfehler** des Erstgerichts zu korrigieren.[183]

Nach der Rechtsprechung des BGH besteht keine Bindung an jene Feststellungen im Ersturteil, die auf Grund richterlicher Hilfsmittel oder allgemeiner unterhaltsrechtlicher Bewertungskriterien in die Entscheidung eingeflossen sind. Dazu gehört die Berücksichtigung von **Unterhaltsrichtlinien** und **Unterhaltstabellen.**[184] In ihrer Anwendung liege nämlich keine bindende Feststellung über die Bestimmung der ehelichen Lebensverhältnisse i. S. d. § 1578 BGB, die bei einer Abänderungsentscheidung zu berücksichtigen seien.[185] Die gleiche Ausgangslage liegt nach der Ansicht des BGH auch bei Anwendung der **Differenz- oder der Anrechnungsmethode** vor.[186]

162 c Ebenso ist das Abänderungsgericht hinsichtlich der Festlegung des **Erwerbstätigenbonus** (1/7 oder 10%) wie auch bei der Zugrundelegung des Verteilungsschlüssels und der entsprechenden **Verteilungsquote frei** (3/7 Quote oder sog. hälftige Partizipation nach Abzug einer Berufspauschale).[187]

162 d Höchst streitig ist die Frage, ob die geänderte Rechtsprechung des Bundesgerichtshofs zur Berechnung des nachehelichen Unterhalts unter Anwendung der Differenzmethode[188] vom 13. 6. 2001 einen Grund nach § 323 I ZPO darstellt, die vorausgegangene Unterhaltsregelung abzuändern. Teilweise wird vertreten, dass die Änderung der BGH-Rechtsprechung keinen Abänderungsgrund darstellt.[189] Teilweise wird vertreten, dass die geänderte Rechtsprechung des BGH jedenfalls dann eine Abänderungsklage rechtfertige, wenn es sich bei dem abzuändernden Titel um einen Vergleich handelt.[190] Davon sei jedenfalls dann

[182] BGH, FamRZ 1990, 280, 281
[183] BGH, FamRZ 1984, 374
[184] BGH, FamRZ 1994, 1100 = R 482 a; 1990, 982
[185] BGH, FamRZ 1985, 374
[186] BGH, FamRZ 1987, 257, 258
[187] BGH, FamRZ 1990, 981
[188] FamRZ 2001, 986 ff.
[189] OLG Hamm, FamRZ 2002, 1269
[190] OLG Köln, FamRZ 2002, 675

auszugehen, wenn in einem Vergleich die Anrechnungs- oder Mischmethode zugrunde gelegt worden sei und sich die Parteien an der bisherigen höchstrichterlichen Rechtsprechung orientiert hätten. Dann erschüttere nämlich eine Änderung dieser Rechtsprechung die Vergleichsgrundlage mit der Folge, dass eine Abänderung des Vergleichs und eine Neuberechnung des Unterhalts für die Zukunft gem. der Differenz- bzw. Additionsmethode allein auf die Änderung der Rechtsprechung gestützt werden könne.[191]

Teilweise wird auch vertreten, eine Abänderungsklage könne auch bei Unterhaltsurteilen allein darauf gestützt werden, dass der BGH seine Rechtsprechung grundlegend geändert habe.[192]

Auch in der Literatur wird mehrheitlich vertreten, dass die grundlegende Änderung der BGH-Rechtsprechung als Abänderungsgrund zuzulassen sei, da sie einer Gesetzesänderung gleich komme.[193]

Der BGH hat die Streitfrage lapidar dahin entschieden, dass das Senatsurteil vom 13. 6. **162 e**
2001 sowohl für die Abänderung von Urteilen als auch von Vergleichen anzuwenden ist.[194]

Lässt sich aber dem Prozessvergleich oder dem Urteil die Berechnung des durch ihn titulierten Unterhalts unter Zugrundelegung der verschiedenen Faktoren und Anwendung der früheren Rechtsprechung nicht mehr nachvollziehen, kommt dem Vergleich bzw. dem Urteil keine Bindungswirkung zu; der nunmehr geschuldete Unterhalt ist dann neu zu berechnen.[195]

Schließlich hat der BGH entschieden, dass hinsichtlich der Berücksichtigung eines **162 f**
Wohnvorteils bei mietfreiem Wohnen im eigenen Haus keine Bindung durch das Ersturteil erfolge[196] und auch die Art und Weise der **Besteuerung des Einkommens** (hierbei reale oder fiktive Steuerlast) in richterlicher Unabhängigkeit ohne Bindungswirkung durch den Ersttitel berücksichtigt werden könne.[197]

Zwar mag fraglich sein, ob es sich bei der Berücksichtigung der jeweiligen Steuerlast bzw. der Anrechnung des Wohnvorteils noch um unverbindliche Hilfsmittel zur Unterhaltsberechnung handelt oder nicht bereits um die Ausfüllung unbestimmter Rechtsbegriffe wie eheliche Lebensverhältnisse und Bedarf im Rahmen des § 1578 I BGB. Jedenfalls ist die Praxis dem BGH darin gefolgt, in diesen genannten Fällen von keiner Bindungswirkung der Erstentscheidung auszugehen.

Folgerichtig ist, dass auch dann keine Bindung besteht, wenn z. B. im Ersturteil der **162 g**
Unterhaltsanspruch des Berechtigten nach seinem konkreten Bedarf und nicht anhand einer Unterhaltsquote bestimmt worden ist. Erhöht sich nunmehr das Einkommen des Unterhaltsschuldners, kann dies nicht bereits Grund für eine Erhöhung des Unterhaltsanspruchs sein, sofern sich nicht gleichzeitig auch der individuelle Bedarf des Unterhaltsberechtigten erhöht hat.[198]

Keine Bindungswirkung besteht nach der Rechtsprechung des BGH[199] auch in dem **162 h**
Fall, dass der Kläger im ersten Unterhaltsverfahren voll erfolgreich war, im Vorprozess aber trotzdem nicht sein gesamter Unterhaltsbedarf Streitgegenstand war. Ob dies daran lag, dass die Geltendmachung des Krankheitsvorsorgeunterhaltes oder des Altersvorsorgebetrages schlicht vergessen wurde, oder aber ein höherer Elementarunterhalt erlangt werden sollte, kann hierbei dahingestellt bleiben. Da der Kläger durch das Ersturteil nicht beschwert ist, darf er für die Zukunft weitergehen und seinen vollen Unterhalt verlangen, sofern die Voraussetzungen einer Abänderungsklage aus anderen Gründen (nämlich nach § 323 II

---

191 OLG Stuttgart, FamRZ 2002, 1563

192 OLG Düsseldorf, FamRZ 2002, 1574; OLG Hamm, FamRZ 2003, 50 mit der nicht überzeugenden Begründung, Urteile und Vergleiche sollten im Rahmen einer Abänderung gleich behandelt werden

193 Scholz, FamRZ 2001, 1061, 1064; Luthin, FamRZ 2001, 1065; Borth, FamRZ 2001, 1653, 1659; Gottwald, FamRZ 2001, 1692

194 BGH, FamRZ, 2001, 1687 = R 566; FamRZ 2003, 848 = R 588

195 BGH, FamRZ 2001, 1140 = R 560

196 BGH, FamRZ 1994, 1100

197 BGH, FamRZ 1990, 982

198 BGH, FamRZ 1990, 280, 281

199 BGH, FamRZ 1984, 374, 376

ZPO) vorliegen. Er kann dann zusätzlich zum bisherigen Elementarunterhalt einen bisher nicht eingeklagten **Vorsorgebedarf** geltend machen, wobei nunmehr möglicherweise eine Anpassung des Elementarunterhalts wegen der Berücksichtigung des Vorsorgeunterhaltes erfolgt. Die gleiche Möglichkeit besteht auch dann, wenn im Vorprozess der Unterhaltsgläubiger deshalb einen geringeren als den angemessenen Unterhalt geltend machen musste, weil der Unterhaltspflichtige nur eingeschränkt leistungsfähig war. Erhöht sich im Nachhinein die Leistungsfähigkeit des Unterhaltsschuldners (fällt somit der Mangelfall weg), kann der Unterhaltsberechtigte seinen vollen Unterhalt geltend machen. Dies aber ist m. E. keine Frage der Bindungswirkung, sondern der nachträglichen, wesentlichen Änderung der Tatsachen i. S. d. § 323 II ZPO.

Geht man mit der herrschenden Meinung von der m. E. überbetonten Rechtskraftwirkung des Ersturteils aus, könnte man argumentieren, dass hier deswegen eine Rechtskraftbindung nicht vorliegt, weil der Abänderungsprozess einen anderen Streitgegenstand umfasst (nämlich nicht mehr den Mangelunterhalt, sondern den vollen, eheangemessenen Unterhalt ab Rechtshängigkeit der Abänderungsklage). Umfasst somit der Erstprozess streitgegenständlich nicht das erstmals gestellte Erhöhungsverlangen, kann der Ersttitel auch keine Rechtskraft hinsichtlich des noch gar nicht eingeklagten Mehrbedarfs erhalten. Hier liegt somit eine echte, konkludent erhobene Teilklage vor.

Ebenso lässt der BGH Ausnahmen von der Bindungswirkung zu, wenn die weitere Nichtberücksichtigung einer ganz ungewöhnlichen Entwicklung der früher außer Acht gelassenen Umstände zu untragbaren Ergebnissen führen würde.[200]

163 Darüber hinaus lässt der BGH im Abänderungsverfahren die Würdigung eines Umstandes zu, der im Vorprozess von der Gegenseite **in betrügerischer Weise** verschwiegen worden ist. Hier soll deswegen keine Bindungswirkung bestehen, weil der von der Gegenseite betrügerisch verschwiegene Umstand über den Präklusionszeitpunkt fortwirke.[201] Allerdings ist fraglich, ob diese Rechtsansicht bereits auf den Fortwirkungsgedanken gestützt werden kann. Von dieser Fortwirkung (Dauerbeeinträchtigung) ist jedenfalls auch dann auszugehen, wenn sich die Einkommensverhältnisse (ohne doloses Verhalten einer der beiden Parteien) geändert haben, Zusatzeinkünfte weggefallen oder hinzugekommen sind oder sich eine andere Berechnungsgröße wesentlich und auf Dauer geändert hat. Vielmehr scheint auch hier, dass der BGH versteckt dem allgemeinen Billigkeitsgedanken Rechnung getragen hat.

163 a Keine Bindung an die Verhältnisse im Erstprozess besteht auch dann, wenn sich die **Gesetzgebung** geändert hat, denn diese ist jederzeit in ihrem jeweiligen Ausmaß zu berücksichtigen. Allerdings kann eine Gesetzesänderung allein keine Abänderungsklage eröffnen; vielmehr ist die neue Gesetzeslage in einem aus anderen Gründen zulässig gewordenen Abänderungsverfahren zu berücksichtigen. Das Gleiche gilt auch dann, wenn das Bundesverfassungsgericht zur Vermeidung verfassungswidriger Ergebnisse eine gleichgebliebene Gesetzesvorschrift nunmehr anders auslegt (vgl. dazu § 1579 Nr. 1 BGB).[202] Auch an dieser Stelle sei darauf hingewiesen, dass sich bei Erörterung dieser Probleme die Kriterien der nachträglichen Änderung (§ 323 II ZPO) und der Bindungswirkung (des § 323 I ZPO) überschneiden und sich nicht genau voneinander trennen lassen.

Diese Überschneidung gilt auch für den Fall, dass das Erstgericht in dem abzuändernden Urteil zu den ehelichen Lebensverhältnissen i. S. d. § 1578 I BGB keine überprüfbaren Feststellungen getroffen hat[203] oder aber das klagabweisende Urteil keine Prognose für eine zukünftige Entwicklung enthält. Da hier keine Ersttatsachen überprüfbar sind, hat das Abänderungsgericht frei und ohne Bindung an (nicht festgelegte) Verhältnisse neu zu entscheiden. Es mag dahingestellt sein, ob man hier von fehlender Bindungswirkung oder von nachträglich entstandenen Änderungsgründen ausgeht (bzw. beides bejaht).

163 b Schließlich fällt in diesen Überschneidungsbereich auch die Frage, welche Bindung **Versäumnis-, Anerkenntnis-** und **Verzichtsurteile** entfalten. Enthält ein solches Urteil – entgegen § 313 b I ZPO – Tatbestand und Entscheidungsgründe, so stellen diese die

[200] BGH, FamRZ 1983, 260, 261
[201] BGH, FamRZ 1990, 1095, 1096
[202] BGH, FamRZ 1990, 1091, 1094
[203] BGH, FamRZ 1987, 258

Bindungswirkung durch Benennung der maßgeblichen Umstände und Verhältnisse fest. Durch Nichteinlegung eines Rechtsmittels bescheinigen beide Parteien, dass die dem Urteil zugrunde gelegten Umstände für sie bindend sein und Bestandskraft entfalten sollen. Dies geschieht im Rahmen des Urteilsverfahrens durch Unterwerfung unter den Titel.

Enthält eines dieser Urteile weder Tatbestand noch Entscheidungsgründe, kann sich der Umfang der Bindung nur durch den Streitgegenstand und die Begründung des Antrags durch den Kläger feststellen lassen, was sich aus der Klagschrift ergibt, oder aber durch die Ausführungen zum Anerkenntnis oder Verzicht auf den Anspruch belegt wird. Diese Ausführungen in den Schriftsätzen der Parteien bilden die Grundlage der nachfolgenden Entscheidung und zeigen damit die Verhältnisse auf, die für die Entscheidung erheblich waren.

Eine gegen ein Versäumnisurteil gerichtete Abänderungsklage ist nur dann gem. § 323 I ZPO statthaft, wenn vorgetragen wird, dass sich die Verhältnisse gegenüber dem gem. § 331 ZPO zur Entscheidungsgrundlage gewordenen Vorbringen des damaligen Klägers verändert haben.[204]

Ist ein Versäumnisurteil ergangen und soll es im Wege der Abänderungsklage abgeändert werden, sind im Rahmen des § 323 III ZPO als Abänderungskriterien die im Säumnisverfahren vorgetragenen und nicht die wirklichen Umstände maßgebend. Gem. § 323 I ZPO ist nämlich auf die Änderung derjenigen Verhältnisse abzustellen, die für die Verurteilung maßgeblich waren.[205]

Ein weiteres Problem der Bindungswirkung liegt schließlich im Unterschied zwischen **tatsächlichem Vortrag** und der **richtigen Sachlage.** Hierzu folgendes **163 c**

Beispiel:
Im Versäumnisurteil des Vorprozesses ist der unterhaltspflichtige Ehemann deswegen zur Zahlung von 1200 € verurteilt worden, weil der Kläger von einem Einkommen des Beklagten in Höhe von 3000 € ausgegangen ist und hiervon 2/5 als Quotenunterhalt gefordert hat. Nunmehr stellt sich heraus, dass das damalige Einkommen des Beklagten bereits 4000 € betragen hat. Hat sich jetzt das Einkommen des Beklagten um 400 € auf 4400 € erhöht, ist nach *Zöller/Vollkommer*[206] die Abänderungsklage zulässig, führt aber – wegen mangelnder Neufestsetzung – nur auf einen Unterhalt von 1320 € (2/5 aus (3000 € + 300 €) = 10% Erhöhungsbetrag), nicht auf 1760 € (2/5 von 4400 €).

Die in diesem Beispiel zugrunde gelegte Bindungswirkung besteht schon deshalb nicht, weil im Vorprozess keine 4000 € Monatseinkommen des Beklagten zugrunde gelegt wurden, sondern nach dem Klage- und Erwiderungsvorbringen (einseitig oder übereinstimmend) von einem damaligen Nettoeinkommen von monatlich 3000 € auszugehen war. Somit können die damals noch gar nicht in den Prozess eingeführten Monatseinkünfte von 4000 € nicht Verfahrensgegenstand gewesen und damit nicht bindend sein. Die Feststellung des richtigen Einkommens ist somit wie eine nachträgliche Änderung i. S. d. § 323 II ZPO zu verstehen.

e) Eigene Ansicht. Im Rahmen der entsprechenden und nicht freien Abänderung des Ersturteils könnte wie folgt vorgegangen werden: Im Abänderungsprozess wäre zunächst festzustellen, ob nachträglich Abänderungstatsachen i. S. d. § 323 II ZPO entstanden sind, die so erhebliche Bedeutung haben, dass die Abänderungsklage deswegen (wegen Wesentlichkeit der Änderung) zulässig ist. Zusätzlich zu diesen objektiven Änderungsmerkmalen müsste das Abänderungsgericht überprüfen, welche von beiden Parteien zugrunde gelegten zusätzlichen Verhältnisse als Kriterium der Unterhaltsberechnung verwendet wurden. Lassen sich derartige Verhältnisse nicht zusätzlich feststellen, kann im Abänderungsverfahren insoweit eine freie Neuregelung erfolgen. Liegen derartige Verhältnisse vor (entweder dadurch, dass die Parteien sie vereinbart haben oder sie im Urteil aufgeführt sind), ist den Parteien nach der herrschenden Meinung zunächst ein Festhalten an diesen übereinstimmend angenommenen Verhältnissen zuzumuten. Das gilt nur dann nicht, wenn sie zu derart unerträglichen Ergebnissen führen würden, dass die Bindungswirkung quasi rechtswidrig wäre. Denn ein rechtsstaatliches Verfahren wie die Klage nach § 323 ZPO darf letzten Endes nicht dazu führen, dass eine fehlerhafte oder unerträglich gewordene Erstentscheidung perpetuiert wird. **164**

---

[204] OLG Köln, FamRZ 2002, 471
[205] OLG Karlsruhe, FamRZ 2000, 907
[206] § 323 Rn. 41

Ist dem Abänderungskläger aber ein Festhalten an den früheren Verhältnissen zuzumuten, kann er sich nicht einseitig mittels der Abänderungsklage von diesen Verhältnissen i. S. d. § 323 I ZPO lösen. Er hat sie vielmehr bis zur Grenze des Wegfalls der Geschäftsgrundlage – auf Grund vorausgegangener Akzeptanz im Ursprungsverfahren – weiterhin gegen sich gelten zu lassen.

165 **f) Anpassungsmaßstab.** Da § 323 I ZPO eine entsprechende Anpassung unter Wahrung der Grundlagen der Erstentscheidung und der in ihr zutage tretenden Zielrichtung vorsieht, hat die Abänderung grundsätzlich proportional zu erfolgen, wobei jedoch bei steigenden Einkünften eine nur verhältnismäßige Anpassung zu Verzerrungen führen kann.[207] So kann es sein, dass bei gestiegenen Einkommensverhältnissen ein Teil hiervon nicht zur Deckung des Lebensbedarfs, sondern zur Bildung von Rücklagen verwendet wird. Hier würde eine rein schematische Erhöhung des Unterhaltsanspruchs den tatsächlichen Verhältnissen nicht mehr entsprechen und wäre somit ungerecht. Im Rahmen des Kindesunterhalts ist zu berücksichtigen, dass bei einer schematischen Erhöhung des Anspruchs möglicherweise die Grenzen des Bedarfs des auszubildenden Jugendlichen überschritten sein können, was dann zur schwächeren Erhöhung des Anspruchs führt. Auch können Umstände im Zusammenwirken mit Gegenpositionen, die nunmehr erstmals eingeführt worden sind, eine andere Bewertung erfahren. Dann handelt es sich aber wiederum nicht um Probleme der Bindungswirkung, sondern der Geltendmachung nachträglicher Umstände oder um die jederzeit zu berücksichtigenden Einwände des Beklagten, sofern er den bisherigen Bestand des Ersturteils verteidigt.

Nach § 323 III S. 1 ZPO darf das Urteil nur für die **Zeit nach Erhebung der Klage** abgeändert werden, somit ab Zustellung (§§ 253 I, 261 ZPO). Somit ist eine Abänderung seit dem Tag der Klagezustellung möglich,[208] nicht erst am Tag danach oder ab dem auf die Zustellung folgenden Fälligkeitstag.[209] Die formlose Übersendung eines PKH-Antrags mit oder ohne Abschrift der beabsichtigten Klage (Klagentwurf) führt noch keine Rechtshängigkeit i. S. d. § 261 ZPO herbei. Wird die Abänderungsklage erst nach Bewilligung der Prozesskostenhilfe zugestellt, ist auch erst ab diesem Zeitpunkt die Rechtshängigkeit herbeigeführt. Die bedürftige Partei kann sich hiergegen über § 65 VII Nr. 3 GKG wehren. Die Vorschrift des § 270 III ZPO findet hierbei keine entsprechende Anwendung.[210]

Der BGH[211] stellt klar, dass sich die Bedeutung des § 323 III ZPO darin erschöpft, dass der Abänderungsgegner ab Rechtshängigkeit der Abänderungsklage darauf gefasst sein muss, dass der Titel in der bisherigen Form nicht fortbestehen wird. Aus der Vorschrift ergibt sich aber nicht, dass er auch damit rechnen muss, hinsichtlich des zu viel gezahlten Unterhalts auch einem Rückforderungsanspruch des Schuldners ausgesetzt zu sein, ohne sich auf die Entreicherung des § 818 III BGB berufen zu können.

Ist die Abänderungsklage im Rahmen einer unselbstständigen Anschlussberufung gem. § 522 ZPO geltend gemacht worden, und ist diese durch die Rücknahme der Berufung unwirksam geworden, nimmt der BGH ausnahmsweise als Zeitschranke i. S. d. § 323 III ZPO den Abänderungsantrag im Berufungsverfahren, wenn die Abänderungsklage nunmehr selbstständig und in engem zeitlichem Zusammenhang (§ 212 b BGB: 6 Monate) erhoben wurde.[212]

165 a Ist zunächst eine **unschlüssige** oder **unzulässige Abänderungsklage** erhoben worden, ist für den Umfang der Abänderung der Zeitpunkt maßgebend, in dem der Mangel beseitigt wird. Wird die Abänderung durch Klagerweiterung oder durch Widerklage begehrt, ist für die Abänderung der in § 261 II ZPO genannte Zeitpunkt maßgeblich.[213]

Sinn und Zweck der Grundregelung des § 323 III S. 1 ZPO ist der Vertrauensschutz des Abänderungsbeklagten.[214]

---

207 BGH, FamRZ 1984, 997, 999
208 BGH, NJW 1990, 710
209 Zöller/Vollkommer, a.a.O. Rn. 35
210 Insgesamt hierzu BGH, FamRZ 1984, 353, 355
211 NJW 1998, 2433
212 BGH, FamRZ 1988, 601 ff.
213 BGH, NJW 1984, 1458
214 BGH, FamRZ 1983, 22, 23

Für familienrechtliche Unterhaltsansprüche ist die Präklusion des § 323 III ZPO durch das KindUG ab 1. 7. 1998 gelockert.[215] Durch die Änderung der §§ 1360 a III, 1361 IV S. 4, 1585 b II, 1613 I BGB kann nunmehr prozessual in gleicher Weise wie materiellrechtlich Unterhalt für die Vergangenheit ohne die Zeitschranke der Rechtshängigkeit geltend gemacht werden. Der Unterhaltsgläubiger muss sich daher nicht mehr gegen eine hinhaltende Erfüllung der Auskunftspflicht durch eine möglichst rasche Erhebung der Abänderungsklage zur Wehr setzen, kann vielmehr in weiteren außergerichtlichen Verhandlungen eine Regelung der Unterhaltssache zu erreichen versuchen.

Allerdings wirkt sich dieser Fortfall der Präklusion nach der materiellrechtlichen Lösung **nur für das Erhöhungsverlangen** des Abänderungsklägers aus, nicht für den Herabsetzungsantrag des Unterhaltsschuldners.[216] Brudermüller[217] sieht darin eine Ungleichbehandlung zu Lasten des Schuldners, die im Verfahrensrecht nicht gerechtfertigt sei. Bei der weiterhin gebotenen grundlegenden Reform des § 323 ZPO sei sowohl diese personelle Ungleichbehandlung wie auch jene Unterscheidung zwischen Urteilen und Titeln nach Absatz IV bei der rückwirkenden Abänderung unter dem Gesichtspunkt des Vertrauensschutzes zu überdenken. **165 b**

Dem ist entgegenzuhalten, dass der besondere Gläubigerschutz vorliegend auf der Rechtsposition einer Leistungsklage nach § 258 ZPO beruht. Diese Norm dokumentiert den Bestandschutz klägerischer Leistungsansprüche in besonderer Weise, indem sogar noch gar nicht entstandene (und erst recht nicht fällige) künftige wiederkehrende Leistungen tituliert werden. Mit der Titulierung geht somit das Gericht davon aus, dass dieser Anspruch auch in die Zukunft hinein wirkt und Bestand behält, was somit den größeren Gläubigerschutz rechtfertigt. Im Übrigen lässt ein Unterhaltsschuldner endgültig seine sichere Absicht auf Reduzierung seiner Unterhaltspflicht erst mit der Klagerhebung seiner nach unten gerichteten Abänderungsklage erkennen. Die durch die Neuregelung des § 323 III S. 2 ZPO eingetretene Bevorzugung des Unterhaltsgläubigers ist m. E. somit nicht verfassungswidrig oder ungerechtfertigt.[218]

Im Einzelnen kann nunmehr auf Grund der Neuregelung durch das KindUG Unterhalt **rückwirkend** bereits **ab Aufforderung zur Auskunftserteilung** oder ab einer Mahnung des Verpflichteten verlangt werden.[219] Dies gilt sowohl für den Verwandten- als auch für den Kindesunterhalt. Das Gleiche gilt für den Familien- und Trennungsunterhalt auf Grund der Verweisungsvorschriften der §§ 1360 a III und 1361 IV S. 4 BGB. Darüber hinaus erreicht § 1613 I S. 2 BGB, dass die erhöhten Unterhaltsansprüche nicht mehr ab dem Tag der Inverzugsetzung, sondern ab dem ersten Tag des Monats begründet sind, in welchem die Aufforderung zur Auskunft oder die Mahnung erfolgte. **165 c**

Allerdings kann der Nachscheidungsunterhalt der §§ 1569 ff. BGB rückwirkend nur ab dem Tag des Verzuges im Rahmen des § 323 III ZPO geltend gemacht werden (§ 1585 b II BGB). Der Zeitpunkt der Auskunftserteilung ist gesetzlich nicht als Ausschluss der Präklusionswirkung geregelt worden. Diese Rechtslage gilt auch für den Unterhaltsanspruch eines Elternteils gegen den anderen aus Anlass der Geburt eines Kindes, wenn die Eltern nicht miteinander verheiratet sind, da ebenfalls § 1615 l II Satz 4 und V BGB nur auf § 1613 II, nicht aber auf § 1613 I BGB verweist.

Dies bedeutet, dass im Rahmen des Geschiedenenunterhaltes durch den Unterhaltsgläubiger weiterhin eine Stufenklage notwendig ist, um den Zeitpunkt der Rechtshängigkeit möglichst früh herbeizuführen. Denn bei Verbindung von Auskunfts- mit unbezifferter Abänderungsklage ist nach der Rechtsprechung des BGH eine Abänderung bereits ab Zustellung der Stufenklage möglich.[220]

Da nach der Neuregelung des § 323 III ZPO beim Kindes-, Familien- und Trennungsunterhalt bereits die Aufforderung zur Auskunftserteilung den Zeitraum des rückwirkend **165 d**

---

[215] KindUG vom 6. 3. 1998, BGBl. I S. 666, 668

[216] Vgl. hierzu ausführlich m. w. N. Vogel, FamRZ 2000, 875 in seiner Rezension von Graba, Die Abänderung von Unterhaltstiteln, 2. Aufl.

[217] A. a. O. Rn. 102

[218] Vgl. dazu Vogel, FamRZ 2000, 875

[219] BT-Drucks. 13/9596, S. 35

[220] BGH, FamRZ 1986, 560

geltenden Unterhaltes bestimmt, ist diese Rechtsmöglichkeit dem Unterhaltsgläubiger deswegen nahezulegen, weil der BGH eine ungefragte Auskunftspflicht des Auskunftsschuldners grundsätzlich verneint[221] und nur in Fällen sittenwidriger Ausnutzung rechtskräftiger Urteile eine Schadensersatzklage nach § 826 BGB zulässt, wodurch aus Billigkeitsgründen § 323 III S. 1 ZPO ausgeschaltet wird.[222]

Für **Vergleiche,** vollstreckbare Urkunden und **Titel im vereinfachten Verfahren** (§ 323 IV, V ZPO) gilt die Präklusion des § 323 II, III ZPO nicht.[223] Da für diese Titel ein auf der Rechtskraftwirkung beruhender Vertrauensschutz nicht besteht, können sie auch rückwirkend herabgesetzt werden.[224] Der Gläubiger ist hierbei hinreichend durch die Vorschrift des § 818 III BGB geschützt. Wird eine Erhöhung des Unterhaltsanspruchs geltend gemacht, bedarf es – wie bisher – einer Inverzugsetzung des Unterhaltsschuldners. Bei der rückwirkenden Abänderung von Titeln im vereinfachten Verfahren sind vor einem Klagverfahren nach § 323 ZPO als leges speciales die §§ 654 II, 656 ZPO vorrangig zu berücksichtigen.

11. Beweislast im Abänderungsverfahren

166 Grundsätzlich hat der Abänderungskläger die wesentlichen Umstände, die für die Erstitulierung maßgebend waren, darzulegen und zu beweisen.[225] Dabei darf er sich nicht darauf beschränken, nur einzelne veränderte Berechnungsfaktoren anzugeben; vielmehr muss er die Veränderung insgesamt und in ihrer Wesentlichkeit (in toto) darstellen.[226]

Der Abänderungskläger genügt aber seiner Darlegungs- und Beweislast, wenn er bei einer Erwerbstätigkeit des Pflichtigen beim Ehegattenunterhalt die derzeitigen Einkommensverhältnisse darstellt. Behauptet der Abänderungsbeklagte, die Erhöhung seiner Erwerbseinkünfte sei nicht prägend, trifft ihn hierfür die Darlegungs- und Beweislast.[227] Ist der Lebenssachverhalt, der einem Unterhaltstitel zugrunde liegt, nachträglich weggefallen, trägt der Unterhaltsberechtigte als Abänderungsbeklagter die Darlegungs- und Beweislast für die Tatsachen, die eine Aufrechterhaltung des Titels rechtfertigen.[228] Ein Unterhaltsschuldner ist auch darlegungs- und beweispflichtig für den Einwand, seine frühere Ehefrau könne und müsse ihren Unterhaltsbedarf durch eine eigene Erwerbstätigkeit und durch die Anrechnung eines Entgelts für die Versorgungsleistungen zugunsten ihres neuen Lebenspartners decken.[229] Da der Abänderungskläger insgesamt die wesentlichen Veränderungen gem. § 323 I ZPO behaupten muss, ist er auch gehalten, die Grundlagen des abzuändernden Titels darzutun.[230] Begehrt der Unterhaltspflichtige die Abänderung eines Unterhaltsvergleiches, so trifft ihn die Darlegungs- und Beweislast sowohl hinsichtlich der bei Vertragsschluss herrschenden Umstände als auch hinsichtlich der demgegenüber nunmehr veränderten jetzigen Verhältnisse.[231]

Beruft sich der Unterhaltsgläubiger in seinem Erhöhungsbegehren auf eine wesentliche Einkommenssteigerung aufseiten des verpflichteten Beklagten, muss der Beklagte hierauf substantiiert erwidern und darf sich im Hinblick auf § 138 III ZPO nicht auf ein bloßes Bestreiten der klägerischen Behauptungen beschränken. Da nämlich die anspruchserhöhenden Behauptungen in seinem Bereich angesiedelt sind, ist es letztlich auch nur ihm möglich, seine derzeit richtige Einkommenslage darzulegen.[232]

---

[221] BGH, FamRZ 1986, 450, 453
[222] BGH, FamRZ 1988, 270, 271
[223] BGH, FamRZ 1991, 542 ff. = R 433; 1983, 22, 24
[224] BGH, FamRZ 1990, 1103
[225] BGH, FamRZ 1987, 259, 260, 262
[226] BGH, FamRZ 1985, 53, 56
[227] OLG München, FamRZ 1999, 1512
[228] OLG Hamm, FamRZ 2000, 904
[229] OLG Bamberg, FamRZ 1999, 942
[230] OLG Brandenburg, FamRZ 2002, 1049
[231] OLG Hamburg, FamRZ 2002, 465
[232] BGH, FamRZ 1990, 496, 497

Will der Unterhaltsschuldner den Wegfall seiner Unterhaltslast erreichen, muss er darlegen und beweisen, dass der seiner bisherigen Verpflichtung zugrunde liegende Unterhaltstatbestand inzwischen ganz oder teilweise weggefallen ist. Will der Abänderungsbeklagte seine bisherigen Gläubigerrechte bewahren, hat er die Darlegungs- und Beweislast für Tatsachen, die aus einem anderen Grund die Aufrechterhaltung des Ersturteils rechtfertigen. Das Gleiche gilt für den beklagten Unterhaltsgläubiger, wenn er seinen Anspruch auf Grund eines anderen Unterhaltstatbestandes bewahren will. Auch hierfür trifft ihn die Darlegungs- und Beweislast.[233]

Soll ein Dritter (meistens der andere Ehegatte) in den Unterhaltsprozess im Rahmen der Haftungsquote des § 1606 III BGB einbezogen werden, ist der Abänderungskläger, der wegen Mithaftung des anderen Ehegatten eine Reduzierung seiner eigenen Unterhaltspflicht erreichen will, hinsichtlich der Quote des anderen darlegungs- und beweispflichtig.[234] Begehrt ein Unterhaltsschuldner wegen wesentlicher Änderung der Vergleichsgrundlagen seine Leistungsfreiheit, trägt er die Beweislast für den Wegfall der Geschäftsgrundlage bzw. deren nicht hinnehmbare Änderung.[235]

12. Die Abänderungsentscheidung

Das stattgebende Urteil spricht ab Rechtshängigkeit – unter Abänderung der früheren Entscheidung ab diesem Zeitpunkt – einen weiteren Anspruch zu, der einheitlich wie folgt tituliert wird: Der Beklagte wird verurteilt, in Abänderung des Urteils des Amtsgerichts – Familiengericht – vom ... ab ... folgenden monatlichen Unterhalt zu zahlen. **167**

Die gleiche Formulierung gilt auch im Falle einer Reduzierung des Unterhaltsanspruchs hinsichtlich der Vergangenheit (also vor Rechtshängigkeit oder Inverzugsetzung bzw. Aufforderung zur Auskunft).

Machen sowohl Kläger als auch Beklagter gegenläufige Ansprüche geltend (der Kläger auf Erhöhung des Unterhalts, der Beklagte auf Ermäßigung), sind diese Klagen zu verbinden und in Form von Klage und **Widerklage** zu führen (§ 33 ZPO). Zwar kann hierbei kein Teilurteil, jeweils gesondert über Klage bzw. Widerklage ergehen, weil beide Klagbegehren in einem einheitlichen Zusammenhang stehen und sich gegenseitig bedingen. Jedoch ist es möglich, ein Teilurteil über einen zeitlich befristeten Unterhaltszeitraum ergehen zu lassen; in diesem Umfang sind damit Klage und Widerklage durch Endurteil abschließend geregelt.[236]

Für die **Kostenentscheidung** gelten die §§ 91 ff. ZPO; die vorläufige Vollstreckbarkeit ergibt sich bei einem Erhöhungsurteil aus §§ 708 Nr. 8, 711 ZPO. Wird der Unterhalt auf Klage des Unterhaltspflichtigen ermäßigt, gilt § 708 Nr. 8 ZPO, nicht aber § 708 Nr. 11 oder § 709 S. 1 ZPO. Denn auch im Falle der Reduzierung des Unterhaltsanspruches geht es bei der Vollstreckung um jene des Unterhaltsberechtigten, nicht des Unterhaltsschuldners, für den letztere Vorschriften gelten. **167 a**

Der **Streitwert** der Abänderungsklage bestimmt sich nach § 17 GKG aus dem Jahresbetrag der geforderten Veränderung zuzüglich geltend gemachter Rückstände vor Anhängigkeit des Verfahrens; der Monat der Anhängigkeit zählt zu den Rückständen (§ 17 IV GKG). Gem. § 769 ZPO analog kann im Rahmen der Abänderungsklage die Zwangsvollstreckung aus dem Ersttitel einstweilen eingestellt werden.[237] Über den Antrag kann nicht im Rahmen eines PKH-Verfahrens entschieden werden; vor der Entscheidung sollte die Abänderungsklage zugestellt und dem Beklagten rechtliches Gehör gewährt worden sein. Nur im Falle der greifbaren Gesetzwidrigkeit durch schwerwiegenden Ermessensmissbrauch ist gegen die Entscheidung des Familiengerichts die sofortige Beschwerde des § 793 ZPO eröffnet. **167 b**

---

[233] BGH, a.a.O.
[234] BGH, FamRZ 1994, 696, 698 = R 477 a
[235] BGH, FamRZ 1995, 665, 666
[236] Dazu BGH, FamRZ 1995, 891
[237] BGH, FamRZ 1986, 793, 794

13. Die Schuldtitel des § 323 IV ZPO

168 Durch die Absätze IV und V des § 323 ZPO wird der Anwendungsbereich der Abänderungsklage auf andere Schuldtitel als das Urteil erweitert. Hierzu gehören nach Absatz III der **Prozessvergleich,** eine **vollstreckbare Urkunde** sowie **ein Titel im vereinfachten Verfahren.** Da diese Titel keine Rechtskraftwirkung wie ein Urteil entfalten, gelten für sie weder die Voraussetzungen des Abs. I noch die Präklusionsvorschrift des Abs. II. Damit kommt der Vorschrift des § 323 IV ZPO nur die Klarstellungsfunktion zu, dass neben Urteilen auch gerichtliche Vergleiche oder notarielle Urkunden nach materiellrechtlichen Gründen abgeändert werden können.[238]

Analog gilt die Vorschrift des Abs. IV auch für **Anwaltsvergleiche** (§§ 796 a–796 c ZPO) sowie für die **Jugendamtsurkunden** nach §§ 59, 60 SGB VIII.

Vollstreckungstitel, die aus der Zeit der Minderjährigkeit des Unterhaltsbedürftigen stammen, wirken auch über die Volljährigkeit hinaus fort. Dies gilt grundsätzlich auch für Jugendamtsurkunden, es sei denn, es liege nur eine Teiltitulierung vor. Deshalb muss ein Unterhaltsmehrverlangen des weiterhin unterhaltsbedürftigen Kindes im Wege der Abänderungsklage geltend gemacht werden.[239] Hat sich aber der Unterhaltsschuldner in einer Jugendamtsurkunde nur einseitig zur Zahlung von Kindesunterhalt verpflichtet, ohne dass auf Seiten des unterhaltsberechtigten Kindes ein gesetzlicher Vertreter beteiligt war, entfaltet die Urkunde weder prozessuale noch materiellrechtliche Bindungen, so dass es dem unterhaltsberechtigten Kind freisteht, einen höheren Unterhalt zu verlangen. Dies soll nach OLG Köln[240] nicht durch eine Zusatzklage, sondern durch eine Abänderungsklage erfolgen. Auf Grund der fehlenden materiellrechtlichen Bindung wäre aber m. E. daran zu denken, das Erhöhungsverlangen durch eine den gesamten Unterhaltsanspruch abdeckende Leistungsklage geltend zu machen. Für die Frage, ob der Unterhaltsberechtigte bei Vorliegen eines Unterhaltstitels in Form einer Jugendamtsurkunde nur die Abänderungsklage oder wahlweise auch die Erst- bzw. Zusatzklage zur Verfügung hat, kommt es nämlich entscheidend darauf an, ob die Unterhaltsurkunde einseitig oder übereinstimmend (dann bindend) entstanden ist.[241] Auch das OLG Hamm[242] geht davon aus, dass eine einseitig errichtete Jugendamtsurkunde keine Bindungswirkung entfaltet. Danach kann der Unterhaltsgläubiger einen höheren als den titulierten Betrag unabhängig von den Voraussetzungen des § 323 ZPO im Wege der Zusatzklage (m. E. im Wege der sog. Erstklage) geltend machen. Im Übrigen ist für die Abänderung einer Jugendamtsurkunde allein die derzeitige Rechtslage maßgebend. Behauptet der Pflichtige, zur Leistung des titulierten Unterhalts nicht mehr in der Lage zu sein, ist er nicht nur für sein derzeitiges Einkommen darlegungs- und beweispflichtig, sondern auch zu seinen bei Titulierung vorhandenen Einkünften und den Umständen, ob und warum er jetzt weniger verdient. Die Verweisung auf § 794 I Nr. 2 a ZPO ist durch das KindUG mit Wirkung zum 1. 7. 1998 eingeführt worden und lässt damit **alle im vereinfachten Verfahren** über den Unterhalt Minderjähriger **ergangenen Titel** der Abänderungsmöglichkeit des § 323 ZPO unterfallen, wobei als leges speciales zunächst die §§ 654, 656 ZPO (Anpassung im vereinfachten Verfahren) Anwendung finden müssen. **Außergerichtliche Vergleiche** unterfallen nicht dem Abs. IV. Dies ergibt sich bereits aus dem Wortlaut, wonach nur gerichtliche Vergleiche i. S. d. § 794 I ZPO gemeint sind.[243] Im Übrigen kann ein **privatschriftlicher Vergleich** auch nicht dadurch zu einem Titel i. S. d. Abs. IV ZPO verändert werden, dass die Parteien den § 323 ZPO vertraglich ausdrücklich für anwendbar erklären und sich den Regeln dieser Vorschrift unterwerfen.[244] Eine derartige Vereinbarung betrifft nur die materiellrechtlichen Grundlagen des Vergleichs, schafft aber keine hierfür gesetzlich nicht vorgesehene prozessuale Möglichkeit zur Abänderung dieser

[238] BGH, FamRZ 1995, 665 ff.; 1992, 539 = R 444 a
[239] OLG Zweibrücken, FamRZ 2001, 1716
[240] FamRZ 2001, 1716
[241] Ebs. OLG Brandenburg, FamRZ 2002, 676
[242] FamRZ 2000, 908
[243] Vgl. BGH, FamRZ 1982, 782
[244] So aber Johannsen/Henrich/Brudermüller (Fn. 59), a.a.O. Rn. 126

privatschriftlichen Titel. Dies hat seinen Grund darin, dass Privatparteien nicht mit hoheitlicher Wirkung einen gerichtlichen Rechtsweg vereinbaren können für Verfahren, für die ein solcher nicht vorgesehen ist.

Schließlich gilt § 323 IV ZPO auch für gerichtliche Einigungen i. S. d. §§ 46 I, 83 IV DDR-ZPO.[245]

14. Grundlagen und Ausmaß der Abänderung von Vergleichen und anderen Titeln

Da Vergleiche und vollstreckbare Urkunden nur formell der prozessualen Regelung des § 323 ZPO unterfallen, richtet sich ihre Anpassung nach den Regeln des materiellen Rechtes und damit nach den aus § 242 BGB abgeleiteten Grundsätzen über die Veränderung oder den Wegfall der Geschäftsgrundlage.[246] 169

Enthält der durch Abänderungsklage angegriffene Vergleich keine Grundlagen, ist der Unterhaltsanspruch losgelöst von allen Bindungen anhand der aktuellen Einkünfte der Parteien neu zu bestimmen. Auch an eine frühere Berechnungsquote ist das Gericht nicht gebunden.[247] Eine Abänderungsklage nach § 323 ZPO ist nicht zulässig, wenn der zugrunde liegende Prozessvergleich, dessen Abänderung begehrt wird, nach § 779 BGB unwirksam ist.[248] Wurde ein titulierter Unterhaltsanspruch durch einen Vergleich im Abänderungsverfahren aberkannt, so ist der Unterhaltsanspruch mit der Leistungsklage und nicht mit der Abänderungsklage gem. § 323 ZPO weiter zu verfolgen. Eine analoge Anwendung von § 323 IV ZPO kommt nicht in Betracht.[249] Wird die einen Prozessvergleich betreffende Abänderungsklage, mit der die Reduzierung einer Unterhaltsverpflichtung erstrebt wird, abgewiesen, so gilt für eine erneute Abänderungsklage, mit der das gleiche Ziel verfolgt wird, die Schranke des § 323 II ZPO.[250]

Damit führt eine Abänderung der Titel des Abs. IV nicht zu einer ungebundenen, von der bisherigen Vergleichsgrundlage unabhängigen Neufestsetzung des Unterhaltes wie bei einem Erstprozess. Vielmehr wird der Titel nur an die veränderten Verhältnisse angepasst.[251]

Doch auch diese Anpassung erfolgt nicht schematisch und automatisch. Vielmehr ist eine Anpassung an veränderte Umstände nur dann gerechtfertigt, wenn dem Abänderungskläger ein Festhalten an der bisherigen Regelung infolge der veränderten Umstände nach Treu und Glauben nicht zuzumuten ist. Dies kann nicht automatisch bereits dann bejaht werden, wenn sich eine Veränderung in der Größenordnung von rund 10% ergeben hat.[252] Denn auch im Anpassungsverfahren bezüglich der Titel des Abs. IV müssen alle Umstände des Einzelfalles überprüft und abgewogen werden. Nur wenn sich somit dem abzuändernden Titel der damalige Parteiwillen entnehmen lässt, dass eine Veränderung um rund 10% ein Abänderungsgrund und damit wesentlich sein soll, reicht allein die prozentuale Veränderung zur Anpassung des Titels aus.[253]

Ob bzw. in welchem Ausmaß eine Beeinträchtigung der privatrechtlichen Geschäftsgrundlage eingetreten ist, ist dem übereinstimmenden Parteiwillen zu entnehmen, der zum Abschluss des Vergleichs geführt hat. Allein eine Nichtübereinstimmung beider Parteiwillen bedeutet aber noch nicht, dass damit unmittelbar auch eine Anpassung erfolgen muss. Nur dann, wenn die Vereinbarung Ausführungen oder Anhaltspunkte zur Frage der Bindung des Vergleichs enthält, kann festgestellt werden, ob die Störung der Geschäftsgrundlage auch zur Anpassung führt. 170

Dabei kann sich ergeben, dass es deswegen beim geschaffenen Titel bleibt, weil die auf beiden Seiten eingetretenen, unterschiedlichen Entwicklungen sich im Gesamtergebnis

[245] BGH, FamRZ 1995, 544; 1994, 562 = R 474 a
[246] OLG Hamm, FamRZ 1999, 150
[247] OLG Hamm, FamRZ 1999, 1349
[248] OLG Köln, FamRZ 1999, 943
[249] OLG Hamm, FamRZ 2000, 907
[250] OLG Koblenz, FamRZ 2000, 907
[251] BGH, FamRZ 1995, 665 ff. = R 493 B; 1992, 539 = R 444 a
[252] BGH, FamRZ 1992, 539 = R 444 a
[253] Vgl. Johannsen/Henrich/Brudermüller (Fn. 59), a.a.O. Rn. 127

gegeneinander aufheben und damit zu keiner der Höhe nach anderen Regelung führen als in der vorausgegangenen Vereinbarung.

Da stets nur der Parteiwille zu erforschen ist, sind fehlgeschlagene einseitige Vorstellungen, Erwartungen und Hoffnungen unmaßgeblich.

171 Neben einer wesentlichen Änderung der **subjektiven Verhältnisse** (wirtschaftliche Situation, Anzahl der Unterhaltsberechtigten, Veränderungen hinsichtlich des Bedarfs) können auch **objektive Umstände,** nämlich die **Änderung der Rechtsprechung** wie auch der **Rechtslage** zu einer Anpassung führen, jedenfalls dann, wenn sich dem Vergleich der Parteiwille entnehmen lässt, dass sie vom Fortbestand der damals zugrunde zu legenden Rechtslage ausgegangen sind und deren Änderung auch zu einer Korrektur ihres Titels führen solle. Da diesen Anknüpfungen aber generell Vereinbarungen immanent sind (dass sie nämlich auf der Grundlage der herrschenden Meinung und Rechtsprechung getroffen worden sind), bedarf die Feststellung dieser Anknüpfung keiner umfangreichen Überprüfung.[254]

Nur dann, wenn sich dem Vergleich nicht entnehmen lässt, auf welcher Geschäftsgrundlage er abgeschlossen worden ist, kann – vergleichbar wie beim Urteil – eine freie und **vom Ersttitel losgelöste Neuregelung** erfolgen, somit wie bei einer Erstklage. Dies gilt z. B. dann, wenn sich die Berechnung des titulierten Unterhaltes unter Zugrundelegung der verschiedenen Faktoren (monatliches Nettoeinkommen, Quotenhöhe, Abzugspositionen) nicht mehr nachvollziehen lässt. Dann besteht ganz oder teilweise keine Bindung durch und an den Prozessvergleich.[255]

Eine völlige Neuberechnung kann aber auch dann angezeigt sein, wenn sich die Geschäftsgrundlage so wesentlich geändert hat, dass keine Elemente der früheren Grundlage mehr vorhanden sind und hieran eine Anpassung scheitert. Läßt sich in diesem Fall dem Vergleich nicht entnehmen, dass er unabhängig von der künftigen Entwicklung der Verhältnisse Bestand haben soll, ist er bindungsfrei neu festzulegen (und nicht anzupassen).[256]

172 Im Rahmen der Abänderung eines Prozessvergleiches bzw. einer vollstreckbaren Urkunde finden die Präklusionsvorschriften der Abs. II und III keine Anwendung, wenngleich Abs. IV auf die vorstehenden Vorschriften (damit wortgenau auch auf beide Absätze) verweist. Der BGH hat die Unanwendbarkeit der beiden Absätze damit begründet, dass diese Präklusionsvorschriften auf nicht der Rechtskraft fähige Titel nicht passe, deren Grundlage allein der Parteiwille sei.[257]

Dagegen ließe sich einwenden, dass die Auslegung des Gesetzes gegen seinen Wortlaut besonderer Begründung bedarf, die nicht allein in der Berücksichtigung der Zielsetzung des damaligen Gesetzgebers gesehen werden kann. Auch kann der Vertrauensschutz des Abänderungsgegners gebieten, eine allzu weit zurückwirkende Abänderungsmöglichkeit einzuschränken. Ansonsten könnte nämlich diese Gefahr gerade eine streitschlichtende Vergleichsregelung verhindern. Schließlich ist schwer einzusehen, warum die Rechtswirkung eines Vergleiches gegenüber einem Urteil begrenzter und sein Bestandschutz schwächer sein soll, es sei denn, man sähe im Urteilserlass und der Tatsache, dass kein Rechtsmittel eingelegt wurde, eine Unterwerfung beider Parteien unter den staatlichen Hoheitsakt der Verurteilung, die einen besonders hohen Bestandschutz verdient.

173 Nach Ansicht des BGH gebieten diese Gesichtspunkte **keine Einschränkung der Rückwirkung** aus materiellrechtlichen Gründen.[258] Der Unterhaltsberechtigte sei hinreichend gegen einen Anspruch auf Rückgewähr zu viel gezahlten Unterhalts durch die Entreicherungseinrede (§ 818 III BGB) geschützt.

Allerdings können die Präklusionsvorschriften der Absätze II und III doch wieder Bedeutung erlangen, wenn einer der Titel des Abs. IV durch ein Urteil abgeändert worden ist. Im erneuten Abänderungsverfahren ist dann § 323 II ZPO anzuwenden.[259]

---

[254] Vgl. dazu BGH, FamRZ 1995, 665, 666 = R 493 B
[255] BGH, FamRZ 1987, 257
[256] BGH, FamRZ 1986, 153 = R 278 a
[257] BGH, FamRZ 1983, 22, 25
[258] BGH, FamRZ 1990, 989, 990
[259] BGH, FamRZ 1988, 493

Ist ein Vergleich mehrfach abgeändert worden, ist der **Parteiwille der letzten Regelung** maßgebend, sofern sich nicht aus ihm die Weitergeltung früherer Grundlagen entnehmen lässt.[260] Ist ein Prozessvergleich im Abänderungsverfahren nicht abgeändert, sondern die Abänderungsklage abgewiesen worden, gelten materiellrechtlich die Grundlagen des fortbestehenden Prozessvergleichs weiter.[261] Enthält dieses klagabweisende Urteil eine Zukunftsprognose hinsichtlich der weitergeltenden Umstände (in Form der Bestätigung der bisherigen Geschäftsgrundlage und des hierbei zutage getretenen Parteiwillens), dann wird im erneuten Abänderungsverfahren § 323 I–III ZPO Anwendung finden müssen. Das Gleiche gilt, wenn beide Parteien durch Rücknahme ihrer Rechtsmittel in einem Prozessvergleich das angefochtene amtsgerichtliche Urteil haben rechtskräftig werden lassen. Denn der Unterhalt ist nicht durch diesen Vergleich, sondern durch das rechtskräftig gewordene Urteil tituliert, für dessen Abänderung § 323 I–III maßgeblich sein wird. Ob dies auch gelten soll, wenn die Parteien den Unterhaltsanspruch zwar anderweitig, im Ergebnis aber in derselben Höhe bemessen haben wie das angefochtene Urteil,[262] erscheint aber zweifelhaft. Dem angefochtenen Urteil lässt sich nämlich nicht der anderweitige Parteiwille entnehmen, der maßgebend für den Fortbestand des Urteils geworden ist. Allein die Identität der titulierten Unterhaltshöhe sagt für sich noch nichts darüber aus, welcher Parteiwille hierfür maßgeblich war.

Schließlich gilt Abs. IV auch für einen Prozessvergleich, der ein einstweiliges Anordnungsverfahren endgültig (wie ein Hauptsachetitel) regeln will. Denn auch hier lässt sich dem Parteiwillen entnehmen, dass dieser Vergleich von Bestand sein sollte und nicht nur bis zur Schaffung eines Hauptsachetitels eine vorläufige Vollstreckungsgrundlage darstellte.

Diese unterschiedlichen Abänderungskriterien bei Prozessvergleichen gelten auch für **vollstreckbare Urkunden,** sofern diese infolge übereinstimmenden Parteiwillens (sozusagen vertraglich) zustande gekommen sind. Dann besteht eine Bindung beider Parteien. Dies kann dann nicht gelten, wenn die Urkunde durch einseitige Unterwerfungserklärung (z. B. vor dem Jugendamt) entstanden ist. Würde auch hier eine Bindung des Gegners entstehen, hätte es der Unterhaltsschuldner in der Hand, durch eine zu geringe Unterhaltstitulierung nur schwer zu beseitigende Vorteile gegenüber dem Unterhaltsgläubiger zu schaffen. Der Unterhaltsberechtigte ist daher nicht gehindert, gegen eine Jugendamtsurkunde im Wege der Erstklage vorzugehen. Bemüht er hierfür die Abänderungsklage des § 323 ZPO, zeigt er, dass er den vorausgegangenen Titel (zumindest für die Dauer einer juristischen Sekunde) gegen sich gelten lassen will. Diese Bindung tritt aber dann nicht ein, wenn sich die Bindungsbereitschaft des Unterhaltsberechtigten als teilweiser Unterhaltsverzicht für die Zukunft erweist, nämlich der akzeptierte Unterhalt den gesetzlichen Anspruch des Kindes wesentlich unterschreitet und damit unwirksam ist (§ 1614 I BGB i. V. m. § 134 BGB). 174

15. Abänderungsklage und vereinfachtes Verfahren nach § 655 ZPO

§ 655 ZPO eröffnet ein vereinfachtes Verfahren zur Anpassung von Unterhaltstiteln für den Fall, dass sich die Kindergeldbeträge oder ihnen gleichstehende kinderbezogene Leistungen verändert haben. Die Vorschrift gilt für alle vollstreckbaren Unterhaltstitel, in denen ein Betrag der nach §§ 1612b, 1612c BGB anzurechnenden Leistungen berücksichtigt worden ist. 175

Führt die Änderung der Kindergeldanrechnung gem. § 655 ZPO zu einem Unterhaltsbetrag, der den jetzigen individuellen Verhältnissen nicht mehr entspricht, verschafft § 656 ZPO jeder Partei die Möglichkeit, mit der Änderungskorrekturklage das Ergebnis des vereinfachten Verfahrens überprüfen zu lassen, gegen das sie sich zuvor nur mit den Einwendungen des § 655 III ZPO hatte wehren können.

Allerdings kann das Änderungskorrekturverfahren nur dazu führen, dass die durch das Verfahren nach § 655 ZPO eingetretenen wirtschaftlichen Veränderungen ganz oder teil- 176

[260] BGH, FamRZ 1995, 665 = R 493 B
[261] BGH, FamRZ 1995, 221, 223
[262] BGH, FamRZ 1990, 269, 270

weise rückgängig gemacht werden. Eine völlige Neufestsetzung des Unterhalts lässt sich somit nur durch die Abänderungsklage nach § 323 ZPO erreichen, nicht durch die Änderungskorrekturklage, die nur den Änderungsbeschluss des § 655 I ZPO korrigiert.

Aufgrund dieser Rechtslage gestattet § 323 V ZPO eine Abänderungsklage nach § 323 ZPO dann, wenn der nach § 655 ZPO festzusetzende Betrag wesentlich von dem Betrag abweicht, der den individuellen Verhältnissen der Parteien Rechnung trägt.

Eine Abänderungsklage nach § 323 V ZPO ist aber dann unzulässig, wenn der Kläger die einfache und kostengünstigere Möglichkeit hat, den Titel nach Art. 4 § 2 GSchG i. V. m. § 655 ZPO abändern zu lassen.[263]

Im Übrigen ist bei den Titeln nach §§ 649 I, 650 S. 2 bzw. 653 I ZPO das Abänderungsverfahren nach § 654 ZPO als Sonderregelung zu § 323 ZPO anzusehen. Hinsichtlich des über den nach § 650 S. 2 ZPO titulierten Betrag hinausgehenden Unterhaltes ist zunächst das streitige Verfahren nach § 651 ZPO durchzuführen. Gegen diesen im streitigen Verfahren erlangten Titel besteht dann die Abänderungsmöglichkeit des § 323 ZPO, nicht mehr die des § 654 ZPO.

IV. Vollstreckungsabwehrklage (§ 767 ZPO)

1. Gegenstand

177 Bei ihr geht es nicht, wie bei der Abänderungsklage gemäß § 323 ZPO, um die Berücksichtigung des Einflusses der stets wandelbaren wirtschaftlichen Verhältnisse auf die Unterhaltspflicht,[264] auch nicht um die Beseitigung des materiell-rechtlichen Anspruchs oder um die Feststellung von dessen Fortbestehen, sondern allein darum, dem titulierten Anspruch durch Rechtsgestaltung die Vollstreckbarkeit zu nehmen.[265] Die Prüfung beschränkt sich auf den Anspruch, der Gegenstand des Urteils war, und auf die Einwendungen des Schuldners gegen diesen Anspruch.[266] Allerdings können Umstände, welche gegenüber fälligen Unterhaltsansprüchen eine Einwendung i. S. von § 767 ZPO begründen, für Zeiträume ab Rechtshängigkeit – auch – eine Abänderung gemäß § 323 ZPO begründen.[267]

Voraussetzung für die Zulässigkeit ist ein wirksamer Titel. Andernfalls ist die Möglichkeit des § 732 ZPO (Erinnerung gegen die Erteilung der Vollstreckungsklausel) gegeben.[268] Familiensache ist eine Vollstreckungsabwehrklage dann, wenn und soweit der Vollstreckungstitel, gegen den sie sich richtet, einen sachlich und persönlich beschränkten gesetzlichen Unterhaltsanspruch nach § 23 b I S. 2 Nr. 5, 6 GVG zum Gegenstand hat.[269]

Ein Rechtsschutzbedürfnis besteht für eine Vollstreckungsabwehrklage, soweit die Zwangsvollstreckung möglich ist und solange der Unterhaltsberechtigte über den Vollstreckungstitel verfügt (vgl. § 757 I ZPO). In diesem Fall genügt daher die bloße Erklärung des Gläubigers, aus dem Titel nicht mehr vollstrecken zu wollen, zur Beseitigung des Rechtsschutzinteresses nicht aus. Vielmehr muss in diesem Fall der Unterhaltberechtigte den Titel an den Unterhaltsschuldner herausgeben.

Beschränken sich aber die rechtshindernden oder rechtshemmenden Einwendungen des Schuldners auf Teilleistungen oder einen zeitlich befristeten Umfang, muss die Erklärung des Gläubigers, in diesem Umfang künftig nicht mehr vollstrecken zu wollen, da er die schuldnerischen Einwendungen anerkenne, zum Wegfall des Rechtsschutzbedürfnisses für eine Vollstreckungsabwehrklage ausreichen.[270] In diesem Falle ist der Unterhaltsberechtigte

[263] OLG Naumburg, FamRZ 2002, 183
[264] BGH, FamRZ 1984, 470 = NJW 1984, 2826
[265] BGH, FamRZ 1984, 878
[266] BGH, FamRZ 1982, 782 = NJW 1982, 2072
[267] BGH, FamRZ 1990, 1095 = NJW-RR 1990, 1410
[268] BGH, MDR 1988, 136
[269] Vgl. oben Rn. 2
[270] BGH, FamRZ 1984, 470, 471 = NJW 1984, 2826

nicht in der Lage, den Vollstreckungstitel herauszugeben, weil er ihn für die übrigen, nicht mit Einwendungen des Schuldners belegten Zeiträume noch benötigt.

Für Vollstreckungsabwehrklagen gegen Unterhaltstitel minderjähriger Kinder ist auch nach Einführung des § 642 I ZPO im Jahre 1998 das Gericht des ersten Rechtszugs des Verfahrens, das zu dem angegriffenen Titel geführt hat, gem. §§ 767 I, 802 ZPO ausschließlich zuständig. Denn durch die Einführung des § 642 I ZPO hat sich an der bisherigen ausschließlichen Zuständigkeit des Gerichts des ersten Rechtszugs des Verfahrens, das zu dem angegriffenen Titel geführt hat, nichts geändert. Damit wird sicher gestellt, dass die vom Gericht im Vorprozess erworbene Sachkunde für die Vollstreckungsabwehrklage ausgenutzt werden kann.[271]

2. Zuständigkeit gemäß § 767 I ZPO

Es ist das Gericht des Vorprozesses erster Instanz örtlich und sachlich ausschließlich **178**
zuständig (§ 802 ZPO). Handelt es sich bei der Erledigung des Vorprozesses um einen gerichtlichen Vergleich, so ist das Gericht zuständig, bei welchem der durch Vergleich erledigte Vorprozess in erster Instanz anhängig war. Dies soll auch dann gelten, wenn der **Vergleich in zweiter Instanz** geschlossen worden ist.[272] Wird mit der Vollstreckungsabwehrklage ein Titel aus einem Vorprozess angefochten, der als **isolierte Familiensache** (z. B. Trennungsunterhalt) tituliert worden ist, ist trotz der Ausschließlichkeitsregelung des § 621 II, III ZPO weiterhin auch dann das Prozessgericht erster Instanz nach § 767 I ZPO zuständig, wenn eine Ehesache anhängig ist oder während des Verfahrens nach § 767 ZPO rechtshängig wird.[273]

3. Anwendbarkeit auf andere Titel als Urteile

Die Vollstreckungsabwehrklage ist nicht lediglich auf den Angriff gegen ein Urteil **179**
beschränkt, sondern kommt gemäß § 795 ZPO auch gegen andere Vollstreckungstitel (§ 794 ZPO) in Betracht, darunter Prozessvergleiche,[274] einstweilige Anordnungen (§§ 127 a, 620, 620 b u. 621 f ZPO),[275] Jugendamtsurkunden gemäß §§ 59, 60 SGB VIII (bzw. früher: §§ 49, 50 JWG) und die von den ehemaligen DDR-Referaten „Jugendhilfe“ errichteten Urkunden.

Die in einem Prozessvergleich begründeten Rechte und Pflichten können nicht durch eine außergerichtliche Vereinbarung ausgetauscht und die neuen Vereinbarungen zum Gegenstand der Zwangsvollstreckung gemacht werden. Bei außergerichtlichen Vereinbarungen über die Reduzierung der Pflichten aus dem Prozessvergleich kann der Schuldner im Wege der Vollstreckungsabwehrklage gegen die weitere Zwangsvollstreckung vorgehen.[276] Dasselbe gilt, wenn ein Ehegatte nach Auflösung der neuen Ehe aus einem Prozessvergleich mit dem Ehegatten der alten Ehe über nachehelichen Unterhalt mit Rücksicht auf § 1586 a BGB weiter vollstreckt.[277]

Die Abgrenzung zwischen Vollstreckungsabwehrklage und Abänderungsklage ist äußerst **180**
streitig. Wegen ihres unterschiedlichen Zwecks schließen sich beide Klagen, deren Anwendungsbereiche sich nicht immer eindeutig abgrenzen lassen,[278] gegenseitig aus.[279] Wesentlicher Unterschied zwischen beiden ist, dass die Abänderungsklage eine materiell-rechtliche Veränderung des Unterhaltsanspruches selbst für die Zukunft herbeiführt und damit die Rechtskraft des früheren Urteils durchbricht, während die Vollstreckungsabwehrklage nur

[271] BGH, NJW 2002, 444 = R 565; OLG Schleswig, FamRZ 1999, 945
[272] Zöller/Herget, ZPO, a.a.O., § 767 Rn. 10 a. E.
[273] BGH, FamRZ 1980, 346 = NJW 1980, 1393
[274] Z. B. BGH, FamRZ 1984, 470 = NJW 1984, 2826
[275] OLG Hamburg, FamRZ 1996, 810
[276] BGH, FamRZ 1988, 270; FamRZ 1982, 782
[277] BGH, FamRZ 1988, 46 = NJW 1988, 557
[278] BGH, NJW 1982, 1147
[279] BGH, NJW 1984, 2826

punktuelle Umstände und Einwendungen geltend macht und nur die Vollstreckbarkeit des Titels infolge zurückliegender Einwände beseitigt.

4. Einwendungen

181 Unter Einwendungen (§ 767 I ZPO) sind bei einem Urteil nur die nachträglich entstandenen rechtsvernichtenden[280] oder rechtshemmenden (z. B. Stundung) zu verstehen.[281] Wird aus einem Urteil über den Trennungsunterhalt, das wegen Nicht-Identität den nachehelichen Unterhalt nicht umfasst, für die Zeit nach der Scheidung der Ehe vollstreckt, kann der Unterhaltsschuldner die (rechtsvernichtende) Einwendung der Ehescheidung erheben.[282]

Der Einwand des Schuldners, für die Dauer der Ferienaufenthalte seiner Kinder bei ihm entfalle seine Barunterhaltspflicht zum Teil, ist ein solcher nach § 767 I ZPO.[283]

Die Anrechnung der betragsmäßig feststehenden Rente aus einem Versorgungsausgleich auf einen bestehenden Unterhaltsanspruch kommt einer anderweitigen Erfüllung gleich, so dass auch hier die Vollstreckungsabwehrklage möglich ist,[284] jedoch nur für die Zeit vor Erhebung der Klage,[285] für die Zeit danach die Abänderungsklage.

Ist bei einem früheren Prozessvergleich, etwa vor dem 1. 1. 1975, die später in Kraft getretene Neuregelung über die Zahlung von Kindergeld nicht berücksichtigt, kann dies mit der Vollstreckungsabwehrklage geltend gemacht werden.[286]

182 Im Verfahren nach § 767 ZPO kann **nicht** geltend gemacht werden die Veränderung der stets wandelbaren wirtschaftlichen Verhältnisse der Parteien, z. B. Änderung der Unterhaltsrichtsätze oder Minderung des Einkommens.[287]

Unterhaltsleistungen mit Erfüllungscharakter während der Dauer eines Unterhaltsrechtsstreits müssen im Urteil berücksichtigt werden, weil sonst im Falle einer Zwangsvollstreckung der Einwand der Erfüllung nicht mehr zulässig wäre.[288] Leistung unter Vorbehalt ist gewöhnlich Erfüllung.[289] Zahlung zur Abwendung der Zwangsvollstreckung aus einem nur vorläufig vollstreckbaren Urteil ist keine Erfüllung.[290]

Die Präklusionsvorschrift des § 767 II ZPO gilt für Prozessvergleiche nicht.[291] Dasselbe gilt kraft Gesetzes für vollstreckbare Urkunden.[292]

5. Rechtskraft/Rechtsschutzbedürfnis

183 Die Rechtskraft eines die Vollstreckungsabwehrklage gegen einen gerichtlichen Vergleich abweisenden Urteils erstreckt sich nicht auf das Bestehen des materiell-rechtlichen Anspruchs. Nur durch Erhebung einer Feststellungsklage ist dies möglich.[293]

Bei einem der Vollstreckungsabwehrklage stattgebenden Urteil gilt dies gleichfalls mit Ausnahme des Falles der Aufrechnung mit einer Gegenforderung nach § 322 II ZPO.[294]

Die Vollstreckungsabwehrklage ist mangels Rechtsschutzbedürfnisses unzulässig, wenn eine Zwangsvollstreckung unzweifelhaft nicht mehr droht. Dazu gehört in der Regel die

---

280 Z. B. Erfüllung; Verwirkung, BGH, FamRZ 1991, 1175 = NJW-RR 1991, 1155
281 BGH, FamRZ 1983, 355 = NJW 1983, 1330
282 Vgl. BGH, FamRZ 1981, 441
283 Teilerlöschen; BGH, FamRZ 1984, 470 = NJW 1984, 2826
284 BGH, FamRZ 1982, 470 = NJW 1982, 1147
285 BGH, FamRZ 1989, 159; vgl. auch BGH, FamRZ 1988, 1156
286 BGH, FamRZ 1978, 177
287 BGH, FamRZ 1983, 355 = NJW 1983, 1330
288 § 767 II ZPO; BGH, FamRZ 1998, 1165 = R 528
289 BGH, FamRZ 1984, 470
290 BGHZ 86, 267 = NJW 1983, 1111
291 BGH, FamRZ 1984, 997; FamRZ 1983, 22
292 § 797 IV ZPO; BGH, FamRZ 1983, 22 u. FamRZ 1984, 997
293 BGH, FamRZ 1984, 878
294 BGH, FamRZ 1984, 878

Herausgabe des Vollstreckungstitels an den Schuldner. Bei Titeln auf wiederkehrende Leistung begründet jedoch die Nicht-Herausgabe des Titels nicht schon für sich allein die Besorgnis weiterer Vollstreckung trotz Erfüllung, wenn der Titel für die erst künftig fällig werdenden Ansprüche noch benötigt wird.[295] Der Einwand, die Unterhaltsgläubigerin betreibe zu Unrecht aus einem Urteil, mit welchem ihr Trennungsunterhalt zuerkannt worden sei, die Zwangsvollstreckung für einen Unterhaltszeitraum nach Rechtskraft der Scheidung, kann im Wege der Vollstreckungsabwehrklage nach § 767 ZPO geltend gemacht werden.

Das Rechtsschutzbedürfnis für die Vollstreckungsabwehrklage entfällt in einem solchen Falle grundsätzlich erst, wenn der Vollstreckungstitel dem Unterhaltsschuldner ausgehändigt worden ist, hingegen nicht schon bei einem von der Unterhaltsgläubigerin erklärten Verzicht auf die Rechte aus einem Pfändungs- und Überweisungsbeschluss.[296]

Nach Ansicht des OLG Hamm[297] ist eine Vollstreckungsgegenklage grundsätzlich so lange zulässig, wie eine Vollstreckungsmöglichkeit besteht. Danach kommt es nicht darauf an, ob eine konkrete Vollstreckung beabsichtigt ist. Ebenso wenig ist nach dieser Ansicht von Bedeutung, dass der Beklagte die vollstreckungsfähige Ausfertigung verloren hat.

Der Gläubiger einer titulierten Forderung gibt (noch) keine Veranlassung zur Erhebung einer Vollstreckungsabwehrklage, wenn er dem Schuldner gegenüber zum Ausdruck bringt, auf die Durchsetzung des Anspruchs zu verzichten, sofern eine vergleichsweise Regelung getroffen werden kann.[298]

Nach Beendigung der Zwangsvollstreckung setzen sich die rechtlichen Möglichkeiten der Vollstreckungsabwehrklage in der materiell-rechtlichen Bereicherungsklage fort.[299] Wegen dieser Möglichkeit lässt sich das Rechtsschutzinteresse für eine Vollstreckungsabwehrklage nicht damit begründen, sie diene der Klärung einer zwischen den Parteien streitigen Rechtsfrage wegen des in der Vergangenheit angeblich zu viel geleisteten Unterhalts.[300]

6. Verzicht auf Klage

Auf die Erhebung der Vollstreckungsabwehrklage kann durch Prozessvertrag verzichtet **184**
werden; jedoch sind an einen derartigen Prozessvertrag strenge Anforderungen zu stellen.[301]

7. Verbindung der Vollstreckungsabwehrklage mit einer Abänderungsklage

Vollstreckungsabwehrklage und Abänderungsklage können in der Weise verbunden wer- **185**
den, dass in erster Linie ein Antrag aus § 767 ZPO, hilfsweise ein Anspruch aus § 323 ZPO geltend gemacht wird. Voraussetzung ist allerdings die Zulässigkeit der Klagverbindung gemäß § 260 ZPO.[302] Für den Fall der Rentenzahlung auf Grund Versorgungsausgleichs vgl. BGH, FamRZ 1989, 159 (die Frage der unter Umständen verschiedenen Zuständigkeit gemäß § 767 I ZPO ist dort nicht erörtert).

Wird in einer Unterhaltssache eine Vollstreckungsabwehrklage mit einer Abänderungsklage im Eventualverhältnis verbunden, und ist die Vollstreckungsabwehrklage unzulässig, das Gericht aber für die Abänderungsklage örtlich nicht zuständig, so darf kein Teilurteil ergehen. Auf den Hilfsantrag ist die Sache vielmehr an das für die Abänderungsklage zuständige Familiengericht zu verweisen.[303]

---

[295] BGH, FamRZ 1984, 470 = NJW 1984, 2826
[296] OLG Köln, FamRZ 1996, 1077
[297] OLG Hamm, FamRZ 2000, 1166
[298] OLG Köln, NJW-RR 1996, 381
[299] BGH, FamRZ 1991, 1175 = NJW-RR 1991, 1155; FamRZ 1982, 470; siehe oben
[300] BGH, FamRZ 1984, 470 = NJW 1984, 2826
[301] BGH, FamRZ 1982, 782
[302] BGH, FamRZ 1979, 573
[303] OLG Dresden, FamRZ 2000, 14

Die zeitliche Begrenzung eines Unterhaltsanspruchs nach den §§ 1573 V, 1578 I S. 2 BGB ist keine rechtsvernichtende Einwendung, die mittels Vollstreckungsabwehrklage geltend gemacht werden könnte; vielmehr findet § 323 ZPO Anwendung.[304]

8. Abwehrklage und negative Feststellungsklage bzw. Leistungsklage

186 Neben der Vollstreckungsabwehrklage ist gemäß § 256 ZPO auch die **Feststellungsklage auf Nichtbestehen** des Anspruchs möglich. Dadurch wird zwar die Vollstreckbarkeit des angefochtenen Titels nicht beseitigt. Die Rechtskraft der Feststellungsklage erstreckt sich aber auf den Titel des Vorprozesses.[305]

9. Abwehrklage und Berufung

187 Möglich ist auch, dass der Schuldner im Rahmen einer **Berufung** seine Einwendungen gegen den Titel geltend macht. Als umfassende Rechtsmöglichkeit ist hierbei die Berufung als das gegenüber der Vollstreckungsabwehrklage vorrangige Rechtsmittel anzusehen.

10. Abwehrklage und vorausgegangenes Versäumnisurteil

188 Gemäß § 767 II ZPO muss der Schuldner vor Erhebung der Vollstreckungsabwehrklage gegen ein ergangenes **Versäumnisurteil Einspruch** einlegen. Dies bedeutet, dass die Vollstreckungsabwehrklage nur auf solche Einwendungen gestützt werden kann, die erst aus dem Zeitraum nach Ablauf der Einspruchsfrist herrühren.[306]

11. Vollstreckbarkeit

189 Die vorläufige Vollstreckbarkeit des Urteils in einer Vollstreckungsabwehrklage richtet sich nach § 708 Nr. 11 ZPO bzw. § 709 ZPO, nicht § 708 Nr. 8 ZPO. Die einstweilige Einstellung der Zwangsvollstreckung ergibt sich aus § 769 ZPO.

V. Feststellungsklage (§ 256 ZPO)

1. Allgemeines

190 Sie kommt im Bereich des Unterhaltsrechts hauptsächlich in der Form der negativen Feststellungsklage vor, z. B. der Klage des Unterhaltsschuldners gegen eine ihn belastende einstweilige Anordnung oder gegen eine vom Beklagten behauptete Unterhaltspflicht überhaupt. Mit ihr kann nicht geklärt werden, ob ein Einzelposten bei der Unterhaltsbemessung zu berücksichtigen ist.[307]

Die Feststellungsklage ist auf die Feststellung gerichtet, dass ein Rechtsverhältnis besteht bzw. nicht besteht.[308] Hierzu gehört jedes Schuldverhältnis zwischen den Parteien, insbesondere auch Fragen der Wirksamkeit und Auslegung bestehender Verträge, eines Urteils oder eines Prozessvergleichs (es sei denn, dass hinsichtlich beider Titel die Vollstreckungsgegenklage der einfachere Weg wäre).[309]

---

304 BGH, FamRZ 2001, 905
305 BGH, NJW 1973, 803
306 BGH, NJW 1982, 1812
307 BGH, FamRZ 1992, 162, 164
308 BGH, NJW 1984, 1556
309 BGH, NJW 1977, 583

Abstrakte Rechtsfragen oder reine Tatfragen, Vorfragen oder die Erwartung künftiger Rechtsverhältnisse gehören nicht zu den Rechtsverhältnissen im Sinne des § 256 ZPO. Allerdings kann das Rechtsverhältnis betagt oder bedingt sein.[310] Es muss aber gegenwärtig und darf nicht zukünftig sein.[311]

2. Feststellungsinteresse

Notwendig ist ein besonderes Feststellungsinteresse. Dieses ist gegeben, wenn dem Recht **191**
oder der Rechtslage des Klägers eine gegenwärtige Gefahr der Unsicherheit droht und wenn das erstrebte Urteil geeignet ist, diese Gefahr zu beseitigen. Bei einer behauptenden (positiven) Feststellungsklage liegt eine solche Gefährdung in der Regel schon darin, dass der Beklagte das Recht des Klägers ernstlich bestreitet.[312] Bei der leugnenden (negativen) Feststellungsklage liegt es vor, wenn sich der Beklagte eines Anspruchs gegen den Kläger beziffert oder unbeziffert „berühmt" (allg. M.).

Das Feststellungsinteresse entfällt nicht deshalb, weil der Kläger später eine Leistungsklage erheben könnte. Zwar besteht grundsätzlich kein Feststellungsinteresse, wenn dasselbe Ziel mit einer Klage auf Leistung erreichbar ist.[313] Der Feststellungsklage steht aber nicht die Möglichkeit einer Klage auf zukünftige Leistung entgegen.[314] Ist eine Feststellungsklage anhängig und wird danach eine Leistungsklage umgekehrten Rubrums mit gleichem Streitgegenstand erhoben, kommt es darauf an, ob aus der Sicht der letzten mündlichen Verhandlung des Feststellungsverfahrens Entscheidungsreife bereits eingetreten war, als die Leistungsklage nicht mehr einseitig zurückgenommen werden konnte. Denn zu diesem Zeitpunkt entfällt in der Regel das schutzwürdige Interesse an der parallelen Weiterverfolgung der Feststellungsklage und damit deren Zulässigkeit.[315] Das Feststellungsinteresse kann fehlen, wenn nach Ablehnung des Erlasses einer einstweiligen Anordnung der Unterhaltsgläubiger nichts mehr unternimmt.[316] Wendet sich der Feststellungskläger gegen eine einstweilige Anordnung, soll nach OLG Düsseldorf[317] das Feststellungsinteresse wegen der fortdauernden Wirkung ab Einstellung der Zwangsvollstreckung aus der einstweiligen Anordnung auch bei einer Unterhaltsleistungsklage des Gegners gegeben sein.[318] Das Interesse an der Feststellung, dass kein Unterhalt geschuldet wird, kann fehlen, wenn Anträge auf Erlass einer einstweiligen Anordnung auf Zahlung von Unterhalt zurückgewiesen wurden.[319] Auch das OLG Brandenburg[320] geht davon aus, dass für eine negative Feststellungsklage das Feststellungsinteresse dann fehlt, wenn bereits Leistungsklage auf Zahlung von Unterhalt erhoben worden ist, auch dann, wenn eine nach § 620 Nr. 6 ZPO ergangene einstweilige Anordnung bekämpft werden soll.

Das Feststellungsinteresse fehlt auch, wenn der Kläger einen einfacheren Weg hat, z. B. **192**
gemäß § 766 ZPO[321] oder im Wege der **Urteilsberichtigung** vorgehen kann.[322] Kein Feststellungsinteresse besteht auch, wenn der Kläger das gleiche Ziel mit der **Leistungsklage** erreichen kann, oder aber wenn das Feststellungsurteil im Ausland, wo vollstreckt werden soll, nicht anerkannt wird.[323]

---

310 BGH, NJW 1984, 2950
311 BGH, NJW 1988, 774
312 Bereits OLG Köln, VersR 1977, 938
313 BGH, FamRZ 1984, 470
314 Bereits RG 113, 412 zu § 259 ZPO
315 BGH, WM 1987, 637; ebenso BGH, NJW-RR 1990, 1532
316 Vgl. OLG Karlsruhe, FamRZ 1994, 836
317 FamRZ 1993, 816
318 Dort zutreffende Unterscheidung zwischen Unterhaltsanspruch und e. A. – als vorläufige Vollstreckungsmöglichkeit
319 BGH, FamRZ 1995, 725 = NJW 1995, 2032
320 FamRZ, 1999, 1210
321 BGH, NJW-RR 1989, 636
322 § 319 ZPO; BGH, NJW 1972, 2268
323 BGH, MDR 1982, 828

3. Abgrenzung zu anderen Verfahren

193 Soweit gelegentlich „Feststellung" begehrt wird, dass der bereits titulierte Unterhalt wegfalle, handelt es sich in Wahrheit um eine Abänderungsklage gemäß § 323 ZPO.

Ist ein Feststellungsurteil ergangen und wird es durch ein Leistungsurteil ausgefüllt, wird das Feststellungsurteil insoweit gegenstandslos. Eine Änderung des ausfüllenden Rentenurteils ist nur unter den Voraussetzungen des § 323 ZPO möglich.[324]

Gegen ein Urteil auf wiederkehrende Leistungen ist eine Feststellungsklage mangels Rechtsschutzinteresses unzulässig. Möglich ist nur die Abänderungsklage gemäß § 323 ZPO.[325]

Ist in einem Feststellungsurteil auf wiederkehrende Leistungen prozessordnungswidrig die Höhe der Leistungen festgelegt, ist ebenfalls die Abänderungsklage gemäß § 323 ZPO möglich.[326] Ein Urteil, das eine Unterhaltspflicht auf negative Feststellungsklage gegen eine Unterhaltsanordnung hin feststellt, ist einer Verurteilung zu künftig fällig werdenden Leistungen gleichzustellen; dagegen gibt es die Abänderungsklage.[327]

Nur durch Feststellungsklage, nicht durch Vollstreckungsabwehrklage, kann die Rechtskraft eines Urteils über die Vollstreckungsabwehrklage auf den materiell-rechtlichen Anspruch eines gerichtlichen Vergleichs erstreckt werden.[328]

Nur die Feststellungsklage hat der Unterhaltsschuldner gegen einen Prozessvergleich, der einer einstweiligen Anordnung in den Wirkungen gleichsteht.[329]

Die Feststellung, dass keine Unterhaltspflicht mehr besteht, ist mit Eintritt der Rechtskraft (erst dann!) eine anderweitige Regelung gem. § 620 f I ZPO.[330]

4. Prüfungs- und Entscheidungsumfang

194 Die Feststellungsklage ist ein „Weniger" (kein „aliud") gegenüber dem Leistungsbegehren. Entspricht der Erlass eines Feststellungsurteils statt des begehrten, aber unbegründeten Leistungsurteils dem Interesse des Klägers, kann ohne Verstoß gegen § 308 I ZPO – auch ohne ausdrückliche hilfsweise Geltendmachung – ein Feststellungsurteil erlassen werden.[331]

Für eine Prüfung und Entscheidung über die Höhe des festzustellenden Anspruchs ist bei einer positiven Feststellungsklage kein Raum.[332]

Bei der negativen Feststellungsklage ist nicht die verbleibende Unterhaltspflicht positiv zu beantragen und festzustellen, sondern negativ, in welcher Höhe keine Unterhaltspflicht besteht,[333] z. B.: Es wird festgestellt, dass der Kläger nicht verpflichtet ist, an die Beklagte für die Zeit vom 1. 1. bis 31. 12. 2002 mehr als 300 € Unterhalt monatlich zu zahlen.

Nicht: Es wird festgestellt, dass der Kläger ... 300 € Unterhalt zu zahlen hat.

5. Darlegungs- und Beweislast

195 Sie richtet sich nach allgemeinen materiell-rechtlichen Grundsätzen. Auch bei der negativen Feststellungsklage ist die umgekehrte Parteistellung auf die Darlegungs- und Beweislast ohne Einfluss.[334]

---

[324] BGH, MDR 1968, 1002
[325] BGH, NJW 1986, 3142
[326] Vgl. BGH, FamRZ 1984, 556
[327] OLG Hamm, FamRZ 1994, 387
[328] BGH, FamRZ 1984, 878
[329] Vgl. BGH, FamRZ 1983, 892 = NJW 1983, 2200
[330] BGH, FamRZ 1991, 180
[331] BGH, FamRZ 1984, 556
[332] BGH, FamRZ 1984, 556
[333] BGH, FamRZ 1988, 604
[334] BGH, WM 1986, 954

Bei der positiven Feststellungsklage muss daher der Kläger das Bestehen des behaupteten Anspruchs beweisen, bei der negativen Feststellungsklage der Beklagte das Bestehen des Anspruchs, dessen er sich berühmt.

6. Rechtskraft

Ein Urteil, das eine negative Feststellungsklage abweist, hat grundsätzlich dieselbe Bedeutung und Rechtskraftwirkung wie ein Urteil, welches das Gegenteil dessen positiv feststellt, was mit der negativen Feststellungsklage begehrt wird. **196**

Beispiel:
Der Kläger verlangt Feststellung, dass er nicht verpflichtet ist, 10 000 € Unterhaltsrückstand zu zahlen. Die Klage wird als unbegründet abgewiesen. Damit ist rechtskräftig (positiv) ausgesprochen, dass dem Beklagten 10 000 € Unterhaltsrückstand zustehen.[335]
Allerdings ist dadurch kein Leistungstitel geschaffen. Das Urteil wirkt vielmehr wie ein Grundurteil (§ 304 ZPO), das noch der konkreten Ausfüllung bedarf.[336]

Beispiel:
Der Unterhaltsberechtigte berühmt sich eines Unterhaltsanspruchs gegen den Unterhaltsverpflichteten. Dieser klagt auf Feststellung, dass dem Beklagten kein Unterhaltsanspruch gegen ihn zustehe (negative Feststellungsklage). Die Klage wird abgewiesen. Damit steht fest, dass der Unterhaltsanspruch dem Grunde nach besteht.

Wird die (positive) Feststellungsklage rechtskräftig und abschließend abgewiesen, so schafft das Urteil Rechtskraft auch für eine später auf dieselbe Forderung gestützte Leistungsklage insoweit, als das mit der Leistungsklage erstrebte Ziel unter keinem rechtlichen Gesichtspunkt aus dem Lebenssachverhalt hergeleitet werden kann, der der Feststellungsklage zugrunde gelegen hat.[337]

Beispiel:
Der Kläger beantragt Feststellung, dass ihm die Beklagte für die Zeit vom 1. 1. 1995 – 31. 12. 2002 Ausgleich wegen Kindesunterhalts schulde. Nach rechtskräftiger, einschränkungsloser Abweisung klagt er unter konkreter Bezifferung auf Leistung.
Die Leistungsklage ist zwar zulässig, weil verschiedene Streitgegenstände vorliegen, aber unbegründet wegen der Rechtskraft des Feststellungsurteils.

Keine Rechtskraftwirkung besteht, wenn der zur Prüfung gestellte Streitpunkt als Vorfrage im Leistungsprozess bereits entschieden worden ist.[338]

Beispiel:
Im Leistungsprozess auf Erstattung des an die Kinder gezahlten Unterhalts wird geprüft, ob eine Freistellungsverpflichtung auf Grund eines Prozessvergleichs besteht. Mit der nachfolgenden Feststellungsklage macht der Kläger die Nichtigkeit der Freistellungsvereinbarung geltend. Die Rechtskraft des früheren Leistungsurteils erstreckt sich nicht auf den weiteren Bestand der Freistellungsverpflichtung.

7. Einstweilige Einstellung der Zwangsvollstreckung

Die Einstellung der Zwangsvollstreckung aus dem angefochtenen Titel ist analog §§ 707, 719 ZPO oder § 769 ZPO zulässig.[339] **197**
Die Anfechtungsmöglichkeiten sind umstritten. Die überwiegende Meinung wendet § 793 ZPO an, beschränkt aber die Prüfung auf **grobe Gesetzes- und Ermessensverstöße.** Andere teilen im Grunde diese Auffassung, erschweren aber bereits die Zulässigkeit, indem sie als deren Voraussetzung die Behauptung und Darlegung eines „greifbaren"

---

335 Vgl. BGH, FamRZ 1986, 565 = NJW 1986, 2508
336 BGH, FamRZ 1986, 565 = NJW 1986, 2508
337 BGH, NJW 1989, 393
338 BGH, FamRZ 1986, 444 = NJW 1986, 1167
339 BGH, FamRZ 1983, 355 = NJW 1983, 1330

Rechts- oder Ermessensverstoßes fordern.[340] Wieder andere halten die einfache Beschwerde gem. § 567 ZPO für zulässig, die grundsätzlich zur vollen Nachprüfung führen soll, jedoch eingeschränkt durch den vorläufigen Charakter der Einstellung oder ihrer Ablehnung.[341] Einige halten die sofortige Beschwerde für uneingeschränkt statthaft.[342] Den Bedürfnissen der Praxis am ehesten gerecht wird die überwiegende Meinung, weil sie einerseits rechtsstaatlichen Anforderungen entsprechend die Überprüfung der Einstellung oder Ablehnung grundsätzlich ermöglicht, andererseits aber nicht ausufern lässt und die Überprüfung nicht schon an der Zulässigkeit mangels Darlegung scheitern lässt.

8. Streitwert

198 Der Streitwert der negativen Feststellungsklage liegt – ohne Abschlag – so hoch wie der Anspruch, dessen sich der Gegner berühmt.[343] Bei der positiven Feststellungsklage wird ein gewisser Abschlag vorgenommen, der nach der herrschenden Meinung mit rund 20% bemessen wird.[344] Dies sind aber nur Anhaltswerte, da der Wert des Feststellungsinteresses in jedem Fall unterschiedlich zu bewerten ist. Auch bei einer negativen Feststellungsklage wirken die Rückstände bis zur Einreichung der Klage nach § 17 IV GKG streitwerterhöhend, wenn und soweit die Klage diese Rückstände umfasst. Letzteres ist eine Frage der Auslegung des Klagantrags.[345]

VI. Bereicherungsklage, Schadensersatzklage

199 Hat ein Unterhaltsgläubiger überhöhten Unterhalt erlangt, der ihm rechtlich nicht zusteht, kann der Unterhaltsschuldner eine Rückforderungsklage gem. § 812 BGB[346] oder eine Schadensersatzklage nach § 826 BGB wegen sittenwidriger Ausnützung des Titels erheben.[347]

Eine **Rückforderungsklage** setzt voraus, dass der Schuldner ohne Rechtsgrund gem. § 812 I S. 1 BGB geleistet hat[348] und der Unterhaltsberechtigte immer noch bereichert ist. Dies ist dann der Fall, wenn der Gläubiger mit dem Unterhalt Rücklagen gebildet oder sich geldwerte Vorteile durch Tilgung von Verbindlichkeiten oder durch Anschaffungen verschafft hat. Eine verschärfte Haftung des Unterhaltsgläubigers besteht nach § 818 IV BGB ab Rechtshängigkeit nur für das Unterhaltsverfahren, mit welchem der überzahlte Unterhalt zurückverlangt wird, nicht aber für einen vorausgegangenen Prozess, in welchem die Frage nach dem Grund und dem Ausmaß der Leistung geklärt werden sollte, also nicht im Rahmen eines Abänderungs- oder negativen Feststellungsverfahrens.[349]

Den Einwand der Entreicherung vermag ein Unterhaltsgläubiger dann nicht geltend zu machen, wenn er verschärft i. S. d. § 819 I BGB haftet. Dazu ist positive Kenntnis hinsichtlich des Fehlens des rechtlichen Grundes und der sich daraus ergebenden Rechtsfolgen notwendig. Ausreichend ist nicht die Kenntnis der Umstände, auf denen das Fehlen des Rechtsgrundes beruht.[350]

Da sich der Unterhaltsgläubiger bei Überzahlungen häufig auf eine Entreicherung nach § 818 III BGB berufen kann, sollte mit der Abänderungs- bzw. negativen Feststellungsklage

---

340 Z. B. OLG München, FamRZ 1990, 1267; ähnlich OLG Karlsruhe, FamRZ 1993, 225
341 Etwa OLG Hamburg, FamRZ 1990, 1379
342 Z. B. OLG Köln, FamRZ 1991, 1212
343 BGH, NJW 1970, 2025
344 BGH, NJW-RR 1988, 689
345 OLG Köln, FamRZ 2001, 1385
346 BGH, FamRZ 1987, 684, 685; 1986, 794, 795
347 BGH, FamRZ 1983, 995 ff.
348 BGH, FamRZ 1985, 368 ff.
349 BGH, FamRZ 1992, 1152, 1154 = R 452 a
350 BGH, FamRZ 1992, 1152, 1155 = R 452 e

gleichzeitig die Rückforderungsklage des Unterhaltsschuldners verbunden werden, so dass ab Rechtshängigkeit dieser Klage die verschärfte Haftung des § 818 IV BGB beginnt.

Gegenüber einem Unterhaltsanspruch kann mit einem Anspruch auf Rückzahlung zu viel gezahlten Unterhalts in der Regel nicht aufgerechnet werden.[351] Dass die Aufrechnung gegen eine Unterhaltsforderung gem. § 394 BGB regelmäßig ausgeschlossen ist, ergibt sich – sofern kein Einwand der Arglist vorliegt – bereits aus § 850 b I ZPO.

Eine **Schadensersatzklage** nach § 826 BGB ist dann erfolgreich, wenn der Unterhaltsgläubiger in vorsätzlicher und sittenwidriger Weise einen unrichtig gewordenen Unterhaltstitel weiterhin ausnützt. Dabei muss ihm die Unrichtigkeit des Unterhaltstitels bewusst sein; die Fortsetzung der Vollstreckung aus diesem Titel muss zusätzlich in hohem Maße unbillig sein.[352]

Da die Schadensersatzklage eine teilweise oder vollständige Durchbrechung der Rechtskraft des vorausgegangenen Titels darstellt, ist sie nur unter engen Voraussetzungen möglich. Insgesamt muss das Verhalten des Unterhaltsgläubigers evident unredlich gewesen sein, so dass der Unterhaltsschuldner nach Treu und Glauben schlechterdings nicht an der Rechtskraft des vorausgegangenen Urteils festgehalten werden kann, dies vielmehr für ihn unerträglich und insgesamt rechtsmissbräuchlich wäre.

Die **Bereicherungsklage** ist eine gewöhnliche Leistungsklage auf der Grundlage der **199 a** §§ 812 ff. BGB. Sie kommt in Betracht zur Rückforderung überzahlten Unterhalts, etwa nach Beendigung der Zwangsvollstreckung wegen der zu Unrecht vollstreckten Beträge.[353] Gerichtet ist sie auf **Herausgabe** des Erlangten oder auf **Leistung von Wertersatz.**[354]

Beispiele

a) Wegfall eines rechtskräftig zuerkannten Unterhaltsanspruchs durch Entstehung eines eigenen Rentenanspruchs des Berechtigten auf Grund Versorgungsausgleichs *nach* Beendigung der Zwangsvollstreckung,[355] jedoch nur für die Vergangenheit.[356] Für die Zukunft muss Abänderungsklage erhoben werden. *Vor* Beendigung der Zwangsvollstreckung: Vollstreckungsabwehrklage (da ein der Erfüllung gleichkommender Vorgang) für die Zeit vor Klageerhebung, Abänderungsklage für die Zeit danach.

b) Leistungen auf Grund einer einstweiligen Anordnung, die über Bestand und Höhe des materiellrechtlichen Unterhaltsanspruchs hinausgeht.[357] Dasselbe gilt für einen Prozessvergleich, der eine einstweilige Anordnung ersetzt.[358]
Sie kann nicht gestützt werden auf eine wesentliche Änderung der wirtschaftlichen Verhältnisse, wenn bereits ein rechtskräftiger Titel vorhanden ist (nur Abänderungsklage!) Dieser bildet den Rechtsgrund für die erbrachten Leistungen.[359]

Da – wie oben dargelegt – mit der negativen Feststellungsklage eine anderweitige **200** Regelung im Sinne des § 620 f ZPO getroffen werden kann, die auf den Zeitpunkt des Erlasses der einstweiligen Anordnung zurückgeht,[360] kann in diesem Falle mit der sogenannten Bereicherungsklage der **zu viel gezahlte Unterhalt zurückverlangt** werden.[361] Dabei kann die Klage auf den Zeitpunkt zurückdatiert werden, von dem ab Unterhalt ganz oder teilweise nicht mehr geschuldet war.

Auch wenn rückwirkend ein Titel nach § 323 I, IV ZPO abgeändert worden ist, ist der Unterhaltsgläubiger ungerechtfertigt bereichert.[362] Das gilt auch, wenn die einstweilige Anordnung über den Bestand und die Höhe des materiell-rechtlichen Unterhaltsanspruchs

---

[351] A.A. OLG Naumburg, FamRZ 1999, 1659
[352] BGH, FamRZ 1988, 270 ff.
[353] BGH, WM 1987, 1048
[354] Vgl. OLG Hamm, FamRZ 1993, 74
[355] Erfüllung durch Unterhaltssurrogat, BGH, FamRZ 1988, 1156; FamRZ 1982, 470
[356] Vgl. neuerdings BGH, FamRZ 1989, 159
[357] BGH, FamRZ 1984, 767 = NJW 1984, 2095
[358] BGH, FamRZ 1991, 1175
[359] BGH, FamRZ 1986, 794 = NJW 1986, 2047
[360] BGH, FamRZ 1983, 355 = NJW 1983, 1330 entgegen OLG Karlsruhe, FamRZ 1980, 608
[361] BGH, FamRZ 1984, 767 = NJW 1984, 2095
[362] BGH, FamRZ 1992, 1152, 1153

hinausgeht,[363] da die vorläufige Regelung nur prozessualer Natur ist, die bloß eine einstweilige Möglichkeit der Vollstreckung darstellt, keinen endgültigen Rechtsgrund. Eine **Entreicherung** liegt vor, wenn der Bedürftige den überzahlten Unterhalt restlos für seine laufenden Lebensbedürfnisse verbraucht hat, ohne sich noch in seinem Vermögen vorhandene Werte oder Vorteile zu verschaffen.[364] Letzteres ist gegeben bei anderweitigen Ersparnissen, Anschaffungen oder Vermögensvorteilen durch Tilgung von Schulden (BGH, a.a.O.). Die rechtsgrundlose Zahlung des Unterhaltspflichtigen muss für diesen **Vermögensvorteil** aber **kausal** gewesen sein. Die Kausalität fehlt, wenn der Bedürftige die Mittel für die Anschaffung von dritter Seite geschenkt erhielt oder der Vermögensvorteil unter Einschränkung des Lebensstandards erworben wurde (BGH, a.a.O.). Den Wegfall der Bereicherung muss der Bereicherte darlegen und beweisen.

201 Vielfach wird aber die Bereicherungsklage am **Wegfall der Bereicherung** gemäß § 818 III BGB scheitern, es sei denn, dass der Unterhaltsgläubiger verschärft haftet. Diese verschärfte Haftung nach § 818 IV BGB beginnt erst mit der Erhebung der Bereicherungsklage,[365] nicht bereits mit der Rechtshängigkeit einer vorgeschalteten negativen Feststellungsklage.[366] Es ist daher anzuraten, mit einer Abänderungs- oder negativen Feststellungsklage sofort die Rückforderungsklage zu verbinden, um die verschärfte Haftung nach § 818 IV BGB herbeizuführen.

Eine auf Rückzahlung ihr nicht zustehenden Unterhalts in Anspruch genommene Partei kann sich auf den Entreicherungseinwand nach § 818 III BGB nicht berufen, wenn sie ein deklaratorisches Anerkenntnis über die Rückforderung abgegeben hat.[367]

Ist Unterhalt mit Rechtsgrund (in Erfüllung der durch Urteil titulierten Forderung) geleistet oder die zu Unrecht bezogene Leistung verbraucht (entreichert), so ist eine Rückzahlung unberechtigt empfangener Unterhaltszahlungen nur durchsetzbar, wenn die Voraussetzungen des § 826 BGB gegeben sind, somit eine sittenwidrige, vorsätzliche Schädigung vorliegt.[368] Wird ein für **vorläufig vollstreckbar erklärtes Unterhaltsurteil** des Familiengerichts nachträglich aufgehoben oder abgeändert, besteht ein Schadensersatzanspruch nach § 717 II ZPO.

Wurde ein **Notunterhalt** im Rahmen einer **einstweiligen Verfügung nach § 940 ZPO** zugesprochen und die einstweilige Verfügung nach Widerspruch gemäß §§ 936, 925 ZPO oder nach Berufung aufgehoben, hat der Leistungsverpflichtete einen Schadensersatzanspruch nach § 945 ZPO.

Dies gilt nicht, wenn eine einstweilige Anordnung nachträglich durch eine negative Feststellungsklage außer Kraft gesetzt wurde. Denn die §§ 620 ff. ZPO enthalten keine den §§ 717, 945 ZPO entsprechende Regelung, um den Gläubiger im einstweiligen Anordnungsverfahren zu schützen.[369]

VII. Drittschuldnerklage

202 Gemäß § 856 I ZPO kann jeder Gläubiger, dem der Anspruch des Schuldners gegen den Drittschuldner zur Einziehung oder an Zahlungs Statt überwiesen wurde (§§ 835, 849 ZPO), gegen den Drittschuldner Klage auf Hinterlegung des Geldes, Herausgabe der Sache an den Gerichtsvollzieher oder auf Übereignung an den Schuldner verlangen, wenn dieser seinen Verpflichtungen nach §§ 853–855 ZPO nicht nachkommt.

Diese Drittschuldnerklage spielt, allerdings in geringem Umfang, in der unterhaltsrechtlichen Praxis eine Rolle bei der **Durchsetzung gepfändeter** und zur Einziehung überwiesener **Unterhaltsforderungen,** z. B. Taschengeld. Prozessrechtliche Grundlage sind die

[363] BGH, FamRZ 1984, 767
[364] BGH, FamRZ 1992, 1152, 1153
[365] BGH, FamRZ 1984, 767 = NJW 1984, 2095
[366] BGH, FamRZ 1985, 368 = NJW 1985, 1074
[367] OLG Düsseldorf, FamRZ 1999, 1059
[368] BGH, FamRZ 1988, 270 f.
[369] BGH, FamRZ 1985, 368 ff.

§§ 829, 835, 836 ZPO. Zwar wird der Vollstreckungsgläubiger durch die Überweisung der Forderung zur Einziehung nicht zum Inhaber der Forderung. Er erhält aber ein eigenes Einziehungsrecht und darf deshalb im eigenen Namen, vor allem auf Leistung an sich, klagen.[370] Beklagter ist der Drittschuldner, dem Hauptschuldner muss grundsätzlich der Streit verkündet werden (§ 841 ZPO).

Im **Pfändungsbeschluss** wird in der Regel die Entscheidung nach § 850b II ZPO getroffen. Diese Entscheidung ermöglicht die Pfändung von gesetzlichen Unterhaltsrenten, die sonst im Allgemeinen unpfändbar sind.[371] Im Drittschuldnerprozess wird nur noch geprüft, ob der gepfändete Anspruch besteht.[372] Die Pfändung des Taschengeld-Anspruchs ist grundsätzlich kein Verstoß gegen Art. 6 I GG.[373] Sie ist ohne nähere Bezifferung des Taschengeldanspruchs unwirksam.[374] Der Drittschuldner kann nicht einwenden, die titulierte Forderung stehe dem Kläger im Verhältnis zum Vollstreckungsschuldner nicht zu, es sei denn, die Zwangsvollstreckung ist für unzulässig erklärt oder der Vollstreckungstitel aufgehoben.[375] Das Vermögensverzeichnis muss den Taschengeldanspruch genau umschreiben.[376]

Die **Höhe des Taschengelds** beträgt i. d. R. 5% des bereinigten Nettoeinkommens des verdienenden Ehegatten, vgl. OLG Hamm,[377] OLG Köln,[378] OLG Celle,[379] OLG Frankfurt.[380]

VIII. Isolierte Auskunftsklage

203 Die familienrechtliche Auskunftsklage ist von zentraler Bedeutung für die Feststellung der Leistungsfähigkeit des Unterhaltsschuldners. Gerade ab Trennung der Ehegatten besteht hierüber vielfach Unkenntnis und Streit.

Grundnorm ist hierbei die Vorschrift des § 1605 BGB, nach der Verwandte in gerader Linie einander verpflichtet sind, auf Verlangen über ihre Einkünfte und ihr Vermögen Auskunft zu erteilen, soweit dies zur Feststellung eines Unterhaltsanspruchs oder einer Unterhaltsverpflichtung erforderlich ist.

204 Zusätzlich zur Auskunft sind gemäß § 1605 I Satz 2 BGB über die Höhe der Einkünfte auf Verlangen Belege, insbesondere Bescheinigungen des Arbeitgebers, vorzulegen. Dabei gelten die §§ 260, 261 BGB entsprechend (§ 1605 I S. 3 BGB). Über das Vermögen sind somit keine Belege vorzulegen.

Bei den **vorzulegenden Belegen** handelt es sich um Originalurkunden. Gemäß § 242 BGB ist der Schuldner verpflichtet, die Leistung so zu bewirken, wie Treu und Glauben mit Rücksicht auf die Verkehrssitte es erfordern. Die Pflicht zur Vorlage von Belegen verlangt daher, dass der Schuldner dem Gläubiger die vorzulegenden Urkunden in einer den Zwecken und Gepflogenheiten des Rechtsverkehrs üblichen und angemessenen Weise zugänglich macht. Daher erfüllt der Schuldner seine Vorlagepflicht nicht durch die Überreichung einer Abschrift oder Fotokopie des Originals.[381] Der Gläubiger hat das Recht, sich – auf seine Kosten – Fotokopien vom Original anzufertigen. Hat der Berechtigte den Beleg

---

370 BGHZ 82, 28, 31; NJW 1978, 1914
371 § 850b I Nr. 2 ZPO; vgl. dazu eingehend OLG München, FamRZ 1988, 1161 = NJW-RR 1988, 894; OLG Celle, FamRZ 1991, 726
372 OLG München, FamRZ 1981, 449; OLG Bamberg, FamRZ 1988, 948
373 BVerfG, FamRZ 1986, 773
374 OLG Hamm, FamRZ 1990, 547; ähnlich OLG Köln, FamRZ 1991, 587; a.A. OLG Frankfurt, FamRZ 1991, 727
375 BGH, FamRZ 1991, 180 = NJW 1991, 705
376 OLG Köln, FamRZ 1994, 455
377 NJW-RR 1990, 1224
378 FamRZ 1991, 587
379 FamRZ 1991, 726
380 FamRZ 1991, 727
381 KG, FamRZ 1982, 614

vollständig ausgewertet, hat er das Original auf Antrag des Schuldners an diesen zurückzugeben.

Unmittelbar gilt diese Vorschrift (nur) für den Kindesunterhalt; für den Trennungsunterhalt findet diese Vorschrift nach § 1361 IV S. 3 BGB, für den Nachscheidungsunterhalt gemäß § 1580 BGB Anwendung.

Sollen neben der Auskunftserteilung Belege vorgelegt werden, müssen diese im Klagantrag selbst bezeichnet sein. Die Klage ist sonst unzulässig, da der Klagantrag keinen vollstreckungsfähigen Inhalt hat;[382] das gilt auch dann, wenn der Antrag auf eine unmögliche Leistung gerichtet ist, z. B. auf die Vorlage eines noch gar nicht erlassenen Steuerbescheids.[383]

205 Gemäß § 253 II Nr. 2 ZPO muss die Klagschrift die **bestimmte Angabe des Gegenstands** und des **Grundes des erhobenen Anspruchs** sowie einen bestimmten Antrag enthalten. Für die Auskunftsklage als Leistungsklage bedeutet dies, dass bereits im Klagantrag genau angegeben werden muss, über welche Einkünfte oder Gegenstände (Vermögen) Auskunft zu erteilen ist und für welchen Zeitraum welche Belege konkret verlangt werden.[384] Eine Auskunft erfordert eine systematische Zusammenstellung aller erforderlichen Angaben, die notwendig sind, um dem Berechtigten ohne übermäßigen Arbeitsaufwand eine Berechnung seines Unterhaltsanspruchs zu ermöglichen. Die Darstellung des Endergebnisses entsprechend einem Steuerbescheid genügt nicht, sondern es sind neben den gesamten Einnahmen auch alle damit zusammenhängenden Ausgaben anzuführen. Bei den Ausgaben bei einer Gewinnermittlung oder bei den Werbungskosten können dabei Sachgesamtheiten zusammengefasst werden, wenn insoweit der Verzicht auf eine detaillierte Aufschlüsselung im Verkehr üblich ist und eine ausreichende Orientierung des Auskunftsberechtigten nicht verhindert. Bei Gewinneinkünften (Selbstständige, Gewerbetreibende) genügt es, nur das Endergebnis in der Auskunft anzuführen und bezüglich aller Einzelheiten auf eine beigefügte Anlage zur Einnahmen-Überschussrechnung Bezug zu nehmen.[385]

Beispiel 1:
Der Beklagte wird verurteilt, der Klägerin für den Zeitraum vom 1. 1. 2000 bis 31. 12. 2002
a) Auskunft zu erteilen über seinen Lohn (Gehalt) als unselbstständiger Arbeitnehmer,
b) vorzulegen die monatlichen Lohnbescheinigungen (Gehaltsbescheinigungen, Bezügemitteilungen) des Arbeitgebers.

Beispiel 2:
Der Beklagte wird verurteilt, der Klägerin für den Zeitraum vom 1. 1. 2000 bis 31. 12. 2002
a) Auskunft zu erteilen über seinen Gewinn als selbstständiger Unternehmer abzüglich Steuern, Krankenversicherungs- und Vorsorgebeiträgen,
b) vorzulegen die Bilanzen samt Gewinn- und Verlustrechnungen, Einkommensteuererklärungen, Einkommensteuerbescheide sowie die Belege über die geleisteten Krankenversicherungs- und Vorsorgebeiträge.

Dabei handelt es sich streng genommen um zwei verschiedene Anträge, die zueinander selbstständig sind.[386] Bei weit überdurchschnittlichen Verhältnissen (wenn ein Teil der Einkünfte für Vermögensbildung verwendet wurde und die Leistungsfähigkeit des Unterhaltspflichtigen für hohe Unterhaltsbeträge außer Streit steht) ist eine Auskunftsklage überflüssig.[387]

Es genügt nicht, z. B. Auskunft zu verlangen über „die derzeitigen Einkünfte" und „die entsprechenden Belege vorzulegen". Eine Verlagerung der konkreten Bestimmung in das Vollstreckungsverfahren ist nach allgemeiner Meinung unzulässig. Möglich ist jedoch in engen Grenzen die Auslegung des Klagantrags.[388] Auch die „Verdeutlichung" von Inhalt

---

382 BGH, FamRZ 1983, 454
383 BGH, FamRZ 1989, 731
384 BGH, FamRZ 1993, 1423 = NJW-RR 1993, 1026
385 OLG München, FamRZ 1996, 738
386 OLG München, FamRZ 1994, 1126
387 BGH, FamRZ 1994, 1169
388 BGH, FamRZ 1983, 454 = R 155

und Umfang des Urteilsausspruchs ist im Verfahren gem. § 888 ZPO grds. möglich.[389] Zu welchen Schwierigkeiten eine oberflächliche Tenorierung führen kann, ergibt sich aus OLG München, FamRZ 1992, 1207.

Da die Auskunftserteilung eine Vorstufe des Dauerschuldverhältnisses der Unterhaltspflicht ist und durch einen Unterhaltstitel auch der erst künftig, von Monat zu Monat, entstehende Unterhalt festgeschrieben wird, kann auch das Auskunftsbegehren (selbst nach erteilter Auskunft) in zeitlicher Hinsicht vor Abschluss des Rechtsstreits bis zur letzten mündlichen Verhandlung erweitert werden, ohne dass dies ein Verstoß gegen die Zweijahressperrfrist des § 1605 II BGB wäre.[390] 206

Sind die Einkommensverhältnisse beider Parteien ungeklärt, besteht eine **wechselseitige Auskunftspflicht.** Hierbei darf aber keine Partei ein Zurückbehaltungsrecht nach §§ 273, 320 BGB ausüben.[391] 207

Eine reine Auskunftsklage ist **nicht im Verbund** (§ 623 ZPO) möglich,[392] weil keine Regelung für den Fall der Scheidung zu treffen ist. Inzwischen hat der BGH die umstrittene Frage geklärt, ob Auskunftsansprüche im Scheidungsverbund geltend gemacht werden können.[393] Mit der überwiegenden Ansicht in Literatur und Rechtsprechung vertritt der BGH die Meinung, dass die Einbeziehung isoliert erhobener Auskunftsansprüche in den Scheidungsverbund nicht dem Gesetzeszweck entspricht. Hierfür steht vielmehr die Stufenklage (dazu Rn. 213 ff.) zur Verfügung. Werden verfahrensfehlerhaft Auskunftsansprüche zusammen mit einer Ehesache geltend gemacht, ist der Auskunftsanspruch nach § 145 ZPO abzutrennen. 208

Die **Verurteilung zur Auskunft** wird gemäß § 888 I ZPO **vollstreckt.**[394] Ist der Auskunftstitel zu unbestimmt, kommt die Auferlegung von Zwangsgeld oder die Verhängung von Zwangshaft nicht in Betracht. Der Titel ist dann praktisch wertlos. Deshalb ist schon im Klagantrag, erst recht bei der Abfassung des Urteils, darauf zu achten, dass die vorgesehene Fassung konkret genug und vollstreckungsfähig ist. Auskunft und Vorlage von Belegen sind zwei getrennte Ansprüche. Eine pauschale Aufforderung, geeignete Belege vorzulegen, ist zu unbestimmt, um den Pflichtigen für den Anspruch auf Vorlage von Belegen in Verzug zu setzen.[395] 209

Jede Stufe bildet einen eigenen Anspruch, über den gesondert verhandelt und entschieden wird. Ein Übergang in die nächste Stufe ist erst zulässig, wenn die vorangegangene Stufe erledigt ist. Dann aber ist auch eine Rückkehr in die frühere Stufe nicht mehr möglich; z. B., wenn nachträglich festgestellt wird, dass die erteilte Auskunft unvollständig ist.

Eine einstweilige Verfügung auf Erteilung von Auskunft ist nicht möglich.[396]

Für die **Beschwer** (§ 511 a ZPO) des **Beklagten** ist maßgebend der Aufwand an Kosten und Zeit, den eine sorgfältige Erteilung der geschuldeten Auskunft verursacht neben einem – in der Regel nicht gegebenen – besonderen Geheimhaltungsinteresse. Dabei ist mit zu berücksichtigen die Einholung kostenträchtigen sach- oder rechtskundigen Rats,[397] z. B. eines Steuerberaters,[398] oder auch nur der persönliche Zeitaufwand.[399] Soweit die Verurteilung zur Auskunft infolge Unbestimmtheit nicht vollstreckungsfähig ist, sind die für die Abwehr der Zwangsvollstreckung notwendigen Kosten maßgebend.[400] 210

Mit Einreichung der Stufenklage wird auch der unbezifferte Zahlungsantrag anhängig. Kommt es nicht mehr zur Bezifferung des Leistungsantrags, ist der Streitwert des Zahlungs-

[389] BGH, FamRZ 1993, 1189 = NJW-RR 1993, 1154
[390] OLG Karlsruhe, FamRZ 1987, 297
[391] OLG Köln, FamRZ 1987, 714
[392] Vgl. auch KG, NJW-RR 1992, 450; OLG Hamm, FamRZ 1993, 984 mit ablehnender Anm. v. Vogel, FamRZ 1994, 49
[393] BGH, FamRZ 1997, 811 = R 511 B; a.A. noch die Vorinstanz OLG Hamm, FamRZ 1996, 736
[394] BGH, FamRZ 1983, 578
[395] OLG München, FamRZ 1996, 307
[396] OLG Hamm, NJW-RR 1992, 640
[397] BGH, NJW-RR 1993, 1026
[398] BGH, NJW-RR 1993, 1027 u. 1154
[399] BGH, NJWE-FER 1997, 16
[400] BGH, FamRZ 2002, 666; Graba, FamRZ 2003, 577 ff.; jetzt auch BGH, FamRZ 2003, 597

anspruchs, der für den Streitwert der Stufenklage als der höhere maßgebend ist, gem. § 3 ZPO nach objektiven Anhaltspunkten unter Berücksichtigung der Erwartungen des Klägers bei Klageeinreichung zu schätzen.[401] Macht der Kläger im Rahmen einer Stufenklage einen Mindestbetrag geltend, weil er die Klageforderung insofern zu beziffern und begründen können meint, ohne auf eine Auskunft des Beklagten angewiesen zu sein, liegt nur wegen des darüber hinausgehenden Klagebegehrens eine Stufenklage, im Übrigen eine bezifferte Teilklage vor.[402] Siehe weiter bei Streitwert/Beschwer Rn. 276, dort auch zum Beschluss des Großen Zivilsenats des BGH wegen dieser Rechtsprechung.[403]

210 a **Grundsätzlich** muss zwar eine systematische Aufstellung der erforderlichen Angaben vorgelegt werden.[404] Dieses Erfordernis wird jedoch nicht nur durch die Vorlegung eines einzigen lückenlosen Gesamtverzeichnisses erfüllt. Vielmehr genügt auch eine Mehrheit von Teilauskünften, vorausgesetzt, dass sie nach dem erklärten Willen des Auskunftsschuldners in ihrer Summierung die Auskunft im geschuldeten Gesamtumfang darstellen.[405]

211 Die Verurteilung zur Auskunft schafft für den Grund des Hauptanspruchs **keine Rechtskraft,** und der Beklagte kann sein Interesse, keinen Unterhalt zahlen zu müssen, im Prozess über den Unterhaltsanspruch ohne Einschränkung weiterverfolgen.[406] Ein Urteil, das zur Vorlage nicht existenter Unterlagen verpflichtet, ist nicht vollstreckungsfähig. Allerdings muss dann geprüft werden, ob das Gericht zur **Erstellung** hat verpflichten wollen.[407]

Die frühere Überleitung eines Unterhaltsanspruchs bewirkt keine Überleitung auch des vorbereitenden Auskunftsanspruchs. Dieser verbleibt also beim Unterhaltsberechtigten.[408]

212 Wird die **Hauptsache** übereinstimmend **für erledigt erklärt,** richtet sich die Kostenentscheidung nach der Erfolgsaussicht der Stufenklage. Existiert bereits ein rechtskräftiges Teilurteil zur Auskunft, wird nur über die Leistungsstufe nach § 91 a ZPO entschieden.[409]

Die vorläufige Vollstreckbarkeit richtet sich nach § 708 Nr. 11 ZPO, nicht nach § 708 Nr. 8 ZPO.[410] Die Zwangsvollstreckung bzgl. der Auskunft ergibt sich aus § 888 ZPO; die Vorlage von Belegen ist gemäß § 883 ZPO zu vollstrecken.

IX. Stufenklage

213 Bei der Stufenklage nach § 254 ZPO wird mit der Klage auf Rechnungslegung oder auf Vorlegung eines Vermögensverzeichnisses oder auf Abgabe einer eidesstattlichen Versicherung die Klage auf Herausgabe desjenigen verbunden, was der Beklagte aus dem zugrunde liegenden Rechtsverhältnis schuldet. Im Unterhaltsrecht handelt es sich hierbei um die Unterhaltsbeziehung beider Parteien, somit in dritter Stufe um die sogenannte Leistungsstufe. Als erste Stufe bezeichnet dabei das Gesetz den Anspruch auf Rechnungslegung und auf Vorlegung eines Vermögensverzeichnisses. Rechnungslegung ist eine geordnete Aufstellung der Einnahmen und Ausgaben für einen bestimmten Zeitraum oder Zeitpunkt.[411] Eine Auskunftsklage mit der Ankündigung „Nach Erteilung der Auskunft wird Zahlungsantrag gegenüber der Beklagten gestellt werden" ist keine – verjährungsunterbrechende – Leistungsklage in der besonderen Form der Stufenklage.[412] Inzwischen gilt nach der Rechtsprechung des BGH[413] für den Fall, dass die erteilte Auskunft ergibt, dass kein Zahlungsanspruch

---

[401] OLG Brandenburg, FamRZ 2003, 240
[402] BGH, NJW-RR 2003, 68
[403] FamRZ 1995, 349
[404] BGH, FamRZ 1983, 996 = NJW 1983, 2243
[405] BGH, LM BGB § 260 Nr. 14
[406] BGH, FamRZ 1986, 796
[407] BGH, FamRZ 1992, 425
[408] Vgl. BGH, FamRZ 1983, 674
[409] OLG München, FamRZ 1993, 454
[410] Streitig; vgl. OLG München, FamRZ 1990, 84 f.
[411] BGH, NJW 1985, 1694
[412] OLG Celle, FamRZ 1996, 678 = NJW-RR 1995, 1411
[413] FamRZ 1995, 348 = R 479 a

besteht, Folgendes: Eine Erledigung der Hauptsache tritt nicht ein. Bei einseitiger Erledigungserklärung kommt eine Kostenentscheidung zugunsten der klägerischen Partei weder nach § 91 ZPO noch nach § 93 ZPO entsprechend in Betracht. Vielmehr kann und muss der Kläger im noch anhängigen Rechtsstreit seine Stufenklage in einen materiell-rechtlichen Kostenerstattungsanspruch umstellen und damit eine für ihn günstige Kostenentscheidung erhalten. Ergibt bei der Stufenklage die erteilte Auskunft, dass ein Leistungsanspruch nicht besteht, und erklären die Parteien daraufhin den Rechtsstreit übereinstimmend in der Hauptsache für erledigt, so ist bei der Kostenentscheidung nach § 91 a ZPO das Bestehen eines materiell-rechtlichen Kostenerstattungsanspruchs im Rahmen der Billigkeit zu berücksichtigen, wenn sein Bestehen sich ohne besondere Schwierigkeiten feststellen lässt.[414]

Rechtshängig werden grundsätzlich von Anfang an alle Stufen, auch wenn in der Zustellung nicht ausdrücklich eine Einschränkung auf die erste Stufe zum Ausdruck gekommen ist.[415] Zu entscheiden ist regelmäßig Stufe für Stufe durch Teilurteil, am Ende durch Schlussurteil. Nach jedem Teilurteil muss die Fortsetzung des Rechtsstreits beantragt werden. Nach Erteilung der Auskunft muss die Leistungsklage beziffert werden, andernfalls wird sie unzulässig.[416] Die Zustellung einer Stufenklage (mit PKH-Bewilligung nur für die Auskunftsklage) bewirkt grundsätzlich die Rechtshängigkeit der Stufenklage insgesamt und nicht nur im Umfang der ersten Stufe, wenn in der Zustellung nicht ausdrücklich eine Einschränkung auf die erste Stufe zum Ausdruck gekommen ist.[417] 214

Läßt sich ausnahmsweise feststellen, dass aus Rechtsgründen kein Unterhaltsanspruch besteht, kann die Stufenklage in vollem Umfang abgewiesen werden.[418] Wird gegen dieses Urteil Berufung eingelegt, setzt sich das Stufenverhältnis in der Berufungsinstanz fort: dort ist über die Auskunftsstufe zu entscheiden. Der Anspruch auf Zahlung ist in aller Regel in die Vorinstanz zurückzuverweisen.[419] Erklären die Parteien nach uneingeschränkt eingelegter Berufung hinsichtlich der Auskunft übereinstimmend für erledigt und stellt der Kläger nunmehr in der Berufungsinstanz einen bezifferten Zahlungsantrag, muss das Berufungsgericht über dessen Grund vorab selbst entscheiden und darf allenfalls zur Feststellung der Höhe zurückverweisen.[420]

Macht der Kläger im Rahmen einer Stufenklage einen Mindestbetrag geltend, weil er die Klageforderung insofern beziffern und begründen zu können meint, ohne auf eine Auskunft des Beklagten angewiesen zu sein, so liegt nur wegen des darüber hinausgehenden Klagebegehrens eine Stufenklage, im Übrigen eine bezifferte Teilklage vor.[421]

Die Stufenklage kann **auch im Verbund** (§ 623 ZPO) erhoben werden. Über das Auskunftsbegehren ist in diesem Falle vor der Entscheidung über den Scheidungsantrag gesondert zu verhandeln und durch Teilurteil zu entscheiden.[422] 215

Stufenklage ist auch möglich in Verbindung mit einer bezifferten Leistungsklage. Bis zur Auskunft unbeziffert bleibt der übersteigende Mehrbetrag.[423] Die Verjährung des zunächst noch unbezifferten Leistungsanspruchs wird unterbrochen, jedoch nur in Höhe der späteren Bezifferung,[424] nach BGH, FamRZ 1995, 797 „in jeder Höhe". Bei einer Stufenklage darf über den Leistungsantrag trotz anfänglicher (vorläufiger) Bezifferung erst nach Erledigung des Begehrens auf Auskunft und eidesstattliche Versicherung entschieden werden.

Der Kläger einer Stufenklage kann die Bezifferung des Leistungsantrages mit einem Mindestbetrag rückgängig machen und den Leistungsantrag unbeziffert weiterverfolgen.[425]

---

[414] OLG Koblenz, FamRZ 1996, 892
[415] BGH, FamRZ 1995, 797 = NJW-RR 1995, 770
[416] Vgl. BGH, FamRZ 1988, 157
[417] BGH, FamRZ 1995, 797
[418] BGH, LM § 254 ZPO Nr. 3; NJW-RR 1990, 390, auch wenn inzwischen der Hauptantrag beziffert u. anderweitig geltend gemacht ist (Berufungsgericht darf dies ebenfalls)
[419] Analog § 538 I Nr. 3 ZPO, BGH, FamRZ 1987, 156 = NJW-RR 1987, 1029
[420] BGH, NJW 1991, 1893
[421] BGH, NJW-RR, 2003, 68
[422] BGH, FamRZ 1997, 811 = R 511 B; FamRZ 1982, 151
[423] BGH, FamRZ 1989, 954 = NJW 1989, 2821
[424] BGH, FamRZ 1992, 1163
[425] BGH, FamRZ 1996, 1070

Sofern die Erhöhung eines Unterhaltsanspruchs im Wege der Abänderungsklage gem. § 323 ZPO durchgesetzt werden muss, kann im Rahmen einer Stufenklage vorab auf Auskunft über die neuen Einkommensverhältnisse geklagt werden. Mit der Erhebung der Stufenklage ist gleichzeitig die Zeitschranke des § 323 III ZPO überwunden.[426]

Bei der Festsetzung des Streitwerts ist § 18 GKG zu beachten. Danach ist für die Wertberechnung nur der höhere Anspruch, das ist in der Regel der Leistungsanspruch, maßgebend. Nach OLG Stuttgart[427] soll allein auf den Auskunftsanspruch abzustellen sein, wenn der Leistungsantrag nicht beziffert wurde (streitig).

216 Der Zuständigkeitsstreitwert (nach § 5 ZPO) bemisst sich nach der Summe aller Klagansprüche. Dabei ist für die **Rechnungslegung** das Interesse des Klägers an der Konkretisierung seines Leistungsantrages maßgebend, damit gemäß § 3 ZPO etwa 1/10 bis 1/3 des Leistungsanspruchs. Der Wert **der eidesstattlichen Versicherung** hängt davon ab, welche zusätzlichen Auskünfte sich der Kläger hiervon zwecks Erhöhung seines Leistungsantrags verspricht; dies könnte somit 1/10 bis 1/3 des Jahresbetrages der zusätzlichen Unterhaltsspitze sein. Bei der Leistungsstufe sind die Angaben des Klägers (und damit der Jahresbetrag gemäß § 17 I GKG mit Rückständen gemäß § 17 IV GKG) zugrunde zu legen.

217 In ein Teilurteil über eine Stufe ist keine Kostenentscheidung aufzunehmen. Die gesamten **Kosten der Stufenklage** bilden eine Einheit und sind erst in der Schlussentscheidung zu regeln.

Dabei ist für jede Stufe gesondert zu prüfen, wer die Kosten zu tragen hat.[428] Nach OLG Hamm soll der Kläger die gesamten Kosten tragen müssen, wenn er nach Erledigung des Auskunftsbegehrens den unbezifferten Zahlungsantrag zurücknimmt.[429] Hingegen soll nach OLG Stuttgart ebendiese Rücknahme nach erteilter Auskunft unbeachtlich sein[430] und der Beklagte die Kosten zu tragen haben (alles streitig). Nach OLG München[431] erstreckt sich die Kostenfolge der Klagerücknahme nach Erlass eines rechtskräftigen Auskunftsteilurteils gem. § 269 III ZPO nur auf die Leistungsstufe. Nach OLG Köln[432] sind dem Beklagten die Kosten der Stufenklage insgesamt aufzuerlegen, wenn sich nach verzögerter Auskunft herausstellt, dass die Leistungsstufe unbegründet war und die Parteien daraufhin die Hauptsache für erledigt erklären.[433] Wird bei einer Stufenklage die Hauptsache erst nach einem rechtskräftigen Teilurteil übereinstimmend für erledigt erklärt, richtet sich nur die Kostenfolge der Leistungsstufe nach § 91 a ZPO, i. Ü. nach §§ 91 ff. ZPO.[434] Bei einseitiger Erledigungserklärung, wenn sich nach Auskunft herausstellt, dass kein Leistungsanspruch besteht, hat der Kläger u. U. nur einen materiell-rechtlichen Kostenerstattungsanspruch.[435] Nach OLG Hamburg ist bei einer Stufenklage, die nach Bezifferung der Leistungsklage mit einem Vergleich endet, für die Kostenentscheidung nach § 91 a ZPO ausschlaggebend, wieweit der Kläger mit seinem bezifferten Zahlungsantrag unter Berücksichtigung des Streitwerts der unbezifferten Leistungsklage durchdringt; sein Obsiegen mit den vorbereitenden Auskunfts- und Rechnungslegungsansprüchen fällt demgegenüber nicht ins Gewicht.[436]

Jedes Urteil über eine Stufe ist für vorläufig vollstreckbar zu erklären, auch zur Auskunft, ganz herrschende Praxis. Nach OLG München[437] soll die Verurteilung zur Auskunft nicht nach § 708 Nr. 8, sondern allenfalls nach § 708 Nr. 11 ZPO für vorläufig vollstreckbar erklärt werden können.[438]

---

[426] BGH, FamRZ 1984, 1211
[427] FamRZ 1990, 652
[428] H. M., vgl. etwa OLG München, MDR 1990, 636
[429] NJW-RR 1991, 1407
[430] NJW 1969, 1216
[431] 12. ZS, FamRZ 1992, 1449, nur LS
[432] FamRZ 1993, 345 u. 718
[433] Alle Gegenansichten werden vertreten, zum Streitstand s. OLG Köln, a.a.O.
[434] OLG München, 12. ZS, FamRZ 1993, 454; ähnlich OLG München, 4. ZS, FamRZ 1993, 725
[435] BGH, MDR 1994, 717
[436] FamRZ 1996, 883
[437] FamRZ 1990, 84
[438] A.A. Gottwald in Anm. zu dieser Entscheidung; in der Praxis spielt diese Frage keine große Rolle

Prozesskostenhilfe ist für alle Stufen (nicht erst für die Auskunftsstufe, später dann für die nächste Stufe) zu bewilligen (inzwischen h. M.). Manche wollen gleichzeitig den **Streitwert** für den unbezifferten Leistungsantrag festsetzen, um einen Missbrauch bei der späteren Antragstellung zu unterbinden.[439] Nach OLG München[440] soll PKH auch für die unbezifferte Leistungsstufe zu gewähren sein, nach Bezifferung aber ein neuer PKH-Antrag gestellt werden müssen. Nach OLG Celle umfasst die uneingeschränkte Bewilligung von PKH ohne weiteres den entsprechend den Darlegungen des Klägers im Bewilligungszeitraum auf Grund der Auskunft nachträglich bezifferten Zahlungsantrag.[441] Nach OLG Hamm[442] soll die Erfolgsaussicht der Leistungsstufe nach deren Bezifferung erneut geprüft werden können. Nach OLG München[443] soll für die Leistungsstufe ein vorläufiger Streitwert festzusetzen sein (sonst keine nachträgliche Beschränkung). Im Fall der Einlegung eines Rechtsmittels gegen die Verurteilung zur Erteilung einer Auskunft, zur Rechnungslegung, zur Einsichtgewährung in bestimmte Unterlagen, zur Abgabe einer eidesstattlichen Versicherung oder dergleichen bemisst sich der Wert des Beschwerdegegenstandes (§ 511 II ZPO) nach dem Aufwand an Zeit und Kosten, die die Erfüllung des titulierten Anspruchs erfordert, sowie nach einem etwaigen Geheimhaltungsinteresse des Verurteilten, nicht aber nach dem Wert des Auskunftsanspruchs. 218

Dabei bleibt das Interesse des Beklagten an der Vermeidung einer für ihn nachteiligen Kostenentscheidung außer Betracht.[444] Verurteilt das Berufungsgericht den Beklagten auf eine Stufenklage zur Auskunft und verweist es die Sache wegen der weiteren Stufen zurück, richtet sich der Streitwert einer gegen dieses Berufungsurteil gerichteten Revision lediglich nach der Beschwer des Beklagten durch die Verurteilung zur Auskunft, auch wenn das Vordergericht die Stufenklage insgesamt abgewiesen hatte.[445]

Besonderheit. Durch eine unbezifferte, einem zulässigen Antrag in einer Stufenklage entsprechende Mahnung gegenüber dem auskunftspflichtigen Schuldner kommt dieser grundsätzlich in Verzug.[446] 219

Konkurrenzen. Die Stufenklage als besondere Leistungsklage lässt das Rechtschutzbedürfnis für eine Feststellungsklage entfallen.[447] Die Stufenklage selbst ist nur dann zulässig, wenn die Auskunftsstufe der Aufklärung des Leistungsanspruchs dient, nicht bereits dort, wo die Auskunftserteilung lediglich der Erleichterung der Durchsetzung des Leistungsanspruchs dient. Auch ist der Auskunftsanspruch dann grundsätzlich unbegründet, wenn eine – wenn auch unzulängliche – Auskunft bereits erteilt wurde. In diesem Fall ist im Rahmen einer Stufenklage als erste Stufe dann nur der Anspruch auf Abgabe der eidesstattlichen Versicherung möglich. Ist aber die Auskunft noch nicht erteilt, kann auch keine eidesstattliche Versicherung verlangt werden, weil diese von der Art der Auskunft abhängt. Trotzdem ist eine Verbindung beider Ansprüche in einer Klage zulässig.[448] 220

X. Anpassungsklage bei außergerichtlicher Unterhaltsvereinbarung

Für die Anpassung einer außergerichtlichen Unterhaltsvereinbarung gilt von vornherein die Regelung des § 323 ZPO nicht (sofern nicht etwa ihre Anwendung vertraglich festgelegt worden ist). Die Anpassung einer außergerichtlichen Unterhaltsvereinbarung vollzieht sich 221

---

[439] OLG Frankfurt/M., FamRZ 1991, 1458 = NJW-RR 1991, 1411
[440] FamRZ 1993, 340
[441] FamRZ 1994, 1043
[442] FamRZ 1994, 312
[443] FamRZ 1991, 1184
[444] BGH, FamRZ 1995, 349 = R 485 A
[445] BGH, FamRZ 2003, 87
[446] BGH, FamRZ 1990, 283
[447] BGH, MDR 1961, 751
[448] BGHZ 10, 385

materiell-rechtlich nach den Regeln über das Fehlen oder den Wegfall der Geschäftsgrundlage, § 242 BGB.[449]

Für eine Erhöhung steht die gewöhnliche Leistungsklage (§ 258 ZPO), unter Umständen in Form der Stufenklage (§ 254 ZPO), in Ausnahmefällen die Feststellungsklage (§ 256 ZPO) zur Verfügung, für eine Ermäßigung die Feststellungsklage (§ 256 ZPO) und unter Umständen auch die Bereicherungsklage als Leistungsklage. Fehlen und Wegfall der Geschäftsgrundlage sind im Übrigen von Amts wegen zu berücksichtigen.[450]

Verpflichtet sich jemand in einem Prozessvergleich zur Leistung eines bestimmten Unterhalts „über den bisher freiwillig geleisteten Unterhalt hinaus", so kann darin eine außergerichtliche rechtsgeschäftliche Einigung über den Gesamtunterhalt (freiwilliger + titulierter Betrag) erblickt werden, deren Geschäftsgrundlage im Falle der Anfechtung gegebenenfalls mitzuprüfen ist.[451]

XI. Mahnverfahren (§§ 688 ff. ZPO)

222 Unterhalt kann auch im Mahnverfahren geltend gemacht werden, aber nur die bis zum Ablauf der Widerspruchsfrist fälligen Beträge, also praktisch nur die Rückstände (§ 688 I i. V. m. § 692 I Nr. 3 ZPO). In der unterhaltsrechtlichen Praxis hat das Mahnverfahren nur geringe Bedeutung und geht regelmäßig ins Klagverfahren über. Deshalb ist es sinnvoller, von Anfang an das Klagverfahren einzuleiten und den behaupteten Unterhaltsanspruch eingehend zu begründen.

XII. Wiederaufnahmeverfahren (§§ 578 ff. ZPO)

223 Eine weitere Abänderungsmöglichkeit eines rechtskräftigen Unterhaltsurteils gewährt das **Wiederaufnahmeverfahren** nach §§ 578 ff. ZPO. Dabei richtet sich die **Nichtigkeitsklage** (§ 579 ZPO) gegen die Verletzung elementarer Prozessnormen. Mit der **Restitutionsklage** (§ 580 ZPO) wird eine evident unrichtige oder nicht vollständige Urteilsgrundlage beseitigt. Insofern gleichen beide Klagarten als außerordentliche Rechtsbehelfe einem Rechtsmittel im prozesstechnischen Sinn und beseitigen die Rechtskraftwirkung des angefochtenen Urteils.[452]

Voraussetzung für die Wiederaufnahme ist die **formelle Rechtskraft** des angefochtenen Endurteils. Hierzu zählen Gestaltungs-, Anerkenntnis- und Versäumnisurteile, Urteile in Arrest- und Verfügungsverfahren,[453] nicht aber nicht selbstständig anfechtbare Zwischenurteile (§ 303 ZPO). Prozessvergleiche unterliegen nicht dem Wiederaufnahmeverfahren, da sie Endurteilen nicht gleichstehen und die Feststellung ihrer behaupteten Nichtigkeit im Wege der Fortsetzung des abgeschlossenen Verfahrens erfolgen kann.

Parteien des Wiederaufnahmeverfahrens sind dieselben wie im vorausgegangenen Verfahren.

Gemäß § 584 ZPO ist für die Wiederaufnahmeklage ausschließlich das Gericht, das im ersten Rechtszug erkannt hat, zuständig.[454] Berufungs- oder Revisionsurteile werden beim Berufungsgericht angefochten. Hat das Oberlandesgericht die Berufung als unzulässig verworfen, ist das Gericht erster Instanz ausschließlich zuständig, weil in der Sache keine Entscheidung durch das Berufungsgericht ergangen ist.[455]

[449] BGH, FamRZ 1980, 342
[450] BGHZ 54, 145, 155
[451] BGH, FamRZ 1979, 210
[452] BGHZ 84/27
[453] Bereits OLG München, JZ 1956, 122
[454] BGH, a.a.O.
[455] OLG München, FamRZ 1982, 314

Für die Klagerhebung (§ 253 ZPO) und das weitere Verfahren gelten die allgemeinen Vorschriften entsprechend (§ 585 ZPO). Hinsichtlich des Anwaltszwangs gilt § 78 ZPO. Prozesskostenhilfe (§§ 114 ff. ZPO) ist für das Wiederaufnahmeverfahren eigenständig zu bewilligen. Im Übrigen gelten die allgemeinen Verhandlungsgrundsätze mit der Möglichkeit einer Prozesstrennung und Prozessverbindung (§§ 145, 150 ZPO). Klagerücknahme (§ 269 ZPO) ist wie eine Klageänderung gemäß §§ 263, 264 ZPO möglich.

Die Einstellung der Zwangsvollstreckung aus dem angefochtenen Urteil erfolgt nach § 707 ZPO.

Gemäß § 586 ZPO ist die Wiederaufnahmeklage vor Ablauf eines Monats (Notfrist) zu erheben.[456] Wiedereinsetzung ist zulässig.[457] Die Frist beginn mit dem Tag, an welchem die Partei von dem Anfechtungsgrund Kenntnis erhalten hat, jedoch nicht vor eingetretener Rechtskraft des Urteils[458] (§ 586 II Satz 1 ZPO). Nach Ablauf von 5 Jahren ab Rechtskraft des Urteils sind die Klagen nach § 578 I ZPO unstatthaft.

XIII. Die Widerklage

1. Allgemeines

§ 33 ZPO eröffnet einen zusätzlichen **besonderen Gerichtsstand des Sachzusammenhangs** für eine Widerklage, die – nach ihrer Definition – streitgegenständlich mit der Klage in Zusammenhang steht, somit konnex ist. Damit regelt § 33 I ZPO eine Gerichtsstandfrage und stellt keine besondere Prozessvoraussetzung für ein Widerklagverfahren dar. 224

Dieser besondere Gerichtsstand des § 33 I ZPO soll zu einer **einheitlichen Verhandlung** und **Entscheidung** von Verfahren, die miteinander im Zusammenhang stehen, führen. Die hierdurch erfolgende Privilegierung des Beklagten beruht darauf, dass der Kläger mit der Erhebung seiner Vorklage stets das Risiko trägt, nicht nur Einwendungen und Einreden gegenüber dem Klaganspruch selbst ausgesetzt zu sein, sondern mit einer eigenständigen Gegenklage auf Grund Sachzusammenhangs rechnen zu müssen.

Beispiel:
Der in Karlsruhe lebende Kläger verklagt den Beklagten in Freiburg. Sofern der Beklagte gegen den Kläger einen **konnexen Gegenanspruch** hat, kann er diesen gem. § 33 I ZPO im Gerichtsstand der Klage, somit an seinem Wohnort in Freiburg, geltend machen. Besteht zwischen Vorklage und Gegenklage kein Zusammenhang, muss der Beklagte den Kläger in Karlsruhe verklagen. Wohnen beide Parteien inzwischen in Freiburg (vgl. § 261 II Nr. 2 ZPO), ergibt sich die Zuständigkeit für die Gegenklage des Beklagten in Freiburg (wegen mangelnder Konnexität liegt keine Widerklage vor) aus § 13 ZPO; § 33 I ZPO findet keine Anwendung. Ob somit beide Klagen im letzteren Fall miteinander verbunden werden, hängt von § 147 ZPO ab.
Danach müssen beide zu verbindenden Prozesse in **rechtlichem Zusammenhang** stehen. Dies ist ein weitergehender Begriff als der Zusammenhang i. S. d. § 33 I ZPO, der somit auch ein tatsächlicher oder wirtschaftlicher sein kann.
Haben der Kläger und der Beklagte gem. § 38 ZPO den Gerichtsstand Baden-Baden in zulässiger Weise vereinbart, kann Freiburg als Gerichtsort der Widerklage nicht zuständig sein, da der **Gerichtsstand** des § 33 I ZPO **nicht ausschließlich** ist. Im Übrigen gilt § 33 I ZPO gem. § 33 II ZPO nur für **vermögensrechtliche Widerklagen** und dann nicht, wenn für den Gegenanspruch eine ausschließliche Zustandigkeit besteht.

Die Widerklage ist ein Gegenangriff gegen die Klage und steht daher mit ihr in einer natürlichen Einheit. Beide Streitgegenstände beziehen sich derart aufeinander, dass das Obsiegen in dem einen Prozessrechtsverhältnis das Unterliegen im anderen Rechtsstreit bedingt. Die Widerklage ist daher kein Angriffs- oder Verteidigungsmittel i. S. d. §§ 282, 296, 528 ZPO,[459] sondern eine Klage eigener Art, die das Vorliegen der allgemeinen und 224 a

---

[456] BVerfG, NJW 1993, 3257
[457] BGH, VersR 1962, 176
[458] § 705 ZPO; BGH, NJW 1993, 1596; § 585 II S. 1 ZPO
[459] BGH, MDR 1995, 408

besonderen Prozessvoraussetzungen erfordert. Da sie einen **eigenen Streitgegenstand** hat, kann eine Widerklage nicht bloß die Kehrseite der Klage darstellen. Der auf Leistung in Anspruch genommene Beklagte kann daher nicht im Wege der Widerklage die Feststellung begehren, den geforderten Unterhaltsbetrag nicht zu schulden. Allerdings kann der Beklagte widerklagend geltend machen, dass statt Unterhalt zu schulden, er selber Unterhalt fordern könne. Auch geht es über die bloße Verneinung des Klagantrags hinaus, wenn der Beklagte gegenüber der Unterhaltsklage Rückforderung wegen Überzahlung gem. § 717 II S. 2 ZPO geltend macht.

2. Erhebung der Widerklage

224 b Prozessvoraussetzung einer Widerklage ist, dass die Klage gegen die beklagte Partei im Zeitpunkt der Erhebung der Widerklage noch in der Hauptsache rechtshängig ist.[460]

Die Widerklage kann **bis zum Schluss der letzten mündlichen Verhandlung** in der Vorklage geltend gemacht werden.[461] Dies geschieht durch Einreichung eines zuzustellenden Widerklagschriftsatzes, der zu dem Aktenzeichen der Vorklage einzureichen ist. Im schriftlichen Verfahren kann die Widerklage bis zu dem Zeitpunkt des § 128 II S. 2 ZPO eingereicht werden, der dem Schluss der mündlichen Verhandlung entspricht.

In der Berufungsinstanz ist die Widerklage nur dann zuzulassen, wenn der Kläger – auch durch rügelose Einlassung – zustimmt oder das Gericht die Geltendmachung für sachdienlich hält (§ 533 ZPO).[462] Zusätzlich ist nach neuem Rechtsmittelrecht gem. § 533 Nr. 2 ZPO erforderlich, dass die Widerklage auf Tatsachen gestützt werden kann, die das Berufungsgericht seiner Verhandlung und Entscheidung über die Berufung ohnehin nach § 529 ZPO zugrunde zu legen hat. Eine rechtsmissbräuchliche Verweigerung des Klägers steht der Zustimmung gleich.[463]

In der Revisionsinstanz ist eine Widerklage wegen § 561 I ZPO grundsätzlich ausgeschlossen.

3. Die allgemeinen Prozessvoraussetzungen

224 c Da § 33 I ZPO nur eine Regelung der **örtlichen Gerichtszuständigkeit** enthält, wird die sachliche Zuständigkeit durch § 33 ZPO nicht berührt. Die Widerklage ist daher zulässig, wenn sie vor ein Gericht gleicher Ordnung wie das Gericht der Vorklage gehört. Ist somit für die Widerklage das Landgericht zuständig, ist aber die Vorklage beim Amtsgericht zu Recht erhoben, ist die Widerklage unzulässig erhoben, es sei denn, dass die Parteien die Zuständigkeit des Amtsgerichts vereinbaren. Verneinendenfalls muss der Beklagte gem. § 281 ZPO **Verweisungsantrag** stellen, um zu vermeiden, dass die Widerklage wegen Unzuständigkeit abgewiesen wird. Würde die Widerklage vor das Amtsgericht gehören, ist aber die Vorklage beim Landgericht anhängig, kann auch dort die Widerklage erhoben werden.

4. Der Zusammenhang des § 33 I ZPO

224 d Ein Zusammenhang mit dem Klaganspruch liegt vor, wenn beide Klagen auf ein **gemeinsames Rechtsverhältnis** zurückzuführen sind, oder aber die Klagforderung mit dem Verteidigungsmittel des Beklagten **in Zusammenhang** steht. Einer Identität zwischen beiden Anspruchsgrundlagen bedarf es nicht.

---

[460] BGH, NJW-RR 2001, 60
[461] BGH, NJW-RR 1992, 1085
[462] BGH, NJW-RR 1992, 736
[463] BGH, NJW-RR 1990, 1267

Beispiel:
Zusammenhang besteht zwischen der Unterhaltsklage des Klägers und dem im Wege der Widerklage geltend gemachten Anspruch auf Vorschusszahlung zugunsten des Beklagten für dessen beabsichtigte Klage auf Rückzahlung geleisteten Unterhaltes wegen ungerechtfertigter Bereicherung.

Ein Zusammenhang mit den Verteidigungsmitteln des Beklagten besteht, wenn dieser z. B. gegenüber einer Rückstandsforderung auf Unterhalt in Höhe von 3000 € Aufrechnung mit einem rein zivilrechtlichen Gegenanspruch in Höhe von 10 000 € erklärt: Über die erloschene Rückstandsforderung in Höhe von 3000 € hinaus führt der Beklagte in Höhe von 7000 € gegen den Kläger eine Widerklage.

5. Der Zusammenhang von Klage und Widerklage

Zeitlich gesehen ist eine Widerklage erst **ab Rechtshängigkeit der Vorklage** zulässig; **224 e**
es gibt daher keine Widerklage im Rahmen eines Mahnverfahrens oder eines vereinfachten Unterhaltsverfahrens i. S. d. § 645 ZPO. Zum Zeitpunkt der Erhebung der Widerklage muss die Rechtshängigkeit der Vorklage auch noch fortdauern. Ist zu diesem Zeitpunkt die Klage bereits zurückgenommen (§ 269 ZPO) oder anderweitig erledigt (§ 91 a ZPO), ist eine Widerklage nicht mehr zulässig. Das gilt auch dann, wenn sich der Rechtsstreit auf die Verhandlung über die Kosten reduziert hat. Da auch dann der Rechtsstreit in der Hauptsache erledigt ist, ist die Vorklage als Streitsache nicht mehr rechtshängig. Unschädlich ist es aber für die Zulässigkeit der Widerklage, wenn nach ihrer wirksamen Erhebung die Vorklage zurückgenommen oder auf andere Weise erledigt wird. Das Gericht der Vorklage bleibt gem. § 261 III Nr. 2 ZPO auch weiterhin für die Widerklage zuständig; diese steht damit nunmehr als einziges Klagverfahren zur Entscheidung des Gerichts nach Erledigung der Vorklage.

6. Die Parteien der Widerklage

Folgende Parteirollen sind im Rahmen von Vorklage und Widerklage möglich: **224 f**

- **Der Beklagte** erhebt eine Widerklage nur **gegen den Kläger** oder gleichzeitig auch noch gegen einen bisher am Rechtsstreit nicht beteiligten Dritten als Streitgenosssen i. S. d. §§ 59, 60 ZPO.
- **Der Beklagte** erhebt seine Widerklage nur **gegen** einen bisher am Rechtsstreit **nicht beteiligten Dritten.**
- **Ein Streithelfer des Beklagten** oder ein **sonstiger Dritter** erhebt **gegen den Kläger** allein oder gegen ihn und einen am Rechtsstreit bisher nicht beteiligten Dritten eine „Drittwiderklage".

Nach der Rechtsprechung des Bundesgerichtshofs ist die Widerklage nur im 1. Fall als Klageänderung (Parteierweiterung) zulässig. Es bedarf daher entweder einer Einwilligung des Klägers (rügelose Einlassung genügt) oder einer Sachdienlichkeit der subjektiven Klagehäufung.[464] Wird die **parteierweiternde Widerklage** in der Berufungsinstanz erhoben, ist immer die Zustimmung des Klägers erforderlich, sofern er sie nicht rechtsmissbräuchlich verweigert.[465] Dritte können im Wege der Anschlussberufung nicht einbezogen werden.[466]

Nicht zulässig sind somit eine Drittwiderklage oder die Klage eines Dritten (2./3. Fall). Allerdings kann das Gericht eine **Klageverbindung gem. § 147 ZPO** vornehmen.

Hat das Gericht im ersten Falle die Sachdienlichkeit der Widerklage und damit ihre Zulässigkeit bejaht, bedarf es für die örtliche Zuständigkeit des angerufenen Gerichts, soweit es den Dritten anbelangt, einer **Gerichtstandbestimmung nach § 36 Nr. 3 ZPO,** da die Widerklage nur für die Parteien von Vorklage und Widerklage, nicht für einen in das Verfahren einbezogenen Dritten die örtliche Zuständigkeit begründet.[467]

---

464 BGH, NJW 1991, 2838
465 BGH, NJW-RR 1990, 1267
466 BGH, NJW 1995, 198
467 BGH, NJW 1991, 2838

Fehlt die Zuständigkeit oder wird die Sachdienlichkeit verneint, ist die Widerklage als **unzulässig abzuweisen.**[468] Auf Antrag des Beklagten kann aber die „Widerklage" auch abgetrennt und als eigenständiges Verfahren geführt werden; darüber hinaus kommt eine **Verweisung** gem. § 281 ZPO an den allgemeinen, besonderen oder ausschließlichen Gerichtsstand der Gegenklage in Betracht.

7. Identität der Prozessart von Klage und Widerklage

224 g Zulässigkeitsvoraussetzung der Widerklage ist weiter, dass sie in derselben Prozessart wie die Hauptklage erhoben wird. Unzulässig ist daher eine Widerklage im Urkunden- und Wechselprozess (§ 595 I ZPO). Auch ist es unzulässig, gegenüber der Familiensache Unterhalt einen nicht familienrechtlichen Anspruch im Wege der Widerklage durchzusetzen.[469] Im Arrest- und einstweiligen Verfügungsverfahren gibt es dann eine Widerklage, wenn das Verfahren auf Grund mündlicher Verhandlung (sozusagen als Klage mit Urteilsabschluss) geführt wird. Dann ist nämlich eine Hauptsache rechtshängig;[470] einer Gegenverfügung bedarf es dann nicht.[471]

Klage und Widerklage sind für den Streitwert nicht zu addieren, wenn die (teilweise) Zuerkennung der Klage zwingend zur Abweisung der Widerklage führt.[472]

Bei einer Häufung von Klage und Widerklage sind die Kosten nicht nach diesen Verfahrensgegenständen zu verteilen, sondern nach dem Verhältnis der Streitwerte zu quotieren.[473]

8. Sonderformen der Widerklage, Hilfswiderklage

224 h Die Widerklage kann unter einer auflösenden oder aufschiebenden Bedingung erhoben werden (z. B. für den Fall der Klagestattgabe oder völligen bzw. teilweisen Klageabweisung). Hierzu gehört, wenn der Beklagte mit einer Gegenforderung aufrechnet und für den Fall der Nichtzulässigkeit der Aufrechnung (z. B. gegenüber dem laufenden Unterhalt) Eventualwiderklage auf Zahlung seiner Gegenforderung erhebt. Zulässig wäre auch eine Hilfswiderklage, mit der die Zurückforderung des bezahlten Unterhaltes für den Fall begehrt wird, dass dem Kläger der eingeklagte Unterhalt nicht oder nicht in der vollen Höhe – wie gezahlt –, zusteht.

Keine Hilfswiderklage liegt dann vor, wenn ein Dritter **Gegenklage** erhebt oder sie gegen einen Dritten rechtshängig gemacht wird. Hierbei handelt es sich um keine Widerklage zwischen den Parteien selbst, sondern um eine **subjektive Klagerweiterung,** die sich nach den §§ 59, 60 ZPO richtet. Im Übrigen kann schon deswegen ein Streitgenosse nicht im Wege der Hilfswiderklage einbezogen werden, weil das gegen ihn begründete Prozessrechtsverhältnis bedingungsfeindlich ist und nicht in der Schwebe gehalten werden kann.[474]

9. Feststellungswiderklage

224 i Hat der Kläger nur eine **Teilklage** erhoben oder seinen Unterhaltsanspruch auf einen bestimmten Zeitraum befristet (bloße Unterhaltsrückstände oder Unterhalt nur für einen bestimmten Zeitabschnitt), kann der Beklagte mit einer **negativen Feststellungsklage** begehren, dass festgestellt wird, dass er überhaupt keinen Unterhalt schulde (auch über die nicht von der Klage erfasste Zeit hinaus).

---

468 BGH, NJW 1993, 2120
469 BGH, NJW 1986, 1178
470 Dazu Musielak/Smid, ZPO § 33, Rn. 13
471 Zöller/Vollkommer, a.a.O., § 33, Rn. 24
472 OLG Hamm, FamRZ 2002, 1642
473 OLG Naumburg, FamRZ 2002, 434
474 Zöller/Vollkommer, a.a.O. Rn. 27

10. Wider-Widerklage

Einem mit der Widerklage überzogenen Kläger bleibt es unbenommen, sich gegen Letztere selbst im Wege der **Wider-Widerklage** zu wehren. Sie ist – auch hilfsweise – zulässig und unterliegt nicht den Fesseln des § 263 ZPO (Klageänderung), da sich an der Parteirolle (nur Kläger und Beklagter) nichts ändert.[475] 224j

11. Gerichtsstandsvereinbarungen

Liegt keine konnexe Widerklage vor, begründet § 33 I ZPO nicht den besonderen Gerichtsstand der Widerklage. Das Gleiche gilt im Falle der Gegenklage ausschließlich gegenüber einem Dritten. Hier kann aber das Gericht des Vorprozesses durch **Prorogation** (§ 38 ZPO) oder **rügelose Verhandlung** (§ 39 ZPO) zuständig werden. 224k

Andererseits kann die besondere Zuständigkeit des § 33 I ZPO und damit auch die internationale Zuständigkeit (vgl. dazu im Anwendungsbereich des EuGVÜ Art. 6 Nr. 3 und 14 III des Übereinkommens) durch **negative Prorogation (Derogation)** abbedungen werden. Die dann erhobene Widerklage ist wegen fehlender örtlicher Zuständigkeit unzulässig. Allerdings sind an den Ausschluss der Widerklagezuständigkeit strenge Anforderungen zu stellen, weil hierdurch die Rechtsposition des Klägers erheblich verstärkt und jene des Beklagten geschwächt wird.[476]

3. Abschnitt: Vorläufige Regelung und Sicherung von Unterhaltsansprüchen

I. Die einstweilige Anordnung in Unterhaltsverfahren

1. Gegenstand

Die einstweilige Unterhaltsanordnung gemäß § 620 S. 1 Nr. 4 (Kindesunterhalt) und Nr. 6 (Ehegattenunterhalt) ZPO oder der aus dem Unterhaltsanspruch hergeleitete Prozesskostenvorschuss[1] gem. § 127 a (Unterhaltssachen), § 620 S. 1 Nr. 9 (Ehesachen und Folgesachen) und § 621 f (übrige Familiensachen) ZPO schafft auf Grund einer nur summarischen Prüfung lediglich eine **einstweilige Vollstreckungsmöglichkeit** wegen eines **vorläufig als bestehend angenommenen Anspruchs.**[2] Sie stellt keine rechtskräftige Entscheidung über den Unterhaltsanspruch dar und kann jederzeit, auch für die zurückliegende Zeit, durch ein im ordentlichen Rechtsstreit ergehendes Urteil abgelöst werden.[3] Auf den „Notunterhalt" ist sie, anders als die einstweilige Verfügung, nicht beschränkt, sondern kann durchaus den angemessenen Unterhalt erreichen.[4, 5] 225

Eine Mindermeinung geht allerdings davon aus, dass im Recht der einstweiligen Anordnung (§§ 620ff., 644 ZPO) nur der sog. Notunterhalt zugesprochen werden könne. Dies ist regelmäßig nur der Unterhalt in Höhe des Sozialhilfesatzes.[6]

---

475 BGH, NJW-RR 1996, 65
476 BGH, NJW 1983, 1266, 1267
1 Vgl. dazu BGH, FamRZ 1984, 148 = NJW 1984, 291
2 BGH, FamRZ 1984, 767
3 BGH, FamRZ 1984, 767
4 Vgl. dazu BVerfG, FamRZ 1980, 872
5 Dazu insgesamt ausführlich Dunkl/Feldmeier, Handbuch des vorläufigen Rechtsschutzes. S. 419 ff.
6 OLG Hamm, FamRZ 2001, 357; AG Tempelhof, FamRZ 2002, 616 mit Anm. von van Els, FamRZ 2002, 617

2. Voraussetzungen

226 Eine einstweilige Anordnung auf Unterhalt (anders auf Prozesskostenvorschuss) ist zulässig, wenn eine Ehesache (d. i. Scheidung, Aufhebung, Nichtigkeit, Wiederherstellung, Feststellung auf Bestehen oder Nichtbestehen der Ehe) anhängig ist (= Einreichung, nicht Zustellung) oder ein Prozesskostenhilfegesuch dafür (§ 620 a II ZPO). Nach Eintritt der Rechtskraft der Scheidung kann eine einstweilige Anordnung nicht mehr beantragt werden. Die Entscheidung über einen vorher gestellten Antrag ist jedoch noch möglich. Dies gilt auch dann, wenn zwar die Scheidung schon rechtskräftig, aber eine Folgesache noch anhängig ist.[7]

Wird nur isoliert im Wege der Hauptsache Unterhalt geltend gemacht, kann dieser seit 1. 7. 1998 ebenfalls durch einstweilige Anordnung (§ 644 ZPO) tituliert werden. Seit 1. 8. 2001 gilt dies auch für die Unterhaltsansprüche nach dem Lebenspartnerschaftsgesetz (§ 661 ZPO). Der Antrag auf Erlass einer derartigen einstweiligen Anordnung ist zulässig, sobald die Unterhaltsklage anhängig ist oder ein entsprechendes Prozesskostenhilfegesuch bei Gericht eingereicht wurde.

Für einen **Prozesskostenvorschuss** hingegen genügt die Anhängigkeit einer Unterhaltssache oder anderen Familiensache (§ 127 a, § 621 f ZPO) oder eines PKH-Gesuchs dafür (beschränkt auf das jeweilige Verfahren, für das PKH benötigt wird!).

Jedoch bildet die Vorschrift des § 127 a ZPO nicht die materiell-rechtliche Grundlage des Anspruchs. Dieser ist vielmehr im Unterhaltsrecht selbst zu suchen. Für den Unterhaltsgläubiger besteht die Wahlmöglichkeit, ob er den Vorschuss im Wege der Hauptsacheklage oder im Eilverfahren der einstweiligen Anordnung geltend macht.

Die gerichtliche Entscheidung über den Antrag auf Erlass einer einstweiligen Anordnung ist nach § 127 a II Satz 1 ZPO unanfechtbar, so dass eine Überprüfung der Entscheidung nur im Rahmen der §§ 620 a–g ZPO erfolgen kann. Allerdings ist der Unterhaltsberechtigte in der Lage, bei Versagung des Anspruchs auf Prozesskostenvorschuss nach § 127 a ZPO Leistungsklage zu erheben, während dem Schuldner die Möglichkeit zusteht, gegen die einstweilige Anordnung mit der negativen Feststellungsklage vorzugehen.

3. Zuständigkeit

227 **Örtlich zuständig** ist das **Familiengericht der Ehesache.**

Die **sachliche Zuständigkeit** ist ebenfalls an die Ehesache des § 606 ZPO gekoppelt. Danach ist das **Familiengericht** für die einstweilige Anordnung zuständig, wenn die Ehesache in erster Instanz anhängig ist. Schwebt die **Ehesache in der Berufungsinstanz,** ist **das OLG** zuständig (§ 620 a IV Satz 1 ZPO). Ist die Folgesache Kindes- oder Ehegattenunterhalt **im zweiten oder dritten Rechtszug** anhängig, so ist das **Berufungsgericht der Folgesache** zuständig (§ 620 a IV Satz 2 ZPO). Somit ist das OLG auch zuständig, wenn das Unterhaltsverfahren sich in der Revisionsinstanz befindet. Befindet sich das Unterhaltsverfahren bereits in zweiter Instanz, bevor das Familiengericht über den einstweiligen Anordnungsantrag entschieden hat, bleibt hierfür (Grundsatz der perpetuatio fori) das Familiengericht in erster Instanz zuständig.[8]

Ist aber inzwischen der Scheidungsausspruch in **Teilrechtskraft** erwachsen, kann **keine einstweilige Anordnung mehr** beantragt werden. Ist das Verbundurteil mit Berufung angefochten worden, der Umfang des Rechtsmittels aber noch nicht konkretisiert, so ist der Rechtsstreit noch nicht in der Rechtsmittelinstanz anhängig und für einstweilige Anordnungen weiterhin das Familiengericht zuständig.[9]

---

[7] H. M., z. B. OLG Frankfurt/M., FamRZ 1990, 539; a.A. z. B. OLG Hamm, FamRZ 1987, 1278

[8] BGH, FamRZ 1980, 670 f.

[9] BGH, FamRZ 1989, 1064 bei teilweiser Rechtsmittelrücknahme

4. Antrag

Das einstweilige Anordnungsverfahren ist ein **Antragsverfahren.** Dieser ist zulässig, **sobald** und **solange** die Ehesache oder ein Prozesskostenhilfegesuch anhängig ist (§ 620 a II S. 1 ZPO). Nach § 620 a II S. 2 ZPO kann der Antrag **zu Protokoll der Geschäftsstelle** erklärt werden. Insoweit besteht daher **kein Anwaltszwang,** wohl aber für die mündliche Verhandlung, auch eines Änderungsverfahrens nach § 620 b II ZPO. Da es sich bei den einstweiligen Anordnungsverfahren bezüglich Kindes- und Ehegattenunterhalts um ZPO-Familiensachen handelt, bedarf es eines **Sachantrages,** nicht nur eines **Verfahrensantrages,** und zwar vergleichbar einem **Klagantrag.** 228

5. Regelungsbedürfnis

Jede einstweilige Anordnung auf Unterhalt setzt ein **Regelungsbedürfnis** voraus.[10] Dieses Regelungsbedürfnis ist nicht mit der **Dringlichkeit der Regelung** zu verwechseln, sondern entspricht dem Begriff des Rechtsschutzinteresses im Rahmen einer Hauptsacheklage. Es fehlt dann, wenn der Unterhaltspflichtige bisher den geltend gemachten Unterhalt immer rechtzeitig und in voller Höhe gezahlt hat oder es sich um rückständigen Unterhalt handelt, der vor Antragstellung angefallen ist. Besteht für die nächste Zeit **keine Vollstreckungsmöglichkeit** aus tatsächlichen oder rechtlichen Gründen, ist ebenfalls ein Regelungsbedürfnis nicht festzustellen. Das gilt auch dann, wenn der Unterhalt durch eigene Einkünfte des Ehegatten oder bei ausreichendem Einkommen des Unterhaltsberechtigten gesichert ist.[11] Das notwendige Regelungsbedürfnis fehlt auch dem Begehren des Unterhaltsschuldners auf Feststellung, Unterhalt oder Prozesskostenvorschuss zu schulden.[12] **Kein Regelungsbedürfnis** besteht auch dann, wenn zwar noch formell die Ehesache zwischen den Parteien anhängig ist, diese **sich aber versöhnt haben** und seit langem bereits wieder zusammenleben. 229

Das Gericht hat bei einem Antrag auf Erlass einer einstweiligen Anordnung kein freies Handlungsermessen. Vielmehr ist bei Vorliegen eines Regelungsbedürfnisses eine einstweilige Regelung auf Antrag zu erlassen. Dieses Bedürfnis besteht dann, wenn ein dringender Anlass für ein alsbaldiges Einschreiten besteht, das ein Abwarten bis zur endgültigen Hauptsacheentscheidung nicht gestattet.[13]

6. Wirkung

Seit dem 1. 4. 1986 wirkt eine einstweilige Anordnung oder ein ihr gleichgestellter Prozessvergleich unmittelbar für und gegen das Kind (§ 1629 III BGB i. V. m. § 620 S. 1 Nr. 4 ZPO). Das Kind muss aber im Zeitpunkt des Erlasses der Entscheidung noch minderjährig sein. 230

Ein im Verfahren auf Erlass einer einstweiligen Anordnung geschlossener **Prozessvergleich,** durch den nichts anderes erreicht werden soll als eine der beantragten einstweiligen Anordnung entsprechende Regelung, hat keine weitergehende Wirkung als eine entsprechende einstweilige Anordnung.[14] Ein Vergleich, der eine einstweilige Anordnung ersetzt, bietet keinen Rechtsgrund[15] zum „Behaltendürfen". Weitergehende Regelungen, etwa die Begründung eines eigenen Forderungsrechts des Kindes durch Vertrag zu seinen Gunsten (§ 328 BGB), sind möglich, jedoch müssen für einen derartigen Willen ausreichend sichere Anhaltspunkte vorliegen.[16] Nach OLG Hamm[17] soll für die Überprüfung solcher (eine

[10] OLG Zweibrücken, FamRZ 1981, 65
[11] OLG Zweibrücken, a.a.O.
[12] OLG Zweibrücken, FamRZ 1983, 940
[13] OLG Stuttgart, FamRZ 2000, 965
[14] BGH, FamRZ 1983, 892 = R 173 a
[15] BGH, FamRZ 1991, 1175
[16] BGH, FamRZ 1983, 892 = R 173 b
[17] FamRZ 1991, 582

einstweilige Anordnung ersetzende) Vergleiche das normale Klagverfahren statt das weniger strenge Anordnungsverfahren in Betracht kommen. Nach OLG Karlsruhe[18] setzt ein solcher Vergleich die Zweijahresfrist des § 1605 II BGB nicht in Lauf, soweit er den Unterhalt nur vorläufig regelt.

Soweit die einstweilige Anordnung gem. § 620 f ZPO über die Zeit nach Rechtskraft der Scheidung hinaus fortgilt, regelt sie beim Ehegattenunterhalt den nachehelichen Unterhalt, nicht den Trennungsunterhalt.[19]

Die Zustellung des Antrags auf Erlass einer einstweiligen Anordnung kann eine materiellrechtliche Mahnung gemäß § 284 I S. 2 BGB sein,[20] deren Wirkung (Verzug) nur ausnahmsweise (z. B. durch Verzicht oder Verwirkung) beseitigt werden kann. Dies gilt grundsätzlich auch bei **Ablehnung** des Antrags auf Erlass einer einstweiligen Anordnung.[21]

7. Anfechtbarkeit

231 **a) Allgemeines.** Während der Anhängigkeit der Ehesache, und zwar zeitlich begrenzt bis zu deren Rechtskraft,[22] können die einstweiligen Anordnungen auf Unterhalt **auf Antrag** jederzeit **aufgehoben und abgeändert** werden (§ 620 b ZPO). Dabei setzt eine Abänderung nicht voraus, dass sich die für den Erlass maßgeblichen Verhältnisse geändert haben; eine abweichende rechtliche Beurteilung derselben Tatsachen reicht aus.[23] Dies gilt aber nicht, wenn die Änderung einer einstweiligen Anordnung beantragt wird, die **auf Grund mündlicher Verhandlung durch begründeten Beschluss** ergangen ist, und die Abänderung begehrende Partei **neue Gesichtspunkte nicht** anzuführen vermag.[24] Wird der **Antrag auf Änderung erst nach Rechtskraft der Scheidung** gestellt, ist eine **Änderung** der einstweiligen Anordnung nach § 620 d ZPO **ausgeschlossen,** auch dann, wenn trotz Rechtskraft der Scheidung vor dem Berufungsgericht noch ein Unterhaltsfolgeverfahren anhängig ist.[25]

232 Die sofortige Beschwerde ist ausgeschlossen.[26] Falls keine mündliche Verhandlung stattgefunden hat, kann Antrag auf mündliche Verhandlung gestellt werden (§ 620 b II ZPO). Bei „greifbarer Gesetzeswidrigkeit" muss erst Antrag auf mündliche Verhandlung gestellt werden.[27] Ist aber nach mündlicher Verhandlung eine einstweilige Anordnung ergangen, die wegen greifbarer Gesetzwidrigkeit grob fehlerhaft ist, dann ist hiergegen entgegen §§ 644, 624 c ZPO ein außerordentlicher Rechtsbehelf in Form der sofortigen Beschwerde gegeben.[28]

Eine Abänderungsklage ist ausgeschlossen.[29] Das gilt auch für einen Prozessvergleich, der eine einstweilige Anordnung ersetzt.[30] Eine Abänderungsklage kann eventuell in eine Leistungsklage umgedeutet werden.[31]

233 **b) Anfechtungsmöglichkeit für den Unterhaltsgläubiger.** Er kann jederzeit Leistungsklage erheben, um in einem ordentlichen Rechtsstreit den Unterhaltsanspruch feststellen zu lassen.[32]

---

[18] FamRZ 1992, 684
[19] BGH, FamRZ 1985, 51 = R 233 a
[20] BGH, FamRZ 1983, 352 = NJW 1983, 2318
[21] Vgl. BGH, FamRZ 1995, 725
[22] Dazu BGH, FamRZ 1983, 355 = NJW 1983, 1330
[23] Klauser, MDR 1981, 711, 717
[24] KG, FamRZ 1978, 431
[25] OLG Frankfurt, FamRZ 1987, 1279
[26] § 620 c, § 127 a II, § 621 f II ZPO; der Ausschluss ist verfassungsgemäß, BVerfG, FamRZ 1980, 322 LS = NJW 1980, 386 LS
[27] OLG München, OLG-Report München 1994, 151
[28] OLG Stuttgart, FamRZ 2000, 965; OLG Naumburg, FamRZ 2002, 183
[29] BGH, FamRZ 1983, 892 = R 173 c, d; OLG Bremen, FamRZ 2000, 1165
[30] BGH, FamRZ 1991, 1175
[31] Vgl. BGH, FamRZ 1983, 892 = R 173 c, d
[32] BGH, FamRZ 1984, 767; OLG Zweibrücken, FamRZ 2000, 1288

c) Anfechtungsmöglichkeit für den Unterhaltsschuldner. Er kann jederzeit durch negative Feststellungsklage den vom Unterhaltsgläubiger behaupteten oder durch einstweilige Anordnung vorläufig geregelten Unterhaltsanspruch klären lassen, insbesondere wenn es um die wirtschaftlichen Verhältnisse geht,[33] und zwar auch für die Zeit vor Rechtshängigkeit der Klage oder Verzug des Gläubigers mit einem Verzicht auf seine Rechte aus der einstweiligen Anordnung.[34] Voraussetzung ist jedoch – wie bei jeder negativen Feststellungsklage – ein „Berühmen" des Unterhaltsgläubigers, das sich auch aus den Umständen ergeben kann, nicht jedoch im Allgemeinen aus bloßem Schweigen oder passivem Verhalten. Reagiert daher der Unterhaltsgläubiger nach zweimaliger Ablehnung einer einstweiligen Anordnung und zwischenzeitlicher Scheidung nicht auf eine Aufforderung des Unterhaltsschuldners, auf Trennungsunterhalt zu verzichten, liegt darin kein „Berühmen".[35] 234

Er kann Vollstreckungsabwehrklage gem. § 767 ZPO erheben, wenn er nachträglich entstandene rechtshemmende oder rechtsvernichtende Einwendungen geltend machen will, z. B. Erfüllung.[36] Analog § 767 II ZPO können mit der Vollstreckungsabwehrklage jedoch nur Umstände geltend gemacht werden, die nicht schon vor Erlass der Entscheidung vorgebracht werden konnten.[37] Nach OLG Düsseldorf[38] soll hingegen eine Vollstreckungsklage gegen eine einstweilige Anordnung unzulässig sein, weil deren Außerkrafttreten gem. § 620 f ZPO schneller, einfacher und billiger festgestellt werden könne. Bei der entsprechenden Anwendung des § 767 ZPO ist davon auszugehen, dass ein Anspruch in dem titulierten Umfang bestanden hat.[39]

Das gilt auch, soweit die einstweilige Anordnung gem. § 620 f ZPO den nachehelichen Unterhalt regelt.[40] Die Vollstreckungsabwehrklage ist also nicht schon mit der Begründung erfolgreich, die einstweilige Anordnung erfasse nur den Trennungsunterhalt, der mit Rechtskraft der Scheidung auf Grund der Nichtidentität von Trennungsunterhalt und nachehelichem Unterhalt[41] entfallen sei.

Hat der Unterhaltsschuldner auf Grund einer einstweiligen Anordnung, die über Bestand oder Höhe des materiell-rechtlichen Anspruchs hinausgeht, geleistet, kann er die Bereicherungsklage erheben, ohne dass es auf die förmliche Aufhebung der einstweiligen Anordnung ankäme. Das zusprechende Urteil ist eine „anderweitige Regelung" gemäß § 620 f ZPO,[42] ein Feststellungsurteil, dass die Unterhaltspflicht entfällt, jedoch erst ab Rechtskraft.[43] Nach OLG Frankfurt[44] setzt ein vorläufig vollstreckbares Hauptsacheurteil (nachehelichen Unterhalt) eine einstweilige Anordnung nicht außer Kraft.

235 Mit der negativen Feststellungsklage kann der Unterhaltsschuldner feststellen lassen, dass er – auf den Zeitpunkt des Erlasses der einstweiligen Anordnung zurückbezogen – keinen Unterhalt schuldete.[45] Der damit zu Unrecht gezahlte Unterhalt kann im Wege der Bereicherungsklage gemäß §§ 812 ff. BGB zurückgefordert werden.[46] Diese Bereicherungsklage kann ebenfalls auf den Zeitpunkt zurückdatiert werden, von dem ab kein Unterhalt mehr in voller oder teilweiser Höhe geschuldet war.

Vielfach wird eine derartige Klage aber wegen Wegfalls der Bereicherung nach § 818 III BGB keinen Erfolg haben. Anders ist dies nur, wenn der Unterhaltsgläubiger gemäß § 818 IV BGB verschärft haftet. Diese verschärfte Haftung setzt aber erst mit der Erhebung

---

33 Vgl. BGH, FamRZ 1984, 356 = R 198 a; FamRZ 1984, 769 = NJW 1984, 2355
34 BGH, FamRZ 1989, 850
35 Vgl. BGH, FamRZ 1995, 725
36 BGH, FamRZ 1983, 355 = R 156 a; vgl. auch BGH, FamRZ 1984, 769 = NJW 1984, 2355 und WM 1987, 1048, 1049
37 BGH, FamRZ 1985, 51
38 FamRZ 1991, 721
39 BGH, FamRZ 1983, 355
40 BGH, FamRZ 1985, 51 = R 233 a
41 Vgl. dazu BGH, FamRZ 1980, 1099
42 BGH, FamRZ 1984, 767
43 BGH, FamRZ 1991, 180 = NJW 1991, 705
44 FamRZ 1990, 767
45 So BGH, FamRZ 1983, 355 = NJW 1983, 1330, entgegen OLG Karlsruhe, FamRZ 1980, 608
46 BGH, FamRZ 1984, 767 = NJW 1984, 2095; OLG München, FamRZ 1980, 1043

der Bereicherungsklage ein,[47] nicht bereits mit der Rechtshängigkeit der vorgeschobenen negativen Feststellungsklage.[48]

236 Nicht notwendig ist für die Rückforderung auf Grund einstweiliger Anordnung gezahlter Unterhaltsleistungen, dass sich der Berechtigte mit dem Verzicht auf die Rechte aus der einstweiligen Anordnung in Verzug befindet oder die Feststellungsklage bereits rechtshängig ist.[49] Allerdings kann im Einzelfall eine Korrektur gem. § 242 BGB in Betracht kommen.

Stellt sich im Hauptsacheverfahren heraus, dass der im Wege der einstweiligen Anordnung titulierte und gezahlte Unterhalt gekürzt wird oder insgesamt wegfällt, führt dies zu keinem Schadensersatzanspruch entspr. §§ 641 g, 717 II, 945 ZPO. Denn die §§ 620 ff. ZPO beinhalten eine abschließende Regelung des einstweiligen Rechtsschutzes in Ehesachen. Nach dem Willen des Gesetzes sollte das Risiko des Unterhaltsgläubigers bewusst gering gehalten werden, um die Anwendung des einstweiligen Rechtsschutzes zu erleichtern. Diese Absicht des Gesetzgebers würde unterlaufen, wenn ein Schadensersatzanspruch in analoger Anwendung der §§ 717 II, 945 ZPO bejaht würde.[50]

237 **d) Vollstreckung.** Nach einem Abänderungs- oder Aufhebungsantrag kann gem. § 620 e ZPO die Vollziehung ausgesetzt werden.

Die einstweilige Einstellung der Zwangsvollstreckung ist bei der Vollstreckungsabwehrklage möglich unmittelbar gem. § 769 ZPO, bei der negativen Feststellungsklage entweder analog § 769 ZPO oder analog § 707, § 719 ZPO,[51] ebenso bei einer Leistungsklage, deren Abweisung der Beklagte beantragt.[52] Streitig ist, ob eine Einstellung nach diesen Vorschriften auch dann möglich ist, wenn das Scheidungsverfahren noch anhängig ist und dort eine Aussetzung der Vollziehung gem. § 620 e ZPO begehrt werden könnte (etwa im Rahmen eines Abänderungsantrags). Nach praktischen Gesichtspunkten ist die Frage zu bejahen.[53]

Nicht entscheidend ist, ob die Einstellung (oder Ablehnung) auf § 769 ZPO analog oder § 707 I, § 719 I ZPO gestützt wird.[54] Denn auch bei Einstellung nach §§ 707, 719 ZPO wird – in beschränktem Umfang – entgegen dem Wortlaut des § 707 II ZPO eine Anfechtung zugelassen. Analogie bedeutet auch nicht, dass **jede** Regelung der herangezogenen Vorschrift analog angewendet werden muss. In der Praxis zeigt sich ein – wenn auch seltenes – Bedürfnis für eine Anfechtbarkeit solcher Einstellungsbeschlüsse, beschränkt auf grobe Rechts- oder Ermessensfehler.

Wenn aus einer nicht mit dem materiellen Recht übereinstimmenden einstweiligen Anordnung vollstreckt wird, sieht das Gesetz keine besonderen Erstattungs- oder Schadensersatzansprüche vor. Insbesondere scheidet eine entsprechende Anwendung der §§ 717 II und 945 ZPO aus.[55]

Die Vollstreckung einer einstweiligen Anordnung zur Zahlung eines Prozesskostenvorschusses ist auch nach Beendigung des Prozesses und ungeachtet der Kostenentscheidung möglich. Für den Arglisteinwand (§ 767 I ZPO) genügt nicht das Unterliegen des Empfängers im Rechtsstreit. Die Kostenentscheidung ist keine „anderweitige Regelung" gem. § 620 f ZPO.[56]

Bei einer Ermäßigung des Zahlungsbetrags bleibt Vollstreckungstitel die alte einstweilige Anordnung.[57]

238 **e) Außerkrafttreten.** Nach § 620 f ZPO tritt eine einstweilige Anordnung **außer Kraft,** wenn der Scheidungsantrag oder die Klage in einer anderen Ehesache des § 606

[47] BGH, FamRZ 1984, 767 = NJW 1984, 2095
[48] BGH, FamRZ 1985, 368 = NJW 1985, 1074
[49] BGH, FamRZ 1989, 850; OLG München, FamRZ 1985, 410; OLG Hamm, FamRZ 1988, 1056; streitig, a.A. z. B. OLG Bamberg, FamRZ 1988, 525
[50] BGH, FamRZ 2000, 751 = R 539
[51] BGH, FamRZ 1983, 355
[52] OLG Frankfurt, FamRZ 1990, 767
[53] Vgl. auch OLG Stuttgart, FamRZ 1992, 203 m. Nachweisen zum Streitstand; ebenso: OLG Hamburg, FamRZ 1996, 745; a.A. OLG Köln, FamRZ 1995, 1003
[54] A.A. OLG Stuttgart, FamRZ 1992, 203
[55] BGH, FamRZ 1984, 767
[56] BGH, FamRZ 1985, 802
[57] KG, FamRZ 1991, 1327

ZPO **zurückgenommen, rechtskräftig abgewiesen** oder wenn das Eheverfahren nach § 619 ZPO durch den **Tod eines Ehegatten vor Rechtskraft der Scheidung** als in der Hauptsache erledigt anzusehen ist. Ferner führt das **Wirksamwerden einer anderweitigen Regelung** ebenfalls zum Wegfall der vorläufigen Regelung nach § 620 ZPO. Insbesondere kann der Unterhaltsgläubiger jederzeit Leistungsklage erheben, um in einem ordentlichen Rechtsstreit den Unterhaltsanspruch endgültig feststellen zu lassen. Er kann aber auch einen **Vertrag oder Unterhaltsvergleich** mit dem Unterhaltsschuldner abschließen. Auch vollstreckbare Urkunden wie auch privatschriftliche Vereinbarungen sind eine anderweitige Regelung.

Im Übrigen können die Parteien auch das einstweilige Anordnungsverfahren übereinstimmend für erledigt erklären.

War nur ein Antrag auf Bewilligung der Prozesskostenhilfe für die Ehesache anhängig und **239**
wird dieser zurückgenommen, tritt die einstweilige Anordnung gemäß § 620 f I Satz 1 ZPO analog außer Kraft, als würde der Scheidungsantrag zurückgenommen.[58] Allein die **Zurückweisung eines PKH-Gesuches** lässt die einstweilige Anordnung noch nicht außer Kraft treten, denn dies ist keine anderweitige Regelung im Sinne des § 620 f ZPO und stellt auch kein sonstiges Prozessereignis im Sinne des § 620 f I ZPO dar. Dies gilt ebenfalls für die Anordnung des Ruhens des Scheidungsverfahrens.

Die anderweitige Regelung im Sinne des § 620 f I ZPO muss den Gegenstand der **240**
einstweiligen Anordnung positiv oder negativ neu ordnen[59] und wirksam sein. Dies bedeutet im Falle einer kontradiktorischen Entscheidung die Rechtskraft des Urteils, nicht nur seine vorläufige Vollstreckbarkeit.[60]

Ist zeitlich unbeschränkt (also über die Rechtskraft der Ehescheidung hinaus) im Weg der **241**
einstweiligen Anordnung Unterhalt zugesprochen worden, so fällt dieser nur für den Zeitraum der Trennung weg, wenn auf eine negative Feststellungsklage des Unterhaltsschuldners festgestellt wird, dass kein Getrenntlebenunterhalt geschuldet ist.

f) Verhältnis zur einstweiligen Verfügung. Die §§ 620 ff. ZPO enthalten eine ge- **242**
schlossene Sonderregelung des einstweiligen Rechtsschutzes in Ehesachen und verdrängen die Vorschriften über die einstweilige Verfügung.[61] Wenn und soweit eine einstweilige Anordnung zulässig ist, ist eine einstweilige Verfügung unzulässig. Das schließt es nicht aus, das Verfahren je nach Prozesslage durch den Antragsteller umzustellen oder, nach Anhörung der Parteien, den Antrag durch das Gericht umzudeuten, um dem vorläufigen Schutzbedürfnis des Unterhaltsgläubigers schnell Rechnung zu tragen und unnütze, aber kostenträchtige Verzögerungen des Rechtsschutzes zu vermeiden.[62]

Im Einzelnen gilt daher Folgendes:

Ist die **Ehesache** oder ein **Prozesskostenhilfegesuch bereits anhängig** und geht erst dann ein Antrag auf einstweilige Verfügung bei Gericht ein, ist dieser Antrag unzulässig.[63] Der Unterhaltsgläubiger muss – um die Verwerfung des Verfügungsantrages als unzulässig zu vermeiden – seinen Antrag nunmehr als einstweiligen Anordnungsantrag in das Eheverfahren einbinden und dort verlesen.[64] Weist das Gericht den verspäteten Verfügungsantrag ohne Umdeutung zurück, so steht § 620 c ZPO einer Beschwerde gegen diese Entscheidung nicht entgegen (OLG Brandenburg, a.a.O.).

Nach Abschluss des Verfahrens einer einstweiligen Verfügung auf Unterhalt in erster Instanz ist im Berufungsverfahren ein Übergang vom Verfügungsantrag in einen solchen auf Erlass einer einstweiligen Anordnung ausgeschlossen.

Die Änderung eines Antrags auf Erlass einer einstweiligen Verfügung in einen solchen gemäß § 620 ZPO ist in der Rechtsmittelinstanz für den Kläger nicht möglich; denn das

---

[58] Gießler, Rn. 202
[59] BGH, FamRZ 1991, 180, 182
[60] So jetzt BGH, FamRZ 2000, 751 = R 539; FamRZ 1991, 100
[61] BGH, FamRZ 1979, 472; vgl. auch BGH, FamRZ 1984, 767
[62] Im Einzelnen streitig, z. B. für Fortführung des einstw. Verfügungsverfahrens OLG Koblenz, FamRZ 1989, 196
[63] OLG Düsseldorf, FamRZ 1985, 298
[64] OLG Brandenburg, FamRZ 1996, 1222

Rechtsmittelgericht ist für einen Antrag auf Erlass einer einstweiligen Anordnung nicht zuständig (§ 620 a IV S. 2 ZPO). Der Verfügungskläger hat nur die – in prozesswirtschaftlicher Hinsicht – für ihn unbefriedigende – sofern nicht in zweiter oder dritter Instanz eine entsprechende Folgesache rechtshängig ist – Möglichkeit, den Antrag auf Erlass einer einstweiligen Verfügung zurückzunehmen oder für erledigt zu erklären und einen Antrag auf Regelung des Unterhalts gemäß § 620 Nr. 6 ZPO beim zuständigen Gericht der Ehesache zu stellen. Im Hinblick darauf lässt sich allerdings das Rechtsschutzinteresse für den Antrag auf Erlass einer einstweiligen Verfügung, wenn sich das Verfahren in der Rechtsmittelinstanz befindet, nicht verneinen.[65]

243 War **vor Anhängigkeit der Ehesache** der einstweilige Verfügungsantrag gestellt und Unterhalt zugesprochen worden, ersetzt diese Regelung (und zwar mit ihrem eingeschränkten zeitlichen und inhaltlichen Umfang) einen entsprechenden einstweiligen Anordnungsantrag. Ist aber das einstweilige Verfügungsverfahren (z. B. wegen Widerspruchs) **zum Zeitpunkt des Anhängigwerdens der Ehesache noch nicht abgeschlossen,** wird teilweise vertreten, dass das noch nicht abgeschlossene Verfahren der einstweiligen Verfügung in das Verfahren der einstweiligen Anordnung überzuleiten und der Widerspruch in einen Antrag nach § 620 b ZPO umzudeuten sei.[66] Teilweise wird aber aus kostenrechtlichen Gründen auch die Ansicht vertreten, das Verfügungsverfahren sei fortzusetzen und abzuschließen,[67] zumal mit einem jetzt zu stellenden einstweiligen Anordnungsantrag der frühere Zeitraum der einstweiligen Verfügung nicht umfasst werden könnte und es dann zwei Regelungen geben müsste: für den vor Antragstellung der einstweiligen Anordnung geltenden Zeitraum die bestehen bleibende einstweilige Verfügung, ab Antragstellung für den laufenden Unterhalt, der im Rahmen der 6-Monats-Regelung ebenfalls durch einstweilige Verfügung teilweise geregelt worden ist, die einstweilige Anordnung nach § 620 ZPO.

244 Grundsätzlich gilt daher, dass einstweilige Verfügungen dann nicht mehr zulässig sind, wenn insoweit einstweilige Anordnungen erlassen werden können. Ist aber eine einstweilige Verfügung für einen Zeitraum erlassen worden, für den nachfolgend eine einstweilige Anordnung nicht mehr beantragt werden kann, bleibt diese einstweilige Verfügung wirksam und kann vollstreckt werden, auch wenn anschließend der Scheidungsantrag anhängig wird.[68] Im zeitlichen und tatsächlichen Umfang der einstweiligen Verfügung ist daher eine weitere einstweilige Anordnung unzulässig. Dies gilt aber dann wieder nicht, soweit – wie üblich und dem Institut der einstweiligen Verfügung entsprechend – mit ihr nur der sogenannte **Notunterhalt** geregelt wurde. Hinsichtlich der **Unterhaltsdifferenz** bis zum angemessenen Mehrbedarf kann daher dieser zusätzliche Unterhaltsanspruch mittels einer einstweiligen Anordnung **auch für den Verfügungszeitraum** geltend gemacht werden.

245 Während durch einstweilige Verfügung nur der „Notunterhalt" (d. i. der unabdingbar notwendige Betrag für ein menschenwürdiges Dasein) zuerkannt werden kann, geht es bei der einstweiligen Anordnung um die vorläufige Regelung des angemessenen Unterhalts für die Dauer des Scheidungsrechtsstreits und, gem. § 620 f ZPO, darüber hinaus bis zu einer anderweitigen Regelung.[69]

Die einstweilige Verfügung wird regelmäßig nur für sechs Monate beantragt und dementsprechend begrenzt, die einstweilige Unterhaltsanordnung nicht.

Die einstweilige Verfügung kann im Ursprungsverfahren mit Widerspruch oder Berufung (nach mündlicher Verhandlung) angefochten werden, die einstweilige Anordnung mit dem Antrag auf mündliche Verhandlung (§ 620 b II ZPO).

246 **g) Kosten der einstweiligen Anordnung.** Gemäß § 620 g ZPO gelten die im Verfahren der einstweiligen Anordnung entstehenden Kosten für die Kostenentscheidung **als Teil der Kosten der Hauptsache.** Sie werden daher von der dort zu treffenden Kostenentscheidung erfasst, so dass im einstweiligen Anordnungsverfahren in der Regel **keine eigene Kostenentscheidung** ergeht. Wird daher das Scheidungsverfahren zu Ende geführt,

---

[65] OLG Karlsruhe, FamRZ 1995, 1424
[66] OLG Düsseldorf, FamRZ 1982, 408
[67] OLG Hamburg, FamRZ 1982, 408, 409
[68] OLG Düsseldorf, FamRZ 1987, 497, 498
[69] BVerfG, FamRZ 1980, 872

ist die dortige Kostenregelung nach § 93 a I, II ZPO auch für das Anordnungsverfahren maßgebend. Auch im Falle der Rücknahme des Antrages auf Erlass einer einstweiligen Anordnung gelten die in diesem Verfahren entstandenen Kosten für die Kostenentscheidung als Teil der Kosten der Hauptsache.[70]

Eine anderweite Kostenverteilung ist allerdings nach § 620 g 2. HS ZPO durch die entsprechende Anwendung des § 96 ZPO möglich. Diese Vorschrift findet insbesondere für unzulässige oder unbegründete einstweilige Anordnungsanträge Anwendung. Hierbei ist über die Kosten der Hauptsache (Ehesache) wie über die Kosten des Anordnungsverfahrens getrennt zu entscheiden.

Eine **eigene Kostenentscheidung im Anordnungsverfahren** ergeht daher nur noch, wenn in der Hauptsache eine Kostenentscheidung nicht mehr ergehen kann. Das ist z. B. der Fall nach Rücknahme der Eheklage oder des Antrags in der Scheidungssache; dann gilt § 269 III ZPO. Wird die **Ehesache übereinstimmend für erledigt erklärt,** kann für die Kosten des einstweiligen Anordnungsverfahrens § 91 a ZPO angewandt werden.[71]

Wird der **Scheidungsantrag zurückgewiesen,** erfolgt die einheitliche Kostenregelung nach § 91 ZPO.

Haben die Parteien **bei Abschluss eines Vergleichs** im einstweiligen Anordnungsverfahren auch die Kosten geregelt, so kann das Gericht dies nach § 93 a I Satz 3 ZPO seiner Kostenentscheidung in der Ehesache zugrunde legen. Haben die Parteien **keine Kostenregelung** getroffen, bedarf es gemäß § 620 g ZPO in der Regel keiner isolierten Kostenentscheidung für das einstweilige Anordnungsverfahren, wenn der Vergleich keine weitergehende Regelung trifft. Geht die Vergleichsregelung über eine vorläufige, summarische Regelung hinaus und schafft sie einen endgültigen Titel, findet § 98 ZPO Anwendung, sofern dieser nicht von den Parteien ausdrücklich ausgeschlossen worden ist. Im letzteren Fall kann man dem Vergleich die Wirkung einer Hauptsachefolgesache zusprechen und daher dann § 93 a ZPO Anwendung finden lassen.[72]

8. Einstweilige Anordnungen gem. § 641 d ZPO

Ist eine positive Feststellungsklage (auch Widerklage) auf Bestehen der Vaterschaft gem. **247**
§§ 1592 Nr. 3, 1600 d BGB anhängig oder ein diesbezüglicher Antrag auf Bewilligung von Prozesskostenhilfe eingereicht, kann das Familiengericht auf Antrag des Kindes oder seiner Mutter deren (Kindes- bzw. Ehegatten-)Unterhalt durch einstweilige Anordnung regeln (§ 641 d ZPO).[73]

a) Die Regelung der einstweiligen Anordnung. Als Regelung kommt eine Unterhaltszahlung oder eine Sicherheitsleistung für den Unterhalt in Betracht. In der Höhe ist die einstweilige Anordnung nicht auf den sog. Notunterhalt beschränkt, wie dies für einstweilige Verfügungen gilt. Liegen die Voraussetzungen für den Erlass einer einstweiligen Anordnung gem. § 641 d ZPO vor, geht diese einer einstweiligen Verfügung nach § 1615 o BGB vor. Allerdings darf eine einstweilige Verfügung hinsichtlich des Dreimonatsunterhaltes des § 1615 o BGB nicht mit dem Hinweis zurückgewiesen werden, die Partei möge Vaterschaftsfeststellungsklage erheben oder ein diesbezügliches Prozesskostenhilfegesuch einreichen. Wird nach Antragstellung gem. § 1615 o BGB eine Vaterschaftsfeststellungsklage anhängig, ändert dies nichts an der Zulässigkeit des einstweiligen Verfügungsantrages.

Zuständig ist gem. § 641 d II S. 5 ZPO das Gericht des ersten Rechtszuges und, wenn der Rechtsstreit in der Berufung schwebt, das OLG.

Obwohl der Antrag gem. § 641 d II S. 2 ZPO vor der Geschäftsstelle zu Protokoll erklärt werden kann, ist gem. § 78 II ZPO anwaltliche Vertretung erforderlich, da die Entscheidung auf Grund mündlicher Verhandlung ergeht (§ 78 II S. 4 ZPO) und für die mündliche Verhandlung anwaltliche Vertretung erforderlich ist.

---

[70] OLG Karlsruhe, NJWE-FER 1996, 21
[71] OLG Karlsruhe, Justiz 1981, 480
[72] Gießler, Rn. 242
[73] Vgl. dazu Dunkl/Feldmeier, Teil D, Rn. 67 ff., 266 ff.

247 a Gem. § 641 d II S. 2, S. 3 ZPO sind der Anspruch auf Unterhalt sowie die Notwendigkeit einer einstweiligen Anordnung **glaubhaft zu machen.** Hierbei handelt es sich um doppelte Anspruchsvoraussetzungen: Zum einen muss die Vaterschaft des Mannes glaubhaft gemacht werden, da gem. § 1601 BGB Verwandte in gerader Linie verpflichtet sind, einander Unterhalt zu gewähren. Hier hilft aber dem Gläubiger die Vaterschaftsvermutung des § 1600 d II S. 1 BGB, so dass der Unterhaltsgläubiger nur glaubhaft machen muss, dass der Mann der Mutter während der gesetzlichen Empfängniszeit beigewohnt hat. Bestehen aber trotzdem schwerwiegende Zweifel an der Vaterschaft (§ 1600 d II S. 2 BGB), so ist die Vaterschaftsvermutung zerstört und der Unterhaltsgläubiger hat durch anderen Tatsachenvortrag die Vaterschaft des in Anspruch Genommenen hinreichend deutlich zu machen.

Darüber hinaus müssen die engeren Unterhaltsvoraussetzungen glaubhaft gemacht werden, nämlich die Bedürftigkeit des Unterhaltsgläubigers und die Leistungsfähigkeit des Unterhaltsschuldners. Daher fehlt es an einer Bedürftigkeit bereits dann, wenn Dritte vorläufig den Unterhaltsgläubiger unterstützen oder dieser Sozialhilfe oder sonstige Leistungen erhält, die ihn tatsächlich für den Anordnungszeitraum einer Notlage entheben. Unwesentlich ist hierbei, dass öffentliche Hilfen großteils (wie insbesondere die Sozialhilfe) subsidiär gewährt werden.

Gem. § 641 d II S. 4 ZPO ergeht die gerichtliche Entscheidung auf Grund notwendiger mündlicher Verhandlung. Eine Kostenentscheidung erübrigt sich, da die entstehenden Kosten der einstweiligen Anordnung für die Kostenentscheidung als Teil der Kosten der Hauptsache gelten (§ 641 d IV ZPO). Die gleiche Aussage enthält auch § 620 g ZPO. Die Vollstreckbarkeit der einstweiligen Anordnung ergibt sich aus § 794 I Nr. 3 ZPO.

Gem. § 641 d III ZPO kann der erstinstanzliche Beschluss mit der Beschwerde angefochten werden. Ist die Vaterschaftsfeststellungsklage in zweiter Instanz beim OLG anhängig, so ist die Beschwerde bei dem Berufungsgericht einzulegen (§ 641 d III S. 2 ZPO). Gegen die obergerichtliche Entscheidung ist kein weiteres Rechtsmittel möglich (§ 567 IV S. 1 ZPO).

247 b **b) Das Außerkrafttreten einstweiliger Anordnungen.** Gem. § 641 e ZPO tritt die einstweilige Anordnung spätestens dann außer Kraft, wenn der Unterhaltsgläubiger gegen den Unterhaltsschuldner einen anderen Schuldtitel über den Unterhalt erlangt hat, der nicht nur vorläufig vollstreckbar (und damit noch nicht rechtskräftig, sondern noch auf Null reduzierbar) ist. Dazu zählen ein Vergleich (§ 794 I Nr. 1 ZPO), eine vollstreckbare Urkunde (§ 794 I Nr. 5 ZPO), ein rechtskräftiges Urteil oder ein vollstreckbarer Beschluss (§ 794 I Nr. 2 a ZPO). Gem. § 641 f ZPO tritt die einstweilige Anordnung ferner außer Kraft bei Klagrücknahme (§ 269 ZPO) bzw. Klagabweisung.

Nach Rücknahme der Vaterschaftsfeststellungsklage oder nach deren rechtskräftiger Abweisung hat der Unterhaltsgläubiger dem Schuldner den Schaden zu ersetzen, der ihm aus der Vollziehung der einstweiligen Anordnung entstanden ist (§ 641 g ZPO).

9. Die einstweilige Anordnung des § 644 ZPO

248 Gem. § 644 ZPO kann eine einstweilige Anordnung auf Unterhalt erlassen werden, wenn eine entsprechende Hauptsacheklage nach § 621 I Nr. 4, 5 oder 11 ZPO anhängig oder ein Antrag auf Bewilligung von Prozesskostenhilfe für eine solche Klage eingereicht worden ist.[74] Somit bewirken auch die Ansprüche nach § 1615 l und § 1615 m BGB nach Einreichung eines entsprechenden Anordnungsantrags die Anhängigkeit der Hauptsache. In einem isolierten Auskunftsverfahren ist ein Antrag auf Erlass einer einstweiligen Anordnung nach § 644 ZPO zur Zahlung von Unterhalt unzulässig, da kein Zahlungsanspruch anhängig ist.[75] Bei einer Klagerücknahme oder bei Klagabweisung der Hauptsache kann im Anordnungsverfahren keine Entscheidung mehr ergehen. Dies ergibt sich aus § 644 S. 2 i. V. m. § 620 f S. 1 ZPO, wonach einstweilige Anordnungen unter diesen Umständen außer Kraft treten. Wird ein der Unterhaltsklage stattgebendes Urteil vor einer Entscheidung über den Anordnungsantrag rechtskräftig, ist im Anordnungsverfahren noch zu entscheiden, allerdings

[74] Vgl. dazu Dunkl/Feldmeier, a.a.O.
[75] OLG Hamm, FamRZ 2000, 362

nicht mehr als im Urteil für den gleichen Zeitraum zuzusprechen. Das Antragsrecht auf mündliche Verhandlung (§ 644 S. 2 i. V. m. § 620 b II ZPO) kann nach Beendigung des Hauptsacheverfahrens aber nicht mehr ausgeübt werden.

a) Regelungsinhalt. Durch die einstweilige Anordnung kann der Unterhalt für eheliche wie für nichteheliche Kinder (also für gemeinsame Kinder), für Ehegatten, geschiedene Ehegatten und für die nichteheliche Mutter geregelt werden. Die Anordnung steht im pflichtgemäßen Ermessen des Gerichts („kann“) und setzt voraus, dass die Hauptsacheklage hinreichend begründete Aussicht auf Erfolg hat. **248 a**

Funktion einer Anordnung nach § 644 ZPO ist es, die Zeit bis zur Entscheidung in der Hauptsache zu überbrücken, ohne sie vorwegzunehmen. Daraus folgt, dass regelmäßig mehr Unterhalt als zur Abwendung einer Notlage erforderlich zuzuerkennen ist, nicht jedoch der volle gesetzliche Unterhalt.[76]

b) Zuständigkeit. Zuständig für den Erlass der einstweiligen Anordnung ist das Familiengericht, bei dem die Hauptsache anhängig ist. Gem. § 644 S. 2 ZPO i. V. m. § 620 a IV S. 2 ZPO ist der Familiensenat des OLG für den Erlass einstweiliger Anordnungen zuständig, wenn diese nach Berufungseinlegung beantragt wurden. Wird vor Einlegung der Berufung eine einstweilige Anordnung beantragt, bleibt die Zuständigkeit des Familiengerichts auch dann bestehen, wenn anschließend Berufung eingelegt wird. Hier gilt der Grundsatz der perpetuatio fori (§ 261 III Nr. 2 ZPO). **248 b**

c) Anwaltszwang. Für das Verfahren vor dem Familiengericht wie für den Hauptsacheprozess besteht kein Anwaltszwang (§ 78 II Nr. 2 ZPO). Ist die Hauptsache in der Berufungsinstanz anhängig, so kann auch dort eine einstweilige Anordnung zu Protokoll der Geschäftsstelle, somit ohne Anwaltszwang, beantragt werden (§ 644 S. 2 i. V. m. § 620 a II S. 2 ZPO; § 78 III ZPO). In einer mündlichen Verhandlung nach § 620 b II ZPO vor dem OLG bedarf es aber einer anwaltlichen Vertretung (§ 78 II Nr. 2 ZPO). **248 c**

d) Die Gerichtsentscheidung. Der Anordnungsbeschluss ist zu begründen, enthält aber keine Kostenentscheidung (§ 644 S. 3 i. V. m. § 620 g ZPO). Dies gilt allerdings in diesem Umfang nur, falls es noch zu einer Kostenentscheidung in der Hauptsache kommt. **249**

Aufhebung, Änderung des Beschlusses sowie Aussetzung der Vollziehung und Außerkrafttreten der Anordnung sind in den §§ 620 b–620 g ZPO geregelt.

Statt einer Beschwerde gegen die Entscheidung (vgl. § 620 c S. 2 ZPO) gibt es das Verfahren auf erneute Entscheidung nach § 620 b ZPO.

e) Konkurrenzen. Eine einstweilige Verfügung ist weiterhin statthaft, sofern der Unterhaltsgläubiger keine einstweilige Anordnung nach § 644 ZPO beantragen kann, insbesondere also weder ein Hauptsacheverfahren noch ein PKH-Gesuch hierzu anhängig ist. Das Gericht ist nicht berechtigt, einen einstweiligen Verfügungsantrag mit dem Hinweis zurückzuweisen, die Partei möge entweder eine Ehesache als Hauptsacheverfahren oder – als minderjähriges Kind – einen Antrag im vereinfachten Unterhaltsverfahren anhängig machen. Insoweit sind die Parteien in ihrer Rechtswahl frei. **249 a**

Daher ist nicht der Ansicht von Köln,[77] Nürnberg[78] und Bergisch Gladbach[79] zu folgen, ein Rechtsschutzbedürfnis für eine Leistungsverfügung nach § 940 ZPO bestehe nur, wenn es nicht zumutbar ist, die Hauptsache anhängig zu machen. Auch ist es nicht mutwillig, eine auf Notunterhalt gerichtete einstweilige Verfügung zu beantragen, obwohl § 644 ZPO einen kostengünstigeren und weitreichenderen Weg zur Verfolgung von Unterhaltsansprüchen eröffnet.[80] § 644 ZPO eröffnet eine weitere Rechtsmöglichkeit, ohne die bisherigen Möglichkeiten zu beschneiden. Da die einstweilige Anordnung des § 644 ZPO die Zeit bis zur Entscheidung in der Hauptsache überbrücken soll, ohne sie vorwegzunehmen, ist in ihr regelmäßig mehr Unterhalt als zur Abwendung einer Notlage zuzuerkennen, nicht jedoch der volle gesetzliche Unterhalt.[81]

[76] AG Groß-Gerau, FamRZ 1999, 661
[77] OLG Köln, FamRZ 1999, 661
[78] OLG Nürnberg, FamRZ 1999, 30
[79] AG Bergisch Gladbach, FamRZ 1999, 659
[80] So OLG Zweibrücken, FamRZ 1999, 662
[81] AG Groß-Gerau, FamRZ 1999, 661

II. Die einstweilige Verfügung

1. Allgemeines

250 Durch die einstweilige Verfügung soll eine Notlage kurzfristig beseitigt werden. Dadurch unterscheidet sie sich von der einstweiligen Anordnung, durch die für die Dauer des Scheidungsverfahrens eine beide Seiten befriedigende Regelung des angemessenen Unterhalts getroffen werden soll zur Vermeidung zusätzlicher gerichtlicher Auseinandersetzungen.[82, 83]

Solange und soweit eine einstweilige Anordnung zulässig ist, ist eine einstweilige Verfügung unzulässig.[84] Jedoch darf ein Rechtsschutzbedürfnis für eine Leistungsverfügung auf Unterhalt nach § 940 ZPO nicht mit dem Argument verneint werden, die Partei möge eine Hauptsacheklage mit der Möglichkeit der einstweiligen Anordnung des § 644 ZPO erheben.[85] Denn die Partei hat weiterhin die freie Wahl zwischen verschiedenen prozessualen Möglichkeiten. Die einstweilige Leistungsverfügung ist daher (seit Geltung des § 644 ZPO) nicht auf Fälle beschränkt, in welchen das gleichzeitige Anhängigmachen der Hauptsache nicht möglich oder nicht zumutbar war.[86] Die herrschende Meinung sieht dies aber anders. Durch das KindUG ist in Unterhaltshauptsacheverfahren ab 1. 7. 1998 durch die Normierung einer einstweiligen Anordnung gem. § 644 ZPO nach überwiegender Meinung die Rechtslage entstanden, dass diese Regelung auf Grund der spezielleren Aufgabe einer einstweiligen Verfügung vorgeht. Der Anwendungsbereich einstweiliger Verfügungen im Unterhaltsrecht werde daher durch § 644 ZPO in der Praxis erheblich eingeschränkt, wobei der Regelung durch einstweilige Anordnung auf Grund der vollen Titulierungsmöglichkeit oder bei einer voraussehbaren überlangen Verfahrensdauer von mehr als 3 Monaten ohnehin der Vorzug gebühre.[87] M. E. ist aber bereits aus Kostengründen die generelle Wahlmöglichkeit des Unterhaltsgläubigers vorzuziehen. Im Rahmen einer einstweiligen Anordnung muss er nämlich damit rechnen, gem. § 620 g ZPO auch im erfolgreichen einstweiligen Anordnungsverfahren ganz oder teilweise die Kosten tragen zu müssen, weil eine entsprechende Kostenentscheidung im Hauptsacheprozess zur Anwendung kommt. Obsiegt aber der Gläubiger im Rahmen eines isolierten Verfügungsverfahrens, gilt weiterhin das Prinzip des Obsiegens und Unterliegens (§§ 91 ff. ZPO) mit dem Ergebnis, dass ein erfolgreicher Verfügungsantrag durch Kostenfreiheit des siegenden Gläubigers belohnt wird.

Eine einstweilige Verfügung auf Erteilung von Auskunft ist nicht statthaft.[88]

2. Zuständigkeit

251 **Sachlich ist** für eine einstweilige Verfügung in Unterhaltssachen **das Amtsgericht** zuständig (§ 23 a Nr. 2 GVG), und zwar in den familienrechtlichen Unterhaltssachen des § 621 I Nr. 4 u. 5 ZPO gemäß § 23 b I Nr. 5 u. 6 GVG **das Familiengericht.** Ist eine Ehesache nicht anhängig, ist gemäß § 937 I ZPO **örtlich** das Gericht der Hauptsache zuständig, bei Anhängigkeit einer Ehesache ausschließlich das Gericht der Ehesache (§ 621 II Satz 1 ZPO).

---

82 BVerfG, FamRZ 1980, 872

83 Vgl. Dunkl/Feldmeier, Teil D Rn. 94 ff.

84 Vgl. BGH, FamRZ 1979, 472

85 OLG Köln, FamRZ 1999, 661; OLG Nürnberg, FamRZ 1999, 30

86 So aber die h. M.; vgl. OLG Nürnberg, FamRZ 1999, 30; Thomas/Putzo/Hüßtege § 644 Rn. 1

87 OLG München, FamRZ 2000, 1580; 2000, 965; OLG Koblenz, FamRZ 2000, 362; OLG Hamm, FamRZ 2001, 368

88 OLG Hamm, NJW-RR 1992, 640

3. Voraussetzungen

Besondere Voraussetzungen für den Erlass einer einstweiligen Verfügung sind das Vorliegen eines Verfügungsgrunds und eines Verfügungsanspruchs. 252

a) Verfügungsgrund. Ein Verfügungsgrund ist gegeben, wenn das dringende Bedürfnis 253
für eine gerichtliche Regelung vorläufiger Art zur Vermeidung einer Notlage gegeben ist (nicht zu verwechseln mit dem „dringenden Fall", bei dem ohne mündliche Verhandlung entschieden werden kann, § 937 II ZPO). Ein solches Bedürfnis besteht nicht, wenn der Unterhaltsgläubiger mit dem Verfügungsantrag säumig ist oder durch anderweitige prozessuale Geltendmachung von Unterhalt seine Notlage hätte beseitigen können.[89] Deshalb ist eine zweite einstweilige Verfügung nur möglich, wenn den Unterhaltsgläubiger bei fortbestehender Notlage kein Verschulden daran trifft, dass es ihm innerhalb angemessener Frist (regelmäßig 6 Monate) nicht gelungen ist, seinen Anspruch im ordentlichen Rechtsstreit titulieren zu lassen.[90] Besteht aber zu diesem Zeitpunkt bereits ein anhängiges Hauptsacheverfahren oder ist ein PKH-Antrag hierzu eingereicht worden, so muss nunmehr zeitlich anschließend an die frühere einstweilige Verfügung eine einstweilige Anordnung nach § 644 ZPO treten. Ist der Verfügungskläger bereits im Besitz eines endgültigen, wenngleich noch nicht rechtskräftigen Titels, so fehlt ihm regelmäßig das Rechtsschutzbedürfnis für ein gleichzeitig anhängig gemachtes Verfügungsverfahren.[91]

Nach einer stark vertretenen Meinung entfällt der Verfügungsgrund auch dann, wenn Dritte helfend eingreifen, z. B. Verwandte oder die Sozialhilfe[92, 93] oder bei BAföG-Vorausleistungen.[94] Nach OLG Düsseldorf entfällt bei Sozialhilfe der Verfügungsgrund nur für die Zeiträume tatsächlicher Hilfe.[95] Erziehungsgeld mindert die Notlage.[96] Diese Ansicht trifft zu, denn woher die Mittel kommen, die die Notlage beseitigen, ist gleichgültig; a.A. OLG Köln: Weder die Zahlung von Erziehungsgeld und Sozialhilfe noch das Vorhandensein von Schonvermögen lassen den Verfügungsgrund i. S. des § 940 ZPO entfallen.[97]

Allgemein gilt hierzu Folgendes: Ob im Rahmen eines einstweiligen Verfügungsverfahrens auf Notunterhalt ein Verfügungsgrund, also eine zu regelnde Notlage aufseiten des Unterhaltsgläubigers vorliegt, ergibt sich aus seiner tatsächlichen Situation. Ist diese dadurch geprägt, dass der notwendige Lebensbedarf für den Verfügungszeitraum durch Darlehen Dritter gedeckt ist, fehlt es an einem Verfügungsgrund i. S. d. § 940 ZPO. Eine einstweilige Verfügung ist dann unzulässig.[98] Nicht richtig ist aber, einen Verfügungsgrund bereits dann zu verneinen, wenn die Notlage durch anderweitige prozessuale Geltendmachung von Unterhalt hätte beseitigt werden können.[99] Diese Ansicht verstößt gegen die freie Rechtswahl, die eine Partei bei der prozessualen Verfolgung ihrer Ziele hat.

Hat der Unterhaltsberechtigte noch Barmittel von 3000 €, so kann im Allgemeinen eine einstweilige Verfügung auf Zahlung von Notunterhalt nicht erlassen werden.[100] Dass beim Verfügungs**anspruch** möglicherweise andere Erwägungen durchgreifen, ändert nichts.

---

[89] OLG Köln, FamRZ 1999, 245; vgl. OLG Frankfurt, FamRZ 1990, 540: auf die Vollstreckung aus einem Vergleich wird verzichtet, im Verbund wird kein Unterhalt geltend gemacht

[90] OLG Düsseldorf NJW-RR 1992, 198 = FamRZ 1992, 80; im Ergebnis ebenso OLG Köln, FamRZ 1992, 75

[91] OLG Karlsruhe, NJW-RR 1996, 960; ähnlich OLG Köln, FamRZ 1995, 824 i. f. einer Titelumschreibung

[92] OLG Karlsruhe, FamRZ 1988, 87 und 635; OLG Hamm, FamRZ 1988, 529; OLG Oldenburg, FamRZ 1991, 1075; OLG Hamm, FamRZ 1991, 583

[93] Auch im Falle ergänzender Sozialhilfe: AG Groß-Gerau, FamRZ 1998, 1378

[94] OLG Schleswig, FamRZ 1991, 977

[95] FamRZ 1994, 387 u. 1992, 1321

[96] OLG Düsseldorf, FamRZ 1993, 962; OLG Hamm, FamRZ 1992, 582; a.A. OLG Stuttgart, FamRZ 1988, 305 und FamRZ 1989, 198; OLG Köln, FamRZ 1992, 75; OLG Hamm, FamRZ 1991, 583 bei Unterstützung der Ehefrau durch ihre Eltern; OLG Düsseldorf, FamRZ 1993, 902 bei vorübergehender freiwilliger Leistung des Vaters aus Gefälligkeit

[97] FamRZ 1996, 1430

[98] OLG Karlsruhe, FamRZ 1999, 244

[99] OLG Köln, FamRZ 1999, 245

[100] OLG Karlsruhe, FamRZ 1996, 1431

Durch den Anspruchsübergang gem. § 91 BSHG ist bei Sozialhilfe diese Problematik weitgehend entschärft, weil dann kein Verfügungsanspruch besteht.[101] Kann ein Antragsteller einen Titel auf sich umschreiben lassen, besteht kein Verfügungsgrund.[102]

254 **b) Verfügungsanspruch.** Der Verfügungsanspruch entspricht dem materiell-rechtlichen Unterhaltsanspruch gem. § 1361, §§ 1569 ff., §§ 1601 ff. BGB, §§ 58 ff. EheG. Der Unterhaltsanspruch selbst wird nicht rechtshängig, über ihn wird auch nicht rechtskräftig entschieden. Deshalb steht eine einstweilige Verfügung einer Hauptsacheklage über den gleichen Zeitraum und Betrag nicht entgegen. Allerdings müssen Leistungen auf Grund der einstweiligen Verfügung im Hauptsacheverfahren berücksichtigt werden, sofern sie als Erfüllung (§ 362 I BGB) anzusehen sind.

255 **c) Glaubhaftmachung.** In allen Verfahren des einstweiligen Rechtsschutzes tritt an die Stelle des Vollbeweises die Feststellung einer überwiegenden Wahrscheinlichkeit. Welcher Grad an Wahrscheinlichkeit hierbei erforderlich ist, richtet sich nach einer Abwägung der Dringlichkeit der zu treffenden Maßnahme gegen den zu befürchtenden Nachteil für den Unterhaltsschuldner. Im einstweiligen Verfügungsverfahren genügt Glaubhaftmachung von Verfügungsgrund und Verfügungsanspruch (§ 920 II, § 936 ZPO). Sie ist ein geringerer Grad des Nachweises als der volle Beweis und muss durch präsente Beweismittel geführt werden (z. B. Urkunden, eidesstattliche Versicherung, anwaltliche Versicherung). An sie sind strenge Anforderungen zu stellen.[103] Eine besondere Beweisaufnahme in einem eigenen Termin gibt es nicht (§ 294 II ZPO). Verfehlt ist es daher, etwa in der mündlichen Verhandlung oder in einem eigenen Verkündigungstermin einen „Beweisbeschluss" zu erlassen.

Die Ladung von Zeugen oder Parteien zur mündlichen Verhandlung ist zwar möglich, steht aber im Ermessen des Gerichts (§ 273 II ZPO). Geschieht dies nicht, muss der Zeuge von der Partei zum Termin mitgebracht werden.

256 **d) Eidesstattliche Versicherung.** Sie ist das häufigste, aber auch das minderwertigste Mittel der Glaubhaftmachung. Oft erfüllt sie nicht die rechtlichen Anforderungen, weil eine eigene Sachdarstellung und Begründung des Versichernden fehlen. Genausowenig wie ein Zeuge einen vorbereiteten Text mit der schlichten Erklärung bezeugen darf, „das ist richtig, es ist nichts Wesentliches hinzugefügt oder weggelassen", so wenig genügt eine entsprechende eidesstattliche Versicherung.[104]

Wer eine solche sog. eidesstattliche Versicherung vorlegt, nimmt das Risiko auf sich, dass sie vom Gericht als nicht ausreichend angesehen wird.

257 **e) Befristung.** Die einstweilige Verfügung wird regelmäßig auf sechs Monate befristet (schon im Antrag), gerechnet vom Zeitpunkt des Antragseingangs an.[105] Der inzwischen verstrichene Zeitraum ist bedeutungslos. Allein diese Berechnung wird dem Schutzinteresse des Unterhaltsgläubigers und einer sinnvollen Handhabung der Vorschriften über die einstweilige Verfügung gerecht, ohne den Unterhaltsschuldner unangemessen zu benachteiligen.[106]

258 **f) Vollziehung, Vollstreckung.** Zum Anordnungsverfahren (= erster Abschnitt) tritt in einem zweiten Abschnitt die Vollziehung und in einem dritten die Zwangsvollstreckung der einstweiligen Verfügung.[107]

Die Vollziehungsfrist beginnt bei Urteilen bereits mit ihrer Verkündung und nicht erst ab Zustellung, bei Beschlüssen mit Zustellung oder Aushändigung an den Gläubiger (§ 929 II ZPO). Eine Fristversäumung ist nicht heilbar.

Durch die Vollziehung wird die einstweilige Verfügung dem Schuldner gegenüber wirksam gemacht und zum Ausdruck gebracht, dass der Gläubiger von ihr Gebrauch machen will. Gemäß § 929 II ZPO, der gemäß § 936 ZPO analog anzuwenden ist, ist die Voll-

---

[101] Vgl. Klein, FuR 1994, 224
[102] OLG Köln, FamRZ 1995, 824
[103] OLG Celle, FamRZ 1994, 386
[104] Vgl. dazu BGH, NJW 1988, 2045
[105] Vgl. OLG Düsseldorf, FamRZ 1993, 962 = NJW-RR 1994, 197
[106] Im Einzelnen sehr streitig, vgl. zum Streitstand z. B. OLG Hamm, FamRZ 1988, 527
[107] Zum Begriff der Vollziehung vgl. BGH, RPfleger 1993, 294: „Vollziehung" = Zwangsvollstreckung, ebenso OLG Koblenz, FamRZ 1991, 589

ziehung der einstweiligen Verfügung unstatthaft, wenn seit dem Tage, an dem sie verkündet (oder der antragstellenden Partei zugestellt) worden ist, ein Monat verstrichen ist. Diese Frist ist von Amts wegen zu beachten und führt bei Versäumung zur Wirkungslosigkeit und zur Aufhebung der einstweiligen Verfügung auf Antrag. Der Unterhaltsgläubiger muss die einstweilige Verfügung innerhalb der Monatsfrist im Parteibetrieb zustellen. Eine Amtszustellung reicht nicht, auch nicht eine mündliche Leistungsaufforderung.[108] Mit dieser Zustellung ist die einstweilige Verfügung auch für die erst künftig fällig werdenden Unterhaltsleistungen vollzogen.[109] Für diese lässt sich die Vollziehung auch nachholen. Die Monatsfrist beginnt dafür jeweils ab Fälligkeit des Monatsbetrages.[110]

Die Parteizustellung ist jedoch nicht der einzige Weg der Vollziehung (sofern man Voll- **259**
ziehung und Vollstreckung gleichsetzt). Denkbar sind auch der Erlass eines vorläufigen Zahlungsverbots,[111] der Erlass eines Pfändungs- und Überweisungsbeschlusses,[112] der „Antrag auf Zwangsvollstreckung",[113] der Antrag auf Erlass eines Pfändungs- und Überweisungsbeschlusses.[114]

Beispiel:
Verurteilung zu 250 € monatlich Unterhalt von Januar bis Juni, fällig jeweils zum 5. eines jeden Monats. Die einstweilige Verfügung wird im Januar verkündet. Der Gläubiger stellt erst am 4. März im Parteibetrieb zu, weil er abwarten wollte, ob der Schuldner freiwillig leistet. Vollziehung für März bis Juni noch „statthaft", für Januar und Februar „unstatthaft".[115]

Die gewünschte Sicherung oder Befriedigung wird erst durch die etwa notwendig werdende Pfändung und Überweisung erreicht.

g) Anfechtung und Abänderung. Gegen den Erlass der einstweiligen Verfügung ohne **260**
mündliche Verhandlung gibt es den unbefristeten Widerspruch (§§ 924, 936 ZPO).

Wird über den Antrag auf Grund mündlicher Verhandlung entschieden, so ergeht ein Urteil. Dagegen ist die Berufung nach allgemeinen Vorschriften statthaft (§§ 511 ff. ZPO).

Gegen das Berufungsurteil gibt es kein Rechtsmittel (§ 542 ZPO), auch dann nicht, wenn das Berufungsgericht die Berufung als unzulässig verworfen hat.[116]

Bei Ablehnung der einstweiligen Verfügung ohne mündliche Verhandlung ist sofortige Beschwerde möglich (§§ 567 ff. ZPO). Erlässt das Beschwerdegericht die einstweilige Verfügung, ist der Widerspruch zum Amtsgericht einzulegen und vom Amtsgericht zu entscheiden (h. M.).

Wird auf Grund mündlicher Verhandlung der Antrag abgewiesen, ist Berufung möglich. Das Berufungsurteil wird sofort rechtskräftig (§ 542 ZPO). Denn gegen Urteile, durch die über die Anordnung einer einstweiligen Verfügung entschieden wurde, ist ein Rechtsmittel nicht statthaft. Die Rechtsprechung, die in Fällen sog. greifbarer Gesetzwidrigkeit eine außerordentliche Beschwerde zulässt, wendet der BGH[117] auf das Urteilsverfahren nicht an.

Eine Abänderung ist möglich wegen veränderter Umstände (§ 927, § 936 ZPO). Nach OLG Hamm, FamRZ 1995, 824, soll ein solcher Antrag auf Aufhebung bei Berufung gegen das Verfügungsurteil unzulässig sein.

h) Vorläufige Vollstreckbarkeit. Der stattgebende oder der ablehnende Beschluss ist **261**
ohne weiteres vorläufig vollstreckbar.

Das zuerkennende oder bestätigende Urteil der ersten Instanz ist ebenfalls ohne besonderen Ausspruch vorläufig vollstreckbar, auch wegen der Kosten.

---

108 BGH, RPfleger 1993, 294, anders noch NJW 1990, 122 und im Anschluss daran OLG Koblenz, FamRZ 1991, 589 für die sog. Urteilsführung

109 OLG Köln, FamRZ 1992, 75 = FuR 1991, 359

110 Vgl. OLG Hamm, FamRZ 1991, 583; ähnlich OLG Koblenz, FamRZ 1991, 589

111 Vgl. OLG Koblenz, FamRZ 1991, 589

112 OLG Hamm, FamRZ 1991, 583 Nr. 301

113 OLG Hamm, FamRZ 1991, 583 Nr. 302

114 OLG Oldenburg, FamRZ 1986, 367

115 Im Einzelnen streitig, wie hier z. B. OLG Bamberg, FamRZ 1985, 509; a.A. = Vollziehung ausgeschlossen, auch für später fällig werdende Leistungen, z. B. OLG Hamburg, FamRZ 1988, 521

116 BGH, FamRZ 1984, 877 = NJW 1984, 2368

117 NJW-RR 2002, 501

Das Berufungsurteil wird nicht für vorläufig vollstreckbar erklärt, weil es mit Verkündung rechtskräftig wird (§ 542 I ZPO).

Zur Verweisung im Verfahren auf Erlass einer einstweiligen Verfügung vgl. BGH, FamRZ 1989, 817 (bindend!).

Eine besondere einstweilige Verfügung enthält die Vorschrift des § 1615 o II BGB. Nach dieser Norm kann die nichteheliche Mutter (bereits vor Geburt des Kindes) gegen den Erzeuger (bzw. den Mann, der die Vaterschaft anerkannt hat oder der nach § 1600 d II BGB als Vater vermutet wird) die Ansprüche nach § 1615 l I BGB im Wege der einstweiligen Verfügung auf Zahlung der voraussichtlich zu leistenden Beträge geltend machen. Da hiervon nur Ansprüche nach § 1615 l I, nicht nach II BGB betroffen sind, hat die einstweilige Verfügung in der Praxis nur geringe Bedeutung.[118]

III. Arrest (§§ 916 ff. ZPO)

262 Der Arrest sichert seinem Wesen nach nur die Zwangsvollstreckung wegen einer Geldforderung (Unterhalt).[119] Nie führt er zur Befriedigung, etwa durch Überweisung,[120] und ist daher für Unterhaltszwecke im Allgemeinen uninteressant, jedenfalls wenn es um die Befriedigung des Notbedarfs geht. Dafür steht die einstweilige Leistungsverfügung, in bestimmten Fällen die einstweilige Anordnung, zur Verfügung (s. jeweils dort).

Im Arrestverfahren zur Sicherung künftiger Unterhaltsansprüche (Ehefrau, Kinder) ist im Einzelfall eine Sicherungszeit von bis zu fünf Jahren zulässig. Gesichert werden kann auch ein nachehelicher Unterhaltsanspruch, der erst ab Rechtskraft der Scheidung entsteht.[121]

263 Gemäß § 919 ZPO ist für die Anordnung des Arrests sowohl das **Gericht der Hauptsache** als **wahlweise** auch (§ 35 ZPO) das **Amtsgericht** zuständig, in dessen **Bezirk** sich der mit Arrest zu belegende Gegenstand oder die in ihrer persönlichen Freiheit zu beschränkende Person befindet. Handelt es sich bei der Hauptsache um die Unterhaltsansprüche des § 621 I Nr. 4 u. 5 ZPO, ist für den Arrest das **Familiengericht** zuständig.[122]

Gemäß § 917 I ZPO findet der **dingliche Arrest** statt, wenn zu besorgen ist, dass ohne dessen Verhängung die Vollstreckung des Urteils vereitelt oder wesentlich erschwert werden würde.

Der **persönliche Sicherheitsarrest** findet nach § 918 ZPO nur statt, wenn er erforderlich ist, um die gefährdete Zwangsvollstreckung in das Vermögen des Schuldners zu sichern. Der persönliche Sicherheitsarrest ist daher gerechtfertigt, wenn der Schuldner keine oder unzureichende Angaben über den Verbleib wesentlichen Vermögens macht. Die Dauer des Arrestvollzuges ist unter Wahrung des Grundsatzes der Verhältnismäßigkeit nach dem Maß der Schwierigkeiten zu bemessen, die einem Zugriff des Gläubigers auf vorhandenes Vermögen entgegenstehen. Kann der Schuldner die Lösungssumme ohne weiteres entrichten, so kann die Fortdauer der Arresthaft bis zur gesetzlichen Höchstgrenze von sechs Monaten gerechtfertigt sein.[123]

264 Gemäß § 920 ZPO bedarf es eines **Arrestgesuches,** welches **Arrestanspruch** und **Arrestgrund** benennt **und beide glaubhaft macht** (§ 920 II ZPO). Im Übrigen finden für die Anordnung die allgemeinen Vorschriften der §§ 921–927 ZPO Anwendung, für die Vollziehung des Arrestes jene der §§ 928–934 ZPO. Ein Arrestgrund zur Sicherung künftiger Unterhaltsansprüche liegt nach § 917 ZPO nur bei Gefahr von Vermögensverschiebungen vor, nicht aber bereits bei Nichterteilung einer Einkommensauskunft über einen längeren Zeitpunkt.[124]

---

[118] Vgl. dazu Büttner, Unterhalt der nichtehelichen Mutter, FamRZ 2000, 785
[119] Vgl. Dunkl/Feldmeier, a.a.O., Teil D Rn. 243
[120] § 835 ZPO; vgl. BGH, Rpfleger 1993, 292
[121] OLG Düsseldorf, FamRZ 1994, 111
[122] BGH, FamRZ 1980, 46 = NJW 1980, 191
[123] OLG Karlsruhe, FamRZ 1996, 1429
[124] OLG München, FamRZ 2000, 965

In der familiengerichtlichen Praxis spielt nur der **dingliche Arrest** eine Rolle. Ein entsprechender Arrestgrund ist unter folgenden Voraussetzungen zu bejahen: 265

Es müssen konkrete Umstände vorhanden sein, aus denen sich hinreichend sicher ergibt, dass der Unterhaltsschuldner seine Unterhaltspflicht in Zukunft nicht erfüllen wird. **Bei relativ geringer Unterzahlung oder zeitlich schwankender Erfüllung** kann hiervon **noch nicht** ausgegangen werden.[125] Neben der Gefährdung der künftigen Unterhaltszahlung stellt einen Arrestgrund auch die Gefahr dar, dass künftig die Durchsetzung der Ansprüche gefährdet ist; allerdings reicht hierfür eine Verschlechterung der Vermögenslage nicht aus; dies schon deshalb nicht, weil diese Veränderung der wirtschaftlichen Verhältnisse möglicherweise auf eine Kürzung des materiell-rechtlichen Anspruchs selbst hinausläuft. Arrestgrund kann aber sein, dass der Unterhaltsschuldner **unbekannten Aufenthalts** ist oder **sich ins Ausland absetzt. Wohnt der Schuldner im Ausland,** reicht dies aus, wenn das Urteil dort vollstreckt werden müsste (§ 917 II ZPO). Ist zu befürchten, dass der Schuldner seine letzten Vermögenswerte vor der Vollstreckung ausgibt, kann auch aus diesem Grund ein Arrest beantragt werden.[126] Dass die Einkommens- und Vermögenslage des Schuldners undurchsichtig ist, ist noch kein Arrestgrund.

Gemäß § 916 II ZPO ist ein Arrest zur Absicherung erst künftig fällig werdender Unterhaltsansprüche zulässig.[127] Dies gilt auch dann, wenn bereits ein vollstreckbarer Titel vorliegt.[128] Denn die Vollstreckung aus einem Unterhaltstitel, der – entsprechend einem Dauerschuldverhältnis – fortlaufende Ansprüche umfasst, kann nicht vor Fälligkeit der jeweiligen Monatsunterhaltsbeträge erfolgen. Handelt es sich aber um fällige Beträge, die tituliert sind, ist kein Arrest mehr erforderlich. Da der Arrest nur der Absicherung des Gläubigers gegenüber dem Schuldner dient, ist der **Streitgegenstand des Arrestverfahrens** von untergeordneter Bedeutung, so dass ein einzelner Arrest gleichzeitig sowohl Trennungs- als auch Nachscheidungsunterhalt absichern kann.[129] 266

Handelt es sich um die Absicherung von Kindesunterhalt (im Falle des KG, FamRZ 1985, 730 eines 9-jährigen Kindes), kann nach dieser Entscheidung dessen voraussichtlicher Anspruch bis zum Eintritt der Volljährigkeit abgesichert werden.

4. Abschnitt: Rechtsmittel in Unterhaltssachen

I. Die Fortführung der Instanz

Mit der Zivilprozessreform zum 1. 1. 2002 wurde eine beschränkte Fortführungsmöglichkeit der Instanz in ZPO-Verfahren gem. § 321 a ZPO eingeführt. 267

Allerdings ist die Rüge der durch das Urteil beschwerten Partei nur dann statthaft, wenn eine Berufung nach § 511 II ZPO nicht zulässig ist und das Gericht des 1. Rechtszugs den Anspruch auf rechtliches Gehör in entscheidungserheblicher Weise verletzt hat (I). Die Rügeschrift ist innerhalb einer Notfrist von zwei Wochen bei dem Gericht des 1. Rechtszuges einzureichen. Die Frist beginnt mit der Zustellung des in vollständiger Form abgefassten Urteils, im Falle des § 313 a I S. 2 ZPO jedoch erst dann, wenn auch das Protokoll zugestellt ist (II). Die Rügeschrift muss den Prozess, dessen Fortführung begehrt wird, bezeichnen und die Darlegung der Verletzung des Anspruchs auf rechtliches Gehör und der Entscheidungserheblichkeit dieser Verletzung enthalten. Ist die Rüge unstatthaft oder nicht form- und fristgerecht eingelegt, so hat sie das Gericht als unzulässig zu verwerfen (IV). Ist die Rüge unbegründet, weist das Gericht sie zurück.

[125] OLG Karlsruhe, FamRZ 1985, 507 bei drohender Konkurrenz anderer Gläubiger
[126] OLG Hamm, FamRZ 1980, 393
[127] OLG Hamm, FamRZ 1995, 1427; OLG Düsseldorf, FamRZ 1994, 111
[128] OLG Hamm, FamRZ 1980, 391
[129] OLG Hamm, FamRZ 1995, 1427; OLG Düsseldorf, FamRZ 1994, 111

Beide Entscheidungen ergehen durch einen kurz zu begründenden Beschluss, der nicht anfechtbar ist (§ 321 a IV Satz 4 ZPO). Hält das Gericht die Rüge für begründet, hat es ihr abzuhelfen, indem der Prozess in erster Instanz fortgeführt wird.

Ergeht nunmehr infolge des Verfahrens ein weiteres Urteil, dann hebt dieses das angefochtene Urteil ganz oder teilweise auf, wogegen keine Berufung gem. § 511 II ZPO i. V. m. § 321 a I Nr. 1 ZPO zulässig ist.

II. Die PKH-Beschwerde

268 Seit der ZPO-Reform zum 1. 1. 2002 gibt es im Prozesskostenhilfeverfahren als Rechtsmittel nur noch die sofortige Beschwerde, die allerdings in PKH-Verfahren (statt zwei Wochen) eine Beschwerdefrist von einem Monat gewährt. Statthaft ist die sofortige Beschwerde nur dann, wenn die persönlichen oder wirtschaftlichen Voraussetzungen für die Prozesskostenhilfe verneint wurden oder aber im Hauptsacheverfahren von einem höheren Streitwert als 600 € auszugehen ist.

Auch die Beschwerdeentscheidungen ergehen ohne mündliche Verhandlung durch Beschluss (§ 128 IV ZPO). Zuständig ist das Prozessgericht, hierbei in der Regel der originäre Einzelrichter des § 526 ZPO, weil im allgemeinen PKH-Entscheidungen keine besonderen Schwierigkeiten tatsächlicher oder rechtlicher Art aufweisen, im Regelfall auch ohne grundsätzliche Bedeutung sind und die angefochtene Entscheidung von einem Einzelrichter (dem Familienrichter) erlassen wurde.

Da die Beschwerde auch durch Erklärung zu Protokoll der Geschäftsstelle eingelegt werden kann, besteht in Unterhaltssachen kein Anwaltszwang im Rahmen der Beschwerde (§ 569 III ZPO). Daneben ergibt sich dies unmittelbar für PKH-Beschwerden aus § 569 III Nr. 2 ZPO.

Das PKH-Beschwerderecht gilt auch in Verfahren der freiwilligen Gerichtsbarkeit gem. § 14 FGG. Dies bedeutet, dass künftig nicht mehr im Rahmen der Verfahren der freiwilligen Gerichtsbarkeit für die PKH-Beschwerde § 19 FGG als einfache und nicht fristgebundene Beschwerde möglich ist; vielmehr findet die Monatsfrist des § 127 ZPO nunmehr auch bei PKH-Beschwerden im FGG-Hauptsacheverfahren Anwendung.

III. Berufung

1. Allgemeines

269 Die Berufung bringt den Rechtsstreit im Umfang der Anfechtung vor das Oberlandesgericht als Berufungsgericht. Das Wort „Berufung“ ist nicht zwingend notwendig. Es genügt, dass der Wille, das erstinstanzliche Urteil einer Nachprüfung durch das Berufungsgericht zu unterziehen, klar zutage tritt.[1] Allerdings muss der Schriftsatz als Berufung (= Prozesshandlung) bestimmt sein; es genügt nicht, dass er inhaltlich nur den Anforderungen an eine Berufung entspricht.[2]

2. Zuständigkeit und Eingang

270 Seit dem 1. Juli 1977 ist in Unterhaltssachen aus dem familiengerichtlichen Bereich ausschließlich das Oberlandesgericht zur Verhandlung und Entscheidung über die Berufung zuständig (§ 119 I Nr. 1 GVG).

Seit der Geltung des Unterhaltsänderungsgesetzes gilt das **Prinzip der formellen Anknüpfung der Rechtsmittelzuständigkeit,** wobei die Zuständigkeit vom zweitinstanz-

---

[1] BGH, NJW-RR 1998, 507
[2] BGH, NJW-RR 1993, 10

lichen Gericht nur noch **auf Antrag** zu prüfen ist. Daher ist nunmehr nur noch entscheidend, ob in der ersten Instanz die Prozessabteilung oder die Abteilung für Familiensachen entschieden hat.[3]

Die früher geltende **Meistbegünstigungsklausel** findet aber noch Anwendung, wenn 271
auf Grund unterschiedlicher Kennzeichnung des Gerichts und des Verfahrensgegenstandes Zweifel darüber bestehen, ob das Amtsgericht als Familiengericht oder als Zivilgericht entschieden hat. In einem derartigen Fall kann nach der Rechtsprechung des BGH die Partei das Urteil sowohl beim Landgericht als auch beim Oberlandesgericht anfechten.[4]

Ein Zuständigkeitsstreit zwischen OLG und LG wird analog § 36 Nr. 6 ZPO vom BGH, in Bayern durch das Bayerische Oberste Landesgericht entschieden.

Bei einer fehlerhaft zum Amts- oder Landgericht adressierten Berufung kommt es darauf an, ob Amts- oder Landgericht die Berufungsschrift weiterleiten. Erst mit dem Eingang der weitergeleiteten Berufungsschrift beim Oberlandesgericht ist sie dort eingegangen.

Das gilt auch dann, wenn Oberlandesgericht und Land-/Amtsgericht eine gemeinsame Posteinlaufstelle oder einen gemeinsamen Nachtbriefkasten haben.[5] In solchen Fällen reicht es für einen rechtzeitigen Eingang jedoch aus, wenn wenigstens das richtige Aktenzeichen des OLG angegeben ist, sofern ein solches bereits bekannt ist.[6]

Bei Einlegung mittels Fernschreiber an Orten mit mehreren Fernschreibstellen muss die für das Oberlandesgericht bestimmte Fernschreibstelle angegangen werden.[7] Dasselbe gilt für die Einlegung per Telefax.

3. Anwaltszwang

In allen Unterhaltssachen, ob isoliert oder im Verbund, besteht beim Oberlandesgericht 272
grundsätzlich Anwaltszwang (§ 78 II Nrn. 1 und 2 ZPO). Eine Ausnahme besteht nur bei den vereinfachten Kindesunterhaltsverfahren der §§ 645 ff. ZPO und im Rahmen der Verfahren nach § 1600 e BGB und 1615 l BGB (vgl. § 78 II S. 1 Nr. 2).

Der die Berufung einlegende Rechtsanwalt muss entweder beim Oberlandesgericht zugelassen oder zumindest sog. OLG-bestellter Vertreter sein (§ 53 II BRAO). Um die Wirksamkeit der Einlegung nicht zu gefährden und um zeitraubende Rückfragen zu vermeiden, sollte schon bei der Einlegung eindeutig darüber Klarheit geschaffen werden, ob diese Voraussetzungen vorliegen, z. B. durch den Zusatz „als OLG-bestellter Vertreter für Rechtsanwalt ...“. Treten mehrere Rechtsanwälte in Sozietät oder Bürogemeinschaft auf, von denen nur ein Teil beim Oberlandesgericht zugelassen oder „OLG-bestellt“ ist, muss klargestellt werden, dass diese Voraussetzungen gerade beim unterzeichnenden Rechtsanwalt gegeben sind. Andernfalls bleibt die Zulässigkeit der Berufung bis zur Klärung in der Schwebe. Genehmigung durch einen postulationsfähigen Rechtsanwalt ist möglich, jedoch nicht rückwirkend.[8]

4. Übergangsrecht

Wurde Prozesskostenhilfe vor dem 1. 1. 2002 bewilligt, so gilt gem. § 26 Nr. 4 EGZPO 272 a
die Vorschrift des 115 I Nr. 4 ZPO in der im Zeitpunkt der Bewilligung geltenden Fassung bis zur Beendigung der Instanz weiter. Wurde die letzte mündliche Verhandlung in der Instanz vor dem 1. 1. 2002 geschlossen, so ist für die Berufung gem. § 26 Nr. 5 EGZPO altes Recht anzuwenden; das Gleiche gilt gem. § 26 Nr. 7 EGZPO für die Revision. Ist das angefochtene Verfahren schriftlich geführt worden, dann tritt an die Stelle des Schlusses der

[3] BGH, FamRZ 1992, 665
[4] BGH, FamRZ 1995, 351; 1995, 219
[5] BGH, NJW 1983, 59
[6] BGH, NJW 1989, 590
[7] Vgl. BGH, NJW-RR 1988, 893
[8] BGH, FamRZ 1993, 695

mündlichen Verhandlung der Zeitpunkt, bis zu dem Schriftsätze eingereicht werden konnten.

Für die neue Nichtzulassungsbeschwerde des § 544 ZPO gilt, dass sie erst statthaft ist, wenn die angefochtene Entscheidung nach dem 31. 12. 2006 verkündet, zugestellt oder ansonsten bekannt gemacht worden ist (§ 26 Nr. 9 EGZPO).

5. Frist

273 Die Berufungsfrist beträgt einen Monat ab Zustellung des vollständigen Urteils (§ 517 ZPO). Ein zur Unwirksamkeit der Zustellung führender wesentlicher Mangel liegt dann vor, wenn in der zugestellten Urteilsausfertigung ganze Seiten fehlen. Das gilt grundsätzlich auch schon dann, wenn nur eine einzige Seite fehlt. Es gilt insbesondere dann, wenn der Zustellungsempfänger die Unvollständigkeit innerhalb der Rechtsmittelfrist gegenüber dem zustellenden Gericht rügt.[9]

Mußte ein Urteil gemäß § 319 ZPO berichtigt werden, beginnt die Berufungsfrist **erst mit Zustellung des Berichtigungsbeschlusses** zu laufen,[10] wenn das Urteil insgesamt nicht erkennen lässt, wie das Gericht entscheiden wollte.[11] Ansonsten hat nämlich die Berichtigung eines Urteils wegen offenbarer Unrichtigkeit gem. § 319 ZPO grundsätzlich keinen Einfluss auf Beginn und Lauf von Rechtsmittelfristen.

Bemängelt der Prozessbevollmächtigte Fehler an der ihm zugestellten Urteilsausfertigung und wird ihm nach Rücksendung der Ausfertigung ein anderes Exemplar erneut zugestellt, läuft die Berufungsfrist dennoch ab der ersten Zustellung, wenn die bemängelten Fehler nicht geeignet waren, Zweifel an der gesamten Begründung des Urteils aufkommen zu lassen.[12]

Die Berufungsfrist beginnt spätestens **mit Ablauf von fünf Monaten** nach der Verkündung zu laufen (§ 517 ZPO). Daher muss notfalls ohne Kenntnis der Urteilsgründe Berufung eingelegt werden.

Die Notfrist des § 517 ZPO beginnt mit der Zustellung, d. h. am Zustellungstag selbst.[13] Für die Berechnung der Fristen gelten gemäß § 222 I ZPO die Vorschriften der §§ 187–189 BGB. Da für den Anfang der Notfrist ein Ereignis (nämlich die Zustellung) maßgebend ist, wird bei der Berechnung der Frist **der Tag nicht mitgerechnet, auf welchen das Ereignis fällt.** Dies führt gemäß § 188 II BGB dazu, dass die Monatsfrist mit dem Ablauf desjenigen Tages des letzten Monats endet, welcher durch seine Benennung oder seine Zahl dem Tag entspricht, in den das Ereignis fällt. Wurde somit ein Urteil am 28. 2. zugestellt, endet die Berufungsfrist am 28. 3. Maßgebend ist hierbei das Datum, unter welchem der Prozessbevollmächtigte des Berufungsführers das Empfangsbekenntnis unterschreibt (§ 212 a ZPO).

Da die **Berufungsfrist** eine **Notfrist** ist, ist ihre Verlängerung nicht möglich.

Wird innerhalb der Berufungsfrist ein Urteil durch eine nachträgliche Entscheidung gem. § 321 ZPO ergänzt, beginnt mit der Zustellung dieser nachträglichen Entscheidung der Lauf der Berufungsfrist auch für die Berufung gegen das zuerst ergangene Urteil von neuem. Wird gegen beide Urteile von derselben Partei Berufung eingelegt, sind beide Berufungen miteinander zu verbinden (§ 518 ZPO).

Im Übrigen steht der Zulässigkeit einer Berufung grundsätzlich nicht entgegen, dass das Rechtsmittel bereits vor Zustellung des Urteils vollständig und abschließend begründet worden ist.[14]

Die Verwerfung der Berufung hindert den Rechtsmittelführer nicht, während der noch laufenden Berufungsfrist erneut Berufung einzulegen.[15] Allerdings hindert ein eventueller

---

[9] BGH, MDR 1998, 1179
[10] BGH, FamRZ 1995, 155
[11] BGH, NJW-RR 2001, 211
[12] BGH, NJW-RR 2000, 1665
[13] BGH, NJW 1985, 495 ff.; 1984, 1358
[14] BGH, NJW 1999, 3269
[15] BGH, NJW-RR 1999, 287 = R 528 A

Verstoß gegen den Grundsatz der Gewährung des rechtlichen Gehörs nicht den Ablauf der Rechtsmittelfrist gegen die auf dem Verstoß beruhende Entscheidung.[16] Wurde die Berufung beim unzuständigen Gericht eingelegt, besteht für das Gericht trotz des Grundsatzes des fair trial keine Pflicht, hiervon die Partei oder ihren Prozessbevollmächtigten innerhalb der Berufungsfrist zu unterrichten.[17]

6. Äußere Form der Berufungsschrift

Die Berufungsschrift stellt einen bestimmenden Schriftsatz i. S. d. §§ 519 IV, 130 Nr. 6 **273 a**
ZPO dar und ist daher von einem postulationsfähigen Rechtsanwalt zu unterzeichnen. Jedoch kann die Unterschrift noch innerhalb der Berufungsfrist nachgeholt werden; nach Ablauf der Notfrist ist das Rechtsmittel als unzulässig gem. § 522 ZPO zu verwerfen. Wird in einem Prozesskostenhilfeantrag eine beigefügte Schrift als Entwurf einer Berufungsschrift bezeichnet, liegt keine Berufungseinlegung vor, selbst wenn die Schrift den gesetzlichen Anforderungen an eine Berufungsschrift genügt.[18] Auch wenn PKH beantragt wurde, ist dann das Rechtsmittel der Berufung eingelegt, wenn eine formgerechte Rechtsmittelschrift eingereicht wurde und der Rechtsmittelführer unabhängig von der PKH-Bewilligung zur Durchführung des Rechtsmittels entschlossen ist.[19] Sind die gesetzlichen Anforderungen an eine Berufungsschrift erfüllt, kommt die Deutung, dass der Schriftsatz nicht als unbedingte Berufung bestimmt war, nur dann in Betracht, wenn sich dies aus den Begleitumständen mit einer jeden vernünftigen Zweifel ausschließenden Deutlichkeit ergibt.[20] Der BGH hat zwischenzeitlich in drei jüngeren Entscheidungen nochmals die Anforderungen an die Erfordernisse einer Berufungsschrift deutlich gemacht: Zunächst einmal muss die für die Berufungsbegründung vorgeschriebene Erklärung des Berufungsklägers, inwieweit das Urteil angefochten wird und welche Abänderungen beantragt werden, nicht notwendigerweise in einem förmlichen, vom übrigen Inhalt der Begründung abgesetzten, bestimmt gefassten Antrag niedergelegt werden. Es genügt, dass der innerhalb der Berufungsbegründungsfrist eingereichte Schriftsatz des Berufungsklägers seinem Inhalt nach deutlich erkennen lässt, in welchem Umfang das Urteil angefochten wird.[21] Zur Bezeichnung des angefochtenen Urteils ist daneben erforderlich, dass der Prozessgegner und – innerhalb der Rechtsmittelfrist – auch das Berufungsgericht in der Lage sind, sich aus den vorhandenen Unterlagen Gewissheit über die Identität des angefochtenen Urteils zu verschaffen.[22]

Insgesamt erfordert die für die Berufungsschrift vorgeschriebene Bezeichnung des angefochtenen Urteils die Angabe der Parteien, des Gerichts, das das angefochtene Urteil erlassen hat, des Verkündungsdatums und des Aktenzeichens. Fehlerhafte oder unvollständige Angaben schaden nur dann nicht, wenn auf Grund der sonstigen erkennbaren Umstände für Gericht und Prozessgegner nicht zweifelhaft bleibt, welches Urteil angefochten wird. Ob ein solcher Fall gegeben ist, hängt von den Umständen des Einzelfalls ab.[23]

Vorgeschrieben ist **Schriftform** (§ 519 I ZPO). Fernschreiben, Telegramm, Telekopie **274**
(Telefax), Telebrief genügen.[24]

Die Einlegung durch Telekopie ist unbedenklich, wenn sie dem Berufungsgericht unmittelbar auf der dem Gericht zur Verfügung stehenden Fernkopieranlage übermittelt wird.[25]

---

[16] BGH, FamRZ 2001, 829
[17] BVerfG, FamRZ 2001, 827
[18] OLG Stuttgart, FamRZ 2000, 240
[19] BGH, NJW-RR 2000, 879
[20] BGH, NJW 2002, 1352
[21] BGH, NJW-RR 1999, 211
[22] BGH, NJW-RR 2000, 1371
[23] BGH, NJW 2001, 1070
[24] Z. B. BGH, NJW 1989, 589
[25] BAG, NJW 1987, 341; z. B. BGH, FamRZ 1992, 296; ebenso BVerwG, NJW 1987, 2098, wenn die Bundespost die unterzeichnete Rechtsmittelschrift im Telekopierverfahren aufnimmt und die Telekopie als Telebrief auf postalischem Weg zustellt; a.A. BGHZ 79, 314, wenn die Telekopie einem privaten Zwischenempfänger übermittelt und von diesem durch einen Boten dem Rechtsmittelgericht überbracht wird; auch BGH, NJW 1989, 589

Erforderlich ist in jedem Fall, dass die Kopiervorlage von einem postulationsfähigen Rechtsanwalt unterzeichnet ist und dass dessen Unterschrift auf der Kopie wiedergegeben wird.

Eine Berufung liegt auch in der Berufungsbegründung, wenn sie den Anforderungen des § 519 II ZPO entspricht.

7. Genaue Bezeichnung des Urteils

275 Gemäß § 519 II Nr. 1 ZPO muss in der Berufungsschrift das Urteil genau bezeichnet werden, gegen das sich die Berufung richtet. Über die Identität des angefochtenen Urteils muss das Oberlandesgericht innerhalb der Berufungsfrist völlige Klarheit gewinnen können.[26] Dasselbe gilt für die Person des Rechtsmittelführers.[27] Unschädlich ist es im Allgemeinen, wenn die notwendige Klarstellung gegenüber dem Gegner erst später vorgenommen wird.[28]

Notwendig ist die genaue Angabe des erkennenden Amtsgerichts mit Aktenzeichen und Urteilsdatum.[29] Bei ungenügender Bezeichnung des angefochtenen Urteils ist die Berufung in aller Regel unzulässig.[30] Unschädlich ist lediglich eine „falsa demonstratio", die sich auch aus den Umständen ergeben kann.[31] Der Antrag, die Sache aufzuheben und zurückzuverweisen, ist regelmäßig als zulässiger Berufungsantrag anzusehen, da damit der entsprechende Sachantrag erster Instanz weiterverfolgt wird.[32]

Immer dann, wenn die Geschäftsstelle des OLG die Akten der Vorinstanz mangels ausreichender Angaben nicht anfordern kann, ist die Unzulässigkeit der Berufung offensichtlich.

Deshalb sollte jeweils eine Ablichtung des angefochtenen Urteils, zumindest dessen Rubrum und Tenor, der Berufungsschrift beigefügt werden.[33] Fehlt diese Anlage entgegen der Ankündigung in der Berufungsschrift, ist ein Hinweis notwendig, wenn andernfalls keine Klarheit zu gewinnen ist. Eine Verwerfung der Berufung ohne diesen Hinweis wäre eine unzulässige Überraschungsentscheidung.[34]

8. Berufungssumme/Beschwer

276 Jedes Rechtsmittel ist nur statthaft, wenn eine der Parteien durch die Entscheidung des Gerichtes beschwert ist. Dies verlangt auf Klägerseite, dass ein Teil der Klage abgewiesen worden ist und der Kläger somit weniger erhalten als beantragt hat. Auf seiner Seite muss daher eine formelle Beschwer vorliegen.[35] Auf Beklagtenseite reicht neben der formellen Beschwer auch eine materielle Beschwer aus. Daher ist der verurteilte Schuldner auch dann berechtigt, ein Rechtsmittel einzulegen, wenn er in 1. Instanz den klägerischen Anspruch anerkannt hatte. Der Beklagte kann somit immer dann Berufung einlegen, wenn er nur verurteilt wurde, unabhängig davon, ob er der Verurteilung in irgendeiner Form widersprochen hat.[36]

276 a Maßgebend für die Berechnung der Beschwer ist nicht die Vorschrift des § 17 GKG für den Gebührenstreitwert, sondern kraft ausdrücklicher gesetzlicher Regelung (§ 2 ZPO) die §§ 3 ff. ZPO, insbesondere § 9 ZPO (3,5facher Jahresbetrag).

Die Anwendung des § 9 ZPO führt in aller Regel, selbst bei kleinen laufenden Unterhaltsbeträgen, dazu, dass die Berufungssumme von (derzeit) 600 € (§ 511 II Nr. 1 ZPO)

---

[26] Vgl. BGH, NJW 1991, 2081
[27] BGH, FamRZ 1986, 1088
[28] BGH, FamRZ 1989, 1063
[29] Vgl. BGH, FamRZ 1988, 830
[30] BGH, NJW 1989, 2396
[31] BGH, NJW 1989, 2395
[32] BGH, FamRZ 1996, 1070
[33] § 518 III ZPO; BGH, FamRZ 1989, 1063
[34] BGH, NJW 1991, 2081
[35] BGH, NJW 1991, 704
[36] BGH, NJW 1982, 1940

erreicht wird. Anders ist es, wenn nur ein geringer Rückstand (fester Betrag) mit der Berufung zur Überprüfung gestellt wird, oder auch bei zeitlicher Begrenzung des Unterhalts unter ein Jahr, etwa bei einstweiligen Verfügungen (§ 9 Satz 2 ZPO).

Neben der Statthaftigkeit einer Berufung bei einem höheren Beschwerdewert als 600 € ist die Berufung jedenfalls dann statthaft, wenn das Gericht des 1. Rechtszuges sie im Urteil zugelassen hat. Dies geschieht dann, wenn das Verfahren entweder grundsätzliche Bedeutung hat oder die Rechtsfortbildung oder die Einheitlichkeit der Rechtsprechung eine Entscheidung des Obergerichtes erforderlich machen (§ 511 IV ZPO). An diese Zulassung ist das in der Instanz höhere Gericht gebunden.

Bei Auskunftsklagen scheitert die Berufung des Beklagten oft deswegen an § 511 a ZPO, weil auf seiner Seite sich die Beschwer nur nach dem notwendigen Zeit- und Arbeitsaufwand für die verlangte Auskunft sowie nach einem ausnahmsweise bestehenden (konkret darzulegenden) Geheimhaltungsinteresse richtet.[37] Zeit- und Arbeitsaufwand machen in einfach gelagerten Fällen, z. B. bei einem unselbstständigen Lohnempfänger, in aller Regel nicht mehr als 300 bis 400 € aus.

Auch bei der Verurteilung zur Herausgabe von Geschäftsunterlagen richtet sich der Wert der Beschwer nach dem erforderlichen Aufwand an Zeit und Kosten sowie einem etwaigen Geheimhaltungsinteresse des Verurteilten.[38] Allerdings kommt es für die Beschwer des zur Auskunft Verurteilten nicht auf den Aufwand zur Beantwortung von Fragen an, die über den Tenor des Auskunftsurteils hinausgehen.[39] Entscheidet das Urteil lediglich über den Auskunftsanspruch im Rahmen einer Stufenklage, und verweist es die Sache im Übrigen hinsichtlich des Leistungsanspruchs an die Vorinstanz zurück, so ist für den Wert der Beschwer allein der Auskunftsanspruch maßgebend.[40]

Ist zum Zeitpunkt der Berufungseinlegung die Berufungssumme erreicht, wird aber später die Berufung zum Teil zurückgenommen und sinkt dadurch die Beschwer unter den nach § 511 II Nr. 1 ZPO erforderlichen Betrag, wird die Berufung nur dann unzulässig, wenn die Rücknahme willkürlich ist, d. h. ohne einen sich aus dem bisherigen Verfahren ergebenden Grund erfolgt. Einen solchen zureichenden Grund stellt es dar, wenn dem Berufungsführer nur in einem hinter dem ursprünglichen Antrag zurückbleibenden Umfange Prozesskostenhilfe gewährt wird.[41]

Der Beklagte wird durch die Erfolglosigkeit eines hilfsweise von ihm geltend gemachten Zurückbehaltungsrechts nicht über den Betrag der zuerkannten Klageforderung hinaus beschwert.[42]

9. Berufungsbegründung

a) Frist. Die Frist für die Berufungsbegründung beträgt 2 Monate und beginnt mit der Zustellung des in vollständiger Form abgefassten Urteils, spätestens aber mit Ablauf von 5 Monaten nach der Verkündung (§ 520 II Satz 1 ZPO). Bei unrichtiger Einreichung beim Amts- oder Landgericht zählt bei Weiterleitung der Tag des Eingangs beim Oberlandesgericht. **277**

Die Begründungsfrist ist im Gegensatz zur Berufungsfrist keine Notfrist. Der Lauf der Berufungsbegründungsfrist wird weder durch die Verwerfung der Berufung noch durch ein Wiedereinsetzungsverfahren berührt.[43]

[37] BGH, FamRZ 1995, 349; FamRZ 1999, 1497
[38] BGH, NJW 1999, 3049; NJW-RR 2002, 145
[39] BGH, NJW-RR 2001, 1571
[40] BGH, NJW 2000, 1724; vgl. zum Beschwerdewert bei Verurteilungen zur Auskunftserteilung über Kontobewegungen: BGH, NJW-RR 2001, 569; zum Wert der Beschwer bei einer Verurteilung zur Auskunftserteilung über Nebeneinkünfte: BGH, NJW-RR 2001, 210; zur Bemessung des Wertes des Beschwerdegegenstandes im Falle einer Verurteilung zur Gewährung von Einsicht in auszusortierende Geschäftsunterlagen: BGH, NJW-RR 2001, 929
[41] OLG Koblenz, FamRZ 1996, 557
[42] BGH, NJW-RR 1996, 828
[43] BGH, FamRZ 1999, 649; 1997, 1000

278 Die Frist für die Berufungsbegründung kann auf Antrag von dem Vorsitzenden verlängert werden, wenn der Gegner einwilligt. Ohne Einwilligung kann die Frist bis zu einem Monat verlängert werden, wenn nach freier Überzeugung des Vorsitzenden der Rechtsstreit durch die Verlängerung nicht verzögert wird oder wenn der Berufungskläger erhebliche Gründe darlegt (§ 520 II Satz 2 ZPO).

Die angegebenen Gründe sind manchmal recht fadenscheinig, vor allem, wenn nur große „Arbeitsbelastung“ angegeben oder auf die „Weihnachtsfeiertage“ hingewiesen wird und mehrere Rechtsanwälte in einer Kanzlei tätig sind. In solchen Fällen wird die Verlängerung entweder gleich abgelehnt oder auf den Mangel der Begründung hingewiesen.[44]

Die auf Antrag eines postulationsunfähigen Prozessbevollmächtigten vom Vorsitzenden verfügte Verlängerung der Berufungsbegründungsfrist ist wirksam, ohne dass es darauf ankommt, ob der Prozessbevollmächtigte bei sorgfältiger Prüfung hätte erkennen können, dass sein Antrag unwirksam war.[45] Im Antrag, das Ruhen des Verfahrens anzuordnen, ist kein Antrag auf Verlängerung einer laufenden Berufungsbegründungsfrist enthalten.[46]

Der **Verlängerungsantrag** muss **schriftlich,** auch durch Telefax,[47] vor Ablauf der Begründungsfrist beim OLG eingegangen sein.[48] Ein telefonischer Anruf beim Vorsitzenden genügt nicht, kann allenfalls den Verlängerungsantrag ankündigen und seine Aussichten erkunden.

Die Verlängerung selbst kann noch **nach Ablauf der Begründungsfrist** vorgenommen werden.[49] Eine fehlerhafte Verlängerung (ausgenommen: besonders schwere Mängel) ist grundsätzlich wirksam und unterliegt auch nicht der Beurteilung des Revisionsgerichts.[50] Kürzere Verlängerung als beantragt ist Ablehnung des weitergehenden Antrags.[51] Unwirksam ist eine „Verlängerung“, wenn die Begründungsfrist bei Antragseingang bereits abgelaufen war.

Eine stillschweigende Fristverlängerung ist nicht möglich.[52] Sie muss ausdrücklich erfolgen.

Die förmliche Zustellung der Verlängerungsverfügung ist nicht nötig.[53] Die Verlängerung wird wirksam durch formlose Mitteilung der Verfügung seitens der Geschäftsstelle an den Prozessbevollmächtigten.[54]

279 Der Antrag auf Verlängerung der Begründungsfrist unterliegt dem Anwaltszwang und der Schriftform.[55] Dabei trägt der Berufungsführer das Risiko, ob die Frist vom Vorsitzenden in Ausübung von dessen pflichtgemäßen Ermessen verlängert wird.[56] Wird aber die Frist sogar über den Antrag hinaus verlängert, kann sie voll ausgenutzt werden.[57] Mangelhafte Anträge oder sogar ein fehlender Antrag machen eine erfolgte Verlängerung nicht unwirksam.[58]

280 Ist entweder die Berufungsfrist nicht gewahrt oder aber die Berufungsbegründungsfrist, kann die Berufung als unzulässig im schriftlichen Verfahren durch Beschluss verworfen werden (§ 522 I ZPO). Gegen den Beschluss findet die Rechtsbeschwerde statt.

281 **b) Äußere Form der Begründungsschrift.** Vorgeschrieben ist Schriftform (§ 519 II ZPO) und Anwaltszwang (§ 78 II Nr. 2 ZPO). Telegramm, Fernschreiben, Telekopie sind zulässig.[59]

---

[44] Unter Umständen in solchen Fällen Wiedereinsetzung, BGH, NJW-RR 1989, 1280 = FamRZ 1990, 36
[45] BGH, NJW-RR 1999, 286 = 528 A
[46] BGH, NJW-RR 2001, 572
[47] BGH, FamRZ 1991, 548
[48] BGH, NJW 1985, 1558
[49] BGH, FamRZ 1988, 55
[50] BGH, FamRZ 1988, 55
[51] BGH, NJW-RR 1989, 1278
[52] BGH, FamRZ 1990, 147
[53] BGH, FamRZ 1990, 613
[54] BGH, FamRZ 1994, 302
[55] BGH, NJW-RR 1990, 67
[56] BGH, FamRZ 1987, 58
[57] BGH, NJW 1962, 1413
[58] BGH, NJW 1985, 1559
[59] BGH, NJW 1986, 1759, wie bei der Berufungsschrift

Ein Prozesskostenhilfegesuch, das noch innerhalb der Begründungsfrist eingereicht wird und den Anforderungen an eine Berufungsbegründung genügt, ist in der Regel dazu bestimmt, als Berufungsbegründung zu dienen.[60] Das gilt auch bei jedem anderen Schriftsatz, der den Anforderungen des § 520 III ZPO genügt, wenn sich nicht eindeutig etwas anderes ergibt.[61] Lässt sich ein entsprechender Wille nicht feststellen, liegt keine Berufungsbegründung vor. Dabei ist Vorsicht geboten; denn das PKH-Gesuch muss von einem beim Oberlandesgericht zugelassenen oder OLG-bestellten Anwalt unterzeichnet und spätestens innerhalb der Berufungsbegründungsfrist eingereicht sein.

c) Inhalt. Gemäß § 520 ZPO muss die Berufungsbegründung die einzelnen Berufungsgründe sowie neue Tatsachen, Beweismittel und Beweiseinreden angeben.[62] Die Begründung muss deshalb zum einen erkennen lassen, in welchen Punkten tatsächlicher oder rechtlicher Art das angefochtene Urteil nach Ansicht des Berufungsklägers an einer Rechtsverletzung leidet, und zum anderen im Einzelnen angeben, aus welchen Gründen er die tatsächliche und rechtliche Würdigung des vorinstanzlichen Urteils in den angegebenen Punkten für rechtsfehlerhaft hält.[63] Diese Vorschrift soll den Berufungskläger im Interesse der Beschleunigung des Berufungsverfahrens dazu anhalten, sich eindeutig über Umfang und Ziel seines Rechtsmittels zu erklären, und Berufungsgericht sowie Prozessgegner über Umfang und Inhalt seiner Angriffe möglichst schnell und zuverlässig ins Bild setzen.[64] Aus der Berufungsbegründung muss der zur Entscheidung stehende Streitfall ersichtlich und erkennbar sein, in welchem Punkt die angefochtene Entscheidung unrichtig sein soll; eine weitergehende Auseinandersetzung mit dem angefochtenen Urteil ist nicht erforderlich.[65] **282**

Eine Berufung ist unzulässig, wenn sie den in erster Instanz erhobenen Klaganspruch nicht wenigstens teilweise weiterverfolgt, sondern lediglich im Wege der Klagänderung einen neuen, bislang nicht geltend gemachten Anspruch zur Entscheidung stellt. Dieser wird durch den Klagantrag und den Lebenssachverhalt konkretisiert, zu dem alle Tatsachen zu rechnen sind, die bei einer natürlichen Betrachtungsweise zu dem zur Entscheidung gestellten Tatsachenkomplex gehören.[66] Angriffs- und Verteidigungsmittel i. S. d. § 520 III Nr. 4 ZPO sind neu, wenn sie erstmals im Berufungsverfahren vorgebracht werden. Dazu zählt auch das Vorbringen, das die Partei im ersten Rechtszug vorgetragen, später jedoch wieder fallengelassen hat.[67] **282 a**

Inzwischen hat der BGH in zwei Entscheidungen[68] die Anforderungen an eine Berufungsbegründung nochmals konkretisiert. Danach muss gem. § 519 III Nr. 2 ZPO (a. F.) die Berufungsbegründung die bestimmte Bezeichnung der im Einzelnen anzuführenden Gründe für die Anfechtung (Berufungsgründe) sowie die neuen Beweismittel enthalten, die die Partei zur Rechtfertigung ihrer Berufung anzubieten hat. Die Vorschrift soll gewährleisten, dass der Rechtsstreit für die Berufungsinstanz ausreichend vorbereitet wird, indem sie den Berufungsführer anhält, die Beurteilung des Streitfalls durch den Erstrichter zu überprüfen und darauf hinzuweisen, in welchen Punkten und mit welchen Gründen das angefochtene Urteil für unrichtig gehalten wird. Dadurch soll bloß formelhaften Berufungsbegründungen entgegengewirkt und eine Beschränkung des Prozessstoffes im Berufungsverfahren erreicht werden. Gericht und Gegner sollen schnell und sicher erfahren, wie der Berufungsführer den Streitfall beurteilt wissen will, damit sie sich auf die Angriffe erschöpfend vorbereiten können. Demnach muss die Berufungsbegründung jeweils auf den Streitfall zugeschnitten sein und im Einzelnen erkennen lassen, in welchen Punkten der Berufungskläger das angefochtene Urteil für unrichtig (rechtsfehlerhaft) hät. Es reicht nicht aus, die rechtliche Würdigung durch den Erstrichter mit formelhaften Wendungen zu rügen oder lediglich auf

---

[60] BGH, VersR 1977, 570; FamRZ 1989, 269
[61] BGH, FamRZ 1989, 849
[62] Z. B. BGH, NJW-RR 1992, 383
[63] BGH, FamRZ 1993, 46
[64] BGH, FamRZ 1987, 802
[65] BGH, FamRZ 1996, 1071
[66] BGH, NJW-RR 1996, 1276
[67] BGH, MDR 1998, 1178
[68] BGH, FamRZ 1999, 1499; FamRZ 2000, 813

das Vorbringen in erster Instanz zu verweisen. Im Übrigen ist eine Berufung als nicht hinreichend begründet anzusehen, wenn lediglich die Gründe des angefochtenen Urteils wiederholt und als unzutreffend bezeichnet werden.[69] Außerdem gilt der Grundsatz, dass ein inhaltlich den Anforderungen des § 519 III ZPO (a. F.) entsprechendes Gesuch um Prozesskostenhilfe auch als Berufungsbegründung dienen soll nur dann, wenn nicht ein anderer Wille des Berufungsklägers erkennbar ist.[70] Wurde nach Zurückweisung des PKH-Gesuchs die Berufung unbedingt eingelegt, ist die dem PKH-Gesuch beigefügte, von einem OLG-Anwalt unterschriebene Entwurfsbegründung im Zweifel als rechtzeitige Begründung der Berufung anzusehen.[71] Nach § 520 IV soll die Berufungsbegründung ferner enthalten die Angabe des Wertes des nicht in einer bestimmten Geldsumme bestehenden Beschwerdegegenstandes, wenn von ihm die Zulässigkeit der Berufung abhängt. Ferner soll sich der Rechtsmittelführer dazu äußern, ob einer Entscheidung der Sache durch den Einzelrichter Gründe entgegenstehen.

Im Übrigen sind neue Angriffs- und Verteidigungsmittel in Unterhaltssachen – entgegen § 531 II ZPO – immer zuzulassen, wenn nicht nach der freien Überzeugung des Gerichts ihre Zulassung die Erledigung des Rechtsstreits verzögern würde und die Verspätung auf grober Nachlässigkeit beruht (§§ 615, 621 d ZPO). Neue Tatsachen (Wegfall der Arbeitslosigkeit, veränderte Einkommensverhältnisse, Wegfall anderer Unterhaltsgläubiger, Aufnahme einer eheähnlichen Beziehung) können stets vorgetragen werden.

Auch wenn kein ausdrücklicher Sachantrag gestellt wurde, ist die Berufung zulässig, wenn davon auszugehen ist, dass der Berufungsführer sein erstinstanzliches Sachbegehren weiterverfolgt.[72]

Die Berufung des in erster Instanz unterlegenen Klägers ist hinsichtlich eines neuen Hauptantrags nicht schon dann zulässig, wenn der Kläger sein erstinstanzliches Begehren mit einem Hilfsantrag weiterverfolgt.[73]

Auch in einfach liegenden Streitfällen muss die Berufungsbegründung erkennen lassen, weshalb die Beurteilung durch den Erstrichter unrichtig sein soll. Eine Verweisung auf den erstinstanzlichen Vortrag, das angefochtene Urteil und ein PKH-Gesuch, das ein beim Berufungsgericht nicht zugelassener Rechtsanwalt unterzeichnet hat, reicht nicht aus,[74] insbesondere nicht die Erklärung, das Vorbringen aus der ersten Instanz werde wiederholt,[75] selbst dann nicht, wenn der Streit nur eine einzelne Rechtsfrage betrifft oder wenn der Sachverhalt sonst zwischen den Parteien unstreitig ist und das angefochtene Urteil sich auf rechtliche Erörterungen beschränkt. In einem solchen Fall muss der Berufungsführer deutlich machen, inwieweit er die rechtliche Würdigung für fehlerhaft hält oder in welche Richtung seine Einwendung gegen die Beurteilung der Vorinstanz geht.[76] Eine ausreichende Berufungsbegründung liegt auch dann nicht vor, wenn lediglich auf die einem früheren Prozesskostenhilfegesuch beigefügte, als „Entwurf" einer Berufungsbegründung bezeichnete und vom zweitinstanzlichen Prozessbevollmächtigten nicht unterzeichnete Schrift verwiesen wird.[77]

Bei Verweisungen muss zumindest der in Bezug genommene (von einem OLG-Anwalt stammende) Schriftsatz oder das Beweisangebot genau bezeichnet werden (z. B. Schriftsatz vom ... Seite ...).

Am besten unterbleiben Bezugnahmen auf den Sachvortrag der ersten Instanz ganz, weil sie den Überblick für Gericht und Gegner erschweren und die Gefahr besteht, dass etwas übersehen oder die Bezugnahme als unzulässig angesehen wird.

Pauschale Verweisung genügt ausnahmsweise dann, wenn ein Vorbringen des Beklagten in erster Instanz für das klagabweisende Urteil unerheblich war, das Berufungsgericht der

---

[69] BGH, NJW 2002, 1578
[70] BGH, NJW-RR 1999, 212
[71] BGH, NJW-RR 2001, 789 = R 547
[72] BGH, NJW 1995, 1154
[73] BGH, FamRZ 1996, 299 = NJW-RR 1995, 1535
[74] BGH, FamRZ 1981, 534
[75] BGH, FamRZ 1993, 46
[76] BGH, FamRZ 1993, 46
[77] BGH, NJW 1988, 1647

Berufung des Klägers stattgeben will und jenes Vorbringen des Beklagten nunmehr für die Entscheidung erheblich wird.[78] Ähnliches gilt bei Verjährung.

Beispiel:
Die Klage wird in erster Instanz wegen Verjährung abgewiesen. Nach Auffassung des Berufungsgerichts ist Verjährung nicht eingetreten. Der Sachvortrag des Klägers in erster Instanz zur Begründetheit seines Anspruchs ist nunmehr zu prüfen. Allgemeine Verweisung darauf reicht.

Ausnahmsweise zulässig ist ferner, wenn einer von mehreren Berufungsführern bei gleichen sachlichen und rechtlichen Angriffen gegen das Ersturteil auf die von einem anderen Berufungsanwalt unterzeichnete Berufungsbegründung Bezug nimmt oder wenn ein Berufungsanwalt auf seine Berufungsbegründung im vorangegangenen einstweiligen Verfügungsverfahren in gleicher Sache verweist und eine beglaubigte Abschrift dieser Berufungsbegründung mit überreicht oder auf sein zur Durchführung der Berufung eingereichtes PKH-Gesuch Bezug nimmt, wenn es inhaltlich den Anforderungen einer Berufungsbegründung (§ 520 ZPO) entspricht, oder wenn er auf einen die beantragte PKH (teilweise) bewilligenden, näher begründeten Beschluss des Berufungsgerichts verweist, den er sich zu Eigen macht.[79]

d) Umfang und Wirkung der Anfechtung. Die Berufungsbegründung muss sich mit 283
den Ausführungen des erstinstanzlichen Urteils im Einzelnen auseinandersetzen. Allgemein gehaltene Ausführungen unter pauschaler Bezugnahme auf den erstinstanzlichen Vortrag können eine mangelhafte Berufungsbegründung gemäß § 520 III ZPO darstellen und zu der Feststellung führen, dass sie nicht in der gesetzlichen Form eingelegt worden ist und daher als unzulässig zu verwerfen ist.[80] Den Anforderungen des § 520 III ZPO genügt aber andererseits eine (auch nur stillschweigend erfolgte) Bezugnahme auf ein ausreichend substantiiertes PKH-Gesuch.[81] Die pauschale Bezugnahme auf erstinstanziellen Vortrag und die bloße Behauptung, die Berechnung des Ersturteils sei „unrichtig“, enthält keine den Anforderungen an eine Berufungsbegründung genügende Auseinandersetzung mit den Gründen des angefochtenen Urteils.[82]

Die **Zulässigkeit** der Berufung ist von Amts wegen zu prüfen. Dazu gehört die Über- 284
prüfung, ob die Berufung an sich statthaft ist und ob sie in der gesetzlichen Form und Frist eingelegt und begründet wurde. Mangelt es an einem dieser Erfordernisse, ist die Berufung als unzulässig zu verwerfen. Die Entscheidung kann durch Beschluss ergehen. Gegen sie findet die Rechtsbeschwerde statt (§ 522 I Satz 4 ZPO). Darüber hinaus ist seit 1. 1. 2002 gem. § 522 II ZPO eine Berufungszurückweisung durch einstimmigen Senatsbeschluss möglich, wenn das Berufungsgericht davon überzeugt ist, dass die Berufung keine Aussicht auf Erfolg hat und weder die Rechtsfortbildung noch die Sicherung der Einheitlichkeit der Rechtsprechung eine Entscheidung des Obergerichtes verlangen. Vor seiner Entscheidung hat das Berufungsgericht oder der Vorsitzende die Parteien auf die beabsichtigte Zurückweisung der Berufung und die Gründe hierfür hinzuweisen. Dem Berufungsführer muss gleichzeitig binnen einer zu bestimmenden Frist Gelegenheit zur Stellungnahme gegeben werden. Der Beschluss ist zu begründen; allerdings ist der Zurückweisungsbeschluss gem. § 522 III ZPO nicht anfechtbar.

Der Umfang der Anfechtung ergibt sich erst aus der Berufungsbegründung (vorbehaltlich 285
einer zulässigen Berufungserweiterung).

Die Fassung in der Berufungsschrift: „Ich lege gegen das Urteil des Amtsgerichts – Familiengericht – N. vom … Berufung ein“ hält den Umfang der Anfechtung zunächst offen. Greift die Begründung das Ersturteil (wirksam) nur zum Teil an, gilt die Berufung als von Anfang an nur in diesem Umfang eingelegt. Es handelt sich weder um eine Teilrücknahme noch um eine Teilerledigung (wichtig für die Kosten und den Streitwert). Mit der Berufungsbegründung kann eine frühere Beschränkung des Rechtsmittels im Allgemeinen wieder rückgängig gemacht werden.[83]

[78] BVerfG, NJW 1987, 485
[79] BGH, FamRZ 1994, 102 = NJW 1993, 3333
[80] BGH, FamRZ 1993, 46
[81] BGH, FamRZ 1989, 269 – für das alte Recht
[82] BGH, FamRZ 1995, 1138
[83] BGH, FamRZ 1989, 1064

Bei vollständig abgewiesener Stufenklage setzt sich das Stufenverhältnis in der Berufungsinstanz fort. Der Angriff gegen die Abweisung des Zahlungsanspruchs geht im Angriff gegen die Abweisung des Auskunftsanspruchs auf.[84]

Beispiel:
Abweisung der gesamten Stufenklage durch das Erstgericht, weil kein Zahlungsanspruch, also auch kein Auskunftsanspruch gegeben sei. Die Berufung greift das Urteil insgesamt an mit der Begründung, bestimmte Einkünfte seien doch heranzuziehen, darüber müsse Auskunft erteilt werden. Weitere Ausführungen zum Zahlungsanspruch sind in der Berufungsbegründung nicht veranlasst.

Die Anfechtung auch nur eines Teils des Ersturteils bewirkt grundsätzlich die **Hemmung** der Rechtskraft des gesamten Ersturteils.[85]

Beispiel:
Ersturteil spricht 500 € monatlich Unterhalt zu. Angefochten werden davon 200 € monatlich, nicht angefochten werden 300 € monatlich. Keine Teilrechtskraft in Höhe von 300 € monatlich.

Nur soweit alle Parteien auf eine Anfechtung verzichten, wird der nicht angefochtene Teil rechtskräftig. Ein solcher Verzicht liegt nicht in der bloßen Beschränkung der Berufung[86] oder in der Nichterhebung einer Anschlussberufung und ist in der Praxis selten.

286 **e) Der Berufungsantrag.** Gemäß § 520 ZPO muss die Berufungsbegründung die Berufungsanträge enthalten. Werden diese bereits in der Berufungsschrift aufgeführt, ist dies unschädlich. Erst durch die Berufungsanträge werden die Grenzen bestimmt, in denen der Rechtsstreit neu zu verhandeln ist.[87]

Eine genaue Formulierung der Anträge ist zwar allgemein üblich und dringend zu empfehlen, prozessual aber nicht erforderlich, sofern sich das Berufungsziel klar und eindeutig aus dem sonstigen Inhalt und Zusammenhang der Begründung entnehmen lässt.[88] Der Antrag, das Urteil aufzuheben und die Sache zurückzuverweisen, enthält den Sachantrag erster Instanz.[89] Der Berufungsantrag ist anhand der Berufungsbegründung auszulegen.[90]

Wie die Klaganträge sind die schriftlichen Berufungsanträge zunächst nur angekündigt,[91] bis sie dann in der mündlichen Verhandlung durch Verlesen oder Bezugnahme gestellt werden (§ 525, § 137 I ZPO).

Der Berufungsantrag sollte (wie der Klagantrag)
- keine Centbeträge enthalten, sondern auf einen vollen € auf- oder abrunden,
- für jeden Unterhaltsberechtigten den verlangten Unterhaltsbetrag eigens angeben (§ 253 II Nr. 2 ZPO: keine Gesamtsumme für alle Unterhaltsberechtigten),[92]
- beim sog. Rückstand den Zeitraum mit angeben, z. B. 5000 € Unterhalt für die Zeit vom 1. 1. bis 31. 12. 2002,
- den Betrag für den Elementar-, Vorsorge- und Krankenvorsorgeunterhalt eigens angeben,[93]
- bei der Auskunftsklage den Auskunftszeitraum und die Einkunftsart sowie die Belege genau bezeichnen. Unbrauchbar ist die Fassung: Auskunft für das „letzte Jahr" zu erteilen (Kalenderjahr? Jahr vor der mündlichen Verhandlung erster oder zweiter Instanz? Jahr vor dem Urteil erster oder zweiter Instanz? Vor Rechtskraft?). Dasselbe gilt für die Vorlage „entsprechender" Belege.[94]

---

[84] BGH, FamRZ 1988, 156 = NJW-RR 1987, 1029
[85] Z. B. BGH, FamRZ 1985, 631; vgl. § 534 ZPO. Wegen der Besonderheiten im Verbund vgl. § 629 a III ZPO
[86] BGH, FamRZ 1989, 1064; anders soll es sein bei ausdrücklicher Beschränkung auf einen von mehreren Klaganträgen, BGH, NJW 1990, 1118
[87] § 525 ZPO; BGH, FamRZ 1989, 1064
[88] BGH, FamRZ 1987, 802 = NJW 1987, 3264
[89] BGH, FamRZ 1993, 1192, fraglich
[90] BGH, FamRZ 1995, 729
[91] BGH, FamRZ 1985, 631
[92] Vgl. BGH, FamRZ 1981, 541
[93] Allerdings nicht unbedingt erforderlich, BGH, FamRZ 1985, 631
[94] Vgl. BGH, FamRZ 1983, 454 = R 155

Hat der Familienrichter gegen § 308 I ZPO verstoßen, wird dies durch den Antrag des Klägers auf Zurückweisung der Berufung geheilt.[95]

f) Die Berufungsgründe des § 513 ZPO. Nach § 513 I ZPO kann die Berufung in Zivilsachen nur darauf gestützt werden, dass die Entscheidung auf einer Rechtsverletzung (§ 546 ZPO) beruht oder nach § 529 ZPO zugrunde zu legende Tatsachen eine andere Entscheidung rechtfertigen. Damit geht es in Abs. I um die Begründetheit, nicht um die Zulässigkeit der Berufung. Nach dem Wortlaut des Gesetzes nennt Abs. I zwei Berufungsgründe, wobei beiden Berufungsvoraussetzungen gemeinsam ist, dass eine objektive Unrichtigkeit des angefochtenen Urteils vorliegen muss und diese Unrichtigkeit zu einer abweichenden Entscheidung gegenüber der erstinstanzlichen Entscheidung führt. Die Art und Weise des Feststellung, ob ein Urteil richtig oder unrichtig ist, ergibt sich aus der Definition der Berufungsgründe selbst. Da sie von zentraler Bedeutung für die Begründung der Berufung sind, müssen – gleichgültig, ob das Novenverbot in zweiter Instanz gilt – die Voraussetzungen des § 520 III S. 2 Nr. 2–4 ZPO genau geprüft werden. Dies bedeutet, dass die Umstände, aus denen sich die Rechtsverletzung und deren Erheblichkeit für die angefochtene Entscheidung ergibt, genau bezeichnet werden müssen. Daneben müssen konkrete Anhaltspunkte dargelegt werden, die Zweifel an der Richtigkeit oder Vollständigkeit der Tatsachenfeststellungen im angefochtenen Urteil begründen und deshalb eine erneute Feststellung gebieten. Schließlich müssen die neuen Angriffs- und Verteidigungsmittel sowie die Tatsachen, auf Grund derer die neuen Angriffs- und Verteidigungsmittel nach § 531 II ZPO zuzulassen sind, konkret aufgelistet werden. **286 a**

Maßgebender Zeitpunkt für die Antwort auf die Frage, ob das angefochtene Urteil fehlerhaft ist, ist die Sach- und Rechtslage bei Schluss der mündlichen Verhandlung, nicht aber bei Erlass des Berufungsurteils.[96]

Im Einzelnen: **286 b**

- Der erste Fall der Berufungsgründe (Rechtsverletzung) umfasst Verfahren, in denen auf der Grundlage der nichtstreitigen erstinstanzlichen Tatsachenfeststellung eine kausale Rechtsverletzung geltend gemacht wird.
- Der zweite Berufungsgrund erfasst die Fälle, in denen die erstinstanzlichen Tatsachenfeststellungen entweder angegriffen oder neue Feststellungen des Berufungsgerichtes zu neuen, zulässigen Tatsachen begehrt werden, die zu einer anderen Entscheidung als vor dem Amtsgericht führen.

Die einzelnen Rechtsverletzungen des § 546 ZPO: **286 c**

- Anwendungsfehler: Eine derartige Rechtsverletzung liegt dann vor, wenn eine einschlägige Norm (Rechtsvorschrift, Rechtsverordnung, Richtlinie, Gewohnheitsrecht, Satzung) übersehen oder zu Unrecht als unanwendbar eingestuft, eine nicht mehr gültige Norm angewandt oder eine erst nach Erlass des erstinstanzlichen Urteils wirksam gewordene Norm nicht berücksichtigt worden ist.
- Interpretationsfehler: Auch diese Rechtsverletzung kann unter den großen Bereich der Anwendungsfehler subsumiert werden, wenn bei der Anwendung der Norm ihr Inhalt und ihre Grenzen unzutreffend ermittelt wurden.
- Auslegungsfehler: Diese Rechtsverletzung taucht häufig in der Praxis auf. Hierbei geht es insbesondere um die Bewertung unbestimmter Rechtsbegriffe des materiellen Rechts wie „gute Sitten", „grobe Fahrlässigkeit", „Billigkeit" etc. Auch die Beweiswürdigung des Tatrichters kann darauf nachgeprüft werden, ob sie in sich widersprüchlich ist, den Denkgesetzen oder allgemeinen Erfahrungssätzen zuwider läuft oder Teile des Beweisergebnisses ungewürdigt lässt. Soweit die tatsächliche Begründung so schwere gedankliche Widersprüche aufweist, dass sie unlogisch ist, liegt gleichzeitig ein sog. Denkfehler vor. Auch die falsche Anwendung der Beweislastvorschriften im Rahmen einer Rechtsprüfung kann zu einem Auslegungsfehler führen. Allerdings ist im Rahmen der Auslegung das Obergericht auf die Überprüfung beschränkt, ob die Wertungsgrenzen erkannt, die tatsächliche Wertungsgrundlage ausgeschöpft und die Denk- oder Erfahrungssätze beach-

[95] BGH, FamRZ 1986, 898 = NJW 1987, 1772

[96] So zu Unrecht MünchKommZPO/Rimmelspacher, Band zur ZPO-Reform, § 513, Rn. 7 a. E.

tet worden sind. Denn auf Grund der richterlichen Unabhängigkeit und richterlichen Individualität muss dem Tatrichter ein innerer Auslegungsbereich verbleiben, der der obergerichtlichen Nachprüfung entzogen ist. Was somit sich als vertretbare Beurteilung und Bewertung herausstellt, ist nicht revisibel.

- Subsumtionsfehler: Auch diese Rechtsverletzung entstammt dem Bereich der Anwendungsfehler. Bei ihr wird der festgestellte, unstreitige Sachverhalt fehlerhaft unter die einschlägige Norm gestellt und hieraus ein falsches Ergebnis gewonnen.
- Kein Fehler liegt wiederum vor, wenn die Auslegung, Subsumtion oder Ermessensausübung auf einer vertretbaren Gewichtung beruhen, der innere Beurteilungsspielraum des Erstrichters also gewahrt bleibt.
- Ermessensfehler: Als Rechtsverletzung kann auch der Ermessensnichtgebrauch oder -fehlgebrauch gerügt werden. Insbesondere fällt hierunter der Fall, dass das erstinstanzliche Gericht überhaupt keine Angaben dazu gemacht hat, welches Ermessen ausgeübt wurde.
- Denkfehler: Hierbei handelt es sich um logische Unzulänglichkeiten, Widersprüche, unrichtige Folgerungen, also sog. Rechtsanwendungsfehler. Diese Rechtsverletzung bei Denkgesetzen gilt in gleicher Weise auch bei der Anwendung von Erfahrungssätzen.

286 d **Die Kausalität der Rechtsverletzung.** Die Entscheidung des Amtsgerichts beruht nur dann auf einem Rechtsfehler, wenn bei der Verletzung materiellen Rechts die richtige Rechtsanwendung zu einem für den Berufungskläger günstigeren Ergebnis führt. Wird im Rahmen der Berufung die Verletzung verfahrensrechtlicher Normen gerügt, beruht die Entscheidung nur dann auf einem Rechtsfehler, wenn die Möglichkeit einer anderen Entscheidung bei richtiger Anwendung der Prozessnorm nicht ausgeschlossen werden kann. Wird in zulässiger Weise die Tatsachengrundlage des Erstgerichts geändert (Abs. I, 2. Fall), muss sich daraus eine andere, dem Berufungsführer günstigere Entscheidung ergeben, wenn die Berufung begründet sein soll. Eine Rechtsverletzung liegt aber auch dann vor, wenn das Berufungsgericht nach dem zur Zeit seiner Entscheidung geltenden Recht richtig entschieden hat, danach aber eine Veränderung der Rechtslage eingetreten ist. Hier liegt der Grund des Berufungserfolgs in der neu geschaffenen Rechtslage, was in gleicher Weise gilt, wenn das Bundesverfassungsgericht in einem Normenkontrollverfahren eine Vorschrift für verfassungswidrig erklärt hat. Keine Rechtsverletzung stellt aber m. E. die Sachlage dar, dass ein sonstiges oberstes Gericht zu einer Änderung seiner Rechtsprechung gelangt ist (so z. B. der BGH in der Entscheidung vom 13. 6. 2001 zur vermehrten Anwendung der Differenzmethode bei der Feststellung des eheprägenden Bedarfs).

Für den Prüfungsumfang des Berufungsgerichtes gem. § 513 ZPO i. V. m. § 529 I Nr. 2 ZPO (Berücksichtigung neuer Tatsachen) ist von entscheidungserheblicher Bedeutung, ob das **Novenverbot** in zweiter Instanz gilt oder nicht.

Während BLAH/Albers[97] sowie Zöller/Philippi[98] und Musielak/Borth[99] davon ausgehen, dass gem. § 621 d S. 2 ZPO auch in zweiter Instanz alle Angriffs- und Verteidigungsmittel abweichend von den allgemeinen Vorschriften zuzulassen sind, ist Finger[100] der Ansicht, dass für die Zurückweisung von Angriffs- oder Verteidigungsmitteln im Berufungsverfahren §§ 530, 531 ZPO gelten und damit § 621 d ZPO ausgeschaltet ist. Auf den ersten Blick erscheint die Ansicht von Finger überzeugender, weil ansonsten die ZPO-Reform ein zweigliedriges Rechtsmittelrecht eingeführt hätte: Zum einen in den reinen Zivilverfahren die Anwendung des Novenverbots über §§ 530, 531 ZPO, in den ZPO-Familiensachen aber über § 621 d S. 2 ZPO die grundsätzliche Zulassung weiteren Sach- und Rechtsvortrags, sofern nicht die Ausnahmeregelung des § 621 d S. 1 ZPO bei verspätet vorgebrachten Einwendungen oder Angriffsmitteln gelten sollte. Die Ansicht der h. M. führt im Übrigen konsequenterweise dazu, dass die §§ 530 und 531 ZPO in der Berufungsinstanz trotz ausdrücklicher Normierung nicht anzuwenden wären, was dann ebenfalls auf § 520 III Nr. 2–4 ZPO ausstrahlt: Da nach Ansicht der h. M. das Vorbringen neuer Tatsachen grund-

---

97 A.a.O., § 621 d Rn. 1
98 A.a.O., vor § 621 e Rn. 11
99 A.a.O., § 621 d Rn. 2
100 MünchKommZPO/Finger, Band zur ZPO-Reform, § 621 d, Rn. 5

sätzlich in Unterhaltssachen zuzulassen ist, wäre § 520 III Nr. 3 ZPO nicht anwendbar, wonach die Berufungsbegründung die Bezeichnung konkreter Anhaltspunkte enthalten muss, die Zweifel an der Richtigkeit oder Vollständigkeit der Tatsachenfeststellungen im angefochtenen Urteil begründen. Da im Übrigen § 531 II ZPO nach der h. M. nicht gilt, müsste dann entgegen § 520 III Nr. 4 ZPO keine Bezeichnung der Tatsachen erfolgen, auf Grund derer neue Angriffs- und Verteidigungsmittel zuzulassen sind.[101]

M. E. spricht die Gesetzessystematik gegen eine derartige Rechtsauslegung: Die Vorschrift des § 621 d ZPO befindet sich im Bereich der Familiensachen und dort im Abschnitt über allgemeine Vorschriften, trifft daher keine spezielle Aussage für das Rechtsmittelverfahren. Die dort (im 3. Buch) geregelten Spezialvorschriften zur Frage der Zulassung weiterer Angriffs- und Verteidigungsmittel (§§ 529, 530, 531 ZPO) enthalten selbst keine Einschränkung oder Erweiterung, auch keine Bezugnahme auf § 621 d ZPO. Auch aus der Gesetzesformulierung ist keineswegs ersichtlich, dass § 621 d ZPO für alle Instanzen gelten und damit die Rechtsmittelvorschriften stillschweigend abändern sollte. Auch ist nicht ersichtlich, dass es sich bei den §§ 530, 531 ZPO um allgemeine Vorschriften i. S. d. § 621 d S. 2 ZPO handelt. 286 e

Trotzdem ist der h. M. zu folgen, weil sie der Gesetzesintention entspricht. Nach der Begründung des Regierungsentwurfs soll § 621 d ZPO eine der Regelung für Ehesachen in § 615 ZPO entsprechende Vorschrift sein.

Dort heißt es: „Nach ihr (nämlich der Vorschrift des § 621 d ZPO) sollen nicht rechtzeitig vorgebrachte Angriffs- und Verteidigungsmittel abweichend von den strengeren allgemeinen Vorschriften nur dann zurückgewiesen werden können, wenn die Verspätung auf grober Nachlässigkeit beruht und ihre Zulassung nach der freien Überzeugung des Gerichts den Rechtsstreit verzögern würde. Insbesondere wird damit in diesen Familiensachen auch die Anwendung der neu gefassten §§ 530, 531 ausgeschlossen. Im Hinblick auf die sich rasch ändernden Verhältnisse wird dadurch in vielen Fällen noch eine Klärung in der Berufungsinstanz ermöglicht und der betroffenen Partei der prozessual unökonomische Weg eines Abänderungsverfahrens nach § 323 erspart.“

Infolgedessen ist § 621 d ZPO anstelle von §§ 530, 531 ZPO im Berufungsverfahren anzuwenden.

10. Berufungserweiterung, Klagerweiterung

Die Berufungserweiterung ist streng zu unterscheiden von der Klagerweiterung in der Berufungsinstanz. 287

Die Berufungserweiterung nach Ablauf der Berufungsbegründungsfrist (vorher handelt es sich noch um Berufungsbegründung) ist in aller Regel zulässig bis zum Schluss der mündlichen Verhandlung, wenn und soweit sie sich im Rahmen der Berufungsbegründung hält und von ihr gedeckt ist.[102]

Beispiel:
In der Berufungsbegründung bekämpft der Beklagte das auf 500 € monatlich lautende Ersturteil nur in Höhe von 200 €, später mit den gleichen Anfechtungsgründen in voller Höhe.

Unzulässig hingegen ist die Berufungserweiterung, wenn neue Anfechtungsgründe dafür notwendig sind.

Das ist z. B. dann der Fall, wenn das erstinstanzliche Urteil sowohl über Trennungs- als auch Nachscheidungsunterhalt entschieden hat und sich die Berufungsbegründung zunächst nur gegen die Verurteilung hinsichtlich des Getrenntlebensunterhaltes wendet. Eine nachträgliche Erweiterung hinsichtlich des Nachscheidungsunterhalts ist dann unzulässig.[103]

---

[101] So ausdrücklich Zöller/Philippi, a.a.O.

[102] Z. B. BGH, FamRZ 1990, 260: Erweiterung um Rückstände für einen zusätzlichen Unterhaltszeitraum auf der Basis des bisherigen Sachvortrags zum Unterhaltsanspruch und zu den Einkommensverhältnissen der Parteien

[103] OLG Düsseldorf, FamRZ 1987, 295

Beispiel:
Neben der Anfechtung der Verurteilung zu laufendem Unterhalt wird nunmehr auch die Verurteilung zur Zahlung von Rückstand nebst Zinsen angefochten mit der alleinigen neuen Begründung, weder Verzug noch Rechtshängigkeit liege vor.[104]

Besondere Grenzen bestehen im Verbund: Wird lediglich in einer Folgesache, z. B. Unterhalt nach Scheidung, Berufung eingelegt, können **andere Teile** des Verbundurteils (z. B. die Scheidung selbst) nur noch bis zum Ablauf eines Monats nach Zustellung der Rechtsmittelbegründung angegriffen werden.[105]

288 Kein Fall der Berufungserweiterung ist das bloße Nachschieben von weiteren Anfechtungsgründen, ohne den Antrag zu ändern (z. B. die Berufung wird nachträglich auch auf Verwirkung gestützt). Dafür gelten §§ 615, 621 d ZPO, wonach eine Zurückweisung nur bei einer Verzögerung der Erledigung des Rechtsstreits und bei grober Nachlässigkeit bezüglich der Verzögerung möglich ist.

Ausnahmsweise ist eine Berufungserweiterung auch dann zulässig, wenn nach Ablauf der Begründungsfrist Abänderungsgründe gemäß § 323 ZPO entstehen.[106]

Beispiel:
Der Beklagte erkrankt nach Ablauf der Begründungsfrist so schwer, dass seine Leistungsfähigkeit für den Unterhalt überhaupt entfällt. Er greift nunmehr seine Verurteilung zur Zahlung von 500 € statt wie bisher in Höhe von 250 € monatlich in vollem Umfang an.

Dasselbe gilt, wenn nach Ablauf der Begründungsfrist Einwendungen gem. § 767 ZPO entstehen, z. B. Wiederverheiratung der früheren Ehefrau (Berechtigte).

Für die Klagerweiterung durch den Berufungskläger gelten die Regeln des § 520 ZPO überhaupt nicht, weil jene keinen Angriff gegen das Ersturteil darstellt. Die Klagerweiterung ist vielmehr an den allgemeinen Vorschriften (z. B. Klagänderung, § 263 ZPO) zu messen.[107]

11. Klageänderung/Parteiänderung

289 Die Klageänderung ist in der Berufungsinstanz grundsätzlich zulässig (§ 267, § 533 ZPO). Erforderlich ist entweder die Einwilligung des Gegners oder Sachdienlichkeit. Sachdienlichkeit ist regelmäßig gegeben, wenn ein weiterer Prozess vermieden wird, sofern nicht – bei Entscheidungsreife des bisherigen Prozesses – das Gericht zur Beurteilung eines völlig neuen Streitstoffs genötigt wird.[108] Daneben muss die Klageänderung auf Tatsachen gestützt werden, die das Berufungsgericht seiner Verhandlung und Entscheidung über die Berufung ohnehin nach § 529 ZPO zugrunde zu legen hat.

Die Parteiänderung kommt einerseits als Parteiwechsel (eine Partei scheidet aus, die andere tritt ein), andererseits als Parteierweiterung (eine Partei kommt hinzu), auf der Kläger- und der Beklagtenseite vor. Parteiwechsel und Parteierweiterung sind nach h. M. auf der Klägerseite zulässig wie Klageänderung,[109] auf der Beklagtenseite zulässig, wenn der neue Beklagte zustimmt oder die Verweigerung der Zustimmung rechtsmissbräuchlich wäre.[110]

Ob die prozessführungsbefugte (richtige) Partei klagt oder verklagt ist, ist als Prozessvoraussetzung von Amts wegen zu prüfen.[111]

Hauptanwendungsfälle der Parteiänderung sind der Wechsel von Mutter und Kind im Rahmen des § 1629 III BGB oder die Heranziehung auch des anderen Elternteils zum Kindesunterhalt während des Rechtsstreits.

---

[104] Zulässig wäre die Anfechtung mit der gleichen Begründung wie zum laufenden Unterhalt, z. B. mangelnde Leistungsfähigkeit
[105] § 629 a III 1 ZPO; BGH, NJW-RR 1993, 260
[106] BGH, FamRZ 1986, 895 = NJW 1987, 1024
[107] BGH, FamRZ 1988, 603
[108] Vgl. BGH, NJW-RR 1987, 1196
[109] BGHZ 1965, 264, 268
[110] BGH, FamRZ 1982, 587; im Einzelnen umstritten!
[111] BGH, FamRZ 1982, 587

12. Die Berufungserwiderung

Im Gegensatz zu den strengen Formerfordernissen der Berufungsbegründung ist für die Berufungserwiderung ein Mindestmaß an Förmlichkeiten gesetzlich nicht vorgesehen. Für sie gibt es auch keine Notfrist. Vielmehr kann der Vorsitzende oder das Berufungsgericht der Beklagtenseite eine Frist zur schriftlichen Berufungserwiderung setzen, wobei § 277 ZPO (Mindestfrist von zwei Wochen) entsprechend gilt (§ 521 II ZPO). **290**

13. Verbund in 2. Instanz

Seit 1. April 1986 gilt der Verbund (§ 623 ZPO) in der Rechtsmittelinstanz auch unter den Folgesachen (§ 629 a II Satz 3 ZPO), und zwar über den etwaigen Eintritt der Rechtskraft der Scheidung hinaus. Eine Teilentscheidung über eine Folgesache ist unzulässig. Nach wie vor möglich ist eine vorherige Teilentscheidung über einen gleichzeitig geltend gemachten vorbereitenden Anspruch, etwa einen Auskunftsanspruch bei Stufenklage und auch ein Grundurteil, weil beide den Verbund für die Schlussentscheidung nicht berühren. **291**

Der Verbund mehrerer Folgesachen kann nur unter den Voraussetzungen der §§ 623 II Satz 3, 627, 628 I ZPO gelöst werden.

Die zulässige Anfechtung einer anderen Folgesache (z. B. Versorgungsausgleich) eröffnet die Möglichkeit, auch eine Mehrforderung an nachehelichem Unterhalt, die über den im Verbundurteil antragsgemäß zuerkannten Betrag hinausgeht, zur Prüfung des Oberlandesgerichts zu stellen.[112] Eine Beschränkung des Rechtsmittels z. B. auf den Versorgungsausgleich hindert in der Regel nicht, das Rechtsmittel z. B. auf den Unterhalt zu erstrecken,[113] jedoch nur in den Grenzen des § 629 a III 1 ZPO.[114]

14. Das Berufungsurteil

Während das Urteil in erster Instanz gem. § 313 I ZPO u. a. Tatbestand und Entscheidungsgründe zu enthalten hat, ist in zweiter Instanz bei der Urteilsabfassung beides nicht erforderlich, sofern das Urteil die Bezugnahme auf die tatsächlichen Feststellungen im angefochtenen Urteil, die Darstellung etwaiger Änderungen oder Ergänzungen enthält und eine kurze Begründung für die Abänderung, Aufhebung oder Bestätigung der angefochtenen Entscheidung beigefügt ist (§ 540 I Satz 1 ZPO). Wird das Urteil als sog. Stuhlurteil in dem Termin, in dem die mündliche Verhandlung geschlossen worden ist, verkündet, so können die obigen Voraussetzungen (Bezugnahme und kurze Begründung) auch in das Protokoll aufgenommen werden. Im Übrigen gelten §§ 313 a, 313 b ZPO entsprechend (§ 540 II ZPO). Daher können wie beim Versäumnis-, Anerkenntnis- und Verzichtsurteil Tatbestand und Entscheidungsgründe ganz entfallen, was allerdings dann wieder nicht gilt, wenn das Versäumnis- oder Anerkenntnisurteil voraussichtlich im Ausland vollstreckt werden soll. Dann ist das Urteil in vollständiger Form abzufassen. **292**

– in dieser Auflage nicht belegt – **293/294**

15. Rücknahme/Verzicht

a) Rücknahme. Die Berufungsrücknahme erfolgt, wenn sie nicht in der mündlichen Verhandlung erklärt wird, durch Einreichung eines Schriftsatzes (§ 516 II S. 2 ZPO). Sie ist nicht dem Gegner gegenüber, sondern gegenüber dem Gericht zu erklären (§ 516 II S. 1 ZPO). Die Zurücknahme hat den Verlust des eingelegten Rechtsmittels und die Verpflichtung zur Folge, die durch das Rechtsmittel entstandenen Kosten zu tragen (§ 516 III S. 1 ZPO). Von Amts wegen sind diese Wirkungen durch Beschluss auszusprechen (§ 516 III **295**

---

[112] BGH, FamRZ 1982, 1198 = NJW 1983, 172
[113] BGH, FamRZ 1989, 1064
[114] BGH, NJW-RR 1993, 260, s. oben 3

S. 2 ZPO). Der Beschluss bedarf keiner mündlichen Verhandlung. Er kann unter den Voraussetzungen des 574 II ZPO mit der Rechtsbeschwerde angegriffen werden.

296 Die Rücknahme ist **ohne Einwilligung** des Gegners bis zur Verkündung des Urteils möglich (§ 516 I ZPO), danach nur **mit dessen Einwilligung.** Der Beginn der mündlichen Verhandlung liegt in dem Antrag auf Zurückweisung der Berufung aus sachlichen Gründen,[115] nicht in vorhergehenden Vergleichsverhandlungen (vgl. § 279 I ZPO), auch nicht, wenn dabei die Parteien persönlich angehört werden, oder der vorherigen Erörterung von Zulässigkeitsfragen.[116] Die Rücknahme ist bedingungsfeindlich.[117] Verweigert der Gegner die notwendige Zustimmung, kann der Berufungskläger nach Versäumnisurteil gegen sich und Einspruch dagegen die Berufung dann ohne die Einwilligung des Berufungsbeklagten zurücknehmen, weil wegen § 342 ZPO der Zustand **vor** der letzten mündlichen Verhandlung eintritt.[118]

In der bloßen Erklärung, die Berufung werde beschränkt, liegt nicht ohne weiteres eine Rücknahme der weitergehenden Berufung.[119]

Widerspricht die Rücknahme durch den Prozessbevollmächtigten dem wirklichen Willen der Parteien und ist dies für Gericht und Gegner ganz offensichtlich, ist die Rücknahme wirkungslos.[120]

Mit – wirksamer – Berufungsrücknahme ist das Berufungsverfahren in der Hauptsache beendet.

Wegen der Kosten ist kein eigener Antrag nötig (§ 516 III S. 2 ZPO).

Ohne gerichtlichen Ausspruch gem. § 516 ZPO gibt es keine Kostenfestsetzung (§ 103 I ZPO). Die gesetzliche Regelung allein reicht nicht.

Der Antrag, den Berufungskläger des eingelegten Rechtsmittels für verlustig zu erklären, ist praktisch nutzlos.

297 Hat neben dem Berufungskläger auch der Berufungsbeklagte eine eigene Hauptberufung eingelegt und werden beide Berufungen zurückgenommen, erfolgt eine Kostenquotelung nach § 92 ZPO. Nimmt nur eine von beiden Parteien ihre Berufung zurück, hat sie schon nach § 516 III ZPO die Kosten dieses Rechtsmittels allein zu tragen. Hierüber wird aber einheitlich unter erneuter Anwendung des § 92 ZPO erst in der Kostenentscheidung über die Berufung (der nicht zurückgenommenen Berufung) entschieden. Auch wenn der Berufungskläger die Berufung nur zur Fristwahrung einlegt und vor Ablauf der Berufungsbegründungsfrist zurücknimmt, ist dem Berufungsbeklagten eine zur Kostenfestsetzung angemeldete 13/20 Gebühr eines zu diesem Zeitpunkt bereits beauftragten zweitinstanzlichen Prozessbevollmächtigten zu erstatten.[121]

298 **b) Verzicht.** Der Verzicht ist in § 515 ZPO geregelt. Erspielt in der Praxis keine Rolle.

299 *– in dieser Aufl. nicht belegt –*

16. Prozesskostenhilfe in 2. Instanz

300 Unzulässig ist eine von der Bewilligung von Prozesskostenhilfe abhängig gemachte, sog. bedingte Berufung.[122] Denn die Berufung kann nicht bedingt für den Fall der Gewährung von Prozesskostenhilfe eingelegt werden.[123] Wird eine solche Rechtsmittelschrift als Entwurf zusammen mit einem PKH-Antrag übermittelt, so fehlt es an der Einlegung eines Rechtsmittels; die Schrift dient vielmehr nur zur Darlegung der Erfolgsaussichten für die beantragte Prozesskostenhilfe.[124] Heißt es in einem PKH-Gesuch, dass um die PKH zur Einlegung der

---

115 § 137 I ZPO; BGH, FamRZ 1987, 800 = NJW 1987, 3263
116 BGH, a.a.O.
117 BGH, FamRZ 1990, 147
118 Vgl. BGH, NJW 1980, 2313; OLG Koblenz, FamRZ 1990, 894
119 BGH, FamRZ 1989, 1064
120 BGH, FamRZ 1988, 496
121 BGH, FamRZ 2003, 522
122 Z. B. BGHZ 4, 54; VersR 1978, 181; FamRZ 1986, 1087
123 BGH, FamRZ 2001, 415; OLG Frankfurt, FamRZ 1999, 1150
124 BGH, FamRZ 2001, 907

in der Anlage beigefügten Berufung nachgesucht und die Berufung von der Bewilligung von PKH abhängig gemacht werde und dass nach deren Bewilligung ein Wiedereinsetzungsantrag wegen der dann möglicherweise schon abgelaufenen Berufungsfrist beabsichtigt sei, ist noch keine Berufung eingelegt, auch nicht – unzulässigerweise – bedingt.[125]

Zulässig ist die Bitte, die (bereits eingelegte) Berufung erst „nach Bewilligung von Prozesskostenhilfe in den Geschäftsgang“[126] oder „zunächst zu den Akten“ zu nehmen und erst über den Prozesskostenhilfeantrag zu entscheiden.[127] Wird einem PKH-Gesuch ein mit Berufung bezeichneter Schriftsatz beigefügt, der den Erfordernissen einer Berufungsschrift (§ 518 ZPO) genügt, ist die Berufung eingelegt. Hinweise auf „beabsichtigte Rechtsverfolgung/Rechtsverteidigung“ und auf einen „anliegenden Klageentwurf“ stören als formelhafte Erklärungen aus der 1. Instanz dann nicht.[128]

Die arme Partei, die rechtzeitig PKH beantragt, ist ohne Verschulden verhindert, Notfristen des Berufungsverfahrens einzuhalten.[129]

Wenn gleichzeitig Berufung und PKH-Antrag eingereicht werden, muss alles vermieden werden, was auf eine Abhängigkeit der Berufung von der Prozesskostenhilfebewilligung hindeutet und das Risiko in sich birgt, dass die Unbedingtheit der Berufungseinlegung verkannt wird.[130]

17. Der Einzelrichter seit dem 1. 1. 2002

Seit der ZPO-Reform kann das Berufungsgericht jedes Unterhaltsverfahren dem Einzelrichter als entscheidendem Richter (§ 526 ZPO) oder als vorbereitendem Einzelrichter (§ 527 ZPO) übertragen. 300 a

Zur alleinigen Entscheidung wird das Unterhaltsverfahren dem entscheidenden Richter dann übertragen, wenn die Sache keine besonderen Schwierigkeiten tatsächlicher oder rechtlicher Art aufweist, keine grundsätzliche Bedeutung hat und nicht bereits zur Hauptsache verhandelt worden ist. Eine Sache, die eine entscheidungserhebliche, klärungsbedürftige und klärungsfähige Rechtsfrage aufwirft, welche sich in einer unbestimmten Vielzahl von Fällen stellen kann, hat grundsätzliche Bedeutung.[131] Haben sich die Voraussetzungen i. S. v. § 526 II ZPO 1 Nr. 1 geändert, kann der Einzelrichter den Rechtsstreit dem Senat zur Übernahme vorlegen. Das Gleiche gilt, wenn die Parteien dies übereinstimmend beantragt haben. Auf eine erfolgte oder unterlassene Übertragung, Vorlage oder Übernahme kann ein Rechtsmittel nicht gestützt werden (§ 526 III ZPO).

18. Wiedereinsetzung in den vorigen Stand

Wiedereinsetzung kommt in der Berufungsinstanz hauptsächlich **wegen Bedürftigkeit** 301
in Betracht. Voraussetzung dafür ist, dass innerhalb der Berufungsfrist ein vollständiges Prozesskostenhilfegesuch, also grundsätzlich eine neue Erklärung auf dem amtlichen Vordruck nebst Belegen, eingereicht (§ 117 II und IV ZPO) oder zumindest auf die erstinstanzliche Erklärung nebst Belegen ausdrücklich Bezug genommen wird unter Angabe von etwaigen Abweichungen.[132] Generell ist eine Bezugnahme auf frühere Erklärungen nur zulässig und ausreichend, wenn unmissverständlich mitgeteilt wird, dass seit damals keine Änderungen eingetreten seien.[133] Unvollständig ist z. B. ein PKH-Gesuch, wenn ein Gewerbetreibender statt des im Zeitpunkt der Antragstellung aktuellen Einkommens sein Einkommen von vier Jahren zuvor angibt oder die im amtlichen Vordruck gestellten Fragen nicht

125 BGH, NJW-RR 1993, 1091 = FamRZ 1993, 1427
126 BGH, LM § 518 ZPO Nr. 2
127 BGH, FamRZ 1988, 383
128 BGH, FamRZ 1990, 995
129 BGH, FamRZ 1993, 1428
130 Vgl. BGH, FamRZ 1986, 1087
131 BGH, NJW 2002, 3029
132 Vgl. BGH, FamRZ 1987, 925
133 BGH, FamRZ 1997, 546 = NJW 1997, 1078

beantwortet.[134] Wird das Prozesskostenhilfegesuch abgelehnt, muss innerhalb der Zwei-Wochen-Frist des § 234 ZPO dargetan werden, dass die Einreichung eines ordnungsgemäßen Gesuches ohne Verschulden der Partei oder des Prozessbevollmächtigten (§ 85 II ZPO) unterblieben war,[135] z. B. wegen subjektiver Annahme der Kostenarmut.[136] Die Frist beginnt bei angenommener Kostenarmut 3–4 Tage später.[137] Die Glaubhaftmachung kann noch bis zur Entscheidung über das Wiedereinsetzungsgesuch nachgeholt werden,[138] ebenso eine Erläuterung und Ergänzung der Angaben,[139] auf welche Weise und durch wessen Verschulden es zu der Fristversäumung gekommen ist.[140] Für den mittellosen Kläger entfällt das Hindernis der Berufungseinlegung mit der Bekanntgabe des Beschlusses über die Bewilligung von Prozesskostenhilfe. Bei Zustellung eines Beschlusses über die Bewilligung von Prozesskostenhilfe hat der Prozessbevollmächtigte eigenverantwortlich zu prüfen, ob noch Fristen zu wahren sind. Das gilt auch hinsichtlich einer eventuellen Wiedereinsetzungsfrist für die Berufung.[141]

301 a Die Wiedereinsetzung muss innerhalb von **zwei Wochen ab Behebung des Hindernisses** beantragt werden (§ 234 I, II ZPO). Die Wiedereinsetzungsfrist beginnt somit an dem Tage, an dem das Hindernis behoben ist bzw. an dem der verantwortliche Anwalt mit der gebotenen Sorgfalt die eingetretene Säumnis erkennen kann. Ob die Partei die versäumte Prozesshandlung an diesem Tag noch vornehmen konnte, ist irrelevant.[142] Zum Beginn der zweiwöchigen Wiedereinsetzungsfrist, wenn dem Mandanten und dem erstinstanzlichen Anwalt hätte erkennbar sein müssen, dass der Rechtsmittelauftrag an den OLG-Anwalt nicht in der erwarteten Form bearbeitet sein könnte, vgl. BGH.[143] Für die Wiedereinsetzung gegen Versäumung der Wiedereinsetzungsfrist gilt eine selbstständige Wiedereinsetzungsfrist, die von der Frist für die Wiedereinsetzung wegen Versäumung der Rechtsmittelfrist zu unterscheiden ist.[144] Kein (neues) Gesuch ist nötig, Wiedereinsetzung ist vielmehr von Amts wegen zu gewähren (§ 236 II 2 ZPO), wenn – neben dem Vorliegen der versäumten Prozesshandlung – die Gründe für die unverschuldete Fristversäumung zumindest erkennbar sind.[145] Behoben ist das Hindernis, sobald die bisherige Ursache der Verhinderung beseitigt oder sein Fortbestehen verschuldet ist.[146] Besteht das Hindernis in der Unkenntnis der Versäumung einer Frist, so gilt es von dem Zeitpunkt an als behoben, in dem diese Unkenntnis von der Partei oder ihrem Prozessbevollmächtigten (§ 85 II ZPO) zu vertreten war.[147] Ist Hindernis die Mittellosigkeit, entfällt es mit der Bekanntgabe (Zustellung) des Beschlusses über die PKH-Bewilligung, auch wenn PKH teilweise verweigert wird,[148] oder wenn die Partei bei sorgfältigem Verhalten hätte Kenntnis erlangen können.[149] Die Nachholung der Berufung ist nicht notwendig, wenn schon früher, wenn auch verspätet, Berufung eingelegt war.[150] Sie ist jedoch erforderlich, wenn die Berufung bedingt und daher unzulässig war.[151] Ein Wiedereinsetzungsantrag ist nicht erforderlich, wenn die Partei die versäumte Prozesshandlung nachgeholt hat und die Gründe für die unverschuldete Fristversäumung aktenkundig sind.

[134] BGH, NJW-RR 1991, 637
[135] BGH, FamRZ 1987, 925
[136] BGH, FamRZ 1990, 389
[137] BGH, FamRZ 1993, 1428
[138] BGH, FamRZ 1987, 925
[139] BGH, FamRZ 1991, 423
[140] BGH NJW 1991, 1359 = VersR 1991, 897
[141] BGH, FamRZ 2001, 1143
[142] BGH, FamRZ 1997, 997; 813
[143] BGH, NJW 2001, 426
[144] BGH, FamRZ 1999, 579
[145] BGH, NJW-RR 1993, 1091
[146] BGH, FamRZ 1988, 1257
[147] Vgl. BGH, FamRZ 1988, 154
[148] BGH, FamRZ 1993, 694
[149] BGH, FamRZ 1991, 425
[150] BGH, VersR 1978, 448; vgl. auch FamRZ 1988, 829
[151] BGH, VersR 1985, 1184

Bei der **Glaubhaftmachung** (§§ 236, 294 ZPO) ist zu beachten, dass gängige Formulierungen wie: „Die von meinem Rechtsanwalt im Schriftsatz vom ... aufgestellten Behauptungen sind richtig; es ist nichts Unwahres hinzugefügt oder Wesentliches weggelassen" ohne praktischen Wert sind, weil sie keine eigene Sachdarstellung des Versichernden enthalten.[152] **301 b**

Die Wiedereinsetzung ist gerechtfertigt, wenn die Partei vernünftigerweise nicht mit der Ablehnung ihres PKH-Gesuches rechnen musste. Das ist z. B. der Fall, **302**

- wenn die Partei bis zum Ablauf der Berufungsfrist die für ihre wirtschaftlichen Verhältnisse wesentlichen Angaben vollständig und übersichtlich dargestellt hat, regelmäßig durch fristgerechte Vorlage der Erklärung gem. § 117 ZPO mit lückenlosen Angaben,[153]
- wenn ihr in erster Instanz PKH bewilligt wurde, sie in der Berufungsinstanz entweder eine neue PKH-Erklärung mit Belegen vorgelegt oder auf die frühere nebst Belegen Bezug genommen hat unter Angabe etwaiger Änderungen und das Berufungsgericht vor Ablehnung der Prozesskostenhilfe keine weiteren Belege angefordert hat,[154]
- wenn sie bis zum Zeitpunkt der Entscheidung über das Wiedereinsetzungsgesuch glaubhaft macht, dass mit dem PKH-Gesuch „in der Anlage" übersandte Belege usw. ohne ihr oder ihres Anwalts Verschulden nicht innerhalb der Berufungsfrist vorgelegt worden sind, z. B. wegen mangelhafter Sorgfalt der Kanzleiangestellten.[155]

Im Einzelnen gilt: Ein Rechtsmittelführer, der innerhalb der Rechtsmittelfrist Prozesskostenhilfe beantragt hat, ist bis zur Entscheidung über den Antrag so lange ohne sein Verschulden an der Einlegung des Rechtsmittels gehindert anzusehen, als er nach den gegebenen Umständen vernünftigerweise nicht mit der Ablehnung seines Antrags wegen fehlender Bedürftigkeit rechnen muss; hinsichtlich der Erfolgsaussichten bedarf es nicht einmal einer sachlichen Begründung im PKH-Gesuch.[156] Allerdings rechtfertigt ein PKH-Antrag eine Wiedereinsetzung in den vorigen Stand wegen Versäumung der Berufungsfrist nur dann, wenn die Partei vernünftigerweise nicht damit rechnen musste, ihr PKH-Antrag würde zurückgewiesen werden. Hierbei ist ein PKH-Gesuch ohne die Belege gem. § 117 II ZPO nicht vollständig.[157] Legt eine bedürftige Partei eine durch die Gewährung von Prozesskostenhilfe bedingte und damit unzulässige Berufung ein, so ändert dies nichts an ihrem Unvermögen, die Berufungsfrist einzuhalten. Hat die bedürftige Partei daher nach Ablauf der Berufungsfrist, aber vor der Bewilligung von Prozesskostenhilfe, nochmals unbedingt Berufung eingelegt, so ist ihr von Amts wegen Wiedereinsetzung in den vorigen Stand zu gewähren.[158]

U. U. ist Wiedereinsetzung möglich, wenn die Geschäftsstelle des Berufungsgerichts eine bestimmte Auskunft erteilt hat, z. B. dass ein Rechtsmittel bereits vorliege.[159]

Keine Wiedereinsetzung gibt es, wenn bei Ablauf der Rechtsmittelfrist der PKH-Antrag unvollständig oder wegen fehlender Kostenarmut mit der Ablehnung von PKH zu rechnen war[160] oder bei Mängeln der Berufungsschrift, z. B. falscher Adressierung des Gerichts, auch bei gemeinsamer Einlaufstelle,[161] oder ungenügender Bezeichnung des angefochtenen Urteils. Der Anwalt, der eine Berufungsschrift unterschreibt, muss selbst eigenverantwortlich die Ordnungsmäßigkeit der Rechtsmittelschrift prüfen.[162] Ausnahmsweise ist Wiedereinsetzung dann möglich, wenn das angegangene Gericht über Gebühr lange die Rechtsmittelschrift nicht weiterleitet[163] oder wenn auf der Rechtsmittelschrift lediglich Straße und Hausnummer des Rechtsmittelgerichts unrichtig angegeben sind.[164]

---

[152] Vgl. BGH, NJW 1988, 2045
[153] BGH, FamRZ 1997, 546; NJW 1997, 1078; FamRZ 1992, 169
[154] Vgl. BGH, VersR 1985, 972
[155] BGH, FamRZ 1987, 925
[156] BGH, NJW-RR 2001, 570
[157] BGH, NJW 2000, 879
[158] BGH, FamRZ 2001, 415
[159] Vgl. BGH, FamRZ 1989, 729
[160] BGH, NJW-RR 1991, 1532
[161] BGH, FamRZ 1990, 866
[162] BGH, FamRZ 1988, 830
[163] Vgl. BGH, FamRZ 1988, 829: 3 Wochen
[164] BGH, NJW-RR 1990, 1149

303 Für die **Form der Wiedereinsetzung** stehen zwei Möglichkeiten zur Verfügung:
- die Beschlussform außerhalb der mündlichen Verhandlung,
- die Urteilsform auf Grund mündlicher Verhandlung gem. § 238 II ZPO.

In der Praxis hat sich bewährt und ist die Regel die Beschlussform. Sie klärt alsbald die Unsicherheit, ob Wiedereinsetzung bewilligt wird oder nicht. Die Wiedereinsetzung kann aber – ausnahmsweise – auch stillschweigend gewährt werden.[165]

Über die **Kosten** der Wiedereinsetzung (§ 238 IV ZPO) wird zweckmäßigerweise gleich im Beschluss mitentschieden. Besondere Wiedereinsetzungskosten fallen allerdings nur in den seltensten Fällen an.

Wiedereinsetzung bindet; Gegenvorstellungen führen nicht zur gewünschten Prüfung.[166]

Immer ist auch zu prüfen, ob die Voraussetzungen für die Wiedereinsetzung in die Wiedereinsetzungsfrist vorliegen (§ 233 ZPO).

Wiedereinsetzung in den vorigen Stand kann nicht zur Ergänzung einer innerhalb der Berufungsbegründungsfrist wirksam eingereichten, jedoch inhaltlich (teilweise) unzureichenden Berufungsbegründung gewährt werden.[167]

19. Neuere BGH-Rechtsprechung zur Wiedereinsetzung

304 Der erstinstanzliche Prozessbevollmächtigte hat den Zeitpunkt der Zustellung des anzufechtenden Urteils bei der Erteilung des Rechtsmittelauftrags an den Berufungsanwalt eigenverantwortlich zu überprüfen.[168] Auch muss der Prozessbevollmächtigte prüfen, ob der mit der Rechtsmitteleinlegung beauftragte Rechtsanwalt den Auftrag innerhalb der Rechtsmittelfrist bestätigt. Bleibt die Bestätigung aus, hat der Prozessbevollmächtigte die Sachlage rechtzeitig vor Fristablauf durch Rückfrage zu klären; die gleiche Pflicht trifft den Korrespondenzanwalt. Die Überwachungspflicht entfällt nur bei einer allgemeinen Absprache, dass der Rechtsmittelanwalt Aufträge annehmen und ausführen wird.[169] Rechtsmittel- und Rechtsmittelbegründungsfristen dürfen im Fristenkalender erst gestrichen werden, wenn das fristwahrende Schriftstück tatsächlich hinausgegangen oder wenn es versandfähig gemacht und für sein Hinausgehen sichere Vorsorge getroffen worden ist.

Bei der Übermittlung per Telefax darf die Frist grundsätzlich erst gelöscht werden, wenn dem Absender ein Sendeprotokoll vorliegt, das die ordnungsgemäße Übermittlung belegt. Der Prozessbevollmächtigte darf sich aber grundsätzlich auf ein positives Sendeprotokoll verlassen.[170] Die Übermittlung mit Telefax muss der Anwalt nicht persönlich vornehmen; er darf das Absenden der Telekopie einer zuverlässigen, hinreichend geschulten Bürokraft übertragen. Dabei muss er nicht überprüfen, ob sie den Schriftsatz an die darauf korrekt angegebene Fax-Nummer übermittelt hat.[171] Entsprechendes gilt für die Übermittlung eines Rechtsmittelauftrags zur Berufungseinlegung.[172]

Eine auffällige Häufung von Mängeln bei der Wahrung einer Rechtsmittelbegründungsfrist rechtfertigt Bedenken gegen eine ordnungsgemäße Ausbildung und Überwachung des anwaltlichen Büropersonals oder lässt den Schluss auf unvollständige organisatorische Anweisungen des Anwalts zu.

304 a Der **Rechtsanwalt** hat den Fristablauf anhand seiner Handakten **eigenverantwortlich zu überprüfen,** wenn ihm die Akte im Zusammenhang mit einer fristgebundenen Prozesshandlung oder zur Vorbereitung einer solchen vorgelegt wird.[173] Jedoch darf sich der Anwalt bei der Prüfung von Fristbeginn und Fristende auf seine Handakten verlassen, sofern sich aus

[165] BGH, FamRZ 1990, 260
[166] BGH, FamRZ 1993, 1191
[167] BGH, NJW 1997, 1309
[168] BGH, FamRZ 1997, 673
[169] BGH, FamRZ 1998, 97
[170] OLG Frankfurt/M., FamRZ 1997, 1407
[171] BGH, FamRZ 1999, 21
[172] BGH, FamRZ 1996, 1003
[173] BGH, FamRZ 1996, 1469

ihnen keine Anhaltspunkte für Unrichtigkeiten ergeben.[174] Werden dem Rechtsanwalt Prozessakten ohne Zusammenhang mit einer fristgebundenen Prozesshandlung vorgelegt, so ist er nicht verpflichtet, die Akten auf die Einhaltung von Fristen oder die Erledigung von Fristnotierungen zu überprüfen.[175] Zu einer ausnahmsweisen Wiedereinsetzung in den vorigen Stand, wenn mit Einlegung der Berufung Akteneinsicht beantragt, diese aber trotz mehrfacher Erinnerung erst eine Woche vor der verlängerten Berufungsbegründungsfrist gewährt wurde, vgl. BGH.[176]

Wird im Anwaltsbüro die Sache dem Prozessbevollmächtigten zur Fertigung der Berufungsschrift vorgelegt, so entsteht damit für diesen eine eigene Pflicht zur Prüfung des Fristablaufs, von der er sich auch nicht durch eine allgemeine Anweisung befreien kann, ihn täglich an unerledigte Fristsachen zu erinnern.[177] Der Rechtsanwalt, dem daher die Handakten zur Anfertigung der Berufungsbegründung vorgelegt werden, hat eigenverantwortlich die Berufungsbegründungsfrist zu prüfen.[178] Wenn ein Rechtsanwalt, der ein Empfangsbekenntnis über eine Urteilszustellung unterzeichnet und zurückgegeben hat, ohne das Datum der Zustellung in den Handakten vermerkt zu haben, seine Bürokraft nur mündlich anweist, eine Rechtsmittelfrist einzutragen, genügt er seiner Sorgfaltspflicht nur dann, wenn in seiner Kanzlei ausreichende organisatorische Vorkehrungen dafür getroffen sind, dass eine korrekte Fristeintragung erfolgt.[179]

Auch der **Verkehrsanwalt** hat eigenverantwortlich zu prüfen, wann eine Entscheidung der Partei zugestellt worden ist; auf deren Angaben darf er sich nicht verlassen.[180] Den Rechtsanwalt, der einen auswärtigen Anwalt mit der Einlegung der Berufung beauftragen muss, treffen erhöhte Sorgfaltspflichten zur Wahrung der Berufungsfrist.[181]

Wird ein Antrag auf Wiedereinsetzung in den vorigen Stand darauf gestützt, dass die Berufungsbegründungsfrist wegen fehlender Fristnotierung im Anwaltsbüro versäumt worden sei, so bedarf es zur Darlegung, dass der Wiedereinsetzungsantrag innerhalb der Zwei-Wochen-Frist des § 234 ZPO gestellt worden ist, der Mitteilung, wann die Sache dem Prozessbevollmächtigten nach Ablauf der versäumten Frist erstmals vorgelegt worden ist. Von diesem Zeitpunkt an kann nämlich die Unkenntnis von der Fristversäumung nicht mehr als unverschuldet angesehen werden.[182]

Der **Antrag auf Verlängerung der Berufungsbegründungsfrist** ist nicht die nach- **304 b**
zuholende Prozesshandlung beim Begehren auf Wiedereinsetzung wegen der Versäumung der Berufungsbegründungsfrist. Die Berufungsbegründung wird auch nicht durch einen beigefügten, den inhaltlichen Erfordernissen einer Berufungsbegründung entsprechenden Prozesskostenhilfeantrag ersetzt, wenn die Partei klar zum Ausdruck bringt, dass dieser Antrag gerade nicht auch zur Berufungsbegründung bestimmt ist.[183]

Ein Gericht, bei dem das Verfahren anhängig gewesen ist, ist verpflichtet, fristgebundene Schriftsätze für das Rechtsmittelverfahren, die bei ihm eingereicht werden, an das zuständige Rechtsmittelgericht weiterzuleiten. Ist ein solcher Schriftsatz so zeitig eingereicht worden, dass die fristgerechte Weiterleitung an das Rechtsmittelgericht im ordentlichen Geschäftsgang ohne weiteres erwartet werden kann, ist der Partei Wiedereinsetzung in den vorigen Stand zu gewähren, wenn der Schriftsatz nicht rechtzeitig an das Rechtsmittelgericht gelangt.[184]

Hatte die Partei nach ordnungsgemäßer Ladung Kenntnis vom Verhandlungstermin, so muss sie sich nach dessen Ergebnis erkundigen. Ein Fall, in dem die Berufungsfrist nach § 517 letzter Hs. ZPO nicht zu laufen beginnt, liegt dann nicht vor.[185]

---

[174] BGH, FamRZ 1997, 813
[175] BGH, FamRZ 1999, 649
[176] BGH, NJW-RR 2000, 947
[177] BGH, NJW 1997, 1311
[178] BGH, FamRZ 2003, 369
[179] BGH, FamRZ 2003, 439 = NJW 2003, 435
[180] BGH, FamRZ 1998, 285
[181] BGH, FamRZ 1998, 96
[182] BGH, NJW 1997, 1079
[183] BGH, FamRZ 1996, 300
[184] BVerfG, FamRZ 1995, 1559
[185] BGH, FamRZ 1995, 800

Nach Ablehnung eines Prozesskostenhilfegesuches ist der Partei Wiedereinsetzung gegen die Versäumung einer Rechtsmittelfrist zu gewähren, wenn sie vernünftigerweise nicht mit der Verweigerung der Prozesskostenhilfe wegen fehlender Bedürftigkeit rechnen musste.[186]

304 c Der durch den Eingangsstempel erbrachte **Beweis für den Tag des Eingangs** kann nicht durch die bloße Möglichkeit eines abweichenden Geschehensablaufs entkräftet werden.[187] Die Richtigkeit eines Eingangsstempels als öffentliche Urkunde unterliegt dem Gegenbeweis; dieser kann durch Freibeweis erfolgen und unterliegt uneingeschränkt der freien Beweiswürdigung.[188]

Wird ein Beschluss über die Bewilligung von Prozesskostenhilfe dem Prozessbevollmächtigten formlos gegen Empfangsbekenntnis übersandt, ist zu vermuten, dass dieser den Beschluss erst an dem Tag erhalten hat, an dem er das Empfangsbekenntnis unterzeichnet hat.[189] Bei der Zustellung gem. § 212 a ZPO ist die Entscheidung an dem Tag zugestellt, für den der Prozessbevollmächtigte den Empfang bescheinigt. Der Prozessbevollmächtigte hat dafür zu sorgen, dass dieser Zustellungszeitpunkt auf der Entscheidung oder in den Handakten deutlich vermerkt wird.[190]

Ist ein Rechtsanwalt gewillt, für seine Partei im Rechtsmittelverfahren tätig zu werden, so hat er auch vor der Entscheidung über den Prozesskostenhilfeantrag für die Rechtsmittelinstanz einen Antrag auf Verlängerung der Rechtsmittelbegründungsfrist zu stellen.[191]

Der Rechtsanwalt darf das Empfangsbekenntnis erst unterzeichnen und zurückgeben, wenn er den Zustellungszeitpunkt schriftlich festgehalten hat oder durch Einzelanordnung dafür Sorge getragen hat, dass das Zustelldatum festgehalten und ein entsprechender Vermerk im Fristenkalender vorgenommen wird.[192] Hat aber der Anwalt die erforderlichen Eintragungen durch Einzelweisung veranlasst, darf er das Empfangsbekenntnis auch vor Eintragung der Fristen in Handakte und Fristenkalender unterzeichnen.[193]

Wird der Antrag des Rechtsmittelklägers auf Beiordnung eines Notanwalts nach Ablauf der Rechtsmittelfrist abgelehnt, so ist die Bekanntgabe dieser Entscheidung Anknüpfungspunkt des Fristbeginns für den Antrag auf Wiedereinsetzung gegen die Versäumung der Rechtsmittelfrist.[194]

304 d **Zugestellt** ist ein Schriftstück an den Anwalt nach § 212 a ZPO an dem Tag, an dem er die Zustellung mittels Empfangsbekenntnis bestätigen will.

An den Nachweis, dass im Empfangsbekenntnis des Anwalts ein unrichtiges Datum vermerkt ist, sind strenge Anforderungen zu stellen.[195]

Wird das dem Anwalt zugestellte Urteil an den Mandanten weitergegeben, ohne dass eine Ablichtung gefertigt wird, reicht es nicht aus, den Zustellungszeitpunkt ausschließlich auf der Urteilsausfertigung zu notieren. Es ist hier vielmehr erforderlich, den Zustellungszeitpunkt in geeigneter Weise zwecks Überprüfung der Berufungsfrist anderweitig in der Handakte zu vermerken.[196]

Der Anwalt hat seiner Partei nicht nur eine Kopie des Urteils zu übersenden, sondern sie stets über den Zeitpunkt der Urteilszustellung und die Folgen einer nicht rechtzeitigen Einlegung des Rechtsmittels zu unterrichten.[197]

Bei Angaben über sog. Rechtstatsachen, zu denen auch die Urteilszustellung gehört, darf sich der Anwalt nicht ohne weiteres mit der Auskunft des Mandanten zufriedengeben, sondern muss ggf. durch Rückfragen eine eigene Klärung herbeiführen.[198]

---

[186] BGH, FamRZ 1996, 933
[187] BGH, FamRZ 1997, 488; vgl. auch 1997, 736
[188] BGH, FamRZ 1996, 1004
[189] BGH, FamRZ 1999, 579
[190] BGH, FamRZ 1999, 577
[191] BGH, FamRZ 1996, 1467
[192] BGH, FamRZ 1996, 1004
[193] BGH, FamRZ 1997, 813
[194] BGH, FamRZ 1996, 1331
[195] BGH, FamRZ 1995, 799
[196] BGH, NJW-RR 1995, 1025
[197] BGH, FamRZ 1996, 1466
[198] BGH, NJW-RR 1995, 825

Auch eine im Ausland lebende Partei muss sich unverzüglich um die Einlegung eines Rechtsmittels kümmern, wenn sie eine ihr bekannt gewordene (aber nicht zugestellte) Entscheidung nicht hinnehmen will.[199]

Die Berufung ist wirksam, wenn sie zwar von einem nicht beim Berufungsgericht zugelassenen Rechtsanwalt, den objektiven Umständen nach aber nicht im eigenen Namen, sondern als amtlicher Vertreter eines zugelassenen handelnden Rechtsanwalts eingelegt wurde.[200]

Auch eine rechtsunkundige Partei muss sich rechtzeitig über Form und Frist eines Rechtsmittels gegen ein für sie ungünstiges Urteil erkundigen und klären, ob Berufung nur durch einen Anwalt eingelegt werden kann. Auch unter verfassungsrechtlichen Gesichtspunkten ist es nicht erforderlich, Urteile über Zivilklagen mit einer Rechtsmittelbelehrung zu versehen. Eine allgemeine Fürsorgepflicht des Gerichts, zur Heilung von Formmängeln durch Hinweise oder andere Maßnahmen beizutragen, besteht nicht.[201]

Die Übermittlung fristwahrender Schriftsätze per Telefax ist bei allen Gerichten uneingeschränkt zulässig. Erforderlich ist, dass der postulationsfähige Anwalt die Kopiervorlage unterzeichnet hat und die Unterschrift auf der Fernkopie ersichtlich ist. Es genügt, dass der Anwalt die Kopiervorlage seiner eigenen Kanzlei durch Telefax übermittelt und sie von dort dem Gericht übermittelt wird.[202] Der Prozessbevollmächtigte muss nicht überprüfen, ob seine Büroangestellte den Schriftsatz an die darauf korrekt angegebene Fax-Nummer übermittelt.[203]

Es ist Sache der Justizbehörde, die **Funktionsfähigkeit der Telefaxanlage** auch nach 304 e
Dienstschluss zu gewährleisten. Das Risiko technischer Störungen des Empfangsgerätes des Gerichts hat die Partei nicht zu tragen.[204] Stellt sich heraus, dass eine Telefax-Verbindung infolge unvorhersehbaren, nicht zu vertretenden Ausfalls des Sendegeräts nicht zustande kommt, bleibt der Rechtsuchende verpflichtet, alle dann noch möglichen und zumutbaren Maßnahmen zu ergreifen, um die Frist einzuhalten.[205] Erkennt die Partei einen Defekt ihres Mobiltelefons, der sie am Abhören der auf ihrer Mailbox eingegangenen Nachrichten hindert, stellt es ein Verschulden i. S. d. § 233 ZPO dar, wenn sie im Hinblick auf eine zu erwartende gerichtliche Entscheidung nicht von sich aus Kontakt zu ihrem Prozessbevollmächtigten aufnimmt.[206] Erkennt der Bevollmächtigte einer Partei, dass er einen Schriftsatz per Telefax nicht mehr fristgerecht an das zuständige Gericht übermitteln kann, steht es einer Wiedereinsetzung grundsätzlich nicht entgegen, dass er den Schriftsatz in anderer Weise noch rechtzeitig hätte übermitteln können, sofern die Unmöglichkeit der rechtzeitigen Übermittlung per Telefax ihren Grund in der Sphäre des Gerichts findet.[207]

Ergibt sich aus dem Übersendungsprotokoll des Faxgerätes, dass der Schriftsatz in drei getrennten Übertragungen kurz vor und kurz nach 24 Uhr des Tages des Fristablaufs bei Gericht eingegangen ist, dann besteht bei Beachtung der erforderlichen Sorgfalt hinreichender Anlass, sich unverzüglich beim Gericht zu erkundigen, ob der Schriftsatz vielleicht dennoch rechtzeitig eingegangen sei. Die Wiedereinsetzungsfrist beginnt mit diesem Tag zu laufen.[208] Die fehlerhafte Eingabe einer Fax-Nummer durch den Prozessbevollmächtigten ist ebenso wie eine fehlende Adressierung durch ihn fahrlässig und schließt eine Wiedereinsetzung aus.[209]

Die Anforderungen an die anwaltlichen Pflichten **zur Auswahl und Überwachung** 304 f
von Büropersonal richten sich nach der Art der übertragenen Tätigkeit und der Qualifikation der Bürokraft. Gegenüber juristisch geschulten Hilfskräften bestehen insoweit ver-

[199] BGH, FamRZ 1995, 1136
[200] BGH, FamRZ 1995, 1134
[201] OLG Hamm, FamRZ 1997, 758
[202] BGH, FamRZ 1998, 425
[203] BGH, FamRZ 1999, 21
[204] BGH, FamRZ 1997, 414
[205] BGH, NJW-RR 1996, 1275
[206] BGH, FamRZ 2003, 926
[207] BGH, FamRZ 2003, 925
[208] BGH, NJW-RR 2000, 1591
[209] BGH, FamRZ 2003, 667

minderte Belehrungspflichten.[210] Im Übrigen darf sich der Anwalt für Verrichtungen einfachster Art auch nicht angestellter Personen bedienen, sofern diese ihm persönlich bekannt sind, ausreichend unterrichtet werden und sich in ähnlichen Fällen als zuverlässig erwiesen haben.[211]

Die allgemeine Anweisung, eine Rechtsmittelfrist nach Berechnung stets zuerst im Fristenkalender und erst dann in der Handakte zu notieren, genügt den Anforderungen an eine ordnungsgemäße Büroorganisation; ihre Befolgung braucht nicht im Einzelfall überprüft zu werden.[212]

Der Prozessbevollmächtigte hat für fristwahrende Schriftsätze eine wirksame **Ausgangskontrolle** einzurichten, durch die sichergestellt wird, dass solche Schriftsätze tatsächlich rechtzeitig herausgehen und Nachlässigkeiten vor Fristablauf rechtzeitig entdeckt werden.[213] Es liegt ein Organisationsmangel in der Anwaltskanzlei vor, wenn die Fristen in Berufungsverfahren im Fristenkalender nicht deutlich als solche von gewöhnlichen Wiedervorlagefristen abgehoben sind.[214]

Auch beim Einwurf in den Fristenkasten einer gemeinsamen Briefannahme geht der an ein unzuständiges Gericht adressierte Schriftsatz erst dann beim zuständigen Gericht ein, wenn er nach Weiterleitung durch das zunächst angegangene Gericht in die Verfügungsgewalt des zuständigen Gerichts gelangt.[215] Dabei erbringt der Eingangsstempel des Gerichts zwar den Beweis für den Eingang; dies kann jedoch dahingehend widerlegt werden, dass der Vorgang im Tagesbriefkasten am Vortag nach Dienstschluss der Poststelle eingeworfen wurde.[216]

304 g Die **Wiedereinsetzungsfrist beginnt** spätestens mit dem Zeitpunkt, in dem der verantwortliche Anwalt die eingetretene Säumnis hätte erkennen können und müssen.

Sobald der Anwalt mit der Sache befasst wird, hat er selbstständig und eigenverantwortlich die anstehenden Fristen zu überprüfen.[217]

Gegen eine Wiedereinsetzung in den vorigen Stand besteht auch dann keine Beschwerdemöglichkeit, wenn der Anspruch der Gegenseite auf rechtliches Gehör verletzt wurde. Das Gericht ist in diesem Fall jedoch nicht an seine Entscheidung gebunden und kann sie – jedenfalls auf Gegenvorstellungen und solange noch kein die Instanz abschließendes Urteil ergangen ist – einer Überprüfung unterziehen.[218]

Wiedereinsetzung in den vorigen Stand kann nicht zur Ergänzung einer innerhalb der Berufungsbegründungsfrist wirksam eingereichten, jedoch inhaltlich (teilweise) unzureichenden Berufungsbegründung gewährt werden.[219]

Nach Ablehnung des Prozesskostenhilfegesuchs kann Wiedereinsetzung wegen Versäumung der Berufungsfrist nur gewährt werden, wenn innerhalb der Rechtsmittelfrist ein ordnungsgemäßer Prozesskostenhilfeantrag gestellt wurde.

Eine Bezugnahme auf ein früheres Prozesskostenhilfegesuch ist nur dann ausreichend, wenn unmissverständlich mitgeteilt wurde, dass keine Änderungen eingetreten sind.[220] Wiedereinsetzung gegen die Versäumung einer Rechtsmittel- oder Rechtsbehelfsfrist kann der bedürftigen Partei gewährt werden, wenn sie mit der Gewährung von Prozesskostenhilfe rechnen konnte. Dies setzt voraus, dass sie auch einen ordnungsgemäß ausgefüllten Vordruck nach § 117 IV ZPO eingereicht hat.[221]

Die die Wiedereinsetzung begründenden Tatsachen können durch die eigene eidesstattliche Versicherung des Antragstellers glaubhaft gemacht werden.

[210] BGH, FamRZ 1996, 1403
[211] BGH, FamRZ 2003, 368
[212] BGH, FamRZ 1996, 1468
[213] BGH, FamRZ 1996, 1403
[214] BGH, NJW-RR 2001, 279
[215] BGH, NJW-RR 1996, 443
[216] BGH, NJW-RR 2001, 280
[217] BGH, FamRZ 1996, 934
[218] BGH, FamRZ 1995, 1137
[219] BGH, NJW 1997, 1309
[220] BGH, NJW 1997, 1078
[221] BGH, FamRZ 2003, 668

Das Verschulden eines Rechtsanwalts, dem in der Sache kein Mandat erteilt war, braucht sich der Antragsteller nicht zurechnen zu lassen.[222]

Die Partei haftet nur für Fehler, insb. **Organisationsfehler ihres Prozessbevollmächtigten,** nicht dagegen für unvorhersehbares Fehlverhalten einer Kanzleikraft.[223] Den Prozessbevollmächtigten trifft kein Verschulden, wenn er eine konkrete Einzelweisung erteilt, bei deren Befolgung die Frist gewahrt worden wäre. Er darf darauf vertrauen, dass eine bisher zuverlässige Bürokraft eine Einzelweisung befolgt; er ist nicht verpflichtet, die Ausführung der Weisung zu überwachen.[224] Bei Einreichung einer nicht unterzeichneten Berufungsschrift kann Wiedereinsetzung in den vorigen Stand gewährt werden, wenn das Büropersonal des Bevollmächtigten angewiesen ist, ausgehende Schriftsätze vor der Absendung auf das Vorhandensein einer Unterschrift zu überprüfen.[225] **304 h**

Die Partei, die von der Rechtshängigkeit Kenntnis hat, muss dafür Sorge tragen, dass sie Zustellungen im weiteren Verlauf des Verfahrens erreichen; verletzt sie diese Pflicht, so ist die Unkenntnis von einer Urteilsverkündung verschuldet.[226]

Die Partei hat den verzögerten Eingang einer falsch adressierten Rechtsmittelschrift zu vertreten. Dies gilt nicht, wenn mit einer rechtzeitigen Weiterleitung im ordentlichen Geschäftsgang ohne weiteres zu rechnen war, die rechtzeitig angeordnete Weiterleitung nicht ordnungsgemäß ausgeführt wird oder die Rechtsmittelschrift ohne jede Weiterleitungsverfügung fehlerhaft weitergeleitet wird.[227]

Beim falschen Gericht eingereichte Schriftsätze hat dieses im ordentlichen Geschäftsgang an das zuständige Gericht weiterzuleiten. Erhält der neu beauftragte Rechtsanwalt antragsgemäß Akteneinsicht, so hat er bei der ersten Durchsicht der Sache zu prüfen, ob das Rechtsmittel beim zuständigen Gericht eingelegt ist und hat ggf. unverzüglich die erforderlichen Schritte zu unternehmen.[228] Eine Partei hat auch für das Verschulden eines Nicht-Anwalts einzustehen, dem sie es überlassen hat, einen Rechtsanwalt mit der Führung des Prozesses oder der Einlegung eines Rechtsmittels zu beauftragen. Ein Verschulden des Nicht-Anwalts kann aber unter besonderen Umständen zu verneinen sein.[229]

Hat ein Rechtsanwalt jahrelang unbeanstandet mit einer nach den Anforderungen der Rspr. ungenügenden, verkürzten Unterschrift (Paraphe) unterzeichnet, so ist ihm, wenn eine derartige Unterzeichnung der Rechtsmittelschrift erstmals auf Bedenken des Gerichts stößt, in der Regel Wiedereinsetzung in den vorigen Stand zu bewilligen.[230]

Eine innerhalb der Berufungsfrist nicht wirksam eingelegte Berufung muss mit dem Antrag auf Wiedereinsetzung als Prozesshandlung nicht nachgeholt werden, wenn aus der vorliegenden Berufungsbegründung klar ersichtlich ist, welches Urteil von welcher Partei angefochten wird.[231] **304 i**

Für die Wiedereinsetzung gegen die Versäumung der Wiedereinsetzungsfrist gilt eine selbstständige Wiedereinsetzungsfrist, die von der Frist für die Wiedereinsetzung wegen Versäumung der Rechtsmittelfrist zu unterscheiden ist.[232] Für den Vortrag der Gründe, die die Wiedereinsetzung wegen der Versäumung der Wiedereinsetzungsfrist betreffen, gilt eine eigene Zweiwochenfrist, die gem. § 234 II ZPO mit dem Tage beginnt, an dem das Hindernis behoben ist.[233] Gegen die Entscheidung des Berufungsgerichts, mit der nach dem 31. 12. 2001 die Berufung wegen Versäumung der Berufungsbegründungsfrist verworfen und die Wiedereinsetzung in den vorigen Stand abgelehnt wird, ist nur die Rechtsbeschwer-

---

222 BGH, FamRZ 1996, 408
223 BGH, FamRZ 1997, 488
224 BGH, FamRZ 1997, 997
225 BGH, NJW-RR 2003, 277
226 BGH, FamRZ 1997, 997
227 BGH, FamRZ 1998, 285
228 BGH, FamRZ 1998, 98
229 BGH, NJW-RR 2001, 527
230 BGH, MDR 1999, 53
231 BGH, NJW 2000, 3286
232 BGH, FamRZ 1999, 579
233 BGH, NJW-RR 1999, 34

de, nicht mehr die sofortige Beschwerde eröffnet.[234] Rechtsbeschwerden zum BGH können wirksam nur durch einen bei diesem Gericht zugelassenen Rechtsanwalt eingelegt und begründet werden. Ist dies in der Zeit unmittelbar nach Inkrafttreten des ZPO-Reformgesetzes im Einzelfall nicht geschehen, müsste, selbst wenn wegen der mit dem neuen Recht zunächst verbundenen Unsicherheiten ein entsprechendes Verschulden zu verneinen sein sollte, innerhalb der Zweiwochenfrist des § 234 I ZPO entweder durch einen beim BGH zugelassenen Rechtsanwalt Wiedereinsetzung in den vorigen Stand beantragt worden oder um Bewilligung von Prozesskostenhilfe für einen solchen Antrag nachgesucht worden sein.[235]

IV. Anschlussberufung (§ 524 ZPO)

305 Will eine Partei nicht nur die Zurückweisung des Rechtsmittels der Gegenseite erreichen, vielmehr ein zusätzliches eigenes Klagziel durchsetzen, ohne selbst Berufung einzulegen, ist die Anschlussberufung die richtige rechtliche Vorgehensweise. Sie ist eigentlich kein Rechtsmittel, sondern ein Klagantrag des Beklagten innerhalb der klägerischen Berufung. Im Gegensatz zu ihr ist die Anschlussberufung von einer Vielzahl von prozessualen Bedingungen befreit. So bedarf sie keiner Beschwer; die Wertgrenze des § 511 II ZPO gilt wegen der Abhängigkeit von der Hauptberufung nicht. Auch gilt für sie nicht, dass die Berufung vom erstinstanzlichen Gericht zugelassen worden sein muss.

Nach früherem Recht war zwischen selbstständiger und unselbstständiger Anschlussberufung zu unterscheiden. Schloss sich der Berufungsbeklagte der Berufung der Gegenseite innerhalb der für ihn laufenden Berufungsfrist an, hatte er eine selbstständige Berufung erhoben. Um eine unselbstständige Anschlussberufung handelte es sich dann, wenn die Anschließung erst nach Ablauf der eigenen Berufungsfrist vorgenommen wurde oder wenn sonstige Prozessvoraussetzungen nicht vorlagen.

Diese Unterscheidung gilt nicht mehr. Im Übrigen besteht auch für eine selbstständige Anschließung kein Bedürfnis, da eine Berufung der Beklagtenseite, die fristgerecht erklärt wird, stets als selbstständiges Rechtsmittel (Berufung) anzusehen ist. Die jetzige unselbstständige Anschlussberufung verliert daher ihre Wirkung nicht nur bei Rücknahme oder Verwerfung des Hauptrechtsmittels, sondern bereits bei einer Zurückweisung durch Beschluss gem. § 522 II ZPO. Die nunmehr fristgebundene Anschlussberufung ist nur noch zulässig bis zum Ablauf eines Monats nach Zustellung der Berufungsbegründung (§ 524 II ZPO). Dabei kann sie auch eingelegt werden, wenn der Berufungsbeklagte zuvor auf Rechtsmittel verzichtet hat. Sie ist in der Berufungsanschlussfrist zu begründen und muss den Anforderungen der §§ 519 II, IV und 520 III ZPO genügen. Die frühere Möglichkeit, die Anschlussberufung bedingt – nämlich für den Fall der Bewilligung eines vorgeschalteten Prozesskostenhilfegesuchs – einzulegen, besteht nicht mehr. Denn die Monatsfrist (die keine Notfrist ist und gegen deren Versäumung damit keine Wiedereinsetzung möglich ist) zwingt zu einer innerhalb dieser Frist unbedingt eingelegten Anschlussberufung. Wurde erstinstanzlich neben dem Kindesunterhalt (in gesetzlicher Prozessstandschaft) auch Trennungsunterhalt eingeklagt, vermag sich der Beklagte mit der Anschlussberufung nur gegen den Trennungsunterhalt zu wenden. Dies gilt im Übrigen auch für im Wege der objektiven Klagehäufung geltend gemachte Trennungs- und Nachscheidungsunterhaltsansprüche, weil es sich auch bei diesen um zwei unterschiedliche Streitgegenstände handelt. Ferner ist mit der Anschlussberufung eine zeitliche Befristung von Bedeutung, wenn die Frist des § 524 II Satz 2 ZPO verstrichen ist. Die Partei kann dann nämlich keine neuen Umstände und Tatsachen in das Berufungsverfahren einführen und ist damit auf die Erhebung der Abänderungsklage nach § 323 ZPO zu verweisen.

306–311 *– In dieser Auflage nicht belegt –*

---

[234] BGH, NJW 2002, 1721
[235] BGH, NJW-RR 2002, 1721

V. Die Revision

Gem. § 542 I ZPO findet gegen die in der Berufungsinstanz erlassenen Urteile, die Unterhaltssachen regeln, die Revision statt. Das gilt aber nicht, soweit es sich um Urteile handelt, durch die über die Anordnung, Abänderung oder Aufhebung eines Arrestes oder einer einstweiligen Verfügung entschieden worden ist (§ 542 II Satz 1 ZPO). Allerdings ist die Revision eine Zulassungsrevision. Sie ist nur dann zulässig, wenn sie das Berufungsgericht in dem Urteil zugelassen hat oder das Revisionsgericht sie auf die Beschwerde gegen die Nichtzulassung die Revision eröffnet hat. Diese sog. Nichtzulassungsbeschwerde des § 544 ZPO gilt in Familiensachen jedoch erst für Entscheidungen, die nach dem 31. 12. 2006 verkündet, zugestellt oder sonst wie bekannt gemacht wurden (§ 26 Nr. 9 EGZPO). Bis dahin ist die Entscheidung über die Nichtzulassung daher nicht rechtsmittelfähig und daher nur ggfs. mit der Verfassungsbeschwerde überprüfbar.[236] Eine ordnungsgemäße Darlegung nach § 544 II S. 3 ZPO im Rahmen der Nichtzulassungsbeschwerde setzt voraus, dass der Beschwerdeführer die Zulassungsgründe, auf die er die Beschwerde stützt, benennt und zu ihren Voraussetzungen so substantiiert vorträgt, dass das Revisionsgericht allein anhand der Lektüre der Beschwerdebegründung und des Berufungsurteils die Voraussetzungen der Zulassung überprüfen kann.[237] Hat das Berufungsgericht in seinem Urteil die Revision ohne Einschränkung zugelassen, bezieht sich aber die Zulassungsfrage nur auf einen Teil des Klagzeitraums, so liegt in der Regel die Annahme nahe, das Berufungsgericht habe die Zulassung der Revision auf diesen Teilzeitraum beschränken wollen.[238] 312

Zuzulassen ist die Revision dann, wenn die Rechtssache grundsätzliche Bedeutung hat oder die Fortbildung des Rechts oder die Sicherung einer einheitlichen Rechtsprechung eine Entscheidung des Revisionsgerichts erfordert (§ 543 II ZPO). 313

Zur Darlegung des Zulassungsgrundes des § 543 II S. 1 Nr. 1 ZPO genügt nicht die bloße Behauptung einer grundsätzlichen Bedeutung. Die Beschwerdebegründung muss vielmehr insbesondere auf die Klärungsbedürftigkeit einer bestimmten Rechtsfrage und ihre über den Einzelfall hinausgehende Bedeutung eingehen. Betrifft eine Rechtsfrage, wegen der grundsätzliche Bedeutung geltend gemacht wird, auslaufendes Recht, so muss in der Begründung der Nichtzulassungsbeschwerde auch dargelegt werden, dass eine höchstrichterliche Entscheidung gleichwohl für die Zukunft richtungsweisend sein kann, weil entweder noch über eine erhebliche Anzahl von Fällen nach altem Recht zu entscheiden oder die Frage für das neue Recht weiterhin von Bedeutung ist.

Zur Sicherung einer einheitlichen Rechtsprechung (§ 543 II S. 1 Nr. 2 Alt. 2 ZPO) ist die Revision auch dann zuzulassen, wenn das Berufungsurteil auf einem Rechtsfehler beruht, der geeignet ist, das Vertrauen in die Rechtsprechung zu beschädigen. Dies ist namentlich der Fall, wenn das Berufungsurteil auf einer Verletzung des allgemeinen Gleichheitssatzes in seiner Ausprägung als Willkürverbot (Art. 3 I GG) oder auf einer Verletzung der Verfahrensgrundrechte des Beschwerdeführers beruht.

Auch für eine Zulassung der Revision zur Wahrung des Vertrauens in die Rechtsprechung kommt es auf die Offensichtlichkeit des Rechtsfehlers nicht an. Soweit in den Gesetzesmaterialien eine Ergebniskorrektur wegen „offensichtlicher Unrichtigkeit" des Berufungsurteils gefordert wird, sind damit Fälle der Willkür angesprochen, bei denen sich die Rechtsanwendung durch das Berufungsgericht soweit von den gesetzlichen Grundlagen entfernt, dass sie unter keinem denkbaren Aspekt mehr vertretbar und in diesem Sinne evident fehlerhaft ist.[239]

Hat das Oberlandesgericht die Revision zugelassen, ist der Bundesgerichtshof hieran gebunden.

---

[236] BVerfG, NJW 1989, 3007
[237] BGH, NJW 2003, 65, 66
[238] BGH, FamRZ 2003, 590 = R 586
[239] BGH, NJW 2003, 1943

Ob ein Zulassungsgrund (§ 543 III) gegeben ist, beurteilt sich nach dem Zeitpunkt der Entscheidung über die Nichtzulassungsbeschwerde.[240] Bei Zurücknahme der Nichtzulassungsbeschwerde sind der Verlust derselben und die Kostenfolge des § 565 ZPO i. V. m. 516 III ZPO von Amts wegen auszusprechen.[241] § 565 ZPO gilt über seinen Wortlaut hinaus für den gesamten zweiten Abschnitt (Revision) des dritten Buches der ZPO und findet somit auch auf die Nichtzulassungsbeschwerde (§ 544 ZPO) Anwendung. Der Umstand, dass der Gesetzgeber dies im Zuge der ZPO-Reform nicht ausdrücklich in § 565 ZPO (§ 566 a. F.) klar gestellt hat, beruht auf einem offensichtlichen Redaktionsversehen.[242] Zur Sicherung einer einheitlichen Rechtsprechung (§ 543 II S. 1 Nr. 2 Alt. 2 ZPO) ist die Revision nur in Fällen der Divergenz sowie der Wiederholungs- oder Nachahmungsgefahr zuzulassen. Darüber hinaus werden Rechtsfehler im Einzelfall von diesem Zulassungsgrund auch dann nicht erfasst, wenn sie offensichtlich oder besonders schwerwiegend sind oder einen Verstoß gegen Verfahrensgrundrechte enthalten.

Grundsätzliche Bedeutung (§ 543 II S. 1 Nr. 1 ZPO) kann einer Sache zukommen, wenn sie Rechtsfragen aufwirft, die in einer unbestimmten Vielzahl von Fällen auftreten können, oder wenn andere Auswirkungen des Rechtsstreits auf die Allgemeinheit deren Interessen in besonderem Maße berühren.

314 Die Revision kann nur darauf gestützt werden, dass die Entscheidung auf der Verletzung von Bundesrecht oder einer Vorschrift beruht, deren Geltungsbereich sich über den Bezirk eines Oberlandesgerichts hinaus erstreckt (§ 545 I ZPO). Die offensichtliche Unrichtigkeit eines Urteils ist allein kein hinreichender Grund für die Zulassung einer Revision. Die Revision ist auch nicht schon deshalb zuzulassen, weil das Berufungsgericht die Anforderungen an die Darlegungslast im Einzelfall überspannt hat. Eine Zulassung der Revision zur Sicherung einer einheitlichen Rechtsprechung kommt in diesem Falle in Betracht, wenn ein Verstoß gegen das Grundrecht auf ein faires, willkürfreies Verfahren vorliegt. Das ist in aller Regel erst dann anzunehmen, wenn die Auffassung des Gerichts unter keinem denkbaren Aspekt rechtlich vertretbar ist und daher auf sachfremden Erwägungen beruht. Die Revision ist im Übrigen nur dann zuzulassen, wenn die für die Zulassungsgründe relevante Rechtsfrage entscheidungserheblich ist. Das ist mit der Beschwerde darzulegen.[243] Hat das Berufungsgericht im Entscheidungssatz eines Unterhaltsurteils die Revision uneingeschränkt zugelassen, bezieht sich die Zulassungsfrage aber nur auf einen Teil des Zeitraums, für den Unterhalt geltend gemacht wird, so liegt im Regelfall die Annahme nahe, das Berufungsgericht habe die Zulassung der Revision auf diesen Teilzeitraum beschränken wollen.[244]

315 Die Entscheidung beruht auf einer Rechtsverletzung, wenn entweder materiellrechtlich die richtige Rechtsanwendung zu einem anderen Ergebnis führt oder aber verfahrensrechtlich, wenn die Möglichkeit nicht ausgeschlossen werden kann, dass die Entscheidung ohne die Verletzung anders ausgefallen wäre. Fehlt diese Kausalität, so ist die Revision gem. § 561 ZPO zurückzuweisen.

316 Die Frist für die Einlegung der Revision beträgt einen Monat; sie ist eine Notfrist und beginnt mit der Zustellung des in vollständiger Form abgefassten Berufungsurteils, spätestens aber mit dem Ablauf von 5 Monaten (§ 548 ZPO).

317 Gem. § 554 ZPO kann sich der Gegner der Revision im Wege der unselbstständigen Anschlussrevision anschließen. Hinsichtlich der weiteren Voraussetzungen kann auf die Anschlussberufung verwiesen werden (vgl. Rn. 305).

318 Gem. § 566 I ZPO findet gegen die im ersten Rechtszug erlassenen Endurteile, die ohne Zulassung der Berufung unterliegen, auf Antrag unter Umgehung der Berufungsinstanz unmittelbar die Revision (Sprungrevision) statt, wenn der Gegner in die Übergehung der Berufungsinstanz eingewilligt hat und das Revisionsgericht die Sprungrevision zulässt. Sie ist nur zuzulassen, wenn die Rechtssache grundsätzliche Bedeutung hat oder die Fortbildung des Rechts oder die Einheitlichkeit der Rechtsprechung eine Entscheidung des

---

240 BGH, FamRZ 2003, 440
241 BGH, FamRZ 2003, 441
242 BGH, a.a.O.
243 BGH, FamRZ 2003, 747 = NJW 2003, 831
244 BGH, FamRZ 2003, 746

Revisionsgerichts erfordert. Die Sprungrevision kann nicht auf einen Verfahrensmangel gestützt werden. Die Einwilligung des Gegners gilt hierbei als Verzicht auf das Rechtsmittel der Berufung, so dass das Verfahren nach Zulassung durch das Revisionsgericht als Revision durchgeführt wird, im Falle der Nichtzulassung das erstinstanzliche Urteil rechtskräftig wird.

VI. Beschwerden: Sofortige Beschwerde und Rechtsbeschwerde

1. Sofortige Beschwerde

Seit der Zivilprozessreform gibt es in ZPO-Verfahren nur noch die sofortige Beschwerde 319
nach § 567 ZPO. Sie ist statthaft gegen die im ersten Rechtszug ergangenen Entscheidungen der Amtsgerichte und Landgerichte, wenn dies im Gesetz ausdrücklich bestimmt ist oder es sich um solche, eine mündliche Verhandlung nicht erfordernde Entscheidungen handelt, durch die ein das Verfahren betreffendes Gesuch zurückgewiesen worden ist. Richtet sich die sofortige Beschwerde gegen die Entscheidung über die Kostentragungspflicht, so ist sie nur zulässig, wenn der Wert des Beschwerdegegenstandes 100 € übersteigt, in anderen Kostensachen bei einem höheren Beschwerdewert als 50 € (§ 567 II ZPO). Der Beschwerdegegner kann sich der Beschwerde anschließen, selbst wenn er auf die Beschwerde verzichtet hat oder die Beschwerdefrist verstrichen ist. Allerdings ist diese Anschlussbeschwerde unselbstständig. Gem. § 567 III S. 2 ZPO verliert nämlich die Anschließung ihre Wirkung, wenn die Beschwerde zurückgenommen oder als unzulässig verworfen wird.

Gem. § 569 I ZPO ist die sofortige Beschwerde, soweit keine andere Frist bestimmt ist, binnen einer Notfrist von zwei Wochen bei dem erstinstanzlichen oder beim Beschwerdegericht einzulegen. Die Notfrist beginnt mit der Zustellung der Entscheidung. Gem. § 569 III ZPO kann die Beschwerde auch ohne einen Rechtsanwalt durch Erklärung zu Protokoll der Geschäftsstelle eingelegt werden, wenn der Rechtsstreit im ersten Rechtszug nicht als Anwaltsprozess zu führen war oder die Beschwerde die Prozesskostenhilfe betrifft. Bei Letzterer beträgt allerdings die Notfrist des § 569 I S. 1 ZPO einen Monat (§ 127 II S. 3 ZPO).

Kommt es im Beschwerdeverfahren zur mündlichen Verhandlung und besteht hierbei Anwaltszwang, so können sich die Beteiligten im Beschwerdeverfahren auch durch einen bei einem Amts- oder Landgericht zugelassenen Rechtsanwalt vertreten lassen. Er muss somit nicht beim Oberlandesgericht zugelassen sein (§ 571 IV S. 1 ZPO).

Gem. § 570 I ZPO hat die Beschwerde keine aufschiebende Wirkung, es sei denn, es handle sich bei ihr um die Festsetzung eines Ordnungs- oder Zwangsmittels.

Die sofortige Beschwerde kann auf neue Tatsachen und neue Angriffs- und Verteidigungsmittel gestützt werden (§ 571 II ZPO). Mit ihr kann aber nicht geltend gemacht werden, dass das Gericht des ersten Rechtszugs seine Zuständigkeit zu Unrecht angenommen habe. Eine weitere Besonderheit der jetzigen sofortigen Beschwerde ist die Abhilfemöglichkeit des erstinstanzlichen Gerichts gem. § 572 I ZPO.

Hat das Familiengericht der sofortigen Beschwerde nicht abgeholfen, hat es diese unverzüglich dem Beschwerdegericht vorzulegen. Dieses prüft dann von Amts wegen, ob die Beschwerde an sich statthaft und ob sie in der gesetzlichen Form und Frist eingelegt ist. Mangelt es an einem dieser Erfordernisse, ist die Beschwerde als unzulässig zu verwerfen (§ 572 II ZPO). Anderenfalls entscheidet das Beschwerdegericht über das Rechtsmittel durch eines seiner Mitglieder als Einzelrichter, da die angefochtene Entscheidung des Familiengerichts von einem Einzelrichter oder einem Rechtspfleger erlassen wurde. Dieser originäre Einzelrichter des § 568 I ZPO überträgt das Verfahren nur dann dem Beschwerdegericht zur Entscheidung, wenn die Sache besondere Schwierigkeiten tatsächlicher oder rechtlicher Art aufweist oder die Rechtssache grundsätzliche Bedeutung hat. Jedoch kann auf eine erfolgte oder unterlassene Übertragung ein Rechtsmittel nicht gestützt werden.

2. Rechtsbeschwerde

320 Grundsätzlich ist der Anwendungsbereich der Rechtsbeschwerde nicht nur auf die in § 621 e ZPO aufgeführten FGG-Verfahren begrenzt. Sie ist im Unterhaltsrecht – als ZPO-Verfahren – immer dann zulässig, wenn sie im Gesetz ausdrücklich vorgesehen ist (§ 574 I Nr. 1 ZPO). Das gilt z. B. hinsichtlich des die Berufung verwerfenden Beschlusses nach § 522 I S. 4 ZPO. Allerdings kann die Rechtsbeschwerde in einer selbstständigen Familiensache nach § 621 e II ZPO nur gegen Entscheidungen über Beschwerden gegen Endentscheidungen i. S. d. § 621 e I ZPO erhoben werden.[245]

Im Übrigen kann das Beschwerdegericht, das Berufungsgericht oder das Oberlandesgericht im ersten Rechtszug die Rechtsbeschwerde gegen einen Beschluss zulassen. Entscheidet der Einzelrichter in einer Sache, der er rechtsgrundsätzliche Bedeutung zumisst, über die Beschwerde und lässt die Rechtsbeschwerde zu, so ist die Zulassung wirksam, die Entscheidung unterliegt jedoch auf Rechtsbeschwerde wegen fehlerhafter Besetzung des Beschwerdegerichts der Aufhebung von Amts wegen.[246]

Die Zulassung erfolgt aber nur, wenn die Rechtssache grundsätzliche Bedeutung hat oder die Rechtsfortbildung oder die Sicherung einer einheitlichen Rechtssprechung eine Entscheidung des Rechtsbeschwerdegerichts erfordern. Dieses ist an die Zulassung gebunden. Das bedeutet, dass nunmehr auch Fragen des Prozesskostenhilfe- oder Kostenrechts vom Bundesgerichtshof überprüft werden können.

Die Rechtsbeschwerde kann im Verfahren über die Bewilligung von Prozesskostenhilfe wegen solcher Fragen zugelassen werden, die das Verfahren oder die persönlichen Voraussetzungen betreffen. Hat die beabsichtigte Rechtsverfolgung oder Rechtsverteidigung grundsätzliche Bedeutung oder wirft sie Fragen auf, die einer Klärung durch höchstrichterliche Entscheidung bedürfen, so verspricht die Sache Aussicht auf Erfolg und es ist Prozesskostenhilfe zu gewähren.[247]

Nach der Neuregelung des Beschwerderechts durch das ZPO-Reformgesetz kann der Bundesgerichtshof gegen Beschlüsse der Beschwerdegerichte ausschließlich in den Fällen des § 574 I ZPO angerufen werden. Ein außerordentliches Rechtsmittel zum BGH ist auch dann nicht statthaft, wenn die Entscheidung ein Verfahrensgrundrecht des Beschwerdeführers verletzt oder aus sonstigen Gründen „greifbar gesetzwidrig" ist. In einem solchen Fall ist die angefochtene Entscheidung durch das Gericht, das sie erlassen hat, auf (fristgebundene) Gegenvorstellung zu korrigieren. Wird ein Verfassungsverstoß nicht beseitigt, kommt allein eine Verfassungsbeschwerde zum Bundesverfassungsgericht in Betracht.[248]

320 a Im Übrigen kann die Zulässigkeit der Rechtsbeschwerde nach § 574 II ZPO nicht damit begründet werden, dass die Frage der Statthaftigkeit nach § 574 I ZPO von grundsätzlicher Bedeutung sei. Die Rechtsbeschwerde zur Sicherung einer einheitlichen Rechtsprechung (§ 574 II Nr. 2 ZPO) ist im Falle einer Divergenz zulässig, setzt dann aber voraus, dass der Beschwerdeführer eine Abweichung darlegt. Eine Abweichung liegt nur vor, wenn die angefochtene Entscheidung dieselbe Rechtsfrage anders beantwortet als die Entscheidung eines höherrangigen oder eines anderen gleich geordneten Gerichts oder eines anderen Spruchkörpers desselben Gerichts.

Wird die Rechtsbeschwerde zur Sicherung einer einheitlichen Rechtsprechung (§ 574 II Nr. 2 ZPO) darauf gestützt, dass die angefochtene Entscheidung verfahrens- oder materiellrechtlich fehlerhaft sei, so sind die Zulässigkeitsvoraussetzungen erfüllt, wenn der Rechtsfehler dazu führen kann, dass schwer erträgliche Unterschiede in der Rechtsprechung entstehen oder fortbestehen.[249]

Weicht das Beschwerdegericht objektiv von der ständigen höchstrichterlichen Rechtsprechung ab und besteht die Gefahr einer Wiederholung, ist der Zulassungsgrund „Sicherung einer einheitlichen Rechtsprechung" gegeben.[250]

---

[245] BGH, FamRZ 2003, 748
[246] BGH, FamRZ 2003, 748
[247] BGH, FamRZ 2003, 671
[248] BGH, NJW 2002, 1577
[249] BGH, NJW 2002, 2473
[250] BGH, FamRZ 2003, 372

Rechtsbeschwerden zum Bundesgerichtshof können wirksam nur durch einen bei diesem Gericht zugelassenen Rechtsanwalt eingelegt und begründet werden.[251] Ist dies in der Zeit unmittelbar nach Inkrafttreten des ZPO-Reformgesetzes im Einzelfall nicht geschehen, müsste, selbst wenn wegen der mit dem neuen Recht zunächst verbundenen Unsicherheiten ein entsprechendes Verschulden zu verneinen sein sollte, innerhalb der Zweiwochenfrist des § 234 I ZPO entweder durch einen beim BGH zugelassenen Rechtsanwalt Wiedereinsetzung in den vorigen Stand beantragt worden oder um Bewilligung von Prozesskostenhilfe für einen solchen Antrag nachgesucht worden sein.[252]

Beschlüsse, die der Rechtsbeschwerde unterliegen, müssen den maßgeblichen Sachver- **320 b** halt, über den entschieden wird, wiedergeben. Anderenfalls sind sie nicht mit gesetzmäßigen Gründen versehen.[253]

Die Rechtsbeschwerde gegen einen die Berufung als unzulässig verwerfenden Beschluss ist auch dann zulässig, wenn die Wertgrenze des § 26 Nr. 8 EGZPO nicht erreicht ist.[254]

Gegen Beschlüsse, mit denen eine Berufung in einem Arrestverfahren oder einstweiligen Verfügungsverfahren als unzulässig verworfen wird, findet keine Rechtsbeschwerde statt.[255] Das gilt ganz allgemein in Arrest- oder Verfügungsverfahren.[256]

Die Rechtsbeschwerde im Kostenansatzverfahren ist auch dann nicht statthaft, wenn das Beschwerdegericht sie in dem angefochtenen Beschluss zugelassen hat.[257]

5. Abschnitt: Das vereinfachte Verfahren über den Unterhalt Minderjähriger (§§ 645–660 ZPO)

1. Allgemeines

Durch Art. 3 Nr. 9 Kindesunterhaltsgesetz (KindUG v. 6. 4. 1998; BGBl. I, 666) sind ab **321** 1. 7. 1998 die §§ 645–660 ZPO eingefügt worden. Sie regeln in einem vereinfachten Verfahren Unterhaltsansprüche minderjähriger **ehelicher wie nichtehelicher Kinder,** die mit dem in Anspruch genommenen Elternteil nicht in einem Haushalt leben.[1] Dabei muss zwischen dem Kind und dem Antragsgegner ein Eltern-Kind-Verhältnis bestehen. Das ist stets bei der Mutter als Antragsgegnerin der Fall (vgl. § 1591 BGB); zwischen dem Kind und dem Vater besteht ein derartiges Verhältnis, wenn die Voraussetzungen des § 1592 BGB (Vaterschaft) dargelegt bzw. nachgewiesen worden sind. Steht eine derartige Beziehung noch nicht eindeutig fest, kann das Kind gem. § 653 ZPO das Abstammungsverfahren mit einer Unterhaltsfestsetzung in Höhe des Regelbetrages verbinden (Hauptsacheverfahren), zum vorläufigen Rechtsschutz eine einstweilige Anordnung nach § 641 d ZPO begehren oder eine einstweilige Verfügung (§ 1615 o BGB) beantragen. Aufgrund der Gleichstellung ehelicher und adoptierter Kinder (§ 1754 I BGB) ist eine Eltern-Kind-Beziehung i. S. d. § 645 I ZPO auch im Falle eines adoptierten Kindes begründet. Der Höhe nach darf der Unterhaltsanspruch das 1½fache des Regelbetrages nicht übersteigen. Damit berücksichtigt das Gesetz zweierlei: Zum einen vermag der derzeitige Regelbetrag seiner Höhe nach nicht mehr das Existenzminimum eines Kindes abzusichern; andererseits lässt in vielen Fällen eine mangelnde Leistungsfähigkeit auf Seiten des Unterhaltspflichtigen keine höhere Titulierung als hinsichtlich des Regelunterhaltes zu. Neben einer alle zwei Jahre erfolgenden **Dynamisierung** (erstmals zum 1. 7. 1999) der Unterhaltsbeträge können nunmehr Prozentsätze des Regelbetrags in allen drei Altersstufen beantragt werden, so dass eine besonders einfache

[251] BGH, NJW-RR 2002, 1721; 2002, 2181
[252] BGH, NJW-RR 2002, 1721
[253] BGH, NJW 2002, 2648
[254] BGH, FamRZ 2003, 371
[255] BGH, NJW 2003, 69
[256] BGH, NJW 2003, 1531
[257] BGH, NJW 2003, 70
[1] Vgl. Johannsen/Henrich/Voßkuhle, § 645 Rn. 5

Anpassung erfolgen kann. Dem unterhaltsbedürftigen Kind soll hiermit im Beschlusswege ein möglichst schnell zu erstellender Vollstreckungstitel geboten werden, der nur eine begrenzte Anzahl von Einwendungen des Pflichtigen berücksichtigen darf. Bereits zum 1. 1. 2002 sind mehrere Vorschriften über das vereinfachte Verfahren geändert worden. Diese Neuregelungen sind in Art. 30 des „Gesetzes zur Einführung des Euro in Rechtspflegegesetzen des Straf- und Ordnungswidrigkeitenrechts, zur Änderung der Mahnvordrucksverordnung sowie zur Änderung weiterer Gesetze" vom 13. 12. 2001[2] enthalten.

2. Zulässigkeit des vereinfachten Verfahrens

322 Gem. § 645 I ZPO wird der Unterhalt eines Minderjährigen (somit nicht eines volljährigen Schülers), der mit dem in Anspruch genommenen Elternteil nicht in einem Haushalt lebt, auf Antrag im vereinfachten Verfahren festgesetzt, wenn der verlangte Unterhalt vor Anrechnung der nach §§ 1612b, 1612c BGB zu berücksichtigenden Kindergeldleistungen 150% des Regelbetrages nach der Regelbetragverordnung nicht übersteigt. Er kann somit auch darunter liegen.

323 Das vereinfachte Verfahren zur Unterhaltsfestsetzung wird meistens durch einen Elternteil gegen den anderen „im Namen" des unterhaltsberechtigten Kindes geführt.

Schwebt eine Ehesache zwischen beiden Eltern oder leben sie getrennt, kann der Elternteil, in dessen Obhut sich das minderjährige Kind befindet, den Antrag nur im eigenen Namen als **Prozessstandschafter** gem. § 1629 III S. 1 BGB stellen. Wird Unterhalt für ein nichteheliches Kind geltend gemacht, hinsichtlich dessen beide Eltern gemeinsam das Sorgerecht haben (§ 1626a I Nr. 1 BGB), hat der Elternteil, in dessen Obhut sich das Kind befindet, den Antrag als **gesetzlicher Vertreter des Kindes** gem. § 1629 II S. 2 BGB zu stellen. Ist der Elternteil, bei dem sich das Kind befindet, allein sorgeberechtigt, wird er ebenfalls als gesetzlicher Vertreter des Kindes tätig; das minderjährige Kind ist also selbst aktiv legitimiert. Das ist der Fall, wenn das Sorgerecht auf diesen Elternteil nach §§ 1626, 1671 BGB allein übertragen wurde oder keine gemeinsame Sorgerechtserklärung hinsichtlich des nichtehelichen Kindes vorliegt (vgl. § 1626a II BGB). Wurde dem Kind Unterhaltsvorschuss oder Sozialhilfe gewährt (§ 7 UVG; § 90 BSHG), ist **das Land** Antragsteller. Darauf weist § 646 I Nr. 11, 12 ZPO hin. Hierbei ist darauf hinzuweisen, dass die Sozialleistungen gem. § 2 UVG auch nach Neuschaffung des § 1612b V BGB lediglich in Höhe des Regelunterhaltes (abzüglich Kindergeld) erbracht werden und daher nur in dieser Höhe die Unterhaltsleistung auf den Sozialträger übergeht (§ 7 I UVG). Dies bedeutet aber nicht, dass nicht in diesen Fällen das Kind den Differenzbetrag zwischen Regelunterhalt und seinem individuellen Kindesunterhalt im vereinfachten Verfahren einklagen dürfte. Allerdings ist gem. § 645 II ZPO ausgeschlossen, dass gleichzeitig das Land klageweise den Regelunterhalt gegenüber dem Schuldner geltend macht und das Kind im vereinfachten Verfahren seinen individuellen höheren Anspruch geltend macht. Hier bleibt nur die Bevollmächtigung des Sozialhilfeträgers gegenüber dem Kind, im eigenen Namen – nach Rückabtretung – den Regelunterhalt zuzüglich des monatlichen Differenzbetrages geltend zu machen.[3]

3. Anpassung von Unterhaltsrenten

324 Da ein minderjähriges Kind gem. § 1612a I BGB den Unterhalt als Vomhundertsatz eines oder des jeweiligen Regelbetrages nach der Regelbetragverordnung verlangen kann und diese Regelbeträge sich erstmals zum 1. Juli 1999 und danach zum 1. Juli jeden zweiten Jahres verändern (§ 1612 IV BGB), ist für einen jetzt zu titulierenden Kindesunterhalt, der über die Zeit vom 1. 7. 1999 hinausgeht, der Unterhaltsbetrag als **Vomhundertsatz der Regelbeträge** auszuwerfen, um eine Titeländerung vermeiden zu können.

[2] BGBl. I, 3574

[3] OLG München, FamRZ 2002, 547

Übersteigt der Kindesunterhalt 150% des Regelbetrages vor Anrechnung des Kindergeldes oder vergleichbarer Leistungen, kann das Kind seinen Unterhalt bis zum Bruttogrenzbetrag von 150% im vereinfachten Verfahren festsetzen lassen und den darüber hinausgehenden Rest einklagen. Diese Möglichkeit ergibt sich aus § 654 ZPO. Übersteigt der Kindesunterhalt den Grenzbetrag von 150% nicht, kann der Antragsteller (meistens die Mutter als gesetzliche Vertreterin bzw. in der Prozessstandschaft des § 1629 III BGB) nach seiner Wahl einen **Antrag im vereinfachten Verfahren** stellen oder **Unterhaltsklage** (Hauptsacheklage) erheben. Diese Klagemöglichkeit kann dem Kind deswegen nicht verwehrt werden, weil das vereinfachte Verfahren bei Widerspruch einer der beiden Parteien gem. § 651 ZPO zum **streitigen Verfahren** wird und damit zu keiner abschließenden Regelung im vereinfachten Verfahren führt. Hierzu reicht bereits ein Antrag aus, der der Fortführung des vereinfachten Verfahrens widerspricht. Haben die Parteien nach freigestellter mündlicher Verhandlung (§ 128 IV ZPO) oder schriftlich einen gerichtlichen Vergleichsvorschlag gem. § 278 VI ZPO angenommen, ist die Titulierung eines höheren Kindesunterhaltes als 150% auf Grund **vertraglicher** Regelung beider Parteien möglich. 325

Ist dem Kind die eingeschränkte Leistungsfähigkeit des Antragsgegners bekannt, kann es auch einen unter dem Regelbetrag liegenden Unterhalt geltend machen.[4]

Jedoch kann im vereinfachten Verfahren keine sofortige Titulierung wie in einem Eilverfahren erreicht werden. Hier vermag nur die Leistungsverfügung nach §§ 935, 940 ZPO oder eine einstweilige Anordnung (§§ 644 Satz 1, 641 d I ZPO) zu helfen.

Ob das Kind seinen Unterhaltsanspruch im vereinfachten Verfahren oder als Hauptsacheklage geltend macht, ist ihm freigestellt. Denn der Gesetzgeber hat das vereinfachte Unterhaltsverfahren ohne Vorrangigkeit neben die Unterhaltsklage des § 621 I Nr. 4 ZPO gestellt. Deswegen müssen nicht Kriterien der erleichterten Abänderungsmöglichkeit nach § 654 ZPO bemüht werden, um regelmäßig einer Unterhaltsklage das Rechtsschutzbedürfnis nicht abzusprechen. Die Beiordnung eines Rechtsanwaltes im Rahmen der Prozesskostenhilfe wird somit nur in ganz einfach gelagerten Fällen zu versagen sein. 325 a

Was die Darlegungs- und Beweislast des Kindes anbelangt, kann nach der Entscheidung des BGH[5] nicht mehr davon ausgegangen werden, dass das Kind 150% des jeweiligen Regelbetrags ohne nähere Begründung verlangen kann, da davon auszugehen sei, dass das Kind regelmäßig in dieser Höhe bedürftig ist.[6] Da diese Darlegungserleichterung im Hauptsacheverfahren nicht mehr gilt, würde man das Kind in ein vereinfachtes Verfahren treiben, nur um dort prozessuale Erleichterungen in der Geltendmachung seines Anspruchs zu erlangen. Da es sich in beiden Fällen um gleichwertige materiell-rechtliche Ansprüche handelt, kann das Gesetz nicht in einer Norm ein prozessuales Entgegenkommen anbieten, welches es im Rahmen einer Hauptsacheklage nicht gewährt. Nachdem somit der BGH keinen Mindestbedarf des minderjährigen Kindes in Höhe von 150% oder auch nur 135% des Regelbetrages als Existenzminimum festgestellt hat, kann den entgegenstehenden Entscheidungen des OLG München und OLG Naumburg[7] und jener des OLG Karlsruhe[8] nicht mehr gefolgt werden. Mit Büttner[9] wird man daher nunmehr davon auszugehen haben, dass das Kind nur den Regelbedarf als Mindestbedarf verlangen kann, was sich auf seine Darlegungs- und Beweislast für Unterhaltsbeträge darüber hinaus auswirkt. Es ist daher der Entscheidung des OLG Karlsruhe – 2. Zivilsenat –[10] in vollem Umfang dahingehend zuzustimmen, dass sich aus der Regelung des § 645 I ZPO im vereinfachten Verfahren für das streitige Unterhaltsverfahren kein allgemeiner Grundsatz ableiten lasse, dass minderjährige Kinder einen Unterhaltsbedarf bis 150% des Regelbetrages ohne Nachweis verlangen könnten.[11]

---

[4] BT-Drucks. 13/9596, S. 52
[5] FamRZ 2002, 536, 538
[6] OLG Karlsruhe, FamRZ 2000, 1432, 1433; OLG München, FamRZ 1999, 884
[7] FamRZ 2002, 52; FamRZ 2002, 343
[8] FamRZ 2002, 344
[9] Anm. zu BGH, FamRZ 2002, 536 ff., 542
[10] FamRZ 2000, 1432
[11] Johannsen/Henrich/Voßkuhle, § 645, Rn. 9, 10

4. Erstmalige Unterhaltsfestsetzung i. S. d. § 645 II ZPO

326 Nach dieser Vorschrift findet das vereinfachte Verfahren nicht statt, soweit über den Unterhaltsanspruch des Kindes **ein Gericht** bereits (auch zurückweisend) **entschieden** hat, ein gerichtliches Verfahren derzeit anhängig ist oder ein **zur Zwangsvollstreckung geeigneter Schuldtitel** errichtet worden ist.[12] Mit dieser Einschränkung will der Gesetzgeber eine Doppeltitulierung über Kindesunterhaltsansprüche vermeiden, wobei bereits eine anderweitig erfolgte Teiltitulierung das vereinfachte Verfahren unstatthaft macht. Allerdings soll nach München und Dresden[13] das vereinfachte Verfahren dann möglich sein, wenn die Errichtung einer Jugendamtsurkunde erst nach Eingang eines Antrags auf Durchführung des vereinfachten Verfahrens auf Kindesunterhalt bewirkt worden ist.[14] Seit 1. 1. 2002 ist dem durch den Gesetzgeber Rechnung getragen worden, indem § 645 II dahingehend geändert wurde, dass das vereinfachte Verfahren dann stattfindet, wenn zum Zeitpunkt der Zustellung des Antrags oder einer Mitteilung über seinen Inhalt an den Antragsgegner ein Gericht über den Unterhaltsanspruch des Kindes entschieden hat, ein gerichtliches Verfahren anhängig ist oder ein zur Zwangsvollstreckung geeigneter Schuldtitel errichtet worden ist. Damit wird klar gestellt, dass die dort genannten Hinderungsgründe einem vereinfachten Verfahren nur entgegenstehen, wenn sie bereits „zum Zeitpunkt der Zustellung des Antrags oder einer Mitteilung über seinen Inhalt an den Antragsgegner" vorhanden waren. Ist jedoch nur ein Antrag im vereinfachten Verfahren nach § 646 II ZPO zurückgewiesen worden, kann der Antrag auf Durchführung des vereinfachten Verfahrens wiederholt werden. Auch ein bloßer Auskunftsklaganspruch, der vorausgegangen war oder noch anhängig ist, bildet kein Hindernis für das vereinfachte Verfahren.[15] Nicht hinderlich ist auch eine als unzulässig verworfene Unterhaltsklage, weil sie keine Sachentscheidung über den Kindesunterhalt bedeutet. Ein vom Antragsgegner erst nach Einleitung des vereinfachten Verfahrens beim Jugendamt errichteter Titel nach § 59 I Nr. 9 SGB VII hat auf die Zulässigkeit keinen Einfluss.[16]

Jedoch gilt § 645 II ZPO nicht, wenn gegen eine andere Person als den nicht betreuenden Elternteil Kindesunterhalt geltend gemacht wird. Das vereinfachte Unterhaltsverfahren ist somit weiterhin möglich, wenn sich die Barunterhaltsklage des minderjährigen Kindes gegen den die Obhut ausübenden Elternteil richtet oder wenn Unterhalt gegen nachrangige Dritte (§ 1607 BGB) gefordert wird. Befindet sich das Kind bei keinem Elternteil, sondern bei einer dritten Person, kann es im vereinfachten Verfahren auch **gegen beide Eltern** seine Unterhaltsansprüche (anteilig entsprechend den jeweiligen Einkünften, § 1606 III S. 1 BGB) einklagen.

Hat der in Anspruch genommene Elternteil die alleinige Personensorge, ist der Unterhaltsfestsetzungsantrag im vereinfachten Verfahren nach den §§ 645 ff. ZPO gegen ihn unzulässig.[17] Bei gleichzeitiger Geltendmachung von Unterhaltsansprüchen eines minderjährigen und eines privilegierten volljährigen Kindes aus derselben Familie ist in analoger Anwendung von § 642 III ZPO auch für die Ansprüche des volljährigen Kindes der Gerichtsstand des § 642 I ZPO anzunehmen. Im Gegensatz zum minderjährigen Kind hat das volljährige Kind aber keinen Anspruch auf Dynamisierung seines Unterhalts gem. § 1612 a BGB, weil die Regelbetragverordnung für das volljährige Kind nicht mehr gilt.[18]

Wird nach Einleitung des vereinfachten Verfahrens ein anderes gerichtliches Unterhaltsverfahren anhängig, ändert dies nichts an der Zulässigkeit des vereinfachten Verfahrens (insoweit wirkt die perpetuatio fori des § 261 III Nr. 2 ZPO).

---

[12] OLG Naumburg, FamRZ 2003, 160
[13] FamRZ 2001, 1076 u. FamRZ 2000, 679
[14] A.A. OLG Naumburg, FamRZ 2002, 1045
[15] Begründung zum Regierungsentwurf des KindUG, BT-Drucks. 13/7338, S. 38
[16] Gerhardt, FuR 1998, 145; Schulz, FuR 1998, 385
[17] OLG Karlsruhe, FamRZ 2001, 767
[18] OLG Stuttgart. FamRZ 2002, 1044

5. Formalien, Kosten, Streitwert und PKH

Der Inhalt des Antrags ergibt sich aus § 646 I Nr. 1–13 ZPO, wobei seit 1. 1. 2002 zusätzlich Angaben zur Höhe des Kindeseinkommens (Nr. 10 – neu) sowie die Erklärung, ob der Anspruch aus eigenem, aus übergegangenem oder rückabgetretenem Recht geltend gemacht wird (Nr. 11 – neu) zusätzlich verlangt werden. Dabei können auch **Unterhaltsrückstände** oder **zeitlich befristete Ansprüche** geltend gemacht werden. Ist für bestimmte Zeiten eine Überleitung auf die Sozialbehörde erfolgt, kann auch dieser Rechtsträger den Antrag im vereinfachten Verfahren stellen. Der Unterhaltsanspruch beginnt grundsätzlich mit dem ersten Tag des Monats, in welchem der eingereichte Antrag dem Antragsgegner zugestellt wird. Allerdings kann gem. § 1613 I BGB Unterhalt bereits ab jenem Zeitpunkt verlangt werden, zu welchem der Verpflichtete zur Auskunftserteilung oder zur Zahlung aufgefordert worden ist. Auf diese Voraussetzungen weist § 646 I Nr. 5 ZPO hin. 327

Gem. § 659 ZPO sind hierfür **Vordrucke** eingeführt, derer sich die Parteien bedienen müssen (§ 659 II ZPO). Die seit dem 1. 1. 2002 eingeführten neuen Formulare sind weniger bürokratisch als die Urfassung formuliert und unterstützen den Laien durch Ausfüllungshinweise in einem beigefügten Merkblatt.

Kommt es zur Entscheidung über den Antrag, fällt eine **halbe Gerichtsgebühr** gem. GKG-KV Nr. 1800 an. Dies gilt nicht bei einer einverständlichen Teilbeschlussfassung nach § 650 S. 2 ZPO (soweit sich der Antragsgegner nämlich selbst zu Unterhaltsleistungen verpflichtet) und dann nicht, wenn der Antrag vor der Entscheidung zurückgenommen worden ist oder hierüber ein Vergleich geschlossen wurde. Schließt sich das streitige Verfahren nach § 651 ZPO an, erwächst die **dreifache Verfahrensgebühr** des GKG-KV Nr. 1201. Nach § 651 V ZPO ist die halbe Gerichtsgebühr aus Nr. 1800 hierauf anzurechnen.

Für den Rechtsanwalt fällt eine **volle Rechtsanwaltsgebühr** nach § 44 I S. 1 Nr. 1 BRAGO an. Diese Gebühr ist auf die Prozessgebühr anzurechnen (§ 44 II S. 1). Schließt sich das streitige Verfahren nach § 651 ZPO an, erwachsen hierfür die normalen Gebühren der §§ 31 ff. BRAGO.

Zum **Streitwert** gilt Folgendes: Wird kein dynamisierter Vomhundertsatz des Regelbetrages gem. § 1612 a BGB geltend gemacht, sondern nur ein statischer Monatsbetrag, ist der für die ersten 12 Monate nach Einreichung der Klage oder des Antrags geforderte Betrag maßgeblich. Dies entspricht § 15 GKG i. V. m. § 17 I S. 1 GKG. Wird der dynamisierte Unterhalt nach § 1612 a BGB geltend gemacht, ist der im Zeitpunkt der Einreichung der Klage oder des Antrags maßgebende Regelbetrag unter Berücksichtigung der dann geltenden Altersstufe zugrunde zu legen (§ 17 I S. 2 GKG). Die gem. § 1612 b BGB oder nach § 1612 c BGB anzurechnenden Kindergeldbeträge oder sonstigen Leistungen sind vom Gericht zu ermitteln[19] und streitwertmäßig abzuziehen. Beiden Parteien kommt es nämlich nicht darauf an, die Höhe des Ausgangsbetrages festzustellen; vielmehr interessiert sie – nach Berücksichtigung aller anzurechnenden Leistungen –, was letztendlich an Unterhalt konkret geschuldet ist bzw. verlangt werden kann. Somit kommt den Abzugspositionen der §§ 1612 b, c BGB keine eigenständige Streitwertfunktion zu. 328

Auch das vereinfachte Unterhaltsverfahren ist – für beide Parteien – der **Prozesskostenhilfe** zugänglich. Wird hierbei das minderjährige Kind von dem betreuenden Elternteil gesetzlich vertreten, ist die Bedürftigkeit des vertretenen Kindes maßgebend. Bei der **Prozessstandschaft gem. § 1629 III BGB** soll teilweise hinsichtlich der persönlichen und wirtschaftlichen Verhältnisse die Bedürftigkeit des Kindes maßgebend sein, da der Prozessstandschafter den Rechtsstreit im Interesse des Kindes führe.[20] Mehr dem Wortlaut des § 114 ZPO (Partei) entspricht es aber, die **Einkommenslage des klagenden Elternteils** zugrunde zu legen.[21] Da im Übrigen das vereinfachte Verfahren ohnedies – was die Antragstellung anbelangt – auf die Minderjährigkeit des Kindes beschränkt ist, bedarf es nach Volljährigkeit des Kindes keiner erneuten Überprüfung der persönlichen und wirtschaftlichen Verhältnisse des nun im Unterhaltsverfahren allein aktiv legitimierten Kindes. 329

[19] OLG Brandenburg, FamRZ 2002, 1263

[20] OLG Dresden, FamRZ 1997, 1287

[21] OLG Köln, FamRZ 1993, 1472; OLG Karlsruhe, FamRZ 1988, 636

Beantragt das Jugendamt als Beistand die Unterhaltstitulierung im vereinfachten Verfahren und tritt die Volljährigkeit des Kindes vor Zustellung des Antrags ein, liegt keine wirksame Vertretung vor. Der Antrag ist daher dann als unzulässig zu verwerfen.[22]

330 Der **Beiordnung eines Anwaltes** wird es deswegen wohl selten bedürfen, weil man sich nach Nr. 5 und 7 der Ausfüllungshinweise des amtlichen Merkblatts von einer zur Rechtsberatung zugelassenen Person oder Stelle beraten lassen kann.[23] Wegen der Kompliziertheit des Unterhaltsrechts und der Unübersichtlichkeit der staatlichen Vordrucke wird teilweise eine anwaltliche Beratung in der Regel für notwendig erachtet.[24] Andererseits wird allerdings stringent im Verfahren nach §§ 645 ff. ZPO die Beiordnung eines Rechtsanwalts in der Regel für nicht geboten erachtet.[25]

Wie in allen Beiordnungsfällen wird auch hier im Einzelfall nach den konkreten Umständen und der individuellen Fallgestaltung nachzufragen sein, ob eine Beiordnung nach dem Ermessen des Gerichtes erforderlich ist.[26]

Prozesskostenhilfeanträge im vereinfachten Verfahren werden deswegen relativ selten Aussicht auf Erfolg haben, weil die **Kosten der Prozessführung** der Partei häufig vier Monatsraten und die aus dem Vermögen aufzubringenden Teilbeträge nicht übersteigen (§ 115 III ZPO).

Da für das vereinfachte Verfahren kein Gebührenvorschuss einzubezahlen ist, wird ein PKH-Verfahren nicht vorgeschaltet, sondern neben dem vereinfachten Verfahren geführt.[27]

6. Zurückweisung des Antrags

331 Entspricht der Antrag nicht den in § 646 I ZPO genannten Anforderungen und den in § 645 ZPO bezeichneten Voraussetzungen, ist er vom Rechtspfleger zurückzuweisen. Das gilt z. B., wenn der geforderte Unterhalt 150% des Regelbetrages übersteigt oder das Kind inzwischen im Haushalt des Antragsgegners lebt, nicht mehr minderjährig ist oder es sich bei der vom Kind geforderten Leistung um keine Unterhaltsrente, sondern um einen Zahlungsanspruch aus Schadensersatz oder Vertrag handelt. Wird allerdings das Kind im Laufe des vereinfachten Verfahrens volljährig, bleibt dieses Verfahren weiterhin zulässig; es ist dabei unschädlich, wenn auch über die Volljährigkeit hinaus der Regelunterhalt tituliert wird (vgl. § 798 a ZPO).[28] Denn diese seit 1998 geltende Norm sieht ausdrücklich vor, dass ein Festsetzungsbeschluss nach § 649 ZPO über den Eintritt der Volljährigkeit hinaus wirksam bleibt. Daher kann bei einer Änderung der Verhältnisse gegen den Titel Abänderungsklage gem. § 323 ZPO oder § 654 ZPO und bei Wegfall der Unterhaltspflicht Vollstreckungsgegenklage (§ 767 ZPO) erhoben werden.[29] Im Übrigen ist für die Zulässigkeit des vereinfachten Verfahrens nach §§ 645 ff. ZPO nicht entscheidend, ob das Kind zum Zeitpunkt der Festsetzung noch minderjährig ist. Vielmehr ist von Bedeutung, dass der Unterhalt für die Zeit der Minderjährigkeit festgesetzt werden soll. Daher wird das Verfahren nicht deshalb unzulässig, weil die Antragstellerin zwischen Antragstellung und Entscheidung volljährig geworden ist.[30] Enthält ein in diesem Fall ergangener Beschluss keine zeitliche Beschränkung, wirkt er über die absehbare Volljährigkeit hinaus.

Bei seiner Überprüfung gem. § 646 II ZPO hat der Rechtspfleger keine Ermittlungspflicht von Amts wegen (vgl. § 12 FGG), da auch im vereinfachten Verfahren die Parteimaxime mit dem Beibringungsgrundsatz gilt. Solange daher die Angaben des Kindes nicht widersprüchlich, offensichtlich falsch oder bestritten sind, hat der Rechtspfleger diese

---

22 OLG Naumburg, FamRZ 2003, 160

23 KF, FamRZ 2000, 762; OLG München, FamRZ 1999, 1355

24 OLG Naumburg, OLGR 2000, 451

25 KG, FamRZ 2000, 762

26 OLG Nürnberg, FamRZ 2002, 891; OLG Hamm. FamRZ 2002, 403; OLG Dresden, FamRZ 2001, 634

27 Schulz, FuR 1998, 385

28 A.A. Schulz, a.a.O.: Der Unterhalt könne nur für die Zeit der Minderjährigkeit festgesetzt werden

29 Gottwald, Anm. zu AG Landshut, FamRZ 2001, 766

30 So OLG Köln, FamRZ 2000, 658; vgl. dazu auch Johannsen//Henrich/Voßkuhle, § 645, Rn. 2

Angaben als wahr zu unterstellen. Da viele Schuldner sich im vereinfachten Verfahren nicht melden oder nur ungenügende Erwiderungen vorlegen, liegt hierin ein besonderer Vorteil für das den Antrag stellende Kind, schnell und ungeschmälert einen Titel auf Kindesunterhalt zu erhalten. Die Zurückweisung ist nicht anfechtbar (§ 646 II S. 3 ZPO).

Der **Zurückweisungsbeschluss** ist zu begründen, damit sich der Antragsteller mit der **331 a**
Erinnerung gegen die Zurückweisung wehren kann (§ 11 II RPflG). Der Beschluss enthält keine Kostenentscheidung, weil kein Gegner vorhanden ist, dessen Kosten erstattet werden müssten. Im Falle der Zurückweisung des Antrags ist der (unzulässige) Antrag dem Antragsgegner nicht mehr zuzustellen. Der Zurückweisungsbeschluss ist wegen der befristeten Anfechtungsmöglichkeit dem Antragsteller förmlich zuzustellen (§ 329 II S. 2 ZPO). Infolge der Neufassung des RPflG (BGBl. 1998 I, 2030) ist gegen die Entscheidung des Rechtspflegers gem. § 11 II Satz 1 RPflG binnen der für die sofortige Beschwerde geltenden Frist die Erinnerung zulässig. Dieser Erinnerung kann der Rechtspfleger gem. § 11 II Satz 2 RPflG abhelfen. Tut er dies nicht, ist die Erinnerung nach § 11 II Satz 3 RPflG dem Richter vorzulegen, der über die sofortige Erinnerung abschließend entscheidet.

Alternativ hierzu kann der Antragsteller aber auch einen neuen und verbesserten Antrag einreichen oder nunmehr Klage auf Kindesunterhalt erheben. Sein Antrag auf Prozesskostenhilfe für das vereinfachte Verfahren kann nicht mit dem Argument zurückgewiesen werden, es möge eine einstweilige Verfügung oder ein Prozesskostenhilfegesuch für eine beabsichtigte Hauptsacheklage nach § 621 Nr. 4, 5 oder 11 ZPO eingereicht werden. Sonst nämlich würde die freie Rechtswahl des Unterhaltsgläubigers beeinträchtigt.

7. Verbindung mehrerer Verfahren

Machen **mehrere Kinder** eines Unterhaltsschuldners (auch aus verschiedenen Verbin- **332**
dungen des Antragsgegners) ihren Unterhalt im vereinfachten Verfahren geltend, können die einzelnen Verfahren gem. § 646 III ZPO miteinander verbunden werden. Es handelt sich hierbei um den Fall einer **subjektiven Klagehäufung.** Eine gleichzeitige Entscheidung über alle Anträge ist nicht erforderlich.

Eine **Verbindung mehrerer Verfahren** ist auch dann angezeigt, wenn die Unterhaltsgläubiger Unterhalt für unterschiedliche Zeiträume geltend machen, oder aber von einem Kind nur ein zeitlich begrenzter Unterhaltsrückstand geltend gemacht, vom anderen Kind der laufende, künftige Unterhalt gefordert wird. Die Verbindung dieser mehreren Verfahren ist schon deshalb erforderlich, um dem Unterhaltsschuldner zu ermöglichen, seine mangelnde Leistungsfähigkeit auf Grund der Gesamtheit der gegen ihn erhobenen Unterhaltsansprüche geltend zu machen.

8. Mitteilung an Antragsgegner

Ist das vereinfachte Verfahren zulässig, so erfolgt gem. § 647 ZPO die **Zustellung des** **333**
Antrags oder einer Mitteilung über seinen Inhalt an den Antragsgegner, wobei eine Vielzahl von Hinweisen vorgeschrieben ist. Diese lassen sich § 647 I Nr. 1–4 ZPO entnehmen. Nach § 329 II S. 2 ZPO ist der Antrag zuzustellen; ab diesem Zeitpunkt läuft die Monatsfrist, innerhalb deren der Antragsgegner Einwendungen erheben kann (§ 647 I Nr. 2 ZPO). Gem. § 647 II i. V. m. § 270 III ZPO wird die Verjährung des Unterhaltsanspruchs bereits durch die Einreichung des Festsetzungsantrags unterbrochen, wenn dieser demnächst zugestellt wird. Ist aber der Festsetzungsantrag unvollständig und wird er erst nach entsprechendem Hinweis (§ 646 II S. 2 ZPO) nachgebessert, erfolgt die Zustellung an den Gegner nicht mehr demnächst i. S. d. des § 270 III ZPO.

Beispiel
für die Mitteilung an den Antragsgegner:
„Ihr Sohn Wolfgang fordert von Ihnen ab 1. 11. 2002 Kindesunterhalt im vereinfachten Verfahren, nachdem Sie von ihm am 28. 11. 2002 aufgefordert worden sind, Auskunft über ihre Einkünfte und ihr Vermögen zu erteilen. Nach Angaben ihres Sohnes belaufen sich ihre monatlichen Nettoeinkünfte auf 2000 €. Ihrem Sohn Wolfgang steht daraus ein monatlicher Kindesunterhalt in Höhe von 345 € zu (5. Einkommensgruppe und 3. Altersstufe der Düsseldorfer Tabelle, Stand 1. 1. 2002). 135% des Regelbetrages nach der dritten Altersstufe

der Düsseldorfer Tabelle machen 364 € aus. Der geschuldete Unterhalt von 345 € bleibt um 19 € hinter dem Regelbetrag der sechsten Einkommensgruppe von 364 € zurück. Die Anrechnung des auf den Barunterhaltspflichtigen entfallenden hälftigen Kindergeldes geschieht daher nur in Höhe von 58 € (77 € – 19 €). Sie schulden daher einen monatlichen Zahlbetrag in Höhe von 345 € – 58 € = 287 €. Hierüber kann ein Festsetzungsbeschluss auf Antrag ihres Sohnes Wolfgang ergehen, aus dem er anschließend die Zwangsvollstreckung betreiben kann, wenn Sie nicht innerhalb eines Monats unter Benutzung des beigelegten Vordruckes Einwendungen nach § 648 I, II ZPO erheben, wobei diese Einwendungen nur so lange berücksichtigt werden können, wie der Festsetzungsbeschluss noch nicht ergangen ist (§ 648 III ZPO)".

9. Einwendungen des Antragsgegners

334 Nach § 648 ZPO ist zwischen **zwei Gruppen von Einwendungen** des Antragsgegners zu unterscheiden: Erhebt dieser die in Absatz 1 aufgezählten Einwendungen, überprüft sie der Rechtspfleger darauf, ob sie nach der Darstellung des Antragsgegners begründet sind. Stellt er dies positiv fest, teilt er dieses Titulierungshindernis dem Antragsteller mit und setzt auf Antrag des Gesuchstellers den Unterhalt in dem Umfang durch Beschluss fest, in dem ihn der Antragsgegner zugestanden hat (§ 650 ZPO). Kommt der Rechtspfleger zum Ergebnis, dass die Einwendungen des Abs. 1 nicht begründet sind, weist er sie im Festsetzungsbeschluss zurück (§ 648 I S. 3 ZPO).

Erhebt der Antragsgegner die in Abs. 2 erwähnten Einwendungen, prüft der Rechtspfleger nur ihre Zulässigkeit. Stellt er diese fest, verfährt er erneut nach § 650 ZPO.

Der Antragsgegner kann folgende formale (zulässige) Einwendungen nach § 648 I ZPO geltend machen:

- die Unzulässigkeit des vereinfachten Verfahrens, (nämlich z. B. bei Nichtbestehen einer Kind-Elternbeziehung, Volljährigkeit des Kindes bereits zu Beginn des Verfahrens; bereits vorliegende Jugendamtsurkunde über den Regelunterhalt; erforderliche Prozessstandschaft gem. § 1629 a III BGB bei Anhängigkeit einer Ehesache)[31]
- die Rüge des Zeitpunktes, von dem an Unterhalt gezahlt werden soll,
- Rügen zur unrichtigen Berechnung des Unterhalts der Höhe nach, nämlich die Rüge der Anwendung einer falschen Altersstufe oder eines unrichtigen Regelbetrages,
- die Rüge der Nicht- oder mangelhaften Anrechnung von Kindergeld oder kindbezogener Leistungen, (wobei durch Art. 30 EuroEG klargestellt worden ist, dass auch das Kindergeld abstrakt in Höhe eines Prozentsatzes der kinderbezogenen Leistungen tenoriert werden kann);[32] versagt ist hierbei dem Antragsgegner der Vortrag, er habe mit dem Kind eine niedrigere Unterhaltsvereinbarung außergerichtlich getroffen; diese Einwendung ist in § 648 I Nr. 3 ZPO nicht aufgeführt).[33]
- die Rüge, dass der Unterhalt höher als beantragt festgesetzt worden ist, (hierbei erscheint fraglich, dass als Antrag der Bruttounterhaltsbetrag[34] gelten soll. Im Rahmen der Titulierung des Kindesunterhalts im vereinfachten Verfahren reicht es aus, dass das abzuziehende gesetzliche Kindergeld unbeziffert mit der Formulierung „1/2 des jeweils gültigen Kindergeldsatzes" ausgewiesen wird;[35] im Übrigen ist die Anrechnung des Kindergeldes gem. § 1612 b V BGB verfassungsgemäß.[36]
- Einwendungen zur Kostentragungspflicht bei sofortigem Anerkenntnis.

335 **Nicht begründete Einwendungen** nach § 648 I S. 1 Nr. 1 und 3 ZPO weist der Rechtspfleger mit dem Festsetzungsbeschluss zurück, desgleichen auch eine Einwendung nach S. 1 Nr. 2, wenn ihm diese nicht begründet erscheint (§ 648 I S. 3 ZPO).

Nicht begründet sind die Einwendungen dann, wenn der Unterhaltsschuldner keine Tatsachen behaupten kann, die zur Unzulässigkeit des vereinfachten Verfahrens führen (es

---

31 Dazu OLG Köln, FamRZ 2000, 676

32 OLG Düsseldorf, FamRZ 2002, 1046, 1047; Graba, FamRZ 2001, 249, 254; insges. hierzu ausführlich Johannsen/Henrich/Voßkuhle, a.a.O. § 647 Rn. 4

33 Vgl. dazu OLG Naumburg, FamRZ 2000, 360

34 OLG Brandenburg, FamRZ 2002, 2163

35 OLG Köln, FamRZ 2002, 33

36 OLG Stuttgart, FamRZ 2002, 901; OLG München, FamRZ 2002, 903; OLG Nürnberg, FamRZ 2002, 904; OLG Brandenburg, FamRZ 2002, 905

besteht bereits ein Unterhaltstitel, den der Unterhaltsschuldner vorlegt, oder das Kind war bei Antragstellung bereits volljährig, was der Schuldner durch Vorlage einer Geburtsurkunde nachweist).

Unbegründet sind die Einwendungen auch dann, wenn das tatsächliche Vorbringen nicht schlüssig ist.[37]

Einwendungen zur Höhe des Unterhalts sind demnach dann begründet, wenn der Unterhaltsschuldner nachweist, dass eine falsche Altersstufe infolge unrichtigen Geburtsdatums des Kindes angewandt wurde, oder aber der Antragsteller übersehen hat, das ab 1. 1. 1999 maßgebliche Kindergeld anteilig anzurechnen. Bei der Prüfung des Rechtspflegers, ob die Behauptungen des Antragsgegners begründet und erheblich sind, ist nicht zu prüfen, ob der Antragsteller sie zugesteht oder ob sie wahr sind.

Einwendungen des § 648 I Nr. 2 ZPO, nämlich hinsichtlich des Zeitpunktes, von dem an Unterhalt gezahlt werden soll, weist der Rechtspfleger bereits dann zurück, wenn diese nicht begründet erscheinen. Hier braucht somit der Rechtspfleger nicht davon überzeugt zu sein, dass der Antragsgegner keine Mahnung erhalten hat. Er kann diese Einwendung auch dann zurückweisen, wenn er es eher für wahrscheinlich hält, dass die Mahnung dem Unterhaltsschuldner auch zugegangen ist.[38]

Macht der Antragsgegner die **Einwendungen des § 648 I S. 2 ZPO** geltend, dass er **336** deswegen die Verfahrenskosten nicht zu tragen habe, weil er keinen Anlass zur Stellung des Antrags gegeben habe, und erweist sich diese Einwendung nicht als begründet, erfolgt keine Zurückweisung (vgl. § 648 I S. 3 ZPO); vielmehr entscheidet der Rechtspfleger im Rahmen der Unterhaltsfestsetzung, ob dem Antragsgegner – in der Regel – die Verfahrenskosten gem. § 91 I S. 1 ZPO aufzuerlegen sind oder ob sie – ausnahmsweise – nach den Vorschriften der §§ 648 I S. 2 i. V. m. mit 93 ZPO vom Antragsteller zu tragen sind.

Daneben gibt es weitere **Einwendungen** gem. § 648 II ZPO **aus materiellem Recht.** Im vereinfachten Verfahren wird über sie aber endgültig nicht entschieden, sondern nur darüber, ob sie zulässig erhoben sind. Das sind sie nur dann, wenn der Antragsgegner mit ihnen zugleich erklärt, inwieweit er zur Unterhaltsleistung bereit ist und dass er sich diesbezüglich zur Erfüllung des Unterhaltsanspruchs verpflichtet. In diesem Zusammenhang kann der Antragsgegner auch die Erklärung abgeben, keinen Unterhalt zahlen zu wollen, da er insgesamt leistungsunfähig sei. Den **Einwand der Erfüllung** kann der Antragsgegner nur erheben, wenn er zugleich erklärt, inwieweit er geleistet hat und dass er sich verpflichtet, einen darüber hinausgehenden Unterhaltsrückstand zu begleichen. Den Einwand eingeschränkter oder fehlender **Leistungsfähigkeit** kann der Antragsgegner nur erheben, wenn er zugleich unter Verwendung des eingeführten Vordrucks Auskunft über seine Einkünfte, sein Vermögen und seine persönlichen und wirtschaftlichen Verhältnisse im Übrigen erteilt und über seine Einkünfte (nicht über das Vermögen) Belege vorlegt.

Nach dem Gesetzeswortlaut besteht eine Belegpflicht nur hinsichtlich des Einkommens, nicht auch hinsichtlich berücksichtigungsfähiger Abzugsposten wie berufsbedingte Aufwendungen, eheprägende Schulden, Vorsorgeaufwendungen, unvermeidbar überhöhte Mietkosten.[39]

Sind die **Einwendungen** des Antragsgegners **unvollständig** oder gibt er keine Erklärung **337** dazu, in welchem Umfang er Unterhalt zahlen will, bleiben die Einwendungen des § 648 II ZPO unberücksichtigt mit der Folge des alsbald ergehenden **Festsetzungsbeschlusses gem. § 649 I ZPO.** Dem Antragsgegner bleibt aber freigestellt, im Wege der Korrekturklage nach § 654 ZPO die im Rahmen des § 648 II ZPO nicht berücksichtigte Einwendung erneut geltend zu machen.

Beispiele
für unzulässige Einwendungen:
- Der Antragsgegner trägt nur vor, er sei leistungsunfähig, ohne hierüber Auskünfte zu erteilen.

[37] Vgl. BT-Drucks. 13/7338, S. 40
[38] Vgl. BT-Drucks. 13/7338, S. 58
[39] Gerhardt, FuR 1998, 145, 146

- Der Antragsgegner hat zwar über seine Einkünfte, sein Vermögen und seine persönlichen und wirtschaftlichen Verhältnisse vollständig Auskunft erteilt, zu seinem Einkommen aber keine Belege vorgelegt.
- Der Antragsgegner erklärt, es möge sofort das streitige Verfahren nach § 651 I S. 1 ZPO durchgeführt werden.

337 a Alle Einwendungen muss der Antragsgegner unter Verwendung des amtlichen Vordruckes geltend machen (§ 659 II ZPO). Ein Vortrag in sonstiger Form kann daher nicht verwertet werden, da er nicht der zwingend vorgeschrieben Form genügt.[40] Der Rechtspfleger hat daher den Antragsgegner auf diese Voraussetzungen hinzuweisen und ihm die Möglichkeit der Äußerung gem. § 657 ZPO zu eröffnen (Antragstellung und Erklärung vor dem Urkundsbeamten der Geschäftsstelle).

Jedoch muss es den Anforderungen des § 648 II ZPO genügen, wenn der in Anspruch Genommene außerhalb des Formulars ausdrücklich erklärt, zur Unterhaltszahlung überhaupt nicht in der Lage zu sein und dies durch vollständige Auskunft über sein Einkommen und sein Vermögen belegt. Da eine Verpflichtungserklärung des Unterhaltsschuldners nur erwartet werden kann, wenn er sich im Stande sieht, zumindest teilweise den Unterhaltsanspruch zu erfüllen, entfällt bei vollständiger Leistungsunfähigkeit das Erfordernis, in das Formular nachträglich eine Erklärung nach § 648 II Satz 1 ZPO zur totalen Leistungsunfähigkeit einzufügen.[41]

Noch weitergehend ist Rostock,[42] wonach der Schuldner im vereinfachten Verfahren, sofern er seine Leistungsunfähigkeit geltend macht, keine weitergehende Erklärung vorlegen muss, inwieweit er zur Unterhaltszahlung bereit sei. Diese Rechtsansicht entspricht juristischer Logik.

337 b Die Einwendungen sind über die **Monatsfrist** des § 647 I Nr. 2 ZPO hinaus bis zur Verfügung des Festsetzungsbeschlusses zu berücksichtigen (§ 648 III ZPO). Der Festsetzungsbeschluss ist dann verfügt, wenn ihn der Rechtspfleger unterzeichnet und damit wirksam gemacht hat.[43] Nicht entscheidend ist, wann er durch die Kanzlei geschrieben oder durch die Geschäftsstelle ausgefertigt worden ist. Ferner ist auch nicht der Zeitpunkt maßgebend, zu dem der Beschluss den Gerichtsbereich verlässt. Allerdings wartet der Rechtspfleger die nach § 647 I S. 2 Nr. 2 ZPO gesetzte Monatsfrist ab, da möglicherweise der Antragsgegner innerhalb dieser Frist weitere Einwendungen nachschiebt, die möglicherweise begründet sind.

Die Frist des § 647 I Satz 2 Nr. 3 ZPO ist keine Ausschlussfrist, so dass rechtzeitig vor der Entscheidung des Rechtspflegers eingegangene Einwendungen zu berücksichtigen sind. Dies ist deswegen bedeutsam, weil auf Grund des seit 1. 1. 2002 geltenden § 652 II Satz 2 ZPO Einwendungen nach § 648 II ZPO, die nicht erhoben waren, bevor der Festsetzungsbeschluss verfügt war, nicht mit der sofortigen Beschwerde des § 652 ZPO erstmals geltend gemacht werden können.[44] Damit wird dem Antragsgegner die Möglichkeit genommen, über das Beschwerdeverfahren des § 652 ZPO seiner Auskunftspflicht im Rahmen des § 648 ZPO zu entgehen oder auf diese Art und Weise den Prozess insgesamt zu verzögern.

10. Folgen der Einwendungen

338 Ist die gem. § 648 I Nr. 1 ZPO statthafte Einwendung zur Zulässigkeit des vereinfachten Verfahrens begründet, wird der Antrag zurückgewiesen (§ 646 II, § 645 ZPO).

Sind die Einwendungen gem. § 648 I Nr. 2 und 3 begründet, so führt dies zum Verfahren nach § 650 ZPO und zu einem etwaigen **Teilbeschluss des § 650 S. 2 ZPO.** Sind die

---

[40] OLG Karlsruhe, FamRZ 2001, 107
[41] OLG Frankfurt, FamRZ 2002, 835
[42] FamRZ, 2002, 836
[43] OLG Brandenburg, FamRZ 2001, 1078 entgg. OLG Frankfurt, FamRZ 2001, 109, wonach der Festsetzungsbeschluss gem. § 641 III ZPO mit der Hinausgabe der Entscheidung aus dem inneren Geschäftsbereich des Gerichts verfügt sei
[44] So die vorliegende Rechtsprechung; vgl. OLG Hamm, FamRZ 2000, 901 u. OLG Koblenz, FamRZ 2001, 1079

Einwendungen unbegründet, stehen sie dem Festsetzungsbeschluss des § 649 ZPO nicht entgegen, vielmehr werden sie in ihm zurückgewiesen (§ 648 I S. 3 ZPO).

Andere Einwendungen nach materiellem Recht gem. § 648 II ZPO stehen dem Festsetzungsbeschluss gem. § 649 ZPO nicht entgegen, wenn sie unzulässig erhoben wurden, somit der seine Leistungsfähigkeit verneinende Antragsgegner keine Auskunft erteilt hat. Zulässig erhobene Einwendungen führen zum Verfahren nach § 650 ZPO, damit möglicherweise zu einem Teilbeschluss.

Der **Entscheidung des Rechtspflegers** ist – nach dessen Ermessen – eine mündliche 338 a (gem. §§ 23 b I Nr. 5, 170 GVG öffentliche) Verhandlung vorausgegangen, sofern keine Entscheidung im schriftlichen Verfahren erfolgte. Ähnlich wie bei § 118 I S. 3 ZPO wird der Rechtspfleger dann eine mündliche Verhandlung anberaumen, wenn eine Vergleichsregelung absehbar ist. Wird in der nicht öffentlichen Verhandlung ein Vergleich geschlossen, kann dieser auch den Höchstbetrag von 150% des Regelunterhalts überschreiten, da insoweit die Parteien nicht gehindert sind, höheren Unterhalt zu vereinbaren, als dieser im Wege des vereinfachten Verfahrens festgesetzt werden kann. Anerkennt der Antragsgegner einen über 150% hinausgehenden Unterhaltsbetrag, ergeht sog. **Anerkenntnisbeschluss**, der einen vergleichbaren Titel darstellt wie der ohne mündliche Verhandlung ergangene normale Festsetzungsbeschluss des § 649 ZPO.

Prozessual steht es allerdings im Ermessen des Rechtpflegers, ob er nicht doch eine mündliche Verhandlung durchführt, die sogar mit einer Beweisaufnahme verbunden werden kann. Ein derartiges mündliches Verhandeln wird dann – wie im Rahmen des § 118 I Satz 3 ZPO – angezeigt sein, wenn eine vergleichsweise Regelung oder Klärung strittiger Fragen zu erwarten ist.[45]

11. Der Festsetzungsbeschluss gem. § 649 ZPO

Sofern der Unterhaltsschuldner innerhalb der Monatsfrist keine oder bis zum Erlass des 339 Festsetzungsbeschlusses nur unzulässige Einwendungen nach § 648 ZPO erhebt, setzt der Rechtspfleger den verlangten Unterhalt in vollem Umfang sowie die bis zu diesem Zeitpunkt entstandenen, erstattungsfähigen Verfahrenskosten durch **Festsetzungsbeschluss** nach § 649 I ZPO fest.

In dem Beschluss ist auszusprechen, dass der Antragsgegner den festgesetzten Unterhalt an den Unterhaltsberechtigten zu zahlen hat (§ 649 I S. 2 ZPO). Das gilt somit auch dann, wenn der betreuende Elternteil das vereinfachte Verfahren als Prozessstandschafter i. S. d. § 1629 III BGB betrieben hat. Unzulässig ist daher die Formulierung, dass der Antragsgegner „zu Händen der Antragstellerin für das gemeinsame minderjährige Kind Regelunterhalt zu zahlen habe".[46] Diese Entscheidung kann ohne mündliche Verhandlung ergehen (§ 649 II ZPO).

Die **Kostenentscheidung** beruht auf § 91, § 92 oder § 93 ZPO. Sie ergeht gem. 340 § 308 II ZPO von Amts wegen. Hat der Antragsgegner zur Einleitung des vereinfachten Verfahrens keinen Anlass geboten (§ 648 I S. 2 ZPO), treffen nach § 93 ZPO die Kosten den Antragsteller. Davon ist auszugehen, wenn es der Antragsteller bis zum Erlass des Feststellungsbeschlusses unterlassen hat, den Antragsgegner zu einer freiwilligen Titelbeschaffung anzuhalten. Dies ist dann der Fall, wenn der Antragsteller es bisher bei einer bloßen Mahnung belassen hat, bei seiner Zahlungsaufforderung keinen konkreten und im Einzelnen bezifferten Unterhaltsbetrag genannt hat, oder aber der Antragsgegner sich bereit erklärt hatte, beim Jugendamt einen kostenlosen Vollstreckungstitel nach §§ 59 ff. KJHG errichten zu lassen, und zwar in der gleichen Höhe des im vereinfachten Verfahren geforderten Unterhaltsbetrags. Hat der Antragsgegner bisher freiwillig bezahlt, sich aber einer Titulierung vor dem Jugendamt widersetzt, hat er hiermit Anlass für die Einleitung des vereinfachten Verfahrens gegeben. Er trägt im Übrigen die Darlegungs- und Beweislast für das Vorliegen der Voraussetzungen des § 93 ZPO.[47]

[45] Ebenso Johannsen/Henrich/Vosskuhle, vor § 649 ZPO Rn. 5 u. 6
[46] Vgl. OLG Hamm, FamRZ 1990, 1375
[47] OLG Brandenburg, OLG-Report 2000, 337

Gem. § 649 III ZPO ist im Festsetzungsbeschluss darauf hinzuweisen, welche Einwendungen mit der **sofortigen Beschwerde** geltend gemacht werden können und unter welchen Voraussetzungen eine Abänderung im Wege der Klage nach § 654 ZPO verlangt werden kann. Dazu ist es erforderlich, die unterschiedlichen Fristen (2 Wochen bzw. 1 Monat) anzugeben und auf die Möglichkeit der Einlegung der sofortigen Beschwerde zu Protokoll der Geschäftsstelle des Familiengerichts hinzuweisen (§ 569 II S. 2 ZPO).

Gem. GKG-KV Nr. 1 800 fällt für den Festsetzungsbeschluss nach § 649 ZPO eine **halbe Gerichtsgebühr** an. Dies gilt nicht, sofern der Festsetzungsantrag zurückgenommen oder ein Vergleich protokolliert wird. Der **Streitwert** bestimmt sich nach § 17 I GKG. Hinsichtlich angefallener **Rückstände** gilt nichts besonderes. Sie werden nach § 17 IV GKG berechnet. Dies ergibt sich aus § 17 IV S. 3 GKG.

Gem. § 44 I Nr. 1 BRAGO fällt für das vereinfachte Verfahren bis zum Festsetzungsbeschluss gem. § 649 ZPO eine **volle Gebühr** an. Diese Gebühr wird auf die Prozessgebühr angerechnet, die der Rechtsanwalt im nachfolgenden Rechtsstreit gem. § 651 ZPO erhält (§ 44 II S. 1 BRAGO).

12. Rechtsmittel gemäß § 652 ZPO

341 Gem. § 652 I ZPO steht beiden Parteien gegen den Festsetzungsbeschluss die **sofortige Beschwerde** zu,[48] gleichgültig, ob es sich um einen Festsetzungsbeschluss nach § 649 I ZPO oder jenen nach § 650 S. 2 ZPO handelt. Auch ist das Jugendamt antragsbefugt, soweit es aus übergegangenem Recht, nämlich der Leistung von Unterhaltsvorschuss gem. § 7 I UVG vorgeht.[49] Mit der sofortigen Beschwerde können nur die in § 648 I ZPO genannten Einwendungen, die Zulässigkeit von Einwendungen nach § 648 II ZPO sowie die Unrichtigkeit der Kostenfestsetzung geltend gemacht werden.

Zulässige Anfechtungsgründe sind somit
- die Unzulässigkeit des vereinfachten Verfahrens (§ 648 I Nr. 1 ZPO),
- die fehlerhafte Berechnung des Unterhalts nach Zeitraum und Höhe (§ 648 I Nr. 2 und 3 ZPO),
- die Zurückweisung von zulässig erhobenen anderen Einwendungen des § 648 II ZPO sowie
- eine unrichtige Kostenfestsetzung (§ 649 I S. 3 ZPO); hierzu gehört auch die Nichtberücksichtigung von § 93 ZPO bei der Kostenregelung gem. § 648 I S. 2 ZPO.

342 Die sofortige Beschwerde ist **binnen zwei Wochen** beim Familiengericht oder beim Beschwerdegericht (das ist das OLG gem. § 119 I Nr. 2 GVG) einzulegen (§ 577 II ZPO). Der Rechtspfleger darf dem Rechtsmittel nicht abhelfen (§ 577 II, III ZPO, § 11 RPflG). Eine weitere Beschwerde ist ausgeschlossen (§ 567 IV S. 1 ZPO). Betrifft das Rechtsmittel nur den Kostenpunkt und ist die **Beschwerdesumme** des § 567 II ZPO (100 €) nicht erreicht, findet statt der sofortigen Beschwerde nach der Neufassung des § 11 I und II RpflG (BGBl. 1998, I, 2030) die Erinnerung statt, der der Rechtspfleger abhelfen kann (§ 11 II S. 2 RpflG). Hilft er nicht ab, entscheidet der Familienrichter als letzte Instanz.

Nach § 652 II ZPO können die Parteien nicht nur die **Unrichtigkeit der Kostenfestsetzung** geltend machen, sondern jeder von ihnen auch die **Kostengrundentscheidung** angreifen, da die Grundlage der Kostenfestetzung der Kostenausspruch ist.[50]

Da die sofortige Beschwerde selbst nur auf die in § 652 II ZPO genannten Beschwerdegründe gestützt werden kann und es sich hierbei um Einwendungen handelt, die im Vorverfahren der Antragsgegner erheben konnte, wird teilweise vertreten,[51] nur der Antragsgegner allein könne die den Einwendungen entsprechenden Beschwerdegründe geltend machen, wobei § 652 II S. 2 ZPO seit 1. 1. 2002 zu beachten ist.

[48] OLG Stuttgart, FamRZ 2000, 1161, 1162; OLG Karlsruhe, OLG-Report 2001, 90; OLG München FamRZ 2002, 547
[49] OLG Brandenburg, FamRZ 2002, 545
[50] So Zöller/Philippi, ZPO, 21. Aufl. § 652, Rn. 2
[51] So Zöller/Philippi, a.a.O.

Aufgrund der Neufassung von § 652 II ZPO können im Beschwerdeverfahren Einwendungen i. S. v. § 648 II ZPO nur dahingehend geltend gemacht werden, diese seien vom erstinstanzlichen Gericht zu Unrecht als unzulässig angesehen worden. Die erstmalige Geltendmachung von Einwendungen nach § 648 II ZPO im Beschwerdeverfahren ist nunmehr gesetzlich ausgeschlossen.[52]

Dem ist allerdings entgegenzuhalten, dass neben der Rüge der unrichtigen Kostenfestsetzung oder der Nichtberücksichtigung von § 93 ZPO dem Antragsteller auch die Möglichkeit zustehen muss, die fehlerhafte Berechnung des Unterhalts nach Zeitraum und Höhe gem. § 648 I Nr. 2 und 3 ZPO geltend zu machen, und zwar dann, wenn zu seinem Nachteil entschieden worden ist.

Mit der sofortigen Beschwerde können nur **formelle Fehler** des Rechtspflegers gerügt 343
werden. Eine **materielle Überprüfung** des Unterhalts findet über § 652 ZPO nicht statt. Hierfür ist die Klage des § 654 ZPO vorgesehen.

Macht der Antragsgegner mit der sofortigen Beschwerde nach § 652 ZPO geltend, er sei im Festsetzungsbeschluss nicht mit seiner zutreffenden Anschrift aufgeführt, so handelt es sich nicht um eine zulässige Einwendung. Ebenso unzulässig ist die Einwendung, die Antragsstellerin wohne bereits an einem anderen Ort als im Festsetzungsbeschluss angegeben, so dass ein Verstoß gegen das Meldegesetz vorliege. Macht der Antragsgegner geltend, er habe kein Kind mit diesem Geburtsdatum, handelt es sich, weil die Zulässigkeit des vereinfachten Verfahrens gerügt wird, um eine zulässige Einwendung.[53]

Macht der Antragsgegner im Beschwerdeverfahren seine völlige Leistungsunfähigkeit geltend, bedarf es keiner Erklärung seinerseits gem. § 648 II Satz 1 ZPO.[54]

Werden zulässige Einwendungen nicht vorgebracht, ist die sofortige Beschwerde insgesamt als unzulässig zu verwerfen. Sind neben **unzulässigen Einwendungen** auch zulässige Einwendungen geltend gemacht worden, ist das Rechtsmittel nur zum Teil als unzulässig zu verwerfen; die unzulässigen Einwendungen können im Wege der Abänderungsklage nach § 654 ZPO geltend gemacht werden.

Wie oben bereits ausgeführt, steht die sofortige Beschwerde nach § 652 ZPO auch dem Antragsteller zu, wenn der Beschluss nach § 649 ZPO vom gestellten Antrag abweicht.[55]

Soweit der Antragsteller – im Gegensatz zum Antragsgegner – keine weiteren Einwendungen nach § 648 ZPO erheben kann, ist seine sofortige Beschwerde unzulässig. Ihm bleibt aber die Möglichkeit, im Rahmen der Anhörung nach § 646 II ZPO **Anspruchsverbesserungen** vorzunehmen, einen neuen Festsetzungsantrag gem. § 645 ZPO einzureichen, ins **Unterhaltsklagverfahren** überzugehen, oder aber sich die **Korrekturmöglichkeit nach § 654 ZPO** vorzubehalten. Eine Rechtsverkürzung im Rahmen des § 652 ZPO zum Nachteil des Antragstellers ist somit nicht festzustellen.

Im Verfahren über die Beschwerde nach § 652 ZPO fällt gem. GKG-KV Nr. 1931 eine **halbe Gerichtsgebühr** an. Dies bedeutet, dass die Erinnerung gegen die Entscheidung des Rechtspflegers gebührenfrei ist.

Der Rechtsanwalt erhält im Beschwerdeverfahren des § 652 ZPO 5/10 der in § 31 BRAGO bestimmten Gebühren, und zwar neben der im Festsetzungsverfahren verdienten Gebühr (§ 61 I Nr. 1 BRAGO).

13. Der Teilbeschluss des § 650 S. 2 ZPO

Hat der Antragsgegner Einwendungen erhoben, die nach § 648 I S. 3 ZPO nicht zurück- 344
zuweisen oder die nach § 648 II ZPO zulässig sind, setzt das Familiengericht auf Antrag des Antragstellers, soweit sich der Antragsgegner nach § 648 II S. 1, 2 ZPO zur Unterhaltszahlung verpflichtet hat, den Unterhalt durch Beschluss fest.

---

52 OLG Karlsruhe, FamRZ 2000, 680 noch zur alten Rechtslage

53 OLG Brandenburg, FamRZ 2002, 1345

54 OLG Dresden, FamRZ 2000, 1031

55 OLG München, FamRZ 2002, 547

Diesem Beschluss ist vorausgegangen, dass der Rechtspfleger dem Antragsteller zunächst mitgeteilt hat, dass der Antragsgegner nicht zurückzuweisende Einwendungen i. S. d. § 648 I S. 3 ZPO bzw. zulässige Einwendungen nach § 648 II ZPO erhoben hat (z. B. den **Einwand der Erfüllung,** der **teilweisen oder gänzlichen Leistungsunfähigkeit,** des **Vorranges eines anderen Unterhaltsschuldners,** des vertraglich vereinbarten **Unterhaltsverzichts** für die Vergangenheit oder der **rechtsmissbräuchlichen Geltendmachung**).

Mit dieser Mitteilung weist der Rechtspfleger darauf hin, dass der Unterhalt erst auf einen weiteren Antrag des Antragstellers hin festgesetzt werden kann, und dies auch nur in dem Umfang, in dem sich der Antragsgegner nach § 648 II S. 1 und 2 ZPO zur Zahlung von Unterhalt verpflichtet hat. Da hinsichtlich des restlichen Streitgegenstandes auf Antrag einer der Parteien das **streitige Verfahren** durchzuführen ist (§ 651 I S. 1, 2 ZPO), muss sich der Antragsteller genau überlegen, ob er überhaupt einen **Teilbeschluss im vereinfachten Unterhaltsverfahren** ergehen lassen will. Er wird von einer entsprechenden Antragsstellung dann absehen, wenn nur ein geringfügiger Unterhaltsbetrag vom Antragsgegner zugestanden ist und im umfangreichen streitigen Verfahren ohnedies alle rechtserheblichen Einwendungen des Antragsgegners (nochmals) im Einzelnen zu prüfen sind. Da nämlich der Antragsteller den Klageweg **oder** das vereinfachte Unterhaltsverfahren wählen kann, ist er auch innerhalb des vereinfachten Verfahrens berechtigt, nach der Erhebung von Einwendungen durch den Antragsgegner von einer Titulierung überhaupt abzusehen, sei dies gem. § 649 ZPO oder nach § 650 ZPO.

Durch die Mitteilung des Rechtspflegers an den Antragsteller, dass der Antragsgegner zu beachtende Einwendungen erhoben habe, wird nach § 651 III ZPO die **6-Monats-Frist** in Gang gesetzt, innerhalb derer der Rechtsstreit als mit der Zustellung des Festsetzungsantrages rechtshängig geworden anzusehen ist. Im Hinblick auf § 329 II S. 2 ZPO ist diese Mitteilung nach § 650 ZPO dem Antragsteller zuzustellen.[56]

14. Das streitige Verfahren des § 651 ZPO

345 Die Anwendung des § 651 ZPO setzt voraus, dass der Antragsgegner Einwendungen erhoben hat, die nach § 648 I S. 3 ZPO nicht zurückzuweisen, oder aber gem. § 648 II ZPO zulässig und daher im Rahmen des § 650 ZPO zu berücksichtigen sind. In das streitige Verfahren kann aber nur auf Antrag einer der beiden Parteien, nicht von Amts wegen, übergegangen werden. Allerdings wird der Antragsgegner kaum einen entsprechenden Antrag stellen, weil er damit eine Unterhaltsfestsetzung gegen sich selbst beschleunigt. Verlangt der Antragsgegner die Durchführung des streitigen Verfahrens im Hinblick darauf, dass er leistungsunfähig sei, so ist diese Vorgehensweise nur zulässig, wenn er zuvor seine Auskunftspflicht nach § 648 II Satz 3 ZPO erfüllt hat, weil das streitige Verfahren insgesamt nur unter den Voraussetzungen der in § 650 ZPO aufgeführten zulässigen Einwendungen statthaft ist. Ansonsten wäre dem säumigen Antragsgegner auf diese Weise die Möglichkeit eröffnet, seiner Auskunftspflicht zu entgehen.

Beantragt eine Partei die **Durchführung des streitigen Verfahrens,** so ist wie nach Eingang einer Klage zu verfahren (§ 651 II ZPO). Der Festsetzungsantrag der §§ 645, 646 ZPO wird automatisch zur Klageschrift, dessen Zustellung nach § 647 I ZPO bedeutet die Zustellung der Klageschrift (§ 253 II ZPO) mit rückwirkender Rechtshängigkeit (§ 651 III ZPO). Die Einwendungen des § 648 ZPO werden als Klageerwiderung i. S. d. § 277 ZPO betrachtet; ein schriftliches Vorverfahren nach § 276 ZPO entfällt. Hat der Rechtspfleger nach Eingang des Antrags, in das streitige Verfahren überzugehen, das vereinfachte Verfahren an die zuständige richterliche Abteilung des Familiengerichts abgegeben, kann der Familienrichter, sofern der Rechtsstreit in einem Termin erledigt werden kann, einen **frühen ersten Termin** nach § 272 II ZPO anberaumen oder das Verfahren durch vorbereitende Maßnahmen nach §§ 139, 273, 643 ZPO fördern. Entsprechend § 696 IV ZPO kann der Festsetzungsantrag bis zum Beginn der mündlichen Verhandlung des Antragsgegners zur

[56] A.A. BGH, NJW 1977, 717 f für die Aussetzungsfrist des § 620 ZPO

Hauptsache zurückgenommen werden. Mit der Zurücknahme ist die Streitsache als nicht rechtshängig geworden anzusehen (§ 696 IV S. 3 ZPO). Der Festsetzungsantrag kann somit jederzeit wiederholt werden oder auf einen anderen Zeitraum erstreckt werden. Gem. § 651 III ZPO n. F. gilt der Rechtsstreit als mit der Zustellung des Festsetzungsantrags (§ 647 I S. 1 ZPO) rechtshängig geworden. Wird der Antrag auf Durchführung des streitigen Verfahrens nicht vor Ablauf von 6 Monaten nach Zugang der Mitteilung nach § 650 S. 1 ZPO gestellt, gilt der über den Festsetzungsbeschluss gem. § 650 S. 2 ZPO oder die Verpflichtungserklärung des Antragsgegners gem. § 648 II S. 1 und 2 ZPO hinausgehende Festsetzungsantrag als zurückgenommen (§ 651 VI ZPO n. F.).

Knüpft das streitige Verfahren an einen Teilbeschluss i. S. d. § 650 S. 2 ZPO an, wird im streitigen Verfahren der Festsetzungsbeschluss aufgehoben und der zu titulierende Unterhalt in einem **Gesamtbetrag** bestimmt. Damit wird vermieden, dass für denselben Unterhaltsanspruch zwei Vollstreckungstitel in Form des Teilbeschlusses nach § 650 S. 2 ZPO und eines darüber hinausgehenden Urteils vorliegen. Dieser **einheitliche Titel** kann allerdings nur bei Streitidentität (gleicher Zeitraum des Unterhaltsanspruchs) ergehen. Ein einheitlicher Titel braucht somit dann nicht geschaffen zu werden, wenn der vorangegangene Festsetzungsbeschluss einen anderen Zeitabschnitt als das Urteil betrifft oder es sich hierbei um zeitlich klar abgegrenzte Unterhaltsrückstände handelt.[57]

Die durch das vorangegangene vereinfachte Verfahren entstandenen **Kosten** werden als 346
Teil der Kosten des streitigen Verfahrens behandelt (§ 651 V ZPO). Über die Kosten des vereinfachten Verfahrens darf daher nicht anders entschieden werden als über die des streitigen Prozesses. **Kostenvereinbarungen** sind in beiden aber jederzeit möglich. Kommt es im streitigen Verfahren zu keiner Kostenentscheidung (wegen Rücknahme oder sonstiger Erledigung), muss im vereinfachten Verfahren doch eine **(isolierte) Kostenentscheidung** ergehen. Eine **Gerichtsgebühr** fällt aber nicht an, wenn im vereinfachten Verfahren gar kein Unterhalt festgesetzt worden oder nur ein Teilbeschluss gem. § 650 S. 2 ZPO ergangen ist (GKG-KV Nr. 1800).

Gem. § 44 II S. 1 BRAGO wird **die volle Gebühr** des § 44 I Nr. 1 BRAGO (über einen Antrag auf Festsetzung des Unterhalts nach § 645 I ZPO) auf die Prozessgebühr angerechnet, die der Rechtsanwalt in dem nachfolgenden Rechtsstreit des § 651 ZPO erhält.

Im streitigen Urteil nach § 651 ZPO selbst wird über die **Kosten** nach §§ 91, 92, 93 ZPO entschieden. Wird das vereinfachte Verfahren in den **Verbund** genommen, soll also über den Kindesunterhalt nur für den Fall der Scheidung entschieden werden, gilt bei Beibehalt des Verbundes für diese Folgesache § 93 a I, II ZPO. Hat ein Unterhaltsschuldner seiner Auskunftspflicht nicht hinreichend genügt und dadurch Anlass zur Einleitung des Unterhaltsverfahrens geboten, können ihm abweichend von den Vorschriften der §§ 91–93 a und 269 III ZPO die Verfahrenskosten nach billigem Ermessen ganz oder teilweise auferlegt werden (§ 93 d ZPO).

Im Übrigen gelten hinsichtlich der Verfahrensausgestaltung für das streitige Verfahren die §§ 253–510 a ZPO, denen die besonderen Regelungen der §§ 642–644 ZPO und der §§ 621–629 d ZPO vorgehen.

15. Regelbetragsunterhalt bei Vaterschaftsfeststellung gemäß § 653 ZPO

Obwohl § 640 c I S. 1 ZPO verbietet, dass eine Kindschaftssache des § 640 I ZPO mit 347
einer Klage anderer Art verbunden wird, kann gem. § 640 c I S. 3 ZPO das Kind gem. § 653 ZPO im Kindschaftsprozess beantragen, den Vater zum Unterhalt in Höhe der Regelbeträge unter Anrechnung (Erhöhung oder Verminderung) des Kindergeldes zu verurteilen. Jedoch kann im Verfahren nach § 653 ZPO nur der **Regelbetrag,** nicht das Eineinhalbfache, wie im vereinfachten Festsetzungsverfahren, verlangt werden.

Nach § 653 I S. 2 ZPO kann das Kind auch einen geringeren Unterhalt verlangen. Dies wird es dann tun, wenn es ansonsten eine Korrekturklage des Vaters gem. § 654 ZPO auf Herabsetzung des Mehrbetrages befürchten müsste.

[57] BT-Drucks. 13/7338, S. 42

Die **Unterhaltsklage nach § 653 ZPO** kann nur mit der **Vaterschaftsfeststellungsklage** des § 640 II Nr. 1 ZPO verbunden werden. Kläger muss daher in jedem Falle das Kind sein.

Ficht somit der Vater gem. § 640 II Nr. 2 ZPO seine Vaterschaft an oder erhebt er eine negative Feststellungsklage auf Nichtbestehen eines Eltern-Kind-Verhältnisses gem. § 640 II Nr. 1 ZPO, kann das Kind als Beklagter dieser Kindschaftssache nicht den Antrag nach § 653 ZPO stellen. In einem solchen Fall kann das Kind nur durch eine **Widerklage auf Feststellung der Vaterschaft** das Unterhaltsverfahren des § 653 ZPO zusätzlich geltend machen.

Abzulehnen ist die Ansicht,[58] mit der Vaterschaftsfeststellungsklage könnten **bezifferte Unterhaltsansprüche** nicht zusammen geltend gemacht werden. Dies kann schon deswegen nicht richtig sein, weil gem. § 653 I S. 2 ZPO das Kind auch einen geringeren Unterhalt als den Regelunterhaltsbetrag verlangen kann und damit in diesem Fall seinen Unterhaltsantrag beziffern muss (§ 253 II Nr. 2 ZPO).

Zeitlich gesehen kann der Unterhaltsantrag sofort mit der Vaterschaftsfeststellungsklage erhoben werden; er ist aber auch **noch in der Berufungsinstanz** hinsichtlich der Kindschaftssache zulässig.

Will das Kind mehr als den Regelbetrag, kann es insgesamt – oder hinsichtlich der Unterhaltsspitze – die **isolierte Unterhaltsklage** erheben. Beschränkt sich die Forderung auf das Eineinhalbfache des Regelbetrages, steht ihm das vereinfachte Unterhaltsfestsetzungsverfahren zur Verfügung. Im Übrigen kann das Kind mit der Korrekturklage nach § 654 ZPO einen den Regelbetrag übersteigenden Unterhalt geltend machen, während der Vater dessen Herabsetzung verlangen kann. § 654 ZPO dient somit einer Korrektur des Verfahrens nach § 649 ZPO bzw. jenes nach § 653 ZPO.

348 Das Verfahren gem. § 653 ZPO ist – als Anhängsel zu § 640 II Nr. 1 ZPO – eine **Kindschaftssache,** bei der der Amtsermittlungsgrundsatz gilt (§ 640 I i. V. m. § 616 I ZPO). Dabei bleibt es auch, nachdem der Beklagte seine Vaterschaft gem. § 641 c ZPO anerkannt hat.[59] Da es sich hierbei um ein Annexverfahren handelt und im Übrigen § 653 I S. 3 ZPO eine Herabsetzung oder Erhöhung des Unterhaltes in diesem Verfahren versagt, ist mit der h. M.[60] davon auszugehen, dass in diesem Verfahren alle Einwendungen (Anspruchsgrund, fehlende Leistungsfähigkeit, Verjährung und Verwirkung) ausgeschlossen sind. Vielmehr bleibt hier nur die Möglichkeit des § 654 ZPO.[61] Insbesondere kann der Vater nicht bereits im Annexverfahren des § 653 ZPO den Einwand der Erfüllung der Unterhaltsansprüche geltend machen, sondern erst im Rahmen einer Korrekturklage nach § 654 ZPO.[62]

Stirbt der beklagte Mann während des Kindschaftsverfahrens, ist dieses, wie auch der Nebenantrag auf Regelunterhalt, erledigt (§§ 640 I, 619 ZPO). Wird nunmehr das Kindschaftsverfahren gem. § 1600 e II BGB als Prozess der freiwilligen Gerichtsbarkeit fortgesetzt, kann hiermit das Verfahren nach § 653 ZPO nicht verbunden werden. Vielmehr muss nunmehr das Kind den Unterhalt als eigenständige Hauptsache isoliert geltend machen.

Wird in der Berufungsinstanz die erstinstanzliche Vaterschaftsfeststellung aufgehoben, entfällt rückwirkend auch die Verurteilung zum Regelunterhalt. Dies ist deswegen ohne Nachteil für den angeblichen Unterhaltsschuldner, weil gem. § 653 II ZPO vor Rechtskraft des Vaterschaftsfeststellungsurteils die Verurteilung zur Leistung des Unterhalts nicht wirksam ist. Gem. § 708 Nr. 8 ZPO kann daher ein Urteil nach § 653 ZPO nur dann für **vorläufig vollstreckbar** erklärt werden, wenn der Titel zeitlich auf den Zeitraum ab Rechtskraft der Vaterschaftsfeststellungsklage befristet wird.

349 Hinsichtlich des **Streitwertes** gilt Folgendes: In der Kindschaftssache selbst ist von einem Wert von 2000 € auszugehen (§ 12 II S. 3 GKG). Kommt das Unterhaltsverfahren nach

[58] Zöller/Philippi, § 653, Rn. 2
[59] BGH, NJW 1974, 751
[60] OLG Düsseldorf, FamRZ 2001, 1620
[61] OLG Dresden, FamRZ 2003, 161; OLG Bremen, FamRZ 2000, 1164; Johannsen/Henrich/Voßkuhle, § 653, Rn. 7
[62] BGH, FamRZ 2003, 1095 = R 594

§ 653 ZPO dazu, wird in der Regel der Anspruch auf Unterhalt den höheren Streitwert darstellen.[63] Dann richtet sich der Wert nach dem **Jahresbetrag** des Regelbetrags **bei Klageeinreichung** mit der damals maßgebenden Altersstufe (§§ 15, 17 I S. 2 GKG). Eine Veränderung des Regelbetrages während des Prozesses soll daher nach einer Ansicht den Streitwert nicht verändern.[64] Dem ist jedoch entgegenzuhalten, dass es sich hierbei um eine **Klageerweiterung** handelt, die grundsätzlich streitwerterhöhend ist. Sonst hätte es nämlich ein Kläger in der Hand, den Streitwert und damit die Kosten zu senken, indem er zunächst nur einen geringeren Unterhalt einklagt und diesen erst im Laufe des Verfahrens erhöht.

Rückstände vor Klageeinreichung sind gem. § 17 IV GKG dem Streitwert hinzuzurechnen, wobei der Monat der Einreichung als Rückstandsmonat gilt. Ist das Kindergeld auf den Regelbetrag anzurechnen, vermindert sich damit der Monatswert und somit auch der Jahresstreitwert. Kommt das Kindergeld zum Regelbetrag hinzu, bildet sich der Streitwert aus der Summe von Regelbetrag und Kindergeldanteil.

16. Die Abänderungsklage des § 654 ZPO

Die pauschalen Unterhaltsfestsetzungen in den Beschlüssen gem. §§ 649 I, 650 S. 2 bzw. 350
§ 653 I ZPO können den individuellen Gegebenheiten einschränkungslos angepasst werden. Die Zulässigkeit der Abänderungsklage aus § 654 ZPO ist nämlich nicht an wesentliche oder nachträgliche Veränderungen der Verhältnisse zum Zeitpunkt der Beschlussfassung gebunden.[65] Vielmehr kann unabhängig hiervon (wie in einer Erstklage) der den konkreten Umständen nach richtige Unterhalt (insbesondere nach Auskunftserteilung) festgelegt werden. Damit unterscheidet sich § 654 ZPO von den §§ 323, 767 ZPO erheblich. Voraussetzung für die Abänderung (Erhöhung oder Herabsetzung) ist nur, dass einer der drei Beschlüsse der §§ 640 I, 650 S. 2 oder 653 I ZPO rechtskräftig ist. Denn diese Titel konnten wegen ihres pauschalen Charakters die individuellen Verhältnisse der Parteien nicht hinreichend berücksichtigen, so dass deren Anpassung – anders als bei der Abänderungsklage nach § 323 ZPO – nicht davon abhängig ist, dass sich die bisherigen Verhältnisse (die oftmals bei der Titelschaffung gar keine Rolle spielten) wesentlich geändert haben.

Die Begründetheit der Klage richtet sich allein danach, ob und wann materiellrechtlich ein höherer oder niedriger Unterhalt geschuldet ist.

Im Rahmen der Korrekturklage kann das Kind eine Erhöhung des Unterhalts verlangen. Hierfür sieht das Gesetz **keine Klagefrist** vor. Maßgebend für eine rückwirkende Heraufsetzung ist damit nur § 1613 BGB. Hierbei hat das Kind die Möglichkeit, den erhöhten Unterhalt als **Prozentsatz** des jeweiligen **Regelbetrages** nach der Regelbetragsverordnung geltend zu machen (§ 1612a I BGB) oder einen **bezifferten Unterhaltsbetrag** zu verlangen. Im letzteren Fall nimmt dieser bezifferte Unterhaltsbetrag an den zweijährlichen Dynamisierungen aber nicht teil. Verlangt der Unterhaltspflichtige Herabsetzung, kann er aus Gründen des Gläubigerschutzes (damit diesem die Dynamisierungsmöglichkeit nicht verlorengeht) nur eine Herabsetzung auf einen geminderten Prozentsatz der Regelbeträge verlangen. Allerdings kann der Unterhaltsberechtigte dem Wunsche des Unterhaltspflichtigen nachgeben, den herabzusetzenden Unterhalt doch zu beziffern. Einen Anspruch hierauf hat der Unterhaltsschuldner aber nicht.

Verlangt der Unterhaltsschuldner eine Herabsetzung des Unterhalts, so kann er dies rück- 351
wirkend begehren, wenn er innerhalb eines Monats nach Rechtskraft der Unterhaltsfestsetzung die Korrekturklage des § 654 ZPO erhoben hat. Die Einreichung der Klageschrift wahrt die Frist, sofern die Korrekturklage demnächst zugestellt wird (§ 270 III ZPO). Diese Frist ist keine Notfrist (§ 233 ZPO); gegen ihre Versäumnis ist Wiedereinsetzung möglich. Ist die Frist des § 654 II S. 1 ZPO versäumt, kann der Unterhaltsschuldner nur für die Zukunft eine Herabsetzung verlangen, und zwar für die Zeit ab Erhebung der Korrekturklage. Damit ist nicht der erste Tag dieses Monats oder des kommenden Monats gemeint,

[63] OLG Karlsruhe, Justiz 1994, 23
[64] Zöller/Philippi, § 653, Rn. 7
[65] BR-Drucks. 959/96, S. 48

sondern der genaue **Tag der Klagzustellung.** Nach § 654 II S. 2 ZPO kann der Unterhaltspflichtige auch dann noch rückwirkend eine Herabsetzung des Unterhalts erreichen, wenn der Unterhaltsgläubiger innerhalb Monatsfrist nach Rechtskraft der Unterhaltsfestsetzung Korrekturklage (auf Erhöhung des Unterhalts) erhoben hat und der Unterhaltspflichtige bis zur Beendigung dieses Verfahrens des Kindes ebenfalls Korrekturklage auf Herabsetzung erhebt. Nimmt nunmehr das Kind seine Erhöhungsklage zurück oder erledigt sie sich, kann der Unterhaltspflichtige weiterhin in der jetzt allein anhängig gebliebenen Widerklage rückwirkend die Herabsetzung seiner Unterhaltspflicht erreichen.

Sind bis zur Entscheidung des Gerichtes sowohl eine Erhöhungs- als auch eine Herabsetzungsklage anhängig, ist über beide einheitlich zu verhandeln und zu entscheiden. Zur Vermeidung divergierender Entscheidungen hat über beide Klagen eine **einheitliche Entscheidung** zu ergehen. Bisher eigenständig geführte Korrekturklagen sind miteinander zu verbinden (§ 654 III ZPO).

352 Hat der Unterhaltspflichtige einen **vollstreckbaren Titel beim Jugendamt** errichten lassen, kann er diesen Titel nicht im Wege der Korrekturklage nach § 654 ZPO herabsetzen lassen. Dies liegt aber nicht daran, dass er an das hierin liegende Anerkenntnis gebunden wäre,[66] sondern hat seinen Grund darin, dass es sich bei der Jugendamtsurkunde um **keinen korrigierbaren Titel** i. S. d. § 654 I ZPO handelt. Hier kann gegebenenfalls eine Abänderungsklage gem. § 323 ZPO weiterhelfen.[67]

Das Gleiche gilt auch dann, wenn die Parteien zunächst den Kindesunterhalt im **Vergleichswege** geregelt haben. Da auch hierbei die individuellen Verhältnisse der Parteien berücksichtigt werden konnten, ist auch in diesem Fall nicht die Korrekturklage des § 654 ZPO der richtige Rechtsbehelf, sondern die Abänderung mit der Klage nach § 323 ZPO durchzuführen.

Im Ergebnis ist somit bei den Titeln nach §§ 649 I ZPO, 650 S. 2 ZPO bzw. 653 I ZPO das Abänderungsverfahren nach § 654 ZPO als **Sonderregelung** zu § 323 ZPO anzusehen. Hinsichtlich des über den nach § 650 S. 2 ZPO titulierten Betrag hinausgehenden Unterhaltes ist zunächst das streitige Verfahren nach § 651 ZPO durchzuführen. Gegen diesen im streitigen Verfahren erstrittenen Titel besteht dann die Abänderungsmöglichkeit des § 323 ZPO, nicht mehr die des § 654 ZPO. Denn im streitigen Verfahren sind die individuellen Verhältnisse der Parteien abgeklärt worden und bedürfen damit nicht mehr der speziellen Korrekturmöglichkeit des § 654 ZPO. Ist eine Dynamisierung des Unterhalts nach Art. 5 § 3 II KindUG erfolgt, kann im Rahmen einer Klage nach § 654 ZPO weder geltend gemacht werden, dass der Schuldner leistungsunfähig sei noch dass der unterhaltsrechtliche Bedarf des Kindes nicht höher zu veranschlagen sei als der Regelbetrag.[68] Diese Einwendungen bleiben der Klage nach § 323 ZPO vorbehalten.

Auch im Rahmen des § 654 ZPO gilt der Grundsatz, dass derjenige, der eine Abänderung begehrt, die geänderten Umstände darlegen und beweisen muss. Der Unterhaltsschuldner erreicht somit eine Herabsetzung des Unterhalts nur dann, wenn er seine Einkommens- und Vermögensverhältnisse genau darlegt und seine Leistungsunfähigkeit ganz oder teilweise substantiiert hat.[69] Nach anderer Ansicht soll die Darlegungs- und Beweislast wie in einem normalen Unterhaltshauptsacheverfahren verteilt sein, da mit dem Festsetzungsbeschluss die individuellen Verhältnisse gerade nicht berücksichtigt werden und die Abänderungsklage des § 654 ZPO somit auch keine Änderung der zugrunde liegenden Verhältnisse voraussetze.[70]

353 Im Korrekturverfahren des § 654 ZPO entsteht eine **dreifache Gerichtsgebühr** nach GKG-KV Nr. 1201. Gem. § 651 V ZPO werden die im vereinfachten Verfahren entstandenen Kosten als Teil der Kosten der Korrekturklage behandelt. Die im vereinfachten Verfahren entstandene **halbe Gerichtsgebühr** nach GKG-KV Nr. 1800 ist nicht auf die Gerichtsgebühren nach GKG-KV Nr. 1201 anzurechnen.

---

[66] OLG Stuttgart, FamRZ 1980, 990
[67] BGH, NJW 1985, 64
[68] BGH, NJW-RR 2003, 433 = R 579
[69] Gerhardt, FuR 1998, 145, 147
[70] So Johannsen/Henrich/Voßkuhle, a.a.O. § 654 Rn. 11

Der Rechtsanwalt erhält alle angefallenen Gebühren des § 31 BRAGO. Die im vereinfachten Verfahren angefallene **volle Anwaltsgebühr** nach § 44 I Nr. 1 BRAGO wird auf die Prozessgebühr im Verfahren nach § 654 im Hinblick auf § 44 II BRAGO nicht angerechnet.

17. Die Kindergeldänderung gem. § 655 ZPO

§ 655 ZPO eröffnet ein vereinfachtes Verfahren zur Anpassung von Unterhaltstiteln für den Fall, dass sich die **Kindergeldbeträge** oder ihnen gleichstehende **kinderbezogene Leistungen** verändert haben. Die Vorschrift gilt für alle vollstreckbaren Unterhaltstitel, in denen ein Betrag der nach den §§ 1612b, 1612c BGB anzurechnenden Leistungen festgelegt worden ist, nämlich **Urteile, Unterhaltsfestsetzungsbeschlüsse, vollstreckbare Urkunden** und **Vergleiche.** Ob die Titel vor oder nach dem 1. 7. 1998 geschaffen worden sind, ist ohne Bedeutung. Jedoch muss sich der Betrag des Kindergeldes oder der anderen regelmäßig wiederkehrenden kindbezogenen Zahlungen eindeutig der Höhe nach feststellen lassen. Ebenso muss eindeutig sein, in welchem Umfang diese Leistung auf den Unterhaltsbetrag angerechnet worden ist.[71] Das vereinfachte Abänderungsverfahren nach § 655 ZPO ist daher dann nicht zulässig, wenn der Unterhaltsgläubiger oder der Unterhaltsschuldner die Abänderung einer Jugendamtsurkunde begehren, aus deren Inhalt weder die Höhe der kindbezogenen Leistungen noch der Umfang ihrer Anrechnung ersichtlich sind. Ist dies nicht möglich, ist der Antrag auf Anpassung unbegründet. Voraussetzung ist nur, dass sich der anzurechnende Kindergeldteil geändert hat (durch gesetzliche Erhöhung des Kindergeldes oder anderer Leistungen bzw. – nach früherem Recht – durch das Hinzukommen eines weiteren Kindes) und diese Änderung nicht mehr im Vorprozess berücksichtigt werden konnte (§ 655 I, VI i. V. m. § 323 II ZPO). Eine Änderung der Rechtsprechung wie fehlerhaft erfolgte Festsetzungen im Vorprozess können im Verfahren nach § 655 I ZPO nicht berücksichtigt werden. 354

Zur Änderung berechtigt sind beide Parteien. Der Antrag ist schriftlich oder zu Protokoll der Geschäftsstelle zu stellen; das Verfahren selbst steht nicht unter Anwaltszwang, auch dann nicht, wenn es im Verbund des § 623 ZPO zu führen ist.[72]

Die Geltendmachung von erhöhtem Unterhalt ab Mahnung als Unterhaltsrückstand im Wege einer Abänderungsklage nach § 323 ZPO kommt bei der Geltendmachung der veränderten Kindergeldanrechnung nach § 1612b V BGB nicht in Betracht.[73] Im Übrigen steht dem Antragsteller für den Fall, dass seinem Antrag nur reduziert stattgegeben wird, (also im Falle einer abweichenden Kindergeldanrechnung nach § 1612b V BGB auch dem Antragsteller) die sofortige Beschwerde nach § 655 V ZPO offen.[74]

Der nach § 20 Nr. 10b RpflG zuständige Rechtspfleger kann den Änderungsantrag zurückweisen, wenn die allgemeinen Prozessvoraussetzungen fehlen, die Erfordernisse des § 655 I und II ZPO nicht gewahrt sind (kein abzuändernder Vollstreckungstitel vorliegt, der Kindergeldbetrag nicht im Einzelnen ausgewiesen ist, die Kindergeldbeträge gleich geblieben sind, oder aber der – letzte – abzuändernde Titel nicht vorgelegt wird). Der **Zurückweisungsbeschluss** ist zu begründen, weil der Antragsteller sich hiergegen wehren kann. Einer **Kostenentscheidung** bedarf es mangels eines Gegners nicht. Der Zurückweisungsbeschluss ist förmlich zuzustellen. Gem. § 655 VI i. V. m. § 646 II S. 3 ZPO ist die Zurückweisung des Antrags durch den Rechtspfleger unanfechtbar. Dies bedeutet, dass damit eine befristete Erinnerung an den Richter gem. § 11 II RpflG möglich ist.

Stehen dem Antragsgegner nicht die Einwendungen des § 655 III ZPO zur Seite, ist der Änderungsbeschluss zu erlassen, gegen den die **sofortige Beschwerde** zulässig ist (§ 655 V S. 1 ZPO). Mit ihr können aber nur die in Abs. III bezeichneten Einwendungen sowie die Unrichtigkeit der Kostenfestsetzung geltend gemacht werden. Andere Einwendungen (z. B. 355

[71] OLG Brandenburg, FamRZ 2002, 330; OLG Naumburg, FamRZ 2002, 548
[72] Musielak/Borth, § 655, Rn. 2
[73] OLG Nürnberg, FamRZ 2002, 1265
[74] OLG Düsseldorf, FamRZ 2002, 1046

diejenige der mangelnden Leistungsfähigkeit) können nur mit der Klage nach § 656 ZPO durchgesetzt werden. Ist gleichzeitig mit dem vereinfachten Verfahren nach § 655 ZPO eine Abänderungsklage des Kindes anhängig, kann das vereinfachte Verfahren bis zur Erledigung der Abänderungsklage ausgesetzt werden (§ 655 IV ZPO). Denn in ihr werden auch die mit § 655 ZPO geltend gemachten Umstände berücksichtigt. Gegen die **Aussetzung** ist die unbefristete Beschwerde möglich; wird die Aussetzung abgelehnt, findet hiergegen die sofortige Beschwerde statt (§§ 252 ZPO, 11 RpflG).

Handelt es sich bei dem gem. § 655 ZPO abzuändernden Titel um einen solchen, der den Prozentsatz des Regelbetrages aussprach, führt die veränderte Anrechnung des Kindergeldes dazu, dass sich dieser Prozentsatz in diesem Umfang ändert. Dies kann allerdings dazu führen, dass eine erhebliche Erhöhung der Unterhaltspflicht des Antragsgegners eintritt, ohne dass dieser sich im Verfahren nach § 655 ZPO dagegen wehren könnte. Vielmehr ist er dann auf die nachträgliche Änderungskorrekturklage des § 656 ZPO angewiesen. Gewährt der abzuändernde Unterhaltstitel nicht mehr als 100% des Regelbetrags abzgl. des hälftigen Kindergeldes, ist fraglich, ob die nunmehrige Anrechnung nach § 1612 b V BGB im Hinblick auf das Rechtsstaatprinzip nicht zu verfassungswidrigen Ergebnissen führt, weil dadurch im vereinfachten Verfahren eine derart eklatante Unterhaltserhöhung stattfindet, die im Verfahren nach §§ 645 ff. ZPO aus seiner Intention heraus nicht vorgesehen war. Dies gilt jedenfalls bei Unterhaltstiteln, die bisher auf nicht mehr als 100% des Regelbetrages abzgl. des hälftigen Kindergeldes tenoriert waren.[75] Auch darf die Anpassung eines statischen Unterhaltstitels an die ab 1. 1. 2001 geltende Neuregelung der Kindergeldanrechnung (§ 1612 b V BGB) im Verfahren nach § 655 ZPO nicht zu einer Dynamisierung des statischen Titels führen.[76]

Ebenso wenig ist statthaft, im Verfahren nach § 655 ZPO einen zeitlich begrenzten Unterhaltstitel in einen zeitlich unbegrenzt wirkenden Titel abzuändern.[77] Im Ergebnis erachtet Stuttgart[78] eine Unterhaltsanpassung gem. § 655 ZPO dann nicht für verfassungswidrig, soweit das vereinfachte Verfahren sich auf Unterhaltstitel erstreckt, die auf mindestens 110% des bei ihrer Errichtung maßgebenden Regelbedarfs oder des jeweiligen Regelbetrages abzgl. des anteiligen Kindergeldes lauten.[79] Lag im Vorverfahren ein bezifferter Unterhaltstitel vor, kann dieser im Verfahren nach § 655 ZPO nicht in einen Prozentsatz der Regelbeträge umgewandelt werden (vgl. dazu Art. 5 § 3 KindUG).

355 a Der Antragsgegner kann sich mit der sofortigen Beschwerde des § 655 V ZPO gegen die Unterhaltsfestsetzung zugunsten eines volljährigen Kindes wenden, da hierfür das vereinfachte Verfahren nicht vorgesehen ist.[80] Das kann aber dann nicht gelten, wenn das volljährige Kind im Verfahren des § 655 ZPO den Anspruch für den Zeitraum der Minderjährigkeit geltend macht.

Die vereinfachte Abänderung von Unterhaltstiteln gem. § 655 ZPO hat nach Maßgabe des § 323 V ZPO Vorrang vor der allgemeinen Abänderungsklage.[81] Läßt sich allerdings dem abzuändernden Titel die Höhe der kindbezogenen Leistungen nicht entnehmen, so ist anstelle des § 655 ZPO die Abänderungsklage nach § 323 ZPO zu ergreifen.[82]

Wegen der schwierigen Ausgestaltung der neuen Kindergeldverrechnung nach § 1612 b V BGB ist bei Kindergeldänderungsverfahren nach § 655 ZPO im Prozesskostenhilfeverfahren regelmäßig die Beiordnung eines Rechtsanwaltes angezeigt.[83]

Gem. GKG-KV Nr. 1801 fällt für den Abänderungsbeschluss nach § 655 ZPO eine Gerichtsgebühr von 10 € an, für die sofortige Beschwerde 25 € (GKG-KV Nr. 1932). Kostenlos ist somit die Rücknahme des Änderungsantrags oder die Protokollierung eines

---

[75] OLG Stuttgart, FamRZ 2002, 172
[76] OLG Stuttgart, FamRZ 2002, 549
[77] OLG Stuttgart, FamRZ 2002, 550
[78] FamRZ 2002, 177
[79] OLG Stuttgart, FamRZ 2002, 177
[80] OLG Brandenburg, FamRZ 2002, 177
[81] OLG Hamm, FamRZ 2002, 1051; interessant auch für die Grenzziehung von ca. 50% zwischen vereinfachter Anpassung nach § 655 ZPO und individueller Anpassung nach § 323 ZPO
[82] OLG Brandenburg, FamRZ 2002, 330
[83] OLG München, FamRZ 2002, 837

Vergleichs. Der Anwalt erhält für das Verfahren nach § 655 ZPO eine **halbe Gebühr** gem. § 44 I Nr. 2 BRAGO. Gem. § 44 II S. 2 BRAGO wird diese halbe Gebühr auf die Prozessgebühr angerechnet, die der Rechtsanwalt in einem Rechtsstreit nach § 656 ZPO erhält. Für das **Beschwerdeverfahren** erhält der Anwalt eine halbe Gebühr gem. § 61 I BRAGO zusätzlich.

18. Die Änderungskorrekturklage des § 656 ZPO

Führt die Änderung der Kindergeldanrechnung gem. § 655 ZPO zu einem Unterhalts- 356
betrag, der den jetzigen individuellen Verhältnissen der Parteien nicht mehr entspricht, verschafft § 656 ZPO jeder Partei die Möglichkeit, mit der **Änderungskorrekturklage** (eine typisch deutsche Wortschöpfung!) das Ergebnis des vereinfachten Verfahrens überprüfen zu lassen, gegen das sie sich zuvor nur mit den Einwendungen des § 655 III ZPO hatte wehren können. Da für die Änderungskorrekturklage die Beschränkungen des § 323 II und III ZPO nicht gelten,[84] können mit ihr auch Gründe geltend gemacht werden, die bereits während der Anhängigkeit des vereinfachten Verfahrens nach § 655 ZPO vorlagen. Auch kann der gem. § 655 ZPO ergangene Änderungsbeschluss für die **Zeit vor Klageerhebung** nach § 656 ZPO abgeändert werden. Jedoch kann das Änderungskorrekturverfahren nur dazu führen, dass die durch das Verfahren nach § 655 ZPO eingetretenen wirtschaftlichen Veränderungen ganz oder teilweise rückgängig gemacht werden. Eine völlige Neufestsetzung des Unterhaltes lässt sich somit nur durch die Abänderungsklage nach § 323 ZPO erreichen, nicht durch die Änderungskorrekturklage, die – ihrem Wortlaut entsprechend – nur den Änderungsbeschluss des § 655 I ZPO korrigiert.

Beispiel:
Der Vater schuldete seinem 17-jährigen Sohn 150% des Regelbetrages der Altersstufe 3 in Höhe von monatlich 404 € abzüglich einer hälftig anzurechnenden Kinderzulage in Höhe von 77 € und zahlte daher monatlich regelmäßig 327 € Unterhalt. Nach Wegfall dieser Kinderzulage hat die Mutter im Verfahren nach § 655 ZPO die Erhöhung der Zahlungspflicht des Vaters auf monatlich 404 € erreicht. Dieser macht nunmehr im Abänderungsverfahren nach § 656 ZPO wirksam geltend, infolge Arbeitslosigkeit nur noch über ein monatliches Arbeitslosengeld von 730 € zu verfügen. Im Wege der Änderungskorrekturklage (§ 656 ZPO) kann der Vater Herabsetzung des Unterhalts auf (erneut) 327 € erreichen; mit der Abänderungsklage nach § 323 ZPO gelangt er zum völligen Wegfall seiner Kindesunterhaltspflicht mangels Leistungsfähigkeit (sein notwendiger Selbstbehalt von 730 € wird nicht überschritten).

Gem. § 656 II ZPO ist die Klage nur zulässig, wenn sie innerhalb eines Monats nach 357
Zustellung des Beschlusses nach § 655 ZPO erhoben wird. Die Klage ist gegen die Partei zu richten, die im vorausgegangenen Verfahren des § 655 ZPO eine Änderung erreicht hat, und steht nicht unter Anwaltszwang. Die **örtliche Zuständigkeit** ergibt sich aus § 642 ZPO, so dass für die Änderungskorrekturklage ein anderes Gericht als das im vereinfachten Verfahren tätige Gericht zuständig sein kann.

Für die **Gerichtsgebühren** gilt GKG-KV Nr. 1801. Gem. § 656 III ZPO werden die Kosten des vereinfachten Verfahrens als Teil der Kosten des Rechtsstreits über die Abänderungsklage behandelt.

Für den **Anwalt** können alle **Gebühren** des § 31 BRAGO entstehen. Die im vereinfachten Verfahren nach § 655 ZPO angefallene halbe Gebühr des § 44 I Nr. 2 BRAGO wird auf die Prozessgebühr im Verfahren nach § 656 ZPO gem. § 44 II S. 2 BRAGO angerechnet.

19. Übergangsregelungen

Für gerichtliche, vor dem 1. 7. 1998 anhängig gewordene Verfahren gilt das bisherige 358
Verfahrensrecht gem. Art. 5 § 2 KindUG weiter. Allerdings ist neues materielles Recht anzuwenden. Eine bereits geschlossene mündliche Verhandlung kann wiedereröffnet werden

[84] BT-Drucks. 13/7338, S. 44

(Art. 5 § 2 I Nr. 2 KindUG). Ebenso kann ein **Alt-Titel** über den Unterhalt von minderjährigen Kindern im vereinfachten Verfahren auf den neuen, am Regelbetrag orientierten Unterhalt umgestellt werden. Der Unterhalt wird dabei für alle drei Altersstufen festgesetzt und dynamisiert sich ab 1. 7. 1999 (Art. 5 § 3 KindUG). Die Kindergeldanrechnung erfolgt nach § 1612 b BGB. Gem. § 1612 a BGB fällt die Begrenzung des Unterhalts bis zur Vollendung des 18. Lebensjahres (§ 1615 f I BGB a. F.) weg. Der Unterhalt ist damit zeitlich nicht mehr begrenzt auf die Minderjährigkeit des Kindes.

Anhang L. Unterhaltsrechtliche Leitlinien

Bitte beachten Sie den Hinweis auf Seite VI (nach dem Vorwort)

1. Düsseldorfer Tabelle[1] (Stand: 1. 7. 2003)

A. Kindesunterhalt

Nettoeinkommen des Barunterhaltspflichtigen (Anm. 3, 4)		Altersstufen in Jahren (§ 1612 a Abs. 3 BGB)				Vomhundertsatz	Bedarfskontrollbetrag (Anm. 6)
		0–5	6–11	12–17	ab 18		
Alle Beträge in Euro							
1.	bis 1300	199	241	284	327	100	730/840
2.	1300–1500	213	258	304	350	107	900
3.	1500–1700	227	275	324	373	114	950
4.	1700–1900	241	292	344	396	121	1000
5.	1900–2100	255	309	364	419	128	1050
6.	2100–2300	269	326	384	442	135	1100
7.	2300–2500	283	343	404	465	142	1150
8.	2500–2800	299	362	426	491	150	1200
9.	2800–3200	319	386	455	524	160	1300
10.	3200–3600	339	410	483	556	170	1400
11.	3600–4000	359	434	512	589	180	1500
12.	4000–4400	379	458	540	622	190	1600
13.	4400–4800	398	482	568	654	200	1700
	über 4800	nach den Umständen des Falles					

Anmerkungen:

1. Die Tabelle hat keine Gesetzeskraft, sondern stellt eine Richtlinie dar. Sie weist monatliche Unterhaltsrichtsätze aus, bezogen auf einen gegenüber einem Ehegatten und zwei Kindern Unterhaltspflichtigen.

Bei einer größeren/geringeren Anzahl Unterhaltsberechtigter sind **Ab- oder Zuschläge** durch Einstufung in niedrigere/höhere Gruppen angemessen. Anmerkung 6 ist zu beachten. Zur Deckung des notwendigen Mindestbedarfs aller Beteiligten – einschließlich des Ehegatten – ist gegebenenfalls eine Herabstufung bis in die unterste Tabellengruppe vorzunehmen. Reicht das verfügbare Einkommen auch dann nicht aus, erfolgt eine Mangelberechnung nach Abschnitt C.

2. Die Richtsätze der 1. Einkommensgruppe entsprechen dem **Regelbetrag in Euro** nach der Regelbetrag-VO West in der ab 1. 7. 2003 geltenden Fassung. Der Vomhundertsatz drückt die Steigerung des Richtsatzes der jeweiligen Einkommensgruppe gegenüber dem Regelbetrag (= 1. Einkommensgruppe) aus. Die durch Multiplikation des Regelbetrages mit dem Vomhundertsatz errechneten Richtsätze sind entsprechend § 1612 a Abs. 2 BGB aufgerundet.

---

[1] Die neue Tabelle nebst Anmerkungen beruht auf Koordinierungsgesprächen, die zwischen Richtern der Familiensenate der Oberlandesgerichte Düsseldorf, Köln und Hamm sowie der Unterhaltskommission des Deutschen Familiengerichtstages e. V. unter Berücksichtigung des Ergebnisses einer Umfrage bei allen Oberlandesgerichten stattgefunden haben.

3. **Berufsbedingte Aufwendungen,** die sich von den privaten Lebenshaltungskosten nach objektiven Merkmalen eindeutig abgrenzen lassen, sind vom Einkommen abzuziehen, wobei bei entsprechenden Anhaltspunkten eine Pauschale von 5% des Nettoeinkommens – mindestens 50 Euro, bei geringfügiger Teilzeitarbeit auch weniger, und höchstens 150 Euro monatlich – geschätzt werden kann. Übersteigen die berufsbedingten Aufwendungen die Pauschale, sind sie insgesamt nachzuweisen.

4. Berücksichtigungsfähige **Schulden** sind in der Regel vom Einkommen abzuziehen.

5. Der **notwendige Eigenbedarf (Selbstbehalt)**
- gegenüber minderjährigen unverheirateten Kindern,
- gegenüber volljährigen unverheirateten Kindern bis zur Vollendung des 21. Lebensjahres, die im Haushalt der Eltern oder eines Elternteils leben und

sich in der allgemeinen Schulausbildung befinden, beträgt beim nicht erwerbstätigen Unterhaltspflichtigen monatlich 730 Euro, beim erwerbstätigen Unterhaltspflichtigen monatlich 840 Euro. Hierin sind bis 360 Euro für Unterkunft einschließlich umlagefähiger Nebenkosten und Heizung (Warmmiete) enthalten. Der Selbstbehalt kann angemessen erhöht werden, wenn dieser Betrag im Einzelfall erheblich überschritten wird und dies nicht vermeidbar ist.

Der **angemessene Eigenbedarf,** insbesondere gegenüber anderen volljährigen Kindern, beträgt in der Regel mindestens monatlich 1000 Euro. Darin ist eine Warmmiete bis 440 Euro enthalten.

6. Der **Bedarfskontrollbetrag** des Unterhaltspflichtigen ab Gruppe 2 ist nicht identisch mit dem Eigenbedarf. Er soll eine ausgewogene Verteilung des Einkommens zwischen dem Unterhaltspflichtigen und den unterhaltsberechtigten Kindern gewährleisten. Wird er unter Berücksichtigung auch des Ehegattenunterhalts (vgl. auch B V und VI) unterschritten, ist der Tabellenbetrag der nächst niedrigeren Gruppe, deren Bedarfskontrollbetrag nicht unterschritten wird, anzusetzen.

7. Bei **volljährigen Kindern,** die noch im Haushalt der Eltern oder eines Elternteils wohnen, bemißt sich der Unterhalt nach der 4. Altersstufe der Tabelle.

Der angemessene Gesamtunterhaltsbedarf eines **Studierenden,** der nicht bei seinen Eltern oder einem Elternteil wohnt, beträgt in der Regel monatlich 600 Euro. Dieser Bedarfssatz kann auch für ein Kind mit eigenem Haushalt angesetzt werden.

8. Die **Ausbildungsvergütung** eines in der Berufsausbildung stehenden Kindes, das im Haushalt der Eltern oder eines Elternteils wohnt, ist vor ihrer Anrechnung in der Regel um einen ausbildungsbedingten Mehrbedarf von monatlich 85 Euro zu kürzen.

9. In den Unterhaltsbeträgen (Anmerkungen 1 und 7) sind **Beiträge zur Kranken- und Pflegeversicherung** nicht enthalten.

10. Das auf das jeweilige Kind entfallende **Kindergeld** ist nach § 1612b Abs. 1 BGB grundsätzlich zur Hälfte auf den Tabellenunterhalt anzurechnen. Die Anrechnung des Kindergeldes unterbleibt, soweit der Unterhaltspflichtige außerstande ist, Unterhalt in Höhe von 135% des Regelbetrages (vgl. Abschnitt A Anm. 2) zu leisten, soweit das Kind also nicht wenigstens den Richtsatz der 6. Einkommensgruppe abzüglich des hälftigen Kindergeldes erhält (§ 1612b Abs. 5 BGB).

Das bis zur Einkommensgruppe 6 anzurechnende Kindergeld kann nach folgender Formel berechnet werden: Anrechnungsbetrag = 1/2 des Kindergeldes + Richtsatz der jeweiligen Einkommensgruppe – Richtsatz der 6. Einkommensgruppe (135% des Regelbetrages). Bei einem Negativsaldo entfällt die Anrechnung. Die Einzelheiten ergeben sich aus der Anlage zu dieser Tabelle.

B. Ehegattenunterhalt

I. **Monatliche Unterhaltsrichtsätze des berechtigten Ehegatten ohne unterhaltsberechtigte Kinder (§§ 1361, 1569, 1578, 1581 BGB):**

1. gegen einen **erwerbstätigen Unterhaltspflichtigen:**
   a) wenn der Berechtigte kein Einkommen hat:
   3/7 des anrechenbaren Erwerbseinkommens zuzüglich 1/2 der anrechenbaren sonstigen Einkünfte des Pflichtigen, nach oben begrenzt durch den vollen Unterhalt, gemessen an den zu berücksichtigenden ehelichen Verhältnissen;
   b) wenn der Berechtigte ebenfalls Einkommen hat:
   3/7 der Differenz zwischen den anrechenbaren Erwerbseinkommen der Ehegatten, insgesamt begrenzt durch den vollen ehelichen Bedarf; für sonstige anrechenbare Einkünfte gilt der Halbteilungsgrundsatz
   c) wenn der Berechtigte erwerbstätig ist, obwohl ihn keine Erwerbsobliegenheit trifft:
   gemäß § 1577 Abs. 2 BGB;
2. gegen einen **nicht erwerbstätigen Unterhaltspflichtigen** (z. B. Rentner):
   wie zu 1 a, b oder c, jedoch 50%.

II. **Fortgeltung früheren Rechts:**

1. Monatliche Unterhaltsrichtsätze des nach dem Ehegesetz berechtigten Ehegatten **ohne unterhaltsberechtigte Kinder:**
   a) §§ 58, 59 EheG: in der Regel wie I,
   b) § 60 EheG: in der Regel 1/2 des Unterhalts zu I,
   c) § 61 EheG: nach Billigkeit bis zu den Sätzen I.
2. Bei Ehegatten, die vor dem 3. 10. 1990 in der früheren DDR geschieden worden sind, ist das DDR-FGB in Verbindung mit dem Einigungsvertrag zu berücksichtigen (Art. 234 § 5 EGBGB).

III. **Monatliche Unterhaltsrichtsätze des berechtigten Ehegatten, wenn die ehelichen Lebensverhältnisse durch Unterhaltspflichten gegenüber Kindern geprägt werden:**

Wie zu I bzw. II 1, jedoch wird grundsätzlich der Kindesunterhalt (Tabellenbetrag ohne Abzug von Kindergeld) vorab vom Nettoeinkommen abgezogen. Führt dies zu einem Mißverhältnis zwischen Kindes- und Ehegattenunterhalt, ist der Ehegattenunterhalt nach den Grundsätzen der Entscheidung des Bundesgerichtshofs vom 22. 1. 2003 (FamRZ 2003, 363 ff.) zu ermitteln.

IV. **Monatlicher notwendiger Eigenbedarf (Selbstbehalt) gegenüber dem getrennt lebenden und dem geschiedenen Berechtigten:**

1. wenn der Unterhaltspflichtige **erwerbstätig** ist: 840 Euro
2. wenn der Unterhaltspflichtige **nicht erwerbstätig** ist: 730 Euro

Dem geschiedenen Unterhaltspflichtigen ist nach Maßgabe des § 1581 BGB u. U. ein höherer Betrag zu belassen.

V. **Monatlicher notwendiger Eigenbedarf (Existenzminimum) des unterhaltsberechtigten Ehegatten einschließlich des trennungsbedingten Mehrbedarfs in der Regel:**

1. falls erwerbstätig: 840 Euro
2. falls nicht erwerbstätig: 730 Euro

VI. **Monatlicher notwendiger Eigenbedarf (Existenzminimum) des Ehegatten, der in einem gemeinsamen Haushalt mit dem Unterhaltspflichtigen lebt:**

1. falls erwerbstätig: 615 Euro,
2. falls nicht erwerbstätig: 535 Euro.

Anmerkung zu I–III:

Hinsichtlich **berufsbedingter Aufwendungen** und **berücksichtigungsfähiger Schulden** gelten Anmerkungen A. 3 und 4 – auch für den erwerbstätigen Unterhaltsberechtigten – entsprechend. Diejenigen berufsbedingten Aufwendungen, die sich nicht nach objektiven Merkmalen eindeutig von den privaten Lebenshaltungskosten abgrenzen lassen, sind pauschal im Erwerbstätigenbonus von $^1/_7$ enthalten.

C. Mangelfälle

Reicht das Einkommen zur Deckung des Bedarfs des Unterhaltspflichtigen und der gleichrangigen Unterhaltsberechtigten nicht aus (sog. Mangelfälle), ist die nach Abzug des notwendigen Eigenbedarfs (Selbstbehalts) des Unterhaltspflichtigen verbleibende Verteilungsmasse auf die Unterhaltsberechtigten im Verhältnis ihrer jeweiligen Einsatzbeträge gleichmäßig zu verteilen.

Der Einsatzbetrag für den **Kindesunterhalt** entspricht dem Existenzminimum. Dies ist zur Zeit der Tabellenbetrag der 6. Einkommensgruppe gemäß § 1612 b Abs. 5 BGB.

Der Einsatzbetrag für den **Ehegattenunterhalt** wird ebenfalls mit dem Existenzminimum angesetzt. Dies entspricht bei getrenntlebenden oder geschiedenen Ehegatten dem notwendigen Eigenbedarf gemäß B V der Düsseldorfer Tabelle und bei dem mit dem Unterhaltspflichtigen zusammenlebenden Ehegatten dem Selbstbehalt gemäß B VI der Düsseldorfer Tabelle.

Das im Rahmen der Mangelfallberechnung gefundene Ergebnis ist zu korrigieren, wenn die errechneten Beträge über den ohne Mangelfall ermittelten Beträgen liegen (BGH Urteil vom 22. 1. 2003 FamRZ 2003, 363 ff.).

Beispiel:

Bereinigtes Nettoeinkommen des Unterhaltspflichtigen (M): 1300 Euro. Unterhalt für zwei unterhaltsberechtigte Kinder im Alter von 7 Jahren (K 1) und 5 Jahren (K 2), die bei der ebenfalls unterhaltsberechtigten geschiedenen nicht erwerbstätigen Ehefrau und Mutter (F) leben. F bezieht das Kindergeld.

Notwendiger Eigenbedarf des M:	840 Euro,
Verteilungsmasse: 1300 Euro – 840 Euro =	460 Euro,
Notwendiger Gesamtbedarf der Unterhaltsberechtigten:	
326 Euro (K 1) + 269 Euro (K 2) + 730 Euro (F) =	1325 Euro.

Unterhalt:

K 1: 326 × 460 : 1325 = 113,18 Euro
K 2: 269 × 460 : 1325 = 93,39 Euro
F: 730 × 460 : 1325 = 253,43 Euro.
Eine Korrektur dieser Beträge ist nicht veranlasst.
Kindergeld wird nicht angerechnet (§ 1612 b Abs. 5 BGB).

D. Verwandtenunterhalt und Unterhalt nach § 1615 l BGB

1. **Angemessener Selbstbehalt gegenüber den Eltern:** mindestens monatlich 1250 Euro (einschließlich 440 Euro Warmmiete) zuzüglich der Hälfte des darüber hinausgehenden Einkommens. Der angemessene Unterhalt des mit dem Unterhaltspflichtigen zusammenlebenden Ehegatten bemisst sich nach den ehelichen Lebensverhältnissen (Halbteilungsgrundsatz), beträgt jedoch mindestens 950 Euro (einschließlich 330 Euro Warmmiete).

2. **Bedarf der Mutter und des Vaters eines nichtehelichen Kindes** (§ 1615 l Abs. 1, 2, 5 BGB): nach der Lebensstellung des betreuenden Elternteils, in der Regel mindestens 730 Euro, bei Erwerbstätigkeit 840 Euro.

Angemessener Selbstbehalt gegenüber der Mutter und dem Vater eines nichtehelichen Kindes (§§ 1615 l Abs. 3 Satz 1, 5, 1603 Abs. 1 BGB): mindestens monatlich 1000 Euro.

2. Berliner Tabelle ab 1. Juli 2003 als Vortabelle zur Düsseldorfer Tabelle

mit den Kindergeldabzugstabellen für das alte Bundesgebiet und für das Beitrittsgebiet

Die Tabelle geht aus von den in Art. 1 § 2 der Dritten Verordnung zur Änderung der Regelbetrag-Verordnung vom 24. April 2003 festgesetzten Regelbeträgen ab 1. Juli 2003 für das *in Artikel 3 des Einigungsvertrages genannte Gebiet* (BGBl I 2003, 546) und nennt in Ergänzung der *Düsseldorfer Tabelle* (Stand: 1. Juli 2003) die monatlichen Unterhaltsrichtsätze der im Beitrittsteil des Landes Berlin wohnenden unverheirateten Kinder, deren Unterhaltsschuldner gegenüber insgesamt drei Personen (einem Ehegatten und zwei Kindern) unterhaltspflichtig ist und ebenfalls im Beitrittsteil wohnt.

Die Vomhundertsätze Ost ab Gruppe b) sind gemäß § 1612 a Abs. 2 S. 1 BGB zu errechnen (z. B. 191 Euro: 183 Euro = 104,3%). Die **135%-Grenze Ost** für die Kindergeldanrechnung nach § 1612 b Abs. 5 BGB beträgt in den drei Altersstufen **248 Euro** bzw. **300 Euro** bzw. **354 Euro.**

Die **150%-Grenze Ost** für das Vereinfachte Verfahren (§ 645 Abs. 1 ZPO) beläuft sich in den drei Altersstufen auf **275 Euro** bzw. **333 Euro** bzw. **393 Euro.**

Altersstufen in Jahren (Der Regelbetrag einer höheren Altersstufe ist ab dem Beginn des Monats maßgebend, in den der 6. bzw. 12. Geburtstag fällt.)		0–5 (Geburt bis 6. Geburtstag)	6–11 (6. bis 12. Geburtstag)	12–17 [– 20*] (12. bis 18. Geburtstag)* [18. bis 21. Geburtstag, wenn noch in der allg. Schulausbildung und im Elternhaushalt lebend]	Vomhundertsatz Ost	Vomhundertsatz West
Nettoeinkommen des Barunterhaltspflichtigen		Alle Beträge in Euro				
Gruppe						
a)	bis 1000	183	222	262	100	
b)	1000–1150	191	232	273		
	ab 1150	wie Düsseldorfer Tabelle (aber ohne 4. Altersstufe und ohne Bedarfskontrollbetrag)				
Gruppe						
1	bis 1300	199	241	284		100
2	1300–1500	213	258	304		107
3	1500–1700	227	275	324		114
4	1700–1900	241	292	344		121
5	1900–2100	255	309	364		128
6	2100–2300	269	326	384		135
7	2300–2500	283	343	404		142
8	2500–2800	299	362	426		150
9	2800–3200	319	386	455		160
10	3200–3600	339	410	483		170
11	3600–4000	359	434	512		180
12	4000–4400	379	458	540		190
13	4400–4800	398	482	568		200
	über 4800	nach den Umständen des Falles				

Anmerkungen zur Berliner Tabelle:

		Ost:	West:
I.	Der notwendige monatliche *Selbstbehalt* des Unterhaltspflichtigen beträgt gegenüber *minderjährigen Kindern und gleichgestellten vollj. Schülern**		
	1. wenn der Unterhaltspflichtige erwerbstätig ist:	775 Euro	840 Euro
	2. wenn der Unterhaltspflichtige nicht erwerbstätig ist:	675 Euro	730 Euro
II.	Der angemessene monatliche *Selbstbehalt* des Unterhaltspflichtigen beträgt gegenüber *volljährigen Kindern*		
	1. wenn der Unterhaltspflichtige erwerbstätig ist:	925 Euro	1000 Euro
	2. wenn der Unterhaltspflichtige nicht erwerbstätig ist:	825 Euro	890 Euro
III.	Der angemessene monatl. *Selbstbehalt* des Unterhaltspflichtigen beträgt gegenüber dem *getrenntlebenden* und dem *geschiedenen Ehegatten*		
	1. wenn der Unterhaltspflichtige erwerbstätig ist:	880 Euro	950 Euro
	2. wenn der Unterhaltspflichtige nicht erwerbstätig ist:	775 Euro	840 Euro
IV.	Der angemessene *Bedarf* (samt Wohnbedarfs und üblicher berufsbedingter Aufwendungen, aber ohne Beiträge zur Kranken- und Pflegeversicherung) eines *volljährigen Kindes,* welches nicht gemäß § 1603 Abs. 2 S. 2 BGB gleichgestellt ist, beträgt in der Regel monatlich:	555 Euro	600 Euro
V.	Der angemessene *Selbstbehalt* des Unterhaltspflichtigen gegenüber *seinen Eltern* beträgt mindestens monatlich: zuzüglich der Hälfte des darüber hinausgehenden Einkommens	1155 Euro	1250 Euro
VI.	Der angemessene *Selbstbehalt* des Unterhaltspflichtigen gegenüber der *Mutter* oder dem *Vater* i. S. v. § 1615l BGB beträgt mindestens monatlich:	925 Euro	1000 Euro
	Der Bedarf der Mutter bzw. des Vaters eines nichtehelichen Kindes besteht in der Regel mindestens in Höhe der zu I. genannten Beträge.		
VII.	Der Einsatzbetrag im Mangelfall beträgt bei dem mit dem Unterhaltspflichtigen zusammenlebenden Ehegatten		
	1. bei Erwerbstätigkeit des Ehegatten:	565 Euro	615 Euro
	2. bei Nichterwerbstätigkeit des Ehegatten:	495 Euro	535 Euro

Die *Berliner Tabelle* ist anzuwenden, wenn sowohl der Unterhaltsgläubiger als auch der Unterhaltsschuldner im Beitrittsgebiet wohnen. Sie ist nur differenziert anzuwenden in den sog. Ost-West-Fällen, in denen nicht alle Beteiligten im Beitrittsgebiet wohnen. In diesen Mischfällen ist wegen der Regelbeträge der Kinder nach Gruppe a oder Gruppe 1 und wegen des Bedarfs laut Anmerkung IV auf den Kindeswohnsitz und wegen des Selbstbehalts des Unterhaltspflichtigen auf dessen Wohnsitz abzustellen.

Die grundsätzlich hälftige **Anrechnung von Kindergeld** auf den Tabellenunterhalt erfolgt nur noch insoweit, als das hälftige Kindergeld zusammen mit dem geschuldeten Tabellenbedarfsbetrag der Düsseldorfer Tabelle (DT) bzw. der Berliner Tabelle (BT) den jeweils geltenden **135%igen Regelbetrag** übersteigt (§ 1612b Abs. 1 und 5 BGB). Der Kindergeldabzug berechnet sich mit folgender **Formel:**

Hälftiges Kindergeld (dieses beträgt ab 1. Januar 2002 **77 Euro** für das 1. bis 3. Kind sowie **89,50 Euro** für das 4. und jedes weitere Kind, BGBl I 2001, 2074, 2077 f.) **+ Unterhaltsbedarfsbetrag – 135%iger Regelbetrag West bzw. Ost** (nach dem Wohnsitz des Kindes und seiner Altersstufe) **= anzurechnendes Kindergeld** (bei einem Negativsaldo entfällt die Anrechnung).

Daraus ergibt sich die folgende **Kindergeldabzugstabelle** (Tabellenbedarfsbetrag – Kindergeldabzug = Zahlbetrag) für das **alte Bundesgebiet** bis zur Gruppe 6 der DT (135%-Grenze West):

Kind	Gruppe der DT	1. Altersstufe	2. Altersstufe	3. Altersstufe
1. bis 3. Kind	1 [bis 1300]	199 – 7 = 192	241 – 0 = 241	284 – 0 = 284
ab 4. Kind	1	199 – 19,50 = 179,50	241 – 4,50 = 236,50	284 – 0 = 284
1. bis 3. Kind	2 [1300–1500]	213 – 21 = 192	258 – 9 = 249	304 – 0 = 304
ab 4. Kind	2	213 – 33,50 = 179,50	258 – 21,50 = 236,50	304 – 9,50 = 294,50
1. bis 3. Kind	3 [1500–1700]	227 – 35 = 192	275 – 26 = 249	324 – 17 = 307
ab 4. Kind	3	227 – 47,50 = 179,50	275 – 38,50 = 236,50	324 – 29,50 = 294,50
1. bis 3. Kind	4 [1700–1900]	241 – 49 = 192	292 – 43 = 249	344 – 37 = 307
ab 4. Kind	4	241 – 61,50 = 179,50	292 – 55,50 = 236,50	344 – 49,50 = 294,50
1. bis 3. Kind	5 [1900–2100]	255 – 63 = 192	309 – 60 = 249	364 – 57 = 307
ab 4. Kind	5	255 – 75,50 = 179,50	309 – 72,50 = 236,50	364 – 69,50 = 294,50
1. bis 3. Kind	6 [2100–2300]	269 – 77 = 192	326 – 77 = 249	384 – 77 = 307
ab 4. Kind	6	269 – 89,50 = 179,50	326 – 89,50 = 236,50	384 – 89,50 = 294,50

Die **Kindergeldabzugstabelle** für das **Beitrittsgebiet** bis zur 135%-Grenze Ost als Anlage zur Berliner Tabelle ist:

Kind	Gruppe der BT	1. Altersstufe	2. Altersstufe	3. Altersstufe
1. bis 3. Kind	a) [bis 1000]	183 – 12 = 171	222 – 0 = 222	262 – 0 = 262
ab 4. Kind	a)	183 – 24,50 = 158,50	222 – 11,50 = 210,50	262 – 0 = 262
1. bis 3. Kind	b) [1000–1150]	191 – 20 = 171	232 – 9 = 223	273 – 0 = 273
ab 4. Kind	b)	191 – 32,50 = 158,50	232 – 21,50 = 210,50	273 – 8,50 = 264,50
1. bis 3. Kind	1 [bis 1300]	199 – 28 = 171	241 – 18 = 223	284 – 7 = 277
ab 4. Kind	1	199 – 40,50 = 158,50	241 – 30,50 = 210,50	284 – 19,50 = 264,50
1. bis 3. Kind	2 [1300–1500]	213 – 42 = 171	258 – 35 = 223	304 – 27 = 277
ab 4. Kind	2	213 – 54,50 = 158,50	258 – 47,50 = 210,50	304 – 39,50 = 264,50
1. bis 3. Kind	3 [1500–1700]	227 – 56 = 171	275 – 52 = 223	324 – 47 = 277
ab 4. Kind	3	227 – 68,50 = 158,50	275 – 64,50 = 210,50	324 – 59,50 = 264,50
1. bis 3. Kind	4 [1700–1900]	241 – 70 = 171	292 – 69 = 223	344 – 67 = 277
ab 4. Kind	4	241 – 82,50 = 158,50	292 – 81,50 = 210,50	344 – 79,50 = 264,50
1. bis 3. Kind	135%-Grenze Ost	248 – 77 = 171	300 – 77 = 223	354 – 77 = 277
ab 4. Kind	135%-Grenze Ost	248 – 89,50 = 158,50	300 – 89,50 = 210,50	354 – 89,50 = 264,50

(Verfasst in Abstimmung mit der Unterhaltskommission des DFGT u. mit dem Kammergericht und mitgeteilt von RiAG *Rudolf Vossenkämper,* Berlin)

Anhang R. Rechtsprechung

Hinweis für die Benutzer: Nicht alle in der Vorauflage enthaltenen Texte wurden in die 5. Auflage übernommen. Daher sind in der fortlaufenden Zählung der chronologisch sortierten Dokumente wie auch innerhalb einer aufgeteilten und mit Zwischenüberschriften versehenen Entscheidung da und dort Lücken enthalten. Da es sich um Entscheidungsauszüge handelt, wurden geringfügige sprachliche Bearbeitungen vorgenommen.

BGH v. 16. 1. 80 – IV ZR 115/78 – FamRZ 80, 342

(Auslandszuschlag und Zulagen) **R036**

II 2a) Die Bestimmung einer Leistung zum Ausgleich besonderer Aufwendungen oder ähnlichen Verwendungszwecken führt nicht dazu, daß sie von vornherein außer Ansatz zu lassen wären; vielmehr kommt es insoweit auf den tatsächlichen Mehraufwand an, den der Empfänger einer derartigen Zulage hat. Daß solche Leistungen steuerfrei gewährt werden, rechtfertigt keine andere Behandlung. Erfahrungsgemäß liegt der wirkliche Mehraufwand vielfach unter der Zulage, so daß gerade dieser Umstand mit ein Anreiz sein kann, die Auslandstätigkeit zu übernehmen. Diese Mittel sind bei der Einkommensermittlung auch nicht deshalb außer acht zu lassen, weil sie, wie es etwa für Aufwandsentschädigungen und sonstige soziale Zulagen für auswärtige Beschäftigungen gilt, nicht allgemein (§ 850a Nr. 3 ZPO), sondern sogar für die bevorrechtigten Unterhaltsgläubiger unpfändbar sind (§ 850d I S. 1 ZPO). Diese Unpfändbarkeit soll zwar sicherstellen, daß der Schuldner mit den zweckgebundenen Zuwendungen seine Mehraufwendungen decken kann; sie hat aber nicht zur Folge, daß sich diese Mittel bei der Pfändung wegen bevorrechtigter Unterhaltsansprüche überhaupt nicht zugunsten der Gläubiger auswirken könnten. Vielmehr sind sie wie alle anderen Einnahmequellen des Schuldners bei der Sicherstellung des verringerten pfändungsfreien Betrages des Schuldners (§ 850d I S. 2 ZPO) mitzuberücksichtigen. Hierdurch können sie im Ergebnis den Zugriff auf das der Pfändung unterliegende Arbeitseinkommen des Schuldners erweitern. Damit ist auch der umstrittene Auslandszuschlag im Sinn von § 55b BesG bei der Einkommensermittlung anzurechnen. Daß er den Mehraufwand übersteigt, läßt bereits seine gesetzliche Zweckbestimmung erkennen nach der er, wie sich aus § 55b BesG ergibt, nicht nur dem Ausgleich materieller, sondern auch der Abgeltung immaterieller, aus den Besonderheiten des Dienstes und den Lebensbedingungen im Ausland folgender Erschwernisse und Belastungen dient. **a**

BGH v. 23. 1. 80 – IV ZR 2/78 – FamRZ 80, 555 = NJW 80, 934

R037

(Auch ein titulierter Anspruch des Volljährigen ist im Mangelfall wegen des Nachranges nicht zu berücksichtigen. Der Nachrangige erhält nur Unterhalt, wenn nach Befriedigung der vorrangig Berechtigten und des angemessenen Bedarfs des Verpflichteten noch ein freier Betrag verbleibt; der Verpflichtete muß Abänderungsklage erheben.)

I 2b) Die Unterhaltsverpflichtung des Vaters der Kl. gegenüber der volljährigen Tochter muß in diesem Zusammenhang außer Betracht bleiben. Das volljährige Kind steht mit seinem Unterhaltsanspruch den Ansprüchen des minderjährigen Kindes sowie der geschiedenen und der jetzigen Ehefrau des Vaters der Kl. im Rang nach (§ 1609 BGB). Es hat auch keinen erweiterten Unterhaltsanspruch nach § 1603 II BGB. Es kommt daher erst zum Zuge, wenn nach Befriedigung der vorrangigen Unterhaltsansprüche und Deckung des angemessenen Unterhalts des Vaters der Kl. noch ein freier Betrag verbleibt. Der Unterhaltsanspruch der Kl. gegen ihren Vater wird dabei rechtlich auch nicht dadurch beeinträchtigt, daß die volljährige Tochter ein rechtskräftiges Urteil über eine Unterhaltsrente erwirkt hat und daraus nach Maßgabe des § 850d ZPO vollstrecken kann. Es ist in Rspr. und Literatur anerkannt, daß es nicht zu Lasten des bevorrechtigten Unterhaltsgläubigers gehen kann, wenn ein nachrangig Berechtigter früher einen Titel gegen den bevorrechtigten Unterhaltspflichtigen erwirkt hat. Der Anspruch des bevorrechtigten Unterhaltsgläubigers ist trotz des vom nachrangigen Gläubiger erwirkten rechtskräftigen Urteils so zu beurteilen, wie es im Falle gleichzeitiger Entscheidung über die Ansprüche zu geschehen hätte. Der Unterhaltsverpflichtete ist gegenüber dem nachrangig Berechtigten gegebenenfalls darauf verwiesen, im Wege der Abänderungsklage nach § 323 ZPO Abhilfe zu suchen. **c**

BGH v. 3. 12. 80 – IVb ZR 532/80 – FamRZ 81, 341

R058 *(Einigung der Eltern über eine gleichrangige Behandlung minderjähriger und volljähriger Kinder)*

b 2) Zwar haben die für die Unterhaltsansprüche der Bekl. maßgeblichen Verhältnisse im Verlauf des Berufungsverfahrens eine Änderung dadurch erfahren, daß die Bekl. zu 2) im August 1978 volljährig geworden ist. Das führt jedoch unter den besonderen Umständen des vorliegenden Falles nicht zu einer Änderung der angefochtenen Entscheidung. Beide Parteien sind nämlich bis zur letzten mündlichen Verhandlung vor dem OLG übereinstimmend davon ausgegangen – und halten hieran nach Erörterung auch weiterhin fest –, daß die Kinder aus der ersten Ehe trotz der zwischenzeitlich eingetretenen Volljährigkeit der Bekl. zu 2) wie bisher gleich – und damit auch gleichrangig – behandelt werden sollen. Demgemäß haben die Bekl. davon abgesehen, eine infolge des gesetzlichen Rangrücktritts der Bekl. zu 2) unter Umständen in Betracht kommende Erhöhung der Unterhaltsansprüche der Bekl. zu 3) und zu 4) geltend zu machen, und der Kl. seinerseits hat keine Beanstandung dagegen erhoben, daß das OLG die Bekl, zu 2) mit Rücksicht auf ihren nach wie vor bestehenden materiellen Unterhaltsbedarf in dem angefochtenen Urteil ebenso behandelt hat wie die Bekl. zu 3) und 4).

BGH v. 8. 4. 81 – IVb ZR 566/80 – FamRZ 81, 539 = NJW 81, 1609

R073 *(Wer seinen Arbeitsplatz ohne zureichenden Grund aufgibt und sich dadurch weitgehend einkommenslos macht, ist im bisherigen Umfang weiter als leistungsfähig zu behandeln; Berufsaufgabe wegen Weiterbildung; Beschränkungen bei Arbeitsplatz- oder Berufswechsel oder Wahl des Arbeitsplatzes)*

a 2) Ohne Erfolg wendet sich die Revision ferner dagegen, daß das OLG bei der Beurteilung der Leistungsfähigkeit die Einkünfte, die der Bekl. vor der Aufgabe seines Arbeitsplatzes erzielt hat, auch für die anschließende Zeit zugrunde gelegt hat, obwohl sein tatsächliches Einkommen in dieser Zeit erheblich niedriger war. b) Für das Unterhaltsrechtsverhältnis zwischen Vater und Kind hat der Senat (FamRZ 80/113 = NJW 80/2414) bereits entschieden, daß der Vater, der arbeitslos geworden war und sich zur Aufnahme einer Ausbildung an einer weiterführenden Schule entschlossen hatte, vor dem Antritt der Ausbildung alle ihm zumutbaren Schritte hätte unternehmen müssen, um doch noch in seinem erlernten oder auch einem anderen Beruf unterzukommen, und dazu sogar – in zumutbaren Grenzen – einen Ortswechsel hätte hinnehmen müssen, um den Unterhalt des Kindes zu sichern. Eine Berufung auf die ohne Rücksicht auf die Unterhaltsansprüche des Kindes aufgenommene Schulausbildung wurde dem Vater verwehrt und seine Leistungsfähigkeit auf der Grundlage seiner letzten regelmäßigen Arbeitseinkünfte bestimmt.

c) Diese Beurteilung beruht zwar wesentlich auf der verstärkten Unterhaltspflicht der Eltern gegenüber ihren minderjährigen unverheirateten Kindern (§ 1603 II BGB) und der daraus folgenden erhöhten Arbeitspflicht. Für das Rechtsverhältnis eines unterhaltspflichtigen Ehegatten zu seinem geschiedenen Partner, der dem minderjährigen unverheirateten Kinde im Rang grundsätzlich gleichsteht (§ 1609 II 1 BGB; § 59 I EheG), kann jedoch regelmäßig nichts anderes gelten. Deshalb muß auch ein unterhaltspflichtiger Ehegatte seine Arbeitsfähigkeit so gut wie möglich einsetzen und sich Einkünfte anrechnen lassen, die er bei gutem Willen durch zumutbare Erwerbstätigkeit, unter Umständen auch im Wege eines Arbeitsplatz- oder gar Berufswechsels, erreichen könnte. Diese Verpflichtung erlegt ihm nicht nur bei der Wahl des Arbeitsplatzes, sondern auch bei der Aufgabe seiner Stellung Beschränkungen auf. Vor allem hat er grundsätzlich kein Recht, zwecks weiterer Ausbildung seinen Beruf aufzugeben und seinen Ehegatten der Hilfe Dritter oder der Sozialhilfe zu überantworten. Hat er seinen Arbeitsplatz ohne zureichenden Grund aufgegeben und sich dadurch (weitgehend) einkommenslos gemacht, so muß er sich weiterhin als leistungsfähig behandeln lassen. Entgegen der Ansicht der Revision ergeben sich hieraus für den unterhaltspflichtigen Ehegatten keine unzulässigen Eingriffe in sein Grundrecht auf freie Berufswahl und Berufsausübung (Art. 12 GG) oder auf freie Entfaltung seiner Persönlichkeit (Art. 2 GG). Diese Grundrechte stehen in verfassungsrechtlich beachtlicher Wechselwirkung zu den anderen Grundrechten, im Bereich des Familienrechts insbesondere zu Art. 6 GG und der aus dieser Vorschrift folgenden gegenseitigen Verantwortung der Ehegatten auch nach der Scheidung ihrer Ehe. Hinter diese sich als höherwertig erweisende Unterhaltspflicht muß das Recht des Unterhaltspflichtigen auf freie Entfaltung der Persönlichkeit und auf freie Berufswahl unter Umständen zurücktreten (FamRZ 1981/341 ff.). d) Das OLG hat festgestellt, daß der Bekl. zu einer Zeit, in der Arbeitsplätze allgemein gefährdet gewesen seien, ohne vernünftigen Grund eine gesicherte und einkömmliche Stellung aufgegeben habe. Er habe sofort erkannt, daß sein anfängliches Ziel, sich zum „EDV-Organisator“ weiterbilden zu lassen, ihn finnaziell nicht weiterbringen werde, aber auch hinsichtlich der dann begonnenen Ausbildung zum „Wirtschaftsorganisator“ keinen Vorteil für seine weitere Tätigkeit gesehen. Für den Entschluß zur Aufgabe seiner Stellung seien in erster Linie die Vollstreckungsmaßnahmen der Kl. und die damit verbundenen Unannehmlichkeiten bestimmend gewesen. Er habe sich in seiner Stellung in der Firma kompromittiert gefühlt und sei verärgert gewesen. Den Anlaß hierzu habe er jedoch selbst gesetzt, weil er den titulierten Unterhaltsanspruch der Kl. nicht erfüllt habe. Nach diesen Feststellungen, die von der Revision nicht angegriffen worden sind, steht außer Frage, daß der Bekl. seine Arbeitsstellung ohne zureichenden

Grund aufgegeben hat. Ebenso ergibt sich, daß ihn das Gericht für die Zeit danach zu Recht als unverändert leistungsfähig beurteilt hat, ohne daß es noch auf weiteres ankommt.

BGH v. 20. 5. 81 – IVb ZR 556/80 – FamRZ 81, 752 = NJW 81, 1782

(Betreuung eines 15jährigen Pflegekindes und Erwerbsobliegenheit) **R076**

II 1) Entgegen der Ansicht der Revision ist die Auffassung des OLG nicht zu beanstanden, wegen der **a**
Betreuung des Pflegekindes sei von der Kl., wenigstens vor rechtskräftiger Scheidung der Ehe, eine über eine Halbtagsbeschäftigung hinausgehende Erwerbstätigkeit nicht zu erwarten gewesen (§ 1361 II BGB).

Das OLG hat hierzu ausgeführt, selbst zwischen getrenntlebenden Ehegatten bestehe noch eine ehel. Fürsorge- und Beistandspflicht, welche jeden von ihnen verpflichte, auf die Verhältnisse des anderen Rücksicht zu nehmen. Diese Pflicht zur Rücksichtnahme bestehe im Rahmen des § 1361 II BGB gegenüber den Interessen eines Pflegekindes sowie der Pflegemutter jedenfalls dann, wenn die Ehegatten das Kind schon längere Zeit vor ihrer Trennung gemeinsam aufgenommen hätten und sich eine persönliche, dem Verhältnis Eltern-Kind ähnliche Beziehung mindestens zu einem von ihnen entwikkelt habe. Auch wenn gegenüber einem Pflegekind nicht dieselbe unauflösliche natürliche Sorgepflicht bestehe wie gegenüber einem leiblichen Kind, könnten gewachsene Bindungen nicht ohne persönlichen Schaden für beide Beteiligten, Pflegeeltern und Kind, kurzfristig gelöst werden. Hierauf hätten Ehegatten auch während des Getrenntlebens wechselseitig Rücksicht zu nehmen. Infolgedessen sei ein Ehepartner, der unter solchen Voraussetzungen ein 15jähriges, noch schulpflichtiges Pflegekind nach der Trennung allein umfassend versorge und erziehe, regelmäßig berechtigt, dies gegenüber dem anderen Ehegatten als Grund für eine nur halbtätige Erwerbstätigkeit geltend zu machen. Von einer derartigen Sachlage sei im vorliegenden Fall auszugehen. Die Kl. habe unwidersprochen vorgetragen, die Parteien hätten nach längerer Zeit kinderlos gebliebener Ehe das Pflegekind nicht aus wirtschaftlichen Erwägungen aufgenommen, sondern um ein Kind in der Familie zu haben, das sie wie ein eigenes hätten großziehen wollen. Allein wegen der inzwischen gewachsenen persönlichen Beziehungen behalte sie, die Kl., das Kind; mehrere Kinder in Pflege zu nehmen und damit ihren Unterhalt zu verdienen, traue sie sich nicht zu. Das OLG hat offengelassen, ob der Bekl. von der Kl. auf längere Sicht eine Auflösung des Pflegeverhältnisses verlangen könne; jedenfalls vor einer Ehescheidung könne sie sich ihm gegenüber auf die persönliche Bindung zu dem Pflegekind berufen.

Diese Ausführungen sind aus Rechtsgründen nicht zu beanstanden. Es begegnet keinen rechtlichen Bedenken, daß das OLG jedenfalls unter den hier gegebenen Umständen die Betreuung des Pflegekindes zu den persönlichen Verhältnissen der Kl. gerechnet hat, die nach § 1361 II BGB für die Frage ihrer Erwerbspflicht von Bedeutung sind (FamRZ 1981 17, 18). Solche Bedenken werden von der Revision auch nicht erhoben. Die Ansicht des OLG, neben der Betreuung eines 15jährigen, noch schulpflichtigen Mädchens sei der Kl. mehr als eine Halbtagsarbeit nicht zuzumuten gewesen, hält sich im Rahmen der bisherigen Rechtsprechung des BGH (FamRZ 1980/771, 772 = NJW 1980/2081, 2082). Die gegen sie erhobenen Einwendungen der Revision, die sich vornehmlich auf statistische Erhebungen über die Entwicklung der Frauenarbeit, insbesondere der Erwerbstätigkeit von Frauen mit Kindern stützen, geben zu einer anderen Beurteilung keinen Anlaß. Die Entscheidung darüber, ob und inwieweit von einem Ehegatten nach seinen persönlichen Verhältnissen eine Erwerbstätigkeit erwartet werden kann, ist weitgehend Sache tatrichterlicher Beurteilung. Daß die Auffassung des OLG besonderer Begründung unter Darlegung der für das Pflegekind zu erbringenden Erziehungs- und Pflegeleistungen bedurft hätte, kann der Revision nicht zugegeben werden.

(Keine Unterhaltsansprüche bei nichtehelicher Lebensgemeinschaft)

II 2) Erfolglos bleibt auch die Rüge der Revision, das OLG habe nicht geprüft, ob eine Unterhalts- **b**
bedürftigkeit der Kl. durch einen Unterhaltsanspruch gegen ihren neuen Lebensgefährten oder dessen tatsächliche Unterstützungsleistung in vollem Umfange beseitigt werde. In seinen Entscheidungen v. 26. 9. 1979 (FamRZ 1980/41) und 23. 4. 1980 (FamRZ 1980/668) hat der BGH sich mit den von der Revision in diesem Zusammenhang herangezogenen Vorschriften der §§ 16, 122 BSHG auseinandergesetzt und die aus ihnen abzuleitende Rechtsvermutung als nicht geeignet befunden, das Problem der eheähnlichen Verbindungen im Rahmen des ehel. Unterhaltsrechts zu lösen. In diesen Entscheidungen ist ferner ausgeführt worden, daß durch eine eheähnliche Gemeinschaft als solche Rechtsansprüche, insbesondere auf Unterhalt, zwischen den Partnern nicht begründet werden.

BGH v. 24. 6. 81 – IVb ZR 592/80 – FamRZ 81, 864 = NJW 81, 2192

(Berechnung des Vorsorgeunterhalts nach den Verhältnissen im Zeitpunkt der Scheidung beim Scheidungsunterhalt) **R080**

3 a) § 1578 I BGB sieht für den gesamten, sowohl den laufenden Lebensbedarf als auch den Vorsor- **a**
gebedarf umfassenden Unterhalt einheitlich die Regelung vor, daß sich das Maß nach den ehel. Le-

bensverhältnissen bestimmt. Hierunter sind grundsätzlich die ehel. Lebensverhältnisse im Zeitpunkt der Scheidung zu verstehen. Das hat der Senat für einen Fall, in dem es (lediglich) um den nachehelichen Elementarunterhalt in Form des ergänzenden Unterhalts nach § 1573 II BGB ging, bereits entschieden (FamRZ 1981/241 [FamRZ 1981/752]). Entgegen der Ansicht der Revision gilt dies auch für die Bemessung des Vorsorgeunterhalts. Wie der Senat (FamRZ 1981/442, 443) dargelegt hat, ist die Auffassung, der Vorsorgeunterhalt sei dem VersAusgl verwandt und solle dessen Wirkungen über den Zeitpunkt des § 1587 II BGB hinaus ausdehnen, nicht gerechtfertigt. Vielmehr sollen nach dem Zweck der Gesetzesregelung über den Vorsorgeunterhalt mit unterhaltsrechtlichen Mitteln die Nachteile ausgeglichen werden, die dem Berechtigten aus der ehebedingten Behinderung seiner Erwerbstätigkeit erwachsen (FamRZ 81/444). Hierzu bestimmt § 1578 III BGB, daß der Vorsorgebedarf – ebenso wie der Bedarf der laufenden Lebensführung – Teil des gesamten Lebensbedarfs ist, den der Unterhalt nach § 1578 I S. 2 BGB umfaßt. Diese Regelung hat zur Folge, daß der Bestimmung von Vorsorgeunterhalt und sonstigem Unterhalt nicht unterschiedliche ehel. Lebenssituationen zugrunde zu legen sind. Danach besteht weder eine Veranlassung noch die Möglichkeit, bei der Bemessung des Vorsorgeunterhalts die Lebensverhältnisse des Zeitpunkts zugrunde zu legen, der für den VersAusgl bestimmend ist, und auf die Einkommensverhältnisse bei Eintritt der Rechtshängigkeit des Scheidungsantrages abzustellen.

(Berechnung des Vorsorgeunterhalts nach hochgerechnetem Elementarunterhalt; danach endgültige Bemessung des Elementarunterhalts nach Vorabzug des Vorsorgeunterhalts; Verfassungsmäßigkeit des Vorsorgeunterhalts)

b 3 b) In der vorgenannten Entscheidung (FamRZ 81/442, 443) hat sich der Senat im einzelnen mit den verschiedenen in Rechtsprechung und Schrifttum vertretenen Auffassungen zur Berechnung des Vorsorgeunterhalts auseinandergesetzt. Er ist der auch im vorliegenden Fall vom OLG geteilten Ansicht beigetreten, daß bei der Bemessung des Vorsorgebeitrags an den laufenden Unterhalt angeknüpft werden kann, und hat es jedenfalls für den – hier gegebenen – Fall, in dem der Unterhaltsberechtigte über kein eigenes Einkommen verfügt, für gerechtfertigt erachtet, den Berechtigten hinsichtlich der Altersvorsorge so zu behandeln, wie wenn er in Höhe des ihm an sich zustehenden Elementarunterhalts ein Nettoarbeitsentgelt aus einer versicherungspflichtigen Erwerbstätigkeit bezöge. Als Vorsorgeunterhalt sei dann der Betrag anzusetzen, der sich nach Hochrechnung jenes angenommenen Nettoentgelts zu einem sozialversicherungsrechtlichen Bruttolohn (§ 14 II SGB-IV) als Beitrag zur ges. Rentenversicherung ergäbe.

An diesen Grundsätzen ist auch bei der Entscheidung des vorliegenden Falles festzuhalten. Daß es sich hier um nachehelichen Unterhalt handelt, während das Urteil v. 25. 2. 1981 (FamRZ 81/442) einen Rechtsstreit über den Vorsorgeunterhalt während des Scheidungsverfahrens (§ 1361 I S. 2 BGB) betraf, rechtfertigt keine abweichende Beurteilung. Die in der Rechtsprechung vertretenen Bedenken gegen die Verfassungsmäßigkeit der Gesetzesregelung, mit denen sich der Senat in der genannten Entscheidung bereits auseinandergesetzt und die er hinsichtlich der damals zur Anwendung gelangten Vorschrift des § 1361 I S. 2 BGB für nicht durchgreifend erachtet hat, werden auch im Falle von § 1578 III BGB nicht geteilt.

c) Da die Berechnung des Betrages, den das OLG als Vorsorgeunterhalt zugebilligt hat, mit den vorstehenden Grundsätzen in Einklang steht, ist die Bemessung des Vorsorgeunterhalts an sich nicht zu beanstanden. Indessen rügt die Revision zu Recht, daß dieser Betrag in vollem Umfang zusätzlich zum Elementarunterhalt zugesprochen worden ist. Das verstößt, wie die Revision zutreffend ausgeführt hat, gegen den Grundsatz gleicher Aufteilung des Nettoeinkommens auf die Ehegatten. Hierzu wird gleichfalls auf die Senatsentscheidung v. 25. 2. 1981 Bezug genommen (FamRZ 81/444 f.). Dort ist dargelegt, daß die Zubilligung des Vorsorgeunterhalts zu einer Kürzung des nach Quoten berechneten Elementarunterhalts führt. Dessen Bemessung ist in einem solchen Fall in der Weise vorzunehmen, daß von dem Nettoeinkommen vorab der Vorsorgeunterhalt abgezogen wird und erst danach, aus dem verbleibenden Einkommen, die (endgültige) Bemessung des Elementarunterhalts nach der maßgebenden Quote erfolgt.

BGH v. 4. 11. 81 – IVb ZR 625/80 – FamRZ 82, 255 = NJW 82, 1873

R093 *(Elementarunterhalt, Altersvorsorgeunterhalt, Krankenversicherungskosten und Ausbildungskosten sind unselbständige Unterhaltsteile, die wechselseitig voneinander abhängig sind. Ein solcher Mehrbedarf hat Auswirkungen auf die Bemessung des Elementarunterhalts)*

a I) Entgegen einer in Rechtsprechung und Schrifttum vertretenen Ansicht handelt es sich bei dem Anspruch auf Vorsorgeunterhalt nicht um einen eigenständigen, von der AGg. im Wege objektiver Klagehäufung geltend gemachten Anspruch, sondern um einen unselbständigen Teil des einheitlichen, ihren Lebensbedarf betreffenden Unterhaltsanspruchs. Zu diesem Lebensbedarf gehört nach der ausdrücklichen Regelung des Gesetzes auch der Vorsorgebedarf (§ 1578 III BGB). Für ihn gilt damit nichts anderes als für die Kosten einer angemessenen Krankenversicherung oder die Kosten einer Schul- oder Berufsausbildung, einer Fortbildung oder einer Umschulung (§ 1578 II BGB), bei denen es sich anerkanntermaßen um unselbständige Unterhaltsbestandteile handelt. Wird der Unterhalt, wie es in der Praxis einem vor allem in Fällen beschränkter Leistungsfähigkeit verbreiteten Verfahren entspricht und auch im vorliegenden Fall erfolgt ist, nach Quoten des Einkommens bemessen, so ergibt sich, wie der Senat im Urteil v. 25. 2. 1981 (FamRZ 1981/442) dargelegt hat, eine Abhängigkeit zwischen Elementarunterhalt und Vorsorgeunterhalt, die eine Trennung des hierauf bezogenen Streitstoffes ausschließt. Insbesondere hat die Zubilligung des Vorsorgeunterhalts Einfluß auf die Höhe des Elementarunterhalts, so daß sich aus einer Abänderung der Bemessung des Vorsorgeunterhalts Auswirkungen auf die Bemessung des Elementarunterhalts ergeben.

(Vorsorgeunterhalt bei Teilzeitbeschäftigung und bei Aufstockungsunterhalt)

II 2 a) Es entspricht der Rechtsprechung des Senats, daß bei der Bemessung des Vorsorgebeitrags an den laufenden Unterhalt angeknüpft werden kann. Ebenso hat es der Senat bereits gebilligt, wenn der Berechtigte hinsichtlich der Altersvorsorge so behandelt wurde, wie wenn er in Höhe des ihm an sich zustehenden Elementarunterhalts ein Nettoarbeitsentgelt aus einer versicherungspflichtigen Erwerbstätigkeit bezöge, und als Vorsorgeunterhalt der Betrag angesetzt wurde, der sich nach Hochrechnung jenes angenommenen Nettoentgelts zu einem sozialversicherungspflichtigen Bruttolohn als Beitrag ergab (FamRZ 1981/442; FamRZ 1981/864). Zwar betrafen die den vorgenannten Entscheidungen zugrundeliegenden Streitigkeiten Fälle, in denen der Unterhaltsberechtigte über kein eigenes Einkommen verfügte; die dortigen Grundsätze können jedoch auch für den vorliegenden Fall herangezogen werden, in dem der zugebilligte Elementarunterhalt lediglich in einem ergänzenden Unterhalt nach §§ 1571 Nr. 1, 1572 Nr. 1 i. V. mit § 1573 II BGB besteht, der zur Aufstokkung des der AGg. zugemuteten eigenen Einkommens bestimmt ist. Denn es kann davon ausgegangen werden, daß die AGg. durch die ihr zuzumutende Erwerbstätigkeit eine der Höhe ihres Einkommens entsprechende Altersvorsorge begründen würde, so daß der zuzubilligende Vorsorgeunterhalt – ebenso wie der Elementarunterhalt – lediglich der Aufstockung einer durch die Erwerbstätigkeit erzielten Altersvorsorge dient. Dabei mag es in Fällen, in denen der Unterhaltsberechtigte im Rahmen der Teilzeitbeschäftigung Pflichtbeiträge an die gesetzliche Rentenversicherung entrichtet, zweifelhaft sein, ob es sinnvoll ist, auch die Aufstockung der Altersvorsorge im Rahmen der gesetzlichen Rentenversicherung vorzunehmen, weil neben den auf Grund der Versicherungspflicht gezahlten Beiträgen lediglich solche zum Zwecke der Höherversicherung entrichtet werden können (§ 1234 RVO, § 11 AVG) und aus dieser keine dynamischen Versicherungsleistungen erwachsen (§ 1272 III RVO, § 49 III AVG). Hier kommen auch privatrechtliche Vorsorgemöglichkeiten in Betracht. Gleichwohl bestehen keine grundsätzlichen Bedenken dagegen, die Aufwendungen für diese ergänzende Altersvorsorge nach den Grundsätzen zu bemessen, die in den vorgenannten Senatsentscheidungen dargelegt sind. Wie der Vorsorgeunterhalt zu ermitteln wäre, wenn der Bedürftige eine Teilzeitbeschäftigung ohne entsprechende Altersvorsorge ausüben würde, kann hier dahinstehen. b

(Quotenunterhalt, voller Unterhalt und trennungsbedingter Mehrbedarf; Mehrbedarf ist konkret zu ermitteln u. nach § 287/II ZPO zu schätzen)

Wie der Senat a. a. O. weiter dargelegt hat, ist diese Aufteilung jedoch vom Tatrichter an Hand der Umstände des Einzelfalles auf ihre Angemessenheit zu überprüfen und die Bemessung gegebenenfalls zu modifizieren. Vor allem darf nicht unberücksichtigt bleiben, daß die Quote, die dem Berechtigten am Einkommen des Verpflichteten zusteht, nicht immer ausreicht, um den vollen, an den dauerhaft gewordenen Lebensverhältnissen während der Ehe ausgerichteten Unterhaltsbedarf des Berechtigten zu decken. Das ist insbesondere im Hinblick auf etwaige Mehrkosten möglich, die den Ehegatten als Folge ihrer Trennung, etwa durch die getrennten Wohnungen und die getrennte Haushaltsführung, erwachsen und, dazu führen können, daß der Berechtigte mit den Mitteln jener Quote den ehel. Lebensstandard nicht mehr aufrechtzuerhalten vermag. Ein derartiger trennungsbedingter Mehrbedarf ist im Rahmen des vollen nachehelichen Unterhaltsbedarfs grundsätzlich zu berücksichtigen. Die Höhe dieses Mehrbedarfs kann allerdings nicht generell bestimmt und etwa nach einem prozentualen Anteil des Bedarfs während der Ehe bemessen werden. Vielmehr sind die erforderlichen Mehrkosten gegebenenfalls vom Unterhaltsberechtigten konkret darzulegen und vom Tatrichter unter Berücksichtigung der Umstände des einzelnen Falles zu ermitteln. Dabei ist es diesem nicht verwehrt, unter Zuhilfenahme allgemeiner Erfahrungssätze nach § 287 ZPO zu verfahren. c

Gelangt das Gericht hiernach zur Feststellung eines trennungsbedingten Mehrbedarfs, so bestehen grundsätzlich keine Bedenken dagegen, den Eigenverdienst des Berechtigten auf dessen höheren Bedarf anzurechnen. Allerdings darf nicht außer acht gelassen werden, daß derartige Mehrkosten möglicherweise auch auf seiten des Unterhaltspflichtigen anfallen. Ist das der Fall, so ist auch dieser Mehrbedarf im Rahmen der umfassenden tatrichterlichen Würdigung angemessen zu berücksichtigen.

BGH v. 11. 11. 81 – IVb ZR 608/80 – FamRZ 82, 145 = NJW 82, 328

R095 *(Voraussetzungen des Sonderbedarfs; Kostenbeteiligung des Berechtigten)*

1) Die Entscheidung hängt davon ab, wieweit die in Frage stehenden Aufwendungen der Kl. für ärztliche Behandlung, Arzneimittel und orthopädische Hilfsmittel als Sonderbedarf anzusehen sind. Soweit das der Fall ist, hat der Bekl. gemäß §§ 1361 I S. 1, IV S. 4, 1360 a III, 1613 II BGB zu diesen Kosten beizutragen. Mit der Einfügung des Wortes „laufende" in § 1361 IV S. 1 BGB durch das 1. EheRG ist klargestellt worden, daß auch im Rahmen des Getrenntlebensunterhals neben der Rente gegebenenfalls eine einmalige Zahlung wegen Sonderbedarfs verlangt werden kann.

2) Im Streit stehen noch Aufwendungen der Kl. für ärztliche Behandlung, Arzneimittel und orthopädische Hilfsmittel in der Zeit vom 27. 9. 1977 bis 18. 7. 1978 mit Beträgen von – jeweils nach Abzug der Krankenversicherungserstattung – 28,90 DM, 83,50 DM, 19,65 DM, 1166,40 DM, 183,10 DM und 15,84 DM = insgesamt 1497,39 DM. Das OLG hat diesen Aufwendungen die Anerkennung als zusätzlich auszugleichender Sonderbedarf (§ 1613 II BGB) mit der Begründung versagt, daß nicht auf die einzelnen Posten, sondern auf die durchschnittliche monatliche Belastung abzustellen sei, die sich bei Verteilung der Kosten über einen längeren Zeitraum ergebe. Denn die Kl. habe angesichts der Unfallfolgen mit künftigen Krankheitskosten rechnen und sich hierauf vernünftig wirtschaftend einstellen müssen. Bei den Krankheitskosten, die der Kl. nach der Klageschrift in der Zeit vom 15. 6. 1976 bis 18. 7. 1978 von der Krankenversicherung nicht erstattet worden seien, ergebe sich eine durchschnittliche monatl. Belastung von 81,00 DM. Eine solche Belastung sei für die Kl. angesichts ihrer Einnahmen – Erwerbsunfähigkeitsrente (in der hier interessierenden Zeit von Juni 1976 bis Juli 1978 zwischen 913,30 DM und 1054,30 DM monatlich), Unterhalt und bei stationärer Behandlung Krankenhaustagegeld – tragbar und daher nicht als Sonderbedarf auszugleichen.

3) Diese Ausführungen halten den Angriffen der Revision nicht stand.

a) Mit der nachträglichen Umlegung der in Frage stehenden Krankheitskosten auf einen längeren Zeitraum und der Errechnung einer entsprechenden monatl. Durchschnittsbelastung wird das OLG dem Wesen des Sonderbedarfs nicht gerecht. Eine vorausschauende Bedarfsplanung, wie sie das OLG der Kl. im Hinblick auf die so errechnete Durchschnittsbelastung ansinnt, ist bei Sonderbedarf gerade nicht möglich. Sonderbedarf ist nach der Legaldefinition in § 1613 II S. 1 BGB ein „unregelmäßiger außergewöhnlicher hoher Bedarf". Dies bedeutet, daß es sich um Bedarf handelt, der überraschend und der Höhe nach nicht abschätzbar auftritt. Eine vorausschauende Bedarfsplanung unter Zugrundelegung einer monatl. Durchschnittsbelastung scheidet daher zwangsläufig aus. Ob Sonderbedarf vorliegt, läßt sich nur von Fall zu Fall für die jeweilige Aufwendung beurteilen.

b) Bei der Frage, ob es sich um Sonderbedarf i. S. des § 1613 II S. 1 BGB handelt, ist zu beachten, daß der betreffende Bedarf sowohl „unregelmäßig" als auch „außergewöhnlich hoch" sein muß.

aa) Unregelmäßig ist der Bedarf, der nicht mit Wahrscheinlichkeit vorauszusehen war und deshalb bei der Bemessung der laufenden Unterhaltsrente nicht berücksichtigt werden konnte. Selbst eine im Verhältnis zum laufenden Unterhalt außergewöhnlich hohe Einzelausgabe stellt keinen Sonderbedarf i. S. des Gesetzes dar, wenn sie unter den Verhältnissen der Parteien nach dem gewöhnlichen Lauf der Dinge voraussehbar war. Hier ist der Unterhaltsberechtigte gegebenenfalls darauf zu verweisen, daß er sich beizeiten auf die Ausgabe hätte einstellen können. Aufwendungen, mit denen zu rechnen ist, gehören grundsätzlich zum laufenden Unterhalt. Dieser ist so zu bemessen, daß sämtliche voraussehbaren Ausgaben abgedeckt werden und bei größeren voraussehbaren Ausgaben genügend Spielraum für eine vernünftige Planung verbleibt.

bb) Wann ein nach diesen Maßstäben unregelmäßiger Bedarf zugleich außergewöhnlich hoch ist, wird im Schrifttum nicht einheitlich beantwortet. Nach Erman/Küchenhoff (a. a. O.) ist dies allgemein der Fall, wenn der Bedarf nicht aus dem laufenden Unterhalt gedeckt werden kann. Nach Göppinger/Häberle (a. a. O., Rz. 359) ist ein Bedarf bei Fehlen sonstiger Einkünfte jedenfalls dann außergewöhnlich hoch, wenn er die laufende Unterhaltsrente übersteigt, jedoch auch schon, wenn er höher ist als die Differenz zwischen dem notwendigen Unterhalt und der Unterhaltsrente. Brüggemann (ZBlJugR 1952/184, 186) hält Krankheitskosten bei nichtehelichen Kindern für ungewöhnlich hoch, die etwa 10% der Unterhaltsrente übersteigen. Tatsächlich wird sich ein allgemeingültiger Maßstab schwerlich finden lassen. Vielmehr kommt es auf die Umstände des Einzelfalles an, insbesondere auf die Höhe der laufenden Unterhaltsrente und der sonstigen Einkünfte des Berechtigten, auf den Lebenszuschnitt der Beteiligten und auf Anlaß und Umfang der besonderen Aufwendung. Unter beengten wirtschaftlichen Verhältnissen wird eine unvorhergesehene Ausgabe eher außergewöhnlich hoch erscheinen als bei gehobenem Lebenszuschnitt. Unbeschadet dessen kommt es ausschlaggebend auf das Verhältnis der in Frage stehenden Aufwendung zu denjenigen Mitteln an, die dem Unterhaltsberechtigten für seinen laufenden Unterhalt zur Verfügung stehen. Dabei ist dem Unterhaltsberechtigten grundsätzlich der Einsatz eines verhältnismäßig großen Anteils seiner laufenden Unterhaltsmittel abzuverlangen. In der Wortwahl des Gesetzes, das nur einen „außergewöhnlich" hohen Bedarf als Sonderbedarf gelten läßt, kommt zum Ausdruck, daß es im Zweifel bei der laufenden Unterhaltsrente sein Bewenden haben und nur in Ausnahmefällen die gesonderte Ausgleichung zusätzlicher unvorhergesehener Ausgaben erfolgen soll. Das liegt auch im Interesse einer Befriedigung und Beruhigung des Verhältnisses von Unterhaltsgläubiger und Unterhaltsschuldner, das durch allzu häufige Einzelanforderungen in unerwünschter Weise belastet werden könnte. Letztlich richtet sich die Frage, ob der Bedarf außergewöhnlich hoch ist, danach, ob und inwieweit dem Berechtigten, wenn der Verpflichtete an sich leistungsfähig ist, bei einer Gesamtbetrachtung zugemutet werden kann, den Bedarf selbst zu bestreiten.

4 a) Die Verurteilung des Bekl. zur Zahlung einer Unterhaltsrente von 600 DM knüpft daran an, daß die Kl. infolge eines Verkehrsunfalls auf längere Zeit krank und daher über die ihr schon damals zufließende Erwerbsunfähigkeitsrente hinaus unterhaltsbedürftig sei. Ferner ging es schon in dem damaligen Prozeß um den gesonderten Ausgleich einer von der Krankenversicherung nicht voll erstatteten unfallbedingten Arztrechnung und befaßt sich das Urteil in den Gründen mit der Situation bei künftiger stationärer Behandlung der Kl. Unter solchen Umständen ist davon auszugehen, daß schon bei der Festlegung der Unterhaltsrente von monatlich 600 DM mit der restlosen Übernahme aller künftigen Krankheitskosten durch die Krankenversicherung nicht zu rechnen war. Derartige Kosten sind daher, soweit sie sich im Rahmen des Vorhersehbaren bewegen, als von der laufenden Unterhaltsrente erfaßt zu behandeln und somit nicht als Sonderbedarf auszugleichen.

Unter diesem Gesichtspunkt scheiden von den zwischen den Parteien noch streitigen Posten die Beträge von 28,90 DM, 19,65 DM und 15,84 DM, die von der Krankenversicherung nicht übernommene Anteile aus Rezepten betreffen, als erstattungsfähiger Sonderbedarf aus. Das gleiche gilt für die Beträge von 83,50 DM und 183,10 DM für orthopädische Hilfsmittel. Bei der Art der Erkrankung der Kl. war von vornherein mit Aufwendungen für diesen Zweck und in dieser Höhe zu rechnen. Die genannten Beträge waren für die Kl. aus ihren laufenden Bezügen – der Erwerbsunfähigkeitsrente, die in der hier maßgeblichen Zeit 1054,30 DM monatlich betrug, der von dem Bekl. zu zahlenden Unterhaltsrente und (bei stationärer Behandlung) dem Krankenhaustagegeld – finanzierbar.

b) Dagegen handelt es sich bei dem verbleibenden Betrag von 1166,40 DM um Sonderbedarf. Dieser Betrag betrifft den von der Krankenversicherung nicht erstatteten Teil einer Arztrechnung. Der Bekl. kann die Kl. nicht darauf verweisen, daß auch eine derartige Belastung voraussehbar gewesen sei und daher von den laufenden Unterhaltsmitteln umfaßt werde. Hiergegen spricht vor allem, daß ein ähnlicher von der Krankenversicherung nicht übernommener Teil einer Arztrechnung schon in dem damaligen Prozeß als Sonderbedarf eingeklagt, auch von dem Bekl. so angesehen und schließlich teilweise zugesprochen worden ist. Die Ausgabe von 1166,40 DM ist daher als „unregelmäßiger" Bedarf i. S. des § 1613 II S. 1 BGB anzusehen. Sie ist ferner „außergewöhnlich hoch" i. S. dieser Vorschrift. Sie macht etwa 70% – für Zeiten stationärer Behandlung der Kl. selbst bei ungeschmälerter Berücksichtigung des Krankenhaustagegeldes immer noch etwa 63% – der der Kl. zur Verfügung stehenden Mittel (Erwerbsunfähigkeitsrente, Unterhalt und gegebenenfalls Krankenhaustagegeld) aus. Jedenfalls bei einem solchen VomhundertsatzUist die Grenze dessen, was dem Unterhaltsberechtigten selbst zugemutet werden kann, überschritten.

c) Das bedeutet freilich nicht, daß der Bekl. ohne weiteres für den Betrag von 1166,40 DM in voller Höhe aufzukommen hat. Der Sonderbedarfsanspruch darf nicht isoliert betrachtet werden, sondern unterliegt den allgemeinen Regeln des Unterhaltsrechts. Auch insoweit muß daher Unterhaltsbedürftigkeit auf der einen und Leistungsfähigkeit auf der anderen Seite gegeben sein. Darüber hinaus ist in Fällen des Ehegattenunterhalts jeweils zu prüfen, wieweit der Unterhaltsberechtigte an den Aufwendungen zur Deckung des Sonderbedarfs zu beteiligen ist. Generalisierend ist davon auszugehen, daß durch die laufende Unterhaltsrente eine angemessene Aufteilung der Mittel herbeigeführt wird, die für den Lebensbedarf beider Beteiligter zur Verfügung stehen. Dann aber wäre es nicht gerecht, wenn auftretender Sonderbedarf stets allein von dem unterhaltsverpflichteten Ehegatten aufzubringen wäre. Infolgedessen wird der Unterhaltsberechtigte nicht selten einen Teil seines Sonderbedarfs selbst zu tragen haben und nur die Erstattung des Restes verlangen können. Ob und gegebenenfalls in welchem Verhältnis eine solche Aufteilung vorzunehmen ist, hängt von den Umständen des Einzelfalles ab und muß in erster Linie dem Tatrichter vorbehalten werden.

BGH v. 23. 12. 81 – IVb ZR 604/80 – FamRZ 82, 250, 251 = NJW 82, 822

(Abfindung aufgrund eines Sozialplanes) **R098**

II 1 d) Eine Abfindung aufgrund eines Sozialplanes dient dem Ausgleich oder der Milderung wirtschaftlicher Nachteile, die den Arbeitnehmern infolge der geplanten Betriebsänderung entstehen. Er dient nicht dem Ausgleich immaterieller Nachteile. Eine solche Abfindung ist als Einkommen zum Familienunterhalt einzusetzen und im Rahmen einer, durch die beengten wirtschaftlichen Verhältnisse der Parteien gebotenen sparsamen Wirtschaftsführung im Laufe der Zeit zur Unterhaltsdeckung der getrennt lebenden Familie zu verwenden. Das rechtfertigt es, die Abfindung für die Zwecke der Unterhaltsbemessung als Einkommen auf eine entsprechend lange Zeit zu verteilen. **b**

(Sozialplanabfindung und Jubiläumszuwendung)

c II 1 d) Der Ehemann mußte den ihm zugeflossenen Betrag (aus Sozialplanabfindung) im Rahmen einer durch die beengten wirtschaftlichen Verhältnisse beider Parteien offensichtlich gebotenen sparsamen Wirtschaftsführung im Laufe der Zeit zur Deckung des Unterhalts der getrennt lebenden Familie verwenden. Das rechtfertigt es, die Abfindung für die Zwecke der Unterhaltsbemessung als Einkommen auf eine entsprechend lange Zeit zu verteilen. Alljährlich wiederkehrende Sonderzuwendungen werden allgemein als im Lauf des ganzen Jahres verdient angesehen. Einmalige hohe Sonderzuwendungen, z. B. aus Anlaß eines Jubiläums, oder überdurchschnittlich hohe Jahreserträge aus selbständiger Erwerbstätigkeit werden üblicherweise und zu Recht unterhaltsrechtlich auf mehrere Jahre verteilt.

(Normaler Lebensbedarf und Nachholbedarf)

d II 2 a) Daß der Verbrauch von finanziellen Mitteln, die unterhaltsrechtlich dem laufenden Einkommen zuzurechnen sind, für Kleidung und Urlaub den Unterhaltsanspruch der Ehefrau nicht zu schmälern vermag, liegt auf der Hand. Solche Ausgaben gehören zu dem normalen Lebensbedarf. Sie müssen aus dem für den eigenen Unterhalt vorgesehenen Einkommensanteil bestritten werden. Eine andere Beurteilung könnte nur bei solchem Nachholbedarf erwogen werden, die durch besondere unabwendbare Gründe entstanden wären.

BGH v. 20. 1. 82 – IVb ZR 647/80 – FamRZ 82, 252 = NJW 82, 1593

R100 *(Ausgleichsrente, Ehegattenzuschlag und Unfallrente)*

3 a bb) Die Ausgleichsrente wird gemäß § 32 I BVersG an Schwerbeschädigte gewährt, wenn sie infolge ihres Gesundheitszustandes oder hohen Alters oder aus einem von ihnen nicht zu vertretenden Grunde eine ihnen zumutbare Erwerbstätigkeit nicht oder nur in beschränktem Umfang oder nur mit überdurchschnittlichem Kräfteaufwand ausüben können. Die Ausgleichsrente hat somit die Funktion des Lohn- bzw. Einkommensersatzes. Sie ist daher in gleicher Weise wie Berufseinkommen zur Befriedigung des Unterhaltsbedarfs geeignet.

cc) Der Ehegattenzuschlag wird nach § 33 a I BVersG an Schwerbeschädigte für den Ehegatten gezahlt, und zwar auch dann, wenn die Ehe aufgelöst oder für nichtig erklärt ist, sofern der Beschädigte im eigenen Haushalt für ein Kind zu sorgen hat. Sinn des Ehegattenzuschlags ist es somit gerade, dem Schwerbeschädigten die Erfüllung seiner Unterhaltspflichten zu erleichtern.

e) Die Unfallrente wird gemäß § 580 I RVO gewährt, wenn die zu entschädigende Minderung der Erwerbsfähigkeit über die 13. Woche nach einem Arbeitsunfall hinaus andauert. Sie gewährt dem Berechtigten einen Ausgleich für die durch den Berufsunfall bedingte Erwerbsminderung und hat somit ebenfalls Lohn- bzw. Einkommensersatzfunktion. Daher bestehen keine Bedenken, sie unterhaltsrechtlich als Einkommen anzurechnen. Ähnlich wie bei der Beschädigtengrundrente sind dem Verletzten auch bei der Unfallrente die zur Bestreitung tatsächlicher unfallbedingter Mehraufwendungen erforderlichen Mittel vorweg zu belassen.

BGH v. 20. 1. 82 – IVb ZR 650/80 – FamRZ 82, 360 = NJW 82, 1869

R101 *(Beruflich benötigter Pkw und Abzug für private Nutzung)*

c III 2) Das OLG ist davon ausgegangen, daß der Beklagte den Pkw beruflich benötigt. Er arbeitet im Außendienst und erhält für die dienstliche Nutzung seines Fahrzeugs Kilometergeld, bedient sich also des Wagens nicht nur zur Fahrt zwischen Wohnung und Arbeitsstelle. Anders als im letztgenannten Fall, in dem der Unterhaltspflichtige im allgemeinen auf die Benutzung öffentlicher Verkehrsmittel wird verwiesen werden können und infolgedessen nur die dann entstehenden Beförderungskosten Berücksichtigung verdienen, können die Kosten eines Kraftwagens als Bedarfsposten geltend gemacht werden, wenn der Unterhaltspflichtige das Fahrzeug zur Ausübung seines Berufs benötigt. Zu den Kosten eines Kraftfahrzeuges gehören auch diejenigen seiner Anschaffung, wobei es im Grundsatz nicht darauf ankommt, ob der Berufstätige den Kauf auf Kredit tätigt und infolgedessen durch die Verpflichtung zur Verzinsung und Rückzahlung des Darlehens belastet wird oder ob er vor dem Kauf entsprechende Rücklagen bildet. Das OLG ist davon ausgegangen, daß ein Teil des Neuanschaffungsbedarfs durch Überschüsse aus dem Kilometergeld nicht gedeckt werden kann. Diesen – nach seiner Schätzung – sogar größeren Teil der allmonatlich für eine Neuanschaffung bereitzustellenden Mitteln hat es jedoch die unterhaltsrechtliche Berücksichtigung insgesamt versagt, weil der Beklagte das Fahrzeug auch privat nutze. Nähere Feststellungen zur Höhe der für die Neuanschaffung monatlich aufzubringenden Mittel und zum Umfang der dienstlichen und der privaten Nutzung des Wagens hat es nicht getroffen. Das läßt die Möglichkeit offen, daß – bei einem Fahrzeug – beruflich verursachte Aufwendungen zu Unrecht unberücksichtigt geblieben sind. Deshalb muß die Sache zur Nachholung der erforderlichen Feststellungen an das OLG zurückverwiesen werden.

BGH v. 31. 3. 82 – IVb ZR 661/80 – FamRZ 82, 576 = NJW 82, 1870

(Nicht zu berücksichtigende übermäßig gute Einkommensentwicklung während längerer Trennungszeit, wenn diese erkennbar auf besonderen unternehmerischen Leistungen beruht, die ihre Grundlage nicht mehr in den früheren gemeinsamen Arbeits- und Lebensbedingungen der Parteien haben. Fiktive und hypothetische Einkommensbemessung nach statistischen Vergleichszahlen) R114

3) Die ehel. Lebensverhältnisse, nach denen sich der nacheheliche Unterhaltsanspruch bemißt, werden in der Regel durch die Einkommensverhältnisse geprägt. Da es – wie dargelegt – auf die ehel. Lebensverhältnisse im Zeitpunkt der Scheidung ankommt, sind mithin regelmäßig die Einkommensverhältnisse in diesem Zeitpunkt maßgebend (FamRZ 1982/360 ff.). Das kann jedoch nicht gelten, soweit das Einkommen eines oder beider Ehegatten während des Getrenntlebens bis zur Scheidung eine unerwartete, vom Normalverlauf erheblich abweichende Entwicklung genommen hat, die etwa auch für die Bestimmung des Trennungsunterhalts nach § 1361 BGB außer Betracht hätte bleiben müssen. Liegen derartige außergewöhnliche Umstände vor, dann kann nicht mehr davon ausgegangen werden, daß die Einkommensverhältnisse der Ehegatten, wie sie sich im Zeitpunkt der Scheidung darstellen, Ausdruck ihrer „ehelichen" Lebensverhältnisse seien und diese maßgebend geprägt hätten. b

Ein solcher Fall liegt hier vor. Nach den tatsächlichen Feststellungen des OLG hat sich zwar das Einkommen der Ehefrau aus ihrer Tätigkeit als Anwaltssekretärin während der Dauer des Getrenntlebens der Parteien normal entwickelt; hingegen hat der Ehemann das kleine Pelzwarengeschäft, das er 1961 noch in gemieteten Räumen betrieb, zu einem gutgehenden, gewinnbringenden Unternehmen mit einem jährlichen Umsatz von etwa einer Million DM entfaltet, aus dem er durchschnittliche monatliche Nettoeinkünfte in einer (nach vorgelegten Aufstellungen einer Steuerberatungsgesellschaft) geschätzten Höhe von etwa 7227 DM erzielt. Aufgrund dieser „übermäßig" guten Einkommensentwicklung auf seiten des Ehemannes haben seine finanziellen Lebensverhältnisse seit der Trennung von der Ehefrau einen – mit den früheren ehel. Lebensverhältnissen der Parteien nicht mehr vergleichbaren – ungewöhnlichen Aufschwung erfahren, an dem die Ehefrau keinen Anteil hat. In diesem Zusammenhang hat das OLG darauf hingewiesen, daß der Ehemann seit etwa 1964/1965 mit seiner jetzigen Partnerin zusammenlebt, die – nach seinem Vorbringen – den Pelzhandel und Kürschnereibetrieb in der jetzigen Form gemeinsam mit ihm aufgebaut hat.

Die aufgezeigte Entwicklung der Einkommens- und Vermögensverhältnisse des Ehemannes stellt sich nicht mehr als eine dem Normalverlauf entsprechende allgemein günstige Fortentwicklung der durch die Ehe begründeten Lebensverhältnisse dar. Der geschäftliche Aufschwung des Ehemannes beruht vielmehr erkennbar auf besonderen, im Verlauf der 18 Jahre andauernden Trennung der Parteien erbrachten unternehmerischen Leistungen, die ihre Grundlage nicht in den früheren gemeinsamen Arbeits- und Lebensverhältnissen der Parteien haben. In diesem Sinn ist dem OLG für den hier vorliegenden Fall darin zu folgen, daß sich die wirtschaftlichen und beruflichen Wege der Parteien seit 1961 in einer Weise getrennt haben, „die keine weiterwirkenden ehebezogenen Abhängigkeiten mehr bestehen ließ". Eine Bemessung des nachehelichen Unterhaltsanspruches nach den beiderseitigen Einkommensverhältnissen der Parteien im Zeitpunkt der Scheidung kommt daher, wie das OLG insoweit im Ergebnis zutreffend entschieden hat, hier nicht in Betracht.

4) Das OLG hat die Voraussetzungen des von der Ehefrau geltend gemachten Aufstockungsanspruches nach § 1573 II BGB danach beurteilt, welche Einkommensverhältnisse heute fiktiv dem gemeinsamen Einkommen der Parteien i. J. 1961 in Höhe von 986,09 DM monatlich entsprechen würden, und inwieweit der bei diesen fiktiven Einkommensverhältnissen angemessene Unterhaltsbedarf der Ehefrau bereits durch ihre heutigen eigenen Einkünfte gedeckt ist. Zur Ermittlung des heutigen fiktiven Einkommens hat das OLG mangels einer allgemeinen Übersicht über die Entwicklung der Einkünfte selbständiger Gewerbetreibender seit 1961 – für eine Vergleichsberechnung – auf die in den Jahrbüchern des Statistischen Bundesamts niedergelegten Daten über die Entwicklung der Bruttomonatsverdienste der männlichen Angestellten in Industrie und Handel zurückgegriffen. Da sich diese durchschnittlichen Bruttomonatsverdienste – auf der Basis 1970 = 100% – von 1961 mit 53,6% bis 1978 auf 186,6% erhöht haben, ist das OLG davon ausgegangen, daß bei etwa gleichem Anstieg der Nettoeinkünfte einem gemeinschaftlichen Monatsnettoeinkommen der Parteien von 986,09 DM i. J. 1961 ein Monatsnettoeinkommen in Höhe von 3432,91 DM i. J. 1978 entsprechen würde. Bei einem heutigen gemeinsamen Einkommen der Parteien in dieser Höhe errechne sich ein Unterhaltsanspruch der AGg. nach den Grundsätzen der Düsseldorfer Tabelle mit höchstens $^2/_5$ auf 1373,16 DM. Dieser Unterhaltsanspruch werde indessen durch das eigene monatl. Nettoeinkommen der Ehefrau, das bereits 1977 bei 1440,22 DM gelegen habe, voll gedeckt. Nachdem sich ihr Einkommen i. J. 1979 auf monatlich 1592,39 DM weiter gesteigert habe, habe sich daran, daß sie ihren angemessenen Unterhalt durch ihre eigenen Einkünfte bestreiten könne, auch seither nichts geändert.

Diese auf tatrichterlicher Wertung beruhenden Ausführungen des OLG werden von der Revision nicht angegriffen. Sie lassen auch in der unterhaltsrechtlichen Beurteilung der hier vorliegenden Verhältnisse keinen Rechtsfehler erkennen und halten sich bei der Bemessung des Ergänzungsanspruchs nach § 1573 II BGB im Rahmen der Grundsätze, die der erkennende Senat in ständiger Rechtsprechung (FamRZ 1982/255 ff.; FamRZ 1982/360 ff.) aufgestellt hat. Dabei ist ergänzend darauf hinzuweisen, daß die Vergleichsberechnung des OLG auch für das Jahr 1979, in dem die Scheidung der Parteien ausgesprochen wurde, zu einem entsprechenden Ergebnis führt. Nach den in dem Berufungsurteil herangezogenen Daten aus den Statistischen Jahrbüchern – ergänzt um die entsprechenden Indexzahlen aus dem Jahrbuch für 1981 – entwickelte sich ein Einkommen von 986,09 DM aus dem Jahre 1961 zu einem vergleichbaren Einkommen in Höhe von 3643,18 DM i. J. 1979. Der von dem OLG zugrunde gelegte Unterhaltsanspruch der Ehefrau von höchstens $^2/_5$ dieses Betrages hätte sich mithin 1979 auf 1457,27 DM belaufen und damit weiterhin unter ihren eigenen Einkünften gelegen.

BGH v. 7. 4. 82 – IVb ZR 673/80 – FamRZ 82, 579 = NJW 82, 1594

R117 *(Kleiderzulage nach § 15 BVersG und konkreter Mehrbedarf)*

a II 1 a) Die Zulage für Kleiderverschleiß wird nach § 15 BVersG an Beschädigte gewährt, deren anerkannte Schädigungsfolgen einen außergewöhnlichen Verschleiß an Kleidung oder Wäsche verursachen. Der zu gewährende Pauschbetrag wird unter Zugrundelegung einer Bewertungszahl für den jeweiligen Verschleißtatbestand errechnet, wobei tatsächlich höhere Aufwendungen unter bestimmten Voraussetzungen erstattungsfähig sind (§ 15 S. 3 BVersG). Die Kleiderzulage ist hiernach aus unterhaltsrechtlicher Sicht – ähnlich wie die Grundrente – geeignet, einen erhöhten Bedarf des Beschädigten zu decken und in diesem Sinn allgemeine Unterhaltsbedürfnisse zu befriedigen. Die öffentlich-rechtliche Zweckbestimmung führt jedoch nicht dazu, daß die Zulage bei der Ermittlung des unterhaltserheblichen Einkommens von vornherein außer Ansatz zu lassen wäre. Vielmehr kommt es auch hier auf den tatsächlichen Mehrbedarf an, den der Empfänger der Kleiderzulage hat. Im Umfang eines solchen Mehrbedarfs wird die Zulage von den tatsächlichen Aufwendungen aufgezehrt. Soweit ein Mehrbedarf nicht vorhanden oder nicht dargetan ist, ist auch die Zulage nach § 15 BVersG dem unterhaltserheblichen Einkommen zuzurechnen und damit bei der Ermittlung der ehelichen Lebensverhältnisse im Sinn von § 1578 BGB heranzuziehen.

(Schädigungsbedingter Mehrbedarf für Pkw bei einem beiderseits Oberschenkelamputierten)

b II 1 b) Auf die Grundrente, die Schwerstbeschädigtenzulage und die Pflegezulage sind, wie dargelegt, zunächst die tatsächlichen Mehraufwendungen anzurechnen, die dem ASt. als Folge seiner Beschädigung erwachsen. Das OLG hat den schädigungsbedingten Mehrbedarf mit insgesamt 1150 DM angenommen, von denen 600 DM auf die Kosten für die Betreuung durch die Halbtagskraft und 550 DM auf die Kosten für die Haltung eines Pkw entfallen.

Der ASt. ist beiderseits oberschenkelamputiert. Er ist daher in seiner Fortbewegung – selbst mit Hilfe von Prothesen – in einer Weise behindert, die die Benutzung eines besonders ausgerüsteten Fahrzeugs unerläßlich macht. Der ASt. kann öffentliche Verkehrsmittel nicht benutzen. Er ist statt dessen auf den Pkw als einziges Beförderungsmittel angewiesen, wenn er seine Wohnung verlassen will.

Hieraus ergibt sich, daß die Aufwendungen für die Haltung und Benutzung eines Fahrzeugs im Fall des ASt. einen konkreten Mehrbedarf abdecken, den er – im Gegensatz zu einem Nicht-Beschädigten – als Folge seiner Beschädigung hat. Dabei kommt es nicht darauf an, ob auch ein Nicht-Beschädigter mit einem Einkommen der hier gegebenen Höhe einen Pkw halten würde. Die Verhältnisse lassen sich insoweit nicht vergleichen. Einem Nicht-Beschädigten in der Einkommenssituation des ASt. steht es frei, ein Fahrzeug zu halten oder darauf zu verzichten und sich dadurch Mittel für andere Bedürfnisse freizuhalten. Demgegenüber ist der ASt. lebensnotwendig auf die Benutzung des Pkw angewiesen. Er ist nicht in der Lage, in freier Entscheidung auf die Fahrzeughaltung zu verzichten. Deshalb sind die Aufwendungen für das Fahrzeug des ASt. als schädigungsbedingter Mehrbedarf vorab zu berücksichtigen.

(Ermittlung der Aufwendungen für einen Pkw)

c I 1 b) Ist jemand lebensnotwendig auf die Benutzung eines Pkw angewiesen, sind seine Aufwendungen für das Fahrzeug als Mehrbedarf vorab zu berücksichtigen. Die Höhe des Mehrbedarfs hat das OLG auf DM 550,– geschätzt. Dies greift die Revision an mit dem Hinweis darauf, daß der Antragsteller nach seinem eigenen Vorbringen Zuschüsse für die Anschaffung eines Fahrzeugs erhalte. Da das OLG die Mehraufwendungen für die Haltung eines Pkw in Anlehnung an die ADAC-Tabelle geschätzt hat, liegt die Annahme nahe, daß es in die Schätzung die Anschaffungskosten für das Fahrzeug miteinbezogen hat. Ob dabei auch die genannten Zuschüsse – unter Beachtung der erforderlichen Kosten für die Umrüstung des Fahrzeugs – berücksichtigt worden sind, kann dem Berufungsurteil nicht mit hinreichender Sicherheit entnommen werden. Die erforderliche Aufhebung des angefochtenen Urteils und Zurückverweisung der Sache an das OLG gibt den Parteien Gelegenheit, hierzu näher Stellung zu nehmen.

(Bemessung des Vorsorgeunterhalts bei Teilzeitbeschäftigung und Aufstockungsunterhalt)

e II 2) Das OLG hat der AGg. die Hälfte des Unterschiedsbetrages zwischen den beiderseitigen bereinigten Einkünften zugesprochen. Nach dem Inhalt des angefochtenen Urteils kann nicht ausgeschlossen werden, daß es hierbei den Vorsorgeunterhalt gänzlich außer acht gelassen hat. Andererseits läßt das Urteil auch die Annahme zu, daß das OLG mit der der AGg. zugebilligten Unterhaltsquote den Elementarunterhalt einschließlich des Vorsorgeunterhalts abdecken wollte. In diesem Fall entspräche das Urteil allerdings nicht den Grundsätzen für die Bemessung des Vorsorgeunterhalts, die der Senat (FamRZ 1981/442; FamRZ 1981/864; FamRZ 1982/255, 257) aufgestellt hat.

Der Senat ist zu einer eigenen Sachentscheidung nicht in der Lage. Vielmehr muß die Unterhaltsbemessung – unter Einschluß des Vorsorgeunterhalts – grundsätzlich dem Tatrichter vorbehalten bleiben. Das gilt im vorliegenden Fall insbesondere deshalb, weil bisher nicht geklärt ist, in welcher Weise eine Aufstockung der durch die Erwerbstätigkeit der AGg. bereits erzielten Altersvorsorge – um den ergänzenden Vorsorgeunterhalt – in Betracht kommen kann. Es mag in einem Fall, in dem der unterhaltsberechtigte Ehegatte im Rahmen einer Teilzeitbeschäftigung Pflichtbeiträge für die gesetzliche Rentenversicherung entrichtet, in der Regel zweifelhaft sein, ob es sinnvoll ist, auch die Aufstockung der Altersvorsorge im Wege der gesetzlichen Rentenversicherung vorzunehmen, wenn neben den aufgrund der Versicherungspflicht gezahlten Beiträgen lediglich solche zum Zwecke der Höherversicherung entrichtet werden können (§ 1234 RVO, § 11 AVG); denn aus dieser erwachsen keine dynamischen Versicherungsleistungen (§ 1272 III RVO, § 49 III AVG). Etwas anderes kann allerdings gelten, wenn die AGg. noch in der Lage ist, freiwillige Beiträge zur Angestelltenversicherung nachzuentrichten. Gegebenenfalls können auch privatrechtliche Vorsorgemöglichkeiten zu erwägen sein (FamRZ 82/255). Zu dieser Frage haben die Parteien bisher nicht Stellung genommen. Sie kann für die Art des zu leistenden Vorsorgeunterhalts von Bedeutung sein.

BGH v. 7. 4. 82 – IVb ZR 678/80 – FamRZ 82, 680 = NJW 82, 1642

(Keine absolute obere Grenze für Unterhaltsanspruch; Auskunftsverpflichtung) **R118**

II 1 c) Nicht zu beanstanden ist die Rechtsauffassung des OLG, der Auskunftsanspruch der Kl. entfalle nicht deshalb, weil die Kl. ein eigenes Einkommen von etwa 1600 DM beziehe. Richtig ist zwar, daß Einkünfte und Vermögen nicht mehr offenbart werden müssen, wenn sich durch die Auskunft weder am Bestand noch an der Höhe eines Unterhaltsanspruchs etwas ändern kann. Ein solcher Fall ist hier jedoch nicht gegeben. Es steht gerade nicht fest, ob die Kl. den nach den Lebensverhältnissen und den Erwerbs- und Vermögensverhältnissen der Parteien angemessenen Unterhalt (§ 1361 I BGB) bereits durch ihr eigenes Einkommen decken kann. Der Lebensbedarf des Unterhaltsberechtigten kann nicht in einer absoluten Größe bemessen werden, vielmehr wird er maßgeblich durch die wirtschaftlichen Verhältnisse der Ehegatten bestimmt. Daß auch eine absolute obere Grenze für den Unterhaltsanspruch des getrennt lebenden Ehegatten nicht besteht, hat der BGH schon zum früheren Recht entschieden, das noch auf Billigkeitsgesichtspunkte abstellte (BGH, FamRZ 1969/205 = NJW 1969/919); für den Unterhaltsanspruch gemäß § 1361 BGB n. F. kann nichts anderes gelten (FamRZ 1981/668, 670, sowie zum nachehelichen Unterhalt, FamRZ 82/152). **c**

(Zum Einkommensteuerbescheid und zur Steuererklärung sowie zu Ausnahmen bei der Vorlegungspflicht)

3 a) Die Verurteilung des Bekl. zur Vorlage seiner Steuererklärungen und -bescheide begegnet im Ergebnis keinen rechtlichen Bedenken. Sein Einkommenssteuerbescheid ist regelmäßig geeignet, wenigstens ein Mindesteinkommen als Grundlage der Unterhaltsbemessung zu belegen. Die Verpflichtung zur Vorlage von Belegen gemäß § 1605 I 2 BGB erfaßt daher in aller Regel auch die Vorlage von Steuerbescheiden. b) Von noch zu erläuternden Ausnahmen abgesehen, muß der Auskunftspflichtige auf Verlangen außer dem Steuerbescheid auch die Kopie der zugrundeliegenden Steuererklärung vorlegen; denn in nicht seltenen Fällen reicht der Steuerbescheid allein nicht aus, um die unterhaltsrechtlich wesentlichen Einkünfte verständlich zu belegen. Dem heute meist maschinell erstellten Einkommenssteuerbescheid können für die verschiedenen Einkunftsarten nur die jeweiligen Salden entnommen werden. Erst im Zusammenhang mit der Steuererklärung läßt sich hinreichend deutlich erkennen, welche Einkommensteile steuerrechtlich unberücksichtigt geblieben sind und inwieweit steuerrechtlich anerkannte Absetzungen vorliegen, die unterhaltsrechtlich möglicherweise nicht als einkommensmindernd hinzunehmen sind (FamRZ 80/770 = NJW 80/2083). Der Umstand, daß Amtsträger und ihnen gleichgestellte Personen sowie Steuerbevollmächtigte, Steuerberater und Wirtschaftsprüfer die ihnen anvertrauten Angaben des Steuerpflichtigen ohne ausdrückliche gesetzliche Zulassung nicht weitergeben dürfen und sie in Gerichtsverfahren als Zeugen nicht zu offenbaren brauchen, besagt noch nichts darüber, in welchen Fällen der Betroffene selbst die gleichen Tatsachen, die er gegenüber dem Finanzamt aufgrund der §§ 149 ff. AO erklären muß, auch anderen mitzuteilen hat. Eine solche gesetzliche Pflicht besteht gerade im vorliegenden Fall gegenüber der Kl. **e**

c) Das Verlangen des Berechtigten auf Vorlage der Steuererklärung als Beleg für die Höhe der Einkünfte unterliegt allerdings Einschränkungen. So braucht die Steuererklärung nicht mehr vorgelegt zu werden, wenn der Verpflichtete seine Einkünfte bereits in anderer Weise ausreichend belegt hat. Unabhängig davon kann der Verpflichtung zur Vorlage der vollständigen Steuererklärung ein schutzwürdiges Interesse des Auskunftsverpflichteten an der Zurückhaltung bestimmter Angaben entgegenstehen, die sich aus der Steuererklärung ergeben. So ist denkbar, daß sich aus der Geltendmachung einzelner steuerrechtlich relevanter Ausgaben Rückschlüsse auf Lebenssachverhalte ziehen lassen, die für einen Unterhaltsanspruch ohne Bedeutung sind und die der Verpflichtete dem Unterhaltsberechtigten daher nicht offenbaren muß. Im übrigen kann die Vorlage der Steuererklärung – ebenso wie die anderer Belege – verweigert werden, wenn aufgrund besonderer Umstände die Gefahr einer mißbräuchlichen Verwendung besteht. Die konkreten Tatsachen, die im Einzelfall zum Ausschluß oder zur Einschränkung der Vorlagepflicht für Steuererklärungen als Beleg der Einkünfte führen sollen, muß der Auskunftspflichtige im Prozeß nach allgemeinen Verfahrensregeln geltend machen. Im vorliegenden Fall fehlt es an einem derartigen Vortrag. Die vom OLG getroffene Feststellung, der Beklagte habe keine Umstände vorgetragen, die im vorliegenden Fall eine Beschränkung des Anspruchs auf Auskunftserteilung und auf Vorlage der geforderten Belege rechtfertigen könnten, ist nicht zu beanstanden.

BGH v. 21. 4. 82 – IVb ZR 687/80 – FamRZ 82, 679 = NJW 82, 1987

R120 *(Zweckbestimmung des Vorsorgeunterhalts und Bemessung, wenn der Elementarunterhalt des Berechtigten durch ein „eheähnliches Verhältnis" gedeckt ist. Stets Anknüpfung des Vorsorgeunterhalts an den zu gewährenden laufenden Unterhalt, auch wenn dieser wegen trennungsbedingtem Mehrbedarf nicht dem vollen Unterhalt entspricht. Dies gilt auch bei bedarfsmindernder Anrechnung nichtprägender Einkünfte des Berechtigten)*

Wie der Senat in der Entscheidung v. 25. 2. 1981 (FamRZ 81/442) dargelegt hat, sollen nach dem Zweck der Gesetzesregelung über den Vorsorgeunterhalt mit unterhaltsrechtlichen Mitteln die Nachteile ausgeglichen werden, die dem Berechtigten aus der ehebedingten Behinderung seiner Erwerbstätigkeit erwachsen. Das läßt es gerechtfertigt erscheinen, den Berechtigten hinsichtlich der Altersvorsorge so zu behandeln, wie wenn er aus einer versicherungspflichtigen Erwerbstätigkeit Einkommen in Höhe des ihm an sich zustehenden Elementarunterhalts hätte (FamRZ 81/444). Hiernach ist das entscheidende Anknüpfungskriterium für die Bemessung des Vorsorgeunterhalts in der an sich zu gewährenden laufenden Unterhaltsrente zu erblicken. Dabei ist nicht zu verkennen, daß diese Unterhaltsrente den entsprechenden Unterhaltsbedarf des Berechtigten nicht immer vollständig deckt. Zwar ist ihre Bemessung darauf auszurichten, daß sie den gesamten, nach den dauerhaft gewordenen Lebensverhältnissen während der Ehe zu bestimmenden Lebensbedarf umfaßt (§ 1578 I BGB). Indessen kommt es vor allem bei dem in der Praxis verbreiteten Verfahren, den laufenden Unterhalt nach einer Quote des Einkommens zu bemessen, häufiger vor, daß die Quote, die dem Berechtigten am Einkommen des Verpflichteten zusteht, nicht ausreicht, um den Unterhaltsbedarf in vollem Umfang zu decken. Das ist, wie der Senat (FamRZ 82/151) ausgeführt hat, insbesondere im Hinblick auf etwaige Mehrkosten möglich, die den Ehegatten als Folge ihrer Trennung erwachsen und dazu führen können, daß der Berechtigte mit den Mitteln jener Quote den ehel. Lebensstandard nicht mehr aufrechtzuerhalten vermag. Diese mögliche Diskrepanz zwischen der dem Berechtigten an sich zustehenden Rente zur Deckung des laufenden Unterhaltsbedarfs und der tatsächlichen Höhe dieses Bedarfs macht es nach Ansicht des Senats jedoch nicht erforderlich, den laufenden Unterhalt als rechnerische Grundlage für die Bemessung des Vorsorgeunterhalts in Frage zu stellen und nur dann als Anknüpfungskriterium gelten zu lassen, wenn er den laufenden Unterhaltsbedarf des Berechtigten tatsächlich deckt. Vielmehr läßt es das gerade im Unterhaltsrecht bestehende Bedürfnis nach einer einfachen Abwicklung der alltäglichen Ausgleichsfälle gerechtfertigt erscheinen, die Vorsorgeleistungen, deren Einbeziehung in den Unterhalt getrennt lebender und geschiedener Ehegatten ohnehin erhebliche Schwierigkeiten bereitet, auch dann in Anknüpfung an den laufenden Unterhalt zu bemessen, wenn dieser zur Deckung des entsprechenden tatsächlichen Unterhaltsbedarfs nicht ausreicht. Das führt dazu, daß die Rente für den laufenden Unterhalt, wie sie im Falle der vollständigen Unterhaltsbedürftigkeit des Berechtigten anfiele, grundsätzlich die Obergrenze des Betrages bildet, aus dem nach seiner Hochrechnung zu einem Bruttobetrag entsprechend der Regelung des § 14 II SGB-IV der Vorsorgeunterhalt zu errechnen ist.

Diese Obergrenze wird auch im vorliegenden Fall erreicht, da das OLG mit dem monatl. Betrag von 662 DM einen laufenden Unterhalt zugrunde gelegt hat, wie er der ASt. im Falle vollständiger Unterhaltsbedürftigkeit von seiten des AGg. zustände. Ein auf dieser Grundlage errechneter Vorsorgeunterhalt ist auch dann als angemessen anzusehen, wenn der Berechtigte seinen laufenden Unterhaltsbedarf anderweitig deckt, ohne dabei zugleich eine entsprechende Altersvorsorge begründen zu können. Daß der Unterhaltsverpflichtete hierbei hinsichtlich des laufenden Unterhalts entlastet wird, gebietet es nicht, ihn hinsichtlich des Vorsorgeunterhalts in größerem Umfang heranzuziehen.

Entgegen der Ansicht der Revision kann der ASt. der Betrag, um den das OLG den Vorsorgeunterhalt herabgesetzt hat, auch nicht als Elementarunterhalt zuerkannt werden. Eine solche Verurteilung scheidet schon deshalb aus, weil die ASt. nach dem festgestellten Sachverhalt in der Berufungsinstanz hinsichtlich des Elementarunterhalts keinen Unterhaltsbedarf mehr geltend gemacht hat.

BGH v. 21. 4. 82 – IVb ZR 741/80 – FamRZ 82, 684

(Einkommenserhöhungen durch Beförderungen im öffentlichen Dienst sind zu berücksichtigen, wenn sie im Zeitpunkt der Scheidung als Normalentwicklung [Regelbeförderung] vorausgesehen und erwartet werden konnten; dies gilt nach altem und neuem Recht) **R122**

II 2 g bb) Der Auffassung des OLG, die Laufbahn des Bekl. zwar nicht bis zur letztlich erreichten Versetzung auf einen herausgehobenen Dienstposten als Oberstleutnant in der Besoldungsgruppe A 15, aber doch bis zur Beförderung zum Oberstleutnant in der Besoldungsgruppe A 14 sei als eine sich seit 1963 abzeichnende, vorgegebene, planmäßige Laufbahn für die Höhe des nachehelichen Unterhalts zu beachten, würde der Senat auch sonst zustimmen. Wenn eine derartige Entwicklung bei einem kriegsgedienten Offizier, wie das OLG feststellt, „durchaus normal" war und die allgemeine, mit hoher Wahrscheinlichkeit sich verwirklichende, Laufbahnerwartung eines Hauptmannes wie des Bekl. i. J. 1963 für das Ende der noch bevorstehenden 15 Dienstjahre beim Oberstleutnant in der Besoldungsgruppe A 15 lag, spricht alles dafür, derartigen Beförderungen im Falle ihres Eintritts Einfluß auf die Höhe des nachehelichen Unterhalts einzuräumen. Die in diesem Zusammenhang bisweilen für die Gegenmeinung zitierte Entscheidung RGZ 75/124, 126, in der spätere Beförderungen in ein besser besoldetes Amt als zur Zeit der Scheidung nicht einmal voraussehbar bezeichnet worden sind, trifft die dargestellte heutige Beförderungspraxis nicht. Im Rahmen der normalen Erwartung liegende zukünftige Beförderungen im öffentlichen Dienst, zu denen es regelmäßig kommt, werden üblicherweise als künftige Stationen der Einkommensentwicklung von Eheleuten schon vorausschauend für ihren Lebenszuschnitt berücksichtigt, etwa, bei Entscheidungen im Zusammenhang mit dem Aufbau einer Altersversorgung, dem Entschluß zum Erwerb eines Familienheims und den Dispositionen über die Ausbildung der Kinder. Sie prägen mithin bereits die – für die Höhe des nachehelichen Unterhalts maßgebenden – ehel. Lebensverhältnisse zur Zeit der Scheidung. Deshalb kann ihnen im Falle der späteren Realisierung der Regelbeförderungserwartung sowohl im Rahmen des alten Rechts (§§ 58 ff. EheG) als auch nach § 1578 BGB n. F. ein Einfluß auf die Höhe des nachehelichen Unterhalts nicht abgesprochen werden. **b**

Der Gegenmeinung, die nur sicher voraussehbare künftige Entwicklungen, nicht aber Beförderungen im öffentlichen Dienst berücksichtigen will, vermag der Senat aus den dargelegten Gründen nicht zu folgen.

BGH v. 26. 5. 82 – IVb ZR 715/80 – FamRZ 82, 887 = NJW 82, 1983

(Voraussetzungen für Verzug) **R128**

Die Kl. zu 1. greift das Berufungsurteil zunächst insoweit an, als ihr für die Zeit vom 1. 8. bis 31. 12. 1979 kein Vorsorgeunterhalt zugebilligt worden ist, weil sie den Bekl.- nach Auffassung des OLG – nur in Höhe des bezifferten Betrages von 1263,66 DM in Verzug gesetzt habe. Sie macht dazu geltend, der Berechtigte sei im allgemeinen nicht in der Lage, ohne Kenntnis der Verhältnisse des Verpflichteten die gesetzlich begründete Unterhaltsforderung in ihrer genauen Höhe zu ermitteln. Deshalb sei davon auszugehen, daß der Unterhaltsschuldner wegen der gesamten Unterhaltsforderung in Verzug gesetzt werde, wenn der Gläubiger nur einen Mindestbetrag nenne; hierin sei zugleich die Aufforderung zur Zahlung der gesetzlich geschuldeten Unterhaltsrente zu erblicken. **g**

Dem kann nicht gefolgt werden. Abgesehen davon, daß die Kl. zu 1. in ihrem Aufforderungsschreiben vom 20. 7. 1979 die begehrte Unterhaltsrente von monatlich 1263,66 DM weder – erkennbar – als Mindestbetrag behandelt noch überhaupt einen außerdem zu zahlenden Vorsorgeunterhalt erwähnt hat, trifft auch die von ihr vertretene Rechtsauffassung nicht zu. Bei familienrechtlichen Unterhaltsschulden tritt, wie der Senat in einem Fall des § 284 II BGB entschieden hat (Urt. NJW 1981, 1556), Verzug des Verpflichteten nur ein, wenn ihm seine Schuld nicht nur nach ihrer Existenz, sondern auch nach ihrem Umfang, also nach der Höhe des geschuldeten Betrages bekannt ist (vgl. Gernhuber, FamR, 3. Aufl., § 41 IX 2). Im Fall des § 284 I BGB muß dementsprechend die Mahnung des Unterhaltsberechtigten die geschuldete Leistung der Höhe nach genau bezeichnen. Zwar ist eine Zuvielforderung unschädlich. Die Forderung einer geringeren Summe begründet hingegen keinen Verzug auf einen höheren als den begehrten Betrag.

BGH v. 16. 6. 82 – IVb ZR 727/80 – FamRZ 83, 152 = NJW 82, 1986

(Wahlrecht zur Geltendmachung von Vorsorgeunterhalt. Eine bestimmte Form der Vorsorgeversicherung muß nicht angegeben werden.) **R132**

3 a) Eine Partei braucht grundsätzlich nicht mehr darzulegen und notfalls zu beweisen, als zur Erfüllung der abstrakten Tatbestandsmerkmale der ihr Prozeßbegehren rechtfertigenden Anspruchsnorm erforderlich ist. In § 1578 III BGB bestimmt das Gesetz, daß zum Lebensbedarf auch die Kosten **c**

einer angemessenen Versicherung für den Fall des Alters sowie der Berufs- oder Erwerbsunfähigkeit gehören. Nach dem Sinnzusammenhang der Vorschrift ist das Tatbestandsmerkmal „angemessen" – ebenso wie in Abs. II hinsichtlich der Kosten einer angemessenen Krankenversicherung – auf die Höhe der Kosten und die Bemessung des Anspruchs bezogen, nicht auf die Art und Weise der Altersvorsorge. In letzterer Hinsicht besteht nach der im Schrifttum herrschenden Ansicht ein Wahlrecht des Unterhaltsberechtigten. Es mag zwar zur Sicherstellung der Zweckbestimmung des Vorsorgeunterhalts erwünscht sein, daß der Berechtigte schon bei der erstmaligen Geltendmachung des darauf gerichteten Anspruchs die von der Revision angesprochenen Einzelheiten über die beabsichtigte Altersvorsorge darlegt; ein Zwang hierzu findet jedoch in der Fassung der maßgebenden Anspruchsnorm keine hinreichende Stütze. Demgemäß hat der Senat bereits entschieden (FamRZ 1982/887), daß der unterhaltsberechtigte Ehegatte grundsätzlich nicht verpflichtet ist, bei der Geltendmachung von Vorsorgeunterhalt eine bestimmte Form der Vorsorgeversicherung und die hiermit verbundenen konkret anfallenden Vorsorgeaufwendungen anzugeben. Er kann sich vielmehr sowohl im Fall des § 1361 I S. 2 BGB als auch in dem des § 1578 III BGB darauf beschränken, den ihm zustehenden Vorsorgebetrag geltend zu machen, um ihn sodann dem gesetzlichen Zweck entsprechend zu verwenden.

Im vorliegenden Fall hat sich die Ehefrau im übrigen nicht auf die bloße Geltendmachung von Vorsorgeunterhalt beschränkt, sondern ihre Absicht zum Ausdruck gebracht, die aus dem VersAusgl erlangten Versorgungsanwartschaften bei der ges. Rentenversicherung mit dem Vorsorgeunterhalt weiterführen zu wollen. Hinsichtlich der Durchführbarkeit und der Zweckmäßigkeit dieses Planes bestehen keine Bedenken.

(Berechnung des Vorsorgeunterhalts und anschließende Kürzung des Elementarunterhalts. Gesonderte Ausweisung im Tenor)

d 3 b) Bei der Bemessung des Vorsorgeunterhalts ist das OLG der Auffassung gefolgt, wonach an die Versicherungsbeiträge angeknüpft werden kann, die an die ges. Rentenversicherung zu entrichten wären, wenn der Unterhaltsberechtigte aus einer versicherungspflichtigen Erwerbstätigkeit Nettoeinkünfte in Höhe des Elementarunterhalts erzielte. Diese Lösung entspricht im Grundsatz der Berechnungsmethode, die der Senat bereits mehrfach gebilligt hat (FamRZ 1981/442, 444 f.; FamRZ 1981/864, 865; FamRZ 1982/255, 257; FamRZ 1982/887). Allerdings hat das OLG dabei außer acht gelassen, daß die Zubilligung des so errechneten Vorsorgeunterhalts zu einer Kürzung des nach Quoten berechneten Elementarunterhalts führen muß, wie in der erstgenannten Senatsentscheidung ausführlich dargelegt ist. Hiernach kann das angefochtene Urteil nicht in vollem Umfang bestehen bleiben. Damit bestehen keine Bedenken, das angefochtene Urteil entsprechend abzuändern, wobei im Hinblick auf die Zweckbestimmung des Vorsorgeunterhalts geboten war, den darauf entfallenden Betrag im Urteilstenor besonders auszuweisen (FamRZ 81/442, 445).

BGH v. 30. 6. 82 – IVb ZR 695/80 – FamRZ 82, 890 = NJW 82, 2438

R133 *(Vorsorgeunterhalt ist ein unselbständiger Teil des einheitlichen Lebensbedarfs. Bemessung des Vorsorgeunterhalts nach dem hochgerechneten vorläufigen Elementarunterhalt auf ein fiktives versicherungsrechtliches Bruttoeinkommen, aus dem der fiktive Beitrag zur Rentenversicherung berechnet wird. Endgültige Bemessung des Elementarunterhalts nach Vorabzug des Vorsorgeunterhalts. Zweckbestimmung des Vorsorgeunterhalts und Ausweisung im Tenor. Vorrang des Elementarunterhalts im Mangelfall. Die Leistungsfähigkeit ist für Vorsorgeunterhalt und Elementarunterhalt einheitlich zu beurteilen.)*

I 2 b) Die Entscheidung des OLG stößt insofern auf Bedenken, als es davon ausgegangen ist, daß der sich aus einem Tabellenwerk wie der Düsseldorfer Tabelle ergebende Unterhalt auch dann unverändert zu zahlen sei, wenn zusätzlich Vorsorgeunterhalt verlangt wird. Die Bemessung des Unterhalts nach Quoten dient dem Zweck, die für den allgemeinen Lebensbedarf der Ehegatten verfügbaren Einkünfte angemessen zwischen ihnen aufzuteilen. Auf seiten des Unterhaltspflichtigen steht jedoch, wenn er auch zur Zahlung von Vorsorgeunterhalt herangezogen wird, nur mehr das um diesen Vorsorgeunterhalt verminderte Einkommen für den allgemeinen Lebensbedarf zur Verfügung. Aus diesem Grunde ist sein Einkommen für die Zwecke der Unterhaltsberechnung um den Vorsorgeunterhalt zu bereinigen. Andererseits ist für die Bemessung des Vorsorgeunterhalts an den Elementarunterhalt anzuknüpfen. Im Hinblick auf die sich danach ergebende Wechselbeziehung zwischen Elementar- und Vorsorgeunterhalt hat der Senat in mehreren Entscheidungen die Auffassung gebilligt, daß in Fällen, in denen neben Elementar- auch Vorsorgeunterhalt geltend gemacht wird, eine mehrstufige Verteilung vorzunehmen ist:

Zunächst ist, gegebenenfalls im Wege der Quotenbildung, der Elementarunterhalt festzustellen, der ohne den Einfluß des Vorsorgeunterhalts geschuldet würde. Dieser Wert hat jedoch nur die Funktion eines Rechenschrittes. Hiervon ausgehend kann der Vorsorgeunterhalt, wie es die Kl. erstrebt, nach den Versicherungsbeiträgen bemessen werden, die an die gesetzliche Rentenversicherung zu entrichten wären, wenn der Unterhaltsberechtigte Nettoeinkünfte in Höhe des (vorläufigen) Elementarunterhalts aus einer versicherungspflichtigen Erwerbstätigkeit erzielte; hierzu ist der (vorläufige) Elementarunterhalt zu einem fiktiven Bruttoeinkommen hochzurechnen und diesem der fiktive Beitrag zur gesetzlichen Rentenversicherung zu entnehmen (s. hierzu die Tabelle des OLG Bremen). Der auf diese Weise ermittelte Vorsorgeunterhalt ist sodann für die abschließende Bemessung des Elementarunterhalts von dem für den Unterhalt heranzuziehenden Einkommen des Unterhaltspflichtigen in Abzug zu bringen, so daß sich eine Verringerung des (endgültigen) Elementarunterhalts ergibt. Im Hinblick auf seine Zweckbindung ist der Vorsorgeunterhalt schließlich in der Entscheidung besonders auszuweisen FamRZ 1982/781).

Mit diesen Grundsätzen steht es nicht in Einklang, daß das OLG den Bekl. lediglich zur Zahlung von Elementarunterhalt nach der in der Düsseldorfer Tabelle vorgesehenen Quote der Differenz der beiderseitigen Einkünfte verurteilt und sich im übrigen auf den Standpunkt gestellt hat, daß der Bekl. zur zusätzlichen Zahlung von Vorsorgeunterhalt nicht in der Lage sei. Da der (endgültige) Elementarunterhalt nach der dargelegten Verteilungsmethode geringer ausfällt, werden in demselben Umfange Mittel für den Vorsorgeunterhalt frei. Dies allein würde freilich, wenn man die Leistungsfähigkeit des Bekl. wie bisher das OLG gerade bei $^3/_7$ der Differenz der beiderseitigen Einkünfte (= 596 DM) erschöpft sieht, lediglich zu einer anderen Aufteilung desselben Gesamtbetrages führen, welche der Senat auch selbst vornehmen könnte. Indessen hat das OLG die Leistungsfähigkeit des Bekl. für den Vorsorgeunterhalt nach anderen Maßstäben beurteilt als für den Elementarunterhalt. Dies ergibt sich insbesondere daraus, daß es sich gegenüber dem Anspruch auf Vorsorgeunterhalt für den Selbstbehalt des Bekl. an dem Betrag von 1100 DM orientiert hat, der nach den sog. Hammer Richtlinien für den „vollen Unterhalt" i. S. des § 1577 II BGB anzusetzen ist, während es als Elementarunterhalt einen Betrag zuspricht, der dem Bekl. weniger als 1100 DM – nämlich nur 996 DM – beläßt. Eine derartige unterschiedliche Beurteilung der Leistungsfähigkeit bei Elementar- und Vorsorgeunterhalt findet im Gesetz keine Stütze. In der Frage der Leistungsfähigkeit sind vielmehr für beide Unterhaltsposten dieselben Maßstäbe heranzuziehen. Das gilt um so mehr, als es sich um unselbständige Teile des einheitlichen Unterhaltsanspruchs handelt, die sich der Höhe nach gegenseitig beeinflussen (FamRZ 82/255, 257 und FamRZ 82/465). Hiernach ist nicht auszuschließen, daß das OLG zu einer anderen tatrichterlichen Einschätzung der Leistungsfähigkeit des Bekl. gelangt, wenn es insoweit einen einheitlichen Maßstab zugrunde legt und sich nach den aufgezeigten Grundsätzen einerseits für den (endgültigen) Elementarunterhalt ein geringerer Betrag als von dem OLG bisher angenommen und andererseits für den Vorsorgeunterhalt ein geringerer Betrag als von der Kl. bisher beansprucht ergibt. Außerdem bedarf es der tatrichterlichen Überprüfung, ob die Beträge, die für den endgültigen Elementarunterhalt der Kl. und als Selbstbehalt des Bekl. verbleiben, als ausreichend angesehen werden können (FamRZ 81/442, 445 und FamRZ 82/781). Gegebenenfalls ist in tatrichterlicher Verantwortung eine den Interessen beider Parteien gerecht werdende anderweitige Bemessung des Unterhalts vorzunehmen, wobei dem laufenden Unterhalt im Verhältnis zum Vorsorgeunterhalt der Vorrang zukommt (FamRZ 81/442).

Der Rechtsstreit wird aus diesen Gründen unter teilweiser Aufhebung des angefochtenen Urteils an das OLG zurückverwiesen. Auch soweit das angefochtene Urteil – nämlich in seinem zusprechenden Teil – bestehen bleibt, ist das OLG nicht gehindert, bei der Neubemessung des Unterhalts klarzustellen, wieweit der bisher schon zugesprochene Betrag auf den Vorsorgeunterhalt entfällt, da es sich, wie ausgeführt, lediglich um einen unselbständigen Teil des einheitlichen Unterhaltsanspruchs handelt.

BGH v. 6. 10. 82 – IVb ZR 307/81 – FamRZ 83, 29 = NJW 83, 224

(Unterhalt und Sonderbedarf nach altem Recht. Anerkennung eines Bedarfs als Sonderbedarf. Beteiligung des Berechtigten an den Kosten des Sonderbedarfs) R138

2) Sonderbedarf ist nach der Legaldefinition in § 1613 II S. 1 BGB ein „unregelmäßiger außergewöhnlich hoher Bedarf". Mit den hiernach erforderlichen Voraussetzungen für die Anerkennung eines Bedarfs als Sonderbedarf hat sich der erkennende Senat bereits in dem Urteil v. 11. 11. 1981 (FamRZ 1982/145 m. N.) auseinandergesetzt. Nach den Ausführungen in diesem Urteil muß es sich um einen Bedarf handeln, der überraschend und der Höhe nach nicht abschätzbar auftritt. Dabei ist unregelmäßig ein Bedarf, der nicht mit Wahrscheinlichkeit vorauszusehen war und deshalb bei der Bemessung der laufenden Unterhaltsrente nicht berücksichtigt werden konnte. Wann ein in diesem Sinn unregelmäßiger Bedarf zugleich außergewöhnlich hoch ist, läßt sich hingegen nicht nach allgemein gültigen Maßstäben festlegen; vielmehr kommt es insoweit auf die Umstände des Einzelfalles an, insbesondere auf die Höhe der laufenden Unterhaltsrente und die sonstigen Einkünfte des Berechtigten, auf den Lebenszuschnitt der Beteiligten sowie auf den Anlaß und den Umfang der besonderen Aufwendungen. Letztlich richtet sich die Frage, ob ein Bedarf außergewöhnlich hoch ist, danach, ob und inwieweit dem Berechtigten, wenn der Verpflichtete an sich leistungsfähig ist, bei einer Gesamtbetrachtung zugemutet werden kann, den Bedarf selbst zu bestreiten (Senatsurteil, a. a. O., S. 146). Das bedeutet zugleich, daß sich grundsätzlich nur von Fall zu Fall für die jeweils in Frage stehende Aufwendung beurteilen läßt, ob sie als Sonderbedarf zu behandeln ist.

So sind bisher – neben unvorhergesehenen Krankheits-, Operations- und ähnlichen Kosten als Sonderbedarf im einzelnen anerkannt worden: die Aufwendungen für die Renovierung einer Wohnung, Aufwendungen, die durch die Wahl eines aus Gesundheitsrücksichten oder aus anderen zwingenden Gründen gebotenen teureren Wohnorts verursacht werden, sowie unvorhergesehene Kosten als Folgen eines Stellungs-, Berufs- oder Wohnungswechsels und hierbei auch die erforderlichen Umzugskosten.

Das OLG hat die der Kl. durch den Umzug v. K. nach G. entstandenen Transport- und sonstigen Kosten als unregelmäßige und außergewöhnlich hohe Aufwendungen angesehen. Diese Würdigung des OLG ist revisionsrechtlich nicht zu beanstanden. Das Gericht ist bei seiner Entscheidung – unter Beachtung der gebotenen Zumutbarkeitserwägungen – zutreffend von den für die Beurteilung als Sonderbedarf maßgeblichen Kriterien ausgegangen und hat ohne Rechtsverstoß die Voraussetzungen eines unregelmäßigen, außergewöhnlich hohen Bedarfs bejaht. Dabei kam es nicht entscheidend darauf an, daß die Umzugskosten für die Kl. überraschend, also ohne ihre vorherige Kenntnis und insoweit unvorhersehbar entstanden sein müßten. Maßgebend war in diesem Sinn vielmehr, daß sie als einmaliger, der Höhe nach im vorhinein nicht abschätzbarer Aufwand bei der Bemessung der laufenden Unterhaltsrente nicht hatten berücksichtigt werden können. Bei der Beurteilung der außergewöhnlichen Höhe der Unzugsaufwendungen hat das OLG rechtsfehlerfrei auf das Verhältnis der Aufwendungen (von insgesamt 7820,35 DM) zu der Unterhaltsrente der Kl. (von monatlich 530 DM) sowie insbesondere auf den Anlaß des Umzuges abgestellt. Die Kl. hat nämlich den Wohnungswechsel durchgeführt, um sich – zu einem Zeitpunkt, zu dem sie wegen der Betreuung und Erziehung der damals 11 und 7 Jahre alten Söhne der Parteien nicht zu einer eigenen Erwerbstätigkeit verpflichtet war – durch Wiederaufnahme einer Berufstätigkeit wirtschaftlich unabhängig zu machen und sich zugleich eine eigene Altersversorgung zu schaffen. Dies setzte eine angemessene Betreuung und Pflege der Kinder während der berufsbedingten Abwesenheit der Kl. voraus, die ihre in G. lebenden Eltern gewährleisten konnten.

Soweit die Revision die Umzugsnebenkosten (Kosten für Dekoration, Renovierung und Teppichbodenverlegung) als vorhersehbar, ohnehin in regelmäßigen Zeitabständen anfallende Kosten bezeichnet, die aus diesem Grund nicht unter den Sonderbedarf fallen könnten, läßt sie die Tatsache unberücksichtigt, daß die Kl. die Aufwendungen für die Renovierungs- und Malerarbeiten und für Teppichbodenverlegung nur jeweils zur Hälfte geltend macht. Im Umfang der geltend gemachten Beträge hat das OLG auch bei diesen – unmittelbar durch den Umzug bedingten – Kosten die Voraussetzungen des Sonderbedarfs ohne Rechtsverstoß bejaht.

3) Wie der Senat in dem bereits erwähnten Urteil v. 11. 11. 1981 (FamRZ 1982/145, 147) ausgeführt hat, ist in Fällen des Ehegattenunterhalts jeweils auch zu prüfen, inwieweit der Unterhaltsberechtigte an den Aufwendungen zur Deckung des Sonderbedarfs selbst zu beteiligen ist. Es ist nämlich im allgemeinen davon auszugehen, daß bereits durch die laufende Unterhaltsrente eine angemessene Aufteilung derjenigen Mittel herbeigeführt wird, die für den Lebensbedarf beider Beteiligter zur Verfügung stehen; das kann nicht selten dazu führen, daß der Unterhaltsberechtigte einen Teil seines Sonderbedarfs selbst zu tragen hat und nur die Erstattung des Restes wird verlangen können. Ob und gegebenenfalls in welchem Umfang eine solche Beteiligung des Unterhaltsberechtigten an den Kosten des Sonderbedarfs geboten ist, hängt von den Umständen des Einzelfalles ab und muß in erster Linie der Entscheidung des Tatrichters vorbehalten werden.

BGH v. 3. 11. 82 – IVb ZR 324/81 – FamRZ 83, 48 = NJW 83, 393

R141 *(Kosten einer Privatschule; Bindung an Entscheidungen des Sorgeberechtigten; unterhaltsrechtliche Rechtfertigung der Mehrkosten; Zumutbarkeitsabwägung; Übernahme von $^1/_3$ durch den sorgeberechtigten Elternteil)*

2 a aa) Bei einem minderjährigen Kind, dessen Eltern geschieden sind, übt die elterl. Sorge der Elternteil aus, den das FamG bestimmt hat (§ 1671 BGB). Diesem obliegt damit allein das Recht und die Pflicht, im Rahmen seiner Erziehungsaufgabe (§ 1631 I BGB) die Ziele und Wege der Ausbildung unter Berücksichtigung der Eignung und Neigung des minderjährigen Kindes (vgl. § 1631 a I BGB) verantwortlich festzulegen. Der andere Elternteil, der durch die Bestimmung des Familienrichters das Personensorgerecht verloren hat, muß in aller Regel die Entscheidungen des Sorgeberechtigten hinnehmen, auch wenn sie ihm nicht sinnvoll erscheinen.

Fehlentscheidungen können gemäß §§ 1631 a II, 1666 BGB nur vom Vormundschaftsgericht korrigiert werden. Die Bindung des Unterhaltspflichtigen an die Entscheidungen des Inhabers der elterl. Sorge endet auch nicht, wenn und soweit solche Bestimmungen sich auf den Lebensbedarf des Kindes kostensteigernd auswirken. Der Unterhaltspflichtige kann im allgemeinen nicht durch eine Verweigerung des Finanzierungsbeitrages indirekt Einfluß auf den Inhalt von kostenverursachenden Sorgerechtsentscheidungen nehmen. Das bedeutet, daß auch im Unterhaltsrechtsstreit grundsätzlich kein Raum ist, die Maßnahmen des Sorgerechtsinhabers auf ihre Zweckmäßigkeit zu überprüfen.

bb) Zum Inhalt des Erziehungsrechts gehören die Bestimmung des Bildungsweges und die Auswahl der weiterführenden Schulen.

Dieses Auswahlrecht umfaßt auch den Besuch einer genehmigten Privatschule. Es ist nicht von vornherein auf solche Einrichtungen beschränkt, die wie die staatlichen Schulen aufgrund der jeweiligen Landesverfassungen Schulgeld- und Lehrmittelfreiheit gewähren. Die Gewährleistung des Rechts zur Errichtung von privaten Schulen enthält zugleich eine Ablehnung des staatlichen Schulmonopols und schließt das nicht ausdrücklich erwähnte Recht von Erziehungsberechtigten ein, die ihnen anvertrauten Kinder jedenfalls nach Beendigung der für alle gemeinsamen Grundschule auch in eine anerkannte private Schule aufnehmen zu lassen, weil die Gewährleistung der privaten Schulfreiheit sonst keinen Sinn hätte. Unterhaltsrechtlich darf daher ein Berechtigter nicht ausnahmslos auf die Inanspruchnahme der landesrechtlichen Schulgeld- und Lehrmittelfreiheit verwiesen werden. Der Lebensbedarf des minderjährigen Kindes umfaßt vielmehr dort, wo es aufgrund der Entscheidung des Sorgeberechtigten in Betracht kommt, auch das Schulgeld und die Lernmittelkosten.

cc) Trotz der generellen Bindung an die Entscheidung des Sorgeberechtigten, die auch die Wahl einer kostenverursachenden privaten Bildungseinrichtung zum Inhalt haben darf, kann der Unterhaltsberechtigte den auf diese Weise entstandenen Mehrbedarf nicht unbeschränkt geltend machen. Abgesehen von der stets durch die Leistungsfähigkeit des Verpflichteten gezogenen Grenze (§ 1603 II BGB) versagt nach allgemeinen Rechtsregeln die Bindungswirkung dort, wo der kostenverursachenden Maßnahme eine sachliche Begründung fehlt. Darüber hinaus bedarf es einer besonderen Prüfung der konkreten Umstände des Einzelfalles, wenn der Inhaber der elterl. Sorge mit seiner Entscheidung einen nicht unerheblichen Mehrbedarf im Vergleich zu anderen denkbaren Lösungen des zugrunde liegenden Schulauswahlproblems verursacht. Für den hier gegebenen Fall war daher abzuwägen, ob für den Besuch einer teureren Bildungseinrichtung, wie sie eine Privatschule im Vergleich zu einer von Schulgeld freigestellten staatlichen Schule regelmäßig darstellt, so gewichtige Gründe vorliegen, daß es gerechtfertigt erscheint, die dadurch verursachten Mehrkosten zu Lasten des Unterhaltspflichtigen als angemessene Bildungskosten anzuerkennen. Ähnliche Gesichtspunkte sind in Rechtsprechung und Literatur bei vergleichbaren Fällen entwickelt worden, z. B. wenn Mehrkosten für ein Studium an einem auswärtigen Hochschulort geltend gemacht werden, obwohl das Studium am Wohnsitz des Verpflichteten kostengünstiger möglich ist.

4) Ob und in welchem Umfang die Mutter der Kl. zu den Mehrkosten beitragen muß, die der Besuch des privaten Gymnasiums verursacht, hat das OLG nicht näher geprüft. Es hat im Hinblick auf die Relation der Einkommen beider Elternteile zumindest eine $^2/_3$-Beteiligung des Bekl. an den Mehrkosten als gerechtfertigt angesehen. Auch diese Auffassung läßt keinen Rechtsfehler zum Nachteil des Bekl. erkennen. Nach den in der Senatsrechtsprechung entwickelten Grundsätzen (FamRZ 1980/994) erfüllt die Mutter der Kl. ihre Unterhaltspflicht vollständig durch deren Pflege und Erziehung. Der Senat hat auch bereits entschieden, daß sich an der Gleichwertigkeit von Natural- und Barunterhalt durch eine Erwerbstätigkeit des das Kind versorgenden Elternteils nichts ändert, solange dieser die Kindesbetreuung weiter in vollem Umfang wahrnimmt (FamRZ 1981/347). Selbst wenn im vorliegenden Fall ein geringer Teil des Betreuungsaufwandes entfallen sein sollte, weil es sich bei dem von der Kl. besuchten privaten Gymnasium um eine Tagesheimschule handelt, hat dem die Kl. durch die Geltendmachung von nur $^2/_3$ der Schulkosten in ausreichendem Maße Rechnung getragen.

Ein Unterhaltsanspruch der Kl. wäre trotz des festgestellten Mehrbedarfes (teilweise oder ganz) entfallen, wenn der Bekl. auch unter Berücksichtigung seiner erhöhten Leistungspflicht gegenüber einem minderjährigen unverheirateten Kinde (§ 1603 II S. 1 BGB) nicht leistungsfähig wäre.

BGH v. 24. 11. 82 – IVb ZR 310/81 – FamRZ 83, 146 = NJW 83, 933

(Keine Erwerbsobliegenheit bei Betreuung von 3 schulpflichtigen Kindern im Alter von 8 (Zwillinge) und 11 Jahren; Berufstätigkeit bei Kinderbetreuung aus Not oder aus freien Stücken) **R142**

a I) Das OLG hat sowohl für die Zeit der Trennung als auch für die Zeit nach Rechtskraft des Scheidungsurteils die Unterhaltsbedürftigkeit der Kl. bejaht. Es hat die Auffassung vertreten, daß die Arbeitseinkünfte der Kl. nicht in vollem Umfang anzurechnen seien, weil eine Erwerbstätigkeit von der Kl. wegen der Betreuung der drei minderjährigen Kinder nicht erwartet werden könne.

Gegen die Beurteilung der Erwerbstätigkeit der Kl. als unzumutbare berufliche Leistung wendet sich die Revision ohne Erfolg. Allerdings hat der BGH zur Frage der Erwerbsobliegenheit getrenntlebender und vor allem gesch. Ehegatten wiederholt entschieden, daß schulpflichtige minderjährige Kinder den betreuenden Elternteil nicht ohne weiteres an der Aufnahme jeglicher Beschäftigung hindern, vielmehr nach den Umständen des Einzelfalles eine Teilzeitarbeit bis hin zur Halbtagsbeschäftigung in Betracht kommt (FamRZ 1981/1159, 1160 f., FamRZ 1982/148, 149 f. m. w. N.). Erst recht ist die Zumutbarkeit einer derartigen Erwerbstätigkeit zu bejahen, wenn diese bereits in der Ehe neben der Kindesbetreuung ausgeübt worden ist und es darum geht, ob die Tätigkeit beizubehalten ist. So hat der Senat einem Fall, in dem die Mutter zwei Kinder im Alter von 11 und knapp 7 Jahren zu betreuen hatte, aber schon vor der Trennung mit halber Arbeitskraft als Lehrerin tätig gewesen war und diese Tätigkeit nach der Trennung fortgesetzt hatte, die Beibehaltung dieser Tätigkeit für zumutbar erachtet (FamRZ 81/

1159, 1160). Er hat ausgeführt, daß eine Erwerbstätigkeit, die nicht aus Not wegen unzureichender Versorgung durch den unterhaltspflichtigen Ehegatten, sondern aus freien Stücken aufgenommen wird, im allgemeinen Anlaß zu der Frage ist, ob nicht die Grenzen des Zumutbaren zunächst zu eng gezogen worden sind. Die Ausübung der Berufstätigkeit kann in diesem Zusammenhang ein bedeutsames Indiz sein (a. a. O., S. 1161).

Mit diesen Grundsätzen steht die Beurteilung des OLG indessen nicht in Widerspruch. Dieses hat zunächst zu Recht hervorgehoben, daß es hier drei Kinder im schulpflichtigen Alter sind, die die Kl. zu versorgen hat. Darüber hinaus ist die Arbeitsaufnahme der Kl. erst erfolgt, als der Bekl. aus der ehel. Wohnung ausgezogen war und die Trennung der Parteien vollzogen hatte. Daß aus der Tatsache der bis 1975 erfolgten Mitarbeit der Kl. im Betrieb des Bekl. keine Schlüsse auf die Zumutbarkeit der 1978 aufgenommenen, schließlich ganztägig ausgeübten Erwerbstätigkeit und ihrer Fortsetzung gezogen werden können, hat das OLG vor allem unter Hinweis darauf dargelegt, daß die Kl. jene Mitarbeit umfangs- und zeitmäßig selbst habe gestalten und mit ihren Pflichten als Hausfrau und Mutter habe abstimmen können, so daß diese Tätigkeit mit der später aufgenommenen Berufstätigkeit an einem fremden Arbeitsplatz nicht vergleichbar sei. Wenn das OLG unter diesen Umständen zu dem Ergebnis gelangt ist, daß die von der Kl. erzielten Arbeitseinkünfte aus einer Erwerbstätigkeit resultieren, die von ihr nicht erwartet werden kann, so ist das revisionsrechtlich nicht zu beanstanden.

(Zur Auslegung und Anwendung des § 1577 II BGB)

b II 1 a) In § 1577 II BGB ist geregelt, inwieweit das Einkommen aus einer unzumutbaren Erwerbstätigkeit des Unterhaltsberechtigten anzurechnen ist. Die Vorschrift hat zwar ihren Platz im Recht des Geschiedenenunterhalts; ihre Grundsätze können aber auch bei einer Beurteilung des Trennungsunterhalts nicht außer acht gelassen werden. Vor allem muß gewährleistet sein, daß bei an sich gleicher Sachlage der Anspruch auf Trennungsunterhalt nicht niedriger ausfällt als derjenige für die nacheheliche Zeit. Aus diesem Grunde ist auch im Rahmen von § 1361 BGB notwendig, die Anrechnung der betreffenden Einkünfte nach den Grundsätzen zu beurteilen, die sich aus § 1577 II BGB ergeben.

(Betreuungsleistungen des neuen Partners für Kinder)

c II 1 b) Leistungen des neuen Partners für Kinder, die z. B. in der Beaufsichtigung der Hausaufgaben der Kinder bestehen, führen nicht dazu, daß der Wert der Versorgungsleistungen, welche die Kl. dem neuen Partner gegenüber erbringt, im Verhältnis zum Bekl. entsprechend niedriger angesetzt werden können. Zwar trifft es zu, daß die Kl. für ihre Leistungen von dem neuen Partner wegen dessen im Gegenzuge erbrachten Betreuungsleistungen gegenüber den Kindern nur ein entsprechend geringeres Entgelt verlangen kann. Im Verhältnis zum Bekl., den unterhaltsrechtlich keine Verpflichtung trifft, dem Dritten die Beaufsichtigung der Kinder zu entgelten, kann diese Kompensation jedoch keine Berücksichtigung finden. Insoweit ist der Wert der von der Kl. gegenüber dem neuen Partner erbrachten Versorgungsleistungen daher in vollem Umfang und ohne Abzug wegen der Betreuungsleistungen gegenüber den Kindern zu ermitteln und als Einkommen der Kl. zugrunde zu legen.

(Feststellung und Berechnung des Freibetrags nach § 1577 II 1 BGB)

d 2) Nach § 1577 II BGB sind Einkünfte aus unzumutbarer Erwerbstätigkeit nicht anzurechnen, soweit der Verpflichtete nicht den vollen Unterhalt (§ 1578) leistet. Einkünfte, die den vollen Unterhalt übersteigen, sind insoweit anzurechnen, als dies unter Berücksichtigung der beiderseitigen wirtschaftlichen Verhältnisse der Billigkeit entspricht. Über das Verständnis dieser Vorschrift herrscht Streit.

a) Weitgehende Einigkeit besteht darüber, daß § 1577 II BGB nicht die Anrechnung von Einkünften aus zumutbarer Erwerbstätigkeit regelt. Davon geht auch der Senat aus.

b) Die Anwendung des § 1577 II BGB hängt nicht davon ab, daß der Unterhaltsschuldner die Aufnahme jener Erwerbstätigkeit durch seine Säumnis oder sonst eine unvollständige Erfüllung seiner Unterhaltspflicht veranlaßt hat. Überhaupt kommt es nicht darauf an, ob die Unterhaltsleistung des Schuldners seine jeweilige Unterhaltsverpflichtung erfüllt oder nicht. Für den Umfang der Nichtanrechnung der Einkünfte ist vielmehr maßgebend, inwieweit eine Unterhaltsleistung des Schuldners – zusammen mit etwaigen Einkünften des Berechtigten aus anderweitiger, zumutbarer Erwerbstätigkeit – hinter dessen vollem Unterhalt zurückbleibt. Das insoweit verbleibende Defizit bildet den Rahmen, innerhalb dessen die betreffenden Einkünfte des Berechtigten nach § 1577 II 1 BGB von einer Anrechnung ausgenommen bleiben, während sich die Anrechnung der darüber hinausgehenden Einkünfte nach § 1577 II 2 BGB bestimmt. c) Es ist nicht gerechtfertigt, dem Berechtigten die Vergünstigung des § 1577 II BGB nur für solche Einkünfte aus unzumutbaren Tätigkeiten zu eröffnen, die durch die Nichterfüllung der Unterhaltspflicht des Schuldners veranlaßt sind, und andere Einkünfte aus einer nicht gebotenen Arbeit, die etwa aus Neigung, zum Abbau drückender Lasten, zur Erhöhung des eigenen Lebensstandards oder (auch) zur Verbesserung der Lebensverhältnisse sorgebefohlener Kinder übernommen worden ist, nach § 1577 I BGB uneingeschränkt zur Anrechnung heranzuziehen. Eine derartige restriktive Anwendung der Vorschrift stände im Gegensatz zu den bereits dargelegten Grundsätzen, nach denen der Senat in ständiger Rechtsprechung die Berücksichtigung entsprechender Einkünfte auf seiten des Unterhaltspflichtigen beurteilt, und wäre so geeignet, die Waffengleichheit zwischen Unterhaltsgläubiger und Unterhaltsschuldner zu beeinträchtigen. Eine solche Anwendung ist nach der (freilich schwerverständlichen und auslegungsbedürftigen) Gesetzesfassung auch nicht geboten. Unter diesen Umständen erscheint es gerechtfertigt, sämtliche Einkünfte aus nicht zumutbarer Erwerbstätigkeit in der Frage der Anrechnung auf seiten des Unterhaltsberechtigten gleichermaßen nach den Regeln des § 1577 II BGB zu behandeln.

e) Zur Feststellung des Freibetrages nach § 1577 II 1 BGB hat das OLG den vollen Unterhaltsbedarf mit DM 2000 bemessen. Dabei ist es davon ausgegangen, daß als maßgebende eheliche Lebensverhältnisse im Sinne von § 1578 BGB die Verhältnisse zugrunde zu legen seien, die sich – unter Einschluß der Einkünfte aus unzumutbarer Tätigkeit – aus dem Gesamteinkommen der Parteien im Zeitpunkt der Scheidung ergeben. Das der gesamten fünfköpfigen Familie zur Verfügung stehende Einkommen habe sich in jenem Zeitpunkt und auch bereits längere Zeit zuvor auf 5 662,69 DM netto im Monat belaufen. Davon seien den Parteien – nach Abzug der für den Unterhalt der Kinder anzusetzenden Beträge – 4112,69 DM für den vollen Unterhalt verblieben. Da der Bekl. den größeren Teil zu den Gesamteinkünften beigesteuert habe und wegen seiner unfallbedingten Behinderung im Rahmen seiner persönlichen Versorgung erhöhten Aufwand habe, erscheine es angemessen, von einem vollen Unterhaltsbedarf der Kl. in Höhe von 2000 DM auszugehen. Dieser Bedarf verringere sich allerdings um den Betrag von DM 300, der der Kl. für die Versorgung ihres Lebensgefährten zuzurechnen sei. Der sich danach ergebende (Rest-)Bedarf von 1700 DM monatlich stellt nach Ansicht des OLG den Betrag dar, bis zu dem die vom Bekl. geschuldete monatliche Unterhaltsrente durch die Erwerbseinkünfte anrechnungsfrei aufzustocken ist.

bb) Nicht zu beanstanden ist, daß das OLG diesen Betrag von dem zunächst ermittelten Unterhaltsbetrag abgesetzt hat. Wie das OLG zutreffend ausgeführt hat, ist die Versorgung des Zeugen für die Kl. durchaus mit der Betreuung der Kinder in Einklang zu bringen. Damit besteht der Unterhaltsanspruch der Kl. nach § 1570 BGB von vornherein nur insoweit, als ihr voller Unterhalt nicht durch die Vergütung für jene einer zumutbaren Erwerbstätigkeit gleich zu erachtenden Versorgung gedeckt ist (FamRZ 80/40, 43). Einer solchen unterhaltsmindernden Berücksichtigung jenes Betrags steht § 1577 II BGB nicht entgegen, weil sich die Anrechnung von Einkünften aus zumutbarer Erwerbstätigkeit nicht nach dieser Vorschrift bestimmt. cc) Bedenken bestehen dagegen, daß das OLG bei der Bestimmung der ehelichen Lebensverhältnisse, die für den vollen Unterhaltsbedarf der Kl. nach § 1578 I BGB maßgeblich sind, auch die Einkünfte der Kl. aus unzumutbarer Erwerbstätigkeit herangezogen hat. Allerdings hat die Kl. diese Tätigkeit nicht erst nach der Scheidung, sondern bereits während des Getrenntlebens der Parteien, mithin zu einer Zeit aufgenommen, als Veränderungen in den Einkommensverhältnissen der Parteien die ehelichen Lebensverhältnisse grundsätzlich noch beeinflussen konnten (ständige Rechtsprechung des Senats, zuletzt FamRZ 82/892 m. w. N.; zur Aufnahme einer Erwerbstätigkeit nach der Scheidung, FamRZ 82/255, 257). Indessen ist anerkannt, daß der Unterhaltsbedarf nur an solchen Lebensverhältnissen während der Ehe ausgerichtet werden kann, die dauernden Bestand gewonnen haben oder wenigstens die Gewähr der Stetigkeit in sich tragen. Soweit es hierbei auf das Einkommen der Ehegatten ankommt, kann nur auf nachhaltig erzielte, dauerhafte Einkünfte abgestellt werden, die den ehelichen Lebensstandard prägen (FamRZ 82/255, 257; FamRZ 82/576, 577).

Von derartigen Einkünften kann bei der Aufnahme einer unzumutbaren Erwerbstätigkeit nicht ausgegangen werden. Die Beurteilung einer Tätigkeit als unzumutbar bedeutet zugleich, daß derjenige, der sie ausübt, unterhaltsrechtlich nicht gehindert ist, sie jederzeit zu beenden, gleichgültig, ob er Unterhaltsschuldner ist und möglicherweise seine Leistungsfähigkeit herabsetzt oder ob er sich in der Rolle des Unterhaltsgläubigers befindet und seine Bedürftigkeit erhöht. Nimmt ein unterhaltsbedürftiger Ehegatte nach der Trennung eine unzumutbare Erwerbstätigkeit auf, so geschieht das in aller Regel nicht zur Verbesserung der beiderseitigen Lebensverhältnisse oder zur Entlastung des unterhaltspflichtigen Partners, sondern zur Erhöhung des eigenen Lebensstandards oder sonst zur Erlangung zusätzlicher Mittel. Diese Möglichkeit wird ihm durch die vom Gesetz vorgesehene Einschränkung der Anrechnung von Einkünften aus solcher Tätigkeit eröffnet. Deshalb kann sich ein Unterhaltsschuldner, dessen getrennt lebender Partner eine derartige Tätigkeit aufnimmt, bei der Gestaltung seiner eigenen Lebensverhältnisse weder auf die Fortdauer dieser Tätigkeit noch darauf einrichten, durch die aus der Tätigkeit fließenden Einkünfte des Gläubigers nachhaltig entlastet zu werden. Bei dieser Sachlage können jene Einkünfte nicht als ein die Lebensverhältnisse beider Ehegatten dauerhaft prägender Umstand gewertet werden. Zu demselben Ergebnis führt der in der Senatsrechtsprechung hervorgetretene Gesichtspunkt, daß Veränderungen im Einkommen der Ehegatten während der Trennung die ehelichen Lebensverhältnisse dann nicht mehr beeinflussen, wenn sie auf einer unerwarteten, vom Normalverlauf erheblich abweichenden Entwicklung beruhen (FamRZ 82/575, 576 und 576, 578). Als eine derartige, aus objektiver Sicht nicht zu erwartende, außergewöhnliche Entwicklung ist auch die Aufnahme einer unzumutbaren Erwerbstätigkeit anzusehen (FamRZ 82/892). Gegen die Berücksichtigung der daraus resultierenden Einkünfte im Rahmen der ehelichen Verhältnisse spricht schließlich auch ein schwerwiegender praktischer Grund. Würden die ehelichen Lebensverhältnisse und damit der volle Unterhaltsbedarf (§ 1578 I BGB) durch Einkünfte aus einer während des Getrenntlebens aufgenommenen unzumutbaren Erwerbstätigkeit beeinflußt, so hätte es ein getrennt lebender Unterhaltsgläubiger in der Hand, durch einen entsprechenden Einsatz seinen unterhaltsrechtlich anzuerkennenden Lebensbedarf zu erhöhen mit der Folge, daß ihm bei einer jederzeit möglichen Beendigung der Erwerbstätigkeit ein entsprechend höherer Unterhaltsanspruch zustände.

Unter diesen Umständen erscheint es geboten, derartige Einkünfte des unterhaltsberechtigten Ehegatten bei der Bemessung seines vollen Unterhaltsbedarfs unberücksichtigt zu lassen. Ob andererseits Einkünfte aus zumutbarer Tätigkeit stets die ehelichen Lebensverhältnisse prägen, braucht hier nicht entschieden zu werden.

Danach sind als maßgebend die Lebensverhältnisse zugrunde zu legen, die sich aus dem verbleibenden Einkommen der Ehegatten ergeben. Die Aufteilung dieses Einkommensbetrags auf die Ehegatten bietet allerdings noch keine Gewähr, daß die auf den Unterhaltsberechtigten entfallende Quote ausreicht, um dessen vollen Unterhaltsbedarf zu decken. Ein Zurückbleiben jener Quote hinter dem Betrag des vollen Unterhalts ist insbesondere im Hinblick auf etwaige Mehrkosten möglich, die den Ehegatten infolge ihrer Trennung erwachsen und dazu führen können, daß der Berechtigte mit den Mitteln der Unterhaltsquote den ehelichen Lebensstandard nicht mehr aufrechterhalten kann. Ein solcher Mehrbedarf ist bei der Bestimmung des vollen Unterhalts zu berücksichtigen. Seine Höhe ist vom Tatrichter unter Berücksichtigung der Umstände des einzelnen Falles zu ermitteln, wobei es diesem nicht verwehrt ist, unter Zuhilfenahme allgemeiner Erfahrungssätze nach § 287 ZPO zu verfahren (FamRZ 82/255). III 2) Soweit die Einkünfte der Kl. aus unzumutbarer Erwerbstätigkeit den nach § 1577 II 1 BGB anrechnungsfrei zu belassenden Betrag übersteigen und sie nach Maßgabe des Satzes 2 der Vorschrift anzurechnen sind, ist dieser Betrag nicht wie das sonstige Einkommen der Kl. in die Differenzberechnung des beiderseitigen Einkommens einzubeziehen, sondern vom Unterhaltsbetrag, den der Bekl. – ohne Berücksichtigung der Einkünfte der Kl. aus unzumutbarer Tätigkeit – an sich schulden würde, abzurechnen. Das ergibt sich aus dem dargelegten Verständnis der für die Bestimmung des vollen Unterhalts maßgebenden ehelichen Verhältnisse. Insoweit gelten für die Berücksichtigung des anzurechnenden Teils des Einkommens aus unzumutbarer Tätigkeit die gleichen Erwägungen wie für die Anrechnung von Einkünften aus einer nach der Ehescheidung einsetzenden Erwerbstätigkeit, die die ehelichen Lebensverhältnisse gleichfalls beeinflussen (FamRZ 82/255, 257).

3) Das OLG ist auf der Grundlage seiner bisherigen Bemessung des vollen Unterhalts zu dem Ergebnis gelangt, daß der Bekl. außerstande sei, den Unterhaltsbedarf der Kl. ohne Gefährdung seines eigenen angemessenen Unterhalts zu decken. Deshalb sei er nur nach Maßgabe einer Billigkeitswertung nach § 1581 BGB zur Unterhaltszahlung verpflichtet. Sollte das Gericht auch bei der neuen Verhandlung und Entscheidung zu dem Ergebnis gelangen, daß der Bekl. gemäß § 1581 S. 1 BGB nur insoweit Unterhalt zu leisten braucht, als es mit Rücksicht auf die Bedürfnisse und die Erwerbs- und Vermögensverhältnisse der Parteien der Billigkeit entspricht, so hat es in die nach § 1581 BGB vorzunehmende Entscheidung auch die Frage einzubeziehen, ob es die Billigkeit erfordert, die Einkünfte der Kl. aus unzumutbarer Erwerbstätigkeit über das in § 1577 II S. 1 BGB vorgesehene Maß hinaus anzurechnen.

(Unterhaltsbemessung bei Einkünften aus unzumutbarer Erwerbstätigkeit)

e II 2) Bei der Bemessung des Trennungsunterhalts hat das OLG dem einzusetzenden Einkommen des Bekl., das es in rechtlich nicht zu beanstandender Weise mit monatlich 2349,04 DM festgestellt hat, das monatl. Einkommen der Kl. einschließlich der zur Anrechnung herangezogenen Hälfte des Verdienstes aus unzumutbarer Erwerbstätigkeit ($^1/_2$ von 1381,65 DM zuzüglich 300 DM) gegenübergestellt und den Unterhalt im Wege der Differenzmethode mit 45% des Unterschiedsbetrages berechnet. Damit hat es bei den Lebensverhältnissen der Ehegatten, nach denen sich der Unterhaltsbedarf gemäß § 1361 I S. 1 BGB bemißt, die Summe des beiderseitig angesetzten Einkommens zugrunde gelegt. Soweit damit auf seiten der Kl. auch die Einkünfte aus unzumutbarer Erwerbstätigkeit – wenn auch nur zur Hälfte – einbezogen sind, bestehen dagegen die gleichen Bedenken wie gegen die Heranziehung dieser Einkünfte bei der Bemessung des nachehelichen Unterhalts.

BGH v. 24. 11. 82 – IVb ZR 326/81 – FamRZ 83, 144 = NJW 83, 1483

R144 *(Unterhalt nach §§ 1571, 1572 u. 1573 BGB und angemessene Erwerbstätigkeit nach § 1574 II BGB; einer etwa 50jährigen Frau kann ein Altersunterhalt zustehen, wenn von ihr keine angemessene Erwerbstätigkeit mehr erwartet werden kann. Für diese Beurteilung ist die gesamte Entwicklung der ehelichen Lebensverhältnisse bis zur Scheidung maßgeblich)*

II 2) Die Ablehnung des Unterhaltsanspruchs wegen Alters (§ 1571 BGB) wird durch die dazu gegebene Begründung nicht getragen. Insoweit heißt es im Berufungsurteil: Die Ehefrau, i. J. 1933 geboren, sei nicht so alt, daß von ihr eine Berufstätigkeit von vornherein nicht mehr erwartet werden könne. Sie habe zwar mit Rücksicht auf die Ehe und die Pflege und Erziehung der jetzt volljährigen Tochter lange Zeit nicht im Erwerbsleben gestanden. Nach ihren Angaben sei sie aber von 1950 bis 1956 – wohl als Verkäuferin – berufstätig gewesen. Um eine solche Tätigkeit habe sie sich nach dem unbestrittenen gebliebenen Vorbringen des Ehemanns erneut bemüht, als die Trennung der Parteien spruchreif gewesen sei; einen Antritts- oder Vorstellungstermin habe sie jedoch wieder abgesagt. Eine Beschäftigung dieser Art könne ihr als angemessen zugemutet werden. Zwar bekleide der Ehemann seit dem 31. 3. 1980 das Amt eines Professors an der Hochschule für Bildende Künste in B. Bis 1977 und somit auch im März 1975, als die Parteien sich getrennt hätten, sei er aber als Werkdozent an der genannten Hochschule im gehobenen Dienst tätig gewesen. Damit hat das OLG auf die Verhältnisse abgehoben, wie sie bei der Trennung der Parteien i.J. 1975 bestanden. Das entspricht, wie die Revision zu Recht beanstandet, nicht der gesetzlichen Regelung.

Nach § 1571 Nr. 1 BGB kommt es darauf an, ob von dem geschiedenen Ehegatten im Zeitpunkt der Scheidung wegen seines Alters eine Erwerbstätigkeit nicht mehr erwartet werden kann.

Das ist nicht nur im Blick auf das Lebensalter des Unterhalt begehrenden Ehegatten von Bedeutung. Ob von ihm eine Erwerbstätigkeit erwartet werden kann, hängt auch davon ab, welche Art von entgeltlicher Beschäftigung in Betracht zu ziehen ist. Insoweit bestimmt § 1574 I BGB, daß der gesch. Ehegatte nur eine ihm angemessene Erwerbstätigkeit auszuüben braucht. Angemessen ist nach Abs. II der Vorschrift eine Erwerbstätigkeit, die der Ausbildung, den Fähigkeiten, dem Lebensalter und dem Gesundheitszustand des gesch. Ehegatten sowie den ehel. Lebensverhältnissen entspricht; bei den ehel. Lebensverhältnissen sind die Dauer der Ehe und die Dauer der Pflege oder Erziehung eines gemeinschaftlichen Kindes zu berücksichtigen. Die inhaltliche Beschränkung der Obliegenheit zur Aufnahme einer Erwerbstätigkeit auf angemessene berufliche Beschäftigungen und die gesetzliche Umschreibung der Angemessenheit tragen damit zur Konkretisierung der Voraussetzungen des Anspruchs auf Unterhalt wegen Alters (§ 1571 BGB) – ebenso wie der Unterhaltsansprüche wegen Krankheit (§ 1572 BGB) und Beschäftigungslosigkeit (§ 1573 I BGB) – bei: Sowohl bei den Tatbeständen der nicht Erwerbsfähigen (§§ 1571 und 1572 BGB) als auch bei demjenigen der Erwerbslosen (§ 1573 I BGB) ist der Maßstab die angemessene Erwerbstätigkeit. Wenn aufgrund der Umstände des Falles allein die Aufnahme solcher beruflichen Tätigkeiten in Betracht kommt, die nach § 1574 II BGB als nicht angemessen anzusehen sind, kann deshalb von dem gesch. Ehegatten – wegen seines Alters und/oder wegen seiner Krankheit oder allgemein – eine Erwerbstätigkeit nicht erwartet werden.

Zu den oben genannten Umständen, von denen nach § 1574 II BGB die Angemessenheit einer dem gesch. Ehegatten zuzumutenden Erwerbstätigkeit abhängt, gehören die ehel. Lebensverhältnisse. Diese können, ebenso wie das Lebensalter und der Gesundheitszustand des gesch. Ehegatten, die im Hinblick auf seine nachehelichen beruflichen Möglichkeiten notwendig aus der Sicht des Scheidungszeitpunktes gewürdigt werden müssen, nur unter Beachtung der Entwicklung bis zur Auflösung der Ehe zutreffend bestimmt werden. Soweit die ehel. Lebensverhältnisse gemäß § 1578 I BGB für das Maß des Unterhalts bedeutsam sind, sind sie nach der Rechtsprechung des Senats nicht nach den Umständen zur Zeit der Trennung, sondern – vorbehaltlich außergewöhnlicher, nicht vorhersehbarer Entwicklungen während der Trennungszeit – nach denjenigen zur Zeit der Auflösung der Ehe zu beurteilen (FamRZ 1982/892 = NJW 1982/2439 m. w. Nachw.). Auch soweit es auf die ehel. Lebensverhältnisse nach § 1574 II BGB als für die Angemessenheit einer Erwerbstätigkeit bedeutsamen Umstand ankommt, darf ihre Betrachtung nicht mit dem Zeitpunkt der Trennung abbrechen. Vielmehr ist bei der dem Tatrichter obliegenden Gesamtwürdigung auch die weitere Entwicklung der Verhältnisse bis hin zur Scheidung ins Auge zu fassen. Außergewöhnliche, nicht vorhersehbare Veränderungen werden dabei auch hier außer Betracht zu bleiben haben.

Im Schrifttum wird weithin die Auffassung vertreten, mit zunehmender Ehedauer seien die ehel. Lebensverhältnisse immer stärker zu beachten, so daß sie nach einer Ehe von langer Dauer mehr als die anderen Merkmale, wie etwa Ausbildung, Fähigkeiten usw., die Angemessenheit einer Erwerbstätigkeit zu bestimmen geeignet seien.

Ob das auch im Falle einer längeren Zeit des Getrenntlebens richtig ist, wird nach den Umständen des Falles zu beurteilen sein. Das setzt die tatrichterliche Prüfung voraus, inwieweit Entwicklungen, die erst nach der Trennung der Parteien eingetreten sind, noch imstande waren, die ehel. Lebensverhältnisse prägend zu beeinflussen.

Dem Umstand, daß der Anspruch auf nachehelichen Unterhalt als Folgesache gemäß § 623 ZPO im Scheidungsverbund geltend gemacht wird und daher der Zeitpunkt des Eintritts der Rechtskraft der Scheidung noch nicht feststeht, kann dadurch Rechnung getragen werden, daß die bis zum Zeitpunkt der letzten mündlichen Verhandlung eingetretene Entwicklung zugrunde gelegt wird, soweit Veränderungen bis zum Eintritt der Rechtskraft noch nicht absehbar sind (FamRZ 82/892 = NJW 82/2439).

Das OLG hatte mithin seine Entscheidung, daß von der Ehefrau eine Tätigkeit als Verkäuferin (an anderer Stelle des Berufungsurteils: als Stenokontoristin) erwartet werden könne, nicht darauf stützen dürfen, daß der Ehemann i.J. 1975, als sich die Parteien trennten, an der Hochschule für Bildende

Künste in B. noch nicht Professor, sondern erst Werkdozent im gehobenen Dienst war. Zur Zeit der letzten mündlichen Verhandlung vor dem OLG bekleidete er das Professorenamt bereits seit nahezu einem Jahr. Es ist bisher weder festgestellt noch behauptet, daß dieser Aufstieg außergewöhnlich und unerwartet war. Mangels näherer Feststellungen über die berufliche Stellung des Ehemannes als Werkdozent im gehobenen Dienst einerseits, als Professor andererseits läßt die bisherige tatrichterliche Würdigung auch die Möglichkeit offen, daß die Frage der Angemessenheit einer nachehelichen Erwerbstätigkeit der Ehefrau anders zu beurteilen ist, wenn der jetzt erreichte berufliche und soziale Status des Ehemanns als Professor an der Hochschule für Bildende Künste berücksichtigt wird.

Bedenken bestehen auch gegen die bisherige Würdigung des Verhaltens der Ehefrau aus der Zeit, als sich die Trennung der Parteien abzeichnete. Daß sie damals einen Antritts- oder Vorstellungstermin für eine Verkäuferinnentätigkeit vereinbart, aber nicht eingehalten hat, durfte allenfalls als ein Anzeichen dafür gewertet werden, daß sie zu jener Zeit die Annahme einer derartigen Arbeit zunächst nicht als schlechthin unzumutbar empfunden und auch gemeint hat, einer solchen Beschäftigung nach Lebensalter und gesundheitlichem Zustand gewachsen zu sein. Entscheidend sind jedoch nicht diese eine Reihe von Jahren zurückliegenden Momente, sondern es kommt – wie dargelegt – auf die gesamte Entwicklung der Verhältnisse bis zur Ehescheidung an. Der Rechtsfehler des OLG führt dazu, daß das angefochtene Urteil aufgehoben werden muß, soweit zum Nachteil der Ehefrau erkannt worden ist. Es läßt sich nicht ausschließen, daß eine erneute Prüfung zu dem Ergebnis führt, daß von der Ehefrau wegen ihres Lebensalters unter zutreffender Beachtung der in § 1574 II BGB genannten Angemessenheitsgesichtspunkte eine nacheheliche Erwerbstätigkeit nicht mehr erwartet werden kann und deshalb ein höherer als der bisher zuerkannte Unterhaltsanspruch in Betracht kommt. Diese Prüfung obliegt in erster Linie dem Tatrichter. Damit er unter Abwägung aller insoweit maßgebenden Umstände, erforderlichenfalls nach weiteren Feststellungen, neu entscheiden kann, verweist der Senat die Sache im Umfang der Aufhebung an das OLG zurück. 3) Sofern die Zurückverweisung auch eine erneute Prüfung des Sachverhalts nach den §§ 1572 und 1573 I BGB veranlassen sollte, werden auch dabei die obigen Ausführungen zum Verständnis des § 1574 II BGB beachtet werden müssen: Die Angemessenheit einer nachehelichen Erwerbstätigkeit der Ehefrau läßt sich allgemein nur dann zutreffend beurteilen, wenn die gesamte Entwicklung der ehel. Lebensverhältnisse bis hin zur Scheidung ins Auge gefaßt wird.

BGH v. 8. 12. 82 – IVb ZR 331/81 – FamRZ 83, 150 = NJW 83, 683

R145 *(Zur Beweislast für das Entgelt bei Wohnungsgewährung an den neuen Partner des Unterhaltsberechtigten)*

e II 2 d) Zu den Zuwendungen, die dem Unterhaltsberechtigten, der einen neuen Partner in seine Wohnung aufgenommen hat, auch ohne entsprechende Absprache mit dem Partner als Einkommen anzurechnen sind, gehört auch das Entgelt für Wohnungsgewährung (FamRZ 80/879, 880). Unter diesen Umständen hätte die Unterhaltsbedürftigkeit der Ehefrau im Blick auf ein – vereinbartes oder nicht vereinbartes – Entgelt für die Wohnungsgewährung geprüft werden müssen. Die Unterhaltsbedürftigkeit steht als Voraussetzung jeden Anspruchs auf nachehelichen Unterhalt (§§ 1569 ff., 1577 I BGB) trotz des an sich insoweit möglicherweise zu Zweifeln Anlaß gebenden Wortlauts der letztgenannten Bestimmung wegen des Grundsatzes der wirtschaftlichen Eigenverantwortung der geschiedenen Ehegatten zur Darlegungs- und Beweislast des Unterhaltsgläubigers (FamRZ 80/126, 128 m. w. Nachw.).

BGH v. 22. 12. 82 – IVb ZR 320/81 – FamRZ 83, 140 = NJW 83, 814

R147 *(Arbeitsplatzaufgabe wegen Zweitausbildung)*

a 1 b aa) Ein Unterhaltspflichtiger hat grundsätzlich kein Recht, zum Zweck einer weiteren Ausbildung einen Beruf aufzugeben, der der Familie eine auskömmliche Lebensgrundlage bietet, und sie damit der Hilfe Dritter oder der Sozialhilfe zu überantworten. Er muß sich unterhaltsrechtlich weiterhin als leistungsfähig behandeln lassen, wenn er ohne zureichenden Grund seinen Arbeitsplatz aufgegeben und sich dadurch (weitgehend) einkommenslos gemacht hat. Diese Beschränkungen bestehen nicht nur nach § 1603 II 1 BGB gegenüber minderjährigen unverheirateten Kindern, sondern regelmäßig auch im Verhältnis zum ranggleichen Ehegatten (§ 1609 II 1 BGB). In den bisher entschiedenen Fällen hatte der Unterhaltspflichtige indessen zwecks weiterer Ausbildung seiner Erwerbstätigkeit ohne Rücksicht auf eine bereits bestehende Bedürftigkeit der von ihm abhängigen Familienangehörigen und ohne deren Einverständnis aufgegeben. Hierzu hat der Senat entschieden, daß eine solchermaßen begonnene Zweitausbildung selbst dann abzubrechen ist, wenn sie zwischenzeitlich weit fortgeschritten ist, da dem Unterhaltspflichtigen die nachträgliche Berufung auf einen im Widerspruch zur Rechtsordnung geschaffenen Zustand nach Treu und Glauben verwehrt ist.

Konnte jedoch der Bekl. im Zeitpunkt der Aufgabe seines bisherigen Berufes davon ausgehen, daß der Unterhalt seiner damaligen Familienmitglieder sichergestellt war, war er nicht gehalten, darüber hinaus Vorsorge für die Zeit seiner durch die Aufnahme des Studiums bedingten Einkommensminderung durch vorherige Bildung von ausreichenden Rücklagen zu treffen (FamRZ 82/365). Daß der Bekl. bei der Aufnahme des Studiums die später eingetretene Änderung der Unterhaltslage, insbesondere die Hinderung der Ehefrau an einer Fortführung ihrer Erwerbstätigkeit durch die Geburt eines zweiten Kindes, bewußt in Kauf genommen oder sogar geplant hätte, ist weder festgestellt noch auch nur behauptet. Danach war der Bekl. unter den besonderen Umständen des vorliegenden Falles durch die Unterhaltsansprüche seiner Angehörigen an der Aufnahme der Zweitausbildung nicht gehindert.

bb) Einem Unterhaltsberechtigten ist es zuzumuten, eine vorübergehende Schmälerung, unter Umständen sogar einen zeitweiligen Wegfall von Unterhaltszahlungen hinzunehmen, wenn die Zweitausbildung des Unterhaltspflichtigen bereits weit vorangeschritten ist und nur noch eine verhältnismäßig kurze Zeit in Anspruch nimmt, erhöhte Einkommens- und Aufstiegschancen bietet und nicht gegen den Willen des Berechtigten aufgenommen wurde. Denn letztlich steigert die verbesserte berufliche Situation des Unterhaltspflichtigen auch den Unterhaltsanspruch des Berechtigten und bietet diesem, insbesondere wenn es sich um ein Kind handelt, unter Umständen seinerseits bessere Ausbildungs- und Berufsaussichten. Die nach diesen Gesichtspunkten vorzunehmende Abwägung zwischen Art, Ziel und Dauer der Ausbildung einerseits und den Belangen der Unterhaltsgläubiger andererseits rechtfertigt im vorliegenden Fall, daß der Abbruch des Studiums und die Wiederaufnahme der früheren Berufstätigkeit für den Bekl. unzumutbar waren. Insbesondere ist die Erwägung des OLG, daß der Bekl. sich zu dem Zeitpunkt, als die Unterhaltsbedürftigkeit seiner Ehefrau und der Kinder einsetzte, bereits im 6. Semester befand und bis zu dem am Ende des 8. Semesters abgelegten Examen nur noch eine Studiendauer von rund $1^1/_2$ Jahren vor sich hatte, ebensowenig aus Rechtsgründen zu beanstanden wie der Schluß, der Bekl. sei damit in seiner Ausbildung bereits so weit fortgeschritten gewesen, daß ein Abbruch unwirtschaftlich und unvernünftig gewesen wäre. Daß der grundsätzliche Vorrang, den die Erfüllung der Unterhaltspflicht vor einer Zweitausbildung genießt, unter solchen Umständen nicht gelten kann, hat das OLG zutreffend angenommen.

BGH v. 12. 1. 83 – IVb ZR 348/81 – FamRZ 83, 670

(Anspruchskürzung bei ehebrecherischen Beziehungen zu 4 Männern nach 30jähriger Ehe. Darlegungs- und Beweislast des Unterhaltsverpflichteten für „einseitiges Fehlverhalten". Die Gegenvorwürfe müssen gewichtig und hinreichend substantiiert sein. Bei der Billigkeitsabwägung zu berücksichtigende Umstände) **R149**

II 1) Nach der ständigen Rechtsprechung des BGH ist ein schwerwiegendes und einseitig bei einem der Ehegatten liegendes eheliches [ehel.] Fehlverhalten geeignet, die Voraussetzungen des § 1579 I Nr. 4 BGB zu erfüllen. Ein solches Fehlverhalten kann in der Aufnahme eines nachhaltigen, auf längere Dauer angelegten intimen Verhältnisses zu einem anderen Partner liegen, weil darin eine so schwerwiegende Abkehr von den ehel. Bindungen zu sehen ist, daß nach dem Grundsatz der Gegenseitigkeit, der dem ehel. Unterhaltsrecht zugrunde liegt, die Inanspruchnahme des anderen Ehegatten auf Unterhalt grob unbillig erscheint (FamRZ 1982/463, 464; FamRZ 1982/466, 468 m. w. N.). Dem gleichzuachten ist der Fall, daß sich ein Ehegatte dergestalt von den ehel. Bindungen abkehrt, daß er intime Beziehungen zu wechselnden Partnern aufnimmt. Es besteht kein Grund, einen solchen Ehegatten unterhaltsrechtlich milder zu behandeln als denjenigen, der sich einem einzelnen anderen Partner zuwendet. **a**

Hiernach ist es aus Rechtsgründen nicht zu beanstanden, daß das OLG ein die Voraussetzungen des § 1579 I Nr. 4 BGB erfüllendes schwerwiegendes ehel. Fehlverhalten der Kl. darin erblickt hat, daß diese in den letzten Jahren vor der Trennung der Parteien zu vier Männern ehebrecherische Beziehungen aufgenommen hat. Mit dem Einwand, daß das in Frage stehende Verhalten der Kl. „mit der Trennung der Parteien nichts zu tun" gehabt habe, hat die Revision keinen Erfolg. Nach den Feststellungen des OLG hat der Bekl. erstmals im August 1979 von einem der Ehebrüche und Ende September/Anfang Oktober 1979 von den weiteren Ehebrüchen erfahren. Danach kam es im November 1979 nach einer tätlichen Auseinandersetzung zur Trennung der Parteien, nachdem der Bekl. in der Zwischenzeit von der Kl. Abbitte für ihr Fehlverhalten verlangt und das Haushaltsgeld mit der Begründung gekürzt hatte, daß sie Geld mit anderen Männern durchgebracht habe. Das OLG hat diesem Hergang entnommen, daß die Ehebrüche der Kl. der auslösende Grund für die Trennung der Parteien gewesen sind. Danach kann nicht davon ausgegangen werden, daß sich der Bekl. unabhängig von dem Verhalten der Kl. seinerseits von der Ehe abgekehrt hat.

2) Im Ergebnis ist nicht zu beanstanden, daß das OLG von der Regelung des § 1579 I Nr. 4 BGB ungeachtet der Vorwürfe Gebrauch gemacht hat, die die Kl. ihrerseits gegen den Bekl. erhoben hat. Allerdings hat das OLG insoweit zu Unrecht darauf abgestellt, daß die Vorwürfe der Kl. von diesem bestritten worden und nicht beweisbar seien. Die Darlegungs- und Beweislast für die Voraussetzungen des § 1579 I BGB – einer rechtsvernichtenden Einwendung – liegt bei dem Unterhaltspflichtigen. Er hat, wenn er die Herabsetzung des Unterhalts wegen eines schwerwiegenden ehel. Fehlverhaltens des anderen Teils erstrebt, außer dem Fehlverhalten als solchem auch zu beweisen,

daß es sich um ein einseitiges Fehlverhalten handelt. Er hat daher etwaige Gegenvorwürfe auszuräumen, die dem Fehlverhalten des Unterhaltsberechtigten den Charakter eines einseitigen Fehlverhaltens nehmen könnten (FamRZ 82/463; FamRZ 82/466). Indessen ist aus der grundsätzlichen Abkehr des Gesetzgebers vom Verschuldensprinzip zu folgern, daß im Rahmen der Prüfung der Einseitigkeit des Fehlverhaltens nicht jeglichen Gegenvorwürfen nachzugehen ist, die gegen den unterhaltspflichtigen Ehegatten erhoben werden, sondern daß nur Verfehlungen von einigem Gewicht Bedeutung erlangen können, die dem Unterhalt begehrenden Ehegatten das Festhalten an der Ehe erheblich erschwert haben und sein eigenes Fehlverhalten in einem milderen Lichte erscheinen lassen (Senatsurteile, a. a. O.).

Die Gegenvorwürfe müssen zudem hinreichend substantiiert sein (FamRZ 82/463). Hierzu reichte das allgemeine – nicht durch die Schilderung bestimmter Vorkommnisse konkretisierte – Vorbringen der Kl., „daß der Bekl. seinerseits in erheblichem Maße gegen die ehel. Treuepflicht verstoßen hat" und sie „ständig beschimpfte und prügelte", nicht aus. Zu dem weiteren Vorwurf der Kl., daß der Bekl. seit Anfang 1977 kaum noch mit ihr gesprochen, sondern mit ihr über Zettel verkehrt habe, ist zu berücksichtigen, daß die Kl. zu dieser Zeit bereits damit begonnen hatte, mit anderen Männern die Ehe zu brechen. Nach ihren eigenen Angaben bei ihrer Parteivernehmung vor dem OLG hatte sie außerehelichen Geschlechtsverkehr zunächst mit dem Zeugen Ku., und sodann mit dem Zeugen Kä. Nach diesem zeitlichen Ablauf kann davon ausgegangen werden, daß das hier in Frage stehende Verhalten des Bekl. die Abkehr der Kl. von der Ehe nicht veranlaßt hat und somit nicht geeignet ist, ihr eigenes Fehlverhalten in einem milderen Lichte erscheinen zu lassen. Das gilt um so mehr, als der Bekl. nach dem eigenen Vorbringen der Kl. („kaum mehr gesprochen") den Gesprächskontakt nicht vollständig abgebrochen hat; letzteres ergibt sich auch daraus, daß die Parteien – unstreitig – noch im Sommer 1978 einen gemeinsamen Urlaub verbracht haben. Auch die Vorwürfe, die die Kl. gegen den Bekl. wegen Vorfällen im September und Oktober 1979 erhebt, vermögen – ihre Richtigkeit unterstellt – dem ehebrecherischen Umgang der Kl. mit anderen Männern nicht den Charakter eines klar bei ihr liegenden schwerwiegenden Fehlverhaltens zu nehmen. Die Voraussetzungen für eine Herabsetzung des Unterhalts nach § 1579 I Nr. 4 BGB waren zu diesem Zeitpunkt – bis zu dem die Kl. ehebrecherische Beziehungen zu zwei weiteren Männern aufgenommen hatte – bereits gegeben und sind auch für den Fall nicht wieder in Fortfall gekommen, daß sich der Bekl. späterhin seinerseits ehewidrig verhielt.

Anders wäre es dann, wenn der Bekl. durch ein vorangehendes ehewidriges Verhalten dem Fehlverhalten der Kl. den Boden bereitet hätte. So aber liegt der Fall nicht. Nach den Feststellungen des OLG ist vielmehr die Ehe der Parteien an den ehebrecherischen Beziehungen der Kl. zu anderen Männern zerbrochen und stellen sich die dem Bekl. vorgeworfenen Ausfälligkeiten im September und Oktober 1979 als Reaktion auf das zu dieser Zeit bekanntwerdende Fehlverhalten der Kl. dar, die den darin liegenden wirklichen Grund für das Scheitern der Ehe nicht mehr berührte.

3) Das OLG hat in Anwendung des § 1579 I Nr. 4 (i. V. mit § 1361 III) BGB den Unterhaltsanspruch der Kl. nicht völlig entfallen lassen, sondern ihn lediglich um (rund) $1/3$ gekürzt. Auch dies ist revisionsrechtlich nicht zu beanstanden. Nach § 1579 I BGB besteht ein Unterhaltsanspruch nicht, soweit die Inanspruchnahme des Verpflichteten aus den Gründen der Ziffern 1 bis 4 grob unbillig wäre. Daß einer dieser Gründe vorliegt, genügt deshalb nicht. Vielmehr ist zusätzlich eine Billigkeitsabwägung vorzunehmen. Ergibt sich hiernach, daß der völlige Ausschluß nicht geboten erscheint, um einen groben Widerspruch mit dem Gerechtigkeitsempfinden zu vermeiden, ist der Unterhaltsanspruch nur teilweise auszuschließen (FamRZ 1982/582 f.).

a) Das OLG hat seine Entscheidung, den Unterhaltsanspruch nicht völlig auszuschließen, sondern nur um (rund) $1/3$ herabzusetzen, damit begründet, daß die Parteien mehr als 30 Jahre ehelich zusammengelebt haben, die Kl. in dieser Ehe vier Kinder geboren habe, sich nunmehr in einem vorgerückten Alter (55 Jahre) befinde und die Einkommens- und Vermögensverhältnisse des Bekl. relativ gut seien. Unter diesen Umständen sei es nicht angemessen, die Kl. auf eine ohnehin nur schwer zu findende Erwerbstätigkeit zu verweisen. Vielmehr sei ihr Unterhaltsanspruch wegen ihres ehel. Fehlverhaltens um (rund) $1/3$ zu kürzen. Insoweit komme es nicht entscheidend darauf an, ob die Kl. mit vier oder – wie der Bekl. weitgehend behauptet hat – mit sieben Männern die Ehe gebrochen habe.

b) Gegen diese Erwägungen wendet sich die Revision des Bekl. ohne Erfolg.

aa) Zum einen meint sie, daß die ehebrecherischen Beziehungen der Kl. zu vier Männern, „zumindest jedoch die vom Bekl. behaupteten Beziehungen zu sieben anderen Männern (§ 286 ZPO)", ein derartig ehefeindliches Verhalten offenbarten, daß die Zubilligung auch nur teilweiser Unterhaltsleistungen mit dem Rechtsempfinden schlechthin unvereinbar sei. Der Senat vermag sich dem in dieser Unbedingtheit nicht anzuschließen. Ob und wieweit der Unterhaltsanspruch aus den in § 1579 I Nr. 1 bis 4 BGB aufgeführten Gründen ausgeschlossen ist, hängt jeweils von einer Würdigung der gesamten Umstände des Einzelfalles ab. Auch die Aufnahme intimer Beziehungen des Unterhaltsberechtigten zu einem oder mehreren anderen Partnern führt nicht gleichsam automatisch zum vollständigen Verlust des Unterhaltsanspruches. Vorliegend kann es auch nicht entscheidend darauf ankommen, ob die Kl.

mit vier oder mit sieben Männern die Ehe gebrochen hat. Die innere Rechtfertigung für die Berücksichtigung ehelichen Fehlverhaltens im Rahmen des § 1579 I Nr. 4 BGB liegt in dem Gedanken der Lösung aus der ehel. Solidarität und Abkehr von den ehel. Bindungen. Äußert sich diese, wie hier, in der Bereitschaft zur Aufnahme intimer Kontakte zu wechselnden Partnern, so macht es für die Unterhaltsbemessung keinen greifbaren Unterschied, ob solche Kontakte zu vier oder sieben anderen Partnern aufgenommen worden sind.

bb) Die Revision beanstandet weiter, daß das OLG im Rahmen des § 1579 I BGB berücksichtigt hat, daß sich die Kl. bereits in einem vorgerückten Alter befindet und daher kaum in der Lage sei, eine eigene Erwerbstätigkeit zu finden. Die Revision meint, daß diese Umstände einen Unterhaltsanspruch der Kl. überhaupt erst begründeten und daher nicht nochmals im Rahmen des § 1579 I BGB zu ihren Gunsten herangezogen werden dürften.

Das ist so nicht richtig. Ein Anspruch auf Trennungsunterhalt besteht nach § 1361 I BGB allgemein nach Maßgabe der Lebens-, Erwerbs- und Vermögensverhältnisse der Ehegatten. Der nichterwerbstätige Ehegatte kann gemäß § 1361 II BGB nur dann auf eine eigene Erwerbstätigkeit verwiesen werden, wenn diese von ihm nach seinen persönlichen Verhältnissen erwartet werden kann. Dies läßt Fallgestaltungen offen, in denen dem Unterhaltsberechtigten eine eigene Erwerbstätigkeit nach den Verhältnissen der Eheleute nicht zuzumuten ist, obwohl er an sich arbeitsfähig ist und eine seinen Fähigkeiten entsprechende Berufstätigkeit finden könnte. In einem solchen Falle liegt es nahe, den nach § 1361 BGB an sich anspruchsberechtigten Ehegatten auf diese Möglichkeiten zu verweisen, wenn ein zur Herabsetzung des Unterhaltsanspruches geeigneter Grund i. S. des § 1579 I Nr. 2 bis 4 BGB vorliegt und infolgedessen eine Heranziehung des Verpflichteten grob unbillig wäre. Dann aber läßt § 1579 I BGB auch Raum für die Erwägung, wieweit der unterhaltsberechtigte Teil eine Erwerbstätigkeit überhaupt finden könnte. Das OLG war daher nicht gehindert, bei der Abwägung nach § 1579 I BGB in Betracht zu ziehen, daß die Möglichkeiten der Kl., auf dem Arbeitsmarkt unterzukommen, angesichts ihres vorgerückten Alters begrenzt sind.

cc) Ebensowenig begegnet es Bedenken, daß das OLG bei der Abwägung nach § 1579 I BGB berücksichtigt hat, daß die Einkommens- und Vermögensverhältnisse des Bekl. relativ gut sind. Zwar gehört, wie die Revision zutreffend ausführt, die Leistungsfähigkeit des Verpflichteten zu den Grundvoraussetzungen des Unterhaltsanspruchs. Dies schließt es jedoch nicht aus, im Rahmen des § 1579 I BGB mit zu veranschlagen, ob sich die Inanspruchnahme des Verpflichteten – wie regelmäßig bei beengten wirtschaftlichen Verhältnissen – drückend oder angesichts eines größeren finanziellen Bewegungsspielraums weniger drückend auswirkt.

Auch sonst begegnet die Abwägung des OLG keinen durchgreifenden Bedenken. Es verdient in der Tat Berücksichtigung, daß die Kl. in der Ehe vier Kinder geboren und großgezogen und mehr als 30 Jahre den Haushalt versorgt hat. Es ist nicht zu beanstanden, daß das OLG unter diesen und den vorstehend unter b) erörterten Umständen im Rahmen seiner tatrichterlichen Verantwortung den Unterhaltsanspruch der Kl. trotz ihres schwerwiegenden ehel. Fehlverhaltens nur um (rund) $\frac{1}{3}$ gekürzt hat.

(Sitzungsgelder für die Mitwirkung in einer kommunalen Bezirksvertretung)

III 2) Nach der ständigen Rechtsprechung des BGH sind bei der Ermittlung der Leistungsfähigkeit des Unterhaltsverpflichteten sämtliche Einkünfte heranzuziehen, die ihm zufließen. Der Einwand der Revision, daß die Sitzungsgelder von ihrem Zweck her lediglich zur Abgeltung der Auslagen bestimmt seien, greift nicht durch. Zu öffentlich-rechtlichen Sozialleistungen – etwa Wohngeld oder Bezüge nach dem BVersG – hat der Senat wiederholt entschieden, daß deren Zweckbestimmung der Anwendung als unterhaltspflichtiges Einkommen nicht entgegensteht. Entscheidend ist vielmehr, ob sich die betreffenden Bezüge dahin auswirken, daß mehr Geld für den Familienunterhalt zur Verfügung steht. Sie sind daher als unterhaltspflichtiges Einkommen anzusehen, soweit sie nicht durch konkreten Mehrbedarf aufgezehrt werden. Diese Grundsätze gelten auch für die hier in Frage stehenden Sitzungsgelder. Infolgedessen sind von dem Betrag von 130,– DM monatlich lediglich 50,– DM monatlich, die der Beklagte an seine Partei abzuführen hat, und diejenigen Kosten abzuziehen, die für die Fahrten zu den Sitzungen und gelegentliche Stärkungen während der Sitzung anfallen. Die Bemessung dieser Kosten durch das OLG mit 55,– DM monatlich läßt keinen Rechtsfehler erkennen. **b**

(Kein Abzug von Zinsen, wenn die Schulden nach der Trennung ohne Not aufrechterhalten wurden – hier Bereitstellungszinsen für geplanten Hausbau)

II 3) Das OLG hat es zutreffend abgelehnt, von dem für die Unterhaltsbemessung maßgeblichen Einkommen die Bereitstellungszinsen in Abzug zu bringen, die der Bekl. im Hinblick auf die beabsichtigte Bebauung eines Grundstücks der Parteien aufwendet. Entgegen der Ansicht der Revision kommt es insoweit nicht darauf an, daß sich die Parteien zunächst über die Bebauung einig waren und die Darlehensanträge gemeinsam unterschrieben haben. Mit dem Auseinanderbrechen der ehelichen Gemeinschaft der Parteien war dem Bauvorhaben der Boden entzogen. Entsprechend den Ausführun- **c** gen des OLG war für den Bekl. erkennbar, daß die Kl. daran nicht mehr interessiert und zur Mitwirkung an der Rückgängigmachung des Projekts bereit war. Es handelt sich danach bei den weiterhin aufgewendeten Bereitstellungszinsen im Verhältnis zwischen den Parteien um ohne Notwendigkeit aufrechterhaltene Verpflichtungen, die nach den Grundsätzen des Senats (FamRZ 82/157, 158) unterhaltsrechtlich nicht zu berücksichtigen sind.

(Entschädigung für Schöffentätigkeit und für die Führung einer Vormundschaft)

d 6) Soweit diese Entschädigung auf notwendige Fahrtkosten und andere konkrete Mehraufwendungen entfällt, scheidet eine Anrechnung ohnehin aus. Soweit – etwa für Zeitversäumnis und bei den Tagegeldern – eine pauschale Entschädigung gewährt wird, sind diese an sich grundsätzlich anzurechnen. Indessen sind auch hier ähnlich wie bei den Sitzungsgeldern – die Unkosten abzusetzen, die der ehrenamtliche Richter von den bescheiden bemessenen Pauschbeträgen etwa für außerhäusliche Mahlzeiten zu bestreiten hat. Im Ergebnis werden im allgemeinen keine Überschüsse von Gewicht zustande kommen. Im konkreten Fall ist eine Schöffenentschädigung in Höhe von monatsdurchschnittlich 31,80 DM gezahlt worden. Der nach Abzug der notwendigen Kosten und der konkreten Mehrausgaben verbleibende Betrag kann unter den hier gegebenen Verhältnissen wegen Geringfügigkeit außer Betracht bleiben. Aus ähnlichen Erwägungen trägt der Senat auf der anderen Seite keine durchgreifenden Bedenken dagegen, daß das OLG bei den Einkünften des Beklagten die von diesem bezogene Entschädigung für die Führung einer Vormundschaft außer acht gelassen hat.

BGH v. 26. 1. 83 – IVb ZR 347/81 – FamRZ 84, 353

R153 *(Einheitlicher nachehelicher Unterhaltsanspruch nach §§ 1570ff. BGB; Rechtskraftwirkung bei klagabweisendem Urteil; Klage nach § 323 BGB bei späterer Änderung der Verhältnisse)*

a II A) Die Revision meint, der hier geltend gemachte Unterhaltsanspruch aus § 1572 BGB sei ein anderer als der auf §§ 1573, 1575 BGB gestützte Anspruch, über den am 14. 11. 1978 entschieden worden sei; deshalb stehe die Rechtskraft jenes Urteils dem Klagebegehren nicht entgegen und bedürfe es nicht der Voraussetzungen des § 323 ZPO. Dem kann nicht gefolgt werden. Gemäß § 1569 BGB hat ein Ehegatte, der nach der Scheidung nicht selbst für seinen Unterhalt sorgen kann, gegen den anderen Ehegatten einen Anspruch auf Unterhalt nach den §§ 1570ff. BGB. Diese Bestimmungen konkretisieren und begrenzen die Unterhaltsberechtigung durch die enumerative Nennung bestimmter Bedürfnislagen, die zu bestimmten Einsatzzeitpunkten vorliegen müssen. Von den Einzeltatbeständen können zwei oder mehrere gleichzeitig oder auch in zeitlichem Anschluß aneinander verwirklicht sein, ohne daß deshalb von ebenso vielen Unterhaltsansprüchen die Rede sein könnte. Vielmehr handelt es sich bei dem Anspruch auf nachehelichen Unterhalt gemäß §§ 1569ff. BGB um einen einheitlichen Anspruch, dessen Umfang sich stets nach den ehelichen Lebensverhältnissen richtet (§ 1578 I S. 1 BGB). Dies hat zur Folge, daß ein Urteil über den nachehelichen Unterhaltsanspruch diesen in dem ausgeurteilten Umfang insgesamt erfaßt, d. h. ohne Rücksicht darauf, welcher der Tatbestände der §§ 1570ff. BGB in Betracht kommt und vom Gericht geprüft worden ist. Mithin würde die Rechtskraft (§ 322 I ZPO) des Urteils v. 14. 11. 1978, das den Anspruch auf nachehelichen Unterhalt für die Zeit ab 1. 5. 1979 abgewiesen hat, einer Leistungsklage auf Unterhalt für diesen Zeitraum entgegenstehen. Um sie zu überwinden, müssen die Voraussetzungen einer Abänderungsklage nach § 323 ZPO gegeben sein. Etwas anderes ergibt sich für den vorliegenden Fall nicht aus den Grundsätzen der Senatsentscheidung BGHZ 82/246 = FamRZ 1982/259. Danach ist dann, wenn ein Unterhaltsverlangen – wegen fehlender Bedürftigkeit des Kl. – rechtskräftig abgewiesen worden ist, der Unterhaltsanspruch nach Eintritt der vormals fehlenden Voraussetzung im Wege einer neuen Leistungsklage, die nicht an die Voraussetzungen des § 323 ZPO gebunden ist, geltend zu machen. Denn die Verurteilung zu künftig fällig werdenden wiederkehrenden Leistungen (§ 323 I ZPO) setzt voraus, daß der geltend gemachte Anspruch bereits entstanden ist. Wenn einem Anspruch aufgrund der gegenwärtigen Verhältnisse nicht stattgegeben werden kann, so ist die Klage insgesamt abzuweisen. Dann liegt der Abweisung für die Zukunft keine sachliche Beurteilung nach den voraussichtlich in der Zukunft bestehenden Verhältnissen zugrunde; deshalb kann ein solches klagabweisendes Urteil keine in die Zukunft reichende Rechtskraftwirkung entfalten (FamRZ 1982/479, 480). Sa aber liegt der Streitfall nicht. Wenn – wie hier – der Anspruch auf künftig fällig werdende Unterhaltsleistungen für eine bestimmte Zeit zugesprochen und erst ab einem in der Zukunft liegenden Zeitpunkt aberkannt wird, so handelt es sich vielmehr, wie § 323 I ZPO es verlangt, um eine Verurteilung gemäß § 258 ZPO. Der klagabweisende Teil der Entscheidung beruht dann auf der richterlichen Prognose, daß die zukünftige Entwicklung zu einem Erlöschen des Anspruchs führen wird. Mit der Abänderungsklage kann geltend gemacht werden, daß diese Vorausschau fehlgegangen sei, weil die dem Urteil zugrunde gelegten zukünftigen Verhältnisse tasächlich anders eingetreten seien als angenommen (vgl. BGHZ 80/389, 397f. = FamRZ 1981/862, 863f.).

BGH v. 26. 1. 83 – IVb ZR 351/81 – FamRZ 83, 352 = NJW 83, 2318

(Beweislast für eine vom Normalverlauf abweichende Entwicklung) R154

I 1) Da sich die Höhe des Anspruchs auf Trennungsunterhalt im Regelfall nach den gegenwärtigen Einkommensverhältnissen richtet, braucht der klagende Ehegatte nur diese darzulegen und notfalls zu beweisen. Für den Ausnahmefall einer unerwarteten, vom Normalverlauf erheblich abweichenden Entwicklung seit der Trennung ist der Ehegatte darlegungs- und beweispflichtig, der daraus Rechte herleiten will, hier also der Bekl. Dieser hat aber nicht dargelegt, seine derzeitige berufliche Stellung beruhe auf einer im Zeitpunkt der Trennung unerwarteten Entwicklung und sei nicht schon während des Zusammenlebens der Parteien angelegt gewesen. Er hat weder vorgetragen, welche Position er damals bereits erreicht hatte und auf welchen Umständen sein seitheriger beruflicher Aufstieg beruht, noch die Höhe seines Einkommens im Zeitpunkt der Trennung angegeben. Unstreitig ist hingegen, daß er für die D. L. bereits in Kairo und Beirut tätig war. Bei dieser Sachlage konnte das OLG die Lebensverhältnisse der Parteien im Zeitpunkt der letzten mündlichen Verhandlung als maßgebend ansehen. a

(Kompensation erhöhter Sachbezüge mit Mehraufwendungen)

I 4) Nach der ständigen Rechtsprechung des Senats kommt es unterhaltsrechtlich nicht entscheidend auf die Zweckbestimmung von Einkünften an. Ein beruflicher Mehraufwand kann nur berücksichtigt werden, soweit er tatsächlich erwachsen ist. Der Beklagte hat durch die Zuschüsse des Arbeitgebers nicht gedeckte besondere Aufwendungen teils nicht dargelegt, teils nicht bewiesen. Soweit er sich hierzu auf allgemeine Ausführungen beschränkt hat, konnte sie das OLG als unsubstantiiert unbeachtet lassen. Soweit er zusätzliche Kosten für fünf Dienstboten sowie zusätzliche Taxikosten behauptet hat, sind seine Ausführungen bestritten worden, ohne daß er für seine Behauptungen Beweis angetreten hat. Die Annahme des OLG, seine Mehraufwendungen würden durch die Zuschüsse seiner Arbeitgeberin ausgeglichen, ist daher aus Rechtsgründen nicht zu beanstanden. Mehraufwendungen für Auslandsaufenthalte und berufsbedingte Repräsentation hatte das OLG nicht abgesetzt, weil diese durch zusätzliche Leistungen der Arbeitgeberin ausgeglichen würden, nämlich freie Wohnung, Dienstwagen und Zuschüsse zu den Energiekosten, zur Verpflegung und zu den Aufwendungen für Dienstpersonal. c

(Zum Auskunftsanspruch bei Schadensersatz)

A. II) Einen Auskunftsanspruch des Bekl. auf Offenbarung des Nettoeinkommens der Kl. in der Zeit v. 1. 10. 1969 bis 31. 1. 1973 hat das OLG verneint, weil keine Anhaltspunkte dafür gegeben seien, daß die Kl. die einstw. Anordnung v. 6. 3. 1972 durch Täuschung erschlichen habe. Ohne Erfolg macht der Bekl. demgegenüber geltend, eine Auskunftspflicht bestehe bereits dann, wenn ein begründeter Verdacht für eine zum Schadensersatz verpflichtende Handlung bestehe. d

Eine so weitgehende Verpflichtung kann aus den Grundsätzen von Treu und Glauben (§ 242 BGB) nicht hergeleitet werden:

Ein unterhaltsrechtlicher Auskunftsanspruch, sei es aufgrund der Bestimmungen der §§ 1580, 1605 BGB, sei es aufgrund von § 242 BGB, besteht nach dem Senatsurteil v. 22. 9. 1982 (FamRZ 1982/1189, 1192) nur dann, wenn die Voraussetzungen des vorzubereitenden Unterhaltsanspruchs vorliegen, die von den wirtschaftlichen Verhältnissen unabhängig sind. Entsprechendes muß gelten, wenn – wie hier – ein Schadensersatzanspruch wegen Überzahlung von Unterhalt vorbereitet werden soll, der auf eine unerlaubte Handlung (§ 823 II BGB i. V. mit § 263 StGB) gestützt wird. Würde in diesen Fällen ein Auskunftsanspruch bereits auf einen Verdacht hin gewährt oder gar zu dem Zweck, eine unerlaubte Handlung erst zu ermitteln, liefe das auf eine allgemeine Auskunftspflicht hinaus, die dem deutschen Recht fremd ist (vgl. dazu BGH, Urteil v. 22. 1. 1964 – LM, BGB § 242 [Be] Nr. 19).

Dem OLG ist darin beizupflichten, daß der Bekl. nicht dargetan hat, die Kl. habe in dem Verfahren, das zu der einstw. Anordnung v. 6. 3. 1972 geführt hat, vorsätzlich das Gericht getäuscht. Selbst wenn unterstellt wird, sie habe – entsprechend der Vermutung des Bekl. – erhaltene Lohnsteuerrückzahlungen nicht angegeben, bliebe offen, ob diese Frage für die gerichtliche Entscheidung von Bedeutung war. Nach damaligem Recht (§ 627 ZPO a. F.) konnte eine einstw. Anordnung aufgrund einer bloß summarischen Prüfung unter Berücksichtigung der aus den typischen Verhältnissen gewonnenen allgemeinen Erfahrungen ergehen (BGHZ 24/269, 272 = FamRZ 1957/316, 317).

BGH v. 26. 1. 83 – IVb ZR 355/81 – FamRZ 83, 454 = NJW 83, 1056

(Anforderungen an einen zulässigen Auskunftsantrag und Antrag auf Vorlage von Belegen) R155

II 2) Das OLG ist zutreffend davon ausgegangen, daß der Bekl. seine Auskünfte belegen muß. Es hat indessen beanstandet, daß die Kl. entgegen § 253 II Nr. 2 ZPO die von ihr verlangten Belege nicht hinreichend bestimmt, sondern es unzulässigerweise dem Gericht überlassen habe herauszufinden, welche Art Beleg für eine bestimmte Einnahmen- oder Ausgabenposition in Betracht komme. Demgemäß hat das OLG der Klage nur entsprochen, soweit es im Wege der Auslegung des Klagantrags die Belege, deren Vorlage die Kl. begehrt hat, hat bestimmen können, nämlich über Telefonkosten, Versicherungsbeiträge und Rechts- und Beratungskosten, weil diese in Form von Rechnungen erteilt zu werden pflegten. Für die anderen Posten, die Gegenstand der Verurteilung zur Auskunft sind, hat das OLG eine Bestimmbarkeit durch Antragsauslegung verneint, weil jeweils mehrere Arten von Belegen in Betracht kämen. Diese Beurteilung hält der rechtlichen Prüfung stand.

Gemäß § 253 II Nr. 2 ZPO muß die Klageschrift die bestimmte Angabe des Gegenstandes und des Grundes des erhobenen Anspruchs sowie einen bestimmten Antrag enthalten. Daraus ergibt sich verfahrensrechtlich die Pflicht zur genügenden Konkretisierung des Leistungsinhalts. Die Geltendmachung des Anspruchs auf Vorlage von Belegen erfolgt im Wege der Leistungsklage. Bei einer solchen muß u. a. mit Rücksicht auf die Zwangsvollstreckung genau bezeichnet werden, welche Leistung der Bekl. erbringen soll; der Klagantrag muß einen vollstreckungsfähigen Inhalt haben. Der Bekl. muß dem Klagantrag auch entnehmen können, welches Risiko für ihn besteht, und er muß sich umfassend verteidigen können (NJW 78/1584 m. w. N.). Nur eine genaue Bezeichnung der von ihm erwarteten Leistung eröffnet dem Bekl. die Möglichkeit zu prüfen, ob er den Anspruch anerkennen oder sich gegen ihn zur Wehr setzen will. Die klagende Partei kann dem Risiko, mit ihrer Auffassung im Prozeß (ganz oder teilweise) mit entsprechender Kostenlast zu unterliegen, wenn sie den Anspruch auf die Belegung von Einkünften überzieht, nicht dadurch entgehen, daß sie einen (unbestimmten) Rahmenantrag stellt. Schließlich darf, wenn – wie im vorliegenden Fall bei der Ermittlung von Einkünften eines selbständigen Gewerbetreibenden – im Einzelfall schwierige Abgrenzungsfragen zur Reichweite einer Mitwirkungs- oder Vorlegungspflicht auftreten können, die Auseinandersetzung darüber nicht durch eine unbestimmte Antrags- und Urteilsformel in das Vollstreckungsverfahren verlagert werden. Dieses ist auf die Entscheidung solcher Streitfragen nicht zugeschnitten und bietet dafür nicht die nötigen Rechtsgarantien. Der von der Kl. gestellte Klagantrag, den Bekl. zu verurteilen, „diejenigen Belege beizufügen, aus denen die Richtigkeit des Zahlenmaterials entnommen werden kann“, genügt diesen Anforderungen nicht. Das OLG hat ihn daher – soweit es nicht im Wege der Auslegung teilweise zu einer Bestimmbarkeit der Leistung gelangt ist – zutreffend als nicht hinreichend bestimmt und damit unzulässig angesehen.

BGH v. 9. 2. 83 – IVb ZR 343/81 – FamRZ 83, 352 = NJW 83, 1330

R156 *(Zu den Einwendungen gem. § 767 ZPO und zum Unterschied zur Abänderungsklage)*

a Bei der entsprechenden Anwendung des § 767 ZPO auf einstweilige Anordnungen über den Ehegattenunterhalt ist davon auszugehen, daß ein Anspruch in dem titulierten Umfang bestanden hat (BGHZ 24/269, 274 = FamRZ 57/316, 317). Mit der Klage können nachträglich entstandene rechtshemmende und rechtsvernichtende Einwendungen geltend gemacht werden, die diesen Anspruch betreffen. Auf das Vorbringen des Kl. zur Veränderung der wirtschaftlichen Verhältnisse der Parteien kann die Vollstreckungsabwehrklage nicht gestützt werden. Die wirtschaftlichen Verhältnisse der Parteien sind für Grund und Höhe des Unterhaltsanspruchs von Bedeutung. Im Falle einer Verurteilung im Hauptsacheverfahren kann ihre Änderung nach Maßgabe des § 323 ZPO eine Abänderungsklage begründen. Dagegen lassen sich aus der Änderung der wirtschaftlichen Verhältnisse nach anerkannter Rechtsauffassung keine Einwendungen i. S. d. § 767 ZPO herleiten (BGHZ 70/151, 156 f. = FamRZ 78/177, 179).

(Zur einstweiligen Einstellung der Zwangsvollstreckung bei negativer Feststellungsklage)

b Es ist inzwischen in Rechtsprechung und Literatur einhellig anerkannt, daß nach Rechtskraft des Scheidungsurteils bei Erhebung einer negativen Feststellungsklage die Zwangsvollstreckung aus der einstweiligen Anordnung einstweilen eingestellt werden kann (u. a.: OLG Hamburg, FamRZ 80/904; OLG Düsseldorf, FamRZ 80/1046; OLG Frankfurt, FamRZ 80/1139; OLG Karlsruhe, FamRZ 81/295 LS; OLG Hamm, FamRZ 81/693; OLG Stuttgart, FamRZ 81/694; OLG Bremen, FamRZ 81/981; Baumbach/Lauterbach/Hartmann, ZPO, 41. Aufl., § 707 Anm. 5 A; *Griesche*, FamRZ 81/1025, 1035; Klauser, MDR 81/711, 717). Im Rahmen der vorliegenden Entscheidung bedarf es keiner Auseinandersetzung mit der Frage, welche der in Betracht kommenden Vorschriften (§§ 707, 719, 769 ZPO) insoweit entsprechend anzuwenden sind.

BGH v. 23. 3. 83 – IVb ZR 371/81 – FamRZ 83, 676 = NJW 83, 1552

R165 *(Angemessener Krankenversicherungsschutz nach den Verhältnissen im Zeitpunkt der Scheidung; Anspruch auf private Krankenversicherung bei Beihilfeberechtigung und ergänzenden Privatversicherung während der Ehe. Unmittelbare Zahlung an den Krankenversicherer kann nicht verlangt werden; Schutz des Verpflichteten gegen mißbräuchliche Verwendung)*

b II 3 a) Wie § 1578 II BGB klarstellt, gehören zum Lebensbedarf des Unterhaltsberechtigten auch die Kosten einer angemessenen Versicherung für den Fall der Krankheit. Welcher Versicherungsschutz angemessen ist, bestimmt sich wie allgemein nach den ehel. Lebensverhältnissen im Zeitpunkt der Scheidung. Hier bestand während der Ehe der für eine Beamtenfamilie kennzeichnende Versicherungsschutz durch die Beihilfeberechtigung des Bekl. und eine ergänzende Privatversicherung. Um diesen Schutz in gleichwertiger Weise aufrechtzuerhalten, kann die Kl. nach der Scheidung für sich eine private Krankenversicherung abschließen.

c) Soweit die Revision geltend macht, eine derartige Unterhaltsbemessung könne nicht die Zweckbindung des auf die Krankheitsvorsorge entfallenden Teils des Unterhalts sicherstellen, vielmehr müsse auf Zahlung unmittelbar an die Krankenkasse erkannt werden, kann dem nicht gefolgt werden. Der Senat hat für den Altersvorsorgeunterhalt nach § 1578 III BGB entschieden, daß der Unterhaltsverpflichtete grundsätzlich nicht verlangen kann, die Zahlungen unmittelbar an den Versorgungsträger zu leisten. Ausnahmen kommen nur in Betracht, wenn besondere Umstände vorliegen, die das Verlangen des Unterhaltsgläubigers auf Zahlung an sich selbst als einen Verstoß gegen Treu und Glauben (§ 242 BGB) erscheinen lassen (FamRZ 1982/1187, 1188 f.). Das gleiche muß für den Unterhaltsanspruch nach § 1578 II BGB gelten. Derartige besondere Umstände sind im vorliegenden Fall nicht ersichtlich. Der Unterhaltsverpflichtete ist bei nicht bestimmungsgemäßer Verwendung der auf die Krankheitsvorsorge entfallenden Beträge dadurch geschützt, daß der Berechtigte im Krankheitsfall unterhaltsrechtlich so zu behandeln ist, als hätten die Beträge zu einer entsprechenden Versicherung geführt.

BGH v. 13. 4. 83 – IVb ZR 374/81 – FamRZ 83, 680 = NJW 83, 1554

(Auskunft für zurückliegende 3 Jahre) **R167**

Es kann auch Auskunft für die Vergangenheit gefordert werden, wenn die Angaben der Einkünfte aus zurückliegender Zeit zur zuverlässigen Feststellung des (gegenwärtigen) Unterhaltsanspruchs benötigt werden. Bei einem selbständig Erwerbstätigen ist dies der Fall. Da er Einkünfte in wechselnder Höhe erzielt, bedarf es der Angaben der Einkünfte aus einem längeren Zeitraum, um die durchschnittlichen Verhältnisse zuverlässig beurteilen zu können. Wie in Rechtsprechung und Literatur allgemein anerkannt ist, reicht jedoch auch in einem solchen Fall regelmäßig die Angabe der Einkünfte über einen Zeitraum von drei Jahren als Beurteilungsgrundlage aus. Das Gericht hat zutreffend dargelegt, daß hier keine Umstände ersichtlich sind, die eine Abweichung von dieser Regel rechtfertigen würden. Auch wenn das Einkommen des Beklagten starken Schwankungen unterworfen ist, ermöglicht die Einkommenslage über drei Jahre hin eine ausreichend sichere Beurteilung der durchschnittlichen Lage. Dabei ist zu berücksichtigen, daß sich die Bemessung des Unterhalts an den im Unterhaltszeitraum gegebenen Verhältnissen ausrichten muß. Eine über den Zeitraum von drei Jahren hinausgehende, weiter in die Vergangenheit zurückreichende Auskunft könnte allenfalls dann in Betracht kommen, wenn gerade diesem Zeitraum entscheidende Relevanz auch für die Verhältnisse im Unterhaltszeitraum zukäme. **a**

(Zur Vorlage bei Zusammenveranlagung mit dem neuen Ehegatten)

Richtig ist, daß der nach § 1605 BGB auskunftspflichtige Verwandte nur Auskunft über seine Einkünfte erteilen muß und nicht auch über diejenigen seines Ehegatten. Das kann aber nicht dazu führen, daß im Fall der Zusammenveranlagung von Ehegatten eine Pflicht des Auskunftsschuldners zur Vorlage des Steuerbescheids uneingeschränkt verneint wird. Vielmehr muß der Auskunftspflichtige dem Berechtigten wenigstens diejenigen Angaben aus dem Steuerbescheid zugänglich machen, die seine Einkünfte betreffen. Bei der Zusammenveranlagung von Ehegatten zur Einkommensteuer nach § 26 EStG werden zwar die Einkommen der Ehegatten für die Besteuerung zusammengefaßt; jedoch werden zunächst wie bei der getrennten Veranlagung die Einkünfte jedes Ehegatten gesondert ermittelt. Der Steuerbescheid kann je nach Lage des Falles neben Angaben, die die Verhältnisse allein des Ehemannes betreffen, auch solche Angaben enthalten, die nur die Einkünfte der Ehefrau betreffen oder in denen Beträge für Ehemann und Ehefrau zusammengefaßt sind. Die Angaben, die ausschließlich die Ehefrau betreffen, werden vom Auskunftsanspruch nicht umfaßt. Auch zusammengefaßte Beträge, aus denen keine für den Auskunftspflichtigen maßgebenden Werte entnommen werden können, brauchen nicht geoffenbart zu werden, weil sie für die Beurteilung des Unterhaltsanspruchs keine Grundlage bilden können und danach insoweit auch nicht erforderlich sind i. S. des § 1605 I 1 BGB. Im übrigen muß es jedoch bei der Vorlegungspflicht verbleiben. Praktisch läßt sich diese in der Weise erfüllen, daß bei der Vorlegung des Einkommenssteuerbescheids Betragsangaben, die ausschließlich die Verhältnisse (insbesondere die Einkünfte) der Ehefrau betreffen, sowie solche Betragsangaben, in denen die Werte für beide Ehegatten zusammengefaßt sind, ohne daß der Anteil des Auskunftspflichtigen daraus entnommen werden kann, abgedeckt oder in sonstiger Weise unkenntlich gemacht werden. Beträge, die beide Ehegatten gleichmäßig treffen, müssen dagegen angegeben werden, weil andernfalls der Anteil des Auskunftspflichtigen nicht ersichtlich gemacht werden kann. Wenn insoweit aus dem Steueranteil des Auskunftspflichtigen zugleich Schlüsse auf die Verhältnisse seines Ehegatten gezogen werden können, muß dies hingenommen werden. **b**

BGH v. 27. 4. 83 – IVb ZR 372/84 – FamRZ 83, 678 = NJW 83, 1733

R168 *(In Doppelverdienerehe Unterhaltsbemessung nach dem in der Ehe verfügbaren Einkommen beider Ehegatten; gleichmäßige Teilhabe am ehelichen Lebensstandard; Tabellen und Leitlinien als Orientierungshilfe für eine einfache und gleichmäßige Rechtsanwendung; zur Nürnberger Tabelle; Anteil der Vermögensbildung, der für die Deckung des Lebensbedarfs nicht zur Verfügung steht, darf nicht nach einem Prozentsatz des Einkommens festgesetzt werden; nötig ist konkrete Feststellung im Einzelfall; trennungsbedingter Mehrbedarf durch doppelte Haushaltsführung)*

a Gemäß §§ 1569, 1573 II BGB kann ein geschiedener Ehegatte, dessen Einkünfte aus einer eigenen angemessenen Erwerbstätigkeit zum vollen Unterhalt (§ 1578 BGB) nicht ausreichen, den Unterschiedsbetrag zwischen seinen Einkünften und dem vollen Unterhalt beanspruchen. Das Maß des Unterhalts bestimmt sich nach den ehel. Lebensverhältnissen, die im wesentlichen von dem in der Ehe verfügbaren Einkommen geprägt werden. In einer Ehe, in der beide Ehegatten einer Erwerbstätigkeit nachgehen (sog. Doppelverdienerehe), sind daher regelmäßig die Einkünfte beider Ehegatten maßgebend. Insoweit steht die angefochtene Entscheidung im Einklang mit der ständigen Rechtsprechung des Senats (FamRZ 1982/892 m. w. N.).

b) Es ist zwar revisionsrechtlich regelmäßig nicht zu beanstanden, wenn der Tatrichter sich bei der Bemessung von Unterhalt der Orientierungshilfen bedient, die in einzelnen Gerichtsbezirken zur Gewährleistung einer möglichst einfachen und gleichmäßigen Rechtsanwendung entwickelt worden sind. Die durch den Gebrauch solcher Hilfsmittel erzielten Ergebnisse müssen im Einzelfall jedoch daran gemessen werden, ob sie den anzuwendenden Rechtsgrundsätzen Rechnung tragen und angemessen sind; falls erforderlich, müssen sie nach den besonderen Umständen des zu entscheidenden Falles berichtigt werden (FamRZ 1979/692, 693). Verschieden hohe Einkünfte der Ehegatten aus beiderseitiger Erwerbstätigkeit führen nicht dazu, daß die ehel. Lebensverhältnisse für die Ehegatten unterschiedlich zu beurteilen wären; beide nehmen vielmehr in gleicher Weise an dem durch die beiderseitigen Einkünfte geprägten ehel. Lebensstandard teil (FamRZ 1982/894, 895 m. w. N.). Diesem Grundsatz wird das Berufungsurteil jedenfalls bei den bisher getroffenen tatsächlichen Feststellungen nicht gerecht. Bei einer hälftigen Aufteilung der in der Ehe der Parteien zuletzt dauerhaft erzielten Einkünfte von monatlich 3850 DM würde auf jeden Ehegatten an sich ein Betrag von 1925 DM entfallen. Wenn die Kl. zur Deckung ihres vollen Unterhaltsbedarfes nur den vom OLG aus der Nürnberger Tabelle entnommenen Betrag von 1700 DM beanspruchen könnte, behielte der Bekl. mit 2150 DM einen wesentlich höheren Anteil. Der ungleiche Verteilungsmaßstab des angefochtenen Urteils wird noch deutlicher, wenn allein die Einkommensdifferenz betrachtet wird, die zwischen den Parteien im Zeitpunkt der Scheidung nach den Feststellungen des OLG in Höhe von (2450–1400 =) 1050 DM bestanden hat: Die der Kl. zuerkannten 250 DM entsprechen weniger als einem Viertel des Unterschiedsbetrages.

Das vom OLG gewonnene Ergebnis läßt sich auch nicht mit der Überlegung begründen, der Bekl. benötige zur Deckung seines eigenen vollen Unterhaltsbedarfs bei Anwendung der Nürnberger Tabelle gleichfalls nur 1700 DM. Aus der Summe der zuletzt von beiden Parteien erzielten Einkünfte bliebe dann ein Teilbetrag von (3850–1700–1700 =) 450 DM für die Unterhaltsbemessung unberücksichtigt. Daß sie in dieser Höhe Teile ihres Einkommens regelmäßig nicht zur Bestreitung ihrer Lebenshaltung verwendet hätten, haben die Parteien indessen nicht vorgetragen. Das OLG hat hierzu konkrete Feststellungen auch nicht getroffen. Der Bezugnahme auf die Erläuterungen zur Nürnberger Tabelle in NJW 1981/965 ff. läßt sich allerdings entnehmen, daß das OLG zu diesem Punkt eine nähere Begründung für entbehrlich gehalten hat und einen Erfahrungssatz hat zugrunde legen wollen. Im 5. Absatz der Grundsätze zum Aufbau der Nürnberger Tabelle (Stand 1. 1. 1981) heißt es nämlich: „Höheres Einkommen wird bei wirtschaftlich vernünftigem Verhalten erfahrungsgemäß nicht in voller Höhe für den angemessenen Lebensbedarf verbraucht. Der nicht verbrauchte Teil steigt mit der Höhe des Einkommens. Dieser Teil bleibt bei der Bemessung des angemessenen Bedarfs außer Ansatz." Auf einen solchen Grundsatz läßt sich die Außerachtlassung von 450 DM (= ca. 12%) des beiderseitigen Erwerbseinkommens bei der Bemessung der ehel. Lebensverhältnisse im vorliegenden Fall nicht stützen. Es hängt von der individuellen Entscheidung der Ehegatten ab, ob und gegebenenfalls wieviel sie von ihrem Einkommen monatlich der Vermögensbildung zuführen. Dies kann daher nicht Gegenstand eines Erfahrungssatzes sein. Vielmehr bedarf es konkreter Feststellungen im Einzelfall, wobei beachtet werden muß, daß Sparleistungen häufig nur dazu dienen, eine größere Ausgabe anzusparen, die aber gleichwohl den Lebenshaltungskosten zuzurechnen ist (z. B. Urlaubsreise, Kraftfahrzeug o. ä.).

Bei der Bemessung des Unterhalts ist zwar ein objektiver Maßstab anzulegen; eine nach den Einkommensverhältnissen aus der Sicht eines vernünftigen Betrachters zu dürftige Lebensführung muß ebenso außer Betracht bleiben wie ein übertriebener Aufwand (FamRZ 1982/151, 152 m. w. N.). Bei den – eher durchschnittlichen – Einkommensverhältnissen, die die Parteien in ihrer Ehe erreicht haben, kann ein vollständiger Verbrauch der beiderseits erzielten Einkommen für die Lebenshaltung indessen nicht schon als unangemessener Aufwand betrachtet und demgemäß ein bestimmter Teil ihres Einkommens bei der Bestimmung des Unterhaltsbedarfs unberücksichtigt bleiben.

Gegen die aus der Anwendung der Nürnberger Tabelle folgende Annahme des OLG, die Kl. könne mit einem unter der Hälfte des früheren Familieneinkommens liegenden Betrag ihren vollen Unterhalt decken, spricht noch ein anderes Bedenken. Durch die Anknüpfung an die ehelichen Lebensverhältnisse (§§ 1573 II, 1578 I BGB) wollte der Gesetzgeber verhindern, daß der weniger verdienende Ehegatte durch die Scheidung einen sozialen Abstieg erleidet. In dem Ergänzungsanspruch des § 1573 II BGB hat das BVerfG demgemäß eine „Lebensstandardgarantie" gesehen (FamRZ 1981/745, 750 ff. = NJW 1981/1771, 1773 ff.). Im Falle der Scheidung wird durch eine Anwendung des Grundsatzes der hälftigen Teilhabe allein jedoch ein Absinken des im wesentlichen durch die Einkünfte bestimmten Lebensstandards noch nicht verhindert. Es entspricht vielmehr der Lebenserfahrung, daß der gleiche finanzielle Aufwand, der während des Zusammenlebens den erreichten Lebensstandard ermöglicht hat, nicht ausreicht, ihn auch im Falle einer Trennung zu sichern. Die durch eine doppelte Haushaltsführung entstehenden Mehrkosten (in erster Linie für Wohnung und Heizung) erfordern vielmehr regelmäßig zusätzliche Mittel (FamRZ 1982/255, 257). Dieser Gedanke – dem im Prinzip auch in der Nürnberger Tabelle Rechnung getragen wird, indem für getrenntlebende Ehegatten ein höherer Bedarf angegeben wird als für in Haushaltsgemeinschaften lebende bei gleich hohem Einkommen – legt es nahe, den vollen Unterhaltsbedarf der Kl. bei den vorliegenden Einkommensverhältnissen eher über als noch unter der Hälfte des von den Parteien bis zur Scheidung erzielten beiderseitigen Einkommens anzusetzen.

(Billigkeitsunterhalt nach § 1581 BGB; Gleichrang des Geschiedenen n. § 1582 kann nicht über § 1581 zum Nachrang werden; trotz Gleichrang der Gatten kann dem Pflichtigen weniger bleiben)

Gemäß § 1581 BGB braucht der Bekl. nur insoweit Unterhalt zu leisten, als es mit Rücksicht auf **b**
die Bedürfnisse und die Erwerbs- und Vermögensverhältnisse der Parteien der Billigkeit entspricht, wenn er nach seinen Erwerbs- und Vermögensverhältnissen unter Berücksichtigung seiner sonstigen Verpflichtungen außerstande ist, ohne Gefährdung des eigenen angemessenen Unterhalts der Kl. Unterhalt zu gewähren. Diese Regelung entspricht im Grundsatz derjenigen, die gemäß § 59 I S. 1 EheG für Unterhaltsansprüche nach dem bis zum 30. 6. 1977 geltenden Scheidungsrecht angeordnet ist. Hierzu hat der BGH bereits entschieden (FamRZ 79/692, 693), daß die Bemessung des Unterhaltsanspruchs nach Billigkeitsgrundsätzen stufenweise vorzunehmen ist:

Zunächst muß der nach den ehel. Lebensverhältnissen der geschiedenen Ehegatten erforderliche volle Unterhalt ermittelt werden; auf der gleichen Stufe sind die Beträge des angemessenen Unterhalts für andere Unterhaltsberechtigte festzustellen, damit alle zu berücksichtigenden Ansprüche zu dem insgesamt für Unterhaltszahlungen verfügbaren Betrag in Relation gesetzt werden können. Erst auf der zweiten Berechnungsstufe findet eine Kürzung der Ansprüche nach Billigkeitsgesichtspunkten zur Anpassung an die Leistungsfähigkeit des Verpflichteten statt.

Auf der ersten Berechnungsstufe (Feststellung des angemessenen Unterhalts aller Berechtigten) ist das OLG im Grundsatz von zutreffenden Erwägungen ausgegangen.

Ohne Erfolg wendet sich die Revision dagegen, daß das OLG bei der Ermittlung der zur Deckung des vollen Unterhalts erforderlichen Beträge auf seiten des Bekl. den gleichen Wert angesetzt hat, der der Berechnung des vollen Unterhalts für die Kl. zugrunde gelegt ist. Der Auffassung der Revision, der Bekl. habe nur Anspruch auf denjenigen Unterhalt, der sich unter Berücksichtigung der durch die neue Ehe hinzugekommenen Unterhaltsberechtigten aufgrund seines derzeitigen Einkommens ergebe, kann nicht gefolgt werden. Der Hinzutritt weiterer Unterhaltsberechtigter nach Auflösung der früheren Ehe vermehrt zwar die dem Bekl. insgesamt obliegende Unterhaltslast. Ob und gegebenenfalls in welcher Weise sich dadurch sein Lebensstandard ändert, entscheidet sich indessen erst, wenn sich nach Ermittlung des Unterhaltsbedarfs aller Beteiligten ergibt, daß die Erwerbs- und Vermögensverhältnisse des Bekl. nicht ausreichen, um die Ansprüche aller Berechtigten voll zu erfüllen, mit der Folge, daß Kürzungen unter Billigkeitsgesichtspunkten durchgeführt werden müssen (zweite Berechnungsstufe). Es besteht kein Grund, schon auf der ersten Berechnungsstufe, wo es nur um die Ermittlung des vollen Unterhaltsbedarfs geht, im Verhältnis der Parteien zueinander von unterschiedlichen Bedarfsgrößen auszugehen; beide nehmen vielmehr in gleicher Weise an dem bis zur Scheidung erreichten und durch die Einkünfte aus der beiderseitigen vollen Erwerbstätigkeit geprägten Lebensstandard teil.

Unabhängig von diesen Erwägungen ist allerdings in gleicher Weise wie beim Ansatz des vollen Unterhaltsbedarfs für die Kl. zu beanstanden, daß ein Betrag von 1700 DM auch für den Bekl. nicht ausreicht, um den bis zur Scheidung der Ehe der Parteien von beiden mit einem Gesamteinkommen von 3850 DM erreichten Lebensstandard unter Berücksichtigung trennungsbedingter Mehrkosten aufrechtzuerhalten.

Ohne Rechtsfehler hat das OLG die Unterhaltspflicht des Bekl. gegenüber seiner jetzigen Ehefrau berücksichtigt. Ihr gegenüber besteht ein Vorrang der Kl. weder nach § 1582 I S. 1 BGB noch nach Satz 2 dieser Bestimmung, so daß es keiner Prüfung der Frage bedarf, ob gegen § 1582 I S. 2 BGB verfassungsrechtliche Bedenken bestehen. Denn die Ehefrau des Bekl. wäre bei einer Scheidung der neuen Ehe gemäß §§ 1570, 1577 I BGB unterhaltsberechtigt, weil von ihr wegen der Pflege und Erziehung des 1979 geborenen gemeinschaftlichen Kindes Katrin gegenwärtig eine Erwerbstätigkeit nicht erwartet werden könnte. Die Kl. geht auch nicht ausnahmsweise im Rang vor, denn ihr Unterhaltsanspruch beruht nicht auf § 1570 oder § 1576 BGB und ihre Ehe mit dem Bekl. war nicht von langer Dauer. Das Gesetz erläutert zwar nicht näher, wann von einer langen Dauer einer Ehe im Sinne dieser Vorschrift gesprochen werden kann. Aus der Begründung des Regierungsentwurfs BGB ergibt sich jedoch, daß die Gewährung eines Vorrangs in solchen Fällen auf dem Gedanken beruht, das Vertrauen desjenigen Ehegatten auf fortdauernde Unterhaltsgewährung zu schützen, der sich in der Ehe langjährig unter Verzicht auf eine eigene berufliche Entwicklung vorwiegend dem Haushalt und der Pflege und Erziehung von Kindern gewidmet hat. Wenn das OLG danach unter Würdigung der tatsächlichen Verhältnisse im vorliegenden Fall die kinderlos gebliebene und durch beiderseitige volle Erwerbstätigkeit geprägte Ehe der Parteien bei einer – zwischen Eheschließung und Zustellung des Scheidungsantrages erreichten – Dauer von etwas über acht Jahren nicht als von „langer Dauer" angesehen hat, ist das rechtlich nicht zu beanstanden.

Auch die Unterhaltspflicht des Bekl. gegenüber seinem Kind Katrin hat das OLG mit Recht in die Verpflichtungen gemäß § 1581 BGB einbezogen. Die Kl. ist diesem Kind gegenüber nicht bevorrechtigt. Nach § 1582 II i. V. mit § 1609 II S. 2 BGB geht ein unterhaltsberechtigter geschiedener Ehegatte den volljährigen oder verheirateten Kindern des Unterhaltspflichtigen vor. Über das Rangverhältnis eines geschiedenen Ehegatten zu den minderjährigen unverheirateten Kindern des Verpflichteten enthält das Gesetz keine ausdrückliche Bestimmung. Es entspricht aber allgemeiner, auch von der Revision nicht bezweifelter Auffassung, die der Senat teilt, daß es danach bei der für familienrechtliche Unterhaltsansprüche geltenden Grundregel der Gleichrangigkeit verbleibt.

Die vom OLG getroffene Billigkeitsentscheidung kann jedoch keinen Bestand behalten, weil die mitgeteilten Erwägungen den vollständigen Wegfall jeglichen Unterhalts für die Kl. nicht zu begründen vermögen. Eine vom Tatrichter nach Billigkeitsgesichtspunkten getroffene Entscheidung unterliegt zwar nur eingeschränkt revisionsrechtlicher Prüfung. Sie muß indessen die angewendeten Maßstäbe erkennen lassen und darf nicht dazu führen, daß vom Gesetz vorgegebene Bewertungen außer acht bleiben oder sogar in ihr Gegenteil verkehrt werden.

Im vorliegenden Fall hat das OLG den von ihm – allerdings für Kl. und Bekl. in zu geringer Höhe – ermittelten Unterhaltsbedarf aller Beteiligten entsprechend der Leistungsfähigkeit des Bekl. gleichmäßig (um 22%) gekürzt. Eine solche proportionale Herabsetzung ist gerechtfertigt, wenn feststeht, daß die Bedürfnisse der betroffenen Unterhaltsberechtigten gleichwertig sind und die dem Unterhaltsverpflichteten aufgrund dieser Kürzung verbleibenden Mittel ausreichen, seinen notwendigen Lebensbedarf zu decken. Von diesen Voraussetzungen ist das OLG selbst ausgegangen. Dann fehlt es aber an einem Grund, den durch anteilmäßige Herabsetzung geschmälerten Unterhaltsanspruch der Kl. nochmals und dann so rigoros zu beschneiden, daß der Anspruch gänzlich entfällt. Die dafür gegebene Begründung, daß der Bekl. sonst weniger für sich behalte, als die Kl. verdiene, trägt eine solche Entscheidung nicht. Nach § 1581 S. 1 BGB wird die Leistungsfähigkeit des Bekl. erst dadurch begrenzt, daß sein eigener angemessener Unterhalt gefährdet wäre. Im Rahmen dieser Prüfung kann er sich nicht darauf berufen, daß ihm im Verhältnis zur Kl. ebensoviel verbleiben müsse, wie sie verdiene. Denn das Absinken seiner Leistungsfähigkeit beruht auf einer Entwicklung, die nach der Scheidung allein bei ihm durch die Gründung der neuen Familie und die dadurch zusätzlich entstandenen Unterhaltspflichten eingetreten ist.

Der vollständige Ausschluß eines Anspruchs der Kl. auf Ergänzungsunterhalt begünstigt nicht nur den Bekl., sondern auch dessen Ehefrau. Ihren Unterhaltsbedarf, den das OLG mit 940 DM im Monat angenommen hat, könnte der Bekl. ohne Gefährdung seines eigenen angemessenen Unterhalts und desjenigen seiner ehel. Tochter ungekürzt erfüllen, wenn die Entscheidung des OLG bestehen bliebe. Das verstößt gegen die Grundentscheidung des Gesetzes über die Rangfolge der Unterhaltsansprüche eines geschiedenen neben einem neuen Ehegatten. Danach geht „im Falle des § 1581" der geschiedene Ehegatte einem neuen Ehegatten unter bestimmten Voraussetzungen vor (§ 1582 BGB); in allen anderen Fällen – auch im vorliegenden – besteht gleicher Rang, der gesetzestechnisch schon als Ausnahme ausgestaltet ist. Ein Vorrang des neuen Ehegatten besteht nach dem Gesetz nicht. Ihn im Wege der Billigkeitsentscheidung anzuordnen, kann daher allenfalls in einem seltenen, hier nicht gegebenen Sonderfall in Betracht kommen.

BGH v. 27. 4. 83 – IVb ZR 378/81 – FamRZ 83, 689 = NJW 83, 2082

R169 *(Erhöhter Bar- und Betreuungsbedarf eines erheblich behinderten Kindes; Veränderung des Verteilungsschlüssels nach § 1606 III 1 BGB im Hinblick auf die erhöhten Betreuungsleistungen)*

a Bei der Verteilung des krankheitsbedingten Zusatzbedarfs auf die Eltern ist dem Umstand Rechnung zu tragen, daß die Mutter der Kl. in erhöhtem Umfange Betreuungsleistungen erbringt. Dies hat das OLG nicht genügend berücksichtigt.

Dem OLG ist zunächst darin zuzustimmen, daß in Fällen zusätzlichen Unterhaltsbedarfs eines Kindes § 1606 III S. 2 BGB keinen generell geeigneten Verteilungsmaßstab liefert. Diese Regelung setzt im Wege einer typisierenden Wertung schon ihrem Wortlaut nach die Betreuungsleistungen des einen Elternteils den Barleistungen des anderen nur „in der Regel" gleich, d. h. dort, wo sich sowohl der Bar- als auch der Naturalunterhaltsbedarf im Rahmen des Üblichen halten. Außerhalb dieses Rahmens läßt sich die Gleichbewertung von Bar- und Naturalunterhalt als Grundsatz nicht aufrechterhalten. Erhöhter Betreuungsbedarf und erhöhter Barbedarf stehen in keiner festen Wechselbeziehung. Es ist daher unabhängig von § 1606 III S. 2 BGB nach einer den Interessen der Beteiligten gerecht werdenden Lösung zu suchen. Bei erhöhtem Betreuungsbedarf kommt freilich, betrachtet man diesen für sich allein, eine teilweise Überwälzung auf den anderen Elternteil, dem das Sorgerecht nicht zusteht, nicht in Betracht. Auch eine Abrechnung zwischen den Elternteilen je nach der Vergütung, die für die erhöhten Betreuungsleistungen an einen Dritten zu zahlen wäre, findet nicht statt. Dergleichen läßt sich zwischen Eltern ebenso wie in intakten Familien auch nach Trennung oder Scheidung nicht aufrechnen (FamRZ 1980/994, und FamRZ 1982/779, 780). Dagegen ist ein erhöhter Barbedarf naturgemäß verteilungsfähig. Insoweit ist auf die Regelung des § 1606 III S. 1 BGB zurückzugreifen, derzufolge gleich nahe unterhaltspflichtige Verwandte – außerhalb des Anwendungsbereichs des § 1606 III S. 2 BGB also auch die Eltern – anteilig nach ihren Erwerbs- und Vermögensverhältnissen haften. Hiernach kann auch der die elterl. Sorge wahrnehmende Elternteil, sofern er über Einkommen und Vermögen verfügt, an finanziellem Zusatzbedarf des Kindes zu beteiligen sein.

Indessen betrifft § 1606 III S. 1 BGB den Unterhalt insgesamt, also sowohl den Bar- als auch den Naturalunterhalt. Dementsprechend ist es im Rahmen des § 1606 III S. 1 BGB zu berücksichtigen, wenn einer der nach dieser Regelung heranzuziehenden Verwandten bereits Naturalunterhalt leistet. Das bedeutet bei der vorliegend veranlaßten Anwendung des § 1606 III S. 1 BGB auf den behinderungsbedingten Mehrbedarf der Kl., daß die erhöhten Betreuungsleistungen, die die Mutter der Kl. wegen deren Krankheit zu erbringen hat, bei der Verteilung des finanziellen Mehrbedarfs auf die Eltern mit in Betracht zu ziehen sind. In Fällen, in denen – wie vorliegend – außer einem erhöhten Barbedarf auch erhöhter Betreuungsbedarf besteht, muß vermieden werden, daß der Elternteil, der bereits in Ausübung der elterl. Sorge erheblich mehr leisten muß als im Regelfall, durch die zusätzliche Heranziehung zu dem finanziellen Mehrbedarf im Verhältnis zu dem anderen Elternteil ungerecht belastet wird. In einem solchen Falle ist daher die Verteilungsquote, die sich bei einem Vergleich der – bereinigten – Einkommen der Eltern ergibt, unter Berücksichtigung der erhöhten Betreuungsleistungen des sorgeberechtigten Elternteils auf ihre Angemessenheit zu überprüfen und gegebenenfalls zugunsten des Sorgeberechtigten zu verändern. Auch diese Veränderung der Verteilungsquote ist nicht daran zu orientieren, was für gleichartige Betreuungsleistungen an einen Dritten gezahlt werden müßte, da es sonst zu einer unangebrachten „Monetarisierung" der elterl. Fürsorge käme. Vielmehr soll durch die Veränderung des Verteilungsschlüssels im Verhältnis der Eltern die mit dem erhöhten Einsatz des Sorgeberechtigten verbundene Belastung aufgefangen und ihm als Ausgleich hierfür im Vergleich zu dem anderen Teil ein größerer Spielraum zur Befriedigung persönlicher Bedürfnisse belassen werden.

In welchem Umfange die Verteilungsquote mit Rücksicht auf die erhöhten Betreuungsleistungen des sorgeberechtigten Teils zu verändern ist, ist Sache des Einzelfalles. Insbesondere kommt es darauf an, in welchem Umfange der sorgeberechtigte Elternteil erhöhte Betreuungsleistungen zu erbringen hat und worin diese im einzelnen bestehen. Daneben sind die Einkommensverhältnisse und der Lebenszuschnitt der Beteiligten von Bedeutung. Ferner ist gegebenenfalls zu berücksichtigen, wieweit der eine oder andere Elternteil aus dem die erhöhten Betreuungsleistungen auslösenden Anlaß bereits Leistungen von dritter Seite – wie hier die Mutter der Kl. eine monatliche Beihilfe ihres Dienstherrn – erhält. Letztlich ist die Frage der Verteilung des finanziellen Mehrbedarfs des Kindes auf die beiden Elternteile bei erhöhten Betreuungsleistungen des sorgeberechtigten Teils unter Zumutbarkeitsgesichtspunkten zu beurteilen.

(Mehrkosten bei behindertem Kind; eigener erhöhter Bedarf des Kindes und berufsbedingte Aufwendungen der Mutter)

Der behinderungsbedingte Bedarf kann nach § 287 ZPO geschätzt werden. Diese Vorschrift gilt **b**
auch in Unterhaltsprozessen (FamRZ 1981/338, 340 und FamRZ 1981/1165, 1167).

Bei den Mehrkosten für Stärkungs- und Pflegemittel wäre ein Hinweis nach § 139 ZPO angezeigt gewesen, wenn das OLG hinter der Schätzung des FamG zurückbleiben wollte. Hinsichtlich der Aufwendungen für die Pflegekraft während der Arbeitszeit der Mutter der Kl. ist zu unterscheiden.

Bedient sich der für den Naturalunterhalt verantwortliche Elternteil zeitweise der Hilfe eines Dritten, um selbst berufstätig sein zu können, hat er für dessen Entlohnung von sich aus aufzukommen. Es handelt sich insoweit um eine Verbindlichkeit des Naturalunterhaltspflichtigen und nicht um Unterhaltsbedarf des Kindes. Aufwendungen des Naturalunterhaltspflichtigen für die zeitweise Zuziehung einer Beaufsichtigungsperson wirken sich daher auf die Unterhaltsbeziehung des Kindes zu dem barunterhaltspflichtigen Elternteil grundsätzlich nicht aus.

Eigener Bedarf des Kindes ist anzunehmen, wenn die Heranziehung eines Dritten etwa wegen Krankheit des Sorgeberechtigten oder des Kindes und dadurch bedingter Überforderung des Sorgeberechtigten geboten ist. Auch sonst kann in besonderen Fällen je nach den berechtigten Belangen der Beteiligten im Interesse einer ausgewogenen Lösung eine abweichende Einordnung vorzunehmen sein. Dazu besteht hier Anlaß. Die Mutter der Kl. wäre zwar dank der pflegerischen Kenntnisse als Ärztin an sich in der Lage, die Kl. ohne fremde Hilfe selbst zu betreuen. Andererseits kann es ihr aber nicht verwehrt sein, einer Berufstätigkeit nachzugehen. Die Vergütung, die sie dieserhalb an eine Betreuungsperson zahlen muß, geht möglicherweise über die Vergütung hinaus, die für die Beaufsichtigung eines gesunden Kindes an eine Hilfskraft zu zahlen wäre, sei es, daß wegen der besonderen Pflegebedürftigkeit der Kl. ein höherer Stundenlohn gezahlt oder daß die Pflegekraft in größerem Umfang (z. B. auch während der Schulzeit der Kl.) eingesetzt werden muß, als dies bei einem gesunden Kind erforderlich wäre. Solchenfalls können die Aufwendungen für die Pflegekraft billigerweise nur in dem Umfang zu Lasten der Mutter der Kl. gehen, in dem sich normalerweise die Vergütung für eine Aufsichtsperson bewegt. In den darüber hinausgehenden Aufwendungen schlägt sich ein Zusatzbedarf des Kindes nieder, der sich nur so lange der rechnerischen Bewertung entzieht, als ein Elternteil den Naturalunterhalt in eigener Person leistet.

Die Kosten für die Pflegekraft während der Arbeitszeit der Mutter sind im Rahmen des Unterhaltsanspruchs der Kl. gegen den Bekl. nur insoweit als ein zu verteilender finanzieller Zusatzbedarf zu berücksichtigen, als sie nicht auch unabhängig von der Erkrankung der Kl. für die Beaufsichtigung der beiden Kinder in der Arbeitszeit der Mutter aufzuwenden wären.

Die der Pflegekraft gewährte Verpflegung ist als Teil ihrer Vergütung anzusehen, wenn nicht davon ausgegangen werden kann, daß sie auch ohne derartige Zuwendungen zum gleichen Gehalt zur Verfügung stünde. Handelt es sich um einen Teil der Entlohnung, ist auch der Wert dieser Zuwendungen nach Maßgabe der vorstehenden Ausführungen dem Mehrbedarf der Kl. zuzurechnen, soweit entsprechende Zuwendungen nicht auch unabhängig von der Krankheit der Kl. für eine Beaufsichtigungskraft anfallen würden. Gelangt das OLG wiederum zu dem Ergebnis, daß der Pflegekraft lediglich ein Mittagessen angeboten zu werden brauche, wird es im Sinne der Revision zu bedenken haben, daß die Kosten für das Mittagessen den größeren Teil der geltend gemachten Verpflegungskosten ausmachen dürften.

Ebenso wie die Kosten für die Pflegekraft, die die Kl. während der Arbeitszeit der Mutter betreut, sind auch die Kosten für Ersatzhilfskräfte, die außerhalb der Arbeitszeit der Pflegekraft bei häuslicher Abwesenheit der Mutter zugezogen werden, nur in dem Umfang als Zusatzbedarf der Kl. anzuerkennen, in dem sie nicht auch ohne die Behinderung der Kl. für die Beaufsichtigung der beiden Kinder anfallen würden.

Die von der Kl. weiter geltend gemachten Aufwendungen für beabsichtigten Sonderunterricht und die jährliche Teilnahme an einer Behindertenfreizeit gehören – sofern diese Maßnahmen geboten sind – gleichfalls zum laufenden Unterhaltsbedarf der Kl. Die Unterhaltsrente ist so zu bemessen, daß sie sämtliche voraussehbaren Bedürfnisse abdeckt und hinreichenden Spielraum für eine vernünftige Planung voraussehbarer größerer Aufwendungen beläßt (FamRZ 1982/145, 146).

Ein vorhandener Bedarf darf nicht deshalb unbeachtet bleiben, weil der Unterhaltsberechtigte nicht über die Mittel verfügt, diesen Bedarf zu befriedigen. Das OLG wird mithin zu prüfen haben, ob und in welchem Umfange Aufwendungen für Stützunterricht und die jährliche Teilnahme an einer Behindertenfreizeit geboten sind.

Von der Ermittlung des finanziellen Zusatzbedarfs der Kl. zu unterscheiden ist die Frage, wieweit das Einkommen der Mutter für die Zwecke der Verteilung dieses Zusatzbedarfs auf die beiden Elternteile zu bereinigen ist.

So sind die Beträge abzusetzen, die die Mutter für die infolge ihrer Berufstätigkeit notwendige anderweitige Betreuung der Kinder aufwendet. Hierhin gehören deshalb die Aufwendungen für die Pflegekraft, soweit sie sich mit den Kosten decken, die unabhängig von der Behinderung der Kl. für die Beaufsichtigung der Kinder während der Berufstätigkeit der Mutter zu zahlen wären. Das OLG hat daher in diesem Zusammenhang zutreffend den „Restlohn“ der Pflegekraft in Ansatz gebracht.

Dagegen stellen Geschenke und Vergütungen für andere Aufsichtspersonen keine Aufwendungen dar, die infolge der Berufstätigkeit der Mutter erforderlich sind. Jene Aufsichtspersonen werden nämlich außerhalb der Arbeitszeit der Mutter eingesetzt, wenn sich diese außer Hauses aufhält. Die betreffenden Aufwendungen sind daher entweder, soweit durch die Behinderung der Kl. bedingt, deren Zusatzbedarf zuzurechnen oder Sache der Mutter.

Absetzungsfähig wären wiederum Aufwendungen, die der Mutter infolge ihrer erhöhten Inanspruchnahme durch die Kl. in ihrer allgemeinen Lebens- und Haushaltsführung entstehen. Das Vorbringen der Kl. hierzu ist jedoch, wie das OLG zu Recht angemerkt hat, bisher unscharf. Hinter einem Teil der hier geltend gemachten Positionen scheinen dem Senat nicht so sehr meßbare Mehrkosten als vielmehr der – verständliche – Wunsch nach einer Anerkennung des erhöhten Einsatzes der Mutter bei der Betreuung der Kl. zu stehen. Diesem Anliegen ist jedoch bei der Verteilung des behinderungsbedingten Mehrbedarfs der Kl. auf die Eltern Rechnung zu tragen.

Die monatliche Beihilfe, die die Mutter der Kl. wegen deren Krankheit von ihrem Dienstherrn für die Beschäftigung einer Pflegekraft erhält, stellt sich als Einkommen der Mutter dar und erhöht damit den Anteil, der von den behinderungsbedingten Mehrkosten nach dem rechnerischen Verhältnis der Einkommen der Eltern auf sie entfallen würde. Andererseits kann sie den Beihilfebetrag für die auf sie entfallenden Mehrkosten verwenden. In diesem Sinne ist die Kostendeckung aus Mitteln der Beihilfe im Verhältnis der Eltern zueinander als Unterhaltsbeitrag des Beihilfeberechtigten anzusehen. Dies bedeutet im Ergebnis, daß der Mutter die Beteiligung an den Mehrkosten in Höhe der Beihilfe nicht weh tut. Dieser Umstand ist bei der Verteilung des behinderungsbedingten Mehrbedarfs der Kl. auf die Eltern in die Abwägung einzubeziehen. Im Hinblick hierauf kann es gerechtfertigt sein, den auf die Mutter entfallenden Anteil so zu bemessen, daß über die Beihilfe hinaus auch ein Teil ihres sonstigen Einkommens in Anspruch genommen wird.

BGH v. 11. 5. 83 – IVb ZR 382/81 – FamRZ 83, 800

(§ 1576 BGB als Auffangtatbestand; Billigkeitsunterhalt bei Betreuung eines eigenen, nicht gemeinschaftlichen Kindes; kein kausaler Zusammenhang zwischen Ehe und Bedürftigkeit; wirtschaftliche Eigenverantwortung und nachwirkende Mitverantwortung) **R170**

Es trifft zu, daß der Anwendungsbereich der Vorschrift entsprechend ihrer Ausgestaltung als allgemeine Härteklausel weder im Verhältnis zum Regelungsbereich der §§ 1570 ff. BGB auf gegenständlich andere als die dort genannten Gründe begrenzt noch sonst Beschränkungen auf bestimmte Unterhaltstatbestände unterworfen ist. Nach der Vorstellung des Rechtsausschusses des Deutschen Bundestages, der die sog. positive Billigkeitsklausel in den Entwurf des 1. EheRG zusätzlich eingefügt hat, soll die Vorschrift sicherstellen, daß jede ehebedingte Unterhaltsbedürftigkeit erfaßt wird und es durch das Enumerationsprinzip zu keinen Ungerechtigkeiten kommt. Eine etwaige darin zum Ausdruck kommende Begrenzung des Anwendungsbereichs auf Fälle ehebedingter Bedürftigkeit ist indessen nicht Gesetz geworden. Das ergibt sich einmal aus der auch vom OLG hervorgehobenen Entstehungsgeschichte des § 1576 BGB, dessen Fassung im weiteren Gesetzgebungsverfahren dahin geändert wurde, daß die Beschränkung auf „in den ehelichen Lebensverhältnissen liegende" schwerwiegende Gründe entfiel. Darüber hinaus spricht dafür der Umstand, daß, wie der Senat im Urteil v. 23. 9. 1981 (FamRZ 1981/1163, 1164) dargelegt hat, auch die in §§ 1570 bis 1575 BGB geregelten Tatbestände des nachehelichen Unterhalts nicht generell dem Erfordernis eines kausalen Zusammenhangs zwischen Ehe und Bedürftigkeit unterliegen und nicht auf ehebedingte Bedürfnislagen beschränkt sind. Zwar sollte der Grundsatz der nachwirkenden Mitverantwortung der Ehegatten, durch den das als Konsequenz des verschuldensunabhängigen Scheidungsrechts eingeführte Prinzip der wirtschaftlichen Eigenverantwortung der Ehegatten eingeschränkt wurde (vgl. BVerfG, FamRZ 1981/745, 750), nach den ursprünglich im Gesetzgebungsverfahren verfolgten Vorstellungen nur eingreifen, wenn eine Bedürfnislage in Verbindung mit der Ehe steht. Dieser noch vom Rechtsausschuß des Deutschen Bundestages im Sinne eines kausalen Zusammenhangs zwischen Ehe und Bedürftigkeit akzentuierte, als entscheidendes Kriterium für einen Unterhaltsanspruch nach neuem Recht hervorgehobene Gesichtspunkt der „ehebedingten Unterhaltsbedürftigkeit" hat jedoch in dieser Form keinen Eingang in das Gesetz gefunden (FamRZ 1982/28, 29). Wenn aber schon die Tatbestände der §§ 1570 bis 1575 BGB nicht auf ehebedingte Bedürfnislagen beschränkt sind, so kann das erst recht nicht für die Regelung des § 1576 BGB gelten, die nach Art eines Auffangtatbestandes Regelungslücken schließen und die Vermeidung von Härten gewährleisten soll, die sich aus dem enumerativen Tatbestandskatalog der §§ 1570 bis 1575 BGB für den Unterhaltsgläubiger ergeben können. **a**

Danach ist mit dem OLG davon auszugehen, daß die in § 1576 BGB vorausgesetzten schwerwiegenden Gründe für die Unzumutbarkeit der Erwerbstätigkeit und die daraus resultierende Unterhaltsbedürftigkeit nicht ehebedingt sein müssen.

Unter diesen Umständen bestehen keine Bedenken, auch die Betreuung eines eigenen, nicht gemeinschaftlichen Kindes durch den unterhaltsbedürftigen Ehegatten als möglichen Grund für die Unzumutbarkeit der Erwerbstätigkeit i. S. von § 1576 BGB anzuerkennen.

(Zu berücksichtigende Umstände bei Betreuung eines eigenen, nicht gemeinschaftlichen Kindes)

Ebensowenig bestehen Bedenken, die Erwerbsbehinderung durch eine derartige Kindesbetreuung als „sonstigen schwerwiegenden Grund" i. S. der Härteklausel anzusehen. Bei der Auslegung dieses Merkmals ist insbesondere an die Gründe anzuknüpfen, die den Tatbeständen der §§ 1570 bis 1572 BGB zugrunde liegen und für § 1576 BGB als Orientierungspunkte dienen. Der Erwerbsbehinderung, die mit der hier in Frage stehenden Kindesbetreuung verbunden ist, muß aber für den betreuenden Ehegatten grundsätzlich das gleiche Gewicht beigemessen werden wie derjenigen durch die Betreuung eines gemeinschaftlichen Kindes im Falle von § 1570 BGB. Demgemäß hat der BGH zum früheren Unterhaltsrecht (§§ 58 ff. EheG) entschieden, daß auch die Betreuung nichtgemeinschaftlicher Kinder **b** eines Ehegatten eine Erwerbstätigkeit unzumutbar macht und es dem anderen Ehegatten nicht gestattet, seinen bedürftigen Ehepartner auf eine eigene Erwerbstätigkeit zu verweisen (FamRZ 1979/470, 471).

„Sonstige schwerwiegende Gründe" rechtfertigen den Unterhaltsanspruch aus § 1576 BGB nur dann, wenn seine Versagung unter Berücksichtigung der Belange beider Ehegatten grob unbillig wäre, d. h. seine Ablehnung dem Gerechtigkeitsempfinden in unerträglicher Weise widerspräche (FamRZ 1980/877 m. w. N. zum Merkmal der groben Unbilligkeit in § 1381 BGB). Durch diese Anforderungen erfährt die Regelung eine (weitere) Einschränkung, die sie zu einer Ausnahmevorschrift, zu einer Härteklausel für Ausnahmefälle macht.

Deshalb reicht in den hier betroffenen Fällen der Unterhaltsbedürftigkeit durch Betreuung von nicht gemeinschaftlichen Kindern die Anerkennung dieser Betreuung als schwerwiegender Grund für die Erwerbsbehinderung des bedürftigen Ehegatten nicht aus, um einen Unterhaltsanspruch aus § 1576 BGB zu begründen. Ein solcher Anspruch kann sich vielmehr erst dann verwirklichen, wenn sich aus den besonderen Umständen des Falles ergibt, daß die Versagung des Unterhalts unter Berücksichtigung der beiderseitigen Belange grob unbillig wäre.

Ob hierfür, wie das OLG meint, nur Umstände in Betracht kommen, die einen sachlichen Bezug zur (geschiedenen) Ehe der Parteien oder zum Verhalten des in Anspruch genommenen Ehegatten – vor allem in, aber auch vor und nach der Ehe – haben, muß indessen fraglich erscheinen. Zwar trifft es zu, daß einem Zusammenhang der Bedürfnislage mit den ehelichen Lebensverhältnissen im Rahmen der Billigkeitsprüfung besonderes Gewicht zukommen wird. Das gleiche gilt für ein Verhalten des in Anspruch genommenen Ehegatten, aufgrund dessen der bedürftige Ehegatte auf die Mitverantwortung des anderen Ehegatten für eine nacheheliche betreuungsbedingte Unterhaltsbedürftigkeit vertrauen durfte. Das darf aber nicht zu dem Schluß verleiten, daß sich nur in solchen Umständen überzeugungskräftige Gründe für die grobe Unbilligkeit einer Unterhaltsversagung finden ließen. Die von einer solchen Annahme getragene Beurteilung liefe von vornherein Gefahr, der allgemeinen Fassung, welche die Billigkeitsnorm im Gesetzgebungsverfahren schließlich erlangt hat (vgl. oben a), nicht gerecht zu werden. Sie wird aber auch der Lebenswirklichkeit nicht gerecht. Vor allem ist nicht auszuschließen, daß auch dem Verhalten des unterhaltsbedürftigen Ehegatten im Rahmen der Billigkeitsabwägung durchschlagende Bedeutung zukommen kann, etwa, wenn er für die Lebensgemeinschaft und/oder für den anderen Ehegatten, sei es beim Aufbau oder bei der Sicherung der Existenz oder auch in Zeiten von Krankheit oder in sonstigen Notlagen, besondere Opfer gebracht hat. Ferner muß in diesem Zusammenhang – soweit das nicht bereits aufgrund der vom OLG vertretenen Auslegung möglich ist – einer langen Dauer der Ehe zugunsten des unterhaltsbedürftigen Ehegatten Bedeutung beigemessen werden, da sie auch nach der sonstigen Einschätzung des Gesetzes, etwa in § 1582 I S. 2 BGB, die nachwirkende eheliche Mitverantwortung erhöht. Auch solche Umstände, die ihrer Art nach an sich unter die übrigen Unterhaltstatbestände, insbesondere §§ 1571 oder 1572 BGB, fallen, zu deren Verwirklichung aber nicht ausreichen, können einbezogen werden. Schließlich können auch wirtschaftliche Verhältnisse zu berücksichtigen sein, die es dem in Anspruch genommenen Ehegatten unschwer ermöglichen, für den Unterhalt aufzukommen.

BGH v. 1. 6. 83 – IVb ZR 365/81 – FamRZ 83, 892 = NJW 83, 2200

R173 *(Zum Umfang der Wirkungen eines im e. A.-Verfahren geschlossenen Prozeßvergleichs)*

a Dem (Prozeß-)Vergleich vom 20. 10. 1977 kommt eine Rechtswirkung zugunsten des Kl. nicht gemäß § 1629 III BGB zu. Nach dieser Vorschrift kann, wenn ein Scheidungsverfahren anhängig ist, ein Elternteil im eigenen Namen den Unterhaltsanspruch des Kindes gegen den anderen Elternteil geltend machen; ein zwischen den Eltern geschlossener gerichtlicher Vergleich wirkt auch für und gegen das Kind. Die Anwendung dieser Vorschrift setzt indessen – wie der Zusammenhang der beiden Sätze des § 1629 III BGB ergibt – voraus, daß der Vergleich den Unterhaltsanspruch des Kindes regelt, den es während der Anhängigkeit der Scheidungssache seiner Eltern weder für die Zeit nach der Scheidung noch für die davorliegende Zeit selbst geltend machen kann (Senatsurteil vom 23. 2. 1983 – IVb ZR 359/81 – FamRZ 83/474). Ein eigener Unterhaltsanspruch des Kl. war jedoch nicht Gegenstand des Vergleichs vom 20. 10. 1977. Dieser wurde zur Erledigung eines Verfahrens über den Erlaß einer einstweiligen Anordnung geschlossen, die die Ehefrau des Beklagten im Scheidungsverfahren gemäß § 620 S. 1 Nr. 4 ZPO beantragt hatte. Ohne diesen Vergleich hätte das Familiengericht über den Antrag entscheiden müssen. Durch eine einstweilige Anordnung hätte es indessen nur die Unterhaltspflicht gegenüber dem Kl. „im Verhältnis der Ehegatten zueinander" regeln können, nicht aber im Verhältnis des Beklagten zum Kl. Nach überwiegender, auch vom Senat geteilter Auffassung wirkt eine einstweilige Anordnung über den Kindesunterhalt gemäß § 620 S. 1 Nr. 4 ZPO nicht zugunsten des Kindes (vgl. OLG Hamburg, FamRZ 82/425; OLG Hamm, FamRZ 81/589, 590 a. E.; OLG Stuttgart, FamRZ 82/945 LS; Zöller/Philippi, ZPO, 13. Aufl., § 620 Anm. III 5 a; Thomas/Putzo, ZPO, 12. Aufl., § 620 Anm. 2 a dd; Stein/Jonas/Schlosser, ZPO, 20. Aufl., Rz. 6 zu § 620;

Baumbach/Lauterbach/Albers, ZPO, 41. Aufl., Anm. 6 A zu § 620). Einen Prozeßvergleich, durch den nichts anderes erreicht werden soll als eine der beantragten einstweiligen Anordnung entsprechende Regelung, kann im Regelfall keine weitergehende Wirkung zugemessen werden, als sie die einstweilige Anordnung gehabt hätte (ebenso OLG Hamburg, FamRZ 80/904, 905; 82/412; Klauser, MDR 81/711, 715). Auch er entfaltet Rechtswirkung daher nur im Verhältnis der Ehegatten zueinander.

(Zur vertraglichen Erweiterung eines Prozeßvergleichs)

Allerdings ist denkbar, daß die Parteien eines Scheidungsrechtsstreits durch einen im Anordnungsverfahren geschlossenen Prozeßvergleich eine weitergehende Regelung treffen. Das setzt voraus, daß sie sich im Vergleich nicht nur über den Kindesunterhalt im Verhältnis zueinander verständigen, sondern dem Kind durch Vertrag zu seinen Gunsten ein eigenes Forderungsrecht verschaffen wollen. Für einen derartigen Willen der Vertragsschließenden müssen jedoch ausreichend sichere Anhaltspunkte vorliegen (vgl. Senatsurteil vom 17. 3. 1982 – IVb ZR 646/80 – FamRZ 82/587 m. w. N.). Daran fehlt es hier. Aus der einstweiligen Anordnung vom 28. 9. 1978 kann der Kl. aus den gleichen Erwägungen nicht selbst vollstrecken. Auch dieser Titel wirkt nur zwischen den am Scheidungsverfahren beteiligten Ehegatten. **b**

(Keine Klage auf Abänderung einer einstweiligen Anordnung)

Selbst wenn jedoch die in dem Verfahren der einstweiligen Anordnung geschaffenen Titel für und gegen den Kl. des vorliegenden Verfahrens wirken würden, käme eine Abänderungsklage nach § 323 ZPO nicht in Betracht. Eine Regelung nach § 620 S. 1 Nr. 4 ZPO unterliegt nicht der Abänderungsklage (vgl. Senatsurteil vom 9. 2. 1983 – IVb ZR 343/81 – FamRZ 83/355, 356). Das gilt auch für einen im Anordnungsverfahren geschlossenen Prozeßvergleich, jedenfalls wenn dessen Wirkungen – wie im vorliegenden Fall – nicht weitergehen als die der einstweiligen Anordnung, die andernfalls erlassen worden wäre. **c**

(Zur Umdeutung einer Klage)

Der Kl. kann sein Begehren danach nicht im Wege der Abänderungsklage, sondern allein mit der Leistungsklage durchsetzen. In eine solche Leistungsklage läßt sich sein Begehren jedoch umdeuten. Die Umdeutung einer fehlerhaften prozessualen Erklärung oder Handlung kommt in Betracht, wenn sie wegen ihrer Eindeutigkeit und Klarheit einer berichtigenden Auslegung nicht zugänglich ist, aber den Voraussetzungen einer anderen, den gleichen Zwecken dienenden entspricht, die prozessual wirksam ist; die Umdeutung darf erfolgen, wenn ein entsprechender Parteiwille genügend deutlich erkennbar ist und kein schutzwürdiges Interesse des Gegners entgegensteht (es folgen Nachweise). **d**

BGH v. 1. 6. 83 – IVb ZR 389/81 – FamRZ 83, 886 = NJW 83, 2321

(Trennungsbedinger Mehrbedarf ist konkret zu ermitteln und nach § 287 ZPO zu schätzen; bei beiden Ehegatten berücksichtigungsfähig) **R176**

Dieser Angriff der Revision, mit dem die pauschale Erhöhung des nach den ehel. Lebensverhältnissen sich errechnenden vollen Unterhaltsbedarfs um $^{3}/_{10}$ durch Erhöhung der Teilnahmequote an dem Gesamteinkommen der Ehegatten von 50% auf 65% bekämpft wird, greift im wesentlichen durch. Es entspricht zwar einer im Vordringen befindlichen Rechtsauffassung, daß bei der Ermittlung des vollen Lebensunterhalts des gesch. Ehegatten trennungsbedingter Mehrbedarf, der erforderlich ist, um den ehel. Lebensstandard zu halten, nicht unbeachtet bleiben kann. Dem hat sich auch der Senat nicht verschlossen (FamRZ 1982/255, 257). Er hat aber in dem genannten Urteil – nach der Entscheidung des Berufungsgerichts – ausgesprochen, daß die Höhe dieses Mehrbedarfs nicht generell bestimmt und etwa nach einem prozentualen Anteil des Bedarfs während der Ehe bemessen werden kann. Vielmehr sind die erforderlichen Mehrkosten gegebenenfalls vom Unterhaltsberechtigten konkret darzulegen und vom Tatrichter unter Berücksichtigung der Umstände des einzelnen Falles zu ermitteln, wobei es diesem nicht verwehrt ist, unter Zuhilfenahme allgemeiner Erfahrungssätze nach § 287 ZPO zu verfahren. **b**

Mit diesen Grundsätzen ist der Ansatz von 65% des ehel. Gesamteinkommens als Unterhaltsbedarf der jetzt alleinlebenden Kl. im Berufungsurteil nicht zu vereinbaren. Es fehlt – abgesehen von den höheren Mietkosten, die jedoch den vorgenommenen Zuschlag von $^{3}/_{10}$ bei weitem nicht abdecken – an Vortrag und tatrichterlicher Würdigung von Umständen, die in ihrer Gesamtheit trennungsbedingte Mehrkosten in der vom OLG angenommenen Höhe ergeben. Das Fehlen entsprechenden Sachvortrags der Kl. beruht möglicherweise darauf, daß diese auf einen in der Praxis des OLG üblichen Pauschalansatz vertraut hat. Der Senat verweist die Sache deshalb an das OLG zurück, um Gelegenheit zu entsprechendem Sachvortrag und tatrichterlichen Ermittlungen zu geben. Diese können auch auf seiten des Bekl. geboten sein. Wenn er in der Zeit bis zu seiner Wiederverheiratung allein lebte und trennungsbedingten Mehrbedarf hatte, so ist auch das im Rahmen einer umfassenden tatrichterlichen Würdigung angemessen zu berücksichtigen.

(Nach Ablauf von 15 Jahren „Ehe von langer Dauer" im Sinn von § 1582 BGB. Bei kürzerer Ehedauer bedarf es einer besonderen Würdigung der Umstände des Einzelfalles)

c Es liegt nahe, bei der Prüfung des Merkmals der „Ehe von langer Dauer" – ebenso wie bei derjenigen des Merkmals der „Ehe von kurzer Dauer" (§ 1579 I Nr. 1 BGB) – die Ehedauer nicht bis zur Scheidung, sondern nur bis zur Rechtshängigkeit des Scheidungsantrages zu verstehen. Für den Fall des § 1579 I Nr. 1 BGB hat der Senat das in der Entscheidung v. 26. 11. 1980 (FamRZ 1981/140) näher begründet. Von den dort genannten Gründen, die für ein Abstellen auf den Zeitpunkt der Rechtshängigkeit des Scheidungsverlangens statt auf den Zeitpunkt der Ehescheidung sprechen, greift zwar derjenige der Praktikabilität bei einer Entscheidung im Verbund hier nicht durch, weil eine neue Ehe nicht vor der Scheidung der alten geschlossen sein kann. Indes behalten die dort weiter genannten Erwägungen für die Maßgeblichkeit des Zeitpunktes schon der Rechtshängigkeit des Scheidungsverlangens ihr Gewicht: In aller Regel vollzieht der Antragsteller des zur Scheidung führenden Verfahrens den entscheidenden Schritt zur Beendigung seiner Ehe damit, daß er das Scheidungsverlangen rechtshängig macht; das ist für den Antragsgegner ersichtlich. Hier wie dort gilt zudem ein weiteres Argument: Wollte man die für die Frage des Unterhaltsvorranges bei einer neuen Eheschließung des Verpflichteten unter Umständen entscheidende Frage der „Ehe von langer Dauer" davon abhängig machen, wann das Scheidungsverfahren seinen Abschluß findet, so könnte das dazu führen, daß der potentiell Unterhaltsberechtigte dadurch veranlaßt würde, mit Hilfe von Rechtsmitteln oder sonstigen Bemühungen den rechtskräftigen Abschluß des Ehescheidungsverfahrens hinauszuschieben und damit gegebenenfalls die Ehe als eine solche „von langer Dauer" erscheinen zu lassen. Aus diesen Gründen hat der Senat auch in dem bereits genannten Urteil v. 27. 4. 1983 [FamRZ 1983/678 ff.] die Ehedauer (von dort etwas über acht Jahren) nach der Zeit zwischen Eheschließung und Zustellung des Scheidungsantrages bemessen.

BGH v. 29. 6. 83 – IVb ZR 391/81 – FamRZ 83, 996 = NJW 83, 2243

R178 *(Fehlen einer Auskunftsverpflichtung)*

a 1) Der geschiedene Ehegatte kann nicht gemäß §§ 1580, 1605 BGB auf Auskunft in Anspruch genommen werden, wenn unabhängig von seinen Einkommens- und Vermögensverhältnissen ein Unterhaltsanspruch gegen ihn nicht in Betracht kommt. Es müssen diejenigen Voraussetzungen eines Unterhaltsanspruchs vorliegen, die von den wirtschaftlichen Verhältnissen der Parteien unabhängig sind (näher: FamRZ 1982/1189, 1192). Der Auffassung der Revision, im vorliegenden Fall stehe in diesem Sinne fest, daß die Kl. vom Bekl. keinen Unterhalt verlangen könne, kann aber nicht gefolgt werden.

(Umfang der Auskunftspflicht; Anspruch auf systematische Aufstellung)

c 2 b) Der Bekl. hat ferner über seine Einkünfte als GmbH-Geschäftsführer für die letzten zwölf Monate Auskunft zu erteilen, wobei das Bruttogehalt, Art und Umfang der Abzüge sowie Sonderzahlungen, wie Weihnachts- und Urlaubsgeld, Spesen, Auslösungen, Tantiemen etc. einzeln anzugeben sind. Auch insoweit hat er seine Verpflichtung nicht durch das zu den Akten gegebene Schreiben vom 19. 8. 1980 erfüllt, weil sich daraus allenfalls sein Gehalt für den Monat Juli 1980 nebst den Abzügen für Lohnsteuer und Sozialversicherung entnehmen läßt. Von einer – wenn auch unvollständigen – Erfüllung, an die sich lediglich noch ein Verfahren über die Abgabe einer eidesstattlichen Versicherung anschließen könnte, kann nicht ausgegangen werden. In dieses Verfahren gehört etwa der Streit darüber, ob in einer äußerlich ordnungsgemäßen Aufstellung einzelne Posten falsch sind oder überhaupt fehlen (RGZ 100/150, 152). Hier geht es nicht um derartige sachliche Mängel einer ordnungsgemäßen Aufstellung, sondern eine solche, die auch der Unterhaltsschuldner gemäß §§ 1580, 1605 I S. 3 i. V. § 260 I BGB vorzulegen hat, ist noch nicht vorhanden. Denn das Schreiben vom 29. 8. 1980 bezieht sich nicht auf den Zeitraum von 12 Monaten vor dem 29. 8. 1980 und enthält nichts über die für die Berechnung des Unterhaltsanspruchs bedeutsamen Sonderzuwendungen, insbesondere das Weihnachtsgeld. Bei der Abfassung war sich der Bekl. erkennbar noch nicht über den Umfang seiner Auskunftspflicht im klaren, so daß eine eidesstattliche Versicherung über die Vollständigkeit seiner Angaben (§ 1605 I S. 3 i. V. § 260 II BGB) ohne rechten Sinn wäre. In derartigen Fällen liegt auch eine beachtliche teilweise Erfüllung der Auskunftspflicht nicht vor, weil der Auskunftsberechtigte Anspruch auf eine systematische Zusammenstellung der erforderlichen Angaben hat, die ihm ohne übermäßigen Arbeitsaufwand die Berechnung seines Unterhaltsanspruchs ermöglicht (RGZ 100/150, 153). Die gerichtliche Entscheidung hat vielmehr ungeachtet der bereits vorliegenden Angaben umfassend über Gegenstand und Umfang der Auskunftspflicht zu befinden, wie dies im vorliegenden Fall geschehen ist.

BGH v. 9. 11. 83 – IVb ZR 14/83 – FamRZ 84, 148 = NJW 84, 291

(Prozeßkostenvorschußpflicht bei Trennungs- und Scheidungsunterhalt sowie Nichtidentität der Ansprüche) R182

§ 1360 a IV BGB knüpft die gegenseitige Vorschußpflicht an den Bestand der Ehe und ordnet sie – wie die Einfügung der Vorschrift in die Bestimmungen über den Familienunterhalt erkennen läßt – dem Pflichtenkreis der Ehegatten während ihres Zusammenlebens zu. Aus der Anordnung einer entsprechenden Anwendung des § 1360 a IV BGB gemäß § 1361 IV S. 4 BGB folgt, daß der Gesetzgeber davon ausgegangen ist, die Vorschrift könne bereits im Falle des Getrenntlebens der Ehegatten nicht mehr unmittelbar angewendet werden. Dies hat erst recht für das Rechtsverhältnis zwischen früheren Ehegatten nach der Auflösung ihrer Ehe zu gelten. Das Unterhaltsrecht für gesch. Ehegatten, das durch die §§ 1569 ff. BGB in der Fassung des 1. EheRG vollkommen neu gestaltet worden ist, enthält jedoch zu keinem der eine Unterhaltspflicht auslösenden Tatbestände eine Bestimmung, die eine entsprechende Anwendung des § 1360 a IV BGB vorschreibt. Eine solche läßt sich auch der neugestalteten verfahrensrechtlichen Behandlung einer Verpflichtung zur Leistung des PKV nicht entnehmen (vgl. §§ 127 a, 620 Nr. 9, 621 I Nr. 5 ZPO). Denn die Verfahrensvorschriften setzen den Bestand eines materiellrechtlichen Anspruchs voraus.

Die in Frage stehende Verpflichtung läßt sich auch nicht unmittelbar aus der Bestimmung des § 1578 I S. 2 BGB herleiten, wonach der Unterhaltsanspruch des gesch. Ehegatten den gesamten Lebensbedarf umfaßt. Mit diesem Begriff wird inhaltlich nichts anderes als das umschrieben, was auch sonst im Unterhaltsrecht das Maß des geschuldeten angemessenen Unterhalts ausmacht (FamRZ 1983, 29, 30 m. w. N.). Der gleiche Begriff des Unterhalts liegt auch den Regelungen in § 1360 a I BGB für den Familienunterhalt und in § 1361 I BGB für den Trennungsunterhalt zugrunde. In beiden Vorschriften wird der Anspruch auf einen PKV jedoch ausdrücklich daneben erwähnt. Deshalb läßt sich aus der Fassung des § 1578 BGB, der sich zur Vorschußpflicht weder unmittelbar noch durch Verweisung verhält, eher schließen, daß der Gesetzgeber einen solchen Anspruch dem gesch. Ehegatten gerade nicht gewähren wollte. So bestehen, wie der Senat bereits in seiner eine Anspruchsidentität ablehnenden Entscheidung näher ausgeführt hat, zwischen der Unterhaltspflicht während der Ehe und derjenigen nach der Scheidung wesentliche Unterschiede (FamRZ 1984/242, 243 m. w. N.; FamRZ 1980/1099 zum früheren Recht). Während der Ehe tragen die Ehegatten füreinander eine gesteigerte Verantwortung, die über die Sicherstellung des angemessenen Unterhalts (§ 1360 a I BGB) hinausgreift. Nach einer Scheidung hat dagegen grundsätzlich jeder für seinen Unterhalt selbst zu sorgen (§ 1569 BGB). Eine nacheheliche Unterhaltspflicht tritt nur noch als Nachwirkung früherer Verantwortung unter besonderen, enumerativ genannten Voraussetzungen ein (§§ 1570 ff. BGB). Die Verpflichtung, dem anderen Ehegatten Prozeßkosten vorzuschießen, trägt aber ersichtlich dem Gedanken der Mitverantwortung Rechnung, der sich aus der Ehebindung ergibt. Nur so läßt es sich vertreten, einem Ehegatten zuzumuten, sogar eine gegen ihn selbst gerichtete Prozeßführung des anderen durch zusätzliche Vermögensopfer im Wege eines – in den meisten Fällen letztlich verlorenen – Vorschusses zu finanzieren. Dabei trifft selbst in Familiengemeinschaft zusammenlebende Ehegatten die Vorschußpflicht nur unter der doppelten Voraussetzung, daß der Rechtsstreit eine persönliche Angelegenheit des Berechtigten betrifft und die Leistung der Billigkeit entspricht.

Eine entsprechende Anwendung des § 1360 a IV BGB auf andere Unterhaltsrechtsverhältnisse kann danach – außer in dem vom Gesetzgeber selbst geregelten Fall des Trennungsunterhalts – allenfalls dort in Betracht gezogen werden, wo die unterhaltsrechtliche Beziehung ebenfalls Ausdruck einer besonderen Verantwortung des Verpflichteten für den Berechtigten ist, die derjenigen von Ehegatten vergleichbar ist. So könnte es etwa im Verhältnis von Eltern zu ihren minderjährigen, unverheirateten Kindern sein, ohne daß hier jedoch darüber zu entscheiden wäre. Im vorliegenden Fall fehlt es an der danach erforderlichen Voraussetzung, weil mit der Scheidung die unterhaltsrechtlichen Beziehungen der Parteien auf eine neue Grundlage gestellt sind, die vom Prinzip der Eigenverantwortung jedes früheren Ehegatten geprägt wird.

BGH v. 9. 11. 83 – IVb ZR 8/82 – FamRZ 84, 34 = NJW 84, 296

(Ausschluß oder Herabsetzung bei § 1579 Nr. 2 treten nur für die Zukunft ein. Vor der strafbaren Handlung bereits entstandene Unterhaltsansprüche bleiben unberührt) R184

Die durch das 1. EheRG eingeführte Härteklausel des § 1579 BGB ist in ihrem Abs. I Nr. 2 vergleichbar mit § 66 EheG, wonach der nach früherem Recht unterhaltsberechtigte geschiedene Ehegatte den Unterhaltsanspruch verwirkt, wenn er sich einer schweren Verfehlung gegen den Verpflichteten schuldig macht. Nach der einhelligen Auffassung in Rechtsprechung und Schrifttum tritt eine Verwirkung des Unterhaltsanspruchs nach § 66 EheG nur für die Zukunft ein und läßt bereits entstandene Unterhaltsansprüche unberührt.

Dies wird damit begründet, daß der Zweck des Gesetzes, nach dem ein Ehegatte nicht genötigt sein soll, den anderen zu unterhalten, wenn dieser sich feindselig gegen ihn verhält oder ihm Schaden zufügt, es nicht erfordert, einen fälligen, aber unerfüllt gebliebenen Unterhaltsanspruch rückwirkend zu vernichten. Dem Berechtigten steht der Unterhaltsanspruch so lange zu, als er sich nicht in der vom Gesetz bezeichneten Weise gegen den Verpflichteten verfehlt. Es besteht kein Anlaß, den in Verzug geratenen Unterhaltsschuldner zu begünstigen, weil ein späteres Ereignis ihn von der Unterhaltspflicht befreit.

Der Härteklausel des § 1579 I Nr. 2 BGB verwandt ist ferner die Regelung in § 1611 I BGB, die eine Beschränkung oder einen Wegfall der Unterhaltspflicht zwischen Verwandten wegen einer schweren Verfehlung gegenüber dem Unterhaltspflichtigen oder einem nahen Angehörigen des Unterhaltspflichtigen vorsieht. In der Begründung zum Entwurf des 1. EheRG ist zu § 1580 I Nr. 2 BGB – der später als § 1579 I Nr. 2 BGB Gesetz geworden ist – ausdrücklich darauf hingewiesen, daß die Härteklausel insoweit dem § 1611 I BGB entspricht. Auch zu § 1611 I BGB war aber schon bei der Schaffung des 1. EheRG anerkannt, daß die Beschränkung des Unterhaltsanspruchs erst mit der Verfehlung und nicht rückwirkend eintritt.

Der Gesetzgeber des 1. EheRG hat diese Normsituation vorgefunden, als er den Tatbestand des § 1579 I Nr. 2 BGB geschaffen hat. Er hat nicht zu erkennen gegeben, daß in der Frage der zeitlichen Wirkung der Norm für § 1579 I Nr. 2 BGB Abweichendes gelten sollte. Vielmehr spricht die Fassung des Gesetzes, daß ein Unterhaltsanspruch nicht besteht, wenn sich der Berechtigte eines schweren Vergehens gegen den Verpflichteten schuldig gemacht hat, für eine unveränderte Beurteilung dieser Frage. Ob Ausnahmefälle denkbar sind, in denen die Verfehlung des Berechtigten so schwerwiegend ist, daß die Inanspruchnahme des Verpflichteten auch wegen bereits entstandener Unterhaltsschulden unzumutbar erscheinen muß, kann hier offenbleiben. Ob ein strafbares vorsätzliches Vergehen gegen den Unterhaltsverpflichteten schwer i. S. dieser Vorschrift ist, hat im wesentlichen der Tatrichter zu entscheiden. Das Revisionsgericht kann nur prüfen, ob er dabei von richtigen Rechtsvorstellungen ausgegangen ist (FamRZ 1960/110, 111 zu § 66 EheG).

Das ist hier der Fall. Soweit die Revision rügt, das OLG habe nicht erwogen, daß der Anlaß des Streits zwischen den Parteien von einer auf die Erhaltung der Ehe gerichteten Einstellung der Kl. geprägt gewesen sei, wird verkannt, daß es im Urteil nicht des ausdrücklichen Eingehens auf alle Gesichtspunkte bedarf, die für und wider ein bestimmtes Ergebnis sprechen (vgl. BGHZ, 162/175). Daß insgesamt eine sachentsprechende Beurteilung stattgefunden hat, wird durch den Gesamtinhalt der Gründe des angefochtenen Urteils hinreichend deutlich.

BGH v. 1. 12. 83 – IVb ZR 41/83 – FamRZ 84, 144 = NJW 84, 484

R190 *(Anspruch auf Auskunft, auf ergänzende Auskunft und auf Abgabe einer eidesstattlichen Versicherung)*

Nach der Beendigung des Güterstandes – hier durch Scheidung – ist jeder Ehegatte verpflichtet, dem anderen über den Bestand seines Endvermögens Auskunft zu erteilen (§ 1379 I S. 1 BGB). Die Auskunft ist gemäß § 260 I BGB durch Vorlage eines schriftlichen Bestandsverzeichnisses zu geben; es muß – bezogen auf den Zeitpunkt der Zustellung des Scheidungsantrags (§ 1384 BGB) – eine geordnete und für den Auskunftsberechtigten nachprüfbare Zusammenstellung der dem Zugewinnausgleich unterliegenden Vermögensgegenstände und Verbindlichkeiten des Auskunftspflichtigen enthalten, die dem Berechtigten als Grundlage für die Berechnung des Zugewinnausgleichs dienen kann. Besteht Grund zu der Annahme, daß das Verzeichnis nicht mit der erforderlichen Sorgfalt aufgestellt worden ist, so hat der Verpflichtete – ausgenommen in Angelegenheiten von geringer Bedeutung (§§ 260 III, 259 III BGB) – auf Verlangen an Eides Statt zu versichern, daß er nach bestem Wissen den Bestand seines Endvermögens so vollständig angegeben habe, als er dazu imstande sei (§ 260 II BGB). Davon geht das OLG zutreffend aus.

Rechtlichen Bedenken begegnet seine Auffassung, die Voraussetzungen des § 260 II BGB lägen vor, weil das Vermögensverzeichnis der AGg. mit zwei Ausnahmen den ihr gehörenden Hausrat und die Gegenstände ihres persönlichen Bedarfs nicht aufführe.

Die Feststellung, das Vermögensverzeichnis sei in einzelnen Punkten unvollständig oder unrichtig, ist für sich weder erforderlich noch ausreichend, um die Verpflichtung zur Abgabe der eidesstattlichen Versicherung zu begründen. Maßgebend ist allein, ob Grund zu der Annahme besteht, der Verpflichtete habe das Verzeichnis nicht mit der erforderlichen Sorgfalt aufgestellt. Dieser Verdacht kann begründet sein, auch wenn inhaltliche Mängel des Verzeichnisses nicht festgestellt sind.

Andererseits begründet die Feststellung, das Verzeichnis sei in einzelnen Punkten unvollständig oder unrichtig, nicht ohne weiteres die Annahme mangelnder Sorgfalt. Der in solchen Fällen zunächst gegebene Verdachtsgrund ist entkräftet, wenn den Umständen nach anzunehmen ist, daß die mangelhafte Auskunft auf unverschuldeter Unkenntnis oder auf einem entschuldbaren Irrtum des Auskunftspflichtigen beruht; in einem solchen Fall kommt nur ein Anspruch auf ergänzende Auskunft in Betracht. Die auf einen inhaltlichen Mangel des Vermögensverzeichnisses gegründete Verurteilung zur Abgabe der eidesstattlichen Versicherung setzt deshalb neben der Unvollständigkeit oder Unrichtigkeit des Verzeichnisses die Feststellung voraus, daß sich die Unvollständigkeit oder Unrichtigkeit bei gehöriger Sorgfalt hätte vermeiden lassen.

Ob der Verpflichtete die Auskunft mit der erforderlichen Sorgfalt erteilt hat, ist im wesentlichen Tatfrage. In der Revisionsinstanz kann nur geprüft werden, ob die Erwägungen des OLG von Rechtsirrtum beeinflußt und ob die von der Revision erhobenen Verfahrensrügen begründet sind.

Für Gegenstände des persönlichen Bedarfs besteht eine gesetzliche Ausnahme nicht. Die Auffassung der Revision, nur Wertobjekte, nicht aber einfache Gebrauchsgegenstände des täglichen Lebens fielen in den Zugewinnausgleich, findet im Gesetz insoweit keine Stütze, als es sich um Positionen von wirtschaftlichem Wert handelt. Es ist nicht zu verkennen, daß sich dadurch unerfreuliche und wirtschaftlich wenig ergiebige Streitigkeiten über den maßgeblichen Vermögensbestand entwickeln können, die das ohnehin oft langwierige Verfahren über den Zugewinnausgleich zusätzlich belasten. Dem läßt sich jedoch nur dadurch begegnen, daß der Tatrichter im Einzelfall die Darlegungs- und Beweisregeln – insbesondere im Rahmen des § 287 ZPO – in einer auch dem wirtschaftlichen Gewicht des jeweiligen Streitpunktes angemessenen Weise handhabt.

Auch im Auskunftsverfahren nach § 1379 BGB einschließlich des Verfahrens auf Abgabe der eidesstattlichen Versicherung ist Kleinlichkeit zu vermeiden (vgl. §§ 259 III, 260 III BGB). Wie auch sonst, können Sachgesamtheiten und Inbegriffe von Gegenständen im Vermögensverzeichnis als solche aufgeführt werden, wenn und soweit der Verzicht auf eine detaillierte Aufschlüsselung im Verkehr üblich ist und eine ausreichende Orientierung des Auskunftsberechtigten nicht verhindert. An die Aufschlüsselung können um so geringere Anforderungen gestellt werden, je eher bei dem Empfänger der Auskunft Kenntnis der persönlichen Habe des Verpflichteten vorausgesetzt werden kann (so, wenn zwischen der Trennung und der Zustellung des Scheidungsantrages – wie hier – nur ein kurzer Zeitraum liegt). Wertvolle Gegenstände (z. B. wertvoller Schmuck, Pelze) sind in jedem Fall einzeln anzugeben. Vorbehaltlich einer anderweitigen Vereinbarung (dazu unten dd) geht es jedoch nicht an, die Gegenstände des persönlichen Bedarfs im Vermögensverzeichnis vollständig zu übergehen.

Schon danach kann nicht ohne weiteres angenommen werden, die AGg. habe Hausrat verschwiegen, auf den sich die Auskunftspflicht bezieht. Der ASt. behauptet nicht, daß ihr am Stichtag Gegenstände gehörten, die als Kapitalanlage oder dem Beruf dienten oder für das Getrenntleben bestimmt waren. Das OLG nimmt zwar an, sie sei Alleineigentümerin von Hausratsgegenständen gewesen; das hatte sie im Hausratsverfahren behauptet. Der für die Voraussetzungen des § 260 II BGB darlegungspflichtige ASt. hat jedoch dort wie auch im vorliegenden Rechtsstreit vorgetragen, der Hausrat habe im Miteigentum der Parteien gestanden; er hat demgemäß nur bemängelt, daß die AGg. ihre Miteigentumsanteile an den Haushaltsgegenständen nicht in ihr Vermögensverzeichnis aufgenommen habe. Dazu war sie, wie dargelegt, nicht verpflichtet. Das Berufungsurteil steht insoweit nicht im Einklang mit dem eigenen Vorbringen des ASt.

BGH v. 14. 12. 83 – IVb ZR 29/82 – FamRZ 84, 988

(Zur Beweislast für Voraussetzungen des Unterhaltsanspruchs; zum Zeitpunkt der Beurteilung der maßgeblichen Verhältnisse; zu Voraussetzungen § 1575 II BGB) **R191**

Wenn das Gericht im Rahmen eines Verbundverfahrens über den nachehelichen Unterhalt als Folgesache entscheidet, befindet es über einen erst in der Zukunft, nämlich mit Rechtskraft des Scheidungsurteils, entstehenden Anspruch (FamRZ 81/242, 243). Ebenso wie bei der Verurteilung zur Zahlung einer Unterhaltsrente aufgrund eines schon bestehenden Anspruchs (FamRZ 82/259, 260) muß das Gericht dabei eine Prognose der zukünftigen Entwicklung der für den Unterhaltsanspruch maßgebenden Verhältnisse anstellen und seiner Entscheidung zugrunde legen. Im vorliegenden Fall mußte das OLG im Rahmen dieser Prognose nicht schon deshalb von der Unterhaltsbedürftigkeit der Ehefrau ausgehen, weil feststand, daß sie ihre Stelle bei der Universität verlieren würde. Für den Eintritt der Unterhaltsbedürftigkeit ist es nicht entscheidend, daß eine bestimmte, insbesondere die bisherige Erwerbstätigkeit nicht mehr ausgeübt werden kann. Die Bedürftigkeit setzt vielmehr erst ein, wenn der geschiedene Ehegatte überhaupt keine angemessene Erwerbstätigkeit i. S. des § 1574 BGB zu finden vermag (§ 1573 I BGB). Wenn sich dies nicht absehen läßt, darf das Gericht, auch wenn der künftige Verlust des bisherigen Arbeitsplatzes feststeht, nicht vom Eintritt der Bedürftigkeit ausgehen. Das verbietet sich schon deshalb, weil der Unterhalt begehrende Ehegatte die Beweislast für die Voraussetzungen des Unterhaltsanspruchs und damit auch für den Eintritt der Unterhaltsbedürftigkeit trägt. Daß die Ehefrau insoweit ihrer Darlegungs- und Beweislast ausreichend nachgekommen wäre, ist nicht geltend gemacht worden. Auch sonst sind keine Umstände ersichtlich, die die tatrichterliche Beurteilung des OLG, daß sich die Entwicklung insoweit nicht mit ausreichender Sicherheit vorhersehen lasse, rechtsfehlerhaft erscheinen ließen. In Fällen, in denen sich die künftige Entwicklung der maßgebenden Verhältnisse nicht mit hinreichender Sicherheit voraussehen läßt, wird es in Rechtsprechung und Literatur für angemessen erachtet, der Entscheidung die gegenwärtig bestehenden Verhältnisse zugrunde zu legen und es den Parteien zu überlassen, bei anderweitiger Entwicklung der Verhältnisse Abänderungsklage nach § 323 ZPO zu erheben. Als Alternative wird erwogen, eine endgültige Sachentscheidung für den Zeitraum, für den sich die Entwicklung noch nicht vorhersehen läßt, zu unterlassen. Wenn über den nachehelichen Unterhalt im Scheidungsverbundverfahren zu entscheiden ist, kommt nur die erstere Lösung in Frage, da nach Wortlaut und Sinn des Gesetzes die Regelung der Folgesachen zusammen mit der Scheidung vorzunehmen ist, ohne Rücksicht darauf, wie sicher sich die künftige Entwicklung im Einzelfall absehen läßt. Dementsprechend hat der Senat bereits mehrfach entschieden, daß für die Beurteilung der im Zeitpunkt der Rechtskraft der Scheidung gegebenen ehelichen Lebensverhältnisse einschließlich der Einkommensverhältnisse der Parteien auf die Lage zur Zeit der letzten mündlichen Verhandlung vor dem Tatrichter abgestellt werden kann, wenn die künftige Entwicklung noch nicht vorhersehbar ist (FamRZ 82/892 und FamRZ 83/144, 145).

Auch die Entscheidung des OLG, daß die Voraussetzungen des Unterhaltsanspruchs nach § 1575 II BGB nicht dargetan seien, enthält keinen Rechtsfehler zum Nachteil der Ehefrau.

Dem Urteil ist nicht eindeutig zu entnehmen, ob das OLG davon ausgegangen ist, daß die Ehefrau ohne Studium und Promotion eine Dozententätigkeit an einer Universität nicht auf Dauer werde ausüben können. Selbst wenn dies der Fall wäre, könnte in der fehlenden beruflichen Qualifikation der Ehefrau für diese Tätigkeit nicht unmittelbar ein ehebedingter Nachteil gesehen werden; denn auch ohne die Eheschließung hätte die Ehefrau kein Studium mit Promotion in der BRD durchlaufen und abgeschlossen. Für die Beurteilung, ob die Ehefrau durch die Ehe berufliche, durch Fortbildung ausgleichsfähige Nachteile erlitten hat, ist vielmehr die berufliche Stellung, die sie ohne die Eheschließung in der Sowjetunion innehaben könnte, mit derjenigen zu vergleichen, die ihr in der BRD (ohne Fortbildung) offensteht. Ein Nachteil wäre dabei gegeben, wenn die berufliche Tätigkeit in der BRD der Ehefrau nur einen geringeren Lebensstandard ermöglichen würde als die zu vergleichende berufliche Tätigkeit in der Sowjetunion. Die Betrachtung kann aber nicht auf diesen materiellen Gesichtspunkt beschränkt bleiben. Unabhängig vom finanziellen Ertrag der beruflichen Tätigkeit läge ein Nachteil auch dann vor, wenn die Berufstätigkeit in der BRD der Ehefrau keine angemessene Entfaltung ihrer Fähigkeiten und Kenntnisse verschaffen würde. Daß bei der Betrachtung auch auf derartige Belange Rücksicht genommen werden muß, ergibt sich aus dem Rechtsgedanken des § 1574 II BGB. Ebenso wie dort für die Zumutbarkeit einer Erwerbstätigkeit auf Ausbildung und Fähigkeiten des Ehegatten Rücksicht genommen wird, muß dies auch im Rahmen des § 1575 II BGB geschehen. Unter beiden Gesichtspunkten ist es jedoch nicht zu beanstanden, daß das OLG den Eintritt eines Nachteils zu Lasten der Ehefrau, die insoweit die Beweislast trägt, als nicht feststehend erachtet hat. Wie bereits dargelegt, konnte das OLG rechtsfehlerfrei seiner Entscheidung zugrunde legen, daß die Ehefrau ein Einkommen, wie sie es im Zeitpunkt der Berufungsverhandlung erzielte, auch weiterhin erzielen werde. Daß ihr dieses Einkommen einen geringeren Lebensstandard als das Einkommen aus einer Erwerbstätigkeit in der Sowjetunion ermöglicht, hat die Ehefrau nicht geltend gemacht. Sie hat der Behauptung des Ehemannes, daß sie in der BRD wesentlich mehr verdiene, als sie in der Sowjetunion verdienen könne, nicht widersprochen. Die Frage, ob die beruflichen Tätigkeiten, die der Ehefrau ohne Fortbildung offenstehen, ihr eine ausreichende berufliche Entfaltung ermöglichen, ist – ebenso wie die Angemessenheit einer Erwerbstätigkeit nach § 1574 II BGB – unter Zumutbarkeitskriterien zu beantworten. Eine optimale berufliche Erfüllung kann nicht verlangt werden. Danach enthält es keinen Rechtsfehler, wenn das OLG der Ehefrau zugemutet hat, sich nicht auf eine Tätigkeit als Dozentin zu beschränken, sondern auch andere Stellungen anzunehmen, in denen sie ihre Sprachkenntnisse angemessen verwerten kann. Davon, daß sie eine solche Stellung ohne Fortbildung nicht finden könne, mußte das OLG nach dem Sach- und Streitstand nicht ausgehen.

(Zumutbarkeit der Inanspruchnahme öffentlicher Verkehrsmittel)

c Zu Unrecht hat das OLG bei der Ermittlung des anrechenbaren Einkommens des Ehemannes die Betriebskosten von dessen Pkw mit monatlich 800 DM in voller Höhe abgesetzt. Bei Nettoeinkommen der vorliegenden Größenordnung (Mann 3100 DM und Frau 2700 DM) ist die Haltung eines Pkw den ehelichen Lebensverhältnissen zuzurechnen. Für die berufsbedingten Fahrten zur Arbeitsstätte können dann nicht die gesamten Betriebskosten, sondern allenfalls die durch diese Fahrten entstehenden Mehrkosten vom Einkommen abgezogen werden. Wenn auch diese Kosten noch einen unverhältnismäßig großen Teil des Einkommens in Anspruch nehmen, bedarf es der Prüfung, ob nach den Umständen des Falles nicht die Inanspruchnahme öffentlicher Verkehrsmittel zumutbar ist und dadurch die Fahrtkosten gesenkt werden können (FamRZ 82/360, 362).

BGH v. 14. 12. 83 – IVb ZR 38/82 – FamRZ 84, 364

R192 *(Auswirkung der Sozialhilfe auf den Unterhalt)*

c Sozialhilfe, die dem Unterhaltsbedürftigen geleistet wird, hat auf den Unterhaltsanspruch keinen Einfluß. Sie mindert die Bedürftigkeit nicht, weil sie den Unterhaltspflichtigen nicht von seiner Leistungspflicht befreien soll (FamRZ 81/30, 31; FamRZ 83/574). Darauf, ob der Sozialhilfeträger später von seiner Befugnis Gebrauch macht, den Unterhaltsanspruch auf sich überzuleiten, und seine Aufwendungen ersetzt verlangt, kommt es nicht an.

(Billigkeitsabwägung nach § 1577 III BGB)

Das OLG geht offenbar davon aus, daß der Ehemann gehalten gewesen sei, sein Vermögen für seinen Lebensunterhalt vollständig auszugeben, ehe er die Ehefrau auf Unterhalt habe in Anspruch nehmen können. Bereits dieser Ansatzpunkt ist nicht frei von rechtlichen Bedenken. Das OLG hätte vielmehr prüfen müssen, ob und gegebenenfalls bis zu welchem Betrag der Ehemann überhaupt gehalten war, sein Vermögen anzugreifen, ehe er Unterhaltsansprüche erhob. Nach § 1577 III BGB braucht der Berechtigte den Stamm seines Vermögens nicht zu verwerten, soweit dies unter Berücksichtigung der beiderseitigen wirtschaftlichen Verhältnisse unbillig wäre. Insoweit können im vorliegenden Fall einerseits das Alter und der angegriffene Gesundheitszustand des Ehemannes beachtlich sein; diese Umstände legten es möglicherweise nahe, Vorkehrungen für den Fall plötzlich auftretenden erhöhten (Sonder-)Bedarfs zu treffen. Andererseits werden jedoch, weil das Gesetz die Berücksichtigung der beiderseitigen wirtschaftlichen Verhältnisse vorsieht, auch die bisher ungeklärten Vermögensverhältnisse der Ehefrau in die Abwägung einzubeziehen sein. Stand nämlich der Ehefrau kein Vermögen zur Verfügung, mit dem sie etwa auf ihrer Seite entstehenden Sonderbedarf decken konnte, so wird es unter Billigkeitsgesichtspunkten nicht gerechtfertigt sein, dem Ehemann zu gestatten, einen Teil seines Vermögens auf Kosten der ihm Unterhalt gewährenden Ehefrau als „Notgroschen" unangegriffen zu lassen. Wenn das OLG bei der erneuten Prüfung zu dem Ergebnis kommt, daß der Ehemann einen bestimmten Teil seines Vermögens nicht anzugreifen braucht, so wird der Verbrauch dieses Teils nicht als mutwillige Herbeiführung der Bedürftigkeit gewertet werden können, weil dann die unterhaltsrechtlich relevante Bedürftigkeit schon vor dem Verbrauch dieser finanziellen Reserve erreicht war. e

BGH v. 25. 1. 84 – IVb ZR 28/82 – FamRZ 84, 361 = NJW 84, 1538

(Pflegekind ist kein gemeinschaftliches Kind) **R196**

II 1 a) Nach § 1570 BGB kann ein gesch. Ehegatte von dem anderen Unterhalt verlangen, solange und soweit von ihm wegen der Pflege oder Erziehung eines gemeinschaftl. Kindes eine Erwerbstätigkeit nicht erwartet werden kann. Das OLG hat offensichtlich angenommen, daß § 1570 BGB nur bei der Pflege oder Erziehung eines Kindes beider Ehegatten, nicht aber dann anzuwenden ist, wenn es sich bei dem Kind, dessen Betreuung einer Erwerbstätigkeit entgegensteht, um ein Pflegekind handelt. Diesem Verständnis des Gesetzes ist zuzustimmen. Es entspricht dem eindeutigen Wortlaut der Vorschrift, die den Unterhaltsanspruch nur für den Fall der Pflege oder Erziehung eines gemeinschaftlichen Kindes vorsieht. Dem steht die Pflege oder Erziehung eines von den Ehegatten adoptierten Kindes gleich, weil dieses nach § 1754 I BGB die rechtliche Stellung eines gemeinschaftl. ehel. Kindes erlangt, nicht aber die Betreuung eines Pflegekindes. a

Daß beide Ehegatten gemeinsam das Kind aufgenommen haben, ändert daran nichts.

(Voraussetzungen des § 1576 BGB; Subsidiarität gegenüber Ansprüchen aus §§ 1570 mit 1575 BGB; Auffangtatbestand; notwendige Bezifferung eines gleichzeitigen Anspruchs nach § 1570 BGB und des darüber hinaus geltend gemachten Teils nach § 1576 BGB)

II 2) Das OLG hat den Sachverhalt dahin beurteilt, daß der Ehefrau jedenfalls wegen der Betreuung der ehel. Kinder und des Pflegekindes ein auf die §§ 1570 und 1576 BGB gestützter Unterhaltsanspruch zustehe. b

Diese Beurteilung kann keinen Bestand haben. Bei ihr ist nicht beachtet, daß ein Anspruch aus § 1576 BGB nicht in Betracht kommt, wenn und soweit der geltend gemachte Unterhaltsanspruch nach § 1570 BGB besteht, daß also der Billigkeitsanspruch des § 1576 BGB gegenüber dem auf die Betreuung eines gemeinschaftl. Kindes gestützten Unterhaltsanspruch des § 1570 BGB subsidiär ist.

Bereits der Wortlaut der Bestimmung des § 1576 BGB, die im Aufbau des Gesetzes den Unterhaltstatbeständen der §§ 1570 bis 1573 und des § 1575 BGB nachfolgt, gibt einen Hinweis darauf, daß § 1576 BGB erst dann eingreifen soll, wenn die der Vorschrift vorausgehenden Normen den erhobenen Unterhaltsanspruch nicht tragen. Denn § 1576 BGB gewährt Unterhalt aus Billigkeitsgründen dann, wenn von dem gesch. Ehegatten „aus sonstigen schwerwiegenden Gründen" eine Erwerbstätigkeit nicht erwartet werden kann.

Bei der Bestimmung des Verhältnisses der Unterhaltstatbestände ist weiterhin die unterschiedliche Struktur der anspruchsbegründenden Normen zu beachten. Insbesondere die Vorschriften der §§ 1570 bis 1572 und des § 1575 BGB enthalten scharf umrissene Tatbestände, wohingegen § 1576 BGB zur Gruppe der grundsätzlich offenen Tatbestände ohne Steuerung durch Begrenzung der relevanten Umstände, Betonung bestimmter Akzente oder auch durch Leitbeispiele gehört. Auch das legt die Annahme nahe, daß der Billigkeitsunterhalt des § 1576 BGB nicht im Einzelfall neben die durch die enumerative Nennung bestimmter Bedürfnislagen gekennzeichneten sonstigen Unterhaltsansprüche des Scheidungsfolgenrechts tritt, sondern lediglich dort vorhandene Lücken füllt und deshalb nur eingreift, wenn und soweit die anderen, genau umschriebenen Unterhaltsansprüche nicht bestehen.

Diesem Verständnis des Verhältnisses des Anspruchs aus § 1576 BGB zu den übrigen Tatbeständen des nachehel. Unterhalts, das sich aus Wortlaut, Stellung im Gesetz und Tatbestandsstruktur erschließt, entspricht auch der Gesetzeszweck des § 1576 BGB. Wie der Senat in dem Urteil v. 11. 5. 1983 (FamRZ 1983/800, 801) anhand der Entstehungsgeschichte des Gesetzes dargelegt hat, soll die Vorschrift nach Art eines Auffangtatbestandes Regelungslücken schließen und die Vermeidung von Härten gewährleisten, die sich aus dem enumerativen Tatbestandskatalog der §§ 1570 bis 1575 BGB für den Unterhaltsgläubiger ergeben könnten. Sie stellt keinen Ersatz für die unterhaltsrechtliche Generalklausel dar, die der Gesetzgeber abgelehnt hat, und soll das vom Gesetz grundsätzlich angewandte Enumerationsprinzip nicht aushöhlen.

Der Senat nimmt Subsidiarität des Billigkeitsanspruchs gegenüber dem Anspruch wegen der Betreuung eines gemeinschaftlichen Kindes an. Deshalb ist jedenfalls dann, wenn ein Unterhaltsanspruch nach § 1570 BGB bestehen kann, zu fordern, daß der Richter einen solchen verneint, ehe er die geltend gemachte Unterhaltsforderung auf § 1576 BGB stützt. Kommt er zu dem Ergebnis, daß die Betreuung des gemeinschaftl. Kindes den erhobenen Anspruch nur zu einem Teil rechtfertigt, so ist dieser Teil zu beziffern; dann kann geprüft werden, ob der darüber hinaus geltend gemachte Teil des Unterhaltsanspruchs seine Stütze in § 1576 BGB findet.

(Billigkeitsunterhalt bei gemeinschaftlich aufgenommenem Pflegekind)

c II 3 a) Wegen der Betreuung eines gemeinschaftlich aufgenommenen Pflegekindes kann nach allgemeiner Beurteilung, der das OLG gefolgt ist, die Zuerkennung von Unterhalt aufgrund der Billigkeitsvorschrift des § 1576 BGB in Betracht kommen.

Dem ist zuzustimmen. Wie der Senat (FamRZ 83/801) anhand der Entstehungsgeschichte des Gesetzes näher dargelegt hat, ist § 1576 BGB auch im Hinblick auf die Fälle der Unterhaltsbedürftigkeit infolge der Betreuung nicht gemeinschaftl. Kinder in das Gesetz aufgenommen worden.

(Zu berücksichtigende Umstände bei gemeinsam aufgenommenem Pflegekind und Verhältnis zu § 1579 BGB)

d Für die Anwendung des § 1576 BGB reicht es nicht aus, daß die Betreuung eines Pflegekindes als ein „sonstiger schwerwiegender Grund" dafür angesehen wird, daß von dem Unterhalt verlangenden gesch. Ehegatten eine Erwerbstätigkeit nicht erwartet werden kann. Auch beim Vorliegen dieser Tatbestandsvoraussetzung besteht der Anspruch vielmehr erst dann, wenn die Versagung von Unterhalt unter Berücksichtigung der Belange beider Ehegatten grob unbillig wäre, d. h. seine Vorenthaltung dem Gerechtigkeitsempfinden in unerträglicher Weise widerspräche. Durch diese Anforderung erfährt die Regelung eine (weitere) Einschränkung, die sie zu einer Ausnahmevorschrift, zu einer Härteklausel für Ausnahmefälle macht. Im Rahmen der damit dem Gericht aufgegebenen Billigkeitsprüfung sind nach der allgemeinen Fassung der Norm alle Umstände des Falles zu berücksichtigen.

Das OLG hat seine Auffassung, die Versagung von Unterhalt wäre im Hinblick auf die Belange beider Ehegatten grob unbillig, im wesentlichen auf die fortwirkenden Folgen der gemeinsamen Aufnahme des Pflegekindes durch beide Parteien gestützt. Damit hat es zu Recht den Gesichtspunkt der gemeinschaftlich übernommenen Verantwortung für das auf Dauer zur Familie genommene Kind in den Vordergrund gestellt. Mit dem Hinweis auf die „Verhältnisse der Parteien" hat das OLG offenbar die finanzielle Leistungsfähigkeit des Ehemannes berücksichtigt. Auch das ist rechtlich unbedenklich. Als ein für die Zuerkennung des Unterhaltsanspruchs aus § 1576 BGB sprechender Gesichtspunkt kann weiter herangezogen werden, daß das Pflegekind in noch sehr jungem Alter aufgenommen worden und daß es jetzt bereits über eine Reihe von Jahren in seinen neuen Lebenskreis eingegliedert ist.

Danach könnte – vorbehaltlich der im folgenden noch zu erörternden Gesichtspunkte, die gegen eine Gewährung des Anspruchs sprechen können – die Zuerkennung des Unterhaltsanspruchs aus § 1576 BGB wegen der Betreuung des gemeinsam aufgenommenen Pflegekindes gebilligt werden.

Auf weitere Umstände, wie das Alter der Ehefrau und ihre etwaigen gesundheitlichen Beschwerden, unter denen zu leiden sie vorgetragen hat, wird es dann nicht mehr ankommen. Bemerkt sei jedoch, daß diese Gesichtspunkte ebenso wie die Betreuung der gemeinschaftl. Kinder, auch wenn sie einen Unterhaltsanspruch der Ehefrau nach den §§ 1571, 1572 oder 1570 BGB nicht zu begründen vermögen, im Rahmen der Billigkeitsprüfung nach § 1576 BGB berücksichtigt werden könnten.

Die Vorwürfe, die der Ehemann der Ehefrau im Blick auf ihr angeblich egoistisches, familienfeindliches Verhalten in der Ehe sowie mit dem Vortrag gemacht hat, sie habe ihre Bedürftigkeit mutwillig herbeigeführt, hat das OLG dahin geprüft, ob sie geeignet seien, den – zuvor bejahten – Unterhaltsanspruch in Anwendung der negativen Härteklausel des § 1579 I BGB wegen grober Unbilligkeit der Inanspruchnahme des Verpflichteten auszuschließen. Gegen eine solche Behandlung der Sache bestehen Bedenken. Der auf die positive Billigkeitsklausel des § 1576 BGB gestützte Unterhaltsanspruch bedarf keines Korrektivs um der Billigkeit willen, weil er selbst Unterhalt nur gewährt, wenn die Billigkeit es fordert. Es erscheint daher unrichtig, zunächst trotz Nichtvorliegens einer der in §§ 1570 ff.

BGB aufgeführten Bedürfnislagen ausnahmsweise gemäß § 1576 BGB einen Unterhaltsanspruch zu bejahen, weil es unter Berücksichtigung der Belange beider Ehegatten grob unbillig wäre, ihn vorzuenthalten, und sodann nach § 1579 I BGB zu prüfen, ob es grob unbillig wäre, von dem damit Verpflichteten die Erfüllung eben dieses Anspruchs zu verlangen. Vielmehr sind bei Anwendung des § 1576 BGB alle Umstände des Falles, auch soweit sie bei einem anders begründeten Unterhaltsanspruch erst im Rahmen der negativen Härteklausel des § 1579 I BGB zu prüfen wären, bereits – und nur – in die Untersuchung einzubeziehen, ob und in welcher Höhe nach der positiven Härteregelung des § 1576 BGB aus Billigkeitsgründen ein Unterhaltsanspruch zu gewähren ist.

Es ist nicht auszuschließen, daß das OLG, welches die der Ehefrau gemachten Vorwürfe unter § 1579 I BGB eingeordnet und sie dort für nicht hinreichend schwerwiegend gehalten hat, ihnen im Rahmen der durch § 1576 BGB verlangten Billigkeitsprüfung Bedeutung beimessen wird. Während § 1579 I BGB Gründe verlangt, durch die ein sonst bestehender Unterhaltsanspruch ausgeschlossen wird, kommt es im Falle des § 1576 BGB darauf an, ob beim Vorliegen schwerwiegender Gründe, die eine Erwerbstätigkeit nicht erwarten lassen, ein sonst nicht bestehender Unterhaltsanspruch ausnahmsweise zuzuerkennen ist, weil die Versagung von Unterhalt unter Berücksichtigung der Belange beider Ehegatten grob unbillig wäre. Bereits dieser unterschiedliche Ansatz zeigt, daß das Ergebnis der Billigkeitsprüfung des § 1576 BGB ein anderes sein kann als das der bisher zu § 1579 I BGB angestellten Erwägungen.

Zu den nach dem bisherigen Sachvortrag in erster Linie in Betracht kommenden Umständen, die gegen die Zuerkennung des Billigkeitsanspruchs aus § 1576 BGB sprechen könnten, sei in sachlicher Hinsicht bereits folgendes bemerkt:

Es erscheint möglich, die Versagung von Unterhalt deshalb nicht i. S. des § 1576 BGB für grob unbillig zu halten, weil die Ehefrau, wie der Ehemann behauptet, die Ehe durch ehrgeizige und selbstsüchtige berufliche Aktivitäten und die Verweigerung des Zusammenlebens zerstört hat. § 1576 S. 2 BGB steht dem nicht entgegen. Diese Vorschrift soll verhindern, daß über die positive Billigkeitsklausel des § 1576 S. 1 BGB nachehelicher Unterhalt deshalb verlangt werden kann, weil der andere Ehepartner das Scheitern der Ehe zu verantworten hat. Mit ihr wird einer Wiedereinführung des im Ehescheidungsrecht aufgegebenen Verschuldensprinzips für das Scheidungsfolgenrecht entgegengewirkt. Sie betrifft nach Wortlaut und Sinn nur die von dem Unterhalt begehrenden Ehegatten vorgebrachten „schwerwiegenden Gründe“, aus denen von ihm eine Erwerbstätigkeit nicht verlangt werden kann. Hier aber geht es darum, ob – angebliches – ehel. Fehlverhalten der Ehefrau, das zum Scheitern der Ehe geführt haben soll, im Rahmen der Billigkeitsprüfung des § 1576 BGB als ein gegen die Anspruchszuerkennung sprechender Umstand berücksichtigt werden darf. Das schließt § 1576 S. 2 BGB nicht aus.

Durchgreifende Bedenken gegen eine Berücksichtigung ehezerstörenden Verhaltens desjenigen Ehegatten, der Unterhalt nach § 1576 BGB begehrt, können auch allgemein aus der Abschaffung des Verschuldensprinzips jedenfalls dann nicht hergeleitet werden, wenn eine umfassende Würdigung des Sachverhalts ergibt, daß dieselben (einem der Ehegatten zum Verschulden gereichenden) Umstände, die die Zerrüttung der Ehe verursacht haben, zugleich ergeben, daß dem anderen Ehegatten deshalb eine Heranziehung zum Unterhalt unter Beachtung auch seiner Belange nicht zuzumuten ist. Insoweit kann auf die Grundsätze verwiesen werden, die der BGH zur Auslegung des § 1587 c Nr. 1 Halbs. 2 BGB entwickelt hat. Nach dieser Vorschrift dürfen gegen die Durchführung des Versorgungsausgleichs sprechende Gründe nicht allein deshalb berücksichtigt werden, weil sie zum Scheitern der Ehe geführt haben. Das schließt jedoch ihre Berücksichtigung nicht schlechthin aus (FamRZ 1981/477, 482; FamRZ 1983/32, 33). Unter dem Gesichtspunkt der Zumutbarkeit der Leistung von Unterhalt nach § 1576 BGB kann im Rahmen der durch die Vorschrift geforderten allgemeinen Billigkeitsprüfung auch dem Vorwurf, die Ehefrau habe gegen den Ehemann eine unberechtigte Strafanzeige wegen Verletzung der Unterhaltspflicht erstattet und ihn deshalb außerhalb des Bereichs der Wahrnehmung berechtigter Interessen gekränkt und bloßgestellt, nicht allgemein und von vornherein die Bedeutung abgesprochen werden.

Andererseits ist zu erwägen, daß im vorliegenden Fall der Grund, der für die Zuerkennung des Anspruchs aus § 1576 BGB sprechen würde, darin läge, daß von der Ehefrau wegen der Betreuung eines Kindes eine Erwerbstätigkeit nicht erwartet werden könnte. Dabei handelt es sich zwar nicht um ein gemeinschaftl. Kind der Ehegatten, aber doch um ein von ihnen gemeinsam aufgenommenes Pflegekind. In § 1570 BGB dient die Unterhaltsgewährung letztlich dem Wohle des Kindes. Durch die Freistellung des Elternteils von der Erwerbsobliegenheit soll erreicht werden, daß sich das Kind in der Obhut eines Elternteils weiß, der es – je nach den Bedürfnissen seines Alters – pflegt oder erzieht und dabei hinreichend Zeit hat, auf seine Fragen, Wünsche und Nöte einzugehen (BVerfG, FamRZ 1981/745, 749 m. w. Nachw.). Nach dem Willen des Gesetzgebers soll das gemeinschaftl. Kind nicht unter einem Fehlverhalten des ihn betreuenden Elternteils leiden, der im Falle einer wirtschaftlich erzwungenen Erwerbstätigkeit seiner Elternaufgabe nur noch unzureichend nachkommen könnte. Das ist der Grund dafür, daß der Unterhaltsanspruch aus § 1570 BGB durch § 1579 II BGB gegen Ausschluß oder Kürzung nach § 1579 I BGB geschützt ist (vgl. BVerfG, a. a. O., S. 749).

Die gesetzgeberische Grundentscheidung für das Kindeswohl und gegen das Interesse des nicht betreuenden Elternteils, von einer wegen eines Fehlverhaltens des anderen Ehegatten an sich unzumutbaren Unterhaltslast freigestellt zu werden, kann auch bei der Abwägung der für und gegen die Zubilligung des Anspruchs aus § 1576 BGB wegen der Betreuung eines gemeinsam aufgenommenen Pflegekindes sprechenden Umstände nicht völlig außer Betracht bleiben. Zwar würde eine der Regelung in § 1579 I BGB folgende Nichtbeachtung von Fehlverhalten des betreuenden Elternteils zu weit gehen. Denn damit würden die Unterschiede der gesetzlichen Regelung in unzulässiger Weise vernachlässigt: Der Unterhaltsanspruch wegen der Betreuung eines gemeinschaftl. Kindes wird durch § 1570 BGB strikt gewährt und durch § 1579 II BGB – vorbehaltlich der vom BVerfG (BVerfGE 57/361 = FamRZ 1981/745) gemachten Einschränkungen – strikt geschützt. Der bei der Aufnahme eines Pflegekindes in Betracht kommende Unterhaltsanspruch aus § 1576 BGB besteht hingegen nur dann, wenn eine umfassende Prüfung aller für und gegen die Zugestehung des Anspruchs sprechenden Umstände seine Zuerkennung verlangt, um eine grob unbillige Vorenthaltung von Unterhalt zu vermeiden. Bei dieser Prüfung ist indessen auch die gemeinsame Verantwortung zu berücksichtigen, die den Ehegatten gegenüber dem Pflegekind durch dessen gemeinschaftliche, nicht nur vorübergehende Aufnahme erwachsen ist und die das Maß dessen erhöht, was dem nicht betreuenden Ehegatten bei der Abwägung der beiderseitigen Interessen zugemutet werden kann. Nach Maßgabe dieser Erwägungen kommt bei der Prüfung der groben Unbilligkeit dem Wohl des Kindes gegenüber einem etwaigen Fehlverhalten des Ehegatten besonderes Gewicht zu.

BGH v. 25. 1. 84 – IVb ZR 51/82 – FamRZ 84, 356 = NJW 84, 1537

R198 *(Zur Zulässigkeit einer negativen Feststellungsklage gegen eine einstweilige Anordnung)*

a Gegen die Zulässigkeit der negativen Feststellungsklage bestehen keine Bedenken. Die Parteien einer einstweiligen Anordnung über den Eheunterhalt haben jederzeit die Möglichkeit, den Bestand des Unterhaltsanspruchs in einem ordentlichen Rechtsstreit klären zu lassen. Für die Zeit nach dem Eintritt der Rechtskraft des Scheidungsurteils, in der die einstweilige Anordnung nach § 620 f ZPO fortgilt, aber nicht mehr abgeändert werden kann, ist der Verpflichtete auf die negative Feststellungsklage als einzige Möglichkeit verwiesen, wenn er geltend machen will, daß dem geschiedenen Ehegatten ein Unterhaltsanspruch nicht oder nicht in der durch die einstweilige Anordnung zugesprochenen Höhe zusteht (vgl. zu allem Senatsurteil vom 9. 2. 1983 – IV b ZR 343/81 – FamRZ 83/355).

BGH v. 8. 2. 84 – IVb ZR 54/82 – FamRZ 84, 561 = NJW 84, 1685

R203 *(Kriterien für angemessene Erwerbstätigkeit nach §§ 1573 I, 1574 II BGB unter Einbeziehung der Verhältnisse bis zur Scheidung; bei unangemessener Erwerbstätigkeit besteht nach § 1574 III BGB die Obliegenheit zur Ausbildung, Fortbildung oder Umschulung; umfassende Abwägung aller Umstände; unberücksichtigt bleiben Einkünfte, die auf einer unerwarteten, vom Normalverlauf erheblich abweichenden Entwicklung beruhen, es sei denn, der Berechtigte war hieran durch erhöhte Unterhaltszahlungen oder andere laufende Zuwendungen dauerhaft beteiligt)*

a II 2 a) Unterhalt kann nach § 1573 I BGB ein geschiedener (gesch.) Ehegatte verlangen, solange und soweit er nach der Scheidung keine angemessene Tätigkeit zu finden vermag. Angemessen muß die Tätigkeit für denjenigen sein, der Unterhalt begehrt (§ 1574 I BGB); die Kriterien hierfür bestimmt § 1574 II BGB. Danach ist eine Erwerbstätigkeit angemessen, die der Ausbildung, den Fähigkeiten, dem Lebensalter und dem Gesundheitszustand des gesch. Ehegatten sowie den ehel. Lebensverhältnissen entspricht; bei den ehel. Lebensverhältnissen sind die Dauer der Ehe und die Dauer der Pflege oder Erziehung eines gemeinschaftlichen Kindes zu berücksichtigen. Damit besteht eine Obliegenheit zur Aufnahme einer im dargestellten Sinne angemessenen Erwerbstätigkeit. Erst wenn nach den Umständen des Falles gegenwärtig nur unangemessene Tätigkeiten in Betracht kommen, tritt an die Stelle der Obliegenheit zur Erwerbstätigkeit unter den in § 1574 III BGB genannten Voraussetzungen die Obliegenheit des gesch. Ehegatten, sich ausbilden, fortbilden oder umschulen zu lassen, soweit es zur Aufnahme einer angemessenen Erwerbstätigkeit erforderlich ist.

Die ehel. Lebensverhältnisse, die danach die Angemessenheit einer dem gesch. Ehegatten zuzumutenden Erwerbstätigkeit mitbestimmen, sind nicht nach den Umständen zur Zeit der Trennung, sondern regelmäßig unter Einbeziehung der Entwicklung bis zur Scheidung der Ehe zu beurteilen. Das hat der Senat nicht nur wiederholt für die Frage der Unterhaltsbemessung nach § 1578 I BGB entschieden (FamRZ 1980/770; seither ständige Rechtsprechung, FamRZ 1984/151 und 149 = NJW 1984/292 und 294), sondern auch für die Prüfung, ob eine dem Unterhalt begehrenden Ehegatten angesonnene Erwerbstätigkeit „angemessen" i. S. des § 1574 II BGB ist (FamRZ 1983/144, 145).

Das OLG, das diesen Grundsatz beachtet hat, ist ferner zu Recht davon ausgegangen, daß dabei solche Einkünfte auszunehmen sind, die auf einer unerwarteten, vom Normalverlauf erheblich abweichenden Entwicklung der Einkommensverhältnisse seit der Trennung der Eheleute beruhen; diese beeinflussen die bis zur Scheidung entstandenen ehel. Lebensverhältnisse daher regelmäßig nicht mehr. Nur wenn der getrennt lebende Ehegatte an der unerwarteten Einkommensverbesserung durch Unterhaltszahlungen oder andere laufende Zuwendungen dauerhaft beteiligt und dadurch sein Lebensstandard nachhaltig angehoben wird, kann das bei der Bemessung des nachehelichen Unterhalts gemäß § 1578 I BGB nicht unbeachtet bleiben (FamRZ 1982/576). Auch davon ist das OLG an sich zutreffend ausgegangen. Entgegen seiner Auffassung bedeutet das indessen nicht, daß diesem Umstand die gleiche Relevanz für die Beurteilung der Frage zukommt, welche Erwerbstätigkeit für den Ehegatten angemessen ist, dem es nach der Scheidung obliegt, entsprechend dem Gebot der wirtschaftlichen Eigenverantwortung selbst für seinen Unterhalt zu sorgen. Die ehel. Lebensverhältnisse stellen in diesem Zusammenhang nur einen von mehreren Gesichtspunkten dar, deren Beachtung gemäß § 1574 II BGB das Gesetz verlangt. Eine ausschlaggebende Bedeutung gewinnen die Einkommensverhältnisse dabei auch dann nicht, wenn sie durch eine unerwartete Entwicklung während der Trennungszeit verbessert worden sind.

Eine umfassende Abwägung aller Umstände, die bei der Beurteilung der Angemessenheit einer Erwerbstätigkeit zu berücksichtigen sind, hat das OLG bisher nicht vorgenommen; zumindest sind dem angefochtenen Urteil insoweit keine zureichenden Feststellungen zu entnehmen. Seine Auffassung, der Ehemann habe seit Anfang 1978 die Ehefrau nicht mehr auf eine Tätigkeit in ihrem erlernten Beruf als kaufmännische Angestellte verweisen können, hat das OLG allein auf die im Januar 1978 vertraglich vereinbarten Leistungen für den Trennungsunterhalt gestützt. Damit hat es seine Beurteilung rechtsfehlerhaft nur auf eines von mehreren zu beachtenden Kriterien gestützt.

(Ausbildungsunterhalt nach §§ 1575 I, 1575 II u. 1575 III BGB; die Ausbildung muß eine angemessene Erwerbstätigkeit ermöglichen; eine besonders zeit- und kostenaufwendige Ausbildung bedarf außergewöhnlicher Gründe)

II 2b) Die Tatsache, daß die Ehefrau noch während des letzten Ehejahres ein Hochschulstudium aufgenommen hat, rechtfertigt es für sich allein ebenfalls nicht, ihr einen Unterhaltsanspruch für die Zeit bis zum Abschluß dieser Ausbildung einschließlich einer Promotion zuzuerkennen. **b**

Aus § 1575 BGB läßt sich ein solcher Anspruch unmittelbar nicht herleiten, weil die Ehefrau diese in der Trennungszeit begonnene Ausbildung nicht in Erwartung der Ehe unterlassen oder abgebrochen hatte (Abs. I) und sie auch nicht studiert, um durch die Ehe eingetretene Nachteile auszugleichen (Abs. II); beides macht sie auch nicht geltend.

Unterhalt für die Dauer einer Ausbildung kann allerdings ausnahmsweise auch ein gesch. Ehegatte beanspruchen, wenn die Voraussetzungen des § 1575 BGB nicht vorliegen, es ihm indessen gemäß § 1574 III BGB obliegt, sich ausbilden, fortbilden oder umschulen zu lassen, soweit es zur Aufnahme einer angemessenen Erwerbstätigkeit erforderlich ist. Für die Dauer der aus diesem Grunde notwendigen Ausbildung besteht ein Unterhaltsanspruch gemäß § 1573 I BGB.

Daß im vorliegenden Fall das Studium der Vorgeschichte und Archäologie erforderlich ist, um der Ehefrau die Aufnahme einer angemessenen Erwerbstätigkeit zu ermöglichen, hat das OLG nicht festgestellt. Es hat sich darauf beschränkt auszusprechen, daß sie sich mit der Aufnahme dieses Studiums „im Rahmen der ihr nach § 1574 III BGB obliegenden Ausbildung hielt". Nicht jede berufliche Qualifikation, die die Aufnahme einer angemessenen Erwerbstätigkeit ermöglicht, ist indessen auch erforderlich; das ist eine Ausbildung nur, wenn ohne sie die Ausübung einer angemessenen Erwerbstätigkeit nicht möglich ist. Zwar braucht sich der gesch. Ehegatte nicht ohne Rücksicht auf seine Neigungen einem Beruf zuzuwenden, der ihm nach möglichst kurzer und kostengünstiger Ausbildung den Zugang zu einer angemessenen Erwerbstätigkeit erschließt. Kommen aber auch andere Ausbildungsgänge in Betracht, die dem Ehegatten die Aufnahme einer angemessenen Erwerbstätigkeit ermöglichen, so darf er sich einer besonders zeit- und kostenaufwendigen Ausbildung höchstens dann unterziehen, wenn außergewöhnliche Gründe vorliegen, die geeignet sind, die hohe Belastung des während der Ausbildungszeit unterhaltspflichtigen Ehegatten zu rechtfertigen. Die im vorliegenden Fall angestrebte Ausbildung nimmt nach den Feststellungen des OLG bis zur Magisterprüfung durchschnittlich etwa fünf Jahre und anschließend weitere drei Jahre bis zu der für unerläßlich gehaltenen Promotion in Anspruch. Im Hinblick auf diese lange Dauer, die auch wegen des Lebensalters der Ehefrau besondere Bedeutung gewinnt, hätte es daher der Feststellung außergewöhnlicher Gründe im dargelegten Sinne bedurft, um die Ausbildung gemäß § 1574 III BGB für erforderlich anzusehen. Dafür reicht es jedenfalls nicht aus, daß die Ehefrau das Studium im letzten Ehejahr bereits begonnen und der Ehemann davon erfahren hatte; denn für ihn bestand keine Möglichkeit, sie während der Trennungszeit an der Aufnahme dieses Studiums zu hindern oder auf eine Erwerbstätigkeit zu verweisen (§ 1361 BGB).

BGH v. 20. 3. 84 – IVb ZR 14/82 – NJW 84, 1811

(Arbeitslosengeld, Arbeitslosenhilfe und Krankengeld) **R207**

II 2b) Der Rechtsanspruch auf Arbeitslosenunterstützung entsteht nicht schon durch die bloße Tatsache der Arbeitslosigkeit. Er setzt voraus, daß der Arbeitslose arbeitsfähig ist und sich der Arbeitsvermittlung zur Verfügung stellt, seine Arbeitskraft also dem Arbeitsmarkt anbietet. Sind diese Voraussetzungen erfüllt, so wird dem Arbeitslosen in Grenzen das soziale und von ihm regelmäßig nicht beeinflußbare Risiko der Arbeitslosigkeit abgenommen. Die dem Arbeitslosen gezahlte Unterstützung soll ihm einen Ausgleich für entgangenen Arbeitsverdienst verschaffen. Das zeigt sich auch deutlich darin, daß sie sich in ihrem Umfang an der Höhe des gewöhnlich erzielten Arbeitsentgelts ausrichtet (§§ 111, 136 AVG). Arbeitslosengeld und Arbeitslosenhilfe treten – so gesehen – an die Stelle des Arbeitsverdienstes; ihnen kommt in diesem Sinn eine Lohnersatzfunktion zu. Daß auch dem Krankengeld eine sogenannte Lohnersatzfunktion zukommt, weil es ebenso wie der Arbeitslohn dem Lebensunterhalt des Versicherten dient, ist in der Rechtsprechung anerkannt. Dasselbe gilt, wie bereits gesagt, auch für das Arbeitslosengeld und die Arbeitslosenhilfe. Daß der Anspruch auf Arbeitslosenhilfe nicht allein von der Vermittlungsfähigkeit (Verfügbarkeit) des Arbeitslosen abhängt, sondern zusätzlich dessen Bedürftigkeit voraussetzt, macht trotz des dahinterstehenden Gedankens der Fürsorge die Arbeitslosenhilfe nicht zu einer Leistung der Sozialhilfe, da sie ebenso wie das Arbeitslosengeld an die Eingliederung des Anspruchsberechtigten in das Arbeitsleben anknüpft, deshalb ebenfalls nach dem Arbeitsentgelt bemessen wird und keine Bedürftigkeit im Sinn der Sozialhilfevorschriften voraussetzt. Die zusätzliche Voraussetzung der Bedürftigkeit beschränkt im Verhältnis zum Arbeitslosengeld lediglich den Kreis der Berechtigten. Arbeitslosengeld und Arbeitslosenhilfe sind Ausfluß eines einheitlichen Systems gestufter Leistungen zur Sicherung gegen die finanziellen Folgen der Arbeitslosigkeit. Der Rechtsanspruch auf ihre Gewährung gilt, soweit nichts anderes bestimmt ist, kraft gesetzlicher Einordnung (§ 134 IV AfG) als einheitlicher Anspruch auf Leistungen bei Arbeitslosigkeit. Zwischen beiden Sozialleistungen kann daher kein Unterschied gemacht werden.

BGH v. 21. 3. 84 – IVb ZR 68/82 – FamRZ 84, 660 = NJW 84, 1816

R208 *(Rentenneurose)*

III 2 b) Bedürftig ist auch, wer infolge einer seelischen Störung erwerbsunfähig ist. Allerdings hat der BGH im Schadensersatzrecht Grundsätze zur Haftungsbegrenzung entwickelt, die bei sog. Rentenneurosen dann eingreifen, wenn die seelische Störung erst durch das – wenn auch unbewußte – Begehren nach einer Lebenssicherung oder durch die Ausnutzung einer vermeintlichen Rechtsposition ihr Gepräge erhält und der Unfall zum Anlaß genommen wird, den Schwierigkeiten des Arbeitslebens auszuweichen (grundlegend BGHZ 20/137). Damit wird dem Gesichtspunkt Rechnung getragen, daß die Wiedereinführung neurotisch labiler Personen in den sozialen Lebens- und Pflichtenkreis durchweg gerade dann scheitert, wenn Aussicht besteht, ein bequemes Renteneinkommen weiterzuerhalten, und daß dem Rentenneurotiker, dessen Verhalten wesentlich von Begehrensvorstellungen bestimmt ist, seine Flucht in die Krankheit rechtlich nicht „honoriert" werden darf. Laufende Zahlungen sollen nicht zur Verfestigung eines Zustandes beitragen, der letztlich der körperlichen und seelischen Gesundung des Geschädigten abträglich ist (BGHZ 20/137).

Entsprechende Erwägungen gelten im Recht der gesetzlichen Rentenversicherung: Erforderlich für die Anerkennung ist dort, daß die seelische Störung aus eigener Kraft nicht überwindbar ist. Wenn vorhergesagt werden kann, daß eine Rentenablehnung die neurotischen Erscheinungen des Versicherten verschwinden läßt, so muß die Rente versagt werden, weil es mit dem Sinn und Zweck der Rentengewährung bei Berufsunfähigkeit nicht zu vereinbaren ist, daß gerade die Rente den Zustand aufrechterhält, dessen nachteilige Folgen sie ausgleichen soll (BSG, NJW 64/2223, 2224).

Die Notwendigkeit, bestimmte Fälle der Rentenneurose nicht zu „honorieren", stellt sich auch im Unterhaltsrecht. Das hat das OLG indes nicht verkannt. Es hat in Anlehnung an die Rechtsprechung des BGH zum Haftungsrecht und an die Rechtsprechung des BSG darauf abgehoben, ob die seelische Störung der Kl. so übermächtig ist, daß sie sie auch nach Aberkennung des Unterhaltsanspruchs nicht wird überwinden können, sondern arbeitsunfähig bleiben wird. Im Unterhaltsrecht, das zwischen geschiedenen Ehegatten auf der Fortwirkung der ehelichen Beistandspflichten im Sinn einer nachehelichen Solidarität und im übrigen auf der Verwandtschaft von Gläubiger und Schuldner beruht, kann den Auswirkungen von seelischen Störungen und Fehlreaktionen jedenfalls keine geringere rechtliche Bedeutung beigemessen werden als im Haftungs- und Sozialversicherungsrecht. Freilich ist hier wie dort wegen der „Simulationsnähe" zahlreicher Neurosen stets Wachsamkeit des Sachverständigen und des Tatrichters geboten.

BGH v. 21. 3. 84 – IVb ZR 72/82 – FamRZ 84, 682 = NJW 84, 1613

R209 *(Anspruchsvoraussetzungen; Besonderheiten bei minderjährigen Kindern; Identität des Anspruchs von minderjährigen und volljährigen Kindern; Modifizierungen der Unterhaltspflicht nach Eintritt der Volljährigkeit)*

1) Die Unterhaltspflicht des Bekl. beruht darauf, daß die Kl. als seine Tochter mit ihm in gerader Linie verwandt ist, § 1061 BGB. Die gesetzliche Unterhaltspflicht zwischen Eltern und Kindern, die sich allein aus dem Verwandtschaftsverhältnis herleitet, ist weder auf seiten des Berechtigten noch auf

seiten des Verpflichteten an Altersgrenzen gebunden. Sie besteht daher – unter den allgemeinen Voraussetzungen einerseits der Bedürftigkeit und andererseits der Leistungsfähigkeit – dem Grunde nach lebenslang fort.

2) Ebensowenig wie der Grund des Unterhaltsanspruchs wird seine Höhe allein durch den Eintritt der Volljährigkeit des unterhaltsberechtigten Kindes beeinflußt.

a) Allerdings weist das OLG zutreffend darauf hin, daß der Gesetzgeber den Unterhaltsanspruch eines minderjährigen unverheirateten Kindes in bestimmten Fällen bevorzugt ausgestaltet hat. So wird die Bedürftigkeit eines solchen Kindes noch nicht dadurch behoben, daß es Vermögen besitzt; es braucht nicht wie andere Verwandte auf den Stamm seines Vermögens zurückzugreifen, sondern kann von seinen Eltern Unterhalt insoweit verlangen, wie die Vermögenseinkünfte (neben eventuellem Arbeitseinkommen) nicht ausreichen (§ 1602 II BGB). Außerdem wird die Leistungsfähigkeit der Eltern gegenüber ihrem minderjährigen unverheirateten Kinde über die Grenze der Gefährdung des eigenen angemessenen Unterhalts erweitert; sie müssen alle verfügbaren Mittel zu ihrem und des Kindes Unterhalt gleichmäßig verwenden (§ 1603 II 1 BGB). In Konkurrenz zu anderen bedürftigen Verwandten geht in Mangelfällen das minderjährige unverheiratete Kind den anderen Geschwistern vor (§ 1609 I BGB). Ein Fehlverhalten, das nach § 1611 I BGB die Beschränkung oder den Wegfall der Unterhaltspflicht aus Billigkeitsgründen rechtfertigen würde, können Eltern ihrem minderjährigen unverheirateten Kind nicht entgegenhalten (§ 1611 II BGB). Schließlich bestehen in beschränktem Umfang auch Erleichterungen für das minderjährige Kind bei der Durchsetzung des Unterhaltsanspruchs: Als Mindestbedarf kann ein eheliches Kind, das in den Haushalt eines geschiedenen Elternteils aufgenommen ist, bis zur Vollendung des 18. Lebensjahres von dem anderen Elternteil den für ein nichteheliches Kind der entsprechenden Altersstufe gesetzlich festgesetzten Regelbedarf als Unterhalt verlangen (§ 1610 III 1 BGB); für die Anpassung der für einen Minderjährigen titulierten Unterhaltsrente an die allgemeine Entwicklung der wirtschaftlichen Verhältnisse besteht ein vereinfachtes Verfahren (vgl. § 1612 a BGB).

b) Diese Besonderheiten rechtfertigen es jedoch nicht, den Unterhaltsanspruch des volljährig gewordenen Kindes gegen seine Eltern als eigenständigen Anspruch aufzufassen, der mit dem zuvor während der Minderjährigkeit bestehenden Anspruch keine Einheit mehr bildet. Durch die genannten Erleichterungen in der Durchsetzung des Unterhalts für ein minderjähriges Kind sollte in erster Linie die Angleichung an einen zuvor bereits für nichteheliche Kinder bestehenden Rechtszustand erreicht werden. Weiterreichende Schlüsse auf eine besondere Rechtsnatur des Anspruchs lassen sich daraus nicht herleiten. Die für den Unterhaltsanspruch eines minderjährigen unverheirateten Kindes bestehenden materiellrechtlichen Begünstigungen wirken sich nur in einzelnen Fällen aus, in denen die dargelegten besonderen gesetzlichen Voraussetzungen eingreifen. Hat das Unterhalt begehrende Kind dagegen kein eigenes Vermögen und reichen die Mittel des in Anspruch genommenen Elternteils aus, um den Unterhaltsbedarf des Kindes neben dem anderer bedürftiger Verwandter ohne Gefährdung des eigenen angemessenen Unterhalts des Verpflichteten zu befriedigen, bleiben die Verhältnisse über die Vollendung des 18. Lebensjahres des Kindes hinaus unverändert. Die nur in den genannten Einzelfällen durch die Volljährigkeit – oder die Heirat – des Kindes eintretenden Änderungen haben nicht generell eine andere Wirkung als sonstige wesentliche Änderungen derjenigen Verhältnisse, die für die Verurteilung zu künftig fällig werdenden wiederkehrenden Leistungen maßgebend gewesen sind. Zur Geltendmachung solcher Änderungen sieht das Gesetz die Abänderungsklage (§ 323 ZPO) vor, soweit nicht bereits bei der Titulierung des Unterhalts für das noch nicht volljährige Kind die später eintretenden Änderungen abzusehen und geltend zu machen sind. Die Notwendigkeit von Modifizierungen der Unterhaltspflicht nach Eintritt der Volljährigkeit in bestimmten Einzelfällen rechtfertigt es nicht, den nach wie vor auf dem Verwandtschaftsverhältnis beruhenden Unterhaltsanspruch des volljährig gewordenen Kindes ohne Rücksicht darauf, ob die erörterten Änderungen im konkreten Fall tatsächlich eintreten, nicht mehr als Fortsetzung des bisherigen Anspruchs anzusehen. Die unveränderte Fortdauer des die Unterhaltspflicht begründenden Rechtsverhältnisses über den Eintritt der Volljährigkeit hinaus unterscheidet den Verwandtenunterhalt auch grundsätzlich von dem Unterhaltsanspruch zwischen Ehegatten, den für die Zeit vor und nach der Scheidung der Ehe als einen einheitlichen Anspruch aufzufassen der Senat vor allem wegen der durch die Auflösung des Ehebandes veränderten Anspruchsgrundlagen abgelehnt hat.

BGH v. 28. 3. 84 – IVb ZR 53/82 – FamRZ 84, 1000 = NJW 84, 1614

(Notwendiger Selbstbehalt als untere Opfergrenze bei gesteigerter Unterhaltspflicht; Anlehnung an Richtsätze u. Leitlinien; Wohnkostenanteil in Selbstbehaltssätzen) **R210**

1) Das OLG hat – ohne Feststellungen zum Vorhandensein anderer unterhaltspflichtiger Verwandter zu treffen – angenommen, daß im Verhältnis des Bekl. zur Kl. die Voraussetzungen der gesteigerten Unterhaltspflicht nach § 1603 II 1 BGB vorliegen. Dies ist nicht bedenkenfrei, weil die insoweit darlegungs- und beweispflichtige Kl. nicht dargetan hat, daß ihre Mutter, in deren Obhut sie lebt, außerstande ist, ohne Gefährdung des eigenen angemessenen Unterhalts neben dem Natural- auch den Barunterhalt zu gewähren (§ 1603 II 2 BGB; NJW 1980/934 = FamRZ 1980/555 und NJW 1982/1590

= FamRZ 1982/590 f.). Indessen wird der Bestand des angefochtenen Urteils dadurch nicht gefährdet, weil der Bekl. auch dann, wenn ihn eine gesteigerte Unterhaltspflicht gem. § 1603 II 1 BGB trifft, derzeit nicht zu Unterhaltsleistungen für die Kl. herangezogen werden kann.

2) Im Rahmen der gesteigerten Unterhaltspflicht haben Eltern nach dem Wortlaut des Gesetzes alle verfügbaren Mittel gleichmäßig zu ihrem und dem Unterhalt der Kinder zu verwenden. Schon das RG hat jedoch ausgesprochen, daß jede Unterhaltspflicht ihre Grenze dort findet, wo die Möglichkeit der Fortexistenz des Unterhaltspflichtigen in Frage gestellt würde und ihm nicht mehr die Mittel zur Bestreitung des unentbehrlichen Lebensbedarfs verbleiben würden (vgl. JW 1903 Beil. S. 29). Praxis und Lehre stehen heute übereinstimmend auf dem Standpunkt, daß die Mittel, die auch in einfachsten Lebensverhältnissen einer Person für den eigenen Unterhalt verbleiben müssen, nicht als „verfügbar" i. S. des § 1603 II 1 BGB anzusehen sind, wobei diese Opfergrenze als notwendiger oder kleiner Selbstbehalt bezeichnet wird. In den in der Praxis verwendeten Unterhaltstabellen und -leitlinien wird der notwendige Selbstbehalt mit einem Betrag angesetzt, der etwas über den Sätzen der Sozialhilfe liegt.

Dieser Handhabung des § 1603 II 1 BGB, der nahezu gewohnheitsrechtlicher Charakter zukommt, tritt der Senat insbesondere für die Fälle bei, in denen – wie hier – der Unterhaltspflichtige und das Kind in getrennten Haushalten leben. Die Unterschreitung der Sozialhilfegrenze würde im übrigen regelmäßig nur dazu führen, daß das, was dem Unterhaltspflichtigen genommen würde, vom Träger der Sozialhilfe wieder erstattet werden müßte.

Im vorliegenden Fall hat das OLG den notwendigen Selbstbehalt des Bekl. in Anlehnung an die Düsseldorfer Tabelle mit monatlich 750 DM für das Jahr 1981 und mit monatlich 825 DM für das Jahr 1982 angesetzt. Es hat dazu ausgeführt, daß Gesichtspunkte, die für ein Abweichen von den Regelsätzen der Tabelle sprechen könnten, von keiner Seite dargetan und auch sonst nicht ersichtlich seien. Dies ist aus Rechtsgründen nicht zu beanstanden und wird von der Revision auch nicht angegriffen. Die Bemessung des Selbstbehalts ist Sache des Tatrichters. Dabei ist es ihm nicht verwehrt, sich an Erfahrungs- und Richtwerte anzulehnen, sofern nicht im Einzelfall besondere Umstände eine Abweichung bedingen (NJW 1982/1050 = FamRZ 1982/365 [366]). Eine abweichende Bemessung ist insbesondere dann veranlaßt, wenn die Wohnkosten des Unterhaltspflichtigen anders liegen als der Betrag, der in dem herangezogenen Richtsatz hierfür veranschlagt ist. Dafür besteht im vorliegenden Fall aber kein Anhalt. Überdies liegt die Erwerbsunfähigkeitsrente des Bekl. mit 633 DM monatlich im Jahre 1981 und mit 669,50 DM monatlich im Jahre 1982 noch beträchtlich unter den angesetzten Selbstbehaltsbeträgen.

BGH v. 28. 3. 84 – IVb ZR 64/82 – FamRZ 84, 662 = NJW 84, 2358

R211 *(Bemessung der Vergütung für Versorgungsleistungen)*

a 2 a bb) Bei der Bemessung der Vergütung, die sich der bedürftige Ehegatte in derartigen Fällen für die seinem Partner erbrachten Dienste anrechnen lassen muß, kann es nicht darum gehen, den Anteil an dem für die Haushaltsführung insgesamt notwendigen Arbeitsaufwand zu ermitteln und zu bewerten, der auf die einzelnen zum Haushalt gehörenden Personen entfällt. Erst recht kann der auf den Partner entfallende Versorgungsaufwand nicht mit dem Mehraufwand an Arbeit gleichgesetzt werden, welchen die Ehefrau deshalb hat, weil sie zu der ihr ohnehin obliegenden Versorgung der Kinder und ihrer eigenen Person noch die Versorgung ihres Partners übernommen hat. Bei einer derartigen Betrachtung wäre der dem Partner zuzurechnende Versorgungsaufwand noch deutlich niedriger als mit $^1/_4$ des Gesamtaufwandes zu veranschlagen, weil bei der Führung eines Haushalts ein erheblicher Anteil des Zeitbedarfs nicht personenbezogen ist und deshalb auch anfiele, wenn die Ehefrau nur für sich und die Kinder sorgen würde. Vielmehr ist vor allem auf den objektiven Wert abzustellen, den die Haushaltsführung und sonstige Versorgungsleistungen für den Partner haben.

Zur Frage der Anrechnung einer angemessenen Vergütung für Versorgungsleistungen, die in einer eheähnlichen Gemeinschaft von dem haushaltsführenden Partner für den anderen erbracht werden, können dem Tatrichter Richtsätze, die auf die gegebenen Verhältnisse abgestellt sind und der Lebenserfahrung entsprechen, als Anhalt dienen, soweit sich nicht besondere, eine Abweichung bedingende Umstände ergeben (FamRZ 80/665, 666). Das gilt etwa für die Richtlinien und Erfahrungssätze, die zur Bemessung von Schadensersatzrenten bei Verletzung oder Tötung von Hausfrauen entwickelt worden sind (vgl. etwa Schulz-Borck/Hofmann, Schadensersatz bei Ausfall von Hausfrauen und Müttern im Haushalt mit Berechnungstabellen, 1978) und Eingang in die Rechtsprechung gefunden haben.

BGH v. 18. 4. 84 – IVb ZR 49/82 – FamRZ 84, 683 = NJW 84, 1813

R212 *(Volljährige Kinder, die infolge einer körperlichen oder geistigen Behinderung nicht erwerbsfähig sind, können unterhaltsrechtlich nicht minderjährigen Kindern gleichgestellt werden. Dies gilt auch für die Rangfolge.)*

b A 4) Die Revision hält es für geboten, die körperlich und geistig behinderte Bekl. wegen ihrer Behinderung unterhaltsrechtlich einem mdj. unverheirateten Kind gleichzustellen, und führt dazu aus:

Ein wegen einer geistigen Behinderung Geschäftsunfähiger sowie ein wegen Geistesschwäche Entmündigter stünden in Ansehung der Geschäftsfähigkeit einem Minderjährigen gleich. Die Angleichung der Rechtsstellung eines Geschäftsunfähigen oder beschränkt Geschäftsfähigen an diejenige eines Minderjährigen könne sich aber nicht auf den Privatrechtsverkehr beschränken. Sie müsse vielmehr auch im Familienrecht Beachtung finden. Dabei müßten bei der Auslegung der §§ 1603 und 1609 BGB volljährige Kinder, die wegen einer geistigen Behinderung geschäftsunfähig oder beschränkt geschäftsfähig seien, den mdj. Kindern gleichgestellt werden. Das gelte auch im vorliegenden Fall für die Bekl., da diese wegen dauernder krankhafter Störung der Geistestätigkeit geschäftsunfähig sei.

Dem kann nach der bestehenden Rechts- und Gesetzeslage nicht gefolgt werden.

a) Nach § 1609 II S. 1 Halbs. 1 BGB steht der Ehegatte des Unterhaltspflichtigen den mdj. unverheirateten Kindern gleich; den anderen, also u. a. den volljährigen Kindern, geht er nach § 1609 II S. 1 Halbs. 2 BGB im Rang vor. Die Rangordnung im Verhältnis zwischen Ehegatten und Kindern des Unterhaltsschuldners bestimmt sich also nach dem Wortlaut des Gesetzes ausschließlich nach dem Alter der Kinder (vgl. § 2 BGB).

BGH v. 18. 4. 84 – IVb ZR 59/82 – FamRZ 84, 772

(Wohngeld und erhöhter Wohnkostenbedarf) **R213**

III 4) Wohngeld ist zwar im Grundsatz als Einkommen zu berücksichtigen. Es bleibt jedoch außer Betracht, wenn ihm ein entsprechend erhöhter Wohnkostenbedarf gegenübersteht. Im allgemeinen wird angenommen werden können, daß den Wohngeldempfänger Wohnkosten treffen, die auch unterhaltsrechtlich als erhöht zu bezeichnen sind. Das ist aber nicht stets der Fall. **d**

BGH v. 18. 4. 84 – IVb ZR 80/82 – FamRZ 84, 769 = NJW 84, 2355

(Teilzeitbeschäftigung bei Betreuung eines 11- bis 15jährigen Kindes; Berücksichtigung eines überdurchschnittlich hohen Betreuungsbedarfs bei Problemkindern) **R214**

2 a) Nach § 1570 BGB kann ein geschiedener Ehegatte von dem anderen Unterhalt verlangen, solange und soweit von ihm wegen der Pflege oder Erziehung eines gemeinschaftlichen Kindes eine Erwerbstätigkeit nicht erwartet werden kann. Bei einem Kind von 11 bis 15 Jahren kommt im allgemeinen eine Teilzeitbeschäftigung des betreuenden Elternteils in Frage, die jedoch den Umfang einer Halbtagsarbeit nicht zu erreichen braucht (FamRZ 1981/17, 18). Das Maß der zumutbaren Tätigkeit richtet sich nach den Umständen des Einzelfalles (vgl. – zum Umfang der Erwerbsobliegenheit einer Mutter, die ein noch jüngeres Kind pflegt und erzieht – FamRZ 1983/456, 458). Ein überdurchschnittlich hoher Betreuungsbedarf sog. Problemkinder ist zu berücksichtigen (Senatsurteil v. 11. 5. 1983 – IVb ZR 384/81, nicht veröffentlicht). **a**

b) Die Revision wendet sich gegen die Annahme des OLG, die Ehefrau könne neben der Betreuung der (13jährigen) Tochter der Parteien eine Teilzeitbeschäftigung ausüben, so daß aus § 1570 BGB nur ein Teilunterhaltsanspruch abzuleiten sei. Sie rügt, dabei sei der Vortrag unberücksichtigt geblieben, die Tochter sei psychisch so labil, daß die Ehefrau sie ganztags betreuen müsse, so daß daneben keine, auch keine nur zeitweise ausgeübte Erwerbstätigkeit möglich sei.

Diese Rüge greift nicht durch. Das OLG ist davon ausgegangen, daß sich die Tochter in einem sehr labilen Zustand befindet. Daß dieser Zustand aber jegliche Erwerbstätigkeit der Mutter ausschließe, ist vor dem OLG nicht behauptet worden. Zwar hatte die Ehefrau das im ersten Rechtszug vorgetragen. Das AmtsG ist dem aber nicht gefolgt, und im zweiten Rechtszug ist die Ehefrau auf diese Behauptung nicht mehr zurückgekommen.

(Pflegeverhältnisse und Pflegegeld)

III 2 b) Bei dem Pflegegeld handelt es sich um eine Leistung nach § 6 II JWG und § 1, § 5 I Nr. 3 JWG (Gewährung von Lebensunterhalt und erzieherischen Bedarf). Bei Minderjährigen in Familienpflege (§§ 27 ff. JWG) geht mit der im Vordergrund stehenden Erfüllung des erzieherischen Bedarfs, der im wesentlichen mit der Aufnahme des Kindes in die Pflegefamilie bewirkt wird, die wirtschaftliche Hilfe zur Sicherung des Lebensbedarfs (§ 6 II JWG) notwendig einher. Die Höhe des Pflegegeldes ist gesetzlich nicht bestimmt. Die gezahlten Beträge liegen jedoch deutlich über den Sätzen, welche die gängigen Unterhaltstabellen, etwa die DT, bei einfachen und mittleren Verhältnissen für den Barunterhalt von Kindern vorsehen. Indes enthält das Pflegegeld auch einen Bestandteil, der als Anerkennung für die Leistungen der Pflegepersonen bei der Gewährung des Naturalunterhalts, also bei der Pflege und Erziehung des Kindes, dienen soll. Dieser liegt allerdings unter dem marktgerechten Entgelt für die Erfüllung der verantwortungsvollen und insbesondere mit der Erziehung auch dem allgemeinen Wohl dienenden Aufgaben der Pflegeeltern. Das rechtfertigt jedoch ebensowenig seine unterhaltsrechtliche Außerachtlassung wie die Erwägung, andernfalls werde die Verringerung oder gar Aufgabe der **b**

Betreuung von Pflegekindern zugunsten marktmäßig honorierter Tätigkeiten induziert. Ausschlaggebend ist, daß Einkünfte tatsächlich zur (Teil-)Deckung des Lebensbedarfs zur Verfügung stehen; die sozialpolitische Zweckbestimmung einer öffentlich-rechtlichen Leistung ist für die unterhaltsrechtliche Beurteilung der Leistungsfähigkeit des Empfängers nicht ohne weiteres maßgebend (FamRZ 81/338, 339 und FamRZ 81/1165, 1166). Daß das Pflegegeld nach der gesetzlichen Regelung (§ 6 JWG) rechtlich nicht den Pflegeeltern, sondern dem Kind zusteht, stellt die hier vertretene unterhaltsrechtliche Beurteilung nicht in Frage. Das Pflegegeld wird den Pflegeeltern überwiesen; diese versorgen den Minderjährigen daraus. Nach aller Erfahrung des Lebens wird das Geld zusammen mit den sonst der Lebensführung der Familie dienenden Beträgen dazu eingesetzt, „aus einem Topf zu wirtschaften". Bei dieser Art der Verwertung des Geldes, der die Jugendämter aus vernünftigen Gründen nicht näher nachzugehen haben, verbessert ein verbleibender Überschuß die wirtschaftliche Lage der Pflegepersonen. Es erscheint daher unbedenklich, ihnen für die Zwecke des Unterhaltsrechts denjenigen Betrag des Pflegegeldes, der durch die angemessene Versorgung des aufgenommenen Kindes nicht verbraucht wird, als eigenes Einkommen zuzurechnen. Die Widmung für das Kind wird damit nicht unterlaufen. Der Bedarf eines bei Pflegeeltern untergebrachten Minderjährigen umfaßt all das, was dieser zum Lebensunterhalt benötigt. Dazu gehören insbesondere die Aufwendungen für Ernährung, Bekleidung, Reinigung, Körper- und Gesundheitspflege, Hausrat, Unterkunft, Heizung und Beleuchtung, Schulbedarf, Bildung und Unterhaltung.

Dieser Beurteilung entspricht es, daß auch Pflegegeld (und Kindergeld) für ein Pflegekind die ehelichen Lebensverhältnisse der Pflegeeltern mitbestimmt. Davon, daß der den Bedarf des Pflegekindes übersteigende Teil des Pflegegeldes zur Befriedigung des allgemeinen Lebensbedarfs der Familie eingesetzt wird, geht weiter bereits das unveröffentlichte Urteil des Senats vom 12. 1. 1983 (IVb ZR 346/81) aus.

(BGH zum staatlichen Kindergeld für die Pflegeperson)

c III 2 c) Das staatliche Kindergeld zählt nicht zum Einkommen des Kindes. Der Anspruch darauf steht denjenigen zu, die die Voraussetzungen des § 1 BKGG erfüllen, hier also nach Nr. 1 i. V. Nr. 2 I S. 1 Nr. 6 des BKGG der Ehefrau als Pflegeperson. Durch die Gewährung des Kindergeldes wird der Unterhaltsanspruch des Kindes nicht erhöht, da die Zuwendung den Zweck hat, die Unterhaltslast des oder der Unterhaltsverpflichteten zu erleichtern (FamRZ 78/177, 178). Bei angemessener Versorgung des Kindes wird daher die Weiterreichung des Kindergeldes an das Kind nicht geschuldet. Ob etwas anderes zu gelten hat, wenn der Empfänger des Kindergeldes gehalten ist, dieses Geld für das unzureichend versorgte Kind auszugeben, kann hier auf sich beruhen. Jedenfalls dann, wenn die zu einer angemessenen Versorgung des Kindes erforderlichen Mittel bereits als Pflegegeld zur Verfügung stehen, erscheint es rechtlich bedenkenfrei, das für den Bedarf des Kindes nicht einzusetzende Kindergeld unterhaltsrechtlich als Einkommen des Empfängers anzusehen.

BGH v. 9. 5. 84 – IVb ZR 74/82 – FamRZ 84, 657 = NJW 84, 2351

R216 *(Berücksichtigung sonstiger Schulden im Rahmen beschränkter Leistungsfähigkeit; Ausgleich der Interessen von Verpflichtetem, Berechtigtem und Drittgläubiger; Obliegenheit des Verpflichteten zur Vermögensverwertung und zur Wiederherstellung seiner Leistungsfähigkeit)*

4 a) Der Senat hält beim Trennungsunterhalt an seinem Standpunkt fest, daß bei einem lediglich zur Deckung des notwendigen Unterhalts ausreichenden Einkommen des Verpflichteten auch dessen sonstige Schulden zu berücksichtigen sind (FamRZ 82/24). Daß das Vollstreckungsrecht Unterhaltsberechtigte vor anderen Gläubigern bei der Pfändung bevorrechtigt, rechtfertigt keine andere Beurteilung.

Ansprüchen Unterhaltsberechtigter kommt kein allgemeiner Vorrang vor anderen Verbindlichkeiten des Unterhaltsverpflichteten zu. Andererseits dürfen diese Verbindlichkeiten auch nicht ohne Rücksicht auf die Unterhaltsinteressen getilgt werden. Vielmehr bedarf es eines Ausgleichs der Belange von Unterhaltsgläubiger, Unterhaltschuldner und Drittgläubiger (FamRZ 82/157, 158). Dabei erscheint es allerdings im Hinblick auf die vollstreckungsrechtlichen Regeln über die Pfändungsfreigrenzen und das Pfändungsvorrecht Unterhaltsberechtigter gerechtfertigt, die Interessen der Drittgläubiger in Fällen, in denen die Berücksichtigung ihrer Ansprüche den Mindestbedarf Unterhaltsberechtigter beeinträchtigen würde, nicht weiter zu berücksichtigen, als durch die Vollstreckungsvorschriften ohnehin gewährleistet wird. Auch in solchen Fällen bedarf es jedoch der Abwägung der Interessen von Unterhaltsgläubiger und Unterhaltsschuldner. Für deren sachgerechten Ausgleich bieten die vorgenannten vollstreckungsrechtlichen Regeln keine Gewähr. Insoweit sind insbesondere der Zweck der Verbindlichkeiten, der Zeitpunkt und die Art ihrer Entstehung, die Dringlichkeit der beiderseitigen Bedürfnisse, die Kenntnis des Unterhaltsschuldners von Grund und Höhe der Unterhaltsschuld und seine Möglichkeiten bedeutsam, die Leistungsfähigkeit in zumutbarer Weise ganz oder teilweise wieder herzustellen

(FamRZ 82/157, 158). Zu einer Berücksichtigung dieser Umstände kommt es bei der vom OLG verfochtenen alleinigen Orientierung an den vollstreckungsrechtlichen Regeln nicht in ausreichendem Maße.

Daß in Fällen, in denen es um die Deckung des Mindestbedarfs des Unterhaltsberechtigten geht, die Belange der Drittgläubiger über das durch die Vollstreckungsvorschriften gewährleistete Maß hinaus nicht berücksichtigt werden können, kann nicht bedeuten, daß auch das Interesse des Unterhaltsschuldners an der Schuldentilgung und vor allem an der Vermeidung eines weiteren Anwachsens seiner Verbindlichkeiten im Verhältnis zum Unterhaltsgläubiger von vornherein zurückstehen müßte. Wenn auch dessen Interesse an der Sicherung seines notwendigen Unterhalts besonderes Gewicht zukommt, so kann doch die nach Billigkeitsgrundsätzen vorzunehmende Interessenabwägung im Einzelfall ergeben, daß die Zurücksetzung der vorbezeichneten Belange des Schuldners und dessen Belastung mit Unterhaltsleistungen unzumutbar und ungerechtfertigt wäre. Das kommt insbesondere in Betracht, wenn die Verbindlichkeiten im Einverständnis mit dem Unterhaltsberechtigten oder gar in seinem Interesse eingegangen worden sind und dieser dem Verpflichteten nicht den Vorwurf mangelnder Rücksichtnahme auf seine Belange machen kann. Hat sich ein Ehegatte im Einvernehmen mit dem andern und im Zug der gemeinsamen Lebensführung durch die Eingehung von Verbindlichkeiten im Übermaß verschuldet und seine Leistungsfähigkeit entsprechend eingeschränkt, so kann der unterhaltsberechtigte Partner im Fall der Trennung und der damit verbundenen weiteren Belastung der finanziellen Verhältnisse nicht von vornherein seines notwendigen Unterhalts sicher sein. Zwar hat der Verpflichtete sich unter Ausnutzung aller zumutbaren Möglichkeiten um die Rückgängigmachung der getroffenen Dispositionen und die weitestmögliche Wiederherstellung seiner Leistungsfähigkeit – auch durch Verwertung von nicht dringend benötigten, mit hohen Schulden belasteten Gegenständen – zu bemühen. Soweit das nicht gelingt, muß sich jedoch der Unterhaltsberechtigte daran festhalten lassen, daß die Einkünfte des Verpflichteten nur zu einem Teil für den Unterhalt zur Verfügung stehen. Er muß sich unter Umständen mit einer den notwendigen Unterhalt unterschreitenden Alimentierung zufriedengeben und sich die fehlenden Mittel unter äußerster Anspannung seiner Kräfte durch einen über das im allgemeinen Gebotene hinausgehenden Einsatz selbst verschaffen. Das gilt jedenfalls, wenn die Verschuldung des Verpflichteten, wie im vorliegenden Fall, ein Ausmaß erlangt, daß er nicht einmal zur Begleichung der laufenden Zinsen in der Lage ist und Unterhaltsleistungen an den Berechtigten daher nur auf Kosten einer entsprechenden Erhöhung des Schuldenstandes möglich sind, dessen Amortisation den Verpflichteten ohnehin auf Jahrzehnte im vollstreckungsrechtlich höchstzulässigen Maß belasten wird. Hier kann die Inanspruchnahme des Verpflichteten durch den getrennt lebenden oder geschiedenen Ehegatten zu einer derartigen Beeinträchtigung des wirtschaftlichen Fortkommens führen, daß die Grenze des Zumutbaren überschritten wird.

BGH v. 23. 5. 84 – IVb ZR 9/83 – FamRZ 84, 778 = NJW 84, 1951

(Sittenwidrige Freistellungsvereinbarung bei Koppelung mit einem Verzicht auf die Ausübung des Umgangsrechts mit einem gemeinschaftlichen Kind) **R219**

1) Das OLG hat die Vereinbarung der Parteien v. 6. 10. 1976 für unwirksam gehalten, weil ein Verzicht auf die Ausübung des Umgangsrechts, wie ihn der Kl. in § 3 der Vereinbarung erklärt habe, nach ganz herrschender Meinung nicht möglich sei. Die hierauf gerichte, Vereinbarung sei daher gemäß § 134 BGB nichtig mit der Folge, daß die in § 1 der Vereinbarung niedergelegte Freistellungsverpflichtung der Bekl. über § 139 BGB ebenfalls unwirksam sei. Denn die Freistellungsverpflichtung habe, wie sich aus der Regelung der Gegenseitigkeit in § 4 ergebe, ohne den Verzicht auf die Ausübung des Umgangsrechts keinen Bestand haben sollen. Zu demselben Ergebnis führe im übrigen auch eine Umdeutung der unbedingten Freistellungsverpflichtung und des unbedingten Verzichts auf die Ausübung des Umgangsrechts auflösend bedingte Freistellungsverpflichtung. In diesem Fall läge eine gemäß § 138 I BGB unzulässige Koppelung der Freistellung mit dem Umgangsrecht vor.

Auf die Nichtigkeit der Vereinbarung könne sich die Bekl. ohne Verstoß gegen die Grundsätze von Treu und Glauben und ohne Widerspruch zu ihrem früheren Verhalten berufen, da mit der Nichtigkeit der Freistellungsverpflichtung den Bedürfnissen des Kindes, und nicht dem Interesse der Bekl., Rechnung getragen werde.

2) Hiergegen wendet sich die Revision im Ergebnis ohne Erfolg.

a) Allerdings ist der Hauptbegründung des angefochtenen Urteils nicht ohne Einschränkung zu folgen. Es sind vielmehr Fälle denkbar, in denen die Zusage eines Elternteils, sein Recht zum Umgang mit einem ehel. Kind für eine gewisse Zeitdauer nicht auszuüben, jedenfalls unter besonderen tatsächlichen Umständen rechtliche Auswirkungen haben kann.

Das Umgangsrecht (früher Verkehrsrecht) der Eltern mit ihren Kindern erwächst aus dem natürlichen Elternrecht und der damit verbundenen Elternverantwortung und es besteht daher als absolutes subjektives Recht auch nach der Übertragung der elterl. Sorge auf einen Elternteil grundsätzlich bei dem anderen – nicht sorgeberechtigten – Elternteil fort (BVerfG, FamRZ 1983/873; BGH, FamRZ

1969/148 ff.). Es hat in erster Linie das Recht zur persönlichen Begegnung mit dem Kind – in der Regel in der Form von Besuchen – zum Inhalt; ergänzend kommen auch andere Kommunikationsmittel wie etwa Briefwechsel und Telefongespräche in Betracht. Das Umgangsrecht dient dem Zweck, dem nicht sorgeberechtigten Elternteil die Möglichkeit zu geben, sich von dem körperlichen und geistigen Befinden, dem Wohlergehen und der Entwicklung des Kindes zu überzeugen, den laufenden Kontakt zu dem Kind zu pflegen und einer gegenseitigen Entfremdung vorzubeugen (FamRZ 1969/148 ff.). Dies entspricht der Wahrung des grundrechtlich geschützten Elternrechts nach Art. 6 II S. 1 GG sowie des Kindesinteresses an einer Aufrechterhaltung seiner Bindung zu beiden Eltern (vgl. BVerfG, FamRZ 1983/872; 873; BGH, FamRZ 1980/131, 132) und erscheint im übrigen auch deshalb geboten, weil der nicht sorgeberechtigte Elternteil unter Umständen später seinerseits zur Übernahme der elterl. Sorge verpflichtet sein kann, sei es, daß der andere Elternteil stirbt, oder daß er aus anderen Gründen an einer weiteren Ausübung der elterl. Sorge gehindert ist. In einem solchen Fall wird ein in der Vergangenheit wahrgenommenes Umgangsrecht die Umstellung des Kindes auf die veränderten Verhältnisse in der Regel erleichtern (BVerfG, a. a. O., S. 873, 874).

Als Bestandteil des natürlichen Elternrechts ist das Umgangsrecht als solches unverzichtbar. Eine Verzichtserklärung des nicht sorgeberechtigten Elternteils auf sein Umgangsrecht ist daher unzulässig und rechtlich nicht verbindlich.

Für den umgangsberechtigten Elternteil besteht jedoch andererseits keine Pflicht, das Umgangsrecht auszuüben.

Er kann vielmehr von einer Geltendmachung seines Umgangsrechts absehen, wobei dies im Einzelfall durchaus dem Wohl des Kindes dienlich oder dazu sogar erforderlich sein kann (vgl. § 1634 II S. 2 BGB).

Unter diesem Gesichtspunkt erscheint es nicht grundsätzlich – ohne Rücksicht auf die Umstände des Einzelfalles – unzulässig, sich zur Nichtausübung des Umgangsrechts zwar nicht unbefristet ohne Rücksicht auf die künftige Entwicklung, aber doch für eine gewisse Zeit, jedenfalls dann zu verpflichten, wenn dies dem Kindeswohl entspricht.

Bei dieser Ausgangslage kann auch einer unbefristeten Zusage, das Umgangsrecht nicht auszuüben, nicht von vornherein jede Rechtswirkung abgesprochen werden. Auch soweit daraus für die Zukunft keine Bindung des umgangsberechtigten Elternteils abzuleiten ist, könnte es unter besonderen Umständen gegen Treu und Glauben verstoßen, wenn sich der sorgeberechtigte Elternteil auf die Unwirksamkeit der Zusage berufen und daraus Rechte herleiten würde. Ein solcher Fall käme hier in Betracht, weil die Zusage nach dem nicht bestrittenen Vorbringen des Kl. auf Drängen der Bekl. zustande gekommen ist und sich der Kl. weiterhin daran hält, ohne daß Umstände festgestellt sind, wonach dies dem Wohl des Kindes widerspräche.

b) Die Bereitschaft des umgangsberechtigten Elternteils, von der Ausübung seines Besuchsrechts abzusehen, ist jedoch rechtlich unbeachtlich, wenn sie in einer gegen die guten Sitten verstoßenden Weise mit einer Unterhalts-Freistellungsverpflichtung des anderen Elternteils gekoppelt wird, also in Fällen, in denen ein Kind nach einem übereinstimmenden Vorschlag der Eltern über die Regelung des Sorgerechts „zum Gegenstand eines Handels“ gemacht, oder bei Vereinbarungen, durch die das Sorgerecht über ein Kind als „Tauschobjekt“ für die Freistellung von Unterhaltspflichten benutzt wird.

Eine solche Vereinbarung, bei der die zugesagte Unterhaltsfreistellung einen ständigen Anreiz bieten kann, ohne Rücksicht auf das Wohl des Kindes aus finanziellen Gründen von der Ausübung des Umgangsrechts abzusehen, ist als unzulässige „Kommerzialisierung“ des elterl. Umgangsrechts regelmäßig als sittenwidrig und damit nichtig gemäß § 138 I BGB anzusehen. Davon, daß eine in diesem Sinne unzulässige Koppelung zwischen einer Regelung über das elterl. Sorge- und Umgangsrecht und einer Unterhaltsfreistellungsverpflichtung vorliegt, ist in der Regel auszugehen, wenn die beiderseitigen Verpflichtungen als gegenseitige, in ihrer Wirksamkeit voneinander abhängige Vereinbarungen getroffen worden sind.

Daß dies bei der Vereinbarung der Parteien v. 6. 10. 1976 der Fall war, hat das OLG rechtsfehlerfrei angenommen. Es hat dem Gesamtzusammenhang der Entscheidungsgründe des angefochtenen Urteils – unter Einbeziehung der Gegenseitigkeitsklausel in § 4 der Vereinbarung – entnommen, die Bekl. habe die Freistellungserklärung in § 1 der Vereinbarung als Gegenleistung dafür abgegeben, daß sich der Kl. – neben den in § 2 eingegangenen Verpflichtungen – bereit erklärte, sein Recht zum Umgang mit seinem Sohn nicht mehr auszuüben. Diese Auslegung ist aus Rechtsgründen nicht zu beanstanden.

Daß der Kl. hierzu durch besonders schwerwiegende Umstände, etwa im Verhalten der Bekl. während der jahrelangen Auseinandersetzungen über die Ausübung des Besuchsrechts, veranlaßt worden wäre, die der Vereinbarung – für den Einzelfall – den Charakter der Sittenwidrigkeit nehmen könnten (vgl. dazu OLG Hamm, FamRZ 1980/724), ist vom OLG nicht festgestellt worden. Auch die Revision erhebt insoweit keine Angriffe.

Soweit die Revision geltend macht, die Vereinbarung v. 6. 10. 1976 sei auf den ausdrücklichen Wunsch der Bekl. und mit Hilfe des seinerzeit in dem Sorgerechtsverfahren zuständigen Vormundschaftsrichters geschlossen worden, wird die inhaltliche Wertung der Vereinbarung hierdurch nicht berührt. Dieses ist, wie das OLG mit der Hilfsbegründung des angefochtenen Urteils im Ergebnis zutreffend entschieden hat, wegen einer gegen die guten Sitten verstoßenden Koppelung der von der Bekl. erklärten Freistellungsverpflichtung mit der Zusage des Kl., sein Umgangsrecht mit dem Sohn Uwe in Zukunft nicht auszuüben, nach § 138 I BGB nichtig.

Der Berufung der Bekl. auf die Nichtigkeit der Vereinbarung unter diesem Gesichtspunkt stehen für die Zeit, von der ab der Kl. auf Unterhalt in Anspruch genommen worden ist, keine Bedenken aus § 142 BGB entgegen. Das auf § 1 der Vereinbarung gestützte Freistellungsbegehren des Kl. hat daher keinen Erfolg.

BGH v. 27. 6. 84 – IVb ZR 20/83 – FamRZ 85, 354

(Zur Verwertung des Veräußerungserlöses aus dem Verkauf eines gemeinsamen Hauses) **R222**

5) Die Revision hält dem Unterhaltsbegehren der Kl. weiter entgegen, diese sei gehalten, den Stamm ihres aus der Veräußerung des ehel. Anwesens erhaltenen Vermögens zu verwerten, bevor sie den Bekl. auf Unterhaltszahlungen in Anspruch nehme. **c**

Die Revision stellt insoweit zu Recht auf § 1577 III BGB ab. Nach dieser Vorschrift braucht der unterhaltsberechtigte gesch. Ehegatte – der nach § 1577 I BGB keinen Unterhaltsanspruch gegenüber dem anderen Ehegatten hat, solange und soweit er sich „aus seinen Einkünften und seinem Vermögen" selbst unterhalten kann – den Stamm seines Vermögens nicht zu verwerten, soweit die Verwertung unwirtschaftlich oder unter Berücksichtigung der beiderseitigen wirtschaftlichen Verhältnisse unbillig wäre.

Dies gilt auch für Vermögen, das aus der Veräußerung eines früher gemeinsam genutzten Anwesens herrührt. Auch solches Vermögen soll, wie alle Vermögenswerte eines Unterhaltsberechtigten, in der Regel dazu dienen, ergänzend zu dessen sonstigen Einkünften seinen Unterhaltsbedarf auf Lebenszeit zu sichern. Unter diesem Gesichtspunkt kann die Beurteilung einer Obliegenheit zur – unter Umständen zunächst teilweisen – Verwertung des Vermögensstammes nach § 1577 III BGB im Einzelfall maßgeblich von der voraussichtlichen Dauer der Unterhaltsbedürftigkeit des unterhaltsberechtigten Ehegatten sowie davon abhängen, welche Ertragsmöglichkeiten das zur Verfügung stehende Vermögen – dauerhaft – bietet. Im übrigen werden dem Unterhaltsberechtigten stets gewisse Rücklagen für Not- und Krankheitsfälle zuzubilligen sein (FamRZ 1984/364, 367).

Zu einer Verwertung seines Vermögensstammes ist ein unterhaltsberechtigter gesch. Ehegatte darüber hinaus grundsätzlich dann nicht gehalten, wenn dies unter Berücksichtigung der beiderseitigen wirtschaftlichen Verhältnisse unbillig wäre. Unter diesem Gesichtspunkt kann dem Umstand, daß ein Vermögenswert aus dem Verkauf eines gemeinsamen Hauses der gesch. Ehegatten stammt und daß der andere Ehegatte einen entsprechenden Erlösanteil zu seiner freien Verfügung erhalten hat, wesentliche Bedeutung zukommen. Das zu beurteilen, ist indessen der tatrichterlichen Entscheidung des OLG vorbehalten.

(Berücksichtigung nichtprägender Zinseinkünfte bei der Leistungsfähigkeit)

7) Sollte sich nach Klärung der aufgezeigten Fragen – zum Umfang der Unterhaltsbedürftigkeit der Kl. auf der Grundlage der maßgeblichen ehel. Lebensverhältnisse der Parteien – bei der Entscheidung über den geltend gemachten Unterhaltsanspruch nach § 1573 II BGB noch die Frage der Leistungsfähigkeit des Bekl. stellen, so sind auch auf seiner Seite die tatsächlich erzielten – oder in zumutbarer Weise erzielbaren (vgl. insoweit – zum Erwerbseinkommen – FamRZ 1981/539, 540) – Erträge aus dem ihm zugefallenen Erlösanteil aus dem Verkauf des ehel. Anwesens zu berücksichtigen. Denn für die Obliegenheiten des Berechtigten und des Verpflichteten zum Einsatz ihrer wirtschaftlichen Mittel sind grundsätzlich die gleichen Maßstäbe anzulegen. Auch bei der Ermittlung der Leistungsfähigkeit des unterhaltspflichtigen gesch. Ehegatten sind regelmäßig alle Einkünfte heranzuziehen, die ihm zufließen, gleich welcher Art sie sind und auf welcher Grundlage er sie bezieht (FamRZ 1981/338, ständige Rechtsprechung). Laufende Erträge aus dem Erlös eines nach der Scheidung veräußerten Familieneigenheims sind hiervon nicht ausgenommen. **d**

BGH v. 27. 6. 84 – IVb ZR 21/83 – FamRZ 84, 997 = NJW 84, 64

(Zur Abänderbarkeit einer JA-Urkunde) **R223**

Bei dieser Urkunde handelt es sich um eine vom JA nach §§ 49 I S. 1 Ziff. 2, 50 I S. 1 JWG aufgenommene vollstreckbare Urkunde. Der Senat teilt die Auffassung des OLG, daß ein solcher Titel der Abänderungsklage unterliegt. Diese ist gemäß § 323 IV ZPO u. a. für die Schuldtitel des § 794 I Ziff. 5 ZPO eröffnet. Den darin genannten (auf Zahlung einer bestimmten Geldsumme gerichteten vollstreckbaren) Urkunden, „die von einem deutschen Gericht oder von einem deutschen Notar innerhalb der Grenzen seiner Amtsbefugnisse in der vorgeschriebenen Form aufgenommen sind", ist eine JA- **a**

Urkunde der hier in Frage stehenden Art gleichzuachten. Hier wie dort handelt es sich um eine im Rahmen amtlicher Befugnisse errichtete vollstreckbare Urkunde, in der der Verpflichtete mit entsprechendem Bindungswillen in vollstreckbarer Form Zahlung verspricht. Angesichts dieser weitgehenden Übereinstimmung ist § 323 IV i. V. m. § 794 I Ziff. 5 ZPO auch auf JA-Urkunden nach §§ 49, 50 JWG anwendbar (es folgen mehrere Nachweise).

(Unwirksame Vereinbarung bei teilweisem Unterhaltsverzicht bzw. bei Unterschreitung des Angemessenheitsrahmens der Tabellensätze für Kindesunterhalt)

d II 2 d) Daß sich die Parteien i. J. 1980 in einem außergerichtl. Vergleich auf einen Unterhaltsbetrag von 200 DM monatlich geeinigt haben, steht der Erhöhung auf 315 DM monatlich nicht entgegen. Denn eine Unterhaltsvereinbarung darf zufolge § 1614 I BGB keinen – auch nur teilweisen – Verzicht auf den Unterhalt für die Zukunft beinhalten oder auf einen solchen Verzicht hinauslaufen. Dies gilt auch für eine etwaige Erschwerung der Möglichkeit, eine Erhöhung nach § 323 ZPO zu verlangen. Auch ein Vergleich ist gegebenenfalls in diesem Umfange unwirksam. Ob die Parteien einen Verzicht gewollt haben, ist unbeachtlich. Es kommt allein darauf an, ob der dem Unterhaltsberechtigten von Gesetzes wegen zustehende Unterhalt objektiv verkürzt wird. Zwar besteht für die Bemessung des Unterhalts nach Maßgabe des § 1610 BGB ein Angemessenheitsrahmen, der auch von den Parteien ausgeschöpft werden kann. Soweit die Vereinbarung zu einer Unterhaltsrente unterhalb dieses Rahmens führt, hat sie jedoch keinen Bestand. In der Rechtsprechung ist etwa eine Unterschreitung der gebräuchlichen Tabellensätze bis zu 20% als hinnehmbar erwogen, eine Unterschreitung um 1/3 dagegen als im Regelfall mit § 1614 I BGB unvereinbar angesehen worden (OLG Köln, a. a. O.). Der vorliegende Fall nötigt insoweit nicht zu einer näheren Festlegung. Denn gemessen daran, daß dem Kl. ein Unterhalt von 315 DM monatlich zusteht, liegt der Betrag von 200 DM monatlich, wie ihn die Parteien i. J. 1980 vereinbart haben, jedenfalls nunmehr eindeutig unterhalb der Toleranzgrenze.

BGH v. 26. 9. 84 – IVb ZR 32/83 = NJW 85, 318

R229 *(Zur hypothetischen Bemessung eines fiktiven Nebenerwerbseinkommens und zur gesteigerten Haftung nach § 1603 II 1 BGB)*

Die Unterhaltspflicht des Elternteils, dem nur ein fiktives Einkommen zugerechnet wird, gegenüber einem minderjährigen Kind endet nicht bereits bei Gefährdung des eigenen angemessenen Unterhalts. Zur Bestimmung der oberen Grenze der Nebenerwerbsobliegenheit ist die fiktive Bemessung des Barunterhaltsanspruchs unter Berücksichtigung des sogenannten notwendigen Selbstbehalts erforderlich (LS).

3 b) Aus dem Grundsatz der Gleichrangigkeit der Unterhaltsansprüche von Kindern aus mehreren Ehen (§ 1609 BGB) hat der Senat nicht nur die Nebenerwerbsobliegenheit des in neuer Ehe als Hausfrau (oder Hausmann) tätigen Elternteils hergeleitet, sondern zugleich deren Begrenzung entnommen, die sich Kinder aus der früheren Ehe entgegenhalten lassen müssen: Wäre der ihnen unterhaltsverpflichtete Elternteil voll erwerbstätig geblieben, könnte im allgemeinen nicht ohne weiteres davon ausgegangen werden, daß dessen neuer Ehegatte zusätzlich erwerbstätig sein könnte; der Unterhaltspflichtige müßte vielmehr aus dem (fiktiv) von ihm allein erzielten Einkommen auch seine neue Familie unterhalten; vor einer dadurch bedingten Schmälerung ihres Barunterhalts wären die Kinder aus der früheren Ehe nicht geschützt (FamRZ 82/592 = NJW 82/1590). Es besteht kein hinreichender Grund, bei der Unterhaltsbemessung zugunsten des Kindes aus früherer Ehe in solchen Fällen die Verhältnisse zugrunde zu legen, die sich für den unterhaltspflichtigen Elternteil aus der Regelung der Aufgabenverteilung mit dessen möglicherweise besser verdienendem neuen Ehegatten ergeben haben. Das OLG hätte daher ermitteln müssen, wie deren Unterhalt in dem gedachten Fall einer umgekehrten Aufgabenverteilung in der neuen Ehe der Bekl. zu bemessen gewesen wäre. Zwar wird es nicht in allen Fällen möglich sein, ein fiktives Einkommen unter Berücksichtigung der ebenfalls nur hypothetisch feststellbaren Belastungen mit einem solchen Nettobetrag zu ermitteln. Da es vorliegend jedoch darum geht, das Ausmaß einer Nebenerwerbsobliegenheit und der davon abhängigen Leistungsfähigkeit eines in Wirklichkeit nicht erwerbstätigen Elternteils zu bestimmen, wobei Zumutbarkeitsgesichtspunkte eine wesentliche Rolle spielen, reicht es aus, bei der notwendigen Vergleichsberechnung zu den nach den Umständen des Falles erreichbaren Annäherungswerten zu gelangen.

Bei der Bestimmung der Leistungsfähigkeit eines unterhaltspflichtigen Elternteils, der in neuer Ehe die Aufgaben der Haushaltsführung und Kinderbetreuung übernimmt, gegenüber einem minderjährigen unverheirateten Kind aus früherer Ehe kommt es jedoch nicht nur auf das im Fall einer gedachten Erwerbstätigkeit erzielbare Nettoeinkommen des Verpflichteten und die Anzahl der gemäß § 1609 BGB ihm gegenüber ranggleichen Unterhaltsberechtigten an. Vielmehr sind zusätzlich die Regelungen des § 1603 I und II BGB zu beachten. Ebenso wie bei einem tatsächlich Erwerbstätigen endet die Unterhaltspflicht des Elternteils, dem nur ein fiktives Einkommen zugerechnet wird, gegenüber einem minderjährigen unverheirateten Kinde nicht bereits bei Gefährdung des eigenen angemessenen Unterhalts. Ihn trifft vielmehr eine gesteigerte Unterhaltspflicht gemäß § 1603 II 1 BGB. Auch in Fällen der vorliegenden Art ist daher zur Bestimmung der oberen Grenze der Nebenerwerbsobliegenheit die fiktive Bemessung des Barunterhaltsanspruchs unter Berücksichtigung des sogenannten notwendigen Selbstbehaltes erforderlich. Dabei darf sich der Tatrichter ebenso wie bei der Unterhaltsbemessung aus einem realen Einkommen des Pflichtigen an Richtsätze und Leitlinien anlehnen, soweit nicht im Einzelfall besondere Umstände eine Abweichung bedingen (FamRZ 82/365 = NJW 82/1050 und NJW 84/1614).

Ebenso wie bei einer tatsächlich ausgeübten kann sich auch bei einer nur gedachten vollen Erwerbstätigkeit der Bekl. eine Einschränkung ihrer Verpflichtung, zum Unterhalt der Kl. beizutragen, wieder aus § 1603 II 2 BGB ergeben. Nach dieser Bestimmung tritt die Verpflichtung des in Anspruch genommenen Elternteils, zum Kindesunterhalt auch Mittel zu verwenden, die er über den notwendigen Selbstbehalt hinaus für den eigenen angemessenen Unterhalt benötigen würde, nicht ein, wenn ein anderer unterhaltspflichtiger Verwandter vorhanden ist. Das kann, falls er leistungsfähig ist, auch der andere Elternteil sein (§ 1606 III 1 BGB). Zwar erfüllt dieser, wenn er das minderjährige Kind betreut, seine Unterhaltspflicht regelmäßig in vollem Umfang durch dessen Pflege und Erziehung (§ 1606 III 2 BGB); er ist daneben grundsätzlich nicht zum Barunterhalt verpflichtet. Das gilt nach der vom Senat weiter entwickelten Rechtsprechung des BGH (FamRZ 80/555 = NJW 80/ 934; FamRZ 80/994 = NJW 80/2306; FamRZ 81/347 = NJW 81/923 und FamRZ 81/543 = NJW 81/1559) jedenfalls in Fällen, in denen der erwerbstätige Ehegatte leistungsfähig ist und mindestens so hohe Einkünfte hat wie der betreuende Elternteil. Wenn das anders ist und das Gleichgewicht der Unterhaltsleistungen beider Elternteile erheblich gestört wird, kann aber eine andere Regelung in Betracht kommen. Dies kann – auch im Fall einer nur fiktiven Erwerbstätigkeit des nicht betreuenden Elternteils – in Ausnahmefällen zu einer Herabsetzung oder sogar zu einem Wegfall seiner Unterhaltspflicht führen.

BGH v. 24. 10. 84 – IVb ZR 43/83 – FamRZ 85, 155 = NJW 85, 486

(Unterhaltsrechtliche Auswirkung einer Rentennachzahlung, die ein Verpflichteter erhält) **R232**

a III 2 a) Eine unmittelbare quotenmäßige Beteiligung des Unterhaltsberechtigten am Gesamtbetrag einer Rentennachzahlung, die der Unterhaltspflichtige nach der Bewilligung einer Berufsunfähigkeitsrente für einen zurückliegenden Zeitraum erhält, findet im Gesetz keine Stütze und stellt kein geeignetes Mittel zur Anpassung einer vereinbarten monatl. Unterhaltsrente an veränderte Verhältnisse gemäß § 323 ZPO dar.

Laufenden Unterhalt hat der Pflichtige durch Entrichtung einer Geldrente zu gewähren, die monatlich im voraus zu zahlen ist (vgl. §§ 1361 IV, 1585/I, 1612 I und IV BGB). Für die Bestimmung dieser Leistung kommt es sowohl bei der erstmaligen Bemessung wie bei einer Anpassung aufgrund wesentlich veränderter Verhältnisse – neben der Bedürftigkeit des Berechtigten – auf die Leistungsfähigkeit des Verpflichteten während der Zeit an, für die der Unterhalt verlangt wird. Steigert sich die Leistungsfähigkeit erst zu einem späteren Zeitpunkt, wird der Umfang der Unterhaltspflicht für eine zurückliegende Zeit dadurch nicht mehr beeinflußt mit der Folge, daß Nachzahlungen für die Vergangenheit nicht zu leisten sind (FamRZ 1983, 140). Dies gilt unabhängig davon, ob die Steigerung der Leistungsfähigkeit auf einer Erhöhung des laufenden Einkommens des Verpflichteten oder auf einem einmaligen Vermögenszuwachs oder auf beidem beruht. Die abweichende Beurteilung des OLG – das von den dargelegten Grundsätzen zunächst ebenfalls ausgegangen ist – läßt sich nicht damit begründen, daß in dem in Frage stehenden Zeitraum ein erheblicher Nachholbedarf entstanden sei, weil in dieser Zeit gerade der notwendige Unterhaltsbedarf der Kl. in Höhe von monatlich 750 DM gedeckt gewesen sei, nicht hingegen ein mit monatlich 1100 DM anzusetzender sog. objektivierter angemessener Mindestbedarf. Der Senat hat es bereits abgelehnt, den Unterhalt eines getrennt lebenden Ehegatten nach einem Mindestrichtsatz für den angemessenen Eigenbedarf eines volljährigen Unterhaltsberechtigten zu bemessen, wenn dieser nicht den maßgeblichen ehelichen [ehel.] Lebensverhältnissen entspricht (FamRZ 1984, 356). Dem geltenden Unterhaltsrecht kann der Begriff eines objektivierten Nachholbedarfs, den der Verpflichtete bei später gesteigerter Leistungsfähigkeit nachträglich noch abzudecken hätte, nicht entnommen werden.

Ein solcher Nachholbedarf läßt sich auch nicht dem „Sonderbedarf" zuordnen, dessen Erfüllung für die Vergangenheit der Berechtigte ohne die Einschränkungen des § 1613 I BGB in den zeitlichen Grenzen des § 1613 II S. 2 BGB verlangen kann. Denn ein Bedarf, der bei der Bemessung des Unterhalts nach den ehel. Lebensverhältnissen laufend in bestimmter Höhe ungedeckt geblieben ist, ist jedenfalls nicht unregelmäßig und zumeist auch nicht in außergewöhnlicher Höhe entstanden. Gerade diese Kriterien sind es jedoch, die eine Minderung des Schuldnerschutzes gegen die Inanspruchnahme auf Unterhalt für die Vergangenheit rechtfertigen. Die unmittelbare Beteiligung des unterhaltsberechtigten Ehegatten an einer Rentennachzahlung stellt sich daher in Wahrheit als eine gesetzlich nicht gerechtfertigte (teilweise) Vermögensauseinandersetzung dar. Der Versuch des OLG, das Ergebnis durch eine Vergleichsberechnung des der Kl. bei „rückschauender Betrachtung“ monatlich zur Verfügung stehenden Unterhalts zu rechtfertigen, vermag schon deshalb nicht zu überzeugen, weil es sich damit in Widerspruch zu seinem (zutreffenden) eigenen Ausgangspunkt setzt, wonach eine rückwirkende fiktive Umlegung der Nachzahlung auf Monatsbasis nicht möglich ist.

Die Versagung einer unmittelbaren Beteiligung an einer Rentennachzahlung auf seiten des Unterhaltsberechtigten bedeutet nicht, daß eine solche Zahlung auf die Unterhaltsbemessung ohne Einfluß bliebe. Bei Fortbestehen der ehel. Lebensgemeinschaft hätte sie zur Befriedigung des Unterhaltsbedarfs beider Parteien neben den übrigen Einkünften zur Verfügung gestanden. Das rechtfertigt grundsätzlich ihre Einbeziehung in eine Anpassung der laufenden Unterhaltsrente. Daß es sich um eine einmalige Einnahme gehandelt hat, die rückwirkend für einen vergangenen Zeitraum gezahlt worden ist, steht nicht entgegen; dem ist vielmehr für die Zwecke der Unterhaltsbemessung durch eine Verteilung des Einkommens auf einen längeren Zeitraum Rechnung zu tragen. Insoweit gelten ähnliche Grundsätze, wie sie der Senat für die Fälle entwickelt hat, in denen der Unterhaltspflichtige aufgrund des sog. begrenzten Realsplittings eine Steuererstattung zu einem Zeitpunkt erlangt, in dem die der Steuerbemessung zugrundeliegenden Unterhaltsleistungen längst abgewickelt sind.

Auch in Fällen wie dem vorliegenden können dabei die Belange des unterhaltsberechtigten Ehegatten in der Weise berücksichtigt werden, daß der Nachzahlungsbetrag allein einem künftigen Zeitraum zugerechnet wird. Dem steht nicht entgegen, daß in anderen Fällen bestimmte Einkünfte, die jährlich nur einmal gezahlt werden, auf alle Monate des betreffenden Jahres, also auch auf vergangene Monate, angerechnet werden. Die Umrechnung solcher Einmalzahlungen auch auf zurückliegende Zeiträume begegnet nämlich keinen Bedenken, wenn es sich dabei (wie z. B. bei Urlaubs- oder Weihnachtsgeld) um alljährlich in vergleichbarer Größe wiederkehrende Einkünfte handelt, die ähnlich zuverlässig wie regelmäßig in jedem Monat erlangte Einkünfte vorhersehbar sind.

Eine Steigerung seiner Leistungsfähigkeit kann dem Unterhaltsverpflichteten, der die Bewilligung einer Berufsunfähigkeitsrente beantragt hat, auch noch nicht fiktiv vom Zeitpunkt der Antragstellung an mit der Begründung zugerechnet werden, er könne vom zuständigen Leistungsträger Vorschüsse (§ 42 I SGB I) verlangen. Anders als vielfach beim Antrag auf Altersruhegeld gemäß § 25 V AVG (bei Vollendung des 65. Lebensjahres) steht der Anspruch auf Berufsunfähigkeitsrente nicht dem Grunde nach von vornherein fest. Die Berufsunfähigkeit muß ebenso erst festgestellt werden wie der Zeitpunkt ihres möglichen Eintritts. Wie der vorliegende Fall zeigt, kann das Bewilligungsverfahren eine lange Zeit in Anspruch nehmen, in der der Antragsteller keine rechtliche Möglichkeit hat, im Wege des Vorschusses bereits Leistungen des Versicherungsträgers zu erlangen. Ein Unterhaltspflichtiger, der eine Rente beantragt hat, kann sich mit Blick auf die erwartete Bewilligung zwar möglicherweise anderweitig Kredit verschaffen; läßt er den unterhaltsberechtigten Ehegatten an seiner auf diese Weise verbesserten Leistungsfähigkeit nicht teilhaben, können sich nach Treu und Glauben Folgen für die Möglichkeit ergeben, die Verpflichtungen aus einem solchen Kredit dem Unterhaltsberechtigten einkommensmindernd entgegenzuhalten (FamRZ 1984/358, 360 m. w. N.).

(Voraussetzungen für Verzug)

b III 2b) aa) Für die Vergangenheit kann Trennungsunterhalt nur von der Zeit an gefordert werden, zu welcher der Verpflichtete in Verzug gekommen oder der Unterhaltsanspruch rechtshängig geworden ist (§§ 1361 IV 4, 1360a III, 1613 I BGB). Der Verzug setzt regelmäßig eine Mahnung nach Eintritt der Fälligkeit voraus (§ 284 I 1 BGB). Da der Bekl. im vorliegenden Fall nach den getroffenen Feststellungen die im gerichtlichen Vergleich festgesetzte Unterhaltsrente von 700 DM regelmäßig gezahlt hat und es zwischen den Parteien nur um eine dem Grunde und der Höhe nach streitige Mehrforderung ging, kommt ein Verzug ohne Mahnung gem. § 284 II BGB nicht in Betracht. Eine danach grundsätzlich erforderliche Mahnung, die eine der Höhe nach bestimmte und eindeutige Leistungsaufforderung hätte enthalten müssen (vgl. Senatsurt., NJW 1984, 868 = FamRZ 1984, 163), hat die Kl. in dem in Frage stehenden Zeitraum nicht ausgesprochen. Allerdings hat das BerGer. festgestellt, daß die Kl. schon vor dem 1. 9. 1981 wiederholt Auskunft über die Rentenbewilligung verlangt hat. Das stellt indessen nicht die Beurteilung in Frage, eine Mahnung sei nicht erfolgt. Denn das an den Verpflichteten gerichtete Verlangen, über seine Einkommensverhältnisse Auskunft zu erteilen, steht der konkreten Aufforderung zur Leistung von Unterhalt nicht gleich. Die Verzögerung der nach den §§ 1361 IV 4, 1605 BGB geschuldeten Auskunft kann lediglich ihrerseits zu einer Schadensersatzpflicht führen (vgl. Senatsurt., NJW 1984, 868 = FamRZ 1984, 163 (164) und unten unter Ziff. 3).

bb) Zutreffend geht das BerGer. davon aus, daß die Mahnung entbehrlich ist, wenn der Verpflichtete Unterhaltsleistungen eindeutig und endgültig verweigert hat (vgl. Senatsurt., NJW 1983, 2318 = FamRZ 1983, 352 (354)). Eine solche Weigerung entnimmt es dem Schreiben des damaligen Bevollmächtigten des Bekl. vom 16. 11. 1981. Die Revision beanstandet indessen mit Recht, daß das BerGer. dieser Weigerung eine Rückwirkung für die davorliegende Zeit ab 1. 9. 1981 beigemessen hat. Der Schuldner kommt gem. § 284 I 1 BGB „durch die Mahnung“ in Verzug, und nach Satz 2 stehen der Mahnung Ereignisse (Zustellung einer Klage oder eines Mahnbescheides) gleich, die zu objektiv bestimmbaren Zeitpunkten eingetreten sind. Die Rückbeziehung des Verzugseintritts auf einen früheren Zeitpunkt sieht das Gesetz nicht vor und sie wird – soweit ersichtlich – auch nirgends vertreten. Es besteht aber kein Grund, die bestimmte und endgültige Leistungsverweigerung, die nach Treu und Glauben eine solche Mahnung entbehrlich machen soll, in ihren Wirkungen anders zu beurteilen als die Mahnung selbst und die ihr gleichstehenden Ereignisse. Auch im Falle der endgültigen und ernsthaften Erfüllungsweigerung treten die Verzugsfolgen daher erst von dem Zeitpunkt an ein, in dem die Weigerung erklärt wird.

(Schadensersatzanspruch bei verzögerter oder verweigerter Auskunft)

III 3. Davon abgesehen hat die Kl. nach dem Tatbestand des Berufungsurteils ihren Anspruch bereits **c**
in erster Instanz auch darauf gestützt, daß der Bekl. ihr den Bezug der Berufsunfähigkeitsrente arglistig verschwiegen habe. In diesem Zusammenhang hat sie außerdem geltend gemacht, der Bekl. habe trotz mehrfacher Aufforderung seine Verpflichtung zur Auskunftserteilung über seine Einkünfte (§ 1361 IV 4 i. V. mit § 1605 I 1 BGB) bewußt verletzt. Unter dem Gesichtspunkt des Schadensersatzes wegen einer verzögerten oder verweigerten Auskunft könnte der noch im Streit befindliche Klaganspruch zumindest teilweise begründet sein (vgl. Senatsurt., NJW 1984, 868 = FamRZ 1984, 163 (164) m. w. Nachw.). Da das OLG hierzu – weil es für seine Begründung darauf auch nicht ankam – bisher keine Feststellungen getroffen hat, mußte der Rechtsstreit an das BerGer. zurückverwiesen werden.

Das noch offene Ergebnis der weiteren Prüfung beeinflußt auch die Höhe der der Kl. zustehenden Zinsen. Es erschien daher dem Senat sachgerecht, die Berechnung der Zinsforderung insgesamt der noch zu treffenden neuen Entscheidung zu überlassen. Insoweit weist er jedoch darauf hin, daß – wie die Revision zutreffend geltend macht – die Rechtshängigkeit erst am 14. 7. 1982 eingetreten ist und Zinsen aus § 291 BGB daher nicht bereits vom 1. 4. 1982 an zugesprochen werden können. Ein solcher Anspruch kann daher allenfalls aus Verzug hergeleitet werden.

BGH v. 26. 10. 84 – IVb ZR 36/83 – FamRZ 85, 51 = NJW 85, 428

(Zur Fortwirkung einer einstweiligen Anordnung über die Scheidung hinaus) **R233**

Allerdings geht das OLG zu Recht davon aus, daß auch gegen eine einstweilige Anordnung nach **a**
§ 620 S. 1 Nr. 6 ZPO die Vollstreckungsgegenklage an sich in Frage kommt. Dies steht in Einklang mit der Rechtsprechung des Senats (Urteil vom 9. 2. 1983 – IVb ZR 343/81 – FamRZ 83/355 f.). Dagegen ist dem OLG nicht zu folgen, soweit es aus der Nicht-Identität zwischen Trennungs- und Geschiedenenunterhalt (s. insoweit Senatsurteil vom 14. 1. 1981 – IVb ZR 575/80 – FamRZ 81/242, 243 im Anschluß an BGHZ 78/130 = FamRZ 80/1099) herleitet, daß auch im Falle einer einstweiligen Anordnung nach § 620 S. 1 Nr. 6 ZPO der darin titulierte Anspruch mit der Scheidung entfalle und folglich die Vollstreckungsgegenklage schon aus diesem Grunde Erfolg haben müsse. Wie der Senat – nach Erlaß des Berufungsurteils – durch das bereits angeführte Urteil vom 9. 2. 1983 entschieden hat, ergibt sich aus § 620 f ZPO, daß die einstweilige Anordnung nach § 620 S. 1 Nr. 6 ZPO bis zum Wirksamwerden einer anderweitigen Entscheidung auch den nachehelichen Unterhalt umfaßt. Der Gesetzgeber hat insoweit aus Zweckmäßigkeitsgründen die Fortgeltung der einstweiligen Anordnung über den Scheidungszeitpunkt hinaus bestimmt, um einen vorübergehenden regelungslosen Zustand zu vermeiden (a. a. O., S. 356; s. auch Senatsurteil vom 14. 1. 1981 a. a. O., S. 243). Aufgrund dieser besonderen gesetzlichen Bestimmung ist daher auch für die Zeit nach Rechtskraft des Scheidungsurteils die Vollstreckung aus der einstweiligen Anordnung grundsätzlich zulässig. Daß der Anspruch auf Trennungsunterhalt mit der Scheidung der Ehe erloschen ist, vermag somit der Vollstreckungsgegenklage gegen eine einstweilige Anordnung nach § 620 S. 1 Nr. 6 ZPO nicht zum Erfolg zu verhelfen.

BVerfG v. 14. 11. 84 – 1 BvR 14/82 – FamRZ 85, 143 = NJW 85, 1211

(BVerfG zur Beweislast bei Leistungsunfähigkeit) **R235**

II 1) Die Gerichte sind zu dem Ergebnis gekommen, die Bf. könnte eine Erwerbstätigkeit finden, die es ihr ermöglicht, ihre Unterhaltspflichten zu erfüllen. Dabei konnten die Gerichte verfassungsrechtlich bedenkenfrei von der Beweislast ausgehen, wie sie sich nach § 1603 I BGB darstellt. Die Leistungsunfähigkeit des Unterhaltsschuldners ist in dieser Vorschrift als Einwendung ausgestaltet; die Darlegungs- und Beweislast trifft den Verpflichteten.

BGH v. 19. 12. 84 – IVb ZR 57/83 – FamRZ 85, 353 = NJW 85, 803

(Anspruch auf Familienunterhalt nach §§ 1360, 1360 a BGB und Ausbildungsunterhalt) **R242**

I 3 a) Nach § 1360 S. 1 BGB sind Ehegatten einander verpflichtet, durch ihre Arbeit und mit ihrem Vermögen die Familie angemessen zu unterhalten. Der angemessene Unterhalt der Familie umfaßt alles, was nach den Verhältnissen der Ehegatten erforderlich ist, um die Kosten des Haushalts zu bestreiten und die persönlichen Bedürfnisse der Ehegatten (sowie den Unterhaltsbedarf der gemeinsamen unterhaltsberechtigten Kinder) zu befriedigen; § 1360 a I BGB.

b) Das OLG ist ersichtlich davon ausgegangen, daß Wolfgang G. im Förderungszeitraum einen gemeinsamen Haushalt mit seiner Ehefrau geführt, also nicht von ihr getrennt am Universitätsort gelebt hat. Jedenfalls bei dieser Sachlage waren die für seinen Lebensunterhalt (Wohnen, Essen, Trinken usw.) anfallenden Kosten solche des Haushalts. Diese Kosten standen hier offenbar ganz im Vordergrund.

c) Daneben wird das Studium Aufwendungen für Bücher, Lernmittel, Fahrten zur Universität u. ä. erfordert haben. Die insoweit benötigten Mittel dienten der Befriedigung der persönlichen Bedürfnisse des studierenden Ehegatten. Sie gehörten damit ebenfalls – im Rahmen des nach den Verhältnissen der Ehegatten Erforderlichen – zum Unterhalt der Familie (§ 1360 a I BGB). Zu ihrem Umfang haben die Parteien keine konkreten Behauptungen aufgestellt. Von einer außergewöhnlichen Höhe dieser Kosten, wie ein besonders kostspieliges Studium sie verursachen würde, ist mithin nicht auszugehen. Die rechtliche Beurteilung des Unterhaltsanspruchs bei besonders hohen Studienkosten kann daher hier unerörtert bleiben. d) Nach den Feststellungen des OLG waren Wolfgang G. und seine Ehefrau darüber einig, daß er während der Ehe zunächst ein Studium abschließen sollte. Damit war er durch eine einvernehmliche Regelung (§ 1356 I S. 1 BGB) für die Dauer seines Studiums von der Pflicht befreit, zum Familienunterhalt beizutragen. Die Mittel für den angemessenen Unterhalt der Familie, soweit sie nach den Verhältnissen der Ehegatten für Haushalt und persönliche Bedürfnisse erforderlich waren, hatte mithin nach §§ 1360 S. 1, 1360 a I BGB die Ehefrau aufzubringen.

e) Nach den Verhältnissen der Ehegatten waren sowohl die durch die Versorgung des Wolfgang G. im gemeinsamen Haushalt als auch die durch die Befriedigung seiner persönlichen Bedürfnisse während des Studiums anfallenden Kosten für den angemessenen Unterhalt der Familie erforderlich. Für ihre verhältnismäßig geringe Höhe gibt die gewährte BAföG-Förderung – mit monatlich nur rund 300 bis 350 DM – einen Anhaltspunkt. Das in der Ehe zur Verfügung stehende Einkommen der Ehefrau hat das OLG, wie im Tatbestand angegeben, mit monatlich rund 900–1150 DM festgestellt. Diese finanziellen Mittel, die neben der einverständlichen Ausgestaltung der Ehe als Gemeinschaft einer erwerbstätigen Frau und eines zunächst noch studierenden Mannes die Verhältnisse der Ehegatten prägten, erlaubten es in den Jahren 1972 bis 1975, gemäß dem Lebensplan der Eheleute die Ausbildung des Wolfgang G. zum Abschluß zu bringen. Das OLG hat festgestellt, die Ehefrau habe die für den Unterhalt des Wolfgang G. erforderlichen Mittel ohne Gefährdung ihres eigenen angemessenen Unterhalts aufbringen können.

Allerdings hat das OLG nicht festgestellt, die Ehegatten hätten bei der Übereinkunft hinsichtlich des Zuschnitts ihrer Gemeinschaft für die Zeit bis zur Beendigung des Studiums auch vereinbart, daß die Ehefrau den auf Wolfgang G. entfallenden Teil des Familienunterhalts tragen sollte. Möglicherweise begnügten sie sich insoweit mit der Erwartung, weiterhin BAföG-Leistungen zu erhalten. Das wäre jedoch nicht geeignet, die Ehefrau von der Verpflichtung freizustellen, den Familienunterhalt zu dekken. Der Anspruch auf Familienunterhalt schließt den Bedarf des nach dem beiderseitigen Lebensplan noch studierenden Partners nicht deshalb ein, weil der andere sich zu dieser Leistung verpflichtet hat. Der Bestand eines gesetzlichen Anspruchs hängt nicht von der Bereitschaft des Schuldners ab, ihn zu erfüllen. Nach der einvernehmlichen Freistellung des Studierenden von der Pflicht, zum Familienunterhalt beizutragen, ergibt sich die Alleinverpflichtung seines Ehegatten aus der gesetzlichen Regelung in den §§ 1360 S. 1, 1360 a I BGB.

f) Der Einbeziehung von Ausbildungskosten in den Unterhalt der Familie steht nicht entgegen, daß für den Unterhalt unter Verwandten in § 1610 II BGB und für den nachehelichen Unterhalt in §§ 1575, 1578 II BGB die Verpflichtung, die Kosten einer Berufsausbildung des Unterhaltsberechtigten zu tragen, jeweils besonders vorgesehen ist, die Bestimmung des § 1360 a BGB hingegen eine ausdrückliche Regelung dieses Inhalts nicht enthält. Die Vorschriften des § 1610 II BGB und der §§ 1575, 1578 II BGB erfüllen jeweils ein zutage liegendes Regelungsbedürfnis: Für das Unterhaltsrechtsverhältnis unter Verwandten, also insbesondere zwischen Eltern und ihren nach dem Gesetz zur Neuregelung des Volljährigkeitsalters v. 31. 7. 1974 mit der Vollendung des 18. Lebensjahres volljährigen Kindern, liegt die Frage nach der Rechtspflicht zur Finanzierung einer – weiteren – Ausbildung von bereits erwachsenen Abkömmlingen nahe. Sie stellt sich offensichtlich in einer großen Zahl von Fällen. Im Bereich des nachehelichen Unterhalts dient die weitere Ausbildung der eigenverantwortlichen Lebensführung geschiedener Eheleute. Die Berufsausbildung soll den geschiedenen Ehegatten befähigen, auf Dauer eine angemessene Erwerbstätigkeit auszuüben, damit die unterhaltsrechtlichen Beziehungen zwischen den ehemaligen Ehepartnern endgültig gelöst werden können. Dabei handelt es sich um ein Kernanliegen des Ersten Gesetzes zur Reform des Ehe- und Familienrechts – 1. EheRG – v. 14. 6. 1976. Eine Vorschrift, die der Verwirklichung dieses Anliegens dient, mußte daher als unumgänglich erscheinen. Demgegenüber war bei Erlaß des Gleichberechtigungsgesetzes v. 18. 6. 1957, das den früheren § 1360 BGB in die §§ 1360 bis 1360 b BGB n. F. aufteilte und die heutige Fassung der hier auszulegenden Vorschrift des § 1360 a BGB schuf, die in Rechtsprechung und Schrifttum erst wesentlich später behandelte Problematik der Ausbildungsfinanzierung unter Ehegatten noch nicht hervorgetreten.

g) Auf die Unterhaltspflicht der Ehefrau ist es ohne Einfluß, daß Wolfgang G. vor der Eheschließung einen Unterhaltsanspruch gegen den Bekl. hatte, der nach § 1610 II BGB die Kosten der Ausbildung einschloß. Gemäß § 1608 S. 1 BGB schuldet der Ehegatte Unterhalt vor den Verwandten des Bedürftigen. Damit löst er diese mit der Eheschließung in der Unterhaltsverpflichtung ab, soweit seine eigene Verpflichtung reicht.

Soweit die Revision geltend macht, es erscheine nicht vertretbar, die Unterhaltsverpflichtung von den Eltern des Studierenden auf den Ehepartner zu verlagern, weil das geeignet sei, Eheschließungen zu verhindern oder zu erschweren, vermag der Senat dem eine ausschlaggebende Bedeutung nicht beizumessen. Mit der Eheschließung nehmen die Ehegatten die gegenseitige Unterhaltspflicht um des Bestandes der Familie willen auf sich. In einer Unterhaltspflicht, deren Ausgestaltung dem gemeinsamen Lebensplan der Eheleute entspricht, einem von ihnen noch die Beendigung seines Studiums zu ermöglichen, kann daher eine verfassungswidrige Erschwerung der Eheschließung nicht erblickt werden.

4) Für die Zeit ab Eheschließung bestand mithin der übergeleitete Unterhaltsanspruch des Wolfgang G. gegen den Bekl. nicht. Der Kl. hatte keine rechtliche Möglichkeit, den nunmehr allein in Betracht kommenden Unterhaltsanspruch des Geförderten gegen seine Ehefrau auf sich als den Träger der staatlichen Ausbildungsförderung überzuleiten. Denn das BAföG rechnet zwar in § 11 II „Einkommen und Vermögen des Auszubildenden, seines Ehegatten und seiner Eltern in dieser Reihenfolge" auf den Bedarf des Auszubildenden an (s. auch §§ 24 I, 25, 25 b BAföG i. d. F. der Bekanntmachung v. 6. 6. 1983, BGBl I 645). Auch die Verwaltungsvorschriften zu § 36 I und § 37 I BAföG berücksichtigen das Vorhandensein eines leistungsfähigen Ehegatten. Andererseits sieht § 37 I BAföG eine Überleitung von Unterhaltsansprüchen auf den Träger der Ausbildungsförderung nur insoweit vor, als diese sich gegen die Eltern des Geförderten richten.

BGH v. 16. 1. 85 – IVb ZR 59/83 – FamRZ 85, 357 = NJW 85, 909

(Angaben für mehr als 3 Jahre) **R243**

a B II 2 a) Zwar hat sich in Rechtsprechung und Schrifttum die Regel herausgebildet, daß bei einer freiberuflichen Erwerbstätigkeit auf das Durchschnittseinkommen in den letzten drei Jahren abzustellen sei. Es begegnet jedoch keinen durchgreifenden rechtlichen Bedenken, daß das Berufungsgericht hier von dieser Regel abgewichen ist. Die Vorhaben eines Bauträgers ziehen sich bekanntermaßen jeweils über Jahre hin. Phasen der Vorbereitung ohne nennenswerten Gewinn oder sogar mit Verlusten folgen solche mit schubartiger Realisierung von Gewinnen. Hinzu kommt hier, daß in der Geschäftsentwicklung des Bauträgerunternehmens des Ehemannes gerade in den Jahren 1980 und 1981 ein auffälliger und zu Verlusten führender Einbruch erfolgt ist, während davor und auch wieder im Jahre 1982 Gewinne erzielt worden sind. Unter diesen Umständen ist es rechtlich nicht zu beanstanden, daß das Berufungsgericht einen Zeitraum von mehr als drei Jahren herangezogen hat, um sich ein Bild von den durchschnittlich erzielten Gewinnen des Ehemannes aus seiner Betätigung als Bauträger zu verschaffen.

B II 2 b) Das Berufungsgericht ist jedoch insofern fehlerhaft verfahren, als es bei der Bildung eines Durchschnittseinkommens aus mehreren Jahren zunächst die Steuerbelastung unbeachtet gelassen und erst von dem so gewonnenen Brutto-Durchschnittswert die darauf entfallende Steuerquote in Abzug gebracht hat. Eine solche Handhabung läßt die Steuerprogression außer acht und übersieht, daß die Steuern bei Bruttoeinkünften, die über den Mehrjahresdurchschnitt hinausgehen, stärker steigen, als sie sich bei Einkünften, die hinter dem Mehrjahresdurchschnitt zurückbleiben, ermäßigen. Deshalb darf ein Mehrjahresdurchschnitt nur aus den Jahreseinkünften gebildet werden, die nach Abzug der jeweils auf das einzelne Jahr entfallenden Steuern verbleiben. Eine andere Handhabung kommt nur für den Fall in Betracht, daß das Einkommen durchgehend nach dem Höchststeuersatz zu versteuern ist. Bei der Neuverhandlung einer Sache ist die weitere Verschiebung des Zeitraumes zu beachten. Wie weit bei der Bildung des Mehrjahresdurchschnitts in die Vergangenheit zurückgegangen werden soll, ist Sache des Tatrichters.

(Zum Abzug der Krankenversicherungsaufwendung bei den ehelichen Lebensverhältnissen)

b B II 2 d) Ebenso sind auch die Aufwendungen des Ehemanns für die Krankenversicherung bereits bei dem für die ehelichen Lebensverhältnisse maßgeblichen Einkommen in Abzug zu bringen, da das Einkommen in Höhe derartiger Aufwendungen für den allgemeinen Lebensbedarf nicht verfügbar ist (FamRZ 83/676, 677; FamRZ 83/888, 889).

(Letzte mündliche Verhandlung in der Tatsacheninstanz)

c B II 4 b) Das Berufungsgericht hat für die Beurteilung der ehelichen Lebensverhältnisse im Sinne des § 1578 Abs. 1 Satz 1 BGB auf den Zeitpunkt der letzten mündlichen Verhandlung abgestellt, auf die in erster Instanz das Scheidungsurteil ergangen ist. Das ist so nicht richtig. Die ehelichen Lebensverhältnisse sind nach dem Zeitpunkt der Scheidung oder – im Verbundverfahren – nach dem Zeitpunkt der letzten mündlichen Verhandlung zu bestimmen. Darunter ist die der Rechtskraft des Scheidungsausspruchs nächstgelegene mündliche Verhandlung und damit, solange der Scheidungsausspruch nicht gesondert rechtskräftig geworden ist, die letzte mündliche Verhandlung vor dem Tatrichter in der Unterhaltssache zu verstehen.

(Zu Einkünften und Nutzungen von Vermögen, das durch Zugewinnausgleich oder Hausveräußerung erworben wurde)

d B II 4 d) Für die neue Entscheidung kommt es darauf an, wieweit sich die Ehefrau auf ihren Unterhaltsanspruch die Vermögensvorteile anrechnen zu lassen hat, die sich für sie aus dem Zugewinnausgleich ergeben. Der Unterhaltsbedarf kann sich um solche Einkünfte vermindern, die dem unterhaltsberechtigten Ehegatten aus seinem Anteil an dem Verkaufserlös aus der Veräußerung des ehemaligen Familienheims zufließen. Für Einkünfte oder sonstige Vermögensvorteile, die sich über den Zugewinnausgleich ergeben, kann nichts anderes gelten. Nach § 1577 BGB kann ein geschiedener Ehegatte Unterhalt insoweit nicht verlangen, als er sich aus seinen Einkünften und seinem Vermögen selbst unterhalten kann. Einkünfte, auch Nutzungen des Vermögens (§ 100 BGB), sind dabei in jedem Fall und einschränkungslos anzurechnen. Anders als bei der Prüfung, ob der Vermögensstamm zu verwerten ist (§ 1577 III BGB), findet eine Billigkeitsabwägung nicht statt. Auf die Herkunft des Vermögens kommt es nicht an. Entscheidend ist allein, ob und in welcher Höhe der Ehegatte seinen Unterhaltsbedarf aus dessen Nutzungen bestreiten kann. Daher zählen zu den Nutzungen, die der Unterhaltsberechtigte zur Deckung seines Unterhaltsbedarfs einzusetzen hat, auch diejenigen aus einem Vermögen, welches im Weg des Zugewinnausgleichs erlangt worden ist. Die Auffassung des Berufungsgerichts, daß Einkünfte aus im Weg des Zugewinnausgleichs erlangtem Vermögen bei der Beurteilung der Unterhaltsbedürftigkeit aus Billigkeitsgründen außer Betracht zu bleiben hätten, findet im Gesetz keine Grundlage.

(Zumutbare Verwertung von Vermögen aus Zugewinnausgleich)

e B II 4 d) Eine andere Frage ist es, ob der Ehemann die Ehefrau auf die Möglichkeit verweisen kann, zunächst den Stamm ihres im Weg des Zugewinnausgleichs erlangten Vermögens zu verwerten (§ 1577 III BGB). Dem steht der Umstand, daß das Vermögen aus dem Zugewinnausgleich stammt, nicht von vornherein entgegen. Das Gesetz stellt auch in diesem Zusammenhang nicht auf die Herkunft des Vermögens ab. Zur Verwertung des Vermögensstammes ist ein unterhaltsberechtigter geschiedener Ehegatte allerdings nicht gehalten, wenn dies unter Berücksichtigung der beiderseitigen wirtschaftlichen Verhältnisse unbillig wäre. Unter diesem Gesichtspunkt kann dem Umstand, daß das betreffende Vermögen aus dem Zugewinnausgleich herrührt und dem anderen Ehegatten entsprechende Vermögenswerte zur freien Verfügung verbleiben, wesentliche Bedeutung zukommen. Ob es unbillig ist, den Ehegatten auf die Verwertung solchen Vermögens zu verweisen, läßt sich jedoch nicht allgemein, sondern nur nach den Umständen des Einzelfalls beurteilen.

BGH v. 16. 1. 85 – IVb ZR 60/83 – FamRZ 85, 360 = NJW 85, 907

R244 *(Zur Verwertung eines Sparguthabens und zur Vermögensverwertung bei Trennungsunterhalt)*

a III) Die bisher getroffenen Feststellungen rechtfertigen es nicht, die Ehefrau zur Deckung ihres Unterhaltsbedarfs auf den Verbrauch ihres Sparguthabens zu verweisen.

1) Richtig ist, daß der Anspruch auf Trennungsunterhalt nur besteht, soweit ein Ehegatte außerstande ist, für seinen angemessenen Unterhalt zu sorgen. Er setzt also Bedürftigkeit voraus.

2) Bedürftigkeit wird im allgemeinen nicht nur durch Erwerbseinkommen oder Vermögenserträge ausgeschlossen, sondern sie besteht im Grundsatz auch dann nicht, wenn der Anspruchsteller seinen Unterhalt aus dem Stamm seines Vermögens bestreiten kann.

3) Auch beim Trennungsunterhalt ist die Verweisung auf den Stamm des Vermögens nicht von vornherein ausgeschlossen. Allerdings ergibt sich das nicht daraus, daß § 1361 I 1 BGB außer auf die Erwerbs- auch auf die Vermögensverhältnisse der Ehegatten abstellt. Denn diese waren schon nach der früheren Fassung der Bestimmung zu berücksichtigen. Gleichwohl entsprach es der früher herrschenden Meinung, daß der nach § 1361 BGB a. F. unterhaltsberechtigte Ehegatte sich nicht auf den Verbrauch seines Vermögens verweisen zu lassen brauchte. Wegen des veränderten unterhaltsrechtlichen Ansatzes der neuen Regelung, die vom Grundsatz der Eigenverantwortung ausgeht, kann § 1361 BGB n. F. die den Unterhaltsanspruch unabhängig vom Trennungsverschulden des anderen gewährt, jedoch nicht ebenso verstanden werden. Nunmehr genießt allein noch das minderjährige unverheiratete Kind nach § 1602 II BGB gegenüber seinen Eltern – mit der Ausnahme des § 1603 II S. 2 BGB – den Vorzug, seinen Unterhalt nicht aus dem Stamm seines Vermögens bestreiten zu müssen.

4) Indes erleidet die Verweisung auf die Substanz des Vermögens Einschränkungen. Im Bereich des Geschiedenenunterhalts enthält das Gesetz für den Berechtigten in § 1577 III BGB – wie auch für den

Verpflichteten in § 1581 S. 2 BGB – die Vorschrift, daß der Vermögensstamm nicht verwertet zu werden braucht, soweit die Verwertung unwirtschaftlich oder unter Berücksichtigung der beiderseitigen wirtschaftlichen Verhältnisse unbillig wäre. Das setzt zugleich eine äußerste Grenze, bis zu der der unterhaltsberechtigte Ehegatte im Fall des Getrenntlebens auf den Vermögensstamm allenfalls verwiesen werden darf. Unter den noch miteinander verheirateten Ehegatten besteht eine stärkere personale Verantwortung füreinander als nach der Scheidung. Daher kann in der Trennungszeit die Obliegenheit, den Stamm des Vermögens für den eigenen Unterhalt anzugreifen, nicht weitergehen, als wenn die Ehe geschieden ist und jeder der ehemaligen Partner im Grundsatz wirtschaftlich auf eigenen Füßen stehen soll.

5) Schon danach rechtfertigen es die Feststellungen des OLG nicht, die Ehefrau auf den Verbrauch ihres Sparguthabens zu verweisen. Daß sie daraus bereits bisher ihren Unterhaltsbedarf gedeckt hat, besagt nichts für die gegenteilige Auffassung des OLG. Ohne Unterhaltsleistungen und Erwerbseinkommen hatte die Ehefrau keine andere Wahl, als ihr Vermögen anzugreifen. Die Annahme des OLG, sie habe das Sparguthaben für den Unterhalt zu verwerten, wird auch nicht durch die Erwägung getragen, der Ehefrau verbleibe mit dem hälftigen Miteigentum an dem schuldenfreien Einfamilienhaus der Eheleute ein finanzieller Rückhalt. Nach § 1577 III BGB braucht der unterhaltsberechtigte geschiedene Ehegatte den Stamm seines Vermögens nicht zu verwerten, soweit dies unwirtschaftlich oder unter Berücksichtigung der beiderseitigen wirtschaftlichen Verhältnisse unbillig wäre. Eine Unwirtschaftlichkeit der Verwertung wird bei einem Sparguthaben allerdings nicht in Betracht kommen. Ob die Verwertung des Vermögensstammes unbillig wäre, muß jedoch schon nach dem Wortlaut der Vorschrift unter Berücksichtigung der beiderseitigen wirtschaftlichen Verhältnisse entschieden werden. Dazu gehört neben der – hier bisher nicht angestellten – Prüfung, in welchem Maß den Verpflichteten die Unterhaltsgewährung aus seinem Einkommen belastet, die Feststellung, ob und ggf. in welcher Höhe auch er Vermögen besitzt (FamRZ 84/364, 367). Insoweit ist dem Berufungsurteil nur zu entnehmen, daß dem Ehemann ein hälftiger Miteigentumsanteil an dem Haus der Parteien zusteht. Dieser Vermögensbestandteil wird die Entscheidung nicht beeinflussen, weil ihm ein entgegenstehender auf seiten der Ehefrau gegenübersteht. Hingegen kann bedeutsam sein, welches Vermögen der Ehemann sonst besitzt. Je nachdem kann es schon bei einer Beurteilung nach § 1577 III BGB fernliegen, der Ehefrau zuzumuten, ihr Vermögen zu verbrauchen.

Sofern eine Verweisung auf den Vermögensstamm in Betracht kommt, stellt sich die Frage, ob die Ehefrau ihr Sparguthaben vollständig aufbrauchen muß. Weil sie im Gegensatz zu dem Ehemann keine laufenden Erwerbseinkünfte erzielt, ist ihr zumindest eine Vermögensreserve als „Notgroschen" für Fälle plötzlich auftretenden (Sonder-)Bedarfs zu belassen. Ihr Miteigentumsanteil an dem Einfamilienhaus macht diese Rücklage nicht entbehrlich. Er ist erfahrungsgemäß nur unter Schwierigkeiten, daher nicht kurzfristig und häufig nur unwirtschaftlich zu verwerten; zudem würde seine Verwertung der Ehefrau und der Tochter der Parteien die Möglichkeit des mietfreien Wohnens nehmen.

6) Weil mithin auf der Grundlage der vom OLG getroffenen Feststellungen seine Auffassung, die Ehefrau müßte sich zur Deckung ihres Unterhaltsbedarfs auf den Verbrauch ihres (gesamten) Sparguthabens verweisen lassen, selbst bei der Anlegung des ihr ungünstigsten, in § 1577 III BGB für Fälle des nachehelichen Unterhalts vorgesehenen Maßstabes der rechtlichen Überprüfung nicht standhält, muß das angefochtene Urteil aufgehoben werden.

IV 1) Bei seiner erneuten Entscheidung wird das OLG beachten müssen, daß die Obliegenheit eines getrennt lebenden Ehegatten, zur Deckung seines Unterhaltsbedarfs den Stamm seines Vermögens einzusetzen, im allgemeinen nicht so weit geht wie diejenige eines Geschiedenen gemäß § 1577 III BGB. Die Aufhebung der ehelichen Gemeinschaft bedeutet nicht in jedem Falle, daß es auch zur Scheidung kommt. Die in § 1565 II und in § 1566 BGB vorgesehenen Trennungsfristen dienen der Aufrechterhaltung der Ehe bei einer möglicherweise nur vorübergehenden, noch beherrschbaren Krise in den Beziehungen der Ehegatten. Diesem Ziel liefe ein vermeidbarer Verbrauch von vorhandenem Vermögen in der Zeit des Getrenntlebens zuwider; er würde die wirtschaftliche Grundlage der ehelichen Gemeinschaft beeinträchtigen, zu der die Ehegatten nach Möglichkeit zurückfinden sollen.

Eine andere Beurteilung kann dann angebracht sein, wenn die Ehegatten schon zur Zeit intakter Ehe vorhandenes Vermögen zur Unterhaltsdeckung einzusetzen pflegten. Das bedeutet aber nicht, daß eine Obliegenheit zur Verwertung des Vermögensstammes in der Zeit des Getrenntlebens ausschließlich unter dieser Voraussetzung in Betracht käme. Wenn Partner während des Bestehens ihrer häuslichen Gemeinschaft den Vermögensstamm nicht oder nur in besonderen Fällen angegriffen haben, so hat die damit praktizierte Vermögenserhaltung zwar ihre Lebensverhältnisse mitgeprägt. Mit der Aufgabe der häuslichen Gemeinschaft tritt aber eine wesentliche Änderung dieser Verhältnisse ein. Nunmehr sind nicht mehr beide Ehegatten einander verpflichtet, die Familie angemessen zu unterhalten (§ 1360 BGB). Vielmehr handelt es sich jetzt um den Unterhaltsanspruch des einen Ehegatten gegen den anderen, wobei vielfach ein trennungsbedingter Mehrbedarf zu berücksichtigen ist. Eine für die Zeit intakter Ehe etwa bestehende, den gemeinsamen Lebensplan der Partner entsprechende Übung, vorhandenes Vermögen nicht zu verwerten, kann daher für die Entscheidung, ob während des Getrenntlebens eine Obliegenheit zum Einsatz des Vermögensstammes besteht, nur als ein Umstand unter mehreren Bedeutung gewinnen. Als weitere kommen neben der Höhe des dem Unterhaltsberechtigten zur Verfügung stehenden Vermögens insbesondere die Einkommensverhältnisse des in Anspruch genommenen Ehegatten und dessen Vermögenssituation in Betracht.

Auch die Dauer des Getrenntlebens kann insoweit Bedeutung gewinnen. Bei einer erst kurzen Trennung liegt es näher als bei einer bereits länger andauernden, daß es zu einer Wiederaufnahme der ehelichen Gemeinschaft kommt. Je länger die Trennung währt, desto eher kann deshalb eine Obliegenheit zum Einsatz des Vermögensstammes angenommen werden.

2) Nach der bisherigen Sachlage werden die Einkommensverhältnisse des Ehemannes, die seine Belastung mit dem Unterhalt möglicherweise nicht als besonders drückend erscheinen lassen werden, ferner die noch verhältnismäßig kurze Dauer des Getrenntlebens sowie die anscheinend während des Zusammenlebens der Parteien geübte Praxis der Vermögensbildung gegen eine Verweisung der Ehefrau auf den Verbrauch des Stammes ihres – nicht sehr umfangreichen – Vermögens sprechen.

3) Wenn sich ergibt, daß die Ehefrau ihr Sparguthaben nicht oder nur bis zu einer bestimmten Grenze einsetzen muß, wird festzustellen sein, ob sie zur Deckung ihres verbleibenden Unterhaltsbedarfs nach § 1361/II BGB auf eine eigene Erwerbstätigkeit verwiesen werden kann.

(Überobligationsmäßige Wochenendarbeit; überobligatorisches Einkommen des Pflichtigen prägt die ehelichen Lebensverhältnisse nicht)

b IV 4) Die Zurückverweisung gibt der Ehefrau Gelegenheit, ihre Bedenken gegen den nur hälftigen Ansatz der Einkünfte des Ehemanns aus seiner Wochenendarbeit geltend zu machen. Er hat diese Tätigkeit nach dem unwidersprochenen Vortrag der Ehefrau sechs oder sieben Jahre lang bis in die Zeit nach der Trennung der Parteien ausgeübt. Das kann die Beurteilung des OLG, es habe sich um eine überobligationsmäßige Nebentätigkeit gehandelt, in Frage stellen (FamRZ 83/152, 153). Es liegt vielmehr nahe, daß die aus einem derart beständigen Nebenerwerb erzielten, regelmäßig für den Familienunterhalt eingesetzten Einkünfte die für das Maß des Unterhalts entscheidenden Lebensverhältnisse (§ 1587 I BGB) mitgeprägt haben. Soweit es sich bei der vom OLG als überobligationsmäßig bezeichneten Nebentätigkeit um eine unzumutbare Tätigkeit handelt, müßten die daraus erzielten Einkünfte bei der Bestimmung der ehelichen Lebensverhältnisse vollständig außer Betracht bleiben (FamRZ 83/146, 149).

BGH v. 16. 1. 85 – IVb ZR 62/83 – FamRZ 85, 582 = NJW 85, 1343

R246 *(Zu Zinsen aus einem vom Unterhalt ersparten Kapital)*

b 5) Der Kläger behauptet, die Beklagte habe seit der Trennung aufgrund des ihr zugesprochenen Unterhalts monatlich mindestens 5000,– DM angespart und dieses Geld verzinslich angelegt. Daß das OLG dem nicht nachgegangen ist, rügt die Revision zu Recht. Im vorangegangenen Urteil sind auf den Unterhaltsbedarf der Klägerin monatlich 1045,– DM als erzielbare Erträgnisse aus Spareinlagen von insgesamt 188 000,– DM angerechnet worden. Dies entspricht der zwingenden Vorschrift des § 1577 I BGB. Dabei kommt es nicht auf die Herkunft des ertragbringenden Vermögens an oder darauf, ob die Anrechnung der Erträge der Billigkeit entspricht. Zwar muß im vorliegenden Fall Vermögen, das die Beklagte in dem Zeitraum von der Trennung bis zur letzten Tatsachenverhandlung im Ausgangsverfahren durch Ersparnisse gebildet haben soll, wegen der Präklusionsvorschrift des § 323 II ZPO außer Betracht bleiben. Danach sind aber bis zur Entscheidung des OLG im vorliegenden Verfahren rund 30 Monate verstrichen, in denen, wenn die Behauptungen des Klägers zutreffen, insgesamt 150 000,– DM angespart worden wären. Da aus einem solchen Kapital Erträgnisse erzielt werden können, die im Sinn von § 323 ZPO wesentlich sind, mußte der vom Kläger angetretene Beweis erhoben werden. Das OLG hat bereits erzielbare Erträge aus einem Kapital von 246 467 DM berücksichtigt, das der Beklagten aus der Versteigerung von Grundstücksanteilen zugeflossen ist. Eine Anrechnung auf den Unterhaltsanspruch der Beklagten hat es nur deshalb nicht vorgenommen, weil dieser in Höhe der früher freiwillig vom Kläger bezahlten Beträge von monatlich 2000,– DM nicht tituliert sei und die Erträge jedenfalls diese Grenze nicht überschritten. Wenn aber der bisher übergangene Vortrag des Klägers über weitere Ersparnisse von 5000,– DM im Monat richtig wäre, wird diese Grenze überschritten.

BGH v. 30. 1. 85 – IVb ZR 70/83 – FamRZ 85, 471

R252 *(Maßgeblichkeit des zuletzt erzielten Einkommens bei stetiger Weiterentwicklung der Einkünfte)*

a II 2 a) Um Zufallsergebnisse zu vermeiden, darf bei Einkünften aus selbständiger Tätigkeit von einem mehrjährigen Durchschnitt ausgegangen werden, wenn mit Schwankungen in der Zukunft zu rechnen ist (FamRZ 82/151; FamRZ 82/680 und FamRZ 83/680). Es wird im Einzelfall allerdings auch in Betracht kommen, daß der Tatrichter das zuletzt erreichte Einkommen zugrunde legt, wenn mit einer stetigen Weiterentwicklung der Einkünfte zu rechnen ist.

(Abzug beim Verpflichteten)

II 2 a) Es fehlt an einer tatrichterlichen Feststellung, ob die für die Alters- und Krankheitsvorsorge aufgewendeten Beträge angemessen sind, ferner an der Überprüfung, ob die steuerlich erklärten Einkünfte zur Ermittlung des unterhaltsrechtlich maßgebenden Einkommens um allein steuerrechtlich relevante Beträge (Abschreibungen, Freibeträge usw.) korrigiert werden müssen (FamRZ 80/770 und FamRZ 84/39, 41), und an der ebenfalls dem Tatrichter obliegenden Prognose, welches Einkommen für den in Frage stehenden Zeitraum zugrunde zu legen ist. b) Die Revision rügt mit Erfolg, daß das Berufungsgericht auf seiten des Ehemanns von monatlichen Nettoeinkünften von 4200 DM ausgegangen ist, ohne hinreichend seinen Vortrag zu beachten, wonach er von diesen schriftsätzlich erklärten Einkünften noch erhebliche Aufwendungen für eine angemessene Alters- und Krankheitsvorsorge zu bestreiten hatte. Als den ehelichen Lebensstandard prägend können nur solche Einkünfte berücksichtigt werden, die für die allgemeine Lebensführung der Eheleute tatsächlich zu Verfügung gestanden haben. Das in die Berechnung des Unterhaltsbedarfs einfließende Einkommen muß daher zunächst auf denjenigen Betrag „bereinigt" werden, der dieser Voraussetzung entspricht. b

BGH v. 3. 4. 85 – IVb ZR 14/84 – FamRZ 85, 1245

(Verschärfte Erwerbsobliegenheit des Volljährigen, Teilerwerbsobliegenheit einer Mutter von 3 Kindern im Alter von 2, 7 und 16 Jahren, die von ihren Eltern Unterhalt will. Grundsatz der wirtschaftlichen Eigenverantwortung des Volljährigen) **R256**

B II 3 b aa) Im Rahmen von Ansprüchen nach § 1601 BGB sind daher schärfere Anforderungen an die Erwerbsobliegenheit des Unterhaltsberechtigten zu stellen. Wenn es sich – wie hier – darum handelt, ob ein erwachsenes, gesundes Kind, das sich nicht in der Ausbildung befindet, seine Eltern in Anspruch nehmen kann, steht die Beurteilung, dieses sei außerstande, seinen Lebensunterhalt selbst zu verdienen, unter strengen Voraussetzungen. Die Vorschrift des § 1602 I BGB gibt der wirtschaftlichen Eigenverantwortung den Vorrang. Der gesunde Volljährige ist gehalten, auch berufsfremde Tätigkeiten aufzunehmen. Ihm sind auch Arbeiten unterhalb seiner gewohnten Lebensstellung zuzumuten. Für die Obliegenheit des erwachsenen Unterhaltsgläubigers zur Nutzung seiner Arbeitskraft gelten mithin ähnliche Maßstäbe wie für den barunterhaltspflichtigen Elternteil im Verhältnis zu dem minderjährigen Kind (FamRZ 1985/273, 274). bb) Daraus folgt ohne weiteres, daß die Kl. nicht deshalb von der Teilerwerbsobliegenheit befreit ist, weil sie den Sohn R. zu betreuen hat, der zu Beginn des Anspruchszeitraums bereits 16 Jahre alt war. Die Versorgung eines Kindes dieses Alters, das die Schule besucht, begründet nicht einmal nach § 1570 BGB einen Unterhaltsanspruch seiner Mutter gegen ihren gesch. Mann, den Vater des Kindes. Das Heranwachsen eines Kindes in dieses Alter eröffnet dem betreuenden Elternteil vielmehr in aller Regel die Möglichkeit, eine Vollzeitbeschäftigung aufzunehmen (FamRZ 1984/149). Daß daneben eine Tochter zu betreuen ist, die zu Beginn des Anspruchszeitraumes nahezu sieben Jahre alt, also bereits schulpflichtig war, würde zwar im Recht des nachehel. Unterhalts im allgemeinen noch für eine kurze Zeit einer Erwerbsobliegenheit der Mutter entgegenstehen (FamRZ 1984/356). Da die Erwerbsanforderungen im Unterhaltsrechtsverhältnis zu dem Vater der Unterhaltsgläubigerin, der für das Kind keine gesteigerte Mitverantwortung trägt, jedoch erheblich höher sind, hindert die Betreuung auch dieses Kindes, das jedenfalls während der Schulzeit weithin versorgt ist, eine Teilerwerbsobliegenheit der Kl. nicht. Eine Teilerwerbsobliegenheit ist schließlich auch nicht deshalb zu verneinen, weil die Kl. zusätzlich zu der ihr verbleibenden Versorgung der älteren Kinder noch das dritte, zu Beginn des Anspruchszeitraums zwei Jahre alte Kind zu betreuen hat. Das OLG hat nicht festgestellt, daß die Kl. – bei entsprechender Fremdbetreuung dieses jüngsten Kindes – einem Teilzeiterwerb nicht nachzugehen vermöchte. Eine solche Beurteilung widerspräche auch angesichts der von der Revision zu Recht hervorgehobenen Vielzahl alleinstehender und gleichwohl berufstätiger Mütter der Erfahrung des Lebens. Daß die Kl. sich so nicht verhalten will, befreit sie nicht von der Obliegenheit zu einem Teilzeiterwerb. Wie der Senat in dem Urteil v. 6. 12. 1984 (FamRZ 1985/273) entschieden hat, steht es – wie im Falle des § 1615 l II S. 2 und 3 BGB im Verhältnis zu dem ne. Erzeuger, so auch im Verhältnis zu den nachrangig auf Unterhalt haftenden Eltern – nicht im Belieben der Kindesmutter, ob sie selbst das Kind versorgen möchte. Hier wie dort ist nicht schon ihre Willensentscheidung beachtlich, das Kind ausschließlich selbst zu versorgen und zu erziehen. In der konflikthaften Situation würde vielmehr der (Teil-)Erwerbsobliegenheit der Kindesmutter nur entgegenstehen, daß die ganztägige Betreuung und Versorgung des Kindes durch sie selbst in dessen – objektivem – Interesse erforderlich ist, weil eine Möglichkeit zu einer Teilzeitversorgung, z. B. in einer Tagesheimstätte, in einem Kindergarten oder bei Verwandten, nicht besteht. Damit sind die Ausführungen unvereinbar, mit denen das OLG die Ansicht vertreten hat, die Kl. dürfe sich, ohne daß ihr im Verhältnis zum Bekl. unterhaltsrechtliche Nachteile entständen, dafür entscheiden, die jüngeren Kinder selbst zu betreuen und zu erziehen; sie brauche also damit keine Einrichtungen (wie Kindergärten und Kindertagesheime) oder die Großeltern zu betrauen.

c aa) Die kraft Sorgerechts bestehende Befugnis der Kindesmutter zur Bestimmung der Modalitäten der Erziehung kann das unterhaltsrechtliche Verhältnis zu ihren Eltern nicht bestimmen (anders allein für den Barunterhaltsanspruch eines minderjährigen Kindes; FamRZ 1983/48). Die – im Regelfall wohl beste – vollständige Selbstbetreuung der Kinder zu wählen, steht der Mutter zwar kraft ihres Sorgerechtes frei. Damit ist aber nichts darüber gesagt, daß sie diese Entscheidung auf Kosten ihrer Eltern treffen könnte. Ein solches Recht stände ihr – wie dargelegt – nicht einmal im ersten Jahr nach der Entbindung gegenüber dem vorrangig haftenden Kindesvater zu (§ 1615 l II S. 2 und 3, III S. 2 BGB). bb) Die Regelung in § 1603 BGB gibt entgegen der Auffassung des OLG für die Beurteilung der hier zu entscheidenden Frage nichts Entscheidendes her. Nach § 1603 I BGB besteht allerdings Unterhaltspflicht unter Verwandten nur bis zur Grenze der Gefährdung des eigenen angemessenen Unterhalts; gegenüber minderjährigen unverheirateten Kindern hingegen sind Eltern verpflichtet, alle verfügbaren Mittel zu ihrem und der Kinder Unterhalt gleichmäßig zu verwenden (§ 1603 II S. 1 BGB). Daraus ergäben sich, worauf die Revision zu Recht hinweist, unterschiedlich hohe Anforderungen an die Kl., wenn diese von dem Bekl. und von ihren Kindern auf Unterhalt in Anspruch genommen würde. Darum geht es hier jedoch nicht. Die Unterhaltsverpflichtung des Bekl. gegenüber der Kl., also die Verpflichtung von Eltern gegenüber ihrem erwachsenen Kind, das seinerseits minderjährige Kinder hat, wird durch die Regelung in § 1603 II S. 1 BGB nicht tangiert, insbesondere nicht erweitert. cc) Schließlich sind die Befürchtungen des OLG zu möglicherweise auftretenden Problemen versorgungstechnischer Art im Falle einer Halbtagserwerbstätigkeit der Kl. bei entsprechender Fremdbetreuung der Kinder (mangelnde Versorgung im Krankheitsfall, etwaige Entfernungs- und Verkehrsprobleme, fehlende Koordinierung von Betriebs- und Kindergartenferien) nicht geeignet, die Kl. von vornherein davon zu entbinden, sich um eine in Frage kommende Arbeitsstelle zu bemühen. Insoweit handelt es sich bisher um abstrakte Überlegungen des OLG. Daß die genannten Schwierigkeiten notwendig auftreten müßten und aus tatsächlichen Gründen eine Halbtagsbeschäftigung zwingend ausschlössen, hat das OLG nicht festgestellt; das widerspräche auch – wiederum – angesichts der Vielzahl von Arbeitsverhältnissen alleinstehender erwerbstätiger Mütter auch kleinerer Kinder der Lebenserfahrung. Wie das OLG sieht, besteht im vorliegenden Fall u. U. sogar die Möglichkeit, daß die Kl. in demselben Kindergarten eine Anstellung findet, in dem ihr Kind betreut werden kann. Die Besorgnis, die Kl. könne bei Eingehung eines Arbeitsverhältnisses gehindert sein, ihr Kind zu pflegen, wenn dieses einmal erkranke, geht an der Vorschrift des § 616 I BGB in der Ausprägung durch die Rechtsprechung des BAG (NJW 1980/903 = FamRZ 1980/135 [LS.]) vorbei.

BGH v. 3. 4. 85 – IVb ZR 15/84 – FamRZ 85, 791 = NJW 85, 1699

R257 *(Anspruchsvoraussetzungen, Ende und Wiederaufleben eines Anspruches nach § 1573 I BGB, wenn die Erwerbstätigkeit nicht nachhaltig gesichert ist. Scheidung als frühester Zeitpunkt für die Beurteilung einer nachhaltigen Unterhaltssicherung; bei späterer Aufnahme einer Erwerbstätigkeit bedarf es einer objektiven Beurteilung aller Umstände; vorausschauende Betrachtung und nachträgliche Sicht)*

a I 1 a) Nach § 1573 I BGB kann ein geschiedener Ehegatte, dem grundsätzlich die Bestreitung seines Unterhalts durch Erwerbstätigkeit obliegt, gleichwohl Unterhalt verlangen, solange und soweit er nach der Scheidung keine angemessene Erwerbstätigkeit zu finden vermag. Dieser Anspruch findet mit der Aufnahme einer (ersten) angemessenen, zur Deckung des Unterhalts ausreichenden Erwerbstätigkeit nach der Scheidung sein Ende. Er lebt nach § 1573 I BGB indessen wieder auf, wenn die Einkünfte aus der angemessenen Erwerbstätigkeit wegfallen, weil es dem Berechtigten trotz seiner Bemühungen nicht gelungen war, den Unterhalt durch die aufgenommene Erwerbstätigkeit nach der Scheidung nachhaltig zu sichern.

Von welchem Zeitpunkt aus zu beurteilen ist, ob es dem Bedürftigen gelungen war, durch eine nach der Ehescheidung aufgenommene Erwerbstätigkeit seinen Unterhalt „nachhaltig zu sichern", hatte der Senat bisher nicht zu entscheiden. Er hat lediglich in Fällen vor der Scheidung bereits begonnener Erwerbstätigkeit als frühest möglichen Zeitpunkt für diese Beurteilung den der Scheidung angesehen (NJW 1985/430 = FamRZ 1985/53 [55]). Daran kann indessen in Fällen, in denen zur Zeit der Scheidung die erstrebte Erwerbstätigkeit noch nicht begonnen hatte und der Zeitpunkt ihrer Aufnahme noch nicht sicher abzusehen war, nicht angeknüpft werden. Hier muß der Zeitpunkt notwendigerweise später liegen.

Der Gesetzgeber hat bewußt darauf verzichtet, näher zu bestimmen, was unter nachhaltiger Sicherung des Unterhalts zu verstehen sei. Im Gesetzgebungsverfahren sind die Versuche, den dem Wiedergutmachungsrecht (§ 75 BEG) entnommenen Begriff zu konkretisieren, mit der Begründung aufgegeben worden, daß dieses in gesetzestechnisch einwandfreier Weise nicht möglich sei. In der zur Heranziehung empfohlener Rechtsprechung zum Entschädigungsrecht (vgl. Amtl. Begr. des RegE zum 1. EheRG, BT-Dr 7/650, S. 127) hat der BGH die Frage, ob eine Erwerbstätigkeit nachhaltig eine Lebensgrundlage gewähre, danach beurteilt, ob sie vom Standpunkt eines optimalen Betrachters im Zeitpunkt der Aufnahme der Tätigkeit nach objektiven Maßstäben und allgemeiner Lebenserfahrung mit einer gewissen Sicherheit als dauerhaft angesehen werden könne (BGH, RzW 1958/267; zu weiteren Entscheidungen vgl. die Zusammenstellung bei Vogt, FamRZ 1977/105). Die Nachhaltigkeit der Unterhaltssicherung aus einer vorausschauenden Betrachtung im Zeitpunkt der Aufnahme der Tätigkeit zu beurteilen („ex ante"), wird demgemäß auch von einem Teil des Schrifttums vertreten. Demgegenüber halten andere Autoren die Heranziehung der Rechtsprechung zu § 75 BEG nicht für geeignet, um unterhaltsrechtlich vertretbare Ergebnisse zu erreichen; sie befürworten eine nachträgliche Sicht („ex post"), weil von Nachhaltigkeit erst gesprochen werden könne, wenn die Sicherung des Unterhalts auf eine angemessene Zeitdauer gelungen sei, so daß sich der andere Ehegatte auf eine Inanspruchnahme auf Unterhalt nicht mehr einzustellen brauchte. Der vorliegende Fall nötigt nicht zu einer abschließenden Entscheidung der Streitfrage, denn hier führt die vorausschauende Betrachtung nicht zu einem von der nachträglichen Sicht abweichenden Ergebnis. Auch die Vertreter einer Exante-Betrachtung gehen davon aus, daß die nachhaltige Sicherung des Unterhalts nicht aufgrund einer subjektiven Vorausschau nach dem Erkenntnisstand des Unterhaltsberechtigten oder des Unterhaltsverpflichteten zur Zeit der Aufnahme der Erwerbstätigkeit zu beurteilen ist, sondern daß eine objektive Betrachtung unter Einschluß aller Umstände geboten ist, die schon bei Beginn der Erwerbstätigkeit bestanden, auch wenn sie erst später zutage getreten sind (treffend als „nachträgliche Prognose" bezeichnet bei Massfeller-Böhmer-Coester, FamR, § 1573 BGB Anm. 4). Dazu gehörte hier neben der fachlichen auch die gesundheitliche Eignung der Kl. für die dauerhafte Ausübung der beabsichtigten Lehrtätigkeit. Wenn eine ca. 30 Jahre alte Lehrerin zwei Tage nach ihrem ersten Dienstantritt wegen einer Nervenerkrankung dienstunfähig wird und ihre Dienstfähigkeit auch im Laufe zweier Jahre nicht einmal vorübergehend wiederhergestellt werden kann, rechtfertigt das selbst dann die Beurteilung, daß ihr für diesen Beruf schon bei Aufnahme des Dienstes die erforderliche gesundheitliche Eignung fehlte, wenn sich Krankheitssymptome vorher nicht gezeigt haben sollten. Danach wäre die Beurteilung des BerGer. selbst dann nicht rechtsfehlerhaft, wenn die Frage, ob der Unterhalt der Kl. nachhaltig gesichert war, nach einer Prognose im Zeitpunkt der Aufnahme der Tätigkeit zu entscheiden wäre.

(Zur Auskunftspflicht; unerwartete Einkommenserhöhung bei Wechsel der beruflichen Stellung)

II 1) Die Verurteilung des Bekl. zur Auskunftserteilung über sein gegenwärtiges Einkommen und auf Vorlage einer Gehaltsbescheinigung des Arbeitgebers hat das BerGer. wie folgt begründet: Zu den für die Unterhaltsbemessung maßgeblichen ehelichen Lebensverhältnissen gehöre nicht lediglich das zur Zeit der Scheidung vom Bekl. erzielte Einkommen nach BAT II a, sondern auch die bereits voraussehbare Einkommenssteigerung. Der Bekl. habe schon während der Ehe mit seiner Promotion begonnen. Es habe bereits damals der Lebenserfahrung entsprochen, daß er nicht auf Dauer wissenschaftlicher Mitarbeiter bleiben würde und daß seine Einkünfte sich nach der Promotion erheblich steigern würden. Demgegenüber vertritt die Revision den Standpunkt, daß die berufliche Entwicklung des Bekl. nach der Scheidung nicht vorhersehbar gewesen und deshalb auch nicht unterhaltsrechtlich zu berücksichtigen sei: Im Sommer 1978 habe lediglich festgestanden, daß der Arbeitsvertrag des Bekl. als wissenschaftliche Hilfskraft – nicht etwa als promovierter Hochschulassistent im Sinne des Hochschulrahmengesetzes – zum Ende des Jahres 1980 auslaufen werde und eine Weiterbeschäftigung an der Hochschule unwahrscheinlich sein würde. Die Promotion sei erst nach der Scheidung erfolgt. Die vom Bekl. 1981 angenommene Stelle als Systemprogrammierer habe seiner ursprünglichen Ausbildung nicht entsprochen. Das bei der Einstellung vereinbarte Gehalt sei nur möglich gewesen, weil die Thematik der Dissertation für die Computerfirma als Berufserfahrung habe gewertet werden können. Das heutige Einkommen des Bekl. beruhe dagegen darauf, daß er bei den jährlichen Leistungsbeurteilungen seiner Firma stets überdurchschnittlich abgeschnitten habe. **b**

2) In diesem Punkt hat die Revision Erfolg; das Auskunftsverlangen der Kl. ist unbegründet.

a) Gem. § 1580 S. 1 BGB sind geschiedene Ehegatten verpflichtet, auf Verlangen über ihre Einkünfte und ihr Vermögen Auskunft zu erteilen. Nach dem gem. § 1580 S. 2 BGB entsprechend anwendbaren § 1605 I 1 BGB ist die Auskunft zu erteilen, soweit dies zur Feststellung eines Unterhaltsanspruchs oder einer Unterhaltsverpflichtung erforderlich ist. Der Senat hat daraus gefolgert, daß die Auskunft nach § 1580 BGB nur verlangt werden kann, wenn sie für den Unterhaltsanspruch relevant ist, also für die Bemessung des Unterhalts von Bedeutung sein kann; dagegen besteht eine Verpflichtung zur Auskunftserteilung nicht, wenn feststeht, daß die begehrte Auskunft den Unterhaltsanspruch unter keinem Gesichtspunkt beeinflussen kann (NJW 1982/2771 = FamRZ 1982/996 m. w. Nachw.).
b) Für die Feststellung der Unterhaltsverpflichtungen des Bekl. bzw. des Unterhaltsanspruchs der Kl. ist nach den Ausführungen zu § 1573 BGB (oben unter I.) die Auskunft nicht erforderlich. Sie könnte sich nur noch auf die Höhe des zu gewährenden Unterhalts (die Unterhaltsbemessung) auswirken. Das BerGer. ist insoweit zutreffend davon ausgegangen, daß das Maß des Unterhaltsbedarfs der Kl. sich nach den ehelichen Lebensverhältnissen der Parteien (§ 1578 I BGB) im Zeitpunkt der Scheidung bestimmt (std. Rspr. des Senats, vgl. NJW 1982/1870 = FamRZ 1982/576 [577] m. w. Nachw.).

Die ehelichen Lebensverhältnisse werden im allgemeinen durch das Einkommen bestimmt (st. Rspr., vgl. Senatsurt., NJW 1982/2771); in einer Ehe, in der nur einer der Ehegatten einer Erwerbstätigkeit nachgeht und keine sonstigen Einkünfte erzielt werden, prägt allein dessen Einkommen den Lebensstandard. Im vorliegenden Fall kommt es daher auf das Gehalt an, das der Bekl. im Zeitpunkt der Scheidung im Sommer 1978 aufgrund seiner damaligen Stellung als wissenschaftlicher Angestellter nach BAT IIa bezogen hat. Zu dessen Feststellung – einschließlich der seither zum Ausgleich von Kaufkraftverlusten und zur Anpassung an allgemeine Einkommenssteigerungen etwa eingetretenen Erhöhungen – bedarf die Kl. nicht einer Auskunft über die gegenwärtigen, auf anderer Basis dem Bekl. von seinem jetzigen Arbeitgeber gewährten Vergütungen.

(Prägung der ehelichen Lebensverhältnisse nur wenn im Zeitpunkt der Scheidung eine künftige konkrete Einkommenssteigerung erwartet werden konnte)

c II 2 c) Nach der Rechtsprechung des Senats können erst nach der Scheidung eintretende Einkommensverbesserungen in Ausnahmefällen noch die Höhe des nachehelichen Unterhalts beeinflussen, wenn ihnen eine Entwicklung zugrunde liegt, die aus der Sicht des Zeitpunkts der Scheidung mit hoher Wahrscheinlichkeit zu erwarten war, und die Ehegatten daher ihren Lebenszuschnitt im Hinblick auf die künftige Entwicklung gestalten konnten. Diese Voraussetzungen hat der Senat für eine wegen der Beförderungspraxis sich verwirklichende Laufbahnerwartung eines kriegsgedienten Offiziers der Bundeswehr bejaht (FamRZ 1982, 684 [686]). Ebensowenig hat der Senat beanstandet, daß eine nach der Scheidung realisierte Anstellung als Kraftfahrzeugmeister in einem Fall bereits den ehelichen Lebensverhältnissen zugerechnet worden ist, in dem der Ehegatte die Meisterprüfung schon während der Ehe abgelegt hatte, seine Mitprüflinge auch bereits eine Meisterstelle erreicht hatten und sich dies bei dem Betroffenen nur deshalb verzögert hatte, weil bei seinem Arbeitgeber eine entsprechende Stelle erst frei werden mußte (Urt. v. 27. 6. 1984 – IVb ZR 23/83 – nicht veröffentlicht). Auf der anderen Seite hat der Senat es gebilligt, daß der Tatrichter aus der Sicht einer im Jahre 1946 erfolgten Scheidung die Entwicklung einer gerade erst eröffneten Arztpraxis unter den besonderen Verhältnissen der Nachkriegszeit als ungewiß beurteilt und den später tatsächlich eingetretenen Einkommenssteigerungen keinen Einfluß auf die ehelichen Lebensverhältnisse beigemessen hatte (FamRZ 1982/895 [896]).

Die Revision beanstandet zu Recht, daß das BerGer. einer danach nur ausnahmsweise zu berücksichtigenden nachehelichen beruflichen Entwicklung des erwerbstätigen Ehegatten im vorliegenden Fall Bedeutung beigemessen hat. Ob es der Lebenserfahrung entsprach, daß der Bekl. nicht auf Dauer wissenschaftlicher Mitarbeiter bleiben, vielmehr nach Abschluß seiner Promotion eine höher dotierte Stellung erreichen werde, ist nicht der ausschlaggebende Gesichtspunkt. Es kommt darauf an, ob die Erwartung einer künftigen konkreten Einkommenssteigerung schon die ehelichen Lebensverhältnisse zur Zeit der Scheidung geprägt hat. Dafür liefert der festgestellte Sachverhalt jedoch keine ausreichenden Anhaltspunkte. Zur Zeit der Scheidung bestand lediglich eine nach BAG IIa vergütete Anstellung des Bekl. im Hochschuldienst, die noch etwa zwei und ein halbes Jahr – bis Ende 1980 – weiterlief. Welche Tätigkeit der Bekl. nach Auslaufen dieses Anstellungsvertrages ausüben würde, lag noch im Ungewissen. Es war weder vorgegeben noch hinreichend wahrscheinlich, daß die Tätigkeit des Bekl. als wissenschaftlicher Mitarbeiter im Hochschuldienst nach der Promotion in eine besser bezahlte Stellung in der Computerindustrie einmünden werde.

BGH v. 3. 4. 85 – IVb ZR 19/84 – FamRZ 85, 690 = NJW 85, 1701

R259 *(Vorsorgeunterhalt muß gesondert geltend gemacht werden und kann nicht von Amts wegen zugesprochen werden. Das Verlangen von Quotenunterhalt beinhaltet keinen Vorbehalt der Nachforderung von Vorsorgeunterhalt. Bei Abänderungsklage kann auch erstmals Vorsorgeunterhalt für die Zukunft verlangt werden, sofern die sonstigen Voraussetzungen einer Abänderung vorliegen. Wegen der zweistufigen Berechnung des Vorsorgeunterhalts kann dies eine Kürzung des Elementarunterhalts zur Folge haben)*

Die Revision weist mit Recht darauf hin, daß nicht davon ausgegangen werden kann, in einer Quote sei auch der Vorsorgeunterhalt gemäß § 1578 II oder III BGB enthalten (FamRZ 1982/887, 890). Ihr kann aber nicht gefolgt werden, wenn sie daraus schließt, die Klägerin habe sich im Vorprozeß erkennbar die Nachforderung von Vorsorgeunterhalt vorbehalten. Ob ein Unterhaltsgläubiger neben dem laufenden Unterhalt (Elementarunterhalt) Vorsorgeunterhalt fordern will, steht in seinem freien Ermessen; von Amts wegen wird er nicht zugesprochen. Dies gilt gerade in den Fällen, in denen der Elementarunterhalt nach einer Quote des Einkommens des Unterhaltsverpflichteten berechnet wird und die Forderung von Vorsorgeunterhalt zu einer Verkürzung des sonst erreichbaren laufenden Unterhalts führt, ohne daß durch die Art der Antragstellung beeinflußt werden kann, welcher Teil des Gesamtunterhalts für den laufenden Verbrauch und welcher zweckbestimmt für Vorsorgekosten zu verwenden ist. Motiv für die unterlassene Geltendmachung von Vorsorgeunterhalt kann daher die fehlende Bereitschaft sein, unter Konsumverzicht Altersvorsorge zu betreiben. Dies schließt bei der Geltendmachung von Quotenunterhalt die Annahme eines erkennbaren Vorbehalts der Nachforderung von Vorsorgeunterhalt aus. Auch in den Fällen, in denen sich der Unterhaltsgläubiger hierbei nicht bewußt war, Vorsorgeunterhalt verlangen zu können, kann ein solcher Vorbehalt nicht bejaht werden. Aus der Sicht des Klägers ist nämlich der gesamte Unterhalt geltend gemacht worden, während die Annahme eines Vorbehalts voraussetzt, daß dieser sich des Bestehens einer weiteren Forderung bewußt war.

Hat somit die Klägerin im Vorprozeß ihren Gesamtunterhalt eingeklagt, kann sie wegen ihres dabei nicht geltend gemachten Vorsorgebedarfs nach § 1578 III BGB allenfalls im Wege der Abänderungsklage eine Erhöhung der zugesprochenen Unterhaltsrente erreichen. Soweit der Senat in seinem Urteil vom 24. November 1982 (IVb ZR 327/81) eine abweichende Behandlung gebilligt hat, hält er daran nicht mehr fest. Für den Sonderfall, daß ein bestehender Titel über Trennungsunterhalt nach Rechtshängigkeit des Scheidungsverfahrens und Eintritt der Voraussetzungen des § 1361 I Satz 2 BGB um die Kosten der Altersvorsorge erhöht werden sollte, ist er in seinem Urteil vom 17. Februar 1982 (FamRZ 1982/465) schon von der Zulässigkeit der Abänderungsklage ausgegangen. Wie bereits eingangs ausgeführt, steht dem nicht entgegen, daß der Vorsorgeunterhalt, der zwar ein unselbständiger Unterhaltsbestandteil (FamRZ 1982/255), aber im Hinblick auf seine Zweckbindung besonders geltend zu machen ist, noch nicht Gegenstand des Vorprozesses war und demgemäß keine Rechtskraftwirkung des dort ergangenen Urteils zu beseitigen ist. Daher ist in den Fällen, in denen erst nach der Titulierung des Gesamtunterhalts die Voraussetzungen des § 1361 I Satz 2 BGB oder diejenigen des § 1578 III BGB eintreten, die Abänderungsklage der allein mögliche Rechtsbehelf. In Fällen der vorliegenden Art haben allerdings die Voraussetzungen des § 1578 III BGB im wesentlichen bereits im Vorprozeß vorgelegen; gefehlt hat lediglich der Entschluß des Unterhaltsgläubigers, Altersvorsorge zu betreiben, ggf. unter Einschränkung des laufenden Verbrauchs. Es entspricht dem Sinn des § 323 ZPO, den Gläubiger bei ansonsten gleichgebliebenen Verhältnissen zunächst an der von ihm im Vorprozeß getroffenen Wahl festzuhalten. Erst wenn eine Unterhaltsanpassung dadurch eröffnet wird, daß sich die seinerzeit maßgebend gewesenen Verhältnisse wesentlich geändert haben, kann auch Vorsorgeunterhalt mit Wirkung für die Zukunft (§ 323 III ZPO) verlangt werden. Ein weiteres Festhalten an der Nichtforderung von Vorsorgeunterhalt wäre dann ebensowenig mit den Grundsätzen der Billigkeit zu vereinbaren wie die Bindung an das Urteil eines Vorprozesses, in dem der Kläger weniger Unterhalt gefordert hat, als das Gericht nach den von ihm allgemein verwendeten Richtlinien als angemessen erachtet hat. Kommt es bei einer derartigen Nachforderung von Vorsorgeunterhalt zu einer zweistufigen Berechnung des Elementarunterhalts (FamRZ 1981/442, 444 f.), kann das Abänderungsverfahren zwar zu einem höheren Gesamtunterhalt führen, aber zu einem gegenüber dem Urteil des Vorprozesses verringerten laufenden Unterhalt. Auch das Abänderungsurteil hat den Anteil des Gesamtunterhalts, der auf den Vorsorgeunterhalt entfällt, im Hinblick auf dessen Zweckbindung im Entscheidungssatz besonders auszuweisen.

BGH v. 24. 4. 85 – IVb ZR 9/84 – FamRZ 85, 782 = NJW 85, 1695

(Ausbildungsunterhalt bei Trennung und Scheidung) **R262**

II) Zutreffend ist das BerGer. bei der Beurteilung des geltend gemachten Unterhaltsanspruchs von § 1361 BGB ausgegangen, der die Anspruchsgrundlage für den Unterhalt getrennt lebender Ehegatten darstellt. Es hat die von dieser Vorschrift nach allgemeinen unterhaltsrechtlichen Grundsätzen vorausgesetzte Bedürftigkeit (§ 1602 I BGB) nur insoweit bejaht, als der Unterhaltsbedarf der Kl. nicht durch das Einkommen aus einer Tätigkeit als Operationsschwester gedeckt sei. Das OLG hat eine Erwerbsobliegenheit der Kl. bejaht und ihr nach dem Grundsatz, daß ein Ast. sich so behandeln lassen muß, wie wenn er das aus der ihm obliegenden Erwerbstätigkeit erzielbare Einkommen tatsächlich erhielte, ein entsprechendes fiktives Einkommen angerechnet. **a**

Der rechtliche Bestand dieser Beurteilung hängt davon ab, ob die Kl. sich nach § 1361 II BGB darauf verweisen lassen muß, ihren Unterhalt durch die ihr angesonnene Erwerbstätigkeit selbst zu verdienen. Nach der genannten Vorschrift darf der getrennt lebende nicht erwerbstätige Ehegatte nur darauf verwiesen werden, seinen Unterhalt durch eine Erwerbstätigkeit zu verdienen, wenn dies von ihm nach seinen persönlichen Verhältnissen, insbesondere wegen einer früheren Erwerbstätigkeit unter Berücksichtigung der Dauer der Ehe, und nach den wirtschaftlichen Verhältnissen beider Ehegatten erwartet werden kann. Für die Beurteilung der Ausgangsfrage ist daher wesentlich, ob der Kl. nach ihren persönlichen Verhältnissen die Aufnahme der Erwerbstätigkeit zugemutet werden kann.

1) Bereits vor dem Inkrafttreten des 1. EheRG ist die Auffassung vertreten worden, daß § 1361 BGB a. F. einen Anspruch auf Unterhalt zur Beendigung einer vor der Trennung im Einvernehmen mit dem anderen Ehegatten begonnenen Ausbildung sowie zur Erlangung einer den ehelichen Lebensverhältnissen entsprechenden Ausbildung gewähre. Zu § 1361 BGB in der Fassung des 1. EheRG hat der Senat in einem Fall, in dem die Ausbildung bereits geraume Zeit vor der Trennung begonnen hatte, entschieden, daß die Finanzierung der Ausbildung auch nach der Trennung von der ehelichen Unterhaltspflicht umfaßt wird, wenn sie den ehelichen Lebensverhältnissen und dem von den Ehegatten im Laufe der Ehe einvernehmlich entwickelten Lebensplan entspricht, wobei es dann unerheblich ist, ob es sich um eine Erst- oder Zweitausbildung handelt (NJW 1981/1214 = FamRZ 1981/439 [1440]).

Aus diesen Grundsätzen läßt sich jedoch eine Verpflichtung des Bekl. zur Finanzierung der von der Kl. begonnenen Ausbildung nicht ableiten, auch wenn man den Vortrag der Kl. in Betracht zieht, zwischen den Ehegatten habe über das Medizinstudium der Kl. Einverständnis bestanden. Nach diesem von der Kl. behaupteten Einvernehmen sollte sie nämlich ihre Ausbildung erst aufnehmen, wenn der Bekl. sein Studium abgeschlossen und eine eigene Arztpraxis eingerichtet hatte. Während er sein Studium schon vor der Eheschließung der Parteien erfolgreich beendet hatte, stand seine Niederlassung als Arzt indessen noch bevor. Dabei war abzusehen, daß gerade diese Phase des beruflichen Werdegangs des Bekl. wegen der mit der Praxiseinrichtung verbundenen Kosten und der zu erwartenden vorübergehenden Einkommenseinbußen besondere wirtschaftliche Belastungen für die Ehegatten mit sich bringen würde. Wenn die Kl. dennoch, ohne die erfolgreiche Niederlassung des Bekl. abzuwarten, ihre bisherige Erwerbstätigkeit aufgab und ihre Ausbildung begann, so kann das nicht als von dem einvernehmlich entwickelten Lebensplan umfaßt angesehen werden; vielmehr geschah das gerade in Abweichung davon – im Hinblick auf den Verfall der Ehe und die befürchtete Hinfälligkeit des gemeinsamen Lebensplanes – zur Sicherung und Verbesserung der eigenen zukünftigen Lebensverhältnisse und damit in Verfolg ihres eigenen Lebensplanes. Unter diesen Umständen kann sich die Kl. zur Begründung ihres Unterhaltsbegehrens auf die obengenannte Senatsrechtsprechung nicht berufen.

Ebensowenig kann sie sich auf die Grundsätze stützen, die für die Verpflichtung zur Finanzierung einer Ausbildung während des ehelichen Zusammenlebens der Ehegatten gelten, da auch dort die Übereinstimmung der Ausbildung mit dem gemeinsamen Lebensplan der Ehegatten wesentlich ist (vgl. Senatsurt. NJW 1985, 803). Vielmehr kommt es für die Rechtfertigung ihres Anspruchs auf Trennungsunterhalt darauf an, ob der Kl. ein anzuerkennendes Interesse daran zuzugestehen war, ihre Erwerbstätigkeit als Operationsschwester aufzugeben und in Verfolgung ihres eigenen Lebensplanes die Ausbildung zu beginnen.

2) Es ist anerkannt, daß getrennt lebende Ehegatten im Zweifel unterhaltsrechtlich nicht schlechter gestellt werden dürfen, als sie im Falle der Scheidung ständen. Deshalb können die Tatbestände über den nachehelichen Unterhalt Maßstäbe für die Anwendung des § 1361 liefern (NJW 1980/2247 = FamRZ 1980/981 [982]). Das gilt auch für die Auslegung von § 1361 I BGB, wo die Unterhaltstatbestände der Konkretisierung des Begriffs „persönliche Verhältnisse" dienen können. Davon ist offensichtlich auch das BerGer. ausgegangen, das im Rahmen des Trennungsunterhalts einen Anspruch auf Finanzierung einer Ausbildung grundsätzlich bejahen und ihn den Grundsätzen des § 1575 BGB entsprechend beurteilen möchte. Dieser Standpunkt des OLG kann indessen nicht in vollem Umfang geteilt werden.

a) Ein Anspruch auf Ausbildungsunterhalt während des Getrenntlebens kommt in Betracht, wenn der Ehegatte sich darauf einzustellen hat, daß die eheliche Lebensgemeinschaft zerrüttet und die Trennung endgültig ist. Das wird einmal bei lange andauerndem Getrenntleben der Fall sein, kann aber auch sonst eintreten, etwa wenn ein Ehegatte sich auf die Scheidungsabsicht seines Ehepartners und die Endgültigkeit der von diesem vollzogenen Trennung einrichten muß. Es ist anerkannt, daß eine lange Dauer des Getrenntlebens oder die auf sonstige Weise erkennbare Zerrüttung der Ehe für den unterhaltsbedürftigen Ehegatten die Obliegenheit begründen kann, sich auf die neue Lage einzustellen und nach seinen Möglichkeiten um eine (Wieder-)Eingliederung in das Erwerbsleben zu bemühen. Die Verschärfung des Zumutbarkeitsmaßstabes, welcher der unterhaltsbedürftige Ehegatte unter diesen Umständen im Rahmen von § 1361 II BGB unterliegt und die eine weitgehende Annäherung an die Anforderungen des nachehelichen Unterhaltsrechts bewirkt, kann im Einzelfall dazu führen, daß, wie es § 1574 III BGB für die Zeit nach der Scheidung vorsieht, der bedürftige Ehegatte sich einer zur Erlangung einer angemessenen Erwerbstätigkeit erforderlichen Ausbildung unterziehen muß. Daß der Ehegatte, der einer derartigen Obliegenheit nachkommt, für die Zeit der Ausbildung zur Deckung seines Lebensbedarfs sowie der eigentlichen Ausbildungskosten (vgl. § 1578 II BGB) nach § 1361 BGB Unterhalt beanspruchen kann, steht außer Frage.

Darüber hinaus muß dem unterhaltsbedürftigen Ehegatten aber auch sonst bei entsprechender Dauer des Getrenntlebens oder einer auf Scheidung abzielenden Trennung die Möglichkeit offenstehen, im Interesse seiner wirtschaftlichen Selbständigkeit eine Ausbildung aufzunehmen, die zur Ausübung einer angemessenen Erwerbstätigkeit erforderlich ist. Eine derartige frühzeitige Bemühung um eine (Wieder-)Eingliederung in das Erwerbsleben kommt den Intentionen entgegen, die das von dem Grundsatz der Eigenverantwortung ausgehende Gesetz beim nachehelichen Unterhalt verfolgt, und liegt in aller Regel auch im Interesse des Ehepartners. Das rechtfertigt es, daß der Unterhaltsanspruch nach § 1361 BGB auch die solchermaßen entstehende Bedürfnislage des getrennt lebenden Ehegatten umfaßt.

b) Indessen geht der Anwendungsbereich des § 1575 I BGB über den Fall, daß der Unterhaltsbedürftige ohne die Ausbildung zur Aufnahme und Ausübung einer angemessenen Erwerbstätigkeit nicht in der Lage ist, hinaus. Im Gegensatz zu § 1573 I i. V. mit § 1574 III BGB kommt ein Unterhaltsanspruch nach § 1575 I BGB auch in Frage, wenn der Ehegatte eine nach § 1574 II BGB angemessene Erwerbstätigkeit an sich finden könnte. Insoweit hat die Bestimmung neben der Erlangung oder Festigung der wirtschaftlichen Selbständigkeit vor allem den Ausgleich von Nachteilen zum Ziel, die ein Ehegatte in seinem beruflichen Fortkommen mit Rücksicht auf die Ehe auf sich genommen hat.

Zwar hat die im Gesetzgebungsverfahren ursprünglich vorgesehene Fassung der Vorschrift (§ 1576 I RegE) auf Vorschlag des Rechtsausschusses des Deutschen Bundestages eine Einschränkung erfahren. Die Fassung wurde dahin geändert, daß die Ausbildung aufgenommen werden muß, „um eine angemessene Erwerbstätigkeit, die den Unterhalt nachhaltig sichert, zu erlangen". Daraus kann jedoch nicht abgeleitet werden, daß die Ausbildung zur Erlangung einer angemessenen Erwerbstätigkeit erforderlich sein muß und ein Anspruch entfällt, wenn der Ehegatte auch ohne die Ausbildung eine derartige Erwerbstätigkeit ausüben kann. Nicht jede berufliche Qualifikation, die die Aufnahme einer angemessenen Erwerbstätigkeit ermöglicht, ist auch erforderlich; das ist eine Ausbildung vielmehr nur, wenn ohne sie die Ausübung einer angemessenen Erwerbstätigkeit nicht möglich ist (NJW 1984/1685 = FamRZ 1984/561 [563]). Die gesetzliche Einschränkung, daß die Ausbildung zu einer angemessenen Erwerbstätigkeit führen muß, stellt lediglich sicher, daß nicht etwa ein Studium, das zum bloßen Vergnügen betrieben wird, von dem Unterhaltspflichtigen finanziert werden muß. Dagegen schließt sie den Ehegatten, der zwar eine angemessene Erwerbstätigkeit aufnehmen könnte, jedoch durch eine Ausbildung eine ohne die Ehe schon früher erreichte Verbesserung seines Status im Erwerbsleben anstrebt, nicht von dem Anspruch nach § 1575 I BGB aus.

c) Ob § 1575 BGB insoweit, als er derartige Bedürfnislagen anerkennt, zur Begründung eines Ausbildungsanspruchs im Rahmen des Trennungsunterhalts herangezogen werden kann, erscheint zweifelhaft. Dagegen spricht zunächst die Fassung des § 1361 I 1 BGB, wonach der bedürftige Ehegatte von dem andern den nach den ehelichen Lebensverhältnissen sowie den Erwerbs- und Vermögensverhältnissen der Ehegatten angemessenen Unterhalt verlangen kann. Die Verknüpfung mit den ehelichen Lebensverhältnissen, die in dieser die Höhe des Unterhaltsanspruchs regelnden Bestimmung vorgesehen ist, ist schwerlich vereinbar mit einer Ausdehnung des Anspruchs auf Bedürfnislagen, deren Berücksichtigung letztlich nicht der Erhaltung des ehelichen Lebensstandards dient, sondern auch Niveausteigerungen gegenüber den ehelichen Lebensverhältnissen ermöglicht. Außerdem fällt auf, daß § 1361 I 2 BGB generell vom Zeitpunkt der Rechtshängigkeit des Scheidungsverfahrens an Anspruch auf einen angemessenen Vorsorgeunterhalt gewährt, während § 1578 III BGB den Anspruch auf Ausbildungsunterhalt nach § 1575 BGB ausdrücklich vom Kreis der Unterhaltstatbestände ausnimmt, aufgrund deren auch Vorsorgeunterhalt verlangt werden kann. Auch hierin kann ein Indiz dafür gesehen werden, daß das Gesetz einen allein von § 1575 BGB, nicht aber (auch) von § 1573 I i. V. mit § 1574 III BGB umfaßten Ausbildungsunterhalt im Rahmen des Trennungsunterhalts nicht berücksichtigt sehen will. Eine innere Rechtfertigung dafür kann darin erblickt werden, daß sich die Ehegatten während des Getrenntlebens in einem Stadium befinden, in dem die Ehe noch nicht endgültig aufgelöst, eine Wiederherstellung der ehelichen Lebensgemeinschaft nicht gänzlich auszuschließen und damit noch nicht klar ist, ob es letztlich zu einem Scheitern des gemeinsamen Lebensplanes kommt, an dessen Stelle der eigene voreheliche Lebensplan des seine berufliche Weiterentwicklung betreibenden Ehegatten treten könnte. Angesichts dieses provisorischen Charakters des Getrenntlebens sowie der für diesen Zeitraum konzipierten Unterhaltslösung kann es für den unterhaltspflichtigen Ehegatten als unzumutbar angesehen werden, für den Ehepartner in größerem Maße aufzukommen als durch die Aufrechterhaltung des ehelichen Lebensstandards geboten.

Hiernach muß als Grundsatz gelten, daß während der Trennung ein Anspruch auf Ausbildungsunterhalt nur insoweit in Betracht kommt, als er sich nach den Kriterien des § 1573 II i. V. mit § 1574 III BGB begründen läßt. Ein darüber hinausgehender, allein nach den Maßstäben des § 1575 BGB zu rechtfertigender Anspruch muß dagegen ausscheiden.

d) Dieser Grundsatz kann indessen nicht uneingeschränkt gelten. Deuten die Umstände darauf hin, daß die Trennung auf eine Scheidung abzielt und diese nur noch eine Frage der Zeit ist, so kann der Ehegatte, dem ein nachehelicher Anspruch auf Ausbildungsunterhalt nach § 1575 BGB zustehen wird, ein berechtigtes Interesse daran haben, seinen Ausbildungsentschluß ehestmöglich zu verwirklichen. Das gilt jedenfalls, wenn dieser Ehegatte sich auf die Endgültigkeit einer von seinem Ehepartner vollzogenen Trennung und auf dessen konkret zum Ausdruck gebrachte Scheidungsabsicht einstellen muß. Hier ist es dem Ehepartner billigerweise verwehrt, von dem anderen die Zurückstellung des Ausbildungswunsches und die (Wieder-)Aufnahme einer Erwerbstätigkeit bis zur Scheidung zu verlangen. Der alsbaldige Ausbildungsbeginn kommt unter solchen Umständen letztlich auch der Intention des Gesetzes entgegen, das in § 1575 I 1 BGB verlangt, daß die Ausbildung „sobald wie möglich" aufgenommen wird. Bei dieser Sachlage ist das Interesse des ausbildungswilligen Ehegatten an einer alsbaldigen Verwirklichung der Ausbildung seinen persönlichen Verhältnissen i. S. von § 1361 II BGB zuzurechnen und gegebenenfalls geeignet, die Unzumutbarkeit einer Erwerbstätigkeit nach dieser Vorschrift zu begründen. Allerdings kommt es auf diese Weise dazu, daß die Ausbildung noch während der Ehe aufgenommen und nach der Scheidung lediglich fortgesetzt wird, eine Konstellation, die an sich vom Wortlaut des § 1575 BGB nicht erfaßt wird. Gleichwohl muß sie aber jedenfalls hier in den Anwendungsbereich dieser Bestimmung fallen, weil die Ausbildung während des Getrenntlebens in derartigen Fällen nur in Vorwegnahme des nachehelichen Ausbildungsbeginns aufgenommen wird.

(Billigkeitsabwägung nach § 1581; keine Pflicht zur Finanzierung einer Zweitausbildung)

b 3) Ein Ausnahmefall der vorstehenden Art, in dem die Ausbildung während des Getrenntlebens im Vorgriff auf einen nachehelichen Unterhaltsanspruch nach § 1575 I BGB aufgenommen wird und deswegen eine Erwerbsobliegenheit nach § 1361 II BGB zu verneinen ist, kommt an sich auch im vorliegenden Fall in Betracht, weil nach den Feststellungen des BerGer. davon auszugehen ist, daß der Bekl. sich auf Dauer von der Kl. getrennt hat und endgültig die Scheidung betreibt. Indessen scheidet ein so begründeter Anspruch auf Trennungsunterhalt hier aus, weil der Kl. nach der Scheidung ein Unterhaltsanspruch nach § 1575 BGB nicht zusteht.

a) Zweifel an einem derartigen Unterhaltsanspruch ergeben sich bereits aus § 1581 BGB. Gemessen an den ehelichen Verhältnissen, in denen die Parteien gelebt haben, bevor die Kl. ihre Erwerbstätigkeit aufgab und die Ausbildung am Ruhr-Kolleg aufnahm, würde der angemessene Lebensbedarf des Bekl. gefährdet, wenn dieser aus seinen Einkünften den vollen Unterhalt der Kl. aufbringen müßte. Damit wäre er nach § 1581 BGB nur zur Leistung des sogenannten Billigkeitsunterhalts verpflichtet. Ob und inwieweit ein Ehegatte unter den Voraussetzungen des § 1581 BGB Unterhalt für eine Ausbildung verlangen kann, die nicht zur Erlangung einer angemessenen Erwerbstätigkeit erforderlich ist, sondern aufgenommen wird, um eine höhere berufliche Qualifikation zu erwerben, ist fraglich, weil die nach Billigkeitsgrundsätzen zu bemessende Leistungspflicht nach § 1581 BGB grundsätzlich voraussetzt, daß der Bedarf des Unterhalts begehrenden Ehegatten anders nicht aufzubringen ist, und die mit den Unterhaltsleistungen verbundenen Belastungen und Einschränkungen für den Schuldner nur zumutbar erscheinen, wenn auch dem anderen Ehegatten Einschränkungen und Opfer zugemutet werden. Dieser Frage braucht hier indessen nicht weiter nachgegangen zu werden, weil ein Unterhaltsanspruch der Kl. nach § 1575 BGB jedenfalls aus einem anderen Grund ausscheidet.

b) Wie bereits dargelegt, umfaßt § 1575 I BGB nicht nur Fälle, in denen der Unterhaltsbedürftige ohne die Ausbildung zur Ausübung einer angemessenen Erwerbstätigkeit außerstande wäre, sondern kommt auch dann in Betracht, wenn der Ehegatte an sich eine angemessene Erwerbstätigkeit finden könnte. Hieraus folgt indessen nicht, daß der Ehegatte den früheren Ehepartner auch dann noch auf Ausbildungsunterhalt in Anspruch nehmen kann, wenn er bereits über eine abgeschlossene Berufsausbildung verfügt, die ihm die Ausübung einer einträglichen, angemessenen Erwerbstätigkeit ermöglicht. Vielmehr ist in Übereinstimmung mit dem BerGer. davon auszugehen, daß in diesem Fall die Verpflichtung zur Finanzierung der Zweitausbildung über den Bereich ehelicher Solidarität hinausginge. Das leuchtet ohne weiteres ein, wenn der Ehegatte bereits die Erstausbildung nach der Scheidung absolviert und nach § 1575 I BGB von seinem früheren Ehepartner finanziert erhalten hat. Das gleiche gilt, wenn der Ehegatte die Ausbildung während der Ehe erlangt hat, wobei es nicht von ausschlaggebender Bedeutung sein kann, inwieweit sein Ehepartner die mit der Ausbildung verbundenen finanziellen Lasten (allein) getragen hat. Nichts anderes hat aber auch dann zu gelten, wenn die Berufsausbildung teilweise oder in vollem Umfang vor der Ehe stattgefunden hat.

Für dieses Verständnis des § 1575 I BGB spricht zunächst Abs. 2 der Vorschrift. Diese Bestimmung, die die nacheheliche Finanzierung von Fortbildung oder Umschulung des unterhaltsbedürftigen Ehegatten zum Gegenstand hat, beschränkt den Unterhaltsanspruch ausdrücklich auf Maßnahmen zum Ausgleich ehebedingter Nachteile und sieht damit insoweit strengere generelle Voraussetzungen vor als Abs. 1, wo außer dem ehebedingten Ausbildungsmangel auch ein solcher genügt, der lediglich in einem zeitlichen Zusammenhang mit der Ehe steht (vgl. auch Begr. des Entw. zum 1. EheRG, S. 132). Wenn aber die Finanzierung von Maßnahmen der Fortbildung, der in der Regel ebenfalls eine abgeschlossene Berufsausbildung vorausgegangen ist, die aber ihrem Umfang nach hinter einer weiteren vollständigen Berufsausbildung eher zurückbleibt, von Voraussetzungen abhängig gemacht wird, die über das in § 1575 I BGB bestimmte Maß hinausgehen, so wäre es ungereimt, wenn nach § 1575 I BGB und damit unter geringeren Voraussetzungen die Finanzierung von Zweit- (oder gar Dritt-)Ausbildungen verlangt werden könnte. Das gilt jedenfalls, wenn diese, wie im vorliegenden Fall, ein Studium erfordern. Eine derartige Ausbildungsmaßnahme bleibt im Rahmen von § 1575 II BGB von vornherein unberücksichtigt, weil das Arbeitsförderungsgesetz, dessen Verständnis der Begriffe Fortbildung (§ 41 I AFG) und Umschulung (§ 47 I AFG) auch für § 1575 II BGB maßgeblich sein soll, die Hochschul- und Fachhochschulbildung aus seinem Förderungsbereich ausschließt (§ 34 IV AFG).

Weitere Anhaltspunkte gegen eine Verpflichtung zur Finanzierung einer – nicht notwendigerweise aufgenommenen – Zweitausbildung nach § 1575 BGB ergeben sich auch aus dem Recht des Kindesunterhalts. Nach den Rechtsgrundsätzen, die der IV. Zivilsenat des BGH in BGHZ 69/190 (= NJW 1977/1774) entwickelt und die der erkennende Senat seither in ständiger Rechtsprechung fortgeführt hat, sind auch Eltern grundsätzlich nicht verpflichtet, ihren Kindern eine zweite Ausbildung zu finanzieren (FamRZ 1980/1115 und FamRZ 1981/437). Dabei kommt es nicht darauf an, ob die Eltern bereits für die Erstausbildung finanzielle Leistungen erbracht haben. Auch wenn diese Erstausbildung den Unterhaltspflichtigen keine Kosten verursacht hat oder wenn solche Kosten nicht von ihnen getragen worden sind, führt das nicht dazu, daß das Kind von seinen Eltern die Finanzierung einer Zweitausbildung verlangen kann (FamRZ 1981/437 [438]). Entsprechend ist auch i. R. von § 1575 BGB davon auszugehen, daß die Verpflichtung zur Finanzierung einer Zweitausbildung, die zur Erlangung einer angemessenen Erwerbstätigkeit nicht erforderlich ist, über den Bereich gebotener Solidarität hinausgeht.

c) Hiernach kommt es im vorliegenden Fall darauf an, ob die Kl. aufgrund ihrer bisherigen abgeschlossenen Berufsausbildung bereits die Möglichkeit zu einer angemessenen Erwerbstätigkeit hat. Das hat das OLG zutreffend bejaht. Seine Beurteilung, die Kl. habe durch die während der Ehe vervollständigte Ausbildung in der Krankenpflege mit ihrer Qualifikation als Operationsschwester einen Beruf erreicht, der ihr eine angemessene Erwerbstätigkeit ermögliche, ist aus Rechtsgründen nicht zu beanstanden. Ob eine Erwerbstätigkeit als angemessen anzusehen ist und dem Ehegatten insbesondere eine ausreichende berufliche Entfaltung ermöglicht, ist unter Zumutbarkeitskriterien zu beantworten. Eine optimale berufliche Erfüllung kann nicht verlangt werden (FamRZ 1984/988 [989]).

Danach läßt die Beurteilung, daß der Kl., die vor und während der Ehe bis nach der Trennung der Parteien als Krankenschwester tätig gewesen ist, die Fortsetzung ihrer Tätigkeit zuzumuten sei, keinen Rechtsfehler erkennen. Hieran vermag auch die von ihr behauptete Übereinkunft mit dem Bekl., daß sie im Anschluß an seine Berufsausbildung und Niederlassung als Arzt studieren solle, nichts zu ändern. Das gleiche gilt für den von der Revision geltend gemachten Umstand, daß die Kl. mit dem aus einer Tätigkeit als Operationsschwester erzielten Einkommen ihren nach den ehelichen Lebensverhältnissen zu bemessenden Unterhaltsbedarf nicht decken könne. Die für einen Ehegatten erreichbare Erwerbstätigkeit ist nicht erst dann angemessen, wenn das damit erzielte Einkommen den vollen Unterhalt deckt.

4) Damit ergibt sich, daß der Kl. ein nachehelicher Anspruch auf Ausbildungsunterhalt nach § 1575 BGB nicht zustehen wird, so daß auch für die Zeit des Getrenntlebens ein auf die Aufnahme der Ausbildung gestützter Unterhaltsanspruch ausscheidet. Die Kl. kann daher nach § 1361 BGB keinen Unterhalt verlangen, soweit sie sich durch Einkünfte aus der Ausübung ihres Berufs als Operationsschwester selbst zu unterhalten vermag.

BGH v. 5. 6. 85 – IVb ZR 24/84 – FamRZ 85, 917 = NJW 85, 2590

(Unwirksame Unterhaltsbestimmung bei abweichender Aufenthaltsbestimmung eines Gebrechlichkeitspflegers des Kindes) **R263**

I 1) Das KG hat den Anspruch der Kl. gegen den Bekl. auf Zahlung einer Unterhaltsrente (§ 1754 I BGB i. V. mit §§ 1601, 1602 I, 1610, 1612 I S. 1 BGB) nicht daran scheitern lassen, daß der Bekl. gemäß § 1612 II S. 1 BGB die Bestimmung getroffen hat, ihr in seinem Haushalt Naturalunterhalt zu gewähren. Zur Begründung hat es im wesentlichen ausgeführt: Auch wenn der Elternteil, der von dem volljährigen Kind auf Unterhalt in Anspruch genommen werde, eine solche Bestimmung nach § 1612 II S. 1 BGB allein treffen könne, sei die Rechtslage hier so zu sehen, als ob die Bestimmung nicht getroffen worden sei. Denn sie sei unzulässig, wenn sie aus tatsächlichen oder rechtlichen Gründen nicht befolgt werden könne. So liege es hier. Die geschäftsunfähige Kl. werde durch ihren Pfleger vertreten. Dieser habe im Rahmen seines Wirkungskreises in nicht zu beanstandender Weise bestimmt, daß sie schon um der Kontinuität der bisherigen Förderung und Erziehung willen weiter bei ihrer Mutter bleiben solle. Wenn das Aufenthaltsbestimmungsrecht eines Gebrechlichkeitspflegers in seinen Auswirkungen mit dem elterlichen Unterhaltsbestimmungsrecht des § 1612 II S. 1 BGB kollidiere, so gehe das Aufenthaltsbestimmungsrecht in aller Regel vor, damit es nicht zum Nachteil des Pfleglings unterlaufen werden könne. Eine andere rechtliche Beurteilung würde im Streitfall auch schutzwürdige Belange der Kl. und ihrer Mutter verletzen. 2) Gegen diese Beurteilung wendet sich die Revision ohne Erfolg. **a**

In der Zeit vor der Einfügung des § 1612 II S. 3 BGB durch das Gesetz über die rechtliche Stellung der nichtehelichen Kinder v. 19. 8. 1969 (BGBl I 1243) hatten die Gerichte wiederholt über Kollisionsfälle zu entscheiden, in denen ein Elternteil, der nach einer Scheidung das Sorgerecht für ein minderjähriges Kind verloren hatte, durch seine Unterhaltsbestimmung versuchte, die Aufenthaltsbestimmung des anderen, sorgeberechtigten Elternteils außer Kraft zu setzen, indem er Unterhalt bei sich anbot. Soweit derartige Unterhaltsbestimmungen der Aufenthaltsentscheidung des Sorgeberechtigten widersprachen, hat die Rechtsprechung sie für unwirksam erklärt (vgl. RGZ 74/76, 77 f.; w. Nachw. bei Roettig, Das Unterhaltsbestimmungsrecht der Eltern, 1984, S. 20). Auch im Schrifttum bestand Einigkeit darüber, daß die Bestimmung, das der Personensorge eines Elternteils anvertraute Kind solle den Unterhalt von dem anderen Elternteil in dessen Wohnung in Natur entgegennehmen, unwirksam war und das Kind in einem solchen Falle ohne weiteres, d. h. ohne Einschaltung des VormG, auf Gewährung der ihm zustehenden Geldrente klagen konnte. Die Bestimmung wurde in derartigen Fällen überwiegend als auf etwas Undurchführbares gerichtet und deshalb unwirksam angesehen (ebenso BT-Drucks. V/2370, S. 42: „Der Unterhaltspflichtige kann ... gegen den Willen des Sorgeberechtigten nicht bestimmen, daß das Kind den Unterhalt im Haushalt des Unterhaltspflichtigen in Empfang zu nehmen habe"). Diese Beurteilung greift auch dann Platz, wenn – wie im vorliegenden Fall – die Unterhaltsbestimmung eines Elternteils mit einer abweichenden Aufenthaltsbestimmung durch den Gebrechlichkeitspfleger eines geschäftsunfähigen volljährigen Kindes kollidiert. Jede Unterhaltsbestimmung, die das Recht eines anderen verletzt, den Aufenthalt des Kindes zu bestimmen, ist unwirksam. Andernfalls würde das – jedenfalls wesentlich – der Erleichterung der Unterhaltslast dienende Bestimmungsrecht des § 1612 II S. 1 BGB zu einem Mittel, die zum höherrangigen Wohl des Schutzbefohlenen getroffene Aufenthaltsbestimmung durch den Gebrechlichkeitspfleger zu unterlaufen. Das liefe regelmäßig – und auch hier – auf die Herbeiführung eines Zustandes hinaus, der mit der gerichtlichen Pflegerbestellung, welche den unterhaltspflichtigen Elternteil gerade nicht berücksichtigt hat, unvereinbar wäre. Allerdings müßte ein geschäftsfähiges volljähriges Kind trotz seines Rechtes, über den eigenen Aufenthalt selbst zu entscheiden, einer Bestimmung gemäß § 1612 II S. 1 BGB grundsätzlich bei Meidung des Unterhaltsverlustes folgen (FamRZ 1981/250; FamRZ 1983/369; FamRZ 1984/37). Daraus kann jedoch nicht gefolgert werden, daß auch das Aufenthaltsbestimmungsrecht des Gebrechlichkeitspflegers, der ein geschäftsunfähiges volljähriges Kind vertritt, einer Unterhaltsbestimmung gemäß § 1612 II S. 1 BGB weichen müßte. Der Pfleger versieht ein ihm vom Staat übertragenes Amt. Das Recht zur Aufenthaltsbestimmung übt er kraft dieses Amtes zum Wohle seines Pfleglings aus. Daher kann nicht – mit der Revision – gesagt werden, der im Streitfall zu entscheidende Konflikt zwischen Aufenthalts- und Unterhaltsbestimmung sei ein solcher zwischen der Tochter und dem Vater. Er besteht vielmehr zwischen dem sein Amt ausübenden Gebrechlichkeitspfleger und dem unterhaltspflichtigen Vater. Für seine Lösung sind andere Erwägungen maßgebend als für die Entscheidung im Konflikt zwischen der eigenen Aufenthaltsbestimmung des geschäftsfähigen volljährigen Kindes und der Unterhaltsbestimmung durch die Eltern. Letztere hat – neben der im Vordergrund stehenden Erleichterung der Unterhaltslast – auch den Zweck, den Eltern einen weitergehenden Einfluß auf die Lebensführung des Kindes zu verschaffen, als dies bei einer Unterhaltsgewährung in Geld möglich ist (FamRZ 1981/250, 252 m. w. N.). Gegenüber dem nichtgeschäftsfähigen, unter Gebrechlichkeitspflegschaft stehenden volljährigen Kind hingegen scheiden derartige Gründe für das Angebot von Naturalunterhalt im Haushalt des Unterhaltspflichtigen regelmäßig aus. Die Maßnahmen zum Wohle des Pflegebefohlenen obliegen vielmehr dem Gebrechlichkeitspfleger, der sie in Ausübung des ihm vom Staat übertragenen Amtes bereits bei der Entscheidung zum Aufenthalt des Pfleglings zu treffen hat.

(Erhöhung des Normalbedarfs eines volljährigen Kindes von DM 750,– um behinderungsbedingte Mehrkosten bei behindertem Kind. Veränderung des Verteilungsschlüssels bei Barunterhaltspflicht beider Eltern im Hinblick auf den erhöhten Einsatz dieses Elternteils wegen der Behinderung. Anrechnung von Pflegegeld als Einkommen des Kindes)

b II 1) Zur Höhe des Unterhaltsanspruchs hat das KG erwogen: Die Einkommens- und Vermögensverhältnisse beider Eltern seien im wesentlichen gleich. Das rechtfertige die Gleichbehandlung der Eltern in Ansehung der Unterhaltsansprüche der Kl. Der angemessene Unterhaltsbedarf eines volljährigen Kindes von Eltern in durchschnittlichen bis guten Einkommensverhältnissen belaufe sich auf rund 750 DM monatlich. Der Mehrbedarf der Kl. gegenüber einem gesunden volljährigen Kind sei unter Berücksichtigung des besonderen Betreuungsbedarfs und bei erhöhten Kosten für Bekleidung, Schuhwerk und sonstige Anschaffungen bis hin zu logopädischen Hilfsmitteln und Spielsachen auf rund 450 DM monatlich zu schätzen. Er erreiche nicht den Pflegegeldsatz von 745 DM, weil die Kl. an fünf Werktagen in der Woche von 8.00 Uhr bis 15.00 Uhr – ohne besondere Kosten – in einem Heilpädagogischen Therapeutikum betreut werde und auch gelernt habe, stundenweise in der Wohnug allein zu sein. Von dem sich somit ergebenden Gesamtbedarf von (750 DM + 450 DM =) 1200 DM sei ein auf 500 DM zu schätzender Teilbetrag durch Leistungen gedeckt, die die Mutter mit der Wohnraumgewährung und durch die Erledigung aufwendiger Betreuungsaufgaben in den Morgen- und Abendstunden sowie an den Wochenenden erbringe. Bedarfsmindernd wirke sich das Pflegegeld in Höhe des den Unterhaltsmehrbedarf von 450 DM übersteigenden Betrages von monatlich 295 DM aus. In dieser Höhe müsse es – ebenso wie das staatliche Kindergeld – beiden Eltern zu gleichen Teilen, also mit je 147,50 DM, zugute kommen. Bei einem Gesamtunterhaltsbedarf von 1200 DM und Naturalleistungen der Mutter von rund 500 DM blieben durch Barleistungen noch 700 DM zu decken. Davon entfielen auf den Bekl. entsprechend seinem Haftungsanteil am Gesamtunterhaltsbedarf ($^1/_2$ von 1200 DM =) 600 DM, so daß er nach Anrechnung des den Mehrbedarf übersteigenden anteiligen Pflegegeldes und des anteiligen staatlichen Kindergeldes monatlich (600 DM – 147,50 DM – 25 DM =) 427,50 DM aufzubringen habe. 2. Ein Teil dieser Ausführungen hält der rechtlichen Überprüfung nicht stand. a) Allerdings dringen die Angriffe der Revision dagegen, daß das KG den Gesamtbedarf der Kl. mit monatlich 1200 DM veranschlagt hat, nicht durch. Zu diesem Betrag ist das KG auf rechtlich nicht angreifbare Weise im Wege der Schätzung gelangt, indem es den Normalbedarf eines volljährigen Kindes um behinderungsbedingte Mehrkosten erhöht hat. Art und Notwendigkeit der zusätzlichen Aufwendungen waren Gegenstand von Erörterungen im Rechtsstreit, so daß die Rüge einer Verletzung der Hinweispflicht (§ 139 ZPO) nicht durchgreift. Als Hauptposten hat das KG ersichtlich den besonderen Betreuungsbedarf der Kl. berücksichtigt, der zutage liegt und Teil des gesamten Lebensbedarfs ist (§ 1610 II BGB). b) Von diesem gesamten Unterhaltsbedarf wird ein Teil durch das Pflegegeld der Kl. i. H. von monatlich 745 DM gedeckt. Das Pflegegeld nach § 2 III Stufe III ZGHG ist keine Leistung der Sozialhilfe, sondern wird dem Behinderten unbeschadet seines sonstigen Einkommens gewährt (§ 3 I ZGHG). Daher ist es als Einkommen der Kl. zu berücksichtigen (§ 1602 I BGB). Somit bleibt ein ungedeckter Unterhaltsbedarf der Kl. i. H. von (1200 DM – 745 DM =) 455 DM. c) Die unangegriffene Feststellung des KG, die Einkommens- und Vermögensverhältnisse beider Eltern seien im wesentlichen gleich, würde ohne Vorliegen weiterer Besonderheiten die gleichmäßige Heranziehung beider Eltern zur Deckung dieses verbleibenden Unterhaltsbedarfs rechtfertigen (§ 1606 III S. 1 BGB), so daß auf jeden von ihnen eine Unterhaltslast von (455 DM : 2 =) 227,50 DM entfielen, die sich wegen des anteiligen Kindergeldes auf 202,50 DM ermäßigen würde. Eine derartige Heranziehung zum Unterhalt nach gleichen Quoten trüge jedoch nicht dem Umstand Rechnung, daß die Mutter mit der von ihr übernommenen Pflege der behinderten Kl. auch unter Berücksichtigung des Umstandes, daß diese tagsüber ohne besondere Kosten in einem Heilpädagogischen Therapeutikum betreut wird, außergewöhnliche Leistungen erbringt. Sie zur Deckung des Unterhaltsbedarfs in gleichem Maße zu verpflichten wie den Bekl., wäre daher unbillig. Deshalb ist es geboten, im Verhältnis der Eltern die mit dem erhöhten Einsatz der Mutter verbundene Belastung durch eine Veränderung des Verteilungsschlüssels zu ihren Gunsten aufzufangen (FamRZ 1983/689, 690). d) Weil Art und Umfang der von der Mutter erbrachten Pflegeleistungen festgestellt sind und nicht zu erwarten ist, daß eine erneute tatrichterliche Befassung insoweit noch neue, entscheidungserhebliche Tatsachen ergäbe, ist der Senat in der Lage, selbst in der Sache zu entscheiden; der Rechtsstreit ist zur Endentscheidung reif (§ 565 III Nr. 1 ZPO). Der Senat bemißt den vom Bekl. durch Barleistungen zu erbringenden Unterhaltsteil unter Beachtung von Ausmaß und Schwere der durch die Mutter geleisteten Pflege und Betreuung auf monatlich 300 DM. Dabei ist das staatliche Kindergeld, das beiden Eltern zu gleichen Teilen zugute kommt, bereits berücksichtigt. Soweit die Barbeträge, die die Kl. mit dem Pflegegeld und den Unterhaltszahlungen des Bekl. bekommt, ihren Barbedarf übersteigen und mithin der Mutter zur Befriedigung persönlicher Bedürfnisse zur Verfügung stehen (FamRZ 83/689, 690 = NJW 83/2083), liegt darin keine unangebrachte „Monetarisierung" elterlicher Fürsorge. Vielmehr wird auf diese Weise lediglich erreicht, daß das Pflegegeld und die Betreuungsleistungen der Mutter nicht einseitig den Bekl. von seiner Unterhaltspflicht entlasten, sondern beide Eltern in angemessener Weise zum Unterhalt der Kl. beitragen.

BGH v. 5. 6. 85 – IVb ZR 27/84 – FamRZ 85, 902

(Unterhaltspflicht umfaßt nicht die Verpflichtung, Schulden des anderen Ehegatten zu tilgen) **R264**

3 b) Ein anderes Ergebnis kommt auch nicht deshalb in Betracht, weil die – mittellose – Ehefrau des Bekl. nach der Beendigung des Rechtsstreits weiterhin mit den Kosten für die Inanspruchnahme der Kl. belastet bleibt. Diese Belastung begründet keinen unterhaltsrechtlichen Sonderbedarf der Ehefrau gegenüber dem Bekl. Denn die Unterhaltspflicht umfaßt grundsätzlich nicht die Verpflichtung, Schulden des anderen Ehegatten zu tilgen (FamRZ 1964/558, 559). Demgemäß geht auch die durch § 1360 a IV BGB begründete Verpflichtung nicht dahin, daß der leistungsfähige Ehegatte – endgültig – die seinem Ehepartner auferlegten Prozeßkosten zu tragen hätte (FamRZ 1971/360, 362).

BGH v. 19. 6. 85 – IVb ZR 31/84 – FamRZ 85, 908 = NJW-RR 86, 68

(Verrechnung von Schulden) **R266**

III. 1. Das OLG hat die der Kl. für die Zeit vom 1. 8. 1979 bis zum 30. 4. 1981 noch zustehenden **c**
Unterhaltsansprüche als Rückstand zusammengefaßt, die von dem Bekl. für diesen Zeitraum geleisteten Zahlungen abgesetzt und sodann den verbleibenden restlichen Unterhalt in einer Summe (zwei Beträge von 1200 DM und 1736 DM) ausgeurteilt. Gegen die hierin liegende Verrechnung der Schulden mit den Zahlungen des Bekl. für den genannten Zeitraum haben beide Parteien keine Einwendungen erhoben. Es bestehen daher grundsätzlich keine Bedenken dagegen, auch bei der erneut zu treffenden Entscheidung wieder in dieser Weise vorzugehen. Bei der Feststellung des sich sodann ergebenden Rückstandes wird allerdings zu berücksichtigen sein, daß der Bekl. in der Folgezeit ab Mai 1981 in nicht unerheblichem Umfang Überzahlungen geleistet hat. Das OLG wird daher zu prüfen haben, ob er mit seinen (etwaigen) Rückforderungsansprüchen aus den Überzahlungen gegen die Forderung der Kl. auf die Unterhaltsrückstände aus der Zeit bis April 1981 – ggf. konkludent – aufgerechnet hat.

BGH v. 19. 6. 85 – IVb ZR 38/84 – FamRZ 85, 912 = NJW 85, 2713

(Keine Bindung an Betrag und Anerkenntnis bei Vorsorgeunterhalt) **R267**

2) Einen Altersvorsorgeunterhalt in Höhe von monatlich 950 DM (§ 1578 III BGB) hat das OLG der **a**
AGg. allein aufgrund des Anerkenntnisses des ASt. zugesprochen. Dies begegnet in mehrfacher Hinsicht Bedenken. Zum einen ist, wie ausgeführt, das in zweiter Instanz abgegebene Anerkenntnis über monat-

lich 950 DM nicht wirksam. Ferner ist zu beachten, daß im Unterhaltsprozeß hinsichtlich der Verteilung des Gesamtunterhalts auf den Elementar- und den Vorsorgeunterhalt nach § 1578 II und III BGB die Dispositionsbefugnis des Unterhaltsberechtigten eingeschränkt ist. Der Senat hat entschieden, daß dieser den ihm zustehenden Gesamtunterhaltsbetrag nicht nach freiem Ermessen auf den Elementar- und den Vorsorgeunterhalt verteilen kann; das Gericht ist auch nicht gehalten, bei der Bemessung des Elementarunterhalts von dem Betrag auszugehen, den der Berechtigte hierfür verlangt (FamRZ 1982/465 und FamRZ 1982/887, 890). Dies muß sich auch auf die Tragweite prozessualer Anerkenntnisse des Unterhaltsverpflichteten auswirken. Allgemein findet die Wirksamkeit prozessualer Anerkenntnisse dort ihre Grenze, wo keine Parteiherrschaft über den Streitgegenstand besteht. Es würde zu Unzuträglichkeiten insbesondere für spätere Abänderungsverfahren (§ 323 ZPO) führen, wenn in Unterhaltsprozessen der Richter eine nicht sachgerechte Verteilung jener Unterhaltsbestandteile nur deswegen hinzunehmen hätte, weil der Berechtigte entsprechende Anträge gestellt und der Verpflichtete diese anerkannt hätte. Daher hat das Gericht in Fällen der vorliegenden Art zwar ohne Rücksicht auf die materielle Rechtslage mindestens auf einen Gesamtunterhalt zu erkennen, der der Summe der anerkannten Einzelbeträge entspricht, es hat aber bei der Bemessung des Elementarunterhalts im Verhältnis zu den Unterhaltsbestandteilen nach § 1578 II und III BGB ohne Bindung an die Anerkenntnisse die allgemeinen Regeln zu beachten. Vorliegend ist nicht auszuschließen, daß das OLG den Vorsorgeunterhalt nach § 1578 III BGB anderweitig bemessen hätte, wenn es das Anerkenntnis des ASt. insoweit als nicht bindend erkannt hätte.

(Vorabzug von Volljährigenunterhalt, weil dieser für den Lebensbedarf der Eheleute nicht zur Verfügung steht; Vorrang des Ehegatten nur im Mangelfall bedeutsam)

b III 3) Das OLG hat festgestellt, daß der ASt. an die beiden volljährigen Kinder der Parteien, die ein Hochschulstudium absolvieren, monatlich je 572 DM zahlt. Es hat diese Zahlungen bei der Bemessung des Unterhaltsanspruchs der AGg. unberücksichtigt gelassen, weil auch diese neben Naturalleistungen, die sie bei Bedarf erbringe, zum Barunterhalt der Kinder beitrage. Dies greift die Revision des ASt. zu Recht an. Der Senat hat bereits in seinem Urteil v. 23. 11. 1983 (FamRZ 1984/151, 153) gebilligt, daß das unterhaltserhebliche Einkommen des Verpflichteten vorab um an – auch volljährige – Kinder gezahlten Unterhalt vermindert wird. Es hat sich um einen Fall gehandelt, in dem – wie hier – bei alleiniger Erwerbstätigkeit des Mannes die ehelichen Lebensverhältnisse mit dadurch geprägt wurden, daß die entsprechenden Beträge nicht für den Lebensbedarf der Ehegatten zur Verfügung standen. Da der geschiedene Ehegatte nach § 1578 I S. 1 BGB nur Anspruch auf einen den ehelichen Lebensverhältnissen entsprechenden Unterhalt hat, ist in diesen Fällen grundsätzlich geboten, bei der Unterhaltsbemessung entsprechende Vorwegabzüge vom Einkommen des Verpflichteten zu machen. Soweit der berechtigte Ehegatte – möglicherweise freiwillig – trotz Fehlens eigener anrechenbarer Einkünfte zum Barunterhalt der Kinder beiträgt, muß dies deswegen außer Betracht bleiben, weil sein Unterhaltsanspruch nach § 1578 I S. 2 BGB nur der Deckung des eigenen Lebensbedarfs dient (ebenso OLG Köln, FamRZ 1981/966, 968). Der unterhaltsrechtliche Vorrang des geschiedenen Ehegatten gegenüber volljährigen Kindern nach § 1609 II S. 2 BGB wirkt sich nur dann aus, wenn die verbleibenden Einkünfte des Verpflichteten nicht ausreichen, um den angemessenen Unterhalt des Berechtigten zu gewährleisten. Dann – und erst dann – hat ein Vorwegabzug des Kindesunterhalts zu unterbleiben (ähnlich etwa „Kölner Unterhaltsrichtlinien", Stand 1. 1. 1985, FamRZ 1985/24, 28 unter D 26.0). Im vorliegenden Fall sind diese Voraussetzungen nicht gegeben, weil schon die vom ASt. anerkannten 4475 DM monatlich, die der AGg. mindestens verbleiben müssen, einen angemessenen Lebensunterhalt garantieren.

BGH v. 3. 7. 85 – IVb ZR 16/84 – FamRZ 85, 911 = NJW 85, 2268

R268 *(Splittingvorteil und andere Steuervergünstigungen)*

b II. Der Erfolg der Revision hängt unter diesen Umständen davon ab, ob das Einkommen des Bekl. auch insoweit der Bemessung des Unterhaltsanspruchs zugrunde zu legen ist, als ihm ein Steuervorteil zugute kommt, weil er wieder geheiratet hat und daher nach Lohnsteuertarif III (statt Lohnsteuertarif I) besteuert wird.

1) Das OLG hat diesen sog. Splittingvorteil bei der Bemessung des Unterhalts der Kl. von dem anrechenbaren Einkommen des Bekl. mit Rücksicht auf die Unterhaltsbedürfnisse seiner jetzigen Ehefrau in Abzug gebracht. Zwar seien deren Unterhaltsansprüche an sich außer acht zu lassen, da die Kl. jedenfalls wegen der langen Dauer der Ehe der Parteien vorgehe (§ 1582 I S. 2 BGB). Jedoch erscheine es unbillig, ihr den Steuervorteil aus der Wiederverheiratung des Bekl. zugute kommen zu lassen, wenn andererseits der Unterhaltsbedarf der jetzigen Ehefrau des Bekl. ungedeckt sei.

2) Diesen Ausführungen ist nicht in der Begründung, jedoch im Ergebnis zuzustimmen.

a) Der Senat hat durch Urteil v. 25. 6. 1980 (FamRZ 1980/984, 985) die Auffassung abgelehnt, daß der dem Unterhaltspflichtigen bei Wiederverheiratung zugute kommende Splittingvorteil allgemein seiner neuen Familie zu verbleiben habe, und sich auf den Standpunkt gestellt, daß auch in diesem Falle für die Bemessung des Unterhaltsanspruchs des früheren Ehegatten grundsätzlich von dem Einkommen auszugehen sei, welches sich nach Abzug der Steuern in ihrer tatsächlichen Höhe ergebe. Auf die Ausführungen in dem genannten Urteil wird Bezug genommen. Der Senat hält daran nach Überprüfung fest. Daß der Splittingvorteil unterhaltsrechtlich allein der neuen Familie zugute zu kommen habe und deshalb bei der Bemessung der Ansprüche anderer Unterhaltsgläubiger außer Ansatz zu lassen sei, findet im Gesetz keinen Ausdruck. Vielmehr unterliegt der Splittingvorteil – im Rahmen der allgemeinen Pfändungsvorschriften – der Pfändung nicht nur anderer Unterhaltsberechtigter, sondern auch sonstiger Gläubiger. Eine unterhaltsrechtliche Reservierung zugunsten der neuen Familie stünde auch nicht mit dem in § 1609 I BGB verankerten Grundsatz in Einklang, daß die minderjährigen Kinder des Unterhaltspflichtigen gleich zu behandeln sind; denn die Unterhaltsrenten der Kinder aus der früheren Ehe würden nach einem niedrigeren Einkommen als die der Kinder aus der jetzigen Ehe bemessen. Allerings hat das BVerfG in der Zwischenzeit unter Hinweis auf die Gesetzesmaterialien betont, dem Splittingverfahren liege der Gedanke zugrunde, daß zusammenlebende Eheleute eine Gemeinschaft des Erwerbs und Verbrauchs bildeten, in der ein Ehegatte an den Einkünften und Lasten des anderen wirtschaftlich jeweils zur Hälfte teilhabe; ferner stelle das Splittingverfahren eine besondere Anerkennung der Aufgabe der Ehefrau als Hausfrau und Mutter dar (BVerfGE 61/319, 345 f. = FamRZ 1983/129, 132). Der Senat hat mit Blick auf diese Ausführungen erwogen, ob der Splittingvorteil jedenfalls zur Hälfte unterhaltsrechtlich auszusondern und dem neuen Ehepartner zuzuordnen ist. In diesem Sinne können indessen die wiedergegebenen Erwägungen des BVerfG nicht verstanden werden. Sie dienen der Begründung, daß ein gleichartiger Steuervorteil von Verfassungs wegen nicht auch den Alleinerziehenden zugute kommen müsse, und beleuchten in diesem Zusammenhange die öffentlich-rechtliche Zweckbestimmung der steuerrechtlichen Regelung. Sie sprechen jedoch nicht zwingend gegen die unterhaltsrechtliche Betrachtungsweise, wonach die öffentlich-rechtliche Zweckbestimmung staatlicher Zuwendungen und Vergünstigungen, soweit sich aus dem Gesetz nichts anderes ergibt, auf die Unterhaltsbemessung nicht durchschlägt (FamRZ 1983/674 f. m. w. N.). Eine Zuordnung des – hälftigen – Splittingsvorteils zu dem Vermögen des anderen Ehegatten würde sich darüber hinwegsetzen, daß dieser Vorteil allein in der Person des Steuerpflichtigen entsteht. Er besteht in der geringeren Besteuerung seines Einkommens. Dieses ist auch in Höhe des Steuervorteils nichts anderes als Einkommen des Steuerpflichtigen und unterliegt daher, wie ausgeführt, der Zwangsvollstreckung in gleicher Weise wie das Einkommen im Ganzen. Im übrigen käme es selbst dann zu einer mit § 1609 I BGB nicht zu vereinbarenden Schlechterstellung der Kinder aus der früheren Ehe, wenn man den Splittingvorteil – zur Hälfte – dem jetzigen Ehepartner vorbehalten wollte; denn die Kinder aus der neuen Ehe würden im Rahmen des Familienunterhalts auch an dieser Hälfte partizipieren. Nach alledem ist der Grundsatz, daß bei der Bemessung des Unterhalts die Steuern in der tatsächlich anfallenden Höhe in Abzug zu bringen sind, auch in bezug auf den Splittingvorteil aufrechtzuerhalten. Er ist bei der Bestimmung des unterhaltspflichtigen Einkommens ebensowenig abzusetzen wie andere Steuervergünstigungen, wie sie der Steuergesetzgeber aus den verschiedensten Gründen etwa durch Freibeträge und Abschreibungsmöglichkeiten gewährt. Etwas anderes gilt, soweit nicht § 1579 I Nr. 4 BGB eingreift, auch nicht bei unterhaltsrechtlichem Vorrang des früheren vor dem jetzigen Ehegatten, wie er zugunsten der Kl. – wie das OLG rechtsfehlerfrei ausgeführt hat – jedenfalls deshalb besteht, weil die Ehe der Parteien mit rund 20 Jahren „von langer Dauer" gewesen ist, § 1582 I S. 2 BGB (FamRZ 1983/886, 888). Dieses Rangverhältnis wirkt nicht auf die Frage zurück, welches Einkommen (oder sonstige Vermögen) bei der Bemessung des Unterhalts heranzuziehen ist. Diese Frage ist vielmehr zuvor und unabhängig davon zu klären, wie das unterhaltsrechtlich relevante Einkommen (oder sonstige Vermögen) bei konkurrierenden Unterhaltsbedürfnissen aufzuteilen und welches Rangverhältnis dabei gegebenenfalls zu beachten ist. Ein Vorrang nach § 1582 I S. 3 BGB läßt die Grundsätze, die sich zur Bestimmung des unterhaltspflichtigen Einkommens (oder sonstigen Vermögens) herausgebildet haben, unberührt und besagt lediglich, daß bei dessen Verteilung die Unterhaltsbedürfnisse des jetzigen Ehegatten des Unterhaltspflichtigen gegenüber dem früheren Ehegatten außer Betracht zu bleiben haben. Dieser Vorrang des geschiedenen vor dem neuen Ehegatten ist vom BVerfG für den Fall, daß beide an einer Erwerbstätigkeit durch die Pflege und Erziehung eines Kindes gehindert sind (BVerfGE 66/84 = FamRZ 1984/346), und im Anschluß daran vom erkennenden Senat auch für den hier gegebenen Fall als verfassungskonform befunden worden, daß der frühere Gatte erwerbstätig, der jetzige aber erwerbsunfähig ist (FamRZ 1985/362 f.). Für Billigkeitserwägungen, wie sie das OLG anstellt, ist im Rahmen des § 1582 I S. 2 BGB kein Raum. Im Gesetzgebungsverfahren ist der Vorschlag, den unterhaltsrechtlichen Nachrang des neuen Ehegatten durch eine Härteklausel abzuschwächen, nicht übernommen worden.

BGH v. 9. 10. 85 – IVb ZR 56/84 – FamRZ 85, 1234 = NJW 86, 375

(Nachhaltige Sicherung des Unterhalts) R274

Für die „nachhaltige" Sicherung des Unterhalts ist grundsätzlich maßgebend, ob die Erwerbstätigkeit des geschiedenen Ehegatten im Zeitpunkt ihrer Aufnahme nach objektiven Maßstäben und allgemeiner

Lebenserfahrung mit einer gewissen Sicherheit als dauerhaft angesehen werden konnte oder ob befürchtet werden mußte, daß der Bedürftige sie durch außerhalb seiner Entschließungsfreiheit liegende Umstände in absehbarer Zeit wieder verlieren würde (LS). 3) Nach Auffassung des Senats wird die allein rückschauende Betrachtung dem kasuistischen Unterhaltssystem des 1. EheRG und den Interessen des Unterhaltsverpflichteten nicht gerecht. In der Regierungsbegründung zum 1. EheRG ist u. a. dargelegt, daß es bei der Beurteilung der Frage, ob ein Arbeitsplatz nachhaltig gesichert ist, nicht entscheidend auf die tatsächliche Dauer der Tätigkeit ankommt, sondern darauf, ob zu erwarten war, die Tätigkeit werde auf Dauer ausgeübt werden können (BT-Drucks. 7/650, S. 127). Das Gesetz grenzt in § 1573 IV BGB das Risiko des unvorhergesehenen Verlustes eines Arbeitsplatzes danach ab, ob dieser zuvor als nachhaltig gesichert angesehen werden konnte oder nicht. War das der Fall, war also der geschiedene Ehegatte wieder voll in das Erwerbsleben eingegliedert, soll er auch die Gefahr unvorhersehbarer Ereignisse und Entwicklungen tragen, ohne sich noch an seinen früheren Ehepartner halten zu können. Auch bei einer kurzen tatsächlichen Beschäftigungszeit kann die Frage, ob der Arbeitsplatz nachhaltig gesichert war, nicht immer verneint werden, wie etwa das Beispiel zeigt, daß der Bedürftige nach Abschluß eines langfristigen Anstellungsvertrages nur deswegen die Stelle verloren hat, weil der Arbeitgeber völlig unerwartet in Konkurs gefallen ist. Insbesondere wenn der tatsächliche Verlust einer Erwerbstätigkeit ersichtlich auf unvorhergesehenen Umständen beruht, ist daher zu prüfen, ob aus früherer Sicht mit deren Erhaltung gerechnet werden konnte. Sonst hätte der Einsatzzeitpunkt des § 1573 I BGB (Scheidung) kaum praktische Bedeutung und würde es dem Unterhaltsverpflichteten über Gebühr erschwert, im Hinblick auf die Erwerbstätigkeit des geschiedenen Ehegatten Dispositionen zu treffen. Wie schon im Gesetzgebungsverfahren empfohlen (vgl. BT-Drucks., a. a. O.), kann bei der Anwendung des § 1573 IV BGB auf die Rechtsprechung zu § 75 Bundesentschädigungsgesetz [BEG] zurückgegriffen werden, der das Wort „nachhaltig" gleichfalls verwendet. Danach ist grundsätzlich maßgebend, ob die Erwerbstätigkeit im Zeitpunkt ihrer Aufnahme nach objektiven Maßstäben und allgemeiner Lebenserfahrung mit einer gewissen Sicherheit als dauerhaft angesehen werden konnte oder ob befürchtet werden mußte, daß der Bedürftige sie durch außerhalb seiner Entschließungsfreiheit liegende Umstände in absehbarer Zeit wieder verlieren würde. Dabei sind, wie der Senat bereits in seinem Urteil v. 3. 4. 1985 (FamRZ 1985/791, 792) dargelegt hat, vom Standpunkt eines optimalen Betrachters aus, auch Umstände in die Beurteilung einzubeziehen, die zwar schon zu diesem Zeitpunkt bestanden, aber erst später zutage getreten sind, wie etwa eine latent bestehende Krankheit, wegen der die angetretene Stellung in absehbarer Zeit wieder aufgegeben werden mußte. Nicht selten wird diese objektivierte vorausschauende Betrachtung zum selben Ergebnis führen wie eine Beurteilung aus nachträglicher Sicht. Es ist auch nicht ausgeschlossen, daß – etwa im Falle der Vereinbarung einer Probezeit – die nachhaltige Sicherung des Arbeitsplatzes bei Antritt der Stellung noch zu verneinen, aber zu einem späteren Zeitpunkt, der vor der tatsächlichen Beendigung des Beschäftigungsverhältnisses liegt, zu bejahen ist (vgl. dazu auch BGH, Urteil v. 19. 12. 1962 – IV ZR 142/62 – RzW 1963, 273, 274). Hier muß eine nachfolgende unvorhergesehene Entwicklung, die tatsächlich zum Verlust des Arbeitsplatzes geführt hat, gleichfalls zu Lasten des Unterhalt begehrenden Ehegatten gehen. Dieser hat nach der Fassung des Gesetzes darzulegen und notfalls zu beweisen, daß eine nachhaltige Sicherung seines Unterhalts nicht zu erreichen war.

BGH v. 23. 10. 85 – IVb ZR 52/84 – FamRZ 86, 48 = NJW-RR 86, 66

R275 *(Zahlung von krankheitsbedingtem Mehrbedarf und Regelbedarf, solange dadurch der „Selbstbehalt" nicht berührt wird)*

a B III 2b) Die Revision wendet sich auch zu Recht gegen die Annahme des OLG, daß dem Bekl. aus seinem verfügbaren Einkommen ebensoviel zustehe wie der Tochter, diese also zu ihrem Unterhalt nicht mehr beanspruchen könne, als dem Bekl. unter Berücksichtigung seiner weiteren Unterhaltsverbindlichkeiten für seine eigene Lebensführung verbleibe. Diese Betrachtungsweise findet im Gesetz keine Stütze. Vielmehr hat der Unterhaltspflichtige für den gesamten Unterhaltsbedarf des Unterhaltsberechtigten aufzukommen, soweit ihm dies ohne Gefährdung seines angemessenen Unterhalts möglich ist (§ 1603 I BGB). Solange dieser „Selbstbehalt" nicht berührt wird, hat er den Unterhaltsbedarf des Berechtigten selbst dann zu befriedigen, wenn dieser Bedarf höher ist als sein eigener. Diese Situation ist gerade bei Krankheit und dadurch bedingtem Mehrbedarf des Berechtigten nicht selten. Daß der Unterhaltspflichtige mehr herzugeben hat, als er behält, ist im übrigen häufig, wenn er mehreren Personen Unterhalt gewähren muß.

(Nachrang Volljähriger im Mangelfall und Unterhaltsbemessung)

b III 2b) Auf der anderen Seite ist freilich die Regelung des § 1609 I, II S. 1 BGB zu beachten, wonach in Fällen, in denen der Unterhaltsschuldner nicht allen Unterhaltspflichtigen genügen kann, dem Unterhaltsanspruch eines volljährigen Kindes die Unterhaltsansprüche minderjähriger Kinder und der

Ehefrau des Unterhaltspflichtigen vorgehen. Daß hier die – volljährige – Tochter des Bekl. behindert und deswegen nicht erwerbsfähig ist, führt nicht zu einer unterhaltsrechtlichen Behandlung als minderjähriges Kind (FamRZ 84/683, 685). Demzufolge ist aus dem unterhaltsrechtlich relevanten Einkommen des Bekl. vorab der Unterhaltsbedarf der Ehefrau und – bis zur Volljährigkeit – des Sohnes des Bekl. abzudecken. Die volljährige Tochter kann, soweit ihr Unterhaltsbedarf reicht, nur die Differenz zwischen dem verbleibenden Einkommen und dem Selbstbehalt beanspruchen. Für die Zeit ab Volljährigkeit des Sohnes ist allein der Unterhalt der Ehefrau vorweg zu bedienen. Soweit das verbleibende Einkommen des Bekl. nach Abzug seines angemessenen Selbstbehalts für den Unterhaltsbedarf der Tochter und des dann ebenfalls volljährigen Sohnes nicht ausreicht, ist der verfügbare Betrag zwischen ihnen nach dem Verhältnis der Bedarfsbeträge aufzuteilen. Die hiernach für die Bemessung des Unterhaltsanspruchs der Tochter benötigten Werte – Selbstbehalt des Bekl. sowie Unterhaltsbedarf der Ehefrau einerseits und des Sohnes andererseits – hängen gleichfalls von dem noch festzustellenden unterhaltsrechtlich relevanten Einkommen des Bekl. (s. oben zu a) ab und unterliegen im einzelnen der tatrichterlichen Einschätzung. Auch aus diesem Grund ist der Rechtsstreit in dem dargelegten Umfange an das OLG zurückzuverweisen.

(Grundsätze zur Verwertung des Vermögensstammes beim Kindesunterhalt. Obliegenheit des Verpflichteten zur Verwertung eines Ferienhauses)

III 2 c) Die Revision steht weiter zu Recht auf dem Standpunkt, daß der Bekl., soweit seine laufenden Einkünfte zur Befriedigung des Unterhaltsbedarfs der Tochter nicht ausreichen, seinen Miteigentumsanteil an dem ihm zusammen mit seiner Ehefrau zu je ½ gehörenden Ferienhaus zu verwerten hat. In Ermangelung sonstiger Mittel hat ein Unterhaltspflichtiger grundsätzlich auch den Stamm seines Vermögens zur Bestreitung des Unterhalts einzusetzen. Eine allgemeine Billigkeitsgrenze, wie sie insoweit etwa für den Unterhalt zwischen geschiedenen Ehegatten gilt (§ 1581 S. 2 BGB; FamRZ 1985/360, 361 f.), sieht das Gesetz beim Unterhalt zwischen Verwandten gerader Linie, um den es hier geht, nicht vor. Dort ist allein auf § 1603 I BGB abzustellen. Danach entfällt die Unterhaltspflicht erst, wenn der Berechtigte bei Berücksichtigung seiner sonstigen Verpflichtungen außerstande ist, ohne Gefährdung seines angemessenen Unterhalts den Unterhalt zu gewähren. Außerstande zur Unterhaltsgewährung ist jedoch nicht, wer über verwertbares Vermögen verfügt (FamRZ 1980/43 ff. m. w. N.). Einschränkungen der Obliegenheit zum Einsatz auch des Vermögensstammes ergeben sich allein daraus, daß nach dem Gesetz auch die sonstigen Verpflichtungen des Unterhaltsschuldners zu berücksichtigen sind und er seinen eigenen angemessenen Unterhalt nicht zu gefährden braucht. Daraus folgt, daß eine Verwertung des Vermögensstammes nicht verlangt werden kann, wenn sie den Unterhaltsschuldner von fortlaufenden Einkünften abschneiden würde, die er zur Erfüllung weiterer Unterhaltsansprüche oder anderer berücksichtigungswürdiger Verbindlichkeiten (FamRZ 1982/157 f.) oder zur Bestreitung seines eigenen Unterhalts benötigt. Auch die Verwertung, jedenfalls die Veräußerung, eines nach den übrigen Verhältnissen der Familie angemessenen Familieneigenheims wird im allgemeinen nicht verlangt werden können, weil es ebenfalls der Befriedigung des Unterhaltsbedarfs des Schuldners selbst und gegebenenfalls weiterer Familienangehöriger dient und zugleich Mietaufwendungen erspart (vgl. auch – zur Bedeutung des Familienheims für die Erfüllung des Wohnbedarfs der Familie – FamRZ 1982/157, 159). c

Allgemein braucht der Unterhaltsschuldner den Stamm seines Vermögens nicht zu verwerten, wenn dies für ihn mit einem wirtschaftlich nicht mehr vertretbaren Nachteil verbunden wäre (BGH, a. a. O.); denn auch das wäre mit der nach dem Gesetz gebotenen Berücksichtigung der ansonsten zu erfüllenden Verbindlichkeiten nicht zu vereinbaren und müßte letztlich den eigenen angemessenen Unterhaltsbedarf des Verpflichteten in Mitleidenschaft ziehen. Mit diesen Grundsätzen ist es nicht zu vereinbaren, daß das OLG eine Obliegenheit des Bekl. zur Verwertung seines Miteigentumsanteils an dem Ferienhaus verneint hat. Dieses dient hier weder als Einkommensquelle noch ist es zur Befriedigung des Wohnbedarfs der Familie vonnöten. Ein solcher Vermögensgegenstand muß, wenn die laufenden Einkünfte nicht ausreichen, für berechtigte Unterhaltsbedürfnisse eingesetzt werden. Die unterhaltsrechtlichen Vorschriften lassen es nicht zu, einen Unterhaltsbedürftigen öffentlicher Hilfe anheimfallen zu lassen, während der unterhaltspflichtige Verwandte (Mit-)Eigentümer eines eigenen Ferienhauses ist. Ein Unterhaltspflichtiger in dieser Lage ist nicht i. S. des § 1603 I BGB „außerstande", für den Unterhalt des Bedürftigen zu sorgen. Daß hier eine Verwertung zu wirtschaftlich vertretbaren Bedingungen nicht möglich wäre, hat der Bekl. in seinen von dem OLG in bezug genommenen Schriftsätzen selbst nicht geltend gemacht. Er hat lediglich eingewendet, daß ein Verkauf des Ferienhauses nicht ausreichen werde. Darauf kommt es jedoch nicht an. Die unterhaltsrechtliche Obliegenheit zur Verwertung von Vermögen entfällt nicht deshalb, weil der Unterhaltsschuldner nur vorübergehend in die Lage versetzt würde, den vollen Unterhaltsbedarf zu befriedigen. Er ist dann eben nach der Erschöpfung der erzielten Geldmittel wieder nur in geringerem Umfange leistungsfähig. Eine Unverwertbarkeit zu wirtschaftlichen Bedingungen ergibt sich vorliegend auch nicht aus der Erwägung des OLG, daß das Ferienhaus dem Bekl. nur zusammen mit seiner Ehefrau gehöre, ein derartiger Miteigentumsanteil kaum verwertbar sei und die Ehefrau zu einer gemeinschaftlichen Verwertung nicht gezwungen werden könne. Das OLG übersieht dabei, daß jedenfalls einer Verwertung des Miteigentumsanteils in der Form der Beleihung (vgl. insoweit RG, JW 1907/674) nichts im Wege steht, ferner, daß der Bekl. jederzeit die Auseinandersetzungsversteigerung betreiben kann, wenn sich die Ehefrau nicht zu einer gemeinschaftlichen freihändigen Veräußerung bereitfindet. Im übrigen kommt in Betracht, daß die Ehefrau, bei der es sich offenbar um die Mutter des Kindes handelt, ihrerseits zur Verwertung des Ferienhauses gehalten ist. Wieweit sich die Obliegenheit des Bekl. zur Verwertung seines Miteigentumsanteils an dem Ferienhaus auf die hier zu treffende Entscheidung auswirkt, läßt sich nach dem derzeitigen Sachstand nicht abschließend beurteilen. Zu diesem Rückgriff auf den Vermögensstamm ist der Bekl. nur insoweit gehalten, als seine laufenden Einkünfte nicht ausreichen. Es ist daher zunächst festzustellen, wie hoch das unterhaltsrechtlich relevante Einkommen des Bekl. unter Mitberücksichtigung des Wohnens im eigenen Haus ist und wieviel davon nach den dargelegten Verteilungsgrundsätzen der Tochter zusteht. Erst dann läßt sich übersehen, in welchem Umfange der Unterhaltsbedarf der Tochter aus der Verwertung des Ferienhauses zu decken ist. Davon wiederum hängt es ab, ob dem Bekl. eine Verwertung durch Veräußerung obliegt oder ihm zuzugestehen ist, auf eine Beleihung auszuweichen, um auf diese Weise den endgültigen Verlust des Ferienhauses zu vermeiden. In diesem Zusammenhange verdient ggf. auch die von der Revision angestellte Erwägung Berücksichtigung, daß eine Beleihung mindestens insoweit naheliegen kann, als der Kredit aus mit Hilfe des Ferienhauses erzielbaren Einkünften verzinst werden kann. Weiter kommt es etwa darauf an, welcher Erlös bei der Veräußerung des Miteigentumsanteils erzielbar ist bzw. in welchem Umfange eine Beleihung in Betracht kommt. Letztlich ist nicht auszuschließen, daß sich die Unterhaltspflicht des Bekl. ermäßigt, wenn nämlich seine Ehefrau als die Mutter des Kindes ebenfalls zur Verwertung ihres Anteils an dem Ferienhaus gehalten ist und darüber ihrerseits als teilweise leistungsfähig anzusehen ist. Alle diese Fragen erfordern teils weitere tatsächliche Feststellungen, teils Wertungen im tatrichterlichen Verantwortungsbereich und sind daher insgesamt der Entscheidung des OLG zu überlassen.

(Mehrjahresdurchschnitt bei schwankenden Mieteinnahmen)

d c) Für die neue Verhandlung und Entscheidung weist der Senat auf folgendes hin: Soweit die Mieteinnahmen noch nicht greifbar sind und deshalb aus den bisherigen Mieteinnahmen Rückschlüsse auf die Höhe dieser Einnahmen in der Folgezeit gezogen werden müssen, dürfen nicht ohne weiteres die Verhältnisse des zuletzt belegten Jahres zugrunde gelegt werden, wie es das OLG für die Zeit ab 1. 1. 1983 auf der Basis der Werte des Jahres 1982 getan hat. Vielmehr ist angesichts der in den Jahren 1980 bis 1982 nicht unerheblich schwankenden Höhe der Mieteinnahmen des Bekl. ein – möglichst zeitnaher – Mehrjahresdurchschnitt zu bilden, damit nicht ein zufällig günstiges oder ungünstiges Jahr als Maßstab für die Zukunft dient (FamRZ 1985, 357/358 ff.).

BGH v. 23. 10. 85 – IVb ZR 68/84 – FamRZ 86, 553 = NJW 86, 985

R276 *(Obliegenheit zu angemessener Erwerbstätigkeit und entsprechende Vor- bzw. Ausbildung; Prognose der künftigen Entwicklung. Zeitlich begrenzter Unterhaltsanspruch für die zu erwartende Dauer einer erforderlichen Ausbildung nach § 1574 III BGB)*

a 1) Das OLG hat einen Unterhaltsanspruch der Ehefrau (eines Oberstudiendirektors) nach § 1573 I BGB für nicht gegeben erachtet, obwohl sie bisher tatsächlich keine Erwerbstätigkeit ausübt und nach den getroffenen Feststellungen auch keine – sichere – Aussicht hat, nach rechtskräftiger Scheidung durch Ausübung einer angemessenen Erwerbstätigkeit eigene Einkünfte zu erzielen. Das OLG hat der AGg. lediglich einen Anspruch auf Ergänzungsunterhalt nach § 1573 II BGB zugebilligt, weil sie in der Lage sei, sich nach Rechtskraft des Scheidungsurteils durch eine angemessene Erwerbstätigkeit – teilweise – selbst zu unterhalten (FamRZ 1985/158, 160). Dazu hat es ausgeführt: Zwar setze die Obliegenheit zu einer angemessenen Erwerbstätigkeit regelmäßig erst mit der Rechtskraft des Scheidungsurteils ein. Im vorliegenden Fall gelte aber im Hinblick auf die schon seit September 1979 andauernde Trennung der Parteien etwas anderes. So sei mit Rücksicht auf § 1566 II BGB von der AGg. zu fordern, daß sie spätestens nach dem Ablauf von drei Trennungsjahren, d. h. seit September 1982, den ernsthaften Versuch unternahm, sich in das Erwerbsleben einzugliedern. Zu den Bemühungen um eine angemessene Erwerbstätigkeit gehöre nach § 1574 III BGB auch die Aufnahme einer den Fähigkeiten entsprechenden Ausbildung, Fortbildung oder Umschulung, die einen erfolgreichen Abschluß erwarten ließen. Derartige Bemühungen hätten von der AGg. seit September 1982 erwartet werden können, zumal die Tochter der Parteien seit 1981 bei Verwandten untergebracht und deshalb nicht mehr auf eine persönliche Betreuung durch die Mutter angewiesen gewesen sei; der Sohn sei bereits volljährig. Das Studium des Zen-Buddhismus, dem sich die AGg. gewidmet habe, entspreche keiner Ausbildung, die eine nachhaltig gesicherte Erwerbstätigkeit erwarten lasse. Es sei offen, ob die AGg. ihren Lebensunterhalt einmal als Zen-Lehrerin werde sichern können; insoweit seien ihre Erwartungen nicht hinreichend konkret. Als angemessene Erwerbstätigkeit i. S. von § 1574 BGB komme bei Berücksichtigung der bisherigen Ausbildung der AGg., ihrer Fähigkeiten, ihres Alters und ihres Gesundheitszustandes nicht nur eine Tätigkeit in Betracht, die der eines Akademikers entspreche, sondern beispielsweise eine Tätigkeit bei Presse oder Rundfunk nach vorangegangenem Volontariat, das inzwischen hätte abgeschlossen sein können; ferner eine Tätigkeit als Fremdsprachenkorrespondentin oder Dolmetscherin, für die ebenfalls zwischenzeitlich die erforderliche Ausbildung wie Stenografie- und Schreibmaschinenlehrgang oder Besuch einer Dolmetscherschule hätten beendet sein können. Angemessen wäre auch eine Tätigkeit bei einer Fluggesellschaft (nach dem Erwerb von Zusatzkenntnissen, etwa in der Datenverarbeitung) oder im Touristikgewerbe als Reiseleiterin, speziell für ostasiatische Studienreisen. In all diesen Berufen hätte die AGg. auf den durch ihr Studium erworbenen Kenntnissen der englischen Sprache und – beschränkt – auch auf ihren japanischen Sprachkenntnissen aufbauen können; zudem wäre ihr ihre gute Allgemeinbildung zugute gekommen. Das Alter der AGg. würde der Aufnahme einer Erwerbstätigkeit in dem dargelegten Rahmen zur Überzeugung des Senats nicht im Wege stehen, wenn sie sich zwischenzeitlich entsprechend fortgebildet und sich ernstlich auf dem Arbeitsmarkt umgesehen hätte.

2) Das OLG hat hiermit die Prognose der zukünftigen Entwicklung der für den Unterhaltsanspruch maßgebenden Verhältnisse (FamRZ 1984/988, 989) dahin getroffen, daß die AGg. nach Rechtskraft des Scheidungsurteils aufgrund eigener Erwerbsmöglichkeit teilweise nicht unterhaltsbedürftig sein werde. Diese Prognose kann nach der vom OLG selbst vorgenommenen Bewertung der für die AGg. in Betracht kommenden Erwerbstätigkeiten sowie auf der Grundlage der hierzu bisher tatrichterlich getroffenen Feststellungen nicht bestehen bleiben. So hat das Gericht als angemessene, der AGg. nach den ehel. Lebensverhältnissen zumutbare Erwerbstätigkeiten Tätigkeiten bei Presse oder Rundfunk, bei einer Fluggesellschaft, im Touristikgewerbe als Reiseleiterin oder auch als Fremdsprachenkorrespondentin oder Dolmetscherin angenommen. Diese tatrichterliche Wertung ist als solche nicht zu beanstanden (FamRZ 1983/144, 145). Auch die Revision erhebt dagegen im Grundsatz keine Bedenken. Alle diese Tätigkeiten setzen indessen eine Vor- bzw. Ausbildung voraus, die die AGg., wie auch das OLG nicht verkennt, nicht besitzt. Eine angemessene Erwerbstätigkeit ohne eine noch zu absolvierende Vorbildung kommt hiernach (abgesehen von einem etwa möglichen Bestreiten ihres Lebensunterhalts aus der Betätigung auf dem Gebiet des Zen-Buddhismus, dazu s. unten in Abschnitt 4) nicht in Betracht. Hatte die AGg. aber in dem für die Beurteilung maßgeblichen Zeitpunkt der letzten mündlichen Verhandlung vor dem OLG die notwendigen Voraussetzungen für die Aufnahme einer nach den ehel. Lebensverhältnissen angemessenen Erwerbstätigkeit nicht erfüllt und bestanden auch keine konkreten Anhaltspunkte dafür, daß sie die erforderliche Vorbildung in nächster Zukunft erfolgreich (§ 1574 III BGB) beendet haben würde, so war sie mangels angemessener Erwerbsmöglichkeit – in vollem Umfang – bedürftig und auf nachehel. Unterhaltsleistungen des ASt. angewiesen. Sowohl die Höhe der der AGg. gegebenenfalls zuzubilligenden nachehel. Unterhaltsrente als auch die voraussichtliche Dauer der Unterhaltsverpflichtung des ASt. hängen davon ab, welche konkreten Erwerbsmöglichkeiten die AGg. nach der Scheidung haben wird. Dazu bedarf es weiterer tatrichterlicher Feststellungen.

Das OLG hat zwar ausgeführt, welche Tätigkeiten allgemein als angemessene Erwerbstätigkeiten für eine Frau in der Situation der AGg. in Erwägung gezogen werden können. Es hat jedoch nicht geprüft, ob diese Tätigkeiten gerade für die AGg. persönlich nach ihrer Veranlagung und subjektiven Eignung, ihren besonderen Lebensumständen, ihrem Alter und Gesundheitszustand in Betracht kommen und ob eine einigermaßen sichere Aussicht besteht, daß sie die für die genannten Tätigkeiten notwendige Vor- bzw. Ausbildung erfolgreich wird abschließen können (§ 1574 III BGB). Da die AGg. nicht nur für die voraussichtliche Dauer einer Ausbildung, sondern zeitlich unbegrenzt Unterhalt begehrt, ist darüber hinaus zu prüfen, ob und inwieweit unter Berücksichtigung der Lage auf dem Arbeitsmarkt eine konkrete Aussicht besteht, daß sie in ihrem Alter und bei ihrer Vorbildung unter Einsatz aller zumutbaren Anstrengungen – nach Abschluß der erforderlichen Vorbildung – eine entsprechende Tätigkeit finden kann (FamRZ 1984/683, 684). Das setzt die Feststellung voraus, ob objektiv ein Bedarf an Arbeitskräften in den in Betracht kommenden Bereichen besteht, der auch Personen im Alter der Ehefrau eine Anstellung finden läßt. Für die insoweit anzustellende Prognose wird das OLG die Verhältnisse zugrunde zu legen haben, wie sie bei Erlaß seiner Entscheidung bestehen (FamRZ 84/988, 989). Kommt es dabei zu dem Ergebnis, daß ein erfolgreicher Abschluß der in Betracht zu ziehenden Ausbildung erwartet werden kann und daß damit zu rechnen ist, die AGg. werde im Anschluß an die Ausbildung voraussichtlich auch eine Erwerbstätigkeit finden, so wird es unter Umständen eine zeitlich begrenzte Unterhaltsverpflichtung des ASt. für die zu erwartende Dauer der Ausbildung der AGg. festzulegen haben.

(Mutwillige Herbeiführung der Bedürftigkeit nach § 1579 Nr. 3 BGB, wenn ein Ehegatte trotz bestehender Erwerbs- und Ausbildungsobliegenheit eine als notwendig erkannte erfolgversprechende Ausbildungsmaßnahme in Kenntnis der unterhaltsrechtlichen Auswirkungen unterläßt; Beweislast des Verpflichteten)

3) Auch ein solcher zeitlich begrenzter Unterhaltsanspruch der AGg. könnte allerdings zu verneinen **b**
sein, soweit diese die erforderliche Ausbildung schon in der Vergangenheit ganz oder teilweise hätte absolvieren können. So könnte sie sich auf ihre Unterhaltsbedürftigkeit gemäß § 1579 I Nr. 3 BGB

nicht berufen, wenn ihr bisheriges Verhalten als mutwillige Herbeiführung der Bedürftigkeit i. S. dieser Vorschrift zu werten wäre. Feststellungen in dieser Richtung hat das OLG bisher nicht getroffen. Insoweit könnte gegebenenfalls in Betracht kommen, daß sich die AGg. einer als notwendig erkannten, erfolgversprechenden Ausbildungsmaßnahme für eine angemessene nacheheliche Erwerbstätigkeit „mutwillig" verschlossen hätte, um den Unterhaltsanspruch gegenüber dem Ehemann nicht zu gefährden. In diesem Zusammenhang kann der Umstand Bedeutung gewinnen, daß das OLG in dem angefochtenen Urteil v. September 1984 eine Ausbildungsobliegenheit für die AGg. bejaht und daß auch der Senat in einer – späteren – Entscheidung v. 24. 4. 1985 (FamRZ 1985/782, 784, m. w. N.) unter bestimmten Umständen eine Obliegenheit bereits des getrennt lebenden Ehegatten angenommen hat, sich bei langer Dauer des Getrenntlebens oder einer auf sonstige Weise erkennbaren Zerrüttung der Ehe auf die neue Lage einzustellen und nach seinen Möglichkeiten, unter Umständen durch Aufnahme einer zur Erlangung einer angemessenen Erwerbstätigkeit erforderlichen Ausbildung, um eine (Wieder-)Eingliederung in das Erwerbsleben zu bemühen. Ob und inwieweit der AGg. unter diesem Gesichtspunkt eine mutwillige Herbeiführung ihrer Bedürftigkeit anzulasten wäre, müßte allerdings der ASt. nachweisen.

(Vorwegabzug des Unterhalts Volljähriger, wenn die Aufnahme des Studiums dem gemeinsamen Willen der Eheleute entsprochen hat und kein Mangelfall vorliegt; fiktive Anrechnung eines erzielbaren Einkommens aus unterlassener Erwerbstätigkeit des Ehegatten und Anspruch nach § 1573 II BGB)

c 5 a) Das OLG ist bei der Bemessung des Ergänzungsunterhalts nach § 1573 II BGB von einem bereinigten Nettoeinkommen des ASt. – nach Abzug der Kosten für den Unterhalt der bei Verwandten lebenden (bei Erlaß des Berufungsurteils noch minderjährigen, inzwischen aber volljährigen) Tochter – i. H. von monatlich 4325,68 DM ausgegangen. Diesen Betrag hat es vorab um den Ausbildungsunterhalt für den volljährigen Sohn i. H. von monatlich 765 DM gekürzt mit der Begründung: Da der Sohn nach dem gemeinsamen Entschluß der Eltern studieren solle, seien die ehel. Lebensverhältnisse im Zeitpunkt der Stellung des Scheidungsantrags hierdurch geprägt worden. Wenn auch nach § 1609 II BGB ein volljähriges Kind mit seinem Unterhaltsanspruch grundsätzlich dem Ehegatten nachgehe, entstehe hier doch angesichts der verhältnismäßig günstigen Einkommensverhältnisse des ASt. kein Rangproblem. Denn es könnten sowohl der Unterhalt des Sohnes als auch der angemessene Unterhalt der AGg. aus dem unterhaltserheblichen Einkommen des ASt. gedeckt werden. Ein sog. Mangelfall liege nicht vor. Deshalb könne dahingestellt bleiben, ob die Eheleute die Regel des § 1609 II BGB zumindest stillschweigend abbedungen hätten. Auf der so gewonnenen Grundlage hat das OLG den Unterhaltsbedarf der AGg. mit monatlich 1424,27 DM ($^2/_5$ des verbleibenden Einkommens des ASt. von 3560,68 DM) angesetzt, wobei es – mangels konkreter Darlegung – keinen zusätzlichen trennungsbedingten Mehrbedarf berücksichtigt hat (FamRZ 1983/886, 887, m. w. N.). Sodann hat das Gericht ausgeführt: Auf den Bedarf von monatlich 1424,27 DM müsse sich die AGg. eigenes fiktives Einkommen aus der ihr obliegenden Arbeitstätigkeit anrechnen lassen. Es könne offen bleiben, ob es sich dabei, wie die AGg. allenfalls für möglich halte, um einen Betrag von 1000 DM oder, wie von dem FamG angenommen, um einen solchen von 1200 DM handele. In beiden Fällen ergebe sich kein höherer als der titulierte Unterhaltsanspruch. b) Diese Ausführungen sind auf der Grundlage der bisher von dem OLG angenommenen Erwerbs- und Einkommensverhältnisse der AGg. revisionsrechtlich nicht zu beanstanden. Der unterhaltsrechtliche Vorrang des geschiedenen Ehegatten gegenüber volljährigen Kindern nach § 1609 II S. 2 BGB wirkt sich, wie der Senat nach Erlaß des angefochtenen Urteils – insoweit in Übereinstimmung mit der Auffassung des OLG – entschieden hat (FamRZ 1985/912, 916, m. w. N.), nur dann aus, wenn die verbleibenden Einkünfte des Verpflichteten nicht ausreichen, um den angemessenen Unterhalt des Berechtigten zu gewährleisten. Dann – und erst dann – hat ein Vorwegabzug des Kindesunterhalts zu unterbleiben (FamRZ 1986, 48). Andernfalls steht § 1609 II S. 2 BGB dem Vorwegabzug insoweit nicht entgegen, als die ehel. Lebensverhältnisse im Zeitpunkt der Scheidung (nicht schon des Scheidungsantrags) dadurch geprägt sind, daß die für den Unterhalt eines studierenden volljährigen Kindes erforderlichen Beträge den Eheleuten für die Dauer des Studiums ohnehin nicht für ihren allgemeinen Lebensbedarf zur Verfügung stehen. Ob dies im Einzelfall anzunehmen ist, unterliegt der Beurteilung des Tatrichters. Das OLG hat insoweit bei der Berücksichtigung des Unterhaltsbedarfs des Sohnes rechtsfehlerfrei darauf abgestellt, daß das Studium einem gemeinsamen Entschluß der Parteien – und damit einer entsprechenden übereinstimmenden Disposition über ihre Einkommensverhältnisse für die voraussichtliche Studiendauer – entspricht. Bei der erneuten Prüfung und Entscheidung wird das Gericht auch dem Umstand Rechnung zu tragen haben, daß die Tochter inzwischen ebenfalls volljährig geworden ist und gegebenenfalls ihrerseits Ausbildungsunterhalt beansprucht. Ob und in welcher Höhe die AGg. den ASt. endgültig auf nachehel. Unterhalt in Anspruch nehmen kann, hängt von dem Ergebnis der weiteren Feststellungen des OLG ab. Je nachdem, welche Beträge ihr danach als angemessener Unterhalt zustehen, ist erneut zu prüfen, ob die Einkünfte des ASt. ausreichen, um seine Unterhaltsverpflichtungen sowohl gegenüber den beiden volljährigen Kindern als auch gegenüber der AGg. zu erfüllen. Nur wenn das nicht der Fall sein sollte, scheidet ein Vorwegabzug des Unterhalts für Kinder aus.

BGH v. 6. 11. 85 – IVb ZR 69/84 – FamRZ 86, 153 = NJW-RR 86, 293

(Abänderung eines Unterhaltsvergleichs bei erhöhtem Bedarf nach Aufnahme eines Studiums; Wegfall des Betreuungsunterhalts nach Volljährigkeit) **R278**

II 1) Die Klage auf Abänderung des Prozeßvergleichs, die auch für die Zeit vor der Klageerhebung zulässig ist (BGHZ – GSZ – 85/64 = FamRZ 1983/22), bringt den materiell-rechtlichen Gesichtspunkt der Änderung oder des Wegfalls der Geschäftsgrundlage zur Geltung (BGHZ 85/64, 69, 73). Eine Änderung der Geschäftsgrundlage liegt nach dem unstreitigen Sachverhalt vor: Seit der Aufnahme des Studiums benötigt der Sohn einen erhöhten Barunterhalt von 765 DM monatlich; sein Unterhaltsbedarf kann nicht mehr wie zuvor zu einem Teil durch Naturalleistungen der Mutter gedeckt werden. Das erfordert eine neue Unterhaltsbemessung. Diese ergibt jedoch keinen höheren als den vom AmtsG zugesprochenen Anspruch gegen den Bekl. 2) Die Bestimmung der Höhe des Barunterhaltsanspruchs des Sohnes gegen den Bekl. in dem Prozeßvergleich beruhte ersichtlich auch darauf, daß die Mutter Betreuungsunterhalt leistete. Für den – ab Oktober 1981 eingetretenen – Fall, daß wegen der Aufnahme des Hochschulstudiums Betreuungsunterhalt nicht mehr oder jedenfalls nur noch in unbedeutendem Umfang erbracht werden kann, sind der Vereinbarung Maßstäbe für die nunmehr vorzunehmende Verteilung des erhöhten Barunterhalts nicht zu entnehmen. Das OLG hat deshalb, wie bereits das AmtsG, zu Recht – von der Revision unangefochten – anstelle der Vereinbarung nunmehr die gesetzliche Regelung für maßgebend gehalten. **a**

(Ermittlung der Haftungsanteile der Eltern nach Vorabzug eines Sockelbetrages sowie sonstiger Unterhaltsverpflichtungen)

II 3) Das OLG ist davon ausgegangen, daß Eltern als gleich nahe Verwandte der aufsteigenden Linie ihren volljährigen Kindern gemäß § 1606 III S. 1 BGB anteilig nach ihren Erwerbs- und Vermögensverhältnissen haften. Das ist richtig (FamRZ 1980/994). Die Vorschrift begründet Teilschulden. Wenn also auch auf die Mutter ein Haftungsanteil entfällt, kann gegen den Vater nur der verbleibende Teil des Unterhaltsanspruchs geltend gemacht werden. Die Vorschrift des § 1606 III S. 1 BGB hat ihre heutige Fassung durch das Gesetz über die rechtliche Stellung der nichtehelichen Kinder – NEhelG – v. 19. 8. 1969 (BGBl. I 1243) erhalten. Danach haften mehrere gleich nahe Verwandte für den Unterhalt anteilig nach ihren Erwerbs- und Vermögensverhältnissen. Es handelt sich um eine Verteilung der Unterhaltslastquoten nach der Leistungsfähigkeit (vgl. die Amtliche Begründung des Regierungsentwurfs, abgedruckt bei Jansen/Knöpfel, Das neue Unehelichengesetz, S. 158 ff., 160). a) Diese wurde auf seiten des Bekl. im Anspruchszeitraum durch notwendig erfüllte Verpflichtungen vorab geschmälert. Insoweit ist neben der – auch von der Revision nicht beanstandeten – Berücksichtigung der Krankenversicherungsbeiträge (FamRZ 1984/39, 41, m. w. N.) der Abfluß von monatlich 880 DM für den Unterhalt seiner geschiedenen Ehefrau und seiner Tochter zu beachten. Diese Unterhaltszahlungen für den zurückliegenden, abgeschlossenen Zeitraum verringerten hier die für den Bekl. selbst und für den Unterhalt des Sohnes verbleibenden Mittel endgültig. Das rechtfertigt ihren Vorwegabzug. Sie werden auch nach Grund und Höhe von keiner Seite in Zweifel gezogen. b) Keinen durchgreifenden rechtlichen Bedenken begegnet auch, daß das OLG von den Einkünften beider Elternteile weiterhin jeweils einen Betrag für die Bestreitung ihres eigenen angemessenen Lebensunterhalts abgesetzt und erst danach die anteiligen Haftungsquoten nach dem Verhältnis der verbleibenden Mittel bestimmt hat. Die Vorschrift, daß mehrere gleich nahe Verwandte anteilig nach ihren Erwerbs- und Vermögensverhältnissen auf Unterhalt haften, würde bei schematischer Quotierung nach der Höhe der Einkünfte im Bereich kleiner und mittlerer Einkommen dazu führen, daß Unterhaltsschuldner mit unterschiedlich hohen Einkünften je nachdem, wie weit ihre Mittel den für den eigenen Unterhalt erforderlichen Betrag übersteigen, in ihren Möglichkeiten der Lebensführung ungleich einschneidend beschränkt würden. Die erst in einem weiteren Schrit vorzunehmende Kontrollrechnung nach § 1603 I BGB (vgl. OLG Düsseldorf – 2. FamS –, FamRZ 1982/1101) vermöchte dem nicht im notwendigen Maße entgegenzuwirken. Sie würde den Unterhaltspflichtigen allein gegen einen Eingriff in seinen angemessenen Eigenbedarf schützen. In Fällen jedoch, in denen – wie hier – das Einkommen des geringer Verdienenden immerhin so hoch ist, daß die streng proportional der beiderseitigen Einkommenshöhe errechnete anteilige Unterhaltsverpflichtung seinen angemessenen Eigenunterhalt noch nicht beeinträchtigt, bliebe es dabei, daß der die Eigenbedarfsgrenze übersteigende Einkommensteil bei ihm im Verhältnis zu dem besser Verdienenden unverhältnismäßig stark in Anspruch genommen würde (so zutreffend OLG Düsseldorf – 5. FamS –, FamRZ 1984/1134, 1135). Die Lösung muß vielmehr bereits bei dem Verständnis der im Gesetz angeordneten anteiligen Haftung nach den Erwerbs- und Vermögensverhältnissen (§ 1606 III S. 1 BGB) ansetzen. Bei der gebotenen wertenden Betrachtung ist die Vorschrift auch dann, wenn allein Barunterhalt – aus Einkünften – in Betracht kommt, nicht dahin zu verstehen, daß die Beteiligung an der Unterhaltslast stets linear nach dem Verhältnis der beiderseits vorhandenen Mittel bestimmt werden kann. Eine sachgerechte Auslegung muß vielmehr die unterschiedliche Belastung der Bezieher unterschiedlich hoher Einkünfte vermeiden, wie sie durch eine schematische Quotierung **b** proportional zur Höhe der Einkünfte entstehen kann. In welcher Weise dies geschieht, ist weitgehend Sache der Beurteilung des Tatrichters, der das Ergebnis der von ihm angewandten Berechnungsmethode zudem abschließend auf seine Angemessenheit zu überprüfen haben wird. Bei beiderseits sehr guten wirtschaftlichen Verhältnissen kann hiernach auch eine Verteilung der Unterhaltslast proportional der Höhe der Einkünfte am Platze sein. Eine jedenfalls bei Einkünften der hier vorliegenden Größenordnung billigenswerte Methode, die ungleich belastende Heranziehung unterschiedlich verdienender, gleich naher Verwandter zum Unterhalt zu vermeiden, besteht darin, die Haftungsquoten erst nach dem Abzug der für den eigenen Unterhalt erforderlichen Beträge nach dem Verhältnis der verbleibenden Mittel zu bestimmen. Diesen Weg des Vorwegabzuges von Sockelbeträgen hat das OLG gewählt. Es ist damit einer verbreiteten Praxis gefolgt (OLG Köln, FamRZ 1985/90, 91; OLG Düsseldorf – 5. FamS –, FamRZ 1984/1134; OLG Stuttgart, FamRZ 1984/1251). Auch gegen die Bemessung des für den eigenen Bedarf der Elternteile erforderlichen „Sockelbetrages" auf jeweils monatlich 1200 DM bestehen bei den hier vorliegenden Einkommensverhältnissen keine Bedenken.

(Erwerbseinkommen und Unterhalt als Ausgangsbetrag bei der Quotierung der anteiligen Unterhaltslast)

c II 6 c) Schließlich verhilft die Erwägung, der nacheheliche Unterhalt, den die Mutter in der hier interessierenden Zeit bezogen habe, müsse bei der Bemessung der Unterhaltsansprüche des Sohnes außer Betracht bleiben, der Revision nicht zum Erfolg. Die damit aufgeworfene Rechtsfrage kann auf sich beruhen. Zur Deckung ihres Lebensbedarfs standen der Mutter die diesem Zweck dienende Unterhaltsrente von monatlich 500 DM sowie ein Teil ihres Erwerbseinkommens zur Verfügung. Allein der überschießende Teil ihres Erwerbseinkommens gewinnt also für die Verteilung der gegenüber dem Sohn bestehenden Unterhaltslast Bedeutung. Dieser Einkommensteil beträgt aufgrund der bedenkenfrei getroffenen tatrichterlichen Feststellung, der angemessene Eigenbedarf sei mit monatlich 1200 DM anzunehmen, 460 DM. Daher ergibt sich die oben unter Ziffer 4 dargestellte Quotierung der Unterhaltslast nach den Erwerbs- und Vermögensverhältnissen (d. h.: nach den Einkommens- und Vermögensverhältnissen; vgl. die Amtliche Begründung des Regierungsentwurfs bei Jansen/Knöpfel, a. a. O.). Die Revision weist zwar darauf hin, daß es an anderer Stelle in dem Berufungsurteil heißt, es sei unstreitig, daß der von dem Bekl. geleistete Unterhaltsbetrag von 500 DM „dem Bedarf" entspreche. Diese Wendung in dem angefochtenen Urteil stellt jedoch die Feststellung, der i. S. des § 1603 I BGB angemessene Unterhalt der Mutter betrage nur 1200 DM monatlich, nicht in Frage. Bei ihr handelt es sich um die Darlegung, daß der Bekl. an seine geschiedene Ehefrau nicht Unterhalt über das nach den ehelichen Lebensverhältnissen Geschuldete hinaus geleistet hat; mit dem „Bedarf" ist also der in § 1578 I S. 2 BGB genannte „gesamte Lebensbedarf" gemeint, den der Bekl. mit dem Unterhalt gemäß § 1573 II BGB erfüllt habe.

BGH v. 27. 11. 85 – IVb ZR 78/84 – FamRZ 86, 148 = NJW 86, 720

R279 *(Einkommenszurechnung bei Ausbildung während der Ehe und erstmalige Anstellung als Assistenzarzt nach der Scheidung)*

a) Nach der Rechtsprechung des Senats schließt die Ausrichtung des Unterhaltsanspruches an den zur Zeit der Scheidung bestehenden ehel. Lebensverhältnissen es nicht notwendig und in jedem Falle aus, später eintretende Veränderungen zu berücksichtigen, wenn ihnen eine Entwicklung zugrunde liegt, die aus der Sicht des Zeitpunkts der Scheidung mit hoher Wahrscheinlichkeit zu erwarten war, und wenn ihre Erwartung die ehel. Lebensverhältnisse bereits geprägt hat (FamRZ 1982/684, 686; FamRZ 1985/791, 793, m. w. N.). Die Beurteilung in diesem Rahmen ist wesentlich Sache der tatrichterlichen Würdigung und daher in der Revision nur beschränkt nachprüfbar (vgl. auch RGZ 75/124, 128).

b) Der Bekl. hat im vorliegenden Fall sein Medizinstudium nach den Bestimmungen der Approbationsordnung für Ärzte v. 28. 10. 1970 absolviert. Danach besteht die ärztliche Ausbildung in einem Hochschulstudium von sechs Jahren, dessen letztes Jahr in einer zusammenhängenden praktischen Ausbildung im Krankenhaus abzuleisten ist. Zwei Jahre nach Studienbeginn ist die ärztliche Vorprüfung abzulegen; die früher einheitliche Abschlußprüfung gliedert sich nunmehr in drei Teilabschnitte, wovon der erste ein Jahr nach Bestehen der Vorprüfung, der zweite drei Jahre nach Bestehen der Vorprüfung und der letzte im Anschluß an die praktische Ausbildung im Krankenhaus zu durchlaufen ist. Im Zeitpunkt der Scheidung hatte der Bekl. die ersten beiden Teilabschnitte der ärztlichen Prüfung bestanden und noch einen Teil seiner praktischen Ausbildung im Krankenhaus sowie den dritten Abschnitt der ärztlichen Prüfung vor sich. Das vorklinische Studium war abgeschlossen, das klinische schon überwiegend durchlaufen. Auch mit der Promotion zum „Dr. med." hatte er bereits begonnen. Die Annahme des OLG, daß in diesem Stadium der erfolgreiche Abschluß der Ausbildung mit hoher Wahrscheinlichkeit zu erwarten war, ist bei dieser Sachlage revisionsrechtlich nicht zu beanstanden. Die Rüge der Revision, diese Annahme verstoße gegen Erfahrungssätze und setze sich über den durch eine Auskunft der Bayerischen Ärztekammer unter Beweis gestellten Vortrag des Bekl. hinweg, wonach „bei medizinischen Staatsexamen" Durchfallquoten von mehr als 40% „üblich" seien, ist unbegründet.

Die Beurteilung von Examensaussichten hängt wesentlich von den individuellen Verhältnissen des Prüflings ab und erst in zweiter Linie von erfahrungsmäßigen oder statistischen Aussagen. Das Gericht brauchte dem ohnehin sehr allgemein gehaltenen Beweisantrag nicht nachzugehen, sondern konnte seine Annahme rechtsbedenkenfrei darauf stützen, daß der Bekl. seine bisherige medizinische Ausbildung zielstrebig und reibungslos durchlaufen und zwei Teilabschnitte der dreiaktigen Abschlußprüfung bereits bestanden hatte. Nach eigenen Angaben hatte er das „Physikum" als einer der Besten bestanden und haben seine Leistungen in der Folgezeit über dem Durchschnitt gelegen. Etwa drei Monate nach dem Abschluß der ärztlichen Prüfung hat der Bekl. tatsächlich eine Anstellung als Assistenzarzt in einem Krankenhaus erlangt. Aus Rechtsgründen kann nicht beanstandet werden, daß das OLG annimmt, diese Anstellung sei ebenfalls mit hoher Wahrscheinlichkeit zu erwarten gewesen. Da der Bekl. Unterhalt für das gemeinschaftliche Kind aus der Ehe der Parteien zu leisten hatte und darüber hinaus gewillt war, beträchtliche Unterstützungsleistungen zurückzuzahlen, konnte zudem zugrunde gelegt werden, daß er sich mit allem Nachdruck und hohem persönlichen Einsatz um die Erlangung einer solchen Stelle, die überdies zur normalen beruflichen Entwicklung eines Arztes gehört, bemühen werde und daß diese Bemühungen trotz der allgemein schwierigen Lage in absehbarer Zeit von Erfolg gekrönt sein würden. Auch insoweit bedurfte es daher nicht der Erholung der angebotenen Auskunft der Bayerischen Ärztekammer darüber, daß von den erfolgreichen Examenskandidaten weniger als die Hälfte eine Assistentenstelle in einem Krankenhaus erhielten.

c) Bei einer Ehe, wie sie die Parteien geführt haben, muß ausnahmsweise auch das Einkommen den ehel. Lebensverhältnissen zugerechnet werden können, das der kurz vor dem erfolgreichen Abschluß seines Studiums stehende Ehegatte aus der erstmals nach der Scheidung, aber in nahem zeitlichen Zusammenhang damit aufgenommenen Erwerbstätigkeit in dem angestrebten akademischen Beruf erzielt. Daß insoweit eine Entwicklung vorliegt, die in den Verhältnissen während der Ehe angelegt war, liegt auf der Hand. Die Kl., die nach allgemeinen Grundsätzen keine Erwerbsobliegenheit traf, solange das von ihr betreute Kind noch nicht acht Jahre alt war (FamRZ 1983/456, 458, m. w. N.), hat zunächst ganztags und später halbtags als Laborantin gearbeitet und ist offenbar im Hinblick auf den gemeinsamen Lebensplan der Parteien überobligationsmäßig erwerbstätig gewesen. Die weiteren Mittel, mit denen die Parteien ihren Lebensunterhalt bestritten haben, nämlich Zuwendungen von Verwandten des Bekl. sowie BAföG-Leistungen, sind im Hinblick auf das Studium des Bekl. und begrenzt auf dessen Dauer zugeflossen. Von einer dauerhaften, die Gewähr der Stetigkeit in sich tragenden wirtschaftlichen Grundlage der Ehe, die normalerweise den Unterhaltsmaßstab des § 1578 I BGB abgibt, kann insoweit nicht ausgegangen werden (FamRZ 1983/146, 149). Andererseits hat der Bekl. sein Studium in einer Weise betrieben, daß die Parteien die begründete Erwartung hegen konnten, die wirtschaftlichen Verhältnisse der Studienzeit würden nur vorübergehend sein und in absehbarer Zeit in diejenigen einer Arztfamilie einmünden. Bereits in seinem Urteil v. 27. 6. 1984 (IVb ZR 23/83 – nicht veröffentlicht) hat es der Senat gebilligt, daß der Tatrichter an eine die ehel. Lebensverhältnisse prägende Erwartung auf eine Verbesserung der Einkommensverhältnisse angeknüpft hatte, die dadurch begründet war, daß der Ehemann vor der Scheidung die Meisterprüfung im Kraftfahrzeughandwerk abgelegt hatte und mit hoher Wahrscheinlichkeit auf eine entsprechende Anstellung bei seinem Arbeitgeber rechnen konnte. Nicht entscheidend ist in diesen Fällen, ob es sich um einen beruflichen Aufstieg oder um die erstmalige Aufnahme einer Erwerbstätigkeit handelt. Es geht darum, ob eine wirtschaftliche Entwicklung nach der Scheidung auf die ehel. Lebensverhältnisse bezogen werden kann. Dafür ist insbesondere von Bedeutung, ob sie der Erwartung aus der Sicht des Scheidungszeitpunkts entspricht oder unvorhersehbar war und ob sie sich in engem zeitlichen Zusammenhang mit der Scheidung verwirklicht hat. Im vorliegenden Fall bestehen insgesamt keine durchgreifenden rechtlichen Bedenken dagegen, daß der Tatrichter die Einkünfte des Bekl. aus der Anfangsstellung seiner beruflichen Laufbahn als Arzt den ehel. Lebensverhältnissen zugerechnet hat. Es müßte auch auf Unverständnis stoßen, wenn in Fällen, in denen – wie hier – die Ehefrau durch die Betreuung eines Kindes und obendrein überobligationsmäßige Erwerbstätigkeit während der Ehe das Studium des Ehemannes mit ermöglicht hat, diese an den bedrängten Verhältnissen während der Ehe nur deswegen festgehalten würde, weil es kurz vor Beginn der akademischen Karriere des Ehemannes zur Scheidung gekommen ist.

BGH v. 27. 11. 85 – IVb ZR 79/84 – FamRZ 86, 244 = NJW 86, 718

(Prägung der ehelichen Lebensverhältnisse durch das Einkommen; zu berücksichtigende Einkommensänderungen zwischen Trennung und Scheidung; maßgebliche gegenwärtige Einkommensverhältnisse; Beweislast für unerwartete außergewöhnliche Entwicklung; Anspruch auch bei extrem langer Trennung oder wenn er längere Zeit nicht verlangt wurde) **R280**

II 1) Leben Ehegatten getrennt, kann der Bedürftige von dem anderen den nach den Lebensverhältnissen und den Erwerbs- und Vermögensverhältnissen der Ehegatten angemessenen Unterhalt verlangen (§ 1361 I S. 1 BGB). Zu Recht ist das OLG daher von der Frage ausgegangen, auf welche Weise der angemessene Unterhalt der Kl. zu bestimmen ist, und hat erst anschließend geprüft, ob sie außerstande **a** ist, diesen Bedarf ohne Unterhaltsleistungen des Bekl. zu decken. Es begegnet indessen durchgreifenden Bedenken, daß das OLG den Unterhaltsbedarf der Kl. nur nach ihrem eigenen Erwerbseinkommen und der Nutzung ihres Hausbesitzes bemessen hat. a) Mit der Rechtsprechung des Senats stimmt es im Ansatz überein, daß die für die Höhe eines Anspruchs maßgeblichen ehel. Lebensverhältnisse im allgemeinen durch das Einkommen geprägt werden, in einer Doppelverdienerehe daher durch die (zusammengerechneten) Einkünfte beider Ehegatten (std. Rspr. FamRZ 1980/876, 877). Beide Ehegatten haben an dem durch die Einkünfte bestimmten Lebensstandard grundsätzlich gleichen Anteil; demgemäß werden sie regelmäßig von der Entwicklung während der Ehe bis zu deren Auflösung in gleichem Maße betroffen (std. Rspr., FamRZ 1980/770; FamRZ 1984/561, 562). Veränderungen der Einkommensverhältnisse, die erst nach der Trennung der Ehegatten bis zur Scheidung eingetreten sind, beeinflussen daher die für die Unterhaltsbemessung maßgeblichen ehel. Lebensverhältnisse, es sei denn, daß sie auf einer unerwarteten und vom Normalverlauf erheblich abweichenden Entwicklung beruhen (FamRZ 1982/575 und 576, FamRZ 1982/892, 893). Derartige außergewöhnliche Umstände ergeben sich aus den Feststellungen des OLG jedoch nicht. Der Bekl. ist wie schon während des Zusammenlebens der Parteien als Betriebsleiter in derselben Firma tätig und der Kl. obliegt – vorbehaltlich ihres Gesundheitszustandes – ebenfalls unverändert eine Erwerbstätigkeit, wie sie sie nach Art und Umfang schon während ihres Aufenthaltes in K. ausgeübt hat. b) Haben sich die Einkommensverhältnisse bei keinem der getrennt lebenden Ehegatten außergewöhnlich verändert, bestimmen sie weiterhin die ehel. Lebensverhältnisse. Da es sich hierbei um eine objektiv bestimmbare Größe handelt, kommt es entgegen der Auffassung des OLG nicht darauf an, wie ein getrennt lebender Ehegatte die wirtschaftliche Lage des anderen einschätzt und ob er demgemäß einen ergänzenden Unterhalt verlangt oder anbietet. Hat der besser verdienende Ehegatte nach der Trennung zum Unterhalt des anderen nicht beigetragen, so daß sich der Lebensstandard beider Ehegatten in tatsächlicher Hinsicht unterschiedlich gestaltet hat, kann hieraus keine Beschränkung des Unterhaltsbedarfs des Ehegatten mit dem geringeren Einkommen abgeleitet werden (FamRZ 1980/876). Entgegen der Auffassung des OLG braucht deshalb ein Ehegatte, der nach längerer Trennungszeit erstmals einen Unterhaltsanspruch geltend macht, nicht durch substantiierten Tatsachenvortrag zu erklären, daß er sich in der Vergangenheit mit einem geringeren als dem eheangemessenen Unterhalt zufriedengegeben und einen bestehenden Unterhaltsanspruch lediglich nicht geltend gemacht habe. Für einen Anspruch auf Trennungsunterhalt sind vielmehr regelmäßig nur die gegenwärtigen beiderseitigen Einkommens- und Vermögensverhältnisse darzulegen. Es ist Sache des Ehegatten, der sich auf eine unerwartete und außergewöhnliche Entwicklung der Einkünfte seit der Trennung berufen und daraus Rechte herleiten will, dies durch Tatsachenvortrag darzulegen und notfalls zu beweisen (FamRZ 1983/352, 353). c) Aus dem eigenen Verhalten der Kl. in den ersten zehn Jahren nach der Trennung können für die Bemessung ihres Unterhaltsbedarfs nicht die vom OLG angenommenen Schlüsse gezogen werden. Verlangt ein Ehegatte über eine längere Zeit keinen Unterhalt, wird das allerdings in vielen Fällen darauf beruhen, daß keine Bedürftigkeit bestand (FamRZ 1982/898 = BGHZ 84/280, 284). Es können aber auch persönliche Motive dieses Verhalten bestimmt haben, etwa Stolz oder Rücksichtnahme auf den Ehegatten. In diese Richtung weist, daß beide Parteien im ersten Rechtszug vorgetragen haben, sie hätten auch nach der Trennung keine Scheidung angestrebt, weil abgesprochen gewesen sei, unter Umständen wieder zusammenzuleben, wenn die Kinder groß und aus dem Hause seien. Zu bedenken ist auch, daß in den ersten Trennungsjahren, nämlich bis zum Inkrafttreten des 1. EheRG am 1. 7. 1977, der Anspruch auf Trennungsunterhalt gemäß § 1361 BGB a. F. noch von Billigkeitsgesichtspunkten abhing, vor allem vom Trennungsverschulden – über das die Parteien sich möglicherweise nicht auseinandersetzen wollten –, aber auch von der Dauer der Ehe. Auf der Grundlage des reformierten Rechts steht die Auffassung des OLG jedoch vor allem im Widerspruch zu § 1361 III BGB, wonach die Vorschrift des § 1579 I Nr. 1 BGB von der entsprechenden Anwendung auf den Trennungsunterhalt ausgenommen ist. d) Aus alledem folgt bereits, daß der für den nachehelichen Unterhalt in § 1573 IV BGB zur Geltung gebrachte Gedanke, mit der nachhaltigen Sicherung des Unterhalts durch eine eigene Erwerbstätigkeit des einen Ehegatten entfalle eine fortwirkende unterhaltsrechtliche Verantwortung des anderen, auf Fälle des Getrenntlebens nicht angewendet werden kann. Eine nur formell bestehende Ehe mit anderen (verminderten) als den gesetzlichen Rechten und Pflichten gibt es nicht. Auch bei extrem langer Trennung (z. B. OLG Hamm, FamRZ 1979/581: mehr als 30 Jahre nach sechstägigem Zusammenleben) kann nur geprüft werden, ob ein Ausschluß oder eine Herabsetzung des Unterhaltsanspruchs gemäß § 1361 III i. V. mit § 1579 I Nr. 2 bis 4 BGB gerechtfertigt ist. Unter diesem Gesichtspunkt, den offenbar das AmtsG seiner Beurteilung zugrunde gelegt hat, ist dem vorliegenden Sachverhalt nach den bisher getroffenen Feststellungen indessen kein eine Kürzung rechtfertigender Grund zu entnehmen.

(Anforderungen an Art und Ausmaß der Bemühungen um einen Arbeitsplatz; Darlegungs- u. Beweislast; subjektive Arbeitsbereitschaft und Verschleierung der Arbeitswilligkeit)

b II 2) Wie die Revision nicht in Abrede stellt, trifft die Kl. vorbehaltlich ihres Gesundheitszustandes nach ihren persönlichen Verhältnissen, insbesondere wegen ihrer bisherigen Erwerbstätigkeit, eine Erwerbsobliegenheit (§ 1361 II BGB). Für seine Bedürftigkeit trägt der Unterhaltbegehrende die Darlegungs- und Beweislast (vgl. FamRZ 1982/255, 257). Soweit er für Zeiten der Arbeitslosigkeit Unterhalt beansprucht, muß er, um dieser Darlegungslast zu genügen, daher in nachprüfbarer Weise vortragen, welche Schritte er im einzelnen unternommen hat, um einen zumutbaren Arbeitsplatz zu finden und sich bietende Erwerbsmöglichkeiten zu nutzen. Die bloße Meldung beim Arbeitsamt kann nicht genügen. Die Anforderungen, die an den Vortrag des Unterhaltsbegehrenden zu stellen sind, können jedoch nicht in allen denkbaren Fällen gleich sein. Art und Ausmaß der Bemühungen, die der Bedürftige darzulegen hat, hängen im Einzelfall sowohl von den objektiven Bedingungen für die Erwerbsmöglichkeit als auch von den subjektiven Voraussetzungen ab, unter denen er Arbeit suchen muß. In Zeiten der Vollbeschäftigung müssen an den Nachweis vergeblichen Bemühens höhere Anforderungen gestellt werden als bei einem hohen Anteil von Arbeitslosen auf dem betroffenen Arbeitsmarkt. In dicht besiedelten Bezirken mit hohem Beschäftigungsstand bestehen generell bessere Bedingungen als in strukturschwachen und weniger bevölkerten Landesteilen. Für den Erfolg bei der Bewerbung um einen freien Arbeitsplatz kommt es zudem nicht nur auf die Zahl der Mitbewerber an; zwischen diesen besteht keine Chancengleichheit, weil sie sich nach Alter, Geschlecht und Familienstand unterscheiden und außerdem ihre jeweilige Ausbildung und etwaige berufliche Erfahrungen mit ins Gewicht fallen. Bei der Beurteilung, ob ein Vortrag ausreicht, um das ernsthafte und nachhaltige Bemühen um eine Erwerbstätigkeit darzutun, darf aber vor allem nicht außer Betracht bleiben, ob sich aus der Arbeitsbiographie oder anderen Umständen Erkenntnisse über die subjektive Arbeitsbereitschaft des Anspruchstellers gewinnen lassen. Diesem Gesichtspunkt muß der Richter schon deshalb besondere Aufmerksamkeit schenken, weil nicht auszuschließen ist, daß eine Unterhalt begehrende Partei versuchen könnte, ihre mangelnde Arbeitswilligkeit dadurch zu verschleiern, daß sie zu mißglückten Versuchen, eine Beschäftigung zu finden, zwar umfangreich vorträgt, zumutbare Stellenangebote jedoch verschweigt. Nach diesen Maßstäben hat das OLG im vorliegenden Fall die Anforderungen an die Darlegungslast der Kl. überspannt. Schon die von der Kl. nach der Trennung der Parteien ausgeübten Erwerbstätigkeiten sprechen dagegen, daß sie es an der nötigen Bereitschaft hat fehlen lassen, eine zumutbare Beschäftigung anzunehmen und jede Möglichkeit zu nutzen, ihren Lebensunterhalt selbst zu verdienen. Denn die Kl., die Kinderpflege gelernt hat, hat durch die Aufnahme von für sie zunächst berufsfremden Tätigkeiten mehrfach ihre Anpassungsfähigkeit und ihren Arbeitswillen unter Beweis gestellt. So war sie zunächst noch jahrelang als Bankangestellte tätig, seit Januar 1976 dann ein Jahr lang als Sprechstundenhilfe in einer Arztpraxis und seit dem 1. 7. 1978 für mehr als zwei Jahre als medizinisch-technische Gehilfin mit Nachtarbeit in einer Kurklinik. Auch in der Zeit, für die sie Trennungsunterhalt geltend macht, hat sie als Hauspflegerin – teilweise wiederum in Nachtarbeit – im kirchlichen Sozialdienst immer wieder Einkünfte erzielt, solange der Evangelische Kirchenkreis E. dafür Mittel bereitstellen konnte. Wenn sie als inzwischen über fünfzig Jahre alte Frau auf dem Hintergrund dieses bisherigen Erwerbslebens unter Beweisangebot vorträgt, ihre Bemühungen, weitere Arbeit zu finden, seien – mit Ausnahme der erwähnten zeitlich befristeten Tätigkeit beim kirchlichen Sozialdienst in den Jahren 1982 und 1983 – bisher erfolglos geblieben, obwohl sie immer wieder telefonisch bei potentiellen Arbeitgebern anfrage, kann das jedenfalls dann nicht als unzureichend angesehen werden, wenn gleichzeitig auf dem Arbeitsmarkt im Wohnbezirk der Kl. die vorgetragenen Verhältnisse bestehen. Denn eine allgemeine Arbeitslosenquote von mehr als 20% wirkt sich erfahrungsgemäß auf weibliche Arbeitsuchende im Alter der Kl. besonders ungünstig aus. Die entgegenstehende Annahme des OLG, unabhängig von der Höhe der in einem konkreten Arbeitsamtsbezirk bestehenden Arbeitslosenquote ließen sich auch in Zeiten eines angespannten Arbeitsmarktes über Zeitungsanzeigen erfahrungsgemäß immer wieder Stellen finden, kann jedenfalls unter den bei der Kl. vorliegenden besonderen Verhältnissen keine Geltung beanspruchen. Das angefochtene Urteil muß daher aufgehoben werden. Deshalb kann offen bleiben, ob die Revision auch zu Recht rügt, das OLG habe der Kl. zur Frage der Arbeitssuche kein ausreichendes rechtliches Gehör gewährt (§§ 139, 526 II ZPO), weil es die Kl. nicht rechtzeitig vor dem Verhandlungstermin darauf hingewiesen habe, daß ihre schriftsätzlich vorgetragenen Bemühungen um einen Arbeitsplatz nicht genügten.

III) Im weiteren Verfahren wird die Kl. Gelegenheit haben, die mit der Revision geltend gemachten Einwände gegen die Beurteilung ihrer Erwerbsunfähigkeit aufgrund ihres Gesundheitszustandes dem OLG erneut vorzutragen. Rechtlich ist hierzu nicht zu beanstanden, daß das OLG von einer Darlegungs- und Beweislast der Kl. ausgegangen ist. Denn auch wer seine Bedürftigkeit mit Erwerbsunfähigkeit rechtfertigt, muß deren Gründe und Umfang im einzelnen vortragen und bei Bestreiten beweisen.

BGH v. 15. 1. 86 – IVb ZR 22/85 – FamRZ 86, 556 = NJW-RR 86, 685

(Zur Obliegenheit eines Ehegatten, Unterhalt für den getrennt lebenden Ehepartner durch Verwertung oder Teilverwertung seines Vermögens [hier: landwirtschaftliches Anwesen] aufzubringen.) **R284**

2) Zutreffend ist das OLG davon ausgegangen, daß ein Rückgriff des verpflichteten Ehegatten auf den Vermögensstamm in Betracht kommen kann, um den Trennungsunterhalt aufzubringen. Der im

Schrifttum vereinzelt vertretenen Ansicht, daß der Verpflichtete im Rahmen von § 1361 BGB den Stamm seines Vermögens nicht einzusetzen brauche, kann nicht gefolgt werden. Bei der Beurteilung, ob und inwieweit ein auf Trennungsunterhalt in Anspruch genommener Ehegatte, der den Unterhalt aus seinen Einkünften nicht oder nicht voll aufbringen kann, sich wegen verwertbaren Vermögens als leistungsfähig behandeln lassen muß, bietet das Gesetz in § 1581 S. 2 BGB einen Anhalt. Nach dieser Vorschrift, die den nachehelichen Unterhalt regelt, braucht der Verpflichtete den Stamm seines Vermögens nicht zu verwerten, soweit die Verwertung unwirtschaftlich oder unter Berücksichtigung der beiderseitigen wirtschaftlichen Verhältnisse unbillig wäre. Bei der Heranziehung dieser Grundsätze für den Unterhaltsanspruch nach § 1361 BGB sind allerdings die Besonderheiten zu berücksichtigen, die das Verhältnis der Ehegatten zueinander während des Getrenntlebens im Vergleich zu demjenigen nach der Scheidung kennzeichnen. So tragen die Ehegatten während der Ehe füreinander mehr Verantwortung als nach der Scheidung. Diesen Gesichtspunkt hat der Senat bereits im Urteil v. 16. 1. 1985 (FamRZ 1985/360) hervorgehoben, in dem er sich mit der Obliegenheit des getrennt lebenden unterhaltsbedürftigen Ehegatten auseinandergesetzt hat, seinen Unterhaltsbedarf aus dem Stamm seines Vermögens zu decken. Er hat dargelegt, daß diese Obliegenheit im allgemeinen nicht so weit geht wie die eines Geschiedenen nach § 1577 III BGB. Die in dieser Vorschrift bestimmten Billigkeits- und Wirtschaftlichkeitsmaßstäbe setzen eine äußerste Grenze, bis zu der der getrennt lebende unterhaltsberechtigte Ehegatte allenfalls auf die Verwertung seines Vermögensstammes verwiesen werden darf (a. a. O., S. 361). Die stärkere Verantwortung, welche die Ehegatten füreinander tragen, kann es dem Verpflichteten gebieten, dem anderen durch Unterhaltsleistungen den Verbrauch eigenen Vermögens auch dann zu ersparen, wenn dieser sich nach der Scheidung gemäß § 1577 III BGB auf die Verwertung seines Vermögensstammes verweisen lassen müßte. Diese stärkere Verantwortung der Ehegatten während der Ehe beeinflußt auch die Entscheidung, ob und inwieweit es einem Ehegatten obliegt, Unterhalt für den getrennt lebenden Ehepartner durch Verwertung seines Vermögens aufzubringen. Um die für Unterhaltsleistungen erforderlichen Mittel zu beschaffen, kommen verschiedene Arten der Vermögensverwertung in Betracht, nämlich nicht allein ein mit einer Substanzverringerung einhergehender Verbrauch, sondern auch – wie gerade im vorliegenden Fall – eine „Umschichtung" des Vermögens mit dem Ziel, durch eine andere Art der Vermögensanlage Erträge zu erzielen, aus denen der Unterhalt geleistet werden kann. Um welche Art der Vermögensverwertung es aber auch geht: Die Obliegenheit zum Einsatz des Vermögens wird während der Ehe durch ein höheres Maß an Verantwortung gegenüber dem unterhaltsbedürftigen Ehegatten bestimmt, als sie unter Geschiedenen besteht. Das ist auch bei der in Anlehnung an die Grundsätze des § 1581 S. 2 BGB vorzunehmenden Abwägung zu berücksichtigen und kann dazu führen, daß die Obliegenheit des Unterhaltsverpflichteten zum Einsatz seines verwertbaren Vermögens während des Getrenntlebens weiter geht als nach der Scheidung. Auf der anderen Seite erlegt die besondere Verbundenheit, von der das Verhältnis der Ehegatten geprägt wird, auch dem Unterhaltsberechtigten während des Getrenntlebens ein höheres Maß an Rücksichtnahme auf die Interessen des Verpflichteten auf als nach der Scheidung. Diese Pflicht kann einem der Vermögensverwertung entgegenstehenden besonderen Interesse des Verpflichteten überwiegendes Gewicht verleihen und dazu führen, daß dem Verpflichteten die Verwertung seines Vermögens nicht zugemutet werden kann, während er es nach der Scheidung für den Unterhalt des anderen einsetzen müßte. Darüber hinaus ist zu berücksichtigen, daß sich die Ehegatten während des Getrenntlebens in einem Stadium befinden, in dem die Ehe noch nicht aufgelöst und eine Wiederherstellung der ehelichen Lebensgemeinschaft nicht ausgeschlossen ist. In dieser Situation dürfen die Ehegatten bei der Regelung ihrer unterhaltsrechtlichen Beziehungen im Interesse der Aufrechterhaltung ihrer Ehe möglichst nicht zu Änderungen ihrer Lebensverhältnisse gedrängt werden,die sich zerrüttungsfördernd auswirken oder sonst die Aussichten für eine Wiederaufnahme der Lebensgemeinschaft beeinträchtigen können. Eine solche Beeinträchtigung kann sich auch aus einer irreversiblen Vermögensverwertung auf seiten des unterhaltsverpflichteten Ehegatten ergeben. Das gilt etwa für die Veräußerung des Familienheims, kommt aber auch sonst in Betracht, wenn der Vermögensstand den Ehegatten während des Zusammenlebens (mit) als Existenzgrundlage gedient hat und diese Einsatzmöglichkeit durch die in Frage kommende Verwertung ihr Ende fände. Solange die Ehe besteht, ist dem Unterhaltsverpflichteten daher grundsätzlich eine Vermögensverwertung, die ihm die Grundlage seiner beruflichen Existenz entziehen und die gemeinsame Lebensgrundlage im Falle einer Fortsetzung der ehelichen Lebensgemeinschaft gefährden würde, nicht zuzumuten (vgl. auch OLG Koblenz, FamRZ 1985/812). Insoweit ergeben sich für den Trennungsunterhalt Einschränkungen gegenüber dem Geschiedenenunterhalt, in dessen Rahmen eine Obliegenheit zur Verwertung des Vermögens nicht schon deshalb ausscheidet, weil der Unterhaltsverpflichtete dadurch seinen Beruf verlöre. Danach bestehen hier keine rechtlichen Bedenken dagegen, daß das OLG während der Trennungszeit der Parteien eine Obliegenheit des Bekl. zur Veräußerung des gesamten landwirtschaftlichen Anwesens verneint hat, weil mit der Aufgabe der vormaligen gemeinsamen Lebensgrundlage der Parteien eine Verschlechterung der Aussichten auf eine Fortsetzung der Ehe verbunden gewesen wäre. Dennoch hat die angefochtene Entscheidung keinen Bestand. Auch wenn dem Bekl. nicht angesonnen werden konnte, den landwirtschaftlichen Betrieb während der Trennungszeit aufzugeben und das Anwesen zu veräußern, wäre doch die Möglichkeit einer Teilverwertung, etwa in Form von Verkäufen aus dem auf dem Hof gehaltenen Viehbestand oder auch eine Veräußerung einzelner Grundstücke zu prüfen gewesen. Eine solche Teilverwertung war entgegen der Ansicht des OLG nicht deshalb unwirtschaftlich oder sonst unzumutbar, weil die Unterhaltsbedürftigkeit der Kl. auch in Zukunft fortbesteht. Die Befürchtung des OLG, daß Teilverwertungen zur Aufzehrung des Hofes führten, trifft für die Zeit des Getrenntlebens der Parteien schon deshalb nicht zu, weil die dem Bekl. in dieser Zeit zuzumutenden Verwertungsmaßnahmen nach den vorstehenden Ausführungen die Fortführung des Betriebes als Existenzgrundlage einer bäuerlichen Familie gerade nicht in Frage stellen durften. Ob und in welcher Weise der Bekl. sein Vermögen nach der Scheidung einzusetzen hat, um die fortbestehende Unterhaltsbedürftigkeit der Kl. zu decken, ist eine andere Frage, die nicht Gegenstand des vorliegenden Rechtsstreits ist und deren Beantwortung auch nicht dadurch vorausbestimmt wird, daß für die Trennungszeit eine Obliegenheit zur Teilverwertung des Vermögens bejaht wird. Sonstige Umstände, die einer entsprechenden Obliegenheit nach dem Maßstab des § 1581 S. 2 BGB entgegengestanden hätten, sind nicht ersichtlich. Vor allem war es unter Berücksichtigung der beiderseitigen wirtschaftlichen Verhältnisse nicht unbillig, wenn der Bekl. sein Vermögen angreifen mußte, um den Trennungsunterhalt der Kl. aufzubringen. Im Gegenteil erschiene es unerträglich, die mittellose Kl. nach über 20jähriger Ehe und ebenso langer voller Mitarbeit auf dem Hof ohne Trennungsunterhalt zu lassen, wenn der Bekl. in der Lage gewesen wäre, den Unterhalt in der geschilderten Weise durch eine teilweise Verwertung des Vermögensstammes aufzubringen. Im Gegensatz zur Verwertung des gesamten Hofes waren dem Bekl. für eine solche Teilverwertung auch keine längeren Überlegungs- und Sondierungsfristen einzuräumen; vielmehr traf ihn eine dahingehende Obliegenheit alsbald nach der Trennung der Ehegatten.

3) Hiernach kann die auf mangelnde Leistungsfähigkeit des Bekl. gestützte Abweisung der Unterhaltsklage nicht bestehen bleiben. Eine abschließende Beurteilung und Entscheidung des Rechtsstreits in der Sache selbst ist dem Senat indessen nicht möglich, weil es weiterer Feststellungen bedarf, ob und in welchem Umfang die ins Auge gefaßte Teilverwertung ohne Gefährdung der Fortführung des Betriebes möglich war und etwa im Blick auf dingliche Belastungen des Grundbesitzes eine Veräußerung einzelner Grundstücke in Frage kam.

BGH v. 15. 1. 86 – IVb ZR 6/85 – FamRZ 86, 444 = NJW 86, 1167

(Sittenwidrige Freistellungsvereinbarung bei Koppelung mit einem gemeinsamen Vorschlag zur Übertragung des Sorgerechts, wenn dieser Vorschlag dem Kindeswohl nicht entspricht oder wenn das Einverständnis zur Erlangung sonstiger wirtschaftlicher Vorteile abgegeben wurde) **R285**

2) Eine Freistellung von Unterhaltsansprüchen – auch solcher von gemeinschaftlichen Kindern – ist rechtlich möglich. Für den Unterhalt haften Eltern als gleichnahe Verwandte ihren gemeinschaftlichen Kindern anteilig nach ihren Erwerbs- und Vermögensverhältnissen (§ 1606 III S. 1 BGB). Eine Mutter, die ihre Unterhaltspflicht nicht durch Pflege und Erziehung der minderjährigen unverheirateten Kinder erfüllt (§ 1606 III S. 2 BGB), muß grundsätzlich ebenso zum Barbedarf beitragen wie der Vater. Die Eltern können sich im Verhältnis zueinander über die von ihnen zu leistenden Unterhaltsbeiträge verständigen und grundsätzlich auch einen von ihnen von einer Unterhaltsleistung vollständig freistellen. Das Verbot, auf künftigen Unterhalt zu verzichten (§ 1614 I BGB), steht dem nicht entgegen, weil der Unterhaltsanspruch des Kindes gegen seine Eltern durch die Vereinbarung nicht betroffen wird. Die zwischen den Eltern verabredete Freistellung von Unterhaltsansprüchen gemeinschaftlicher Kinder ist vielmehr als Erfüllungsübernahme anzusehen; aufgrund einer solchen Abrede kann der vom Kinde auf Unterhalt in Anspruch genommene Elternteil vom anderen verlangen, daß er den Anspruch des Kindes befriedigt.

3) Die Freistellungsvereinbarung ist auch nicht deshalb gemäß § 138 I BGB unwirksam, weil die Bekl. in der gleichen Vereinbarung der Übertragung der elterl. Sorge für die beiden Kinder auf den Kl. zugestimmt hat. a) Allerdings verstößt es gegen die guten Sitten (§ 138 I BGB), wenn ein Elternteil seine Zustimmung zu dem nach § 1671 BGB möglichen Elternvorschlag zur Sorgerechtsregelung für gemeinschaftliche Kinder in anstößiger Weise zur Erlangung wirtschaftlicher Vorteile einsetzt. So hat der Senat eine Vereinbarung als sittenwidrig angesehen, bei der die zugesagte Unterhaltsfreistellung einen ständigen Anreiz bieten konnte, ohne Rücksicht auf das Wohl des Kindes aus finanziellen Gründen von der Ausübung des (generell unverzichtbaren) Umgangsrechtes abzusehen (FamRZ 1984/778 = JR 1984/499). Eine anstößige Verbindung liegt aber nicht schon dann vor, wenn der Elternvorschlag und die Freistellungsabrede zusammen mit weiteren Scheidungsfolgen in einer gemeinsamen Vereinbarung geregelt werden. Das OLG hat mit Recht darauf hingewiesen, daß das Gesetz die konzentrierte Regelung aller materiellen und immateriellen Folgen einer Scheidung unter möglichst weitgehender Einigung der Ehegatten anstrebt (vgl. §§ 623, 630 ZPO). Eine Trennung der mit der Sorgerechtsübertragung verbundenen Fragen von solchen der Unterhaltsregelung für die Kinder und die geschiedenen Ehegatten ist schon deshalb nicht möglich, weil sie inhaltlich voneinander abhängen. Wäre beispiels-

weise im vorliegenden Fall der Bekl. die Sorge über die im Zeitpunkt der Scheidung erst vier und fünf Jahre alten Kinder übertragen worden, hätte auf Jahre hinaus von ihr eine Erwerbstätigkeit nicht erwartet werden können mit der Folge, daß sie vom Kl. den vollen nach den ehel. Lebensverhältnissen angemessenen Unterhalt hätte verlangen können (§§ 1570, 1578 BGB). Wenn andererseits das FamG dem Elternvorschlag folgte und die Sorge über die Kinder dem Kl. übertrug, bestand die Möglichkeit, daß die Bekl. aus einer ihr obliegenden Erwerbstätigkeit nicht die für ihren eheangemessenen Unterhalt erforderlichen Mittel zurückbehielt, wenn sie anteilig zum Barunterhalt der beiden minderjährigen Kinder beizutragen hatte. Der Kl. war im Zeitpunkt des Vertragsschlusses hinsichtlich der Einkommensverhältnisse eindeutig besser gestellt als die Bekl. Er bezog in ungekündigter Stellung als Prokurist einer Lebensversicherung ein überdurchschnittliches Gehalt, während die Bekl. noch nicht erwerbstätig war und nur hoffen konnte, nach einer Übergangszeit in ihrem erlernten Beruf als Bankangestellte Arbeit zu finden. Entgegen der Auffassung der Revision verletzt es nicht von vornherein das Anstandsgefühl aller billig und gerecht Denkenden, wenn in einer solchen Lage ein Elternteil sich nicht zu einem übereinstimmenden Vorschlag zur Regelung der elterl. Sorge an das FamG bereitfindet, bevor nicht über die Unterhaltsfolgen Einigkeit besteht. Eine Unterhaltsfreistellung ist sittenwidrig, wenn ein damit verbundener Elternvorschlag zur Regelung der elterl. Sorge über gemeinschaftliche Kinder sich über deren Wohl bewußt hinwegsetzt. Die Rechtsordnung kann nicht eine Vereinbarung anerkennen, die nicht dem Wohl des Kindes, sondern egoistischen materiellen Interessen eines Elternteils dient. Dabei kommt es nicht entscheidend darauf an, ob das FamG dem Vorschlag der Eltern gefolgt ist oder ob es anerkannt hat, daß zum Wohle des Kindes eine vom Vorschlag abweichende Entscheidung über das Sorgerecht erforderlich ist. Der Vorschlag der Parteien widersprach jedoch nicht dem Wohl der Kinder. Nach den Feststellungen des OLG fehlt dafür jeder Anhalt. Die Revision macht dies auch nicht geltend: Gerade der Kl. hat im vorliegenden und in allen vorangegangenen Rechtsstreitigkeiten der Parteien stets den Standpunkt eingenommen, daß nur die vorgeschlagene und vom FamG verwirklichte Übertragung der elterl. Sorge über beide Kinder auf ihn deren Wohl entsprochen habe. b) Hiernach bleibt nur zu prüfen, ob das Einverständnis der Bekl. zum gemeinsamen Elternvorschlag deshalb anstößig ist, weil sie es zur Erlangung sonstiger wirtschaftlicher Vorteile eingesetzt hat.

Das OLG ist zu Recht nicht der Ansicht des Kl. gefolgt, alle im Scheidungsfolgenvergleich vorgesehenen wirtschaftlich relevanten Leistungen des Kl. seien als „Gegenleistung" für die Zustimmung der Bekl. zu dem gemeinsamen Elternvorschlag zu werten. Die Revision übersieht, daß der Unterhaltsverzicht der Bekl. nach Ablauf des Jahres 1978 für den Kl. einen bedeutenden wirtschaftlichen Wert darstellte. Er befreite ihn von dem Risiko, der Bekl. Unterhalt zahlen zu müssen, wenn sie nach der Scheidung keine angemessene oder nur eine ihren vollen Unterhalt nicht deckende Erwerbstätigkeit zu finden vermochte (§ 1573 I und II BGB). Darüber hinaus versetzte die Übertragung des Sorgerechts auf den Kl. die Bekl. erst in die Lage, ihrerseits eine Erwerbstätigkeit aufnehmen zu können. Bei Übertragung des Sorgerechts auf die Bekl. hätte der Kl. mit einer langjährigen und hohen Unterhaltsverpflichtung gegenüber der Bekl. (§ 1570 BGB) und den beiden Kindern rechnen müssen, die seine wirtschaftliche Bewegungsfreiheit weitaus mehr eingeengt hätte als die von den Parteien tatsächlich vereinbarte Lösung. Wird weiter berücksichtigt, daß durch die beiden zusammengehörigen Vereinbarungen v. 23. 12. 1977 auch die gesamte Vermögensauseinandersetzung der Parteien einschließlich eines Zugewinnsausgleichs erledigt wurde, läßt sich dem Umfang der vermögenswerten Leistungen des Kl. nicht entnehmen, er habe damit die Zustimmung der Bekl. zur Sorgerechtsregelung erkauft. Die Vereinbarungen über die materiellen Scheidungsfolgen hätten vielmehr ebenso getroffen werden können, wenn die Parteien keinen gemeinsamen Vorschlag zur Sorgerechtsregelung unterbreitet hätten, diese vielmehr allein deshalb im Sinne des Kl. getroffen worden wäre, weil sie dem Wohle der Kinder am besten entsprach.

BGH v. 29. 1. 86 – IVb ZR 9/85 – FamRZ 86, 437 = NJW 86, 1342

R288 *(Differenzmethode und Arbeitsanreiz für beide Parteien)*

b II 1) Das KG hat den Unterhaltsanspruch der AGg. nach der sog. Differenzmethode berechnet und ihr die Hälfte der Differenz zwischen den Erwerbseinkünften beider Parteien als Aufstockungsunterhalt zugestanden. Es hat ausgeführt, eine von dieser hälftigen Aufteilung abweichende Verteilung der Einkommensdifferenz sei nur dann gerechtfertigt, wenn besondere Gründe die Abweichung geböten. So billige es einem allein berufstätigen unterhaltsverpflichteten Ehegatten zur Abgeltung seiner berufsbedingten Aufwendungen „einen Bonus von $^1/_7$ des Einkommens" zu. Dieser Gesichtspunkt müsse indessen hier ausscheiden, weil beide Parteien einer Berufstätigkeit nachgingen und demgemäß bei beiden berufsbedingte Aufwendungen anfielen. Diese Beurteilung unterliegt Bedenken.

Wie die Berücksichtigung des erhöhten Aufwandes bei einem allein berufstätigen unterhaltspflichtigen Ehegatten erkennen läßt, geht das KG von dem Grundsatz aus, daß dieser Aufwand in Abhängigkeit zur Höhe des Einkommens steht und proportional zum Einkommen bemessen werden kann. Warum es diesem Grundsatz bei der Bemessung des Aufwandes der beiden Parteien nicht gefolgt ist, hat es nicht begründet. Insbesondere hat es keine konkreten Umstände dargelegt, die eine solche Abweichung rechtfertigen könnten. Daß beide Ehegatten erwerbstätig sind, stellt keinen Grund dar, den berufsbedingten erhöhten Aufwand bei dem Unterhaltsverpflichteten niedriger anzunehmen, als wenn dieser allein einer Erwerbstätigkeit nachginge. Unter diesen Umständen ist nicht auszuschließen, daß dieser Aufwand hier bei dem ASt. nach dem vom KG selbst zugrunde gelegten Maßstab zu niedrig bemessen worden ist. Den Gesichtspunkt der Steigerung des Anreizes zur Erwerbstätigkeit, den die Rechtsprechung, auch des Senats, im Rahmen einer umfassenden Würdigung als billigenswertes Kriterium der Unterhaltsbemessung ansieht, hat das KG nicht in Erwägung gezogen, ohne daß ein aus den Besonderheiten des Falles folgender Grund dafür dargelegt oder sonst ersichtlich wäre.

(Wohnvorteil und Abzug von Kreditraten für Zugewinnausgleich, der bezüglich des Hauses bezahlt werden mußte)

II 2) Bei der Beurteilung der Leistungsfähigkeit des ASt. wird das KG zu berücksichtigen haben, daß auf seiner Seite möglicherweise wegen der Vorteile, die er durch das Wohnen im eigenen Hause hat, Einkommen aus Vermögensertrag anzusetzen ist. Allerdings ist bei der Ermittlung des maßgeblichen Nettowertes dieser Vermögensnutzung zu prüfen, ob neben den laufenden Grundstücksunkosten die Schuldraten für den nach dem Vortrag des ASt. aufgenommenen Kredit zur Finanzierung des Zugewinnausgleichs abzusetzen sind (vgl. hierzu OLG Hamm, FamRZ 1985/483). Bei der Beurteilung, inwieweit die Bedürftigkeit der AGg. durch Kapitaleinkünfte gemindert ist, wird sich das KG mit ihrem Sachvortrag auseinandersetzen müssen, daß sie nur etwa die Hälfte des Geldes aus der Zugewinnausgleichszahlung gewinnbringend habe anlegen können, während sie das übrige zur Schuldentilgung und Anschaffung notwendiger Einrichtungsgegenstände habe aufwenden müssen. Zur Frage einer Obliegenheit der AGg. zur Verwertung ihres Vermögensstammes nach § 1577 III BGB wird auf die Grundsätze verwiesen, die der Senat in den inzwischen ergangenen Urteilen v. 27. 6. 1984 (FamRZ 1985/354, 356 f.) und v. 16. 1. 1985 (FamRZ 1985/357, 359 f.) niedergelegt hat. c

BGH v. 19. 2. 86 – IVb ZR 13/85 – FamRZ 86, 441 = NJW-RR 86, 682

(Prägung der ehelichen Lebensverhältnisse durch kurz nach der Scheidung einsetzenden Rentenbezug und durch Wohnvorteil; Zurechnung des Wohnwertes als Gebrauchsvorteil nach Abzug von Kosten und Lasten; trennungsbedingter Mehrbedarf) **R289**

2) Den Lebensbedarf der Bekl. hat das OLG auf 1520 DM bemessen und dazu ausgeführt: Zur Bestimmung der nach § 1578 I BGB maßgebenden ehel. Lebensverhältnisse sei ausnahmsweise nicht von den Erwerbseinkünften des Kl. auszugehen, weil im Zeitpunkt der Scheidung sein Ausscheiden aus dem Erwerbsleben unmittelbar bevorgestanden habe. Die Lebensverhältnisse der Parteien seien auf Dauer daher durch die Renteneinkommen geprägt worden, die der Kl. zu erwarten hatte und die die Bekl. bereits bezog; nach der Ehescheidung bis einschließlich Juni 1984 hätten die Altersruhegelder und Betriebsrenten beider Parteien insgesamt 2373 DM und ab 1. 7. 1984 aufgrund der gesetzlichen Rentenanpassung 2403 DM betragen (jeweils monatlich), so daß von einem nachhaltigen Renteneinkommen von etwa 2400 DM ausgegangen werden könne; hiervon entfalle auf jeden Ehegatten die Hälfte (1200 DM). Zur Bestimmung des Unterhaltsbedarfs müsse dieser Betrag jedoch – teils unter dem rechtlichen Gesichtspunkt der Vermögensnutzung, teils unter dem des trennungsbedingten Mehraufwandes – um die volle von der Bekl. gezahlte und nicht unangemessene Miete für ihre neue Wohnung (321 DM) auf monatlich rund 1520 DM erhöht werden, da die Parteien ihren Wohnbedarf nicht aus ihren Erwerbs- und Renteneinkünften, sondern durch die Nutzung des gemeinsamen Vermögens aufgebracht hätten. Eine (weitere) Verbesserung der ehel. Lebensverhältnisse durch einen Anteil am Mietertrag der weiteren, vermietet gewesenen Wohnung komme jedoch nicht in Betracht, da nach dem Vortrag der Parteien ein Überschuß der erzielten Mieteinnahmen über die Grundstückskosten nicht ersichtlich sei. Auch diese Ausführungen, gegen die sich die Revision nicht wendet, lassen keinen Rechtsfehler zum Nachteil des Kl. erkennen. Es ist insbesondere nicht zu beanstanden, daß das OLG die ehel. Lebensverhältnisse nach den zum 1. 1. 1984 eintretenden Verhältnissen bestimmt hat, weil Erwerbseinkünfte des Kl. nur noch für wenige Tage nach der Scheidung zu erwarten waren. Weiterhin entspricht es der std. Rspr. des Senats, daß den Einkünften der Ehegatten, durch die ihre für die Unterhaltsbemessung maßgeblichen ehel. Lebensverhältnisse bestimmt werden (§ 1578 I BGB), die Vorteile zuzurechnen sind, die sie durch die Nutzung ihres Vermögens auch in der Form von Gebrauchsvorteilen an einem Grundstück (§ 100 BGB) erzielen. Deren Wert wird, soweit er die mit dem Grundeigentum verbundenen Kosten und Lasten übersteigt, zwar regelmäßig rechnerisch ermittelt und sodann den Einkünften der Ehegatten hinzugerechnet werden müssen (FamRZ 86/434). Daß das OLG eine derartige Berechnung unterlassen hat, stellt den Bestand des angefochtenen Urteils indessen nicht in Frage. Betrug der hälftige Wert des mietfreien Wohnens nämlich weniger als monatlich 321 DM, ist die Differenz zu 321 DM zu Recht als trennungsbedingter Mehrbedarf bei der Ermittlung der Bedürf- a

tigkeit der Bekl. berücksichtigt worden (FamRZ 1983/146, 150); lag der Hälfteanteil dagegen über 321 DM und wäre er in Höhe des Mehrbetrages dem Unterhaltsbedarf der Bekl. zuzurechnen, ist der Kl. durch die Berücksichtigung nur eines Wertes von 321 DM nicht benachteiligt.

(Minderung der Bedürftigkeit durch Kapitalerträge; kein Abzug zum Ausgleich eines inflationsbedingten Wertverlustes des Vermögensstammes)

b 3) Auf den Bedarf der Bekl. von 1520 DM hat das OLG ihr monatliches Renteneinkommen (1090 DM im Juni 1984 und 1104 DM ab 1. 7. 1984) voll angerechnet. Es hat sodann ausgeführt, wegen des ungedeckten Teils des Bedarfs brauche sich die Bekl. nicht auf den Verbrauch des ihr im Mai 1984 zugeflossenen Vermögens verweisen zu lassen: Da die Parteien während der Ehe (nur) die Einkünfte, nicht jedoch den Vermögensstamm zu Unterhaltszwecken verbraucht hätten und beide nach der Auseinandersetzung der Gütergemeinschaft über nicht unbeachtliche Vermögenswerte verfügten, wäre es unbillig (§ 1577 III BGB), nur von der Bekl. zu verlangen, anders als während der über 40jährigen Ehe nunmehr den Stamm ihres Vermögens zu verwerten, obwohl der Kl. den Unterhalt ohne weiteres aus seinen (höheren) laufenden Einkünften aufbringen könne, ohne dabei seinen eigenen vollen Unterhalt zu gefährden und den Stamm seines Vermögens einzusetzen. Die Bekl. müsse sich jedoch die erzielten oder zumutbar zu erzielenden Vermögenserträge auf ihren Unterhaltsbedarf anrechnen lassen. Sie habe nach Abzug von Kosten und Rückführung von Verbindlichkeiten aus dem ihr zugeflossenen Kapital rund 79 000 DM übrig behalten. Wenn davon ausgegangen werde, daß ein kleiner Teil davon als Notreserve auf ein Sparbuch gelegt werden durfte, habe sie bei sicherer Anlage i. J. 1984 durchschnittlich annähernd 7% oder knapp 5500 DM jährlich an Zinsen erzielen können; nach Steuern ergebe das einen monatlichen Ertrag von etwa 400 DM. Hiervon dürfe sie jedoch nach den derzeitigen Verhältnissen monatlich etwa 170 DM (jährlich etwa 2000 DM) dem Kapital wieder zuführen, um den inflationsbedingten Wertverlust auszugleichen und die Kaufkraft des Kapitals zu erhalten. Zur Deckung ihres Unterhaltsbedarfs verfüge sie daher aus den Zinserträgen nur über monatlich 230 DM. Daher verbleibe für Juni 1984 ein Unterhaltsanspruch von 200 DM und ab Juli 1984 ein solcher von monatlich 180 DM. Gegen die Beurteilung der unterhaltsrechtlich einzusetzenden Vermögenseinkünfte bestehen durchgreifende Bedenken. a) Allerdings geht das OLG zu Recht davon aus, daß die Bekl. Unterhalt nicht verlangen kann, soweit sie ihren durch Renteneinkünfte nicht gedeckten Unterhaltsbedarf durch Erträge befriedigen kann, die sie aus dem im Wege der Auseinandersetzung der Gütergemeinschaft erlangten Vermögen erzielt (FamRZ 1985/354; FamRZ 1985/357, 359, m. w. N.). Die Berechnung der von der Bekl. einzusetzenden Vermögenseinkünfte ist jedoch nicht frei von Rechtsfehlern. b) Der Auffassung, von dem mit jährlich etwa 4800 DM angenommenen Nettozinsertrag könne die Bekl. 2000 DM absetzen, die sie dem Kapital zum Ausgleich eines inflationsbedingten Kaufkraftschwundes wieder zuführen dürfe, kann nicht zugestimmt werden. Sie wird, soweit ersichtlich, in der Literatur nicht und in der Rechtsprechung nur vereinzelt (vgl. außer dem Berufungsgericht OLG Saarbrücken, FamRZ 1985/477, 479) vertreten. Im Gesetz findet sie keine Stütze. Gesichtspunkte der Unbilligkeit oder Unwirtschaftlichkeit dürfen erst berücksichtigt werden, soweit eine Obliegenheit zur Verwertung des Vermögensstammes in Frage steht (§ 1577 III BGB). Alle Einkünfte und daher auch die Erträge aus dem Kapitalvermögen mindern hingegen die Bedürftigkeit grundsätzlich in der Höhe, in der sie dem Unterhaltsgläubiger (nach Abzug von Steuern und notwendigen Beschaffungskosten) tatsächlich zufließen (§ 1577 I BGB). Wertveränderungen des Vermögensstammes, die sich auf den Nominalertrag nicht ausgewirkt haben, bleiben ohne Einfluß auf die Prüfung, inwieweit sich der geschiedene Ehegatte gemäß § 1577 I BGB aus seinen Kapitaleinkünften selbst unterhalten kann. Hinzu kommt, daß sich Veränderungen infolge inflationärer (oder deflationärer) Entwicklung des Geldwertes nicht mit der nötigen Sicherheit prognostizieren lassen. Würde einem Unterhaltsgläubiger zugestanden, einen Teil seiner Nettoeinkünfte aus Kapital (hier nach den Berechnungen des OLG etwa 42%) zur Bildung von neuem Kapital investieren zu dürfen, um möglicherweise eintretende Inflationsverluste auszugleichen, so würde das mit jedem Kapitalbesitz verbundene Geldentwertungsrisiko einseitig auf den Unterhaltsschuldner verlagert, der einen entsprechend größeren Teil des noch offenen Unterhaltsbedarfs mit seinen Unterhaltszahlungen abzudecken hätte. Dem auf Unterhalt in Anspruch genommenen geschiedenen Ehegatten darf aber nicht angesonnen werden, durch Unterhaltszahlungen eine inflationsgeschützte Vermögenserhaltung beim Unterhaltsberechtigten zu ermöglichen (vgl. OLG Düsseldorf, FamRZ 1985/392, 393). Die Berücksichtigung eines Inflationsausgleichs könnte schließlich auch zu unangemessenen Ergebnissen führen, etwa dann, wenn der Kaufkraftverlust dem Prozentsatz entspricht, den das Kapital (nach Steuern) als Nettozinsertrag in der gleichen Zeit erbringt; in einem solchen Fall müßten unter Zugrundelegung der Auffassung des OLG die Zinseinkünfte unberücksichtigt bleiben, gleichgültig wie groß das Kapital ist, aus dem sie geflossen sind. Die Berücksichtigung eines Inflationsausgleichs läßt sich auch nicht aus den Grundsätzen herleiten, die der BGH zur Ermittlung des Zugewinns bei einer durch Kaufkraftschwund eingetretenen nominellen Wertsteigerung des Anfangsvermögens entwickelt hat (vgl. BGHZ 61/385 = FamRZ 1974/83; FamRZ 1975/87), denn im vorliegenden Fall geht es nicht um Fragen der Bewertung des gleichen Vermögens zu verschiedenen Zeitpunkten.

(Überlegungsfrist für Anlage von Kapital; Darlegungs- und Beweislast des Bedürftigen zu Art und Zeitpunkt seiner Anlageentscheidung und zu den daraus geflossenen Beträgen; Zurechnung fiktiver Erträge)

4 a) Das OLG ist nicht von einem tatsächlichen Bruttozinsertrag von jährlich 5500 DM ausgegangen, sondern es hat einen solchen Ertrag fiktiv bei sicherer Anlage eines Kapitals von 79 000 DM zu einem – unter den Verhältnissen des Jahres 1984 erzielbaren – Durchschnittszins von annähernd 7% als für die Zeit ab Juni 1984 erzielbar gehalten. Das bedarf einer erneuten Überprüfung. Es trifft zwar zu, daß nicht nur derjenige keinen Unterhalt beanspruchen kann, der sich aus real erlangten Vermögenseinkünften selbst zu unterhalten vermag, sondern daß auch (fiktive) Erträge aus einem tatsächlich zur Verfügung stehenden Kapital anzurechnen sind, die in zumutbarer Weise hätten erzielt werden können (vgl. Senatsurteile v. 27. 4. 1983 – IVb ZR 376/81 –, nicht veröffentlicht, und FamRZ 85/354, 356, jeweils m. w. N.). Das bedeutet jedoch, daß der Bedarf eines Unterhaltsberechtigten nicht unmittelbar von dem Zeitpunkt an, in dem ihm ein anlagefähiges Kapital zugeflossen ist, schon in Höhe des Zinsertrags aus einer bestimmten Anlageform als gedeckt angesehen werden darf. Der Unterhaltsberechtigte kann vielmehr eine angemessene Frist für die Überlegung beanspruchen, auf welche Weise er das ihm aus dem Zugewinnausgleich oder aus der Auseinandersetzung einer Gütergemeinschaft zugeflossene Kapital anlegen will. Das OLG wird daher in der neuen Verhandlung zu prüfen haben, bis zu welchem Zeitpunkt die Bekl. über die Anlage des ihr nach dem 22. 5. 1984 zugeflossenen Guthabens Bestimmungen treffen mußte und ob sie Anlageentscheidungen ganz oder teilweise auch deshalb zurückstellen durfte, weil im Sommer 1984 der Versorgungsausgleich noch nicht ausgeführt worden war, der Kl. aber bereits seit März 1984 keinen Unterhalt mehr bezahlte. Die darlegungs- und beweisbelastete Bekl. wird Gelegenheit haben, ihren Vortrag zu Art und Zeitpunkt ihrer Anlageentscheidungen und der daraus geflossenen Erträge zu ergänzen. Waren ihr günstigere Anlagen als die, die sie tatsächlich vorgenommen hat, nicht zumutbar, sind diese unterhaltsrechtlich hinzunehmen. Eine fiktive Berechnung der Erträge kommt insoweit nicht in Betracht. **c**

BGH v. 19. 2. 86 – IVb ZR 16/85 – FamRZ 86, 439 = NJW-RR 86, 683

(Obliegenheit des Unterhaltsberechtigten, eigenes Vermögen so ertragreich wie möglich anzulegen. Minderung der Bedürftigkeit durch Erträge, die durch eine Vermögensumschichtung erzielbar wären; Rücklage für Not- u. Krankheitsfälle. Wohnvorteilanrechnung beim Bedürftigen mindestens in Höhe des angemessenen Wohnbedarfs, Zumutbarkeitsabwägung) **R290**

3) Das OLG hat der Kl. ab 1. 5. 1984 erzielbare Kapitalerträge von monatlich 1000 DM bedarfsmindernd angerechnet und hierzu ausgeführt: Sie könne dem Bekl. nicht entgegenhalten, daß sie den am 30. 4. 1984 aus dem Hausverkauf erhaltenen Betrag von 204 297,41 DM für den Erwerb einer Eigentumswohnung verwendet habe. Denn sie sei unterhaltsrechtlich verpflichtet gewesen, das Kapital mit einer höheren Rendite anzulegen, als sie durch einen Immobilienkauf erzielbar sei. Im Frühjahr 1984 hätte sie auf dem Kapitalmarkt festverzinsliche Papiere mit einer Nettorendite von jährlich 6% (bei einem Kapital von 200 000 DM also monatlich 1000 DM) erwerben können. Da sie aufgrund des Erwerbs der Eigentumswohnung lediglich einen Wohnbedarf von monatlich 300 DM decke, müsse sie sich so behandeln lassen, als hätte sie den wirtschaftlich sinnvollen Weg der Anlage in festverzinslichen Wertpapieren gewählt. Diese Beurteilung greift die Revision mit Recht an. **b**

a) Tatsächlich erzielte Vermögenserträge mindern nach der std. Rspr. des Senats ohne Rücksicht auf die Herkunft des Vermögens und auf Billigkeitsgründe gemäß § 1577 I BGB die Bedürftigkeit des Unterhaltsberechtigten (FamRZ 1985/357, 359, m. w. N.). Zur Minderung der Bedürftigkeit bei durch eine Umschichtung erzielbaren Vermögenserträgen hat der Senat bisher noch nicht Stellung genommen. Darauf kommt es an, weil in dem hier zu beurteilenden Unterhaltszeitraum die Kl. den ihr zugeflossenen Geldbetrag bereits in Wohneigentum angelegt hatte. Die herrschende Ansicht geht von einer Obliegenheit des Unterhaltsberechtigten aus, eigenes Vermögen so ertragreich wie möglich anzulegen, weil auch solche Einkünfte die Bedürftigkeit mindern, die in zumutbarer Weise eingezogen werden könnten, aber nicht eingezogen werden (FamRZ 1980/126, 128). Dem ist grundsätzlich zuzustimmen; da es sich um eine aus § 242 BGB abgeleitete Obliegenheit handelt, ist allerdings stets eine Zumutbarkeitsprüfung vorzunehmen, bei der die Belange des Unterhaltsberechtigten und -verpflichteten unter Berücksichtigung der Umstände des Einzelfalles angemessen gegeneinander abzuwägen sind. Wenn der Unterhaltsberechtigte ertragsloses Vermögen besitzt (z. B. eine Münzsammlung, vgl. dazu Senatsurteil v. 29. 6. 1983 – IVb ZR 395/81 –, nicht veröffentlicht), wird ihm die Umschichtung in ein Erträge abwerfendes Vermögen in der Regel zuzumuten sein. Geht es hingegen darum, ob in einer anderen Anlageform eine höhere Rendite erzielbar ist, ist Zurückhaltung geboten und muß dem Vermögensinhaber eine gewisse Entscheidungsfreiheit belassen werden. Ihm kann etwa nicht angesonnen werden, wegen möglicher höherer Erträge die Sicherheit der Vermögensanlage zu vernachlässigen oder eine im Verkehr ungewöhnliche Anlageform zu wählen. Grundlegende Veränderungen der getroffenen Vermögensanlage werden nur unter besonderen Umständen und nicht kurzfristiger Vorteile wegen verlangt werden können. Auch ist auf eine herkömmliche Anlage Rücksicht zu nehmen und darauf, ob den Unterhaltsverpflichteten die Unterhaltslast besonders hart trifft. Stets muß sich die tatsächliche Anlage des Vermögens als eindeutig unwirtschaftlich darstellen, ehe der Unterhaltsberechtigte auf eine anderweitige Anlage und daraus erzielbare Einkünfte verwiesen werden kann.

b) Daß sich die Kl. eindeutig unwirtschaftlich verhalten hat, läßt sich den bisherigen Feststellungen des OLG auch von dessen Standpunkt aus nicht zweifelsfrei entnehmen. Die Annahme einer erzielbaren Nettorendite von monatlich 1000 DM aus einem Kapital von 200 000 DM läßt zunächst außer acht, daß dem Unterhaltsberechtigten eine gewisse Rücklage für Not- und Krankheitsfälle zuzubilligen ist, bei der in der Regel nur die Rendite für kurzfristig verfügbare Sparguthaben in Ansatz gebracht werden kann (FamRZ 1984/364, 367; FamRZ 85/354, 357; das OLG Düsseldorf, FamRZ 85/392, setzt unter diesem Gesichtspunkt aus einem Kapital von 250 000 DM einen Betrag von 20 000 DM an).

Bei der hier gebotenen wirtschaftlichen Betrachtungsweise muß ferner der Kaufkraftverlust von Geldvermögen im Verhältnis zu Immobilienwerten bedacht werden. Dem nach seiner Ansicht erzielbaren Ertrag von 1000 DM monatlich stellt das OLG den Betrag von monatlich 300 DM als geschätzten Wohnbedarf der Kl. während des Zusammenlebens der Parteien gegenüber. Auch dies begegnet Bedenken. Der Kl. ist insoweit gemäß § 1577 I BGB grundsätzlich der Wert der tatsächlich gezogenen Gebrauchsvorteile ihrer Eigentumswohnung anzurechnen. Soweit dabei allerdings aufgrund der teilweisen Fremdfinanzierung der Betrag unterschritten werden sollte, der von ihrem vollen Unterhalt der Deckung ihres angemessenen Wohnbedarfs zu dienen bestimmt ist (zur Berechnung vgl. *Graba*, FamRZ 1985/657, 658, m. w. N.), ist dieser maßgebend. Dies folgt aus dem Grundsatz, daß der Unterhaltsberechtigte nicht auf Kosten des Unterhaltsverpflichteten Vermögen bilden kann. Insgesamt ist nicht auszuschließen, daß ein höherer Monatsbetrag in Betracht kommt als die vom OLG veranschlagten 300 DM.

c) Das Berufungsurteil läßt ferner nicht erkennen, daß hinreichend geprüft worden ist, ob der Kl. nach den gegebenen Umständen die angesonnene Vermögensumschichtung zuzumuten ist. In diesem Rahmen fällt zu ihren Gunsten besonders ins Gewicht, daß sie seit dem Jahre 1968 Miteigentümerin des von der Familie bewohnten Einfamilienhauses gewesen ist und es von ihrem Standpunkt aus verständlich erscheinen mußte, den daraus erzielten Verkaufserlös wiederum in Wohneigentum anzulegen, zumal dieses auch den Wohnbedürfnissen eines gemeinschaftlichen Kindes dient. Weiterhin hat sie vorgetragen, daß der Bekl. in der notariellen Kaufurkunde v. 2. 12. 1983 seine Zustimmung zum Erwerb der Eigentumswohnung erteilt hat; der Bekl. hat dem nicht widersprochen und auch nicht dargelegt, daß er seine Einwilligung nicht aus freien Stücken gegeben hätte, etwa allein im Hinblick auf § 1365 II BGB. Seine wirtschaftlichen Verhältnisse sind nicht so beengt, daß ihn der begehrte Unterhalt ungewöhnlich hart treffen müßte, zumal im Hinblick auf den auch ihm zugeflossenen Erlösanteil. Das der Kl. angesonnene Verhalten, eine Wiederveräußerung ihrer Eigentumswohnung und die Anschaffung von Wertpapieren für den Erlös, stellt eine grundlegende Vermögensumschichtung dar, die nicht kurzfristig durchführbar ist und vor rechtskräftiger Scheidung der Ehegatten nur unter besonderen Umständen verlangt werden kann. Der Grundsatz, daß die Obliegenheit eines getrennt lebenden Ehegatten zur Verwertung seines Vermögensstamms im allgemeinen nicht so weit geht wie diejenige eines Geschiedenen (FamRZ 1985/360, 361), muß entsprechend für die Obliegenheit zu einer Vermögensumschichtung gelten. Das OLG hätte aus diesem Grunde auch prüfen müssen, ob es den Belangen des Bekl. nicht schon Rechnung tragen würde, wenn von der Kl. verlangt würde, die für ihre Bedürfnisse mit 91 m^2 sehr geräumige Eigentumswohnung vorerst teilweise zu vermieten und dadurch höhere Erträge zu erzielen.

(Darlegung konkreter Tatsachen zum trennungsbedingten Mehrbedarf)

c 3 d) Die Kl., die mit der Revision u. a. die Nichtberücksichtigung trennungsbedingten Mehrbedarfs gerügt hat, wird im weiteren Verfahren Gelegenheit haben, hierzu konkrete Tatsachen darzulegen, weil nur dann ein solcher berücksichtigt werden kann (FamRZ 1984/151, 153, m. w. N.).

BGH v. 19. 2. 1986 – IVb ZR 71/81 = NJW 86, 1751

R291 *(Schadensersatzanspruch nach § 826 BGB)*

a Die Vorschrift des § 826 BGB verschafft nicht nur die Möglichkeit, unter bestimmten Umständen auf Unterlassung der Vollstreckung aus einem erschlichenen oder unrichtig gewordenen Urteil zu klagen und der Berufung auf die Rechtskraft einer solchen Entscheidung mit dem Einwand der Arglist zu begegnen. Vielmehr knüpft das Gesetz an eine vorsätzliche, sittenwidrige Schädigung die Rechtsfolge der Schadensersatzpflicht. Es gelten die Bestimmungen der §§ 249 ff. BGB. Ein eingetretener Vermögensschaden ist danach in Geld zu entschädigen (§ 251 I BGB). Demgemäß ist in der Rechtsprechung des BGH anerkannt, daß die sittenwidrige Ausnutzung eines unrichtigen Urteils zu der Verpflichtung führen kann, Schadensersatz zu leisten ... e) Allein die vorsätzliche Ausnutzung des als unrichtig erkannten Titels rechtfertigt noch nicht die Anwendung des § 826 BGB. Sittenwidrig im Sinne dieser Vorschrift ist das – für sich bereits anstößige – Verhalten vielmehr erst dann, wenn besondere Umstände hinzutreten, nach denen es in hohem Maße unbillig und geradezu unerträglich wäre, die Ausnutzung zuzulassen. Nur in einem solchen Fall muß der Grundsatz der Rechtskraft zurücktreten.

(Auskunft auf Verlangen und Verpflichtung zur ungefragten Information)

Obwohl dem deutschen Recht eine allgemeine Auskunftspflicht fremd ist (s. BGH, NJW 1983, 2318 = LM § 284 BGB Nr. 27 = FamRZ 1983, 352 (354) m. w. Nachw.), haben Rechtsprechung und Schrifttum schon vor der gesetzlichen Regelung des Auskunftsanspruchs durch das 1. EheRG in § 1605 BGB (i. V. mit § 1361 IV 4 und § 1580 S. 2 BGB) einen Auskunftsanspruch für die Partner eines Unterhaltsrechtsverhältnisses entwickelt und aus § 242 BGB abgeleitet. Auch die jetzt in den genannten Bestimmungen gesetzlich geregelte Pflicht zur Auskunfterteilung beruht letztlich auf dem Grundsatz von Treu und Glauben (BGH, NJW 1983, 279 = FamRZ 1982, 1189 (1192) und NJW 1983, 1429 = LM § 1610 BGB Nr. 9 = FamRZ 1983, 473). Für den – früher – noch nicht kodifizierten Auskunftsanspruch wurde vertreten, daß Auskunft nur zu erteilen brauche, wer darum gebeten werde; (auch) im Unterhaltsrecht gebe es keine Pflicht zur unaufgeforderten Offenlegung der Einkommens- und Vermögensverhältnisse (Mutschler, FamRZ 1976, 221). Die jetzige gesetzliche Regelung sieht ebenfalls nur eine Auskunft auf Verlangen vor (§§ 1605, 1580 BGB), also einen „verhaltenen Anspruch", der jeweils der Aktualisierung durch den Gläubiger bedarf (Gernhuber, FamR, 3. Aufl., § 41 IV 2). b

Gleichwohl kann neben dieser Pflicht zur Auskunfterteilung auf Verlangen in besonderen Fällen eine Verpflichtung zur ungefragten Information des Partners des Unterhaltsrechtsverhältnisses bestehen. Sie stellt ebenfalls eine Ausprägung des Grundsatzes von Treu und Glauben (§ 242 BGB) im Rahmen des gesetzlichen Unterhaltsrechtsverhältnisses dar (vgl. zu dem insoweit zwischen Ehegatten und Geschiedenen bestehenden Gebot der Schonung der Interessen des anderen bereits BGH, NJW 1977, 378 = LM § 1381 BGB Nr. 8 = FamRZ 1977, 38 (40) und NJW 1983, 1545 = LM § 1569 BGB Nr. 13 = FamRZ 1983, 576 (577) § . Daß eine solche, aus dem Grundsatz von Treu und Glauben abgeleitete Pflicht zur unaufgeforderten Mitteilung (allgemein: Palandt-Heinrichs, BGB, 45. Aufl., § 242 Anm. 4 Bd m. w. Nachw.) auch im Unterhaltsrecht bestehen kann und neben die dort geregelte Pflicht zur Auskunft auf Verlangen tritt, wird zwar bisweilen geleugnet (vgl. etwa DIVGutachten vom 8. 4. 1982, DAVorm 1983, 114, das nach der Art der vorliegenden Unterhaltstitel differenzieren will), in der neueren Rechtsprechung und im Schrifttum jedoch zunehmend anerkannt (neben dem Berufungsurteil: AG Rüsselsheim, FamRZ 1985, 605; AG Hersbruck, FamRZ 1985, 633 (634f.); Mutschler, in: RGRK, 12. Aufl., § 1605 Rdnr. 2; Brüne, FamRZ 1983, 658; Göppinger, UnterhaltsR, 4. Aufl. Rdnr. 1404; Palandt-Diederichsen, § 1605 Anm. 1; s. auch Palandt-Thomas, § 826 Anm. 8 o). Sofern gravierende neue Umstände in den wirtschaftlichen Verhältnissen einer Seite auftreten, die zu erfragen der andere Teil keine Veranlassung hat, über die er jedoch nach der unter gerecht und billig Denkenden herrschenden Auffassung redlicherweise unaufgeforderte Aufklärung erwarten darf, wäre die generelle Verneinung einer solchen Offenbarungspflicht ein Rückschritt hinter die Annahme entsprechender Nebenpflichten in Schuldverhältnissen. Das vertrüge sich nicht damit, daß anders als in nichtfamilienrechtlichen Dauerschuldverhältnissen, in denen das Maß der Loyalitätspflichten eher geringer ist, im Familienrecht, das durch verwandtschaftliche oder partnerschaftliche Beziehungen geprägt ist, allgemein eine stärkere gegenseitige Obliegenheit zu Achtung, Beistand und Rücksicht besteht (insoweit zutreffend Brüne, FamRZ 1983, 658 m. w. Nachw.; vgl. § 1618a BGB sowie § 1353 I 2 BGB und dazu PalandtDiederichsen, § 1353 Anm. 2b dd).

Die Pflicht zur unverlangten Information des anderen Teiles besteht allerdings nicht bereits dann, wenn eine i. S. des § 323 I ZPO wesentliche Änderung der Einkommens- und Vermögensverhältnisse eingetreten ist. Dic Vorschrift des § 1605 II BGB zeigt vielmehr, daß es auch in einem solchen Falle im Grundsatz bei einem verhaltenen, vom Auskunftsgläubiger zu aktualisierenden Auskunftsanspruch bleibt: Vor Ablauf von zwei Jahren kann Auskunft erneut nur verlangt werden, wenn glaubhaft gemacht wird, daß der zur Auskunft Verpflichtete wesentlich höhere Einkünfte oder weiteres Vermögen erworben hat. Es ist also auch dann Sache des anderen Teils, sich Gewißheit über eingetretene Änderungen zu verschaffen. Die Annahme einer allgemeinen Pflicht zur ungefragten Offenbarung solcher Veränderungen (mit der möglichen Folge der Schadensersatzpflicht bei ihrer Verletzung) wäre mit dieser Entscheidung des Gesetzes nicht zu vereinbaren. Die Pflicht muß deshalb auf Ausnahmefälle beschränkt bleiben, in denen das Schweigen über eine günstige, für den Unterhaltsanspruch ersichtlich grundlegende Änderung der wirtschaftlichen Verhältnisse evident unredlich erscheint. Das kann jedenfalls dann angenommen werden, wenn der Unterhaltsschuldner aufgrund vorangegangenen Tuns des Unterhaltsgläubigers sowie nach der Lebenserfahrung keine Veranlassung hatte, sich des Fortbestandes der anspruchsbegründenden Umstände durch ein Auskunftsverlangen zu vergewissern, der Unterhaltsgläubiger sodann trotz einer für den Schuldner nicht erkennbaren Veränderung in seinen wirtschaftlichen

Verhältnissen, die den materiell-rechtlichen Unterhaltsanspruch ersichtlich erlöschen läßt, eine festgesetzte Unterhaltsrente weiter entgegennimmt und dadurch den Irrtum befördert, in seinen Verhältnissen habe sich erwartungsgemäß nichts geändert.

Daß das BerGer. die Behauptung der Bekl. als wahr unterstellt hat, sie habe vor der Aufnahme ihrer Erwerbstätigkeit im Juni 1979 einen Rechtsanwalt befragt, ob sie die Arbeitsaufnahme dem Kl. unaufgefordert mitteilen müsse, was dieser verneint habe, mußte nicht zu einer anderen Beurteilung führen. Oben (unter c) ist bereits dargelegt worden, daß diese – angebliche – Auskunft die tatrichterliche Feststellung der Kenntnis der Bekl. von der Unrichtigkeit des Unterhaltstitels wegen des Wegfalls der Bedürftigkeit ab 1. 1. 1980 nicht in Frage stellt. Sie veranlaßt auch nicht die Verneinung der Sittenwidrigkeit der Schädigung. Ob eine Handlung gegen die guten Sitten verstößt, bestimmt sich nach dem Anstandsgefühl aller billig und gerecht Denkenden, also nach einem objektiven Maßstab (Palandt-Thomas, § 826 Anm. 2a). Wie schon der Wortlaut des § 826 BGB ergibt, wird Vorsatz des Täters nur in bezug auf die Schadenszufügung gefordert. Mithin gehört Kenntnis (Bewußtsein) der Sittenwidrigkeit nicht zum Tatbestand des § 826 BGB. Vielmehr genügt grundsätzlich, daß der Handelnde – wie hier tatrichterlich festgestellt – die Tatumstände des Falles gekannt hat, die dem Richter objektiv sein Verhalten als Verstoß gegen die guten Sitten erscheinen lassen.

BGH v. 19. 3. 86 – IVb ZR 19/85 – FamRZ 86, 661

R294 *(Abzug von Aufwendungen für Zugehfrau und Eigenanteil für Arzt- und Arzneimittelkosten bei Pensionisten)*

3b) Weiter hat das OLG das monatl. Nettoeinkommen des Bekl., bestehend aus Pensionsbezügen samt anteiligem Weihnachtsgeld und Renteneinkommen, für Juni 1984 mit 2865,61 DM und ab 1. 7. 1984 mit 2861,26 DM festgestellt und ist unter Abzug der vom Bekl. geltend gemachten Sonderaufwendungen für die Beschäftigung einer Zugehfrau in Höhe von 300 DM und 80 DM Entgelt an Arzt- und Arzneimittelkosten zu einem anzurechnenden monatl. Einkommen des Bekl. von 2485,61 DM für den erstgenannten Zeitraum und von 2481,26 DM für die Zeit ab 1. 7. 1984 gelangt. Auch das läßt keinen Rechtsfehler zum Nachteil des Beklagten erkennen.

BGH v. 23. 4. 86 – IVb ZR 29/85 – NJW 86, 2047

R296 *(Schadensersatzanspruch nach § 826 BGB)*

a 2. a) Das BerGer. hat – im Gegensatz zu dem FamG – einen Schadensersatzanspruch des Kl. nach § 826 BGB, der zur Durchbrechung der Rechtskraft führen könnte (vgl. dazu BGH, NJW 1986, 1751), verneint und dazu ausgeführt: Es erscheine bereits zweifelhaft, ob die Bekl. verpflichtet gewesen sei, dem Kl. von sich aus mitzuteilen, daß sie seit Januar 1982 eine Berufstätigkeit aufgenommen habe. Jedenfalls sei aber die weitere Voraussetzung eines Schadensersatzanspruchs aus § 826 BGB nicht erfüllt, daß nämlich die Annahme der Unterhaltszahlungen durch die Bekl. sittenwidrig, also in besonderem Maße unbillig und geradezu unerträglich gewesen sei. So sei der Bekl. zuzugestehen, daß die materielle Unrichtigkeit des Urteils vom 7. 9. 1981 als Folge ihrer Erwerbstätigkeit für sie nicht in vollem Ausmaß erkennbar gewesen sei. Wenn sie im Ergebnis auch sofort habe erkennen können und müssen, daß der zugesprochene Unterhalt in der Höhe nicht mehr gerechtfertigt sein könne, da sie infolge ihres Eigenverdienstes inzwischen höhere Beträge zur Verfügung gehabt habe als der Kl., so sei doch nicht zu verkennen, daß ihr Bedarf in dem Urteil vom 7. 9. 1981 nicht konkret berechnet worden sei. Sie habe daher im einzelnen nicht übersehen können, in welchem Maße sich die Unterhaltsverpflichtung des Kl. reduzierte. Immerhin habe sie sich darauf berufen können, daß ihr infolge ihrer Berufstätigkeit zusätzliche Fahrtaufwendungen entstanden seien, und daß sie im Hinblick auf die Betreuung der beiden minderjährigen Kinder einen gewissen Mehraufwand geltend machen könne, der bei der Unterhaltsberechnung mit zu berücksichtigen sei. Im übrigen habe sich der Kl. selbst bis Mai 1982 in keiner Weise darum gekümmert, ob die Bekl. inzwischen eine Erwerbstätigkeit aufgenommen habe. Eine Nachfrage wäre aber angesichts der Tatsache, daß der Senat ihr in dem Urteil vom 7. 9. 1981 fiktive Einkünfte zugerechnet und ihr dringend eine Arbeitsaufnahme angeraten habe, naheliegend gewesen. Bei Beachtung aller dieser Umstände, auch der Höhe der streitigen Beträge, sei das Verhalten der Bekl., die die Unterhaltszahlungen des Kl. trotz ihres eigenen Verdienstes weiter angenommen habe, nicht als geradezu unerträglich im Sinne einer vorsätzlich sittenwidrigen Schädigung des Kl. zu werten.

b) Die Revision vertritt demgegenüber den Standpunkt, dem Kl. stehe ein Anspruch auf Schadensersatz wegen Verletzung der zwischen geschiedenen Eheleuten bestehenden Auskunftspflicht zu. Es gehöre zu den nachehelichen Verpflichtungen sowohl des Unterhaltsverpflichteten als auch des Unterhaltsberechtigten, den anderen Teil auf Veränderungen hinzuweisen, die Grund und Höhe des Unterhaltsanspruchs beeinflussen könnten. So müsse der Unterhaltsverpflichtete den Unterhaltsberechtigten unterrichten, wenn sich seine Einnahmen in einer Weise erhöhten, die auf die Unterhaltsrente von Einfluß sein könne; andererseits sei der Unterhaltsberechtigte zu einem Hinweis verpflichtet, wenn er eigene Einkünfte erziele und deshalb für den anderen Teil eine Unterhaltsverpflichtung nicht mehr bestehe. Nur auf diese Weise könne sichergestellt werden, daß der Betroffene rechtzeitig von einer wesentlichen Änderung der Verhältnisse Kenntnis erlange. Hingegen laufe die Auffassung des OLG darauf hinaus, daß der Kl. die Bekl. in geeigneter Form ständig, mindestens allmonatlich, hätte beobachten (lassen) müssen, um zu erfahren, ob sie inzwischen eine Erwerbstätigkeit aufgenommen habe. Das sei unzumutbar.

(Verpflichtung zur ungefragten Information)

Der Senat hat nach Erlaß der angefochtenen Entscheidung in dem Urteil vom 19. 2. 1986 (NJW 1986, 1751) entschieden, unter welchen Voraussetzungen eine Auskunftspflicht unter geschiedenen Ehegatten über § 1580 BGB hinaus in Betracht kommt. Danach kann als Ausprägung des Grundsatzes von Treu und Glauben in besonderen Fällen – neben der Pflicht zur Auskunfterteilung auf Verlangen (§ 1580 BGB) – auch eine Verpflichtung zur ungefragten Information des anderen Partners eines Unterhaltsrechtsverhältnisses bestehen. Das ist aber nicht schon dann der Fall, wenn eine i. S. des § 323 I ZPO wesentliche Änderung der Einkommens- und Vermögensverhältnisse eingetreten ist. Vielmehr bleibt es auch unter solchen Umständen im Grundsatz bei der Auskunftspflicht nur auf Verlangen mit der Folge, daß es dem anderen Teil obliegt, sich Gewißheit über eingetretene Änderungen zu verschaffen. Lediglich in Ausnahmefällen, in denen das Schweigen über eine günstige, für den Unterhaltsanspruch ersichtlich grundlegende Änderung der wirtschaftlichen Verhältnisse evident unredlich erscheint, kann eine Pflicht zur ungefragten Offenbarung derartiger Veränderungen eingreifen. Das kann etwa dann angenommen werden, wenn der Unterhaltsschuldner aufgrund vorangegangenen Tuns des Unterhaltsgläubigers sowie nach der Lebenserfahrung keine Veranlassung hat, sich des Fortbestandes der anspruchsbegründenden Umstände durch ein Auskunftsverlangen zu vergewissern, der Unterhaltsgläubiger sodann trotz einer für den Schuldner nicht erkennbaren Veränderung seiner wirtschaftlichen Verhältnisse, die den materiell-rechtlichen Unterhaltsanspruch ersichtlich erlöschen läßt, eine festgesetzte Unterhaltsrente weiter entgegennimmt und dadurch den Irrtum befördert, in seinen Verhältnissen habe sich erwartungsgemäß nichts geändert. b

Mit diesen Grundsätzen läßt sich der von der Revision vertretene Standpunkt nicht in Einklang bringen. Insbesondere kann ihr nicht gefolgt werden, soweit sie eine allgemeine nacheheliche Auskunftspflicht sowohl des Unterhaltsgläubigers als auch des Unterhaltsschuldners bei Eintritt jeder wesentlichen Änderung der für eine Unterhaltsverpflichtung maßgeblichen Umstände voraussetzt. Nach der Rechtsprechung des Senats besteht keine allgemeine Pflicht zur ungefragten Offenbarung veränderter Verhältnisse.

BGH v. 23. 4. 86 – IVb ZR 30/85 – FamRZ 86, 790 = NJW 86, 2054

(Unterhaltsvorrang bei anrechenbarer Ehedauer von 16 Jahren; Anspruch auf vollen Unterhalt, auch wenn dann der Mindestbedarf des neuen Ehegatten nicht gedeckt werden kann) **R297**

III 3 d) Das OLG hat sich auf den Standpunkt gestellt, die Wiederverheiratung des Kl. verringere den Unterhaltsanspruch der Bekl. nicht, weil der Unterhaltsanspruch seiner jetzigen Ehefrau gemäß § 1582 I BGB nachrangig sei. Es hat den Vorrang der Bekl. aus der langen Ehedauer einschließlich der Zeit der Unterhaltsberechtigung nach § 1570 BGB wegen der Pflege oder Erziehung des gemeinschaftlichen Kindes Kai-Uwe (§ 1582 I S. 2, 2. Alternative, und S. 3 BGB) abgeleitet. Die Revision stellt zur Überprüfung, ob die genannten Voraussetzungen des Vorrangs erfüllt seien. Das ist der Fall. c

aa) Aufgrund der Feststellungen des OLG ist davon auszugehen, daß der Kl. außerstande ist, der Bekl. neben dem Unterhalt für seine beiden Söhne und für seine jetzige Ehefrau den ihr zustehenden Unterhalt zu leisten, ohne seinen eigenen angemessenen Unterhalt zu gefährden. Das ist angesichts der mitgeteilten Einkommens- und Unterhaltsverhältnisse, die durch die Unterhaltsverpflichtung für die jetzige Ehefrau noch eine weitere Einengung erfahren würden, richtig.

bb) Die Bekl. geht der jetzigen Ehefrau des Kl. unterhaltsrechtlich im Rang vor, denn die Annahme des OLG, die Ehe mit der Bekl. sei – einschließlich der Zeit der Anspruchsberechtigung nach § 1570 BGB – von langer Dauer gewesen, läßt keinen Rechtsfehler erkennen. Nach der Rechtsprechung des Senats liegt eine den Unterhaltsvorrang sichernde lange Ehedauer jedenfalls nach Ablauf von 15 Jahren vor, gerechnet von der Eheschließung bis zur Rechtshängigkeit des Scheidungsverfahrens (FamRZ 1983/886, 888, FamRZ 1985/362). Die Parteien haben am 13. 12. 1968 geheiratet; der Scheidungsantrag ist am 22. 6. 1981 zugestellt worden. An diese rund 12½ Jahre schloß (bis November 1984) eine mehr als 3¼jährige Zeit an, in der die Bekl. wegen der Pflege des gemeinschaftlichen Kindes Kai-Uwe nach § 1570 BGB anspruchsberechtigt war. Es ergibt sich eine Gesamtzeit von nahezu 16 Jahren. Das trägt die Annahme des Unterhaltsvorrangs der Bekl.

cc) Im Gegensatz zum AmtsG hat das OLG angenommen, der Vorrang sei nicht darauf beschränkt, daß der geschiedenen [gesch.] Ehefrau jedenfalls der Mindestbedarf verbleiben müsse. Es hat vielmehr ihren vollen – vereinbarten – Unterhaltsanspruch für gegenüber dem Unterhalt der neuen Ehefrau vorrangig gehalten. Dem tritt die Revision vergeblich unter Berufung auf die Entscheidung des OLG Schleswig, FamRZ 1982/705, 706, entgegen. Allerdings wird die Meinung vertreten, in Fällen, die jedenfalls noch eine Befriedigung des allseitigen sog. Mindestbedarfs ermöglichten, sei es mit Blick auf den Schutz der neuen Ehe (Art. 6 I GG) geboten, § 1582 I BGB verfassungskonform dahin auszulegen, daß zunächst ein Mindestbedarf der früheren wie auch der neuen Ehefrau sichergestellt und (nur) das dann verbleibende, zur Verteilung noch zur Verfügung stehende Einkommen des Unterhaltspflichtigen nach Maßgabe der §§ 1581, 1582 BGB aufgeteilt werde (OLG Schleswig, a. a. O., und FamRZ 1983/282, 284 – Vorlagebeschluß zu BVerfGE 66/84 = FamRZ 1984/346). Ob ein solcher Fall hier vorliegt, mag dahinstehen. Der Auffassung, die Widerspruch gefunden hat, vermag der Senat nicht beizutreten.

Das Gebot verfassungskonformer Auslegung verlangt, von mehreren möglichen Normdeutungen, die teils zu einem verfassungswidrigen, teils zu einem verfassungsmäßigen Ergebnis führen, diejenige vorzuziehen, die mit dem Grundgesetz in Einklang steht (BVerfGE 32/373, 383 f.; vgl. auch BVerfGE 59/360, 386 = FamRZ 1982/463). Für seine Anwendung ist hier kein Raum. Die Vorschrift des § 1582 I S. 2 (und S. 3) BGB besagt, daß bei der Verteilung des für Unterhaltszwecke einzusetzenden Einkommens oder Vermögens die Unterhaltsbedürfnisse des jetzigen Ehegatten des Unterhaltspflichtigen gegenüber dem früheren Ehegatten außer Betracht zu bleiben haben. Im Gesetzgebungsverfahren ist der Vorschlag, den unterhaltsrechtlichen Nachrang des neuen Ehegatten durch eine Härteklausel abzuschwächen („Die Unterhaltspflicht gegenüber einem neuen Ehegatten ist nur zu berücksichtigen, wenn dieser bei entsprechender Anwendung der §§ ... unterhaltsberechtigt wäre und die Leistung von Unterhalt zur Vermeidung unbilliger Härten erforderlich ist") nicht übernommen worden. Damit, sowie nach dem Wortlaut der Vorschrift, die den Vor- und Nachrang abschließend regelt, ist eine Auslegung des Inhalts, daß zunächst der Mindestunterhalt des vorrangigen Ehegatten zu sichern, sodann derjenige des nachrangigen Ehegatten zu bedienen und erst danach der verbleibende Rest nach §§ 1581, 1582 BGB zu verteilen sei, nicht vereinbar. Die Vorschrift des § 1582 I BGB verstößt auch in diesem Verständnis nicht gegen das Grundgesetz. Das hat der Senat – im Anschluß an BVerfGE 66/84 = FamRZ 1984/346 – für Fälle entschieden, in denen der Vorrang des geschiedenen vor einem neuen Ehegatten auf der langen Dauer der Ehe beruht und keiner von beiden wegen der Pflege oder Erziehung eines gemeinschaftlichen Kindes (§ 1570 BGB) unterhaltsberechtigt ist oder wäre (FamRZ 85/362, 363). Durch Art. 6 I GG wird nicht nur die bestehende Ehe geschützt, sondern auch die Folgewirkung einer gesch. Ehe, wozu auch die Unterhaltsregelung gehört. Deshalb muß unter Heranziehung des allgemeinen Gleichheitssatzes (Art. 3 I GG) geprüft werden, ob es hinreichende Gründe für die unterschiedliche Behandlung der unterhaltsrechtlichen Position der gesch. und der neuen Ehefrau durch den Gesetzgeber gibt. Für den unterhaltsrechtlichen Vorrang der gesch. Ehefrau ist in erster Linie bestimmend, daß ihr Anspruch schon besteht und demgemäß das wirtschaftliche Leistungsvermögen des Unterhaltsverpflichteten von vornherein belastet, wenn die neue Ehe geschlossen wird. Hierauf muß sich ein neuer Ehegatte des Unterhaltsverpflichteten ebenso einstellen wie auf dessen sonstige Verbindlichkeiten. Als weiteren Sachgrund durfte der Gesetzgeber berücksichtigen, daß sich ein unterhaltsbedürftiger Ehegatte nach dem Scheidungsrecht des 1. EheRG dem Scheidungsbegehren des anderen nicht auf Dauer mit Erfolg widersetzen und damit verhindern kann, daß dieser eine neue Ehe eingeht. Demgegenüber wird die Verfassungsmäßigkeit der gesetzlichen Regelung nicht in Frage gestellt, wenn der Vorrang der gesch. Ehefrau bewirkt, daß die dem unterhaltspflichtigen Ehegatten verbleibenden Mittel nicht ausreichen, seine neue Familie gemäß § 1360 BGB angemessen zu unterhalten. Der Streitfall entspricht der Konstellation, für die der Senat in dem bereits genannten Urteil v. 16. 1. 1985 die vorstehenden Grundsätze aufgestellt hat: Der Vorrang der Bekl. vor der jetzigen Ehefrau beruht auf der langen Dauer der gesch. Ehe, und keine der beiden Frauen ist oder wäre für die Zeit ab November 1984 wegen der Pflege oder Erziehung eines gemeinschaftlichen Kindes unterhaltsberechtigt nach § 1570. In der vorhergehenden Zeit ab Klageerhebung beruhte von den Unterhaltsberechtigungen allerdings diejenige der Bekl. auf der Pflege oder Erziehung des gemeinschaftlichen Kindes Kai-Uwe. Das stellt jedoch ihren Vorrang nicht in Frage, da das Gesetz – im Gegenteil – die Versorgung eines gemeinschaftlichen Kindes als einen den Unterhaltsvorrang bewirkenden Umstand wertet (arg. § 1582 I S. 2 BGB).

BGH v. 23. 4. 86 – IVb ZR 33/85 – FamRZ 86, 798 = NJW 86, 2758

R298 *(Der Steuervorteil aus einer neuen Ehe des Unterhaltspflichtigen [sog. Splittingvorteil] kommt auch den unterhaltsberechtigten Kindern aus früherer Ehe zugute)*

II) Die Ausführungen des OLG halten der rechtlichen Überprüfung insofern nicht stand, als das Berufungsgericht die Steuerersparnis, die dem Beklagten infolge seiner Wiederverheiratung zugute kommt (Veranlagung nach der sog. Splitting-Tabelle und Verdoppelung der abzugsfähigen Vorsorgeaufwendungen sowie des Sonderausgaben-Pauschbetrages), nicht nur im Verhältnis zu der Klägerin zu 1) als der nach § 1582 I BGB unterhaltsrechtlich vorgehenden geschiedenen Ehefrau (FamRZ 1985/911), sondern auch im Verhältnis zu der Klägerin zu 2) von dem für Unterhaltszwecke anrechenbaren Einkommen des Beklagten in Abzug gebracht hat. Der Senat hat bereits im Urteil vom 25. Juni 1980 (FamRZ 1980/984, 985) die Auffasung abgelehnt, daß der dem Unterhaltspflichtigen bei Wiederverheiratung zugute kommende Steuervorteil allgemein seiner neuen Familie zu verbleiben habe, und sich auf den Standpunkt gestellt, daß auch in diesem Falle für die Bemessung des Unterhaltsanspruches grundsätzlich von dem Einkommen auszugehen ist, welches sich nach Abzug der Steuern in ihrer tatsächlichen Höhe ergibt. An dieser Auffassung hat der Senat in dem bereits angeführten weiteren Urteil vom 3. Juli 1985 (FamRZ 85/911) festgehalten. Die Erwägungen des Berufungsgerichts geben zu einer Änderung des in den genannten Senatsentscheidungen eingenommenen Rechtsstandpunkts keine Veranlassung. Allerdings ging es in diesen Entscheidungen jeweils um den Unterhaltsanspruch der geschiedenen Ehefrau. Für den Unterhaltsanspruch eines Kindes aus geschiedener Ehe, wie er hier in Frage steht, ist jedoch in gleicher Weise das Einkommen des Unterhaltspflichtigen auch insoweit zugrunde zu legen, als ihm als Folge einer neuen Eheschließung Steuererleichterungen zugute kommen. Einem Kind aus geschiedener Ehe gegenüber diesen Steuervorteil außer Ansatz zu lassen, würde dem in § 1609 I BGB verankerten Grundsatz zuwiderlaufen, daß die minderjährigen Kinder des Unterhaltspflichtigen – gleich aus welcher Ehe – unterhaltsrechtlich gleichstehen. Denn dann würde der Unterhalt dieses Kindes nach einem niedrigeren Einkommen des Unterhaltspflichtigen bemessen als der eines Kindes aus der späteren Ehe. Der Unterhaltspflichtige muß das ihm tatsächlich zur Verfügung stehende Einkommen gleichmäßig zum Unterhalt aller seiner minderjährigen Kinder verwenden. Die Teilhabe des Kindes aus früherer Ehe an der dem Unterhaltspflichtigen bei Wiederverheiratung zugute kommenden Steuerersparnis erscheint auch angemessen. Freilich hat der Senat in dem bereits genannten Urteil vom 3. Juli 1985 Veranlassung zu einer Korrektur nach § 1579 I Nr. 4 BGB a. F. gesehen, wenn der Unterhaltspflichtige den ihm nur um der neuen Ehe willen gewährten Steuervorteil für den Unterhalt des früheren Ehegatten einsetzen müßte, obwohl er den Betrag der Steuerersparnis für den Unterhalt seines jetzigen Ehepartners benötigt. Dem lag jedoch eine Fallgestaltung zugrunde, in der der frühere Ehegatte des Unterhaltspflichtigen dem neuen Ehegatten nach § 1582 I BGB unterhaltsrechtlich vorging. In einem solchen Falle wäre es in hohem Maße unbefriedigend, wenn der frühere Ehegatte selbst dann auf den sog. Splittingvorteil zurückgreifen könnte, wenn dem Unterhaltspflichtigen nicht genügend Mittel für den Unterhalt des neuen Ehegatten verbleiben. Insofern ging es bei der Senatsentscheidung vom 3. Juli 1985 um eine angemessene Begrenzung des unterhaltsrechtlichen Vorrangs des früheren Ehegatten. Im Verhältnis zwischen minderjährigen Kindern aus einer früheren und der jetzigen Ehe ist für entsprechende Erwägungen kein Raum. Sie haben unterhaltsrechtlich den gleichen Rang. Würden die Unterhaltsansprüche der Kinder aus früherer Ehe nach einem um die Steuerersparnis gekürzten Einkommen des Unterhaltspflichtigen bemessen, so würden diese Kinder entgegen § 1609 I BGB gegenüber den Kindern aus der späteren Ehe benachteiligt; denn diese würden anders als jene an dem Steuervorteil partizipieren. Nach alledem hat das Berufungsgericht bei der Bemessung des Unterhalts der Klägerin zu 2) die Steuervorteile, die dem Beklagten infolge seiner Wiederverheiratung zugute kommen, zu Unrecht bei seinem für Unterhaltszwecke verfügbaren Einkommen in Abzug gebracht. Ohne diesen Abzug sind nach dem im übrigen nicht zu beanstandenden Rechenwerk des Berufungsgerichts die von der Klägerin zu 2) verlangten Unterhaltsbeträge in vollem Umfang zuzusprechen.

BGH v. 23. 4. 86 – IVb ZR 34/85 – FamRZ 86, 783 = NJW 87, 58

(Quotenunterhalt, trennungsbedingter Mehrbedarf und voller Bedarf sowie Anhebung des Unterhaltsanspruchs bei verbesserter wirtschaftlicher Lage bis zur Deckung des eheangemessenen Bedarfs) **R299**

II 3 a) Wenn der Unterhaltsbedarf der Bekl. mit einer Quote des Einkommens des Kl. bemessen und das eigene Einkommen der Bekl. darauf angerechnet wird, muß die auf diese Weise bestimmte Neuregelung des Unterhalts vom Tatrichter auf ihre Angemessenheit kontrolliert werden (FamRZ 1981/539, 541 – std. Rspr.). Damit steht im Einklang, wenn das OLG – wie es in seinen Hilfserwägungen dargelegt hat – dem durch die Trennung verursachten Mehrbedarf für Wohnkosten Rechnung tragen will, obwohl in dem abzuändernden Vergleich trennungsbedingte Mehrkosten weder bei der Bekl. noch beim Kl. berücksichtigt worden sind. Bei dem seinerzeit vereinbarten Unterhalt mußten die Parteien davon ausgehen, daß nur das bereinigte Nettoeinkommen des Kl. aufgeteilt werden konnte, weil andere Einkünfte nicht zur Verfügung standen. Die Bekl. mußte sich ersichtlich mit Rücksicht auf die Leistungsfähigkeit des Kl. (§ 1581 BGB) mit einer Quote seines Einkommens zufriedengeben, die ihren an den ehel. Lebensverhältnissen ausgerichteten vollen Unterhaltsbedarf nicht deckte. Daraus folgt aber nicht, daß die Bekl. trotz einer durch ihre eigene Erwerbstätigkeit verbesserten wirtschaftlichen Lage weiterhin an eine derartige Einschränkung gebunden bleibt. Reichen die zur Verfügung stehenden Mittel für eine höhere Leistung nunmehr aus, ist der Unterhaltsanspruch bis zur Deckung des eheangemessenen Bedarfs anzuheben (FamRZ 1980/771). Bedenken bestehen indessen dagegen, einem gesteigerten Wohnbedarf durch eine Erhöhung der Quote um 11,5 % des Einkommens Rechnung zu tragen, **b** weil die Mieten und Mietnebenkosten vergleichbarer Haushalte im statistischen Mittel der Jahre 1979 bis 1983 um etwa 23% des Einkommens gestiegen seien. Dies stände nicht im Einklang mit der Rechtsprechung, nach der trennungsbedingte Mehrkosten konkret dargelegt werden müssen (FamRZ 1983/886, 887, m. w. N.).

BGH v. 7. 5. 86 – IVb ZR 55/85 – FamRZ 86, 780 = NJW-RR 86, 1002

R301 *(Anrechnung aller Einkünfte, die zur Deckung des Lebensbedarfs zur Verfügung stehen. Bei Vorliegen besonderer Aufwendungen ist der die Aufwendungen übersteigende Teil der Bezüge als Einkommen zuzurechnen)*

a 2b) Nach der ständigen Rechtsprechung des Senats sind sowohl bei der Bestimmung der für einen Unterhaltsanspruch maßgeblichen ehel. Lebensverhältnisse als auch bei der Ermittlung der Leistungsfähigkeit des Unterhaltsschuldners zur Feststellung des unterhaltsrechtlich relevanten Einkommens grundsätzlich alle Einkünfte heranzuziehen, die dem Unterhaltsschuldner zufließen, gleich welcher Art diese Einkünfte sind und aus welchem Anlaß sie im einzelnen erzielt werden (FamRZ 1981/541, 542). Handelt es sich um öffentlich-rechtliche Leistungen, so ist deren sozialpolitische Zweckbestimmung für die unterhaltsrechtliche Beurteilung nicht ohne weiteres maßgebend. Ausschlaggebend ist vielmehr, ob die Einkünfte tatsächlich zur (teilweisen) Deckung des Lebensbedarfs zur Verfügung stehen (FamRZ 1981/338, 339; FamRZ 1984/769, 771, m. w. N.) und dafür eingesetzt werden bzw. bei Anlegung eines objektiven Maßstabs (FamRZ 1982/151, 152) eingesetzt werden könnten. Dabei sind zur Bestimmung der ehel. Lebensverhältnisse nur regelmäßig und nachhaltig erzielte, dauerhafte Einkünfte heranzuziehen, die den ehel. Lebensstandard tatsächlich geprägt haben (FamRZ 1984/364, 365). Stehen den Einkünften besondere Aufwendungen gegenüber, für deren Abgeltung sie gewährt, durch die sie aber nicht voll aufgezehrt werden, dann ist der die Aufwendungen übersteigende Teil der Bezüge unterhaltsrechtlich als Einkommen des Empfängers anzusehen, das zur Befriedigung des allgemeinen Lebensbedarfs geeignet ist (FamRZ 84/769, 772). In diesem Sinn hat es der BGH bereits i. J. 1960 gebilligt, daß eine Aufwandsentschädigung für auswärtige Diensttätigkeit bei der Bemessung von Unterhaltsansprüchen der Angehörigen zum Teil dem Einkommen des Empfängers zugerechnet wird, weil derartige Entschädigungen nach der Lebenserfahrung nicht voll für die Mehraufwendungen aus Anlaß der Dienstreise verwendet würden mit der Folge, daß von dem nicht verbrauchten Teil auch die Familiengemeinschaft einen Vorteil habe (VersR 1960, 801). In einem Urteil v. 16. 1. 1980 (FamRZ 1980/342 ff.) hat der BGH bei der Einkommensermittlung zur Bemessung des Unterhalts den Auslandszuschlag eines Beamten (Soldaten) nach § 55 BBesG mit angerechnet und dazu ausgeführt: Die Bestimmung einer Leistung zum Ausgleich besonderer Aufwendungen oder zu ähnlichen Verwendungszwecken führe nicht dazu, daß sie von vornherein außer Ansatz zu lassen wäre; vielmehr komme es insoweit auf den tatsächlichen Mehraufwand an, den der Empfänger einer derartigen Zulage habe; soweit der Auslandszuschlag den Mehraufwand übersteige, sei er bei der Einkommensermittlung mit heranzuziehen. Der erkennende Senat hat es gebilligt, daß Sitzungsgelder, die ein Ehegatte für seine Mitwirkung in einer kommunalen Bezirksvertretung bezog, zu einem Teilbetrag seinem unterhaltspflichtigen Einkommen zugerechnet wurden, mit der Begründung: Der Einbeziehung stehe nicht entgegen, daß die Sitzungsgelder lediglich zur Abgeltung der Sitzungsauslagen bestimmt seien. Die Zweckbestimmung öffentlich-rechtlicher Leistungen schließe ihre Behandlung als unterhaltspflichtiges Einkommen nicht aus. Entscheidend sei vielmehr, ob sich die betreffenden Bezüge dahin auswirkten, daß mehr Geld für den Familienunterhalt zur Verfügung stehe. Die Leistungen seien daher als unterhaltspflichtiges Einkommen anzusehen, soweit sie nicht durch konkreten Mehrbedarf aufgezehrt würden. Das gelte auch für die Sitzungsgelder einer kommunalen Bezirksvertretung (FamRZ 1983/670, 672, 673). Diese Grundsätze sind in entsprechender Weise auch auf die unterhaltsrechtliche Behandlung der Kostenpauschale eines (Bundestags-/Landtags-)Abgeordneten anzuwenden, wobei der besonderen Bedeutung der Pauschale Rechnung zu tragen ist.

(Aufwandsentschädigung – Kostenpauschale – eines Abgeordneten; Darlegungslast zu Art und Höhe konkreter mandatsbedingter Aufwendungen)

b 2b) Die Aufwandsentschädigung (Kostenpauschale), die der ASt. erhält, wird nach Art. 6 II BayAbgG für allgemeine Unkosten gewährt, insbesondere für die Betreuung des Stimm- und Wahlkreises, Bürokosten, Porto und Telefon sowie sonstige Auslagen, die sich aus der Stellung als Mitglied des Bayerischen Landtags ergeben (Nr. 1); zur Abgeltung von Mehraufwendungen für Verpflegung und Übernachtung am Sitz des Bayerischen Landtags und bei Reisen (Nr. 2); sowie von Kosten für Fahrten in Ausübung des Mandats, soweit nicht besondere Reisekostenvergütung geleistet wird (Nr. 3). Die Aufwandsentschädigung wird nicht gegen Nachweis tatsächlicher Aufwendungen des einzelnen Abgeordneten geleistet, sondern in der Form einer am tatsächlichen Aufwand einer repräsentativen Zahl von Abgeordneten orientierten Pauschalierung, bei der bestimmte – auf Erfahrungswerten beruhende – Einsatzbeträge für Reisekosten, Bürokosten einschließlich Fachliteratur, Übernachtungs-

und Verpflegungskosten sowie für Öffentlichkeitsarbeit und Wahlkreisbetreuung zugrunde gelegt werden. Die Bemessung der Amtsausstattung in pauschalierter Form hat zur Folge, daß es Fälle geben kann, in denen die Aufwendungen eines Abgeordneten regelmäßig unter der Kostenpauschale liegen, ebenso wie auch Fälle denkbar sind, in denen die Pauschale zur Deckung des tatsächlichen Aufwandes nicht ausreicht. Denn da die Abgeordneten bei der Ausübung ihres politischen Mandats unabhängig sind, bestimmen sie im wesentlichen selbst, wie sie ihr Amt ausüben, wo sie den Schwerpunkt ihrer Arbeit sehen und welche Unkosten sie dabei auf sich nehmen. In jedem Fall ist die Kostenpauschale eines Abgeordneten dadurch gekennzeichnet, daß ihr typischerweise mandatsbedingte Aufwendungen gegenüberstehen, zu deren Abgeltung sie bestimmt ist. Im Umfang des hierfür erforderlichen Aufwandes scheidet ihre Heranziehung zu Unterhaltszwecken von vornherein aus. Welchen Anteil der Pauschale dies ausmacht, entzieht sich einer allgemeinen Beurteilung, da jeder Abgeordnete den Umfang seiner Mandatstätigkeit und der mit ihr verbundenen Aufwendungen eigenverantwortlich selbst bestimmt. Aus diesem Grund kommt eine Berücksichtigung der Kostenpauschale als unterhaltsrechtlich relevantes Einkommen mit einer bestimmten Quote, etwa, wie es die AGg. in Anlehnung an die Richtwerte der Nürnberger Tabelle bei Spesen und Auslösungen geltend macht, mit einem Drittel ihres Betrages, grundsätzlich nicht in Betracht. Da die Aufwandsentschädigung nicht gegen Einzelnachweis der mandatsbedingten Aufwendungen, sondern allen Abgeordneten pauschal in derselben Höhe gewährt wird, ist nicht auszuschließen, daß sie in Einzelfällen die mit dem Mandat verbundenen Aufwendungen eines Abgeordneten – regelmäßig – übersteigt und ihm dementsprechend zu einem Teil laufend als freies Einkommen zur allgemeinen Verwendung zur Verfügung steht. Wenn und soweit dies der Fall ist, ist auch die Kostenpauschale eines Abgeordneten nach den allgemeinen Grundsätzen des Unterhaltsrechts als unterhaltsrechtlich erhebliches Einkommen zu behandeln. Verfassungsrechtliche Bedenken sind insoweit entgegen der Auffassung des OLG nicht begründet. Da eine (anteilige) Heranziehung der Kostenpauschale zu Unterhaltszwecken von vornherein nur unter der Voraussetzung in Betracht kommt, daß die entsprechenden Beträge nicht für mandatsbedingte Aufwendungen des Abgeordneten erforderlich sind, führt ihre Einbeziehung in das unterhaltserhebliche Einkommen nicht dazu, daß dem Abgeordneten teilweise die finanzielle Grundlage seiner Mandatstätigkeit entzogen und damit seine Unabhängigkeit (Art. 13 II S. 2 Bayer. Verfassung) beeinträchtigt wird. Dem OLG ist daher auch nicht darin zu folgen, daß der Abgeordnete hiermit in verfassungsrechtlich bedenklicher Weise verpflichtet würde, Teile der ihm ausschließlich für die Mandatsausübung zugewendeten Gelder zweckwidrig zur Alimentation von Unterhaltsberechtigten zu verwenden. Die Beträge, um die es hier geht, sind nach der eigenverantwortlichen Disposition des Abgeordneten für die Ausübung seines Mandats nicht erforderlich, sondern stehen zu seiner freien Verfügung. Ihre Berücksichtigung als unterhaltsrechtlich relevantes Einkommen scheitert unter diesen Umständen weder daran, daß die Kostenpauschale steuerfrei gewährt wird, noch daran, daß der Anspruch auf die Pauschale nach Art. 26 S. 2 BayAbgG nicht übertragbar und damit auch nicht pfändbar ist (FamRZ 1980/342, 344). Für die unterhaltsrechtliche Beurteilung kommt es – wie bei allen sonstigen Einkünften – ausschlaggebend (nur) darauf an, ob entsprechende Beträge dem Abgeordneten zur – teilweisen – Deckung seines Lebensbedarfs tatsächlich zur Verfügung stehen, und ob sie seinen ehelichen Lebensstandard nachhaltig (mit-) geprägt haben. Das muß im Einzelfall festgestellt werden.

3) Daß eine unterhaltsrechtliche Berücksichtigung von Teilen der Kostenpauschale – zumindest aus tatsächlichen Gründen – von vornherein nie in Betracht kommen, eine Feststellung der nicht für mandatsbedingte Aufwendungen erforderlichen Beträge also praktisch nie möglich sein werde, wie die Revisionserwiderung in der mündl. Verhandlung vor dem Senat geltend gemacht hat, kann schon deshalb nicht angenommen werden, weil auch ein Abgeordneter als Unterhaltsschuldner wie jede Prozeßpartei der prozessualen Wahrheitspflicht nach § 138 I ZPO unterliegt. Allerdings führen weder die prozessuale Wahrheitspflicht nach § 138 I und II ZPO noch die allgemeinen Grundsätze des Prozeßrechts zur Darlegungs- und Beweislast dazu, daß ein Abgeordneter im Unterhaltsrechtsstreit gehalten wäre, die Notwendigkeit mandatsbedingter Ausgaben darzulegen und zu rechtfertigen und – in irgendeiner Weise – Rechenschaft zu legen über seine Mandatsausübung und die mit ihr verbundenen Aufwendungen. Dem steht die verfassungsrechtlich gewährleistete Unabhängigkeit des Abgeordneten bei der Ausübung seines Mandats entgegen. Das schließt jedoch – andererseits – nicht aus, daß von einem Abgeordneten im Unterhaltsrechtsstreit eine Darlegung seiner Aufwendungen etwa nach den Kriterien verlangt werden kann, die als Modell für die Berechnung der monatlichen Kostenpauschale gedient haben, so daß im einzelnen darzulegen ist, ob und in welcher Höhe Bürokosten (Mietkosten, Telefon, Porto, Büromaterial, Fachliteratur), Kosten für Wahlkreisbetreuung, Reisekosten (Fahrten zur Wahrnehmung von Mandatspflichten oder andere mandatsbedingte Reisen), Kosten für Wohnung und Verpflegung am Sitz des Bayerischen Landtags und bei sonstigen Reisen monatlich im Durchschnitt erwachsen. Unter Umständen kann auch die Angabe eines allgemeinen Postens „sonstige Ausgaben" in Betracht kommen, den das Gericht im Einzelfall – bei Anerkennung eines „Vertrauensbonus" für den Abgeordneten – großzügig beurteilen kann (FamRZ 1981/338, 340). Eine Obliegenheit zur Vorlage von Belegen ist nicht von vornherein auszuschließen. Vielmehr wird beispielsweise die private Telefonkostenrechnung

des Abgeordneten vorgelegt werden und Aufschluß darüber geben können, welche Kosten das im privaten Bereich Übliche überschreiten und deshalb ersichtlich mandatsbedingt entstehen. Büro-Mietkosten, Lohn- und Gehaltsabrechnungen für Angestellte und Rechnungen für Fachliteratur werden in der Regel ebenso belegt bzw. vorgelegt werden können wie Nachweise über Übernachtungen am Sitz des Bayerischen Landtags und über Verpflegungskosten. Im übrigen wird, je nach den vorgetragenen Umständen des Einzelfalls, in geringerem oder größerem Umfang eine Schätzung des geltend gemachten Aufwandes nach Maßgabe des § 287 II ZPO erforderlich und vertretbar sein. Eine solche kann sich insbesondere für die Beurteilung der Durchschnittsbeträge der – teilweise periodisch schwankenden – mandatsbedingten Aufwendungen als notwendig erweisen, wobei es sachgerecht sein kann, die Darlegung auf einen längeren Zeitraum in der Vergangenheit (unter Umständen bis zur Dauer einer Legislaturperiode) zu erstrecken und zugleich die mit einiger Sicherheit voraussehbare künftige Entwicklung mit in Betracht zu ziehen (FamRZ 1984/39, 41, m. w. N.). In einem so verstandenen Sinn begegnet die prozessuale Darlegungslast eines (Bundestags-/Landtags-)Abgeordneten über die Verwendung seiner Aufwandsentschädigung – entgegen der Auffassung des OLG – weder verfassungsrechtlichen noch sonst rechtlichen Bedenken. Insbesondere kann dem OLG nicht darin zugestimmt werden, daß die geschilderte Darlegungslast gegenüber Personen und Stellen außerhalb der Legislative mit der in Art. 13 II der Bayerischen Verfassung garantierten Unabhängigkeit eines Abgeordneten nicht vereinbar sei. Die Aufwandsentschädigung wird den Abgeordneten deshalb ohne konkrete Nachweispflicht in pauschalierter Form gewährt, weil die andernfalls in Betracht zu ziehende Methode der Ermittlung und Vergütung der im einzelnen nachzuweisenden tatsächlichen Aufwendungen „als ein sowohl für die Rechnunglegenden als auch für die Rechnungsprüfenden ungemein zeitraubendes bürokratisches Verfahren" beurteilt wurde, dem „darüber hinaus einleuchtende sachliche Bedenken entgegenständen, die vornehmlich auf die Sicherung der Unabhängigkeit der mandatsbedingten, häufig innerhalb einer und meist zwischen den politischen Parteien konkurrierenden Tätigkeit abstellten". Der Beirat für Entschädigungsfragen beim Präsidium des Deutschen Bundestages hat sich für eine pauschale Erstattung mandatsbedingter Aufwendungen deshalb ausgesprochen, weil „der Einzelnachweis mandatsbedingter Aufwendungen den Abgeordneten in unverhältnismäßiger, seiner Stellung nach unzumutbarer Weise belasten würde; ebenso auch die Verwaltung; der Einzelnachweis wäre, da die Aufgaben eines Abgeordneten nicht in abschließender Form bestimmt werden können, auch mit gewissen Abgrenzungsschwierigkeiten verbunden". Aus diesem Grund war der Beirat der Auffassung, „daß es dem Verfassungsgrundsatz des freien Mandats am besten entspreche, wenn die mandatsbedingten Aufwendungen der Abgeordneten in Form des pauschalierten Unkostenersatzes abgegolten" würden. Diese Erwägungen zeigen, daß für die pauschale Abgeltung mandatsbedingter Aufwendungen ersichtlich in erster Linie Gründe nicht der Geheimhaltung, sondern des Arbeits- und Verwaltungsaufwandes maßgebend waren. Darüber hinaus wurde auch das Gebot hervorgehoben, die Unabhängigkeit der mandatsbedingten Tätigkeit sowohl innerhalb der einzelnen Partei als auch im Verhältnis zu konkurrierenden Parteien zu sichern. Dieser politische Bereich wird indessen nicht berührt, wenn ein Abgeordneter in einem Unterhaltsrechtsstreit mit seinen Familienangehörigen seine mandatsbedingten Aufwendungen in der oben geschilderten Weise darlegt. Die Unabhängigkeit des Abgeordneten wird hierdurch nicht beeinflußt. Soweit das OLG erwägt, die gegnerische Partei eines Unterhaltsrechtsstreits werde nicht immer Gewähr für eine vertrauliche Behandlung der gemachten Angaben bieten, kann dem Geheimhaltungsinteresse des Abgeordneten, wie ausgeführt, weitgehend mit den Mitteln des § 287 II ZPO Rechnung getragen werden. Im übrigen hat der Senat aber bereits entschieden, daß im Unterhaltsrecht Belange Dritter an der Geheimhaltung bestimmter Vorgänge regelmäßig hinter dem Interesse der Unterhaltsberechtigten zurücktreten müssen (FamRZ 1982/680, 682; FamRZ 1982/151, 152; vgl. auch Urteil v. 26. 10. 1983 – IVb ZR 16/82, nicht veröffentlicht). Das gilt im Grundsatz – mit den oben gemachten Einschränkungen – auch für die durch die Mandatsausübung eines Abgeordneten betroffenen Belange.

4) Wird die Kostenpauschale eines Abgeordneten nach alledem unter keinen Umständen in voller Höhe – sondern, wenn überhaupt, zu einem je nach den Umständen größeren oder geringeren Teil – als unterhaltserhebliches Einkommen in Betracht kommen, so hat die AGg. dem für den vorliegenden Fall insofern Rechnung getragen, als sie von vornherein nur eine unterhaltsrechtliche Berücksichtigung der Pauschale des ASt. mit einem Drittel ihres Betrages begehrt hat. Im übrigen hat die AGg. Anhaltspunkte dafür vorgebracht, daß der ASt. die Aufwandsentschädigung nicht in vollem Umfang mandatsbedingt verbrauche; denn sie hat geltend gemacht, er spare die Kosten für eine Zweitwohnung in M. dadurch, daß er – aus Anlaß von Sitzungen – in seinem Büro im Landtagsgebäude schlafe; außerdem erhalte er durch den Unterbezirk ... seiner Partei finanzielle Unterstützung dergestalt, daß er keine Ausgaben für Porto, Telefon und ähnliches habe, wenn er Wahlkampfarbeit leiste. Unter diesen Umständen ist entgegen der Auffassung der Revisionserwiderung nicht davon auszugehen, daß die Kostenpauschale des Ehemannes von vornherein unterhaltsrechtlich außer Betracht zu bleiben habe. Vielmehr ist der ASt. gehalten, nach Maßgabe der aufgezeigten Grundsätze darzutun und gegebenenfalls zu belegen, in welchem Umfang er die Aufwandsentschädigung – durchschnittlich – für mandatsbedingte Aufwendungen benötigt.

BGH v. 4. 6. 86 – IVb ZR 45/85 – FamRZ 86, 885 = NJW 86, 3080

(Schätzung von Bedarfspositionen, Mehrbedarf und Höhe fiktiver Einkünfte; keine Schätzung bei Anspruchsvoraussetzungen, z. B. ob der Berechtigte keine angemessene Arbeit zu finden vermag; Darlegungs- und Beweislast) **R302**

3 b aa) Soweit es darum geht, ob die Kl. eine andere – ihr angemessene – Erwerbstätigkeit hätte finden können, hat das OLG ausgeführt: Zwar habe sich die Kl. nicht gehörig um eine Anstellung bemüht. Insbesondere habe sie sich nicht hinreichend auf Zeitungsanzeigen beworben. Dies sei jedoch für ihre Arbeitslosigkeit nicht ursächlich. Aus den Bekundungen des als sachverständiger Zeuge vernommenen Sachbearbeiters F. vom Arbeitsamt K. ergebe sich vielmehr, daß die Kl. auch bei intensiveren Bemühungen keine Anstellung gefunden hätte. Allerdings sei nicht auszuschließen, daß sich bei weiteren Bemühungen infolge außergewöhnlicher Umstände doch noch die Möglichkeit einer Anstellung hätte ergeben können. Indessen komme der Kl. die Beweiserleichterung des § 287 II ZPO zugute. bb) Diese Ausführungen stoßen auf Bedenken. Für eine Beweiserleichterung nach § 287 II ZPO ist in dem hier gegebenen Zusammenhang kein Raum. Freilich kommt die Anwendung des § 287 ZPO auch im Unterhaltsprozeß in Betracht. Es handelt sich bei ihm um eine vermögensrechtliche Streitigkeit i. S. des § 287 II ZPO, bei der die vollständige Aufklärung der für die Höhe der Forderung maßgeblichen Umstände mit unverhältnismäßigen Schwierigkeiten verbunden sein und deshalb Veranlassung zu einer richterlichen Schätzung bestehen kann. So kann nach der Rechtsprechung des Senats etwa der Anteil, der dem Unterhaltspflichtigen von seiner – im übrigen anzurechnenden – Grundrente (§ 31 BVersG) für seinen schädigungsbedingten Mehrbedarf zu belassen ist, nach Maßgabe des § 287 ZPO geschätzt werden (FamRZ 1981/338, 340; FamRZ 1981/1165 f. und FamRZ 1982/252, 253). Ebenso sind Bedarfspositionen auf seiten des Unterhaltsberechtigten der Schätzung zugänglich (FamRZ 1983/689, 690). Ferner kann die Höhe fiktiver Einkünfte, wie sie bei der Bemessung des Unterhalts sowohl auf seiten des Unterhaltsberechtigten einzustellen sein können, im allgemeinen nur im Wege der Schätzung ermittelt werden (FamRZ 1984/662, 663 sowie OLG Düsseldorf, FamRZ 1981/255, 256 f.). Darüber hinaus mögen auch die Grundsätze, nach denen die Rechtsprechung § 287 ZPO auf die Frage der Kausalität zwischen anspruchsbegründendem Ereignis und Anspruchsumfang entsprechend anwendet (BGHZ 7/287, 295; 4/192, 196; BGH, NJW 1968/985; VersR 1975/540, 541; NJW 1963/998 f.), auf den Unterhaltsanspruch übertragbar sein, soweit Ursachenabläufe in Frage stehen, die sich auf den Umfang des Unterhaltsanspruchs auswirken, sei es, daß sie den Anspruch ausfüllen oder – etwa bei einer Obliegenheitsverletzung des Unterhaltsberechtigten – verringern. Eine Beweiserleichterung nach § 287 ZPO scheidet jedoch jedenfalls aus, soweit es um den „eigentlichen“ Anspruchsgrund geht, d. h. um diejenigen Anspruchsvoraussetzungen, von denen das Gesetz den Anspruch vorbehaltlich seines Umfangs abhängig macht (vgl. – bezogen auf Schadensersatzansprüche – BGH, a. a. O.). Für diese Anspruchsvoraussetzungen bleibt es bei den allgemeinen Beweisregeln. Danach ist hier § 287 ZPO nicht anwendbar. Es geht um die Frage, ob die Kl. Unterhalt verlangen kann, weil sie, wie es § 1573 I BGB zur Anspruchsvoraussetzung macht, „keine angemessene Erwerbstätigkeit zu finden vermag“. Damit geht es nicht um die Ausfüllung ihres Unterhaltsanspruchs, sondern darum, ob überhaupt ein Unterhaltstatbestand – nämlich der des § 1573 I BGB – erfüllt ist. Hierfür ist die Kl. uneingeschränkt darlegungs- und beweispflichtig, ohne daß ihr insoweit die Beweiserleichterung des § 287 II ZPO zugute kommen kann. **a**

(Anforderungen an den Nachweis, keine Arbeit finden zu können; Zweifel geht zu Lasten des beweispflichtigen Berechtigten)

3 b cc) Ob ein Arbeitsuchender eine Stelle finden kann, hängt von den Verhältnissen auf dem Arbeitsmarkt und den persönlichen Voraussetzungen des Bewerbers (Alter, Vorbildung, Berufserfahrung usw.) ab (BGH, FamRZ 1986/244, 246). Je nach diesen Gegebenheiten können die Anforderungen, die an den Nachweis des Unterhaltstatbestandes des § 1573 I BGB zu stellen sind, unterschiedlich ausfallen. Einerseits darf dem Unterhalt begehrenden geschiedenen Ehegatten der Nachweis, daß er keine Arbeit zu finden vermöge, nicht zu leicht gemacht werden, weil sonst die Gefahr besteht, daß er sich nicht intensiv genug um eine Anstellung bemüht und die Hände vorzeitig in den Schoß legt. Andererseits dürfen die Anforderungen nicht überspannt werden. Eine absolute Sicherheit, daß bei weiterer Arbeitssuche keine angemessene Stelle zu finden wäre, gibt es nicht. Es kommt stets hypothetisch in Betracht, daß dem betreffenden Ehegatten doch noch eine angemessene Beschäftigung angeboten würde. Dieses Unsicherheitsmoment ist tatrichterlich zu bewältigen. Der Tatrichter muß sich die Frage vorlegen, ob die Chance, daß der betreffende Ehegatte bei weiterer Arbeitssuche Arbeit fände, real oder doch nicht völlig irreal oder nur theoretischer Art ist. Jeder ernsthafte Zweifel geht zu Lasten des Unterhaltsklägers, da er für die Voraussetzungen des § 1573 I BGB die Beweislast trägt. Die Unterhaltsklage ist daher abzuweisen, soweit für den Fall sachgerechter Bemühungen eine nicht ganz von der Hand zu weisende Beschäftigungschance besteht. Eine ganz unrealistische und bloß theoretische Beschäftigungschance steht jedoch der Bejahung des § 1573 I BGB nicht entgegen. Der Nachweis, daß **b**

der Anspruchsteller i. S. des § 1573 I BGB keine angemessene Erwerbstätigkeit zu finden vermag, ist daher schon dann als geführt anzusehen, wenn nach dem Ergebnis der tatrichterlichen Beweiswürdigung die Beschäftigungschance „gleich Null" ist, eine Beschäftigung also praktisch ausscheidet (BGHZ 53/245, 256; BGH, NJW 1978/1919 f., NJW 1982/2874, 2875). Eben diese Überzeugung hat sich das OLG vorliegend nach Beweiserhebung gebildet. Es hat den Sachbearbeiter F. des Arbeitsamts K. als sachverständigen Zeugen vernommen, der die Kl. bei der Arbeitssuche beraten hat, und sich seiner Einschätzung der Beschäftigungschancen der Kl. angeschlossen, die auf den Erfahrungen des Zeugen als Arbeitsvermittler und seiner Kenntnis des regionalen Arbeitsmarkts, jeweils bei Berücksichtigung der persönlichen Verhältnisse der Kl., beruhe. Aus der Aussage des Zeugen ergebe sich, daß die Kl. vor allem mangels Berufspraxis seit rund 20 Jahren und angesichts ihres Alters von mehr als 50 Jahren unter den obwaltenden Arbeitsmarktbedingungen auf absehbare Zeit „keine Möglichkeit" habe, eine Arbeit zu finden, und zwar weder durch Vermittlung des Arbeitsamtes noch aufgrund eigener Bemühungen. Dementsprechend, so das OLG weiter, sei es nur unter außergewöhnlichen Umständen vorstellbar, daß es der Klägerin doch gelungen wäre, eine Anstellung zu erhalten. Damit hat das OLG rechtsfehlerfrei eine Situation angenommen, derzufolge eine Beschäftigung der Kl. praktisch ausscheidet. Unter diesen Umständen erweist sich ihr auf § 1573 I BGB gestütztes Unterhaltsbegehren auch ohne Zuhilfenahme des § 287 ZPO als gerechtfertigt. Soweit der Senat in dem von der Revision herangezogenen Urteil v. 4. 11. 1981 (FamRZ 1982/255, 257) gebilligt hat, daß der Tatrichter in jenem Falle der Unterhalt begehrenden Ehefrau die Berufung auf „absolute Vermittlungsunfähigkeit" versagt hat, ergibt sich kein Widerspruch zu der hier getroffenen Entscheidung. Es kommt auf den Einzelfall an. Der damalige Fall lag anders. Insbesondere lag die Berufstätigkeit der Kl. des damaligen Verfahrens noch nicht so lange zurück wie die der Kl. des vorliegenden Verfahrens, so daß von noch verwertbaren beruflichen Erfahrungen ausgegangen werden konnte und etwa Bewerbungen auf Stellenangebote in Zeitungen nicht von vornherein aussichtslos erschienen. Bei Berücksichtigung dieser Umstände liegt es durchaus auf der hier dargelegten Linie, daß der Tatrichter in dem damaligen Fall den nach § 1573 I BGB erforderlichen Nachweis nicht als geführt angesehen hat.

BGH v. 4. 6. 86 – IVb ZR 48/85 – FamRZ 86, 889 = NJW-RR 86, 1194

R303 *(Zur Subsidiarität einer wiederauflebenden Witwenversorgung gegenüber einem nach § 1579 gekürzten Unterhaltsanspruch aus 2. Ehe. Anrechnung von Unterhaltsansprüchen auf die wiederaufgelebte Witwenrente)*

1) Die wiederaufgelebte Versorgung einer Kriegerwitwe (§ 44 II BVersG) beeinflußt aus Rechtsgründen deren Unterhaltsbedürftigkeit und damit die Verpflichtung ihres geschiedenen zweiten Ehemannes zur Zahlung nachehel. Unterhalts (§§ 1569 ff. BGB) nicht. Vielmehr sind auf Hinterbliebenenrenten nach dem ersten Ehemann, die durch die zweite Eheschließung weggefallen sind und nach der Auflösung der zweiten Ehe wieder aufleben, Versorgungs-, Renten- und Unterhaltsansprüche anzurechnen, die sich aus der neuen Ehe herleiten (§ 44 V S. 1 BVersG; im Grundsatz ebenso § 61 III BeamVG, § 68 II S. 1 HS. 2 AVG, § 1291 II S. 1 HS. 2 RVO, § 83 III S. 1 Hs. 2 RKG). Nur wenn und soweit die Versorgung aus der zweiten Ehe den damit gleichsam garantierten Versorgungsstand nach dem ersten Ehegatten („Mindestversorgungsgarantie", BSGE 22/78, 80; Ruland, MDR 1976/453, 457) nicht erreicht, lebt also die Erstversorgung wieder auf. Damit ordnet das Gesetz die Subsidiarität der Witwenversorgung an. Bei der Prüfung, ob und in welcher Höhe der Unterhaltsanspruch der geschiedenen Frau gegen ihren geschiedenen zweiten Ehemann besteht, bleibt mithin die wiederaufgelebte Witwenrente unberücksichtigt (FamRZ 79/211, 212 ff.; BSGE 42/110, 112). Die Frau muß so angesehen werden, als bezöge sie keine Rente (OLG Düsseldorf, FamRZ 1978/695, 696).

2) Daraus, daß der Unterhaltsanspruch der Bekl. eine Kürzung gemäß § 1579 I Nr. 4 BGB a. F. (heute: § 1579 Nr. 6 BGB i. d. F. des Gesetzes zur Änderung unterhaltsrechtlicher, verfahrensrechtlicher und anderer Vorschriften – UÄndG – v. 20. 2. 1986, BGBl I 301) erfahren hat, ergeben sich keine Besonderheiten. Es ist anerkannten Rechtes, daß die wiederaufgelebte Witwenversorgung auch gegenüber dem Anspruch des bedürftigen geschiedenen Ehegatten auf einen Unterhaltsbeitrag subsidiär ist, den § 60 EheG a. F. nach einer Scheidung aus beiderseitigem Verschulden vorsah, wenn und soweit dies mit Rücksicht auf die Bedürfnisse und die Vermögens- und Erwerbsverhältnisse des anderen Ehegatten und der unterhaltspflichtigen Verwandten des Bedürftigen der Billigkeit entsprach (FamRZ 1979/470, 471; BSGE 30/220, 222 = FamRZ 1970/314 [LS.]). Gleiches gilt gegenüber dem Billigkeitsunterhalt des § 61 II EheG a. F. (OLG Düsseldorf, FamRZ 1978/597). In gleicher Weise besteht Subsidiarität gegenüber dem nach einer Teilaberkennung gemäß § 1579 BGB verbleibenden Restanspruch auf Unterhalt nach einem der Unterhaltstatbestände der §§ 1570 bis 1573, 1575 BGB.

3) Die Revision vertritt den Standpunkt, in die durch § 1579 BGB geforderte Billigkeitsprüfung sei auch die subsidiäre Witwenrente einzubeziehen. Wenn der Unterhaltsanspruch trotz der Verwirklichung eines der in der Vorschrift genannten Ausschlußgründe nicht vollständig versagt, sondern wegen der wirtschaftlichen Schwäche des Betroffenen nur herabgesetzt werde, so werde dem unterhaltspflichtigen geschiedenen Ehegatten ein Vermögensopfer auferlegt. Das sei nur dann zulässig, wenn es zur

Existenzsicherung des anderen unumgänglich sei. Deshalb müßten bei der Billigkeitsprüfung gemäß § 1579 BGB auch solche Einkünfte des Unterhaltsberechtigten berücksichtigt werden, die diesem freiwillig von Dritten oder aufgrund subsidiärer Ansprüche gewährt würden. Nur so könne vermieden werden, daß der durch eine schwere Eheverfehlung verletzte Unterhaltsschuldner ein Vermögensopfer leisten müsse, obgleich dieses zur Existenzsicherung des anderen nicht erforderlich sei. Auch vorliegend würden dem Kl. Leistungen abverlangt, die ihn selbst zu einem bescheidenen Lebenswandel verpflichteten, ohne daß eine Notlage der Bekl. ersichtlich sei, die im Rahmen der Billigkeitsprüfung ihrem ehel. Fehlverhalten gegenüberzustellen wäre. Damit kann die Revision nicht durchdringen. Sie berücksichtigt zunächst nicht hinreichend, daß für die Belassung eines Unterhaltsteils im Rahmen der durch § 1579 BGB geforderten Prüfung, ob und inwieweit die Inanspruchnahme des Verpflichteten grob unbillig wäre, nicht allein die Bedürftigkeit des Berechtigten maßgebend ist, sondern daß auf eine bloße Herabsetzung des Unterhalts, welche die neue Fassung des § 1579 BGB jetzt auch ausdrücklich vorsieht, immer dann zu erkennen ist, wenn der vollständige Ausschluß nicht geboten erscheint, um einen groben Widerspruch mit dem Gerechtigkeitsempfinden zu vermeiden (FamRZ 1982/582f., FamRZ 1983/670, 672). Dabei können neben der Unterhaltsbedürftigkeit des Berechtigten auch sonstige Umstände, wie etwa die Schwere des Verwirkungsgrundes, eine lange Dauer der Ehe sowie Verdienste um die Familie, insbesondere bei der Pflege und Erziehung von Kindern, berücksichtigt werden. Letzteres hat auch im Streitfall eine Rolle gespielt. Insbesondere aber zeigt die oben (unter 2) genannte Rechtsprechung zur Subsidiarität der wiederaufgelebten Witwenrente gegenüber Unterhaltsansprüchen aus §§ 60, 61 II EheG a. F., daß selbst dann, wenn die Zubilligung des Unterhaltsanspruchs ihren Grund in der wirtschaftlichen Schwäche des Berechtigten und in der Leistungsfähigkeit des Verpflichteten hat, kein hinreichender Grund anzunehmen ist, die Leistungspflicht von dem zweiten Ehepartner auf den Träger der Versorgung nach dem ersten Ehegatten und damit auf die Solidargemeinschaft zu überbürden. Das Wiederaufleben der Versorgung nach dem ersten Ehegatten hat den rechtspolitischen Zweck, durch Überwindung der Scheu vor einer erneuten Eheschließung die Zahl der sog. Rentenkonkubinate („Onkelehen") hintanzuhalten. Es dient jedoch nicht der Entlastung des neuen Ehepartners von Unterhaltsverpflichtungen nach einem Scheitern der Ehe. Die wiederauflebende Witwenversorgung hat nach dem System der gesetzlichen Regelung keine Unterhaltsersatzfunktion in bezug auf die neue Ehe (BVerfGE 38/187, 200 = FamRZ 1975/157, 160). Danach führt das Wiederaufleben der Witwenrente eines geschiedenen Ehegatten auch nicht zu einer Minderung seines nach § 1579 BGB gekürzten Unterhalts. Ob dieser Grundsatz in Ausnahmefällen, wie sie im Urteil des BGH v. 4. 4. 1979 (FamRZ 1979/470, 471) bezeichnet werden, zur Vermeidung einer unverhältnismäßigen Belastung des Unterhaltpflichtigen eingeschränkt werden muß, braucht hier nicht erörtert zu werden, da ein solcher Ausnahmefall nicht vorliegt. Zu Unrecht macht die Revision schließlich geltend, jedenfalls die Verpflichtung des Kl. zur Tragung der Kosten der Krankenversicherung müsse entfallen, weil der Bekl. nunmehr ein eigener Anspruch auf Krankenversorgung nach dem Bundesversorgungsgesetz zustehe. Auch das vernachlässigt die gesetzlich angeordnete Subsidiarität der wiederaufgelebten Witwenversorgung. Auf die Witwenrente sind Unterhaltsansprüche aus der neuen Ehe nach § 44 V S. 1 BVersG schlechthin, ohne die von der Revision gewünschte Einschränkung, anzurechnen. Zu dem anzurechnenden Unterhaltsanspruch gehört deshalb auch der Anspruchsteil, der – im Rahmen des gesamten Lebensbedarfs (§ 1578 I BGB) – die Kosten einer angemessenen Versicherung für den Fall der Krankheit deckt (§ 1578 II BGB). Auch insoweit besteht kein Anlaß, die Kosten der Krankheitsvorsorge, mag diese nunmehr auch nach den Vorschriften des Bundesversorgungsgesetzes gewährt werden, von dem zweiten Ehemann auf die Solidargemeinschaft zu überbürden.

BGH v. 4. 6. 86 – IVb ZR 50/85 – FamRZ 86, 881 = NJW-RR 86, 1196

(Zur Ausgleichspflicht nach § 426 BGB wegen Zins- und Tilgungsleistungen für ein Haus vor und nach der Trennung; abweichende Bestimmung i. S. des § 426 I S. 1 BGB auf Grund der besonderen Gestaltung der Verhältnisse. Neuregelung der Miteigentümerverhältnisse nach § 745 II BGB) **R304**

2 a) Das OLG hat dem Kl. einen Ausgleichsanspruch in Höhe der Hälfte seiner Zins- und Tilgungsleistungen auf der Grundlage des § 426 I S. 1 BGB zugesprochen. Nach dieser Vorschrift haften Gesamtschuldner im Verhältnis zueinander zu gleichen Teilen, soweit nicht ein anderes bestimmt ist. Ist im Einzelfall eine andere Bestimmung getroffen, so ist diese maßgebend und tritt an die Stelle der sonst vorgesehenen hälftigen Ausgleichspflicht im Innenverhältnis. Unter diesem rechtlichen Gesichtspunkt – auf den auch die Angriffe der Revision im Ergebnis hinzielen – hat das OLG den Sachverhalt nicht gewürdigt, obwohl nach den unstreitigen tatsächlichen Verhältnissen die Annahme naheliegt, daß die Parteien i. S. des § 426 I S. 1 BGB etwas „anderes bestimmt" hatten.

2 b) Eine abweichende Bestimmung nach § 426 I S. 1 BGB kann sich aus dem Gesetz, einer – ausdrücklich oder stillschweigend (BGH, WM 1983/1386, 1387) getroffenen – Vereinbarung, aus Inhalt und Zweck eines zwischen den Gesamtschuldnern bestehenden Rechtsverhältnisses oder der Natur der Sache, mithin aus der besonderen Gestaltung des tatsächlichen Geschehens ergeben (BGHZ FamRZ

80/664, 665; FamRZ 83/795; WM 86/208 = NJW 86/1491, m. w. N.). aa) Für die Dauer des Zusammenlebens der Parteien ist das OLG davon ausgegangen, daß sie – seit dem Erwerb des Hausgrundstücks – zumindest stillschweigend eine andere Regelung als die einer anteiligen Ausgleichungspflicht im Innenverhältnis getroffen haben. Das ergibt sich aus dem Hinweis des OLG auf die Entscheidung in BGHZ 87/265 ff. (= FamRZ 83/795) und die Erwägung zu der während des Bestehens der Ehe geltenden Verwaltungsregelung in dem angefochtenen Urteil. Gegen diese Annahme bestehen aus Rechtsgründen keine Bedenken.

Solange die Parteien zusammenlebten, hat der Kl. nach den bisher getroffenen Feststellungen die gesamten Schuldenlasten für das Hausgrundstück getragen, ohne im Innenverhältnis einen Ausgleich von der Bekl. zu verlangen. In dem Haus befand sich aber – anders als in dem der Entscheidung BGHZ 87/265 (= FamRZ 83/795) zugrundeliegenden Fall – nicht nur die gemeinsame Ehewohnung. Vielmehr nutzte der Kl. das im Miteigentum der Bekl. stehende Haus insbesondere zu gewerblichen Zwecken und erzielte aus dieser gewerblichen Nutzung sein laufendes Einkommen. Dabei überwog der Wert der gewerblichen Nutzung nach den Angaben der Bekl. – Pachtwert für die Gaststätte mit Kegelbahn monatlich 1500 DM und Einnahmen aus Zimmervermietung bis zu monatlich 1000 DM – den Mietwert der Wohnung – von monatlich 900 DM – in erheblichem Maße. Anhaltspunkte dafür, daß der Kl. der Bekl. einen auf sie entfallenden Anteil der „Gaststättenpacht" und der Erlöse aus Vermietungen gezahlt hätte, sind im Verfahren nicht hervorgetreten. Diese tatsächliche Handhabung läßt darauf schließen, daß die Parteien während des Zusammenlebens – jedenfalls stillschweigend – vereinbart hatten, der Kl. solle einerseits berechtigt sein, die Gaststätte mit Kegelbahn und die Fremdenzimmer in dem gemeinschaftlichen Haus zu Erwerbszwecken zu nutzen, und andererseits die Verpflichtung übernehmen, die Zins- und Tilgungsraten für das Haus zu tragen. Da die Schuldenlasten nach dem Vortrag des Kl. monatlich durchschnittlich rund 2100 bis 2200 DM betrugen, bestand zwischen dem Nutzungsvorteil und dem Schuldendienst ein grundsätzlich ausgewogenes Verhältnis. Soweit die Zins- und Tilgungsleistungen des Kl. auch die Ehewohnung betrafen, entspricht es ohnehin allgemeiner Übung, daß der alleinverdienende Ehegatte die gemeinschaftlichen finanziellen Verpflichtungen trägt, auch wenn sie, wie bei der Finanzierung eines im Miteigentum stehenden Hauses, dem gemeinsamen Vermögenserwerb dienen, während der andere Teil durch die Haushaltsführung und Erziehung der Kinder seinen – grundsätzlich gleichwertigen – Beitrag zur ehel. Lebensgemeinschaft leistet (vgl. §§ 1360 S. 2, 1606 III S. 2 BGB; BGHZ 87/265, 269, 270 = FamRZ 83/795, 796). Hiervon ist ersichtlich auch das OLG ausgegangen. bb) Mit dem Auszug der Bekl. aus der ehel. Wohnung im November 1979 hat sich an den tatsächlichen Nutzungsverhältnissen des Hauses – bis auf die Benutzung der Ehewohnung – nichts geändert. Die Bekl. hat dem Kl. weiterhin die alleinige Nutzung der Gaststätte und Kegelbahn sowie der Fremdenzimmer – ohne Entgelt – belassen, und der Kl. hat diese bis zu seinem Auszug nach der Zwangsversteigerung i. J. 1984 auch tatsächlich in der bisherigen Weise fortgeführt. Zugleich hat er, wie bisher, die Kredite weiter bedient. In diesem Sinn sind die Grundlagen der früher von den Parteien (stillschweigend) getroffenen und tatsächlich gehandhabten Vereinbarung insoweit unverändert bestehen geblieben. Der Kl. hat im übrigen weder behauptet, die frühere Vereinbarung sei nach dem Auszug der Bekl. einverständlich aufgehoben worden, noch hat er einen Grund dargelegt, der ihn zur einseitigen Kündigung der Abmachung berechtigte. Allein der Umstand, daß die Bekl. aus der Ehewohnung auszog und ihre Haushaltsführung für die Familie aufgab, reichte – bei sonst fortbestehender „Geschäftsgrundlage" der getroffenen Vereinbarung – hierfür nicht aus, da dem Kl. die gewerbliche Nutzungsmöglichkeit des gemeinschaftlichen Anwesens, die den wesentlichen wirtschaftlichen Wert des Grundbesitzes ausmachte, erhalten blieb (vgl. dazu auch BGHZ FamRZ 67/320, 323). Diese Umstände legen die Annahme nahe, daß die während des Zusammenlebens bestehende abweichende Bestimmung i. S. von § 426 I S. 1 BGB auch nach der Trennung der Parteien fortbestanden hat. Hierin unterscheidet sich der vorliegende Fall wesentlich von dem in BGHZ 87/265 (= FamRZ 83/795) entschiedenen, in dem sich die Finanzierungslasten auf ein nur als Ehewohnung dienendes Haus bezogen. Inwieweit die in dieser Entscheidung entwickelten Grundsätze über die Ausgleichspflicht zwischen Ehegatten nach der Trennung allgemein zu sachgerechten Lösungen führen, braucht hier nicht erörtert zu werden. Jedenfalls werden sie den Besonderheiten des vorliegenden Falles, insbesondere dem Umstand, daß dem Kl. nach der Trennung die Möglichkeit der gewerblichen Nutzung des gemeinschaftlichen Anwesens erhalten blieb, nicht ausreichend gerecht. Soweit ein Ehegatte nach der endgültigen Trennung von seinem Partner ein im Miteigentum beider Eheleute stehendes, bisher ausschließlich zu Wohnzwecken genutztes Haus allein weiter nutzt, hat der Senat – insoweit in Übereinstimmung mit den Ausführungen in BGHZ 87/265, 271, 272 = FamRZ 83/795, 796 – eine mögliche Form der Neuregelung des Miteigentümerverhältnisses (§ 745 II BGB) darin gesehen, daß der Ehegatte, der das Haus in Zukunft allein nutzt, als Ausgleich für die alleinige Nutzung die Kosten des Hauses, insbesondere die Bedienung der für das Haus aufgenommenen Kredite, (allein) übernimmt (BGH, FamRZ 86/436, 437). Eine entsprechende – stillschweigend getroffene – Vereinbarung kann, soweit es die Ehewohnung angeht, auch im vorliegenden Fall in Betracht kommen, nachdem im übrigen ohnehin die bisher gehandhabte Übung beibehalten wurde, nämlich der Kl. die gewerbliche Nutzung des Anwesens fortsetzte und – wie es sich nach den tatsächlichen Verhältnissen darstellte, zum Ausgleich dafür – die Darlehensschulden weiter beglich.

2 c) Das OLG hat die insoweit erheblichen Umstände nicht geprüft. Auch der Parteivortrag hat diese Gesichtspunkte nicht berücksichtigt. Er war vielmehr von Anfang an auf die Entscheidung BGHZ 87, 265 (= FamRZ 83, 795) ausgerichtet, ohne daß die Parteien den sich aus der gewerblichen Nutzung des gemeinschaftlichen Grundbesitzes ergebenden Besonderheiten Rechnung trugen, die dem vorliegenden Fall – im Gegensatz zu dem der Entscheidung BGHZ 87/265 (= FamRZ 83/795) zugrundeliegenden Sachverhalt – ihr Gepräge gaben. Hierauf beruhen u. a. die Ausführungen des OLG, die grundsätzliche Verpflichtung, dem Kl. die Hälfte seiner Aufwendungen auf die gemeinsamen Schulden zu erstatten, werde von der Bekl. nicht in Zweifel gezogen. Dem lag keine Einigung der Parteien über einen bestimmten Sachverhalt zugrunde, sondern nur eine von der Bekl. vertretene Rechtsauffassung, welche sie von Anbeginn an mit dem Einwand verknüpft hatte, der Kl. müsse sich anrechnen lassen, daß er seit der Trennung außer der Ehewohnung die Gastwirtschaft mit Kegelbahn und die Gästezimmer in dem gemeinschaftlichen Haus allein genutzt habe. Soweit die Bekl. hieraus einen Gegenanspruch hergeleitet und zur Aufrechnung gestellt hat, scheidet eine Aufrechnung aus, sofern – und solange – über den Schuldausgleich der Parteien im Innenverhältnis abweichend von der hälftigen Ausgleichungspflicht etwas „anderes bestimmt" (§ 426 I S. 1 BGB), nämlich vereinbart war, daß der Kl. während der Dauer seiner gewerblichen Nutzung des im Miteigentum der Bekl. stehenden Grundbesitzes die zur Finanzierung des Anwesens aufgenommenen Kredite allein zurückführen sollte.

BGH v. 4. 6. 86 – IVb ZR 51/85 – FamRZ 87, 58 = NJW-RR 86, 1261

(Bei einem Studenten ohne eigenes Einkommen fehlt es an einer unterhaltsrechtlich relevanten originären Lebensstellung, so daß auch nach Eintritt der Volljährigkeit seine Lebensstellung von der seiner Eltern abgeleitet wird. Unterhaltsgewährung für Kinder vermögender Eltern bedeutet Befriedigung ihres gehobenen Lebensbedarfs, jedoch nicht Teilhabe am Luxus.) **R304A**

II 1) Das KG geht davon aus, daß die Kl. dem Grunde nach als volljähriges Kind des Bekl. von diesem Unterhalt verlangen könne, solange sie als Studentin noch außerstande sei, sich selbst zu unterhalten (§§ 1601, 1602 I, 1610 I und II BGB). Das ist richtig und wird von der Revision nicht angegriffen. 2. Den monatl. Unterhaltsbedarf der Kl. hat das KG auf 1700 DM bemessen und dies wie folgt begründet: Die Lebensstellung der Kl., nach der sich das Maß des zu gewährenden Unterhalts bestimmt (§ 1610 I BGB), richte sich während ihres Studiums nach der ihrer Eltern und deren wirtschaftlichen Verhältnissen, die weit über dem Durchschnitt lägen. Der Bekl. habe selbst das steuerpflichtige Einkommen beider Elternteile i. J. 1982 mit 671 319 DM angegeben und zugestanden, daß davon über 99% auf ihn selbst entfielen. Auch habe er den von der Kl. mit rund 40 Millionen DM bezifferten Wert seines Vermögens nicht substantiiert bestritten. Die Maßgeblichkeit der Verhältnisse der Eltern bedeute zwar nicht, daß der Kl. eine der Lebensführung der Eltern entsprechende Lebensgestaltung zu ermöglichen sei, vielmehr rechtfertige die besondere Lage eines noch in der Ausbildung stehenden Kindes eine Begrenzung des Unterhalts. Gleichwohl könne ihr Unterhaltsbedarf aber weder pauschal auf eine etwa bei 900 DM zu ziehende Obergrenze beschränkt noch unter Anwendung von Tabellengrößen, Richtwerten oder sogar einem für alle Studenten gültigen Einheitssatz bestimmt werden. Der Monatsbetrag von 1700 DM sei nach den individuellen Verhältnissen vertretbar und nach dem von der Kl. konkret geltend gemachten Bedarf angemessen und erforderlich. Da die Kl. schon i. J. 1980 aufgrund einer Vereinbarung mit dem Bekl. ihre eigene Wohnung bezogen und er ihr 1983 den bereits vorher zur Verfügung gestellten Pkw übereignet habe, gehöre zu ihrem monatl. Unterhaltsbedarf der geltend gemachte und im einzelnen nicht bestrittene Betrag von 876 DM für Miete, Strom, Gas, Telefon, Rundfunk, Krankenkasse, Kfz-Kosten (Haftpflichtversicherung, Steuer und Benzin) und private Versicherungen. Sie könne dazu für Lebensmittel 400 DM und für eine Urlaubsreise (anteilig) 100 DM beanspruchen, ferner 75 DM für Bekleidung und Schuhe und weitere 250 DM als Taschengeld und zur Deckung des sonstigen Bedarfs (Bücher, Zeitschriften, Pflegemittel, Theater- und Konzerbesuche und dergleichen). Diese Beurteilung steht im Einklang mit dem Gesetz und den zu seiner Anwendung entwickelten Grundsätzen der Rechtsprechung; sie hält den Angriffen der Revision stand. **a**

a) Die Revision vertritt die Auffassung, die Ableitung der Lebensstellung des Kindes von der der Eltern müsse eingeschränkt werden, wenn ein volljähriges Kind wie hier die Kl. nicht mehr mit einem Elternteil zusammenlebe. Die Lebensstellung eines Studenten müsse als selbständige beurteilt werden, wenn er wie hier die Kl. ein eigenständiges Leben führe. Die Unterhaltsgewährung habe sich dann an dem Zweck zu orientieren, einem Studenten ohne Einschränkung und Mängel die Berufsausbildung zu ermöglichen, nicht aber eine aufwendige oder gar verschwenderische Lebensweise zu finanzieren. Ob in der Ausbildung befindliche volljährige Kinder generell eine eigene Lebensstellung besitzen oder ob das wenigstens für Studenten zutrifft, weil diese sich – wie es im Hinblick auf moderne soziologische Erkenntnisse vertreten wird – im allgemeinen von den früheren Bindungen gelöst hätten und für sich in Anspruch nähmen, ihre eigenen Angelegenheiten selbst zu bestimmen und zu regeln (vgl. etwa KG, FamRZ 1982/

516, 517), kann auf sich beruhen. Unterhaltsrechtlich kommt es nur darauf an, ob während der Ausbildungszeit bereits eine wirtschaftliche Selbständigkeit besteht. Hat ein Student – wie regelmäßig – keine eigenen Einkünfte, so fehlt es an einer unterhaltsrechtlich relevanten originären Lebensstellung; solange das Kind auch nach Eintritt der Volljährigkeit für seinen Lebensunterhalt auf die ihm von seinen Eltern zur Verfügung gestellten Mittel angewiesen ist, bleibt seine Lebensstellung von ihnen abgeleitet. Die insoweit zugewiesenen Beträge waren indessen weder in der Vergangenheit noch sind sie gegenwärtig für alle Studenten gleich. Sie werden in der Wirklichkeit des Lebens in erster Linie von den Einkommens- und Vermögensverhältnissen der Eltern bestimmt. Deshalb geht der Senat in ständiger Rechtsprechung davon aus, daß die nach § 1610 I BGB maßgebliche Lebensstellung auch des volljährigen Kindes sich während der Zeit seines Studiums noch nach den wirtschaftlichen Verhältnissen seiner Eltern richtet (FamRZ 1986/151, m. w. N.). Bei überdurchschnittlichen Einkommens- oder Vermögensverhältnissen der Eltern ist allerdings zu beachten, daß die besondere Lage des noch in der Ausbildung befindlichen Kindes, das noch keine berufliche Lebensstellung selbst erworben hat, eine Begrenzung des Bedarfs nach oben rechtfertigen kann. Insoweit gilt auch für volljährige Kinder während der Ausbildung, was der Senat im Urteil v. 23. 2. 1983 (FamRZ 1983/473, 474 = NJW 1983/1429) zur Unterhaltsbegrenzung für minderjährige Kinder entschieden hat: Unterhaltsgewährung für Kinder bedeutet Befriedigung ihres gesamten – auch eines gehobenen – Lebensbedarfs, nicht aber Teilhabe am Luxus. Das KG hat indessen keine davon abweichenden Rechtsgrundsätze angewendet.

b) Die Revision beanstandet ohne Erfolg, daß das KG von dem konkret geltend gemachten monatl. Lebensbedarf der Kl. Wohnungskosten mit zusammen 474 DM (412 DM Miete und 62 DM Energiekosten), Kraftfahrzeugkosten mit zusammen 223 DM sowie die anteiligen Beträge für eine Ferienreise und für sonstigen Bedarf anerkannt hat. Daß sich in diesen geltend gemachten Beträgen eine besonders aufwendige Lebensführung widerspiegele, die bereits über den Rahmen eines gehobenen Unterhaltsbedarfs hinausgeht, kann nicht angenommen werden. Revisionsrechtlich läßt sich die Berücksichtigung dieser Positionen nicht dadurch in Frage stellen, daß der Bekl. ihre Angemessenheit anders beurteilt als der Tatrichter. Ob der Bekl. die Kl. auf die Möglichkeit verweisen könnte, zur Senkung der Wohnungskosten in einem separaten Appartement in seinem Einfamilienhaus zu wohnen, bedarf keiner Entscheidung (FamRZ 1984/37 = NJW 1984/305). Denn der Bekl. macht schon nicht geltend, daß er gegenüber der Kl. eine derartige Unterhaltsbestimmung getroffen hat. c) Die Revision meint, die Kl. könne auch deshalb keinen höheren Betrag als monatlich 900 DM beanspruchen, weil sie sich bis einschließlich Januar 1984 mit diesem vom Bekl. gezahlten Unterhalt „zufriedengegeben" habe; das stelle eine stillschweigende Vereinbarung dar, von der sie sich nicht einseitig habe lösen können. Auch damit dringt die Revision nicht durch. Aus dem Vortrag des Bekl. ergibt sich nicht, daß die Unterhaltsleistung des Bekl. zu irgendeinem Zeitpunkt durch eine Vereinbarung der Parteien geregelt worden ist. Dies hat er im Verfahren weder ausdrücklich behauptet noch Tatsachen vorgetragen, aus denen sich ein entsprechender rechtsgeschäftlicher Bindungswille beider Parteien entnehmen läßt. Gegen eine (vertragliche) Begrenzung auf monatlich 900 DM spricht vielmehr, daß der Bekl. nicht in Abrede nimmt, der Kl. früher über den in dieser Höhe gezahlten Barunterhalt hinaus regelmäßig weitere geldwerte Leistungen gewährt zu haben, nämlich u. a. die Nutzung eines ihr überlassenen Pkw bei kostenlosem Tanken, die Beteiligung an Urlaubsreisen und andere Sachleistungen zum Lebensunterhalt; der Bekl. hat lediglich bestritten, daß die Summe seiner Leistungen den von der Kl. in erster Instanz begehrten Betrag (2000 DM) erreicht habe. Außerdem hat die Kl. unstreitbar während der ersten Studiensemester bis etwa 1983 noch eigene Einkünfte aus Tätigkeiten als Werkstudentin erzielt und damit teilweise ihren Unterhalt selbst gedeckt. Bei dieser Sachlage kommt es nicht mehr darauf an, ob eine Vereinbarung, wäre sie geschlossen, auch im Hinblick darauf rechtswirksam wäre, daß für die Zukunft auf den Unterhalt nicht verzichtet werden kann (§ 1614 I BGB); denn eine vertragliche Regelung, die sich nicht mehr innerhalb des Rahmens der Angemessenheit nach § 1610 I BGB hält, könnte als unzulässiger Teilverzicht beurteilt werden.

(Zur anteiligen Barunterhaltspflicht der Eltern gegenüber Volljährigen bei wirtschaftlich besonders guten Verhältnissen der Eltern)

b 3) Die Leistungsfähigkeit des Bekl. stellt die Revision nicht in Frage. Sie wendet sich jedoch dagegen, daß das KG der Mutter der Kl. keinen Haftungsanteil am Unterhaltsbedarf der Kl. zugemessen hat. Auch insoweit hält das angefochtene Urteil jedoch den Revisionsangriffen stand. a) Das KG ist zutreffend davon ausgegangen, daß Eltern als gleichnahe Verwandte ihrem volljährigen Kind gemäß § 1606 III S. 1 BGB an sich anteilig nach ihren Erwerbs- und Vermögensverhältnissen haften. Es hat die alleinige Haftung des Bekl. jedoch schon mit den bestehenden Einkommensverhältnissen begründet, denn der Bekl. habe zugestanden, daß auf ihn mehr als 99% des i. J. 1982 erzielten steuerpflichtigen Einkommens der Eltern i. H. von 671 319 DM entfielen; auch aus den unterschiedlichen Vermögensverhältnissen der Eltern ließe sich eine Haftungsbeteiligung der vom Bekl. mit monatlich 5000 DM unterhaltenen Mutter der Kl. nicht herleiten, denn sie verfüge gegenüber den substantiiert nicht bestrittenen Vermögenswerten des Bekl. von rund 40 Millionen DM nur über solche von höchstens 580 000 DM, wovon der Bekl. noch 440 000 DM aus dem Erlös für ein von der Mutter verkauftes

Grundstück für sich beanspruche. b) Die in bezug auf die festgestellten Einkommens- und Vermögensverhältnisse erhobenen Revisionsangriffe sind nicht begründet. Entgegen der Behauptung der Revision ist das KG nicht von einem jährlichen Nettoeinkommen des Bekl. von 1,2 Millionen DM ausgegangen, das die Kl. in der Klageschrift genannt hatte, sondern hat – wie von der Revision für richtig gehalten – das steuerpflichtige Einkommen des Bekl. (1982: 671 319 DM abzüglich der darin enthaltenen Einkünfte seiner Ehefrau i. H. von 6288 DM) seiner Wertung zugrunde gelegt. Auf den weiteren in diesem Zusammenhang angestellten Erörterungen beruht das Urteil nicht. Das KG hat zu Recht nicht berücksichtigt, in welcher Höhe das FamG der Mutter der Kl. im Scheidungsverbundurteil einen nachehel. Unterhaltsanspruch gegen den Bekl. zugesprochen hat. Das KG hat nicht festgestellt, daß die Ehe der Eltern der Kl. rechtskräftig geschieden ist. Auch die Revision macht nicht geltend, daß der Bekl. den in seiner Berufungserwiderung genannten, vom FamG zugesprochenen Betrag von monatlich 20 000 DM als Unterhalt an die Mutter der Kl. bereits zahlt. Ob ein (späterer) tatsächlicher Bezug von Unterhalt in dieser Größenordnung Anlaß geben könnte, die Frage der Haftungsanteile der Eltern für den Unterhalt der Kl. anders zu entscheiden, kann danach offenbleiben (FamRZ 1986/153, 154).

BGH v. 2. 7. 86 – IVb ZR 37/85 – FamRZ 86, 1085 = NJW-RR 87, 196

(Angemessene Erwerbstätigkeit nach § 1574 II BGB und Obliegenheit, sich fortbilden, ausbilden oder umschulen zu lassen, nach § 1574 III BGB) **R305**

II Das OLG hat der Ehefrau auch einen Unterhaltsanspruch gemäß § 1573 I i. V. mit § 1574 III BGB versagt und dazu ausgeführt: Für die Ehefrau bestehe keine Notwendigkeit, sich zur Aufnahme einer angemessenen Erwerbstätigkeit in den Beruf einer Altenpflegerin umschulen zu lassen. Ihr obliege vielmehr, in dem Beruf einer Programmiererin erwerbstätig zu sein, den sie während der Ehe neun Jahre lang ausgeübt habe und der auch im Blick auf die berufliche Stellung des Ehemannes als Ingenieur nicht unangemessen sei. Ausreichende Bemühungen um eine Anstellung als Programmiererin habe sie aber nicht dargelegt. Zweifel an der Ernsthaftigkeit solcher Bemühungen begründe schon die Tatsache, daß sie bereits am 15. 9. 1982 eine Praktikantenstelle in einem Altenheim angetreten habe. Es reiche nicht, daß sie daneben vom 10. 12. 1982 bis 18. 10. 1983 beim Arbeitsamt H. als arbeitslos gemeldet und eine Vermittlung als Programmiererin während dieser Zeit nach der Bescheinigung des Amtes nicht möglich gewesen sei. Auch die Bewilligung einer Umschulungsmaßnahme nach dem Arbeitsförderungsgesetz durch das Arbeitsamt habe die Ehefrau nicht davon entbunden, sich weiter um eine Anstellung als Programmiererin zu bemühen. Diese Beurteilung hält den Revisionsangriffen nicht in allen Punkten stand. **a**

1) Ein geschiedener Ehegatte kann nach § 1573 I BGB Unterhalt verlangen, solange und soweit er nach der Scheidung keine angemessene Erwerbstätigkeit zu finden vermag. Angemessen ist eine Tätigkeit aber nicht allein deshalb, weil sie vor der Ehe oder wie hier in den ersten (neun) Ehejahren ausgeübt worden ist. Die Kriterien der Angemessenheit bestimmt vielmehr § 1574 II BGB. Danach ist eine Erwerbstätigkeit angemessen, wenn sie der Ausbildung, den Fähigkeiten, dem Lebensalter und dem Gesundheitszustand des geschiedenen Ehegatten sowie den ehel. Lebensverhältnissen entspricht. Kommt nach den Umständen des Falles nur eine Tätigkeit in Betracht, die im Zeitpunkt der Scheidung nach den genannten Kriterien nicht (mehr) angemessen wäre, kann die Aufnahme einer solchen Erwerbstätigkeit nicht erwartet werden (FamRZ 1983/144 ff.). An die Stelle der Obliegenheit zur Aufnahme einer Erwerbstätigkeit tritt unter den in § 1574 III BGB genannten Voraussetzungen die Obliegenheit des geschiedenen Ehegatten, sich ausbilden, fortbilden oder umschulen zu lassen, soweit es zur Aufnahme einer angemessen Erwerbstätigkeit erforderlich ist (FamRZ 1984/561, 562).

2) Gegen die Feststellung des OLG, die Ehefrau könne nach der Scheidung den Beruf einer Programmiererin als angemessene Erwerbstätigkeit ausüben, erhebt die Revision Verfahrensrügen.

a) Sie macht geltend, das OLG habe ihren unter Beweis gestellten Vortrag übergangen (§ 286 ZPO), sie sei aufgrund ihres Gesundheitszustandes zur Ausübung dieses Berufes nicht mehr in der Lage. Diese Rüge ist begründet. Die Ehefrau hat (mit Schriftsatz v. 7. 5. 1984) geltend gemacht, sie habe nach ihrer Rückkehr nach H. auch aufgrund ihrer gesundheitlichen Situation dem früher ausgeübten Beruf nicht mehr nachgehen können. Sie hat sich dazu auf das Zeugnis der Ärztin Dr. Sch. bezogen und deren ärztliche Bescheinigung v. 21. 2. 1983 vorgelegt, in der es heißt, daß es bereits 1978 bis 1980 mehrfach zu nervösen Versagenszuständen und depressiven Phasen gekommen sei, die mehrmonatige Arbeitsunfähigkeit und Heilbehandlungen zur Folge hatten, und daß die Patientin aus psychischen Gründen nicht mehr in der Lage sei, in dem Beruf einer Programmiererin tätig zu sein. Da die gesundheitliche Eignung zu den Kriterien gehört, von denen gemäß § 1574 II BGB die Angemessenheit der dem geschiedenen Ehegatten obliegenden Erwerbstätigkeit abhängt, hätte das OLG diesen Vortrag nicht übergehen dürfen. Dem steht nicht entgegen, daß es sich um Vorbringen aus der ersten Instanz handelt. Die Ehefrau hatte sich darauf in der Berufungserwiderung zwar nur ganz allgemein bezogen. Als Berufungsbekl. brauchte sie ihren Sachvortrag aber nicht in allen Einzelheiten zu wiederholen; nachdem das FamG ihrem Unterhaltsbegehren stattgegeben hatte, durfte sie sich auf die Verteidigung des angefochtenen Urteils beschränken. Das OLG hat die Kl. auch nicht rechtzeitig vor dem Verhandlungstermin darauf hingewiesen, daß es die Anspruchsgrundlage anders beurteilte als das erstinstanzliche Gericht (vgl. BGH, MDR 1982/29).

b) Die Revision rügt weiter, daß das OLG auch den unter Beweis durch Sachverständigengutachten gestellten Vortrag der Ehefrau übergangen habe, sie sei aufgrund ihrer Ausbildung und nach ihren Fähigkeiten nicht geeignet, nach der Scheidung wieder als Programmiererin erwerbstätig zu sein, weil sie in diesem Beruf i. J. 1970 nur vier Monate lang angelernt worden sei und nur eine einzige, heute nicht mehr verwendbare, Computersprache beherrsche. Die Revision macht geltend, das OLG habe diesen Vortrag, den die Ehefrau aufgrund des richterlichen Hinweises auf Zweifel am Vorliegen des Tatbestandes des § 1573 BGB in der mündl. Verhandlung v. 12. 3. 1985 in angemessen kurzer Frist nachgereicht habe, noch berücksichtigen und die mündl. Verhandlung wiedereröffnen müssen (§ 156 ZPO). Es kann dahinstehen, ob eine sinnvolle Handhabung der gemäß § 139 I und II ZPO bestehenden Frage- und Hinweispflichten des Vorsitzenden sowie das Gebot, ausreichend rechtliches Gehör zu gewähren, die Wiedereröffnung der mündl. Verhandlung aufgrund des nachgereichten Schriftsatzes der Ehefrau zwingend erforderte, etwa weil sich daraus ergab, daß die bisherige Verhandlung den Sachvortrag nur lückenhaft erfaßt hatte (vgl. dazu BGHZZ 30/60, 65 = FamRZ 1959/283, 285; BGHZ 53/245, 262). Denn da bereits wegen der begründeten Verfahrensrüge zur Feststellung einer gesundheitlichen Eignung der Ehefrau für den früheren Beruf das angefochtene Urteil aufgehoben und die Sache mangels anderweitiger Entscheidungsreife an das OLG zurückverwiesen werden muß, hat die Ehefrau Gelegenheit, in der neuen Verhandlung ihren Vortrag zu den ihr fehlenden beruflichen Fähigkeiten für die Erwerbstätigkeit einer Programmiererin zu erneuern. Falls es auf diesen Gesichtspunkt noch entscheidend ankommen sollte, wird der Tatrichter zur Beurteilung dieser Frage sachverständiger Hilfe voraussichtlich nicht entbehren können, weil sich die Arbeitsmaterialien und die Arbeitsanforderungen in den fünfzehn Jahren, die seit der Anlernphase für die Ehefrau vergangen sind, einschneidend verändert haben.

(Darlegungs- und Beweislast für Bemühungen um einen Arbeitsplatz)

b II 3 a) Richtig ist, daß ein Ehegatte, der wegen Erwerbslosigkeit Unterhalt beansprucht, die Darlegungs- und Beweislast für seine Bedürftigkeit trägt und daher grundsätzlich in nachprüfbarer Weise vortragen muß, welche Schritte er im einzelnen unternommen hat, um einen Arbeitsplatz zu finden und sich bietende Erwerbsmöglichkeiten zu nutzen, wobei die bloße Meldung beim Arbeitsamt nicht genügt (FamRZ 1986/244; FamRZ 1986/885).

(Bemühungen um Erwerbstätigkeit bei Trennung und Scheidung; § 1579 Nr. 3 BGB bei mutwillig unterlassenen Bemühungen während der Trennung; zu den Anforderungen an die Art der Berufsausübung des Unterhaltsberechtigten nach der Scheidung, wenn eine Arbeit im erlernten Beruf nicht mehr möglich erscheint)

c 3 b) Rechtsfehlerhaft ist es jedoch, die Frage, ob der Unterhalt begehrende Ehegatte nach der Scheidung keine angemessene Erwerbstätigkeit zu finden vermag (§ 1573 I BGB), danach zu beantworten, ob er während der Trennungszeit einer Obliegenheit zur Erwerbstätigkeit gem. § 1361 II BGB genügt hat. Eine Erwerbsobliegenheit während der Ehe ist an andere Voraussetzungen geknüpft als die in § 1569 BGB hervorgehobene Obliegenheit eines geschiedenen Ehegatten, selbst für seinen Unterhalt zu sorgen. Der Ehefrau kann daher nicht schon deshalb ein nachehelicher Unterhaltsanspruch aus § 1573 I BGB versagt werden, weil sie sich nach der Trennung der Parteien und ihrer Rückkehr nach Hamburg im Frühjahr 1982 nicht sofort intensiv um eine Stellung als Programmiererin bemüht, sondern ein halbes Jahr später eine Ausbildung zur Altenpflegerin begonnen hat. Dabei ist zu berücksichtigen, daß es der Ehefrau grundsätzlich freisteht, die Art der ihr zuzumutenden Erwerbstätigkeit selbst zu bestimmen; sie kann daher – auch abgesehen von den gesundheitlichen Gesichtspunkten – unterhaltsrechtlich nicht ohne weiteres auf die Wiederaufnahme einer früheren Tätigkeit verwiesen werden. Ergibt die dem BerGer. obliegende Prognose, daß die Ehefrau wegen der in die Würdigung einzubeziehenden Lage auf dem Arbeitsmarkt eine ihren Unterhalt auf Dauer sichernde Anstellung als Altenpflegerin eher finden wird als in ihrem früheren Beruf, so wird auch eine zeitlich begrenzte Fortdauer der 1982 begonnenen Ausbildung nach der Scheidung hinzunehmen sein (NJW 1986/985 = FamRZ 1986/553 [555]).

(§ 1579 Nr. 3 BGB bei unterlassenen Bemühungen um einen Arbeitsplatz in einem früheren Beruf zugunsten einer unterhaltsrechtlich unnötigen Ausbildung oder Umschulung für einen anderen Beruf)

d Während der Trennungszeit unterlassene Bemühungen um einen Arbeitsplatz in einem früheren Beruf zugunsten einer in einem neuen Beruf begonnenen Ausbildung könnten die Inanspruchnahme des geschiedenen Ehegatten auf Unterhalt allenfalls nach § 1579 Nr. 3 BGB als grob unbillig erscheinen lassen, wenn sich nämlich der Unterhaltsberechtigte auf diese Weise selbst bedürftig gemacht hat und der Unterhaltspflichtige die Folgen einer leichtfertigen Herbeiführung der Bedürftigkeit unterhaltsrechtlich mittragen müßte (zum Tatbestandsmerkmal „mutwillig" FamRZ 1984/364, 367). Im vorliegenden Fall liegt jedoch die Annahme fern, daß die Vorstellungen und Antriebe, die die Ehefrau bewogen haben, die Berufsausbildung zur Altenpflegerin aufzunehmen, in verantwortungs- und rücksichtsloser Weise das Bewußtsein einschlossen, als Folge dieser Ausbildung werde ihre Bedürftigkeit herbeigeführt. Die Umschulung diente jedenfalls längerfristig gerade der Behebung einer Erwerbslosigkeit und nahm allenfalls für eine übersehbar kurze Zeit nach der Scheidung noch die Bedürftigkeit als Folge hin. Ob die Inanspruchnahme des Ehemannes auf Unterhalt wegen der in dieser Übergangszeit bestehenden Bedürftigkeit – wenn sie auf einer unterhaltsrechtlich unnötigen Ausbildung beruhen sollte – grob unbillig ist, wird das OLG zu prüfen haben, falls es aufgrund der neuen Verhandlung nicht ohnehin zu dem Ergebnis gelangt, daß die Umschulung zur Altenpflegerin eine zur Aufnahme einer angemessenen Erwerbstätigkeit erforderliche Ausbildung darstellte. Bei der für diesen Fall möglicherweise anzustellenden Billigkeitsprüfung wird allerdings einzubeziehen sein, daß die Ehefrau durch ihre Erwerbstätigkeit während der Ehe dem Ehemann ein achtjähriges Ingenieurstudium ermöglicht hat.

BGH v. 9. 7. 86 – IVb ZR 39/85 – FamRZ 86, 886 = NJW 86, 2832

(Herabsetzung nach § 1578 BGB; Kriterien der Billigkeitsabwägung; Bemessung der Schonfrist) R307 b

3) Die Revision begehrt hilfsweise eine Herabsetzung des Unterhalts der AGg. aufgrund des durch das UÄndG neu eingeführten § 1578 I S. 2 BGB n. F. Dem hat der Senat nachzugeben; denn das Revisionsgericht hat das bei Erlaß seiner Entscheidung geltende Recht anzuwenden, auch wenn das Gericht der Vorinstanz, wie hier, diese Rechtslage bei seiner Entscheidung noch nicht berücksichtigen konnte (FamRZ 1983, 1003, 1004, m. w. N.). Art. 6 Nr. 2 UÄndG bestimmt zudem, daß Tatsachen, die erst durch dieses Gesetz erheblich geworden sind, noch in der Revisionsinstanz vorgebracht werden können; insoweit wird im Interesse der Beschleunigung zusätzlich § 561 ZPO ausgeschaltet. Wenn hinsichtlich der neuen Tatsachen eine Beweisaufnahme erforderlich wird, ist nach Art. 6 Nr. 2 UÄndG die Sache an das OLG zurückzuverweisen. Das muß erst recht gelten, wenn nach neuem Recht erhebliche Tatsachen bereits in der Berufungsinstanz vorgetragen, aber noch nicht festgestellt und gewürdigt worden sind. Soweit derartige Tatsachen bereits eingetreten oder zuverlässig vorauszusehen sind, kann die Entscheidung schon wegen § 323 II ZPO nicht einer Änderungsklage überlassen bleiben, sondern ist bereits im Ausgangsverfahren über den Unterhalt zu treffen (vgl. auch Beschlußempfehlung und Bericht des Rechtsausschusses, BT-Drucks. 10/4514, S. 22). Die Revision bringt zur Begründung des Hilfsbegehrens u. a. neue Tatsachen vor, die ein Fehlverhalten der ASt. dartun sollen. Dieser Vortrag ist unerheblich. Die Rechtsfolgen eines Fehlverhaltens des Unterhaltsberechtigten sind abschließend in § 1579 BGB geregelt; ein solches ist daher im Rahmen der Billigkeitsabwägung nach den durch das UÄndG neu eingeführten §§ 1573 V, 1578 I S. 2 und 3 BGB nicht relevant. § 1573 V BGB n. F., der u. a. auf Unterhaltsansprüche nach Abs. 2 der Vorschrift (Aufstockungsunterhalt) anwendbar ist, greift im vorliegenden Fall nicht ein. Denn die AGg. hat gemäß § 1572 Nr. 1 BGB Anspruch auf den vollen, den ehel. Lebensverhältnissen entsprechenden Unterhalt; ihr Anspruch beruht auch nicht teilweise auf § 1573 II BGB. Gemäß § 1578 I S. 2 BGB n. F. kann die Bemessung des Unterhaltsanspruchs nach den ehel. Lebensverhältnissen zeitlich begrenzt und danach auf den angemessenen Lebensbedarf abgestellt werden, „soweit insbesondere unter Berücksichtigung der Dauer der Ehe sowie der Gestaltung von Haushaltsführung und Erwerbstätigkeit eine zeitlich unbegrenzte Bemessung nach Satz 1 der Vorschrift unbillig wäre". Diese Vorschrift gilt für alle Unterhaltstatbestände, also auch für § 1572 Nr. 1 BGB. Sie verlangt eine umfassende Billigkeitsabwägung unter Einbeziehung der Umstände des Einzelfalls, wobei die Dauer der Ehe sowie die Gestaltung von Haushaltsführung und Erwerbstätigkeit besonders hervorgehoben und daher stets zu berücksichtigen sind. Auf die im zweiten Halbsatz geregelte Berücksichtigung der Kindesbetreuung kommt es vorliegend nicht an, weil aus der Ehe der Parteien keine Kinder hervorgegangen sind. Was die Dauer der Ehe betrifft, so liegt zunächst nahe, darunter die Zeit zwischen der Eheschließung und der Rechtshängigkeit des zur Scheidung führenden Antrags zu verstehen, ebenso wie bei der Anwendung des § 1579 Nr. 1 BGB und des § 1582 BGB, wo an die lange Dauer einer Ehe Rechtsfolgen geknüpft werden (FamRZ 1983/886, 887). Die danach im vorliegenden Fall gegebene Ehedauer von zwei Jahren und etwas mehr als 10½ Monaten liegt nicht in einem Bereich, der es von vornherein ausschließt, eine zeitlich unbegrenzte Bemessung des Unterhalts nach den ehel. Lebensverhältnissen (§ 1578 I S. 1 BGB) als unbillig zu betrachten. Indessen ist es auch bei einer Ehedauer, wie sie hier vorliegt, nicht ausgeschlossen, wegen sonstiger Umstände von einer zeitlichen Begrenzung abzusehen. Das Merkmal der „Gestaltung von Haushaltsführung und Erwerbstätigkeit" ist auf Vorschlag des Rechtsausschusses in das Gesetz aufgenommen worden, um den häufigsten Fall einer ehebedingten Unterhaltsbedürftigkeit aufzugreifen, nämlich die sog. Hausfrauenehe (vgl. BT-Drucks. 10/4514, S. 6, 21 f.).

Soweit z. B. ein Ehegatte eigene Berufs- und Erwerbsaussichten zurückgestellt hat, um durch Übernahme der Haushaltsführung dem anderen Ehegatten die volle berufliche Entfaltung zu ermöglichen, soll dies zu seinen Gunsten berücksichtigt werden. Daraus ist allgemein zu folgern, daß eine zeitliche Begrenzung des vollen Unterhalts um so weniger in Betracht kommt, je mehr die Bedürftigkeit des Berechtigten auf ehebedingte Nachteile zurückzuführen ist. Unter diesem Gesichtspunkt ist im vorliegenden Fall zu berücksichtigen, daß die AGg. ihre Erwerbstätigkeit als Buffethilfe im Hinblick auf die Haushaltsführung in der Ehe mit dem ASt. aufgegeben hat, andererseits aber auch, daß dies nicht allein ihm, sondern auch ihren beiden Töchtern aus früherer Ehe zugute gekommen ist. Ferner hat die AGg. vorgetragen und unter Beweis gestellt, daß sie auf Wunsch des ASt. beim Bau des späteren Familienheimes mitgeholfen und sich dabei durch Heben schwerer Lasten und Arbeiten „über Kopf" ein schweres Rückenleiden zugezogen habe. Auch ihre Schilddrüsenerkrankung habe sich dadurch verschlimmert. Dieser Vortrag, zu dem bisher Feststellungen nicht getroffen worden sind, ist durch das UÄndG ebenfalls erheblich geworden. Von Bedeutung kann auch sein, ob die AGg. durch die Kündigung ihres Kommanditanteils, aus dem sie Einkünfte von monatlich 600 DM bezogen hatte, ehebedingte Nachteile erlitten hat. Da zu diesen Punkten tatsächliche Feststellungen getroffen werden müssen, ohne die eine umfassende Billigkeitsentscheidung nicht möglich ist, muß das angefochtene Urteil im Umfang der Anfechtung durch den ASt. aufgehoben und die Sache an das OLG zurückverwiesen werden ...

5 a) Gelangt das OLG aufgrund der neuen Verhandlung zu dem Ergebnis, daß eine zeitliche Begrenzung des vollen Unterhalts der AGg. aufgrund des § 1578 I S. 2 BGB n. F. der Billigkeit entspricht, so ist zu beachten, daß die vom ASt. begehrte sofortige Herabsetzung auf den angemessenen Lebensbedarf schon nach dem Wortlaut des Gesetzes in aller Regel ausscheidet (vgl. BT-Drucks. 10/2888, S. 18, 19). Für die Bemessung der Zeitspanne, für die dem Berechtigten nach der Scheidung noch der eheangemessene Unterhalt zu gewähren ist, kann eine Rolle spielen, welche Zeit er braucht, um sich auf die anschließende Kürzung des Unterhalts einzustellen. Auch wenn das Gesetz, das die Berücksichtigung insbesondere der Ehedauer vorschreibt, damit eine Beziehung zwischen der Dauer der Ehe und der Dauer der Gewährung vollen Unterhalts herstellt, ist nicht an eine schematische Anbindung im Sinne einer zeitlichen Entsprechung gedacht.

b) Der „angemessene Lebensbedarf" i. S. des § 1578 I S. 2 BGB n. F. ist nicht gleichbedeutend mit dem Billigkeitsunterhalt i. S. von § 1581 BGB. Hiermit ist vielmehr eine dem Einzelfall gerecht werdende Bemessungsgrundlage gemeint, für die als Anknüpfungspunkte im Gesetzgebungsverfahren die Lebensstellung des Berechtigten vor der Ehe oder die Lebensstellung, die er ohne die Ehe hätte, genannt worden sind (vgl. BT-Drucks. 10/4514, S. 22). Durch die Formulierung „angemessen" bringt das Gesetz zum Ausdruck, daß der Bedarf oberhalb des Existenzminimums und des notwendigen Unterhalts liegen soll; auch wird entsprechend der Zielrichtung des UÄndG, den Ausgleich ehebedingter Nachteile zu gewährleisten, ein Lebensbedarf nicht als angemessen angesehen werden können, der den vorehelichen Lebensstandard unterschreitet. Den Feststellungen des angefochtenen Urteils ist zu entnehmen, daß die AGg. vorehelich zwischen 850 DM und 1000 DM im Monat als Buffethilfe verdiente sowie monatlich 600 DM aus ihrer Kommanditbeteiligung bezog. Dies wird bei der Bemessung ihres vorehelichen Lebensstandards ggf. zu berücksichtigen sein.

BGH v. 17. 9. 86 – IVb ZR 59/85 – FamRZ 87, 40 = NJW 87, 1546

R308 *(Zur Rücknahme von Verzugsfolgen)*

a) Eine Mahnung ist eine Erklärung oder sonstige tatsächliche Handlung, durch die der andere Teil zur Leistung aufgefordert wird. Sie ist keine rechtsgeschäftliche Willenserklärung, weil ihre Rechtsfolge – der Verzug (§§ 284, 285 BGB) – nicht durch den Willen des Mahnenden, sondern kraft Gesetzes eintritt (BGHZ 47, 352 (357) = NWJ 1967, 1800). Als „historischer Vorgang" kann diese tatsächliche Handlung nicht durch eine nachträgliche „Rücknahme" ungeschehen gemacht werden. Allerdings steht die Mahnung den rechtsgeschäftlichen Willenserklärungen nahe und wird daher zu den rechtsgeschäftsähnlichen Willensäußerungen und Mitteilungen gerechnet, auf die allgemeine Vorschriften über Willenserklärungen entsprechend angewandt werden (BGHZ 47, 352 = NJW 1967, 1800 m. w. Nachw.), insbesondere die Vorschriften über die Geschäftsfähigkeit, die Stellvertretung, die Auslegung und den Zugang (Palandt-Heinrichs, BGB, 45. Aufl., § 284 Anm. 3 a; Walchshöfer, in: MünchKomm, § 284 Rdnr. 30). So wird eine Mahnung entsprechend § 130 I 2 BGB nicht wirksam, wenn dem anderen Teil vorher oder gleichzeitig ein Widerruf zugeht. Auch mit dem rechtsgeschäftlichen Charakter der Mahnung läßt sich indessen nicht begründen, daß die durch sie ausgelöste Rechtsfolge durch einseitige „Rücknahme" entfällt; denn abgesehen von dem Fall des § 130 I 2 BGB ist derartiges auch für Willenserklärungen nicht allgemein, sondern nur bei bestimmten einseitigen Rechtsgeschäften vorgesehen (Widerruf der Auslobung nach § 658 I 1 BGB, des Testaments nach §§ 2253 ff. BGB). Hingegen kann etwa die Kündigung eines Miet- oder eines Dienstvertrages – jedenfalls nach ganz herrschender Ansicht – nicht einseitig zurückgenommen (widerrufen) werden; vielmehr bedarf es dazu einer Vereinbarung der Vertragspartner, soweit nach Kündigung nicht überhaupt nur der Abschluß eines neuen Vertrages in Betracht kommt (vgl. Palandt-Putzo, Vorb. §§ 620–628 Anm. 2 a jj).

In seinem Urteil vom 26. 1. 1983 (NJW 1983, 2318 (2320) = FamRZ 1983, 352 (354)) hat der Senat allerdings davon gesprochen, die (damalige) Unterhaltskl. habe durch die Zurücknahme einer früheren Unterhaltsklage auch die Mahnung zurückgenommen, die nach § 284 I 2 BGB in der Erhebung der Klage gelegen habe. Damals ging es indessen allein um die Frage, ob die Kl. nach § 1613 I BGB Unterhalt für einen zurückliegenden Zeitraum verlangen konnte, der zeitlich nach der Zurücknahme der früheren Unterhaltsklage lag. Der Senat hat diese Frage verneint, da zwar eine Mahnung wegen laufenden Unterhalts im allgemeinen nicht monatlich wiederholt zu werden brauche, von einer zurückgenommenen Mahnung aber keinerlei Rechtswirkungen für künftigen Unterhalt ausgehen könnten. Jenes Urteil und die dort vom Senat gebrauchten Wendungen besagen daher nicht, eine Mahnung könne mit der Folge zurückgenommen werden, daß ihre Rechtswirkungen rückwirkend entfielen. Im Schrifttum wird aus dieser Entscheidung denn auch lediglich der Schluß gezogen, daß die Rücknahme der Mahnung den Verzug beende (Walchshöfer, in: MünchKomm, § 284 Rdnr. 46; Palandt-Heinrichs, § 284 Anm. 6 c ee).

Aus den oben dargelegten Gründen ist der Senat vielmehr der Ansicht, daß die durch eine Mahnung ausgelösten Rechtsfolgen nicht dadurch rückwirkend beseitigt werden, daß der Mahnende die Mahnung einseitig zurücknimmt. Darin sieht er sich durch das Schrifttum bestätigt, soweit dort die Auffassung vertreten wird, daß eingetretene Verzugsfolgen nur durch Verzicht (Erlaß), also durch Vertrag (§ 397 I BGB) beseitigt werden können, während eine Beendigung des Verzuges (etwa durch Stundung, Angebot der Leistung oder Erlöschen der Forderung) lediglich bedeutet, daß keine weiteren Verzugsfolgen entstehen. Soweit im Schrifttum – ohne nähere Begründung – die Auffassung vertreten wird, die (einseitige) Rücknahme der Mahnung lasse die Verzugsfolgen rückwirkend entfallen, vermag der Senat dem aus den dargelegten Gründen nicht zu folgen.

b) In Übereinstimmung mit den überwiegenden Stellungnahmen im Schrifttum (s. oben zu a) können bereits eingetretene Rechtsfolgen einer Mahnung vielmehr nur durch Vereinbarung rückgängig gemacht werden. Daneben kommt nur in Betracht, daß der Gläubiger sich aus besonderen Gründen nach Treu und Glauben (§ 242 BGB) – insbesondere unter dem Gesichtspunkt der Verwirkung – auf diese Rechtsfolgen nicht berufen kann. Bei einer Vereinbarung der gedachten Art wird es sich rechtlich regelmäßig um einen Erlaßvertrag handeln, durch den etwa der Anspruch auf Ersatz des Verzugsschadens (§ 286 I BGB) zum Erlöschen gebracht wird (§ 397 I BGB). Die Rechtsfolge der Mahnung, um die es im vorliegenden Fall geht, besteht darin, daß der Verzug des Bekl. der Kl. gem. § 1613 I BGB die ihr sonst verschlossene Möglichkeit eröffnete, Unterhalt (auch) für die Vergangenheit zu verlangen. Eine nachträgliche Beseitigung dieser Rechtsfolge bedeutet, daß der Unterhaltsanspruch für die in Rede stehende Zeit von November 1982 bis August 1983 endgültig an § 1613 I BGB scheitert; denn da Unterhalt für die Vergangenheit nach dieser Vorschrift erst für die Zeit nach Eintritt des Verzuges (oder Rechtshängigkeit des Unterhaltsanspruchs) verlangt werden kann, läßt sich die Rechtswirkung des Verzuges nicht nachträglich wiederherstellen. Bei dieser Rechtslage läuft eine vertragliche Beseitigung der durch die Mahnung eingetretenen Rechtsfolgen auf einen Erlaß des Unterhaltsanspruchs für die fragliche Zeit hinaus.

BGH v. 1. 10. 86 – IVb ZR 68/85 – FamRZ 87, 36 = NJW-RR 87, 194

(Zur Berücksichtigung von Steuerersparnissen durch die Beteiligung an einem Bauherrenmodell bei der Bemessung des Ehegattenunterhalts) R310

II 1 a, bb) Die Revision rügt, daß das OLG von dem Bruttoeinkommen des Kl. Steuern i. H. von 30 895,20 DM in Abzug gebracht hat, obwohl den Kl. durch Steuerersparnisse als Folge der Beteiligung an einem sog. Bauherrenmodell tatsächlich nur eine Steuerbelastung von 3931 DM jährlich trifft. Bei dem – fiktiven – Betrag von 30 895,20 DM ist das OLG von den Steuern ausgegangen, die der Kl. auf sein Bruttoeinkommen nach der Grundtabelle zu zahlen hätte. Hiervon hat es „anrechenbare Einkünfte aus Vermögensnutzung aus dem Bauherrenmodell" in Höhe desjenigen Betrages in Abzug gebracht, um den die Steuerersparnis (Tabellensteuer – gezahlte Steuer) die im Rahmen des Bauherrenmodells erbrachten Aufwendungen (Zinsen und Tilgung) noch übersteigt. Die Ausklammerung der Steuerersparnis des Kl. ist unter den Besonderheiten des Falles rechtlich nicht zu beanstanden. Allerdings ist nach der std. Rspr. des Senats bei der Bemessung des Unterhalts grundsätzlich von dem Einkommen auszugehen, welches sich nach Abzug der Steuern in ihrer tatsächlichen Höhe ergibt (FamRZ 1980/984, 985; FamRZ 1985/911 f.; FamRZ 1986/798). Indessen ist die Steuerersparnis, die der Kl. hier erzielt, die Folge von tatsächlichen Aufwendungen, die er unter Nutzung der Vorteile des Bauherrenmodells zur Vermögensbildung erbringt. Der Kl. kann sich auf diese Aufwendungen gegenüber der Bekl. nicht berufen. Der Unterhaltsverpflichtete ist nicht berechtigt, auf Kosten des Unterhaltsbedürftigen Vermögen zu bilden (h. M., FamRZ 1984/149, 151). Andererseits kann dem Unterhaltsverpflichteten die Bildung von Vermögen nicht verwehrt sein, soweit die Belange des Unterhaltsberechtigten nicht berührt werden. Dieser kann lediglich verlangen, so gestellt zu werden, als ob die vermögensbildenden Aufwendungen nicht stattfänden. Für den vorliegenden Fall der Vermögensbildung im Wege des Bauherrenmodells bedeutet das, daß zwar einerseits die in diesem Rahmen anfallenden Zins- und Tilgungsaufwendungen nicht als einkommensmindernd berücksichtigt werden dürfen, daß aber andererseits auch die dadurch erzielte a

Steuerersparnis außer Betracht bleiben muß, weil sie ohne jene Aufwendungen nicht einträte. Die Art und Weise, in der das OLG die Steuerbelastung des Kl. bei Weglassung der mit dem Bauherrenmodell zusammenhängenden Steuerersparnis ermittelt hat, enthält keinen Rechtsfehler zum Nachteil der Bekl. Soweit dabei die Steuerersparnis um „Einkünfte aus Vermögensnutzung" in Höhe der die Aufwendungen übersteigenden Ersparnis geringer angesetzt worden ist, ist dies aus der Sicht der Revision nur günstig, so daß es keiner Entscheidung des Senats bedarf, ob diese Handhabung geboten ist.

(Bezieht der Unterhaltsberechtigte Leistungen aus einer privaten Krankentage- und/oder Krankenhaustagegeldversicherung, entfällt insoweit seine Unterhaltsbedürftigkeit)

b II 2 a) Für die Zeit vom 1. 9. 1983 bis 30. 6. 1984 mag zweifelhaft sein, ob und inwieweit die ehel. Lebensverhältnisse der Parteien durch die Leistungen mit „geprägt" wurden –, FamRZ 1984, 364, 365), welche die Bekl. während dieser Zeit von ihrer privaten Krankentage- und Krankenhaustagegeldversicherung bezogen hat. Die Frage kann indes dahinstehen. Sieht man diese Versicherungsleistungen nicht als die ehel. Lebensverhältnisse „prägend" an, so muß die Bekl. sie sich jedenfalls auf ihren Unterhaltsbedarf anrechnen lassen. In dem einen wie dem anderen Falle ergibt sich, daß der Bekl. für die Monate September und Oktober 1983 keine und für die Zeit vom 1. 11. 1983 bis 30. 6. 1984 keine über das Berufungsurteil hinausgehende Unterhaltsrente zusteht. Die Einwände, die die Revision gegen die unterhaltsrechtliche Berücksichtigung der Krankentage- und Krankenhaustagegelder schlechthin erhebt, greifen nicht durch. Soweit die Bekl. auf diese Weise Mittel zur Bestreitung ihrer allgemeinen Lebensaufwendungen in die Hand bekommen hat, war sie nicht unterhaltsbedürftig. Abzusetzen ist freilich derjenige Teil der in Frage stehenden Tagegelder, der für krankheitsbedingte Mehrkosten benötigt wurde. Das hat das OLG jedoch beachtet und unter diesem Gesichtspunkt das Krankenhaustagegeld, das täglich 220 DM betrug, nur mit täglich 53 DM zur Anrechnung gebracht. Daß während der stationären Behandlung der Bekl. über diese Differenz von täglich 167 DM hinausgehende krankheitsbedingte Mehrkosten angefallen sind, ist nicht dargetan, desgleichen nicht, daß nach der Entlassung aus dem Krankenhaus von dem Krankentagegeld krankheitsbedingte Mehrkosten zu bestreiten waren. Die Revision vermißt im übrigen zu Unrecht die Berücksichtigung des Umstandes, daß die Bekl. während ihrer Krankheit weiterhin die Krankenversicherungsprämie aufbringen mußte. Das OLG hat die der Bekl. angerechneten Mittel um diesen Betrag vermindert.

(Kein Anspruch auf Vorsorgeunterhalt bei krankheitsbedingter Arbeitslosigkeit, weil rentenrechtliche Ausfallzeit)

c II 2 b) Die Revision kommt darauf zurück, daß die Bekl., nachdem sie ihre (damalige) Arbeitsstelle verloren gehabt habe, während der Zeit ihrer Erkrankung nicht in der Lage gewesen sei, Leistungen zur gesetzlichen [ges.] Rentenversicherung [RV] zu erbringen. Sie vertritt die Auffassung, daß dies unterhaltsrechtlich einen Ausgleich durch Zubilligung eines Zuschlags in Höhe freiwilliger Beiträge zur ges. RV erfordere, und macht in dieser Weise und in diesem Umfange für die Zeit bis zum 1. 7. 1984 (Wiederaufnahme einer Erwerbstätigkeit) der Sache nach Vorsorgebedarf i. S. des § 1361 I S. 2 BGB geltend. Dabei läßt sie jedoch außer acht, daß nach § 36 I Nr. 1 a AVG Zeiten, in denen eine versicherungspflichtige Beschäftigung oder Tätigkeit durch eine infolge Krankheit bedingte Arbeitsunfähigkeit unterbrochen worden ist, rentenrechtlich Ausfallzeiten sind. Die Voraussetzungen dieser Vorschrift sind hier ersichtlich erfüllt. Insbesondere hat die Arbeitsunfähigkeit der Bekl. vor dem 1. 1. 1984 begonnen. Auch eine „Unterbrechung" der versicherungspflichtigen Beschäftigung im Sinne der genannten Bestimmung ist gegeben. Sie liegt vor, wenn die krankheitsbedingte Arbeitslosigkeit einer versicherungspflichtigen Tätigkeit unmittelbar nachgefolgt ist (vgl. BSGE 16/120, 121 ff.). So war es im Falle der Bekl. Wie sich aus den von dem OLG in Bezug genommenen Angaben der Zeugin K. ergibt, hat die Bekl. noch bis Ende August 1983 Gehalt bezogen, war aber zu diesem Zeitpunkt bereits krank gemeldet. Mithin hat sich ihre krankheitsbedingte Arbeitslosigkeit unmittelbar an eine versicherungspflichtige Beschäftigung angeschlossen.

(Abzug von Aufwendungen zur Vermögensbildung beim Verpflichteten nach Verringerung um trennungsbedingten Mehrbedarf des Berechtigten; objektiver Maßstab bei Ermittlung der ehelichen Lebensverhältnisse; konkrete Feststellungen sind nötig)

d II 3 a) Die Revision wendet ein, daß das OLG von den Einkünften der Parteien – zusammen (gerundet) 8273 DM monatlich – zunächst einen Anteil von 1600 DM monatlich für Vermögensbildung ausgesondert und den Unterhaltsbedarf der Bekl. erst nach den verbleibenden Mitteln bestimmt hat. (bis hier kein Originaltext!)

Dies begegnet jedoch unter den Gegebenheiten des Falles keinen durchgreifenden Bedenken. Die Bekl. kann zufolge § 1361 I S. 1 BGB nur den „nach den Lebensverhältnissen der Ehegatten angemessenen" Unterhalt verlangen. Bei gehobenem Einkommen kann es aber zu den Lebensverhältnissen der Ehegatten gehören, daß das Einkommen nicht gänzlich verbraucht, sondern teilweise der Vermögensbildung zugeführt wird. Dementsprechend können nach der std. Rspr. des Senats Teile des Einkommens als nach den ehel. Lebensverhältnissen der Vermögensbildung vorbehalten bei der Unterhaltsbemessung außer Betracht zu lassen sein (FamRZ 1980/665, 669; FamRZ 1980/771; FamRZ 1982/151, 152).

Ob und ggf. in welchem Umfange Familieneinkommen der Vermögensbildung zuzuordnen ist, kann freilich nicht Gegenstand eines Erfahrungssatzes sein. Von dem für Unterhaltszwecke heranzuziehenden Einkommen darf daher nicht pauschal eine Vermögensbildungsrate abgesetzt werden (FamRZ 1983/678 f.). So ist das OLG aber auch nicht verfahren. Es hat vielmehr, insoweit unangefochten, festgestellt, daß die Parteien während ihres Zusammenlebens (bis Sommer 1981) ca. 1100 DM pro Monat und nochmals 2000 DM bis 3000 DM pro Jahr für die Bildung von Vermögen aufgewendet haben, und daraus im Wege der Schätzung gefolgert, daß angesichts der inzwischen gestiegenen Einkünfte der Parteien nunmehr 1600 DM monatlich der Vermögensbildung vorzubehalten seien. Gegen diese tatrichterliche Anpassung des Betrages der – festgestellten – Vermögensbildung an verbesserte Einkommensverhältnisse ist revisionsrechtlich nichts zu erinnern. Auch die Revision stellt nicht in Frage, daß bei Fortdauer des Zusammenlebens der Parteien unter ihren jetzigen Einkommensverhältnissen ein Betrag von 1600 DM monatlich für Vermögensbildung abgezweigt würde. Damit kann auf diesen Betrag nach den ehel. Lebensverhältnissen für den laufenden Lebensaufwand nicht zurückgegriffen werden. Der Revision ist zuzugeben, daß die Aussonderung einer Vermögensbildungsrate aus dem für die Unterhaltsbemessung maßgeblichen Einkommen dazu führen kann, daß (weiteres) Vermögen allein in der Hand des unterhaltspflichtigen Ehegatten entsteht, während der unterhaltsberechtigte Ehegatte nur seine laufenden Lebensaufwendungen zu bestreiten vermag. Indessen gehört es nicht zu den Zwecken des Rechts des Ehegattenunterhalts, dem Unterhaltsberechtigten in gleicher Weise wie dem Unterhaltsverpflichteten die Bildung von Vermögen zu ermöglichen. Seine Aufgabe erschöpft sich vielmehr darin, dem bedürftigen Ehegatten, soweit die Leistungsfähigkeit des Verpflichteten reicht, diejenigen Geldmittel zur Verfügung zu stellen, die er benötigt, um seine laufenden Lebensbedürfnisse so zu befriedigen, wie es den ehel. Lebensverhältnissen – dem in der Ehe erreichten Lebensstandard – entspricht. Ist nach den ehel. Lebensverhältnissen ein Teil des Einkommens der Vermögensbildung vorbehalten und damit der Befriedigung der laufenden Lebensbedürfnisse entzogen, kann daher dieser Teil des Einkommens bei der Unterhaltsbemessung nicht mit herangezogen werden. Der Unterhaltsberechtigte würde sonst besser gestellt, als er während des Zusammenlebens der Ehegatten gestanden hat. Ein gewisses Regulativ ergibt sich allerdings aus dem in der Rechtsprechung des Senats wiederholt hervorgehobenen Grundsatz, daß bei der Ermittlung der ehel. Lebensverhältnisse ein objektiver Maßstab anzulegen ist und deshalb bei der Bemessung des Unterhalts ebenso wie eine zu aufwendige auch eine – gemessen am verfügbaren Einkommen – zu dürftige Lebensführung außer Betracht zu bleiben hat (FamRZ 1982/151, 152; FamRZ 1983/678, 679; FamRZ 1984/358, 360). Der unterhaltsbedürftige Ehegatte braucht sich daher eine das verfügbare Einkommen unangemessen einschränkende Vermögensbildung nicht entgegenhalten zu lassen, mag er sie auch während des Zusammenlebens der Ehegatten widerspruchslos hingenommen haben. Darüber hinaus braucht sich ein Ehegatte an einem zugunsten der Vermögensbildung gewählten Konsumverzicht selbst dann, wenn ein solcher während intakter Ehe seine Berechtigung hatte, nach dem Scheitern der Ehe nicht festhalten zu lassen, weil damit die personale Grundlage für eine derartige Einschränkung der Lebensführung entfallen ist (FamRZ 1984/358, 360 f.). Diese die Aussparung einer Vermögensbildungsrate einschränkenden Grundsätze wirken sich indessen vorliegend nicht aus. Es bestehen keine greifbaren Anhaltspunkte für die Annahme, daß die Lebensführung, die die Einkünfte der Parteien bei Aussparung einer Vermögensbildungsrate von 1600 DM monatlich erlauben, zu dürftig oder für die Bekl. mit einem unangemessenen Konsumverzicht verbunden wäre. Das OLG hat den von ihm angenommenen Unterhaltsbedarf der Bekl. als einen solchen bewertet, der, gemessen an den ehel. Lebensverhältnissen der Parteien, einer weder zu dürftigen noch zu aufwendigen Lebensführung entspreche. Dieser Beurteilung ist, soweit es um den allgemeinen Lebensaufwand geht, auch die Revision nicht entgegengetreten. Sie macht lediglich geltend, daß „beiden Parteien gleichermaßen" eine Vermögensbildung möglich sein müsse. Dies liegt jedoch, wie ausgeführt, außerhalb der Zwecke des Unterhaltsrechts. b) Für die Berücksichtigung eines trennungsbedingten Mehrbedarfs der Bekl. – um den gegebenenfalls die Vermögensbildungsrate zu verringern wäre (FamRZ 1984/149, 151) – hat das OLG ausdrücklich keine Veranlassung gesehen, ohne daß die Revision hiergegen irgendwelche Beanstandungen erhoben hat.

(Differenzmethode oder Abzug des Einkommens des Berechtigten von der Hälfte des Gesamteinkommens der Parteien bei 50-%-Quote)

II 3 c) Letztlich läßt es auch keinen Rechtsfehler zum Nachteil der Bekl. erkennen, daß das OLG den Unterhalt der Bekl. nicht nach einer Quote der Differenz der beiderseitigen Einkünfte, sondern nach der Hälfte der Gesamteinkünfte der Parteien unter Anrechnung der eigenen Bezüge der Bekl. bestimmt hat (6673 DM : 2 = gerundet 3350 DM – gerundet 2970 DM = 380 DM). Die Bedenken, **e** die der BGH gegen die Bemessung des Unterhalts nach einer Quote der addierten Einkommen der Ehegatten erhoben hat (FamRZ 1979/692, 693 f.; FamRZ 1981/539, 541), wirken sich nicht aus, wenn der Tatrichter, wie es hier geschehen ist, eine jeweils gleichhohe (hälftige) Beteiligung an den die ehel. Lebensverhältnisse prägenden beiderseitigen Einkünften für angemessen erachtet. Solchenfalls deckt sich das Ergebnis notwendig mit demjenigen, zu dem die sog. Differenzmethode führt.

BGH v. 15. 10. 86 – IVb ZR 78/85 – FamRZ 87, 259 = NJW 87, 1201

R312 *(Darlegungs- und Beweislast des Klägers im Abänderungsverfahren)*

a 1) Zutreffend ist das OLG davon ausgegangen, daß die Kl. für die Steigerung des Einkommens des Bekl. darlegungspflichtig ist. Die Klagepartei des Abänderungsverfahrens (§ 323 ZPO) trägt die Darlegungs- und Beweislast für die wesentlichen Veränderungen der Umstände, die für die Festsetzung der Unterhaltsrente maßgebend waren.

(Geständnisfiktion des § 138 III ZPO bei nichtsubstantiiertem Bestreiten von Tatsachen aus dem eigenen Wahrnehmungsbereich sowie freie Beweiswürdigung nach § 286 ZPO; substantiiertes Bestreiten durch Vorlage von Bilanzen und Gewinn- und Verlustrechnungen)

b A I 1) Nicht zu beanstanden ist ferner, daß das OLG dem Bekl. die Möglichkeit verwehrt, die Behauptung der Kl. über den Anstieg seines Einkommens einfach zu bestreiten, und von ihm verlangt, daß er dem gegnerischen Vorbringen positive Angaben entgegensetzt. Eine derartige Last der beklagten Partei zum substantiierten Bestreiten besteht zwar nicht schlechthin; sie ist nach der Rspr. des *BGH* jedoch zu bejahen, wenn eine darlegungspflichtige Partei außerhalb des von ihr darzulegenden Geschehensablaufs steht und keine nähere Kenntnis der maßgebenden Tatsachen besitzt, während der Prozeßgegner sie hat und ihm nähere Angaben zumutbar sind (NJW 1961/826, 828, NJW 1983/687, 688). Diese Voraussetzungen hat das OLG im vorliegenden Fall zu Recht bejaht, da die von der Kl. behaupteten Tatsachen sämtlich im Wahrnehmungsbereich des Bekl. lagen und es diesem im Hinblick auf die ihm nach § 242 BGB obliegende unterhaltsrechtliche Auskunftspflicht (FamRZ 1982/1189) zuzumuten ist, sich zu der gegnerischen Behauptung näher zu erklären. Zuzustimmen ist dem OLG schließlich darin, daß das Bestreiten eines Sachvortrages ohne die nach den Umständen zumutbare Substantiierung nicht wirksam ist und die Geständnisfiktion des § 138 III ZPO nach sich zieht.

2) Von einem derartigen ungenügenden Bestreiten des gegnerischen Sachvortrages kann hier jedoch nicht ausgegangen werden.

Der Bekl. ist der Behauptung der Kl. entgegengetreten, indem er seinerseits unter Vorlage seiner Bilanzen sowie der Gewinn- und Verlustrechnungen für die Jahre 1981 bis 1983 näher aufgeschlüsselte Angaben über sein zu versteuerndes Einkommen (nicht Nettoeinkommen, wie vom OLG angenommen) gemacht hat. Damit hat er der insoweit bestehenden Darlegungslast genügt und das Vorbringen der Kl. substantiiert bestritten. Daran ändert auch der Umstand nichts, daß das Gericht den Gegenvortrag für nicht glaubwürdig gehalten hat und aufgrund der Lebensverhältnisse des Bekl., insbesondere wegen der Höhe seiner regelmäßigen finanziellen Verpflichtungen, zu der Ansicht gelangt ist, daß sein Einkommen höher sein müsse als von ihm vorgetragen und mindestens den von der Kl. behaupteten Betrag erreichen müsse. Derartige Umstände konnte das Gericht bei der Einkommensfeststellung im Rahmen der freien Beweiswürdigung nach § 286 I S. 1 ZPO berücksichtigen (FamRZ 1981/347, 349); sie berechtigten jedoch nicht zu der Annahme, der Bekl. habe das gegnerische Vorbringen nicht wirksam bestritten, so daß es nach § 138 III ZPO als zugestanden gelte. Hieran vermögen auch die privaten Aufstellungen über Einnahmen und Ausgaben für 1983 und die ersten zehn Monate des Jahres 1984 nichts zu ändern, die der Bekl. auf die Auflage des OLG v. 24. 10. 1984 zusammen mit den Einkommensteuererklärungen für 1981 bis 1983 und dem Einkommensteuerbescheid für 1983 vorgelegt hat und zu denen er in der Berufungsverhandlung erklärt hat, daß von den darin ausgewiesenen Einnahmen die Geschäftskosten abzuziehen seien. Soweit das OLG darlegt, daß dieses „Argument" nicht „überzeugt", und ausführt, daß das Abstreiten weiterer Einnahmen nicht richtig sein könne, wenn man die Zahlung dieser Kosten unterstelle, handelt es sich gleichfalls um Erwägungen, die im Rahmen der Beweiswürdigung ihren Platz haben, nicht aber das Eingreifen der Geständnisfiktion des § 138 III ZPO rechtfertigen.

Im übrigen hat das OLG bei der weiteren Beurteilung des anrechnungsfähigen Einkommens des Bekl. trotz Anwendung von § 138 III ZPO nicht entsprechend der Behauptung der Kl. ein Nettoeinkommen von 3300 DM monatlich zugrunde gelegt, sondern von diesem nach dem Klagevortrag bereits um die entsprechende Einkommensteuer gekürzten Betrag nochmals einen Einkommensteuerbetrag abgezogen.

3) Die Ausführungen zum Einkommen des Bekl. lassen sich auch nicht dahin verstehen, daß das OLG in Wirklichkeit in freier Beweiswürdigung unter Berücksichtigung der gesamten Umstände des Falles, insbesondere der Art und Weise des Vorbringens der Parteien, eine entsprechende Feststellung hat treffen und das Vorbringen der Kl. ohne weitere Beweisaufnahme als wahr hat ansehen wollen. Eine derartige Möglichkeit, eine Parteibehauptung ohne Beweisaufnahme als wahr anzusehen, ist dem Tatrichter nach § 286 ZPO aus Rechtsgründen an sich nicht verwehrt (MDR 1974/831). Indessen steht einer solchen

Auslegung der Ausführungen im Berufungsurteil entgegen, daß das Gericht sich ausdrücklich auf § 138 III ZPO und die dort vorgesehene Geständnisfiktion gestützt hat. Darüber hinaus spricht gegen ein solches Verständnis, daß das Gericht offensichtlich nicht alle für eine derartige umfassende Beweiswürdigung in Betracht kommenden Umstände berücksichtigt hat. Das gilt einmal für den Umstand, daß die Kl. ihre Behauptung zur Einkommenshöhe selbst als lediglich auf Annahmen und Schätzungen beruhend bezeichnet hat. Vor allem aber hätte das OLG sich im Rahmen einer solchen umfassenden Beweiswürdigung mit dem Vorbringen des Bekl. auseinandersetzen müssen, soweit er in der Vergangenheit besondere finanzielle Engpässe durchzustehen gehabt habe, hätten ihm Eltern und Geschwister geholfen.

(Zur Berücksichtigung des Pflegegeldes als bedürftigkeitsminderndes Einkommen der Pflegeperson)

IV 1) Jenes Pflegegeld, bei dem es sich um Leistungen des Trägers der Sozialhilfe nach § 69 III und IV BSHG handelt, ist grundsätzlich dem Einkommen der Kl. zuzurechnen. Davon ist auch das OLG ausgegangen. Gestützt auf die Grundsätze des *Senats*urteils v. 18. 4. 1984 (FamRZ 1984/769, 771 f.), in dem es der *Senat* gebilligt hat, daß ein nach §§ 6, 5 JWG gewährtes Pflegegeld mit dem durch die Versorgung des Pflegekindes nicht verbrauchten Teil der Pflegeperson für die Zwecke des Unterhaltsrechts als eigenes Einkommen zugerechnet worden war, hat das OLG den Standpunkt eingenommen, daß das Pflegegeld grundsätzlich die Bedürftigkeit der Kl. mindere. Daß Anspruchsberechtigter des Pflegegeldes allein der Pflegebedürftige und nicht die Pflegeperson sei, stehe hier einer derartigen unterhaltsrechtlichen Berücksichtigung ebensowenig im Wege wie bei Pflegegeld, das einem in Familienpflege aufgenommenen Pflegekind gewährt werde. **c**

Dieser Beurteilung stimmt der *Senat* zu. Er vermag die Auffassung der Anschlußrevision, daß eine derartige Behandlung des Pflegegeldes mit dessen Zweck nicht vereinbar wäre, nicht zu teilen. Wie bei sonstigen nicht subsidiären Sozialleistungen steht auch hier die sozialrechtliche Zweckbestimmung dieses Pflegegeldes der unterhaltsrechtlichen Berücksichtigung nicht entgegen.

BGH v. 15. 10. 86 – IVb ZR 79/85 – FamRZ 87, 46 = NJW 87, 776

(Einkünfte aus zumutbarer und unzumutbarer Erwerbstätigkeit sind auf den vollen Bedarf anzurechnen; dieser kann bei beschränkter Leistungsfähigkeit mit dem Mindestbedarfssatz bemessen werden) **R313**

I) Der Kl. steht ein gesetzlicher Unterhaltsanspruch gemäß § 1570 BGB zu, denn von ihr kann wegen der Pflege und Erziehung der beiden gemeinschaftlichen Kinder nicht erwartet werden, durch eine Erwerbstätigkeit für ihren Unterhalt in vollem Umfang selbst zu sorgen. Die Revision vertritt die Auffassung, die Kl. treffe eine gesteigerte Erwerbsobliegenheit, weil die Leistungsfähigkeit des Bekl. aufgrund seiner eingeschränkten Einkünfte vermindert sei (§ 1581 BGB). Damit wird aber ein Rechtsfehler zum Nachteil des Bekl. nicht aufgezeigt. Das OLG hat beachtet, daß für einen Ehegatten, der zwei Kinder im schulpflichtigen Alter zu betreuen hat, eine Erwerbstätigkeit nicht von vornherein unzumutbar ist (FamRZ 1982/148) und daß im Rahmen der Zumutbarkeitsprüfung verschärfte Anforderungen an die Erwerbsobliegenheit des Unterhaltsberechtigten gestellt werden können, wenn der unterhaltspflichtige geschiedene Ehegatte nur nach Maßgabe des § 1581 BGB zu Unterhaltsleistungen imstande ist (FamRZ 1983/569). Es kann jedoch auf sich beruhen, ob die Kl. eine Teilerwerbsobliegenheit trifft. Das OLG hat nämlich – von der Revision unbeanstandet – festgestellt, daß der nach den ehel. Lebensverhältnissen bestimmte monatl. Lebensbedarf der Kl. für das Jahr 1984 wenigstens 900 DM und ab 1984 wenigstens 990 DM beträgt. Die Unterhaltsbeträge, die der Kl. wegen der eingeschränkten Leistungsfähigkeit des Bekl. zugesprochen worden sind, decken diesen Bedarf nur in so geringem Umfang ab, daß die Kl. einen neben der Kinderbetreuung etwa erzielbaren Verdienst benötigen würde, um den ungedeckten Teil ihres Bedarfs zu befriedigen. **a**

(Steuerrechtlich beachtliche Aufwendungen oder Abschreibungen können ganz oder teilweise unberücksichtigt bleiben, wenn ihre unterhaltsrechtliche Abzugsfähigkeit nicht näher dargelegt oder nachgewiesen wird)

III 1. Das OLG ist von den vom Bekl. vorgelegten, nach steuerrechtlichen Gesichtspunkten erstellten Gewinn- und Verlustrechnungen der Jahre 1982 und 1983 ausgegangen, die Gewinne für 1982 von 22 252,21 DM und für 1983 von 39 628,82 DM ausweisen. Es hat aber die Geltendmachung von Bewirtungskosten (1982: 3511,60 DM; 1983: 2192,81 DM) und Repräsentationskosten (1983: 220,65 DM) nicht anerkannt, weil ihre unterhaltsrechtliche Beachtlichkeit nicht dargetan sei, und hat diese Beträge daher den Gewinnen hinzugerechnet. Ferner hat es die Abschreibung der Anschaffungskosten für einen im Jahre 1982 vom Bekl. erworbenen neuen Pkw (jährlich 4464,26 DM) um ein Drittel (jährlich 1488 DM) gekürzt, weil die Lebensdauer des Wagens tatsächlich länger sei, als steuerrechtliche Abschreibungen auf das Fahrzeug zulässig sind, und der Bekl. in Anbetracht der wirtschaftlichen Verhältnisse der Parteien ein zu teures Fahrzeug angeschafft habe. Aus den, nach Abzug der im Jahre 1982 gezahlten Steuern (1334,16 DM) danach auf 25 917,65 DM für 1982 und auf 43 529,77 DM für 1983 berichtigten, unterhaltsrechtlich relevanten Einkünften hat das OLG einen Mittelwert gebildet und **b** diesen in ein durchschnittliches Nettomonatseinkommen des Bekl. von 2893,64 DM umgerechnet. Von einem mindestens gleichhohen Einkommen auch für die in Frage stehende Zeit ab Februar 1984 ist das OLG ausgegangen, weil der Bekl. einerseits seine Einkünfte nur lückenhaft und nicht für einen ausreichend langen Zeitraum dargelegt habe und auch die geltend gemachten Aufwendungen nicht in einer Weise dargelegt habe, die eine Überprüfung auf ihre unterhaltsrechtliche Beachtlichkeit zuließen, andererseits seinen Lebensstandard gegenüber der früheren Zeit aber auch nicht eingeschränkt habe, sondern in der Lage sei, mit seiner jetzigen Ehefrau ein Haus zu bauen oder zu erwerben und weiterhin einen Pkw der gehobenen Mittelklasse zu fahren. Die Revision bekämpft die Absetzung der Bewirtungs- und Repräsentationskosten, die in einem angemessenen Verhältnis zu den Umsätzen ständen; blieben sie unterhaltsrechtlich gleichwohl unberücksichtigt, müsse sich jedoch die Kl. auch eine fiktive höhere Steuerbelastung des Bekl. entgegenhalten lassen; die Kürzung der Abschreibung für den Pkw berücksichtige zudem nicht, daß der Bekl. sich etwa alle zweieinhalb Jahre einen neuen Wagen anschaffen müsse. Dieser Vortrag ist nicht geeignet, der Revision zum Erfolg zu verhelfen. Es ist rechtlich nicht zu beanstanden, daß das OLG das steuerlich relevante Einkommen zur Ermittlung des unterhaltspflichtigen Einkommens berichtigt hat, weil beide nicht identisch sind und der Bekl. sich als Unterhaltspflichtiger nicht auf die steuerrechtlich beachtlichen Aufwendungen und Abschreibungen beziehen konnte, ohne ihre unterhaltsrechtliche Abzugsfähigkeit näher darzulegen (FamRZ 1985, 357, 359). Die Umstände, auf die das OLG seine Beurteilung wegen der Bewirtungs- und Repräsentationskosten sowie bezüglich der Abschreibung des Pkw gestützt hat, halten sich im Rahmen der tatrichterlichen Überzeugungsbildung und sind revisionsrechtlich nicht angreifbar. Verfahrensrügen sind insoweit nicht erhoben. Es ist auch nicht widersprüchlich, daß das OLG steuerliche Auswirkungen seiner aus unterhaltsrechtlicher Sicht für notwendig gehaltenen Korrekturen der Gewinnermittlung nicht berücksichtigt hat; denn die Steuern, die der Bekl. für seine Einkünfte in den Jahren 1982 und 1983 zu zahlen hat, stellen in den vom OLG ausgewerteten Gewinnermittlungen keine Rechnungsposten dar.

BGH v. 29. 10. 86 – IVb ZR 82/85 – FamRZ 87, 144 = NJW 87, 898

R314 *(Subjektive und objektive Voraussetzungen eines Unterhaltsanspruchs wegen Erwerbslosigkeit; Bestehen einer realen Beschäftigungschance)*

2) Nach § 1573 I BGB kann ein geschiedener Ehegatte, dem es grundsätzlich obliegt, durch Erwerbstätigkeit für seinen Lebensunterhalt selbst zu sorgen, gleichwohl Unterhalt verlangen, solange und soweit er nach der Scheidung keine angemessene Erwerbstätigkeit „zu finden vermag". Aus dem zuletzt genannten Tatbestandsmerkmal ist zwar zunächst zu folgern, daß der bedürftige Ehegatte sich um die Findung einer angemessenen Erwerbsmöglichkeit nach Kräften bemühen muß. In der Auferlegung der dem Anspruchsteller subjektiv zuzumutenden Anstrengungen erschöpft sich die Bedeutung des Tatbestandsmerkmals indessen nicht. Ob ein Arbeitsuchender die zu einer angemessenen Erwerbstätigkeit geeignete Stelle finden kann, ist auch von objektiven Voraussetzungen wie den Verhältnissen auf dem Arbeitsmarkt und den persönlichen Eigenschaften des Bewerbers (Alter, Ausbildung, Berufserfahrung, Gesundheitszustand) abhängig (FamRZ 1986/244, 246). Die auf § 1573 I BGB gestützte Unterhaltsklage darf daher nicht schon abgewiesen werden, wenn zureichende Bemühungen um eine Erwerbsmöglichkeit nicht bewiesen sind, sondern erst dann, wenn feststeht oder zumindest nicht auszuschließen ist, daß bei ausreichenden Bemühungen eine reale Beschäftigungschance bestanden hätte (FamRZ 1986/885, 886). Da das OLG wegen seiner abweichenden Rechtsauffassung hierzu nichts festgestellt hat, kann das angefochtene Urteil nicht bestehen bleiben. Die Sache muß zur Nachholung der dem Tatrichter vorbehaltenen Feststellungen zurückverwiesen werden. Dies gibt der Kl. zugleich Gelegenheit, zum Umfang ihrer auch i.J. 1983 unternommenen Bemühungen um eine angemessene Tätigkeit weiter vorzutragen und Beweise anzutreten. Es bedarf daher keiner Stellungnahme zu der Frage, ob das OLG dadurch gegen § 286 ZPO verstoßen hat, daß es die im Berufungsverfahren angebotenen Beweise nicht erhoben hat.

3) Für die neue Verhandlung sind folgende Hinweise veranlaßt:

a) Der Unterhalt begehrende Ehegatte trägt, wenn er den Anspruch auf § 1573 I BGB stützt, zwar die Darlegungs- und Beweislast dafür, daß er nach der Scheidung keine angemessene Erwerbstätigkeit zu finden vermag. Wie der Senat in dem bereits zitierten Urteil v. 4. 6. 1986 (FamRZ 86/885) näher ausgeführt hat, dürfen aber die Anforderungen, die insoweit zu stellen sind, nicht überspannt werden, sondern müssen den Umständen des Falles entsprechen. Der Nachweis, daß der Anspruchsteller i. S. des § 1573 I BGB keine angemessene Tätigkeit zu finden vermag, ist unter entsprechenden Umständen schon dann als geführt anzusehen, wenn nach dem Ergebnis der tatrichterlichen Würdigung eine Beschäftigungschance praktisch nicht bestanden hat. Im vorliegenden Fall läßt sich den bisher getroffenen Feststellungen entnehmen, daß die Kl. trotz hinreichend ernsthafter Suche im Anschluß an die im Juni 1982 erfolgte Scheidung weder in jenem Jahr noch in den Jahren 1984 und 1985 eine Anstellung zu finden vermochte. Das kann die Annahme nahelegen, daß auch intensives Bemühen i.J. 1983 nicht zum Erfolg geführt hätte; denn bisher fehlen Anhaltspunkte dafür, daß 1983 bessere Beschäftigungsmöglichkeiten bestanden als davor oder danach. b) Gemäß § 1573 I BGB braucht der geschiedene Ehegatte nur eine ihm angemessene Erwerbstätigkeit auszuüben; demgemäß obliegt ihm auch (nur) eine entsprechende Suche. Das OLG wird daher prüfen müssen, ob die Tätigkeit einer Bürogehilfin für die Kl. angemessen ist. Die zwischen Trennung und Scheidung erlangte Ausbildung stellt dafür nicht das einzige Kriterium dar. Nach § 1574 II BGB kommt es auch darauf an, ob die Tätigkeit den Fähigkeiten, dem Lebensalter und dem Gesundheitszustand der Kl. sowie den ehel. Lebensverhältnissen entspricht; bei diesen sind die Dauer der Ehe und die Dauer der Pflege und Erziehung gemeinschaftlicher Kinder zu berücksichtigen. Insoweit fällt daher ins Gewicht, daß die Kl. über 20 Jahre lang als Ehefrau eines Lehrers nicht erwerbstätig war, sondern den Haushalt geführt und zwei Kinder geboren und großgezogen hat.

BGH v. 10. 12. 86 – IVb ZR 63/85 – FamRZ 87, 252 = NJW-RR 87, 514

(Erwerbsobliegenheit des wiederverheirateten Verpflichteten bei Anspruch nach § 1570 BGB; Leistungsfähigkeit in Höhe der früheren Vollzeitarbeit beim gleichen Arbeitgeber bei zumutbarer Ganztagstätigkeit) **R317**

II 1) Das OLG hat die Widerklage, ebenso wie die übrige Anschlußberufung, für nicht begründet gehalten: Die Unterhaltspflicht des Bekl. gegenüber der Kl. sei durch die Verringerung seiner Arbeitszeit von täglich acht auf 5,5 Stunden nicht entfallen. Er müsse sich vielmehr von der Kl. an seinem früheren, aus der Ganztagsarbeit erzielten Einkommen festhalten lassen. Zwar stehe es geschiedenen Unterhaltspflichtigen grundsätzlich frei, in einer zweiten Ehe – ganz oder teilweise – die Kindesbetreuung zu übernehmen und die Erwirtschaftung des Familieneinkommens dem neuen Ehepartner zu überlassen. Eine hierdurch bedingte Leistungsunfähigkeit des Geschiedenen dürfe jedoch nicht in unzumutbarer Weise die Belange der Unterhaltsberechtigten aus der früheren Verbindung beeinträchtigen. Das gelte wie gegenüber Kindern aus der früheren Ehe auch gegenüber dem geschiedenen Ehegatten. Die Übernahme der Kindesbetreuung und die damit verbundene Einschränkung der Leistungsfähigkeit beseitige oder mindere die Unterhaltsverpflichtung ihm gegenüber nur dann, wenn diese Aufgabenverteilung wirtschaftlich sinnvoll sei oder aus sonstigen Gründen geboten erscheine. Beides sei hier nicht der Fall. Der Bekl. habe bei Vollzeitarbeit monatlich brutto rund 3300 DM verdient, seine Ehefrau erziele nur brutto 3000 DM. Das Familieneinkommen in der neuen Ehe gestalte sich somit durch die Arbeitsaufnahme der Ehefrau nicht günstiger als bei einer vollen Erwerbstätigkeit des Bekl. und Kindesbetreuung durch die Ehefrau. Anders wäre es freilich dann, wenn allein der Bekl., nicht jedoch seine Ehefrau, einer Teilzeitbeschäftigung nachgehen könnte. Dafür ergäben sich jedoch keine Anhaltspunkte. Auch sonstige Gründe für die gewählte Art der Aufgabenverteilung seien nicht ersichtlich. Deshalb müsse sich der Bekl. unterhaltsrechtlich so behandeln lassen, als erziele er noch sein früheres Nettoeinkommen von 2282 DM pro Monat. Dagegen wendet sich die Revision ohne Erfolg. **a**

... II 2a) Daß die Kl. in der Lage ist, sich einer Ausbildung zu unterziehen, die einen Teil ihrer Zeit in Anspruch nimmt, weil ihre Mutter ihr insoweit die Kindesbetreuung abnimmt, ist jedoch auch sachlich-rechtlich ungeeignet, ihren Unterhaltsanspruch aus § 1570 BGB zu Fall zu bringen. Dies gilt schon deshalb, weil aus der – unstreitigen – tatsächlichen Handhabung nicht gefolgert werden kann, daß die Kl. auch imstande wäre, anstelle der Ausbildung einer (Teilzeit-)Erwerbstätigkeit nachzugehen. Denn es ist nicht ersichtlich, daß ihre Mutter bereit wäre, das Kind der Parteien auch dann zeitweise zu betreuen, wenn damit bezweckt würde, der Kl. eine – den Bekl. unterhaltsmäßig entlastende – Berufsarbeit zu ermöglichen. Solches ist auch vor dem Tatrichter nicht vorgetragen worden.

II 2b) Wie sich aus § 1581 BGB ergibt, setzt die gesetzliche Unterhaltspflicht gegenüber dem geschiedenen Ehegatten Leistungsfähigkeit des Schuldners voraus. Eine solche ist hier – entgegen der Ansicht der Revision – unbedenklich angenommen worden. Der Behandlung des Bekl. als weiterhin nach Maßgabe seines bis Ende Januar 1985 erzielten Arbeitseinkommens leistungsfähig liegt ersichtlich zugrunde, daß er bei seinem – beibehaltenen – Arbeitgeber wieder vollzeitig erwerbstätig sein könnte, wenn er dies wollte. Es handelt sich also nicht darum, daß der Unterhaltsschuldner nicht (voll) leistungsfähig ist, weil er seinen Arbeitsplatz (teilweise) aufgegeben hat und einen neuen (Vollzeitarbeitsplatz) nicht zu erlangen vermag (FamRZ 1985/158, 159 f.). Ist hingegen der Unterhaltsschuldner – wie hier – in der Lage, den zur Erfüllung seiner Unterhaltspflicht erforderlichen Arbeitsverdienst zu erzielen, so stellt sich allein die Frage, ob ihm die dazu erforderliche Erwerbstätigkeit auch zugemutet werden kann. Unter dieser Voraussetzung wird der Unterhaltspflichtige, der seine Arbeitsfähigkeit nicht ausnutzt, als leistungsfähig angesehen, wie wenn er das erreichbare Einkommen tatsächlich erzielte. Leistungsunfähigkeit liegt dann nicht vor. Die Leistungsfähigkeit wird also nicht allein durch tatsächlich vorhandenes Vermögen und Einkommen des Unterhaltspflichtigen bestimmt, sondern auch durch seine Arbeits- und Erwerbsfähigkeit. Das entspricht der übereinstimmenden Auffassung in Rechtsprechung und Schrifttum (s. nur BGHZ 75/272, 274 f. = FamRZ 1980/43, FamRZ 1984/374, 377, jeweils m. w. N.). Die Beurteilung des OLG, dem Bekl. sei zuzumuten, weiterhin ganztägig erwerbstätig zu sein, hält den Angriffen der Revision stand.

BGH v. 14. 1. 87 – IVb ZR 65/85 – FamRZ 87, 356, 357 = NJW 87, 893, 894

R320 *(Zur Frage, ob der personensorgeberechtigte Elternteil seinen Unterhaltsanspruch dadurch gemäß § 1579 I Nr. 4 BGB a. F. ganz oder teilweise verliert, daß er mit den Kindern auswandert und damit dem anderen Elternteil die Ausübung des Umgangsrechtes erschwert.)*

b 3) Das BerGer. hat sich auf den Standpunkt gestellt, die Bekl. habe ihren Unterhaltsanspruch auch nicht dadurch gem. § 1579 I Nr. 4 BGB a. F. (für den Trennungsunterhalt: i. V. mit § 1361 III BGB) verloren, daß sie das Recht der Personensorge dazu benutzt habe, den Wohnsitz der Kinder so zu bestimmen, daß er gehindert sei, sein Recht zum Umgang mit ihnen (§ 1634 I 1 BGB) auszuüben.

a) Dazu hat das *OLG* im wesentlichen ausgeführt: Obwohl die Bekl. auf Unterhaltsleistungen des Kl. angewiesen sei, stehe es ihr frei, wo sie nach dem Scheitern der Ehe ihr Leben verbringe. Auch wer gemeinsame Kinder betreue und deshalb unterhaltsberechtigt sei, könne nicht gezwungen werden, seinen neuen Lebenskreis so einzurichten, daß Besuchskontakte zwischen dem anderen Elternteil und den Kindern reibungslos möglich seien. Eine erhebliche Erschwernis oder auch ein faktischer Ausschluß des persönlichen Umgangs mit einem gemeinsamen Kinde sei schon dann denkbar, wenn die Eltern innerhalb der Bundesrepublik Deutschland weit voneinander entfernt lebten. Für einen Aufenthalt im Ausland könne letztlich nichts anderes gelten. Telefonische und briefliche Kontakte seien auch dann möglich; ferner könnten die persönlichen Beziehungen durch Übersenden von Geschenken aufrechterhalten bleiben. Zudem seien bei ernsthaftem Bemühen aller Beteiligten auch vereinzelte Besuche durchaus denkbar. Schließlich sei es das persönliche Schicksal des nicht sorgeberechtigten Elternteils, daß seine Ehe zerstört und dadurch der Kontakt zu den Kindern auf ein Mindestmaß beschränkt sei. Im vorliegenden Falle komme hinzu, daß gerade der Kl. zu dieser Situation entscheidend beigetragen habe, indem er sich aus der ehelichen Lebensgemeinschaft gelöst und Beziehungen zu einer anderen Frau aufgenommen habe. Er habe sie sich damit – zumindest auch – selbst zuzuschreiben.

Ob die rechtliche Lage anders zu beurteilen sei, wenn der sorgeberechtigte Elternteil den Wohnsitz nur zur Vereitelung der Besuchskontakte so wähle, daß ein Umgang kaum noch durchführbar sei, könne dahinstehen. So liege der Fall nicht. Die Bekl. sei nicht mit solchen Motiven in die Karibik verzogen, sondern sie habe auf Anraten ihres Vaters von der eingetretenen ehelichen Situation Abstand gewinnen wollen. Die durch eine solche, menschlich verständliche Entscheidung eingetretene Verhinderung des persönlichen Kontaktes des Kl. zu den Kindern könne sich unterhaltsrechtlich nicht auswirken. Hiernach sei nicht von ausschlaggebender Bedeutung, ob die Bekl. zugesagt habe, nach Deutschland zurückzukehren. Schließlich habe sie die Kinder nicht in rechtswidriger Weise in das Ausland verbracht. Aufgrund der einstweiligen Anordnung vom 24. 7. 1978 sei sie Inhaberin der elterlichen Sorge gewesen. Obgleich sie mit den Kindern unverhofft und entgegen vorherigen Äußerungen in die Karibik verzogen sei, könne ihr Handeln unter unterhaltsrechtlichem Aspekt nicht mißbilligt werden.

b) Die angefochtene Entscheidung hält auch insoweit den Angriffen der Revision stand. Die Ablehnung des – allein in Betracht kommenden – Härtegrundes des § 1579 I Nr. 4 BGB a. F. ist nicht rechtsfehlerhaft. Auf § 1579 II BGB a. F. kommt es infolgedessen nicht an, mithin auch nicht darauf, ob ein „besonders gelagerter Härtefall" i. S. des Urteils des *BVerfG* vom 14. 7. 1981 (*BVerfE* 57/361 = NJW 1981/1771) vorliegt und welches Recht dann anzuwenden wäre.

aa) Nach der ständigen Rechtsprechung des *BGH* ist jedes klar bei einem Ehegatten liegende Fehlverhalten geeignet, die Voraussetzungen der Vorschrift zu erfüllen. Allerdings muß das Fehlverhalten, damit es einen Wegfall oder eine Herabsetzung des Unterhalts rechtfertigen kann, schwerwiegend sein (*BGH,* NJW 1979/1349 = FamRZ 1979/569 [570]; NJW 1979/1452 = FamRZ 1979/571 [573]; *Senat,* NJW 1980/1686 = FamRZ 1980/665 [666]; NJW 1981/1214 = FamRZ 1981/439 [440]; NJW 1981/1782 und NJW 1982/1461). Dies ergibt sich aus der in § 1579 I Nr. 4 BGB a. F. enthaltenen Bezugnahme auf die *Schwere* der in den Nummern 1 bis 3 der Vorschrift aufgeführten Gründe und aus dem Merkmal der *groben* Unbilligkeit (*BGH,* NJW 1979/1452).

Nach diesen Maßstäben ist die Beurteilung des BerGer. auch unter Beachtung der von der Revision erneut hervorgehobenen Umstände im Vorfeld der gerichtlichen Sorgerechtsregelung nicht zu beanstanden. Das BerGer. hat damit das Vorliegen eines für einen Wegfall oder eine Herabsetzung des Unterhalts ausreichenden Fehlverhaltens der Bekl. im Ergebnis rechtsfehlerfrei verneint.

Allerdings kann die Überlegung, es sei das persönliche Schicksal des nicht sorgeberechtigten Elternteils, daß seine Ehe zerstört und dadurch der Kontakt zu den Kindern auf ein Mindestmaß beschränkt sei, dem in § 1634 I Nr. 1 BGB normierten Umgangsrecht nichts von seiner Bedeutung nehmen. Zu einer Übertragung der Personensorge auf nur einen Elternteil und damit zu der Situation, die eine Befugnis des anderen Teils zum persönlichen Umgang mit dem Kinde erfordert, kommt es stets und gerade wegen des Scheiterns der Ehe der Eltern. Dieser Gesichtspunkt ist daher nicht geeignet, das Umgangsrecht des nicht betreuenden Elternteils zu relativieren.

Auch den Erwägungen des BerGer. dazu, daß bereits ein Umzug an einen weiter entfernten Ort innerhalb der Bundesrepublik Deutschland das Umgangsrecht des nicht sorgeberechtigten Elternteils erheblich beeinträchtigen könne, sowie den Überlegungen zur möglichen Aufrechterhaltung eines gewissen Kontaktes durch Telefonanrufe, Briefe und Geschenke vermag der *Senat* keine entscheidende Bedeutung beizumessen. Das Recht zum persönlichen Umgang mit dem Kinde geht weiter. Es soll dem Elternteil die Möglichkeit geben, sich von dem körperlichen und geistigen Befinden seines Kindes und seiner Entwicklung durch Augenschein und gegenseitige Aussprache fortlaufend zu überzeugen, die verwandtschaftlichen Beziehungen aufrechtzuerhalten, einer Entfremdung vorzubeugen sowie dem gegenseitigen Liebesbedürfnis Rechnung zu tragen (*BGHZ* 42/364 [371] = NJW 1965/394; *BGHZ* 51/219 [222] = NJW 1969/422). Ein derartiger Umgang wird jedenfalls durch eine Auswanderung in überseeische Gebiete regelmäßig – und auch im vorliegenden Fall – praktisch verhindert (vgl. dazu bereits *RGZ* 141/319 [321]); der verbleibende Rest an Kontaktmöglichkeiten ist gering.

Gleichwohl kann eine Auswanderung des Sorgeberechtigten mit dem Kinde gegen den Willen des anderen Elternteils, dessen Umgangsbefugnis damit jedenfalls erheblich behindert wird, nicht regelmäßig als ein schwerwiegendes Fehlverhalten mit der Folge des Verlustes oder der Verringerung des Unterhaltsanspruchs gem. § 1579 I Nr. 4 BGB a. F. gewertet werden. Das Personensorgerecht und das Umgangsrecht des anderen Elternteils stehen einander als selbständige Rechte gegenüber. Das Umgangsrecht des einen schränkt das Personensorgerecht des anderen ein (*BGHZ* 51/219 [221]). Umgekehrt muß das nur im Rahmen der tatsächlichen Wohnsitzverhältnisse praktisch ausübbare Umgangsrecht, dem eine Umgangspflicht nicht entspricht, bisweilen als das schwächere Recht dem stärkeren Sorgerecht weichen. Das kommt insbesondere im Falle einer Auswanderung ins Ausland in Betracht (vgl. *RGZ* 141/319 [321 f.]) = JW 1933/2587). Wenn mißbräuchliche Ausübung der elterlichen Sorge das Kindeswohl gefährdet, so ist dem – wie stets – gem. § 1666 BGB entgegenzutreten. Die Auswanderung kann u. U. auch Veranlassung bieten, eine Entscheidung des *FamG* gem. § 1696 BGB mit dem Ziel einer Änderung der Sorgerechtsregelung im Interesse des Kindes zu beantragen. Darüber, unter welchen Voraussetzungen im einzelnen trotz der Freizügigkeit des sorgeberechtigten Elternteils und seines verfassungsmäßigen Rechtes auf freie Entfaltung seiner Persönlichkeit (Art. 2 I GG) eine solche Entscheidung ergehen kann, sind die angeführten Meinungen in Rechtsprechung und Schrifttum nicht ganz einheitlich. Indes zieht sich durch das gesamte Bild der Meinungen der Gedanke, daß im Konfliktfall, wie ihn eine Auswanderung mit den Kindern darstellt, das Personensorgerecht als das stärkere den Vorzug genießen muß. Weitere Erwägungen dazu sind hier nicht veranlaßt. Einen Antrag auf Abänderung der Sorgerechtsregelung hat der Kl. nicht gestellt, und zwar nach seinem Vortrag deshalb nicht, weil er eine solche Abänderung für unerreichbar gehalten hat. Jedenfalls würde ein Antrag auf Übertragung der elterlichen Sorge von der Bekl. auf den Kl. – wenn überhaupt – nur unter dem Gesichtspunkt des Wohles der Kinder Erfolg haben können (§§ 1671 II, 1696 I BGB).

Eine Auswanderung des Sorgeberechtigten mit den ihm anvertrauten Kindern regelmäßig i. R. des § 1579 Abs. 1 Nr. 4 BGB a. F. als ein schwerwiegendes Fehlverhalten zu qualifizieren, das zum Wegfall oder zur Einschränkung des Unterhalts aus §§ 1361 oder 1570 BGB führen könnte, wäre mit der rechtlichen Stellung, die ihm hiernach die Übertragung des Personensorgerechts vermittelt, nicht zu vereinbaren. Vielmehr handelt er auch dann, wenn er gegen den Wunsch des anderen Elternteils auswandert, im allgemeinen jedenfalls nicht so schwerwiegend fehlsam, daß er deshalb den Verlust oder eine Herabsetzung seines Unterhaltsanspruchs nach § 1579 I Nr. 4 BGB a. F. gewärtigen müßte. Dies gilt jedenfalls dann, wenn die Auswanderung mit den Kindern – wie hier tatrichterlich festgestellt – nicht in der Absicht erfolgt, das Umgangsrecht des anderen Elternteils zunichte zu machen, sondern auf anderen, verständlichen Motiven beruht. In einem solchen Falle ist von dem nicht sorgeberechtigten Unterhaltsverpflichteten regelmäßig zu verlangen, daß er an den anderen Ehegatten auch weiterhin Betreuungsunterhalt leistet, zumal damit wesentlich dem Interesse der Kinder gedient wird.

Allerdings ist der Revision zuzugeben, daß in der Täuschung über ihre Auswanderungsabsichten ein schuldhaftes Fehlverhalten der Bekl. gegenüber dem Kl. gesehen werden kann, das Gewicht hat. Indessen reicht dieses auch in Verbindung mit der Aufnahme der Beziehungen zu *K* angesichts der vorausgegangenen Verfehlung des Kl., der sich als erster von der Ehe losgesagt und damit die familiären Bindungen bereits entscheidend geschwächt hatte, nicht aus, um ein klar bei der Bekl. liegendes schwerwiegendes Fehlverhalten im Sinne der Rechtsprechung zu § 1579 I Nr. 4 BGB a. F. anzunehmen.

bb) In der Rechtsprechung des *Senats* ist anerkannt, daß § 1579 I Nr. 4 BGB a. F. auch dann zum Ausschluß oder zur Herabsetzung des Unterhalts führen kann, wenn nicht ein Fehlverhalten des Unterhaltsberechtigten, sondern objektive Gegebenheiten und Entwicklungen der Lebensverhältnisse der Ehegatten die Unzumutbarkeit der Unterhaltsbelastung ergeben (NJW 1983/1548 = FamRZ 1983/569 [572]; NJW 1984/2692 = FamRZ 1984/986 [987] und FamRZ 1986/443 [444]). Auch unter diesem Gesichtspunkt kommt indes ein Ausschuß oder eine Herabsetzung des Unterhaltsanspruchs der Bekl. nicht in Betracht. Ihre Auswanderung mit den Kindern beeinträchtigt den Kl. allein durch die Behinderung seiner Umgangsbefugnis. Dies aber stellt die Zumutbarkeit der verlangten Unterhaltszahlungen nicht in Frage. Die Ansicht der Revision, es sei ein Korrelat der Unterhaltspflicht gem. § 1570 BGB, daß der unterhaltsberechtigte Elternteil die Kinder so erziehe und ihren Aufenthalt so bestimme, daß der Unterhaltsverpflichtete sein Umgangsrecht wahrnehmen könne, findet im Gesetz keine Stütze. Das Umgangsrecht besteht unabhängig davon, ob der Sorgeberechtigte auch Unterhaltsgläubiger nach § 1570 BGB ist. Es steht dem Vater in gleicher Weise zu, wenn die sorgeberechtigte Mutter nach § 1577 I BGB keinen nachehelichen Unterhalt verlangen kann, weil sie sich aus ihrem Vermögen selbst zu unterhalten vermag. Dadurch, daß die Mutter Unterhalt nach § 1570 BGB zu beanspruchen hat und erhält, wird die Umgangsbefugnis des Vaters weder begründet noch verstärkt. Sie beruht vielmehr auf dem natürlichen Elternrecht (*BGHZ* 42/364 [370] = NJW 1965/394; *BGHZ* 51/219 [221] = NJW 1969/422). Umgekehrt hängt auch der Unterhaltsanspruch aus § 1570 BGB nicht davon ab, daß der Elternteil, der das Kind nicht betreut, das Recht zum persönlichen Umgang mit dem Kinde ausüben kann. Stehen die tatsächlichen Verhältnisse der Ausübung des Umgangsrechts entgegen, so macht dieser objektive Umstand die Erfüllung der nachehelichen Unterhaltspflicht gegenüber dem das Kind betreuenden geschiedenen Ehegatten noch nicht unzumutbar.

BGH v. 14. 1. 87 – IVb ZR 89/85 – FamRZ 87, 359 = NJW 87, 1554

R321 *(Zur unterhaltsrechtlichen Beurteilung einer bei Auflösung des Arbeitsverhältnisses gewährten Abfindung, die der Arbeitgeber für den Unterhaltspflichtigen und den Unterhaltsberechtigten hinterlegt hat)*

a II 1 a) Der Unterhaltsschuldner ist im Falle beengter wirtschaftlicher Verhältnisse verpflichtet, eine ihm aus Anlaß der Aufhebung seines Anstellungsvertrages zugeflossene Abfindung im Rahmen einer sparsamen Wirtschaftsführung zur Deckung des Unterhaltsbedarfs seiner Unterhaltsgläubiger zu verwenden (FamRZ 1982/250, 252). Die vorgenannten Entscheidungen betrafen zwar Sachverhalte, in denen über Trennungsunterhalt bzw. Kindesunterhalt zu entscheiden war; die dargelegten Grundsätze lassen sich aber unbedenklich auf Ansprüche wegen nachehel. Unterhalts übertragen. Ihnen ist indessen nicht zu entnehmen, der Abfindungsbetrag müsse bis zu seinem vollständigen Verbrauch dazu verwendet werden, die aus dem (verminderten) laufenden Einkommen nicht mehr finanzierbaren Ansprüche der Unterhaltsgläubiger bis zu ihrer nach dem früheren Erwerbseinkommen berechneten Höhe weiterzuzahlen und dies selbst dann, wenn für den gleichen Zeitraum dem Unterhaltsschuldner nicht mehr der frühere Anteil an seinem Einkommen verbleibt, sondern – wie im vorliegenden Fall – nur wenig mehr oder sogar weniger als der sog. „billige Eigenbedarf" (Selbstbehalt), der nach den vom OLG angewendeten Leitlinien seit dem 1. 1. 1985 mit monatlich 1150 DM, für die Jahre davor mit 1050 DM angenommen wird. Eine solche Verteilung widerspricht dem Grundgedanken, der die Heranziehung der Abfindung zu Unterhaltszwecken rechtfertigt: Als (teilweiser) Ersatz des fortgefallenen Arbeitseinkommens soll sie es dem (früheren) Arbeitnehmer ermöglichen, trotz des Verlustes des Arbeitsplatzes eine gewisse Zeitlang seine bisherigen wirtschaftlichen Verhältnisse aufrechtzuerhalten und damit auch seinen eigenen Unterhaltsbedarf in der bisherigen Höhe sicherzustellen. Die Abfindung darf daher nicht erst bei der Prüfung der Leistungsfähigkeit des Unterhaltsschuldners berücksichtigt werden. Vielmehr muß der Abfindungsbetrag zuerst auf eine angemessene Zeit (in der Regel einige Jahre) verteilt werden. Erst dann kann beurteilt werden, ob und gegebenenfalls ab welchem Zeitpunkt sich die Einkommensverhältnisse des Unterhaltspflichtigen so geändert haben, daß eine Anpassung des Unterhalts an die geänderten Verhältnisse in Betracht kommt. Das kann möglicherweise schon mit dem Verlust des Arbeitsplatzes der Fall sein, wenn der bei der angemessenen Verteilung der Abfindung errechnete Anteil nicht ausreicht, um die Einbuße im Arbeitseinkommen voll auszugleichen.

b) Bedenken bestehen auch dagegen, daß das OLG die Abfindung dem verfügbaren Einkommen des Kl. aus Billigkeitsgründen in voller Höhe zugerechnet hat, obwohl der Arbeitgeber sie am 8. 3. 1984 zugunsten des Kl. und der Bekl. gemäß § 372 BGB beim AmtsG D. unter Rücknahmeverzicht hinterlegt hat, weil er die Empfangsberechtigung nicht mehr zu beurteilen vermochte, nachdem beide Parteien, die Bekl. aufgrund einer Lohnpfändung, Anspruch auf die volle Abfindungssumme erhoben hatten. Der Bekl. stand zum Zeitpunkt der Hinterlegung nach den Feststellungen des OLG rückständiger Unterhalt aus der Zeit vor dem 1. 2. 1984 nur i. H. von 13 119,91 DM zu. Selbst wenn der laufende Unterhalt für Februar und März 1984 (je 882 DM) hinzugerechnet wird, der vor der Hinterlegung fällig geworden war und dessen Zahlung nicht festgestellt ist, betrug die Forderung der Bekl. höchstens 14 883,91 DM. Bis zu dieser Höhe darf der Kl. in der Tat der Bekl. die Hinterlegung nicht entgegenhalten, weil er dadurch gegen Treu und Glauben (§ 242 BGB) verstoßen würde. Nach den Grundsätzen, die der Senat zur Berufung des Unterhaltspflichtigen auf eine von ihm selbst herbeigeführte Leistungsunfähigkeit entwickelt hat, darf dieser sich auf sein eigenes Verhalten jedenfalls dann nicht berufen, wenn es in besonderem Maße vorwerfbar ist, wobei sich eine solche Bewertung gerade aus einem Bezug zur Unterhaltspflicht ergibt (FamRZ 1985/158, 160, m. w. N.). Soweit der Kl. einen Unterhaltsrückstand gegenüber der Bekl. hat entstehen lassen, liegt ein solcher Bezug vor; er muß sich daher im Verhältnis zu ihr so behandeln lassen, als hätte er regelmäßig gezahlt und wäre der hinterlegte Betrag insoweit für ihn verfügbar, denn andernfalls würde er aus der vorangegangenen Nichterfüllung seiner Unterhaltspflicht ungerechtfertigt Vorteile ziehen. In Höhe der Differenz zwischen dem Rückstand und dem hinterlegten Betrag verweigert die Bekl. hingegen dem Kl. ohne Grund die Zustimmung zur Freigabe. Der Kl. braucht sich insoweit nicht so behandeln zu lassen, als ob er auch über diesen Teil der Abfindung frei verfügen könnte. Ohne Zustimmung der Bekl. könnte er seine Berechtigung nur durch eine rechtskräftige Entscheidung nachweisen (§ 13 II Nr. 2 HinterlO). Auf die Erhebung einer entsprechenden Klage kann die Bekl. den Kl. jedoch nicht verweisen; denn da sie selbst Schuldnerin des Anspruchs wäre, würde sie sich entgegen Treu und Glauben (§ 242 BGB) in Widerspruch zu ihrem eigenen Verhalten setzen (FamRZ 1986/434, 435).

BGH v. 11. 2. 87 – IVb ZR 15/86 – FamRZ 87, 572 = NJW 87, 1761

(Verhältnis von Nr. 7 zu Nr. 1 mit 6) R323

III 4) Die Revision vertritt die Auffassung, der festgestellte Sachverhalt rechtfertige eine Versagung oder Herabsetzung des Unterhaltsanspruchs jedenfalls gemäß § 1579 Nr. 7 BGB, da ein anderer Grund vorliege, der ebenso schwer wiege wie die in den Nummern 1 bis 6 aufgeführten. Denn selbst wenn der Ehefrau ihre Weigerung, die ehel. Lebensgemeinschaft nach den Vorschlägen des Ehemannes herzustellen, subjektiv nicht vorzuwerfen sei, bleibe die objektive Tatsache dieser Weigerung ein ausreichender Härtegrund. Dem kann nicht gefolgt werden. Es trifft allerdings zu, daß die Auffangregelung des § 1579 Nr. 7 BGB, die dem § 1579 I Nr. 4 BGB (a. F.) entspricht, allgemein eine unverhältnismäßige Belastung des Unterhaltspflichtigen vermeiden will und daher auch Platz greift, wenn allein objektive Gründe vorliegen, die eine Inanspruchnahme des Pflichtigen als unzumutbar erscheinen lassen (FamRZ 1985/ 51, 52 und FamRZ 1985/911, jew. m. w. N.). In den Fällen, in denen gemäß § 1579 Nr. 1 bis 6 BGB ein Härtegrund nur unter besonderen Voraussetzungen anerkannt wird, kann jedoch, wenn es an einem der dort genannten gesetzlichen Tatbestandsmerkmale fehlt, der gleiche Sachverhalt nicht nochmals als „anderer Grund" nach Nr. 7 berücksichtigt werden. So kann der Umstand, daß die Ehe der Parteien ohne Berücksichtigung der Zeit der Kindererziehung i. S. der Nr. 1 nur etwas über 18 Monate gedauert haben würde und die Parteien nur während einer zweiwöchigen Reise und an einigen Wochenenden tatsächlich zusammengelebt haben, nicht nach Nr. 7 als Härtegrund gewertet werden (FamRZ 1980/981, 983). Auch wenn die Weigerung der Ehefrau, dem vom Ehemann gewünschten Wohnsitz zuzustimmen, objektiv zum Scheitern der Ehe beigetragen hat, muß sie daher nach Nr. 7 außer Betracht bleiben, da sie der Ehefrau nach Nr. 6 nicht als offensichtlich schwerwiegendes Fehlverhalten vorzuwerfen ist. b

(Fehlverhalten ist bei der Billigkeitsabwägung nach § 1578 I 2 BGB nicht zu berücksichtigen)

IV) Die Revision hält eine neue tatrichterliche Würdigung im Hinblick auf die durch das UÄndG eingeführte Möglichkeit der zeitlichen Begrenzung des Unterhaltsanspruchs gemäß § 1573 V oder § 1578 I S. 2 BGB für geboten. Auch darin kann ihr nicht gefolgt werden. § 1573 V BGB greift schon deshalb nicht ein, weil – wie oben zu II dargelegt – der Unterhaltsanspruch der Ehefrau nicht auf § 1573 II BGB beruht. Nach § 1578 I S. 2 BGB kann die Unterhaltsbemessung nach den ehel. Lebensverhältnissen zeitlich begrenzt und danach auf den angemessenen Lebensbedarf abgestellt werden, soweit insbesondere unter Berücksichtigung der Dauer der Ehe sowie der Gestaltung von Haushaltsführung und Erwerbstätigkeit eine zeitlich unbegrenzte Bemessung nach § 1578 I S. 1 BGB unbillig wäre; dies gilt in der Regel nicht, wenn der Unterhaltsberechtigte nicht nur vorübergehend ein gemeinschaftliches Kind allein oder überwiegend betreut hat oder betreut. Da nach § 1578 I S. 3 BGB die Zeit der Kindesbetreuung der Ehedauer gleichsteht, wird diese voraussichtlich eine Länge erreichen, die eine zeitliche Begrenzung der Bemessung des Unterhalts nach den ehelichen Lebensverhältnissen ausschließt. Sollten Umstände eintreten, auf Grund derer diese Frage anders beurteilt werden müßte, wären sie durch Abänderungsklage geltend zu machen. Aus der Weigerung der Ehefrau, seinen Wünschen zur Neubestimmung eines Wohnsitzes zu folgen, kann der Ehemann im übrigen keinen Grund für eine zeitliche Begrenzung herleiten. Denn die Rechtsfolgen eines Fehlverhaltens des Unterhaltsberechtigten sind abschließend in § 1579 BGB geregelt; Fehlverhalten ist daher im Rahmen der Billigkeitsabwägung nach § 1578 I S. 2 BGB nicht relevant (FamRZ 86/886). c

(Kein Abzug von Tilgungskosten beim nachehelichen Unterhalt, weil vermögensbildende Aufwendungen)

V 2) Die Revision beanstandet weiter, daß das OLG auf seiten des Ehemannes monatl. Belastungen i. H. von 881 DM nicht einkommensmindernd berücksichtigt hat, die er für den Erwerb der Eigentumswohnung i. H. von 728 DM als Zins- und Tilgungsleistungen an eine Bausparkasse und mit weiteren 153 DM für Nebenkosten behauptet hat. Hierzu hat das OLG ausgeführt, i. H. von 500 bis 600 DM stehe der Belastung die Ersparnis einer andernfalls aufzubringenden Miete gegenüber; den übersteigenden Betrag könne der Ehemann nicht als Verbindlichkeit absetzen, weil es sich insoweit um den Tilgungsanteil und damit um Ausgaben zur Vermögensbildung handle, die der Unterhaltsverpflichtete nicht auf Kosten des Berechtigten betreiben dürfe. Diese Beurteilung läßt einen Rechtsfehler nicht er- e kennen. Sie steht im Einklang mit der Rechtsprechung des Senats, nach der die für die Finanzierung eines Eigenheims oder einer Eigentumswohnung laufend zu entrichtenden Zins- und Tilgungsleistungen nicht einkommensmindernd zu berücksichtigen sind, soweit sie im Rahmen normaler Lebenshaltungskosten dem Wohnbedarf entsprechen (FamRZ 1984, 358, 360). Die darüber hinaus zur Tilgung von Bauspardarlehen aufgewendeten Beträge haben als vermögensbildende Leistungen unterhaltsrechtlich grundsätzlich außer Betracht zu bleiben. Das OLG hat auch geprüft, ob hier ausnahmsweise eine Berücksichtigung aus Billigkeitsgründen angezeigt ist. Es hat dies indessen in tatrichterlicher Verantwortung verneint. Die Revision kann dem nicht erfolgreich mit einer abweichenden eigenen Würdigung entgegentreten. Zu Unrecht rügt sie, der Vortrag des Ehemannes sei übergangen, wonach ein Verkauf der Eigentumswohnung aus wirtschaftlichen Gründen ausscheide und eine Vermietung sich nicht rentiere. Das OLG hat vielmehr ausdrücklich der Auffassung des Ehemannes zugestimmt, eine Verwertung der Eigentumswohnung erscheine unzumutbar, und hat seine Billigkeitserwägungen unter dieser Prämisse angestellt.

BGH v. 11. 2. 87 – IVb ZR 20/86 – FamRZ 87, 459 = NJW 87, 1555

R324 *(Zur Frage der Berücksichtigungsfähigkeit späterer Einkommenssteigerungen bei der Bemessung des nachehelichen Unterhalts; keine Indexanpassung)*

c 3) Auf durchgreifende rechtliche Bedenken stößt indes, daß das OLG die Möglichkeit einer Beteiligung der Kl. an späteren Einkommensverbesserungen des Bekl. von vornherein ausgeschlossen und auf den nach den Verhältnissen zur Zeit der Scheidung geschuldeten Unterhalt lediglich einen Aufschlag entsprechend der Steigerung der allgemeinen Lebenshaltungskosten vorgenommen hat.

a) Das OLG ist, wie sich auch aus seinen Darlegungen zur Leistungsfähigkeit des Bekl. ergibt, davon ausgegangen, daß seine anrechenbaren Einkünfte vom Jahre 1984 an nicht unerheblich gestiegen sind. Es hat ferner – ohne freilich, von seinem Standpunkt aus folgerichtig, auf diese Frage näher einzugehen – für möglich gehalten, daß es sich dabei um zur Zeit der Scheidung (schon) „erwartete (oder erwartbare)" Einkommensverbesserungen handelt, ist jedoch mit der wiedergegebenen Begründung (s. o. I) der Auffassung, daß die Berücksichtigung solcher Einkommensverbesserungen bei der Bestimmung des Maßes des ehel. Unterhalts „regelmäßig, so auch hier", nicht gerechtfertigt sei (ebenso OLG Stuttgart, FamRZ 1985/491, 493). Indem es statt dessen eine Anpassung des für den Zeitpunkt der Scheidung errechneten Unterhalts nach der Entwicklung der allgemeinen Lebenshaltungskosten befürwortet, sucht es der „rechtspolitisch und menschlich nicht wünschenswerten Konsequenz" zu entgehen, „daß Menschen, deren personale Bindungen durch die Scheidung zerschnitten sind, wirtschaftlich u. U. ein Leben lang aneinander gekettet bleiben" (Luthin, FamRZ 1983/1236, 1237).

b) Der Senat hält demgegenüber an seiner ständigen Rechtsprechung fest, daß nach der Scheidung eintretende Einkommensverbesserungen bei der Bemessung des nachehel. Unterhalts zu berücksichtigen sind, wenn ihnen eine Entwicklung zugrunde liegt, die aus der Sicht zum Zeitpunkt der Scheidung mit hoher Wahrscheinlichkeit zu erwarten war, und diese Erwartung die ehel. Lebensverhältnisse bereits mitgeprägt hat (FamRZ 1979/692, 693; FamRZ 1982/684, 686; FamRZ 1982/895, 896; v. 27. 6. 1984 – IVb ZR 23/83 –, nicht veröffentlicht; FamRZ 1985/791, 793; FamRZ 1986/148 f.).

Er verkennt nicht, daß die Handhabung des OLG einen Teil der bei der Bemessung des nachehel. Unterhalts auftretenden Probleme vermeiden könnte. Sie würde aber andere Probleme nach sich ziehen. So wäre etwa zweifelhaft, was gelten soll, wenn die Lebenshaltungskosten stärker steigen als die Einkünfte des Verpflichteten oder diese gar fallen. Es wäre unbefriedigend, wenn der Verpflichtete auch in diesen Fällen bis an die Grenze seines sog. Selbsterhalts im Verhältnis zu dem Berechtigten für steigende Lebenshaltungskosten aufkommen müßte. Außerdem ist der Lebenshaltungskostenindex für die individuellen Verhältnisse des Berechtigten nur von begrenztem Aussagegehalt, da es sich um einen rein statistischen Wert handelt, in den Faktoren einfließen, die im Falle des einzelnen Berechtigten ohne Bedeutung sein können. Unabhängig von alledem muß sich die Lösung am Begriff der vom Gesetz zum Maßstab erhobenen „ehel. Lebensverhältnisse" (§ 1578 I S. 1 BGB) ausrichten. Insoweit aber legt bereits der Gedanke der nachehel. Solidarität, in dem das gesamte Recht des nachehel. Unterhalts seine eigentliche Rechtfertigung findet, die Auslegung nahe, daß der unterhaltsbedürftige Teil an Einkommensverbesserungen zu beteiligen ist, deren Grund in der Ehe gelegt worden ist und die sich zum Zeitpunkt der Ehescheidung bereits abzeichneten. Auch pflegen sich die Ehegatten auf hinreichend sichere Einkommensverbesserungen schon im vorhinein bei der Gestaltung ihrer Verhältnisse einzustellen und sie in ihre Entscheidungen einzubeziehen. In dieser Weise entfalten voraussehbare Einkommensverbesserungen schon bevor sie eingetreten sind eine die ehel. Lebensverhältnisse prägende Wirkung. Zu bedenken ist weiter, daß die „ehel. Lebensverhältnisse" mehr sind als die aktuellen Einkommensverhältnisse. Sie umfassen alles, was für den Lebensunterhalt der Ehegatten tatsächlich eine Rolle spielt. Dazu aber gehört auch die begründete Aussicht, daß sich die Lebensumstände in kalkulierbarer Weise künftig günstiger gestalten werden. Freilich ist, wie der Senat mehrfach betont hat, bei der Einbeziehung einer künftigen Entwicklung in die ehel. Lebensverhältnisse Zurückhaltung angezeigt. Daher muß eine Einkommensverbesserung, die zur Zeit der Scheidung noch im ungewissen lag, außer Betracht bleiben (FamRZ 85/791, 793). Entscheidend ist, ob sie zur Zeit der Scheidung derart wahrscheinlich war, daß die Ehegatten ihren Lebenszuschnitt vernünftigerweise bereits darauf einstellen konnten. Liegen diese Voraussetzungen aber vor, wird die Berücksichtigung einer solchen Einkommensverbesserung dem Maßstab des Gesetzes („ehel. Lebensverhältnisse“) besser gerecht als ein pauschales Abstellen lediglich auf den Lebenshaltungskostenindex. Ein Abgehen von der dargelegten Auffassung ist um so weniger veranlaßt, als das Gesetz nunmehr in § 1578 I S. 2 BGB (n. F.) die Möglichkeit eröffnet, die Bemessung des nachehel. Unterhalts nach den ehel. Lebensverhältnissen unter den in der Vorschrift genannten Voraussetzungen zeitlich zu begrenzen und danach auf den „angemessenen Unterhalt“ zurückzugehen. Damit steht ein Regulativ für diejenigen Fälle zur Verfügung, in denen eine unbefristete Beteiligung des geschiedenen Ehegatten an Einkommenssteigerungen auf seiten des Verpflichteten, mögen sie auch zur Zeit der Scheidung bereits abzusehen gewesen sein, nicht angemessen wäre.

c) Hiernach kann das Berufungsurteil mit seiner bisherigen Begründung keinen Bestand haben. Vielmehr kommt es für die Bemessung der Unterhaltsrente der Kl. darauf an, ob dem ab 1984 gestiegenen Einkommen des Bekl. eine Entwicklung zugrunde liegt, die nach den Verhältnissen zur Zeit der Scheidung mit hoher Wahrscheinlichkeit zu erwarten war und die ehel. Lebensverhältnisse bereits mitgeprägt hat. Dies ist ersichtlich der Fall. Die Einkünfte, die der Bekl. nach seiner mit Schriftsatz v. 29. 8. 1985 überreichten und von dem OLG zugrunde gelegten Aufstellung v. 20. 8. 1985 in den Jahren 1984 und 1985 bezogen hat, sind ihrer Art nach sämtlich den ehel. Lebensverhältnissen zuzurechnen. Das liegt auf der Hand, soweit der Bekl. wie schon zur Zeit der Ehescheidung eine Unfallrente, soweit er noch einige Monate Gehalt und soweit er i. J. 1984 Krankengeld erhalten hat, bei welchem es sich um Ersatz für Lohnausfall wegen Krankheit handelt (s. § 182 I Nr. 2, III, IV RVO). Auch soweit der Bekl. seit 1984 Renten der Landesversicherungsanstalt (LVA) einerseits und der Versorgungsanstalt der Deutschen Bundespost (VAP) andererseits bezieht, handelt es sich um Einkommen, das den ehel. Lebensverhältnissen zuzurechnen ist, weil die Grundlage des Rentenbezugs in der Ehezeit gelegt worden ist und mit diesen Bezügen schon zum Zeitpunkt der Scheidung zu rechnen war.

d) Unbeschadet dessen läßt der derzeitige Sach- und Streitstand eine abschließende Entscheidung nicht zu. Dem Berufungsurteil läßt sich, auch soweit darin auf die Aufstellung über die Bezüge des Bekl. v. 20. 8. 1985 Bezug genommen wird, nicht zuverlässig entnehmen, in welcher Höhe die VAP-Rente, die der Bekl. seit Januar 1984 bezieht, in die Berechnung des Unterhaltsbedarfs der Kl. einzustellen ist. Die Revisionserwiderung macht zu Recht geltend, daß es bei dieser Rente, wie das OLG in anderem Zusammenhang festgestellt hat, zwischen Januar 1984 und April 1985 zu einer Überzahlung von 5399,51 DM gekommen ist, die ab Juli 1985 mit monatl. Einbehaltungen von 163,70 DM ausgeglichen wird. Sowohl diese Überzahlung als auch die monatl. Einbehaltungen müssen bei der Bestimmung des eheangemessenen Bedarfs der Kl. außer Betracht bleiben, weil diese Vorgänge mit den ehel. Lebensverhältnissen, wie sie sich zum Zeitpunkt der Scheidung darstellten, nichts zu tun haben. Andererseits kann die Überzahlung zur Ermittlung des Betrages, der dem Bekl. als VAP-Rente tatsächlich zustand, nicht einfach auf die Zeit von Januar 1984 bis April 1985 umgelegt werden. Denn der Bekl. war ersichtlich, wohl weil er nach der von ihm vorgelegten Aufstellung zeitweise gleichzeitig Gehalt und Krankengeld bezogen hat, in unterschiedlicher Höhe rentenberechtigt, wie sich auch darin zeigt, daß die Beträge, die er seitens der VAP erhalten hat, erheblich schwankten (bis Juli 1984 monatlich 347 DM, bis November 1984 monatlich 719,10 DM, im Dezember 1984 682,79 DM, bis April 1985 monatlich 1852,52 DM). Auch für die Zeit ab Mai 1985 wird nicht klar, wie die von da an in der Aufstellung des Bekl. ausgewiesenen VAP-Zahlungen von 1486,19 DM im Mai und Juni 1985 und 1340,26 DM ab Juli 1985 zustande kommen. Es bedarf mithin der Klärung, in welcher Höhe dem Bekl. jeweils die VAP-Rente zustand. Erst auf dieser Grundlage läßt sich – unter Hinzurechnung der weiteren Bezüge des Bekl. – das Einkommen bestimmen, nach dem der Unterhaltsanspruch der Kl. unter Berücksichtigung ihres eigenen Renteneinkommens zu berechnen ist. Zur Nachholung der hiernach erforderlichen Feststellungen verweist der Senat den Rechtsstreit an das OLG zurück.

BGH v. 11. 2. 87 – IVb ZR 25/86 – FamRZ 87, 470 = NJW 87, 1557

(Pflicht, ein Studium zielstrebig und mit Fleiß zu betreiben; Abschluß innerhalb angemessener und üblicher Dauer; Anspruchsverlust bei Bummelstudium; Studienabbruch; Kontrollmöglichkeiten der Eltern nach § 242 BGB) R326

2 b) Wie der Senat bereits entschieden hat (FamRZ 1984/777, 778, m. w. N.), ist ein in Ausbildung stehender Unterhaltsberechtigter im Verhältnis zum Unterhaltsverpflichteten gehalten, seine Ausbildung mit dem gehörigen Fleiß und der gebotenen Zielstrebigkeit zu betreiben, damit er sie innerhalb angemessener und üblicher Dauer beenden kann. Ein Student hat grundsätzlich den für seinen Studiengang maßgeblichen Studienplan einzuhalten, wobei ihm lediglich ein gewisser Spielraum für einen eigenverantwortlichen Aufbau des Studiums zuzugestehen ist. Daß der Unterhaltsverpflichtete ein

„Bummelstudium" nicht zu finanzieren braucht, ergibt sich nach herrschender Ansicht daraus, daß Unterhaltsleistungen nach § 1610 II BGB zweckgebunden sind und nur insoweit geschuldet werden, als sie für eine angemessene Vorbildung zu einem Beruf erforderlich sind. Zwar hat der Unterhaltsverpflichtete nach Treu und Glauben (§ 242 BGB) Verzögerungen hinzunehmen, die auf ein vorübergehendes leichteres Versagen des Studenten zurückzuführen sind, zumal auch dessen Krankheit oder sonstige zwingende Umstände eine vorübergehende Unterbrechung des Studiums bedingen können. Wenn der Student aber nachhaltig seine Obliegenheit verletzt, dem Studium pflichtbewußt und zielstrebig nachzugehen, büßt er den Unterhaltsanspruch nach § 1610 II BGB ein und muß sich darauf verweisen lassen, seinen Lebensbedarf durch Erwerbstätigkeit selbst zu verdienen. Im vorliegenden Fall hat sich der Sohn des Bekl. nach den Feststellungen des OLG nicht wirklich um sein Studium gekümmert, sondern hat allenfalls in den ersten beiden Semestern einige Veranstaltungen besucht. Im dritten Semester ist er Studien überhaupt nicht mehr nachgegangen. Damit liegt offensichtlich eine nachhaltige Verletzung der Obliegenheit zum Betreiben der Ausbildung vor, in jedem Falle ab dem 21. 7. 1982. Dieser Zeitpunkt liegt kurz vor dem Ende des zweiten Semesters, in dem er insgesamt seinem Studium nicht ordnungsgemäß nachgegangen ist. Daß er in den anschließenden Semesterferien, die dem eindeutig „verbummelten" dritten Semester vorausgingen, noch studiert hätte, ist eine fernliegende Annahme; dafür ist auch nichts vorgetragen. Ein Unterhaltsanspruch nach § 1610 II BGB, der auf den Kl. hätte übergehen können, ist somit für den noch strittigen Zeitraum nicht begründet. Soweit die Revision geltend macht, nach dem Einschlagen des Studiums sei der Sohn des Bekl. erst nach und nach zu der Erkenntnis gelangt, daß dieses sich nicht für ihn eigne, und meint, daß ihm vor dem Studienabbruch eine angemessene Spanne als Überlegungs- und Erfahrungszeit zugestanden habe, steht dies nicht mit der Feststellung des OLG in Einklang, er habe sich nicht ernsthaft um sein Studium gekümmert. Zweckentsprechende Erfahrungen in diesem Sinne können im allgemeinen auch nur gewonnen werden, wenn jedenfalls zunächst die nach dem Studienplan vorgesehenen Vorlesungen besucht werden. Im übrigen wird es regelmäßig mit den schutzwürdigen Belangen des Unterhaltsverpflichteten unvereinbar sein, einem Studenten vor dem Abbruch des eingeschlagenen Studiums wegen mangelnder Eignung eine „Überlegungs- und Erfahrungszeit" von insgesamt drei Semestern zuzugestehen. Der vorliegende Fall nötigt jedoch nicht zu einer abschließenden Stellungnahme zu dieser Frage, weil die Feststellungen des OLG den Schluß rechtfertigen, daß der Sohn des Bekl. am 21. 7. 1982 einen Studienwillen bereits endgültig aufgegeben hatte.

3. Die Erwägung der Revision, ohne das Eintreten des Kl. mit Förderungsleistungen und den dadurch bewirkten zeitlichen Aufschub der Klärung der Unterhaltsfrage hätte der Bekl. die Untätigkeit seines Sohnes nicht erkennen und sie dessen Unterhaltsforderungen nicht entgegensetzen können, rechtfertigt es nicht, den diesbezüglichen Einwand des Bekl. abzuschneiden. Die naturgemäß generalisierende Handhabung der staatlichen Ausbildungsförderung ist kein hinreichender Grund, im Unterhaltsprozeß der Entscheidung einen nur gedachten und nicht festgestellten Sachverhalt zugrunde zu legen (FamRZ 1977, 629, 630, zum Verhältnis der Ausbildungsförderung zum materiell-rechtlichen Unterhaltsanspruch). Der Gesetzgeber hat für den Rückgriff auf unterhaltspflichtige Eltern keinen besonderen Erstattungsanspruch geschaffen, sondern sich für den Rechtsübergang des materiell-rechtlichen Unterhaltsanspruches entschieden, der nach allgemeinen Grundsätzen zu beurteilen ist. Im übrigen ist nicht auszuschließen, daß der Bekl. bei unmittelbarer Inanspruchnahme auf Unterhalt durch seinen Sohn mit Erfolg von den ihm nach § 242 BGB zustehenden Kontrollmöglichkeiten Gebrauch gemacht hätte und es daraufhin jedenfalls für die hier noch strittige Zeit nicht zu Unterhaltsleistungen über die freiwilligen Zahlungen von monatlich 230/300 DM hinaus gekommen wäre.

BGH v. 25. 2. 87 – IVb ZR 28/86 – FamRZ 87, 930 = NJW-RR 87, 706

R328 *(Wer verantwortungslos oder zumindest leichtfertig seine Leistungsunfähigkeit oder eine beschränkte Leistungsfähigkeit herbeiführt, darf sich nach Treu und Glauben hierauf nicht berufen. Berufswechsel, weitere Ausbildung, Verselbständigung ohne vorherige Sicherstellung der Leistungsfähigkeit durch Rücklagenbildung oder Kreditaufnahme; Zumutbarkeitsabwägung)*

b II 2 b) Nach § 1603 I BGB besteht eine Unterhaltspflicht nicht, wenn der an sich Verpflichtete bei Berücksichtigung seiner sonstigen Belastungen außerstande ist, ohne Gefährdung seines eigenen angemessenen Unterhalts den Unterhalt zu gewähren. Hierauf beruft sich der Bekl. mit der Behauptung, seine i. J. 1977 erhaltene Übergangsbeihilfe sei längst für seinen und den Unterhalt des Kl. verbraucht, auch von den Übergangsgebührnissen und den BAföG-Beträgen sei seit geraumer Zeit nichts mehr vorhanden; die Referendarbezüge von monatlich 1298,50 DM benötige er für den eigenen dringenden Lebensbedarf. Wie der Senat in dem Urteil v. 26. 9. 1984 (FamRZ 1985/158) näher ausgeführt hat, ist die tatsächlich bestehende Leistungsunfähigkeit eines Unterhaltspflichtigen, auch wenn er sie selbst herbeigeführt hat, grundsätzlich zu beachten, und nur schwerwiegende Gründe sind geeignet, ihm – sowohl im Verhältnis zu seinem Ehegatten als auch gegenüber verwandten Unterhaltsberechtigten – nach den Grundsätzen von Treu und Glauben die Berufung auf seine Leistungsunfähigkeit zu verwehren. Ein Verstoß gegen Treu und Glauben, der dazu führen kann, daß der Unterhaltsverpflichtete sich trotz Leistungsunfähigkeit oder beschränkter Leistungsfähigkeit weiter als (voll) leistungsfähig behandeln lassen muß, kommt im allgemeinen nur in Betracht, wenn dem Pflichtigen ein verantwortungsloses, zumindest leichtfertiges Verhalten zur Last zu legen ist. Ob das der Fall ist, kann sich insbesondere aus dem Bezug seines Verhaltens zu der Unterhaltspflicht ergeben (FamRZ 1987/372). Als Beispiele unterhaltsrechtlich treuwidrigen – und deshalb im Verhältnis zu dem Unterhaltsberechtigten unbeachtlichen – Verhaltens in diesem Sinn sind etwa die Fälle einzuordnen, in denen ein Unterhaltspflichtiger (Ehegatte oder Elternteil) nach Abschluß einer Berufsausbildung oder Ausübung eines erlernten Berufs eine weitere Ausbildung (Berufsaufbauschule, Hochschule) auf sich nahm, ohne daß der Unterhalt seiner Angehörigen gesichert war. Soweit der Unterhaltsschuldner in diesen Fällen Erwerbsmöglichkeiten in seinem erlernten Beruf hatte, die ihm – gegebenenfalls nach einem zumutbaren Ortswechsel – eine ausreichende Lebensgrundlage boten, hat ihm der Senat die Berufung auf die selbst herbeigeführte Leistungsunfähigkeit nach den Grundsätzen von Treu und Glauben versagt und ihn weiterhin als unterhaltsrechtlich leistungsfähig behandelt (FamRZ 1980/1113, 1114). In Fällen, in denen ein Unterhaltspflichtiger seine Anstellung aufgab, um sich selbständig zu machen, hat der Senat unter demselben rechtlichen Gesichtspunkt gefordert, der Verpflichtete müsse, bevor er diesen Plan ins Werk setze, zunächst in geeigneter Weise, etwa durch Aufnahme eines Kredits oder Bildung von Rücklagen, sicherstellen, daß er seine Unterhaltspflicht jedenfalls vorerst auch bei geringeren Einkünften weiter erfüllen könne (FamRZ 1982/365, 366; FamRZ 1987/372). Maßgebender Gedanke war hierbei stets die Forderung, daß ein Unterhaltspflichtiger, jedenfalls im Verhältnis zu seinen unverheirateten minderjährigen Kindern und dem diesen im Rang gleichstehenden Ehegatten, seine Arbeitskraft so gut wie möglich einsetzen und sich Einkünfte anrechnen lassen muß, die er bei gutem Willen durch zumutbare Erwerbstätigkeit erreichen könnte (FamRZ 1981/539, 540; v. 15. 6. 1983 – IVb ZR 381/81). Dieser Obliegenheit hat der Unterhaltsschuldner bei seinen beruflichen Dispositionen, gegebenenfalls schon bei einer ersten Berufswahl oder auch einem späteren Berufswechsel, in angemessener Weise Rechnung zu tragen (FamRZ 1983/140f.). Setzt er sich leichtfertig hierüber hinweg und trifft er ohne Rücksicht auf seine bestehenden Unterhaltsverpflichtungen eigennützig eine berufliche Entscheidung, die ihn auf längere Sicht unterhaltsrechtlich leistungsunfähig macht, dann kann ein derartiges verantwortungsloses Verhalten dazu führen, daß ihm die Berufung auf die Leistungsfähigkeit nach Treu und Glauben verwehrt ist. Das ist jedoch bei dem Bekl. nicht der Fall.

Als er sich im Oktober 1977 nach seinem Ausscheiden aus der Bundeswehr entschloß, ein Hochschulstudium zu ergreifen, setzte er sich damit nach dem Scheitern seines Versuchs, in die gehobene Finanzverwaltung übernommen zu werden, nicht in einen unverantwortlichen Widerspruch zu den Interessen des seinerzeit erst 12jährigen Kl. Er konnte damit rechnen, daß er den vereinbarten Kindesunterhalt während der drei ersten Studienjahre aus den monatlichen Übergangsgebührnissen und in den folgenden Jahren bis zum Eintritt der Volljährigkeit des Kl., notfalls noch für eine gewisse Zeit darüber hinaus (FamRZ 1987/372), unter teilweisem Einsatz der Übergangsbeihilfe würde bestreiten können, wobei er allerdings in Erwägung ziehen mußte, unter Umständen in den Semesterferien arbeiten zu müssen, um seinen eigenen restlichen Lebensbedarf sicherzustellen. Anders als in den oben erwähnten Fällen, in denen der Unterhaltspflichtige nach Abschluß einer (ersten) Berufsausbildung eine (weitere) Ausbildung auf sich genommen hatte, stand der Bekl. im Herbst 1977 nach seinem Ausscheiden aus der Bundeswehr erstmals vor der Wahl eines Berufs für das Zivilleben. Da seine Bemühungen um eine Aufnahme in den gehobenen öffentlichen Dienst bei mehreren Verwaltungen gescheitert waren, war er in seinem eigenen wirtschaftlichen Interesse, auch im Hinblick auf eine etwaige spätere unterhaltsrechtliche Leistungsfähigkeit, genötigt, eine seinen Fähigkeiten, seiner Begabung und seinen Neigungen entsprechende andere Berufswahl zu treffen. Wenn er sich in dieser Lage entschloß, das Studium für das Lehramt an höheren Schulen (unter Umständen für die Tätigkeit an einer Berufsschule) zu beginnen, nachdem er bereits 1964 ein Studium an einer Ingenieurschule angestrebt hatte, gereicht ihm dies unterhaltsrechtlich nicht zum Vorwurf, da das Studium, wie die bisherige Entwicklung gezeigt hat, seinen Fähigkeiten entsprach. Der Bekl. hatte noch keinen zivilen Beruf erlernt, der ihm nach Beendigung des Wehrdienstes ausreichende Erwerbsmöglichkeiten gesichert hätte. Da er nur dem Kl. gegenüber unterhaltspflichtig war, brauchte er bei seiner Berufswahl zumutbarerweise nur diese Verpflichtung in Rechnung zu stellen. Diese konnte er, wie oben näher dargelegt, aus den ihm zur Verfügung stehenden Übergangsgebührnissen und der Übergangsbeihilfe jedenfalls bis zur Volljährigkeit des Kl. erfüllen. Das OLG gibt in diesem Zusammenhang zu bedenken, der Bekl. habe zu Beginn seines Studiums nicht damit rechnen können, daß der Kl. bei Erreichen der Volljährigkeit seine Berufsausbildung bereits abgeschlossen haben würde. Das trifft grundsätzlich zu. Gleichwohl führt diese Überlegung unter den hier gegebenen Umständen nicht dazu, daß sich der Bekl. seinen i. J. 1977 gefaßten Entschluß, ein Hochschulstudium aufzunehmen – statt einen Arbeitsplatz zu suchen, der seinem Dienstrang bei der Bundeswehr entsprach – als unterhaltsrechtlich verantwortungsloses, treuwidriges Verhalten entgegenhalten lassen müßte. Der Bekl. war bei seiner ersten zivilen Berufswahl berechtigt, seinen Interessen, Fähigkeiten und Neigungen insoweit Rechnung zu tragen, als sie sich mit seiner gesteigerten Unterhaltspflicht gegenüber dem damals minderjährigen Kl. nach § 1603 II BGB in Einklang bringen ließen. Wenn die eingeschlagene Ausbildung später dazu führte, daß er zeitweise nur nach Maßgabe einer eingeschränkten Leistungsfähigkeit zu Unterhaltsbeiträgen für den dann volljährigen Kl. herangezogen werden konnte, mußte der Kl. dies hinnehmen, zumal die Ausbildung des Bekl. auf Dauer die Aussicht auf eine gesteigerte Leistungsfähigkeit eröffnete. Daß sich die Berufspläne des Kl. wegen des im November 1983 erlittenen Unfalles zunächst nicht, wie vorgesehen, verwirklichen lassen würden, konnte der Bekl. bei seiner Ausbildungswahl i.J. 1977 nicht vorhersehen; die eingetretene Entwicklung gereicht ihm daher aus unterhaltsrechtlicher Sicht nicht – nachträglich – zum Vorwurf. Ein Abbruch des Studiums mit Rücksicht auf den Unfall des Kl. – etwa Ende 1983/Anfang 1984 – war dem Bekl. nach dem damaligen Stand seiner Ausbildung nicht zumutbar (FamRZ 83/140), zumal nicht ersichtlich ist, welche Erwerbsmöglichkeiten er in diesem Fall ohne abgeschlossene Berufsausbildung gehabt haben könnte.

c) Der Bekl. ist mithin entgegen der Auffassung des OLG nicht so zu behandeln, als ob er ein fiktives Einkommen von monatlich rund 1700 bis 1900 DM erzielte. Seine Unterhaltspflicht für die Zeit ab Januar 1984 bemißt sich vielmehr nach seiner tatsächlichen Leistungsfähigkeit. Zu dieser hat das OLG – von seinem Standpunkt aus folgerichtig – bisher keine ausreichenden Feststellungen getroffen.

BGH v. 25. 2. 87 – IVb ZR 36/86 – FamRZ 87, 456 = NJW 87, 1551

R329 *(Arbeitslosenhilfe, die einem unterhaltsbedürftigen geschiedenen Ehegatten gewährt wird, gehört grundsätzlich nicht zu den Einkünften i. S. von § 1577 I BGB)*

a 3 a) Zu Recht wendet sich die Revision dagegen, daß das OLG die Arbeitslosenhilfe, welche die Bekl. in der Zeit vom 5. 3. bis 30. 9. 1985 bezogen hat, zu ihren Einkünften i. S. von § 1577 I BGB gerechnet hat. Allerdings hat Arbeitslosenhilfe, ebenso wie Arbeitslosengeld, eine Lohnersatzfunktion (vgl. BGH, NJW 1984/1811, 1812, 1813). Demgemäß ist anerkannt, daß sie auf seiten des Unterhaltspflichtigen als Einkommen zu berücksichtigen ist (vgl. BSG, FamRZ 1985/379, 380). Andererseits ist Arbeitslosenhilfe eine Sozialleistung, für die der Grundsatz der Subsidiarität gilt (§§ 134 I Nr. 3, 137 I, 138 I Arbeitsförderungsgesetz [AFG]). Zu den Leistungen Dritter, die hier angerechnet werden, gehören insbesondere auch solche, die der Arbeitslose von seinem geschiedenen Ehegatten als Unterhalt beanspruchen kann. Kann der Arbeitslose seine bestehenden Ansprüche (noch) nicht durchsetzen, bietet § 140 I AFG dem Arbeitsamt die Möglichkeit, dem Arbeitslosen zur Vermeidung von Härten Arbeitslosenhilfe zu zahlen. Nach § 140 I S. 2 AFG hat das Arbeitsamt die Gewährung der Arbeitslosenhilfe dem Leistungspflichtigen unverzüglich anzuzeigen. Die Anzeige bewirkt, daß der Anspruch des Arbeitslosen gegen den Leistungspflichtigen in Höhe der an Arbeitslosenhilfe erbrachten Leistungen auf den Bund übergeht (§ 140 I S. 3 AFG). Nach der Rechtsprechung des BGH stellen die einem Unterhaltsberechtigten gewährten Sozialleistungen keine Einkünfte dar, die seine Unterhaltsbedürftigkeit mindern, wenn die Leistungen nur subsidiär gewährt werden und Vorleistungen nach Überleitung des entsprechenden Unterhaltsanspruchs vom Unterhaltsverpflichteten zurückgefordert werden können (FamRZ 1980/126, 128; FamRZ 1982/587, FamRZ 1979/211, 212 ff., FamRZ 1979/470, 471, FamRZ 1986/889). Hiernach hat auch die Arbeitslosenhilfe, die einem Unterhaltsbedürftigen geleistet wird, auf dessen Unterhaltsanspruch grundsätzlich keinen Einfluß; sie mindert seine Bedürftigkeit im Verhältnis zum Unterhaltspflichtigen nicht und gehört nicht zu den Einkünften i. S. von § 1577 I BGB. In Einschränkung dieses Grundsatzes wird in der Rechtspraxis verschiedentlich der Standpunkt vertreten, daß die Arbeitslosenhilfe dann als Einkommen des Unterhaltsberechtigten zu berücksichtigen sei, wenn das Arbeitsamt den Unterhaltsanspruch nicht auf den Bund überleite. Inwieweit dem zu folgen ist, braucht hier nicht näher erörtert zu werden (zur Beurteilung dieser Frage bei Gewährung von Sozialhilfe, FamRZ 1984, 364, 366, sowie FamRZ 1985, 1245). Auch wenn jener Standpunkt zu teilen und mithin dem OLG darin zuzustimmen wäre, daß die Arbeitslosenhilfe der Bekl. als bedürftigkeitsminderndes Einkommen zu berücksichtigen sei, falls das Arbeitsamt den Unterhaltsanspruch nicht nach § 140 AFG auf den Bund überleite, kann die Beurteilung des OLG hier doch keinen Bestand haben. Da nicht davon ausgegangen werden kann, daß das Unterbleiben einer Anspruchsüberleitung in der Praxis die Regel ist, rügt die Revision zu Recht, daß das OLG nicht ohne entsprechenden Sachvortrag der Parteien davon ausgehen durfte, das Arbeitsamt habe hier von einer Überleitung des Unterhaltsanspruchs abgesehen. Außerdem durfte das Gericht, nachdem die Frage der Anrechnung der Arbeitslosenhilfe im Rechtsstreit von keiner Seite angesprochen worden war, nicht ohne entsprechenden vorherigen Hinweis die Arbeitslosenhilfe als bedürftigkeitsminderndes Einkommen i. S. von § 1577 I BGB berücksichtigen. Hiernach ist für die materiell-rechtliche Beurteilung in der Revisionsinstanz davon auszugehen, daß der von der Revision angekündigte Sachvortrag bewiesen worden wäre und der Unterhaltsanspruch der Bekl. gegen den Kl. auf den Bund übergeleitet worden ist, so daß die Arbeitslosenhilfe nicht als Einkommen berücksichtigt werden durfte.

(Bei der Bemessung des Unterhalts eines geschiedenen Ehegatten nach einer Quote vom Einkommen des Unterhaltspflichtigen ist ein Vorwegabzug des Kindesunterhalts nur dann rechtlich bedenkenfrei, wenn es um den Unterhalt für ein gemeinschaftliches Kind der Ehegatten oder für ein Kind des Unterhaltspflichtigen geht, für das er bereits während der Ehe aufzukommen hatte, so daß bereits die ehelichen Lebensverhältnisse durch diese Unterhaltsverpflichtung mit geprägt wurden)

3 b) Ein weiteres durchgreifendes Bedenken gegen die Berechnung des Unterhaltsanspruchs durch das OLG ergibt sich aus dem Vorwegabzug des Kindesunterhalts. Dieses Bedenken besteht nicht nur insoweit, als von dem Nettoeinkommen des Kl. mehr als der Tabellensatz der untersten Einkommensgruppe als Mindestbedarfssatz abgezogen worden ist, sondern gegen den Vorwegabzug überhaupt. Ein derartiger Vorwegabzug des Kindesunterhalts, wie er in der Rechtspraxis bei der Bemessung des Ehegattenunterhalts nach einer Quote vom Einkommen des Unterhaltspflichtigen oder von der Differenz der beiderseitigen Einkünfte üblich ist, ist nur dann rechtlich bedenkenfrei, wenn es um den Unterhalt für ein gemeinschaftliches Kind der Ehegatten oder für ein Kind des Unterhaltspflichtigen geht, für das er bereits während der Ehe aufzukommen hatte, so daß bereits die ehel. Lebensverhältnisse durch diese Unterhaltsverpflichtung mit geprägt wurden. Da der geschiedene Ehegatte nach § 1578 I S. 1 BGB Anspruch auf einen den ehel. Lebensverhältnissen entsprechenden Unterhalt hat, ist es in derartigen Fällen gerechtfertigt und grundsätzlich sogar geboten, bei der Unterhaltsbemessung entsprechende Vorwegabzüge vom Einkommen des Verpflichteten zu machen, soweit die sich daraus ergebende Verteilung der zum Unterhalt von Ehegatten und Kindern zur Verfügung stehenden Mittel nicht in einem Mißverhältnis zum wechselseitigen Lebensbedarf der Beteiligten steht. Das hat der Senat selbst für den Fall entschieden, daß der Unterhalt an volljährige Kinder zu entrichten ist (FamRZ 1981/241, 242; FamRZ 1984/151, 153; FamRZ 1985/912, 916). Derselbe aus § 1578 I S. 1 BGB abgeleitete Sachgrund steht einem Vorwegabzug des Kindesunterhalts jedoch entgegen, wenn der Verpflichtete den Unterhalt für ein Kind zu entrichten hat, das, wie im vorliegenden Fall, aus einer späteren Ehe hervorgegangen ist. Hier liefe der Vorwegabzug des Kindesunterhalts von dem Einkommen des Unterhaltspflichtigen auf eine Schmälerung des Unterhaltsanspruchs des geschiedenen Ehegatten hinaus, die dieser als mit dem minderjährigen Kinde gleichrangiger Unterhaltsberechtigter (FamRZ 1983/678, 680) nicht hinzunehmen braucht. Das gilt grundsätzlich selbst dann, wenn der Unterhaltspflichtige nur beschränkt leistungsfähig ist; denn auch hier ist die Konkurrenz der Ansprüche nicht im Wege des Vorwegabzuges des Kindesunterhalts, sondern dadurch zu regeln, daß der Betrag, der nach Abzug des Selbstbehalts des Unterhaltspflichtigen für die Unterhaltsberechtigten verbleibt, zwischen ihnen unter Berücksichtigung der Rangverhältnisse nach dem Verhältnis der Bedarfsbeträge aufzuteilen ist (FamRZ 1986/48, 50, zur Bemessung der Unterhaltsansprüche gleichrangiger – volljähriger – Kinder in einem Mangelfall). b

BGH v. 25. 3. 87 – IVb ZR 32/86 – FamRZ 87, 684 = NJW 87, 2229

(Zum Einsatzzeitpunkt bei Unterhalt wegen Krankheit) **R331**

I 2) Die Feststellung des OLG, daß die Kl. (jedenfalls) seit dem 5. 6. 1985 infolge ihrer Leiden völlig erwerbsunfähig ist, trägt für die Zeit seitdem seine Beurteilung, daß sie von dem Bekl. ihren vollen eheangemessenen Unterhalt verlangen kann. Dieser Anspruch ergibt sich – ebenso wie der ihr im Vorprozeß zuerkannte – aus § 1572 BGB. a

a) Allerdings setzt diese Vorschrift voraus, daß die Erwerbsfähigkeit des Unterhalt begehrenden Ehegatten von bestimmten Einsatzzeitpunkten an durch Krankheit beeinträchtigt worden ist. Im Falle der Kl. kommt insoweit allein der Zeitpunkt der Scheidung in Betracht, also der 21. 7. 1983, während der Eintritt ihrer völligen Erwerbsunfähigkeit erst für den 6. 6. 1985, die wesentliche Verschlechterung ihres Gesundheitszustandes für keinen früheren Zeitpunkt als Anfang Januar 1985 festgestellt ist. Trotzdem sind die (weitere) Herabsetzung und der völlige Ausschluß ihrer Erwerbsfähigkeit, die für diese Zeitpunkte festgestellt sind, noch dem Einsatzzeitpunkt der Ehescheidung zuzurechnen. Nach den Feststellungen des OLG leidet die Kl. unter Abnutzungserscheinungen beider Hüftgelenke, der Wirbelsäule und des rechten Kniegelenkes, allergischer Bronchitis, Kreislauf- und Herzrhythmusstörungen sowie ausgeprägten nervösen und depressiven Erschöpfungszuständen. Derartige Leiden lagen bereits der Feststellung des OLG im Berufungsurteil v. 6. 6. 1983 zugrunde, die Kl. sei nur zu einer halbtägigen Erwerbstätigkeit in der Lage. Denn in dem im Vorprozeß eingeholten ärztlichen Gutachten v. 31. 3. 1983, auf das sich das Urteil v. 6. 6. 1983 stützt, ist eine orthostatisch bedingte Kreislaufregulationsstörung festgestellt und zusammenfassend ausgeführt worden, bei der Kl. handele es sich um eine körperlich und psychisch verringert belastbare Persönlichkeit mit Neigung zu depressiven Reaktionen. Ferner ist auf ärztliche Atteste hingewiesen worden, die ihr u. a. rezidivierende Bronchitiden und wirbelsäulenbedingte Beschwerden bescheinigen. Die Feststellungen des OLG ergeben daher, daß eine Verschlimmerung im wesentlichen derselben Leiden, deretwegen die Kl. bereits im Zeitpunkt der Scheidung teilweise erwerbsunfähig war, zu dem für das Jahr 1985 festgestellten weitergehenden und schließlich völligen Ausschluß ihrer Erwerbsfähigkeit geführt hat. Jedenfalls unter solchen Umständen ist den zeitlichen Voraussetzungen des § 1572 BGB genügt, so daß die Kl., soweit sie bedürftig ist, nach dieser Vorschrift seit dem Eintritt ihrer völligen Erwerbsunfähigkeit Anspruch auf den vollen eheangemessenen Unterhalt hat (OLG Stuttgart, FamRZ 1983/501, 503).

(Hat ein unterhaltsberechtigter geschiedener Ehegatte in der Vergangenheit Vorsorgeunterhalt nicht bestimmungsgemäß verwendet, so berührt dies seinen Unterhaltsanspruch nur unter den Voraussetzungen des § 1579 Nr. 3 BGB (mutwillige Herbeiführung der Bedürftigkeit). Geltendmachung durch Abänderungsklage; Vorrang des Elementarunterhalts im Mangelfall.)

b I 2c) Der Anspruch der Kl. auf Elementarunterhalt wird nicht dadurch berührt, daß sie in der Vergangenheit Vorsorgeunterhalt bestimmungswidrig für ihren laufenden Bedarf verwandt hat.

aa) Nach der ständigen Rechtsprechung des Senats ist der Vorsorgeunterhalt gemäß § 1578 III BGB ein zweckgebundener, im Urteil besonders auszuweisender – Bestandteil des nachehelichen Unterhalts, den der Berechtigte für eine entsprechende Versicherung zu verwenden hat (FamRZ 1981/442, 445 und FamRZ 1982/887, 890). In seinem Urteil v. 6. 10. 1982 (FamRZ 1982, 1187, 1189) hat der Senat beiläufig ausgesprochen, der Unterhaltsgläubiger sei bei zweckwidriger Verwendung der als Vorsorgeunterhalt geleisteten Beträge später so zu behandeln, als hätten diese zu einer entsprechenden Versicherung geführt. Das Vorbringen des Bekl., das auf diesem Gedanken aufbaut, geht stillschweigend davon aus, daß die Kl. die als Vorsorgeunterhalt erhaltenen Beträge von monatl. 145 DM bei der BfA zur Aufstockung ihrer aus dem VersAusgl erlangten Rentenanwartschaften habe einzahlen müssen. Dabei wird aber das dem Unterhaltsberechtigten grundsätzlich zustehende Recht übersehen, die Art und Weise seiner Vorsorge selbst zu wählen. Es mag sein, daß im vorliegenden Fall die Entrichtung freiwilliger Beiträge an die BfA die wirtschaftlich sinnvollste Form der Vorsorge war. Diese war der Kl. jedoch nicht vorgeschrieben, sondern auch der Abschluß einer privaten Rentenversicherung wäre in Betracht gekommen und hätte nicht außerhalb der unterhaltsrechtlichen Zweckbindung gelegen (FamRZ 1983/152, 153f. und FamRZ 82/1187, 1189). Hätte die Kl. die Beträge für eine private Rentenversicherung verwendet, die – in Anbetracht der verhältnismäßig geringen Höhe der Beiträge – nur das Altersrisiko und nicht auch das Risiko der Berufs- oder Erwerbsunfähigkeit abgedeckt hätte, könnte ihr daher eine Obliegenheitsverletzung nicht vorgeworfen werden. Schon diese Überlegung zeigt, daß das Vorbringen des Bekl. nicht schlüssig ist. Ob die Kl. bei Einzahlung der Vorsorgeunterhaltsbeträge bei der BfA einen Invaliditätsschutz hätte erreichen können, kann dahingestellt bleiben, weil sie auch auf andere Weise dem Gebot bestimmungsgemäßer Verwendung hätte Rechnung tragen können, ohne bereits im gegenwärtigen Zeitpunkt einen Rentenanspruch zu erwerben.

bb) Weiterhin kann hier die Vorschrift des § 1579 Nr. 3 BGB nicht außer Betracht bleiben, die – wie der Senat bereits mehrfach entschieden hat – in ihrem Regelungsbereich den Rückgriff auf allgemeine Grundsätze ausschließt (FamRZ 1986/560, 562, m. w. N.). Die Vorschrift sieht eine Sanktion für den Fall vor, daß die gegenwärtige Bedürftigkeit des Unterhaltsberechtigten ganz oder teilweise durch ein eigenes Verhalten in der Vergangenheit herbeigeführt worden ist. Sie hat auf der anderen Seite Schutzwirkung insoweit, als das frühere Verhalten des Unterhaltsberechtigten keine Auswirkung auf seinen Unterhaltsanspruch haben soll, wenn ihm Mutwilligkeit nicht vorgeworfen werden kann. In seinem Urteil v. 18. 5. 1983 (FamRZ 1983/803, 804) hat der Senat bereits die rechtsähnliche Vorschrift des § 65 EheG in einem Fall herangezogen, in dem das OLG einem nach altem Recht geschiedenen Ehegatten, der es unterlassen hatte, durch zumutbare Arbeit Anwartschaften der gesetzlichen Rentenversicherung zu begründen, ein fiktives Renteneinkommen zugerechnet hatte. § 1579 Nr. 3 BGB ist auch anwendbar, wenn Vorsorgeunterhalt nicht zweckentsprechend verwendet worden ist. Gerade der vorliegende Fall, in dem die Kl. sich in einer Notlage befunden hat, macht deutlich, daß es nicht sachgerecht wäre, einen Unterhaltsberechtigten, der Vorsorgeunterhalt bestimmungswidrig verwandt hat, ohne Rücksicht auf den Grad der Vorwerfbarkeit so zu behandeln, als habe er eine Versorgung erlangt. Die Sperrwirkung des § 1579 Nr. 3 BGB ist geeignet, in derartigen Fällen unbillige Ergebnisse zu vermeiden.

Das OLG hat eine Prüfung unter diesem rechtlichen Gesichtspunkt nicht vorgenommen. Da weitere Feststellungen nicht erforderlich sind, ist der Senat insoweit zu einer eigenen Beurteilung in der Lage und verneint unter den besonderen Umständen des vorliegenden Falles ein mutwilliges Verhalten der Bekl. Ein solches würde mindestens eine unterhaltsbezogene Leichtfertigkeit voraussetzen, die vorliegt, wenn sich der Unterhaltsberechtigte unter grober Nichtachtung dessen, was jedem einleuchten muß, oder in Verantwortungs- und Rücksichtslosigkeit gegen den Unterhaltsverpflichteten über die erkannte Möglichkeit nachteiliger Folgen für seine Bedürftigkeit hinweggesetzt hat (FamRZ 1984/364, 367, m. w. N.). Wie dem Sinnzusammenhang der Gründe des angefochtenen Urteils zu entnehmen ist, ist das OLG – von der Revision unangegriffen – davon ausgegangen, daß sich die Kl. nach dem Erlaß des Urteils v. 6. 6. 1983 in einer Notsituation befunden hat, weil sie trotz hinreichender Bemühungen keinen geeigneten Arbeitsplatz hat finden können. Außerdem hat sich ihr Gesundheitszustand mehr und mehr verschlechtert, bis spätestens am 5. 6. 1985 die volle Erwerbsunfähigkeit eingetreten ist. Sie hatte in dieser Zeit tatsächlich keine weiteren Einkünfte für ihren Lebensunterhalt zur Verfügung als die vom Bekl. bezahlten insgesamt 747 DM pro Monat. Bei derartigen Einkünften, die unterhalb des sog. notwendigen Selbstbehalts liegen, besteht keine Obliegenheit zu Vorsorgemaßnahmen nach § 1578 III BGB, wie sich aus dem Grundsatz ergibt, daß dem laufenden Unterhalt im Verhältnis zum Vorsorgeunterhalt der Vorrang zukommt (FamRZ 1981/442, 445; FamRZ 1982/887, 890).

Der Kl. muß allerdings der Vorwurf gemacht werden, daß sie die Abänderungsklage (§ 323 ZPO) nicht früher erhoben hat, um eine Anpassung des Urteils im Vorprozeß an die seinerzeit nicht vorausgesehene Entwicklung der Verhältnisse zu erreichen, anstatt in der geschehenen Weise eigenmächtig zu handeln. Dieser Vorwurf wird nur dadurch abgeschwächt, daß die in einfachen Verhältnissen lebende Kl. nicht, wie es nach der bereits angeführten Rechtsprechung des Senats geboten gewesen wäre, durch die Fassung des Urteilstenors auf die Zweckbestimmung eines Teils der zugesprochenen Unterhaltsrente als Vorsorgeunterhalt hingewiesen worden ist. Bei Würdigung der gesamten Umstände kann daher letztlich nicht von einer Verantwortungs- und Rücksichtslosigkeit der Kl. ausgegangen werden, so daß ihr auch künftig nicht vorgeworfen werden kann, sie habe ihre Bedürftigkeit i. S. des § 1579 Nr. 3 BGB dadurch (teilweise) mutwillig herbeigeführt, daß sie es unterlassen hat, durch entsprechende Verwendung des Vorsorgeunterhalts eine Versorgung – etwa nach Erreichen der Altersgrenze eine Altersrente aus einer privaten Lebensversicherung – zu erwerben.

d) Was die Bemessung des Elementarunterhalts betrifft, so gehört es zu den für das Abänderungsverfahren bindenden Grundlagen des im Vorprozeß ergangenen Urteils, daß die Kl. zur Aufrechterhaltung des ehel. Lebensstandards monatl. 1142 DM benötigt (FamRZ 1985/582, 583). Die Lebenshaltungskosten haben sich seither nicht vermindert, so daß die unveränderte Übernahme dieses Betrages keinen Fehler zum Nachteil des Bekl. darstellt.

(Zum Einsatzzeitpunkt bei einem Anspruch nach § 1573 I BGB)

I 3 b) Soweit es um die verbleibende Zeit vom 7. 1. bis 4. 6. 1985 geht, wird die Beurteilung des OLG, daß die Kl. nunmehr den vollen eheangemessenen Unterhalt verlangen könnte, durch seine bisherigen Feststellungen nicht getragen. Die Feststellung, die Kl. sei in dieser Zeit gesundheitlich „allenfalls" noch zu stundenweiser einfacher Frauenarbeit in der Lage gewesen, ergibt nicht, daß sie wegen Krankheit völlig erwerbsunfähig war und daher nach § 1572 BGB den vollen eheangemessenen Unterhalt verlangen konnte. Mit seiner weiteren Begründung, bei dieser Sachlage habe der Kl. keine Arbeit mehr vermittelt werden können, will das OLG denn auch ersichtlich die Vorschrift des § 1573 I BGB als weitere Anspruchsgrundlage heranziehen. Deren tatbestandliche Voraussetzungen sind indessen nicht festgestellt. Nach § 1573 I BGB kann der geschiedene Ehegatte Unterhalt verlangen, solange und soweit er „nach der Scheidung" keine angemessene Erwerbstätigkeit zu finden vermag. Wie schon der Gesetzeswortlaut zeigt, ist der Einsatzzeitpunkt dieses Unterhaltsanspruchs nicht so eng an die Scheidung gebunden wie bei den Unterhaltstatbeständen der §§ 1571 Nr. 1, 1572 Nr. 1 BGB, deren Voraussetzungen „im Zeitpunkt der Scheidung" bzw. „vom Zeitpunkt der Scheidung an" gegeben sein müssen. Andererseits ist „nach der Scheidung" nicht als zeitlich unbegrenzt zu verstehen; vielmehr muß zumindest noch ein zeitlicher Zusammenhang mit der Scheidung bestehen. Die Feststellungen des OLG ergeben indessen lediglich, daß die Kl. spätestens ab Anfang Januar 1985 eine ihr gesundheitlich noch mögliche Erwerbstätigkeit nicht zu finden vermochte. Dieser Zeitpunkt liegt so weit nach der Scheidung (21. 7. 1983), daß nicht einmal mehr ein zeitlicher Zusammenhang mit dieser bestand. Allerdings legen die festgestellten Leiden der Kl. die Annahme nahe, ihre Erwerbsfähigkeit sei auch schon vor Januar 1985 so weit herabgesetzt gewesen, daß ihr keine Arbeit mehr vermittelt werden konnte. Ob der Beginn dieses Zustandes aber so weit zurückliegt, daß den zeitlichen Erfordernissen des § 1573 I BGB genügt ist, ist dem Berufungsurteil nicht zu entnehmen. Hiernach kann das angefochtene Urteil keinen Bestand haben, soweit der für die Zeit vom 7. 1. bis 4. 6. 1985 heraufgesetzte Unterhaltsanspruch der Kl. aus § 1573 I BGB hergeleitet worden ist. Da das OLG diesen Teil des Unterhaltsanspruchs gegen den auf § 1572 BGB gestützten betragsmäßig nicht abgegrenzt hat, kann die Zubilligung höheren Elementarunterhalts für diesen Zeitraum insgesamt nicht bestehen bleiben. Vielmehr muß insoweit das angefochtene Urteil aufgehoben und die Sache zur Nachholung der erforderlichen weiteren Feststellungen an das OLG zurückverwiesen werden. Für das weitere Verfahren weist der Senat darauf hin, daß ein Anspruch aus § 1572 BGB auf den vollen eheangemessenen Unterhalt auch dann in Betracht kommt, wenn die Kl. zur fraglichen Zeit nur auf die Gefahr hin, ihren Gesundheitszustand akut zu verschlechtern, noch stundenweise Arbeiten übernehmen konnte. c

(Zur Darlegungslast eines Unterhaltsgläubigers, der Zahlung von Vorsorgeunterhalt an sich selbst nicht verlangen kann. Hat der Unterhaltsgläubiger einen Titel auf Zahlung von Vorsorgeunterhalt an ihn selbst erlangt, so kann der Schuldner den Einwand, wegen bestimmungswidriger Verwendung von Vorsorgeunterhalt könne nur noch Zahlung unmittelbar an einen Versicherungsträger verlangt werden, nur mit der Abänderungsklage [§ 323 ZPO] geltend machen.)

II 3) Ob der Bekl. berechtigt ist, den der Kl. zustehenden Vorsorgeunterhalt unmittelbar an den Versicherungsträger zu zahlen, hängt davon ab, ob das Verlangen der Kl. auf Zahlung an sich selbst aufgrund d besonderer Umstände treuwidrig ist, insbes. weil begründete Zweifel daran bestehen, daß sie an sie selbst gezahlte Beträge zweckentsprechend verwenden wird (FamRZ 82/1187, 1189). Ob dies der Fall ist, ist im vorliegenden Rechtsstreit zu entscheiden, ohne daß die Prüfungs- und Entscheidungsbefugnis durch das im Vorprozeß ergangene Urteil v. 6. 6. 1983 eingeschränkt würde. Soweit der Bekl. mit dem Hilfsantrag seiner Widerklage die Berechtigung erstrebt, den der Kl. im Vorprozeß zuerkannten Vorsorgeunterhalt von monatl. 145 DM für die Zeit ab 1. 3. 1985 unmittelbar an die BfA zu zahlen, handelt es sich allerdings, wie oben ausgeführt und vom OLG richtig gesehen, um eine Abänderungsklage. Diese eröffnet aber eine uneingeschränkte Prüfung, weil sich die für ihre Beurteilung maßgebenden Verhältnisse nachträglich geändert haben (§ 323 I und II ZPO) und die Frage, ob die Kl. Zahlung des Vorsorgeunterhalts an sich selbst oder nur an einen Versicherungsträger verlangen kann, im Vorprozeß weder von den Parteien aufgeworfen noch vom Gericht erwogen worden ist. Die nachträgliche Änderung der Verhältnisse ist bereits darin zu sehen, daß die Kl. den ihr zuerkannten Vorsorgeunterhalt nicht bestimmungsgemäß, sondern für ihren laufenden Bedarf verwendet hat. Schon diese Verhaltensweise als solche kann Bedeutung für die Beurteilung haben, ob sie treuwidrig handelt, wenn sie (weiterhin) Zahlung des Vorsorgeunterhalts an sich selbst fordert. Das hat das OLG verkannt, als es einen Abänderungsgrund i. S. des § 323 ZPO deshalb verneint hat, weil die Kl. nicht vorwerfbar gehandelt habe. Da hiernach ein Abänderungsgrund besteht, kann auf sich beruhen, ob es seiner auch insoweit bedarf, als der Bekl. sich mit seinem Begehren, den Vorsorgeunterhalt an den Versicherungsträger zahlen zu dürfen, gegen die auf Erhöhung des Vorsorgeunterhalts gerichtete Abänderungsklage der Kl. wendet. Das angefochtene Urteil läßt nicht erkennen, daß das OLG die hiernach anzustellende Sachprüfung vorgenommen hat. Aus diesem Grunde (für die Zeit vom 7. 1. bis 4. 6. 1985: auch aus diesem Grunde) ist die Entscheidung über die Anhebung des Vorsorgeunterhalts aufzuheben. Die Sache muß insoweit an das OLG zurückverwiesen werden, weil dem Senat eine abschließende Entscheidung nicht möglich ist.

Macht der Berechtigte erstmals Vorsorgeunterhalt geltend, braucht er allerdings grundsätzlich keine konkreten Angaben über die Art und Weise der von ihm beabsichtigten Vorsorge zu machen (FamRZ 83/152, 154). Gleiches kann jedoch nach den Grundsätzen von Treu und Glauben (§ 242 BGB) nicht gelten, wenn er in der Vergangenheit, sei es auch nicht vorwerfbar, als Vorsorgeunterhalt erhaltene Beträge nicht bestimmungsgemäß verwendet hat. Hier kommt hinzu, daß sich die Kl. insoweit auf einen Irrtum beruft, obwohl sie im Vorprozeß Vorsorgeunterhalt gefordert und auch zugesprochen erhalten hat. Bisher hat sie sich nicht dazu erklärt, wie sie es künftig damit halten will. Auch wenn eine Notsituation bei ihr nicht mehr in Rechnung gestellt werden muß, sind darum Zweifel an einer zweckentsprechenden Verwendung künftig geleisteten Vorsorgeunterhalts nicht von der Hand zu weisen, zumal dazu eine gewisse Geschäftsgewandtheit gehört, die bei der Kl. nicht ohne weiteres vorausgesetzt werden kann. Sie wird daher gehalten sein, zu diesem Punkt Vortrag nachzuholen, damit die Frage der Direktzahlung des Vorsorgeunterhalts an einen Versicherungsträger sachgerecht beurteilt werden kann.

Sofern das OLG aufgrund der neuen Verhandlung zu dem Ergebnis gelangt, daß die Kl. Zahlung an sich selbst nicht verlangen kann, kommt die Verurteilung des Bekl. zur Zahlung an einen Versicherungsträger in Betracht. Zu einer solchen Zahlung wäre er zu verpflichten, nicht lediglich zu „berechtigen“, wie es im Hilfsantrag seiner Widerklage heißt; denn es handelt sich nicht um eine bloße Abwendungsbefugnis, die dem Bekl. die Möglichkeit zur Leistung an die Kl. selbst beließe. Eine Verurteilung des Bekl. zur Zahlung an einen Versicherungsträger würde ferner voraussetzen, daß die Kl. in Ausübung ihres Wahlrechts (s. oben zu I. 2. b aa) einen geeigneten Versicherungsträger benennt und darlegt, daß Zahlungen an diesen zu einem Versicherungsschutz führen, der dem § 1578 III BGB entspricht. Ohne solche Darlegungen wäre ihre Forderung auf Vorsorgeunterhalt nicht schlüssig begründet und müßte schon deswegen abgewiesen werden.

III. Das weitere Hilfsbegehren des Bekl. auf Rückzahlung des für die Zeit vom 1. 7. 1983 bis 31. 12. 1984 geleisteten Vorsorgeunterhalts hat das OLG zu Recht mit der Begründung abgewiesen, daß die Leistungen aufgrund des rechtskräftigen Urteils im Vorprozeß und damit nicht ohne rechtlichen Grund i. S. des § 812 I BGB erfolgt sind. Wie der Senat in seinem Urteil v. 2. 12. 1981 (FamRZ 1982/259, 260) dargelegt hat, stellt ein stattgebendes Urteil über die Entrichtung einer Unterhaltsrente nicht nur den Rechtszustand zur Zeit der letzten mündl. Verhandlung des Gerichts fest; vielmehr ergreift die Rechtskraft auch die erst künftig zu entrichtenden Unterhaltsleistungen, deren Festsetzung auf einer Prognose der künftigen Entwicklung beruht. Soweit sich die Revision demgegenüber auf das in BGHZ 83/278 (FamRZ 1982/470) veröffentlichte Senatsurteil beruft, so betrifft dieses den Ausnahmefall der nachträglichen Erfüllung und anderer Einwendungen, die geeignet sind, eine Vollstreckungsabwehrklage (§ 767 ZPO) gegen das Unterhaltsurteil zu begründen (a. a. O., S. 281). Um einen solchen Fall handelt es sich nicht, wenn der Unterhaltsberechtigte durch Urteil zugesprochenen Vorsorgeunterhalt nicht bestimmungsgemäß verwendet. Eine derartige Einwendung ist unter dem Gesichtspunkt der fehlgegangenen Prognose des Gerichts mit der Abänderungsklage geltend zu machen, die die Rechtskraftwirkungen des abzuändernden Urteils bis zur Rechtshängigkeit der neuen Klage unberührt läßt (§ 323 III ZPO).

BGH v. 1. 4. 87 – IVb ZR 33/86 – FamRZ 87, 691 = NJW 87, 2739

(Erwerbslosigkeitsunterhalt; angemessene Erwerbstätigkeit, nach § 1574 II Bemühungen um Wiedereingliederung in das Erwerbsleben bei 57jähriger Hausfrau nach 32jähriger Ehedauer; keine Herabsetzung nach § 1573 V BGB; vorrangiger Anspruch nach § 1571 BGB, wenn Ausbildung wegen des Alters nicht mehr sinnvoll ist) **R332**

II 1) Das OLG hat die Ehefrau für bedürftig angesehen, weil sie über Einkünfte weder aus Erwerbstätigkeit noch aus Vermögen verfüge. Es hat offengelassen, ob sie schon aufgrund ihres Alters (§ 1571 BGB) oder wegen Krankheit (§ 1572 BGB) gehindert sei, einer Erwerbstätigkeit nachzugehen; jedenfalls könne sie gemäß § 1573 I BGB Unterhalt verlangen, weil sie keine angemessene Erwerbstätigkeit zu erlangen vermöge. Die Ausübung einer untergeordneten Tätigkeit sei nach den ehelichen Lebensverhältnissen nicht angemessen; für eine qualifizierte Arbeit fehle der seit 1956 ausschließlich hauswirtschaftlich tätigen Ehefrau sowohl eine Ausbildung wie die berufliche Erfahrung. Im Hinblick auf ihr Lebensalter von knapp 57 Jahren obliege es ihr auch nicht mehr, sich noch für eine angemessene Erwerbstätigkeit ausbilden zu lassen, denn nach Abschluß einer solchen Ausbildung könne sie fast schon in den Ruhestand treten. Die Revision vertritt demgegenüber die Auffassung, der Ehefrau könne ein Unterhaltsanspruch gemäß § 1573 I BGB nicht zugesprochen werden, weil sie nicht dargelegt habe, sich um eine angemessene Erwerbstätigkeit überhaupt bemüht zu haben; eine entsprechende Obliegenheit habe spätestens während des Getrenntlebens eingesetzt. Sie benötige auch keine Ausbildung, sondern habe eine Beschäftigung als Haushälterin oder Betreuerin in einem Altenheim finden können. Das angefochtene Urteil hält sowohl diesen Angriffen als auch im Ergebnis der materiell-rechtlichen Prüfung stand. Zunächst trifft es nicht zu, daß sich die Ehefrau schon seit dem Auszug des Ehemannes aus der gemeinsamen Wohnung Anfang 1982 um eine (Wieder-)Eingliederung in das Erwerbsleben zu bemühen hatte. Eine solche Obliegenheit hätte selbst dann nicht bestanden, wenn die Ehefrau alsbald erkannt haben sollte, daß die Trennung der Parteien von Dauer sein werde und mit dem Scheitern der Ehe ernsthaft zu rechnen sei. Denn der getrennt lebende nicht erwerbstätige Ehegatte darf gemäß § 1361 II BGB nur dann darauf verwiesen werden, seinen Unterhalt durch eine Erwerbstätigkeit selbst zu verdienen, wenn dies von ihm nach seinen persönlichen Verhältnissen, insbesondere wegen einer früheren Erwerbstätigkeit unter Berücksichtigung der Dauer der Ehe und nach den wirtschaftlichen Verhältnissen beider Ehegatten, erwartet werden kann (FamRZ 1985/782, 783). Die vom OLG festgestellten Verhältnisse tragen die Beurteilung, daß der Ehefrau die Aufnahme einer Erwerbstätigkeit noch vor der Scheidung nicht zugemutet werden konnte; denn sie war bis zur Trennung seit etwa 26 Jahren nicht mehr erwerbstätig gewesen und die wirtschaftlichen Verhältnisse der Parteien waren dadurch gekennzeichnet, daß der Ehemann Anfang der achtziger Jahre Einkünfte von etwa 350 000 DM im Jahr (vor Steuern) erzielt hatte. Daher kann auf sich beruhen, ob es den Unterhaltsanspruch der Ehefrau berühren würde (§ 1579 Nr. 3 BGB), wenn sie in der Vergangenheit einer Erwerbsobliegenheit nicht nachgekommen wäre. Allerdings erscheint fraglich, ob der Anspruch der Ehefrau auf § 1573 I BGB mit einer Begründung gestützt werden kann, die möglicherweise einen vorrangigen Unterhaltsanspruch nach § 1571 Nr. 1 BGB trüge, gleichwohl aber offenbleiben kann, ob der Anspruch nach dieser Vorschrift zuzusprechen ist. Wenn ein Ehegatte nach längerer Tätigkeit ausschließlich im eigenen Haushalt aufgrund seines Lebensalters eine angemessene (§ 1574 II BGB) Erwerbstätigkeit nicht mehr ohne vorherige Ausbildung zu finden vermag, diese aber wegen seines Alters nicht mehr sinnvoll ist, könnte § 1571 BGB auch dann zum Zuge kommen, wenn der Berechtigte das sog. Rentenalter noch nicht erreicht hat (FamRZ 1983/144, 145; FamRZ 1985/371, 373). Die Frage kann hier indessen offenbleiben, weil das OLG ohne Rechtsfehler die Voraussetzungen eines Unterhaltsanspruchs nach § 1573 I BGB festgestellt hat und sich hieran jedenfalls im vorliegenden Fall die gleichen Rechtsfolgen knüpfen wie an den Tatbestand des § 1571 BGB. Nach § 1573 V BGB kann der Unterhaltsanspruch nach § 1573 I BGB zwar zeitlich begrenzt werden, soweit insbes. unter Berücksichtigung der Dauer der Ehe sowie der Gestaltung von Haushaltsführung und Erwerbstätigkeit ein zeitlich unbegrenzter Unterhaltsanspruch unbillig wäre. Bei einer hier bis zur Zustellung des Scheidungsantrags erreichten Ehedauer von etwa 32 Jahren kommt eine solche zeitliche Begrenzung des Unterhaltsanspruchs der Ehefrau aus Billigkeitsgründen jedoch nicht mehr in Betracht (FamRZ 1986/886). Die Voraussetzungen eines Anspruchs nach § 1573 I BGB hat das OLG ohne Rechtsfehler angenommen. Es ist rechtlich nicht zu beanstanden, daß es die Ausübung untergeordneter Tätigkeiten durch die Ehefrau als Haushaltshilfe oder Altenpflegerin angesichts der bis zur Scheidung erreichten ehelichen Lebensverhältnisse nicht als angemessene Erwerbstätigkeit angesehen hat. Neben den überdurchschnittlich guten wirtschaftlichen Verhältnissen der Parteien war gemäß § 1574 II BGB bei dieser Beurteilung zu berücksichtigen, daß die Ehe der Parteien bis zur Zustellung des Scheidungsantrages fast 32 Jahre bestanden und die Ehefrau in dieser Zeit zwei Söhne geboren und großgezogen hat. Die abweichende Auffassung der Revision zur Frage der Angemessenheit stellt eine ihr verschlossene anderweitige Würdigung der festgestellten Tatsachen dar. **a**

(Zur konkreten Bemessung des Unterhaltsbedarfs)

III) Zur Bemessung des Unterhaltsanspruchs hat das OLG die benötigten Lebenshaltungskosten konkret ermittelt. Es hat den Wohnbedarf der Ehefrau auf absehbare Zeit dadurch als gedeckt angesehen, **b** daß sie weiterhin das im Miteigentum der Parteien stehende Einfamilienhaus bewohne, für das der Ehemann gegenwärtig alle Lasten trage. Zur Deckung ihres weiteren Bedarfs könne sie monatlich 2000 DM beanspruchen, denn sie habe während der Ehe monatlich 1000 DM im wesentlichen für Kleidung, Geschenke, die Tätigkeit einer Putzhilfe und ähnliches allein verbrauchen dürfen. Ein gleich hoher Betrag komme für die notwendigen Lebenshaltungskosten einschließlich Reisen und Urlaub, für sportliche Aktivitäten und für die Nutzung eines dem Ehemann gehörenden Pkw hinzu. In Höhe dieses Betrages zusätzlich zu den mit dem Hausgrundstück verbundenen Lasten sei der Ehemann als leistungsfähig anzusehen, denn er habe – obwohl insoweit darlegungsbelastet – zu seinem jetzigen Einkommen nicht nachvollziehbar vorgetragen. Auch in diesem Punkt ist gegen das Berufungsurteil rechtlich nichts einzuwenden. Der Tatrichter ist nicht gehindert, den eheangemessenen Unterhaltsbedarf konkret durch die Feststellung der Kosten zu ermitteln, die für die Aufrechterhaltung des bis zur Scheidung erreichten Lebensstandards erforderlich sind.

BGH v. 1. 4. 87 – IVb ZR 35/86 – FamRZ 87, 795 = NJW 87, 2233

R333 *(Anspruchsvoraussetzungen nach § 1575 I BGB; notwendige Ausbildung, die zu einer angemessenen Erwerbstätigkeit führt; Ausbildungsverhältnis bei anerkanntem Ausbilder; unzumutbare Finanzierung einer Ausbildung)*

a 2. Der von der AGg. – wenn auch ohne zeitliche Begrenzung auf die voraussichtliche Dauer der Ausbildung (FamRZ 1986, 553, 555) – geltend gemachte Anspruch auf Finanzierung ihres nicht durch Kapitalerträgnisse und Mieteinnahmen gedeckten Lebensbedarfs als Ausbildungs-Unterhalt scheitert jedenfalls daran, daß sie mit dem selbständigen Betrieb eines Einzelhandels mit Büchern keine Ausbildung betreibt, sondern eine Erwerbstätigkeit ausübt.

a) Nach § 1575 I BGB kann ein geschiedener Ehegatte für die voraussichtliche Dauer einer Ausbildung Unterhalt verlangen, wenn er in Erwartung der Ehe oder während der Ehe eine Schul- oder Berufsausbildung nicht aufgenommen oder abgebrochen hat, sofern er diese oder eine entsprechende Ausbildung sobald wie möglich aufnimmt, um eine angemessene Erwerbstätigkeit, die den Unterhalt nachhaltig sichert, zu erlangen, und wenn der erfolgreiche Abschluß der Ausbildung zu erwarten ist. Die Ausbildung, für deren Dauer § 1575 I BGB einen Unterhaltsanspruch gewährt, muß also notwendig sein, um eine angemessene Erwerbstätigkeit zu sichern. Das bedeutet allerdings nicht, daß ein Anspruch nach § 1575 I BGB von vornherein entfällt, wenn der Ehegatte auch ohne die erstrebte Ausbildung in der Lage wäre, eine angemessene Erwerbstätigkeit auszuüben. Die gesetzliche Einschränkung, daß die Ausbildung zu einer angemessenen Erwerbstätigkeit führen muß, stellt – wie der Senat in dem Urteil v. 24. 4. 1985 (FamRZ 1985/782, 784) näher dargelegt hat – lediglich sicher, daß der Unterhaltspflichtige nicht gezwungen ist, etwa ein zum bloßen Vergnügen betriebenes Studium zu finanzieren. Hingegen schließt sie einen Ehegatten, der zwar eine angemessene Erwerbstätigkeit aufnehmen könnte, jedoch durch eine Ausbildung eine ohne die Ehe schon früher erreichte Verbesserung seines Status im Erwerbsleben anstrebt, nicht von dem Anspruch nach § 1575 I BGB aus (Senatsurteil, a. a. O., m. w. N.).

Das verhilft der AGg. indessen bei den hier gegebenen Verhältnissen nicht zu einem Unterhaltsanspruch nach § 1575 I BGB. Denn ihre Tätigkeit in dem Buchhandel ist keine „Ausbildung" i. S. von § 1575 BGB. Davon abgesehen dient die von der AGg. erstrebte Qualifikation als ausgebildete Buchhändlerin keiner – weiteren – Verbesserung ihres Status im Erwerbsleben. Einen solchen wirtschaftlich und sozial verbesserten Status nach ihren Wünschen hat sie sich vielmehr bereits dadurch geschaffen, daß sie die in der Ehe jahrelang ausgeübte Tätigkeit als angelernte Büroangestellte eines Steuerberaters als auf Dauer nicht angemessen aufgegeben und sich statt dessen als Mitunternehmerin an dem Buchhandel beteiligt hat. Mit der Ausübung der Tätigkeit als selbständige (Mit-)Unternehmerin eines Einzelhandels mit Büchern geht die AGg. einer beruflichen Beschäftigung nach, die die Annahme einer in dieser Beschäftigung liegenden „Ausbildung" zu dem Beruf einer Buchhändlerin i. S. des § 1575 I BGB ausschließt. Es fehlt an den für eine „Ausbildung" wesentlichen Voraussetzungen, nämlich an einem – nach einem bestimmten Ausbildungsplan ausgerichteten – Ausbildungsverhältnis zu einem Ausbilder, der die Ausbildung leitet.

Die Revision qualifiziert die Tätigkeit der AGg. als die einer „Hilfskraft", die sich „in der Ausbildung befinde". Dem kann jedoch nach dem festgestellten Sachverhalt nicht gefolgt werden. Die AGg. übt den Beruf einer Einzelhändlerin mit Büchern in freier, unternehmerischer Eigenverantwortung aus und nicht in einer durch Ausbildungszwecke geprägten und damit notwendigerweise abhängigen, untergeordneten Stellung. Als „Hilfskraft" kann sie im übrigen schon deshalb nicht bezeichnet werden, weil sie in dem Buchhandel gleiche Rechte und Pflichten hat wie die beiden anderen Gesellschafterinnen. Da keine von diesen als Buchhändlerin ausgebildet ist, scheidet auch die Annahme aus, die AGg. sei ihnen mit Rahmen eines Ausbildungsverhältnisses als auszubildende Hilfskraft zugeordnet.

Hieran ändert der Umstand nichts, daß die AGg. bestrebt ist, eine weitere Qualifikation – als ausgebildete Buchhändlerin – zu erlangen, und mit ihrer Tätigkeit die Kenntnisse und Erfahrungen für diese Qualifikation sammeln will. Wie sie dazu unter Hinweis auf die ihr erteilte Bescheinigung der Industrie- und Handelskammer L. v. 14. 2. 1985 vorgetragen hat, beabsichtigt sie, „zu einem späteren

Zeitpunkt eine Prüfung im Ausbildungsberuf ‚Buchhändlerin' nach § 40 II S. 1 Berufsbildungsgesetz (BBiG) vor einer Industrie- und Handelskammer abzulegen". Nach dieser Vorschrift, die die Zulassung zur Abschlußprüfung in besonderen Fällen ohne Ausbildungszeit in einem abhängigen Ausbildungsverhältnis regelt, ist zur Abschlußprüfung „auch zuzulassen, wer nachweist, daß er mindestens das Zweifache der Zeit, die als Ausbildungszeit vorgeschrieben ist, in dem Beruf tätig gewesen ist, in dem er die Prüfung ablegen will" (vgl. dazu Verordnung über die Berufsausbildung zum Buchhändler/zur Buchhändlerin v. 11. 12. 1979, BGBl. 1979 I 2138). Die Regelung will also auch Außenseitern, die kein Berufsausbildungsverhältnis durchlaufen haben, Gelegenheit geben, ihre berufliche Qualifikation nachzuweisen. Voraussetzung für ihre Zulassung zu der Prüfung ist eine während bestimmter Dauer ausgeübte „Tätigkeit in dem Beruf, in dem die Prüfung abgelegt" werden soll. Die Möglichkeit zur Erfüllung dieser Voraussetzung hat sich die AGg. dadurch geschaffen, daß sie unter Investition von 10 000 DM zusammen mit den beiden anderen Frauen den Buchhandel eröffnet hat, den die drei Beteiligten nach entsprechender Gewerbeanmeldung in der Form einer Gesellschaft bürgerlichen Rechts selbständig betreiben, ohne daß (bisher) eine von ihnen ausgebildete Buchhändlerin ist; die beiden anderen Gesellschafterinnen haben im Gegensatz zu der AGg nicht einmal die Absicht, die Prüfung zur Buchhändlerin abzulegen. Das ist für die Führung des Buchladens auch nicht erforderlich. Der Grundsatz der Gewerbefreiheit erlaubt den Einzelhandel mit Büchern, ohne daß der Betreiber eine Ausbildung zum Buchhändler absolviert haben muß. Insoweit gewährleistet Art. 12 I GG das Recht, jede Arbeit, für die der einzelne sich geeignet glaubt, als „Beruf" zu ergreifen, d. h. zur Grundlage seiner Lebensführung zu machen; zugleich schützt die Vorschrift im Rahmen einer solchen Berufstätigkeit grundsätzlich auch die Gewerbe- und Unternehmerfreiheit, also die freie Gründung und Führung von Unternehmen (vgl. BVerfGE 41/205, 228; 50/290, 362, 363).

Auch wenn sich die AGg. hiernach, wie die Revision hervorhebt, mit ihrer Beteiligung an der Buchhandlung die Möglichkeit geschaffen hat, sich in dem erstrebten Beruf zu betätigen und damit eine Zulassungsvoraussetzung für die Abschlußprüfung nach § 40 II S. 1 BBiG zu erfüllen, ist ihre Tätigkeit in dem Buchhandel gleichwohl keine „Ausbildung" i. S. des § 1575 I BGB, während der der ASt. sie zu unterhalten hätte. Da § 1575 BGB ohnehin erhebliche Anforderungen an die nachehel. Solidarität des unterhaltspflichtigen Ehegatten stellt (FamRZ 1985/782, 786, m. w. N.), ist der Anwendungsbereich der Vorschrift nicht über den Rahmen einer Ausbildung innerhalb eines Ausbildungsverhältnisses – etwa im Sinne des Arbeitsförderungsgesetzes – hinaus auszudehnen. Das ist schon deshalb geboten, weil nur auf diese Weise eine gewisse Gewähr dafür gegeben ist, daß die von dem geschiedenen Ehegatten zu finanzierende Ausbildung nach einem von vornherein abzusehenden Zeitraum beendet sein wird. Im Fall der § 40 II S. 1 BBiG kann hiervon nicht ausgegangen werden, da die Zulassung zu der Abschlußprüfung nach der Vorschrift in zeitlicher Hinsicht nur davon abhängt, daß der zu Prüfende „mindestens das Zweifache" der üblichen Ausbildungszeit in dem Beruf tätig gewesen ist. Eine zeitliche Begrenzung nach oben enthält die Vorschrift hingegen nicht. Für einen unterhaltspflichtigen Ehegatten erscheint es jedoch in der Regel nicht zumutbar, auf nicht absehbare Dauer Ausbildungsunterhaltsansprüchen des geschiedenen Ehepartners ausgesetzt zu sein. Beim Fehlen eines festen Ausbildungsverhältnisses besteht auch von vornherein generell ein größeres Risiko, daß der Ehegatte sich der Abschlußprüfung entgegen seiner ursprünglichen Planung später doch nicht unterzieht oder sie nicht mit Erfolg ablegt. Auch im Hinblick hierauf verbietet es sich, die Tätigkeit der AGg. als Ausbildung i. S. des § 1575 I BGB zu beurteilen, auch wenn sie persönlich bemüht sein mag, sich der Abschlußprüfung zum frühestmöglichen Zeitpunkt zu unterziehen, sie zu bestehen und auf diese Weise die Qualifikation einer Buchhändlerin zu erlangen.

(Ausbildungsunterhaltsvoraussetzungen nach § 1575 II oder §§ 1574 III i. V. 1573 I BGB)

2 b) Die Voraussetzungen eines Unterhaltsanspruchs nach § 1575 II BGB wegen Fortbildung (Umschulung scheidet von vornherein aus) sind schon deshalb nicht erfüllt, weil das Ausbildungsförderungsgesetz (AFG), dessen Verständnis der Begriffe Fortbildung (§ 41 I AFG) und Umschulung (§ 47 I AFG) auch für § 1575 II BGB maßgeblich sein soll (BT-Drucks. 7/650, S. 132; FamRZ 1985/782, 786), für die berufliche Fortbildung eine abgeschlossene Berufsausbildung oder eine angemessene Berufserfahrung verlangt (§ 41 I AFG; vgl. BSGE 40/234 ff.; 41/225 ff.; SozR 4100, § 41 AFG Nr. 24, Nr. 26). Beides hat die AGg. bisher nicht erlangt, sondern will es erst erreichen bzw. erwerben. Davon abgesehen scheitert ein Anspruch nach § 1575 II BGB – ebenso wie im Fall des § 1575 I BGB – auch daran, daß die AGg. nicht wegen einer Fortbildung an der Ausübung einer Erwerbstätigkeit gehindert ist, sondern einer solchen bereits nachgeht. Die Teilnahme an einzelnen Fortbildungsmaßnahmen, so an dem Förderungskurs vom 22. 4. bis zum 10. 5. 1985, ist nicht geeignet, einen Anspruch auf laufenden Unterhalt zu begründen. **b**

c) Einen Unterhaltsanspruch nach Maßgabe des § 1573 I i. V. mit § 1574 III BGB hat das OLG der AGg. ebenfalls zu Recht versagt. Dieser Anspruch setzt voraus, daß der geschiedene Ehegatte nach der Scheidung keine angemessene Erwerbstätigkeit zu finden vermag (§ 1573 I BGB) und sich deshalb, soweit es zur Aufnahme einer solchen Tätigkeit erforderlich ist, einer Ausbildung oder Fortbildung unterzieht (§ 1574 III BGB). Das ist, wie oben unter a) und b) näher dargelegt, bei der AGg. nicht der

Fall. Sie befindet sich weder in einer „Ausbildung" noch in einer „Fortbildung" i. S. der unterhaltsrechtlichen Vorschriften.

(Feststellungen zur angemessenen Erwerbstätigkeit beim Anspruch nach § 1573 BGB)

c 3) Das OLG hat nicht geprüft, ob der AGg. ein Unterhalts-Ergänzungsanspruch nach § 1573 II BGB zusteht. Da sie in der Buchhandlung einer Erwerbstätigkeit nachgeht, kann ein Anspruch nach dieser Vorschrift in Betracht kommen. Er setzt voraus, daß die Tätigkeit in dem Buchhandel nach Inhalt und Umfang eine für die AGg. angemessene Erwerbstätigkeit darstellt, durch deren Ausübung sie ihrer unterhaltsrechtlichen Erwerbsobliegenheit genügt, und daß die Einkünfte, die sie aus der Tätigkeit erzielen kann, nicht zu ihrem vollen Unterhalt ausreichen. Der revisionsrechtlich zugrunde zu legende Sachverhalt schließt nicht aus, daß diese Anspruchsvoraussetzungen gegeben sind. Jedoch hat das OLG hierzu bisher keine ausreichenden Feststellungen getroffen. Es hat zwar im Rahmen der Erörterung eines Anspruchs aus §§ 1573 I, 1574 III BGB ausgeführt, die AGg. hätte näher darlegen müssen, weshalb die geplante Ausbildung erforderlich sei, um eine „sowohl von ihr selbst für angemessen gehaltene als angesichts ihrer Vorbildung, ihren Fähigkeiten, ihrem Lebensalter und ihrem Gesundheitszustand auch objektiv als solche einzustufende Tätigkeit" (als selbständige Unternehmerin im Buchhandel) durch eine einem niedrigeren sozialen Niveau zuzuordnende Tätigkeit (als Angestellte in abhängiger Stellung) zu ersetzen. Damit hat das Gericht aber erkennbar keine umfassende und abschließende Prüfung der Angemessenheit der Erwerbstätigkeit i. S. von § 1574 BGB vornehmen wollen, zumal auch die AGg. selbst nicht – in der für einen Anspruch aus § 1573 II BGB gebotenen Weise – geltend gemacht hatte, daß sie mit der Tätigkeit in dem Buchladen eine volle, angemessene Erwerbstätigkeit ausübe. Das OLG hat zwar angenommen, die Tätigkeit als Unternehmerin im Buchhandel sei ihrer Art nach für die AGg. nach Maßgabe des § 1574 II BGB grundsätzlich angemessen. Ob die AGg. aber mit dieser Tätigkeit ihrer Erwerbsobliegenheit in vollem Umfang nachkommt und ob sie in dem Buchladen überhaupt vollschichtig arbeitet, ist bisher nicht festgestellt. Demgemäß fehlen auch Feststellungen dazu, ob die AGg. gehalten ist, neben der Tätigkeit in dem Buchladen eine weitere (Teilzeit-)Beschäftigung, etwa in der Art ihrer früheren Arbeit bei dem Steuerberater, aufzunehmen, um ihre Arbeitskraft angemessen einzusetzen und entsprechende angemessene Erwerbseinkünfte zu erzielen. Ob das der Fall ist, wird nicht zuletzt davon abhängen, welches Einkommen die AGg. sich seit der Scheidung aufgrund der wirtschaftlichen Entwicklung des Buchhandels zumutbarerweise für ihre Tätigkeit zurechnen lassen muß.

BGH v. 1. 4. 87 – IVb ZR 41/86 – FamRZ 87, 682 = NJW-RR 87, 1474

R334 *(Bedarf eines im Ausland lebenden Berechtigten; Umtausch nach dem amtlichen Wechselkurs)*

6 a) Lebt der Unterhaltsberechtigte im Ausland, so sind für die Höhe des Unterhaltsanspruchs die Geldbeträge maßgebend, die er an seinem Aufenthaltsort aufwenden muß, um den ihm gebührenden Lebensstandard aufrechtzuerhalten. Der Lebensstandard, der der Bekl. gebührt, deckt sich mit den ehel. Lebensverhältnissen i. S. des § 1578 I BGB. Da die Parteien die Ehe in der Bundesrepublik Deutschland geführt haben, konnte das OLG ohne Rechtsverstoß von den Beträgen ausgehen, die die Bekl. in deutscher Mark fordern könnte, wenn sie noch hier lebte. Soweit die Revision darauf verweist, daß ein polnischer Staatsbeamter in einer mit der Stellung des Kl. vergleichbaren Position monatlich lediglich 17 896 Zloty verdiene, was einem Betrag von 332 DM entspreche, so ist dies nicht erheblich. Da das Gesetz nicht auf einen „standesgemäßen" Unterhalt abstellt, ist die Bekl. nicht lediglich so zu stellen wie die geschiedene Ehefrau eines polnischen Staatsbediensteten in einer Position, die mit derjenigen des Kl. vergleichbar ist, sondern sie hat so viel Kaufkraft zu beanspruchen, daß sie sich in Polen die dem ehel. Lebensstandard in der Bundesrepublik entsprechenden Bedarfsgüter beschaffen kann.

b) Im übrigen ist es Sache der tatrichterlichen Beurteilung, in Fällen der vorliegenden Art die Höhe des am Aufenthaltsort des Berechtigten erforderlichen finanziellen Aufwandes zu bestimmen, da es wesentlich auf die dortigen tatsächlichen Versorgungsmöglichkeiten und deren Kosten ankommt. Das Revisionsgericht kann nur prüfen, ob der Tatrichter insoweit den Prozeßstoff erschöpfend gewürdigt und einen rechtlich bedenkenfreien Weg eingeschlagen hat. Wenn das OLG im vorliegenden Fall mangels anderweiter Anhaltspunkte die Vergleichswerte herangezogen hat, die in einer Veröffentlichung des Statistischen Bundesamts von 1985 für das Kaufkraftverhältnis zwischen der Bundesrepublik Deutschland und Polen angegeben sind, ist dies aus Rechtsgründen nicht zu beanstanden. Die Revision rügt insoweit auch nur, daß das Gericht nicht in der mündl. Verhandlung auf die von ihm beabsichtigte Verwendung dieser Veröffentlichung hingewiesen hat. Ob eine solche Verpflichtung des Gerichts bestanden hat, kann im Hinblick darauf zweifelhaft sein, daß es sich dabei um ein allgemein zugängliches Erkenntnismittel über Umstände handelt, von denen die Parteien wußten, daß sie für die Entscheidung erheblich waren.

c) Die Revision macht weiter geltend, daß die Bekl. in der Lage sei, deutsche Währung ohne Verletzung polnischer Strafbestimmungen zu einem freien Kurs – aus deutscher Sicht Schwarzmarktkurs – zu tauschen, der den amtlichen Kurs um das 3,5fache übersteige. Dazu sei sie auch verpflichtet, weil sie die

Belastung des Kl. so gering wie möglich zu halten habe. Das OLG habe diesen Umstand bei seiner Unterhaltsbemessung zu Unrecht unberücksichtigt gelassen, zumal die Bekl. eingeräumt habe, daß sie sich bereits in Deutschland Unterhaltsbeträge in deutscher Währung habe aushändigen lassen. Dieses Revisionsvorbringen vermag den Bestand des angefochtenen Urteils nicht zu gefährden. Wie der Senat bereits entschieden hat (FamRZ 1987/370), ist in Fällen der vorliegenden Art der Unterhalt so zu erbringen, wie es den durch das Devisenrecht vorgezeichneten tatsächlichen Erfüllungsmöglichkeiten entspricht. Das OLG hat hier aufgrund einer Auskunft der Deutschen Bundesbank v. 21. 6. 1985 festgestellt, daß der Kl. den Unterhalt über ein deutsches Kreditinstitut oder die Deutsche Bundespost nach Polen überweisen kann, wobei die Einzahlung in Deutscher Mark erfolgen muß und in Polen nach Umrechnung zum amtlichen Wechselkurs in Zloty ausbezahlt wird. In dieser Auskunft heißt es auch, daß andere legale Möglichkeiten, polnischen Staatsbürgern wiederkehrende Unterhaltsleistungen zur Verfügung zu stellen, nach Wissen der Deutschen Bundesbank nicht bestünden. Es werden zwar Wege aufgezeigt, polnischen Staatsangehörigen Beträge in Deutscher Mark zukommen zu lassen, aber diese beziehen sich auf Einzelzuwendungen. Danach konnte das OLG seiner Entscheidung den normalen Übermittlungsweg für Unterhaltsleistungen im Verhältnis zwischen der Bundesrepublik Deutschland und Polen zugrunde legen. Der Bekl. kann entgegen der Auffassung der Revision nicht angesonnen werden, sich illegal zu verhalten und Deutsche Mark zu einem Schwarzmarktkurs zu tauschen. Daß sie es bisher getan hätte, ist im übrigen eine bloße Vermutung des Kl. Auf Warengutscheine braucht sie sich schon deshalb nicht verweisen zu lassen, weil der Unterhalt nach § 1585 I S. 1 BGB durch eine Geldrente zu erbringen ist.

BGH v. 6. 5. 87 – IVb ZR 61/86 – FamRZ 87, 689 = NJW 87, 3129

(Einkünfte, die geschiedenen Ehegatten wegen der Versorgung eines neuen Partners zugerechnet werden, können nicht im Sinne des § 1573 IV BGB den Einkünften aus einer angemessenen Erwerbstätigkeit gleichgestellt werden) **R337**

1 a) Aus § 1573 IV BGB läßt sich der Unterhaltsanspruch der Ehefrau nicht herleiten. Nach dieser Bestimmung kann der geschiedene Ehegatte Unterhalt verlangen, wenn die Einkünfte aus einer angemessenen Erwerbstätigkeit wegfallen, weil es ihm trotz seiner Bemühungen nicht gelungen war, den Unterhalt durch die Erwerbstätigkeit nach der Scheidung nachhaltig zu sichern. Die Bestimmung stellt auf die Unterhaltssicherung durch eine Erwerbstätigkeit ab. Das ist in Rechtsprechung und Wissenschaft bislang auch einhellig, wenngleich nicht immer ausgesprochen, angenommen worden (FamRZ 85/791, 792 und FamRZ 85/1234). Nach den getroffenen Feststellungen ist die Ehefrau indessen weder im Zeitpunkt der Scheidung noch danach erwerbstätig gewesen, sondern sie ist bis zum 12. 9. 1985 in vollem Umfang von einem neuen Partner, mit dem sie in eheähnlicher Gemeinschaft zusammenlebte, unterhalten worden. Finanzielle Mittel, die ein Unterhaltsberechtigter zur Bestreitung der gemeinsamen Lebenshaltungskosten von einem neuen Partner entgegennimmt, können zwar unter Umständen die Bedürftigkeit mindern; gleiches gilt, wenn er dem neuen Partner durch die Haushaltsführung und sonstige Versorgung Dienstleistungen erbringt, die dieser zu vergüten in der Lage wäre und für die dem Unterhaltsberechtigten daher ein Entgelt zugerechnet wird (FamRZ 80/40, 42, FamRZ 80/665, 668, FamRZ 80/879, 880). Daraus ergibt sich aber kein hinreichender Grund, solche Entgelte den Einkünften aus einer Erwerbstätigkeit i. S. des § 1573 IV BGB gleichzusetzen. Dem steht von vornherein entgegen, daß auf Zahlungen des Partners kein Rechtsanspruch besteht, diese vielmehr wie auch hier jederzeit wegfallen können. Entgegen der Auffassung der Revision ist aber auch nicht entscheidend, ob im Zeitpunkt der Scheidung erwartet werden konnte, der Unterhalt der Ehefrau werde dadurch nachhaltig gesichert sein, daß sie ihr künftiges Auskommen aufgrund der ökonomischen Solidarität in einer neuen nichtehelichen Gemeinschaft finden werde. Weder aus § 1573 IV BGB noch aus anderen Regelungen läßt sich ein allgemeiner Grundsatz herleiten, daß ein geschiedener Ehegatte Unterhalt nicht mehr beanspruchen kann, wenn im Zeitpunkt der Scheidung zu erwarten war, sein Unterhalt werde wegen des Bestehens bestimmter Lebensverhältnisse nachhaltig gesichert sein. Eine solche Regelung enthält das Gesetz nur noch als (weitere) Ausnahmeregel in § 1577 IV S. 1 BGB für den Fall, daß ein Vermögen später wegfällt, aus dessen Ertrag oder Substanz der Unterhalt des Berechtigten zunächst nachhaltig gesichert zu sein schien. Dieser Regelung liegt derselbe Gedanke zugrunde wie der Bestimmung in § 1573 IV BGB: Nur derjenige Ehegatte, dessen Unterhalt entweder durch eine Erwerbstätigkeit oder durch vorhandenes Vermögen nachhaltig gesichert ist, soll auf eine nachwirkende eheliche Solidarität später nicht mehr zurückgreifen dürfen, sondern alle Folgen der noch ungewissen künftigen Entwicklung unterhaltsrechtlich allein tragen. **a**

(Zum Wiederaufleben eines Anspruchs nach § 1573 I BGB bei Beendigung einer nichtehelichen Lebensgemeinschaft)

1 b) Sind die unterhaltsrechtlichen Beziehungen der Parteien – vorbehaltlich des Eingreifens der Härteklausel des § 1579 BGB (dazu unter 2) – durch die vorübergehende anderweitige Deckung des **b**

Lebensbedarfs der Ehefrau nicht erloschen, kann sie nach dem Eintritt ihrer Bedürftigkeit nunmehr Unterhalt nach § 1573 I BGB verlangen, solange und soweit sie nach der Scheidung keine angemessene Erwerbstätigkeit zu finden vermag. Zu den Voraussetzungen des Unterhaltsanspruchs aus § 1573 I BGB hat der Senat – nach Verkündung des Berufungsurteils – in mehreren Entscheidungen Stellung genommen (FamRZ 1986/885, 886; FamRZ 1987/144). Damit steht in Einklang, daß das OLG den Anspruch der Ehefrau nicht daran hat scheitern lassen, daß sie sich in der Zeit des Zusammenlebens mit dem neuen Partner nicht um eine angemessene Erwerbstätigkeit bemüht hat. Den Feststellungen des OLG ist zu entnehmen, daß sie auch bei entsprechenden Bemühungen keine Arbeit gefunden hätte, die ihren Unterhalt nachhaltig gesichert hätte. Nach der tatrichterlichen Überzeugung war aufgrund der bestehenden objektiven Bedingungen (Behinderung an der rechten Hand, Alter, fehlende Ausbildung, Arbeitsmarktlage) die Suche nach einem geeigneten Arbeitsplatz selbst nach einer der Behinderung Rechnung tragenden Umschulung nahezu aussichtslos. Die Revision macht nicht geltend, daß das OLG diese Feststellungen verfahrensfehlerhaft getroffen habe. Für eine von der Revision versuchte eigene, von der tatrichterlichen abweichende Würdigung der gegebenen Verhältnisse steht das Revisionsverfahren nicht zur Verfügung. Damit waren die in § 1573 I BGB genannten Anspruchsvoraussetzungen seit der Scheidung erfüllt, jedoch konnte die Ehefrau den Unterhalt so lange nicht verlangen, wie sie nicht bedürftig war (§ 1577 I BGB).

(Zur Frage, ob und unter welchen Voraussetzungen ein nach § 1579 Nr. 7 BGB ausgeschlossener Unterhaltsanspruch wiederaufleben kann, wenn sich die die Unzumutbarkeit der Inanspruchnahme begründenden Umstände später geändert haben)

c 2) Das OLG hat es abgelehnt, den Unterhaltsanspruch der Ehefrau gemäß § 1579 Nr. 7 BGB – der dem § 1579 I Nr. 4 BGB (a. F.) entspricht – zu versagen oder zu begrenzen. Dazu hat es ausgeführt: Soweit der Anspruch wegen einer „ehegleichen ökonomischen Solidarität“ entsprechend den hierzu vom BGH aufgestellten Grundsätzen ausgeschlossen sei, könne dies, wenn überhaupt, hier nur für die Zeit bis zum 12. 9. 1985 gelten. Nachdem sich die Ehefrau von ihrem neuen Partner getrennt habe, erscheine eine Inanspruchnahme des Ehemannes auch unter dem Gesichtspunkt des Vertrauensschutzes nicht grob unbillig, zumal der Ehemann noch bis zum August 1984 Unterhaltsleistungen erbracht habe. Die Revision macht zutreffend geltend, daß diese Erwägungen nicht hinreichend erkennen lassen, ob das OLG die für die Anwendung der Härteklausel bedeutsamen Umstände vollständig gewürdigt hat. § 1579 Nr. 7 BGB greift ein, wenn die aus einer Unterhaltspflicht entstehende Belastung für einen unterhaltspflichtigen geschiedenen Ehegatten die Grenzen des Zumutbaren überschreitet. Nach der zu § 1579 I Nr. 4 BGB (a. F.) entwickelten std. Rspr. des Senats kann sich dies aus objektiven Gegebenheiten und Veränderungen der Lebensverhältnisse der früheren Ehegatten ergeben (FamRZ 1983/569, 572; FamRZ 1983/996, 997 und FamRZ 1984/986, 987).

Ein solcher Fall kommt in Betracht, wenn – wie vorliegend bis zum 12. 9. 1985 – ein fester sozialer und wirtschaftlicher Zusammenschluß des unterhaltsbedürftigen Ehegatten mit einem neuen Partner über eine längere Zeit besteht, in dessen Folge beide ähnlich wie in einer Ehe zu einer Unterhaltsgemeinschaft gelangen. Ein während der Dauer solcher Lebensverhältnisse veranlaßter Ausschluß des Unterhaltsanspruchs muß jedoch nicht notwendig endgültig sein. Ändern sich später die Gegebenheiten, die die Unzumutbarkeit der Inanspruchnahme des früheren Ehegatten auf Unterhalt begründet haben, bleiben diese Änderungen weder unberücksichtigt noch führen sie ohne weiteres zur Wiederherstellung der unterhaltsrechtlichen Lage, die vor dem Eintritt der die Unzumutbarkeit begründenden Umstände bestanden hat. Erforderlich ist vielmehr eine neue umfassende Prüfung, ob die aus einer wiederauflebenden Unterhaltspflicht erwachsende Belastung für den Verpflichteten weiterhin die Zumutbarkeitsgrenze überschreitet (FamRZ 1986/443, 444, m. w. N.). In diese Prüfung sind grundsätzlich alle Umstände einzubeziehen, die die gebotene Billigkeitsabwägung beeinflussen können. Wesentliche Bedeutung kommt dabei zunächst dem Zeitfaktor zu. Je länger die Ehe gedauert hat, desto stärker haben sich in der Regel die Lebensverhältnisse der Ehegatten miteinander verflochten und desto mehr trifft demgemäß eine Begrenzung des Unterhaltsanspruchs denjenigen Ehegatten, der wirtschaftlich vom verpflichteten Ehegatten abhängig geworden ist. Auf der anderen Seite ist ebenso zu berücksichtigen, wie lange die Verhältnisse gedauert haben, die eine Unterhaltsgewährung als objektiv unzumutbar erscheinen ließen. Je länger der Verpflichtete aus Zumutbarkeitsgründen von einer Inanspruchnahme auf nachehelichen Unterhalt ganz oder teilweise verschont geblieben ist, um so mehr wird der Gedanke in den Hintergrund treten, für den Unterhalt des Bedürftigen aufgrund einer fortwirkenden ehelichen Solidarität wieder uneingeschränkt aufkommen zu müssen, und um so härter wird ihn eine (erneute) Inanspruchnahme objektiv treffen.

Im vorliegenden Fall haben die Parteien seit der Eheschließung bis zur Trennung etwa zwölf Jahre, danach die Ehefrau mit ihrem neuen Partner etwa sieben Jahre zusammengelebt. Bei solchen Verhältnissen wird sich nicht ohne weiteres feststellen lassen, daß die aus der ehelichen Verbindung erwachsene wirtschaftliche Abhängigkeit der Ehefrau schon deshalb erheblich schwerer wiegt, weil sie die Dauer ihrer nichtehelichen Partnerschaft um einige Jahre übersteigt. Gegen ein Wiederaufleben des

Unterhaltsanspruchs kann es sprechen, wenn der Unterhaltspflichtige auf den endgültigen Wegfall der Verpflichtung vertrauen konnte und sich darauf, etwa durch wirtschaftliche Dispositionen, eingestellt hat, ohne daß er dies dem Berechtigten unterhaltsrechtlich entgegenhalten könnte, beispielsweise durch Aufnahme von Krediten oder durch Übernahme neuer Unterhaltspflichten, etwa durch eine neue Ehe. In diesem Zusammenhang hat das OLG zwar zutreffend darauf hingewiesen, daß der Ehemann noch nach der Scheidung die als Trennungsunterhalt titulierte monatliche Rente bis August 1984 weitergezahlt hat. Es fehlen indessen Feststellungen dazu, ob diese Zahlungen in Kenntnis der anderweitigen Deckung des Unterhalts der Ehefrau und im Bewußtsein einer fehlenden Rechtspflicht erfolgt sind. Die Revision verweist zu Recht darauf, daß aus diesen Zahlungen keine Billigkeitserwägung zugunsten der Ehefrau hergeleitet werden kann, wenn der Ehemann sie in Unkenntnis der tatsächlichen und rechtlichen Lage erbracht haben sollte. Bei der erneuten Abwägung gemäß § 1579 BGB ist schließlich auch einzubeziehen, daß die Vorschrift auch Begrenzungen des Anspruchs nach Zeit und Höhe erlaubt. Eine nach alledem gebotene umfassende Prüfung der für die Entscheidung maßgebenden Umstände ist dem angefochtenen Urteil nicht zu entnehmen. Der Senat kann auch nicht selbst in der Sache entscheiden, da weitere Feststellungen erforderlich sind, die der Tatrichter treffen muß, bevor er die ihm obliegende Abwägung nach § 1579 BGB vornehmen kann. Das veranlaßt die Aufhebung des angefochtenen Urteils und die Zurückverweisung des Rechtsstreits an das OLG.

BGH v. 20. 5. 87 – IVb ZR 50/86 – FamRZ 87, 1011 = NJW-RR 87, 1282

(Im Rahmen der Prüfung der Zumutbarkeit von Unterhaltsleistungen gemäß § 1579 Nr. 7 BGB kann nicht angenommen werden, der Unterhaltsberechtigte finde sein Auskommen zumindest teilweise in dem Zusammenleben mit dem neuen Partner, wenn dieser gleichzeitig als nicht hinreichend leistungsfähig für Unterhaltsbeiträge angesehen wird) **R338**

(Bedürftigkeitsmindernde Anrechnung von Einkünften aus einer Erwerbstätigkeit, deren Umfang über die im Zeitpunkt der Scheidung ausgeübte Teilzeittätigkeit hinausgeht)

III 1) Einkünfte der Bekl. aus einer Erwerbstätigkeit, deren Umfang über die im Zeitpunkt der Scheidung ausgeübte Teilzeitarbeit hinausgeht, beeinflussen zwar nicht die Berechnung ihres vollen Unterhalts (§ 1578 I BGB); sie sind jedoch für die Frage bedeutsam, ob sich die Bekl. aus ihren Einkünften selbst unterhalten kann, § 1577 I BGB. Allerdings sind Einkünfte aus einer die Halbtagsarbeit übersteigenden Erwerbstätigkeit nur zu berücksichtigen, wenn sie anzurechnen sind. Das hängt zunächst davon ab, ob der Bekl. im Hinblick auf das Alter des von ihr betreuten gemeinschaftlichen Kindes eine Ausdehnung der Halbtagsarbeit zuzumuten ist (NJW 1984/292). Handelte es sich danach bei den vom Kl. behaupteten Mehreinkünften um solche, die die Bekl. aus einer von ihr nach § 1570 BGB nicht zu erwartenden Tätigkeit erzielt, richtet sich die Anrechnung nach der Vorschrift des § 1577 II BGB (NJW 1983/933 = FamRZ 1983/146 ff.). Die insoweit erforderliche tatrichterliche Beurteilung wird gegebenenfalls nachzuholen sein. 3) In der neuen Verhandlung kann der Kl. auf seine Behauptung zurückkommen, die Bekl. habe bislang von der Eingehung einer Ehe mit ihrem neuen Partner nur abgesehen, um ihren vermeintlichen Unterhaltsanspruch nicht zu gefährden. Daß sich aus den Motiven, die die ohne Eheschließung zusammenlebenden Partner zur Bestimmung dieser Lebens- und Wirtschaftsform bewogen haben, zusätzliche Gesichtspunkte für die Anwendung der Härteklausel des § 1579 Nr. 7 BGB gewinnen lassen, ist nicht von vornherein auszuschließen. Wegen der Darlegungs- und Beweislast in diesem Bereich verweist der Senat auf seine Urteile vom 26. 1. 1983 (NJW 1983/1548 = FamRZ 1983/569 [572]) und vom 11. 7. 1984 (NJW 1984/2692 = FamRZ 1984/986). **b**

(Wird im Falle des eheähnlichen Zusammenlebens mit einem neuen Partner eine Vergütung für Haushaltsführung und Versorgung angerechnet, so handelt es sich hierbei nicht um Einkünfte aus Erwerbstätigkeit, sondern um eine besondere Art anderweitiger Deckung des Unterhaltsbedarfs, den unberücksichtigt zu lassen unbillig wäre. Die Frage der Zumutbarkeit einer Erwerbstätigkeit stellt sich deshalb in diesem Zusammenhang nicht zur Leistungsfähigkeit des neuen Partners)

III 2) Die Zurückverweisung gibt Gelegenheit, die Bedürftigkeit der Bekl. auch im Hinblick darauf erneut zu prüfen, daß sie ihrem neuen Partner den Haushalt führt und ihn versorgt. Das OLG hat ausgeführt, neben der Betreuung des Kindes sei der Bekl. eine über die ausgeübte Halbtagstätigkeit hinausgehende Erwerbstätigkeit nicht zuzumuten. Außerdem komme die Anrechnung von Einkünften auch deshalb nicht in Betracht, weil der Partner nicht hinreichend leistungsfähig sei, denn ihm verbleibe von seinem monatl. Nettoeinkommen (1650 DM) nach Abzug von Unterhaltsschulden (284 DM) mit 1366 DM kaum mehr als der angemessene Selbsterhalt. Dem kann nicht gefolgt werden. Wenn im Falle des eheähnlichen Zusammenlebens mit einem neuen Partner in einer Wohn- und Wirtschaftsgemeinschaft nach der Rechtsprechung des Senats unterhaltsrechtlich eine – tatsächliche oder ange- **c** nommene – Vergütung für die Haushaltsführung und Versorgung angerechnet wird (FamRZ 80/665, 668 und FamRZ 84/662, 663), handelt es sich nicht um Einkünfte aus Erwerbstätigkeit, sondern um eine besondere Art anderweitiger Deckung des Unterhaltsbedarfs, den unberücksichtigt zu lassen unbillig erschiene. Die Frage der Zumutbarkeit einer – regelmäßig außerhalb des Haushalts zu leistenden – echten Erwerbstätigkeit stellt sich deshalb in diesem Zusammenhang nicht. Soweit es im Blick auf § 1577 II BGB auch auf die Zumutbarkeit der durch Beiträge des Partners entgoltenen Haushaltstätigkeit noch ankommen sollte, stellt die tatsächliche Übernahme von derartigen Versorgungsdiensten ein gewichtiges Indiz für die Zumutbarkeit dar. Eine solche Versorgung kann auch regelmäßig neben der Betreuung eines elfjährigen Kindes ohne weiteres geleistet werden. Es trifft zu, daß die Meinung der Unterhaltsbedürftigkeit durch die Betreuung eines neuen Partners voraussetzt, daß dieser in der Lage ist, die ihm erbrachten Leistungen zu vergüten. Das OLG wird aber erneut zu prüfen haben, ob bei den jetzt festgestellten Einkommensverhältnissen des Partners (anders als im Vorprozeß) nicht davon auszugehen ist. Der verfügbare Nettobetrag von 1366 DM erlaubt jedenfalls die Vergütung von solchen Versorgungsleistungen der Bekl., die aus der Sicht des Partners seinem eigenen Unterhalt dienen. Würde er nicht mit der Bekl. zusammen wirtschaften, sondern allein leben, müßte er entsprechende Aufwendungen ebenfalls aus seinem verfügbaren Einkommen finanzieren.

BGH v. 3. 6. 87 – IVb ZR 64/86 – FamRZ 87, 913 = NJW-RR 87, 1218

R339 *(Vom Normalverlauf abweichende Entwicklung des beruflichen Werdeganges nach Trennung)*

c II 1) Das OLG hat das i. J. 1983 bezogene Einkommen des Kl. aus seiner Tätigkeit bei der Firma B. (auf der Grundlage einer fiktiven Nettogehaltsberechnung) in vollem Umfang bei der Bestimmung der ehel. Lebensverhältnisse berücksichtigt und dazu ausgeführt, daß die gute Einkommensentwicklung, die in der Zeit von 1976 bis 1983 einen kontinuierlichen Anstieg des jährlichen Bruttoeinkommens von rund 50 000 auf etwa 75 500 DM aufweise, in den ehel. Lebensverhältnissen angelegt gewesen sei. Die besondere Steigerung um rund 10 000 DM von 1978 auf 1979 resultiere aus der Beförderung des Kl. und seiner Übernahme in das Angestelltenverhältnis. Diese Beförderung habe zwar zu einer Zeit stattgefunden, als die Parteien vorübergehend getrennt gelebt hätten; sie habe aber aufgrund des erneuten Zusammenlebens im Jahre 1979 die ehel. Lebensverhältnisse mitgeprägt. Gegen diese Beurteilung erhebt die Revision insoweit berechtigte Einwände, als das OLG bisher nicht geprüft hat, ob das Erwerbseinkommen des Kl. nicht seit der Trennung der Parteien mit seiner Steigerung von 61 689 DM i. J. 1979 auf 75 509 DM i. J. 1983 (und gar 84 066 DM i. J. 1985; jeweils brutto) eine unerwartete, vom Normalverlauf erheblich abweichende Entwicklung genommen hat. Soweit diese Einkommenssteigerungen darauf zurückzuführen sein sollten, daß der Kl. Anfang der 80er Jahre freigestellter Betriebsrat geworden ist, könnten sie bei der Außergewöhnlichkeit und Unvorhersehbarkeit dieses beruflichen Werdeganges nicht in vollem Umfang bei der Erfassung der ehel. Lebensverhältnisse berücksichtigt werden (FamRZ 1982/575 und 576).

BGH v. 24. 6. 87 – IVb ZR 73/86 – FamRZ 87, 838 = NJW-RR 87, 1285

R341 *(Trennungsunterhalt bei Erwerbseinkünften beider Eheleute und getrenntem Wirtschaften mit getrennten Kassen. Objektiver Maßstab. Es kommt nicht darauf an, inwieweit die Eheleute ihre beiderseitigen – auch wirtschaftlichen – Lebenspositionen aufeinander abgestimmt haben)*

I) Das KG hat ausgeführt, der Kl. stehe nach ihrem eigenen Vortrag ein Anspruch auf Trennungsunterhalt nicht zu. Gem. § 1361 I 1 BGB könne ein getrennt lebender Ehegatte von dem anderen den nach den Lebensverhältnissen und den Erwerbs- und Vermögensverhältnissen der Ehegatten angemessenen Unterhalt verlangen. Bei beiderseitiger Erwerbstätigkeit würden die Lebensverhältnisse im allgemeinen durch das gemeinsame Einkommen beider Ehegatten bestimmt. Nach der Rechtsprechung des BGH komme es nicht darauf an, inwieweit die Ehegatten ihre Lebensgemeinschaft verwirklicht und ihre Lebensdispositionen aufeinander abgestimmt hätten. Deshalb sei grundsätzlich unerheblich, ob sie nur wenige Wochen oder gar überhaupt nicht zusammengelebt hätten. Das solle nach dieser Rechtsprechung auch dann gelten, wenn sie zu keinem Zeitpunkt ihres Zusammenlebens eine wirtschaftliche Einheit gebildet, sondern mit getrennten Kassen gelebt hätten. Im vorliegenden Falle seien jedoch die ehelichen Lebensverhältnisse während des Zusammenlebens so gestaltet gewesen, daß die Bemessung des Trennungsunterhalts nach dem beiderseitigen Einkommen der Parteien ausnahmsweise nicht gerechtfertigt sei. Die Parteien hätten nämlich nicht nur rein tatsächlich die beiderseitigen Einkünfte getrennt verwaltet, ohne sie für den Unterhalt des anderen und für die gemeinsame Lebensführung zur Verfügung zu stellen. Vielmehr hätten sie hierüber eine Übereinkunft getroffen. An diese sei die Kl., die durch die Trennung grundsätzlich nicht besser gestellt werden dürfe, gebunden. Jede Partei habe ihre Einkünfte zur eigenen Verfügung gehabt und finanziell völlig getrennt von der anderen gewirtschaftet. Keine habe Zahlungen auf Verbindlichkeiten aus der Sphäre der anderen erbracht. Die von dem Bekl. zu den Kosten des gemeinsamen Haushalts geleisteten Beiträge – nach dem Vortrag der Kl. durchschnittlich monatlich 800 DM – hätten keinen Unterhaltscharakter gehabt. Durch diese Zahlungen hätten vielmehr, jeweils nach entsprechender vorheriger Absprache, lediglich die von der Kl. verauslagten und zusammengestellten Kosten für Wohnung und Lebensmittel sowie Wohnungsnebenkosten ausgeglichen werden sollen. Nach den gesamten vorgetragenen Umständen sei der Lebensstandard der Kl. vereinbarungsgemäß ausschließlich durch ihre eigenen Einkünfte bestimmt gewesen.

II) Diese Darlegungen ergeben nicht, daß der Kl. ein Anspruch auf Trennungsunterhalt nach § 1361 I 1 BGB nicht zusteht. Daraus, daß die Parteien – wegen der monatlichen Beteiligung des Bekl. an den Kosten des gemeinsamen Haushalts weitgehend – getrennt gewirtschaftet und beide auch jetzt noch – unterschiedlich hohe – eigene Erwerbseinkünfte haben, folgt nicht, daß deshalb der genannte Unterhaltsanspruch von Rechts wegen ausscheidet. 1. Wie das BerGer. an sich nicht verkennt, werden die nach § 1361 I 1 BGB maßgebenden Lebensverhältnisse in einer Ehe, in der beide Partner einer Erwerbstätigkeit nachgehen, im allgemeinen durch die zusammengerechneten Einkünfte beider Ehegatten bestimmt (NJW 1980/2349 = FamRZ 1980/876 [877] und NJW 1981/753 = FamRZ 1981/241). Der Anspruch auf Trennungsunterhalt ist grundsätzlich nicht davon abhängig, in welchem Maße die Ehegatten im Einzelfall ihre Einkünfte für den Unterhalt des anderen und für eine gemeinsame Lebensführung verwendet haben. Es kommt nicht darauf an, inwieweit sie die Lebensgemeinschaft verwirklicht und ihre beiderseitigen – auch wirtschaftlichen – Lebensdispositionen aufeinander abgestimmt haben (NJW 1985/1345 = FamRZ 1985/376 [378]). Demgemäß hat der Senat einen Anspruch auf Trennungsunterhalt auch dann bejaht, wenn die Ehegatten zu keinem Zeitpunkt ihres Zusammenlebens eine wirtschaftliche Einheit gebildet, sondern mit getrennten Kassen (Urt. v. 21. 4. 1982 – IVb ZR 693/80) und sogar dann, wenn sie von Anfang an getrennt gelebt haben (NJW 1982/1460 = FamRZ 1982/573 [574/575] m. w. Nachw.). In dem genannten Urteil vom 21. 4. 1982 ist ausgeführt, daß der besser verdienende Partner sich seiner Unterhaltsverpflichtung nach § 1361 I BGB grundsätzlich nicht mit dem Hinweis darauf entziehen kann, daß er während des Zusammenlebens seinen Unterhalt im wesentlichen aus seinem Einkommen selbst bestritten und keinen Beitrag zu den Kosten einer gemeinsamen Lebensführung geleistet habe. Wenn der Ehegatte, der das höhere Einkommen erzielt, nichts zum Lebensunterhalt des anderen Teils entsprechend den Lebensverhältnissen beider Eheleute beigesteuert hat und als Folge hiervon die Lebensstellung des geringer verdienenden Ehegatten hinter der des anderen zurückgeblieben ist, so führt dies nicht zu einer Beschränkung des Unterhaltsbedarfs des Ehegatten mit dem geringeren Einkommen. Bei der Bemessung des ehelichen – wie des nachehelichen – Unterhalts ist ein objektiver Maßstab anzulegen. Entscheidend ist derjenige Lebensstandard, der nach den ehelichen Lebensverhältnissen vom Standpunkt eines vernünftigen Betrachters aus angemessen erscheint (NJW 1982/1645 = FamRZ 1982/151 [152] und NJW 1984/1237 = FamRZ 1984/358 [360]). Die Kl. ist daher aus Rechtsgründen nicht gehindert, auf der Erfüllung ihres Unterhaltsanspruchs nach § 1361 I 1 BGB zu bestehen, auch wenn sie sich während des Zusammenlebens der Parteien mit der für sie möglicherweise ungünstigeren Handhabung, auf die das BerGer. im wesentlichen abgestellt hat, zufriedengegeben hat (Urt. v. 21. 4. 1982 – IVb ZR 693/80). Deshalb kommt es darauf, daß die Parteien die getrennte Kassenführung einvernehmlich praktiziert haben, entgegen der Auffassung des BerGer. nicht entscheidend an. Die Gestaltung der wirtschaftlichen Verhältnisse innerhalb der Ehe beruht in aller Regel auf einer entsprechenden Verständigung der Partner. Ein – wirksamer – Verzicht auf künftigen Trennungsunterhalt, den offenbar auch das BerGer. nicht angenommen hat, kann darin schon wegen der Regelung in §§ 1361 IV 4, 1360a III, 1614 I BGB nicht gesehen werden.

BGH v. 1. 7. 87 – IVb ZR 74/86 – FamRZ 87, 1014 = NJW-RR 87, 1220

(§ 1585 III BGB bei übergeleiteten Ansprüchen) **R342**

a) § 1585b III BGB gilt uneingeschränkt auch für den Fall, daß der Unterhaltsanspruch, wie hier, nach § 90 I BSHG durch Überleitung auf den Träger der Sozialhilfe übergegangen ist. Die Überleitung wirkt wie eine Abtretung (s. etwa Göppinger, UnterhaltsR, 6. Aufl., Rdnr. 1454). Die Rechtsnatur des Anspruchs bleibt unverändert (s. etwa Gottschick-Giese, BSHG, 9. Aufl., § 90 Rdnr. 17; Schellhorn-Jirasek-Seipp, BSHG, 12. Aufl., § 90 Rdnr. 26). Er unterliegt daher der nämlichen rechtlichen Beurteilung wie ohne die Überleitung, soweit das Gesetz keine besonderen Regelungen aufstellt (vgl. BGHZ 74, 121 (124f.) = NJW 1979, 1456). Dementsprechend kann der Träger der Sozialhilfe den Unterhaltspflichtigen auch für die Vergangenheit grundsätzlich nur in dem Umfange in Anspruch nehmen, in dem dies dem Unterhaltsberechtigten nach bürgerlichem Recht möglich wäre (Göppinger, Rdnr. 1444). Eine Erweiterung der Zugriffsmöglichkeiten des Trägers der Sozialhilfe ergibt sich lediglich aus § 91 II BSHG. Diese Regelung läßt jedoch § 1585 III BGB unberührt.

BGH v. 30. 9. 87 – IVb ZR 71/86 – FamRZ 88, 46 = NJW 88, 557

R343 *(Keine Identität zwischen dem Anspruch auf nachehelichen Unterhalt und einem wiederauflebenden Unterhaltsanspruch nach § 1586 a BGB)*

1) Der am 15. 4. 1981 geschlossene Prozeßvergleich regelte nur den Unterhaltsanspruch der Bekl. für die Zeit ab Scheidung der Ehe der Parteien. Mit diesem durch die Wiederheirat der Bekl. gemäß § 1586 I BGB erloschenen Anspruch ist ein nach der Auflösung ihrer zweiten Ehe möglicherweise gemäß § 1586 a I BGB bestehender Unterhaltsanspruch der Bekl. nicht identisch. Das hat zur Folge, daß ein Titel über den nachehel. Unterhalt den Anspruch aus § 1586 a I BGB nicht umfaßt.

a) Die Rechtslage wäre nur anders zu beurteilen, wenn die Parteien in dem Prozeßvergleich v. 15. 4. 1981 nicht nur den nachehel. Unterhaltsanspruch der Bekl. nach der Scheidung ihrer Ehe (§§ 1569 ff. BGB) geregelt hätten, sondern wenn der Vergleich auch einen nach der Auflösung einer neuen Ehe der Bekl. entstehenden Anspruch gemäß § 1586 a BGB umfassen sollte.

b) Der gesetzliche Unterhaltsanspruch – den die Parteien durch den Vergleich v. 15. 4. 1981 lediglich näher ausgestaltet, nicht aber in einen vertraglichen umgewandelt haben (FamRZ 1984/874, 875, unter 4 b) – erlischt kraft Gesetzes mit der Wiederheirat des Berechtigten (§ 1586 I BGB). Der Gesetzgeber des 1. EheRG hat mit dieser Bestimmung den vor dem 1. 7. 1977 bestehenden Rechtszustand fortgeschrieben, wonach „die Unterhaltspflicht" mit der Wiederverheiratung des Berechtigten erlosch (§ 67 EheG). Dieses Erlöschen umfaßt den Unterhaltsanspruch insgesamt, ohne nach einzelnen Unterhaltstatbeständen zu differenzieren. Diese Rechtslage wird entgegen der Auffassung des OLG nicht dadurch berührt, daß die Ehe, deren Schließung zum Erlöschen des Anspruchs geführt hat, wieder aufgelöst wird. Die (zweite) Eheschließung ist nicht im Sinne einer Bedingung zu verstehen, deren Auflösung etwa wie bei einem auflösend bedingt vorgenommenen Rechtsgeschäft gemäß § 158 II BGB zur Wiederherstellung des früheren Rechtszustandes führt. Eine solche Rechtswirkung tritt auch dann nicht ein, wenn der Ehegatte aus der zweiten Ehe unstreitig dem Berechtigten aus der ersten Ehe keinen nachehel. Unterhalt schuldet (§ 1586 a II BGB). Die Auflösung der zweiten Ehe eröffnet dem aus erster Ehe Unterhaltsberechtigten lediglich die Möglichkeit, unter gesetzlich bestimmten engen Voraussetzungen den früheren Ehegatten ausnahmsweise (wieder) auf Unterhalt in Anspruch zu nehmen (§ 1586 a I BGB: „... kann ... verlangen, wenn ..."). Von einem „Wiederaufleben" des alten Anspruchs ist im Gesetz nicht die Rede. Der Verwendung dieses Ausdrucks in der Amtlichen Begründung (BT-Drucks. 7/650, S. 151) kommt daher keine ausschlaggebende Bedeutung zu, abgesehen davon, daß der Begriff des „Wiederauflebens" nicht eindeutig ist.

c) Ein Unterhaltsanspruch nach wieder aufgelöster Zweitehe gemäß § 1586 a I BGB weist gegenüber dem durch die Wiederheirat erloschenen Unterhaltsanspruch so erhebliche Unterschiede in der gesetzlichen Ausgestaltung auf, daß materiell-rechtlich von jeweils besonderen Ansprüchen ausgegangen werden muß, zwischen denen keine Identität besteht. Während die nachehel. Unterhaltspflicht an eine ganze Reihe von Bedürfnislagen anknüpft (§§ 1570 ff. BGB), die im jeweiligen Einsatzzeitpunkt vorliegen müssen, ist die Unterhaltspflicht nach aufgelöster Zweitehe des Berechtigten weiter abgeschwächt und kommt nur noch in Betracht, wenn die Bedürftigkeit des Berechtigten darauf beruht, daß er wegen der Pflege oder Erziehung eines gemeinschaftlichen Kindes aus der früheren Ehe nicht erwerbstätig sein kann. Das nötigt in Streitfällen zu entsprechenden Feststellungen, wenn etwa der berechtigte Ehegatte durch diese Kindesbetreuung nur teilweise an einer Erwerbstätigkeit gehindert wird, im übrigen aber von Anfang an – und nicht erst als Anschlußtatbestand (§ 1586 a I S. 2 BGB) – auch andere Gründe für seine Bedürftigkeit vorliegen. Ferner kann die Bemessung des Unterhaltsanspruchs nach den ehel. Lebensverhältnissen (§ 1578 I S. 1 BGB) in der ersten Ehe Probleme aufwerfen, wenn die Lebenssituation des Unterhaltsberechtigten durch ungünstigere Verhältnisse in der aufgelösten Zweitehe weit stärker geprägt worden ist; in der Literatur wird teilweise die Berücksichtigung einer solchen Einbuße befürwortet. Kommt eine zeitliche Begrenzung des Unterhaltsanspruchs nach den ehel. Lebensverhältnissen gemäß § 1578 I S. 2 und 3 BGB in Betracht, muß darüber entschieden werden, ob die Zeit der Kindesbetreuung während des Bestandes der zweiten Ehe gleichwohl der Dauer auch der ersten Ehe zugerechnet werden kann, und – wenn man dies bejaht – ob und gegebenenfalls wie sich die Dauer der zweiten Ehe auf die zu treffende Billigkeitsentscheidung auswirkt. Vor allem aber stellt die Subsidiaritätsklausel des § 1586 a II BGB für den Bestand des Unterhaltsanspruchs gegen den früheren ersten Ehegatten zusätzliche Voraussetzungen auf. Das erfordert gegebenenfalls die Prüfung eines Anspruchs gegen den später geschiedenen Ehegatten im Rahmen des Prozesses gegen den ersten Ehegatten (vgl. OLG Hamm, FamRZ 1986/364). Dabei ist zu entscheiden, ob der Berechtigte bereits dann den früheren Ehegatten in Anspruch nehmen kann, wenn er (wie auch hier) gegenüber dem Ehegatten der später aufgelösten Ehe vertraglich auf Unterhalt verzichtet hat. Selbst wenn eine derartige Vereinbarung rechtswirksam ist (FamRZ 1983/137, FamRZ 1985/788, 789, und FamRZ 1987/46, 47), stellt sich die weitere Frage, ob sie dem auf Unterhalt in Anspruch genommenen ersten Ehegatten entgegengehalten werden kann; das wird möglicherweise davon abhängen, ob der Berechtigte Sachgründe für den vereinbarten Verzicht geltend machen kann (z. B. wenn die zweite Ehe nur von kurzer Dauer war, so daß einem Unterhaltsbegehren § 1579 Nr. 1 BGB entgegengestanden hätte) oder ob ihm andererseits mit Erfolg entgegengehalten werden kann, er habe durch die Vereinbarung seine Bedürftigkeit mutwillig herbeigeführt (§ 1579 Nr. 3 BGB). Zu prüfen ist auch, ob eine allein tatsächliche Unmöglichkeit, den zweiten Ehegatten auf Unterhalt in Anspruch zu nehmen (z. B. wegen Auslandsaufenthalt oder nach fruchtlosen Vollstreckungsversuchen), bereits ausreicht, um den ersten haften zu lassen.

d) Aus der unterschiedlichen Ausgestaltung der Unterhaltsansprüche des geschiedenen und des nach Wiederheirat erneut geschiedenen Ehegatten folgt, daß ein Titel über den zuerst genannten Anspruch den letzteren nicht umfaßt. Diese Auffassung führt auch zu angemessenen praktischen Ergebnissen. Der unterhaltsbedürftige Ehegatte, der für den Anspruch aus § 1586 a I BGB auf den Weg einer neuen Klage verwiesen ist, muß nach allgemeinen Regeln die Voraussetzungen dieses Anspruchs darlegen und beweisen. Es wird ihm nicht gestattet, sich auf den Fortbestand eines von solchen Voraussetzungen abhängigen (früheren) Unterhaltsanspruchs mit der Folge zu berufen, daß der in Anspruch genommene frühere Ehegatte etwa zu den Verhältnissen vortragen müßte, die einer Inanspruchnahme des primär haftenden späteren Ehegatten entgegenstehen.

BGH v. 30. 9. 87 – IVb ZR 79/86 – FamRZ 87, 1238 = NJW-RR 88, 70

(Kein endgültiger Unterhaltsausschluß nach § 1579 Nr. 6 oder Nr. 7 BGB, solange Belange eines gemeinsamen Kindes zu wahren sind) **R344**

2) Vor dem Verurteilungszeitraum (1. 12. 1983) hat das OLG einen Unterhaltsanspruch der Kl. wegen eines schwerwiegenden, eindeutig bei ihr liegenden Fehlverhaltens als ausgeschlossen angesehen. Für die Zeit ab 1. 12. 1983 führe hingegen die im Eingangssatz des § 1579 BGB n. F. vorgeschriebene „Wahrung der Belange eines dem Berechtigten zur Pflege oder Erziehung anvertrauten gemeinschaftlichen Kindes" dazu, daß ihr ein Unterhaltsanspruch nicht mehr ganz zu versagen sei, sondern daß lediglich eine Herabsetzung in Betracht komme. Dies hält die Revision im Hinblick auf den Ausschluß des Unterhaltsanspruchs in dem vorangegangenen Zeitraum für rechtlich nicht möglich, weil ein Unterhaltsanspruch, der einmal „verwirkt" worden sei, nicht wieder aufleben könne. Ein Anspruch der Kl. aus § 1361 BGB sei als endgültig erloschen anzusehen. Dieser Auffassung kann nicht gefolgt werden. Für Fälle, in denen der Unterhaltsberechtigte mit einem neuen Partner eine Lebensgemeinschaft eingegangen war und für die Dauer dieser Gemeinschaft wegen grober Unbilligkeit (§ 1579 I Nr. 4 a. F. oder § 1579 Nr. 7 BGB n. F.) keinen Unterhalt verlangen konnte, hat der Senat bereits entschieden, daß der Ausschluß des Unterhaltsanspruchs nicht notwendig endgültig sein muß, daß vielmehr bei einer späteren Änderung der Gegebenheiten, etwa dem Zerbrechen der Lebensgemeinschaft, erneut umfassend zu prüfen ist, ob die aus einer wiederauflebenden Unterhaltspflicht erwachsende Belastung für den Verpflichteten weiterhin die Zumutbarkeitsgrenze überschreitet (NJW 1986/722, 724 bzw. FamRZ 1986/443, 444, sowie FamRZ 1987/689, 690). Dabei hat er auch dargelegt, daß er die teilweise im Schrifttum vertretene gegenteilige Auffassung, auf die sich hier die Revision beruft, nicht für richtig hält. Das Gesetz spricht in § 1579 BGB nicht wie in § 66 EheG von einer Verwirkung des Anspruchs, die als endgültig angesehen wurde (zu § 66 EheG vgl. FamRZ 1973, 182, 183). Für die Tatbestände des § 1579 BGB ist wegen dieser Frage eine differenzierende Betrachtungsweise angezeigt, wobei es teilweise sogar auf die jeweiligen Umstände des Einzelfalles ankommen mag. Soweit nach dem Eingangssatz des § 1579 BGB n. F. die Belange eines gemeinschaftlichen Kindes zu wahren sind, kann dies nicht davon abhängig sein, ob der Unterhaltsberechtigte für einen vorangegangenen Zeitraum wegen Fehlverhaltens seinen Unterhaltsanspruch eingebüßt hatte. Wie das BVerfG bei der verfassungsrechtlichen Überprüfung des § 1579 II BGB a. F. ausgeführt hat, kommt den Belangen des Kindes gegenüber denen des unterhaltsverpflichteten Elternteils grundsätzlich der Vorrang zu. Dieser kann unter den Voraussetzungen der Härteregelung nur insoweit von Unterhaltszahlungen freigestellt werden, wie die Interessen des Kindes nicht entgegenstehen. Der Lebensstandard eines Kindes soll nicht wegen eines Fehlverhaltens des betreuenden Elternteils absinken, das von ihm nicht zu verantworten ist (vgl. BVerfGE 57/361, 383 ff. = FamRZ 1981/745, 749 ff.). Aus diesen Gründen wurden im Gesetzgebungsverfahren zum UÄndG die nach dem Regierungsentwurf zu § 1579 BGB insoweit vorgesehenen Worte „Berücksichtigung der Belange" durch die schärfere Formulierung „Wahrung der Belange" ersetzt (BT-Drucks. 10/4514, S. 20). Der Gesetzgeber hat hierbei aufgrund seiner verfassungsrechtlichen Verpflichtung gehandelt, die Lebensbedingungen des Kindes zu sichern, die für sein gesundes Aufwachsen erforderlich sind. Eine Auslegung des § 1579 BGB, die die Belange des Kindes ganz vernachlässigen würde, nur weil der betreuende Ehegatte zuvor seinen Unterhaltsanspruch wegen Fehlverhaltens eingebüßt hatte, wäre danach mit verfassungsrechtlichen Grundsätzen unvereinbar. Wenn die Voraussetzungen des hier erörterten Eingangssatzes des § 1579 BGB neu eintreten, ist der Unterhaltsanspruch des betreuenden Elternteils vielmehr unter Einbeziehung der Belange des Kindes umfassend neu zu prüfen. Die hierin liegende Privilegierung des unterhaltsberechtigten Elternteils gilt ähnlich wie im Falle des § 1570 BGB, solange er das Kind tatsächlich betreut, und zwar entweder im Einverständnis mit dem anderen Elternteil oder aufgrund einer gerichtlichen Entscheidung. **a**

BGH v. 4. 11. 87 – IVb ZR 75/86 – FamRZ 88, 159 = NJW 88, 2371

R346 *(Die Ausbildungsvergütung, gekürzt um ausbildungsbedingten Mehrbedarf, ist Einkommen des Kindes)*

b I 2) Zur Höhe der Einkünfte des Sohnes hat das OLG festgestellt:

a) Er erhalte eine Ausbildungsvergütung von monatlich ca. 575 DM, von der ihm bei einem ausbildungsbedingten Mehrbedarf von 145 DM monatlich 430 DM verblieben. Auch insoweit erinnert die Revision nichts und bestehen keine rechtlichen Bedenken. Daß Ausbildungsvergütungen, die ein Kind erhält, bei ihm als Einkommen berücksichtigt werden, entspricht der Rechtsprechung des Senats (FamRZ 1981/541, 542 f.). Das OLG hat die Vergütung zu Recht um ausbildungsbedingten Mehrbedarf gekürzt. Daß es diesen zu gering bemessen hätte, macht die Revision nicht geltend.

(Zum Lebensbedarf des Minderjährigen im Sinn von § 1610 BGB zählen Barbedarf, Wohnbedarf und Betreuungsbedarf)

d I 3) Nach § 1610 II BGB umfaßt der Unterhaltsanspruch den gesamten Lebensbedarf. Insoweit kommt es nicht nur auf erforderliche Geld- und Sachleistungen an. Nach früherer Auffassung wurden allerdings zum Unterhalt nur derartige Leistungen gerechnet, nicht aber die Tätigkeit der Mutter zur Führung des Haushalts und zur Betreuung der Kinder. Mit der Aktualisierung der Gleichberechtigung hat der Unterhaltsbegriff jedoch einen Wandel erfahren. Im Lichte des Art. 3 II GG sind auch die Leistungen der Frau bei der Führung des Haushalts und bei der Pflege und Erziehung der Kinder als Unterhaltsleistungen zu werten, die gleichwertig neben der Bereitstellung der notwendigen Barmittel stehen. Diesem zunächst von der Rechtsprechung herausgearbeiteten Rechtsgedanken (BVerfGE 3/225, 245 f. = FamRZ 1954/15; BVerfGE 17/1, 12 = FamRZ 1963/496, 498; BGH, NJW 1957/537) hat das Gleichberechtigungsgesetz v. 18. 6. 1957 (BGBl I 609) in den damaligen §§ 1360 S. 2 Hs. 1, 1360 a II und 1606 III S. 2 BGB Rechnung getragen (vgl. BVerfGE 26/265, 273 f. = FamRZ 1969/467, 469); die heutige Fassung der genannten Vorschriften führt ihn fort. Bei der Ermittlung des gesamten Unterhaltsbedarfs ist also im Grundsatz außer dem Bedarf an Barmitteln auch derjenige an Pflege und Betreuung zu berücksichtigen (FamRZ 1983/689, 690, und FamRZ 1985/917, 919). Werden mit den zur Befriedigung des Barbedarfs erforderlichen Mitteln nicht auch die Kosten des Wohnbedarfs des Unterhaltsgläubigers gedeckt, etwa weil das Kind bei dem betreuenden Elternteil frei wohnt, so ist zusätzlich auch der Wohnbedarf anzusetzen.

(Anteilige Haftung der Eltern nach § 1606 III 1 BGB für den Teil des gesamten Lebensbedarfs, der nicht durch eigenes Einkommen des Kindes gedeckt ist)

f Sind mehrere gleich nahe Verwandte unterhaltspflichtig, wie Eltern gegenüber dem Kind, so haften sie nach § 1606 III S. 1 BGB anteilig nach ihren Erwerbs- und Vermögensverhältnissen. Da nur gehaftet wird, soweit ein Unterhaltsanspruch besteht, beschränkt sich auch diese anteilige Haftung notwendigerweise auf den Teil des Bedarfs, der nicht durch eigenes Einkommen des Unterhaltsberechtigten gedeckt ist. Wie oben ausgeführt, umfaßt der Bedarf den gesamten Lebensbedarf i. S. des § 1610 II BGB. Das gilt selbstverständlich auch, wenn der nicht durch eigenes Einkommen des Unterhaltsberechtigten gedeckter Bedarf ermittelt wird, für den die Unterhaltspflichtigen anteilig haften (FamRZ 1983/689, 690; FamRZ 1985/917, 919). In solchen Fällen muß also grundsätzlich der gesamte Lebensbedarf festgestellt und beziffert werden; nach Abzug des durch eigenes (ggf. um Werbungskosten bereinigtes) Einkommen des Unterhaltsberechtigten gedeckten Teils verbleibt dann der restliche Bedarf, für den allein die Unterhaltspflichtigen anteilig haften.

(Grundsätzliche Gleichwertigkeit von Bar- und Betreuungsunterhalt für jedes Alter bis zur Volljährigkeit)

g Nach § 1606 III S. 2 BGB erfüllt der Elternteil eines minderjährigen unverheirateten Kindes, bei dem dieses lebt, seine Unterhaltsverpflichtung in der Regel durch dessen Pflege und Erziehung. Die Vorschrift stellt klar, daß die mit der Pflege und Erziehung des Kindes erbrachten Leistungen und die Barleistungen des anderen Elternteils grundsätzlich gleichwertig sind. Mit dieser Regelung wird das Gesetz nicht nur der gerade für das Unterhaltsrecht unabweisbaren Notwendigkeit gerecht, die Bemessung der anteilig zu erbringenden Leistungen zu erleichtern, sondern trägt auch der Tatsache Rechnung, daß eine auf den Einzelfall abstellende rechnerische Bewertung des Betreuungsaufwandes zumeist unzulänglich bliebe und insbesondere Bedenken bestehen müßten, den Geldwert der Betreuung, die im Einzelfall sehr unterschiedlich sein kann, ähnlich wie im Schadensersatzrecht beim Ausfall von Leistungen der Hausfrau und Mutter durch den Ansatz der Aufwendungen, die für die Besorgung vergleichbarer Dienste durch Hilfskräfte erforderlich sind, oder durch ähnliche Schätzungen zu ermitteln (FamRZ 1980/994). Für den Sohn gilt nicht schon deshalb etwas anderes, weil er zu Beginn des Anspruchszeitraums am 1. 12. 1985 bereits 17 Jahre alt war. Die aus § 1606 III S. 2 BGB abgeleitete Regel der Gleichwertigkeit von Bar- und Betreuungsunterhalt gilt für jedes Kindesalter bis hin zum Erreichen der Volljährigkeit (FamRZ 1980/994, 995). Sie trägt auf praktikabel pauschalierende Weise einem nach Art und Umfang unterschiedlichen Betreuungsbedarf des Kindes in den verschiedenen Lebensaltersstufen der Minderjährigkeit Rechnung. Deshalb kommt es nicht darauf an, daß es im Berufungsurteil heißt, es sei nicht erkennbar, daß die Mutter dem Sohne – abgesehen von der Wohnungsgewährung – wesentliche Naturalleistungen erbringe.

(Hälftige Anrechnung von Einkünften des Minderjährigen – Ausbildungsvergütung – auf den Unterhaltsanspruch im Regelfall; Abweichungen vom Regelfall; keine Entlastung des Barunterhaltspflichtigen durch Mehrleistung des Sorgeberechtigten)

Sind Bar- und Betreuungsunterhalt einander gleichwertig und erfüllt der Elternteil, der den letzteren erbringt, dadurch nach der Regel des § 1606 III S. 2 BGB seine Unterhaltspflicht, so gilt dies in Fällen, in denen der Unterhaltsbedarf des Kindes teilweise durch eigenes Einkommen gedeckt wird, selbstverständlich auch für die anteilige Haftung der Eltern für den ungedeckten Restbedarf. Die Unterhaltspflicht des den Barunterhalt leistenden Elternteils, die ohne die Eigeneinkünfte des Kindes bestände, mindert sich dann um die Hälfte der (ggf. bereinigten) Einkünfte, so daß die durch das Eigeneinkommen des Kindes bewirkte Bedarfsminderung im praktischen Ergebnis beiden Eltern zu gleichen Teilen zugute kommt (FamRZ 1981/541, 543 – NJW 1981/2462, 2463f.). Der Grundsatz, daß die Mutter eines minderjährigen unverheirateten Kindes durch dessen Pflege und Erziehung ihre Unterhaltspflicht erfüllt, gilt nach § 1606 III S. 2 BGB allerdings nicht stets, sondern nur in der Regel. Daher können besondere Umstände im Einzelfall eine weitergehende Unterhaltspflicht der Mutter bedingen. Solche besonderen Umstände können sich insbesondere aus den Erwerbs- und Vermögensverhältnissen ergeben, die nach der allgemeinen Vorschrift des § 1606 III S. 1 BGB für die Haftungsanteile gleich naher Verwandter maßgebend sind. Die für die Haftung von Eltern gegenüber ihren minderjährigen unverheirateten Kindern geltende Sonderregelung in Satz 2 der Vorschrift schließt einen Rückgriff auf die generelle Norm nicht schlechthin aus. Daher könnte ins Gewicht fallen, daß die Mutter der Bekl. nicht nur eigenes Arbeitseinkommen hat, sondern Alleineigentümerin des von ihr bewohnten Hauses ist, dessen Belastungen nach der Behauptung der Bekl. aus deren Kapital zurückgeführt worden sind. Das könnte die Beurteilung rechtfertigen, daß die Mutter dem Sohn nicht allein die Betreuung, sondern auch die Wohnung in ihrem Haus in Erfüllung ihrer eigenen Unterhaltspflicht gewährt. Im praktischen Ergebnis ließe sich der Barunterhaltsanspruch des Sohnes gegen den Kl. dann in der Weise ermitteln, daß der ohne die eigenen Einkünfte des Sohnes gegebene Anspruch um die Hälfte der (bereinigten) Ausbildungsvergütung gekürzt wird. Das und die weitere Frage, ob eine noch weitergehende Abweichung der elterlichen Haftungsanteile von der Regel des § 1606 III S. 2 BGB geboten ist, muß der tatrichterlichen Beurteilung überlassen werden, die die (bisher nicht festgestellten) Erwerbs- und Vermögensverhältnisse des Kl. einzubeziehen hat. Die Ansicht des OLG, die Ausbildungsvergütung des Sohnes mindere in voller Höhe seinen Barunterhaltsanspruch gegen den Kl., wird nach alledem durch den bisher festgestellten Sachverhalt nicht getragen. Wie sich aus dem Gesagten ergibt, kommt es nicht darauf an, ob und aus welchen Gründen der Sohn sein Einkommen (teilweise) an seine Mutter weitergibt. Soweit diese ihm sein Einkommen beläßt und ihm durch Betreuung und Wohnungsgewährung mehr zuwendet als dem Anteil ihrer Haftung für seinen Restbedarf entspricht, will sie mit dieser Mehrleistung nach der Lebenserfahrung nicht den barunterhaltspflichtigen Kl. entlasten (FamRZ 1985/584, 585; FamRZ 1986/151, 152). **h**

(Kein Betreuungsbedarf beim Volljährigen; Bemessung des Barbedarfs einer Volljährigen in Anlehnung an die Düsseldorfer Tabelle und zusätzliche Berücksichtigung eines Wohnbedarfs)

II 1) Das OLG ist zutreffend davon ausgegangen, daß für die seit 14. 7. 1985 volljährige Tochter ein Betreuungsbedarf nicht mehr in Betracht kommt, weil der Volljährige im Regelfall keine nennenswerte Betreuung mehr benötigt (§ 1606 III S. 2 BGB). Die Höhe des Unterhaltsbedarfs der Tochter hat das OLG, angelehnt an die Sätze der bereits im vorausgegangenen Verfahren zugrunde gelegten Düsseldorfer Tabelle, mit monatlich 910 DM angesetzt (höchster Regelbetrag zuzüglich des Zuschlags von 125 DM für volljährige Kinder nach Anm. 7). Seit dem 1. 5. 1986 wohnt die Tochter im Schwesternheim des Krankenhauses, in dem sie ausgebildet wird. Die dafür anfallenden Mietkosten von monatlich 131,68 DM hat das OLG ab 1. 5. 1986 als zusätzlichen Bedarfsposten berücksichtigt und ist so für diese Zeit zu einem Unterhaltsbedarf von (910 DM + 131,68 DM =) 1041,68 DM – oder rund 1040 DM – gelangt. Diese Bestimmung des Unterhaltsbedarfs ist frei von rechtlichen Bedenken, soweit es sich um die Zeit ab 1. 5. 1986 handelt. Für die vorausgegangene Zeit vom 1. 12. 1985 bis 30. 4. 1986 ist der Unterhaltsbedarf jedoch um den – insoweit noch nicht festgestellten – Wohnbedarf zu erhöhen, weil die tatrichterliche Ermittlung des finanziellen Bedarfs der Tochter – wie des Sohnes – von „mietfreiem Wohnen" im Hause der Mutter ausgeht. Gewährte aber die Mutter der Tochter bereits zur Zeit der letzten mündlichen Verhandlung des Vorprozesses und auch noch im Anspruchszeitraum vom 1. 12. 1985 bis 30. 4. 1986 freie Wohnung und war dies – wovon das OLG ersichtlich ausgeht – Grundlage der Bemessung des Unterhaltsanspruchs gegen den Kl., so ergeben erst der vom OLG ermittelte Barbedarf und der Wohnbedarf der Tochter zusammen deren gesamten Lebensbedarf (§ 1610 II BGB). **i**

(Keine Anwendung des § 1611 I BGB auf den Unterhaltsanspruch eines Volljährigen, wenn die sittenwidrige Handlung während der Minderjährigkeit begangen wurde)

j II 2b) Das OLG hat auch der Tochter monatlich 150 DM fiktive Zinseinkünfte als Einkommen angerechnet. Das begegnet wie im Falle des Sohnes durchgreifenden rechtlichen Bedenken. Einer Einschränkung des Unterhaltsanspruchs auf eine Beihilfe zum Unterhalt gemäß § 1611 I BGB steht auch im Falle der Tochter die Regelung in § 1611 II BGB entgegen. Allerdings war die Tochter im Anspruchszeitraum ab 1. 12. 1985 bereits volljährig. In den Jahren 1982/83, als nach ihrer Behauptung das Kapital ausgegeben worden ist, war sie es jedoch noch nicht. Handlungen eines Minderjährigen können diesem nach § 1611 II BGB auch dann nicht entgegengehalten werden, wenn er nach dem Eintritt der Volljährigkeit noch unterhaltsbedürftig ist; es kommt nur darauf an, wann der Verwirkungstatbestand eingetreten ist. Der Verpflichtung der Eltern, das Kind zu erziehen und zu beaufsichtigen, würde es nicht entsprechen, wenn im Falle einer sittlichen oder sonstigen Fehlentwicklung des Kindes die Unterhaltspflicht der Eltern ganz oder teilweise wegfiele. Dieser gesetzgeberische Grund für die Regelung in § 1611 II BGB steht einer mit dem Erreichen der Volljährigkeit eintretenden Unterhaltskürzung wegen solcher Handlungen entgegen, die der Unterhaltsgläubiger zuvor als Minderjähriger begangen hat.

BGH v. 25. 11. 87 – IVb ZR 96/86 = NJW 88, 1965

R350 *(Schadensersatzanspruch nach § 826 BGB; Verpflichtung zur ungefragten Information)*

a) Falls die Auslegung der Parteivereinbarung zu dem Ergebnis führt, daß die Kl. umfassend auf ihre Rechte aus dem Prozeßvergleich verzichtet hat und deshalb daraus nicht mehr vollstrecken kann, käme eine Schadensersatzverpflichtung des Bekl. gem. § 826 BGB in Betracht.

b) Das BerGer. ist zutreffend von den Grundsätzen ausgegangen, die der Senat im Urt. v. 19. 2. 1986 (NJW 1986, 1751 = FamRZ 1986, 450 (451)) zu den Voraussetzungen einer Auskunftspflicht unter geschiedenen Ehegatten dargelegt und im Urteil vom 23. 4. 1986 (NJW 1986, 2047 = FamRZ 1986, 794 (796)) bestätigt hat. Danach kommt als Ausprägung des Grundsatzes von Treu und Glauben neben der Pflicht zur Auskunftserteilung auf Verlangen, [Verlangen] die seit dem Inkrafttreten des 1. EheRG in § 1850 BGB gesetzlich normiert ist, unter besonderen Umständen auch eine Verpflichtung zur ungefragten Information des anderen Beteiligten eines Unterhaltsrechtsverhältnisses in Betracht. Eine solche Pflicht zur ungefragten Offenbarung einer i. S. des § 323 I ZPO wesentlichen Änderung der Einkommens- und Vermögensverhältnisse besteht, wenn das Schweigen über eine günstige, für den Unterhaltsanspruch ersichtlich grundlegende Änderung der wirtschaftlichen Verhältnisse evident unredlich erscheint. Der Senat hat ausgeführt, das könne jedenfalls dann angenommen werden, wenn der Unterhaltsschuldner aufgrund vorangegangenen Tuns des Unterhaltsgläubigers sowie nach der Lebenserfahrung keine Veranlassung hatte, sich des Fortbestandes der anspruchsbegründenden Umstände durch ein Auskunftsverlangen zu vergewissern, der Unterhaltsgläubiger sodann trotz einer für den Schuldner nicht erkennbaren Veränderung seiner wirtschaftlichen Verhältnisse, die den materiellrechtlichen Unterhaltsanspruch ersichtlich erlöschen läßt, eine festgesetzte Unterhaltsrente weiter entgegennimmt und dadurch den Irrtum befördert, in seinen Verhältnissen habe sich erwartungsgemäß nichts geändert. Diese Grundsätze, an denen der Senat festhält, sind nicht nur anzuwenden, wenn die wesentliche Änderung der Verhältnisse auf seiten des Unterhaltsgläubigers dessen Bedürftigkeit ganz oder teilweise behebt; sie gelten vielmehr in gleicher Weise für den Unterhaltsschuldner in Fällen, in denen das Verschweigen einer grundlegenden Verbesserung seiner Leistungsfähigkeit evident unredlich ist. Denn die Pflichtenlage besteht als Nachwirkung der Ehe grundsätzlich gleichermaßen für beide am Unterhaltsrechtsverhältnis Beteiligten.

Die Anwendung dieser Grundsätze käme im vorliegenden Fall in Betracht. Er gewinnt seine besondere Ausprägung dadurch, daß die Parteien während des Scheidungsverfahrens die nacheheliche Unterhaltsverpflichtung des Bekl. in einem Prozeßvergleich vertraglich ausgestaltet hatten und der Bekl. im Jahre 1973 (außergerichtlich) die Herabsetzung seiner monatlichen Zahlungsverpflichtung von 500 DM auf 60 DM mit der im Abänderungsverfahren vorgetragenen Behauptung erreicht hatte, er habe aus Gesundheitsgründen auf Dauer jede Erwerbstätigkeit einstellen müssen und sei daher in Zukunft allein auf sein Renteneinkommen angewiesen. Unter diesen besonderen Umständen kann in dem Verschweigen der Wiederaufnahme einer vollen Berufstätigkeit, die über eine bei Rentnern nicht seltene Nebentätigkeit geringen Umfangs weit hinausging, eine zum Schadensersatz führende Verletzung der Auskunftspflicht des Bekl. gesehen werden.

b) In subjektiver Hinsicht erfordert der Tatbestand des § 826 BGB zwar nicht das Bewußtsein, sich sittenwidrig zu verhalten; es genügt grundsätzlich, daß der Handelnde (bzw. Unterlassende) die Tatumstände des Falles gekannt hat, die sein Verhalten objektiv als Verstoß gegen die guten Sitten erscheinen lassen (vgl. Senat, NJW 1986, 1751 = FamRZ 1986, 454 m. w. Nachw.). Vorsatz wird indessen in bezug auf die Schadenszufügung gefordert. Das nötigt das BerGer. gegebenenfalls zu Feststellungen, ob der

Bekl. unterhaltsrechtlich gehalten war, das aus einer wiederaufgenommenen Erwerbstätigkeit erzielte Einkommen zumindest teilweise auch zum Unterhalt der Kl. einzusetzen, und ob ihm dies bewußt war.

BGH v. 9. 12. 87 – IVb ZR 5/87 – FamRZ 88, 268, 269 = NJW 88, 1906

(Ein Elternteil, der von einem volljährigen gemeinschaftlichen Kind auf Unterhalt in Anspruch genommen wird, kann zur Berechnung seines Haftungsanteils von dem anderen Elternteil Auskunft über dessen Einkünfte verlangen) R351

1) Das Berufungsgericht hat zutreffend dargelegt, daß der geltend gemachte Anspruch nicht unmittelbar aus einer der für die Auskunftspflicht im Familienrecht bestehenden besonderen Gesetzesvorschrift hergeleitet werden kann. Die Parteien sind zwar geschiedene Ehegatten, die gemäß § 1580 Satz 1 BGB einander verpflichtet sind, auf Verlangen über ihre Einkünfte und ihr Vermögen Auskunft zu erteilen. Eine nach dem Wortlaut dieser Bestimmung scheinbar mögliche generelle Auskunftspflicht dieser Art besteht zwischen geschiedenen Ehegatten jedoch nicht. Denn aus der Stellung dieser Vorschrift in den §§ 1569 ff. BGB und aus § 1580 Satz 2 BGB, wonach § 1605 entsprechend anzuwenden ist, ergibt sich, daß das Gesetz die in § 1580 Satz 1 geregelte Verpflichtung an die Voraussetzung knüpft, daß die Auskunft zur Feststellung eines Unterhaltsanspruchs oder einer Unterhaltsverpflichtung zwischen den geschiedenen Ehegatten erforderlich ist. Ein solches Ziel verfolgt das Auskunftsbegehren des Klägers nicht. § 1605 I BGB kommt als Anspruchsgrundlage schon deshalb nicht in Betracht, weil die Parteien nicht in gerader Linie verwandt sind.

2) Ob in einem Fall, in dem es um die Ermittlung der Haftungsanteile von Eltern für den Unterhalt eines volljährigen gemeinschaftlichen Kindes geht, ein Auskunftsanspruch mit der entsprechenden Anwendung des § 1605 BGB begründet werden kann, ist umstritten. Das Oberlandesgericht Braunschweig hat die Frage bejaht (FamRZ 1981/383) und in der Kommentarliteratur Zustimmung gefunden. Dieser Auffassung ist jedoch zu Recht mit der Begründung widersprochen worden, einer Analogie stehe entgegen, daß im Verhältnis der Eltern zueinander die Auskunft gerade nicht der Vorbereitung eines Unterhaltsanspruchs der einen gegen die andere Seite diene und daher keine mit den in den §§ 1580 und 1605 BGB geregelten Fällen rechtsähnliche oder vergleichbare Rechtslage bestehe (OLG Hamm, FamRZ 1987/745).

3) Aber auch wenn die Verpflichtung der Beklagten, dem Kläger die beanspruchte Auskunft über ihr Einkommen zu erteilen, nicht mit einer entsprechenden Anwendung der §§ 1580, 1605 BGB begründet werden kann, folgt daraus noch nicht, daß die Verpflichtung nicht besteht. Die Auskunftspflicht der Beklagten ergibt sich hier unmittelbar aus § 242 BGB als Folge der zwischen den Parteien bestehenden besonderen Rechtsbeziehung als Eltern, die gegenüber gemeinschaftlichen Kindern gleichrangig unterhaltspflichtig sind. a) Das deutsche Recht kennt zwar keine allgemeine Auskunftspflicht; niemand ist rechtlich verpflichtet, bestimmte Tatsachen einem anderen schon deshalb zu offenbaren, weil dieser an der Kenntnis ein rechtliches Interesse hat (FamRZ 1983/352, 354). Nach ständiger Rechtsprechung besteht aber nach Treu und Glauben (§ 242 BGB) dann ein Auskunftsanspruch, wenn zwischen den Beteiligten besondere rechtliche Beziehungen vertraglicher oder außervertraglicher Art bestehen, die es mit sich bringen, daß der Auskunftsbegehrende entschuldbar über das Bestehen oder den Umfang seines Rechts im unklaren und deshalb auf die Auskunft des Verpflichteten angewiesen ist, während dieser die Auskunft unschwer erteilen kann und dadurch nicht unbillig belastet wird (vgl. BGHZ 10/385, 387; 55/201, 203; 61/180, 184; 82/132, 137). Dieser Grundsatz gilt trotz der mit dem 1. EheRG geschaffenen Sonderbestimmungen nach wie vor auch im Familienrecht. Die §§ 1580 und 1605 BGB regeln nur einen Teilbereich, in dem der Gesetzgeber die gegenseitigen Rechte und Pflichten präzisieren wollte. Dadurch wird aber eine in besonderen Fällen aus § 242 herzuleitende Informationspflicht nicht ausgeschlossen (FamRZ 1986/450, 453 m. w. N.; FamRZ 1984/465, 467). b) Die Parteien, die als Eltern mit ihren gemeinschaftlichen Kindern gleich nah verwandt sind, haften für den von der Tochter geltend gemachten Unterhalt gemäß § 1606 III Satz 1 BGB anteilig nach ihren Erwerbs- und Vermögensverhältnissen. Wird ein Elternteil von einem gemeinschaftlichen Kinde auf Unterhalt in Anspruch genommen, stellt sich die Frage der Berechnung des Haftungsanteils, wenn auch der andere Einkommen erzielt und ohne Gefährdung seines angemessenen Unterhalts dem volljährigen Kinde ebenfalls Unterhalt gewähren könnte. Der in Anspruch genommene Elternteil ist zur Berechnung seines Haftungsanteils nur in der Lage, wenn ihm die Einkommens- und Vermögensverhältnisse des anderen Elternteils bekannt sind. Das zwischen den Eltern gemäß § 1606 III BGB bestehende besondere Rechtsverhältnis reicht danach aus, den Auskunftsanspruch zu begründen. Es kann auf sich beruhen, ob eine Auskunft auch dann begehrt werden kann, wenn der in Anspruch Genommene aus freien Stücken dem Kind vollen Unterhalt leistet und sich nicht darauf beruft, den Unterhalt nur teilweise zu schulden. Hier hat der Kläger von Anfang an durch sein Verhalten gegenüber der Tochter und der Beklagten deutlich gemacht, daß er eine anteilige Beteiligung der Beklagten am Unterhalt des Kindes in dem Umfang wünschte, der ihrem Einkommen im Verhältnis zu seinem entspricht. Es besteht auch kein Anlaß zu näheren Ausführungen zu den Grenzen der Auskunftspflicht, die hier nach allgemeinen Rechtsgrundsätzen ebenso bestehen wie bei den gesetzlich geregelten Aus-

kunftsansprüchen im Familienrecht (FamRZ 1982/996, 997 m. w. N.). Die Beklagte hat weder geltend gemacht, daß der Kläger bereits ausreichende Kenntnisse über ihre Einkünfte besitze, noch Umstände vorgetragen, aus denen sich ein schutzwertes Interesse ergibt, die beanspruchten Informationen nicht zu erteilen. Schließlich kann dahinstehen, ob der Kläger die begehrte Auskunft (auch) benötigt, um einen – bisher aber nicht geltend gemachten – familienrechtlichen Ausgleichsanspruch gegen die Beklagte zu berechnen, den der Bundesgerichtshof zugelassen hat, um die Unterhaltslast gegenüber Kindern auch im Innenverhältnis zwischen den Eltern entsprechend ihrem Leistungsvermögen gerecht zu verteilen (BGHZ 31/329, 332; 50/266, 270; FamRZ 1981/761, 762).

4) Einem Auskunftsanspruch steht nicht entgegen, daß der Kläger einen anderen Weg beschreiten könnte, um sein Interesse durchzusetzen, nicht über den auf ihn entfallenden Anteil am Kindesunterhalt hinaus in Anspruch genommen zu werden. Er hätte die Möglichkeit, ein auf Gewährung des angemessenen Unterhalts gerichtetes Begehren des Kindes ganz oder teilweise zurückzuweisen und dadurch das Kind möglicherweise zu zwingen, zunächst seinen gemäß § 1605 BGB bestehenden Auskunftsanspruch gegen beide Eltern geltend zu machen, um danach das den wirtschaftlichen Verhältnissen der Eltern entsprechende anteilige Unterhaltsbegehren gegen jeden Elternteil gesondert darzulegen. Ein solches Verhalten darf dem Kläger aber nicht zugemutet werden, denn es liefe darauf hinaus, daß er sein Kind in eine – möglicherweise auf dem Prozeßweg auszutragende – Auseinandersetzung mit dessen nicht auskunftswilliger Mutter drängen müßte. Der Kläger verstieße damit gleich auf doppelte Weise gegen das zur Gesetzesnorm erhobene Gebot (§ 1618 a BGB), nach dem Eltern und Kinder einander Beistand und Rücksicht schuldig sind. Nach der vom Rechtsausschuß des Deutschen Bundestages formulierten Begründung (BT-Drucks. 8/2788, S. 36) ist die Norm geeignet, zur Ausfüllung von Lücken im Familienrecht herangezogen zu werden. Für den Auskunftsanspruch folgt aus der Leitbildfunktion der Bestimmung, daß ein Elternteil das gemeinschaftliche Kind wegen der benötigten Informationen nicht auf eine Inanspruchnahme des anderen Elternteils zu verweisen braucht.

BGH v. 9. 12. 87 – IVb ZR 99/86 – FamRZ 88, 478

R353 *(Beseitigung der Verzugsfolgen, Erlaßvertrag)*

a Nachdem der Bekl. durch die Mahnungen der Kl. in Verzug gekommen und damit die Rechtsfolge des § 1613 I BGB eingetreten ist, kann diese grundsätzlich nur durch Vereinbarung der Parteien, also durch einen Verzicht der Kl. in der Form eines Erlaßvertrages (§ 397 I BGB), wieder beseitigt worden sein. Daneben könnte unter Umständen in Betracht kommen, daß sich die Kl. aus besonderen Gründen nach Treu und Glauben (§ 242 BGB) – insbesondere unter dem Gesichtspunkt der Verwirkung – nicht auf die Verzugsfolgen berufen könnte (*Senats*urteil v. 17. 9. 1986, a. a. O.).

Beides ist jedoch nicht der Fall.

a) Für die Annahme einer – ggf. durch schlüssiges Verhalten zustande gekommenen – vertraglichen Vereinbarung der Parteien, durch die die Kl. auf ihre Unterhaltsansprüche für die Monate März bis Juni 1983 verzichtet hätte, bietet der festgestellte Sachverhalt weder objektiv noch subjektiv hinreichend begründete Anhaltspunkte.

aa) Die Kl. hat zu keinem Zeitpunkt durch ihr Verhalten im Verlauf des Vorprozesses zum Ausdruck gebracht, daß sie auf eine – weitere – Geltendmachung ihrer mit dem Schreiben v. 28. 2. 1983 angemahnten Unterhaltsansprüche für die Zeit ab März 1983 verzichten wolle. Daß sie in der mündl. Verhandlung vor dem AmtsG v. 7. 3. 1984 die Verurteilung des Bekl. zu der begehrten Unterhaltsleistung „ab Rechtshängigkeit" beantragt hat, ergibt nicht, daß sie den Unterhalt für die Zeit seit ihrer ersten Mahnung nicht mehr geltend machen wollte. Mit der Berufungserwiderung v. 12. 10. 1984 hat sie sich sodann ausdrücklich die Erhebung einer Anschlußberufung wegen der rückständigen Unterhaltsbeträge vorbehalten und damit unmißverständlich ihren Willen zu erkennen gegeben, weiterhin auf der Erfüllung auch dieser Forderung zu bestehen. Daß sie sodann in dem Verfahren, in dem ihre Unterhaltsansprüche erheblich umstritten waren, von der Erhebung einer Anschlußberufung abgesehen hat, kann ohne besondere Anhaltspunkte nicht als Verzicht auf die Unterhaltsrückstände gewertet werden, zumal die Kl. den Bekl. unmittelbar nach Erlaß des Berufungsurteils v. 5. 12. 1984 mit ihrem Schreiben v. 19. 12. 1984 an die Zahlung der Unterhaltsrückstände erinnert hat.

bb) Dies gilt insbesondere deshalb, weil die Annahme eines Erlaßvertrages den rechtsgeschäftlichen Willen des „Verzichtenden" zum Erlaß der Forderung voraussetzt. An die Feststellung eines solchen Willens sind strenge Anforderungen zu stellen, wobei ein allgemeiner Erfahrungssatz dahingeht, daß der Verzicht auf ein Recht niemals zu vermuten ist (*BGH*, Urteil v. 20. 12. 1983 – VI ZR 19/82 –, NJW 1984, 1346, 1347). Auch im Unterhaltsrecht wird erfahrungsgemäß – ohne Gegenleistung – nur in seltenen Fällen und auch dann nur aus besonderen Gründen auf eine einmal begründete Forderung verzichtet (vgl. *Senats*urteil v. 17. 9. 1986, a. a. O.). Gründe, die hier für die Annahme eines solchen Ausnahmefalles sprechen könnten, sind indessen nicht ersichtlich. Immerhin hatte die Kl. im Vorprozeß bereits mit der Klageschrift v. 21. 3. 1983 und mit einem weiteren Schriftsatz v. 26. 4. 1983 darauf hinweisen lassen, daß sie keinen Beruf erlernt habe, angesichts ihres Alters von 54 Jahren und auch aus

Gesundheitsgründen nicht in der Lage sei, ihren Lebensunterhalt selbst zu verdienen, und daß sie deshalb völlig mittellos und auf Unterhaltszahlungen des Bekl. angewiesen sei. Überdies hatte sie den Bekl. sowohl für die erste als auch für die zweite Instanz auf Zahlung eines Prozeßkostenvorschusses in Anspruch genommen. Im vorliegenden Verfahren schließlich hat sie vorgetragen, sie habe sich infolge der verzögerten Unterhaltszahlungen des Bekl. und für die Einrichtung eines eigenen Haushalts bei ihrer Bank in einer Weise verschuldet, daß sie noch jetzt mit einem Soll-Saldo von über 40 000 DM belastet sei.

(Verwirkung beim Unterhaltsrückstand)

b) Die Kl. ist unter den gegebenen Umständen auch nicht – ausnahmsweise – nach den Grundsätzen von Treu und Glauben an einer Geltendmachung der Unterhaltsrückstände gehindert. Insoweit teilt der *Senat* die Auffassung des OLG, das – wenn auch ohne nähere Begründung – der Meinung des FamG entgegengetreten ist und sich auf den Standpunkt gestellt hat, der allgemeine Einwand der Verwirkung stehe dem geltend gemachten Anspruch nicht entgegen. **b**

Von den Voraussetzungen der Verwirkung, nämlich dem „Zeitmoment" und dem „Umstandsmoment" (vgl. *BGHZ* 25, 47, 51, 52; 43, 289, 292; *Palandt/Heinrichs*, 46. Aufl., § 242 Anm. 9 d) ist schon das erstere nicht erfüllt.

aa) Für die zeitlichen Voraussetzungen einer Verwirkung sind im Unterhaltsrecht besondere Anforderungen zu beachten. Einerseits gilt auch hier, wie allgemein, der Grundsatz, daß je kürzer die Verjährungsfrist ist, desto seltener Raum für eine Verwirkung sein wird (*BGH*, Urteile v. 12. 5. 1959 – VIII ZR 43/58 –, NJW 1959, 1629; v. 21. 4. 1960 – II ZR 193/58 –, VersR 1960, 604, 605; v. 17. 2. 1969 – II ZR 30/65 –, BB 1969, 332). Da Ansprüche auf rückständigen Unterhalt – abgesehen von der (hier eingreifenden) Besonderheit des § 204 S. 1 BGB – in vier Jahren verjähren (§ 197 BGB), könnte eine Verwirkung hiernach zwar grundsätzlich seltener eingreifen als bei Ansprüchen mit der regelmäßigen 30jährigen Verjährung (§ 195 BGB), jedoch häufiger als in den Fällen der kürzer verjährenden Forderungen des täglichen Lebens (§ 196 BGB; vgl. *Senats*urteil, BGHZ 84, 280 = FamRZ 1982, 898). Andererseits kann auch im Rahmen der Grundsätze von Treu und Glauben nicht unberücksichtigt bleiben, daß sich der Unterhaltsgläubiger den Rückgriff auf rückständigen Unterhalt – neben der Klageerhebung – nur durch Inverzugsetzung, also durch Mahnung des Schuldners, erhalten kann (§ 1613 I BGB). Wie ausgeführt, braucht eine Mahnung zwar im allgemeinen nicht monatlich wiederholt zu werden, um die Wirkungen des Verzuges aufrechtzuerhalten. Da aber auch die Interessen des Unterhaltsschuldners angemessen gewahrt werden müssen und dieser ein Recht darauf hat, zu wissen, welchen (Nach-)Forderungen des Unterhaltsgläubigers er für vergangene Zeiträume – in der Regel neben der Verpflichtung zur Zahlung des laufenden Unterhalts – noch ausgesetzt sein wird, kann der Unterhaltsgläubiger nach einer einmal ausgesprochenen Mahnung unter dem Gesichtspunkt von Treu und Glauben nicht beliebig lange Zeit verstreichen lassen, bevor er den angemahnten Betrag gerichtlich geltend macht oder in sonstiger Weise auf die Mahnung zurückgreift (§ 242 BGB).

Die Kl. hat jedoch ihre Mahnung im Verlauf des Vorprozesses in regelmäßigen Zeitabständen erneuert und durch ihr Verhalten deutlich zu erkennen gegeben, daß sie nicht von der Geltendmachung ihrer Unterhaltsforderung auch für die zurückliegenden Monate März bis Juni 1983 absehen wolle. Nach den ersten Mahnungen v. 28. 2. und 10. 3. 1983 hat sie am 7. 7. 1983 den Zahlungsantrag der Stufenklage angekündigt, ohne ihre Forderung zu diesem Zeitpunkt auf einen Zeitraum zu beschränken, der die Unterhaltsansprüche für März bis Juni 1983 nicht umfaßte. Eine solche Beschränkung ließ sich, wie bereits erwähnt, auch nicht aus ihrem Antrag v. 7. 3. 1984 entnehmen, mit dem sie die Verurteilung des Bekl. zur Zahlung von Trennungsunterhalt „ab Rechtshängigkeit" begehrte. Nachdem das FamG ihr daraufhin Unterhalt erst für die Zeit ab 1. 7. 1983 zugesprochen hatte, hat die Kl. mit der Berufungserwiderung v. 12. 10. 1984 klargestellt, daß sie weiterhin auf der Erfüllung ihrer Unterhaltsforderung auch für die zurückliegenden Monate März bis Juni 1983 bestehe. Schließlich hat sie den Bekl. nach Abschluß des Vorprozesses durch das Urteil des OLG v. 5. 12. 1984 innerhalb weniger Wochen, mit Schreiben v. 19. 12. 1984, erneut gemahnt, und sie hat die Mahnung nochmals durch schlüssiges Verhalten mit dem Antrag v. 5. 2. 1985 auf Zahlung eines Prozeßkostenvorschusses für die Klage wiederholt, bevor sie sodann im Juli 1985 die Klage erhoben hat.

BGH v. 16. 12. 87 – IVb ZR 102/86 – FamRZ 88, 265 = NJW 88, 2369

(Kein Anspruch nach § 1573 II BGB, sondern nach § 1573 I BGB, wenn der teilzeitarbeitende Berechtigte aus Gründen der Arbeitsmarktlage keine angemessene vollschichtige Erwerbstätigkeit findet) **R354**

I 2 b) Der Anspruch auf Aufstockungsunterhalt (§ 1573 II BGB) setzt voraus, daß der Unterhalt begehrende geschiedene Ehegatte eine angemessene Erwerbstätigkeit ausübt. Die für die Angemessenheit maßgebenden Kriterien bestimmt § 1574 II BGB. Nach ihnen ist die den Ausführungen des Berufungsgerichts ersichtlich zugrunde liegende Beurteilung, daß die Tätigkeit in einer chemischen Rei- **a** nigung für die Ehefrau angemessen sei, nicht zu beanstanden. Den Feststellungen des Berufungsgerichts ist aber nicht zu entnehmen, welche Umstände sie hindern, einer vollschichtigen Erwerbstätigkeit nachzugehen. Auf die von der Ehefrau insoweit vorgetragenen Gründe ist das Berufungsgericht nicht eingegangen; statt dessen hat es einige der Umstände, nach denen sich gemäß § 1574 II BGB die Angemessenheit einer Erwerbstätigkeit bestimmt, mit solchen vermengt, aus denen sich ergeben könnte, daß die Ehefrau aus Gründen der Arbeitsmarktlage keine vollschichtige Arbeit zu finden vermag und daher in Höhe ihres durch den Teilzeiterwerb nicht gedeckten Bedarfs Unterhalt nach § 1573 I BGB beanspruchen kann. Entsprechende Feststellungen hat das Berufungsgericht aber nicht getroffen, obwohl die Ehefrau für den Sachverhalt, an den das Gesetz einen Unterhaltsanspruch knüpfte, die Beweislast trägt. Diese hat ihren Anspruch bisher auch selbst nicht auf § 1573 I BGB gestützt; auch hat sie nicht behauptet, sie sehe die Teilzeitarbeit in der chemischen Reinigung nur als Übergangslösung an und bemühe sich um einen Vollzeiterwerb.

(Vollerwerbsobliegenheit bei 17jähriger Tochter und bei Alter von 48 Jahren nach §§ 1570, 1571)

b I 3) Die Betreuung der im Haushalt der Ehefrau lebenden Tochter der Parteien, die bei der Scheidung der Parteien 17 Jahre alt war und das Gymnasium besucht, beschränkt deren Erwerbsobliegenheit nicht auf eine Teilzeitarbeit (FamRZ 1985/50, 51). Auch im Hinblick auf ihr Alter kann von der Ehefrau, die im Zeitpunkt der Scheidung im 48. Lebensjahr stand, grundsätzlich noch eine Vollerwerbstätigkeit erwartet werden. Daher kann ein Unterhaltsanspruch sowohl nach § 1570 BGB wie nach § 1571 BGB ausgeschlossen werden.

(Der Bedarf des Erwerbstätigen ist generell nicht in gleicher Höhe anzusetzen wie der Bedarf des Nichterwerbstätigen. Unterschiedliche Quoten, die in angemessener Weise einen berufsbedingten höheren Aufwand berücksichtigen und einen Anreiz zur Erwerbstätigkeit schaffen, entsprechen dem Halbteilungsgrundsatz; keine Rechtfertigung einer Differenzkontrollrechnung aus § 1581 BGB)

c II 2) Der Unterhalt ist nach den §§ 1569 ff., 1578 I BGB so zu bemessen, daß beide (geschiedene) Ehegatten grundsätzlich in gleicher Weise am ehelichen Lebensstandard teilnehmen, so daß jedem die Hälfte des verteilungsfähigen Einkommens zuzubilligen ist (ständige Rechtsprechung des Senats – FamRZ 1981/1165, 1166 m. w. N.). Der Senat hat aber stets betont, daß es dem Halbteilungsgrundsatz nicht widerspricht, zugunsten des erwerbstätigen Unterhaltsverpflichteten von einer strikt hälftigen Aufteilung in maßvoller Weise abzuweichen, um den mit einer Berufsausübung verbundenen höheren Aufwand zu berücksichtigen und zugleich einen Anreiz zur Erwerbstätigkeit zu schaffen. Er hat demgemäß die in der Rechtsprechung der Oberlandesgerichte entwickelten Richtlinien gebilligt, bei deren Anwendung dem erwerbstätigen Ehegatten ein Bonus seines verfügbaren Einkommens vorab verbleibt. Auf der anderen Seite hat der Senat in Fällen, in denen das Einkommen des Unterhaltsverpflichteten nicht auf Erwerbstätigkeit beruht, für eine vom Grundsatz der hälftigen Aufteilung abweichende Unterhaltsbemessung die Feststellung ausreichender anderer Gründe verlangt (FamRZ 1982/894; FamRZ 1984/662, 664). An diesen Grundsätzen hält der Senat nach erneuter Prüfung fest. Er ist darüber hinaus der Auffassung, daß der Unterhaltsbedarf des erwerbstätigen Verpflichteten generell nicht in gleicher Höhe anzusetzen ist wie der des nicht erwerbstätigen Ehegatten. Eine solche gleichmäßige Aufteilung läßt sich auch nicht mit der Erwägung des Berufungsgerichts rechtfertigen, daß es (zunächst) nur um die Bemessung des Bedarfs gehe, nicht aber (schon) um die Feststellung der Höhe des Unterhaltsanspruchs. Beides fällt nach der Berechnungsmethode des Berufungsgerichts nur dann auseinander, wenn für die Deckung des Unterhaltsbedarfs Mittel zur Verfügung stehen, die die ehelichen Lebensverhältnisse nicht geprägt hatten. Die Bemessung des Unterhaltsbedarfs kann aber nicht davon abhängen, ob und in welchem Umfang der Ehegatte seinen Bedarf aus solchen Einkünften zu decken vermag. Derartige Mittel vermindern gemäß § 1577 I BGB allein den ungedeckten Teil des – vorher festzustellenden – Bedarfs; darin besteht gerade der Sinn der Anrechnungsmethode, die dem gesetzlichen Ziel dient, die wirtschaftliche Eigenverantwortung des geschiedenen Ehegatten zu verwirklichen (§ 1569 BGB). Der volle Unterhalt nach § 1578 I BGB ist jedoch unabhängig davon zu bemessen, ob der Pflichtige ihn in vollem Umfang befriedigen muß oder deshalb nur teilweise, weil der Berechtigte ihn im übrigen selbst durch Einkommen deckt, das die ehelichen Lebensverhältnisse nicht geprägt hat. Das Berufungsgericht gerät auch in Widerspruch mit einem selbst gesetzten Verteilungsmaßstab, wenn es (auf einer dritten Berechnungsstufe) das Ergebnis seiner Berechnung daraufhin überprüft, ob die Ehefrau nicht mit mehr als 3/7 an dem verteilungsfähigen Einkommen des Ehemannes beteiligt wird (vgl. dazu die Senatsurteile vom 25. Februar 1981 – FamRZ 1981/442, 444 und vom 3. Juni 1987; FamRZ 1987/913, 915 m. w. N.). Es ist nicht erkennbar, auf welcher rechtlichen Grundlage die Unterhaltspflicht des Ehemannes auf einen 4/7 seines verteilungsfähigen Einkommens übersteigenden Betrag beschränkt werden kann, wenn eine derartige Quotierung nicht bereits als Anteil am ehelichen Lebensstandard aus § 1578 I BGB herzuleiten ist. Auf § 1581 BGB ist diese Begrenzung schon deshalb nicht zu stützen, weil der eigene angemessene Unterhalt des Verpflichteten auch nach der Rechtsprechung des Berufungsgerichts nicht schon gefährdet ist, wenn er mehr als 3/7 seines verteilungsfähigen

Einkommens als Unterhalt leisten muß, sondern erst, wenn der sog. Selbstbehalt nicht mehr gewährleistet ist.

(Zur unterhaltsrechtlichen Darlegung von einkommensmindernden Aufwendungen)

III 1) Der Vortrag des Verpflichteten läßt nicht eindeutig erkennen, ob und gegebenenfalls in welcher Höhe die von ihm geltend gemachten Kosten für die Benutzung eines privaten Kraftfahrzeugs zu dienstlichen Zwecken und die Verpflegungsmehrkosten bei Wahrnehmung auswärtiger Termine Abzugsposten zur Berechnung seines Nettoeinkommens darstellen sollen. Bisher ist nicht auszuschließen, daß er die genannten Beträge als Werbungskosten von dem zu versteuernden Einkommen absetzen kann und für diesen Zweck errechnet hat. Erforderlich ist indessen, die behaupteten Aufwendungen so darzustellen, daß die nur steuerrechtlich relevanten von denen abgegrenzt werden können, die unterhaltsrechtliche Bedeutung haben (FamRZ 1985/357, 359). e

BGH v. 23. 12. 87 – IVb ZR 108/86 – FamRZ 88, 256 = NJW-RR 88, 519

(Obliegenheit, seine Arbeitsfähigkeit so gut wie möglich einzusetzen, und Grundrecht auf freie Berufswahl und Berufsausübung) R355

4 b) In seinem Urteil vom 4. November 1987 (FamRZ 88/145) hat der Senat offengelassen, ob die ehelichen Lebensverhältnisse durch eine Einkommensminderung verändert werden, die ein Ehegatte unter Verletzung seiner unterhaltsrechtlichen Obliegenheit, seine Arbeitsfähigkeit so gut wie möglich einzusetzen (FamRZ 1981/539, 540; FamRZ 1985/158, 159 m. w. N.), selbst herbeiführt. Die Frage kann auch hier auf sich beruhen, weil dem Beklagten eine solche Obliegenheitsverletzung nach den rechtsfehlerfrei getroffenen Feststellungen des Berufungsgerichts nicht zur Last fällt. Das Grundrecht auf freie Berufswahl und Berufsausübung (Art. 12 GG), von dem der Beklagte mit dem Wechsel vom angestellten Krankenhausarzt zum frei praktizierenden Arzt Gebrauch gemacht hat, steht zwar in Wechselwirkung zu seiner aus Art. 6 GG folgenden Verantwortung für seine Familie (FamRZ 1985/158; BVerfG, FamRZ 1985/143, 145), muß aber im Zweifel dazu führen, daß seine berufliche Entscheidung zu respektieren ist. Daher ist die Beurteilung des Berufungsgerichts rechtlich nicht zu beanstanden, die auf der tatrichterlichen Feststellung beruht, die Niederlassung des Beklagten als frei praktizierender Arzt lasse nach vorübergehenden Anfangsschwierigkeiten eine Steigerung seines Einkommens erwarten. Diese ersichtlich aufgrund der Lebenserfahrung getroffene Prognose wird von der Revision zwar angegriffen; diese vermag aber keine ihr entgegenstehenden, greifbaren Umstände aufzuzeigen, die das Berufungsgericht nicht beachtet habe (§ 286 ZPO). Die zeitweilige Absenkung der ehelichen Lebensverhältnisse auf monatlich 4300 DM, die mit der beruflichen Veränderung des Beklagten verbunden ist, besagt nicht, daß er dadurch gegen seine unterhaltsrechtliche Obliegenheit verstoßen hat. c

(Unterhaltssicherung durch Rücklagenbildung oder Kreditaufnahme bei Berufswechsel; zeitweilige Unterhaltsherabsetzung nach Zumutbarkeitsabwägung möglich; Schätzung nach § 287 II ZPO)

4 c) In dem Urteil vom 4.November 1987 (FamRZ 88/145), in dem es um nachehelichen Unterhalt ging, hat der Senat dargelegt, daß die ehelichen Lebensverhältnisse nicht durch solche freiwillig herbeigeführten vorübergehenden Einkommensminderungen beeinflußt werden, die der Unterhaltspflichtige durch zumutbare Vorsorge auffangen konnte. Nach der ständigen Rechtsprechung des Senats ist ihm nämlich grundsätzlich zuzumuten, einen beruflichen Wechsel erst dann zu verwirklichen, wenn er in geeigneter Weise, etwa durch Bildung von Rücklagen oder Aufnahme eines Kredits, sichergestellt hat, daß er seinen Unterhaltspflichten vorerst auch bei geringeren Einkünften nachkommen kann (FamRZ 1987/372, 374 m. w. N.). Diese Grundsätze gelten entsprechend für den Trennungsunterhalt, da auch hier nur nachhaltige Veränderungen der wirtschaftlichen Verhältnisse zu berücksichtigen sind. Auch unter diesem Gesichtspunkt bestehen gegen die Beurteilung, daß die ehelichen Lebensverhältnisse durch die Niederlassung des Beklagten (zunächst) herabgesetzt worden sind, keine durchgreifenden rechtlichen Bedenken. Da der Beklagte unstreitig keine Rücklagen gemacht hatte, konnte er während der Anlaufphase der Praxis den Unterhalt der Klägerin und des Kindes wie den eigenen nur durch Kredite finanzieren. Mit der Niederlassung zu warten, bis er entsprechende Rücklagen angesammelt hatte, kam für den damals schon 46 Jahre alten Beklagten ersichtlich nicht in Betracht. Denn das Berufungsgericht hebt hervor, schon aus Altersgründen habe er die Gelegenheit ergreifen müssen, sich eine freiberufliche Existenz mit Hilfe einer Fremdfinanzierung zu schaffen. Den – insoweit freilich knapp gehaltenen – Ausführungen des Berufungsgerichts ist ferner die Feststellung zu entnehmen, daß der Beklagte mit den aufgenommenen Krediten von insgesamt 280 000 DM die durch seine Niederlassung zunächst bedingten Einkommensminderungen nicht vollständig auffangen konnte. Soweit die Revision sich hiergegen wendet, zeigt sie keine nach § 286 ZPO beachtlichen Verfahrensfehler auf, sondern bewegt sich auf dem ihr verschlossenen Gebiet der tatrichterlichen Würdigung. Daß für den Beklagten d

zur Deckung des Unterhaltsbedarfs seiner Familie eine höhere Verschuldung zumutbar gewesen sei, macht die Revision nicht geltend. Angesichts dieses Sachverhalts muß der Senat davon ausgehen, daß der Beklagte die zeitweilige Absenkung der ehelichen Lebensverhältnisse nur durch einen Verzicht auf die Eröffnung einer eigenen Arztpraxis hätte vermeiden können. Ob ihm dies zuzumuten war, hängt davon ab, ob sein Interesse an der beruflichen Veränderung die in Rede stehenden Auswirkungen auf die ehelichen Lebensverhältnisse rechtfertigt oder ob dem Interesse der Klägerin an der Beibehaltung des bisherigen Lebensstandards (FamRZ 1981, 439, 440) das größere Gewicht zukommt. Es ist aus Rechtsgründen nicht zu beanstanden, daß das Berufungsgericht, das die Notwendigkeit einer solchen Abwägung und die dabei in Betracht zu ziehenden Umstände ersichtlich nicht verkannt hat, das Interesse des Beklagten als vorrangig angesehen hat. Mit Recht hat es dabei dem Umstand besondere Bedeutung beigemessen, daß die gemeinsame Zukunftsplanung der Parteien vor ihrer Trennung dahin ging, der Beklagte solle sich nach Erlangung der Facharztqualifikation selbständig machen. Die Klägerin hat bei ihrer Parteivernehmung vom 28. Mai 1986 bestätigt, daß dieser Plan schon vor der Trennung teilweise ins Werk gesetzt worden war; so hatte der Beklagte bereits an seiner Arbeitsstelle verlauten lassen, daß er in naher Zukunft ausscheiden und eine eigene Praxis eröffnen wolle. Bei dieser Sachlage muß der Klägerin ein vorübergehendes Absinken der ehelichen Lebensverhältnisse auf ein Niveau zugemutet werden, das auch unter Berücksichtigung des vorherigen, als gehoben zu bezeichnenden Einkommens als angemessen anzusehen ist (FamRZ 1984/662, 663 f.). Da die Klägerin sich hiernach zeitweilig Einschränkungen gefallen lassen mußte, damit der Beklagte seinen Wunsch nach einer eigenen Praxis verwirklichen konnte, kann sie andererseits verlangen, daß der Bemessungsmaßstab für ihren Unterhalt zumindest auf das während der Tätigkeit des Beklagten als Krankenhausarzt zuletzt erreichte Niveau angehoben wird, sobald und soweit die Einkünfte aus seiner Praxis unter Berücksichtigung einer angemessenen Tilgung der aufgenommenen Kredite es erlauben. Ob und inwieweit sie, wie das Berufungsgericht meint, an darüber hinausgehenden Einkommenssteigerungen teilhat, bedarf hier keiner Erörterung. Die vorstehende Beurteilung der ehelichen Lebensverhältnisse während der Anlaufphase der Praxis hängt davon nicht ab. d) Soweit die Revision rügt, daß das Berufungsgericht die während der Anlaufphase der Arztpraxis verminderten ehelichen Lebensverhältnisse auf nicht mehr als 4300 DM geschätzt hat, hat sie keinen Erfolg. Bei der Bemessung der ehelichen Lebensverhältnisse ist ein objektiver Maßstab anzulegen; entscheidend ist ein Lebensstandard, der vom Standpunkt eines vernünftigen Betrachters nach dem sozialen Status der Ehegatten im Regelfalle gewählt wird (FamRZ 1982/151, 152). Daher ist das zumutbare Ausmaß der Minderung der Lebensverhältnisse daran zu orientieren, wie Ehegatten, die wie die Parteien situiert sind, in ihrer Lebensführung auf die besonderen wirtschaftlichen Gegebenheiten der Anlaufphase reagieren. Ein Ehegatte, der sich – wie hier der Kläger – seinen Berufswunsch erfüllt, muß bei der Aufnahme von Krediten nicht nur den eigenen, sondern auch den Lebensbedarf seiner Angehörigen berücksichtigen. Andererseits pflegt sich der andere Ehegatte in seiner Lebensführung vorübergehend Beschränkungen aufzuerlegen, um die finanziellen Lasten in einem gewissen Umfang zu erleichtern. Aufgrund der aus § 1353 BGB herzuleitenden Verpflichtung zur gegenseitigen Rücksichtnahme kann dies auch von einer Ehefrau erwartet werden, die sich – wie die Klägerin – bereits endgültig von ihrem Mann getrennt hatte. Den nach diesen Grundsätzen festzulegenden Unterhaltsmaßstab wird der Tatrichter im allgemeinen nur im Wege der Schätzung gemäß § 287 II ZPO ermitteln können (zur Schätzung im Unterhaltsprozeß – FamRZ 1986/885 f.). Wenn das Berufungsgericht auf diese Weise ein Absinken des Unterhaltsmaßstabes von 5500 DM auf 4300 DM monatlich als gerechtfertigt angesehen, der Klägerin also im Ergebnis angesonnen hat, für eine übliche Anlaufzeit der Arztpraxis des Beklagten monatlich etwa 600 DM weniger für den eigenen Lebensbedarf auszugeben, ist dies aus Rechtsgründen nicht zu beanstanden.

(Halbtagserwerbsobliegenheit bei 12jährigem Kind; Darlegungs- und Beweislast für ausreichende Bemühungen um einen geeigneten Arbeitsplatz; fiktive Zurechnung von Einkünften)

e 5) Die Revision wendet sich dagegen, daß das Berufungsgericht der Klägerin ab Januar 1985 fiktive Erwerbseinkünfte von monatlich 1100 DM zugerechnet hat. Damit hat sie indessen keinen Erfolg. Die Klägerin war nach ihrer Ausbildung, ihrem Lebensalter und den Umständen der Trennung trotz der Betreuung des die Hauptschule besuchenden, fast 13jährigen Sohnes unterhaltsrechtlich (§ 1361 II BGB) gehalten, sich nach der Trennung eine Halbtagsbeschäftigung zu suchen (FamRZ 1981/752, 754; FamRZ 1986/244, 246). Eine derartige Erwerbsobliegenheit der Klägerin zieht die Revision auch selbst nicht in Zweifel, sondern meint lediglich, es könne nicht ohne weiteres davon ausgegangen werden, daß sie (schon) seit dem 1. Januar 1985 eine Anstellung habe finden können. Indessen trägt der Unterhalt begehrende Ehegatte die Darlegungs- und Beweislast dafür, daß er trotz ausreichender Bemühungen einen geeigneten Arbeitsplatz nicht hat erlangen können (FamRZ 86/244 = NJW 86/718). Die Klägerin hat aber nicht behauptet, sie habe sich schon zum 1. Januar 1985 um eine Erwerbstätigkeit bemüht, sondern hat im Gegenteil zum Ausdruck gebracht, nach ihrer Ansicht habe der Beklagte sie voll unterhalten müssen. Aus Rechtsgründen ist daher nicht zu beanstanden, daß das Berufungsgericht der Klägerin für das Jahr 1985 fiktive Einkünfte von monatlich 1100 DM zugerechnet hat.

BGH v. 13. 1. 88 – IVb ZR 15/87 – FamRZ 88, 375 = NJW 88, 1147

(Krankheitsunterhalt nach § 1572 Nr. 1 BGB bei Alkoholiker) R356

a II 1) Die Voraussetzungen eines Unterhaltsanspruchs gemäß § 1572 Nr. 1 BGB seien erfüllt, weil von der Ehefrau – wie bereits während des Getrenntlebens – auch im Zeitpunkt der Scheidung eine Erwerbstätigkeit wegen Krankheit oder Schwäche ihrer geistigen Kräfte nicht habe erwartet werden können. Sachverständig beraten, hat es dazu festgestellt, die Ehefrau habe aufgrund ihrer spätestens seit 1978 gegebenen, bis zur Krankheit gesteigerten Alkohol- und Tablettenabhängigkeit ihren Lebensunterhalt nicht durch eigene Erwerbstätigkeit zu sichern vermocht. Sie sei nicht in der Lage gewesen, eine Arbeitsstelle einfachster Art über einen nennenswerten Zeitraum beizubehalten, weil sie infolge krankhafter Willensschwäche keine geregelte Erwerbstätigkeit habe durchhalten können. Damit sind die Voraussetzungen des § 1572 Nr. 1 BGB rechtsfehlerfrei bejaht. Insoweit sowie zu der vom OLG ebenfalls rechtlich bedenkenfrei angenommenen Leistungsfähigkeit des Bekl. in Höhe der zuerkannten Unterhaltsbeträge führt auch die Revision keine Angriffe.

(Zur mutwillig herbeigeführten Bedürftigkeit nach § 1579 Nr. 3 BGB infolge chronischen Alkohol- und Tablettenmißbrauchs; keine Mutwilligkeit, wenn der Alkoholiker auf Dauer nicht in hinreichendem Maß einsichtsgemäß handeln kann.)

b II 2) Sie wendet sich jedoch gegen die Auffassung des OLG, der Unterhaltsanspruch sei nicht nach § 1579 Nr. 3 BGB auszuschließen, herabzusetzen oder zeitlich zu begrenzen. a) Insoweit hat das OLG seine Beurteilung auf folgende Feststellungen gestützt: Die Ehefrau habe mannigfache Anstrengungen und Bemühungen unternommen, um von der Sucht loszukommen, die bereits i. J. 1978 das Stadium des chronischen Alkohol- und Tablettenmißbrauchs erreicht habe. Sie habe sich von Mai 1978 bis Juni 1979 in die Behandlung der Nervenärztin Dr. K.-S. und nach einer dreiwöchigen zwangsweisen Unterbringung im Landeskrankenhaus N. ab 6. 7. 1979 in die Behandlung einer Ärztin für Neurologie und Psychiatrie Dr. H. begeben. Allerdings habe sie die Behandlung bei Frau Dr. K.-S. von sich aus abgebrochen und eine von dieser Ärztin im Februar 1979 empfohlene Entziehungskur nicht durchführen lassen. Ferner habe sie nach der Zwangseinweisung vom 5. bis zum 25. 6. 1979 den Rat des Arztes im Landeskrankenhaus N. ausgeschlagen, eine freiwillige Entziehungskur anzuschließen; eine am 21. 3. 1980 begonnene stationäre Entwöhnungsbehandlung im „G.-hof" habe sie am 10. 4. 1980 abgebrochen. Gleichwohl hat das OLG gemeint, ihr könne nicht der Vorwurf gemacht werden, sie habe in leichtfertiger Weise ihre Erwerbsunfähigkeit aufrechterhalten und ihre dauernde Bedürftigkeit begründet. Nach den Ausführungen des vom OLG zugezogenen Sachverständigen sei sie aufgrund ihrer Alkohol- und Tablettensucht im intoxizierten Zustande nicht in der Lage, die Notwendigkeit einer ärztlichen Behandlung und einer Entziehungskur einzusehen. Im nicht intoxizierten Zustande habe sie zwar, was ihre Bemühungen um ärztliche Hilfe belegten, die Notwendigkeit einer Entziehungs- und Entwöhnungsbehandlung einzusehen vermocht; jedoch sei sie wegen der bei ihr vorliegenden Persönlichkeitsstörung und der daraus resultierenden Einschränkung ihrer Steuerungsfähigkeit und wegen ihrer Willensschwäche nicht in der Lage gewesen, nach dieser Einsicht zu handeln. Hier lägen auch die Gründe dafür, daß die ihr gebotenen und selbst die in Angriff genommenen Maßnahmen, von der Sucht loszukommen, letztlich gescheitert seien. b) Diese Feststellungen tragen die Beurteilung des OLG, die Ehefrau habe ihre Bedürftigkeit nicht i. S. des § 1579 I Nr. 3 BGB a. F. (FamRZ 1987/356, 357) mutwillig herbeigeführt. „Mutwilligkeit" verlangt zwar kein vorsätzliches, auf die Herbeiführung der Bedürftigkeit gerichtetes Verhalten. Andererseits reicht einfaches Verschulden nicht aus. Erforderlich ist vielmehr eine zumindest leichtfertige Herbeiführung der Bedürftigkeit. Die Mutwilligkeit muß unterhaltsbezogen sein; die Vorstellungen und Antriebe, die dem zu beurteilenden Verhalten zugrunde liegen, müssen sich also (auch) auf die Bedürftigkeit als Folge des Verhaltens erstrecken. Diese insbesondere in dem Urteil v. 8. 7. 1981 (FamRZ 1981/1042, 1044 f.) entwickelten Grundsätze hat der Senat in jener Entscheidung für den Fall einer wegen Alkoholabhängigkeit erwerbsunfähigen Ehefrau dahingehend konkretisiert, daß es darauf ankommt, ob sie zu einer Zeit, als ihre Einsicht und die Fähigkeit, danach zu handeln, dies noch zuließen, eine ihr angeratene Entziehungskur unterlassen hatte und sich der Möglichkeit bewußt war, sie werde infolgedessen im Falle einer Trennung der Eheleute außerstande sein, eine Berufstätigkeit aufzunehmen und ihren Unterhalt selbst zu verdienen (a. a. O., S. 1045). Von diesem Grundgedanken ist auch das OLG zutreffend ausgegangen. Mit der Feststellung, die Ehefrau habe zwar im nicht intoxizierten Zustand die Notwendigkeit einer Entziehungs- und Entwöhnungsbehandlung einsehen können, aber infolge ihrer Persönlichkeitsstörung und der daraus resultierenden Einschränkung ihrer Steuerungsfähigkeit sowie wegen ihrer Willensschwäche nicht nach dieser Einsicht zu handeln vermocht, hat das OLG danach eine mutwillige Herbeiführung der Bedürftigkeit rechtlich unangreifbar verneint. Die Beanstandung der Revision, die auf sachverständiger Beratung beruhenden Feststellungen seien in sich widersprüchlich, greift nicht durch. Entgegen der Darstellung der Revision hat das OLG deutlich auseinandergehalten, daß die Ehefrau im intoxizierten Zustande die Behandlungsbedürftigkeit nicht eingesehen, sie hingegen im nicht intoxizierten Zustande zwar eingesehen, aber nicht nach dieser Einsicht hat handeln können. Letzteres ist ersichtlich in dem Sinne zu verstehen, daß die Ehefrau nicht auf Dauer in hinreichendem Maße einsichtgemäß zu handeln vermochte; denn so erklärt das OLG, dem Sachverständigen folgend, den Mißerfolg auch selbst in Angriff genommener, also zunächst auf einsichtgemäßem Verhalten beruhender therapeutischer Maßnahmen. Die Revision wendet sich weiterhin dagegen, daß das OLG entsprechend der Beurteilung durch den zugezogenen Sachverständigen die Möglichkeit einsichtgemäßen Verhaltens verneint hat. Sie meint zu Unrecht, die in diesem Zusammenhang genannte Willensschwäche müsse als Kriterium ausscheiden. Wieso die tatrichterlich festgestellte Willensschwäche der Ehefrau für das Durchstehenkönnen einer Entziehungsbehandlung irrelevant sein soll, ist nicht ersichtlich. Auch der Angriff auf die Feststellung einer insoweit vom OLG ebenfalls für kausal gehaltenen Persönlichkeitsstörung verhilft der Revision nicht zum Erfolg. Diese Feststellung beruht auf der tatrichterlichen Überzeugung von der Richtigkeit der Beurteilung durch den Sachverständigen, der in seinem Gutachten das Bild einer kindlichen, neurotisch gestörten, speziell „Ich-schwachen" Persönlichkeit ohne Durchhaltevermögen gezeichnet hat, die in der Anspruchszeit nicht in der Lage war, nach vorhandener Krankheitseinsicht zu handeln.

BGH v. 13. 1. 88 – IVb ZR 7/87 – FamRZ 88, 370 = NJW 88, 1137

R357 *(Verwirkung bei Unterhaltsrückständen)*

b a) Das OLG vertritt die Ansicht, die drei Jahre, die die Kl. zwischen dem Mahnschreiben vom 20. 7. 1982 und der gerichtlichen Geltendmachung im September 1985 hat verstreichen lassen, seien grundsätzlich geeignet, den Einwand der Verwirkung gegenüber dem Anspruch auf rückständigen Unterhalt zu begründen (sogenanntes Zeitmoment). Die Revision verweist demgegenüber auf die maßgebende Verjährungsfrist von vier Jahren (§§ 197, 218 II BGB); vor Ablauf einer derart kurzen Verjährungsfrist könne eine Verwirkung nach allgemeiner Ansicht nur aus ganz besonderen Gründen angenommen werden (vgl. etwa BGH, NJW 1969, 879 = Betr 1969, 569). Indessen beachtet sie hierbei nicht, daß nach § 204 S. 1 BGB die Verjährung von Ansprüchen zwischen Ehegatten gehemmt ist, solange die Ehe besteht. Da danach vor der Rechtskraft des Scheidungsurteils eine kurze Verjährungsfrist für Ansprüche auf Trennungsunterhalt nicht effektiv werden kann, gibt der von der Revision ins Feld geführte Gesichtspunkt im vorliegenden Fall nichts her (ebenso für den Anwendungsbereich des § 204 S. 2 BGB: OLG München, FamRZ 1986, 504 (505)). Auf der anderen Seite spricht vieles dafür, bei der Frage der Verwirkung von Trennungsunterhalt an das „Zeitmoment" keine strengen Anforderungen zu stellen. Nach § 1613 I BGB kann Unterhalt für die Vergangenheit ohnehin nur ausnahmsweise gefordert werden („in praeteritum non vivitur"). Von einem Unterhaltsgläubiger, der lebensnotwendig auf Unterhaltsleistungen angewiesen ist, ist eher als von einem Gläubiger anderer Forderungen zu erwarten, daß er sich zeitnah um die Durchsetzung des Anspruchs bemüht. Tut er das nicht, erweckt sein Verhalten in der Regel den Eindruck, er sei in dem fraglichen Zeitraum nicht bedürftig, zumal seine wirtschaftlichen Verhältnisse dem Unterhaltsschuldner meist nicht genau bekannt sind (vgl. dazu Göppinger-Stöckle, Rdnr. 1349; Knorn, FamRZ 1964, 285). Wie auch der vorliegende Fall zeigt, können Unterhaltsrückstände zudem zu einer erdrückenden Schuldenlast anwachsen, die auch die Leistungsfähigkeit des Unterhaltsverpflichteten für den laufenden Unterhalt beeinträchtigen kann. Schließlich sind im Unterhaltsprozeß die für die Unterhaltsbemessung maßgeblichen Einkommensverhältnisse der Parteien nach längerer Zeit oft nur schwer aufklärbar. Dem OLG ist daher darin beizupflichten, wenn es meint, der Ablauf von drei Jahren sei regelmäßig geeignet, das „Zeitmoment" für die Verwirkung rückständigen Trennungsunterhalts zu erfüllen. Im vorliegenden Fall lagen allerdings im Zeitpunkt der Klageerweiterung im September 1985 lediglich die Unterhaltsansprüche der Kl. für August und September 1982 drei Jahre und mehr zurück; der letzte nach Auffassung des OLG noch von der Verwirkung erfaßte Anspruch war hingegen erst im Juli 1984 fällig geworden, war also im Zeitpunkt der Geltendmachung erst seit etwa 14 Monaten einforderbar. Da ein Unterhaltsanspruch nicht verwirkt sein kann, bevor er überhaupt fällig geworden ist, müssen gegebenenfalls die in Frage kommenden Zeitabschnitte gesondert betrachtet werden (vgl. Knorn, FamRZ 1984, 285). Nach Auffassung des Senats sind aber die bereits angeführten Gründe, die eine möglichst zeitnahe Geltendmachung von Unterhalt nahelegen, so gewichtig, daß das „Zeitmoment" für die Verwirkung von Trennungsunterhalt auch dann erfüllt sein kann, wenn die Rückstände Zeitabschnitte betreffen, die – wie hier – etwas mehr als ein Jahr zurückliegen. Nachehelicher Unterhalt kann gem. § 1585 b III BGB für eine mehr als ein Jahr vor Rechtshängigkeit liegende Zeit nur verlangt werden, wenn sich der Verpflichtete der Leistung absichtlich entzogen hat. Hier erschwert das Gesetz also die Nachforderung über das Erfordernis des Verzuges hinaus (vgl. dazu Senat, NJW-RR 1987, 1220 = BGHR BGB § 1585 b III Sozialhilfe 1 = FamRZ 1987, 1014). Sonderbedarf für die Vergangenheit kann gem. § 1613 II 1 BGB grundsätzlich uneingeschränkt gefordert werden, nicht aber nach Ablauf eines Jahres seit seiner Entstehung; dann ist gem. § 1613 II 2 BGB Verzug oder Rechtshängigkeit erforderlich.

Nach § 1615 i II 1 BGB können rückständige Unterhaltsbeträge für ein nichteheliches Kind, die länger als ein Jahr vor Anerkennung der Vaterschaft oder Erhebung der Klage auf Feststellung der Vaterschaft fällig geworden sind, zur Vermeidung unbilliger Härten auf Antrag erlassen werden. Danach schenkt das Gesetz bei Unterhaltsrückständen für eine mehr als ein Jahr zurückliegende Zeit dem Schuldnerschutz besondere Beachtung. Diesem Rechtsgedanken kann im Rahmen der Bemessung des „Zeitmoments" für die Verwirkung von Trennungsunterhalt in der Weise Rechnung getragen werden, daß das Verstreichenlassen einer Frist von mehr als einem Jahr ausreichen kann. Mit dieser Frist dürfte allerdings die äußerste Grenze erreicht sein. War der Unterhaltsberechtigte durch besondere Umstände, insbesondere durch solche, die im Verantwortungsbereich des Schuldners liegen, an einer zeitnahen Geltendmachung seines Rechts gehindert, gebieten die der Verwirkung zugrundeliegenden Grundsätze von Treu und Glauben, daß das „Zeitmoment" diesen Umständen anzupassen ist und unter Umständen weit längere Fristen ins Auge zu fassen sind. Bei der im vorliegenden Fall gegebenen Sachlage bestehen aber gegen die Beurteilung des OLG, daß das „Zeitmoment" für die gesamten Ansprüche der Kl. auf rückständigen Trennungsunterhalt erfüllt ist, keine durchgreifenden Bedenken.

b) Neben dem „Zeitmoment" kommt es für die Verwirkung auf das sogenannte „Umstandsmoment" an, d. h. es müssen besondere Umstände hinzutreten, aufgrund derer der Unterhaltsverpflichtete sich nach Treu und Glauben darauf einrichten durfte und eingerichtet hat, daß der Unterhaltsberechtigte sein Recht nicht mehr geltend machen werde (vgl. etwa BGHZ 84, 280 (281) = NJW 1982, 1999; OLG München, OLGZ 1976, 216 (219 f.)). Hierzu hat das OLG ausgeführt, daß die Ansprüche der Kl. von Anfang an umstritten gewesen seien, weil sie erwerbstätig gewesen sei und daraus Einkünfte erzielte habe, die nach Meinung des Bekl. für ihren Lebensunterhalt ausreichend gewesen seien; sie habe nämlich ein durchschnittliches monatliches Nettoeinkommen von 1466 DM im Jahre 1982, von 1957 DM im Jahre 1983 und von 2150 DM im Jahre 1984 gehabt. Sie habe zudem mietfrei das frühere Familienheim der Parteien bewohnt, während der Bekl. in nicht unerheblichem Umfang für den gemeinsamen Sohn Unterhalt bezahlt habe. Wenn sie die gesamte Trennungszeit und das Ehescheidungsverfahren habe verstreichen lassen, ohne den Anspruch auf den ursprünglich mit großem Nachdruck geforderten Unterhalt zu verfolgen, habe der Bekl. davon ausgehen dürfen, nicht mehr in Anspruch genommen zu werden. Die hierin liegende tatrichterliche Würdigung, daß sich der Bekl. darauf einrichten durfte, die Kl. werde Ansprüche auf Trennungsunterhalt nicht mehr geltend machen, ist aus Rechtsgründen nicht zu beanstanden. Nach dem Inhalt des Schreibens vom 20. 7. 1982 hat die Kl. einen Unterhaltsprozeß in so bestimmter Weise in Aussicht gestellt, daß ihr Untätigbleiben trotz Nichtzahlung von Unterhalt beim Bekl. den Eindruck erwecken konnte, sie habe ihren Rechtsstandpunkt letztlich aufgegeben. Auch hat das OLG mit Recht darauf hingewiesen, daß ein bedürftiger Ehegatte im Scheidungsverbundverfahren regelmäßig Unterhalt begehrt, während die Kl. dies nicht getan hat.

BGH v. 10. 2. 88 – IV ZR 16/87 – FamRZ 88, 927 = NJW-RR 88, 1218

(Unterhaltsherabsetzung nach § 1579 Nr. 7 BGB, bei Herbeiführung der Erwerbsunfähigkeit durch Medikamentenmißbrauch, wenn ein erhebliches eigenes Verschulden und eine mutwillige Herbeiführung der Bedürftigkeit nach § 1579 Nr. 3 BGB nicht angenommen werden könne) **R358**

I 3) Den danach an sich auf diesen Betrag bemessenen Unterhaltsanspruch hat das OLG für die Zeit von Mai 1980 bis Juli 1981 nach § 1579 Nr. 7 BGB um 1000 DM monatlich herabgesetzt, ab 16. 10. 1982 unter Anrechnung von erzielbaren eigenen Einkünften i. H. von mindestens 1000 DM monatlich in dieser Höhe gemindert und für die dazwischen liegende Zeit des stationären Aufenthalts der Kl. im Landeskrankenhaus sowie des anschließenden Aufenthalts in dem Übergangsheim wegen anderweitiger Deckung des Unterhaltsbedarfs ganz entfallen lassen. Im einzelnen hat es dazu ausgeführt: Die Kl. habe durch ihren Medikamentenmißbrauch ihre Abhängigkeit und dadurch ihre Erwerbsunfähigkeit herbeigeführt. Wenn auch wegen der langen, im einzelnen nicht mehr aufklärbaren Vorgeschichte und wegen der psychisch labilen Persönlichkeit der Kl. ein erhebliches eigenes Verschulden an dieser Erwerbsunfähigkeit nicht bewiesen sei und eine mutwillige Herbeiführung der Bedürftigkeit nach § 1579 Nr. 3 BGB nicht angenommen werden könne, so führe der Umstand, daß die Arbeitsunfähigkeit durch die Medikamentenabhängigkeit verursacht sei, doch zu einer Kürzung des Unterhaltsanspruchs nach § 1579 Nr. 7 BGB. Das Verhalten der Kl. wiege bei unterhaltsrechtlicher Wertung ebenso schwer wie die in § 1579 Nr. 1 bis 6 BGB aufgeführten Gründe. Es könne nicht ohne Auswirkungen auf die Unterhaltspflicht des Bekl. bleiben, weil dies für ihn unzumutbar wäre. Eine Unterhaltspflicht in voller Höhe der selbst herbeigeführten Bedürftigkeit sei selbst bei einem nicht feststellbaren Verschulden der Kl. für den Bekl. grob unbillig. Wenn die Kl. nicht infolge der Tablettenabhängigkeit erwerbsunfähig gewesen wäre, hätte sie eine Bürotätigkeit ausüben und eigenes Einkommen von monatlich mindestens 1000 DM netto erzielen können. Um diesen Betrag hat das OLG den Unterhaltsanspruch der Kl. ab Mai 1980 für die Dauer ihrer Erwerbsunfähigkeit herabgesetzt. Nach ihrem Aufenthalt in Landeskrankenhaus und Übergangsheim, während dessen das OLG eine anderweitige Deckung des Unterhaltsbedarfs angenommen hat, war die Kl. nach der Beurteilung des OLG wieder arbeitsfähig. Von da ab (16. 9. 1982) steht der Kl. nach den Ausführungen des OLG wieder ein Unterhaltsanspruch nach § 1573 I BGB zu, auf den sie sich aber fiktives Einkommen anrechnen lassen müsse, weil sie ihrer Ob- **a** liegenheit zu nachhaltigem Bemühen um eine Erwerbstätigkeit nicht ausreichend nachgekommen sei. Sie müsse sich so behandeln lassen, als ob sie eine Tätigkeit im Bürofach gefunden hätte. Durch eine solche hätte sie ein monatl. Nettoeinkommen von mindestens 1000 DM erzielen können, das in voller Höhe auf ihren Unterhaltsanspruch anzurechnen sei. (Diese Ausführungen werden vom BGH bestätigt).

(Anspruch nach § 1573 I BGB setzt voraus, daß der Bedürftige aus Gründen des Arbeitsmarktes keinen Arbeitsplatz findet; kein Anspruch nach § 1573 I BGB bei krankheitsbedingter Erwerbsunfähigkeit)

b II 1 a) Die Vorschrift setzt nach ihrem Wortlaut voraus, daß der bedürftige geschiedene Ehegatte keinen Unterhaltsanspruch nach §§ 1570 bis 1572 BGB hat und nach der Scheidung keine angemessene Erwerbstätigkeit zu finden vermag. Nach der Beurteilung des OLG hatte die Kl. im Zeitpunkt der Scheidung (19. 2. 1980) keinen Unterhaltsanspruch nach den genannten Bestimmungen. Ferner enthalten die Darlegungen des Gerichts zu dem zuerkannten Anspruch ersichtlich die Feststellung, daß die Kl. zu diesem Zeitpunkt keinen angemessenen Arbeitsplatz finden konnte. Damit waren die genannten Voraussetzungen der Vorschrift im Anschluß an die Scheidung an sich erfüllt. Indessen ergeben die Feststellungen des OLG weiter, daß die Kl. ab Mai 1980, mithin beginnend mit dem Zeitpunkt, von dem ab sie mit ihrer Klage Unterhalt verlangt, infolge des Medikamentenmißbrauchs erwerbsunfähig wurde. Mit dem Eintritt ihrer Erwerbsunfähigkeit beruhte ihre Unterhaltsbedürftigkeit nicht (mehr) darauf, daß sie aus Gründen des Arbeitsmarktes keinen Arbeitsplatz zu finden vermochte; entscheidend war vielmehr ihre krankheitsbedingte Unfähigkeit, einer Erwerbstätigkeit nachzugehen. Eine solche Bedürfnislage wird von § 1573 I BGB nicht erfaßt. Vielmehr geht dieser Unterhaltstatbestand gerade davon aus, daß der Bedürftige zur Erwerbstätigkeit und zu Bemühungen um einen Arbeitsplatz gehalten ist, eine Obliegenheit, die einen Erwerbsunfähigen nicht treffen kann. Kann von dem bedürftigen geschiedenen Ehegatten wegen seiner gesundheitlichen Verfassung eine Erwerbstätigkeit nicht erwartet werden, so kann er allenfalls nach Maßgabe der übrigen Vorschriften, wie § 1571 oder § 1572 BGB, nicht aber nach § 1573 I BGB Unterhalt verlangen.

(Anspruch nach § 1572 Nr. 4 BGB, wenn bei Eintritt der krankheitsbedingten Erwerbsunfähigkeit ein Anspruch nach § 1573 I BGB bestanden hatte)

c II 1 b) Indessen erweist sich die Bejahung des Unterhaltsanspruchs aus einem anderen Grunde als richtig (§ 563 ZPO). Wie bereits dargelegt, waren die Voraussetzungen des § 1573 I BGB nach der Beurteilung des OLG, die insoweit rechtsbedenkenfrei ist und auch von der Revision nicht angegriffen wird, im Anschluß an die Scheidung der Parteien erfüllt. Sie fielen, wie ausgeführt, weg, als die Kl. erwerbsunfähig wurde. Diese krankheitsbedingte Erwerbsunfähigkeit konnte zwar nicht die Voraussetzungen des § 1572 Nr. 1 BGB erfüllen. Indessen begründete sie den Unterhaltsanspruch nach § 1572 Nr. 4 BGB; denn sie begann zu dem dort bezeichneten Einsatzzeitpunkt des Wegfalls eines Unterhaltsanspruchs nach § 1573 BGB. Damit ist der Unterhaltsanspruch der Kl. für den Zeitraum, in welchem sie infolge ihrer Medikamentenabhängigkeit erwerbsunfähig war, zwar nicht gemäß § 1573 I, wohl aber gemäß § 1572 Nr. 4 BGB dem Grunde nach gerechtfertigt.

(Kein Anspruch nach § 1573 I BGB, sondern nach § 1573 II BGB, wenn der Bedürftige sich nicht ausreichend um eine Erwerbstätigkeit bemüht und ihm deshalb ein fiktives Einkommen zugerechnet wird, das seinen vollen Unterhalt nicht deckt)

d II 2) Auch für die Zeit nach dem 15. 9. 1982 scheidet ein Unterhaltsanspruch nach § 1573 I BGB aus. Zwar kam für diese Zeit, als die Kl. ihre Erwerbstätigkeit wiedererlangt hatte und damit der Anspruch nach § 1572 Nr. 4 BGB entfiel, an sich ein Unterhaltsanspruch nach § 1573 BGB in Betracht, da die Absätze I und II der Bestimmung nach Abs. III entsprechend gelten, wenn Unterhalt nach den §§ 1570 bis 1572, 1575 BGB zu gewähren war, die Voraussetzungen dieser Vorschriften aber entfallen sind. Indessen hat das OLG angenommen, daß die Kl. ihrer Obliegenheit, sich um eine Erwerbstätigkeit zu bemühen, nicht ausreichend nachgekommen ist. Damit hat die Kl. die bereits dargelegte Voraussetzung eines Unterhaltsanspruchs nach § 1573 I BGB nicht erfüllt und kann nach dieser Vorschrift daher keinen Unterhalt verlangen. Das OLG hat der Kl. indessen keinen Unterhalt zugesprochen, soweit diese ihren Lebensbedarf durch eine eigene Erwerbstätigkeit hätte decken können. Es hat sie vielmehr so behandelt, als ob sie eine angemessene Tätigkeit gefunden hätte, und ist insoweit von einem fiktiven Nettoeinkommen von 1000 DM monatlich ausgegangen. Unterhalt hat es der Kl. nur insoweit zugebilligt, als durch dieses fiktive Einkommen der volle Bedarf der Kl. nicht gedeckt war. Ein solcher Unterhaltsanspruch findet seine Grundlage nicht in § 1573 I BGB, sondern in Abs. II der Vorschrift. Danach hat ein geschiedener Ehegatte an sich Anspruch auf Aufstockungsunterhalt, wenn er eine Erwerbstätigkeit ausübt, die Einkünfte daraus aber zum vollen Unterhalt nicht ausreichen. Entsprechendes gilt auch, wenn der Berechtigte, wie hier, sich um die ihm obliegende Erwerbstätigkeit nicht genügend bemüht, die ihm deshalb anzurechnenden fiktiven Einkünfte aber seinen vollen Unterhalt nicht decken würden (FamRZ 1985/908, 910 m. w. N.). Danach ergibt sich der Unterhaltsanspruch der Kl. für diesen Zeitabschnitt aus § 1573 II BGB.

(Prägung der ehelichen Lebensverhältnisse durch Einkünfte aus freiberuflicher Tätigkeit [Praxisgründung eines Arztes], die in zeitlichem Zusammenhang mit der Trennung aufgenommen worden ist und vom Berechtigten gebilligt worden ist)

II 3) Die Revision wendet sich gegen den Standpunkt des OLG, daß die für den Unterhaltsanspruch der Kl. maßgeblichen ehel. Lebensverhältnisse durch das Einkommen des Bekl. nach seiner Niederlassung als Facharzt bestimmt gewesen seien. Sie macht geltend, der Bekl. habe vorgetragen, daß er nach dem Lebensplan der Parteien in der Radiologieabteilung des Krankenhauses in W. habe tätig sein sollen. Lediglich aufgrund der nicht vorhersehbaren und völlig unerwarteten Entwicklung, daß der zugesagte Ausbau jener Abteilung nicht realisiert worden sei, habe der Bekl. seine dortige Stelle aufgeben müssen. Erst daraufhin – nach der Trennung – sei er gezwungen gewesen, sich freiberuflich eine Existenz aufzubauen. Daher erweise sich die Einkommensentwicklung des Bekl. nach der Trennung als vom Normalverlauf abweichend und unerwartet und könne bei der Bestimmung der ehel. Lebensverhältnisse nicht berücksichtigt werden. Wenn das OLG diese Grundsätze beachtet und den Sachvortrag des Bekl., insbesondere im Schriftsatz v. 24. 9. 1981, nicht übergangen hätte, hätte es sich allenfalls an dem bis zur Trennung verdienten Einkommen orientieren können. **e**

Einkünfte aus einer erst nach der Trennung der Ehegatten aufgenommenen Tätigkeit prägen die ehel. Lebensverhältnisse allerdings auch dann nicht, wenn die Aufnahme der Tätigkeit eine außergewöhnliche, während des Zusammenlebens der Parteien nicht geplante und nicht vorhergesehene Entwicklung darstellt (FamRZ 1986/783, 785, m. w. N.). Das trifft für die Niederlassung des Bekl. und seine anschließende Tätigkeit als selbständiger Röntgenfacharzt jedoch nicht zu. Der Bekl. hat im Berufungsbegründungsschriftsatz v. 24. 9. 1981 vorgetragen, er sei ab Mai 1977 an das Krankenhaus in W. gewechselt, um dort als Chefarzt einer zu gründenden Abteilung für Radiologie tätig zu werden. Nachdem sich der zugesagte Ausbau der Abteilung zerschlagen habe, sei er gezwungen gewesen, seine Chefarztstelle zu kündigen. Nach reiflicher Überlegung habe er sich entschieden, als freiberuflicher Röntgenologe zu praktizieren. Dieser Entschluß und der Aufbau der Gemeinschaftspraxis in K. seien in eine Zeit gefallen, als die Parteien bereits ein Jahr getrennt gelebt hätten. Dabei hatte der Bekl. zuvor die Auffassung dargelegt, daß der Trennungszeitpunkt bereits im Mai 1977 anzunehmen sei, weil durch den späteren Versöhnungsversuch und durch seine spätere Rückkehr in das Haus in N. die ehel. Lebensgemeinschaft nicht wieder hergestellt worden sei. Diesem Vortrag ist das OLG gefolgt, soweit es den Zeitpunkt der Niederlassung des Bekl. betrifft, und hat – in anderem Zusammenhang – ausgeführt, daß er im Juni 1978 seine Tätigkeit als selbständiger Röntgenfacharzt begonnen habe. Dagegen hat es sich dem in dem Schriftsatz verfochtenen Standpunkt des Bekl. zum Trennungszeitpunkt nicht angeschlossen, sondern hat – in Übereinstimmung mit dem Scheidungsurteil – angenommen, daß die Parteien seit Juni 1978 getrennt leben. Das läßt keinen Rechtsfehler erkennen und wird auch von der Revision insoweit nicht angegriffen. Damit ergibt sich, daß die Trennung der Parteien und die Praxisgründung des Bekl. zeitlich zusammenfielen. Die zu der beruflichen Veränderung führende Entwicklung und der Entschluß zur Niederlassung fallen danach in die Zeit des Zusammenlebens. Bei seiner Anhörung im amtsgerichtlichen Verhandlungstermin v. 4. 5. 1981 hat der Bekl. erklärt, als sich der Ausbau der Röntgenabteilung im Krankenhaus in W. zerschlagen habe, sei sein Arbeitsverhältnis zum Ende des Jahres 1977 gekündigt, aber aufgrund seines Einspruches bis Juni 1978 verlängert worden. Er hat ferner vorgetragen, daß die Kl. damals seine Entscheidung zu freiberuflicher Tätigkeit akzeptiert und gebilligt habe. Unter diesen Umständen hat das OLG in der Niederlassung des Bekl. zu Recht keine Entwicklung gesehen, die während des Zusammenlebens noch nicht geplant und abzusehen war. Die Berücksichtigung des Einkommens, das der Bekl. im Zeitpunkt der Scheidung erzielte, ist damit aus Rechtsgründen nicht zu beanstanden.

BGH v. 10. 2. 88 – IVb ZR 19/87 – FamRZ 88, 486 = NJW 88, 2105

(Bei der Unterhaltsberechnung ist auch bei Wiederverheiratung grundsätzlich die tatsächliche Besteuerung maßgeblich. Nur in Mangelfällen kann nach § 1579 Nr. 7 der Splittingvorteil dem Verpflichteten belassen werden.) **R359**

2 a) Der Senat hat bereits mehrfach abgelehnt, den steuerlichen Splittingvorteil, der dem Unterhaltspflichtigen bei einer Wiederverheiratung zugute kommt, ausschließlich der neuen Familie vorzubehalten und ihn bei der Bemessung des Unterhalts eines früheren Ehegatten außer Betracht zu lassen. Eine Ausnahme hat er in dem Urteil v. 3. 7. 1985 (FamRZ 88/911) lediglich unter den Voraussetzungen der unterhaltsrechtlichen Härteklausel (§ 1579 I Nr. 4 BGB a. F.; dem entspricht für nach dem 31. 3. 1986 fällig gewordenen Unterhalt § 1579 Nr. 7 BGB n. F.) zugelassen, die im allgemeinen lediglich in Mangelfällen vorliegen werden (FamRZ 88/145). Daran hält er auch im vorliegenden Fall fest. Soweit das OLG meint, die Ausklammerung des Splittingvorteils sei unabhängig von den Voraussetzungen der **b**

unterhaltsrechtlichen Härteklausel gerechtfertigt, vermag der Senat dem jedenfalls unter den im vorliegenden Fall gegebenen Umständen nicht zuzustimmen. Der Bekl. war lediglich in dem auf die Scheidung folgenden Kalenderjahr (1983) in die Lohnsteuerklasse I eingestuft, ab 1984 hingegen wieder in die Steuerklasse III wie auch während des Zusammenlebens der Parteien. Es kann dahinstehen, ob eine Einkommensminderung infolge des Wegfalls des Splittingvorteils den Unterhaltsmaßstab des § 1578 I BGB beeinflußt, wenn sie nachhaltig und so erheblich ist, daß die Berücksichtigung erst im Rahmen der Leistungsfähigkeit des Unterhaltspflichtigen (so etwa OLG Düsseldorf, FamRZ 1987/595) dem Grundsatz der gleichmäßigen Teilhabe der geschiedenen Ehegatten am ehel. Lebensstandard nicht gerecht würde. Im vorliegenden Fall kann wegen der nur vorübergehenden steuerlichen Mehrbelastung des Bekl. i. J. 1983 schon von einer nachhaltigen Einkommensminderung nicht ausgegangen werden. Auch waren in dem zu beurteilenden Unterhaltszeitraum ab Mai 1985 insoweit die Verhältnisse wiederhergestellt, wie sie während des Zusammenlebens der Parteien bestanden. In einem solchen Fall ist in keiner Weise gerechtfertigt, im Rahmen des § 1578 I BGB nicht die tatsächliche Besteuerung zugrunde zu legen, die grundsätzlich maßgebend ist (FamRZ 1983/152, 153), sondern eine fiktive nach der Steuerklasse I. b) Für die Anwendung der unterhaltsrechtlichen Härteklausel hat das OLG als ausreichend angesehen, daß der nach seiner Berechnung dem Bekl. in den Jahren 1985/86 entstandene Splittingvorteil durch einen ungedeckten Bedarf seines neuen Ehegatten kompensiert wird. Dies begegnet durchgreifenden rechtlichen Bedenken. Die Härteregelung des Gesetzes will, wie in dem Tatbestandsmerkmal der groben Unbilligkeit zum Ausdruck kommt, eine unverhältnismäßige Belastung des Unterhaltspflichtigen vermeiden und kann daher in Fällen der vorliegenden Art nur Platz greifen, wenn anders für den Unterhaltspflichtigen die Grenze des Zumutbaren in unerträglicher Weise überschritten würde (FamRZ 1985/911, 912). Dies kann nicht allein aufgrund einer Gegenüberstellung des dem Unterhaltsverpflichteten entstandenen Splittingvorteils mit dem von ihm zu deckenden Bedarf des neuen Ehegatten beurteilt werden, sondern es ist eine umfassende Abwägung der gegebenen Umstände erforderlich. Dabei ist insbesondere von Bedeutung, zu welcher Belastung des Unterhaltsverpflichteten und seiner neuen Familie es im konkreten Fall kommt, wenn der Splittingvorteil bei der Bemessung des Unterhaltsanspruchs des geschiedenen Ehegatten nicht außer Betracht bleibt.

BGH v. 16. 3. 88 – IVb ZR 40/87 – FamRZ 88, 701 = NJW 88, 2034

R362 *(Zum Verhältnis des Aufstockungsunterhalts nach § 1573 II BGB zu den Unterhaltstatbeständen des § 1573 I und IV BGB; Einsatzzeitpunkt; nachhaltige Unterhaltssicherung; Anspruch nach Abs. IV)*

a I 2) Ein Anspruch auf Aufstockungsunterhalt nach § 1573 II BGB setzt nach der Systematik des Gesetzes voraus, daß der geschiedene Ehegatte eine angemessene Erwerbstätigkeit ausübt und daher nicht bereits aufgrund eines anderen gesetzlichen Tatbestandes Anspruch auf den nach den ehelichen Lebensverhältnissen zu bemessenden (vollen) Unterhalt hat (FamRZ 1987/572, 573; FamRZ 1988/265, 266). Als derartige Tatbestände kommen nicht nur die im Gesetz ausdrücklich genannten §§ 1570 bis 1572 BGB in Betracht. Ist ein geschiedener Ehegatte, von dem eine Erwerbstätigkeit erwartet wird, nicht oder nicht vollschichtig tätig, muß vielmehr zuerst gefragt werden, ob er nach § 1573 I oder IV BGB anspruchsberechtigt ist. Nach den Feststellungen des OLG war die Kl. jedenfalls seit März 1986 erwerbslos, so daß Anlaß für die Prüfung bestand, ob sie aus diesem Grunde vom Bekl. Unterhalt verlangen konnte. Allerdings erweist sich das angefochtene Urteil nicht schon deshalb als fehlerhaft, weil das OLG auf den Tatbestand des § 1573 I BGB nicht eingegangen ist. Denn der Eintritt der Erwerbslosigkeit im März 1986 liegt so weit nach der Scheidung (22. 11. 1983), daß der erforderliche zeitliche Zusammenhang zwischen beiden Ereignissen fehlt (FamRZ 1987/684, 687). Rechtlich zu beanstanden ist indessen die unterlassene Prüfung des erhobenen Anspruchs nach § 1573 IV BGB. Nach dieser Bestimmung kann der geschiedene Ehegatte Unterhalt verlangen, wenn die Einkünfte aus einer angemessenen Erwerbstätigkeit wegfallen, weil es ihm trotz seiner Bemühungen nicht gelungen war, den Unterhalt durch die Erwerbstätigkeit nach der Scheidung nachhaltig zu sichern. Auch wenn sich die Kl. nicht ausdrücklich auf diese Bestimmung berufen hatte, bestand schon wegen der relativ kurzen Dauer ihrer im Zeitpunkt der Scheidung ausgeübten Tätigkeit bei der Maklerfirma und ihrer danach – zudem nur probeweise – aufgenommenen Beschäftigung bei der D. Bank ausreichender Anlaß, der Frage nachzugehen, ob sie schon wieder voll in das Erwerbsleben eingegliedert war und – entsprechend dem Grundgedanken des § 1569 BGB – das Risiko eines unvorhergesehenen Verlustes ihrer Anstellungen selbst tragen muß. Für die Beurteilung, ob der Unterhalt durch eine Erwerbstätigkeit nachhaltig gesichert erscheint, ist maßgebend, ob diese im Zeitpunkt ihrer Aufnahme nach objektiven Maßstäben und allgemeiner Lebenserfahrung mit einer gewissen Sicherheit als dauerhaft angesehen werden kann oder ob befürchtet werden muß, daß der Bedürftige sie durch außerhalb seiner Entschließungsfreiheit liegende Umstände in absehbarer Zeit wieder verliert; dabei sind vom Standpunkt eines optimalen Betrachters auch solche Umstände in die Beurteilung einzubeziehen, die zwar schon zu diesem Zeitpunkt bestehen, aber erst später zutage treten (FamRZ 1985/791; FamRZ 1985/1234). Ob der Unterhalt der Kl. in diesem Sinne durch die Tätigkeit bei dem Immobilienmakler nachhaltig gesichert war, läßt sich den bisher getroffenen Feststellungen nicht zuverlässig entnehmen. Das OLG ist offenbar davon ausgegangen, daß die Tätigkeit trotz ihrer Fortdauer bis zum März 1985 schon im Zeitpunkt der Scheidung nicht als dauerhaft und beständig angesehen werden konnte. Anders wäre kaum verständlich, daß es der Kl. angelastet hat, zugunsten dieser Tätigkeit – mit der sie monatlich 1800 bis 1900 DM netto nahezu ebensoviel verdiente wie später bei der D. Bank – eine Fortbildung unterlassen zu haben. Auf den Vortrag der Kl. in der Berufungserwiderung zu den Gründen der Kündigung ist das OLG nicht eingegangen. Aus diesem Vortrag ist aber auch nicht zu entnehmen, ob die von der Kl. genannten Gründe (Entwicklung auf dem Immobilienmarkt und Umstellung auf elektronische Datenverarbeitung) ihre Anstellung schon im Zeitpunkt der Scheidung als ungesichert erscheinen ließen oder ob erst eine danach einsetzende Entwicklung dieser Art allein oder neben weiteren, bisher nicht erörterten Umständen zur Beendigung des Arbeitsverhältnisses geführt hat. Danach ist nicht auszuschließen, daß der Tatbestand des § 1573 IV BGB für den in Rede stehenden Zeitraum erfüllt ist.

(§ 1579 Nr. 3 bei vorzuwerfender unterhaltsbezogener Leichtfertigkeit)

I 3) Die angefochtene Entscheidung stellt sich auch nicht aus anderen Gründen als richtig dar (§ 563 ZPO). Denn wenn ein Unterhaltsanspruch gemäß § 1573 IV S. 1 BGB besteht, kann er der Kl. nicht mit der Begründung versagt werden, sie müsse sich unterhaltsrechtlich so behandeln lassen, wie wenn sie ab Mitte 1985 einen sicheren Arbeitsplatz als Bankangestellte oder in einem ähnlichen Beruf gehabt hätte. Dabei kann offenbleiben, ob die Kl. im Hinblick auf die ihr vom Bekl. bis zum Sommer 1985 zugesagten einkommensunabhängigen Unterhaltszahlungen gehalten war, die im Zeitpunkt der Scheidung und des Vergleichsschlusses schon seit etwa drei Wochen ausgeübte Tätigkeit bei der Maklerfirma wieder aufzugeben, um sich statt dessen fortzubilden und Kenntnisse aus der Jahrzehnte zurückliegenden Tätigkeit als Bankangestellte aufzufrischen. Denn selbst wenn der Bekl. – wofür allerdings konkrete Hinweise fehlen und Feststellungen auch nicht getroffen sind – mit der Leistung des im Vergleich ohne Rücksicht auf die Bedürftigkeit der Kl. zugesagten Unterhalts eine derartige Vorstellung verbunden haben sollte, könnte die Kl. nicht allein wegen einer zweckwidrigen Verwendung dieser Mittel so behandelt werden, als habe sie sich beruflich fortgebildet und ihre Qualifikation so verbessert, daß sie den Anforderungen einer Erwerbstätigkeit als Bankangestellte gewachsen war oder jedenfalls nicht mangels Qualifikation einen solchen Arbeitsplatz nicht gefunden oder wieder verloren hätte. In derartigen Fällen ist die Bestimmung des § 1579 Nr. 3 BGB zu beachten, wonach aus dem früheren Verhalten eines Unterhaltsberechtigten negative Auswirkungen auf seinen Unterhaltsanspruch nur dann hergeleitet werden können, wenn ihm Mutwilligkeit bei der Herbeiführung seiner gegenwärtigen Bedürftigkeit vorgeworfen werden kann (FamRZ 1987/684, m. w. N.). b

Für eine der Kl. wegen ihres beruflichen Verhaltens nach dem 22. 11. 1983 vorzuwerfende unterhaltsbezogene Leichtfertigkeit fehlen aber nicht nur Feststellungen des OLG, sondern bietet der Sachvortrag auch nicht den geringsten Anhalt.

BGH v. 13. 4. 88 – IVb ZR 34/87 – FamRZ 88, 705 = NJW 88, 1722

(Unverschuldeter Einkommensrückgang nach Scheidung) **R364**

II 1) Das OLG hat die Unterhaltsbedürftigkeit der Kl. rechtsfehlerfrei bejaht. Die Leistungsfähigkeit des Bekl. hat es nicht nach einem fiktiv fortgeschriebenen Einkommen bemessen, wie er es bei der Firma S. in Deutschland hätte erzielen können, sondern nach seinem tatsächlichen Einkommen bei der Firma S.-L. in Südafrika. Denn der Bekl. habe bei Antritt dieser Stelle – nach dem damaligen Kurs der dortigen Währung – nicht nennenswert weniger verdient als in Deutschland; er habe deshalb davon ausgehen dürfen, daß er in Südafrika im wesentlichen den gleichen Verdienst erzielen werde wie in seinem Arbeitsverhältnis in Deutschland. Daß er im Zeitpunkt des Arbeitsplatzwechsels die Instabilität der außenpolitischen Entwicklung Südafrikas und deren negative Auswirkungen auf die wirtschaftlichen Verhältnisse nicht erkannt und den späteren drastischen Verfall der südafrikanischen Währung nicht vorausgesehen habe, gereiche ihm unterhaltsrechtlich nicht zum Verschulden. Demgemäß beruhe die durch den Währungsverfall bewirkte Verminderung seiner Leistungsfähigkeit nicht auf einem mutwilligen, verantwortungslosen oder zumindest leichtfertigen Verhalten des Bekl., so daß ihm der freiwillige Arbeitsplatzwechsel nach Südafrika unter unterhaltsrechtlichen Gesichtspunkten nicht vorzuwerfen sei. Diese Ausführungen halten sich im Rahmen der Rechtsprechung des Senats (FamRZ 1985/158, 159, m. w. N.; FamRZ 1988/145; FamRZ 1988/256) und sind aus Rechtsgründen nicht zu beanstanden. 2) Die ehelichen Lebensverhältnisse, nach denen sich der Unterhaltsanspruch der Kl. zu 1) bemißt (§ 1578 BGB), werden mithin durch die Einkünfte des allein verdienenden Bekl. aus seiner Tätigkeit bei der Firma S.-L. in J. bestimmt. Nach diesen Einkünften berechnen sich auch die Unterhaltsansprüche der Kl. zu 2) und 3). Da der für die Verhältnisse in der Bundesrepublik Deutschland maßgebende Wert dieser Einkünfte in den Jahren seit der Scheidung nachhaltig zurückgegangen ist, ohne daß den Bekl. eine Verantwortung hierfür trifft und er sich deshalb ein fiktives höheres Einkom- a men zurechnen lassen müßte, können die Kl. nur an dem tatsächlichen Einkommen des Bekl. teilhaben. Die Kl. zu 1) muß hinnehmen, daß der Bemessungsmaßstab für ihren Unterhaltsanspruch gegenüber den Verhältnissen im Zeitpunkt der Scheidung abgesunken ist; sie könnte auch während bestehender Ehe nur an dem – unter Ausnutzung der familienrechtlichen Erwerbsobliegenheit des Bekl. erzielbaren – tatsächlich vorhandenen Einkommen mit dem ihr gebührenden Anteil partizipieren.

(Treffen in Mangelfällen minderjährige unverheiratete Kinder sowohl mit einem nach § 1582 BGB bevorrechtigten geschiedenen Ehegatten als auch mit einem neuen Ehegatten des Verpflichteten zusammen, so ist § 1609 II S. 1 BGB in dem Sinn einschränkend auszulegen, daß der dort vorgesehene unterhaltsrechtliche Gleichrang mit den Kindern nur für den geschiedenen Ehegatten gilt)

b II 4) Das OLG ist zutreffend davon ausgegangen, daß die Kl. zu 1), deren Unterhaltsanspruch sich auf § 1570 BGB gründet, nach § 1582 I S. 1 BGB der – ebenfalls unterhaltsbedürftigen – jetzigen Ehefrau des Bekl. im Range vorgeht. Ist der Ehemann in einem solchen Fall zusätzlich minderjährigen unverheirateten Kindern zum Unterhalt verpflichtet, wie hier der Bekl. den Kl. zu 2) und 3), so ist die gesetzliche Rangregelung nach dem Wortlaut der maßgeblichen Vorschriften in sich widersprüchlich. Denn § 1609 II S. 1 BGB bestimmt, daß „der Ehegatte" – also jeder, sowohl der geschiedene als auch der neue Ehegatte (BVerfG 66/84, 87 = FamRZ 1984/346, 347) – den minderjährigen unverheirateten Kindern im Rang gleichsteht. Hiernach hätten also die Kl. zu 1) und die jetzige Ehefrau des Bekl. beide denselben Unterhaltsrang wie die Kl. zu 2) und 3). Reichen die Mittel, die nach Deckung des Selbstbedarfs des Verpflichteten für den Unterhalt mehrerer Berechtigter zur Verfügung stehen, nicht aus, sämtliche Ansprüche zu erfüllen, so sind gleichrangige Berechtigte anteilig zu befriedigen. Hingegen kommt ein nachrangig Berechtigter mit seinem Anspruch nur zum Zuge, soweit nach voller Befriedigung der vorrangigen Ansprüche ein freier Betrag verbleibt (FamRZ 1980/555, 557). Hiernach wären die Ansprüche sowohl der Kl. zu 1) wie der jetzigen Ehefrau des Bekl. – je für sich betrachtet – neben den Ansprüchen der Kl. zu 2) und 3) anteilig zu befriedigen. Im Verhältnis zur jetzigen Ehefrau des Bekl. könnte die Kl. zu 1) hingegen volle Befriedigung verlangen, ehe jene berücksichtigt wird. Da das Gesetz für die hier in Rede stehenden Fälle wegen des Widerspruchs zwischen § 1582 BGB einerseits, § 1609 II S. 1 BGB andererseits keine nachvollziehbare Regelung trifft, bedarf es der berichtigenden, den Widerspruch seines Wortlauts auflösenden Auslegung. Diese muß sich von dem Ziel leiten lassen, dem mit den Rangregelungen verfolgten Sinn des Gesetzes gerecht zu werden, der darin zu sehen ist, in Mangelfällen in erster Linie den Unterhalt bestimmter, als besonders schutzwürdig anerkannter Angehöriger zu sichern. Zu den nach dem Willen des Gesetzes in besonderem Maße schutzbedürftigen und schutzwürdigen Unterhaltsberechtigten gehören zunächst die minderjährigen unverheirateten Kinder (§ 1609 I und II BGB), denen die Eltern nach § 1603 II BGB – über den Maßstab des § 1603 I BGB hinaus – erweitert unterhaltspflichtig sind. Neben ihnen räumt das Gesetz in den Fällen des § 1582 BGB als Nachwirkung der früheren Ehe dem geschiedenen Ehegatten ein besonderes Schutzbedürfnis ein, das in der Vorrangstellung gegenüber einem neuen Ehegatten des Unterhaltsverpflichteten seinen Niederschlag findet. Diese Vorrangstellung des geschiedenen Ehegatten setzt sich in Mangelfällen uneingeschränkt durch (FamRZ 1986/790, 792), selbst wenn der neue Ehegatte hierdurch im äußersten Fall darauf verwiesen wird, für seinen Unterhalt Sozialhilfe in Anspruch zu nehmen, und wenn der Unterhaltspflichtige auf diese Weise gehalten ist, den ihm an sich für seine eigenen Bedürfnisse zustehenden Selbstbehalt mit dem neuen Ehegatten zu teilen (BVerfGE 66/84, 94 ff. = FamRZ 1984/346, 349 ff.). Dem in dieser Weise gekennzeichneten Rangverhältnis zwischen dem geschiedenen und dem neuen Ehegatten kann bei Vorhandensein minderjähriger unverheirateter Kinder nur dadurch Rechnung getragen werden, daß der Anwendungsbereich des § 1609 II S. 1 BGB – zur Wahrung der der gesetzlichen Regelung immanenten Teleologie – bei einer Kollision mit der Rangregel des § 1582 BGB in Mangelfällen dahin eingeschränkt wird, daß der in § 1609 II S. 1 BGB angeordnete Gleichrang mit „dem Ehegatten" nur für den nach § 1582 BGB privilegierten geschiedenen, und nicht auch für den (relativ) nachrangigen neuen Ehegatten gilt. Nur bei dieser Auslegung läßt sich eine Verletzung der nach dem ausdrücklichen Willen des Gesetzes als vorrangig erachteten Rechtsprinzipien vermeiden, die einerseits in §§ 1609 I und II, 1603 II BGB und zum anderen in § 1582 BGB ihren Niederschlag gefunden haben. Diese würden nicht gewahrt, wenn etwa dem geschiedenen Ehegatten der absolute Vorrang auch gegenüber den minderjährigen unverheirateten Kindern und diesen auf einer zweiten Rangstufe der gleiche „Nachrang" wie dem neuen Ehegatten zugewiesen würde. Ein derartiges Verständnis des § 1582 BGB ließe sich mit dem Grundprinzip des § 1609 I und II S. 1 BGB nicht vereinbaren, nach welchem den minderjährigen unverheirateten Kindern stets der erste Unterhaltsrang zukommen soll. Andererseits entspräche es auch nicht dem durch die unterschiedlichen Rangstufungen verfolgten Zweck der gesetzlichen Regelung, den minderjährigen unverheirateten Kindern den alleinigen Unterhaltsvorrang gegenüber allen Ehegatten einzuräumen und erst im Bereich einer zweiten und dritten Rangstufe den relativen Vorrang des geschiedenen Ehegatten zu sichern. Hierdurch würde die unterhaltsrechtliche Position des geschiedenen Ehegatten in einer Weise eingeschränkt, die in klarem Widerspruch zu dem aus § 1582 i. V. mit § 1609 II S. 1 BGB ersichtlichen

Grundgedanken der unterhaltsrechtlichen Neuregelung stände, nach welchem ein Ehegatte zum Ausgleich dafür, daß er sich nach Einführung des Zerrüttungsprinzips grundsätzlich einer Scheidung seiner Ehe auf Dauer nicht widersetzen kann, jedenfalls mit seinem nachehelichen Unterhaltsanspruch – bei Vorliegen der Voraussetzungen der §§ 1570 ff. BGB – weitestmöglich gesichert sein soll. Durchgreifende verfassungsrechtliche Bedenken stehen der einschränkenden Interpretation des § 1609 II BGB nicht entgegen; denn sie gewährleistet sowohl den im Grundgesetz verankerten Schutz der minderjährigen Kinder (BVerfGE 57/361, 382 f., m. w. N. = FamRZ 1981/745, 749) als auch die ebenfalls unter dem Schutz des Art. 6 I GG stehenden Folgewirkungen der geschiedenen Ehe. Daß der Ehegatte der – gleichfalls in den Schutzbereich des Art. 6 I GG fallenden – neuen Ehe (vgl. BVerfGE 66/84, 93, m. w. N. = FamRZ 1984/346, 348 f.) im Widerstreit der beiderseits durch Art. 6 I GG geschützten Rechtspositionen in den Fällen des § 1582 BGB zurücktreten muß, ist unter verfassungsrechtlichen Gesichtspunkten hinzunehmen (BVerfGE 66, a. a. O.). Das gilt auch im Verhältnis zu den minderjährigen Kindern aus der früheren Ehe, deren Vorhandensein und Unterhaltsbedürftigkeit ihm bei Eingehung seiner Ehe bekannt war (vgl. BVerfGE 66/84, 96 = FamRZ 1984/346, 349). Soweit die Lösung dazu führt, daß der neue Ehegatte auch gegenüber minderjährigen unverheirateten Kindern aus seiner eigenen Ehe im Rang zurücktritt und – äußerstenfalls – gezwungen wird, zur Sicherstellung seines eigenen Lebensbedarfs einer Erwerbstätigkeit nachzugehen mit der Folge, daß er seinen Kindern die umfassende persönliche Betreuung vorenthalten muß, begründet dies, wie das BVerfG für einen solchen Fall ausdrücklich entschieden hat, keine verfassungsrechtlichen Bedenken gegen die zugrunde liegende gesetzliche Regelung des § 1582 i. V. mit § 1609 II BGB (BVerfGE 66/84, 86, 87, 97 = FamRZ 1984/346 ff.).

BGH v. 13. 4. 88 – IVb ZR 49/87 – FamRZ 88, 1039

(Abänderungsklage nach Eintritt der Volljährigkeit wegen gesteigertem Bedarf; anteilige Haftung beider Eltern für den Unterhalt nach § 1606 III 1 BGB wegen Wegfall der Betreuungspflichten bei Volljährigkeit) **R366**

1) Zutreffend geht das KG davon aus, daß der Kl. Änderungen in der Höhe des Unterhaltsanspruchs **a** auch für die Zeit nach Eintritt seiner Volljährigkeit mit der Abänderungsklage geltend zu machen hat (FamRZ 1984/682, 683). Die Unterhaltspflicht des Bekl. beruht weiterhin auf § 1601 BGB. Das KG hat die Abänderungsklage auch ohne Rechtsfehler für zulässig angesehen; denn der Kl. hat sie darauf gestützt, daß sein Unterhaltsbedarf wegen des nunmehr erreichten Lebensalters gestiegen sei und das Einkommen des Bekl. sich nach Schluß der letzten mündlichen Verhandlung im Vorprozeß erhöht habe. 2) Das KG hat den Unterhaltsbedarf des Kl. für die Zeit nach Eintritt seiner Volljährigkeit neu bemessen. Es hat den in dem abzuändernden Urteil eingeschlagenen Berechnungsweg, der dem Bedarfssatz aus der Düsseldorfer Tabelle nur das Nettoeinkommen des allein barunterhaltspflichtigen Bekl. zugrunde gelegt hatte, nicht mehr beibehalten, weil nach dem Wegfall ihrer Betreuungspflichten jetzt auch die erwerbstätige Mutter des Kl. barunterhaltspflichtig sei. Das steht im Einklang mit der Rechtsprechung des Senats zum Fortfall von Bindungen, die im Abänderungsverfahren an sich für die Unterhaltsbemessung bestehen (FamRZ 1986/790, m. w. N.; FamRZ 1987/257). Der Senat hat zwar für einen Einzelfall entschieden, daß der Tatrichter für eine Übergangszeit auch nach dem Eintritt der Volljährigkeit des Kindes erbrachte Betreuungsleistungen eines Elternteils als dem Barunterhalt des anderen gleichwertig erachten darf (FamRZ 1981/541, 543). Ob daran festzuhalten ist, kann dahinstehen (FamRZ 1988/159, 162). Jedenfalls ist rechtlich nicht zu beanstanden, daß das KG davon ausgegangen ist, nach dem Eintritt der Volljährigkeit des Kl. müßten für seinen Unterhalt künftig beide Eltern als gleich nahe Verwandte der aufsteigenden Linie anteilig nach ihren Erwerbs- und Vermögensverhältnissen haften (§ 1606 III S. 1 BGB). Der Kl. kann daher vom Bekl. nur den Teil des Unterhalts verlangen, der nicht auf seine Mutter entfällt.

(Bedarfsbemessung nach der Summe der Einkommen beider Eltern; Bedarfsbegrenzung nach oben auf 800,– DM abzüglich einer Bedarfsminderung von 50,– DM für das Zusammenwirtschaften mit einem Elternteil, bei dem der Volljährige wohnt)

3) Zur Höhe des Unterhaltsanspruchs des Kl. hat das KG die Auffassung vertreten, in mittleren bis **b** gehobenen Einkommensverhältnissen (zwischen etwa 4000 bis 6000 DM monatlich), wie sie hier bei Zusammenrechnung der von den geschiedenen Eltern erzielten Nettoeinkommen vorlägen, sei es nicht gerechtfertigt, dem volljährigen Kind einen höheren Unterhaltsbedarf als monatlich 800 DM zuzubilligen. Weil der Kl. mit seiner Mutter, bei der er wohne, zusammen wirtschaften könne, mindere sich sein Bedarf noch um 50 DM auf monatlich 750 DM. Nach der im Einverständnis aller Beteiligten erfolgten Verrechnung des auf den Kl. entfallenden Kindergeldanteils von 75 DM verbleibe ein monatl. Bedarf von 675 DM. Diese Berechnung, die sich in einem dem Tatrichter eingeräumten Beurteilungsrahmen hält, wird von der Revision nicht angegriffen. Sie ist auch rechtlich nicht zu beanstanden. Die für die Unterhaltsbemessung maßgebliche Lebensstellung des Kindes (§ 1610 I BGB) leitet sich nach Eintritt der Voll-

jährigkeit weiterhin von den wirtschaftlichen Verhältnissen seiner Eltern ab, solange das Kind nicht durch eigene Einkünfte oder Vermögen wirtschaftlich selbständig wird. Zur Bestimmung des Unterhaltsbedarfs kann die Summe der Einkommen beider Elternteile zugrunde gelegt werden; dabei kommt eine Begrenzung des Bedarfs nach oben in Betracht (FamRZ 1983/473, 474, FamRZ 1986/151).

(Anteilige Haftung der Eltern nach § 1606 III 1 BGB für den Unterhalt Volljähriger, nach den für Unterhaltszwecke tatsächlich verfügbaren Mitteln; Vorabzug vom Einkommen von Barunterhalt für minderjährige Kinder, nicht von Betreuungsunterhalt. Der Volljährige hat keinen Anspruch auf Betreuung; Vorabzug eines Sockelbetrages; kein Abzug von Raten aus Rückzahlung zweckfremd verwendeter Unterhaltsmittel)

c 4) Kernpunkt des Streites ist die Bestimmung der Haftungsanteile des Bekl. und der Mutter des Kl. für dessen Unterhalt. Das KG hat sie verhältnismäßig aus den Nettoeinkommen der beiden Elternteile jeweils nach Abzug der für deren eigenen Unterhalt erforderlichen Beträge ermittelt. b) Das bereinigte Nettoeinkommen der Mutter des Kl. hat das KG aus ihren Einkünften i. J. 1985 unter Hinzurechnung einer Gehaltserhöhung von 3,5% für 1986 mit durchschnittlich 2555 DM festgestellt. Insoweit beanstandet die Revision, daß monatl. Ratenzahlungen von 100 DM nicht abgesetzt worden sind, die aus einer Schuld der Mutter des Kl. gegenüber dem Bezirksamt T. wegen der Kosten einer zeitweisen Heimunterbringung der Schwester des Kl. stammen. Der Angriff hat keinen Erfolg. Nach dem eigenen Vortrag des Kl. ist die Verpflichtung für einen Zeitraum (1. 1. 1983 bis 31. 8. 1983) entstanden, in dem der Bekl. für die Schwester des Kl. unstreitig Barunterhalt i. H. von monatlich 422,50 DM an die Mutter des Kl. geleistet hat. Daher ist es nicht rechtsfehlerhaft, daß das KG die aus einer zweckfremden Verwendung dieser Mittel durch die Mutter des Kl. entstandene Abzahlungsverpflichtung bei der Ermittlung der Haftungsanteile außer Betracht gelassen hat. Andernfalls würde der Bekl. trotz Erfüllung seiner Unterhaltsverpflichtung gegenüber der Tochter mit diesen Kosten indirekt – nämlich durch eine Erhöhung seines Anteils am Unterhalt des Kl. – noch einmal belastet werden. c) Das für die Anteilsberechnung nach § 1606 III S. 1 BGB relevante Einkommen des Bekl. hat das KG für die Zeit der Minderjährigkeit der Schwester des Kl. (also bis zum 30. 6. 1987) um weitere 605 DM von 3566,52 DM auf (abgerundet) 2960 DM gekürzt, weil er an sie – unter Einschluß des Kindergeldanteils – in dieser Höhe monatlich Barunterhalt zahlen müsse. Andererseits hat es das Einkommen der Mutter des Kl. ungekürzt der Berechnung zugrunde gelegt, weil die von ihr der Schwester des Kl. gewährten Betreuungsleistungen ihr einsatzpflichtiges Einkommen nicht verringerten. Die Revision sieht hierin einen Widerspruch gegen die Gleichwertigkeit von Bar- und Naturalunterhalt. Sie beanstandet das Ergebnis, das ihrer Auffassung nach trotz geringerem Einkommen zu einer höheren Unterhaltsbelastung der Mutter des Kl. für die beiden Kinder führe, als sie der Bekl. zu tragen habe. Das angefochtene Urteil hält jedoch auch diesen Angriffen stand.

Bei der Bemessung der Haftungsanteile gemäß § 1606 III S. 1 BGB handelt es sich um die Verteilung der Unterhaltslast nach der Leistungsfähigkeit zwischen gleichrangig Verpflichteten (hier: der Eltern). Diese ist nach den für Unterhaltszwecke tatsächlich verfügbaren Mitteln zu bestimmen. Das rechtfertigt es, auf seiten des Bekl. den an seine Tochter während deren Minderjährigkeit zu zahlenden Barunterhalt von 605 DM vorweg abzusetzen, denn dieser Betrag steht für seinen eigenen und den Unterhalt des Kl. nicht mehr zur Verfügung (vgl. FamRZ 1986/153, 154). Demgegenüber wird auf seiten der Mutter des Kl. deren verfügbares Einkommen nicht dadurch geschmälert, daß sie ihrer Tochter Betreuungsunterhalt leistet. Durch die Pflege und Erziehung der Tochter erfüllt die Mutter zwar ihre Verpflichtung, zu deren Unterhalt beizutragen (§ 1606 III S. 2 BGB). Das hat indessen nur zur Folge, daß sie während der Minderjährigkeit der Tochter zu deren Unterhalt nicht außerdem durch Barleistungen beitragen muß. Aus der Bestimmung läßt sich aber nicht herleiten, daß die Mutter ihre Einkünfte um einen fiktiven Betrag kürzen kann, um die für die Berechnung des Haftungsanteils am Unterhalt des (volljährigen) Kl. maßgeblichen Erwerbsverhältnisse zu ihren Gunsten zu beeinflussen. Auch wenn die der Tochter erbrachten Betreuungsleistungen die Kräfte der Mutter neben ihrer Erwerbstätigkeit zusätzlich beanspruchen, bleibt das tatsächlich verfügbare Einkommen der Mutter unangetastet; sie wird durch den mit der Betreuung des noch minderjährigen Kindes verbundenen Arbeits- und Zeitaufwand allenfalls daran gehindert, einem Nebenerwerb (z. B. Nachhilfestunden) nachzugehen und dadurch ihre Barmittel noch zu erhöhen. Die Entscheidung des KG führt auch nicht zu dem Ergebnis, daß die Mutter des Kl. diesem mehr Unterhalt zu leisten hat als der Bekl. Die Revision übersieht, daß ein volljähriges Kind neben dem in Form einer Geldrente (§ 1612 I S. 1 BGB) zu gewährenden Unterhalt keinen zusätzlichen Anspruch auf Betreuung hat. Das schließt freilich nicht aus, daß die Mutter des Kl. mit seinem Einverständnis ihrer Unterhaltspflicht in der Weise nachkommt, daß sie ihn in ihrem Haushalt versorgt. Soweit sie ihm dabei mehr zuwendet, als ihrem Haftungsanteil entspricht, etwa indem sie ihm die vom Bekl. gezahlten Unterhaltsbeträge voll zur freien Verfügung beläßt, statt die Versorgung von der Zahlung von Kostgeld abhängig zu machen, oder indem sie ihm neben der Versorgung gar noch selbst Geld gibt, handelt es sich um freiwillige Leistungen.

5) Vor Ausführung der gemäß § 1606 III S. 1 BGB erforderlichen Verhältnisrechnung hat das KG bei beiden Elternteilen jeweils einen Betrag von monatlich 1300 DM für die Bestreitung ihres eige-

nen angemessenen Lebensunterhalts abgesetzt. Gegen diesen Abzug des sog. Selbstbehalts bestehen keine rechtlichen Bedenken (FamRZ 1986/153, 154, unter 6b, m.w.N.); er wird von der Revision auch nicht angegriffen. a) Die für die Zeit vom 10. 4. 1986 bis zum 30. 6. 1987 für die Berechnung des Anteils des Bekl. am Barunterhalt des Kl. verbleibenden Mittel sind danach auf seiten des Bekl. mit (2960 – 1300 =) 1660 DM und bei der Mutter des Kl. i.H. von (2555 – 1300 =) 1255 DM rechtsfehlerfrei festgestellt. Der sich daraus für diesen Zeitraum ergebende Anteil des Bekl. liegt mit 385 DM (von 675 DM) unterhalb dessen, was im abzuändernden Urteil dem Kl. zugesprochen war. Das KG hat deshalb zu Recht dessen Abänderungsklage abgewiesen und für die Zeit ab Zustellung der Abänderungswiderklage (16. 9. 1986) den vom Bekl. zu zahlenden Unterhalt antragsgemäß auf monatlich 400 DM herabgesetzt. b) Für die Zeit ab 1. 7. 1987 (Volljährigkeit der Schwester des Kl.) ist die Bemessung des auf den Bekl. entfallenden Unterhaltsanteils für den Kl. (im Tenor des Berufungsurteils: 425,80 DM; in den Entscheidungsgründen: 425,33 DM) dagegen teilweise fehlerhaft. Die Revision des Kl. rügt für diesen Zeitraum zu Recht, daß das KG die 1986 eingetretene Gehaltserhöhung im öffentlichen Dienst auf seiten des Bekl. nicht berücksichtigt. Das ergibt sich daraus, daß es bei ihm von dem für 1985 festgestellten bereinigten Monatsnettoeinkommen (3437,85 DM) ausgegangen ist, statt das für 1986 ermittelte (3566,52 DM) zugrunde zu legen. Tatsächlich erhöht sich bei richtiger Berechnung der Einsatzwert für die Anteilsberechnung auf seiten des Bekl. dadurch, daß die Abzugsberechtigung für den Unterhalt seiner minderjährigen Schwester entfallen ist, von 1660 DM um 605 DM auf 2265 DM (nicht, wie vom KG angenommen, auf 2138 DM). Der Haftungsanteil des Bekl. errechnet sich danach wie folgt: 675 DM (× 2265 DM : 3520 DM = 435 DM.

Die Revision des Kl. war danach mit der Maßgabe zurückzuweisen, daß der vom Bekl. ab 1. 7. 1987 an den Kl. zu zahlende monatl. Unterhalt 435 DM beträgt.

BGH v. 27. 4. 88 – IVb ZR 56/87 – FamRZ 88, 831 = NJW 88, 1974

(Zum Unterhaltsbestimmungsrecht eines getrennt lebenden Elternteils gegenüber einem volljährigen Kinde; Bestimmung des gesamten Unterhalts und Fähigkeit, diesen Unterhalt zu leisten; Rücksichtnahme auf Belange des anderen Elternteils unter Abwägung der Interessen beider Eltern) **R367**

2a) Nach § 1612 II Satz 1 BGB können Eltern, die einem unverheirateten Kind Unterhalt zu gewähren haben, bestimmen, in welcher Art der Unterhalt geleistet werden soll. Das gilt auch für die Unterhaltsgewährung nach Eintritt der Volljährigkeit des Kindes (FamRZ 1981/250, 251). Wer die Bestimmung wirksam treffen kann, wenn die Eltern getrennt leben oder geschieden sind, ist im Falle der Volljährigkeit des Kindes – anders als bei seiner Minderjährigkeit (vgl. § 1612 II Satz 3 BGB) – nicht ausdrücklich geregelt. b) Vordringlicher Gesichtspunkt bei der Beurteilung der Ausgangsfrage muß die Sicherung des Unterhaltsbedarfs des volljährigen Kindes sein. Dieses darf in seinen unterhaltsrechtlichen Belangen nicht dadurch beeinträchtigt werden, daß die Eltern über die Art der Unterhaltsgewährung keine Übereinstimmung erzielen. Bietet ein Elternteil bei der Ausübung seines Bestimmungsrechts den gesamten Unterhalt an und ist er zu einer entsprechenden Unterhaltsgewährung imstande, so werden diese Belange des unterhaltsberechtigten volljährigen Kindes grundsätzlich nicht beeinträchtigt. Es kommt in den Genuß des vollen ihm zustehenden Unterhalts und hat insoweit unter einem etwaigen Streit der Eltern nicht zu leiden. Im übrigen kann das Kind nach § 1612 II BGB beim Vormundschaftsgericht die Änderung der Unterhaltsbestimmung herbeiführen, wenn besondere Gründe vorliegen. Im vorliegenden Fall umfaßt die Unterhaltsbestimmung des Beklagten den vollen Unterhalt des Klägers. Es kann auch davon ausgegangen werden, daß der Beklagte in der Lage ist, diesen Unterhaltsbedarf im Wege des Naturalunterhalts aufzubringen. Daß er sich vorbehält, die Mutter des Klägers auf Ausgleich in Anspruch zu nehmen, stellt das nicht in Frage. Damit ist aus der Sicht der Unterhaltssicherung des Klägers gegen die Wirksamkeit der Unterhaltsbestimmung des Beklagten nichts einzuwenden. c) Neben der Sicherung des Kindesunterhalts geht es bei der Beurteilung einer einseitigen Unterhaltsbestimmung aber auch um die Interessen der beteiligten Eltern. Auch wenn ein Elternteil aufgrund seiner einseitigen Unterhaltsbestimmung allein für den Unterhalt des Kindes aufkommt, können schutzwürdige Belange des anderen Elternteils berührt werden. Darauf hat der Senat bereits in der genannten Entscheidung vom 26. Oktober 1983 (FamRZ 84/37) hingewiesen und als Beispiel den Fall angeführt, daß das Kind während der Minderjährigkeit bei einem Elternteil gelebt hat und die einseitige Bestimmung, die der andere Elternteil nach Eintritt der Volljährigkeit trifft, auf eine Veränderung lange bestehender Lebensverhältnisse nicht nur des Kindes, sondern auch des Elternteils hinwirken würde. Der Senat hat daran die Frage geknüpft, ob in solchen und anderen Fällen einer unangebrachten Handhabung des Bestimmungsrechts durch die Anrufung des Vormundschaftsgerichts nach § 1612 II Satz 2 BGB ausreichend begegnet werden kann oder ob die Wirksamkeit der Bestimmung zur Vermeidung ungerechtfertigter Auswirkungen von einer Mitwirkung des anderen Elternteils abhängig gemacht werden muß. Er hat die Frage nicht abschließend beantwortet, weil in dem damaligen Fall durch die einseitig getroffene Bestimmung Belange des anderen Elternteils offensichtlich nicht berührt waren (a. a. O. S. 39). Was die Abänderung der Unterhaltsbestimmung durch das Vormundschaftsgericht nach § 1612 II Satz 2 BGB betrifft, so steht dieser Weg nach dem Wortlaut des Gesetzes nur dem Kinde, nicht aber dem Elternteil offen, der sich durch die Unterhaltsbestimmung des anderen in seinen Belangen beeinträchtigt fühlt. Das Antragsrecht des volljährigen Kindes bietet indessen keine generelle Gewähr für die Wahrung der Belange des durch die einseitige Unterhaltsbestimmung tangierten Elternteils; dafür können dessen Interessen und diejenigen des Kindes zu sehr divergieren. Zweck des Verfahrens nach § 1612 II Satz 2 BGB ist nach seiner gesetzgeberischen Konzeption, die Kinder gegen Willkür und mißbräuchliche Ausübung des elterlichen Bestimmungsrechts zu schützen. Damit ist dieses Verfahren zur Entscheidung des Interessengegensatzes zwischen Kindern und Eltern, nicht jedoch zur (isolierten) Regelung des Interessenkonflikts der Eltern untereinander geschaffen. Aus diesem Grunde kann das in § 1612 II Satz 2 BGB vorgesehene Antragsrecht nicht auf den Elternteil erstreckt werden, der sich gegen die einseitige Unterhaltsbestimmung des anderen zur Wehr setzen will. Ebensowenig kommt dafür das Verfahren nach § 1628 BGB in Betracht. Eine analoge Anwendung dieser Vorschrift scheidet aus, weil die dort vorgesehene Regelung elterlicher Meinungsverschiedenheiten den Bereich des Sorgerechts betrifft und als Entscheidungsmaßstab das Kindeswohl vorgesehen ist, auf das es bei dem Interessenkonflikt der Eltern untereinander im Falle einer Unterhaltsbestimmung der vorliegenden Art jedoch nicht (primär) ankommt (vgl. OLG Hamm FamRZ 1983/1050, 1052). Damit muß ein derartiger Interessenkonflikt der Eltern im Rahmen des Zivilrechtsstreits berücksichtigt werden, in dem es auf die Unterhaltsbestimmung ankommt. Wird das Unterhaltsbestimmungsrecht von einem Elternteil allein und ohne Zustimmung des anderen ausgeübt, so unterliegt es inhaltlichen Schranken, die sich aus dem Gebot der Rücksichtnahme auf die Belange des anderen Elternteils ergeben. Zwar gewährt § 1612 II BGB dem auf Kindesunterhalt in Anspruch genommenen Elternteil die Möglichkeit, durch die Bestimmung der Art der Unterhaltsgewährung seine Unterhaltslast zu erleichtern; er darf dieses Recht jedoch nicht mißbräuchlich ausüben (FamRZ 1981/250, 252) und muß schutzwürdige Interessen des anderen Elternteils beachten. Stehen dessen Belange der Unterhaltsbestimmung entgegen, so sind die beiderseitigen Interessen gegeneinander abzuwägen. Die Unterhaltsbestimmung kann nur Bestand haben, wenn die Gründe, die den Elternteil zu der Unterhaltsbestimmung veranlassen, so schwer wiegen, daß dem anderen Elternteil unter Berücksichtigung seiner entgegenstehenden Interessen zugemutet werden kann, die beabsichtigte Art der Unterhaltsgewährung hinzunehmen. Hierbei verdienen auf seiten dessen, der eine andere Art der Unterhaltsgewährung anstrebt, vor allem auch wirtschaftliche Gründe Beachtung. Wird der Elternteil durch die Entrichtung einer Geldrente besonders beschwert, während er aufgrund seiner häuslichen oder sonstigen Lebensverhältnisse zu Verpflegungsleistungen und Gewährung von Wohnraum unschwer in der Lage ist, so fällt die Entlastung, die für ihn mit der Gewährung von Naturalunterhalt verbunden ist, auch im Verhältnis zum anderen Elternteil erheblich ins Gewicht. Dessen Belange werden andererseits durch die Unterhaltsbestimmung vor allem dann tangiert, wenn die angeordnete Art der Unterhaltsgewährung einen Eingriff in seine Lebensgestaltung und seine Lebensverhältnisse zur Folge hat, wie etwa in dem bereits erwähnten Fall, daß das Kind bei ihm lebt. Ähnlich können seine Belange im Falle gerechtfertigter Erwartung einer bestimmten Gestaltung der unterhaltsrechtlichen Beziehungen und darauf gestützter Dispositionen betroffen sein, wie etwa nach einer Absprache der Eltern über den Kindesunterhalt (FamRZ 83/895). d) Das Berufungsgericht hat die Unterhaltsbestimmung des Beklagten für unwirksam gehalten, weil dieser sich vorbehalten hat, im Wege eines familienrechtlichen Ausgleichsanspruchs gegen die Mutter des Klägers Rückgriff zu nehmen. In einer so gearteten Unterhaltsbestimmung hat es allgemein die Gefahr einer Beeinträchtigung der Rechte des anderen Elternteils erblickt, weil dieser sich im Falle der Annahme dieses Unterhaltsangebotes durch das Kind der Ausgleichforderung ausgesetzt sähe. Es hat ausgeführt, die Interessen des anderen Elternteils könnten insbesondere in den Fällen ungerechtfertigt beeinträchtigt werden, in denen dieser zwar in gewissem Umfang Barleistungen erbringen könne, wirtschaftlich aber von vornherein zu schwach sei, den vollen Unterhalt anzubieten, und deshalb eine wirksame Unterhaltsbestimmung nicht vornehmen könne. Diese Nachteile seien so erheblich, daß es nicht als gerechtfertigt angesehen werden könne, einem Elternteil ein einseitiges Bestimmungsrecht zuzubilligen, soweit für diesen noch die Inanspruchnahme des anderen Elternteils in Frage komme. Diese Ausführungen hinterlassen Zweifel, ob das Berufungsgericht die Unterhaltsbestimmung des Beklagten zu Recht als unwirksam angesehen hat. Vor allem enthalten sie keine ausreichende Würdigung und Abwägung der näheren Umstände des konkreten Falles, wie es für die Beurteilung anhand der dargelegten Grundsätze notwendig ist. Nicht in allen Fällen einer einseitigen Unterhaltsbestimmung, in denen ein Rückgriff im Wege des Ausgleichsanspruchs gegen den anderen Elternteil zu erwarten ist, werden die Belange des anderen Elternteils übermäßig beeinträchtigt. Auch in der vorliegenden Sache ist davon nicht auszugehen. Nach den bisherigen Feststellungen ist nicht einmal auszuschließen, daß ein solcher familienrechtlicher Ausgleich, wie er nach der Rechtsprechung zwischen teilhaftenden Eltern im Falle der Erfüllung des Kindesunterhalts durch einen von ihnen in Betracht kommt (vgl. BGHZ 31/329 – für einen Fall der Leistung von Naturalunterhalt –; ferner BGHZ 50/266 ff. sowie FamRZ 1984/775), hier sogar hinter den Baraufwendungen zurückbleibt, welche die Mutter dem Kläger unter den gegenwärtigen Verhältnissen im Rahmen ihres Haftungsanteils erbringen muß. Zwar wohnt der Kläger mit erstem Wohnsitz bei ihr; er hält sich jedoch – bis auf die Wochenenden und die schulfreien Tage – am Schulort auf, wo er offensichtlich eine entsprechende Unterkunft gemietet hat. Damit dürften bereits die Geldbeträge, die die Mutter dem Kläger gegenwärtig zu überlassen hat, kaum niedriger sein als der Ausgleich, der im Falle der Realisierung der Unterhaltsbestimmung des Beklagten in Betracht käme. Das gilt um so mehr, als ein solcher Ausgleichsanspruch nur auf eine Art Aufwendungsersatz hinausliefe und damit hinter dem Barunterhalt zurückbleiben dürfte, den die Mutter dem Kläger schulden würde. Es ist auch nicht festgestellt, daß der Mutter des Klägers aus Gründen wirtschaftlichen Unvermögens eine Unterhaltsbestimmung verschlossen wäre und damit der Fall vorliegt, in dem das Berufungsgericht eine besonders gravierende Beeinträchtigung des betroffenen Elternteils erblickt. Der bisherige Prozeßstoff spricht vielmehr eher dafür, daß die wirtschaftlichen Möglichkeiten der Mutter des Klägers – unter Berücksichtigung der jeweiligen Belastungen – denen des Beklagten keineswegs nachstehen und daß die Mutter nicht finanziell außerstande ist, ihrerseits eine den vollen Unterhalt umfassende Unterhaltsbestimmung zu treffen. Der Beklagte hat vorgebracht, bei der Zahlung von Barunterhalt gerate er in Schwierigkeiten, da er ein Haus erworben habe und außer dem Kläger dessen Bruder und die drei Kinder aus den späteren Ehen unterhalten müsse. Der Kläger habe mit seinem Bruder im Souterrain des Hauses eine abgeschlossene Wohnung von wenigstens 80 qm nutzen können und innerhalb dieser Wohnung ein eigenes Zimmer von 30 bis 35 qm gehabt, das ihm nach wie vor zur Verfügung stehe. Mit diesem Vortrag hat sich das Berufungsgericht – von seinem Rechtsstandpunkt aus folgerichtig – ebensowenig auseinandergesetzt wie mit der Frage, inwieweit es die Lebensverhältnisse der Mutter des Klägers geprägt hat, daß dieser im Juni 1986 zu ihr gezogen ist, allerdings die Woche über in seiner Zweitwohnung am Schulort lebt.

3) Unter diesen Umständen kann die Beurteilung der Unterhaltsbestimmung des Beklagten durch das Oberlandesgericht nicht bestehen bleiben. Der Senat ist nicht in der Lage, die Frage der Wirksamkeit der in Rede stehenden Bestimmung selbst abschließend zu beantworten. Dazu bedarf es ergänzender Feststellungen sowie einer in tatrichterlicher Verantwortung vorzunehmenden Abwägung der Interessen beider Elternteile. Ferner müssen die Parteien im Hinblick auf die dargelegten Rechtsgrundsätze Gelegenheit zu ergänzendem Sachvortrag haben. Deshalb ist die Sache unter Aufhebung des angefochtenen Urteils zur neuen Verhandlung und Entscheidung an das Berufungsgericht zurückzuverweisen.

BGH v. 27. 4. 88 – IVb ZR 58/87 – FamRZ 88, 930 = NJW-RR 88, 834

(Darlegungs- und Beweislast des Verpflichteten für gleichrangige Unterhaltsverpflichtung gegenüber 2. Ehefrau; keine Hinweispflicht nach §§ 139, 278 III ZPO) **R368**

4) Die Bedenken gegen die Leistungsfähigkeit des Bekl. (§ 1581 BGB), die die Revision in der mündlichen Verhandlung vorgebracht hat, greifen nicht durch. Das angefochtene Urteil enthält keine Feststellung dahin, daß den Bekl. außer der Unterhaltspflicht gegenüber der Kl. etwa (seit Eingehung seiner zweiten Ehe) eine – gleichrangige – Unterhaltsverpflichtung gegenüber seiner jetzigen Ehefrau träfe. Das würde voraussetzen, daß die jetzige Ehefrau unterhaltsbedürftig ist. Dazu hat der Bekl. indessen in den Vorinstanzen nichts vorgetragen. Er hat nicht behauptet, daß seine Ehefrau kein eigenes Einkommen habe. Die Darlegungs- und Beweislast für seine behauptete Leistungsfähigkeit lag jedoch bei dem Bekl., der demgemäß auch seine laufenden Unkosten (einschließlich Kosten für Wohnung, Heizung, Strom, Telefon und Zeitung) sowie seine berufsbedingten Aufwendungen und Kreditbelastungen im einzelnen dargelegt hat. Es hätte daher an ihm gelegen, sich auf eine durch die zweite Eheschließung begründete Unterhaltsverpflichtung gegenüber seiner jetzigen Ehefrau zu berufen. Das BerGer. hatte keine Veranlassung, dem ohne entsprechenden Sachvortrag nachzugehen (NJW 1987/1142). Immerhin bestand die Möglichkeit, daß die neue Ehefrau des Bekl. über Renten- oder Vermögenseinkünfte verfügte oder neben der Betreuung ihrer Kinder eine (Teil-)Erwerbstätigkeit ausübte. 5 b cc) Die Revision rügt in diesem Zusammenhang, das BerGer. habe einen Vorhalt nach § 278 III ZPO machen müssen. Daraufhin hätte der Bekl. die Beiziehung der Strafakten und der Strafvollstreckungsunterlagen beantragt; aus diesen hätte sich ergeben, daß er gemäß einer Anweisung in dem Entlassungsbeschluß gehalten gewesen sei, bei der Kl. Wohnung zu nehmen; eine andere Möglichkeit habe er daher gar nicht gehabt. Weiterhin hätte der Bekl. auf entsprechenden gerichtlichen Vorhalt vorgetragen, daß auch die Zeugung eines Kindes mit der Kl. dazu gedient habe, eine vorzeitige Haftentlassung zu erreichen. Hierauf kommt es indessen, wie ausgeführt, für die Beurteilung des Unterhaltsanspruchs der Kl. schon aus Rechtsgründen nicht an. Davon abgesehen trifft das BerGer. aber, wie ebenfalls dargelegt, unter verfahrensrechtlichen Gesichtspunkten nicht der Vorwurf einer Verletzung der Hinweispflicht nach § 278 III ZPO. dd) Das BerGer. war, wie oben unter 4. ausgeführt, aus verfahrensrechtlichen Gründen nicht gehalten, sich ohne entsprechenden Tatsachenvortrag des Bekl. nach den Einkommensverhältnissen seiner jetzigen Ehefrau zu erkundigen. **b**

(Keine Ehe von kurzer Dauer bei 4 Jahren u. 8 Monaten; aber Nr. 7, wenn die Eheleute tatsächlich nur wenige Monate zusammengelebt haben; Billigkeitsabwägung und zeitliche Begrenzung, Ermessensspielraum des Tatrichters zur Wahl der Rechtsfolgen und zur Unterhaltshöhe)

c 5) Das OLG hat den der Kl. demnach zustehenden Unterhalt auf die Dauer von fünf Jahren seit Rechtskraft des Scheidungsurteils begrenzt, weil es eine zeitlich unbegrenzte Unterhaltspflicht des Bekl. unter den gegebenen Umständen für grob unbillig hielt. a) Dies folge zwar nicht aus § 1579 Nr. 1 BGB; denn die Ehe der Parteien habe seit der Eheschließung bis zur Zustellung des Scheidungsantrags vier Jahre und rund acht Monate gedauert und sei damit nicht „von kurzer Dauer" gewesen. Die zeitliche Begrenzung des Unterhaltsanspruchs rechtfertige sich aber – ausnahmsweise – aus § 1579 Nr. 7 BGB, da eine unbefristete Inanspruchnahme auf nachehel. Unterhalt den Bekl. objektiv unzumutbar und damit in grob unbilliger Weise belasten würde. Dies hat das OLG im einzelnen auf folgende Erwägungen gestützt: Die Parteien hätten nach der Haftentlassung des Bekl. am 5. 10. 1984 „nur bis zum 9. 9. 1985, also ca. neun Monate" zusammengelebt. Erst während dieser Zeit habe sich ihre Ehe bewähren können. In der kurzen Zeit des ehel. Zusammenlebens hätten sie jedoch ihre Lebensdispositionen nicht aufeinander einstellen können, zumal der Bekl. in dieser Zeit arbeitslos gewesen sei und nur Arbeitslosenunterstützung bezogen habe, die für eine gemeinsame Lebensgrundlage der Parteien ohnehin nicht ausgereicht hätte. Im Rahmen der Billigkeitsabwägung nach § 1579 Nr. 7 BGB sei darüber hinaus auch zu berücksichtigen, daß die Kl. schon vor der Eheschließung behindert und auf Dauer erwerbsunfähig gewesen sei. Die Eheschließung habe sie daher nicht an der Aufnahme einer geregelten Erwerbstätigkeit und damit an der Sicherstellung ihres Unterhalts gehindert. Bei dieser Sachlage erscheine es nicht billig, den Bekl. auf unabsehbare Zeit mit Unterhaltsansprüchen zugunsten der erst 31jährigen Kl. zu belasten. Eine solche unbegrenzte Belastung wäre auch unter Berücksichtigung des Wesens der Ehe und der nachehelichen Solidarität nicht gerechtfertigt, zumal die Unterhaltspflicht den Bekl. zumindest dann erheblich belasten werde, wenn aus einer zweiten Ehe Kinder hervorgehen sollten und die neue Ehefrau im Interesse der Versorgung der Kinder nicht erwerbstätig und damit unterhaltsbedürftig werden sollte. Die Unterhaltslasten wären dann vom Bekl. nach seinen Einkommensverhältnissen kaum zu tragen. Aus diesen Gründen gebiete es die Billigkeit, nach Ablauf eines angemessenen Zeitraumes die schicksalhafte Unterhaltsbedürftigkeit der Kl., für welche nicht sie, aber auch nicht der Bekl. verantwortlich sei, von der Allgemeinheit tragen zu lassen, wie dies auch ohne die Eheschließung der Fall gewesen wäre. b) Die hiermit begründete Anwendung der Härteklausel des § 1579 Nr. 7 BGB hält sich – vom Ansatz her – im Rahmen der Rechtsprechung des Senats zu § 1579 I Nr. 4 BGB [a. F.], nach der das für die Heranziehung der Vorschrift wesentliche Erfordernis, daß die aus der Unterhaltspflicht erwachsende Belastung für den Verpflichteten die Grenze des Zumutbaren übersteigt, auch aus objektiven Gegebenheiten und Entwicklungen der Lebensverhältnisse der Ehegatten folgen kann (FamRZ 1986/443, 444, m. w. N.). § 1579 BGB sieht neben der Versagung und Herabsetzung des Unterhaltsanspruchs für alle Unterhaltstatbestände, also auch den hier auf § 1572 BGB gestützten Anspruch der Kl. – unabhängig von den besonderen Kriterien des § 1573 V BGB – eine zeitliche Begrenzung vor, sofern einer der Härtegründe der Nr. 1 bis Nr. 7 der Vorschrift eingreift. Hieraus hat das OLG die Begrenzung der Unterhaltsverpflichtung des Bekl. auf die Dauer von fünf Jahren seit Rechtskraft des Scheidungsurteils hergeleitet. Gegen diese zeitliche Begrenzung als solche erhebt die Revision, da die Regelung den Bekl. begünstigt, keine Einwände. Sie hält jedoch einen gänzlichen Ausschluß der Unterhaltsverpflichtung des Bekl. für geboten mit der Begründung: das OLG habe bei Ausschöpfung und Abwägung aller Umstände, insbesondere bei richtiger Gewichtung der beiderseitigen Interessenlagen, einen nachehel. Unterhaltsanspruch der Kl. in vollem Umfang versagen müssen. ee) Soweit die Revision in diesem Zusammenhang rügt, das Gericht habe die für einen gänzlichen Ausschluß des Unterhaltsanspruchs der Kl. sprechenden Umstände nicht ausreichend gewichtet und die beiderseitigen Interessenlagen nicht sachgerecht abgewogen, kann sie mit diesem Angriff nicht durchdringen. Bei der Anwendung der Härteklausel des § 1579 Nr. 7 BGB und der Würdigung der beiderseitigen Rechts- und Interessenlagen im Rahmen der hierfür gebotenen Zumutbarkeitsprüfung hat der Tatrichter einen ihm vorbehaltenen Beurteilungsspielraum, der nur einer rechtlichen Kontrolle durch das Revisionsgericht unterliegt (FamRZ 1988/304; FamRZ 1979/477, 489). Die von dem OLG vorgenommene Würdigung und Abwägung der Belange beider Parteien läßt jedoch keinen Rechtsfehler erkennen. Das Gericht hat die schicksalsbedingte allgemeine Lebenssituation der Kl. und die durch die neue Ehe begründete Interessenlage des Bekl. ebenso wie das Zustandekommen und den Verlauf der Ehe der Parteien sorgfältig und umfassend gegeneinander abgewogen und nach dem Maßstab der Zumutbarkeit einer lebenslangen Unterhaltsverpflichtung für den Bekl. bewertet. Daß es dabei eine zeitliche Begrenzung des Unterhaltsanspruchs der Kl. überhaupt für vertretbar und geboten erachtet hat, ist aus Rechtsgründen ebensowenig in Frage zu stellen wie die Dauer der von ihm – unter Beachtung der maßgeblichen Kriterien – für angemessen gehaltenen Begrenzung auf insgesamt fünf Jahre nach Rechtskraft des Scheidungsurteils.

6) Die Revision beanstandet schließlich, das OLG habe aus den dargelegten Gründen, wenn nicht den gänzlichen Unterhaltsausschluß, so doch eine pauschale Herabsetzung auf die Hälfte des zugespro-

chenen monatlichen Betrages vornehmen müssen; dafür spreche zusätzlich die Überlegung, daß die Aufnahme einer Erwerbstätigkeit des Bekl. angesichts der bloßen Zweckheirat der Parteien keinem gemeinsamen Lebensplan entsprochen habe. Auch hiermit hat die Revision keinen Erfolg. Abgesehen davon, daß die Arbeitseinkünfte des Bekl, wie bereits ausgeführt, aus Rechtsgründen Bestandteil der ehel. Lebensverhältnisse der Parteien i. S. von § 1578 BGB waren, fällt auch die Bemessung der Höhe des Unterhaltsanspruchs im Rahmen von § 1579 Nr. 7 BGB in den Bereich der tatrichterlichen Beurteilung und ist damit einer Angemessenheitskontrolle durch das Revisionsgericht entzogen.

BGH v. 11. 5. 88 – IVb ZR 42/87 – FamRZ 88, 817 = NJW 88, 2101

(Neubemessung des Unterhaltsbedarfs im Abänderungsverfahren, wenn die Bedarfsbemessung in der früheren Entscheidung von Billigkeitsgesichtspunkten gemäß § 1581 BGB beeinflußt war) **R369**

II 2) Im Einklang mit der Rechtsprechung des Senats steht ferner die Auffassung des OLG, daß der angemessene Unterhalt zu bestimmen ist, weil der im abzuändernden Urteil zugrunde gelegte Unterhaltsbedarf der Bekl. von insgesamt 1150 DM (einschließlich des ihr damals zuerkannten Vorsorgeunterhalts für Alter und Krankheit) nicht auf einer Bemessung nach den ehel. Lebensverhältnissen beruhte, sondern von Billigkeitsgesichtspunkten beeinflußt war (FamRZ 1987/257). Die Rechtsmittel der Parteien führen hiergegen auch keinen Angriff. **a**

(Steuererstattungen sind nur dann einkommenserhöhend zuzurechnen, wenn künftig mit gleichbleibenden Steuererstattungen zu rechnen ist)

Zu Recht vermißt die Revision auch eine Begründung dafür, daß mit einer Steuererstattung im bisherigen Umfang auch für die dem Jahre 1986 folgenden Jahre zu rechnen ist. Nach dem Einkommensteuerbescheid beruhte die Erstattung für 1985 zu einem erheblichen Teil darauf, daß das Finanzamt Unterhaltsleistungen i. H. von 12 000 DM als abzugsfähige Sonderausgaben nach § 10 I Nr. 1 EStG anerkannt hat. Da der an die erstehelichen Kinder geleistete Unterhalt im Rahmen der seinerzeit geltenden Höchstbeträge mit zusammen 2 440 DM zusätzlich als außergewöhnliche Belastung nach § 33 a EStG anerkannt worden war, muß es sich bei den abgezogenen Sonderausgaben jedenfalls zu einem erheblichen Anteil um den an die Bekl. i. J. 1985 gezahlten Unterhalt gehandelt haben; da dieser jedoch ab 1. 2. 1986 – wenn überhaupt – in wesentlich geringerem Umfang zu leisten ist, fehlt für die Annahme künftiger gleichbleibender Steuererstattungen der rechtfertigende Grund. **b**

(§ 1579 Nr. 3 BGB, wenn Vorsorgeunterhalt mutwillig nicht bestimmungsgemäß verwendet worden ist)

IV 2) Einen weiteren Betrag von monatlich 80 DM hat das Berufungsgericht abgesetzt, weil die Beklagte jahrelang den vom Kläger aufgrund der früheren Verurteilung für Altersvorsorgeunterhalt geleisteten Betrag von unstreitig insgesamt 8166,46 DM nicht zweckentsprechend verwendet habe. Die Beklagte könne sich nicht darauf berufen, daß sie aufgrund einer Überleitungsanzeige des Sozialamtes der Stadt W. vom 13. September 1983 verpflichtet gewesen sei, wegen in der Zeit bis zum April 1985 in einer Gesamthöhe von 11 876,59 DM beanspruchter Sozialhilfe die vom Kläger geleisteten Unterhaltszahlungen an das Sozialamt abzuführen. Wenn der Unterhaltsberechtigte den für seine Altersvorsorge beanspruchten Unterhalt nicht entsprechend verwende, müsse er sich so behandeln lassen, als habe er eine entsprechende Versorgung erworben. Diese Auffassung greift die Anschlußrevision der Beklagten mit Erfolg an. Hat ein unterhaltsberechtigter geschiedener Ehegatte in der Vergangenheit Vorsorgeunterhalt nicht bestimmungsgemäß verwendet, so berührt das seinen Unterhaltsanspruch nur unter den Voraussetzungen des § 1579 Nr. 3 BGB (FamRZ 87/684 = NJW 87/2229). Er kann daher nicht ohne weiteres so behandelt werden, als habe er eine mit dem Vorsorgeunterhalt erreichbare Altersversorgung auch tatsächlich erlangt. Das Berufungsurteil kann deshalb in diesem Punkt ebenfalls keinen Bestand behalten. Das Berufungsgericht wird vielmehr bei der neuen Verhandlung zu prüfen haben, ob der Beklagten mutwilliges Verhalten vorgeworfen werden kann, indem sie sich durch die Abführung des erlangten Unterhalts an das Sozialamt leichtfertig oder verantwortungslos über die erkannten nachteiligen Folgen für ihre (spätere) Bedürftigkeit hinweggesetzt hat. **d**

BGH v. 8. 6. 88 – IVb ZR 68/87 – FamRZ 88, 1145 = NJW-RR 88, 1282

(Prägung der ehelichen Lebensverhältnisse durch Kapital- und andere Vermögenserträge sowie durch Erträge aus einem durch Erbfall erworbenen Vermögen eines der Ehegatten; Zinseinkünfte aus geerbtem Kapital mindern die Bedürftigkeit ab Geldanlage, nicht erst ab Gutschrift der Zinsen) **R372**

1 b aa) Nach der std. Rspr. des Senats werden die ehel. Lebensverhältnisse nicht nur durch Erwerbseinkünfte geprägt, sondern ebenso durch Kapital- und andere Vermögenserträge sowie sonstige wirtschaftliche Nutzungen, soweit diese den Eheleuten während des Zusammenlebens zur Verfügung ge- **a**

standen haben (FamRZ 1985/354, 356; FamRZ 1986/434; FamRZ 1986/437, 438). Das stellt auch die Revision nicht in Abrede. Da sich die ehel. Lebensverhältnisse ausschließlich danach bestimmen, welche Einkünfte tatsächlich für den Unterhalt der Familie verfügbar waren, ohne Rücksicht darauf, ob sie nur von einem oder von beiden Ehegatten – in gleicher oder unterschiedlicher Höhe – erzielt worden sind (etwa Arbeitseinkommen des allein erwerbstätigen Ehegatten; FamRZ 1981, 241), können auch – für den Familienunterhalt verfügbare – Erträge aus einem durch Erbfall erworbenen Vermögen eines der beiden Ehegatten nicht ausgenommen werden. So hat der Senat bereits Einkünfte aus einem Pflichtteil eines Ehegatten für grundsätzlich unterhaltsbestimmend angesehen, sofern sie bei intakter Ehe zum Unterhalt der Familie zur Verfügung stehen (FamRZ 1982/996, 997). 2 d) Die Revision wendet sich weiter dagegen, daß das OLG das Zinseinkommen von monatlich 600 DM aus der Erbschaft der Kl. erst ab 1. 1. 1985 angerechnet hat, obwohl die Kl. die Erbschaft bereits im Mai 1984 erhalten und im übrigen selbst vorgetragen habe, sie habe davon 100 000 DM zu 8% angelegt, bevor sie im November 1984 10 000 DM Inhaberschuldverschreibungen wieder verkauft habe. Diese Rüge greift durch und führt zu einer Teilabänderung des angefochtenen Urteils, ohne daß es insoweit einer Zurückverweisung der Sache in die Vorinstanz bedarf. Es ist zwischen den Parteien unstreitig, daß die Kl. im Mai 1984 117 500 DM geerbt hat, wovon sie zunächst 100 000 DM, ab November 1984 noch 90 000 DM zu 8% verzinslich anlegte. Die Zinseinkünfte, die sie hieraus erzielte, minderten ihre Bedürftigkeit, § 1577 I BGB, und zwar nicht erst ab Januar 1985, sondern bereits seit dem Zeitpunkt der Geldanlage, hier also jedenfalls seit September 1984. Daran ändert es nichts, wenn sie die Zinsen tatsächlich erst im nachhinein – zum Vierteljahres- oder Jahresende oder einem sonstigen Fälligkeitszeitpunkt – ausgezahlt erhielt. Maßgeblich ist vielmehr, daß sie aus dem angelegten Vermögen entsprechende Einkünfte bezog, die sie sich als laufende Einnahmen bedarfsmindernd anrechnen lassen muß.

(Dem berechtigten Ehegatten steht es grundsätzlich frei, die Art der zuzumutenden angemessenen Erwerbstätigkeit im Sinn von § 1574 II BGB selbst zu bestimmen. Anspruch auf Ausbildungsunterhalt während der Trennungszeit. Trennungsunterhalt, wenn nach der Ausbildung keine angemessenen Gewinne aus selbständiger Tätigkeit erzielt wurden)

b 2 c) Selbst wenn sich eine Beschäftigung der Kl. als Industriekauffrau im Rahmen des Lebenszuschnittes der Parteien halten würde, ist doch die Auffassung des OLG aus Rechtsgründen nicht zu beanstanden, daß sie nach der jahrelangen berufsfremden Tätigkeit jedenfalls nicht ohne weitere Fortbildung auf den erlernten Beruf habe zurückgreifen können. Dabei ist zu berücksichtigen, daß es der Kl. grundsätzlich freistand, die Art der ihr zuzumutenden – für sie angemessenen (§ 1574 II BGB) – Erwerbstätigkeit selbst zu bestimmen (FamRZ 1986/1085, 1086; FamRZ 1984/561, 563). Sie brauchte sich daher angesichts der Lebensverhältnisse während der mehr als 20jährigen Ehe nicht zwingend auf eine Angestelltentätigkeit verweisen zu lassen. Der Lebensstandard der Parteien war dadurch geprägt, daß der Bekl. einen größeren Betrieb mit mehreren Filialen führte, in dem er selbst in der Backstube mitarbeitete, während die Kl. die Buchhaltung führte, bei der Beaufsichtigung der Filialen mitwirkte, gelegentlich auch Backwaren mit ausfuhr und im Verkauf aushalf. Beide Parteien arbeiteten also – in unterschiedlichen Funktionen – in dem Bäckereibetrieb mit, wobei die Kl. zwar in einem Angestelltenverhältnis stand, jedoch als Ehefrau des Betriebsinhabers an den Erträgen und Gewinnen (sowie etwaigen Verlusten) des Betriebes teilhatte. Insoweit unterschied sich ihre Stellung maßgeblich von der einer Angestellten in einem fremden Betrieb. Bei dieser Situation ist rechtlich nichts dagegen einzuwenden, daß die Kl. nach der Trennung der Parteien eine selbständige Erwerbstätigkeit anstrebte, sich zu diesem Zweck zur Kosmetikerin ausbilden ließ und diese Tätigkeit seit Oktober 1986 in einem eigenen Salon ausübt. Das OLG hat der Kl. daher rechtsfehlerfrei – zunächst – für die Dauer ihrer Ausbildung Trennungsunterhalt nach § 1361 I und II BGB zugebilligt. Allerdings kommt während der Trennung ein Anspruch auf Ausbildungsunterhalt im allgemeinen nur insoweit in Betracht, als er sich nach den Kriterien des § 1573 I i. V. mit § 1574 III BGB begründen läßt (FamRZ 1985/782, 785). Diese Voraussetzungen sind jedoch unter den gegebenen Umständen, wie dargelegt, zu bejahen. Der Kl. war es auch nicht verwehrt, ihre Berufsplanung bereits vor der Scheidung zu verwirklichen, da sie sich angesichts des Verhaltens des Bekl., der eine neue Bindung zu einer anderen Partnerin eingegangen war, auf eine endgültige Trennung einstellen mußte. In dieser Situation mußte ihr die Möglichkeit offenstehen, im Interesse ihrer späteren wirtschaftlichen Unabhängigkeit eine Ausbildung aufzunehmen, die zur Ausübung einer angemessenen Erwerbstätigkeit führen sollte (FamRZ 85/782, 784).

Nach den Feststellungen des OLG erzielt sie aus dem Betrieb des Kosmetiksalons noch keine ihren Unterhaltsbedarf sichernden Einkünfte. Das Gericht hat den Bekl. deshalb zu Recht für verpflichtet gehalten, ihr über die Zeit ihrer Ausbildung hinaus zunächst weiterhin Trennungsunterhalt zu leisten. Ob eine entsprechende Unterhaltsverpflichtung des Bekl. auch dann (weiter) bestehen würde, wenn die Kl. nach der allgemein üblichen Anfangsphase weiterhin keine angemessenen Gewinne aus dem Kosmetiksalon erwirtschaften sollte, braucht im vorliegenden Verfahren nicht entschieden zu werden. Soweit die Revision beanstandet, daß die Kl. in ihrem Salon eine Kosmetikerin angestellt hat, sich aber gleichwohl auf ihre fortbestehende Unterhaltsbedürftigkeit beruft, ist diese Frage in der mündlichen

Verhandlung vor dem OLG erörtert worden. Die Kl. hat dazu vorgetragen, die Angestellte mache nicht nur Kosmetikbehandlungen, sondern auch Fußpflege; „die Fußpflege habe sie (die Kl.) zusätzlich aufgenommen, um die Erlössituation zu verbessern“. Dem ist der Bekl. nicht entgegengetreten. Hat die Kl. danach aber das Leistungsangebot in dem Salon – mit der Anstellung einer Kosmetikerin und Fußpflegerin – erweitert, um die Ertragslage zu verbessern, so kann ihr diese Entscheidung vorbehaltlich der weiteren Entwicklung unterhaltsrechtlich nicht entgegengehalten werden.

(Der Ausbildungsunterhalt bei Trennung umfaßt nach § 1361 I 2 BGB auch den Altersvorsorgebedarf ab Rechtshängigkeit des Scheidungsantrages)

4 d) Die Revision hält den Anspruch auf den Vorsorgeunterhalt jedenfalls „für die Zeit der zweiten Berufsbildung“ der Kl. für nicht begründet, da Zeiten der Berufsausbildung grundsätzlich nicht zugleich Zeiten der Altersvorsorge seien. Wenn die Kl. schon den kostspieligen Weg einer zweiten Berufsausbildung gewählt habe, müsse sie sich hinsichtlich der Altersvorsorge mit den Nachteilen dieses Weges abfinden und könne diese nicht zusätzlich unter unterhaltsrechtlichen Gesichtspunkten dem Bekl. aufbürden. Auch das trifft in dieser Weise nicht zu. Zwar nimmt § 1578 III BGB für den nachehelichen Unterhalt die Tatbestände des Ausbildungs- und Fortbildungsunterhalts nach § 1574 III und § 1575 BGB von den einen Anspruch auf Altersvorsorge umfassenden Unterhaltsansprüchen ausdrücklich aus. § 1361 BGB enthält indessen für den Trennungsunterhalt keine derartige Einschränkung (Abs. I S. 2 der Vorschrift), sondern knüpft den Anspruch auf die Alters- und Invaliditätsvorsorgekosten lediglich an den Eintritt der Rechtshängigkeit des Scheidungsverfahrens. Erfaßt daher der Anspruch auf Trennungsunterhalt ausnahmsweise, wie es hier der Fall ist, auch die durch eine Ausbildung bedingte Bedürftigkeit des berechtigten Ehegatten, dann umfaßt der Unterhaltsanspruch gemäß § 1361 I S. 2 BGB grundsätzlich auch den Alters-Vorsorgebedarf. Insoweit setzt sich der allgemeine gesetzliche Zweck dieser Vorschrift durch, der darauf gerichtet ist, eine infolge des gemäß § 1587 II BGB zeitlich eingeschränkten Anwendungsbereichs des Versorgungsausgleichs sonst entstehende Lücke in der Versorgungsbilanz des berechtigten Ehegatten zu schließen. Da eine derartige Lücke ohne Rücksicht darauf einträte, aus welchem konkreten Grund der getrennt lebende Ehegatte im Einzelfall unterhaltsbedürftig ist, und da sich überdies die Bedeutung des § 1361 I S. 2 BGB in der Ausfüllung dieser Lücke erschöpft, kommt in diesem Bereich – anders als im Fall des § 1578 III BGB – eine unterschiedliche Behandlung des Anspruchs auf den Vorsorgeunterhalt je nach dem Anlaß der Unterhaltsbedürftigkeit des betroffenen Ehegatten nicht in Betracht. e

(Keine 2stufige Berechnung des Elementarunterhalts bei besonders günstigen wirtschaftlichen Verhältnissen)

4 e) Zur Höhe des der Kl. in dem angefochtenen Urteil zugebilligten Altersvorsorgeunterhalts macht die Revision schließlich – ebenso wie für die Krankheitskosten – geltend: Die Zubilligung dieses Unterhaltsteils könne nicht ohne Konsequenzen für die Höhe des Elementarunterhalts bleiben. Vielmehr hätten die Kosten des Altersvorsorgeunterhalts zunächst von dem unterhaltserheblichen Nettoeinkommen abgezogen und der Elementarunterhaltsanspruch der Kl. erst danach auf der Grundlage des sodann für den allgemeinen Lebensbedarf verbleibenden Resteinkommens ermittelt werden müssen. Auch hiermit kann die Revision bei den gegebenen Verhältnissen nicht durchdringen. Der Senat hat bereits entschieden, daß in Fällen besonders günstiger wirtschaftlicher Verhältnisse die sonst allgemein übliche zweistufige Berechnung des Elementarunterhalts, auf welche die Revision hier hinzielt, nicht erforderlich ist (FamRZ 1982/1187, 1188), da diese nur sicherstellen soll, daß nicht zu Lasten des Unterhaltsverpflichteten über den Grundsatz der gleichmäßigen Teilhabe der Ehegatten am ehel. Lebensstandard hinausgegangen wird. Sind die wirtschaftlichen Verhältnisse in einer Ehe aber so günstig, daß der Vorsorgebedarf neben dem laufenden Unterhaltsbedarf befriedigt werden kann, dann besteht keine Notwendigkeit für die zweistufige Berechnungsweise. f

BGH v. 13. 7. 88 – IVb ZR 39/87 – FamRZ 88, 1031 = NJW-RR 88, 1093

(Einkommenssteigerungen nach der Scheidung sind dem Verpflichteten zuzurechnen, wenn mit ihnen bei normaler beruflicher Entwicklung gerechnet werden konnte) R373

I 1) Der Ansicht des Bekl., sein ab Oktober 1982, also erst nach der Scheidung, erzieltes Einkommen könne bei der Bestimmung der ehel. Lebensverhältnisse nicht voll berücksichtigt werden, weil es in der Ehe noch nicht angelegt gewesen sei und die ehel. Lebensverhältnisse nicht geprägt habe, ist das OLG nicht gefolgt. Es hat vielmehr in der Einkommenssteigerung – nach der nur einmonatigen Arbeitslosigkeit im September 1982 – eine normale, erwartungsgemäß verlaufende berufliche Entwicklung gesehen. 2) Der Ansatz der in der Zeit nach der Scheidung erhöhten Einkünfte des Bekl. begegnet keinen durchgreifenden rechtlichen Bedenken. Sie halten sich im durchschnittlichen Einkommensbereich, mit dessen Erreichen bei normaler beruflicher Entwicklung gerechnet werden konnte. Auch die Revision erhebt insoweit keine Einwände. a

(Keine mutwillige Herbeiführung der Bedürftigkeit nach § 1579 Nr. 3 BGB, wenn der Berechtigte einen Rechtsstreit wegen des Kostenrisikos und wegen der damit notwendig verbundenen psychischen Belastungen unterläßt.)

c III. 1) Das OLG hat erwogen, nach dem Vorbringen der Kl. – daß nämlich der Fahrer vor der Unfallfahrt nur wenig Alkohol getrunken habe – sei der von der Haftpflichtversicherung erhobene Vorwurf eines Mitverschuldens an dem Unfall ungerechtfertigt und erscheine deshalb ihr Anspruch auf Schadensersatz wegen Verdienstausfalls als begründet. Es hat dem Bekl. auch darin beigepflichtet, daß die Kl. deshalb an sich gehalten gewesen sei, auf einer Regulierung des Verdienstausfallschadens zu bestehen und ihn notfalls gerichtlich durchzusetzen, zumal die Beweislast für das ihr vorgeworfene Mitverschulden – Mitfahren trotz ersichtlicher Fahruntüchtigkeit ihres Begleiters – bei dessen Haftpflichtversicherung gelegen habe. Das OLG hat jedoch gemeint, daß die Kl. nicht so vorgegangen sei, reiche nicht aus, ihre Unterhaltsbedürftigkeit in Höhe des Verdienstausfallschadens zu verneinen. Ob und unter welchen Voraussetzungen eine selbst verursachte oder mitverursachte Unterhaltsbedürftigkeit zu einem Wegfall oder zu einer Minderung des Unterhaltsanspruchs führe, sei in § 1579 Nr. 3 BGB abschließend geregelt. Voraussetzung dafür sei eine unterhaltsbezogene Mutwilligkeit, d. h. zumindest Leichtfertigkeit und damit eine Vorwerfbarkeit von erheblichem Gewicht. Daß das Verhalten der Kl., die von der Durchsetzung des nach ihrer Meinung begründeten Verdienstausfallschadens abgesehen habe, einen Vorwurf dieser schwerwiegenden Art rechtfertige, sei nicht hinreichend dargetan und ergebe sich nicht bereits aus den Umständen des Falles.

2) Dagegen wendet sich die Revision mit der Erwägung, wenn ein Unterhaltsgläubiger in der vom OLG zugrunde gelegten beweisrechtlichen Lage von der gerichtlichen Durchsetzung seines Verdienstausfallschadens absehe und gleichzeitig eine entsprechend höhere Unterhaltsforderung gegen den geschiedenen Ehegatten erhebe, so liege die Mutwilligkeit dieses Vorgehens auf der Hand. Weitere Darlegungen dazu seien von dem Bekl. nicht zu verlangen gewesen, da die Leichtfertigkeit sich schon aus dem äußeren Geschehensablauf ergebe.

3) Damit dringt die Revision nicht durch. Wie sie nicht verkennt, reicht einfaches Verschulden an der Herbeiführung der Unterhaltsbedürftigkeit nicht aus, um die Sanktion des § 1579 Nr. 3 BGB eingreifen zu lassen. Erforderlich ist vielmehr Mutwilligkeit, die sich zumindest als unterhaltsbezogene Leichtfertigkeit darstellen muß. Die Vorstellungen und Antriebe, die dem zu beurteilenden Verhalten zugrunde liegen, müssen sich (auch) auf die Bedürftigkeit als Folge dieses Verhaltens erstrecken. Leichtfertig handelt der unterhaltsberechtigte Ehegatte, wenn er die Möglichkeit des Eintritts der Bedürftigkeit als Folge seines Verhaltens erkennt und im Bewußtsein dieser Möglichkeit handelt, wobei er sich unter grober Nichtachtung dessen, was jedem einleuchten muß, oder in Verantwortungslosigkeit und Rücksichtslosigkeit gegen den Unterhaltspflichtigen über die erkannte Möglichkeit nachteiliger Folgen für seine Bedürftigkeit hinwegsetzt (FamRZ 1981/1042, 1044 f., FamRZ 1984/364, 367). Daß das OLG diese Voraussetzungen hier nicht festgestellt hat, läßt einen Rechtsfehler nicht erkennen. Die Kl. ist, wie aufgrund der zahlreichen bei den Akten befindlichen ärztlichen Zeugnisse belegt und zwischen den Parteien unstreitig ist, infolge des erlittenen schweren Schädel-Hirn-Traumas stark behindert. Daß sie sich nicht zur gerichtlichen Durchsetzung des neben dem Schmerzensgeld geltend gemachten Verdienstausfallschadens entschlossen hat, dem die gegnerische Haftpflichtversicherung wiederholt den Einwand des Mitverschuldens mit der aus dem – damaligen – Quotenvorrecht des Rentenversicherungsträgers sich ergebenden Rechtsfolge entgegengehalten hat, kann trotz der Beweislast der Haftpflichtversicherung für die Berechtigung ihres Einwandes nicht als grobe Nichtachtung dessen, was jedem einleuchten muß, oder als Verantwortungs- und Rücksichtslosigkeit gegenüber dem unterhaltspflichtigen Bekl. gewertet werden. Aus dem im Laufe des Rechtsstreits eingereichten und mehrfach in den Schriftsätzen angesprochenen Schriftwechsel zwischen dem anwaltlichen Vertreter der Kl. und der Haftpflichtversicherung des Fahrers ergibt sich, daß die Versicherung den Mitverschuldenseinwand auf den Inhalt der Strafakten und dabei insbesondere auf die Aussage der Zeugin A. gestützt hat. Diese hatte in der Hauptverhandlung gegen den Fahrer des Unfallwagens bekundet, er sei vor dem Unfall bereits mit einer „Alkoholfahne" erschienen und habe dann im Beisein der Kl., zunächst bei der Zeugin und später in G., noch weiter Bier zu sich genommen; er habe „mit Sicherheit zuviel zum Fahren getrunken". Daß die Kl. es bei dieser Sachlage nicht auf sich genommen hat, dem Mitverschuldenseinwand der Haftpflichtversicherung mit einer Klage auf Ersatz ihres Verdienstausfalls zu begegnen, erscheint vielmehr nicht nur wegen des Kostenrisikos, sondern insbesondere angesichts der mit einem solchen Rechtsstreit notwendig verbundenen psychischen Belastung der schwerverletzten und durch die Unfallfolgen nervlich erheblich geschwächten Kl. als nicht unverständlich, mag auch bei einer objektiven Betrachtung die ihr günstige Beweislastverteilung eher für die Durchführung eines solchen Prozesses gesprochen haben. Jedenfalls kann von einer groben Nichtachtung dessen, was jedem einleuchten muß, oder von Verantwortungs- und Rücksichtslosigkeit gegenüber dem unterhaltspflichtigen Bekl. nicht gesprochen werden.

(Berechnung des Quotenunterhalts bei prägendem Renteneinkommen des Berechtigten)

d IV 1) Das Berufungsgericht hat den monatlichen Unterhaltsanspruch der Kl. danach rechnerisch wie folgt ermittelt: für Mai und Juni 1985 mit $^{3}/_{7}$ der Differenz zwischen 2013 DM und 1094 DM = rund

393 DM; für Juli 1985 bis Juni 1986 mit $^3/_7$ der Differenz zwischen 2013 DM und 1109 DM = rund 387 DM; ab Juli 1986 mit $^3/_7$ der Differenz zwischen 2013 DM und 1133 DM = rund 377 DM. Die Wahl der Berechnungsmethode, nach der in einer Ehe, die durch beiderseitiges Einkommen geprägt war, dem weniger verdienenden Ehegatten eine Quote der Einkommensdifferenz zugebilligt wird (sog. Differenzmethode), ist rechtlich nicht zu beanstanden. Rechtlichen Bedenken begegnet indessen die angewendete Verteilungsquote. Sie verschafft im Ergebnis beiden Parteien einen sogenannten Erwerbstätigenbonus in Höhe eines Siebtels ihres Einkommens. Weshalb er auch der Kl. zugute kommen soll, ist jedoch nicht ersichtlich. Sie steht nicht im Erwerbsleben, sondern bezieht eine Rente, bedarf des Bonus daher nicht zum Ausgleich eines erhöhten, mit der Berufstätigkeit verbundenen Aufwandes; auch der Gesichtspunkt, den Anreiz zur Erwerbstätigkeit zu steigern, scheidet bei ihr aus. Es könnte daher näher liegen, dem um den Erwerbstätigenbonus – und den Kindesunterhalt – bereinigten Einkommen des Bekl. das ungekürzte Renteneinkommen der Kl. gegenüberzustellen und ihr die Hälfte der Differenz als Unterhalt zuzuerkennen. Die aus anderem Grunde erforderliche Zurückverweisung der Sache gibt insoweit Gelegenheit zur neuen tatrichterlichen Erwägung.

(Keine zeitliche Begrenzung nach § 1578 I 2 BGB bei überwiegender Haushaltsführung in 8jähriger Ehe bis zum Scheidungsantrag)

V) Das OLG hat es abgelehnt, gemäß § 1578 I S. 2 BGB die Bemessung des Unterhaltsanspruchs nach den ehel. Lebensverhältnissen zeitlich zu begrenzen. Dagegen wendet sich die Revision ohne Erfolg. Die in der gesetzlichen Vorschrift „insbesondere" als insoweit berücksichtigungsfähig genannten Umstände der Dauer der Ehe (hier: rund acht Jahre bis zur Stellung des Scheidungsantrages) sowie der Gestaltung von Haushaltsführung und Erwerbstätigkeit (hier: ganz überwiegend Haushaltsführung und Erwerbstätigkeit auch der Ehefrau) lassen eine zeitlich unbegrenzte Bemessung des nachehelichen Unterhalts nach den ehel. Lebensverhältnissen nicht als unbillig erscheinen. Dies gilt um so mehr, als der an den ehel. Lebensverhältnissen ausgerichtete Unterhaltsbedarf der Kl., wie das OLG rechtlich bedenkenfrei ausgeführt hat, ihren eheunabhängigen angemessenen Lebensbedarf nur geringfügig übersteigt. **f**

BGH v. 5. 10. 88 – IVb ZR 91/87 – FamRZ 89, 150 = NJW 89, 526

(Bei vertraglich geregeltem nachehelichem Unterhalt kann rückständiger Unterhalt grundsätzlich auch für eine Zeit verlangt werden, in der der Verpflichtete nicht in Verzug und der Anspruch nicht rechtshängig war. Für eine länger als ein Jahr vor Rechtshängigkeit liegende Zeit besteht ein Anspruch nur, wenn sich der Verpflichtete der Leistung absichtlich entzogen hat; kein Verzug nach § 284 II 1 BGB bei nicht eindeutiger kalendermäßigen Fälligkeit) **R375**

2) Nach § 64 EheG, der inhaltlich § 1585 b II und III BGB entspricht, kann der Berechtigte Unterhalt für die Vergangenheit erst von der Zeit an fordern, in der der Unterhaltsverpflichtete in Verzug gekommen oder der Unterhaltsanspruch rechtshängig geworden ist, für eine länger als ein Jahr vor der Rechtshängigkeit liegende Zeit jedoch nur, soweit anzunehmen ist, daß der Verpflichtete sich der Leistung absichtlich entzogen hat.

b) Das *RG* führt in RGZ 164/65, 69 aus, der Grundsatz, daß für die Vergangenheit regelmäßig kein Unterhalt verlangt werden dürfe, beruhe darauf, daß der Unterhalt seinem Wesen nach zur Bestreitung der laufenden Lebensbedürfnisse diene und daß der Verpflichtete in die Lage versetzt werden müsse, sich auf die laufende Unterhaltsleistung einzurichten. Dieser Grundsatz erleide nach dem Gesetz eine Durchbrechung für den Fall, daß der Unterhaltsverpflichtete in Verzug gekommen oder der Unterhaltsanspruch rechtshängig geworden sei. Diese Einschränkung habe den Sinn, daß der Verpflichtete, sobald der Berechtigte den Unterhalt einmal gefordert habe und sich der Verpflichtete darauf einstellen könne, es unmöglich in der Hand haben dürfe, durch Nichterfüllung von der Leistung frei zu werden. Das Gesetz erwähne zwar nur die Fälle des Verzuges und der Rechtshängigkeit. Die gleichen Erwägungen träfen aber zu, wenn der Schuldner sich dem Berechtigten gegenüber durch Vertrag zu Unterhaltsleistungen in bestimmter Höhe verpflichtet habe. Durch einen solchen Vertrag sei unter den Beteiligten klargestellt, daß Unterhalt geschuldet werde, daß der Berechtigte die Erfüllung seines Anspruchs verlange und in welcher Höhe der Unterhalt zu leisten sei, so daß es weder einer den Schuldnerverzug begründenden Mahnung noch der Erörterung des Anspruchs im Rechtsstreit bedürfe, um den Schuldner auf seine Leistungspflicht hinzuweisen und zu veranlassen, daß er sich entsprechend einrichte.

Diesen überzeugenden Ausführungen tritt der *Senat* bei. Eine vertragliche Regelung des Unterhalts ist der nach §§ 64 EheG, 1585 b II BGB erforderlichen Mahnung oder Klageerhebung gleichzusetzen; dabei handelt es sich nicht etwa um die Unanwendbarkeit dieser Vorschriften auf vertraglichen Unterhalt, sondern um eine Analogie zu den in diesen Vorschriften gesetzlich geregelten Fällen (Verzug und Rechtshängigkeit), in denen für die Vergangenheit Unterhalt verlangt werden kann.

Die Regelung kann in einer Weise geschehen, daß ein Verzug des Unterhaltsschuldners ohne Mahnung schon aufgrund des § 284 II S. 1 BGB (Kalenderfälligkeit) eintritt (vgl. FamRZ 1983/352, 354, sowie *OLG Zweibrücken*, FamRZ 1987/1301 = DAVorm 1987/702). Im vorliegenden Fall kann dies allerdings nicht angenommen werden. Zwar waren die im Streit befindlichen Erhöhungsbeträge nach Nr. 1 IV des Vergleichs jeweils in dem auf die Einkommensveränderung folgenden Monat fällig. Da aber andererseits bei den Einkommensveränderungen auch ein so schwankender Posten wie „ein Drittel der monatlichen Spesen" zu berücksichtigen war (Nr. 4 des Vergleichs), hätte der Bekl. sich auch vertragsgerecht verhalten, wenn er etwa längere Zeitabschnitte abgewartet hätte, um Erhöhungen seiner Leistungen eine praktikable Durchschnittsrechnung zugrunde zu legen (§ 157 BGB); die Kl. selbst hat in ihrer Klage sogar eine Durchschnittsrechnung nach Kalenderjahren aufgemacht. Da somit von einer eindeutigen kalendermäßigen Fälligkeit nicht ausgegangen werden kann, scheidet ein Verzugseintritt gemäß § 284 II S. 1 BGB aus.

Andererseits besteht entgegen der Auffassung der Revision kein Anlaß, die dargelegten Grundsätze des *RG* deswegen für unanwendbar zu halten, weil die genaue Höhe des Unterhalts erst nach den im Vergleich vereinbarten Rechenschritten zu ermitteln ist. Abgesehen davon, daß keine besonders schwierige Regelung vorliegt, kann grundsätzlich nicht auf den Schwierigkeitsgrad einer etwa erforderlichen Berechnung abgehoben werden. Wenn sich der Schuldner in dem Vertrag auf ein solches Verfahren zur Ermittlung der Unterhaltshöhe einläßt oder gar darauf hinwirkt, setzt er sich regelmäßig den Grundsätzen von Treu und Glauben zuwider zu seinem eigenen Tun in Widerspruch, wenn er später geltend macht, wegen zu komplizierter Berechnung sei ihm die genaue Höhe des zu leistenden Unterhalts nicht hinreichend bekannt gewesen.

Der Einschränkung von Unterhaltsforderungen für eine Zeit, die länger als ein Jahr vor der Rechtshängigkeit liegt, liegt ein anderer Rechtsgedanke zugrunde. Das Gesetz will eine besonders verspätete Geltendmachung des Unterhaltsrechts dadurch sanktionieren, daß sie nur unter einer erschwerenden Voraussetzung durchgreifen kann. Dem Wesen nach handelt es sich um eine Ausformung des Rechtsinstituts der Verwirkung, die an eine „illoyal verspätete Geltendmachung" des Rechts nachteilige Folgen für den Rechtsinhaber knüpft (FamRZ 1982/898, FamRZ 1988/370, 372 f.). Der Gläubiger soll dadurch veranlaßt werden, um eine zeitnahe Verwirklichung des Unterhaltsanspruchs besorgt zu sein, etwa damit nicht beim Schuldner eine übergroße Schuldenlast anwächst (FamRZ 1987/1014, 1015). Das Gesetz bringt im übrigen in weiteren Regelungen zum Ausdruck, daß Unterhaltsforderungen für eine mehr als ein Jahr zurückliegende Zeit mit einer besonderen Schwäche behaftet sind (vgl. neben §§ 1613 II S. 2, 1615 i II S. 1 BGB insbesondere § 850 d I S. 4 ZPO, wonach in diesem Fall das allgemeine Pfändungsvorrecht titulierter Unterhaltsansprüche nur dann gilt, wenn der Schuldner sich seiner Zahlungspflicht absichtlich entzogen hat). Aus diesen Gründen wird dem Zweck des Gesetzes nicht schon durch die vertragliche Regelung des Unterhalts genügt; in einem solchen Fall erscheinen zwar Mahnung und Klageerhebung entbehrlich, nicht aber auch die Einhaltung der Einjahresgrenze. Gerade in Fällen der vorliegenden Art, in denen es um eine vertraglich geregelte Anhebung des Unterhalts wegen veränderter Verhältnisse geht, ist eine verzögerliche Geltendmachung denkbar, die das Gesetz auch deswegen in Grenzen halten will, weil nach längerer Zeit die Aufklärung der maßgebenden Umstände vielfach erheblich erschwert ist.

Zwar besteht nach dem Schutzzweck der Regelung kein Anlaß, einem vertraglichen Verzicht des Schuldners auf die Einhaltung der Einjahresgrenze die Anerkennung zu versagen. Nach allgemeinen Grundsätzen ist aber zu fordern, daß der Vertrag eindeutige Anhaltspunkte für einen entsprechenden Verzichtswillen des Schuldners enthält, wenn ein solcher – etwa im Wege der Auslegung – bejaht werden soll. Dafür sind im vorliegenden Fall keine hinreichenden Anhaltspunkte ersichtlich. Entgegen der Auffassung des OLG kann somit die Kl. für die im Revisionsverfahren noch strittige Zeit vom 1. 1. 1981 bis 20. 10. 1984 Unterhaltsrückstände nur unter der Voraussetzung fordern, daß sich der Bekl. der Leistung absichtlich entzogen hat.

3. Das OLG hat die Frage, ob der Bekl. sich den noch strittigen Unterhaltsleistungen absichtlich entzogen hat, geprüft und verneint. Es sei nämlich nicht ausreichend, daß der Bekl. seiner im Vergleich übernommenen Verpflichtung nicht nachgekommen sei, jede Veränderung seines Einkommens unaufgefordert anzuzeigen und den Unterhalt von sich aus entsprechend zu erhöhen. Zwar habe er mit diesem Verhalten die Erwartung verbunden, seiner Unterhaltsverpflichtung zu entgehen, es lasse sich aber nicht feststellen, daß er darüber hinaus etwas mit dem Ziel unternommen habe, die Erfüllung seiner Verpflichtung zu hintertreiben.

Diese Ausführungen ergeben, daß das OLG an die Voraussetzungen, unter denen i. S. des § 64 EheG (und des § 1585 b III BGB) sich der Verpflichtete der Leistung absichtlich entzieht, zu strenge Anforderungen gestellt hat. Ein aktives Hintertreiben der Unterhaltsverpflichtung ist nicht immer erforderlich, sondern es genügt jedes zweckgerichtete Verhalten (auch Unterlassen) des Schuldners, das die zeitnahe Realisierung der Unterhaltsschuld verhindert oder zumindest wesentlich erschwert hat. Darüber hinaus ist nach herrschender Auffassung aus der Fassung des Gesetzes („wenn anzunehmen ist") zu folgern, daß der Unterhaltsberechtigte im Prozeß nur solche Umstände darzulegen und zu beweisen hat, die nach der Lebenserfahrung den Schluß auf ein Sichentziehen rechtfertigen. Sache des Verpflichteten ist es dann, die gegen ihn sprechende tatsächliche Vermutung dadurch zu entkräften, daß er Tatsachen darlegt und beweist, die jene Schlußfolgerung zu erschüttern vermögen. Dem schließt sich der *Senat* an, da es sich bei dem Tatbestandsmerkmal „absichtlich" um eine innere Tatsache handelt, die sich regelmäßig nur indirekt aus dem zutage getretenen Verhalten der Partei erschließen läßt. Auch können insoweit keine zu hohen

Anforderungen gestellt werden, wenn dem Zweck der Regelung, einem unredlich handelnden Schuldner den Schutz der Einjahresgrenze zu versagen, praktische Bedeutung zukommen soll (FamRZ 1973/133).

BGH v. 19. 10. 88 – IVb ZR 97/87 – FamRZ 89, 159 = NJW-RR 89, 322

(Bedürftigkeitsmindernder Rentenbezug des Berechtigten; Klage nach § 323 ZPO wegen Änderung der wirtschaftlichen Verhältnisse; adäquate Kürzung der Rentenbezüge des anderen Ehegatten wegen Versorgungsausgleich) R377

II 2 c) Der erst nach der Unterhaltstitulierung einsetzende Rentenbezug des Unterhaltsberechtigten, der auf der Übertragung von Versorgungsanwartschaften beim Versorgungsausgleich beruht, läßt sich nicht nur entweder dem Anwendungsbereich des § 323 ZPO oder dem des § 767 ZPO zuordnen. Er hat vielmehr eine doppelte Bedeutung. Einerseits bezieht der Berechtigte die Rente aufgrund eigenen Rechts, das vom Versorgungsschicksal seines geschiedenen Ehegatten losgelöst ist. Wie jedes andere Einkommen, das der Berechtigte erzielt, mindert der Rentenbezug unterhaltsrechtlich seine Bedürftigkeit. Damit liegt eine Änderung in den wirtschaftlichen Verhältnissen vor, die dem Anwendungsbereich des § 323 ZPO zuzuordnen ist. Andererseits ist nicht zu verkennen, daß in den Fällen, in denen der Unterhaltsverpflichtete selbst schon Rente bezieht, die nunmehr infolge des Versorgungsausgleichs gekürzt wird, durch die etwa gleichhohen Rentenzahlungen an den Unterhaltsberechtigten ein der Erfüllung wirtschaftlich gleichkommender Vorgang einsetzt (vgl. BGHZ 83/278). Die sich hieraus ergebende Einwendung muß der Schuldner dem Gläubiger stets entgegensetzen können; soweit eine Abänderung gemäß § 323 ZPO wegen der Zeitschranke des III ZPO der Vorschrift nicht mehr möglich ist, gemäß § 767 ZPO. Soweit Hoppenz (a. a. O., S. 1100) hierzu eine andere Ansicht vertritt, vermag der Senat ihm nicht zu folgen. Soweit sich im übrigen aus der Ambivalenz des Rentenbezuges Überschneidungen zwischen Abänderungsklage und Vollstreckungsabwehrklage ergeben, sind sie hinzunehmen. 3) Die Zulässigkeitsvoraussetzungen einer Abänderungsklage wegen des zuletzt durch das Teilanerkenntnisurteil vom 16. September 1983 zugesprochenen Unterhalts hat das Berufungsgericht rechtsfehlerfrei angenommen. Wie die zeitliche Sperre des § 323 III ZPO steht auch die sogenannte Wesentlichkeitsschwelle des § 323 I ZPO dem Widerklagebegehren nicht entgegen. Das bedarf mit Blick auf die Höhe der der Klägerin gewährten Erwerbsunfähigkeitsrente keiner näheren Begründung. Demgemäß kann auch offenbleiben, ob an das Merkmal der Wesentlichkeit geringere Anforderungen zu stellen sind, als sie in der tatrichterlichen Praxis zur Bemessung von Unterhaltsleistungen sonst gestellt werden, wenn wie hier dem einsetzenden Rentenbezug des Unterhaltsberechtigten eine wirtschaftlich adäquate Kürzung der Versorgungsbezüge des Unterhaltspflichtigen gegenübersteht, weil sich in der beiderseitigen Rentenhöhe der Versorgungsausgleich in gegenläufigen Richtungen auswirkt. a

(Vorabzug von ehebedingten Schulden u. von Kindesunterhalt vom Einkommen; Quote aus den für Unterhaltszwecke verbleibenden Mitteln)

II 5) Im Einklang mit der ständigen Rechtsprechung des Senats zur fortwirkenden Bindung an unveränderte Grundlagen des abzuändernden Urteils (FamRZ 1987/259, 263 m. w. N., FamRZ 1980/771 im Anschluß an BGH, FamRZ 1979/694) steht die Berücksichtigung der bereits im Erstprozeß anerkannten Belastungen des Beklagten durch die Abtragung eines während der Ehezeit aufgenommenen Kredits und des Unterhalts für die Tochter der Parteien. Zutreffend hat das Berufungsgericht von den nach Abzug dieser Belastungen (zusammen 815 DM monatlich) für Unterhaltszwecke verfügbar bleibenden Mitteln jeder Partei für die jeweiligen Berechnungsabschnitte je 50% zugemessen und auf den so ermittelten Betrag der Klägerin angerechnet, was sie mit ihrer Rente schon erhält. c

(Unterhaltskürzung gemäß § 1581 BGB nach Billigkeitsgesichtspunkten; auf der Leistungsstufe sind nur tatsächliche Einkünfte zu berücksichtigen; Leistungsunfähigkeit ist grundsätzlich auch zu beachten, wenn sie der Verpflichtete selbst schuldhaft herbeigeführt hat; ausnahmsweise kann dem Verpflichteten nach Treu und Glauben die Berufung auf Leistungsunfähigkeit verwehrt sein, wenn ihm ein verantwortungsloses, zumindest leichtfertiges Verhalten vorgeworfen werden kann)

6) Die Revision des Bekl. beanstandet jedoch mit Erfolg, daß das BerGer. nicht geprüft hat, ob der Bekl. für die danach verbleibenden und ihm auferlegten Unterhaltszahlungen in voller Höhe leistungsfähig ist. Gem. § 1581 BGB kommt eine Kürzung der Ansprüche nach Billigkeitsgesichtspunkten in Betracht, wenn der Bekl. nach seinen Erwerbs- und Vermögensverhältnissen unter Berücksichtigung seiner sonstigen Verpflichtungen außerstande ist, ohne Gefährdung seines eigenen angemessenen Unterhalts den nach den ehelichen Lebensverhältnissen geschuldeten (vollen) Unterhalt zu gewähren. Auf dieser Berechnungsstufe ist nicht mehr von dem Einkommen des Bekl. auszugehen, das er hätte, wenn seine Knappschaftsrente nicht als Folge des Versorgungsausgleichs gekürzt worden wäre, sondern es sind seine tatsächlichen Einkünfte zugrunde zu legen. Dieser hat jedoch weiter geltend gemacht, daß ihm die Renten in der zugrunde gelegten Höhe tatsächlich nicht ausbezahlt wurden und werden, weil die Bundesknappschaft seit dem 1. 5. 1985 jährlich wechselnde monatliche Raten zwischen 186,80 DM d

und 265,20 DM einbehält, um die Rentenüberzahlung abzudecken, die durch die rückwirkende Bewilligung der Erwerbsfähigkeit an die Kl. ab 1. 10. 1982 und die dadurch bedingte auf den gleichen Zeitpunkt rückwirkende Kürzung seiner Knappschaftsrente entstanden war. Die Berücksichtigung dieser zusätzlichen Abzüge, durch die der dem Bekl. verbleibende Teil seines Einkommens nicht nur unter den eheangemessenen Bedarf, sondern sogar unter den in der unterhaltsrechtlichen Praxis anerkannten sogenannten Selbstbehalt absinken würde, ist nach den bisher getroffenen Feststellungen aus Rechtsgründen nicht ausgeschlossen. Denn Leistungsunfähigkeit ist grundsätzlich auch dann zu beachten, wenn der Unterhaltsschuldner selbst sie – sogar schuldhaft – herbeigeführt hat. Zwar kann einem Unterhaltsschuldner ausnahmsweise die Berufung auf seine Leistungsunfähigkeit nach Treu und Glauben verwehrt sein. Das setzt jedoch ein verantwortungsloses, zumindest leichtfertiges Verhalten von erheblichem Gewicht voraus, was eine wertende Betrachtung aller Umstände des Einzelfalles erfordert (NJW 1985/732 – FamRZ 1985, 158 m. w. N.; NJW-RR 1987/770 – FamRZ 1987/372; NJW 1988/2239 – FamRZ 1988/597).

BGH v. 2. 11. 88 – IVb ZR 101/87 – NJW-RR 89, 196

R378 *(Prägung der ehelichen Lebensverhältnisse i. S. des § 1361 BGB durch schwere Erkrankung; und die darauf beruhende Hilfsbedürftigkeit; krankheitsbedingter Mehrbedarf durch notwendige Pflege; keine Anrechnung freiwilliger Dienstleistungen Dritter)*

Das Klagebegehren ist schon deshalb unbegründet, weil der Kl. nach den Lebensverhältnissen und den Erwerbs- und Vermögensverhältnissen der Parteien gem. § 1361 BGB kein Anspruch auf Trennungsunterhalt zusteht. Die Lebensverhältnisse des Bekl. werden auch durch seine schwere Krankheit geprägt. Nach den Feststellungen des BerGer. ist er nicht mehr in der Lage, allein das Haus zu verlassen. Wenn er stürzt, vermag er sich aus eigener Kraft nicht wieder zu erheben. Er kann sich kein Essen mehr zubereiten und kommt bei vielerlei täglichen Verrichtungen nicht ohne fremde Hilfe aus. Bereits hochgradig pflegebedürftig, hat er öffentliche Einrichtungen und Pflegedienste bisher nur deshalb noch nicht in Anspruch nehmen müssen, weil ihm die nötige Hilfe durch seine jetzige Lebensgefährtin und die Nachbarin zuteil wird. Danach wird der eigene Lebensbedarf des Bekl. wesentlich durch seine auf der Krankheit beruhende Hilfsbedürftigkeit mitbestimmt. Wie den Feststellungen des BerGer. ohne weiteres zu entnehmen ist, steigert sie seinen Bedarf in einem Maße, daß der eheangemessene Bedarf der Kl. nach dem Grundsatz der gleichmäßigen Teilhabe beider Ehegatten nicht den Betrag übersteigt, den sie durch eigene Erwerbstätigkeit verdient. Daß die notwendige Pflege dem Bekl. durch die beiden Frauen unentgeltlich gewährt wird, ändert nichts. Bei diesen Dienstleistungen handelt es sich um freiwillige Zuwendungen Dritter. Wenn solche Zuwendungen – wie es hier offensichtlich der Fall ist – nach dem Zweck der Leistung allein den persönlichen Bedarf des Empfängers befriedigen, nicht aber einem anderen zugute kommen sollen, bleiben sie unterhaltsrechtlich außer Betracht (vgl. NJW 1980/1686 = FamRZ 1980/665 [669]; st. Rspr. zuletzt NJW 1988/2377 = FamRZ 1988/159 [162]).

BGH v. 2. 11. 88 – IVb ZR 7/88 – FamRZ 89, 170 = NJW 89, 524

R379 *(Gesteigerte Unterhaltspflicht der Eltern nach § 1603 II 1 BGB und Leistungsfähigkeit; notwendiger Selbstbehalt als unterste Opfergrenze; keine Obliegenheit zum Einsatz des Vermögensstammes, wenn der notwendige Eigenbedarf des Verpflichteten unter Berücksichtigung seiner voraussichtlichen Lebensdauer sowie unter Einbeziehung etwa zu erwartender künftiger Erwerbsmöglichkeiten bis an das Lebensende nicht gesichert ist)*

a 2 a) Zutreffend geht das BerGer. davon aus, daß ein Unterhaltsanspruch, auch eines Kindes gegen seine Eltern, neben der Bedürftigkeit des Anspruchsstellers Leistungsfähigkeit des Inanspruchgenommenen voraussetzt. Ein Elternteil ist nach § 1603 I BGB nicht unterhaltspflichtig, wenn er bei Berücksichtigung seiner sonstigen Verpflichtungen außerstande ist, ohne Gefährdung seines eigenen angemessenen Unterhalts den begehrten Kindesunterhalt zu gewähren. Gegenüber minderjährigen unverheirateten Kindern wird diese Unterhaltspflicht des Elternteils allerdings dahin gesteigert, daß er nach § 1603 II 1 BGB alle verfügbaren Mittel zu seinem und des Kindes Unterhalt gleichmäßig zu verwenden hat. Soweit keine in diesem Sinne „verfügbaren" Mittel vorhanden sind, gilt aber auch hier der Grundsatz des Absatzes 1 der Vorschrift, daß eine Unterhaltspflicht nicht besteht (NJW 1988/2799; FamRZ 1988/604 [606]). b) Zur Frage, wo danach die gesteigerte Unterhaltspflicht der Eltern nach § 1603 II 1 BGB endet, hat bereits das RG ausgesprochen, daß jede Unterhaltspflicht ihre Grenze dort findet, wo die Möglichkeit der Fortexistenz des Unterhaltspflichtigen in Frage gestellt würde und ihm nicht mehr die Mittel zur Bestreitung des unentbehrlichen Lebensbedarfs verbleiben würden (JW 1903, Beil. S. 29). Praxis und Lehre stehen heute übereinstimmend auf dem Standpunkt, daß die Mittel, die einer Person auch in einfachsten Lebensverhältnissen für den eigenen Unterhalt verbleiben müssen, nicht als „verfügbar" im Sinne der Vorschrift anzusehen sind. Dem hat sich der Senat insbesondere für Fälle wie den vorliegenden angeschlossen, in denen der Unterhaltspflichtige und das Kind in getrennten Haushalten leben (NJW 1984/1614). c) Die damit definierte unterhaltsrechtliche Opfergrenze der Eltern gegenüber minderjährigen unverheirateten Kindern erfährt in der Rechtspraxis unter dem Begriff des notwendigen oder kleinen Selbstbehalts (auch notwendiger Eigenbedarf genannt) bei der Bestimmung des Betrages ihre Konkretisierung, der dem Unterhaltspflichtigen von seinem Einkommen mindestens für den eigenen Unterhalt erhalten bleiben muß. Sie greift aber auch dort ein, wo der Kindesunterhalt – wie hier – nur aus dem Stamm des Vermögens aufgebracht werden kann. Daß der unterhaltspflichtige Elternteil in Ermangelung sonstiger Mittel grundsätzlich auch den Vermögensstamm zur Bestreitung des Unterhalts einsetzen muß, steht außer Frage. Eine allgemeine Billigkeitsgrenze, wie sie insoweit etwa für den Unterhalt zwischen geschiedenen Ehegatten gilt (§ 1581 S. 2 BGB), sieht das Gesetz beim Unterhalt zwischen Verwandten nicht vor. Indessen findet auch die Obliegenheit zum Einsatz des Vermögensstammes dort ihre Grenze, wo der Eigenbedarf des Unterhaltspflichtigen tangiert wird. So hat der Senat bereits entschieden, daß eine Verwertung des Vermögensstammes nicht verlangt werden kann, wenn sie den Unterhaltsschuldner von fortlaufenden Einkünften abschneiden würde, die er zur Bestreitung seines eigenen Unterhalts benötigt (NJW-RR 1986/66 = FamRZ 1986/48 [50]). Dabei wird das Maß der für den eigenen Unterhalt benötigten Mittel, soweit es um die erweiterte Unterhaltspflicht nach § 1603 II 1 BGB geht, gleichfalls durch die vorgenannte Opfergrenze bestimmt und damit auf den notwendigen Eigenbedarf beschränkt. Bleiben die Einkünfte des Elternteils aus dem Vermögen von vornherein hinter diesem Maß zurück und muß er mangels sonstiger Mittel sogar zur Sicherstellung dieses eigenen Bedarfs den Stamm des Vermögens angreifen, so geht er deswegen nicht des Schutzes des notwendigen Selbstbehalts verlustig. Daß die unvermeidliche Inanspruchnahme des Vermögens für den eigenen Unterhalt in absehbarer Zeit zur Erschöpfung der Mittel führen und der Elternteil deshalb später voraussichtlich auf Leistungen Dritter oder öffentliche Unterstützung angewiesen sein wird, rechtfertigt es nicht, ihn als weniger schonungsbedürftig anzusehen und ohne weiteres zur Deckung des Mindestbedarfs des Kindes heranzuziehen. Dem gegenteiligen Standpunkt des BerGer. kann nicht gefolgt werden. Eine derartige Behandlung liefe dem Gesetz ebenso zuwider, wie wenn einem Elternteil, der nicht über Vermögen, sondern nur über (geringes) Einkommen verfügt, der Schutz des Selbstbehalts deswegen von vornherein verwehrt würde, und ihm Unterhaltszahlungen in Höhe des Mindestbedarfs zugemutet würden, weil seine Einkünfte hinter dem Betrag des notwendigen Selbstbehalts zurückbleiben und er ohnehin auf anderweitige Unterstützung angewiesen ist. Muß ein Unterhaltspflichtiger seinen eigenen Unterhalt ganz oder teilweise aus seinem Vermögensstamm bestreiten, so kann ihm auch nach § 1603 II 1 BGB nicht schlechthin zugemutet werden, den Mindestbedarf des unterhaltsbedürftigen Kindes zu decken. Vielmehr muß die Sicherung des Eigenbedarfs auch die Gewährleistung des künftigen eigenen Unterhalts einschließen. Leistungsfähig ist er nur, wenn er auf Dauer selbst gesichert ist. Bei der Bestimmung des Vermögens, das zur Sicherung des eigenen Unterhalts zu schonen ist, ist daher die gesamte voraussichtliche Lebensdauer des Unterhaltspflichtigen zu berücksichtigen. Auch im Rahmen der erweiterten Unterhaltspflicht nach § 1603 II 1 BGB kann der Vermögensstamm selbst zur Befriedigung des Mindestbedarfs des Kindes nur in dem Maße herangezogen werden, daß unter Berücksichtigung der voraussichtlichen Lebensdauer, freilich unter gleichzeitiger Einbeziehung etwa zu erwartender künftiger Erwerbsmöglichkeiten, der notwendige Eigenbedarf des Unterhaltspflichtigen bis an das Lebensende gesichert bleibt. Sind danach keine Mittel für den Unterhalt des Berechtigten übrig, so begründet das Vermögen keine Leistungsfähigkeit und damit keine Unterhaltsverpflichtung, auch nicht zur Befriedigung des Mindestbedarfs des bedürftigen Verwandten.

(Im Rahmen der gesteigerten Unterhaltspflicht ist auch Schmerzensgeld für den Unterhalt zu verwenden)

II) Für die neue Verhandlung wird auf folgendes hingewiesen: Die Revision greift das Urteil auch **b**
deshalb an, weil die Abfindungssumme zumindest teilweise als Schmerzensgeld gezahlt worden sei. Dieser Teil der Schadensersatzleistung, dessen Höhe das BerGer. nach § 287 II ZPO hätte schätzen müssen, habe zur Vermeidung einer Zweckverfehlung von vornherein bei der unterhaltsrechtlichen Beurteilung der Leistungsfähigkeit außer Betracht bleiben müssen. Das hält der Senat nicht für zutreffend. Auch soweit sich entgegen der bisherigen Beurteilung des OLG ein abgrenzbarer Teil des Abfindungsbetrages feststellen läßt, der sich auf den immateriellen Schaden des Bekl. bezieht, kann er im Rahmen der Unterhaltspflicht gegenüber dem minderjährigen unverheirateten Kinde nicht von vornherein außer Ansatz gelassen werden. Dem steht die spezifische schadensersatzrechtliche Funktion des Schmerzensgeldes – Ausgleich immaterieller Beeinträchtigungen des Betroffenen und Genugtuung – nicht entgegen. Der Senat hat bereits zu öffentlich-rechtlichen Sozialleistungen, denen – wie etwa der Grundrente nach § 31 BVG – gleichfalls nach ihrer Zweckbestimmung sowohl eine immaterielle als auch eine wirtschaftliche Ausgleichsfunktion zukommt, entschieden, daß deren Zweckbestimmung für die unterhaltsrechtliche Leistungsfähigkeit des Empfängers nicht ohne weiteres maßgebend ist (NJW 1981/1313 = FamRZ 1981/338 [339] und NJW 1982/41 = FamRZ 1981/1165). Ferner hat er es als naheliegend bezeichnet, daß auch der Zweckbestimmung von Leistungen aus dem Bereich des Arbeitsrechts, die im Rahmen eines Sozialplans nach § 112 II BetrVG gewährt werden und auch der Abgeltung immaterieller Nachteile dienen, im Unterhaltsrecht keine weitergehende Bedeutung beizumessen

sei (NJW 1982/822). Im Bereich gesteigerter Unterhaltspflicht hat der BGH auch die Zweckbestimmung von Unterhaltsleistungen als unmaßgeblich angesehen und entschieden, daß ein Elternteil nach § 1603 II 1 BGB Unterhaltszahlungen, die ihm zur Deckung seines eigenen Lebensbedarfs gewährt werden, zu seinem und des Kindes Unterhalt einsetzen muß (BGH, NJW 1980/934 = LM § 1603 BGB Nr. 2 = FamRZ 1980/555 [556]). Gerade diese erweiterte Unterhaltspflicht, die auf der besonderen familienrechtlichen Verantwortung der Eltern für ihre minderjährigen unverheirateten Kinder beruht, gebietet es, die Leistungsfähigkeit im Grundsatz unabhängig davon zu beurteilen, woher die zur Verfügung stehenden Mittel stammen und worauf ihre Zuwendung beruht. Das rechtfertigt es, auch das Schmerzensgeld zu den Mitteln zu rechnen, deren Einsatz dem Elternteil in § 1603 II 1 BGB zugemutet wird. Dieser Einsatz schließt es nicht aus, der besonderen Ausgleichsfunktion, die dem Schmerzensgeld für den Empfänger zukommt, bei der Bestimmung der ihm zumutbaren unterhaltsrechtlichen Opfergrenze in billiger Weise Rechnung zu tragen. Hat der Schmerzensgeldempfänger derartige körperliche Verletzungen davongetragen, daß er während des Unterhaltszeitraums unter andauernden schwerwiegenden Behinderungen zu leiden hat, so ist solchen Belastungen durch eine maßvolle, die Belange des Kindes berücksichtigende Anhebung dessen Rechnung zu tragen, was ihm als unterhaltspflichtigen Elternteil zur Deckung seines notwendigen Eigenbedarfs zu belassen ist. Eine solche Anhebung kommt auch hier in Betracht, da die körperlichen Beeinträchtigungen des Bekl. die genannten Voraussetzungen ohne Zweifel erfüllen.

BGH v. 23. 11. 88 – IVb ZR 20/88 – FamRZ 89, 172 = NJW 89, 1033

R380 *(Kindbezogene Steigerungsbeträge zum Ortszuschlag eines Beamten sind auch insoweit Einkommen, wie der Beamte das Kindergeld für Stiefkinder bezieht, denen er nicht unterhaltspflichtig ist; Berechnung des Nettoeinkommens durch Abzug von Steuern und Krankenkassenbeiträgen)*

a 3 a) Der Kl. ist den Bekl. zu 2–4 als seinen minderjährigen Kindern aus der Ehe mit der Bekl. zu 1 gem. § 1601 BGB unterhaltspflichtig. Das Maß des zu gewährenden Unterhalts bestimmt sich nach der Lebensstellung der Kinder (§ 1610 I BGB). Da diese nach der Scheidung der Ehe ihrer Eltern von der einkommenslosen Bekl. zu 1 betreut werden, bestimmen sich ihre Lebensverhältnisse allein nach dem Einkommen des Kl. (st. Rspr. des Senats seit dem Urt. v. 8. 4. 1981, NJW 1981, 1559 [1560] = FamRZ 1981, 543 [545]. Das BerGer. hat das Einkommen des Kl. nach der Besoldung bestimmt, die er als Beamter in der Besoldungsgruppe A 13 bezieht. Dabei ist es in den einzelnen beurteilten Zeitabschnitten jeweils von den tatsächlichen Jahresbezügen ausgegangen. Diese hat es um die abgeführten Steuern vermindert und die dem Kl. im Laufe des gleichen Jahres erstatteten Steuern anteilig hinzugerechnet. Die sich danach ergebende Summe hat es auf Monatsbeträge umgerechnet, um besondere Belastungen bereinigt und vorweg die Krankenkassenbeiträge abgezogen, die der Kl. für sich selbst und für die Bekl. aufbringt. Das so ermittelte Monatseinkommen hat das BerGer. dann der Bedarfsberechnung anhand der von ihm als Richtlinien verwendeten Düsseldorfer Tabelle zugrunde gelegt. b) Die Revision des Kl. beanstandet, daß auf diese Weise der erhöhte Ortszuschlag berücksichtigt worden ist, den der Kl. ausweislich seiner vom BerGer. zugrunde gelegten Besoldungs-Stammblätter seit dem 1. 11. 1983 im Hinblick darauf erhält, daß er auch für die drei erstehelichen Kinder seiner jetzigen Ehefrau bezugsberechtigt für das Kindergeld ist. Dieser Angriff bleibt ohne Erfolg. Dem unterhaltserheblichen Einkommen eines Beamten sind grundsätzlich alle Bestandteile seines Gehaltes zuzurechnen. Dazu gehört demgemäß auch der Ortszuschlag, der dem Beamten gem. §§ 1 II Nr. 3, 39 ff. BBesG gewährt wird. Die Höhe des Ortszuschlags ist zwar auch von der Zahl der Kinder abhängig, für die dem Beamten Kindergeld zusteht (§ 40 III BBesG). Eine darin etwa liegende öffentlich-rechtliche Zweckbestimmung würde jedoch nichts daran ändern, daß das Einkommen unterhaltsrechtlich ungekürzt einbezogen wird (FamRZ 1980/342 [343]). Der Senat hat es deshalb bereits abgelehnt, kindbezogene Bestandteile der Beamtenbezüge nach ähnlichen Gesichtspunkten wie das zum allgemeinen Familienlastenausgleich bestimmte Kindergeld zwischen den Eltern auszugleichen (vgl. FamRZ 1983/49 ff.) oder auf den Barunterhaltsanspruch eines Kindes gegen den nichtbetreuenden Elternteil die kindbezogenen Steigerungsbeträge zum Ortszuschlag anzurechnen, die der betreuende Elternteil als Teil seines Einkommens erhält (FamRZ 1984/374 [376]). Ebensowenig besteht ein Grund, einzelne kindbezogene Zuschläge zum Grundgehalt des Kl. unterhaltsrechtlich anders als sein sonstiges Einkommen zu behandeln. Der Ortszuschlag ist lediglich eines der Elemente für die Berechnung der Dienstbezüge. Der Dienstherr will dadurch pauschal Nachteile ausgleichen, die der Beamte möglicherweise durch gesteigerten Aufwand erleidet. Die Höhe des Ortszuschlages hängt nicht davon ab, ob der Beamte den in seinen Haushalt aufgenommenen Personen unterhaltspflichtig ist. Das zeigt der vorliegende Fall; denn der Kl. ist den bei ihm lebenden Kindern aus der ersten Ehe seiner Ehefrau nicht unterhaltspflichtig, nachdem sein Versuch, ihnen durch Adoption die Stellung von ehelichen Kindern zu verschaffen, keinen Erfolg hatte. Für diese Beurteilung ist nicht entscheidend, ob der Unterhaltsbedarf der Stiefkinder des Kl. durch Unterhaltsleistungen ihrer Eltern gesichert ist. Ob sie von ihrem Vater Unterhalt nicht zu erlangen vermögen und ob deshalb – wie mit der Revisionsbegründung erstmals vorgetragen wird – die jetzige Ehefrau des Kl. allein den Unterhalt ihrer erstehelichen Kinder decken muß, kann die Ansprüche der Bekl. zu 2–4 nicht schmälern.

(Maßgeblich ist auch bei Steuervorteilen wegen Wiederverheiratung und wegen Stiefkindern nur die tatsächliche Steuerlast)

I 3 c) Die Revision des Kl. wendet sich auch dagegen, daß das OLG bei der Berechnung seines der Bedarfsmittlung für die Bekl. zu 2) bis 4) zugrunde gelegten Einkommens die Steuervorteile mitberücksichtigt hat, die er nach seiner Behauptung wegen der erstehelichen Kinder seiner jetzigen Ehefrau hat. Die Revision vertritt die Auffassung, diese Vorteile müßten ihm verbleiben, denn die Einkommensberechnung anhand der tatsächlich gezahlten Steuern begünstige die Bekl. zu 2) bis 4) zu Lasten der Stiefkinder. Auch dem vermag der Senat nicht zu folgen. Der Kl. hat schon nicht dargelegt, ob und gegebenenfalls in welcher Höhe er überhaupt Steuervorteile wegen der erstehelichen Kinder seiner jetzigen Ehefrau erlangt. Abgesehen davon kommt es unterhaltsrechtlich auch in diesem Zusammenhang zunächst nur darauf an, welche Steuern den Kl. effektiv belasten und was ihm demgemäß als Nettoeinkommen verbleibt. Der Senat hat es bereits abgelehnt, den aus einer Wiederheirat entstandenen Splittingvorteil ausschließlich der neuen Familie vorzubehalten und ihn bei der Bemessung des Unterhalts des früheren Ehegatten außer Betracht zu lassen (FamRZ 1988/486, 487, m. w. N.). Die Steuervorteile, die aus öffentlich-rechtlichen Zweckerwägungen an bestimmte Tatbestände geknüpft werden, sind keine staatlichen Zuwendungen in der Art von Sozialleistungen, sondern sie führen (nur) dazu, daß dem Steuerpflichtigen ein größerer Teil seines Einkommens belassen wird, als er ohne Anerkennung der steuerlich beachtlichen Tatbestände hätte (FamRZ 1980/984, 985). Es spricht nichts dagegen, das auf diese Weise verbleibende (höhere) Nettoeinkommen in vollem Umfang der unterhaltsrechtlichen Bedarfsermittlung zugrunde zu legen. Eine andere Behandlung würde die Kinder aus der ersten Ehe des unterhaltspflichtigen Vaters gegenüber solchen Kindern benachteiligen, die – wie hier der Sohn F. des Kl. – aus späterer Ehe stammen und an dem durch die effektive Steuerbelastung bestimmten Nettoeinkommen des Vaters teilhaben. b

(An Besoldungsverbesserungen eines Beamten nimmt der Berechtigte auch nach der Scheidung teil)

II 2 b aa) Es ist nicht gerechtfertigt, das Nettoeinkommen des Klägers von Juni 1983 unverändert auch noch der Unterhaltsbemessung für das Jahr 1984 zugrunde zu legen. Ab 1. Juli 1983 sind die Bezüge der Beamten aufgrund des Besoldungsanpassungsgesetzes 1983 erhöht worden. Der Kläger ist außerdem ab 1. September 1983 in eine höhere Besoldungsstufe aufgerückt, wie sich aus den Feststellungen des Berufungsgerichts zu gleichartigen Vorgängen in den Jahren 1985 und 1987 ergibt. Beide Besoldungsverbesserungen sind zwar nach der Scheidung eingetreten, gehören jedoch zu den sicher zu erwartenden Einkommensentwicklungen, an denen der geschiedene Ehegatte nach der ständigen Rechtsprechung des Senats weiter teilnimmt (FamRZ 1987/459, m. w. N.). Sie hätten daher berücksichtigt werden müssen. c

(Nachrang des 2. Ehegatten auch bei Kindern aus beiden Ehen)

II 2 b bb) Das OLG hat nicht beachtet, daß die Begründung, mit der es den Unterhalt der Bekl. zu 1) i. J. 1983 auf eine unterhalb ihres Bedarfs liegende Größe herabgesetzt hat, für die Zeit ab 1. 1. 1984 nicht mehr zutrifft. Die Leistungsfähigkeit des Kl. war nach den Feststellungen, die das OLG im Zusammenhang mit dem Unterhalt der Bekl. zu 2) bis 4) getroffen hat, nunmehr nicht mehr eingeschränkt. Denn ihm verblieben nach Abzug des den Kindern zu zahlenden Unterhalts nicht mehr nur monatlich 2063,64 DM (wie bis zum 31. 12. 1983), sondern jetzt waren monatlich 2675,12 DM zuzüglich des anteiligen Kindergeldes verfügbar. Eine mit dem 1. 8. 1984 einsetzende Unterhaltspflicht gegenüber seiner von diesem Zeitpunkt an vorübergehend nicht mehr berufstätigen jetzigen Ehefrau kann der Kl. – wie das OLG für die Zeit ab 1985 richtig sieht – der Bekl. zu 1) nicht entgegenhalten, weil diese gemäß § 1582 I S. 2 BGB dem neuen Ehegatten unterhaltsrechtlich vorgeht und ein Gleichrang auch nicht dadurch entsteht, daß beide mit den Bekl. zu 2) bis 4) unterhaltsrechtlich gleichen Rang haben (FamRZ 1988/705). d

BGH v. 7. 12. 88 – IVb ZR 23/88 – FamRZ 89, 483 = NJW-RR 89, 386

(Krankheitsvorsorgeunterhalt bei Beamten; objektiver Maßstab zur Aufrechterhaltung eines gleichwertigen Versicherungsschutzes; Berechnung des Altersvorsorgeunterhalts bei Krankheitsvorsorgeunterhalt. Abweichende tatrichterliche Verteilung des Unterhalts auf die Unterhaltsbestandteile; kein Nachrang des Krankheitsvorsorgeunterhalts; Zweckbindung des Krankheitsvorsorgeunterhalts; Nachteile nach § 1579 Nr. 3 BGB bei zweckwidriger Verwendung und direkte Zahlung an die Krankenversicherung) R382

3) Zum Anspruch auf Vorsorgeunterhalt für den Fall der Krankheit (§ 1578 II BGB) sowie des Alters (§ 1578 III BGB) hat das BerGer. ausgeführt: Es bestimme sich nach den ehelichen Lebensverhältnis- a

sen, welche Krankheitsvorsorge angemessen sei, wobei es dem Unterhaltsberechtigten obliege, die kostengünstigste Art einer hiernach angemessenen Versicherung zu wählen. Während der Ehe der Parteien habe der eine Beamtenfamilie kennzeichnende Versicherungsschutz durch die Beihilfeberechtigung des Ehemannes und eine ergänzende Privatversicherung bestanden. Die Ehefrau könne daher nach der Scheidung grundsätzlich eine private Krankenversicherung abschließen. Auch insoweit sei allerdings ein objektiver Maßstab anzulegen. Es komme darauf an, was nach den gegebenen Einkommensverhältnissen vom Standpunkt eines objektiven Betrachters angemessen sei. Zur Aufrechterhaltung eines Versicherungschutzes der Ehefrau, wie er während der Ehe bestanden habe, sei nach den eingeholten Auskünften mindestens ein Betrag von monatlich 530,49 DM erforderlich. Ein so aufwendiger Versicherungsschutz habe bei verständiger Würdigung der wirtschaftlichen Verhältnisse der Parteien auszuscheiden. Andererseits habe sich im Laufe des Rechtsstreits gezeigt, daß die Ehefrau aufgrund verschiedener gesundheitlicher Belastungen über Jahre hinweg häufig der ärztlichen Behandlung bedurft habe. Dies werde sich mit zunehmendem Alter nach der Lebenserfahrung nicht ändern. Bei einem Krankenversicherungsschutz zu einem Beitrag von monatlich 316,02 DM, wie er der Ehefrau weiter angeboten worden sei, habe diese bei Leistungen für ambulante Heilbehandlung eine Selbstbeteiligung von 20% für Medikamente und Hilfsmittel zu tragen. Von den Kosten einer Zahnbehandlung erhalte sie nur 90% und von den Kosten für Zahnersatz und Kieferorthopädie nur 60% erstattet. Dieser Versicherungsschutz sei ihr nicht zumutbar, weil sie nicht in der Lage wäre, aus dem ihr zuzuerkennenden Elementarunterhalt die von der Versicherung nicht gedeckten Krankheitskosten aufzubringen. In die gesetzliche Krankenversicherung könne sie nach §§ 176, 176 b RVO nicht eintreten. Angemessen sei daher der Versicherungsschutz, wie er sich aus einem anderen Angebot zu einem Monatsbeitrag von 450,74 DM ergebe. Er sehe für ambulante Heilbehandlung eine Selbstbeteiligung von 100 DM vor. Erstattung von 100% der Kosten einer Zahnbehandlung und von 75% der Kosten für Zahnersatz und Kieferorthopädie. Bei der Bemessung des Altersvorsorgeunterhalts sei an den Anspruch auf Elementarunterhalt anzuknüpfen, wobei dem Berechnungsmodell des OLG Bremen gefolgt werde. Nach diesen Grundsätzen ergebe sich folgende Berechnung:

bereinigtes Einkommen des Ehemannes:	2777,56 DM
abzüglich Krankheitsvorsorgeunterhalt der Ehefrau:	450,74 DM
restliches Einkommen:	2326,82 DM
davon $^2/_5$ als vorläufiger Elementarunterhalt:	930,73 DM
daraus fiktives Bruttoarbeitsentgelt:	1172,72 DM
davon 18,7% als Altersvorsorgeunterhalt:	219,30 DM
Resteinkommen abzüglich Altersvorsorgeunterhalt:	2107,52 DM
davon $^2/_5$ als endgültiger Elementarunterhalt:	843,01 DM
Insgesamt stünden der Ehefrau damit zu:	
Elementarunterhalt:	843,00 DM
Krankheitsvorsorgeunterhalt:	450,74 DM
Altersvorsorgeunterhalt:	219,30 DM
Gesamtunterhalt rund:	1513,00 DM

Darauf müsse sich die Ehefrau Zinseinkünfte von monatlich 130 DM anrechnen lassen, die sie aus der Anlage einer im Januar 1987 ausbezahlten Lebensversicherung erziele. Dies verringere den Altersvorsorgeunterhalt auf monatlich 89,30 DM. Da sie aber als Krankheits- und Altersvorsorgeunterhalt insgesamt nur einen Betrag von 500 DM fordere, sei der Altersvorsorgeunterhalt nur in Höhe von 49,26 DM zuzusprechen. Was die Revision gegen diese Bemessungsweise vorbringt, die methodisch dem Urteil des Senats vom 1. 6. 1983 (NJW 1983/2937 = FamRZ 1983/888) entspricht, greift im wesentlichen nicht durch. a) Sie beanstandet, daß bei der Bemessung des Krankheitsvorsorgeunterhalts den finanziellen Verhältnissen des Ehemannes nicht genügend Rechnung getragen worden sei. Der kostengünstige Versicherungsschutz gegen Krankheit in einer Beamtenehe werde nur der bestehenden Ehe zuteil, so daß an diesen nicht angeknüpft werden könne. Auch stehe hier der Krankheitsvorsorgeunterhalt in keinem vernünftigen Verhältnis zum Elementarunterhalt mehr. Es müsse bezweifelt werden, daß die Ehefrau bei einem Elementarunterhalt von monatlich nur 843 DM für die Absicherung des Krankheitsrisikos monatlich 450,74 DM ausgebe. Die Revision stellt zu Unrecht in Frage, daß die Ehefrau nach den maßgebenden ehelichen Lebensverhältnissen im Zeitpunkt der Scheidung grundsätzlich einen Krankenversicherungsschutz beanspruchen kann, wie er für eine Beamtenfamilie kennzeichnend ist (NJW 1983/1552 [1554] = FamRZ 1983/676 [677]). Ein solcher ist ihr während der Ehe einschließlich der Trennungszeit nachhaltig zuteil geworden. Da ihr als geschiedener Ehefrau eines Beamten eine freiwillige Versicherung in der gesetzlichen Krankenversicherung nicht möglich ist (§§ 176, 176 b RVO) – ein unbefriedigender und reformbedürftiger Rechtszustand –, hat bereits das BerGer. im Hinblick auf die finanziellen Verhältnisse des Ehemannes und den bei der Unterhaltsbemessung anzulegenden objektiven Maßstab die Aufrechterhaltung eines gleichwertigen Versicherungsschutzes als zu aufwendig und nur den Versicherungsschutz zu einem Monatsbeitrag von 450,74 DM als angemessen angesehen. Der Revision ist zuzugeben, daß auch dieser Betrag noch verhältnismäßig hoch ist, wenn er ins Verhältnis zu dem Elementarunterhalt gesetzt wird, der sich bei zusätzlicher Berücksichtigung des Altersvorsorgeunterhalts ergibt. In derartigen Fällen kann der Tatrichter gehalten sein, den Gesamtunterhalt in einer den Interessen beider Parteien gerecht werdenden Weise abweichend auf die Unterhaltsbestandteile zu verteilen. Dabei ist allerdings zu beachten, daß anders als beim Altersvorsorgeunterhalt (NJW 1981/1556 [1558] = FamRZ 1981/442 [445]) kein grundsätzlicher Vorrang des laufenden Unterhalts besteht, weil auch die Versicherung gegen Krankheit als wichtiger Teil des gegenwärtigen Unterhaltsbedarfs des Berechtigten angesehen werden muß, zumal, wenn nach dessen Gesundheitszustand damit zu rechnen ist, daß er auf häufige ärztliche Betreuung angewiesen sein wird. Daher hat das BerGer. mit Recht besonders berücksichtigt, daß die Ehefrau über Jahre hinweg häufig der ärztlichen Behandlung bedurft hat und dies auch für die Zukunft zu erwarten ist. Damit liegt ein nicht zu gering bemessener Krankenversicherungsschutz auch insofern im Interesse des Ehemannes, als er dadurch unter Umständen vor einer sonst möglichen Inanspruchnahme auf Sonderbedarf wegen der durch die Versicherung nicht gedeckten Krankheitskosten bewahrt bleibt. Insgesamt ist daher unter den besonderen Umständen des vorliegenden Falles nicht zu beanstanden, daß das BerGer. neben einem Elementarunterhalt von monatlich 843 DM einen Krankheitsvorsorgeunterhalt von monatlich 450,74 DM für angemessen angesehen hat. Allein in einem Mißverhältnis der beiden Unterhaltsbestandteile könnte ohnehin eine Beschwer des Ehemannes nicht gesehen werden, da sich die Zweckbindung des Vorsorgeunterhalts für ihn günstig auswirkt. Die Ehefrau ist aufgrund dieser Zweckbindung verpflichtet, den Betrag von monatlich 450,74 DM tatsächlich für eine Krankenversicherung einzusetzen. Handelte sie dieser Verpflichtung zuwider, hätte sie im Krankheitsfall unterhaltsrechtliche Nachteile aus § 1579 Nr. 3 BGB zu gewärtigen; auch könnte der Ehemann in diesem Falle durch eine Abänderungsklage (§ 323 ZPO) erreichen, daß der Krankheitsvorsorgeunterhalt direkt an eine Versicherung gezahlt wird (NJW 1983/1554 = FamRZ 1983/678 und NJW 1987/2229 = FamRZ 1987, 684 zum insoweit gleich zu behandelnden Altersvorsorgeunterhalt).

(Beihilfe des Beamten zählt zum prägenden Lebensstandard; vergleichbarer Versorgungsstandard; anteilige Verrechnung nicht prägender Zinseinkünfte mit Elementar- und Krankheitsvorsorgeunterhalt. Keine Bindung an Parteierklärungen bei Bemessung des Vorsorgeunterhalts im Verhältnis zum Elementarunterhalt)

3 b) Die Revision macht weiter geltend, mit dem Grundsatz der gleichmäßigen Teilhabe der Ehegatten am ehelichen Lebensstandard (NJW 1988/2369 [2371] = FamRZ 1988/265 [267]) sei es nicht zu vereinbaren, daß der Unterhaltsbedarf der Ehefrau nach der Berechnung des BerGer. auf insgesamt monatlich 1513,05 DM veranschlagt werde, während das anrechnungsfähige Einkommen des Ehemannes, erhöht um den eigenen Krankenversicherungsbeitrag, nur 2949,58 DM betrage. Diese Rüge ist unbegründet. Zum Lebensstandard des Ehemannes gehört auch sein beamtenrechtlicher Anspruch auf Beihilfe im Krankheitsfall, sowie auf eine beitragsfreie Invaliditäts- und Altersversorgung, der in dem Betrag von 2949,58 DM nicht ausgedrückt ist. Sein Versorgungsstandard übertrifft insgesamt den der Ehefrau deutlich, wenn in Betracht gezogen wird, was diese mit Aufwendungen von monatlich 450,74 DM und 219,30 DM an Vorsorge erreichen kann. Für den Elementarbedarf hat die Ehefrau nach der Bemessungsweise des BerGer. monatlich 843 DM zur Verfügung, während dem Ehemann nach Abzug des Gesamtbedarfs der Ehefrau rund 1264 DM verbleiben. Danach ist dem Grundsatz durchaus Rechnung getragen, daß der Unterhaltsbedarf des erwerbstätigen Unterhaltsverpflichteten höher anzusetzen ist als der des nicht erwerbstätigen geschiedenen Ehegatten (NJW 1988/2371 = FamRZ 1988/267). c) Daß das BerGer. die von der Ehefrau erzielten Zinseinkünfte von monatlich 130 DM, die gem. § 1577 I BGB ihre Bedürftigkeit mindern, auf den ihr zustehenden Altersvorsorgeunterhalt angerechnet hat, erscheint allerdings nicht unbedenklich. Ihr dringendster Bedarf ist derjenige auf Elementar- und Krankheitsvorsorgeunterhalt, so daß eine anteilige Verrechnung auf diese Unterhaltsbestandteile naheliegt. Auch dies wird im weiteren Verfahren ggf. zu berücksichtigen sein. Zu Bedenken gibt weiterhin Anlaß, daß das BerGer. die nach seiner Berechnung verbleibenden 89,30 DM deswegen nur in Höhe von 49,26 DM zugesprochen hat, weil die Ehefrau im Rechtsstreit lediglich insgesamt 500 DM als Krankheits- und Altersvorsorgeunterhalt gefordert habe (§ 308 ZPO). Dies steht nicht im Einklang mit der Regel, daß bei der Bemessung des Vorsorgeunterhalts im Verhältnis zum Elementarunterhalt weitgehend unabhängig von Parteierklärungen zu verfahren ist (NJW 1985/2713 [2716] = FamRZ 1985/912 [915] zum prozessualen Anerkenntnis). Dieser Regel hätte vielmehr entsprochen, eine Bindung an den Antrag der Ehefrau nur insoweit anzunehmen, als kein höherer Gesamtunterhalt als monatlich 1600 DM zugesprochen werden darf. Insoweit liegt aber kein Rechtsfehler zum Nachteil des Ehemannes vor. b

(Zeitliche Begrenzung nach § 1573 V BGB; diese verdrängt praktisch § 1579; keine grobe Unbilligkeit erforderlich; zur Billigkeitsabwägung nach § 1573 V BGB keine beruflichen Nachteile; kinderlose Ehe von kurzer Dauer)

5) Eine zeitliche Begrenzung des Unterhaltsanspruchs der Ehefrau gemäß § 1573 V BGB hat das OLG mit folgenden Erwägungen abgelehnt: Nach der Vorstellung des Gesetzgebers komme eine solche Begrenzung vor allem dann in Frage, wenn die Arbeitslosigkeit des Unterhaltsberechtigten auf d

konjunkturellen Gründen beruhe. Dieser Gesichtspunkt stehe im vorliegenden Fall jedoch nicht im Vordergrund. Daß die Ehefrau trotz ihrer vielfältigen Bemühungen keinen Arbeitsplatz finde, liege hauptsächlich daran, daß sie älter als 50 Jahre sei, auf den vor 30 Jahren erlernten Beruf einer Modistin, in dem sie nicht oder nur kurze Zeit nach Abschluß der Lehre tätig gewesen sei, nicht zurückgreifen könne und seit rund 20 Jahren überhaupt keiner Erwerbstätigkeit nachgegangen sei. Solche Personen fänden auch in Zeiten der Hochkonjunktur nur schwer einen Arbeitsplatz, wobei hier zusätzlich zu berücksichtigen sei, daß die Ehefrau gewisse gesundheitliche Einschränkungen habe, die ihre Beschäftigungschancen noch verminderten. Ihre lebenslange Unterhaltung durch den Ehemann sei nicht deshalb unbillig, weil er für diese Umstände nicht verantwortlich sei. Sie seien in gleicher oder ähnlicher Weise schon im Zeitpunkt der Heirat der Parteien gegeben gewesen. Eine Unbilligkeit lasse sich allenfalls bejahen, wenn die Ehefrau bei der Eheschließung nur von Sozialhilfe gelebt hätte. Sie habe aber, wie dem Ehemann bekannt gewesen sei, vor der Heirat einen Unterhaltsanspruch gegen ihren ersten Ehemann i. H. v. monatlich 440 DM gehabt und sei nur im übrigen auf Sozialhilfe angewiesen gewesen. Weil ihr der Unterhaltsanspruch durch die Heirat genommen worden sei, sei es nicht billig, ihren Unterhaltsanspruch aus § 1573 I BGB über die diesem immanente zeitliche Grenze hinaus zu beschränken, die darin bestehe, daß er nur so lange gegeben sei, wie sie trotz intensiver Bemühungen keinen Arbeitsplatz zu finden vermöge. Daß sie durch die Heirat einen etwa doppelt so hohen Elementarunterhaltsanspruch erhalte, wie sie ihn gegenüber ihrem ersten Ehemann gehabt habe, könne für sich allein eine grobe Unbilligkeit nicht begründen. Auch insoweit bestehen durchgreifende Bedenken. Zunächst hat das OLG auch in diesem Zusammenhang berücksichtigt, daß die Ehefrau durch ihre Heirat einen Unterhaltsanspruch gegen ihren ersten Ehemann verloren hat. Wie bereits ausgeführt, kann im vorliegenden Fall insoweit nicht von einem fortwirkenden ehebedingten Nachteil ausgegangen werden, da der verlorene Anspruch im Zeitpunkt der Scheidung unstreitig keinen Wert mehr besitzt. Für die zeitliche Begrenzung eines Unterhaltsanspruchs nach § 1573 I BGB ist nach § 1573 V BGB grobe Unbilligkeit nicht erforderlich; § 1579 Nr. 1 BGB wird insoweit praktisch verdrängt. Dies scheint das OLG nicht richtig zu sehen, wenn es im Rahmen seiner Billigkeitsabwägung u. a. darauf abhebt, daß es eine „grobe" Unbilligkeit nicht begründe, wenn die Ehefrau einen doppelt so hohen Anspruch wie gegenüber ihrem ersten Ehemann erhalte. Im Rahmen der umfassenden Billigkeitsabwägung, die die Vorschrift ebenso wie der weithin gleichlautende § 1578 BGB verlangt, ist nach dem Gesetz stets zu prüfen die Dauer der Ehe, die Gestaltung von Haushaltsführung und Erwerbstätigkeit sowie die Betreuung gemeinschaftlicher Kinder (FamRZ 1986/886, 888). Die Ehefrau hat nach den Feststellungen des OLG berufliche Nachteile durch die Übernahme der Haushaltsführung in der Ehe nicht erlitten; die Ehe war im übrigen kinderlos und von kurzer Dauer. Es ist auch nicht widerspruchsfrei, wenn das OLG eine immanente zeitliche Schranke des Anspruchs nach § 1573 I BGB in Rechnung stellt, obwohl es davon ausgeht, daß die Ehefrau unabhängig von konjunkturellen Gründen wegen ihres Alters und ihres Gesundheitszustandes kaum einen Arbeitsplatz finden könne. Auch die Beurteilung nach § 1573 V BGB kann danach keinen Bestand haben.

(Nach § 1578 I 2 BGB kann auch ein Krankheitsvorsorgeunterhalt gekürzt werden und ein Altersvorsorgeunterhalt ganz entfallen, wenn dies den Verhältnissen vor der Eheschließung entspricht)

e 6) Bei der Prüfung, ob der Unterhaltsanspruch der Ehefrau gem. § 1578 I 2 BGB nach einer Übergangszeit auf einen angemessenen Lebensbedarf herabzusetzen ist, hat das BerGer. lediglich darauf verwiesen, daß der zugebilligte Elementarunterhalt von monatlich 843 DM gerade ausreiche, um ihr Existenzminimum zu gewährleisten, so daß eine Herabsetzung nach dieser Vorschrift nicht in Betracht komme. Dies trifft zu, soweit der bisher zugebilligte Elementarunterhalt der Ehefrau in Frage steht (NJW 1986/2834 = FamRZ 1986/889). Einer besonderen Betrachtung bedarf aber der der Ehefrau darüber hinaus zugebilligte Vorsorgeunterhalt für den Fall der Krankheit und des Alters. Da ein Bezugspunkt für eine Herabsetzung des eheangemessenen Unterhalts gem. § 1578 I 2 BGB die Lebensstellung des Berechtigten vor der Ehe ist, muß in Erwägung gezogen werden, daß die Ehefrau nach eigenen Angaben vorehelich lediglich freiwillige Beiträge in die gesetzliche Krankenversicherung von monatlich 73 DM entrichtet hat und aus finanziellen Gründen offensichtlich keinerlei Altersvorsorge betreiben konnte. Das Berufungsurteil läßt die Prüfung vermissen, ob sich die Ehefrau etwa nach einer Übergangszeit mit einer weniger aufwendigen Krankenversicherung als zu einem Monatsbeitrag von 450,74 DM zufriedengeben muß und ein Anspruch auf Altersvorsorgeunterhalt dann ganz entfällt.

BGH v. 21. 12. 88 – IVb ZR 18/88 – FamRZ 89, 487 = NJW 89, 1083

R383 *(Keine Erwerbsobliegenheit bei Kind bis 8 Jahren; Erwerbsobliegenheit bei Kind zwischen 8 und 11 Jahren nach den Umständen des Einzelfalls; hierbei zu berücksichtigende Umstände)*

a 1 a) Das Oberlandesgericht hat der Ehefrau Unterhalt nach § 1570 BGB zugesprochen, weil sie die – im Zeitpunkt der Berufungsverhandlung acht Jahre alte – gemeinschaftliche Tochter betreue und nicht über eigene Einkünfte verfüge, aus denen sie ihren Unterhalt bestreiten könne. Daß sie die Aushilfstätigkeit nach dem Umzug in ihre jetzige Wohnung aufgegeben habe, stehe ihrem Unterhaltsbegehren nicht entgegen. Der sorgeberechtigte Elternteil könne in eigener Verantwortung entscheiden, ob ihm neben der Betreuung eines – wie hier – erst acht Jahre alten Kindes eine Erwerbstätigkeit möglich sei oder nicht. Aus diesem Grund treffe die Ehefrau trotz der einmal ausgeübten Aushilfstätigkeit keine weitere Erwerbsobliegenheit, zumal nicht ersichtlich sei, daß ihr Dritte bei der Betreuung des Kindes helfen könnten. b) Gegen diese Ausführungen wendet sich die Revision mit der Rüge, das Oberlandesgericht habe sich unter Verletzung seiner Begründungspflicht nicht damit auseinandergesetzt, in welchem Umfang die Ehefrau durch die Pflege und Erziehung des Kindes tatsächlich in Anspruch genommen werde, und ob sie nach den konkreten Verhältnissen wirklich gehindert sei, auch nur einer Teilzeitbeschäftigung in der Art der früher ausgeübten Aushilfstätigkeit nachzugehen. Nachdem die Tochter das achte Lebensjahr vollendet habe und inzwischen die Schule besuche, spreche jedenfalls kein allgemeiner Erfahrungssatz für die Unzumutbarkeit einer Teilzeitbeschäftigung neben der Erziehung des Kindes. Das Berufungsgericht hätte daher nur nach umfassender Prüfung der tatsächlichen Verhältnisse feststellen dürfen, daß die Ehefrau durch die Betreuung des Kindes auch an einer Teilzeitarbeit gehindert sei. c) Hiermit kann die Revision im Ergebnis nicht durchdringen.

Der Senat hat eine Erwerbsobliegenheit des betreuenden Elternteils bisher regelmäßig – im Sinne eines allgemeinen Erfahrungssatzes – verneint, solange das betreute Kind noch nicht acht Jahre alt ist (FamRZ 1983/456, 458; FamRZ 1984/356; FamRZ 1982/25, 27). Hingegen hat der Senat noch nicht entschieden, wie die Erwerbsobliegenheit des betreuenden Elternteils während der weiteren Grundschuljahre des Kindes bis etwa zu seinem elften Lebensjahr zu beurteilen ist. Bei Kindern dieser Altersstufe läßt sich keine allgemeine Regel aufstellen; vielmehr richten sich die Voraussetzungen eines Unterhaltsanspruchs aus § 1570 BGB hier jeweils nach den konkreten Umständen des einzelnen Falles. Neben der persönlichen Situation des Unterhalt begehrenden Elternteils, wie seinem Alter und Gesundheitszustand, seiner Berufsausbildung und Arbeitsmarktchance, kommt es auch auf die sonstigen Verhältnisse an. Unter diesem Gesichtspunkt sind außer einer etwaigen früheren beruflichen Betätigung des Ehegatten die Dauer der Ehe und die wirtschaftliche Lage der Parteien maßgeblich mit zu berücksichtigen (FamRZ 1982/148, 150 m. w. N.; FamRZ 1984/662). Der Revision ist zuzugeben, daß das Berufungsurteil die hiernach gebotene Prüfung der Anspruchsvoraussetzungen des § 1570 BGB nicht im einzelnen erkennen läßt. Trotzdem hält es der Revision in diesem Punkt im Ergebnis stand. Das Berufungsgericht hat nämlich entscheidend darauf abgehoben, daß die Ehefrau ersichtlich keine Betreuungsperson habe, die ihr – im Falle berufsbedingter Abwesenheit – bei der Versorgung der Tochter zur Seite stehen könnte. In Verbindung mit der Tatsache, daß die Ehefrau während der Ehe seit der Geburt der Tochter keiner Erwerbstätigkeit nachgegangen ist, rechtfertigt dies angesichts der guten wirtschaftlichen Verhältnisse des Ehemannes jedenfalls zur Zeit noch einen – grundsätzlich – vollen Unterhaltsanspruch der Ehefrau nach § 1570 BGB.

(Bedürftigkeit, soweit der Bedarf nach § 1578 BGB nicht auf andere Weise gedeckt werden kann)

3 a) Die Ehefrau kann den vollen nach den ehel. Lebensverhältnissen (§ 1578 BGB) bemessenen Bedarf nur beanspruchen, soweit sie bedürftig ist, also ihren Bedarf nicht auf andere Weise deckt oder in zumutbarer Weise decken kann (§ 1577 I BGB). **b**

(Härtegrund nach Nr. 6 durch Aufnahme intimer Beziehungen; kein Härtegrund, wenn die Ehe zu dieser Zeit nicht mehr intakt war und der Verpflichtete seinerseits ehewidrige Beziehungen zu 2 Frauen unterhalten hat; nach der Scheidung besteht keine eheliche Treuepflicht mehr)

4) Die Sache wäre im Sinne des Revisionsbegehrens abschließend zu entscheiden, wenn ein Härtegrund i. S. von § 1579 BGB vorläge und die Inanspruchnahme des Ehemannes über einen monatlichen Unterhalt von 1300 DM hinaus unter Wahrung der Belange der gemeinschaftlichen Tochter L. grob unbillig wäre. Das kann indessen nach dem festgestellten Sachverhalt bisher – noch – nicht angenommen werden. **c**

a) Einen Härtegrund nach § 1579 Nr. 6 BGB hat das OLG verneint, weil nicht festgestellt werden könne, daß der Ehefrau ein evidentes einseitiges Fehlverhalten im Sinne dieser Vorschrift zur Last liege. Selbst wenn sie bereits 1982 intime Beziehungen zu M. aufgenommen habe, sei darin kein Ausbrechen aus einer intakten Ehe zu sehen; denn die Ehe der Parteien sei zu diesem Zeitpunkt nicht mehr intakt gewesen, sondern habe sich seit der Geburt der Tochter in einer nicht bewältigten Krise befunden. Der Ehemann habe seinerseits ehewidrige Beziehungen zu zwei Frauen unterhalten. Außerdem habe er in dem früheren Unterhaltsverfahren eingeräumt, die Ehefrau geschlagen zu haben. Bei dieser Sachlage sei der Ehemann zu den Voraussetzungen des § 1579 Nr. 6 BGB beweisfällig geblieben.

Diese Ausführungen begegnen aus Rechtsgründen keinen Bedenken. Auch die Revision erhebt insoweit keine Einwände. Die nach der Scheidung anhaltenden Beziehungen der Ehefrau zu M. erfüllen den Tatbestand des § 1579 Nr. 6 BGB schon deshalb nicht, weil ihre Verpflichtung zur ehel. Treue mit der Scheidung ihr Ende gefunden hat (FamRZ 1983/569, 572).

(Härtegrund nach Nr. 7 bei Lebensgemeinschaft mit neuem Partner)

d 4 b) Einen sonstigen Härtegrund i. S. des § 1579 Nr. 7 BGB hat das OLG ebenfalls nicht für gegeben erachtet, weil die Ehefrau nicht über eigene Einkünfte verfüge, aus denen sie ihren Unterhalt bestreiten könnte, und von ihrem neuen Partner M. keine finanzielle Unterstützung erwarten könne. Daher sei es dem Ehemann zuzumuten, den vollen Unterhalt zu zahlen. Denn andernfalls sei die Ehefrau darauf angewiesen, zur Bestreitung ihres den ehel. Lebensverhältnissen entsprechenden Unterhalts eine unzumutbare Erwerbstätigkeit auszuüben, wodurch die Erziehung und Pflege des gemeinsamen Kindes gefährdet werden könne. Diese Ausführungen schöpfen die Gesichtspunkte, die nach § 1579 Nr. 7 BGB zu berücksichtigen sind, nicht aus. Gleichwohl ist ihr Ergebnis unter den bisher festgestellten Umständen rechtlich nicht zu beanstanden. aa) Allein die Tatsache, daß der Unterhaltsberechtigte eine intime Beziehung – auch in der Form einer nichtehelichen Lebensgemeinschaft – zu einem neuen Partner eingeht und unterhält, stellt keinen „anderen Grund" i. S. des § 1579 Nr. 7 BGB dar. Derartige Beziehungen zwischen nicht miteinander verheirateten Personen werden vom heutigen Verständnis in einem Maße hingenommen, daß eine Unterhaltsverpflichtung gegenüber einem geschiedenen Ehegatten, der eine solche Beziehung unterhält, nicht schon aus diesem Grunde generell als unzumutbar angesehen werden kann. Der Hinweis der Revision in der mündl. Verhandlung vor dem Senat, der Verpflichtete könne in die Lage geraten, daß der Berechtigte aus dem ihm gezahlten Unterhalt seinen neuen Partner mit unterhalte, stellt diese Beurteilung nicht grundsätzlich in Frage. Denn der Berechtigte kann über den ihm zustehenden Unterhalt frei verfügen. bb) Wie der Senat bereits entschieden hat, gilt indessen etwas anderes, wenn der Unterhaltsberechtigte sich dem neuen Partner schon während der Ehe zugewandt hatte und ihm deshalb ein offensichtlich schwerwiegendes, eindeutig bei ihm liegendes Fehlverhalten i. S. des § 1579 Nr. 6 BGB zur Last liegt. Obwohl nach der Scheidung, wie oben unter a) ausgeführt, nicht mehr von einem Fehlverhalten gesprochen werden kann, kann in einem solchen Fall eine (uneingeschränkte) Inanspruchnahme auch auf nachehel. Unterhalt für den Verpflichteten unzumutbar sein und daher den Härtegrund des § 1579 Nr. 7 BGB erfüllen (FamRZ 1983/676; 1984/154, 155). Die wirtschaftliche Lage des neuen Partners wird hierbei nicht von entscheidender Bedeutung sein können. Für den Verpflichteten kann die Unterhaltsbelastung daher unter solchen Umständen auch dann die Grenze des Zumutbaren überschreiten, wenn der neue Lebensgefährte des Berechtigten finanziell nicht in der Lage ist, diesen in einer Weise zu unterhalten, wie sie dem früheren ehelichen Lebensstandard entspricht. Ein solcher Sachverhalt liegt hier jedoch nicht vor. Zwar hat die Ehefrau die Beziehung zu M. schon vor der Scheidung aufgenommen. Wie unter a) dargelegt, handelt es sich aber nicht um ein eindeutig bei ihr liegendes Fehlverhalten i. S. des § 1579 Nr. 6 BGB. cc) Ähnlich wie unter bb) kann es zu beurteilen sein, wenn die Beziehung des Unterhaltsberechtigten zu seinem neuen Lebensgefährten wegen besonderer, etwa kränkender oder sonst anstößiger Begleitumstände geeignet ist, den Verpflichteten in außergewöhnlicher Weise zu treffen, ihn in der Öffentlichkeit bloßzustellen oder sonst in seinem Ansehen zu schädigen (vgl. etwa die Fälle nach § 66 EheG a. F.; FamRZ 1981/752, 753; vgl. auch Senatsbeschluß v. 23. 11. 1983 – IV b ZB 748/81 – zu § 1587 c Nr. 1 BGB). Derartige Umstände sind hier aber weder festgestellt noch behauptet. dd) Als Härtegrund i. S. des § 1579 Nr. 7 BGB hat es der Senat ferner angesehen, wenn der Unterhaltsberechtigte von einer Eheschließung mit seinem neuen Partner nur deshalb absieht, weil er den Unterhaltsanspruch gegen seinen geschiedenen Ehegatten nicht verlieren will (FamRZ 1984/986, 987; FamRZ 1987/1011, 1014; zu § 66 EheG, FamRZ 1982/896, 897). Dabei können die finanziellen Verhältnisse des neuen Partners insofern eine Rolle spielen, als sie den Unterhaltsberechtigten von einer Eheschließung mit ihm abhalten und daher der Annahme entgegenstehen können, dieser heirate den neuen Partner nur deshalb nicht, um seinen Unterhaltsanspruch aus der geschiedenen Ehe nicht zu verlieren (FamRZ 84/986). Ein Sachverhalt, der unter diesem rechtlichen Gesichtspunkt einen Härtegrund abgeben könnte, ist im vorliegenden Fall nicht festgestellt. ee) Auch wenn der Unterhaltsberechtigte, der mit einem neuen Partner dauerhaft in einer festen sozialen Verbindung zusammenlebt, von einer neuen Eheschließung aus hinzunehmenden Gründen absieht, kann die neue Verbindung dazu führen, daß die Fortdauer der Unterhaltsbelastung und des damit verbundenen Eingriffs in die Handlungsfreiheit und Lebensgestaltung des Unterhaltspflichtigen für diesen unzumutbar wird. Das ist der Fall, wenn kein verständlicher Grund dafür ersichtlich ist, daß die Partner nicht zu einer „ehegleichen ökonomischen Solidarität" – also zu einer Unterhaltsgemeinschaft – gelangen, mithin gemeinsam wirtschaften, wobei der den Haushalt führende Partner wie in einer Ehe von dem anderen unterhalten wird (FamRZ 83/569, 572). Auf eine derartige Unterhaltsgemeinschaft kann der Verpflichtete den Unterhaltsberechtigten allerdings nur verweisen, soweit dieser in der neuen Gemeinschaft wirtschaftlich sein Auskommen finden kann. Hat sein neuer Partner nicht die dazu erforderlichen Mittel, so kommt ein Ausschluß oder auch nur eine Herabsetzung oder eine zeitliche Begrenzung der Unterhaltsverpflichtung nach § 1579 Nr. 7 BGB unter diesem Gesichtspunkt in der Regel nicht in Betracht. Soweit die Revision in der mündl.

Verhandlung die Auffassung vertreten hat, ein unterhaltsberechtigter geschiedener Ehegatte, der mit einem finanziell schlechter gestellten neuen Partner eine nichteheliche Gemeinschaft eingehe, begebe sich dadurch auf dessen Lebensstandard und könne Unterhalt nicht mehr nach dem Maßstab der ehel. Lebensverhältnisse, sondern nur noch nach den Lebensverhältnissen des neuen Partners verlangen, vermag der Senat dem nicht beizutreten. Diese Auffassung findet im Gesetz keine Stütze, das die Lebensverhältnisse der geschiedenen Ehe als Maßstab für die Bemessung des Unterhaltsanspruchs bestimmt (§ 1578 I S. 1 BGB). Abgesehen von der in § 1578 I S. 2 BGB vorgesehenen Möglichkeit, diesen Maßstab unter den dort bestimmten Voraussetzungen zu verlassen und statt dessen auf den angemessenen Lebensbedarf abzustellen, kann der Unterhaltsanspruch nur nach § 1579 BGB herabgesetzt werden. Da im vorliegenden Fall keiner der in Nr. 1 bis 6 dieser Vorschrift genannten Härtegründe eingreift, müßte dazu ein anderer, ebenso schwerwiegender Grund i. S. des § 1579 Nr. 7 BGB vorliegen. Wie oben (zu aa)) schon ausgeführt worden ist, kann ein solcher Grund nicht schon in der Beziehung der Ehefrau zu M. erblickt werden. Sie führt als solche also weder zu einem Ausschluß noch zu einer Einschränkung des Unterhaltsanspruchs. Dies kann nicht deshalb anders beurteilt werden, weil M. in bescheideneren Lebensverhältnissen lebt als die Parteien während ihrer Ehe. Es ist nicht zu erkennen, weshalb Unterhaltsleistungen nach dem gesetzlichen Maßstab der ehel. Lebensverhältnisse für den Ehemann aus diesem Grunde – teilweise – die Grenze des Zumutbaren überschreiten sollten. Wenn die Ehefrau ihren neuen Partner möglicherweise – schon in Gestalt der Mietzahlungen – an den Unterhaltsleistungen des Ehemannes teilhaben läßt, begründet dies verständigerweise keine Unzumutbarkeit. Wie ebenfalls unter aa) schon ausgeführt worden ist, kann sie über den ihr zustehenden Unterhalt frei verfügen. Dem Ehemann kommt es auch nicht zu, auf ihre Entscheidung für einen neuen Partner mit den Mitteln des Unterhaltsrechts Einfluß zu nehmen. Unter dem Gesichtspunkt der Unterhaltsgemeinschaft kommt ein Härtegrund i. S. des § 1579 Nr. 7 BGB daher nur in Betracht, wenn und soweit die Ehefrau durch das Zusammenleben mit M. angesichts dessen finanzieller Möglichkeiten ihr den ehelichen Lebensverhältnissen der Parteien entsprechendes Auskommen finden kann. Nach den Einkommensverhältnissen und den sonstigen Verpflichtungen des M., wie sie nach den Darlegungen oben zu bb) in Betracht zu ziehen sind, ist ihr dies derzeit nicht möglich. Die aus anderem Grunde erforderliche Zurückverweisung der Sache gibt jedoch Gelegenheit, diese Frage anhand der aktuellen, ggf. noch vorzutragenden Verhältnisse neu zu prüfen. ff) Lassen die Einkommens- und Vermögensverhältnisse des M. die Begründung einer Unterhaltsgemeinschaft der Ehefrau mit ihm nicht zu, so kann die zwischen ihnen bestehende Beziehung gleichwohl unter einem anderen Gesichtspunkt die Voraussetzungen eines Härtegrundes i. S. von § 1579 Nr. 7 BGB erfüllen. Nach der std. Rspr. des Senats setzt ein „anderer Grund" im Sinne der genannten Vorschrift, aus dem die Inanspruchnahme des Verflichteten grob unbillig sein kann, einen Sachverhalt voraus, der dazu führt, daß die aus der Unterhaltspflicht erwachsende Belastung die Grenze des ihm Zumutbaren überschreitet. Dabei kann sich eine Unzumutbarkeit unabhängig von der Vorwerfbarkeit bestimmter Verhaltensweisen auch aus objektiven Gegebenheiten und Veränderungen der Lebensverhältnisse der früheren Ehegatten ergeben (FamRZ 1987/689). Wenn der Unterhaltsberechtigte zu einem neuen Partner ein auf Dauer angelegtes Verhältnis aufnimmt, kann das Erscheinungsbild dieser Verbindung in der Öffentlichkeit unter Umständen dazu führen, daß die Fortdauer der Unterhaltsbelastung und des damit verbundenen Eingriffs in seine Handlungsfreiheit und Lebensgestaltung für den Unterhaltspflichtigen unzumutbar wird (FamRZ 1983/569, 572). Die wirtschaftliche Lage des neuen Partners des Berechtigten spielt hierbei – anders als im Fall der Verweisung auf eine Unterhaltsgemeinschaft – keine Rolle. Zur Annahme eines Härtegrundes i. S. von § 1579 Nr. 7 BGB – mit der Folge der Unzumutbarkeit einer weiteren (uneingeschränkten) Unterhaltsbelastung für den Verpflichteten – kann das Zusammenleben des Berechtigten mit einem neuen Partner dann führen, wenn sich diese Beziehung in einem solchen Maße verfestigt, daß damit gleichsam „ein nichteheliches Zusammenleben an die Stelle einer Ehe getreten ist". Nach welchem Zeitablauf – und unter welchen weiteren Umständen – dies angenommen werden kann, wird sich allerdings nicht allgemein verbindlich festlegen lassen. Eine gewisse Mindestdauer, die im Einzelfall kaum unter zwei bis drei Jahren liegen dürfte, wird in der Regel nicht unterschritten werden dürfen. Denn vor Ablauf einer solchen zeitlichen Mindestgrenze wird sich im allgemeinen nicht verläßlich beurteilen lassen, ob die Partner nur „probeweise" zusammenleben, etwa um eine spätere Eheschließung vorzubereiten – ein Verhalten, das keinen Härtegrund i. S. von § 1579 Nr. 7 BGB erfüllt –, oder ob sie auf Dauer in einer verfestigten Gemeinschaft leben und nach dem Erscheinungsbild der Beziehung in der Öffentlichkeit diese Lebensform bewußt auch für ihre weitere Zukunft gewählt haben. Ist diese Voraussetzung erfüllt, dann kann von dem Zeitpunkt an, in dem sich das nichteheliche Zusammenleben der neuen Partner als eine solchermaßen verfestigte Verbindung darstellt, die Bedeutung der geschiedenen Ehe als Grund für eine fortdauernde unterhaltsrechtliche Verantwortung des Verpflichteten gegenüber seinem geschiedenen Ehegatten zurücktreten, und es kann für den Verpflichteten objektiv unzumutbar werden, den früheren Ehegatten unter derartig veränderten Lebensumständen – als Folgewirkung aus der geschiedenen Ehe – gleichwohl weiterhin (uneingeschränkt) unterhalten zu müssen. In diesem Fall kann der Unterhaltsanspruch des Berechtigten herabgesetzt oder versagt, gegebenenfalls auch für eine bestimmte weitere Dauer zeitlich begrenzt werden, soweit die Inanspruchnahme des Verpflichteten – unter Wahrung der Belange gemeinschaftlicher Kinder – grob unbillig wäre, § 1579 Nr. 7 BGB. Bei der hiernach gebotenen Billigkeitsprüfung können – neben anderen Kriterien – auch die wirtschaftlichen Verhältnisse des neuen Partners des Berechtigten mit zu berücksichtigen sein.

BGH v. 15. 2. 89 – IVb ZR 41/88 – FamRZ 89, 718 = NJW 89, 1990

R386 *(Erstattungsanspruch des Verpflichteten bei Rentennachzahlung an den Berechtigten für die Zeit und in der Höhe, in der sich der Unterhaltsanspruch ermäßigt hätte, wenn die Rente schon während der fraglichen Zeit gezahlt worden wäre. Diesem Erstattungsanspruch steht ein rechtskräftiges Unterhaltsurteil nicht entgegen. Erforderlich ist eine tatrichterliche Billigkeitsabwägung nach § 242 BGB)*

2 a) Im Urteil vom 23. 3. 1983 (FamRZ 83/574 = NJW 83/1481) hat der Senat ausgeführt: Wenn ein unterhaltsberechtigter geschiedener Ehegatte einen Antrag auf Erwerbsunfähigkeitsrente gestellt habe und während der Dauer des Rentenverfahrens weiterhin Unterhalt in Anspruch nehme, könne dies im Fall rückwirkender Rentengewährung zu Benachteiligungen des Unterhaltsverpflichteten führen. Zur Vermeidung solcher Benachteiligungen habe dieser die Möglichkeit, dem Berechtigten zur Abwendung seiner unterhaltsrechtlichen Bedürftigkeit bis zur Bewilligung der Rente zins- und tilgungsfreie Darlehen mit der Verpflichtung anzubieten, im Falle endgültiger Ablehnung des Rentenantrags auf deren Rückzahlung zu verzichten, während die Darlehen im Falle der Rentenbewilligung zurückzugewähren seien. Dem Unterhaltsberechtigten obliege es, einen in dieser Weise angebotenen Kredit zur Behebung seiner Bedürftigkeit aufzunehmen; denn es sei mit den Grundsätzen von Treu und Glauben nicht vereinbar, wenn er durch die Ablehnung eines solchen zumutbaren Kreditangebots seine Bedürftigkeit zu Lasten des Unterhaltsverpflichteten aufrechtzuerhalten trachte.

Allerdings könne der Unterhaltspflichtige die Bedürftigkeit des Berechtigten auf die dargelegte Weise nicht mehr – vorübergehend – beheben, wenn er von dem Antrag auf Bewilligung einer Erwerbsunfähigkeitsrente nichts erfahre. Wenn in einem solchen Fall dem Berechtigten die Rente für die Zeit zwischen der Antragstellung und dem Einsetzen der laufenden Zahlungen in vollem Umfang nachgezahlt werde, könne ein Erstattungsanspruch des Unterhaltspflichtigen in der Höhe in Betracht kommen, in der sich der Unterhaltsanspruch des Berechtigten ermäßigt hätte, wenn die Rente sofort bewilligt worden wäre. Ein solcher Anspruch lasse sich aus dem Grundsatz von Treu und Glauben herleiten, der auch das gesetzliche Unterhaltsschuldverhältnis zwischen geschiedenen Ehegatten beherrsche und es ausschließe, dem Unterhaltsberechtigten die nachträglich gezahlte Rente ungeschmälert für einen Zeitraum zu belassen, in dem der Verpflichtete Unterhalt geleistet habe.

b) An diesen Grundsätzen hält der *Senat* fest. Sie beanspruchen in besonderem Maße Geltung, wenn die dem Unterhaltsberechtigten gewährte Rente aus dem VersAusgl stammt und die Rentennachzahlung demgemäß, wie hier, dem Unterhaltspflichtigen im Wege der Kürzung seiner bereits laufenden (Alters-)Rente abgezogen wird (§ 96 IV RKnG, entsprechend §§ 83 a IV AVG, 1304 a IV RVO). Hier verwirklicht sich auf seiten des Berechtigten der mit dem VersAusgl verfolgte Zweck, der Sicherung seines Unterhalts im Falle der Invalidität und im Alter zu dienen (*BGHZ* 74/38, 44 ff. = FamRZ 1979/477) und damit den Verpflichteten – in entsprechender Höhe – von der Unterhaltslast zu befreien. Wird aber dem Berechtigten eine Rente rückwirkend für einen Zeitraum nachgezahlt, in dem sein Unterhaltsanspruch bereits durch Leistungen des Verpflichteten erfüllt worden ist, so „verfehlt" die Nachzahlung den eigentlich mit ihr verfolgten Zweck, den Unterhaltsbedarf zu sichern. Zugleich führt die Kürzung der Rente des Verpflichteten bei diesem zu einer doppelten Belastung, da er den Unterhalt in der Vergangenheit bereits einmal aus seinen laufenden Renteneinkünften gezahlt hat.

In einem solchen Fall widerspricht es, wie das OLG zutreffend ausgeführt hat, grundsätzlich dem Gebot von Treu und Glauben, dem Unterhaltsberechtigten für den Zeitraum, in dem er den Unterhalt bezogen hat, auch die nachgezahlte Rente – zu Lasten des Unterhaltspflichtigen – in vollem Umfang zu belassen.

3. a) Die Revision hält dem angefochtenen Urteil entgegen:

Für einen familienrechtlichen Ausgleichsanspruch fehle es an einer Rechtsgrundlage. Da der Kl. die Rückzahlung des für die Zeit vom 14. 8. 1982 bis zum 30. 4. 1983 der Bekl. gewährten Unterhalts begehre, müsse er sich gegen das rechtskräftige Unterhaltsurteil v. 2. 6. 1981 wenden. Im vorliegenden Fall greife aber keine Norm ein, die eine Durchbrechung der Rechtskraft ermögliche. Weder die Voraussetzungen einer Vollstreckungsabwehrklage nach § 767 ZPO oder auch einer Bereicherungsklage als sog. verlängerter Vollstreckungsabwehrklage noch die einer Abänderungsklage nach § 323 ZPO seien erfüllt. Auch ein Schadensersatzanspruch nach § 826 BGB wegen sittenwidriger Erschleichung oder Ausnutzung eines rechtskräftigen Titels komme nicht in Betracht.

b) Mit dieser Rüge hat die Revision keinen Erfolg. Der Kl. begehrt nicht die Rückzahlung des aufgrund des Urteils v. 2. 6. 1981 beigetriebenen Unterhalts, sondern beansprucht einen Teil der der Bekl. zugeflossenen Rentennachzahlung. Diesem Begehren, das – wie dargelegt – seine Rechtsgrundlage in dem auch das gesetzliche Unterhaltsverhältnis zwischen geschiedenen Ehegatten beherrschenden

Grundsatz von Treu und Glauben (§ 242 BGB) findet, steht die Rechtskraft des über den Unterhaltsanspruch der Bekl. ergangenen Urteils v. 2. 6. 1981 nicht entgegen.

Das hier zu beurteilende Klagebegehren unterscheidet sich insoweit von demjenigen, das dem *Senats*urteil v. 17. 2. 1982 (*BGHZ* 83/278 = FamRZ 1982/470) zugrunde lag. Damals hat der *Senat* in einem sonst vergleichbaren Fall einer Klage des geschiedenen Ehemannes auf Rückzahlung des auf einen rechtskräftigen Titel geleisteten nachehelichen Unterhalts entsprochen, weil die Entstehung des Rentenanspruchs der geschiedenen Ehefrau aus dem VersAusgl ein der Erfüllung ihres Unterhaltsanspruchs gleichkommender Vorgang sei, der mit der Vollstreckungsabwehrklage habe geltend gemacht werden können, deren rechtliche Möglichkeiten sich nach der Beendigung der Zwangsvollstreckung in der materiell-rechtlichen Bereicherungsklage fortsetzen (*BGHZ*, a. a. O., S. 280, 281 f.). Einen Anspruch auf Rückzahlung geleisteten Unterhalts erhebt der Kl. – wie ausgeführt – indessen nicht. Daher kann auf sich beruhen, ob die tatbestandlichen Voraussetzungen einer Vollstreckungsabwehrklage erfüllt wären, insbesondere ob schon der Eintritt der gesetzlichen Voraussetzungen des Anspruchs der Bekl. auf Erwerbsunfähigkeitsrente eine Einwendung gegen ihren Unterhaltsanspruch i. S. des § 767 I ZPO begründete, obwohl er – solange die Rente nicht tatsächlich gezahlt wurde – ihre unterhaltsrechtliche Bedürftigkeit nicht entfallen ließ (FamRZ 1983/574).

Ebensowenig begehrt der Kl. für die noch umstrittene Zeit – wie es in der durch *Senats*urteil v. 19. 10. 1988 (FamRZ 1989, 159) entschiedenen Sache der Fall gewesen war – Abänderung des Unterhaltsurteils. Daher kommt es nicht darauf an, ob für den in Rede stehenden Unterhaltszeitraum im Hinblick auf die Erwerbsunfähigkeitsrente der Bekl. ein Abänderungsgrund i. S. des § 323 I ZPO vorliegt.

4. Die Billigkeitsabwägung, die das OLG im Rahmen des § 242 BGB vorgenommen hat, ist im wesentlichen seiner tatrichterlichen Beurteilung vorbehalten. Sie unterliegt der revisionsrechtlichen Nachprüfung nur im Hinblick darauf, ob sie einen Rechtsirrtum oder einen Verstoß gegen allgemeine Erfahrungssätze enthält oder wesentliches Vorbringen der Parteien ersichtlich unberücksichtigt gelassen hat. Das ist nicht der Fall.

Die Bekl. beruft sich zwar darauf, daß sie die erhaltene Nachzahlung nach längeren entbehrungsreichen Jahren zur Tilgung von Schulden und für besondere Ausgaben verwendet habe, zu denen sie zuvor nicht in der Lage gewesen sei; im übrigen sei sie gutgläubig gewesen. Dem steht jedoch entgegen, daß der Kl. den streitigen Betrag aus seiner Rente zweimal geleistet hat (bzw. zum Teil noch zurückzahlen muß), während die Bekl. ihn tatsächlich – ohne insoweit einen Anspruch zu haben – doppelt erhalten hat. Als sie die Nachzahlung bekam, wußte sie zudem, daß es sich um Beträge für einen Zeitraum handelte, in dem sie bereits Unterhalt von dem Kl. bezogen hatte. Sie hätte sich deshalb jedenfalls mit dem Kl. ins Benehmen setzen müssen, bevor sie über das Geld verfügte.

Bei Berücksichtigung dieser Umstände kann es nicht als rechtsfehlerhaft angesehen werden, wenn das OLG es für billig gehalten hat, der Bekl. die Rückzahlung des Betrages von 6987,85 DM aufzuerlegen, zumal ihr ein Restbetrag von 1408,25 DM aus der Nachzahlung ohnehin verbleibt.

BGH v. 26. 4. 89 – IVb ZR 59/88 – FamRZ 89, 842 = NJW-RR 89, 1992

(Schätzung eines trennungsbedingten Mehrbedarfs nach § 287 II ZPO; ausreichende Begründung der Höhe) **R388**

II 2 e) Das Berufungsgericht hat an dem danach verbleibenden Einkommen des Klägers – nach seiner Berechnung (2030 – 235 =) 1795 DM, richtig (1890 – 235 =) 1655 DM – beiden Parteien einen gleichen Anteil zugemessen. Den eheangemessenen Bedarf der Beklagten hat es nach Hinzurechnung eines gemäß § 287 ZPO geschätzten trennungsbedingten Mehrbedarfs danach mit monatlich 1075 DM errechnet. Der für diesen Mehrbedarf angesetzte Posten bemißt sich bei richtiger Rechnung allerdings nicht auf den im Berufungsurteil angegebenen Betrag von „etwa 200 DM“; denn bei der vorausgesetzten „gleichen Anteilhabe“ an einem Nettomonatseinkommen von 1795 DM ergibt sich ein Betrag von 897,50 DM, so daß zu dem vom Berufungsgericht ermittelten eheangemessenen Bedarf von 1075 DM für den trennungsbedingten Mehrbedarf nur eine Differenz von 177,50 DM verbleibt. Es mag zweifelhaft sein, ob die Höhe dieses Postens mit dem Hinweis auf § 287 ZPO ausreichend begründet ist. Immerhin ist aber zugunsten der Beklagten zu berücksichtigen, daß die Parteien während des Zusammenlebens mit verhältnismäßig geringen Mitteln auskommen mußten, so daß die durch die Trennung verursachten Mehrkosten stärker ins Gewicht fallen (FamRZ 1987/266, m. w. N.). Auch diese Frage kann indessen offenbleiben, weil es für die Entscheidung auf sie letztlich ebenfalls nicht ankommt und die Revision insoweit auch keinen Angriff führt. **c**

BGH v. 26. 4. 89 – IVb ZR 64/88 – FamRZ 90, 266

(Darlegungs- und Beweislast bei Auslösen) **R389**

2. Die Revision greift diese Unterhaltsermittlung mit der Rüge an, das OLG habe seiner Berechnung verfahrensfehlerhaft ein unzutreffendes anrechenbares Einkommen des Bekl. zugrunde gelegt. **a**

a) So sei nicht belegt, ob tatsächlich Fahrtkosten in der angenommenen Höhe entstanden seien. Die Beweislast für seine Leistungsunfähigkeit trage aber der unterhaltsverpflichtete Bekl.

Mit dieser Rüge kann die Revision nicht durchdringen. Das BerGer. hat sich ersichtlich auf den detaillierten Vortrag des Bekl. aus seiner Berufungsbegründung vom 17. 2. 1988 gestützt, er habe von seinem Arbeitgeber nur gegen konkreten Nachweis der tatsächlich angefallenen Fahrtkosten Fahrgelderstattung erhalten, infolge einer besonderen Abrechnungsmodalität sogar weniger als die entstandenen Kosten. Da die Kl. diesem substantiierten und unter Beweis gestellten Vorbringen des Bekl. nur mit allgemeinem Bestreiten entgegengetreten sind, konnte das OLG ihn ohne Rechtsverstoß seiner Entscheidung zugrunde legen (§§ 138 II, 286 ZPO; vgl. BGH, NJW-RR 1987, 754; NJW 1960, 100 = LM § 286 (B) ZPO Nr. 10). b) Entsprechendes gilt für die dem Bekl. von seinem Arbeitgeber gezahlte Auslösung in Höhe von monatlich 128,99 DM. Auch diese hält die Revision nicht für abzugsfähig, da der insoweit beweisbelastete Bekl. nicht belegt habe, daß der Auslösung ein Mehraufwand in gleicher Höhe gegenübergestanden habe.

Der Bekl. hat indessen auch zu diesem Punkt unter Beweisantritt substantiiert vorgetragen, daß er die Auslösung bei Arbeitseinsätzen in größerer Entfernung von seinem Wohnort einerseits als zusätzliche Fahrgelderstattung für Wochenendheimfahrten und andererseits als Aufwandsentschädigung für doppelte Haushaltsführung erhalten habe, wobei die Spesen von täglich 16 DM durch die Einnahme einer warmen Mahlzeit in Gaststätten voll verbraucht worden seien. Auch auf dieses Vorbringen haben die Kl. lediglich mit einfachem Bestreiten reagiert. Das BerGer. war daher verfahrensrechtlich nicht gehindert, seiner Entscheidung die Angaben des Bekl. zugrunde zu legen. Hieran ändert nichts der Hinweis der Revision auf das Urteil des BGH vom 16. 1. 1980 (BGH, LM BBesG Nr. 2 = FamRZ 1980, 342 (344)). In jenem Urteil ist zwar als Erfahrungssatz niedergelegt, der „wirkliche Mehraufwand liege vielfach unter der gewährten Zulage". Diese Aussage bezog sich jedoch auf die Auslandszulage eines Beamten nach § 55 BBesG. Sie kann auf die im Rahmen eines individuellen Arbeitsverhältnisses gewährte – konkret errechnete – Auslösung nicht übertragen werden. Abgesehen davon ist hier, wie dargelegt, im einzelnen geltend gemacht worden, daß die Spesenbeträge für entsprechende Mehraufwendungen voll verbraucht worden seien.

BGH v. 7. 6. 89 – IVb ZR 51/88 – FamRZ 89, 853 = NJW 89, 2253

R391 *(Von den Eltern geschuldete Ausbildung)*

a 2) Nach § 1610 II BGB umfaßt der Unterhalt eines Kindes die Kosten einer angemessenen Vorbildung zu einem Beruf. Darunter ist eine Berufsausbildung zu verstehen, die der Begabung und den Fähigkeiten, dem Leistungswillen und den beachtenswerten Neigungen des Kindes am besten entspricht und die sich in den Grenzen der wirtschaftlichen Leistungsfähigkeit der Eltern hält. Geschuldet wird also die den Eltern wirtschaftlich zumutbare Finanzierung einer optimalen begabungsbezogenen Berufsausbildung ihres Kindes, die dessen Neigungen entspricht, ohne daß sämtliche Neigungen und Wünsche berücksichtigt werden müssen, insbesondere nicht die, die sich als nur flüchtig oder vorübergehend erweisen oder mit den Anlagen und Fähigkeiten des Kindes oder den wirtschaftlichen Verhältnissen der Eltern nicht zu vereinbaren sind (FamRZ 1980/1115).

(Pflicht zur Finanzierung einer Weiterbildung nach Abschluß einer praktischen Ausbildung, wenn die Weiterbildung oder das Hochschulstudium mit den vorausgegangenen Ausbildungsabschnitten in einem engen sachlichen und zeitlichen Zusammenhang steht und den Eltern die weitere Finanzierung wirtschaftlich zugemutet werden kann)

b 2) Hiernach hat der Senat in ständiger Rechtsprechung entschieden, daß Eltern, die ihrem Kind eine Berufsausbildung haben zukommen lassen, welche der Begabung und den Fähigkeiten, dem Leistungswillen und den beachtenswerten Neigungen des Kindes entspricht, ohne Rücksicht auf die Höhe der Kosten, die sie für die Ausbildung haben aufwenden müssen, ihrer Unterhaltspflicht grundsätzlich in ausreichendem Maße nachgekommen und deshalb nicht verpflichtet sind, danach noch Kosten einer weiteren Ausbildung zu tragen. Eine Ausnahme hiervon hat er nur unter besonderen Umständen angenommen, nämlich wenn ein Berufswechsel notwendig ist, das Kind von den Eltern in einen unbefriedigenden, seiner Begabung nicht hinreichend Rechnung tragenden Beruf gedrängt worden ist oder sich herausstellt, daß die erste Ausbildung auf einer deutlichen Fehleinschätzung der Begabung des Kindes beruhte. Ferner hat er eine Unterhaltspflicht der Eltern in Betracht kommen lassen, wenn die weitere Ausbildung zweifelsfrei als eine bloße Weiterbildung anzusehen ist und die Weiterbildung von vornherein angestrebt war oder während der ersten Ausbildung eine besondere, die Weiterbildung erfordernde Begabung des Kindes deutlich wurde (vgl. FamRZ 1980/1115; FamRZ 1981/346 und FamRZ 1981/437 sowie die nichtveröffentlichten Urteile vom 25. Februar 1981 – IVb ZR 568/80 –, 11. März 1981 – IVb ZR 567/80 –, 4. November 1981 – IVb ZR 635/80 –, 18. April 1984 – IVb ZR 81/82). Diese Grundsätze hat der Senat auch auf Fälle angewandt, in denen das Kind, wie hier, nach Erlangung der Hochschulreife eine praktische Ausbildung durchlaufen hatte und es darum ging, ob die Eltern danach noch ein Hochschulstudium zu finanzieren verpflichtet waren (vgl. Urteil vom 20. März 1985 – IVb ZR 10/84). Insoweit bedürfen die Grundsätze indessen wegen des inzwischen veränderten Ausbildungsverhaltens der Modifizierung.

a) Diese Veränderung ist einerseits gekennzeichnet durch einen allgemeinen Rückgang der Studierneigung und eine damit verbundene verstärkte Hinwendung der Studienberechtigten zu praktischer beruflicher Ausbildung. Nach dem Bericht der Bundesregierung über die Entwicklung der beruflichen Bildung für Abiturienten im dualen System vom 10. Juli 1986 (BT-Drucks. 10/5835, im folgenden: Bericht) stieg der Anteil der Bewerber mit Studienberechtigung an der Gesamtzahl der gemeldeten Ausbildungsplatzbewerber von 6% im Jahre 1980/81 auf 14,6% im April 1986 (Bericht S. 4f, 13). Andererseits besteht die Veränderung darin, daß ein beabsichtigtes oder erwogenes Studium immer seltener unmittelbar an den Erwerb der Hochschulreife angeschlossen und statt dessen zunächst eine praktische Berufsausbildung aufgenommen wird (Bericht S. 8). 15% der Studierwilligen des Abiturientenjahrgangs 1985 wollten dem Studium eine anderweitige Ausbildung vorschalten, wobei „erste Wahl" vor allem die betriebliche Ausbildung war (Bericht S. 4). Immer mehr Studienberechtigte, die ein Studium für ihren beruflichen Weg nicht von vornherein ausschließen, wollen sich zunächst durch eine Berufsausbildung eine sichere Lebensgrundlage schaffen. Eine Kombination von Berufsausbildung und Studium wird von den Studienberechtigten ganz überwiegend als der beste Ausbildungsweg angesehen (Bericht S. 6, 10, 20). Demgemäß ist neben den herkömmlichen Ausbildungsweg (Schule – Abitur – Studium) in zunehmendem Maße die Alternative getreten, daß die Studienberechtigten nach dem Schulabschluß zunächst eine praktische berufliche Ausbildung absolvieren und erst danach ein Studium aufnehmen (sog. Abitur – Lehre – Studium-Fälle).

b) Diese Änderungen im Ausbildungsverhalten können bei der Beurteilung der elterlichen Unterhaltspflicht nicht unberücksichtigt bleiben. Sie erfordern eine Überprüfung des bisherigen Verständnisses der gesetzlichen Regelung insbesondere dahin, was unter einer angemessenen Vorbildung zu einem Beruf im Sinne des § 1610 II BGB zu verstehen ist.

aa) Daß sich die Ausbildung, die nach dem Abitur über eine Lehre, ein Volontariat oder dergleichen zum Studium führt, zu einem eigenen und durchgängigen Bildungsweg entwickelt hat, spricht dafür, sie auch unterhaltsrechtlich insgesamt als einen Ausbildungsgang zu werten, der dem Studienberechtigten neben der herkömmlichen Ausbildung offen steht. Dabei muß jedoch die Einheitlichkeit, die das Gesetz in § 1610 II BGB in dem Merkmal der Vorbildung zu einem Beruf grundsätzlich voraussetzt, insoweit gewahrt sein, als die einzelnen Abschnitte in einem engen sachlichen und zeitlichen Zusammenhang stehen müssen. Praktische Ausbildung und Studium müssen derselben Berufssparte angehören oder jedenfalls so zusammenhängen, daß das eine für das andere eine fachliche Ergänzung, Weiterführung oder Vertiefung bedeutet oder daß die praktische Ausbildung, wie es das Oberlandesgericht dargelegt hat, eine sinnvolle Vorbereitung auf das Studium darstellt. Der zeitliche Zusammenhang erfordert, daß der Auszubildende nach dem Abschluß der Lehre das Studium mit der gebotenen Zielstrebigkeit aufnimmt. Übt er im Anschluß an die Lehre den erlernten Beruf aus, obwohl er mit dem Studium beginnen könnte, und wird der Entschluß zum Studium auch sonst nicht erkennbar, so wird der Zusammenhang und damit die Einheitlichkeit des Ausbildungsganges aufgehoben. Daß der Studienentschluß nicht von vornherein, sondern erst nach Beendigung der Lehre gefaßt wird, steht der Einheitlichkeit dagegen nicht entgegen. Es entspricht gerade der Eigenart dieses Bildungsweges, daß die praktische Ausbildung vielfach aufgenommen wird, ohne daß sich der Auszubildende bereits endgültig schlüssig ist, ob er es bei dieser Ausbildung bewenden lassen oder nach deren Abschluß ein Studium anschließen soll. Dieser Besonderheit würde es nicht gerecht, wenn die Einheitlichkeit des Ausbildungsganges davon abhinge, daß das Studium bereits von Anfang an geplant war. Dadurch würde der Auszubildende überfordert. Deshalb muß es ausreichen, wenn er seine Entscheidung sukzessive mit dem Erreichen der jeweiligen Ausbildungsstufe trifft und den Entschluß zur Weiterführung der Ausbildung durch ein Studium nach der Beendigung der praktischen Ausbildung faßt.

bb) Nach der Rechtsprechung des Bundesgerichtshofs, auch des Senats, haben Eltern ihren Kindern nur für eine Berufsausbildung aufzukommen, deren Finanzierung sich in den Grenzen ihrer wirtschaftlichen Leistungsfähigkeit hält (FamRZ 1981/344, 345). Die damit gebotene Prüfung der wirtschaftlichen Zumutbarkeit gewinnt in den sog. Abitur – Lehre – Studium-Fällen besonderes Gewicht, weil die Eltern durch diesen Ausbildungsweg in ihren wirtschaftlichen Belangen stärker betroffen sein können als bei der herkömmlichen Ausbildung. Geht dem Studium eine Lehre voraus, so wird sich dadurch die Gesamtdauer der Ausbildung regelmäßig verlängern, woraus sich ein Anstieg der insgesamt zu erbringenden Ausbildungskosten ergeben kann. Allerdings wird die Unterhaltslast der Eltern während der praktischen Ausbildung in der Regel durch die von den Kindern bezogene, in manchen Berufszweigen nicht unbeträchtliche Vergütung sowie durch steuerliche Vorteile und das Kindergeld gemindert. Außerdem können sich belastende Auswirkungen ergeben, wenn die Ausbildung durch die Verlängerung in eine Zeit fällt, in der die Eltern bereits ein besonderes Interesse an einer Entlastung von der Unterhaltspflicht haben. Das ist einmal der Fall, wenn der Auszubildende mit der Beendigung der praktischen Ausbildung ein Alter erreicht hat, in dem die Eltern nicht mehr damit rechnen mußten, daß er im Anschluß daran noch ein Studium aufnehmen werde. Ähnlich verhält es sich, wenn die Eltern in der gerechtfertigten Erwartung eines früheren Ausbildungsabschlusses anderweitige Disposition getroffen haben, die ihre Leistungsfähigkeit in Anspruch nehmen und nicht oder nur unter Einbußen rückgängig zu machen sind. Auch sonst kann sich aus den Verhältnissen der Eltern, etwa ihrem Alter oder ihrer Lebensplanung, ein derartiges Interesse ergeben. Nähern sie sich bereits der beruflichen Altersgrenze, so muß ihnen ein besonderes Interesse zugestanden werden, ihre Geldmittel baldmöglich frei von Unterhaltsansprüchen zur eigenen Verfügung zu haben. Die vorgenannten Gesichtspunkte treten indessen zurück, wenn die Eltern in besonders günstigen wirtschaftlichen Verhältnissen leben und ihr Lebensstandard durch den Ausbildungsunterhalt nicht oder nur unwesentlich berührt wird. Sind solche Voraussetzungen gegeben, so ist es ihnen zuzumuten, den Abitur – Lehre – Studium-Ausbildungsgang zu finanzieren. Von diesen Fällen abgesehen ist die Frage, ob der Ausbildungsgang im Hinblick auf die wirtschaftlichen Belange der Eltern eine angemessene Vorbildung zu einem Beruf ist, aufgrund einer umfassenden tatrichterlichen Zumutbarkeitsprüfung zu beurteilen.

3. Hiernach hat das Oberlandesgericht den Beklagten zu Recht für verpflichtet gehalten, seiner Tochter für das Architekturstudium Ausbildungsunterhalt zu gewähren. Wie die Feststellungen des Berufungsgerichts ergeben, steht das Studium in dem engen sachlichen und zeitlichen Zusammenhang zu der vorausgegangenen praktischen Ausbildung, der für die Annahme eines einheitlichen Ausbildungsganges erforderlich ist. Die Bauzeichnerlehre hat eine sachliche Beziehung zu dem Studium der Architektur und war eine sinnvolle, fachbezogene Vorbereitung darauf. Die Aufnahme des Studiums ist zum frühestmöglichen Zeitpunkt nach Abschluß der Ausbildung zur Bauzeichnerin erfolgt. Daß der von der Tochter gewählte Ausbildungsgang dem Beklagten auch wirtschaftlich zumutbar ist, steht außer Zweifel, da ihn die Studienkosten nach den nicht angegriffenen Feststellungen des Berufungsgerichts, die sich auf die eigenen Erklärungen des Beklagten bei seiner persönlichen Anhörung stützen, „in keiner Weise belasten".

BGH v. 21. 6. 89 – IVb ZR 73/88 – FamRZ 89, 1054 = NJW-RR 89, 1218

R393 *(Mutwillige Herbeiführung der Bedürftigkeit bei fehlgeschlagenem Selbsttötungsversuch; ein leichtfertiges Verhalten ist ausreichend; bezüglich der möglichen Folgen eines Tuns ist Erkenntnis- und Einsichtsfähigkeit Voraussetzung; Darlegungs- und Beweislast des Verpflichteten; der Richter muß ein Sachverständigengutachten nur einholen, wenn ihm zur Beurteilung einer Frage die nötige Sachkunde fehlt)*

a II 1. Der geschiedene Ehemann habe seine Bedürftigkeit nicht mutwillig herbeigeführt, § 1579 Nr. 3 BGB. Mutwilligkeit setze zwar kein vorsätzliches oder gar absichtliches Verhalten des Unterhaltsgläubigers voraus, sondern es genüge ein leichtfertiges Verhalten, bei dem sich der Ehegatte allerdings der Möglichkeit des Eintritts der Bedürftigkeit als Folge seines Tuns bewußt gewesen sei und dennoch in grober Mißachtung dessen, was jedem vernünftigen Menschen einleuchte, oder in Verantwortungs- und Rücksichtslosigkeit gegenüber den Interessen des unterhaltspflichtigen Ehegatten gehandelt habe; die Vorstellungen und Antriebe, die seinem Handeln zugrunde lagen, müßten sich auch auf die Bedürftigkeit als Folge seines Verhaltens erstreckt haben. Der am 20. 11. 1977 unternommene dritte Selbsttötungsversuch des geschiedenen Ehemannes, der zu seiner Erwerbsunfähigkeit und Pflegebedürftigkeit geführt habe, erfülle diese Voraussetzungen nicht. Der Ehemann habe nach dem eigenen Vortrag der Bekl. seit längerem an Depressionen gelitten, deretwegen er in ständiger ärztlicher Behandlung gestanden habe. Ob es sich um eine organisch bedingte endogene Depression oder um lediglich psychogen verursachte depressive Reaktionen auf äußere Belastungen gehandelt habe, könne dahinstehen; denn die Depression habe in beiden Formen echten Krankheitswert und gehe mit Suizid-Gefährdung einher. Aus der von der Bekl. vorgetragenen bisherigen Krankengeschichte und dem Krankheitsbild des Ehemannes in der letzten Phase vor dem 20. 11. 1977 ergebe sich weder ein Anhalt dafür, daß dem Ehemann bei seinem dritten Selbsttötungsversuch die Möglichkeit bewußt gewesen sei, daß er diesmal im Gegensatz zu den folgenlos gebliebenen früheren Versuchen dauernde, die Erwerbsunfähigkeit nach sich ziehende Folgeschäden davontragen könne, noch daß er sich trotz Kenntnis dieser Möglichkeit in Verantwortungs- und Rücksichtslosigkeit gegenüber der unterhaltspflichtigen Bekl. darüber hinweggesetzt habe. Zwar könne zugunsten der Bekl. unterstellt werden, daß der Ehemann aufgrund der beiden vorausgegangenen Selbsttötungsversuche die Möglichkeit nicht ausgeschlossen habe, auch der dritte Versuch könne wiederum fehlschlagen. Soweit die Bekl. daraus jedoch den Schluß ziehen wolle, der Ehemann habe auch gewußt, daß erhebliche gesundheitliche Beeinträchtigungen mit Verlust der Erwerbsfähigkeit die Folge sein könnten, könne ihr nicht gefolgt werden. Ihrer insoweit im Bereich bloßer Vermutung liegenden Behauptung stehe bereits die Tatsache entgegen, daß die früheren Selbsttötungsversuche des Ehemannes letztlich folgenlos geblieben seien. Der Ehemann sei bis zuletzt noch berufstätig gewesen. Auf ein konkretes, aus den vorausgegangenen Versuchen gewonnenes Erfolgswissen des Ehemannes könne die Behauptung der Bekl. daher nicht gestützt werden. Im übrigen habe diese nicht dargetan, daß der Ehemann gerade zu dem Zeitpunkt, als er die selbstschädigende Handlung vornahm, die nötige Erkenntnisfähigkeit gehabt habe, um die möglichen Folgen seines Tuns, insbesondere den Eintritt einer Unterhaltsbedürftigkeit, vorauszusehen und nach dieser Erkenntnis zu handeln. Sowohl die Erkenntnis- als auch die Einsichtsfähigkeit seien aber Voraussetzung einer Mutwilligkeit i. S. von § 1579 Nr. 3 BGB. Der in der kritischen Phase vor dem letzten Selbsttötungsversuch bei dem Ehemann bestehende Zustand völliger Antriebsschwäche und Interesselosigkeit lege vielmehr den Schluß nahe, daß er zur maßgeblichen Zeit nicht mehr in der Lage gewesen sei, an mögliche andere Folgen als den von ihm zum wiederholten Mal herbeigewünschten Tod zu denken. Dafür, daß er bewußt in Kauf genommen habe, er könne in einer Weise überleben, die ihm seine ohnehin verabscheute Existenz noch lebensunwerter mache, habe die insoweit darlegungs- und beweispflichtige Bekl. nichts vorgetragen. Da der Ehemann im übrigen seit längerer Zeit wegen seiner Erkrankung in ärztlicher Behandlung gestanden habe, könne ihm auch nicht vorgeworfen werden, er habe leichtfertig eine – erfolgversprechende – Heilungschance ausgeschlagen. 2. Diese Ausführungen halten den Angriffen der Revision stand.

a) Das OLG hat die Merkmale, nach denen sich die Mutwilligkeit i. S. von § 1579 Nr. 3 BGB bestimmt, in Anlehnung an die in der Rechtsprechung des erkennenden Senats entwickelten Grundsätze (FamRZ 1981/1042, 1044; FamRZ 1984/364, 367; FamRZ 1988/375, 377; FamRZ 1988/1031, 1033) zutreffend dargelegt und den festgestellten Sachverhalt anhand dieser Merkmale umfassend und erschöpfend gewürdigt. Daß es dabei zu dem Ergebnis gelangt ist, die Voraussetzungen des § 1579 Nr. 3 BGB seien nicht erfüllt, unterliegt weder sachlichen noch rechtlichen Bedenken.

(Keine grobe Unbilligkeit nach Nr. 7 bei Unterhaltsbedürftigkeit infolge fehlgeschlagenem Selbsttötungsversuch. Das Schicksal eines in Not geratenen Partners muß nach der Scheidung auch dann mitgetragen werden, wenn den Verpflichteten keine Mitschuld an der Notlage trifft)

II 3. a) Einen Ausschluß des Unterhaltsanspruchs nach § 1579 Nr. 4 a. F. bzw. Nr. 7 n. F. BGB hat **b**
das OLG ebenfalls verneint, und zwar weil keine so gravierenden Gründe hierfür sprächen, daß ihre Nichtbeachtung zu einem dem Gerechtigkeitsempfinden zuwiderlaufenden Ergebnis führen würde. Insoweit müsse neben der objektiven Unzumutbarkeit – die hier in dem Umstand der vom Ehemann schuldlos, jedoch selbst herbeigeführten Unterhaltsbedürftigkeit liegen könne – das Merkmal der groben Unbilligkeit erfüllt sein, wobei die Gesamtumstände des Eheverlaufs sowie persönliche und wirtschaftliche Verhältnisse beider Ehegatten in die Billigkeitsabwägung mit einfließen müßten. An beidem fehle es jedoch. Es gehöre zum Wesen der Ehe als einer Lebens- und Schicksalsgemeinschaft und dem daraus folgenden Gebot nachehelicher Solidarität, daß das Schicksal eines in Not geratenen Partners mitgetragen werden müsse, und zwar auch dann, wenn den verpflichteten Ehegatten keine wie auch immer geartete Mitschuld an der Notlage treffe. Angesichts der ausreichenden wirtschaftlichen Verhältnisse der Bekl. erscheine ihre Belastung mit dem von dem Kl. geforderten Unterhaltsbeitrag von monatlich 153 DM im übrigen auch unter wirtschaftlichen Gesichtspunkten nicht grob unbillig. b) Auch diese Ausführungen des OLG sind frei von Rechtsfehlern und halten sich im Rahmen der Grundsätze, die der Senat zu der unterhaltsrechtlichen Härteklausel des § 1579 Nr. 4 a. F. bzw. Nr. 7 n. F. entwikkelt hat (FamRZ 1987/689, 690).

BVerfG v. 4. 7. 89 – 1 BvR 537/87 – FamRZ 89, 941 = NJW 89, 2807

(Zur kurzen Ehe nach § 1579 Nr. 1 BGB bei Kinderbetreuung) **R394**

I. 1. Der BGH hat im Rahmen der Prüfung des Härtegrundes nach § 1579 Nr. 1 BGB angenommen, daß die Ehe des Bf. nicht von kurzer Dauer gewesen sei, obwohl nach seiner Rechtsprechung eine zweijährige Ehe als kurz i. S. der Vorschrift angesehen wird (vgl. BGH, FamRZ 1986, 886 (887)). Das davon abweichende Ergebnis beruht darauf, daß der BGH die Jahre, für welche die geschiedene Ehefrau voraussichtlich Betreuungsunterhalt erhalten kann, der tatsächlichen Ehedauer zugerechnet hat.

2. Die gesetzliche Regelung stellt nach ihrem Wortlaut darauf ab, für welche Zeit der Berechtigte wegen der Pflege und Erziehung eines gemeinschaftlichen Kindes Unterhalt nach § 1570 BGB verlangen konnte. Das könnte dahin verstanden werden, daß sich die Dauer der Ehe nur um bereits zurückliegende Zeiten der Kinderbetreuung erhöht, so daß der Bf. eine Kurzzeitehe geführt hätte. Der Wortlaut des § 1579 Nr. 1 BGB ist durch die Neuregelung der Vorschrift nicht geändert worden. Aus der Entstehungsgeschichte dieser Regelung ergibt sich, daß mit der Zurechnung der Erziehungszeiten bei der Ermittlung der Ehedauer eine Rechtsschutzlücke aus Billigkeitsgründen geschlossen werden sollte. In den Fällen nämlich, in denen der geschiedene Ehegatte wegen der Betreuung gemeinschaftlicher Kinder einen Unterhaltsanspruch nach § 1570 BGB hatte, sollte vermieden werden, daß sich der Unterhaltsverpflichtete nach Beendigung der Kinderversorgung gegenüber Unterhaltsansprüchen seines früheren Ehepartners etwa wegen Krankheit oder Alters auf eine Kurzzeitehe als Ausschlußgrund berufen konnte (BT-Dr 7/4361, S. 33, 91). Diesem gesetzgeberischen Anliegen entspricht die Formulierung: „Der Ehedauer steht die Zeit gleich, in welcher der Berechtigte wegen der Pflege oder Erziehung eines gemeinschaftlichen Kindes nach § 1570 BGB Unterhalt verlangen konnte."

3. Unabhängig davon, ob der Wortlaut des § 1579 Nr. 1 BGB unter Berücksichtigung seiner Entstehungsgeschichte eine Einbeziehung zukünftiger Kinderbetreuungszeiten bei der Berechnung der Ehedauer zuläßt, darf jedenfalls die Auslegung und Anwendung der Norm nicht zu verfassungswidrigen Ergebnissen führen. Dies ist dann der Fall, wenn der Härtetatbestand der Kurzzeitehe bei einer Ehe mit einem Kind überhaupt nicht mehr erfüllt sein kann.

a) Nach der alten Regelung war der eheangemessene Unterhaltsanspruch des kinderbetreuenden Ehegatten auch bei Vorliegen eines Härtefalles gegeben, denn § 1579 II BGB a. F. verbot die Anwendung des Absatzes 1 ausnahmslos, solange und soweit von dem Berechtigten wegen der Pflege oder Erziehung eines gemeinschaftlichen Kindes eine Erwerbstätigkeit nicht erwartet werden kann. Diese stringente Formulierung des § 1579 II BGB, der durch das Unterhaltsänderungsgesetz aufgehoben wurde, trug nicht in ausreichendem Maße dem Verhältnismäßigkeitsprinzip Rechnung (BVerfGE 57, 361 (388) = NJW 1981, 2771).

Grundsätzlich hat das BVerfG die Grenzen des Zumutbaren eines schuldunabhängigen Unterhaltsanspruchs dort für überschritten erachtet, wo ein getrennt lebender oder geschiedener Ehegatte Unterhaltsansprüche seines Partners zu erfüllen hätte, obwohl dieser sich gegen ihn oder einen seiner Angehörigen eines Verbrechens oder vorsätzlichen Vergehens schuldig gemacht und sich damit ganz bewußt von jeglichen ehelichen Bindungen gelöst hat. Das gleiche gilt für die übrigen Ausschlußtatbestände des § 1579 I BGB. Im anderen Fall wäre die Beschränkung der Dispositionsfreiheit des Verpflichteten im finanziellen Bereich als Folge der Unterhaltsansprüche des Bedürftigen nicht mehr Bestandteil der verfassungsmäßigen Ordnung und könnte vor dem Grundrecht des Art. 2 I GG nicht bestehen (BVerfGE 57, 361 (381) = NJW 1981, 1771).

Das BVerfG hat andererseits selbst bei einem schweren ehelichen Fehlverhalten des Elternteils, der die Kinder betreut, einen völligen Ausschluß seines Unterhaltsanspruchs nicht für geboten erachtet. Es hat vielmehr ausgeführt, daß es dem Wohl des Kindes entspricht, wenn es sich auch nach der Trennung seiner Eltern in der Obhut eines Elternteils weiß, der hinreichend Zeit hat, auf seine Fragen, Wünsche und Nöte einzugehen. Das setzt aber voraus, daß der Elternteil, bei dem sich das Kind befindet, durch seinen Anspruch auf Unterhalt von einer Erwerbstätigkeit freigestellt wird. In dieser Sicht dient der Unterhaltsanspruch des bedürftigen Ehegatten zur Sicherung der Wahrnehmung seiner Elternverantwortung, die einen wesensbestimmenden Bestandteil des Elternrechts nach Art. 6 II 1 GG bildet (BVerfGE 57, 361 (382 f.) = NJW 1981, 1771). In besonderen Härtefällen muß jedoch nach dem Grundsatz der Verhältnismäßigkeit auch insoweit ein Ausschluß oder eine Herabsetzung des Unterhaltsanspruchs möglich sein (BVerfG, a. a. O., Leitsatz und S. 388). Danach sind grundrechtswidrige Ergebnisse weitgehend durch eine Reduzierung des eheangemessenen Unterhalts auf das zur Kindesbetreuung erforderliche Maß vermeidbar.

b) Der Gesetzgeber hat dieser Entscheidung durch die Neuregelung des § 1579 BGB Rechnung getragen, indem er bei Vorliegen eines Härtetatbestandes eine Abwägung vorschreibt: Ein Unterhaltsanspruch ist zu versagen, herabzusetzen oder zeitlich zu begrenzen, soweit die Inanspruchnahme des Verpflichteten auch unter Wahrung der Belange eines dem Berechtigten zur Pflege oder Erziehung anvertrauten gemeinschaftlichen Kindes grob unbillig wäre. Dabei ist nicht auszuschließen, daß die Prüfung im Einzelfall einen Anspruch des bedürftigen Ehegatten auf den vollen eheangemessenen Unterhalt ergibt.

c) In seiner zum Verfahren abgegebenen Stellungnahme vertritt der BGH die Auffassung, daß wegen der Zurechnung der Kinderbetreuungszeiten der Härtegrund der kurzen Ehedauer praktisch zumeist von vornherein ausscheide, wenn aus der Ehe ein Kind hervorgegangen sei; Ehedauer und Kinderbetreuungszeit ergäben zusammen regelmäßig Zeiten, die nicht mehr als kurz bezeichnet werden könnten. Der BGH hält seine Auslegung der Norm zur Vermeidung unverständlicher und vom Gesetzgeber nicht gewollter Ergebnisse im Hinblick etwa auf den Schutz von Unterhaltsanschlußansprüchen für angebracht. Seine Überlegungen sind aber nicht geeignet, die verfassungswidrige Beeinträchtigung des unterhaltsverpflichteten Ehegatten zu rechtfertigen. Um zu vermeiden, daß die vom BVerfG beanstandete Rechtslage hinsichtlich des Härtegrundes der kurzen Ehedauer fortbesteht, ist es danach geboten, bei der Auslegung und Anwendung des § 1579 Nr. 1 BGB zunächst auf die tatsächliche Ehezeit abzustellen, und wenn diese als kurz zu beurteilen ist, anschließend die gesetzlich vorgesehene Abwägung durchzuführen.

BGH v. 12. 7. 89 – IVb ZR 66/88 – FamRZ 89, 1160 = NJW 89, 2809

R395 *(Voraussetzungen einer angemessenen Erwerbstätigkeit nach § 1361 II BGB; in den Urteilsgründen sind nur Umstände von besonderem Gewicht abzuhandeln)*

a 1) Der nicht erwerbstätige Ehegatte kann im Rahmen des § 1361 II BGB nur unter wesentlich engeren Voraussetzungen darauf verwiesen werden, seinen Unterhalt durch Erwerbstätigkeit selbst zu verdienen, als dies gemäß § 1574 BGB nach der Scheidung der Ehe der Fall ist (FamRZ 1981/242, 243). Für die Beurteilung kommt es nicht allein auf den Gesundheitszustand des Ehegatten an, sondern es ist eine Gesamtwürdigung anzustellen, in die neben den sonstigen persönlichen Verhältnissen, zu denen auch die Betreuung von nicht gemeinschaftlichen Kindern gehört, insbesondere die Dauer der Ehe und der Zuschnitt der ehelichen Lebensverhältnisse einzubeziehen sind (FamRZ 1981/17, 18). Die Entscheidungsgründe des angefochtenen Urteils ergeben, daß das Oberlandesgericht eine in diesem Sinne sachentsprechende Würdigung vorgenommen hat. Was den Gesundheitszustand der Klägerin betrifft, konnte es das von ihm verwertete Gutachten des Gesundheitsamts L. vom 2. April 1986 zugrunde legen, ohne daß eine weitere Begutachtung angezeigt war (vgl. § 412 I ZPO und BGHZ 53/245, 258f.). Es ergibt eine schon wegen ihrer erheblichen Sehbehinderung stark eingeschränkte Arbeitsfähigkeit der Klägerin. Unter weiterer Berücksichtigung ihrer längeren Hausfrauentätigkeit, der Dauer der Ehe und der wirtschaftlichen Verhältnisse der Parteien konnte das Berufungsgericht daher ohne Rechtsverstoß zu dem Ergebnis gelangen, daß der Klägerin eine Erwerbstätigkeit nicht zuzumuten ist. Ihre ehrenamtliche Tätigkeit für den Tierschutz ist in diesem Zusammenhang kein Umstand von besonderem Gewicht, der in den Urteilsgründen ausdrücklich hätte abgehandelt werden müssen.

(Während der Trennungszeit kann dem Berechtigten ein Auszug aus einem Familienheim oder eine Teilvermietung nicht zugemutet werden; die Wiederherstellung der ehelichen Lebensgemeinschaft darf nicht erschwert werden, dagegen ist die Verpachtung eines Wochenendgrundstücks zumutbar)

2. Die Revision stellt die Bedürftigkeit der Kl. unter folgenden Gesichtspunkten in Frage: Nach **b**
ihrer Ansicht habe ihr obgelegen, aus dem früheren Familienheim auszuziehen, für sich und ihre beiden Kinder aus erster Ehe eine weniger kostspielige Wohnung anzumieten, das Haus für ca. 1000 DM pro Monat zu vermieten und die überschüssigen Mieteinnahmen zur Deckung ihres Unterhaltsbedarfs einzusetzen; zumindest aber zwei Zimmer im Obergeschoß des Hauses abzuvermieten und daraus Mieteinnahmen von je 200 DM bis 250 DM zu erzielen; ein ihr gehöriges Wochenendgrundstück in L. für monatlich 150 DM zu verpachten. Da sie diesen Obliegenheiten nicht nachgekommen sei, seien ihr entsprechende fiktive Einkünfte zuzurechnen. Dem kann nicht gefolgt werden.

a) Das Ansinnen, in eine weniger kostspielige Wohnung umzuziehen, stellte der Bekl. an die Kl. erstmals im Revisionsverfahren, weshalb das OLG hierzu nichts ausgeführt hat. Es ist auch nicht gerechtfertigt. Das Senatsurteil v. 4. 11. 1987 (FamRZ 1988/145, 149), auf das die Revision sich beruft, betrifft nicht Trennungs-, sondern nachehelichen Unterhalt, bei dem, ähnlich wie bei der Erwerbsobliegenheit, strengere Grundsätze gelten. Während des Getrenntlebens ist es dem Ehegatten in aller Regel nicht zumutbar, die frühere Ehewohnung, die er allein bewohnt, zur Steigerung der Einkünfte anderweitig zu verwerten, etwa durch Vermietung. Dies gilt insbesondere deswegen, weil in dieser Zeit eine Wiederherstellung der ehelichen Lebensgemeinschaft noch nicht ausgeschlossen ist, die nicht erschwert werden darf. Daß aufgrund besonderer Umstände im vorliegenden Fall etwas anderes zu gelten hätte, ist nicht ersichtlich und geht aus dem Vorbringen der Revision nicht hervor. b) Eine Abvermietung von Zimmern im Obergeschoß des Hauses hat das OLG schon deswegen als der Kl. nicht zumutbar angesehen, weil die fraglichen Räume von der übrigen Wohnung nicht abgeschlossen seien. Auch die vom Bekl. vorgeschlagenen Umbaumaßnahmen zur Behebung dieses Zustandes kämen nicht in Betracht, da dadurch das Haus seinen bisherigen großzügigen Charakter verlöre und der im bereits anhängigen Verfahren der Teilungsversteigerung zu erwartende Erlös beeinträchtigt werden könnte. Der Antrag des Bekl. auf Einholung einer Auskunft der Universität M., den die Revision in diesem Zusammenhang als übergangen rügt, bezog sich nicht auf die vom OLG mit Recht als ausschlaggebend angesehenen tatsächlichen Verhältnisse, sondern auf die Vermietbarkeit der fraglichen Zimmer an Studierende der Universität. Diese kann als gegeben angenommen werden, ohne daß dies dem im Urteil vertretenen Standpunkt entgegenstünde. Schon die anstehende Teilungsversteigerung rechtfertigt die Beurteilung des OLG. c) Eine Verpachtung des Wochenendgrundstücks hat das OLG grundsätzlich als der Kl. zumutbar angesehen; es ist jedoch zu dem Ergebnis gelangt, sie habe hinreichend dargetan, daß ihr eine Verpachtung nicht möglich gewesen sei. Die Revision hält dem entgegen, die Kl. habe sich insoweit auf den Mißerfolg einer einzigen Zeitungsanzeige berufen, mithin sich nicht ausreichend um eine Verpachtung bemüht. Indessen hat das OLG ersichtlich Erfahrungen des täglichen Lebens hinsichtlich der Verwertbarkeit derartiger unbebauter Grundstücke mitberücksichtigt, was ihm aus Rechtsgründen nicht verwehrt war.

(Objektiver Maßstab für die Bedarfsbemessung; kein Festhalten an einer tatsächlichen Einschränkung des Konsumverhaltens zugunsten einer Vermögensbildung, wenn ein trennungsbedingter Mehrbedarf besteht)

3) Das Oberlandesgericht hat festgestellt, daß die Parteien während ihres Zusammenlebens in be- **c**
trächtlichem Umfang Vermögen gebildet haben. Vor allem die Jahresprämien, die der Arbeitgeber des Beklagten diesem regelmäßig gewährt habe, seien zum Ankauf von Aktien verwendet worden. Erträge des angelegten Vermögens seien ebenfalls nicht für den laufenden Lebensbedarf verwendet worden. Trotzdem könne der Beklagte nicht verlangen, daß bei der Bemessung des Unterhaltsbedarfs der Klägerin ein entsprechender Anteil seines Einkommens außer Betracht bleibe. Soweit Ehegatten nämlich während des Zusammenlebens ihren Konsum zugunsten der Vermögensbildung eingeschränkt hätten, brauche sich der unterhaltsberechtigte Ehegatte nach der Trennung nicht daran festhalten zu lassen,

wenn der eheliche Lebensstandard sich wegen trennungsbedingten Mehrbedarfs anders nicht aufrechterhalten lasse. Ein solcher Fall sei vorliegend gegeben. Die Revision, die die Feststellungen des Gerichts über die den Parteien nach der Trennung zur Verfügung stehenden Mittel nicht angreift (beim Beklagten einschließlich Jahresprämie und Kapitalerträge für 1986 monatlich 3131 DM, ab 1987 weniger; bei der Klägerin Kapitalerträge von monatlich 280 DM, ab 1987 weniger), beharrt auf dem Standpunkt, daß bei der Unterhaltsbemessung unter dem Gesichtspunkt der Vermögensbildung während des ehelichen Zusammenlebens vom Einkommen des Beklagten monatlich mindestens 700 DM bis 800 DM abzusetzen seien; die Parteien seien immer noch miteinander verheiratet, so daß eine Änderung des Lebensstils nicht in Betracht komme. Damit kann sie nicht durchdringen. Nach der ständigen Rechtsprechung des Senats ist bei der Bemessung des Ehegattenunterhalts ein objektiver Maßstab anzulegen, so daß eine aus dieser Sicht zu dürftige Lebensführung ebenso außer Betracht bleibt wie ein übertriebener Aufwand. Nur in diesem Rahmen kann das tatsächliche Konsumverhalten der Ehegatten während des ehelichen Zusammenlebens berücksichtigt werden, zumal weitere Vermögensbildung beim Unterhaltsverpflichteten dem Berechtigten regelmäßig nicht mehr zugute kommt (FamRZ 1982/151, 152, FamRZ 1984/358, 360f und FamRZ 1987/913, 916). Dem Oberlandesgericht ist darin beizupflichten, daß bei den Einkommensverhältnissen der Parteien eine weitere Vermögensbildung durch den Beklagten den Unterhalt der Klägerin unangemessen beeinträchtigen würde.

(Wohnwertzurechnung als Gebrauchsvorteil des Vermögens, nach Abzug der Hauslasten; der durch den Auszug eines Ehegatten entfallende Nutzungsteil ist bei der Bedarfsbemessung von beiden Ehegatten zu gleichen Teilen zu tragen; keine Einkommenserhöhung beim Verpflichteten, wenn dieser auszieht. Kein „Erwerbstätigenbonus" beim zuzurechnenden Wohnwert; der Wohnvorteil kann nur mit einem unterhaltsrechtlich angemessenen Betrag zugerechnet werden, dessen Obergrenze mit etwa einem Drittel des Betrages anzusetzen ist, den der Berechtigte für die Deckung seines Unterhaltsbedarfs insgesamt zur Verfügung hat)

d 5) Die Klägerin hat einen wirtschaftlichen Vorteil dadurch, daß sie nach der Trennung der Parteien das frühere Familienheim bewohnt. Das Oberlandesgericht hat hierzu ausgeführt, anstelle des Wohnwertes des gesamten Hauses sei als „einkommensgleicher Vermögensbestandteil" nur der Betrag in Rechnung zu stellen, den die Klägerin für eine angemessene kleinere Wohnung für sich und ihre beiden Töchter als Mietzins zahlen müßte; diesen Betrag könne das Gericht aus eigener Sachkunde auf monatlich 600 DM schätzen. Bei der Ermittlung der für die Bemessung des Unterhalts der Klägerin maßgebenden Einkünfte sei zu berücksichtigen, daß dieser „restliche Wohnwert" beiden Parteien je zur Hälfte „gebühre", so daß jeder von ihnen monatlich 300 DM „zuzurechnen" seien. Erst bei der Bestimmung des Unterhaltsanspruches nach einer Quote des Wertunterschiedes sei „durch einen entsprechenden Zu- oder Abschlag" dem Umstand Rechnung zu tragen, daß einer von ihnen (hier die Klägerin) nicht nur den eigenen, sondern auch den auf den anderen entfallenden Anteil des Wohnwertes nutze. Darlehens- und sonstige Hauskosten, die im beiderseitigen Einverständnis von einer der Parteien getragen würden, seien von den Einkünften der Partei abzusetzen, die sie erbringe. Hiernach hat das Oberlandesgericht den beiderseitigen monatlichen Netto-Einkünften (beim Beklagten aus Erwerbstätigkeit und Kapitalvermögen, bei der Klägerin allein aus Kapitalvermögen) jeweils 300 DM als Wohnwertanteil zugeschlagen, von der Differenz der so ermittelten Einkünfte eine $^3/_7$-Quote gebildet und diese der Klägerin vermindert um einen „Abschlag" von 300 DM wegen alleiniger Nutzung des Hauses als Unterhalt zugesprochen. Diese Unterhaltsbemessung, die von beiden Parteien angegriffen wird, ist nicht frei von rechtlichen Bedenken, hält der Nachprüfung aber im Ergebnis stand.

a) Bei der Bestimmung der Lebensverhältnisse, nach denen sich der Unterhaltsbedarf der Klägerin bemißt, sind zu den Einkünften der Parteien die Vorteile zu rechnen, die sie dadurch gehabt haben, daß sie ein eigenes Haus bewohnt haben. Hierbei handelt es sich um Vermögensnutzungen im Sinne des § 100 BGB, und zwar in der Form von Gebrauchsvorteilen. Wie der Senat bereits ausgesprochen hat, ist deren Wert den Einkünften hinzuzurechnen, soweit er die Belastungen übersteigt, die durch allgemeine Grundstücksunkosten und -lasten sowie gegebenenfalls durch Zins- und Tilgungsverpflichtungen entstehen (FamRZ 1986/434 m. w. N.; FamRZ 1986/437, 438). Hiervon ist das Oberlandesgericht zutreffend ausgegangen. Die Belastungen hat es dadurch berücksichtigt, daß es bei den Einkünften jeder Partei die von ihr getragenen Hauslasten abgesetzt hat. Das Oberlandesgericht hat den Wert dieser Nutzung mit monatlich 600 DM berücksichtigt. Dies ist nicht der volle Wohnwert des Hauses; denn es hat den Gebrauchsvorteil nur in Höhe des Betrages in Rechnung gestellt, der für eine „angemessene, kleinere Wohnung" als Mietzins gezahlt werden müßte. Es ist also davon ausgegangen, daß das Haus für die Klägerin und ihre Töchter zu groß ist, und hat den ursprünglich auf den Beklagten entfallenden Teil der Nutzung, der seit seinem Auszug nicht mehr gezogen wird (vgl. *Graba* NJW 1987/1721, 1727 „Totes Kapital"), außer Betracht gelassen. Dies ist im Ergebnis nicht zu beanstanden. Allerdings hat der Senat in seinem Urteil vom 29. Januar 1986, a. a. O., in dem es um nachehelichen Unterhalt ging, hervorgehoben, daß der Ausfall eines Teiles der Nutzung in solchen Fällen auf der Trennung der Eheleute beruhe, deren Auswirkungen auf die ehelichen Lebensverhältnisse ebensowenig Einfluß hätten wie sonstige trennungsbedingte Mehrkosten der Lebensführung. Das angefochtene Urteil wird in diesem Punkt aber dadurch gerechtfertigt, daß der Ausfall eines Teiles der Nutzungen, der durch den Auszug des Beklagten entstanden ist, bei der Ermittlung des angemessenen Unterhalts der Klägerin von beiden Parteien zu gleichen Teilen getragen werden muß (ebenso *Graba* a. a. O.). Die von der Anschlußrevision geäußerten Bedenken, die diese damit begründet, daß der Beklagte seine Familie grundlos verlassen habe und ohne gewichtigen Anlaß aus dem Haus ausgezogen sei, greifen nicht durch. Wie der erkennende Senat bereits entschieden hat, führt ein Ehegatte nicht dadurch mutwillig seine Bedürftigkeit herbei, daß er aus der Ehewohnung auszieht und trennungsbedingten Mehrbedarf verursacht (FamRZ 86/434, 435). Was dort für den Unterhaltsberechtigten gesagt ist, muß entsprechend für den unterhaltspflichtigen Ehegatten gelten; Nutzungen der Ehewohnung, die er infolge der Trennung der Eheleute nicht mehr zu ziehen vermag, bleiben daher bei der Ermittlung seiner Unterhaltsverpflichtung außer Betracht, ohne daß es auf die Gründe der Trennung ankommt. Die Bewertung der von der Klägerin mit ihren Töchtern gezogenen Nutzung mit monatlich 600 DM wird als solche im Revisionsverfahren von keiner Seite angegriffen.

b) Das Oberlandesgericht, das den Unterhaltsanspruch der Klägerin in einem ersten Rechenschritt nach Art der Differenzmethode ermittelt hat, hat angenommen, hierbei jeder Partei die Hälfte des ermittelten „restlichen Wohnwertes", also monatlich 300 DM, als Einkommen anrechnen zu müssen. Da es der Klägerin eine Quote von $^{3}/_{7}$ der sich so ergebenden Einkommensdifferenz zugebilligt hat, führt dies dazu, daß jeder Partei $^{1}/_{7}$ ihrer Einkünfte, also auch des ihr angerechneten Anteils am Wohnwert, als sog. Erwerbstätigenbonus verbleibt. Der im zweiten Berechnungsschritt vorgenommene „Abschlag" von monatlich 300 DM, also der anderen Hälfte des Wertes der von der Klägerin gezogenen Nutzung, hat demgegenüber zur Folge, daß ihr dieser Teil voll angerechnet wird. Diese schon in sich widersprüchliche Handhabung kann nicht hingenommen werden. Dabei kann hier auf sich beruhen, ob der Wohnwert in einem Fall dieser Art überhaupt auf die Eheleute aufzuteilen ist (FamRZ 86/434, 435). Der Rechenweg des Berufungsgerichts krankt jedenfalls daran, daß es die beiden Parteien zugerechneten Einkünfte unterschiedslos mit ihren vollen Beträgen in seine Differenzberechnung eingestellt hat. Denn der sich daraus ergebende „Erwerbstätigenbonus" ist ohne weiteres nur gerechtfertigt, soweit es sich um Erwerbseinkünfte handelt. Bei sonstigen Einkünften, wie sie hier in Gestalt der Gebrauchsvorteile (und der Kapitaleinkünfte) vorliegen, bedarf es besonderer Gründe (FamRZ 1982/894, 895 für Renteneinkommen; zum Wohnvorteil s. a. *Graba*, a. a. O., S. 1726), für die hier nichts ersichtlich ist. Da die Gebrauchsvorteile mithin Einkommen sind, an dem die Klägerin zur Hälfte (und nicht mit einer davon abweichenden Quote) teilhat, stellt sich nicht die Frage, ob sie ihr allein oder auch dem Beklagten als Einkommen zuzurechnen sind. Da die Klägerin – wie ausgeführt – auch an den beiderseitigen Kapitaleinkünften zur Hälfte zu beteiligen ist, ist vielmehr lediglich sicherzustellen, daß dem Beklagten von seinen Erwerbseinkünften ein die Hälfte übersteigender Teil verbleibt (FamRZ 1988/265 = NJW 1988/2369; FamRZ 89/842 = NJW 89/1992). Das geschieht am einfachsten in der Weise, daß in einen aus der Summe sämtlicher Einkünfte beider Parteien gebildeten Bemessungsmaßstab, dessen Hälfte den Unterhaltsbedarf der Klägerin ergibt, das Erwerbseinkommen des Beklagten nur gekürzt, nach der vom Oberlandesgericht gewählten Quotierung zu $^{6}/_{7}$, eingeworfen wird. Für die Zeit ab Januar 1988 ergibt sich dann folgende Berechnung:

Erwerbseinkommen des Beklagten	3055 DM		
./. berufsbedingte Aufwendungen	285 DM		
	2770 DM		
davon $^{6}/_{7}$ = rund		2374 DM	
Kapitaleinkünfte des Beklagten		105 DM	
./. Hauslasten des Beklagten		195 DM	2284 DM
Kapitaleinkünfte der Klägerin		150 DM	
./. Hauslasten der Klägerin		40 DM	110 DM
Wohnwert			600 DM
zusammen:			2994 DM
davon ½ als Unterhaltsbedarf			1497 DM
gedeckt durch Bareinkünfte (netto)		110 DM	
Wohnung		600 DM	710 DM
ungedeckter Bedarf			787 DM

c) Dieser Betrag von monatlich 787 DM, der um etwa 50 DM monatlich hinter dem vom Oberlandesgericht für den fraglichen Zeitraum zugesprochenen Unterhalt zurückbleibt, bedarf jedoch der Korrektur, um ein angemessenes Ergebnis zu erzielen (dazu grundsätzlich FamRZ 1983, 678). Nach einhelliger Auffassung in Rechtsprechung und Schrifttum kann dem unterhaltsberechtigten Ehegatten in derartigen Fällen der Wohnvorteil nur mit einem unterhaltsrechtlich angemessenen Betrag angerechnet werden. Dessen Obergrenze wird weithin mit etwa einem Drittel des Betrages angesetzt, den der Berechtigte für die Deckung seines Unterhaltsbedarfs insgesamt zur Verfügung hat (vgl. OLG Karlsruhe FamRZ 1984/1019, 1021; Unterhaltsrechtliche Leitlinie der Familiensenate des OLG München, Stand

1. Juli 1988, FamRZ 1988/1021, unter 1.9; Unterhaltsrechtliche Leitlinien des Schleswig-Holsteinischen Oberlandesgerichts, Stand 1. Januar 1989, FamRZ 1989/22 = NJW 1989/83, unter A III. 2; *Graba* FamRZ 1985/657, 658; Wendl/Staudigl, Unterhaltsrecht in der familienrichterlichen Praxis 1986 S. 46f.; Borth in Schwab, Handbuch des Scheidungsrechts, 2. Aufl., Teil IV Rdn. 709, S. 786). Ein mit 600 DM angerechneter Wohnwert würde diesen Bruchteil deutlich überschreiten, da die Klägerin sonst neben dem errechneten Unterhalt von monatlich 787 DM nur über Nettoeinkünfte von monatlich 110 DM verfügt. Hingegen genügt der vom Oberlandesgericht zugesprochene Unterhalt von monatlich 835 DM dem Erfordernis der Angemessenheit. Zwar übersteigt auch ein nur mit etwa 550 DM monatlich angerechneter Wohnwert immer noch die Drittelgrenze. Jedoch ist zugunsten des Beklagten zu berücksichtigen, daß die Klägerin ihren beiden Töchtern Wohnung gewährt, für die deren Vater monatlich 700 DM Unterhalt zahlt. Es erscheint daher angemessen, wenn von diesem Betrag ein Teil für die Unterkunft der Töchter verwandt wird. Andererseits ist das vom Oberlandesgericht gefundene Ergebnis auch im Hinblick auf den Beklagten angemessen, da ihm von seinem Erwerbseinkommen mehr als die Hälfte verbleibt; daß sein Anteil $^4/_7$ nicht erreicht, muß er angesichts der Bedürfnisse der Klägerin im Rahmen des Trennungsunterhalts hinnehmen.

BGH v. 27. 9. 89 – IVb ZR 78/88 – FamRZ 89, 1279

R396 *(Härtegrund nach Nr. 6 bei nachhaltigen intimen Beziehungen zu einem Dritten; eindeutiges und einseitiges Fehlverhalten; krankheitsbedingte Verhaltensauffälligkeiten sind keine Verfehlungen im Sinn der Nr. 6; die Belange eines Kindes sind nicht gewahrt, wenn die betreuende Mutter bei Unterhaltsversorgung auf Sozialhilfe verwiesen werden kann; ein Unterhaltsanspruch von 910 bzw. 950 DM wird 1988 in der Rechtsprechung zu Recht als Existenzminimum angesehen)*

II. Das OLG hat der Kl. den begehrten Unterhalt versagt, da sie den Anspruch durch ihre Beziehung zu S. „verwirkt“ habe. Insoweit hält die angefochtene Entscheidung der rechtlichen Nachprüfung nicht stand. 1. Allerdings liegt der Härtegrund des § 1579 Nr. 6 BGB (i. V. mit § 1361 III BGB) vor. Da die Kl. während ihrer Ehe eine nachhaltige, von ihr selbst als ernsthaft bezeichnete intime Beziehung zu S. aufgenommen hat, die im Zeitpunkt der Berufungsverhandlung noch andauerte, liegt ihr ein offensichtlich schwerwiegendes Fehlverhalten im Sinne dieser Vorschrift zur Last. Durch eine solche Zuwendung zu einem anderen Partner kehrt sich ein Ehegatte von den ehelichen Bindungen, die während des Getrenntlebens weiter bestehen, so offensichtlich ab, daß nach dem Grundsatz der Gegenseitigkeit, der dem ehelichen Unterhaltsanspruch zugrunde liegt, die Inanspruchnahme des anderen Ehegatten regelmäßig grob unbillig erscheint (FamRZ 1983/142; FamRZ 1983/569, 571; NJW 1986/722). Dieses Fehlverhalten liegt auch eindeutig bei der Kl. Sie wirft dem Bekl. zwar Verhaltensauffälligkeiten im Zusammenhang mit einer sein Befinden weiterhin beeinflussenden psychischen Erkrankung vor. Krankheitsbedingte Verhaltensauffälligkeiten sind jedoch keine Verfehlungen im Sinne der Härteregelung, da diese ein schuldhaftes Verhalten voraussetzt (NJW 1982/100 zu § 1579 I Nr. 2 BGB a. F.), und schon deshalb nicht geeignet, dem Fehlverhalten der Kl. den Charakter der Einseitigkeit zu nehmen. Ob krankheitsbedingtes Fehlverhalten in solchen Fällen geeignet sein kann, die Inanspruchnahme des Verpflichteten als nicht grob unbillig erscheinen zu lassen, kann auf sich beruhen. Denn was die Kl. hierzu bisher vorgetragen hat, ist zu allgemein gehalten und zeitlich zu wenig fixiert, um ernstlich ins Gewicht zu fallen. Da mithin ein Härtegrund i. S. des § 1579 Nr. 6 BGB vorliegt, kommt es nicht darauf an, ob – wie das OLG gemeint hat – (auch) ein Härtegrund im Sinne der Nr. 7 der Vorschrift gegeben ist.

2. Da die Kl. im Einvernehmen mit dem Bekl. den im Jahre 1985 geborenen Sohn der Parteien betreut, ist ihr Unterhaltsanspruch nach § 1579 BGB nur zu versagen, herabzusetzen oder zeitlich zu begrenzen, soweit die Inanspruchnahme auch unter Wahrung der Belange des Kindes grob unbillig wäre. a) Das OLG, das einen besonders schwerwiegenden Härtefall angenommen hat, hat die Auffassung vertreten, die Belange des Kindes seien auch bei völliger Versagung eines Unterhaltsanspruchs der Kl. gewahrt. Es hat dazu ausgeführt, sie werde dadurch nicht zur Aufnahme einer Erwerbstätigkeit genötigt, weil sie ohnehin nicht arbeitsfähig sei, sondern werde zur Deckung ihres Unterhalts auf den Bezug von Sozialhilfe verwiesen. Auch die materiellen Bedürfnisse des Sohnes, dem der Bekl. monatlich 360 DM Barunterhalt leiste, würden dadurch nicht eingeschränkt, da die Kl. weniger Unterhalt verlange, als sie an Sozialhilfe zu erwarten haben werde. b) Diese Auffassung begegnet, wie die Revision zu Recht beanstandet, durchgreifenden rechtlichen Bedenken.

BGH v. 18. 10. 89 – IVb ZR 89/88 – FamRZ 90, 260 = NJW 90, 1172

R399 *(Krankheitsunterhalt; Einsatzzeitpunkt nach § 1572 Nr. 2 BGB bei Wegfall der Kindesbetreuung in der Regel mit Vollendung des 15. oder 16. Lebensjahres eines einzelnen Kindes)*

a III 1) Das Berufungsgericht hat offengelassen, ob als Einsatzzeitpunkt für den Unterhaltsanspruch der Beklagten nach § 1572 Nr. 2 BGB der 18. Geburtstag der Tochter Ursula oder ein um ein oder zwei Jahre früherer Zeitpunkt anzusetzen sei. Die Frage ist grundsätzlich dahin zu beantworten, daß – entgegen dem insoweit mißverständlichen Wortlaut der Vorschrift – nach deren Sinn und Zweck auf den Zeitpunkt abzustellen ist, in dem die Voraussetzungen für einen auf § 1570 BGB gestützten Unterhaltsanspruch entfallen, bei der Betreuung eines einzelnen Kindes also in der Regel dann, wenn dieses das 15. oder 16. Lebensjahr vollendet (BGHZ 89/108, 111). Betreut der Ehegatte allerdings mehrere Kinder, so kann seine Erwerbsobliegenheit später einsetzen. Das das Berufungsgericht hier als möglichen Einsatzzeitpunkt nicht nur den 18. Geburtstag der Tochter Ursula am 18. März 1987, sonder auch „einen um ein oder zwei Jahre früheren Zeitpunkt" und damit auch den 16. Geburtstag der Tochter angenommen hat, bestehen gegen das angefochtene Urteil insoweit aus Rechtsgründen keine Bedenken. Daß die Beklagte bereits im Jahre 1985 an den Krankheiten litt, die einer Erwerbstätigkeit (auch) 1987 entgegenstanden, hat das Oberlandesgericht unter Bezugnahme auf das Sachverständigengutachten vom 26. Februar 1987 unangefochten festgestellt. Es ist mithin aus Rechtsgründen nicht zu beanstanden, daß es die Anspruchsvoraussetzungen des § 1572 Nr. 2 BGB bejaht hat.

(Bei Gefährdung des eheangemessenen Unterhalts im Sinn von § 1578 I 1 BGB ist auf Grund einer individuellen Billigkeitsabwägung der Billigkeitsunterhalt nach § 1581 BGB zu ermitteln unter Berücksichtigung der zur Verfügung stehenden Mittel sowie der beiderseits zu befriedigenden Bedürfnisse. Als untere Opfergrenze für den Verpflichteten ist der angemessene Selbstbehalt ein Anhalt, der auch unterschritten werden kann bis zum notwendigen Selbstbehalt, wenn der Berechtigte aus besonderen Gründen ähnlich bedürftig ist wie ein minderjähriges Kind. Mindestbedarf des Berechtigten in Höhe des notwendigen Selbstbehalts unter Berücksichtigung von nicht unerheblichem trennungsbedingtem Mehrbedarf wegen wirtschaftlich bedrängter Verhältnisse)

III 2 a) Die Leistungsfähigkeit des Klägers hat das Berufungsgericht für 1986 und 1987 auf der Grundlage des bezogenen Arbeitslosen- bzw. Krankengeldes sowie der Abfindung der Firma K von 13 000 DM bejaht; diese Abfindung habe er auch bei Berücksichtigung seiner sonstigen Aufwendungen und Belastungen für die Unterhaltsverpflichtungen einsetzen müssen. Damit sei er bei Wahrung des eigenen notwendigen Selbstbehalts in der Lage gewesen, den laufenden Unterhalt von monatlich 383,30 DM an die Beklagte zu zahlen. **b**

Für die Zeit ab 1. Januar 1988 hat das Berufungsgericht die Leistungsfähigkeit des Klägers nach seinem wechselnden Einkommen aus Krankengeld, Arbeitslosengeld und Steuererstattung beurteilt. Es hat monatliche Einkünfte von 1252,08 DM für Januar bis April 1988, 1258,60 DM für Mai 1988, 1265,12 DM für Juni bis Dezember 1988 und 1191,46 DM für die Zeit ab Januar 1989 festgestellt. Diese erlaubten ihm, hat es ausgeführt, nicht mehr die Zahlung des vollen begehrten Unterhalts von monatlich 383,50 DM. Vielmehr verblieben nach Abzug seines notwendigen Selbstbehalts, der nach der Rechtsprechung des Gerichts im Jahre 1988 monatlich 910 DM und ab 1. Januar 1989 monatlich 1000 DM betrage, für die Beklagte nur die ausgeurteilten Beträge. Hierzu hat das Berufungsgericht näher ausgeführt: Es entspreche seiner ständigen Rechtsprechung, daß dem geschiedenen Unterhaltspflichtigen in Mangelfällen, wie hier, in der Regel nur der notwendige Selbstbehalt zu belassen sei. Soweit der Entscheidung des Bundesgerichtshofs vom 13. April 1988 (FamRZ 1988/705) zu entnehmen sei, daß dem Unterhaltsverpflichteten stets oder auch nur in der Regel der angemessene Selbstbehalt verbleiben müsse, sei dem nicht zu folgen. § 1581 BGB besage nicht, daß ein Unterhaltsanspruch entfalle, soweit der angemessene Unterhalt des Verpflichteten tangiert werde. Die Vorschrift bestimme vielmehr, daß bei Gefährdung seines angemessenen Unterhalts eine Billigkeitsprüfung stattzufinden habe. Bei dieser könne es sinnvollerweise nur darum gehen, in welchem Umfang der Verpflichtete eine Kürzung seines angemessenen Unterhalts hinzunehmen habe; denn die Beträge, die er ohne Gefährdung des angemessenen Unterhalts entbehren könne, stünden dem Berechtigten ohnehin – ohne Billigkeitsprüfung – zu. § 1581 BGB sei nicht dahin zu verstehen, daß die Billigkeitsprüfung auf den in vielen Fällen ohnehin nicht existierenden Unterschiedsbetrag zwischen dem nach den ehelichen Lebensverhältnissen angemessenen Unterhalt und dem sog. großen Selbstbehalt beschränkt sei. Insoweit unterscheide sich die Vorschrift grundsätzlich von der Regelung des § 1603 I BGB. Die Billigkeitsabwägung nach § 1581 BGB müsse, entgegen einer teilweise vertretenen Auffassung, im Regelfall nicht dazu führen, daß dem Verpflichteten ein Betrag verbleibe, der zumindest nennenswert über dem notwendigen Selbstbehalt liege. Sie werde vielmehr in Fällen, in denen, wie hier, das Existenzminimum des Unterhaltsberechtigten nicht sichergestellt sei, regelmäßig zur Folge haben, daß sich der Unterhaltsverpflichtete mit dem notwendigen Selbstbehalt begnügen müsse, wenn nicht besondere Bedürfnisse auf seiner Seite bestünden. Dies sei auch der Standpunkt der Düsseldorfer Tabelle (Stand 1985), die – um Mißverständnisse zu vermeiden – im Gegensatz zu der Tabelle 1982 einen angemessenen Eigenbedarf beim Ehegattenunterhalt nicht mehr vorsehe.

b) Diesen Ausführungen hält die Revision entgegen, der Kläger sei nicht leistungsfähig. Ihm müsse der große Selbstbehalt verbleiben, der im Verhältnis zu dem geschiedenen Ehegatten weitgehend mit monatlich 1300 DM angenommen werde. Das Berufungsgericht wende § 1581 BGB in einer Weise an, die der Rechtsprechung des Bundesgerichtshofs widerspreche. Keinesfalls habe es aber den angemessenen Unterhalt des Klägers, der durch Unterhaltsansprüche der Beklagten auch unter Billigkeitsgesichtspunkten nicht gefährdet werden dürfe, mit dem sogenannten notwendigen Selbstbehalt gleichsetzen dürfen. Das gelte um so mehr, weil das Gericht für die Beklagte einen Unterhaltsbedarf von monatlich mindestens 990 DM festgestellt habe, während es für den Kläger ohne nähere Begründung von monatlich 910 DM für 1988 ausgegangen sei. Das verstoße gegen die Grundsätze des § 1581 BGB, nach denen aus Gründen der Gleichbehandlung der angemessene Unterhalt des Verpflichteten nach demselben Maßstab zu bestimmen sei, der auch für den Berechtigten angewandt werde.

c) Die rechtliche Nachprüfung führt zur Aufhebung des angefochtenen Urteils und zur Zurückverweisung der Sache an das Oberlandesgericht zum Zwecke der erneuten Abwägung im Rahmen des § 1581 BGB.

aa) Nach dieser Vorschrift braucht der Verpflichtete, der nach seinen Erwerbs- und Vermögensverhältnissen unter Berücksichtigung seiner sonstigen Verpflichtungen außerstande ist, „ohne Gefährdung des eigenen angemessenen Unterhalts" dem Berechtigten Unterhalt zu gewähren, „nur insoweit Unterhalt zu leisten, als es mit Rücksicht auf die Bedürfnisse und die Erwerbs- und Vermögensverhältnisse der geschiedenen Ehegatten der Billigkeit entspricht". Nach welchem Maßstab sich hierbei der „eigene angemessene Unterhalt" des Verpflichteten richtet, bei dessen Gefährdung die Billigkeitsprüfung einzusetzen hat, ist dem Wortlaut der Vorschrift nicht zu entnehmen. Das Gesetz gibt keinen näheren Anhaltspunkt, ob sich der eigene angemessene Unterhalt nach den ehelichen Lebensverhältnissen im Sinne von § 1578 BGB bestimmt (so etwa Soergel/Häberle BGB 12. Aufl. § 1581 Rdn. 12 m. w. N.; Göppinger/Wenz Unterhaltsrecht 5. Aufl. Rdn. 1212; *Schwab/Borth* Handbuch des Scheidungsrechts § 1581 Rdn. 752; Hampel FamRZ 1989/113, 115; unklar: MünchKomm/Richter 2. Aufl. § 1581 Rdn. 11) oder nach einem anderen, generellen Maßstab, etwa im Sinne des sog. angemessenen oder großen Selbstbehalts (so ersichtlich Johannsen/Henrich/Voelskow, Eherecht § 1581 Rdn. 3; Künkel DAVorm 1988, 641, 655; Weychardt DAVorm 1979, 321 ff.; offen: BGB/RGRK – Cuny 12. Aufl. § 1581 Rdn. 4), jedenfalls sofern dieser im Einzelfall unter dem nach § 1578 BGB maßgeblichen Betrag liegt.

Ein Vergleich mit der Vorschrift des § 1603 I BGB, nach der nicht unterhaltspflichtig ist, wer bei Berücksichtigung seiner sonstigen Verpflichtungen außerstande ist, „ohne Gefährdung seines angemessenen Unterhalts" den Unterhalt zu gewähren, bietet keinen verläßlichen Aufschluß. Auch diese Vorschrift bestimmt das Maß des angemessenen Unterhalts nicht näher. Im übrigen gelten für den Verwandtenunterhalt – abgesehen von den unterschiedlichen Rechtsfolgen des § 1581 BGB einerseits und des § 1603 I BGB andererseits – ohnehin nicht durchgehend dieselben Maßstäbe wie für den Unterhalt geschiedener Ehegatten.

Auch die Entstehungsgeschichte des § 1581 BGB – auf dem Boden der entsprechenden früheren gesetzlichen Regelungen – führt nicht zu einer klaren Inhaltsbestimmung des „eigenen angemessenen Unterhalts" als der „Opfergrenze" für den Eintritt in die Billigkeitsabwägung. Allerdings enthielt bereits § 1579 BGB a. F. eine dem heutigen § 1581 BGB verwandte Regelung. Danach bestand das Kriterium für eine eingeschränkte Unterhaltspflicht des geschiedenen (allein schuldigen) Ehegatten in der „Gefährdung seines standesgemäßen Unterhalts"; war diese Voraussetzung erfüllt, dann war der Unterhaltsschuldner berechtigt, $^2/_3$ seiner verfügbaren Einkünfte oder, wenn dies zu seinem notdürftigen Unterhalt nicht ausreichte, so viel zurückzubehalten, als zu dessen Bestreiten erforderlich war. Auch die nachehelich an den unterhaltsberechtigten Ehegatten zu leistenden Beträge umfaßten nach § 1578 BGB a. F. grundsätzlich den „standesgemäßen Unterhalt". Schon das Ehegesetz vom 6. Juli 1938 stellte sodann in § 67 I Satz 1 – insoweit wortgleich mit dem späteren § 59 I Satz 1 des Ehegesetzes vom 20. Februar 1946 – für den Eintritt der Billigkeitsregelung auf die Gefährdung des „eigenen angemessenen Unterhalts" ab, wobei der allein oder überwiegend für schuldig erklärte Mann der geschiedenen Frau ebenfalls den „nach den Lebensverhältnissen der Ehegatten angemessenen Unterhalt" zu gewähren hatte (§ 66 I EheG 1938, § 58 I EheG 1946). In dem Regierungsentwurf des 1. EheRG lautete die entsprechende Vorschrift des § 1582 E, der Verpflichtete brauche bei mangelnder Leistungsfähigkeit nur insoweit Unterhalt zu gewähren, als es mit Rücksicht auf die Bedürfnisse und die Erwerbs- und Vermögensverhältnisse der geschiedenen Ehegatten der Billigkeit entspreche (Abs. 1 Satz 1); „mangelnde Leistungsfähigkeit" lag vor, wenn der Verpflichtete nach seinen Erwerbs- und Vermögensverhältnissen unter Berücksichtigung seiner sonstigen Verpflichtungen außerstande war, „ohne Gefährdung des eigenen angemessenen Unterhalts" dem Berechtigten Unterhalt zu gewähren (Abs. 2 Satz 1). Diese Formulierung wurde aus Gründen der redaktionellen Vereinfachung nicht in das Gesetz übernommen; eine sachliche Änderung war jedoch mit der Gesetz gewordenen Fassung des § 1581 BGB nicht beabsichtigt.

bb) Der Senat hat zu § 1581 BGB bisher in einer Reihe von Entscheidungen eher beiläufig Stellung genommen, ohne eine durchgehend einheitliche Auffassung herausgebildet zu haben. Seine Äußerungen haben teilweise Kritik erfahren.

In einem Urteil vom 13. Juni 1979 (FamRZ 1979/692) hatte der frühere IV. Zivilsenat zu § 59 EheG ausgeführt, diese Vorschrift sei als „umfassende Regelung des Einflusses der eingeschränkten Leistungsfähigkeit auf den Unterhaltsanspruch anzusehen"; er hatte es auf dieser Grundlage bei offensichtlich unzulänglicher Leistungsfähigkeit des Verpflichteten für möglich gehalten, ohne Festlegung der Höhe des angemessenen Unterhalts nach § 58 EheG „das geringe Einkommen des Verpflichteten unter den geschiedenen Ehegatten nach Billigkeitsgrundsätzen aufzuteilen". Auf diese Entscheidung hat der Senat im Urteil vom 27. April 1983 (FamRZ 1983/678, 679) zu § 1581 BGB billigend Bezug genommen und dargelegt, die Bemessung des Unterhaltsanspruchs nach Billigkeitsgrundsätzen sei stufenweise vorzunehmen. Zunächst müsse der nach den ehelichen Lebensverhältnissen der geschiedenen Ehegatten erforderliche volle Unterhalt ermittelt werden, gegebenenfalls unter Feststellung des angemessenen Unterhalts für andere Berechtigte. Auf der zweiten Berechnungsstufe finde sodann eine Kürzung der Ansprüche nach Billigkeitsgrundsätzen zur Anpassung an die Leistungsfähigkeit des Verpflichteten statt.

In dem Urteil vom 25. Januar 1984 (FamRZ 1984/358, 360) ist – unter näherer Auseinandersetzung mit der Differenzmethode – ausgeführt, der im Wege der Differenzberechnung ermittelte Quotenunterhalt für den berechtigten Ehegatten biete nicht die Gewähr, daß er den vollen, nach den ehelichen Lebensverhältnissen bemessenen Unterhaltsbedarf nach § 1578 I BGB decke; vielmehr bleibe er in der Regel, schon wegen des trennungsbedingten Mehrbedarfs, hinter dem vollen Unterhalt zurück und „stelle nur den Unterhalt dar, der gemäß § 1581 BGB nach den Erwerbs- und Vermögensverhältnissen der geschiedenen Ehegatten der Billigkeit entspreche". Hier ist der Quotenunterhalt (von $^3/_7$ der Differenz zwischen den beiderseitigen Einkünften) also mit dem zu leistenden Billigkeitsunterhalt gleichgesetzt worden, ohne daß zuvor die Höhe des „eigenen angemessenen Unterhalts" des Verpflichteten und seine Gefährdung – als Einstieg in die Billigkeitsprüfung – festgelegt wurden. Ein Mangelfall lag dieser Entscheidung allerdings nicht zugrunde.

Ähnlich wie in der genannten Entscheidung vom 27. April 1983 hat der Senat auch in einem Urteil vom 24. April 1985 (FamRZ 1985/782, 785) – in einem Fall, in dem die Ehefrau während der Ehe zunächst gearbeitet und später eine weiterführende Ausbildung begonnen hatte – zur Unterhaltsverpflichtung des Ehemannes ausgeführt, „gemessen an den ehelichen Verhältnissen", in denen die Parteien gelebt hätten, bevor die Klägerin ihre Erwerbstätigkeit aufgegeben und die Ausbildung aufgenommen habe, werde der „angemessene Lebensbedarf" des Beklagten gefährdet, wenn er aus seinen Einkünften den vollen Unterhalt der Klägerin aufbringen müsse; damit sei er nach § 1581 BGB nur zur Leistung des sog. Billigkeitsunterhalts verpflichtet. Auch in dieser Entscheidung ist der Haftungsmaßstab als Einstiegsgrenze für die Billigkeitsprüfung also nach dem vollen eheangemessenen Unterhalt im Sinne von § 1578 BGB bestimmt worden.

Zur Haftungsgrenze – im Gegensatz zu dem Haftungsmaßstab als Einstiegs- oder „Opfergrenze" für die Billigkeitsprüfung – hat der Senat in einem Fall, in dem die laufenden Einkünfte des unterhaltspflichtigen Ehemannes bei gesichertem Wohnbedarf auf weniger als 667 DM monatlich abgesunken waren und er eine titulierte Unterhaltslast von monatlich 1143 DM allein aus dem Stamm seines Vermögens hätte aufbringen müssen, mit Urteil vom 20. März 1985 (IV b ZR 8/84 – nicht veröffentlicht) wiederum den Grundsatz des § 1581 Satz 1 BGB herangezogen und dazu ausgeführt: Die „Haftungsgrenze", die das Gesetz in dieser Vorschrift zugunsten eines unterhaltsverpflichteten Ehegatten (aus dem früheren Recht des § 59 I Satz 1 EheG) beibehalten habe, werde „in der unterhaltsrechtlichen Praxis durch die Gewährung des sog. großen Selbstbehalts gegenüber Unterhaltsansprüchen eines geschiedenen Ehegatten konkretisiert". Hierauf hat der Senat in einem weiteren Urteil vom 18. März 1987 (FamRZ 1987/916, 917) Bezug genommen und in einem Fall, in dem der Ehemann zu monatlichen Unterhaltszahlungen von 900 DM verurteilt war und bei einem Einkommen von knapp 3200 DM mit Rücksicht auf die Bedürftigkeit seiner zweiten Ehefrau Herabsetzung der Unterhaltspflicht verlangte, erneut entschieden: Mit der Regelung des § 1581 Satz 1 BGB habe das Gesetz, ähnlich wie früher in § 59 I Satz 1 EheG, eine Haftungsgrenze zugunsten des unterhaltsverpflichteten Ehegatten vorgesehen, die in der unterhaltsrechtlichen Praxis durch die Gewährung des sog. großen Selbstbehalts konkretisiert werde. Diesen großen Selbstbehalt des Ehemannes hat der Senat in jenem Fall auch bei Weiterentrichtung der titulierten Unterhaltsrente und unter Berücksichtigung des Unterhalts für die zweite Ehefrau als gewahrt angesehen und deshalb – mit dem Berufungsgericht – die begehrte Herabsetzung der Unterhaltsverpflichtung abgelehnt.

Das Verständnis des großen Selbstbehalts als einer im Rahmen der Billigkeitsabwägung zu wahrenden Haftungsgrenze, wie es in den zuletzt genannten Entscheidungen zum Ausdruck kommt, deckt sich nicht mit der Aussage in dem Urteil vom 16. Dezember 1987 (FamRZ 1988/265, 267), in dem der Senat in einem Fall der Bemessung von Aufstockungsunterhalt unter Anwendung der Anrechnungsmethode den Standpunkt vertreten hat, der „eigene angemessene Unterhalt" des Verpflichteten im Sinne von § 1581 BGB sei nicht schon gefährdet, wenn dieser mehr als $^3/_7$ seines verteilungsfähigen Einkommens als Unterhalt leisten müsse, sondern erst, wenn der große Selbstbehalt nicht mehr gewährleistet sei. Hiermit ist also der große Selbstbehalt als Einstiegsgrenze in die Billigkeitsabwägung nach § 1581 BGB behandelt worden.

In dem Urteil vom 13. April 1988 (FamRZ 88/705, 708 = NJW 88/1722, 1725) ist der Senat sodann grundsätzlich zu der früher vertretenen Auffassung zurückgekehrt mit der Aussage, nach der

Regelung des § 1581 BGB solle „eine Gefährdung des eigenen angemessenen Unterhalts des Verpflichteten unter Billigkeitsgesichtspunkten vermieden werden"; deshalb könne der Verpflichtete in Mangelfällen einen bestimmten Selbstbehalt für sich beanspruchen, der unter Umständen über der $^4/_7$-Quote seines verfügbaren Einkommens liege (a. a. O. S. 168 f.). Diese Äußerung zielt auf die im Anschluß wiedergegebene Überlegung, daß die Haftungsgrenze in § 1581 BGB und entsprechend in § 1603 I BGB in der unterhaltsrechtlichen Praxis durch die Gewährung des großen Selbstbehalts konkretisiert werde (a. a. O. S. 169 f.). Der Senat hat sich damit (erneut) für eine Wahrung des großen Selbstbehalts als Haftungsuntergrenze ausgesprochen, und zwar nicht nur für § 1603 I BGB, sondern auch im Rahmen von § 1581 BGB, ohne dabei allerdings die Einstiegsgrenze in die Billigkeitsabwägung nach § 1581 BGB deutlich zu umschreiben.

cc) Nach erneuter Prüfung stellt sich der Senat auf den Standpunkt, daß der eigene angemessene Unterhalt im Sinne von § 1581 BGB, dessen Gefährdung den Einstieg in die Billigkeitsprüfung eröffnet, grundsätzlich mit dem eheangemessenen Unterhalt nach § 1578 BGB gleichzusetzen ist. Dieses Verständnis der Vorschrift fügt sich in die gesetzliche Regelung ein, die in § 1578 BGB die ehelichen Lebensverhältnisse für den Regelfall zum Maß des nachehelichen Unterhalts bestimmt. Da die (geschiedenen) Eheleute grundsätzlich in gleicher Weise am verfügbaren Einkommen teilhaben (zum sog. Erwerbstätigenbonus vgl. Senatsurteil vom 16. Dezember 1987 FamRZ 1988/265, 267 m. w. N.), gibt der dem Berechtigten geschuldete Unterhalt regelmäßig auch den Maßstab für den eigenen „angemessenen Unterhalt" des Verpflichteten, wie es schon in den früheren Regelungen der §§ 1578 und 1579 BGB a. F. der Fall war. Die Gleichsetzung des eigenen angemessenen Unterhalts in § 1581 BGB mit dem eheangemessenen Unterhalt im Sinne des § 1578 BGB – und nicht mit dem aus § 1603 II BGB entlehnten, nicht selten unter dem eheangemessenen Unterhalt liegenden angemessenen (großen) Selbstbehalt – vermeidet insbesondere, daß der Unterhaltsberechtigte unter Verstoß gegen den Grundsatz der gleichmäßigen Teilhabe seinen vollen eheangemessenen Unterhalt erhält, während der Verpflichtete erst als nicht mehr voll leistungsfähig behandelt wird, wenn ein generell bestimmter, womöglich unter seinem eheangemessenen Bedarf liegender Selbstbedarf gefährdet würde. Die in § 1581 BGB vorgeschriebene Abwägung hat neben der Sicherung des Eigenbedarfs des Unterhaltspflichtigen auch den Zweck, das verfügbare Einkommen so unter den (geschiedenen) Eheleuten zu verteilen, daß die dem Berechtigten zustehenden Unterhaltsleistungen nicht in einem unbilligen Verhältnis zu den Mitteln stehen, die dem Verpflichteten für seinen eigenen Bedarf verbleiben. Um diesem Zweck voll gerecht zu werden, muß sie aber bereits eröffnet sein, wenn der Verpflichtete den vollen geschuldeten Unterhalt nicht ohne Gefährdung seines eigenen eheangemessenen Unterhalts leisten kann.

Der Senat verkennt nicht, daß als Folge der hiermit vertretenen Auffassung in einer Vielzahl von Fällen – und zwar stets dann, wenn das verfügbare Einkommen nicht ausreicht, um den beiderseitigen vollen eheangemessenen Unterhalt einschließlich des typischerweise trennungsbedingt auftretenden Mehrbedarfs zu befriedigen – der Unterhalt des berechtigten Ehegatten nach Billigkeitsgrundsätzen zu ermitteln sein wird. Das muß jedoch im Interesse angemessener Lösungen hingenommen werden.

b) Ist der Verpflichtete nach seinen Erwerbs- und Vermögensverhältnissen bei Berücksichtigung seiner sonstigen Belastungen außerstande, ohne Gefährdung seines eigenen eheangemessenen Unterhalts den vollen nach § 1578 BGB geschuldeten Unterhalt zu leisten, so schlägt der Unterhaltsanspruch des Berechtigten in einen Billigkeitsanspruch um, dessen Umfang das Gericht unter Abwägung der beiden Eheleuten zur Verfügung stehenden Mittel sowie der beiderseits zu befriedigenden Bedürfnisse nach individuellen Gesichtspunkten zu bestimmen hat.

Da die hierbei zu treffende Entscheidung jeweils auf den Einzelfall abstellt, kann der dem Verpflichteten nach § 1581 BGB zu belassende Teil seiner Mittel nicht generell für alle Fälle gleich sein. Das schließt indessen nicht aus, eine Mindestgrenze zu bestimmen, die grundsätzlich nicht unterschritten werden soll. Diese Untergrenze wird von dem Berufungsgericht, gestützt auf die Düsseldorfer Tabelle, „regelmäßig" (erst) bei dem sog. notwendigen Selbstbehalt angesetzt, also dem Betrag, der unterhaltspflichtigen Eltern als Existenzminimum selbst im Verhältnis zu minderjährigen Kindern zu belassen ist (§ 1603 II BGB). Diesen Standpunkt teilen eine Reihe von Oberlandesgerichten (Braunschweig, Karlsruhe, Koblenz, Stuttgart, Zweibrücken, offen: Bremen), wobei einzelne von ihnen zusätzlich danach unterscheiden, ob der berechtigte Ehegatte mit minderjährigen Kindern zusammenlebt, und nur in diesen Fällen den Verpflichteten auf den notwendigen Selbstbehalt verweisen (Hamm, München, Saarbrücken; vgl. Kalthoehner/Büttner, Die Rechtsprechung zur Höhe des Unterhalts 4. Aufl. Rdn. 41 S. 69 f.). Andere Gerichte, wie das Kammergericht sowie die Oberlandesgerichte Celle, Frankfurt, Oldenburg, Schleswig und wohl auch Köln setzen den „Selbstbehalt", der dem Unterhaltspflichtigen nach § 1581 BGB grundsätzlich zu verbleiben habe, höher an, und zwar derzeit auf Beträge zwischen 1200 DM (Oldenburg) und 1400 DM (Frankfurt). Sie orientieren sich damit in etwa an dem großen Selbstbehalt im Sinne von § 1603 I BGB.

Nach erneuter Prüfung hält es der Senat aus Rechtsgründen nicht für vertretbar und in diesem Sinn nicht für „billig", einem unterhaltspflichtigen geschiedenen Ehegatten im Verhältnis zu dem anderen, dessen Existenzminimum nicht sichergestellt ist, regelmäßig nur den notwendigen Selbstbehalt zu belassen. Die hierin zum Ausdruck kommende generelle unterhaltsrechtliche Gleichbehandlung des geschiedenen Ehegatten mit den minderjährigen Kindern, wie sie für das Rangverhältnis in § 1609 II Satz 1 BGB angeordnet ist, ist im Rahmen der Billigkeitsregelung nach § 1581 BGB nicht gerechtfertigt. Sie berücksichtigt nicht den Regelungshintergrund des § 1603 II BGB, der wesentlich darin zu sehen ist, daß minderjährigen Kindern wegen ihres Alters von vornherein die Möglichkeit verschlossen ist, durch eigene Anstrengungen zur Deckung ihres notwendigen Lebensbedarfs beizutragen (FamRZ 1986/254, 257). Bei Erwachsenen, auch wenn diese aus Gesundheits-, Alters- oder sonstigen Gründen auf vollen Unterhalt angewiesen sind, ist dies grundsätzlich nicht in demselben Maße der Fall. Wenn allerdings ein unterhaltsberechtigter Ehegatte im Einzelfall aus besonderen Gründen ähnlich hilflos und bedürftig ist wie ein minderjähriges Kind, so steht nicht im Wege, dem Unterhaltsschuldner bei der Billigkeitsabwägung nach § 1581 BGB ausnahmsweise eine Unterhaltsverpflichtung bis zur Grenze des eigenen notwendigen Selbstbehalts aufzuerlegen. Für den *Regelfall* kann das indessen, entgegen der Auffassung des Berufungsgerichts, nicht als der Billigkeit entsprechend gelten. Hieran vermag die Tatsache nichts zu ändern, daß der unterhaltsberechtigte geschiedene Ehegatte auf diese Weise gezwungen sein kann – überhaupt oder in stärkerem Maße, als es sonst der Fall wäre –, öffentliche Mittel für seinen Unterhalt in Anspruch zu nehmen. Dies ist – auch unter verfassungsrechtlichen Gesichtspunkten – nicht zu beanstanden (vgl. hierzu BVerfGE 66/84, 97 f.) und läßt sich bei Abwägung mit dem widerstreitenden eigenen Unterhaltsinteresse des Verpflichteten auf den in § 1569 BGB niedergelegten Grundsatz der Eigenverantwortlichkeit jedes früheren Ehegatten für seinen Unterhalt nach der Scheidung zurückführen. Der den §§ 1570 bis 1576 BGB zugrundeliegende Grundsatz der fortwirkenden Verantwortung der Ehegatten füreinander auch nach Beendigung der Ehe stößt an seine Grenzen, wenn andernfalls der Unterhaltspflichtige auf das eigene Existenzminimum zurückgedrängt würde. In diesem Punkt unterscheidet sich die Regelung in § 1581 BGB von § 1579 BGB a. F., wonach der Verpflichtete bei Gefährdung seines standesgemäßen Unterhalts durch die Leistung des Unterhalts an den anderen Ehegatten von den zu seinem Unterhalt verfügbaren Einkünften (nur) so viel zurückbehalten durfte, als zur Bestreitung seines „notdürftigen" Unterhalts erforderlich war.

Aus dem Erfordernis, die nach § 1581 BGB zu treffende Billigkeitsabwägung jeweils nach den Besonderheiten des Einzelfalls vorzunehmen, ergibt sich andererseits, daß auch der sogenannte große Selbstbehalt im Sinne von § 1603 I BGB nicht für den Regelfall als untere Grenze des dem Unterhaltspflichtigen zu belassenden Betrages gelten kann. Diese Größe kann allenfalls einen Anhalt bieten. Je nach den Umständen des Falles, insbesondere auch den Verhältnissen des Berechtigten, kann der dem Verpflichteten zu belassende Teil seines Einkommens aber auch unter dem großen Selbstbehalt liegen.

3. a) Das Berufungsgericht hat den eheangemessenen Unterhalt im Sinne von § 1578 BGB für beide Parteien nicht festgestellt, sondern – ersichtlich nach einem allgemeinen Maßstab auf der Grundlage der Düsseldorfer Tabelle – den Bedarf der (insoweit wohl mit einem voll Erwerbstätigen gleichgesetzten) Beklagten einschließlich trennungsbedingten Mehrbedarfs mit monatlich 990 DM, den Bedarf des Klägers hingegen mit monatlich 910 DM angesetzt. Diese Bemessung widerspricht bei der ihr gegebenen Begründung dem Grundsatz des gleichmäßigen Anteils beider Ehegatten an den ehelichen Lebensverhältnissen.

Im Ergebnis kann indessen davon ausgegangen werden, daß der eheangemessene Bedarf der Beklagten sich auf den von dem Oberlandesgericht angenommenen Betrag von monatlich 990 DM beläuft. Er entspricht der Hälfte des festgestellten verfügbaren Einkommens des auch im Zeitpunkt der Scheidung allein erwerbstätig gewesenen Klägers zuzüglich eines hier nicht unerheblichen trennungsbedingten Mehrbedarfs. Auch die Revision greift diese Bewertung nicht an. Für den Kläger ergibt sich damit seinerseits ein entsprechender eheangemessener Unterhalt, der für die Zeiten, in denen der Lebensbedarf aus seinen Erwerbseinkünften zu bestreiten war, maßvoll zu erhöhen wäre (FamRZ 88/265, 267).

Nach den Feststellungen des Berufungsgerichts wird der Unterhaltsbedarf der Beklagten teilweise durch ihr zugerechnete Erwerbseinkünfte gedeckt, die das Gericht „nach Abzug berufsbedingter Aufwendungen" (also wohl einschließlich der Berücksichtigung der der Beklagten als Erwerbstätiger vorab zu belassenden Quote; FamRZ 88/265, 267) auf monatlich rund 400 DM geschätzt hat. Damit ergäbe sich ein Unterhaltsanspruch der Beklagten in Höhe von 590 DM. Da der Kläger diesen bei einem zur Verfügung stehenden Einkommen zwischen monatlich 1150 DM (zuzüglich anteilige Abfindung) und 1265 DM nicht ohne Gefährdung seines eigenen eheangemessenen Unterhalts von (mindestens) 990 DM aufbringen kann, ist das Berufungsgericht zu Recht in die Billigkeitsprüfung nach § 1581 BGB eingetreten.

b) In deren Rahmen hat sich das Gericht für die Entscheidung des konkreten Falles auf die Feststellung beschränkt, es entspreche seiner ständigen Rechtsprechung und auch dem Standpunkt der Düsseldorfer Tabelle, daß sich der geschiedene Unterhaltspflichtige in Mangelfällen, wie hier, regelmäßig mit dem notwendigen Selbstbehalt begnügen müsse, wenn nicht besondere Bedürfnisse auf seiner Seite bestünden. Das wird von der Revision zu Recht angegriffen.

Zwar unterliegt eine vom Tatrichter nach Billigkeitsgesichtspunkten getroffene Entscheidung nur in eingeschränktem Umfang der revisionsrechtlichen Überprüfung. Diese ist aber eröffnet, wenn die tatrichterliche Entscheidung den gesetzlich vorgegebenen Ermessensspielraum nicht ausschöpft oder auch gesetzlich vorgesehene Wertungen außer Betracht läßt.

Das ist hier schon deshalb der Fall, weil das Berufungsgericht die gesetzlich vorgeschriebene individuelle Billigkeitsabwägung durch den Hinweis auf eine regelmäßige Übung in Mangelfällen ersetzt hat. Mit dieser Betrachtungsweise hat es den Ermessensspielraum für die individuelle Abwägung der beiderseitigen Bedürfnisse und Interessen in unzulässiger Weise vorab verkürzt. Ohne Rechtfertigung durch besondere individuelle Umstände des Einzelfalls, die das Berufungsgericht indessen nicht dargelegt hat, entspricht es, wie ausgeführt, grundsätzlich nicht der Billigkeit im Sinne von § 1581 BGB, den verpflichteten Ehegatten für seinen eigenen Unterhalt von vornherein auf den notwendigen Selbstbehalt zu verweisen. Die von dem Berufungsgericht vorgenommene Billigkeitsabwägung kann daher nicht bestehen bleiben. Vielmehr ist die Sache zur Nachholung der erforderlichen Feststellungen und zur erneuten Billigkeitsprüfung an das Berufungsgericht zurückzuverweisen.

IV. Die neue Verhandlung vor dem Oberlandesgericht bietet der Beklagten Gelegenheit, auf ihre in der mündlichen Verhandlung erhobenen Rügen zurückzukommen und nochmals zur Entscheidung zu stellen,

ob sich der Kläger unmittelbar nach seinem Ausscheiden bei der Fima K – und auch später – ausreichend um eine Wiedereingliederung in das Arbeitsleben bemüht hat,

für welchen Gesamtzeitraum (evtl. bis Dezember 1988?) und jeweils in welcher monatlichen Höhe die Abfindung der Firma K für Unterhaltszwecke einzusetzen war,

aufgrund welcher Erkenntnisse des Gerichts sie angesichts ihres durch das Sachverständigengutachten belegten schlechten Gesundheitszustandes eine reale Erwerbschance auf dem Arbeitsmarkt hat.

BGH v. 15. 11. 89 – IVb ZR 3/89 – FamRZ 90, 283 = NJW-RR 90, 323

R400 *(Zeitpunkt der Mahnung und Verzugseintritt; Stufenmahnung)*

b II. 1) Das OLG hat die Ansprüche auf Trennungsunterhalt nach § 1361 BGB und auf Kindesunterhalt nach § 1601 BGB grundsätzlich bejaht, sie aber – ohne nähere Begründung – zeitlich erst am 28. 11. 1986 einsetzen lassen. Damit hat es sich offenbar dem amtsgerichtlichen Urteil angeschlossen, das zu diesem Punkt ausführt, der Ehemann sei erst durch Zugang des anwaltlichen Mahnschreibens vom 27. 11. 1986 in Verzug gekommen, so daß gem. § 1613 BGB, der nach § 1361 IV 4 i. V. mit § 1360a III BGB auf den Trennungsunterhalt entsprechend anzuwenden ist, frühestens ab dem 28. 11. 1986 Unterhalt gefordert werden könne. Die Revisionen berufen sich demgegenüber auf eine vereinzelt vertretene Ansicht, wonach Unterhaltsansprüche erst mit dem ersten Tag des nächsten Monats der Vergangenheit angehören, so daß eine im Laufe des Monats zugegangene Mahnung Verzug mit der Unterhaltsschuld für den gesamten Monat begründe (vgl. OLG Hamm, FamRZ 1980, 916; zustimmend Palandt-Diederichsen, BGB, 48. Aufl., § 1613 Anm. 2a). Der Senat, der eine derartige Rückbeziehung des den Verzug auslösenden Vorgangs bereits für die endgültige Leistungsverweigerung abgelehnt hat (vgl. Senat, NJW 1985, 486 = LM § 284 BGB Nr. 30 = FamRZ 1985, 155 (157f.)), vermag diese Auffassung ebensowenig zu teilen wie eine andere, die den Verzug in einem solchen Fall regelmäßig erst mit dem Beginn des Folgemonats eintreten läßt (vgl. OLG Bamberg, FamRZ 1980, 916; OLG Köln, FamRZ 1985, 1168 (1169); Kalthoener-Büttner, Die Rechtsprechung zur Höhe des Unterhalts, 4. Aufl., Rdnr. 191; Köhler, in: MünchKomm, 2. Aufl., § 1613 Rdnr. 3a). Da der Verzug nach § 284 I 1 BGB erst „durch" die Mahnung eintritt, genügt es nicht, daß der Unterhalt für den gesamten Monat bereits am vorausgegangenen Monatsersten fällig war. Gründe der Vereinfachung der Unterhaltsberechnung oder des Schuldnerschutzes rechtfertigen es andererseits nicht, dem Berechtigten einen nach materiellem Recht zustehenden Unterhaltsanspruch teilweise zu nehmen, indem der Verzugseintritt auf den Beginn des Folgemonats verlegt wird (richtig KG, FamRZ 1984, 1131 (1134)). Das OLG hat daher zutreffend angenommen, daß Unterhalt erst ab 28. 11. 1986 gefordert werden kann.

Die dem Bestimmtheitsgebot unterliegende Mahnung kann jedoch keinen Verzug wegen höherer Unterhaltsbeträge begründen, als mit ihr gefordert werden (vgl. Senat, NJW 1982, 1983 (1985) = LM § 1578 BGB Nr. 12 = FamRZ 1982, 887 (890)). Mit der Mahnung vom 27. 11. 1986 sind lediglich Ansprüche auf Trennungsunterhalt von monatlich 902,67 DM sowie auf Kindesunterhalt von monatlich 413,33 DM für die beiden älteren Kinder und von monatlich 338,33 DM für das jüngste Kind geltend gemacht worden. Hinsichtlich der darüber hinausgehenden Ansprüche kommt es daher auf einen neuen verzugsbegründenden Vorgang an. Dieser ist in dem Zugang des das vorliegende Verfahren einleitenden Prozeßkostenhilfegesuches an den Ehemann zu sehen, das einer Mahnung gleichsteht. Das ist frühestens am 28. 1. 1987 geschehen. Das Gesuch enthielt die im Rahmen einer Stufenklage zulässigen Sachanträge, also ein Auskunftsbegehren verbunden mit einem unbezifferten Unterhaltsbegehren. Die Zustellung einer Stufenklage erfüllt die Erfordernisse des § 1613 I BGB bezüglich des unbezifferten Unterhaltsanspruchs, der sich nach der Auskunftserteilung als gerechtfertigt ergibt (vgl.

Köhler, in: MünchKomm, § 1613 Rdnr. 3). Das gleiche muß für eine inhaltlich entsprechende Mahnung gelten, da der Unterhaltsgläubiger in diesen Fällen ohne die Auskunft seinen Unterhaltsanspruch nicht beziffern kann, andererseits der Unterhaltsschuldner nach Treu und Glauben nicht Vorteile daraus ziehen kann, daß er die geschuldete Auskunft bisher nicht erteilt hat.

(Engere Voraussetzungen nach § 1361 BGB für Erwerbsobliegenheit bei Kindesbetreuung als nach § 1570 BGB. Annäherung an die Maßstäbe nach §§ 1569ff. BGB mit zunehmender Verfestigung der Trennung; zur Beurteilung der Erwerbsobliegenheit beim Trennungsunterhalt ist eine Würdigung aller wesentlichen Umstände erforderlich. Betreuung von 3 Kindern im Alter von 9, 13 und 16 Jahren; Recht auf Fortbildung)

II 3) Das Oberlandesgericht hat weiter angenommen, daß es der Ehefrau in dem zu beurteilenden Zeitraum obgelegen habe, durch eine sozialversicherungsfreie Beschäftigung, etwa Betreuung von Kindern oder von alten Menschen oder – auch zu Hause verrichtbare – Bürohilfsarbeiten, ihren Lebensunterhalt teilweise selbst zu decken. Da sie dieser Obliegenheit nicht nachgekommen sei, seien ihr fiktive Einkünfte von monatlich 410 DM im Jahre 1986 und 430 DM ab Januar 1987 anzurechnen. Im einzelnen hat es dazu ausgeführt: Die Eheleute hätten seit August 1985 getrennt gelebt, und es sei die Ehefrau gewesen, die im Oktober 1986 den Scheidungsantrag erhoben habe. Ab diesem Zeitpunkt habe sie sich auf eine selbständige Existenz einstellen müssen. Wegen der Betreuung ihrer Kinder könne sie sich nicht auf § 1570 BGB berufen, da diese Vorschrift nur für den nachehelichen Unterhalt gelte. Bei der Betreuung mehrerer Kinder sei nach den unterhaltsrechtlichen Leitlinien des Gerichts eine Erwerbsobliegenheit regelmäßig dann anzunehmen, wenn das jüngste Kind das dritte Grundschuljahr beendet habe und neun Jahre alt sei. Hier habe das jüngste Kind bereits im Mai 1986 das neunte Lebensjahr vollendet. Von der Ehefrau habe mit Rücksicht darauf, daß sie insgesamt drei Kinder zu betreuen gehabt habe, zwar keine Halbtagstätigkeit erwartet werden können, wohl aber eine sozialversicherungsfreie Beschäftigung. Dies sei keine Schlechterstellung gegenüber den Verhältnissen während des Zusammenlebens der Eheleute, da die Ehefrau damals neben den Kindern auch den Ehemann habe versorgen müssen. Sie sei zwar von Beruf Ingenieurin für Obst- und Gemüseverarbeitung und daneben ausgebildete Gärtnergehilfin. Bis 1976 habe sie aber auch berufsfremde Teilzeitbeschäftigungen ausgeübt, nämlich während der „Kampagne" im Labor einer Zuckerfabrik gearbeitet und gelegentlich an der Kasse eines Supermarktes ausgeholfen. Wenn sie sich seit dieser Zeit auch ausschließlich ihrer Familie gewidmet habe, würden die Kinder nicht benachteiligt, wenn sie nunmehr wiederum einige Stunden wöchentlich entgeltliche Arbeiten verrichte. Um in Frage kommende Arbeitsplätze, die nicht vom Arbeitsamt vermittelt würden, sondern nur durch persönliche Initiative ausfindig zu machen seien, habe sie sich nicht ausreichend bemüht. Soweit sie Ablehnungsschreiben von Firmen vorgelegt habe, sei nicht dargetan, für welche Tätigkeiten und mit welchen Angaben über ihre Kenntnisse, Fähigkeiten und Einsatzbereitschaft sie sich beworben habe. Zwar könne davon ausgegangen werden, daß sie arbeitsbereit und sich darüber im klaren sei, eine Verzögerung der Arbeitsaufnahme werde ihr erhebliche Nachteile bringen. Andererseits habe sie nach dem Eindruck des Gerichts geglaubt, in erster Linie ihren Kindern besondere Betreuung zu schulden. Auch diese Beurteilung hält den Angriffen der Revision nicht stand. c

a) Soweit das Oberlandesgericht darlegt, daß sie Ehefrau sich wegen der Betreuung der Kinder nicht auf § 1570 BGB berufen könne, weil diese Vorschrift nur für den nachehelichen Unterhalt gelte, geht es von falschen rechtlichen Vorstellungen aus. Nach allgemeiner Ansicht, die auch vom Senat in ständiger Rechtsprechung vertreten wird, kann ein getrennt lebender Ehegatte unterhaltsrechtlich jedenfalls nicht schlechter stehen als ein geschiedener (FamRZ 1985/782, 784 und FamRZ 1989/1160). Der nicht erwerbstätige Ehegatte kann vielmehr nach der Schutzvorschrift des § 1361 II BGB grundsätzlich nur unter engeren Voraussetzungen darauf verwiesen werden, seinen Unterhalt durch Erwerbsmäßigkeit selbst zu verdienen, als dies gemäß § 1574 II BGB nach der Scheidung der Fall ist. Daraus folgt, daß dann, wenn ein geschiedener Ehegatte nach § 1570 BGB wegen der Betreuung gemeinschaftlicher Kinder Unterhalt verlangen könnte, dies während der Trennung erst recht gelten muß.

b) Während im ersten Trennungsjahr in der Regel für den im Zeitpunkt der Trennung längere Zeit nicht erwerbstätig gewesenen Ehegatten gemäß § 1361 II BGB keine Erwerbsobliegenheit besteht, sind mit zunehmender Verfestigung der Trennung, insbesondere wenn die Scheidung nur noch eine Frage der Zeit ist, die Voraussetzungen, unter denen eine Erwerbstätigkeit obliegt, immer mehr den Maßstäben anzunähern, die nach den §§ 1569ff. BGB für den nachehelichen Unterhalt gelten. Am 28. November 1986 lag die Trennung der Eheleute rund 15 Monate zurück; die Ehefrau hatte bereits im Oktober des Jahres das Scheidungsverfahren eingeleitet, das binnen Jahresfrist zur Scheidung geführt hat. Unter diesen Umständen ist zwar aus Rechtsgründen nicht zu beanstanden, daß das Oberlandesgericht die Erwerbsobliegenheit der Ehefrau unter dem Gesichtspunkt gesteigerter Eigenverantwortlichkeit beurteilt hat; seinen Ausführungen ist aber nicht zu entnehmen, daß es dabei alle wesentlichen Umstände in seine Betrachtung einbezogen und zutreffend gewürdigt hat.

c) Erheblich ins Gewicht fällt die Betreuung dreier gemeinschaftlicher Kinder im Alter von 9, 13 und 16 Jahren, die sämtlich noch die Schule besuchten. Im Schrifttum wird die Auffassung vertreten, daß die Betreuung von drei oder mehr Kindern unter 18 Jahren einer Erwerbsobliegenheit schlechthin entgegenstehe. Der Senat, der in seinem Urteil vom 28. März 1984 (FamRZ 1984/662) die Verneinung einer Erwerbsobliegenheit bei Betreuung von zwei Kindern im Alter von 11 und 13 Jahren bei günstigen wirtschaftlichen Verhältnissen gebilligt hat, hat stets betont, daß die Frage nur aufgrund einer umfassenden Würdigung aller Umstände entschieden werden kann, wobei neben den persönlichen Verhältnissen des unterhaltsbegehrenden Ehegatten wie Alter, Gesundheitszustand und Berufsausbildung, insbesondere einer früheren beruflichen Betätigung, die Dauer der Ehe und die wirtschaftlichen Verhältnisse der Eheleute zu berücksichtigen sind (FamRZ 1982/148, 150 m. w. N.). Wird dem Ehegatten die Ausübung einer unqualifizierten berufsfremden Tätigkeit angesonnen, wie das Oberlandesgericht es hier getan hat, muß außerdem besonders geprüft werden, ob dies nach dem sozialen Status der Ehegatten angemessen ist.

d) Was die Betreuung der drei gemeinschaftlichen Kinder angeht, hat das Oberlandesgericht lediglich auf seine unterhaltsrechtlichen Leitlinien verwiesen, die zudem zu diesem Punkt in ihrer Allgemeinheit nicht unbedenklich erscheinen. Es hat weiter festgestellt, daß die Ehefrau eine ihrer Ausbildung entsprechende Tätigkeit seit Oktober 1970 nicht mehr ausgeübt hat, hat aber wesentlich darauf abgehoben, daß sie bis 1976 auch unqualifizierten Teilzeitbeschäftigungen nachgegangen sei. Hierbei hätte es in Betracht ziehen müssen, daß sie damit einen entlastenden Beitrag zum Familieneinkommen während einer Zeit beengter wirtschaftlicher Verhältnisse geleistet hatte, die inzwischen aber überwunden waren. Es ist auch nicht ersichtlich, daß es die beträchtliche Dauer der Ehe und die hierfür erbrachten Leistungen der Ehefrau gebührend gewürdigt hat. Daß es die relativ günstigen wirtschaftlichen Verhältnisse des Ehemanns, die nicht zuletzt auf die Erträgnisse des gemeinsam geschaffenen Vierfamilienhauses zurückzuführen sind, berücksichtigt hätte, geht aus seinen Ausführungen ebenfalls nicht hervor. Diese waren aber auch für die vom Oberlandesgericht bejahte Frage bedeutsam, ob sich die Ehefrau trotz ihrer qualifizierten Ausbildung alsbald nach Ablauf des ersten Trennungsjahres auf sozialversicherungsfreie Beschäftigungen verweisen lassen muß. Im Hinblick auf den von den Eheleuten erreichten sozialen Status hätte geprüft werden müssen, ob sie sich nicht länger als ihr zugestanden um qualifizierte Tätigkeiten hat bemühen dürfen und ob sie nach einem Mißerfolg ihrer Bemühungen nicht zunächst das Recht hatte, sich auf Kosten des Ehemannes fortzubilden oder umschulen zu lassen, um eine mit ihrer bisherigen Ausbildung vergleichbare berufliche Qualifikation zu erreichen, die bessere Aussichten am Arbeitsmarkt bietet (vgl. dazu etwa OLG Hamburg FamRZ 1985/1260, 1261). e) Mit der bisherigen Begründung kann nach allem die Annahme einer Erwerbsobliegenheit keinen Bestand haben. Es bedarf einer neuen Würdigung des Sachverhalts, die auf alle wesentlichen Umstände eingeht.

(Keine Bemessung des Trennungsunterhalts nach dem vor der Trennung bezahlten Haushaltsgeld, sondern nach den aktuellen Einkommensverhältnissen, an deren Entwicklung die Eheleute bis zur Scheidung gemeinschaftlich teilhaben; objektiver Maßstab für die Unterhaltsbemessung und Konsumverhalten)

d II 2) Der Ehemann schuldet nach § 1361 I Satz 1 BGB der Ehefrau den nach den Lebensverhältnissen und den Erwerbs- und Vermögensverhältnissen der Eheleute angemessenen Trennungsunterhalt. Das Oberlandesgericht hat einen Monatsbetrag von 900 DM als bestimmend angesehen und dazu ausgeführt: Die Lebensverhältnisse der Eheleute seien durch die Erwerbseinkünfte des Ehemannes und den zeitweisen Verdienst der Ehefrau geprägt gewesen, den diese neben der Haushaltsführung und der Betreuung von drei Kindern erarbeitet habe, um die wegen des Hausbaues angespannten wirtschaftlichen Verhältnisse zu entlasten. Die Ehefrau habe nach eigenen Angaben während der Zeit des Hausbaues monatlich 1000 DM Haushaltsgeld erhalten, zuletzt noch weniger; dabei habe ihr zeitweise ein PKW Volkswagen (Käfer) zur Verfügung gestanden. Unter Berücksichtigung aller Umstände könne davon ausgegangen werden, daß sie für ihre Bedürfnisse monatlich nicht mehr als 900 DM zur Verfügung gehabt habe. Dem hält die Revision der Ehefrau zu Recht entgegen, daß der den ehelichen Lebensverhältnissen angemessene Unterhalt im Sinne des § 1361 I Satz 1 BGB nicht auf der Grundlage des vor der Trennung bezahlten Haushaltsgeldes bestimmt werden kann, zumal dabei die Deckung des Wohnbedarfs des unterhaltsberechtigten Ehegatten unberücksichtigt bliebe. Nach der ständigen Rechtsprechung des Senats kommt es für die Bestimmung des Unterhaltsbedarfs gemäß § 1361 I Satz 1 BGB vielmehr auf die aktuellen Einkommensverhältnisse an, da die Ehegatten an der Entwicklung der wirtschaftlichen Verhältnisse bis zur Scheidung gemeinschaftlich teilhaben (FamRZ 1988/256, 257). Es ist daher rechtsfehlerhaft, wenn das Oberlandesgericht wesentlich auf eine beengte wirtschaftliche Lage der Eheleute während eines Hausbaues abgestellt hat, der unstreitig bereits im Jahre 1976 abgeschlossen war. Die Ehefrau kann auch nicht an einem während des Zusammenlebens der Eheleute im Interesse der Vermögensbildung geübten Konsumverzicht festgehalten werden. Insgesamt ist ein objektiver Maßstab anzulegen, bei dem eine nach den gegebenen Verhältnissen zu dürftige Lebensführung ebenso außer Betracht bleibt wie ein übertriebener Aufwand (vgl. Senatsurteil vom 23. Dezember 1987 a. a. O. S. 258). Die Beurteilung des Oberlandesgerichts kann daher in diesem Punkt keinen Bestand haben.

(Darlegungs- und Beweislast des Verpflichteten für Umstände, mit denen er die unterhaltsrechtliche Erheblichkeit von ihm eingegangener Verbindlichkeiten begründet; unterhaltsrechtliche Berücksichtigung von Schulden des Verpflichteten)

II 5 a) Zu der umstrittenen Absetzung der Darlehenszinsen von monatlich 573,06 DM hat das Oberlandesgericht ausgeführt: Die Ehefrau habe geltend gemacht, das zugrundeliegende Darlehen habe der Ehemann in Kenntnis ihrer Scheidungsabsicht nur zu dem Zweck aufgenommen, ihre Ansprüche auf Zugewinn und Unterhalt zu schmälern. Es sei ihr zuzugeben, daß der Zeitpunkt der Darlehensaufnahme (7. Dezember 1984) zu Bedenken berechtigte. Andererseits könne sie keinen die Behauptungen des Ehemannes widerlegenden Sachvortrag bringen, wonach das Geld dazu verwendet worden sei, einen privaten Kredit zurückzuzahlen, der zur Finanzierung des Vierfamilienhauses gedient habe. Auch unter Berücksichtigung der von der Mutter des Ehemannes beigesteuerten 70 000 DM und sonstiger von der Ehefrau eingeräumter Verbindlichkeiten bleibe es unwahrscheinlich, daß allein damit die Errichtung des Vierfamilienhauses habe finanziert werden können. Es sei daher nicht unwahrscheinlich und nicht ohne weiteres und ohne entsprechende Belege abzutun, daß der Ehemann das Darlehen zu einem seinen Behauptungen entsprechenden Zweck aufgenommen habe. Diesen Ausführungen entnehmen die Revisionen mit Recht, daß das Oberlandesgericht insoweit die Verteilung der Darlegungs- und Beweislast unzutreffend beurteilt hat. Ob vom Unterhaltsverpflichteten eingegangene Schulden unterhaltsrechtlich zu berücksichtigen sind, ist unter umfassender Interessenabwägung zu beurteilen, wobei es insbesondere auf den Zweck der Verbindlichkeiten, den Zeitpunkt und die Art ihrer Entstehung, die Kenntnis des Unterhaltsverpflichteten von Grund und Höhe der Unterhaltsschuld und andere Umstände ankommt (FamRZ 1982, 157, 158). Die Darlegungs- und Beweislast für die Umstände, die die Berücksichtigungswürdigkeit ergeben sollen, trägt nach allgemeinen Grundsätzen der Unterhaltsschuldner, da er hierbei die Minderung seiner Leistungsfähigkeit geltend macht (FamRZ 1980, 770). Mit diesem Grundsatz ist nicht zu vereinbaren, daß das Oberlandesgericht sich letztlich damit begnügt hat, der vom Ehemann behauptete Verwendungszweck des Darlehens sei „nicht unwahrscheinlich", und daß es ein anderes Ergebnis davon abhängig gemacht hat, daß die Ehefrau diesen Zweck widerlegt und entsprechende Belege beibringt. Es steht auch fest, daß der Ehemann den fraglichen Kredit zeitlich nach dem Empfang eines Anwaltsschreibens vom 5. Oktober 1984 aufgenommen hat, durch das er anläßlich einer schon damals aufgetretenen Ehekrise zur Zahlung von Ehegatten- und Kindesunterhalt aufgefordert worden ist. Die Kenntnis der Unterhaltsverpflichtung verwehrt es dem Pflichtigen in der Regel, sich auf eine infolge von Schulden eingetretene Verminderung der Leistungsfähigkeit zu berufen, es sei denn, deren Eingehung sei notwendig und unausweichlich gewesen; dafür muß er im Streitfall vollen Beweis erbringen. Der Ehemann hat aber nicht einmal den privaten Kreditgeber benannt, den er mit dem am 7. Dezember 1984 aufgenommenen Bankkredit befriedigt haben will, da dieser „nicht genannt werden wolle". Das Oberlandesgericht, das bei dieser Sachlage offenbar letzte Zweifel nicht hat überwinden können, hätte somit die Zinsbelastung nicht zugunsten des Ehemannes berücksichtigen dürfen. **e**

(Ein unterhaltsrechtlich relevantes Einkommen sind auch Einkünfte des Verpflichteten, die er zumutbarerweise erzielen könnte, aber nicht erzielt; bei einem vorwerfbaren Verstoß sind fiktive Einkünfte in erzielbarer Höhe zuzurechnen)

II 5 c) Die Ehefrau hat unter anderem vorgetragen, der Ehemann nutze insgesamt drei Garagen, die an das Einfamilienhaus angebaut seien, darüberhinaus eine Doppelgarage des Vierfamilienhauses. Für die Nutzung von insgesamt vier Garagen bei Haltung nur eines Fahrzeuges sei kein verständiger Grund vorhanden. Dem Ehemann sei zuzumuten, drei Garagen zu vermieten, wodurch er Einnahmen von monatlich je 50 DM erzielen könne. Dieses Vorbringen, dessen Sachverhalt der Ehemann nicht substantiiert bestritten hat, hat das Oberlandesgericht übergangen; die diesbezügliche Rüge der Revisionen ist daher begründet. Zu dem unterhaltsrechtlich relevanten Einkommen eines Unterhaltsverpflichteten zählen auch Einkünfte, die er zumutbarerweise erzielen könnte, aber nicht erzielt (FamRZ 1980/126, 128). Den Ehemann trifft im Interesse seiner Ehefrau und seiner drei Kinder die Obliegenheit, seine Leistungsfähigkeit nach Möglichkeit zu stärken. Hat er hiergegen in vorwerfbarer Weise verstoßen, sind ihm fiktive Einkünfte in der erzielbaren Höhe zuzurechnen. **g**

BGH v. 15. 11. 89 – IVb ZR 95/88 – FamRZ 90, 280 = NJW-RR 90, 194

(Konkrete Bedarfsermittlung) **R401**

c) Zu den für das vorliegende Verfahren bindenden Grundlagen des Urteils vom 20. 2. 1985 gehört die Feststellung, daß sich der Elementarunterhaltsbedarf der Kl. nach den ehelichen Lebensverhältnissen der Parteien im Zeitpunkt der Scheidung – neben dem Wohnbedarf – auf monatlich 4000 DM beläuft. Abweichend von der verbreiteten Praxis, anhand einer Unterhaltstabelle eine Quote des im Zeitpunkt der Scheidung für Unterhaltszwecke eingesetzten Einkommens zu bilden, hat das Gericht den sich aus **a** den ehelichen Lebensverhältnissen ergebenden Elementarunterhaltsbedarf (§ 1578 BGB) durch eine Schätzung der Kosten gewonnen, die die Kl. nach der Scheidung zur Aufrechterhaltung des in der Ehe erreichten, gehobenen Lebensstandards benötigt. Es ist davon ausgegangen, daß sie imstande sein müsse, ein Kraftfahrzeug der Mittelklasse zu unterhalten, sich angemessen zu kleiden, kulturellen Bedürfnissen nachzugehen, Sport zu treiben (auch Golf, wie schon während des Zusammenlebens), jährlich jedenfalls eine Urlaubsreise zu machen und sich für ihr großes Haus eine Putzhilfe zu leisten. Auf diese Weise ist es auf einen nach der Deckung des Wohnbedarfs noch bestehenden Elementarunterhaltsbedarf von monatlich 4000 DM gekommen, neben dem die Kl. noch eines Krankheitsvorsorgeunterhalts in Höhe ihres Krankenkassenbeitrags von monatlich 454 DM bedürfe.

Nach dieser konkreten Ermittlung des an den tatsächlich gelebten ehelichen Lebensverhältnissen ausgerichteten Unterhaltsbedarfs (vgl. dazu Senat, NJW 1985, 1343 (1344) = LM § 323 ZPO Nr. 42 = FamRZ 1985, 582 (583)), die nicht dadurch zu einer Bedarfsbemessung nach Einkommensquoten wird, weil bei Ansatz einer $^{3}/_{7}$-Quote ein ähnliches Ergebnis erzielt worden wäre, hat das Gericht geprüft, ob der Bekl. in Höhe von monatlich 4454 DM leistungsfähig ist. Nur im Rahmen dieser Prüfung hat es das Nettoeinkommen des Bekl. – mit monatlich durchschnittlich 11 694,88 DM – ermittelt. Es hat ausgeführt, hiervon könne er den genannten Betrag leisten, ohne seinen eigenen angemessenen Unterhalt zu gefährden. Bei dem ermittelten Einkommen sei er sogar für einen noch darüber hinausgehenden Unterhalt leistungsfähig; das vermöge aber eine Erhöhung der Ansprüche der Kl. über ihren nach den ehelichen Lebensverhältnissen angemessenen Elementarunterhalt hinaus nicht zu rechtfertigen.

Damit hat sich auf die Unterhaltsbemessung in dem Urteil vom 20. 2. 1985 nicht ausgewirkt, daß und um wieviel das Nettoeinkommen des Bekl. über dem Betrag lag, der es ihm nach der Auffassung des Gerichts ermöglichte, ohne Gefährdung seines eigenen angemessenen Unterhalts der Kl. monatlich 4454 DM zu zahlen. Sein höheres Einkommen hat die durch den Unterhaltsbedarf nach den ehelichen Lebensverhältnissen nach oben begrenzte Unterhaltsfestsetzung also nicht berührt. Auch ein weiteres Ansteigen des Einkommens des Bekl. ist daher keine Änderung derjenigen Verhältnisse, die für die Bestimmung der Höhe der Unterhaltsleistungen maßgebend waren.

(Unterhalt dient nicht zur Schuldentilgung des Berechtigten)

b Die Kosten, deren Berücksichtigung die Kl. erstrebt, stammen ersichtlich aus bereits beendeten wie aus noch laufenden Rechtsstreitigkeiten zwischen den Parteien. Kosten aus abgeschlossenen Prozessen treffen die Kl. nur, soweit sie ihr wegen Unterliegens auferlegt worden sind oder sie sie übernommen hat. Derartige Kosten begründen keinen unterhaltsrechtlichen (Sonder-)Bedarf; denn die Unterhaltspflicht umfaßt, wie das BerGer. zutreffend annimmt, grundsätzlich nicht die Verpflichtung, Schulden des anderen Ehegatten zu tilgen (Senat, NJW 1985, 2265 = LM § 1360a BGB Nr. 11 = FamRZ 1985, 902 m. w. Nachw.). Wegen der Kosten aus noch laufenden gerichtlichen Verfahren käme unterhaltsrechtlich nur ein Anspruch auf Prozeßkostenvorschuß in Betracht. Ein solcher besteht aber zwischen geschiedenen Ehegatten nicht (Senat, BGHZ 89, 33 = NJW 1984, 291 = LM § 1360a BGB Nr. 7). Damit fehlt es an der Grundlage für einen entsprechenden Unterhaltsanspruch. Die Berufung auf Treu und Glauben vermag sie nicht zu ersetzen. Das Abänderungsbegehren ist also auch insoweit unbegründet, als es auf eine Bedarfserhöhung durch regelmäßig entstehende Prozeßkosten gestützt wird.

BGH v. 29. 11. 89 – IVb ZR 16/89 – FamRZ 90, 394 = NJW 90, 713

R403 *(Im Regelfall kein ergänzender Unterhaltsanspruch des Wehrpflichtigen; ein auf besonderen Gründen beruhender Mehrbedarf muß konkret vorgetragen werden)*

I. Das Berufungsgericht führt aus, die Leistungen der Bundesrepublik Deutschland hätten den Unterhaltsbedarf des Klägers während des Wehrdienstes zwar weitgehend, jedoch nicht in vollem Umfange abgedeckt, so daß ein von den Eltern zu tragender Restbedarf verblieben sei. Als Wehrpflichtiger habe der Kläger freie Unterkunft und Verpflegung, kostenlose Heilfürsorge sowie freie Wochenendheimfahrten erhalten, auch sei ihm Dienstkleidung gestellt worden. Für verbleibende Bedürfnisse, insbesondere Taschengeld, musische und kulturelle Bedürfnisse, weitere Heimfahrten, Zivilkleidung und Urlaub habe er einen Wehrsold von monatlich 290 DM erhalten. Damit werde in einfachen und mittleren Verhältnissen der gesamte notwendige Bedarf gedeckt, so daß in der Regel ein weiterer Unterhaltsbedarf nicht bestehe. Eine andere Beurteilung sei jedoch geboten, wenn sich die Eltern, wie hier, in außerordentlich günstigen wirtschaftlichen Verhältnissen befänden und der Sohn noch keine eigene Lebensstellung begründet habe, sich seine Lebensstellung mithin noch nach derjenigen der Eltern bestimme. Nach der Rechtsprechung des Bundesgerichtshofs behielten volljährige, außerhalb des Elternhauses studierende Kinder die von den Eltern abgeleitete Lebensstellung. Für die Zeit des Wehrdienstes könne jedenfalls dann nichts anderes gelten, wenn dieser sich – wie hier – zwischen Schule und weitere Ausbildung einschiebe. Das Berufungsgericht hat es als unergiebig angesehen, für die Bemessung des ungedeckten Unterhaltsbedarfs die Leistung der Bundeswehr zu „monetarisieren". Maßgeblich sei vielmehr, wie sich diese Leistungen aus der Perspektive des Unterhaltsberechtigten bedarfsdeckend auswirkten und ob ein weitgehender, an dem sozialen Maßstab der Eltern zu messender Bedarf verbleibe. Danach könne die Situation des Wehrpflichtigen mit derjenigen eines nicht am Wohnort der Eltern studierenden Kindes verglichen werden, dessen Bedarf nach dem vom Berufungsgericht ständig angewandten Regelwerk der Düsseldorfer Tabelle in Frankfurter Praxis bis Ende 1988 mit monatlich 800 DM veranschlagt worden sei. Demgegenüber sei der tabellarische Bedarf des volljährigen Klägers auf der Basis der zusammengerechneten Einkünfte der Eltern zuzüglich Volljährigenzuschlag mit 910 DM monatlich zu bemessen, liege also bereits um 110 DM monatlich darüber. Mindestens weitere 40 DM an zusätzlichem Bedarf ergäben sich aus den häufigen Fahrten zur Wohnung der Mutter, wo der Kläger seinen sozialen Mittelpunkt beibehalten habe; zu diesem Zweck habe er – entsprechend dem sozialen Status seiner Eltern – ein Kraftfahrzeug vorgehalten. Von dem monatlichen Mehrbedarf von 150 DM müsse der Beklagte nach den Einkommensverhältnissen beider Eltern monatlich 60 DM tragen. Daraus ergebe sich für die Gesamtzeit ein Unterhaltsanspruch von (60 DM (× 14 =) 840 DM. II. Gegen diese Ausführungen wendet sich die Revision zu Recht.

1. Nach §§ 1601 ff. BGB sind Verwandte in gerader Linie verpflichtet, einander Unterhalt zu gewähren (§ 1601 BGB). Anspruchsberechtigt ist nur, wer außerstande ist, sich selbst zu unterhalten (§ 1602 I BGB). Das Maß des zu gewährenden Unterhalts bestimmt sich nach der Lebensstellung des Bedürftigen (angemessener Unterhalt); der Unterhalt umfaßt den gesamten Lebensbedarf (§ 1610 I und II BGB). 2. Der Kläger ist nicht anspruchsberechtigt, weil sein Vortrag nicht ergibt, daß er während des Wehrdienstes außerstande war, sich selbst zu unterhalten. a) Nach § 31 Satz 2 des Soldatengesetzes (SG) hat für das Wohl des Soldaten, der auf Grund der Wehrpflicht Wehrdienst leistet, der Bund zu sorgen. Der wehrpflichtige Soldat hat Anspruch auf Geld- und Sachbezüge sowie Heilfürsorge nach Maßgabe besonderer Gesetze (§ 30 I Satz 1 SG). Dabei handelt es sich um die Sicherstellung seines Unterhalts. Die Bezüge sind näher bestimmt in den §§ 1 ff. des Wehrsoldgesetzes – WSG – i. d. F. der Bekanntmachung vom 20. Februar 1978, BGBl I 265, mehrfach geändert. Danach erhält der Wehrpflichtige während seiner Dienstzeit Wehrsold sowie eine besondere Zuwendung im Monat Dezember, Verpflegung, Unterkunft, Dienstkleidung und Heilfürsorge. Der tägliche Wehrsold betrug in den Jahren 1987 und 1988 für den Grenadier 9,50 DM, für den Gefreiten 11 DM und für den Obergefreiten 11,90 DM (Wehrsoldtabelle, Anlage zu § 2 I WSG i. d. F. des Art. 1 Nr. 7 des Zwölften Gesetzes zur Änderung des Wehrsoldgesetzes vom 19. Dezember 1986, BGBl I 2550), die besondere Zuwendung belief sich auf 340 DM (§ 7 II Satz 1 WSG i. d. F. des Art. 1 Nr. 5 Buchst. a des Gesetzes vom 19. Dezember 1986). Die Verpflegung wird als Gemeinschaftsverpflegung unentgeltlich bereitgestellt. Für die Tage, an denen der Soldat von der Teilnahme an der Gemeinschaftsverpflegung befreit ist, erhält er ein Verpflegungsgeld in Höhe des Betrages, den Berufssoldaten und Soldaten auf Zeit für die Teilnahme an der Gemeinschaftsverpflegung zu entrichten haben. Für die Dauer des Erholungsurlaubs wird der doppelte Betrag des Verpflegungsgeldes gewährt (§ 3 WSG i. d. F. des Art. 1 Nr. 3 des Gesetzes vom 19. Dezember 1986). Unterkunft und Dienstbekleidung werden unentgeltlich bereitgestellt (§§ 4, 5 WSG), die Heilfürsorge besteht in unentgeltlicher truppenärztlicher Versorgung (§ 6 WSG). Zudem erhält der Soldat einen Freifahrtschein der Deutschen Bundesbahn für seine Fahrten zwischen der Kaserne und dem Heimatort. b) Zahlreiche Stimmen in Rechtsprechung und Schrifttum nehmen an, daß diese Leistungen für die Dauer der 15monatigen Dienstzeit den gesamten Lebensbedarf des Wehrpflichtigen decken, der durch die besondere Situation des kasernierten jungen Soldaten geprägt werde (vgl. – mit unterschiedlichen Akzenten der Begründung – OLG Hamm, 10. FamS, FamRZ 1986/502 f. und 1987/1071; OLG Düsseldorf FamRZ 1989/91 f.; AG Waiblingen FamRZ 1981/1007; AG Bottrop FamRZ 1986/1029 – für Wehr- und Zivildienst; Heiß/Heiß, a. a. O. sowie in Unterhaltsrecht, Ein Handbuch für die Praxis I 3. 110/111; Palandt/Diederichsen, BGB 48. Aufl. § 1602 Anm. 2 b; Soergel/Häberle, BGB 12. Aufl. § 1610 Rdn. 8; Vespermann, Familiensachen Band 2 Anhang 1 Rdn. 146; Wendl/Staudigl, Das Unterhaltsrecht in der familiengerichtlichen Praxis S. 1567). Bei den als auskömmlich angesehenen unterhaltssichernden Leistungen der Bundesrepublik Deutschland besitze der Wehrpflichtige eine eigene Lebensstellung i. S. des § 1610 I BGB (so insbesondere OLG Düsseldorf a. a. O.). Die Gegenmeinung kommt zwar im Regelfall ebenfalls nicht zu einem Anspruch des Wehrpflichtigen gegen seine Eltern auf (ergänzenden) Unterhalt, weil im allgemeinen der Unterhaltsbedarf des Soldaten durch die Leistungen der Bundesrepublik gedeckt sei. Sie will aber von dieser Beurteilung abweichen, wenn sich die Eltern des Wehrpflichtigen in (besonders) günstigen wirtschaftlichen Verhältnissen befinden und er, bevor er den Wehrdienst antrat, noch keine eigene Lebensstellung begründet hatte. In einem solchen Fall, wie ihn das Berufungsgericht auch hier annimmt, soll sich das Maß des Unterhalts für den Wehrdienst oder Ersatzdienst Leistenden wie für ein volljähriges, auswärts studierendes Kind noch aus einer von den Eltern abgeleiteten Lebensstellung ergeben. Ein solcherart noch an den günstigen wirtschaftlichen Verhältnissen der Eltern ausgerichteter Unterhaltsbedarf könne den Wert der Leistungen, die die Bundeswehr erbringt, übersteigen, so daß die Eltern den ungedeckten Unterhaltsbedarf noch zu befriedigen hätten. Wer als unterhaltsabhängiger jun-

ger Mann, wenn er nicht bei der Bundeswehr wäre, einen Anspruch auf gehobene Unterhaltszuwendungen hätte, brauche sich für seine Lebensbedürfnisse nicht mit den Leistungen der Bundeswehr zu begnügen, die nach Art und Umfang an eher durchschnittlichen Maßstäben orientiert seien. Er könne vielmehr erwarten, daß er von dem unterhaltspflichtigen Elternteil einen weiteren Unterhaltsbeitrag erhalte, der ihn in die Lage versetze, auch als Soldat den Lebensstandard nach der elterlichen Lebensstellung i. S. des § 1610 I BGB zu wahren (so insbesondere OLG Hamm, FamRZ 1986/832; FamRZ 1989/531; OLG Bamberg FamRZ 1987/1071, 1072f.; OLG München FamRZ 1988/756, 757; AG Schorndorf FamRZ 1989/424f.; ebenso wohl OLG Stuttgart FamRZ 1987/409, 410; aus dem Schrifttum Deisenhofer in Unterhaltsrecht, Ein Handbuch für die Praxis I 12. 52/53; Kalthoener/Büttner, Die Rechtsprechung zur Höhe des Unterhalts 4. Aufl. Rdn. 145 sowie in NJW 1989/2777, 2778; *Schwab/Borth*, Handbuch des Scheidungsrechts 2. Aufl. Teil V Rdn. 30; s. auch Freygang FamRZ 1989, 425, 426; Glombitza FamRZ 1988/757, 758). c) Für die danach allein unterschiedlich beurteilten Fälle, in denen die wirtschaftliche Lage der Eltern des Wehrpflichtigen überdurchschnittlich günstig ist und er bis zum Antritt des Wehrdienstes noch keine eigene Lebensstellung begründet hatte, führt keine der beiden dargestellten Beurteilungen zu stets billigenswerten Ergebnissen.

BGH v. 13. 12. 89 – IVb ZR 79/89 – FamRZ 90, 492 = NJW 90, 1847

R404 *(Zumutbare Erwerbstätigkeit trotz Betreuung eines Kleinkindes, soweit die in der Ehe ausgeübte Berufstätigkeit nach der Trennung fortgesetzt wird; Abgrenzung § 1570 BGB und § 1573 II BGB bei Teilerwerbstätigkeit)*

a II. 1. Das Berufungsgericht hat den Unterhaltsanspruch der Ehefrau aus den §§ 1570 und 1573 II BGB hergeleitet und zur Begründung ausgeführt, die ehelichen Lebensverhältnisse der Parteien seien von Anfang an durch die volle Erwerbstätigkeit beider Parteien geprägt worden. Die Ehefrau habe bis zur Geburt des Kindes ihren Beruf ausgeübt und ihn, nach zwischenzeitlichem Bezug von Mutterschaftsgeld, seit dem 13. Februar 1983 mit einer wegen der Kindesbetreuung eingeschränkten Wochenarbeitszeit von 30 Stunden wiederaufgenommen. In diesem Umfang erscheine ihre Erwerbstätigkeit weiterhin zumutbar. Da sie auch beibehalten worden wäre und die ehelichen Lebensverhältnisse künftig mitbestimmt hätte, wenn die Ehe nicht gescheitert wäre, sei von einer Doppelverdienerehe auszugehen.

2. Diese Ausführungen, die an sich rechtsfehlerfrei sind und im Einklang mit der bisherigen Rechtsprechung des Senates stehen, stoßen insoweit auf rechtliche Bedenken, als das Berufungsgericht nicht unterscheidet, inwieweit der Unterhaltsanspruch einerseits auf § 1570 BGB und andererseits auf § 1573 II BGB beruht. Die Revision beanstandet zu Recht, daß als Folge der unterlassenen Klärung dieser Frage die tatrichterliche Prüfung unterblieben ist, ob der Unterhaltsanspruch, soweit er auf § 1573 II BGB beruht, gemäß Abs. 5 dieser Vorschrift zeitlich zu begrenzen ist.

a) Allerdings ist umstritten, ob der Anspruch eines geschiedenen Ehegatten teilweise auf § 1573 II BGB beruht, wenn von ihm wegen der Pflege und Erziehung eines gemeinschaftlichen Kindes keine volle Erwerbstätigkeit erwartet werden kann, er jedoch in erheblichem Umfang teilzeitbeschäftigt ist. Der Senat hat in dem bereits genannten Urteil vom 9. Juli 1986 (a. a. O. unter 3) entschieden, daß der Unterhaltsanspruch auch nicht teilweise auf § 1573 II BGB beruhe, wenn ein unterhaltsberechtigter geschiedener Ehegatte schon nach § 1572 BGB Anspruch auf den nach den ehelichen Lebensverhältnissen bemessenen Unterhalt habe. Den gleichen Standpunkt hat er in dem ersten Revisionsurteil in der vorliegende Sache vom 11. Februar 1987 (FamRZ 87/572, 573) und in einem Urteil vom 20. Mai 1987 (FamRZ 1987/1011, 1012 für den Fall eingenommen, daß ein Anspruch auf den vollen Unterhalt nach § 1570 BGB besteht. In dem Urteil vom 16. Dezember 1987 (FamRZ 1988/265, 266f.) hat der Senat die Frage allerdings für einen Unterhaltsanspruch aus § 1572 BGB offengelassen. Im Schrifttum wird demgegenüber teilweise die Auffassung vertreten, § 1573 II BGB greife auch dann (ergänzend) ein, wenn der aus § 1578 BGB unterhaltsberechtigte Ehegatte Einkünfte aus einer angemessenen Teilzeittätigkeit erziele, solche Einkünfte aber selbst bei Ausdehnung auf eine Vollzeittätigkeit – die aber gerade wegen der Kindesbetreuung nicht zumutbar ist – nicht ausreichten, um den vollen nach den ehelichen Lebensverhältnissen bemessenen Unterhalt zu decken.

Der Meinungsstreit hat nicht nur theoretische Bedeutung. Seit dem Inkrafttreten des UÄndG können Unterhaltsansprüche aus § 1573 I bis IV BGB nach Abs. 5 dieser Vorschrift zeitlich begrenzt werden. Dieser Gesichtspunkt sowie ein im Unterhaltsrecht stets zu besorgendes Abänderungsbegehren zwingen daher regelmäßig zu einer genauen Bestimmung der Anspruchsgrundlage. Nur in Ausnahmefällen kann die Differenzierung unterbleiben, nämlich wenn sich eine unterschiedliche Rechtsfolge im konkreten Fall nicht ergibt (FamRZ 88/265).

b) Nach ganz herrschender, auch vom Senat stets vertretener Auffassung beruht der Unterhaltsanspruch eines Berechtigten, der durch Kindesbetreuung vollständig an einer Erwerbstätigkeit gehindert wird, allein auf § 1570 BGB. Es kommt nicht darauf an, ob er durch eine volle Erwerbstätigkeit den eheangemessenen Unterhalt selbst verdienen könnte, wenn er daran nicht durch die Betreuung gehindet wäre. Auch soweit das nicht der Fall ist, beruht der Anspruch des Berechtigten mithin allein auf

§ 1570 und nicht etwa auf § 1573 II BGB. Auf diese Weise wird die praktische Schwierigkeit vermieden, daß in vielen Fällen nicht festgestellt werden könnte, was ein nicht erwerbstätiger Unterhaltsberechtigter verdienen würde, wenn er tätig wäre.

Der Senat hat diesen Grundsatz, an dem er festhält, bisher auch angewendet, wenn der Berechtigte nur teilweise an einer Erwerbstätigkeit gehindert war. Für Fälle solcher Teilzeittätigkeiten gibt er den bisher vertretenen Standpunkt jedoch auf. Er läßt sich aus dem Gesetz nicht zwingend herleiten. Der in § 1573 II BGB enthaltene Nebensatz „... soweit er nicht bereits einen Unterhaltsanspruch nach den §§ 1570 bis 1572 hat" ist undeutlich und kann für jede der beiden Auffassungen herangezogen werden, je nachdem, ob man aus dem Wort „soweit" eine Aussage nur zum Grund oder auch zum Umfang des Anspruchs ableitet. Nach dem Sinn und Zweck der in ihrem Gesamtzusammenhang zu sehenden Regelung – auf den daher abzustellen ist – erscheint dem Senat nach erneuter Prüfung die Auslegung geboten, daß ein geschiedener Ehegatte, von dem wegen der Pflege oder Erziehung eines gemeinschaftlichen Kindes (nur) eine Teilerwerbstätigkeit erwartet werden kann, nach § 1570 BGB Unterhalt nur bis zur Höhe des Mehreinkommens verlangen kann, das er durch eine Vollerwerbstätigkeit erzielen könnte. Wenn der ihm hiernach zustehende Unterhalt zusammen mit dem Einkommen aus der Teilerwerbstätigkeit zu seinem vollen Unterhalt (§ 1578 BGB) nicht ausreicht, kommt zusätzlich ein Unterhaltsanspruch nach § 1573 II BGB in Betracht. Es erscheint nicht gerechtfertigt, den Aufstockungsteil des Unterhaltsanspruchs – der auf der weiteren Teilhabe an dem die ehelichen Lebensverhältnisse in einer Doppelverdienerehe prägenden höheren Einkommen des Unterhaltsschuldners beruht – in die Privilegien einzubeziehen, die das Gesetz allein für den Anspruch aus § 1570 BGB gewährt (vgl. dazu §§ 1577 IV Satz 2, 1582 I Sätze 2 und 3, 1586 a I BGB). Dementsprechend ist es nicht ungerecht, wenn der Aufstockungsteil des im übrigen aus § 1570 BGB hergeleiteten Unterhaltsanspruchs der zeitlichen Begrenzung nach § 1573 V BGB unterliegt. Das macht der vorliegende Fall besonders deutlich: Da die Ehefrau ihren Beruf mit 30 Wochenstunden weiter ausübt, ist sie durch die Kindesbetreuung nur in relativ geringem Umfang an einer vollen Erwerbstätigkeit gehindert. Praktische Schwierigkeiten bei der Ermittlung des möglichen Einkommens treten hier nicht auf, weil lediglich festgestellt werden muß, welcher Verdienst bei Ausdehnung der tatsächlich ausgeübten Teilzeitarbeit auf eine volle Erwerbstätigkeit erzielt würde.

Allerdings führt diese Auffassung dazu, daß ein (auch nur teilweise) erwerbstätiger Unterhaltsgläubiger schlechter steht als ein nichterwerbstätiger; denn dessen auf den vollen Unterhalt gerichteter Anspruch unterliegt nicht, auch nicht teilweise, der zeitlichen Begrenzung nach § 1573 V BGB. Diese Konsequenz, die der Senat durch seine bisherige Rechtsprechung hatte vermeiden wollen, beruht indessen auf der Konstruktion des Gesetzes; sie kann durch die Rechtsprechung nicht behoben werden.

(Zeitliche Begrenzung ist trotz Kindesbetreuung möglich, wenn der Berechtigte keine beruflichen Nachteile oder nur kurzfristige Einkommenseinbußen erlitten hat)

II 4) Die Feststellung des Aufstockungsteils des Unterhaltsanspruchs der Ehefrau und die Prüfung, ob dieser gemäß § 1573 V BGB zeitlich zu begrenzen ist, obliegen dem Tatrichter. Wegen der aus anderem Grund gebotenen Aufhebung des Berufungsurteils (vgl. unter III.) wird Gelegenheit bestehen, hierzu weiter vorzutragen. Der Senat beschränkt sich daher auf den Hinweis, daß die Begrenzung nach dieser Vorschrift nicht die Feststellung einer groben Unbilligkeit erfordert (FamRZ 1989/483, 486 unter 5 m. n. N.). Sie kann auch trotz einer Kindesbetreuung in Betracht kommen, wenn der Berechtigte durch diese keine beruflichen Nachteile oder nur kurzfristige Einkommenseinbußen erlitten hat. Andererseits kann – etwa für die Bemessung der Übergangsfrist – zugunsten des Berechtigten berücksichtigt werden, daß er seine (Teil-)Erwerbstätigkeit trotz der Übernahme der mit der Kindesbetreuung verbundenen zusätzlichen Belastungen aufrechterhält (vgl. Hahne FamRZ 1986/305, 308 unter d; Johannsen/Henrich/Voelskow Eherecht BGB § 1573 Rdn. 21; Soergel/Haeberle BGB 12. Aufl. § 1573 Rdn. 40 ff.). **b**

(Auch bei Kindesbetreuung ist zunächst auf die tatsächliche Ehezeit abzustellen und sodann zu prüfen, ob eine ungekürzte und unbefristete Unterhaltszahlung unter Wahrung der Belange des Kindes und dem Verhältnismäßigkeitsgrundsatz grob unbillig ist)

III. 1. Die Frage, ob sich der Ehemann gegenüber einem Unterhaltsanspruch der Ehefrau auf die Härteklausel des § 1579 BGB berufen kann, hat das Berufungsgericht nur unter dem Gesichtspunkt des § 1579 I Nr. 4 a. F. geprüft. Im ersten Revisionsurteil hat es der Senat gebilligt, daß der Anspruch nicht nach Nr. 1 dieser Vorschrift beschränkt worden ist. Er hat den Standpunkt eingenommen, daß die Ehe der Parteien nicht von kurzer Dauer im Sinne dieser Vorschrift gewesen sei, weil der tatsächlichen Ehedauer die Zeit gleichstehe, in welcher der Berechtigte wegen der Pflege oder Erziehung eines gemeinschaftlichen Kindes nach § 1570 BGB Unterhalt verlangen könne. Da die Ehefrau aufgrund der nicht angefochtenen Sorgerechtsentscheidung im Verbundurteil die Tochter der Parteien auf Jahre hinaus zu pflegen und zu erziehen habe, könne § 1579 Nr. 1 nicht angewendet werden. 2. Das Bundesverfassungsgericht hat dazu entschieden, die Auslegung und Anwendung des § 1579 Nr. 1 **c**

BGB dürfe unabhängig davon, ob der Wortlaut der Vorschrift unter Berücksichtigung ihrer Entstehungsgeschichte eine Einbeziehung zukünftiger Kinderbetreuungszeiten bei der Berechnung der Ehedauer zulasse, nicht zu verfassungswidrigen Ergebnissen führen. Das sei der Fall, wenn der Härtetatbestand der Kurzzeitehe bei einer Ehe mit einem Kind überhaupt nicht mehr erfüllt sein könne. Unter Hinweis auf seine zu § 1579 II BGB a. F. ergangene Entscheidung (BVerfGE 57/361) hat es den Standpunkt eingenommen, bei allen Ausschlußtatbeständen des § 1579 BGB müsse geprüft werden können, ob die Grenze des Zumutbaren eines schuldunabhängigen Unterhaltsanspruchs überschritten werde. Nach dem Grundsatz der Verhältnismäßigkeit müsse in besonderen Härtefällen ein Ausschluß oder eine Herabsetzung des Anspruchs möglich sein, da andernfalls die Beschränkung der Dispositionsfreiheit des Verpflichteten im finanziellen Bereich als Folge der Unterhaltsansprüche des Bedürftigen nicht mehr Bestandteil der verfassungsmäßigen Ordnung sei und vor dem Grundrecht des Art. 2 Abs. 2 GG nicht bestehen könne. Danach sei es geboten, bei der Auslegung und Anwendung des § 1579 Nr. 1 BGB zunächst auf die tatsächliche Ehezeit abzustellen, und, wenn diese als kurz zu beurteilen ist, anschließend die zur Wahrung der Belange des Kindes gesetzlich vorgesehene Abwägung vorzunehmen. 3. Diese Auffassung des Bundesverfassungsgerichts, die die tragende Begründung für die Aufhebung des ersten Revisionsurteils darstellt, ist gemäß § 31 BVerfGG für die mit dem Rechtsstreit befaßten Gerichte bindend. Das angefochtene Berufungsurteil kann aus diesem Grunde keinen Bestand haben. Denn ohne die Berücksichtigung einer Kinderbetreuungszeit war die Ehe der Parteien von kurzer Dauer. Nach der ständigen Rechtsprechung des Senats ist dafür die Zeit von der Eheschließung bis zur Rechtshängigkeit des Scheidungsantrages maßgebend (FamRZ 1982/894, 895; FamRZ 1986/886, 887), hier demnach die Zeit vom 5. März 1982 bis zum 21. September 1983. Mit ihrer Dauer von etwa 18 Monaten liegt sie damit deutlich in dem Bereich bis zu zwei Jahren, in dem eine Ehe in der Regel als kurz anzusehen ist (FamRZ 1981/140). Besondere Umstände, die eine andere Beurteilung erlauben könnten, sind nicht ersichtlich. Es bedarf danach der Prüfung, inwieweit die Inanspruchnahme des Ehemannes auf ungekürzten und unbefristeten Unterhalt auch unter Wahrung der Belange des der Ehefrau zur Pflege und Erziehung anvertrauten Kindes der Parteien grob unbillig ist und dem Grundsatz der Verhältnismäßigkeit widerspricht. Sie obliegt dem Tatrichter. Entgegen der von der Revisionserwiderung vertretenen Auffassung hat das Berufungsgericht eine derartige Prüfung bisher nicht vorgenommen. Die in dem angefochtenen Urteil angestellte Hilfserwägung betrifft die Prüfung, ob ein besonderer Härtefall im Sinne der Rechtsprechung des Senats zu § 1579 II BGB a. F. vorliegt. Diese ist mit der nunmehr gebotenen tatrichterlichen Beurteilung nicht gleichzusetzen. Danach ist die Zurückverweisung der Sache an das Berufungsgericht geboten. Der Senat verbindet sie mit dem Hinweis auf seine inzwischen ergangenen Urteile vom 9. Dezember 1987 (IV b ZR 97/86 – FamRZ 1988/259, 260 unter 4 b) und vom 7. Dezember 1988 (IV b ZR 23/88 a. a. O.).

(Kein Fehlverhalten i. S. von Nr. 6, wenn sich der Berechtigte aus beachtlichen Gründen weigert, umzuziehen)

d IV. 1. Die Revision greift die Auffassung des Berufungsgerichtes an, die fehlende Bereitschaft der Ehefrau, die eheliche Lebensgemeinschaft mit dem Ehemann aufzunehmen, stelle keinen Härtegrund im Sinne des § 1579 I Nr. 4 BGB a. F. beziehungsweise – seit dem 1. April 1986 – des § 1579 Nr. 6 BGB n. F. dar. Sie meint, daß die Ehefrau verpflichtet gewesen sei, eine Korrektur der Entscheidung zur Begründung des gemeinsamen Wohnsitzes in E. mitzutragen, nachdem sich der geplante Umzug des Ehemannes nach Nordrhein-Westfalen aus beruflichen Gründen als unmöglich erwiesen habe. 2. Die Beurteilung des Berufungsgerichtes, das Verhalten der Ehefrau könne auf dem Hintergrund der bei der Eheschließung getroffenen Wohnsitzwahl jedenfalls nicht als ein einseitiges schwerwiegendes Fehlverhalten eingestuft werden, hält jedoch revisionsrechtlicher Prüfung stand. a) In dem ersten Revisionsurteil hat der Senat – ohne daß die verfassungsgerichtliche Prüfung insoweit Anlaß zu Beanstandungen ergeben hat – dazu folgendes ausgeführt: Gemäß § 1353 I S. 2 BGB sind Ehegatten einander zur ehelichen Lebensgemeinschaft verpflichtet. Dazu gehört nach allgemeiner Auffassung das Zusammenleben in häuslicher Gemeinschaft an einem von den Ehegatten gemeinsam gewählten Wohnsitz. Die Parteien haben eine solche Wahl nach den unangefochtenen Feststellungen des Berufungsgerichts dadurch getroffen, daß sie bei der Eheschließung E. als ihren künftigen Wohnsitz bestimmt haben. Einer der für diese Wahl maßgebenden Umstände hat allerdings in der Erwartung der Parteien gelegen, der Ehemann werde in absehbarer Zeit in den Justizdienst des Landes Nordrhein-Westfalen überwechseln können. Als dies nicht gelang, ist eine wesentliche Voraussetzung für die getroffene Wohnsitzwahl entfallen mit der Folge, daß keine Partei die andere an der früheren Vereinbarung noch festhalten durfte. Deswegen konnte der Ehemann aber nunmehr nicht verlangen, daß die Ehefrau zu ihm nach Niedersachsen zog, damit er ohne häufige Bahnfahrten seiner beruflichen Tätigkeit nachgehen konnte. Entfällt die bindende Wirkung einer Einigung über den künftigen Wohnsitz, weil sich die dafür maßgebenden Umstände wesentlich geändert haben, müssen sich beide Ehegatten weiterhin im gegenseitigen Einvernehmen um eine Lösung der (wieder offenen) Wohnsitzfrage bemühen. Das folgt aus ihrer Verpflichtung zur ehelichen Lebensgemeinschaft. Kommt es zu keinem Einvernehmen, weil sich beide Seiten auf beachtliche Gründe für die Beibehaltung ihres bisherigen Wohnsitzes berufen, haben sie das grundsätzlich gegenseitig hinzunehmen. Die geltende Rechtsordnung, die die Ehe als partnerschaftliche Verbindung auf der Grundlage der Gleichberechtigung versteht (vgl. BT-Drucks. 7/650 S. 71, 75), kennt weder den Stichentscheid eines Ehegatten noch eine Entscheidungskompetenz Dritter. Mißlingt die einvernehmliche Regelung des Wohnsitzes, weil keiner der Ehegatten zum Nachgeben oder Verzicht bereit ist, hat es dabei sein Bewenden. Aus dem Scheitern einer Einigung kann sich ergeben, daß die Ehegatten ihre Lebensgemeinschaft zumindest vorerst ohne eine gemeinsame Ehewohnung verwirklichen und sich auf gegenseitige Besuche, Telefonate und gemeinsame Urlaubsreisen beschränken. Verstehen sich die Ehegatten nicht auf eine solche Übergangs- oder Ersatzlösung, kann dies allerdings auch – wie im vorliegenden Fall – zum Scheitern der Ehe führen. Eine Sanktion für einen Ehegatten, etwa in Form des Verlustes eines Unterhaltsanspruchs, ist damit jedoch noch nicht verbunden. Nach § 1579 Nr. 6 BGB kann eine Herabsetzung oder ein Ausschluß des Unterhaltsanspruchs erst dann in Betracht kommen, wenn sich der Berechtigte ohne sachliche Gründe von einigem Gewicht einem objektiv vernünftigen und zumutbaren Vorschlag des Verpflichteten willkürlich verschlossen hat, so daß seine Weigerung als offensichtlich schwerwiegendes, eindeutig bei ihm liegendes Fehlverhalten gewertet werden muß.

Nach diesen Maßstäben ist die Beurteilung des BerGer. auch unter Beachtung der von der Revision erneut hervorgehobenen Umstände im Vorfeld der gerichtlichen Sorgerechtsregelung nicht zu beanstanden. Das BerGer. hat damit das Vorliegen eines für einen Wegfall oder eine Herabsetzung des Unterhalts ausreichenden Fehlverhaltens der Bekl. im Ergebnis rechtsfehlerfrei verneint. Allerdings kann die Überlegung, es sei das persönliche Schicksal des nicht sorgeberechtigten Elternteils, daß seine Ehe zerstört und dadurch der Kontakt zu den Kindern auf ein Mindestmaß beschränkt sei, dem in § 1634 I Nr. 1 BGB normierten Umgangsrecht nichts von seiner Bedeutung nehmen. Zu einer Übertragung der Personensorge auf nur einen Elternteil und damit zu der Situation, die eine Befugnis des anderen Teils zum persönlichen Umgang mit dem Kinde erfordert, kommt es stets und gerade wegen des Scheiterns der Ehe der Eltern. Dieser Gesichtspunkt ist daher nicht geeignet, das Umgangsrecht des nicht betreuenden Elternteils zu relativieren. Auch den Erwägungen des BerGer. dazu, daß bereits ein Umzug an einen weiter entfernten Ort innerhalb der Bundesrepublik Deutschland das Umgangsrecht des nicht sorgeberechtigten Elternteils erheblich beeinträchtigen könne, sowie den Überlegungen zur möglichen Aufrechterhaltung eines gewissen Kontaktes durch Telefonanrufe, Briefe und Geschenke vermag der Senat keine entscheidende Bedeutung beizumessen. Das Recht zum persönlichen Umgang mit dem Kinde geht weiter. Es soll dem Elternteil die Möglichkeit geben, sich von dem körperlichen und geistigen Befinden seines Kindes und seiner Entwicklung durch Augenschein und gegenseitige Aussprache fortlaufend zu überzeugen, die verwandtschaftlichen Beziehungen aufrechtzuerhalten, einer Entfremdung vorzubeugen sowie dem gegenseitigen Liebesbedürfnis Rechnung zu tragen (BGHZ 42/364 [371] = NJW 1965/394; BGHZ 51/219 [222] = NJW 1969/422). Ein derartiger Umgang wird jedenfalls durch eine Auswanderung in überseeische Gebiete regelmäßig – und auch im vorliegenden Fall – praktisch verhindert (vgl. dazu bereits RGZ 141/319 [321]); der verbleibende Rest an Kontaktmöglichkeiten ist gering. Gleichwohl kann eine Auswanderung des Sorgeberechtigten mit dem Kinde gegen den Willen des anderen Elternteils, dessen Umgangsbefugnis damit jedenfalls erheblich behindert wird, nicht regelmäßig als ein schwerwiegendes Fehlverhalten mit der Folge des Verlustes oder der Verringerung des Unterhaltsanspruchs gem. § 1579 I Nr. 4 BGB a. F. gewertet werden. Das Personensorgerecht und das Umgangsrecht des anderen Elternteils stehen einander als selbständige Rechte gegenüber. Das Umgangsrecht des einen schränkt das Personensorgerecht des anderen ein (BGHZ 51/219 [221]). Umgekehrt muß das nur im Rahmen der tatsächlichen Wohnsitzverhältnisse praktisch ausübbare Umgangsrecht, dem eine Umgangspflicht nicht entspricht, bisweilen als das schwächere Recht dem stärkeren Sorgerecht weichen. Das kommt insbesondere im Falle einer Auswanderung ins Ausland in Betracht (vgl. RGZ 141/319 [321 f.]) = JW 1933/2587). Wenn mißbräuchliche Ausübung der elterlichen Sorge das Kindeswohl gefährdet, so ist dem – wie stets – gem. § 1666 BGB entgegenzutreten. Die Auswanderung kann u. U. auch Veranlassung bieten, eine Entscheidung des FamG gem. § 1696 BGB mit dem Ziel einer Änderung der Sorgerechtsregelung im Interesse des Kindes zu beantragen. Darüber, unter welchen Voraussetzungen im einzelnen trotz der Freizügigkeit des sorgeberechtigten Elternteils und seines verfassungsmäßigen Rechtes auf freie Entfaltung seiner Persönlichkeit (Art. 2 I GG) eine solche Entscheidung ergehen kann, sind die angeführten Meinungen in Rechtsprechung und Schrifttum nicht ganz einheitlich. Indes zieht sich durch das gesamte Bild der Meinungen der Gedanke, daß im Konfliktfall, wie ihn eine Auswanderung mit den Kindern darstellt, das Personensorgerecht als das stärkere den Vorzug genießen muß. Weitere Erwägungen dazu sind hier nicht veranlaßt. Einen Antrag auf Abänderung der Sorgerechtsregelung hat der Kl. nicht gestellt, und zwar nach seinem Vortrag deshalb nicht, weil er eine solche Abänderung für unerreichbar gehalten hat. Jedenfalls würde ein Antrag auf Übertragung der elterlichen Sorge von der Bekl. auf den Kl. – wenn überhaupt – nur unter dem Gesichtspunkt des Wohles der Kinder Erfolg haben können (§§ 1671 II, 1696 I BGB). Eine Auswanderung des Sorgeberechtigten mit den ihm anvertrauten Kindern regelmäßig i. R. des § 1579 Abs. 1 Nr. 4 BGB a. F. als ein schwerwiegendes Fehlverhalten zu qualifizieren, das zum Wegfall oder zur Einschränkung des Unterhalts aus §§ 1361 oder 1570 BGB führen könnte, wäre mit der rechtlichen Stellung, die ihm hiernach die Übertragung des Personensorgerechts vermittelt, nicht zu vereinbaren. Vielmehr handelt er auch dann, wenn er gegen den Wunsch des anderen Elternteils auswandert, im allgemeinen jedenfalls nicht so schwerwiegend fehlsam, daß er deshalb den Verlust oder eine Herabsetzung seines Unterhaltsanspruchs nach § 1579 I Nr. 4 BGB a. F. gewärtigen müßte. Dies gilt jedenfalls dann, wenn die Auswanderung mit den Kindern – wie hier tatrichterlich festgestellt – nicht in der Absicht erfolgt, das Umgangsrecht des anderen Elternteils zunichte zu machen, sondern auf anderen, verständlichen Motiven beruht. In einem solchen Falle ist von dem nicht sorgeberechtigten Unterhaltsverpflichteten regelmäßig zu verlangen, daß er an den anderen Ehegatten auch weiterhin Betreuungsunterhalt leistet, zumal damit wesentlich dem Interesse der Kinder gedient wird. Allerdings ist der Revision zuzugeben, daß in der Täuschung über ihre Auswanderungsabsichten ein schuldhaftes Fehlverhalten der Bekl. gegenüber dem Kl. gesehen werden kann, das Gewicht hat. Indessen reicht dieses auch in Verbindung mit der Aufnahme der Beziehungen zu K angesichts der vorausgegangenen Verfehlung des Kl., der sich als erster von der Ehe losgesagt und damit die familiären Bindungen bereits entscheidend geschwächt hatte, nicht aus, um ein klar bei der Bekl. liegendes schwerwiegendes Fehlverhalten im Sinne der Rechtsprechung zu § 1579 I Nr. 4 BGB a. F. anzunehmen. bb) In der Rechtsprechung des Senats ist anerkannt, daß § 1579 I Nr. 4 BGB a. F. auch dann zum Ausschluß oder zur Herabsetzung des Unterhalts führen kann, wenn nicht ein Fehlverhalten des Unterhaltsberechtigten, sondern objektive Gegebenheiten und Entwicklungen der Lebensverhältnisse der Ehegatten die Unzumutbarkeit der Unterhaltsbelastung ergeben (NJW 1983/1548 = FamRZ 1983/569 [572]; NJW 1984/2692 = FamRZ 1984/986 [987] und FamRZ 1986/443 [444]). Auch unter diesem Gesichtspunkt kommt indes ein Ausschluß oder eine Herabsetzung des Unterhaltsanspruchs der Bekl. nicht in Betracht. Ihre Auswanderung mit den Kindern beeinträchtigt den Kl. allein durch die Behinderung seiner Umgangsbefugnis. Dies aber stellt die Zumutbarkeit der verlangten Unterhaltszahlungen nicht in Frage. Die Ansicht der Revision, es sei ein Korrelat der Unterhaltspflicht gem. § 1570 BGB, daß der unterhaltsberechtigte Elternteil die Kinder so erziehe und ihren Aufenthalt so bestimme, daß der Unterhaltsverpflichtete sein Umgangsrecht wahrnehmen könne, findet im Gesetz keine Stütze. Das Umgangsrecht besteht unabhängig davon, ob der Sorgeberechtigte auch Unterhaltsgläubiger nach § 1570 BGB ist. Es steht dem Vater in gleicher Weise zu, wenn die sorgeberechtigte Mutter nach § 1577 I BGB keinen nachehelichen Unterhalt verlangen kann, weil sie sich aus ihrem Vermögen selbst zu unterhalten vermag. Dadurch, daß die Mutter Unterhalt nach § 1570 BGB zu beanspruchen hat und erhält, wird die Umgangsbefugnis des Vaters weder begründet noch verstärkt. Sie beruht vielmehr auf dem natürlichen Elternrecht (BGHZ 42/364 [370] = NJW 1965/394; BGHZ 51/219 [221] = NJW 1969/422). Umgekehrt hängt auch der Unterhaltsanspruch aus § 1570 BGB nicht davon ab, daß der Elternteil, der das Kind nicht betreut, das Recht zum persönlichen Umgang mit dem Kinde ausüben kann. Stehen die tatsächlichen Verhältnisse der Ausübung des Umgangsrechts entgegen, so macht dieser objektive Umstand die Erfüllung der nachehelichen Unterhaltspflicht gegenüber dem das Kind betreuenden geschiedenen Ehegatten noch nicht unzumutbar.

BGH v. 19. 12. 89 – IVb ZR 9/89 – FamRZ 90, 269 = NJW 90, 709

R405 *(Verteilung eines Abfindungsbetrages wegen Ausscheidens aus dem Erwerbsleben auf längere Zeit. Verwendung der Abfindungssumme [nicht eines verzinslich anzulegenden Betrages] im Rahmen sparsamer Wirtschaftsführung zur Deckung des nach den früheren Verhältnissen bemessenen Bedarfs)*

b I 3 b) Auch die Anschlußrevision wendet sich gegen die berufungsgerichtliche Beurteilung der Einkommensverhältnisse der Parteien. aa) Sie macht geltend, das Berufungsgericht habe den Kläger zwar wegen der Abfindung von 35 988 DM zu Recht so behandelt, als ob er auch nach seinem Ausscheiden aus dem Erwerbsleben weiterhin monatliche Bezüge von 2700 DM gehabt habe. Dabei habe es jedoch außer acht gelassen, daß der Kläger den Abfindungsbetrag damit nicht auf einmal, sondern nur allmählich über Jahre hinweg für seinen Lebensunterhalt verbraucht habe. Er habe den jeweils verbleibenden Kapitalbetrag so günstig wie möglich verzinslich angelegt. Das habe die Beklagte ausdrücklich vorgetragen, ohne daß der Kläger dem entgegengetreten sei. Es sei folglich davon auszugehen, daß dieser so verfahren sei und den Abfindungsbetrag zu dem mindesterzielbaren Zinssatz von 3 bis 3,5% angelegt habe. Das ergebe einen weiteren Betrag von jedenfalls 2000 DM, so daß die Abfindungssumme nicht schon im Dezember 1988, sondern erst im März 1989 verbraucht gewesen sei. Dieser Angriff geht fehl. Dabei kann dahinstehen, ob der Beklagte die Abfindungssumme in der von der Anschlußrevision geltend gemachten Weise verzinslich angelegt hat. Auch wenn davon auszugehen ist, läßt es keinen Rechtsfehler zum Nachteil der Beklagten erkennen, wenn das Berufungsgericht lediglich den Abfindungsbetrag selbst herangezogen hat, um nicht nur für die Übergangszeit vom Ausscheiden des Klägers aus dem Erwerbsleben (Ende März 1985) bis zum Bezug der Rente aus der gesetzlichen Rentenversicherung (1. Juni 1987), sondern auch noch darüber hinaus den Unterhaltsanspruch der Beklagten nach einem höheren als dem Renteneinkommen des Klägers zu bemessen. Zwar ist der Unterhaltsschuldner im Falle beengter wirtschaftlicher Verhältnisse verpflichtet, eine ihm aus Anlaß der Aufhebung seines Anstellungsvertrages zugeflossene Abfindung im Rahmen sparsamer Wirtschaftsführung zur Deckung des Unterhaltsbedarfs seiner Unterhaltsgläubiger zu verwenden. Er ist jedoch nicht gehalten, die ihm insoweit zur Verfügung stehenden Mittel bis zum vollständigen Verbrauch einzusetzen, um die aus dem verminderten laufenden Einkommen nicht finanzierbaren Ansprüche der Unterhaltsgläubiger bis zu ihrer nach dem früheren Erwerbseinkommen berechneten Höhe weiterzuzahlen. Das gilt insbesondere dann, wenn dem Unterhaltsschuldner selbst, wie hier, nur ein Betrag in der Größenordnung des sogenannten „billigen Eigenbedarfs" verbleibt (FamRZ 1987/359, 360 m. w. N.). Wenn der Kläger nach seinem Ausscheiden aus dem Erwerbsleben außer für den Unterhalt der Beklagten zeitweise auch für den Kindesunterhalt aufzukommen hatte, so war er dadurch in einer Weise belastet, daß es ihm nicht zuzumuten war, mehr als vom Berufungsgericht angenommen einzusetzen, um den nach den früheren Verhältnissen bemessenen Unterhaltsbedarf der Beklagten entsprechend länger zu sichern.

(Keine Einkommenserhöhung bei späterem Wegfall von Kindesunterhalt, wenn der Kindesunterhalt in einem vorangegangenen Vergleich nicht durch Vorwegabzug vom Einkommen berücksichtigt worden ist. Außerdem keine Unterhaltserhöhung, die über die Hälfte des verteilungsfähigen Einkommens hinausgeht)

I 3 bb) Die Anschlußrevision rügt ferner, daß das Berufungsgericht den Wegfall der Unterhaltsleistungen des Klägers an die gemeinsamen Kinder im Rahmen des Ehegattenunterhalts nicht als Steigerung des unterhaltspflichtigen Einkommens gewertet habe. Sie führt aus, in dem Prozeßvergleich vom 14. März 1985 seien die an die Kinder gezahlten Beträge ausdrücklich als einkommensmindernd berücksichtigt worden. Entsprechend müsse ihr Wegfall zu einer Erhöhung des maßgebenden Einkommens führen. Diesem sei deshalb ein Betrag von (265 + 342 =) 607 DM zuzuschlagen. Die Rüge hat keinen Erfolg. Zwar geht die Unterhaltsberechnung in dem Prozeßvergleich davon aus, daß der Kläger noch 607 DM monatlich Unterhalt an die bereits volljährigen Kinder zu zahlen hatte. Dieser Unterhalt wurde jedoch nicht im Wege des Vorwegabzuges berücksichtigt, sondern führte nach den insoweit von keiner Seite angegriffenen Feststellungen des Berufungsgerichts nur dazu, daß es die Parteien trotz eines mit 1350 DM angenommenen monatlichen Unterhaltsbedarfs der Beklagten bei der vom Amtsgericht zuerkannten Unterhaltsrente von 1110 DM monatlich beließen. Die Annahme des eheangemessenen Unterhaltsbedarfs mit 1350 DM und des zugrundeliegenden Einkommens des Klägers mit 2700 DM monatlich sind folglich von den Unterhaltsleistungen an die Kinder nicht beeinflußt. Diese Beträge sind daher auch nach dem Wegfall der Leistungen für den Kindesunterhalt nicht höher anzusetzen. Im übrigen handelt es sich bei dem Betrag von 1350 DM ebenso wie bei dem ab Anfang 1989 angenommenen Unterhaltsbedarf von 1143 DM jeweils um die Hälfte des maßgebenden Einkommens des Klägers. Über diese hälftige Quote hinaus scheidet ein weiterer Anstieg des Unterhaltsbedarfs der Beklagten aus. Daran vermag der Wegfall der Unterhaltsleistungen an die Kinder nichts zu ändern. Ihm kommt danach im Rahmen der Abänderung auch keine den Unterhalt erhöhende Wirkung zu. c

(Durch eine Rentennachzahlung wird die Bedürftigkeit nicht rückwirkend gemindert. Insoweit entsteht hinsichtlich des Nachzahlungsteilbetrages, der auf die weiter zurückliegende Zeit entfällt, ein Erstattungsanspruch des Verpflichteten nach § 242 BGB)

I 3 b) dd) Mit Erfolg beanstandet die Anschlußrevision hingegen, daß das Oberlandesgericht der Beklagten bereits für die Zeit ab Oktober 1987 Einkünfte in Form monatlicher Rentenbezüge angerechnet hat, während die laufende Rentenzahlung erst im Juni 1988 begann. Zwar hat die Beklagte mit Bescheid vom 13. Mai 1988 außer der laufenden Rente eine Nachzahlung erhalten. Dadurch ist ihre Bedürftigkeit jedoch nicht rückwirkend gemindert worden. Vielmehr war sie bis zum tatsächlichen Erhalt der Rente auf die Unterhaltsleistungen des Klägers angewiesen (FamRZ 1983/574). Danach führt die Rentennachzahlung, die dem Zeitraum seit der Erhebung der Abänderungsklage zuzurechnen ist, nicht zu einer Herabsetzung des während dieser Zeit zu gewährenden Unterhalts; vielmehr kommt – ebenso wie hinsichtlich des Nachzahlungsteilbetrages, der auf die weiter zurückliegende Zeit entfällt – allein ein Erstattungsanspruch des Klägers nach § 242 BGB in Betracht. e

(Erstattungsanspruch des Verpflichteten nach § 242 BGB bei einer Rentennachzahlung an den Berechtigten für eine Zeit, in der Unterhalt bezahlt worden ist. Die Höhe bemißt sich nach der Unterhaltsermäßigung, wenn die Rente schon während des fraglichen Zeitraumes gezahlt worden wäre. Der Erstattungsanspruch beinhaltet keine Unterhaltsabänderung nach § 323 ZPO)

II 2 a) Soweit Unterhalt für eine Zeit geleistet worden ist, für die dem Unterhaltsberechtigten, wie hier, nachträglich eine Erwerbsunfähigkeitsrente bewilligt wird, kommt nach der Rechtsprechung des Senats ein auf Treu und Glauben (§ 242 BGB) beruhender Anspruch auf Erstattung der Rentennachzahlung in Betracht, dessen Höhe sich danach bemißt, inwieweit sich der Unterhaltsanspruch ermäßigt hätte, wenn die Rente schon während des fraglichen Zeitraumes gezahlt worden wäre (FamRZ 1983/ f

574, 575 und FamRZ 1989/718, 719f.). Diese Art der Bemessung steht nicht in Widerspruch zu § 323 ZPO; denn es geht nicht um eine Abänderung des früheren Unterhaltstitels oder sonst eine Entscheidung über den Unterhaltsanspruch; vielmehr ist allein der Anspruch auf einen Teil der Rentennachzahlung betroffen. Deshalb kommt es nicht darauf an, ob der Bezug der Erwerbsunfähigkeitsrente und die Nachzahlung für den entsprechenden Unterhaltszeitraum einen Abänderungsgrund darstellen und dieser nach § 323 II und III ZPO geltend gemacht werden könnte. Daß es bei der Beurteilung des Anspruchs auf Erstattung der Rentennachzahlung im Rahmen der Gesamtbetrachtung zur Prüfung der Frage kommt, welcher Unterhaltsanspruch dem Berechtigten bei Berücksichtigung des Rentenbezuges von Anfang an zugestanden hätte, ist hier im Blick auf § 323 ZPO ebensowenig bedenklich wie in anderen Fällen, in denen – etwa im Deliktsrecht – im Rahmen sonstiger Rechtsbeziehungen die Höhe eines Unterhaltsanspruchs unter Berücksichtigung bestimmter hinzutretender Umstände fiktiv zu beurteilen ist.

Die Erwägungen, mit denen der Senat in Fällen rückwirkender Bewilligung einer Erwerbsfähigkeitsrente an einen Unterhaltsberechtigten einen Anspruch auf Erstattung der Rentennachzahlung anerkannt hat, haben nicht nur dann Gültigkeit, wenn infolge der Rentenbewilligung die Rente des Unterhaltsverpflichteten rückwirkend gekürzt wird und der Rentenversicherungsträger eine entsprechende Überzahlung feststellt und zurückfordert. Derartige Umstände lassen allerdings einen Ausgleich zwischen den Unterhaltspartnern als besonders dringlich erscheinen. Unverzichtbar für einen Erstattungsanspruch sind sie jedoch nicht. Vielmehr kann dieser auch in anderen Fällen einer nachträglichen Rentengewährung in Betracht kommen. In dem bereits erwähnten Urteil vom 15. Februar 1989 (FamRZ 89/718 = NJW 89/1990) hat der Senat ausgeführt, in den Fällen, in denen die Rente des Unterhaltsberechtigten vollständig oder zum großen Teil auf einem Versorgungsausgleich beruhe, verfehle eine rückwirkend gewährte Rente ihren eigentlichen Zweck, wenn der Verpflichtete dem Berechtigten für eben diesen zurückliegenden Zeitraum bereits Unterhalt gewährt habe. Das gilt unabhängig davon, ob es auf seiten des Verpflichteten zugleich zu einer rückwirkenden oder – aus welchen Gründen auch immer – nur zu einer fortan einsetzenden Kürzung seiner Rente kommt. Auch wenn die Rente nicht auf einem Versorgungsausgleich beruht, sondern, wie es hier teilweise der Fall ist, aufgrund von Anwartschaft gewährt wird, die der Unterhaltsberechtigte durch eigene Erwerbstätigkeit erlangt hat, ist in der dargelegten Zweckverfehlung ein Umstand zu erblicken, der einen Erstattungsanspruch rechtfertigen kann.

BGH v. 24. 1. 90 – XII ZR 2/89 – FamRZ 90, 499 = NJW 90, 1477

R407 *(Erwerbslosigkeitsunterhalt [§ 1573 I BGB] bei vergeblichen Bemühungen um eine angemessene Erwerbstätigkeit oder bei Fehlen einer realen Beschäftigungschance; ausreichende Bemühungen um eine Erwerbstätigkeit; Meldung beim Arbeitsamt; Bewerbungen auf Anzeigen; Aufgabe von Anzeigen; Vorlage von Ablehnungsschreiben; Sachkunde des Gerichts zur Arbeitsmarktlage; Aufstockungsunterhalt [§ 1573 II BGB] bei nicht ausreichenden Bemühungen um eine angemessene Vollerwerbstätigkeit)*

a II 2. Die Voraussetzungen eines Unterhaltsanspruchs nach § 1573 II BGB hat das Berufungsgericht ohne nähere Auseinandersetzung mit der Vorschrift ersichtlich in der Annahme als erfüllt angesehen, daß die Klägerin bei Ausübung einer ihr zumutbaren angemessenen Erwerbstätigkeit keine ihren vollen Unterhalt deckenden Einkünfte erzielen könnte.

a) Es hat dazu erwogen: Die Klägerin sei im Jahre 1985 erst 36 Jahre alt gewesen und sei nach wie vor voll erwerbsfähig. Sie habe zwar keine abgeschlossene Berufsausbildung, verfüge aber über Berufserfahrung. Aus den Vorprozessen wisse sie, daß sie zu einer Vollerwerbstätigkeit und zu weit intensiveren Bemühungen um eine solche verpflichtet sei, als sie im vorliegenden Verfahren nachgewiesen habe. Nach dem persönlichen Eindruck, den sie dem Senat vermittelt habe, wie auch generell für eine Frau ihres Alters seien im Mönchengladbacher Raum durchaus geeignete Arbeitsplätze zu finden, wie zum Beispiel als Verkäuferin, Kassiererin, Sortiererin, Packerin oder sonstige ungelernte Kraft in einer Fabrik, als Haushaltshilfe in einem privaten Haushalt oder als Mitarbeiterin im sozialen Dienst. Da sie vor der Ehe, vor rund 20 Jahren, bereits 750 DM verdient habe, erscheine es angemessen – und entspreche dem Anfangseinkommen einer ungelernten weiblichen Arbeitskraft von etwa 1600 bis 1650 DM brutto –, ihr für das Jahr 1985 und 1986 ein Eigeneinkommen von netto 1100 DM anzurechnen. Ab 1987 sei das anzurechnende Einkommen mit monatlich 1250 DM netto anzunehmen. Bei dem zurückhaltend berechneten Anfangsgehalt von 1100 DM sei den Anfangsschwierigkeiten einer ungelernten Kraft Rechnung getragen. Wenn der berufliche Anschluß gefunden sei, lasse sich bei gehöriger Anstrengung die Position ausbauen und eine entsprechende Verdiensterhöhung erreichen. Daß sich derartige Verdienstmöglichkeiten für sie nicht eröffnet hätten, könne den im Ergebnis zu spärlichen Bemühungen der für ihre Bedürftigkeit darlegungs- und beweispflichtigen Klägerin nicht entnommen werden. Die hiermit angenommenen möglichen Eigeneinkünfte der Klägerin von monatlich 1100 DM bzw. 1250 DM hat das Berufungsgericht nicht für ausreichend angesehen, um ihren eheangemessenen Bedarf zu decken.

b) Gegen die Annahme, die Klägerin habe sich nicht ausreichend um eine besser dotierte Vollzeittätigkeit bemüht, hätte eine solche aber im Raum Mönchengladbach finden können, wendet sich die *Anschlußrevision* mit einer Rüge aus § 286 ZPO. Sie macht im übrigen geltend: Das Oberlandesgericht habe übersehen, daß ein Anspruch auf Aufstockungsunterhalt voraussetze, daß der geschiedene Ehegatte eine angemessene Erwerbstätigkeit ausübe und daher nicht bereits aufgrund eines anderen gesetzlichen Tatbestandes einen Anspruch auf den nach den ehelichen Lebensverhältnissen zu bemessenden vollen Unterhalt habe. Wenn ein geschiedener Ehegatte, wie hier die Klägerin, nicht vollschichtig tätig sei, müsse zuerst geprüft werden, ob er nach § 1573 I BGB anspruchsberechtigt sei. Könne der Berechtigte nach der Scheidung keine vollschichtige angemessene Erwerbstätigkeit finden, so daß die Voraussetzungen des § 1573 I BGB erfüllt seien, komme es nicht darauf an, welches Einkommen er durch eine angemessene Tätigkeit erzielen könne. So liege es hier. Im übrigen könne ein auf § 1573 I BGB gestütztes Unterhaltsbegehren erst zurückgewiesen werden, wenn feststehe oder zumindest nicht auszuschließen sei, daß bei ausreichenden Bemühungen des Unterhaltsberechtigten eine reale Beschäftigungschance bestanden hätte. Insoweit habe das Berufungsgericht seine behauptete Sachkunde nicht belegt.

c) Diese Rügen greifen nicht durch.

Zwar setzt ein Anspruch auf Aufstockungsunterhalt gemäß § 1573 II BGB nach der Systematik des Gesetzes voraus, daß der geschiedene Ehegatte eine angemessene Erwerbstätigkeit ausübt und daher nicht bereits aufgrund eines anderen gesetzlichen Tatbestandes Anspruch auf den nach den ehelichen Lebensverhältnissen zu bemessenden Unterhalt hat; als anderer zunächst zu prüfender Tatbestand kann auch der des § 1573 I BGB in Betracht kommen (FamRZ 1988/701 m. w. N.). Dieser Tatbestand ist erfüllt, wenn sich der Unterhaltsberechtigte ernsthaft, aber vergeblich um eine angemessene Erwerbstätigkeit bemüht hat, oder wenn für ihn selbst bei ausreichenden Bemühungen keine reale Beschäftigungschance bestanden hätte (FamRZ 1987/144), so daß auf diesem Hintergrund festgestellt werden kann, er vermöge keine angemessene Erwerbstätigkeit zu finden. Eine solche Situation hat das Berufungsgericht indessen im Fall der Klägerin aus tatsächlichen Gründen nicht für gegeben erachtet; denn es hat angenommen, sie sei ihrer Obliegenheit, sich um eine angemessene Vollzeitbeschäftigung – die sie nach der Auffassung des Berufungsgerichts hätte finden können – zu bemühen, nicht ausreichend nachgekommen. Damit waren die Voraussetzungen eines Unterhaltsanspruchs nach § 1573 I BGB nicht gegeben, und es ist aus Rechtsgründen nicht zu beanstanden, daß das Berufungsgericht die Grundlage des geltend gemachten Unterhaltsanspruchs der Klägerin nicht in § 1573 I BGB, sondern in Abs. 2 der Vorschrift gesehen hat (FamRZ 1988/927, 929).

Die Anschlußrevision greift die Annahme nicht ausreichender Arbeitsbemühungen der Klägerin mit der Rüge an, das Berufungsgericht habe ihre zahlreichen Bewerbsunterlagen nicht hinreichend berücksichtigt; es habe im übrigen zumindest eine sachverständige Auskunft des zuständigen Arbeitsamts einholen müssen, bei dem sich die Klägerin in regelmäßigen Abständen gemeldet habe, ohne jedoch – wegen ihrer fehlenden Berufsausbildung – vermittelt werden zu können. Damit hat sie indessen keinen Erfolg.

Das Oberlandesgericht hat sich zwar in den Entscheidungsgründen des angefochtenen Urteils nicht näher mit den vorgetragenen Bemühungen der Klägerin um eine angemessene Erwerbstätigkeit auseinandergesetzt, sondern diese nur allgemein als zu spärlich qualifiziert. Das Gericht hatte hierzu jedoch im Prozeßkostenhilfeverfahren in seiner Beschwerdeentscheidung vom 2. Dezember 1986 näher ausgeführt: Die Klägerin müsse sich im gebotenen Maße bemühen, eine ihr zumutbare Tätigkeit zu finden. Sich regelmäßig beim Arbeitsamt zu melden, reiche nicht aus. Der zur Erwerbstätigkeit Verpflichtete müsse sich vielmehr mehrmals wöchentlich auf Stellenangebote in der örtlichen Presse bewerben. Er müsse auch regelmäßig monatlich eigene Anzeigen aufgeben; wenn er dazu finanziell nicht in der Lage sei, müsse er sich verstärkt auf Anzeigen in der Presse bewerben. Die Klägerin sei jetzt 37 Jahre alt. Schon seit zwei bis drei Jahren sei sie durch die Betreuung der (damals) 19 Jahre alten Tochter nicht mehr gehindert, sich durch eine Ganztagstätigkeit eine dauerhafte Existenzgrundlage aufzubauen. Sie habe hierzu auf Grund der vorangegangenen Unterhaltsverfahren jeden Anlaß gehabt und habe sich auch vor Augen halten müssen, daß sie dem Beklagten bei späteren Unterhaltsforderungen über das Ausmaß ihrer Bemühungen rechenschaftspflichtig sein werde. Vor diesem Hintergrund sei der Vortrag der Klägerin insbesondere in ihren Schriftsätzen vom 25. September 1986 und vom 20. November 1986 teils unsubstantiiert, teils seien die vorgetragenen Bemühungen unzureichend. Daß die Klägerin bei ihrer Arbeitssuche die Spannweite sämtlicher für sie in Betracht kommenden Tätigkeiten ausgeschöpft, sich regelmäßig mehrmals wöchentlich beworben habe und dies auch in geeigneter Weise geschehen sei, lasse sich ihrem Vorbringen konkret nicht entnehmen und ergebe sich auch nicht aus der pauschalen Behauptung, regelmäßig das Arbeitsamt zur Weitervermittlung aufgesucht und sich auch selbst regelmäßig um einen besserdotierten Arbeitsplatz bemüht zu haben.

Daraufhin hatte die Klägerin mit Schriftsatz vom 8. Februar 1988 weitere vergebliche Bewerbungen vorgetragen, zu denen das Amtsgericht in dem erstinstanzlichen Urteil ausgeführt hat: Sie habe für den Zeitraum seit der Scheidung der Parteien, also von 3½ Jahren, insgesamt acht ablehnende Stellungnahmen von Firmen vorgelegt, wobei auffalle, daß offensichtlich vier der angeschriebenen Firmen keinerlei Stellenangebote veröffentlicht hätten. Insgesamt acht Bewerbungen in 3½ Jahren könnten nicht als ausreichende Bemühungen zur Erlangung einer angemessenen Erwerbstätigkeit angesehen werden; hierauf sei die Klägerin auch in dem Beschluß des Oberlandesgerichts vom 2. Dezember 1986 hingewiesen worden.

Mit der Berufung gegen dieses Urteil hat die Klägerin sodann vorgetragen: Aufgrund der Vielzahl fehlgeschlagener Bemühungen habe sich bei ihr der Eindruck verstärkt, sie könne sowieso keine Stelle mehr erhalten, jedenfalls nicht bei der derzeitigen Arbeitsmarktlage. Ungeachtet ihrer bislang fehlgeschlagenen privaten Bemühungen habe sie sich aber stets beim Arbeitsamt gemeldet. Sie sei jedoch nicht vermittelbar, weil es für ungelernte Kräfte im Großraum M in ihrem Alter „praktisch keine reale Beschäftigungschance" gebe; dieser Punkt solle jedoch „nicht weiter vertieft werden". Beweis hat sie hierzu im Berufungsrechtszug nicht mehr angeboten.

Angesichts dieser Sachlage hat sich das Berufungsgericht nicht unter Verstoß gegen Verfahrensgrundsätze über erhebliche Beweisangebote der Klägerin hinweggesetzt. Daß diese sich wiederholt vergeblich bei dem zuständigen Arbeitsamt gemeldet habe, hat das Berufungsgericht ersichtlich unterstellt (vgl. den Beschluß vom 2. Dezember 1986), jedoch nicht für ausreichend erachtet; denn es hat sie unter anderem auf mögliche Erwerbstätigkeiten verwiesen, die, wie etwa Tätigkeiten als Haushaltshilfe in einem privaten Haushalt oder als Mitarbeiterin im sozialen Dienst, erfahrungsgemäß nicht über das Arbeitsamt, sondern durch private Kontakte vermittelt oder durch persönliche Initiative gefunden werden.

Soweit das Berufungsgericht die Erwerbsmöglichkeiten im Mönchengladbacher Raum beurteilt hat, ohne seine Sachkunde näher darzulegen, begründet auch dies keinen zur Aufhebung des angefochtenen Urteils nötigenden Verfahrensfehler. Es kann davon ausgegangen werden, daß ein seit Jahren bestehender Familiensenat eines Oberlandesgerichts über die notwendige Erfahrung verfügt, um die Arbeitsmarktlage in seinem Zuständigkeitsbereich mit den sich danach für Frauen in der Situation der Klägerin bietenden Erwerbsmöglichkeiten beurteilen zu können.

d) Das Berufungsgericht hat der Klägerin nach alledem zu Recht einen Aufstockungsunterhalt nach § 1573 II BGB zugesprochen, da sie sich aufgrund ihrer nicht ausreichenden Bemühungen um eine volle Erwerbstätigkeit behandeln lassen muß, als erziele sie Einkünfte aus einer solchen Tätigkeit, die jedoch nicht ausreichen, um ihren vollen eheangemessenen Unterhalt zu decken (FamRZ 88/927, 929).

(Einkommenserhöhung, wenn der Wegfall einer Unterhaltspflicht bei Scheidung absehbar war und sich auf die ökonomischen Verhältnisse durch eine Ausbildungsvergütung des Kindes und eine Erwerbsobliegenheit des Berechtigten bereits ausgewirkt hat)

b II 3 b) Das Berufungsgericht hat bei der Unterhaltsbemessung nach § 1578 I Satz 1 BGB den Umstand mit berücksichtigt, daß die Unterhaltsverpflichtung des Beklagten gegenüber der Tochter mit deren beruflicher Selbständigkeit zum 1. August 1986 weggefallen ist; dies sei im Zeitpunkt der Scheidung absehbar gewesen und habe sich bereits auf die ökonomischen Verhältnisse während der Ehe dadurch ausgewirkt, daß die Unterhaltslast des Beklagten mit Rücksicht auf die Ausbildungsvergütung der Tochter gesunken sei und andererseits für die Klägerin wegen der zunehmenden Selbständigkeit der Tochter schon während des Getrenntlebens eine Erwerbsobliegenheit eingesetzt habe.

Auch gegen diese Wertung bestehen aus Rechtsgründen keine Bedenken (FamRZ 1988/817, 819 m. n. N.).

(Bedarfsbemessung nach der konkreten, auch trennungsbedingt geänderten Steuerbelastung des Pflichtigen)

c d) In einem weiteren Schritt hat das BerGer. das verfügbare Nettoeinkommen des Bekl. um einen Betrag von 420 DM als steuerlichen Splittingvorteil, bereinigt um 5 % berufsbedingte Aufwendungen, erhöht. Dies hat es mit der Notwendigkeit begründet, für die Ermittlung des Unterhaltsbedarfs der Kl. die trennungsbedingte Verminderung des Nettoeinkommens des Bekl. durch Änderung der Steuerklasse (von Klasse III in Klasse I) außer Ansatz zu lassen. Die mit dem Wechsel der Steuerklasse verbundene Einkommensminderung müsse entgegen der Rechtsprechung des BGH bei der Bemessung der ehelichen Lebensverhältnisse außer Betracht bleiben, weil sie nicht eingetreten wäre, wenn die Parteien sich nicht getrennt hätten. Mit ähnlicher Begründung hat das BerGer. für die Bedarfsbestimmung dem Einkommen des Bekl. das Kindergeld von monatlich 50 DM hinzugerechnet, weil es den Ehegatten ebenfalls für den Lebensunterhalt zur Verfügung gestanden hätte, wenn sie noch zusammengelebt hätten.

An dem auf diese Weise errechneten Einkommen von monatlich 2922,69 DM hat das Gericht die Kl. bei der Bedarfsberechnung zur Hälfte beteiligt, weil Ehegatten während des Zusammenlebens an dem ehelichen Lebensstandard gleichen Anteil hätten. Auf den sich ergebenden Betrag von 1461,35 DM zuzüglich trennungsbedingten Mehrbedarfs (von 150 DM) hat es das der Kl. zugerechnete fiktive Einkommen (von 1100 DM abzüglich 80 DM berufsbedingte Aufwendungen) angerechnet und ist auf diese Weise zu dem ihr zugesprochenen Unterhalt von monatlich 590 DM gelangt.

4. Gegen diese Bedarfsbemessung erhebt die Revision zu Recht Bedenken. Ihr kann nicht gefolgt werden, wie der Senat bereits in den Urteilen vom 16. 12. 1987 (NJW 1988, 2369 = LM § 1569 BGB

Nr. 28 = BGHR BGB § 1578 Abs. 1 Satz 1 Unterhaltsbemessung 8 = FamRZ 1988, 265), vom 11. 5. 1988 (NJW 1988, 2101 = LM § 1578 BGB Nr. 52 = BGHR BGB § 1578 Abs. 1 Satz 1 Unterhaltsbemessung 13 = FamRZ 1988, 817) und zuletzt – nach Erlaß des Berufungsurteils – vom 26. 4. 1989 (NJW 1989, 1992 = LM § 1569 BGB Nr. 34 = FamRZ 1989, 842) dargelegt und begründet hat. An der Senatsrechtsprechung wird festgehalten. Die ehelichen Lebensverhältnisse der Parteien, die den Maßstab für den Unterhaltsanspruch der Kl. bilden, wurden durch das Einkommen geprägt, das der Bekl. durch seine im Zeitpunkt der Scheidung ausgeübte Tätigkeit als Maschinenschlosser erzielte. Da er dieser Tätigkeit – bei derselben Arbeitgeberin – weiterhin nachgeht, bietet das hierdurch erzielte, in normaler Entwicklung fortgeschriebene Einkommen, wie das BerGer. insoweit ebenfalls angenommen hat, auch den Maßstab für die Höhe des der Kl. zustehenden Unterhaltsanspruchs nach § 1578 I BGB. Das verfügbare Einkommen des Bekl. belief sich für den maßgeblichen Zeitraum ab August 1985 auf monatlich 2452,69 DM, errechnet auf der Grundlage einer Besteuerung nach der Lohnsteuerklasse I. Eine günstigere Besteuerung nach Steuerklasse III, also den von dem BerGer. angesetzten Splittingvorteil, konnte der Bekl. gesetzlich nicht erlangen (vgl. *Graba*, NJS 1989, 2786 (2788)). Ein höheres Einkommen als monatlich 2452,69 DM stand ihm also nicht zur Verfügung und kann deshalb auch nicht den Maßstab für einen nach seinem Einkommen zu ermittelnden Unterhaltsanspruch der Kl. abgeben (vgl. Senat, NJW 1982, 1986 = LM § 1578 BGB Nr. 11 = FamRZ 1983, 152 (153)). Gleichwohl hat der Senat seine Rechtsprechung auch auf Gründe der Praktikabilität gestützt, weil die Ermittlung eines fiktiven Einkommens unter Ansatz einer anderen als der tatsächlich zugrunde gelegten Steuerklasse mit Schwierigkeiten und Unsicherheiten behaftet sein könne. Das BerGer. hält diese Begründung für nicht durchschlagend. Es stützt seine abweichende Meinung insbesondere auf folgende (ähnlich auch in dem Urteil des OLG Hamm – 8. FamS –, FamRZ 1989, 742 angestellten) Überlegungen:

Die Auffassung des BGH, eine Umrechnung eines Nettoeinkommens von Steuerklasse I in Steuerklasse III sei mit erheblichen Unsicherheiten behaftet und stelle den Tatrichter vor kaum lösbare Probleme, überzeuge nicht; der Unterschiedsbetrag könne oft ohne Probleme aus den üblichen Steuertabellen abgelesen werden; im übrigen müsse der Tatrichter in Unterhaltsrechtsstreitigkeiten auch sonst mit Schätzungen und fiktiven Einkünften arbeiten. Überzeugen könne auch nicht die weitere Begründung des BGH, daß beide Ehegatten das mit der Besteuerung nach Steuerklasse I verbundene Absinken der Nettoeinkünfte gleichermaßen tragen müßten; denn der unterhaltsberechtigte Ehegatte solle seinen in der Ehe erworbenen Lebensstandard beibehalten können; die Höhe des hierfür benötigten Betrages könne grundsätzlich nicht davon abhängen, wie sich die Einkommensverhältnisse des Unterhaltsschuldners nach der Scheidung entwickelten; die notwendige Korrektur habe bei der Beurteilung der Leistungsfähigkeit stattzufinden. Da der Unterhaltsbedarf des Berechtigten nach den ehelichen Lebensverhältnissen zu bestimmen sei, müßten solche Umstände ausgegrenzt werden, die nur als Folge der Trennung eingetreten seien und die ehelichen Lebensverhältnisse nicht beeinflußt hätten; aus diesem Grund müsse die Verminderung des Nettoeinkommens durch die Änderung der Steuerklasse unberücksichtigt bleiben, wenn sie, wie hier, ausschließlich trennungsbedingt sei.

Diese Argumente geben dem Senat auch nach nochmaliger Überprüfung des eigenen Rechtsstandpunkts keinen Anlaß zu einer Änderung der bisherigen Rechtsprechung. Die Behauptung, die Umrechnung des auf der Grundlage einer Besteuerung nach Steuerklasse I tatsächlich erzielten Nettoeinkommens in ein fiktives Einkommen gemäß Steuerklasse III biete in der Regel keine Probleme, ist nicht belegt (vgl. etwa zur Ermittlung der Auswirkungen des steuerlichen Realsplittings Buob, FamRZ 1981, 233). Das BerGer. führt selbst aus, der Unterschiedsbetrag könne „oft" – also nicht stets – ohne Probleme aus den üblichen Steuertabellen abgelesen werden. Da die Ermittlung der Steuerabzüge in jedem Einzelfall durch vielfältige steuerrechtlich relevante Umstände, durch steuerliche Abzugsmöglichkeiten und Vergünstigungen, beeinflußt werden kann, hält der Senat – zur möglichst weitgehenden Vermeidung von Unsicherheiten – an seinem Standpunkt fest, daß für die Bemessung des Unterhaltsanspruchs des Berechtigten an das tatsächliche Einkommen des Verpflichteten anzuknüpfen ist.

Das hat zwar, wie das BerGer. hervorhebt, zur notwendigen Folge, daß sich die damit verbundene Verringerung des Bemessungsmaßstabes auf die Höhe des Unterhaltsanspruches des Berechtigten auswirkt. Andererseits wird aber auch der Verpflichtete durch den tatsächlichen Rückgang seines Nettoeinkommens betroffen. Diese durch die Steuergesetzgebung vorgegebene Entwicklung des Nettoeinkommens ist der Disposition beider Ehegatten nach der Trennung entzogen. Als Ausgleich für die Änderung der Steuerklasse nach der Trennung bisher zusammenveranlagter Ehegatten gewährt das Steuerrecht indessen die Möglichkeit des sog. begrenzten Realsplittings nach § 10 I Nr. 1 EStG, an dessen Vorteilen auch der Unterhaltsberechtigte beteiligt wird, wenn und soweit der Verpflichtete Steuererstattungen erhält, die seinem unterhaltsrechtlich erheblichen Einkommen schon bei der Bestimmung des Bemessungsmaßstabes hinzuzurechnen sind. Die Meinung des Senats steht im übrigen in Einklang mit seinem in ständiger Rechtsprechung vertretenen Standpunkt – von dem abzuweichen keine Veranlassung besteht –, daß die ehelichen Lebensverhältnisse nach § 1578 I BGB im wesentlichen durch die Einkünfte geprägt werden, die im Zeitpunkt der Scheidung für die Lebenshaltung verfügbar sind (Senat, BGHZ 89, 108 (110) = NJW 1984, 292 = LM § 1578 BGB Nr. 26). Soweit das BerGer. dem entgegenhält, die Änderung der Steuerklasse habe die ehelichen Lebensverhältnisse nicht geprägt, weil sie typisch trennungsbedingt sei, trifft das zwar zu, nötigt aber nicht zu einer Änderung der Auffassung des Senats. Insoweit setzt sich vielmehr der – in seiner Bedeutung vorrangige – Gesichtspunkt durch, daß die ehelichen Lebensverhältnisse und damit der Bemessungsmaßstab für den Unterhaltsanspruch des Berechtigten durch das tatsächliche Einkommen des Verpflichteten geprägt werden.

Das BerGer. berücksichtigt allerdings den Splittingvorteil nur bei der Ermittlung des Bedarfs der Ehefrau und überprüft den so errechneten Bedarfsbetrag nach Abzug ihres bereinigten Eigeneinkommens gegebenenfalls im Rahmen des § 1581 BGB noch anhand der üblichen $^{3}/_{7}$-Quote (vgl. hierzu Senat, NJW 1988, 2369 = LM § 1569 BGB Nr. 28 = FamRZ 1988, 265). Diese Verfahrensweise hat der Senat jedoch in dem Urteil NJW 1988, 2369 = LM § 1569 BGB Nr. 28 = FamRZ 1988, 265 als nicht dem Gesetz entsprechend mißbilligt, und er hat diese Auffassung in dem ebenfalls genannten Urteil NJW 1989, 1992 = LM § 1569 BGB Nr. 34 = FamRZ 1989, 842 ausdrücklich bestätigt.

(Das Kindergeld für Volljährige ist dem Verpflichteten als Einkommen zuzurechnen, auch wenn es der andere Elternteil erhält; es ist bedarfsmindernd anzurechnen; der Nachrang des Volljährigen ist nur im Mangelfall relevant)

d II 4. Bei der Bemessung des Unterhaltsbedarfs der Klägerin nach dem Maßstab der ehelichen Lebensverhältnisse im Sinne von § 1578 I BGB ist demnach auf das Nettoeinkommen abzustellen, das der Beklagte aufgrund der tatsächlichen Besteuerung nach Steuerklasse I zur Verfügung hat. Diesem Einkommen ist – wiederum zum Zweck der Bemessung des Unterhaltsbedarfs der Klägerin – in Übereinstimmung mit dem Berufungsurteil das Kindergeld für die im Anspruchszeitraum bereits volljährige Tochter Angela in voller Höhe von monatlich 50 DM zuzurechnen. Denn nach den Einkommens- und Vermögensverhältnissen der Parteien ist davon auszugehen, daß die Unterhaltsverpflichtung gegenüber der Tochter gemäß § 1606 III Satz 1 BGB nach deren Volljährigkeit allein den Beklagten traf, so daß auch das (weiter an die Klägerin ausgezahlte) Kindergeld im Verhältnis zwischen den Parteien allein zur Erleichterung seiner Unterhaltslast dienen sollte (vgl. BGHZ 70/151, 153).

Der Höhe nach erschöpfte sich die Unterhaltsverpflichtung des Beklagten gegenüber der Tochter nach den Feststellungen des Berufungsgerichts in einem monatlichen Betrag von 188 DM. Um diesen ist das maßgebliche Einkommen des Beklagten daher für die Unterhaltsberechnung zu kürzen, ohne daß sich insoweit, da ein Mangelfall nicht vorliegt, Fragen des Rangverhältnisses stellen.

(Zur Ermittlung des trennungsbedingten Mehrbedarfs; ein nur allgemeines Bestreiten ist nicht ausreichend. Die Ehegattenquote ist um trennungsbedingten Mehrbedarf zu erhöhen)

e II 5. Der Senat kann auf der Grundlage der von dem Berufungsgericht getroffenen Feststellungen abschließend in der Sache entscheiden. Es unterliegt zwar grundsätzlich der tatrichterlichen Beurteilung, die den Ehegatten zukommenden Unterhaltsquoten zu bemessen. Eine Zurückverweisung allein wegen dieser Bemessung ist jedoch hier entbehrlich, weil das Berufungsgericht auf dem Boden der Grundsätze und Richtlinien der Düsseldorfer Tabelle entschieden hat. Die maßgebliche Unterhaltsquote für die Ehefrau kann deshalb entsprechend der Düsseldorfer Tabelle mit dem von dem Berufungsgericht in ständiger Rechtsprechung angewandten Satz von $^{3}/_{7}$ angenommen werden.

Das führt zu folgender Unterhaltsbemessung:
a) 1. August 1985 bis 31. Juli 1986:

Bereinigtes Einkommen des Beklagten (2 640,69 DM + 50 DM – 188 DM)	2 502,69 DM.
hiervon $^{3}/_{7}$	1 072,58 DM.
trennungsbedingter Mehrbedarf	150,00 DM.
Unterhaltsbedarf der Klägerin	1 222,58 DM.

Gegen den Ansatz des trennungsbedingten Mehrbedarfs wendet sich die Revision mit der Rüge, das Berufungsgericht habe unter Verstoß gegen § 286 ZPO keine Feststellungen zur Höhe der behaupteten trennungsbedingt erwachsenen Kosten getroffen. Im übrigen lasse die tatrichterliche Würdigung nicht erkennen, ob das Gericht sämtliche für den Mehrbedarf von der Klägerin, allerdings ohne Beweisangebot, geltend gemachten Umstände berücksichtigt habe, unter anderem die Tatsache, daß sie in dem hier maßgeblichen Zeitraum nicht allein, sondern mit der seit August 1986 volljährigen Tochter zusammengelebt habe.

Hiermit kann die Revision nicht durchdringen. Die Klägerin hat im Berufungsrechtszug mit Schriftsätzen vom 10. Mai und vom 27. Juli 1988 vorgetragen, sie müsse als Trennungsfolge 700 DM Miete zahlen und außerdem an die Krankenversicherung 104 DM abführen; für die Hausratversicherung fielen jährlich 167 DM und an Telefonkosten monatlich ca. 65 DM an. Darauf hat der Beklagte mit Schriftsatz vom 12. Juli 1988 lediglich erwidert, der trennungsbedingte Mehrbedarf werde bestritten; insbesondere wohne die Klägerin mit der Tochter zusammen. Angesichts dieses nur allgemeinen Bestreitens konnte das Berufungsgericht seiner Schätzung ohne Rechtsverstoß die Angaben der Klägerin zugrunde legen (vgl. Senatsurteil vom 26. April 1989 – IVb ZR 64/88 = BGHR ZPO § 138 II

Bestreiten, allgemeines 1). Da sich das Gericht im übrigen auf seine durch langjährige Praxis gewonnene Erfahrung berufen hat, ist die hierauf gestützte Schätzung, daß der Mehrbedarf – für Mietnebenkosten und Aufwendungen für einen Telefonanschluß, Zeitungen, Hausratversicherung und ähnliche Positionen – für die Zeit, in der die Tochter ihren Unterhalt noch nicht selbst verdiente, bei monatlich 150 DM liege, aus Rechtsgründen nicht zu beanstanden.

Auf den errechneten Unterhaltsbedarf von monatlich 1222,58 DM muß sich die Klägerin bedarfsdeckend das ihr zugerechnete Einkommen aus einer zumutbaren Vollerwerbstätigkeit anrechnen lassen, das vom Berufungsgericht mit monatlich 1100 DM, vermindert um berufsbedingte Aufwendungen von 80 DM (vgl. hierzu Düsseldorfer Tabelle, Stand 1. Januar 1985 = FamRZ 1984/961, A Anm. 3) angenommen worden ist. Da dem Beklagten bei der Unterhaltsbemessung eine 50% übersteigende Quote seines Einkommens belassen wird, muß in entsprechender Weise auch bei dem der Klägerin angerechneten Einkommen verfahren werden (vgl. Senatsurteil vom 16. Dezember 1987, FamRZ 1988/267 unter II 3). Ihr Unterhaltsbedarf in Höhe von 1222,58 DM wird daher durch eigenes anrechenbares Einkommen von (1020 – 145,70 =) 874,30 DM gedeckt. Damit verbleibt als ungedeckter Bedarf ein Aufstockungsunterhalt von monatlich 348,28 DM = 348 DM.

b) 1. August 1986 bis 31. Dezember 1986:

Bereinigtes Einkommen des Beklagten ohne Kindergeldanteil und ohne Abzug von Kindesunterhalt	2640,69 DM
hiervon $^3/_7$	1131,72 DM
trennungsbedingter Mehrbedarf, den das Berufungsgericht nunmehr – rechtsfehlerfrei auf monatlich	80,00 DM
geschätzt hat, weil die Tochter seit dem 1. August 1986 eigene Einkünfte erziele und sich deshalb an den Kosten der gemeinsamen Haushaltsführung zu beteiligen habe;	
Unterhaltsbedarf der Klägerin	1211,72 DM
Eigeneinkommen der Klägerin	874,30 DM,
ungedeckter Restbedarf und damit Aufstockungsunterhalt rund	338,00 DM.

BGH v. 31. 1. 90 – XII ZR 21/89 – FamRZ 90, 979 = NJW-RR 1990, 578

(Erwerbstätigenbonus; Bonus und 5 % pauschale berufsbedingte Aufwendungen) **R412**

5. Die Revision rügt weiter, daß das BerGer. bei der Bestimmung des Unterhaltsbedarfs der Ehefrau von der Hälfte des unterhaltspflichtigen Einkommens des Ehemanns ausgegangen ist. Sie macht geltend, dem erwerbstätigen Ehegatten müsse der sogenannte Erwerbstätigenbonus zugebilligt werden. Wenn der dem Ehemann verbleibende Bonus – wie üblich – mit einem Siebtel des anrechenbaren Erwerbseinkommens angesetzt werde, belaufe sich der Unterhaltsbedarf der Ehefrau nur auf $^3/_7$ – statt $^1/_2$ – des unterhaltspflichtigen Manneseinkommens. Auch dieser Angriff der Revision hat Erfolg. Bereits bei der Bemessung des Unterhaltsbedarfs nach den ehelichen Lebensverhältnissen muß dem erwerbstätigen Unterhaltspflichtigen ein die Hälfte des verteilungsfähigen Einkommens maßvoll übersteigender Betrag verbleiben. Das hat der Senat – nach der Verkündung des angefochtenen Urteils – unter Auseinandersetzung mit den teilweise abweichenden Meinungen in Literatur und Rechtsprechung entschieden und damit seine frühere Rechtsprechung zu dieser Frage bestätigt und weiterentwickelt (Senat, NJW 1989, 1992 = FamRZ 1989, 842 (843)). Das Berufungsurteil enthält dazu keine neuen Gesichtspunkte. **c**

Bei der erneuten Befassung wird das BerGer. Anlaß zu der Prüfung haben, ob es gerechtfertigt ist, zugunsten des Ehemannes 5 % seines Nettoeinkommens für berufsbedingten Aufwand anzusetzen, obwohl er auf Befragen im Termin keine nennenswerten Aufwendungen nennen konnte. Für den Fall, daß das BerGer. erneut zu einem solchen Ansatz kommt, wird bei der tatrichterlichen Bemessung der Höhe der gebotenen, maßvollen Abweichung von der Halbteilung des Einkommens zu beachten sein, daß diese Abweichung dann, wenn die berufsbedingten Aufwendungen mit dem Satz von 5 % des Nettoeinkommens gedeckt sind, allein noch dazu dient, einen Anreiz zur Erwerbstätigkeit zu schaffen (vgl. zu dem doppelten Zweck des sogenannten Erwerbstätigenbonus Senat, NJW 1982, 41 = LM § 1603 BGB Nr. 9 = FamRZ 1981, 1165 (1166); NJW-RR 1986, 68 = LM § 1569 BGB Nr. 19 = FamRZ 1985, 908 (910) und NJW 1988, 2369 = LM § 1569 BGB Nr. 28 = FamRZ 1988, 265 (267)). Das könnte nahelegen, den Erwerbstätigenbonus geringer als sonst üblich zu bemessen.

BGH v. 31. 1. 90 – XII ZR 35/89 – FamRZ 90, 503 = NJW-RR 90, 514

(Ausnahmen vom In-Prinzip bei Steuern; Erwerbstätigenbonus) **R413**

1. Bei der Ermittlung der ehelichen Lebensverhältnisse gem. § 1578 I 1 BGB ist grundsätzlich auf das tatsächliche, auf der Grundlage der konkreten Steuerbelastung verfügbare Nettoeinkommen des Ehegatten abzustellen, der während der Ehe durch seine Erwerbstätigkeit (allein) die für den Unterhalt

der Ehegatten benötigten Mittel erwirtschaftet hat. Entgegen der Darstellung im angefochtenen Urteil folgt der Senat hierbei seiner ständigen Rechtsprechung (vgl. BGHZ 89, 108 (110) = NJW 1984, 292 = LM § 1578 BGB Nr. 26 sowie NJW 1982, 1986 = LM § 1578 BGB Nr. 11 = FamRZ 1983, 152 (153); NJW 1988, 2105 = LM § 1579 BGB Nr. 36 = FamRZ 1988, 486 und NJW 1988, 2101 = LM § 1578 BGB Nr. 52 = FamRZ 1988, 817 (818)). Diese hat er mit Urteil vom 24. 1. 1990 (XII ZR 2/89) erneut bestätigt und sich dabei auch bereits mit den vom BerGer. für seine abweichende Auffassung vorgetragenen Gesichtspunkten auseinandergesetzt. Darauf wird verwiesen. Entgegen der Auffassung des OLG ist bei der Bedarfsbemessung nicht auf die erzielten Nettoeinkünfte in der Zeit des Zusammenlebens („während intakter Ehe") abzustellen; vielmehr sind grundsätzlich auch nach der Trennung eintretende Änderungen zu berücksichtigen, weil die Verhältnisse zum Zeitpunkt der Scheidung maßgebend sind. Selbst für die Folgezeit können sich ausnahmsweise noch bestimmte Umstände auswirken, wenn nämlich ihr Eintritt mit großer Wahrscheinlichkeit zu erwarten war und sich die Ehegatten in ihren Dispositionen auf sie bereits einrichten konnten (vgl. Senat, LM § 1578 BGB Nr. 7 = FamRZ 1982, 684 (686) und NJW 1985, 1699 = LM § 1573 BGB Nr. 14 = FamRZ 1985, 791 (793) m. w. Nachw.). Der Senat hat es somit abgelehnt, den unterhaltsberechtigten Ehegatten von späteren Veränderungen von vornherein auszuschließen und für die Unterhaltsbemessung nach der Scheidung etwa nur noch an die allgemeine Entwicklung der Lebenshaltungskosten anzuknüpfen (Senat, NJW 1987, 1555 = LM § 1578 BGB Nr. 43 = FamRZ 1987, 459 (460)).

Dieser Grundsätze über die Berücksichtigung zu erwartender nachehelicher Veränderungen bedarf es jedoch nicht, soweit es sich darum handelt, Einkünfte in der Höhe in die Unterhaltsbemessung einzustellen, wie sie sich aus den bisherigen Einkommensquellen [Einkommensquellen] als Nettoeinkünfte nunmehr ergeben. Dabei sind gesetzlich bestimmte Abzüge (Steuern, Sozialabgaben) oder in Lohn-, Besoldungs- und Versorgungssystemen vorgesehene Zuschläge stets zu berücksichtigen, auch soweit sie einer Änderung der persönlichen Verhältnisse des Einkommensbeziehers Rechnung tragen. Deshalb ist auch die Lohnsteuerlast in ihrer jeweiligen realen Höhe maßgeblich, unabhängig davon, ob sie im konkreten Fall seit der Trennung gestiegen oder gesunken ist und ob das auf einem gesetzlich vorgeschriebenen Wechsel der Steuerklasse oder auf einer Änderung des Steuertarifs beruht. Berichtigungen der tatsächlichen, durch Steuerbescheid oder Lohnabrechnung nachgewiesenen Nettoeinkünfte sind danach nur in besonders liegenden Fällen vorzunehmen. Sie können etwa erforderlich werden, wenn in das versteuerte Einkommen Einkünfte aus einer Erwerbstätigkeit oder einer sonstigen Erwerbsquelle eingeflossen sind, die die ehelichen Lebensverhältnisse nicht geprägt haben und deshalb bei der Bemessung des Unterhaltsbedarfs nach § 1578 I 1 BGB ausgeschieden werden müssen (vgl. etwa Senat, NJW 1983, 933 = LM § 1361 BGB Nr. 35 = FamRZ 1983, 146 (149)), oder wenn steuerrechtlich mögliche Abschreibungen vorgenommen worden sind, die nach den insoweit von der Rechtsprechung entwickelten Grundsätzen (vgl. Senat, NJW 1985, 909 = LM § 1577 BGB Nr. 6 = FamRZ 1985, 357 (359) und NJW 1987, 776 = LM § 242 (D) BGB Nr. 96 = FamRZ 1987, 46 (48) m. w. Nachw.) dem Unterhaltsgläubiger nicht einkommens- und damit bedarfsmindernd entgegengehalten werden können, oder wenn erreichbare Steuervorteile entgegen einer insoweit bestehenden Obliegenheit nicht in Anspruch genommen worden sind (vgl. dazu Kalthoener/Büttner, Die Rechtsprechung zur Höhe des Unterhalts, 4. Aufl., Rdnrn. 774 ff.).

BGH v. 31. 1. 90 – XII ZR 36/89 – FamRZ 90, 496 = NJW 1990, 2752

R414 *(Erwerbsobliegenheit bei Betreuung eines 16jährigen Kindes; Darlegungs- und Beweislast)*

a Wie der Senat bereits entschieden hat, hindert die Betreuung eines Kindes ab dem Alter von etwa 16 Jahren im allgemeinen nicht an einer vollen Erwerbstätigkeit. Für eine abweichende Beurteilung müssen besondere Gründe vorliegen. Solche besonderen Gründe sind im Prozeß von demjenigen darzulegen und notfalls zu beweisen, der sich auf das Fortbestehen eines Anspruchs auf Betreuungsunterhalt beruft (vgl. Senat, NJW 1985, 429 = LM § 1570 BGB Nr. 5 = FamRZ 1985, 50 (51)). Diese Verteilung der Darlegungs- und Beweislast gilt auch im Abänderungsprozeß jedenfalls dann, wenn derartige Gründe – wie hier – im Vorprozeß noch nicht vorgebracht und bewertet worden sind. Mit Recht hat daher das BerGer. die Bekl. als darlegungspflichtig für Umstände angesehen, die über den 1. 7. 1985 hinaus eine Verhinderung an der Aufnahme einer Erwerbstätigkeit aufgrund der Kindesbetreuung ergeben könnten.

Wenn es ihrem Vortrag über die erforderliche Überwachung der Tabletteneinnahme keine derartigen Umstände entnommen hat, ist dies aus Rechtsgründen nicht zu beanstanden. Die Bekl. ist in der Berufungsverhandlung auf diesbezügliche Bedenken des Gerichts hingewiesen worden, hat aber offenbar nicht vorgetragen, eine Tabletteneinnahme morgens und abends, wie vom Gericht erwogen, sei nach ärztlichem Urteil oder aus sonstigen Gründen unzureichend. Die Revision macht auch nicht geltend, daß das BerGer. eine derartige Behauptung der Bekl. übergangen habe. Soweit sie rügt, das BerGer. habe seiner Entscheidung ärztlichen Sachverstand zugrunde gelegt, den es nicht belegt habe und nicht besitze, geht die Rüge fehl. Das BerGer. hat nicht festgestellt, daß eine – von der Bekl. zu überwachende – Tabletteneinnahme morgens und abends genüge, sondern hat lediglich diese Möglichkeit als nicht ausgeräumt angesehen.

(Einsatzzeit bei § 1572 BGB)

Wie die Revision mit Recht rügt, durfte ein Anschlußtatbestand nach § 1572 Nr. 4 BGB i. V. mit § 1573 I BGB unter diesen besonderen Umständen nicht ohne weiteres damit verneint werden, daß die Bekl. für die Zeit seit Juli 1985 keine Bemühungen um eine Erwerbstätigkeit behauptet hat. Vielmehr kommt in Betracht, daß der Kl. sich hierauf nach Treu und Glauben nicht berufen kann (vgl. Soergel-Häberle, BGB, 12. Aufl., § 1573 Rdnr. 8). Soweit bisher ersichtlich, hat er die Bekl. erst mit Anwaltsschreiben vom 16. 9. 1986 auf ihre Erwerbsobliegenheit hingewiesen und aufgefordert, auf ihre Rechte aus dem Unterhaltstitel zu verzichten. Zudem ist das mit dem Heranwachsen eines Kindes verbundene Auslaufen des Anspruchs auf Betreuungsunterhalt kein für jedermann ohne weiteres erkennbarer Vorgang. Daher durfte die Bekl. möglicherweise darauf vertrauen, daß ihr – obendrein titulierter – Unterhaltsanspruch fortbestehe und sie sich nicht um eine Erwerbstätigkeit bemühen müsse. **b**

Allerdings müssen bei der hier gebotenen Abwägung auch die schutzwürdigen Interessen des Kl. berücksichtigt werden, dessen Rechtsposition nicht schon deshalb nachhaltig verschlechtert werden darf, weil er sich später als möglich gegen den Unterhaltstitel gewandt und bis dahin u. U. zeitweise eine Unterhaltspflicht erfüllt hat, der er mit Erfolg hätte begegnen können. Indessen sind Umstände denkbar, unter denen seine Interessen zurücktreten müssen. Unzweifelhaft wäre dies der Fall, wenn er die Bekl. durch Fortzahlung des Unterhalts bewußt von Erwerbsbemühungen abgehalten, sie also in Sicherheit gewiegt hätte. Bei derart arglistigem Verhalten, für das bisher freilich nichts vorliegt, könnte er sich nicht darauf berufen, daß der Einsatzzeitpunkt für einen Anschlußunterhalt nach § 1572 Nr. 4 BGB verfehlt sei. Zu demselben Ergebnis kann es aber etwa auch führen, wenn er seine Zahlungen während einer Zeit widerspruchslos fortgesetzt hat, in der die Bekl. erkennbar im Vertrauen auf eine fortbestehende Betreuungsbedürftigkeit der Tochter von Erwerbsbemühungen abgesehen hat. Derartiges ist hier schon deshalb nicht auszuschließen, weil die Bekl. sich gegen die Abänderungsklage damit verteidigt hat, die Tochter habe über die Vollendung des sechzehnten Lebensjahres hinaus in einer Weise der Betreuung bedurft, die sie – die Bekl. – an einer Erwerbstätigkeit gehindert habe. Es bedarf mithin weiterer Sachaufklärung und einer umfassenden, in erster Linie tatrichterlicher Würdigung vorbehaltenen Abwägung unter Berücksichtigung aller wesentlichen Umstände einschließlich der schutzwürdigen Belange beider Parteien. Da diese bisher fehlt, kann das angefochtene Urteil keinen Bestand haben.

(zu § 1576 BGB)

Für das weitere Verfahren weist der Senat darauf hin, daß nach einer verbreiteten Auffassung im Schrifttum die Voraussetzungen des § 1576 BGB zu prüfen sind, sofern die Zubilligung eines Anspruchs auf Unterhalt wegen Krankheit lediglich am Einsatzzeitpunkt scheitert (vgl. Soergel-Häberle, § 1576 Rdnr. 10; Richter, in: MünchKomm, 2. Aufl., § 1576 Rdnr. 12; Schwab-Borth, Hdb. des ScheidungsR, 2. Aufl., Teil IV, Rdnr. 260 ff.). **c**

BGH v. 14. 2. 90 – XII ZR 39/89 – FamRZ 90, 491 = NJW 1990, 1476

(Rückforderung eines Prozeßkostenvorschusses) **R415**

Ebenso wie der Anspruch auf Prozeßkostenvorschuß nach §§ 1360 a IV, 1361 IV 4 BGB, der unterhaltsrechtlicher Natur ist (BGHZ 56, 92 (94) = NJW 1971, 1262; BGHZ 89, 33 (38 f.) = NJW 1984, 291), läßt sich auch der Anspruch auf Rückzahlung eines geleisteten Prozeßkostenvorschusses aus den Vorschriften des Unterhaltsrechts herleiten. Mangels einer speziellen gesetzlichen Regelung ist dabei der den §§ 1360 ff. BGB zugrundeliegende Rechtsgedanke heranzuziehen, und zwar unter Berücksichtigung des Vorschußcharakters der Leistung (BGHZ 56, 92 (96 f.) = NJW 1971, 1262 = LM § 1360 a BGB Nr. 6; Senat, BGHZ 94, 316 (318) = NJW 1985, 2263 = LM § 1360 a BGB Nr. 10). Hiernach kann der Vorschuß zurückgefordert werden, wenn die Voraussetzungen, unter denen er verlangt werden konnte, nicht mehr bestehen, insbesondere weil sich die wirtschaftlichen Verhältnisse des Empfängers wesentlich gebessert haben; ferner, wenn die Rückzahlung aus anderen Gründen der Billigkeit entspricht (BGHZ 56, 92 (96, 97) = NJW 1971, 1262, BGHZ 94, 316 (318) = NJW 1985, 2263).

BGH v. 14. 2. 90 – XII ZR 51/89 – FamRZ 90, 981 = NJW-RR 1990, 580

(Abweichung von Halbteilungsprinzip bei Renten wegen Mehrbedarfs) **R416**

1. Für die Zeit bis Ende 1988 hat das BerGer. – wie das AG im Ausgangsurteil – den Unterhalt nach einer Quote von $^2/_5$ der Differenz der beiderseitigen bereinigten Einkommen bemessen. Das begegnet **a**

keinen durchgreifenden rechtlichen Bedenken. Ob dies schon deshalb gilt, weil bereits das Ausgangsurteil den Unterhalt nach einer hinter der Hälfte der Einkommensdifferenz zurückbleibenden Quote bemessen hat und das Gericht im Abänderungsverfahren an die Grundlagen des bisherigen Titels gebunden ist (vgl. Senat, NJW 1984, 1458 = LM § 1610 BGB Nr. 10 = FamRZ 1984, 374 (375) m. w. Nachw.), kann offenbleiben. Auch wenn die Bindung an den bestehenden Titel nicht so weit reicht, ist die maßvolle Abweichung vom Halbteilungsgrundsatz unbedenklich. Allerdings verschafft die Anwendung der gewählten Verteilungsquote im Ergebnis beiden Parteien einen Bonus in Höhe eines Fünftels ihres Einkommens. Ein solcher steht der Bekl., wie das BerGer. nicht verkennt, unter dem Gesichtspunkt des mit einer Berufsausübung verbundenen höheren Aufwandes und des Anreizes zur Erwerbstätigkeit (sog. Erwerbstätigen-Bonus) nicht zu, weil sie nur Renteneinkünfte bezieht (vgl. Senat, NJW 1982, 2442 = LM § 1578 BGB Nr. 15 = FamRZ 1982, 894 (895)). Er ist jedoch durch besondere Gründe anderer Art gerechtfertigt. Das BerGer. hat rechtsfehlerfrei ausgeführt, die Bekl. erleide krankheitsbedingte Nachteile, die Veranlassung böten, die für einen Erwerbstätigen geltenden Grundsätze entsprechend anzuwenden. Werde jener zum Erhalt seiner Arbeitsfreude und zum Ausgleich berufsbedingter Nachteile bevorzugt, so seien bei der Bekl. krankheitsbedingte, ihre Lebensgestaltung beeinträchtigende Nachteile zu verzeichnen, die es angezeigt erscheinen ließen, auch ihr einen entsprechenden Bonus zu gewähren. Jedenfalls das rechtfertigt seinen Ansatz in der tatrichterlich bestimmten, rechtlich unbedenklichen Höhe auch im Abänderungsverfahren.

(In-Prinzip bei Steuern)

c 3. Die Revision beanstandet, daß das BerGer. die Nettoeinkünfte des Kl. auf der Grundlage der Besteuerung nach der infolge seiner Wiederverheiratung maßgebenden Steuerklasse III in die Unterhaltsberechnung eingestellt hat. Sie führt aus, der Richter des Ausgangsverfahrens habe die ehelichen Lebensverhältnisse im Zeitpunkt der Scheidung festgestellt, der Bedarfsberechnung den durch den Wechsel der Steuerklasse – von III nach I infolge der damals bereits mehrere Jahre zurückliegenden Trennung – verursachten Rückgang der Nettoeinkünfte des Kl. zugrunde gelegt und der Bekl. den sich danach ergebenden vollen Unterhalt zuerkannt. Deshalb sei auch für das Abänderungsverfahren von einer Besteuerung des Kl. nach der Steuerklasse I auszugehen, weil dieser Umstand nach Auffassung des Richters des Ausgangsverfahrens die ehelichen Lebensverhältnisse im Zeitpunkt der Scheidung geprägt habe. Der nach der Wiederheirat entstandene Splittingvorteil sei klageweise nicht geltend gemacht. Damit kann die Revision nicht durchdringen.

a) In dem Verfahren nach § 323 ZPO, in dem der Kl. eine Einkommenssteigerung der Bekl. sowie erhöhte eigene Belastungen geltend macht, ist eine Einkommenssteigerung auf seiner Seite zu beachten, ohne daß es dazu der Erhebung einer (Wider-)Klage durch die andere Partei bedarf.

b) Der Angriff gegen die Berücksichtigung des wiedererlangten Splittingvorteils geht auch im übrigen fehl. Zu den im Abänderungsverfahren beizubehaltenden Grundlagen des abzuändernden Titels gehören nicht Art und Höhe der Besteuerung, die zu dem Nettoeinkommen geführt hat, welches der Unterhaltsbemessung im Ausgangsverfahren zugrunde gelegt worden ist. Abgesehen davon, daß das AG damals eine Obliegenheit des Kl. zur Wahrnehmung ihm zustehender Steuervorteile angenommen hat und insoweit von einem fiktiv erhöhten Nettoeinkommen ausgegangen ist, hat es die real anfallenden Steuern und damit das tatsächliche Nettoeinkommen des Kl. nach Steuern zur Zeit der Scheidung berücksichtigt. Daß das BerGer. in gleicher Weise das tatsächliche Einkommen nach Abzug von Steuern zugrunde gelegt hat, begegnet danach keinen aus der Regelung des § 323 ZPO abzuleitenden rechtlichen Bedenken.

c) Den durch die Wiederheirat erlangten Splittingvorteil bei der Bemessung des Unterhalts für die Bekl. auszuscheiden, ist auch nicht deshalb veranlaßt, weil das materielle Unterhaltsrecht in § 1578 I 1 BGB eine Bedarfsbemessung nach den ehelichen Lebensverhältnissen vorsieht, der mit der Wiederverheiratung verbundene Steuervorteil des Ehegattensplittings aber erst nach der Scheidung eintritt. Allerdings ist nach der genannten Vorschrift auf die Lebensverhältnisse zur Zeit der Scheidung abzustellen (BGHZ 89, 108 (110) = NJW 1984, 292 = LM § 1578 BGB Nr. 26; ständige Rspr. des Senats). Das Ende der Ehe setzt damit für die Berücksichtigung erst später eintretender Umstände eine Grenze, die nur ausnahmsweise überschritten werden darf, wenn der Eintritt des neuen Umstandes mit hoher Wahrscheinlichkeit zu erwarten war und die Ehegatten sich darauf in ihren Dispositionen bereits einrichten konnten (vgl. Senat, LM § 1578 BGB Nr. 7 = FamRZ 1982, 686 und NJW 1985, 1699 = LM § 1573 BGB Nr. 14 = FamRZ 1985, 791 (793) m. w. Nachw.). Um einen für die Bemessung des Unterhaltsbedarfs grundsätzlich unbeachtlichen, nur ausnahmsweise zu berücksichtigenden Eintritt späterer Änderungen der die ehelichen Lebensverhältnisse prägenden Umstände handelt es sich jedoch nicht, wenn nach der Scheidung das aus der fortgeführten bisherigen Tätigkeit oder beibehaltenen sonstigen Einkommensquelle erzielte Nettoeinkommen Schwankungen, auch größeren Umfangs, erfährt, die sich aus gesetzlich bestimmten Abzügen (Steuern, Sozialabgaben) oder aus Erwerb oder Verlust von in Lohn-, Besoldungs- und Versorgungssystemen vorgesehenen Zuschlägen ergeben. Das gilt nach dem Urteil des Senats, NJW-RR 1990, 514 auch dann, wenn diese Abzüge und Zuschläge einer

Änderung in den persönlichen Verhältnissen des Einkommensbeziehers Rechnung tragen. Deshalb ist die Lohnsteuerlast in ihrer jeweiligen realen Höhe maßgeblich, unabhängig davon, ob sie im konkreten Fall gestiegen oder gesunken ist und ob das auf einem gesetzlich vorgeschriebenen Wechsel der Steuerklasse oder auf einer Änderung des Steuertarifs beruht. Berichtigungen des tatsächlichen, durch Steuerbescheid oder Lohnabrechnung nachgewiesenen Nettoeinkommens sind danach nur in besonders liegenden Fällen vorzunehmen. Sie können etwa erforderlich werden, wenn in das versteuerte Einkommen Einkünfte aus einer Erwerbstätigkeit oder einer sonstigen Erwerbsquelle eingeflossen sind, die die ehelichen Lebensverhältnisse nicht geprägt haben und deshalb bei der Bemessung des Unterhaltsbedarfs ausgeschieden werden müssen, wenn steuerrechtlich mögliche Abschreibungen vorgenommen worden sind, die dem Unterhaltsberechtigten nicht einkommens- und damit bedarfsmindernd entgegengehalten werden können, oder wenn erreichbare Steuervorteile entgegen einer Obliegenheit nicht in Anspruch genommen worden sind (vgl. auch insoweit Senat, NJW-RR 1990, 514 m. w. Nachw.). Im übrigen sind Einkünfte, die die ehelichen Lebensverhältnisse bestimmt haben, in der Höhe in die Bemessung des nachehelichen Unterhalts einzustellen, wie sie sich jeweils als Nettobeträge ergeben (s. dazu bereits Senat, NJW 1982, 1986 = LM § 1578 BGB Nr. 11 = FamRZ 1983, 152 (153)).

Mithin kommt es nicht darauf an, ob das Absinken der Nettoeinkünfte des Kl. durch den Wechsel der Steuerklasse von III nach I während der verhältnismäßig langen Zeit des Getrenntlebens nachhaltig war, wie der Senat (NJW 1988, 2105 = LM § 1579 BGB Nr. 36 = BGHR BGB § 1578 Abs. 1 Splittingvorteil 1 = FamRZ 1988, 486 (487)) erwogen hat. Der kraft Gesetzes infolge der neuen Eheschließung eingetretene Wiedererwerb des Splittingvorteils ist zu berücksichtigen, weil sich die Unterhaltsbemessung nach den Nettoeinkünften der Parteien richtet.

Ihn wegen seines sozialpolitischen Zwecks ausschließlich der neuen Familie des Unterhaltspflichtigen vorzubehalten, hat der Senat schon bisher in ständiger Rechtsprechung abgelehnt (NJW 1980, 2551 = LM § 1603 BGB Nr. 5 = FamRZ 1980, 984 (985); NJW 1985, 2268 = FamRZ 1985, 911 f. und NJW-RR 1988, 514 = LM § 1578 BGB Nr. 48 = FamRZ 1988, 145 (148); im Schrifttum ebenso Göppinger-Kindermann, UnterhaltsR, 5. Aufl., Rdnr. 1048; Johannsen-Henrich-Voelskow, EheR, § 1578 BGB Rdnr. 27; Kalthoener-Büttner, Die Rechtsprechung zur Höhe des Unterhalts, 4. Aufl., Rdnr. 777; anders Schwab-Borth, Hdb. des ScheidungsR, 2. Aufl., Teil IV, Rdnr. 564; Weychardt, FamRZ 1988, 930). Der Unterhaltsberechtigte kann den durch Wiederheirat des Unterhaltspflichtigen eintretenden steuerlichen Splittingvorteil unter den Voraussetzungen des § 323 ZPO zur Geltung bringen (Senat, NJW 1988, 2101 = LM § 1578 BGB Nr. 52 = BGHR BGB § 1578 Abs. 1 Satz 1 Unterhaltsbemessung 13 = FamRZ 1988, 817 (818)).

Den um der neuen Ehe willen gewährten Steuervorteil für den Unterhalt des früheren Ehegatten einsetzen zu müssen, kann jedoch für den Unterhaltsverpflichteten grob unbillig sein, wenn er den Betrag der Steuerersparnis für den Unterhalt seines jetzigen Ehepartners benötigt. In einem solchen Fall kommt bei Unterhaltsvorrang des geschiedenen gegenüber dem neuen Ehegatten, wie er auch hier besteht, eine Kürzung des Unterhaltsanspruchs nach § 1579 Nr. 7 BGB in Betracht, soweit der geschiedene Ehegatte an dem steuerlichen Splittingvorteil des Unterhaltspflichtigen teilhaben würde (Senat, NJW 1985, 2268 = FamRZ 1985, 911 f.). Diese rechtliche Möglichkeit hat das BerGer. nicht übersehen, sondern einen derartigen Mangelfall (vgl. dazu auch Senat, NJW-RR 1988, 514 = LM § 1578 BGB Nr. 48 = FamRZ 1988, 145 (148)) verneint. Das läßt einen Rechtsfehler nicht erkennen. Das BerGer. hat insoweit zutreffend darauf hingewiesen, daß bei der Berechnung des Unterhaltsanspruchs der Bekl. der von dem Kl. zu erbringende Kindesunterhalt in voller tabellarischer Höhe berücksichtigt worden ist, die tatsächliche Unterhaltslast des Kl. jedoch durch das Kindergeld in Höhe von 560 DM für die drei Kinder aus zweiter Ehe – das bei der Bemessung des nachehelichen Unterhalts unberücksichtigt geblieben ist – sowie durch Anrechnung von 25 DM Kindergeld auf den Unterhalt für den Sohn S aus der ersten Ehe erheblich gemindert ist. Weiterhin stehen dem Kl. und seiner jetzigen Ehefrau die vom BerGer. nicht einkommenserhöhend berücksichtigten Steuererstattungsbeträge zum Lebensunterhalt zur Verfügung. Schließlich hat er seit 1988 Bezüge der Besoldungsgruppe A 13; die durch die Beförderung vom Amtsrat zum Oberamtsrat eingetretene Besoldungserhöhung hat das BerGer. als eine zur Zeit der Scheidung nicht zu erwartende Änderung der Lebensverhältnisse bei der Bemessung des Unterhaltsanspruchs der Bekl. außer Ansatz gelassen.

(Berücksichtigung der in einer neuen Ehe erworbenen Orts- und Kinderzuschläge)

4. Die Revision macht geltend, das BerGer. habe weitere auf der Wiederverheiratung beruhende Steigerungen des Einkommens des Kl., nämlich den nunmehr erhöhten Ortszuschlag und Kinderzuschläge für seine drei Kinder aus der zweiten Ehe, bei der Bemessung des Unterhalts der Bekl. vorab ausscheiden müssen. Auch diese Rüge greift nicht durch. Das jeweilige Nettoeinkommen ist vielmehr für die Unterhaltsbemessung auch insoweit maßgebend, als es auf im Besoldungssystem vorgesehenen Zuschlägen beruht, die den persönlichen Verhältnissen des Einkommensbeziehers Rechnung tragen (s. oben unter 3). Das BerGer. hat danach zu Recht davon abgesehen, das anrechenbare Einkommen des Kl. um diese Zuschläge zu bereinigen. **d**

BGH v. 28. 3. 90 – XII ZR 64/89 – FamRZ 90, 857 = NJW 90, 2810

R417 *(zeitliche Begrenzung des Aufstockungsunterhalts)*

aa) Das Gesetz legt, wie die Revision nicht verkennt, ebenso wie in § 1578 I 2 BGB so auch in § 1573 V BGB keine bestimmte Ehedauer, also auch nicht eine solche von zehn Jahren, fest, von der ab eine zeitliche Begrenzung des Unterhaltsanspruchs – im Sinne eines Stichtagsprinzips – nicht mehr in Betracht kommen könnte. Es hebt lediglich neben anderen Gesichtspunkten die Dauer der Ehe als eines der Merkmale hervor, die in die Billigkeitsabwägung mit dem Ziel einer angemessenen Entscheidung jedes Einzelfalls einzubeziehen sind. Welches Gewicht der Ehedauer im Rahmen der Billigkeitsprüfung zukommt, läßt sich nur von Fall zu Fall entscheiden, wobei nicht zu verkennen ist, daß mit zunehmender Ehedauer in der Regel eine zunehmende Verflechtung der Lebensverhältnisse beider Ehegatten und häufig auch eine wachsende wirtschaftliche Abhängigkeit des Unterhaltsberechtigten von dem anderen Ehegatten einhergeht (vgl. Senat, NJW 1986, 722 (723) m. Hinw. auf Senat, NJW 1981, 754 = LM § 1579 BGB Nr. 5 = FamRZ 1981, 140 (142)). Je mehr die Bedürftigkeit des Unterhaltsberechtigten auf eine solche wachsende wirtschaftliche Abhängigkeit von dem Verpflichteten und – in diesem Sinn – auf ehebedingte Umstände zurückzuführen ist, um so weniger wird eine zeitliche Begrenzung des Unterhalts in Betracht kommen (Senat, NJW 1986, 2832 = LM § 1578 BGB Nr. 40 = BGHR BGB § 1578 Abs. 1 Satz 2 n. F. Begrenzung, zeitliche 1 = FamRZ 1986, 886 (888)).

bb) Mit Rücksicht darauf, daß einerseits § 1578 I 2 und § 1573 V BGB „nach der Zielsetzung des Gesetzgebers ein Regulativ gegen überzogene Unterhaltsansprüche seien" (Hahne, FamRZ 1986, 305 (307, 310)), andererseits aber die zeitliche Begrenzung des eheangemessenen Unterhalts Ausnahmecharakter haben solle (Giesing, FamRZ 1986, 937 (938); Soergel-Häberle, BGB, 12. Aufl., § 1573 Rdnr. 29), haben sich – sehr früh – einige Autoren dafür ausgesprochen, die zeitliche Begrenzung des Unterhalts nur bei einer Ehedauer von maximal zehn Jahren in Betracht zu ziehen (Hahne, FamRZ 1986, 305 (307, 310) sowie FamRZ 1985, 113 (115); Giesing, FamRZ 1986, 938; zu dem Gesetzentwurf bereits Eyrich, FamRZ 1984, 944 Fußn. 40). Dem haben sich in neuerer Zeit etwa Richter (in: MünchKomm, 2. Aufl., § 1573 Rdnr. 34) und Häberle (§ 1573 Rdnr. 31) sowie einige Gerichte (OLG Düsseldorf, FamRZ 1988, 838 (839); wohl auch OLG Hamburg, FamRZ 1987, 1250 (1253); OLG Hamm, FamRZ 1986, 908 (909)) angeschlossen. Diese Meinung ist jedoch bei anderen Autoren (u. a. Johannsen-Henrich-Voelskow, EheR, § 1573 Rdnr. 19; Schwab-Borth, Hdb. des ScheidungsR, 2. Aufl., Teil IV Rdnr. 198; Palandt-Diederichsen, BGB, 49. Aufl., § 1573 Anm. 5 b aa; Kalthoener-Büttner, Die Rechtsprechung zur Höhe des Unterhalts, 4. Aufl., Rdnr. 937; wohl auch Cuny, in: RGRK, 12. Aufl., § 1578 Rdnr. 30) auf Widerspruch gestoßen; auch haben sich einige Gerichte ausdrücklich gegen eine Zeitschranke von zehn Jahren für die Möglichkeit einer Begrenzung des Unterhalts ausgesprochen (neben dem BerGer. OLG Düsseldorf, FamRZ 1987, 945; OLG Karlsruhe/Freiburg, FamRZ 1989, 511). Dabei wird darauf hingewiesen, daß eine solche Zeitschranke angesichts der vielfältigen persönlichen und wirtschaftlichen Gestaltungsmöglichkeiten einer Ehe zu eng sei und die mit § 1573 V BGB bezweckte Billigkeitsentscheidung unzulässig behindern könne (Voelskow, § 1573 Rdnr. 19). Auch wird geltend gemacht: So sehr die Anknüpfung an formal nachzuvollziehende Tatbestandsmerkmale die Rechtsanwendung und damit die Rechtsklarheit fördern möge, bestünden doch Bedenken, eine Ehedauer von etwa zehn Jahren allgemein als Richtschnur für die Anwendung oder Ablehnung des § 1573 V BGB heranzuziehen; zwar sei nicht zu verkennen, daß der über eine Ehedauer von zehn Jahren hinausgehende Bereich sich einer Ehe von langer Dauer nähere; auch spreche die Lebenserfahrung dafür, daß die Ehegatten mit fortschreitender Ehedauer ihre Lebensführung wechselseitig aufeinander eingestellt und sich insoweit wechselseitige Abhängigkeiten entwickelt hätten; gleichwohl könne für die gebotene Billigkeitsabwägung nur die jeweilige Lebenssituation der Ehegatten – und nicht eine von vornherein festgelegte Ehedauer – maßgebend sein (Schwab-Borth, Teil IV Rdnr. 198).

cc) Das hält der Senat für zutreffend. Es widerspräche in der Tat dem Sinn und Zweck der gesetzlichen Regelung des § 1573 V BGB, den Billigkeitsgesichtspunkt „Dauer der Ehe" im Sinne einer festen Zeitgrenze – von zehn Jahren – zu bestimmen, von der ab der Unterhaltsanspruch grundsätzlich keiner zeitlichen Begrenzung mehr zugänglich sein sollte. Andererseits ist nicht zu verkennen, daß sich eine Ehedauer von mehr als zehn Jahren dem Grenzbereich nähern dürfte, in dem, vorbehaltlich stets zu berücksichtigender besonderer Umstände des Einzelfalls, der Dauer der Ehe als Billigkeitskriterium im Rahmen von § 1573 V BGB ein durchschlagendes Gewicht für eine dauerhafte Unterhalts„Garantie" und gegen die Möglichkeit zeitlicher Begrenzung des Unterhalts zukommen wird. Ob dieser Grenzbereich, wie das BerGer. meint, bei einer Ehedauer von 15 Jahren erreicht ist, bedarf hier keiner Entscheidung. Das angefochtene Urteil ist jedenfalls entgegen der Auffassung der Revision aus Rechtsgründen nicht deshalb zu beanstanden, weil das BerGer. den Unterhalt der Kl. trotz einer Ehezeit von insgesamt wenig mehr als zehn Jahren zeitlich begrenzt hat. 2. Die Revision macht weiter geltend:

a) Nach zehn Jahren Ehezeit müsse grundsätzlich angenommen werden, daß eine Unterhaltsbeschränkung grob unbillig sei, weil von einem hohen Grad beiderseitiger wirtschaftlicher Verflechtungen und Abhängigkeiten der Ehegatten während dieser Dauer der Ehe auszugehen sei. Aus diesem

Grund biete es sich an, ab einer Ehedauer von zehn Jahren dem Unterhaltsverpflichteten die Beweislast dafür aufzuerlegen, daß der Unterhaltsberechtigte keine ehebedingten Nachteile erlitten habe. Im übrigen sei nach zehn Jahren Anpassung und Rücksichtnahme auf den Ehegatten mit dem maßgeblichen Einkommen ohne weitere Nachweise von erlittenen ehebedingten Nachteilen des Unterhaltsberechtigten auszugehen. Auch im vorliegenden Fall seien nach der Lebenskonzeption der Parteien grundsätzlich ehebedingte Nachteile der Kl. zu bejahen. Diese habe, wie in den Vorinstanzen vorgetragen, in den Jahren der beruflichen Entwicklung des Bekl. auf eine eigene berufliche Weiterbildung verzichtet und ihre eigenen Interessen zurückgestellt, weil sie am Status des Bekl. habe teilhaben sollen. Als sie heiratete, sei sie 35 Jahre alt gewesen; es sei davon auszugehen, daß sie sich noch fortgebildet und dadurch beruflich bessere Chancen gehabt hätte; zumindest wäre ihre berufliche Situation günstiger gewesen, wenn sie nicht dem Bekl. zuliebe mehrmals umgezogen wäre und den Arbeitsplatz gewechselt hätte. Das habe das BerGer. zu Unrecht nicht berücksichtigt, wobei es zu hohe Anforderungen an die Darlegungspflicht der Kl. gestellt habe.

b) Mit diesem Angriff kann die Revision nicht durchdringen. Das BerGer. hat weder die Darlegungs- und Beweislast verkannt noch die Anforderungen an die Darlegungslast der Kl. überspannt.

aa) Da § 1573 V BGB keine anspruchsbegründende Norm ist, sondern als unterhaltsbegrenzende Norm Ausnahmecharakter hat, trifft die Darlegungs- und Beweislast für die Tatsachen, die für ihre Anwendung sprechen, nach allgemeinen Beweislastregeln grundsätzlich den Unterhaltsverpflichteten (Cuny, in: RGRK, § 1573 Rdnr. 23; Richter, in: MünchKomm, § 1573 Rdnr. 40; Schwab-Borth, IV Rdrn. 218 ff.; Soergel-Häberle, § 1573 Rdnr. 38), der auch die Umstände darlegen und notfalls beweisen muß, die für eine möglichst kurze Übergangsfrist sprechen (Voelskow, § 1573 Rdnr. 33). Ihm wird die Beweisführung allerdings in der Regel dadurch erleichtert, daß der Berechtigte im Rahmen eines Unterhaltsanspruchs nach § 1573 I BGB oder – wie hier – nach Abs. 2 der Vorschrift bereits seinerseits die Umstände vorbringen und gegebenenfalls beweisen muß, die für seine Bedürftigkeit ursächlich sind, so zum Beispiel, daß er eine innegehabte Arbeitsstelle verloren habe und keine angemessene Erwerbstätigkeit finde (Schwab-Borth, IV Rdnr. 220) oder daß seine Einkünfte aus einer ausgeübten angemessenen Erwerbstätigkeit gleichwohl nicht zu seinem vollen Unterhalt ausreichten. Sind indessen nach den objektiv nachprüfbaren Gegebenheiten in Verbindung mit dem Vortrag der Parteien die für eine Anwendung des § 1573 V BGB sprechenden Billigkeitsgründe dargetan, so trägt wiederum der Unterhaltsberechtigte die Darlegungs- und Beweislast für die Umstände, die im Rahmen der zu treffenden Billigkeitsabwägung zu seinen Gunsten, also gegen eine zeitliche Begrenzung seines Unterhaltsanspruchs oder zumindest für eine längere „Schonfrist" sprechen (Soergel-Häberle, § 1573 Rdnr. 38; Cuny, in: RGRK, § 1573 Rdnr. 23; Schwab-Borth, IV Rdnr. 220; Voelskow, § 1573 Rdnr. 33; Diederichsen, NJW 1986, 1283 (1288 unter III 3 b)).

BGH, Urteil v. 11. 4. 1990 – XII ZR 42/89 – FamRZ 90, 989 = NJW 90, 3274

(Wohnwert als Einkommen) **R418**

1. a) Zutreffend hat das KG zur Feststellung der Lebensverhältnisse der Parteien im Rahmen der **a**
Bedarfsbemessung zunächst die Einkünfte des Kl. aus dessen Erwerbstätigkeit herangezogen (§ 1361 I BGB). Es hat jedoch nicht berücksichtigt, daß zu den Einkünften der Parteien, die für den eheangemessenen Unterhalt bestimmend sind, auch das mietfreie Wohnen im Familienheim gehört. Denn zu den Einkünften rechnen auch die Vorteile, die die Parteien dadurch gehabt haben, daß sie ein eigenes Haus bewohnt haben. Es handelt sich um Nutzungen des Vermögens, hier des Grundstückseigentums i. S. des § 100 BGB, und zwar in der Form der Gebrauchsvorteile. Soweit deren Wert die Belastungen übersteigt, die durch allgemeine Grundstücksunkosten und -lasten sowie gegebenenfalls durch Zins- und Tilgungsverpflichtungen entstehen, sind sie bei der Bestimmung der Lebensverhältnisse den Einkünften der Eheleute hinzuzurechnen (Senat, NJW 1986, 1340 = FamRZ 1986, 434; Senat, NJW-RR 1986, 683 = Ez FamRZ, BGB § 1577 Nr. 7 = FamRZ 1986, 439; NJW 1989, 2809 = FamRZ 1989, 1160 (1162) m. w. Nachw.).

(Zu 5-% und 1/7-Erwerbsbonus)

Das KG wird auch Anlaß zur Prüfung haben, ob es neben der Bemessung des Unterhaltsbedarfs der **c**
Bekl. nach einer 3/7-Quote gerechtfertigt ist, zugunsten des Ehemannes 5% seines Nettoeinkommens für berufsbedingten Aufwand anzusetzen; denn das Berufungsurteil enthält keine Feststellungen darüber, daß er berufsbedingten Aufwand hat. Für den Fall, daß das BerGer. erneut zu einem solchen Ansatz kommt, wird bei der tatrichterlichen Bemessung der Höhe der gebotenen maßvollen Abweichung von der Halbteilung des Einkommens zu beachten sein, daß diese Abweichung dann, wenn die berufsbedingten Aufwendungen durch den Abzug von 5% des Nettoeinkommens gedeckt sind, allein noch dazu dient, einen Anreiz zur Erwerbstätigkeit zu schaffen (vgl. zu dem doppelten Zweck des Erwerbstätigenbonus Senat, NJW 1982, 41 = LM § 1603 BGB Nr. 9 = FamRZ 1981, 1165 (1166); Senat,

NJW-RR 1986, 68 = LM § 1569 BGB Nr. 19 = FamRZ 1985, 908 (910); Senat, NJW 1988, 2369 = LM § 1569 BGB Nr. 28 = FamRZ 1988, 265 (267)).

(Fiktive Zinsen nur ansetzbar, wenn eine mutwillige Herbeiführung der Bedürftigkeit vorliegt)

d b) Das KG hat für die Zeit ab Oktober 1988 einen Unterhaltsanspruch der Bekl. verneint. Es hat die Bekl. für gehalten angesehen, die Zinsen aus dem ihr hälftig zugeflossenen Erlös aus dem Hausverkauf für ihren Unterhalt einzusetzen. Dieser Obliegenheit habe sie mindestens fahrlässig dadurch zuwider gehandelt, daß sie ungeachtet des ihr zugeteilten Hausrats für sich und die Kinder ungewöhnlich viele und in dieser Weise sowie Höhe nicht sogleich notwendige Neuanschaffungen von Hausrat vorgenommen, eine außerordentlich hohe Einmalprämie für eine neue Lebensversicherung bezahlt und weitere hohe Beträge den Kindern zugewendet habe, ohne genügend ihren eigenen laufenden Lebensunterhalt zu berücksichtigen. Das KG hat ihr deshalb fiktive Zinsen in Höhe von 562,50 DM monatlich als Einkommen angerechnet, [angerechnet] die sie aus einem Kapital von 150 000 DM hätte ziehen können, da dieses Kapital „bei der gebotenen sparsamen Verwendung“ verfügbar gewesen wäre. Auch diese Erwägungen begegnen Bedenken, worauf die Revision mit Recht hinweist.

Dem Ausgangspunkt des KG ist allerdings zuzustimmen, daß den Unterhaltsberechtigten die Obliegenheit trifft, eigenes Vermögen so ertragreich wie möglich anzulegen, weil auch solche Einkünfte die Bedürftigkeit mindern, die in zumutbarer Weise eingezogen werden könnten, aber nicht eingezogen werden (Senat, EzFamR BGB § 1577 Nr. 7. m. w. Nachw.).

Ein Ansatz fiktiver Zinseinkünfte scheidet jedoch aus, wenn das einzusetzende Kapital nicht mehr vorhanden ist (Senat, NJW 1988, 2371 (2372) = LM § 1603 BGB Nr. 13). Nach dem Vortrag der Bekl., den das BerGer. seiner Erwägung zugrunde legt, hat sie den ihr zugeflossenen Verkaufserlös bis auf einen Restbetrag von 40 000 DM verbraucht. Als Einkünfte können deshalb zunächst nur die Zinsen aus der Anlage dieser 40 000 DM angesetzt werden. Die Ausgabe von ca. 165 000 DM kann nur dann zu Lasten der Bekl. gehen, wenn die Voraussetzungen des § 1579 Nr. 3 BGB gegeben sind (Senat, NJW-RR 1986, 746 = LM § 1577 BGB Nr. 10 = FamRZ 1986, 560 (562)).

Für eine mutwillige Herbeiführung der Bedürftigkeit i. S. des § 1579 Nr. 3 BGB ist mindestens eine unterhaltsbezogene Leichtfertigkeit Voraussetzung, die vorliegt, wenn sich der Unterhaltsberechtigte unter grober Mißachtung dessen, was jedem einleuchten muß, oder in Verantwortungs- und Rücksichtslosigkeit gegen den Unterhaltspflichtigen über die erkannte Möglichkeit nachteiliger Folgen für seine Bedürftigkeit hinweggesetzt hat (vgl. Senat, LM § 1579 BGB Nr. 21 = FamRZ 1984, 364 (367) m. w. Nachw.). Daß die Bekl. beim Abschluß der Rentenversicherung in diesem Sinn mutwillig gehandelt habe, wird sich kaum sagen lassen, da diese Versicherung der Altersvorsorge diente und als teilweiser Ersatz für den Verlust des Familienheimes angesehen werden konnte, dem ebenfalls in gewissem Umfang Sicherungsfunktion für das Alter zukam. Mutwilligkeit in dem genannten Sinne läßt sich auch bei den umzugsbedingten Neuanschaffungen nicht pauschal, sondern nur nach Prüfung der jeweiligen einzelnen Anschaffung bejahen, da Umzüge erfahrungsgemäß dazu führen, daß vorhandene Einrichtungsgegenstände in der neuen Wohnung nicht passen oder aus anderen Gründen ersetzt werden müssen, wobei dem Umziehenden ein Ermessen zuzubilligen ist.

Hinsichtlich des Sparbriefes in Höhe von 21 000 DM für K hat die Bekl. vorgetragen, daß diese Zuwendung zum teilweisen und versprochenen Ausgleich für die frühere Verwendung von 20 000 DM aus einer dem Kind angefallenen Erbschaft geschehen sei. Nach dem schriftlichen Willen der Erblasserin seien die 20 000 DM als Aussteuer für die Tochter gedacht gewesen. Dieser – unbestrittene – Vortrag spricht ebenfalls gegen eine Mutwilligkeit der Bekl.

BGH v. 16. 5. 90 – XII ZR 40/89 – FamRZ 90, 851 = NJW 90, 2252

R420 *(Unterhalt bei Gütergemeinschaft)*

II. Da die Parteien getrennt leben, kann die Kl. vom Bekl. nach § 1361 I BGB den nach den Lebensverhältnissen und den Erwerbs- und Vermögensverhältnissen der Parteien angemessenen Unterhalt verlangen. Dieser Anspruch besteht unabhängig von dem zwischen Eheleuten geltenden Güterstand (Palandt-Diederichsen, BGB, 49. Aufl., § 1361 Anm. 1 c; Finke, in: RGRK, 12. Aufl., § 1447 Rdnr. 10 a. E.; Göppinger-Wenz, UnterhaltsR, 5. Aufl., Rdnr. 1182; für § 1360 BGB vgl. auch: Soergel-Lange, BGB, 12. Aufl., § 1360 Rdnr. 2 und Soergel-Gaul, § 1420 Rdnr. 1). Er steht der Kl. daher zu, obwohl sie mit dem Bekl. in Gütergemeinschaft lebt.

Trotzdem ist zu fragen, ob dieser Unterhaltsanspruch durch die Gütergemeinschaft inhaltlich beeinflußt wird. Diese Frage hat das BerGer. sich nicht vorgelegt. Es hat insoweit lediglich geprüft, ob der Unterhaltsbedarf der Kl. dadurch gedeckt ist, daß sie an den Einkünften des Gesamtgutes, das beiden Parteien zur gesamten Hand gehört (§§ 1416 I, 1419 I BGB), rechtlich teilhat und daß für den Unterhalt der Familie gem. § 1420 BGB primär diese Einkünfte zu verwenden sind. Damit wird jedoch die eigentliche Frage verfehlt. Darauf weist die Revision zutreffend hin, wenn sie geltend macht, es gehe um die Verwaltung des Gesamtgutes; um ihren Unterhalt sicherzustellen, müsse die Kl. die Zustimmung des Bekl. zu entsprechenden Verwaltungsmaßnahmen erwirken.

Nach § 1361 IV 1 BGB ist der laufende Unterhalt durch Zahlung einer Geldrente zu gewähren. Die Vorschrift gibt dem unterhaltsbedürftigen Ehegatten also gegen den anderen einen Zahlungsanspruch. Für die Gütergemeinschaft bestimmt hingegen § 1420 BGB, daß „für den Unterhalt der Familie" die Einkünfte, die in das Gesamtgut fallen, vor den in das Vorbehaltsgut fallenden Einkünften „zu verwenden" sind, und der Stamm des Gesamtgutes vor dem Stamm des Vorbehalts- und des Sondergutes. Wie die Worte „Unterhalt der Familie" zeigen, hat die Vorschrift ersichtlich den Unterhalt nach § 1360 BGB im Auge. Leben die Ehegatten jedoch wie hier die Parteien – getrennt, muß sie in gleicher Weise für den Trennungsunterhalt nach § 1361 BGB gelten. Die Vereinbarung von Vorbehaltsgut (§ 1418 BGB) ist nicht behauptet. Nach § 1420 BGB sind daher für den Unterhalt der Kl. in erster Reihe die Einkünfte des Gesamtgutes und dessen Stamm zu verwenden. Erst wenn und soweit diese Vermögenswerte dazu nicht ausreichen, ist für den Unterhalt das Sondergut heranzuziehen.

Zum Gesamtgut der Parteien gehören gem. § 1416 I BGB die Einkünfte aus den beiden Renten des Bekl. sowie aus der Vermietung des Bauernhofes in A. Sondergut, das nach § 1417 I BGB vom Gesamtgut ausgeschlossen ist, sind gem. Abs. 2 der Vorschrift lediglich die Rentenstammrechte und die daraus fließenden Rentenansprüche des Bekl., soweit sie gem. §§ 54f. SGB I (Erwerbsunfähigkeitsrente) oder §§ 850 II, 850a ff. ZPO (Rente der Versorgungsanstalt des Bundes und der Länder; vgl. Zöller-Stöber, ZPO, 15. Aufl., § 850 Rdnr. 7: Ruhegeld) unpfändbar sind und daher nach § 400 BGB nicht abgetreten werden können. Hingegen fallen die einzelnen Rentenzahlungen gem. § 1417 III BGB in das Gesamtgut (vgl. BSG, FamRZ 1980, 676 (677); Soergel-Gaul, § 1417 Rdnr. 3; Kanzleiter, in: MünchKomm, 2. Aufl., § 1417 Rdnr. 4; Palandt-Diederichsen, § 1417 Anm. 3; s. auch Senat, NJW 1985, 2706 = LM § 1587g BGB Nr. 4 = FamRZ 1985, 263f.). Die Guthaben auf den von den Parteien oder dem Bekl. allein eingerichteten Bankkonten sind pfändbar und unterliegen nicht dem Abtretungsverbot des § 400 BGB, auch soweit sie aus der Überweisung von Rentenbeträgen herrühren. Der beschränkte Pfändungsschutz solcher Guthaben gem. §§ 55 SGB I, 850k I ZPO steht dem nicht entgegen. Nach § 55 SGB I (vgl. dazu Burdenski-v. Maydell-Schellhorn, SGB AT, 1976, § 55 Rdnr. 44) ist die Unpfändbarkeit der durch solche Überweisungen entstehenden Guthaben auf die Dauer von sieben Tagen seit der Gutschrift beschränkt. § 850k ZPO gibt lediglich dem Vollstreckungsgericht die Möglichkeit, die Pfändung eines bestimmten, von der Zeit zwischen der Pfändung und dem nächsten Zahlungstermin abhängigen Teils des Guthabens auf Antrag des Schuldners aufzuheben. Da diese Vorschriften zudem die bestimmungsgemäße Verwendung der überwiesenen Bezüge für den laufenden Lebensbedarf sichern wollen (Stein-Jonas-Münzberg, ZPO, 20. Aufl., § 850i Rdnr. 119, § 850k Rdnr. 1), hindern sie nicht die Zugehörigkeit der Guthaben zum Gesamtgut, aus dem nach § 1420 BGB gerade der Unterhalt der Familie in erster Reihe zu bestreiten ist. Auch die Bankguthaben fallen daher in das Gesamtgut. Das gilt auch für die vom Bekl. allein auf seinen Namen eingerichteten Konten; denn nach § 1416 I und II BGB wird das Vermögen beider Ehegatten Gesamtgut, ohne daß es der Übertragung der einzelnen Gegenstände bedarf.

Nach den Feststellungen, die das BerGer. zur Höhe der Einkünfte getroffen hat, muß der Senat davon ausgehen, daß das Gesamtgut ausreicht, neben dem entsprechenden eigenen Bedarf des Bekl. auch den angemessenen Unterhaltsbedarf der Kl. zu decken. Gegenteiliges ist weder festgestellt, noch auch nur behauptet. Unter Hinweis darauf, daß der Bekl. die Renten und die Mieten aus dem Anwesen A. vereinnahme, hat das BerGer. vielmehr seine Leistungsfähigkeit als unstreitig festgestellt. Für den Unterhalt der Kl. ist daher nach § 1420 I BGB ausschließlich das Gesamtgut zu verwenden, während ihr der Zugriff auf das Sondergut des Bekl. verschlossen ist. Für die Unterhaltsberechtigung der Kl. ergibt sich daraus folgendes:

Da der Ehevertrag der Parteien keine Bestimmung über die Verwaltung des Gesamtgutes trifft, wird es von beiden gemeinschaftlich verwaltet (§ 1421 S. 2 BGB). Beide Parteien sind demzufolge nur gemeinschaftlich zu Verfügungen über das Gesamtgut berechtigt (§ 1450 I 1 BGB). Jeder Ehegatte ist jedoch dem anderen gegenüber verpflichtet, an Maßregeln mitzuwirken, die zur ordnungsmäßigen Verwaltung des Gesamtgutes erforderlich sind (§ 1451 BGB). Zur ordnungsgemäßen Verwaltung gehört auch die Leistung des aus dem Gesamtgut zu erbringenden Unterhalts (vgl. Finke, in: RGRK, § 1469 Rdnr. 10; Soergel-Gaul, § 1435 Rdnr. 3), hier also auch des Trennungsunterhalts der Kl. Soweit der Bekl. die Kl. also daran hindert, aus dem Gesamtgut ihren angemessenen Unterhaltsbedarf zu befriedigen, verletzt er seine Pflicht zur ordnungsmäßigen Verwaltung des Gesamtgutes. Die Kl. kann daher von ihm verlangen, daß er an den Maßregeln mitwirkt, die zur Deckung ihres angemessenen Bedarfs erforderlich sind. Soweit dazu nicht der Weg des § 1452 BGB in Betracht kommt, also die vormundschaftsgerichtliche Ersetzung der Zustimmung des Bekl. zu einem Rechtsgeschäft, kann die Kl. diesen Anspruch im Prozeßwege durchsetzen und vollstrecken. Die Auffassung, nach § 1451 BGB bestehe kein klagbarer Anspruch auf Mitwirkung zu einzelnen Verwaltungsmaßnahmen, vielmehr sei nur eine Klage auf Herstellung des ehelichen Lebens gegeben (Soergel-Gaul, § 1451 Rdnr. 5; ebenso wohl Palandt-Diederichsen, § 1451 Anm. 1), so daß ein darauf ergehendes Urteil nicht vollstreckbar wäre (§ 888 II ZPO), vermag der Senat zumindest für Fälle wie den vorliegenden nicht zu teilen. Denn hier geht es um die Erfüllung des Rechts eines getrennt lebenden Ehegatten auf Unterhalt, also um einen rein vermögensrechtlichen Anspruch (ebenso allg. bei „Überwiegen des vermögensrechtlichen Elements“: Kanzleiter, in: MünchKomm, § 1451 Rdnr. 8; s. auch Finke, in: RGKR, § 1451 Rdnr. 4).

Es bleibt daher zu fragen, ob die Kl. neben diesem auf Mitwirkung zur ordnungsmäßigen Verwaltung gerichteten Anspruch aus § 1451 BGB noch Zahlung einer Unterhaltsrente verlangen kann. Das ist jedoch nach dem Zusammenhang der güterrechtlichen Vorschriften nicht der Fall. Allerdings kommt neben dem Anspruch aus § 1451 BGB nach h. M. ein Schadensersatzanspruch entsprechend § 1435 S. 3 BGB in Betracht, der aber nur auf Ersatz einer durch Verletzung der Mitwirkungspflicht eingetretenen Minderung des Gesamtgutes gerichtet ist (Senat, FamRZ 1986, 40 (42); Kanzleiter, in: MünchKomm, Rdnr. 9; Soergel-Gaul, § 1451 Rdnr. 5; Finke, in: RGKR § 1451 Rdnr. 6; Erman-Heckelmann, BGB, 8. Aufl., § 1451 Anm. 1). Beharrliche und nicht ausreichend begründete Weigerung eines Ehegatten, zur ordnungsmäßigen Verwaltung des Gesamtgutes mitzuwirken, berechtigt den anderen außerdem zur Klage auf Aufhebung der Gütergemeinschaft (§ 1469 Nr. 2 BGB). Hingegen sieht das Gesetz nicht vor, daß ein Ehegatte, dem der andere pflichtwidrig die Mitwirkung zur ordnungsmäßigen Verwaltung des Gesamtgutes verweigert, von diesem über die dargelegten Ansprüche und Rechte hinaus Erfüllung oder Schadensersatz verlangen kann. Im Gegenteil bestimmt § 1468 BGB, daß ein Ehegatte, was er zum Gesamtgut oder zum Vorbehalts- oder Sondergut des anderen schuldet, erst nach Beendigung der Gütergemeinschaft zu leisten braucht. Diese Vorschrift, die die Fälligkeit solcher Schulden grundsätzlich bis zur Beendigung der Gütergemeinschaft aufschiebt, gilt für schuldrechtliche Verbindlichkeiten aller Art (Finke, in: RGRK, § 1468 Rdnr. 2, 4; Kanzleiter, in: MünchKomm, § 1468 Rdnr. 2, § 1446 Rdnr. 2; Soergel-Gaul, § 1468 Rdnr. 3), etwa auch für den erwähnten Schadensersatzanspruch entsprechend § 1435 S. 3 BGB (Erman-Heckelmann, § 1451 Anm. 1). Sie würde daher auch einen Zahlungsanspruch der Kl. aus § 1361 BGB erfassen, der nach § 1417 II BGB i. V. mit §§ 400 BGB, 850b I Nr. 2 ZPO in ihr Sondergut fiele (Soergel-Gaul, § 1417 Rdnr. 5; Erman-Heckelmann, § 1417 Rdnr. 3; OLG Posen, OLGZ 8, 336). Allerdings sieht § 1468 BGB eine Ausnahme für den Fall vor, daß das eigene Vorbehalts- und Sondergut des Ehegatten zur Erfüllung seiner Schuld ausreichen. Diese Ausnahme könnte der Kl. aber nicht zugute kommen, weil sie – wie dargelegt – nach § 1420 BGB gehindert ist, solche Vermögensmassen des Bekl. für ihren Unterhalt heranzuziehen. Diese materielle Rechtslage findet ihre Entsprechung im Vollstreckungsrecht, wonach eine Zwangsvollstreckung in von den Ehegatten gemeinschaftlich verwaltetes Gesamtgut nur zulässig ist, wenn beide zur Leistung verurteilt sind (§ 740 II ZPO). Die Vollstreckung eines der Ehegatten in das Gesamtgut, zu der dann ein Titel gegen den anderen genügen müßte, ist im Gesetz nicht vorgesehen.

Bei dieser Rechtslage ist die Kl. auf die ihr güterrechtlich eröffneten Wege angewiesen, wenn sie die ordnungsmäßige Verwendung des Gesamtgutes für ihren Unterhalt erreichen will. Ein Zahlungsanspruch gegen den Bekl. nach § 1361 BGB stände ihr daher nur zu, wenn für ihren Unterhalt (auch) sein Sondergut (und falls vorhanden: Vorbehaltsgut) zu verwenden wäre. Das ist aber – wie ausgeführt – nach § 1420 BGB nicht der Fall, da das Gesamtgut ausreicht.

III. Das angefochtene Urteil, das hiernach von der ihm gegebenen Begründung nicht getragen wird, erweist sich aber mit Einschränkung – aus anderen Gründen – als richtig (§ 563 ZPO).

1. Wie unter II. ausgeführt, kann die Kl. nach § 1451 BGB verlangen, daß der Bekl. zu der ordnungsmäßigen Verwaltung des Gesamtgutes einschließlich seiner Verwendung für ihren Unterhalt mitwirkt. Es stellt sich die Frage, ob ihr Klagebegehren nach dieser Vorschrift begründet ist. Da sich ein solcher Anspruch aus dem ehelichen Güterrecht herleitet, handelt es sich nach § 23 b I 2 Nr. 9 GVG auch insoweit um eine Familiensache, für die nach § 621 I Nr. 8 ZPO die Familiengerichte zuständig sind.

Wie unter II. schon ausgeführt, hat die Kl. nach § 1451 BGB einen durchsetzbaren Anspruch auf die Mitwirkung des Bekl. zu einzelnen Maßregeln, die zur ordnungsmäßigen Verwendung des Gesamtgutes (auch) für ihren Unterhalt erforderlich sind. Welche Maßregeln in diesem Sinne erforderlich sind, richtet sich nach den jeweiligen Besonderheiten. Hier ist der Sachverhalt dadurch gekennzeichnet, daß der Bekl. die für den Unterhalt der Kl. wesentlichen Teile des Gesamtgutes dadurch in seine tatsächliche Verfügungsmacht gebracht hat, daß er Renten- und Mieteinnahmen auf von ihm allein auf seinen Namen eingerichtete Bankkonten einzieht. Solange dieser von ihm herbeigeführte Zustand, den die Kl. nach §§ 1450, 1451 BGB nicht hinzunehmen brauchte, andauert, kann er die ordnungsmäßige Verwendung des Gesamtgutes für den Unterhalt der Kl. ohne ihr Zutun dadurch bewirken, daß er ihr aus den Kontoguthaben die zur Deckung ihres Bedarfs erforderlichen Geldmittel zur Verfügung stellt, wie er es in Höhe von monatlich 800 DM bereits tut. Auf die dazu erforderlichen Handlungen reduziert sich daher seine „Mitwirkung“, wie die Kl. sie – soweit es allein um ihren Unterhalt geht – nach § 1451 BGB erreichen kann.

Da die Kl. nur Mitwirkung zur ordnungsmäßigen Verwaltung des Gesamtgutes verlangen kann, bedeutet dies allerdings nicht, daß der Bekl. uneingeschränkt zur Zahlung verurteilt werden kann, wie das FamG es getan und das BerGer. es gebilligt hat. Denn aus einem solchen Titel, der nach den Vorschriften des 2. Abschnittes des 8. Buches der ZPO („Zwangsvollstreckung wegen Geldforderungen") zu vollstrecken wäre, könnte die Kl. in das Sondergut (und – falls vorhanden – Vorbehaltsgut) des Bekl. vollstrecken, das aber nach § 1420 BGB nicht zu ihrem Unterhalt zu verwenden ist. Vielmehr kann die Kl. nur verlangen, daß der Bekl. die Handlungen vornimmt, die erforderlich sind, damit sie aus dem Gesamtgut die ihr zustehenden Geldmittel erhält. Ihr Anspruch richtet sich daher auf unvertretbare Handlungen, die im Weigerungsfall durch Zwangsvollstreckung nach § 888 ZPO erwirkt werden können. Da diese Handlungen aber ebenso wie Geldzahlungen der Überlassung von Geldbeträgen dienen, ist das auf ihre Vornahme gerichtete Begehren in dem Zahlungsantrag der Klage enthalten, so daß eine entsprechende Verurteilung nicht gegen das Verbot des § 308 I ZPO verstößt. 2. Die Revision macht allerdings geltend, der Klage fehle das Rechtsschutzbedürfnis, weil der Kl. der einfachere Weg des vormundschaftsgerichtlichen Verfahrens nach § 1452 BGB offenstehe. Dieser Einwand ist jedoch unbegründet, weil nicht davon auszugehen ist, daß die Kl. durch Anrufung des VormG zu ihrem Unterhalt kommen kann. Nach § 1452 BGB kann das VormG auf Antrag die ohne ausreichenden Grund verweigerte Zustimmung des anderen Ehegatten zu einem Rechtsgeschäft ersetzen, dessen Vornahme zur ordnungsmäßigen Verwaltung des Gesamtgutes erforderlich ist. Es ist jedoch nicht ersichtlich, daß es eines Rechtsgeschäftes der Kl. bedarf, damit das Gesamtgut ordnungsgemäß (auch) zu ihrem Unterhalt verwendet wird. Der Bekl. zieht die in Rede stehenden Einkünfte auf Bankkonten ein, die er allein auf seinen Namen eingerichtet hat. Im Verhältnis zu den Geldinstituten ist er daher allein zur Verfügung über die Konten befugt. Zwar könnte die Kl. mit seiner Zustimmung, etwa mit einer ihr von ihm erteilten Bankvollmacht, Abhebungen vornehmen. Doch ist ein solches Vorgehen angesichts der Verfügungsbefugnis und Möglichkeit des Bekl. nicht „erforderlich" i. S. des § 1452 BGB, um ihr hier allein zu beurteilendes Unterhaltsbegehren durchzusetzen.

3. Welche Geldbeträge die Kl. hiernach über die freiwillig gezahlten monatlich 800 DM hinaus aus dem Gesamtgut verlangen kann, beurteilt sich nach der Höhe ihres angemessenen Lebensbedarfs. Dieser ist nach den Maßstäben zu bestimmen, die nach § 1361 BGB für den Anspruch auf Trennungsunterhalt gelten. Insoweit hält das angefochtene Urteil den Angriffen der Revision stand.

Das BerGer. hat ausgeführt: Die ehelichen Lebensverhältnisse der Parteien seien unstreitig jedenfalls durch die beiden Renten des Bekl. und die Mieteinnahmen aus dem Hof in A. ohne Pachtzinsen für die Felder geprägt worden. Daß die Kl. ihren Unterhaltsanspruch unter Beschränkung auf einen Teil der Einkünfte geltend mache, sei prozessual und materiellrechtlich zulässig. So wie es ihr unbenommen sei, von vornherein nur einen zeitlich oder der Höhe nach begrenzten Teil ihres Unterhalts geltend zu machen, könne sie ihr Unterhaltsbegehren auch auf einen Teil der Einkünfte des Bekl. beschränken. Auch dieser wende sich dagegen nicht.

Ob der Sohn R. nach dem 31. 12. 1987 Miete für die mit seiner Familie bewohnte Erdgeschoßwohnung in dem Haus in N., die die Kl. zur Berechnung ihres Unterhaltsbegehrens mit heranziehe, an den Bekl. zahlen oder an das Gesamtgut zahlen müßte, könne offenbleiben; denn das Ergebnis werde hierdurch nicht berührt. Die sich aus den beiden Renten und der Miete aus dem Anwesen A. ergebenden Gesamteinkünfte von 3226,48 DM monatlich seien für die Bemessung des Unterhaltsbedarfs um Aufwendungen für Haftpflichtversicherung, Hausratversicherung und Familien- und Verkehrsrechtsschutzversicherungen von monatlich insgesamt 65,11 DM zu kürzen. Nicht zu berücksichtigen seien hingegen die Heizkosten für die von den Parteien bewohnte Wohnung; sie gehörten zum allgemeinen Lebensbedarf. Auch die Nebenkosten für das Wohnhaus hätten außer Betracht zu bleiben, weil der Nutzungswert der eigenen Wohnung und Mietzinsen für die Wohnung des Sohnes R ebenfalls nicht angesetzt würden. Nutzungswert und Mieteinnahmen des Hauses machten insgesamt etwa 1200 DM monatlich aus. Die von den Parteien erörterten Lasten des Hauses blieben, soweit es sich nicht überhaupt um allgemeine Lebenshaltungskosten wie Strom, Wasser, Heizmaterial u. a. handele, weit darunter.

Den Parteien stünden demnach zur Deckung ihres Lebensbedarfs mindestens 3161,37 DM monatlich zur Verfügung. Beide Ehegatten nähmen gleichmäßig an den ehelichen Lebensverhältnissen teil. Da die maßgeblichen Einkünfte nicht aus einer Erwerbstätigkeit stammten, stehe der Kl. die Hälfte der Einkünfte zu, also monatlich 1580,69 DM. Nachdem der Bekl. seit dem 1. 1. 1988 freiwillig monatlich 800 DM zahle, rechtfertige sich hiermit der von dem AG zugesprochene zusätzliche Unterhalt von monatlich 752 DM.

Die Revision wendet sich mit folgenden Einwänden dagegen, daß das BerGer. bei der Bedarfsbemessung eine Reihe von Aufwendungen unberücksichtigt gelassen hat: Da der Bekl. die gesamten Nebenkosten aus dem Gesamtgut trage, müßten bei der Berechnung des der Kl. zustehenden Anteils auch sämtliche die Gütergemeinschaft belastenden Kosten von dem die ehelichen Lebensverhältnisse prägenden Gesamtbetrag der Einkünfte abgezogen werden. Das gelte zunächst für die Kosten des gemeinsam bewohnten Hauses, nämlich Grundsteuer, Müllabfuhr, Wasser und Abwasser sowie Rücklagen für Reparaturen in einem Gesamtbetrag von monatlich 220,34 DM. Daneben müßten die Heizkosten in der von dem AG angesetzten Höhe von 200 DM monatlich als Aufwendungen, die das Gesamtgut beträfen, abgesetzt werden. Dem Unterhaltsanspruch der Kl. könnten daher allenfalls Einkünfte von 2637,72 DM zugrunde gelegt werden.

Das trifft nicht zu. Das BerGer. hat die Nebenkosten zu Recht dem Nutzwert des gemeinsamen Hauses gegenübergestellt, den es mit monatlich 1200 DM angenommen hat. Bei der Bemessung des Unterhaltsbedarfs der Kl. ist aber die Miete für die Wohnung des Sohnes R mit in Ansatz zu bringen. Denn der Anspruch auf diese Miete hat die Lebensverhältnisse der Parteien geprägt und prägt sie noch, da dieser – zum Gesamtgut gehörende – Anspruch nach wie vor besteht. Der Sohn R hat nach dem Bezug der Wohnung aufgrund einer Vereinbarung mit beiden Ehegatten jahrelang einen monatlichen Mietzins von 500 DM geleistet. Soweit der Bekl. ihm die Zahlung gemäß seiner Erklärung vom 1. 3. 1988 einseitig, gegen den Willen der Kl., erlassen hat, ist dieser Erlaß nach §§ 1453 I, 1366 I BGB unwirksam. Der Bekl. kann den Anspruch auf die Miete also weiterhin durchsetzen – die Einwilligung der Kl. hierzu liegt vor – und den Sohn zur Weiterentrichtung des Mietzinses anhalten.

Werden aber bei Berücksichtigung der erzielbaren Mieteinnahmen die von der Revision angesprochenen Nebenkosten des Hauses einkommensmindernd mit in Ansatz gebracht, so führt dies nicht zu einer Herabsetzung des der Kl. zustehenden Unterhalts. Denn die Nebenkosten liegen mit monatlich insgesamt 420,34 DM unter der Miete von 500 DM für die Wohnung des Sohnes S. Es kann daher offenbleiben, ob die Heizkosten, wie üblich, auch im Güterstand der Gütergemeinschaft zur allgemeinen Lebenshaltung zu zählen (vgl. Kalthoener-Büttner, Die Rspr. zur Höhe des Unterhalts, Rdnr. 875) und deshalb unterhaltsrechtlich nicht gesondert zu berücksichtigen sind, oder ob insoweit eine andere Beurteilung deshalb geboten ist, weil der unterhaltsbedürftige Ehegatte an der Aufbringung der Kosten für das Heizungsmaterial aus den Mitteln des Gesamtguts in gleicher Weise wie der unterhaltsverpflichtete mit beteiligt ist.

Das BerGer. hat nach alledem den der Kl. zustehenden laufenden Trennungsunterhalt zu Recht in der (noch) geltend gemachten Höhe von monatlich 752 DM über freiwillig gezahlte monatlich 800 DM hinaus bemessen.

Soweit sich das Begehren der Kl. allerdings auf Unterhaltsrückstände für die Zeit von Februar bis einschließlich April 1988 erstreckt, ist das angefochtene Urteil auf die Revision des Bekl. aufzuheben und die Klage insoweit abzuweisen. Die Kl. hat unstreitig in der Zeit vom 13. 1. bis zum 14. 4. 1988 insgesamt 5083 DM von dem Sparkonto der Parteien bei der R-Bank abgehoben und hiervon nach ihrem eigenen Vorbringen – neben anderen Angaben – vorläufig ihren Unterhaltsbedarf gedeckt. Sie war also während dieser Zeit noch in der Lage, ohne Mitwirkung des Bekl. kraft ihres eigenen (Mit-)Verwaltungsrechts auf das Gesamtgut zuzugreifen. Da der Bekl., wie dargelegt, nur verpflichtet ist, dazu mit- bzw. darauf hinzuwirken, daß die Kl. aus dem Gesamtgut die zur Deckung ihres Lebensbedarfs erforderlichen Geldmittel erhält, kann die Kl. eine solche Mitwirkung nicht nachträglich für Zeiträume verlangen, in denen sie diese Mittel bereits aus dem – für den Unterhalt bestimmten – Gesamtgut erhalten hat.

BGH v. 30. 5. 90 – XII ZR 57/89 – Fam RZ 90, 1095 = NJW-RR 90, 1410

R421 *(Verwirkung bei Prozeßbetrug)*

b c) ... Auch sonst begegnet es keinen durchgreifenden rechtlichen Bedenken, daß das BerGer. das betrügerische Verhalten der Bekl. als Verstoß gegen § 1579 Nrn. 2 und 4 BGB angesehen hat. Dieses hat die Möglichkeiten des Kl., sich erfolgreich gegen den Unterhaltsanspruch zur Wehr zu setzen, erheblich beeinträchtigt. Die betrügerische Erwirkung des Urteils vom 16. 7. 1986 hatte insbesondere zur Folge, daß bei der gerichtlichen Auseinandersetzung um den Unterhaltsanspruch der Bekl. die Darlegungs- und Beweislast von ihr auf den Kl. überging. Darin ist eine Verletzung der Vermögensinteressen zu sehen, die geeignet war, den Kl. empfindlich zu schädigen.

BGH v. 12. 7. 90 – XII ZR 85/89 – FamRZ 90, 1091 = NJW 90, 3020

R422 *(Einkommensänderungen nach der Scheidung)*

a Die angefochtene Entscheidung steht insoweit im Einklang mit der ständigen Rechtsprechung des Senats, nach der Einkommensänderungen nach der Scheidung bei der Bemessung des nachehelichen Unterhalts zu berücksichtigen sind, wenn ihnen eine Entwicklung zugrunde liegt, die aus der Sicht zum Zeitpunkt der Scheidung mit hoher Wahrscheinlichkeit zu erwarten war und wenn diese Erwartung die ehelichen Lebensverhältnisse bereits mit geprägt hat (Senat, NJW 1987, 1555 = LM § 1578 BGB Nr. 43 = BGHR BGB § 1578 Abs. 1 Satz 1 – Unterhaltsbemessung 2 = FamRZ 1987, 459 (460) m. w. Nachw.). Darunter fallen jedenfalls die normalen Gehaltssteigerungen und die in den Lohn-, Besoldungs- und Versorgungssystemen vorgesehenen Zuschläge, auch soweit sie einer Änderung der persönlichen Verhältnisse des Einkommensbeziehers (durch Wiederheirat, Erhöhung der Kinderzahl o. ä.) Rechnung tragen (Senat, NJW-RR 1990, 514 = FamRZ 1990, 503 (504)).

(Abzug des Kindesunterhalts nur in der tatsächlich geschuldeten Höhe)

b 3. Die Höhe des Unterhalts für den Sohn M, der bei der Bedarfsermittlung zu berücksichtigen ist, hat das BerGer. im Grundsatz zutreffend danach bemessen, wie er sich aus materiellem Recht ergibt, ab April 1989 mithin in Höhe von monatlich 580 DM. In welcher Höhe der Unterhalt des Kindes tituliert ist, ist im Regelfall ohne Bedeutung, denn es kann davon ausgegangen werden, daß bei Abweichungen von der materiellen Rechtslage die Abänderung des Titels möglich ist. Eine Ausnahme hat der Senat allerdings für den Fall anerkannt, daß ein höherer als der nach der materiellen Rechtslage geschuldete Unterhalt aufgrund eines Titels bereits während der Ehe mehrere Jahre lang tatsächlich gezahlt worden war und diese Verbindlichkeit daher die ehelichen Lebensverhältnisse geprägt hatte (NJW-RR 1990, 578).

(Einheitliche Billigkeitsabwägung nach § 1577 II 2 und § 1579 Nr. 1 BGB)

4. Wegen der Frage, wann die Belange eines dem Berechtigten zur Pflege oder Erziehung anvertrauten gemeinschaftlichen Kindes gewahrt sind (§ 1579 BGB), verweist der Senat auf sein Urteil vom 27. 9. 1989 (NJW 1990, 523 = LM § 1579 BGB Nr. 39 = BGHR BGB § 1579, Kindesbelange 1 = FamRZ 1989, 1279 (1280)). Kommt das BerGer. zu einer Billigkeitsabwägung, so wird es in seine Würdigung erneut einzubeziehen haben, ob die Einkünfte, die die Bekl. aus einer überobligationsmäßigen Erwerbstätigkeit erzielt, im gleichen Ausmaß wie in dem angefochtenen Urteil auf ihren Unterhaltsbedarf anzurechnen sind. Denn was der Billigkeit entspricht, kann nur einheitlich beurteilt werden (vgl. etwa Senat, LM § 1576 BGB Nr. 1 = FamRZ 1983, 800 (802) unter 3 c). **c**

BGH v. 20. 7. 90 – XII ZR 73/89 – Fam RZ 90, 1085 = NJW 1990, 2886

(Nichtprägender beruflicher Aufstieg; Darlegungs- und Beweislast) **R423**

b) Als Erwerbseinkünfte des Kl. hat das BerGer. nicht die Bezüge zugrunde gelegt, die er seit Mai 1988 aufgrund seines Aufstiegs zum Geschäftsführer der GmbH erhält (mehr als 100 000 DM brutto jährlich), sondern fiktive Einkünfte als angestellter Vertriebsingenieur von jährlich 85 000 DM brutto, die um rund 390 DM monatlich höher liegen als sein Gehalt am 1. 1. 1982 (zuzüglich damaliger Sachbezüge). Es hat hierzu ausgeführt: **b**

Selbst wenn der berufliche Aufstieg des Kl. im Zeitpunkt der Scheidung nicht zu erwarten gewesen sei, könne dies nicht dazu führen, daß für alle Zukunft die bis April 1988 tatsächlich erzielten Einkünfte maßgebend seien. Vielmehr müßten zumindest die aufgrund normaler beruflicher Entwicklung anfallenden Gehaltserhöhungen berücksichtigt werden. Zwar sei das Gehalt des Kl. seit seinem Eintritt in die GmbH am 1. 1. 1982 unverändert geblieben, seine Kenntnisse und Erfahrungen seien für seinen Arbeitgeber aber besonders wertvoll gewesen, wie seine schließliche Ernennung zum Geschäftsführer zeige. Wenn er nicht in dieser Weise aufgestiegen wäre, hätte er zumindest eine Anhebung seines Gehalts durchsetzen können. Zwar habe er geltend gemacht, daß die bisherigen Geschäftsführer eine Gehaltserhöhung stets abgelehnt hätten; durch deren Tod sei aber insoweit eine veränderte Situation eingetreten, die auch den tatsächlichen Aufstieg des Kl. zur Folge gehabt habe.

Daß der Aufstieg des Kl. zum Geschäftsführer als eine unerwartete Entwicklung nach der Scheidung unberücksichtigt geblieben ist, ist rechtsbedenkenfrei (vgl. z. B. Senat, BGHZ 89, 108 (110) = NJW 1984, 292 = LM § 1361 BGB Nr. 37) und wird auch nicht angegriffen. Hingegen macht die Revision mit Recht geltend, daß der Ansatz fiktiver Bruttoeinkünfte von jährlich 85 000 DM ab Mai 1988 keine hinreichende Grundlage im Tatsachenvortrag der Parteien hat. Das BerGer. ist insoweit ohne jeden konkreten Anhalt ersichtlich davon ausgegangen, die früheren Geschäftsführer der GmbH hätten in der Zeit vom 1. 1. 1982 bis zu ihrem Tode im Frühjahr 1988 Gehaltserhöhungen für den Kl. aus rein persönlichen Gründen abgelehnt, so daß mit ihrem Tode eine veränderte Sachlage eingetreten sei. Ebenso denkbar ist aber, daß für ihr Verhalten sachliche Gründe vorgelegen haben, etwa aufgrund der Geschäftslage der GmbH. Die Schätzung des BerGer. wäre daher allenfalls gerechtfertigt, wenn die für den Unterhaltsmaßstab darlegungs- und beweispflichtige Bekl. (vgl. Senat, LM § 323 ZPO Nr. 61 = FamRZ 1990, 496 (497)) solche anderen Gründe ausgeräumt hätte.

Auch im Rahmen der Schätzung gem. § 287 ZPO behält nämlich die Darlegungs- und Beweislast ihre Bedeutung (vgl. BGH, NJW 1970, 1970 (1971) = LM § 287 ZPO Nr. 39). Als konkreten Anhaltspunkt für eine Schätzung hätte sie etwa auch dartun können, was der Nachfolger in der beruflichen Position des Kl. seit Mai 1988 verdient. Aufgrund des bisherigen Streitstands hält somit der Ansatz jährlicher Bruttoeinkünfte von 85 000 DM den Angriffen der Revision nicht stand.

BGH v. 20. 7. 90 – XII ZR 74/89 – FamRZ 90, 1090 = NJW-RR 90, 1346

(Prägendes Einkommen bei üblicher Einkommenssteigerung) **R424**

2. Bei der Bemessung des Unterhaltsbedarfs der Kl. nach den ehelichen Lebensverhältnissen ist das OLG davon ausgegangen, daß der Aufstieg des Bekl. zum Reviersteiger jedenfalls damals der regelmäßigen beruflichen Entwicklung eines Steigers entsprochen habe. Da der Bekl. zum Zeitpunkt der Scheidung bereits im zehnten Jahre Maschinensteiger gewesen sei, sei seine alsbaldige Beförderung **a**

zum Reviersteiger mit hoher Wahrscheinlichkeit zu erwarten gewesen und nach dem unwidersprochenen Vortrag der Kl. von den Parteien auch erwartet worden. Der Aufstieg zum Reviersteiger sei somit Ausdruck einer in den ehelichen Lebensverhältnissen angelegten beruflichen Entwicklung des Bekl. gewesen, deren Eintritt so wahrscheinlich gewesen sei, daß die Parteien ihren Lebenszuschnitt bereits darauf hätten einstellen können. Diese Ausführungen stehen in Übereinstimmung mit der ständigen Rechtsprechung des Senats (LM § 1578 BGB Nr. 7 = FamRZ 1982, 684 (686); NJW 1987, 1555 = LM § 1578 BGB Nr. 43 = FamRZ 1987, 459 (460) m. w. Nachw.).

(Erwerbstätigenbonus und berufsbedingte Aufwendungen)

b Der Senat hat wiederholt entschieden, daß dem erwerbstätigen Unterhaltsverpflichteten eine höhere Quote als dem nichterwerbstätigen bedürftigen Ehegatten zugebilligt werden muß (vgl. zuletzt Senat, NJW 1989, 1992 = FamRZ 1989, 842 m. w. Nachw. und NJW-RR 1990, 514 = FamRZ 1990, 503). In den genannten Entscheidungen hat er sich mit den Einwänden gegen seine Rechtsprechung auseinandergesetzt. Er hält daran fest, daß bei der Bemessung des nachehelichen Unterhaltsbedarfs nach dem Maßstab des § 1578 I 1 BGB wie des § 58 EheG dem erwerbstätigen Unterhaltspflichtigen ein die Hälfte des verteilungsfähigen Einkommens maßvoll übersteigender Betrag verbleiben muß. Der Berechnung des OLG kann deshalb nicht gefolgt werden.

5. Der Senat ist zu einer abschließenden Entscheidung in der Sache nicht in der Lage. Es unterliegt grundsätzlich der tatrichterlichen Beurteilung, den Bedarf der Kl. zu bemessen. Ferner ist noch zu prüfen, ob es im Hinblick darauf, daß das OLG die berufsbedingten Aufwendungen des Bekl. konkret festgestellt und sein Nettoeinkommen um diesen Betrag bereinigt hat, geboten erscheint, den Erwerbstätigenbonus geringer als sonst üblich zu bemessen. Denn bei Ansatz berufsbedingter Aufwendungen dient der Bonus lediglich noch dazu, einen Anreiz zur Erwerbstätigkeit zu schaffen (vgl. zu dem doppelten Zweck des Erwerbstätigenbonus Senat, NJW 1982, 41 = LM § 1603 BGB Nr. 9 = FamRZ 1981, 1165 (1166); NJW-RR 1986, 68 = LM § 1563 BGB Nr. 19 = FamRZ 1985, 908 (910) und NJW 1988, 2369 = LM § 1569 BGB Nr. 28 = FamRZ 1988, 265 (267)). Daneben muß den Parteien Gelegenheit gegeben werden, sich zur Höhe des hier in Betracht kommenden Erwerbstätigenbonus auf der Grundlage der Senatsrechtsprechung zu äußern.

BGH v. 26. 9. 90 – XII ZR 45/89 – FamRZ 91, 304 = NJW-RR 91, 132

R425 *(Prägender Abzug von Steuern und Vorsorgeaufwendungen; Erwerbstätigenbonus)*

Der Senat ist hiernach zum einen dabei geblieben, daß bei der Ermittlung der ehelichen Lebensverhältnisse auf das tatsächliche Nettoeinkommen abzustellen ist, wie es sich unter Berücksichtigung der gesetzlich bestimmten Abzüge – Steuern, Sozialabgaben usw. – nach den jeweiligen persönlichen Verhältnissen des Einkommensbeziehers ergibt. Bei der Bemessung des Unterhaltsbedarfs der Kl. nach dem Maßstab der ehelichen Lebensverhältnisse (§ 1578 I 1 BGB) ist deshalb entgegen der Auffassung des BerGer. das Nettoeinkommen zugrunde zu legen, das der Bekl. aufgrund der tatsächlichen Besteuerung nach Steuerklasse I zur Verfügung hat (Senat, NJW 1990, 2886; NJW 1990, 1477 = LM § 1578 BGB Nr. 56). Ebenso hat der Senat – zum anderen – daran festgehalten, daß bei der Bemessung des Unterhaltsbedarfs nach den ehelichen Lebensverhältnissen dem erwerbstätigen Unterhaltspflichtigen ein die Hälfte des verteilungsfähigen Einkommens maßvoll übersteigender Betrag verbleiben muß; hiermit soll unabhängig von den speziellen Gegebenheiten des einzelnen Falles dem erhöhten Aufwand, der typischerweise mit der Berufstätigkeit verbunden ist, Rechnung getragen und zugleich der Anreiz zur (weiteren) Ausübung einer Erwerbstätigkeit gesteigert werden. Diese Gesichtspunkte gelten grundsätzlich für jeden erwerbstätigen Ehegatten. Daher muß auch dem unterhaltsberechtigten Ehegatten, der nach der Scheidung seinerseits eine Erwerbstätigkeit aufgenommen hat oder dem, wie hier, ein erzielbares Eigeneinkommen aus zumutbarer Erwerbstätigkeit angerechnet wird, von seinem Einkommen ein entsprechender Teil anrechnungsfrei belassen werden.

BGH v. 10. 10. 90 – XII ZR 99/89 – FamRZ 91, 307 = NJW-RR 91, 130

R427 *(Prägender beruflicher Aufstieg)*

a Wie die Revision nicht verkennt, hat das BerGer. bei der Beurteilung der für das Maß des Unterhalts ausschlaggebenden ehelichen Lebensverhältnisse nach § 1578 I BGB die rechtlich zutreffenden Kriterien zugrunde gelegt: Danach ist grundsätzlich an die ehelichen Lebensverhältnisse, geprägt insbesondere durch die Einkommensverhältnisse, im Zeitpunkt der Scheidung anzuknüpfen. Allerdings sind Einkommenssteigerungen, die erst nach der Trennung der Eheleute eingetreten sind, ausnahmsweise außer Betracht zu lassen, wenn sie auf einer unerwarteten, vom Normalverlauf erheblich abweichenden Entwicklung beruhen. Einkommen, das die ehelichen Lebensverhältnisse zu keinem Zeitpunkt geprägt hat, auch nicht dadurch, daß die zu diesem Einkommen führende berufliche Entwicklung während des

Zusammenlebens der Eheleute angelegt war und erwartet werden konnte, ist daher im Rahmen des § 1578 BGB unberücksichtigt zu lassen (Senat, NJW 1982, 1870 = FamRZ 1982, 576 (578). Daß der berufliche Werdegang des Ehemannes seit der Trennung der Parteien auf einer solchen unerwarteten und außergewöhnlichen Entwicklung beruht, hat dieser jedoch, wie das BerGer. rechtsfehlerfrei angenommen hat, nicht darzulegen vermocht: Als es im Herbst 1968 zur Trennung der Parteien kam, befand sich der Ehemann seit etwa einem halben Jahr auf dem Lehrgang der „Akademie der Arbeit" in Frankfurt. Dieser Lehrgang sollte nach der eigenen Einlassung des Ehemannes bei seiner Anhörung vor dem AG „generell Betriebsratsmitgliedern die Gelegenheit geben, die Gewerkschaftsarbeit umfassend kennenzulernen, auch aus betriebswirtschaftlichen Gesichtspunkten heraus". Der Lehrgang war also nicht etwa dazu bestimmt, dem Ehemann eine Fortbildung auf fachlichem Gebiet in seinem erlernten Beruf als Schweißer zu vermitteln. Die Revision macht geltend, mit der Teilnahme an dem Lehrgang habe der Ehemann von der in § 37 VI 1 BetrVG vorgesehenen Möglichkeit Gebrauch gemacht, im Einvernehmen mit dem Arbeitgeber an einer Schulungs- und Bildungsveranstaltung teilzunehmen, die Kenntnisse vermittle, welche für die Arbeit des Betriebsrats erforderlich seien. Das trifft jedoch nicht zu.

Nach § 37 II BetrVG sind die Mitglieder des Betriebsrats von ihrer beruflichen Tätigkeit ohne Minderung des Arbeitsentgelts zu befreien, wenn und soweit es nach Umfang und Art des Betriebs zur ordnungsgemäßen Durchführung ihrer Aufgaben erforderlich ist. Nach Abs. 6 Satz 1 der Vorschrift gilt Abs. 2 entsprechend „für die Teilnahme an Schulungs- und Bildungsveranstaltungen, soweit diese Kenntnisse vermitteln, die für die Arbeit des Betriebsrats erforderlich sind". Der Lehrgang an der „Akademie der Arbeit", an dem der Ehemann teilnahm, entsprach weder nach der Zielsetzung noch nach seiner zeitlichen Dauer den Voraussetzungen einer derartigen Schulungsveranstaltung. Zu den anzuerkennenden Inhalten einer Schulungsveranstaltung i. S. von § 37 VI BetrVG gehört die Vermittlung aller derjenigen Kenntnisse, die unter Berücksichtigung der konkreten Verhältnisse im Betrieb und im Betriebsrat notwendig sind, damit der Betriebsrat seine gegenwärtigen oder in naher Zukunft anstehenden Aufgaben sach- und fachgerecht erfüllen kann (Fitting-Auffarth-Kaiser-Heither, BetrVG, 16. Aufl. (1990), § 37 Rdnr. 80 m. Hinw. auf die Rspr. des BAG). Hingegen fallen Veranstaltungen, die der gewerkschaftlichen Funktionärsschulung dienen, nicht unter die Regelung des § 37 VI BetrVG (Fitting-Auffarth-Kaiser-Heither, § 37 Rdnr. 78).

Der Lehrgang an der „Akademie der Arbeit", deren Träger neben dem Land Hessen und der Stadt Frankfurt die IG-Metall und der DGB sind, gehört nach dem Ausbildungsinhalt zu der letztgenannten Gruppe. Das wird bestätigt durch den Umstand, daß der Betriebsrat der M-GmbH aufgrund der Teilnahme des Ehemannes an dem Lehrgang in Frankfurt umgebildet und ein anderer Betriebsratsvorsitzender gewählt wurde. Der Lehrgang diente also nicht dem Ziel, dem Ehemann Kenntnisse zu vermitteln, die ihm bei der sach- und fachgerechten Erfüllung „gegenwärtiger oder in naher Zukunft anstehender" Aufgaben als Betriebsratsvorsitzender helfen sollten. Derartige Aufgaben hatte er gegenwärtig und in naher Zukunft nicht mehr zu erwarten, nachdem er nicht mehr Vorsitzender (und Mitglied) des Betriebsrats war.

Der Charakter einer Schulungsveranstaltung i. S. von § 37 VI BetrVG fehlte dem Lehrgang an der „Akademie der Arbeit" aber insbesondere auch im Hinblick auf seine Dauer von fast einem Jahr. Ausbildungs- und Schulungsveranstaltungen, die in die laufende Arbeit des Betriebsrats eingebunden werden, dauern üblicherweise einige Tage, gegebenenfalls auch ein bis zwei Wochen (Fitting-Auffarth-Kaiser-Heither, § 37 Rdnr. 98 m. Nachw. sowie BAG, AP § 37 BetrVG 1972 Nrn. 18, 24, 26, 30, 33, 35, 54 und 58). Für Fortbildungsveranstaltungen nach § 37 VII BetrVG, die Kenntnisse vermitteln, welche allgemein im Zusammenhang mit der Betriebsratsarbeit stehen und dieser im weiten Sinn dienlich und förderlich sind (Fitting-Auffarth-Kaiser-Heither, § 37 Rdnr. 108), sieht das Gesetz eine Dauer von drei, unter bestimmten Voraussetzungen von vier Wochen vor. Ein knapp einjähriger Lehrgang übersteigt diesen zeitlichen Rahmen um ein Vielfaches und ließe sich mit der ordnungsgemäßen betriebsbedingten (Weiter-)Arbeit des Betriebsrats nicht vereinbaren. Da der Lehrgang mithin weder der fachlichen Fortbildung des Ehemannes in seinem erlernten Beruf noch der betrieblichen Schulung für eine Tätigkeit als Betriebsratsvorsitzender diente, sondern der allgemeinen gewerkschaftlichen Ausbildung und damit der Gewerkschaftsarbeit, legte er den Grund für eine – jedenfalls mögliche – neue berufliche Tätigkeit im gewerkschaftlichen Bereich. Zu einer derartigen Tätigkeit war der Ehemann nach dem Abschluß des Lehrgangs ohne weitere Vorbildung in der Lage, wie die Entwicklung – einjährige Assistententätigkeit mit Lehraufgaben an der Bundesschule des DGB in Springe und anschließend hauptamtliche Tätigkeit als Gewerkschaftssekretär – zeigt. Damit war mit dem Besuch des Frankfurter Lehrgangs die berufliche Entwicklung des Ehemannes zu seiner jetzigen Position als Gewerkschaftssekretär bereits während des ehelichen Zusammenlebens der Parteien objektiv angelegt, ohne daß es noch darauf ankommt, ob der Ehemann von vornherein eine neue hauptberufliche Tätigkeit im Gewerkschaftsbereich anstrebte.

Daß der Werdegang zum Gewerkschaftssekretär nach dem Besuch des Lehrgangs in Frankfurt keine unerwartete, vom Normalverlauf erheblich abweichende Entwicklung darstellte, ergibt sich im übrigen auch aus dem unstreitigen Parteivorbringen: so hat die Ehefrau mit Schriftsatz vom 22. 11. 1988 vorgetragen, ein weiteres Betriebsratsmitglied der M-GmbH, der W, habe ebenfalls, wie noch andere Mitarbeiter des Betriebes, den Lehrgang besucht und sei ebenso wie der Ehemann nach verhältnismäßig kurzer Zeit Gewerkschaftssekretär geworden; keiner der Mitarbeiter, die den Lehrgang angetreten hätten, sei wieder in die gleiche Stellung zu der M-GmbH zurückgekehrt. Dem ist der Ehemann nicht entgegengetreten.

(Bereinigung des Nettoeinkommens)

b 3. a) Das BerGer. hat das der Unterhaltsbemessung hiernach zugrunde zu legende Nettoeinkommen des Ehemannes für 1988 nach Abzug berufsbedingter Aufwendungen und Berücksichtigung einer möglichen Steuerrückzahlung mit monatlich 4672,78 DM ermittelt. Dagegen bestehen aus Rechtsgründen keine Bedenken. Auch die Revision greift die Feststellung des unterhaltserheblichen Einkommens des Ehemannes durch das BerGer. nicht an. b) Von diesem Betrag hat das Gericht vorab den an den Sohn gezahlten Unterhalt von monatlich 640 DM sowie den zwischen den Parteien unstreitigen Krankenversicherungsbeitrag der Ehefrau von monatlich 147,63 DM abgezogen und alsdann auf der Grundlage des verbleibenden Einkommens von monatlich 3885,78 DM (rechnerisch richtig: 3885,15 DM) nach Maßgabe der Bremer Tabelle (vgl. FamRZ 1988, 141) einen Vorsorgeunterhalt von monatlich 420,41 DM errechnet. Diesen hat es auf den von der Ehefrau geltend gemachten Betrag von (nur) 377,79 DM begrenzt. Auf dieser Grundlage hat es als Elementarunterhaltsbedarf der Ehefrau einen Betrag von monatlich 1503,15 DM (4672,78 DM ./. 640 DM = 4032,78 DM ./. 147,63 DM sowie 377, 79 DM = 3507,36 DM, davon $^{3}/_{7}$) errechnet, auf den zur Ermittlung des Elementarunterhaltsanspruchs der Ehefrau deren fiktiv anzusetzendes Eigeneinkommen von 440 DM mit einem Anteil von $^{6}/_{7}$ (377,14 DM) anzurechnen sei. Damit ergab sich der der Ehefrau zugebilligte Elementarunterhalt von monatlich gerundet 1126 DM. Denselben Betrag hat das OLG auch für den ab 1989 zu zahlenden Unterhalt zugrunde gelegt, da einer geringfügigen Steigerung der fiktiven Einkommenssituation der Ehefrau (Anstieg des sozialversicherungsfreien Bereichs von monatlich 440 DM auf 450 DM) eine entsprechende Einkommenssteigerung beim Ehemann gegenüberstehe. Gegen die aufgezeigte Berechnung des Unterhaltsanspruchs der Ehefrau sind aus Rechtsgründen keine Einwendungen zu erheben.

BGH v. 7. 11. 90 – XII ZR 123/89 – FamRZ 91, 182 = NJW 91, 697

R430 *(Barunterhaltspflicht des betreuenden Elternteils)*

a Diese Ausführungen halten der rechtlichen Nachprüfung nicht stand. Die Bekl. kann mit der gegebenen Begründung nicht zur Unterhaltszahlung nach Maßgabe des § 1603 II 1 BGB herangezogen werden.

Die Verpflichtung, gem. § 1603 II 1 BGB zum Unterhalt minderjähriger unverheirateter Kinder auch Mittel zu verwenden, die der Elternteil für den eigenen angemessenen Unterhalt benötigen würde, tritt nach § 1603 II 2 BGB nicht ein, wenn ein anderer unterhaltspflichtiger Verwandter vorhanden ist. Das kann entgegen den insoweit von dem BerGer. geäußerten Bedenken auch der andere Elternteil sein (§ 1606 III BGB), sofern er gem. § 1603 I BGB leistungsfähig ist (Senat, Urt. v. 26. 10. 1983 – IVb ZR 9/82; BGH, NJW 1980, 934 = LM § 1603 BGB Nr. 2 = FamRZ 1980, 555 (556)). Zwar erfüllt der Elternteil, der – wie hier der Vater der Kl. – minderjährige Kinder betreut, durch deren Pflege und Erziehung seine Unterhaltspflicht regelmäßig in vollem Umfang (§ 1606 III 2 BGB), und er ist, auch wenn er über eigenes Einkommen verfügt, daneben grundsätzlich nicht zum Barunterhalt verpflichtet. Hat indessen der andere Ehegatte nur wesentlich geringere Einkünfte, so daß seine Inanspruchnahme zu einem erheblichen finanziellen Ungleichgewicht zwischen den Eltern führen würde, kann eine andere Regelung in Betracht kommen (Senat, Urt. v. 26. 10. 1983 – IVb ZR 9/82; NJW 1980, 2306 = LM § 1603 BGB Nr. 6 = FamRZ 1980, 994 (995); NJW 1981, 923 = FamRZ 1981, 347 (348); NJW 1981, 1559 = LM § 1606 BGB Nr. 14 = FamRZ 1981, 543 (544); BGH, NJW 1980, 934 = LM § 1603 BGB Nr. 2 = FamRZ 1980, 555 (556)). Unter diesem Gesichtspunkt könnte im vorliegenden Fall eine Unterhaltspflicht der Bekl. entfallen, wenn der Vater der Kl. neben deren Pflege und Erziehung auch ihren Barbedarf ohne Gefährdung seines eigenen angemessenen Unterhalts tragen kann.

Die Annahme des BerGer., daß dies nicht der Fall sei, ist nicht haltbar.

Es steht nicht im Einklang mit der Rechtsprechung des Senats, daß das OLG entgegen dem von ihm insoweit nicht für entscheidend gehaltenen Wortlaut des § 1603 BGB den angemessenen Selbstbehalt des Vaters der Kl. „erheblich höher" angesetzt hat als nach den von ihm im übrigen herangezogenen Grundsätzen der Düsseldorfer Tabelle, weil andernfalls die Gleichwertigkeit von Betreuungs- und Barunterhalt völlig außer acht gelassen und ein erhebliches Ungleichgewicht zu Lasten des betreuenden Elternteils herbeigeführt würde. Es trifft zwar zu, daß die Betreuung, die ein Elternteil minderjährigen Kindern gewährt, grundsätzlich gleichwertig ist mit dem von dem anderen Elternteil zu leistenden

Barunterhalt (Senat, NJW 1981, 1559 = LM § 1606 BGB Nr. 14 = FamRZ 1981, 543 (544) m. w. Nachw.). Wie der Senat in dem bereits erwähnten Urteil vom 26. 10. 1983 – IVb ZR 9/82 – entschieden hat, bedeutet das aber nicht, daß der Wert der Betreuungsleistungen rechnerisch – etwa in derselben Höhe wie der geschuldete Barunterhalt – anzusetzen und bei der Ermittlung der (weiteren) Leistungsfähigkeit des betreuenden Elternteils im Hinblick auf § 1603 II 2 BGB von dessen Einkommen vorweg abzuziehen wäre. Ebensowenig geht es an, das unterhaltserhebliche Einkommen durch „erhebliche Erhöhung" des angemessenen Selbstbedarfs praktisch vorab um den Wert der Betreuung zu vermindern. Durch ein solches Vorgehen würde, wie der Fall zeigt, zum einen die Beurteilung der (weiteren) Leistungsfähigkeit des betreuenden Elternteils entgegen dem Sinn und Zweck des § 1603 II 2 BGB verzerrt. Zum andern würde es eine Prüfung der Leistungsfähigkeit des anderen, an sich zum Barunterhalt verpflichteten Elternteils nach dem Maßstab des § 1603 II 1 BGB insoweit überflüssig machen, als der Wert des (mit der Betreuung gleichwertigen) Barunterhalts bereits als zusätzliche Leistung des betreuenden Elternteils berücksichtigt würde (vgl. Senat, Urt. v. 26. 10. 1983 – IVb ZR 9/82). Soweit der Vater den Kl. neben der Betreuung tatsächlich noch Barunterhalt erbracht hat und erbringt, hat dies bei der Prüfung der Leistungsfähigkeit beider Eltern nach den Grundsätzen des § 1603 II 1 und 2 BGB i. V. mit § 1603 I BGB außer Betracht zu bleiben (Senat, Urt. v. 26. 10. 1983 – IVb ZR 9/82).

(Überobligationsmäßige Tätigkeit des Pflichtigen bei Erwerbstätigkeit trotz Kinderbetreuung; Betreuungsbonus)

Die Erwägung des BerGer., daß das Einkommen des Vaters der Kl. gem. § 242 BGB nur zum Teil anzurechnen sei, weil ihn angesichts des Alters der Kinder an sich keine volle Erwerbsobliegenheit treffe, ist im Ansatz rechtlich nicht zu beanstanden. Wenn auch die Vorschriften über den Kindesunterhalt nach §§ 1601 ff. BGB keine ausdrückliche Regelung über die Behandlung von Einkünften aus „unzumutbarer" Erwerbstätigkeit enthalten, so bedeutet das doch nicht, daß derartige Einkünfte deshalb – stets – in voller Höhe als Bestandteil des unterhaltserheblichen Einkommens angesehen werden müßten. Wie das BerGer. zutreffend angenommen hat, ist vielmehr jeweils nach den Grundsätzen von Treu und Glauben unter Berücksichtigung der konkreten Umstände des Einzelfalls zu entscheiden, in welchem Umfang das (Mehr-)Einkommen eines Elternteils aus einer Erwerbstätigkeit, die er neben der Betreuung ehelicher Kinder über das ihm obliegende Maß hinaus ausübt, bei der Bemessung der unterhaltsrechtlichen Leistungsfähigkeit zu berücksichtigen ist (vgl. Senat, NJW 1982, 2664 = LM § 1361 BGB Nr. 27 = FamRZ 1982, 779 (780); Urt. v. 26. 10. 1983 – IVb ZR 9/82). **b**

Den hierbei zu stellenden Anforderungen an die Prüfung unter dem Gesichtspunkt des § 242 BGB genügt das angefochtene Urteil indessen nicht. Es läßt bereits die konkrete Feststellung vermissen, daß dem Vater der Kl. angesichts ihrer Betreuung die von ihm tatsächlich ausgeübte Vollerwerbstätigkeit nicht zumutbar sei. Soweit das BerGer. nur eine Teilerwerbstätigkeit für zumutbar hält, trifft es ferner keine Feststellung dazu, in welchem zeitlichen Umfang eine solche Tätigkeit nach den Besonderheiten der von dem Vater ausgeübten Arbeit in Betracht kommen sollte, um die notwendige Betreuung der Kinder (außerhalb der Schulzeiten?) sicherzustellen. Darüber hinaus läßt das angefochtene Urteil nicht erkennen, aufgrund welcher konkreten Umstände das BerGer. bei den gegebenen Einkommensverhältnissen der Eltern die anrechenbaren Einkünfte des Vaters der Kl. um ein volles Drittel – und damit um nennenswert mehr als den Höchstbetrag des für beide Kl. geltend gemachten Barunterhalts von zusammen monatlich 589 DM – auf monatlich 1900 DM bis 2000 DM herabgesetzt hat. Allein die Erwägung, daß sich der Vater auf die Ausübung einer Teilerwerbstätigkeit beschränken könnte, rechtfertigt diese Herabsetzung nicht. Selbst wenn das BerGer. hierbei annehmen wollte, bei Ausübung einer Teilerwerbstätigkeit könne der Vater der Kl. einen Verdienst von etwa 1900 DM bis 2000 DM erzielen, hätte dies nicht zur Folge, daß dieser Betrag als Grundlage einer Beurteilung nach § 1603 II 2 BGB dienen könnte. Denn der Vater geht tatsächlich einer vollen Erwerbstätigkeit nach und erzielt daraus Einkünfte von monatlich 2900 DM netto. Darüber hinaus bezieht er das Kindergeld für die Kl. in Höhe von monatlich 150 DM, das seinem Einkommen hinzuzurechnen ist (Senat, NJW-RR 1991, 578 = FamRZ 1990, 979 (980) m. Nachw.). Damit ist ein Einkommen des Vaters von insgesamt monatlich 3050 DM als Ausgangspunkt für eine – ausgewogene und angemessene – Beurteilung nach § 242 BGB anzusetzen.

Von dem von ihm als anrechenbar angesehenen Einkommen von monatlich 1900 DM bis 2000 DM hat das BerGer. bei der Prüfung der Leistungsfähigkeit des Vaters Kosten einer Kindertagesstätte in Abzug gebracht, ohne daß im Verfahren behauptet worden ist, die Kinder besuchten, etwa während der berufsbedingten Abwesenheit des Vaters, eine solche Tagesstätte. Das Berufungsurteil trifft dazu auch keine Feststellung, ebensowenig zur Höhe der Kosten.

Auch der Abzug dieser Kosten hält der Nachprüfung nicht stand. Zwar kann ein Elternteil, der neben der Betreuung minderjähriger Kinder eine Erwerbstätigkeit ausübt, von seinem für Unterhaltszwecke einzusetzenden Einkommen vorweg die Kosten absetzen, die er für die infolge seiner Berufstätigkeit notwendig werdende anderweitige Betreuung der Kinder aufwenden muß (Senat, Urt. v. 15. 6.

1983 – IVb ZR 394/81; NJW 1982, 2664 = LM § 1361 BGB Nr. 27 = FamRZ 1982, 779 (780) m. w. Nachw. – zum Ehegattenunterhalt). Auch kann ein Betreuungsbonus in Betracht kommen, wenn sich die Betreuung zwar ohne konkreten Kostenaufwand, jedoch nur unter besonderen Erschwernissen bewerkstelligen läßt (vgl. Senat, Urt. v. 29. 6. 1983 – IVb ZR 379/81; NJW 1986, 2054 = LM § 323 ZPO Nr. 48 = FamRZ 1986, 790 (791); FamRZ 1988, 1039 (1041)). Dazu ist indessen weder etwas festgestellt noch vorgetragen.

Da das Berufungsurteil den dargelegten Anforderungen an die Bestimmung der unterhaltsrechtlichen Leistungsfähigkeit des Vaters der Kl. nicht genügt, kann es nicht bei Bestand bleiben. Der Senat ist zu einer eigenen abschließenden Entscheidung nicht in der Lage. Diese setzt vielmehr weitere Feststellungen und eine dem Tatrichter vorbehaltene Abwägung unter dem Gesichtspunkt des § 242 BGB voraus. Die Sache ist daher zur erneuten Prüfung und Entscheidung an das BerGer. zurückzuverweisen. Dieses wird nach den dargelegten Grundsätzen erneut die Frage zu beurteilen haben, ob der Vater der Kl. neben der Betreuung auch ihren Barbedarf ohne Gefährdung seines eigenen angemessenen Unterhalts tragen kann.

Bei der dem OLG hiernach obliegenden Prüfung wird zu beachten sein, daß sich der Vater im Rahmen des § 1603 I BGB unter Umständen Einschränkungen zugunsten der Kl. gefallen lassen muß, sofern das Einkommen der Bekl. nicht ausreicht, um ihren angemessenen Eigenbedarf zu befriedigen (vgl. zu § 1606 III 1 BGB Senat, FamRZ 1988, 1039 (1041); NJW-RR 1986, 293 = LM § 1606 BGB Nr. 21 = FamRZ 1986, 153 (154)). Falls das OLG bei Beachtung dieses Gesichtspunkts zu dem Ergebnis gelangt, daß der Vater gemessen an dem verhältnismäßig geringen Einkommen der Bekl. seinerseits gem. § 1603 I BGB auch zur Leistung des vollen Barunterhalts in der Lage ist, entfällt eine Leistungspflicht der Bekl. auf der Grundlage des § 1603 II 1 BGB.

Soweit die erneute Prüfung des BerGer. ergibt, daß der Vater nicht zum Barunterhalt der Kinder herangezogen werden kann, greift in diesem Umfang die gesteigerte Unterhaltspflicht der Bekl. nach § 1603 II 1 BGB ein. Für diesen Fall stellt sich wiederum die Frage ihrer Leistungsfähigkeit.

(Schätzung nach § 287 ZPO bei Trinkgeldern)

c Das BerGer. hat dem nachgewiesenen Nettoeinkommen der Bekl. von monatlich 1200,96 DM im Jahre 1988 und 1287,32 DM ab 1989 Trinkgelder in geschätzter Höhe von monatlich 220 DM hinzugerechnet, obwohl sie unter Beweisantritt geltend gemacht hat, ihre Trinkgelder bewegten sich nur in einer Höhe zwischen 60 DM bis 80 DM pro Monat. Daß das BerGer. diesem Beweisangebot nicht nachgegangen ist – weil die Trinkgeldhöhe nicht „schlüssig vorgetragen" worden sei –, wird von der Revision zu Recht als Verletzung des § 286 ZPO gerügt. Es mag zwar sein, daß die Lebenserfahrung eher für die Ansicht des BerGer. spricht. Die Bekl. hat jedoch konkret und hinreichend substantiiert einen anderen Sachverhalt vorgetragen und diesen in zulässiger Weise unter Beweis gestellt. Dem Beweisantritt mußte nachgegangen werden, bevor eine Beweiswürdigung, gegebenenfalls unter Heranziehung allgemeiner Erfahrungssätze, vorgenommen wurde.

(Ersparnisse durch gemeinsame Haushaltsführung in der neuen Ehe)

d d) Auch die gesteigerte Unterhaltspflicht nach § 1603 II 1 BGB findet dort ihre Grenze, wo die Möglichkeit der Fortexistenz des Unterhaltspflichtigen selbst in Frage gestellt würde und ihm nicht mehr die Mittel zur Bestreitung des unentbehrlichen Lebensbedarfs verblieben. Die damit definierte unterhaltsrechtliche Opfergrenze, die in der Praxis durch den Begriff des notwendigen Selbstbehalts (oder des notwendigen Eigenbedarfs) konkretisiert wird, ist auch im Verhältnis der Eltern gegenüber minderjährigen unverheirateten Kindern zu wahren (vgl. Senat, NJW 1984, 1614 = LM § 1603 BGB Nr. 24; NJW 1989, 524 = LM § 1603 BGB Nr. 37 = FamRZ 1989, 170 (171)). Die Revision beanstandet daher zu Recht, daß das BerGer. den notwendigen Eigenbedarf der Bekl. für die Zeit nach ihrer erneuten Eheschließung unter dem Selbstbehaltssatz von seinerzeit monatlich 990 DM, ab 1989 von monatlich 1100 DM angesetzt hat. Die Erwägung, mit der das BerGer. dieses Vorgehen begründet hat, ist rechtlich nicht haltbar. Der Hinweis auf den geringeren Bedarf eines Unterhaltsberechtigten bei gemeinsamer Haushaltsführung mit dem Unterhaltspflichtigen, also auf eine Fallgestaltung, bei der Unterhaltsgläubiger und -schuldner einen gemeinsamen Haushalt mit den sich daraus für beide ergebenden Möglichkeiten zu kostengünstiger Lebensgestaltung führen, greift hier nicht. Denn der jetzige Ehemann der Bekl. steht außerhalb ihres Unterhaltsverhältnisses zu den Kl. und ist rechtlich nicht verpflichtet, sich zu deren Gunsten in seiner eigenen Lebensführung einzuschränken. Ob der notwendige Eigenbedarf der Bekl. gleichwohl infolge der gemeinsamen Haushaltsführung mit ihrem neuen Ehemann aus tatsächlichen Gründen niedriger angesetzt werden kann als mit den in der Praxis entwikkelten Richtsätzen, kann nur aufgrund einer individuellen Prüfung der Lebensverhältnisse in der neuen Ehe der Bekl. sachgerecht beurteilt werden. Dabei sind neben den Einkommensverhältnissen beider Eheleute – bei der Bekl. das Einkommen auf der Grundlage einer Steuerbelastung als Verheiratete (vgl. Senat, NJW 1990, 1477 = FamRZ 1990, 499; NJW-RR 1990, 514 = LM § 1578 BGB Nr. 57 = FamRZ 1990, 503 m. w. Nachw.) – auch die aus ihren Einkünften zu tilgenden Verbindlichkeiten und

Belastungen angemessen zu berücksichtigen. Das BerGer. wird für die Beurteilung der Leistungsfähigkeit der Bekl. auch diese Prüfung gegebenenfalls nachzuholen haben.

BGH v. 28. 11. 90 – XII ZR 1/90 – FamRZ 91, 670 = NJW 91, 1290

(Keine Pauschale für trennungsbedingten Mehrbedarf; Berücksichtigung der tatsächlichen Steuerlast; Erwerbstätigenbonus) **R431**

Daß das BerGer. bei der Bedarfsbemessung das Einkommen des Bekl. nicht um die Steuern vermindert hat, die er als Geschiedener tatsächlich zu tragen hat, sondern um fiktive Beträge der Steuerklasse III/1, begegnet ebenso durchgreifenden rechtlichen Bedenken wie seine Ansicht, dem Bekl. seien statt eines die Hälfte seines Einkommens maßvoll übersteigenden Betrages, der dem erhöhten, mit der Erwerbstätigkeit verbundenen Aufwand Rechnung trägt und zugleich einen Anreiz zur Erwerbstätigkeit darstellt, lediglich vorweg 5% wegen berufsbedingter Aufwendungen zu belassen. Insoweit wird – wegen der Berücksichtigung der Steuer – auf die Senatsurteile vom 24. 1. 1990 (NJW 1990, 1477 = FamRZ 1990, 499), 31. 1. 1990 (NJW-RR 1990, 514 = FamRZ 1990, 503) sowie zuletzt vom 26. 9. 1990 (NJW 1991, 224) und – wegen des Erwerbstätigenbonus – auf die Senatsurteile vom 26. 4. 1989 (NJW 1989, 1992 = FamRZ 1989, 842 (844)), 31. 1. 1990 (NJW-RR 1990, 514 = FamRZ 1990, 503 (504)) und 11. 4. 1990 (NJW 1990, 3274 = FamRZ 1990, 989 (991)) verwiesen, in denen sich der Senat mit den vom BerGer. für seine abweichende Auffassung angeführten Gründen bereits auseinandergesetzt hat. **a**

Keinen Bestand hat ferner der Ansatz des trennungsbedingten Mehrbedarfs in Höhe von 220 DM monatlich. Dessen Schätzung ist dem Tatrichter zwar nicht schlechthin versagt, er darf sie jedoch nur auf der Grundlage konkreter Darlegungen der Partei über ihre Mehraufwendungen vornehmen (st. Rspr. des Senats, vgl. etwa NJW 1990, 2886); denn ein Mehrbedarf ist mit der Trennung nicht ausnahmslos verbunden. Der Schätzung des BerGer. liegen keine konkreten Darlegungen der Kl. zugrunde. Das Gericht stützt sich lediglich auf die allgemeine Erwägung, daß der Mehrbedarf bei doppelter Haushaltsführung für Miete, Grundgebühren für Strom und Wasser, Zeitung, Fernsehen, Telefon, Versicherungen und ähnliches anfalle, und verweist auf die „Verhältnisse der Parteien", ohne daß diese insoweit konkretisiert worden wären. Es berücksichtigt auch nicht, daß die Kl. nach seinen Feststellungen jedenfalls bis Ende Februar 1989 eheähnlich mit dem Zeugen L zusammengelebt und möglicherweise deshalb keinen oder nur einen geringeren trennungsbedingten Mehraufwand gehabt hat. Die Kl. selbst hat in ihrer Berufungsbegründung – zur Abwehr einer Anspruchsreduzierung wegen des Zusammenlebens mit L – vorgetragen, das – einmal unterstellte – Zusammenleben könne allenfalls dazu führen, daß kein trennungsbedingter Mehrbedarf hinzuzurechnen sei. Sonst hat sie zur Frage des trennungsbedingten Mehrbedarfs nicht Stellung genommen. Hiernach kann dessen Ansatz nicht bestehen bleiben.

(Darlegungs- und Beweislast bei Verwirkung)

a) Allerdings wendet sich die Revision ohne Erfolg gegen die vom BerGer. angenommene Beweislastverteilung. Da § 1579 BGB eine rechtsvernichtende Einwendung gewährt, hat der Unterhaltspflichtige die tatsächlichen Voraussetzungen des Ausschließungsgrundes darzulegen und zu beweisen. **b**

(§ 1579 Nr. 7 BGB nach Scheidung, wenn in Trennungszeit § 1579 Nr. 6 BGB vorlag)

In dem Verhalten, das der Bekl. der Kl. in diesem Vorbringen angelastet hat, konnte nach der Rechtsprechung des Senats ein offensichtlich schwerwiegendes, eindeutig bei der Kl. liegendes Fehlverhalten (vgl. zuletzt Senat, NJW 1990, 253 = LM § 1579 BGB Nr. 39 = FamRZ 1989, 1279 (1280) m. w. Nachw.) und damit ein Härtegrund nach § 1579 Nr. 6 BGB gesehen werden, der nicht nur einen Anspruch auf Trennungsunterhalt (§ 1361 III BGB), sondern auch eine Inanspruchnahme auf nachehelichen Unterhalt unzumutbar machen und insoweit den Härtegrund des § 1579 Nr. 7 BGB mit der Rechtsfolge eines dauerhaften Unterhaltsausschlusses erfüllen konnte (vgl. Senat, NJW 1989, 1083 = LM § 1577 BGB Nr. 15 = FamRZ 1989, 487 (489) m. w. Nachw.). **c**

BGH v. 28. 11. 90 – XII ZR 16/90 – FamRZ 91, 306 = NJW 91, 913

(Verzicht auf Betreuungsunterhalt vor der Eheschließung) **R432**

a) Nach der Rechtsprechung des Senats besteht für Vereinbarungen, durch die während der Ehe oder sogar schon vorher vorsorglich für den Fall der Scheidung der nacheheliche Unterhalt oder sonstige vermögensrechtliche Angelegenheiten geregelt werden, grundsätzlich volle Vertragsfreiheit, die auch einen Verzicht auf den Unterhaltsanspruch gem. § 1570 BGB einschließt, § 1585c BGB (vgl. z. B. Senat, NJW 1985, 1833 = FamRZ 1985, 788 (789) und zuletzt NJW 1990, 703 = FamRZ

1990, 372 (373)). Daran wird auch gegenüber der neuerlichen Kritik von Bosch (in: Festschr. f. Habscheid, 1989, S. 23 (34 ff.)) festgehalten. Schranken ergeben sich allein aus §§ 134, 138 BGB. Ob eine Vereinbarung im Einzelfall gegen die guten Sitten verstößt, das heißt dem Anstandsgefühl aller billig und gerecht Denkenden zuwiderläuft (BGHZ 69, 295 (297) = NJW 1977, 2356 = LM § 138 (Be) BGB Nr. 17) hängt von ihrem aus Inhalt, Beweggrund und Zweck zu entnehmenden Gesamtcharakter ab, wobei sich aus dem zeitlichen Abstand zu einer nicht beabsichtigten, sondern nur für denkbar gehaltenen Scheidung zusätzliche Gesichtspunkte ergeben können. Es reicht für sich nicht aus, daß sie in dem Bestreben abgeschlossen worden ist, sich von sämtlichen nachteiligen Folgen einer Scheidung freizuzeichnen.

b) Der Revision ist zuzugeben, daß das OLG die Sittenwidrigkeit des Ehevertrages vom 22. 11. 1985 wesentlich aus Umständen gefolgert hat, die durch das Scheitern der Ehe schon im Jahre 1988 bedingt sind. Maßgebender Zeitpunkt für die Beurteilung ist aber grundsätzlich derjenige des Vertragsabschlusses (vgl. Soergel-Häberle, BGB, 12. Aufl., § 1585c Rdnr. 14). Wenn die Ehe so lange gedauert hätte, daß die Ehefrau nach deren Scheitern durch die Kindesbetreuung nicht mehr an einer Erwerbstätigkeit gehindert wäre, hätte die Sittenwidrigkeit des Vertrages jedenfalls nicht aus ihrer Zwangslage gefolgert werden können, entweder Sozialhilfe in Anspruch nehmen oder die Kindesbetreuung vernachlässigen zu müssen. Wenn sie sich lediglich durch „einfache Frauenarbeit" selbst hätte unterhalten können, wäre der Unterhaltsverzicht nicht schon aus diesem Grunde anstößig; es wäre lediglich verschärft auf die gesetzliche Regel des § 1569 BGB abgehoben. Das OLG hat auch nicht festgestellt, daß die Verlobten bei Vertragsschluß tatsächlich nur mit einer kurzfristigen Ehe gerechnet haben; daß diese Möglichkeit „nicht ganz ferngelegen" hat, reicht nicht aus. Es hat ferner nicht festgestellt, daß Auswirkungen des Unterhaltsverzichts, wie sie im strittigen Zeitraum tatsächlich eingetreten sind, seinerzeit bedacht und zumindest mit in Kauf genommen worden sind. Insgesamt hat es danach die Voraussetzungen des § 138 I BGB zu Unrecht bejaht.

c) Seine Entscheidung stellt sich jedoch aus anderen Gründen als richtig dar (§ 563 ZPO). Nach der Rechtsprechung des Senats kann sich ein Unterhaltspflichtiger auch auf einen wirksamen Unterhaltsverzicht nicht berufen, wenn dies aufgrund einer späteren Entwicklung mit Treu und Glauben (§ 242 BGB) unvereinbar ist. Das ist insbesondere für Fälle entschieden worden, in denen überwiegende schutzwürdige Interessen gemeinschaftlicher Kinder der Geltendmachung des Verzichts entgegenstanden (vgl. NJW 1985, 1833 = LM § 1569 BGB Nr. 18 = FamRZ 1985, 788; NJW 1987, 776 = LM § 242 (D) BGB Nr. 96 = FamRZ 1987, 46 (47)). Hiernach kann sich auch ergeben, daß die Berufung auf einen Unterhaltsverzicht zeitlich begrenzt ausgeschlossen ist, etwa für die Zeit, in der wegen der Betreuung eines gemeinschaftlichen Kindes eine Erwerbstätigkeit nicht möglich ist und der Verzichtende mangels anderer Mittel auf Sozialhilfe angewiesen wäre (vgl. OLG Hamm, NJW-RR 1989, 1413 = FamRZ 1989, 398). Ein solcher Fall liegt hier nach den getroffenen Feststellungen vor, ohne daß es zu dieser Beurteilung einer Zurückverweisung an die Vorinstanz bedarf.

BGH v. 28. 11. 90 – XII ZR 26/90 – FamRZ 91, 542 = NJW-RR 91, 514

R433 *(Abänderung notarieller Urkunden)*

I. 1. Das BerGer. geht – ohne dies allerdings zu begründen – zu Recht davon aus, daß die Voraussetzungen einer Abänderungsklage vorliegen. Bei dem notariellen Vertrag vom 25. 11. 1983 handelt es sich um eine Urkunde i. S. des § 794 I Nr. 5 ZPO, in welcher Leistungen der in § 323 I ZPO bezeichneten Art übernommen worden sind. Da der Kl. eine wesentliche Änderung der Verhältnisse, die für sein Leistungsversprechen bestimmend waren, geltend macht, ist er nach § 323 IV ZPO berechtigt, die Abänderung im Wege der Klage zu verlangen. Abänderung kann der Kl. grundsätzlich auch schon für die Zeit vor Erhebung der Klage verlangen, hier also für die Monate ab 1. 8. 1987. Dafür ist nicht entscheidend, ob die Bekl. durch das Anwaltsschreiben vom 14. 7. 1987 mit einem Verzicht auf ihre Rechte aus der Urkunde in Verzug gesetzt worden ist. Der Grund liegt vielmehr darin, daß die zeitliche Beschränkung des § 323 III ZPO nur für die Abänderung von Urteilen, nicht hingegen für die von Parteivereinbarungen gilt (BGHZ 85, 64 (73 ff.) = NJW 1983, 228 = LM § 323 ZPO Nr. 31; seither st. Rspr. des Senats, vgl. zuletzt NJW 1990, 3274 = FamRZ 1990, 989 m. w. Nachw.). Handelt es sich wie hier bei dem abzuändernden Titel um eine notarielle Urkunde, kommt es nicht darauf an, ob die Voraussetzungen des § 323 I ZPO vorliegen. Maßgebend sind vielmehr die Regeln des materiellen Rechts. Es ist zu entscheiden, ob in den Verhältnissen, die die Parteien zur Grundlage ihres Vertrages gemacht hatten, derart gewichtige Änderungen eingetreten sind, daß nach den Grundsätzen über den Wegfall der Geschäftsgrundlage ein unverändertes Festhalten an den vereinbarten Leistungen gegen Treu und Glauben (§ 242 BGB) verstoßen würde und daher dem Schuldner nicht zumutbar wäre (Senat, NJW 1986, 2054 = LM § 323 ZPO Nr. 48 = FamRZ 1986, 790 m. w. Nachw.).

BGH v. 19. 12. 90 – XII ZR 27/90 – FamRZ 91, 416 = NJW 91, 1049

(Angemessene Erwerbstätigkeit) R435

a Soweit das BerGer. seine Berurteilung daneben auf den in 23jähriger Ehezeit erreichten sozialen Status gestützt hat, ist dem zwar im Ausgangspunkt insoweit zu folgen, als § 1574 II BGB die Angemessenheit einer Erwerbstätigkeit des geschiedenen Ehegatten auch von den ehelichen Lebensverhältnissen – in der ganzen Breite dieses Kriteriums – abhängig macht. Dennoch steht auch die Berücksichtigung der ehelichen Lebensverhältnisse unter dem vorrangig zu beachtenden Gebot der wirtschaftlichen Eigenverantwortung (§ 1569 BGB), die es dem geschiedenen Ehegatten grundsätzlich auferlegt, selbst für seinen Unterhalt zu sorgen. Da er allerdings gem. § 1574 I BGB nur eine ihm angemessene Erwerbstätigkeit auszuüben braucht, kann sich bei langer Ehedauer in gehobenen wirtschaftlichen Verhältnissen der Kreis der als angemessen in Betracht kommenden Erwerbstätigkeiten verengen. Das bedeutet aber nicht, daß für eine Ehefrau von 50 Jahren, deren frühere Ausbildung unter Umständen der heute gesetzlich vorgesehenen Qualifikation für den Beruf einer Erzieherin nicht (mehr) entspricht, nach 23jähriger Ehe in guten finanziellen Verhältnissen praktisch keine angemessene Erwerbsmöglichkeit auf dem Arbeitsmarkt bestünde. Ebensowenig kann bei den gegebenen Verhältnissen die Tätigkeit als Verkäuferin in einem gehobenen Einrichtungshaus von vornherein als nicht angemessen beurteilt werden, ohne daß nähere Feststellungen etwa zu dem Stil des Hauses und den dort herrschenden Arbeitsbedingungen, etwa zu Art und Umfang des regelmäßigen Publikumsverkehrs, getroffen sind. Die Beurteilung, ob die derzeitige Tätigkeit der Ehefrau für sie angemessen i. S. von § 1574 II BGB ist, setzt nach alledem in mehrfacher Hinsicht weitere tatsächliche Feststellungen voraus.

BGH v. 10. 7. 91 – XII ZR 166/90 – FamRZ 91, 1163 = NJW 91, 2703

(Abzug von Kindesunterhalt beim Berechtigten) R437

a 1. Das BerGer. hat offengelassen, in welcher Höhe die Kl. für einen anderweitig nicht gedeckten Unterhaltsbedarf ihrer Tochter D aufkommen muß. Denn eine solche Unterhaltspflicht könne sie dem Bekl. nicht entgegenhalten. Werde eine solche Verpflichtung einkommensmindernd berücksichtigt, hätte das zur Folge, daß der Bekl. mittelbar für eine Unterhaltsverpflichtung (mit-)einstehen müsse, die ihn rechtlich nichts angehe. Es komme nicht darauf an, daß in der Zeit des Zusammenlebens der Parteien Zahlungen an die Tochter D tatsächlich aus dem Gesamteinkommen der Familie geleistet worden seien.

Dem kann in dieser Allgemeinheit nicht zugestimmt werden. Es trifft zwar zu, daß der Lebensbedarf eines Unterhaltsberechtigten grundsätzlich nicht die Mittel umfaßt, die er zur Deckung seiner eigenen Unterhaltspflichten gegenüber Dritten benötigt. Ein erwerbstätiger Ehemann braucht daher seiner Frau, die sich ausschließlich der Haushaltsführung widmet, keine Mittel zur Verfügung zu stellen, damit sie ihre bedürftigen Verwandten – auch nichteheliche oder Kinder aus einer früheren Ehe – unterhalten kann (vgl. nur Göppinger-Kindermann, UnterhaltsR, 5. Aufl., Rdnr. 974).

Im vorliegenden Fall geht es indessen um eine andere Fragestellung. Wenn der Trennungsunterhalt begehrende Ehegatte, wie hier die Kl., eigene Einkünfte erzielt, die für die Bemessung seines Unterhalts nach der Differenzmethode herangezogen werden, besteht von Gesetzes wegen kein Grund, diese Einkünfte ungeachtet der Unterhaltsansprüche Dritter ungeschmälert nur zur unterhaltsrechtlichen Entlastung des anderen Ehegatten einzusetzen. Es kann dahinstehen, ob ein solcher Vorrang für die Bemessung des nachehelichen Unterhalts aus dem Grundsatz der Eigenverantwortlichkeit (§ 1596 BGB) und der Regelung des § 1577 BGB hergeleitet werden könnte. Für den Anwendungsbereich des § 1361 BGB fehlen entsprechende Bestimmungen. Nach der Rechtsprechung des BGH muß es ein alleinverdienender Ehegatte während bestehender Ehe gegebenenfalls sogar dulden, daß sein an sich nur den Haushalt führender Ehegatte aus einer Nebentätigkeit Mittel erwirtschaftet, die ausschließlich für den Barunterhalt anderweitig betreuter Kinder, etwa aus einer früheren Ehe, verwendet werden (BGHZ 75, 272 = NJW 1980, 340 = LM § 1356 BGB (L) Nr. 21; vgl. auch Senat, NJW 1986, 1869 = LM § 1603 BGB Nr. 31 = FamRZ 1986, 668). Daß Einkünfte eines Ehegatten aus Vermögenserträgen, die er bereits während des Zusammenlebens zur Deckung des Unterhalts seines erstehelichen Kindes eingesetzt hat, von der Trennung an nur noch für den Unterhaltsbedarf der Eheleute verfügbar sein sollen, ist nicht einzusehen. Solche Verbindlichkeiten weiterhin einkommensmindernd zu berücksichtigen, gebietet nicht zuletzt der Grundsatz der Gleichbehandlung (zutreffend Schwab-Borth, Hdb. d. ScheidungsR, 2. Aufl., IV Rdnr. 607; Soergel-Hermann Lange, BGB, 12. Aufl., § 1361 Rdnr. 9; vgl. OLG Stuttgart, FamRZ 1987, 1030 (1031)). Denn beim Unterhaltspflichtigen kann – selbst noch für den nachehelichen Unterhalt – bei der Bemessung des Unterhaltsbedarfs nach einer Quote aus der Differenz beiderseitiger Einkünfte vorweg der Kindesunterhalt abgezogen werden, auch wenn es um die Unterhaltspflicht für ein nicht gemeinschaftliches Kind geht, für das er bereits während der Ehe aufzukommen hatte, so daß bereits die ehelichen Lebensverhältnisse dadurch mitgeprägt waren. Der Senat hat entsprechende Vorwegabzüge vom Einkommen des Verpflichteten grundsätzlich sogar für geboten erachtet, soweit die sich daraus ergebende Verteilung der zum Unterhalt von Ehegatten und Kindern zur Verfügung stehenden Mittel nicht in einem Mißverhältnis zum wechselseitigen Lebensbedarf der Beteiligten steht; dies gilt auch für den Fall, daß der Unterhalt an ein volljähriges Kind zu entrichten ist (Senat, NJW-RR 1990, 578 = FamRZ 1990, 979 (980 unter 4); NJW 1987, 1551 = LM § 1577 BGB Nr. 12 = FamRZ 1987, 456 (458 f.) m. w. Nachw. zur Senatsrechtsprechung). Gewährt ein getrennt lebender Ehegatte seinem Kind aus früherer Ehe aus eigenen Einkünften Unterhalt, sind daher diese Unterhaltsleistungen, soweit ihnen eine Verpflichtung zugrunde liegt, bei der Bemessung des Trennungsunterhalts jedenfalls dann vorweg abzusetzen, wenn er das Kind schon während des Zusammenlebens der Ehegatten unterhalten hat. Da es danach entgegen der Auffassung des BerGer. nicht unerheblich ist, in welchem Umfang die Kl. für einen ungedeckten Unterhaltsbedarf ihrer ersteehelichen Tochter D aufzukommen hat, und ob entsprechende Unterhaltsleistungen an dieses Kind bereits die ehelichen Lebensverhältnisse geprägt haben, müssen die dazu erforderlichen tatrichterlichen Feststellungen nachgeholt werden.

(Aufgedrängte Vermögensbildung)

b 2. Durchgreifenden Bedenken unterliegt das Berufungsurteil auch in der Beurteilung der Frage, ob die von der Kl. erzielten Einkünfte aus dem Gewerbeobjekt M. um Tilgungsleistungen zu kürzen sind, die sie vertragsmäßig an den Kreditgeber jährlich zu erbringen hat. a) Die Kl. erzielt ihre Einkünfte aus einem zur Zeit an die Firma X verpachteten Ladenlokal in einem Gebäude, das im sogenannten Bauherrenmodell errichtet worden ist. Den Kaufpreis hat sie durch Kredite in Höhe von zusammen 1,2 Mio. DM voll finanziert, die – beginnend mit dem 5. 3. 1983 – mit jährlich 1% auf die jeweils bestehende Schuld zu tilgen sind. Das BerGer. hat zugunsten der Kl. unterstellt, daß eine Umstellung der Finanzierung mit einer Ermäßigung der Gesamtbelastung nicht möglich und ein Verkauf des Objektes wirtschaftlich nicht sinnvoll ist, weil günstigere Vermögenserträge dadurch nicht erzielt werden können. Davon ist revisionsrechtlich auszugehen.

Seine Auffassung, daß die Tilgungsleistungen nicht einkommensmindernd berücksichtigt werden könnten, hat das BerGer. damit begründet, daß dem Gesichtspunkt der Vermögensbildung das größere Gewicht zukomme; es erscheine nicht angemessen, diese durch Unterhaltsleistungen des Verpflichteten mitfinanzieren zu lassen. Dem weiteren von der Kl. verfolgten Zweck, nämlich überhaupt Einnahmen zu erzielen, hat das BerGer. keine ausschlaggebende Bedeutung zugemessen. In einer Kontrollberechnung hat es dargelegt, daß der Kl. trotz der Tilgungsleistungen unter Einschluß des ausgeurteilten Unterhaltsanspruchs noch ein einigermaßen auskömmliches Resteinkommen verbleibe, nämlich monatlich 4038 DM im Jahre 1988 und monatlich 3066 DM im Jahre 1989.

b) Im Ausgangspunkt ist dem OLG zuzustimmen. In welchem Umfang Kreditverbindlichkeiten bei der Unterhaltsbemessung einkommensmindernd zu berücksichtigen sind, läßt sich nicht generell und nach bestimmten, ausnahmslos gültigen Grundsätzen beurteilen, sondern hängt in mehrfacher Hinsicht von den Umständen des Einzelfalles ab. In Fällen, in denen die Leistungsfähigkeit eines Unterhaltsverpflichteten zu beurteilen war, hat der Senat den Standpunkt eingenommen, daß zwischen berücksichtigungswürdigen und anderen Verbindlichkeiten zu unterscheiden ist. Da jede Rechtsposition unter dem Vorbehalt von Treu und Glauben steht, kann sich der Unterhaltspflichtige nicht auf Verbindlichkeiten berufen, die er ohne verständigen Grund eingegangen ist. Erforderlich ist eine umfassende Interessenabwägung nach billigem Ermessen. Bedeutsame Umstände sind dabei insbesondere der Zweck der Verbindlichkeiten sowie der Zeitpunkt und die Art ihrer Entstehung. Rühren die Schulden aus der gemeinsamen Lebensführung zur Zeit des Zusammenlebens der Eheleute her, so sind sie grundsätzlich zu berücksichtigen (Senat, NJW 1984, 1237 = FamRZ 1984, 358 (360)). Andererseits ist ein unterhaltspflichtiger Ehegatte nicht berechtigt, auf Kosten des Unterhaltsbedürftigen Vermögen zu bilden, mit der Folge, daß die Zins- und Tilgungsaufwendungen, die bei Beteiligung an einem Bauherrenmodell anfallen, nicht einkommensmindernd berücksichtigt werden können (Senat, NJW-RR 1987, 194 = FamRZ 1987, 36 (37); NJW-RR 1987, 1218 = FamRZ 1987, 913 (916)). Ähnliche Gesichtspunkte sind für die Beurteilung heranzuziehen, ob und inwieweit es auf seiten des Unterhaltsberechtigten zu berücksichtigen ist, daß seine in die Differenzberechnung eingehenden Einkünfte durch Tilgung von Krediten geschmälert werden.

Die Revision rügt mit Erfolg, daß das BerGer. wesentliche Gesichtspunkte nicht oder nicht ausreichend in seine Abwägung einbezogen hat. Die Kl., die damals einkommenslos war, kann während der Ehe im Rahmen eines Bauherrenmodells ein finanzielles Engagement in Millionengröße nur mit Wissen und Wollen des Bekl. eingegangen sein; dessen überdurchschnittliche Einkünfte erlaubten es den Parteien nicht nur, in erheblichem Umfang Verbindlichkeiten einzugehen, sondern legten es ihnen geradezu nahe, Vermögensanlageformen zu suchen, die eine Verminderung der Einkommensteuerlast mit sich brachten. Unstreitig hat der Bekl. durch die Ausnutzung der Abschreibungsmöglichkeiten, die mit dem in Rede stehenden Gewerbeobjekt in Verbindung mit der gemeinsamen Veranlagung der Parteien verbunden waren, mehrere Jahre lang erhebliche Steuerersparnisse erzielt. Dieser Zweck dürfte nach der Lebenserfahrung auch ein stärkeres Motiv für die Anlageentscheidung der Parteien dargestellt haben als nur die Möglichkeit einer Vermögensbildung, für die es günstigere Formen gegeben hätte. Jedenfalls steht außer Zweifel, daß beide Parteien von der Beteiligung an diesem Bauvorhaben wirtschaftlich profitiert haben und dadurch jedenfalls ihre ehelichen Lebensverhältnisse geprägt worden sind. Der eheliche Lebensstandard ist durch die jährlich aufzubringende Tilgung von 1% des Restkapitals nicht wesentlich beeinträchtigt worden, denn ihre zusammengerechneten Monatseinkünfte von über 10000 DM erlaubten die Vermögensanlage in der in Rede stehenden Größe. Unter diesen Voraussetzungen erscheint es schwer erträglich, nach der Trennung der Parteien nunmehr diesen Tilgungsbetrag – den die Kl. mit monatlich 1855,60 DM berechnet, der aber im Lauf der Jahre durch fortschreitende Tilgung bei festen Annuitäten zunimmt – in voller Höhe ihren Einkünften zuzurechnen mit der Folge, daß sich die ihr für den laufenden Lebensbedarf verbleibenden Mittel erheblich verringern und ein sozialer Abstieg eintritt, der durch die Regelung des § 1361 BGB gerade vermieden werden soll.

Die Kontrollberechnung des BerGer. gibt kein zutreffendes Bild über die ihr zur Verfügung stehenden Mittel. So ist für das Jahr 1989 nicht von monatlichen Barmitteln in Höhe von 4028,51 DM auszugehen, denn in diesem Betrag ist der Wohnvorteil enthalten. Ohne den ausgeurteilten Unterhalt hatte die Kl. lediglich Pachteinnahmen in Höhe von 3374,75 DM. Hätte sie davon die Tilgungsleistungen mit monatlich 1855,60 DM zu tragen, verblieben ihr bei gedecktem Wohnbedarf lediglich 1519,15 DM, die sich bei Unterhaltsleistungen an die Tochter D noch weiter vermindern würden. Jedenfalls liegt auf der Hand, daß die Kl. auch bei Hinzurechnung des vom BerGer. zugesprochenen Unterhalts von monatlich 893 DM nicht mehr über Mittel verfügen würde, die ihr ohne erhebliche Einschränkung ihres ehelichen Lebensstandards weiterhin eine Vermögensbildung in Höhe von monatlich 1855,60 DM erlauben könnten.

In einem derartigen Fall, der als eine durch die Verhältnisse „aufgedrängte" Vermögensbildung bezeichnet werden könnte, muß nach einer Lösung gesucht werden, die die Folgen der während des Zusammenlebens der Eheleute getroffenen Anlageentscheidung nicht einseitig auf den wirtschaftlich schwächeren und daher unterhaltsbedürftigen Ehegatten verlagert. Leben die Ehegatten, wie hier, im gesetzlichen Güterstand, bietet es sich an, jedenfalls für die Zeit bis zur Erhebung des Scheidungsantrages derartige Tilgungsleistungen unterhaltsrechtlich von den Einkünften des Berechtigten abzusetzen, da sie ihm tatsächlich nicht für die Deckung seines Lebensbedarfes zur Verfügung stehen, während andererseits der Unterhaltsverpflichtete an Vermögenszuwächsen bis zu diesem Zeitpunkt im Wege des Zugewinnausgleichs noch teilnimmt. Für die anschließende Zeit bis zur Scheidung (und für den hier jedoch nicht in Frage stehenden nachehelichen Unterhalt) ließe sich daran denken, unterhaltsrechtlich in gleicher Weise zu verfahren, den sich dadurch ergebenden (höheren) Unterhaltsanspruch jedoch gem. § 1361 III i. V. mit § 1579 Nr. 7 BGB unter Billigkeitsgesichtspunkten maßvoll herabzusetzen; dabei wäre einerseits dem Umstand Rechnung zu tragen, daß der Verpflichtete an einer Vermögensmehrung auf seiten des Berechtigten nicht (mehr) teilnimmt, andererseits der Berechtigte durch die – im Verhältnis zu seinen sonstigen Mitteln – zu hohen Tilgungsleistungen Einbußen in seinem Lebensstandard hinnehmen muß, die aus einer unter ganz anderen Verhältnissen einvernehmlich getroffenen Anlageentscheidung nachwirken, die aufrechtzuerhalten aber auch im Interesse des Unterhaltsverpflichteten liegt (vgl. zu diesem Gesichtspunkt Palandt-Diederichsen, BGB, 50. Aufl., § 1361 Rdnr. 17).

(Kein Abzug von $^1/_7$ bei sonstigen Einkünften)

Für die neue Verhandlung erscheint folgender Hinweis veranlaßt: Falls das BerGer. erneut den Unterhaltsanspruch der Kl. nach einer $^3/_7$-Quote aus der Differenz der beiderseitigen Einkünfte berechnen will, wird es sich die Frage vorlegen müssen, ob das unter den Gegebenheiten des Falles gerechtfertigt ist. Es bewirkt nämlich, daß beiden Parteien ein Bonus von $^1/_7$ aus ihren sämtlichen Einkünften vorab belassen wird, also auch soweit es sich um Kapitalerträge, Einkünfte aus Vermietung und Verpachtung und Gebrauchsvorteile handelt. Soweit Einkünfte nicht aus einer Erwerbstätigkeit herrühren, bedarf eine Abweichung vom Grundsatz der gleichmäßigen Teilhabe der Ehegatten am ehelichen Lebensstandard aber einer besonderen Begründung (vgl. Senat, NJW 1982, 2442 = FamRZ 1982, 894 (895); NJW 1984, 2358 = FamRZ 1984, 662 (664)). Falls diese nicht besteht, wird der Bonus nur von den Einkünften des Bekl. aus Erwerbstätigkeit gewährt werden dürfen. Der Unterhaltsanspruch der Kl. ist dann in Höhe der Hälfte aus der Differenz ihrer Einkünfte zur Summe aus den (vollen) Mieteinkünften und $^6/_7$ der Erwerbseinkünfte des Bekl. zu bilden (vgl. Senat, NJW 1989, 2809 = LM § 1361 BGB Nr. 56 = FamRZ 1989, 1160 (1162 f. unter 5 b)). c

BGH v. 23. 10. 91 – XII ZR 174/90 – FamRZ 92, 170 = NJW 92, 501

(Abitur-Lehre-Studium) R439

Nach § 1610 II BGB umfaßt der Unterhalt eines Kindes die Kosten einer angemessenen Vorbildung zu einem Beruf. Darunter ist eine Berufsausbildung zu verstehen, die der Begabung und den Fähigkeiten, dem Leistungswillen und den beachtenswerten Neigungen des Kindes am besten entspricht und die sich in den Grenzen der wirtschaftlichen Leistungsfähigkeit der Eltern hält. Geschuldet wird damit die den Eltern wirtschaftlich zumutbare Finanzierung einer begabungsbezogenen Berufsausbildung ihres Kindes, die dessen nicht nur flüchtigen Neigungen entspricht, soweit diese mit den wirtschaftlichen Verhältnissen der Eltern zu vereinbaren sind (BGHZ 69, 190 (192 f.) = NJW 1977, 1774 m. Anm. Diederichsen = Senat, FamRZ 1980, 1115).

Hiernach hat der Senat zunächst in ständiger Rechtsprechung entschieden, daß Eltern, die ihrem Kind eine Berufsausbildung haben zukommen lassen, welche dessen Begabung und Fähigkeiten, Leistungswillen und beachtenswerten Neigungen entspricht, ohne Rücksicht auf die Höhe der Kosten, die sie für die Ausbildung haben aufwenden müssen, ihrer Unterhaltspflicht grundsätzlich in ausreichendem Maße nachgekommen und deshalb nicht verpflichtet sind, Kosten einer weiteren Ausbildung zu tragen (s. die Nachw. in BGHZ 107, 376 (379 f.) = NJW 1989, 2253 = LM § 1610 BGB Nr. 18).

Schon unter Anlegung der Maßstäbe jener Rechtsprechung konnte der zweijährige Dienst von Schulabgängern mit allgemeiner Hochschulreife als Zeitsoldat nicht als eine angemessene Vorbildung zu einem Beruf (§ 1610 II BGB) angesehen werden; mit seiner Ableistung wurden die Eltern also bereits nach dieser Rechtsprechung nicht von der unterhaltsrechtlichen Pflicht zu einer Ausbildungsfinanzierung frei.

Mit dem zweijährigen Dienst bei der Bundeswehr als Soldat auf Zeit wird, obwohl er aufgrund freiwilliger Verpflichtung geleistet wird, ganz überwiegend der Wehrpflicht genügt (so unter Hinweis auf § 4 III und § 7 I WPflG zutreffend OVG Münster, Urt. v. 15. 5. 1991 – 16 A 1418/89). Ob er als „Ausbildung" einzustufen ist, der dann i. S. des § 11 III 1 Nr. 5 BAföG später eine „weitere" folgte, ist bereits sehr zweifelhaft (verneinend OVG Münster), kann hier jedoch auf sich beruhen. Auch wenn man ihn als Ausbildung qualifiziert, haben die Eltern damit ihrer Unterhaltspflicht gem. § 1610 II BGB noch nicht genügt. Denn durch die Vermittlung der vorwiegend dem militärischen Bereich angehörenden Kenntnisse und Fähigkeiten in der zweijährigen Dienstzeit ist der zum Hochschulstudium berechtigte M nicht berufsbezogen ausgebildet worden. Die Ausbildung schöpft – nach der Feststellung des Tatrichters auch in seinem Falle – die Ausbildungsmöglichkeiten nicht entsprechend den Fähigkeiten und dem Leistungswillen eines Abiturienten aus. Es handelt sich, sofern überhaupt von einer berufsqualifizierenden Ausbildung gesprochen werden kann, um eine solche zum Unteroffizier, die den im Abiturzeugnis ausgewiesenen Fähigkeiten und der Begabung des M nicht entspricht. Daß sie u. U. auch die Möglichkeit erschließt, später Berufsoffizier zu werden (vgl. § 39 SoldG), ändert nichts an dieser Beurteilung, in der der Senat ebenfalls mit dem OVG Münster (Urt. v. 15. 5. 1991 – 16A 1418/89) übereinstimmt.

Diese Frage allgemein anders zu entscheiden hieße, die zum Studium berechtigten Wehrpflichtigen, die sich für den zweijährigen Dienst als Soldat auf Zeit verpflichtet haben, unterhaltsrechtlich bereits auf die spätere Laufbahn eines Berufssoldaten festzulegen. Das stände mit dem tatsächlichen Werdegang zahlreicher Zeitsoldaten, die sich nach dem zweijährigen Dienst durch Studium oder Lehre für einen anderen Beruf vorbilden, nicht in Einklang.

2. Nach der Auffassung des BerGer. ist der Bekl. verpflichtet, die Kosten des Studiums der Rechtswissenschaften zu tragen, obwohl M zuvor bereits die Banklehre durchlaufen und erfolgreich abgeschlossen hat. Für diese Beurteilung hat es sich auf die bereits genannte Senatsentscheidung BGHZ 107, 376 (= NJW 1989, 2253 = LM § 1610 BGB Nr. 18 = FamRZ 1989, 853) berufen, wonach der Unterhalt eines Kindes, das nach Erlangung der Hochschulreife zunächst eine praktische Ausbildung durchlaufen hat, auch die Kosten eines Hochschulstudiums umfaßt, wenn dieses mit den vorausgegangenen Ausbildungsabschnitten in einem engen sachlichen und zeitlichen Zusammenhang steht und die Finanzierung des Ausbildungsweges den Eltern wirtschaftlich zumutbar ist. Auch dagegen wendet sich die Revision ohne Erfolg.

a) Die Erwägungen der Revision wie auch vereinzelt im Schrifttum geäußerte Bedenken (D. Schwab, in: Festschrf. f. Jauch, 1990, S. 201 (210 ff.)) veranlassen den Senat auch bei erneuter Überprüfung nicht, die Grundsätze der Entscheidung BGHZ 107, 376 (NJW 1989, 2253 = LM § 1610 BGB Nr. 18) zur elterlichen Unterhaltspflicht in den Fällen Abitur-Lehre-Studium aufzugeben. Sie stimmen im übrigen mit der bereits zuvor verbreiteten Rechtsprechung der Oberlandesgerichte überein (vgl. dazu Miesen, FamRZ 1991, 125 (127)).

b) Dem BerGer. ist auch darin zu folgen, daß die Banklehre und das Studium der Rechtswissenschaft, die hier zeitlich dicht aufeinander folgten, auch in dem vom Senat geforderten engen sachlichen Zusammenhang stehen. Sie gehören zwar nicht derselben Berufssparte an. Die praktische Ausbildung zum Bankkaufmann ist aber, wie das BerGer. zutreffend dargelegt hat, eine sinnvolle und nützliche Vorbereitung auf das Studium der Rechtswissenschaft. Die Ausbildung zum Bankkaufmann nutzt dem Juristen im Studium wie auch bei der späteren Berufsausübung in vielfältiger Weise. Schon der Erwerb der während der Banklehre vermittelten wirtschaftlichen Kenntnisse verschafft dem Absolventen der Lehre Vorteile in einem anschließenden Jurastudium, wobei es nicht darauf ankommt, ob und inwieweit die Ausbildungsordnungen die Teilnahme an volks- und betriebswirtschaftlichen Lehrveranstaltungen vorsehen. Zudem führt die Einführung in die typischen Bankgeschäfte einer Universalbank (u. a. Einlagen-, Kredit-, Diskont-, Effekten-, Depot-, Investment-, Garantie- und Girogeschäft) notwendig zu einer solchen Vielzahl rechtlicher Einsichten in die Bereiche etwa des Darlehens- und des Kreditsicherungsrechts, des Wertpapier- und des Gesellschaftsrechts, des Konkurses und des Vergleichsverfahrens sowie der Zwangsvollstreckung, daß die Banklehre auch deshalb weithin und zu Recht als eine sinnvolle Vorbereitung auf das rechtswissenschaftliche Studium angesehen wird.

c) Soweit die Revision unter Hinweis auf das Senatsurteil vom 10. 10. 1990 (NJW-RR 1991, 195 = FamRZ 1991, 320) eine rechtzeitige Bekanntgabe der Absicht zu studieren vermißt, stellt sie eine Anforderung, die für die sog. Abitur-Lehre-Studium-Fälle nicht gilt (BGHZ 107, 376 (382) = NJW 1989, 2253 = LM § 1610 BGB Nr. 18). Dem Urteil vom 10. 10. 1990 lag kein solcher Fall zugrunde; deshalb konnte dort ein frühzeitig verlautbarter Studienentschluß als Klammer für die dadurch mögliche Annahme einer einheitlichen Ausbildung rechtliche Bedeutung gewinnen.

d) Zur Zumutbarkeit der Unterhaltsgewährung für das Studium des Sohnes hat das BerGer. im wesentlichen ausgeführt: Eltern hätten nur für eine solche Berufsausbildung aufzukommen, deren Finanzierung sich in den Grenzen ihrer wirtschaftlichen Leistungsfähigkeit halte. Die damit gebotene Prüfung der wirtschaftlichen Zumutbarkeit gewinne in den sog. Abitur-Lehre-Studium-Fällen ein besonderes Gewicht, weil die Eltern durch diesen Ausbildungsweg in ihren wirtschaftlichen Belangen stärker betroffen sein könnten, als dies bei der herkömmlichen Ausbildung der Fall sei. Das gelte in besonderem Maße, wenn zusätzlich auch noch ein vorausgegangener Wehrdienst die Gesamtdauer der Ausbildung verlängere. Belastende Auswirkungen könnten sich auch dadurch ergeben, daß die Ausbildung durch ihre Verlängerung in eine Zeit falle, in der die Eltern bereits ein besonderes Interesse an einer Beendigung ihrer Unterhaltspflicht hätten. Ob der gewählte Ausbildungsgang danach im Hinblick auf die wirtschaftlichen Belange der Eltern eine angemessene Vorbildung zu einem Beruf sei (§ 1610 II BGB), müsse aufgrund einer umfassenden tatrichterlichen Zumutbarkeitsprüfung beurteilt werden. Dabei sei hier zu berücksichtigen, daß der Bekl. in gesicherten Einkommens- und Vermögensverhältnissen lebe. Er sei als Major bei der Bundeswehr tätig und habe bereits im Jahre 1986 ein Bruttoeinkommen von 65 870 DM erzielt, das sich durch die inzwischen eingetretenen Besoldungserhöhungen weiter erhöht haben werde. Unterhaltspflichten träfen ihn nur gegenüber seinem Sohn und seiner nunmehr erwerbsunfähigen Ehefrau. Weitere finanzielle Verpflichtungen von besonderem Gewicht seien nicht dargetan. Unter diesen Umständen sei die Belastung mit den Kosten der weiteren Ausbildung wirtschaftlich zumutbar, zumal der Bekl. während der bisherigen Ausbildung des Sohnes bei der Bundeswehr und bei der Bank durch den nicht unerheblichen Wehrsold und die Ausbildungsvergütung weitgehend von seinen Unterhaltspflichten entlastet gewesen sei. Auch der Umstand, daß der Bekl. möglicherweise bis zu seinem Ausscheiden aus dem Dienst als Berufsoffizier mit Vollendung des 54. Lebensjahres zu Unterhaltszahlungen herangezogen werde, rechtfertige keine abweichende Beurteilung; andere Unterhaltsschuldner müßten in diesem Lebensalter ebenfalls noch Unterhalt für ihre in der Ausbildung befindlichen Kinder aufbringen. Das vergleichsweise frühe Ausscheiden des Bekl. aus dem Dienst sei zudem nicht unbedingt mit seinem endgültigen Ausscheiden aus dem Berufsleben gleichzusetzen.

Auch diese Ausführungen halten den Angriffen der Revision stand. Sie gehen von zutreffenden rechtlichen Erwägungen aus und genügen den Anforderungen, die insoweit nach der Rechtsprechung des Senats an die tatrichterliche Zumutbarkeitsprüfung zu stellen sind (BGHZ 107, 376 (382 ff.) = NJW 1989, 2253 = LM § 1610 BGB Nr. 18). Daß die Beiträge, die der Bekl. bis zum Tode seiner Mutter im November 1989 zu deren Unterhalt geleistet hat, ihn gehindert hätten, der Unterhaltsverpflichtung gegenüber M nachzukommen, macht er nicht geltend. Die Revision meint, der Bekl. habe der noch etwa in der Mitte der zweijährigen Banklehre ausdrücklich geäußerten Absicht seines Sohnes, für den weiteren Verlauf seines beruflichen Lebens Offizier sein zu wollen, vertrauen dürfen und brauche sich nicht dessen als Willkür zu qualifizierender Wankelmütigkeit zu unterwerfen. Damit kann sie jedoch nicht durchdringen. Selbst wenn der Studienentschluß erst nach der Beendigung einer Lehre gefaßt wird, steht das der Einheitlichkeit der Ausbildung nicht entgegen. Vielmehr reicht es in den sog. Abitur-Lehre-Studium-Fällen aus, daß der Unterhaltsberechtigte seine Entscheidung sukzessive mit dem Erreichen der jeweiligen Ausbildungsstufe trifft und den Entschluß zur Weiterführung der Ausbildung durch ein Studium erst nach der Beendigung der praktischen Ausbildung faßt (BGHZ 107, 376 (382) = NJW 1989, 2253 = LM § 1610 BGB Nr. 18). Daß M gegen Mitte der Banklehre die Absicht geäußert hat, es nach dem Abschluß der Lehre bei den bisher erlangten Ausbildungen bewenden zu lassen und sein weiteres berufliches Leben als Offizier zu verbringen, macht daher die spätere Änderung dieser Lebensplanung durch Aufnahme des Jurastudiums unterhaltsrechtlich nicht unbeachtlich. Im übrigen ist nicht ersichtlich, welche einer weiteren Unterhaltsbelastung entgegenstehenden Vermögensdispositionen der Bekl. im Vertrauen auf die Ankündigung des Sohnes, Berufsoffizier werden zu wollen, getroffen hat.

BGH v. 27. 11. 91 – XII ZR 226/90 – FamRZ 92, 291 = NJW 92, 906

(Ärztliche Behandlung als Lebensbedarf) R440

1. Ärztliche Behandlungen sind, wie der Senat in dem Urteil vom 13. 2. 1985 (BGHZ 94, 1 (6) = NJW 1985, 1394 in Übereinstimmung mit der h. M. im Schrifttum entschieden hat, zum Lebens-

bedarf der Familie i. S. von § 1357 BGB zu rechnen, da sie der Gesundheit als dem „primären und ursprünglichen Lebensbedarf" dienen. 2. Bei der Beurteilung der Frage, ob eine ärztliche Behandlung zur „angemessenen" Deckung des Lebensbedarfs der Familie bestimmt ist, hat sich der Senat in dem genannten Urteil mit der im Gesetzgebungsverfahren zu § 1357 I BGB n. F. geäußerten Vorstellung auseinandergesetzt, Geschäfte größeren Umfangs, die ohne Schwierigkeiten zurückgestellt werden könnten, sollten nicht unter § 1357 BGB fallen; auf diese Weise solle der an dem Rechtsgeschäft nicht beteiligte Ehegatte vor einer überraschenden Inanspruchnahme aus Alleingeschäften größeren Umfangs geschützt werden, die der andere Ehegatte ohne vorherige Abstimmung mit ihm eingegangen sei. Der Senat hat diese in erster Linie auf größere Anschaffungen und Investitionen zugeschnittenen Kriterien in dem damals zur Entscheidung stehenden Fall auch angewandt auf den Abschluß eines Behandlungsvertrages über kostspielige Wahlleistungen bei privater Behandlung der Ehefrau durch den Chefarzt. Dies steht im Einklang mit der auch im Schrifttum vertretenen Auffassung, daß eine besonders teure, aber in sachlicher oder zeitlicher Hinsicht nicht gebotene ärztliche Behandlung – z. B. spezieller Zahnersatz, privatärztliche Behandlung, Zusatzleistungen eines Krankenhauses – in der Regel nur dann unter § 1357 BGB fällt, wenn sich die Ehegatten hierüber ausdrücklich abgestimmt haben (vgl. *Wacke*, in: MünchKomm, 2. Aufl., § 1357 Rdnr. 30, 31; Soergel-Lange, BGB, 12. Aufl., § 1357 Rdnr. 14). Nur unter dieser Voraussetzung dient die Inanspruchnahme derartiger besonders kostspieliger, medizinisch nicht indizierter Sonderleistungen der – nach den individuellen Verhältnissen der Eheleute zu beurteilenden – „angemessenen" Deckung des Lebensbedarfs (BGHZ 94, 1 (9) = NJW 1985, 1394; vgl. Erman-Heckelmann, BGB, 8. Aufl., § 1357 Rdnrn. 11 ff., 14).

So liegt der Fall hier jedoch nicht. Der verstorbene Ehemann der Bekl. hat keine ärztlichen Sonderleistungen in Anspruch genommen; auch war die Behandlung, der er sich unterzog, unaufschiebbar, medizinisch notwendig und bot ohne Alternative die einzige Heilungschance. Bei dieser Sachlage diente die Behandlung trotz der mit ihr verbundenen erheblichen Kosten, die die finanziellen Möglichkeiten der Eheleute sichtlich überstiegen, der angemessenen Deckung des Lebensbedarfs der Familie.

BGH v. 18. 12. 91 – XII ZR 2/91 – FamRZ 92, 423 = NJW 92, 1044

R442 *(Wohnwert bei Kindesunterhalt)*

a a) Die Berechnung des BerGer. ist schon deshalb rechtlich zu beanstanden, weil sie nicht berücksichtigt, daß das Haus außer von der Ehefrau auch von den beiden Kindern bewohnt wird, für die der Ehemann Unterhaltsrenten entrichtet, die bis einschließlich Juni 1990 monatlich insgesamt 1220 DM betragen haben und von da ab unter Berücksichtigung des seit Juli 1990 der Ehefrau zufließenden Kindergeldes monatlich insgesamt 1310 DM ausmachen. Ein Teil dieser Beträge ist für den Wohnbedarf der Kinder bestimmt und deckt daher die der Ehefrau selbst erwachsenden Wohnkosten entsprechend (vgl. Senat, NJW 1989, 2809 = LM § 1361 BGB Nr. 56 = FamRZ 1989, 1160 (1163)).

(Keine Verpflichtung des Unterhaltsschuldners zur Tilgung von Schulden des Berechtigten oder Finanzierung der Vermögensbildung des Berechtigten; kein Schuldenabzug bei nichtprägendem Wohnwert)

b b) Auch sonst unterliegt die Entscheidung durchgreifenden rechtlichen Bedenken. Der Sachverhalt wirft zwei Fragen auf, die es zu unterscheiden gilt. Da die Ehefrau für den Hausbau Kreditverbindlichkeiten von 200 000 DM aufgenommen hat, aus denen ihr nach den Feststellungen des BerGer. monatliche Belastungen von 1400 DM erwachsen, stellt sich zunächst die Frage, ob diese Belastungen unterhaltsrechtlich zu berücksichtigen sind. Die andere Frage ergibt sich daraus, daß die Ehefrau den ihr zugeflossenen Betrag aus dem Hausverkauf vor dem hier zu beurteilenden Unterhaltszeitraum für den Bau eines Eigenheimes verwendet hat. Sie geht dahin, ob es der Ehefrau obliegt, ihr in dem Eigenheim gebundenes Vermögen zur Erzielung höherer Erträge (wieder) umzuschichten und auf diese Weise ihren Bedarf zu decken.

aa) Die erstgenannte Frage, die das BerGer. nicht erörtert hat, ist zu verneinen. Soweit es um die Beiträge zur Lebensversicherung geht, die der Tilgung der Kredite dienen, ergibt sich das schon daraus, daß es nicht zu den Zwecken des Ehegattenunterhalts gehört, dem Unterhaltsberechtigten die Bildung von Vermögen zu ermöglichen, auch wenn der Unterhaltsverpflichtete dazu in der Lage ist (vgl. Senat, NJW-RR 1987, 194 = FamRZ 1987, 36 (39)). Nichts anderes gilt aber auch für die übrigen Verbindlichkeiten. Denn die Unterhaltspflicht umfaßt grundsätzlich nicht die Verpflichtung, Schulden des anderen Ehegatten zu tilgen (Senat, NJW 1085, 2265 = LM § 1360 a BGB Nr. 1 = FamRZ 1985, 902 m. w. Nachw.). Etwas anderes mag in Betracht kommen, wenn ein Berechtigter eigene Einkünfte hat, die an sich den Bedarf – ganz oder teilweise – zu decken geeignet sind, die er jedoch (teilweise) zur Tilgung seiner Verbindlichkeiten einsetzt (vgl. Schwab-Borth, Hdb. d. ScheidungsR, 2. Aufl., Teil IV Rdnr. 607 sowie auch Palandt-Diederichsen, BGB, 50. Aufl., § 1361

Rdnr. 17). Das ist hier jedoch nicht der Fall. Vielmehr hat die Ehefrau die Kredite in Kenntnis der Tatsache aufgenommen, daß sie die daraus resultierenden laufenden Belastungen nicht aus eigenen Einkünften aufzubringen vermag. Auch wenn man in diesen laufenden Belastungen eine Erhöhung ihrer Bedürftigkeit erblickt (vgl. Hoppenz, NJW 1984, 2327), führt das nicht zu einer entsprechenden Erhöhung der Unterhaltspflicht. Aus der Verpflichtung des Unterhaltsschuldners, für den angemessenen Wohnbedarf des Unterhaltsberechtigten zu sorgen, kann kein Anspruch auf Ermöglichung des Erwerbs von Wohneigentum und Zahlung von Unterhalt hergeleitet werden, der die laufenden Kosten der Finanzierung eines solchen Eigentumserwerbs deckt (vgl. Senat, Urt. v. 4. 4. 1984 – IVb ZR 77/82).

(Obliegenheit zur Vermögensumschichtung; objektive Marktmiete bei Wohnwert nach Scheidung)

bb) Damit kommt es für die Prüfung, ob die Ehefrau entsprechend der Beurteilung des BerGer. die Differenz zwischen ihrem Unterhaltsbedarf und dem ermittelten Gebrauchsvorteil aus dem eigenen Haus als Unterhalt beanspruchen kann, auf die andere der oben genannten Fragen, mithin darauf an, ob sie eine Obliegenheit zur Vermögensumschichtung und zu ertragreicherer Anlage trifft. **c**

Das hängt entgegen der Ansicht des BerGer. nicht davon ab, ob die Voraussetzungen des § 1579 Nr. 3 BGB erfüllt sind, insbesondere der Ehefrau mutwilliges Verhalten vorzuwerfen ist. Denn es geht nicht um den Ausschluß eines an sich zu bejahenden Unterhaltsanspruchs, sondern um die Prüfung, ob die Voraussetzungen eines Unterhaltsanspruchs überhaupt erfüllt sind. Ist die Obliegenheit zu bejahen, so ist die Ehefrau nicht bedürftig, soweit sie durch eine ihr obliegende Vermögensumschichtung höhere Erträge erzielen würde als bisher, und hat sie insoweit keinen Unterhaltsanspruch. Ob eine Obliegenheit zur Vermögensumschichtung besteht, bestimmt sich nach Zumutbarkeitsgesichtspunkten, wobei unter Berücksichtigung der Umstände des Einzelfalles die Belange des Unterhaltsberechtigten und des -verpflichteten gegeneinander abzuwägen sind. Es kommt darauf an, ob den Unterhaltsverpflichteten die Unterhaltslast besonders hart trifft; andererseits muß dem Vermögensinhaber ein gewisser Entscheidungsspielraum belassen werden. Die tatsächliche Anlage des Vermögens muß sich als eindeutig unwirtschaftlich darstellen, ehe der Unterhaltsberechtigte auf eine andere Anlageform und daraus erzielbare Beträge verwiesen werden kann (vgl. Senat, NJW-RR 1986, 683 = FamRZ 1986, 439 (440); NJW-RR 1986, 786 = FamRZ 1986, 560 (567)).

Eine derartige Abwägung hat das BerGer. nicht vorgenommen. Es hat lediglich auf die ehelichen Lebensverhältnisse abgehoben, die durch die Vermögensanlage der Ehefrau nur fortgesetzt würden, und ausgeführt, daß in dieser Vermögensdisposition kein mutwilliges Verhalten liege. Das reicht nicht aus, um die erörterte Obliegenheit zu verneinen. Wie die Revision zutreffend geltend macht, ist bislang nicht festgestellt, welche Rendite die Ehefrau bei einer anderen Anlageform erzielen könnte. Die Revision weist darauf hin, der vom BerGer. beauftragte Sachverständige habe in seinem Gutachten über die ortsübliche Vergleichsmiete dargelegt, daß die erzielbare Mindestrentabilität bei einer Summe von 300 000 DM üblicherweise nach dem Ertrag zu bemessen sei, den eine Anlage in öffentlichen Anleihen erbringe. Dieser Ertrag belaufe sich auf einen monatlichen Betrag von nominell 2100 bis 2200 DM und „real" von ca. 1500 DM bei relativ geringen, noch zu berücksichtigenden Werbungskosten. Dabei versteht der Sachverständige unter der „Real"-Rendite den um die Preissteigerungsrate gekürzten Zinsertrag. Eine solche Berücksichtigung der Preissteigerungsrate steht indessen im Widerspruch zur Rechtsprechung des Senats, wonach Kapitalerträge die Bedürftigkeit in der Höhe mindern, in der sie dem Ehegatten nach Abzug von Werbungskosten und Steuern tatsächlich zufließen, und nicht noch einem Abzug zum Ausgleich inflationsbedingter Wertverluste unterliegen (Senat, NJW-RR 1986, 687 = LM § 1577 BGB Nr. 8 = FamRZ 1986, 441). Danach kann hier auf die „Real"-Rendite nicht abgestellt werden; vielmehr ist zugunsten der Revision davon auszugehen, daß sich bei einer herkömmlichen, hinreichend sicheren Anlageform eine monatliche Rendite von 2100 bis 2200 DM erzielen ließe. Demgegenüber hat das BerGer. die ortsübliche monatliche Miete für das Haus mit 1750 DM festgestellt. Dieser Betrag kann jedoch nicht als der Ertrag angesehen werden, den der zugeflossene Erlösanteil durch seine Anlage in dem Eigenheim erbringt. Vielmehr muß die Ehefrau, um in den Genuß der Gebrauchsvorteile des Hauses zu gelangen, für die auf dem Haus ruhenden Belastungen nach den Feststellungen des BerGer. monatlich 1400 DM aufwenden. Damit beträgt die verbleibende Rendite 350 DM monatlich. Bei einem derartigen Unterschied zwischen der zu erreichenden und der tatsächlich erzielten Rendite muß die tatsächliche Anlage des Vermögens als eindeutig unwirtschaftlich angesehen werden. Unter diesen Umständen läßt sich eine Obliegenheit der Ehefrau zur Umschichtung ihres Vermögens nach den bisher getroffenen Feststellungen nicht verneinen.

(Bedarfsdeckung durch nichtprägenden Wohnwert oder Zinsen; kein Vorsorgeunterhalt bei Kapitaleinkünften)

5. Hiernach muß das Urteil, soweit es angefochten ist, insgesamt aufgehoben werden. Der Senat vermag nicht auszuschließen, daß im Falle einer Bejahung der Obliegenheit die Bedürftigkeit der Ehefrau vollständig entfällt, weil die erzielbaren Einkünfte ihren Unterhaltsbedarf in vollem Umfang dek- **d**

ken. Dabei kommt es allein auf den Bedarf an, der den Elementar- und den Krankenvorsorgeunterhalt betrifft. Ein Altersversorgungsunterhalt steht ihr in diesem Fall nicht zu, weil es sich bei den möglicherweise erzielbaren Einkünften um Kapitaleinkünfte handelt, die der Ehefrau auch im Alter sowie bei Berufs- oder Erwerbsunfähigkeit unverändert zufließen, so daß ein Bedarf nach § 1578 II BGB ausscheidet.

(Nichtprägender Wohnwert; Wohnkostenzuschuß im Kindesunterhalt)

e Die Sache ist an das BerGer. zurückzuverweisen, das die fehlenden Tatsachenfeststellungen treffen und danach die Obliegenheit der Ehefrau zu einer Vermögensumschichtung aufgrund der erforderlichen umfassenden Zumutbarkeitsprüfung tatrichterlich beurteilen muß. Falls das BerGer. zur Verneinung einer solchen Obliegenheit gelangt, wird es den Wohnvorteil der Ehefrau mindestens in Höhe des Betrages auf den Bedarf anzurechnen haben, der von dem vollen Unterhalt der Deckung ihres angemessenen Wohnbedarfs zu dienen bestimmt ist. Das entspricht dem im Senatsurteil vom 19. 2. 1986 (NJW-RR 1986, 687 = LM § 1577 BGB Nr. 8 = FamRZ 1986, 441) dargelegten Rechtsstandpunkt, an dem der Senat festhält. Außerdem wird das Gericht der Frage nachzugehen haben, inwieweit der Unterhaltsbedarf der Ehefrau sich dadurch reduziert, daß ein Teil des Unterhalts, den die Kinder erhalten, für deren Wohnbedarf bestimmt ist und die Wohnkosten der Ehefrau reduziert.

BGH v. 18. 12. 91 – XII ZR 79/91 – FamRZ 92, 535 = NJW-RR 92, 450

R443 *(Unzulässige Vollstreckung bei unmöglicher Leistung)*

Wie bereits die Berufung geltend gemacht hat und nunmehr die Revision zu Recht hervorhebt, kann der Ehemann die eidesstattliche Versicherung, zu der er verurteilt worden ist, nicht abgeben. Das AG hat ihn verurteilt, an Eides Statt zu versichern, „daß seine Angaben zum Endvermögen am 17. 11. 1988, enthalten in (den Schriftsätzen) ... vom 12. 1. 1990 ... (und) ... vom 11. 6. 1990," vollständig und richtig sind. Angaben zum Endvermögen am 17. 11. 1988 hat der Ehemann aber in den beiden genannten Schriftsätzen nicht gemacht. Die dort erteilten Auskünfte beziehen sich vielmehr auf sein Vermögen am 31. 10. 1988. Für diesen Termin hatte die Ehefrau die Auskunft auch verlangt, und zwar offenbar in der Annahme, das Recht des Zugewinnausgleichs enthalte eine dem § 1587 II BGB entsprechende Vorschrift, und damit unter Verkennung der in § 1384 BGB getroffenen Stichtagsregelung, wonach es für das Endvermögen – und damit für den Gegenstand der Auskunftspflicht nach § 1379 BGB – auf den Zeitpunkt der Rechtshängigkeit des Scheidungsantrages ankommt. Es gab mithin zum Zeitpunkt der Einlegung der Berufung, auf den es für die Zulässigkeit des Rechtsmittels im Grundsatz ankommt (BGHZ 1, 29 = NJW 1951, 195), keine Angaben des Ehemannes zu seinem Endvermögen am 17. 11. 1988, enthalten in den Schriftsätzen vom 12. 1. und 11. 6. 1990, deren Vollständigkeit und Richtigkeit er eidesstattlich hätte versichern können. Angaben des Ehemannes zu seinem Vermögen am Stichtag 17. 11. 1988 lagen vielmehr nicht vor. Es kann auch nicht davon ausgegangen werden, daß die für den 31. 10. 1988 erteilte Auskunft mit der für den 17. 11. 1988 übereinstimmt. Der Ehemann ist mithin zu einer unmöglichen Leistung verurteilt worden. Soweit die titulierte Leistung unmöglich ist, ist die Vollstreckung aus dem Titel unzulässig; der Titel hat keinen vollstreckungsfähigen Inhalt (vgl. Senat, FamRZ 1989, 731 (732)).

BGH v. 29. 1. 92 – XII ZR 239/90 – FamRZ 92, 539 = NJW 92, 1621

R444 *(Abänderung eines Unterhaltsvergleichs)*

a Da es sich bei dem abzuändernden Unterhaltstitel nicht um ein Urteil, sondern um einen Prozeßvergleich handelt, erfolgt die in § 323 IV i. V. mit § 794 I Nr. 1 ZPO vorgesehene Anpassung des Titels an veränderte Umstände wie bei sonstigen privatrechtlichen Rechtsgeschäften allein nach den Regeln des materiellen Rechts. § 323 I ZPO ist in diesem Fall bedeutungslos. Maßgeblich sind die aus § 242 BGB abgeleiteten Grundsätze über die Veränderung oder den Fortfall der Geschäftsgrundlage, die eine Anpassung rechtfertigen, wenn es einem Beteiligten nach Treu und Glauben nicht zugemutet werden kann, an der bisherigen Regelung festgehalten zu werden. Das kann bei einem gerichtlichen Vergleich über Unterhaltsleistungen, wie er hier zugrunde liegt, vor allem bei beengten wirtschaftlichen Verhältnissen bereits deutlich unterhalb einer Schwelle von etwa 10% der Fall sein, wie sie als Anhaltspunkt für eine wesentliche Veränderung der Verhältnisse i. S. von § 323 I ZPO befürwortet wird. Die nach § 242 BGB maßgebliche Frage, ob bei einem Festhalten an einem gerichtlichen Unterhaltsvergleich die Opfergrenze überschritten würde, entzieht sich einer derartigen schematischen Beurteilung und kann von dem Tatrichter nur aufgrund einer an den Verhältnissen des Falles ausgerichteten umfassenden Würdigung aller Umstände sachgerecht beantwortet werden (Senat, NJW 1986, 2054 = FamRZ 1986, 790 (791)).

Diesem Erfordernis trägt das Berufungsurteil in angemessener Weise Rechnung. Das BerGer. hat rechtsfehlerfrei einen Wegfall der Geschäftsgrundlage des gerichtlichen Vergleichs deshalb bejaht, weil einerseits eine weitere Unterhaltspflicht des Kl. gegenüber seinem Sohn aus zweiter Ehe begründet worden ist und andererseits sowohl der Bedarf der Bekl. als auch das Einkommen des Kl. seit 1985 gestiegen sind. Soweit das BerGer. die Unterhaltsbeträge für die Bekl. zu 1 nur um knapp 4% (223,17 DM statt 215 DM), für den Bekl. zu 3 um knapp 13% (188,46 DM statt 167 DM) erhöht hat, begegnet dies aus den dargelegten Gründen keinen rechtlichen Bedenken.

(Vorrang der geschiedenen Ehegatten und Mangelfallberechnung)

a) Das OLG hat für die Neufestsetzung der Unterhaltsrenten der Bekl. eine zweistufige Mangelfallberechnung durchgeführt. Dabei hat es den Bedarf der zweiten Ehefrau des Kl. außer Betracht gelassen, da ihr Unterhaltsanspruch gemäß §§ 1582 I, 1570 BGB nachrangig sei und die vorhandenen Mittel des Kl. nicht einmal zur Deckung des Mindestbedarfs der vorrangig Berechtigten ausreichten. **b**

Das entspricht der Rechtsprechung des Senats (BGHZ 104, 158 ff. = FamRZ 1988, 705).

b) Das BerGer. hat die angenommenen Mindestbedarfssätze nicht um das anteilige Kindergeld gekürzt. Dieses solle den Kindern zugute kommen und dürfe deshalb nicht herangezogen werden, um einen höheren Unterhaltsanspruch der Mutter der Bekl. zu begründen. Im übrigen erhielten die Bekl. nicht einmal einschließlich ihres Kindergeldanteils den Mindestbedarf, so daß das Kindergeld zur Auffüllung ihres Unterhaltsanspruchs dringend benötigt werde.

Hiergegen wendet sich die Revision ohne Erfolg. Der etwa gebotene Ausgleich des Kindergeldes betrifft nur das Verhältnis zwischen dem Kl. und seiner geschiedenen Ehefrau; für die Berechnung des Kindesunterhalts hat er keine Bedeutung. Das BerGer. hat daher rechtsfehlerfrei Mindestbedarfssätze für die Bekl. zu 1 von monatlich 304 DM bis zum 12. 1. 1990, danach von monatlich 360 DM und für die Bekl. zu 2 und zu 3 von durchgängig monatlich je 304 DM in seine Berechnung eingestellt.

c) Den Bedarf der geschiedenen Ehefrau des Kl. hat das BerGer. – in Abweichung von der ständigen Rechtsprechung des Senats (vgl. BGHZ 104, 158 (168) = NJW 1988, 1722 = LM § 1582 BGB Nr. 4; NJW 1987, 897 = LM § 1361 BGB Nr. 50 = BGHR BGB § 1578 Abs. 1 Unterhaltsbedarf 1) – mit einem Mindestbetrag von 1000 DM angesetzt, weil für jeden Ehegatten unabhängig von den Einkommensverhältnissen des Unterhaltspflichtigen ein Bedarf anzuerkennen sei, der ihm wenigstens das Überleben sichere. Nur so lasse sich auch der in § 1609 II 1 BGB bestimmte Gleichrang mit den Ansprüchen minderjähriger Kinder wahren, deren Bedarf nicht unter den Mindestbedarf nach der Tabelle sinken könne. Der danach für die Ehefrau im Mangelfall anzusetzende Bedarf werde seit Anfang 1989 in Anknüpfung an den anerkannten Mindestselbstbehalt des unterhaltspflichtigen Ehegatten, der diesem ebenfalls als Existenzminimum verbleiben müsse, auf monatlich 1000 DM bemessen. Dieser Ansatz sei zwar noch verhältnismäßig niedrig, finde seine Rechtfertigung aber darin, daß die Lebenshaltungskosten im Bezirk des BerGer., vor allem wegen geringerer Wohnkosten, unter dem Bundesdurchschnitt lägen. Eine Ermittlung des Bedarfs der geschiedenen Ehefrau nach den ehelichen Lebensverhältnissen – mit einem $^3/_7$-Anteil an dem dem Kl. nach Abzug des Kindesunterhalts verbleibenden Resteinkommen – würde demgegenüber hier für die Zeit ab 13. 1. 1990 nur zu einem Betrag von 425,38 DM führen (2211,55–360 – 304–304 – 251; hiervon $^3/_7$); von einem derart geringen Betrag könne sie unter keinen Umständen leben.

Diese Berechnung trifft insoweit nicht zu, als das BerGer. auch den Unterhalt des Sohnes T aus der zweiten Ehe vorweg abgezogen hat. Die geschiedene Ehefrau des Kl. hat jedoch trotz des Hinzutritts von T nur den Vorwegabzug der Unterhaltsansprüche der Bekl. als der gemeinsamen ehelichen Kinder hinzunehmen (BGHZ 104, 172 = NJW 1988, 2741 = LM § 292 ZPO Nr. 3).

Hiervon abgesehen ist dem BerGer. allerdings darin zuzustimmen, daß der nach Maßgabe der ehelichen Lebensverhältnisse ermittelte Unterhaltsanspruch des geschiedenen Ehegatten bei wirtschaftlich besonders beengten Verhältnissen häufig nicht ausreichen wird, um dessen Existenzminimum zu sichern. Gleichwohl hat es der Senat bisher abgelehnt, dem dadurch abzuhelfen, daß bei der Mangelfallberechnung ein genereller Mindestbetrag, etwa in Höhe des notwendigen Selbstbehalts des Verpflichteten, für den berechtigten Ehegatten angesetzt wird, zumal hierdurch die Ansprüche der minderjährigen Kinder verkürzt würden. Der Senat hat sich dabei u. a. von der Überlegung leiten lassen, daß minderjährigen Kindern wegen ihres Alters von vorneherein die Möglichkeit verschlossen ist, durch eigene Anstrengungen zur Deckung ihres notwendigen Lebensbedarfs beizutragen, während dies für Erwachsene, auch wenn sie aus Gesundheits-, Alters- oder sonstigen Gründen auf vollen Unterhalt angewiesen sind, grundsätzlich nicht in gleicher Weise der Fall ist (vgl. BGHZ 109, 72 (85) = NJW 1990, 1172 = LM § 1581 BGB Nr. 7; BGHZ 104, 158 (168) = NJW 1988, 1722 = LM § 1582 BGB Nr. 4). Allerdings hat der Senat stets eine Überprüfung des gewonnenen Ergebnisses dahin gefordert, ob die Aufteilung der verfügbaren Mittel einerseits auf die minderjährigen Kinder und andererseits auf den geschiedenen Ehegatten insgesamt angemessen und billig ist (vgl. NJW 1989, 2544 = FamRZ 1990, 266 (269)).

Dem hält das BerGer. entgegen, es sei abzusehen, daß eine Angemessenheitskontrolle im verschärften Mangelfall häufiger Anlaß zu einer Änderung des Ergebnisses geben werde; eine Methode, die für viele Fälle von vorneherein die Korrektur ihrer Ergebnisse ins Auge fassen müsse, begegne aber schon aus diesem Grund Bedenken.

Dieser Einwand ist durchaus erwägenswert.

(Kein Erwerbstätigenbonus neben 5 % pauschalen berufsbedingten Aufwendungen im Mangelfall)

c Ausgangspunkt für die Berechnung des Unterhaltsbedarfs der geschiedenen Ehefrau nach § 1578 I 1 BGB ist das bereinigte Erwerbseinkommen des Kl., das die ehelichen Lebensverhältnisse geprägt hat. Hinzu kommt das volle Kindergeld für die drei Bekl., da es im Verhältnis der Eltern zueinander als Einkommen gilt (vgl. Senat, NJW-RR 1990, 578 = FamRZ 1990, 979 (980)). Von dem sich hiernach ergebenden Gesamtbetrag von 2581,55 DM, ab 1. 7. 1990 von 1611, 55 DM ist der Bedarf der drei Bekl. mit zunächst 912 DM (3 × 304 DM) und ab 13. 1. 1990 mit 968 DM (360 × 2 + 304 DM) vorweg abzuziehen. Damit errechnet sich ein für den Kl. und seine geschiedene Ehefrau verfügbares Einkommen von monatlich 1669,55 DM für die Zeit vom 15. 12. 1989 bis 12. 1. 1990, 1613,55 DM für die Zeit vom 13. 1. bis zum 30. 6. 1990 und 1643,55 DM für die Zeit ab 1. 7. 1990. Da Ehegatten in gleicher Weise an dem ehelichen Lebensstandard teilnehmen, ist von diesem verteilungsfähigen Einkommen jedem die Hälfte zuzubilligen (st. Rspr. des Senats; vgl. NJW 1988, 2369 = LM § 1569 BGB Nr. 28 = BGHR BGB § 1578 Abs. 1 Satz 1 Unterhaltsbemessung 8 = FamRZ 1988, 265). Zwar ist zugunsten des erwerbstätigen Unterhaltsverpflichteten von einer strikt hälftigen Aufteilung des Einkommens in maßvoller Weise abzuweichen, um den mit einer Berufsausübung verbundenen höheren Aufwand zu berücksichtigen und zugleich einen Anreiz zur weiteren Erwerbstätigkeit zu schaffen (Senat, NJW 1988, 2369 = LM § 1569 BGB Nr. 28 = FamRZ 1988, 265). Nachdem sich die Parteien hier jedoch schon auf einen Vorwegabzug von 5 % des Nettoeinkommens für „berufsbedingte Aufwendungen" zugunsten des Kl. geeinigt haben, hält der Senat unter den gegebenen besonders beengten wirtschaftlichen Verhältnissen eine weitere Abweichung von der strikt hälftigen Aufteilung zu Lasten der geschiedenen Ehefrau nicht für angemessen. Hier muß vielmehr der 5ïge Vorwegabzug insgesamt ausreichen, um den doppelten Zweck des sogenannten Erwerbstätigenbonus zu erfüllen (vgl. dazu FamRZ 1990, 979 (981)).

BGH v. 26. 2. 92 – XII ZR 97/91 – FamRZ 92, 1064 = NJW-RR 92, 1026

R446 *(Auslandsstudium)*

a) Haben Eltern ihrem Kind als angemessene Ausbildung ein Studium zu finanzieren, so steht dem Kind unbeschadet seiner Verpflichtung, seine Ausbildung mit Fleiß und Zielstrebigkeit zu betreiben, damit es sie innerhalb angemessener und üblicher Dauer beenden kann, ein gewisser Spielraum bei der selbständigen Auswahl der Lehrveranstaltungen und dem eigenverantwortlichen Aufbau des Studiums zu, sofern dadurch nicht der ordnungsgemäße Abschluß des Studiums innerhalb angemessener Frist gefährdet wird (Senat, NJW 1987, 1557 = LM § 1610 BGB Nr. 14 = FamRZ 1987, 470 (471); NJW 1984, 1961 = LM § 1601 BGB Nr. 8 = FamRZ 1984, 777). Innerhalb dieses Rahmens kann das Kind auch den Studienort wechseln. Grundsätzlich ist dafür allerdings Voraussetzung, daß der Ortswechsel der Ausbildung dient. Dies ist jedenfalls dann der Fall, wenn Kenntnisse erworben, vertieft oder erweitert werden sollen, die seine fachliche Qualifikation und seine Berufsaussichten fördern. Soweit mit einem Ortswechsel, der aufgrund einer solchen Entscheidung vorgenommen wird, ein erhöhter Unterhaltsbedarf des Kindes entsteht, ist dieser regelmäßig vom Unterhaltsverpflichteten zu tragen, sofern sich die Finanzierung in den Grenzen seiner wirtschaftlichen Leistungsfähigkeit hält. Die Finanzierung des Mehrbedarfs darf dem Verpflichteten wirtschaftlich nicht unzumutbar sein.

b) Die Entscheidung des BerGer. hält sich an diese Grundsätze. Zutreffend geht es davon aus, daß juristische Auslandssemester, die im Inland anerkannt werden, auch im Hinblick auf die künftige europäische Gemeinschaft für Juristen grundsätzlich empfehlenswert sind, insbesondere dann, wenn dabei die Kenntnis einer europäischen Fremdsprache vertieft werden kann.

Diesen Ausgangspunkt greift die Revision auch nicht an, sondern meint, die Auslandssemester der Kl. widersprächen dem Gebot, die Studienkosten so niedrig wie möglich zu halten, und verlängerten die sonst mögliche Studiendauer um ein Jahr. Damit kann die Revision jedoch nicht durchdringen. Die Verpflichtung des Kindes, seine Ausbildung mit Fleiß und Zielstrebigkeit zu betreiben, damit es sie innerhalb angemessener und üblicher Zeit beenden kann, bedeutet nicht, daß es auf Möglichkeiten weiteren Kenntniserwerbs, der seiner angemessenen Berufsausbildung dient, stets zu verzichten hat, um den Unterhaltspflichtigen zu entlasten. Der Bekl. hat nicht vorgetragen, die teilweise Finanzierung des Auslandsstudiums der Kl. sei für ihn unzumutbar. Ob die Auslandssemester der Kl. die übliche Studienzeit tatsächlich verlängern werden, ist offen. Selbst wenn dies aber der Fall wäre, hätte der Bekl. es hinzunehmen, da das Auslandsstudium der Kl. für ihre Berufsausbildung sinnvoll ist. Aus diesem Grund kommt es auch nicht darauf an, wie die Revision weiter meint, ob die Kl. besondere Voraussetzungen an Sach- und Fachkenntnis für die Auslandssemester mitgebracht hat.

Die Meinung der Revision, dieselben Kenntnisse hätte die Kl. auch im Inland erwerben können, berücksichtigt nicht ausreichend die Vorteile eines Auslandsstudiums. Ein Studium in einem anderen Sprachgebiet vermittelt, wie die Revisionserwiderung zutreffend anführt, neben zusätzlichem Wissen auch die Erfahrung, wie man sich in ausländischen Institutionen zurechtfindet, sowie die Übung, eine ausländische Sprache beim Studium und im Alltag zu gebrauchen. Diese Vorteile kann ein Studium im Inland nicht in gleicher Weise bieten.

BGH v. 18. 3. 92 – XII ZR 1/91 – FamRZ 92, 797 = NJW 92, 1624

(Berücksichtigung von Schulden beim Kindesunterhalt) **R447**

Ob vom Unterhaltsverpflichteten eingegangene Schulden unterhaltsrechtlich zu berücksichtigen sind, ist unter umfassender Interessenabwägung zu beurteilen, wobei es insbesondere auf den Zweck der Verbindlichkeiten, den Zeitpunkt und die Art ihrer Entstehung, die Kenntnis des Unterhaltsverpflichteten von Grund und Höhe der Unterhaltsschuld und andere Umstände ankommt. Die Darlegungs- und Beweislast für die Umstände, die die Berücksichtigungswürdigkeit ergeben sollen, trägt nach allgemeinen Grundsätzen der Unterhaltsschuldner, da er hierbei die Minderung seiner Leistungsfähigkeit geltend macht (vgl. Senat NJW-RR 1990, 323 = FamRZ 1990, 283 (287) m. w. Nachw.). Im vorliegenden Fall geht es um den Unterhalt minderjähriger unverheirateter Kinder, denen der Bekl. nach § 1603 II 1 BGB verschärft unterhaltspflichtig ist und denen jede Möglichkeit fehlt, durch eigene Anstrengungen zur Deckung des notwendigen Unterhaltsbedarfs beizutragen. Wenn die fragliche Verbindlichkeit vom Bekl. im Einverständnis mit ihrer Mutter eingegangen und der Kreditbetrag von dieser verwendet worden ist, so wäre dieser Umstand zwar geeignet, die Berücksichtigungsfähigkeit der Verbindlichkeit gegenüber einem Anspruch der Mutter auf Ehegattenunterhalt zu begründen (vgl. dazu Senat, NJW 1982, 232 = LM § 1361 BGB Nr. 16 = FamRZ 1982, 23 (24)); das gilt aber nicht auch für den Anspruch auf Kindesunterhalt, etwa wenn die Mutter mit den Mitteln rein persönliche Bedürfnisse befriedigt hat. **a**

(Behandlung titulierter Kindesunterhaltsansprüche im Mangelfall)

Die Unterhaltsansprüche ehelicher und nichtehelicher Kinder haben gleichen Rang (vgl. Köhler, in: MünchKomm, 2. Aufl., § 1609 Rdnr. 16). Wie sich aus § 1615h I BGB ergibt, bleibt in Mangelfällen der vom nichtehelichen Kind zu beanspruchende Regelunterhalt nicht unangetastet. Nach der Rechtsprechung des BGH (vgl. NJW 1980, 934 = LM § 1603 BGB Nr. 2 = FamRZ 1980, 555 (557) und zuletzt NJW 1990, 3020 = LM § 1578 BGB Nr. 58 = FamRZ 1990, 1091 (1094 f.)) wird ein Unterhaltsanspruch grundsätzlich nicht dadurch rechtlich beeinträchtigt, daß ein anderer Unterhaltsberechtigter bereits einen rechtskräftigen Titel über seinen Anspruch erwirkt hat und daraus vollstrecken kann. Er ist vielmehr so zu beurteilen wie bei gleichzeitiger Entscheidung über alle Unterhaltsansprüche. Das gilt nicht nur, wenn der Titel den Anspruch eines nachrangig Berechtigten zum Gegenstand hat, sondern auch dann, wenn die Berechtigten – wie hier – unterhaltsrechtlich gleichen Rang haben. Der Unterhaltsverpflichtete ist gegebenenfalls darauf verwiesen, Abhilfe im Wege der Abänderungsklage nach § 323 ZPO zu suchen. **b**

Diese Grundsätze hat das OLG nicht beachtet. Soweit der Bekl. an M in der Vergangenheit mehr Unterhalt bezahlt hat, als er unter Berücksichtigung der Unterhaltsberechtigung seiner ehelichen Kinder ohne den Titel geschuldet hätte, dies auch durch eine Abänderungsklage (infolge der Sperre des § 323 III ZPO) nicht behebbar ist, können die überschießenden Beträge allenfalls entsprechend den Grundsätzen behandelt werden, die für die Berücksichtigung sonstiger Verbindlichkeiten eines Unterhaltspflichtigen gelten. Dabei ist auch das Verhalten des Bekl. in dem Verfahren zu würdigen, in dem der Titel zustande gekommen ist; insbesondere kann von Bedeutung sein, ob er dort schuldhaft Umstände nicht geltend gemacht hat, die geeignet gewesen wären, die Verurteilung zu in dieser Höhe nicht geschuldetem Unterhalt zu vermeiden. Eine Beurteilung in dieser Richtung wird nachzuholen sein.

(Klage des Trägers der Sozialhilfe auf künftigen Unterhalt)

II. Den Angriffen der Revision hält weiterhin nicht stand, daß das BerGer. die Klage auf nach Schluß der Berufungsverhandlung fällig werdenden Unterhalt mit der Begründung abgewiesen hat, ein Sozialhilfeträger könne die gem. § 90 BSHG auf sich übergeleiteten Unterhaltsansprüche nur für die Vergangenheit, nicht aber auch für die Zukunft geltend machen. Diese Auffassung erscheint von vornherein als wenig praktikabel, da sie den Sozialhilfeträger zu einer Reihe von aufeinanderfolgenden Prozessen zwingen würde. Sie wird in Rechtsprechung und Schrifttum auch fast einhellig abgelehnt. Danach ist die Klage des Sozialhilfeträgers auf künftig fällig werdenden übergeleiteten Unterhalt zulässig, wenn auch unter der in der Urteilsformel zum Ausdruck zu bringenden Bedingung, daß künftig Sozialhilfeleistungen ohne mehr als zweimonatige Unterbrechung mindestens in Höhe der Verurteilung **c** erbracht werden (vgl. OLG Düsseldorf, FamRZ 1979, 1010; OLG Hamm, FamRZ 1980, 890 (891); OLG Schleswig, SchlHA 1984, 57; OLG Bremen, FamRZ 1984, 1256; Göppinger-Wax, UnterhaltsR, 5. Aufl., Rdnr. 3034; Heiß-Schlüter, Hdb. d. UnterhaltsR II, 22.6; Seetzen, NJW 1978, 1350 (1352)).

Der Senat sieht keinen Anlaß, von der herrschenden Auffassung abzuweichen. Nach § 90 II BSHG bewirkt die schriftliche Anzeige des Sozialhilfeträgers an den Unterhaltspflichtigen den Übergang des Unterhaltsanspruchs für die Zeit, für die dem Hilfeempfänger Hilfe ohne Unterbrechung von mehr als zwei Monaten gewährt wird; sie umfaßt also grundsätzlich auch künftige Unterhaltsansprüche. Insoweit steht der Anspruchsübergang lediglich unter der aufschiebenden Bedingung, daß die Sozialhilfebehörde tatsächlich Leistungen in entsprechender Höhe erbringt (vgl. BGHZ 20, 127 (131) = NJW 1956, 790; Senat, NJW 1988, 1147 = FamRZ 1988, 375 (376)). Es ist nicht gerechtfertigt, die Klage auf künftig fällig werdende wiederkehrende Leistungen wegen dieser Bedingung nicht zuzulassen. Zwar hält sich eine solche Klage nicht im Regelungsbereich des § 258 ZPO, weil die begehrten Leistungen nicht nur noch vom Zeitablauf abhängig sind. Es liegt aber eine dem § 259 unterfallende Klage vor, die allerdings zur Voraussetzung hat, daß den Umständen nach die Besorgnis gerechtfertigt ist, der Schuldner werde sich der rechtzeitigen Leistung entziehen (vgl. dazu BGHZ 43, 28 (31) = NJW 1965, 440 = LM Vorb. z. § 145 BGB Nr. 10). Diese Voraussetzung ist aber schon dann erfüllt, wenn der Unterhaltsverpflichtete den erhobenen Anspruch ernstlich bestreitet (vgl. BGHZ 5, 342 (344) = NJW 1952, 817 = LM § 400 BGB Nr. 2; Seetzen, NJW 1978, 1350 (1352)). Die Erteilung der Vollstreckungsklausel für ein der Klage stattgebendes Urteil setzt den Nachweis des Sozialhilfeträgers voraus, daß die Bedingung eingetreten ist, daß er also die Verurteilung erreichende Unterstützungsleistungen laufend gezahlt hat (§§ 726 I bzw. 731 ZPO; vgl. Seetzen, NJW 1978, 1350 (1352)).

Zwar hat der Senat entschieden, daß der Unterhaltsberechtigte selbst auch nach Überleitung seines Unterhaltsanspruchs auf den Sozialhilfeträger für die Zukunft Zahlung an sich verlangen kann (vgl. NJW 1982, 232 = FamRZ 1982, 23 (25)). Vor einer doppelten Inanspruchnahme ist der Unterhaltsverpflichtete jedoch hinreichend geschützt. Der Unterhaltsberechtigte und der Sozialhilfeträger können nicht gleichzeitig klagen; der späteren Klage stünde die Einrede der Rechtshängigkeit entgegen (§ 261 III Nr. 1 ZPO; vgl. Seetzen, NJW 1978, 1350 (1352)). Hat der Unterhaltsberechtigte bereits einen Titel erwirkt, ist eine erneute Klage des Sozialhilfeträgers grundsätzlich unzulässig, weil er die einfachere Möglichkeit einer Umschreibung des Titels gem. § 727 ZPO hat (vgl. Göppinger-Wax, Rdnrn. 3036, 3357 m. w. Nachw.). Der Unterhaltsberechtigte könnte lediglich den die Sozialhilfeleistungen übersteigenden Unterhaltsteil gesondert geltend machen; derartiges wird aber selten vorkommen. Für das Klagerecht des Sozialhilfeträgers besteht auch durchaus ein praktisches Bedürfnis, etwa wenn der Unterhaltsberechtigte selbst hilflos oder geschäftsungewandt ist. Der Unterhaltsverpflichtete kann im übrigen ungeachtet einer Überleitung nach § 90 BSHG an den Unterhaltsberechtigten befreiend zahlen (vgl. Senat, NJW 1982, 232 = LM § 1361 BGB Nr. 16 = FamRZ 1982, 23 (25). Einer unberechtigten Vollstreckung aus dem vom Sozialhilfeträger erwirkten Titel kann der Unterhaltsverpflichtete solchenfalls durch Vollstreckungsgegenklage (§ 767 ZPO) begegnen.

Das BerGer. verweist auf Schwierigkeiten, die seiner Ansicht nach dann entstehen können, wenn der Unterhaltsschuldner infolge einer Veränderung der Verhältnisse den titulierten Unterhalt nicht oder nicht mehr in gleicher Höhe schuldet. Da die Verhältnisse, die der Unterhaltsbemessung zugrunde lägen, nur Gläubiger und Schuldner des Unterhaltsanspruchs beträfen, müsse sich eine Abänderungsklage (§ 323 ZPO) gegen den Unterhaltsberechtigten und nicht gegen den Sozialhilfeträger richten. Bei einer in der Praxis in Rechnung zu stellenden Klage gegen die falsche Partei entstünden dann aufgrund von § 323 III ZPO nicht behebbare Rechtsnachteile. Diese Befürchtungen gehen indessen von der unzutreffenden Annahme aus, eine Abänderungsklage sei auch dann gegen den Unterhaltsberechtigten zu richten, wenn der Sozialhilfeträger den Unterhaltstitel erwirkt habe. In Wahrheit kann der Unterhaltsschuldner in diesen Fällen die Abänderungsklage gegen den Sozialhilfeträger richten, da er Partei des Prozesses war, in dem die abzuändernde Entscheidung ergangen ist, und Inhaber des Titels ist (vgl. Senat, NJW 1983, 684 (685)). Eine Überleitung nach § 90 BSHG ändert an den Voraussetzungen des Unterhaltsanspruchs nichts, so daß der Sozialhilfeträger sich gegebenenfalls entgegenhalten lassen muß, daß dieser Anspruch aufgrund einer Veränderung der Verhältnisse ganz oder teilweise entfallen ist (ebenso im Ergebnis Seetzen, NJW 1978, 1350 (1353); Göppinger-Wax, Rdnr. 3280). Auch im umgekehrten Fall der Erhöhung des Unterhaltsanspruchs infolge einer Veränderung der Verhältnisse ist der Sozialhilfeträger im Rahmen seiner Leistungen für eine Klage nach § 323 ZPO aktivlegitimiert (vgl. dazu OLG Zweibrücken, FamRZ 1986, 190).

Das OLG durfte die Klage auf künftig fällig werdenden Unterhalt schließlich nicht deshalb abweisen, weil die Kl. uneingeschränkt Zahlung an sich selbst beantragt hatte, während, wie ausgeführt, in die Urteilsformel die Bedingung künftiger, nicht länger als zwei Monate unterbrochener Sozialhilfeleistungen aufzunehmen ist. Die gebotene bedingte Verurteilung ist nämlich gegenüber einem solchen uneingeschränkten Begehren lediglich ein Weniger.

III. Nach allem kann die Abweisung der Klage im angefochtenen Umfang keinen Bestand haben. Der Senat ist zu einer abschließenden Entscheidung nicht in der Lage, da weitere tatrichterliche Feststellungen erforderlich sind und die Parteien Gelegenheit haben müssen, zu den erst in der Revisionsinstanz hervorgetretenen rechtlichen Gesichtspunkten ergänzend vorzutragen. Der Rechtsstreit ist daher an das BerGer. zurückzuverweisen.

Der Senat weist auf folgendes hin: Soweit es im weiteren Verfahren auf ein – zu dessen Beweislast stehendes – Vorbringen des Bekl. ankommen sollte, das eigene Wahrnehmungen oder Handlungen der Mutter und gesetzlichen Vertreterin der ehelichen Kinder betrifft, wird die Kl. sich nicht auf ein Bestreiten mit Nichtwissen beschränken können, sondern wird bei dieser in Ausübung ihres Auskunftsrechts nach §§ 412, 402 BGB Erkundigungen anstellen und deren Ergebnis vortragen müssen. Der Senat teilt die Auffassung des BerGer., daß unter den gegebenen Umständen eine Erklärung mit Nichtwissen ohne Ausschöpfung dieser zumutbaren Informationsmöglichkeit durch § 138 IV ZPO nicht gedeckt wäre und deshalb die Geständnisfiktion des § 138 III ZPO auslösen könnte.

BGH v. 18. 3. 92 – XII ZR 23/91 – FamRZ 92, 1045 = NJW 92, 2477

(Bei der Bedarfsbemessung nach § 1578 BGB keine fiktive Zurechnung von Einkünften, die nicht nachhaltig zur Verfügung standen) **R448**

Die für den nachehelichen Unterhalt maßgebenden Lebensverhältnisse i. S. von § 1578 I BGB werden durch das bis zur Scheidung nachhaltig erreichte Einkommen bestimmt (st. Rspr. des Senats; vgl. BGHZ 89, 108 (110) = NJW 1984, 292 = LM § 1578 BGB Nr. 26 L sowie NJW 1987, 58 = LM § 1578 BGB Nr. 38 = FamRZ 1986, 783 (785); NJW-RR 1988, 514 = LM § 1578 BGB Nr. 48 = FamRZ 1988, 145 (146)). Der Vorschrift liegt das gesetzgeberische Anliegen zugrunde, dem bedürftigen Ehegatten den in der Ehe erreichten bisherigen Lebensstandard zu erhalten (BT-Dr 7/650, S. 136; vgl. BVerfGE 57, 361 (389 ff.) = NJW 1981, 1771). Dabei sind grundsätzlich auch solche Veränderungen der Einkommensverhältnisse zu berücksichtigen, die während der Trennung bis zur Scheidung eintreten, gleichgültig, ob sie zu einer Erhöhung oder Verringerung des Lebensstandards führen. Denn erst mit der Scheidung tritt eine Zäsur in der beiderseitigen Teilhabe der Ehegatten an den wirtschaftlichen Verhältnissen ein (Senat, NJW 1985, 1347 L = LM § 623 ZPO Nr. 14 = FamRZ 1985, 471 (472)). Demnach ist eine tatsächliche Entwicklung des Einkommens bis zur Scheidung grundsätzlich beachtlich (vgl. Senat, NJW 1982, 1870 = FamRZ 1982, 576 (578); NJW 1982, 2433 = FamRZ 1982 (893); NJW 1983, 2318 = FamRZ 1983, 852 (853) = FamRZ 1982, 576 (578); FamRZ 1982, 892 (893); FamRZ 1983, 352 (353)). Unerwartete und vom Normalverlauf erheblich abweichende Entwicklungen bleiben dabei außer Betracht, was der Senat bisher aber nur für Fälle der Einkommenssteigerung entschieden hat (Senat, NJW 1982, 1870 = FamRZ 1982, 576 (578); NJW 1982, 2439 = FamRZ 1982 (893); NJW 1983, 2318 = FamRZ 1983, 852 (853)). **a**

Handelt es sich um Einkommensminderungen, die auf freiwilligen beruflichen oder wirtschaftlichen Dispositionen des Unterhaltspflichtigen beruhen, etwa in Gestalt eines Berufswechsels, den der Unterhaltsberechtigte hinnehmen muß, so schlägt dies nicht ohne weiteres auf den Maßstab für die Bemessung des Unterhaltsbedarfs durch. Denn dem Unterhaltspflichtigen obliegt es, in einem solchen Fall zumutbare Vorsorgemaßnahmen zu treffen, um sicherzustellen, daß er seinen Unterhaltspflichten vorerst auch bei geringeren Einkünften nachkommen kann (Senat, NJW-RR 1988, 514 = LM § 1578 BGB Nr. 48 = FamRZ 1988, 145 (147) zum nachehelichen Unterhalt). Erst wenn solche Vorsorge nicht oder nicht in vollem Umfang möglich ist, kann dem Unterhaltsberechtigten ein vorübergehendes Absinken des ehelichen Lebensstandards zuzumuten sein, wenn bei einer Abwägung der beiderseitigen Interessen dasjenige des Unterhaltspflichtigen an der beruflichen Veränderung überwiegt (Senat, NJW-RR 1988, 519 = LM § 1361 BGB Nr. 53 = FamRZ 1988, 256 (258) zum Trennungsunterhalt). Den vom Senat bisher entschiedenen Fällen war allerdings gemeinsam, daß die Einkommenseinbuße auf einem zwar bewußten, aber nicht gegen seine Erwerbsobliegenheit verstoßenden Verhalten des Unterhaltspflichtigen beruhte. Ob die ehelichen Lebensverhältnisse auch durch eine Einkommensminderung verändert werden, die ein Ehegatte unter Verletzung seiner Pflicht, die Arbeitskraft so gut wie möglich einzusetzen, selbst herbeigeführt hat, konnte bisher offenbleiben. Ein solcher Fall ist aber nunmehr gegeben, da der Ehemann nach den Feststellungen des OLG seine Erwerbsobliegenheit verletzt hat.

a) Die ehelichen Lebensverhältnisse der Parteien waren in den Jahren bis zur Trennung von einem überdurchschnittlich guten Einkommen geprägt, das der Ehemann durch seine Tätigkeit als Handelsvertreter und Geschäftsführer erzielte. Dies hat das OLG unter zulässiger Bezugnahme auf sein ausreichend bezeichnetes, zwischen den Parteien ergangenen Urteil vom 22. 12. 1987 (vgl. BGHZ 39, 333 (345) = NJW 1963, 2272) für den Zeitraum 1983–1985 festgestellt. Dabei lagen der Gewinn (vor Steuern) aus der Handelsvertretung 1983 bei 71 633 DM, 1984 bei 123 816 DM, das Brutto-Geschäftsführergehalt 1983 bei 131 899 DM, 1984 bei 164 816 DM. Erst ab der Trennung der Parteien gingen die Einkünfte zurück, was sich jedoch für 1985 zunächst nur in einer Herabsetzung des dem Ehemann von ihm selbst bewilligten Geschäftsführergehalts von 164 816 DM auf 49 296 DM und für 1986 auf 54 940 DM zeigte; der Gewinn aus der Handelsvertretung lag 1985 bei 124 627 DM, 1986 immer noch bei 109 711 DM. Erst ab Februar 1987 bewilligte sich der Ehemann kein Geschäftsführergehalt mehr; der Gewinn aus der Handelsvertretung belief sich nach der vorläufigen Gewinnermittlung 1987 auf 68 843 DM.

b) Diese rückläufige Einkommensentwicklung beruht nicht etwa auf Einflüssen, die der Ehemann nicht zu vertreten hat. Ursächlich war vielmehr sein eigenes, in unmittelbarem Zusammenhang mit der Auflösung der Ehe stehendes Verhalten. Denn wie das OLG festgestellt hat, hat er seine Erwerbstätigkeit auf den Umfang einer Halbtagstätigkeit reduziert. Ob sein Motiv die Erlangung des Sorgerechts für das gemeinsame Kind war oder ob er sein Einkommen von vornherein mit Blick auf den Unterhaltsrechtsstreit gezielt reduziert hat, kann dahinstehen. Denn die Entscheidung des FamG, durch die die elterliche Sorge auf die Ehefrau übertragen worden war, wurde mit dem Urteil des OLG vom 3. 11. 1987 rechtskräftig. Spätestens seither oblag es dem Ehemann, seine Erwerbstätigkeit im früheren Umfang wieder aufzunehmen.

c) Ein Verhalten des Unterhaltspflichtigen, das gegen seine Pflicht verstößt, seine Arbeitskraft so gut wie möglich einzusetzen, kann die ehelichen Lebensverhältnisse nicht zum Nachteil des Unterhaltsberechtigten verändern. Es ist vielmehr den Fällen gleichzusetzen, in denen nach der Trennung eine unerwartete und vom Normalverlauf erheblich abweichende Entwicklung einsetzt, die nicht geeignet ist, die ehelichen Lebensverhältnisse zu prägen (vgl. Senat, NJW 1982, 1870 = LM § 1578 BGB Nr. 8 = FamRZ 1982, 576 (578); NJW 1983, 2318 = LM § 284 BGB Nr. 27 = FamRZ 1983, 852 (853)). Daher ist an das frühere Einkommen anzuknüpfen, das den Lebensstandard der Ehegatten bis zur Trennung geprägt hat und das der Unterhaltspflichtige bei zumutbarem Einsatz seiner Arbeitskraft auch künftig erzielen könnte. Zwar ist der Revision einzuräumen, daß lediglich gedachte wirtschaftliche Verhältnisse, die keine Grundlage in der tatsächlichen Einkommenssituation der Ehegatten während der Ehe haben, die ehelichen Lebensverhältnisse nicht prägen können. Daher kann ein nachehelicher Unterhaltsbedarf nicht aus fiktiven Mitteln hergeleitet werden, die den Ehegatten während des Zusammenlebens objektiv nie oder jedenfalls nicht nachhaltig zur Verfügung gestanden haben. Das wäre etwa dann der Fall, wenn ein Ehegatte nach seinen Kenntnissen und Fähigkeiten und bei zumutbarem Einsatz seiner Arbeitskraft während des Zusammenlebens ein höheres Einkommen hätte erzielen können, dies aber – z. B. aus Bequemlichkeit – unterlassen hat, und sich daher beide Ehegatten von vornherein mit einem geringeren Lebensstandard begnügen mußten. Ein solcher Fall liegt hier indessen nicht vor. Der hier zu beurteilende Sachverhalt wird vielmehr dadurch gekennzeichnet, daß der Ehemann nach der Trennung der Parteien unter Verletzung seiner Erwerbsobliegenheit bewußt Dispositionen getroffen hat, die zu einer deutlichen Verringerung seines bisherigen Einkommens geführt haben.

(Abgrenzung prägendes und nichtprägendes Einkommen)

b Darüber hinaus fehlt es auch an einer nachhaltigen Einkommensverringerung. Einkommensveränderungen zwischen Trennung und Scheidung sind nur dann beachtlich, wenn ihnen eine gewisse Dauerhaftigkeit eigen ist. Eine nur vorübergehende Veränderung (Verbesserung oder Verschlechterung) der Einkommensverhältnisse vor der Scheidung kann die ehelichen Lebensverhältnisse nicht nachhaltig mit der Folge prägen, daß sie für die nacheheliche Unterhaltsbemessung bestimmend ist. Vielmehr ist zu fragen, ob die bis zur Scheidung eingetretene Veränderung als dauerhaft anzusehen ist oder ob es sich nur um eine vorübergehende Erscheinung handelt und sich die wirtschaftlichen Verhältnisse (voraussichtlich) wieder auf dem früheren Niveau stabilisieren werden. Eine solche Erwartung liegt um so näher, wenn der Unterhaltsverpflichtete es selbst in der Hand hat, seine Einkünfte zu steigern. Angesichts der erst nach der Trennung einsetzenden negativen Einkommensentwicklung sind daher diejenigen Einkünfte zugrunde zu legen, die der Ehemann bei zumutbarem Einsatz seiner Arbeitskraft hätte erzielen können. Daß das OLG dieses erzielbare Einkommen auf monatlich 8000 DM netto geschätzt hat, ist aus Rechtsgründen nicht zu beanstanden.

(Einheitliche Billigkeitsabwägung nach §§ 1577 II 2 BGB und 1579 Nr. 1 BGB)

c Es ist daher rechtlich nicht zu beanstanden, daß das OLG im Rahmen einer Billigkeitsprüfung, in der es die wirtschaftliche und persönliche Situation der Parteien gegeneinander abgewogen hat, zu dem Ergebnis gelangt ist, daß zwar eine uneingeschränkte Inanspruchnahme des Ehemannes grob unbillig wäre, ein völliger Ausschluß des Unterhaltsanspruchs der Ehefrau aber nicht zu vertreten sei. Dieses Ergebnis hat es in der Weise verwirklicht, daß es die überobligationsmäßig erzielten Arbeitseinkünfte der Ehefrau, bereinigt um den berufsbedingten Aufwand, jeweils in vollem Umfang auf den Unterhaltsbedarf von 2500 DM angerechnet hat. Darin liegt kein Rechtsfehler zum Nachteil des Ehemannes, da Billigkeitsabwägungen – wie hier nach § 1577 II 2 und § 1579 Nr. 1 BGB – nur einheitlich getroffen werden können (vgl. hierzu Senat, NJW 1990, 3020 = LM § 1578 BGB Nr. 58 = FamRZ 1990, 1091 (1095)).

BGH v. 29. 4. 92 – XII ZR 105/91 – FamRZ 92, 920 = NJW 92, 1956

R449 *(Voraussetzungen einer wirksamen Mahnung für nachehelichen Unterhalt)*

a Dem vermag der Senat nicht beizupflichten. Wie er bereits entschieden hat, setzt die Mahnung wegen Trennungsunterhalts den Schuldner nicht auch wegen eines künftigen Anspruchs auf nachehelichen Unterhalt in Verzug, weil eine bereits vor der Entstehung eines Anspruchs ausgesprochene Mahnung wirkungslos ist und dies auch nach der Entstehung des Anspruchs bleibt (vgl. BGHZ 103, 62 (66) = NJW 1988, 1137 = LM § 242 (Cc) BGB Nr. 44; ebenso OLG Hamm, FamRZ 1989, 634; Palandt-Diederichsen, BGB, 51. Aufl., § 1585b Rdnr. 4; Erman-Dieckmann, BGB, 8. Aufl., § 1585b Rdnr. 3; a. A. Schmitz, FamRZ 1988, 700 (701); Kalthoener-Büttner, Rspr. zur Höhe des Unterhalts, 4. Aufl., Rdnr. 192; OLG Schleswig, FamRZ 1989, 1092 (1093 f.)). Zwar war Gegenstand des Mahnschreibens vom 7. 2. 1989 nicht der Anspruch der Kl. auf Trennungsunterhalt, sondern sie ließ den Bekl. ausdrücklich auffordern, „auch nach durchgeführter Scheidung" Unterhalt zu zahlen. Nach dem klaren Wortlaut des Gesetzes (§ 284 I 1 BGB) kommt der Schuldner aber nur durch eine Mahnung in Verzug, „die nach dem Eintritte der Fälligkeit erfolgt". Diese Voraussetzung lag nicht vor: Der Anspruch auf nachehelichen Unterhalt war bei Zugang der Mahnung nicht nur noch nicht fällig, sondern er war vor dem Eintritt der Rechtskraft des Scheidungsausspruchs auch noch nicht entstanden. Deswegen kann dem Schreiben vom 7. 2. 1989 keine verzugsbegründende Wirkung beigemessen werden.

§ 1585b II BGB, wonach Unterhalt für die Vergangenheit erst von der Zeit an gefordert werden kann, in der der Unterhaltspflichtige in Verzug gekommen oder der Unterhaltsanspruch rechtshängig geworden ist, beruht auf dem Gedanken, daß Unterhalt seinem Wesen nach zur Bestreitung des laufenden Lebensbedarfs dient und die Befriedigung der Bedürfnisse einer zurückliegenden Zeit an sich nicht möglich ist, so daß grundsätzlich keine Notwendigkeit besteht, darauf beruhende Ansprüche fortdauern zu lassen. Auch soll der Unterhaltspflichtige gegen Härten geschützt werden, die sich aus einer Inanspruchnahme für eine Zeit ergeben können, in der er mit dem Unterhaltsanspruch nicht rechnen mußte (vgl. etwa Senat, BGHZ 105, 250 (253 f.) = NJW 1989, 526 = LM § 64 EheG Nr. 2; Richter, in: MünchKomm, 2. Aufl., § 1585b Rdnr. 1). Es mag zutreffen, daß auch einer kurz vor Entstehung und Fälligkeit des Unterhaltsanspruchs ausgesprochenen Mahnung Warnfunktion zukommt; damit wird aber nicht ausgeräumt, daß es nach der Gesetzeslage nicht pflichtwidrig ist, eine solche Warnung zu mißachten. Wenn es der Gläubiger zudem unterläßt, um eine zeitnahe Verwirklichung seines Anspruchs besorgt zu sein, vielmehr – wie hier – fast ein Jahr verstreichen läßt, ehe er dazu geeignete Schritte einleitet, steht der weitere Grundgedanke des Gesetzes im Vordergrund, daß grundsätzlich nur die Befriedigung des laufenden Lebensbedarfs in der Gegenwart geschuldet wird. Die vom BerGer. ins Feld geführte, speziell bei der Aufeinanderfolge von Trennungsunterhalt und nachehelichem Unterhalt auftretende Schwierigkeit, den für die Entstehung des letzteren maßgebenden Zeitpunkt der Scheidung festzustellen, wiegt angesichts der vom Gesetzgeber des 1. EheRG für den Regelfall vorgesehenen Möglichkeit, nachehelichen Unterhalt im Scheidungsverbundverfahren geltend zu machen, nicht schwer. Ist ein Unterhaltsgläubiger dringend auf nachehelichen Unterhalt angewiesen, kann er zumutbarerweise diesen Weg beschreiten; dabei kann es zu den vom BerGer. angeführten Schwierigkeiten nicht kommen. Auch kann er bereits während der Trennungszeit eine einstweilige Anordnung gem. § 620 Nr. 6 ZPO erwirken, die gem. § 620f ZPO für die Zeit nach der Scheidung fortwirkt, bis eine anderweite Regelung wirksam wird (vgl. Senat, NJW 1981, 978 = LM § 1361 BGB Nr. 10 = FamRZ 1981, 242 (243)).

(Mahnung durch Übersendung eines Prozeßkostenhilfegesuchs)

Allerdings hat die Zahlungspflicht des Bekl. aus einem anderen Grund nicht erst mit der Rechtshängigkeit des Verfahrens eingesetzt (13. 3. 1990). Zuvor ist ihm nämlich das Prozeßkostenhilfegesuch der Kl. vom 19. 2. 1990 zugegangen, das inhaltlich die Erfordernisse einer Mahnung erfüllt. Es ist an den Prozeßbevollmächtigten des Bekl. am 22. 2. 1990 (Donnerstag) abgesandt worden, so daß sein Zugang spätestens für Montag, den 26. 2. 1990 angenommen werden kann. Zu diesem Zeitpunkt ist der Bekl. damit in Verzug gekommen (vgl. Senat, NJW 1983, 2200 = LM § 1612 BGB Nr. 3 = FamRZ 1983, 892 (894)). Nur für einen geringen Teil der von der Kl. geltend gemachten Rückstände, nämlich diejenigen für die Zeit seit dem 26. 2. 1990, sind danach die Voraussetzungen des § 1585 b II BGB gegeben. Die Revision des Bekl. ist daher nur erfolglos, soweit sie sich auf diesen Zeitraum bezieht. Im übrigen ist die Klage auf Unterhaltsrückstände abzuweisen. c

BGH v. 17. 6. 92 – XII ZR 119/91 – FamRZ 92, 1152 = NJW 92, 2415

(Rückforderungsansprüche aus § 812 BGB) R452

I. Zutreffend ist das BerGer. von einer Bereicherung gem. § 812 I 2 Alt. 1 BGB ausgegangen. Bei erbrachten, aber nicht geschuldeten Unterhaltsleistungen findet ein Ausgleich grundsätzlich nach den Regeln über die ungerechtfertigte Bereicherung statt. Das hat der Senat bisher unter anderem bei Unterhaltsleistungen aufgrund einer einstweiligen Anordnung im Scheidungsverfahren angenommen, wenn diese über Bestand oder Höhe des materiell geschuldeten Unterhalts hinausgeht (vgl. BGHZ 93, 183 ff. = NJW 1985, 1074; BGH, NJW 1984, 2095 = FamRZ 1984, 767 ff.), ferner bei Unterhaltszahlungen des Scheinvaters an das Kind, wenn dessen Nichtehelichkeit rechtskräftig festgestellt worden a und die zunächst bestehende Unterhaltspflicht rückwirkend weggefallen ist (BGHZ 78, 201 ff. = NJW 1981, 48; Senat, NJW 1981, 2183 = FamRZ 1981, 764 ff.). Entsprechendes gilt für Unterhaltszahlungen, die aufgrund eines Prozeßvergleichs erbracht werden. Soweit dieser gem. § 323 ZPO rückwirkend zugunsten des Unterhaltsschuldners abgeändert wird, entfällt nachträglich die Rechtsgrundlage für den bisher geleisteten Unterhalt (§ 812 I 2 Alt. 1 BGB). Der Unterhaltsschuldner kann dann grundsätzlich Herausgabe des Erlangten bzw. Wertersatz gem. § 818 II BGB verlangen. Da der Kl. während der genannten Zeit mehr an die Bekl. gezahlt hat, als er nach dem Abänderungsurteil des OLG verpflichtet war, steht ihm grundsätzlich ein Anspruch auf Rückzahlung des rechtsgrundlos Geleisteten zu.

(Entreicherung; Kausalität zwischen Vermögensvorteil und Entreicherung; Beweislast)

b II. Der Anspruch scheitert jedoch daran, daß die Bekl. nicht mehr bereichert ist (§ 818 III BGB) und auch keiner verschärften Haftung gem. §§ 818 IV, 819, 820 BGB unterliegt.

1. Zur Frage der Entreicherung hat das BerGer. anhand der von der Bekl. vorgelegten Kontenauszüge und Kreditunterlagen festgestellt, daß sie – mit Ausnahme von Schuldtilgungsraten – sämtliche Unterhaltszahlungen des Kl. für ihre laufenden Lebensbedürfnisse aufgebraucht habe. Abbuchungen, die auf die Ansammlung von Sparvermögen schließen ließen, seien nicht ersichtlich. Anderweitige Mittel, die sie infolge des Verbrauchs der Unterhaltszahlungen hätte sparen können, hätten ihr im fraglichen Zeitraum nicht zur Verfügung gestanden. Auch die Mittel aus einem im Jahre 1980 aufgenommenen und im Mai 1986 aufgestockten Darlehen habe sie bereits im Juni 1986, also noch vor September 1986, für den Kauf eines gebrauchten Pkw ausgegeben. Aus dem Eigentum am Pkw ergebe sich keine fortbestehende Bereicherung, da nichts dafür spreche, daß die Bekl. ihn bei geringeren Unterhaltszahlungen des Kl. zur Bestreitung ihres Lebensunterhalts wieder veräußert hätte. Allerdings habe die Bekl. seit 1980 und auch im fraglichen Zeitraum auf das Darlehen gleichbleibend monatlich 267 DM gezahlt. Um den Wert der getilgten Schuld sei sie aber von vornherein nicht bereichert, weil sie diese Raten unter Einschränkung ihrer übrigen Bedürfnisse auch in der Zeit bezahlt habe, als sie wegen der vorläufigen Einstellung der Zwangsvollstreckung nur einen geringeren Unterhalt erhalten habe. Sie habe die Zahlungen daher nicht aus den überzahlten Teilbeträgen, sondern aus dem Sockelbetrag des Unterhalts erbracht und die rechtsgrundlose Überzahlung selbst für eine aufwendigere Lebenshaltung verbraucht. Damit fehle es an der notwendigen kausalen Verknüpfung zwischen der Überzahlung und der Schuldtilgung.

Diese Beurteilung hält der rechtlichen Nachprüfung stand.

a) Gem. § 818 III BGB ist eine Verpflichtung zur Herausgabe des Erlangten oder zum Wertersatz ausgeschlossen, soweit der Empfänger nicht mehr bereichert ist. Die Vorschrift dient dem Schutz des „gutgläubig" Bereicherten, der das rechtsgrundlos Empfangene im Vertrauen auf das (Fort-)Bestehen des Rechtsgrundes verbraucht hat und daher nicht über den Betrag einer wirklichen (bestehengebliebenen) Bereicherung hinaus zur Herausgabe oder zum Wertersatz verpflichtet werden soll (BGHZ 55, 128 (134) = NJW 1971, 609; MDR 1957, 598 = BB 1956, 771; BGH, NJW 1984, 2095 = FamRZ 1984, 767 (768)). Bei der Überzahlung von Unterhalt kommt es daher darauf an, ob der Empfänger die Beträge restlos für seine laufenden Lebensbedürfnisse verbraucht oder sich damit noch in seinem Vermögen vorhandene Werte oder Vorteile verschafft hat (BGH, NJW 1984, 2095; BGH, NJW 1981, 2183). Letzteres ist etwa der Fall bei anderweitigen Ersparnissen oder Anschaffungen. Auch die infolge Tilgung eigener Schulden mittels des rechtsgrundlos erlangten Geldes eintretende Befreiung von Verbindlichkeiten zählt zu den bestehenbleibenden Vermögensvorteilen, die einem Wegfall der Bereicherung grundsätzlich entgegenstehen (BGH, NJW 1984, 2095; BGH, NJW 1985, 2700; BVerwGE 28, 68 (75)). Die rechtsgrundlose Zahlung muß jedoch für diesen Vermögensvorteil ursächlich gewesen sein (Heimann-Trosien, in: RGRK, 12. Aufl., § 818 Rdnr. 40 m. w. Nachw.). Das wird besonders deutlich, wenn gerade die Zahlung selbst zu der Befreiung von der Verbindlichkeit geführt hat, sei es, daß infolge einer Fehlüberweisung ein Soll-Konto des Bereicherungsschuldners aufgefüllt worden ist, sei es, daß der Bereicherungsschuldner selbst die erlangte Summe dazu genutzt hat, Schulden zu tilgen, die er andernfalls nicht getilgt haben würde. Denn dann setzt sich der rechtsgrundlos erhaltene Betrag in der bestehenbleibenden Schuldbefreiung gleichsam fort. Umgekehrt kann sich der Bereicherungsschuldner aber auf den Wegfall der Bereicherung berufen, wenn er die Schulden mit einem anderen als dem rechtsgrundlos erhaltenen Betrag, etwa mit von dritter Seite geschenktem Geld zahlt und das Erhaltene ersatzlos verbraucht. Denn ein Bereicherungsschuldner, der Verbindlichkeiten aus anderen ihm zur Verfügung stehenden Mitteln tilgt, kann nicht schlechter stehen als ein Bereicherungsschuldner, der nur über die Bereicherung verfügt und diese aufzehrt.

b) Gegen das Erfordernis der ursächlichen Verknüpfung von Bereicherung und dadurch eingetretenem bleibenden Vermögensvorteil des Bereicherungsschuldners wendet sich die Revision ersichtlich nicht.

Sie meint jedoch, nur bei Unterhaltszahlungen im Bereich des notwendigen Selbstbehalts sei davon auszugehen, daß sie restlos für den laufenden Lebensbedarf aufgezehrt werden. Dagegen seien die Anforderungen an den Verwendungsnachweis durch den Unterhaltsgläubiger in Fällen, in denen die Unterhaltszahlung über dem notwendigen Selbstbehalt liegt, höher anzusetzen. Für eine interessengerechte Lösung müsse zugunsten des Unterhaltsschuldners die konkret zu widerlegende Vermutung gelten, daß der Unterhaltsgläubiger noch vorhandene Vermögenswerte oder die Tilgung eigener Schulden mit Beträgen finanziert habe, die aus der Überzahlung stammten. Es gebe keinen Erfahrungssatz, daß Kreditschuldner bei Schmälerung ihrer Bezüge sofort säumig würden. Andernfalls könne der Bereicherungsschuldner dem Bereicherungsgläubiger immer entgegenhalten, daß er unabhängig von der Höhe des gezahlten Unterhalts sich in jedem Falle einen bestimmten Vermögensgegenstand angeschafft oder Schulden getilgt hätte.

Damit hat die Revision jedoch keinen Erfolg.

Der Bereicherte hat den Wegfall der Bereicherung zu beweisen, da es sich um eine rechtsvernichtende Einwendung handelt (BGH, NJW 1958, 1725). Für die Überzahlung von Gehalts- oder Versorgungsbezügen von Beamten, die nach ihrem Wesen und Zweck einer Unterhaltsrente gleichkommen, hat die Rechtsprechung Beweiserleichterungen geschaffen, wenn aus der Überzahlung in der fraglichen Zeit keine besonderen Rücklagen oder andere Vermögensvorteile gebildet worden sind. Auch ohne besonderen Verwendungsnachweis spricht dann aufgrund der Lebenserfahrung – insbesondere bei unteren und mittleren Einkommen – zugunsten des Empfängers die Vermutung, daß er die Überzahlung zur Verbesserung seines Lebensstandards ausgegeben hat (RGZ 83, 161 (163); BGH, LM Nieders. BesG Nr. 3 = MDR 1959, 109 (110); BVerwGE 13, 107 (110); Lieb, in: MünchKomm, 2. Aufl. (1986) § 818 Rdnr. 83; Heimann=Trosien, in: RGRK, 12. Aufl., Rdnr. 40).

Aber auch, wenn ein bleibender Vermögensvorteil geschaffen worden ist, ist die Erleichterung nicht von vornherein ausgeschlossen. Das BVerwG (BVerwGE 15, 15 (18)) hat einen Wegfall der Bereicherung gem. § 818 III BGB auch dann angenommen, wenn der Beamte mit dem überzahlten Betrag Schulden getilgt hat, die er ohne die Überzahlung unter Einschränkung seines Lebensstandards ebenso getilgt hätte. Denn die Zuvielzahlung bewirke lediglich, daß der Beamte seine Lebenshaltung in Anpassung an den zur Verfügung stehenden Mehrbetrag weniger einschränke, als er es bei Schuldentilgung aus dem ihm zustehenden geringeren Gehalt getan hätte. Nach diesen Grundsätzen, denen sich der Senat anschließt, kommt es für den Nachweis der Entreicherung nicht darauf an, ob der bestehengebliebene Vermögensvorteil aus dem rechtsgrundlos gezahlten Mehrbetrag oder aus dem mit Rechtsgrund gezahlten Sockelbetrag erworben worden ist. Aus welchem der beiden Beträge eine Schuld getilgt wird, läßt sich meist nicht feststellen, weil geschuldeter und nicht geschuldeter Betrag in der Regel in einer Gesamtsumme gezahlt werden und der Empfänger nicht unterscheidet, aus welchem Teilbetrag er seine laufende Lebenshaltung einerseits und die Schuldtilgung oder Anschaffung von Vermögensgegenständen andererseits finanziert (Lieb, in: MünchKomm, 2. Aufl. (1986) Rdnr. 83). Entscheidend ist vielmehr der Nachweis, daß der Bereicherte den Vermögensvorteil in jedem Fall auch ohne die Überzahlung – notfalls unter Einschränkung des Lebensstandards – erworben hätte, so daß die Überzahlung für den Vermögensvorteil nicht ursächlich war.

Die Revision macht ohne Erfolg geltend, bei Überzahlung von Unterhalt, der über dem notwendigen Selbstbehalt liege, müßten zum Schutz des Unterhaltsschuldners strengere Beweisregeln gelten. Die zu den Beamtenfällen entwickelten Beweisgrundsätze sind vielmehr auch auf privatrechtliche Lohn- oder Unterhaltszahlungen übertragbar. Denn die Situation ist mit derjenigen bei Beamtenbezügen vergleichbar (vgl. BAG, AP § 394 BGB Nr. 5; RGZ 63, 38 (41); Heimann=Trosien, in: RGRK, 12. Aufl., Rdnr. 42). Das trifft gerade auch auf den vorliegenden Fall zu. Der Unterhalt der Bekl. liegt mit monatlich 1800 DM im Bereich eines unteren bis mittleren Beamtengehalts. Daß das Ausgabeverhalten [Ausgabeverhalten] eines Beamten sich von dem eines Unterhaltsgläubigers unterscheidet, ist nicht ersichtlich. Auch sonst liegen keine Gründe vor, die eine Differenzierung rechtfertigen könnten. Das Interesse des Bereicherungsgläubigers erfordert auch keine Vermutung des Inhalts, daß ein beim Bereicherungsschuldner vorhandener Vermögensvorteil mit dem Überzahlungsbetrag finanziert worden ist mit der Folge, daß diese Vermutung nur durch einen konkreten Nachweis der anderweitigen Verwendung des streitigen Betrags widerlegt werden kann. Sie würde im Gegenteil die Beweisanforderungen überspannen und im Widerspruch zu dem Gesetzeszweck stehen, der die Ersatzpflicht des Bereicherungsschuldners an die echte Vermögensmehrung aufgrund des rechtsgrundlosen Empfangs knüpft (BGHZ 55, 128 (134) = NJW 1971, 609). Das gilt um so mehr, als in diesen Einkommensbereichen größere Anschaffungen wie Hausrat oder ein Pkw in der Regel mittels Krediten finanziert und die hierfür nötigen Zins- und Tilgungsraten unter Verzicht auf andere Ausgaben erbracht werden. Andernfalls wäre der Entreicherungseinwand in nahezu allen diesen Fällen ausgeschlossen. Es genügt daher der Nachweis, daß die Bekl. auch ohne die Überzahlung ihre Schulden bezahlt hätte. Diesen Nachweis hat die Bekl. erbracht. Unstreitig hat sie die Rate von monatlich 267 DM seit 1980 bis in die jüngste Zeit unverändert weiter bezahlt, und zwar unter Einschränkung ihres laufenden Lebensbedarfs auch während der Monate, in denen sie wegen der vorläufigen Einstellung der Zwangsvollstreckung nur einen Unterhalt von 1000 DM monatlich zur Verfügung gehabt hat. Das BerGer. hat außerdem unangegriffen festgestellt, daß die Bekl. keine größeren Abbuchungen vorgenommen hat, die auf anderweitige Ersparnisse schließen lassen, ferner, daß sie auch über keine anderen Mittel verfügt hat, die sie für ihren Unterhalt hätte einsetzen können. Daraus konnte das BerGer. den Schluß ziehen, daß die Darlehenstilgung schon zuvor als fester Bestandteil ihrer vorweg zu bestreitenden monatlichen Ausgaben eingeplant war und daß darüber hinausgehende Mittel wie die Überzahlung dazu gedient haben, ihren Lebensstandard zu verbessern.

Auch hinsichtlich des Pkw kann sich die Bekl. auf den Wegfall der Bereicherung berufen, da sie ihn bereits zuvor aus anderen, nämlich aus Darlehensmitteln finanziert hatte.

(Verschärfte Haftung nach § 818 IV BGB)

c 2. Eine verschärfte Haftung der Bekl. nach §§ 818 IV, 819 I, 820 I BGB hat das BerGer. ohne Rechtsfehler verneint.

a) Gem. § 818 IV BGB kann sich der Empfänger einer rechtsgrundlosen Leistung vom Eintritt der Rechtshängigkeit an nicht mehr auf den Wegfall der Bereicherung berufen, sondern haftet nach den allgemeinen Vorschriften. Wie der Senat bereits entschieden hat, knüpft diese verschärfte Haftung nicht an die Rechtshängigkeit eines beliebigen Prozesses an, in dem über Grund und Höhe der fragliche Leistung gestritten wird, sondern an die Rechtshängigkeit der Klage auf Herausgabe des Erlangten (§ 812 BGB) oder auf Wertersatz (§ 818 II BGB). Für eine erweiternde Auslegung der Vorschrift hat er weder bei einer Feststellungsklage gegen einen Unterhaltspflichtigen aufgrund einer einstweiligen Anordnung (BGHZ 93, 183 ff. = NJW 1985, 1074) noch bei einer Unterhaltsabänderungsklage gem. § 323 ZPO (BGH, NJW 1986, 2057 = FamRZ 1986, 793) Raum gesehen, weil die Regelung des § 818 IV BGB eine eng zu sehende Ausnahme von dem Grundsatz ist, daß der Bereicherte auf Ersatz nur bis zur Grenze einer noch vorhandenen Bereicherung haftet, und weil der Unterhaltsschuldner wegen der Möglichkeit der Einstellung der Zwangsvollstreckung nicht schutzlos ist.

Die Revision hält letzterem entgegen, daß es in der Praxis nur in seltenen Fällen zur Einstellung der Zwangsvollstreckung komme und das Risiko der Entreicherung dadurch ganz auf den Unterhaltsschuldner abgewälzt werde.

Dieser Einwand gibt zu einer Änderung der Senatsrechtsprechung keinen Anlaß. Bei einem Antrag auf Einstellung der Zwangsvollstreckung hat das Gericht immer zu prüfen, ob die in der Abänderungsklage vorgetragenen Gründe eine Einstellung rechtfertigen. Es hat dabei besonders mit Blick auf die Schwierigkeiten, die einer Rückforderung zuviel gezahlten Unterhalts im Falle einer rückwirkenden Abänderung entgegenstehen, die Interessen von Unterhaltsgläubiger und Unterhaltsschuldner gegeneinander abzuwägen (BGH, NJW 1984, 2057 = FamRZ 1986, 793 (794)). Wenn die Praxis dem nicht immer gerecht wird, vermag dies an der Rechtslage selbst nichts zu ändern. Dem Kl. ist außerdem entgegenzuhalten, daß seine in erster Instanz gestellten Einstellungsanträge wiederholt daran gescheitert sind, daß er die behauptete Einkommensverschlechterung nicht hat darlegen können.

(Möglichkeiten des Verpflichteten gegen Entreicherungseinwand)

d Der Gefahr des Entreicherungseinwandes hätte er auf verschiedene Weise begegnen können. Es war ihm unbenommen, die Bereicherungsklage alsbald nach der Unterhaltsleistung ohne Rücksicht auf die vorherige Abänderung des Unterhaltstitels zu erheben, wodurch er die Wirkungen des § 818 IV BGB jedenfalls hinsichtlich noch nicht verbrauchter Zahlungen hätte auslösen können (BGHZ 93, 183 (189) = NJW 1985, 1074 = LM § 818 Abs. 4 BGB Nr. 8). Möglich wäre auch gewesen, bereits die Abänderungsklage im Wege der Klagehäufung mit einer Klage auf künftige Rückzahlung des während der Dauer des Abänderungsverfahrens zuviel gezahlten Unterhalts zu verbinden (§ 258 ZPO), und zwar zur Vermeidung eines Kostenrisikos hilfsweise für den Fall, daß das Abänderungsbegehren Erfolg hatte. § 260 ZPO steht nicht entgegen. Schließlich hätte er der Bekl. die Überzahlungen als zins- und tilgungsfreies Darlehen anbieten können, verbunden mit der Verpflichtung, im Falle der Abweisung des Abänderungsbegehrens auf die Rückzahlung zu verzichten. Der Senat hat in Fällen, in denen Unterhalt geleistet werden muß, nachdem der Unterhaltsberechtigte einen Rentenantrag gestellt hat, in einer darlehensweisen Unterhaltsgewährung einen Weg gesehen, dem Unterhaltsschuldner einen Rückzahlungsanspruch für den Fall zu sichern, daß die Rente rückwirkend bewilligt wird. Dem Unterhaltsberechtigten obliegt es dann nach Treu und Glauben, einen in solcher Weise angebotenen Kredit anzunehmen (BGH, NJW 1983, 1481 = FamRZ 1983, 574 (575); NJW 1989, 1990 = FamRZ 1989, 718 (719)). Das erscheint auch in einem Fall wie hier möglich.

(Verschärfte Haftung nach § 819 I BGB)

e b) Gem. § 819 I i. V. mit § 818 IV BGB tritt eine verschärfte Haftung des Bereicherungsempfängers bereits ab dem Zeitpunkt ein, zu dem er den Mangel des rechtlichen Grundes erfährt. Hierfür muß der Bereicherungsempfänger das Fehlen des rechtlichen Grundes selbst und die sich daraus ergebenden Rechtsfolgen gekannt haben; die bloße Kenntnis von Tatsachen, auf denen das Fehlen des Rechtsgrundes beruht, reicht nicht aus (Lieb, in: MünchKomm, 2. Aufl. (1986), § 819 Rdnr. 2; Palandt-Thomas, BGB, 51. Aufl. (1992), § 819 Rdnr. 3; Heimann=Trosien, in: RGRK, 12. Aufl., § 819 Rdnr. 3). Das

BerGer. hat zwar offengelassen, ob die Bekl. Kenntnis von den die Abänderung des Unterhaltsvergleichs tragenden tatsächlichen Verhältnissen hatte, so daß für dieses Revisionsverfahren zugunsten des Kl. von dieser Kenntnis auszugehen ist. Es hat aber eine Bösgläubigkeit mangels Kenntnis der Rechtsfolgen verneint; weil die Bekl. angesichts der wiederholten Zurückweisung der Anträge des Kl. auf Einstellung der Zwangsvollstreckung und der Abweisung der Klage in erster Instanz bis zum Erlaß des Berufungsurteils vom 19. 12. 1988 darauf habe vertrauen dürfen, daß ihr weiterhin monatlich 1800 DM zuständen. Das ist nicht zu beanstanden. Die Ungewißheit des Prozeßausgangs spricht für die Bekl. Wenn die Revision demgegenüber meint, daß ein Unterhaltsgläubiger bereits ab Erhebung der Abänderungsklage keinen Vertrauensschutz mehr verdiene, so daß er als bösgläubig angesehen werden müsse, so verkennt sie, daß ein solches Ergebnis den in § 818 IV BGB zum Ausdruck kommenden Schutz des Bereicherungsempfängers unterlaufen würde (vgl. oben II 2 a). Denn er wäre gezwungen, bereits ab diesem Zeitpunkt den Unterhalt für Rückforderungen bereitzuhalten, obwohl § 818 IV BGB dies von ihm erst ab dem Zeitpunkt fordert, zu dem er mit der Bereicherungsklage des Unterhaltsschuldners konfrontiert wird.

(Verschärfte Haftung nach § 820 I BGB)

c) Auch eine verschärfte Haftung nach der allein in Betracht kommenden zweiten Alternative des § 820 I 2 BGB greift nicht ein. Danach muß die Leistung aus einem Rechtsgrund erfolgt sein, dessen Wegfall nach dem Inhalt des Rechtsgeschäfts als möglich angesehen wurde und der später tatsächlich wegfällt. Sinn der Regelung ist, daß ein Empfänger, der von vornherein mit seiner Rückgabeverpflichtung rechnet, sich so einrichten muß, als müsse er die empfangene Leistung zurückgeben. Dabei muß sich bereits aus dem Inhalt des Rechtsgeschäfts ergeben, daß beide Parteien sich die Möglichkeit des Wegfalls des Rechtsgrundes nicht nur beiläufig, sondern besonders vergegenwärtigt haben [haben] (BGH, MDR 1961, 832 = BB 1961, 844; BGH, NJW 1984, 2095 = FamRZ 1984, 767 (768); Palandt-Thomas, BGB, 51. Aufl. (1992), § 820 Rdnr. 2). f

BGH v. 20. 5. 92 – XII ZR 131/91 – FamRZ 92, 1407 = NJW-RR 92, 1090

(Abitur-Lehre-Studium) R453

Haben Eltern ihrem Kind eine angemessene Berufsausbildung gewährt, sind sie im allgemeinen nicht verpflichtet, die Kosten einer weiteren Ausbildung zu tragen (BGHZ 69, 190 = NJW 1977, 1774 und st. Rspr. des Senats; vgl. zuletzt NJW 1992, 501 = LM § 1610 BGB Nr. 20). Die Beurteilung des BerGer. (s. FamRZ 1991, 1472), daß die Bekl. ihrer aus § 1610 II BGB folgenden Verpflichtung schon dadurch nachgekommen ist, daß sie ihrem Sohn die Ausbildung zum Speditionskaufmann ermöglicht hat, hält den Angriffen der Revision stand.

a) Nach den Grundsätzen, die der Senat für die Fälle Abitur-Lehre-Studium in BGHZ 107, 376 = NJW 1989, 2253 = LM § 1610 BGB Nr. 18 aufgestellt hat, umfaßt der Unterhalt eines Kindes, das nach Erlangung der Hochschulreife zunächst eine praktische Ausbildung durchlaufen hat, dann auch die Kosten eines Hochschulstudiums, wenn dieses mit den vorangegangenen Ausbildungsabschnitten in einem engen sachlichen und zeitlichen Zusammenhang steht und die Finanzierung des Ausbildungsganges den Eltern wirtschaftlich zumutbar ist. Nach Auffassung des BerGer. besteht zwischen dem Studium der Rechtswissenschaft und einer vorausgegangenen Lehre zum Speditionskaufmann kein enger sachlicher Zusammenhang in diesem Sinne.

Es hat dazu ausgeführt, weder gehörten beide Ausbildungsgänge derselben Berufssparte an noch könne davon ausgegangen werden, daß die Lehre eine sinnvolle Vorbereitung auf das Studium darstelle. Das Jurastudium stelle für einen Speditionskaufmann keine fachliche Ergänzung, Weiterführung oder Vertiefung seiner Ausbildung dar. Berührungspunkte über das Handelsrecht oder die im Rahmen des Studiums geforderte Beschäftigung mit der Volkswirtschaftslehre begründeten eine solche Annahme nicht, da vielfältige Bereiche der modernen Industriegesellschaft einen irgendwie gearteten Zusammenhang mit der Rechtswissenschaft hätten. Der Schwerpunkt des Berufs des Speditionskaufmanns liege nicht auf rechtlichem, sondern auf kaufmännischem und technischem Gebiet.

Diesen Ausführungen ist zu folgen. Die Ausbildung zum Speditionskaufmann hat eine wesentlich andersartige Wissensvermittlung zum Gegenstand als das Jurastudium. Der Sohn der Bekl. hat die Lehre auch nicht gewählt, weil sie ihm bei einem Jurastudium nützlich sein könne, sondern nach eigener Bekundung zur Absicherung für den Fall, daß er den Anforderungen des Studiums nicht gewachsen sei. Da somit der erforderliche sachliche Zusammenhang zwischen Lehre und Studium fehlt, kommt es auf weitere in der angeführten Senatsentscheidung aufgestellte Voraussetzungen nicht mehr an, die das BerGer. ebenfalls als nicht gegeben angesehen hat.

b) Die Revision macht geltend, das BerGer. habe die Voraussetzungen eines Anspruchs auf Finanzierung des Studiums deswegen zu Unrecht verneint, weil es nicht berücksichtigt habe, daß der Sohn der Bekl. von vornherein das Studium der Rechtswissenschaft angestrebt habe. Sie bezieht sich hierbei auf das Senatsurteil vom 10. 10. 1990 (NJW-RR 1991, 195 = FamRZ 1991, 320); dort sei unter der Voraussetzung eines vorgefaßten Planes die Einheitlichkeit eines Ausbildungsganges vom Bürokaufmann zu dem in einer Fachhochschule erworbenen Diplom eines Sozialarbeiters bejaht worden.

Indessen ist der dieser Entscheidung zugrundeliegende Fall schon deswegen mit dem vorliegenden nicht vergleichbar, weil dort das Kind die (Fach-)Hochschulreife erst noch anstrebte, als es sich zum Bürokaufmann ausbilden ließ, während der Sohn der Bekl. bei Antritt der Lehre die Hochschulreife bereits besaß. Der Senat hat in seinem späteren Urteil vom 12. 6. 1991 (NJW-RR 1991, 1156 = FamRZ 1991, 1044) zudem klargestellt, daß ein Kind, das von vornherein die Ausbildung zu zwei verschiedenen Berufen anstrebt, nicht schon deswegen Unterhalt gem. § 1610 II BGB für beide Ausbildungen verlangen kann. Nur wenn die weitere Ausbildung als bloße Weiterbildung anzusehen ist, kann in den Fällen eines vorgefaßten Plans in Betracht gezogen werden, daß die Eltern ihrer Verpflichtung, die Kosten einer angemessenen Berufsausbildung zu tragen, noch nicht vollständig nachgekommen sind, wenn sie nicht auch die Kosten der Weiterbildung übernehmen. In der Grundsatzentscheidung BGHZ 69, 190 (194 f.) = NJW 1977, 1774 ist zwar auf die Schwierigkeit hingewiesen worden, eine Weiterbildung von anderen Ausbildungen abzugrenzen, aber auch dargelegt worden, daß ehestens dann von einer Finanzierungspflicht der Eltern ausgegangen werden kann, wenn die weitere Ausbildung zweifelsfrei als bloße Weiterbildung anzusehen ist (vgl. auch Soergel-Häberle, BGB, 12. Aufl., § 1610 Rdnr. 22). Eine Weiterbildung zielt grundsätzlich darauf ab, bereits erworbene Kenntnisse und Fähigkeiten auszubauen und zu vertiefen, um dadurch bessere Aufstiegs- oder Erwerbschancen zu erlangen (vgl. OLG Hamm, FamRZ 1984, 924 (925) für das Verhältnis einer Banklehre zum Studium der Betriebswirtschaft). Ist – wie hier – ein enger sachlicher Zusammenhang zwischen Lehre und Studium im Sinne der durch das Urteil BGHZ 107, 376 (= NJW 1989, 2253 = LM § 1610 BGB Nr. 18) begründeten Senatsrechtsprechung zu verneinen, kann es sich schlechthin auch nicht um bloße Weiterbildung handeln. Somit kann die Revision aus dem Gesichtspunkt, daß der eingeschlagene Ausbildungsgang auf einem vorgefaßten Plan beruhe, nichts für sich herleiten. Daher kann dahinstehen, ob der Sohn der Bekl. seinen Plan überhaupt in zureichender Weise verlautbart und ihn nicht durch seine schriftliche Äußerung gegenüber der Bekl. nach Beginn einer Erwerbstätigkeit in rechtserheblicher Weise aufgegeben hat.

c) Die Revision beruft sich schließlich darauf, die Wahl des Berufes eines Speditionskaufmanns habe auf einer deutlichen Fehleinschätzung der Begabung des Sohnes der Bekl. beruht, auch wenn er von seinen Eltern nicht in diesen Beruf gedrängt worden sei. Auch damit hat sie keinen Erfolg. In der Rechtsprechung ist bisher nur eine Fehleinschätzung der Begabung eines Kindes durch die Eltern als rechtserheblich angesehen worden (vgl. insb. Senat, FamRZ 1980, 1115), während hier offenbar eine Fehleinschätzung durch das Kind selbst geltend gemacht werden soll. Der Fehleinschätzung seiner Begabung durch das Kind selbst wird indessen durch die Grundsätze Rechnung getragen, die der Senat für die Fälle Abitur-Lehre-Studium entwickelt hat, die aber, wie oben zu a) ausgeführt, eine Unterhaltspflicht der Bekl. nicht zu begründen vermögen. Im übrigen ergibt die erfolgreiche Ablegung der Zwischenprüfung nach vier Fachsemestern noch nicht, daß die Wahl des Berufes eines Speditionskaufmannes auf einer deutlichen Fehleinschätzung seiner Begabung beruhte.

BGH v. 8. 7. 92 – XII ZR 127/91 = NJW-RR 92, 1282

R454 *(Angemessene Erwerbstätigkeit)*

1. Die Ehefrau hat nach § 1573 I i. V. mit § 1578 BGB Anspruch auf nachehelichen Unterhalt. Der Anspruch beruht für die Zeit vom 23. 6. bis einschließlich September 1989 darauf, daß sie damals trotz ausreichender Bemühungen keine angemessene Erwerbstätigkeit zu finden vermochte (§ 1573 I BGB). Für die Zeit ab Oktober 1989 rechtfertigt sich das Begehren der Ehefrau daraus, daß sie ihren Unterhalt seither nicht durch eigene Einkünfte aus einer ihr i. S. von § 1574 II BGB angemessenen Erwerbstätigkeit bestreiten kann und die Einkünfte aus der Tätigkeit als Verkaufshilfe, soweit sie sich diese anrechnen lassen muß, nicht zu ihrem vollen Unterhalt nach dem Maßstab der ehelichen Lebensverhältnisse ausreichen.

Ob ihr Unterhaltsanspruch seine Rechtsgrundlage insoweit teilweise in § 1573 II BGB findet, kann dahingestellt bleiben, da auch für die Zeit ab Oktober 1989 jedenfalls die Voraussetzungen des § 1573 I BGB erfüllt sind. Im Blick auf § 1573 V BGB bedarf es ebenfalls keiner näheren Bestimmung der Anspruchsgrundlage. Insoweit unterliegen die Ansprüche sowohl nach § 1573 I als auch nach § 1573 II BGB derselben Kürzungsmöglichkeit (vgl. Senat, NJW 1988, 2369 = LM § 1569 BGB Nr. 28 = FamRZ 1988, 265 (266, 267) unter I. 4).

a) Das BerGer. hat die derzeitige Tätigkeit der Ehefrau bei der Firma L auch nach erneuter Prüfung als nicht angemessene Erwerbstätigkeit i. S. von § 1574 I und II BGB beurteilt und dazu im einzelnen ausgeführt:

Die Tätigkeit entspreche weder den gehobenen ehelichen Lebensverhältnissen noch insbesondere dem individuellen Berufsstatus der Ehefrau. Diese sei nach einer Ausbildung zur Kinderpflegerin ab

Oktober 1957 zur Kindergärtnerin ausgebildet worden. Sie habe zunächst zwei Jahre lang das Fröbel-Seminar, eine staatliche Fachschule für Erzieher, besucht und anschließend ein Praktikantenjahr absolviert. Sodann sei sie ab November 1960 als Kindergärtnerin, zuletzt als Leiterin einer Gruppe von fünf- bis sechsjährigen Kindern im Rahmen der Vorschulerziehung, tätig gewesen und nach BAT VII bezahlt worden. Mit den Aufgaben und dem Niveau einer zuletzt als Gruppenleiterin eingesetzten Kindergärtnerin sei die jetzige Tätigkeit der Ehefrau weder nach der Art noch nach dem Ort ihrer Ausübung vergleichbar. Die Ehefrau sei nämlich mangels entsprechender fachlicher Ausbildung nicht als Fachverkäuferin, sondern als bloße Verkaufshilfe – ohne Aufstiegschancen – eingestellt worden. Ihre Tätigkeit beschränkte sich auf den Verkauf kunstgewerblicher Artikel wie Kerzen, Servietten, Wandteller und Keramikartikel, hingegen sei sie nicht mit dem Verkauf von Waren für spezielle gehobene Ansprüche befaßt. Anders als eine Fachverkäuferin dürfe sie auch nicht selbständig über Bestellungen entscheiden und in gewissem Rahmen selbst Preisgestaltungen vornehmen. Sie sei vielmehr in ihrem Tätigkeitsbereich in hohem Maße unselbständig. Dem entspreche auch ihr Arbeitsplatz, der sich im Eingangsbereich neben den automatisch öffnenden und schließenden Türen befinde und nicht in einem Bereich, der aufgrund seiner besonderen Lage und Ausstattung gehobeneren Kundenwünschen gerecht werde.

b) Gegen diese tatrichterliche Beurteilung der Angemessenheit der ausgeübten Erwerbstätigkeit i. S. von § 1574 II BGB sind aus Rechtsgründen keine Bedenken zu erheben. Das BerGer. hat seine Beurteilung auf nähere Feststellungen einerseits über die berufliche Ausbildung der Ehefrau und zum anderen über die Art und Weise ihrer derzeitigen Tätigkeit gestützt, wie sie der Senat in dem ersten Revisionsurteil für erforderlich gehalten hat. Das BerGer. hat dabei die notwendigen Feststellungen über den Inhalt und Abschluß der Ausbildung der Ehefrau zur Kindergärtnerin in den 50er Jahren getroffen und auf diese Weise ihr Ausbildungsniveau aufgeklärt. Die Feststellungen werden von der Revision nicht angegriffen. Ihre Wertung durch das BerGer. ist revisionsrechtlich nicht zu beanstanden. Sie hält den Angriffen der Revision stand, die, wie schon in dem ersten Revisionsverfahren, insbesondere das Gebot der wirtschaftlichen Eigenverantwortung des geschiedenen Ehegatten hervorhebt und erneut den Standpunkt vertritt, den ehelichen Lebensverhältnissen komme für die Beurteilung der Angemessenheit einer nachehelichen Erwerbstätigkeit nur dann Bedeutung zu, wenn der eheliche Lebenszuschnitt von dem anderen Ehegatten mit erarbeitet worden sei; das sei bei der Ehefrau nicht der Fall gewesen.

Wie der Senat bereits in dem ersten Revisionsurteil betont hat, wird das Gebot der wirtschaftlichen Eigenverantwortung des geschiedenen Ehegatten (§ 1569 BGB) durch § 1574 I BGB dahin relativiert, daß der Ehegatte nur eine ihm angemessene Erwerbstätigkeit auszuüben braucht. Das ist bei der Tätigkeit als Verkaufshilfe, der die Ehefrau derzeit nachgeht, nach den Feststellungen des BerGer. – wie dargelegt – nicht der Fall. Eine Tätigkeit in ihrem erlernten Beruf als Kindergärtnerin oder Erzieherin hat die Ehefrau nicht zu finden vermocht, obwohl sie sich darum, wie schon in dem ersten Berufungsurteil – mit Billigung des Senats – näher ausgeführt, hinreichend bemüht hat. Ein Verstoß gegen die ihr obliegende wirtschaftliche Eigenverantwortung ist der Ehefrau daher nicht vorzuwerfen. Daß für die Beurteilung der Angemessenheit einer Erwerbstätigkeit neben anderen Kriterien auch die durch das Einkommen des alleinverdienenden Ehegatten geprägten ehelichen Lebensverhältnisse mit herangezogen werden können, hat der Senat unter Hinweis auf § 1574 II BGB bereits in dem ersten Revisionsurteil hervorgehoben.

BGH v. 9. 7. 92 – XII ZR 57/91 – FamRZ 92, 1403 = NJW 92, 3164

(Nichtiger Unterhaltsverzicht) **R455**

a) Allerdings kann eine Vereinbarung, durch die Verlobte oder Eheleute für den Fall der Scheidung ihrer Ehe auf nachehelichen Unterhalt verzichten, nach deren aus der Zusammenfassung von Inhalt, Beweggrund und Zweck zu entnehmendem Gesamtcharakter gegen die guten Sitten verstoßen und daher nach § 138 I BGB nichtig sein, falls die Vertragschließenden dadurch bewußt eine Unterstützungsbedürftigkeit zu Lasten der Sozialhilfe herbeiführen, auch wenn sie eine Schädigung des Trägers der Sozialhilfe nicht beabsichtigten (Senat, BGHZ 86, 82 (88) = NJW 1983, 1851 = LM § 72 EheG Nr. 11; vgl. auch Senat, NJW 1991, 913 = LM § 138 (Cd) BGB Nr. 28 = FamRZ 1991, 306 (307)). **a**

Die Parteien haben durch den Unterhaltsverzicht im Vertrag v. 22. 8. 1984 jedoch keine Unterstützungsbedürftigkeit der Ehefrau zu Lasten der Sozialhilfe herbeigeführt. Sie waren damals noch nicht verheiratet; den Unterhaltsleistungen, die der Ehemann erbrachte, lag daher keine Rechtspflicht zugrunde. Da er die Eingehung der Ehe unstreitig von dem Unterhaltsverzicht abhängig machte, hatte die Ehefrau auch keine Aussicht, künftig einen Anspruch auf nachehelichen Unterhalt über das ihr im Vertrag v. 22. 8. 1984 Zugebilligte hinaus zu erwerben. Auf den – zeitlich begrenzten – Unterhaltsanspruch nach § 1615l BGB, den sie nach der Geburt des gemeinschaftlichen Kindes gegen den Ehemann gehabt hätte, wenn es nicht zur Heirat gekommen wäre, konnte sie für die Zukunft nicht wirksam verzichten (§§ 1615l III S. 1, 1614 I BGB) und hat sie auch nicht verzichtet.

Der Unterhaltsverzicht hat daher ihre Bedürftigkeit und damit das Risiko, zur Bestreitung ihres Lebensunterhalts auf Sozialhilfe angewiesen zu sein, nicht erhöht. Im Gegenteil hat er ihr eine bis dahin nicht bestehende rechtliche Sicherung verschafft, weil sie während der durch den Verzicht ermöglichten Ehe Anspruch auf Familienunterhalt (§§ 1360, 1360 a BGB) und für den Fall einer später als fünf Jahre nach der Heirat beantragten Ehescheidung den begrenzten Unterhaltsanspruch nach III. 2. des Vertrages hatte.

Schon aus diesen Gründen ist der Unterhaltsverzicht daher nicht deshalb nach § 138 I BGB nichtig, weil er zu Lasten der Sozialhilfe geschlossen worden ist, ohne daß es noch darauf ankommt, ob die subjektiven Voraussetzungen vorliegen (auf die der Senat im Urteil v. 28. 11. 1990, a. a. O., für den damals zu beurteilenden Verzicht abgestellt hat).

b) Soweit die Revision auf die persönliche Situation der Ehefrau bei Abschluß der Vereinbarung v. 22. 8. 1984 verweist, will sie offenbar die Voraussetzungen des § 138 II BGB angenommen wissen. Diese Norm betrifft jedoch lediglich Austauschgeschäfte (BGH, Urteil v. 4. 7. 1990 – IV ZR 121/89 –, FamRZ 1990, 1343, 1344, m. N.). Die dazu entwickelten Rechtsgrundsätze lassen sich auf familienrechtliche Verträge nicht übertragen (Senatsurteil v. 24. 4. 1985 – IVb ZR 22/84 –, FamRZ 1985, 788, 789).

Allerdings können Rechtsgeschäfte, die den Tatbestand des § 138 II BGB nur zum Teil erfüllen, nach § 138 I BGB nichtig sein (Palandt/Heinrichs, BGB, 51. Aufl., § 138 Rz. 66 mit Rz 24 ff.). Das Verhalten des Ehemannes erfüllt jedoch den Tatbestand dieser Vorschrift auch nicht teilweise. ...

(Betreuungsunterhalt trotz Verzicht)

b a) Nach der Rechtsprechung des Senats ist dem auf Unterhalt in Anspruch genommenen geschiedenen Ehegatten die Berufung auf einen Unterhaltsverzicht des anderen unter Umständen nach § 242 BGB verwehrt, weil sie gegen Treu und Glauben verstößt (Senat, NJW 1985, 1835 = FamRZ 1985, 787; NJW 1985, 1833 = FamRZ 1985, 788 (789); zuletzt NJW 1991, 913 = LM § 138 (Cd) BGB Nr. 28 = FamRZ 1991, 306 (307)). Das hat der Senat insbesondere für Fälle entschieden, in denen sich die zur Zeit des Unterhaltsverzichts bestehenden oder erwarteten Verhältnisse nachträglich so entwickelt hatten, daß überwiegende schutzwürdige Interessen gemeinschaftlicher Kinder der Geltendmachung des Verzichts entgegenstanden (vgl. NJW 1985, 1835 = FamRZ 1985, 787; NJW 1987, 776 = FamRZ 1987, 46 (47 f.)). Er hat diese Rechtsprechung aber von vornherein nicht auf Sachverhalte beschränkt, in denen erst eine nachträgliche und unvorhergesehene Entwicklung ergibt, daß die Berufung auf den Unterhaltsverzicht mit Treu und Glauben nicht zu vereinbaren ist (vgl. NJW 1985, 1833). In seinem schon vom BerGer. herangezogenen Urteil vom 28. 11. 1990 (NJW 1991, 913)) hat er die Berufung auf einen Unterhaltsverzicht versagt, den die damals schon schwangere Frau – wie im vorliegenden Fall – kurz vor der Heirat erklärt hatte, wobei den (künftigen) Eheleuten bekannt gewesen oder allenfalls infolge grober Fahrlässigkeit verborgen geblieben war, daß sie im Falle einer (baldigen) Scheidung ohne Unterhaltsleistungen des Mannes darauf angewiesen war, entweder Sozialhilfe in Anspruch zu nehmen oder unter dem Kindeswohl zuwiderlaufender Einschränkung der Kindesbetreuung einer Erwerbstätigkeit nachzugehen. Hiernach steht der Anwendung des vom Senat entwickelten Grundgedankens, wonach dem Unterhaltspflichtigen die Berufung auf einen – an sich wirksamen – Unterhaltsverzicht nach Treu und Glauben verwehrt sein kann, nicht entgegen, daß die Parteien beim Abschluß des Vertrages vom 22. 8. 1984 bereits die dann tatsächlich eingetretene Entwicklung bedacht haben, nämlich eine Scheidung der Ehe zu einer Zeit, als die Betreuung des Kindes die Mutter an jedem eigenen Erwerb hinderte und sie daher mangels eigenen Einkommens und Vermögens auf Unterhaltsleistungen angewiesen war ...

Das bedeutet indessen nicht, daß sich der Ehemann auf den Unterhaltsverzicht schlechthin nicht berufen kann. Wie sich aus dem Dargelegten ergibt, verlangt das Kindeswohl von ihm vielmehr nur, es der Ehefrau durch Unterhaltsleistungen zu ermöglichen, sich der Pflege und Erziehung des Kindes zu widmen. Dazu bedarf sie keines Unterhalts nach dem Maßstab der ehel. Lebensverhältnisse (§ 1578 BGB); vielmehr ist es aus Rechtsgründen nicht zu beanstanden, daß das OLG dem Ehemann die Berufung auf den Unterhaltsverzicht nur insoweit verwehrt hat, wie die Ehefrau lediglich den notwendigen Unterhalt verlangt. Besondere Umstände, die aus Gründen des Kindeswohls die Zubilligung eines höheren Unterhalts gebieten, sind weder festgestellt noch vorgetragen. Da sich die Beschränkung daraus ergibt, daß die Geltendmachung des Unterhaltsverzichts im übrigen nicht gegen Treu und Glauben verstößt, greift der Hinweis der Revision auf § 1578 BGB und die Rechtsnatur des Anspruchs auf nachehel. Unterhalt als eines einheitlichen Anspruchs nicht durch. Außerdem steht § 242 BGB der Geltendmachung des Unterhaltsverzichts nur so lange und so weit entgegen, wie die Ehefrau neben der Betreuung des Kindes nicht mindestens ihren notwendigen Bedarf durch eigene Erwerbstätigkeit decken kann. Auch das hat das OLG richtig gesehen.

BVerfG v. 21. 10. 92 – 1 BvR 1233/91 – FamRZ 93, 171 = NJW 93, 2926

R457 *(Lebensstandardgarantie des § 1573 II BGB nicht verfassungswidrig)*

Die Verfassungsbeschwerde hat keine hinreichende Aussicht auf Erfolg.

Die gesetzliche Ausgestaltung des Aufstockungsunterhalts, die ungeachtet des Grundsatzes der Eigenverantwortung der Ehegatten einen Unterhaltsanspruch für bestimmte Bedürfnislagen vorsieht, ist

Ausdruck der auch nach Scheidung der Ehe fortwirkenden Mitverantwortung der Eheleute, die durch Art. 6 I GG geschützt wird (vgl. dazu BVerfGE 57, 361 (389 f.) = NJW 1981, 1771) und der auch die in § 1578 I 1 BGB enthaltene Regelung Rechnung trägt, wonach sich das Maß des Unterhalts an den ehelichen Lebensverhältnissen ausrichtet. Die angegriffenen Entscheidungen haben unter Berücksichtigung der über 27 Jahre dauernden Ehe, in der die nichterwerbstätige Ehefrau fünf gemeinsame Kinder großgezogen und den Haushalt der Familie geführt hat, eine Verpflichtung des Bf. zur Zahlung von Aufstockungsunterhalt gem. § 1573 II BGB bejaht, weil die von der geschiedenen Ehefrau durch eigene Erwerbstätigkeit erzielbaren Einkünfte nicht zur Deckung ihres vollen Unterhaltsbedarfs nach Maßgabe der ehelichen Lebensverhältnisse ausreichten. Von Verfassungs wegen ist es nicht zu beanstanden, daß die Gerichte die Vorschrift des § 1578 I 1 BGB im Sinne der Sicherung des in der Ehe erreichten Lebensstandards so ausgelegt haben, daß an die zum Zeitpunkt der Scheidung für Unterhaltszwecke verfügbaren Mittel anzuknüpfen ist. Daß die angegriffenen Entscheidungen diesen Unterhaltsanspruch nicht gem. § 1578 I 2 BGB zeitlich begrenzt oder den Anspruch auf andere Weise reduziert haben, läßt weder eine übermäßige Belastung des Bf. noch eine Verletzung des Gleichheitssatzes oder einen Verstoß gegen Art. 6 I GG erkennen.

BGH v. 25. 11. 92 – XII ZR 164/91 – FamRZ 93, 417 = NJW-RR 93, 322

(Subsidiäre Sozialleistungen kein Einkommen) R458

b) Die Revision wendet sich dagegen, daß das BerGer. das von J bezogene Pflegegeld nach dem Landespflegegeldgesetz bedarfsdeckend angerechnet hat. Damit bleibt die Revision ohne Erfolg.

Sozialleistungen sind im privaten Unterhaltsrecht grundsätzlich wie sonstiges Einkommen zu behandeln, soweit sie geeignet sind, den allgemeinen Lebensunterhalt zu decken, es sei denn, sie sind subsidiär (vgl. Senat, NJW 1981, 1313 = FamRZ 1981, 338 und NJW 1987, 1551 = FamRZ 1987, 456 (458) m. Nachw.). Pflegegeld nach dem Landespflegegeldgesetz stellt keine nachrangige Sozialleistung dar, sondern wird Schwerbehinderten ohne Rücksicht auf ihr Einkommen gewährt. Das Gesetz enthält keinen entsprechenden Vorbehalt. Seiner Entstehungsgeschichte ist zu entnehmen, daß davon bewußt Abstand genommen wurde. Da Sachleistungen und persönliche Hilfe, die der Schwerbehinderte benötigt, im Verhältnis zur Situation des Nichtbehinderten einen erheblichen Mehraufwand erfordern, wurde es aus Gründen sozialer Gerechtigkeit für geboten angesehen, den Schwerbehinderten durch staatliche Leistungen in die Lage zu versetzen, diesen Mehraufwand zu bestreiten. Dieses Ziel sollte durch die Gewährung eines Pflegegeldes erreicht werden, das unter dem Gesichtspunkt der Chancengerechtigkeit ohne Berücksichtigung von Einkommen oder Vermögen geleistet wird (Begr. des Entwurfs, LT-Dr 7/2727, Vorblatt sowie S. 9). Macht der Pflegebedürftige einen Unterhaltsanspruch geltend, so muß er sich das Pflegegeld jedenfalls auf seinen behinderungsbedingten Mehrbedarf anrechnen lassen (vgl. auch Senat, NJW 1985, 2590 = FamRZ 1985, 917 (919); Kalthoener-Büttner, Die Rspr. zur Höhe des Unterhalts, 4. Aufl., Rdnr. 491; a. A. Palandt-Diederichsen, BGB, 51. Aufl., § 1602 Rdnr. 9). Dem steht auch § 1610 a BGB nicht entgegen.

Entgegen der Ansicht der Revision ergibt sich aus der Bestimmung des § 6 I 2 LPflGG, wonach Leistungen aus bürgerlichrechtlichen Unterhaltsansprüchen auf das Pflegegeld nicht angerechnet werden, nichts Gegenteiliges. Solche Unterhaltsansprüche wurden von der Anrechnung ausgenommen, um den nach bürgerlichem Recht Unterhaltspflichtigen nicht schlechter zu stellen als den Schwerbehinderten selbst (Begr. des Entwurfs, LT-Dr 7/2727, S. 11 zu § 6). Eine derartige Schlechterstellung träte jedoch ein, verneinte man die Anrechnung des Pflegegeldes auf den behinderungsbedingten erhöhten Unterhaltsbedarf. Unter welchen Voraussetzungen ein Teil des Pflegegeldes, der über die Dekkung des Pflegeaufwands hinausginge, auf den allgemeinen Lebensbedarf angerechnet werden könnte, kann auf sich beruhen, da dieser Fall nicht vorliegt.

c) Das BerGer. hat seine Beurteilung, die gewährte Hilfe zur Pflege nach § 69 BSHG (106 DM) sei anrechenbares Einkommen des Sohnes, mit folgender Erwägung begründet: Zwar handele es sich bei der Hilfe zur Pflege um eine subsidiäre Sozialleistung, die grundsätzlich nicht zum unterhaltsrechtlich relevanten Einkommen zähle. Dies gelte nach der Rechtsprechung des BGH jedenfalls dann, wenn die Möglichkeit bestehe, Vorleistungen nach Überleitung des entsprechenden Unterhaltsanspruchs zurückzufordern. Sei diese Möglichkeit aber nicht gegeben, so ende die Subsidiarität. Die Leistung verbleibe dem Empfänger dann endgültig. Bei anderer Betrachtungsweise habe der Unterhaltsberechtigte die Möglichkeit, seinen Bedarf zusätzlich gegenüber dem Unterhaltspflichtigen geltend zu machen, der leisten müsse, obwohl der Sozialhilfeträger von seiner Inanspruchnahme abgesehen habe. Vorliegend sei eine Überleitung wegen der dem J gewährten Hilfe zur Pflege durch das Sozialamt der Kl. nicht erfolgt.

Gegen diese Ausführungen wendet sich die Revision zu Recht. Wie unter 2 b bereits ausgeführt, stellen die einem Unterhaltsberechtigten gewährten Sozialleistungen keine Einkünfte dar, die seine Unterhaltsbedürftigkeit mindern, wenn die Leistungen nur subsidiär gewährt werden und Vorleistungen nach Überleitung des entsprechenden Unterhaltsanspruchs vom Unterhaltsverpflichteten zurückgefordert werden können. Hiernach hat auch die Hilfe zur Pflege, die einem Unterhaltsbedürftigen nach § 69 BSHG geleistet wird, auf dessen Unterhaltsanspruch grundsätzlich keinen Einfluß; sie mindert seine Bedürftigkeit im Verhältnis zum Unterhaltspflichtigen nicht und gehört nicht zu den Einkünften i. S. von § 1602 I BGB (vgl. Senat, NJW 1987, 1551 = FamRZ 1987, 456 (458)).

In Einschränkung dieses Grundsatzes wird die Auffassung vertreten, eine Anrechnung der Sozialhilfeleistung auf den Unterhaltsanspruch komme ausnahmsweise in Frage, wenn ein Rückgriff der Behörde beim Unterhaltspflichtigen mangels Überleitungsmöglichkeit ausgeschlossen sei (Mutschler, in: RGRK, 12. Aufl., Vorb. § 1601 Rdnr. 23 m. Nachw.; Göppinger, UnterhaltsR, 5. Aufl., Rdnr. 218; Kalthoener-Büttner, Rdnr. 501; OLG Schleswig, FamRZ 1985, 68 f.; wohl auch OLG Hamm, FamRZ 1987, 742 f.). Der Senat hat die Frage bisher nicht zu entscheiden brauchen (vgl. NJW 1987, 1551 = FamRZ 1987, 456 (458)). Der wiedergegebenen Auffassung ist der BGH nunmehr – nach Erlaß der angefochtenen Entscheidung – durch Urteil vom 1. 10. 1991 (BGHZ 115, 228 (231 f.) = NJW 1992, 115) unter Hinweis auf die Systematik des BSHG und die Entstehungsgeschichte des 3. Gesetzes zur Änderung des BSHG, das die Überleitungsbefugnis in § 91 I 1 BSHG zugunsten Unterhaltsverpflichteter eingeschränkt hat, entgegengetreten. Dieser Entscheidung des VI. Zivilsenats schließt sich der erkennende Senat jedenfalls für die Fälle an, in denen – wie hier – einer Überleitung des Unterhaltsanspruchs des Hilfeempfängers ein gesetzliches Überleitungsverbot nicht entgegensteht. Die fernliegende Möglichkeit, daß bei fehlender Anrechenbarkeit ein Unterhaltsberechtigter trotz gewährter Sozialhilfe Unterhaltsansprüche gegen einen Verpflichteten geltend machen könnte, vermag an der gesetzlich normierten Subsidiarität der Sozialhilfe nichts zu ändern. Im übrigen dürfte einem solchen Begehren der Grundsatz von Treu und Glauben, der auch im Unterhaltsrecht gilt (Senat, NJW 1991, 913 = FamRZ 1991, 306 (307) und NJW 1992, 3164) entgegenstehen.

In dieser Beurteilung liegt keine Abkehr von der Rechtsprechung des Senats, nach der er es gebilligt hat, daß gewährtes Pflegegeld mit dem durch die Versorgung des Pflegebedürftigen nicht verbrauchten Teil der Pflegeperson für die Zwecke des Unterhaltsrechts als eigenes Einkommen zugerechnet worden ist (Senat, NJW 1984, 2355 = FamRZ 1984, 769 (771 f.); NJW 1987, 1201 = FamRZ 1987, 259 (261), insoweit teilweise in BGHZ 98, 353 (354) nicht abgedr.). Denn es geht nicht um die unterhaltsrechtliche Beziehung der Pflegeperson zu einem Dritten, sondern um den Unterhaltsanspruch des Pflegebedürftigen selbst. Die Entscheidung des BerGer., die gewährte Hilfe zur Pflege sei anrechenbares Einkommen des Sohnes J, kann deshalb keinen Bestand haben.

d) Ohne Erfolg wendet sich die Revision dagegen, daß das BerGer. die Pflegeleistungen des Lebenspartners der Bekl. wie deren eigene Pflegeleistungen angesehen und auf den Bedarf des J angerechnet hat. Allerdings berühren freiwillige Leistungen Dritter, auf die der Unterhaltsberechtigte keinen Anspruch hat, im allgemeinen seine Bedürftigkeit nicht. Anderes gilt jedoch, wenn der Dritte seinen Willen zum Ausdruck bringt, mit seinen Leistungen den Unterhaltsverpflichteten zu entlasten (BGH, NJW 1980, 344 = FamRZ 1980, 40 (42); Mutschler, in: RGRK, § 1602 Rdnrn. 4, 5; Köhler, in: MünchKomm, 3. Aufl., § 1602 Rdnr. 13; Kalthoener-Büttner, Rdnr. 464; Göppinger-Kindermann, Rdnr. 1076).

Letzteres ist hier der Fall. Entgegen der Ansicht der Revision hat das BerGer. festgestellt, daß die Pflegeleistungen des Partners der Bekl. deren Entlastung dienen sollen. Es ist deshalb rechtlich nicht zu beanstanden, daß es diese Pflegeleistungen auf den Bedarf des Sohnes in gleicher Weise angerechnet hat wie die Pflegeleistungen der Bekl. selbst.

BGH v. 13. 1. 93 – XII ZR 212/90 – FamRZ 93, 676 = NJW-RR 93, 386

R459 *(Nutzungsentgelt und Gesamtschulden)*

Gem. § 426 I BGB haften Gesamtschuldner im Innenverhältnis zu gleichen Anteilen, wenn sich nicht aus Gesetz, einer ausdrücklichen oder stillschweigenden Vereinbarung, Inhalt und Zweck des Rechtsverhältnisses oder aus der besonderen Gestaltung des tatsächlichen Geschehens etwas anderes ergibt (BGHZ 87, 265 (268) = NJW 1983, 1845; Senat, NJW-RR 1986, 1196 = FamRZ 1986, 881 (882); Senat, NJW-RR 1988, 259 = FamRZ 1988, 264). In ähnlicher Weise läßt sich aus den Bestimmungen über die Bruchteilsgemeinschaft (§§ 748, 755 BGB) ableiten, daß die Teilhaber für Verbindlichkeiten in bezug auf den gemeinschaftlichen Gegenstand nach dem Verhältnis ihrer Anteile haften, wenn sich nicht aus einer Vereinbarung oder aus den besonderen Umständen des Falles etwas anderes ergibt (BGH, WM 1975, 196 (197); BGHZ 87, 265 (269) = NJW 1983, 1845; Senat, NJW-RR 1988, 259 = FamRZ 1988, 264). Während intakter Ehe kann die grundsätzlich hälftige Beteiligung der Miteigentümer und Gesamtschuldner an den Belastungen von der ehelichen Lebensgemeinschaft der Parteien in der Weise überlagert werden, daß sich im Innenverhältnis zwischen den Ehegatten eine andere Aufteilung ergibt, etwa dergestalt, daß der alleinverdienende Teil zugunsten des haushaltsführenden Teils die gemeinschaftlichen Verpflichtungen allein trägt und daher ein Ausgleichsanspruch ausscheidet. Mit dem Scheitern der Ehe, das sich hier in der Erhebung des Scheidungsantrags am 2. 12. 1981 manifestiert, entfällt in der Regel jener Grund für eine von der hälftigen Ausgleichsregel abweichende Gestaltung (BGHZ 87, 265 (270) = NJW 1983, 1845; Senat, NJW 1986, 1339 = FamRZ 1986, 436 (437)). Denn nach Aufhebung der ehelichen Lebensgemeinschaft besteht für einen Ehegatten im Zweifel kein Anlaß mehr, dem anderen eine weitere Vermögensmehrung zukommen zu lassen (BGH, NJW 1983, 2449 = FamRZ 1983, 797 (799)). Das bedeutet indessen noch nicht, daß damit die hälftige Ausgleichsregelung ohne weiteres wieder zum Tragen kommt. Es ist vielmehr danach zu fragen, ob an die Stelle derjenigen Rechtsbeziehungen, die durch die Besonderheiten der ehelichen Lebensgemeinschaft geprägt waren, eine andere rechtliche oder tatsächliche Ausgestaltung der Verhältnisse tritt, die in ähnlicher Weise wie zuvor Einfluß auf das Ausgleichsverhältnis nehmen kann. Denkbar sind nämlich auch andere Umstände, die – als anderweitige Bestimmung – einem hälftigen Ausgleichsanspruch eines Ehegatten nach Erhebung des Scheidungsantrags entgegenstehen können. Ein solcher Umstand kann darin gesehen werden, daß der allein verdienende Ehegatte mit Duldung des anderen das Haus nach der Trennung weiterhin nutzt und wie bisher die Lasten trägt, ohne zu erkennen zu geben, daß er einen hälftigen Ausgleich geltend zu machen beabsichtigt, und ohne daß der andere Ehegatte ihm ein Nutzungsentgelt abverlangt. Zwar löst der Umstand der alleinigen Nutzung durch einen Teilhaber normalerweise noch keine Entschädigungsrechte des anderen Teilhabers aus. Daß ein Teilhaber von seiner Befugnis aus § 743 II BGB keinen Gebrauch macht, ist deshalb kein Grund für eine von der hälftigen Ausgleichsregel abweichende Lastenverteilung (BGHZ 87, 265 (271) = NJW 1983, 1845). Eine Nutzungsentschädigung steht dem weichenden Teilhaber frühestens ab dem Zeitpunkt zu, ab dem er gem. § 745 II BGB eine Neuregelung der Verwaltung und Benutzung verlangen kann und auch tatsächlich mit hinreichender Deutlichkeit verlangt (vgl. dazu Senat, NJW 1986, 1339 = FamRZ 1986, 434 (435)). Gleichgültig, ob der Anspruch auf Neuregelung auf eine Geldentschädigung oder darauf gerichtet ist, daß der nutzende Teilhaber die Lasten übernimmt, wirkt er jedenfalls nur ex nunc (vgl. BGHZ 87, 265 (271) = NJW 1983, 1845; Senat, NJW 1986, 1339 = FamRZ 1986, 434 (437); BGH, NJW 1989, 1030 (1031); Karsten Schmidt, in: MünchKomm, 2. Aufl., § 745 Rdnr. 30). Das OLG hat daher folgerichtig der Bekl. ein Nutzungsentgelt für die Zeit vom 2. 12. 1981 bis 31. 5. 1985 versagt. Denn sie hatte ausweislich des Urteils des LG vom 4. 5. 1987 im Nutzungsentgeltverfahren ein solches erst ab Juni 1985 verlangt. Das bedeutet andererseits aber nicht, daß der dargestellte Umstand der alleinigen Nutzung durch den Kl. bei der Beurteilung seines Ausgleichsanspruchs nicht berücksichtigt werden dürfte. Denn der Ausgleichsanspruch als solcher wird von einem etwaigen Anspruch der Bekl. auf Nutzungsentgelt nicht berührt; letzterer kann allenfalls einen aufrechenbaren Gegenanspruch darstellen. Soweit es daher um den Ausgleichsanspruch an sich geht, ist die Frage einer anderweitigen Bestimmung im Sinne der Ausgleichsregeln des § 426 BGB und der Vorschriften über die Bruchteilsgemeinschaft gesondert zu betrachten.

Bei dieser Betrachtung spielt zum einen eine Rolle, daß eine gemeinschaftliche Berechtigung von Ehegatten auch nach dem Scheitern ihrer Ehe mit anderen Maßstäben zu messen ist als eine übliche Bruchteilsgemeinschaft. Bei letzterer ist es einem Teilhaber in der Regel zuzumuten, von seinem Nutzungsrecht Gebrauch zu machen. Er kann sich durch freiwilligen Nichtgebrauch nicht seiner Pflicht zur anteiligen Lastentragung entziehen, sondern wird davon allenfalls frei, wenn ihm der Mitgebrauch durch den anderen Teilhaber absichtlich entzogen oder sonst verweigert wird. Haben dagegen Ehegatten ein in ihrem Miteigentum stehendes Haus gemeinsam als Ehewohnung genutzt und scheitert ihre Lebensgemeinschaft, ist dem trennungswilligen Ehegatten ein weiteres Zusammenleben unter einem Dach in aller Regel nicht mehr zumutbar, auch wenn ihm der andere Ehegatte die Mitbenutzung in Gestalt einer Aufteilung der Räumlichkeiten anbietet. Hier ergäbe sich die unbillige Konsequenz, daß der weiter nutzende und die Lasten tragende Ehegatte rückwirkend einen hälftigen Ausgleichsanspruch hätte, während dem weichenden Ehegatten nur ein in die Zukunft wirkender Anspruch auf Neuregelung bzw. Nutzungsentgelt zustände, mit dem er die bisher aufgelaufenen Ausgleichsansprüche nicht abwehren könnte. Das ist insbesondere dann unverständlich, wenn die Ehegatten nach der Trennung zunächst stillschweigend von der bisherigen Handhabung ausgegangen sind und der weichende Ehegatte nicht sogleich ein Nutzungsentgelt verlangt hat, sondern die alleinige Nutzung des Hauses durch den anderen hinnimmt und darauf vertraut, daß dieser dafür auch die Lasten trägt. Bei einer solchen Fallgestaltung ist der Ausgleichsanspruch des die Lasten tragenden Ehegatten von vornherein beschränkt. Je nachdem, in welchem Verhältnis der Nutzungswert einerseits und die Lasten und Kosten andererseits stehen, kann sich ein Restausgleich ergeben oder aber ein Ausgleich ganz ausscheiden. Dadurch wird der Ehegatte, der das gemeinschaftliche Haus nicht nutzt, ebenso gestellt, als wenn er einen rückwirkenden Nutzungsentgeltanspruch dem anderen Ehegatten im Wege der Einwendung entgegenhalten würde (vgl. OLG Celle, NJW-RR 1990, 265 (266); Palandt-Thomas, BGB, 52. Aufl., § 745 Rdnr. 5).

BGH v. 27. 1. 93 – XII ZR 206/91 – FamRZ 93, 789 = NJW-RR 93, 898

(Differenzierung zwischen Kranken- und Aufstockungsunterhalt) **R460**

e) Bei der Beurteilung des Unterhaltsanspruchs nach § 1573 II BGB hat das BerGer. nicht unterschieden, inwieweit der Unterhaltsanspruch einerseits auf § 1572 und § 1573 I BGB, andererseits auf § 1573 II BGB beruhen soll. Das hat die Revision in der mündlichen Verhandlung zu Recht geltend gemacht. Die Ansprüche aus § 1573 I und II BGB sind gegenüber § 1572 BGB grundsätzlich subsidiär. **a**

Der Senat hat aber – in Abkehr von seiner bisherigen Rechtsprechung, wonach ein Unterhaltsanspruch auch nicht teilweise auf § 1573 II BGB gestützt werden konnte, wenn schon nach § 1572 BGB ein Anspruch auf den nach den ehelichen Lebensverhältnissen bemessenen Unterhalt bestand (Senat, NJW 1986, 2832 = LM § 1578 BGB Nr. 40 = BGHR ZPO § 549 Rechtsänderung 1 = FamRZ 1986, 886 (888)) – für den Fall des § 1570 BGB entschieden, daß ein Ehegatte, von dem wegen der Kindesbetreuung nur eine Teilerwerbstätigkeit erwartet werden kann, nach § 1570 BGB Unterhalt nur bis zur Höhe des durch eine Vollerwerbstätigkeit erzielbaren Mehreinkommens verlangen kann. Daneben kann er Aufstockungsunterhalt nach § 1573 II BGB beanspruchen, wenn sein Eigenverdienst zusammen mit dem Teilanspruch aus § 1570 BGB zu seinem vollen Unterhalt (§ 1578 BGB) nicht ausreicht (Senat, NJW 1990, 1847 = FamRZ 1990, 492 (494); vgl. auch Senat, NJW 1991, 224 = LM § 1572 BGB Nr. 4 = BGHR BGB § 1573 Abs. 2 Ergänzungsanspruch 5 = FamRZ 1991, 170 (171)). Gleiches gilt für den Fall, daß ein Ehegatte krankheitsbedingt nur eine Teilerwerbstätigkeit ausüben kann, mit der er seinen vollen Unterhalt nicht verdienen kann (Wendl/Staudigl, Das Unterhaltsrecht in der familienrechtlichen Praxis, 2. Aufl., S. 264 (unter 5. b)).

Dieses mögliche Nebeneinander von verschiedenen Anspruchsgrundlagen macht regelmäßig deren genaue Differenzierung erforderlich. Das gilt zum einen mit Blick auf ein späteres Abänderungsverfahren, zum anderen deshalb, weil die zeitliche Begrenzungsmöglichkeit nach § 1573 V BGB nur Ansprüche nach § 1573 I bis IV BGB betrifft, nicht hingegen die anderen Anspruchsgrundlagen (Senat, NJW 1988, 2369 = LM § 1569 BGB Nr. 28 = BGHR BGB § 1573 Abs. 2 Ergänzungsanspruch 1 = FamRZ 1988, 265 (267); NJW 1990, 1847 = LM § 1570 BGB Nr. 13). Nur ausnahmsweise kann die genaue Bestimmung unterbleiben, wenn im Einzelfall eine zeitliche Begrenzung aus Billigkeitsgründen unter Berücksichtigung der Ehedauer, der Kindesbetreuung und der Gestaltung von Haushaltsführung und Erwerbstätigkeit ohnehin ausscheidet.

(Objektiver Maßstab für eheliche Verhältnisse; Einkommensschätzung)

b Das steht nicht im Einklang mit der gesetzlichen Regelung. Das Maß des vollen nachehel. Unterhalts richtet sich gemäß § 1578 I BGB nach den ehel. Lebensverhältnissen, die insbesondere von den Einkommens- und Vermögensverhältnissen im Zeitpunkt der Rechtskraft der Scheidung (vgl. dazu Senatsurteile v. 16. 1. 1985 – IVb ZR 59/83 –, FamRZ 1985, 357, 359, und v. 30. 1. 1985 – IVb ZR 67/83 –, FamRZ 1985, 371, 373) bestimmt werden. Diese sind daher in jedem Einzelfall konkret festzustellen, was das OLG unterlassen hat. Die Bedarfssätze von Tabellenwerken sind lediglich Orientierungshilfen, die bei der tatrichterlichen Verteilung der verfügbaren Mittel über- oder unterschritten werden können und daher eine konkrete Bedarfsfeststellung nicht entbehrlich machen (std. Rspr., vgl. u. a. Senatsurteile v. 4. 11. 1981 – IVb ZR 624/80 –, FamRZ 1982, 151, 152; v. 25. 1. 1984 – IV b ZR 51/82 –, FamRZ 1984, 356, 357; v. 14. 1. 1987 – IV b ZR 93/85 –, FamRZ 1987, 266, 267; Senat, BGHZ 104, 158, 168).

Einzelne Bedarfsposten wie Wohnungsmiete oder sonstiges Konsumverhalten der Ehegatten können nur Indizien sein, die zudem am objektiven Maßstab eines vernünftigen Betrachters gemessen werden. Eine nach den Verhältnissen zu dürftige Lebensführung bleibt ebenso außer Betracht wie ein übertriebener Aufwand (Senatsurteil v. 4. 11. 1981, a. a. O.). Das gilt insbesondere dann, wenn die Lebenshaltungskosten, wie der Ehemann unwidersprochen vorgetragen hat, vom tatsächlichen Einkommen nicht mehr gedeckt waren und zum Teil durch Kredite finanziert wurden. Daß ein Unterhaltspflichtiger bei einem Berufswechsel und einem daraus folgenden vorübergehenden Einkommensverlust Vorsorge, notfalls durch Kreditaufnahme, treffen muß, um seinen Unterhaltspflichten gegenüber der Familie nachkommen zu können (vgl. Senatsurteil v. 4. 11. 1987 – IV b ZR 81/86 –, FamRZ 1988, 145, 147), steht dazu nicht in Widerspruch. Ein solcher Fall liegt hier nicht vor. Schließlich sind auch nicht punktuell die Verhältnisse der Jahre 1987 oder 1989 maßgebend, sondern diejenigen im Zeitpunkt der rechtskräftigen Scheidung, wobei bei Selbständigen allerdings in der Regel ein Durchschnittseinkommen aus den letzten drei Jahren zu errechnen ist (Senatsurteil v. 4. 11. 1981, a. a. O.).

a) Der Tatrichter hat den Umfang der Leistungsfähigkeit und das zur Verteilung verfügbare Einkommen zu ermitteln. Er hat dabei im Rahmen einer umfassenden Beweiswürdigung nach § 286 I ZPO die vom darlegungs- und beweispflichtigen Unterhaltsschuldner vorgelegten Unterlagen auf ihre Vollständigkeit und Richtigkeit zu überprüfen. Dabei ist es Sache des Unterhaltsschuldners, seine Einnahmen und Ausgaben so darzustellen, daß die steuerlich beachtlichen Aufwendungen von den unterhaltsrechtlich relevanten abgegrenzt werden können (Senat, NJW 1980, 2086 = FamRZ 1980, 770 (771); NJW 1985, 1347 L = FamRZ 1985, 471 (472)). Dem kann in der Regel durch Vorlage von Gewinn- und Verlustrechnungen, Einkommensteuererklärungen und Steuerbescheiden genügt werden (vgl. Senat, NJW 1982, 1645 = FamRZ 1982, 151 (152); NJW 1987, 1201 = FamRZ 1987, 259 (260)). Insbesondere aus den Gewinn- und Verlustrechnungen ist ersichtlich, welche Positionen von vornherein für die Unterhaltsberechnung ganz oder teilweise außer Betracht bleiben (etwa Privatanteile von Kfz, Telefon, Reise- und Bewirtungskosten, erhöhte Abschreibungsraten für Einrichtungsgegenstände, Eigenanteil für Wohnungsmiete, verschleierte Personalkosten bei Ehegattenarbeitsverträgen u. ä.; vgl.

Schwab-Borth, IV Rdnr. 588). Vermag das Gericht anhand der Unterlagen – notfalls unter Hinzuziehen eines Sachverständigen – eine solche Abgrenzung nicht zu treffen oder ergeben sich aufgrund unvollständiger Aufzeichnungen und widersprüchlicher Angaben konkrete Zweifel am behaupteten unterhaltsrechtlich relevanten Einkommen, kann es solche Posten gem. § 286 ZPO als unwahr zurückweisen. Es kann darüber hinaus gem. § 287 II ZPO solche unklaren Positionen auch unter Zuhilfenahme von Erfahrungswerten in vergleichbaren Fällen schätzen und so zur Annahme eines gegebenenfalls höheren Einkommens gelangen. Der Senat hat mehrfach entschieden, daß § 287 II ZPO auch im Unterhaltsprozeß Anwendung findet und vom Tatrichter insbesondere in Fällen der Ermittlung eines behaupteten Mehrbedarfs oder bei der Ansetzung eines fiktiven Einkommens herangezogen werden kann (vgl. Senat, NJW 1986, 3080 = LM § 1573 BGB Nr. 18 = FamRZ 1986, 885 (886) m. w. Nachw.). Das gilt entsprechend für die Ermittlung des zur Verfügung stehenden Einkommens beim Unterhaltsverpflichteten (Wendl-Staudigl, S. 39, 53, 136). Voraussetzung für § 287 II ZPO ist aber, daß die weitere Aufklärung und Beweisaufnahme unverhältnismäßig schwierig ist und zu dem Umfang der Unterhaltsforderung in keinem Verhältnis steht.

b) Das BerGer. hat seine Schlußfolgerung, der Ehemann sei im Umfang von 700 DM leistungsfähig, auf § 287 ZPO gestützt. Hierzu ist es aber nicht etwa deshalb gelangt, weil es bei Überprüfung der vom Ehemann für die Jahre 1987 bis 1990 vollständig vorgelegten Einkommensteuererklärungen, Steuerbescheide sowie Gewinn- und Verlustrechnungen auf konkrete Zweifel oder Unrichtigkeiten gestoßen wäre, deren Aufklärung sich als unverhältnismäßig schwierig erwiesen hätte. Es hat das unterhaltsrechtlich relevante Einkommen vielmehr nur pauschal – und zwar lediglich für das Jahr 1990 – ermittelt. Sodann hat es aus einem Vergleich mit einzelnen Ausgaben des Ehemannes gefolgert, daß er noch zusätzlich verfügbare Mittel habe, ohne indes festzustellen, von welchem unterhaltsrechtlich maßgebenden Einkommen es letztlich ausgeht, um zu einem Unterhaltsanspruch der Ehefrau in Höhe von 700 DM zu gelangen. Für diese Vorgehensweise kann es sich nicht auf eine Einkommensschätzung nach § 287 II ZPO berufen, da dessen Voraussetzungen nicht vorliegen. Die Revision rügt im übrigen zutreffend, daß sich das BerGer. mit dem durch Unterlagen belegten Vortrag des Ehemannes (Kredit; Überziehungskonto) nicht auseinandergesetzt hat, daß er den Lebensunterhalt zum Teil durch Kontoüberziehungskredite und Darlehen der X-Bank finanziert habe und noch finanziere. Zudem gibt es keinen Erfahrungssatz des Inhalts, daß zwangsläufig auf ein verschleiertes höheres Einkommen zu schließen ist, wenn die Ausgaben die behaupteten Einnahmen übersteigen.

BGH v. 21. 4. 93 – XII ZR 248/91 – FamRZ 93, 1065 = NJW 93, 1920

(Obliegenheit zur Verwertung von Pflichtteilsrechten) R461 a

Die Revision beanstandet jedoch zu Recht, daß das BerGer. die Frage, ob der Unterhaltsberechtigte einen Pflichtteilsanspruch geltend machen muß, aus Gründen der Gleichbehandlung nach den Grundsätzen beantworten will, die im genannten Urteil zur Frage der Zumutbarkeit der Geltendmachung eines dem Unterhaltspflichtigen zustehenden Pflichtteilsanspruchs entwickelt worden sind. In jener Entscheidung ging es im Rahmen eines Verbundverfahrens um die erstmalige Bestimmung des Unterhaltsbedarfs nach den ehelichen Lebensverhältnissen (§ 1578 I BGB). Es war die Frage zu beantworten, ob diese auch durch (fiktive) Erträge aus einem während bestehender Ehe entstandenen, aber nicht geltend gemachten Pflichtteilsanspruch des Unterhaltsverpflichteten im Hinblick darauf geprägt sein konnten, daß im Unterhaltsrecht grundsätzlich alle Einkünfte und Vermögenswerte der Ehegatten zu berücksichtigen sind. Unter diesem Gesichtspunkt hat der Senat eine Obliegenheit des unterhaltspflichtigen Ehemannes zur Geltendmachung des Pflichtteilsanspruchs verneint, weil – nicht zuletzt wegen einer im gemeinschaftlichen Testament seiner Eltern enthaltenen Verfallklausel – davon auszugehen war, daß er auch bei fortbestehender Ehe und weiterem Zusammenleben mit der Ehefrau von einer Geltendmachung des Pflichtteils abgesehen hätte mit der Folge, daß der Pflichtteil für den Familienunterhalt nicht zur Verfügung gestanden hätte. Demgegenüber ist hier der Unterhaltsbedarf der Bekl. unstreitig ohne Rücksicht auf einen Pflichtteilsanspruch festgestellt, der erst nach Eintritt der Rechtskraft des Scheidungsausspruchs entstanden ist. Daß sich der im Vorprozeß ermittelte Unterhaltsbedarf der Bekl. zwischenzeitlich geändert habe, behauptet der Kl. nicht.

Die Frage, ob die Bekl. einen Pflichtteilsanspruch gegen ihre Mutter geltend machen muß, ist für den Fortbestand ihres Unterhaltsanspruchs gleichwohl relevant, weil sie ihre (weitere) Unterhaltsbedürftigkeit betrifft. Nach § 1577 I BGB kann ein geschiedener Ehegatte Unterhalt – auch, wie hier, nach § 1570 BGB – nicht (mehr) verlangen, solange und soweit er sich aus seinen Einkünften und seinem Vermögen selbst unterhalten kann. Daraus ergibt sich die Obliegenheit, vorhandenes Vermögen so ertragreich wie möglich anzulegen und es gegebenenfalls sogar umzuschichten, denn auch solche Einkünfte und Vermögenserträge mindern die Bedürftigkeit, die zwar tatsächlich nicht gezogen werden, aber in zumutbarer Weise gezogen werden könnten (vgl. Senat, NJW-RR 1986, 683 = FamRZ 1986, 439 (440); Senat, NJW-RR 1988, 514 = FamRZ 1988, 145 (149); Senat, NJW 1992, 1044 = LM H. 8/1992 § 1577 BGB Nr. 16 = FamRZ 1992, 423, jeweils m. w. Nachw.). Grundsätzlich ist zur Behebung der Bedürftigkeit auch die Verwertung des Vermögensstammes geboten; eine Einschränkung besteht gem. § 1577 III BGB nur dahin, daß die Verwertung nicht zugemutet wird, soweit sie unwirtschaftlich oder unter Berücksichtigung der beiderseitigen wirtschaftlichen Verhältnisse unbillig wäre. Es besteht aber kein Grund, von den Vermögensbestandteilen, deren Verwertung dem Unterhaltsberechtigten zuzumuten ist, einen Pflichtteilsanspruch von vornherein auszunehmen (zust. Göppinger-Kindermann, UnterhaltsR, 5. Aufl., Rdnr. 1973 bei Fußn. 4; Richter, in: MünchKomm, 2. Aufl., § 1577 Rdnr. 16; Winkler v. Mohrenfels, FamRZ 1981, 521 (523)). Die Revision weist zu Recht darauf hin, daß es sich bei diesem Anspruch in aller Regel um einen fälligen Zahlungsanspruch handelt, dessen Geltendmachung nicht generell als unwirtschaftlich angesehen werden kann.

Da das OLG die erforderliche Abwägung zu der Frage, ob die Geltendmachung eines Pflichtteilsanspruchs für die Bekl. unbillig wäre, auf der Grundlage der vom Senat für einen Unterhaltspflichtigen entwickelten Kriterien beurteilt hat, die auf die hier bestehende Interessenlage nicht übertragen werden können, kann die angefochtene Entscheidung nicht bestehenbleiben.

(Verwertung des Pflichtteilsanspruches)

b b) Soweit nach alledem ein Pflichtteilsanspruch der Bekl. gegen ihre Mutter besteht, muß sie diesen zur Behebung ihrer Bedürftigkeit grundsätzlich verwerten und über seinen Bestand daher dem Kl. Auskunft erteilen. Sie kann sich dieser Verpflichtung weder mit dem Argument entziehen, ihre Mutter sei gezwungen, zur Befriedigung eines Pflichtteilsanspruchs unwirtschaftliche Veräußerungen von Nachlaßwerten vorzunehmen, noch kann sie dem Kl. ohne weiteres entgegenhalten, die Geltendmachung eines solchen Anspruchs gefährde ihre spätere Erbeinsetzung durch die Mutter. Allerdings sind bei der gem. § 1577 III BGB gebotenen Prüfung, inwieweit es im Blick auf die beiderseitigen wirtschaftlichen Verhältnisse unbillig wäre, einen Pflichtteilsanspruch zu erheben, Zumutbarkeitsgesichtspunkte zu berücksichtigen. Würde sich beispielsweise der Unterhaltsanspruch der Bekl. wesentlich ändern, weil die aus dem Pflichtteilserwerb zu erwartenden Erträge die Bedürftigkeit nur geringfügig beheben würden, könnte sich die Realisierung des Pflichtteilsanspruchs für die Bekl. zumal im Hinblick auf die hohen Einkünfte des Kl. aus seiner Erwerbstätigkeit und den Erträgen seines umfangreichen Immobilien- und Anlagevermögens – als unzumutbar erweisen.

BGH v. 12. 5. 93 – XII ZR 18/92 – FamRZ 93, 1057 = NJW 93, 2238

R462 *(Abitur-Lehre-Studium)*

a Mit Rücksicht darauf, daß Eltern ihren Kindern gem. § 1610 II BGB grundsätzlich nur eine – angemessene – Berufsausbildung (und nicht mehrere) zu gewähren haben (vgl. hierzu Senat, NJW-RR 1991, 1156 = FamRZ 1991, 1044), hat der Senat auch für den mehrstufigen Ausbildungsweg Abitur-Lehre-Studium neben dem zeitlichen Zusammenhang als Voraussetzung für den gebotenen engen sachlichen Zusammenhang gefordert, praktische Ausbildung und Studium müßten derselben Berufssparte angehören oder jedenfalls so zusammenhängen, daß das eine für das andere eine fachliche Ergänzung, Weiterführung oder Vertiefung bedeute, oder daß die praktische Ausbildung eine sinnvolle Vorbereitung auf das Studium darstelle (BGHZ 107, 376 (382) = NJW 1989, 2253).

Diese Voraussetzungen sind entgegen der Auffassung des BerGer. hier nicht erfüllt. Denn die Ausbildung zum Industriekaufmann hat eine wesentlich andersartige Wissensvermittlung zum Gegenstand als das Studium des Maschinenbaus.

Soweit das BerGer. angenommen hat, die Ausbildung zum Industriekaufmann stelle eine fachliche Ergänzung für das Studium des Maschinenbaus dar, kann dem nicht beigetreten werden. Durch das technische Kenntnisse und Fertigkeiten vermittelnde Studium des Maschinenbaus werden das bei der kaufmännischen Lehre erworbene Wissen und in diesen Bereich fallende Fähigkeiten nicht ergänzt, weitergeführt oder vertieft. Jedenfalls fehlt ein enger Zusammenhang, wie er nach der Senatsrechtsprechung erforderlich ist. In dieser ist etwa eine Ausbildung zum Bankkaufmann wegen der vielfältigen Berührungspunkte mit dem Studium und der späteren Berufsausbildung eines Juristen als sinnvolle Vorbereitung auf das Studium der Rechtswissenschaft beurteilt worden (Senat, NJW 1992, 501 = LM § 1610 BGB Nr. 20 = BGHR BGB § 1610 Abs. 2 Studium 5 = FamRZ 1992, 170), während ein enger sachlicher Zusammenhang zwischen der Ausbildung zum Speditionskaufmann und dem Jurastudium verneint worden ist (Senat, NJW-RR 1992, 1090 = BGHR BGB § 1610 Abs. 2 Studium 6 = FamRZ 1992, 1407). Dabei hat der Senat in der letztgenannten Entscheidung die Auffassung bestätigt, daß allein die im Rahmen des Jurastudiums geforderte Beschäftigung mit der Volkswirtschaftslehre den gebotenen sachlichen Zusammenhang zwischen den beiden Ausbildungen nicht zu begründen vermöge, da vielfältige Bereiche der modernen Industriegesellschaft einen irgendwie gearteten Zusammenhang mit der Rechtswissenschaft hätten. Der Schwerpunkt des Berufs des Speditionskaufmannes liege aber nicht auf rechtlichem, sondern auf kaufmännischem Gebiet.

Ähnlich liegen die Dinge hier. Der Schwerpunkt des Berufs des Industriekaufmanns liegt im kaufmännischen Bereich, der des Maschinenbauingenieurs hingegen auf technischem Gebiet. Die Erwägung des OLG, es könne für einen leitenden Diplomingenieur in einer kleineren Firma „oft sehr wichtig sein", wenn er sich im technischen und im kaufmännischen Bereich auskenne, vermag die Annahme eines engen sachlichen Zusammenhangs zwischen den beiden Ausbildungen nicht zu rechtfertigen, weil sie einen nur möglichen Einzelfall aufgreift und nicht in der gebotenen Weise typisiert. Es kann auch nicht genügen, daß durch eine Lehre zusätzlich erworbene Kenntnisse im späteren Berufsleben nützlich sind; dies wird fast immer der Fall sein. Andernfalls müßte beispielsweise eine Ausbildung an einer Fremdsprachenschule für eine Vielzahl nicht artverwandter Studiengänge (etwa Rechtswissenschaft, Betriebswirtschaftslehre, Volkswirtschaftslehre, technische Studiengänge u. ä.) als fachlich sinnvolle Vorbereitung auf das Studium angesehen werden. Damit würde der in § 1610 II BGB abgesteckte Rahmen der elterlichen Unterhaltspflicht gesprengt, weil das Merkmal „angemessen" auch eine gebührende Berücksichtigung der Belange der Eltern erfordert. Zwar zeigt der verschiedentlich angebotene Studiengang „Wirtschaftsingenieur" auf, daß es im akademischen Bereich eine sinnvolle Verbindung zwischen Ökonomie und Technik gibt. Diesen Studiengang hat der Sohn des Bekl. aber nicht eingeschlagen, weil er sich offenbar schwerpunktmäßig zur Technik hingezogen fühlt. Die kaufmännische Lehre hat er seinerzeit nur begonnen, weil er später ein Studium der Volkswirtschafts- oder Betriebswirtschaftslehre aufzunehmen beabsichtigte. Hätte er sogleich Maschinenbau studieren wollen, hätte er schwerlich die kaufmännische Lehre vorgeschaltet – das wäre ihm auch nicht von der Berufsberatung empfohlen worden.

(Zur angemessenen Ausbildung bei gutem Abitur)

Wie bereits ausgeführt, umfaßt der Unterhalt eines Kindes (unter anderem) die Kosten einer „angemessenen" Vorbildung zu einem Beruf. Demgemäß hat der BGH schon in der grundlegenden Entscheidung BGHZ 69, 190 ff. = NJW 1977, 1774 darauf abgehoben, daß nur Eltern, die ihrer Pflicht, dem Kind eine angemessene Berufsausbildung zu gewähren, bereits in rechter Weise nachgekommen sind, in der Regel keine Kosten für eine weitere (zweite) Ausbildung zu tragen haben. Hingegen ist eine Verpflichtung zur Finanzierung einer weiteren Ausbildung grundsätzlich nicht ausgeschlossen, wenn eine angemessene Ausbildung noch nicht gewährt worden ist (BGHZ 69, 190 (194) = NJW 1977, 1774). In seinem Urteil zu den Abitur-Lehre-Studium-Fällen (BGHZ 107, 376 ff. = NJW 1989, 2253 =), durch das die Unterhaltspflicht der Eltern für diese Ausbildungsgänge unter den dort dargelegten Voraussetzungen modifiziert und erweitert worden ist, hat der Senat vornehmlich die Fälle im Auge gehabt, in denen der Unterhaltsberechtigte mit der zunächst durchlaufenen Lehre an sich eine für ihn angemessene Ausbildung erhalten hatte und deshalb nach der früheren Rechtsprechung grundsätzlich keine Finanzierung des anschließenden Studiums hätte verlangen können. **b**

b) Ob indessen die Ausbildung zum Industriekaufmann für den Sohn des Bekl. eine angemessene Berufsausbildung i. S. von § 1610 II BGB war, nämlich seiner Begabung, seinen Fähigkeiten, seinem Leistungswillen und seinen beachtenswerten Neigungen – als Berufsziel – entsprach, hat das OLG nicht festgestellt. Diese tatrichterliche Beurteilung muß daher nachgeholt werden, wobei den Parteien Gelegenheit zu weiterem Vortrag zu geben ist.

Nach den bisher festgestellten Umständen bestehen zumindest Bedenken dagegen, die Lehre zum Industriekaufmann als eine für den Sohn des Bekl. angemessene Vorbildung zu einem Beruf anzusehen. Seine Leistungen im Abitur – mit einem im oberen Leistungsbereich liegenden Notendurchschnitt – ließen auf eine Eignung und Begabung für eine weiterführende wissenschaftliche Ausbildung schließen. Der Kl. hat geltend gemacht, die Absolvierung einer Lehre habe die Begabungen und Fertigkeiten des Sohnes des Bekl. nicht in hinreichendem Maße ausschöpfen können. Dieser selbst beabsichtigte von Anfang an die Aufnahme eines Studiums. Der Bekl. war mit diesem Vorhaben ersichtlich einverstanden, wie sich daraus entnehmen läßt, daß er seinen Sohn im Herbst 1984 aufforderte, er solle, ebenso wie seine Schwester, sofort studieren und nicht zwei Ausbildungen absolvieren (vgl. hierzu auch Senat, FamRZ 1981, 344 (346)).

c) War die Lehre zum Industriekaufmann für den Sohn des Bekl. keine angemessene Vorbildung zu einem Beruf, so folgt daraus die grundsätzliche Verpflichtung des Bekl., im Rahmen seiner wirtschaftlichen Leistungsfähigkeit das Studium des Sohnes zu finanzieren (BGHZ 107, 376 (382 f.) = NJW 1989, 2253 = LM § 1610 BGB Nr. 18 m. w. Nachw.). Bedenken können sich allerdings daraus ergeben, daß dieser das Studium nicht mit der gebotenen Zielstrebigkeit aufgenommen hat, weil er zuvor eine Lehre absolviert und die eigene Neigung und Begabung nicht sogleich richtig eingeschätzt hat (vgl. dazu Senat, NJW 1984, 1961 = FamRZ 1984, 777 (778); NJW 1987, 1557 = FamRZ 1987, 470).

Bei der Prüfung, ob dem Sohn des Bekl. insoweit eine Obliegenheitsverletzung anzulasten ist, wird das OLG zu berücksichtigen haben, daß auf ein leichteres, nur vorübergehendes Versagen zurückzuführende Verzögerungen der Ausbildungszeit nicht immer die schwerwiegende Folge eines Verlustes des Unterhaltsanspruchs haben müssen (vgl. Senat, NJW-RR 1990, 327 = BGHR BGB § 1610 Abs. 2 Studium 3 = FamRZ 1990, 149 (150)). Die Vorschaltung einer Lehre war hier wesentlich beeinflußt durch den Rat einer Behörde, auf deren Fachkunde der Sohn des Bekl. ersichtlich vertraute. Soweit er schon vor Abschluß der Lehre erkannte, daß seine Neigungen auf technischem Gebiet lagen, diese aber dennoch nicht sogleich abbrach und zunächst – ersichtlich mit gutem Erfolg – sich der Abschlußprüfung unterzog, ist zu berücksichtigen, daß ein solches Verhalten vernünftiger, auch im Interesse der Eltern liegender Daseinsvorsorge entsprach. Da die zunächst beabsichtigten Stufen – kaufmännische Lehre und anschließendes Wirtschaftsstudium – als einheitlicher Ausbildungsgang [Ausbildungsgang] im Sinne der Senatsrechtsprechung (BGHZ 107, 376 (381 f.) = NJW 1989, 2253 = LM § 1610 BGB Nr. 18) anzuerkennen gewesen wären, wird das Verhalten des Sohnes des Bekl. ähnlich wie bei einem Ausbildungswechsel zu beurteilen sein.

BGH v. 12. 5. 93 – XII ZR 24/92 – FamRZ 93, 1055 = NJW 93, 1974

R462A *(Mahnung nicht formbedürftig; endgültige Erfüllungsverweigerung)*

a a) Gegen die danach ausgeurteilte Erhöhung der Unterhaltsleistung des Bekl. bestehen für den genannten Zeitraum keine rechtlichen Bedenken. Solche werden auch von der Revision nicht erhoben. Sie wendet sich allein dagegen, daß das OLG den Bekl. verurteilt hat, die vor Rechtshängigkeit (25. 1. 1991) fällig gewordenen Unterhaltsrückstände mit 4 % zu verzinsen, weil er am 8. 12. 1990 dadurch in Verzug geraten sei, daß er das fernmündlich unterbreitete Verlangen der Kl. nach höheren Unterhaltsleistungen – das auf die veränderten Verhältnisse und den abschlägig beschiedenen Antrag auf Ausbildungsförderung gestützt war – eindeutig und endgültig abgelehnt habe. Die Revision vertritt die Auffassung, die Weigerung habe nicht als endgültig verstanden werden dürfen; der Kl. wäre zumindest zuzumuten gewesen, ihre Unterhaltsforderung dem Bekl. schriftlich zu unterbreiten und ihm eine Frist zu setzen.

Dem kann nicht gefolgt werden. Die Feststellung des OLG beruht auf dem unbestrittenen Vortrag der Kl., daß der Bekl. auf ihr Verlangen nach Unterhaltserhöhung anläßlich eines Telefongespräches am 8. 12. 1990 entgegnete, er werde keine höheren Zahlungen an sie leisten. Wenn das OLG hierin eine den Verzug begründende endgültige Leistungsverweigerung erblickt hat, die nach Treu und Glauben eine (bezifferte) Mahnung erübrigt habe, so ist das rechtlich nicht zu beanstanden.

(Unterhaltsbezogenes leichtfertiges Verhalten)

b 2. Soweit das OLG dem Erhöhungsbegehren der Kl. auch für die Zeit ab dem 1. 4. 1991 (bis zum 31. 7. 1993) in vollem Umfang stattgegeben hat, hält die Entscheidung rechtlicher Prüfung nicht stand.

a) Das BerGer. ist davon ausgegangen, daß die Leistungsfähigkeit des Bekl. dadurch erheblich eingeschränkt worden ist, daß sein bisheriger Arbeitgeber (ein Automobilunternehmen) das Arbeitsverhältnis durch Schreiben vom 26. 3. 1991 fristlos gekündigt und eine Bitte um Wiedereinstellung mit Schreiben vom 13. 5. 1991 abgelehnt hat. Es hat festgestellt, daß er aus einem neuen Arbeitsverhältnis bei einer Bauunternehmung in den Monaten April bis September 1991 nur noch monatliche Nettoeinkünfte zwischen 1725 DM und 2447 DM hatte. Es hat dem Bekl. jedoch verwehrt, sich auf die Verminderung seiner Leistungsfähigkeit zu berufen, und hat ihm weiterhin (fiktiv) die früheren Einkünfte aus der höher bezahlten Tätigkeit zugerechnet. Zur Begründung hat es ausgeführt, der Bekl. habe unstreitig seinen Arbeitgeber bestohlen; es habe auf der Hand gelegen, daß die Aufdeckung dieser Tat zwangsläufig den Verlust des Arbeitsplatzes habe nach sich ziehen müssen. Dem Bekl. habe sich auch die damit verbundene Gefährdung für den Unterhalt der Kl. aufdrängen müssen, denn es habe ihm klar sein müssen, daß es schwerfallen werde, alsbald eine neue Arbeitsstelle mit gleichhoher Bezahlung wie bei dem früheren Arbeitgeber, für den er fast zwanzig Jahre tätig gewesen sei, wiederzufinden. Dem Bekl. sei danach in unterhaltsrechtlicher Beziehung ein verantwortungsloses, zumindest leichtfertiges Verhalten vorzuwerfen. Nach Treu und Glauben (§ 242 BGB) könne er sich auf eine in dieser Weise selbst herbeigeführte Verminderung seiner Leistungsfähigkeit nicht berufen.

b) Diesen Erwägungen kann nicht in allen Teilen zugestimmt werden. Die Unterhaltspflicht gegenüber einem Verwandten setzt nach dem klaren Wortlaut des § 1603 I BGB die Leistungsfähigkeit voraus. Es entspricht daher der ständigen Rechtsprechung des Senats, daß die Verminderung oder der Wegfall der Leistungsfähigkeit grundsätzlich auch dann zu beachten ist, wenn der auf Unterhalt in Anspruch Genommene sie selbst – auch schuldhaft – herbeigeführt hat und daß nur besondere, schwerwiegende Gründe dem Unterhaltspflichtigen im Einzelfall die Berufung auf eine Leistungsunfähigkeit nach den Grundsätzen von Treu und Glauben verwehren können (vgl. Senat, NJW 1985, 732 = FamRZ 1985, 158 (159 f.); NJW-RR 1987, 770 = FamRZ 1987, 372; NJW 1988, 2239 = FamRZ 1988, 597 (599 unter II 4)). Unter Hinweis auf die Voraussetzungen, unter denen ein Unterhaltsberechtigter nach den §§ 1579 I Nr. 3 BGB oder § 1611 I BGB bei selbstverschuldeter Herbeiführung seiner Bedürftigkeit den Unterhaltsanspruch verliert, hat der Senat auch dem Verpflichteten die Berufung auf seine Leistungsunfähigkeit versagt, wenn ihm ein verantwortungsloses, zumindest leichtfertiges Verhalten vorzuwerfen ist; eine solche Bewertung werde sich, so hat der Senat dargelegt, vielfach aus dem Bezug seines Verhaltens zur Unterhaltspflicht ergeben. Unter diesem Gesichtspunkt ist einem Unterhaltspflichtigen

(Ehegatten oder Elternteil) die Berufung auf seine Leistungsunfähigkeit beispielsweise versagt worden, wenn er eine gesicherte und einkömmliche Erwerbstätigkeit in einem erlernten Beruf zugunsten einer weiteren Ausbildung aufgegeben hatte, ohne den Unterhalt seiner Angehörigen sicherzustellen (Senat, NJW 1981, 1609 = FamRZ 1981, 539 (540)), oder wenn ein Arbeitnehmer in verantwortungsloser, zumindest leichtfertiger Weise die Kündigung seines bisherigen versicherungspflichtigen Arbeitsverhältnisses verschuldet oder eine ihm gebotene Möglichkeit, eine zumutbare andere versicherungspflichtige Arbeit aufzunehmen, nicht wahrgenommen hat und sich statt dessen ohne Versicherungsschutz als freier Vertreter betätigt und dann durch einen Arbeitsunfall keine Einkünfte aus Lohnfortzahlung oder Krankengeld erzielte (Senat, NJW 1988, 2239 = FamRZ 1988, 597 (599)). Beim Wechsel von einer angestellten in eine selbständige unternehmerische oder freiberufliche Tätigkeit, die zunächst mit erheblichen Einkommenseinbußen verbunden war, hat der Senat die dadurch eingetretene Verminderung der Leistungsfähigkeit zwar grundsätzlich für beachtlich gehalten, aber verlangt, daß der Pflichtige jedenfalls für eine Übergangszeit der zu erwartenden Entwicklung durch Bildung von Rücklagen oder Kreditaufnahmen Rechnung trägt (Senat, NJW-RR 1987, 770 = FamRZ 1987, 372 (374)).

Auf der anderen Seite hat der Senat einem Strafgefangenen, soweit er nicht gerade wegen einer Verletzung seiner Unterhaltspflicht oder wegen schwerer Verfehlungen gegen das Leben oder die Gesundheit des Unterhaltsberechtigten oder seiner Angehörigen eine Freiheitsstrafe verbüßt, die Berufung auf die durch die Haft eingetretene Leistungsunfähigkeit nicht verschlossen (vgl. Senat, NJW 1982, 1812 = FamRZ 1982, 792 (794 unter II 4); NJW 1982, 2491 = FamRZ 1982, 913 (914)).

Danach ist der Fall eines zwar selbst verschuldeten, aber doch ungewollten Arbeitsplatzverlustes unterhaltsrechtlich nicht den Fällen freiwilliger Aufgabe einer versicherungspflichtigen Tätigkeit gleichzustellen. Auch das Schrifttum tritt dafür ein, die unterhaltsrechtliche Vorwerfbarkeit einer dadurch entstehenden Einkommensminderung auf schwerwiegende Fälle zu beschränken und Fälle leichteren Verschuldens auszunehmen, zumal wenn sich das Fehlverhalten nicht gegen den Unterhaltsberechtigten gerichtet hat (vgl. etwa Kalthoener-Büttner, Die Rspr. zur Höhe des Unterhalts, 4. Aufl. Rdnr. 563; Mutschler, in: RGRK, 12. Aufl., § 1603 Rdnr. 7; *Griesche*, in: FamGb, § 1603 BGB Rdnr. 61). Für den unterhaltsrechtlichen Bezug insbesondere einer Straftat reicht es nicht aus, daß sie für den Arbeitsplatzverlust kausal geworden ist. Es bedarf vielmehr einer auf den Einzelfall bezogenen Wertung dahin, ob die der Tat zugrundeliegenden Vorstellungen und Antriebe sich auch auf die Verminderung der unterhaltsrechtlichen Leistungsfähigkeit als Folge des strafbaren Verhaltens erstreckt haben (vgl. dazu schon Senat, NJW 1985, 732 = FamRZ 1985, 158 (160)). Dem werden die Ausführungen des BerGer. nicht voll gerecht.

Feststellungen dazu, daß der Bekl. sich mit dem ihm zur Last gelegten Diebstahl bei seinem früheren Arbeitgeber der Unterhaltspflicht hat entziehen wollen oder daß ihm auch nur bewußt gewesen wäre, er könnte infolge seines Verhaltens leistungsunfähig werden, hat das BerGer. nicht getroffen. Daß sich ihm solche Folgen „aufdrängen" mußten, trifft nicht zu, wenn bei objektiver Betrachtung auch eine Nachsicht des Arbeitgebers oder mildere Sanktionen als eine Kündigung ernsthaft in Betracht kamen. Der Bekl. hatte dazu geltend gemacht, er habe sich gegen den Diebstahlsvorwurf und die darauf gestützte fristlose Kündigung vom 26. 3. 1991 auf anwaltlichen Rat nicht gerichtlich zur Wehr gesetzt, sondern sich statt dessen – wenn letztlich auch vergebens – um eine Wiedereinstellung bemüht; denn er sei fast 20 Jahre lang bei dieser Firma beschäftigt gewesen und seine Tat habe darin bestanden, aus einer Kiste einige Teile mitzunehmen, die aus alten, gebrauchten Motoren ausgebaut und in den Schrott gegeben worden seien. Irgendein Zusammenhang zwischen seinem Verhalten und der Unterhaltspflicht gegenüber der Kl. liege nicht vor; er habe überhaupt nicht damit gerechnet, durch sein Verhalten seinen gut bezahlten Arbeitsplatz aufs Spiel zu setzen; die Unterhaltspflicht gegenüber der Kl., die zeitlich begrenzt und im Verhältnis zu seinen Arbeitseinkünften nicht ins Gewicht gefallen sei, habe keine Rolle gespielt. Er habe nach der Entlassung auch sofort bei einem Bauunternehmer eine neue, wenn auch schlechter bezahlte Tätigkeit begonnen und bleibe weiterhin intensiv bemüht, eine wieder besser bezahlte Beschäftigung zu finden. Es ist nicht erkennbar, daß das BerGer. diese Gesichtspunkte hinreichend in seine Beurteilung einbezogen hätte. Es hat sich auch nicht mit der Frage befaßt, ob eine schwerwiegende Straftat des Bekl. oder nur ein leichteres Versagen im Sinne des vorstehend Dargelegten vorliegt. Daß der Bekl. strafrechtlich belangt worden ist, ist nicht festgestellt. Für den notwendigen unterhaltsrechtlichen Bezug seiner Straftat reicht es nicht aus, daß der dadurch verursachte Arbeitsplatzverlust sich nicht nur auf den Lebensstandard des Täters auswirkt, sondern daß dessen unterhaltsberechtigte Angehörigen mit betroffen werden. Denn derartige Folgen treffen die Angehörigen auch in einer intakten Familie und werden in der Regel als durch die Wechselfälle des Lebens bedingt hingenommen.

BGH v. 16. 6. 93 – XII ZR 6/92 – FamRZ 93, 1186 = NJW 93, 2105

(Modalitäten der Aufrechnung) R463

1. Das BerGer. führt aus, an sich könne der Kl. gegen den Unterhaltsanspruch seiner geschiedenen Ehefrau nicht wirksam mit einer Gegenforderung aufrechnen (§ 394 BGB i. V. mit § 850b I Nr. 2

ZPO). Eine Ausnahme werde aber von der Rechtsprechung zugelassen, wenn mit einem Schadensersatzanspruch aus einer im Rahmen des Unterhaltsverhältnisses begangenen vorsätzlichen unerlaubten Handlung aufgerechnet werde. Dann handle der Unterhaltsberechtigte nämlich rechtsmißbräuchlich, wenn er sich auf das Aufrechnungsverbot berufe. Ein solcher Ausnahmefall sei vorliegend gegeben.

Diese Ausführungen stehen im Einklang mit der Rechtsprechung des BGH (BGHZ 30, 36 (38 ff.) = NJW 1959, 1275; BGH, FamRZ 1969, 210 (211); ebenso Soergel-Zeiss, BGB, 12. Aufl., § 394 Rdnr. 5; Staudinger-Kaduk, BGB, 12. Aufl., § 394 Rdnr. 28 m. w. Nachw.; Göppinger, UnterhaltsR, 5. Aufl., Fußn. 17 zu Rdnr. 342) und werden auch in der Revisionsinstanz nicht angegriffen.

2. Weiter führt das BerGer. aus, obgleich demnach kein Aufrechnungsverbot entgegenstehe, scheitere die Vollstreckungsgegenklage daran, daß der Kl. die Aufrechnung schon im Vorprozeß hätte erklären können und müssen (§ 767 II ZPO). Gegen diese Annahme wendet sich die Revision mit Erfolg.

a) Das BerGer. geht zwar zutreffend davon aus, daß eine Aufrechnung nicht mehr mit der Vollstreckungsgegenklage geltend gemacht werden kann, wenn die Aufrechnungsmöglichkeit schon im Vorprozeß bestanden hat, aber nicht genutzt wurde (st. Rspr. des BGH: u. a. BGHZ 24, 97 (98 f.) = NJW 1957, 986, BGHZ 38, 122 (123) = NJW 1963, 244; vgl. auch Karsten Schmidt, in: MünchKomm-ZPO, § 767 Rdnrn. 80 f. m. w. Nachw.). Zu Unrecht nimmt es aber an, die Aufrechnungslage, aus der der Kl. im vorliegenden Rechtsstreit eine Einwendung gegen den titulierten Unterhaltsanspruch herleitet, habe schon im Vorprozeß bestanden.

b) Nach § 387 BGB kann u. a. nur aufgerechnet werden, wenn der Aufrechnende „die ihm obliegende Leistung bewirken kann", was bei erst künftig fällig werdenden Forderungen bedeutet, daß sie zumindest erfüllbar sein müssen. Mithin hätte eine Aufrechnungslage im Vorprozeß nur dann bestanden, wenn der Kl. berechtigt gewesen wäre, schon am 27. 3. 1990 – dem Zeitpunkt der letzten mündlichen Verhandlung – die ab dem 1. 10. 1990 fällig werdenden Unterhaltsansprüche der Bekl. vorab zu befriedigen (vgl. BGH, NJW 1972, 154; BGH, NJW-RR 1990, 159 (160) = LM § 12 VVG Nr. 39 = BGHR BGB § 387, Aufrechnungslage 1). Das BerGer. nimmt dies an und führt aus, der Unterhalt für einen geschiedenen Ehegatten könne, schon bevor er fällig werde, für eine beliebige Zeit im voraus gezahlt werden (ebenso ohne nähere Begründung: Mutschler, in: RGRK, 12. Aufl., § 1614 Rdnr. 6; Köhler, in: MünchKomm, 3. Aufl., § 1614 Rdnr. 5; Palandt-Diederichsen, BGB, 52. Aufl., § 1585 Rdnr. 3; Göppinger, Fußn. 4 zu Rdnr. 351). Dem kann nicht gefolgt werden.

c) Der Gesetzgeber hat ausdrücklich angeordnet, daß derjenige, der einem Verwandten oder seinem Ehegatten während bestehender Ehe zum Unterhalt verpflichtet ist, auf eigene Gefahr handelt, wenn er Vorauszahlungen auf den Unterhalt für mehr als drei Monate leistet (§§ 1614 II, 760 II, 1361 IV, 1360 a III BGB). Leistet er Vorauszahlungen für einen längeren Zeitraum und benötigt der Unterhaltsberechtigte nach Ablauf von drei Monaten erneut Mittel für seinen Lebensunterhalt, etwa weil er sich die Vorauszahlungen nicht richtig eingeteilt oder sie verschwendet hat oder weil ihm das Geld abhanden gekommen ist, so muß der Unterhaltsverpflichtete erneut leisten (vgl. Köhler, in: MünchKomm, § 1614 Rdnrn. 4 f.). Diese spezielle, praktisch wenig bedeutsame Regelung gilt für Ansprüche auf nachehelichen Unterhalt nach der Systematik des Gesetzes nicht. Angesichts der Unterschiede in der Ausgestaltung der ehelichen und der nachehelichen Unterhaltspflicht (vgl. dazu etwa Senat, NJW 1981, 978 = FamRZ 1981, 242 (243)) erscheint es auch nicht gerechtfertigt, sie auf solche Ansprüche entsprechend anzuwenden.

d) Daraus folgt aber noch nicht, daß ein Anspruch auf nachehelichen Unterhalt für eine beliebige Zeit im voraus erfüllbar wäre. Die Frage ist nach der allgemeinen Regel des § 271 II BGB zu beantworten. Danach ist zwar im Zweifel anzunehmen, daß der Schuldner eine Leistung, für die (wie bei einer Unterhaltsrente) eine Zeit bestimmt ist, schon vorher bewirken kann. Dies gilt aber nach allgemeiner Ansicht nicht, wenn sich aus dem Gesetz, aus einer Vereinbarung der Parteien oder aus den Umständen ergibt, daß der Schuldner nicht berechtigt sein soll, die Leistung schon vor der Zeit zu erbringen. Ein Ausschluß von Vorausleistungen ergibt sich aus den Umständen, wenn die Leistungszeit nicht nur im Interesse des Schuldners hinausgeschoben ist, sondern auch wenn der Gläubiger ein rechtlich geschütztes Interesse daran hat, die Leistung nicht vorzeitig entgegennehmen zu müssen (vgl. Soergel-Wolf, § 271 Rdnr. 25; Staudinger-Sell, § 271 Rdnrn. 10 f.; Keller, in: MünchKomm, 2. Aufl., § 271 Rdnr. 24; Palandt-Heinrichs, § 271 Rdnr. 11) ... Beim Anspruch auf nachehelichen Unterhalt ist zu berücksichtigen, daß das Gesetz in § 1585 I BGB auch im Interesse des Berechtigten eine monatlich im voraus zahlbare Geldrente vorsieht, ohne daß der Verpflichtete – von vertraglichen Gestaltungen abgesehen – die Möglichkeit hat, eine abweichende Form der Unterhaltsgewährung einseitig durchzusetzen (vgl. Richter, in: MünchKomm, § 1585 Rdnr. 1). Zweck dieser Regelung ist die Sicherung des laufenden Lebensbedarfs des Berechtigten in den jeweiligen Zeitabschnitten. Dieser Zweck könnte gefährdet werden, wenn Vorauszahlungen für einen beliebigen Zeitraum entgegengenommen werden müßten; zu denken ist etwa an die unüberlegte, nicht zweckbestimmte Verwendung eines größeren Kapitalbetrages. Der Unterhaltsanspruch ist der Höhe nach nicht für alle Zukunft festgelegt, wie sich aus § 323 ZPO ergibt, ohne daß sich künftige Veränderungen sicher abschätzen lassen. Vorausleistungen für entferntere Zeitabschnitte der Zukunft können daher Anlaß für Streitigkeiten über die Frage der Erfüllung geben. Auf der anderen Seite sieht das Gesetz in § 1614 II BGB vor, daß selbst bei Kindesunterhalt eine Vorausleistung für drei Monate nicht zurückgewiesen werden darf. Eine geringere Zeitspanne für den weitaus disponibleren nachehelichen Unterhalt (vgl. § 1614 I BGB gegenüber § 1585c BGB) kann daher schwerlich angenommen werden. Unter Abwägung dieser Gesichtspunkte hält der Senat es für angemessen, den Zeitraum, für den nachehelicher Unterhalt im voraus geleistet werden kann, auf sechs Monate anzusetzen, ebenso wie in dem durch Urteil vom 28. 10. 1971 (NJW 1972, 154) entschiedenen Fall ...

e) Da somit die Bekl. nicht verpflichtet war, Vorauszahlungen auf ihren Anspruch auf nachehelichen Unterhalt für mehr als sechs Monate anzunehmen, konnte gegen ihren Anspruch auf künftigen Unterhalt nur wegen der in den nächsten sechs Monaten fällig werdenden Beträge wirksam aufgerechnet werden. Zur Zeit der letzten mündlichen Verhandlung des Vorprozesses am 27. 3. 1990 bestand daher wegen der ab dem 1. 10. 1990 fällig werdenden Unterhaltsbeträge keine Aufrechnungslage. Der von dem Kl. mit der vorliegenden Vollstreckungsgegenklage geltend gemachte Einwand ist nicht nach § 767 II ZPO ausgeschlossen. Das angefochtene Urteil kann deshalb mit der gegebenen Begründung keinen Bestand haben.

3. Soweit der Kl. begehrt hat, daß die Unzulässigkeit der Zwangsvollstreckung wegen der nach dem 27. 3. 1992 fälligen Unterhaltszahlungen ausgesprochen wird, hat das BerGer. die Vollstreckungsgegenklage aber im Ergebnis zu Recht abgewiesen (§ 563 ZPO). Der Kl. hat in der Klageschrift die Aufrechnung erklärt gegen die Unterhaltsansprüche, die der Bekl. für die Zeit vom 1. 10. 1990 bis zum 30. 6. 1994 zugesprochen sind. Aus dem oben Ausgeführten ergibt sich, daß der Kl. damals nur wirksam aufrechnen konnte gegen die Forderungen, die in der Vergangenheit bereits fällig geworden waren, sowie gegen die Forderungen, die in den nächsten sechs Monaten – also bis 27. 6. 1991 – fällig werden würden. Allerdings konnte der Kl. im Verlaufe des Rechtsstreits in regelmäßigen Abständen – jeweils für sechs Monate im voraus – die Aufrechnung erneut erklären (vgl. hierzu BGH, NJW 1972, 154 = LM § 387 BGB Nr. 50). Zwar hat er ausdrücklich keine weiteren Aufrechnungserklärungen abgegeben. Es reicht jedoch aus, wenn nach geschehener Aufrechnung in angemessenen Abständen der Wille zum Ausdruck gebracht wird, an der Aufrechnung festzuhalten (BGH, NJW 1972, 154). Dieser Wille war dem Vortrag des Kl. in den beiden Tatsacheninstanzen durchgängig zu entnehmen; zuletzt hat er ihn in der letzten mündlichen Verhandlung der Berufungsinstanz am 27. 9. 1991 dadurch zum Ausdruck gebracht, daß er mit der Begründung, er habe wirksam aufgerechnet, den Antrag gestellt hat, unter Abänderung des erstinstanzlichen Urteils die Zwangsvollstreckung für die Zeit vom 1. 10. 1990 bis zum 31. 12. 1993 für unzulässig zu erklären. Am 27. 9. 1991 konnte der Kl. aber nur gegen die Forderungen wirksam aufrechnen, die in der Vergangenheit fällig geworden waren und die bis einschließlich 27. 3. 1992 fällig werden würden. Das bedeutet, daß im übrigen die Klage zu Recht abgewiesen worden ist, soweit sie in zweiter Instanz noch aufrechterhalten worden war.

4. Soweit die Vollstreckungsgegenklage die in der Zeit vom 1. 10. 1990 bis zum 27. 3. 1992 fällig gewordenen Unterhaltsleistungen betrifft, kann der Senat nicht abschließend entscheiden, weil weitere Feststellungen erforderlich sind. Auch wenn das gegenüber dem Unterhaltsanspruch grundsätzlich bestehende Aufrechnungsverbot durch den Einwand der Arglist außer Kraft gesetzt ist, muß gewährleistet bleiben, daß dem Berechtigten durch die Aufrechnung nicht das Existenzminimum entzogen wird. Das BerGer. ist dieser Frage nicht nachgegangen, weil es die Klage schon aufgrund der Präklusionsvorschrift des § 767 II ZPO für unbegründet gehalten hat.

Das Aufrechnungsverbot gegenüber einem Unterhaltsanspruch besteht nicht nur im Interesse des Unterhaltsberechtigten, sondern auch im Interesse der Allgemeinheit. Der Unterhaltsberechtigte wäre regelmäßig auf Sozialhilfe angewiesen, wenn ihm im Wege der Aufrechnung auch die zum Existenzminimum benötigten Geldmittel entzogen würden. Der Einwand der Arglist rechtfertigt es nicht, Schadensersatzansprüche des Unterhaltsverpflichteten im wirtschaftlichen Ergebnis aus Mitteln der öffentlichen Hand zu befriedigen.

Zu einer vergleichbaren Fallgestaltung im Arbeitsrecht hat das BAG entschieden, der Arbeitgeber könne zwar, wenn ihm der Arbeitnehmer im Rahmen des Arbeitsverhältnisses vorsätzlich einen Schaden zugefügt habe, mit seinem Schadensersatzanspruch gegen den Lohnanspruch des Arbeitnehmers ohne Rücksicht auf die nach §§ 850 ff. ZPO pfändungsfreien Beträge aufrechnen. Dieser „Einbruch des schadensersatzfordernden Arbeitgebers in den allgemeinen Sozialschutz" sei aber nicht unbegrenzt zulässig. Der Sozialschutz mindere sich zwar, bleibe jedoch in dem Umfang erhalten, den das Gesetz in § 850d ZPO als Existenzminimum bestimme (BAG, AP § 394 BGB Nr. 8 m. Anm. Pohle). Der dieser Entscheidung zugrundeliegende Rechtsgedanke ist auch in Fällen der vorliegenden Art heranzuziehen (ebenso Staudinger-Kaduk, § 394 Rdnr. 29; Soergel-Zeiss, § 394 Rdnr. 5; Palandt-Heinrichs, § 394 Rdnr. 2; a. A. v. Feldmann, in: MünchKomm, 2. Aufl., § 394 Rdnr. 8).

Was dem Berechtigten hiernach als Existenzminimum verbleiben muß, kann nach den Grundsätzen bemessen werden, die im Unterhaltsrecht für den sogenannten notwendigen Selbstbehalt gelten. Dieser liegt in der Regel etwas oberhalb der Sozialhilfesätze (vgl. dazu Senat, NJW 1984, 1614). Handelt es sich bei dem Anspruch auf nachehelichen Unterhalt um Aufstockungsunterhalt (§ 1573 II BGB) oder hat der Berechtigte sonst andere eigene Einkünfte, so muß er diese in erster Linie heranziehen, um sein Existenzminimum zu bestreiten. Reichen sie hierzu aus, ist die Aufrechnung uneingeschränkt zulässig. Im Streitfall fehlt es zu diesem Punkt bisher an den notwendigen tatsächlichen Feststellungen, die das BerGer. nachholen muß.

BGH v. 16. 6. 93 – XII ZR 49/92 – FamRZ 93, 1304 = NJW-RR 93, 1283

R464 *(Fiktives Einkommen bei unrentabler Landwirtschaft)*

a Der Revision ist zuzugeben, daß bei der Bestimmung der ehelichen Lebensverhältnisse, für die grundsätzlich das im Zeitpunkt der Scheidung erreichte Einkommensniveau maßgebend ist, gerade bei Selbständigen mit schwankendem Einkommen auch die mit einiger Sicherheit vorauszusehende künftige Entwicklung in die Betrachtung einzubeziehen ist. Dazu gehört auch ein mit hoher Wahrscheinlichkeit eintretender und nicht abzuwendender Einkommensrückgang, auf den sich die Eheleute auch bei Fortbestehen der Ehe einrichten müssen (vgl. neben dem von der Revision angeführten Schrifttum Cuny, in: RGRK, 12. Aufl., § 1578 Rdnr. 14; Göppinger-Kindermann, UnterhaltsR, 5. Aufl., Rdnr. 1045). Das kann aber nicht ohne weiteres auch für einen Einkommensrückgang gelten, der so einschneidend ist, daß er den erreichten Lebensstandard grundlegend verändert, und der, wie der Bekl. selbst geltend macht, von unabsehbarer Dauer und ohne Aussicht auf Besserung ist. Unter solchen Umständen gewinnt die unterhaltsrechtliche Erwerbsobliegenheit besondere Bedeutung, wonach ein Unterhaltspflichtiger seine Arbeitskraft und sonstige zu Gebote stehenden Einkommensquellen so gut wie möglich einzusetzen hat, um den einmal erreichten ehelichen Lebensstandard zu halten. Der Senat hat bereits in anderem Zusammenhang entschieden, daß ein Verhalten des Unterhaltsverpflichteten, das gegen seine unterhaltsrechtliche Erwerbsobliegenheit verstößt, die ehelichen Lebensverhältnisse nicht zum Nachteil des Unterhaltsberechtigten verändern kann (Senat, NJW 1992, 2477 = LM H. 1/ 1993 § 1578 BGB Nr. 60 = FamRZ 1992, 1045 (1046)). Dieser Grundsatz, den der Senat in der angeführten Entscheidung für das Verhalten des Unterhaltspflichtigen in der Zeit zwischen Trennung und Scheidung entwickelt hat, gilt gleichermaßen für die Zeit nach der Scheidung. Auch hier verstößt es gegen die unterhaltsrechtliche Erwerbsobliegenheit, wenn der Unterhaltspflichtige seine Einkommensmöglichkeiten nicht so gut wie möglich nutzt.

Nach diesen Grundsätzen ist es auch dem Bekl., der im Zeitpunkt der Scheidung 36 Jahre alt war und voll erwerbsfähig ist, verwehrt, sich gegenüber den Unterhaltsansprüchen seiner geschiedenen Ehefrau und seiner beiden minderjährigen Kinder darauf zu berufen, daß er auf Dauer aus der von ihm betriebenen Landwirtschaft nur mehr Einkünfte in der Größenordnung von 1316 DM monatlich erzielen könne. Bei einem derartigen Rückgang der Einkünfte muß er entweder auf Nebenerwerbslandwirtschaft übergehen oder notfalls die Landwirtschaft ganz aufgeben und eine höhere Einkünfte versprechende Erwerbstätigkeit aufnehmen. Der Senat hat keinen Zweifel, daß der Bekl., dessen Anwesen unweit der Stadt K. liegt, bei gehörigen Bemühungen jedenfalls eine Teilzeitbeschäftigung findet, die ihm die Ausübung einer Nebenerwerbslandwirtschaft ermöglicht. Eine Übergangszeit könnte er durch die Verpachtung oder den Verkauf von Teilen des Grundbesitzes überbrücken, zumal dieser gegebenenfalls auf die besondere Lage einer Nebenerwerbslandwirtschaft zuzuschneiden wäre. Der Bekl. hat nach seinem Vorbringen die ungünstige Entwicklung und ihre Folgen klar erkannt, dennoch aber jegliche Bemühungen unterlassen, ihnen im dargelegten Sinn zu begegnen, wohl in der Annahme, die Kl. gegebenenfalls öffentlicher Unterstützung überlassen zu können. Diese Annahme trifft nicht zu; denn seine Leistungsfähigkeit wird nicht nur durch das tatsächlich erzielte Einkommen bestimmt, sondern auch durch seine Arbeits- und Erwerbsfähigkeit (vgl. BVerfG, NJW 1985, 1211 = FamRZ 1985, 143). Er muß sich hier so behandeln lassen, wie wenn er seiner unterhaltsrechtlichen Obliegenheit nachgekommen wäre und dadurch ein Absinken des ehelichen Lebensstandards verhindert hätte. Aus diesem Grunde ist die Entscheidung des BerGer. im Ergebnis nicht zu beanstanden. Sollte künftig aufgrund der gebotenen Bemühungen des Bekl. ein höheres Einkommensniveau erreicht werden, ist die Kl. allerdings darauf beschränkt, Unterhalt nach dem im Zeitpunkt der Scheidung erreichten Lebensstandard zu verlangen.

(Fiktives Einkommen bei unrentabler Landwirtschaft; für den Kindesunterhalt ist das gesamte Einkommen des Pflichtigen heranzuziehen)

b 4. Was vorstehend für die Bemessung der ehelichen Lebensverhältnisse ausgeführt wurde, gilt in verstärktem Maße für den Unterhaltsbedarf der Kl. zu 2 und 3, bei denen nach ihrem Alter von vornherein jede Möglichkeit ausscheidet, durch eigene Anstrengungen zur Deckung ihres Unterhalts beizutragen. Insoweit ist anerkannt, daß die Leistungsfähigkeit des Unterhaltsverpflichteten nicht nur durch die tatsächlich vorhandenen, sondern auch durch solche Mittel bestimmt wird, die er bei gutem Willen durch zumutbare Erwerbstätigkeit, unter Umständen im Wege eines Orts- und Berufswechsels, erreichen könnte (vgl. z. B. Senat, NJW 1981, 1609 = LM § 1603 BGB Nr. 8 = FamRZ 1981, 539 (540);

NJW 1984, 2351 = LM § 1361 BGB Nr. 39 = FamRZ 1984, 657 (659)). Auch der Stamm des Vermögens muß notfalls angegriffen werden (vgl. BGHZ 75, 272 (278) = NJW 1980, 340 = LM § 1356 BGB Nr. 21 L).

Der Unterhaltsbedarf minderjähriger unverheirateter Kinder richtet sich letztlich nach der jeweiligen Leistungsfähigkeit des Unterhaltsverpflichteten (vgl. Göppinger-Kindermann, Rdnr. 622) und ist nicht auf die Lebensstellung beschränkt, die gerade im Zeitpunkt der Scheidung erreicht worden ist (vgl. Senat, NJW 1983, 1429 = FamRZ 1983, 473). Soweit das BerGer. im vorliegenden Fall den Unterhaltsbedarf der Kl. zu 2 und 3 auf der Grundlage der Düsseldorfer Tabelle (Abdruck FamRZ 1988, 911) nach einem Einkommen von 3126 DM mit monatlich je 400 DM bestimmt hat, ist dies rechtlich nicht zu beanstanden, weil dieses Einkommen, soweit nicht tatsächlich erzielt, jedenfalls vom Bekl. erzielbar wäre. Der Ansatz eines Unterhaltsbedarfs unterhalb von monatlich 304 DM scheidet ohnehin gem. § 1610 III BGB aus, da bei diesem Betrag hier der Regelsatz für nichteheliche Kinder läge ...

($^{1}/_{7}$ Bonus und 5 % Pauschale)

... 6. Den nachehelichen Unterhalt der Kl. zu 1 hat das BerGer. nach einer Quote von $^{3}/_{7}$ der Differenz der beiderseitigen anrechnungsfähigen Einkommen bemessen und dabei auf beiden Seiten einen sogenannten Erwerbstätigen-Bonus von $^{1}/_{7}$ berücksichtigt (vgl. dazu Senat, NJW 1988, 2369 = LM § 1569 BGB Nr. 28 = FamRZ 1988, 265 (267) = BGHR BGB § 1578 I 1 Unterhaltsbemessung 8). Die Revision beanstandet, daß es dabei zuvor das mit monatlich 682 DM festgestellte Einkommen der Kl. zu 1 aus einer Teilzeitarbeit unter dem Gesichtspunkt berufsbedingter Aufwendungen um 5% vermindert hat, ohne daß solche Aufwendungen konkret dargelegt worden seien. Diese Rüge übersieht, daß die Kl. zu 1 geltend gemacht hat, ihr entstünden für notwendige Fahrten zum Arbeitsplatz mit einem Pkw monatliche Kosten von 100,80 DM; einen Teilbetrag hiervon hat das BerGer. mit dem Abzug von 5% berücksichtigt (rechnerisch rund 34 DM), was rechtlich nicht zu beanstanden ist. Allerdings hat der Senat mehrfach ausgesprochen, daß es näherer Prüfung und Begründung bedarf, wenn der üblicherweise mit $^{1}/_{7}$ bemessene Erwerbstätigen-Bonus in voller Höhe gewährt wird, nachdem berufsbedingte Aufwendungen schon gesondert berücksichtigt wurden (vgl. Senat, NJW-RR 1990, 1346 = FamRZ 1990, 1090 (1091) m. w. Nachw.; krit. hierzu *Scholz*, FamRZ 1990, 1088 (1089)). Dem braucht aber vorliegend nicht weiter nachgegangen zu werden, weil die Entscheidung des BerGer. zu diesem Punkt den Bekl. im Ergebnis nicht benachteiligt. Es hat nämlich auf seiner Seite den Erwerbstätigen-Bonus auch aus dem mit 400 DM veranschlagten Wohnvorteil angesetzt. Dies ist an sich ungerechtfertigt (vgl. Senat, NJW 1989, 2809 = FamRZ 1989, 1160 (1162)) und kompensiert den möglichen Rechtsfehler zu seinen Ungunsten (rechnerischer Vorteil 51 DM). c

7. Das angefochtene Urteil läßt auch im übrigen keinen Fehler zum Nachteil des Bekl. erkennen. Soweit auf die Möglichkeit einer zeitlichen Begrenzung des eheangemessenen Unterhalts der Kl. zu 1 gem. § 1578 I 2 BGB hingewiesen wird, wird dieser Gesichtspunkt in der Revisionsinstanz erstmals geltend gemacht. Im Hinblick auf die Dauer der Ehe und vor allem die anschließende Betreuung gemeinschaftlicher Kinder durch die Kl. zu 1 liegen die Voraussetzungen einer solchen Begrenzung auch nicht vor (vgl. dazu Senat, NJW-RR 1991, 130 = FamRZ 1991, 307 (310)).

BGH v. 29. 9. 93 – XII ZB 97/93 – FamRZ 94, 101 = NJW 93, 3206

(Nicht vollstreckungsfähiger Titel auf Auskunft bei unbestimmter Gegenleistung) R465

Diesen Ausführungen liegen unzutreffende rechtliche Vorstellungen zugrunde, soweit es um die Frage geht, welche Auswirkungen die mangelnde Bestimmtheit der nach dem amtsgerichtlichen Urteil von der Ast. Zug um Zug zu erbringenden Gegenleistung hat. Insoweit kommt keine Vollstreckung durch den Ag. gem. § 883 ZPO in Betracht, sondern die Ast. muß, wenn sie wegen der titulierten Auskunftsverpflichtung des Ag. gem. § 888 ZPO vollstrecken will, dem Vollstreckungsgericht gem. § 765 nachweisen, daß der Ag. hinsichtlich der von ihr zu erbringenden Gegenleistung befriedigt oder im Verzug der Annahme ist. Ist in einem Titel die Zug um Zug zu erbringende Gegenleistung nicht eindeutig bestimmt, ist ein solcher Nachweis nicht möglich mit der Folge, daß auch wegen der Hauptleistung, hier der Auskunftsverpflichtung des Ag., nicht vollstreckt werden kann (vgl. BGHZ 45, 287 (288) = LM § 565 Abs. 1 ZPO Nr. 6; BGH, NJW 1993, 324 = LM H. 4/1993 § 504 BGB Nr. 14 = BGHR ZPO § 253 Abs. 2 Nr. 2 Zug-um-Zug-Verurteilung 2 = RPfleger 1993, 206; Zöller-Stöber, ZPO, 18. Aufl., § 726 Rdnr. 8 und § 756 Rdnr. 3 m. w. Nachw.). Demnach hat die Ast. im vorliegenden Fall wegen ihres Anspruchs aus § 1379 BGB durch die amtsgerichtliche Entscheidung einen Titel erlangt, der vom Ag. zwar freiwillig erfüllt, aber gegen ihn nicht im Vollstreckungswege durchgesetzt werden kann. Dieser Umstand muß bei der Bewertung ihres Rechtsmittelinteresses berücksichtigt werden, da Ziel des Rechtsmittels ist, einen vollstreckungsfähigen Titel wegen des Auskunftsanspruchs herbeizuführen.

Danach kann es bei der angefochtenen Entscheidung nicht verbleiben, da ganz erhebliche Werte in Frage stehen. Mangels eines durchsetzbaren Titels über ihren Auskunftsanspruch ist die Ast. bisher gegenüber einer Abweisung des Anspruchs praktisch nicht bessergestellt. Für den Beschwerdegegenstand des Berufungsverfahrens ist daher darauf abzustellen, welches Interesse sie an der begehrten Auskunft überhaupt hat. Da insoweit zureichende Anhaltspunkte fehlen, sieht der Senat vorläufig davon ab, einen Wert für das vorliegende Beschwerdeverfahren festzusetzen.

BGH v. 6. 10. 93 – XII ZR 112/92 – FamRZ 94, 21 = NJW 94, 134

R466 *(Fliegerzulagen)*

a a) Nach der ständigen Rechtsprechung des Senats sind sowohl bei der Bestimmung der für einen Unterhaltsanspruch maßgebenden ehelichen Lebensverhältnisse als auch bei der Ermittlung der Leistungsfähigkeit des Unterhaltsschuldners zur Feststellung des unterhaltsrechtlich relevanten Einkommens grundsätzlich alle Einkünfte heranzuziehen, die dem Unterhaltsschuldner zufließen, gleich welcher Art diese Einkünfte sind und aus welchem Anlaß sie im einzelnen erzielt werden (Senat, NJW-RR 1986, 1002 = FamRZ 1986, 780 (781)). Demgemäß hat der BGH Aufwandsentschädigungen für auswärtige Tätigkeiten und Auslandszuschläge gem. § 55 BBesG als Arbeitseinkommen angesehen, da sie im Hinblick auf das Arbeits- oder Dienstverhältnis gewährt werden. Auch die Bestimmung einer Leistung zum Ausgleich besonderer Aufwendungen oder ähnlichen Verwendungszwecken führt nicht dazu, daß sie bei der Unterhaltsberechnung von vornherein außer Ansatz bleiben. Vielmehr kommt es darauf an, ob und in welchem Umfang sie für tatsächliche Mehraufwendungen des Empfängers aufgezehrt werden und ob sie daneben zur (teilweisen) Deckung des Lebensbedarfs zur Verfügung stehen (Senat, FamRZ 1980, 342 (343); NJW 1983, 2318 = FamRZ 1983, 352 (353)). Gleiches gilt für öffentlichrechtliche Leistungen, die für Tätigkeiten im öffentlichen Interesse gewährt werden, wie Sitzungsgelder kommunaler Bezirksvertretungen (Senat, FamRZ 1983, 670 (672)) oder Aufwandsentschädigungen für Abgeordnete (Senat, NJW-RR 1986, 1002 = FamRZ 1986, 780 (781)). Schließlich können auch zweckbestimmte Sozialleistungen im privaten Unterhaltsrecht wie sonstiges Einkommen des Empfängers behandelt werden, soweit sie geeignet sind, neben einem tatsächlichen Mehraufwand auch den allgemeinen Lebensbedarf des Leistungsempfängers und seiner Familie zu decken (vgl. etwa Senat, NJW 1981, 1313 = FamRZ 1981, 338 (339) – Grundrente; NJW 1982, 1593 = FamRZ 1982, 252 (253) – gesetzliche Unfallrente; NJW 1980, 2081 = FamRZ 1980, 771 – Wohngeld; NJW 1983, 684 = FamRZ 1982, 587 – Wohngeld).

b) Diese Grundsätze gelten in entsprechender Weise auch für die hier gewährte Entschädigung gem. § 17 BBesG i. V. mit den Richtlinien des Bundesministers für Verteidigung (ebenso OLG Hamm, FamRZ 1991, 576). Sie wird nach Nr. 1 der Richtlinien „... zum Ausgleich von Mehraufwendungen gezahlt, die wegen der mit dem dienstlich angeordneten fliegerischen Einsatz verbundenen besonderen physischen und psychischen Belastungen zur Erhaltung der fliegerischen Leistungsfähigkeit erforderlich sind". Ob diese Beschreibung nur auf den Ausgleich materieller Mehraufwendungen abstellt oder die Entschädigung auch die Funktion eines Ausgleichs für die immateriellen, über das normale Maß hinausgehenden gesundheitlichen Belastungen haben soll, kann dahinstehen. Denn selbst wenn man, was nach den Besonderheiten des Führens von Kampfflugzeugen naheliegt, mit der Revision von einer materiellen und immateriellen Ausgleichsfunktion ausgeht, ändert dies nichts daran, daß die Entschädigung zur Deckung des allgemeinen Lebensbedarfs heranzuziehen ist, soweit sie nicht durch tatsächlich entstehende, finanziell faßbare Mehraufwendungen aufgezehrt wird. Auch die Grundrente nach § 31 BVersG hat eine ideelle und eine materielle Funktion und soll dem Betroffenen wegen der gesundheitlichen und wirtschaftlichen Folgen einer Schädigung, die er in Ausübung des militärischen Dienstes erlitten hat, einen Ausgleich verschaffen (Senat, NJW 1981, 1313 = FamRZ 1981, 338 (339) m. w. Nachw.). Ungeachtet dieser sozialrechtlichen Sicht ist sie auch für Zwecke des privaten Unterhaltsrechts einzusetzen.

Zwar hat die Entschädigung keine sozialrechtliche Komponente, sondern wird aus Anlaß des besonderen Dienstes gewährt. Sie ist hierin aber dem Auslandszuschlag nach § 55 BBesG unmittelbar vergleichbar. Auch dieser dient gem. § 55 VI und VII BBesG dem Ausgleich der besonderen materiellen und immateriellen Belastungen in der Lebensführung, die aus den Besonderheiten des Dienstes und den Lebensbedingungen im Ausland folgen, so etwa klimatisch bedingte Gesundheitsgefährdungen, mangelnde Hygiene, Ungeziefer, psychische Belastungen durch Beschränkung der Bewegungsfreiheit oder Dauerbewachung, Gefahr für Leib und Leben bei politischen Unruhen und ähnlichem (s. Kalthoener-Büttner, Die Rspr. zur Höhe des Unterhalts, 4. Aufl., Rdnr. 632). Dessen ungeachtet wird er, soweit nicht durch tatsächlichen Mehraufwand des Empfängers verbraucht, zur Erfüllung privater Unterhaltsverpflichtungen herangezogen. Für die Entschädigung kann damit nichts anderes gelten.

(Darlegungs- und Beweislast bei Sozialleistungen nach § 1610 a BGB)

b c) Dieses Ergebnis steht auch in Einklang mit § 1610a BGB, der durch das Gesetz zur unterhaltsrechtlichen Berechnung von Aufwendungen für Körper- und Gesundheitsschäden vom 15. 1. 1991

(BGBl I, 46) eingeführt wurde. Der Gesetzgeber hat hier für bestimmte Einkommensarten, nämlich für Sozialleistungen wegen eines Körper- oder Gesundheitsschadens, eine Änderung der Darlegungs- und Beweislast geschaffen. Danach wird zugunsten des Leistungsempfängers (widerlegbar) vermutet, daß die Sozialleistungen durch die schadensbedingten Mehraufwendungen aufgezehrt werden. Dagegen hat er den von der Rechtsprechung aufgestellten Grundsatz, daß zum unterhaltsrelevanten Einkommen auch öffentlichrechtliche Leistungen ohne Rücksicht auf ihre Zweckbindung gehören, nicht angetastet. Außerdem hat er die Regelung auf Sozialleistungen wegen Körper- und Gesundheitsschäden beschränkt, so daß andere Einkommensarten unberührt bleiben (BR-Dr 386/89, S. 3, 7, 9, 14; Johannsen/Henrich/Graba, EheR, 2. Aufl., § 1610 a BGB Rdnrn. 1 und 4; Köhler, in: MünchKomm, 3. Aufl., § 1610 a Rdnr. 2). Wenn er danach bewußt davon abgesehen hat, im materiellen Unterhaltsrecht eine generelle Nichtanrechenbarkeit von schadensbedingten Leistungen anzuordnen, sondern nur im prozessualen Bereich die Beweislast ändert, und diese Regelung obendrein auf bestimmte Sozialleistungen beschränkt, muß daraus umgekehrt geschlossen werden, daß es bei der grundsätzlichen unterhaltsrechtlichen Anrechenbarkeit anderer Leistungen wie hier der Fliegeraufwandsentschädigung verbleibt, und daß der Empfänger seinen Mehraufwand ohne die Hilfe einer gesetzlichen Vermutung darzulegen und zu beweisen hat. Anschließend billigte es der BGH, daß das OLG im Wege der Schätzung $^2/_3$ der Zulage zum Einkommen rechnete.

BGH v. 6. 10. 93 – XII ZR 116/92 – FamRZ 94, 28 = NJW 93, 3262

(Als Beleg ist u. U. auch der Arbeitsvertrag vorzulegen) **R467**

b) Vergeblich bekämpft die Revision eine Verpflichtung des Bekl., als Beleg über die Höhe der Einkünfte gem. § 1605 I 2 BGB seinen Dienstvertrag mit der FAO vorzulegen. Das Gesetz erläutert allerdings nicht näher, welche Art von Schriftstücken unter den Begriff „Belege" fallen, sondern nennt nur beispielhaft („insbesondere") Bescheinigungen des Arbeitgebers. Soweit eine Verdienstbescheinigung vorgelegt wird, die für den nachzuweisenden Zeitraum lückenlos sämtliche Einkünfte aus dem Arbeitsverhältnis ausweist, wird die Verpflichtung zur Vorlage von Belegen in der Regel damit erfüllt sein mit der Folge, daß der Auskunftsberechtigte nicht die Vorlage weiterer Dokumente – etwa des Arbeitsvertrages – verlangen kann. Liegt aber – wie hier vom OLG dargelegt – keine Verdienstbescheinigung vor, aus der sich zweifelsfrei entnehmen läßt, in welcher Höhe der Auskunftspflichtige für einen bestimmten Zeitraum Einkünfte aus dem Arbeitsverhältnis bezogen hat, kann grundsätzlich auch die Vorlage solcher Schriftstücke verlangt werden, aus denen sich entsprechende Erkenntnisse gewinnen lassen. Das ergibt sich aus dem Sinn und Zweck der Bestimmung, die sicherstellen soll, daß der Berechtigte aufgrund der belegten Auskunft in die Lage versetzt wird, den Unterhaltsanspruch konkret zu berechnen und im Verfahren einen entsprechenden bezifferten Klageantrag zu stellen.

In der Rechtsprechung des Senats ist anerkannt, daß von einem selbständigen Gewerbetreibenden die Vorlage des Einkommensteuerbescheides als Beleg verlangt werden kann (Senat, NJW 1982, 1645 = FamRZ 1982, 680 (682 unter 3)); von einem Gesellschafter und Geschäftsführer einer GmbH, der vom Gewinn der GmbH abhängige Einkünfte bezieht, kann auch die Vorlage von Bilanzen nebst Gewinn- und Verlustrechnungen der GmbH verlangt werden (Senat, NJW 1982, 1642 = FamRZ 1982, 680 (681 unter 2); NJW 1983, 2243 = FamRZ 1983, 996 (998)). Ob und gegebenenfalls unter welchen Voraussetzungen ein unselbständig Erwerbstätiger seinen Dienst- oder Arbeitsvertrag vorlegen muß, hatte der Senat bisher zwar nicht zu entscheiden. Es bestehen jedoch keine grundsätzlichen Bedenken gegen eine derartige Verpflichtung, wenn durch eine Bescheinigung des Arbeitgebers die tatsächliche Höhe der insgesamt bezogenen Einkünfte nicht ausreichend belegt wird (vgl. Schwab-Borth, Hdb. d. ScheidungsR, 2. Aufl., Teil IV Rdnr. 504, 506; *Griesche*, in: Familiengerichtsbarkeit, § 1605 BGB Rdnr. 17). Das trifft vor allem bei einer Tätigkeit im Ausland zu, wenn sich wie hier aus den vorgelegten Dokumenten nicht ergibt, welcher Betrag für welchen Zeitraum konkret ausgezahlt wurde, und ob daneben weitere Zahlungen erfolgen, weil sich das Gehaltsgefüge des Arbeitgebers möglicherweise aus mehreren im einzelnen nicht bekannten Elementen zusammensetzt und auch Aufwands- oder andere Entschädigungen geleistet werden (zutr. OLG München, FamRZ 1993, 202 (203)). Dem steht nicht entgegen, daß ein Arbeitsvertrag regelmäßig nicht nur Bestimmungen zur Vergütung der Arbeitstätigkeit enthält. Soweit der Gesetzeszweck des § 1605 I BGB reicht, hat ein Interesse des Auskunfts- und Belegpflichtigen an der Verdeckung von individuellen Verhältnissen zurückzutreten.

BGH v. 20. 10. 93 – XII ZR 89/92 – FamRZ 94, 87 = NJW 94, 190

(PKW-Kosten) **R468**

Zwar ist die Bestimmung der Höhe berufsbedingter Aufwendungen des Unterhaltspflichtigen in erster Linie dem Tatrichter vorbehalten. Da das OLG hier aber der ihm insoweit obliegenden Prüfung **b** nicht nachgekommen ist, ist der Senat nicht gehindert, die Prüfung selbst vorzunehmen und dabei auf die Grundsätze seiner inzwischen zu dieser Frage entwickelten Rechtsprechung zurückzugreifen. Danach ist bereits in dem Urteil vom 7. 5. 1991 (NJW-RR 1991, 1346 = FamRZ 1991, 1414), auf das auch die Revision verweist, ausgeführt worden, ein Kilometersatz von 0,40 DM komme den tatsächlichen Kosten erheblich näher als der von dem BerGer. seinerzeit angenommene Satz von 0,10 DM pro Kilometer. Im Ergebnis ist in jenem Fall der damals begehrte Betrag von 0,36 DM pro Kilometer angesetzt worden, wobei der Senat ausdrücklich darauf hingewiesen hat, daß er einen geringeren Ansatz für nicht vertretbar halte. In einem weiteren, nach Erlaß des Berufungsurteils ergangenen Urteil vom 8. 7. 1992 hat der Senat sodann – ebenfalls für Fahrtkosten in den Jahren 1989 und 1990 – entschieden, mangels sonstiger konkreter Anhaltspunkte erscheine es grundsätzlich angemessen, als Kilometerpauschale den auch sonst in der gerichtlichen Praxis herangezogenen Satz gem. § 9 III des Gesetzes über die Entschädigung von Zeugen und Sachverständigen von derzeit 0,40 DM anzusetzen (NJW-RR 1992, 1282 = BGHR BGB § 1578 Abs. 1 Satz 1 Unterhaltsbemessung 29 m. w. N.). Das gilt auch für den vorliegenden Fall. Das Einkommen des Bekl. ist daher um berufsbedingte Aufwendungen von monatlich 367 DM (2 × 25 km × 0,40 DM 2 × 220 Tage : 12) zu bereinigen.

(Unterhalt für ein in der Trennungszeit gezeugtes Kind)

c bb) Gegen diese Ausführungen erhebt die Revision zu Recht Bedenken. Sie stehen, wie das BerGer. selbst zutreffend hervorhebt, im Gegensatz zu der Meinung, die der erkennende Senat in dem Urteil vom 13. 7. 1988 (NJW-RR 1988, 1093 = LM § 1577 BGB Nr. 14 = FamRZ 1988, 1031 (1032)) vertreten hat. Dort hat der Senat für einen Fall, in dem die Eheleute nach einer am 1. 11. 1979 vollzogenen Trennung im September 1982 geschieden wurden und während der Trennungszeit im Dezember 1980 ein nichteheliches Kind des unterhaltsverpflichteten Mannes geboren wurde, zum nachehelichen Unterhalt entschieden:

Weil die nichteheliche Tochter bereits vor der Ehescheidung geboren sei, habe das OLG zu Recht bei der Bestimmung der ehelichen Lebensverhältnisse von dem Nettoeinkommen des Bekl. vorab den Kindesunterhalt abgesetzt. Zur näheren Begründung ist dabei auf die Ausführungen in dem Urteil vom 25. 2. 1987 (NJW 1987, 1551 = FamRZ 1987, 456 (458)) verwiesen worden, nach denen ein Vorwegabzug des Kindesunterhalts, wie er in der Rechtspraxis bei der Bemessung des Ehegattenunterhalts nach einer Quote vom Einkommen des Unterhaltspflichtigen oder von der Differenz der beiderseitigen Einkünfte üblich sei, nur dann rechtlich bedenkenfrei sei, wenn es um den Unterhalt für ein gemeinschaftliches Kind der Ehegatten oder für ein Kind des Unterhaltspflichtigen gehe, für das er bereits während der Ehe aufzukommen hatte, so daß schon die ehelichen Lebensverhältnisse durch diese Unterhaltsverpflichtung mit geprägt worden seien; da der geschiedene Ehegatte nach § 1578 I 1 BGB Anspruch auf einen den ehelichen Lebensverhältnissen entsprechenden Unterhalt habe, sei es in derartigen Fällen gerechtfertigt und grundsätzlich sogar geboten, bei der Unterhaltsbemessung entsprechende Vorwegabzüge vom Einkommen des Verpflichteten zu machen.

Diese Überlegungen gelten für den Trennungsunterhalt, der sich ebenfalls nach den Lebensverhältnissen und den Erwerbs- und Vermögensverhältnissen der Ehegatten bestimmt, in entsprechender Weise. Es kommt für die Bestimmung des Unterhaltsbedarfs gem. § 1361 I 1 BGB jeweils auf den aktuellen Stand der wirtschaftlichen Verhältnisse an, da die Ehegatten an deren Entwicklung bis zur Scheidung gemeinschaftlich teilhaben (st. Rspr., vgl. Senat, NJW 1986, 718 = FamRZ 1986, 244 (245); NJW-RR 1988, 519; NJW-RR 1990, 323 = LM § 546 ZPO Nr. 129 = BGHR BGB § 1578 I – Lebensverhältnisse 1). Veränderungen der Einkommensverhältnisse, die erst nach der Trennung der Ehegatten bis zur Scheidung eintreten, beeinflussen daher grundsätzlich die für die Unterhaltsbemessung maßgeblichen ehelichen Lebensverhältnisse, es sei denn, daß sie auf einer unerwarteten und vom Normalverlauf erheblich abweichenden Entwicklung beruhen (Senat, NJW 1986, 718; vgl. dazu auch Senat, NJW 1982, 1870 = FamRZ 1982, 576).

Das BerGer. will ersichtlich hier einen solchen Ausnahmefall annehmen. Diese Auffassung vertritt – unter anderem – auch das KG, das in einem Urteil vom 13. 8. 1987 (FamRZ 1988, 720 (721)) ausgeführt hat: Die „Einkommensminderung", die der unterhaltsverpflichtete Bekl. wegen der Unterhaltsansprüche seines erst nach der Trennung (aber vor der Scheidung) nichtehelich geborenen Kindes hinzunehmen habe, stelle eine unerwartete, den ehelichen Lebensverhältnissen nicht mehr zurechenbare Entwicklung dar. Dem haben sich (etwa) Voelskow (in: Johannsen/Henrich, EheR, 2. Aufl., § 1361 Rdnr. 46) und *Griesche* (in: FamGb, § 1361 Rdnr. 23) angeschlossen (vgl. auch Soergel/Hermann Lange, BGB, 12. Aufl., § 1361 Rdnr. 19). Der Senat hält dies nicht für zutreffend. Ausgangspunkt für die Bestimmung der ehelichen Lebensverhältnisse während der Trennungszeit ist die Erwägung, daß sich die Eheleute während des Getrenntlebens in einem Stadium befinden, in dem die Ehe noch nicht endgültig aufgehoben und eine Wiederherstellung der ehelichen Lebensgemeinschaft nicht gänzlich auszuschließen ist (vgl. Senat, NJW 1981, 1214 = FamRZ 1981, 439 (440)). Wird ein Ehegatte aber während der Trennung mit der Unterhaltsverpflichtung gegenüber einem nichtehelichen Kind belastet, so würde diese Unterhaltsverpflichtung auch im Falle einer möglichen Aufhebung der

Trennung und Wiederherstellung der ehelichen Lebensgemeinschaft fortbestehen und damit die ehelichen Lebensverhältnisse der Eheleute in Zukunft prägen. Führt die Trennung nicht zu einer Wiederherstellung der ehelichen Lebensgemeinschaft, sondern zur Scheidung der Ehe, dann ist bei der Bemessung des nachehelichen Unterhaltsanspruchs zu berücksichtigen, daß in dem – insoweit maßgeblichen – Zeitpunkt der Scheidung die Unterhaltsverpflichtung gegenüber dem nichtehelichen Kind besteht und von dem Verpflichteten erfüllt werden muß mit der Folge, daß die dafür erforderlichen Mittel den geschiedenen Ehegatten nicht für ihren Lebensbedarf zur Verfügung stehen. Die mit der Geburt eines nichtehelichen Kindes entstehende Unterhaltsbelastung des Verpflichteten kann – entgegen der Auffassung des BerGer. und des KG – nicht unter Bezugnahme auf die Senatsrechtsprechung zu unerwarteten Einkommensentwicklungen nach der Trennung bei der Bestimmung der ehelichen Lebensverhältnisse außer Betracht gelassen werden. Der Senat hat diese Rechtsprechung zunächst für außergewöhnliche Einkommenssteigerungen nach der Trennung entwickelt (= NJW 1982, 1870 und NJW-RR 1988, 519) und sie später anhand von Fällen entsprechender Einkommensminderungen überprüft (Senat, NJW 1992, 2477 = FamRZ 1992, 1045 m. w. Nachw.). Dabei hat es sich indessen stets um Einkommensveränderungen aufgrund geschäftlicher, beruflicher oder wirtschaftlicher, d. h. im weiteren Sinn vermögensrechtlicher Dispositionen oder Ereignisse gehandelt. Nur auf Entwicklungen in diesem Bereich ist die behandelte Senatsrechtsprechung demgemäß zugeschnitten. Sie läßt sich auf die Auswirkungen einer neu entstehenden Unterhaltsverpflichtung gegenüber einem nichtehelichen Kind nicht übertragen. Insoweit ergibt sich schon aus dem Umstand, daß die – persönlichen – „Lebensverhältnisse" des Unterhaltsverpflichteten i. S. von § 1361 I 1 BGB oder § 1578 I 1 BGB maßgeblich durch das Vorhandensein eines ihm gegenüber unterhaltsberechtigten minderjährigen (nichtehelichen oder ersteehelichen) Kindes bestimmt werden, die Konsequenz, daß diese Unterhaltspflicht auch bei der Ermittlung des Unterhaltsbedarfs des anderen Ehegatten – dem das Kind gem. § 1609 II 1 BGB im Rang gleichsteht – mit zu berücksichtigen ist. Umstände oder Ereignisse, die wie die Geburt eines nichtehelichen Kindes Rechtsfolgen nach sich ziehen, denen sich der Verpflichtete nicht entziehen kann, gehören daher – anders als die oben behandelten wirtschaftlichen Dispositionen, Verhaltensweisen und ihre Auswirkungen – grundsätzlich in den Bereich der für die Unterhaltsbemessung beachtlichen ehelichen Lebensverhältnisse.

Ist ein Ehegatte einem während der Trennung geborenen nichtehelichen Kind zu Unterhalt verpflichtet, so ist diese Unterhaltslast demgemäß bei der Bestimmung der ehelichen Lebensverhältnisse sowohl nach § 1361 I 1 BGB als auch nach § 1578 I 1 BGB grundsätzlich ebenso zu berücksichtigen wie etwa eine Unterhaltsverpflichtung gegenüber einem Kind aus einer außerehelichen Beziehung, das während des Zusammenlebens der Ehegatten geboren wird und ihren ehelichen Lebensstandard entsprechend beeinflußt.

cc) Das unterhaltserhebliche Einkommen des Bekl. ist demgemäß – entgegen der Auffassung des BerGer. – auch um den Unterhalt für die im Dezember 1988 geborene nichteheliche Tochter zu bereinigen. Dieser beträgt nach einer vollstreckbaren Urkunde des Kreisjugendamts P. vom 8. 2. 1989 für die Zeit vom 16. 1. 1989 bis zum 16. 12. 1994 monatlich 402 DM. Gegen die Bemessung dieser Unterhaltshöhe bestehen aus Rechtsgründen keine Bedenken. Das für die Unterhaltsbemessung maßgebliche Nettoeinkommen des Bekl. ist danach zusätzlich um den Monatsbetrag von 402 DM zu bereinigen.

BGH v. 10. 11. 93 – XII ZR 127/92 – FamRZ 94, 160 = NJW 94, 382

(Zum innerdeutschen Kollisionsrecht) R470

a) Art. 234 § 5 S. 1 EGBGB i. d. F. des Einigungsvertrages bestimmt unter Einschränkung des § 1 der Regelung, daß für den Unterhaltsanspruch eines Ehegatten, dessen Ehe vor dem Wirksamwerden des Beitritts geschieden worden ist, das bisherige Recht maßgebend bleibt. Wie der Senat bereits im Urteil vom 23. 9. 1992 (NJW-RR 1992, 1474 = LM H. 2/1993 § 323 ZPO Nr. 67 = FamRZ 1993, 43 (44)) dargelegt hat, ergibt sich aus dieser intertemporalen Übergangsvorschrift nicht, in welchen Fällen das Recht der DDR „bisheriges Recht" war; vielmehr ist die Frage nach dem innerdeutschen Kollisionsrecht zu beantworten. a

b) In den alten Bundesländern ist ein besonderes innerdeutsches Kollisionsrecht in Anlehnung an das internationale Privatrecht des EGBGB entwickelt worden, während die Rechtspraxis in der DDR insoweit unmittelbar die Bestimmungen des im Verhältnis zum Ausland geltenden DDR-Rechtsanwendungsgesetzes (DDR-RechtsanwendungsG) herangezogen hat. Käme hier der für den nachehelichen Unterhalt einschlägige § 20 I DDR-RechtsanwendungsG zum Zuge, würde dies zur Anwendung des § 29 DDR-FGB führen, weil die Parteien zur Zeit der Erhebung der Scheidungsklage ihren gewöhnlichen Aufenthalt in der damaligen DDR hatten (vgl. Senat, NJW-RR 1992, 1474 = LM H. 2/1993 § 323 ZPO Nr. 67 = FamRZ 1993, 43 (44)). Das kann hier jedoch nicht gelten. Dabei braucht nicht zu der umstrittenen Frage Stellung genommen zu werden, inwieweit auch nach dem Beitritt aufgrund entsprechender Anwendung des Art. 236 § 1 EGBGB noch das Kollisionsrecht der DDR maßgebend bleibt (vgl. dazu Palandt/Heldrich, BGB, 52. Aufl., Art. 236 EGBGB Rdnr. 4 m. w. Nachw.). Das ist jedenfalls zu verneinen für solche Fälle vor dem Beitritt in der damaligen DDR geschiedener Ehen, in denen einem Ehegatten im Zeitpunkt des Wirksamwerdens des Beitritts aufgrund des nach innerdeutschem Kollisionsrecht der alten Bundesländer anzuwendenden Rechts ein Anspruch auf nachehelichen Unterhalt zustand. Nach dem Einigungsvertrag sollte in eine so entstandene Rechtsposition nicht eingegriffen werden. Dies geht aus den Erläuterungen zum Einigungsvertrag (BGBl II 1990, 888) hervor, in denen ausgeführt ist, es bestehe kein Anlaß, bei in der DDR geschiedenen, aber schon vor dem Beitritt im bisherigen Gebiet der Bundesrepublik lebenden Ehegatten von der Anwendung bundesdeutschen Rechts abzuweichen, [abzuweichen] soweit dieses einmal auf der Grundlage der höchstrichterlichen Rechtsprechung (angeführt werden die Senatsentscheidungen BGHZ 85, 16 = NJW 1983, 279 = LM § 1695 BGB (L) Nr. 5; BGHZ 91, 186 = NJW 1984, 2361 = LM Art. 17 EGBGB Nr. 18, zum innerdeutschen Kollisionsrecht) maßgeblich geworden sei (vgl. Abdruck des Nomos-Verlages, S. 68, sowie auch Adlerstein/Wagenitz, FamRZ 1990, 1300 (1301); Pirrung, RabelsZ 1991, 211 (234, 238); Stoll, in: Festschr. f. Lorenz, S. 577, 589).

(Statutenwechsel bei Übersiedlung des Pflichtigen vor dem Beitritt)

b d) Der Senat schließt sich der überwiegenden Auffassung zum Einfluß des IPR-Neuregelungsgesetzes 1986 auf das innerdeutsche Kollisionsrecht an. Unter der Geltung des alten Rechts hat er seine Ansicht zur interlokalen Anwendbarkeit der §§ 1569 ff. BGB wie folgt begründet: Die in der Bundesrepublik ansässige Partei solle grundsätzlich alle Rechte genießen, die ihr aus dem in Frage stehenden familienrechtlichen Verhältnis nach der hier geltenden Rechtsordnung zustünden, sofern im Hinblick auf bestehende oder nachwirkende Beziehungen zum Rechtsbereich der DDR aus Gründen der kollisionsrechtlichen Sachgerechtigkeit nicht anderes geboten sei. Solche Beziehungen bestünden nicht mehr, wenn jeder der geschiedenen Ehegatten seinen gewöhnlichen Aufenthalt aus der DDR in die Bundesrepublik verlegt habe. Beim nachehelichen Unterhalt handele es sich nicht um eine mit der Ehescheidung abgeschlossene Entwicklung, da der Anspruch in jedem Zeitpunkt, in dem seine Voraussetzungen vorlägen, neu entstehe. Die vorherige Beziehung zur DDR wirke nach der Verlegung des gewöhnlichen Aufenthalts beider Ehegatten nicht in einer für den Unterhalt erheblichen Weise fort, da die Lebensumstände der Beteiligten, auf die das Unterhaltsrecht abstelle, sich regelmäßig nach den im Aufenthaltsland gegebenen sozialen Verhältnissen bestimmten (BGHZ 85, 16 (25) = NJW 1983, 279).

Es liegt nahe, diese auf der Grundlage des seinerzeit geltenden Internationalen Privatrechts entwickelten Grundsätze an die Wertungen anzupassen, die das IPR-Neuregelungsgesetz 1986 eingeführt hat. Aufgrund des Art. 18 V EGBGB n. F. tritt dadurch im Ergebnis nur insoweit eine Änderung ein, als für die Anwendbarkeit bundesdeutschen Rechts nicht mehr zu fordern ist, daß beide geschiedenen Ehegatten vor dem 3. 10. 1990 in die damalige Bundesrepublik übergesiedelt sind, sondern daß es genügt, wenn der unterhaltsverpflichtete Ehegatte dies getan hat. Diese Änderung ist geboten, da im innerdeutschen Verhältnis schwerlich strengere Voraussetzungen für die Anwendbarkeit der §§ 1569 ff. BGB aufgestellt werden können, als dies im Verhältnis zum Ausland der Fall ist.

BGH v. 24. 11. 93 – XII ZR 136/92 – FamRZ 94, 228 = NJW 94, 935

R471 *(Differenzierung zwischen Alters- und Aufstockungsunterhalt)*

a 1. Das OLG hat der Kl. einen Unterhaltsanspruch aus §§ 1571 und 1573 II BGB zugesprochen und dazu ausgeführt, daß ein Aufstockungsunterhalt neben dem Altersunterhalt bestehe, weil die Kl. ihren vollen Unterhalt aus ihrem eigenen Einkommen nicht decken könne. Es hat dabei allerdings nicht unterschieden, inwieweit der Anspruch einerseits auf § 1571, andererseits auf § 1573 II BGB beruht.

Der dagegen erhobene Einwand der Revision ist grundsätzlich zutreffend, führt aber im vorliegenden Fall im Ergebnis nicht zum Erfolg. Zwar macht das mögliche Nebeneinander von verschiedenen Anspruchsgrundlagen regelmäßig deren genaue Differenzierung erforderlich. Das gilt zum einen mit Blick auf ein späteres Abänderungsverfahren, zum anderen deshalb, weil die zeitliche Begrenzungsmöglichkeit nach § 1573 V BGB nur Ansprüche nach den Abs. 1 bis 4 des § 1573 BGB betrifft, aber nicht andere Anspruchsgrundlagen. Eine genaue Bestimmung kann aber ausnahmsweise unterbleiben, wenn im Einzelfall eine solche zeitliche Begrenzung aus Billigkeitsgründen unter Berücksichtigung der Ehedauer, Kindesbetreuung, Gestaltung von Haushaltsführung und Erwerbstätigkeit von vornherein ausscheidet (Senat, NJW 1987, 2739 = FamRZ 1987, 691 (693); NJW 1988, 2369 = FamRZ 1988, 265 (267); NJW 1990, 1847 = FamRZ 1990, 492 (494)). Zwar enthält das Berufungsurteil keine ausdrücklichen Ausführungen dazu, ob es einen solchen Ausnahmefall angenommen und deshalb von einer Differenzierung abgesehen hat. Jedoch liegt angesichts des Alters der Ehefrau und der langen Ehedauer von 36 Jahren, in denen sie keiner Erwerbstätigkeit nachgegangen ist, sondern den Haushalt geführt und sieben Kinder erzogen hat, die Annahme einer zeitlichen Begrenzung von vornherein so fern, daß dem OLG kein Rechtsfehler vorzuwerfen ist, wenn es die zeitliche Begrenzungsmöglichkeit nicht ausdrücklich verneint hat (Senat, NJW-RR 1991, 130 = FamRZ 1991, 307 (310)). Daran ändert auch der Umstand der Trennung ab 1974 nichts.

2. Der Berechnung des der Kl. zustehenden eheangemessenen Unterhalts hat das OLG auf seiten des Bekl. seine Leibrente in der fiktiven Höhe von 9100 DM monatlich zugrunde gelegt und dazu ausgeführt, daß eine Berücksichtigung nur des Zins-, nicht aber auch des Tilgungsanteils unterhaltsrechtlich nicht in Betracht komme. Ungeachtet der wirtschaftlichen und steuerrechtlichen Betrachtungsweise, nach der bei Leibrenten zwischen dem Ertrag aus dem Rentenrecht und aus dem Kapitalanteil unterschieden werde, sei unterhaltsrechtlich nur auf ihren Einkommenscharakter als regelmäßig wiederkehrende, einheitlich gezahlte Leistung abzustellen. Selbst wenn man aber eine Trennung vornehme, ändere dies nichts an der vollen Heranziehung der Leibrente zum Unterhalt, da der Bekl. nach § 1581 BGB verpflichtet sei, auch seinen Vermögensstamm zum Unterhalt einzusetzen, es sei denn, eine Verwertung sei unwirtschaftlich oder würde dazu führen, daß bei Aufzehrung des Kapitals der spätere angemessene Unterhalt des Verpflichteten gefährdet werde. Das sei hier nicht der Fall, da der Bekl. sein Vermögen bereits freiwillig in Form einer Leibrente verwertet habe und durch die in gleichbleibender Höhe bis zum Lebensende gezahlte Rente voll abgesichert sei. Daß der Bekl. im Falle der Zahlung eines Zugewinnausgleichs an die Kl. gezwungen sein könnte, einen weiteren Teil seiner Leibrente zu rekapitalisieren, stehe dem nicht entgegen, da sich die Höhe der derzeitigen Leibrente dadurch nicht rückwirkend ändere.

Die am 10. 3. 1990 vereinbarte weitere Reduzierung der Leibrente auf monatlich 7614 DM entlaste den Bekl. ebenfalls nicht, da er die aus der Anteilsveräußerung herrührende Steuerschuld bereits aus der ersten, zur Kürzung auf 9100 DM führenden Rekapitalisierung seiner Leibrente habe bezahlen können. Er habe dabei nicht einmal auf den neben der ursprünglich vereinbarten Leibrente von 14 000 DM gezahlten Barpreis von 120 000 DM zurückgreifen müssen. Nach der Vereinbarung vom 15. 4. 1987 und aus Billigkeitsgründen könne er sich auf eine weitere Rekapitalisierung wegen zusätzlicher Steuerschulden gegenüber der Kl. nicht berufen, zumal er für diese aus früheren Jahren stammenden Steuerschulden aus seinem Einkommen von 300 000 bis 400 000 DM jährlich rechtzeitig hätte Rücklagen bilden können und müssen.

(Prägende Einkünfte; Leibrente)

a) Die für den nachehelichen Unterhalt maßgebenden ehelichen Lebensverhältnisse werden durch das bis zur Scheidung nachhaltig erzielte Einkommen geprägt, wobeit tatsächliche Veränderungen bis zur Scheidung grundsätzlich beachtlich sind, es sei denn, es handele sich um unerwartete und vom Normalverlauf erheblich abweichende Entwicklungen (Senat, NJW 1992, 2477 = LM H. 1/1993 § 1578 BGB Nr. 60 = FamRZ 1992, 1045 (1046) m. w. Nachw.). Der eheliche Lebensstandard der Parteien war zunächst durch ein durchschnittliches Jahreseinkommen des Bekl. aus seiner Gesellschafterstellung und seiner Tätigkeit bei der KG in Höhe von 300 000 bis 400 000 DM bestimmt. Dieses kann einer Bedarfsberechnung indes nicht mehr zugrunde gelegt werden, sondern es ist auf die Leibrente abzustellen. Die Veräußerung seines Gesellschaftsanteils im Oktober 1986 entsprach der Lebensplanung des Bekl., sich gegen Ende seines Erwerbslebens aus den aktiven Geschäften zurückzuziehen, seine Unternehmertätigkeit aufzugeben und den weiteren Lebensbedarf aus dem Veräußerungserlös zu bestreiten. Dieser Entwicklung muß Rechnung getragen werden, da sie nicht als vom Normalverlauf abweichend angesehen werden kann. Auch eine damit gegebenenfalls verbundene Absenkung des Lebensstandards muß – als der natürlichen Entwicklung am Ende jeden Erwerbslebens entsprechend – hingenommen werden. b

(Prägende Einkünfte; Leibrente)

b) Die Frage, welche Einkünfte nach Art und Umfang sowohl bei der Bestimmung der für einen Unterhaltsanspruch maßgebenden ehelichen Lebensverhältnisse als auch bei der Ermittlung der Leistungsfähigkeit des Unterhaltsschuldners zur Feststellung des unterhaltsrechtlich relevanten Einkommens maßgeblich sind, hat der Senat dahin beantwortet, daß grundsätzlich alle Einkünfte heranzuziehen sind, gleich welcher Art sie sind und aus welchem Anlaß sie erzielt werden. Maßgebend ist nur, daß sie geeignet sind, den laufenden Lebensbedarf des Unterhaltspflichtigen und seiner Unterhaltsgläubiger zu decken (vgl. Senat, NJW-RR 1986, 1002 = LM § 1569 BGB Nr. 24 = FamRZ 1986, 780 (781) und NJW 1994, 134, jeweils m. w. Nachw.). Das gilt auch für Leibrenten, Altenteile oder sonstige private Rentenzahlungen aus Anlaß von Vermögensübertragungen (Wendl/Staudigl, Das Unterhaltsrecht in der familienrichterlichen Praxis, 2. Aufl., S. 83). Daß sich diese Leistungen nach wirtschaftlicher oder steuerlicher Betrachtungsweise aus einem Zins- und einem Tilgungsanteil zusammensetzen, wobei nur der Zinsanteil als Erträgnisanteil Einkunftscharakter hat, dagegen der Tilgungsanteil als Kapitalrückzahlung angesehen wird, ist unterhaltsrechtlich ohne Bedeutung (OLG Köln, FamRZ 1983, 643 (645); Göppinger/Wenz, UnterhaltsR, 5. Aufl., Rdnr. 1181; Heiß/Heiß, UnterhaltsR, Stichwort „Leibrente" 3.83a, 84; vgl. auch Kalthoener/Büttner, Die Rspr. zur Höhe des Unterhalts, 4. Aufl., Rdnr. 452). c

Zwar wird vorgebracht, daß in der Heranziehung der Leibrente zugleich die restlose Verwertung des Vermögensstammes liegen kann, welcher nach dem Willen des Gesetzgebers nicht ohne weiteres zu Unterhaltszwecken zur Verfügung stehen soll (vgl. Göppinger/Wenz, Rdnr. 1181; Heiß/Heiß, Stichwort „Leibrente" 3.83a, 84). Gem. § 1581 S. 2 BGB gebietet es der Schutz des Unterhaltspflichtigen, von einer Verwertung des Vermögensstammes bei Unwirtschaftlichkeit oder Unbilligkeit abzusehen. Dieser Schutzgedanke trifft indes auf Leibrenten der hier vereinbarten Art nicht zu. Typischerweise liegt einer Veräußerung von Vermögen gegen Zahlung einer Leibrente die Absicht zugrunde, Vermögen, das bisher in Form von Immobilien, Beteiligungen o. ä. gebunden war, einem vollständigen Verbrauch zum Zwekke der Deckung des Lebensbedarfs zuzuführen. Durch den Leibrentenvertrag wird für den Berechtigten auf Lebenszeit ein Rentenstammrecht geschaffen, aus dem die einzelnen Rentenleistungen als wiederkehrende Leistungen fließen (Pecher, in: MünchKomm, 2. Aufl., § 759 Rdnrn. 2, 14; Palandt/Thomas, BGB, 52. Aufl., § 759 Rdnrn. 1, 3, 7; v. Gamm, in: RGRK, 12. Aufl., § 759 Rdnr. 5).

So ist es auch hier. Indem der Bekl. seinen Gesellschaftsanteil verkauft und in ein Rentenstammrecht umgewandelt hat, aus dem wiederkehrende Leistungen fließen, hat er im Ergebnis den Vermögensstamm bereits für sich selbst angegriffen und zum laufenden Verbrauch bis zu seinem Lebensende – bzw. für seine Erben bis zum Jahre 2006 – bestimmt. Die nunmehr aus der Veräußerung fließenden Leibrentenzahlungen sind damit von vornherein nicht als Vermögensstamm i. S. von § 1581 S. 2 BGB anzusehen. Denn zum Vermögensstamm gehört nur das Rentenstammrecht, die laufenden Bezüge zählen dagegen nicht dazu (Gernhuber, FamR, 3. Aufl., S. 624 m. w. Nachw.). Eine Verwertung des Vermögensstammes i. S. von § 1581 S. 2 BGB würde daher nur dann vorliegen, wenn das Rentenstammrecht selbst – etwa durch eine Rekapitalisierung – angegriffen würde. Dagegen ist eine unterhaltsrechtliche Inanspruchnahme der laufenden Leibrentenzahlungen in voller Höhe – auch wenn darin wirtschaftlich gesehen ein Tilgungsanteil enthalten ist – im unterhaltsrechtlichen Sinne nicht als Verwertung des Vermögensstammes anzusehen. Daher stellt sich hier auch nicht die im Rahmen des § 1581 S. 2 BGB sonst relevante Frage, ob, wie lange und in welchem Umfang der Vermögensstamm erhalten bleiben muß, um dem Unterhaltsverpflichteten fortlaufende Einkünfte zur Deckung des eigenen Lebensbedarfs zu sichern (vgl. dazu Senat, NJW 1989, 524 = LM § 1603 BGB Nr. 37 = FamRZ 1989, 170 (171)).

c) Ein Einwand des Bekl., das OLG habe verkannt, daß § 1581 S. 2 BGB u. a. den Erhalt des Vermögensstammes zugunsten der Erben bezwecke und daß deshalb die Absicherung seiner zweiten Ehefrau (und späteren Erbin) berücksichtigt werden müsse, geht fehl. Dabei kann dahinstehen, ob § 1581 S. 2 BGB nach seiner Zielsetzung auch den Schutz der Erben bezweckt (verneinend Wendl/Staudigl, S. 404; Heiß/Heiß, 3.84). Auch hier ist entgegenzuhalten, daß die unterhaltsrechtliche Heranziehung der Leibrente keine Verwertung des Vermögensstammes i. S. von § 1581 S. 2 BGB ist. Außerdem liefe ein Vorwegabzug von Rücklagen aus den laufenden Leibrentenzahlungen zur Absicherung seiner zweiten Ehefrau darauf hinaus, ihr vorrangig einen Altersvorsorgeunterhalt zu zahlen. Das ginge zu Lasten der wegen der langen Ehe bevorrechtigten ersten Ehefrau (= Kl.) und widerspräche dem Rechtsgedanken des § 1582 I 2 BGB.

BGH v. 1. 12. 93 – XII ZR 150/92 – FamRZ 94, 303 = NJW 94, 938

R472 *(Unterhalt bei Ersatzdienst)*

a a) Die Revision stellt nicht in Frage, daß ein Unterhaltsanspruch eines Zivildienstleistenden gegen seine Eltern nach denselben Grundsätzen zu beurteilen ist wie derjenige eines den Wehrdienst leistenden Soldaten, die der Senat in dem Urteil vom 29. 11. 1989 (NJW 1990, 713 = LM § 1602 BGB Nr. 14 = FamRZ 1990, 394) dargelegt hat. Das folgt schon daraus, daß auf den Dienstpflichtigen in Fragen der Fürsorge, der Heilfürsorge, der Geld- und Sachbezüge, der Reisekosten sowie des Urlaubs die Bestimmungen entsprechend Anwendung finden, die für einen Soldaten des untersten Mannschaftsdienstgrades gelten, der aufgrund der Wehrpflicht Wehrdienst leistet (§ 35 I ZDG i. d. F. der Bekanntmachung v. 31. 7. 1986, BGBl. I, 1205). Daraus ergibt sich, daß der auch einem Zivildienstleistenden gewährte Sold einschließlich der Dezemberzuwendung im wesentlichen zur Befriedigung des nach anderweitiger Deckung der elementaren Lebensbedürfnisse (Verpflegung, Wohnung, eventuelle Dienstkleidung sowie Heilfürsorge) verbleibenden Freizeitbedarfes zur Verfügung steht. Ein Unterhaltsanspruch gegen die Eltern kann daneben nicht schon deswegen bestehen, weil diese in günstigen wirtschaftlichen Verhältnissen leben, sondern nur, wenn im Einzelfall ein besonderer Bedarf dargelegt wird, den der Dienstleistende aus den ihm seitens der Dienststelle zufließenden Mitteln nicht zu befriedigen vermag.

(Zivildienstsold reicht nicht für Wohnkosten)

b Das BerGer. ist in tatrichterlicher Beurteilung zu dem Ergebnis gelangt, daß der Sold des Bekl. einschließlich der Dezemberzuwendung nicht ausreiche, um davon (ganz oder teilweise) noch die Wohnkosten zu tragen, denn ein den Zivildienst Leistender dürfe wie ein Wehrpflichtiger seinen Sold für die Kosten der Freizeitgestaltung verwenden.

(Mietbeihilfe für Zivildienstleistende)

Der Senat stimmt dem BerGer. insbesondere aber darin zu, daß kein überzeugender Grund besteht, weshalb ein Zivildienstleistender, der nicht auf dienstliche Anordnung verpflichtet ist, in einer dienstlichen Unterkunft zu wohnen (vgl. § 31 ZDG), und der ohne Anspruch auf Kostenerstattung (vgl. dazu Schieckel/Brandmüller, ZDG, Stand Dezember 1992, § 31 Anm. 1) weiterhin bei einem Elternteil wohnt, unterhaltsmäßig schlechtergestellt sein soll als ein Zivildienstleistender mit einer eigenen Wohnung, der nach § 78 I Nr. 2 ZDG i. V. mit § 7a UnterhaltssicherungsG eine Mietbeihilfe beanspruchen kann. Auch bei einem wehrpflichtigen Soldaten oder bei einem Zivildienstleistenden, der in einer dienstlichen Unterkunft zu wohnen hat, wird der Wohnbedarf zusätzlich gedeckt mit der Folge, daß der Sold einschließlich der Dezemberzuwendung uneingeschränkt zur Befriedigung der in der Freizeit auftretenden Lebensbedürfnisse zur Verfügung steht. c

Das BerGer. ist zu Recht davon ausgegangen, daß der Bekl. eine Mietbeihilfe nicht beanspruchen kann. Diese erhalten gem. § 7a UnterhaltssicherungsG – der gem. § 78 I Nr. 2 ZDB entsprechend für anerkannte Kriegsdienstverweigerer gilt – nur Wehrpflichtige, die alleinstehend und Mieter von Wohnraum sind; alleinstehend sind Wehrpflichtige, die nicht mit Familienangehörigen in einer Wohn- und Wirtschaftsgemeinschaft leben. Dem Bekl. gereicht es im vorliegenden Fall auch nicht zum Nachteil, daß er sich zur Ableistung des Zivildienstes eine Beschäftigungsstelle hat zuweisen lassen, die ihm keine dienstliche Unterkunft zur Verfügung stellt. Zwar ist es möglich, hinsichtlich des Dienstortes Wünsche zu äußern und die Einberufung zu einer bestimmten Dienststelle anzuregen (vgl. Harrer/Haberland, ZDG, 3. Aufl., Nr. 5 zu § 19); ein Dienstpflichtiger, der wie bisher in der Wohnung der Eltern oder eines Elternteils verbleiben kann und demgemäß keinen erhöhten Wohnbedarf verursacht, ist aber unterhaltsrechtlich grundsätzlich nicht gehalten, die Einberufung zu einer Beschäftigungsstelle anzustreben, die eine dienstliche Unterkunft gewährt.

BGH v. 15. 12. 93 – XII ZR 172/92 – FamRZ 94, 372 = NJW 94, 1002

(Leistungsfähigkeit bei Umschulung) R473

b) Richtig ist auch der Ansatzpunkt, daß die für den Unterhaltsanspruch in § 1603 I BGB vorausgesetzte Leistungsfähigkeit des Unterhaltspflichtigen nicht allein durch sein tatsächlich vorhandenes Einkommen bestimmt wird, sondern auch durch seine Erwerbsfähigkeit. Reichen seine tatsächlichen Einkünfte nicht aus, so trifft ihn unterhaltsrechtlich die Obliegenheit, die ihm zumutbaren Einkünfte zu erzielen, insbesondere seine Arbeitsfähigkeit so gut wie möglich einzusetzen und eine ihm mögliche Erwerbstätigkeit auszuüben (Senat, NJW 1985, 732 = FamRZ 1985, 158 (159) m. w. Nachw.). Dabei legt ihm die sich aus § 1603 II BGB ergebende verstärkte Unterhaltspflicht gegenüber minderjährigen Kindern eine erhöhte Arbeitspflicht unter gesteigerter Ausnutzung seiner Arbeitskraft auf. Er ist unter Umständen auch verpflichtet, in zumutbaren Grenzen einen Orts- oder Berufswechsel vorzunehmen, wenn er nur auf diese Weise seine Unterhaltspflicht erfüllen kann (Senat, NJW 1980, 414 = FamRZ 1980, 1113 (1114)). Kommt er dieser Erwerbsobliegenheit nicht nach, muß er sich so behandeln lassen, als ob er ein Einkommen, das er bei gutem Willen erzielen könnte, auch tatsächlich hätte (Senat, NJW 1985, 732 = FamRZ 1985, 158 (159)). c

Eine solche Erwerbsobliegenheit bestand aber nicht für den Monat August 1991, in dem der Bekl. unstreitig noch bis einschließlich 26. 8. 1991 arbeitsunfähig krankgeschrieben war. Daher scheidet hier die Anrechnung eines fiktiven Einkommens von vornherein aus. Nach dem unbestrittenen Vortrag des Bekl. betrug sein Krankengeld, welches als Lohnersatzleistung ebenfalls zum Unterhalt herangezogen werden kann (vgl. *Schwab/Borth*, Hdb. des ScheidungsR, 2. Aufl., IV Rdnr. 428), im Monat August für 23 Tage kalendertäglich 29,98 DM netto, somit insgesamt rund 690 DM. Zusammen mit seinem Arbeitslosengeld von wöchentlich 126,60 DM lag er damit in einem Einkommensbereich, der selbst unter Berücksichtigung eines niedrigeren Selbstbehalts, als ihm die Sächsische Unterhaltstabelle, Stand bis 30. 6. 1992, mit 750 DM für erwerbslose Unterhaltspflichtige zubilligt (vgl. DtZ 1992, 117 = FamRZ 1992, 400), keine Unterhaltserhöhung für die Kl. zuläßt, ohne daß sein eigener notwendiger Unterhalt gefährdet wäre. Denn auch die gesteigerte Unterhaltspflicht nach § 1603 II 1 BGB findet dort ihre Grenze, wo dem Unterhaltspflichtigen nicht mehr die Mittel zur Bestreitung des unentbehrlichen Lebensbedarfs verbleiben (Senat, NJW 1991, 697 = FamRZ 1991, 182 (184 f.) m. w. Nachw.).

Soweit das BezG die Auffassung vertritt, der Bekl. könne sich schon deshalb nicht auf seine Leistungsunfähigkeit berufen, weil er sich nicht mittels einer Kündigungsschutzklage gegen seine betriebsbedingte Kündigung gewehrt habe, kann ihm ebenfalls nicht gefolgt werden. Wie der Senat bereits mehrfach ausgeführt hat (NJW 1985, 732 = FamRZ 1985, 158 (159); NJW-RR 1987, 706 = FamRZ 1987, 930 (993); NJW 1993, 1974 = FamRZ 1993, 1055 (1056); NJW 1994, 258), ist eine tatsächliche

Leistungsunfähigkeit grundsätzlich sogar dann beachtlich, wenn der Unterhaltspflichtige sie selbst – auch schuldhaft – herbeigeführt hat. Nur schwerwiegende Gründe, die sich aus einem verantwortungslosen, zumindest aber leichtfertigen und unterhaltsbezogenen Verhalten des Unterhaltsschuldners ergeben, vermögen ihm nach Treu und Glauben die Berufung auf seine Leistungsunfähigkeit zu versagen. Diesem Maßstab wird das BezG nicht gerecht, wenn es dem Bekl. eine Berufung auf seine Leistungsunfähigkeit versagt, weil er sich gegen die betriebsbedingte Maßnahme seines Arbeitgebers nicht mit einer Kündigungsschutzklage zur Wehr gesetzt hat. Darin ist kein verantwortungsloses Verhalten zu erblicken, das es rechtfertigen könnte, den Bekl. trotz Verlustes des Arbeitsplatzes in gleicher Weise als leistungsfähig zu behandeln wie zuvor. Ob im Einzelfall ein unterlassener Rechtsbehelf gegen eine offensichtlich unbegründete Kündigung leichtfertig wäre, kann dahinstehen, da ein solcher Fall nicht vorliegt.

c) Auch die Beurteilung des Folgezeitraums nach der Gesundung des Bekl. bis zum Beginn seiner Umschulung im Februar 1992 ist nicht frei von Rechtsfehlern. Zwar ist das BezG zutreffend davon ausgegangen, daß es nicht ausreicht, sich beim Arbeitsamt als Arbeitsuchender zu melden. Der Arbeitslose muß sich vielmehr auch sonst auf dem Arbeitsmarkt intensiv um eine Anstellung bemühen, so durch Bewerbungen auf Stellenanzeigen, Vorsprache bei möglichen Arbeitgebern und Aufgabe von Stellengesuchen. Diese vom Senat bisher für den Unterhaltsbegehrenden aufgestellten Grundsätze (vgl. NJW 1982, 1873 = FamRZ 1982, 255 (257 unter 2. a); NJW 1986, 718 = FamRZ 1986, 244 (246) unter 2.) gelten in gleicher Weise für den Unterhaltsschuldner (vgl. Köhler, in: MünchKomm, § 1603 Rdnr. 4 und 33 a; Soergel/Häberle, BGB, 12. Aufl., § 1603 Rdnr. 9; Staudinger/Kappe, BGB, 12. Aufl., § 1603 Rdnr. 118). Insbesondere im Rahmen der gesteigerten Erwerbsobliegenheit gegenüber minderjährigen Kindern ist dem Unterhaltspflichtigen auch zuzumuten, in Ermangelung anderer Arbeiten Gelegenheits- und Aushilfstätigkeiten zu suchen (vgl. OLG Hamburg, FamRZ 1984, 924).

Das hat der Bekl. unstreitig nicht getan. Gleichwohl rechtfertigt das allein nicht, ihm ein fiktives Einkommen von 1400 DM anzurechnen. Der Senat hat im Rahmen des auf Arbeitslosigkeit gestützten Unterhaltsanspruchs des Ehegatten nach § 1573 I BGB ausgeführt, daß eine Unterhaltsklage nicht schon dann abgewiesen werden darf, wenn der Anspruchsteller die ihm subjektiv zuzumutenden Anstrengungen, eine angemessene Erwerbstätigkeit zu finden, nicht oder nicht ausreichend unternommen hat. Vielmehr muß feststehen oder zumindest nicht auszuschließen sein, daß bei genügenden Bemühungen eine reale Beschäftigungschance mit einem höheren erzielbaren Einkommen bestanden hätte. Dabei sind in erster Linie objektive Voraussetzungen, wie die Verhältnisse auf dem Arbeitsmarkt, persönliche Eigenschaften des Bewerbers wie Alter, Gesundheit, Ausbildung und Berufserfahrung, mit zu würdigen (Senat, NJW-RR 1987, 962 = FamRZ 1987, 912 (913) und NJW 1987, 898 = LM § 1573 BGB Nr. 13 = FamRZ 1987, 144 (145)). Entsprechende Grundsätze gelten auch für die Erwerbsobliegenheit eines auf Unterhalt in Anspruch Genommenen (vgl. auch Senat (160 f. unter II.)). Denn ebenso wie beim Unterhaltsberechtigten kann das Unterlassen von Bewerbungen dann nicht vorwerfbar sein, wenn auch zumutbare Anstrengungen aller Voraussicht nach nicht zum Erfolg geführt hätten.

Das BezG hat lediglich ausgeführt, es verkenne nicht die derzeit angespannte Arbeitsmarktlage im Beitrittsgebiet; dennoch sei dem Bekl. entweder eine Aushilfstätigkeit oder ein Ortswechsel in die alten Bundesländer und die Aufnahme einer besserbezahlten Tätigkeit, gegebenenfalls auch Anlerntätigkeit möglich. Es hätte sich aber näher damit auseinandersetzen müssen, daß der Bekl. über keine abgeschlossene Berufsausbildung verfügt, was ihm auch die Arbeitssuche in den alten Bundesländern erschweren dürfte, und daß die vom Arbeitsamt vorgeschlagene Umschulungsmaßnahme zumindest ein Indiz dafür ist, daß der Bekl. jedenfalls vom Arbeitsamt nicht zu vermitteln ist. Angesichts dessen hätte es näherer Feststellungen dazu bedurft, welche realen Beschäftigungschancen für den Bekl. auf dem freien Arbeitsmarkt außerhalb der Vermittlung durch das Arbeitsamt bestanden, und ob er damit ein Einkommen von 1400 DM hätte erzielen können. Es ist auch nicht erkennbar, auf welche konkreten Umstände das BezG seine Einschätzung stützt, der Bekl. könne bei einem Wechsel in die alten Bundesländer eine entsprechend dotierte Arbeit finden. Andererseits kann der Senat mangels gegenteiliger Feststellungen nicht in der Sache selbst entscheiden und die Berufung der Kl., mit der sie ihren Erhöhungsantrag weiterverfolgt, für den Zeitraum bis zur Umschulung zurückweisen. Die Sache ist vielmehr insoweit zur erneuten tatrichterlichen Klärung, ob der Bekl. in diesem Umfang als leistungsfähig angesehen werden kann, zurückzuverweisen. In diesem Zusammenhang wird erneut zu prüfen sein, ob dem Bekl. bereits während seiner Erkrankung eine Arbeitssuche zuzumuten war. Eine solche Obliegenheit ist nicht von vornherein auszuschließen und hängt maßgeblich von Art und Schwere der Erkrankung ab. Es ist dabei Sache des Bekl., darzutun, daß aufgrund seiner Krankheit eine derartige Obliegenheit für ihn nicht bestand. Allerdings steht auch dies unter dem Vorbehalt, daß bei möglichen früheren Bemühungen um Arbeit eine reale Beschäftigungschance bestanden hätte.

(Vorrang der Erstausbildung vor Erwerbsobliegenheit)

d Zu Recht greift die Revision auch die Erwägung des BezG an, der Bekl. müsse seine Umschulung zugunsten einer Anlerntätigkeit gegebenenfalls in den alten Bundesländern aufgeben. Zwar hat das Interesse eines unterhaltspflichtigen Elternteils, unter Zurückstellung bestehender Erwerbsmöglichkeiten eine Aus- oder Weiterbildung aufzunehmen, grundsätzlich hinter dem Unterhaltsinteresse seiner Kinder zurückzutreten. Das gilt vor allem dann, wenn der Unterhaltspflichtige bereits über eine Berufsausbildung verfügt und ihm die Erwerbsmöglichkeiten in dem erlernten Beruf – wenn auch möglicherweise nach einem zumutbaren Ortswechsel – eine ausreichende Lebensgrundlage bieten. Anders kann es dagegen sein, wenn es nicht um die Aufgabe einer Berufstätigkeit zum Zwecke einer Zweitausbildung oder der Weiterbildung in dem erlernten Beruf, sondern darum geht, erstmals eine abgeschlossene Berufsausbildung zu erlangen. Einer solchen Erstausbildung ist unter Umständen Vorrang auch gegenüber der Obliegenheit zur Ausübung einer Erwerbstätigkeit zur Sicherstellung des Kindesunterhalts einzuräumen. Denn die Erlangung einer angemessenen Vorbildung zu einem Beruf gehört zum eigenen Lebensbedarf des Unterhaltspflichtigen, den dieser grundsätzlich vorrangig befriedigen darf (vgl. Palandt/Diederichsen, § 1603 Rdnr. 10; Staudinger/Kappe, § 1603 Rdnr. 121 m. w. Nachw.). Das mag anders sein, wenn der Unterhaltspflichtige sich in der Vergangenheit stets auf die Ausübung von ungelernten Tätigkeiten beschränkt hat und sich erst später zur Aufnahme einer Berufsausbildung entschließt, obwohl sich der Anlaß, seine Arbeits- und Verdienstchancen durch eine Ausbildung zu verbessern, für ihn nicht verändert hat. In derartigen Fällen wird zu prüfen sein, ob es dem Unterhaltspflichtigen nicht zuzumuten ist, die nunmehr angestrebte Ausbildung zu verschieben und ihre Aufnahme so lange zurückzustellen, bis die Kinder nicht mehr unterhaltsbedürftig sind oder mit einem etwaigen reduzierten Unterhalt, den der Unterhaltspflichtige auch während der Ausbildung zu leisten vermag, ihr Auskommen finden.

Um einen solchen Fall geht es hier nicht. Vielmehr ist die wirtschaftliche Situation des Bekl. dadurch gekennzeichnet, daß er unter den Verhältnissen der früheren DDR mit seiner Tätigkeit als „Zerspaner" eine dauerhafte Beschäftigung gefunden hatte, die ihm sein Auskommen auch in der Zukunft zu sichern schien. Das hat sich durch die wirtschaftliche Entwicklung im Gefolge des Beitritts der neuen Bundesländer grundlegend geändert. Diese Entwicklung hat dazu geführt, daß der Bekl. in seinem bisherigen Tätigkeitsbereich keine Beschäftigungschancen mehr hat und daß er vor die Notwendigkeit gestellt wurde, sich beruflich neu zu orientieren. Dabei ergab sich, daß seine Chancen als ungelernter Arbeiter in den Beitrittsländern, aber auf Dauer auch in den alten Bundesländern ungünstig sind. Wenn er unter diesen Umständen das Angebot der örtlichen Arbeitsverwaltung annahm, im Wege der Umschulung eine Ausbildung zum Einzelhandelskaufmann zu absolvieren und dadurch erstmals eine Berufsausbildung zu erlangen, so hat die Kl. das hinzunehmen und sich für die Dauer der Umschulung weiterhin mit dem bisher titulierten Betrag zu begnügen. Letztlich entspricht es auch ihrem Interesse, wenn der Bekl. durch die Berufsausbildung in die Lage versetzt wird, den Unterhalt später durch eine besser qualifizierte, dauerhafte Erwerbstätigkeit aufzubringen.

BGH v. 2. 2. 94 – XII ZR 191/92 – FamRZ 94, 562 = DtZ 94, 371

(Abänderung einer DDR-Vereinbarung; maßgebliches Recht) **R474**

b) Der gesetzliche Unterhaltsanspruch der Kl. richtet sich inzwischen nicht mehr nach den Vorschriften des DDR-FGB, sondern nach den §§ 1569 ff. BGB. Art. 234 § 5 S. 1 EGBGB i. d. F. des Einigungsvertrages bestimmt unter Einschränkung des § 1 der Regelung, daß für den Unterhaltsanspruch eines Ehegatten, dessen Ehe vor dem Wirksamwerden des Beitritts geschieden worden ist, das bisherige Recht maßgebend bleibt. Aus dieser intertemporalen Übergangsvorschrift ergibt sich nicht, in welchen Fällen das Recht der DDR „bisheriges Recht" war. Diese Frage ist vielmehr nach dem innerdeutschen Kollisionsrecht zu beantworten (vgl. Senat, NJW-RR 1992, 1474 = LM H. 2/1993 § 323 ZPO Nr. 67 = BGHR EGBGB Art. 234 § 5 Fortgeltung 1 = FamRZ 1993, 43 (44)). **a**

Wie der Senat hierzu in dem Urteil vom 10. 11. 1993 (NJW 1993, 201 = LM H. 3/1993 § 2 AVB f. Unfallvers. Nr. 8 im einzelnen dargelegt hat, ist seit dem Inkrafttreten des IPRNeuregelungsgesetzes 1986 im innerdeutschen Kollisionsrecht der alten Bundesländer die Bestimmung des Art. 18 V EGBGB entsprechend heranzuziehen. Danach ist für den Anspruch auf nachehelichen Unterhalt das bundesdeutsche Recht maßgebend, wenn zumindest der unterhaltspflichtige geschiedene Ehegatte vor dem Wirksamwerden des Beitritts am 3. 10. 1990 aus der ehemaligen DDR in die Bundesrepublik übergesiedelt ist (vgl. auch Senat, FamRZ 1994, 824).

(Materielle Abänderungsgrundsätze)

b) Demgemäß erfolgt eine Abänderung der Einigung wie bei einem Prozeßvergleich nach § 323 IV ZPO in der Form des § 323 I ZPO. Inhaltlich bestimmt sie sich dementsprechend nicht nach § 323 I ZPO, sondern nach den aus § 242 BGB abgeleiteten Grundsätzen über die Veränderung oder den Wegfall der Geschäftsgrundlage (BGHZ 85, 64 (73) = NJW 1983, 228 = LM § 323 ZPO Nr. 31; Senat, NJW 1986, 2054 = LM § 323 ZPO Nr. 48 = FamRZ 1986, 790 – st. Rspr.). Dabei kommt, da sich der Unterhaltsanspruch der Kl. nach den Vorschriften des BGB richtet, den Vorschriften des **b**

DDR-FGB keine Bedeutung mehr zu. Das gilt insbesondere für die Regelung des § 33 DDR-FGB, nach der eine Erhöhung des Unterhaltsbetrages bei wesentlicher Änderung der Umstände, die zur Festsetzung des Unterhalts geführt haben (§ 33 S. 1) nur zulässig ist, „wenn der Unterhaltsverpflichtete im Zeitpunkt der Scheidung ein sein normales Einkommen wesentlich unterschreitendes Einkommen gehabt hat" (§ 33 S. 2 DDR-FGB). Die in dieser Vorschrift enthaltene einschränkende Regelung für den Unterhaltsanspruch eines geschiedenen Ehegatten ist, soweit sie verfahrensrechtlichen Charakter hat, durch § 323 ZPO verdrängt worden (vgl. Senat, NJW-RR 1992, 1474 = LM H. 2/1993 § 323 ZPO Nr. 67 = FamRZ 1993, 43 (44)). Soweit ihr materiellrechtliche Bedeutung zukommt, gilt an ihrer Stelle das Unterhaltsrecht des BGB.

BGH v. 9. 2. 94 – XII ZR 183/92 – FamRZ 94, 566 = NJW 94, 1286

R475 *(Keine Verwirkung bei unerkannten vorehelichen Krankheiten)*

Es kann dahinstehen, ob die Krankheitssymptome der Bekl. bereits vorehelich gegeben waren. Einer weiteren Aufklärung bedurfte es insoweit nicht. Denn ebensowenig, wie der Tatbestand des § 1572 BGB davon abhängt, ob die Erkrankung des bedürftigen Ehegatten ehebedingt ist, und etwa deshalb ausgeschlossen ist, weil sie schon vor der Ehe bestanden hat, wird in einem solchen Fall die Anwendung des § 1579 Nr. 7 BGB von diesem Umstand beeinflußt. Der Senat hat – gestützt auf den Wortlaut und die Entstehungsgeschichte des § 1572 BGB – bereits entschieden, daß als nicht ehebedingte, aber von § 1572 BGB ebenfalls erfaßte Bedürfnislage auch diejenige anzusehen ist, die auf einer bereits vor der Ehe eingetretenen, im Zeitpunkt der Scheidung oder zu den übrigen Einsatzzeitpunkten weiterhin bestehenden Erkrankung beruht (Senat, NJW 1982, 40 = LM § 1569 BGB Nr. 3 = FamRZ 1981, 1163 (1164)). Ob die Krankheit erst während der Ehe oder schon vorher eingetreten ist, kann bei der in § 1572 BGB geregelten Anknüpfung an die scheidungsbedingte Bedürftigkeit nicht ausschlaggebend sein, weil sich die Bedürfnislage des Ehegatten in beiden Fällen gleich darstellt. Bis zum Zeitpunkt der Scheidung teilen die Ehegatten ihr gemeinsames Schicksal noch in einem solchen Umfang, daß der Leistungsfähige für den kranken Ehegatten einstehen muß. Es soll jede Krankheit des geschiedenen Ehegatten, nicht nur die ehebedingte, die Unterhaltspflicht des anderen auslösen. Nur schicksalsbedingte Ereignisse, die sich erst nach der Scheidung im Leben eines Ehegatten einstellen, sollen grundsätzlich nicht mehr zu Lasten des anderen gehen (RegE BT-Dr 7/650, S. 124). Es gehört danach geradezu typisch zum Wesen der ehelichen Lebensgemeinschaft und der daraus folgenden nachehelichen Solidarität, daß schicksalhafte Entwicklungen grundsätzlich gemeinsam getragen werden müssen, auch wenn und soweit sie schon vorehelich angelegt waren und über den Zeitpunkt der Scheidung oder einen der anderen Einsatzzeitpunkte des § 1572 BGB hinaus fortwirken.

Diesem Verständnis des § 1572 BGB liefe die von der Revision vertretene Sicht des § 1579 Nr. 7 BGB zuwider. Denn damit würde der Umstand einer vorehelichen Erkrankung, dessen Vorliegen nach der gesetzgeberischen Zielsetzung die Erfüllung des Tatbestandes des § 1572 BGB gerade nicht hindern soll, auf dem Weg über die negative Härteklausel zu einem gegenläufigen Ergebnis, nämlich zu einem – ganzen oder teilweisen – Ausschluß des Anspruchs führen. § 1579 Nr. 7 BGB kann aber nicht mittelbar dazu dienen, den Anwendungsbereich des § 1572 BGB zu verändern. § 1572 BGB ist in besonderem Maße Ausdruck der durch die Ehe begründeten nachehelichen Mitverantwortung der Ehegatten füreinander, aufgrund deren der sozial Stärkere für die Bedürfnislage des sozial Schwächeren einzustehen hat (vgl. BVerfGE 57, 361 (389) = NJW 1981, 1771). Daß der Gesetzgeber diese Schutzfunktion nicht einschränken wollte, zeigt sich auch daran, daß er mit dem Gesetz zur Änderung unterhaltsrechtlicher u. a. Vorschriften (UÄndG) vom 20. 2. 1986 (BGBl I, 301) zwar die Unterhaltstatbestände des Unterhalts wegen Arbeitslosigkeit und des Aufstockungsunterhalts mit einer zeitlichen Beschränkungsmöglichkeit versehen hat (§ 1573 V BGB), dagegen § 1572 BGB unverändert gelassen hat. Der Umstand, daß eine schon vorehelich bestehende Erkrankung des bedürftigen Ehegatten dazu führt, daß der leistungsfähige Ehegatte das Lebensschicksal des anderen in Form einer dauernden Unterhaltslast mittragen muß, ist danach nicht geeignet, die Unzumutbarkeit zu begründen.

c) Eine andere, davon zu unterscheidende Frage ist dagegen, ob § 1579 BGB nicht aus anderen Gründen eingreift. So hat der Senat in einem ähnlich gelagerten Fall eine Unterhaltsbeschränkung nicht wegen der bei Eheschluß noch nicht in Erscheinung getretenen psychischen Erkrankung des Ehegatten, sondern wegen der noch als kurz anzusehenden Ehe gem. § 1579 I Nr. 1 BGB für möglich gehalten (Senatsurt. v. 15. 6. 1983 – IVb ZR 381/81 – nicht veröffentlicht). § 1579 Nr. 7 BGB kann auch aus objektiven Gegebenheiten und Entwicklungen der Lebensverhältnisse folgen, etwa dann, wenn die Ehe zwar nicht von kurzer Dauer war, aber die Eheleute tatsächlich nur wenige Monate zusammengelebt und ihre Lebensverhältnisse noch nicht aufeinander eingerichtet haben (vgl. Senat, NJW-RR 1988, 834 = FamRZ 1988, 930 (932)). Beides greift hier nicht ein. Ob § 1579 Nr. 7 BGB zur Anwendung kommen kann, wenn der bedürftige Ehegatte seine Erkrankung schon vor Eingehung der Ehe gekannt, aber dem anderen bewußt verschwiegen hat, hat der Senat im Urteil vom 23. 9. 1981 (NJW 1982, 40 = LM § 1569 BGB Nr. 3 = FamRZ 1981, 1163

(1163)) offengelassen. Auch hier bedarf es dazu keiner Stellungnahme, weil keine Anhaltspunkte für ein solches Verhalten der Bekl. gegeben sind. Ob schließlich im Einzelfall das Ausmaß der Belastung die Grenze des Zumutbaren übersteigen und damit allein eine Anwendung des § 1579 Nr. 7 BGB rechtfertigen kann (so wohl OLG Oldenburg, FamRZ 1991, 827 (828)), kann hier ebenfalls unerörtert bleiben. Zwar muß der Staat auch bei der Regelung des Privatrechtsverhältnisses zwischen den Ehegatten nach der Scheidung den Grundsatz der Verhältnismäßigkeit beachten und unverhältnismäßige Belastungen des einen Ehegatten zugunsten des anderen vermeiden (BVerfGE 57, 361 (388) = NJW 1981, 1771). Dem trägt § 1579 BGB Rechnung, indem er – neben dem Vorliegen der Härtegründe der Nrn. 1–7 – eine billige Abwägung der beiderseitigen Verhältnisse verlangt (Johannsen/Henrich/Voelskow, EheR, 2. Aufl., § 1579 BGB Rdnr. 6 m. w. Nachw.). Dem ist hier aber Genüge getan, weil nach den rechtsfehlerfreien Feststellungen des OLG dem Kl. mehr als sein angemessener Selbstbehalt verbleibt.

BGH v. 9. 2. 94 – XII ZR 220/92 – FamRZ 94, 558 = NJW-RR 94, 644

(Versagung von Trennungsunterhalt bei nur formaler Ehe) **R476**

Der Revision ist darin zuzustimmen, daß der Anspruch auf Trennungsunterhalt nach der std. Rspr. des Senats nicht voraussetzt, daß die Ehegatten vorher zusammengelebt haben ...

Eine nur formell bestehende Ehe mit anderen (verminderten) als den gesetzlichen Rechten und Pflichten gibt es nicht, so daß es nur darauf ankommen kann, ob ein Ausschluß, eine Herabsetzung oder eine zeitliche Begrenzung des Unterhaltsanspruchs gem. § 1361 III i. V. mit § 1579 Nrn. 2 bis 7 BGB gerechtfertigt ist (Senat, NJW 1986, 718 = LM § 1361 BGB Nr. 44 = FamRZ 1986, 244 (246)).

Diese Grundsätze hat das OLG beachtet. Es hat die Unbilligkeit des Begehrens des Kl. nicht darin gesehen, daß die Parteien keine tatsächliche Gemeinschaft begründet haben, sondern darin, daß der Kl. – insoweit in Übereinstimmung mit der Bekl. – die Eheschließung vom 11. 11. 1988 aus Gründen des von beiden für maßgeblich erachteten koptischen Kirchenrechts und des Heimatrechts der Bekl. als für sie persönlich unverbindlich angesehen hat und – entgegen der Hoffnung der Bekl. – nicht bereit war, durch eine kirchliche Scheidung seiner vorangegangenen Ehe die Voraussetzung für eine auch nach jenen Rechten (vgl. dazu Art. 13 I EGBGB, Art. 12 des ägyptischen Bürgerlichen Gesetzbuches, § 21 des Einheitlichen Familienrechts für alle christlichen Konfessionen in Ägypten, letztere Bestimmungen wiedergegeben bei Bergmann/Ferid, Int. Ehe- und KindschaftsR, Arabische Republik Ägypten S. 14 und 85) gültige Ehe herbeizuführen, gleichwohl aber Unterhalt verlangt. Danach erschöpfte sich das Verhalten des Kl. nicht darin, vom Zusammenleben der Parteien Abstand zu nehmen; vielmehr war er sich darüber hinaus bewußt, daß sich die Ehe der Parteien sowohl nach dem Heimatrecht der Bekl. als auch nach dem von beiden als verbindlich angesehenen Kirchenrecht als „absolut ungültig" darstellte.

Es ist revisionsrechtlich nicht zu beanstanden, daß das BerGer. darin einen Härtegrund i. S. des § 1579 Nr. 7 BGB sieht. Wer – wie der Kl. – einerseits die Vorstellung seines Partners kennt und teilt, der Eheschluß vor dem Standesbeamten sei wegen einer noch nicht kirchlich geschiedenen Vorehe nach dem von ihnen beiden als verbindlich angesehenen Kirchenrecht irrelevant, und deshalb von der Aufnahme einer ehelichen Lebensgemeinschaft absieht, kann nicht andererseits einen Unterhaltsanspruch aus der formalen Rechtsstellung herleiten, die ihm die Eheschließung nach deutschem Recht gibt. Er hält sich mit seinem Begehren nicht an die mit seinem Partner getroffene Vereinbarung über die internen Folgen der Eheschließung und setzt sich in Widerspruch zu seinem eigenen Verhalten. Mit Recht sieht das OLG in dieser Sachlage einen Grund, der ebenso schwer wiegt wie die in § 1579 Nrn. 2 bis 6 BGB aufgeführten Gründe. Dabei kommt es nicht darauf an, ob ein schuldhaftes Verhalten des Kl. darin gesehen werden kann, daß er es unterläßt, die kirchliche Scheidung seiner Vorehe zu betreiben. Das für die Heranziehung der Vorschrift des § 1579 Nr. 7 BGB wesentliche Erfordernis, daß die aus der Unterhaltspflicht erwachsende Belastung für den Verpflichteten die Grenze des Zumutbaren übersteigt, kann auch aus objektiven Gegebenheiten und Entwicklungen der Lebensverhältnisse der Ehegatten folgen.

BGH v. 2. 3. 94 – XII ZR 215/92 – FamRZ 94, 696 = NJW 94, 1530

(Unterhaltsbemessung in Abänderungsverfahren) **R477**

I.1. Das OLG hat den Barunterhaltsbedarf des Kl. für den Zeitraum vom 1. bis zum 25. 9. 1991, in **a**
dem er noch minderjährig war, allein nach den Einkommen des Bekl. bemessen.

Abgesehen hiervon würde sich aber die von dem OLG für das vorliegende Abänderungsverfahren vorgenommene Höhergruppierung des Bekl. um zwei Einkommensstufen aus den dafür herangezogenen Gründen selbst dann rechtfertigen, wenn sich der Wille der Parteien bei Abschluß des Vergleichs v. 6. 9. 1989 nicht mehr verbindlich feststellen ließe.

II. 1. Für den Zeitraum vom 26. 9. bis zum 31. 12. 1991, also nach Eintritt der Volljährigkeit des Kl., hat das BerGer. die Abänderungsklage zwar – wegen der Identität des Unterhaltsanspruchs des minderjährigen mit dem des volljährigen Kindes – für zulässig, in der Sache aber für nicht begründet gehalten …

aa) Die Unterhaltsbemessung im Abänderungsverfahren bestimmt sich, wenn es sich bei dem abzuändernden Titel wie hier um einen Prozeßvergleich handelt, nach std. Rspr. nicht nach § 323 I ZPO, sondern nach den aus § 242 BGB abgeleiteten Grundsätzen über die Veränderung oder den Wegfall der Geschäftsgrundlage (BGHZ-GS- 85, 64, 73 = FamRZ 1983, 22; Senatsurteil v. 23. 4. 1986 – IVb ZR 30/85 –, FamRZ 1986, 790). Ob eine solche Änderung eingetreten ist, richtet sich nach dem dem Vergleich zugrunde gelegten Parteiwillen. Dieser ist der Geltungsgrund des Vergleichs, und er entscheidet, welche Verhältnisse zur Grundlage des Vergleichs gehören und wie die Parteien diese Verhältnisse bewerten (Senatsurteil v. 23. 4. 1986, a. a. O., std. Rspr.). Ist in den maßgeblichen Verhältnissen seit Abschluß des Vergleichs eine Änderung eingetreten, so muß die danach gebotene Anpassung der getroffenen Regelung an die veränderten Verhältnisse nach Möglichkeit unter Wahrung der dem Parteiwillen entsprechenden Grundlagen erfolgen. Soweit diese sich allerdings so tiefgreifend geändert haben, daß dem Parteiwillen für die vorzunehmende Änderung kein hinreichender Anhaltspunkt mehr zu entnehmen ist, kann in Betracht kommen, die Abänderung ausnahmsweise ohne fortwirkende Bindung an die (unbrauchbar gewordenen) Grundlagen des abzuändernden Vergleichs vorzunehmen und – im Falle einer Unterhaltsregelung – den Unterhalt wie bei einer Erstfestsetzung nach den gesetzlichen Vorschriften zu bemessen. Auch in solchen Fällen bleibt allerdings zu prüfen, ob dem Vergleich Elemente entnommen werden können, die trotz der tiefgreifenden Änderung der Verhältnisse nach dem erkennbaren Parteiwillen weiterwirken sollen (vgl. Senatsurteil v. 20. 3. 1985 – IVb ZR 8/84 –, nicht veröffentlicht).

(Bemessung des Volljährigenunterhalts nach dem zusammengerechneten Einkommen der Eltern)

b Mit der Vollendung des 18. Lebensjahres des Kl. haben sich die maßgeblichen Verhältnisse, die dem Vergleich vom 6. 9. 1989 zugrunde lagen, geändert: Ein Betreuungsbedarf kommt für den nunmehr volljährigen Kl. kraft Gesetzes nicht mehr in Betracht (vgl. Senat, NJW 1988, 2371 = LM § 1602 BGB Nr. 13 = FamRZ 1988, 159 (162)). An seine Stelle ist ein erhöhter Barunterhaltsbedarf getreten. Die Mutter des Kl. geht inzwischen einer vollschichtigen Erwerbstätigkeit nach und verfügt ebenfalls über eigene Einkünfte. Damit bestimmt sich die Lebensstellung des Kl., also sein angemessener Unterhaltsbedarf, grundsätzlich nicht mehr allein nach dem Einkommen des (früher allein) barunterhaltspflichtigen Bekl., sondern nach den zusammengerechneten Einkünften beider Elternteile, die anteilig nach ihren Erwerbs- und Vermögensverhältnissen für den Unterhalt aufzukommen haben (§ 1606 III 1 BGB).

cc) Läßt sich danach ein Parteiwille bei Abschluß des Vergleichs für die Bemessung des dem Kl. nach Eintritt der Volljährigkeit zustehenden Unterhalts nicht ermitteln, so ist dieser – mit dem BerGer. – auf der Grundlage der gesetzlichen Vorschriften festzulegen. Das BerGer. hat insoweit rechtlich zutreffend angenommen, daß in Fällen, in denen beide Elternteile einer Erwerbstätigkeit nachgehen, der Unterhaltsbedarf des volljährigen Kindes – selbst wenn dieses noch im Haushalt eines Elternteils wohnt – grundsätzlich nach den zusammengerechneten Einkünften beider Eltern zu bemessen ist (vgl. Senat, NJW-RR 1986, 426 = FamRZ 1986, 151 (152); NJW-RR 1986, 1261 = FamRZ 1987, 58 (60)). Gewisse Betreuungsleistungen, die, wie im vorliegenden Fall, die Mutter dem volljährigen Kind noch erbringt, stellen sich überlicherweise als freiwillige Leistungen oder als solche Leistungen dar, die im Einvernehmen mit dem Kind bei der Bemessung des Haftungsanteils der Mutter zu berücksichtigen sind (vgl. Staudinger/Kappe, BGB, 12. Aufl., § 1606 Rdnr. 23; auch Senat, FamRZ 1988, 1039 (1041) = NJW-RR 1986, 426 = FamRZ 1986, 151 (152)).

(Keine Fortdauer der Betreuung nach Volljährigkeit)

c dd) Dem BerGer. ist entgegen der Auffassung der Revision darin zu folgen, daß die Leistungen, die die Mutter des Kl. noch über die Vollendung seines 18. Lebensjahres hinaus in Natur für ihn erbringt, nicht mehr als Betreuungsunterhalt i. S. von § 1606 III 3 BGB zu bewerten sind. Der Senat hat zwar, worauf das BerGer. zutreffend hingewiesen hat, in dem Urteil vom 8. 4. 1981 (NJW 1981, 2462 = LM § 253 ZPO Nr. 65 = FamRZ 1981, 541 (543)) entschieden, die Regelung des § 1606 III 2 BGB schließe nicht aus, im Einzelfall auch in den ersten Jahren nach Eintritt der Volljährigkeit eines Kindes – jedenfalls bei Verhältnissen, wie sie in jenem Fall vorlagen – weiterhin von der Gleichwertigkeit des Barunterhalts und der Betreuungsleistungen auszugehen, etwa wenn und solange sich der Barbedarf gegenüber den üblichen Werten für minderjährige Kinder nicht wesentlich erhöhe; letztlich sei diese Beurteilung jedoch Sache des Tatrichters. In dem damals entschiedenen Fall war die geschiedene Ehefrau nicht erwerbstätig, und sie betreute in ihrem Haushalt neben dem inzwischen volljährigen Kind weiter eines der vier ehelichen Kinder, das noch minderjährig war.

Ob an jener seinerzeit in einem Einzelfall vertretenen Auffassung grundsätzlich festgehalten werden sollte, hat der Senat in späteren Entscheidungen dahinstehen lassen (vgl. FamRZ 1988, 1039 (1041) =

BGHR BGB § 1606 Abs. 3 Satz 2 Betreuungsfortsetzung 1; NJW 1988, 2371 = LM § 1602 BGB Nr. 13 = FamRZ 1988, 159 (162)). Sie stellte jedenfalls eine auf die damals gegebenen Umstände bezogene Ausnahme dar, die auf den hier vorliegenden Fall, in dem beide Eltern einer vollen Erwerbstätigkeit nachgehen, nicht übertragen werden kann (vgl. dazu *Griesche*, in: FamGb, § 1606 Rdnr. 29; Mutschler, in: RGRK, 12. Aufl., § 1606 Rdnr. 26; *Schwab/Borth*, Hdb. des ScheidungsR, V Rdnr. 26; Köhler, in: MünchKomm, 3. Aufl., § 1606 Rdnr. 9a; Soergel/Häberle, BGB, 12. Aufl., § 1610 Rdnr. 7; Staudinger/Kappe, § 1606 Rdnr. 23; differenzierend: Johannsen/Henrich/Graba, EheR, 2. Aufl., § 1606 Rdnr. 9). Mit dem Eintritt der Volljährigkeit endet die elterliche Sorge im Rechtssinne und – als Teil hiervon – die Personensorge (§§ 1626, 1631 BGB) des betreuenden Elternteils. Damit entfällt nach dem Gesetz die Grundlage für eine Gleichbewertung von Betreuungs- und Barunterhalt ohne Rücksicht darauf, ob im Einzelfall etwa ein volljähriger Schüler weiter im Haushalt eines Elternteils lebt und von diesem noch gewisse Betreuungsleistungen erfährt. Geht dieser Elternteil allerdings, wie hier die Mutter des Kl., einer eigenen vollen Erwerbstätigkeit nach, so werden seine Betreuungsleistungen in der Regel schon vom Umfang her nicht das Maß einer vollwertigen Unterhaltsgewährung erreichen. Hat der Elternteil die Erwerbstätigkeit bereits vor Eintritt der Volljährigkeit des Kindes aufgenommen und damit naturgemäß den Umfang seiner Betreuung reduzieren müssen, rechtfertigt die Regelung des § 1606 III 2 BGB gleichwohl bis zum Eintritt der Volljährigkeit des Kindes die Beurteilung, daß auch dieser reduzierte Betreuungsunterhalt dem Barunterhalt des anderen Elternteils noch gleichwertig ist. Hier wirkt sich aus, daß der Betreuungsbedarf des Kindes in den verschiedenen Lebensalterstufen der Minderjährigkeit nach Art und Umfang unterschiedlich hoch ist. Dem trägt die gesetzliche Regelung des § 1606 III 2 BGB in praktikabel pauschalierender Weise für die gesamte Dauer der Minderjährigkeit unter Einschluß auch der letzten Jahre vor Vollendung des 18. Lebensjahres Rechnung (vgl. Senat, NJW 1988, 2371 = LM § 1602 BGB Nr. 13 = FamRZ 1988, 159 (160ff.)). Vom Eintritt der Volljährigkeit des Kindes an besteht nach dem Gesetz jedoch kein rechtfertigender Grund mehr, weiter nur den bisher allein barunterhaltspflichtigen Elternteil mit dem nunmehr insgesamt in Form einer Geldrente zu entrichtenden Unterhalt des Kindes zu belasten, wenn auch der andere Elternteil über Einkünfte verfügt, die ihn zur Zahlung von Unterhalt instandsetzen.

BGH v. 5. 5. 94 – III ZR 98/93 – FamRZ 95, 348 = NJW 94, 2895

(Anspruch auf Kostenersatz bei verspäteter Auskunft) R479 b

Dem Gläubiger eines Anspruchs auf Auskunftserteilung und Rechnungslegung kann gegen den Schuldner der Auskunftsverpflichtung ein Schadensersatzanspruch wegen der Kosten einer unbegründeten Klage zustehen, die er infolge der Nichterteilung der Auskunft erhoben hat (vgl. *BGHZ* 79, 275, 280f., und *BGH*, Urteil v. 4. 2. 1981 – VIII ZR 43/80 –, WM 1981, 386, 387f. zu § 840 ZPO). Ein solcher Schadensersatzanspruch kann im Wege des Feststellungsantrags in demselben Prozeß geltend gemacht werden; eine hierin liegende Klageänderung ist nach § 263 ZPO als sachdienlich anzusehen, so daß dahingestellt bleiben kann, ob eine Klageänderung nach § 264 Nr. 3 ZPO zulässig wäre. Für die Begründetheit einer derartigen Feststellungsklage bedarf es nur der Prüfung, ob der Gläubiger erst durch die verspätete Auskunftserteilung Klarheit über das Nichtbestehen eines Leistungsanspruchs hatte und der Schuldner schuldhaft seiner Auskunftsverpflichtung nicht oder nicht rechtzeitig nachgekommen ist (vgl. *BGH*, a. a. O.).

Auch im Streitfall sind diese Grundsätze anzuwenden. Die Voraussetzungen für einen Schadensersatzanspruch liegen vor, wie der erkennende *Senat* selbst beurteilen kann. Der Schadensersatzanspruch ergibt sich aus dem rechtlichen Gesichtspunkt des Verzuges (§ 286 BGB; vgl. auch *BGH*, Urteil v. 30. 11. 1983 – IVb ZR 31/82 –, BGHWarn 1983 Nr. 356 = FamRZ 1984, 163, 164). Die Bekl. war der Kl. nach §§ 675, 666, 259 BGB zur Auskunftserteilung und Rechnungslegung verpflichtet, wie schon das LG in seinem Teilurteil rechtsfehlerfrei angenommen hat. Die Bekl. ist dieser Verpflichtung erst nach rechtskräftiger Verurteilung nachgekommen. Daß sie an der Nichterfüllung kein Verschulden traf (§ 285 BGB), ist weder dargetan noch ersichtlich. Erst nachdem die Bekl. – nach Erhebung der Stufenklage – Rechnung gelegt hatte, zeigte sich, daß die Kl. keine Zahlung von ihr beanspruchen konnten. Bei dieser Sachlage steht den Kl. gegen die Bekl. ein Anspruch auf Erstattung der durch die verspätete Auskunft entstandenen Verfahrenskosten zu. Dazu zählen die Kosten der Stufenklage, soweit das LG und das OLG sie den Kl. auferlegt haben. Denn die Erhebung der Stufenklage, die das Gesetz den Parteien in Fällen der vorliegenden Art in § 254 ZPO aus Gründen der Prozeßökonomie zur Verfügung stellt, ist in solchen Fällen die adäquate Folge des säumigen Verhaltens des Auskunftsschuldners. Die Kl. war entgegen der von der Bekl. in der mündlichen Revisionsverhandlung vertretenen Meinung nicht gehalten, zunächst (nur) auf Auskunft zu klagen.

Prozessual ist dem – wie ausgeführt, unbegründeten – Antrag der Kl., die Erledigung der Hauptsache festzustellen und der Bekl. die Kosten des Rechtsstreits aufzuerlegen, zugleich das Begehren zu sehen, die Ersatzpflicht der Bekl. für die nutzlos aufgewendeten Kosten festzustellen. Es bestehen keine Bedenken dagegen, den Antrag der Kl. in diesem Sinne auszulegen (vgl. *BGH*, Urteil v. 4. 2. 1981, a. a. O.).

4. Unter Aufhebung des angefochtenen Urteils und in Abänderung des Schlußurteils des LG, soweit darin zum Nachteil der Kl. anerkannt worden ist, ist hiernach auszusprechen, daß die Bekl. verpflichtet ist, den Kl. die Kosten zu ersetzen, die durch die ursprünglich erhobenen und nicht durch das Teilurteil des LG beschiedenen Klageanträge angefallen sind.

Daß in einem Falle, in dem – wie hier – dem klagenden Gläubiger außer den unnütz aufgewandten Prozeßkosten kein weiterer Schaden entstand, die Feststellung der Schadensersatzverpflichtung des Auskunftsschuldners sich im Ergebnis mit der Kostenentscheidung deckt, ändert nichts daran, daß der Ausspruch hinsichtlich des Verzugsschadens eine sachliche Entscheidung, der Kostenausspruch gemäß § 91 ZPO dagegen eine prozessuale Entscheidung ist. Die Kostenentscheidung beruht hier, soweit sie die für die ursprünglich erhobenen – unbegründeten – weiteren Klageanträge angefallenen Kosten betrifft, auf der materiell-rechtlichen Regelung des Verzuges (§ 286 BGB). Im übrigen ergibt sie sich aus § 91 ZPO. Die Kostenentscheidung enthält also, abweichend von der Regel der §§ 91 ff. ZPO, einen materiellen Teil wegen des Schadensersatzanspruches der Kl., den diese in dem anhängigen Verfahren durchsetzen können (vgl. *BGHZ* 79, 275, 281; *BGH*, Urteil v. 4. 2. 1981, a. a. O.).

BGH v. 25. 5. 1994 – XII ZR 17/93 – FamRZ 95, 540

R479A *(Härtegrund nach § 1579 Nr. 7 BGB bei Zusammenleben mit neuem Partner)*

Das OLG hat das Verhalten der Kl. und ihre Beziehung zu dem neuen Partner S. in rechtlich nicht zu beanstandender Weise unter allen maßgeblichen Gesichtspunkten geprüft, die hier nach der Rspr. des Senats als Härtegrund gemäß § 1579 Nr. 7 BGB in Betracht kommen (vgl. insbesondere Senatsurteil v. 21. 12. 1988 – IVb ZR 18/88 –, NJW 1989, 1083 = FamRZ 1989, 487 ff., m. w. N.).

aa) Dabei hat es rechtlich zutreffend in der Tatsache als solcher, daß die geschiedene Kl. eine Beziehung zu einem anderen Mann unterhält, keinen Härtegrund i. S. von § 1579 Nr. 7 BGB gesehen.

bb) Ein Härtegrund i. S. von § 1579 Nr. 7 BGB ist nach der Rspr. des Senats anzunehmen, wenn der Unterhaltsberechtigte von einer Eheschließung mit seinem neuen Partner nur deshalb absieht, weil er den Unterhaltsanspruch gegen seinen geschiedenen Ehegatten nicht verlieren will (vgl. Senatsurteil v. 21. 12. 1988, a. a. O., m. w. N.). Eine derartige Motivation haben die Kl. und S. nach der Feststellung des OLG indessen in Abrede gestellt. Wenn das OLG nach dem Ergebnis der mündlichen Verhandlung keinen Anlaß gesehen hat, die entsprechenden Erklärungen der Kl. und ihres Partners als Zweck- oder Schutzbehauptungen abzutun, so ist dies aus Rechtsgründen nicht zu beanstanden. Insoweit kommt es entgegen der Auffassung der Revision nicht entscheidend darauf an, ob der Zeuge S. finanziell in der Lage wäre, die Kl. (als Ehefrau) zu unterhalten. Maßgeblich ist vielmehr, daß er den Gedanken an eine Eheschließung mit der Kl. ablehnt und das OLG diese Einlassung nach dem Ergebnis der von ihm durchgeführten Beweisaufnahme für vertretbar hält.

cc) Auch wenn ein geschiedener Unterhaltsberechtigter von einer neuen Eheschließung aus hinzunehmenden Gründen absieht, kann eine von ihm eingegangene neue Verbindung dennoch dazu führen, daß die Fortdauer der Unterhaltsbelastung für den geschiedenen Unterhaltspflichtigen im Sinne von § 1579 Nr. 7 BGB unzumutbar wird. Das kann dann der Fall sein, wenn kein verständlicher Grund ersichtlich ist, weshalb die Partner nicht zu einer „ehegleichen ökonomischen Solidarität" i. S. einer Unterhaltsgemeinschaft gelangen, mithin gemeinsam wirtschaften, wobei der den Haushalt führende Partner wie in einer Ehe von dem anderen unterhalten wird. Voraussetzung hierfür ist allerdings, daß der Unterhaltsberechtigte mit seinem neuen Partner dauerhaft in einer festen sozialen Verbindung zusammenlebt (Senatsurteil v. 21. 12. 1988, a. a. O.).

Unter diesem Gesichtspunkt hat das OLG die Beziehung zwischen der Kl. und dem Zeugen S. ebenfalls geprüft. Es hat sich jedoch nach den in der Berufungsverhandlung getroffenen Feststellungen nicht in der Lage gesehen, die hierfür erforderlichen Voraussetzungen als erfüllt anzunehmen. Dagegen sind aus Rechtsgründen keine Einwände zu erheben. Es ist grundsätzlich dem Tatrichter vorbehalten, die Feststellungen zu treffen, die die Annahme rechtfertigen können, ob zwei Partner in einer festen sozialen Verbindung zusammenleben und dabei gleichwohl ohne verständlichen Grund nicht zu einer Unterhaltsgemeinschaft gelangen. Eine solche Verbindung hat das Gericht in den Beziehungen zwischen der Kl. und S. nicht festzustellen vermocht. Es hat die Gestaltung ihrer Lebensführung mit getrennten Wohnungen und getrennter Haushaltsführung – trotz sonst bestehender enger persönlicher Bindungen – in dieser Form für nicht ausreichend gehalten. Diese Beurteilung ist revisionsrechtlich nicht zu beanstanden, zumal im Haushalt des Zeugen S. auch dessen Sohn aus der geschiedenen Ehe lebt und die Kl. ihrerseits weiterhin den Kontakt zu ihren Kindern unterhält, wobei die Tochter der Parteien zeitweise mit in ihrer Wohnung gewohnt hat.

Soweit die Revision hierzu geltend macht, es sei kein verständlicher Grund ersichtlich, weshalb die Kl. und der Zeuge S. – die in einer dauerhaften festen sozialen Verbindung zusammenlebten – nicht zusammenzögen und eine Unterhaltsgemeinschaft bildeten, kann ihr nicht gefolgt werden. Die Entscheidung, ob ein geschiedener Ehegatte und sein neuer Partner in einer gemeinsamen Wohnung zusammenleben oder aber ihre jeweiligen Lebensbereiche insoweit getrennt erhalten wollen, treffen die Beteiligten in eigener Verantwortung.

dd) Lassen die Einkommens- und Vermögensverhältnisse des neuen Partners die Begründung einer Unterhaltsgemeinschaft in dem vorgenannten Sinn – in deren Rahmen der Partner die geschiedene Ehefrau wie in einer Ehe unterhält – nicht zu, so kann die bestehende Beziehung nach der Rspr. des Senats gleichwohl unter einem anderen Gesichtspunkt die Voraussetzungen eines Härtegrundes i. S. von § 1579 Nr. 7 BGB erfüllen und damit zur Unzumutbarkeit einer weiteren (uneingeschränkten) Unterhaltsbelastung für den verpflichteten geschiedenen Ehegatten führen. Das kann dann anzunehmen sein, wenn sich die Beziehung des geschiedenen Ehegatten zu seinem neuen Partner in einem solchen Maße verfestigt, daß damit – nach einer zu fordernden gewissen Mindestdauer – gleichsam ein nichteheliches Zusammenleben an die Stelle einer Ehe getreten ist.

Das OLG hat auch diesen Härtegrund in seine Erwägungen einbezogen, wie der Hinweis auf das genannte Senatsurteil v. 21. 12. 1988 in dem Berufungsurteil zeigt. Es hat jedoch – auf dem Hintergrund der Tatsache, daß die Kl. und der Zeuge S. zwar seit Jahren intim befreundet sind und einen erheblichen Teil ihrer (freien) Zeit gemeinsam verbringen, aber eben nicht zusammen wohnen und leben – die Voraussetzungen nicht als erfüllt angesehen, unter denen eine volle oder teilweise Kürzung des Unterhaltsanspruchs der Kl. wegen der Führung einer nichtehelichen [ne.] Lebensgemeinschaft mit dem Zeugen S. in Betracht kommen könnte. Auch gegen diese tatrichterliche Würdigung der Gestaltung der Beziehungen zwischen der Kl. und ihrem neuen Partner durch das OLG sind aus Rechtsgründen keine durchgreifenden Bedenken zu erheben. Die Annahme einer ne. Lebensgemeinschaft bzw. eines ne. Zusammenlebens setzt zwar nicht zwingend voraus, daß die Partner räumlich zusammen wohnen, leben und einen gemeinsamen Haushalt führen, wenngleich eine solche Form des Zusammenlebens ein typisches Anzeichen hierfür sein dürfte. Letztlich obliegt es aber der verantwortlichen Beurteilung des Tatrichters, ob er den Tatbestand des „ne. Zusammenlebens" aus tatsächlichen Gründen für gegeben erachtet oder nicht.

BGH v. 25. 5. 94 – XII ZR 78/93 – FamRZ 94, 1102 = NJW 94, 2234

(Familienrechtlicher Ausgleichsanspruch) R480

2. In der Rechtsprechung des BGH ist ein familienrechtlicher Ausgleichsanspruch gegenüber dem anderen Elternteil für Fälle anerkannt, in denen ein Elternteil allein für den Unterhalt eines gemeinsamen ehelichen Kindes aufgekommen ist, obwohl auch der andere dem Kind unterhaltspflichtig war. Dieser Ausgleichsanspruch beruht auf der Unterhaltspflicht beider Eltern gegenüber ihrem Kind und ergibt sich aus der Notwendigkeit, die Unterhaltslast im Verhältnis zwischen ihnen entsprechend ihrem Leistungsvermögen gerecht zu verteilen (Senat, NJW 1989, 2816 = LM § 1606 BGB Nr. 27 = FamRZ 1989, 850 (851 re. Sp.) m. Nachw.). Der BGH hat den Anspruch jedoch an die Voraussetzung geknüpft, daß der den Unterhalt leistende Elternteil mit seiner Leistung eine im Innenverhältnis der Eheleute zueinander dem anderen Elternteil obliegende Verpflichtung gegenüber dem Kind erfüllt haben müsse. Der den Unterhalt anstelle des anderen leistende Elternteil muß mit seiner Leistung eine Verbindlichkeit erfüllt haben, die sich im Verhältnis zu dem Kind als Verpflichtung des anderen Elternteils darstellte (Senat, NJW 1981, 2578 = LM § 1606 BGB Nr. 16 = FamRZ 1981, 761 (762 li. Sp.)). Diese Voraussetzung ist vorliegend nicht gegeben. Es kann deshalb dahingestellt bleiben, ob der Vater seine Absicht, von der Mutter für seine Aufwendungen Ersatz zu verlangen, durch sein Schreiben vom 15. 2. 1990 deutlich gemacht hat (vgl. zu letzterem BGHZ 50, 266 ff. = NJW 1968, 1780 = LM § 1360b BGB Nr. 1).

a) Durch die von ihm geleistete Betreuung hat der Vater nicht eine der Mutter gegenüber der C obliegende Unterhaltsverpflichtung erfüllt. Zwar haben Kinder gegenüber ihren Eltern ein Recht auf Betreuung, jedoch beruht dieses Recht nicht auf ihrem Unterhaltsanspruch. Nach § 1612 I 1 BGB ist der Unterhalt durch Entrichtung einer Geldrente zu gewähren. Der Unterhaltsanspruch ist daher auf eine Geldleistung gerichtet. Das Gesetz geht in § 1606 III 2 BGB lediglich davon aus, daß der Elternteil, bei dem das minderjährige unverheiratete Kind lebt, seine Unterhaltsverpflichtung in der Regel durch die Pflege und Erziehung das Kindes erfüllt und deshalb grundsätzlich nicht zu Geldleistungen verpflichtet ist. Ein unterhaltsrechtlicher Anspruch des Kindes auf Betreuung ergibt sich aus dieser Bestimmung aber nicht. Die Vorschrift des § 1612 III 1 BGB, die den Eltern unverheirateter Kinder gestattet zu bestimmen, in welcher Art und für welche Zeit im voraus sie den Unterhalt gewähren wollen, gibt den Kindern nicht einmal ein Wahlrecht auf Naturalunterhalt (vgl. Köhler, in: MünchKomm, 3. Aufl., § 1612 Rdnr. 6 m. w. Nachw.). Ein Elternteil, der einem gemeinsamen ehelichen Kind Betreuungs- und Barunterhalt erbracht hat, kann daher vom anderen Elternteil im Wege des familienrechtlichen Ausgleichsanspruchs grundsätzlich nur Erstattung geleisteten Barunterhalts, nicht dagegen Ersatz für geleistete Betreuung verlangen. Es bedarf deshalb keiner Entscheidung, ob der Auffassung des OLG gefolgt werden könnte, in Fällen der vorliegenden Art entspreche der Wert der Betreuung regelmäßig dem Wert des bereits ausgeurteilten Barunterhalts (vgl. dazu Senat, NJW 1991, 697 = LM § 1603 BGB Nr. 40 = FamRZ 1991, 182 (183 re. Sp.).

b) Allerdings kommt in Betracht, daß die Mutter während des Aufenthalts von C beim Vater verpflichtet war, einer Unterhaltspflicht gegenüber C durch Zahlung einer Geldrente nachzukommen, §§ 1601, 1612 I 1 BGB. Dennoch kann sich der Vater nicht darauf berufen, mit seinen Barleistungen an C eine etwa bestehende Verpflichtung der Mutter zur Leistung von Barunterhalt erfüllt zu haben. Denn er war selbst durch das Urteil des AG Essen-Borbeck vom 21. 9. 1989 verpflichtet, an C Barunterhalt zu leisten. Im Verhältnis zur unterhaltsberechtigten Tochter ist deshalb der Vater mit Barleistungen seiner eigenen rechtskräftig festgestellten Unterhaltspflicht nachgekommen und hat insoweit nicht – anstelle der Mutter – eine Unterhaltsverbindlichkeit erfüllt, die dieser gegenüber der Tochter obgelegen hätte (Senat, NJW 1981, 2348 = LM § 1606 BGB Nr. 16 = FamRZ 1981, 761 (762 li. Sp.); Köhler, in. MünchKomm, § 1606 Rdnr. 16; Johannsen/Henrich/Graba, EheR 2. Aufl., § 1606 Rdnr. 12; einschränkend *Schwab/Borth*, Hdb. d. ScheidungsR, 2. Aufl., Teil V Rdnr. 110).

3. Entgegen der Auffassung des OLG entspräche die Zubilligung eines familienrechtlichen Ausgleichsanspruchs im vorliegenden Fall auch nicht dem Sinn und Zweck, dem dieser Anspruch nach den Grundsätzen der Entscheidungen BGHZ 31, 329 ff. = NJW 1960, 957 = LM § 197 BGB Nr. 3; BGHZ 50, 266 ff. = NJW 1968, 1780 = LM § 1360b BGB Nr. 1 dienen soll. Danach ist der Ausgleichsanspruch jedenfalls nicht dazu bestimmt, gerichtlich festgesetzte Unterhaltsverpflichtungen, die auf einer Abwägung der Leistungsfähigkeit beider Elternteile beruhen, durch „Ausgleich“ von Unterhaltsanteilen im Verhältnis der Eltern zueinander abzuändern (Senat, NJW 1981, 2348 = LM § 1606 BGB Nr. 16 = FamRZ 1981, 761 (762 li. Sp.); NJW 1988, 2375 = LM § 1606 BGB Nr. 26 = FamRZ 1988, 834 (835 re. Sp.)). Eine derartige Änderung ist dem Verfahren nach § 323 ZPO vorzubehalten. Demgemäß ist auch hier die Frage der Barunterhaltspflicht, die bereits Gegenstand des Unterhaltsrechtsstreits zwischen C und dem Vater war, nur unter den Voraussetzungen und auf dem Wege des § 323 ZPO erneut zur Entscheidung zu stellen. Deshalb kann der Ansicht des OLG nicht gefolgt werden, die Sperrwirkung des Unterhaltsrechtsstreits zwischen C und dem Vater stehe der Zuerkennung eines Ausgleichsanspruchs deshalb nicht entgegen, weil durch das Überwechseln der Tochter in den Haushalt des Vaters eine Änderung der Verhältnisse i. S. des § 323 ZPO eingetreten sei und es nicht darauf ankomme, ob eine Abänderungsklage erhoben worden sei. Diese Auffassung ist mit dem Gesetz nicht vereinbar. Nach § 323 I ZPO ist bei einer Verurteilung zur Zahlung wiederkehrender Leistungen eine wesentliche Änderung der dem Titel zugrunde liegenden Verhältnisse im Wege der Klage geltend zu machen; die wesentliche Veränderung der Verhältnisse allein genügt nicht. Das Urteil darf auch nur für die Zeit nach Erhebung der Klage abgeändert werden, § 323 III ZPO. Diese Bestimmungen liefen leer, würde bereits eine wesentliche Änderung der Verhältnisse zur Bejahung eines familienrechtlichen Ausgleichsanspruchs des zu Barunterhaltsleistungen verurteilten Elternteils gegenüber dem anderen führen, obwohl über dessen Anteil an den Unterhaltsleistungen im Vorprozeß mitentschieden worden ist. Es hätte deshalb vorliegend zunächst einer Klage des Vaters auf Abänderung des Urteils des AG Essen-Borbeck bedurft, wenn der Vater von der Mutter Ersatz für von ihm über die Betreuung hinaus erbrachte Barleistungen verlangen wollte. Da dies nicht geschehen ist, steht ihm insoweit kein familienrechtlicher Ausgleichsanspruch zu.

4. Der geltend gemachte Anspruch läßt sich auch nicht auf die §§ 670, 683, 677 BGB oder die Bestimmungen über die Herausgabe eine ungerechtfertigten Bereicherung (§§ 812 ff. BGB) stützen. Regelt bereits ein Urteil, welcher der Elternteile zu Barunterhalt verpflichtet ist, und ist deshalb während des Bestands dieses Urteils ein familienrechtlicher Ausgleichsanspruch des barleistungspflichtigen Elternteils auf Erstattung seiner Leistungen gegenüber dem anderen Elternteil ausgeschlossen, kann ein Erstattungsanspruch auch nicht auf andere Rechtsgrundlagen gestützt werden. Es wäre widersinnig, wenn der Erstattunganspruch wegen der Wirkung des Urteils im Unterhaltsprozeß des Kindes gegen den Vater zwar nicht mit einem familienrechtlichen Ausgleichsanspruch, wohl aber aus anderen Rechtsgründen geltend gemacht werden könnte. Das würde der Rechtswirkung, die dem Urteil des Vorprozesses zukommt und auf der Verneinung des familienrechtlichen Ausgleichsanspruchs beruht, widersprechen (BGHZ 50, 266 (270) = NJW 1968, 1780 = LM § 1360 b BGB Nr. 1; vgl. auch Senat, NJW 1984, 2158 = LM 1606 BGB Nr. 19 = FamRZ 1984, 775 (777); *Gernhuber/Coester-Waltjen*, Lehrb. d. FamR, 4. Aufl., § 46 II 7; Johannsen/Henrich/Graba, § 1606 Rdnr. 12; *Schwab/Borth*, Rdnr. 110). Die Urteile der Vorinstanzen können deshalb keinen Bestand haben, ohne daß es auf die von der Mutter erklärte Aufrechnung ankommt.

BGH v. 22. 6. 94 – XII ZR 100/93 – FamRZ 94, 1169 = NJW 94, 2618

R481 *(Keine Auskunft bei fehlender Relevanz für den Unterhaltsanspruch; Unterhaltsbestimmung nach dem konkreten Bedarf)*

Nach § 1580 S. 1 i. V. mit § 1605 I 1 BGB sind geschiedene Ehegatten einander verpflichtet, auf Verlangen über ihre Einkünfte und ihr Vermögen Auskunft zu erteilen, soweit dies zur Feststellung eines Unterhaltsanspruchs oder einer Unterhaltsverpflichtung erforderlich ist. Die begehrte Auskunft muß also für den Unterhaltsanspruch relevant sein, wobei es genügt, daß die Auskunft für die Bemessung des Unterhalts von Bedeutung sein kann. Im Scheidungsverbundverfahren besteht die Auskunftspflicht von der Rechtshängigkeit des Scheidungsantrags an (vgl. Senat, NJW 1982, 1645 = LM § 1578 BGB Nr. 2 = FamRZ 1982, 151). Eine Auskunftsverpflichtung besteht allerdings dann nicht, wenn feststeht, daß die begehrte Auskunft den Unterhaltsanspruch oder die Unterhaltsverpflichtung unter keinem Gesichtspunkt beeinflussen kann (vgl. Senat, NJW 1982, 2771 = LM § 1580 BGB Nr. 3 = FamRZ 1982, 996 (997); NJW 1993, 1920 = LM H. 8/1993 § 1577 BGB Nr. 17 = FamRZ 1993, 1065 (1066); *Göppinger/Vogel*, UnterhaltsR, 6. Aufl., Rdnr. 2562).

2. Letzteres ist entgegen der Auffassung des BerGer. hier der Fall. Zwischen den Parteien steht außer Streit, daß der Ag. nach der Scheidung der Parteien dem Grunde nach ein Unterhaltsanspruch nach Maßgabe der §§ 1569 ff. BGB gegen den Ast. zusteht. Der Höhe nach bestimmt sich der Anspruch nach den ehelichen Lebensverhältnissen (§ 1578 I 1 BGB).

a) Für die Beurteilung der hiernach maßgeblichen ehelichen Lebensverhältnisse sind – nach insoweit geltenden allgemeinen Grundsätzen – die Einkünfte des erwerbstätigen Ehegatten (bzw. beider Eheleute) sowie gegebenenfalls sonstige Einnahmen, u. U. auch Vermögenserträge von Bedeutung, die den ehelichen Lebensstandard während der Ehe geprägt haben. Der unterhaltsberechtigte Ehegatte bedarf daher in der Regel einer Auskunft des Verpflichteten über dessen Einkünfte und sonstige Einnahmen, um anhand der auf diese Weise erlangten Kenntnis seinen Unterhaltsanspruch im einzelnen ermitteln und berechnen zu können.

b) Das ist hier indessen ausnahmsweise nicht der Fall. Die Lebensverhältnisse der Parteien sind durch außergewöhnlich hohe Einkünfte und ein ebenfalls außerordentlich großes Vermögen des Ast. in der Weise geprägt worden, daß für den – gehobenen – Lebensunterhalt der Familie nur Teile der laufenden Einnahmen verwendet wurden, während die „Einkommensüberschüsse" zur Stärkung der Kapitalgrundlage des Familienunternehmens eingesetzt und damit der Vermögensbildung zugeführt wurden. Dieser Teil der Einkünfte hat bei der Unterhaltsbemessung außer Betracht zu bleiben (vgl. Senat, NJW-RR 1987, 194 = FamRZ 1987, 36 (39); Göppinger/Kindermann, Rdnr. 1252). Das Maß des der Ag. zustehenden nachehelichen Unterhalts richtet sich nach den dargelegten besonderen ehelichen Lebensverhältnissen. Da die Ag. beanspruchen kann, auch nach der Scheidung grundsätzlich weiterhin an dem in der Ehe geübten gehobenen Lebensstandard teilzuhaben, bestimmt sich die Höhe ihres Unterhaltsanspruchs im wesentlichen danach, in welchem Umfang die Familieneinkünfte während des Zusammenlebens der Parteien für den allgemeinen Lebensunterhalt verwendet wurden. Der Ag. kommt als Unterhalt der Betrag zu, der erforderlich ist, um ihr die Aufrechterhaltung des ehelichen Lebensstandards zu ermöglichen. Dieser Betrag bestimmt sich bei den gegebenen überdurchschnittlich günstigen wirtschaftlichen Verhältnissen nicht nach einem Anteil (einer Quote) an den Einkünften des Ast. Für seine Ermittlung kann vielmehr an die Aufwendungen angeknüpft werden, mit denen die Parteien während ihres Zusammenlebens ihren allgemeinen Lebensstandard bestritten haben, wenn auch letztlich – objektiviert – der Lebenszuschnitt maßgebend ist, den entsprechend situierte Ehegatten im Regelfall wählen (vgl. Senat, Urt. v. 22. 12. 1982 – IVb ZR 340/81 (unveröff.); NJW 1983, 1547 = LM § 1578 BGB Nr. 17 = FamRZ 1982, 1187 (1188); NJW 1985, 1343 = LM § 323 ZPO Nr. 42 = FamRZ 1985, 582 (583); NJW-RR 1990, 194 = FamRZ 1990, 280 (281); *Gernhuber/Coester-Waltjen*, Lehrb. des FamilienR, 4. Aufl., § 30 X 1 S. 445, 446).

Diese Aufwendungen kann die Ag. aus eigenem Wissen zur Begründung der Höhe des ihr zustehenden Unterhalts konkret darlegen (vgl. dazu Eschenbruch/Loy, FamRZ 1994, 665 (667 ff.)), ohne daß sie insoweit auf Auskünfte über die Höhe des Einkommens des Ast. angewiesen wäre. Mit der Zusammenstellung von Bedarfsposten, wie sie als Anlage zu dem Schriftsatz vom 20. 6. 1990 vorgelegt worden ist, hat sie insoweit bereits den richtigen Weg eingeschlagen. Im einzelnen wird sie etwa die Kosten für die Instandhaltung und Pflege des ihr von dem Ast. zur Verfügung gestellten Hauses und Grundbesitzes (soweit der Ast. diese Kosten nicht selbst trägt) ebenso ansetzen können wie die Kosten für die Haltung, Wartung und regelmäßige Erneuerung eines Pkw. Dasselbe gilt für die Aufwendungen für ihr Personal (z. B. Gärtner, Haushaltshilfe, Putzhilfe). Bei dem Ansatz der allgemeinen Lebenshaltungskosten kann sie u. U. auf die Höhe eines ihr früher zur Verfügung stehenden Haushaltsgeldes abstellen und danach den ihr zustehenden entsprechenden Anteil ermitteln. Dazu werden die Kosten für ihren privaten Bedarf kommen, wie für Kleidung, Kosmetik, Friseur etc., ebenso wie für eine angemessene Freizeitgestaltung etwa in der Form kultureller und sportlicher Betätigung, wobei sich letztere nach dem Lebensalter und dem Gesundheitszustand der Ag. ausrichten wird (etwa: Golf spielen statt des in der Familie üblichen Reitens). Hinzu kommen können Aufwendungen für Reisen und Erholungsaufenthalte in dem in der Ehe der Parteien geübten gehobenen Zuschnitt, nachdem [nachdem] die Eheleute – nach dem Vortrag der Ag. – während ihres Zusammenlebens Reisen in das In- und Ausland unternommen und dabei stets die besten Hotels bewohnt haben. Auf der Grundlage einer derartigen – im vorstehenden beispielhaft aufgeführten – Zusammenstellung wird sodann die Höhe des der Ag. zustehenden eheangemessenen Unterhalts (ggf. durch Schätzung) zu ermitteln und festzulegen sein (vgl. dazu Senat, Urt. v. 22. 12. 1982 – IVb ZR 340/81 (unveröff.); auch Eschenbruch/Loy, in: FamRZ 1994, 665 (671 ff.)).

Nach der Einlassung des Ast. ist davon auszugehen, daß ein so ermittelter Bedarf aufgrund des von ihm zugestandenen Einkommens voll gedeckt werden kann und folglich die von der Ag. erstrebte Auskunft unter diesem Gesichtspunkt für ihren Unterhaltsanspruch nicht relevant ist (vgl. Kalthoener/Büttner, Die Rspr. zur Höhe des Unterhalts, 5. Aufl., Rdnr. 589).

BGH v. 29. 6. 94 – XII ZR 79/93 – FamRZ 94, 1100 = NJW-RR 94, 1155

R482 *(Keine Bindungswirkung an Berechnungsmaßstab im Abänderungsverfahren)*

a Allerdings ermöglicht das Abänderungsverfahren weder eine freie, von der bisherigen Höhe unabhängige Neufestsetzung des Unterhalts noch eine abweichende Beurteilung derjenigen Verhältnisse, die bereits im Endurteil eine Bewertung erfahren haben. Vielmehr besteht die Abänderungsentscheidung in einer unter Wahrung der Grundlage des Unterhaltstitels vorzunehmenden Anpassung des Unterhalts an veränderte Verhältnisse. Für das Ausmaß der Abänderung kommt es darauf an, welche Umstände für die Bemessung der Unterhaltsrente seinerzeit maßgebend waren und welches Gewicht ihnen dabei zugekommen ist. Auf dieser durch Auslegung zu ermittelnden Grundlage hat der Richter im Abänderungsverfahren unter Berücksichtigung der neuen Verhältnisse festzustellen, welche Veränderungen in diesen Umständen eingetreten sind und welche Auswirkungen sich daraus für die Höhe des Unterhalts ergeben (st. Rspr. des Senats, vgl. NJW 1984, 1458 = LM § 1610 BGB Nr. 10 = FamRZ 1984, 374 (375); NJW 1986, 2054 = LM § 323 ZPO Nr. 48 = FamRZ 1986, 790 und NJW-RR 1990, 194 = FamRZ 1990, 280 (281) jeweils m. w. Nachw.). Wie der Senat weiter entschieden hat, erfaßt die rechtliche Bindung des Abänderungsrichters an die Grundlagen des Ersturteils aber nur solche unverändert gebliebenen tatsächlichen Verhältnisse, die der Richter im früheren Verfahren festgestellt und denen er Bedeutung für Unterhaltsbemessung beigelegt hat. Die Bindung kann sich danach u. a. erstrecken auf die Ermittlung der Einkommensverhältnisse, die Einbeziehung fiktiver Einkünfte oder besonderer Belastungen (Senat, NJW 1984, 1458 = LM § 1610 BGB Nr. 10 = FamRZ 1984, 374 (375)), auf den Pauschalabzug berufsbedingter Aufwendungen, soweit dies in einem Prozeßvergleich dem Parteiwillen entsprach (Senat, NJW 1986, 2054 = LM § 323 ZPO Nr. 48 = FamRZ 1986, 790), auf einen konkret ermittelten Lebensbedarf (Senat, NJW 1985, 1343 = LM § 323 ZPO Nr. 42 = FamRZ 1985, 582 (583) und NJW-RR 1990, 194 = FamRZ 1990, 280 (281)) oder die Anrechnung oder Nichtanrechnung von bestimmten Einkommensanteilen, z. B. den Kinderzuschuß zur Rente (Senat, NJW-RR 1990, 580 = BGHR ZPO § 323 Abs. 1 – Bindung 5 = FamRZ 1990, 981 (984)). Dagegen kommt den von der unterhaltsrechtlichen Praxis entwickelten Unterhaltsrichtlinien, Tabellen, Verteilungsschlüsseln oder sonstigen Berechnungsmethoden keine ähnliche Bindungswirkung zu, weil sie keine beizubehaltenden Urteilselemente, sondern nur Hilfsmittel zur Ausfüllung der unbestimmten Rechtsbegriffe „angemessener Unterhalt" oder „Unterhalt nach den ehelichen Lebensverhältnissen" sind (Senat, NJW 1984, 1458 = LM § 1610 BGB Nr. 10 = FamRZ 1984, 374 (375)). Der Senat hat daher z. B. bestimmten Unterhaltsquoten, die im Ersturteil zur Bemessung des den ehelichen Lebensverhältnissen entsprechenden Unterhalts angewandt wurden, ebensowenig bindende Wirkung beigemessen, wie Art und Höhe der Besteuerung des zugrunde gelegten Nettoeinkommens (vgl. Senat, NJW-RR 1987, 516 = LM § 58 EheG Nr. 18 = FamRZ 1987, 257 (258) und NJW-RR 1990, 580 = FamRZ 1990, 981 (982)).

Zu dem Kreis dieser nicht bindenden, lediglich als Hilfsmittel zur Berechnung des geschuldeten Unterhalts herangezogenen Verteilungsmethoden gehört auch der Berechnungsansatz, mit dem hier das Ausgangsgericht die Tatsache, daß die Bekl. die den Parteien gemeinsam gehörende Eigentumswohnung allein nutzt und die Parteien zu unterschiedlichen Anteilen die Kosten und Lasten tragen, berücksichtigt hat. Seinem Urteil kommt eine Bindungswirkung nur insoweit zu, als dieser Umstand überhaupt in die Berechnung des Unterhalts mit eingeflossen und nicht etwa als Gegenstand einer gesonderten Geltendmachung eines Nutzungsentgeltes im Rahmen der Miteigentumsgemeinschaft (§ 745 II BGB) ausgeschieden worden ist (vgl. dazu Senat, NJW 1986, 1340 = LM § 745 BGB Nr. 17 = FamRZ 1986, 434 (435) und NJW 1986, 1339 = LM § 741 BGB Nr. 11 = FamRZ 1986, 436 (437)). In welcher Weise und bei welchem Berechnungsschritt die mit der Nutzung der Eigentumswohnung zusammenhängenden Vor- und Nachteile einbezogen werden, ist dagegen kein tragendes Urteilselement, das im Falle einer Veränderung der tatsächlichen Verhältnisse beibehalten werden müßte. Daß das OLG bei der Abänderung keinen die gesamten Kosten übersteigenden Wohnvorteil festgestellt und deshalb zunächst den Unterhaltsbedarf der Bekl. unabhängig von einem anzurechnenden Wohnwert und unabhängig von den Kosten und Lasten errechnet und erst im Anschluß hieran bei der Berechnung des geschuldeten Unterhaltsanspruchs den Wohnvor- und -nachteilen Rechnung getragen hat, ist keine andere rechtliche Betrachtungsweise, [Betrachtungsweise] wie die Revision meint, sondern lediglich ein anderer Berechnungsansatz. Denn auch das Ausgangsgericht hatte – obwohl es bei der Bestimmung des Bedarfs nach den ehelichen Lebensverhältnissen den Einkünften beider Parteien zunächst den halben Wohnwert zugerechnet hatte – im Ergebnis keinen die ehelichen Lebensverhältnisse prägenden tatsächlichen Wohnvorteil zugrunde gelegt, weil es andererseits die mit dem Wohnungseigentum verbundenen gesamten Kosten und Lasten, die auch früher den Wohnwert überstiegen, bei beiden Parteien einkommensmindernd berücksichtigt hat. Auch hatte es nach Feststellung des eheangemessenen Unterhaltsbedarfs – bei der Berechnung des Unterhaltsanspruchs der Bekl. den hälftigen Wohnwert, den ihr der Kl. überläßt, abgezogen und auf diese Weise dem Umstand Rechnung getragen, daß sie dessen Miteigentum nutzt.

(Wohnwert im Abänderungsverfahren; objektive Marktmiete nach Scheidung; Abzug von Zins und Tilgung bei prägendem Wohnwert)

Was die rechtliche Wertung angeht, so stimmt das OLG mit dem Ausgangsgericht im Ergebnis darin **b**
überein, daß es die Bekl. zu gleichen Anteilen an den Kosten und Lasten der Wohnung beteiligt, ohne eine Begrenzung nach dem angemessenen Wohnbedarf in Höhe eines Drittels ihrer Einkünfte vorzunehmen. Das OLG hat dies damit begründet, daß es nicht angemessen sei, die Parteien hinsichtlich der Belastung aus der im hälftigen Miteigentum stehenden Wohnung unterschiedlich zu behandeln, wenn die Bekl. sich einer wirtschaftlich sinnvollen Verwertung derselben widersetze. Das entspricht der Rechtsauffassung des Ausgangsgerichts, welches der Bekl. den hälftigen Wohnwert ohne diese Begrenzung angerechnet hat, weil sie den Verkauf der für sie zu großen Wohnung ablehne.

4. Die Bemessungsweise des OLG ist auch in materieller Hinsicht nicht zu beanstanden. Daß ein Wohnwert sowohl bei der Frage des Bedarfs als auch bei der Frage der Leistungsfähigkeit nur dann einkommenserhöhend zu berücksichtigen ist, wenn er die für das Eigentum aufgewendeten Kosten und Lasten übersteigt, sich also als ein Wohnvorteil gegenüber sonst entstehenden Mietaufwendungen erweist, entspricht der Rechtsprechung des Senats (vgl. u. a. Senat, FamRZ 1985, 354 (356); NJW 1985, 909 = LM § 1577 BGB Nr. 6 = FamRZ 1985, 357 (360); NJW-RR 1986, 66 = LM § 1603 BGB Nr. 29 = FamRZ 1986, 48 (49) und NJW 1989, 2809 = LM § 1361 BGB Nr. 56 = FamRZ 1989, 1160 (1162)). Der daraus abgeleitete Berechnungsansatz enthält keinen Rechtsfehler. Der über den Unterhaltsanspruch vorgenommene hälftige Ausgleich der Belastungen zwischen den Ehegatten entspricht im Ausgangspunkt dem Gedanken der §§ 745 II, 748 BGB und vermeidet zugleich ein weiteres Verfahren über eine Nutzungsentschädigung (vgl. Senat, NJW 1986, 1340 = LM § 745 BB Nr. 17 = FamRZ 1986, 434 (435); NJW 1986, 1339 = LM § 741 BGB Nr. 11 = FamRZ 1986, 436 (437); Kalthoener/Büttner, Die Rechtsprechung zur Höhe des Unterhalts, 5. Aufl., Rdnr. 783). Den Wohnwert nur in Höhe von $1/3$ des Einkommens der Bekl. auf ihren Unterhaltsbedarf anzurechnen, hat der Tatrichter wegen ihrer ablehnenden Haltung gegenüber einer wirtschaftlich sinnvolleren Verwertung des gemeinsamen Eigentums abgelehnt. Das ist rechtlich nicht zu beanstanden (vgl. Senat, NJW 1989, 2809 = LM § 1361 BGB Nr. 56 = FamRZ 1989, 1160 (1163)) und entspricht, wie ausgeführt, der Wertung im Ausgangsverfahren.

BGH v. 21. 9. 1994 – XII ZR 161/93 – NJW-RR 1995, 129

(Berücksichtigung von Abzahlungen auf ein Einfamilienhaus, das vor der Scheidung als Familienheim diente **R482A**
und inzwischen vermietet ist, beim Kindesunterhalt)

6. a) Die Revision wendet sich weiter dagegen, daß das *OLG* die Finanzierungskosten für das Eigenheim des Bekl. in F. als abzugsfähig anerkannt hat, und sie meint dazu:

Insoweit widerspreche das Berufungsurteil der höchstrichterlichen Rechtsprechung. Das *OLG* verkenne bei seinen Ausführungen zur Berücksichtigung von Verbindlichkeiten eines Unterhaltsschuldners, daß sich Zins- und Tilgungsleistungen für ein Eigenheim im Regelfall schon vom Ansatz her von anderen Schulden und Verbindlichkeiten unterschieden. Zins und Tilgung für Immobiliendarlehen würden dafür aufgewendet, daß in der Gegenwart ein mietzinsfreies Wohnen ermöglicht und für die Zukunft lastenfreies Immobilieneigentum geschaffen werde. Damit handele es sich um Aufwendungen zur Vermögensbildung und nicht um Schulden im eigentlichen Sinn. Derartige Verbindlichkeiten seien nicht vergangenheits-, sondern gegenwarts- und zukunftsorientiert und deshalb bei der Unterhaltsberechnung nicht abzugsfähig.

b) Auch diese Rüge der Revision greift nicht durch. Einen Widerspruch in den Ausführungen des angefochtenen Urteils zur Rechtsprechung des *Senats* zeigt die Revision nicht auf. Der *Senat* hat zur Frage der Berücksichtigung von Verbindlichkeiten im Unterhaltsrecht stets betont, daß diese regelmäßig eine umfassende Interessenabwägung zwischen den Belangen der einzelnen Betroffenen voraussetzt, die in erster Linie dem Tatrichter vorbehalten ist (vgl. *Senat,* FamRZ 1982, 157 [158]; NJW-RR 1986, 428 = LM § 1603 BGB Nr. 30 = FamRZ 1986, 254 [256 f.] m. Nachw.). Das gilt grundsätzlich auch für mehr „gegenwarts- und zukunftsorientierte" Verbindlichkeiten (vgl. dazu *OLG Stuttgart,* FamRZ 1984, 1105 [1107]), zu denen im übrigen auch Kosten der Anschaffung von Verbrauchsgütern wie etwa Kraftfahrzeugen und Fernsehgeräte gehören dürften.

Bestehen Verbindlichkeiten und Belastungen im Zusammenhang mit dem Erwerb oder der Erhaltung eines Eigenheims, so können die unterhaltsrechtlich maßgeblichen Umstände in Ausnahmefällen eine Vermögensumschichtung bzw. die Veräußerung des Grundbesitzes nahelegen, wenn dies bei Abwägung der beiderseitigen Belange aus der Sicht des Unterhaltsberechtigten notwendig und für den Verpflichteten zumutbar erscheint (vgl. dazu – zu § 1577 I und III BGB – *Senat,* NJW-RR 1988, 514 = LM § 1578 BGB Nr. 48 = FamRZ 1988, 145 [149 f.]; außerdem *Senat,* NJW 1984, 1237 = LM § 1581 BGB Nr. 3 = FamRZ 1984, 358 [360]; NJW-RR 1986, 66 = LM § 1603 BGB Nr. 29 = FamRZ 1986, 48 [50]). Das hat das *OLG* für den vorliegenden Fall rechtsfehlerfrei verneint, wobei es sich u. a. auf die Erwägung gestützt hat, daß ein etwaiger Verkauf des Hausgrundstücks keinen nennenswerten Überschuß erbringen würde. Damit scheidet eine ertragsteigernde Vermögensumschichtung ebenso aus wie eine zumutbare Veräußerung des Grundbesitzes, zumal der Bekl. bereits mindestens 45 000 DM darauf abgezahlt hatte. Eine Veräußerung seines Hauses, das er zudem nach der Feststellung des *OLG* in Zukunft selbst wieder bewohnen will, kann daher von dem Bekl. unterhaltsrechtlich nicht verlangt werden (vgl. insoweit auch *Senat,* NJW-RR 1986, 66 = LM § 1603 BGB Nr. 29 = FamRZ 1986, 48 [50]; *Schwab/Borth,* Hdb. des ScheidungsR, 2. Aufl., V Rdnr. 78).

Kommt eine Verwertung in der Form der Veräußerung eines Eigenheims nicht in Betracht, so kann es gleichwohl geboten sein, die Tilgungsrate für einen Hauskredit unterhaltsrechtlich außer Ansatz zu lassen, wenn die Berücksichtigung dieser Verbindlichkeiten dazu führen würde, daß der Unterhaltsschuldner unberechtigterweise auf Kosten des Unterhaltsbedürftigen Vermögen bildet (vgl. *Senat,* NJW 1984, 292 = LM § 1578 BGB Nr. 26 L = FamRZ 1984, 149 [151]; NJW-RR 1987, 194). Grundsätzlich sind auch Hausbauverbindlichkeiten wie andere Verbindlichkeiten unter umfassender Berücksichtigung aller Umstände des Einzelfalls zu behandeln. Dabei kann insb. die Tatsache, daß ein Haus als Familienheim gedient hat, für eine unterhaltsrechtliche Anerkennung der darauf bezogenen Schulden sprechen, sofern diese sich in einem angemessenen und zumutbaren Rahmen halten (vgl. *Senat,* NJW 1984, 1237 = LM § 1581 BGB Nr. 3 = FamRZ 1984, 358 [360]; *Kalthoener/Büttner,* Rdnr. 773). Das zu beurteilen unterliegt generell der Prüfung und Entscheidung des Tatrichters in seinem tatrichterlichen Ermessen.

Das *OLG* ist bei der von ihm vorgenommenen Billigkeits- und Interessenabwägung rechtlich zutreffend von den dargelegten Grundsätzen ausgegangen. Seine Ausführungen und das bei der Abwägung gewonnene Ergebnis halten sich im Rahmen der ihm obliegenden tatrichterlichen Wertung der Verhältnisse und lassen keinen Rechts- oder Verfahrensfehler erkennen. Auch die Revision zeigt einen solchen nicht auf.

BGH v. 9. 11. 94 – XII ZR 206/93 – FamRZ 95, 215 = NJW 95, 717

R483 *(Kosten des Umgangsrechts)*

Zutreffend ist allerdings der Ausgangspunkt des OLG, daß eine Berücksichtigung von Umgangskosten zu Lasten des unterhaltsberechtigten Ehegatten auf eng begrenzte Ausnahmefälle beschränkt bleiben muß. Grundsätzlich hat der Umgangsberechtigte die üblichen Kosten, die ihm bei der Ausübung des Umgangsrechtes entstehen, wie Fahrt-, Übernachtungs-, Verpflegungskosten und ähnliches, selbst zu tragen und kann sie weder unmittelbar im Wege einer Erstattung noch mittelbar im Wege einer Einkommensminderung geltend machen. Das gilt grundsätzlich sowohl gegenüber dem unterhaltsberechtigten Kind als auch gegenüber dem unterhaltsberechtigten Ehegatten (vgl. *OLG Bamberg,* FamRZ 1987, 1295; *OLG Frankfurt/M. – 3. FamS –,* FamRZ 1987, 1033; *OLG Karlsruhe,* FamRZ 1992, 58 f.; *Johannsen/Henrich/Jaeger,* Eherecht, 2. Aufl., § 1634 BGB Rz. 31; *Rolland/Nehlsen-v. Stryk,* FamK, § 1634 BGB Rz. 23; *Soergel/Strätz,* BGB, 12. Aufl., § 1634 Rz 30; *Staudinger/Peschel-Gutzeit,* BGB, § 1634 Rz. 325; *Kalthoener/Büttner,* Rechtsprechung zur Höhe des Unterhalts, 5. Aufl., Rz. 386, 994; ähnlich auch *Göppinger/Strohal,* Unterhaltsrecht, 6. Aufl., Rz. 271, 675; abweichend für den Ehegattenunterhalt *OLG Frankfurt/M. – 1. FamS –,* FamRZ 1984, 178; 1991, 78; ihm folgend *MünchKomm/Hinz,* BGB, 3. Aufl., § 1634 Rz. 34; *Palandt/Diederichsen,* BGB, 53. Aufl., § 1634 Rz. 41, und *Heiß/Heiß,* Unterhaltsrecht, I 3.161; vgl. aber auch *Heiß/Deisenhofer,* a. a. O., 12.28). Denn die Wahrnehmung des persönlichen Kontaktes mit seinem Kind ist unmittelbar Ausfluß seiner elterl. Verantwortung gemäß §§ 1618 a, 1626, 1631 BGB und seines höchstpersönlichen Rechtes aus § 1634 BGB. Die dabei anfallenden Belastungen sind Kosten, die er im eigenen und im Interesse des Kindes grundsätzlich selbst aufzubringen hat. Zur Entlastung dienen ihm dabei staatliche Vergünstigungen wie das Kindergeld, das ihm im Verhältnis zum anderen sorgeberechtigten Elternteil hälftig zusteht. (Bis einschließlich 1989 gab es ferner noch den vom zu versteuernden Einkommen absetzbaren sog. Besucherfreibetrag gemäß § 33 a I a EStG a. F.; vgl. *OLG Frankfurt/M. – 3. FamS –,* a. a. O., S. 1034; *Staudinger/Peschel-Gutzeit,* a. a. O., Rz. 327; *Schmidt/Glanegger,* EStG, 8. Aufl., § 33 a Anm. 3.)

Die einkommensmindernde Berücksichtigung der Umgangskosten beim Unterhaltsverpflichteten würde demgegenüber zu einer teilweisen Verlagerung dieser Lasten auf den unterhaltsberechtigten Sorgerechtsinhaber führen, die mit dem Gesetz grundsätzlich nicht in Einklang steht. Sie würde letztlich möglicherweise auch die Lebenshaltung des Kindes beeinträchtigen, das mit dem sorgeberechtigten Elternteil in einem Haushalt lebt und vielfach tatsächlich an dessen Unterhalt teilnimmt. Eine Abweichung von diesen Grundsätzen hat sich daher in engen Grenzen zu halten und ist nur aus Billigkeitsgründen unter Abwägung aller Umstände des Einzelfalles zu rechtfertigen.

Die vom OLG herangezogenen Gesichtspunkte reichen hierfür nicht aus. Der Umstand, daß die Kl. mit dem Kind vom ehemaligen Ehewohnsitz in einen 160 km entfernten Ort verzogen ist, wo sie eine neue Lebensgemeinschaft begründet hat, berechtigt den Bekl. noch nicht zu einer Unterhaltskürzung. Grundsätzlich kann ein sorgeberechtigter Ehegatte seinen künftigen Wohnort und Lebenskreis selbst bestimmen und ist nicht gehalten, am ehemaligen Familienwohnsitz oder in dessen unmittelbarer Nähe zu bleiben, um dem anderen Ehegatten die Besuchskontakte mit den Kindern möglichst zu erleichtern. Erst wenn er in einer solchen Entfernung wohnt, daß angesichts ohnehin beengter wirtschaftlicher Verhältnisse die Kostenbelastung für den Umgangsberechtigten schlechthin unzumutbar ist und dazu führt, daß dieser sein Umgangsrecht nicht oder nur noch in erheblich eingeschränktem Umfang ausüben könnte, greifen Billigkeitserwägungen ein. In einem solchen Fall kann es dem unterhaltsberechtigten Ehegatten zuzumuten sein, sich in seiner eigenen Lebensführung einzuschränken, um dem unterhaltsverpflichteten Ehegatten zumindest die Mittel zu belassen, die zur Ausübung eines den wirtschaftlichen Verhältnissen angepaßten Umgangsrechts nötig sind. Dies entspricht auch der elterl. Verantwortung des sorgeberechtigten Ehegatten gegenüber dem Kind, dem der Kontakt mit dem anderen Elternteil erhalten bleiben muß.

Bei der dabei gebotenen Abwägung der wirtschaftlichen und persönlichen Verhältnisse der Parteien ist indes auf eine ausgewogene Lastenverteilung zu achten. Die Opfergrenze für den sorgeberechtigten Ehegatten wird dort überschritten, wo er – wie es hier der Fall ist – weniger als das Existenzminimum erhält, während der unterhaltsverpflichtete Ehegatte nach Vorwegabzug berufsbedingter Aufwendungen, berücksichtigungsfähiger Schuldentilgung für einen Pkw und weiterer Verpflichtungen über einen Selbstbehalt von monatlich 1100 DM bzw. 1300 DM verfügt. In diesem Falle muß es bei der Grundregel bleiben, daß der Unterhaltsverpflichtete die ihm entstehenden Umgangskosten trägt, ohne sie unterhaltsmindernd geltend machen zu können. Das ist hier um so mehr geboten, als die Entfernung vom Wohnort des Kindes nur 160 km beträgt und die Kosten einer Rückfahrkarte nach den Feststellungen des OLG bei nur 88 DM liegen, und sich dieser Betrag bei Inanspruchnahme von vergünstigten Angeboten der Bahn noch verringern läßt.

BGH v. 23. 11. 94 – XII ZR 168/93 – FamRZ 95, 221

(Abänderungsklage bei Änderung der DT) **R485**

2. Greift die Sperre des § 323 V ZPO somit nicht ein, können mit der Abänderungsklage nicht nur individuelle Änderungen der Verhältnisse geltend gemacht werden, sondern grundsätzlich auch solche allgemeiner Art, wie etwa die generelle Entwicklung der Einkommen und Lebenshaltungskosten (*BGHZ* 101, 235, 243 f. = FamRZ 1987, 1021). Diese stellen bei Titeln über den Unterhalt ein Indiz für die Änderung auch der tatsächlichen Verhältnisse im Einzelfall dar und eröffnen somit grundsätzlich die Möglichkeit der Abänderung nach § 323 ZPO (*Johannsen/Henrich/Brudermüller*, Eherecht, 2. Aufl., § 323 ZPO Rz. 59). **a**

Voraussetzung für die Zulässigkeit einer solchen Abänderungsklage bleibt aber in jedem Falle, daß eine die Wesentlichkeitsschwelle des § 323 I ZPO übersteigende Veränderung der tatsächlichen Verhältnisse behauptet wird. Diesem Erfordernis genügt der Vortrag der Kl.

a) Zutreffend ist der Ausgangspunkt des OLG, daß Unterhaltsrichtlinien als solche, wie etwa die Düsseldorfer Tabelle, keine tatsächlichen Umstände darstellen, sondern lediglich richterliche Entscheidungshilfen sind (vgl. *Senats*urteil v. 26. 11. 1986 – IVb ZR 91/85 –, FamRZ 1987, 257, 258), und daß Neufestsetzungen der in solchen Tabellen festgelegten Bedarfssätze für sich allein genommen noch keine Abänderungsklage nach § 323 ZPO rechtfertigen. Etwas anderes ist auch der Entscheidung des *BGH*, Urteil v. 21. 12. 1977 – IV ZR 4/77 – FamRZ 1978, 177, 179, nicht zu entnehmen: Darin wird lediglich ausgeführt, daß eine wesentliche Änderung der Unterhaltsrichtsätze nicht in einem Verfahren nach § 767 ZPO berücksichtigt werden, sondern nur im Wege der Abänderungsklage des § 323 ZPO geltend gemacht werden kann. Zu der Frage, ob der Abänderungskl. mit dem bloßen Hinweis auf eine solche Änderung der Richtsätze seiner Darlegungslast genügt, läßt sich dieser Entscheidung nicht entnehmen. Auch die Entscheidungen *OLG Hamburg*, FamRZ 1989, 885 f., *OLG Bamberg*, FamRZ 1985, 1151, 1152 = NJW 1986, 730, und *OLG Saarbrücken*, FamRZ 1987, 615, auf die die Revision sich stützt, sehen einen Abänderungsgrund nicht in der Änderung der Richtsätze als solcher, sondern in den Änderungen tatsächlicher Art, die in der Neufassung der Tabelle zum Ausdruck gekommen sind (so auch *Derleder/Lenze*, FamRZ 1989, 558, 559; *Graba*, NJW 1988, 2343, 2346; *Zöller/Vollkommer*, ZPO, 18. Aufl., § 323 Rz. 33; ähnlich *MünchKomm/Gottwald*, ZPO, § 323 Rz. 54; kritisch *Niklas*, DAVorm 1987, 2, 3; a. A. *Schwab/Maurer*, Handbuch des Scheidungsrechts, 2. Aufl., Teil I Rz. 1038 f.).

b) Die ungefähr alle drei bis vier Jahre erfolgende Fortschreibung der Düsseldorfer Tabelle stellt allerdings keine (im Rahmen des § 323 ZPO unbeachtliche) bloße Änderung der rechtlichen Beurteilung der unterhaltsrelevanten Verhältnisse dar. Sie trägt vielmehr dem Umstand Rechnung, daß sich die wirtschaftlichen Verhältnisse sowohl auf seiten des Bedürftigen als auch auf seiten des Verpflichteten infolge Änderungen der Lebenshaltungskosten und der Einkommensverhältnisse seit der letzten Festsetzung dieser Sätze gewandelt haben, und ist damit zugleich Ausdruck der Veränderung dieser tatsächlichen Verhältnisse (vgl. *Senats*urteil v. 15. 12. 1993 – XII ZR 172/92 –, FamRZ 1994, 372, 373 = BGHR, ZPO § 323 DDR-Unterhaltstitel 2; *SchlHOLG*, SchlHA 1978, 198; *OLG Bamberg*, a. a. O.; *OLG Saarbrücken*, a. a. O.; *OLG Hamburg*, a. a. O.; *Johannsen/Henrich/Brudermüller*, a. a. O., § 323 ZPO Rz. 261; *Derleder/Lenze*, a. a. O.; *Köhler/Luthin*, Handbuch des Unterhaltsrechts, 8. Aufl., Rz. 957; ähnlich *MünchKomm/Gottwald*, ZPO, § 323 Rz. 54; *Graba*, a. a. O.; *OLG Karlsruhe*, FamRZ 1986, 582f.; *Stein/Jonas/Leipold*, ZPO, 20. Aufl., § 323 Rz. 22; einschränkend *Göppinger/Vogel*, Unterhaltsrecht, 6. Aufl., Rz. 2408 ff.).

In dem Vorbringen einer Partei, die ihr Abänderungsverlangen auf eine Änderung der Bedarfssätze der Düsseldorfer oder einer vergleichbaren Tabelle stützt, ist daher regelmäßig auch die Behauptung zu sehen, daß sich die Einkommen und/oder die Lebenshaltungskosten seit der vorausgegangenen Fassung dieser Tabelle allgemein in einem Maße verändert hätten, wie dies der Änderung der Bedarfssätze entspreche.

(Tabellenänderung als wesentliche Änderung nach § 323 I ZPO)

b d) Die Notwendigkeit der Neufassung einer solchen Unterhaltstabelle deutet in aller Regel zugleich darauf hin, daß die wirtschaftlichen Veränderungen, die ihr zugrunde liegen, wesentlich i. S. des § 323 ZPO sind (vgl. *Derleder/Lenze*, a. a. O., S. 560). Im vorliegenden Fall bestehen insoweit ohnehin keine Zweifel, da sich die für die Einkommensgruppe 5 der Düsseldorfer Tabelle – Stand: 1. 7. 1992 [FamRZ 1992, 398] – maßgeblichen Bedarfssätze (410/495/590 DM) gegenüber dem Stand 1. 1. 1989 (365/440/525 DM) um jeweils deutlich mehr als 10% erhöht haben. Diese Tabellenänderungen sind daher – zumindest, soweit sie den Unterhalt minderjähriger Kinder betreffen – grundsätzlich geeignet, eine Abänderungsklage zu begründen, ohne daß der Abänderungskl. darüber hinaus im einzelnen darlegen muß, daß im Zuge der allgemeinwirtschaftlichen Veränderungen auch eine wesentliche Veränderung der individuellen Verhältnisse (Bedarf des Unterhaltsberechtigten und/oder Einkommen des Verpflichteten) eingetreten sei.

(Zeitschranke bei Anwendung von Tabellen)

c b) Die Abänderungsklage der Kl. zu 1 unterliegt hingegen der Zeitschranke des § 323 II ZPO, da sie auf die Abänderung eines zuletzt auf die mündliche Verhandlung vom 25. 3. 1992 geänderten Unterhaltstitels gerichtet ist. Die Kl. zu 1 kann sich daher grundsätzlich nur auf solche Veränderungen berufen, die nach dem 25. 3. 1992 eingetreten sind.

Die vom 1. 7. 1992 an geltenden Änderungen der Richtsätze der Düsseldorfer Tabelle sind aber wie eine an diesem Stichtag eingetretene Veränderung der tatsächlichen wirtschaftlichen Verhältnisse zu behandeln, so daß auch die Kl. zu 1 nicht gehindert ist, sich in vollem Umfang darauf zu berufen.

Dies folgt aus der Eigenart der Düsseldorfer Tabelle und vergleichbarer Unterhaltsrichtlinien, die den angemessenen Unterhalt im Interesse der Rechtssicherheit und Praktikabilität schematisierend bestimmen.

Richtig ist zwar, daß die wirtschaftlichen Verhältnisse, die Anlaß zur Neufassung solcher Tabellen geben, sich nicht sprunghaft, sondern allmählich ändern. Nichts anderes gilt aber auch für den mit fortschreitendem Lebensalter kontinuierlich steigenden Unterhaltsbedarf minderjähriger Kinder, dem die Düsseldorfer Tabelle ebenfalls schematisierend durch Einteilung in drei Altersgruppen Rechnung trägt. Zu Recht weist die Revision darauf hin, daß der erhöhte Unterhaltsbedarf bei Erreichen der nächsten Altersstufe der Unterhaltstabelle als ausreichender Abänderungsgrund nach § 323 ZPO angesehen wird (vgl. *Johannsen/Henrich/Brudermüller*, a. a. O., § 323 ZPO Rz. 60, m. N.) und nicht einzusehen sei, warum dies für den erhöhten Unterhaltsbedarf, der in einer Anhebung der Richtsätze selbst zum Ausdruck komme, nicht gelten solle.

Die Schematisierung durch Unterhaltstabellen hat sich in der Praxis bei der Unterhaltsbemessung bewährt. Sie hat allerdings zur Folge, daß einem Unterhaltsberechtigten, der seinen Unterhaltsanspruch erst gegen Ende des Geltungszeitraums einer solchen Tabelle gerichtlich geltend macht, in aller Regel nur der Unterhaltssatz der jeweils aktuellen Tabellenfassung zuerkannt wird, auch wenn sich die allgemeinwirtschaftlichen Verhältnisse seit der letzten Änderung dieses Unterhaltssatzes verändert haben. Die Notwendigkeit eines – etwa an der Steigerung der allgemeinen Lebenshaltungskosten orientierten – „Aufschlages" auf die Richtsätze einer bereits seit längerer Zeit geltenden Tabelle würde die Unterhaltsbemessung in der Praxis außerordentlich erschweren und widerspräche Sinn und Zweck derartiger Richtsätze (vgl. die Fußnote 2 zur Düsseldorfer Tabelle, FamRZ 1992, 398, derzufolge die Zahlenwerte der neuen Tabelle ab 1. 7. 1992 gelten und bis zum 30. 6. 1992 die Zahlenwerte der bisherigen Tabelle anzuwenden sind).

Unter diesen Umständen muß dieser Schematisierung auch im Rahmen des Abänderungsverfahrens nach § 323 ZPO Rechnung getragen werden. Wenn der Kindesunterhalt seinerzeit nach den Richtsätzen der Düsseldorfer Tabelle festgesetzt wurde und nunmehr den neuen Richtsätzen entsprechend abgeändert werden soll, müßte es letztlich auf Unverständnis stoßen, wenn dem Abänderungskl. § 323 II ZPO insoweit entgegenzuhalten wäre, als die Änderung der wirtschaftlichen Verhältnisse, die ihren Niederschlag in den neuen Richtsätzen gefunden hat, teilweise bereits vor dem nach dieser Vorschrift maßgeblichen Zeitpunkt eingetreten war. Durch eine derartige Anwendung der Vorschrift würde dem Unterhaltsberechtigten die Geltendmachung seines erhöhten Bedarfs ganz oder teilweise auf Dauer abgeschnitten, nämlich im Ausgangsverfahren infolge der Schematisierung der Tabelle und im Abänderungsverfahren duch Präklusion. Änderungen der wirtschaftlichen Verhältnisse seit der letzten Neufassung der Düsseldorfer Tabelle, die im Ausgangsverfahren wegen der Anwendung der Richtsätze dieser Tabelle keine Berücksichtigung gefunden haben, sind daher im nachfolgenden Abänderungsverfahren nicht präkludiert (vgl. auch *Niklas*, a. a. O., S. 6).

BGH v. 24. 11. 94 – GSZ 1/94 – FamRZ 95, 349 = NJW 95, 664

(Beschwerdewert bei Verurteilung zur Auskunftserteilung) R485A

b) Für die bisherige std. Rspr. sprechen gewichtige Gründe.

Den Wert des Beschwerdegegenstandes, § 511 a I ZPO, hat das Gericht gemäß §§ 2, 3 ZPO nach seinem freien Ermessen festzusetzen, wenn – wie bei der Auskunftsklage – die §§ 4 bis 9 ZPO nicht eingreifen. Der Beschwerdegegenstand der Berufung wird durch den Berufungsantrag, § 519 II Nr. 1 ZPO, im Rahmen der Beschwer bestimmt (vgl. *MünchKomm/Lappe,* ZPO, § 3 Rz. 9). Maßgebend ist das wirtschaftliche Interesse des Rechtsmittelkl. an dem Erfolg seines Rechtsmittels (vgl. *BGH,* Beschluß v. 14. 2. 1973 – V ZR 179/72 –, NJW 1973, 654; *Hillach/Rohs,* Handbuch des Streitwerts in bürgerlichen Rechtsstreitigkeiten, 8. Aufl., S. 95).

Dabei ist grundsätzlich nur auf den unmittelbaren Gegenstand der Entscheidung abzustellen. Der tatsächliche oder rechtliche Einfluß der Entscheidung auf andere Rechtsverhältnisse bleibt außer Betracht (vgl. *Hillach/Rohs,* a. a. O., S. 98). Daraus folgt, daß der Wert des Beschwerdegegenstandes – auch bei unverändertem Streitgegenstand – niedriger, ggf. aber auch höher sein kann als der für den Kl. nach seinem Antrag im ersten Rechtszug festgesetzte Wert (vgl. als Beispiele für einen höheren Beschwerdewert *BGH,* Urteil v. 10. 12. 1993 – V ZR 168/92 –, NJW 1994, 735, und Beschluß v. 22. 2. 1990 – III ZR 1/90 –, NJW 1991, 824).

Der Anspruch auf Auskunft bezieht seinen wirtschaftlichen Wert typischerweise daraus, daß mit ihm die Durchsetzung eines Hauptanspruchs vorbereitet werden soll (vgl. *MünchKomm/Lappe,* a. a. O., § 3 Rz. 51). Der wirtschaftliche Zweck des Auskunftsverlangens besteht im allgemeinen darin, eine der Grundlagen zu schaffen, die für den Anspruch auf die Hauptleistung erforderlich sind. Diese enge Verknüpfung zwischen Auskunfts- und Hauptanspruch läßt es angebracht erscheinen, den Wert des Auskunftsanspruchs mit einem Bruchteil des Hauptanspruchs festzusetzen (std. Rspr. *BGH,* Urteil v. 31. 3. 1993 – XII ZR 67/92 –, FamRZ 1993, 1189, m. w. N.). Damit orientiert sich die Wertfestsetzung am unmittelbaren Gegenstand der Auskunftsklage, nicht an anderen, über diesen Gegenstand hinausgehenden Interessen.

Demgegenüber ist Gegenstand des Rechtsmittels des im Auskunftsverfahren unterlegenen Bkl. das Ziel, keine Auskunft erteilen zu müssen. Hat sein dahingehender Antrag Erfolg, erspart er die Kosten, die mit dem Aufwand der Auskunftserteilung verbunden sind. Diese Kostenersparnis ist grundsätzlich maßgebend für die Festsetzung des Beschwerdewertes. Das etwa daneben bestehende Interesse des Bekl., die Durchsetzung des Hauptanspruchs zu verhindern, geht über den unmittelbaren Gegenstand der Entscheidung hinaus. Es hat deshalb bei der Festsetzung des Beschwerdewertes außer Betracht zu bleiben.

c) Das Ergebnis eines verschieden hohen Beschwerdewertes bei Kl. und Bekl. verletzt nicht den Gleichheitssatz des Art. 3 I GG. Insbesondere liegt kein Verstoß gegen das Gebot der Rechtsanwendungsgleichheit (vgl. *BVerfGE* 65, 76, 91) oder das auch im Zivilprozeß geltende Gebot der prozessualen Waffengleichheit (vgl. *BVerfGE* 74, 78, 92, 95) vor. Dem Bekl. wird freilich häufiger der Zugang zur Rechtsmittelinstanz versagt sein, weil der Betrag des mit der Auskunftserteilung verbundenen Aufwandes die Rechtsmittelsumme nicht erreicht, während der unterlegene Kl. wegen des höheren Beschwerdewertes ein Rechtsmittel einlegen kann. Damit wird aber nicht Gleiches ungleich behandelt. Für beide Parteien gilt der gleiche Ausgangspunkt: das wirtschaftliche, auf den unmittelbaren Gegenstand des Antrags bezogene Interesse an der Einlegung des Rechtsmittels. Die unterschiedlichen Auswirkungen auf die Zulässigkeit des Rechtsmittels rechtfertigen sich daraus, daß dieses Interesse verschieden hoch zu bewerten ist, weil das Verfahrensergebnis sich für die Parteien unterschiedlich auswirkt. Da der Kl. mit der Auskunftsklage sich die Kenntnis über einen Teil des Anspruchsgrundes für den Hauptanspruch verschaffen will, bedeutet ein den Auskunftsanspruch rechtskräftig abweisendes Urteil, daß die Durchsetzung seines Hauptanspruchs aus tatsächlichen Gründen in Frage gestellt ist. Dagegen hat der im Auskunftsverfahren unterlegene Bekl. weiterhin Gelegenheit, sich gegen den

Hauptanspruch zu wehren. Er kann im Verfahren über den Hauptanspruch sein Interesse, diesen abzuwehren, in vollem Umfang geltend machen. Wegen dieses Unterschieds, das Angriffs- und das Abwehrinteresse geltend machen zu können, hat der *BGH* verschiedentlich zum Ausdruck gebracht, der Kl. sei auf den Auskunftsanspruch angewiesen, während der Bekl. sich gegen den Hauptanspruch weiterhin wehren könne. Durch die Verurteilung zur Auskunft erwachse der Grund des Hauptanspruchs nicht in Rechtskraft (Urteil v. 19. 10. 1993 – XI ZR 73/93 –, NJW-RR 1994, 174).

BGH v. 30. 11. 1994 – XII ZR 59/93 – FamRZ 95, 216 = NJW 95, 652

R485B *(Neuregelung der Verwaltung und Nutzung eines gemeinsamen Eigenheims nach § 745 II BGB)*

a Die Bekl. beruft sich zur Stützung ihrer gegenteiligen Ansicht zu Unrecht darauf, daß nach der Rechtsprechung des *BGH* ein Ehegatte, der nach dem Scheitern der Ehe aus dem beiden Ehegatten gehörenden und bisher von beiden gemeinsam bewohnten Haus ausgezogen ist, von dem anderen, weiter in dem Haus wohnenden Ehegatten eine Nutzungsentschädigung erst von dem Zeitpunkt an verlangen kann, in dem er eine Neuregelung der Nutzung des Hauses oder ein „Neuregelungsentgelt" verlangt hat (vgl. *BGH,* NJW 1982, 1753 f. = LM § 745 BGB Nr. 11). Die beiden Fälle sind nicht miteinander vergleichbar. Grundsätzlich löst der Umstand, daß ein Teilhaber ein im Miteigentum stehendes Grundstück allein nutzt, keine Entschädigungsrechte des anderen Teilhabers aus (*BGHZ* 87, 265 [271] = NJW 1983, 1845 m. Nachw.). Nach § 745 II BGB kann jeder Teilhaber eine dem Interesse aller Teilhaber nach billigem Ermessen entsprechende Regelung der Benutzung verlangen, und zwar bei einer nachträglichen Änderung der tatsächlichen Verhältnisse auch entgegen einer vertraglichen Regelung, an der er mitgewirkt hat (vgl. *Karsten Schmidt,* in: MünchKomm, 2. Aufl., § 745 Rdnr. 29 m. Nachw.). Im Falle des § 745 II BGB führen somit veränderte Umstände (hier: die Aufhebung der ehelichen Lebensgemeinschaft) nicht ohne weiteres zu einer Änderung der rechtlichen Beziehungen der Beteiligten zueinander; sie berechtigten den durch die Veränderung der Umstände benachteiligten Teilhaber lediglich, eine Neuregelung zu verlangen. Solange er sie nicht verlangt, kann er keine Rechte daraus herleiten, daß die bisherige Regelung oder Handhabung aufgrund der veränderten Verhältnisse nicht mehr angemessen ist.

Eine dem § 745 II BGB entsprechende Regelung enthält § 426 BGB gerade nicht. Im Rahmen dieser Vorschrift hat vielmehr „die besondere Gestaltung des tatsächlichen Geschehens" – wie bereits ausgeführt ist – von vornherein einen unmittelbaren Einfluß auf die Rechtsbeziehungen der Gesamtschuldner zueinander, ohne daß es in irgendeiner Weise auf eine gestaltende Handlung der Gesamtschuldner ankäme.

Der Revision ist einzuräumen, daß die Mitteilung des allein zahlenden Ehegatten, er werde nach dem Scheitern der Ehe die gemeinsamen Belastungen nicht mehr allein tragen, den anderen Ehegatten veranlassen könnte, sich – z. B. durch das Bilden von Rücklagen – rechtzeitig darauf einzustellen, daß er die gemeinsamen Belastungen nun – auch rückwirkend – mittragen muß. Dieser Gesichtspunkt reicht aber nicht aus, um eine solche Mitteilung zur Voraussetzung für den Ausgleichsanspruch des zahlenden Ehegatten zu machen. Auch ohne eine solche Mitteilung kann der andere Ehegatte nicht darauf vertrauen, sein Ehepartner werde auch nach dem Scheitern der Ehe und nach der Aufhebung der ehelichen Lebensgemeinschaft die gemeinsamen Schulden weiterhin allein tragen. Nach Aufhebung der ehelichen Lebensgemeinschaft besteht für einen Ehegatten im Zweifel kein Anlaß mehr, dem anderen durch die Übernahme seiner Schuldverpflichtungen eine Vermögensmehrung zukommen zu lassen (*Senat,* NJW-RR 1993, 386).

(Kein Ausschluß von Ausgleichsansprüchen nach § 426 I BGB, wenn im Unterhaltsvergleich diese Frage ausdrücklich ausgeklammert wurde)

b 4. Zu Unrecht meint die Revision, die vom Kl. geltend gemachten Ausgleichsansprüche nach § 426 I BGB seien durch den abgeschlossenen Unterhaltsvergleich ausgeschlossen; anderenfalls ergebe sich zumindest aus diesem Vergleich nach einer Anpassung nach den Regeln über den Wegfall der Geschäftsgrundlage, daß der Kl. der Bekl. einen um die von ihr zu leistenden Ausgleichszahlungen erhöhten Aufstockungsunterhalt zahlen müsse, mit dem sie hilfsweise gegen die Klageforderung aufrechne. Das BerGer. legt den Unterhaltsvergleich dahin aus, daß die Frage, ob dem Kl. solche Ausgleichsansprüche zustehen oder nicht, gerade ausgeklammert und offengehalten werden sollte und daß der Kl. der Bekl. einen Aufstockungsunterhalt von 1000 DM im Monat zahlen sollte unabhängig davon, ob die Bekl. sich an dem Schuldendienst für den gemeinsamen Grundbesitz beteiligen müßte. Bei dem Vergleich handelt es sich um einen Prozeßvergleich. Ob die Auslegung eines Prozeßvergleichs in der Revisionsinstanz nur in beschränktem Umfang, also nur darauf überprüft werden kann, ob die gesetzlichen Auslegungsregeln, Denkgesetze, Erfahrungssätze oder Verfahrensvorschriften verletzt sind, oder ob, weil es sich (auch) um eine Prozeßhandlung handelt, eine Auslegung frei nachprüfbar ist, wird in der Rechtsprechung des *BGH* nicht einheitlich beantwortet (vgl. zum Meinungsstand *BGH,* NJW 1971, 1844 = LM § 239 ZPO Nr. 9 = WM 1971, 1513 [1514]). Die Frage bedarf hier jedoch keiner Entscheidung. Denn der *Senat* würde der tatrichterlichen Auslegung auch dann folgen, wenn sie voll überprüfbar sein sollte. Aus dem Wortlaut des Vertrages ergibt sich eindeutig, daß der Kl. wegen des von ihm allein geleisteten Schuldendienstes Ausgleichsansprüche gegen die Bekl. angemeldet hatte, daß die Bekl. solche Ausgleichsansprüche nicht anerkannte und daß die Parteien die Frage, ob dem Kl. solche Ausgleichsansprüche zustehen oder nicht, bewußt offengelassen haben. Würde man der von der Revision vertretenen Auslegung des Vertrages folgen, so hätten sich die Parteien im Gegensatz dazu im wirtschaftlichen Ergebnis darauf geeinigt, daß der Kl. die monatlichen Belastungen allein zu tragen habe. Im wirtschaftlichen Ergebnis ist es nämlich gleichgültig, ob Ausgleichsansprüche des Kl. durch den Vergleich ausgeschlossen sind oder ob sie zwar bestehen, aber durch einen entsprechend höheren Unterhalt kompensiert werden.

In der vom BerGer. vorgenommen, zutreffenden Auslegung steht der Unterhaltsvergleich den Ausgleichsansprüchen des Kl. nicht entgegen. Die von der Revision geltend gemachte Anpassung des Vergleichs nach den Regeln über den Wegfall der Geschäftsgrundlage scheidet schon deshalb aus, weil die Parteien den Bestand des Unterhaltsvergleichs gerade nicht davon abhängig machen wollten, daß dem Kl. keine Ausgleichsansprüche nach § 426 I BGB zustehen.

BGH v. 30. 11. 94 – XII ZR 215/93 – FamRZ 95, 416 = NJW 95, 718

(Lehre – Fachoberschule – Studium) R486

2. Diese Ausführungen halten den Angriffen der Revision stand.

a) Nach § 1610 II BGB umfaßt der Unterhalt eines Kindes die Kosten einer angemessenen Vorbildung zu einem Beruf. Geschuldet wird danach eine Berufsausbildung, die der Begabung und den Fähigkeiten, dem Leistungswillen und den beachtenswerten Neigungen des Kindes am besten entspricht und sich in den Grenzen der wirtschaftlichen Leistungsfähigkeit der Eltern hält. Eltern, die ihrem Kind eine solche Berufsausbildung gewährt haben, sind daher nicht verpflichtet, auch noch Kosten einer weiteren Ausbildung zu tragen. Ausnahmen hat der *Senat* nur unter besonderen Umständen angenommen, nämlich wenn der Beruf etwa aus gesundheitlichen oder sonstigen, bei Ausbildungsbeginn nicht vorhersehbaren Gründen nicht ausgeübt werden kann oder wenn das Kind von den Eltern in einen seiner Begabung nicht hinreichend Rechnung tragenden Beruf gedrängt wurde oder die Erstausbildung auf einer deutlichen Fehleinschätzung der Begabung beruht. Ferner kommt eine weitergehende Unterhaltspflicht in Betracht, wenn die weitere Ausbildung zweifelsfrei als eine bloße in engem sachlichen und zeitlichen Zusammenhang stehende Weiterbildung zu dem bisherigen Ausbildungsweg anzusehen ist und von vornherein angestrebt war oder während der ersten Ausbildung eine besondere, die Weiterbildung erfordernde Begabung deutlich wurde (*BGHZ* 69, 190 f. [194] = NJW 1977, 1774 = LM § 1610 BGB Nr. 4 = FamRZ 1977, 629; *Senat*, FamRZ 1980, 1115; NJW-RR 1991, 770 = FamRZ 1991, 931; w. Nachw. in *BGHZ* 107, 376 [380] = NJW 1989, 2253 = LM § 1610 BGB Nr. 18 = FamRZ 1989, 853 [854]).

Diese Grundsätze hat der *Senat* für die Fälle modifiziert, in denen ein Kind nach Erlangung der Hochschulreife auf dem herkömmlichen schulischen Weg (Abitur) eine praktische Ausbildung (Lehre) absolviert und sich erst danach zu einem Studium entschließt (sog. Abitur-Lehre-Studium-Fälle, *BGHZ* 107, 376 [380] = NJW 1989, 2253 = LM § 1610 BGB Nr. 18 = FamRZ 1989, 853 [854]; krit. dazu *Schwab*, in: Festschr. f. Jauch, 1990, S. 201 [210 f.]). Grund für die Modifizierung war das zunehmend geänderte Ausbildungsverhalten der Studienberechtigten, die sich durch eine praktische Berufsausbildung eine sichere Lebensgrundlage schaffen, ein anschließendes Studium aber nicht von vornherein ausschließen wollen. Dabei hat der *Senat* allerdings wegen des aus § 1610 II BGB abzuleitenden Merkmals der Einheitlichkeit des Ausbildungsganges daran festgehalten, daß die einzelnen Ausbildungsabschnitte in engem zeitlichen und sachlichen Zusammenhang stehen und die praktische Ausbildung und das Studium sich jedenfalls sinnvoll ergänzen müssen (*BGHZ* 107, 376 [382] = NJW 1989, 2253 = LM § 1610 BGB Nr. 18 = FamRZ 1989, 853 [854]; *Senat*, NJW-RR 1990, 327 = FamRZ 1990, 149; NJW-RR 1991, 1156 = FamRZ 1991, 1044 [1045]; NJW 1992, 501 = FamRZ 1992, 170; NJW 1993, 2238 = LM § 1610 BGB Nr. 22 = FamRZ 1993, 1057; NJW-RR 1992, 1090 = FamRZ 1992, 1407). Er hat es jedoch genügen lassen, daß der Studienentschluß nicht von vornherein, sondern erst nach Beendigung der Lehre gefaßt wird, weil es gerade der Eigenart des vom herkömmlichen Bild abweichenden Ausbildungsverhaltens entspricht, daß sich der Abiturient bei Aufnahme der praktischen Ausbildung vielfach noch nicht über ein anschließendes Studium schlüssig ist (*BGHZ* 107, 376 [380 ff.] = NJW 1989, 2253 = LM § 1610 BGB Nr. 18 = FamRZ 1989, 853 [854]).

b) Eine Übertragung dieser für die Fälle Abitur – Lehre – Studium entwickelten Grundsätze auf die Fälle Lehre – Fachoberschule – Fachhochschulstudium hat der *Senat* bereits verneint (*Senat*, NJW-RR 1991, 195 = BGHR BGB § 1610 Abs. 2 Studium 4 = FamRZ 1991, 320 [321]; zur mangelnden Vergleichbarkeit der Fälle vgl. im übrigen *Senat*, NJW-RR 1992, 1090 = FamRZ 1992, 1407; NJW-RR 1991, 1156 = FamRZ 1991, 1044 [1045]; NJW 1992, 501 = LM H. 6/1992 § 1610 BGB Nr. 2 = FamRZ 1992, 170). Er hat darauf abgestellt, daß die einzelnen Ausbildungsabschnitte dann eine einheitliche, von den Eltern zu finanzierende Berufsausbildung darstellen, wenn schon bei Beginn der praktischen Ausbildung erkennbar eine Weiterbildung einschließlich eines Studiums angestrebt wurde.

Er hat allerdings offengelassen, ob die Einheitlichkeit auch dann bejaht werden könnte, wenn die Studienabsicht erst zu einem späteren Zeitpunkt gefaßt worden wäre.

c) Der vorliegende Fall gibt keine Veranlassung, von den bisher entwickelten Leitgedanken abzuweichen und ihn den Abitur-Lehre-Studium-Fällen uneingeschränkt gleichzustellen.

aa) Auszugehen ist von dem Grundsatz, daß die Eltern nicht für die Kosten einer zweiten oder weiteren Ausbildung herangezogen werden können, wenn sie ihre Unterhaltspflicht durch Finanzierung einer begabungsgerechten, abgeschlossenen Berufsausbildung in rechter Weise erfüllt haben (*BGHZ* 69, 190f. [193] = NJW 1977, 1774 = LM § 1610 BGB Nr. 4 = FamRZ 1977, 629). Dahinter steht der Gedanke, daß die Reichweite der Unterhaltspflicht der Eltern von der Frage mitbestimmt wird, inwieweit sie damit rechnen müssen, daß ihr Kind nach einem Schulabschluß und einer zu Ende geführten, in sich geschlossenen Berufsausbildung noch eine berufsqualifizierende Ausbildung – gegebenenfalls über weitere Ausbildungsstufen hinweg – anstreben werde. Die Belange der Unterhaltspflichtigen dürfen dabei nicht unberücksichtigt bleiben. Denn die Eltern müssen sich in ihrer eigenen Lebensplanung in etwa darauf einstellen können, wie lange sie mit einer Unterhaltslast zu rechnen haben. Hat etwa der Auszubildende mit Abschluß seiner praktischen Ausbildung bereits ein Alter erreicht, in dem die Eltern nicht mehr damit rechnen müssen, daß er noch eine weiterführende Schule und ein Studium anschließen wird, so wird eine Verpflichtung zur Finanzierung dieser weiteren Ausbildung um so weniger in Betracht kommen. Auch ist das Ausbildungsunterhaltsverhältnis zwischen Eltern und Kindern insoweit von gegenseitiger Rücksichtnahme geprägt, als einerseits die Eltern leichtere Verzögerungen oder ein zeitweiliges Versagen hinnehmen müssen (*Senat*, NJW-RR 1990, 327 = BGHR BGB § 1610 Abs. 2 Studium 3 = FamRZ 1990, 149), andererseits das Kind seine Ausbildung mit Fleiß und Zielstrebigkeit angehen (vgl. NJW 1984, 1961 = LM § 1610 BGB Nr. 8 = FamRZ 1984, 777 [778]; NJW 1987, 1557 = LM § 1610 BGB Nr. 14 = BGHR BGB § 1610 Abs. 2 Studium 1 = FamRZ 1987, 470 [471]) und den Eltern Auskunft über den Stand und die Dauer der geplanten Ausbildung geben muß (*Senat*, NJW 1987, 1557 = LM § 1610 BGB Nr. 14 = BGHR BGB § 1610 Abs. 2 Studium 1 = FamRZ 1987, 470 [471]). Diese Gesichtspunkte wirken sich nicht erst bei der Frage der wirtschaftlichen Zumutbarkeit für die Eltern aus, sondern haben bereits Einfluß darauf, ob und unter welchen Voraussetzungen ein Ausbildungsweg noch als geschuldete einheitliche Vorbildung zu einem Beruf oder als grundsätzlich nicht mehr geschuldete Zweitausbildung anzusehen ist.

Vor diesem Hintergrund ergeben sich wesentliche Unterschiede zwischen den beiden Ausbildungsvarianten Abitur – Lehre – Studium einerseits und mittlere Reife – Lehre – Fachoberschule – Fachhochschule andererseits, die es rechtfertigen, jeweils auf andere Kriterien abzustellen. Während der Abiturient insbesondere in der Oberstufe mehr an das theoretische Denken herangeführt und damit auf das Hochschulstudium vorbereitet wird, gewährt der Realschulabschluß dem Absolventen eine Vorbildung, die Grundlage für eine praxisorientierte Berufsausbildung sein kann. Hat ein Kind auf dem herkömmlichen schulischen Weg das Abitur und damit die Zugangsberechtigung zum Studium erlangt, müssen die Eltern regelmäßig von vornherein mit einer Hochschulausbildung rechnen. Aufgrund des allgemein geänderten Ausbildungsverhaltens der Abiturienten müssen sie dabei allerdings gewärtigen, daß eine praktische Ausbildung vorgeschaltet und der Entschluß zu dem fachlich darauf aufbauenden Studium erst anschließend gefaßt wird. Eine solche Vorausschau ergibt sich demgegenüber nicht ohne weiteres in den Fällen, in denen ein Kind, nachdem es aufgrund seiner Fähigkeiten und seines Leistungswillens einen Haupt- oder Realschulabschluß erreicht hat, im Anschluß an eine Lehre zunächst durch Wiederaufnahme einer schulischen Ausbildung die Fachhochschulreife zu erlangen sucht, um alsdann ein Fachhochschulstudium anzuschließen.

Das spricht dafür, in den letztgenannten Fällen die Einheitlichkeit der Ausbildung jedenfalls dann zu verneinen, wenn das Kind nicht von vornherein die Absicht hatte, nach der Lehre die Fachoberschule zu besuchen und anschließend zu studieren, und die Eltern mit einem derartigen beruflichen Werdegang des Kindes auch nicht aufgrund sonstiger besonderer Anhaltspunkte zu rechnen brauchen, die sich etwa aus der bisherigen schulischen Entwicklung ergeben oder sich auch in der anschließenden Lehre zeigen können, indem sie eine deutliche Begabung, insbesondere in theoretischer Hinsicht, für einen Fachbereich und für eine Weiterbildung auf diesem Gebiet erkennen lassen.

Ob etwas anderes gelten müßte, wenn sich auch insoweit ein allgemein geändertes Ausbildungsverhalten feststellen ließe und sich etwa ergäbe, daß Kinder mit Realschulabschluß in zunehmendem Maße nach einer praktischen Ausbildung die Fachoberschule besuchen und alsdann studieren, kann hier dahinstehen. Auch wenn das der Fall wäre, müßte die Einheitlichkeit der Ausbildung weiterhin verneint werden, wenn die schulische Ausbildung (zunächst) scheitert und beim Eintritt in die praktische Berufsausbildung weder die Absicht besteht, nach deren Abschluß die Fachoberschule zu besuchen und zu studieren, noch sonst nach der erkennbar gewordenen Begabung oder nach der Leistungsbereitschaft und dem Leistungsverhalten des Kindes eine entsprechende Weiterbildung nach Abschluß der Lehre zu erwarten steht. Hier braucht der Unterhaltspflichtige nicht damit zu rechnen, nach dem Abschluß der berufsqualifizierenden praktischen Ausbildung des Kindes zu weiteren Unterhaltsleistungen herangezogen zu werden.

BGH v. 30. 11. 94 – XII ZR 226/93 – FamRZ 95, 291 = NJW 95, 717

(Rechtsmißbräuchliche Berufung auf Unterhaltsverzicht; Darlegungs- und Beweislast bei Versorgungsleistungen; prägender Wohnwert; Zahlungseinstellung) R487

In seinem Urteil v. 9. 7. 1992 (a. a. O.) hat der *Senat* im einzelnen dargelegt, daß in Fällen der vorliegenden Art Grund und Höhe eines trotz des Unterhaltsverzichts verbleibenden Anspruchs ausschließlich am Kindeswohl zu orientieren sind. Dem Grunde nach ist der Anspruch nicht auf Sachverhalte beschränkt, in denen erst eine nachträgliche und unvorhergesehene Entwicklung ergibt, daß die Berufung auf den Unterhaltsverzicht mit Treu und Glauben nicht zu vereinbaren ist. Der Höhe nach ist der Anspruch so zu bemessen, daß dem betreuenden Elternteil ermöglicht wird, sich der Pflege und Erziehung des Kindes zu widmen, ohne eine Erwerbstätigkeit aufzunehmen oder Sozialhilfe zu beanspruchen. Dazu bedarf es in der Regel keines Unterhalts nach dem Maßstab des § 1578 BGB; ein höherer als der notwendige Unterhalt kann vielmehr nur verlangt werden, wenn besondere Umstände vorliegen, die dies aus Gründen des Kindeswohls gebieten (a. a. O., S. 1405). a

Soweit die *Senats*rspr. nicht überhaupt als Entwertung des Unterhaltsverzichts abgelehnt wird (so etwa *Johannsen/Henrich/Voelskow,* Eherecht, 2. Aufl., § 1585 c BGB Rz. 21), wird im Schrifttum durchweg ebenfalls vertreten, daß der Unterhaltsverzicht sich auch auf die Höhe eines verbleibenden Anspruchs auswirken müsse und infolgedessen mehr als der notwendige Unterhalt grundsätzlich nicht gefordert werden könne (vgl. *MünchKomm/Richter,* BGB, 3. Aufl., § 1585 c Rz. 20; *FamK-Rolland/Hülsmann,* § 1585 c BGB Rz. 26; *Palandt/Diederichsen,* BGB, 53. Aufl., § 1585 c Rz. 11; *Göppinger/Hoffmann,* Unterhaltsrecht, 6. Aufl., Rz. 1779; *Griesche,* in: FamGb, § 1585 c BGB Rz. 25; *Schwab/Borth,* Handbuch des Scheidungsrechts, 2. Aufl., Teil IV, Rz. 909 f.; *Langenfeld,* Anm. LM § 138 BGB (Ca) Nr. 23; *Koch,* JR 1993, 197 f.). Daß Gründe des Kindeswohl einen höheren als den notwendigen Unterhalt erfordern können, ist etwa im Hinblick auf die erhöhte Betreuungsbedürftigkeit eines behinderten Kindes vertreten worden (vgl. *OLG Hamburg,* FamRZ 1992, 444).

Die Erwägungen des OLG rechtfertigen es danach nicht, der Ehefrau mehr als den notwendigen Unterhalt zuzubilligen, weil sie nicht aufzeigen, daß dies aus Gründen des Kindeswohls geboten ist. Dabei kommt es nicht darauf an, was die Ehefrau ggf. durch eine Erwerbstätigkeit verdienen könnte, weil ausschließlich die Belange des Kindes zu berücksichtigen sind. Der Maßstab des § 1578 BGB kann auch nicht herangezogen werden, soweit in Abs. I S. 2 der Vorschrift auf den angemessenen Lebensbedarf des Berechtigten abgehoben wird; dem hierfür bedeutsamen vorehel. Lebensstandard der Ehefrau (vgl. dazu *Senats*urteil v. 9. 7. 1986 – IV b ZR 39/85 –, FamRZ 1988, 886, 889) fehlt der erforderliche Bezug zum Kindeswohl. Das gleiche gilt hier für die Frage, ob der umfassende Unterhaltsverzicht vor oder nach der Eheschließung vereinbart und ob dabei die spätere Geburt eines Kindes vorhergesehen wurde oder nicht. Die vom OLG festgestellten Umstände ergeben insgesamt nicht, daß das Kindeswohl eine vom Regelfall abweichende Beurteilung erfordert. Allein die Möglichkeit der Inanspruchnahme von Sozialhilfe durch den betreuenden Elternteil reicht zur Wahrung der Kindesbelange nicht aus, wie der *Senat* bereits ausgesprochen hat (vgl. Urteil v. 27. 9. 1989 – IV b ZR 78/88 –, FamRZ 1989, 1279, 1280 f.; s. a. *Koch,* a. a. O.). Die Entscheidung des OLG zur Anspruchshöhe kann nach allem keinen Bestand haben.

3. Da in Fällen der vorliegenden Art die Berufung auf den Unterhaltsverzicht nur zeitlich begrenzt ausgeschlossen ist, nämlich solange die Notwendigkeit einer Betreuung des Kindes andauert, kommt der Verpflichtung des Gerichts, bei der Beurteilung eines Unterhaltsanspruchs auch die künftige Entwicklung der Verhältnisse vorausschauend zu berücksichtigen (vgl. dazu etwa *Senats*urteil v. 21. 4. 1982 – IV b ZR 696/80 –, FamRZ 1982, 792, 794; *OLG Frankfurt/M.,* FamRZ 1989, 83), besondere Bedeutung zu. Vorliegend lag der Zeitpunkt der letzten mündlichen Verhandlung rund elf Monate vor der Vollendung des achten Lebensjahres des Kindes der Parteien (5. 5. 1994). Unterhalt für die Zeit danach konnte der Ehefrau unverändert nur unter der Voraussetzung zugesprochen werden, daß sich hinsichtlich der Beurteilung ihrer Erwerbsobliegenheit nichts änderte. Eine solche Annahme bedurfte aber besonderer Rechtfertigung, da in der Regel die Erwerbsobliegenheit des betreuenden Elternteils – jedenfalls zu einer Teilzeitbeschäftigung – nur zu verneinen ist, solange das Kind noch nicht acht Jahre alt ist (vgl. *Senats*urteil v. 21. 12. 1988 – IV b ZR 18/88 – FamRZ 1989, 487, m. w. N.). Daß das OLG eine Prüfung in diesem Rahmen unterlassen hat, rügt die Revision zu Recht. Aus diesem Grunde kann das angefochtene Urteil keinen Bestand haben, soweit Unterhalt von mehr als monatlich 500 DM für einen Zeitraum nach der Aufnahme des Kindes in die dritte Grundschulklasse zugesprochen worden ist (vgl. dazu auch *OLG Bamberg,* FamRZ 1991, 1060 = NJW 1991, 2776, 2777).

(Abzug von Belastungen bei prägendem Wohnwert)

4. Die Ehefrau wohnt mit dem gemeinsamen Kind in einem Anwesen, das ihr und dem Ehemann gemeinsam gehört. Letzterer hat im Prozeß vorgetragen, daß er die bisher von ihm allein geleisteten Zahlungen auf die Finanzierungsdarlehen i. H. von monatlich 2800 DM eingestellt habe und daß deswegen die Zwangsversteigerung drohe. Entgegen der Auffassung der Revision hat es bei dieser Sachlage das OLG zu Recht abgelehnt, den Unterhalt der Ehefrau unter dem rechtlichen Gesichtspunkt b

mietfreien Wohnens zu mindern. Der Vorteil mietfreien Wohnens ist unterhaltsrechtlich nur zu berücksichtigen, soweit er nicht durch damit verbundene Belastungen und Unkosten aufgezehrt wird (vgl. etwa *Senats*urteil v. 18. 3. 1992 – XII ZR 23/91 –, FamRZ 1992, 1045, 1049, m. w. N.). Wenn auch – was nicht festgestellt ist – die Ehefrau auf die Belastungen nichts zahlen sollte, ist sie doch nach dem eigenen Vortrag des Ehemannes Gesamtschuldnerin der aufgenommenen Finanzierungskredite. Unter solchen Umständen kann von einem anrechenbaren Wohnvorteil ebensowenig ausgegangen werden wie im Falle eines Mieters, der tatsächlich geschuldete Miete nicht zahlt.

(Darlegungs- und Beweislast bei Versorgungsleistungen)

c 5. Der Ehemann hat sich in zweiter Instanz u. a. darauf berufen, daß die Ehefrau seit November 1992 eheähnlich mit einem anderen Mann zusammenlebe und sich deswegen ein Entgelt für Haushalts- und Versorgungsleistungen anrechnen lassen müsse. Diesen Vortrag hat das OLG als verspätet unberücksichtigt gelassen (wohl gemäß §§ 523, 282, 296 II ZPO). Es hat dazu ausgeführt, die behauptete Haushaltsgemeinschaft solle schon seit einem halben Jahr vor der Schlußverhandlung bestanden haben. Diesbezüglicher Vortrag des Ehemannes sei aber erst in einem unmittelbar vor dieser Verhandlung eingereichten Schriftsatz enthalten, obwohl ihm der Vorgang, falls zutreffend, von Anfang an nicht habe verborgen bleiben können, weil er im selben Hause wohne. Gründe für sein verzögerliches Verhalten habe er nicht mitgeteilt; entschuldigende Umstände seien auch sonst nicht ersichtlich. Er könne daher mit dem wegen Verletzung seiner Prozeßförderungspflicht verspäteten Vortrag nicht gehört werden.

Dem hält die Revision entgegen, daß der Ehemann sich auf ein eheähnliches Verhältnis der Ehefrau schon mit dem rechtzeitig eingereichten Schriftsatz v. 19. 3. 1993 berufen habe; in dem zeitnah vor der Schlußverhandlung liegenden Schriftsatz v. 17. 6. 1993 habe er dieses Vorbringen lediglich wiederholt und den Namen des Mannes berichtigt. Außerdem habe die Ehefrau dieses Vorbringen nicht bestritten, so daß dessen Berücksichtigung ohne jede Verzögerung des Verfahrens möglich gewesen wäre. Diese Rüge dringt im Ergebnis durch.

Die Ehefrau ist zwar auf das fragliche Vorbringen schriftsätzlich nicht eingegangen, aber aufgrund der – nicht gemäß § 320 ZPO eingereichten – Feststellung im Tatbestand des Berufungsurteils, „Die Antragsgegnerin hat ein eheähnliches Verhältnis bestritten und sich im übrigen wegen des neuen Vortrags auf Verspätung berufen", ist gemäß § 314 ZPO davon auszugehen, daß sie entsprechende Erklärungen in der mündlichen Verhandlung abgegeben hat. Gleichwohl ist das Verfahren des OLG insoweit zu beanstanden. Die Revision weist mit Recht darauf hin, daß der fragliche Vortrag schon im Schriftsatz des Ehemannes v. 19. 3. 1993 enthalten ist, der zu einem Zeitpunkt eingereicht worden ist, als im Hinblick auf den behaupteten Beginn des eheähnlichen Verhältnisses (November 1992) kein Verstoß gegen die Prozeßförderungspflicht angenommen werden konnte. Ob ein Zusammenleben „eheähnlich" ist, erweist sich nämlich erst geraume Zeit nach der Aufnahme. Bis zur Schlußverhandlung v. 25. 6. 1993 verblieb der Ehefrau hinreichend Zeit, um sich dazu zu äußern und ggf. Beweis anzubieten. Da sie die Darlegungs- und Beweislast für ihre Bedürftigkeit trägt, hatte sie entgegenstehenden Vortrag des Ehemannes zu widerlegen, darunter fallen Behauptungen der hier in Rede stehenden Art (vgl. *Senats*urteile v. 28. 11. 1990 – XII ZR 1/90 –, FamRZ 1991, 670, 673, und v. 8. 12. 1982 – IVb ZR 331/81 –, FamRZ 1983, 150, 152; ebenso *Griesche*, in: FamGb § 1577 Rz. 17; *Göppinger/van Els*, a. a. O., Rz. 1007; *Palandt/Diederichsen*, a. a. O., § 1577 Rz. 5). Hier kann allein aufgrund des Urteilstatbestandes, der lediglich einfaches „Bestreiten" bezeugt, nicht davon ausgegangen werden, daß die Ehefrau durch eine Gegendarstellung (die den Bereich ihrer eigenen Handlungen und Wahrnehmungen betrifft) ihrer Darlegungslast hinreichend substantiiert nachgekommen wäre. Wäre es trotz eines diesbezüglichen Hinweises des Gerichts gemäß § 278 III ZPO dabei geblieben, hätte das OLG daher seiner Entscheidung die Richtigkeit des Vortrags des Ehemannes zugrunde legen müssen. Das hätte zur Folge gehabt, daß sich die Ehefrau eine Vergütung für Versorgungsleistungen hätte anrechnen lassen müssen (vgl. dazu etwa *Senats*urteil v. 21. 12. 1988 – IVb ZR 18/88 –, FamRZ 1989, 487 ff., m. w. N.).

BGH v. 14. 12. 94 – XII ZR 180/93 – FamRZ 95, 344 = NJW 95, 655

R488 *(Keine nacheheliche Treuepflicht; Verwirkung wegen anstößiger oder kränkender Begleitumstände einer Beziehung)*

a bb) Das OLG hat offengelassen, ob es innerhalb der „Lebensgemeinschaft" zwischen der Kl. und ihrer Freundin zu Intimitäten komme, wie der Bekl. durch Antrag auf Vernehmung eines von ihm beauftragten Detektivs unter Beweis gestellt habe. Auch wenn danach für die revisionsrechtliche Beurteilung davon auszugehen ist, daß die entsprechende Behauptung des Bekl. zutrifft, rechtfertigt dieser Umstand keine andere Beurteilung. Denn der Vortrag des Bekl. betrifft den reinen Intimbereich der Kl. und besagt nichts darüber, daß dessen Gestaltung nach außen in die Öffentlichkeit dringe. Es liegt also keiner der Fälle vor, in denen eine Verwirkung des Unterhaltsanspruchs nach § 1579 Nr. 6 und 7 BGB (entsprechend früher nach § 66 EheG) darauf gestützt wird, daß die Beziehung des Unterhaltsberechtigten zu einem neuen Lebenspartner – und dies könnte grundsätzlich auch für einen gleichgeschlechtlichen Partner gelten – wegen besonderer, etwa kränkender oder sonst anstößiger Begleitumstände geeignet ist, den Verpflichteten in außergewöhnlicher Weise zu treffen, bloßzustellen oder in seinem Ansehen zu schädigen (vgl. *Senats*urteil v. 21. 12. 1988, a. a. O., FamRZ 1989, 490, unter cc), m. w. N.). Fehlt es aber an derartigen besonderen Begleitumständen, dann gilt der allgemeine Grundsatz, daß ein geschiedener Ehegatte in der privaten Gestaltung seines Lebens frei und dem Unterhaltsschuldner gegenüber weder zu „nachehelicher Treue" verpflichtet noch ihm – soweit nur eine allgemein gebotene Rücksichtnahme wegen des fortbestehenden Unterhaltsrechtsverhältnisses nicht verletzt wird – in sonstiger Weise verantwortlich ist.

BGH v. 11. 1. 95 – XII ZR 236/93 – FamRZ 95, 343 = NJW 95, 962

(Haushaltsführung für neuen Lebensgefährten bei voller Erwerbstätigkeit) **R489**

a) Das OLG hat den Vortrag des Bekl., daß die Kl. seit Juni 1993 mit L. in einer Wohn- und Wirtschaftsgemeinschaft zusammenlebt, als wahr unterstellt, ohne dem Beweisangebot der Kl. nachzugehen, es handle sich ausschließlich um eine Wohngemeinschaft. Daher ist für die Revisionsinstanz davon auszugehen, daß die Kl., die in die Wohnung des neuen Partners gezogen ist, diesem auch den Haushalt führt und ihm Versorgungsleistungen erbringt, wie es einer Wirtschaftsgemeinschaft entspricht. **a**

b) Die in diesen Bereich fallenden Leistungen der Kl. hat das OLG als überobligationsmäßig, also unzumutbar, beurteilt, weil die Kl. daneben voll erwerbstätig sei. Insoweit ist zunächst zu berücksichtigen, daß die Annahme der Unzumutbarkeit im vorliegenden Zusammenhang nicht schon dann gerechtfertigt ist, wenn nach sonstigen Maßstäben eine Erwerbstätigkeit, etwa wegen Kindesbetreuung oder Alters, unzumutbar wäre; denn Haushaltsarbeit ist erfahrungsgemäß eher mit anderweitigen Verpflichtungen vereinbar (vgl. *Kalthoener/Büttner*, Rechtsprechung zur Höhe des Unterhalts, 5. Aufl., Rz. 492). Der *Senat* hat bereits ausgesprochen, daß die nach std. Rspr. anzusetzende Vergütung für Versorgungsleistungen der hier erörterten Art insoweit nicht einem Einkommen aus Erwerbstätigkeit gleichzusetzen ist, daß vielmehr die tatsächliche Übernahme und Ausübung der Versorgungsdienste ein gewichtiges Indiz für deren Zumutbarkeit darstellt (vgl. Urteil v. 20. 5. 1987 – IVb ZR 50/86 –, FamRZ 1987, 1011, 1013). Im Schrifttum wird die Ansicht vertreten, daß dann, wenn Betreuungsleistungen in einem eheähnlichen Verhältnis denen in der geschiedenen Ehe entsprechen, es sich nicht um eine unzumutbare Tätigkeit handele (vgl. *Soergel/Häberle*, BGB, 12. Aufl., § 1577 Rz. 12). Es ist daher rechtlich bedenklich, daß das OLG im vorliegenden Fall zur Annahme der Unzumutbarkeit gelangt ist, ohne nähere Feststellungen zu Art und Umfang der Versorgungsleistungen sowie zu den näheren Umständen der Erwerbstätigkeit der Kl. zu treffen.

Jedenfalls hat das OLG nicht berücksichtigt, daß auch im Falle der Unzumutbarkeit die Anrechnung der insoweit anzusetzenden Vergütung nicht ohne weiteres vollständig ausscheidet, sondern differenziert gemäß § 1577 II BGB zu beurteilen ist. Diese Vorschrift regelt allgemein die Anrechnung von Einkünften aus unzumutbarer Tätigkeit des Unterhaltsberechtigten (vgl. grundlegend *Senats*urteil v. 24. 11. 1982 – IVb ZR 310/81 –, FamRZ 1983, 146). Soweit es sich um die Anrechnung von Vergütungen für nicht zumutbare Versorgungsleistungen der hier erörterten Art handelt, ist die Vorschrift ebenfalls heranzuziehen, und zwar auch im Rahmen des Trennungsunterhalts (vgl. *Senats*urteile v. 24. 11. 1982, a. a. O., S. 149, und v. 20. 5. 1987, a. a. O.; *Kalthoener/Büttner*, a. a. O.; s. a. *Erman/Dieckmann*, BGB, 8. Aufl., § 1577 Rz. 13).

Eine Anrechnungsfreiheit nach Satz 1 scheidet aus, weil der Bekl. den vollen Unterhalt leisten kann. Es greift Satz 2 ein, wonach eine Anrechnung insoweit in Betracht kommt, als dies unter Berücksichtigung der beiderseitigen wirtschaftlichen Verhältnisse der Billigkeit entspricht. Die danach erforderliche Billigkeitsabwägung, bei der jede Schematisierung zu vermeiden ist und die nur in seltenen Ausnahmefällen zu einer vollen Anrechnungsfreiheit gelangt (vgl. dazu *MünchKomm/Richter*, BGB, 3. Aufl., § 1577 Rz. 26; *BGB-RGRK/Cuny*, 12. Aufl., § 1577 Rz. 28), läßt das angefochtene Urteil vermissen. Dies begegnet durchgreifenden rechtlichen Bedenken. Der Umstand, daß der Unterhaltsberechtigte voll berufstätig ist, reicht nicht in jedem Falle aus, um die vollständige Anrechnungsfreiheit zu rechtfertigen (abweichende Stimmen berücksichtigen § 1577 II S. 2 BGB nicht; *OLG Karlsruhe*, FamRZ 1988, 99, 100; *Griesche*, in: FamGB, § 1577 BGB Rz. 13; *Schwab/Borth*, Handbuch des Scheidungsrechts, 2. Aufl., Teil IV Rz. 742).

Eine wenigstens teilweise Anrechnung könnten die Grundsätze der Billigkeit hier etwa erfordern, wenn der neue Lebenspartner der Kl. in gehobenen wirtschaftlichen Verhältnissen lebte und sie daran teilhaben ließe. Es müßte auf Unverständnis stoßen, wenn sie tatsächlich wirtschaftlich bessergestellt wäre als der Bekl., gleichwohl aber von ihm noch den ausgeurteilten Aufstockungsunterhalt fordern könnte. Nach dem Sinn des § 1577 II S. 2 BGB sollen Einkünfte aus unzumutbaren Erwerbsquellen nicht völlig unangetastet bleiben, sondern – bei Sicherung des vollen Unterhalts – in begrenztem Umfang auch zur Entlastung des Unterhaltsschuldners herangezogen werden (vgl. *BGB-RGRK/Cuny*, a. a. O., Rz. 27).

(Darlegungs- und Beweislast bei Einkommen aus Haushaltsführung für neuen Lebensgefährten)

b c) der Bekl. hat u. a. geltend gemacht, daß die Kl. durch das Zusammenleben mit ihrem neuen Partner Mietaufwand erspare, ohne daß sich die Kl. zu diesem Punkt substantiiert eingelassen hätte. Sie hat sich darauf beschränkt, eine Wohngemeinschaft mit L. einzuräumen, durch die aber nach ihrer Darstellung „verbrauchsabhängige Kosten wie Strom, Gas, Wasser oder Telefon nicht erspart" würden. Insbesondere fehlt Vortrag zu der Frage, wie der Mietzins aufgebracht wird. Wenn die Mietzinsen allein von ihrem neuen Partner getragen würden, könnte sie nicht den vollen Unterhalt verlangen, sondern nur einen solchen, der aufgrund der anderweitigen Deckung ihres Wohnbedarfs reduziert ist; auf konkrete Absprachen mit dem Partner zu diesem Punkt oder darauf, ob der Bekl. zu entlasten gewillt ist, kommt es nicht an (vgl. *Senats*urteil v. 23. 4. 1980 – IVb ZR 527/80 –, FamRZ 1980, 665, 668; *MünchKomm/Richter*, a. a. O., § 1577 Rz. 13; s. a. *Senats*urteil v. 8. 12. 1983 – IVb ZR 331/81 –, FamRZ 1983, 150, 152).

Da die Darlegungs- und Beweislast für ihre Bedürftigkeit die Kl. trägt (vgl. *Senats*urteile v. 28. 11. 1990 – XII ZR 1/90 –, FamRZ 1991, 670, 673, und v. 30. 11. 1994 – XII ZR 226/93 –, FamRZ 1995, 291; *Griesche*, in: FamGB, § 1577 BGB Rz. 17; *Göppinger/van Els*, Unterhaltsrecht, 6. Aufl., Rz. 1007), treffen sie die nachteiligen Folgen einer insoweit verbleibenden Ungewißheit. Infolgedessen kann sie nach dem bisherigen Sach- und Streitstand auch unter diesem Gesichtspunkt keinen ungekürzten Unterhalt verlangen.

(Keine Berücksichtigung des trennungsbedingten Mehrbedarfs, wenn die Eheleute nur über prägende Einkünfte verfügen)

c d) Soweit die Revision geltend macht, über die vorstehend behandelten Punkte hinaus müsse eine Ersparnis von Generalunkosten berücksichtigt werden, die durch das Zusammenleben in einer Haushaltsgemeinschaft regelmäßig eintrete (vgl. *OLG Hamburg*, FamRZ 1987, 1044, 1045: regelmäßig 20 bis 25% der Lebenshaltungskosten), kann dem nicht gefolgt werden. Der nach § 1361 I S. 1 BGB geschuldete Unterhalt knüpft an das Zusammenleben während der Ehe und die damit einhergehenden wirtschaftlichen Vorteile an und ist demgemäß in der Regel bereits unter Einschluß dieser Vorteile bemessen. Nur wenn im Einzelfall bei der Bestimmung des Unterhalts sog. trennungsbedingter Mehrbedarf zugebilligt worden ist, wird dieser infolge der Begründung einer Wirtschaftsgemeinschaft mit einem neuen Partner regelmäßig entfallen.

Hier ist der Unterhalt der Kl. im Wege der sog. Differenzmethode bemessen worden, die den trennungsbedingten Mehrbedarf eines Ehegatten nicht besonders berücksichtigt (vgl. *Senats*urteil v. 25. 1. 1984 – IVb ZR 43/82 –, FamRZ 1984, 358, 360; *MünchKomm/Richter*, a. a. O.). Daher ist es nicht gerechtfertigt, auch unter dem Blickwinkel der Ersparnis von Generalunkosten eine Reduzierung des Unterhalts der Kl. zu erwägen.

BGH v. 25. 1. 1995 – XII ZR 195/93 – FamRZ 95, 1405 = NJW-RR 95, 449

R490A *(Auffangregelung des § 1579 Nr. 7 BGB auch bei Vorliegen objektiver Gründe; keine Befristung des nachehelichen Unterhalts nach § 1579 Nr. 7 BGB wegen einer in der Ehe ausgebrochenen schweren Erkrankung)*

a 1. Das BerGer. führt aus, die Kl. habe für die Zeit ab September 1991 Anspruch auf nachehelichen Unterhalt nach § 1572 BGB, da sie krankheitsbedingt erwerbsunfähig sei. Aufgrund der in erster Instanz durchgeführten Beweisaufnahme stehe fest, daß sie infolge ihrer Erkrankung nicht in der Lage sei, ihren Beruf als Ärztin auszuüben und ihren Lebensunterhalt – auch nur teilweise – selbst zu verdienen. Die Wurzeln der Erkrankung der Kl. reichten in die Zeit vor der Eheschließung zurück, auch wenn das Krankheitsbild erst durch die besonderen familiären und beruflichen Belastungen seit 1987 in seiner vollen Tragweite sichtbar geworden sei. Bemessungsmaßstab für die Höhe des Unterhaltsanspruchs der Kl. sei das Einkommen des Bekl., das allein die ehelichen Lebensverhältnisse im Zeitpunkt der Scheidung geprägt habe. Entgegen der Annahme des *FamG* habe die Kl. ihren Unterhaltsanspruch auch nicht gem. § 1579 Nr. 3 BGB wegen Tablettenmißbrauchs teilweise verwirkt. Diese Ausführungen des BerGer., die revisionsrechtlich nicht zu beanstanden sind, nimmt die Revision als ihr günstig hin.

Weiter führt das BerGer. aus, auch ohne ein vorwerfbares Verhalten der Kl. sei wegen der besonderen objektiven Gegebenheiten und wegen der Entwicklungen der beiderseitigen Lebensverhältnisse eine Herabsetzung des Unterhalts auf den angemessenen Bedarf und eine zeitliche Begrenzung auf die Dauer von knapp vier Jahren nach Rechtskraft des Scheidungsurteils nach § 1579 Nr. 7 BGB gerechtfertigt. Die aus der Unterhaltspflicht erwachsende Belastung sei für den Bekl. unzumutbar, wenn die Kl. auf Dauer den vollen Unterhalt verlangen könne. Die Ehe der Parteien habe von der Eheschließung bis zur Zustellung des Scheidungsantrags Ende 1988 nur etwas mehr als fünf Jahre gedauert. Schon vorher

– dreieinhalb Jahre nach der Eheschließung – hätten die Parteien den Entschluß zur Trennung gefaßt. Nach der Einschätzung des in erster Instanz eingeholten Sachverständigengutachtens sei bei der erst 39 Jahre alten Kl. inzwischen von einem "chronifizierten" Krankheitszustand auszugehen. Es sei nicht damit zu rechnen, daß sie in absehbarer Zeit einer geregelten beruflichen Tätigkeit nachgehen könne. Die Erkrankung der Kl. sei bereits vor der Ehe angelegt gewesen. Auch wenn die Einkommensverhältnisse des Bekl. überdurchschnittlich gut seien, werde bei einer Gesamtabwägung aller maßgeblichen Kriterien die Zumutbarkeitsgrenze für den Bekl. in nicht mehr hinnehmbarer Weise überschritten, wenn er auf Dauer den vollen Unterhalt zahlen müsse. Die Kl. habe durch die Eheschließung mit dem Bekl. nur finanzielle Vorteile, keinerlei Nachteile gehabt. Sie habe ohne finanzielle Sorgen auf Kosten des Bekl. ihr Studium beenden können, ohne jemals nennenswerte Aufgaben im Haushalt übernommen zu haben. Die Parteien seien übereinstimmend davon ausgegangen, daß die Kl. in kürzester Zeit ihren Unterhalt als Ärztin selbst verdienen könne und keine Unterhaltsleistungen von dem Bekl. verlangen werde. Die Absicht der Kl., an sich keinen Unterhalt von dem Bekl. zu verlangen, habe ihren sichtbaren Ausdruck darin gefunden, daß sie sich jahrelang mit dem Notwendigsten begnügt habe, obwohl sie die Möglichkeit gehabt habe, über das Konto des Bekl. frei zu verfügen. Diese Ausführungen des BerGer. halten einer rechtlichen Überprüfung nicht stand.

2. Es ist allerdings zutreffend, daß die Auffangregelung des § 1579 Nr. 7 BGB, die dem § 1579 I Nr. 4 BGB a. F. entspricht, allgemein eine unverhältnismäßige Belastung des Unterhaltspflichtigen vermeiden will und daher auch anwendbar sein kann, wenn allein objektive Gründe vorliegen, die die Inanspruchnahme des Unterhaltspflichtigen als unzumutbar erscheinen lassen (vgl. *Senat,* NJW 1985, 428 = LM § 1579 BGB Nr. 25 = FamRZ 1985, 51 [52] und NJW 1985, 2268 = FamRZ 1985, 911, jeweils m. Nachw.). Das BerGer. nimmt aber zu Unrecht an, daß im vorliegenden Fall auch ohne ein vorwerfbares Verhalten der Kl. solche Gründe gegeben sind. Das BerGer. stellt zur Begründung seiner gegenteiligen Ansicht entscheidend darauf ab, daß die Ehe der Parteien nur von kurzer Dauer gewesen sei und daß man dem Bekl. nicht zumuten könne, auf Dauer auf einen Teil seines Einkommens deshalb zu verzichten, weil die Kl. aufgrund einer Krankheit, die schon vor der Ehe zumindest angelegt gewesen sei, ihren Beruf als Ärztin nicht ausüben könne. Beide Gesichtspunkte tragen die Entscheidung des BerGer. nicht. Der Hinweis des BerGer., die Parteien seien übereinstimmend davon ausgegangen, daß die Kl. nach Abschluß ihres von dem Bekl. finanzierten Studiums keine Unterhaltsansprüche gegen den Bekl. geltend machen werde, enthält keine darüber hinausgehende Begründung. Diese Vorstellung der Parteien hängt nämlich unmittelbar damit zusammen, daß für sie die Tragweite der Erkrankung der Kl. nicht erkennbar war und daß sie deshalb – wie sich herausgestellt hat zu Unrecht – damit rechneten, die Kl. werde nach Abschluß ihres Studiums als Ärztin arbeiten und auf diese Weise ihren Lebensunterhalt selbst verdienen können.

(Bestimmung der Ehedauer von Eheschließung bis Rechtshängigkeit des Scheidungsverfahrens; keine kurze Ehe nach § 1579 Nr. 1 BGB bei Ehedauer von knapp 5 Jahren)

3. Nach § 1579 Nr. 1 BGB kann es einen besonderen Härtegrund darstellen, der zur Herabsetzung **b**
oder zeitlichen Begrenzung des Unterhaltsanspruchs führen kann, wenn die Ehe nur von kurzer Dauer war. Das BerGer. zieht zu Recht nicht einmal in Erwägung, daß diese Bestimmung im vorliegenden Fall anwendbar sein könnte. Unter Ehedauer i. S. dieser Vorschrift ist die Zeit von der Eheschließung bis zur Rechtshängigkeit des Scheidungsantrags zu verstehen, durch den das zur Scheidung der Ehe führende Verfahren eingeleitet worden ist (st. Rspr.; vgl. *Senat,* NJW 1986, 2832 = LM § 1578 BGB Nr. 40 = FamRZ 1986, 886 [887]; *Soergel/Häberle,* BGB, 12. Aufl., § 1579 Rdnr. 4; *Johannsen/Henrich/Voelskow,* EheR, 2. Aufl., § 1579 Rdnr. 13; *Palandt/Diederichsen,* BGB, 53. Aufl., § 1579 Rdnr. 13). Im Regelfall ist nach der ständigen Rechtsprechung des *Senats* eine Ehedauer von mehr als drei Jahren nicht als kurz i. S. des § 1579 Nr. 1 BGB anzusehen (vgl. *Senat,* NJW 1986, 2832 = LM § 1578 BGB Nr. 40 = FamRZ 1986, 886 [887] m. Nachw.; vgl. auch *Göppinger/Kindermann,* UnterhaltsR, 6. Aufl., Rdnr. 1290; *Soergel/Häberle,* § 1579 Rdnr. 5; *Johannsen/Henrich/Voelskow,* § 1579 Rdnr. 11; *Schwab/Borth,* Hdb. des ScheidungsR, 2. Aufl., IV Rdnr. 307). Die Ehe der Parteien hat bis zum Einreichen des Scheidungsantrages knapp fünf Jahre gedauert. Anhaltspunkte dafür, daß im vorliegenden Fall aufgrund besonderer Umstände dennoch von einer kurzen Ehedauer auszugehen sei, sind nicht ersichtlich. Die Parteien haben nach der Eheschließung bis zur Trennung ca. dreieinhalb Jahre zusammengelebt. Hinzu kommt, daß sie auch schon vor der Ehe etwa drei Jahre zusammengelebt haben, insgesamt also mehr als sechs Jahre. Daß Ehegatten vor der Eheschließung längere Zeit zusammengelebt haben, hat zwar keinen Einfluß auf die Bestimmung der Ehedauer, läßt aber zusätzliche Rückschlüsse darauf zu, daß sie ihre Lebensführung bereits aufeinander eingestellt und in wechselseitiger Abhängigkeit auf ein gemeinschaftliches Lebensziel ausgerichtet haben (vgl. *Schwab/Borth,* Rdnr. 309).

(Keine Verwirkung des Unterhalts nach § 1579 Nr. 7 BGB wegen einer in der Ehe aufgetretenen schweren Erkrankung, die bereits bei Eheschließung vorhanden war)

4. Auch daß die Kl. aufgrund einer schon vor der Ehe (zumindest latent) vorhandenen Erkrankung, **c**
die erst nach der Trennung der Parteien in ihrem vollen Ausmaß erkennbar geworden ist, erwerbsun-

fähig und damit unterhaltsbedürftig geworden ist und daß dieser Umstand für den Bekl. zu einer erheblichen und dauernden Unterhaltslast führen kann, rechtfertigt nicht die Herabsetzung oder zeitliche Begrenzung des Unterhaltsanspruchs der Kl. aufgrund der Härteregelung des § 1579 Nr. 7 BGB. Dies hat der *Senat* in einem Urteil, das dem BerGer. noch nicht bekannt sein konnte, bereits entschieden (NJW 1994, 1286 = LM H. 6/1994 § 1572 BGB Nr. 5 = FamRZ 1994, 566). Die Frage, ob ein geschiedener Ehegatte gegen den anderen aufgrund einer nach der Scheidung bestehenden krankheitsbedingten Erwerbsunfähigkeit einen Unterhaltsanspruch hat, ist in § 1572 BGB geregelt. Das BerGer. führt zutreffend (und im Einklang mit der Rechtsprechung des *Senats:* vgl. NJW 1982, 40 = LM § 1569 BGB Nr. 3 = FamRZ 1981, 1163 [1164]) aus, daß ein Unterhaltsanspruch der Kl. nach dieser Vorschrift gegeben ist, weil die voreheliche Erkrankung der Kl. schon zum Zeitpunkt der Scheidung zu einer krankheitsbedingten Erwerbsunfähigkeit geführt hat (vgl. auch *Johannsen/Henrich/Voelskow,* § 1572 Rdnrn. 5f.; *Soergel/Häberle,* § 1572 Rdnr. 6; *Palandt/Diederichsen,* § 1572 Rdnr. 6). Wenn gerade die schon vor der Eheschließung bestehende und von dem Zeitpunkt der Scheidung an fortdauernde Erkrankung der Kl. nach § 1572 Nr. 1 BGB einen Unterhaltsanspruch der Kl. gegen den Bekl. auslöst, dann kann nicht dieselbe Erkrankung einen „anderen Härtegrund" i. S. der Auffangregelung des § 1579 Nr. 7 BGB darstellen und auf diese Weise zu dem gegenläufigen Ergebnis führen, daß der Unterhaltsanspruch der Kl. ganz oder teilweise ausgeschlossen ist (vgl. *Senat,* NJW 1994, 1286 = LM H. 6/1994 § 1572 BGB Nr. 5 = FamRZ 1994, 566f.).

BGH v. 25. 1. 95 – XII ZR 240/93 – FamRZ 95, 475 = NJW 95, 1215

R491 *(Verwirkung wegen Umgangsverweigerung)*

a c) Diese Ausführungen der Revision sind nicht geeignet, der Entscheidung des Berufungsgerichts die Grundlage zu entziehen.

Wenn die Klägerin dem Beklagten im Juli 1991 keine Angaben über ihre Zukunftspläne und ihren Werdegang machte, so ist zu beachten, daß sie damals, wie der Beklagte wußte, noch die Schule besuchte und erst im folgenden Jahr das Abitur ablegen wollte. Ihr Unterhaltsbegehren und die darauf zielende Bitte um Auskunft über die Einkünfte des Beklagten bezogen sich zunächst auf den Zeitraum ihres weiteren Schulbesuchs.

Der Einreichung der Unterhaltsklage im Februar 1992 war nicht nur das Anwaltsschreiben vom 26. 9. 1991, sondern auch eine weitere Mitteilung vom 14. 11. 1991 mit Übersendung der erbetenen Bescheinigung über den Schulbesuch der Klägerin vorausgegangen. Nachdem der Beklagte trotz Erhalt dieser Mitteilungen seit August 1991 keinen Unterhalt an die als Schülerin weiterhin unterhaltsbedürftige und auf seine Zahlungen angewiesene Klägerin geleistet hatte, stellte sich die gerichtliche Geltendmachung des Unterhaltsanspruchs nach Ablauf von rund sieben Monaten nicht als Fehlverhalten der Klägerin im Sinne von § 1611 Abs. 1 BGB dar.

Schließlich ist auch der Auffassung der Revision zu der nicht ausreichenden Kontaktbereitschaft der Klägerin als Grund für eine Herabsetzung oder einen Ausschluß des Unterhaltsanspruchs – zumal die Klägerin von dem Beklagten „etwas wolle" – unter den gegebenen Umständen nicht zu folgen.

Sowohl in der Rechtsprechung, insbesondere der OLGe, als auch im Schrifttum werden unterschiedliche Ansichten dazu vertreten, ob und unter welchen Voraussetzungen die mangelnde Bereitschaft eines volljährigen Kindes zum persönlichen Kontakt mit dem auf Unterhalt in Anspruch genommenen Elternteil als schwere Verfehlung im Sinne von § 1611 Abs. 1 BGB anzusehen sein kann (vgl. etwa *OLG Frankfurt/M.* – 1. Familiensenat –, FamRZ 1990, 789; *OLG Frankfurt/M.* – 2. Familiensenat in Kassel –, FamRZ 1991, 1477; *OLG Bamberg* – 7. Zivilsenat – FamRZ 1991, 1476, und FamRZ 1992, 717; *OLG München*, FamRZ 1992, 595; sowie *Ewers*, FamRZ 1992, 719; *Schütz*, FamRZ 1992, 1338, und *Breiholdt*, NJW 1993, 305, sämtlich zu *OLG Bamberg*, FamRZ 1992, 717; *MünchKomm/Köhler*, BGB, 3. Aufl., § 1611 Rz. 6a; *Griesche* in FamGb § 1611 Rz. 8). Dabei gehen insbesondere das OLG München und der 2. Familiensenat des OLG Frankfurt/M. in Kassel ebenso wie *Griesche* davon aus, daß eine Minderung des Unterhaltsanspruchs aus solchem Grund nur in seltenen Ausnahmefällen, bei Hinzutreten weiterer gravierender Umstände – wie sie das OLG Bamberg in dem von ihm in FamRZ 1992, 717, entschiedenen Fall wohl als gegeben angenommen hat – in Erwägung zu ziehen sein wird. Zur Begründung dieser Auffassung wird u. a. darauf hingewiesen, daß es einem Kind in der Regel nicht als schwerer Schuldvorwurf angelastet werden könne, wenn es „während seiner Minderjährigkeit durch die Trennungsgeschichte seiner Eltern und unter dem Einfluß des sorgeberechtigten Elternteils in eine Konfrontationshaltung zu dem unterhaltsverpflichteten Elternteil hineinwächst und diese Haltung auch über die Volljährigkeit hinaus beibehält" (*OLG Frankfurt/M.* – 2. Familiensenat in Kassel –, a. a. O.; vgl. auch *Ewers*, a. a. O.), zumal solche Beziehungsstörungen „durch die Reife und Verselbständigung des Kindes nicht ohne weiteres behoben werden" (*OLG München*, a. a. O., S. 597; in diesem Sinn auch *Deisenhofer,* in: *Heiß*, Unterhaltsrecht 12.61).

Demgegenüber betonen vor allem das OLG Bamberg (a. a. O.) und der 1. Zivilsenat des OLG Frankfurt/M. (a. a. O., S. 789), daß ein erwachsenes, Unterhalt forderndes Kind grundsätzlich als einsichtsfähig zu gelten habe und für sein Verhalten im Rahmen von § 1611 Abs. 1 BGB verantwortlich zu machen sei.

Diese Überlegung kann es indessen nicht rechtfertigen, den gesetzlich normierten Maßstab einer vorsätzlichen schweren Verfehlung des Unterhaltsberechtigten zu verlassen und schon die Ablehnung jeder persönlichen Kontaktaufnahme zu dem unterhaltsverpflichteten Elternteil allein oder auch in Verbindung mit unhöflichen und unangemessenen Äußerungen diesem gegenüber als Grund für eine Herabsetzung oder den Ausschluß des Unterhalts nach § 1611 Abs. 1 BGB zu bewerten (vgl. dazu *Senats*urteil v. 24. 10. 1990 – XII ZR 124/89 = FamRZ 1991, 322, 323). Noch weniger kann ein Fehlverhalten im Sinne dieser Vorschrift darin gesehen werden, daß das unterhaltsberechtigte Kind, wie es hier seit dem 14. Lebensjahr der Klägerin offensichtlich der Fall war, die Beziehungen zu dem unterhaltsverpflichteten Elternteil über Jahre hinweg einschlafen läßt.

Die Annahme einer vorsätzlichen schweren Verfehlung des Unterhalt begehrenden Kindes setzt im übrigen grundsätzlich eine umfassende Abwägung aller maßgeblichen Umstände voraus, die auch das eigene Verhalten des unterhaltsverpflichteten Elternteils – und zwar sowohl gegenüber dem Kind als auch gegebenenfalls gegenüber dem geschiedenen Elternteil, der das Kind jahrelang versorgt und betreut und bei dem dieses seit seiner Minderjährigkeit gelebt hat – angemessen zu berücksichtigen hat (vgl. *Senats*urteil v. 24. 10. 1990, a. a. O.). Auch unter diesem Gesichtspunkt hat das OLG die Voraussetzung des § 1611 Abs. 1 BGB für den vorliegenden Fall rechtsfehlerfrei verneint. Der Beklagte hat nämlich, worauf das Berufungsgericht im Rahmen der von ihm vorgenommenen Abwägung nach § 1611 Abs. 1 BGB zutreffend abgehoben hat, der Klägerin nicht einmal zu ihrem 18. Geburtstag gratuliert, und er hat von sich aus keine Anteilnahme an ihren Ausbildungs- und Zukunftsplänen gezeigt. Darüber hinaus ist er, wie die Klägerin unbestritten vorgetragen hat, aus Anlaß des Termins vor dem Familiengericht vom 24. 7. 1992 vor der Verhandlung „mit wüsten Beschimpfungen über die Mutter der Klägerin hergezogen“, hat dieses Verhalten trotz Zuredens seines Prozeßbevollmächtigten fortgesetzt und auch der Klägerin selbst Vorhaltungen wegen ihrer guten Beziehungen zu ihrer Mutter gemacht. Die Klägerin, die sich damals – nach ihrem Vortrag – vorgestellt hatte, das Zusammentreffen mit dem Beklagten könne zu einem Versöhnungsgespräch führen, sah sich durch dieses Verhalten des Vaters in ihrer Hoffnung schwer enttäuscht. Wenn die Revision in diesem Zusammenhang die Auffassung vertritt, da die Klägerin von dem Beklagten etwas wolle, liege es zumindest seit Eintritt der Volljährigkeit an ihr, die Initiative zu ergreifen, so kann dieser Ansicht unter den dargelegten Umständen nicht gefolgt werden.

(Nebentätigkeit von Studenten)

b) Nach allgemeiner – zutreffender – Auffassung trifft einen Studenten neben dem Studium in der Regel keine Erwerbsobliegenheit. Denn er soll sich, auch im Interesse des Unterhaltspflichtigen, mit ganzer Kraft sowie dem gehörigen Fleiß und der gebotenen Zielstrebigkeit dem Studium widmen, um dieses innerhalb angemessener und üblicher Dauer zu beenden. Das gilt auch für die Zeit der Semesterferien, die neben der notwenigen Erholung der Wiederholung und Vertiefung des Stoffes dient, soweit sie nicht ohnehin durch studienbedingte Arbeiten (Hausarbeiten) ausgefüllt ist (vgl. *Kalthoener/Büttner*, Die Rechtsprechung zur Höhe des Unterhalts, 5. Aufl., Rz. 474, 475; *Strohal*, in: *Göppinger/Wax*, Unterhaltsrecht, 6. Aufl., Rz. 695, 291; *Schwab/Borth*, Handbuch des Scheidungsrechts, 2. Aufl. V, Rz. 65; *Griesche*, in: FamGb § 1601 Rz. 3; *MünchKomm/Köhler*, BGB, 3. Aufl., § 1602 Rz. 11 d; *Soergel/Häberle*, BGB, 12. Aufl., § 1602 Rz. 6; auch *Senats*urteil v. 11. 2. 1987 – IVb ZR 23/86 = NJW 1987, 1557). Übt ein Student gleichwohl eine (Neben-)Erwerbstätigkeit aus, so stellt die Vergütung, die er hierfür erhält, grundsätzlich Einkommen aus überobligationsmäßiger Tätigkeit dar (vgl. *Deisenhofer*, in: *Heiß*, Unterhaltsrecht 12.54; *Griesche*, in: FamGb a. a. O., Rz. 4). Die Anrechnung solcher Einkünfte aus unzumutbarer Tätigkeit bestimmt sich auch im Verwandtenunterhaltsrecht nach dem – hier entsprechend heranzuziehenden – Rechtsgedanken des § 1577 Abs. 2 BGB (vgl. *Kalthoener/Büttner*, a. a. O., Rz. 480; *OLG Köln*, FamRZ 1991, 856; grundlegend zu § 1577 Abs. 2 *Senats*urteil v. 24. 11. 1982 – IVb ZR 310/81 = FamRZ 1983, 146 ff.; anders hingegen, nämlich gestützt auf allgemeine Billigkeitsabwägungen, etwa *OLG Koblenz*, FamRZ 1989, 1219). Danach bleiben Einkünfte anrechnungsfrei, soweit der Unterhaltsverpflichtete nicht den vollen Unterhalt leistet (§ 1577 Abs. 2 Satz 1 BGB). Darüber hinaus kommt eine Anrechnung insoweit in Betracht, als dies unter Berücksichtigung der beiderseitigen wirtschaftlichen Verhältnisse der Billigkeit entspricht (§ 1577 Abs. 2 Satz 2 BGB). **b**

c) Das Berufungsgericht hat zwar den Maßstab des § 1577 Abs. 2 BGB bei seinen Ausführungen nicht ausdrücklich herangezogen. Die von ihm nach allgemeinen Billigkeitsgesichtspunkten tatrichterlich getroffene Entscheidung – die als solche nur in eingeschränktem Umfang revisionsrechtlicher Überprüfung unterliegt (vgl. *Senats*urteil BGHZ 109, 72, 88 = NJW 1990, 1172) – hält aber auch im Hinblick auf die Kriterien des § 1577 Abs. 2 BGB den Angriffen der Revision stand.

Die Klägerin nahm die Nebenerwerbstätigkeit Mitte November 1992 auf, nachdem ihr der Beklagte seit August 1991 keinen Unterhalt mehr gezahlt hatte. Sie war damit seit der letzten Unterhaltszahlung des Beklagten über ein Jahr lang auf Unterstützung Dritter angewiesen gewesen und hatte darüber hinaus seit der Aufnahme des Studiums und dem Auszug aus der Wohnung der Mutter einen gegenüber der Schul- und Nachschulzeit erhöhten Unterhaltsbedarf. Als sie unter diesen Umständen begann, eigene Erwerbseinkünfte zu erzielen, waren ihr diese – mangels Unterhaltsleistung des Beklagten – sowohl nach dem Rechtsgedanken des § 1577 Abs. 2 Satz 1 BGB als auch unter allgemeinen Billigkeitsgesichtspunkten nicht auf den von dem Beklagten geschuldeten, nachträglich beigetriebenen Unterhalt anzurechnen.

(Billigkeitsprüfung bei Nichtzahlung von Unterhalt)

c Mit dieser Rüge kann die Revision keinen Erfolg haben. Die Entscheidung des Berufungsgerichts findet im Gegenteil eine zusätzliche Rechtfertigung in dem Umstand, daß der Beklagte trotz Verkündung des erstinstanzlichen Urteils am 18. 8. 1992, welches ihn neben den Rückständen zu laufenden Unterhaltszahlungen von monatlich 615 DM verpflichtete, weiterhin keine Zahlungen an die Klägerin leistete, sondern sie auf den Weg der Zwangsvollstreckung verwies und deren Durchführung sogar noch erschwerte. Wann und in welchem Umfang die Zwangsvollstreckung zu einem Erfolg führen würde, war für die Klägerin nicht vorhersehbar. Allein die Aussicht auf die mögliche Beitreibung von Unterhaltsrückständen konnte ihren laufenden Unterhaltsbedarf nicht befriedigen. Tatsächlich erhielt die Klägerin erstmals Ende Dezember 1992 aus der Zwangsvollstreckung einen Betrag von 8000 DM ausgezahlt, als sich die bis dahin aufgelaufenen Rückstände – auf der Grundlage der Entscheidung des Familiengerichts – bereits auf 9190 DM beliefen.

Angesichts des erheblichen Nachholbedarfs, den die Klägerin im Jahre 1992 hatte, begegnet es keinen durchgreifenden rechtlichen Bedenken, daß ihr das Berufungsgericht trotz des ersten Erfolges der Zwangsvollstreckung die Einkünfte aus ihrer Nebenerwerbsbeschäftigung anrechnungsfrei zur Tilgung der Kosten für die Einrichtung ihrer Wohnung – nach ihrem unbestrittenen Vortrag für eine Küche, einen Kleiderschrank und ein Bett – sowie für die Kosten einer Urlaubsreise beließ. Zu letztem macht die Revision geltend, Aufwendungen für eine Urlaubsreise gehörten nicht zum anerkennungswerten Bedarf eines Studenten; denn auch ein arbeitender Mensch, dem nur der Selbstbehalt nach der Düsseldorfer Tabelle verbleibe, könne sich mit Sicherheit keine Urlaubsreise leisten. Abgesehen davon, daß dieser Behauptung in ihrer Allgemeinheit so nicht beigetreten werden kann, weil dies entscheidend von den jeweiligen Kosten einer Urlaubsreise abhängt, hat die Billigkeitsentscheidung des Berufungsgerichts aus anderen Gründen auch in diesem Punkt Bestand. Die Klägerin hatte nämlich wegen der Einstellung der Unterhaltszahlungen durch den Beklagten seit August 1991 keine Möglichkeit, etwa laufend geringe Beträge von ihrem Unterhalt für eine Urlausbreise anzusparen.

Unabhängig hiervon ist im übrigen darauf hinzuweisen, daß der Beklagte erst im Mai 1993 die bis dahin (nach der Berechnung des Familiengerichts) entstandenen Unterhaltsrückstände tilgte und erst in diesem Monat die laufenden Zahlungen wieder aufnahm. Nach dem Rechtsgedanken des § 1577 Abs. 2 Satz 1 und Satz 2 BGB unterliegen daher ohnehin nur die Erwerbseinkünfte der Klägerin aus den Monaten Mai bis (Anfang) Juli 1993 der Billigkeitsprüfung (vgl. insoweit zu der grundsätzlich gebotenen weiten Auslegung des § 1577 Abs. 2 BGB *Senats*urteil v. 24. 11. 1982, a. a. O., S. 149). Angesichts der verhältnismäßig geringen Höhe dieser Einkünfte ist die Entscheidung des Berufungsgerichts zur Anfechtungsfreiheit der Beträge aus den dargelegten Gründen revisionsrechtlich nicht zu beanstanden.

Dabei bedarf es entgegen der Auffassung des Berufungsgerichts keiner grundsätzlichen Auseinandersetzung mit der Frage, ob sich – im Rahmen von § 1577 Abs. 2 Satz 2 BGB – allgemeine Kriterien darüber aufstellen lassen, unter welchen Umständen und bis zu welcher Höhe einem Studenten, der regelmäßig Unterhalt von monatlich 950 DM erhält, Einkommen aus einer neben dem Studium ausgeübten Erwerbstätigkeit anrechnungsfrei zu belassen ist. Soweit das Berufungsgericht hier generell einen Zusatzverdienst bis zur Höhe von monatlich 1300 DM – angelehnt an das „Existenzminimum", das jedem arbeitenden Menschen auch gegenüber Unterhaltsansprüchen seiner minderjährigen Kinder verbleiben müsse – für nicht anrechenbar hält, bestehen dagegen allerdings Bedenken.

BGH v. 25. 1. 95 – XII ZR 247/93 – FamRZ 95, 544 = NJW 95, 1345

R492 *(Anpassung einer Unterhaltsrente)*

a Art. 234 § 5 EGBGB bestimmt unter Einschränkung des Art. 234 § 1 EGBGB, daß für den Unterhaltsanspruch eines Ehegatten, dessen Ehe vor dem Wirksamwerden des Beitritts geschieden worden ist, das bisherige Recht maßgeblich bleibt. In welchen Fällen das Recht der DDR „bisheriges Recht" war, ist dabei nach dem innerdeutschen Kollisionsrecht zu beantworten, und zwar – im Interesse eines Entscheidungseinklanges – in der Ausprägung, die es in Anlehnung an das internationale Privatrecht der Art. 3 ff. EGBGB erfahren hat, lediglich mit dem Unterschied, daß in deutsch-deutschen Fällen nicht auf das Heimatrecht, sondern auf den gewöhnlichen Aufenthalt der Anknüpfungsperson abgestellt wird (*Senat*, BGHZ 85, 16, 22 f.; 124, 57 f. mit Anm. *Lohmann*,

EWiR 1/94 zu Art. 18 EGBGB; *Senats*urteile v. 23. 9. 1992, a. a. O., S. 44, und v. 2. 2. 1994, a. a. O., S. 563; *BGHZ* 124, 270 f. mit Anm. *Thode*, JZ 1994, 472, 473; *Brudermüller*, FamRZ 1994, 1022 f.). Die Regeln des innerdeutschen Kollisionsrechts sind nach Art. 8 des Einigungsvertrages (Überleitung von Bundesrecht, vgl. Erläuterungen zum Einigungsvertrag Kapitel III Sachgebiet B Abschnitt II zu Art. 230 EGBGB) mit dem Wirksamwerden des Beitritts auch im Beitrittsgebiet zu beachten. Da die Ehe der Parteien nach DDR-Recht geschieden wurde, ist analog Art. 18 Abs. 4 EGBGB für die Unterhaltspflichten zwischen den geschiedenen Ehegatten und für die Änderung von Entscheidungen über diese Pflichten das DDR-Recht als das auf die Ehescheidung angewandte Recht maßgebend und gilt als Partikularrecht im Beitrittsgebiet fort (*Johannsen/Henrich*, a. a. O., Rz. 14).

(Eingeschränkte Anwendung des Erhöhungsverbots nach § 33 S. 2 FGB)

c) Damit bleibt § 33 Satz 2 FGB als materiell-rechtliche Vorschrift für die Abänderung des nachehelichen Unterhaltsanspruchs in Altfällen weiterhin maßgebend. Das bedeutet indessen nicht, daß er jede Unterhaltserhöhung ausschließt. Vielmehr ergibt seine Auslegung, daß er angesichts der tiefgreifenden wirtschaftlichen und sozialen Veränderungen, die im Gefolge des Beitritts in den neuen Bundesländern aufgetreten sind und noch auftreten, einer Berücksichtigung dieser Veränderungen nicht entgegensteht. Das folgt aus dem auch hier anwendbaren Grundsatz von Treu und Glauben und dem daraus abgeleiteten Gedanken der clausula rebus sic stantibus, der eine Anpassung der Vereinbarung an die veränderten Verhältnisse erfordert. **b**

aa) Dem Argument des OLG, die clausula rebus sic stantibus könne nicht herangezogen werden, weil sie kein allgemeines Rechtsprinzip sei, kann nicht gefolgt werden. Zwar ist die ursprünglich als stillschweigende Vertragsbedingungen angesehene Klausel nicht ausdrücklich als Rechtssatz in das Bürgerliche Gesetzbuch aufgenommen worden (*RGZ* 50, 255, 257; *MünchKomm/Roth*, BGB, 3. Aufl., § 242 Rz. 501 m. N.). Sie ist jedoch – in ihrer Weiterentwicklung zur Lehre vom Wegfall der Geschäftsgrundlage bzw. der Vertragsanpassung an die veränderten Verhältnisse (vgl. *Gottwald*, FamRZ 1992, 1374, 1381 m. N.) – insbesondere für Dauerschuldverhältnisse und Verträge mit Versorgungscharakter von Bedeutung (*Palandt/Heinrichs*, a. a. O., § 242 Rz. 110 f. m. N.). Auch dem Rechtssystem der früheren DDR war sie nicht fremd. Sie fand hier sogar eine ausdrückliche Regelung in § 78 DDR-ZGB. Danach konnte ein Gericht auf Klage einen Vertrag ändern oder aufheben, wenn sich die für den Vertragsschluß maßgebenden Umstände später so verändert hatten, daß einem der Partner die Erfüllung nicht mehr zumutbar war. Auch §§ 22 und 33 FGB sind Anwendungsfälle der clausula rebus sic stantibus, die für Unterhaltsschuldverhältnisse eine grundsätzliche Abänderung ermöglichen, wenn sich die hierfür zugrunde gelegten Verhältnisse wesentlich geändert haben. Der Grundsatz von Treu und Glauben, dessen Ausprägung die Lehre vom Wegfall der Geschäftsgrundlage ist, beherrscht als übergesetzlicher Rechtsatz auch das hier fortgeltende DDR-Recht. Er hat in dem Gemeinsamen Protokoll über die Leitsätze zum Vertrag über die Schaffung einer Währungs-, Wirtschafts- und Sozialunion zwischen der Bundesrepublik Deutschland und der DDR vom 18. 5. 1990 unter A I Nr. 2 Satz 2 ausdrücklich Eingang gefunden (BGBl. II S. 537, 545). Die Leitsätze sind gemäß Art. 4 Abs. 1 Satz 1 des Vertrages verbindlich und bei der Auslegung fortbestehenden Rechts anzuwenden. Die Grundsätze über den Wegfall der Geschäftsgrundlage werden demgemäß auch auf vor dem 1. 7. 1990 in der DDR entstandene Altverträge, für die das DDR-Recht grundsätzlich weitergilt, angewendet (*BGHZ* 120, 10, 22; 121, 378, 391; *Palandt/Heinrichs*, a. a. O., Rz. 152 a).

bb) Diese Auslegung führt zu einer vom Standpunkt des OLG abweichenden Beurteilung. § 33 Satz 2 FGB trifft eine die allgemeine Abänderbarkeit einschränkende Sonderregelung, indem er Unterhaltserhöhungen auf den Ausnahmefall beschränkt, daß der Unterhaltsverpflichtete in dem für die Unterhaltsberechnung maßgebenden Zeitpunkt der Scheidung vorübergehend nicht über sein Normaleinkommen verfüge, so daß bei einem späteren Wiederanstieg des Einkommens auf das während der Ehe erzielte Durchschnittsniveau der Unterhalt lediglich auf das an sich gerechtfertigte Maß angehoben wird (Kommentar zum FGB, a. a. O., § 33 Anm. 2). Kerngehalt der Bestimmung ist, die Höhe des Unterhaltsanspruchs auf die (Normal-)Verhältnisse zum Zeitpunkt der Scheidung festzuschreiben und den Unterhaltsberechtigten nicht mehr an einer späteren wirtschaftlichen Besserstellung des Unterhaltsverpflichteten teilhaben zu lassen, die dieser nach der Scheidung aufgrund von Umständen erzielt, die mit der Ehe nicht zusammenhängen und die auch nicht die Folge einer Einkommensentwicklung sind, deren Grund bereits in der Ehe geschaffen wurde und an der der Unterhaltsberechtigte aktiv beteiligt war (vgl. dazu *BG Dresden*, a. a. O.). Im wesentlichen betrifft dies individuelle Umstände, z. B. ein berufliches Fortkommen. Diese Regelung war nach den damaligen wirtschaftlichen Verhältnissen in der DDR auch für jene Fälle bedenkenfrei, in denen dem Unterhaltsberechtigten gemäß § 29 Abs. 2 FGB eine unbefristete, nach den beiderseitigen Verhältnissen angemessene (vgl. § 29 Abs. 1 FGB) Unterhaltsrente zugesprochen wurde, die ihm – allein oder zusammen mit eigenen Einkünften – einen Lebensunterhalt sichern sollte, der den zum Zeitpunkt der Scheidung gegebenen ehelichen Lebensverhältnissen entsprach. Denn da nach der damaligen Planwirtschaft in der DDR allgemeine Einkommenssteigerungen einerseits und inflationäre Entwicklungen andererseits nicht in dem Maße auftraten wie in der freien Marktwirtschaft, sondern wesentliche Einkommenserhöhungen in der Regel auf individuellen Umständen, etwa einem beruflichen Aufstieg, beruhten, blieben die für die Unterhaltsbemessung maßgebenden Grundlagen im wesentlichen stabil (vgl. *KG*, a. a. O., S. 569). Unter diesen Umständen konnte davon ausgegangen werden, daß auch unter der Regelung des § 33 Satz 2 FGB eine den Interessen beider Ehegatten gerecht werdende und auf längere Sicht ausgewogene Unterhaltsregelung möglich sei.

Mit dem beitrittsbedingten Übergang zur Marktwirtschaft änderten sich die wirtschaftlichen Ausgangsbedingungen indessen so grundlegend, daß das nach der damaligen sozialistischen Wirtschaftsordnung abgestimmte Verhältnis von § 29 Abs. 2 FGB einerseits und § 33 Satz 2 FGB andererseits empfindlich gestört wird. Diese Auswirkungen der wirtschaftlichen Neuordnung können bei der Anwendung des § 33 Satz 2 FGB nicht negiert werden. Denn die Beibehaltung des Nominalbetrages einer durch Urteil oder Prozeßvergleich festgelegten Unterhaltsrente ohne Anpassungsmöglichkeit an die veränderten Kaufkraftverhältnisse würde zu einem erheblichen Defizit führen, das sich mit zunehmender Angleichung der Preise und Einkommen in den Beitrittsländern an das Westniveau noch verstärken kann. Die Ausgewogenheit der Unterhaltsregelung wäre nicht mehr gewährleistet, da dem Unterhaltsberechtigten kein entsprechender Unterhaltsbeitrag mehr zustünde, mit dem er seine Unterhaltsbedürfnisse wie zum Zeitpunkt der Scheidung befriedigen könnte. Andererseits würde sich auf seiten des Unterhaltsverpflichteten, dessen Gehalt allein durch die beitrittsbedingte Einkommensangleichung angestiegen ist, die Unterhaltslast in einem Maße verringern, das mit der bisherigen Regelung nicht mehr in vernünftiger Relation steht. Ein solches Ergebnis stünde auch mit der nach dem früheren DDR-Verständnis gegebenen Zielsetzung der §§ 29 Abs. 2 und 33 Satz 2 FGB nicht in Einklang. Daher muß der Unterhaltsbetrag in einem Maße angehoben werden, das der nach dem Beitritt eingetretenen Veränderung der wirtschaftlichen Verhältnisse, d. h. dem Anstieg der Einkommen und Lebenshaltungskosten, im Beitrittsgebiet entspricht (vgl. *BGHZ* 123, 65, 73 für die Anpassung von sogenannten Ausgleichsansprüchen für erlittene Unfallfolgen; *Hampel*, Bemessung des Unterhalts, 1994, Rz. 185; *Rotax*, FamRZ 1993, 1143). Dieser nach der marktwirtschaftlichen Entwicklung bemessene Anstieg bildet zugleich die Obergrenze der Anpassung. Andererseits ist nicht ausgeschlossen, daß dabei gegenläufige Entwicklungen auf seiten des Unterhaltsverpflichteten, die seine Leistungsfähigkeit verringern, etwa in Gestalt von Arbeitslosigkeit oder Teilzeitbeschäftigung, nach § 33 Satz 1 FGB mitberücksichtigt werden, so daß der Unterhalt nur in geringerem Umfang anzuheben ist.

Bei einer derartigen Anpassung bleibt der Kerngehalt der Regelung des § 33 Satz 2 FGB nach dem unterhaltsrechtlichen Vorverständnis der früheren DDR erhalten. Denn diese Anpassung ist nicht einer Unterhaltserhöhung gleichzusetzen, die aus einer Teilhabe an individuellen nachehelichen Einkommensverbesserungen resultiert und die § 33 Satz 2 FGB vermeiden will. Soweit es sich daher um derartige, z. B. beruflich bedingte Einkommenssteigerungen handelt, die sich ein Ehegatte nach der Scheidung durch seinen persönlichen Arbeitseinsatz erwirbt, bleiben sie auch künftig außer Betracht. Dagegen beruhen die beitrittsbedingten Einkommenssteigerungen auf der grundlegenden Umgestaltung eines Wirtschaftssystems im Zuge eines außergewöhnlichen geschichtlichen Ereignisses. Sie sind mit den in § 33 Satz 2 FGB gemeinten Tatbeständen nicht vergleichbar. Der Anpassung eines Unterhaltsbetrages an solche gewandelten Verhältnisse steht § 33 Satz 2 FGB nicht entgegen.

cc) Gesichtspunkte des Vertrauensschutzes für den Unterhaltsverpflichteten hindern eine solche Anpassung nicht. Zwar wird unter Hinweis auf die gesetzgeberische Zielrichtung des Art. 234 § 5 EGBGB vertreten, daß es bei den Maßstäben des FGB verbleiben müsse und nicht die ehel. Lebensverhältnisse und ihre Aufrechterhaltung über die Scheidung hinaus, wie sie wesentliche Kriterien für den Scheidungsunterhalt nach dem BGB seien, in die FGB-Regelung hineingelegt werden dürften (so *Grandke,* a. a. O., S. 262; vgl. auch *Staudinger/Rauscher,* a. a. O., Rz. 4). Ob dem uneingeschränkt, insbesondere auch für die Fälle eines nur auf zwei Jahre befristeten Unterhalts (§ 29 I FGB) gefolgt werden kann, braucht im vorliegenden Fall nicht entschieden zu werden. Auch die verfassungsrechtliche Problematik stellt sich nicht. Die Grundsätze des FGB werden hier nicht aufgegeben. Vielmehr trägt dieses Verständnis des § 33 S. 2 FGB lediglich den veränderten Verhältnissen Rechnung. Die Parteien des EinigVtr haben eine Fortgeltung des bisherigen Unterhaltsrechts der DDR vereinbart in der Befürchtung, daß die Anwendung des bundesrepublikanischen Rechts auf die in der DDR geschiedenen Ehegatten zu einer erheblichen Störung des Rechtsfriedens führen würde, wenn Unterhaltsansprüche entstünden, mit denen keiner der Ehegatten gerechnet habe (vgl. Erläuterungen zu den Anlagen zum EinigVtr, BT-Drucks. 11/7817, S. 44). Dabei war in erster Linie an den Schutz jener Ehegatten gedacht, die sich unter der Geltung des eingeschränkten Unterhaltsrechts der DDR in ihrer Lebensführung darauf eingestellt haben, von Unterhaltslasten gegenüber dem geschiedenen Ehegatten in der Regel spätestens nach Ablauf von zwei Jahren frei zu sein. Ein solcher Fall liegt bei unbefristeten Unterhaltsregelungen gemäß § 29 II FGB – wie hier – nicht vor, weil der Unterhaltsverpflichtete nicht mit überraschenden neuen Unterhaltsansprüchen belastet wird. Auch nach DDR-Recht sollte in solchen Fällen dem Unterhaltsberechtigten ein auf Dauer auskömmlicher Lebensunterhalt zugesichert sein. Ein Vertrauensschutz kommt hier allenfalls insofern in Betracht, als der Unterhaltsverpflichtete nicht damit rechnen muß, seine – auf individuellen Umständen beruhenden – nachehel. Einkommensverbesserungen mit dem geschiedenen Ehegatten zu teilen. Dagegen besteht kein schützenswertes Vertrauen dahin, trotz des beitrittsbedingten erheblichen Anstiegs der Einkommen und der Lebenshaltungskosten weiterhin nur den Nominalbetrag einer (im Verhältnis 1 : 1 umgestellten) Unterhaltsrente zu zahlen. Denn dies würde im tatsächlichen Ergebnis dazu führen, daß die Unterhaltspflicht gegenüber dem Unterhaltsberechtigten auf einen Minimalbetrag zurückgeführt wird. Dies ist nicht Sinn des § 33 S. 2 FGB, der zwar den Unterhalt auf die Verhältnisse der Ehegatten im Scheidungszeitpunkt festschreiben, nicht aber einer dauerhaften Befriedigung der gerechtfertigten Bedürfnisse des Unterhaltsberechtigten entgegenstehen will (vgl. FGB, Textausgabe 1989, Anm. zu § 29 S. 19).

4. a) Die Vorschrift des Art. 234 § 5 S. 2 EGBGB, nach der Unterhaltsvereinbarungen „unberührt" bleiben sollen, steht einer Anpassung der Vereinbarung der Parteien nach diesen Grundsätzen nicht entgegen. Sie besagt lediglich, daß Unterhaltsvereinbarungen, die die Ehegatten früher nach dem Recht der DDR geschlossen haben, grundsätzlich weiterbestehen und sich ein Ehegatte davon nicht schon mit der Begründung lösen kann, durch die als Folge des Beitritts eingetretene allgemeine Rechtsänderung sei die Geschäftsgrundlage der Vereinbarung entfallen. Das schließt eine Abänderung wegen Veränderung der maßgeblichen Verhältnisse oder wegen Wegfalls der individuellen Geschäftsgrundlage nicht aus (Senatsurteil v. 2. 2. 1994, a. a. O., S. 563 f., m. N.).

b) Ob eine solche Veränderung eingetreten ist, bestimmt sich nach dem der Einigung zugrunde gelegten Parteiwillen. Er ist Geltungsgrund der Vereinbarung und entscheidet darüber, welche Verhältnisse zu ihrer Grundlage gehören und wie die Parteien sie bewerten. Liegt danach eine Veränderung der Verhältnisse oder Erwartungen vor, die von beiden Parteien oder zumindest von einer Partei in für die andere erkennbarer Weise dem Vertrag zugrunde gelegt worden sind, verstößt es gegen Treu und Glauben, wenn eine Partei unter diesen Umständen dennoch an der bisherigen Regelung festhält. Die Rechtsfolge besteht dann in einer Anpassung der Vereinbarung an die jetzigen Verhältnisse (vgl. Senatsurteile v. 26. 1. 1983 – IVb ZR 344/81 –, FamRZ 1983, 569, 574, und v. 2. 2. 1994, a. a. O., S. 564). Solange eine Bindung an den Vertrag grundsätzlich sinnvoll ist, sind die Eingriffe gering zu halten und Anpassungen haben nach Möglichkeit unter Wahrung der dem Parteiwillen entsprechenden Grundlagen zu erfolgen. Erst wenn sich die Verhältnisse so tiefgreifend verändert haben, daß dem Parteiwillen für die gebotene Abänderung des Vertrages keine Anhaltspunkte mehr zu entnehmen sind, kann eine Neufestsetzung des Unterhalts ohne fortwirkende Bindung an die unbrauchbar gewordenen Grundlagen vorzunehmen sein.

c) Das OLG hat – aus seiner Sicht folgerichtig – eine Auslegung der Parteivereinbarung unter dem Gesichtspunkt des Wegfalls der Geschäftsgrundlage nicht vorgenommen. Es fehlt daher bislang an einer Prüfung, von welchen Grundlagen die Parteien ausgegangen sind und welche Vorstellungen sie mit der Vereinbarung der unbefristeten Unterhaltsrente im einzelnen verbunden haben. Vor allem kommt es darauf an, ob die Parteien beim Abschluß der Vereinbarung im Juli 1989 in Vorausschau auf die nachfolgenden Ereignisse bereits die Möglichkeit tiefgreifender politischer und wirtschaftlicher Veränderungen in Betracht gezogen haben und gleichwohl davon ausgegangen sind, daß eine Erhöhung der Rente über den Nominalbetrag hinaus auch unter solchen Umständen ausgeschlossen sein solle, oder ob sie die Vereinbarung (lediglich) auf dem Boden des damals geltenden Unterhaltsrechts und der damals gegebenen und als fortbestehend angenommenen Verhältnisse getroffen haben. Für letzteres könnte der Wortlaut der Vereinbarung sprechen, der Anhaltspunkte dafür erkennen läßt, daß es sich allein um die vertragliche Ausgestaltung des gesetzlichen Unterhaltsanspruchs nach § 29 II FGB handeln sollte und dem Kl. mit dem Betrag der Unterhaltsrente – bei Fortgeltung der bisherigen allgemeinen wirtschaftlichen Verhältnisse – in Ergänzung seiner eigenen Invalidenrente ein Auskommen gesichert werden sollte, das den zum Zeitpunkt der Scheidung gegebenen Lebensverhältnissen der Parteien entspricht.

BGH v. 1. 2. 1995 – XII ZR 2/94 – FamRZ 95, 473 = DtZ 95, 207

(Bemessung des Bedarfs durch die Änderung der gesellschaftlichen und wirtschaftlichen Verhältnisse in der DDR nach der Wiedervereinigung) **R492A**

1. Das *OLG* hat den Unterhaltsanspruch der Kl. nicht nach dem Recht der früheren DDR, sondern nach §§ 1569 ff. BGB beurteilt. Das steht im Einklang mit der Rspr. des *Senats* zum innerdeutschen Kollisionsrecht in vergleichbaren Fällen (BGHZ 124, 57 ff. = FamRZ 1994, 160, m. Anm. *Brudermüller*, S. 1022, und v. 21. 9. 1994 – XII ZR 115/93 –, FamRZ 1994, 1582 = LM Nr. 4 zu Art. 18 EGBGB) und wird auch von der Revision nicht angegriffen.

e) Zutreffend ist der Ausgangspunkt des *OLG*, daß sich die Höhe des von der Kl. wegen Krankheit geltend gemachten Unterhaltsanspruchs (§ 1572 Nr. 1 BGB) nach den ehel. Lebensverhältnissen richtet (§ 1578 I S. 1 BGB), und daß nach der Scheidung eintretende Einkommensverbesserungen grundsätzlich nur insoweit zu berücksichtigen sind, als ihnen eine Entwicklung zugrunde liegt, die aus der Sicht zum Zeitpunkt der Scheidung mit hoher Wahrscheinlichkeit zu erwarten war und die ehel. Lebensverhältnisse aufgrund dieser Erwartung bereits mit geprägt hat (std. Rspr., vgl. *Senats*urteil vom 11. 2. 1987 – IVb ZR 20/86 –, FamRZ 1987, 459, 460 = NJW 1987, 1555).

Im Zeitpunkt der Scheidung (8. 5. 1987) war zwar noch nicht vorauszusehen, daß beide Parteien ihren Aufenthalt aus dem Gebiet der früheren DDR nach Westdeutschland verlegen und dort weit höhere Einkünfte erzielen würden; eine entsprechende Erwartung konnte die ehel. Lebensverhältnisse somit noch nicht geprägt haben.

Gleichwohl ist revisionsrechtlich nicht zu beanstanden, daß das *OLG* bei der Bemessung des Unterhalts nicht auf die Einkünfte der Parteien abgestellt hat, die diese im Zeitpunkt der Scheidung in der DDR hatten, sondern auf die Einkünfte, die sie bei einer Projektion ihrer persönlichen Verhältnisse auf die entsprechenden Verhältnisse in der Bundesrepublik im Zeitpunkt der Scheidung erzielt hätten.

aa) Zu Recht weist das *OLG* darauf hin, daß die zu diesem Zeitpunkt herrschenden allgemeinen Erwerbs- und Lebensverhältnisse in der DDR mit denen in der Bundesrepublik aufgrund der unterschiedlichen gesellschaftlichen und wirtschaftlichen Entwicklung in weiten Teilen nicht mehr vergleichbar waren. Nach der Aufenthaltsverlegung im April bzw. Oktober 1989 und dem damit zwangsläufig verbundenen Wechsel nur partiell vergleichbarer Sozialsysteme stellen daher die Einkommens- und Vermögensverhältnisse, die im Zeitpunkt der Scheidung in der DDR bestanden haben, für die Unterhaltsbemessung nach § 1578 I BGB keinen geeigneten Anknüpfungspunkt mehr dar. Sie wären nämlich nicht geeignet, dem Bedürftigen in der Bundesrepublik den Lebensstandard zu garantieren, der die Anlegung eines objektiven Maßstabs (vgl. *Senats*urteil v. 4. 11. 1981 – IVb ZR 624/80 –, FamRZ 1982, 151, 152) dem in der DDR erreichten sozialen Status der Ehegatten im Regelfall entspricht (vgl. *Palandt/Diederichsen,* BGB, 54. Aufl., § 1578 Rz. 3, m. N.; *Hampel,* Bemessung des Unterhalts an Hand von Unterhaltstabellen und Unterhaltsrichtlinien der Oberlandesgerichte, Rz. 186).

bb) Die Lebensumstände der Beteiligten, auf die das Unterhaltsrecht abstellt, bestimmen sich regelmäßig nach den im Aufenthaltsland gegebenen sozialen Verhältnissen (vgl. *Senats*urteil, *BGHZ* 85, 16, 25 = FamRZ 1982, 1189 = NJW 1983, 279).

Wie das *OLG* zutreffend ausgeführt hat, ist daher auf die Lebensverhältnisse der Parteien abzustellen, die sich ergeben, wenn die persönlichen Verhältnisse der Parteien im Zeitpunkt der Scheidung auf die entsprechenden Verhältnisse in der Bundesrepublik projiziert werden. Ein sich daraus ergebendes höheres Einkommen ist ebenso wie ein wiedervereinigungsbedingter Einkommensanstieg, der seine Ursache in der Veränderung des gesamten Lohn-Preis-Gefüges sowie typischer Erwerbschancen hat, nicht als Karrieresprung, sondern als bereits in der Ehe angelegt anzusehen (vgl. zum wiedervereinigungsbedingten Einkommensanstieg *Kalthoener/Büttner,* Die Rechtsprechung zur Höhe des Unterhalts, 5. Aufl., Rz. 83; *Johannsen/Henrich/Voelskow,* Eherecht, 2. Aufl., § 1578 BGB Rz. 8; Empfehlungen des *9. Deutschen Familiengerichtstages,* A I 1.1 b, FamRZ 1992, 143; *Hampel,* a. a. O., Rz. 185 f.).

Das *OLG* hat bei der Bemessung des Unterhaltsanspruchs der Kl. im Ergebnis zu Recht auf die vom Bekl. ab 1990 tatsächlich erzielten Einkünfte aus seiner Tätigkeit als Feuerungsmaurer abgestellt. Des Vergleichs mit der Besoldung eines städtischen Baurats (A 13) und der daran anknüpfenden Vergleichsberechnung bedurfte es nicht. Während der Ehe der Parteien war der Bekl. bis 1977 in seinem erlernten Beruf als Ofenmaurer tätig, der seiner jetzigen Tätigkeit entspricht. Anhaltspunkte dafür, daß seine spätere Position im Bauamt der Stadt S. demgegenüber einen sozialen Abstieg bedeutete, sind weder vom Bekl. dargetan noch sonst ersichtlich. Seine derzeitige Erwerbstätigkeit beruht daher nicht etwa auf einem ungewöhnlichen, nicht vorhersehbaren Karriereverlauf, sondern auf den beruflichen Verhältnissen, die schon die Ehe der Parteien in der DDR geprägt hatten. Folglich können der Bemessung des Unterhaltsanspruchs unmittelbar die tatsächlichen Einkünfte zugrunde gelegt werden, die der Bekl. in der Zeit erzielt hat, für die die Kl. Unterhalt verlangt.

BGH v. 22. 2. 95 – XII ZR 80/94 – FamRZ 95, 537 = NJW 95, 1486

R493 *(Bemessung des Familienunterhalts)*

a Der in einer intakten Ehe bestehende Familienunterhaltsanspruch gemäß §§ 1360, 1360 a BGB läßt sich nicht ohne weiteres nach den zum Ehegattenunterhalt bei Trennung oder Scheidung (§§ 1361, 1569 f BGB) entwickelten Grundsätzen bemessen. Er ist seiner Ausgestaltung nach nicht auf die Gewährung einer laufenden Geldrente für den jeweils anderen Ehegatten gerichtet, die jedem von ihnen zur freien Verfügung steht. Er ist vielmehr als gegenseitiger Anspruch der Ehegatten darauf gerichtet, daß jeder von ihnen seinen Beitrag zum Familienunterhalt entsprechend seiner nach dem individuellen Ehebild übernommenen Funktion leistet (*MünchKomm/Wacke,* BGB, 3. Aufl., § 1360 Rz. 7, 10; *Soergel/Lange,* BGB, 12. Aufl., § 1360 Rz. 3, 15, und § 1360 a Rz. 13; *Gernhuber/Coester-Waltjen,* Lehrbuch des Familienrechts, 4. Aufl., S. 226 f.; *Schwab,* Familienrecht, 7. Aufl., Rz. 3130 f., 135). Seinem Umfang nach umfaßt er gemäß § 1360 a Abs. 1 BGB alles, was für die Haushaltsführung und die Deckung der persönlichen Bedürfnisse der Ehegatten und der gemeinsamen Kinder erforderlich ist (*BGH,* Urteil v. 6. 10. 1992 – VI ZR 305/91 –, NJW 1993, 124). Sein Maß bestimmt sich nach den ehelichen Lebensverhältnissen, so daß insoweit zwar § 1578 BGB als

Orientierungshilfe herangezogen werden kann (*Göppinger/Kindermann*, Unterhaltsrecht, 6. Aufl., Rz. 1073). Der eheangemessene Unterhalt nach § 1578 BGB findet seine Untergrenze aber nicht im Tabellenmindestunterhalt, sondern kann im Einzelfall auch unter diesen Wert sinken (st. Rspr. des *Senats*, vgl. zuletzt Urteil v. 11. 1. 1995 – XII ZR 122/93, NJW 1995, 963 = LM Nr. 62 zu § 1578 BGB m. Anm. *Hohloch*). Das gleiche gilt auch für den Unterhaltsbetrag, der im Rahmen des Familienunterhalts für den Bedarf des Ehegatten anzunehmen ist. Auch dieser Betrag kann unter dem angegebenen Tabellenwert liegen. Bei dem hohen Renteneinkommen des Beklagten ist das indes nicht der Fall. Legt man diejenigen Beträge zugrunde, von denen der Kläger nach seinem eigenen Vortrag in der Berufungsbegründung vom 18. 11. 1993 unter Berücksichtigung der von ihm anerkannten Krankenkassenbeiträge und der krankheitsbedingten Rehabilitations- und Sachaufwendungen als für den Unterhalt der Ehegatten und des Sohnes des Beklagten zur Verfügung stehendem Resteinkommen ausgeht – nämlich von August bis Dezember 1989 3414 DM, von Januar bis Juli 1990 3139 DM und von August bis Dezember 1990 2858 DM –, wird ersichtlich, daß der angemessene Unterhalt für die Ehefrau in jedem Falle über 1100 DM liegt. Die Ehefrau muß sich gegenüber dem volljährigen erstehelichen Sohn des Beklagten auch nicht auf den Mindestunterhalt verweisen lassen. Wenn das OLG daher nur den Mindestunterhalt berücksichtigt hat, gereicht dies dem Kläger nicht zum Nachteil.

(Unentgeltliche Pflege- und Betreuungsleistungen für den Unterhaltspflichtigen rechtfertigen Freibeträge)

a) Auf ein fiktives Entgelt für die Pflegeleistungen der Ehefrau kann sich der Beklagte, wie das OLG zutreffend ausführt, nicht berufen. Selbst für einen überobligationsmäßigen, in Geld meßbaren Einsatz kennt das Gesetz zwischen Ehegatten keine laufende Vergütungspflicht. Ein Rückforderungs- oder Erstattungsanspruch ist im Zweifel ausgeschlossen (§ 1360b BGB). Eine vertragliche Vereinbarung ist hier nicht festgestellt. Ob sich nach dem Scheitern der Ehe ein familienrechtlicher Ausgleichsanspruch (vgl. hierzu *BGHZ* 84, 361, und *Senats*urteil v. 13. 7. 1994 – XII ZR 1/93 –, FamRZ 1994, 1167) oder eine Berücksichtigung im Rahmen des Zugewinnausgleichs (vgl. *BGH*, Urteil v. 24. 2. 1983 – IX ZR 42/82 –, FamRZ 1983, 351) ergeben kann, ist hier ohne Belang. Ebensowenig ist der Rechtsgedanke aus § 850h Abs. 2 ZPO anwendbar. Danach gilt zum Schutz des Gläubigers des dienstleistenden Schuldners eine angemessene Vergütung zwischen dem Schuldner und dem Dienstleistungsempfänger als geschuldet. Das gilt grundsätzlich auch in den Fällen einer familienrechtlichen Mitarbeitspflicht oder eines das geschuldete Maß übersteigenden Unterhalts (vgl. *Senats*urteil FamRZ 1980, 665, 668; *BAG*, Urteil v. 4. 5. 1977 – 5 AZR 151/76 –, NJW 1978, 343). Diesen Grundsatz hat der Senat auch zum Schutz des unterhaltspflichtigen Ehegatten herangezogen, wenn der unterhaltsbedürftige Ehegatte mit einem Dritten in einer eheähnlichen Gemeinschaft lebt und diesem den Haushalt führt. Auf den vorliegenden Fall läßt sich dies jedoch nicht übertragen, da der Schutzgedanke nicht für den Dienstleistungsempfänger – dies wäre hier der Beklagte – eingreift. b

b) Die Revision rügt, daß das OLG die Leistungsfähigkeit des Beklagten verneint habe, weil es ihn unter Verweis auf § 69 BSHG zwar nicht für verpflichtet, wohl aber für berechtigt angesehen habe, seiner Ehefrau für die geleistete Pflege eine Vergütung zu gewähren. Das OLG verlasse damit in nicht zulässiger Weise den Anwendungsbereich des § 1603 Abs. 1 BGB, wenn es bei der Feststellung der Leistungsunfähigkeit des Beklagten nicht nur dessen Verpflichtungen für berücksichtigungsfähig erkläre, sondern auch dessen Berechtigung, bestimmte Aufwendungen zu machen, ohne Rücksicht darauf, ob sie tatsächlich gemacht werden.

Dieser Einwand besteht zu Recht. Grundsätze und Bestimmungen des auf Erwägungen der öffentlichen Fürsorge beruhenden Sozialhilferechts können zur Lösung privatrechtlicher Unterhaltsprobleme grundsätzlich nicht herangezogen werden. Der Bundesgerichtshof hat dies bereits in anderem Zusammenhang für §§ 16, 122 BSHG bei der Prüfung der Bedürftigkeit eines unterhaltsberechtigten Ehegatten, der mit einem Dritten in Haushalts- und Wirtschaftsgemeinschaft lebt, verneint (Urteil v. 26. 9. 1979 – IV ZR 87/78 –, FamRZ 1980, 40, 41 f.; *Senats*urteile v. 23. 4. 1980, a. a. O., S. 668; und v. 25. 6. 1980 – IVb ZR 523/80 –, FamRZ 1980, 879, 880). Entsprechendes gilt auch für § 69 BSHG.

Außer der Erstattung von – konkret nachzuweisenden – angemessenen Aufwendungen, die dem Pflegebedürftigen für die Pflegeperson entstehen (§ 69 Abs. 2 Satz 2 Halbs. 1 BSHG, z. B. notwendige Fahrtkosten, Verpflegungsmehraufwand und ähnliches) sowie einmaligen oder laufenden Beihilfen (§ 69 Abs. 2 Satz 2 Halbs. 2 BSHG, z. B. Taschengeld oder Ausgleich für Verdienstausfall oder sonstige Zuwendungen, vgl. *Knopp-Fichtner*, BSHG 7. Aufl., § 69 Rz. 6 und 7), wird dem Schwerstpflegebedürftigen gemäß § 69 Abs. 3 BSHG auch ein pauschaliertes, von keinem Einzelnachweis abhängiges Pflegegeld gewährt, wenn ihm nahestehende Personen oder Angehörige die Pflege unentgeltlich erbringen. Die besondere sozialpolitische Zweckbestimmung liegt nicht darin, den Pflegebedarf voll abzudecken oder die Pflegeperson zu entlohnen, sondern die Pflegebereitschaft nahestehender Personen zu fördern. Damit soll die Notwendigkeit kostspieliger stationärer Heimpflege oder Betreuung durch berufsmäßige Pfleger zugunsten einer häuslichen Pflege durch Verwandte und Freunde zurückgedrängt werden (*Knopp-Fichtner*, a. a. O., Rz. 10, 15; *Schellhorn/Jirasek/Seipp*, Bundessozialhilfegesetz, 14. Aufl., § 69 Rz. 1 und 2). Denn die Pflege in seiner gewohnten Umgebung durch vertraute Personen ist zum einen für den Behinderten angenehmer, zum anderen entlastet sie die öffentlichen Kassen. Solche fürsorgerischen und fiskalischen Erwägungen der öffentlichen Hand bestehen allein im Verhältnis zwischen Sozialhilfeträger und -hilfeempfänger, lassen sich aber nicht zu Lasten eines Unterhaltsgläubigers in das privatrechtliche Unterhaltsverhältnis zwischen Unterhaltsberechtigtem und Unterhaltsverpflichtetem übertragen. Zugleich scheidet eine analoge Anwendung der Beweislastumkehr gemäß der nur auf Sozialhilfeleistungen zugeschnittenen Ausnahmevorschrift des § 1610 a BGB aus (vgl. auch *Künkel*, FamRZ 1991, 1131, 1132).

c) Die Entscheidung erweist sich jedoch aus anderem Grunde als richtig (§ 563 ZPO).

Das Unterhaltsrecht wird u. a. von dem allgemeinen Grundsatz geprägt, daß ohne Rechtsanspruch gewährte, freiwillige Zuwendungen Dritter nur dem Zuwendungsempfänger allein zugute kommen, sich aber auf ein Unterhaltsrechtsverhältnis nicht auswirken sollen, es sei denn, dem Willen des Zuwendenden läßt sich anderes entnehmen. Dabei treten zwei Fallgestaltungen auf: So führen Leistungen eines Dritten an den Unterhaltsberechtigten, die an sich geeignet wären, dessen Unterhalt zu decken, im Verhältnis zum Unterhaltsverpflichteten nur dann zu einer Minderung seiner Bedürftigkeit, wenn der Dritte damit zugleich bezweckt, den Unterhaltsverpflichteten zu entlasten. Geht sein Wille dagegen dahin, nur den Beschenkten selbst zu unterstützen, beührt dies dessen Bedürftigkeit im Verhältnis zum Unterhaltsverpflichteten im allgemeinen nicht (*Senats*urteil v. 25. 11. 1992 – XII ZR 164/91 –, FamRZ 1993, 417, 419). Ähnlich sind freiwillige Leistungen Dritter an den Unterhaltsverpflichteten bei der Prüfung seiner Leistungsfähigkeit nur dann zu beachten, wenn sie nach dem Willen des Dritten nicht allein dem Unterhaltsverpflichteten zugute kommen sollen, sondern auch dem Unterhaltsberechtigten (*MünchKomm/Köhler*, a. a. O., § 1603 Rz. 18, 20; § 1602 Rz. 12 a; *Gernhuber/Coester-Waltjen*, a. a. O., S. 672; *Göppinger/Strohal*, a. a. O., Rz. 535, 537). Liegt keine ausdrückliche Willensbestimmung des Zuwendenden vor, läßt sie sich meist aus den persönlichen Beziehungen der Beteiligten zueinander erschließen (*MünchKomm/Köhler*, a. a. O., § 1602 Rz. 13 a; *Göppinger/Strohal*, a. a. O., Rz. 536; *Köhler/Luthin*, Handbuch des Unterhaltsrechts, 8. Aufl., Rz. 74). Zuwendungen in diesem Sinne können auch Naturalleistungen zur Bedarfsdeckung, wie etwa persönliche Dienstleistungen in Form von Pflege und Betreuung sein (*Göppinger/Strohal*, a. a. O., Rz. 538), für die der Zuwendungsempfänger andernfalls bezahlen müßte.

Derartige Zuwendungen sind auch hier gegeben. Zwischen den Parteien ist unstreitig, daß der Beklagte infolge seiner unfallbedingten Hilflosigkeit einen erhöhten Bedarf in Gestalt einer „rund um die Uhr“ erforderlichen Pflege und Betreuung hat. Die ihm von seiner Ehefrau zur Deckung dieses Bedarfs gewährten Pflegeleistungen sind jedenfalls überwiegend als freiwillige Zuwendungen anzusehen. Die Revision kann diese Freiwilligkeit der Zuwendung nicht erfolgreich mit dem Einwand bekämpfen, daß die Ehefrau die Pflege als Teil ihrer Unterhaltspflicht nach § 1360 BGB schulde und der Beklagte hierauf einen Rechtsanspruch habe. Denn die Pflege eines Schwerstbehinderten geht jedenfalls weit über das hinaus, was im Rahmen der gegenseitigen Beistands- und Unterhaltspflicht der Ehegatten gemäß §§ 1353, 1360 BGB üblicherweise an Krankenpflege geschuldet wird, und ist insoweit überobligatorisch. Durch ihre unentgeltliche Pflege erspart die Ehefrau dem Beklagten denjenigen Teil seines Einkommens, den er andernfalls angesichts seines Betreuungsbedarfs für Fremdpflegekosten ausgeben müßte. Das kann aber hier nicht zur Folge haben, daß diese ersparten Mittel nunmehr für den Unterhalt des Sohnes des Beklagten zur Verfügung stehen. Wenn die Ehefrau unter Abbruch ihres Studiums und Verzicht auf eigenes Einkommen und den Erwerb einer eigenen Altersversorgung den Beklagten unentgeltlich pflegt, so ist, wie das OLG in anderem Zusammenhang zutreffend feststellt, davon auszugehen, daß sie damit ausschließlich den Beklagten unterstützen, nicht aber seine unterhaltsrechtliche Leistungsfähigkeit im Verhältnis zu seinem ersteheIichen Sohn gewährleisten will. Die durch ihre Leistung ersparten Mittel können daher nicht zum unterhaltsrelevanten Einkommen des Beklagten gezählt werden (vgl. auch *Senats*urteil v. 29. 6. 1983 – IVb ZR 379/81 – n. v., in dem der Senat einem zum nachehelichen Unterhalt Verpflichteten einen „Freibetrag“ für Betreuungsleistungen zugebilligt hat, die seine neue Ehefrau seinen Kindern aus erster Ehe angedeihen ließ).

BGH v. 22. 3. 1995 – XII ZR 20/94 – FamRZ 95, 725 = NJW 95, 2032

R493A *(Kein Wegfall der Verzugsvoraussetzungen durch Abweisung eines Antrags auf einstweilige Anordnung und Nichterhebung einer Leistungsklage binnen 6 Monaten)*

3. Diesen Einwänden bleibt der Erfolg im Ergebnis versagt.

a) Allerdings wäre die Bekl. angesichts des nur auf einer summarischen Prüfung beruhenden, nicht in materielle Rechtskraft erwachsenden Beschlusses über den Antrag auf einstweilige Anordnung prozessual nicht gehindert gewesen, ihren vermeintlichen rückständigen Trennungsunterhalt in einem isolierten Verfahren geltend zu machen. Auch ist mit der Revision davon auszugehen, daß nicht erst der Antrag auf einstweilige Anordnung im Scheidungsverfahren, sondern bereits die vorausgehenden

Mahnschreiben der Bekl. vom 26. 6. 1990 und 17. 1. 1991 den Kl. in Verzug gesetzt und die Bekl. gem. § 1613 I BGB materiellrechtlich die ihr sonst verschlossene Möglichkeit eröffnet haben, Trennungsunterhalt auch für die Vergangenheit zu fordern. Diese Verzugswirkungen, gleichgültig, ob sie auf den Mahnschreiben oder dem Antrag auf einstweilige Anordnung beruhen, sind auch nicht ohne weiteres dadurch entfallen, daß der Antrag auf einstweilige Anordnung abgewiesen wurde und danach sechs Monate verstrichen sind, ohne daß die Bekl. innerhalb dieser Zeit Leistungsklage erhoben hat. Soweit das *OLG* glaubt, dies aus der *Senats*entscheidung vom 26. 1. 1983 (NJW 1983, 2318 = LM § 284 BGB Nr. 27 = FamRZ 1983, 352 [355]) folgern zu müssen, bedarf es einer Klarstellung. Dort ging es im Kern um die Frage, ob der in Verzug gesetzte Unterhaltsschuldner auf die Richtigkeit des den Unterhalt versagenden Beschlusses über die beantragte einstweilige Anordnung vertrauen und damit rechnen durfte, von der Unterhaltsgläubigerin für den vergangenen Zeitraum nicht mehr in Anspruch genommen zu werden. Der Senat hat dies verneint und im übrigen darauf abgehoben, daß die Unterhaltsgläubigerin auch nicht unbillig lange mit der Erhebung der Leistungsklage zugewartet habe, so daß ihr etwa aus diesem Grunde nach Treu und Glauben die Berufung auf den Verzug verwehrt gewesen wäre. Das betrifft die Frage der Verwirkung, die nach den besonderen Umständen des Einzelfalles zu beurteilen ist und nicht von einem fest bemessenen Zeitablauf abhängt. Auch in der genannten Entscheidung hat der *Senat* die Verwirkung nicht an die aus dem Rechtsgedanken des § 212 II BGB hergeleitete Sechsmonatsfrist geknüpft, sondern nur dargelegt, daß Verwirkungsfolgen jedenfalls regelmäßig nicht vor Ablauf dieser Frist in Betracht kommen. Grundsätzlich können die für einen vergangenen Zeitraum eingetretenen Verzugswirkungen rückwirkend nur aus besonderen Gründen nach Treu und Glauben, insbesondere unter dem Gesichtspunkt der Verwirkung, entfallen, oder sie müssen durch Vereinbarung der Parteien, also durch einen Verzicht des Gläubigers in Form eines Erlaßvertrages (§ 397 BGB) beseitigt werden (*Senat,* NJW 1987, 1546 = LM § 138 [Ca] BGB Nr. 16 = FamRZ 1987, 40 [41]; FamRZ 1988, 478 [479]).

BGH v. 15. 3. 1995 – XII ZR 257/93 – FamRZ 95, 665 = NJW 95, 1891

(Der der Einigung zugrunde gelegte Parteiwillen bestimmt, ob eine Störung der Geschäftsgrundlage des Prozeßvergleichs vorliegt, auch wenn es um die gemeinschaftliche Erwartung vom Fortbestand einer bestimmten Rechtslage geht) **R493B**

a) Wenn es sich bei dem abzuändernden Titel wie hier um einen Prozeßvergleich handelt, erfolgt die in § 323 IV i. V. mit § 794 I Nr. 1 ZPO vorgesehene Anpassung an veränderte Verhältnisse allein nach den Regeln des materiellen Rechts. § 323 I ZPO hat keine praktische Bedeutung. Mangels besonderer Vereinbarungen über die Abänderbarkeit, die zulässig sind, sind die aus § 242 BGB abgeleiteten Grundsätze über den Fortfall der Geschäftsgrundlage maßgebend (vgl. BGHZ 85, 64 [73] = NJW 1983, 228 = LM § 323 ZPO Nr. 31; st. Rspr. des **Senats**). **a**

Ob eine Störung der Geschäftsgrundlage eingetreten ist, bestimmt sich nach dem der Einigung zugrunde gelegten Parteiwillen. Dieser ist Geltungsgrund der Vereinbarung, und er allein entscheidet, welche Verhältnisse zur Grundlage des Vergleichs gehören und wie die Parteien diese Verhältnisse bewertet haben. Außer einer Veränderung der individuellen Verhältnisse können auch Änderungen einer gefestigten höchstrichterlichgen Rechtsprechung oder der Rechtslage zu Störungen einer vertraglichen Vereinbarung führen, die nach den Grundsätzen über den Wegfall der Geschäftsgrundlage im Wege der Anpassung zu bereinigen sind. Grundlage der Beurteilung in diesen Fällen ist, daß beim Abschluß einer Vereinbarung ein beiderseitiger Irrtum über die Rechtslage das Fehlen der Geschäftsgrundlage bedeuten kann, wenn die Vereinbarung ohne diesen Rechtsirrtum nicht oder nicht mit diesem Inhalt geschlossen worden wäre. Gleiches gilt, wenn der Geschäftswille der Parteien auf der gemeinschaftlichen Erwartung vom Fortbestand einer bestimmten Rechtslage aufgebaut war (vgl. *Senat,* NJW 1983, 1548 = LM § 242 [Bd] BGB Nr. 27 = FamRZ 1983, 569 [573] und DtZ 1994, 371 = LM H. 6/1994 § 323 ZPO Nr. 70 = FamRZ 1994, 562 [564]). Im Wege der Auslegung ist zu ermitteln, welche Verhältnisse die Parteien zur Grundlage ihrer Einigung gemacht haben. Erst auf der Grundlage des Ergebnisses dieser Auslegung kann beurteilt werden, welche Auswirkungen sich aus Umständen ergeben, die sich anders als erwartet entwickelt haben (vgl. *Senat,* NJW 1992, 1621 = LM H. 9/1992 § 1581 BGB Nr. 8 = FamRZ 1992, 539).

(Die Einführung der Unterhaltsbegrenzung nach § 1573 V BGB durch den Gesetzgeber läßt die Geschäftsgrundlage für die Festlegung unbefristeter Unterhaltsrenten nicht ohne weiteres entfallen)

b) Im vorliegenden Fall sind in den Prozeßvergleichen vom 13. 12. 1985 und 9. 5. 1988 für die Kl. zeitlich unbefristete Unterhaltsrenten festgelegt worden. Die getroffenen Regelungen einer künftigen Abänderbarkeit knüpfen ausschließlich an Veränderungen der beiderseitigen Einkommen an, ohne die gesetzlichen Voraussetzungen des § 1573 V BGB zu berühren, Das BerGer. scheint davon auszugehen, mit der Einführung dieser Vorschrift durch das Unterhalts-Änderungsgesetz (UÄndG) vom 20. 2. 1986 **b**

(BGBl. I, 301) sei die Geschäftsgrundlage für die Festlegung unbefristeter Unterhaltsrenten für die Kl. entfallen. Hierfür fehlen jedoch ausreichende Feststellungen, wie die Revision zu Recht rügt.

Der Bekl. hat zwar u. a. vorgebracht, bei Abschluß der Unterhaltsvereinbarungen sei eine zeitliche Begrenzung des Unterhalts im Gesetz noch nicht vorgesehen gewesen, und aus diesem Grunde sei über diesen Punkt keine vertragliche Regelung getroffen worden. Die Kl. hat dies jedoch bestritten; nach ihrem Vortrag hat der Bekl. anläßlich des Abschlusses der notariellen Vereinbarung vom 3. 1. 1980 versichert, sie sei mit 20% seines Nettoeinkommens „für die Zukunft abgesichert", was sie als „Gegenwert" ihres Verzichts auf den Versorgungsausgleich und den damit verbundenen Eintritt der Gütertrennung verstanden habe. Unter diesen Umständen mußte der Bekl. beweisen, daß das Fehlen einer gesetzlichen Regelung über die zeitliche Begrenzung von Ansprüchen auf nachehelichen Unterhalt Geschäftsgrundlage für die Vereinbarung zeitlich unbefristeter Unterhaltsrenten zugunsten der Kl. war; denn wer sich auf den Fortfall der Geschäftsgrundlage beruft, trägt die Beweislast für die dazu erforderlichen tatsächlichen Voraussetzungen (vgl. *Baumgärtel/Strieder,* Beweislast, 2. Aufl., Bd. 1, § 242 BGB Rdnr. 17). Demgemäß trägt der Abänderungskl. die Beweislast für einen Abänderungsgrund (vgl. *Senat,* NJW 1987, 1201 = LM § 323 ZPO Nr. 53 = FamRZ 1987, 259 [260]; *Schwab/Maurer,* Hdb. des ScheidungsR, 2. Aufl., Teil I, Rdnr. 1041). Dies hat das BerGer. verkannt, soweit es ausgeführt hat, die Kl. sei mit ihrem Vortrag beweisfällig geblieben, daß ihr von Anfang an eine unbefristete Unterhaltsgewährung verbrieft worden sei.

Gegen den vom Bekl. vorgebrachten Abänderungsgrund spricht, daß im Zeitpunkt des abzuändernden Prozeßvergleichs vom 9. 5. 1988 die Vorschrift des § 1573 V BGB bereits längere Zeit in Geltung war. Der Erwägung des BerGer., daß seinerzeit jedenfalls einschlägige höchstrichterliche Entscheidungen noch nicht vorgelegen hätten und infolgedessen der Bekl. sich nicht mit Aussicht auf Erfolg auf eine zeitliche Begrenzung des Unterhaltsanspruchs der Kl. habe berufen können, steht das seinerzeit bereits ergangene Senatsurteil vom 9. 7. 1986 (BJW 1986, 2832 = LM § 1578 BGB Nr. 40 = FamRZ 1986, 886) entgegen, das sich mit den weitgehend übereinstimmenden Voraussetzungen des § 1578 I 2 und des § 1573 V BGB befaßt.

Weiterhin trägt diese Erwägung nicht dem Umstand Rechnung, daß vom Fortfall der Geschäftsgrundlage nur ausgegangen werden kann, wenn Vorstellungen und Erwartungen beider Vertragsparteien fehl gegangen sind und nicht nur diejenigen eines Vertragspartners. Es fehlt aber substantiierter Vortrag des Bekl. dazu, daß bei den Unterhaltsvereinbarungen beide Parteien sich des Fehlens einer gesetzlichen Regelung zur zeitlichen Begrenzung von Unterhaltgsansprüchen bewußt gewesen seien oder daß für die Kl. wenigstens ein diesbezüglicher Bewußtseinsstand des Bekl. erkennbar geworden sei (vgl. dazu *Palandt/Heinrichs,* BGB, 54. Aufl., § 242 Rdnr. 113 m. w. Nachw.). Soweit § 1573 V BGB bei den vorausgegangenen Vereinbarungen von 1980 und 1985 noch nicht gegolten hat, ist im übrigen zu berücksichtigen, daß bei einer zeitlichen Aufeinanderfolge von einvernehmlichen Regelungen der ursprüngliche Parteiwille nur im Verständnis und der Ausgestaltung des zeitlich letzten Rechtsgeschäftes von Bedeutung ist (vgl. dazu etwa *Senat,* NJW 1983, 1118 = LM § 323 ZPO Nr. 32 = FamRZ 1983, 260 [261] m. w. Nachw.). Erst nachdem der Bekl. den von ihm geltend gemachten Abänderungsgrund, nämlich den Fortfall der Geschäftsgrundlage für unbefristete Unterhaltsleistungen an die Kl., dargetan hatte, durfte das BerGer. auf die gesetzlichen Voraussetzungen des § 1573 V BGB eingehen.

(Wird im Abänderungsverfahren gemäß § 1573 V BGB der Wegfall des Anspruchs auf Aufstockungsunterhalt festgestellt, kann ein Anspruch auf Anschlußunterhalt wegen Alters oder Krankheit vorliegen)

c b) Soweit das BerGer. wiederum zur Anwendbarkeit des § 1573 V BGB gelangen sollte, wird es zu prüfen haben, ob der Kl. nach Wegfall der Voraussetzungen für einen Anspruch auf Aufstockungsunterhalt Anschlußunterhalt wegen Alters (§ 1571 Nr. 3 BGB) oder wegen Krankheit (§ 1572 Nr. 4 BGB) zustehen könnte. Der Anspruch aus den letztgenannten Vorschriften unterliegt keiner zeitlichen Begrenzung, sondern allenfalls einer Herabsetzung auf den angemessenen Lebensbedarf gem. § 1578 I 2 BGB. Ist nämlich der einem titulierten Unterhaltsanspruch zugrundeliegende Tatbestand wegen einer Veränderung der Verhältnisse weggefallen, kann die Aufrechterhaltung aufgrund eines anderen Unterhaltstatbestandes geboten sein (vgl. dazu *Senat,* NJW 1990, 2752 = LM § 323 ZPO Nr. 61 = FamRZ 1990, 496). Entgegen der Auffassung der Revisionserwiderung genügt es, daß die tatsächlichen Voraussetzungen anderer Unterhaltstatbestände nach dem feststehenden Sachverhalt in Betracht kommen.

BGH v. 29. 3. 1995 – XII ZR 45/94 – FamRZ 95, 869

R494 *(Zum eheprägenden Wohnwert. Abzug von Zins und Tilgung für Hauskredite bei der Bedarfsermittlung sowohl bei Allein- als auch bei gemeinsamem Eigentum. Keine Berücksichtigung vermögensrechtlicher Fragen bei Unterhaltsbemessung)*

b) Gegen diese zuletzt dargestellte Bedarfserhöhung auf der Grundlage des Wohnwertes als Vermögenswert erhebt die Revision zu Recht Bedenken. Die Ausführungen des OLG hierzu stehen, wie dieses nicht verkennt, im Widerspruch zu der std. Rspr. des erkennenden Senats. Ihnen kann auch nicht gefolgt werden. Denn sie vermengen unterhaltsrechtlich relevante Überlegungen zur Bestimmung der ehel. Lebensverhältnisse i. S. von § 1578 I S. 1 BGB mit Erwägungen zur vermögensrechtlichen Situation geschiedener Eheleute und deren Teilhabe am „Familienvermögen“, dessen Auseinandersetzung indessen eigenen rechtlichen Regeln folgt.

Wie der Senat bereits in dem vom OLG angeführten Urteil v. 27. 6. 1984 (IVb ZR 20/83 –, FamRZ 1985, 354 ff.) klargestellt hat, gehören zu den die ehel. Lebensverhältnisse bestimmenden Einkünften der Eheleute nicht nur Erwerbseinkünfte, sondern in gleicher Weise auch Vermögenserträge und sonstige wirtschaftliche Nutzungen, die die Eheleute aus ihrem Vermögen ziehen. Dazu können auch Nutzungen aus einem gemeinschaftlichen Anwesen zählen. Leben Eheleute in einem in ihrem Eigentum stehenden Haus, so entfällt für sie die Notwendigkeit der Mietzahlung, die in der Regel einen Teil des allgemeinen Lebensbedarfs ausmacht. Andererseits haben sie jedoch die allgemeinen Grundstückskosten und -lasten zu tragen und darüber hinaus die anfallenden Zins- und Tilgungsleistungen aufzubringen. Soweit bei einer Gegenüberstellung der ersparten Mietaufwendungen mit den mit dem Eigentum verbundenen Kosten der Nutzungswert eines Hauses im Einzelfall den von den Eigentümern zu tragenden Aufwand übersteigt, die Eigentümer also „billiger“ wohnen als Eheleute, die für eine vergleichbare Wohnung Miete zu zahlen haben – und nur unter dieser Voraussetzung und in diesem Umfang –, ist die Differenz zwischen dem Nutzungswert des Grundeigentums einerseits und dem Aufwand andererseits für die Bestimmung der ehel. Lebensverhältnisse i. S. von § 1578 I BGB den Einkünften der Eheleute hinzuzurechnen. Nur insoweit werden die ehel. Lebensverhältnisse als Maßstab für die Höhe des nachehel. Unterhalts durch einen „Wohnvorteil“ geprägt, weil sich dieser Differenzbetrag als Ersparnis einer sonst erforderlichen Mietzahlung in den für die Lebenshaltung verfügbaren Mitteln (Einkünften) niederschlägt (vgl. Senatsurteil v. 27. 6. 1984, a. a. O., S. 356).

An dieser Rspr. hat der Senat festgehalten (vgl. zuletzt Urteil v. 29. 6. 1994 – XII ZR 79/93 –, NJW-RR 1994, 1155 = FamRZ 1994, 1100, 1102, m. w. N.). Von ihr abzugehen, besteht kein begründeter Anlaß. Auch die Erwägungen des OLG in dem angefochtenen Urteil rechtfertigen keine andere Beurteilung.

Der Umstand, daß die Eheleute mit Hilfe der Tilgungsleistungen auf das aufgenommene Kapital im Ergebnis Vermögen bilden, hindert nicht, die für die Bemessung des nachehel. Unterhalts maßgeblichen ehel. Lebensverhältnisse so zu bestimmen, wie sie in der Ehe tatsächlich praktiziert worden sind. Solange sich die Eheleute dabei in einem Rahmen gehalten haben, der vom Standpunkt eines vernünftigen Betrachters aus – nach einem objektiven Maßstab – wirtschaftlich sinnvoll und angemessen erscheint (vgl. Senatsurteile v. 4. 11. 1981 – IVb ZR 624/80 –, FamRZ 1982, 151, 152; v. 12. 7. 1989 – IVb ZR 66/88 –, FamRZ 1989, 1160, 1161; auch v. 18. 12. 1991 – XII ZR 2/91 –, FamRZ 1992, 423, 424), bestimmt ihr tatsächliches Konsumverhalten während des ehel. Zusammenlebens auch den für § 1578 I S. 1 BGB maßgeblichen ehel. Lebensstandard. In diesem Umfang ist daher bei der Bemessung des nachehel. Unterhalts nach dem Maßstab der ehel. Lebensverhältnisse hinzunehmen, daß während der Ehe anstelle von Mietzahlungen Aufwendungen zur Vermögensbildung geleistet worden sind. Dies gilt i. ü., wie den vorstehenden Ausführungen zu entnehmen ist, unabhängig davon, ob mit den Zahlungen gemeinschaftliches Vermögen für beide Eheleute gebildet oder nur Vermögenswerte für einen von ihnen – als Alleineigentümer des bewohnten Familienheims – geschaffen worden sind. Für die Höhe, in der die in der Ehe vorhandenen Einkünfte zu Zins- und Tilgungszwecken verwendet wurden, ist dies ohne Bedeutung.

Der unterhaltsberechtigte Ehegatte braucht sich nach der std. Rspr. des Senats für die Bemessung seines nachehel. Unterhalts nur dann nicht an dem in der Ehe geübten Lebensstandard festhalten zu lassen, wenn sich die Eheleute zugunsten der Vermögensbildung in unverhältnismäßig hohem Umfang in ihrer Lebensführung eingeschränkt und nach den gegebenen Verhältnissen erkennbar zu dürftig gelebt haben (vgl. Senatsurteile v. 4. 11. 1981, a. a. O., und v. 12. 7. 1981, a. a. O.).

Für eine solche Annahme bestehen unter den hier gegebenen Umständen angesichts der Einkommensverhältnisse des Bekl. keine Anhaltspunkte. Auch die Kl. hat derartiges nicht vorgetragen.

Zu beachten bleibt in diesem Zusammenhang i. ü., daß die für die Unterhaltsbemessung maßgeblichen tatsächlichen Einkünfte der Ehegatten durch die Grundsätze zur Ermittlung des Wohnvorteils (auch in dem oben dargelegten Sinn) nicht berührt oder beeinträchtigt werden. Das verkennt auch das OLG nicht.

Soweit das OLG darauf hinweist, daß sich üblicherweise – bei gleichbleibenden Zahlungen – das Verhältnis von Zins- zu Tilgungsleistungen verschiebe und damit der Wert des erworbenen Grundvermögens laufend ansteige, vermag dies die dargelegte Senats-Rspr. nicht in Frage zu stellen. Da das OLG bei seinen Überlegungen selbst von regelmäßig gleichbleibenden Zahlungen ausgeht, bestimmen sich die für die Lebenshaltung der Eheleute verfügbaren Einkünfte – als Maßstab der ehel. Lebensverhältnisse – danach, in welcher Höhe die Eheleute unter Berücksichtigung dieser tatsächlich von ihnen geleisteten im wesentlichen gleichbleibenden Zahlungen sonst aufzubringende Mietzinsen erspart haben.

Welche Vermögenswerte die Eheleute auf diese Weise schaffen, ist für die Bemessung des Unterhalts nach § 1578 I S. 1 BGB demgegenüber irrelevant. Die Erwägungen, mit denen das OLG der Kl. letztlich bereits im Unterhaltsrecht einen Anteil an dem „Wert des durch die bisherige Tilgung erworbenen, lastenfreien Grundvermögens" (hier: ursprüngliches Miteigentum beider Parteien) und damit an dem geschaffenen „Familienvermögen" zukommen lassen will, verlassen den Rahmen des § 1578 I S. 1 BGB. Die Teilhabe des geschiedenen Ehegatten an dem in der Ehe erworbenen „Familienvermögen" wird nach den Regeln des Güterrechts, ggf. auch nach den Grundsätzen über die Auseinandersetzung einer Miteigentumsgemeinschaft verwirklicht. Auf diesem Weg erwirbt der geschiedene Ehegatte im Fall der Bildung von gemeinschaftlichem Vermögen den Vermögensanteil, der ihm gebührt und der in den Fällen, in denen die Eheleute bei sparsamer Lebensführung hohe Zins- und Tilgungsraten aufgebracht haben, einen entsprechend hohen Wert erreichen wird.

Der Hinweis des OLG auf den Extremfall einer kurz nach der Scheidung auslaufenden Darlehensrückzahlung rechtfertigt schließlich ebenfalls keine von der bisherigen Senats-Rspr. abweichende Beurteilung. In einem solchen Fall dürften nämlich die ehel. Lebensverhältnisse i. S. von § 1578 I BGB als bereits durch die sichere Erwartung des baldigen Wegfalls der Zins- und Tilgungslasten geprägt anzusehen sein mit der Folge, daß dieser – erst nach der Scheidung eintretende – Umstand ausnahmsweise bei der Bemessung des nachehel. Unterhalts mitberücksichtigt werden kann (vgl. Senatsurteil v. 16. 3. 1988 – IVb ZR 40/87 –, NJW 1988, 2034 = FamRZ 1988, 701, 703; insoweit durch das Senatsurteil v. 20. 7. 1990 – XII ZR 73/89 –, NJW 1990, 2886, nicht berührt).

c) Das angefochtene Urteil kann aus den dargelegten Gründen nicht bestehen bleiben und ist auf die Revision des Bekl. entsprechend abzuändern.

Dabei ist bei der Bemessung des nachehel. Unterhalts der Kl. ein Wohnvorteil nur insoweit zu berücksichtigen, als der Nutzungswert des Hauses der Parteien den von ihnen zu tragenden Aufwand an allgemeinen Grundstückskosten sowie Zins- und Tilgungsverpflichtungen überstieg (vgl. hierzu allgemein – im Gegensatz zu der Bemessung für den Trennungsunterhalt – *Gerhardt,* FamRZ 1993, 1139).

aa) Den Mietwert des Hauses hat das OLG, wie dargelegt, mit monatlich 1575 DM angesetzt.

BGH v. 25. 10. 1995 – XII ZR 247/94 – FamRZ 96, 160 = NJW-RR 96, 321

R496 *(Verwandtenunterhalt; Lebensstellung des Kindes)*

a 1. Nach diesen allgemeinen für den Verwandtenunterhalt geltenden Vorschriften bestimmt sich das Maß des zu gewährenden „angemessenen Unterhalts" grundsätzlich nach der Lebensstellung des Bedürftigen (§ 1610 I BGB). Jedoch wird der Unterhalt nicht geschuldet, soweit der (an sich) Unterhaltspflichtige bei Berücksichtigung seiner sonstigen Verpflichtungen ohne Gefährdung seines eigenen angemessenen Unterhalts zur Zahlung außerstande ist (§ 1603 I BGB). Kriterium für die Bemessung des Verwandtenunterhalts im allgemeinen ist danach die Lebensstellung des Bedürftigen, gegebenenfalls begrenzt durch die Leistungsfähigkeit des Verpflichteten.

2. Das Recht des Kindesunterhalts ist demgegenüber dadurch gekennzeichnet, daß minderjährige Kinder ohne Einkünfte keine eigene unterhaltsrechtlich relevante Lebensstellung i. S. von § 1610 I BGB besitzen. Sie leiten ihre Lebensstellung vielmehr von derjenigen ihrer unterhaltspflichtigen Eltern ab. Lebt ein minderjähriges Kind, wie hier der Kl., bei dem einkommenslosen Elternteil und wird von ihm versorgt und betreut, so bestimmt sich seine Lebensstellung grundsätzlich nach den Einkommens-(und Vermögens-)Verhältnissen des anderen, barunterhaltspflichtigen Elternteils (st. Rspr; vgl. *Senat,* NJW 1981, 1559 = LM § 1606 BGB Nr. 14 = FamRZ 1981, 543 [544]; NJW-RR 1986, 1261; NJW 1989, 1033 = LM § 1610 BGB Nr. 17; auch *Köhler,* in: MünchKomm, 3. Aufl., § 1610 Rdnrn. 5, 8, 9; *Soergel/Häberle,* BGB, 12. Aufl., § 1610 Rdnr. 2). Dessen wirtschaftliche Verhältnisse prägen also die Lebensstellung des unterhaltsberechtigten minderjährigen Kindes und bestimmen damit das Maß des diesem zustehenden Unterhalts i. S. von § 1610 I BGB, allerdings mit der Maßgabe des Abs. 3 der Vorschrift.

(kein generelles Verbot des Abzugs berücksichtigungsfähiger Schulden beim Kindesunterhalt)

b 3. Im Rahmen der Ermittlung des unterhaltserheblichen Einkommens des Verpflichteten sind unterhaltsrechtlich relevante Verbindlichkeiten mit zu berücksichtigen (vgl. *Senat,* NJW-RR 1990, 323 = LM § 546 ZPO Nr. 129 = FamRZ 1990, 283 [287]; NJW 1992, 1624 = LM H. 9/1992 § 1603 BGB Nr. 43 = FamRZ 1992, 797 [798]). Denn der für die Unterhaltsbemessung maßgebliche Lebensstandard wird letztlich (nur) durch tatsächlich verfügbare Mittel geprägt mit der Folge, daß sich auch die abgeleitete Lebensstellung des Kindes nach diesen Verhältnissen richtet.

Dem entsprechen die unterhaltsrechtlichen Tabellen und Leitlinien der *Oberlandesgerichte,* die – im wesentlichen übereinstimmend – die berücksichtigungsfähigen Schulden vom anrechenbaren Einkommen abziehen und bei der Festsetzung des je nach Einkommen geschuldeten Kindesunterhalts zugleich den notwendigen Eigenbedarf (Selbstbehalt) des Unterhaltsverpflichteten wahren (vgl. u. a. Düsseldorfer Tabelle, A Anm. 4; Düsseldorfer Leitlinien, A I 13; Leitlinien *OLG Celle,* I 8; *OLG Dresden,* I 8; *OLG München,* 1.22; *OLG Schleswig,* A II 3, sämtlich abgedr. in: Beil. zur NJW Heft 11/1995).

Der hiervon abweichenden Auffassung des BerGer., das bei der Ermittlung des Kindesunterhalts generell einen Vorwegabzug berücksichtigungsfähiger Schulden vom unterhaltserheblichen Einkommen des Verpflichteten ablehnt, ist nicht zu folgen. Der Wortlaut des § 1603 I BGB enthält dafür keine hinreichende Rechtfertigung. Denn diese Vorschrift regelt lediglich die Grenzen der Leistungsfähigkeit des Verpflichteten und erlangt ihre eigentliche Bedeutung damit nur in Mangelfällen. Der Hinweis darauf, daß eine frühere Verbesserung der Lebensstellung minderjähriger Kinder durch die mit den Krediten ermöglichten Anschaffungen und Aufwendungen nicht mehr besteht, ist in dieser Allgemeinheit ebenfalls nicht geeignet, die einkommensmindernde Absetzung von Schulden vor der Bestimmung des Kindesunterhalts zu versagen. Abgesehen davon, daß es jeweils von der Art der Aufwendung oder Anschaffung im Einzelfall abhängen dürfte, ob und inwiefern diese zu einer Verbesserung der Lebensstellung des Kindes führt, darf nicht außer Betracht bleiben, daß der für die Anschaffungen aufgewendete Kredit laufende Belastungen nach sich zieht, die ihrerseits dauerhaft die Lebensstellung des Kindes – in ihrer Abhängigkeit von derjenigen des unterhaltspflichtigen Elternteils – prägen. Solange der Unterhaltsverpflichtete die Schulden zu tilgen hat und nur über entsprechend geringere Einkünfte verfügen kann, nimmt das minderjährige Kind, dessen Lebensstellung nicht etwa durch die Verhältnisse im Zeitpunkt der Auflösung der Ehe seiner Eltern festgelegt ist (vgl. *Senat,* NJW 1983, 1429 = LM § 1610 BGB Nr. 9 = FamRZ 1983, 473), an dem wirtschaftlich geminderten Lebensstandard teil (vgl. *Soergel/Häberle,* § 1610 Rdnr. 2). Daß sich auf diese Weise Schuldverbindlichkeiten der Eltern (bzw. des unterhaltspflichtigen Elternteils) nachteilig für ein unterhaltsbedürftiges Kind auswirken, ist eine Folge seiner wirtschaftlichen Unselbständigkeit und Abhängigkeit von den Einkommensverhältnissen der Eltern. Das rechtfertigt es jedoch nicht, den Unterhaltsanspruch des Kindes abweichend von den Maßstäben der §§ 1601 ff. BGB zu bemessen.

(Berücksichtigungsfähige Verbindlichkeiten)

Abzugsfähig sind nicht von vorneherein sämtliche Schulden, die der Unterhaltsverpflichtete zu tilgen **c**
hat, sondern nur die unterhaltsrechtlich „berücksichtigungsfähigen" Verbindlichkeiten. Ob und wieweit dieses Merkmal im Einzelfall erfüllt ist, ist nach ständiger Rechtsprechung unter umfassender Interessenabwägung zu beurteilen, wobei es insbesondere auf den Zweck der Verbindlichkeiten, den Zeitpunkt und die Art ihrer Entstehung, die Kenntnis des Unterhaltsverpflichteten von Grund und Höhe der Unterhaltsschuld und auf andere Umstände ankommt. In die Abwägung mit einzubeziehen sind auch die Möglichkeiten des Unterhaltsschuldners, seine Leistungsfähigkeit in zumutbarer Weise ganz oder teilweise wiederherzustellen, sowie ggf. schutzwürdige Belange des Drittgläubigers. Soweit es um den Unterhalt minderjähriger unverheirateter Kinder geht, denen der unterhaltspflichtige Elternteil nach § 1603 III BGB verschärft unterhaltspflichtig ist, ist zusätzlich zu beachten, daß diesen Kindern jede Möglichkeit fehlt, durch eigene Anstrengungen zur Deckung ihres notwendigen Unterhaltsbedarfs beizutragen. Auf Schulden, die leichtfertig, für luxuriöse Zwecke oder ohne verständigen Grund eingegangen sind, kann sich der Unterhaltsverpflichtete grundsätzlich nicht berufen (vgl. *Senat,* NJW 1992, 1624 = LM H. 9/1992 § 1603 BGB Nr. 43 = FamRZ 1992, 797 [798]; NJW-RR 1990, 323 = LM § 546 ZPO Nr. 129 = FamRZ 1990, 283 [287]; NJW 1984, 1237 = LM § 1581 BGB Nr. 3 = FamRZ 1994, 358 [360]; NJW 1982, 380 = LM § 1603 BGB Nr. 11 = FamRZ 1982, 157 [158]).

Nach diesen Kriterien dürften die hier streitigen Verbindlichkeiten des Bekl., jedenfalls soweit die bisher getroffenen Feststellungen reichen, als berücksichtigungsfähig anzuerkennen sein. Davon geht ersichtlich auch das BerGer. – im Grundsatz – aus. So ist im Hinblick auf den Zweck der im Jahre 1986 eingegangenen Verbindlichkeiten zunächst zu berücksichtigen, daß der Bekl. mit dem Ausbau der Räume im Haus seines Vaters eine Wohnung für die – damals intakte – Familie geschaffen hat, in der diese seit 1986 bis zur Trennung der Eheleute jahrelang lebte, wobei die erbrachten Leistungen abgewohnt wurden und (weitere) Mietzinsen nicht zu zahlen waren. Soweit es um das Fahrzeug geht, sprechen die geltend gemachten Fahrtkosten dafür, daß der Bekl. den Pkw für die Fahrten zu seiner Arbeitsstelle benötigt. Sollte das der Fall sein, dann hätte der Bekl. insoweit ggf. mit Hilfe der Kreditmittel sein Arbeitseinkommen erzielt und auf diese Weise den Lebensstandard der Familie finanziert. Der Zeitpunkt der Kreditaufnahme im Jahre 1986 dürfte einer unterhaltsrechtlichen Berücksichtigung der daraus herrührenden laufenden Verbindlichkeiten nicht entgegenstehen, da die Familie damals noch intakt war und der Bekl. mithin zwar für den allgemeinen Familienunterhalt aufkommen mußte, jedoch nicht mit der Notwendigkeit laufender Barunterhaltszahlungen an den Kl. zu rechnen brauchte.

Die Berücksichtigungsfähigkeit der für den Ausbau der Familienwohnung und den Erwerb des Pkw aufgenommenen – und noch zu tilgenden – Schulden wird entgegen der Auffassung des BerGer. nicht dadurch in Frage gestellt, daß die entsprechenden Anschaffungen dem Kl. seit 1992 keine Vorteile mehr bringen. Darauf kommt es nicht an. Denn der Kl. nimmt seit seinem Auszug aus der Wohnung des Bekl. im Jahre 1992 unterhaltsrechtlich weiterhin an dessen wirtschaftlicher Lebensstellung teil, auch soweit diese durch die laufenden Zins- und Tilgungsleistungen für den Kredit geprägt wird.

Abgesehen von den genannten beiden Verwendungszwecken des aufgenommenen Kredits ist bisher nicht festgestellt, worauf die Überziehung des Girokontos des Bekl. in Höhe von 6082,08 DM im Februar 1990 beruhte, die zusätzlich durch das zur Zeit noch zu tilgende Darlehen abgelöst wurde und einen nicht unerheblichen Teil der Darlehenssumme (von 40 000 DM auf der Grundlage der halbierten „Restsumme" des ursprünglichen Kredits in Höhe von 31 688,44 DM) ausmachte. Das BerGer. hat insoweit ersichtlich unterstellt, daß auch der Kontoüberziehung berücksichtigungsfähige Schulden zugrunde lagen. Es hat die Frage jedoch nicht näher geprüft. Ihr kann aber deshalb Bedeutung zukommen, weil der Überziehungsbetrag die Höhe der zu leistenden laufenden Kreditraten mit beeinflussen dürfte. Wäre der entsprechende Betrag unterhaltsrechtlich nicht zu berücksichtigen, dann wäre das Einkommen des Bekl. – zum Zwecke der Bemessung des Kindesunterhalts – ggf. nur um geringere laufende Verpflichtungen zu mindern.

BVerfG v. 18. 12. 1995 – 1 BvR 1206/92 – FamRZ 96, 343 = NJW 96, 915

R498 *(Keine fiktiven Einkünfte bei Einkommensminderungen, die durch Wahrnehmung des Elternrechts entstanden)*

1. a) Die Auferlegung von Unterhaltsleistungen schränkt den Verpflichteten in seiner durch Art. 2 I GG geschützten allgemeinen Handlungsfreiheit ein. Diese ist allerdings nur im Rahmen der verfassungsmäßigen Ordnung gewährleistet, zu der auch die Vorschriften über Trennungsunterhalt und nachehelichen Unterhalt sowie über Kindesunterhalt gehören (vgl. *BVerfGE* 57, 361 [378] = NJW 1981, 1771; *BVerfGE* 68, 256 [266 ff.] = NJW 1985, 1211).

Bei der Ausgestaltung des Unterhaltsrechts nach Trennung und Scheidung ist der Gesetzgeber im Hinblick auf Art. 6 II 2 und Art. 2 I i.V. mit Art. 1 I GG gehalten, Regelungen zu vermeiden, die sich für die Entwicklung der Kinder nachteilig auswirken können. Dabei ist zu berücksichtigen, daß die ohnehin mit der Trennung der Eltern für die Kinder verbundenen nachteiligen Folgen noch erheblich verstärkt werden können, wenn sie in dieser Zeit auf die persönliche Betreuung durch einen Elternteil wegen dessen Erwerbstätigkeit verzichten müssen (vgl. *BVerfGE* 57, 361 [382] = NJW 1981, 1771; *BVerfGE* 55, 171 [184] = NJW 1981, 217). Auslegung und Anwendung der Vorschriften über Trennungsunterhalt und nachehelichen Unterhalt dürfen ebenfalls nicht zu verfassungswidrigen Ergebnissen führen (vgl. *BVerfGE* 80, 286 [294] = NJW 1989, 2807).

b) Wird bei Trennung oder Scheidung das Sorgerecht insgesamt oder ein Teil des Sorgerechts einem Elternteil zugeordnet, so stehen sowohl dieses Recht als auch die Rechte des anderen Elternteils, insbesondere das Umgangsrecht, unter dem Schutz des Art. 6 II 1 GG (vgl. *BVerfGE* 31, 194 [206] = NJW 1971, 1447; *BVerfGE* 64, 180 [187 f.] = NJW 1983, 2491). Bei einem Konflikt zwischen den Eltern muß die Lösung am Wohl des Kindes ausgerichtet sein. Dabei sind unter anderem auch die Betreuungsmöglichkeiten beider Elternteile zu berücksichtigen. Ein Primat des vorher nicht oder nur eingeschränkt berufstätigen Elternteils besteht aber bei der Sorgerechtsregelung nicht von vornherein (vgl. *BVerfGE* 55, 171 [184] = NJW 1981, 217). Vielmehr müssen alle Umstände des Einzelfalles und die gleichermaßen geschützten Rechtspositionen beider Eltern in die Betrachtung einbezogen werden. Im übrigen wäre die Festschreibung der Rollenverteilung, nach der Erziehung und Pflege der Kinder Sache der Mutter ist, mit Art. 3 II GG nicht vereinbar (vgl. *BVerfGE* 87, 1 [42] = NJW 1992, 2213).

2. Nach diesen Maßstäben verstößt das angegriffene Urteil gegen Art. 2 I i.V. mit Art. 6 II 1 GG, soweit das *OLG* in die Bemessung des vom Bf. an seine Ehefrau und seine Kinder zu zahlenden Unterhalts Einkünfte einbezogen hat, die der Bf. nach den gerichtlichen Feststellungen tatsächlich nicht mehr bezieht. Bei dieser Beurteilung kann dahingestellt bleiben, inwieweit sich schon aus der allgemeinen Handlungsfreiheit für sich genommen Grenzen für die Berücksichtigung fiktiven Einkommens bei der Unterhaltsbemessung ergeben. Bei der Einbeziehung von Einkünften, die wegen der Umgestaltung des Arbeitsverhältnisses im Hinblick auf die Betreuung von Kindern entfallen sind, muß jedenfalls der Bedeutung und Tragweite des Elternrechts Rechnung getragen werden.

Diesen Anforderungen wird das angegriffene Urteil gerecht. Das *OLG* hat die Umgestaltung der beruflichen Tätigkeit des Bf. als unterhaltsrechtlich nicht gerechtfertigt angesehen, weil der Bf. nicht schon aufgrund der vorläufigen Regelung des Aufenthaltsbestimmungsrechts eine endgültige und „angeblich nicht mehr rückgängig zu machende" Änderung des Arbeitsverhältnisses hätte vereinbaren dürfen. Dabei hat das Gericht nicht darauf abgestellt, ob der Bf. überhaupt von seiner Arbeitgeberin eine vorläufige Regelung hätte erreichen können, die nach der endgültigen Sorgerechtsregelung noch rückgängig gemacht werden konnte. Den Entscheidungsgründen ist vielmehr zu entnehmen, daß das Gericht dem Bf. fiktive Einkünfte ohne weiteres schon deshalb entsprechend seinen früheren Einkünften zugerechnet hat, weil der Bf. eine nicht nur vorläufige Vereinbarung getroffen hat.

Diese Beurteilung trägt nicht ausreichend der Tatsache Rechnung, daß der Bf. die Umgestaltung seines Arbeitsverhältnisses vereinbart hat, um seiner Elternverantwortung gegenüber den damals etwa eineinhalb und vier Jahre alten Kindern gerecht zu werden. Seine Entscheidung, die Kinder, für die ihm vorläufig das Aufenthaltsbestimmungsrecht übertragen wurde, weitgehend persönlich zu betreuen, entsprach, wie das *OLG* selbst in seinem früheren Beschluß zur vorläufigen Regelung des Aufenthaltsbestimmungsrechts angenommen hat, dem Kindeswohl. Unter diesen Umständen durfte das Gericht nicht ohne nähere Prüfung der Umstände des Einzelfalles davon ausgehen, daß die Ehefrau, deren Rechte ebenfalls durch die Elternverantwortung geprägt sind, und die Kinder, deren Betreuung die berufliche Umstellung zugute kommen sollte, sich die damit verbundenen finanziellen Nachteile schon deshalb nicht entgegenhalten lassen müssen, weil der Bf. sich nur auf eine vorläufige Sorgerechtsregelung stützen konnte.

Allerdings ist es von Verfassungs wegen nicht zu beanstanden, wenn von dem Elternteil, der vorher durch seine Erwerbstätigkeit für den finanziellen Familienunterhalt Sorge getragen hat, bei einer Umstellung seiner beruflichen Tätigkeit besondere Rücksichtnahme gefordert wird. Auch in diesem Zusammenhang ist von Bedeutung, daß sowohl die Unterhaltspflicht gegenüber dem (später wieder) betreuenden Elternteil als auch die Unterhaltspflicht gegenüber den Kindern durch die Elternverantwortung geprägt wird (vgl. *BVerfGE* 57, 361 [381 ff.] = NJW 1981, 1771; *BVerfGE* 68, 256 [267] = NJW 1985, 1211). Das rechtfertigt es aber nicht, dem vorher berufstätigen Elternteil die Umgestaltung des Arbeitsverhältnisses mit Rücksicht auf die Betreuung der Kinder stets schon dann zu verwehren, wenn dies zu einer später nicht mehr rückgängig zu machenden Verminderung des Einkommens führt. Eine solche Beurteilung läßt nicht nur das Interesse der Kinder an persönlicher Betreuung durch den Elternteil, dem sie zugeordnet sind, außer acht, sondern beeinträchtigt auch das Elternrecht des berufstätigen Elternteils in erheblichem Maße. Dabei ist auch zu berücksichtigen, daß die Möglichkeit zur Wahrnehmung der Elternverantwortung aufgrund einer vorläufigen Sorgerechtsregelung faktisch die endgültige Sorgerechtsregelung beeinflussen kann. Eine dem Elternrecht genügende Entscheidung kann daher nur aufgrund der Abwägung aller Umstände des Einzelfalles getroffen werden.

BGH v. 13. 3. 1996 – XII ZR 2/95 – FamRZ 96, 796 = NJW 96, 1815

(Hausmann-Rechtsprechung; Rollenwahl) R500

2. Das *OLG* ist zwar im Ansatz zutreffend von der sog. Hausmann-Rechtsprechung des *Senats* ausgegangen. Es hat aber die dort gesetzten Maßstäbe verkannt. a

a) Auszugehen ist von dem Grundsatz, daß ein unterhaltspflichtiger Ehegatte seiner früheren Familie auch nach Eingehung einer neuen Ehe unterhaltspflichtig bleibt. Insbesondere dann, wenn er vorher durch seine Erwerbstätigkeit für den finanziellen Familienunterhalt gesorgt hat, ist von ihm bei einer Umstellung seiner beruflichen Tätigkeit eine besondere Rücksichtnahme auf die Belange der von ihm abhängigen Unterhaltsberechtigten zu fordern (vgl. *BVerfG*, NJW 1996, 915). Gegenüber minderjährigen unverheirateten Kindern aus der ersten Familie entfällt seine unterhaltsrechtliche Erwerbsobliegenheit nicht ohne weiteres dadurch, daß er in der neuen Ehe im Einvernehmen mit seinem Ehegatten allein die Haushaltsführung übernehmen will. Auch das Vorhandensein betreuungsbedürftiger Kinder aus der neuen Ehe ändert nichts daran, daß die Unterhaltsansprüche minderjähriger Kinder aus den verschiedenen Ehen gleichrangig sind (§ 1609 I BGB) und der Unterhaltspflichtige seine Arbeitskraft zum Unterhalt aller Kinder einsetzen muß.

Zwar können Ehegatten nach § 1356 I BGB die Aufteilung von Haushaltsführung und Erwerbstätigkeit im gegenseitigen Einvernehmen regeln und dabei die Haushaltsführung einem von ihnen allein überlassen. Diese Gestaltungsfreiheit gilt aber grundsätzlich nur im Verhältnis der neuen Ehegatten zueinander. Eine mit dem vereinbarten Rollenwechsel verbundene Verminderung der Leistungsfähigkeit des geschiedenen Ehegatten darf nicht in unzumutbarer Weise zu Lasten der Kinder aus erster Ehe gehen (*BVerfGE* 68, 256 f. = NJW 1985, 1211 = FamRZ 1985, 143 [145]). Unterhaltsrechtlich entlastet die häusliche Tätigkeit einen unterhaltspflichtigen Ehegatten nämlich nur gegenüber den Mitgliedern seiner neuen Familie, denen diese Fürsorge – im Gegensatz zu den nicht im neuen Familienverbund lebenden minderjährigen Kindern aus erster Ehe – allein zugute kommt. Der unterhaltsrechtliche Gleichrang der Kinder aus erster und zweiter Ehe verwehrt es dem unterhaltspflichtigen Ehegatten, sich nach Eingehung der neuen Ehe ohne weiteres auf die Sorge für die Mitglieder seiner neuen Familie zu beschränken. Auch sein neuer Ehegatte muß nach § 1356 II BGB auf die bestehenden Unterhaltspflichten seines Ehegatten Rücksicht nehmen und dessen dadurch bedingte verminderte Mithilfe im Haushalt und seine arbeitsbedingte Abwesenheit hinnehmen (st. Rspr.; vgl. u. a. *Senat*, BGHZ 75, 272 [275 f.] = NJW 1980, 340 = LM § 1356 BGB Nr. 21 L; NJW 1982, 175 = FamRZ 1982, 25 f.; NJW 1987 1549 = FamRZ 1987, 472 f. m. w. Nachw.).

Diese im Verhältnis zu unterhaltsberechtigten, minderjährigen unverheirateten Kindern aus einer früheren Ehe geltenden Grundsätze hat der *Senat* auch bei der Bestimmung der Erwerbsobliegenheit des Unterhaltsschuldners im Verhältnis zu seinem unterhaltsberechtigten geschiedenen Ehegatten herangezogen, da dieser unterhaltsrechtlich auf gleicher Rangstufe wie minderjährige Kinder steht. Das gilt insbesondere dann, wenn der Unterhaltsanspruch des früheren Ehegatten aus § 1570 BGB folgt, der im Interesse des Kindeswohls sicherstellen soll, daß das Kind nach der Trennung von dem einen Elternteil nicht auch noch weitgehend auf die persönliche Betreuung durch den sorgeberechtigten Elternteil verzichten muß, weil dieser sich seinen Lebensunterhalt durch eigene Erwerbstätigkeit verdienen muß (*Senat,* NJW-RR 1987, 514 = FamRZ 1987, 252 [254] m. w. Nachw.). Dabei ist von Bedeutung, daß sowohl die Unterhaltspflicht gegenüber dem Kinde selbst als auch die Unterhaltspflicht gegenüber dem betreuenden Ehegatten durch die Elternverantwortung geprägt wird (*BVerfGE* 68, 256 [267] = NJW 1985, 1211 = FamRZ 1985, 143 ff.). Deshalb muß der bisher Barunterhaltspflichtige bei der Rollenwahl in der neuen Familie auf das Kindeswohl der erstehelichen Kinder und die Interessen des geschiedenen Ehegatten in gleicher Weise Rücksicht nehmen.

Allerdings haben diese Grundsätze im Falle der Übernahme der Betreuung eines Kindes aus neuer Ehe eine gewisse Einschränkung insoweit erfahren, als die Rollenwahl – unter Abwägung der beiderseitigen Interessen im Einzelfall – dann hingenommen werden muß, wenn sich der Familienunterhalt in der neuen Ehe dadurch, daß der andere Ehegatte voll erwerbstätig ist, wesentlich günstiger gestaltet als es der Fall wäre, wenn dieser die Kindesbetreuung übernehmen würde und der unterhaltsverpflichtete Elternteil voll erwerbstätig wäre. Das wurde damit begründet, daß es dem unterhaltspflichtigen Teil und seinem neuen Ehegatten nicht zugemutet werden kann, auf den Rollentausch zu verzichten und die wesentlich ungünstigere Verteilung der Aufgaben in der Ehe nur deshalb zu wählen, um Unterhaltsansprüche der Unterhaltsberechtigten aus früherer Ehe besser auszugestalten. Auch unter diesen Voraussetzungen gebietet es aber der unterhaltsrechtliche Gleichrang, die Beeinträchtigungen des Unterhaltsanspruchs der Unterhaltsberechtigten aus früherer Ehe so gering wie möglich zu halten. Der unterhaltspflichtige Ehegatte ist gehalten, seine häusliche Tätigkeit in der neuen Ehe auf das unbedingt notwendige Maß zu beschränken und wenigstens eine Nebentätigkeit aufzunehmen, um seiner Barunterhaltspflicht teilweise zu genügen, soweit er dadurch nicht im Verhältnis zu anderen, gleichrangig Unterhaltsverpflichteten unverhältnismäßig belastet wird. Ist die Rollenwahl dagegen nicht hinzunehmen, dem Unterhaltspflichtigen vielmehr weiterhin eine Vollzeiterwerbstätigkeit zuzumuten, gilt er in diesem Umfang als leistungsfähig und ist entsprechend unterhaltspflichtig (*BGHZ* 75, 272 [276] = NJW 1980, 340; *Senat,* NJW 1982, 175 = FamRZ 1982, 25 f.; NJW 1987, 1549 = FamRZ 1987, 472 f.).

In seiner Entscheidung vom 10. 12. 1986 (NJW-RR 1987, 514 = FamRZ 1987, 252 [254 f.]) hat der *Senat* im übrigen erkennen lassen, daß außer den wirtschaftlichen Gesichtspunkten auch sonstige Gründe, die einen erkennbaren Vorteil für die neue Familie mit sich bringen, im Einzelfall einen Rollentausch rechtfertigen können. Damit ist indes keine Auflockerung des bisherigen strengen, auf enge Ausnahmefälle begrenzten Maßstabs verbunden, der einen wesentlichen, den Verzicht auf den Rollentausch unzumutbar machenden Vorteil für die neue Familie voraussetzt und selbst im Falle eines zulässigen Rollentausches vom unterhaltspflichtigen Ehegatten verlangt, die Tätigkeit im Haushalt auf das unbedingt notwendige Maß zu beschränken und die Beeinträchtigung der Unterhaltsansprüche der Berechtigten so gering wie möglich zu halten. Vielmehr müssen die sonstigen Gründe von gleich großem Gewicht sein, wenn der Unterhaltspflichtige damit seine Aufgabenverteilung in der neuen Ehe gegenüber den Unterhaltsansprüchen seiner alten Familienmitglieder rechtfertigen will. Denn diese müssen eine Einbuße ihrer Unterhaltsansprüche nur dann hinnehmen, wenn das Interesse des Unterhaltspflichtigen und seiner neuen Familie an der Aufgabenverteilung ihr eigenes Interesse an der Beibehaltung ihrer bisherigen Unterhaltssicherung deutlich überwiegt. Dabei stellen jene Fälle, in denen die Übernahme der Haushaltsführung und Kindesbetreuung im Vergleich zur Erwerbstätigkeit in der früheren Ehe mit einem Rollenwechsel verbunden ist, eine besondere Kategorie dar, in denen die Gründe, die einen solchen Rollentausch rechtfertigen, besonders restriktiv zu fassen sind. Es ist sogar fraglich, ob es hierfür ausreichen kann, daß die andere Rollenverteilung zu einer wesentlich günstigeren Einkommenssituation der neuen Familie führt. Denn die Möglichkeit, in der neuen Ehe durch den Rollentausch eine Erhöhung des wirtschaftlichen Lebensstandards und eine Verbesserung der eigenen Lebensqualität zu erreichen, kann dann nicht mehr ohne weiteres als Rechtfertigung dienen, wenn sie gleichzeitig dazu führt, daß sich der Unterhaltspflichtige gegenüber dem Berechtigten auf seine damit einhergehende Leistungsunfähigkeit berufen und damit dessen bisherigen Lebensstandard verschlechtern kann. Es ist dann zu erwägen, ob der Unterhaltspflichtige nicht – ähnlich wie im Fall eines zulässigen Berufswechsels – zumutbare Vorsorgemaßnahmen zur Sicherstellung des Unterhalts des Berechtigten treffen muß (vgl. *Senat,* NJW-RR 1988, 514 = FamRZ 1988, 145 [147]).

b) Im vorliegenden Fall kann diese Frage aber offenbleiben, da sich der Kl. auf wirtschaftliche Gründe nicht berufen kann. Daß die Erwerbstätigkeit seiner jetzigen Ehefrau zu einem wesentlich höheren Familieneinkommen führt als er bei Beibehaltung seiner Erwerbstätigkeit selbst erzielen könnte, ist – wie bereits das *OLG* festgestellt hat – nicht der Fall. Die behaupteten besseren Aufstiegschancen seiner Frau hat der Kl. nicht hinreichend dargetan, so daß auch insoweit dahinstehen kann, ob eine solche nicht hinreichend gesicherte Erwartung überhaupt berücksichtigungsfähig wäre (vgl. *Senat,* NJW-RR 1987, 514 = FamRZ 1987, 252 [255]).

Die sonstigen vom Kl. geltend gemachten Gründe für seinen Rollentausch genügen dem restriktiven Maßstab nicht. Entgegen der Auffassung des *OLG* reicht es nicht aus, daß der Kl. nicht „zielgerichtet zum Nachteil seiner früheren Familie“, sondern aus dem Motiv der Entwicklung intensiver Beziehungen zu seinem Kind und zur Vermeidung der Fehler, die zum Scheitern seiner ersten Ehe geführt hätten, gehandelt habe. Daß der Kl. nicht in Benachteiligungsabsicht handeln durfte, ist ohnehin selbstverständlich. Die Wertung des *OLG* läßt aber darüber hinaus auch eine Abwägung mit den Interessen der Unterhaltsberechtigte aus erster Ehe vermissen. Es kommt nicht darauf an, ob der Wunsch des Kl. nach einer intensiveren Kindesbeziehung, an der er sich durch eine Fortführung seiner Berufstätigkeit gehindert sieht, aus seiner individuellen Sicht heraus verständlich ist; entscheidend ist vielmehr, ob sich seine von ihm abhängigen Unterhaltsberechtigten aus erster Ehe diesem Wunsch unterordnen und eine Beschränkung ihrer Unterhaltsansprüche hinnehmen müssen. Das muß verneint werden. Der Kl. kann, wie jeder ander voll berufstätige Elternteil auch, sein Kind in seiner Freizeit betreuen, erziehen und eine Beziehung zu ihm entwickeln. Das ist in der durchschnittlichen Familie, in der ein Elternteil die Rolle des Familienernährers übernimmt und der andere den Haushalt führt, auch der Regelfall. Es leuchtet zudem nicht ein, weshalb gerade der Kl. gegenüber anderen berufstätigen Elternteilen privilegiert sein sollte, insbesondere auch gegenüber seiner jetzigen Ehefrau, die – wäre die Auffassung des Kl. richtig – aufgrund ihrer vollen Berufstätigkeit ebenfalls keine ausreichend intensiven Beziehungen zu ihrem Kind entwickeln könnte. Es kommt hinzu, daß der Kl. bei seinem Arbeitgeber zu wechselnden Zeiten Schichtdienst leisten und durch diese flexiblere Gestaltung seinem Kind mehr an Zeit widmen könnte als ein Arbeitnehmer, der immer zu gleichen Zeiten bis zum späten Nachmittag oder Abend tätig ist.

Auch soweit der Kl. sich darauf beruft, ein verfassungsrechtlich geschütztes Recht auf den Erziehungsurlaub zu haben, mit dessen Inanspruchnahme sich die Bekl. abfinden müßte, kann ihm nicht gefolgt werden. Was der Staat dem einzelnen im Rahmen der Familienförderung gem. Art. 6 GG gewährt, führt zum einen noch nicht unmittelbar zu einer Einschränkung privater Rechte Dritter.

Das gilt vor allem dort, wo das ersteheliche Kind durch die Scheidung der Eltern ohnehin den Verlust eines Elternteils hinnehmen muß und in besonderem Maße auf die persönliche Betreuung des verbliebenen Elternteils angewiesen ist. Dessen im Kindesinteresse wurzelnder Unterhaltsanspruch aus § 1570 BGB hat daher besonderes Gewicht (vgl. *Senat,* NJW-RR 1987, 514 = FamRZ 1987, 252 [254]). Eine Rechtsauffassung, die es dem Kl. nur aufgrund eines individuellen Interesses erlauben würde, seine Fürsorge allein seinem Kind aus zweiter Ehe angedeihen zu lassen und gleichzeitig seinem erstehelichen Kind die Mutter als Betreuungsperson weitgehend dadurch zu entziehen, daß diese für ihren Lebensunterhalt selbst aufkommen muß, trüge seiner für beide Kinder in gleicher Weise bestehenden Elternverantwortung nicht Rechnung und stände im Widerspruch zu Art. 6 GG. Auch entspräche die damit verbundene Verkürzung des Unterhaltsanspruchs des geschiedenen Ehegatten nicht der Wertung, die das Gesetz in § 1582 I 2 BGB mit dem unterhaltsrechtlichen Vorrang der geschiedenen Ehefrau gegenüber der neuen Ehefrau getroffen hat und die im Einklang mit der Verfassung steht (*BVerfGE* 66, 84 f. = NJW 1984, 1523 = FamRZ 1984, 346 [349 f.]).

Der Kl. muß sich nach allem fiktiv so behandeln lassen, als hätte er wie bisher ein volles Erwerbseinkommen.

(Hinzutreten weiterer Unterhaltsberechtigter; Nachrang der 2. Ehefrau)

3. Das führt indes noch nicht zur Abweisung seiner Abänderungsklage. Mit der Geburt des Kindes aus zweiter Ehe ist ein neuer Unterhaltsberechtigter hinzugetreten, der zu einer Verringerung der Unterhaltsansprüche der Mitglieder der früheren Familie führen kann. Das ist eine neue Tatsache, die im Rahmen des § 323 ZPO zu berücksichtigen ist. Der Kl. darf dadurch, daß er sich auf seine Rolle als Hausmann zurückgezogen hat, nicht schlechter stehen als wenn er erwerbstätig geblieben wäre. In diesem gedachten Fall müßte er den Barunterhalt für sein zweites Kind aufbringen. Vor einer dadurch bedingten Schmälerung ihres Unterhaltsanspruchs, die insbesondere im Mangelfall einträte, wäre die Bekl. nicht geschützt (vgl. *Senat,* NJW 1987, 1549 = FamRZ 1987, 472 [474]). Dagegen kommt eine Berücksichtigung der Unterhaltsbedürftigkeit seiner zweiten Ehefrau, falls diese ihre Berufstätigkeit zugunsten der Kindesbetreuung aufgeben würde, wegen ihres Nachranges gegenüber der Bekl. gem. § 1582 I 2 BGB nicht in Betracht. **b**

BGH v. 20. 3. 1996 – XII ZR 45/95 – FamRZ 96, 798 = NJW 96, 1817

(Wahl des Studienfachs und des Studienorts durch das volljährige Kind) **R501**

b) Der von den Bekl. im Förderungszeitraum zu gewährende Unterhalt umfaßte nach § 1610 II BGB auch die Kosten einer angemessenen Berufsausbildung. Wie auch die Bekl. nicht in Abrede stellen, waren sie daher angesichts ihrer wirtschaftlichen Leistungsfähigkeit und der Eignung und Begabung ihres Sohnes verpflichtet, diesem nach bestandenem Abitur ein Hochschulstudium zu ermöglichen. Die Wahl des Studienfaches, über die das volljährige Kind grundsätzlich in eigener Verantwortung entscheiden kann, war hier angemessen, von den Bekl. hinzunehmen und ist von ihnen auch gebilligt worden. Der Sohn der Bekl. hatte somit Anspruch darauf, seine Ausbildung im Herbst 1989 **a** durch Aufnahme eines Studiums der Humanmedizin fortzusetzen. Dies war ihm wegen der für dieses Fach geltenden Zulassungsbeschränkung und der Zuweisung eines Studienplatzes an der Universität des Saarlandes durch die ZVS nur dort möglich, so daß die Bekl. verpflichtet waren, ihm die Aufnahme des Studiums im Saarland zu ermöglichen.

Etwas anderes ergibt sich auch nicht mit Rücksicht auf den Gesundheitszustand des Bekl. zu 1. Abgesehen davon, daß die Bekl. für ihre bestrittene Behauptung, der Bekl. zu 1 habe sich im Frühjahr 1989 einer Nierentransplantation unterzogen, keinen Beweis angetreten haben, läßt sich ihrem Vortrag auch nicht entnehmen, daß ein Verbleiben des Sohnes in München etwa zur Pflege seines Vaters erforderlich gewesen sei. Damit scheiden auch besondere familiäre Umstände aus, die den Sohn gegebenenfalls aus Gründen der Rücksichtnahme hätten veranlassen müssen, den Beginn einer angemessenen und seinen Neigungen und Fähigkeiten entsprechenden Ausbildung hinauszuschieben.

Dem Anspruch des Sohnes auf Ausbildungsunterhalt steht auch nicht entgegen, daß er der Anregung seiner Eltern nicht gefolgt ist, einen sog. Härtefallantrag zu stellen, um sogleich einen Studienplatz in München zu erhalten. Die Bekl. haben nicht darzulegen vermocht, daß ein solcher Antrag erfolgreich gewesen wäre. Abgesehen davon könnte ein solches Unterlassen nur nach Maßgabe des § 1611 I BGB zum Wegfall oder zu einer Beschränkung der Unterhaltsverpflichtung führen; die Voraussetzungen dieser Vorschrift sind aber nicht gegeben.

(Unwirksame Unterhaltsbestimmung bei Zuweisung eines auswärtigen Studienplatzes § 1612 II BGB)

b c) Grundsätzlich ist der Unterhalt durch Entrichtung einer Geldrente zu gewähren, § 1612 I 1 BGB. Allerdings gewährt § 1612 II BGB den unterhaltspflichtigen Eltern – vorbehaltlich einer abweichenden Entscheidung des Vormundschaftsgerichts das Recht zu bestimmen, ob sie ihr unverheiratetes Kind durch eine Geldrente oder durch Sachleistungen unterhalten wollen. Das elterliche Bestimmungsrecht endet nicht mit der Volljährigkeit des Kindes (vgl. Senatsurteile *BGHZ* 104, 224 [225] = NJW 1988, 1974 und NJW 1981, 574 = FamRZ 1981, 250; krit. zur bestehenden Gesetzeslage *Göppinger/Wax/Kodal,* UnterhaltsR, 6. Aufl., Rdnr. 602; *Buchholz,* FamRZ 1995, 705 ff. jeweils m. Nachw.). Eine solche Bestimmung haben die Bekl. hier getroffen.

aa) Eine wirksame Bestimmung der Art der Unterhaltsleistungen bindet im Unterhaltsrechtsstreit das Prozeßgericht, solange sie nicht gem. § 1612 II 2 BGB durch das Vormundschaftsgericht geändert ist. Die Bestimmung entfaltet Wirkung auch gegenüber dem Träger der Ausbildungsförderung, führt also dazu, daß ein Anspruch auf Unterhalt in Geld, der nach § 37 I 1 BAföG übergehen könnte, nicht besteht (vgl. *Senat,* NJW 1984, 305 = FamRZ 1984, 37 [38] m. Nachw.).

bb) Die von den Bekl. getroffene Bestimmung, Ausbildungsunterhalt in Form von Naturalunterhalt an ihrem Wohnort in München zu gewähren, war jedoch im hier maßgeblichen Förderungszeitraum aus tatsächlichen und rechtlichen Gründen undurchführbar und daher unwirksam.

(1) Nach den Feststellungen im Berufungsurteil ist davon auszugehen, daß die Bekl. die fragliche Unterhaltsbestimmung getroffen und ihrem Sohn bekanntgegeben hatten, bevor dieser sein Studium im Saarland aufnahm. Ob die Bestimmung daher zunächst wirksam wird (vgl. *OLG Hamburg,* FamRZ 1987, 1183), bedarf hier keiner Entscheidung. Wird die gewählte Art der Unterhaltsgewährung erst später undurchführbar, wird die zunächst wirksame elterliche Unterhaltsbestimmung nämlich von diesem Zeitpunkt an unwirksam mit der Folge, daß der Anspruch auf Barunterhalt wieder auflebt und beim *FamG* geltend gemacht werden kann (vgl. *Senat,* NJW 1985, 1339 = FamRZ 1985, 584 [585]; *BayObLG,* FamRZ 1990, 905 [906]; *Griesche,* in: FamGb, § 1612 BGB Rdnr. 10).

(2) Der Kl. macht allein übergegangene Unterhaltsansprüche des Sohnes ab Oktober 1989, mithin nach Aufnahme des Studiums im Saarland, geltend. Von diesem Zeitpunkt an war der Sohn der Bekl. aus tatsächlichen und rechtlichen Gründen gehindert, den ihm angebotenen Naturalunterhalt in München entgegenzunehmen. Denn zum einen war eine tägliche Rückkehr von dem ihm zugewiesenen Ausbildungsort zur Wohnung der Eltern praktisch nicht möglich (vgl. *Staudinger/Kappe,* BGB, 12. Aufl. § 1612 Rdnr. 53), was auch die Revision nicht in Abrede stellt. Zum anderen war der Sohn der Bekl. wegen der geltenden Zulassungsbeschränkung nicht in der Lage, sein Studium dort zu beginnen, wo ihm Naturalunterhalt angeboten wurde.

BGH v. 3. 4. 1996 – XII ZR 86/95 – FamRZ 96, 725 = NJW 96, 1894

R502 *(Zustimmung zur Übertragung von steuerrechtlichen Kinder- und Ausbildungsfreibeträgen; Verwirkung und Verjährung dieser Ansprüche)*

Aus den Gründen: 1. Die für die Streitjahre geltenden Vorschriften der §§ 32 VI, 33 a II EStG sehen vor, daß bei geschiedenen Ehegatten der an sich jedem Elternteil hälftig zustehende Kinderfreibetrag bzw. Ausbildungsfreibetrag voll auf einen Elternteil übertragen werden kann, wenn der andere Elternteil zustimmt bzw. an der erforderlichen Antragstellung mitwirkt. Das BerGer. geht mit Recht davon aus, daß ein einklagbarer Anspruch auf eine solche Zustimmung bzw. Mitwirkung insbesondere dann in Betracht kommt, wenn ein Elternteil – wie hier die Bekl. – über kein zu versteuerndes Einkommen verfügt und sich der begünstigte Elternteil verpflichtet, die dem anderen Teil entstehenden Nachteile zu ersetzen. Grundlage des Anspruchs ist eine sich als Nachwirkung der Ehe ergebende familienrechtliche Verpflichtung, die dahin geht, die finanziellen Lasten des anderen Teils nach Möglichkeit zu vermindern, soweit dies ohne Verletzung eigener Interessen möglich ist. Nicht erforderlich ist dabei, daß zwischen den Elternteilen ein Unterhaltsrechtsverhältnis besteht. Hierbei können weitgehend die Grundsätze herangezogen werden, die für das sog. begrenzte Realsplitting unter Ehegatten entwickelt worden sind (vgl. *Soergel/Häberle,* BGB, 12. Aufl., § 1578 Rdnr. 42 a. E.; *Herrmann/Heuer/Raupach,* § 32 EStG Rdnr. 192).

2. Vorliegend hat sich der Kl. verpflichtet, die der Bekl. selbst im Falle der Abgabe der begehrten Erklärungen entstehenden Nachteile auszugleichen, nicht aber solche, die damit zusammenhängen, daß sie mit ihrem jetzigen Ehemann die Zusammenveranlagung (§§ 26, 26 b EStG) gewählt hat und künftig wählen wird. Das BerGer. hat diese Verpflichtungserklärung mit Recht als ausreichend erachtet. Für die Fälle des begrenzten Realsplittings hat der *Senat* bereits entschieden, daß der durch die Zustimmung begünstigte Ehegatte nur zum Ausgleich der steuerlichen Nachteile verpflichtet ist, die dem anderen Ehegatten bei getrennter Veranlagung (§ 26 a EStG) entstehen würden, während die Vorteile, die durch das Splittingverfahren infolge des Fehlens eigener Einkünfte letztlich dem neuen Ehegatten des anderen Teils erwachsen, außer Betracht zu bleiben haben. Entsprechendes hat auch in Fällen der vorliegenden Art zu gelten. Da die Bekl. unstreitig in den streitgegenständlichen Zeiträumen kein steuerpflichtiges Einkommen erzielt hat entstehen ihr selbst durch die Übertragung der strittigen Freibeträge auf den Kl. jedenfalls keine steuerlichen Nachteile.

3. Das BerGer. hat dem Übertragungsbegehren des Kl. nur zum Teil stattgegeben und die Klage abgewiesen, soweit sie die Jahre von 1986 bis 1989 betrifft. Zur Begründung hat es ausgeführt, die an die Bekl. und ihren jetzigen Ehemann gerichteten Steuerbescheide für diese Jahre seien bereits bestandskräftig. Mit der Geltendmachung der auf sie entfallenden hälftigen Freibeträge habe sich die Bekl. steuerlich korrekt verhalten. Ihr könne nicht zugemutet werden, die bereits abschließend zu ihren Gunsten berücksichtigten Freibeträge zur erneuten Geltendmachung dem Kl. zuzuwenden.

Die Revision des Kl. macht geltend, daß das BerGer. zu Unrecht in der Bestandskraft von Steuerbescheiden ein Hindernis für das Klagebegehren gesehen habe. Die Bestandskraft könne nämlich nach Maßgabe der §§ 172 ff. AO durchbrochen werden. Gebe die Bekl. die verlangten Erklärungen für die Jahre 1986 bis 1989 jetzt noch ab, könnten die sie betreffenden bestandskräftigen Steuerbescheide aufgrund von § 173 I Nr. 1 AO oder § 174 II AO geändert werden. Dies trifft an sich zu. Als mögliche Rechtsgrundlage für Änderungen von Steuerbescheiden bei nachträglicher Abgabe von Zustimmungserklärungen der hier erörterten Art wird im steuerrechtlichen Schrifttum neben den von der Revision genannten Vorschriften insbesondere § 175 I Nr. 2 AO angeführt, wonach in der nachträglichen Zustimmung ein Ereignis zu sehen ist, das im Sinne dieser Vorschrift „steuerliche Wirkungen für die Vergangenheit" hat (vgl. *Schmidt/Glanegger,* § 32 EStG Rdnr. 58; Altfelder, S. 80, *FG Rheinland Pfalz,* EFG 1991, 327). Was die gegen den Kl. bereits ergangenen Steuerbescheide angeht, hat das BerGer. ohnehin festgestellt, daß sie für die Zeit ab 1986 noch nicht bestandskräftig sind. Es würde ihm daher zugute kommen, wenn die Bekl. im jetzigen Zeitpunkt zur Abgabe der in der Berufungsinstanz noch begehrten Erklärungen verurteilt würde (vgl. *Herrmann/Heuer/Raupach,* § 32 EStG Rdnr. 192). Diese steuerrechtlichen Gesichtspunkte sind aber nicht allein maßgebend.

Für den familienrechtlichen Ausgleichsanspruch eines Elternteils, der ein eheliches Kind allein unterhalten hat, gegen den ebenfalls unterhaltspflichtigen anderen Elternteil gelten nach der Rechtsprechung die vierjährige Verjährung des § 197 BGB (*BGHZ* 31, 329 = NJW 1960, 957 = LM § 197 BGB Nr. 3) sowie die Beschränkung des § 1613 I BGB, d. h., der Anspruch kann für die Vergangenheit nur von der Zeit an geltend gemacht werden, zu dem der Verpflichtete in Verzug gekommen oder der Anspruch rechtshängig geworden ist (*Senat,* NJW 1984, 2158 = LM § 1606 BGB Nr. 19 = FamRZ 1984, 775). Auch der Anspruch eines Elternteils auf Ausgleich des dem anderen Elternteil gewährten staatlichen Kindergeldes unterliegt der Schranke des § 1613 I BGB (*Senat,* NJW 1988, 2375 = LM § 1606 BGB Nr. 26 = FamRZ 1988, 834). Grundgedanke dieser Rechtsprechung ist, daß der Schuldner in diesen Fällen vor Forderungen größeren Umfangs zu schützen ist, auf die er sich, weil er vom Berechtigten nicht zeitnah in Anspruch genommen wurde, durch seine Lebensführung oder in sonstiger Weise nicht eingerichtet hat. Für Ansprüche der vorliegenden Art, die die Verteilung des staatlichen „Familienlastenausgleichs" auf geschiedene Ehegatten betreffen, wird ebenfalls die Anwendung von § 1613 I BGB für gerechtfertigt erachtet (vgl. *OLG Köln,* FamRZ 1993. 806 [807]; zust. *Palandt/Diederichsen,* BGB, 55. Aufl., § 1613 Rdnr. 1). Dem pflichtet der *Senat* bei; wie beim Ausgleich des staatlichen Kindergeldes ist hier letztlich von einem Unterfall des familienrechtlichen Ausgleichsanspruchs auszugehen. Infolgedessen ist nicht nur die Schranke des § 1613 I BGB zu beachten: vielmehr darüber hinaus gilt auch die vierjährige Verjährungsfrist des § 197 BGB (NJW 1960, 957).

Vorliegend hat der Kl. mit Schreiben vom 28. 1. 1993 seinen Zustimmungsanspruch geltend gemacht und damit die Verzugsvoraussetzungen für den Veranlagungszeitraum 1992 geschaffen, da Steuererklärungen im Folgejahr abzugehen sind. Für die Jahre 1993 und 1994 ist die Voraussetzung der Rechtshängigkeit gegeben. Was hingegen das Begehren des Kl. für die Veranlagungszeiträume 1987 bis 1991 betrifft, wird ein familienrechtlicher Ausgleichsanspruch für die Vergangenheit geltend gemacht, ohne daß nach der jeweiligen Fälligkeit gemahnt worden ist und damit die Voraussetzungen des § 1613 I BGB erfüllt sind. Deswegen ist das Verlangen des Kl. insoweit unbegründet. Besonderer Betrachtung bedarf das Jahr 1986, da der Kl. durch seine Zustimmungsaufforderung im Folgejahr die Bekl. insoweit zunächst in Verzug gesetzt hat. Nach der Feststellung des BerGer. hat die Bekl. diese Aufforderung durch Schreiben vom 11. 9. 1987 abgelehnt. Der damit begründete Verzug endete aber durch die mit Ablauf des Jahres 1991 eingetretene Verjährung gem. § 197 BGB. Die Bekl. hat sich im Prozeß wegen der verstrichenen Zeit auf Verwirkung berufen, worin zugleich die Geltendmachung der Verjährungseinrede gesehen werden kann (vgl. *v. Feldmann,* in: MünchKomm, 3. Aufl., § 222 Rdnr. 3). Daher steht letztlich auch dem Zustimmungsanspruch für das Jahr 1986 die Vorschrift des § 1613 I BGB entgegen.

Es ergibt sich somit, daß der Anspruch des Kl. auf Zustimmung der Bekl. nur für die Veranlagungszeiträume ab 1992 begründet ist. Soweit das *OLG* Ansprüche bereits für die Jahre 1990 und 1991 als gerechtfertigt angesehen hat, kann sein Urteil keinen Bestand haben und ist entsprechend zu ändern. Die Revision des Kl., mit der Zustimmungserklärungen über das bereits zuerkannte Ausmaß erstrebt werden, ist zurückzuweisen, weil er seine Rechte nicht rechtzeitig wahrgenommen hat.

BGH v. 15. 5. 1996 – XII ZR 21/95 – FamRZ 96, 1067 = NJW-FER 96, 15

R505 *(Aufrechnung Unterhalt mit Nichtfamiliensache zulässig)*

a a) Die Aufrechnung mit einem Unterhaltsanspruch gegen eine nicht familienrechtliche Forderung ist, wie das BerGer. nicht verkennt, grundsätzlich zulässig (vgl. § 394 BGB). Dementsprechend unterliegt es auch keinen rechtlichen Bedenken, die Aufrechnung mit einem Unterhaltsanspruch in einer Nichtfamiliensache vor einem allgemeinen Zivilgericht zu erklären (vgl. *Senat,* NJW-RR 1989, 173 = FamRZ 1989, 166 [167]).

(Verzug durch Aufrechnungserklärung mit Unterhaltsanspruch)

b c) Die Regelung des § 1585 b II und III BGB steht der Durchsetzung des Unterhaltsanspruchs – entgegen den in dem angefochtenen Urteil angedeuteten Bedenken des BerGer. – nicht entgegen.

Nach § 1585 b II BGB setzt die Geltendmachung eines Unterhaltsanspruchs für die Vergangenheit Verzug des Unterhaltsverpflichteten voraus. Diese Voraussetzung ist erfüllt. Die Bekl. hat den Kl. zunächst mit dem bereits erwähnten Schreiben ihres Prozeßbevollmächtigten vom 15. 11. 1990 für die Zeit ab 1. 12. 1990 wirksam in Verzug gesetzt, und sie hat die Mahnung mit dem späteren Anwaltsschreiben vom 12. 12. 1990 – nach näherer Berechnung des geltend gemachten Unterhaltsbetrages – in Höhe von monatlich 747 DM nochmals wiederholt.

Gem. § 1585 b III BGB kann für eine mehr als ein Jahr vor der Rechtshängigkeit liegende Zeit Erfüllung des Unterhaltsanspruchs nur verlangt werden, wenn anzunehmen ist, daß sich der Verpflichtete der Leistung absichtlich entzogen hat. Die hierin liegende Zeitschranke schließt die von der Bekl. erhobenen Ansprüche nicht aus, da die Bekl., als sie mit diesen Ansprüchen in den Schriftsätzen vom 18. 2. und 19. 3. 1991 die Aufrechnung erklärt hat, an rückständigen Beträgen nur solche für die Zeit ab Dezember 1990 und damit für die letzten drei Monate (Dezember 1990 bis einschließlich Februar 1991) geltend gemacht hat.

d) Die Aufrechnungserklärung hat bewirkt, daß die Ausgleichsforderung des Kl. einerseits und die Unterhaltsansprüche der Bekl. andererseits, soweit sie sich der Höhe nach deckten, rückwirkend ab Dezember 1990 jeweils als in dem Zeitpunkt erloschen gelten, in dem sie sich – monatlich – aufrechenbar gegenüberstanden (§ 389 BGB). Der Umfang der dem Kl. gegebenenfalls noch zustehenden Ausgleichsforderung bestimmt sich demgemäß danach, in welcher Höhe die Bekl. für die Zeit von Dezember 1990 bis einschließlich Oktober 1991 Anspruch auf nachehelichen Unterhalt hatte.

BGH v. 10. 7. 1996 – XII ZR 121/95 – FamRZ 96, 1272 = NJW 96, 2793

R507 *(§§ 1572, 1579 Nr. 7: Unbedingte Erwerbsunfähigkeit ist nicht erforderlich)*

a 2. Im Gegensatz zum *AG* hat das BerGer. die vom Kl. begehrte zeitliche Begrenzung des Unterhaltsanspruchs der Bekl. wegen krankheitsbedingter Erwerbsunfähigkeit (§ 1572 BGB) nicht für gerechtfertigt erachtet. Im Anschluß an das Senatsurteil vom 9. 2. 1994 (NJW 1994, 1286 = FamRZ 1994, 566) hat es dabei berücksichtigt, daß § 1572 BGB eine Ehebedingtheit der Erkrankung des Berechtigten nicht voraussetzt und deswegen der Umstand, daß die Unterhaltsbedürftigkeit der Bekl. hier nicht als ehebedingt anzusehen ist, auch über die Härteklausel des § 1579 Nr. 7 BGB nicht zu einer zeitlichen Begrenzung ihres Anspruchs führen kann. Die diesbezüglichen Ausführungen sind für die Revision günstig; sie lassen auch keinen Rechtsfehler erkennen (vgl. dazu auch *Senat,* NJW 1995, 1891 = FamRZ 1995, 665).

3. Seine Auffassung, daß die Härteklausel des § 1579 Nr. 7 BGB aber für die Zeit ab 1. 8. 1995 eine Herabsetzung des Unterhalts der Kl. auf monatlich 200 DM rechtfertige, hat das BerGer. im wesentlichen wie folgt begründet:

Müßte der Kl. an die Bekl., die im Verhältnis zu seiner zweiten Ehefrau keinen Vorrang nach § 1582 BGB genieße, den vereinbarten Unterhalt von monatlich 600 DM über den 31. 7. 1995 hinaus weiterzahlen, müßte seine neue Familie über Jahre hinaus unterhalb der Sozialhilfeschwelle leben. Der nach den Vorschriften des Sozialhilferechts zu veranschlagende Bedarf des Kl. und seiner mit ihm in Haushaltsgemeinschaft lebenden Angehörigen (zweite Ehefrau und drei Kinder) belaufe sich auf monatlich 3031 DM. Das Erwerbseinkommen des Kl. liege noch um 20 DM unter diesem Betrag, wenn sein Nettoeinkommen (3391,48 DM) um die sozialhilferechtlich zulässigen Abzüge für Pkw-Benutzung (120 DM) und Berufstätigenaufwand (260 DM) vermindert werde (es verblieben rund 3011 DM). Zwar erhielten der Kl. und seine jetzige Ehefrau zusätzlich Kindergeld von insgesamt 420 DM, so daß die Sozialhilfeschwelle im Ergebnis um 400 DM überschritten werde. Es wäre aber grob unbillig, wenn der Kl. nur deswegen den aus seiner Sicht für eine Übergangszeit vereinbarten Krankheitsunterhalt von 600 DM in voller Höhe weiterzahlen müßte. Die Folge wäre nämlich, daß auf seiner Seite Sozialhilfebedürftigkeit einträte; dies wäre nicht mit dem Grundgesetz (Art. 1, 20) vereinbar. Auch wenn allein auf die Person des Kl. abgestellt werde, ergebe sich nichts anderes. Sein angemessener Selbstbehalt sei unter Berücksichtigung der anfallenden Mietkosten von monatlich 972 DM auf 2000 DM zu veranschlagen. Wenn er weiter monatlich 600 DM an die Bekl. zahlen müsse, verbleibe ihm kaum der notwendige Unterhalt. Eine solche Lage sei für einen geschiedenen Ehemann, der bereits für eine der Ehedauer entsprechende Zeit nacheheliche Solidarität bewiesen habe, objektiv unzumutbar. Bei Abwägung der gegebenen Umstände erscheine vielmehr als gerecht und billig, den Unterhaltsanspruch der Bekl. vom 1. 8. 1995 ab auf monatlich 200 DM zu reduzieren. Dies könne zwar dazu führen, daß die Bekl. ergänzende Sozialhilfe in Anspruch nehmen müsse. Dies müsse aber in Kauf genommen werden, wenn als Alternative nur in Betracht komme, daß auch auf seiten des Kl. Sozialhilfebedürftigkeit eintreten würde.

Diese Ausführungen halten rechtlicher Nachprüfung nicht stand.

(Sozialhilfebedürftigkeit und Nachrang der 2. Ehefrau)

a) Zwar ist auch in der Rechtsprechung des *Senats* der Grundsatz anerkannt, daß durch eine Unterhaltsleistung keine Sozialhilfebedürftigkeit eintreten darf (vgl. *BGHZ* 111, 194 = NJW 1991, 356; *Senat, BGHZ* 123, 49 = NJW 1993, 2105 = FamRZ 1993, 1186 [1188]). Dieser Grundsatz gilt jedoch nur zugunsten des Unterhaltsverpflichteten selbst, nicht auch zugunsten von Unterhaltsberechtigten, die mit ihm in einer Haushaltsgemeinschaft leben. Das Verhältnis mehrerer Unterhaltsberechtigter zueinander wird durch die Rangvorschriften des BGB (§§ 1582, 1609 BGB) bestimmt, die nicht nach der Haushaltszugehörigkeit der Berechtigten unterscheiden. So kann ein nachrangiger Berechtigter, in vielen Fällen der neue Ehepartner des Unterhaltsverpflichteten, im Falle beschränkter Leistungsfähigkeit des Verpflichteten mit seinem Unterhaltsanspruch ganz ausfallen, und zwar ohne Rücksicht auf das Zusammenleben mit dem Verpflichteten und auch darauf, daß sich faktisch nachteilige Auswirkungen auf dessen eigenen Lebensstandard ergeben können (vgl. *Hampel,* FamRZ 1996, 513 [516]). **b**

Vorliegend geht das BerGer. zutreffend davon aus, daß die Bekl., die zweite Ehefrau des Kl. und die drei Kinder aus der neuen Ehe unterhaltsrechtlich den gleichen Rang haben (vgl. *Senat,* NJW 1983, 1733 = FamRZ 1983, 678 [680]). Seine Auffassung, daß die „Sozialhilfeschwelle" der neuen Familie des Kl. nicht unterschritten werden dürfe, während die Bekl. auf ergänzende Sozialhilfe zu verweisen sei, ist mit diesem Gleichrang aller Berechtigten nicht zu vereinbaren. Denn dadurch würden die mit dem Kl. zusammenlebenden Unterhaltsberechtigten durch Errichtung einer Schranke, die für die Bekl. nicht gelten soll, einseitig begünstigt. Die Handhabung des § 1579 Nr. 7 BGB durch das BerGer. läuft somit darauf hinaus, die gesetzliche Rangregelung zu mißachten. Ihm kann daher insoweit nicht gefolgt werden. Dem gesetzlichen Gleichrang wird nur Rechnung getragen, wenn bei beschränkter Leistungsfähigkeit des Unterhaltsverpflichteten mehrere Unterhaltsgläubiger eine gleichmäßige Kürzung ihres Unterhaltsanspruchs hinzunehmen haben; auch in bezug auf die etwaige Inanspruchnahme ergänzender Sozialhilfe darf keiner bevorzugt behandelt werden.

BGH v. 13. 11. 1996 – XII ZR 125/95 – FamRZ 97, 484 = NJW 97, 731

(Naturalunterhalt durch Überlassung des Miteigentumsanteils der Ehewohnung; Neuregelung der Nutzung und Verwaltung durch Berücksichtigung des mietfreien Wohnens beim Unterhalt mit der Verpflichtung, daß der andere Ehegatte wieder im Eigenheim wohnen darf; keine Nutzungsentschädigung, wenn mietfreies Wohnen bei Unterhaltsvereinbarung berücksichtigt wurde) **R508**

a) Das *OLG* hat dem Vergleich zutreffend entnommen, daß der Bekl. der Kl. seinen Miteigentumsanteil am Haus auch für die Zeit nach der Scheidung zur alleinigen Nutzung für sie und die gemeinsamen Kinder zur Verfügung zu stellen hatte, ohne hierfür ein Nutzungsentgelt zu verlangen. Der der

Kl. zustehende Lebensbedarf, zu dem auch ihr Wohnbedarf gehört, sollte dadurch zum Teil in bar, zum Teil durch Naturalunterhalt gedeckt werden. Eine solche Art der Unterhaltsgewährung ist zulässig und in der Praxis auch nicht unüblich, insbesondere wenn es sich um eine Regelung für die Zeit zwischen Trennung und Scheidung handelt. Aber auch nach der Scheidung kann eine solche Bestimmung nach dem Willen der Parteien beibehalten werden. Zwar sieht das Gesetz grundsätzlich eine Unterhaltsgewährung in Geld vor (§ 1585 I 1 BGB). Die Parteien können aber jederzeit eine andere Art der Unterhaltsgewährung vereinbaren (§ 1585 c BGB). Das gilt auch hinsichtlich der Nutzung eines den Ehegatten anteilig gehörenden und bisher gemeinsam genutzten Hauses, wenn einer von ihnen auszieht. Gem. § 745 II BGB kann jeder Teilhaber eine die Interessen beider berücksichtigende Neuregelung der Nutzung und Verwaltung verlangen; insbesondere kann der weichende Miteigentümer eine angemessene Nutzungsentschädigung für seinen Anteil beanspruchen (*BGH,* NJW 1982, 1753 = LM § 745 BGB Nr. 11 = FamRZ 1982, 355 f.). Möglich sind aber auch andere Arten der Neuregelung, etwa dahin, daß der das Haus bewohnende Ehegatte die Finanzierungskosten des Hauses übernimmt (vgl. *Senat,* BGHZ 87, 265 [271 f.] = NJW 1983, 1845) oder daß das Nutzungsentgelt in die Unterhaltsregelung mit einbezogen wird (vgl. *Senat,* NJW 1986, 1340 = LM § 745 BGB Nr. 17 = FamRZ 1986, 434 f. und NJW 1986, 1339 = LM § 741 BGB Nr. 11 = FamRZ 1986, 436 f.). Dabei kommt auch eine Kompensation mit einem ansonsten höheren Barunterhaltsanspruch des das Haus allein bewohnenden unterhaltsberechtigten Ehegatten in Betracht. Das *OLG* geht zutreffend davon aus, daß hierin zugleich eine von der gesetzlichen Regelung der Mitbenutzung des gemeinsamen Gegenstandes (§ 743 BGB) abweichende Vereinbarung liegt.

Eine solche Regelung haben die Parteien hier getroffen, und zwar, wie sich aus dem Wortlaut von Nr. 2 S. 3 des Vergleichs ergibt, auch für die Zeit nach Rechtskraft der Scheidung. Aus dem Verfahren ... (*AG L.*), in dem der Trennungsunterhalt und zugleich der nacheheliche Unterhalt durch den Vergleich geregelt wurden, ergibt sich nämlich, daß ohne eine solche Kompensation der Barunterhalt der Kl. – in Form des Elementarunterhalts und des von ihr ebenfalls verlangten Altersvorsorgeunterhalts – entsprechend höher ausgefallen wäre. Daraus folgt zugleich, daß es sich bei der Absprache in Nr. 3 des Vergleichs nicht lediglich um das Festhalten eines faktischen Zustands als Vergleichsgrundlage, nämlich der alleinigen Nutzung des Hauses durch die Kl. und die Kinder handelt, sondern daß sie eine verbindliche Regelung über die Art der Unterhaltsgewährung enthält. Davon ging ersichtlich auch der Bekl. aus, wenn er im Klageerwiderungsschriftsatz vom 4. 5. 1994 und im Schriftsatz vom 17. 8. 1994 selbst ausführte, daß es sich um eine „Regelung" handele, wonach die Kl. mit den Kindern weiterhin im gemeinsamen Haus wohnen bleiben könne und er die Finanzierungskosten nach wie vor allein tragen werde. Die im Vergleich getroffene Kompensationsregelung diente im übrigen auch dem Gericht des Unterhaltsabänderungsverfahrens, das die Kl. angestrengt hatte, dazu, ihrem Erhöhungsbegehren u. a. mit dem Hinweis auf die entgeltfreie Nutzung des Hauses entgegenzutreten.

War somit zwischen den Parteien verbindlich vereinbart, daß der Bekl. der Kl. einen Teil des Unterhalts in Natur, nämlich durch die Überlassung seines Hausanteils zur alleinigen Nutzung, zu gewähren hatte, befreite ihn die Veräußerung nicht von der mit der Kl. getroffenen Vereinbarung. Daraus, daß der Vergleich seinerzeit nicht als Belastung gem. § 1010 I BGB im Grundbuch eingetragen wurde und damit gegenüber der neuen Miteigentümerin keine Wirkung entfaltete, kann der Bekl. für sich im Verhältnis zur Kl. nichts herleiten. Auch auf einen Wegfall der Geschäftsgrundlage kann er sich nicht berufen, und zwar schon deshalb nicht, weil der Umstand, daß er der Kl. den Hausanteil nicht mehr als Teil des geschuldeten Unterhalts zur Verfügung stellen kann, sondern diese sich den Nutzungsentgeltsansprüchen der neuen Miteigentümerin aus der Miteigentümergemeinschaft ausgesetzt sieht, auf eine Ursache zurückzuführen ist, die der Bekl. selbst gesetzt und zu vertreten hat (vgl. *Senat,* NJW 1995, 2031 [2032] = LM H. 9/1995 § 242 [Bb] BGB Nr. 155 m. Nachw.). Er muß die Kl. daher unterhaltsrechtlich so stellen, als ob er ihr seinen Hausanteil weiterhin nutzungsentgeltfrei überlassen könnte. Demgemäß hat er die Kl. von den Nutzungsentgeltansprüchen der neuen Miteigentümerin freizustellen (vgl. *BGHZ* 40, 326 [331] = NJW 1964, 648 = LM § 1010 BGB Nr. 1).

BGH v. 20. 11. 1996 – XII ZR 70/95 – FamRZ 97, 281 = NJW 97, 735

R509 *(Fortwirken eines Titels über Kindesunterhalt nach Wiederheirat und erneuter Trennung der Eltern)*

b Mit dem BerGer. ist weiter davon auszugehen, daß das Urteil des *KreisG F.* auch in dem hier maßgeblichen Zeitraum fortwirkt, auch wenn die Eltern wieder geheiratet und erneut – auch mit dem Kl. – zusammengelebt haben. Zwar bestand insoweit gem. § 1360 BGB die gegenseitige Verpflichtung der Ehegatten, die Familie angemessen zu unterhalten, die auch die Befriedigung des Lebensbedarfs der gemeinsamen unterhaltsberechtigten Kinder umfaßt (§ 1360 a I BGB). Der Unterhaltsanspruch der ehelichen Kinder nach den §§ 1601 ff. BGB gegen ihre Eltern besteht indessen neben dem wechselseitigen Unterhaltsanspruch der Eltern auf Gewährung von Familienunterhalt. Soweit das Kind in der Familie lebt und die Eltern beiderseits ihrer Pflicht zur Leistung des Familienunterhalts nachkommen, wird der nach §§ 1601 ff. BGB bestehende Unterhaltsanspruch erfüllt. Kommt ein Elternteil der Verpflichtung auf Leistung von Familienunterhalt nicht nach, so ergibt sich ein eigener einklagbarer Anspruch aus § 1360 BGB für das Kind nicht. Es kann vielmehr seinen Unterhaltsanspruch nach den §§ 1601 ff. BGB gegen den erwerbstätigen Elternteil geltend machen (*Göppinger/Strohal,* UnterhaltsR, 6. Aufl., Rdnrn. 130 f.; vgl. auch *Schwab/Borth,* Hdb. des ScheidungsR, 3. Aufl., Teil V Rdnr. 9). Demgemäß ist der titulierte Unterhaltsanspruch, wie das BerGer. zutreffend angenommen hat, während des Zusammenlebens der Familie erfüllt worden, nicht aber für die Zukunft weggefallen. Ob diese Erwägungen auch für den nach dem Recht der DDR ausgeurteilten Kindesunterhalt gelten, kann dahinstehen. Die Familie hat nämlich nach der Wiederheirat der Kl. und des Bekl. in den alten Bundesländern, in die die Kl. im Februar 1987 zurückgekehrt waren, zusammengelebt, so daß von dieser Zeit an materiellrechtlich bundesdeutsches Recht maßgebend ist.

(§ 265 II 1 ZPO bei Sozialhilfebezug)

2. Dem Abänderungsbegehren fehlt nicht die in jeder Lage des Verfahrens von Amts wegen zu berücksichtigende Prozeßvoraussetzung der – uneingeschränkten – Prozeßführungsbefugnis des Kl. Die Prozeßführungsbefugnis steht in der Regel den Trägern des streitigen Rechtsverhältnisses, auf der Kläger-Seite, also dem Inhaber des geltend gemachten Anspruchs zu. Verliert dieser den Anspruch im Verlauf des Rechtsstreits, etwa durch rechtsgeschäftliche Übertragung oder durch Übergang kraft Gesetzes auf einen Dritten, so hat das auf den Prozeß keinen Einfluß (§ 265 II 1 ZPO). Der bisherige Anspruchsinhaber führt den Prozeß im eigenen Namen in (gesetzlicher) Prozeßstandschaft weiter, muß allerdings den Klageantrag in der Regel an die veränderte materielle Rechtslage anpassen (*Senat,* NJW-RR 1995, 1217 = FamRZ 1995, 1131 [1133]). **c**

Eine solche Prozeßführung liegt hier – soweit es um die bis zur letzten mündlichen Verhandlung vor dem BerGer. fällig gewordenen Ansprüche auf Kindesunterhalt geht – teilweise vor. Diese standen dem Kl. uneingeschränkt zu, als er die Klage erhob. Sie sind bis zur Höhe der ihm ab 1. 7. 1992 gewährten Sozialhilfe erst im Laufe des Rechtsstreits nach § 91 I 1 BSHG in der Fassung des Gesetzes zur Umsetzung des Föderalen Konsolidierungsprogramms (FKPG vom 23. 6. 1993, in Kraft getreten am 27. 6. 1993, BGBl I, 944, 952) kraft Gesetzes auf den Träger der Sozialhilfe übergegangen, und zwar auch, soweit sie den Zeitraum vor Inkrafttreten des Gesetzes betreffen. Letzteres hat der *Senat* – nach Verkündung des Berufungsurteils – entschieden (*Senat,* NJW 1995, 3391 = LM H. 9/1995 BSozialhilfeG Nr. 29 = FamRZ 1995, 871 [872]) und an dieser Auffassung seitdem festgehalten (*Senat,* NJW-RR 1996, 13, 45 = LM H. 12/1996 BSozialhilfeG Nr. 36 = FamRZ 1996, 1207 [1208]).

(Umdeutung einer Leistungsklage in eine Abänderungsklage)

3. Daß das BerGer. die Klage schon von dem Eintritt der Rechtshängigkeit (am 2. 5. 1991) an als **d**
Abänderungsklage behandelt hat, obwohl der Kl. erst im zweitinstanzlichen Termin vom 2. 2. 1995 erklärt hat, die Klage solle als Abänderungsklage – und nur hilfsweise als Leistungsklage – angesehen werden, ist rechtlich nicht zu beanstanden.

Eine fehlerhafte Prozeßhandlung, die wegen ihrer Eindeutigkeit und Klarheit einer berichtigenden Auslegung nicht zugänglich ist, kann in eine den gleichen Zwecken dienende zulässige Prozeßhandlung umgedeutet werden, deren Voraussetzungen sie erfüllt. Die Umdeutung darf erfolgen, wenn ein entsprechender Parteiwille genügend erkennbar ist und kein schutzwürdiges Interesse des Gegners entgegensteht. Unter diesen Voraussetzungen ist auch die Umdeutung einer Leistungsklage in eine Abänderungsklage möglich (*Senat,* NJW 1992, 438 = FamRZ 1992, 298 [299]; NJW-RR 1993, 5 = FamRZ 1992, 1060 [1061]). Nach diesen Grundsätzen bestehen keine durchgreifenden Bedenken dagegen, daß das *OLG* die Leistungsklage in eine Abänderungsklage umgedeutet hat. Der Kl. hat in der Klageschrift vom 15. 4. 1991 bereits auf den bestehenden Unterhaltstitel im Teilurteil des *KreisG F.* hingewiesen, insofern aber ersichtlich die Auffassung vertreten, dieser hindere ihn unter den gegebenen Umständen nicht, eine Leistungsklage zu erheben. Die Erklärung, daß Leistungsklage erhoben werde, ist eindeutig und damit grundsätzlich einer Auslegung nicht zugänglich. Jedoch ergibt sich aus dieser Erklärung des Kl. zugleich, daß er eine Abänderungsklage in Betracht gezogen, die Klage aber wegen einer irrigen Beurteilung der Rechtslage nicht als Abänderungsklage bezeichnet hat. Zwar mag im allgemeinen eine Partei an ihren ihr ungünstigen Erklärungen festzuhalten sein. Das ist aber weitgehend anders, wenn sie bei ihrer Erklärung einem Irrtum zum Opfer gefallen ist (*BGH,* NJW 1962, 1820 = LM ZPO-Allgemeines Nr. 5).

Die von dem Kl. erhobene Klage erfüllt entgegen der Auffassung der Revision – mit Ausnahme des Antrags – auch die Voraussetzungen einer Abänderungsklage. Dafür ist es erforderlich, daß der Kl. Tatsachen behauptet, die eine wesentliche Veränderung derjenigen Verhältnisse ergeben, die für die Verurteilung zu den Leistungen, für ihre Höhe oder die Dauer ihrer Entrichtung maßgebend waren (*Senat,* FamRZ 1984, 353 [355]). Der Kl. hat in der Klageschrift vorgetragen, daß sein – nach Vollendung des 12. Lebensjahres vom *KreisG* mit monatlich 125 Mark bemessener – Unterhaltsbedarf erheblich höher anzusetzen sei und der Bekl., dessen Einkommen seinerzeit mit monatlich „1000 Mark" aus Mieteinnahmen zugrunde gelegt worden war, nunmehr über Renteneinkünfte von 1500 DM monatlich sowie anteilige Mieteinnahmen von mindestens 6000 DM monatlich verfüge und darüber hinaus in dem

Haus *M*-Straße 30a mietfrei wohne, weshalb er aufgrund seiner Einkommensverhältnisse zu Unterhaltszahlungen entsprechend der Gruppe 8 der Düsseldorfer Tabelle verpflichtet sei. Damit hat der Kl. in ausreichendem Umfang eine wesentliche Veränderung derjenigen Verhältnisse vorgetragen, die für die Entscheidung des *KreisG F.* ersichtlich maßgebend waren.

Der Umdeutung stehen keine schutzwürdigen Interessen des Bekl. entgegen. Wie sich aus seinem Antrag auf Klageabweisung ergibt, ist sein Begehren darauf gerichtet, über den vom *KreisG* zuerkannten Monatsbetrag hinaus keinen weiteren Unterhalt leisten zu müssen. Diesem Begehren wird auch bei einer Umdeutung der Leistungsklage in eine Abänderungsklage Rechnung getragen. In welcher Weise sich der Bekl. gegen die Kl. anders verteidigt hätte, wenn der Kl. sie von vornherein als Abänderungsklage bezeichnet hätte, wird von der Revision nicht dargelegt und ist auch sonst nicht erkennbar. Ferner konnte der Bekl. seit Erhebung der Klage nicht mehr darauf vertrauen, der Kl. werde sich mit den bisher ausgeurteilten Beträgen zufriedengeben.

(Keine Bindung an Leitlinien bei Abänderung eines Unterhaltstitels)

e a) Allerdings erweist sich der Ausgangspunkt des *OLG,* eine Neufestsetzung des Unterhalts sei ohne Relation zu dem früheren Einkommen des Bekl. vorzunehmen, im Ergebnis als zutreffend. Dabei kann dahinstehen, ob dies zwangsläufig bereits wegen der grundlegenden Veränderung der Verhältnisse gegenüber denen in der ehemaligen DDR gilt (ebenso *Brudermüller,* FamRZ 1995, 915; *Maurer,* FamRZ 1994, 336; *OLG Hamm,* FamRZ 1996, 1085 [1086]), und zwar auch wenn der Bekl. – worauf die Revision hinweist – bereits bei Erlaß der Vorentscheidung in der Bundesrepublik gelebt hat.

Für den vorliegenden Fall folgt dieses Ergebnis bereits aus der ständigen Rechtsprechung des *Senats.* Da die Abänderungsklage weder eine freie, von der bisherigen Höhe unabhängige Neufestsetzung des Unterhalts noch eine abweichende Beurteilung der Verhältnisse ermöglicht, die bereits im ersten Urteil eine Bewertung erfahren haben, besteht die Abänderungsentscheidung in einer unter Wahrung der Grundlagen des abzuändernden Titels vorzunehmenden Anpassung des Unterhalts an die veränderten Verhältnisse (*Senat,* NJW-RR 1994, 1155 = FamRZ 1994, 1100 [1101] m. Nachw.). Der Unterhaltsbedarf des Kl. hat sich – unabhängig von einer konkreten Bemessung – seit 1979 offenkundig aufgrund der seitdem deutlich gestiegenen Lebenshaltungskosten erhöht. Der zu seiner Bemessung damals herangezogenen Richtlinie kommt ebensowenig eine Bindungswirkung zu wie den in den alten Bundesländern von der unterhaltsrechtlichen Praxis entwickelten Unterhaltsrichtlinien, Tabellen, Verteilungsschlüsseln oder sonstigen Berechnungsmethoden (*Senat,* NJW 1992, 438 = NJW-RR 1993, 5 und NJW 1984, 1458 = LM § 1610 BGB Nr. 10 = FamRZ 1984, 374 [375]). Sind damit aber schon im Hinblick auf den gestiegenen Unterhaltsbedarf des Kl. die Voraussetzungen des § 323 ZPO gegeben, so wäre er selbst dann nicht gehindert, im Abänderungsverfahren den vollen Unterhalt geltend zu machen, wenn ihm im Vorprozeß allein ein begehrter Anteil zuerkannt worden sein sollte. Vielmehr kann er nach Eintritt der Abänderungsvoraussetzungen verlangen, daß bei der Abänderungsentscheidung der volle Unterhalt zugrunde gelegt wird (*Senat,* NJW 1984, 1458 = FamRZ 1984, 374 [376]; *BGHZ* 98, 353 = NJW 1987, 1201 = FamRZ 1987, 259 [262]). Hierfür ist das Einkommen des Bekl. in dem entscheidungserheblichen Zeitraum maßgebend.

(Unterhaltsbedarf des Kindes bei fiktivem Einkommen des Pflichtigen)

f c) Der Ermittlung des unterhaltsrelevanten Einkommens durch das BerGer. vermag der *Senat* indessen nicht zu folgen. Die Höhe eines – von der Einkommenssituation des Unterhaltspflichtigen abhängigen – Unterhaltsbedarfs kann nicht aus lediglich fiktivem Einkommen hergeleitet werden. Das hat der *Senat* für den nachehelichen Unterhaltsanspruch bereits entschieden (*Senat,* NJW 1992, 2477 = LM H. 1/1993 § 1578 BGB Nr. 60 = FamRZ 1992, 1045 [1047]). Für den Kindesunterhalt kann insoweit grundsätzlich nichts anderes gelten. Lediglich gedachte wirtschaftliche Verhältnisse, die keine Grundlage in der tatsächlichen Einkommenssituation des Unterhaltspflichtigen haben, können dessen Lebensstellung nicht prägen. Daher kann ein Unterhaltsbedarf nicht aus fiktiven Mitteln hergeleitet werden, die dem Unterhaltspflichtigen nie zur Verfügung gestanden haben. Das wäre jedoch der Fall, wenn der Unterhaltsbemessung Einkünfte des Bekl. zugrunde gelegt würden, die er erst aus der Verwertung von Teilen seines Vermögens einschließlich Kapitalverzehr erzielen könnte. Eine derartige Betrachtungsweise unterscheidet nicht genügend zwischen der Höhe des Unterhaltsbedarfs und der Prüfung der Leistungsfähigkeit des Unterhaltspflichtigen (*OLG Karlsruhe,* FamRZ 1993, 1481 [1482]).

(Steuerliche Absetzungen und Abschreibungen; Instandhaltungskosten)

g Die zu versteuernden Einkünfte eines Unterhaltspflichtigen sind in der Regel geringer als das Einkommen, nach dem sich der Unterhalt bemißt, weil eine Vielzahl von steuerspezifischen Absetzungs- und Abschreibungsmöglichkeiten unterhaltsrechtlich nicht einkommensmindernd berücksichtigt werden können (*Senat,* NJW 1980, 2083 = FamRZ 1980, 770). Dies gilt auch bei Einkünften aus Vermietung und Verpachtung. Hierbei wirken sich erfahrungsgemäß Abschreibungen für die Abnutzung von

Gebäuden sowie Instandsetzungskosten erheblich zugunsten des Steuerpflichtigen aus, ohne daß diese Posten unterhaltsrechtlich in gleicher Weise anerkannt werden können. Abschreibungen für die Abnutzung von Gebäuden (die vorliegend für das Jahr 1990 allerdings nur insgesamt rund 2200 DM betrugen) berühren das unterhaltsrechtlich maßgebende Einkommen nicht. Instandsetzungskosten können unterhaltsrechtlich nur insoweit berücksichtigt werden, als es sich um notwendigen Erhaltungsaufwand handelt und nicht etwa um den Aufwand für eine Vermögensbildung, wie er etwa vorliegt, wenn Ausbauten und wertsteigernde Verbesserungen vorgenommen werden (*Senat,* NJW 1984, 303 = FamRZ 1984, 39 [41]).

Die hiernach notwendige Differenz zwischen den steuerlich rücksichtigten bzw. vom Bekl. geltend gemachten Aufwendungen und dem unterhaltsrechtlich anzuerkennenden Aufwand ist bisher nicht erfolgt. Somit ist das den Unterhaltsbedarf des Kl. grundsätzlich bestimmende unterhaltsrechtlich relevante Einkommen des Bekl. bisher nicht festgestellt worden. Auch die weitere Frage, ob die Lebensstellung des Bekl. nicht über dieses Einkommen hinaus tatsächlich durch den Einsatz von Mieteinnahmen in einem höheren Umfang, der sich letztlich als Eingriff in die Vermögenssubstanz auswirkte, geprägt war, ist unbeantwortet geblieben. Dem Einsatz solcher Mittel könnte indessen ebenfalls Bedeutung für die Bedarfsbemessung zukommen.

(Kein fester Bedarfssatz für das volljährige Kind ohne eigene originäre Lebensstellung)

d) Daß das *OLG* den Unterhaltsbedarf des Kl. für die Zeit ab 1. 7. 1992 mit einem pauschalierten Rechenbetrag angesetzt und entsprechend der Düsseldorfer Tabelle (Stand: 1. 7. 1992) mit 950 DM bemessen hat (vgl. Anm. 7: Bedarfssatz für ein Kind mit eigenem Haushalt), begegnet ebenfalls durchgreifenden rechtlichen Bedenken. **h**

Die Annahme, der Kl. habe seit dem Auszug aus der ehelichen Wohnung eine eigene Lebensstellung inne, ist nach den getroffenen Feststellungen nicht gerechtfertigt. Er wohnt weiterhin in demselben Haus wie seine Eltern – seine beiden Zimmer befinden sich nur in der Wohnung der Schwester –, wird aufgrund seiner Behinderung nach wie vor von der Kl. betreut und versorgt und ist mit der ihm in der Behindertenwerkstatt gezahlten Vergütung (monatlich 90 DM bzw. ab 1. 9. 1992 monatlich 110 DM) auch wirtschaftlich nicht selbständig. Damit fehlt es dem Kl. aber an einer unterhaltsrechtlich relevanten originären Lebensstellung. Solange ein Kind auch nach Eintritt der Volljährigkeit für seinen Lebensunterhalt auf die ihm von seinen Eltern zur Verfügung gestellten Mittel angewiesen ist, bleibt seine Lebensstellung von ihnen abgeleitet (*Senat,* NJW-RR 1986, 1261 = FamRZ 1987, 58 [60]; NJW-RR 1986, 426 = LM § 1601 BGB Nr. 12 = FamRZ 1986, 151; *Griesche,* FamGb, § 1610 Rdnr. 5; vgl. auch *Schwab/Borth,* Teil V Rdnr. 21). Daran ändert unter den hier gegebenen Umständen auch der Umzug in die Wohnung der Schwester nichts. Folglich besteht auch für die Zeit ab 1. 7. 1992 die Notwendigkeit, den Unterhaltsbedarf des Kl. ausgehend von dem unterhaltsrechtlich relevanten Einkommen des Beklagten – gegebenenfalls unter Berücksichtigung einer tatsächlichen Verwendung zusätzlicher Mittel – zu bemessen. Da hierzu keine Feststellungen getroffen worden sind, kann die Entscheidung bezüglich des Kindesunterhalts insgesamt keinen Bestand haben.

(Bemessung des Trennungsunterhalts bei fiktivem Einkommen des Pflichtigen)

3. Diese Beurteilung ist, wie die Revision zu Recht geltend macht, nicht frei von Rechtsirrtum. **i**

a) Zutreffend ist allerdings der Ausgangspunkt des BerGer. Es entspricht der ständigen Rechtsprechung des *Senats,* daß bei der Bemessung des ehelichen und des nachehelichen Unterhalts ein objektiver Maßstab anzulegen ist. Eine nach den Verhältnissen zu dürftige Lebensführung bleibt ebenso außer Betracht wie ein übertriebener Aufwand. Nur in diesem Rahmen kann das tatsächliche Konsumverhalten der Ehegatten während des ehelichen Zusammenlebens berücksichtigt werden (*Senat,* NJW 1989, 2809 = LM § 1361 BGB Nr. 56 = FamRZ 1989 1160 [1161] m. Nachw.).

b) Für die Unterhaltsbemessung grundsätzlich maßgebend bleibt indessen der in der Ehe erreichte Lebensstandard. Die Aufgabe des Ehegattenunterhalts erschöpft sich darin, dem bedürftigen Ehegatten, soweit die Leistungsfähigkeit des Verpflichteten reicht, diejenigen Geldmittel zur Verfügung zu stellen, die er benötigt, um seine laufenden Lebensbedürfnisse so zu befriedigen, wie es den ehelichen Lebensverhältnissen entspricht. Ist nach diesen Verhältnissen etwa ein Teil des Einkommens der Vermögensbildung vorbehalten und damit der Befriedigung der laufenden Lebensbedürfnisse entzogen, kann dieser Teil des Einkommens nicht herangezogen werden. Der Unterhaltsberechtigte würde sonst bessergestellt, als er während des Zusammenlebens der Ehegatten gestanden hat. Insoweit ergibt sich ein gewisses Regulativ allerdings aus dem Grundsatz, daß bei der Ermittlung der ehelichen Lebensverhältnisse ein objektiver Maßstab anzulegen ist. Der unterhaltsbedürftige Ehegatte braucht sich eine das verfügbare Einkommen unangemessen einschränkende Vermögensbildung nicht entgegenhalten zu lassen (*Senat,* NJW-RR 1987, 194 = FamRZ 1987, 36 [39]). Der für solche Fälle zur Korrektur herangezogene objektive Maßstab darf indessen nicht dazu führen daß der Boden der ehelichen Lebensverhältnisse verlassen und Einkünfte des Unterhaltspflichtigen als prägend zugrunde gelegt werden, die tatsächlich nie vorhanden waren. Ein Unterhaltsanspruch kann deshalb grundsätzlich nicht aus fiktiven Mitteln hergeleitet werden. Folglich erfordert auch die Bemessung des der Kl. zustehenden Trennungsunterhalts die – hier fehlende – Feststellung des unterhaltsrechtlich relevanten Einkommens des Bekl. Darüber hinaus können auch die ehelichen Lebensverhältnisse dadurch geprägt gewesen sein, daß tatsächlich weitergehende Mittel für den Lebensunterhalt verwendet worden sind (vgl. hierzu die Ausführungen unter A II 2 c).

BGH v. 21. 1. 1997 – XII ZR 257/95 – FamRZ 97, 483 = NJW 97, 1439

R510 *(Zur Offenbarungspflicht des Berechtigten über – nach dem geltenden Unterhaltsvergleich – nicht anrechnungsfreie Einkünfte; Betrag bei Verstoß gegen die Verpflichtung zur ungefragten Information)*

a 1. Das BerGer. geht davon aus, daß die Bekl. aufgrund von Nr. 3 des Vergleichs vom 6. 10. 1989 verpflichtet gewesen sei, den Kl. ungefragt über ihre Einkünfte aus Erwerbstätigkeit zu informieren, sobald sie deutlich mehr als monatlich 600 DM netto verdient habe. Denn nach der getroffenen Vereinbarung habe sich dann die Höhe des ihr geschuldeten nachehelichen Unterhalts verringern müssen.

Dem hält die Revision entgegen, eine Pflicht zur unverlangten Information bestehe im Hinblick auf das Auskunftsrecht des Unterhaltsverpflichteten nur in Ausnahmefällen, in denen das Schweigen evident unredlich wäre. Das könne nicht schon dann angenommen werden, wenn eine wesentliche Änderung der Einkommens- und Vermögensverhältnisse i. S. des § 323 I ZPO eingetreten sei, sondern erst bei solchen Veränderungen, die den materiell-rechtlichen Unterhaltsanspruch ersichtlich erlöschen ließen oder zumindest grundlegend veränderten (Hinweis auf *Senat,* NJW 1986, 1751 = FamRZ 1986, 450 [453] und NJW 1986, 2047 = FamRZ 1986, 794 [7961). Ein solcher Ausnahmefall sei vorliegend nicht gegeben.

Diese Rüge ist unbegründet. Die von der Revision angezogene Senatsrechtsprechung betrifft Informationspflichten, die den Unterhaltsberechtigten nach einem streitigen Urteil über die Tatbestände der §§ 1580, 1605 BGB hinaus aus § 242 BGB treffen. Geht es, wie hier, um die Durchführung einer Unterhaltsvereinbarung, erhöht sich dessen Pflicht zur Rücksichtnahme auf die Belange des anderen Teils (ebenso *Hoppenz,* FamRZ 1989, 337 [339]). Nach h. A. hat der Unterhaltsverpflichtete aufgrund der Bestimmung des § 1605 II BGB vor Ablauf von zwei Jahren seit Abschluß einer Unterhaltsvereinbarung (§ 1585 c BGB) ohnehin keine Möglichkeit, ein Auskunftsverlangen durchzusetzen (vgl. etwa *OLG Karlsruhe,* FamRZ 1991, 1470 m. w. Nachw.). Auch deswegen ist der Unterhaltsberechtigte im Hinblick auf seine vertragliche Treuepflicht gehalten, jederzeit und unaufgefordert dem anderen Teil Umstände zu offenbaren, die ersichtlich dessen Verpflichtungen aus dem Vertrag berühren (vgl. dazu auch *Palandt/Heinrichs,* BGB, 56. Aufl., § 242 Rdnr. 37). In einem Fall, in dem in einer Scheidungsvereinbarung der unterhaltsberechtigten Ehefrau zugestanden worden war, anrechnungsfrei monatlich 50 DM hinzuzuverdienen, hat der *BGH* bereits im Jahre 1959 eine vertragliche Pflicht zur unaufgeforderter Information über die Erzielung höherer Einkünfte bejaht (vgl. *BGHZ* 30, 36 [39] = NJW 1959, 1275; s. auch *OLG Hamm,* FamRZ 1994, 1265 [1266]). Im vorliegenden Fall hat deshalb das BerGer. zu Recht angenommen, daß die Bekl. aufgrund des Vergleichs vom 6. 10. 1989 verpflichtet war, dem Kl. einen deutlich über 600 DM liegenden monatlichen Nettoverdienst ungefragt mitzuteilen; es handelte sich dabei um eine durch Nr. 3 begründete vertragliche Nebenpflicht (zur entsprechenden Verpflichtung des Unterhaltsschuldners vgl. *Senat,* NJW 1988, 1965 = FamRZ 1988, 270 [271 f.]).

2. Dadurch, daß die Bekl. ihre höheren Einkünfte ab Mitte 1990 bis zum Wirksamwerden des Abänderungsbegehrens des Kl. am 16. 3. 1993 pflichtwidrig verschwieg, hat sie nach der Beurteilung des BerGer. einen vollendeten Betrug (§ 263 I StGB) begangen. Diese Ausführungen halten den Angriffen der Revision stand.

b) In dem Prozeßvergleich vom 6. 10. 1989 haben die Parteien unter Berücksichtigung des Umstands, daß die Bekl. die beiden gemeinschaftlichen Kinder betreuen würde, den anrechnungsfreien Zuverdienst der Bekl. auf monatlich 600 DM festgelegt. Allgemein kann eine neben der Kindesbetreuung ausgeübte Erwerbstätigkeit als überobligationsmäßig zu beurteilen sein mit der Folge, daß die daraus erzielten Einkünfte gem. § 1577 II BGB jedenfalls teilweise anrechnungsfrei bleiben (vgl. dazu *Senat,* NJW 1983, 933 = FamRZ 1983, 146 und NJW 1995, 962 = FamRZ 1995, 343). Vorliegend ist dieser Punkt vertraglich durch die Festlegung des Freibetrages von 600 DM geregelt worden. Es ist daher entgegen der Auffassung der Revision unerheblich, ob die Bekl. nach der gesetzlichen Regelung möglicherweise einen höheren Abzug hätte vornehmen können, auch insoweit war vielmehr allein die abgeschlossene Unterhaltsvereinbarung maßgebend.

c) Die Ansprüche auf Kindes- und Ehegattenunterhalt sind in dem Prozeßvergleich getrennt geregelt, wobei die Anrechnungsklausel nur auf den letzteren bezogen ist. Auch deswegen hat das *OLG* zu Recht angenommen, daß die Bekl. keine „interne Verrechnung" hat vornehmen dürfen, falls der Kl. wegen des Anstieges seines Einkommens höheren Kindesunterhalt als im Vergleich vereinbart geschuldet hat. Zutreffend sind auch die Ausführungen dazu, daß eine eigenmächtige Verrechnung mit sonstigen Abzugsposten die Bekl. der Informationspflicht nicht enthob.

(Zur Anwendung des § 1579 Nr. 2 BGB bei betrügerischem Verschweigen nicht anrechnungsfreier Einkünfte)

3. Das BerGer. wertet das Verhalten der Bekl. als schweres vorsätzliches Vergehen gegen den unterhaltsverpflichteten Kl. i. S. von § 1579 Nr. 2 BGB mit der Folge, daß ihr an sich bis zum 11. 8. 1997 bestehender Unterhaltsanspruch aus § 1570 BGB ab 16. 3. 1993 wegen grober Unbilligkeit der Inanspruchnahme des Kl. zu versagen sei. Auch dagegen wendet sich die Revision vergebens. **b**

a) Soweit sie rügt, dem Berufungsurteil seien keine hinreichenden Feststellungen dazu zu entnehmen, ob ein schweres Vergehen i. S. des § 1579 Nr. 2 BGB vorliege, kann ihr nicht gefolgt werden. Ob ein strafbares vorsätzliches Vergehen gegen den Unterhaltsverpflichteten schwer im Sinne dieser Vorschrift ist, hat der Tatrichter zu entscheiden. Das RevGer. kann nur prüfen, ob er dabei von richtigen Rechtsvorstellungen ausgegangen ist (vgl. *Senat,* NJW 1984, 296 = FamRZ 1984, 34 [35]). Das BerGer. hat hier im wesentlichen auf die lange Dauer der Tatverwirklichung und darauf abgehoben, daß die Handlungsweise der Bekl. dem Kl., der in dieser Zeit Einkünfte als Berufssoldat erzielte, empfindlich getroffen hat. Das ist aus Rechtsgründen nicht zu beanstanden.

b) Die Revision rügt weiter, das BerGer. habe nicht hinreichend abgewogen, ob mildere Sanktionen als die Versagung des Unterhalts ausreichend seien, nämlich die vom Gesetz alternativ vorgesehene Herabsetzung sowie die zeitliche Begrenzung des Unterhalts. Die völlige Versagung des Anrechts liege nicht im Ermessen des Gerichts, sondern sei auf Fälle beschränkt, bei denen jede Unterhaltsleistung schlechthin unerträglich wäre. Die pauschale Erwägung, daß beim Kl. ein bedeutender Schaden entstanden sei, sei nicht ausreichend, vielmehr seien konkrete Feststellungen zu dessen wirtschaftlichen Verhältnissen erforderlich. Die Bekl. habe auch nicht aus verwerflicher Gesinnung gehandelt, sondern habe allenfalls irrig angenommen, auch bei Erzielung höherer Einkünfte weiterhin uneingeschränkt unterhaltsberechtigt zu sein. Schließlich habe das BerGer. die Möglichkeit in Betracht gezogen, daß der Bekl. ein Unterhaltsanspruch wegen Krankheit (§ 1572 BGB) zustehen könnte, diesen Umstand aber bei seiner Abwägung nicht hinreichend berücksichtigt.

Auch damit kann die Revision nicht durchdringen. Das BerGer. war sich, wie seine Ausführungen zeigen, der verschiedenen Sanktionsmöglichkeiten im Rahmen des § 1579 BGB bewußt. Bei der Anwendung dieser Härteklausel unter Würdigung der Umstände des Einzelfalles und im Rahmen der dabei gebotenen Zumutbarkeitsprüfung hat der Tatrichter einen ihm vorbehaltenen Beurteilungsspielraum, der nur einer rechtlichen Kontrolle durch das RevGer. unterliegt (vgl. *Senat,* NJW-RR 1988, 834 = FamRZ 1988, 930 [933]). Die hier vom BerGer. vorgenommene Würdigung und Abwägung der Belange beider Parteien läßt keinen Rechtsverstoß erkennen. Der Vorwurf der Revision, daß die Entscheidung in bezug auf die wirtschaftlichen Verhältnisse des Kl. aufgrund unzulänglicher tatsächlicher Grundlage getroffen worden sei, ist unbegründet. Die Bekl. selbst fordert aufgrund ihres offenbar mittlerweile beträchtlichen Eigeneinkommens nur noch ergänzenden nachehelichen Unterhalt von monatlich 300 DM für die Zeit vom 16. 3. 1993 bis 31. 7. 1993 sowie von monatlich 100 DM für die Zeit danach. Der Ausschluß eines Restunterhalts in dieser Höhe begegnet bei dem evident unredlichen Verhalten der Bekl. keinen rechtlichen Bedenken. Was den Unterhaltsanspruch aus § 1572 BGB angeht, so hat ihn das BerGer. – ohne konkrete Anhaltspunkte für eine Krankheit oder ein Gebrechen nur in Betracht gezogen, weil nach seiner Beurteilung der bestehende Anspruch der Bekl. aus § 1570 BGB am 11. 8. 1997 ohnehin auslaufen würde. Es handelt sich demnach um keinen Umstand von großem Gewicht. Die Revisionserwiderung weist im übrigen zutreffend darauf hin, daß die Härteklausel des § 1579 BGB gegenüber jedem Anspruch auf nachehelichen Unterhalt durchgreifen kann.

c) Die Revision verweist schließlich darauf, daß die Härteklausel des § 1579 BGB nur unter Wahrung der Belange gemeinschaftlicher Kinder angewendet werden darf. Unter diesem Gesichtspunkt bestehen gegen die Entscheidung des BerGer. ebenfalls keine durchgreifenden Bedenken. Insoweit ist zu fordern, daß die Pflege und Erziehung von Kindern trotz der Anwendung der Härteklausel gesichert bleibt. Das ist in der Regel der Fall, wenn die dem betreuenden Ehegatten verbleibenden Mittel das Maß dessen übersteigen, was er zur Deckung seines Mindestbedarfs benötigt (vgl. *Senat,* NJW 1990, 253 [254]; NJW-RR 1988, 70 = FamRZ 1987, 1238 [1239]). Im Hinblick auf die von der Bekl. seit März 1993 erzielten Eigeneinkünfte liegt fern, daß ihr bei Versagung ihres restlichen Unterhaltsanspruchs Mittel in diesem Umfang nicht verbleiben.

BGH v. 12. 3. 1997 – XII ZR 153/95 – FamRZ 97, 671 = NJW 97, 1851

(Langjähriges Zusammenleben mit einem neuen Partner als Verwirkungsgrund nach 1597 Nr. 7 BGB; Kriterium des Erscheinungsbildes in der Öffentlichkeit) **R511A**

Nach der Rspr. des *Senats* kann das Zusammenleben des Unterhaltsberechtigten mit einem neuen Partner dann zur Annahme eines Härtegrundes i. S. von § 1579 Nr. 7 BGB – mit der Folge der Unzumutbarkeit einer weiteren (uneingeschränkten) Unterhaltsbelastung für den Verpflichteten – führen, wenn sich diese Beziehung in einem solchen Maße verfestigt, daß damit gleichsam ein ne. Zusammenleben an die Stelle einer Ehe getreten ist. Nach welchem Zeitablauf – und unter welchen weiteren **a**

Umständen – dies angenommen werden kann, läßt sich nicht allgemeinverbindlich festlegen. Vor Ablauf einer gewissen Mindestdauer, die im Einzelfall kaum unter zwei bis drei Jahren liegen dürfte, wird sich in der Regel nicht verläßlich beurteilen lassen, ob die Partner nur „probeweise" zusammenleben oder ob sie auf Dauer in einer verfestigten Gemeinschaft leben und nach dem Erscheinungsbild der Beziehung in der Öffentlichkeit diese Lebensform bewußt auch für ihre weitere Zukunft gewählt haben (*Senats*urteile v. 21. 12. 1988 – IV b ZR 18/88 –, NJW 1989, 1083 = FamRZ 1989, 487, 490 f.; v. 11. 7. 1984 – IVb ZR 22/83 –, FamRZ 1984, 986, 987 = NJW 1984, 2692; v. 29. 6. 1983 – IV b ZR 391/81 –, FamRZ 1983, 996, 997 = NJW 1983, 2243).

Ist diese Voraussetzung erfüllt, dann kann von dem Zeitpunkt an, in dem sich das ne. Zusammenleben der neuen Partner als solchermaßen verfestigte Verbindung darstellt, die Bedeutung der geschiedenen Ehe als Grund für eine fortdauernde unterhaltsrechtliche Verantwortung des Verpflichteten gegenüber seinem geschiedenen Ehegatten zurücktreten, und es kann für den Verpflichteten objektiv unzumutbar werden, den früheren Ehegatten unter derartig veränderten Lebensumständen gleichwohl weiterhin (uneingeschränkt) unterhalten zu müssen (*Senats*urteil v. 21. 12. 1988, a. a. O.).

Das KG hat in diesem Zusammenhang die Frage aufgeworfen, ob die Annahme einer auf Dauer angelegten verfestigten Verbindung voraussetze, daß diese von der konkreten Umgebung des Berechtigten als ehegleiches Verhältnis wahrgenommen und gewertet werde, und hat deswegen die Revision zugelassen.

Bedenken gegen die vorgenannte Rspr. des *Senats* sind im Schrifttum dahin aufgekommen, ob das Erscheinungsbild der ne. Lebensgemeinschaft in der Öffentlichkeit maßgebend sein könne oder ob es nicht ausreichen müsse, wenn die Partner ihre Verbindung als dauerhaft ansähen, auch wenn sie es verstünden, die Beziehung in der Öffentlichkeit geheimzuhalten (so *Johannsen/Henrich/Voelskow,* Eherecht, 2. Aufl., § 1579 BGB Rz. 42; *MünchKomm/Richter,* BGB, 2. Aufl., § 1579 Rz. 47, vgl. auch 3. Aufl., § 1579 Rz. 47 a; a. A. *Griesche,* in: FamGb, § 1579 BGB Rz. 35; vgl. auch *Luthin,* FamRZ 1986, 1166, 1167).

Ob an dem Kriterium des Erscheinungsbildes in der Öffentlichkeit festzuhalten ist, bedarf vorliegend keiner Entscheidung, da die Bekl. und L. – wie die getroffenen Feststellungen zeigen – ihre Verbindung nicht geheimhalten. Die Frage, ob die Öffentlichkeit aus diesem Verhalten auch tatsächlich auf ein ehegleiches Verhältnis schließen muß, wird – soweit ersichtlich – in dieser Form im Schrifttum nicht ernsthaft diskutiert. Sie ist mit dem KG und mit der von diesem gegebenen Begründung auch zu verneinen. Die Maßgeblichkeit des Erscheinungsbildes einer neuen Partnerschaft des Unterhaltsberechtigten in der Öffentlichkeit als Grund für die Unzumutbarkeit einer weiteren (uneingeschränkten) Unterhaltsbelastung des Unterhaltsverpflichteten betrifft jedenfalls allein die Erkennbarkeit der Partnerschaft aufgrund der nach außen dringenden Gegebenheiten und setzt nicht voraus, daß die Partnerschaft auch tatsächlich in diesem Sinne bewertet wird.

Daß das KG zu der Annahme gelangt ist, vorliegend bestehe nunmehr der Härtegrund eines auf Dauer angelegten festen Verhältnisses der Bekl. zu dem Zeugen L. (§ 1579 Nr. 7 BGB), begegnet daher aus Rechtsgründen keinen Bedenken. Es obliegt letztlich der verantwortlichen Beurteilung des Tatrichters, ob er den Tatbestand des „ne. Zusamenlebens" aus tatsächlichen Gründen für gegeben erachtet oder nicht (*Senats*urteil v. 25. 5. 1994 – XII ZR 17/93 –, FamRZ 1995, 540, 543). Daß der Zeuge L. weiterhin eine eigene Wohnung besitzt, steht der Bewertung ebensowenig entgegen (*Senats*urteil v. 11. 7. 1984, a. a. O.) wie der Umstand, daß sich die Beziehung in der letzten Zeit nach den Angaben des Zeugen flüchtiger gestaltete. Dieser Gesichtspunkt brauchte das KG, das die Änderung letztlich als prozeßbedingt angesehen hat, aufgrund der im übrigen getroffenen Feststellungen nicht zu einer anderen Beurteilung zu veranlassen.

(Wahrung der Kinderbelange bei einer Verwirkung nach § 1579 BGB)

b Soweit die Revision sich gegen die Befristung des Unterhaltsanspruchs bis zum 30. 9. 1997 wendet, kann ihr der Erfolg allerdings nicht versagt werden.

Da die Bekl. als Sorgeberechtigte die 1985 geborene gemeinsame Tochter betreut, ist ihr Unterhaltsanspruch nach § 1579 BGB nur zu begrenzen, soweit die Inanspruchnahme des Unterhaltspflichtigen auch unter Wahrung der Belange des Kindes, dessen Pflege und Erziehung gesichert bleiben muß, grob unbillig ist. Das ist grundsätzlich der Fall, soweit der Unterhalt das Maß dessen übersteigt, was der betreuende Elternteil – ggf. zusammen mit seinen Erwerbseinkünften – zur Deckung seines Mindestbedarfs benötigt, ferner, soweit dieser die dazu erforderlichen Mittel von anderer Seite erhalten kann und daher auf den Unterhalt nicht angewiesen ist. Schließlich können die Belange des Kindes gewahrt sein, wenn seine Pflege und Erziehung in anderer Weise als durch elterl. Betreuung sichergestellt werden kann (*Senats*urteil v. 27. 9. 1989 – IV b ZR 78/88 –, FamRZ 1989, 1279, 1280; *Johannsen/Henrich/Voelskow,* a. a. O., § 1579 BGB Rz. 9 f.; *Schwab/Borth,* Handbuch des Scheidungsrechts, 3. Aufl., Teil IV Rz. 418; *Göppinger/Kindermann,* Unterhaltsrecht, 6. Aufl. Rz. 1318; *Soergel/Häberle,* BGB, 12. Aufl., § 1579 Rz. 34 f.).

Ob es besonders schwerwiegende Härtefälle gibt, in denen diese Grenzen zur Vermeidung untragbarer Ergebnisse überschritten werden, in denen also die Belange des Kindes denen des Unterhaltspflichtigen in weiterem Umfang weichen müssen, kann dahinstehen, da ein solcher Ausnahmefalll hier nicht in Betracht kommt (*Senats*urteil v. 27. 9. 1989, a. a. O.). Davon ist auch das KG ausgegangen. Es hat indessen angenommen, die Bekl. werde nach dem 30. 9. 1997, auch im Hinblick auf das Alter des Kindes, selbst für ihren Unterhalt sorgen müssen, obwohl sie dann – wie für die Zeit vor dem 30. 9. 1997 ausgeführt wird – ihre derzeitige Teilzeitbeschäftigung erheblich ausweiten müßte.

(Vollzeitbeschäftigung bei Kindesbetreuung ab 15./16. Lebensjahr des Kindes, Teilzeitbeschäftigung zwischen dem 11. und 15. Lebensjahr; Anforderungen in die Einzelfallprüfung)

Daß und aufgrund welcher Umstände es der Bekl. zuzumuten sein wird, ihre derzeitige Teilzeitbeschäftigung erheblich auszuweiten, hat das KG nicht festgestellt. Bei der Betreuung eines einzelnen Kindes ist davon auszugehen, daß dessen Heranwachsen in ein Alter von 15 oder 16 Jahren dem betreuenden Elternteil in aller Regel die Möglichkeit eröffnet, eine Vollzeitbeschäftigung aufzunehmen (*Senats*urteile, BGHZ 89, 108, 111 = FamRZ 1984, 149; BGHZ 109, 72, 75 = FamRZ 1990, 260). Bei einem Kind zwischen dem 11. und 15. Lebensjahr ist weitgehend anerkannt, daß dem betreuenden Elternteil eine Teilzeitbeschäftigung zugemutet werden kann, die aber nicht stets den Umfang einer Halbtagsbeschäftigung erreichen muß (*Senats*urteil v. 18. 4. 1984 – IVb ZR 80/82 –, FamRZ 1984, 769, 770; *Schwab/Borth,* a. a. O., Teil IV Rz. 158; *Göppinger/Kindermann,* a. a. O., Rz. 1188; *Kalthoener/Büttner,* Die Rechtsprechung zur Höhe des Unterhalts, 5. Aufl., Rz. 403). **c**

Das Maß der zumutbaren Tätigkeit richtet sich nach den Umständen des Einzelfalles. Insofern sind sowohl in der Person des Kindes (Kränklichkeit, Schulschwierigkeiten, Entwicklungsstörungen), des Betreuenden (Alter, Gesundheitszustand, Beschäftigungschancen, anderweitige Betreuungsmöglichkeiten) und in den weiteren Verhältnissen liegende Kriterien zu berücksichtigen (*Kalthoener/Büttner,* a. a. O., Rz. 404).

BGH v. 19. 3. 1997 – XII ZR 277/95 – FamRZ 97, 811 = NJW 97, 2176

(Vorbereitende Auskunftsansprüche, die nicht im Rahmen einer Stufenklage geltend gemacht werden, gehören nicht in den Scheidungsverbund) **R511B**

Mit der dem Ehemann am 28. 10. 1994 zugestellten Antragsschrift begehrte die Ehefrau die Scheidung der Ehe, die Übertragung des Sorgerechts für die gemeinsamen Kinder auf sich sowie die Verurteilung des Ehemannes zu einer umfassenden Auskunftserteilung über seine Einkünfte in den Jahren 1991 bis 1993.

Das AmtsG – FamG – schied durch Verbundurteil die Ehe der Parteien, übertrug das Sorgerecht für die gemeinschaftlichen Kinder auf die Ehefrau und wies die Klage auf Auskunftserteilung ab. In letzterer Hinsicht ging das Gericht davon aus, daß die begehrte Auskunft die Unterhaltsverpflichtung des Ehemannes unter keinem Gesichtspunkt beeinflussen könne.

Gegen die Abweisung ihres Auskunftsbegehrens legte die Ehefrau Berufung ein, mit der sie ihre Ansprüche auf das Jahr 1994 ausdehnte und dazu – teilweise umformuliert – im wesentlichen die gleichen Anträge stellte wie in erster Instanz. Sie stellte klar, daß die Auskunft auch wegen der Bemessung des Kindesunterhalts verlangt werde.

Das OLG wies die Berufung zurück (veröffentlicht in FamRZ 1996, 736). Dagegen richtet sich die zugelassene Revision der Ehefrau, mit der sie ihren in zweiter Instanz gestellten Auskunftsanspruch weiter verfolgt.

Entscheidungsgründe:

Das Rechtsmittel führt zur Aufhebung und Zurückverweisung.

1. Das OLG hält die Geltendmachung des Auskunftsanspruchs der Ehefrau schon für unzulässig, weil dieser Anspruch zu Unrecht im Rahmen des Scheidungsverbundes erhoben worden sei. Dazu hat es ausgeführt: Nach § 623 I S. 1 ZPO könne nur über Folgesachen zusammen mit einer Ehesache verhandelt und entschieden werden. Der hier von der Ehefrau selbständig verfolgte Auskunftsanspruch gemäß §§ 1580, 1605 BGB stelle keine Folgesache dar, sondern solle eine Entscheidung über Folgesachen (hier nachehel. Unterhalt und Kindesunterhalt) lediglich vorbereiten. Der Scheidungsverbund solle aber Ehegatten nicht nur vor Augen halten, welche Auswirkungen ihre Trennung haben könne, sondern auch deren wichtigste Folgen gleichzeitig mit der Scheidung inhaltlich regeln. Wenn nur über ein Auskunftsbegehren entschieden werde, werde eine Regelung in diesem Sinne nicht erzielt.

Damit geht das OLG zwar zutreffend davon aus, daß das FamG zu Unrecht den Auskunftsanspruch der Ehefrau in das Scheidungsverbundverfahren einbezogen hat, zieht daraus aber die zu weit gehende Konsequenz der Abweisung des Anspruchs als unzulässig.

a) Die Frage, ob Auskunftsansprüche der vorliegenden Art, die nicht im Rahmen einer Stufenklage erhoben werden, im Scheidungsverbund geltend gemacht werden können, ist umstritten. Die wohl überwiegende Ansicht verneint die Frage im Anschluß an die bereits im Urteil des *BGH* v. 30. 5. 1979 (IV ZR 160/78 –, FamRZ 1979, 690, 692) enthaltene Erwägung, der Scheidungsverbund sei auf die

Regelung der Scheidungsfolgen bezogen, nicht aber auf Entscheidungen, die eine solche Regelung erst vorbereiten. Dies komme auch im Wortlaut des § 623 I S. 1 ZPO zum Ausdruck, der auf Entscheidungen abstelle, die für den Fall der Scheidung zu treffen seien (vgl. *KG*, NJW-RR 1992, 450, 451; *OLG Hamm*, FamRZ 1993, 984; *MünchKomm/Gernhuber*, BGB, 3. Aufl., § 1379 Rz. 31; *Palandt/Diederichsen*, BGB, 56. Aufl., § 1379 Rz. 2; *Wendl/Staudigl*, Unterhaltsrecht in der familienrichterlichen Praxis, 3. Aufl., § 8 Rz. 53; a. A.: *OLG Frankfurt*, FamRZ 1987, 299, 300; *Zöller/Philippi*, ZPO, 20. Aufl., § 623 Rz. 21 b; *Schwab/Maurer*, Handbuch des Scheidungsrechts, 2. Aufl., I 341; *Bergerfurth*, Ehescheidungsprozeß, 10. Aufl., Rz. 366).

Auch nach Auffassung des *Senats* entspricht die Einbeziehung isoliert erhobener Auskunftsansprüche in den Scheidungsverbund nicht dem Gesetz. Mit der Entscheidung über solche Ansprüche wird der Zweck des Verbundes, eine sachgerechte Regelung der wichtigsten mit der Scheidung zusammenhängenden Fragen gleichzeitig mit dieser zu treffen und dadurch den Ehegatten, der an der Ehe festhalten will oder der der sozial schwächere Teil ist, zu schützen (vgl. BT-Drucks. 7/650, S. 61, 86), nicht oder nur unvollkommen erreicht. Die Behandlung dieser Auskunftsbegehren als Folgesache hätte auch zur Folge, daß im Falle fehlender Entscheidungsreife eine Vorabentscheidung über den Scheidungsantrag nur bei Vorliegen der strengen Voraussetzungen des § 628 I Nr. 3 ZPO möglich wäre, was im Hinblick auf die nur eingeschränkte Bedeutung solcher Ansprüche nicht gerechtfertigt wäre. Die Regelung des § 623 I S. 1 ZPO, daß über Folgesachen gleichzeitig mit der Scheidungssache zu verhandeln und zu entscheiden ist, stellt eine vom Gesetz ausdrücklich zugelassene Ausnahme von dem Verbindungsverbot des § 610 II ZPO dar (vgl. Satz 2), die eng auszulegen ist. Sofern es einem Ehegatten darum geht, gleichzeitig mit der Scheidung Ansprüche auf Unterhalt oder Zugewinnausgleich geregelt zu wissen, steht ihm, auch wenn er die Abänderung eines bereits bestehenden Titels erstrebt (vgl. *Senats*urteil v. 21. 4. 1993 – XII ZR 248/91 –, FamRZ 1993, 1065), der Weg der Stufenklage zur Verfügung, wobei über den Auskunftsanspruch vorab durch Teilurteil entschieden wird und die Art der Endentscheidung dem Sinn und Zweck des auf endgültige Regelungen gerichteten Scheidungsverbundes entspricht. Erstrebt er nur eine Entscheidung über den vorbereitenden Auskunftsanspruch, wird seinem Anliegen auch die Behandlung in einem gesonderten Verfahren außerhalb des Scheidungsverbundes gerecht.

b) Es war danach zwar verfahrensfehlerhaft, daß das FamG über den von der Ehefrau geltend gemachten Auskunftsanspruch zusammen mit der Ehesache und der Regelung der elterl. Sorge verhandelt und entschieden hat. Richtigerweise hätte es das Verfahren über den Auskunftsanspruch gemäß § 145 ZPO abtrennen und gesondert darüber verhandeln und entscheiden müssen (vgl. OLG Hamm, FamRZ 1994, 773; *Baumbach/Lauterbach/Albers*, ZPO, 55. Aufl., § 610 Rz. 3; *Wendl/Staudigl*, a. a. O., § 8 Rz. 53).

Da aber durch Teilanfechtung nur die Entscheidung über den Auskunftsanspruch in die Berufungsinstanz gelangt ist, während der Scheidungsausspruch und die Regelung der elterl. Sorge noch vor der Berufungsverhandlung in Rechtskraft erwuchsen, war in zweiter Instanz der aufgetretene Verfahrensfehler prozessual überholt und bedeutungslos geworden. Wäre das Verbundurteil insgesamt angefochten worden, hätte sich eine Abtrennung des die Auskunft betreffenden Verfahrens durch das OLG angeboten. Die Abweisung des Auskunftsanspruchs als unzulässig war jedenfalls nicht gerechtfertigt und kann keinen Bestand haben.

BGH v. 16. 4. 1997 – XII ZR 233/95 – FamRZ 97, 806 = NJW 97, 1919

R512 *(Zwischen Trennung und Scheidung geborenes nichteheliches Kind prägend für ehel. Lebensverhältnisse; Kindergeld ohne Einfluß auf das Bemessungseinkommen für den Kindesunterhalt; Vorabzug des Kindesunterhalts ohne Verrechnung des Kindergelds)*

a Als vorweg abzugsfähig hat es ferner nicht nur den Unterhalt für das 1990 geborene eheliche Kind, sondern auch den Unterhalt für das 1991 nach Trennung, aber noch vor der Rechtskraft des Scheidungsurteils geborene nichteheliche Kind des Bekl. angesehen. Letzteres steht im Einklang mit der Rechtsprechung des *Senats*, weil auch die Unterhaltsbelastung durch das nichteheliche Kind die ehelichen Lebensverhältnisse mitgeprägt hat (*Senat*, NJW-RR 1988, 1093 = LM § 1577 BGB Nr. 14 = FamRZ 1988, 1031 [1032] und NJW 1994, 130 = LM H. 3/1994 § 1361 BGB Nr. 62 = FamRZ 1994, 87 [89]). Den Unterhalt beider Kinder hat es entsprechend den Sätzen der Düsseldorfer Tabelle (Stand 1. 7.1992, abgedr. in NJW 1992, 1367 = FamRZ-Buch 1 FamilienR 96, S. 6) mit je 310 DM bemessen. Dabei ist es von dem vorläufig errechneten Einkommen von 2464 DM ausgegangen, dem es das vom Bekl. für das nichteheliche Kind bezogene Kindergeld von 130 DM hinzugerechnet hat (2594 DM).

Diese Berechnungsweise stößt auf Bedenken, weil der Unterhaltsbedarf eines Kindes vom staatlichen Kindergeld nicht beeinflußt wird. Staatliches Kindergeld wird den unterhaltspflichtigen Eltern zur Erleichterung ihrer Unterhaltslast gewährt, soll aber nicht den Unterhaltsanspruch des Kindes erhöhen (*Senat*, *BGHZ* 70, 151 [153] = NJW 1978, 753 = LM BundeskindergeldG Nr. 2; NJW 1987, 647 =

LM § 1603 BGB Nr. 34 = FamRZ 1987, 270 [271]; NJW 1988, 2375 = LM § 1606 BGB Nr. 26 = FamRZ 1988, 834). Der Fehler wirkt sich aber im Ergebnis nicht aus, weil die maßgebende zweite Gehaltsstufe der Tabelle auch ohne Hinzurechnung dieses Kindergeldes erreicht wird.

Zutreffend ist auch, daß das *OLG* den nach materiellem Recht maßgebenden vollen Tabellenunterhalt (vgl. *Senat,* NJW 1990, 3020 = LM § 1578 BGB Nr. 58 = FamRZ 1990, 1091 [1094f.]) ohne anteilige Verrechnung des Kindergeldes in die Berechnung einbezogen hat. Dadurch wird eine Ungleichbehandlung des unterhaltspflichtigen und unterhaltsberechtigten Ehegatten vermieden, die sich ergäbe, wenn beim Unterhaltspflichtigen das Kindergeld als Einkommen berücksichtigt würde, beim Unterhaltsberechtigten hingegen nicht (*Senat,* NJW 1987, 58 = LM § 1578 BGB Nr. 38 = FamRZ 1986,783 [786]). Nach Abzug des Kindesunterhalts von zusammen 620 DM ist das *OLG* zu einem Einkommen des Bekl. von (2464 DM – 620 DM =) 1844 DM gelangt.

(Vorabzug des Bonus (Additionsmethode); Herabsetzung des Bonus bei Vorabzug konkreten Erwerbsaufwands auf 1/9; Berechnung des Bonus aus dem verteilungsfähigen Einkommen)

2. Um dem mit der Erwerbstätigkeit verbundenen erhöhten Aufwand und dem Gedanken des Erwerbsanreizes für den Unterhaltspflichtigen Rechnung zu tragen, hat das *OLG* abweichend von der sonst üblichen vereinfachenden Aufteilungsmethode von 3/7 für den Unterhaltsberechtigten und 4/7 für den Unterhaltsverpflichteten – den sog. Erwerbstätigenbonus gesondert errechnet. In Anbetracht des Umstands, daß die tatsächlichen berufsbedingten Aufwendungen in Gestalt der Fahrtkosten schon vorweg abgezogen worden seien und im wesentlichen nur noch der Anreizgedanke zu berücksichtigen sei, hat es diesen Bonus geringer, nämlich mit 1/9 statt mit 1/7 angesetzt (1844 : 9 = 205 DM). Auch dies steht im Einklang mit der Rechtsprechung des *Senats,* der es für rechtlich unbedenklich erachtet hat, den Erwerbstätigenbonus geringer als üblich zu bemessen, wenn berufsbedingte Aufwendungen bei der Ermittlung des Nettoeinkommens bereits konkret berücksichtigt wurden (*Senat,* NJW 1990, 2886 = LM § 1578 BGB Nr. 59 = FamRZ 1990, 1085 [1087] und NJW-RR 1990, 1346 = FamRZ 1990, 1090 [1091] m. Nachw.). Im übrigen steht die Höhe des Erwerbstätigenbonus allein im Ermessen des Tatrichters (*Senat,* NJW 1990, 2886 = LM § 1578 BGB Nr. 59 = FamRZ 1990, 1085 [1087] und NJW-RR 1990, 1346 = FamRZ 1990, 1090 [1091]). **b**

Demgegenüber meint die Revision, daß der Erwerbstätigenbonus aus einem Einkommen zu ermitteln sei, das vorab lediglich um die berufsbedingten Aufwendungen, nicht aber auch um den Kindesunterhalt und weitere Verbindlichkeiten bereinigt werden dürfe. Die gegenteilige Ansicht führe zu einer Aushöhlung des Erwerbstätigenbonus, die sich bei der hier angewandten Methode der gesonderten Ermittlung und der geringeren Quote um so mehr auswirke.

Dem vermag der *Senat* nicht zu folgen. Richtig ist zwar, daß der Bonus bei Vorwegabzug aller Verbindlichkeiten geringer ausfällt. Das ist indes nicht ausschlaggebend. Der *Senat* hat in ständiger Rechtsprechung darauf abgehoben, daß schon bei der Bemessung des Unterhaltsbedarfs nach den ehelichen Lebensverhältnissen dem erwerbstätigen Unterhaltspflichtigen im Verhältnis zum Unterhaltsberechtigten ein die Hälfte des „verteilungsfähigen Einkommens" maßvoll übersteigender Betrag verbleiben muß, um dem typischerweise mit der Berufstätigkeit verbundenen erhöhten Aufwand, auch soweit er sich nicht in konkret meßbaren Kosten niederschlägt, und dem Gedanken des Erwerbsanreizes Rechnung zu tragen (vgl. *Senat,* NJW 1988, 2369 = LM § 1569 BGB Nr. 28 = FamRZ 1988, 265 [267] und NJW-RR 1991, 132 = FamRZ 1991, 304 [305] m. Nachw.). Dabei muß die Betonung vorliegend auf das „verteilungsfähige Einkommen" gelegt werden. Die ehelichen Lebensverhältnisse werden im wesentlichen geprägt durch die Mittel, die den Ehegatten nach Vorwegabzug ihrer Verbindlichkeiten Dritten gegenüber, wozu vor allem der Kindesunterhalt gehört, noch zum Verbrauch zur Verfügung stehen. Das gilt für den Unterhaltsverpflichteten in gleicher Weise wie für den Berechtigten. Auch der erwerbstätige Unterhaltsverpflichtete muß sich daher von vornherein auf dasjenige beschränken, was insgesamt nach Abzug der Verbindlichkeiten übrigbleibt. Soweit ihm aufgrund seiner Erwerbstätigkeit im Verhältnis zum anderen Ehegatten ein höherer Anteil des Einkommens zu belassen ist, kann sich dieser nur aus dem restlichen verteilungsfähigen Einkommen errechnen. Die Berechnung des Erwerbstätigenbonus aus einem unbereinigten oder jedenfalls nur um die meßbaren berufsbedingten Aufwendungen bereinigten Nettoeinkommen würde dagegen zu einem Ungleichgewicht zu Lasten des Unterhaltsberechtigten führen: Es müßte zum einen die volle Last der Verbindlichkeiten mittragen, zum anderen aber sich einem damit nicht konformen, weil überhöhten Erwerbstätigenbonus des anderen Ehegatten entgegenhalten lassen (wie hier *OLG Karlsruhe,* FamRZ 1992, 1438; *OLG München,* FamRZ 1993, 328 [329]; *OLG Düsseldorf,* FamRZ 1994, 1049 [1052]; *Kalthoener/Büttner,* Die Rspr. zur Höhe des Unterhalts, 5. Aufl., Rdnr. 35; a. A. *OLG Hamburg,* FamRZ 1991, 953).

Darüber hinaus ist zu bedenken, daß es sich bei den Unterhaltsfällen um Massenerscheinungen handelt, auf die aus Vereinfachungsgründen notwendig eine pauschalierende und typisierende Berechnungsmethode anzuwenden ist. Der *Senat* hat daher seit jeher gebilligt, daß nach Vorwegabzug aller anzuerkennenden Verbindlichkeiten das restliche Erwerbseinkommen nach einer pauschalen Quote (in der Regel 3/7 : 4/7) zwischen erwerbstätigem und nicht erwerbstätigem Ehegatten aufgeteilt wird. Die hier vorliegende gesonderte Berechnung des Erwerbstätigenbonus ist lediglich eine andere, wenn auch kompliziertere Methode, die aber letztlich ebenfalls auf einer Pauschalierung beruht und es daher nicht rechtfertigt, vom System des Vorwegabzugs der Verbindlichkeiten abzuweichen.

(Additionsmethode gebilligt; Vorabzug des Erwerbstätigenbonus für Bedarfsermittlung; keine fiktive Zinsanrechnung)

c 3. Den eheangemessenen Unterhaltsbedarf der Kl. hat das *OLG* nach Abzug des Erwerbstätigenbonus – insoweit folgerichtig – zunächst mit $^1/_2$ des verbleibenden Einkommens bemessen, wobei es diesem Einkommen das vom Bekl. für das nichteheliche Kind bezogene Kindergeld von 130 DM hinzugerechnet hat. Es ist dabei zu einem Betrag von (1844 DM – 205 DM + 130 DM = 1769 DM : 2 =) gerundet 885 DM gelangt. Eigene Erwerbs- oder Kapitaleinkünfte, die auf diesen Bedarf anzurechnen wären, hat die Kl. nicht. Die Berücksichtigung fiktiver Zinseinkünfte aus den im Zugewinnausgleich enthaltenen 18 000 DM hat das *OLG* mit dem zutreffenden Hinweis darauf verneint, daß das Verhalten der Kl. keinen Anhaltspunkt für den Vorwurf eines leichtfertigen, unterhaltsbezogenen Verhaltens i. S. von § 1579 Nr. 3 BGB ergeben habe (vgl. *Senat,* NJW-RR 1986, 746 = LM § 1577 BGB Nr. 10 = FamRZ 1986, 560). Die Kl. hat das Geld für notwendige Lebenshaltungskosten, die ihr von ihren Eltern vorgestreckt waren, und für die Renovierung und Einrichtung einer Wohnung für sich und das Kind ausgegeben. Die Beurteilung, ob die Kl. hierbei verschwenderisch vorgegangen ist, liegt im tatrichterlichen Ermessen. Die Revision zeigt keine Gesichtspunkte auf, die eine Überschreitung dieses Ermessens begründen könnten.

BGH v. 16. 4. 97 – XII ZR 293/95 – FamRZ 97, 873 = NJW-RR 97, 897

R513 *(Umfang eines Unterhaltsverzichts – Anspruch auf Betreuungsunterhalt trotz umfassenden Verzichts)*

a Der Verzicht auf Unterhaltsansprüche kann zeitlich befristet, aufschiebend oder auflösend bedingt sowie der Höhe nach oder insgesamt auf Teile der Unterhaltsberechtigung beschränkt werden (vgl. *Schwab/Borth,* Hdb. d. ScheidungsR, 3. Aufl., IV Rdnrn. 1283 ff., 1288, 1291 m. Nachw.; *Richter,* in: MünchKomm, 3. Aufl., 1585c Rdnrn. 20 ff.). Verzichten Eheleute, wie auch im vorliegenden Fall, wechselseitig „für den Fall der Scheidung" auf Unterhaltszahlungen, so erfaßt ein solcher Verzicht – je nach seinem durch Auslegung zu ermittelnden Inhalt – in der Regel den gesamten nachehelichen Unterhalt, der in seiner Entstehung bedingt ist durch den Eintritt der Scheidung. Wenn indessen in einem solchen Fall das Wohl gemeinsamer Kinder Unterhaltszahlungen an den sorgeberechtigten Ehegatten erfordert und der unterhaltsverpflichtete Teil sich aus diesem Grund gem. § 242 BGB nicht auf den Unterhaltsverzicht des sorgeberechtigten Ehegatten berufen kann, bedeutet dies, daß dessen Verzichtserklärung nicht nur als durch den Eintritt der Scheidung (aufschiebend) bedingt, sondern in Anbetracht des § 242 BGB zusätzlich als nach Dauer und Höhe insoweit beschränkt zu gelten hat, als nicht das Kindeswohl ein Weiterbestehen des Unterhaltsanspruchs gebietet. Der fortbestehende Unterhaltsanspruch des sorgeberechtigten Ehegatten ist entgegen der Auffassung der Revision kein Anspruch aus § 242 BGB, sondern er bleibt seiner Rechtsnatur nach ein Anspruch wegen Kindesbetreuung i. S. von § 1570 BGB, der allerdings sowohl dem Umfang nach als auch zeitlich begrenzt nur soweit und solange gegeben ist, als die Belange des Kindeswohls es erfordern. Darüber hinaus führt der Unterhaltsverzicht zum Erlöschen des nachehelichen Unterhaltsanspruchs (vgl. *Senat,* NJW 1985, 1835 = LM § 1570 BGB Nr. 7 = FamRZ 1985, 787 f.; NJW 1985, 1833 = LM § 1569 BGB Nr. 18 = FamRZ 1985, 788 f.; NJW 1992, 3164 = LM H. 1/1993 § 138 (Ca) BGB Nr. 23 = FamRZ 1992, 1403 ff.; NJW 1995, 1148 = LM H. 6/1995 § 242 (Ca) BGB Nr. 340 = FamRZ 1995, 291 ff.; NJW 1991, 913 = LM § 138 (Ca) BGB Nr. 28 = FamRZ 1991, 306 f.).

3. a) Zum Umfang des der Kl. danach zustehenden Unterhaltsanspruchs hat das BerGer. den Standpunkt vertreten: Nach den dargelegten Grundsätzen habe die Kl. Anspruch auf Sicherung ihres Mindestbedarfs. Dieser sei als sogenanntes Existenzminimum mit monatlich 1150 DM anzusetzen und liege in dieser Höhe unter einem Anspruch nach Maßgabe der ehelichen Lebensverhältnisse von monatlich rund 1375 DM bzw. (bei Berücksichtigung des Unterhaltsbetrages für den volljährigen Sohn des Bekl. aus erster Ehe) rund 1230 DM. Dagegen sind aus Rechtsgründen keine Einwände zu erheben (vgl. *Senat,* NJW 1992, 3164 = LM H. 1/1993 § 138 (Ca) BGB Nr. 23 = FamRZ 1992, 1403 (1405); NJW 1995, 1148 = LM H. 6/1995 § 242 (Ca) BGB Nr. 340 = FamRZ 1995, 291 ff.).

(Nur Mindestbedarf [notwendiger Bedarf], wenn Betreuungsunterhalt trotz Unterhaltsverzichts zu leisten ist)

b Der Kl. steht in Anbetracht des von ihr erklärten Unterhaltsverzichts ein Unterhaltsanspruch gegenüber dem Bekl. nur deshalb und nur insoweit zu, als sie auf die Unterhaltsbeträge notwendigerweise angewiesen ist, um ihren Betreuungspflichten gegenüber den beiden Töchtern nachkommen zu können. Deren Wohl wäre nicht gewahrt, wenn die Kl. zur Deckung ihres notwendigen eigenen Lebensbedarfs – mangels sonst vorhandener Einkünfte – eine Erwerbstätigkeit aufnehmen müßte, anstatt sich der Pflege und Erziehung der Kinder widmen zu können. (Sonstige Betreuungsmöglichkeiten, etwa durch geeignete Verwandte der Kl., bestehen nach der unangegriffenen Feststellung des BerGer. nicht).

(Keine mutwillige Herbeiführung der Bedürftigkeit nach § 1579 Nr. 3 BGB; kein Vermögensverbrauch, der zum Ansatz fiktiver Zinsen führt, wenn Mindestbedarf nicht gedeckt ist)

Die insoweit für den Unterhaltsanspruch der Kl. erforderliche Bedürftigkeit liegt hier – unabhängig von den Erwägungen des BerGer. – bereits deshalb vor, weil die Kl. den im Januar 1993 erhaltenen Erlösanteil aus der Veräußerung des früheren gemeinschaftlichen Hauses vollständig verbraucht hat. Nachdem sie die damals erhaltenen Beträge in einer Weise ausgegeben hat, daß ihr weder anderweitig verfügbare Werte noch erzielbare Einkünfte verblieben sind, ist sie zur Wahrnehmung ihrer elterlichen Fürsorge- und Erziehungspflichten gegenüber den beiden minderjährigen Kindern nur in der Lage, wenn und soweit ihr die persönliche Betreuung der Kinder ohne die Notwendigkeit, für ihren eigenen Unterhalt einer Erwerbstätigkeit nachzugehen, durch Zahlung eines unterhaltsrechtlichen Mindestbetrages von seiten des Bekl. ermöglicht wird. Hiernach muß der Kl. ein die Betreuung der Kinder ermöglichender Unterhaltsanspruch zugebilligt werden. **c**

Entgegen der Ansicht des BerGer. braucht sich die Kl. nicht so behandeln zu lassen, als habe sie den Erlösanteil aus der Veräußerung des Hauses im wesentlichen behalten, so daß auch eine Verweisung auf den (tatsächlich verbrauchten) Vermögensstamm von vorneherein ausscheidet. Dabei kommt es auf eine Entscheidung der Frage, ob die Kl. den im Januar 1993 erhaltenen Betrag von rund 81 000 DM in unwirtschaftlicher, i. S. von § 1579 Nr. 3 BGB unterhaltsbezogen „mutwilliger" Weise ausgegeben und damit an sich die Voraussetzungen eines unterhaltsrechtlichen Härtegrundes i. S. der genannten Vorschrift verwirklicht hat, unter den hier gegebenen Umständen nicht einmal an.

Selbst bei Vorliegen einer der Härtegründe nach § 1579 Nrn. 1 bis 7 BGB, die grundsätzlich zum Wegfall eines nachehelichen Unterhaltsanspruchs führen können, ist nämlich der Unterhaltsanspruch eines sorgeberechtigten Ehegatten nur zu versagen, herabzusetzen oder zeitlich zu begrenzen, soweit die Inanspruchnahme des Verpflichteten auch unter Wahrung der Belange der dem Berechtigten zur Pflege und Erziehung anvertrauten gemeinschaftlichen Kinder grob unbillig wäre. Der Betreuungsunterhalt nach § 1570 BGB ist danach selbst bei Vorliegen der Härtegründe des § 1579 BGB in dem Sinn privilegiert, daß er im Interesse des Wohles der betreuten Kinder trotz Fehlverhaltens des sorgeberechtigten Ehegatten diesem gleichwohl die Wahrnehmung seiner Elternverantwortung sichern und gewährleisten soll. Dem wird in der Regel dadurch Genüge getan, daß der Unterhaltsanspruch auf das zur Kindesbetreuung notwendige Mindestmaß herabgesetzt wird (vgl. *Senat*, NJW 1992, 3164 = LM H. 1/1993 § 138 (Ca) BGB Nr. 23 = FamRZ 1992, 1403 (1405) m. Nachw.; *Soergel/Häberle*, BGB, 12. Aufl., § 1579 Rdnrn. 31, 34; *Schwab/Borth*, IV Rdnrn. 430 ff.), so wie es gleichermaßen bei Zubilligung von Betreuungsunterhalt nach zuvor erklärtem Unterhaltsverzicht geschieht.

Ob etwas anderes zu gelten hat und der Unterhalt für den gemeinschaftliche Kinder betreuenden Ehegatten noch unter die Grenze des sogenannten Mindestbedarfs herabzusetzen ist – mit der Folge, daß der Ehegatte trotz der Kindesbetreuung in gewissem Umfang (u. U. abends) einer Teilerwerbstätigkeit nachgehen muß, um den eigenen notwendigen Bedarf sicherzustellen – wenn sich der Ehegatte ein besonders schwerwiegendes Fehlverhalten hat zuschulden kommen lassen (vgl. etwa *Senat*, NJW 1984, 296 = LM § 1579 BGB Nr. 19 = FamRZ 1984, 34 f.; NJW 1984, 297 = LM § 1579 BGB Nr. 20 = FamRZ 1984, 154 ff.; *Schwab/Borth*, Rdnr. 431; auch *Griesche*, in: FamGB, § 1579 Nr. 41 m. Nachw.), braucht hier nicht entschieden zu werden. Ein solches Verhalten ist der Kl. jedenfalls nicht vorzuwerfen, so daß ihr der Anspruch auf den Mindestunterhalt auf jeden Fall zuzugestehen ist. Einen sonstigen Rechtsgrund (über die Fälle des § 1579 BGB hinaus), der Kl. fiktive Kapitalwerte oder -einkünfte zuzurechnen, sieht das Gesetz nicht vor.

(Zur Erwerbsobliegenheit des betreuenden Elternteils bei Betreuung von zwei schulpflichtigen Kindern)

Die Grundsätze, nach denen die Erwerbsobliegenheit eines Elternteils beurteilt wird, der ein einzelnes minderjähriges Kind betreut, sind bei der Betreuung von zwei schulpflichtigen Kindern nicht in entsprechender Weise anzuwenden. Hier wird vielmehr die Auffassung vertreten, daß eine Teilzeitbeschäftigung nicht vor Vollendung des 14. oder 15. Lebensjahres eines der beiden Kinder in Betracht zu ziehen sei (vgl. *Soergel/Häberle*, § 1570 Rdnr. 11; *Kalthoener/Büttner*, Die Rspr. zur Höhe des Unterhalts, 5. Aufl., Rdnr. 403 m. w. Nachw.). **d**

BGH v. 1.10. 1997 – XII ZR 49/96 – FamRZ 98, 99 = NJW 98, 161

(Zeitschranke bei mehreren Abänderungsverfahren) **R514**

Die Beurteilung des *OLG*, daß der Zulässigkeit der Klage § 323 II ZPO entgegenstehe, ist nicht zu beanstanden.

1. Nach dieser Vorschrift ist die Abänderungsklage nur insoweit zulässig, als die Gründe, auf die sie gestützt wird, erst nach dem Schluß der mündlichen Verhandlung, in der eine Erweiterung des Klageantrags oder die Geltendmachung von Einwendungen spätestens hätte erfolgen müssen, entstanden sind. Insbesondere zur Absicherung der Rechtskraft unanfechtbar gewordener Entscheidungen ist danach eine Zeitschranke für die Berücksichtigung von Abänderungsgründen errichtet; denn der Möglichkeit einer Abänderung bedarf es nicht, wenn die veränderten Verhältnisse schon im Ausgangsprozeß zur Geltung gebracht werden konnten. Maßgebender Zeitpunkt ist der Schluß der mündlichen Verhandlung der letzten Tatsacheninstanz, also auch der Berufungsinstanz, wenn eine solche stattgefunden hat. Dabei kommt es grundsätzlich nicht auf die Parteistellung oder Zielrichtung des Vorprozesses an. Das folgt daraus, daß der Wortlaut des Gesetzes nicht nur auf die Erweiterung des Klageantrags, sondern auch auf die Geltendmachung von Einwendungen abstellt und damit beide Parteien dazu anhält, ihren Standpunkt bereits im Ausgangsprozeß zur Geltung zu bringen. So hat der *Senat* bereits entschieden, daß ein Unterhaltsgläubiger in einem vom Unterhaltsverpflichteten mit dem Ziel der Herabsetzung des erstinstanzlich ausgeurteilten Unterhalts angestrengten Berufungsverfahren gehalten ist, etwaige die Erhöhung des Unterhalts rechtfertigende Gründe im Wege der Anschließung an die Berufung des Gegners geltend zu machen, will er nicht mit diesen Gründen präkludiert sein (vgl. BGHZ 96, 205 = NJW 1986, 383 = LM § 323 ZPO Nr. 47). An dieser Rechtsprechung hat er später gegenüber kritischen Stimmen im Schrifttum festgehalten (vgl. BGHZ 103, 393 = NJW 1987, 1201 = LM § 323 ZPO Nr. 53); zwischenzeitlich entspricht sie herrschender Auffassung (vgl. *Stein/Jonas/Leipold*, ZPO, 20. Aufl., § 323 Rdnr. 47; *Gottwald*, in: MünchKomm-ZPO, § 323 Rdnr. 35; *Zöller/Vollkommer*, ZPO, 20. Aufl., § 323 Rdnr. 34; *Baumbach/Lauterbach/Albers/Hartmann*, ZPO, 54. Aufl., § 323 Rdnr. 49; *Thomas/Putzo*, ZPO, 20. Aufl., § 323 Rdnr. 24; ferner *Griesche*, in: FamGB § 323 ZPO Rdnr. 55; *Johannsen/Henrich/Brudermüller*, EheR, 2. Aufl., § 323 ZPO Rdnr. 98; *Schwab/Maurer*, Hdb. d. ScheidungsR I, 3. Aufl., 1056; *Göppinger/Vogel*, UnterhaltsR, 6. Aufl., Rdnr. 2363; *Heiß/Luthin*, UnterhaltsR, 23.10).

2. Im vorliegenden Fall besteht die Besonderheit, daß es sich bei dem vorausgegangenen Prozeß nicht um das Erstverfahren über den Unterhaltsanspruch der Bekl., sondern bereits um ein Abänderungsverfahren gem. § 323 ZPO gehandelt hat. Im Schrifttum besteht weitgehend Einigkeit darüber, daß bei mehreren aufeinanderfolgenden Abänderungsprozessen, die zu einer Abänderung geführt haben, für die Zeitschranke des § 323 II ZPO auf den Schluß der Tatsachenverhandlung des letzten Verfahrens abzustellen ist (vgl. *Stein/Jonas/Leipold*, § 323 Rdnr. 27; *Gottwald*, in: MünchKomm-ZPO, § 323 Rdnr. 59; *Thomas/Putzo*, § 323 Rdnr. 25; *Griesche*, in: FamGB § 323 ZPO Rdnr. 20; *Göppinger/Vogel*, Rdnr. 2400). Davon ist der *Senat* bereits in seinem Urteil vom 23. 11. 1994 (NJW 1995, 534 = FamRZ 1995, 221 [223]) ausgegangen.

Ähnlich wie bei der Fallgestaltung des Senatsurteils vom 6. 11. 1985 (BGHZ 96, 205 = NJW 1986, 383 = LM § 323 ZPO Nr. 47) kann es dann auch für die Präklusionswirkung nicht auf die Parteistellung oder Zielrichtung im vorangegangenen Verfahren ankommen. Hat es vielmehr der Gegner des früheren, auf Unterhaltserhöhung gerichteten Abänderungsprozesses versäumt, die bereits bestehenden, für eine Herabsetzung sprechenden Gründe geltend zu machen, wie hier der Kl., kann er auf diese Gründe keine neue Abänderungsklage stützen. § 323 II ZPO stellt damit sicher, daß nicht gesonderte Abänderungsverfahren für Erhöhungs- und Herabsetzungsverlangen zur Verfügung stehen, wie der Kl. anzunehmen scheint, sondern daß der Einfluß veränderter Umstände auf den titulierten Unterhaltsanspruch in einem einheitlichen Verfahren nach beiden Seiten hin geklärt werden muß. Bei einer Aufeinanderfolge von Abänderungsverfahren mit entgegengesetzter Zielrichtung wird dadurch vermieden, daß in jedem Prozeß eine andere Zeitschranke für die Berücksichtigung von Tatsachen gilt und daß es zu einer unzweckmäßigen Verdoppelung von Prozessen über den gleichen Lebenssachverhalt kommt mit der damit verbundenen Gefahr einander widersprechender gerichtlicher Entscheidungen. Soweit Abänderungsprozesse mit gegenläufigem Ziel nicht nacheinander, sondern gleichzeitig bei verschiedenen Gerichten eingeleitet werden, hat der *Senat* bereits entschieden, daß dem zeitlich später rechtshängig gewordenen Verfahren § 261 III Nr. 1 ZPO entgegensteht, daß also auch insoweit nur ein einheitliches Verfahren zulässig ist (*Senat*, NJWE-FER 1997, 40 = FamRZ 1997, 488 m. w. Nachw.). Die Abänderungsklage ist überhaupt erst zulässig, wenn – über etwaige Teilklagen hinaus – der volle Unterhalt tituliert worden ist (*Senat*, BGHZ 93, 330 [337] = NJW 1995, 1340). § 323 II ZPO gewährleistet, daß auch der Gegenstand einer zulässig eingeleiteten Abänderungsklage stets der volle Unterhalt ist und nicht nur die Frage, ob aufgrund veränderter Verhältnisse eine Erhöhung oder Herabsetzung in Betracht kommt.

3. Der verfahrensrechtliche Weg, der dem Kl. bereits im Vorprozeß zur Durchsetzung seines Standpunkts zu Gebote stand, war die Abänderungswiderklage, die er sich in zweiter Instanz auch ausdrücklich vorbehalten hat. Die Revision macht geltend, nach dem Wortlaut des § 323 II ZPO könne ein Bekl. des Vorprozesses nur mit „Einwendungen" präkludiert sein; eine Widerklage stelle aber keine Einwendung dar. Damit kann sie nicht durchdringen. Soweit das Gesetz in § 323 II ZPO in bezug auf die beklagte Partei des Vorprozesses den Begriff „Einwendungen" gebraucht, hat es ersichtlich den

Normalfall einer gegen die erstmalige Titulierung eines Unterhaltsanspruchs gerichteten Abänderungsklage im Auge. Im Erstverfahren kann der Unterhaltsverpflichtete im günstigsten Falle die Abweisung der Unterhaltsklage erreichen; die Frage einer Widerklage stellt sich also nicht. Soweit § 323 II ZPO auch auf die Schlußverhandlung eines vorausgegangenen Abänderungsverfahrens bezogen werden muß, handelt es sich bereits um eine Interpretation der Vorschrift nach ihrem Sinn und Zweck. In diesen Fällen ist auch bei der Auslegung des Begriffs „Einwendungen" nicht am Wortlaut zu haften; vielmehr kommt es darauf an, welche verfahrensrechtlichen Mittel dem Bekl. des vorangegangenen Abänderungsverfahrens zu Gebote standen, um seinen dem Kl. gegenläufigen Standpunkt durchzusetzen. Im vorliegenden Fall ist demgemäß zu fragen, ob es dem jetzigen Kl. rechtlich möglich und zumutbar war, im Vorprozeß im Wege der Widerklage die Herabsetzung des im Jahre 1986 für die Bekl. titulierten Unterhalts zu beantragen. Die Frage ist zu bejahen. Schon in erster Instanz des Vorprozesses stritten die Parteien über die Erwerbsfähigkeit der Bekl.; es wurde hierzu ein Sachverständigengutachten eingeholt, das den Standpunkt des Kl. bestätigte. Bereits in erster Instanz war ihm daher die Erhebung einer Abänderungswiderklage rechtlich möglich und auch ohne weiteres zumutbar. Aber auch im zweiten Rechtszug wäre es ihm möglich und zumutbar gewesen, eine entsprechende Widerklage zu erheben. Die Sachdienlichkeit einer solchen Widerklage und die Gewähr ihrer Zulassung durch das Gericht (§ 530 I ZPO) ergeben sich bereits aus dem Anliegen, aufeinanderfolgende Abänderungsverfahren zu vermeiden.

4. Die Revision vertritt weiter die Auffassung, jedenfalls dann, wenn ein Unterhaltsschuldner, wie hier, sich im Vorprozeß ein weiteres Vorgehen ausdrücklich vorbehalte, könne ihm dies nicht verwehrt sein. Auch dem kann nicht gefolgt werden. § 323 II ZPO unterliegt nicht der Parteidisposition, sondern zwingt die Parteien dazu, wie bereits dargelegt, alle für die Beurteilung des Unterhaltsanspruchs relevanten Umstände, die bereits entstanden sind, im Vorprozeß geltend zu machen. Anders als im unterhaltsrechtlichen Erstverfahren, in dem Teilklagen und Nachforderungsklagen möglich sind, können die Parteien eines Abänderungsprozesses sich nicht auf die teilweise Geltendmachung von Abänderungsgründen beschränken und die übrigen Gründe einer „Nachtragsabänderungsklage" vorbehalten (vgl. dazu *Stein/Jonas/Leipold*, § 323 Rdnr. 47; a. A. *Schmidt*, MDR 1963, 187). Der hier vom Kl. im Vorprozeß gemachte Vorbehalt macht die vorliegende Abänderungsklage daher nicht zulässig.

Eine andere Frage ist, ob der Kl. dann, wenn sich die im Vorprozeß zugrunde gelegten Umstände wesentlich geändert haben und ihm dadurch eine neue Abänderungsklage eröffnet ist, auch in dem neuen Verfahren gehindert ist, die volle Erwerbsfähigkeit der Bekl. geltend zu machen. Die Frage ist zu verneinen. Da der Kl. im Vorprozeß mit seinem Klageabweisungsantrag voll durchgedrungen ist, muß durch die Berücksichtigung dieser „Alttatsache" keine Rechtskraftwirkung beseitigt werden. In diesem erweiterten Anwendungsbereich des § 323 ZPO (vgl. dazu BGHZ 34, 110 [116] = NJW 1961, 871 = LM § 323 ZPO Nr. 8) kann die Präklusionsvorschrift des Abs. 2 nicht uneingeschränkt angewendet werden (vgl. BGHZ 98, 353 [357 f.] = NJW 1987, 1201 = LM § 323 ZPO Nr. 53 mit weiteren Beispielen aus der Senatsrechtsprechung). Es wäre unerträglich und auch unverhältnismäßig, wenn in einem zulässig eröffneten neuen Verfahren, in dem wiederum der volle Unterhalt der Bekl. nach beiden Seiten hin geklärt werden soll, die Frage ihrer Erwerbsfähigkeit ausgeklammert bleiben müßte (ebenso *Zöller/Vollkommer*, § 323 Rdnr. 40 a [unter b]).

BGH v. 22. 10. 1997 – XII ZR 278/95 – FamRZ 98, 357 = NJWE-FER 98, 64

(Darlehens- und Beweislast, wenn minderjährige Kinder nur den Mindestunterhalt verlangen; Unterschied zwischen steuerlich und unterhaltsrechtlich relevantem Einkommen) **R515**

a II. 2. a) ... Der Bekl. hat sich für seine behauptete Leistungsunfähigkeit auf die in den vorgelegten Steuerbescheiden für die Jahre 1988 bis 1991 und 1993 ausgewiesenen Einkünfte bezogen. Die Höhe des die Leistungsfähigkeit bestimmenden Einkommens ist indessen nicht mit dem steuerpflichtigen Einkommen identisch. Das Steuerrecht privilegiert einzelne Einkommensarten und erkennt Aufwendungen als einkommensmindernd an, die keine wirkliche Vermögenseinbuße zum Gegenstand haben. Dem durch das steuerliche Institut der Abschreibung pauschal berücksichtigten Verschleiß von Gegenständen des Anlagevermögens entspricht oft keine tatsächliche Wertminderung in Höhe des steuerlich anerkennungsfähigen Betrages, erst recht keine entsprechende Minderung des Einkommens. Beruft sich der Unterhaltsschuldner, der eine Beschränkung seiner Leistungsfähigkeit behauptet, auf sein steuerpflichtiges Einkommen, so braucht er zwar nicht sämtliche Belege vorzulegen, durch die gegenüber der Steuerbehörde die behaupteten Aufwendungen glaubhaft zu machen sind. Er muß jedoch seine Einnahmen und behaupteten Aufwendungen im einzelnen so darstellen, daß die allein steuerlich beachtlichen Aufwendungen von solchen, die unterhaltsrechtlich von Bedeutung sind, abgegrenzt werden können (*Senat*, NJW 1980, 2086 = LM § 642a ZPO Nr. 2 = FamRZ 1980, 770 (771)). Daran fehlt es hier, obwohl nähere Angaben gerade deshalb in besonderem Maße erforderlich waren, weil nicht nachvollziehbar ist, wie der Bekl. etwa im Jahre 1993 bei angegebenen Einkünften von 12 538 DM allein Versicherungsbeiträge von 9359 DM aufgebracht, Zahlungen auf Darlehen geleistet und seinen Lebensunterhalt bestritten haben kann. Für die Jahre 1992 und 1994 hat der Bekl. lediglich pauschal behauptet, seine Einkünfte hätten den bereits vorgelegten Steuerbescheiden entsprochen. Bei dieser Sachlage ist das OLG zu Recht davon ausgegangen, der Bekl. habe seine tatsächlichen Einkommensverhältnisse und damit seine Leistungsunfähigkeit nicht hinreichend dargetan.

(Absagen auf regelmäßige, gezielte Bewerbungen um Arbeitsplätze sind vorzulegen; ein landwirtschaftlicher Betrieb ist bei unzureichenden Einkünften aufzugeben.)

b b) Das OLG hat es letztlich jedoch offengelassen, ob der Bekl. nicht bereits aus den Erträgen der Landwirtschaft den Mindestunterhalt der Kinder bestreiten könnte, und darauf abgestellt, daß er aufgrund seiner erweiterten Unterhaltspflicht gegenüber den minderjährigen Kindern nach § 1603 II BGB zu einer gesteigerten Ausnutzung seiner Arbeitskraft verpflichtet ist. Das ist rechtlich nicht zu beanstanden (vgl. *Senat*, NJW 1980, 2414 = FamRZ 1980, 1113 (1114)).

Die Leistungsfähigkeit eines Unterhaltspflichtigen wird nicht nur durch die tatsächlich vorhandenen, sondern auch durch solche Mittel bestimmt, die er bei gutem Willen durch zumutbare Erwerbstätigkeit erzielen könnte. Insoweit wäre dem Bekl. bei unzureichenden Erträgen aus der Landwirtschaft jedenfalls anzusinnen, zur Nebenerwerbslandwirtschaft überzugehen und notfalls die Landwirtschaft ganz aufzugeben und eine höhere Einkünfte versprechende anderweitige volle Erwerbstätigkeit aufzunehmen (vgl. *Senat*, NJW-RR 1993, 1283 = FamRZ 1993, 1304 (1306)). Daß er hierzu aus gesundheitlichen Gründen nicht in der Lage wäre, hat der Bekl., wie das OLG verfahrensfehlerfrei angenommen hat, nicht hinreichend dargetan. Aus keinem der von ihm vorgelegten ärztlichen Atteste ergeben sich Anhaltspunkte für eine dauerhafte Einschränkung der Erwerbsfähigkeit. Auch die vom Versorgungsamt bescheinigte Minderung der Erwerbsfähigkeit von 40% wegen degenerativer Veränderungen der Hals- und Lendenwirbelsäule mit Nervenwurzelreizerscheinungen und hierdurch bedingter Migräne sowie wegen psychosomatischer Störungen ist insoweit nicht aussagekräftig. Es gibt durchaus Erwerbsmöglichkeiten, die mit den genannten Beschwerden zu vereinbaren sind. Daß für den 1953 geborenen Bekl., auch wenn er nur eine landwirtschaftliche Lehre im Betrieb seiner Eltern absolviert hat, keine reale Beschäftigungschance besteht (z. B. in der Lagerverwaltung oder in der Fabrikation), ist weder hinreichend dargetan – etwa durch Vorlage von Absagen auf regelmäßige, gezielte Bewerbungen um Arbeitsstellen – noch sonst ersichtlich. Aus diesem Grund begegnet die Auffassung des OLG, der Bekl. habe seine Leistungsunfähigkeit auch im Hinblick auf mögliche Einkünfte aus einer abhängigen Erwerbstätigkeit nicht hinreichend dargetan, keinen rechtlichen Bedenken.

BGH v. 22. 10. 1997 – XII ZR 12/96 – FamRZ 98, 87 = NJW 98, 753

R516 *(Objektive Merkmale beim nachehelichen Unterhalt)*

a 3. Nach § 1578 I BGB bestimmt sich das Maß des nachehelichen Unterhalts nach den ehelichen Lebensverhältnissen. Die ehelichen Lebensverhältnisse sind regelmäßig geprägt durch die Einkünfte beider Ehegatten (st.Rspr.; vgl. *Senat,* NJW 1982, 2439 = LM § 1578 BGB Nr. 13 = FamRZ 1982, 892f. m. Nachw.). Einkünfte in diesem Sinne sind nicht nur Erwerbseinkünfte, sondern auch andere geldwerte Erträge, z. B. Erträge aus Kapitalvermögen oder aus Beteiligungen und auch die Nutzung eines Eigenheims, soweit der objektive Mietwert den Aufwand übersteigt (st.Rspr.; zuletzt *Senat,* NJW-RR 1995, 835 = LM H. 9/1995 § 1578 BGB Nr. 64 = FamRZ 1995, 869 [870 f.] m. Nachw.). Bei der Bemessung des Unterhaltsbedarfs der Ast. ist deshalb zu berücksichtigen, daß die Parteien zur Zeit der Ehe lastenfrei in einem eigenen Einfamilienhaus gewohnt haben.

(Nicht prägender Wohnwert ist bedarfsmindernd. Werden zum Erwerb der neuen Immobilie Kredite aufgenommen, kürzen nur die Zinsen, nicht die Tilgung den Wohnwert)

b Nach § 1577 I BGB kann der an sich unterhaltsberechtigte geschiedene Ehegatte Unterhalt nicht verlangen, solange und soweit er sich aus seinen Einkünften und seinem Vermögen selbst unterhalten kann. Auch in diesem Zusammenhang gehören zu dem anrechenbaren Einkommen Wohnvorteile wie das mietfreie Wohnen im eigenen Haus. Muß der Unterhaltsberechtigte – wie im vorliegenden Fall – monatliche Zahlungen leisten auf einen Kredit, den er zur Finanzierung des Eigenheims aufgenommen hat, so mindern diese Zahlungen den Wohnvorteil, soweit es sich um Zinsaufwand handelt. Der *Senat* stellt klar, daß dem Senatsurteil vom 18. 12. 1991 (NJW 1992, 1044 = LM H. 8/1992 § 1577 BGB Nr. 16 = FamRZ 1992, 423 [425]) nichts Gegenteiliges entnommen werden kann. Um Zahlungen, die der Rückführung des Darlehens und damit der Vermögensbildung des Unterhaltsberechtigten dienen, ist der Wohnvorteil dagegen nicht zu kürzen, weil es nicht zu den Zwecken des Ehegattenunterhalts gehört, dem Unterhaltsberechtigten die Bildung von Vermögen zu ermöglichen (vgl. *Senat,* NJW 1992, 1044 = LM H. 8/1992 § 1577 BGB Nr. 16 = FamRZ 1992, 423 [424] m. Nachw.).

Das BerGer. meint, der Wohnvorteil, den die Eheleute zur Zeit des Zusammenlebens durch das Wohnen im eigenen Haus gehabt hätten, und der Wohnvorteil, den die Ast. nach der Trennung der

Parteien durch das Wohnen in einem Haus habe, das sie überwiegend mit Hilfe des Erlöses aus dem Verkauf des gemeinsamen Hauses erworben habe, „neutralisierten" sich gegenseitig. Sie könnten deshalb bei der Bemessung des Unterhaltsanspruchs der Ast. von vornherein unberücksichtigt bleiben. Dem kann nicht gefolgt werden. Die Ansicht des BerGer. ist mit der geschilderten Regelung des Gesetzes nicht vereinbar.

Der *Senat* hat es bereits abgelehnt, Zinsen, die der unterhaltsbedürftige, geschiedene Ehegatte aus einem im Wege des Zugewinnausgleichs erlangten Kapitalvermögen zieht oder ziehen könnte, pauschal aufzurechnen gegen seinen Anteil an den wirtschaftlichen Vorteilen, die während der Ehe den Ehegatten aus dem entsprechenden Vermögen zugeflossen sind und die ehelichen Lebensverhältnisse mitgeprägt haben (NJW 1986, 1342 = LM § 1569 BGB Nr. 22 = FamRZ 1986, 437 [438 f.]). Der vorliegende Fall ist damit durchaus vergleichbar. Der den Unterhaltsbedarf der Ast. erhöhende Wohnvorteil, den die Parteien zur Zeit der Ehe hatten, und der Vorteil, den die Ast. heute durch das Wohnen im eigenen Haus hat, kompensieren sich bei der Berechnung des Unterhaltsanspruchs der Ast. nur dann, wenn der Anteil der Ast. an dem früheren Wohnvorteil – regelmäßig die Hälfte – zufällig genausoviel wert ist wie ihr heutiger Wohnvorteil. Ist er höher oder niedriger, dann ergibt sich aus dem Gesetz keine Handhabe, diesen Umstand bei der Bemessung des Unterhalts unberücksichtigt zu lassen.

Die Argumente, die das BerGer. für seine gegenteilige Meinung anführt, sind nicht stichhaltig. Das BerGer. stellt entscheidend darauf ab, der „eheprägende Wohnvorteil" habe sich auf seiten beider Parteien in der Nutzungsmöglichkeit des an jede Partei geflossenen Erlösanteils fortgesetzt und „einem überschießenden Wohnvorteil der Ast." stehe gegenüber, daß der Ag. seinen Erlösanteil nutzen könne.

Dieser Argumentation kann schon deshalb nicht gefolgt werden, weil der Umstand, daß auch der Ag. seinen Erlösanteil erhalten hat, jedenfalls zunächst keine Auswirkung hat auf die Höhe des der Ast. zustehenden Unterhaltsanspruchs. Dieser Kapitalfluß hat die ehelichen Lebensverhältnisse nicht geprägt und hat deshalb keinen Einfluß auf den Unterhaltsbedarf der Ast. Schon gar nicht hat er Einfluß darauf, inwieweit die Ast. ihren Unterhalt selbst bestreiten kann. Er könnte allenfalls Bedeutung gewinnen im Zusammenhang mit der Prüfung der Leistungsfähigkeit des Ag. Die Leistungsfähigkeit des Ag. hat jedoch mit der hier erörterten Frage nichts zu tun. Außerdem hat der Ag. seine Leistungsfähigkeit – zu Recht – nicht in Frage gestellt.

Würde man sich der Rechtsansicht des BerGer. anschließen, so hätte das in einer Vielzahl von Fällen zur Folge, daß der unterhaltsberechtigte geschiedene Ehegatte seinen Unterhaltsanspruch dadurch erhöhen könnte, daß er Kapitalbeträge, die ihm aus der Vermögensauseinandersetzung oder auf andere Weise zugeflossen sind, in einer selbst genutzten Immobilie anlegt. Das würde bedeuten, daß der Unterhaltsverpflichtete dem Unterhaltsberechtigten durch erhöhte Unterhaltszahlungen die Bildung von Grundeigentum ermöglichen oder zumindest erleichtern müßte. Oben ist bereits ausgeführt, daß es grundsätzlich nicht zu den Zwecken des Ehegattenunterhalts gehört, dem Unterhaltsberechtigten die Bildung von Vermögen zu ermöglichen.

Der Wohnwert beider Häuser kann deshalb nicht unberücksichtigt bleiben. Das BerGer. hat weder den Wohnwert des von den Parteien verkauften Einfamilienhauses noch den Wohnwert des von der Ast. erworbenen Einfamilienhauses festgestellt.

(Bei Neuerwerb einer Immobilie ist stets eine Vermögensumschichtung zu prüfen, wenn anderweitig günstigere Renditen erwirtschaftet werden können. Bei Aufnahme von Krediten sind Zins und Tilgung vom Wohnwert abzurechnen.)

4. Das Berufungsurteil kann aus einem weiteren Grunde mit der gegebenen Begründung keinen **c**
Bestand haben. Aus § 1577 I BGB ergibt sich für den unterhaltsberechtigten geschiedenen Ehegatten die Obliegenheit, vorhandenes Vermögen so ertragreich wie möglich anzulegen (*Senat,* NJW-RR 1988, 514 = LM § 1578 BGB Nr. 48 = FamRZ 1988, 145 [149] m. Nachw.). Deshalb darf der geschiedene Ehegatte den Erlös aus dem Verkauf eines bisher bewohnten Familienheims nicht ohne weiteres zum Erwerb eines Eigenheims verwenden, wenn durch eine verzinsliche Anlage des Kapitals höhere Erträge zu erwirtschaften wären. Er kann gehalten sein, sein Vermögen umzuschichten (vgl. *Johannsen/Henrich/Voelskow,* EheR, 2. Aufl., 1577 Rdnr. 4 m.Nachw.). Vermögenserträge, die der Unterhaltsberechtigte in zumutbarer Weise erzielen könnte, tatsächlich aber nicht erzielt, mindern als fiktives Einkommen seine Bedürftigkeit (vgl. *Lohmann,* Neue Rspr. des *BGH* zum FamR, 8. Aufl., Rdnr. 181 m. Nachw. aus der Rspr. des *Senats*).

Nach der Rechtsprechung des *Senats* setzt die Annahme einer solchen Obliegenheit, das vorhandene Vermögen durch Umschichtung ertragreicher einzusetzen, eine Zumutbarkeitsprüfung voraus. Die tatsächliche Anlage des Vermögens muß sich als eindeutig unwirtschaftlich darstellen (*Senat,* NJW 1992, 1044 = LM H. 8/1992 § 1577 BGB Nr. 16 = FamRZ 1992, 423 [425], und NJW-RR 1988, 514 = LM § 1578 BGB Nr. 48 = FamRZ 1988, 145 [149] m. w. Nachw. aus der Rspr. des *Senats*).

Das BerGer. hat die Frage, ob der Einsatz der der Ast. zugeflossenen 263 000 DM zum Ankauf eines Einfamilienhauses als eindeutig unwirtschaftlich zu beurteilen ist, – wie die Revision zu Recht rügt – mit unzureichender Begründung verneint. Bei der Beurteilung der Wirtschaftlichkeit der gewählten Anlage ist unter Berücksichtigung auch steuerlicher Gesichtspunkte darauf abzustellen, welchen Ertrag die gewählte Anlage erbringt und welcher Ertrag bei einer anderen Anlageform – z. B. der verzinslichen Anlage des Kapitals – erwirtschaftet werden könnte. Wird das Kapital – wie im vorliegenden Fall – eingesetzt, um ein Einfamilienhaus zu erwerben, so ist als Ertrag dieser Anlageform der Mietwert/Wohnwert dieses Einfamilienhauses anzusetzen. Reichte das Kapital nicht aus, um den Erwerb des Einfamilienhauses zu ermöglichen, und mußte deshalb ein Teil des Kaufpreises finanziert werden, so sind die Kosten der Finanzierung – im vorliegenden Fall 416,90 DM monatlich – von dem Mietwert des Hauses abzuziehen, bevor der Mietwert in Relation gesetzt wird zu dem möglichen Ertrag des Kapitals (*Senat,* NJW 1992, 1044 = LM H. 8/1992 § 1577 BGB Nr. 16 = FamRZ 1992, 423 [425]).

Wie bereits ausgeführt ist, hat das BerGer. den Wohnwert des von der Ast. erworbenen Hauses nicht festgestellt. Schon deshalb kann nicht beurteilt werden, ob dieser Wohnwert abzüglich der monatlichen Belastungen von 416,90 DM in einem hinnehmbaren Verhältnis steht zu den Erträgen, die die Ast. durch die zinsbringende Anlage des eingesetzten Kapitals hätte erzielen können.

BGH v. 5. 11. 1997 – XII ZR 20/96 – FamRZ 98, 367 = NJW 98, 978

R517 *(Ersatzansprüche wegen geleisteten Unterhalts gegen volljähriges Kind)*

a c) Die fraglichen Aufwendungen der Mutter der Kl. sind nach Grund und Höhe bestritten (hinsichtlich des Pkw vgl. unten d). Sie können unterstellt werden, soweit es sich dabei darum gehandelt hat, Unterhaltsleistungen für die Kl. zu erbringen oder ihr Gelegenheitsgeschenke zu machen. Denn insoweit besteht kein Ersatzanspruch der Mutter.

Nach § 1648 letzter Halbs. BGB kann ein sorgeberechtigter Elternteil keinen Ersatz für geschuldete Unterhaltsleistungen verlangen. Soweit er über das geschuldete Maß hinausgehende Unterhaltsleistungen erbracht hat, greift die Vermutung des § 685 II BGB ein, wonach ihm regelmäßig die Absicht fehlt, vom Empfänger Ersatz zu verlangen (vgl. dazu *Staudinger/Engler,* BGB, 10./11. Aufl., § 1648 Rdnr. 2; *Palandt/Thomas,* 685 Rdnr. 3). Anhaltspunkte, die die auf der Lebenserfahrung beruhende Vermutung des § 685 II BGB (vgl. BGHZ 38, 302 [305] = NJW 1963, 483 = LM § 683 BGB Nr. 14) hier entkräften können, sind nicht vorgetragen oder sonst ersichtlich. Danach scheiden diejenigen Aufwendungen in der Aufstellung als Grundlage für einen Ersatzanspruch der Mutter aus, die ihrer Art nach Unterhaltsgewährung darstellen. Darunter fallen insbesondere das in den Jahren 1985 bis 1993 gezahlte Taschengeld und die Aufwendungen für Bekleidung, ärztliche Behandlung sowie sportliche und musikalische Ausbildung (vgl. *Gernhuber/Coester-Waltjen,* FamR, 4. Aufl., § 57 IV 4, S. 865). Soweit es sich um Gelegenheitsgeschenke handelt (vgl. etwa die Posten „Steifftiere und Puppen", „Schmuck und Uhren"), gilt das gleiche nach dem Rechtsgedanken des § 534 BGB. Auf der Grundlage der Wertansätze der Aufstellung ergeben sich danach erhebliche Beträge, die dem Vermächtnisanspruch aus Rechtsgründen nicht entgegengesetzt werden können.

d) Außerhalb des erörterten Bereichs kann § 1648 BGB Ersatzansprüche des sorgeberechtigten Elternteils begründen, allerdings in engen Grenzen. Das Gesetz spricht von Aufwendungen, die der Elternteil „den Umständen nach für erforderlich halten durfte". Dabei ist nach h. A., die der *Senat* teilt, nicht auf die objektive Notwendigkeit abzustellen, sondern darauf, was nach dem Sorgfaltsmaßstab des § 1664 BGB subjektiv für erforderlich gehalten werden durfte, auch und gerade im Hinblick auf die Vermögensverhältnisse des Kindes (vgl. etwa *Staudinger/Engler,* § 1648 Rdnr. 4; *Adelmann,* in: RGRK, 12. Aufl., 1648 Rdnr. 4). Ein Ersatzanspruch entfällt, wenn im Zeitpunkt der Aufwendung keine Absicht bestand, dafür Ersatz zu verlangen, wofür allerdings im Gegensatz zum Aufwendungsbereich des § 685 II BGB keine tatsächliche Vermutung spricht (vgl. etwa *Hinz,* in: MünchKomm, § 1648 Rdnr. 6).

Ob der Mutter der Kl. für einen Teil der in der Aufstellung angeführten Aufwendungen Ersatzansprüche zustanden, kann mangels hierzu getroffener Feststellungen nicht abschließend beurteilt werden. Eine Ausnahme gilt für den Betrag von 8000 DM, den die Mutter nach der vorgelegten Rechnung vom 24. 3. 1994 für die Anschaffung eines gebrauchten Pkw verwendet hat. Das Fahrzeug hat sie der Kl. zu ihrem 18. Geburtstag (26. 5. 1994) überlassen. Insoweit können die Voraussetzungen eines Ersatzanspruchs aus § 1648 BGB aufgrund des bereits feststehenden Sachverhalts bejaht werden. Es handelte sich um eine Aufwendung in beträchtlicher Höhe, die die Mutter im Hinblick auf die bevorstehende Erlangung der Volljährigkeit der Kl. und deren an sich bestehenden Vermächtnisanspruch jedenfalls subjektiv für erforderlich halten durfte. Die Umstände ergeben nicht, daß keine Absicht bestand, für die hohe Summe keinen Ersatz zu verlangen.

(Bedürftigkeit. Einziehung von Forderungen)

b Ein Unterhaltsgläubiger ist aber nicht bedürftig, wenn er es unterläßt, eine Forderung einzuziehen, die er in zumutbarer Weise einziehen könnte (vgl. etwa *Senat,* NJW-RR 1989, 578 = LM BAföG

Nr. 9 = FamRZ 1989, 499 [500]). Es bestehen keine Bedenken, die Kl. darauf zu verweisen, einen restlichen Vermächtnisanspruch gegen ihre Mutter zu realisieren, zumal diese die Mittel des Vermächtnisses zum Erwerb unbelasteten Grundbesitzes verwandt hat und letzterer zur Befriedigung eines Anspruchs der Kl. eingesetzt werden könnte (vgl. zum Pflichtteilsanspruch *Senat*, NJW 1993, 1920 = LM H. 8/1993 § 1577 BGB Nr. 17 = FamRZ 1993, 1065 [1067]).

(Verwertung des Vermögensstamms beim Verwandtenunterhalt; Affektionsinteresse hat bei hohen Vermögenswerten wenig Gewicht.)

a) Bei der Frage, inwieweit ein volljähriges Kind für seinen Unterhalt den Stamm seines Vermögens angreifen muß (Umkehrschluß aus § 1602 II BGB), scheint das *OLG* einer entsprechenden Anwendung des § 1577 III BGB zuzuneigen, einer Vorschrift aus dem Bereich des nachehelichen Unterhalts. Vor der Schaffung der Norm durch das 1.EheRG hat der *BGH* entschieden, daß das Vorhandensein von Vermögen eines volljährigen Kindes zwar dem Grundsatz nach die Bedürftigkeit ausschließt, daß aber die Vermögensverwertung im Einzelfall unzumutbar sein kann, insbesondere im Falle der Unwirtschaftlichkeit, auf die nunmehr auch § 1577 III BGB abstellt (vgl. RzW 1957, 154 = LM § 17 BEG 1956 Nr. 1 = FamRZ 1957, 120, und FamRZ 1966, 28 [29]). In bezug auf den Obliegenheitsmaßstab des Unterhaltsverpflichteten hat der *Senat* bereits ausgesprochen, daß das Gesetz im Bereich des Verwandtenunterhalts eine allgemeine Billigkeitsgrenze wie beim nachehelichen Unterhalt nicht vorsehe (NJW-RR 1986, 66 = LM § 1603 BGB Nr. 29 = FamRZ 1986, 48 [50]). Die Grenze der Unzumutbarkeit wird daher etwas enger als bei § 1577 III BGB zu ziehen sein, angenähert etwa dem Begriff der groben Unbilligkeit. Der Tatrichter hat darüber im Einzelfall im Rahmen einer umfassenden Zumutbarkeitsabwägung zu entscheiden, die alle bedeutsamen Umstände und insbesondere auch die Lage des Unterhaltsverpflichteten berücksichtigt (vgl. dazu etwa OLG Hamburg, FamRZ 1980, 912 [913]; *OLG Hamm*, FamRZ 1982, 1099 [1100]; *OLG Frankfurt a. M.*, FamRZ 1987, 1179 [1180]; a. auch *Köhler*, in: MünchKomm, § 1602 Rdnr. 8; *Mutschler*, in: RGRK, § 1602 Rdnr. 21). Soweit im Schrifttum auf die Frage einer entsprechenden Anwendung des § 1577 III BGB eingegangen wird, wird dies überwiegend verneint (vgl. *Soergel/Häberle*, BGB, 12. Aufl., § 1602 Rdnr. 4; *Staudinger/Kappe*, BGB, 1993, § 1602 Rdnr. 118; *Wendl/Scholz*, UnterhaltsR, 3. Aufl., § 2 Rdnr. 107; *Kalthoener/Büttner*, Rspr. zur Höhe des Unterhalts, 6. Aufl., Rdnr. 506; a. A. *Griesche*, in: FamGb, § 1602 Rdnr. 50; *Schwab/Barth*, Hdb. des ScheidungsR, 3. Aufl., Teil V, Rdnr. 124). c

Ob dem Unterhaltsberechtigten insbesondere ein sogenannter Notgroschen für Fälle plötzlich auftretenden (Sonder-)Bedarfs zu belassen ist, wird ebenfalls nicht einheitlich beurteilt (dagegen etwa *Staudinger/Kappe*, § 1602 Rdnr. 122; *Göppinger/Strohal*, UnterhaltsR, Rdnr. 310). Der *Senat* schließt sich insoweit der bejahenden Auffassung an, die wohl als herrschend zu bezeichnen ist (vgl. OLG Düsseldorf, FamRZ 1990, 1137; *Köhler*, in: MünchKomm, § 1602 Rdnr. 21; *Erman/Holzhauer*, BGB, 9. Aufl., § 1602 Rdnr. 26; *Wendl/Scholz*, § 2 Rdnr. 107; *Gernhuber/Coester-Waltjen*, § 45 II 2, S. 667; s. für den Trennungsunterhalt *Senat*, NJW 1985, 907 = LM § 1361 BGB Nr. 42 = FamRZ 1985, 360 [361]).

b) Das *OLG* hat der Kl. unter dem Gesichtspunkt des „Notgroschens" Pfandbriefe im Nennwert von 10 000 DM belassen und daneben unter dem Gesichtspunkt des sogenannten Affektionsinteresses die drei Krügerrand-Münzen. Wenn es in ersterer Hinsicht auch Urlaubsreisen berücksichtigt, kann aber schwerlich von einem Notbedarf ausgegangen werden. Die Orientierung an Vorschriften des Sozialrechts bei der Bemessung eines solchen Freibetrages (§ 88 II Nr. 8 BSHG mit der DurchführungsVO v. 11. 2. 1988 – BGBl I, 150; § 6 AlhiVO) ist an sich nicht zu beanstanden (ausf. dazu *Müller*, FPR 1995, 190). Die in diesen Vorschriften genannten Beträge (2500 DM bzw. 4500 DM nach der DurchführungsVO, 8000 DM gem. § 6 AlhiVO) hat das *OLG* aber überschritten (*Müller*, FPR 1995, 190 [191], hält in der Regel einen Betrag von 5000 DM für angemessen).

c) Daß es der Kl. nach Auffassung des *OLG* nicht obliegt, den ihr von der Mutter gekauften Pkw zu veräußern und den Erlös für ihren Unterhalt einzusetzen, wird von der Revision nicht angegriffen. Es mag zwar zweifelhaft sein, ob allein der Hinweis des *OLG* auf die günstigen Einkommens- und Vermögensverhältnisse der Eltern und die daraus abzuleitende Lebensstellung der Kl. bis zur Erlangung eigener wirtschaftlicher Selbständigkeit diese Beurteilung rechtfertigt. Im Hinblick auf den starken Wertverfall gebrauchter Pkw ist die Entscheidung zu diesem Punkt jedenfalls unter dem Blickwinkel der Unwirtschaftlichkeit nicht zu beanstanden. Gebrauchte Gegenstände, deren Nutzen für den Bedürftigen wesentlich höher zu veranschlagen ist als der zu erwartende Erlös, müssen in der Regel nicht verwertet werden (vgl. *Mutschler*, in: RGRK, § 1602 Rdnr. 22).

d) Ein in Ausbildung befindliches volljähriges Kind ist nicht unter allen Umständen gehalten, zumutbar verwertbares Vermögen vollständig zu verbrauchen, ehe es von einem Elternteil Unterhalt in Anspruch nehmen kann. Im vorliegenden Fall liegt nahe, daß es Zweck des Vermächtnisses des Großvaters war, die Ausbildung der Kl. zu sichern. Es ist daher unter Zumutbarkeitsgesichtspunkten etwa nicht ausgeschlossen, die für den eigenen Unterhalt einzusetzenden Mittel der Kl. auf ihre voraussichtliche

Ausbildungsdauer umzulegen (vgl. dazu *Griesche*, in: FamGb, § 1602 Rdnr. 50; OLG Düsseldorf, FamRZ 1985, 1281).

BGH v. 19. 11. 1997 – XII ZR 1/96 – FamRZ 98, 286 = NJW-RR 98, 505

R518 *(Barunterhaltspflicht des Elternteils, der ein minderjähriges Kind betreut; sog. Subsidiaritätshaftung nach § 1603 II 3 BGB; anteilige Haftung bei Zusatzbedarf)*

a 2. Nach § 1606 III 1 BGB haften die Eltern für den Unterhalt eines Kindes nicht als Gesamtschuldner, sondern anteilig nach ihren Erwerbs- und Vermögensverhältnissen. Aus § 1606 III 2 BGB ergibt sich, daß im Falle des Getrenntlebens der Eltern der Elternteil, bei dem das Kind lebt, seinen Teil der Unterhaltspflicht grundsätzlich durch die Betreuung des Kindes in vollem Umfang erfüllt, während der andere Elternteil den Barunterhalt allein zu tragen hat. Dieser Grundsatz der Gleichwertigkeit von Barunterhalt und Betreuung gilt allerdings nicht uneingeschränkt. Er gilt z. B. nicht für Zusatzbedarf (*Senat*, NJW 1983, 2082 = LM § 1603 BGB Nr. 19 = FamRZ 1983, 689). Auch für den normalen Unterhaltsbedarf gilt er nicht, wenn die Vermögens- oder Einkommensverhältnisse des betreuenden Elternteils deutlich günstiger sind als die des anderen Elternteils. In einem solchen Falle kann die Barunterhaltspflicht des nicht betreuenden Elternteils sich ermäßigen oder ganz entfallen, insbesondere dann, wenn der nicht betreuende Elternteil zur Unterhaltszahlung nicht ohne Beeinträchtigung des eigenen angemessenen Unterhalts in der Lage wäre, während der andere Elternteil neben der Betreuung des Kindes auch den Barunterhalt leisten könnte, ohne daß dadurch sein eigener angemessener Unterhalt gefährdet würde. Die Inanspruchnahme des nicht betreuenden Elternteils zum Barunterhalt darf nicht zu einem erheblichen finanziellen Ungleichgewicht zwischen den Eltern führen (st. Rspr. des *Senats*; vgl. NJW 1991, 697 = LM § 1603 BGB Nr. 40 = FamRZ 1991, 182 [183] m. w. Nachw.).

3. Das *OLG* hat keine abschließenden Feststellungen zu den Vermögens- und Einkommensverhältnissen des Vaters der Kl. getroffen. Es hat lediglich festgestellt, daß er bei 13 Monatsgehältern 5200 DM brutto im Monat verdient. Es führt zutreffend aus, daß angesichts dieses Einkommens des Vaters der Kl. und der festgestellten Einkommensverhältnisse der Bekl. jedenfalls nicht von vornherein ausgeschlossen werden kann, daß sich der Vater der Kl. nach den dargelegten Grundsätzen an dem Barunterhalt beteiligen muß. Es meint jedoch, diesen Gesichtspunkt außer Betracht lassen zu können, weil die Bekl. wegen ihrer eingeschränkten Einkommensverhältnisse nicht einmal den Mindestunterhalt der Kl. zu zahlen habe. Diese Argumentation ist schon im Ansatz fehlerhaft. Daß die Bekl. jedenfalls nicht mehr zahlen kann als 223 bzw. 180 DM im Monat, hängt damit zusammen, daß sie wenig verdient und deshalb allenfalls eingeschränkt leistungsfähig ist. Die eingeschränkte Leistungsfähigkeit der Bekl. ist aber kein Argument gegen eine Beteiligung des Vaters der Kl. an dem Barunterhalt, sie ist im Gegenteil ein Argument für eine solche Beteiligung. Es mag richtig sein, daß sich der Vater ohnehin in gewissem Umfang am Barunterhalt beteiligt, weil die Bekl. nicht einmal den Mindestunterhalt zahlen kann. Dadurch wird aber nicht die rechtliche Beurteilung überflüssig, ob und in welchem Umfang er verpflichtet ist, Barunterhalt zu leisten, und wie sich das auf die Unterhaltsverpflichtung der Bekl. auswirkt.

4. Mit der gegebenen Begründung kann das Berufungsurteil deshalb keinen Bestand haben. Der *Senat* ist auch nicht in der Lage, selbst abschließend zu entscheiden (§ 565 III ZPO). Die Feststellungen des *OLG* reichen nicht aus, um beurteilen zu können, ob sich der Vater der Kl. an ihrem Barunterhalt beteiligen muß. Insbesondere hat das *OLG* – von seinem Standpunkt aus zu Recht – keine ausreichenden Feststellungen dazu getroffen, in welchen wirtschaftlichen Verhältnissen der Vater der Kl. lebt. So hat es z. B. nur sein Bruttogehalt festgestellt, nicht aber sein (bereinigtes) Nettoeinkommen. Die Sache muß an das *OLG* zurückverwiesen werden, damit der Tatrichter die fehlenden Feststellungen nachholen und unter Berücksichtigung der dargelegten Grundsätze nach billigem Ermessen abwägen kann, ob sich der Vater der Kl. an dem Barunterhalt beteiligen muß (vgl. Senat, NJW 1991, 597 = LM § 1603 BGB Nr. 40 = FamRZ 1991, 182 [184]).

Hat sich der Vater der Kl. an deren Barunterhalt zu beteiligen, so wird eine völlig neue Berechnung des geltend gemachten Unterhaltsanspruchs erforderlich. Es ist jedenfalls nicht auszuschließen, daß die Bekl. dann nicht mehr an die Kl. zahlen müßte als die 145 DM monatlich, zu deren Zahlung sie bereits rechtskräftig verurteilt ist. Das gilt insbesondere auch deshalb, weil das *OLG* – von seinem Standpunkt aus zu Recht – von einer erweiterten Unterhaltspflicht der Bekl. gegenüber der minderjährigen Kl. nach § 1603 II 1 BGB ausgegangen ist und der Bekl. deshalb nur den notwendigen Selbstbehalt belassen hat, den es mit 1200 DM im Monat annimmt, nicht den angemessenen Selbstbehalt. Nach § 1603 II 2 BGB tritt jedoch die erweiterte Unterhaltspflicht nicht ein, wenn ein anderer unterhaltspflichtiger Verwandter vorhanden ist. Dieser andere unterhaltspflichtige Verwandte kann auch der andere Elternteil sein, wenn er leistungsfähig ist (st. Rspr.; vgl. BGH, NJW 1980, 934 = LM § 1603 BGB Nr. 2 = FamRZ 1980, 555 [556]; NJW 1991, 697 = LM § 1603 BGB Nr. 40 = FamRZ 1991, 182 [184]).

Ist der Vater der Kl. verpflichtet, sich an deren Barunterhalt zu beteiligen, kann deshalb die gesteigerte Unterhaltspflicht der Bekl. entfallen mit der Folge, daß ihr der angemessene Selbstbehalt (§ 1603 I BGB) zu belassen ist (BGH, NJW 1980, 934 = LM § 1603 BGB Nr. 2 = FamRZ 1980, 555 [556]), den der Tatrichter zu bestimmen hat. Auch wenn der angemessene Selbstbehalt der Bekl. – wie im übrigen auch der notwendige Selbstbehalt – niedriger anzusetzen sein dürfte als die von der Praxis entwickelten Richtsätze, z. B. weil der Bedarf der Bekl. durch die gemeinsame Haushaltsführung mit ihrem ebenfalls berufstätigen Ehemann geringer sein dürfte (vgl. hierzu zutreffend *OLG Hamm*, FamRZ 1980, 916 [917] m. Nachw.), ist jedenfalls nicht auszuschließen, daß dieser angemessene Bedarf höher ist als die vom *OLG* als notwendiger Bedarf angerechneten 1200 DM.

(Hausmannsfälle, notwendiger bzw. angemessener Selbstbehalt)

5. Die Kl. meint demgegenüber, das *OLG* habe übersehen, daß die Bekl. nach den Grundsätzen der Rechtsprechung des *Senats* zu den sogenannten Hausmann-Fällen gehalten sei, einer Erwerbstätigkeit nachzugehen und das dabei erzielte Einkommen uneingeschränkt für den Unterhaltsbedarf der Kl. zu verwenden. Diese Obliegenheit der Bekl. habe keine gesteigerte Unterhaltspflicht nach § 1603 I 1 BGB zur Voraussetzung, sie folge vielmehr bereits aus dem in § 1609 BGB angeordneten Gleichrang der Unterhaltsansprüche der Kinder aus erster und zweiter Ehe. Die Bekl. könne sich nicht darauf berufen, daß sie ihr Arbeitseinkommen zur Deckung ihres eigenen Bedarfs benötige. **b**

Dies ist nicht zutreffend. In den sog. Hausmann-Fällen hat sich der Ehemann mit seiner zweiten Ehefrau dahin geeinigt, daß sie berufstätig bleibt und den Lebensunterhalt der Familie verdient, während er seine Berufstätigkeit aufgibt und statt dessen das Kind aus zweiter Ehe betreut. Ist er einem Kind aus erster Ehe unterhaltspflichtig, liegt darin eine Obliegenheitsverletzung, weil er sich gleichrangig beiden Kindern widmen muß und seine Arbeitskraft nicht allein der Betreuung des Kindes aus zweiter Ehe zuführen darf. Er muß sich deshalb in einem solchen Fall „fiktiv so behandeln lassen, als hätte er wie bisher ein volles Erwerbseinkommen" (*Senat*, NJW 1996, 1815 = LM H. 7–1996 § 1570 BGB Nr. 16 = FamRZ 1996, 815 [817]). Bei der Berechnung des Unterhalts, den er aufgrund dieses fiktiven Einkommens entsprechend seiner Leistungsfähigkeit zu zahlen hat, ist der notwendige bzw. der angemessene Selbstbehalt zu berücksichtigen (*Senat*, NJW 1985, 318 [319]). Wenn der einem Kind aus erster Ehe barunterhaltspflichtige Elternteil nach wie vor voll erwerbstätig ist, obwohl er ein Kind aus zweiter Ehe hat, kann nichts anderes gelten.

BGH v. 17. 12. 1997 – XII ZR 38/96 – FamRZ 98, 426 = NJW 98, 1065

(Kein nachehelicher Unterhaltsanspruch für geschiedene Ehefrau wegen Betreuung eines nichtehelichen Kindes vom geschiedenen Ehemann) **R519**

a) Ungeachtet des Umstandes, daß die Parteien miteinander verheiratet waren, hat ihr gemeinschaftliches Kind den Status eines nichtehelichen Kindes, weil es nicht während der Ehe oder innerhalb von 302 Tagen nach deren rechtskräftiger Auflösung geboren worden ist (§ 1593 BGB). Da der Wortlaut des § 1570 BGB nicht auf den Status abhebt, sondern auf die Pflege und Erziehung eines gemeinschaftlichen Kindes, wird die Vorschrift wie vom *OLG* auch von einem Teil des Schrifttums auf Fälle der vorliegenden Art für anwendbar gehalten (vgl. *Soergel-Häberle*, BGB, 12. Aufl., § 1570 Rdnr. 5; *Palandt-Diederichsen*, BGB, 57. Aufl., § 1570 Rdnr. 9; *Göppinger-Kindermann*, UnterhaltsR, 6. Aufl., Rdnr. 1183; *Schwab-Borth*, Hdb. des ScheidungsR, 3. Aufl, Teil IV, Rdnr. 152). Die Gegenmeinung verneint die Frage, weil die Unterhaltsverpflichtung nicht auf einer Nachwirkung der Ehe beruhe und ein sachlicher Grund fehle, den an sich einschlägigen Unterhaltsanspruch aus § 1615 I BGB zu verstärken (vgl. *Richter*, in: MünchKomm, 3. Aufl., § 1570 Rdnr. 6; *Cuny*, in: RGRK, 12. Aufl., § 1570 Rdnr. 6; *Erman-Dieckmann*, BGB, 9. Aufl., § 1570 Rdnr. 9; *Griesche*, in: FamGb, § 1570 Rdnr. 8; *Heiß-Heiß*, UnterhaltsR, Anm. 1.5; *AG Erding*, FamRZ 1995, 1414; zweifelnd *Hülsmann*, in: FamK § 1570 Rdnr. 25). Andere differenzieren danach, ob bei der Geburt des Kindes noch ein zeitlicher Bezug zur Ehe bejaht werden kann (vgl. *Kalthoener-Büttner*, Rspr. zur Höhe des Unterhalts, 6. Aufl., Rdnr. 405). Der *Senat* schließt sich der Auffassung an, die eine Anwendung der Vorschrift auf Fälle der vorliegenden Art ablehnt. Soweit eine beiläufige Äußerung im *Senatsurteil* des vom 26. 10. 1984 (NJW 1985, 428 = LM § 1579 BGB Nr. 25 = FamRZ 1985, 51 [52]) anders verstanden werden könnte, hält er daran nicht fest. **a**

b) Zwar läßt der Wortlaut des § 1570 BGB auch die erstgenannte Auslegung zu; denn die Kl. ist „ein geschiedener Ehegatte", der „ein gemeinschaftliches Kind" betreut. Es erhebt sich aber die Frage, ob Sinn und Zweck des Gesetzes nicht gebieten, den nachehelichen Unterhaltsanspruch aus § 1570 BGB auf Fälle zu beschränken, in denen das von dem geschiedenen Ehegatten betreute Kind den rechtlichen Status der Ehelichkeit hat. Dafür spricht schon der Umstand, daß der Unterhaltsanspruch einer Mutter, die ein nichteheliches Kind betreut, in § 1615 l BGB besonders geregelt ist, und daß andererseits die Betreuung eines sogenannten scheinehelichen Kindes, das also in Wahrheit kein gemeinschaftliches ist, den Unterhaltsanspruch aus § 1570 BGB auszulösen vermag, bis die Nichtehelichkeit rechtskräftig festgestellt ist (vgl. *Senat*, NJW 1985, 428 = LM § 1579 BGB Nr. 25 = FamRZ 1985, 51 [52]; *Bosch*, FamRZ 1981, 1064).

§ 1570 BGB wird als Ausdruck nachehelicher Solidarität verstanden. Wird das Kind lange nach der Scheidung gezeugt, etwa wie in dem vom *AG Erding*, FamRZ 1995, 1414, entschiedenen Fall viereinhalb Jahre danach, liegt es im Grunde nicht anders, als wenn ein nicht miteinander verheiratetes Paar ein Kind bekommt. Die Entscheidung davon abhängig zu machen, wie teilweise vertreten wird, ob bei der Geburt des Kindes noch ein zeitlicher Zusammenhang mit der aufgelösten Ehe bejaht werden kann, führte im Einzelfall zu Abgrenzungsschwierigkeiten, die die Vorschrift konturenlos machen und die Rechtssicherheit in Frage stellen würden.

Zu bedenken sind vor allem auch die Weiterungen, die sich bei einer Bejahung des vom Gesetz privilegierten Anspruchs aus § 1570 BGB ergeben würden. Der Höhe nach würde sich der Anspruch nach den ehelichen Lebensverhältnissen bei Eintritt der Rechtskraft der Scheidung (§ 1578 I BGB) bemessen, einem Zeitpunkt, der in Fällen der vorliegenden Art bei der Geburt des Kindes weit zurückliegen könnte. Ginge der Unterhaltsverpflichtete eine neue Ehe ein, genösse der Anspruch der Mutter gegenüber demjenigen des neuen Ehegatten den Vorrang aus § 1582 I 3 BGB. Im Falle des Scheiterns einer neuen Ehe der Mutter könnte der Anspruch unter den Voraussetzungen des § 1586 a BGB wieder aufleben. Schließlich könnten sich nach Beendigung der Pflege und Erziehung des Kindes weitere Unterhaltsansprüche der Mutter wegen Alters (§ 1571 Nr. 2 BGB), wegen Krankheit (§ 1572 Nr. 2 BGB) oder nach den Tatbeständen des § 1573 I und II i. V. mit Abs. 3 anschließen. All dies sind Rechtsfolgen, die ihre innere Berechtigung darin finden, daß das Kind einer ehelichen Lebensgemeinschaft entstammt.

Das Gesetz zur Reform des Kindschaftsrechts, das am 1. 7. 1998 in Kraft treten wird (BGBl I 1997, 2942 [2967]), hält daran fest, daß der Unterhaltsanspruch einer Mutter, die ein eheliches Kind betreut, und derjenige einer Mutter, die ein nichteheliches Kind betreut, unterschiedlich zu behandeln sind. Der Rechtsausschuß des Deutschen Bundestages hat zur Rechtfertigung der Differenzierung ausgeführt: Die Mutter eines nichtehelichen Kindes könne frei entscheiden, ob sie das Kind selbst betreuen wolle oder durch Dritte betreuen lasse. Das Kind habe keinen Anspruch auf Betreuung durch die Mutter und könne daher auch nicht Inhaber des Anspruchs auf Betreuungsunterhalt sein. Wenn es sich aber um einen Anspruch der Mutter gegenüber dem Vater des Kindes handele, sei die rechtliche Qualität der Elternbeziehung für die Ausgestaltung des Anspruchs von Bedeutung und erscheine es gerechtfertigt, den Anspruch der früheren Ehefrau unter dem Gesichtspunkt der nachehelichen Solidarität stärker auszugestalten als den Anspruch der Mutter, die ein nichtehelich geborenes Kind betreut (vgl. BT-Dr 13–8511, S. 71). Dem ist zu folgen. In Fällen der vorliegenden Art kann die rechtliche Qualität der Elternbeziehung nicht mehr derjenigen während bestehender Ehe gleichgesetzt werden. Auch verfassungsrechtliche Gründe (Art. 6 V GG) gebieten es daher nicht, der Kl. einen Anspruch aus § 1570 BGB zuzubilligen.

c) Die Zubilligung des vom *OLG* in zweiter Linie in Betracht gezogenen Anspruchs aus § 1576 BGB scheidet ebenfalls aus. Es handelt sich dabei um eine Auffangvorschrift für im Gesetz nicht ausdrücklich geregelte Fälle nachehelichen Unterhalts, etwa wenn es um die Betreuung von während der Ehe in den gemeinsamen Haushalt aufgenommenen Pflegekindern oder von Kindern eines Ehegatten aus einer früheren Ehe geht (vgl. dazu *Senat*, LM § 1576 BGB Nr. 1 = FamRZ 1983, 800 [802]). Der Unterhaltsanspruch einer Mutter, die ein nichteheliches Kind betreut, ist in § 1615 l BGB aber ausdrücklich geregelt, und zwar in einer Weise, die als abschließend beurteilt werden muß. In Fällen der vorliegenden Art handelt es sich nicht um eine Bedürfnislage, die im Zeitpunkt der Scheidung besteht und der Ehe zuzurechnen ist.

Nach Inkrafttreten des Gesetzes zur Reform des Kindschaftsrechts wird § 1615 l BGB im übrigen eine Ausgestaltung erfahren, die die Unterschiede zu einem Anspruch aus § 1576 BGB zurücktreten läßt. Die bisherige zeitliche Begrenzung des Anspruchs der nichtehelichen Mutter auf drei Jahre nach der Entbindung wird unter der Voraussetzung aufgehoben, daß es „insbesondere unter Berücksichtigung der Belange des Kindes grob unbillig wäre, einen Unterhaltsanspruch nach Ablauf dieser Frist zu versagen". Auch der Unterhaltsanspruch aus § 1576 BGB hängt letztlich davon ab, daß die Versagung von Unterhalt unter Berücksichtigung der Belange beider Ehegatten grob unbillig wäre (vgl. *Senat*, LM § 1576 BGB Nr. 1 = FamRZ 1983, 800 [802]). Nach dem Rechtszustand ab 1. 7. 1998 würde es daher – von der Regelung des § 1582 BGB abgesehen – für die Mutter im Ergebnis kaum günstiger sein, wenn in Fällen der vorliegenden Art ihr Unterhaltsanspruch nach § 1576 BGB statt nach § 1615 l BGB beurteilt würde.

(Zum Übergangsrecht im Hinblick auf die zweimalige Änderung der gesetzlichen Befristung des § 1615l II S. 3 BGB)

b d) Schon durch das am 1. 10. 1995 in Kraft getretene Schwangeren- und Familienhilfeänderungsgesetz (BGBl I, 1050) ist der Unterhaltsanspruch der Mutter eines nichtehelichen Kindes gem. § 1615 l BGB gegenüber dem früheren Rechtszustand erheblich verstärkt worden. Der zeitliche Rahmen des Betreuungsunterhalts ist von einem Jahr auf drei Jahre nach der Entbindung ausgedehnt worden; ferner ist die Voraussetzung entfallen, daß eine Möglichkeit zur anderen Versorgung, z. B. in einer Tagesheimstätte oder bei Verwandten, nicht besteht (vgl. zum früheren Rechtszustand *Senat*, BGHZ 93, 123

[128] = NJW 1985, 806 = LM § 1602 BGB Nr. 11). Der Gesetzgeber beabsichtigte in Anlehnung an § 1570 BGB, eine Vollbetreuung des Kindes durch seine Mutter bis zum Kindergartenalter zu ermöglichen (vgl. BT-Dr 13–1850, S. 24). Diese Neuregelung kommt der Kl. nur deshalb nicht zugute, weil in ihrem Fall die Frist von drei Jahren nach der Entbindung am 16. 9. 1995, also noch vor dem Inkrafttreten dieser Neufassung des § 1615 l BGB, abgelaufen ist. Auf Unterhalt für Zeiten vor Inkrafttreten einer gesetzlichen Neuregelung bleibt das bisherige Recht anwendbar, falls, wie hier, keine anderweite Übergangsregelung getroffen worden ist (vgl. dazu *Jansen-Knöpfel*, UnehelichenG, 1967, S. 476; s. auch RGZ 49, 155 [157]).

e) Nach der am 1. 7. 1998 in Kraft tretenden Fassung des § 1615 l BGB durch das Gesetz zur Reform des Kindschaftsrechts ist im Hinblick auf den bereits angeführten Wegfall der Dreijahresgrenze nicht auszuschließen, daß die Kl. einen Anspruch auf Betreuungsunterhalt für die Zeit ab der zweiten Jahreshälfte 1998 erwerben könnte (vgl. auch *LG Arnsberg*, FamRZ 1997, 1297).

BGH v. 21. 1. 1998 – XII ZR 85/96 – FamRZ 98, 541 = NJW 98, 1309

(Zum Anspruch nach § 1615 l I S. 1 BGB) **R520**

a) Anspruch aus § 1615 l I BGB: § 1615 l I BGB gewährt der Mutter gegen den Vater ihres nichtehelichen Kindes einen Unterhaltsanspruch für die Dauer von sechs Wochen vor bis acht Wochen nach der Geburt des Kindes. Dem *OLG* ist zwar einzuräumen, daß es für diesen Anspruch, wie bei jedem anderen Unterhaltsanspruch auch, allgemein auf die Bedürftigkeit der Mutter und die Leistungsfähigkeit des Vaters ankommt. Weitere Tatbestandsvoraussetzung ist indessen nur die Schwangerschaft und Geburt. Dagegen ist eine kausale Verknüpfung zwischen diesen Umständen und der Bedürftigkeit nicht erforderlich. Der Anspruch besteht vielmehr auch dann, wenn die Mutter bereits aus anderen Gründen, etwa wegen Krankheit, der Betreuung eines anderen Kindes oder mangels einer Beschäftigungsmöglichkeit auf dem Arbeitsmarkt ihren Bedarf nicht durch eigene Erwerbstätigkeit decken kann, wenn also die Bedürftigkeit nicht erst durch die Schwangerschaft, Entbindung und Versorgung des Neugeborenen eingetreten ist. Das folgt zum einen aus dem Wortlaut der Vorschrift, die im Gegensatz zu Abs. 2 Satz 1 der Regelung (s. unten) keine entsprechende Kausalität vorsieht, zum anderen aus ihrer Zielsetzung. § 1615 l I BGB soll – in Anlehnung an die Mutterschutzvorschriften – die Mutter in der kritischen Phase vor und nach der Entbindung allein mit Rücksicht auf die damit verbundenen Belastungen von jeder Erwerbspflicht freistellen. Außerdem soll das Kind dadurch geschützt werden, daß die Mutter in diesem Zeitraum in jedem Falle wirtschaftlich abgesichert ist (allg. M., vgl. *Köbler*, in: MünchKomm, § 1615 l Rdnrn. 2 und 4; *Palandt-Diederichsen*, § 1615 l Rdnr. 2; *Soergel-Häberle*, § 1615 l Rdnr. 9; *Staudinger-Eichenhofer*, BGB, 12. Aufl., § 1615 l Rdnr. 5; *Mutschler*, in: RGRK, 12. Aufl., § 1615 l Rdnrn. 1 und 3; *Derleder*, in: AK, § 1615 l Rdnr. 2; *Göppinger-Maurer*, UnterhaltsR 6. Aufl., Rdnr. 969; *Odersky*, NEG, 4. Aufl., § 1615 l Anm. II 1; OLG Hamm, NJW 1991, 1763 = FamRZ 1991, 979). Demgemäß kann das Bestehen des Anspruchs aus Abs. 1 der Regelung nicht mit dem Hinweis darauf verneint werden, daß die Bedürftigkeit der Kl. bereits auf der Betreuung ihrer ehelichen Kinder beruhe und es daher an der erforderlichen Kausalität fehle. **a**

(Zum Anspruch nach § 1615 l II S. 2 BGB)

b) Anspruch aus § 1615 l II 2 BGB: Entsprechendes gilt für den Anspruch aus § 1615 l II 2 BGB. **b**
§ 1615 l II BGB in der durch das Schwangeren- und Familienhilfeänderungsgesetz vom 21. 8. 1995 (BGBl I, 1050) mit Wirkung ab 1. 10. 1995 geänderten Fassung gewährt der Mutter in zwei Fällen einen Unterhaltsanspruch bis längstens drei Jahre nach der Entbindung, nämlich gem. Satz 1, soweit sie infolge der Schwangerschaft oder einer durch diese oder durch die Entbindung verursachten Krankheit keiner Erwerbstätigkeit nachgehen kann, und gem. Satz 2, soweit von ihr wegen der Pflege und Erziehung des Kindes eine Erwerbstätigkeit nicht erwartet werden kann. Beide Tatbestände unterscheiden sich hinsichtlich des Kausalitätserfordernisses.

Satz 1, der durch die Neuregelung nicht betroffen wurde, setzt voraus, daß die Schwangerschaft, Entbindung oder eine dadurch verursachte Krankheit zumindest mitursächlich für die Nichtaufnahme einer Erwerbstätigkeit sind, so daß ein Unterhaltsanspruch ausscheidet, wenn die Erwerbstätigkeit bereits aus anderen Gründen, etwa wegen einer davon unabhängigen Erkrankung, einer bereits zuvor bestehenden Erwerbslosigkeit oder der Versorgung anderer Kinder unterlassen wird. Denn die Unterhaltsverpflichtung des Vaters geht nur so weit, wie die Bedürftigkeit der Mutter von ihm mitverursacht worden ist (h. M., vgl. *Köhler*, in: MünchKomm, § 1615 l Rdnrn. 5 f.; *Palandt-Diederichsen*, § 1615 l Rdnr. 7; *Soergel-Häberle*, § 1615 l Rdnr. 10, und Ergänzungsband, § 1615 l Rdnr. 10; *Staudinger-Eichenhofer*, § 1615 l Rdnrn. 6–8; *Derleder*, in: AK, § 1615 l Rdnr. 3; *Mutschler*, in: RGRK, § 1615 l Rdnr. 5; *Gernhuber/Coester-Waltjen*, § 59 III 4; *Göppinger-Maurer*, Rdnrn. 947, 970; OLG Hamm, FamRZ 1989, 619; NJW 1991, 1763 = FamRZ 1991, 979; *OLG Düsseldorf*, FamRZ 1995, 690).

Demgegenüber enthält Satz 2 der Bestimmung seit der Neufassung nur noch ein eingeschränktes Kausalitätserfordernis. Nach der früheren Regelung, nach der die Nichterwerbstätigkeit der Mutter darauf beruhen mußte, daß das Kind andernfalls nicht versorgt werden konnte, stand es nicht im Belieben der Mutter, das Kind selbst zu versorgen, sondern verlangte den Nachweis, daß eine anderweitige Möglichkeit der Kindesbetreuung, z. B. in einer Kindertagesstätte, nicht bestand (vgl. *Senat*, BGHZ 93, 123 [128] = NJW 1985, 806 = LM § 1602 BGB Nr. 11). Nach Satz 2 der geltenden Fassung kommt dagegen ein Anspruch bereits dann in Betracht, wenn von der Mutter wegen der Pflege und Erziehung des Kindes eine Erwerbstätigkeit nicht erwartet werden kann. Zwar ist die Betreuungsbedürftigkeit des Kindes auch hier Voraussetzung. Mit der weitgehenden Angleichung der Anspruchsvoraussetzung an den für die Betreuung ehelicher Kinder geltenden § 1570 BGB sollte aber die soziale und wirtschaftliche Ausgangslage des nichtehelichen Kindes mittelbar dadurch verbessert werden, daß die Mutter nicht mehr nachweisen muß, daß sie mangels anderweitiger Versorgungsmöglichkeit des Kindes nicht erwerbstätig sein kann. Die Erweiterung des Betreuungsunterhaltsanspruches sollte den Vater mehr in die Verantwortung dafür einbeziehen, daß ein nichteheliches Kind während der ersten drei Lebensjahre in den Genuß der persönlichen Betreuung durch die Mutter kommt, die dafür durch den Unterhaltsanspruch sichergestellt wird (BT-Dr 13–1850, S. 24). Darauf, ob ohne die Kindesbetreuung eine Erwerbstätigkeit ausgeübt würde, ob also die Kindesbetreuung die alleinige Ursache für die Nichterwerbstätigkeit ist, kommt es demnach nicht mehr an. Vielmehr besteht ein Anspruch auch dann, wenn die Mutter schon zuvor erwerbslos war oder ein anderes Kind betreute, welches sie ebenfalls an einer Erwerbstätigkeit hinderte (OLG Hamm, FamRZ 1997, 632 [633]; *Palandt-Diederichsen*, § 1615 l Rdnr. 7).

(Zur Konkurrenz von Trennungsunterhalt nach § 1361 BGB und Unterhalt nach § 1615l I S. 1 und II S. 2 BGB)

c c) Da somit Unterhaltsansprüche der Kl. gegen den Vater ihres nichtehelichen Kindes sowohl nach § 1615 l I als auch nach Abs. 2 Satz 2 BGB in Betracht kommen, die in die streitbefangene Zeit fallen und mit ihrem Anspruch auf Trennungsunterhalt gem. § 1361 BGB gegen ihren Ehemann konkurrieren, kommt es auf die Frage der Haftung des Vaters des nichtehelichen Kindes im Verhältnis zum Beklagten an. Das Gesetz hat diese Konstellation in § 1615 l III BGB, in dem die Reihenfolge der Unterhaltsverpflichtungen zwischen dem Vater und den Verwandten der Mutter sowie das Rangverhältnis zwischen der Mutter und der Ehefrau und den minderjährigen Kindern des Vaters geregelt sind, nicht mit aufgegriffen. Während das ältere Schrifttum von einem grundsätzlichen Vorrang der Haftung des Ehemannes vor dem Vater ausging (*Brühl*, FamRZ 1967, 130 [133]; *Brüggemann*, FamRZ 1971, 140 [147]), was unter anderem aus dem allgemeinen Verweis des § 1615 III BGB auf die Vorschriften des Verwandtenunterhalts und den dortigen § 1608 BGB mit der vorrangigen Haftung des Ehemannes vor den Verwandten gefolgert wurde, wird in der neueren Literatur und Rechtsprechung überwiegend die Auffassung vertreten, daß der Vater vor dem Ehemann haften soll. Dies wird aus einer analogen Anwendung des § 1615 l III 2 BGB abgeleitet, wonach der Vater vor den Verwandten der Mutter zur Unterhaltszahlung heranzuziehen ist. Da das Gesetz darin zum Ausdruck bringe, den Vater vorrangig auf Unterhalt in Anspruch zu nehmen, der die Unterhaltsbedürftigkeit der Mutter zu verantworten habe, müsse der Ehemann ebenso wie die Verwandten der Mutter vor einer Inanspruchnahme geschützt werden, da für eine Ungleichbehandlung von Verwandten und Ehemann kein sachlicher Grund bestehe (*Köhler*, in: MünchKomm, § 1615 l Rdnr. 9 a; *Palandt-Diederichsen*, § 1615 l Rdnr. 5 und Ergänzungsband, § 1615 l Rdnr. 5; *Staudinger-Eichenhofer*, § 1615 l Rdnrn. 18 und 21; *Gernhuber/Coester-Waltjen*, § 59 III Anm. 3; *Odersky*, Anm. II 8 c; OLG Celle, FamRZ 1979, 119; *OLG Koblenz*, FamRZ 1981, 92; *OLG Hamm*, NJW 1991, 1763 = FamRZ 1991, 979; FamRZ 1997, 632; *OLG Düsseldorf*, FamRZ 1995, 690; abl., soweit ersichtlich, nur *OLG München*, FamRZ 1994, 1108). Dabei wird allerdings zum Teil angenommen, daß der Vorrang der Haftung des Vaters nur so weit reiche, als durch die Schwangerschaft oder Mutterschaft ein Mehrbedarf verursacht wird, während für den ohne sie bestehenden Grundbedarf allein der Ehemann hafte (*Mutschler*, in: RGRK, § 1615 l Rdnr. 11; *Göppinger-Maurer*, Rdnr. 981). Eine anteilige Haftung entsprechend § 1606 III 1 BGB wird dagegen überwiegend abgelehnt.

Der *Senat* hält demgegenüber in einem Fall wie dem vorliegenden eine Aufteilung der Verantwortlichkeiten zwischen dem Ehemann und dem Vater in entsprechender Anwendung des § 1606 III 1 BGB für geboten. § 1615 l III 1 BGB verweist allgemein auf eine entsprechende Anwendung der für die Unterhaltspflicht zwischen Verwandten geltenden Vorschriften. Dabei kommt eine Heranziehung des § 1608 BGB mit der vorrangigen Haftung des Ehemannes vor den Verwandten der Mutter zur Lösung der vorliegenden Frage von vorneherein nicht Betracht, weil der Vater des nichtehelichen Kindes den Verwandten der Mutter nicht gleichgesetzt werden kann. Das folgt bereits aus der Sonderbestimmung des § 1615 l III 2 BGB, nach der die Unterhaltsverpflichtung des Vaters vor derjenigen der Verwandten rangiert (vgl. *Köhler*, in: MünchKomm, § 1615 l Rdnr. 9 a). Diese Bestimmung geht als lex specialis dem § 1608 BGB vor.

Andererseits muß aber auch eine Gleichsetzung des Ehemannes mit den Verwandten der Mutter entsprechend § 1615 l III 2 BGB ausscheiden. Denn die daraus abgeleitete undifferenzierte vorrangige

Haftung des Vaters vor dem Ehemann trägt dem Umstand nicht Rechnung, daß die Mutter auch wegen der notwendigen Betreuung der ehelichen Kinder an einer Erwerbstätigkeit gehindert ist. Die insoweit dem Ehemann zuzuschreibende Verantwortung würde, folgt man der überwiegenden Meinung, außer acht gelassen und der Ehemann gegenüber dem Vater des nichtehelichen Kindes in ungerechtfertigter Weise privilegiert. Eine solche Bevorzugung läßt sich nicht daraus herleiten, daß der Unterhaltsanspruch aus § 1615 l II BGB seit der Reform 1995 demjenigen aus § 1570 BGB angenähert wurde und, was die bisherige zeitliche Ausdehnung auf drei Jahre betrifft, mit der am 1. 7. 1998 in Kraft tretenden Kindschaftsrechtsreform weiter verlängerbar werden soll (vgl. § 1615 l II 3 BGB i. d. F. des G. zur Reform des Kindschaftsrechts vom 16. 12. 1997, BGBl I, 2942 f.). Auch die Regelung des § 1586 a II BGB, die bei einer Konkurrenz von Unterhaltsansprüchen gegen Ehegatten aus zwei geschiedenen Ehen eine Primärhaftung des Ehegatten aus der später aufgelösten Ehe anordnet (krit. dazu *Richter*, in: MünchKomm § 1586 a Rdnr. 8), kann mangels Vergleichbarkeit der Fallgestaltung nicht herangezogen werden.

Demgegenüber führt eine entsprechende Anwendung des von der Verweisung in § 1615 l III 1 BGB ebenfalls erfaßten § 1606 III 1 BGB zu ausgewogeneren Ergebnissen, weil damit der jeweiligen Verantwortung des Vaters und des Ehemannes flexibel Rechnung getragen werden kann. Nach § 1606 III 2 BGB haften gleichnahe Verwandte anteilig, und zwar nach dem Maßstab ihrer jeweiligen Erwerbs- und Vermögensverhältnisse. Vergleichbar damit können auch die jeweiligen Väter ehelicher und nichtehelicher Kinder für den betreuungsbedingten Unterhaltsbedarf der Mutter anteilig herangezogen werden. Die Aufteilung nach den jeweiligen Einkommens- und Vermögensverhältnissen wird dabei in einer Vielzahl von Fällen zu angemessenen Lösungen führen. Allerdings ist die Anknüpfung an diesen eher schematischen Maßstab nicht in jedem Fall zwingend. Da § 1606 III 1 BGB nur entsprechend anzuwenden ist, läßt er auch Raum für die Berücksichtigung anderer Umstände, insbesondere der Anzahl, des Alters, der Entwicklung und der Betreuungsbedürftigkeit der jeweiligen Kinder. So kann im Einzelfall von Bedeutung sein, daß die Mutter durch die vermehrte Betreuungsbedürftigkeit eines jüngeren oder gar eines behinderten Kindes von jeglicher Erwerbstätigkeit abgehalten wird, obwohl ihr das fortgeschrittene Alter der anderen Kinder an sich eine Voll- oder zumindest Teilerwerbstätigkeit erlauben würde. In einem solchen Falle wäre die schematische Aufteilung der Haftungsquote nach den jeweiligen Erwerbs- und Vermögensverhältnissen des Ehemannes und des Vaters unbefriedigend. Vielmehr müßte der Erzeuger des vermehrt betreuungsbedürftigen Kindes entsprechend höher, gegebenenfalls auch allein zum Unterhalt für die Mutter herangezogen werden. Die entsprechende Anwendung des § 1606 III 1 BGB ermöglicht es, auch solchen Einzelfällen in flexibler Weise gerecht zu werden. Soweit der Unterhalt vom Vater des nichtehelichen Kindes nicht erlangt werden kann, kommt im übrigen eine entsprechende Anwendung des § 1607 II BGB in Betracht (vgl. *Odersky*, Anm. II 8 c).

3. Das Maß des nach § 1615 l I und II BGB zu gewährenden Unterhalts bestimmt sich nach der Lebensstellung des Bedürftigen (§ 1615 l III 1 i. V. mit § 1610 I BGB). Diese ist hier geprägt durch die ehelichen Lebensverhältnisse der Kl. gem. § 1578 BGB, die daher auch den Maßstab für den Unterhaltsanspruch aus § 1615 l BGB gegen den Vater des nichtehelichen Kindes bilden.

Für die Bemessung der auf den Vater und den Bekl. entfallenden jeweiligen Haftungsquoten kommt es nach vorstehendem in erster Linie auf die Leistungsfähigkeit des Vaters an. Diese hat das *OLG* – aus seiner Sicht folgerichtig – nicht ermittelt, so daß das Verfahren auch aus diesem Grunde zurückverwiesen werden muß.

BGH v. 21. 1. 1998 – XII ZR 117/96 – FamRZ 98, 1501 = NJW-RR 98, 721

(Unzumutbarkeit einer in der Ehe aus Not trotz Betreuung kleiner Kinder aufgenommenen Tätigkeit. Zumutbarkeit einer aus freien Stücken trotz Kinderbetreuung in der Ehe aufgenommenen Tätigkeit; keine Prägung der ehelichen Lebensverhältnisse durch Einkommen aus unzumutbarer Tätigkeit, Beweislast) **R521**

1. a) Die Kl. hat nach § 1361 I BGB Anspruch auf den nach den Lebensverhältnissen und den Erwerbs- und Vermögensverhältnissen der Parteien angemessenen Trennungsunterhalt. Bei der Ermittlung des Unterhaltsbedarfs nach den ehelichen Lebensverhältnissen ist das BerGer. davon ausgegangen, daß diese allein durch die Einkünfte des Bekl. geprägt worden seien. Die Einkünfte der Kl. hat das BerGer. nicht für bedarfsprägend gehalten, weil die ihnen zugrundeliegende Erwerbstätigkeit im Hinblick auf die Betreuungsbedürftigkeit des gemeinschaftlichen Kindes als überobligationsmäßig anzusehen sei. Durch Einkünfte aus einer Tätigkeit, die ohne unterhaltsrechtliche Nachteile jederzeit eingestellt werden dürfe, könnten die ehelichen Lebensverhältnisse nicht nachhaltig mitbestimmt werden. **a**

Dieser Ansatz für die Bemessung des Unterhaltsanspruchs der Kl. ist aus Rechtsgründen nicht zu beanstanden. Er entspricht der Rechtsprechung des *Senats* (vgl. NJW 1983, 933 = LM § 1361 BGB Nr. 35 = FamRZ 1983, 146 [149 f.]; LM § 1579 BGB Nr. 21 = FamRZ 1984, 364 [365 f.]; NJW-RR 1988, 519 = LM § 1361 BGB Nr. 53 = FamRZ 1988, 256).

b) Die Revision wendet sich gegen die Beurteilung der Erwerbstätigkeit der Kl. als überobligationsmäßig. Sie weist darauf hin, daß der *Senat* zur Frage der Erwerbsobliegenheit getrenntlebender und vor allem geschiedener Eltern entschieden habe, daß schulpflichtige minderjährige Kinder den betreuenden Elternteil nicht ohne weiteres an der Aufnahme jeglicher Erwerbstätigkeit hinderten, vielmehr nach den Umständen des Einzelfalles eine Teilzeitarbeit bis hin zu einer Halbtagsbeschäftigung in Betracht komme und die Zumutbarkeit einer derartigen Erwerbstätigkeit erst recht zu bejahen sei, wenn diese bereits in der Ehe neben der Kinderbetreuung ausgeübt worden sei und es darum gehe, ob die Tätigkeit beizubehalten sei. Die Revision meint, diese Grundsätze könnten im Einzelfall auch die Zumutbarkeit der Erwerbstätigkeit eines Elternteils begründen, der ein noch nicht schulpflichtiges Kind betreue. Das BerGer. habe rechtsfehlerhaft nicht berücksichtigt, daß die Kl. die während der Ehe ausgeübte Tätigkeit fortsetze und zudem im Betrieb ihrer Eltern arbeite.

Damit kann die Revision nicht durchdringen. Der *Senat* hat hinsichtlich der Frage, ob einer Mutter, die zwei Kinder im Alter von elf und knapp sieben Jahren zu betreuen hatte, die Beibehaltung der schon vor der Trennung mit halber Arbeitskraft ausgeübten Tätigkeit als Lehrerin zugemutet werden könne, entscheidend darauf abgehoben, daß eine Erwerbstätigkeit, die nicht aus Not wegen unzureichender Versorgung durch den unterhaltspflichtigen Ehegatten, sondern aus freien Stücken aufgenommen werde, im allgemeinen Anlaß zu einer überprüfung geben werde, ob nicht die Grenzen des Zumutbaren zunächst zu eng gezogen worden seien. Die Ausübung der Erwerbstätigkeit könne in diesem Zusammenhang ein bedeutsames Indiz sein (*Senat*, NJW 1981, 2804 = LM § 1361 BGB Nr. 15 = FamRZ 1981, 1159 [1161]). Eine derartige Fallgestaltung liegt hier indessen nicht vor. Nach dem eigenen Vorbringen des Bekl. hat die Kl. nämlich nicht aus freien Stücken gearbeitet, sondern damit die Parteien die Kosten des gemeinsamen Haushalts bestreiten konnten. Der in beengten finanziellen Verhältnissen aus Gründen wirtschaftlicher Notwendigkeit aufgenommenen Erwerbstätigkeit kommt eine indizielle Bedeutung für die Zumutbarkeit der Fortsetzung der Tätigkeit aber nicht zu. Davon ist ersichtlich auch das *OLG Köln* in seiner von der Revision angeführten Entscheidung in FamRZ 1990, 1241 (1242) ausgegangen.

Nach der Rechtsprechung des *Senats* braucht sich eine Ehefrau, die Unterhalt von ihrem Ehemann verlangt, im Regelfall jedenfalls nicht auf eine eigene Erwerbstätigkeit verweisen zu lassen, wenn sie ein noch nicht schulpflichtiges Kind betreut (NJW 1982, 175 = LM § 1356 BGB Nr. 22 = FamRZ 1982, 25 [27] und NJW 1983, 1427 = LM § 1570 BGB Nr. 2 = FamRZ 1983, 456 [458]). Dieser Grundsatz gilt zwar nur insoweit, als nicht die Umstände des Einzelfalls eine Abweichung bedingen. Für derartige Ausnahmeumstände trägt aber derjenige die Darlegungs – und Beweislast, der eine Ausnahme von der erfahrungsgemäßen Regel der Betreuungsbedürftigkeit in Anspruch nimmt (Senat, NJW 1983, 1427 = LM § 1570 BGB Nr. 2 = FamRZ 1983, 456 [458]; *Richter*, in: MünchKomm, 3. Aufl., § 1570 Rdnr. 9). Im vorliegenden Fall hätte daher der Bekl. konkrete Umstände vorbringen müssen, die für eine Erwerbsobliegenheit der Kl. trotz der Betreuung des zu Beginn des hier maßgeblichen Zeitraums erst knapp zwei Jahre alten Kindes *M* hätten sprechen können. Dafür reicht der pauschale Hinweis auf die Beschäftigung der Kl. im Betrieb ihrer Eltern – ohne konkrete Angaben über die Betreuungssituation des Kindes – nicht aus.

Danach ist es aus Rechtsgründen nicht zu beanstanden, daß das *OLG* die Erwerbstätigkeit der Kl. als überobligationsmäßig angesehen und deshalb zur Bestimmung der ehelichen Lebensverhältnisse nicht herangezogen hat.

(Überhöhte Fahrtkosten durch Benutzung eines Pkw: Ansatz von 0,42 DM/km statt 0,40 DM in Leitlinien zulässig)

b Die Höhe der in Ansatz gebrachten Fahrtkosten beanstandet die Revision zu Recht. Zwar hat das BerGer. es unter den gegebenen Umständen rechtsfehlerfrei abgelehnt, einen Abzug in der für die Pkw-Nutzung geltend gemachten Höhe von 1200 DM vorzunehmen. Es ist aber nicht auszuschließen, daß dem Bekl. höhere Fahrtkosten als monatlich 462 DM zuzubilligen sind.

Das *OLG* ist aufgrund des Vorbringens des Bekl. ersichtlich davon ausgegangen, daß ihm die Benutzung öffentlicher Verkehrsmittel für die Fahrt zur Arbeitsstelle angesichts des damit verbundenen beträchtlichen Zeitaufwandes nicht zugemutet werden könne. Es hat deshalb grundsätzlich die Kosten der Pkw-Nutzung für berücksichtigungsfähig gehalten. Wenn der Bekl. seine Wohnung in M. beibehielte, ergäben sich unter Zugrundelegung der vom BerGer. angewandten Berechnungsart monatliche Fahrtkosten von nahezu 1200 DM, durch die das Nettoeinkommen des Bekl. zu mehr als einem Drittel aufgezehrt würde. Wenn die Kosten der Pkw-Nutzung indessen einen derart hohen, unverhältnismäßigen Aufwand verursachen, durch den angemessene Unterhaltsleistungen ausgeschlossen werden, ist zu prüfen, ob von dem Unterhaltspflichtigen nicht ein Wechsel des Wohnortes erwartet werden kann. Das kann etwa der Fall sein, wenn an eine Wiederherstellung der ehelichen Lebensgemeinschaft nicht zu denken ist, das Wohnen nahe am Arbeitsplatz nach den Lebensumständen zumutbar ist und mit zumutbarer Mietbelastung eine neue Wohnung gefunden werden kann (*Kalthoener-Büttner*, Die Rspr. zur Höhe des Unterhalts, 6. Aufl., Rdnr. 937; *Wendl-Haußleiter*, UnterhaltsR, 4. Aufl., § 1 Rdnr. 100; *Palandt-Diederichsen*, BGB, 57. Aufl., § 1603 Rdnr. 6; vgl. auch *OLG Koblenz*, FamRZ 1994, 1609 [1610]).

Daß eine Wiederherstellung der ehelichen Lebensgemeinschaft von den Parteien in Betracht gezogen worden wäre, hat der Bekl. nach seinem in dem Tatbestand des Berufungsurteils in Bezug genommenen schriftsätzlichen Vorbringen selbst nicht konkret geltend gemacht, vielmehr hat er eingeräumt, noch während des Trennungsjahres seine Freundin in die frühere Ehewohnung aufgenommen zu haben. Für die Zumutbarkeit eines Umzugs spricht weiterhin die seitens des Bekl. dargelegte Absicht, nach seinem Ausscheiden bei der Bundeswehr eine Berufsausbildung an der Fachhochschule in K. zu absolvieren, womit – ohne einen Umzug – noch höhere Fahrtkosten verbunden wären. Das BerGer. hat schließlich auch den Einwand des Bekl. berücksichtigt, daß er in D. bzw. in der unmittelbaren Umgebung von D. keine vom Mietzins her angemessene Wohnung hätte anmieten können und hat in tatrichterlicher Würdigung angenommen, daß dies jedenfalls in einem Umkreis von 30 km möglich gewesen wäre.

Die Höhe der als abzugsfähig anzuerkennenden Kosten zu bestimmen, ist in erster Linie dem Tatrichter vorbehalten. Wenn das BerGer. insoweit die in seinem Bezirk gebräuchlichen unterhaltsrechtlichen Leitlinien zugrunde gelegt hat, die einen Kostenansatz von 0,42 DM pro Kilometer vorsehen, so unterliegt das aus Rechtsgründen keinen Bedenken. Der *Senat* hat es in ständiger Rechtsprechung mangels sonstiger konkreter Anhaltspunkte für angemessen gehalten, die mit 0,40 DM pro Kilometer der Höhe nach in etwa vergleichbare Kilometerpauschale nach § 9 III des Gesetzes über die Entschädigung von Zeugen und Sachverständigen heranzuziehen (*Senat*, NJW-RR 1992, 1282 = BGHR BGB § 1578 Abs. 1 Satz 1 – Unterhaltsbemessung 29 und NJW 1994, 190 = LM H. 3–1994 § 1361 BGB Nr. 62 = FamRZ 1994, 87 [88]).

Die Revision wendet allerdings zu Recht ein, der Bekl. habe geltend gemacht, daß die Kosten der Inanspruchnahme öffentlicher Verkehrsmittel für die Fahrten von M. nach D. mit monatlich 606 DM anzusetzen seien. Da einem Unterhaltsschuldner grundsätzlich zugestanden werden muß, mit öffentlichen Verkehrsmitteln zu seiner Arbeitsstelle zu gelangen, kommt es für die Entscheidung darauf an, ob die behaupteten Kosten, deren Höhe die Kl. bestritten hat, zutreffend sind. Hierzu hat das BerGer. keine Feststellungen getroffen. Die Entscheidung kann deshalb keinen Bestand haben.

(Bei Leistungsfähigkeit sind nichtprägende, aber unumgängliche Schulden zu berücksichtigen; kein Mindestbedarf beim Ehegattenunterhalt)

b) Die Revision wendet sich ferner dagegen, daß das *OLG* die von dem Bekl. geltend gemachte Ratenzahlung zur Tilgung des für die Anschaffung von Hausrat aufgenommenen Darlehens nur in Höhe von monatlich 50 DM als abzugsfähig anerkannt hat. Hierzu ist im Berufungsurteil ausgeführt, der Bekl. habe den notwendigsten Hausrat nach der Trennung der Parteien mit monatlich 50 DM finanzieren können; ein höherer Betrag erscheine unter den gegebenen Verhältnissen nicht angemessen. Die hiergegen gerichtete Rüge der Revision greift nicht durch. **c**

Zwar kann die Leistungsfähigkeit des Unterhaltspflichtigen durch zu tilgende Verbindlichkeiten in unterhaltsrechtlich beachtlicher Weise eingeschränkt werden. Das gilt aber grundsätzlich nicht, soweit es sich um Kosten der privaten Lebensführung handelt. Nur wenn und soweit etwa Anschaffungen zur normalen Haushaltsführung dringend erforderlich sind und nicht mit den zur Verfügung stehenden Mitteln finanziert werden können, kann wegen der betreffenden Aufwendungen ein Abzug in Betracht kommen. Das setzt indessen voraus, daß das Eingehen der Verbindlichkeit unvermeidbar war, was der Unterhaltspflichtige im einzelnen darzulegen hat (*Kalthoener-Büttner*, Rdnrn. 1008 f.).

Dem Bekl. waren nach seinem eigenen Vorbringen nach der Trennung von der Kl. die vorhandenen Möbel weitgehend verblieben. Er benötigte deshalb im wesentlichen Wäsche, Geschirr, Besteck usw. sowie ein Kinderbett für *M.* Wenn das BerGer. bei dieser Sachlage und unter Berücksichtigung der beengten finanziellen Verhältnisse in tatrichterlicher Würdigung zu der Beurteilung gelangt ist, dringend erforderlicher neuer Hausrat sei mit monatlichen Ratenzahlungen von 50 DM (anstatt von 250 DM, wie im Berufungsverfahren geltend gemacht) finanzierbar, ist das revisionsrechtlich nicht zu beanstanden.

3. Den Unterhaltsbedarf der Kl. hat das BerGer. allerdings nicht ausgehend von dem mit monatlichen 2197,40 DM für 1993 und monatlich 1997,24 DM für 1994 und 1995 festgestellten bereinigten Nettoeinkommen des Bekl., sondern mit einem als Existenzminimum angesehenen Mindestbedarfssatz von 1150 DM angesetzt. Das rügt die Revision zu Recht. Eine solche Vorgehensweise entspricht nicht der gesetzlichen Regelung (st. Rspr. des *Senats*; vgl. u. a. BGHZ 104, 158 [168] = NJW 1988, 1722 = LM § 1582 BGB Nr. 4 = FamRZ 1988, 705 [708]; NJW 1995, 963 = LM H. 6–1995 § 1578 BGB Nr. 62 = FamRZ 1995, 346 [347]; NJW 1996, 517 = LM H. 4–1996 § 1581 BGB Nr. 10 = FamRZ 1996, 345 [346]; NJW 1997, 1919 = FamRZ 1997, 806 [808]). Der Unterhaltsbedarf eines getrenntlebenden Ehegatten bemißt sich vielmehr gem. § 1361 I BGB nach den individuell ermittelten Lebens-, Einkommens- und Vermögensverhältnissen der Ehegatten. Es ist nicht auszuschließen, daß der pauschalierende Mindestbetrag den aus den ehelichen Lebensverhältnissen individuell ermittelten Betrag übersteigt. Abweichungen von der individuellen Bedarfsbemessung sind nur bei konkreten Feststellungen zu bedarfserhöhenden Umständen, insbesondere zu trennungsbedingt eingetretenen Mehrkosten der Lebensführung, rechtlich zulässig, deren Voraussetzungen konkret darzulegen sind und deren Höhe gegebenenfalls geschätzt werden kann (§ 287 ZPO). **d**

BGH v. 21. 1. 1998 – XII ZR 140/96 – FamRZ 98, 608 = NJW 98, 1553

R522 *(Keine Berufung auf Pfändungsverbot im Rahmen der Drittschuldnerklage)*

a 1. Das *OLG* ist davon ausgegangen, daß der Kl. zur Geltendmachung des Taschengeldanspruchs ungeachtet der streitigen Frage der Pfändbarkeit berechtigt sei, weil die Pfändung und Überweisung im Prozeß gegen den Drittschuldner als wirksam zu behandeln sei, solange sie – wie hier – nicht vom Vollstreckungsgericht auf Erinnerung aufgehoben sei.

Das ist aus Rechtsgründen nicht zu beanstanden. Es ist zutreffend, daß sich der Drittschuldner im Rahmen der Drittschuldnerklage nicht auf Pfändungsverbote oder -beschränkungen berufen kann. Auf die streitige Frage, ob der Taschengeldanspruch überhaupt pfändbar ist, kommt es daher nicht an (*OLG Hamm*, FamRZ 1978, 602; FamRZ 1985, 407; *OLG München*, FamRZ 1981, 449; *OLG Celle*, FamRZ 1986, 196; *Soergel-Lange*, BGB, 12. Aufl., § 1360 a Rdnr. 8; *Zöller-Stöber*, ZPO, 20. Aufl., § 850 b Rdnr. 17).

(Taschengeld als Teil des Familienunterhalts. Taschengeldanspruch auch für den zuverdienenden Ehegatten)

b Der *Senat* teilt den Ausgangspunkt des *OLG*, daß ein Taschengeldanspruch nicht nur dem erwerbslosen Ehegatten zusteht, sondern auch für den zuverdienenden Ehegatten in Betracht kommen kann (vgl. auch *Wendl-Scholz*, Das UnterhaltsR in der familienrichterlichen Praxis, 3. Aufl., § 3 Rdnrn. 43 u. 58). Keine Bedenken bestehen ferner gegen die Annahme, daß er nur dann besteht, wenn das dem weniger verdienenden Ehegatten zustehende Taschengeld höher ist als sein Eigeneinkommen.

a) Das Taschengeld ist Bestandteil des Familienunterhalts nach § 1360, § 1360 a BGB. Nach diesen Vorschriften sind Ehegatten einander verpflichtet, durch ihre Arbeit und mit ihrem Vermögen die Familie angemessen zu unterhalten (§ 1360 S. 1 BGB). Der angemessene Unterhalt umfaßt alles, was nach den Verhältnissen der Ehegatten erforderlich ist, um die Haushaltskosten zu bestreiten und die persönlichen Bedürfnisse der Ehegatten und den Lebensbedarf der gemeinsamen Kinder zu befriedigen (§ 1360 a I BGB). Dazu gehören u. a. Kosten für Wohnung, Nahrung, Kleidung, medizinische Versorgung, kulturelle Bedürfnisse, Kranken- und Altersversorgung, Urlaub usw., die in der Regel in Form des Naturalunterhalts gewährt werden. Außerdem hat jeder der Ehegatten Anspruch auf einen angemessenen Teil des Gesamteinkommens als Taschengeld, d. h. auf einen Geldbetrag, der ihm die Befriedigung seiner persönlichen Bedürfnisse nach eigenem Gutdünken und freier Wahl unabhängig von einer Mitsprache des anderen Ehegatten ermöglichen soll (*OLG München*, FamRZ 1981, 449 [450]; *Gernhuber/Coester-Waltjen*, FamR, 4. Aufl., § 21 I Nr. 15 = S. 235; *Palandt-Diederichsen*, BGB, 57. Aufl., § 1360 a Rdnr. 4; *Haumer*, FamRZ 1996, 193).

Der Familienunterhalt richtet sich nach den die ehelichen Lebensverhältnisse prägenden Einkommens- und Vermögensverhältnissen und dem jeweiligen Lebenszuschnitt der Ehegatten. Als Bestandteil dieses Familienunterhalts richtet sich der Taschengeldanspruch der Höhe nach ebenfalls nach den im Einzelfall gegebenen Einkommens- und Vermögensverhältnissen, dem Lebensstil und der Zukunftsplanung der Ehegatten. Dabei wird in der Rechtsprechung üblicherweise eine Quote von 5% bis 7% des zur Verfügung stehenden Nettoeinkommens angenommen (vgl. *Wacke*, in: MünchKomm, 3. Aufl., § 1360 a Rdnr. 6 Fußn. 16 m. w. Nachw.). Ein Taschengeldanspruch scheidet aus, wenn das Familieneinkommen nur zur Deckung des notwendigen Bedarfs der Familienmitglieder ausreicht (*OLG Hamm*, FamRZ 1986, 357; NJW-RR 1989, 516 = FamRZ 1989, 617; *Wacke*, in: MünchKomm, § 1360 a Rdnr. 6; *Palandt-Diederichsen*, § 1360 a Rdnr. 4; *Soergel-Lange*, § 1360 a Rdnr. 8).

b) Der Auffassung des *OLG*, daß der Taschengeldanspruch nach der Lebenserfahrung in der Weise befriedigt werde, daß der weniger verdienende Ehegatte das auf der Grundlage des Mehreinkommens des anderen Ehegatten berechnete Taschengeld von seinem Verdienst einbehalte und nur dann einen Anspruch habe, wenn sein Eigenverdienst zur Befriedigung nicht ausreiche, ist im Ergebnis zuzustimmen (so auch *KG*, FamRZ 1979, 428; NJW-RR 1992, 707; *Palandt-Diederichsen*, § 1360 a Rdnr. 4; *Wendl-Scholz*, § 3 Rdnr. 58; *Derleder*, JurBüro 1994, 195 f. [197]; *Rolland*, in: FamK, 1993, § 1360 a Rdnr. 5). Allerdings kommt es dabei nicht darauf an, was die Ehegatten über seine Ausgestaltung und Handhabung vereinbart haben, da es nicht von ihrem jeweiligen Willen im Einzelfall abhängen kann, ob ein Taschengeldanspruch besteht oder nicht. Der Taschengeldanspruch ist ein Baranspruch, der aus dem Gesetz folgt und in seinem Bestehen nicht von einem Organisationsakt oder einer Vereinbarung der Ehegatten abhängig ist (so zutr. *Büttner*, FamRZ 1994, 1433 [1439]). Auch das *BVerfG* hat bei der Frage, ob ein Taschengeldanspruch materiell-rechtlich besteht und gegebenenfalls zur Befriedigung von Gläubigern herangezogen werden kann, auf die materielle Rechtslage abgestellt, nicht aber darauf, wie die Ehegatten den Taschengeldanspruch im Einzelfall handhaben (BVerfGE 68, 256 = NJW 1985, 1211 = FamRZ 1985, 143 [146]; *BVerfG*, FamRZ 1986, 773; vgl. auch *Senat*, NJW 1986, 1869 = LM § 1603 BGB Nr. 31 = FamRZ 1986, 668 [669]).

Entscheidend ist vielmehr, daß der Taschengeldanspruch, obwohl er Teil des Familienunterhalts ist, ebenso wie der Anspruch auf Trennungs- oder Nachehelichenunterhalt ein auf Geld gerichteter Zahlungsanspruch gegen den anderen, mehr verdienenden Ehegatten ist. Vergleichbar mit dem Barunterhaltsanspruch eines getrenntlebenden oder geschiedenen Ehegatten, der seinen eheangemessenen Unterhaltsbedarf ganz oder zum Teil durch seinen Eigenverdienst decken kann und insoweit keinen Zahlungsanspruch mehr gegen den anderen Ehegatten hat, wird auch der Taschengeldbedarf durch den Eigenverdienst des Gläubigerehegatten ganz oder teilweise gedeckt, so daß insoweit kein weiterer Zahlungsanspruch gegen den Schuldnerehegatten besteht.

c) Danach besteht im vorliegenden Fall für den Ehemann kein Taschengeldanspruch mehr gegen die Bekl., den der Kl. aufgrund des Pfändungs- und Überweisungsbeschlusses des *AG* gegen die Bekl. geltend machen könnte (§ 1360, § 1360 a BGB, § 829 III, § 835 I, III 1 ZPO). Denn bei dem vom Kl. als Mittelwert für die Jahre 1991 und 1992 angenommenen, von der Bekl. nicht bestrittenen monatlichen Nettoeinkommen von 5122 DM und dem Eigeneinkommen des Ehemannes von 700 DM beläuft sich das Taschengeld selbst nach der vom *OLG* hier angenommenen Quote von 7%% auf rund 407 DM monatlich, das der Ehemann durch seinen Eigenverdienst decken kann. Dies wäre erst recht bei einem höheren Eigeneinkommen des Ehemannes der Fall. Auch im übrigen sind die Ausführungen des *OLG* rechtlich nicht zu beanstanden.

BGH v. 4. 3. 1998 – XII ZR 173/96 – FamRZ 98, 671 = NJW 98, 1555

(Ausbildungsunterhalt, Gegenseitigkeitsprinzip, Verwirkung nach § 1611 BGB) R523

a) Der Revision kann indessen nicht darin gefolgt werden, daß der Anspruch auf Ausbildungsunterhalt ausschließlich unter den Voraussetzungen der Verwirkung nach § 1611 I BGB wegfallen kann. Der aus § 1610 II BGB folgende Anspruch eines Kindes auf Finanzierung einer angemessenen, seiner Begabung, Neigung und seinem Leistungswillen entsprechenden Berufsausbildung ist vom Gegenseitigkeitsprinzip geprägt. Der Verpflichtung des Unterhaltsschuldners auf Ermöglichung einer Berufsausbildung steht auf seiten des Unterhaltsberechtigten die Obliegenheit gegenüber, sie mit Fleiß und der gebotenen Zielstrebigkeit in angemessener und üblicher Zeit zu beenden. Unterhaltsleistungen nach § 1610 II BGB sind zweckgebunden und werden nur insoweit geschuldet, als sie für eine angemessene Vorbildung zu einem Beruf erforderlich sind. Zwar muß der Verpflichtete nach Treu und Glauben (§ 242 BGB) Verzögerungen der Ausbildungszeit hinnehmen, die auf ein vorübergehendes leichteres Versagen des Kindes zurückzuführen sind. Verletzt dieses aber nachhaltig seine Obliegenheit, seine Ausbildung planvoll und zielstrebig aufzunehmen und durchzuführen, büßt es seinen Unterhaltsanspruch ein und muß sich darauf verweisen lassen, seinen Lebensunterhalt durch Erwerbstätigkeit selbst zu verdienen (st. Rspr., vgl. *Senat*, NJW 1984, 1961 = LM § 1601 BGB Nr. 8 = FamRZ 1984, 777; *Senat*, NJW 1987, 1557 = LM § 1610 BGB Nr. 14 = FamRZ 1987, 470; *Senat*, NJW 1993, 2238 = LM H. 1–1994 § 1610 BGB Nr. 22 = FamRZ 1993, 1057 [1059] m. w. Nachw.). Die Verletzung des dem § 1610 II BGB innewohnenden Gegenseitigkeitsverhältnisses führt also von selbst zum Wegfall des Unterhaltsanspruchs, ohne daß dies an die besonderen Verwirkungsvoraussetzungen des § 1611 I BGB gebunden wäre. Der von der Revision in diesem Zusammenhang gebrachte Hinweis auf die Senatsentscheidung in BGHZ 84, 280 f. = NJW 1982, 1999 = LM § 1361 BGB Nr. 30, nach der die allgemeinen Regeln der Verwirkung für das Unterhaltsrecht als Beendigungsgrund keine eigenständige Bedeutung haben, ist unerheblich; die angeführte Entscheidung betrifft nicht die vorliegende Fallgestaltung.

b) Auch im übrigen ist die Entscheidung des BerGer. aus Rechtsgründen nicht zu beanstanden. Aus dem Gegenseitigkeitsverhältnis folgt nicht nur die Obliegenheit des Kindes, die einmal gewählte Ausbildung, z. B. ein Hochschulstudium, zügig und – jedenfalls im Grundsatz – entsprechend den maßgeblichen Studienplänen durchzuführen. Die Rücksichtnahme auf die Belange der mit der Unterhaltszahlung belasteten Eltern erfordert es vielmehr auch, daß sich das Kind nach dem Abgang von der Schule binnen einer angemessenen Orientierungsphase für die Aufnahme einer seinen Fähigkeiten und Neigungen entsprechenden Ausbildung entscheidet.

Wie der *Senat* bereits für die sogenannten „Abitur-Lehre-Studium-Fälle" entschieden hat, muß neben dem sachlichen auch ein enger zeitlicher Zusammenhang zwischen Lehre und Studium derart bestehen, daß der Auszubildende nach dem Lehrabschluß das Studium baldmöglichst mit der gebotenen Zielstrebigkeit aufnimmt. Übt er im Anschluß an die Lehre den erlernten Beruf aus, obwohl er mit dem Studium beginnen könnte, wird der erforderliche zeitliche Zusammenhang aufgehoben (BGHZ 107, 376 [382] = NJW 1989, 2253 = LM § 1610 BGB Nr. 18; *Senat*, NJW-RR 1990, 327 = FamRZ 1990, 149 [150]). Dahinter steht der Gedanke, daß die Reichweite der Unterhaltspflicht der Eltern von der Frage mitbestimmt wird, inwieweit sie damit rechnen müssen, daß ihr Kind nach Schulabschluß und nach einer Lehre noch weitere Ausbildungsstufen anstrebt. Da es zu den schützenswerten Belangen des Unterhaltspflichtigen gehört, sich in der eigenen Lebensplanung darauf einstellen zu können, wie lange die Unterhaltslast dauern wird, wird eine Unterhaltspflicht um so weniger in Betracht kommen, je älter der Auszubildende bei Abschluß seiner praktischen Berufsausbildung ist. Denn um so weniger müssen die Eltern damit rechnen, daß er daran noch den Besuch einer weiterführenden Schule und ein Studium anschließen wird. Diese aus dem Gegenseitigkeitsverhältnis folgenden Gesichtspunkte wirken sich nicht erst bei der Prüfung der wirtschaftlichen Zumutbarkeit für die Eltern aus, sondern beeinflussen bereits die Frage, ob und unter welchen Voraussetzungen der eingeschlagene Ausbildungsweg noch Bestandteil der geschuldeten einheitlichen Vorbildung zu einem Beruf ist (*Senat*, NJW 1995, 718 = LM H. 4–1995 § 1610 BGB Nr. 26 = FamRZ 1995, 416 [417]). Daher hat der *Senat* einen weiteren Ausbildungsanspruch in der Regel für solche Fälle verneint, in denen dem Realschulabschluß zunächst eine Lehre, sodann die Fachoberschule und die Fachhochschule nachfolgen. Denn der Unterhaltspflichtige braucht hier – im Unterschied zu den Fällen, in denen die Eltern wegen des Abiturs des Kindes grundsätzlich von vornherein mit einem Hochschulstudium rechnen müssen – nicht davon auszugehen, daß ihn das Kind nach Abschluß der praktischen Berufsausbildung zu weiteren Unterhaltsleistungen heranzieht (*Senat*, NJW 1995, 718 = LM H. 4–1995 § 1610 BGB Nr. 26 = FamRZ 1995, 416).

Die geschilderten Fälle unterscheiden sich vom vorliegenden zwar dadurch, daß der Sohn des Bekl. nach Schulabgang im April 1982 bisher überhaupt keine Ausbildung durchlaufen hat. Indessen gelten die aus dem Gegenseitigkeitsverhältnis folgenden Grundsätze hier erst recht. Auch ein Schulabgänger muß sich im Verhältnis zum Unterhaltspflichtigen in angemessener Zeit darüber klar werden, welche Ausbildungsmöglichkeiten ihm nach seinem jeweiligen Schulabschluß zur Verfügung stehen. Er muß sich alsbald um einen entsprechenden Ausbildungsplatz bemühen und die Ausbildung zielstrebig angehen (vgl. *OLG Schleswig*, FamRZ 1986, 201 f.). Zwar ist einem jungen Menschen eine gewisse Orientierungsphase zuzugestehen, deren Dauer von Fall zu Fall unterschiedlich ist und sich jeweils nach Alter, Entwicklungsstand und den gesamten Lebensumständen des Auszubildenden richtet. Je älter er indessen bei Schulabgang ist und je eigenständiger er seine Lebensverhältnisse gestaltet, desto mehr tritt an die Stelle der Elternverantwortung die Eigenverantwortung für seinen Berufs- und Lebensweg. Selbst wenn er bisher noch keine Berufsausbildung erfahren hat, kann eine zu lange Verzögerung dazu führen, daß sein Ausbildungsanspruch entfällt und er sich daher seinen Lebensunterhalt mit ungelernten Tätigkeiten oder aufgrund sonstiger Begabungen und Fertigkeiten verdienen muß (vgl. *OLG Hamm*, FamRZ 1989, 1219 [1220]; FamRZ 1995, 1007 [1008]; *Wendl-Scholz*, Das UnterhaltsR in der familienrichterlichen Praxis, 3. Aufl., § 2 Rdnr. 65). § 1610 II BGB mutet den Eltern nicht zu, sich gegebenenfalls nach Ablauf mehrerer Jahre, in denen sie nach den schulischen Ergebnissen und dem bisherigen Werdegang des Kindes nicht mehr mit der Nachholung der Hochschulreife und der Aufnahme eines Studiums rechnen mußten, einem Ausbildungsanspruch des Kindes ausgesetzt zu sehen. Dabei fällt auch ins Gewicht, daß es sich dabei um Zeiträume handelt, in denen steuerliche Erleichterungen, Kindergeld oder kindbezogene Gehaltsbestandteile auf Grund des fortgeschrittenen Alters des Kindes unabhängig von seinem Ausbildungsstand wegfallen (vgl. *OLG Frankfurt a. M.*, FamRZ 1994, 1611, das bei einer Orientierungsphase von 31 Monaten den Unterhaltsanspruch versagt hat; abweichend *OLG Köln*, FamRZ 1986, 382; *OLG Stuttgart*, NJW-RR 1996, 2 = FamRZ 1996, 181; *Griesche*, in: FamGb, § 1610 Rdnr. 53, unter Hinweis auf *OLG Köln*, FamRZ 1986, 382).

c) Die tatrichterliche Beurteilung des BerGer. trägt diesen Grundsätzen Rechnung. Dabei mag dahinstehen, ob man vom Sohn des Bekl. bereits ab Eintritt der Volljährigkeit die nötige Einsicht in seine Ausbildungsobliegenheit erwarten und ihm ansinnen konnte, mit dem erreichten Realschulabschluß die Schule zu verlassen und eine praktische Ausbildung zu beginnen. Das BerGer. hat jedenfalls auch entscheidend darauf abgehoben, daß dem endgültigen Abgang vom Gymnasium zunächst 1½ Jahre teilweiser Erwerbstätigkeit und Arbeitslosigkeit, sodann rund 1½ Jahre Zivildienst und danach wiederum 1 Jahr mit wechselnden Zeiten der Erwerbstätigkeit folgten, ohne daß der Sohn des Bekl. in dieser Zeitspanne eine klare Planung oder Zielstrebigkeit dahingehend erkennen ließ, eine Berufsausbildung aufzunehmen. Er stand bei Beginn des Abendgymnasiums bereits im 24. Lebensjahr und bei Beginn des Studiums im 27. Lebensjahr und damit in einem Alter, in dem Eltern im Normalfall nicht mehr damit rechnen müssen, noch auf Ausbildungsunterhalt in Anspruch genommen zu werden. Daß das BerGer. bei diesem Sachverhalt von einer nicht mehr hinzunehmenden Überschreitung der Orientierungsphase ausgegangen ist und im Verhalten des Sohnes eine Verletzung seiner Ausbildungsobliegenheit gesehen hat, liegt im Rahmen der rechtlich möglichen tatrichterlichen Würdigung und ist revisionsrechtlich nicht zu beanstanden. Bei der gebotenen Interessenabwägung hat das BerGer. im übrigen zutreffend berücksichtigt, daß es nicht nur um die klageweise geltend gemachte Forderung für die ersten vier Semester geht, sondern um den Unterhaltsanspruch als solchen, der die gesamte Studiendauer umfaßt (vgl. *Senat*, NJW-RR 1990, 327 = FamRZ 1990, 149).

BGH v. 11. 3. 1998 – XII ZR 190/96 – FamRZ 98, 818 = NJW 98, 2219

R524 *(Fiktive Einkünfte sind kein Einkommen im Sinne des BSHG; sie gehen daher nicht auf den Träger der Sozialhilfe über)*

2. a) Soweit die Kl. für die Zeit bis zur letzten mündlichen Verhandlung vor dem *OLG* Sozialhilfeleistungen für *S* erbracht hat, ist sie nur aktivlegitimiert, wenn und soweit die Unterhaltsansprüche des Kindes gem. § 91 I und II BSHG kraft Gesetzes auf sie übergegangen sind. Wegen der nach dem vorgenannten Zeitpunkt gewährten Sozialhilfe sowie für die Zukunft kann die Kl. bis zur Höhe der bishe-

rigen monatlichen Aufwendungen nach § 91 III 2 BSHG auf Leistung klagen, wenn die Hilfe voraussichtlich auf längere Zeit gewährt werden muß, was die Kl. unwidersprochen geltend gemacht hat. Auch insoweit gelten die sich aus § 91 I und II BSHG ergebenden Einschränkungen.

b) Im vorliegenden Fall kann einer Inanspruchnahme des Bekl. durch die Kl. die Vorschrift des § 91 II 1 BSHG entgegenstehen, nach der ein Anspruchsübergang u. a. ausgeschlossen ist, soweit ein Hilfeempfänger sein Einkommen – über Vermögen verfügt der Bekl. unstreitig nicht – nicht einzusetzen hat. Hieraus folgt, daß der Träger der Sozialhilfe Einkünfte, die ein Hilfeempfänger nicht einzusetzen hätte, auch bei der Heranziehung Unterhaltsverpflichteter außer Betracht zu lassen hat.

Das sozialhilferechtlich zu berücksichtigende Einkommen ist bei der dem Kind gewährten Hilfe zum Lebensunterhalt nach den § 76 bis § 78 BSHG zu ermitteln. Nach § 76 I BSHG gehören zum Einkommen im Sinne dieses Gesetzes alle Einkünfte in Geld oder Geldeswert mit Ausnahme einiger ausdrücklich aufgeführter Einkünfte, u. a. der Leistungen nach dem Bundessozialhilfegesetz. Über effektives Einkommen – abgesehen von den nicht zu berücksichtigenden Sozialhilfeleistungen – verfügt der Bekl. nicht. Ihm sind unterhaltsrechtlich allenfalls fiktive Einkünfte wegen Verletzung seiner Erwerbsobliegenheit anzurechnen.

c) Ob derartige fiktive Einkünfte bei der anzustellenden sozialhilferechtlichen Vergleichsberechnung zu berücksichtigen sind, ist in Rechtsprechung und Schrifttum streitig. Teilweise wird die Auffassung vertreten, im Rahmen des § 91 II 1 BSHG sei insoweit eine einheitliche Behandlung von Unterhalts- und Sozialhilferecht geboten, bei der der weitergehenden unterhaltsrechtlichen Beurteilung der Vorrang eingeräumt werden könne (*OLG Karlsruhe*, 2. Zivilsenat, FamRZ 1995, 615 [616]; *Hampel*, FamRZ 1996, 513 [517]; *Brudermüller*, FuR 1995, 17 [20 f.]; einschränkend in FamRZ 1995, 1033 [1037]; *Heiß-Hußmann*, UnterhaltsR, 4. Aufl. [1996], Anm. 16.47 f.). Nach überwiegender Meinung scheidet dagegen ein Anspruchsübergang im Falle der unterhaltsrechtlichen Anrechnung fiktiver Einkünfte aus (*OLG Karlsruhe*, 16. Zivilsenat, FamRZ 1997, 179 [180]; *OLG Koblenz*, NJWE-FER 1996, 2 = FamRZ 1996, 1548 [1549]; *OLG München*, FuR 1997, 277; *Blaese*, BRAK-Mitt. 1995, 247 [248]; *Fröhlich*, FamRZ 1995, 772 [773]; *Künkel*, FamRZ 1991, 14 [23]; FamRZ 1996, 1509 [1512]; *Palandt-Diederichsen*, BGB, 57. Aufl., Vorb. § 1601 Rdnr. 24; *H. Schellhorn*, Das Verhältnis von SozialhilfeR und UnterhaltsR, S. 142 f.; *W. Schellhorn*, FuR 1990, 250 [252]; *Wendl-Scholz*, Das UnterhaltsR in der familienrichterlichen Praxis, 4. Aufl., § 6 Rdnr. 505). Der *Senat* schließt sich der zuletzt genannten Auffassung an.

d) Einkommen i. S. des § 75 I BSHG sind nur die Einkünfte, die tatsächlich zur Verfügung stehen. Anknüpfungspunkt für die Sozialhilfe ist, wie sich aus den § 3, § 11, § 88 und § 90 BSHG ergibt, die tatsächliche Lage der Hilfsbedürftigen. Deshalb können auch nur tatsächliche Einkünfte in Geld oder Geldeswert Einkommen i. S. des § 76 BSHG sein. Fiktive Einkünfte sind grundsätzlich nicht zu berücksichtigen (LPK-BSHG, 4. Aufl., § 76 Rdnr. 12; *Knopp-Fichtner*, BSHG, 7. Aufl., § 76 Rdnr. 6; *OVG Berlin*, info also 1992, 203 [204]; vgl. auch *Schellhorn-Jirasek-Seipp*, BSHG, 15. Aufl., § 76 Rdnr. 11).

Aus der Verletzung der Erwerbsobliegenheit, die unterhaltsrechtlich zur Anrechnung fiktiven Einkommens führen kann, sind im Sozialhilferecht andere Konsequenzen als im Unterhaltsrecht zu ziehen (*Wendl-Scholz*, § 6 Rdnr. 534). Nach § 25 I 1 BSHG i. d. F. des Gesetzes zur Reform des Sozialhilfrechts vom 23. 7. 1996 (BGBl I, 1088) hat derjenige, der sich weigert, zumutbare Arbeit zu leisten oder zumutbaren Maßnahmen nach den § 19 und § 20 BSHG nachzukommen, keinen Anspruch auf Hilfe zum Lebensunterhalt. Die Hilfe ist in einer ersten Stufe um mindestens 25%% des maßgebenden Regelsatzes zu kürzen (§ 25 I 3 BSHG). Nach der Rechtsprechung des *BVerwG* dient § 25 I BSHG dazu, Maßnahmen der in §§ 18 ff. BSHG geregelten Hilfe zur Arbeit zu unterstützen. Wegen seiner Koppelung mit diesen Hilfenormen ist § 25 I BSHG selbst Hilfenorm. Sein Hilfszweck zeigt sich insbesondere darin, daß die Weigerung, zumutbare Arbeit zu leisten, nicht zur Folge hat, daß der Hilfesuchende (Hilfeempfänger) aus der Betreuung des Sozialhilfeträgers entlassen wird, sondern lediglich den Verlust des Rechtsanspruchs auf die Hilfe zum Lebensunterhalt nach sich zieht. Der Träger der Sozialhilfe wird bei der Gestaltung der Hilfe und ihrer Anpassung an die Besonderheiten des Einzelfalles freier gestellt. Im Rahmen dieser Gestaltungsfreiheit kann z. B. – mindestens zeitweise – die Kürzung der Hilfe bis auf das Unerläßliche als ein Mittel in Betracht kommen, den Hilfesuchenden zur Arbeit anzuhalten, um ihn so letzten Endes auf den Weg zur Selbsthilfe zu führen (BVerwG, NJW 1995, 3200 = FamRZ 1996, 106 [107] m. w. Nachw.).

Hieraus wird deutlich, daß § 25 I BSHG, durch den auch der Nachranggrundsatz des § 2 BSHG konkretisiert wird (LPK-BSHG, § 25 Rdnr. 3), keine allgemeine Sanktion für unsachgemäßes, vorwerfbares Verhalten des Hilfeempfängers darstellt und nicht als Verwirkungstatbestand verstanden werden kann (*Knopp-Fichtner*, § 25 Rdnr. 3; LPK-BSHG, § 25 Rdnr. 7). Daß der Bestimmung insbesondere nicht der Gedanke einer Anrechnung fiktiver Erwerbseinkünfte zugrunde liegt, ergibt sich aus der regelmäßig erfolgenden zeitlichen Beschränkung einer Kürzung oder Streichung der Hilfe zum Lebensunterhalt. Wird erkennbar, daß die Verweigerung jeglicher Hilfe untauglich ist, ist die Hilfe zum Lebensunterhalt gegebenenfalls wieder voll aufzunehmen (*Knopp-Fichtner*, § 25 Rdnr. 3; LPK-BSHG,

§ 25 Rdnr. 7). Abgesehen davon kann die Weigerung eines Unterhaltspflichtigen, über seinen notwendigen Lebensunterhalt hinaus auch Mittel zur Bestreitung des Bedarfs eines Unterhaltsberechtigten zu erarbeiten, keine Folgen i. S. des § 25 I BSHG haben (LPK-BSHG, § 25 Rdnr. 4). Entgegen der Auffassung der Revision kann deshalb nicht davon ausgegangen werden, Unterhaltsrecht und Sozialhilferecht sanktionierten übereinstimmend die vorwerfbar verweigerte Arbeitsaufnahme. Eine Parallelität, die aus diesem Grund Anlaß zu einer einheitlichen Behandlung im Rahmen des § 91 II 1 BSHG geben könnte, liegt daher nicht vor.

Eine einheitliche Handhabung wäre auch, wie das BerGer. zu Recht ausgeführt hat, mit dem Schutzzweck des § 91 II BSHG nicht zu vereinbaren. Dem Unterhaltspflichtigen soll der gleiche Schutz zugute kommen, den er in der Lage des Hilfeempfängers hätte. In die Vorschrift des § 91 II BSHG sind durch das Gesetz zur Umsetzung des Föderalen Konsolidierungsprogramms vom 23. 6. 1993 (BGBl I, 944, 952) die Gedanken der Schutzvorschriften des früheren § 91 I 2 und III 1 BSHG übernommen und zum Teil verstärkt worden (BR-Dr 121/93, S. 218). Wenn aber nach der Intention des Gesetzgebers durch die Neufassung die Schuldnerschutzvorschriften stärkere Beachtung finden sollen (so auch *Brudermüller*, FamRZ 1995, 1033 [1037]), darf der angestrebte Schutz nicht durch eine einheitliche Betrachtungsweise von Unterhaltsrecht und Sozialhilferecht unterlaufen werden. Auch deshalb muß es bei der Frage der Berücksichtigung fiktiver Einkünfte bei der unterschiedlichen Betrachtungsweise bleiben. Soweit das *BVerwG* unter der Geltung des BSHG i. d. F. vom 18. 9. 1969 (BGBl I, 1688) von der früher bestehenden Möglichkeit des Sozialhilfeträgers, den Übergang eines Anspruchs des Hilfeempfängers gegen einen nach bürgerlichem Recht Unterhaltspflichtigen durch schriftliche Anzeige gem. § 90, § 91 BSHG in der damaligen Fassung zu bewirken, auch für den Fall einer nur zu unterstellenden Leistungsfähigkeit ausgegangen ist (BVerwGE 51, 61 [64]), wird durch diese Entscheidung nach der änderung des § 91 BSHG durch das Gesetz zur Umsetzung des Föderalen Konsolidierungsprogramms die Auffassung des *Senats* nicht in Frage gestellt. Unterschiedliche Ergebnisse aus unterhaltsrechtlicher und sozialhilferechtlicher Sicht können im übrigen nicht nur bei der hier vorliegenden Fallgestaltung auftreten. Sie können vielmehr immer dann zutage treten, wenn die sozialhilferechtliche Vergleichsberechnung zu günstigeren Ergebnissen für den Unterhaltspflichtigen führt als das Unterhaltsrecht. Auch diesem Umstand ist für die Frage, ob ein Anspruchsübergang stattgefunden hat bzw. stattfinden wird, Rechnung zu tragen.

Das *OLG* ist deshalb zu Recht davon ausgegangen, daß etwaige Unterhaltsansprüche des Kindes *S* gegen den Bekl. nicht auf die Kl. übergegangen sind bzw. übergehen werden.

BGH v. 22. 4. 1998 – XII ZR 161/96 – FamRZ 98, 899 *(teilweise)* = NJW 98, 2821

R525 *(Der Wegfall von eheprägenden Verbindlichkeiten durch vorzeitige Rückzahlung der Schuld ist eheprägend; auch Konsumkredite sind bei den ehelichen Lebensverhältnissen zu berücksichtigen.)*

a Die weiteren Schulden, die der Bekl. im zeitlichen Zusammenhang mit der Trennung aus dem Schrebergarten-Verkaufserlös abgetragen hat, hat das BerGer. hingegen nicht als bedarfsprägend angesehen. Dazu hat es ausgeführt:

Die Kredite wären bei planmäßiger Tilgung in absehbarer Zeit spätestens bis November 1996 bzw. Ende 1996 abgelaufen gewesen, so daß in absehbarer Zeit nach der Trennung mit dem Fortfall der Belastung durch die Schulden zu rechnen gewesen sei. Zudem dienten Kontokorrentkredite mangels anderer Anhaltspunkte in der Regel der Vorfinanzierung konsumbedingter Ausgaben. Gegenteiliges habe der Bekl. auch im vorliegenden Fall nicht vorgetragen. Konsumkredite seien aber nicht bei der Bedarfsbemessung, sondern nur im Rahmen der Leistungsfähigkeit zu berücksichtigen. Da die Tilgungslast für den Bekl. entfallen sei, seien die früheren Schulden – ähnlich wie nach dem Wegfall von Unterhaltszahlungen für ein Kind – nicht mehr in die Unterhaltsberechnung einzustellen.

b) Gegen die letztgenannten Erwägungen des BerGer. wendet sich die Revision mit der Rüge, die außerplanmäßige, trennungsbedingte Tilgung von Schulden könne nicht mit dem Fortfall des Kindesunterhalts gleichgesetzt werden. Die Tilgung der Schulden der Parteien sei allenfalls ab November 1996, dem planmäßig erwarteten Abzahlungsendzeitpunkt, zu berücksichtigen. Denn die Abzahlung der Kredite mit dem Erlös des Schrebergartenverkaufs entspreche nicht den Verhältnissen, wie sie sich bei normalem Verlauf der Ehe ohne die Trennung verwirklicht hätten. Demgemäß habe sich der Unterhaltsbedarf der Kl. jedenfalls bis November 1996 an den Einkommensverhältnissen auszurichten, wie sie durch die Abtragung der Schulden geprägt gewesen seien.

Diese Rüge verhilft der Revision nicht zum Erfolg. Wie das BerGer. zu Recht hervorhebt, bestanden die Schulden zu dem Zeitpunkt, von dem an die Kl. Trennungsunterhalt begehrt, nicht mehr. Veränderungen der wirtschaftlichen Verhältnisse, die nicht auf einer vom Normalverlauf erheblich abweichenden Entwicklung beruhen, sind bei der Berechnung des Trennungsunterhalts grundsätzlich zu berücksichtigen (vgl. *Senat*, NJW 1986, 718 = LM § 1361 BGB Nr. 44 = FamRZ 1986, 244 [245]). Eine frühere Prägung der ehelichen Lebensverhältnisse durch die Schulden hat nach August 1994 nicht mehr – auch nicht in anderer Weise – fortgewirkt. Insbesondere haben die Parteien nicht etwa geltend gemacht, der Besitz des Schrebergartens habe ihnen während der Ehe wirtschaftlich meßbare Vorteile gebracht, die seit dem Verkauf entfallen seien und nunmehr anstelle der früheren Schulden als Negativposten berücksichtigt werden müßten. Entgegen der Auffassung der Revision kann es je nach den Umständen des Einzelfalles durchaus als eine nicht vom Normalverlauf abweichende Entwicklung beurteilt werden, wenn ein Ehegatte nach der Trennung aus wirtschaftlich vernünftigen Überlegungen einen vorhandenen Kapitalwert einsetzt, um damit Schulden der inzwischen getrenntlebenden Eheleute abzulösen und auf diese Weise die beiderseitigen finanziellen Verhältnisse zu bereinigen. Unter Berücksichtigung dieser Umstände ist das von dem BerGer. in tatrichterlicher Beurteilung der besonderen Gegebenheiten des vorliegenden Falles gewonnene Ergebnis (vgl. dazu *Senat,* NJW 1984, 1237 = LM § 1581 BGB Nr. 3 = FamRZ 1984, 358 [360], und NJW 1991, 2703 = LM H. 6–1992 § 1361 BGB Nr. 60 = BGHR BGB § 1361 Abs. 1 Satz 1 Unterhaltsbemessung 4) aus Rechtsgründen nicht zu beanstanden. Auf die Hilfsbegründung des Gerichts zur (Nicht-)Berücksichtigung von „Konsumkrediten" im Rahmen der Bedarfsbemessung kommt es daneben nicht entscheidend an. Insoweit bestehen allerdings Bedenken gegen die Auffassung, daß die ehelichen Lebensverhältnisse in der Regel durch „Konsumkredite" nicht geprägt würden (vgl. dazu etwa *Wendl-Gerhardt,* Das UnterhaltsR in der familienrichterlichen Praxis, 3. Aufl., § 1 Rdnr. 516).

(Bei einer Umschuldung eines eheprägenden Kredits nach der Trennung ist die Eheschuld noch bis zum Ablauf des ursprünglichen Kredits prägend)

c) Ohne Erfolg wendet sich andererseits die Anschlußrevision gegen die Weiterberücksichtigung der **b**
Kreditraten von monatlich 333 DM für einen Pkw in dem angefochtenen Urteil. Die Anschlußrevision macht hierzu geltend: Nachdem der Bekl. den Pkw im November 1995 veräußert habe, habe der Kredit nach der Lebenserfahrung durch den Verkaufserlös zurückgeführt werden müssen, zumal der Pkw als Kreditsicherheit gedient haben müsse. Etwas anderes könnte nur gelten, wenn der Kredit anläßlich der Anschaffung des neuen Fahrzeugs umgeschuldet worden sei. Die Kosten des neuen Fahrzeugs lasse das BerGer. jedoch zu Recht unberücksichtigt.

Mit diesen zum Teil auf Vermutungen basierenden Ausführungen kann die Anschlußrevision der Entscheidung des BerGer. nicht die Grundlage entziehen. Die Kreditraten für das während des Zusammenlebens der Parteien erworbene Fahrzeug waren als ehebedingte Verbindlichkeiten auch nach der Trennung weiter zu entrichten, und zwar, wie das BerGer. zutreffend dargelegt hat, unabhängig davon, daß der Bekl. während der Laufzeit des Kredits anstelle des bisherigen ein anderes Fahrzeug gekauft hat. Die Kreditraten für den Pkw haben die ehelichen Lebensverhältnisse geprägt. Sie sind deshalb für die Dauer der vereinbarten Laufzeit und in der seinerzeit vereinbarten Höhe bei der Unterhaltsbemessung zu berücksichtigen (vgl. hierzu auch *Wendl-Gerhardt,* § 1 Rdnr. 516).

(Kein Bonus von $^1/_7$ neben 5 % Pauschalen berufsbedingten Aufwendungen)

b) Diesen Abzug eines $^7/_8$-Erwerbstätigenbonus neben einer Pauschale von 90 DM hält die Revision **c**
unter Hinweis auf die Rechtsprechung des *Senats* angesichts der geringen Höhe des Einkommens der Kl. für überhöht und nicht gerechtfertigt.

Der Revision ist einzuräumen, daß der *Senat* mehrfach zu bedenken gegeben hat, ob neben einem pauschalen Abzug von 5 % des Nettoeinkommens (vgl. Düsseldorfer Tabelle Stand 1. 7. 1992 Anm. 3: 5%, mindestens 90 DM) der Erwerbstätigenbonus gegebenenfalls geringer als sonst üblich zu bemessen sein sollte (vgl. z. B. *Senat,* NJW-RR 1990, 578 = FamRZ 1990, 979 [981] = BGHR BGB § 1578 Abs. 1 Satz 1 Unterhaltsbemessung 20). Diese Frage unterliegt jedoch letztlich der Verantwortung des Tatrichters im Rahmen seiner Beurteilung der Angemessenheit des zuzubilligenden Unterhaltsanspruchs. Da das *OLG* die rechnerisch ermittelten Unterhaltsbeträge anschließend einer Angemessenheitskontrolle unterzogen hat mit dem Ergebnis, daß es für den gesamten von der Klage erfaßten Zeitraum die zunächst errechneten Beträge – zugunsten des Bekl. – jeweils auf einen für angemessen gehaltenen Unterhaltsanspruch der Kl. ermäßigt hat, ließ die getroffene Entscheidung auch einen gewissen Spielraum für eine Verringerung des Erwerbstätigenbonus in den angestellten Berechnungen. Die Frage wird jedoch im weiteren Verlauf des Verfahrens, das aus anderen Gründen an das BerGer. zurückzuverweisen ist (s. unten Abschn. B 2), zu beachten sein. Dabei wird das BerGer. auch Gelegenheit haben zu überprüfen, ob es angesichts der Einkommensverhältnisse der Parteien in der Tat angemessen ist, der Kl. trotz festgestellter Fahrtkosten in Höhe von monatlich 56 DM gleichwohl die volle Pauschale von 90 DM für berufsbedingte Aufwendungen zuzugestehen, dem Bekl. hingegen bei seinen Nebeneinkünften aus dem Jahre 1994 mit Rücksicht auf die Höhe der Fahrtkosten nur die Hälfte der Pauschale.

(Einkommen aus trotz behaupteten gesundheitlichen Einschränkungen ausgeübten Tätigkeiten sind kein überobligatorisches Einkommen)

c) Die Anschlußrevision macht geltend, das BerGer. habe das Erwerbseinkommen der Kl. überhaupt **d**
nicht, jedenfalls nicht in vollem Umfang in die Unterhaltsberechnung einbeziehen dürfen. Die ausge-

übte Teilzeitarbeit sei nämlich aus gesundheitlichen Gründen für die Kl. an sich nicht zumutbar, wie diese schon im ersten Rechtszug und – durch Bezugnahme – auch im Berufungsverfahren geltend gemacht habe. Das habe das BerGer. zu Unrecht nicht beachtet.

Diese Rüge hat keinen Erfolg. Wie der *Senat* bereits entschieden hat, rechtfertigen die „Erwerbsverhältnisse" der Ehegatten i. S. von § 1361 I 1 BGB in der Regel die Zumutbarkeit der Fortsetzung einer bereits – noch dazu seit längerem – ausgeübten Erwerbstätigkeit während der Trennungszeit. Das gilt insbesondere dann, wenn die Erwerbstätigkeit während des Zusammenlebens der Ehegatten trotz Belastung durch die Pflege und Erziehung von Kindern ausgeübt wurde und nach der Trennung nur in wesentlich gleichem Umfang wie bisher fortgeführt wird (vgl. *Senat*, NJW 1981, 2804 = LM § 1361 BGB Nr. 15 = FamRZ 1981, 1159 [1161]). So liegen die Verhältnisse auch hier. Das BerGer. ist daher ohne Rechtsverstoß davon ausgegangen, daß das Einkommen der Kl. aus ihrer – ohnehin geringfügigen und nur stundenweise, jedoch seit mehr als 30 Jahren ausgeübten – Tätigkeit, auch unter Beachtung ihres Alters und Gesundheitszustandes, in bereinigter Höhe in die Ermittlung des Trennungsunterhalts einzubeziehen ist.

(Bei Trennungsunterhalt ist unter Berücksichtigung des sog. toten Kapitals nur ein angemessener Wohnwertvorteil beim Bedarf als auch bei der Bedürftigkeit anzusetzen)

e B. 1. Neben dem Erwerbseinkommen hat das BerGer. der Kl. den Wert ihres Wohnens in der ehelichen Eigentumswohnung zugerechnet mit der Begründung: Bei der Ermittlung des den ehelichen Lebensverhältnissen der Parteien entsprechenden Bedarfs der Kl. sei zu berücksichtigen, daß die Eheleute in einer ihnen gemeinsam gehörenden Eigentumswohnung gelebt hätten, deren objektiver Wohnwert von unstreitig 1414 DM monatlich die Belastungen (Annuitäten auf die Grundpfandrechte von monatlich 526,04 DM und verbrauchsunabhängige Kosten von monatlich „rund 140 DM") überstiegen habe. Der hierin liegende Gebrauchsvorteil i. S. von § 100 BGB bestimme die Lebensverhältnisse der Parteien seit der Trennung und der alleinigen Nutzung der Wohnung durch die Kl. allerdings nur noch zu einem Teil, weil die Wohnung für die Kl. zu groß sei und der ursprünglich auf den Bekl. entfallende Teil der Nutzungen, der seit seinem Auszug nicht mehr gezogen werde, als sogenanntes „totes Kapital" außer Betracht zu lassen sei. Da die Ehe der Parteien nicht geschieden und die Veräußerung der Eigentumswohnung beabsichtigt sei, sei der Kl. derzeit eine Aufgabe der Wohnung noch nicht zuzumuten.

Den mit dem Wohnen in der Eigentumswohnung verbundenen Wohnvorteil der Kl. hat das BerGer. in Höhe einer ersparten Miete angesetzt, die nach den wirtschaftlichen Verhältnissen der unterhaltsberechtigten Kl. angemessen sei. Dazu hat es ausgeführt: Angemessen sei vielfach eine ersparte Miete bis zu der zum Lebensunterhalt zur Verfügung stehenden Mittel. Das erscheine auch im vorliegenden Fall als das richtige Maß. Zur Ermittlung des danach als maßgeblich erachteten „Drittelwohnwerts" hat das BerGer. – unter Gegenüberstellung der bereinigten Nettobezüge des Bekl. abzüglich der von ihm getragenen Annuitäten und verbrauchsunabhängigen Kosten für die Eigentumswohnung mit dem Anteil des Eigeneinkommens der Kl. – zunächst einen vorläufigen hälftigen Differenzunterhalt errechnet, den die Kl. beanspruchen könnte, wenn sie keinen Wohnvorteil hätte (für 1995: 2221,60 DM Einkommen des Bekl. abzüglich 587,43 DM = 1634,17 DM, davon $^1/_2$ = 817,09 DM). Aus der Gesamtsumme dieses vorläufigen Differenzunterhalts und des vollen Eigeneinkommens der Kl. (für 1995 berechnet: 645,67 DM – 90 DM Pauschale = rund 555 DM, zuzüglich Lohnsteuererstattung von 130,33 DM = 685,33 DM) hat das BerGer. den „Drittelwohnwert" errechnet (für 1995: 817,09 DM + 685,33 DM = 1502,42 DM, davon $^1/_3$), den es sodann – für 1995 in Höhe von 500,81 DM – in die endgültige Unterhaltsberechnung einbezogen hat.

Dabei hat es die Differenz zwischen dem bereinigten Einkommen des Bekl. und dem Einkommen der Kl. zuzüglich Wohnwert (für 1995: 2221,60 DM – 587,43 DM – 500,81 DM – 1133,36 DM) ermittelt, die der Kl. im Prinzip zur Hälfte zustehe (566,68 DM), auf die sie sich jedoch die vom Bekl. für sie gezahlten verbrauchsabhängigen Kosten in Höhe von monatlich 362,96 DM als bereits geleistete Unterhaltszahlungen anrechnen lassen müsse. Den auf diese Weise für 1995 in Höhe von monatlich 203,72 DM ermittelten Unterhaltsanspruch der Kl. hat das *OLG* schließlich aus Billigkeitsgründen auf monatlich 150 DM herabgesetzt, weil die Unterhaltsberechnung nicht dazu führen dürfe, daß der Berechtigte durch sein Erwerbseinkommen und den zu zahlenden Unterhalt über höhere Einkünfte verfüge, als dem Verpflichteten nach Zahlung anzuerkennender Schulden und des errechneten Unterhalts verblieben. Es sei angemessen, daß die Kl. dann insgesamt über monatlich 1699,10 DM (150 DM Unterhalt + 685,33 DM = $^7/_8$-Eigeneinkommen + 362,96 DM Verbrauchskosten + 500,81 DM Wohnvorteil) verfüge und der Bekl. über monatlich 1708,64 DM (2221,60 DM – 362,96 DM – 150 DM = 1708,64 DM).

Entsprechend ist das *OLG* auch für die übrigen von der Klage erfaßten Zeiträume vorgegangen. Dabei ist es bei der Festsetzung des Wohnwerts auf den jeweiligen Drittel-Betrag der der Kl. zur Verfügung stehenden Mittel für die Zeit von September bis Dezember 1994 (als das maßgebliche Einkommen der Kl. mangels Steuererstattung geringer und das des Bekl. höher war) zu einem Wert von monatlich 562,47 DM gelangt, für die Zeit von Januar bis März 1996 (als das maßgebliche Einkommen des Bekl. geringer war) zu einem Wert von monatlich 404,56 DM und für die Zeit von April bis Dezember 1996 (als vom Einkommen des Bekl. nur noch die Annuitäten von monatlich 526,04 DM abzusetzen waren, die Kl. hingegen die Grundsteuer und die verbrauchsunabhängigen Nebenkosten selbst trug), zu einem Wert von monatlich 283,20 DM.

Als Mittel, über die die Parteien nach Festlegung des der Kl. endgültig zugebilligten Unterhaltsbetrages damit letztlich verfügen könnten, hat das BerGer. in der geschilderten Weise für die Zeit vom September bis Dezember 1994 (bei Zugrundelegung eines Wohnvorteils von 562,47 DM) auf seiten der Kl. monatlich 1952,23 DM und auf seiten des Bekl. monatlich 1954,64 DM ermittelt und für angemessen gehalten, für die Zeit von Januar bis März 1996 (bei Zugrundelegung eines Wohnvorteils von 404,56 DM) auf seiten der Kl. monatlich 1479,96 DM und auf seiten des Bekl. monatlich 1477,08 DM, schließlich für die Zeit von April bis Dezember 1996 (bei Zugrundelegung eines Wohnvorteils von 283,20 DM) auf seiten der Kl. monatlich 1493,20 DM und auf seiten des Bekl. monatlich 1487,71 DM.

2. Gegen die dargestellte Berechnung und Berücksichtigung des Wohnvorteils der Kl. bei der Unterhaltsbemessung erheben sowohl die Revision als auch die Anschlußrevision zu Recht Bedenken.

a) Zunächst hat das BerGer. zwar im Eingang der Entscheidungsgründe des angefochtenen Urteils zutreffend auf die für den Unterhaltsbedarf der Kl. maßgeblichen ehelichen Lebensverhältnisse der Parteien abgestellt, die außer durch die beiderseitigen Einkünfte auch durch die Gebrauchsvorteile der Eigentumswohnung – im Umfang der seit der Trennung der Parteien noch geübten teilweisen Nutzung – geprägt worden seien. Bei der konkreten Unterhaltsberechnung ist das Gericht diesem Ansatz jedoch nicht gefolgt. Es hat den Unterhaltsanspruch der Kl. letztlich bestimmt, ohne zuvor den nach den ehelichen Lebensverhältnissen unter Berücksichtigung des Wohnvorteils angemessenen Bedarf der Kl. festzulegen (vgl. dazu *Senat*, NJW 1990, 3274 = LM § 323 ZPO Nr. 63 = FamRZ 1990, 989 [990]). Ferner krankt seine Berechnungsweise daran, daß es den Wohnvorteil der Kl. von vorneherein unter Berücksichtigung eines „Drittelwohnwertes" errechnet hat. Hierbei geht es um die Frage, ob Wohnvorteil und die zur Deckung des sonstigen Lebensbedarfs verbleibenden Mittel in einem angemessenen Verhältnis zueinander stehen. Diese Frage kann erst in einem letzten Schritt der Unterhaltsberechnung beantwortet werden (vgl. *Senat*, NJW 1989, 2809 = LM § 1361 BGB Nr. 56 = FamRZ 1989, 1160 [1163]; *Schwab-Borth*, Hdb. des ScheidungsR, 3. Aufl., IV Rdnr. 1025).

Auch stehen die aufgrund einer Angemessenheitskontrolle gewonnenen Ergebnisse für die einzelnen Zeitabschnitte tatsächlich nicht im Einklang mit dem vom BerGer. insoweit selbst herangezogenen Grundsatz der Halbteilung der den Ehegatten zur Verfügung stehenden Mittel (vgl. *Senat*, NJW 1988, 2369 = LM § 1569 BGB Nr. 28 = FamRZ 1988, 265 [267]; st. Rspr.). Denn das BerGer. hat bei der entsprechenden Prüfung nicht berücksichtigt, daß der Bekl. von den ihm nach Abzug des Unterhalts der Kl. verbleibenden Mitteln zunächst die Miete für eine eigene angemessene Wohnung aufbringen muß. All dies nötigt zur Aufhebung des angefochtenen Urteils.

b) Gem. § 1361 I BGB bestimmt sich der Unterhaltsbedarf der Kl. nach den ehelichen Lebensverhältnissen. Diese werden zunächst durch die beiderseitigen bereinigten Einkünfte geprägt, d. h. – für das Jahr 1995, für das durchgängig von einheitlichen Beträgen auszugehen ist – von monatlich 2221,60 DM auf seiten des Bekl. und monatlich 587,43 DM auf seiten der Kl. Zusätzlich sind bei der Bestimmung der ehelichen Lebensverhältnisse die Gebrauchsvorteile (§ 100 BGB) zu berücksichtigen, die die Parteien dadurch gehabt haben, daß sie die ihnen gehörende Eigentumswohnung mietfrei genutzt haben. Nach der ständigen Rechtsprechung des *Senats* ist der Wert derartiger Nutzungsvorteile den sonstigen Einkünften der Parteien hinzuzurechnen, soweit er die Belastungen übersteigt, die durch allgemeine Grundstückskosten und -lasten, Zins- und Tilgungsleistungen und sonstige verbrauchsunabhängige Kosten entstehen (vgl. *Senat*, FamRZ 1985, 354 [356] unter 4b; NJW 1989, 2809 = LM § 1361 BGB Nr. 56 = FamRZ 1989, 1160, und NJW-RR 1995 = LM H. 9–1995 § 1578 BGB Nr. 64 = BGHR BGB § 1578 Abs. 1 Satz 1 Unterhaltsbemessung 39 = FamRZ 1995, 869). Als Belastungen, die in diesem Sinne auf die eheliche Wohnung entfallen, hat das BerGer. die laufenden Annuitäten von monatlich 526,04 DM, die Grundsteuer von monatlich 34 DM und die verbrauchsunabhängigen Kosten von monatlich 134,95 DM festgestellt. Bei der Bedarfsbemessung hat es diese Belastungen rechtsfehlerfrei dadurch berücksichtigt, daß es das Einkommen des Bekl., der die Hauslasten 1995 voll getragen hat, um die entsprechenden Beträge auf den „bereinigten" Wert von monatlich 2221,60 DM ermäßigt hat. Auf diese Weise fallen die Kosten im Ergebnis rechtlich zutreffend beiden Parteien je zur Hälfte zur Last.

c) Der Wohnwert der insgesamt rund 100 m^2 großen Wohnung, der während des Zusammenlebens der Parteien neben den beiderseitigen bereinigten Einkünften ihren Lebensstandard geprägt hat, kommt seit dem Auszug des Bekl. aus der Ehewohnung nicht mehr in vollem Umfang zum Tragen. Denn der ursprünglich dem Bekl. zuzurechnende Teil der Wohnungsnutzung wird seit seinem Auszug nicht mehr gezogen. Dieser Anteil hat daher als „totes Kapital" bei der Bestimmung des Unterhaltsbedarfs der Kl. nach Maßgabe der ehelichen Lebensverhältnisse außer Betracht zu bleiben (vgl. *Senat*, NJW 1989, 2809

= LM § 1361 BGB Nr. 56 = FamRZ 1989, 1160 [1162]). Der Wohnwert ist demgemäß als – eingeschränkter – Gebrauchsvorteil nur noch in einer Höhe in Rechnung zu stellen, wie er sich als angemessene Wohnungsnutzung durch die Kl. allein darstellt. Insoweit verwirklichen sich, soweit es um die Nutzung der Ehewohnung geht, die ehelichen Lebensverhältnisse seit der Trennung der Parteien in Form eines entsprechend geringer anzusetzenden Gebrauchsvorteils als bedarfsprägender Wohnwert (vgl. hierzu *Schwab-Borth*, Rdnr. 1033; *Wendl-Gerhardt*, § 1 Rdnr. 217; *Graba*, FamRZ 1995, 385 [387]).

(Der angemessene Wohnwert darf nicht pauschal nach der sog. Drittelobergrenze ermittelt werden, sondern richtet sich nach dem Wert einer den ehelichen Lebensverhältnissen entsprechenden kleinen Wohnung)

f Dieser verbleibende Gebrauchswert der insgesamt für den die Wohnung weiter nutzenden Ehegatten an sich zu großen Wohnung wird in der Regel danach zu bestimmen sein, welchen Mietzins der Ehegatte auf dem örtlichen Wohnungsmarkt für eine dem ehelichen Lebensstandard entsprechende angemessene kleinere Wohnung zahlen müßte (nach oben in jedem Fall begrenzt durch den vollen Wohnwert der Ehewohnung). Haben Eheleute im Einzelfall, gemessen an ihren sonstigen wirtschaftlichen Verhältnissen, zu aufwendig gewohnt, dann kann es angebracht sein, diesem Umstand bei der Bemessung des Trennungsunterhalts Rechnung zu tragen (vgl. hierzu *Senat*, NJW 1982, 1645 = LM § 1578 BGB Nr. 2 = FamRZ 1982, 151 [152]) und aus diesem Grund den verbleibenden Wohnwert des die Ehewohnung weiterhin nutzenden Ehegatten auf den angemessenen Betrag zurückzuführen, wie er für eine entsprechende kleinere Wohnung auf dem Wohnungsmarkt zu zahlen wäre.

Die Bestimmung des unter Berücksichtigung des „toten Kapitals" verbleibenden eingeschränkten Wohnwerts nach den aufgezeigten Kriterien – als Bestandteil der für den angemessenen Bedarf des Unterhaltsberechtigten maßgeblichen ehelichen Lebensverhältnisse – ist grundsätzlich dem Tatrichter in eigener Verantwortung vorbehalten. Da das BerGer. diesen nicht ermittelt hat, ist die Sache zur Nachholung der erforderlichen Feststellungen an die Vorinstanz zurückzuverweisen.

d) Das BerGer. verkennt zwar nicht, daß es sich bei jeder Unterhaltsberechnung letztlich als notwendig erweisen kann, den rechnerisch ermittelten Unterhaltsbetrag auf seine Angemessenheit hin zu überprüfen (vgl. *Senat*, NJW 1983, 1733 = LM § 1578 BGB Nr. 21 = FamRZ 1983, 678, und NJW 1989, 2809 = LM § 1361 BGB Nr. 56 = FamRZ 1989, 1160 [1163]). Das rechtfertigt jedoch nicht von vorneherein – unter dem Gesichtspunkt einer solchen Angemessenheitskontrolle – eine generelle Festlegung des Vorteils mietfreien Wohnens in einer Eigentumswohnung oder einem Einfamilienhaus mit einem Drittel der für den Unterhalt insgesamt zur Verfügung stehenden Mittel, wenn dieser Wert auch im Einzelfall seine Berechtigung haben mag.

Abgesehen davon, daß sich die Angemessenheitsprüfung nicht auf die Frage des Wohnvorteils beschränken darf, sondern die ehelichen Verhältnisse umfassend einbeziehen muß, erscheint es grundsätzlich nicht gerechtfertigt, für die Bewertung des Wohnvorteils eine schematische, von den tatsächlichen Gegebenheiten unabhängige „Ober-"Grenze festzulegen. Da der Wert der Wohnungsnutzung Ausprägung der jeweiligen individuellen ehelichen Lebensverhältnisse ist, hat er sich auch an diesen auszurichten. Dabei mag es im Einzelfall notwendig werden, den unter Ansatz des konkreten Wohnvorteils ermittelten Unterhaltsbetrag schließlich aus Billigkeitsgründen zu ändern, wie es der *Senat* auch in seinem Urteil vom 12. 7. 1989 (NJW 1989, 2809 = LM § 1361 BGB Nr. 56 = FamRZ 1989, 1160) gebilligt hat. Jedenfalls darf aber auf der anderen Seite nicht unberücksichtigt bleiben, daß der Verpflichtete in Fällen der vorliegenden Art genötigt ist, aus seinen nach Abzug des Unterhalts verbleibenden Mitteln seinen Wohnbedarf zu decken.

3. Wird zum Zwecke einer beispielhaften Berechnung unterstellt, daß der der Kl. zuzurechnende Wohnvorteil monatlich rund 900 DM beträgt, wie er nach dem Vortrag der Anschlußrevision (verbleibende Nutzbarkeit der Ehewohnung für die Kl. im Umfang von weniger als zwei Dritteln) den fortwirkenden ehelichen Lebensverhältnissen der Parteien entsprechen könnte und unter Umständen als Mietzins für eine angemessene kleinere Wohnung auf dem Wohnungsmarkt zu entrichten wäre, dann wären die ehelichen Lebensverhältnisse der Parteien im Jahre 1995 mit 3709,03 DM (2221,60 DM + 587,43 DM + 900 DM) zu veranschlagen. Als Unterhaltsbedarf der Kl. ergäbe sich damit ein Betrag von monatlich 1854,50 DM.

BGH v. 22. 4. 1998 – XII ZR 221/96 – FamRZ 98, 951 = NJW 98, 2433

R526 *(Wegfall der Bereicherung)*

a Das *OLG* hat jedoch einen Wegfall der Bereicherung der Bekl. i. S. von § 818 III BGB angenommen, weil die Bekl. trotz der ihr zur Verfügung stehenden erheblichen Unterhaltsmittel und ihres eigenen Einkommens wegen des außerordentlich hohen Mietaufwands und der Betreuungskosten für das gemeinsame Kind von Anfang an nicht in der Lage gewesen sei, Ersparnisse anzusammeln oder Vermögensdispositionen zu treffen, um die sie noch bereichert sei. Vielmehr habe sie alles für die laufende Lebenshaltung verbraucht. Diese Beurteilung steht im Einklang mit der Rechtsprechung des *Senats*

(BGHZ 118, 383 [388f.] = NJW 1992, 2415 = LM H. 1–1993 § 812 BGB Nr. 231) und ist aus Rechtsgründen nicht zu beanstanden.

(Voraussetzungen der verschärften Haftung nach § 818 IV BGB)

a) Gem. § 818 IV BGB kann sich der Empfänger einer rechtsgrundlos erbrachten Leistung vom Eintritt der Rechtshängigkeit an nicht mehr auf den Wegfall der Bereicherung berufen, sondern haftet nach allgemeinen Vorschriften. Das *OLG* hat hierzu – unter Bezugnahme auf die Senatsrechtsprechung (NJW 1984, 2095 = LM § 818 Abs. 3 BGB Nr. 30 = FamRZ 1984, 767; BGHZ 93, 183f. = NJW 1985, 1074 = LM § 818 Abs. 4 BGB Nr. 8; NJW 1986, 2057 = LM § 818 Abs. 4 BGB Nr. 9 = FamRZ 1986, 793, und BGHZ 118, 383 [390] = NJW 1992, 2415 = LM H. 1–1993 § 812 BGB Nr. 231) – zutreffend ausgeführt, daß es nicht bereits auf den Eintritt der Rechtshängigkeit der Abänderungsklage ankomme, mit der über die Höhe der im Prozeßvergleich festgelegten Unterhaltsleistungen gestritten werde. Maßgebend sei vielmehr der Eintritt der Rechtshängigkeit der auf die Bereicherung gestützten Rückforderungsklage, die hier erst am 28. 7. 1995, mithin nach dem Überzahlungszeitraum, erhoben worden sei. Die Belange des Unterhaltsschuldners seien ausreichend schon dadurch gewahrt, daß er während des Abänderungsverfahrens einen Antrag auf einstweilige Einstellung der Zwangsvollstreckung aus dem abzuändernden Titel analog § 769 ZPO stellen könne. b

Die Revision meint demgegenüber, das Abstellen auf den Zeitpunkt der Erhebung der Rückforderungsklage sei systemwidrig, und bittet um Überprüfung dieser Rechtsprechung. Der Regelung des § 323 III ZPO, die eine Abänderung des Urteils für die Zeit nach Rechtshängigkeit der Abänderungsklage erlaube, liege nämlich die gesetzliche Wertung zugrunde, daß der Abänderungsgegner bereits vom Zeitpunkt dieser Rechtshängigkeit an nicht mehr auf den Fortbestand seiner vermeintlichen Rechtsposition vertrauen dürfe, sondern auf die mögliche Rückzahlungspflicht hingewiesen werde, so daß er den Schutz des § 818 III BGB nicht mehr verdiene. Dem könne nicht mit dem Hinweis auf die Möglichkeit der Einstellung der Zwangsvollstreckung oder andere Maßnahmen, mit denen sich der Unterhaltsschuldner schützen könne, begegnet werden. Denn gerade an dem Umstand, daß dem anwaltlich gut beratenen Unterhaltsschuldner eine solche Absicherung möglich sei und der Unterhaltsgläubiger in diesem Fall notwendigerweise Sozialhilfe in Anspruch nehmen müsse, während er gegen den weniger gut beratenen Unterhaltsschuldner weiter vollstrecken und sich gegenüber einer späteren Rückforderungsklage auf Entreicherung berufen könne, zeige sich die Systemwidrigkeit dieser Rechtsprechung. Richtigerweise müßte der Unterhaltsschuldner in beiden Fällen auch ohne Einstellung der Zwangsvollstreckung einer Einbuße durch die Unterhaltsüberzahlung entgehen können.

Weder dieser Einwand noch die sonst in der Literatur zum Teil geäußerte Kritik (vgl. *Kohler*, ZZP 1986, 34f.; *ders.*, FamRZ 1988, 1005f.; *M. Schwab*, FamRZ 1994, 1567f.; *Ditzen*, FamRZ 1988, 349f.) rechtfertigen indes eine Änderung der bisherigen Senatsrechtsprechung. Daß es für die verschärfte Haftung nach § 818 IV BGB auf die Rechtshängigkeit der Rückforderungsklage ankommt und nicht auf eine diese Rückforderung erst vorbereitende Klage wie etwa eine Feststellungs- oder eine Abänderungsklage, ergibt sich, wie der *Senat* in BGHZ 93, 183 (185) (= NJW 1985, 1074 = LM §§ 818 Abs. 4 BGB Nr. 8) ausgeführt hat, bereits aus dem Wortlaut und dem Sinnzusammenhang der § 818f. BGB selbst. In dem dem § 818 IV BGB vorausgehenden Absatz 3 wird an die Verpflichtung zur Herausgabe oder zum Wertersatz angeknüpft; auch § 819 I und § 820 I BGB machen die Haftung von der Rechtshängigkeit des Anspruchs auf Herausgabe bzw. Wertersatz abhängig. Anders als bei vergleichbaren Fällen, in denen materiell-rechtliche Wirkungen ausdrücklich an die Rechtshängigkeit nicht nur einer Leistungs-, sondern auch einer Feststellungsklage geknüpft werden, wie etwa die Unterbrechung der Verjährung durch Klageerhebung (§ 209 I BGB), ist in §§ 818f. BGB immer nur von der (Leistungs-)Klage auf Herausgabe oder Wertersatz die Rede. Damit hat das Gesetz die Sachverhalte, in denen der Empfänger einer Leistung auf den Fortbestand der eingetretenen Vermögenslage vertrauen darf, aus Gründen der Rechtssicherheit dahin formalisiert, daß es auf die Zustellung der auf Herausgabe der Bereicherung gerichteten Klage abstellt. § 818 IV BGB ist eine Ausnahme von dem das Bereicherungsrecht allgemein beherrschenden Grundsatz, daß der gutgläubig Bereicherte nur bis zur Grenze einer etwa noch vorhandenen Bereicherung auf Rückgewähr haftet. Als Ausnahmevorschrift ist die Regelung einer Erweiterung dergestalt, daß auch andere gerichtliche Akte mit Warnfunktion ihrem Anwendungsbereich unterliegen, wie etwa die Erhebung einer negativen Feststellungsklage oder einer Abänderungsklage, die die Rückforderungsklage erst vorbereiten, nicht zugänglich (zust. insoweit auch *Kohler*, ZZP 1986, 34 [45]). Das gilt um so mehr, weil es sich um Unterhaltsfälle handelt, in denen der Unterhaltsberechtigte auf die laufende Zahlung zur Befriedigung seines Lebensbedarfs angewiesen ist und sich auf die Bestandskraft des rechtskräftigen Unterhaltstitels berufen kann.

Diese Sperre wird auch nicht durch den Rechtsgedanken aus § 323 III ZPO durchbrochen. Die dortige Zeitschranke erklärt sich zwar aus dem Vertrauensschutz für den Abänderungsgegner, dem keine rückwirkende Abänderung des Urteils zugemutet werden soll. Dieser Vertrauensschutz endet mit Erhebung der Abänderungsklage. Darin erschöpft sich aber die Bedeutung des § 323 III ZPO. Er bezieht sich nur auf die Wirkung der Abänderungsklage selbst. Der Abänderungsgegner muß ab Rechtshängigkeit der Abänderungsklage zwar darauf gefaßt sein, daß der Titel in der bisherigen Form nicht mehr fortbestehen wird. Er muß aber noch nicht damit rechnen, daß er damit automatisch auch einem Rückforderungsanspruch des Schuldners hinsichtlich des während des Verfahrens gegebenenfalls zuviel bezahlten Unterhalts ausgesetzt ist, ohne sich auf die Entreicherung nach § 818 III BGB berufen zu können. Die – anders ausgestalteten – Voraussetzungen eines Rückforderungsanspruchs aus § 818 I 1 i. V. mit § 818 IV BGB läßt § 323 III ZPO unberührt.

Darüber hinaus übersieht die Revision, daß hier ein Prozeßvergleich vorliegt, für den die Zeitschranke des § 323 III ZPO ohnehin nicht gilt (BGHZ 85, 64 [73 f.] = NJW 1983, 228 = LM § 323 ZPO Nr. 31 = FamRZ 1983, 22). Der Vertrauensschutz des Unterhaltsgläubigers wird hier gerade dadurch gewährleistet, daß er gegenüber dem Anspruch auf Rückzahlung des in der Vergangenheit zuviel geleisteten Unterhalts die Einrede des Wegfalls der Bereicherung geltend machen kann (BGHZ 85, 64 [69] = NJW 1983, 228 = LM § 323 ZPO Nr. 31 = FamRZ 1983, 22; *Senat*, NJW 1990, 3274 = LM § 323 ZPO Nr. 63 = FamRZ 1990, 989 [990] m. w. Nachw.).

Der Rechtsprechung des *Senats* kann auch nicht eine ungleiche Risikoverteilung zwischen Unterhaltsgläubiger und Unterhaltsschuldner entgegengehalten werden. Dem Unterhaltsschuldner stehen neben dem bei Abänderungsklagen möglichen Antrag auf Einstellung der Zwangsvollstreckung analog § 769 ZPO (vgl. *Senat*, NJW 1986, 2057 = LM § 818 Abs. 4 BGB Nr. 9 = FamRZ 1986, 793 [794]) mehrere Wege zur Verfügung, dem Entreicherungseinwand des Unterhaltsgläubigers zu entgehen. So kann er etwa die Bereicherungsklage schon erheben, ohne zuvor die Abänderung des alten Titels abzuwarten, oder die Abänderungsklage auch hilfsweise mit einer Klage auf künftige Rückzahlung der während der Dauer des Abänderungsverfahrens zuviel gezahlten Unterhaltsbeträge verbinden (vgl. BGHZ 118, 383 [391] = NJW 1992, 2415 = LM H. 1–1993 § 812 BGB Nr. 231). Damit ist dem Interesse des Unterhaltsschuldners ausreichend Rechnung getragen.

(Verschärfte Haftung nach § 819 I BGB)

c b) Nach § 819 I i. V. mit § 818 IV BGB haftet der Bereicherungsempfänger verschärft bereits ab dem Zeitpunkt, zu dem er den Mangel des rechtlichen Grundes erfährt. Er muß hierfür aber das Fehlen des rechtlichen Grundes selbst und die sich daraus ergebenden Rechtsfolgen kennen; die bloße Kenntnis von Umständen, auf denen das Fehlen des Rechtsgrundes beruht, reicht demgegenüber nicht aus (BGHZ 118, 383 [392] = NJW 1992, 2415 = LM H. 1–1993 § 812 BGB Nr. 231 m. w. Nachw.; zust. insoweit auch *Kohler*, ZZP 1986, 34 [45]). Aufgrund des Vergleichs war der Bekl. zwar bekannt, daß ihr Eigeneinkommen nur für die Dauer von drei Jahren anrechnungsfrei bleiben konnte. Danach sollte es zeitlich und der Höhe nach gestaffelt auf ihren Unterhalt angerechnet werden, allerdings nur in Höhe des „bereinigten" Nettobetrags. Fraglich war danach, ob und gegebenenfalls mit welchem Anteil sie etwa auch die hohen Fremdbetreuungskosten für das Kind und die Kosten des ebenfalls dadurch bedingten höheren Wohnbedarfs von ihrem Nettoeinkommen vorweg absetzen durfte. Da nicht auszuschließen war, daß ihr Eigenverdienst dadurch nahezu aufgezehrt werde, war offen, wie sich ihr Unterhaltsanspruch betragsmäßig gestalten würde. Es reicht für die verschärfte Haftung nach § 819 I BGB noch nicht aus, daß die uneingeschränkte Fortgeltung der ursprünglich im Vergleich festgelegten Unterhaltshöhe in Frage gestellt war (vgl. auch *OLG Zweibrücken*, FamRZ 1995, 175 [176]). Das *OLG* hat im Hinblick darauf zutreffend eine Bösgläubigkeit der Bekl. schon zum Zeitpunkt des Empfangs der fraglichen Unterhaltsleistungen verneint. Auch die Revision erinnert insoweit nichts.

(Voraussetzungen der verschärften Haftung nach § 820 BGB; Rechtsgrund der Unterhaltspflicht bei Unterhaltsvereinbarung)

d c) Auch die Voraussetzungen einer verschärften Haftung nach § 820 I 2 BGB hat das *OLG* im Ergebnis zutreffend verneint. Nach § 820 I 2 BGB muß die Leistung aus einem Rechtsgrund erfolgt sein, dessen Wegfall nach dem Inhalt des Rechtsgeschäfts als möglich angesehen wurde und der später tatsächlich wegfällt. Sinn dieser Regelung ist, daß ein Empfänger, der von vornherein mit seiner Rückgabeverpflichtung rechnet, sich so einrichten muß, als müsse er die empfangene Leistung zurückgeben. Dabei muß sich bereits aus dem Inhalt des Rechtsgeschäfts ergeben, daß beide Parteien sich die Möglichkeit des Wegfalls des Rechtsgrundes nicht nur beiläufig, sondern besonders vergegenwärtigt haben (BGHZ 118, 383 [393] = NJW 1992, 2415 = LM H. 1–1993 § 812 BGB Nr. 231 m. Nachw.). Das *OLG* hat dazu ausgeführt, daß diese Vorschrift jedenfalls nicht auf Fälle bloßer Unterhaltsanpassung anzuwenden sei, weil hier beim Leistungsempfang keine Ungewißheit über den Wegfall des Rechtsgrundes gegeben sei, dieser vielmehr für den weitaus größten Teil der ursprünglich ausbedungenen Zahlung weiter bestehe. Außerdem würde durch eine zu ausdehnende Anwendung des § 820 BGB die in § 818 IV BGB gewollte beschränkte Haftung des Leistungsempfängers unterlaufen.

Die Revision hält demgegenüber einen Anwendungsfall des § 820 I 2 BGB für gegeben, da der Kl. nicht (nur) aufgrund seiner gesetzlichen Unterhaltspflicht, sondern aufgrund der getroffenen Scheidungsfolgenvereinbarung, mithin aufgrund eines Rechtsgeschäfts i. S. des § 820 BGB, geleistet habe. Da im Vergleich eine ausdrückliche Regelung für den vorausgesehenen und später tatsächlich eingetretenen Fall der Wiederaufnahme einer eigenen Erwerbstätigkeit der Bekl. getroffen worden sei, sei ihr auch zuzumuten gewesen, sich von Anfang an auf die Notwendigkeit einer Rückzahlung des Unterhalts einzurichten.

Darin kann der Revision nicht gefolgt werden. Der *Senat* hat in seiner Entscheidung vom 9. 5. 1984 (NJW 1984, 2095 = LM § 818 Abs. 3 BGB Nr. 30 = FamRZ 1986, 767 [768]) über die Rückforderung von aufgrund einer einstweiligen Anordnung zuviel geleistetem Unterhalt darauf abgehoben, daß es sich in Fällen dieser Art nicht um eine Vermögensverschiebung aufgrund eines Rechtsgeschäfts handele, wie es § 820 BGB fordere, weshalb auch eine analoge Anwendung ausscheide (zust. insoweit *Olzen*, FamRZ 1986, 1169 [1174]; a. A. *Kohler*, ZZP 1986, 34 [49 f., 53], und FamRZ 1988, 1005 [1006]; *M. Schwab*, FamRZ 1994, 1567 [1571]). In seiner Entscheidung in BGHZ 118, 383 (393) = NJW 1992, 2415 = LM H. 1–1993 § 812 BGB Nr. 231, in der es wie hier um einen Prozeßvergleich ging, konnte der *Senat* offen lassen, ob § 820 BGB nach seinem Sinn und Zweck überhaupt auf Unterhaltsvereinbarungen, die immer unter dem Vorbehalt des Wegfalls der Geschäftsgrundlage stehen, anwendbar sei. Die Frage ist nunmehr dahin zu beantworten, daß § 820 I 2 BGB auch im Falle eines Prozeßvergleichs über einen gesetzlichen Unterhaltsanspruch weder unmittelbar noch entsprechend anwendbar ist.

Rechtsgrund für die gezahlten Unterhaltsbeträge war nicht der (nachträglich abgeänderte) Prozeßvergleich, sondern die gesetzliche Unterhaltspflicht, die sich aus den § 1570, § 1573 BGB ergab. Dieser Rechtsgrund wurde durch den geschlossenen Vergleich nicht ausgewechselt, sondern nur auf eine weitere schuldrechtliche Grundlage gestellt und mit einem vollstreckungsfähigen Titel (§ 794 I Nr. 1 ZPO) versehen (vgl. *Senat*, NJW 1979, 2517 = LM § 236 GVG Nr. 19 = FamRZ 1979, 1005, und NJW 1991, 2709 = FamRZ 1990, 867; *Mertens*, FamRZ 1994, 601 [603]). Der Vergleich hatte lediglich eine Modifizierung des gesetzlichen Unterhaltsanspruchs der Höhe und dem zeitlichen Umfang nach zum Inhalt, und zwar im wesentlichen dergestalt, daß er die gesetzlich an sich vorgegebenen Anrechnungsbestimmungen des § 1577 I und II BGB auf die besonderen Verhältnisse der Parteien abstimmte. Die gesetzlichen Grundvoraussetzungen der Bedürftigkeit des Unterhaltsberechtigten und der Leistungsfähigkeit des Unterhaltsverpflichteten ließ er unberührt. Mit diesem Fall einer gesetzlich vorgegebenen, lediglich vertraglich modifizierten Unterhaltspflicht sind die Fälle des § 820 I BGB nicht vergleichbar, in denen die Parteien die Vermögensverschiebung aufgrund einer rechtsgeschäftlichen Vereinbarung vornehmen (*Olzen*, FamRZ 1986, 1169 [1174]). Vergleichbar damit wäre allenfalls ein Unterhaltsanspruch, der schon dem Grunde nach nur auf einer vertraglichen Vereinbarung beruht. Wesensbestimmend für § 820 BGB ist ferner, daß die Parteien vermittels des Rechtsgeschäfts einen bestimmten Erfolg herbeiführen wollen oder aus einem bestimmten Rechtsgrund leisten, dabei aber das Scheitern des Rechtsgeschäfts oder den Wegfall des Rechtsgrundes als möglich in Betracht ziehen und dennoch in Kauf nehmen. Auch dies findet keine Parallele in einem Vergleich über den gesetzlichen Unterhalt, der lediglich in Teilbereichen vertraglich modifiziert wird.

Außerdem muß die von den Parteien beiderseits in Betracht gezogene Ungewißheit über den Erfolgseintritt oder den Wegfall des Rechtsgrundes auf Umständen beruhen, die im Rechtsgeschäft selbst ihren Niederschlag gefunden haben und nicht durch sonstige, äußere Tatsachen veranlaßt sind (*Lieb*, in: MünchKomm, 3. Aufl., § 820 Rdnr. 5 m. Nachw. zur Rspr. des *RG*). Die Minderung des Unterhaltsanspruchs aufgrund (teilweisen) Wegfalls der Bedürftigkeit des Unterhaltsgläubigers ist aber ebenfalls ein bereits im Gesetz angelegter und von außen auf das Unterhaltsrechtsverhältnis einwirkender Umstand, den die Parteien hier lediglich modifiziert in ihre Vereinbarung einbezogen haben. Mit Recht hat schließlich das *OLG* ausgeführt, daß eine extensive Auslegung des § 820 BGB die in § 818 IV i. V. mit III BGB angelegte, auf den Zeitpunkt der Rechtshängigkeit der Rückforderungsklage beschränkte Haftung des Leistungsempfängers unterlaufen würde, indem sie den Zeitpunkt auf den Empfang der Leistung vorverlegt (vgl. auch *OLG Zweibrücken*, FamRZ 1995, 175 [177]; im Ergebnis auch *Heiß-Heiß*, Hdb. des UnterhaltsR, Bearb. April 1995, I, S. 8.6).

BGH v. 29. 4. 1998 – XII ZR 266/96 – FamRZ 98, 953 = NJW-RR 98, 1153

(Zustimmung zum Realsplitting auch bei Streit um Höhe und rechtliche Beurteilung geleisteter Zahlungen) **R527**

2. a) Nach der Rechtsprechung des *Senats* besteht eine Verpflichtung zur Zustimmung des unterhaltsberechtigten Ehegatten zum begrenzten Realsplitting als Ausprägung des Grundsatzes von Treu und Glauben im Rahmen des zwischen den Beteiligten bestehenden Unterhaltsrechtsverhältnisses, wenn der Unterhaltsverpflichtete die finanziellen Nachteile ausgleicht, die dem Berechtigten aus der Zustimmung erwachsen (*Senat*, NJW 1983, 1545 = LM § 1569 BGB Nr. 13 = FamRZ 1983, 576 [577]; NJW 1985, 195 = LM § 1569 BGB Nr. 17 = FamRZ 1984, 1211). Daraus folgt indessen nicht, daß die Zustimmungspflicht auf Fälle beschränkt ist, in denen ein Unterhaltsrechtsverhältnis besteht und Unterhalt in Form von Bar- oder Naturalunterhalt im Sinne des bürgerlichen Rechts gewährt worden ist.

Wie der *Senat* zu der Frage der Mitwirkung eines Ehegatten bei dem Antrag auf eine andere Aufteilung von steuerlichen Freibeträgen entschieden hat, steht hinter der unterhaltsrechtlichen Nebenpflicht zugleich die umfassende familienrechtliche Verpflichtung, die sich aus dem Wesen der Ehe ergibt und beiden Ehegatten aufgibt, die finanziellen Lasten des anderen Teils nach Möglichkeit zu vermindern, soweit dies ohne Verletzung eigener Interessen möglich ist (*Senat*, NJW 1988, 1720 = LM § 1569 BGB Nr. 30 = FamRZ 1988, 607 [608]; NJW 1996, 1894 = LM H. 8–1996 EStG Nr. 21 = FamRZ 1996, 725). Sie bleibt als Nachwirkung der Ehe auch nach der Scheidung bestehen (BGH, NJW 1977, 378 = LM § 1381 BGB Nr. 8 = FamRZ 1977, 38 [40] zur Frage der gemeinschaftlichen Veranlagung geschiedener Ehegatten zur Einkommensteuer).

Als eine Möglichkeit, die finanziellen Lasten des anderen Ehegatten zu vermindern, stellt sich regelmäßig das begrenzte Realsplittung dar, weil es im Falle der steuerrechtlichen Anerkennung der als Unterhaltsleistungen geltend gemachten Aufwendungen als Sonderausgaben gem. § 10 I Nr. 1 EStG zu einer Verringerung des zu versteuernden Einkommens und damit zu einer Verminderung des zu versteuernden Einkommens und damit zu einer Verminderung der Steuerbelastung führt. Zu den als Sonderausgaben abziehbaren Aufwendungen gehören unter den in § 10 I Nr. 1 EStG genannten weiteren Voraussetzungen Unterhaltsleistungen an den geschiedenen, unbeschränkt steuerpflichtigen Ehegatten aber nur dann, wenn der Unterhaltsleistende (Geber) dies mit Zustimmung des Empfängers beantragt. Fehlt die Zustimmung des Empfängers, die – zusammen mit dem Antrag des Gebers – Merkmal des gesetzlichen Tatbestandes ist, so führt allein dieser Mangel notwendig zur Versagung des vom Unterhaltleistenden begehrten Sonderausgabenabzugs. Aus welchen Gründen im Einzelfall die Zustimmungserklärung nicht abgegeben wurde, ist dabei unbeachtlich (BFH, NJW 1991, 125 = FamRZ 1991, 75).

b) Würde die Verpflichtung eines Ehegatten zur Abgabe der Zustimmungserklärung – wie die Revision meint – voraussetzen, daß sich infolge der Erklärung die steuerliche Belastung des anderen Ehegatten vermindert, so wäre letzterem im Falle einer ablehnenden Entscheidung des *FamG* die Möglichkeit, eine steuerliche Entlastung zu erlangen, bereits genommen, ohne daß er eine Entscheidung der zuständigen Finanzbehörden erreichen könnte. Eine solchermaßen eingeschränkte Zustimmungspflicht steht indessen mit der familienrechtlichen Verpflichtung, dabei mitzuwirken, daß die finanziellen Lasten des anderen Ehegatten nach Möglichkeit vermindert werden, nicht in Einklang. Dieses Ziel kann nur erreicht werden, wenn dem steuerpflichtigen Ehegatten die Möglichkeit eröffnet wird, eine Klärung der Frage des Sonderausgabenabzugs durch die Finanzbehörden bzw. die Finanzgerichte herbeizuführen. Deshalb ist ein Ehegatte – bei Vorliegen der weiteren Voraussetzungen des Anspruchs – auch dann zur Abgabe der Zustimmungserklärung zu dem begrenzten Realsplitting verpflichtet, wenn es zweifelhaft erscheint, ob die steuerlich geltend gemachten Aufwendungen dem Grunde und der Höhe nach als Unterhaltsleistungen i. S. des § 10 I Nr. 1 EStG anerkannt werden (*OLG Düsseldorf*, FamRZ 1987, 1049 [1050]; *OLG Hamm*, FamRZ 1990, 1004 [1005]; *OLG München*, OLG-Report 1995, 236 [237]; *Palandt-Diederichsen*, BGB, 57. Aufl., § 1569 Rdnr. 14; *Kalthoener-Büttner*, Die Rspr. zur Höhe des Unterhalts, 6. Aufl., Rdnr. 877; *Wendl-Haußleiter*, Das UnterhaltsR in der familienrichterlichen Praxis, 4. Aufl., § 1 Rdnr. 474).

Die Bekl. ist deshalb verpflichtet, dem begrenzten Realsplitting zuzustimmen. Da der Kl. ausdrücklich seine Bereitschaft erklärt hat, sie von jedweden finanziellen Nachteilen, die ihr aus der Zustimmung erwachsen, freizustellen, ist eine Verletzung ihrer eigenen Interessen nicht zu besorgen.

3. Das *OLG* hat die Bekl. allerdings zusätzlich zu der Abgabe der Zustimmungserklärung verurteilt, die jeweilige Anlage U zu den Einkommensteuererklärungen des Kl. für die Jahre 1991 und 1992 zu unterzeichnen. Das begegnet durchgreifenden rechtlichen Bedenken.

Die Zustimmung zu dem begrenzten Realsplitting stellt eine öffentlich-rechtliche Willenserklärung dar, die mit der rechtskräftigen Verurteilung hierzu gem. § 894 ZPO als abgegeben gilt (BFH, FamRZ 1989, 738). Einen weitergehenden Anspruch auf Erteilung der Zustimmung in Form der Unterzeichnung des Vordrucks „Anlage U" hat der Kl. nicht. Die Zustimmung bedarf keiner besonderen Form, sondern es genügt, daß sie nachweisbar – etwa schriftlich oder zur Niederschrift des Finanzamts – erklärt wird (*Schmidt-Heinicke*, EStG, 16. Aufl., § 10 Rdnr. 54; *Hanke*, in: EStG 1988–1992, § 10 Rdnr. 36; *Göppinger-Märkle*, UnterhaltsR, 6. Aufl., Rdnr. 4056 Fußn. 2). Deshalb kann der Kl. die Unterzeichnung des Vordrucks „Anlage U" nicht verlangen.

Hinzu kommt, daß die Bekl. es nicht hinzunehmen braucht, Unterhaltsleistungen in einem Umfang als empfangen bestätigen zu müssen, den sie als wahrheitswidrig ansieht. Die Bekl. hat geltend gemacht, keinen Unterhalt erhalten zu haben, vielmehr habe der Kl. Leistungen zur Erfüllung seiner eigenen Verbindlichkeit in ihr nicht bekannter Höhe erbracht. Darüber hinaus hat sie eingewandt, das Darlehen habe nicht ausschließlich der Finanzierung der Ehewohnung gedient. Nach dem Wortlaut des Vordrucks „Anlage U" würde der zustimmende Ehegatte mit seiner Unterschrift aber gleichzeitig die Richtigkeit der von dem Ast. angegebenen Unterhaltsleistungen bestätigen (*Senat*, Urt. v. 26. 9. 1984 – IVb ZR 26–83 – unveröff.; *OLG Stuttgart*, FamRZ 1993, 206; a. A. *OLG Hamm*, FamRZ 1990, 1004 [1005]). Das kann von der Bekl. nicht verlangt werden. Das

Berufungsurteil ist deshalb insoweit aufzuheben, als die Bekl. zur Unterzeichnung der Anlage U verurteilt worden ist.

BGH v. 1. 7. 1998 – XII ZR 271–97 – FamRZ 98, 1165 = NJW 98, 3116

(Rechtsschutzinteresse an voller Titulierung – Berücksichtigung freiwilliger Leistungen im Tenor) **R528**

Das amtsgerichtliche Urteil beschwert den Bekl. mit der Verurteilung gemäß dem Tenor unter 1 a und 1 b entgegen der Auffassung des *OLG* nicht nur in Höhe von monatlich 2,81 DM, sondern in Höhe von monatlich zusammen 447,81 DM (264 DM für *J* und 183,81 DM für *E*). In dieser Höhe ist der Bekl. durch das *FamG* zur Unterhaltszahlung an die Kl. verurteilt worden, ohne daß dem Tenor eine Beschränkung in Form eines Hinweises auf bereits erbrachte Teilzahlungen oder ein Hinweis auf eine entsprechende Anrechnung schon geleisteter Beträge zu entnehmen ist (vgl. hierzu *Senat*, NJW 1984, 1685 = LM § 1573 BGB Nr. 11 = FamRZ 1984, 561 [563 unter 3 c]). Da der Urteilsausspruch des *FamG* für die Zeit von Oktober 1995 bis Januar 1997 hiernach eindeutig monatliche Zahlungen von jeweils – zusammen – 447,81 DM zum Gegenstand hat, kann er entgegen der Auffassung des BerGer. weder anders „verstanden" noch anders ausgelegt werden. Auch ein mit der Vollstreckung aus dem Urteil beauftragter Gerichtsvollzieher (§ 754, § 724 ZPO) müßte die Vollstreckung in Höhe von monatlich insgesamt 447,81 DM durchführen und hätte keinen Anlaß, sie auf monatlich je 2,81 DM zu beschränken. Das gilt abgesehen von der insoweit unmißverständlichen Fassung des Tenors auch deshalb, weil das *AG* in den Entscheidungsgründen seines Urteils ausdrücklich das Rechtsschutzinteresse der Kl. für das volle Klagebegehren bejaht hat.

Das *AG* konnte sich hierbei auf die inzwischen herrschende – auch vom *Senat* geteilte – Meinung in Schrifttum und Rechtsprechung beziehen, nach der das Rechtsschutzinteresse für eine Unterhaltsklage grundsätzlich auch dann zu bejahen ist, wenn der Verpflichtete den Unterhalt regelmäßig, pünktlich und in vollem Umfang bezahlt, zumal der Schuldner die freiwilligen Zahlungen jederzeit einstellen kann und der Gläubiger für diesen Fall einen Titel über den vollen Unterhalt benötigt (vgl. etwa *van Els*, in: *Göppinger-Wax*, UnterhaltsR, 6. Aufl., Rdnr. 2036; *Mutschler*, in: RGRK, 12. Aufl., Vorb. § 1601 Rdnr. 33; *Soergel-Häberle*, BGB, 12. Aufl., Vorb. § 1601 Rdnr. 12; auch *Köhler*, in: MünchKomm, 3. Aufl., § 1602 Rdnr. 46; *Zöller-Herget*, ZPO, 20. Aufl., § 9 Rdnr. 5; *OLG Karlsruhe*, FamRZ 1979, 630; FamRZ 1991, 468; *OLG München*, FamRZ 1990, 778; *OLG Düsseldorf*, FamRZ 1991, 1207; *OLG Hamm*, FamRZ 1992, 831).

Das *AG* hat allerdings übersehen, daß sich die genannte Auffassung auf das Rechtsschutzinteresse einer Unterhaltsklage für die Zukunft bezieht, während die Verurteilung für die Zeit von Oktober 1996 bis Januar 1997 im vorliegenden Fall bei Erlaß des amtsgerichtlichen Urteils am 14. 5. 1997 einen bereits in der Vergangenheit liegenden Zeitraum betraf. In diesem Fall mußten bereits freiwillig geleistete Unterhaltszahlungen bei der Fassung des Urteilstenors berücksichtigt werden, da der Bekl. die ausgeurteilten Beträge nur einmal schuldete (vgl. *Senat*, NJW 1984, 1685 = LM § 1573 BGB Nr. 11; *Wendl-Thalmann*, Das UnterhaltsR in der familienrechtlichen Praxis, 4. Aufl., § 8 Rdnr. 182).

BGH v. 8. 10. 1998 – VII ZB 21/98 – NJW-RR 99, 286

(Wirksamkeit der Verlängerung der Berufungsbegründungsfrist) **R528A**

1. Nach der gefestigten Rechtsprechung des BGH ist die Verfügung des Vorsitzenden, mit der er die Berufungsbegründungsfrist verlängert, auch dann wirksam, wenn der Verlängerungsantrag prozessual nicht wirksam gestellt worden ist (BGH, LMZPOO § 554 Nr. 3; BGH, LMZPOO § 554 Nr. 30 = NJW 1963, 1062 L; BGHZ 93, 300 = NJW 1985, 1558 = LM § 519 ZPO Nr. 80; NJW 1998, 1155 = LM H. 7–1998 § 519 ZPO Nr. 132). Dem liegt die Erwägung zugrunde, daß eine von einem verfassungsmäßig bestellten Gericht oder seinem Vorsitzenden im Rahmen seiner Zuständigkeit erlassene Entscheidung nicht deswegen als nichtig angesehen werden kann, weil prozeßrechtliche Voraussetzungen für den Antrag nicht gegeben sind. Mit dieser Verfügung wird grundsätzlich ein schutzwürdiges Vertrauen begründet.

2. Der *Senat* sieht keinen Anlaß, davon abzugehen. Die unter Hinweis auf die Rechtsprechung zum verspäteten Antrag geäußerten Bedenken des BerGer. greifen nicht durch. Wenn der Antrag verspätet gestellt worden ist, ist die Entscheidung rechtskräftig. Die Rechtskraft kann durch die Verfügung des Vorsitzenden nicht weiter in Frage gestellt werden. Auf diesen Unterschied zu dem hier zu entscheidenden Fall, daß der Antrag rechtzeitig gestellt worden ist, jedoch prozessuale Mängel hat, hat der BGH bereits hingewiesen (NJW 1992, 842 = LM H. 7–1992 § 519 ZPO Nr. 110).

3. Zu Unrecht sieht das BerGer. im vorliegenden Fall durchgreifende Unterschiede zu dem Fall, der der Entscheidung vom 22. 10. 1997 (NJW 1998, 1155 = LM H. 7–1998 § 519 ZPO Nr. 132) zugrunde lag. Hier wie dort hat ein postulationsunfähiger Anwalt die Verlängerung beantragt und der

postulationsfähige Vertreter hat sich auf die Wirksamkeit der Verlängerung verlassen. Ob der Prozeßbevollmächtigte (in jenem und in diesem Fall) bei sorgfältiger Prüfung erkennen konnte, daß der Verlängerung kein wirksamer Antrag zugrunde lag, ist nicht von Bedeutung. Wie zu entscheiden wäre, wenn der Vorsitzende bewußt getäuscht werden sollte, kann dahinstehen. Denn davon geht das BerGer. nicht aus. Auch der Sachvortrag beider Parteien im Beschwerdeverfahren nötigt nicht zu einer dahingehenden Annahme.

4. Die Berufung ist innerhalb der verlängerten Frist begründet worden. Sie ist deshalb entgegen der Entscheidung des BerGer. zulässig.

BGH v. 25. 11. 1998 – XII ZR 33/97 – FamRZ 99, 372 = NJW-RR 99, 297

R529 *(Altersvorsorgeunterhalt bei Einkünften des Berechtigten ohne Versorgungswert)*

a Mit dieser Fallgestaltung ist die Lage eines Unterhaltsberechtigten, der über eigene Einkünfte sonstiger Art ohne Versorgungswert verfügt oder sich solche fiktiv anrechnen lassen muß, unter bestimmten weiteren Voraussetzungen vergleichbar. Wenn derartige Einkünfte – anders als Vermögenseinkünfte wie Zinsen aus Kapitalvermögen, Mieterträge oder Gebrauchsvorteile – im Alter nicht mehr vorhanden sein werden, der Unterhaltsberechtigte aber im Umfang dieser Einkünfte keine Altersversorgung erworben hätte, würde seine „soziale Biographie" insoweit eine Lücke aufweisen. Der mit dem Vorsorgeunterhalt beabsichtigte Zweck erfordert es deshalb, dem Unterhaltsberechtigten, der eine nicht versicherungspflichtige Teilzeitarbeit ausübt oder sich hieraus erzielbare Einkünfte anrechnen lassen muß, auch im Umfang dieser Einkünfte einen Anspruch auf Altersvorsorgeunterhalt zuzubilligen. Für die Bemessung des angemessenen Vorsorgeunterhalts ist deshalb an den Betrag anzuknüpfen, den der Unterhaltsberechtigte als Unterhalt verlangen könnte, wenn er über die genannten Einkünfte nicht verfügen würde

(Keine zweistufige Berechnung des Altersvorsorgeunterhalts bei nicht prägenden Zusatzeinkünften)

b Im Regelfall ist der Betrag des Vorsorgeunterhalts von dem bereinigten Nettoeinkommen des Unterhaltspflichtigen abzusetzen und aus dem verbleibenden Einkommen anhand der maßgebenden Quote ein neuer (endgültiger) Elementarunterhalt zu bestimmen, um sicherzustellen, daß nicht zu Lasten des Unterhaltspflichtigen von dem Grundsatz der gleichmäßigen Teilhabe der Ehegatten am ehelichen Lebensstandard abgewichen wird (st. Rspr. des *Senats* seit NJW 1981, 1556 = LM § 1361 BGB Nr. 11 = FamRZ 1981, 442 [444 f.]). In Fällen besonders günstiger wirtschaftlicher Verhältnisse bedarf es nach Auffassung des *Senats* der zweistufigen Berechnung des Elementarunterhalts indessen nicht, weil der Vorsorgebedarf neben dem laufenden Unterhaltsbedarf befriedigt werden kann, ohne daß deshalb der Halbteilungsgrundsatz verletzt wird (*Senat*, NJW 1983, 1547 = LM § 1578 BGB Nr. 17 = FamRZ 1982, 1187 [1188] und NJW-RR 1988, 1282 = FamRZ 1988, 1145 [1148]). Das kann etwa der Fall sein, wenn der Elementarunterhaltsbedarf nicht nach einer Quote, sondern nach dem konkreten Bedarf ermittelt wird, oder wenn der Altersvorsorgeunterhalt aus früher zur Vermögensbildung verwendeten Einkünften aufgebracht werden kann.

Daß zu Lasten des Unterhaltspflichtigen über die Halbteilung hinausgegangen wird, ist aber auch dann nicht zu besorgen, wenn von der Unterhaltsquote tatsächlich vorhandene oder fiktiv anzurechnende Einkünfte des Unterhaltsberechtigten abgezogen werden, durch die die ehelichen Lebensverhältnisse nicht geprägt worden sind, wie es bei Anwendung der Anrechnungsmethode der Fall ist. Denn in Höhe des angerechneten Einkommens wird das die ehelichen Lebensverhältnisse bestimmende Einkommen des Unterhaltspflichtigen zwischen den Ehegatten nicht verteilt, sondern verbleibt ihm allein, so daß er entlastet wird. Das hat zur Folge, daß er Altersvorsorgeunterhalt bis zu der Höhe des angerechneten Einkommens zusätzlich zu dem Elementarunterhalt leisten kann, ohne daß ihm weniger als die ihm an sich zustehende Quote des für die ehelichen Lebensverhältnisse maßgebenden Einkommens verbleibt. Deshalb kann, wie das BerGer. zu Recht angenommen hat, in solchen Fällen auf eine zweistufige Berechnung des Elementarunterhalts verzichtet werden.

(Obliegenheit beim Realsplitting, wenigstens den unstreitigen Teil einer Unterhaltsforderung als Freibetrag in die Lohnsteuerkarte eintragen zu lassen)

c Für das Jahr 1997 hat das BerGer. der Unterhaltsberechnung wiederum ein monatliches Bruttoeinkommen des Ehemannes von 5539 DM zugrunde gelegt. Hinsichtlich des vorzunehmenden Steuerabzugs hat es die Auffassung vertreten, der Ehemann könne sich einen monatlichen Freibetrag für den Ehegattenunterhalt in Höhe von rund 960 DM auf der Lohnsteuerkarte eintragen lassen, so daß Steuern nur von dem Betrag von 4579 DM abzusetzen seien. Das begegnet durchgreifenden rechtlichen Bedenken.

Zwar besteht unterhaltsrechtlich die Obliegenheit, in zumutbarem Rahmen Steuervorteile wahrzunehmen, so daß der Unterhaltspflichtige gehalten sein kann, einen Freibetrag auf der Lohnsteuerkarte eintragen zu lassen (*Kalthoener-Büttner*, Rdnr. 857). Das kann dem Unterhaltspflichtigen aber nur dann angesonnen werden, wenn die betreffende Belastung feststeht. Das ist vorliegend in Höhe des Betrages von 960 DM (das ist der Gesamtunterhalt, den das BerGer. für 1997 errechnet hat) nicht der Fall, da der Ehemann eine Herabsetzung des Unterhalts auf den anerkannten Betrag von 545 DM erstrebt. Ihm oblag es deshalb lediglich, in dieser Höhe – ebenso wie für 1996 – einen Freibetrag eintragen zu lassen.

Dem Steuerabzug ist deshalb ein Einkommen von 4994 DM zugrunde zu legen, so daß sich ein Nettoeinkommen von 4370,39 DM ergibt (5539 DM ./. Lohnsteuer nach Steuerklasse I-0: 1029,66 DM; ./. Solidaritätszuschlag nach Steuerklasse I-1: 63,16 DM; ./. Kirchensteuer nach Steuerklasse I-1: 75,79 DM). Nach Abzug der Beträge für Kranken- und Pflegeversicherung des Ehemannes und der Ehefrau, der berufsbedingten Aufwendungen, des Nettobetrages der vermögenswirksamen Leistungen und des Lebensversicherungsbeitrages, die weiterhin in der für 1996 berücksichtigten Höhe anfallen, verbleibt ein Einkommen von 3096,72 DM.

Diesem Betrag hat das BerGer. die für 1995 zu erwartende Steuererstattung hinzugerechnet, die es auf rund 493 DM monatlich geschätzt hat. Dazu hat es im wesentlichen ausgeführt: Mit Rücksicht auf den im einstweiligen Anordnungsverfahren abgeschlossenen Vergleich könne der Ehemann in Höhe von 12 590 DM (10 × 1150 DM; 2 × 545 DM) die Durchführung des begrenzten Realsplitting beantragen. Darüber hinaus seien die gezahlte Kirchensteuer, der Werbungskosten- und der Kinderfreibetrag sowie die bereits für das Jahr 1994 abgezogenen Sonderausgaben zu berücksichtigen. Dann ergebe sich eine zu erwartende Erstattung von rund 5920 DM. Das ist aus Rechtsgründen nicht zu beanstanden und wird auch von den Parteien nicht angegriffen.

Nach Hinzurechnung des auf den Monat umgelegten Erstattungsbetrages errechnet sich ein Einkommen von 3589,72 DM. Nach Abzug des Kindesunterhalts (625 DM + 555 DM) verbleiben 2409,72 DM.

Der Altersvorsorgeunterhalt beträgt dann 241,09 DM ($^3/_7$ von 2409,72 DM = 1032,74 DM + 15% = 1187,65 DM; davon 20,3%). Der Elementarunterhalt beläuft sich auf 548,44 DM (1032,74 DM abzüglich fiktives Einkommen der Ehefrau, das das BerGer. für 1997 mit 610 DM angesetzt hat, so daß nach Abzug der berufsbedingten Aufwendungen von 45 DM und des Erwerbsbonus von $^1/_7$ 484,30 DM verbleiben). Daraus errechnet sich unter Berücksichtigung des Kranken- und Pflegevorsorgeunterhalts ein Gesamtunterhalt von 989,03 DM. In dieser Höhe ist der Ehemann auch leistungsfähig, da er für die Kinder nicht den vorstehend abgezogenen Unterhalt, sondern nur einen um das hälftige Kindergeld verminderten Betrag zu zahlen hat.

BGH v. 25. 11. 1998 – XII ZR 98/97 – FamRZ 99, 367 = NJW 99, 717

(Umfang der ehelichen Lebensverhältnisse; Bemessungszeitpunkt) R530

Gem. § 1578 I BGB richtet sich das Maß des vollen Unterhalts nach den ehelichen Lebensverhältnissen. Dabei wird im Gesetz weder näher definiert, welche Umstände die ehelichen Lebensverhältnisse bestimmen, noch wird der für diese Beurteilung maßgebliche Zeitpunkt festgelegt. Nach den von der Rechtsprechung des *Senats* hierzu entwickelten Grundsätzen, die in Rechtsprechung und Literatur weitgehend Zustimmung erfahren haben (s. hierzu Nachw. bei *Göppinger-Kindermann*, UnterhaltsR, 6. Aufl., Rdnr. 1255 Fußn. 36), umfassen die ehelichen Lebensverhältnisse alles, was während der Ehe für den Lebenszuschnitt der Ehegatten nicht nur vorübergehend tatsächlich von Bedeutung ist. Dazu gehören insbesondere die den Lebensstandard prägenden wirtschaftlichen Verhältnisse, also Einkommen und Vermögen, soweit es in die Bedarfsdeckung eingeflossen ist, sowie Belastungen. Als maßgeblichen Zeitpunkt für die Beurteilung hat der *Senat* – in Anlehnung an die früher nach § 58, § 59 EheG geltende Regelung – nicht denjenigen der Trennung, sondern denjenigen der Scheidung angesehen. Denn da die Ehe auch während der Trennung der Eheleute bis zur rechtskräftigen Scheidung fortbesteht und die eheliche Lebensgemeinschaft grundsätzlich jederzeit wiederaufgenommen werden könnte, sind die Ehegatten bis zu diesem Zeitpunkt im unterhaltsrechtlichen Sinn auf der Grundlage ihrer ehelichen Lebensverhältnisse miteinander verbunden. Sie nehmen auch während der Trennungsphase an der Entwicklung der wirtschaftlichen Verhältnisse teil – es sei denn, diese beruhen auf einer unerwarteten, vom Normalverlauf erheblich abweichenden Entwicklung –, da erst die Rechtskraft der Scheidung den Endpunkt für die ehelichen Lebensverhältnisse setzt (vgl. grundlegend *Senat*, NJW 1982, 1863 = LM § 1578 BGB Nr. 4 = FamRZ 1982, 360 [361]; NJW 1982, 1870 = LM § 1578 BGB Nr. 8 = FamRZ 1982, 576 [577], und seither st.Rspr.). Diese Ausrichtung der ehelichen Lebensverhältnisse am Zeitpunkt der rechtskräftigen Scheidung entspricht der grundsätzlichen Intention des Gesetzgebers, den berechtigten Ehegatten an dem Lebenszuschnitt zu beteiligen, der sich bis zu diesem Endpunkt entwickelt hat (vgl. BT-Dr 7–650, S. 136). Auch das *BVerfG* (vgl. BVerfGE 57, 361 [389] = NJW 1981, 1771; *BVerfG*, NJW 1993, 2926 = FamRZ 1993, 171) hat es von Verfassungs wegen nicht beanstandet, daß für die Bemessung des Unterhalts nach § 1578 BGB an die zum Zeitpunkt der Scheidung für Unterhaltszwekke verfügbaren Mittel angeknüpft wird. a

(Vorabzug des Kindesunterhalts beim Ehegatten, Ausnahmen vom Vorabzug bei Mißverhältnis im wechselseitigen Lebensbedarf der Beteiligten)

b Dieselben Grundsätze hat der *Senat* auch angewandt, wenn der Unterhalt eines Ehegatten von der Unterhaltslast gegenüber Kindern mitbestimmt wird. Der in der Praxis für die Bemessung des Ehegattenunterhalts aus § 1361 oder §§ 1569 f. BGB übliche Vorwegabzug des Kindesunterhalts vom Einkommen des Unterhaltspflichtigen rechtfertigt sich dabei, soweit es um gemeinsame Kinder der Ehegatten geht, bereits aus der Überlegung, daß Eltern üblicherweise zuerst den Bedarf ihrer Kinder dekken. Auch gegenüber dem getrenntlebenden oder geschiedenen unterhaltsberechtigten Ehegatten setzt sich diese Handhabung fort, soweit sich daraus nicht ein Mißverhältnis zum wechselseitigen Lebensbedarf der Beteiligten ergibt

(Vorabzug des Kindesunterhalts nicht gemeinschaftlicher Kinder des Pflichtigen, die vor Rechtskraft der Scheidung geboren wurden)

c Der unterhaltsberechtigte Ehegatte muß sich darüber hinaus auch den Vorwegabzug des Unterhalts von Kindern entgegenhalten lassen, die nicht von ihm abstammen. Das ist unmittelbar einleuchtend in Fällen, in denen der unterhaltspflichtige Ehegatte Kinder aus seiner früheren Verbindung in die Ehe mitbringt und dort mitunterhält oder, soweit sie beim anderen Elternteil verbleiben, ihnen Barunterhalt leistet. Dies gilt auch dann, wenn es sich um ein außereheliches Kind des unterhaltspflichtigen Ehegatten handelt, das während des Zusammenlebens der Ehegatten geboren wird. In allen diesen Fällen stellt sich der unterhaltsberechtigte Ehegatte in der Ehe darauf ein, daß die Unterhaltslast gegenüber dem – nicht von ihm abstammenden – Kind besteht und den gemeinsamen ehelichen Lebensstandard mindert. Kommt es dann zur Trennung, wirkt diese Belastung fort und der unterhaltsberechtigte Ehegatte muß sich – wiederum unter der Voraussetzung, daß hierdurch kein Mißverhältnis zum wechselseitigen Lebensbedarf entsteht – damit begnügen, daß nur dasjenige in die Bedarfsbemessung einfließt, was auch zuvor in der Ehe an verfügbaren Mitteln für die Ehegatten vorhanden war.

Entsprechendes muß auch dann gelten, wenn das Kind erst während der Trennungszeit geboren wird. Da das Eheband auch während der Trennung weiterbesteht und demgemäß grundsätzlich alle in dieser Zeit eintretenden wirtschaftlichen und persönlichen Entwicklungen der Ehegatten in die ehelichen Lebensverhältnisse einfließen, nehmen die Ehegatten auch noch während der Trennung an diesen Veränderungen teil. Der *Senat* hat dabei auch darauf abgestellt, daß die Wiederherstellung der ehelichen Lebensgemeinschaft in der Trennungsphase nicht ausgeschlossen ist, so daß bei Eintritt dieses Falles die Unterhaltsverpflichtung gegenüber dem Kind weiterbestehen und damit die ehelichen Lebensverhältnisse in Zukunft prägen würde (*Senat*, NJW-RR 1988, 1093 = LM § 1577 BGB Nr. 14 = FamRZ 1988, 1031 [1032]; NJW 1994, 190 = LM H. 3–1994 § 1361 BGB Nr. 62 = FamRZ 1994, 87 [89]). Erst die rechtskräftige Scheidung setzt insofern einen Endpunkt. Daher scheidet ein Vorwegabzug des Unterhalts für ein Kind des Unterhaltsverpflichteten aus, das erst aus einer späteren Verbindung hervorgeht (*Senat*, NJW 1987, 1551 = LM § 1577 BGB Nr. 12 = FamRZ 1987, 456 [457]). Die diesem Kind gegenüber bestehende Unterhaltslast muß sich der Berechtigte nur im Rahmen des § 1581 BGB entgegenhalten lassen.

Die Rechtsprechung des *Senats* zum Vorwegabzug des Unterhalts eines in der Trennungszeit geborenen nichtehelichen Kindes ist nicht ohne Kritik geblieben (vgl. *Ewers*, FamRZ 1994, 816; *Johannsen-Henrich-Büttner*, EheR, 3. Aufl., § 1578 Rdnr. 17; *Palandt-Diederichsen*, BGB, 57. Aufl., § 1578 Rdnr. 12; *Schwab-Borth*, Hdb. des ScheidungsR, 3. Aufl., IV Rdnr. 918). Ihr ist einzuräumen, daß das Argument der möglichen Wiederherstellung der ehelichen Lebensgemeinschaft um so mehr zurücktreten muß, je länger die Trennung währt und je näher der Zeitpunkt der Geburt an den Zeitpunkt des Scheidungsausspruches heranrückt oder gar, wie im vorliegenden Fall, erst zwischen dem Scheidungsausspruch und dessen Rechtskraft eintritt. Es entspricht in solchen Fällen nicht der Lebenswirklichkeit, daß sich die Ehegatten versöhnen und ihre eheliche Lebensgemeinschaft wiederaufnehmen, zumal die Geburt eines Kindes aus einer außerehelichen Verbindung die Zerrüttung der Ehe in der Regel vollends besiegeln wird. Auch das Gesetz geht in Gestalt einer unwiderleglichen Vermutung davon aus, daß die Ehe endgültig gescheitert ist und nicht mehr mit einer Wiederherstellung der ehelichen Lebensgemeinschaft gerechnet werden kann, wenn die Ehegatten – bei beiderseitigem Scheidungswillen – ein Jahr, andernfalls drei Jahre getrennt gelebt haben (§ 1566 I und II BGB).

Gleichwohl muß es auch in diesen Fällen bei der Rechtskraft des Scheidungsurteils als zeitlicher Zäsur für die Bemessung der ehelichen Lebensverhältnisse gem. § 1578 I BGB bleiben, weil sie die Gewähr für eine klare, praktikable und gleichmäßige Handhabung der Vielzahl von Unterhaltsfällen in der Praxis bietet. Weder die Trennung der Ehegatten (vgl. hierzu *Senat*, NJW 1981, 1870 = LM § 1578 BGB Nr. 8 = FamRZ 1982, 576) noch – wie die Revision meint – die Zerrüttung der Ehe sind demgegenüber vergleichbar geeignete Anknüpfungspunkte. Denn beide sind, was die Feststellung des Trennungszeitpunktes gem. § 1567 BGB und des Scheiterns der Ehe gem. § 1565 I oder § 1566 I und II BGB angeht, mit Unwägbarkeiten und Beweisschwierigkeiten behaftet, die ihre Anwendung in der Praxis erschweren. Der von der Revision befürchteten Manipulationsgefahr durch Verzögerung der Rechtskraft der Scheidung – die durch die Regelung des § 629a III ZPO zur Befristung von Rechtsmittelerweiterungen und Anschließung im Verbundverfahren ohnehin begrenzt wurde – kann im übrigen mit verfahrensrechtlichen Maßnahmen, etwa der Vorabentscheidung über die Scheidung durch Abtrennung gem. § 628 ZPO, begegnet werden (vgl. dazu *Baumbach-Lauterbach-Albers-Hartmann*, ZPO, 57. Aufl., § 628 Rdnrn. 6, 9). Daher greift auch der Einwand der Revision, es sei aus verfassungsrechtlichen Gründen nicht hinnehmbar, daß über die materiellrechtliche Frage des Vorwegabzugs von Kindesunterhalt bei der Bemessung von Ehegattenunterhalt nicht das materielle Recht, sondern der jeweilige Prozeßverlauf entscheide, nicht durch. Eine Verletzung des Gleichheitsgrundsatzes (Art. 3 GG) ist nicht gegeben, da gleichgelagerte Fälle nicht ungleich behandelt werden.

(Abzug des Erwerbstätigenbonus vom bereinigten Nettoeinkommen)

d) Die Revision wendet sich aber zu Recht dagegen, daß das *OLG* den Erwerbstätigenbonus des Ehemannes aus dessen Nettoeinkommen vor Abzug des Kindesunterhalts errechnet hat und daher zu Lasten der unterhaltsberechtigten Ehefrau zu einem zu hohen Bonus gelangt ist. Das widerspricht der – nach Erlaß des oberlandesgerichtlichen Urteils ergangenen – Entscheidung des *Senats*, wonach zur Vermeidung eines Ungleichgewichts der Bonus aus dem restlichen verteilungsfähigen Einkommen nach Abzug des Kindesunterhalts zu berechnen ist (*Senat*, NJW 1997, 1919 = LM H. 8–1997 § 1578 BGB Nr. 65 = FamRZ 1997, 806 [807]). **d**

(Eheprägender Nebenverdienst der Ehefrau)

Gegen die Anwendung der Anrechnungsmethode bestehen indessen im vorliegenden Fall Bedenken, weil sie der praktischen Lebenswirklichkeit nicht entspricht. Vielmehr ist davon auszugehen, daß sowohl der Zuverdienst der Ehefrau als auch die Unterhaltslast für den in die Ehe mitgebrachten Sohn die ehelichen Lebensverhältnisse der Ehegatten während der Ehe insgesamt geprägt haben. Der Verdienst der Ehefrau ist in das Familieneinkommen miteingeflossen, aus dem die Ehegatten sowohl ihren eigenen Bedarf als auch den des gemeinsamen Kindes *S*, des erstehelichen Sohnes der Ehefrau *M* und den Barunterhaltsbedarf der erstehelichen Tochter des Ehemannes *A* den jeweiligen Bedürfnissen entsprechend bestritten haben. Daß für *M* eine gesonderte „Kasse" geführt worden sei, aus der dann sein – zwangsläufig geringerer – Unterhalt bestritten worden sei, ist nicht vorgetragen und entspräche auch nicht der üblichen Handhabung innerhalb einer intakten Familie. Es besteht kein Anlaß, den Anwendungsbereich der Anrechnungsmethode auf Fälle auszudehnen, in denen der unterhaltsberechtigte Ehegatte ein ersteheliches Kind in die Ehe mitbringt und durch Eigenverdienst zu dessen Unterhalt beiträgt. Vielmehr bestimmt sich der Elementarunterhalt der Ehefrau nach den Grundsätzen der Differenzmethode. Daher kann die auf der Grundlage der Anrechnungsmethode ergangene Entscheidung nicht bestehenbleiben. **e**

BGH v. 27. 1. 1999 – XII ZR 89/97 – FamRZ 99, 710 = NJW 99, 1630

(Ehedauer bis 2 Jahre i. d. R. kurz, über 3 Jahre nicht mehr kurz; Ehedauer von 5 Jahren kann nur bei Vorliegen besonderer Umstände noch als kurz angesehen werden; lebenslange Unterhaltsverpflichtung bei Bedürftigkeit) **R531**

2. . . . Das BerGer. kommt als Ergebnis seiner Überlegungen zu dem Schluß, das Verfassungsrecht zwinge zu der Annahme, daß die hier zu beurteilende Ehe von knapp über fünf Jahren – vor dem Hintergrund einer andernfalls lebenslangen Unterhaltsverpflichtung des Bekl. – als kurze Ehe i. S. von § 1579 Nr. 1 BGB beurteilt werden müsse. Diese Annahme ist nicht gerechtfertigt. **a**

Das *BVerfG* sieht das geltende Unterhaltsrecht, auch in seiner Ausgestaltung durch die höchstrichterliche Rechtsprechung, als Bestandteil der verfassungsmäßigen Ordnung an vgl. BVerfGE 57, 361 [378 ff.]), und zwar einschließlich der Regelung des § 1579 Nr. 1 BGB (vgl. BVerfG, FamRZ 1992, 1283 [1284]). Dabei leitet es die Rechtfertigung für die Beschränkung der an sich durch Art. 2 I GG geschützten – finanziellen – Handlungsfreiheit des Verpflichteten als Folge der Unterhaltsansprüche des bedürftigen Ehegatten aus der fortwirkenden nachehelichen Solidarität her, deren verfassungsrechtliche Grundlage sich aus Art. 6 I GG ergibt (vgl. BVerfGE 57, 361 [378 ff., 389]). Als Folge der fortwirkenden nachehelichen Verantwortung für den bedürftigen Partner muß sich der wirtschaftlich stärkere Ehegatte bei Erfüllung eines der Unterhaltstatbestände der §§ 1570 ff. BGB bis zur Grenze des Zumutbaren mit der finanziellen Unterhaltsbelastung abfinden (BVerfGE 57, 361 [380 f.]). Diese löst bei entsprechender Bedürftigkeit des Berechtigten (und bestehender Leistungsfähigkeit des Verpflichteten) grundsätzlich eine lebenslange Unterhaltsverpflichtung aus, soweit nicht im Einzelfall gesetzlich vorgesehene Beschränkungen eingreifen, wie sie etwa durch das Gesetz zur Änderung unterhaltsrechtlicher, verfahrensrechtlicher und anderer Vorschriften (UÄndG v. 20. 2. 1986, BGBl, S. 301 f.) in § 1573 V, § 1578 I 2 BGB und in der Neufassung des § 1579 S. 1 BGB eingeführt worden sind. Eine zeitliche Begrenzung der Unterhaltsverpflichtung in Anlehnung an die Dauer der Ehe sieht das Gesetz indessen nicht vor. Eine (automatische) Bindung der Dauer der Unterhaltspflicht an die Dauer der Ehe ist im Gesetzgebungsverfahren ausdrücklich abgelehnt worden (vgl. BT-Dr 10/2888, S. 18, dort zu § 1573 V BGB; *Schwab/Borth*, Hdb. des ScheidungsR, 3. Aufl., IV Rdnr. 302). Sie entspricht daher grundsätzlich nicht der gesetzlichen Regelung des Unterhaltsrechts. Diese geht vielmehr, wie dargelegt, – abgesehen von den genannten Ausnahmebestimmungen – allgemein von lebenslanger Unterhaltsverpflichtung aus (ggf. zeitlich und der Höhe nach begrenzt durch den Beginn des, auch auf dem Versorgungsausgleich beruhenden, Altersruhegeldes des Berechtigten, vgl. *Erman/Dieckmann*, BGB, 9. Aufl., § 1579 Rdnr. 6).

Danach verbietet es sich, den Härtegrund des § 1579 Nr. 1 BGB mit Rücksicht auf die sonst eingreifende lebenslange Unterhaltsbelastung des Verpflichteten aus Billigkeitserwägungen über seinen vorgegebenen Anwendungsbereich hinaus auszudehnen und damit den entsprechenden Unterhaltstatbestand, hier nach § 1572 Nr. 1 BGB, in einer gesetzlich nicht vorgesehenen Weise einzuschränken. Das Gesetz knüpft, wie auch das *BVerfG* betont hat (vgl. NJW 1993, 455 = FamRZ 1992, 1283 [1284]), an die Härtetatbestände als solche, einschließlich den des § 1579 Nr. 1 BGB, noch keine bestimmten Rechtsfolgen. Es setzt vielmehr zunächst die Prüfung der Voraussetzungen des jeweiligen Härtetatbestandes (ohne Billigkeitserwägungen) voraus, bevor unter Beachtung der Kriterien des § 1579 S. 1 Halbs. 1 BGB zu entscheiden ist, inwieweit eine Inanspruchnahme des Verpflichteten grob unbillig wäre (vgl. *BVerfG*, NJW 1993, 455 = FamRZ 1992, 1283 [1284]). Ob der Härtegrund des § 1579 Nr. 1 BGB vorliegt, d. h. ob eine Ehe von kurzer Dauer im Sinne dieser Vorschrift anzunehmen ist, bestimmt sich demgemäß nicht danach, ob eine lebenslange Unterhaltsbelastung des verpflichteten Ehegatten als Folge der Ehe angemessen erschiene, sondern nach allgemein verbindlichen, objektiven Kriterien.

Insoweit stellt der erkennende *Senat* grundsätzlich auf das Maß der Verflechtung der beiderseitigen Lebensdispositionen und auf den Grad der wirtschaftlichen Abhängigkeit des unterhaltsbedürftigen von dem anderen Ehegatten ab. Dem liegt der Gedanke zugrunde, daß die Lebenssituation der Partner in der Ehe durch den gemeinschaftlichen Lebensplan entscheidend geprägt wird und mit der Zunahme der Ehedauer auch eine zunehmende Verflechtung der beiderseitigen Lebensdispositionen sowie im allgemeinen eine wachsende wirtschaftliche Abhängigkeit des unterhaltsbedürftigen Ehegatten einhergeht, gegenüber der sich dieser Ehegatte durch die unterhaltsrechtliche Solidarität des Ehepartners abgesichert zu fühlen pflegt (vgl. *Senat*, NJW 1981, 754 = LM § 1579 BGB Nr. 5 = FamRZ 1981, 140 [142]; Urt. v. 15. 6. 1983 – IVb ZR 381/81; auch BVerfGE 80, 286 [293] = NJW 1989, 2807 m. Hinw. auf *BGH*, FamRZ 1986, 886 [887] und die dort zit. Rspr.).

Von einer entsprechenden ehelichen und unterhaltsrechtlichen Situation kann allerdings im allgemeinen erst nach einer gewissen Ehedauer ausgegangen werden. Dabei lassen sich für die Bemessung dieser Ehedauer im Grunde keine festen abstrakten Maßstäbe anlegen. Gleichwohl hat der *Senat* im Interesse der praktischen Handhabung des § 1579 Nr. 1 BGB die zeitlichen Bereiche, innerhalb derer eine Ehe in der Regel von kurzer oder nicht mehr von kurzer Dauer ist, dahin konkretisiert, daß eine nicht mehr als zwei Jahre betragende Ehedauer in der Regel als kurz, eine solche von mehr als drei Jahren hingegen nicht mehr als kurz zu bezeichnen sei (vgl. *Senat*, NJW 1981, 754 = LM § 1579 BGB Nr. 5 = FamRZ 1981, 140 [142]; NJW 1982, 823 = LM § 1579 BGB Nr. 9 = FamRZ 1982, 254). Hierbei hat der *Senat* jedoch ausdrücklich betont, daß dieser Grundsatz nur für den Regelfall gelten solle und Ausnahmen nicht ausschließe, sofern sie wegen besonderer Umstände eines Einzelfalls eine andere Beurteilung der kurzen Ehedauer gem. § 1579 I Nr. 1 BGB geboten erscheinen ließen (vgl. *Senat*, NJW 1981, 754 = LM § 1579 BGB Nr. 5 = FamRZ 1981, 140 [142]; NJW 1982, 823 = LM § 1579 BGB Nr. 9 = FamRZ 1982, 254).

Daran ist festzuhalten. Die Voraussetzungen für die Annahme einer kurzen Ehedauer und damit die Möglichkeit zur Herabsetzung oder Begrenzung des Unterhalts nach § 1579 Nr. 1 BGB generell auszuweiten, erscheint um so weniger veranlaßt, als das Gesetz inzwischen durch die bereits erwähnte Einführung der § 1573 V und § 1578 I 2 BGB weitere Möglichkeiten der Unterhaltsbegrenzung geschaffen hat, bei der die Dauer der Ehe berücksichtigt werden kann. In der *OLG*-Rechtsprechung sind, vornehmlich in jüngerer Zeit, Ehen von bis zu vier Jahren Dauer und darüber hinaus wegen besonderer Einzelumstände noch als kurz i. S. des § 1579 I Nr. 1 BGB angesehen worden (vgl. etwa *OLG Düsseldorf*, FamRZ 1983, 1139 [1140]; *OLG Frankfurt a.M*, FamRZ 1989, 630; *OLG Hamm*, FamRZ 1992, 326 – bei höherem Alter der Ehegatten im Zeitpunkt der Eheschließung; *OLG Köln*, FamRZ 1992, 65 [67]). Der erkennende *Senat* selbst hat in dem bereits erwähnten Urteil vom 15. 6. 1983 sowie in einer weiteren Entscheidung (NJW 1987, 2161 = LM Vorb. zu Art. 13 EGBGB Nr. 1 = FamRZ 1987, 463 [466]) die Möglichkeit bejaht, eine Ehe von (jeweils) drei Jahren und vier Monaten noch als kurz zu beurteilen; in dem Urteil vom 25. 1. 1995 (NJW-RR 1995, 449 = FamRZ 1995, 1405 [1407]) hat er bei einer Ehedauer von knapp fünf Jahren Erwägungen zu § 1579 Nr. 1 BGB nicht von vorneherein mit dem Hinweis auf den Zeitablauf verworfen, sondern ausgeführt, es seien keine Anhaltspunkte dafür ersichtlich, daß aufgrund besonderer Umstände des Falles „dennoch von einer kurzen Ehedauer“ auszugehen sei.

So liegt der Fall auch hier. Die Gründe, auf die das BerGer. seine abweichende Auffassung gestützt hat, tragen diese Ansicht nicht. Weder die Tatsache, daß aus der Ehe der Parteien keine Kinder hervorgegangenen sind, noch der Umstand, daß ihr Zusammenleben zeitweise durch erhebliche Zwistigkeiten geprägt war, noch schließlich die Erwägung, daß andernfalls unter Umständen eine mehr als 30jährige Unterhaltsbelastung des Bekl. in Betracht käme, lassen Rückschlüsse darauf zu, inwieweit sie ihre Lebensführung in der Ehe aufeinander eingestellt und in wechselseitiger Abhängigkeit auf ein gemeinschaftliches

Lebensziel ausgerichtet haben. Darüber hinaus hat das BerGer., wie die Revision zu Recht hervorhebt, keine Gesichtspunkte festgestellt, die eine Abweichung von dem allgemeinen Erfahrungssatz begründen könnten, daß die Verflechtung der beiderseitigen Lebensdispositionen in aller Regel nach einer Ehedauer von drei Jahren einen Grad erreicht hat, der die Beurteilung der Ehe als nicht mehr kurz i. S. von § 1579 Nr. 1 BGB rechtfertigt. Weitere, ggf. abweichende tatrichterliche Feststellungen hierzu sind, da der Verlauf der Ehe in den insoweit maßgeblichen Beziehungen feststeht, auch nicht mehr zu erwarten.

Nachdem die bei Eheschließung knapp 51 Jahre alte Kl. – die zuvor seit etwa 5 Jahren arbeitslos gemeldet gewesen war – in der Ehezeit von Mitte 1989 bis Ende September 1993 nur gelegentlich Reinigungsarbeiten in geringem Umfang und ohne nennenswerte Begründung von Versorgungsanwartschaften ausgeübt hat, während der Bekl. über regelmäßige Einkünfte von durchschnittlich monatlich 3300 DM netto mit entsprechender Alterssicherung verfügte, deuten diese Umstände auf eine Gestaltung der Ehe hin, bei der die Ehegatten – wie weitgehend üblich – ihre beiderseitigen Lebensdispositionen zunehmend aufeinander eingestellt haben und die wirtschaftliche Abhängigkeit der – sozial schwächeren – Kl. von dem Bekl. sich entsprechend verfestigt hat. Hieraus folgt nach der ständigen Rechtsprechung des *Senats*, daß die Ehe der Parteien bei einer maßgeblichen Dauer von knapp $5^1/_4$ Jahren nicht mehr als kurz im rechtlichen Sinn angesehen werden kann.

Damit scheidet eine Anwendung der Härteklausel des § 1579 Nr. 1 BGB mit der Möglichkeit der Versagung, Herabsetzung oder zeitlichen Begrenzung der Unterhaltsverpflichtung des Bekl. aus. Eine Anwendung der Auffangregelung des § 1579 Nr. 7 BGB kommt, wie das BerGer. insoweit zutreffend dargelegt hat, unter den hier gegebenen Umständen aus Rechtsgründen nicht in Betracht (vgl. *Senat*, NJW-RR 1995, 449 = FamRZ 1995, 1405 [1407]).

(Kein vollständiger Wegfall des Unterhaltsanspruches nach § 1578 I S. 2 BGB)

Soweit es um das Maß des geschuldeten Unterhalts geht, kommt zwar nach § 1578 I 2 BGB bei allen Unterhaltstatbeständen der §§ 1570 ff. BGB unter bestimmten Billigkeitsvoraussetzungen eine zeitlich abgestufte Unterhaltsbemessung in Betracht in der Weise, daß der zunächst nach den ehelichen Lebensverhältnissen bestimmte Unterhalt nach einer gewissen zeitlichen Grenze auf den dem „angemessenen Lebensbedarf" entsprechenden Unterhalt ermäßigt werden kann. Den vollen Wegfall, auch des herabgesetzten Unterhalts, erlaubt diese Regelung indessen nicht. **b**

BGH v. 3. 2. 1999 – XII ZR 146/97 – FamRZ 99, 708 = NJW 99, 1547

(Zur Abgrenzung von § 1571 und § 1573 I BGB) **R532**

Das BerGer. hat die Kl. allerdings u. a. wegen ihres Alters sowie wegen der Situation auf dem Arbeitsmarkt für gehindert gehalten, eine vollschichtige Erwerbstätigkeit auszuüben. Diese Umstände rechtfertigen einen Anspruch auf Aufstockungsunterhalt nicht. In Betracht kommt insofern vielmehr eine Rechtfertigung des Unterhaltsanspruches aus § 1571 oder § 1573 I BGB, wobei § 1571 BGB erfüllt sein kann, wenn typischerweise in diesem Alter und der in Betracht kommenden Berufssparte keine angemessene Arbeit mehr gefunden werden kann, während § 1573 I BGB eingreift, wenn und soweit wegen der konkreten Einzelfallumstände aufgrund des Alters die Aufnahme einer angemessenen Arbeit scheitert (vgl. *Senat*, NJW 1987, 2739 = LM § 242 [A] BGB Nr. 68 = FamRZ 1987, 691 [693]; *Kalthoener/Büttner*, Die Rspr. zur Höhe des Unterhalts, 6. Aufl., Rdnr. 419). **a**

(Genaue Differenzierung der Unterhaltstatbestände bei altersbedingter Beschränkung der Erwerbsfähigkeit)

Mit der Beurteilung des Unterhaltsanspruchs allein nach § 1573 II BGB hat das BerGer. somit nicht unterschieden, inwieweit der Unterhaltsanspruch einerseits auf § 1571 oder § 1573 I BGB, andererseits auf § 1573 II BGB beruhen soll. Die Ansprüche aus § 1573 I und II BGB sind gegenüber denjenigen aus den § 1570 bis § 1572 BGB grundsätzlich subsidiär. Der *Senat* hat jedoch – in Abkehr von seiner früheren Rechtsprechung – für die Fälle der § 1570 und § 1572 BGB entschieden, daß ein Ehegatte, von dem wegen Kinderbetreuung oder wegen Krankheit nur eine Teilerwerbstätigkeit erwartet werden kann, nach § 1570 bzw. § 1572 BGB Unterhalt nur bis zu der Höhe des durch eine Vollerwerbstätigkeit erzielbaren Mehreinkommens verlangen kann. Daneben kann er Aufstockungsunterhalt nach § 1573 II BGB beanspruchen, wenn sein Eigenverdienst zusammen mit dem Teilanspruch aus § 1570 oder § 1572 BGB zu seinem vollen Unterhalt i. S. des § 1578 I 1 BGB nicht ausreicht (*Senat*, NJW 1990, 1847 = LM § 1570 BGB Nr. 13 = FamRZ 1990, 492 [494], und NJW-RR 1993, 898 = FamRZ 1993, 789 [791]). Das muß gleichermaßen für den Fall gelten, daß ein Ehegatte altersbedingt nur eine Teilerwerbstätigkeit ausüben kann, durch die er seinen vollen Unterhalt nicht zu bestreiten vermag. **b**

Da folglich verschiedene Anspruchsgrundlagen nebeneinander bestehen können, ist es regelmäßig erforderlich, zwischen ihnen eine genaue Differenzierung vorzunehmen. Das gilt zum einen mit Blick auf ein späteres Abänderungsverfahren, zum anderen deshalb, weil die zeitliche Begrenzungsmöglichkeit nach § 1573 V BGB nur Ansprüche nach § 1573 I bis IV BGB betrifft, nicht hingegen die anderen

Anspruchsgrundlagen (*Senat*, NJW 1988, 2369 = LM § 1569 BGB Nr. 28 = FamRZ 1988, 265 [267]). Eine genaue Bestimmung kann nur ausnahmsweise unterbleiben, wenn im Einzelfall eine zeitliche Begrenzung aus Billigkeitsgründen unter Berücksichtigung von Ehedauer, Kinderbetreuung und Gestaltung von Haushaltsführung und Erwerbstätigkeit von vornherein ausscheidet (*Senat*, NJW-RR 1993, 898 = FamRZ 1993, 789 [791]). Ein solcher Fall liegt hier nicht vor. Die deshalb erforderliche, hier indessen unterbliebene Feststellung des Aufstockungsteils des Unterhaltsanspruchs und die Prüfung, ob dieser gem. § 1573 V BGB zeitlich zu begrenzen ist, obliegen dem Tatrichter. Das angefochtene Urteil kann deshalb insoweit keinen Bestand haben.

(Keine festen Altersgrenzen auch bei Rentenbezug für Altersunterhalt vor dem vollendeten 65. Lebensjahr; grundsätzliche Erwerbsobliegenheit bis zur Vollendung des 65. Lebensjahres)

c Nach § 1571 BGB kann ein geschiedener Ehegatte von dem anderen Ehegatten Unterhalt verlangen, soweit von ihm zu bestimmten Zeitpunkten wegen seines Alters eine Erwerbstätigkeit nicht mehr erwartet werden kann. Eine feste Altersgrenze, bei deren Erreichen die Obliegenheit zur Ausübung einer Erwerbstätigkeit endet, nennt das Gesetz nicht. Der Vorschlag der Eherechtskommission, die gesetzliche Vermutung aufzustellen, daß eine Frau, die zur Zeit der Scheidung das 55. Lebensjahr vollendet hat, keine angemessene Erwerbstätigkeit mehr zu finden vermag, ist im Gesetzgebungsverfahren mit der Begründung abgelehnt worden, es sei für eine Frau unverhältnismäßig leichter nachzuweisen, daß sie keine angemessene Erwerbstätigkeit finde, als für den Mann, den Beweis zu erbringen, daß eine solche Erwerbsmöglichkeit vorhanden sei. Der Regierungsentwurf bringt allerdings zum Ausdruck, daß die Vorschrift in erster Linie für den geschiedenen Ehegatten gelten soll, der ein Alter erreicht hat, das Voraussetzung für die Gewährung einer öffentlichen Altersversorgung ist (BT-Dr 7/650, S. 123 f.). Daran anknüpfend wird in Rechtsprechung und Schrifttum mehrheitlich die Auffassung vertreten, daß jedenfalls dann, wenn die in der öffentlichen Rentenversicherung für den Bezug der Regelaltersrente (§ 35 SGB VI) und in der Beamtenversorgung (§ 25 BRRG, § 41 I BBG) festgelegte Altersgrenze von 65 Jahren erreicht ist, auch unterhaltsrechtlich eine Erwerbstätigkeit nicht mehr erwartet werden kann (vgl. *Senat*, NJW-RR 1992, 1474 = LM H. 2/1993 § 323 ZPO Nr. 67 = FamRZ 1993, 43 [44]; *Richter*, in: MünchKomm 3. Aufl., § 1571 Rdnr. 7; *Cuny*, in: RGRK, 12. Aufl., § 1571 Rdnr. 4; *Johannsen/Henrich/Büttner*, EheR, 3. Aufl., § 1571 Rdnr. 4; *Griesche*, in: FamGb, § 1571 Rdnr. 2; *Schwab/Borth*, Hdb. des ScheidungsR, 3. Aufl., Kap IV Rdnr. 185).

In zahlreichen gesetzlichen Vorschriften sind allerdings Regelungen vorgesehen, die unter bestimmten Voraussetzungen ein Ausscheiden aus dem Berufsleben vor dem vollendeten 65. Lebensjahr vorsehen (vgl. §§ 36 ff. SGB VI). Hierzu gehört auch § 39 SGB VI, der den Bezug der Altersrente für Frauen unter den im einzelnen geregelten weiteren Voraussetzungen ermöglicht, wenn das 60. Lebensjahr vollendet ist. Die Frage, ob sich ein geschiedener Ehegatte bereits mit dem Erreichen einer flexiblen Altersgrenze darauf berufen kann, daß eine Erwerbsobliegenheit nicht mehr bestehe, wird nicht einheitlich beantwortet. Teilweise wird vertreten, der Unterhaltsanspruch nach § 1571 BGB sei auch demjenigen Ehegatten zuzubilligen, der berechtigt sei, vorgezogenes Altersruhegeld zu fordern (*Soergel/Häberle*, BGB, 12. Aufl., § 1571 Rdnr. 2; *Göppinger/Kindermann*, UnterhaltsR, 6. Aufl., Rdnr. 1195; *Bastian/Roth-Stielow/Schmeiduch*, 1. EheRG, § 1571 Rdnr. 2; *Ambrock*, Ehe und Ehescheidung, § 1571 Anm. 3; *Dieckmann*, FamRZ 1977, 81 [95]). überwiegend hat sich dagegen die Auffassung durchgesetzt, vor Vollendung des 65. Lebensjahres könne kein bestimmtes Alter angenommen werden, ab dem in jedem Fall ein Altersunterhalt ohne Prüfung der Besonderheiten des Einzelfalles zuzuerkennen sei.

BGH v. 17. 3. 1999 – XII ZR 139/97 – NJW 99, 2365 = FamRZ 99, 843

R533 *(Subsidiarität der Sozialhilfe)*

a In der Rechtsprechung der Oberlandesgerichte und im Schrifttum wird zwar – teilweise – die Auffassung vertreten, die Subsidiarität der Sozialhilfe ende, und eine erbrachte Sozialhilfeleistung sei bedarfsdeckend auf den Unterhaltsanspruch anzurechnen, wenn dieser nicht auf den Träger der Sozialhilfe übergehe. In einem solchen Fall sei der Bedarf des Unterhaltsberechtigten in Höhe der geleisteten Sozialhilfe endgültig gedeckt und der Unterhaltsanspruch damit erfüllt (vgl. *Hampel*, FamRZ 1996, 513 [521] m. w. Nachw.; auch Empfehlungen des 12. Deutschen Familiengerichtstags, FamRZ 1998, 473; *OLG Köln*, FamRZ 1997, 1101 [1102]; *OLG Nürnberg*, EZ FamR aktuell 1999, 39; *Mutschler*, in: RGRK, 12. Aufl. [1984], Vorb. § 1601 Rdnr. 20 und § 1602 Rdnr. 11; *Johannsen/Henrich/Büttner*, EheR, 3. Aufl., § 1361 Rdnr. 106; *Griesche*, in: FamGb, § 1602 Rdnr. 22; wohl auch *Göppinger/Strohal*, UnterhaltsR, 6. Aufl., Rdnrn. 493 f.; *Göppinger/van Els*, Rdnrn. 1646 f.).

Diese Auffassung kann nicht geteilt werden (dagegen auch etwa *Johannsen/Henrich/Graba*, § 1601 Rdnr. 3, § 1602 Rdnr. 10; *Staudinger/Kappe/Engler*, 13. Bearb., § 1602 Rdnrn. 70 ff., 77; *Wendl/Scholz*, UnterhaltsR, 4. Aufl., § 6 Rdnrn. 567 ff.). Sie trägt den unterschiedlichen Voraussetzungen und Zielsetzungen des privaten Unterhaltsrechts einerseits und des öffentlichen Sozialhilferechts andererseits (vgl. *Münder*, NJW 1990, 2031 ff., und *ders.*, FuR 1997, 281 [330 ff.]; *Schellhorn/Jirasek/Seipp*, BSHG, 15. Aufl., § 91 Rdnrn. 35 ff.) nicht in ausreichender Weise Rechnung und widerspricht dem sowohl in § 9 SGB I als auch in § 2 BSHG ohne Einschränkung niedergelegten Grundsatz der Subsidiarität der Sozialhilfe.

aa) Die Sozialhilfe ist generell dazu bestimmt, dem Hilfeempfänger ein menschenwürdiges Leben und die Teilnahme am Leben in der Gemeinschaft zu ermöglichen, § 9 SGB I. Sie dient der Schaffung sozialer Gerechtigkeit für jedermann und soll zugleich eine gewisse Chancengleichheit für die Bedürftigen garantieren (vgl. § 1 II BSHG; BVerwGE 36, 256 [258]; *Mrozynski*, SGB I, 2. Aufl., § 9 Rdnr. 18; *Kretschmer/v. Maydell/Schellhorn*, in: GK-SGB I, 3. Aufl., § 9 Rdnrn. 4, 14, 26, 29 bis 31). Da die Sozialhilfe jedoch im Blick auf diese umfassende Aufgabenstellung mit ihren Leistungsverpflichtungen andernfalls überfordert wäre, sieht die gesetzliche Regelung in den § 9 SGB I, § 2 BSHG als tragenden Grundsatz und unentbehrlichen Wesensbestandteil des Sozialhilferechts das Prinzip des Nachrangs der Sozialhilfe vor (vgl. *Kretschmer/v. Maydell/Schellhorn*, § 9 Rdnr. 17). So erhält nach § 2 I BSHG keine Sozialhilfe, wer sich selbst helfen kann oder wer die erforderliche Hilfe von anderen, besonders von Angehörigen oder von Trägern anderer Sozialleistungen, erhält. Hiermit statuiert das Bundessozialhilfegesetz zunächst eine relativ weitgehende Selbsthilfeverpflichtung, insbesondere zum Einsatz der eigenen Arbeitskraft des Bedürftigen (vgl. *Mrozynski*, § 9 Rdnr. 19). Darüber hinaus stellt § 2 I BSHG darauf ab, ob der Bedürftige Hilfe von anderen „erhält" und auf diese Weise über bereite Mittel verfügt. Zu den bereiten Mitteln im Sinne dieser Vorschrift gehören nur solche, die der Bedürftige hat oder sich mühelos verschaffen kann, nicht hingegen etwa ein Unterhaltsanspruch, der nicht unmittelbar erfüllt wird und dessen Realisierung dem Hilfesuchenden entweder nicht zuzumuten oder wegen Eilbedürftigkeit der Hilfe nicht möglich ist (vgl. *Mrozynski*, § 9 Rdnr. 19; *Oestreicher/Schelter/Kunz*, § 2 Rdnr. 6; *Kretschmer/v. Maydell/Schellhorn*, § 9 Rdnr. 17). Nur bereite Mittel in dem genannten Sinn sind geeignet, eine aufgetretene Hilfebedürftigkeit unmittelbar zu beseitigen.

§ 2 I BSHG verfolgt jedoch nicht das Ziel, in Fällen dieser Art – über die unmittelbare Hilfegewährung hinaus – eine endgültige Zahlungspflicht des Trägers der Sozialhilfe festzulegen. Vielmehr bestimmt § 2 II 1 BSHG, daß Verpflichtungen anderer, besonders Unterhaltspflichtiger (oder der Träger anderer Sozialleistungen) durch dieses Gesetz „nicht berührt" werden. Damit ist klargestellt, daß die Träger der Sozialhilfe dem Zweck dieser Sozialleistung entsprechend zwar häufig zur Vorleistung verpflichtet sind, so wenn ein i. S. von § 2 II 1 BSHG Verpflichteter seiner Leistungspflicht nicht nachkommt (vgl. *Oestreicher/Schelter/Kunz*, § 2 Rdnr. 17), daß die an sich vorrangige Verpflichtung des Dritten (besonders eines Unterhaltspflichtigen) hierdurch aber nicht beeinflußt wird, sondern weiter besteht und weiterhin zu erfüllen ist. Zu diesem Zweck sieht § 91 I 1 BSHG den Übergang des Unterhaltsanspruchs des Hilfeempfängers gegen den Unterhaltspflichtigen – für die Zeit, für die Hilfe gewährt wird, und bis zur Höhe der geleisteten Aufwendungen – auf den Träger der Sozialhilfe vor. Damit wird dieser in die Lage versetzt, mit Hilfe des auf ihn übergegangenen Unterhaltsanspruchs den Unterhaltspflichtigen auf Erstattung der dem Hilfebedürftigen erbrachten Leistungen in Anspruch zu nehmen mit der Folge, daß das gesetzlich gewollte Verhältnis des Nachrangs der Sozialhilfe gegenüber der Unterhaltspflicht – im Umfang des Anspruchsübergangs – verwirklicht wird (vgl. *Oestreicher/Schelter/Kunz*, § 91 Rdnr. 6; *Schellhorn*, FuR 1999, 4; *Senat*, NJW 1994, 1733 = LM H. 9/1994 § 31 SGB I Nr. 1 = FamRZ 1994, 829 [830] zu §§ 90 u. 91 BSHG a. F.; *BVerwG*, FamRZ 1993, 183 [184]).

bb) Das Bundessozialhilfegesetz verzichtet allerdings im Hinblick auf die von dem privaten Unterhaltsrecht abweichende Zielsetzung der Sozialhilfe darauf, sämtliche privatrechtlich begründeten Unterhaltsansprüche gewissermaßen automatisch und der Höhe nach uneingeschränkt dem Anspruchsübergang nach § 91 BSHG zu unterwerfen. So „verschont" § 91 BSHG (i. V. mit den in Bezug genommenen sonstigen Vorschriften des Gesetzes) einerseits bestimmte Gruppen bürgerlichrechtlich Unterhaltsverpflichteter, wie beispielsweise die mit dem Hilfeempfänger im zweiten oder einem entfernteren Grad Verwandten; andererseits schränkt die Vorschrift auch den Einsatz der zu berücksichtigenden Mittel ein (vgl. dazu LPK-BSHG, § 91 Rdnrn. 10 ff.; *Oestreicher/Schelter/Kunz*, § 91 Rdnrn. 73, 77 ff.; *Schellhorn*, FuR 1999, S. 4 ff., auch BT-Dr 12/4401, S. 82 f.), ohne dabei jedoch den Grundsatz des § 2 II 1 BSHG für die genannten Fälle außer Kraft zu setzen oder auch nur in entsprechender Weise einzuschränken (vgl. dazu BGHZ 115, 228 [232] = NJW 1992, 115 = LM H. 6/1992 § 844 II BGB Nr. 90). Der Gesetzgeber hat danach durchaus gesehen, daß zwischen dem privaten Unterhaltsrecht und dem öffentlichen Sozialhilferecht kein völliger Gleichklang besteht (vgl. *Schellhorn*, FuR 1999, 10, sowie allg. *Wendl/Scholz*, § 6 Rdnrn. 500 ff. u. 568). Er hat aber gleichwohl von einer Angleichung abgesehen. Diese gesetzgeberische Entscheidung ist zu respektieren.

(Sozialhilfe ist kein bedarfsdeckendes Einkommen im Sinne des Unterhaltsrechts; fiktive Einkünfte)

cc) Das hat zur Folge, daß der in § 2 BSHG für den gesamten Bereich des Gesetzes niedergelegte Grundsatz der Subsidiarität der Sozialhilfe nicht davon berührt wird, ob und in welchem Umfang im Einzelfall ein Unterhaltsanspruch nach Gewährung von Sozialhilfe auf einen nach bürgerlichem Recht Unterhaltsverpflichteten übergeht. Da das bürgerlich-rechtliche Unterhaltsverhältnis durch das Bun- **b** dessozialhilfegesetz nicht berührt wird, haben die Leistungen nach diesem Gesetz keinen Einfluß auf den Inhalt und Umfang des Unterhaltsanspruchs und der Unterhaltsverpflichtung. Die Gewährung von Sozialhilfe ist demgemäß im Rechtssinn nicht als unterhaltsrechtlich bedarfsdeckende Leistung zu behandeln. Als solche würde sie den Unterhaltsanspruch – mit dem Wegfall der Bedürftigkeit in Höhe der gewährten Leistung – zum Erlöschen bringen (vgl. § 1569, § 1602 I). Für einen Übergang des Unterhaltsanspruchs, wie er in § 91 BSHG für die dort genannten Fälle vorgesehen ist, wäre damit von vorneherein kein Raum.

dd) Es besteht kein sachlich gerechtfertigter Grund, die dargestellte Rechtslage anders zu beurteilen, soweit nach § 91 BSHG aus sozialhilferechtlichen Gründen ein Übergang des Unterhaltsanspruchs auf den Träger der Sozialhilfe ausscheidet. So geht nach § 91 II 1 BSHG der Unterhaltsanspruch nur über, „soweit ein Hilfeempfänger sein Einkommen und Vermögen nach den Bestimmungen des Abschn. 4 mit Ausnahme des § 84 II oder des § 85 I Nr. 3 S. 2 einzusetzen hat". Durch diese Regelung mit dem Hinweis auf die „Einkommensdefinition" der §§ 76 ff. BSHG (= Abschn. 4, vgl. dazu LPK-BSHG, § 91 Rdnr. 39) soll gewährleistet werden, daß der Unterhaltspflichtige sozialhilferechtlich den gleichen Schutz hinsichtlich des Einkommens und Vermögens genießt, den er hätte, wenn er selbst Hilfeempfänger der konkreten Hilfe wäre (vgl. LPK-BSHG, § 91 Rdnrn. 14 u. 39 ff.; *Oestreicher/Schelter/Kunz*, § 91 Rdnrn. 92 ff.; *Schellhorn/Jirasek/Seipp*, § 91 Rdnrn. 71 ff., 73). Hierbei ist von Bedeutung, daß der Einkommensbegriff des Sozialhilferechts in einzelnen Punkten von dem des Unterhaltsrechts abweicht (vgl. *Oestreicher/Schelter/Kunz*, § 91 Rdnr. 59; *Wendl/Scholz*, § 6 Rdnrn. 527 ff.). Eine dieser Abweichungen besteht darin, daß im Sozialhilferecht – anders als im Unterhaltsrecht – keine fiktiven Einkünfte zu berücksichtigen sind (Senat, NJW 1998, 2219 = LM H. 10/1998 BSozialhilfeG Nr. 39 = FamRZ 1998, 818 ff. m. Nachw.). Da der Unterhaltsanspruch der Kl. ebenso wie der der beiden Kinder hier auf der Grundlage eines dem Bekl. unterhaltsrechtlich zugerechneten fiktiven Einkommens ermittelt worden ist, greift im vorliegenden Fall die geschilderte Regelung des § 91 II 1 BSHG ein. Die Unterhaltsansprüche sind daher trotz Gewährung der Sozialhilfe nicht auf deren Träger übergegangen, sondern der Kl. und den Kindern als Unterhaltsgläubigern verblieben.

(Unterhaltsansprüche des Hilfeempfängers, wenn der Anspruchsübergang auf den Sozialhilfeträger bei fiktiven Einkünften des Schuldners ausgeschlossen ist.)

c 5. Diese sind unter den gegebenen Umständen auch nicht gehindert, die Ansprüche gegenüber dem Bekl. geltend zu machen.

a) Gründe aus dem Bereich des Sozialhilferechts stehen dem, wie dargelegt, nicht entgegen. Soweit die Vertreter der Gegenmeinung darauf hinweisen, daß das mit den Schuldnerschutzvorschriften in § 91 BSHG verfolgte Ziel nur erreicht werden könne, wenn der Schuldner bei Ausschluß des Anspruchsübergangs auch tatsächlich von seiner Unterhaltslast befreit werde (vgl. *Hampel*, FamRZ 1996, 513 [521] m. Nachw. in Fußn. 51), verkennen sie die unterschiedliche Zielsetzung und den Mangel inhaltlicher Übereinstimmung von Unterhalts- und Sozialrecht. Das Unterhaltsrecht schützt den Verpflichteten nach Maßgabe seiner bürgerlich-rechtlich definierten Leistungsfähigkeit im Rahmen der § 1581, § 1603 BGB, wobei leichtfertig herbeigeführte Leistungsunfähigkeit unbeachtlich sein kann (vgl. *Senat*, NJW 1985, 732 = LM § 1361 BGB Nr. 41 = FamRZ 1985, 158 [160]; *Senat*, NJW 1988, 2239 = LM § 1581 BGB Nr. 6 = FamRZ 1988, 597 [599]; *Senat*, NJW 1994, 258 = LM H. 3/1994 § 1603 BGB Nr. 45 = FamRZ 1994, 240 [241]; *Senat*, NJW 1994, 1002 = LM H. 5/1994 § 1603 BGB Nr. 46 = FamRZ 1994, 373 [374]). Der Schuldnerschutz nach dem Bundessozialhilfegesetz folgt, wie dargelegt, anderen Kriterien. Liegen nach bürgerlichem Recht die Voraussetzungen für die Bejahung einer Unterhaltsverpflichtung des Schuldners vor, so ist für die unterhaltsrechtliche Beurteilung ohne Bedeutung, ob der Schuldner aus sozialhilferechtlicher Sicht nur in geringerem Umfang als leistungsfähig oder insgesamt als leistungsunfähig behandelt würde.

b) Auch unter zivilrechtlichen Gesichtspunkten unterliegt das Unterhaltsbegehren der Kl. und der Kinder bei den hier gegebenen Verhältnissen keinen durchgreifenden Bedenken.

aa) Der erkennende *Senat* hat allerdings in einem Urteil vom 25. 11. 1992 (NJW-RR 1993, 322 = LM H. 6/1993 § 1602 BGB = FamRZ 1993, 417 [419]) ausgeführt, einem nach Gewährung von Sozialhilfe, aber ohne Übergang des Unterhaltsanspruchs auf den Sozialhilfeträger erhobenen Unterhaltsbegehren des Berechtigten dürfte der auch im Unterhaltsrecht geltende Grundsatz von Treu und Glauben entgegenstehen. Diese Äußerung ist indessen nicht dahin zu verstehen, daß in den Fällen, in denen dem Unterhaltsberechtigten Sozialhilfe gewährt wurde, der Unterhaltsanspruch jedoch nach dem Bundessozialhilfegesetz nicht auf den Träger der Sozialhilfe übergeht, die gleichwohl von dem Unterhaltsgläubiger gegen den Unterhaltsschuldner erhobenen Unterhaltsansprüche generell an § 242 BGB scheitern würden. Denn das würde bedeuten, daß die gesetzlich gewollte Regelung der Subsidiarität der Sozialhilfe in den genannten Fällen mit Hilfe des § 242 BGB außer Kraft gesetzt würde. Das stünde im Widerspruch zu der oben aufgezeigten Rechtslage.

bb) Dies schließt jedoch nicht aus, gegebenenfalls vor dem Hintergrund des § 1581 BGB den Grundsatz des § 242 BGB heranzuziehen, um auf diese Weise unter Abwägung der Interessen von

Unterhaltsschuldner und Unterhaltsgläubiger zu angemessenen, den Grundsätzen von Treu und Glauben entsprechenden Lösungen zu gelangen. Insoweit ist die Rechtslage nach Gewährung von Sozialhilfe an den Unterhaltsberechtigten vergleichbar mit den Fällen, in denen der Berechtigte freiwillige Leistungen von einem Dritten erhält. Geht in diesen Fällen der Wille des Zuwendenden dahin, daß nur der Beschenkte selbst unterstützt, der Unterhaltsschuldner aber nicht von seiner Verpflichtung befreit werden soll, dann ist die Zuwendung grundsätzlich nicht auf den Bedarf des Unterhaltsgläubigers anzurechnen, berührt seine Bedürftigkeit also nicht (st. Rspr., vgl. *BGH*, NJW 1980, 344 = LM § 546 ZPO Nr. 93 = FamRZ 1980, 42; *Senat*, NJW-RR 1993, 322 = LM H. 6/1993 § 1602 BGB = FamRZ 1993, 417 [419], jew. m. w. Nachw.). Zwar ist in diesen Fällen die Zielsetzung des Leistenden im Hinblick auf den Unterhaltsschuldner eine andere als bei der Gewährung von Sozialhilfe, da der Wille des freiwillig Zuwendenden darauf gerichtet ist, den Unterhaltsschuldner nicht zu entlasten, während § 91 II BSHG den Unterhaltsverpflichteten vor einer Inanspruchnahme durch den Unterhaltsberechtigten verschonen will. Aus der Sicht des Unterhaltsgläubigers ist die Lage jedoch bei beiden Fallgestaltungen vergleichbar: Er hat seinen Lebensunterhalt mit Hilfe der ihm von dritter Seite ohne Rückforderungsabsicht zur Verfügung gestellten Mittel bestritten und steht vor der Frage, nunmehr den Unterhaltsschuldner auf Erfüllung seiner Unterhaltspflicht für diesen – in der Vergangenheit liegenden – Zeitraum in Anspruch zu nehmen. Bei freiwilligen Zuwendungen von Dritten wird hierzu erwogen, in Mangelfallsituationen im Hinblick auf § 1581 BGB dennoch aus Billigkeitserwägungen entgegen dem Willen des Zuwendenden eine – jedenfalls teilweise – Anrechnung der Zuwendung auf den Unterhaltsbedarf in Betracht zu ziehen (vgl. etwa *Soergel/Häberle*, BGB, 12. Aufl., § 1581 Rdnr. 16, sowie *Rolland,* 1. EheRG, 2. Aufl., § 581 Rdnr. 4). Ähnliche Überlegungen können sich aus der Beurteilung der Anrechnung von Einkünften aus überobligationsmäßiger Tätigkeit i. S. von § 1577 II BGB ergeben (vgl. *Palandt/Diederichsen*, BGB, 58. Aufl., § 1577 Rdnr. 25).

Der *Senat* hält es etwa für möglich, in entsprechender Weise auch in der Situation des § 91 II BSHG in Mangelfällen unter dem Gesichtspunkt des § 242 BGB eine (Teil-)Anrechnung der dem Unterhaltsberechtigten gewährten Sozialhilfe auf seinen Unterhaltsanspruch vorzunehmen, wenn andernfalls die Gefahr für den Unterhaltsschuldner bestünde, mit derartig hohen Forderungen aus der Vergangenheit belastet zu werden, daß es ihm voraussichtlich auf Dauer unmöglich gemacht würde, diese Schulden zu tilgen und daneben noch seinen laufenden Verpflichtungen nachzukommen. Eine Korrektur der gesetzlichen Regelung in dem genannten Sinn – mit Hilfe des § 242 BGB – kommt allerdings, wie bereits angedeutet, grundsätzlich nur für Unterhaltsrückstände aus der Vergangenheit in Betracht. Für die Zukunft setzt sich hingegen der gesetzliche Nachrang der Sozialhilfe uneingeschränkt durch (vgl. *Wendl/Scholz*, § 6 Rdnr. 572), zumal die rechtliche Betrachtungsweise darauf abzustellen hat, daß der Schuldner in der Zukunft seiner Unterhaltsverpflichtung nachkommen und die Gewährung von Sozialhilfe an den Berechtigten damit insoweit entbehrlich machen werde.

Als maßgeblicher Anknüpfungspunkt, bis zu dem die bereits entstandenen Ansprüche als vergangene in dem oben dargelegten Sinn, und von dem an die demnächst entstehenden Ansprüche als zukünftige zu beurteilen sind, ist nach Auffassung des *Senats* in den hier zu beurteilenden Fällen der Zurechnung fiktiver Einkünfte bei dem Unterhaltsschuldner – nicht zuletzt aus Gründen der Rechtsklarheit und Praktikabilität – der Zeitpunkt der Zustellung der Klageschrift in dem Unterhaltsprozeß anzusetzen. Mit der Zustellung der Klageschrift wird der Unterhaltsschuldner, der bislang keiner Erwerbstätigkeit nachgegangen ist, eindringlich darauf hingewiesen, daß er ungeachtet seiner bisherigen Einkommenslosigkeit auf Erfüllung seiner Unterhaltspflicht in Anspruch genommen wird. Damit ist es ihm von diesem Zeitpunkt an verwehrt, sich etwa darauf zu verlassen, daß seine Gläubiger ihren Unterhaltsbedarf mit Mitteln der Sozialhilfe befriedigen und deshalb nicht auf seine Unterhaltsleistungen angewiesen seien. Jedenfalls erscheint es mit Wirkung ab Zustellung der Klageschrift nicht mehr gerechtfertigt, dem Unterhaltsschuldner aus Billigkeitsgründen entgegen der unterhaltsrechtlichen Gesetzeslage den geschilderten Schutz zuzubilligen und dem Unterhaltsbegehren des Gläubigers insoweit den Einwand des § 242 BGB entgegenzuhalten. Soweit demgegenüber die Auffassung vertreten wird, der Schuldner könne (erst) „seit der letzten mündlichen Verhandlung" als leistungsfähig behandelt und zu Unterhaltsleistungen nach Maßgabe seines fiktiven Einkommens verurteilt werden (*Wendl/Scholz*, § 6 Rdnr. 572), könnte eine solche Lösung zu unvertretbaren Vorteilen (wenn nicht sogar Anreizen) für den Unterhaltsschuldner führen, wenn dieser das Verfahren in die Länge zieht. Davon abgesehen läßt sich der Zeitpunkt der letzten tatrichterlichen mündlichen Verhandlung (ggfs. nach Zurückverweisung aus der Rechtsmittelinstanz) im Vorhinein nicht verläßlich ermitteln. Die etwa gebotene Billigkeitsabwägung müßte unter Umständen mehrfach, jeweils unter Berücksichtigung neu eingetretener tatsächlicher Entwicklungen, neu angestellt werden. Mit der Anknüpfung an die Zustellung der Klageschrift lassen sich diese Unsicherheiten weitgehend vermeiden.

cc) Da die Klageschrift im vorliegenden Verfahren im August 1994 zugestellt, der Bekl. aber durch das angefochtene Urteil zu Unterhaltszahlungen erst mit Wirkung vom 1. 1. 1996 an verurteilt worden ist, kommt hier aus den dargelegten Gründen eine (Teil-)Anrechnung der an die Kl. und die beiden Kinder gewährten Sozialhilfe auf deren Unterhaltsansprüche aus Billigkeitsgründen nicht in Betracht. Der Hinweis der Revision auf § 242 BGB bleibt damit im Ergebnis ohne Erfolg.

BGH v. 19. 5. 1999 – XII ZR 210/97 – FamRZ 00, 153 = NJW 99, 2804

R534 *(Erhöhte Verpflichtung zur ungefragten Information bei Vergleichen)*

a a) Die von dem *OLG* herangezogene Rechtsprechung des *Senats* betrifft Informationspflichten, die den Unterhaltsberechtigten über die Tatbestände der §§ 1580 , 1605 BGB hinaus treffen, nachdem ihm Unterhalt durch ein Urteil zuerkannt worden ist. In der Folgezeit kann sich unter den von dem BerGer. zutreffend angeführten Voraussetzungen eine Verpflichtung zur ungefragten Offenbarung veränderter Verhältnisse ergeben. Die Pflicht zur Rücksichtnahme der einen Partei auf die Belange deranderen erhöht sich, wenn es um die Durchführung einer Unterhaltsvereinbarung geht. In einem solchen Fall ist der Unterhaltsberechtigte im Hinblick auf seine vertragliche Treuepflicht gehalten, jederzeit und unaufgefordert dem anderen Teil Umstände zu offenbaren, die ersichtlich dessen Verpflichtungen aus dem Vertrag berühren (Senat, NJW 1997, 1439 = LM H. 6/1997 § 242 [D] BGB Nr. 141 = FamRZ 1997, 483).

(Prozessuale Wahrheitspflicht in Unterhaltsprozessen)

b b) Um derartige Fallgestaltungen geht es indessen nicht. Im vorliegenden Fall kommt es vielmehr maßgebend darauf an, ob die Ag. während des seit August 1988 laufenden Unterhaltsrechtsstreits, insbesondere in dem Termin, in dem die Anträge gestellt wurden, gehalten war, die im August 1990 erfolgte Zuwendung ihrer Mutter zu offenbaren. Wenn eine Partei einen Unterhaltsanspruch geltend macht, hat sie die der Begründung des Anspruchs dienenden tatsächlichen Umstände wahrheitsgemäß anzugeben und darf nichts verschweigen,was etwa ihre Unterhaltsbedürftigkeit in Frage stellen könnte. Das gilt mit Rücksicht auf die nach § 138 I ZPO bestehende prozessuale Wahrheitspflicht erst recht während eines laufenden Rechtsstreits. Ändern sich die maßgeblichen Verhältnisse während des Rechtsstreits, so sind Umstände, die sich auf den geltend gemachten Anspruch auswirken können, auch ungefragt anzuzeigen (*Johannsen/Henrich/Büttner,* EheR, 3. Aufl., § 1580 Rdnr. 20; OLG Hamburg, FamRZ 1987, 1044).

c) Hieraus folgt, daß die Ag. verpflichtet war, die während deslaufenden Unterhaltsrechtsstreits erfolgte Zuwendung ihrer Mutter in Höhe von 250 000 DM zu offenbaren. Sie hatte, als sie die Folgesache nachehelicher Unterhalt anhängig machte,den behaupteten Unterhaltsanspruch darauf gestützt, daß sie erwerbsunfähig sei und lediglich eine ihren eheangemessenen Bedarf nicht deckende Erwerbsunfähigkeitsrente beziehe. DemVorbringen des Ast., sie lebe mit einem neuen Partner zusammen und habe gemeinsam mit diesem ein Hausgrundstück erworben, so daß sie sich eine Vergütung für die von ihr erbrachten haushälterischen Versorgungsleistungen sowie den Vorteil mietfreien Wohnens anrechnen lassen müsse, war sie nicht entgegengetreten (§ 138 III ZPO). Im Termin zur mündlichen Verhandlung vom 19. 11. 1990 gab die Ag. sodann an, inzwischen auch den Miteigentumsanteil ihres Partners an dem Hausgrundstück erworben zu haben. Über die Zuwendungen ihrerMutter erklärte sie sich dagegen nicht. Dieser Umstand war indessen grundsätzlich geeignet, ihre Unterhaltsbedürftigkeit anders als bisher dargestellt erscheinen zu lassen. Denn der geschiedene Ehegatte kann Unterhalt nach den §§ 1570 ff. BGB nicht verlangen, solange und soweit er sich aus seinen Einkünften und seinem Vermögen selbst unterhalten kann (§ 1577 I BGB). Den Stamm des Vermögens braucht er dabei nicht zu verwerten, soweit die Verwertung unwirtschaftlich oder unter Berücksichtigung der beiderseitigen wirtschaftlichen Verhältnisseunbillig wäre (§ 1577 III BGB).

(Freiwillige Zuwendungen Dritter)

c Im Unterhaltsrecht gilt allerdings auch der allgemeine Grundsatz, daß ohne Rechtsanspruch gewährte freiwillige Zuwendungen Dritter nur dem Zuwendungsempfänger alleinzugute kommen, sich aber auf ein Unterhaltsrechtsverhältnis nicht auswirken sollen, es sei denn, dem Willen des Zuwendenden läßt sich anderes entnehmen. Dabei treten zwei Fallgestaltungen auf: Leistungen eines Dritten an den Unterhaltsberechtigten, die an sich geeignet wären, dessen Unterhaltsbedarf zu decken, führen im Verhältnis zu dem Unterhaltsverpflichteten nur dann zu einer Minderung seiner Bedürftigkeit, wenn der Dritte damit zugleich bezweckt, den Unterhaltsverpflichteten zu entlasten. Geht sein Wille dagegen dahin, nurden Zuwendungsempfänger selbst zu begünstigen, berührt dies dessen Bedürftigkeit im Verhältnis zum Unterhaltsverpflichteten im allgemeinen nicht (Senat, NJW 1995, 1486 = LM H. 7/1995 § 1353 BGB Nr. 34 = FamRZ 1995, 537 [538 f.] m. Nachw. aus der Rspr. des Senats). In Mangelfällen wird indessen auch für den zuletzt genannten Fall eine – jedenfalls teilweise – Anrechnung der Zuwendung auf den Unterhaltsbedarf im Hinblick auf § 1581 BGB aus Billigkeitserwägungen in Betracht gezogen (vgl. Senat, NJW 1999, 2365).

(Täuschung durch positives Tun)

d Für die Frage der Offenbarungspflicht der Ag. kommt es jedoch nicht darauf an, ob sie der Ansicht war, die Zuwendung beeinflusse wegen der Willensrichtung der Mutter, den Ast.nicht zu entlasten, den Unterhaltsanspruch nicht. Die Ag. wäre ungeachtet dessen verpflichtet gewesen, die Zuwendung wahrheitsgemäß anzugeben. Sie hätte dies mit der Darlegung der Ansicht verbinden können, daß und aus welchen Gründendie Zuwendung unterhaltsrechtlich nicht zu berücksichtigen sei. Die Entscheidung darüber, ob und gegebenenfalls inwieweit ihre Rechtsauffassung berechtigt ist, insbesondere ob die behauptete, verabredete Verwendung, nämlich die Behebungder wirtschaftlichen Schwierigkeiten ihres Partners, zu einem Verbrauch des Gesamtbetrages der 250 000 DM führte oder ob ein Teilbetrag verblieb, der möglicherweise nach § 1577 III BGB hätte eingesetzt oder der zumindest mit der Folge ertragbringend hätte angelegt werden müssen, daß erzielte Zinseinkünfte als Einkommen anzurechnen wären (vgl. hierzu *Johannsen/Henrich/Büttner,* § 1577 Rdnr. 15; *Wendl/Haußleiter,* Das UnterhaltsR in der familienrichterlichen Praxis, 4. Aufl., § 1 Rdnr. 368; OLG Köln, FamRZ 1993, 711), hätte sie dem Gericht überlassen müssen (vgl. hierzu Senat, NJW1984, 306 = LM § 66 EheG Nr. 9 = FamRZ 1984, 32 [33 f.], für den Fall der Mitteilung von Erwerbseinkünften bei behaupteter Unzumutbarkeit der Arbeitsaufnahme; *OLG Zweibrücken,* NJW-RR 1996, 1219 [1220]).

d) Durch das Stellen des zum nachehelichen Unterhalt angekündigten Antrags in dem Termin vom 19. 11. 1990 und das anschließende Verhandeln hierüber ist der bis dahin angefallene Akteninhalt zum Gegenstand der mündlichen Verhandlunggemacht worden (BGH, NJW 1994, 3295 [3296] = LM H. 12/1994 § 675 BGB Nr. 205). Soweit die Ag. in dem Termin keine Angaben über die Zuwendung ihrer Mutter gemacht hat, liegt deshalb eine Täuschung durch positives Tun vor, nämlich durch Entstellen des zur Beurteilung der Unterhaltsbedürftigkeit maßgebenden Gesamtsachverhalts (*Kramer,* in: MünchKomm, 3. Aufl., § 123 Rdnr. 11; *Soergel/Hefermehl,* BGB, 12. Aufl., § 123 Rdnr. 5; *Palandt/ Heinrichs,* BGB, 58. Aufl., § 123 Rdnr. 3).

BGH v. 16. 6. 1999 – XII ZA 3/99 – FamRZ 1999, 1422 = NJWE-FER 1999, 269

(Verwirkung bei tituliertem Unterhalt) **R535**

Das OLG hat rechtlich zutreffend den in den Jahren 1985 und 1986 titulierten Unterhaltsanspruch der 1982 geborenen Bekl., den diese seit Einstellung der Zahlungen des Kl., ihres Vaters, im Januar 1990 bis Anfang 1997 nicht mehr geltend gemacht hat, für die Zeit von Januar 1990 bis Januar 1996 – wegen der näher dargelegten besonderen Umstände des Falles – für verwirkt (§ 242 BGB) gehalten. Wie der *Senat* bereits entschieden hat (BGHZ 84, 280, 282 = FamRZ 1982, 898), kann rückständiger Unterhalt grundsätzlich der Verwirkung unterliegen, wenn sich seine Geltendmachung unter dem Gesichtspunkt illoyal verspäteter Rechtsausübung als unzulässig darstellt (vgl. allg. *Stöckle,* in: *Brühl,* Unterhaltsrecht, 6. Aufl., Rz. 1444, 1452, 1463 ff., 1475). Dieser bislang für nicht titulierte Ansprüche aufgestellte Grundsatz erfährt auch für titulierte Ansprüche – deren Durchsetzung mit Hilfe des Titels eher näher liegen dürfte als bei nicht titulierten Forderungen – keine Einschränkung (vgl. *KG,* FamRZ 1994, 771; *OLG Karlsruhe,* FamRZ 1993, 1456, 1457).

Der Umstand, daß die Verjährung der Unterhaltsansprüche eines minderjährigen Kindes gegenüber seinen Eltern bis zur Volljährigkeit des Kindes gehemmt ist (§ 204 S. 2 BGB), steht der Annahme einer Verwirkung der Ansprüche während der Dauer der Minderjährigkeit dann nicht entgegen, wenn aus besonderen Gründen die Voraussetzungen sowohl des Zeit- als auch des Umstandsmoments für die Bejahung der Verwirkung erfüllt sind (vgl. *Senats*urteil, BGHZ 103, 62, 68 = FamRZ 1988, 370, m. Anm. *Schmitz,* S. 700, m. Hinw. auf *OLG München,* FamRZ 1986, 504, 505, zu § 204 S. 2 BGB).

BGH v. 14. 7. 1999 – XII ZR 230/97 – FamRZ 00, 420 = NJW 00, 593

(Eltern schulden grundsätzlich nur eine Ausbildung, nur ausnahmsweise eine weitere) **R536**

Zutreffend ist allerdings der rechtliche Ausgangspunkt des BerGer.: Nach ständiger Rechtsprechung **a** des *BGH* (vgl. *BGHZ* 69, 190 [192 f.] = NJW 1977, 1774 = LM § 1610 BGB Nr. 4 sowie zuletzt Senat, NJW 1998, 1555 = LM H. 12/1998 § 1610 BGB Nr. 30 = FamRZ 1998, 671) schulden Eltern im Rahmen ihrer wirtschaftlichen Leistungsfähigkeit sowohl ihren minderjährigen als auch den volljährigen Kindern nach § 1610 II BGB eine optimale begabungsbezogene Berufsausbildung, d. h. eine Ausbildung, die der Begabung und den Fähigkeiten, dem Leistungswillen und den beachtenswerten, nicht nur vorübergehenden Neigungen des einzelnen Kindes am besten entspricht. Die Wahl der in diesem Sinn angemessenen Ausbildung haben die Eltern in gemeinsamer verantwortlicher Entscheidung mit dem Kind zu treffen, wobei den individuellen Umständen, vor allem den bei dem Kind vorhandenen persönlichen Voraussetzungen, maßgebliche Bedeutung zukommt (*BGHZ* 69, 190 [194] = NJW 1977, 1774 = LM § 1610 BGB Nr. 4). Haben Eltern die ihnen hiernach obliegende Pflicht, ihrem Kind eine angemessene Ausbildung zu gewähren, in rechter Weise erfüllt und hat das Kind einen Abschluss einer Ausbildung erlangt, dann sind die Eltern ihrer Unterhaltspflicht aus § 1610 II BGB in ausreichender Weise nachgekommen. Sie sind unter diesen Umständen grundsätzlich nicht verpflichtet, noch eine weitere, zweite Ausbildung zu finanzieren, der sich das Kind nachträglich nach Beendigung der ersten Ausbildung unterziehen will.

Eine andere Entscheidung kann – neben weiteren, hier nicht in Betracht kommenden Gründen – ausnahmsweise dann geboten sein, wenn die erste Ausbildung auf einer deutlichen Fehleinschätzung der Begabung des Kindes beruhte oder wenn die Eltern das Kind gegen seinen Willen in einen unbefriedigenden, seiner Begabung und Neigung nicht hinreichend Rechnung tragenden Beruf gedrängt haben. Einem solchen Fall steht gleich, wenn dem Kind die angemessene Ausbildung versagt worden ist, und es sich aus diesem Grund zunächst für einen Beruf entschieden hat, der seiner Begabung und seinen Neigungen nicht entspricht (*Senat*, NJW-RR 1991, 194 = FamRZ 1991, 322 [323]). In diesen Fällen haben die Eltern ihre Verpflichtung zur Finanzierung einer angemessenen Ausbildung noch nicht in rechter Weise erfüllt (*BGHZ* 69, 190 [194] = NJW 1977, 1774 = LM § 1610 BGB Nr. 4).

Die Annahme des *OLG*, die Voraussetzungen, unter denen eine weitere Ausbildung geschuldet werde, seien vorliegend erfüllt, wird durch die von ihm getroffenen Feststellungen indessen nicht getragen.

Es begegnet allerdings keinen rechtlichen Bedenken, dass das OLG die Frage, ob der Ausbildung des Kl. zum Dekorateur eine Fehleinschätzung seiner Begabung zugrunde lag, nach den Verhältnissen beurteilt hat, die sich nach der Beendigung der Ausbildung ergeben haben. Zwar ist die Frage der beruflichen Eignung eines Kindes regelmäßig aus der Sicht bei Beginn der Ausbildung und den zu dieser Zeit zu Tage getretenen Anlagen zu beantworten. Davon sind aber Ausnahmen bei so genannten Spätentwicklern zu machen, bei denen auf das Ende der Erstausbildung oder erst den Beginn der Zweitausbildung abgestellt werden kann, um eine unangemessene Benachteiligung zu vermeiden (Senat, NJW-RR 1991, 194; *Kalthoener/Büttner*, Die Rechtspr. zur Höhe des Unterhalts, 6. Aufl., Rdnr. 326).

(Gestörte häusliche Verhältnisse)

b Nach der Lebenserfahrung wirken sich gestörte häusliche Verhältnisse vielfach nachteilig auf die schulische Entwicklung eines Kindes aus (vgl. *Senat*, FamRZ 1981, 437 [439]). Für derartige Auswirkungen könnte auch die später zu Tage getretene Notwendigkeit einer psychotherapeutischen Behandlung des Kl. sprechen. Diese Umstände vermögen aber ebenfalls nur Zweifel daran zu begründen, ob die Begabung des Kl. richtig eingeschätzt worden ist. Dass er tatsächlich über weitergehende Fähigkeiten verfügte, als sie der erlernte Beruf erfordert, ergibt sich daraus noch nicht. Auch hierzu hätte es weiterer Feststellungen bedurft. Wenn die häuslichen Schwierigkeiten, die eingetreten sein sollen, als der Kl. etwa 15 Jahre alt war, dazu geführt haben, dass seine schulische Entwicklung behindert worden ist, müsste z. B. eine Verschlechterung der Leistungen zu verzeichnen gewesen sein. Zu den früheren schulischen Leistungen des Kl., insbesondere während des Besuchs des Gymnasiums, sind tatrichterliche Feststellungen indessen nicht getroffen worden. Ob den in den letzten Schuljahren aufgetretenen schulischen Schwierigkeiten Zeiten vorausgingen, in denen sich der Schulbesuch des Kl. problemlos gestaltete und er insbesondere gute oder jedenfalls befriedigende Leistungen erbrachte, ist demzufolge offen. Auch aus dem späteren Verlauf der Dinge sind keine Erkenntnisse gewonnen worden, die die erforderlichen Schlussfolgerungen auf das Vorhandensein einer weitergehenden Begabung zuließen. Das ist hinsichtlich des Besuchs des Saarland-Kollegs und des im Abiturzeugnis erreichten Notendurchschnitts bereits dargelegt worden. Das gilt aber gleichermaßen bezüglich des aufgenommenen Studiums bis zu dessen Abbruch. Dass und gegebenenfalls welche Leistungen der Kl. insofern erbracht hat, ist ebenfalls nicht festgestellt worden.

(Verzögerung der Ausbildung, Erziehungsfehler der Eltern)

c Falls das BerGer. erneut zu der Annahme gelangen sollte, dass der Kl. bisher keine seinen Fähigkeiten und Neigungen entsprechende Berufsausbildung erlangt hat, weil seine Begabungen falsch eingeschätzt worden sind, begegnet die Zuerkennung von Ausbildungsunterhalt nicht deshalb rechtlichen Bedenken, weil der Kl. nach dem Abschluss der Lehre im Jahr 1985 nicht sogleich den später eingeschlagenen Weg des Erwerbs der Hochschulreife beschritten hat. Die für diese Auffassung vom BerGer. im Einzelnen dargelegten Gründe, insbesondere die noch im Jahr 1987 bestehende Notwendigkeit, die psychotherapeutische Behandlung fortzusetzen, rechtfertigen auch nach Auffassung des Senats die Beurteilung, dass sich aus dem zeitlichen Verlauf keine nachteiligen Auswirkungen auf den Anspruch auf Ausbildungsunterhalt ergeben. Auch wenn der Verpflichtung des Unterhaltsschuldners auf Ermöglichung einer Berufsausbildung auf Seiten des Unterhaltsberechtigten die Obliegenheit gegenübersteht, die Ausbildung mit Fleiß und der gebotenen Zielstrebigkeit in angemessener und üblicher Zeit zu absolvieren, muss der Verpflichtete nach Treu und Glauben (§ 242 BGB) Verzögerungen der Ausbildung hinnehmen, die auf ein vorübergehendes leichteres Versagen des Kindes zurückzuführen sind (*Senat*, NJW 1998, 1555 = LM H. 12/1998 § 1610 BGB Nr. 30). Das muss erst recht gelten, wenn ein zwischen der Beendigung einer Lehre und dem weiteren Schulbesuch verstrichener Zeitraum nicht allein dem Kind anzulasten ist, sondern die Unterbrechung maßgeblich auch auf erzieherischem Fehlverhalten der Eltern und den daraus entstandenen psychischen Folgen für das Kind beruht (vgl. auch *Senat*, NJW-RR 1990, 327 = FamRZ 1990, 149 [150]). In einem solchen Fall, in dem den Unterhaltsverpflichteten eine erkennbare Mitverantwortung an der Ausbildungsverzögerung trifft, ist es ihm nach Treu und Glauben verwehrt, diese dem Unterhaltsbegehren entgegenzuhalten.

(Angemessenheit der Ausbildung bei zunehmendem Alter des Kindes)

Das BerGer. ist mit Rücksicht auf seine Annahme, der Kl. habe bis zum Beginn des Studiums keine angemessene Ausbildung erhalten, ohne weiteres davon ausgegangen, dass ihm während des Studiums ein Unterhaltsanspruch zustehe. Diese Beurteilung berücksichtigt nicht, dass nur eine Ausbildung geschuldet wird, die der Begabung und den Fähigkeiten, dem Leistungswillen und den beachtenswerten Neigungen des Kindes am besten entspricht (s. o. unter 2 a). Die genannten Kriterien muss nicht nur eine von dem Unterhaltsverpflichteten zu gewährende Erstausbildung eines Kindes erfüllen, sondern erst recht eine etwa geschuldete weitere Ausbildung. Denn je älter ein Kind bei Aufnahme einer Ausbildung ist und je eigenständiger es seine Lebensverhältnisse gestaltet, desto mehr tritt die Elternverantwortung für seinen Berufs- und Lebensweg zurück (*Senat*, NJW 1998, 1555 = LM H. 12/1998 § 1610 BGB Nr. 4). Die hinsichtlich der Angemessenheit einer weiteren Ausbildung zu stellenden Anforderungen bedürfen deshalb mit zunehmendem Alter des Kindes der besonders sorgfältigen Prüfung. Allein das Bestehen des Abiturs verpflichtet die Eltern ohnehin nicht zwangsläufig dazu, ein Hochschulstudium zu finanzieren (*Kalthoener/Büttner*, Rdnr. 296; *Schwab/Borth*, Hdb. des ScheidungsR, 3. Aufl., Kap. V Rdnr. 82; *Göppinger/Strohal*, UnterhaltsR, 6. Aufl., Rdnr. 678; *Staudinger/Kappe/Engler*, BGB, 13. Bearb. [1997], § 1610 Rdnr. 137; *Palandt/Diederichsen*, BGB, 58. Aufl., § 1610 Rdnr. 43; *Oelkers/Kreudtzfeldt*, FamRZ 1995, 136 [140 f.]; *OLG Koblenz*, NJW 1991, 300; *OVG Bremen*, NJW-RR 1986, 430 [431]). Anderenfalls würde jede im ersten oder zweiten Bildungsweg erlangte formelle Berechtigung zum Studium die Verpflichtung zur Finanzierung dieser Ausbildung nach sich ziehen, ohne dass es – wie es § 1610 II BGB verlangt – auf die Angemessenheit der Ausbildung im Einzelfall ankäme (*Göppinger/Strohal*, Rdnr. 678; *OVG Bremen*, NJW-RR 1986, 430 [431]). Das BerGer. wird deshalb auch der Frage nachzugehen haben, ob ein Studium im allgemeinen und dasjenige der Erziehungswissenschaften im besonderen eine für den Kl. angemessene Ausbildung darstellt, die seinen intellektuellen Fähigkeiten und seinem Leistungswillen entspricht. d

BGH v. 13. 10. 1999 – XII ZR 16/98 – FamRZ 00, 358 = NJW 00, 954

(Lebensstellung minderjähriger Kinder) R537

1. Gemäß § 1610 BGB bestimmt sich das Maß des zu gewährenden Unterhalts nach der Lebensstellung des Bedürftigen. Die Lebensstellung minderjähriger Kinder richtet sich – angesichts der wirtschaftlichen Unselbstständigkeit der Kinder – nach der Lebensstellung ihrer Eltern. Für den Unterhalt von Kindern aus geschiedener Ehe, die bei dem sie betreuenden sorgeberechtigten Elternteil leben, sind regelmäßig die Einkommensverhältnisse des barunterhaltspflichtigen, nicht sorgeberechtigten Elternteils maßgebend (st.Rspr. des Senats, vgl. etwa NJW 1983, 1429 = LM § 1610 BGB Nr. 9 = FamRZ 1983, 473 [474]). a

(Bemessung des angemessenen Unterhalts nach Tabellen)

Es entspricht der vom *Senat* gebilligten tatrichterlichen Praxis, sich bei der Bemessung des in diesem Sinne „angemessenen Unterhalts" an den von den OLG entwickelten Tabellenwerken zu orientieren (vgl. *Senat*, NJW 1983, 1733 = LM § 1578 BGB Nr. 21 = FamRZ 1983, 678). Die in diesen Tabellenwerken ausgewiesenen Richtsätze lassen sich als Erfahrungswerte verstehen, die den Lebensbedarf des Kindes – ausgerichtet an den wirtschaftlichen Verhältnissen der Eltern und dem Alter des Kindes – auf der Grundlage durchschnittlicher Lebenshaltungskosten typisieren, um so eine möglichst gleichmäßige Behandlung gleicher Lebenssachverhalte zu erreichen (vgl. *Senat*, NJW 1983, 1429 = LM § 1610 BGB Nr. 9 = FamRZ 1983, 473 [474]; NJW 1984, 1458 = LM § 1610 BGB Nr. 10 = FamRZ 1984, 374 [375]). b

2. Die Einkommensgruppen der Tabellen sind nach oben begrenzt. Für ein 800 DM übersteigendes Nettoeinkommen verweist die Düsseldorfer Tabelle (Stand 1. 1. 1996; ebenso Stand 1. 7. 1998) auf die „Umstände des Falles".

(Keine Fortschreibung der Düsseldorfer Tabelle bei Überschreiten der höchsten Einkommensgruppe)

Die Notwendigkeit einer konkreten Bedarfsermittlung bei hohen Einkommen rechtfertigt sich nicht nur aus der Gefahr einer Zweckentfremdung des ausschließlich zur Bedarfsdeckung des Kindes bestimmten Unterhalts. Sie erklärt sich auch aus der Schwierigkeit, bei erheblich über dem Durchschnitt liegenden Lebensverhältnissen der Eltern einen diesen Verhältnissen angemessenen Lebenszuschnitt der Kinder zu ermitteln und – als Richtsatz – pauschalierend zu verallgemeinern. Die Düsseldorfer Tabelle zieht die Grenze möglicher Verallgemeinerung bei einem Nettoeinkommen von 8000 DM. Eine solche Pauschalierungsgrenze erscheint sachgerecht und erlaubt – unbeschadet einer etwaigen künftigen Anpassung dieses seit dem 1. 7. 1992 unveränderten Grenzbetrags an die Geldwert- und Kostenentwicklung – eine schematische Fortschreibung der als Erfahrungswerte verstandenen Richtsätze im Einzelfall nicht. c

Jenseits der in der Düsseldorfer Tabelle zum Ausdruck kommenden allgemeinen richterlichen Erfahrungswerte bewendet es vielmehr grundsätzlich dabei, dass der Unterhaltsberechtigte seinen Bedarf darlegen und beweisen muss. Die Anforderungen an diese Darlegungslast dürfen allerdings nicht dazu führen, dass der Kindesunterhalt auch bei einem 8000 DM übersteigenden Elterneinkommen faktisch auf den für die höchste Einkommensgruppe der Düsseldorfer Tabelle geltenden Richtsatz festgeschrieben wird. Auch bei höherem Elterneinkommen muss sichergestellt bleiben, dass Kinder in einer ihrem Alter entsprechenden Weise an einer Lebensführung teilhaben, die der besonders günstigen wirtschaftlichen Situation ihrer Eltern entspricht, an die sie sich vielfach im Zusammenleben mit ihren Eltern gewöhnt haben werden und die ihnen auch nach einer Trennung der Eltern grundsätzlich erhalten bleiben soll. Wie dieser Lebensstil im Einzelnen beschaffen ist, welche Bedürfnisse des Kindes auf seiner Grundlage zu befriedigen sind und welche Wünsche des Kindes als bloße Teilhabe am Luxus nicht erfüllt werden müssen (vgl. dazu etwa Senat, NJW 1983, 1429 = LM § 1610 BGB Nr. 9 = FamRZ 1983, 473 [474]; NJW-RR 1986, 1261 = FamRZ 1987, 58 [60]), kann nicht allgemein gesagt, sondern nur im Einzelfall unter Würdigung der besonderen Verhältnisse der Betroffenen festgestellt werden. Diese Gesamtumstände und Bedürfnisse müssen deshalb vom Unterhaltsberechtigten näher dargelegt werden. Dabei dürfen an die Darlegungslast keine übertriebenen Anforderungen gestellt werden. Insbesondere wird dem Unterhaltsberechtigten im Regelfall nicht angesonnen werden können, seine gesamten – auch elementaren – Aufwendungen in allen Einzelheiten spezifiziert darzulegen. Er wird sich vielmehr regelmäßig darauf beschränken dürfen, besondere oder besonders kostenintensive Bedürfnisse zu belegen und darzutun, welche Mittel zu deren Deckung notwendig sind. Im Übrigen ist das Gericht, das einen derartigen erhöhten Bedarf zu beurteilen hat, nicht gehindert, den zur Deckung erforderlichen Betrag unter Heranziehung des Mehrbetrags zu berechnen, der sich aus der Gegenüberstellung solcher besonderer Bedürfnisse mit bereits von den Richtwerten der Düsseldorfer Tabelle erfassten Grundbedürfnissen ergibt, und unter Zuhilfenahme allgemeinen Erfahrungswissens nach Maßgabe des § 287 ZPO zu bestimmen.

BGH v. 20. 10. 1999 – XII ZR 297/97 – FamRZ 00, 351 = NJW 00, 284

R538 *(Abzugsposten sind beim Kindesunterhalt Volljähriger die titulierenden Beträge)*

a Das BerGer. hat zwar im Ansatz zutreffend bei der Bestimmung der ehelichen Lebensverhältnisse den der Tochter *M* geschuldeten Unterhalt – durch entsprechende Ermäßigung des unterhaltserheblichen Einkommens des Bekl. – berücksichtigt. Es hat dabei aber rechtsfehlerhaft für den Zeitraum von Februar bis einschließlich Dezember 1995 nur monatlich 792,92 DM abgesetzt und nicht die höheren Beträge, zu denen der Bekl. durch das Teilurteil vom 9. 1. 1996 verurteilt worden ist. Maßgeblich sind insoweit jedoch die titulierten Beträge (vgl. *Senat*, NJW 1989, 1992 = LM § 1569 BGB Nr. 34 = FamRZ 1989, 842 [843 unter 2 d]; Senat, NJW-RR 1990, 578 = FamRZ 1990, 979 [980 unter 4]). Das BerGer. hat nicht festgestellt, dass die Tochter etwa im Hinblick auf die geringfügige Differenz zwischen dem ausgeurteilten und dem tatsächlich geleisteten Unterhalt auf eine Nachforderung rückständiger Beträge für das Jahr 1995 verzichtet habe.

(Angemessener Wohnwert auch bei langer Trennungszeit)

b Die Revision wendet sich ferner gegen die Bewertung des Wohnvorteils in dem angefochtenen Urteil.

a) Sie rügt dazu im Einzelnen: Dem BerGer. könne nicht darin gefolgt werden, dass der Vermögensnutzen, den die Kl. aus dem Einfamilienhaus ziehe, über den gesamten Trennungszeitraum nur in Höhe eines Betrags angesetzt werde, den die Kl. für eine angemessene kleinere Wohnung als Miete zahlen müsste. Bei lang andauernder Trennungszeit sei dem Ehegatten, dem das Haus gehöre, zuzumuten, dieses als Vermögensgegenstand einer wirtschaftlicheren Nutzung als der Eigennutzung zuzuführen. Bei einem Wert des Hauses von unstreitig 400 000 DM stelle der angesetzte Wohnvorteil von monatlich 700 DM eine Kapitalverzinsung von maximal 2% dar. Ziehe man bei der Berechnung der Kapitalverzinsung die Instandhaltungsrücklage ab (700 DM – 250 DM = 450 DM), so ergebe sich auf der Grundlage der Feststellungen des BerGer. eine Verzinsung von 1,35%. Eine Verzinsung in dieser Höhe liege weit unter dem zu erzielenden Kapitalmarktzins. Damit sei die eigene Nutzung des Einfamilienhauses auch unterhaltsrechtlich nicht vertretbar. Bei der Unterhaltsberechnung sei daher zumindest für die Zeit ab Juli 1997 – nach dreijähriger Trennungszeit – auf Seiten der Kl. der Mietzins in Ansatz zu bringen, den sie aus einer Vermietung des Einfamilienhauses habe erzielen können. Dieser betrage nach dem Vortrag des Bekl. monatlich 1200 DM. Hinzu komme der mögliche Mietzins für die im Souterrain gelegene Wohnung; denn nach Ablauf von drei Trennungsjahren sei die Kl. verpflichtet gewesen, diesen Teil ihres Einfamilienhauses ebenfalls zur Erzielung von Einkünften einzusetzen.

b) Dem ist nicht zu folgen. Die Ausführungen des OLG zur Bemessung des Wohnvorteils der Kl. während der – hier allein maßgeblichen – Trennungszeit halten sich im Rahmen der Rechtsprechung des erkennenden Senats (vgl. zuletzt Senat, NJW 1998, 2821 = FamRZ 1998, 899 m. w. Nachw.). Das

BerGer. hat im Ansatz zu Recht den nach dem Auszug des Bekl. verbliebenen Wohnwert mit dem Betrag angesetzt, den die Kl. als Mietzins für eine angemessene kleinere Wohnung auf dem Wohnungsmarkt zu zahlen hätte (*Senat*, NJW 1998, 2821 = FamRZ 1998, 899 [901]). Soweit das *OLG* diesen Mietzins in tatrichterlicher Verantwortung unter Berücksichtigung des örtlichen Wohnungsmarkts auf monatlich 700 DM geschätzt hat, sind dagegen aus Rechtsgründen keine Einwände zu erheben. Bedenken gegen das angefochtene Urteil ergeben sich entgegen der Auffassung der Revision auch nicht daraus, dass das *OLG* den angenommenen Wohnwert für die gesamte Trennungszeit in seine Unterhaltsberechnung eingestellt hat. Abgesehen davon, dass die Kl. keinen Einfluss auf die Dauer des Scheidungsverfahrens bis zum (rechtskräftigen) Ausspruch der Ehescheidung haben dürfte, entspricht das Vorgehen des BerGer. auch in diesem Punkt der Rechtsprechung des erkennenden Senats. Danach ist es einem Ehegatten während des Getrenntlebens in der Regel nicht zumutbar, das früher gemeinsam, inzwischen von ihm allein bewohnte Eigenheim zur Steigerung der Einkünfte anderweitig zu verwerten. Das gilt insbesondere deshalb, weil in der Trennungszeit eine Wiederherstellung der ehelichen Lebensgemeinschaft noch nicht ausgeschlossen ist und diese nicht durch vorzeitige Aufgabe des Familienheims erschwert werden darf (vgl. *Senat*, NJW 1989, 2809 = LM § 1361 BGB Nr. 56 = FamRZ 1989, 1160 [1161]; auch *Hahne*, Forum Familien- und Erbrecht 1999, 99 [100]). Dass aufgrund besonderer Umstände im vorliegenden Fall etwas anderes zu gelten hätte, ist nicht ersichtlich und geht auch aus dem Vorbringen der Revision nicht hervor. Kommt danach eine unterhaltsrechtliche Obliegenheit der Kl. zur anderweitigen Verwertung, insbesondere zur Fremdvermietung, des Familienheims während des Getrenntlebens der Parteien aus Rechtsgründen nicht in Betracht, so vermögen auch die Kapital-Verzinsungserwägungen der Revision kein anderes Ergebnis zu rechtfertigen. Es kann deshalb dahingestellt bleiben, dass die Angabe des Bekl. über den angeblichen Wert des Hauses der Kl. – mit 400 000 DM – entgegen dem Vortrag der Revision nicht unbestritten war, sondern dass der Wert des – im Übrigen mit Grundschulden in Höhe von 65 000 DM belasteten – Grundbesitzes nach der Darstellung der Kl. nur bei rund 280 000 DM liegen soll.

(Abzug verbrauchsunabhängiger Nebenkosten; kostenlose Unterkunft für noch in Ausbildung befindliches Kind)

Eine unterhaltsrechtlich relevante Verpflichtung der Kl., die Tochter M zum Auszug aus der von ihr bewohnten Souterrainwohnung zu veranlassen, damit auch diese Räume, soweit nach den tatsächlichen Gegebenheiten möglich, fremdvermietet werden könnten, hat das OLG rechtsfehlerfrei verneint. Dabei ist darauf hinzuweisen, dass die Verurteilung des Bekl. zur Unterhaltszahlung an die Tochter durch das Teilurteil vom 9. 1. 1996 ausdrücklich mit auf die Begründung gestützt worden ist, die Mutter genüge ihrer Unterhaltspflicht gegenüber der Tochter durch Gewährung von Versorgung und Unterkunft, auch wenn das FamG hierbei nicht näher auf die Art der Unterkunftsgewährung abgestellt hat. Müsste sich die Tochter, wie die Revision geltend macht, um eine andere Unterkunft bemühen, dann würde dies ihren Unterhaltsbedarf erhöhen mit der Folge, dass – mangels Leistungsfähigkeit der Kl. – der Bekl. möglicherweise zu höheren Unterhaltsleistungen an die Tochter verpflichtet wäre. Allerdings hat das BerGer. bei der Bemessung des Wohnvorteils zu Unrecht die verbrauchsunabhängigen Nebenforderungen nicht in Abzug gebracht. Diese gehören jedoch zu den den anrechenbaren Wohnvorteil mindernden Belastungen (*Senat*, NJW 1998, 2821 = FamRZ 1998, 899 [901] m. w. Nachw.; vgl. auch *Wendl/Gerhardt*, UnterhaltsR, 4. Aufl. § 1 Rdnrn. 235 u. 253). Zumindest die Positionen Grundsteuer (jährlich 425,10 DM) und Gebäudeversicherung (jährlich 418,10 DM) sind unterhaltsrechtlich beachtlich (vgl. *Kalthoener/Büttner*, Die Rechtsprechung zur Höhe des Unterhalts, 6. Aufl., Rdnr. 774). **c**

(Berücksichtigung von Instandhaltungskosten)

Die Ausführungen des BerGer. zur Berücksichtigung einer Instandhaltungsrücklage – hier in Höhe von monatlich 250 DM – halten der rechtlichen Nachprüfung indessen nicht stand. Zwar kann der Revision nicht uneingeschränkt darin zugestimmt werden, dass Instandhaltungsrücklagen regelmäßig nur zur Kapitalbildung, also zur Vermögensmehrung des Hauseigentümers, bestimmt seien. Soweit Aufwendungen für bestimmte unaufschiebbar notwendige Instandhaltungsmaßnahmen zu leisten sind und hierfür gegebenenfalls – kurzfristig – entsprechende Rücklagen gebildet werden, dienen diese auch der Erhaltung des Gebrauchswertes eines Hauses und ermöglichen damit zugleich seine Nutzung, auf welcher der unterhaltsrechtlich anrechenbare Wohnvorteil beruht. Vor allem in Fällen, in denen sich die Kosten für die Instandhaltungsmaßnahme voraussichtlich in einem Rahmen halten werden, der durch Instandhaltungsrücklagen aufgebracht werden kann und nicht die Inanspruchnahme eines Kredits erfordert, wird die Zubilligung einer Instandhaltungsrücklage als Minderung des Wohnvorteils in Betracht kommen. Die Prüfung der Voraussetzungen im Einzelfall ist dem Tatrichter vorbehalten. Dieser wird allerdings stets zu beachten haben, dass es sich um konkrete Instandhaltungsmaßnahmen handeln muss, die erforderlich sind, um die ordnungsgemäße Bewohnbarkeit des Hauses zu erhalten. Renovierungsarbeiten etwa in abgetrennten Räumen, die nach dem Auszug des anderen Ehegatten nicht mehr genutzt werden, fallen ebenso wenig hierunter wie allgemeine Reparaturen, die den aktuellen Wert des Hauses erhöhen, ohne durch die Erhaltung des Gebrauchswerts veranlasst zu sein. **d**

Insoweit macht die Revision zutreffend geltend, dass Unterhaltszahlungen des Verpflichteten nicht dazu bestimmt sind, Vermögen zu vermehren und Kapitalbildung zu ermöglichen. Aus diesem Grund ist es – entgegen der erkennbaren Auffassung des BerGer. – nicht gerechtfertigt, ohne Nachweis der aktuellen Notwendigkeit einer bestimmten unaufschiebbaren Instandhaltungsmaßnahme eine Instandhaltungsrücklage unterhaltsrechtlich als monatliche laufende Belastung des Wohnwertes zu berücksichtigen. Der Hinweis des BerGer. darauf, dass es sich hier um ein Haus des Baujahres 1970 handele, für das regelmäßig Reparaturen zur Instandhaltung erforderlich seien, genügt den vorstehend dargelegten Anforderungen an die Anerkennung einer den Wohnwert mindernden Instandhaltungsrücklage nicht. Insoweit fehlen sowohl jegliche tatsächliche Feststellungen zur Notwendigkeit der Durchführung bestimmter unaufschiebbarer Instandhaltungsmaßnahmen als auch jede Begründung für die Bestimmung der Höhe der Rücklage mit monatlich 250 DM. Die Kl. hat zwar Unterlagen über im Jahre 1996 aufgenommene Kredite zu den Akten gereicht. Hierzu hat das BerGer. aber keine Feststellung getroffen, ob und gegebenenfalls für welche Reparaturkosten die entsprechenden Kreditbeträge aufgewendet wurden und inwieweit die zugrunde liegenden Arbeiten zur Erhaltung des Hauses unaufschiebbar erforderlich waren. Die Zins- und Tilgungsleistungen auf die Kredite können daher nach den bisherigen Feststellungen des BerGer. ebenfalls nicht zur Minderung des Wohnwertes herangezogen werden, auch wenn grundsätzlich Zins- und Tilgungsaufwendungen für Kredite, die zur Finanzierung notwendiger Instandhaltungskosten aufgenommen werden mussten, bei der Ermittlung des Wohnvorteils als Belastungen abzuziehen sind (vgl. *Wendl/Gerhardt*, Rdnrn. 237 u. 253; auch *Senat*, NJW 1997, 735 = LM H. 4/1997 § 1361 BGB Nr. 67 = FamRZ 1997, 281 [283 unter 2 c]).

BGH v. 27. 10. 1999 – XII ZR 239/97 – FamRZ 00, 751 = NJW 00, 740

R539 *(Entreicherung)*

a Eine bereicherungsrechtliche Haftung der Bekl. hat das OLG allerdings aus zutreffenden Gründen verneint, da sich die Bekl. gem. § 818 III BGB zu Recht auf den Wegfall der Bereicherung berufen kann. Diese Vorschrift dient dem Schutz des gutgläubig Bereicherten, der das rechtsgrundlos Empfangene im Vertrauen auf das Fortbestehen des Rechtsgrunds verbraucht hat und daher nicht über den Betrag der bestehengebliebenen Bereicherung hinaus zur Herausgabe oder zum Wertersatz verpflichtet werden soll. Bei der Überzahlung von Unterhalt kommt es daher darauf an, ob der Empfänger die Beträge restlos für seinen Lebensbedarf verbraucht oder sich noch in seinem Vermögen vorhandene Werte – auch in Form anderweitiger Ersparnisse, Anschaffungen oder Tilgung eigener Schulden – verschafft hat (*BGHZ* 118, 383 [386] = NJW 1992, 2415 = LM H. 1/1993 § 812 BGB Nr. 231 = FamRZ 1992, 1152 m. w. Nachw.). Für den Bereicherten, der den Wegfall der Bereicherung zu beweisen hat, hat die Rechtsprechung hierbei allerdings Beweiserleichterungen geschaffen, wenn aus der Überzahlung in der fraglichen Zeit keine besonderen Rücklagen oder Vermögensvorteile gebildet wurden. Insbesondere bei unteren und mittleren Einkommen spricht dann nach der Lebenserfahrung eine Vermutung dafür, dass das Erhaltene für eine Verbesserung des Lebensstandards ausgegeben wurde, ohne dass der Bereicherte einen besonderen Verwendungsnachweis erbringen müsste (*BGHZ* 118, 383 [388] = NJW 1992, 2415 = LM H. 1/1993 § 812 BGB Nr. 231). Das *OLG* ist auf der Grundlage der Feststellungen in seinem früheren Trennungsunterhaltsurteil vom 7. 4. 1993 zu dem Schluss gekommen, dass der Bekl. in der fraglichen Zeit von März 1991 bis März 1993 ein fiktives monatliches Einkommen von rund 2281 DM zuzurechnen gewesen sei, dem allerdings kein tatsächlicher Geldzufluss in gleicher Höhe entsprochen habe. Die tatsächlich für die Ausgaben des täglichen Lebens zur Verfügung stehenden Mittel hätten ein mittleres Einkommen nicht überstiegen, so dass die Vermutung für einen vollständigen Verbrauch für den Lebensunterhalt spreche.

Das ist aus Rechtsgründen nicht zu beanstanden. In dem genannten Trennungsunterhaltsurteil waren der Bekl. ein Wohnwert ihres jetzigen Hauses in Höhe von monatlich 623 DM sowie fiktive Kapitalzinsen von (statt 727 DM richtig) monatlich rund 792 DM und 315 DM zugerechnet worden, die sie aus dem Verkaufserlös des ihr gehörenden Wohnhauses und ihres Anteils an der Gaststätte hätte erzielen können, ferner tatsächliche Einnahmen aus der Vermietung des Dachgeschosses in Höhe von 550 DM monatlich.

Soweit der Kl. in der mündlichen Verhandlung vor dem *Senat* eingewandt hat, dass das *OLG* die Einkünfte der Bekl. nicht hinreichend aufgeklärt habe, stehen dem die Ausführungen des *OLG* entgegen. Auch die Rüge des Kl., diese Feststellungen seien mangels ordnungsgemäßer Einführung in den Prozess nicht verwertbar, greift nicht durch, da das Urteil als Anlage K 3 zur Klageschrift vom Kl. selbst in den Prozess eingeführt worden und Gegenstand der Erörterung gewesen ist.

Die Bekl. hat im Übrigen substantiiert vorgetragen, die empfangenen Beträge für den laufenden Lebensunterhalt für sich und die Kinder sowie für Urlaube, insbesondere nach dem Unfalltod eines der Kinder, ausgegeben zu haben. Auch der Annahme des Kl., die Bekl. hätte – wenn ihr die Unterhaltszahlungen in der fraglichen Zeit nicht zugeflossen wären – auf den Stamm ihres Vermögens zurückgegriffen, hätte also insofern Ersparnisse gemacht, kann nicht gefolgt werden. Immerhin hatte die Bekl.

den Großteil ihres Vermögensstammes, nämlich den Erlös aus dem Verkauf ihres früheren Hauses, in einem neuen Eigenheim angelegt, welches ihr und ihren Kindern als neue Familienwohnstatt dienen sollte. Es ist daher nach der Lebenserfahrung davon auszugehen, dass sie sich eher in ihrer Lebenshaltung eingeschränkt und Aufwendungen für Urlaube etc. vermieden hätte, als ihr Haus zu verkaufen und die Grundlage ihrer Einkünfte aufzuzehren. Schließlich lässt auch der Umstand, dass die Bekl. in Form des neuen Hauses und eines etwa tatsächlich noch vorhandenen Restkapitals Vermögen hat, noch keinen ausreichenden Rückschluss darauf zu, dass sie sich dieses Vermögen mit Hilfe der in der fraglichen Zeit empfangenen Unterhaltsleistungen verschafft hat.

(Verschärfte Haftung)

2 b) Die Voraussetzungen einer verschärften Haftung der Bekl. nach §§ 818 IV, 819, 820 I BGB hat das OLG aus zutreffenden Gründen verneint. Weder das Anwaltsschreiben vom 6. 9. 1990 noch die vom Kl. erhobene negative Feststellungsklage vermochten die Rechtsfolgen der §§ 818 IV, 819 BGB herbeizuführen (vgl. *Senat*, FamRZ 1984, 767; *BGHZ* 93, 183 = NJW 1985, 1072 = LM § 818 Abs. 4 BGB Nr. 8 = FamRZ 1985, 368; *BGH*, NJW 1986, 2057 = LM § 818 IV BGB Nr. 9 = FamRZ 1986, 793; *BGHZ* 118, 383 [390 f.] = NJW 1992, 2415 = LM H. 1/1993 § 812 BGB Nr. 231). Insbesondere kommt auch eine analoge Anwendung des § 820 I BGB auf gerichtlich angeordnete, gesetzliche Unterhaltszahlungen, wie der Kl. in seiner Revisionserwiderung meint, nicht in Betracht. Denn der *Senat* hat zwischenzeitlich entschieden, dass § 820 BGB auch auf Unterhaltsvereinbarungen, die den gesetzlichen Unterhaltsanspruch lediglich modifizieren, weder direkt noch entsprechend anwendbar ist (*Senat*, NJW 1998, 2433 = LM H. 9/1998 § 820 BGB Nr. 4 = FamRZ 1998, 951). Dann kommt eine analoge Anwendung auf Unterhaltstitel über den gesetzlichen Unterhalt wie hier die einstweilige Anordnung erst recht nicht in Frage. **b**

(Schadensersatzanspruch nach § 717 II ZPO)

a) Soweit der Kl. meint, in erster Linie sei der Schadensersatzanspruch direkt aus § 717 II 1 ZPO begründet, kann dem nicht gefolgt werden. Der Schadensersatzanspruch nach § 717 II 1 ZPO setzt voraus, dass aus dem später abgeänderten vorläufig vollstreckbaren Urteil vollstreckt wurde oder der Schuldner zur Abwendung der drohenden Vollstreckung geleistet hat. Die bloße Erwirkung des Urteils reicht hierzu noch nicht aus, vielmehr muss der Gläubiger hiervon auch Gebrauch machen (vgl. *BGH*, NJW 1996, 397 = LM H. 5/1996 § 717 ZPO Nr. 23). Hieran fehlt es. Der Kl. hat nicht dargetan, dass sich die Bekl. eine vollstreckbare Ausfertigung des Urteils des *FamG* über den Trennungsunterhalt habe erteilen und ihm zustellen lassen, und dass er zur Abwendung einer Zwangsvollstreckung aus diesem Titel gezahlt habe. Die Bekl. hat vielmehr in der mündlichen Verhandlung vor dem *OLG* unwidersprochen vorgetragen, dass sie auch nach Erlass des Trennungsunterhaltsurteils die Zwangsvollstreckung weiterhin aus der einstweiligen Anordnung betrieben habe, weil ihr dies eine Vollstreckung ermöglicht habe, die der Kl. nicht durch Sicherheitsleistung gem. § 711 ZPO habe abwenden können. **c**

(Bestandskraft einstweiliger Anordnungen)

Dieser weiteren Vollstreckung aus der einstweiligen Anordnung stand das vorläufig vollstreckbare Urteil des FamG über den Trennungsunterhalt nicht entgegen. Nach § 620 f I 1 ZPO tritt die einstweilige Anordnung bei Wirksamwerden einer anderweitigen Regelung sowie unter anderem dann außer Kraft, wenn der Scheidungsantrag rechtskräftig abgewiesen ist. Was unter „Wirksamwerden" bei Urteilen zu verstehen ist, die zur Zahlung von Unterhalt verpflichten, erläutert das Gesetz nicht. Teilweise wird vertreten, dass vorläufig vollstreckbare Urteile schlechthin wirksam sind (so *OLG Hamm* [6. *Familiensenat*], FamRZ 1984, 718; *OLG Hamm [11. Familiensenat]*, FamRZ 1999, 29 [30]), teilweise, dass das nur dann der Fall ist, wenn sie uneingeschränkt, d. h. ohne Sicherheitsleistung vorläufig vollstreckbar sind und die Vollstreckung auch nicht nach § 711 ZPO abgewendet werden darf (vgl. *OLG Hamm [2. Familiensenat]*, FamRZ 1980, 708; *OLG Frankfurt a. M.*, FamRZ 1982, 410; *OLG Hamburg*, FamRZ 1984, 719, und FamRZ 1996, 745; differenz. *OLG Karlsruhe*, FamRZ 1982, 1221; *OLG Düsseldorf*, FamRZ 1996, 745 [746]; *Baumbach/Lauterbach/Albers/Hartmann*, ZPO, 58. Aufl., § 620 f Rdnr. 4; *Johannsen/Henrich/Sedemund-Treiber*, EheR, 3. Aufl., § 620 f ZPO Rdnr. 7; *Schwab/Maurer*, Hdb. des ScheidungsR, 3. Aufl., I Rdnr. 1011 jew. m. w. Nachw. zum Meinungsstand), teilweise, dass Unterhaltsurteile erst mit Eintritt der Rechtskraft wirksam sind (so insb. *Klauser*, in: MünchKomm-ZPO, § 620 f Rdnr. 17; *Stein/Jonas/Schlosser*, ZPO, 21. Aufl., § 620 f Rdnr. 2 a; *Rolland/Roth*, in: FamK, ZPO, § 620 f Rdnrn. 22–24; *Zöller/Philippi*, ZPO, 21. Aufl., § 620 f Rdnr. 22). **d**

Der *Senat* hat die Frage für Leistungsurteile bisher offen gelassen und nur für Feststellungs- und klagabweisende Urteile entschieden, dass sie erst mit Eintritt der Rechtskraft wirksam werden und eine einstweilige Anordnung außer Kraft setzen können (*Senat*, NJW 1991, 705 = LM § 620 ZPO Nr. 15 = FamRZ 1991, 180). Im Interesse der einheitlichen Handhabung und der Rechtssicherheit muss der Eintritt der Rechtskraft aber auch für Leistungsurteile gefordert werden. Der vom Gesetzgeber verfolgte Zweck des § 620 f ZPO, dass einstweilige Anordnungen auch nach Rechtskraft der Scheidung fortgelten sollen, um einen regellosen Zustand für den schutzbedürftigen Unterhaltsgläubiger zu vermeiden, würde unterlaufen, wenn bereits das Bestehen eines nur vorläufigen Titels die einstweilige Anordnung außer Kraft setzen würde, und zwar gleichgültig, ob er eingeschränkt oder uneingeschränkt vorläufig vollstreckbar ist. Denn zum einen kann die vorläufige Vollstreckbarkeit eines Urteils in der Rechtsmittelinstanz bereits nach §§ 707, 719 oder 718 ZPO beseitigt werden. Zum anderen geht dem Unterhaltsgläubiger das Urteil als Vollstreckungsgrundlage verloren, wenn das Rechtsmittelgericht es aufhebt und die Sache an die Vorinstanz zurückverweist. In beiden Fällen wäre die einstweilige Anordnung als Vollstreckungstitel außer Kraft getreten und könnte von dem Unterhaltsgläubiger auch nicht mehr erwirkt werden, wenn das Scheidungsverfahren bereits rechtskräftig abgeschlossen ist. Als vorläufiger Rechtsschutz bliebe dem Unterhaltsgläubiger nur die lediglich auf Notunterhalt gerichtete einstweilige Verfügung. Auch müsste er Rangnachteile befürchten, wenn ein Drittgläubiger zwischenzeitlich in das Vermögen des Unterhaltsschuldners vollstreckt. Schließlich spricht auch die Parallelregelung des § 641 e ZPO, die in Kindschaftssachen ein Außerkrafttreten einstweiliger Anordnungen nur bei anderweitigen Regelungen zulässt, die „nicht nur vorläufig vollstreckbar" sind, dafür, dass auch im Rahmen von § 620 f ZPO das Unterhaltsurteil rechtskräftig sein muss. Dass der Gesetzgeber in § 620 f ZPO den Begriff der Wirksamkeit verwendet hat, beruht lediglich darauf, dass einstweilige Anordnungen nach § 620 ZPO nicht nur der Zivilprozessordnung, sondern auch der freiwilligen Gerichtsbarkeit unterliegende Gegenstände erfassen, bei denen bereits die Bekanntgabe an den Betroffenen zur Wirksamkeit führt (*Senat*, NJW 1991, 705 = LM § 620 ZPO Nr. 15).

(Kein Schadensersatzanspruch analog §§ 641 g, 717 II, 945 I ZPO bei einstweiligen Anordnungen; Möglichkeiten gegen Entreicherungseinwand)

e b) Entgegen der Ansicht des OLG kann dem Kl. auch kein Schadensersatzanspruch analog §§ 641 g, 717 II, 945 ZPO zuerkannt werden. Die Frage einer entsprechenden Anwendung dieser Vorschriften in Fällen, in denen aufgrund einer einstweiligen Anordnung nach materiellem Recht zuviel Unterhalt geleistet wurde, ist umstritten. Mit dem OLG, das aus diesem Grund die Revision zugelassen hat, vertreten, soweit ersichtlich, auch *Olzen* (FamRZ 1986, 1169), *Ditzen* (FamRZ 1988, 349) und *Philippi* (in: *Zöller*, § 620 f Rdnr. 25) die Ansicht, dass die §§ 620 ff. ZPO eine Regelungslücke enthalten, die im Analogiewege zu schließen sei (einschränkend *Kohler*, ZZP 1986, 34 [36, 44, 49] und in FamRZ 1988, 1005 [1006], sowie *M. Schwab*, FamRZ 1994, 1567 [1570], die einer bereicherungsrechtlichen Haftung unter großzügigerer Anwendung der haftungsverschärfenden Regeln der §§ 818 IV, 819, 820 BGB den Vorzug geben).

Der BGH hatte bereits in einer Entscheidung aus dem Jahr 1957 zu dem früheren, inzwischen außer Kraft getretenen § 627 b ZPO, der Vorläuferregelung der §§ 620 ff. ZPO, ausgesprochen, dass die Zivilprozessordnung dem Unterhaltsverpflichteten gegen den Unterhaltsberechtigten, der aus einer einstweiligen Anordnung sachlich ungerechtfertigt vollstreckt hat, mangels einer den §§ 717 II, 945 ZPO entsprechenden Regelung keinen Schadensersatzanspruch gibt. Er bleibt vielmehr auf bürgerlichrechtliche, insbesondere bereicherungsrechtliche Ansprüche gegen den Berechtigten beschränkt (*BGHZ* 24, 269 [273] = NJW 1957, 1362 = LM § 627 b ZPO Nr. 2). Daher wurde ihm entsprechend § 767 ZPO die Möglichkeit einer Zwangsvollstreckungsgegenklage eingeräumt, da auch zweifelhaft war, ob der Unterhaltsverpflichtete im nachfolgenden Unterhaltsprozess die einstweilige Einstellung der Zwangsvollstreckung aus der einstweiligen Anordnung entsprechend §§ 707, 769 ZPO erreichen konnte. Denn eine dem § 620 e ZPO entsprechende Regelung über die Aussetzung der Vollziehung kannte § 627 b a. F. ZPO nicht.

Zur neuen Rechtslage hat der *Senat* im Zusammenhang mit den bereicherungsrechtlichen Fragen entschieden, dass die §§ 620 ff. ZPO eine geschlossene Sonderregelung für den einstweiligen Rechtsschutz in Ehesachen enthalten. Aus dem Umstand, dass der Gesetzgeber bei der späteren Einführung der §§ 620 ff. ZPO keine dem schon bestehenden § 641 g ZPO in Kindschaftssachen oder dem § 945 ZPO entsprechende Regelung über einen Schadensersatzanspruch geschaffen hat, hat er geschlossen, dass der Gesetzgeber das Risiko des Ehegatten, der eine einstweilige Anordnung erwirkt und aus ihr vollstreckt, bewusst kleinhalten und den einstweiligen Rechtsschutz erleichtern wollte. Auch sollte der Unterhaltsempfänger nicht in jedem Falle gezwungen sein, unter dem Druck etwaiger Rückforderungsansprüche den gezahlten Unterhalt für eine Rückzahlung bereitzuhalten, statt ihn bestimmungsgemäß zu verbrauchen. Diese Absicht des Gesetzgebers würde unterlaufen, und zwar sowohl dann, wenn ein Schadensersatzanspruch in analoger Anwendung der §§ 717 II, 945 ZPO bejaht würde, als auch dann, wenn man eine verschärfte Bereicherungshaftung nach § 818 IV BGB schon aufgrund einer rückwirkenden negativen Feststellungsklage gegen die einstweilige Anordnung eintreten ließe (so insb. *Senat*, FamRZ 1984, 767 [769], und BGHZ 93, 183 [189] = NJW 1985, 1072 = LM § 818 IV BGB Nr. 8; vgl. auch *Senat*, NJW 1986, 2057 = LM § 818 IV BGB Nr. 4 für den Fall der Abänderungsklage gegen ein Unterhaltsurteil; *BGHZ* 118, 383 [390] = NJW 1992, 2415 = LM H. 1/1993 § 812 BGB Nr. 231; *BGH*, NJW 1998, 2433 = LM H. 9/1998

§ 820 BGB Nr. 4, und *Senat,* NJW-RR 1989, 709 = LM § 620 ZPO Nr. 14 = FamRZ 1989, 850).

Die Frage einer ungleichen Risikoverteilung zu Lasten des im Nachhinein gesehen zu Unrecht in Anspruch genommenen Unterhaltsschuldners hat der *Senat* verneint. Er hat den Schutz des Unterhaltsschuldners ausreichend dadurch gewährleistet gesehen, dass dieser mit Erhebung der negativen Feststellungsklage den Antrag auf einstweilige Einstellung der Zwangsvollstreckung aus der einstweiligen Anordnung verbinden könne (vgl. *Senat,* NJW 1983, 1330 = LM § 323 ZPO Nr. 33 = FamRZ 1983, 355 [357]), ferner dadurch, dass er alsbald nach der Unterhaltsleistung und ohne Rücksicht auf die vorherige Aufhebung des Titels eine isolierte Klage auf künftige Rückzahlung erheben oder die negative Feststellungsklage bzw. Abänderungsklage mit dieser Rückforderungsklage verbinden könne (§§ 258, 260 ZPO). Möglich ist in diesen Fällen auch die Gewährung der Überzahlung als zins- und tilgungsfreies Darlehen, verbunden mit der Verpflichtung, auf Rückzahlung zu verzichten, falls es beim zugesprochenen Unterhalt bleibt. Der Unterhaltsberechtigte ist nach Treu und Glauben verpflichtet, sich auf eine solche Gestaltung einzulassen (*BGHZ* 93, 383 [189] = NJW 1985, 1072 = LM § 818 IV BGB Nr. 8, und *BGHZ* 118, 183 [390] = NJW 1992, 2415 = LM H. 1/1993 § 812 BGB Nr. 231, sowie *BGH,* NJW 1998, 2433 = LM H. 9/1998 § 820 BGB Nr. 4).

Diese Auffassung hat in Rechtsprechung und Literatur überwiegend Zustimmung gefunden (*OLG Oldenburg,* NdsRpfl. 1984, 119 [120]; *OLG Nürnberg,* JurBüro 1984, 1097 [1098]; *Baumbach/Lauterbach/Albers/Hartmann,* § 620 f Rdnr. 7; *Musielak/Borth,* ZPO, § 620 b Rdnr. 12; *Musielak/Lackmann,* § 717 Rdnr. 7; *Klauser,* in: MünchKomm-ZPO, § 620 Rdnr. 54; *Krüger,* in: MünchKomm-ZPO, § 717 Rdnr. 12; *Stein/Jonas/Münzberg,* § 717 Rdnr. 70; *Stein/Jonas/Schlosser,* § 620 f Rdnr. 17; *Thomas/Putzo,* ZPO, 22. Aufl., § 620 f Rdnr. 2; *Zöller/Herget,* § 717 Rdnr. 5; *Heiß/Heiß,* UnterhaltsR, I 8.3 Rdnr. 8; *Hassold,* FamRZ 1981, 1036 [1037]).

Eine Abkehr hiervon hält der *Senat* nicht für gerechtfertigt. Eine systemwidrige, vom Gesetzgeber unbewusst herbeigeführte Lücke im Gesetz kann nicht angenommen werden. Zwar ist richtig, dass die Gesetzesmaterialien des ersten EheRG zu den §§ 620 ff. ZPO sich zu dieser Problematik nicht äußern (BT-Dr 7/650, S. 199 f. und BT-Dr 7/4361). Es ist jedoch davon auszugehen, dass dem Gesetzgeber des ersten EheRG die Fragestellung seit der Entscheidung in *BGHZ* 24, 269 (273) = NJW 1957, 1362 = LM § 627 b ZPO Nr. 2, zum früheren § 627 b ZPO bekannt war, ebenso die im Jahre 1969 eingeführte Schadensersatzpflicht bei einstweiligen Anordnungen im Kindschaftsrecht (§ 641 g ZPO). Gleichwohl ist eine entsprechende Regelung in den §§ 620 ff. ZPO unterblieben. Das Hauptgewicht wurde vielmehr auf die Absicherung des unterhaltsberechtigten Ehegatten und die Vermeidung eines regellosen Zustands sowohl während als auch nach dem Ehescheidungsverfahren gelegt. In Abweichung vom früheren § 627 I ZPO, nach dem Unterhalt nur für die Zeit bis zur Rechtskraft der Scheidung durch einstweilige Anordnung zugesprochen werden konnte, und vom früheren § 627 b I und IV ZPO, der zwar eine Unterhaltsregelung für die Zeit nach Rechtskraft der Scheidung erlaubte, jedoch auf eine vom Gericht zu bestimmende Frist beschränkte, innerhalb deren der Unterhaltsberechtigte im Falle eines Antrags des Unterhaltsverpflichteten Klage zu erheben hatte, wurde die Geltungsdauer der einstweiligen Anordnung in § 620 f ZPO ausgedehnt und vom Wirksamwerden einer anderweitigen Regelung abhängig gemacht. Im Übrigen sollte sie bei Rücknahme oder Zurückweisung des Scheidungsantrags außer Kraft treten (§ 620 f I 1 ZPO), wobei der Gesetzgeber ausdrücklich auf die entsprechende Regelung des § 641 f ZPO verwiesen hat, ohne zugleich die in § 641 g ZPO für diese Fälle vorgesehene Schadensersatzregelung zu übernehmen (BT-Dr 7/650, S. 202).

Auch das Gleichbehandlungsgebot (vgl. dazu *Ditzen,* FamRZ 1988, 349 [350]) zwingt nicht zu einer Analogie zu § 641 g ZPO. Denn die Situation eines Kindes, das den vermeintlichen Vater während des Vaterschaftsfeststellungsverfahrens gem. § 641 d ZPO im Wege einstweiliger Anordnung auf Unterhalt in Anspruch nimmt, ist mit derjenigen eines Ehegatten während des Scheidungsverfahrens nicht ohne weiteres vergleichbar. Stellt sich heraus, dass der in Anspruch Genommene nicht der Vater ist, ist der Unterhaltsanspruch schon dem Grunde nach nicht gegeben. Demgegenüber beruht der Trennungs- und nacheheliche Unterhalt auf der persönlichen Beziehung der Ehegatten und ihrer beiderseitigen nachwirkenden ehelichen Solidarität, ohne dass dem ein solches „Alles oder Nichts-Prinzip" zugrunde liegt. Während für das Verhältnis zwischen Kind und vermeintlichem Vater eine verschuldensunabhängige Schadensersatzhaftung gerechtfertigt erscheint, ist das Verhältnis der Ehegatten von gegenseitiger Verantwortung geprägt, die sich auch auf die Frage der Risikoverteilung bei der Unterhaltszahlung auswirkt. Wegen dieser Fürsorgepflicht, die in besonderem Maße in der Phase der Trennung und Scheidung besteht, in der sich der sozial schwächere Ehegatte erst in seinen neuen Lebensumständen zurechtfinden muss, ist eine Analogie zu der stringenten Regelung des § 641 g ZPO nicht gerechtfertigt. Entgegen der Auffassung von *Ditzen* (FamRZ 1988, 349 [350]) und *Olzen* (FamRZ 1986, 1169 [1175]), die das „Mehr an Zugriffsmöglichkeiten" des Unterhaltsgläubigers in Gestalt des summarischen Verfahrens der einstweiligen Anordnung durch ein „Mehr an Schadensersatzhaftung" gegenüber dem Unterhaltsschuldner ausgleichen wollen, ist ein gerechter Interessenausgleich zwischen den Ehegatten durch das bereits genannte Instrumentarium der Bereicherungshaftung und der Rückforderungsmöglichkeiten (s. oben) in ausreichendem Maße verwirklicht. Zudem findet ein solches – ohnehin in Zweifel zu ziehendes – „Mehr an Zugriffsmöglichkeit“ jedenfalls ein ausreichendes Regulativ in der Ausgestaltung des Verfahrens. Zwar soll die einstweilige Anordnung im Scheidungsverfahren dem durch die Trennung bedürftig gewordenen Ehegatten eine rasche und unkomplizierte Sicherstellung seines Lebensunterhalts gewährleisten. Im Unterschied zur einstweiligen Verfügung nach §§ 935, 940 ZPO, über die auf Widerspruch hin durch Endurteil zu entscheiden ist (§§ 925, 936 ZPO), ist die einstweilige Anordnung im Rechtsmittelwege nicht überprüfbar (§ 620 e S. 2 ZPO). Sie ist aber auf Antrag des Schuldners jederzeit abänderbar (§ 620 b I ZPO). Auch ist über sie auf Antrag aufgrund mündlicher Verhandlung erneut zu beschließen, wenn sie ohne diese ergangen ist (§ 620 b II ZPO). Ihre Vollziehung kann gem. § 620 e ZPO ausgesetzt werden. Diese jederzeitige Abänderbarkeit unterscheidet sie auch von den Fällen vorläufig vollstreckbarer Urteile, denen eine entsprechende Korrekturmöglichkeit fehlt.

Zu Recht wird zudem darauf hingewiesen, dass eine analoge Anwendung des § 717 II ZPO, der die verschuldensun-abhängige Schadensersatzpflicht immerhin an die Aufhebung einer im Rechtsmittelzug überprüften Entscheidung knüpft, bei der einstweiligen Anordnung nach § 620 ZPO, die keinem Rechtsmittel unterliegt, fehl am Platze wäre. Denn dies würde dazu führen, daß die (abgeänderte) einstweilige Anordnung für sich allein bereits einen Schadensgrund darstellen würde (*OLG Oldenburg*, NdsRpfl. 1984, 119 [120]). Der Unterhaltsgläubiger müsste, unabhängig davon, ob er den zugesprochenen Unterhalt in berechtigtem Vertrauen auf den zugrunde liegenden Vollstreckungstitel verbraucht hat, in jedem Fall ohne Rücksicht auf Verschulden in voller Höhe Schadensersatz leisten. Zusammenfassend ergibt sich hiernach im vorliegenden Fall weder ein Bereicherungs- noch ein Schadensersatzanspruch des Kl., so dass die Klage insgesamt abzuweisen war.

BGH v. 5. 4. 2000 – XII ZR 96/98 – FamRZ 00, 950 = NJW 00, 2349

R540 *(Wohnvorteil beim nachehelichen Unterhalt)*

a 2 a) Wie der erkennende *Senat* in dem Urteil vom 22. 4. 1998 (NJW 1998, 2821 = LM H. 1/1999 § 1361 BGB Nr. 68 = FamRZ 1998, 899, m.Anm. Riegner, FamRZ 2000, 265) entschieden hat, ist der (Wohn-)Vorteil, der mit „mietfreien“ Wohnen in einem eigenen Haus oder einer Eigentumswohnung verbunden ist, grundsätzlich nach den tatsächlichen Verhältnissen und nicht nach einem pauschalen „Drittelwert“ (Drittelobergrenze) zu bemessen. Die Ausführungen in dem genannten Urteil betrafen zwar einen Fall des Trennungsunterhalts. Für den hier zu beurteilenden nachehelichen Unterhalt gilt insoweit jedoch nichts anderes. Auch hier ist von den tatsächlichen Verhältnissen und nicht von einem „Drittelwert“ der verfügbaren Erwerbseinkünfte auszugehen. Der tatsächliche, objektive Mietwert des früher gemeinsam von den Parteien mit den beiden Kindern und seit der Scheidung nur noch von dem Bekl. mit dem Sohn H bewohnten Einfamilienhauses ist nach der bisherigen Annahme des BerGer. – unter Bezugnahme auf die Entscheidung des AG – mit monatlich 1400 DM anzusetzen. Nach Abzug der zu erbringenden „Hauslasten“ ergäbe sich hieraus der Wohnwert als objektiver Nutzungswert des Eigenheims (vgl. dazu *Senat*, NJW-RR 1995, 835 = LM H. 9/1995 § 1578 BGB Nr. 64 = FamRZ 1995, 869 [871]; NJW 1998, 753 = LM H. 3/1998 § 1577 BGB Nr. 21 = FamRZ 1998, 87 [88]; *Wendl/Gerhardt*, Das UnterhaltsR in der familienrichterlichen Praxis, 5. Aufl., § 1 Rn 214 f.).

Dieser Wert ist jedoch nicht mit dem Wohnvorteil des Bekl. gleichzusetzen. Bewohnt ein geschiedener Ehegatte das frühere Eigenheim nach der Scheidung allein oder, wie im vorliegenden Fall, mit einem Kind aus der Ehe, so kann das Haus nach dem neuen Lebenszuschnitt des Ehegatten zu groß und zu aufwendig sein und seine wirtschaftlichen Verhältnisse übersteigen. Als Wohnvorteil, das heißt als Vorteil „mietfreien“ Wohnens im eigenen Haus, wirkt sich für den Ehegatten in einer solchen Situation, wenn und soweit er das Haus nicht mehr in vollem Umfang nutzt und bewohnt, nur derjenige Vorteil aus, der dem Umfang seiner tatsächlich geübten Nutzung entspricht. Der darüber hinausgehende Wert des Hauses ist als allgemeiner Vermögenswert zu behandeln, hinsichtlich dessen den Ehegatten unterhaltsrechtlich die Obliegenheit zu möglichst ertragreicher Nutzung oder Verwendung trifft, weil auch solche Vermögenseinkünfte die Leistungsfähigkeit erhöhen bzw. die Unterhaltsbedürftigkeit vermindern, die zwar tatsächlich nicht gezogen werden, aber in zumutbarer Weise erzielt werden könnten (vgl. *Senat*, NJW-RR 1988, 514 = LM § 1578 BGB Nr. 48 = FamRZ 1988, 145 [149] m. w. Nachw.).

Insoweit unterscheidet sich die Rechtslage beim nachehelichen Unterhalt von derjenigen beim Trennungsunterhalt. Denn während des Getrenntlebens ist es dem Ehegatten in der Regel nicht zumutbar, das frühere Familienheim, das er inzwischen allein bewohnt, zur Steigerung seiner Einkünfte (etwa durch Vermietung) anderweitig zu verwerten, damit eine Wiederherstellung der ehelichen Lebensgemeinschaft, die in dieser Zeit noch nicht ausgeschlossen ist, nicht zusätzlich erschwert wird (vgl. *Senat*, NJW 1989, 2809 = LM § 1361 BGB Nr. 56 = FamRZ 1989, 1160 [1161] m. w. Nachw.). Nach der Scheidung der Ehe besteht hingegen grundsätzlich keine Veranlassung mehr, ein zu großes Haus oder eine zu große Wohnung zu behalten, vielmehr trifft den Ehegatten nun grundsätzlich unterhaltsrechtlich die Obliegenheit – unter Beachtung von Zumutbarkeitsgesichtspunkten und nach Abwägung der beiderseitigen Interessen – eine wirtschaftlich angemessene Nutzung des für ihn zu großen Hauses zu verwirklichen (vgl. *Senat,* NJW-RR 1988, 514 = LM § 1578 BGB Nr. 48 = FamRZ 1988, 145 [149]; NJW 1990, 709 = LM § 1569 BGB Nr. 35 = FamRZ 1990, 269 [271]). Zu diesem Zweck kann er gehalten sein, entweder durch Vermietung einzelner Räume oder sonst eines Teils des Hauses Mieteinnahmen zu erzielen, soweit die tatsächlichen Verhältnisse dies zulassen, oder unter Umständen auch das gesamte Einfamilienhaus zu einem entsprechenden Mietzins zu vermieten und selbst eine weniger kostspielige Wohnung zu beziehen, um die überschüssigen Mieteinnahmen zu Unterhaltszwecken einsetzen zu können; im Einzelfall kann sich selbst eine Veräußerung des Hauses als erforderlich erweisen (vgl. allg. *Senat,* NJW-RR 1988, 514 = LM § 1578 BGB Nr. 48 = FamRZ 1988, 145 [149] m. w. Nachw.). Wenn der Ehegatte zumutbarerweise durch Teilvermietung des Hauses Einkünfte erzielen kann, sind diese neben dem ihm zuzurechnenden Wohnvorteil für seine eigene Nutzung seinen unterhaltserheblichen sonstigen Einkünften hinzuzurechnen. Soweit ihm eine Vollvermietung zuzumuten ist, erhöht die erzielbare Miete abzüglich der ihn weiter treffenden „Hauslasten" für das Eigenheim sein unterhaltsrelevantes Einkommen.

Wenn sich allerdings nach Abwägung aller maßgeblichen Umstände und Interessen eine Teil- oder Vollvermietung oder eine Veräußerung des Eigenheims als nicht möglich oder als nicht zumutbar erweisen sollte, ist für die Unterhaltsberechnung – ähnlich wie beim Trennungsunterhalt – in der Weise vorzugehen, dass der Gebrauchswert der insgesamt für den allein nutzenden Ehegatten an sich zu großen Wohnung danach bestimmt wird, welchen Mietzins der Ehegatte auf dem örtlichen Wohnungsmarkt für eine dem ehelichen Lebensstandard entsprechende angemessene kleinere Wohnung zahlen müsste (vgl. *Wendl/Gerhardt,* § 1 Rdnrn. 220, 221 ff.). Ob und in welcher Höhe ihm in diesem Fall (noch) ein Wohnvorteil als Vorteil „mietfreien" Wohnens zuzurechnen ist, richtet sich danach, welche anzuerkennenden Grundstückskosten und -lasten, verbrauchsunabhängigen Kosten und etwaige Schuldraten (vgl. dazu *Senat,* NJW 1998, 2821 = LM H. 1/1999 § 1361 BGB Nr. 68 = FamRZ 1998, 899 [901] unter 2 b) er tatsächlich für sein Eigenheim zu erbringen hat. Liegen diese unter dem angesetzten Mietwert einer angemessenen kleineren Wohnung, dann stellt die Differenz den unterhaltsrelevanten Wohnvorteil des Ehegatten dar.

(Keine Berücksichtigung von Tilgungsleistungen bei Aufnahme eines Darlehens zur Übernahme des Hausanteils des Ehepartners)

Soweit in den monatlichen Raten von 710,42 DM Zins- und Tilgungsleistungen für den Erwerb **b**
des Miteigentumsanteils der Kl. durch den Bekl. enthalten sind, mindern die Zahlungen für den Zinsaufwand den anrechenbaren Wohnvorteil des Bekl. (vgl. *Senat,* NJW 1998, 753 = LM H. 3/1998 § 1577 BGB Nr. 21 = FamRZ 1998, 87 [88]), zumal die Kl. ihrerseits Zinserträge aus dem erhaltenen Betrag von 85 000 DM erzielen konnte (vgl. *Senat,* NJW 1986, 1342 = LM § 1569 BGB Nr. 22 = FamRZ 1986, 437 [439]; NJW 1998, 753 = LM H. 3/1998 § 1577 BGB Nr. 21 = FamRZ 1998, 87 [88, 89]). Um Tilgungsleistungen, die der Rückführung des Darlehens und damit der Vermögensbildung des Bekl. dienen, ist der Wohnvorteil hingegen nicht zu kürzen, weil anderenfalls der Kl. zu Gunsten einer Vermögensbildung des Bekl. ein zu geringer Unterhalt zugebilligt würde. Das widerspräche den Grundsätzen des Unterhaltsrechts (vgl. *Senat,* NJW 1998, 753 = LM H. 3/1998 § 1577 BGB Nr. 21 = FamRZ 1998, 87 [88]; NJW 1992, 1044 = LM H. 8/1992 § 1577 BGB Nr. 16 = FamRZ 1992, 423).

(Keine Berücksichtigungsfähigkeit von zum Ausgleich des Zugewinns aufgenommenen Schulden)

Die Schuldraten für den Kreditanteil zur Finanzierung des Zugewinnausgleichs – über den Anteil **c**
für den Erwerb des Miteigentumsanteils an dem Eigenheim hinaus – mindern mangels Bezuges zu dem Haus den Wohnvorteil des Bekl. nicht; sie sind auch nicht als sonstige unterhaltserhebliche Belastungen anzuerkennen (vgl. Senat, NJW 1986, 1342 = LM § 1569 BGB Nr. 22 = FamRZ 1986, 437 [439 a. E.]; *OLG Hamm,* FamRZ 1985, 483). Denn der Zugewinnausgleich ist regelmäßig aus vorhandener Vermögenssubstanz zu leisten. Wird zum Zweck der Finanzierung des Ausgleichs ein Kredit aufgenommen, so wird damit die vom Gesetz an sich zugemutete Verwertung von Vermögensgegenständen abgewendet, und die entsprechenden Vermögenswerte bleiben dem Verpflichteten erhalten. Die Aufwendungen für diese Art der Vermögenserhaltung können nicht zu Lasten des Berechtigten von dem unterhaltserheblichen Einkommen des Verpflichteten abgesetzt werden (vgl. *OLG Hamm,* FamRZ 1985, 483).

(Berücksichtigung von Tilgungsleistungen für ein gemeinsames Eigenheim)

Der Wohnvorteil zur Zeit des Zusammenlebens der Parteien bestimmt sich nach dem objektiven **d**
Mietwert des Hauses in der bisher angenommenen Höhe von 1400 DM unter Abzug der allgemeinen

Grundstückskosten und -lasten sowie des Zins- und des Tilgungsaufwands für den (gegebenenfalls) seinerzeit bestehenden Finanzierungskredit, zu dem bisher keine tatsächlichen Feststellungen getroffen worden sind. Auch wenn die Eheleute mit Hilfe der Tilgungszahlungen für einen entsprechenden Kredit bei Bestehen der Ehe Vermögen gebildet haben, bestimmen die insoweit geleisteten Zahlungen als tatsächlicher Eheaufwand die für die Bemessung des nachehelichen Unterhalts maßgeblichen ehelichen Lebensverhältnisse, solange sie sich in einem wirtschaftlich angemessenen Rahmen hielten (vgl. *Senat*, NJW-RR 1995, 835 = LM § 1578 BGB Nr. 64 = FamRZ 1995, 869 [870] m. w. Nachw.). Der auf diese Weise ermittelte Wohnvorteil steht im Rahmen der Unterhaltsberechnung beiden Parteien zu gleichen Anteilen zu. Der Unterhaltsbedarf der Kl. richtet sich daher nach dem Verhältnis der beiderseitigen Erwerbseinkünfte zuzüglich der Hälfte des anzusetzenden Wohnwerts.

BGH v. 12. 4. 2000 – XII ZR 79/98 – FamRZ 00, 815 = NJW 00, 2351

R541 *(Unfreiwilliger Arbeitsplatzverlust; unterhaltsbezogene Mutwilligkeit)*

Nicht zu beanstanden ist der rechtliche Ausgangspunkt des *OLG*, der die Rechtsprechung des *Senats* zutreffend wiedergibt: Danach kann ein unfreiwilliger, jedoch selbstverschuldeter Arbeitsplatzverlust unterhaltsrechtlich nicht den Fällen freiwilliger Aufgabe einer Erwerbstätigkeit gleichgestellt werden. Die Berufung des Unterhaltspflichtigen auf seine Leistungsunfähigkeit verstößt vielmehr nur dann gegen Treu und Glauben, wenn das für den Verlust des Arbeitsplatzes ursächliche Verhalten des Unterhaltspflichtigen sich seinerseits als eine Verletzung seiner Unterhaltspflicht darstellt (*Senat*, NJW 1982, 2491 = LM § 1603 BGB Nr. 17 = FamRZ 1982, 913 [914]). Für den erforderlichen unterhaltsrechtlichen Bezug insbesondere einer Straftat reicht es deshalb nicht aus, dass sie für den Arbeitsplatzverlust kausal geworden ist. Auch genügt nicht, dass sich der Arbeitsplatzverlust auf den Lebensstandard nicht nur des Täters, sondern auch seiner unterhaltsberechtigten Angehörigen auswirkt; denn derartige Folgen treffen die Angehörigen auch in intakten Familien und werden in der Regel als durch die Wechselfälle des Lebens bedingt hingenommen. Es bedarf vielmehr einer auf den Einzelfall bezogenen Wertung dahin, ob die der Tat zu Grunde liegenden Vorstellungen und Antriebe des Täters sich gerade auch auf die Verminderung seiner unterhaltsrechtlichen Leistungsfähigkeit als Folge seines strafbaren Verhaltens erstreckt haben (*Senat*, NJW 1982, 2491 = LM § 1603 BGB Nr. 17 = FamRZ 1982, 913 [914]; NJW 1993, 1974 = LM H. 9/1993 § 1603 BGB Nr. 44 = FamRZ 1993, 1055 [1056 f.]; NJW 1994, 258 = LM H. 3/1994 § 1603 BGB Nr. 45 = FamRZ 1994, 240 [241]).

a) Zunächst werden, worauf die Revision mit Recht hinweist, die rechtlichen Erwägungen des *OLG* von seinen tatsächlichen Feststellungen nicht getragen. So folgert das BerGer. das besondere Gewicht der vom Bekl. begangenen Straftat allein aus dem Umstand, dass die gegen den Bekl. verhängte Strafe auf drei Jahre zur Bewährung ausgesetzt wurde. Die dreijährige Dauer der Bewährungsfrist lässt jedoch keinen verlässlichen Rückschluss auf die Schwere der Tat und das für sie gefundene Strafmaß zu. Der Tathergang sowie Art und Wert der vom Bekl. gestohlenen Sachen sind dem Berufungsurteil nicht zu entnehmen. Das BerGer. hat, wie die Revision zu Recht rügt, weder die Strafakten beigezogen noch hat es sich mit dem Einwand des Bekl. auseinandergesetzt, sein damaliger Arbeitgeber habe die Entlassung von 450 Arbeitnehmern geplant und vor diesem Hintergrund das Vergehen „hochgespielt". Es hat, worauf die Revision ebenfalls zutreffend hinweist, auch nicht festgestellt, ob die vom Arbeitgeber auf Grund der Straftat ausgesprochene Kündigung die Erfordernisse der §§ 21, 15 SchwerbG beobachtet hat und, würde man den Beurteilungsmaßstäben des *OLG* folgen, auch insoweit für den Bekl. als Folge seines Fehlverhaltens vorhersehbar war.

b) Vor allem begegnet die angefochtene Entscheidung durchgreifenden rechtlichen Bedenken, weil die bloße Vorhersehbarkeit des Arbeitsplatzverlustes, auf die das *OLG* maßgeblich abstellt, für sich genommen kein geeignetes Kriterium bietet, um den unterhaltsrechtlichen Bezug einer vom Unterhaltsschuldner begangenen Straftat zu begründen. Die nachteiligen Folgen, die eine Straftat für den beruflichen Werdegang des Straftäters mit sich bringen kann, werden nämlich bei vernünftiger Betrachtung stets auf der Hand liegen; sie dürften sich zudem auch nicht ohne weiteres auf besonders schwer wiegende Straftaten beschränken lassen. Die Gefahren, die eine Straftat für die künftige Stellung des Täters im Arbeitsleben mit sich bringt, hängen zudem von sehr unterschiedlichen Faktoren ab. So verweist etwa das BerGer. auf die erschwerte Vermittelbarkeit des schwer behinderten Bekl. auf einem örtlich ohnehin besonders angespannten Arbeitsmarkt. Beide Aspekte mögen sich bei vernünftiger Betrachtung aufdrängen; ihre Vorhersehbarkeit begründet jedoch keine im Vergleich zu anderen Unterhaltsschuldnern gesteigerte unterhaltsrechtliche Verantwortlichkeit des Bekl. bei unfreiwilligem Verlust seines Arbeitsplatzes. Anderenfalls ließen sich auch eine besonders geschickte Tatausführung, welche die Wahrscheinlichkeit einer Entdeckung und damit eines Arbeitsplatzverlusts des Unterhaltsschuldners vorhersehbar vermindert, die schwere Ersetzbarkeit des Unterhaltsschuldners als Arbeitskraft oder auch die bisherige Nachsicht seines Arbeitgebers, die das Risiko seiner Kündigung als Folge der Straftat verringern, unterhaltsrechtlich zu Gunsten des Unterhaltsschuldners in Ansatz bringen, wenn diese Erwartungen fehlschlagen. Das kann nicht richtig sein und verdeutlicht, dass die bloße Vorhersehbarkeit der aus der Straftat erwachsenden Folgen, auch wenn sie evident sind, als Anknüpfungspunkt für den unterhaltsrechtlichen Bezug der Straftat nicht ausreicht.

Dem Unterhaltsschuldner ist die Berufung auf die eigene Leistungsunfähigkeit vielmehr nur dann versagt, wenn er seine Leistungsunfähigkeit durch unterhaltsbezogene Mutwilligkeit herbeigeführt hat, die nicht nur vorsätzliches oder absichtliches, sondern auch leichtfertiges Handeln umfasst. Dies hat der *Senat* für den von § 1579 Nr. 3 BGB erfassten Fall einer vom Unterhaltsgläubiger selbst verursachten Bedürftigkeit wiederholt entschieden (vgl. NJW 1981, 2805 = LM § 1361 BGB Nr. 14 = FamRZ 1981, 1042 [1044 f.]; LM § 1579 BGB Nr. 21 = FamRZ 1984, 364 [367 f.]). Für den gesetzlich nicht besonders geregelten Fall der vom Unterhaltsschuldner selbst verursachten Leistungsunfähigkeit können – schon im Hinblick auf den nur von § 242 BGB eingeschränkten Grundsatz des § 1603 I BGB – keine geringeren Anforderungen gelten. Bei Leichtfertigkeit, die gewöhnlich bewusste Fahrlässigkeit sein wird, ergibt sich damit das Erfordernis, dass der Unterhaltsschuldner die Möglichkeit des Eintritts der Leistungsunfähigkeit als Folge seines Verhaltens erkennt und im Bewusstsein dieser Möglichkeit, wenn auch im Vertrauen auf den Nichteintritt jener Folge handelt, wobei er sich unter grober Missachtung dessen, was jedem einleuchten muss, oder in Verantwortungslosigkeit und Rücksichtslosigkeit gegen den Unterhaltsgläubiger über die erkannte Möglichkeit nachteiliger Folgen für seine Leistungsfähigkeit hinwegsetzt (vgl. *Senat*, a. a. O.).

BAG v. 17. 5. 2000 – XII ZR 88/98 – FamRZ 00, 1499 = NJW 00, 3789

(Zur Zeitschranke des § 323 II ZPO) **R542**

Die Auffassung des *OLG*, dass der Zulässigkeit der Klage § 323 II ZPO entgegenstehe, ist nicht zu beanstanden. **a**

1. Nach der vorgenannten Vorschrift ist die Abänderungsklage nur insoweit zulässig, als die Gründe, auf die sie gestützt wird, erst nach dem Schluss der mündlichen Verhandlung, in der eine Erweiterung des Klageantrags oder die Geltendmachung von Einwendungen spätestens hätte erfolgen müssen, entstanden sind. Insbesondere zur Absicherung der Rechtskraft unanfechtbar gewordener Entscheidungen ist danach eine Zeitschranke für die Berücksichtigung von Abänderungsgründen errichtet, denn der Möglichkeit einer Abänderung bedarf es nicht, wenn die veränderten Verhältnisse schon im Ausgangsprozess zur Geltung gebracht werden konnten. Maßgebender Zeitpunkt ist der Schluss der mündlichen Verhandlung der letzten Tatsacheninstanz, also auch der Berufungsinstanz, wenn eine solche stattgefunden hat. Das gilt gleichermaßen für das Erstklage- wie für das Abänderungsverfahren. Bei mehreren aufeinanderfolgenden Abänderungsprozessen, die zu einer Abänderung geführt haben, ist für die Zeitschranke des § 323 II ZPO demgemäß auf den Schluss der Tatsachenverhandlung des letzten Verfahrens abzustellen. Dabei kommt es grundsätzlich nicht auf die Parteistellung oder Zielrichtung des Vorprozesses an, was daraus folgt, dass der Wortlaut des Gesetzes nicht nur auf die Erweiterung des Klageantrags, sondern auch auf die Geltendmachung von Einwendungen abstellt und damit beide Parteien dazu anhält, ihren Standpunkt bereits im Ausgangsprozess zur Geltung zu bringen (*BGHZ* 136, 374 [375 f.] = NJW 1998, 161 = LM H. 4/1998 § 323 ZPO Nr. 74; *BGHZ* 96, 205 [207 ff.] = NJW 1986, 383 = LM § 323 ZPO Nr. 47, und *BGH*, NJW 1995, 534 = LM H. 5/1995 § 323 ZPO Nr. 72 = FamRZ 1995, 221 [223]). Von diesen Grundsätzen ist auch das BerGer. ausgegangen.

2. Die Revision vertritt die Auffassung, dass sich hieraus für den Kl. insoweit keine Präklusionswirkung ergebe, als er Abänderung wegen des der Bekl. im Vorprozess zugesprochenen Erhöhungsbetrags begehre. Nach der Rechtsprechung des *Senats* lasse sich der Vorschrift des § 323 II ZPO nur entnehmen, dass sie eine zeitliche Schranke für den Abänderungskl. errichte, nicht dagegen, dass sie außerdem eine Einschränkung der Rechtsverteidigung des Bekl. bezwecke. Die letztgenannte Fallgestaltung sei hier gegeben, soweit der Kl. sich in dem vorausgegangenen Abänderungsverfahren gegen das Höherverlangen der Bekl. verteidigt habe.

Damit vermag die Revision nicht durchzudringen. Richtig ist allerdings ihr Ausgangspunkt. § 323 II ZPO regelt seinem Wortlaut nach allein die Berücksichtigung klagebegründender Tatsachen und errichtet insoweit eine zeitliche Schranke für den Abänderungskl. Dass die Vorschrift außerdem die Einschränkung der Rechtsverteidigung des Bekl. zum Inhalt hätte, lässt sich ihr nicht entnehmen. Vorbringen, mit dem sich die bekl. Partei gegen die Abänderungsklage verteidigt, ist in dem betreffenden Rechtsstreit schon deshalb nicht ausgeschlossen, weil damit nicht eine Abweichung von der früher festgestellten Rechtsfolge erstrebt, sondern gerade an jener Entscheidung festgehalten wird (*BGHZ* 98, 353 [360] = NJW 1987, 1201 = LM § 323 ZPO Nr. 53).

Die Revision verkennt indessen, dass es für die Präklusionswirkung nicht auf die Parteistellung oder Zielrichtung im vorangegangenen Verfahren, sondern auf diejenige im vorliegenden Verfahren ankommt. Hat es demgemäß der Gegner des früheren, auf Unterhaltserhöhung gerichteten Abänderungsprozesses versäumt, die bereits bestehenden, für eine Herabsetzung sprechenden Gründe geltend zu machen, kann er auf diese Gründe keine neue Abänderungsklage stützen. § 323 II ZPO stellt damit sicher, dass nicht gesonderte Abänderungsverfahren für Erhöhungs- und Herabsetzungsverlangen zur Verfügung stehen, sondern dass der Einfluss veränderter Umstände auf den titulierten Unterhaltsanspruch in einem einheitlichen Verfahren nach beiden Seiten hin geklärt werden muss.

(Geltendmachung der Unterhaltsbegrenzung nach §§ 1573 V, 1578 I 2 BGB im Erstprozess)

b 3. Die Gründe, auf die die Abänderungsklage gestützt wird, sind jedenfalls bereits vor dem Schluss der letzten mündlichen Verhandlung erster Instanz des im Jahre 1994 anhängig gemachten Vorprozesses entstanden, so dass es auf die – vom BerGer. bejahte – Frage, ob der Kl. gehalten war, die Abänderungsgründe auch gegenüber dem Teilanerkenntnisurteil durch Erweiterung seines Berufungsantrags und Weiterverfolgung der insoweit erhobenen Widerklage im Vorprozess geltend zu machen, nicht ankommt (vgl. zu diesem Problemkreis *BGHZ* 136, 374 [378 f.] = NJW 1998, 161 = LM H. 4/1998 § 323 ZPO Nr. 74; *BGHZ* 96, 205 [209 f.] = NJW 1986, 383 = LM § 323 ZPO Nr. 47). Dass der Unterhaltsanspruch bzw. seine Bemessung nach den ehelichen Lebensverhältnissen zeitlich zu begrenzen sei, hat der Kl. nicht erst im Rahmen des vorliegenden Rechtsstreits, sondern bereits in den beiden vorausgegangenen Abänderungsverfahren geltend gemacht und zu den insoweit maßgebenden Kriterien – Ehedauer, erlittene ehebedingte Nachteile, Alter, Gesundheitszustand usw. (vgl. hierzu im Einzelnen *Brudermüller*, FamRZ 1998, 649 [652 ff.]; *Hahne*, FamRZ 1986, 305 [306 ff.]) – vorgetragen. Eine Veränderung dieser Verhältnisse hat er nach den vom BerGer. getroffenen Feststellungen, die von der Revision nicht angegriffen werden, nicht geltend gemacht.

Die Entscheidung, dass der Unterhaltsanspruch von einem bestimmten Zeitpunkt an nach §§ 1573 V, 1578 I 2 BGB aus Billigkeitsgründen zu begrenzen ist, setzt nicht voraus, dass dieser Zeitpunkt bereits erreicht ist. Soweit die betreffenden Gründe bereits eingetreten oder zuverlässig vorauszusehen sind, kann die Entscheidung über eine Unterhaltsbegrenzung wegen § 323 II ZPO deshalb grundsätzlich nicht einer Abänderungsklage überlassen bleiben, sondern ist bereits im Ausgangsverfahren über den Unterhalt zu treffen (*Senat*, NJW 1986, 2832 = LM § 1578 BGB Nr. 40 = FamRZ 1986, 886 [888]; Brudermüller, FamRZ 1998, 649 [659]; *Hahne*, FamRZ 1986, 305 [310]; *Johannsen/Henrich/Büttner*, EheR, 3. Aufl., § 1573 Rdnr. 48; *Wendl/Pauling*, Das UnterhaltsR in der familienrichterlichen Praxis, 5. Aufl., § 4 Rdnr. 595 a). Ist der Unterhaltsschuldner dagegen aus tatsächlichen oder – etwa wenn der Unterhaltstitel aus der Zeit vor dem 1. 4. 1986 stammt – aus rechtlichen Gründen darauf angewiesen, eine Unterhaltsbegrenzung im Wege der Abänderungsklage zu erreichen, so ist ihm diese Möglichkeit erst eröffnet, wenn die in Frage stehenden Verhältnisse bereits eingetreten sind. Denn für die Abänderung der Verurteilung zu künftig fällig werdenden wiederkehrenden Leistungen reicht es nicht aus, dass die Prognose der künftigen Verhältnisse, die der Verurteilung zu Grunde liegt, aus nachträglicher Sicht anders zu treffen wäre (*BGHZ* 80, 389 [397] = NJW 1981, 2193 = LM § 323 ZPO Nr. 26 L).

Hieran scheiterte die erfolgreiche Geltendmachung einer Unterhaltsbegrenzung in dem vorausgegangenen Abänderungsverfahren indessen nicht. Vielmehr lagen die maßgeblichen Voraussetzungen zur Zeit der letzten mündlichen Verhandlung erster Instanz jenes Verfahrens schon lange vor und hätten die anzustellenden Erwägungen bereits ermöglicht. Auch das *OLG* hat sich in seinem Urteil vom 22. 11. 1995 an einer Billigkeitsprüfung nicht deshalb gehindert gesehen, weil der Zeitpunkt einer Herabsetzung des Unterhaltsanspruchs auf den angemessenen Bedarf oder einer zeitlichen Begrenzung noch nicht erreicht war und deren Voraussetzungen aus diesem Grund noch nicht hätten beurteilt werden können, sondern weil der Kl. zur Höhe seines Einkommens in der maßgeblichen Zeit nichts vorgetragen hatte.

Der Notwendigkeit, hinreichenden Sachvortrag zu den Voraussetzungen der §§ 1573 V, 1578 I 2 BGB bereits in der ersten Instanz des vorausgegangenen Abänderungsverfahrens zu halten, wäre der Kl. auch nicht enthoben gewesen, wenn die Rechtsgrundlage des Unterhaltsanspruchs vor dem letzten Abänderungsverfahren nicht festgelegt worden wäre. Ob dies der Fall war, kann deshalb dahinstehen. Die Anwendung des § 1578 I 2 BGB war von der Anspruchsgrundlage ohnehin unabhängig. Die Frage, ob eine zeitliche Begrenzung des Unterhaltsanspruchs in Betracht kam, wäre zwar offen gewesen. Diese Situation ist aber auch in einem Erstverfahren über den Unterhalt regelmäßig gegeben. Gleichwohl ist bereits dort im Hinblick auf eine in Betracht kommende zeitliche Unterhaltsbegrenzung vorsorglich Sachvortrag zu halten, wenn der Unterhaltsschuldner nicht mit den betreffenden Umständen gem. § 323 II ZPO ausgeschlossen werden will (s. oben). Tatsächlich hat sich auch der Kl. nicht davon abhalten lassen, zu den Voraussetzungen einer Unterhaltsbegrenzung vorzutragen und geltend zu machen, ein Unterhaltsanspruch ergebe sich allein aus § 1573 BGB. Dem Kl. konnte eine erneute Abänderungsklage schließlich auch nicht dadurch eröffnet werden, dass das *OLG* in dem Urteil vom 22. 11. 1995 ausgeführt hat, die Voraussetzungen für eine zeitliche Befristung oder Begrenzung des Unterhaltsanspruchs lägen „derzeit noch nicht vor“. Entgegen der von der Revision in der mündlichen Verhandlung vertretenen Auffassung hat das *OLG* damit die Abänderungswiderklage des Kl. nicht als zurzeit unbegründet abgewiesen. Die Abänderungswiderklage war in der Berufungsinstanz nicht angefallen, da der Kl. mit seinem Rechtsmittel lediglich den Antrag auf Abweisung der Abänderungsklage der Bekl. weiterverfolgt hatte. Die Abweisung der Widerklage ist nur deshalb im Tenor der Entscheidung des *OLG* aufgeführt, weil dieses das teilweise abgeänderte Urteil des *FamG* insgesamt neu gefasst hat. Die genannte Formulierung, die im Rahmen der Rechtsverteidigung des Bekl. veranlasst war, lässt sich damit erklären, dass der Kl. nicht endgültig mit seinem Vorbringen zu einer Unterhaltsbegrenzung ausgeschlossen ist. Soweit die Bekl. erneut eine Abänderung begehren sollte, kann der Kl. sich im Rahmen der Rechtsverteidigung hiergegen weiterhin auf eine Unterhaltsbegrenzung berufen (*BGHZ* 98, 353 [360] = NJW 1987, 1201 = LM § 323 ZPO Nr. 53).

(Keine Geltendmachung der Unterhaltsbegrenzung durch Vollstreckungsgegenklage)

Auch dieses Vorbringen verhilft der Revision nicht zum Erfolg. Die Annahme, eine zeitliche Befristung des Unterhaltsanspruchs gem. § 1573 V BGB sei im Wege der Vollstreckungsgegenklage geltend zu machen, trifft nicht zu. Die Vorschrift des § 1573 V BGB ist durch das Gesetz zur Änderung unterhaltsrechtlicher, verfahrensrechtlicher und anderer Vorschriften (UÄndG) vom 20. 2. 1986 (BGBl I, 301) eingefügt worden. Der in Art. 6 Nr. 1 S. 2 UÄndG getroffenen Übergangsregelung ist für den Regelfall, dass die Unterhaltszahlungspflicht in einem Urteil ausgesprochen worden ist, die klare Entscheidung des Gesetzgebers zu entnehmen, dass der Unterhaltsschuldner eine Abänderungsklage nach § 323 ZPO erheben muss, damit das bisherige Unterhaltsurteil an die neue Rechtslage angepasst werden kann (so auch ausdr. die Entwurfsbegr. der BReg. BT-Dr 10/2888, S. 38). Der Gesetzgeber hat sich damit gegen die Anwendung der Vollstreckungsgegenklage entschieden, was hinsichtlich der Änderungen der §§ 1573, 1578 I BGB, die dem Bereich der Bedürftigkeit und der Höhe des Unterhaltsbedarfs, also den ohnehin dem wirtschaftlichen Wandel unterliegenden Voraussetzungen zuzuordnen sind, auch nahe lag (*Jaeger*, FamRZ 1986, 737 [741]). Auch nach der Rechtsprechung des *Senats* ist eine Unterhaltsbegrenzung gem. § 1573 V BGB im Wege der Abänderungsklage geltend zu machen (vgl. *Senat*, NJW 1995, 395 = LM H. 9/1995 § 1573 BGB Nr. 28 = FamRZ 1995, 665 [666]). Das ergibt sich im Übrigen auch aus einem weiteren Gesichtspunkt: Die Vorschriften der §§ 1573 V, 1578 I 2 BGB können alternativ oder kumulativ zur Anwendung gelangen (*Brudermüller*, FamRZ 1998, 649 [651]; *Hahne*, FamRZ 1986, 305 [310]). So ist zum Beispiel denkbar, dass der Unterhalt nach einer Übergangszeit zunächst nach § 1578 I 2 BGB verringert und nach einer weiteren Zeit gem. § 1573 V BGB völlig gestrichen wird (s. die Bsple. bei *Hahne*, FamRZ 1986, 305 [310]). Da das Zusammenspiel der beiden Vorschriften ein einheitliches Verfahren voraussetzt, ergibt sich auch hieraus die Notwendigkeit der Geltendmachung durch Erhebung einer Abänderungsklage, denn die Vorschrift des § 1578 I 2 BGB betrifft, was ersichtlich auch die Revision nicht anders sieht, zweifelsfrei die wandelbaren wirtschaftlichen Verhältnisse. **c**

BGH v. 31. 5. 2000 – XII ZR 119/98 – FamRZ 00, 1358 = NJW 00, 1385

(Nachrang der Sozialhilfe bei Ausschluss des Anspruchsübergangs nach § 91 II 1 BSHG) **R543**

Wie der *Senat* zwischenzeitlich entschieden hat, gilt der Grundsatz, dass Sozialhilfe gegenüber dem Unterhalt nachrangig ist (§ 2 II 1 BSHG), auch dann, wenn der nach § 91 I 1 BSHG vorgesehene Übergang des Unterhaltsanspruchs auf den Sozialhilfeträger ausnahmsweise gem. § 91 II 1 BSHG ausgeschlossen ist (*Senat*, NJW 1999, 2365 = LM H 10/1999 § 1361 BGB Nr. 69 = FamRZ 1999, 843 [845 ff.] m. w. Nachw.). Da die Zielsetzung des Sozialhilferechts eine andere als die des Unterhaltsrechts ist und der bürgerlich-rechtliche Unterhaltsanspruch durch das Bundessozialhilfegesetz nicht berührt wird, haben die Leistungen nach diesem Gesetz keinen Einfluss auf Inhalt und Umfang des Unterhaltsanspruchs und der Unterhaltsverpflichtung. Die Gewährung von Sozialhilfe ist demgemäß nicht als unterhaltsrechtlich bedarfsdeckende Leistung zu behandeln dergestalt, dass damit die Bedürftigkeit des Unterhaltsgläubigers und zugleich sein Unterhaltsanspruch entfiele. Auch der in § 91 II 1 BSHG verankerte Schuldnerschutz ändert an diesem Grundsatz nichts, weil er sich seiner Zielsetzung nach nur gegen den Sozialhilfeträger wendet. Er soll lediglich gewährleisten, dass der Unterhaltspflichtige im Verhältnis zum Sozialhilfeträger den gleichen Schutz hinsichtlich seines Einkommens und Vermögens genießt, den er hätte, wenn er selbst Hilfeempfänger wäre (*Senat*, NJW 1999, 2365 = LM H 10/1999 § 1361 BGB Nr. 69 = FamRZ 1999, 843 [846] m. w. Nachw.). Daher sind im Sozialhilferecht – anders als im Unterhaltsrecht – auch keine fiktiven Einkünfte zu berücksichtigen. Demgegenüber schützt das Unterhaltsrecht den Verpflichteten nur nach Maßgabe der bürgerlich-rechtlich definierten Leistungsfähigkeit im Rahmen der §§ 1581, 1603 BGB, wobei leichtfertig herbeigeführte Leistungsunfähigkeit unbeachtlich sein kann (Senat, NJW 1999, 2365 = LM H 10/1999 § 1361 BGB Nr. 69 = FamRZ 1999, 843). Der *Senat* hat lediglich erwogen, dass einem nach Gewährung von Sozialhilfe, aber ohne Rechtsübergang auf den Sozialhilfeträger erhobenen Unterhaltsbegehren der Grundsatz von Treu und Glauben entgegenstehen könne, wenn andernfalls in Mangelfällen die Gefahr besteht, dass der **a**

Unterhaltsschuldner mit derartig hohen Unterhaltsforderungen aus der Vergangenheit belastet wird, dass es voraussichtlich auf Dauer unmöglich ist, diese Schulden neben seinen laufenden Verpflichtungen zu tilgen (vgl. *Senat*, NJW-RR 1993, 322 = LM H 6/1993 § 1602 BGB Nr. 15 = FamRZ 1993, 417 [419]). Eine solche Korrektur nach § 242 BGB kommt allerdings nicht generell, sondern nur in Einzelfällen und nur bezogen auf Unterhaltsrückstände aus der Vergangenheit in Betracht, weil andernfalls die gesetzlich gewollte Subsidiarität der Sozialhilfe außer Kraft gesetzt würde (*Senat*, NJW 1999, 2365 = LM H 10/1999 § 1361 BGB Nr. 69 = FamRZ 1999, 843 [847]). Hier kommt eine Anwendung des § 242 BGB schon angesichts des Umstands, dass keine Unterhaltsrückstände für die Zeit vor Rechtshängigkeit zuerkannt worden sind und sich der Ast. auf die Unterhaltsforderungen im Laufe des Verbundverfahrens rechtzeitig einrichten konnte, sowie angesichts der geringen Höhe des Unterhalts nicht in Betracht (vgl. *Senat*, NJW 2000, 812 = LM H 3/2000 UnterhaltsvorschußG Nr. 2 = FamRZ 2000, 221 [223]).

(Bedarf des Kindes bei fiktivem Einkommen des barunterhaltspflichtigen Elternteils)

b c) Hilfsweise beruft sich die Revision für ihre Auffassung, ein über den Mindestbedarf hinausgehender Unterhalt könne nicht aus einem fiktiv zugerechneten Einkommen hergeleitet werden, auf die Rechtsprechung des Senats, wonach lediglich gedachte wirtschaftliche Verhältnisse, die keine Grundlage in der tatsächlichen Einkommenssituation des Unterhaltspflichtigen haben, dessen Lebensstellung – und damit auch die des von ihm abhängigen Unterhaltsgläubigers – nicht prägen können (*Senat*, NJW 1997, 735 = LM H 4/1997 § 1361 BGB Nr. 67 = FamRZ 1997, 281 [283] für Kindesunterhalt; NJW 1992, 2477 = LM H 1/1993 § 1578 BGB Nr. 60 = FamRZ 1992, 1045 [1047] für Ehegattenunterhalt). Diese Aussage bezieht sich indessen auf Fälle, in denen dem Unterhaltspflichtigen diese Einkünfte tatsächlich nie oder jedenfalls nicht so nachhaltig zur Verfügung gestanden hatten, dass auch die Lebensstellung des unterhaltsberechtigten Kindes davon geprägt werden konnte (§ 1610 I BGB), also etwa auf Fälle, in denen die Einkünfte erst aus der Verwertung von Vermögen und anschließendem Verzehr des erzielten Kapitals fließen (*Senat*, NJW 1997, 735 = LM H 4/1997 § 1361 BGB Nr. 67 = FamRZ 1997, 281 [283]). Im Unterschied dazu hatte im vorliegenden Fall der Ast. das Gehalt als Busfahrer tatsächlich jahrelang bezogen und davon den Lebensunterhalt seiner Familie bestritten. Wenn das *OLG* den Unterhaltsbedarf der Kinder an diesem zuletzt erzielten Einkommen ausrichtet und davon ausgeht, dass er ein entsprechendes Gehalt bei gehörigem Bemühen wieder erzielen könne, ist dies revisionsrechtlich nicht zu beanstanden. Denn die Leistungsfähigkeit eines Unterhaltspflichtigen wird nicht nur durch die tatsächlich vorhandenen, sondern auch durch solche Mittel bestimmt, die er bei gutem Willen durch eine zumutbare Erwerbstätigkeit, unter Umständen auch im Wege eines Orts- oder Berufswechsels erreichen könnte. Dabei obliegt ihm auf Grund seiner erweiterten Unterhaltspflicht gegenüber minderjährigen Kindern nach § 1603 II BGB eine gesteigerte Ausnutzung seiner Arbeitskraft, die es ihm ermöglicht, nicht nur den Mindestbedarf, sondern auch den angemessenen Unterhalt der Kinder sicherzustellen (st.Rspr.; vgl. *Senat*, NJW 1985, 732 = LM § 1361 BGB Nr. 41 = FamRZ 1985, 158 [159]; NJW-RR 1993, 1283 = FamRZ 1993, 1304 [1306]; NJW 1994, 1002 = LM H 5/1994 § 1603 BGB Nr. 46 = FamRZ 1994, 372 [373]; NJW-FER 1998, 64 = FamRZ 1998, 357 [359]; NJW 1999, 2365 = LM H 10/1999 § 1361 BGB Nr. 69 = FamRZ 1999, 843 [844], jeweils m. Nachw.). Dazu gehört nicht nur die Stellensuche über das Arbeitsamt, sondern auch, dass er sich aus eigenem Antrieb laufend über Zeitungsannoncen, Vermittlungsagenturen und ähnliches um Arbeit bemüht (*Senat*, NJW 1994, 1002 = LM H 5/1994 § 1603 BGB Nr. 46 = FamRZ 1994, 372 [374]). Notfalls muss er auch andere Tätigkeiten bis hin zu Aushilfs- und Gelegenheitsarbeiten übernehmen. Um seiner Darlegungs- und Beweislast für hinreichende Bemühungen zu genügen, muss der Unterhaltspflichtige auch in nachprüfbarer Weise vortragen, welche Schritte er im Einzelnen unternommen hat, um eine Arbeitsstelle zu finden (Senat, NJW 1996, 517 = LM H 4/1996 § 1581 BGB Nr. 10 = FamRZ 1996, 345 [346]).

BGH v. 21. 6. 2000 – XII ARZ 6/00 = NJW 00, 3214

R544 *(Zur Zuständigkeitsbestimmung)*

II. Die Voraussetzungen für eine Vorlage an den *BGH* sind nicht gegeben. Zwar bestimmt § 36 III ZPO in der seit dem 1. 4. 1998 geltenden Fassung, dass das OLG eine Sache unter Begründung seiner Rechtsauffassung dem BGH vorzulegen hat, wenn es bei der Bestimmung des zuständigen Gerichts in einer Rechtsfrage von einer Entscheidung eines anderen OLG oder des *BGH* abweichen will. Wie das vorlegende OLG nicht verkennt, wird in der Literatur die Meinung vertreten, § 36 III ZPO bilde eine „innere Einheit" mit dem gleichzeitig eingeführten § 36 II ZPO und erlaube deshalb eine Vorlage an den BGH nur dann, wenn das OLG nach § 36 II ZPO anstelle des BGH als des zunächst höheren gemeinsamen Gerichts zur Bestimmung der Zuständigkeit berufen sei, nicht dagegen, wenn das OLG selbst das gemeinsame höhere Gericht und somit nach § 36 I ZPO „originär" berufen sei (*Zöller/Voll-*

kommer, ZPO, 21. Aufl., § 36 Rdnr. 10). Die Frage ist bisher vom *BGH* nicht entschieden worden. Der X. Zivilsenat des *BGH,* der mit einer ähnlichen Fallkonstellation befasst war, brauchte die Frage nicht zu vertiefen, weil sich in dem von ihm entschiedenen Fall die Unzulässigkeit der Vorlage an den *BGH* jedenfalls aus anderen Gründen ergab und er seine Entscheidung auf diese anderen Gründe gestützt hat (*BGH,* NJW 2000, 80 = NZM 1999, 1144 = LM H. 3/2000 § 6 ZPO Nr. 20).

Der *Senat* schließt sich der dargelegten Literaturmeinung an. Für diese Auslegung des § 36 III ZPO spricht die Entstehungsgeschichte der Vorschrift, aber auch die Systematik des § 36 I bis III ZPO. Bis zu der am 1. 4. 1998 in Kraft getretenen Neufassung des § 36 ZPO war bei einem Kompetenzkonflikt verschiedener Gerichte grundsätzlich das im Rechtszug zunächst höhere Gericht zur Bestimmung der Zuständigkeit berufen. Lagen beispielsweise bei allgemeinen Zivilsachen die Gerichte im Bezirk ein und desselben LG, war dieses LG berufen, lagen sie in den Bezirken verschiedener Landgerichte, aber ein und desselben OLG, war dieses OLG zuständig, lagen sie in den Bezirken verschiedener Oberlandesgerichte, hatte der *BGH* das zuständige Gericht zu bestimmen. Soweit die Oberlandesgerichte originär zuständig waren, bestand keine Möglichkeit der Vorlage an den BGH.

Nach dem neuen § 36 II ZPO ist eine originäre Bestimmungszuständigkeit des *BGH* entfallen. Ist der *BGH* das zunächst höhere gemeinschaftliche Gericht, so ist nach dieser Vorschrift das OLG zur Bestimmung der Zuständigkeit berufen, zu dessen Bezirk das zuerst mit der Sache befasste Gericht gehört. Aus den Gesetzesmaterialien zu den neuen Absätzen 2 und 3 des § 36 ZPO ergibt sich, dass die Neuregelung das Ziel hatte, den *BGH* von diesen Verfahren zu entlasten. In dem Bericht des Rechtsausschusses heißt es, um das vorrangig für die Sicherung der Einheitlichkeit der Rechtsprechung und die Fortbildung des Rechts bestimmte oberste Bundesgericht von der zunehmenden Belastung durch diese Routineaufgaben freizustellen, solle die Zuständigkeit für die Gerichtsstandsbestimmung vom *BGH* auf die Oberlandesgerichte verlagert werden (BT-Dr 13/9124, S. 45 f.). Diese erklärte Absicht des Gesetzgebers verbietet eine Auslegung der Neufassung des § 36 ZPO, durch welche ein neuer, bisher nicht gegebener Zugang zum *BGH* erst geschaffen würde. Soweit das OLG als das gemeinschaftliche höhere Gericht originär zur Bestimmung der Zuständigkeit berufen ist, muss es deshalb dabei verbleiben, dass eine Vorlagemöglichkeit zum *BGH* weiterhin nicht besteht.

BGH v. 5. 7. 2000 – XII ZR 104/98 – FamRZ 01, 905 = NJWE-FER 01, 25

(Zeitschranke des § 323 II ZPO und auf §§ 1573 V, 1578 I 2 BGB gestützte Abänderungsklage) R545

Die Auffassung des OLG, dass dem mit der Widerklage verfolgten Abänderungsbegehren des Bekl. a die Zeitschranke des § 323 II ZPO entgegenstehe, ist nicht zu beanstanden.

1. Nach der vorgenannten Vorschrift ist die Abänderungsklage nur insoweit zulässig, als behauptet wird, dass die Gründe, auf die sie gestützt wird, erst nach dem Schluss der mündlichen Verhandlung, in der eine Erweiterung des Klageantrags oder die Geltendmachung von Einwendungen spätestens hätte erfolgen müssen, entstanden seien. Insbesondere zur Absicherung der Rechtskraft unanfechtbar gewordener Entscheidungen ist danach eine Zeitschranke für die Berücksichtigung von Abänderungsgründen errichtet, denn der Möglichkeit einer Abänderung bedarf es nicht, wenn die veränderten Verhältnisse schon im Ausgangsprozess zur Geltung gebracht werden konnten. Maßgebender Zeitpunkt ist der Schluss der mündlichen Verhandlung der letzten Tatsacheninstanz, also auch der Berufungsinstanz, wenn eine solche stattgefunden hat. Dabei kommt es grundsätzlich nicht auf die Parteistellung oder Zielrichtung des Vorprozesses an, was daraus folgt, dass der Wortlaut des Gesetzes nicht nur auf die Erweiterung des Klageantrags, sondern auch auf die Geltendmachung von Einwendungen abstellt und dabei beide Parteien dazu anhält, ihren Standpunkt bereits im Ausgangsprozess zur Geltung zu bringen (*Senat, BGHZ* 136, 374 [375 f.] = NJW 1998, 161 = LM H. 4/1998 § 323 ZPO Nr. 74; *BGHZ* 96, 205 [207 ff.] = NJW 1986, 383 = LM § 323 ZPO Nr. 47). Von diesen Grundsätzen ist auch das BerGer. ausgegangen.

2. Sämtliche Gründe, auf die die Abänderungswiderklage gestützt wird, lagen zur Zeit der letzten mündlichen Verhandlung des Scheidungsverfahrens bereits vor. Dass der Unterhaltsanspruch bzw. seine Bemessung nach den ehelichen Lebensverhältnissen zeitlich zu begrenzen sei, hätte der Bekl. daher nicht erst im Rahmen des vorliegenden Rechtsstreits, sondern schon im Rahmen des Scheidungsverfahrens geltend machen und zu den insoweit maßgebenden Kriterien – Ehedauer, erlittene ehebedingte Nachteile, Alter, Gesundheitszustand usw. (vgl. hierzu im Einzelnen *Brudermüller,* FamRZ 1997, 649 [652 ff.]; *Hahne,* FamRZ 1986, 305 [306 ff.]) – vortragen können. Eine Veränderung dieser Verhältnisse hat er nach den vom BerGer. getroffenen Feststellungen, die von der Revision nicht angegriffen werden, nicht behauptet.

Die Entscheidung, dass der Unterhaltsanspruch von einem bestimmten Zeitpunkt an aus Billigkeitsgründen zu begrenzen ist, setzt nicht voraus, dass dieser Zeitpunkt bereits erreicht ist. Soweit die betreffenden Gründe schon eingetreten oder zuverlässig vorauszusehen sind, kann die Entscheidung über eine Unterhaltsbegrenzung wegen § 323 II ZPO deshalb grundsätzlich nicht einer Abänderungsklage überlassen bleiben, vielmehr ist sie bereits im Ausgangsverfahren über den Unterhalt zu treffen (*Senat,*

NJW 2000, 3789; 1986, 2832 = LM § 1578 BGB Nr. 40 = FamRZ 1986, 886 [888]; *Brudermüller,* FamRZ 1998, 649; *Hahne,* FamRZ 1986, 305 [310]; *Johannsen/Henrich/Büttner,* EheR, 3. Aufl., § 1573 Rdnr. 48; *Wendl/Pauling,* Das UnterhaltsR in der familienrichterlichen Praxis, 5. Aufl., § 4 Rdnr. 595 a; *Griesche,* in: FamGb, § 1573 Rdnr. 48).

Im vorliegenden Fall lagen die maßgeblichen Voraussetzungen zur Zeit der letzten mündlichen Verhandlung erster Instanz im Scheidungsverbundverfahren insgesamt vor und hätten die anzustellenden Erwägungen bereits vorausschauend ermöglicht. Deshalb ist der Bekl. nach § 323 II ZPO gehindert, hierauf eine Abänderungsklage zu stützen. Dem steht nicht entgegen, dass – wie die Revision meint – die Voraussetzungen für eine Begrenzung des Unterhaltsanspruchs im Erstverfahren evident gewesen seien, so dass es weiterer Darlegungen des Bekl. hierzu nicht bedurft habe, damit eine Entscheidung über den nachehelichen Unterhalt unter Berücksichtigung der §§ 1573 V, 1578 I 2 BGB habe getroffen werden können. Für die Präklusionswirkung des § 323 II ZPO kommt es allein darauf an, ob die Gründe, auf die eine Abänderungsklage gestützt wird, vor oder nach dem Schluss der letzten mündlichen Verhandlung in der Tatsacheninstanz entstanden sind. Dagegen ist nicht von Bedeutung, ob die vor der letzten mündlichen Verhandlung bereits vorliegenden Gründe schon Gegenstand der richterlichen Beurteilung waren. Eine „Korrektur" des früheren Urteils herbeizuführen ist dem Abänderungskläger verschlossen (*Senat,* BGHZ 98, 353 [358 f.] = NJW 1987, 1201 = LM § 323 ZPO Nr. 53).

(Keine Begrenzung des titulierten Unterhalts nach §§ 1573 V, 1578 I 2 BGB im Wege der Vollstreckungsgegenklage)

b Damit vermag die Revision nicht durchzudringen. Die Annahme, eine zeitliche Begrenzung des Unterhaltsanspruchs gem. §§ 1573 V, 1578 I 2 BGB sei im Wege der Vollstreckungsgegenklage geltend zu machen, trifft nicht zu. Beide Vorschriften sind durch das Gesetz zur Änderung unterhaltsrechtlicher, verfahrensrechtlicher und anderer Vorschriften (UÄndG) vom 20. 2. 1986 (BGBl I, 301) eingefügt worden. Der in Art. 6 Nr. 1 S. 2 UÄndG getroffenen Übergangsregelung ist für den Regelfall, dass die Unterhaltszahlung in einem Urteil ausgesprochen worden ist, die klare Entscheidung des Gesetzgebers zu entnehmen, dass der Unterhaltsschuldner eine Abänderungsklage nach § 323 ZPO erheben muss, damit das bisherige Unterhaltsurteil an die neue Rechtslage angepasst werden kann (so auch ausdrücklich die Entwurfsbegründung der BReg., BT-Dr 10/2888, S. 38). Der Gesetzgeber hat sich damit gegen die Anwendung der Vollstreckungsgegenklage entschieden, was hinsichtlich der Änderungen der §§ 1573, 1573 I BGB, die dem Bereich der Bedürftigkeit und der Höhe des Unterhaltsbedarfs, also den ohnehin dem wirtschaftlichen Wandel unterliegenden Voraussetzungen zuzuordnen sind, auch nahe lag (*Jaeger,* FamRZ 1986, 737 [741]). Auch nach der Rechtsprechung des *Senats* ist eine Unterhaltsbegrenzung gem. § 1573 V BGB im Wege der Abänderungsklage geltend zu machen (vgl. NJW 1995, 1891 = LM H. 9/1995 § 1573 BGB Nr. 28 = FamRZ 1995, 665 [666]).

Das ergibt sich im Übrigen auch aus einem weiteren Gesichtspunkt: Die Vorschriften der §§ 1573 V, 1578 I 2 BGB können alternativ oder kumulativ zur Anwendung gelangen (*Brudermüller,* FamRZ 1998, 649 [651]; *Hahne,* FamRZ 1986, 305 [310]). So ist zum Beispiel denkbar, dass der Unterhalt nach einer Übergangszeit zunächst nach § 1578 I 2 BGB verringert und nach einer weiteren Zeit gem. § 1573 V BGB völlig gestrichen wird (s. die Beispiele bei *Hahne,* FamRZ 1986, 305 [310]). Da das Zusammenspiel der beiden Vorschriften ein einheitliches Verfahren voraussetzt, ergibt sich auch hieraus die Notwendigkeit der Geltendmachung durch Erhebung einer Abänderungsklage, denn die Vorschrift des § 1578 I 2 BGB betrifft zweifelsfrei die wandelbaren wirtschaftlichen Verhältnisse (*Senat,* NJW 2000, 3789).

BGH v. 19. 7. 2000 – XII ZR 161/98 – FamRZ 00, 1492 = NJW 00, 3140

R546 *(Trennung als Prüfungsmaßstab für außergewöhnliche, vom Normalbedarf abweichende berufliche Entwicklungen)*

a 2. Das *OLG* hat rechtlich bedenkenfrei der Berechnung des nachehelichen Betreuungsanspruchs der Ast. aus § 1570 i. V. mit § 1578 BGB das vom Ag. nach der Trennung erzielte höhere Einkommen als Bezirksleiter zu Grunde gelegt. Einkommenssteigerungen, die während der Trennung erzielt werden, sind für die Unterhaltsbemessung nur dann außer Betracht zu lassen, wenn sie auf einer außergewöhnlichen, vom Normalverlauf erheblich abweichenden beruflichen Entwicklung beruhen (st.Rspr., vgl. z. B. *Senat,* NJW-RR 1990, 1346 = FamRZ 1990, 1090; NJW-RR 1991, 130 = FamRZ 1991, 307, NJW-RR 1988, 1281 = FamRZ 1988, 927, jew. m. w. Nachw.). Die Beförderung des Ag. vom Außendienstmitarbeiter zum Bezirksleiter stellt schon für sich gesehen keinen außergewöhnlichen beruflichen Karriereanstieg dar. Darüber hinaus hat das *OLG* festgestellt, dass dem Ag. auch schon während des Zusammenlebens ähnliche Optionen angeboten worden seien, die er jedoch aus verschiedenen Gründen, unter anderem wegen eines damit verbundenen Umzugs in die neuen Bundesländer, abgelehnt habe.

(Prägung von Unterhaltslasten gegenüber vor Rechtskraft der Scheidung geborenen nichtehelichen Kindern)

4. Vom Einkommen des Ag. hat das *OLG* neben dem von den Parteien vereinbarten Unterhalt für die gemeinsamen Kinder in Höhe von insgesamt 700 DM auch den Unterhalt für das während der Trennungszeit geborene dritte Kind des Ag. vorweg abgesetzt. Das entspricht der Rechtsprechung des *Senats*, da die ehelichen Lebensverhältnisse auch von der Unterhaltslast gegenüber einem während der Trennungszeit geborenen nicht gemeinsamen Kind mitgeprägt werden (vgl. zuletzt *Senat*, NJW 1999, 717 = LM H. 6/1999 § 1578 BGB Nr. 67 = FamRZ 1999, 367 m. w. Nachw.). **b**

(Angemessener Unterhalt des Kindes, Überprüfung mit Hilfe von Bedarfskontrollbeträgen)

4 a) Die Unterhaltsbedarfssätze der Düsseldorfer Tabelle sind auf allgemeiner Erfahrung beruhende Richtsätze, die dem Rechtsanwender die Ausfüllung des unbestimmten Rechtsbegriffs des „angemessenen Unterhalts" erleichtern sollen. Der Höhe nach sind sie auf den Durchschnittsfall zugeschnitten, dass der Unterhaltspflichtige einem Ehegatten und zwei Kindern Unterhalt zu gewähren hat. Da die Werte nur Hilfsmittel für die Unterhaltsbemessung sind, ist das mit ihrer Hilfe gewonnene Ergebnis nach den jeweiligen Umständen des Einzelfalls stets auf seine Angemessenheit und Ausgewogenheit hin zu überprüfen, und zwar gleichgültig, ob es sich um einen so genannten Mangelfall handelt (vgl. z. B. Senat, NJW 1992, 1621 = LM H. 9/1992 § 1581 BGB Nr. 8 = FamRZ 1992, 539 [541], und zuletzt NJW 1997, 1919 = LM H. 8/1997 § 1578 BGB Nr. 65) oder nicht (vgl. *Senat*, NJW 1987, 1551 = LM § 1577 BGB Nr. 12 = FamRZ 1987, 456 [459]). Hierzu hält die Düsseldorfer Tabelle die Institute der Herauf- oder Herabstufung und des Bedarfskontrollbetrags bereit (*Wendl/Scholz*, UnterhaltsR in der familienrichterlichen Praxis, 5. Aufl., § 2 Rdnrn. 124, 208). Liegt eine über- oder unterdurchschnittliche Unterhaltsbelastung mit mehr oder weniger Unterhaltsberechtigten vor, soll durch eine Höher- oder Niedrigergruppierung in den Gehaltsstufen oder durch Bildung von individuell geschätzten Zu- oder Abschlägen eine den Besonderheiten des Falls angemessene Unterhaltsbemessung erreicht werden (*Wendl/Scholz*, § 2 Rdnrn. 231 ff., 234). Als weiteres, mehr schematisiertes Hilfsmittel wird die – allerdings nicht von allen Oberlandesgerichten übernommene – Ausrichtung an einem so genannten Bedarfskontrollbetrag vorgeschlagen, der ebenfalls zu einer Herauf- oder Herabstufung führen kann. Dieser – ab Gehaltsgruppe 2 nicht mit dem Eigenbedarf identische – Betrag soll nach den Vorstellungen der Düsseldorfer Tabelle eine ausgewogene Verteilung des Einkommens zwischen dem Unterhaltspflichtigen und den unterhaltsberechtigten Kindern gewährleisten. Wird er unter Berücksichtigung auch des Ehegattenunterhalts unterschritten, soll der Tabellenbetrag der nächst niedrigeren Gruppe, deren Bedarfskontrollbetrag nicht unterschritten wird, oder ein Zwischenbetrag angesetzt werden (Düsseldorfer Tabelle Anm. A 6 in FamRZ-Buch, Bd. 1, Daten und Tabellen zum FamilienR, 3. Aufl., S. 44; zur Handhabung vgl. *Wendl/Scholz*, § 2 Rdnrn. 239 ff.). **c**

Die Einstufung in eine höhere oder niedrigere Gehaltsgruppe der Tabelle je nach der Zahl der Unterhaltsberechtigten und der damit verbundenen Unterhaltslast hat der *Senat* stets gebilligt, weil sie im tatrichterlichen Ermessen liegt (vgl. z. B. *Senat*, NJW 1992, 1621 = LM H. 9/1992 § 1581 BGB Nr. 8 = FamRZ 1992, 539 [540]). Entsprechendes gilt, wenn der Tatrichter die Einstufung mit Hilfe eines Bedarfskontrollbetrags vornimmt, weil es sich auch insoweit um eine der denkbaren Kontrollen handelt, die dem Tatrichter bei der Überprüfung einer Unterhaltsbemessung auf ihre Angemessenheit und Ausgewogenheit nach den Umständen des Einzelfalls stets obliegt. Denkbar wäre auch, die Angemessenheitskontrolle im Rahmen einer Ergebnisprüfung erst in einer letzten Stufe und ohne die von der Tabelle vorgegebenen festen Kontrollbeträge vorzunehmen. Welche der Methoden der Tatrichter wählt, bleibt seinem Ermessen überlassen. Soweit das *OLG* hier unter Berücksichtigung der Unterhaltspflicht gegenüber drei Kindern, einer Ehefrau und der Ast. eine Herabstufung auf den untersten Tabellenwert vorgenommen hat, ist dies revisionsrechtlich nicht zu beanstanden.

(Zählkindvorteil ist kein Einkommen)

5. Das OLG hat das vom Ag. für sein drittes Kind bezogene Kindergeld in Höhe des auf ihn entfallenden so genannten Zählkindvorteils von 190 DM (300 DM Kindergeld für das dritte Kind abzgl. 110 DM Kindergeldanteil der Mutter, für die *R* als erstes Kind zählt) seinem Einkommen hinzugerechnet und daraus einen entsprechend erhöhten Unterhaltsbedarf der Ast. errechnet. Es hält es für unbillig, dass sich die Ast. die Unterhaltslast für das noch während der Trennungszeit geborene außereheliche Kind des Ag. als die ehelichen Lebensverhältnisse prägend bei der Berechnung ihres Unterhalts bedarfsmindernd entgegenhalten lassen müsse, aber von der zugleich gegebenen Erleichterung der Unterhaltslast ausgeschlossen sei, während der Ag. die Kindesunterhaltslast durch seinen Kindergeldanteil ganz oder teilweise wieder ausgleichen könne. Das ließe sich auch mit dem Zweck des Kindergelds, die Unterhaltslast des Elternteils zu erleichtern, nicht rechtfertigen (vgl. auch *Graba*, FamRZ 1992, 541 [544]). Das *OLG* hat dementsprechend für die Zeit vom 10. 10. bis 31. 12. 1997 einen Unterhaltsbedarf von (3945 DM – 200 DM Kredit – 700 DM Kindesunterhalt für die gemeinsamen Kinder – 349 DM Unterhalt für das dritte Kind + 190 DM Zählkindvorteil = 2886 × $^3/_7$ =) **d**

1237 DM ermittelt, und für die Zeit ab 1. 1. 1998 nach Wegfall der Kreditverpflichtung einen solchen von 1323 DM.

Dagegen wendet sich die Revision zu Recht. Die Berechnungsmethode des *OLG* läuft darauf hinaus, Kindergeld bzw. Teile hiervon zum unterhaltsrelevanten Einkommen des Unterhaltspflichtigen zu zählen und daraus den eheangemessenen Bedarf des Berechtigten zu ermitteln. Der *Senat* hat sich mit dieser Problematik in seiner Entscheidung vom 16. 4. 1997 (NJW 1997, 1919 = LM H. 8/1997 § 1578 BGB Nr. 65) bereits ausführlich befasst. Sie betraf einen ähnlich gelagerten Fall, in dem der Unterhaltspflichtige für ein während der Trennungszeit geborenes außereheliches Kind, dessen Unterhaltsanspruch sich die geschiedene Ehefrau entgegenhalten lassen musste, erhöhtes Kindergeld bezog. Der *Senat* hat entschieden, dass Kindergeld nicht wie sonstiges Einkommen zur Bedarfsberechnung nach § 1578 BGB herangezogen werden kann, da seine öffentlich-rechtliche Zweckbestimmung als eine entlastende Leistung nicht dadurch in ihr Gegenteil verkehrt werden darf, dass sie – im Wege der Zurechnung zum Einkommen des Unterhaltspflichtigen – zu einer Erhöhung des Unterhaltsbedarfs führt. Auch soweit einem Ehegatten bei einem weiteren nicht gemeinsamen Kind wegen der Berücksichtigung gemeinsamer Kinder ein so genannter Zählkindvorteil erwächst, ist dieser nicht als unterhaltsrelevantes Einkommen in die Bedarfsberechnung einzubeziehen, sondern kommt dem betreffenden Elternteil allein zugute. Darin liegt keine ungerechtfertigte Doppelbegünstigung dieses Ehegatten. Wie der *Senat* bereits in früheren Entscheidungen ausgeführt hat, entspricht es dem Regelungszweck des erhöhten Kindergelds, die Mehrbelastung aufzufangen, die dem unterhaltspflichtigen Elternteil dadurch erwächst, dass er nicht nur die gemeinsamen, sondern noch ein oder mehrere weitere Kinder zu unterhalten hat (st.Rspr., vgl. *Senat*, NJW 1981, 170 = LM § 1602 BGB Nr. 5 = FamRZ 1981, 26; *BGH*, LM § 1615 g BGB Nr. 3 = FamRZ 1981, 650; NJW 1984, 2694 = LM § 1601 BGB Nr. 9 = FamRZ 1984, 1000). Nach der Berechnungsweise des OLG müsste sich im Übrigen folgerichtig bei einer Zurechnung des Zählkindvorteils zum unterhaltsrelevanten Einkommen des Unterhaltspflichtigen nicht nur der Unterhaltsbedarf des Ehegatten nach § 1578 BGB, sondern auch der der Kinder erhöhen. Eine Beschränkung nur auf den Unterhaltsbedarf des Ehegatten wäre nicht zu begründen. Das aber liefe der oben angesprochenen generellen Zwecksetzung des Kindergeldes zuwider. Angesichts der Bandbreite an Variationsmöglichkeiten, in denen sich für den einen oder anderen Ehegatten oder für beide ein Zählkindvorteil ergeben kann, hat der *Senat* auch aus Gründen der Praktikabilität am Grundsatz des Nichteinbezugs dieses Kindergeldes festgehalten (*Senat*, NJW 1997, 1919 = LM H. 8/1997 § 1578 BGB Nr. 65). Dass dem unterhaltspflichtigen Elternteil im Ergebnis mehr verbleibt, liegt in der gesetzgeberischen Entscheidung begründet, Kindergeld für mehrere Kinder, gleichgültig, ob sie aus einer oder aus verschiedenen Verbindungen stammen, nicht in gleichbleibender, sondern in gestaffelter Höhe zu zahlen. Mit der durch Art. 1 Nr. 11 KindUG vom 6. 4. 1998 (BGBl I, 666) eingeführten Neuregelung des § 1612 b IV BGB für den Kindergeldausgleich zwischen den Eltern hat der Gesetzgeber im Übrigen unter Übernahme der vom *Senat* entwickelten Grundsätze bestimmt, dass Kindergeld, welches unter Berücksichtigung eines nicht gemeinsamen Kindes erhöht ist, im Umfang der Erhöhung nicht anzurechnen ist. Wenn es in der Begründung (BT-Dr 13/7338, S. 30) heißt, der Zählkindvorteil wirke sich unterhaltsrechtlich generell nur noch insofern aus, als er das Einkommen des betreffenden Elternteils erhöhe, so erlaubt das noch keinen Rückschluss darauf, dass der Zählkindvorteil nach dem Willen des Gesetzgebers bedarfserhöhend in die Ermittlung des Unterhalts einfließen und damit letztlich doch zu einem Ausgleich zwischen den Ehegatten führen solle. Der *Senat* sieht daher auch insoweit keinen Anlass, von seiner Rechtsprechung abzuweichen.

BGH v. 16. 8. 2000 – XII ZB 65/00 – NJW-RR 01, 789

R547 *(Zur Berufseinlegung)*

II. Das BerGer. führt aus, die Berufung sei unzulässig, weil sie nicht rechtzeitig begründet worden sei (§ 519 ZPO). Der Schriftsatz, der als Anlage zu dem ersten Prozesskostenhilfegesuch eingereicht worden sei, erfülle zwar inhaltlich die an eine Berufungsbegründung zu stellenden Anforderungen. Er könne aber nicht als Berufungsbegründung gewertet werden, weil der Kl. ihn in dem Prozesskostenhilfegesuch ausdrücklich als Entwurf bezeichnet habe. Nachdem der Kl. Berufung eingelegt habe, habe er zur Begründung dieser Berufung nichts mehr vorgetragen und auch nicht – jedenfalls nicht rechtzeitig – auf den zuvor eingereichten Entwurf einer Berufungsbegründung Bezug genommen.

Diese Ausführungen des BerGer. halten einer rechtlichen Überprüfung nicht stand. Das BerGer. beruft sich für seine Ansicht zu Unrecht auf eine Entscheidung des *OLG Stuttgart* (FamRZ 2000, 240), die – wie das BerGer. zutreffend anführt – vom *BGH* bestätigt worden ist (*Senat*, NJW-RR 2000, 879). In dem damals entschiedenen Fall war zwar auch zusammen mit einem Prozesskostenhilfegesuch der Entwurf einer eine Begründung enthaltenden Berufungsschrift eingereicht worden. Es handelte sich damals aber nicht darum, ob die Anlage als ordnungsgemäße Berufungsbegründung angesehen werden könne, es handelte sich vielmehr darum, ob die Partei ordnungsgemäß Berufung eingelegt habe. Der *Senat* hat diese Frage verneint und entscheidend darauf abgestellt, wenn eine Partei Prozesskostenhilfe beantrage und den Entwurf einer Berufungsschrift vorlege, könne man daraus nicht entnehmen, dass sie schon unbedingt Berufung einlegen wolle, weil sie im Falle der unbedingten Einlegung eines Rechtsmittels ein Kostenrisiko eingehen würde, das sie gerade vermeiden wolle.

Dieser Gesichtspunkt hat für den vorliegenden Fall keine Bedeutung. Es entspricht vielmehr der ständigen Rechtsprechung des *BGH*, dass auch die Bezugnahme auf ein bei den Akten befindliches Prozesskostenhilfegesuch, die nicht ausdrücklich erfolgen muss, sondern sich auch aus den Begleitumständen oder dem Zusammenhang ergeben kann, als Berufungsbegründung ausreichend sein kann. Da im Allgemeinen keine Partei die mit der Versäumung einer Rechtsmittelfrist verbundenen Nachteile in Kauf nehmen will, muss im Zweifel angenommen werden, dass ein inhaltlich den Anforderungen des § 519 III ZPO entsprechendes, von dem beim BerGer. zugelassenen Rechtsanwalt unterzeichnetes Prozesskostenhilfegesuch auch als Berufungsbegründung dienen soll, sofern nicht ein anderer Wille des Rechtsmittelführers erkennbar ist (*Senat*, NJW-RR 1989, 184 = FamRZ 1989, 269; *Rimmelspacher*, in: MünchKomm-ZPO, 2. Aufl., § 519 Rdnr. 5; Stein/Jonas/Grunsky, ZPO, 21. Aufl., § 519 Rdnr. 37; Musielak/Ball, ZPO, § 519 Rdnr. 35; Thomas/Putzo, ZPO, 22. Aufl., § 519 Rdnr. 2; Baumbach/Lauterbach/Albers/Hartmann, ZPO, 58. Aufl., § 519 Rdnr. 28, jeweils m. w. Nachw.).

BGH v. 27. 9. 2000 – XII ZR 174/98 – FamRZ 01, 619 = NJW-RR 01, 1081

(Kein Ausschluss des Anspruchsübergangs, wenn Unterhaltsanspruch auf fiktivem Einkommen beruht) **R548**

Zwar ist der Übergang eines Anspruchs des Hilfeempfängers auf den Träger der Sozialhilfe nach § 91 II 2 BSHG ausgeschlossen, soweit der Anspruch auf der Zurechnung fiktiver Einkünfte auf Seiten des Unterhaltspflichtigen beruht (s. oben unter 3.). Das Unterhaltsvorschussgesetz enthält indessen – im Gegensatz zum BSHG – keine derartige Einschränkung hinsichtlich des Anspruchsübergangs. Eine analoge Anwendung des § 91 II 1 BSHG im Rahmen des Forderungsübergangs nach § 7 I 1 UVG kommt nach Ansicht des *Senats* nicht in Betracht, da nicht davon ausgegangen werden kann, dass das Unterhaltsvorschussgesetz eine im Wege der Analogie zu schließende Regelungslücke enthält. Nachdem der Gesetzgeber im Rahmen der Reform des Kindesunterhaltsrechts durch das Kindesunterhaltsgesetz andere Regelungen des BSHG, unter anderem die Rückabtretungsmöglichkeit (§ 91 IV 1 BSHG), und die Zulässigkeit der Geltendmachung künftigen Unterhalts (§ 91 III 2 BSHG), ausdrücklich in das Unterhaltsvorschussgesetz übernommen hat, ist die Annahme, bezüglich der nicht übernommenen Regelung des § 91 II 1 BSHG liege eine versehentliche Gesetzeslücke vor, nicht gerechtfertigt. Da die betreffende Problemlage schon längere Zeit vor dem In-Kraft-Treten des Kindesunterhaltsgesetzes bekannt war, der Gesetzgeber aber gleichwohl davon abgesehen hat, § 7 UVG auch hinsichtlich der Anwendbarkeit der sozialhilferechtlichen Schutzbestimmungen der Regelung des § 91 II 1 BSHG anzupassen, ist davon auszugehen, dass die unterbliebene Regelung der gesetzgeberischen Intention entspricht.

Der Annahme, dass eventuell bestehende Unterhaltsansprüche somit auf das Land übergegangen sind, kann nicht entgegengehalten werden, dass eine Unterhaltspflicht dann nicht besteht, wenn der Unterhaltspflichtige durch die Unterhaltsleistung in erhöhtem Maße sozialhilfebedürftig würde (vgl. *Senat*, NJW 1991, 356 = LM § 1361 BGB Nr. 58 = FamRZ 1990, 849 [850]). In der vorgenannten Entscheidung hat der *Senat* zu der Leistungsfähigkeit eines Unterhaltspflichtigen ausgeführt, jede Unterhaltspflicht finde dort ihre Grenze, wo dem Betroffenen nicht die Mittel für den eigenen notwendigen Lebensbedarf verblieben. Diese sind aber in Fällen der vorliegenden Art allein auf Grund des Anspruchsübergangs auf den Träger der öffentlichen Leistung nicht in Frage gestellt, ebenso wenig wie in dem Fall, in dem der Unterhaltsberechtigte selbst Unterhaltsansprüche auf fiktiver Grundlage geltend macht.

BGB v. 18. 10. 2000 – XII ZR 191/98 – FamRZ 01, 1065 = NJW-RR 01, 361

(Sicherstellung des (notwendigen) Eigenbedarfs des „Hausmanns" durch den vom zweiten Ehegatten gewährten Familienunterhalts) **R549**

2 a) Nach der durch die Entscheidung BGHZ 75, 272 ff. = NJW 1980, 340 = LM § 1356 BGB Nr. 21 L = FamRZ 1980, 43 begründeten und vom *Senat* fortgesetzten Rechtsprechung, die nach der Entscheidung des *BVerfG* in *BVerfGE* 68, 256 ff. = NJW 1985, 1211 = FamRZ 1985, 143 verfassungsrechtlich unbedenklich ist, trifft den wieder verheirateten Ehegatten ungeachtet seiner Pflichten aus der neuen Ehe die Obliegenheit, durch Aufnahme zumindest eines Nebenerwerbs zum Unterhalt von minderjährigen, unverheirateten Kindern aus früheren Ehen beizutragen. Der neue Ehepartner hat die Erfüllung dieser Obliegenheit nach dem Rechtsgedanken des § 1356 II BGB zu ermöglichen, zumal bei der Aufgabenverteilung in der neuen Ehe die beiderseits bekannte Unterhaltslast gegenüber Kindern aus früheren Ehen berücksichtigt werden muss (vgl. Senat, NJW 1986, 1869 = LM § 1603 BGB Nr. 31 = FamRZ 1986, 668; NJW 1996, 1815 = LM H. 7/1996 § 1570 BGB Nr. 16 = FamRZ **a**

1996, 796 ff.). Die Leistungsfähigkeit des wieder verheirateten Elternteils wird insoweit – neben vorhandenen Einkünften – durch seine Erwerbsfähigkeit bestimmt (vgl. *Senat*, NJW 1985, 732 = LM § 1361 BGB Nr. 4 = FamRZ 1985, 158 [159]). Dabei richtet sich der Umfang der Erwerbsobliegenheit maßgeblich nach den bestehenden Unterhaltspflichten ohne Berücksichtigung des eigenen Unterhaltsbedarfs, da (und soweit) der Eigenbedarf des haushaltführenden Ehegatten durch den Unterhalt gesichert ist, den ihm sein Ehegatte nach Maßgabe der §§ 1360, 1360 a BGB schuldet (vgl. auch *Wendl/Scholz*, § 2 Rdnr. 175). Wenn der wieder verheiratete Elternteil auch in der neuen Ehe die ihn hier treffende Verpflichtung, durch Arbeit zum Familienunterhalt beizutragen, grundsätzlich durch die Führung des Haushalts erfüllt (vgl. § 1360 S. 2 BGB), ist er doch gehalten, die häusliche Tätigkeit auf ein Maß zu beschränken, welches es ihm erlaubt, eine Nebentätigkeit aufzunehmen, um seiner Barunterhaltspflicht gegenüber den minderjährigen Kindern aus der früheren Ehe nachkommen zu können (vgl. *Senat*, NJW 1996, 1815 = LM H. 7/1996 § 1570 BGB Nr. 16 = FamRZ 1985, 796 [797]).

(Erwerbsobliegenheit bei kinderloser Ehe des „Hausmanns")

b Sind aus der neuen Ehe, wie im vorliegenden Fall, keine betreuungsbedürftigen Kinder hervorgegangen, so kann sich der unterhaltspflichtige Elternteil gegenüber den minderjährigen Kindern aus der früheren Ehe regelmäßig nicht auf eine Einschränkung seiner Leistungsfähigkeit durch die Haushaltsführung berufen (vgl. BGHZ 75, 272 [274] = NJW 1980, 340 = LM § 1356 BGB Nr. 21 L = FamRZ 1980, 43 m. w. Nachw.; *Kalthoener/Büttner/Niepmann*, Rdnr. 658; *Wendl/Scholz*, § 2 Rdnr. 180). Das hat zur Folge, dass er sich ggf. fiktive Einkünfte zurechnen lassen muss, aus denen die Unterhaltspflicht gegenüber dem unterhaltsberechtigten, minderjährigen Kind zu erfüllen ist. Allerdings können fiktive Einkünfte grundsätzlich nur insoweit zugerechnet werden, als der Unterhaltspflichtige sie bei einem Verhalten, das seinen unterhaltsrechtlichen Obliegenheiten entspricht, tatsächlich erzielen könnte (vgl. *Senat*, NJW 1986, 1869 = LM § 1603 BGB Nr. 31 = FamRZ 1996, 668). Der Unterhaltspflichtige muss also nach seinem Gesundheitszustand und unter Berücksichtigung der Lage auf dem Arbeitsmarkt im Stande sein, einer (Teil-)Erwerbstätigkeit nachzugehen und auch eine entsprechende Stellung zu finden (vgl. hierzu *Senat*, NJW 1986, 1869 = LM § 1603 BGB Nr. 31 = FamRZ 1996, 668 [669] unter 3).

(Umfang der (Neben-)Erwerbsobliegenheit des Hausmanns: Besser- oder Schlechterstellung durch Wiederverheiratung)

c Die Senatsentscheidung vom 31. 3. 1982 (NJW 1982, 1590 = LM § 1356 BGB Nr. 23 = FamRZ 1982, 590 ff.) betraf einen Fall, in dem zu den minderjährigen Kindern aus der früheren Ehe des Bekl. ein weiteres minderjähriges Kind aus seiner zweiten Ehe hinzugekommen war, für das der Bekl. als „Hausmann" die Betreuung übernommen hatte. Bei der Bestimmung des Umfangs der Nebenerwerbsobliegenheit, die den Bekl. unter diesen Umständen im Hinblick auf seine Unterhaltspflichten gegenüber allen minderjährigen Kindern traf, hat sich der *Senat* ausdrücklich auf die Gleichrangigkeit der Kindesunterhaltsansprüche gestützt und die getroffene Entscheidung mit dem Grundgedanken der §§ 1603 I, 1609 BGB begründet (vgl. auch *Senat*, NJW 1987, 1549 = LM § 1356 BGB Nr. 27 = FamRZ 1987, 472). (Nur) In diesem Sinn hat der *Senat* dabei die obere Grenze der Nebenerwerbsobliegenheit des Unterhaltspflichtigen so bestimmt, dass die Kinder aus der früheren Ehe nicht schlechter gestellt werden dürften, als sie bei fortbestehender Erwerbstätigkeit des Verpflichteten stehen würden. In dem Urteil vom 13. 3. 1996 (NJW 1996, 1815 = LM H. 7/1996 § 1570 BGB Nr. 16 = FamRZ 1985, 796 [798] unter 3) hat der *Senat* den entsprechenden Gedanken dahin formuliert, dass sich der Unterhaltspflichtige durch die Übernahme der Rolle des Hausmanns nicht schlechter stellen dürfte, als wenn er erwerbstätig geblieben wäre. Das bedeutet zugleich, dass sich die minderjährigen, unterhaltsberechtigten Kinder aus der früheren Ehe unter den genannten Voraussetzungen nicht besser stehen dürften als bei einer Fortführung der Erwerbstätigkeit des Unterhaltspflichtigen. Die beiden unterschiedlichen Sichtweisen zeigen den Grundgedanken der getroffenen Regelung auf: Wie sich aus § 1609 BGB ergibt, ist der wiederverheiratete unterhaltspflichtige Elternteil bei Hinzutritt weiterer minderjähriger Kinder aus der neuen Ehe allen Kindern – gleichrangig – zum Unterhalt verpflichtet, und die Kinder aus der früheren Ehe sind ungeachtet der Rolle, die der Verpflichtete in seiner neuen Ehe übernimmt, nicht vor einer sich aus dem Hinzutritt weiterer Unterhaltsberechtigter ergebenden Schmälerung ihres Barunterhalts geschützt (vgl. auch *Senat*, NJW 1987, 1549 = LM § 1356 BGB Nr. 27 = FamRZ 1987, 472 [474] m. w. Nachw.).

Diese ausschließlich aus § 1609 BGB abgeleitete Argumentation lässt sich nicht übertragen und lässt auch keine Rückschlüsse zu auf Fälle, in denen sich, wie hier, keine Gleichrangfragen stellen, weil keine minderjährigen Kinder aus der neuen Ehe des Unterhaltspflichtigen hervorgegangen sind. Soweit das BerGer. – im Vergleich mit der dargelegten Rechtsprechung des erkennenden *Senats* – für den hier zu entscheidenden Fall eine Rechtfertigung dafür vermisst, dass die minderjährigen erstehelichen Kinder durch die neue Eheschließung ihres unterhaltspflichtigen Elternteils „besser gestellt" würden, als wenn dieser keine neue Ehe eingegangen wäre, überträgt es ohne rechtfertigenden Grund die zu § 1609 BGB aufgestellten Grundsätze auf eine hiermit nicht vergleichbare Fallgestaltung.

Den erwähnten Senatsentscheidungen zu § 1609 BGB ist allerdings zu entnehmen, dass die Tatsache der Wiederverheiratung des unterhaltspflichtigen Elternteils unterhaltsrechtlich zu beachten ist. Ebenso wie die Wiederheirat dazu führen kann, dass sich das ersteheliche Kind eine Schmälerung seines Unterhaltsanspruchs als Folge des Hinzutritts weiterer minderjähriger Kinder aus der neuen Ehe des Unterhaltspflichtigen entgegenhalten lassen muss, kann sich die Wiederverheiratung auch, wie im vorliegenden Fall, zum Vorteil des erstehelichen Kindes auswirken. Da das Gesetz in § 1603 BGB auf die tatsächlichen Verhältnisse des Unterhaltsverpflichteten abstellt und seine Unterhaltspflicht danach bemisst, ob (und inwieweit) er imstande ist, den begehrten Unterhalt ohne Gefährdung seines eigenen angemessenen Unterhalts zu gewähren, ist hier die Sicherstellung des eigenen Unterhalts der Bekl. in der neuen Ehe als Folge ihrer Wiederheirat unterhaltsrechtlich zu berücksichtigen. Es besteht daher kein Anlass und auch kein rechtfertigender Grund, eine fortdauernde Erwerbstätigkeit der Bekl. zu unterstellen.

BGH v. 29. 11. 2000 – XII ZR 165/98 – FamRZ 01, 285 = NJW 01, 828

(Prozessuale Geltendmachung der beschränkten Erbenhaftung durch den unterhaltspflichtigen Erben) **R550**

2. Ebenfalls ohne Erfolg rügt die Revision, das BerGer. habe der Kl. die Beschränkung ihrer Haftung auf den Nachlass (§ 780 I ZPO) nicht vorbehalten dürfen – jedenfalls dann nicht, wenn man Pflichtteilsergänzungsansprüche im Rahmen des § 1586 b BGB nicht berücksichtige. Insoweit trägt die Revision vor, für eine Beschränkung der Erbenhaftung auf den Nachlass sei kein Raum, wenn feststehe, dass der Nachlass nicht dürftig sei. Das aber ergebe sich bereits daraus, dass die Nachlassverbindlichkeiten bei der betragsmäßigen Ermittlung des Pflichtteils schon abgezogen worden seien, so dass der Nachlass zur Befriedigung eines Unterhaltsanspruchs bis zur Höhe dieses Pflichtteils naturgemäß stets ausreiche. **a**

Dem vermag der *Senat* nicht zu folgen. Der Pflichtteil berechnet sich stets nach dem Wert des Nachlasses zur Zeit des Erbfalls (§ 2311 I 1 BGB). Die Höhe des Pflichtteilsanspruchs ändert sich nicht, wenn der Wert des Nachlasses – beispielsweise der Kurswert eines Wertpapierdepots – in der Folgezeit verfällt. Es sind daher durchaus Fälle denkbar, in denen der Erbe sich zwar für längere Zeit nicht auf § 1586 b BGB, wohl aber gem. § 780 ZPO auf die Dürftigkeit des Nachlasses berufen kann. Der Vorbehalt kann somit durchaus selbstständige Bedeutung erlangen und ist entgegen der Ansicht der Revision nicht immer schon dann gegenstandslos, wenn die in der Regel noch engere Haftungsbeschränkung des § 1586 b I 3 BGB eingreift.

(Haftungsgrenze des § 1586 b I 3 BGB und Anspruch auf Pflichtteilsergänzung)

3. Die Revision hat hingegen Erfolg, soweit sie sich dagegen wendet, dass das BerGer. bei der Berechnung der Haftungsgrenze des § 1586 b I 3 BGB Pflichtteilsergänzungsansprüche nicht berücksichtigt hat. **b**

a) Obwohl § 1586 I 3 BGB nur den „Pflichtteil" erwähnt, steht der Wortlaut dieser Vorschrift der entsprechenden Anwendung der §§ 2325 ff. BGB nicht entgegen. Zwar ist der Pflichtteilsergänzungsanspruch ein selbstständiger Anspruch, der neben dem Pflichtteilsanspruch und unabhängig von diesem besteht; es handelt sich nicht etwa nur um einen Rechnungsposten eines einheitlichen Anspruchs (vgl. *BGHZ* 103, 333 [337] = NJW 1988, 1667 = LM § 2332 BGB Nr. 11; *BGHZ* 132, 240 [244] = NJW 1996, 1743 = LM H. 8/1996 § 209 BGB Nr. 84). Beide Ansprüche sind einander jedoch weitgehend wesensgleich, und bereits der Umstand, dass beide im 5. Abschnitt des 5. Buches des BGB unter der Überschrift „Pflichtteil" geregelt sind, rechtfertigt es, den Pflichtteilsergänzunganspruch als einen außerordentlichen Pflichtteilsanspruch zu bezeichnen (vgl. *Palandt/Edenhofer*, § 2325 Rdnr. 2), denn mit dem Pflichtteilsergänzungsanspruch wird der Pflichtteil als solcher verlangt, wenn auch in anderer Höhe und Ausdehnung (vgl. BGH, NJW 1972, 760 [761] = LM § 2332 BGB Nr. 4 m. Nachw.; NJW 1974, 1327 = LM § 2329 BGB Nr. 10).

Zudem richtet sich die Verjährung sowohl des Pflichtteilsanspruchs als auch des Pflichtteilsergänzungsanspruchs nach § 2332 I 1 BGB (vgl. *BGHZ* 103, 333 [335] = NJW 1988, 1667 = LM § 2332 BGB Nr. 11), obwohl der Wortlaut dieser Vorschrift – ebenso wie § 1586b I 3 BGB – nur den „Pflichtteil" erwähnt. Die Formulierung der zuletzt genannten Vorschrift steht daher (entgegen *AG Bottrop*, FamRZ 1989, 1009 f. und *Frenz*, MittRhNotK 1995, 227 [228]) einer weiten, den Pflichtteilsergänzungsanspruch umfassenden Auslegung dieses Begriffs nicht entgegen.

b) Auch die Entstehungsgeschichte der Vorschrift spricht für eine entsprechende Anwendung der §§ 2325 ff. BGB. Der Gedanke, die Haftung des Erben des Unterhaltsverpflichteten auf die Höhe des fiktiven Pflichtteils der unterhaltsberechtigten ersten Ehefrau zu beschränken, war schon bei den Beratungen der 2. Kommission zum Entwurf des BGB erwogen, aber letztlich abgelehnt worden (vgl. *Probst*, AcP 191 [1991], 138 [146 ff.] m. Nachw.). Das 1. Eherechtsreformgesetz vom 14. 6. 1976 griff diesen Lösungsvorschlag mit dem heutigen § 1586 b BGB wieder auf. Insoweit ist darauf hinzuweisen, dass die Beschränkung der Haftung auf den Pflichtteil auf einen Vorschlag von *Beitzke* in der achten

Sitzung der Eherechtskommission beim Bundesministerium der Justiz am 5./6. 12. 1969 zurückgeht (vgl. BMJ, Niederschriften der Eherechtskommission, Bd. 2, S. 527) und zwei Kommissionsmitglieder (*Fettweis, Diemer-Nicolaus*) dazu sogleich anmerkten, dann müssten auch die Grundsätze der Pflichtteilsergänzung berücksichtigt werden, ohne dass sich insoweit Widerspruch erhob (BMJ, Niederschriften, S. 528).

c) Diese Lösung erscheint dem *Senat* auch allein interessengerecht. Sie nimmt dem Unterhaltspflichtigen den Anreiz, seinen Nachlass durch Schenkungen zu Lebzeiten zu vermindern und so den nach seinem Tode weiterbestehenden, ohnehin beschränkten Unterhaltsanspruch seines geschiedenen Ehegatten zu entwerten (vgl. *Kahlert*, S. 157) – eine Gefahr, auf die schon in den Beratungen der Eherechtsreformkommission hingewiesen worden war (BMJ, Niederschriften, S. 528; vgl. auch Klingelhöffer, ZEV 1999, 13 [14]). Es ist nicht ersichtlich, warum dem Unterhaltspflichtigen eine solche Gestaltung zum Nachteil des Unterhaltsberechtigten ermöglicht werden sollte, zumal § 2332 I BGB Rechtsgeschäfte unter Lebenden, durch die der künftige Pflichtteilsanspruch gemindert wird, in gleicher Weise als beeinträchtigende Verfügungen ansieht wie den letztwillig bestimmten Ausschluss von der Erbfolge (vgl. *BGH*, NJW 1972, 760 f.).

BGH v. 29. 11. 2000 – XII ZR 212/98 – FamRZ 01, 350 = NJW 01, 973

R551 *(Erwerbsobliegenheit während des Getrenntlebens)*

a 2. a) Im Ansatz zutreffend ist das *OLG* allerdings davon ausgegangen, dass der nicht erwerbstätige Ehegatte während des Getrenntlebens grundsätzlich nur unter engeren Voraussetzungen darauf verwiesen werden kann, seinen Unterhalt durch Erwerbstätigkeit selbst zu verdienen, als dies gem. § 1574 II BGB nach der Scheidung der Fall ist. Nach der Schutzvorschrift des § 1361 II BGB ist er nur dann gehalten, einer Erwerbstätigkeit nachzugehen, wenn dies von ihm nach seinen persönlichen Verhältnissen, insbesondere wegen einer früheren Erwerbstätigkeit unter Berücksichtigung der Dauer der Ehe, und nach den wirtschaftlichen Verhältnissen beider Ehegatten erwartet werden kann. Während den im Zeitpunkt der Trennung längere Zeit nicht erwerbstätig gewesenen Ehegatten im ersten Trennungsjahr in der Regel keine Erwerbsobliegenheit trifft, nähern sich deren Voraussetzungen mit zunehmender Verfestigung der Trennung, insbesondere wenn die Scheidung nur noch eine Frage der Zeit ist, immer mehr den Maßstäben, die nach den §§ 1569 ff. BGB für den nachehelichen Unterhalt gelten (*Senat*, NJW-RR 1990, 323 = LM § 546 ZPO Nr. 129 = FamRZ 1990, 283 [285 f.]).

b) Der zeitliche Beginn einer Erwerbsobliegenheit ist indessen nach den Umständen des Einzelfalls zu beurteilen. Im vorliegenden Fall hat zwischen der Eheschließung und der Trennung der Parteien ein Zeitraum von knapp 2½ Jahren gelegen. Im Dezember 1995 lag die Trennung der Eheleute acht Monate zurück. Beide Parteien hatten bereits im Mai 1995 Antrag auf Scheidung der Ehe gestellt. Die Kl. war im Dezember 1995 23 Jahre alt; gesundheitliche Beeinträchtigungen hat sie nicht geltend gemacht. Das Kind *R* lebte seit der Trennung nicht bei der Mutter. Die finanziellen Verhältnisse der Parteien waren beengt: Von dem vom BerGer. für Dezember 1995 nach Abzug der berufsbedingten Aufwendungen mit monatlich 2545 DM ermittelten Einkommen des Bekl. musste eine Darlehensrate von monatlich 300 DM gezahlt und die dreiköpfige Familie unterhalten werden. Diese Umstände sprechen, wie die Revision zu Recht geltend macht, für eine verstärkte Erwerbsobliegenheit, insbesondere für deren Beginn bereits vor Ablauf des Trennungsjahres (vgl. *Wendl/Pauling*, Das UnterhaltsR in der familienrichterlichen Praxis, 5. Aufl., § 4 Rdnr. 18; *Schwab/Borth*, Hdb. des ScheidungsR., 4. Aufl., Kap. IV, Rdnrn. 108 ff.; *Johannsen/Henrich/Büttner*, EheR, 3. Aufl., § 1361 Rdnrn. 24 f.; *Göppinger/Bäumel*, UnterhaltsR, 7. Aufl., Rdnr. 948; *Palandt/Brudermüller*, BGB, 59. Aufl., § 1361 Rdnr. 17; *Wacke*, in: MünchKomm, 4. Aufl., § 1361 Rdnrn. 29, 33 f.; *OLG Hamm*, FamRZ 1997, 1536 [1537]). Den Ausführungen des OLG ist nicht zu entnehmen, dass es bei seiner Beurteilung, die Kl. treffe allenfalls eine eingeschränkte Erwerbsobliegenheit, alle wesentlichen Gesichtspunkte in seine Betrachtung einbezogen und zutreffend gewürdigt hat.

(Ausbildungsunterhalt während des Getrenntlebens)

b aa) Ob ein getrennt lebender Ehegatte Unterhalt beanspruchen kann, soweit er durch eine Berufsausbildung an einer Erwerbstätigkeit gehindert ist, regelt § 1361 BGB nicht näher. Da ein getrennt lebender Ehegatte im Zweifel unterhaltsrechtlich nicht schlechter gestellt werden darf, als er im Falle der Scheidung stünde, können die Tatbestände über den nachehelichen Unterhalt Maßstäbe für die Anwendung des § 1361 I BGB liefern (*Senat*, NJW 1981, 1214 = FamRZ 1981, 439 [440], und NJW 1985, 1695 = LM § 1361 BGB Nr. 43 = FamRZ 1985, 782 [784]).

Danach kann ein Anspruch auf Ausbildungsunterhalt während des Getrenntlebens in Betracht kommen, wenn die Ehe zerrüttet und die Trennung endgültig ist, so dass der Ehegatte sich auf die neue Lage einstellen und nach seinen Möglichkeiten um eine (Wieder-)Eingliederung in das Erwerbsleben bemühen muss. Die Verschärfung des Zumutbarkeitsmaßstabs, welcher der unterhaltsberechtigte Ehegatte unter diesen Umständen im Rahmen von § 1361 II BGB unterliegt und die eine weiter gehende Annäherung an die Anforderungen des nachehelichen Unterhaltsrechts bewirkt (s. o. unter 2 a) kann im Einzelfall dazu führen, dass – wie es § 1574 III BGB für die Zeit nach der Scheidung vorsieht – der bedürftige Ehegatte sich einer zur Erlangung einer angemessenen Erwerbstätigkeit erforderlichen Ausbildung unterziehen muss (*Senat*, NJW 1985, 1695 = LM § 1361 BGB Nr. 43 = FamRZ 1985, 782 [784]).

Bei entsprechender Dauer des Getrenntlebens oder wenn die Trennung auf Scheidung abzielt, kann der Ehegatte im Interesse seiner wirtschaftlichen Selbstständigkeit aber auch dann eine zur Ausübung einer angemessenen Erwerbstätigkeit erforderliche Ausbildung aufnehmen, wenn ihn noch keine entsprechende Obliegenheit trifft. Denn es kommt den Intentionen, die das vom Grundsatz der Eigenverantwortung ausgehende Gesetz beim nachehelichen Unterhalt verfolgt, entgegen und entspricht regelmäßig auch den Interessen des Ehepartners, wenn der Ehegatte sich frühzeitig um eine (Wieder-) Eingliederung in das Erwerbsleben bemüht (*Senat*, NJW 1985, 1695 = LM § 1361 BGB Nr. 43 = FamRZ 1985, 782 [784]).

Hiernach ist von dem Grundsatz auszugehen, dass während der Trennung ein Anspruch auf Ausbildungsunterhalt nur insoweit in Betracht kommt, als er sich nach den Kriterien des § 1573 I i. V. mit § 1574 III BGB begründen lässt. Dagegen scheidet ein Unterhaltsanspruch nach den Maßstäben des § 1575 BGB während der Trennung der Eheleute an sich aus. In besonders gelagerten Fällen kann indessen auch ein solcher Anspruch in Frage kommen, etwa wenn ein Ehegatte während der Trennungszeit im Vorgriff auf die Voraussetzungen des § 1575 BGB eine Ausbildung aufnimmt, nachdem das endgültige Scheitern der Ehe feststeht (vgl. im Einzelnen *Senat*, NJW 1985, 1695 = LM § 1361 BGB Nr. 43 = FamRZ 1985, 782 [785]).

bb) Damit kommt es – von der zuletzt genannten Alternative abgesehen – für das Bestehen eines Anspruchs auf Ausbildungsunterhalt maßgeblich darauf an, ob zur Ausübung einer angemessenen Erwerbstätigkeit die Aufnahme einer Ausbildung erforderlich war. Angemessen ist eine Erwerbstätigkeit, die unter anderem der Ausbildung, den Fähigkeiten, dem Lebensalter und dem Gesundheitszustand des Ehegatten sowie den ehelichen Lebensverhältnissen entspricht (vgl. für den nachehelichen Unterhalt § 1573 II BGB). Dass und aus welchen Gründen die Kl. ohne eine Ausbildung keine nach den vorgenannten Kriterien angemessene Erwerbstätigkeit hätte aufnehmen können, hat das BerGer. indessen nicht festgestellt. Dafür reicht der Hinweis, die Kl. habe bisher keine Berufsausbildung erlangt, nicht aus. Gerade dieser Umstand hätte es vielmehr nahe legen können, dass der Kl. auch die Aufnahme einer unqualifizierten Tätigkeit – wie sie von ihr im Bereich der Altenpflege und der Gastronomie aushilfsweise verrichtet worden ist – zuzumuten war. Dieser Annahme hätten jedenfalls die ehelichen Lebensverhältnisse und der in der Ehe erreichte soziale Status der Ehegatten nicht entgegengestanden, denn auch der Bekl. ging einer Erwerbstätigkeit ohne eine entsprechende Berufsausbildung nach.

Die Beurteilung, für die Kl. habe nach der Trennung eine Ausbildungsobliegenheit bestanden, wird von den getroffenen Feststellungen danach nicht getragen. Dass die Kl. im Vorgriff auf die Voraussetzungen des § 1575 BGB eine Ausbildung hätte aufnehmen können, weil sie in Erwartung der Ehe oder während der Ehe eine Schul- oder Berufsausbildung nicht aufgenommen oder abgebrochen hat, ist ebenso wenig festgestellt worden.

(Überobligatorische Tätigkeit des Pflichtigen; Bonus für Betreuung eines 2½-jährigen Kindes)

Nach der Rechtsprechung des *Senats* hat das Einkommen aus einer wegen der Betreuung minderjähriger Kinder über das gebotene Maß hinaus ausgeübten Erwerbstätigkeit bei der Unterhaltsbemessung zwar nicht von vornherein unberücksichtigt zu bleiben. Über die Frage der Anrechnung ist vielmehr nach Treu und Glauben unter Berücksichtigung der Umstände des Einzelfalls zu entscheiden. Damit steht es in Einklang, das Einkommen aus einer trotz der Kinderbetreuung ausgeübten Berufstätigkeit unter Abzug des Betrags anzusetzen, der für die in Folge dieser Berufstätigkeit notwendig gewordene anderweitige Betreuung eines Kindes aufgewendet werden musste (*Senat*, NJW 1982, 2664 = LM § 1361 BGB Nr. 27 = FamRZ 1982, 779 [780], und NJW 1983, 1548 = LM § 242 [Bd] BGB Nr. 27 = FamRZ 1983, 569 [570]). Die Berücksichtigung eines anrechnungsfreien Betrags des auf einer überobligationsmäßigen Tätigkeit beruhenden Mehreinkommens hat der *Senat* auch dann für gerechtfertigt gehalten, wenn keine konkreten Betreuungskosten anfallen, etwa weil die zweite Ehefrau des Unterhaltsverpflichteten das Kind aus dessen erster Ehe mitbetreut (*Senat*, Urt. v. 29. 6. 1983 – IVb ZR 379/81). In welcher Höhe ein entsprechender Betrag anzusetzen ist, muss der tatrichterlichen Entscheidung überlassen bleiben. Der *Senat* hat einen Abzug von monatlich 300 DM in einem Fall, in dem die zweite Ehefrau des Unterhaltsverpflichteten dessen 13 und 14 Jahre alten Kinder aus erster Ehe mitbetreute, nicht beanstandet (*Senat*, NJW 1986, 2054 = LM § 323 ZPO Nr. 48 = FamRZ 1986, 790 [791]). Von dieser Rechtsprechung ist der *Senat* in dem von dem BerGer. angeführten Urteil vom 7. 11. 1990 (NJW 1991, 697 = LM § 1603 BGB Nr. 40 = FamRZ 1991, 182 [184]), das im Übrigen nicht einen Anspruch auf Ehegattenunterhalt betraf, sondern die Frage, unter welchen Voraussetzungen ein Elternteil, der neben der Ausübung einer Erwerbstätigkeit minderjährige unver- c heiratete Kinder betreut, als anderer unterhaltspflichtiger Verwandter i. S. von § 1603 II 2 BGB neben der Betreuung auch zum Barunterhalt der Kinder herangezogen werden kann, nicht abgerückt. Vielmehr hat er sich ausdrücklich auf seine bisherige Rechtsprechung bezogen, in dem entschiedenen Fall allerdings Feststellungen dazu vermisst, in welchem zeitlichem Umfang eine von dem *OLG* nur für zumutbar angesehene Teilerwerbstätigkeit des Vaters nach den Besonderheiten der von ihm ausgeübten Arbeit in Betracht komme, um die notwendige Betreuung der acht und zehn Jahre alten Kinder sicherzustellen.

Damit ist der vorliegende Fall nicht vergleichbar. Dass ein Kind im Alter von 2½ Jahren (Beginn des Zeitraums der Inanspruchnahme auf Trennungsunterhalt) bzw. von vier Jahren (Ende des Zeitraums) tagsüber durchgehend der Betreuung bedarf, jedenfalls solange es noch keinen Kindergarten besucht, liegt auf der Hand. Ohne die Mithilfe seiner – hierzu im Verhältnis zu der Kl. nicht verpflichteten – neuen Partnerin hätte der Bekl. deshalb keiner vollen Erwerbstätigkeit nachgehen können. Daher war ihm ein nach tatrichterlichem Ermessen festzusetzender Freibetrag vorweg zu belassen. Dessen Bemessung, die sich ebenso wie die Ermittlung des einem Unterhaltsberechtigten nach § 1577 II BGB anrechnungsfrei zu belassenden Teils des Einkommens einer schematischen Beurteilung entzieht, wird im Einzelfall davon abhängen, wie etwa die Kinderbetreuung mit den konkreten Arbeitszeiten unter Berücksichtigung erforderlicher Fahrtzeiten zu vereinbaren ist und ob und gegebenenfalls zu welchen Zeiten das Kind einen Kindergarten besucht und insofern zeitweise der Betreuung nicht bedarf. Bei Berücksichtigung aller insoweit maßgebenden Umstände ergibt sich grundsätzlich keine Ungleichbehandlung von überobligationsmäßigen Erwerbseinkünften des Unterhaltsberechtigten und des Unterhaltsverpflichteten.

BGH v. 13. 12. 2000 – XII ZR 278/98 – FamRZ 01, 412 = NJWE-FER 01, 115

R552 *(Anwendbares materielles Recht bei internationalem Bezug; gewöhnlicher Aufenthalt des Unterhaltsberechtigten)*

2 b) Für Sachverhalte mit Bezug zum Recht eines ausländischen Staates richtet sich die Frage, welches materielle Recht anwendbar ist, nach den Regeln des von Amts wegen anzuwendenden deutschen Kollisionsrechts, des EGBGB (*Senat*, NJW 1993, 2305 = FamRZ 1993, 1051). Jedoch gehen Bestimmungen in völkerrechtlichen Vereinbarungen vor, soweit sie unmittelbar anwendbares innerstaatliches Recht geworden sind (Art. 3 I 1, II 1 EGBGB). Ein solcher Vorrang gilt hier nach dem Haager Übereinkommen über das auf Unterhaltspflichten anwendbare Recht vom 2. 10. 1973 (im Folgenden: HaagUntPflÜbk, BGBl II 1986, 825 ff., für Deutschland in Kraft seit 1. 4. 1987, vgl. BGBl II 1987, 225). Es geht demgemäß formell den Regeln des Art. 18 EGBGB vor, der allerdings inhaltlich mit denen des HaagUntPflÜbk übereinstimmt (*Senat*, NJW 1991, 2212 = LM H. 4/1992 HaagUntPflÜbk Nr. 1 = FamRZ 1991, 925 [926]). Das HaagUntPflÜbk wurde von Polen am 1. 5. 1996 ratifiziert, würde jedoch auch unabhängig davon gem. Art. 3 des Abkommens im Verhältnis zu Nichtvertragsstaaten gelten (*Palandt/Heldrich*, BGB, 59. Aufl., Anh. Art. 18 EGBGB Rdnr. 4 f.; *Johannsen/Henrich*, EheR, 3. Aufl., Art. 18 EGBGB Rdnr. 5; *Wendl/Dose*, Das UnterhaltsR in der familienrichterlichen Praxis, 5. Aufl., § 7 Rdnr. 1). Gem. Art. 4 I HaagUntPflÜbk (= Art. 18 I 1 EGBGB) bestimmt sich die Unterhaltspflicht nach den Sachvorschriften des am jeweiligen gewöhnlichen Aufenthalt des Unterhaltsberechtigten geltenden Rechts. Der gewöhnliche Aufenthalt einer Person ist dort, wo sie sozial integriert ist und ihren Lebensmittelpunkt, den Schwerpunkt ihrer Bindungen in familiärer oder beruflicher Hinsicht hat. Maßgebend sind die tatsächlichen Verhältnisse (vgl. *Senat*, NJW 1993, 2047 = LM H. 8/1993 Art. 14 EGBGB Nr. 2 = FamRZ 1993, 798 [800], NJW 1981, 520 = LM § 1671 BGB Nr. 20 = FamRZ 1981, 135 [136]; *Wendl/Dose*, § 7 Rdnr. 9). Vorliegend macht die Kl. Trennungsunterhalt für die Zeit ab 1. 4. 1997 geltend. Unstreitig lebt sie seit ihrer Ausweisung im März 1997 in Polen, wo sie familiäre Bindungen hat und einem Beruf nachgeht. Daher richtet sich der Unterhaltsanspruch der Kl. vorrangig nach polnischem Recht.

Eine Ausnahme, nämlich ein Rückgriff auf deutsches Recht, kommt dann in Betracht, wenn die Kl. nach dem vorrangig berufenen polnischen Recht dem Grunde nach keinen Unterhalt erhalten kann (Art. 6 HaagUntPflÜbk = Art. 18 II EGBGB). Persönliche und wirtschaftliche Gründe, etwa fehlende Bedürftigkeit des Berechtigten oder mangelnde Leistungsfähigkeit des Verpflichteten, erfüllen diese Voraussetzung allerdings nicht (*Johannsen/Henrich*, Art. 18 EGBGB Rdnr. 11; *Wendl/Dose*, § 7 Rdnr. 13 bis 16).

BVerfG v. 6. 2. 2001 – 1 BvR 12/92 – FamRZ 01, 343 = NJW 01, 957

R553 *(Ehevertragliche Privatautonomie und verfassungsrechtliche Grundrechtspositionen der Vertragspartner)*

a 1. a) Im Privatrechtsverkehr entfalten die Grundrechte ihre Wirkkraft als verfassungsrechtliche Wertentscheidungen durch das Medium der Vorschriften, die das jeweilige Rechtsgebiet unmittelbar beherrschen, damit vor allem auch durch die zivilrechtlichen Generalklauseln (vgl. *BVerfGE* 7, 198

[205f.] = NJW 1958, 257; *BVerfGE* 42, 143 [148] = NJW 1976, 1677). Der Staat hat auch insoweit die Grundrechte des Einzelnen zu schützen und vor Verletzung durch andere zu bewahren (vgl. *BVerfGE* 46, 160 = NJW 1977, 2255; *BVerfGE* 49, 89 = NJW 1979, 359; *BVerfGE* 53, 30 = NJW 1980, 759; *BVerfGE* 56, 54 = NJW 1981, 1655; *BVerfGE* 88, 203 = NJW 1993, 1751). Den Gerichten obliegt es, diesen grundrechtlichen Schutz durch Auslegung und Anwendung des Rechts zu gewähren und im Einzelfall zu konkretisieren. Ihrer Beurteilung und Abwägung von Grundrechtspositionen im Verhältnis zueinander kann das *BVerfG* nur dann entgegentreten, wenn eine angegriffene Entscheidung Auslegungsfehler erkennen lässt, die auf einer grundsätzlich unrichtigen Auffassung von der Bedeutung eines Grundrechts, insbesondere vom Umfang seines Schutzbereichs, beruhen und auch in ihrer materiellen Bedeutung für den Rechtsfall von einigem Gewicht sind (vgl. *BVerfGE* 18, 85 [93] = NJW 1964, 1715; *BVerfGE* 42, 143 [149] = NJW 1976, 1677; st.Rspr.). Diese Voraussetzungen für eine Korrektur durch das *BVerfG* liegen hier vor.

b) Die durch Art. 2 I GG gewährleistete Privatautonomie setzt voraus, dass die Bedingungen der Selbstbestimmung des Einzelnen auch tatsächlich gegeben sind (vgl. *BVerfGE* 81, 242 [254 f.] = NJW 1990, 1469). Maßgebliches Instrument zur Verwirklichung freien und eigenverantwortlichen Handelns in Beziehung zu anderen ist der Vertrag, mit dem die Vertragspartner selbst bestimmen, wie ihre individuellen Interessen zueinander in einen angemessenen Ausgleich gebracht werden. Wechselseitige Bindung und Freiheitsausübung finden so ihre Konkretisierung. Der zum Ausdruck gebrachte übereinstimmende Wille der Vertragsparteien lässt deshalb in der Regel auf einen durch den Vertrag hergestellten sachgerechten Interessenausgleich schließen, den der Staat grundsätzlich zu respektieren hat (vgl. *BVerfGE* 81, 242 [254] = NJW 1990, 1469). Ist jedoch auf Grund einer besonders einseitigen Aufbürdung von vertraglichen Lasten und einer erheblich ungleichen Verhandlungsposition der Vertragspartner ersichtlich, dass in einem Vertragsverhältnis ein Partner ein solches Gewicht hat, dass er den Vertragsinhalt faktisch einseitig bestimmen kann, ist es Aufgabe des Rechts, auf die Wahrung der Grundrechtspositionen beider Vertragspartner hinzuwirken, um zu verhindern, dass sich für einen Vertragsteil die Selbstbestimmung in eine Fremdbestimmung verkehrt (vgl. *BVerfGE* 89, 214 [232] = NJW 1994, 36).

c) Dies gilt auch für Eheverträge, mit denen Eheleute ihre höchstpersönlichen Beziehungen für die Zeit ihrer Ehe oder danach regeln.Art. 6 I GG gibt ihnen hierbei das Recht, ihre jeweilige Gemeinschaft nach innen in ehelicher und familiärer Verantwortlichkeit und Rücksicht frei zu gestalten (vgl. *BVerfGE* 80, 81 [92] = NJW 1989, 2195). Allerdings setzt der Schutz der staatlichen Ordnung, der für Ehe und Familie in Art. 6 I GG ausdrücklich verbürgt ist, eine gesetzliche Ausgestaltung der Ehe voraus (vgl. *BVerfGE* 31, 58 [69] = NJW 1971, 1509). Dabei ist zu berücksichtigen, dass die eheliche und familiäre Freiheitssphäre ihre verfassungsrechtliche Prägung auch durch Art. 3 II GG erfährt. Verfassungsrechtlich geschützt ist deshalb eine Ehe, in der Mann und Frau in gleichberechtigter Partnerschaft zueinander stehen (vgl. *BVerfGE* 37, 217 [249 ff.] = NJW 1974, 1609). Der Staat hat infolgedessen der Freiheit der Ehegatten, mit Hilfe von Verträgen die ehelichen Beziehungen und wechselseitigen Rechte und Pflichten zu gestalten, dort Grenzen zu setzen, wo der Vertrag nicht Ausdruck und Ergebnis gleichberechtigter Lebenspartnerschaft ist, sondern eine auf ungleichen Verhandlungspositionen basierende einseitige Dominanz eines Ehepartners widerspiegelt. Es ist Aufgabe der Gerichte, in solchen Fällen gestörter Vertragsparität über die zivilrechtlichen Generalklauseln zur Wahrung beeinträchtigter Grundrechtspositionen eines Ehevertragspartners den Inhalt des Vertrags einer Kontrolle zu unterziehen und gegebenenfalls zu korrigieren (vgl. *BVerfGE* 89, 214 [234] = NJW 1994, 36).

Zu Unrecht ist das OLG davon ausgegangen, die Eheschließungsfreiheit stehe einer solchen Inhaltskontrolle entgegen. Aus dem Recht des Einzelnen, die Ehe mit einem selbst gewählten Partner einzugehen oder dies zu unterlassen und hierbei staatlicherseits keine ungerechtfertigte Behinderung zu erfahren (vgl. *BVerfGE* 31, 58 [67] = NJW 1971, 1509), folgt nicht, dass sich der Staat der Kontrolle jedweder ehevertraglicher Vereinbarung zu enthalten hat, wenn in dieser ein Eheversprechen abgegeben wird. Die Eheschließungsfreiheit rechtfertigt nicht die Freiheit zu unbegrenzter Ehevertragsgestaltung und insbesondere nicht eine einseitige ehevertragliche Lastenverteilung. Dementsprechend ist ein Teil des Eherechts herkömmlich zwingendes Recht.

2. a) Enthält ein Ehevertrag eine erkennbar einseitige Lastenverteilung zu Ungunsten der Frau und ist er vor der Ehe und im Zusammenhang mit ihrer Schwangerschaft geschlossen worden, gebietet es auch der Anspruch auf Schutz und Fürsorge der werdenden Mutter aus Art. 6 IV GG, die ehevertragliche Vereinbarung einer besonderen richterlichen Inhaltskontrolle zu unterziehen. Dies gilt umso mehr, als der Gesetzgeber davon abgesehen hat, bei ehevertraglichen Abreden über Unterhaltslasten, anders als bei Vereinbarungen über den ehelichen Zugewinn oder den Versorgungsausgleich, durch Formerfordernisse oder Verfahrensregelungen einen gewissen Schutz vor Übervorteilung eines Vertragsteils zu bieten. In diesem Fall obliegt es vornehmlich den Gerichten, bei der Inhaltskontrolle den verfassungsrechtlichen Schutzauftrag umzusetzen und der Schwangeren Schutz vor Druck und Bedrängung aus ihrem sozialen Umfeld oder seitens des Kindesvaters zu gewähren (vgl. *BVerfGE* 88, 203 [296 f.] = NJW 1993, 1751), insbesondere wenn sie dadurch zu Vertragsvereinbarungen gedrängt wird, die ihren Interessen massiv zuwiderlaufen.

b) Eine Situation von Unterlegenheit ist regelmäßig anzunehmen, wenn eine nicht verheiratete schwangere Frau sich vor die Alternative gestellt sieht, in Zukunft entweder allein für das erwartete Kind Verantwortung und Sorge zu tragen oder durch Eheschließung den Kindesvater in die Verantwortung einzubinden, wenn auch um den Preis eines mit ihm zu schließenden, sie aber stark belastenden Ehevertrags. Ihre Verhandlungsposition wird hier geschwächt sein durch die tatsächliche Lage, in der sie sich befindet, durch ihre Rechtsstellung als ledige Mutter und insbesondere durch das Bemühen um die Sicherung der eigenen Existenz und der des erwarteten Kindes.

c) Allerdings ist die Schwangerschaft bei Abschluss eines Ehevertrags nur ein Indiz für eine vertragliche Disparität, das Anlass gibt, den Vertrag einer stärkeren richterlichen Kontrolle zu unterziehen. Die Vermögenslage, die berufliche Qualifikation und Perspektive sowie die von den Ehevertragsparteien ins Auge gefasste Aufteilung von Erwerbs- und Familienarbeit in der Ehe sind weitere maßgebliche Faktoren, die die Situation der Schwangeren bestimmen. Im Einzelfall können sie dazu führen, ihre Unterlegenheit auszugleichen, auch wenn im Ehevertrag gesetzliche Rechtspositionen abbedungen werden.

d) Wenn aber auch der Inhalt des Ehevertrags eine solche Unterlegenheitsposition der nicht verheirateten Schwangeren zum Ausdruck bringt, wird die Schutzbedürftigkeit offenkundig. Dies ist der Fall, wenn der Vertrag die Schwangere einseitig belastet und ihre Interessen keine angemessene Berücksichtigung finden (vgl. *BVerfGE* 89, 214 [234] = NJW 1994, 36).

Ob die vertraglichen Vereinbarungen die Frau deutlich mehr belasten als den Mann, hängt wesentlich auch davon ab, welche familiäre Konstellation die Vertragspartner anstreben und ihrem Vertrag zu Grunde legen. Verzichten die Ehepartner etwa gegenseitig auf nacheheliche gesetzliche Unterhaltsansprüche, liegt darin bei Ehen, in denen beide Partner einer etwa gleichwertigen Berufstätigkeit nachgehen und sich Haus- und Familienarbeit teilen, keine ungleiche Belastung. Sieht die Lebensplanung der Partner jedoch vor, dass sich in der Ehe einer der beiden unter Aufgabe einer Berufstätigkeit im Wesentlichen der Kinderbetreuung und Haushaltsführung widmet, bedeutet der Verzicht auf den nachehelichen Unterhalt eine Benachteiligung der Person, die sich der Betreuung des Kindes und der Arbeit im Hause gewidmet hat. Je mehr im Ehevertrag gesetzliche Rechte abbedungen oder zusätzliche Pflichten übernommen werden, desto mehr kann sich dieser Effekt einseitiger Benachteiligung verstärken.

(Ehevertrag und Schutzpflichten zugunsten der Mutter nach Art. 6 GG)

b 3. Die aus Art. 2 I i. V. mit Art. 6 IV GG folgende Schutzpflicht hat das OLG in der angegriffenen Entscheidung verkannt. Es hat weder die besondere Situation beachtet, in der sich die Bf. als Schwangere mit schon einem Kind bei Vertragsabschluss befunden hat, noch ist es der Frage nachgegangen, ob der Ehevertrag die Bf. in unangemessener Weise belastet, obwohl der Inhalt des Vertrags hierfür Anlass geboten hat.

So hat die Bf. zum einen darin auf eigenen nachehelichen Unterhalt verzichtet. Angesichts der geringen Höhe ihres Einkommens und des Umstands, dass beide Ehegatten davon ausgingen, sie solle für den Fall der Scheidung die Sorge für das gemeinsame Kind tragen, schwächte sie durch diesen Verzicht ihre wirtschaftliche Lage nachhaltig. Mit zwei Kindern konnte sie nicht damit rechnen, ihre Einkommenslage aus eigener Kraft wesentlich zu verbessern. Hingegen gab der Ehemann mit seinem eigenen Verzicht nichts auf; denn er konnte nicht damit rechnen, im Falle der Scheidung Unterhalt gegenüber der Bf. durchsetzen zu können.

Darüber hinaus hat die Bf. trotz ihrer vergleichsweise schlechten wirtschaftlichen Lage vertraglich die Pflicht übernommen, den Vater weit gehend von seiner Unterhaltspflicht dem gemeinsamen Kind gegenüber freizustellen. Aus ihrem Einkommen war der Barunterhalt des Kindes, der sich nach dem höheren Einkommen des Vaters richtet, aufzubringen. Damit ist ihr für den Fall der Scheidung sowohl die Aufgabe der alleinigen Kinderbetreuung als auch die Sorge für ihren eigenen Unterhalt und gleichzeitig den des gemeinsamen Kindes zugewiesen worden. Dieser deutlichen Belastung der Bf. hat die Entlastung des Ehemanns vom etwaigen Unterhaltsanspruch der Bf. wie auch von dem über 150 DM hinausgehenden des Kindes gegenübergestanden. Dadurch wurde er angesichts der damaligen Regelbetragshöhe sogar besser gestellt als der Vater eines nichtehelichen Kindes. Das Gericht hat diese Vertragskonstellation unter Hinweis auf die Eheschließungsfreiheit nicht zum Anlass für eine Kontrolle des Vertragsinhalts genommen und dadurch verkannt, dass diese Freiheit nicht die Freiheit zur unangemessenen einseitigen vertraglichen Interessendurchsetzung eröffnet.

II. Darüber hinaus hat das OLG den Schutz aus Art. 6 II GG außer Acht gelassen, der vertraglichen Abreden von Eltern im Interesse des Kindeswohls Grenzen setzt.

1. Art. 6 II 1 GG begründet für die Eltern gleichermaßen das Recht wie die Pflicht zur Pflege und Erziehung ihrer Kinder (vgl. *BVerfGE* 24, 119 [143 f.] = NJW 1968, 2233). Diese den Eltern zuvörderst zugewiesene Verantwortung hat dem Kindeswohl zu dienen, ist also ein Grundrecht im Interesse des Kindes (vgl. *BVerfGE* 59, 360 [382] = NJW 1982, 1375; *BVerfGE* 75, 201 [218] = NJW 1988, 125). Das Recht der Eltern auf freie Gestaltung ihrer Sorge für das Kind verdient deshalb dort keinen Schutz, wo sich Eltern ihrer Verantwortung gegenüber dem Kind entziehen und eine Vernachlässigung des Kindes droht (vgl. *BVerfGE* 24, 119 [143 f.] = NJW 1968, 2233). Erreicht das elterliche Fehlver-

halten ein solches Ausmaß, dass das Kindeswohl nachhaltig gefährdet ist, ist der Staat in Wahrnehmung seines Wächteramtes nach Art. 6 II 2 GG nicht nur berechtigt, sondern auch verpflichtet, die Pflege und Erziehung des Kindes sicherzustellen, denn das Kind als Grundrechtsträger hat Anspruch auf staatlichen Schutz vor verantwortungsloser Ausübung des Elternrechts (vgl. *BVerfGE* 24, 119 [144] = NJW 1968, 2233; *BVerfGE* 55, 171 [179] = NJW 1981, 217; *BVerfGE* 72, 122 [134] = NJW 1986, 3129). Dabei bestimmen sich die Schutzmaßnahmen nach dem Ausmaß des elterlichen Versagens und danach, was im Interesse des Kindes geboten ist (vgl. *BVerfGE* 24, 119 [144 f.] = NJW 1968, 2233; *BVerfGE* 60, 79 [91, 93] = NJW 1982, 1379).

Zur Verantwortung der Eltern gehört auch, für einen ihrem eigenen Vermögen gemäßen und zugleich angemessenen Unterhalt des Kindes zu sorgen und seine Betreuung sicherzustellen (vgl. *BVerfGE* 68, 256 [267] = NJW 1985, 1211; *BVerfGE* 80, 81 [90 f.] = NJW 1989, 2195). Wie Eltern diese Aufgaben unter sich aufteilen und ob sie dabei personelle Unterstützung durch Dritte heranziehen, liegt in ihrer Entscheidungsfreiheit (vgl. *BVerfGE* 47, 46 [70] = NJW 1978, 807; *BVerfGE* 68, 256 [267 f.] = NJW 1985, 1211; *BVerfGE* 99, 216 [231 f.] = NJW 1999, 557). Dies gilt auch für den Fall der Scheidung. Treffen Eltern für diesen Fall eine vertragliche Vereinbarung, haben sie aus Verantwortung ihrem Kinde gegenüber Sorge dafür zu tragen, dass die regelmäßig mit der Trennung der Eltern verbundenen seelischen Belastungen des Kindes nach Möglichkeit gemildert werden und eine vernünftige, den Interessen des Kindes entsprechende Lösung für seine Pflege und Erziehung gefunden wird (vgl. *BVerfGE* 31, 194 [205] = NJW 1971, 1447; *BVerfGE* 61, 358 [372 f.] = NJW 1983, 101).

2. Soll nach dem Willen der Eltern im Falle der Scheidung ein Elternteil die alleinige Sorge für das gemeinsame Kind tragen sowie dessen Betreuung übernehmen, und vereinbaren die Eltern für diesen Fall eine Freistellung des nicht betreuenden Elternteils vom Kindesunterhalt durch den Betreuenden, werden sie ihrer Verantwortung dem Kinde gegenüber nicht gerecht und gefährden dessen Wohl, wenn dadurch eine den Interessen des Kindes entsprechende Betreuung und ein den Verhältnissen beider Eltern angemessener Barunterhalt nicht mehr sichergestellt sind

BGH v. 7. 2. 2001 – XII ZB 2/01 – FamRZ 01, 1363 = NJW 01, 1646

(Kein Prozesskostenvorschuss bei Fehlen hinreichender Erfolgsaussicht im Sinne des § 114 ZPO) **R554**

§ 1360 a IV BGB gewährt einem Ehegatten, der nicht in der Lage ist, die Kosten eines Rechtsstreits über eine persönliche Angelegenheit zu tragen, einen Anspruch auf Prozesskostenvorschuss gegen den anderen Ehegatten nur, soweit dies der Billigkeit entspricht. Eine Verweisung der Ast. auf einen Prozesskostenvorschussanspruch gegen den Ag. kommt danach nicht in Betracht, wenn die Finanzierung des Prozesses für diesen unbillig wäre. Über die konkreten Voraussetzungen der Billigkeit eines Prozesskostenvorschussanspruchs besteht in Literatur und Rechtsprechung allerdings keine Übereinstimmung. Einig ist man sich zwar darin, dass jedenfalls bei offensichtlicher Aussichtslosigkeit und Mutwilligkeit der Rechtsverfolgung ein Prozesskostenvorschussanspruch ausscheidet, weil es dem Verpflichteten nicht zumutbar ist, einen von vornherein aussichtslosen Prozess – gegebenenfalls auch gegen sich selbst – vorzufinanzieren, zumal ein Anspruch auf Rückforderung der Prozesskosten nur in engen Grenzen (etwa wenn die Bedürftigkeit nicht mehr gegeben ist oder aus Billigkeitsgründen) bejaht wird und in der Regel an der mangelnden Durchsetzbarkeit gegen den Berechtigten scheitert (vgl. *Senat*, NJW 1985, 2263 = LM § 1360 a BGB Nr. 10; *Gernhuber/Coester-Waltjen*, FamilienR, 4. Aufl., § 21 IV 7, S. 257; *Wendl/Scholz*, UnterhaltsR, 5. Aufl., § 6 Rdnr. 34).

Während indessen die bisher überwiegende Meinung, zum Teil noch gestützt auf ältere Rechtsprechung, einen Prozesskostenvorschussanspruch nur unter den strengen Voraussetzungen der offensichtlichen Aussichtslosigkeit und Mutwilligkeit versagt (vgl. *Johannsen/Henrich/Büttner*, EheR, 3. Aufl., § 1361 BGB Rdnr. 127; *Wacke*, in: MünchKomm, 4. Aufl., § 1360 a Rdnr. 25; *Palandt/Brudermüller*, BGB, 60. Aufl., § 1360 a Rdnr. 15; *Wenz*, in: RGRK, 12. Aufl. [1984], § 1360 a Rdnr. 37; ebenso *Staudinger/Hübner/Voppel*, BGB, 13. Bearb. [2000], § 1360 a Rdnr. 79 m. Nachw., der allerdings auch ein unschlüssiges Klagevorbringen in der Regel für offensichtlich aussichtslos hält; grds. ebenso *Soergel/Lange*, BGB, 12. Aufl., § 1360 a Rdnr. 24, jedoch mit der Einschränkung, dass ein Prozesskostenvorschussanspruch nicht besteht, wenn die Prozesskostenhilfe wegen Aussichtslosigkeit der Rechtsverfolgung abgelehnt ist), verneint eine im Vordringen begriffene Meinung einen Prozesskostenvorschussanspruch bereits dann, wenn der beabsichtigten Rechtsverfolgung die hinreichende Erfolgsaussicht nach dem Maßstab des § 114 ZPO fehlt (*Gernhuber/Coester-Waltjen*, § 21 IV 5, S. 256; *Göppinger/Vogel*, UnterhaltsR, 7. Aufl., Rdnr. 2615; *Griesche*, in: FamGB, § 1361 BGB Rdnr. 46; *Heiß/Deisenhofer*, UnterhaltsR, I Kap. 11, Rdnr. 15; *Wax*, in: MünchKomm-ZPO, 2. Aufl., § 115 Rdnr. 78; *Musielak/Borth*, ZPO, 2. Aufl., § 127 a Rdnrn. 7, 13; *Schwab/Borth*, Hdb. des ScheidungsR, 4. Aufl., IV Rdnrn. 76, 80; *Wendl/Scholz*, § 6 Rdnr. 29; *Zimmermann*, FamRZ-Buch 4, Prozesskostenhilfe in Familiensachen, Rdnr. 165; *OLG Hamm*, FamRZ 1994, 529 a. E.).

Der *Senat* schließt sich der letzten Auffassung an. Er hält es im Interesse der Klarheit und der Gleichbehandlung für sachgerechter, für den Prozesskostenvorschussanspruch denselben Maßstab anzulegen, wie er auch für das Prozesskostenhilfeverfahren gilt (§ 114 ZPO). Der Einwand, dass das Unterhaltsrecht, aus dem der Prozesskostenvorschussanspruch herrührt, allgemein weniger strenge Maßstäbe setze, als es für die Gewährung von Sozialhilfe der Fall sei, rechtfertigt es hier nicht, einem Unterhaltsverpflichteten die Vorfinanzierung eines Prozesses zuzumuten, der aller Voraussicht nach erfolglos bleibt. Es ist ebenso wenig Aufgabe des Ehegatten wie des Staats, Mittel für eine keinen Erfolg versprechende Rechtsverfolgung zur Verfügung zu stellen (*Gernhuber/Coester-Waltjen*, S. 256; *Wendl/Scholz*, § 6 Rdnr. 29). Eine verständige Partei, die ihren Prozess selbst finanzieren muss, wird dies nur dann tun, wenn für ihn eine hinreichende Erfolgsaussicht besteht. Der gleiche Maßstab muss auch für den Unterhaltsgläubiger gelten, der zur Finanzierung seiner Klage einen an sich vorschusspflichtigen Unterhaltsschuldner in Anspruch nehmen will. Das gilt erst recht, wenn – wie hier – die Erfolgsaussicht vom Gericht bereits in einem die Prozesskostenhilfe verweigernden Beschluss verneint worden ist. Auch der weitere Einwand, dass dem Vorschusspflichtigen – anders als dem Gericht nach § 114 ZPO – die Prüfung der Erfolgsaussicht des Prozesses nicht möglich sei (so *Palandt/Brudermüller*, § 1360 a Rdnr. 15, unter Hinw. auf alte Rspr.), greift nicht. Denn es ist Sache des Unterhaltsberechtigten, die Erfolgsaussichten seines Prozesses schlüssig darzulegen und hierfür Beweis anzutreten (vgl. u. a. *Griesche*, in: FamGB, § 1361 BGB Rdnr. 46; *Göppinger/Vogel*, Rdnr. 2615; *Wax*, in: MünchKomm-ZPO, § 115 Rdnr. 78 jew. m. w. Nachw.). Das gilt jedenfalls für alle Verfahren, in denen es auf eine Prüfung der Erfolgsaussicht ankommt. Anders dürfte dies etwa in Statusverfahren zu beurteilen sein, in denen das Interesse der Beteiligten und das öffentliche Interesse an der Feststellung des Status eines Betroffenen im Vordergrund steht; ähnliches gilt in Strafverfahren. Dies bedarf hier aber keiner abschließenden Erörterung.

BGH v. 21. 2. 2001 – XII ZR 34/99 – FamRZ 01, 541 = NJW 01, 1789

R555 *(Homologe In-vitro-Fertilisation; mutwillige Herbeiführung der Bedürftigkeit)*

3 c) Die Frage, ob der Ag. dem Unterhaltsanspruch der Ast. aus § 1570 BGB die Einwände aus § 1579 Nr. 3 BGB (mutwilliges Herbeiführen der Bedürftigkeit) oder Nr. 4 BGB (mutwilliges Hinwegsetzen über schwer wiegende Vermögensinteressen) entgegenhalten kann, ist zu verneinen. Dabei bestehen vorab Zweifel, ob die Anwendung des § 1579 BGB nicht bereits im Ansatz ausscheiden muss. Geht man von dem Grundgedanken aus (vgl. u. a. *BGHZ* 97, 372 [379] = NJW 1986, 2043 = LM Art. 1 GrundG Nr. 37; *Wacke*, in: MünchKomm, § 1353 Rdnr. 32 m. w. Nachw.), dass die Entscheidung für oder gegen Nachkommenschaft zum nicht justiziablen engsten persönlichen Intimbereich der Partner gehört und weder einer rechtsgeschäftlichen Regelung noch dem Deliktsrecht unterliegt, so ist fraglich, ob eine mittelbare Überprüfung im Rahmen des § 1579 BGB überhaupt zulässig ist. Die Versagung des Unterhaltsanspruchs nach § 1579 Nr. 3 oder Nr. 4 BGB wäre nämlich eine Sanktion gegen ein missbilligenswertes Verhalten der Ast. und käme in dieser Wirkungsweise einem Schadensersatzanspruch gleich, der aber nach ganz überwiegender Auffassung dem Ag. nicht zustehen würde. Entsprechendes könnte auch für den Einwand aus § 1579 BGB gelten (vgl. auch *Staudinger/Hübner/Voppel*, § 1579 Rdnr. 41). Die Frage kann aber auf sich beruhen, weil jedenfalls ein Härtegrund weder gem. § 1579 Nr. 3 noch Nr. 4 BGB gegeben ist.

Nach Nr. 3 kann der Unterhaltsanspruch des Berechtigten versagt, teilweise herabgesetzt oder zeitlich begrenzt werden, soweit die Inanspruchnahme des Verpflichteten – auch unter Wahrung der Kindesbelange – grob unbillig wäre, weil der Unterhaltsberechtigte seine Bedürftigkeit mutwillig herbeigeführt hat. Nach der Rechtsprechung des *Senats* bedeutet Mutwilligkeit zwar nicht, dass das Verhalten vorsätzlich im Sinne einer zweckgerichteten Herbeiführung der Bedürftigkeit zu Lasten des Unterhaltspflichtigen sein muss, andererseits reicht einfaches Verschulden für die Sanktion der Nr. 3 nicht aus. § 1579 Nr. 3 BGB soll seiner Zielrichtung nach den Bereich zumutbarer nachehelicher Solidarität gegen grob unbillige Unterhaltsforderungen abgrenzen und vermeiden, dass der Unterhaltspflichtige die Folgen einer leichtfertigen Herbeiführung der Bedürftigkeit durch den anderen Ehegatten unterhaltsrechtlich mittragen muss. Erforderlich ist demgemäß ein leichtfertiges, vom üblichen sozialen Standard abweichendes Verhalten, bei dem sich die Vorstellungen und Antriebe, die diesem Verhalten zu Grunde liegen, auch auf die Bedürftigkeit als Folge dieses Verhaltens erstrecken müssen (sog. unterhaltsbezogene Leichtfertigkeit). Leichtfertig in diesem Sinn handelt, wer seine Arbeitskraft oder sein Vermögen, also die Faktoren, die ihn in die Lage versetzen, seinen Lebensunterhalt selbst zu bestreiten, auf sinnlose Art aufs Spiel setzt und einbüßt. Dabei muss er sich unter grober Nichtachtung dessen, was jedem einleuchten muss, oder in Verantwortungslosigkeit und Rücksichtslosigkeit gegen den Unterhaltspflichtigen über die erkannten möglichen nachteiligen Folgen für seine Bedürftigkeit hinwegsetzen (st. Rspr. vgl. u. a. *Senat*, NJW 1981, 2805 = LM § 1361 BGB Nr. 14 = FamRZ 1981, 1042; LM § 1579 BGB Nr. 21 = FamRZ 1984, 364; NJW 1988, 1147 = LM BSozialhilfeG Nr. 14 = FamRZ 1988, 375; vgl. zuletzt auch *Senat*, NJW 2000, 2351 = LM H. 10/2000 § 1603 BGB Nr. 50 = FamRZ 2000, 815). Die vom *Senat* bisher entschiedenen Sachverhalte, in denen eine Anwendung des Nr. 3 in Rede stand, betrafen im Wesentlichen Unterhaltsberechtigte, die in vorwerfbar leichtfertiger Weise ihre

Erwerbsfähigkeit durch Alkohol- oder Drogenmissbrauch bzw. das Unterlassen rechtzeitiger Entzugsmaßnahmen verloren, Vermögen verschwendet oder verspielt, eine berufliche Aus- oder Weiterbildung unterlassen oder ihren Arbeitsplatz durch eine vorsätzliche Straftat verloren haben.

Das Verhalten der Ast. erfüllt diese Voraussetzungen nicht. Selbst wenn man zu Gunsten des Ag. unterstellt, dass sie ihre spätere Unterhaltsbedürftigkeit als Folge ihrer Schwangerschaft und der Geburt des Kindes erkannt und in Kauf genommen hat (was nicht zwingend ist, da sie einen Beruf hatte, den sie – bei anderweitiger Sicherstellung der Betreuung des Kindes – gegebenenfalls weiter ausüben konnte), so kann man ihr die Verwirklichung ihres Kinderwunschs nicht als sinnloses leichtfertiges Verhalten vorwerfen, welches ein verständiger Mensch in vergleichbarer Situation vermieden hätte. Ein Kind zu bekommen, auch in der Situation der Ast., ist weder sinnlos, noch weicht es vom sozialen Standard ab. Dass sich der Kinderwunsch nur durch die – heute noch ungewöhnliche – Methode der In-vitro-Fertilisation bewerkstelligen ließ, kann die Anwendung des § 1579 Nr. 3 BGB ebenfalls nicht begründen.

BGH v. 21. 2. 2001 – XII ZR 308/98 – FamRZ 01, 614 = NJW 01, 1488

(Unterhaltspflichten des „Hausmanns" gegenüber Kindern aus einer früheren Verbindung und seinem früheren Ehegatten) **R556**

2 a) Nach ständiger Rechtsprechung des *Senats* entfällt die unterhaltsrechtliche Obliegenheit, eine zumutbare Erwerbstätigkeit aufzunehmen, gegenüber minderjährigen unverheirateten Kindern und gegenüber diesen seit dem 1. 7. 1998 unter den Voraussetzungen des § 1603 II 2 BGB gleichgestellten volljährigen unverheirateten Kindern nicht ohne weiteres dadurch, dass der Unterhaltspflichtige eine neue Ehe eingegangen ist und im Einvernehmen mit seinem Ehegatten allein die Haushaltsführung übernimmt. Die Ehegatten können zwar nach § 1356 I BGB im gegenseitigen Einverständnis regeln, dass einer von ihnen die Haushaltsführung und gegebenenfalls die Kinderbetreuung allein übernimmt. Unterhaltsrechtlich entlastet die häusliche Tätigkeit den unterhaltspflichtigen Ehegatten aber nur gegenüber den Mitgliedern seiner neuen Familie, denen diese Fürsorge allein zugute kommt. Der unterhaltsrechtliche Gleichrang der Kinder aus erster und zweiter Ehe verwehrt es dem unterhaltspflichtigen Ehegatten deshalb, sich ohne weiteres auf die Sorge für die Mitglieder seiner neuen Familie zu beschränken. Hierzu ist er auch dem anderen Ehegatten gegenüber nicht verpflichtet. Vielmehr darf er gerade im Hinblick auf seine Unterhaltspflichten gegenüber den weiteren gleichrangig Berechtigten grundsätzlich von seinem auch gegenüber dem anderen Ehegatten bestehenden Recht auf Erwerbstätigkeit Gebrauch machen. Letzterer muss nach § 1356 II BGB insoweit auf die bestehenden Unterhaltspflichten seines Gatten Rücksicht nehmen. **a**

Das gilt grundsätzlich auch dann, wenn in der neuen Ehe ein betreuungsbedürftiges Kind vorhanden ist. In diesem Fall muss die Rollenwahl – unter Abwägung der beiderseitigen Interessen im Einzelfall – zwar dann hingenommen werden, wenn sich der Familienunterhalt in der neuen Ehe dadurch, dass der andere Ehegatte voll erwerbstätig ist, wesentlich günstiger gestaltet als es der Fall wäre, wenn dieser die Kindesbetreuung übernehmen würde und der unterhaltspflichtige Elternteil voll erwerbstätig wäre. Die Gleichrangigkeit der Unterhaltsansprüche der weiteren Unterhaltsberechtigten gebietet es allerdings auch unter diesen Umständen, die Beeinträchtigung dieser Ansprüche so gering wie möglich zu halten. Der unterhaltspflichtige Ehegatte muss daher im Allgemeinen seine häusliche Tätigkeit in der neuen Ehe auf das unbedingt notwendige Maß beschränken und wenigstens eine Nebentätigkeit aufnehmen, um auch zum Unterhalt der gleichrangig Unterhaltsberechtigten aus seiner ersten Ehe beitragen zu können.

Diese Grundsätze sind auch bei der Bestimmung der Erwerbsobliegenheit des bisherigen Unterhaltsschuldners im Verhältnis zu seinem unterhaltsberechtigten geschiedenen Ehegatten heranzuziehen, da letzterer unterhaltsrechtlich auf der gleichen Rangstufe steht wie minderjährige Kinder. Das gilt insbesondere dann, wenn der Unterhaltsanspruch des früheren Ehegatten – wie hier – aus § 1570 BGB folgt, der im Interesse des Kindeswohls sicherstellen soll, dass das Kind nach der Trennung von dem einen Elternteil nicht auch noch weit gehend auf die persönliche Betreuung durch den anderen Elternteil verzichten muss, weil dieser sich seinen Lebensunterhalt durch eigene Erwerbstätigkeit verdienen muss (*Senat*, BGHZ 75, 272 [275 ff.] = NJW 1980, 340 = LM § 1356 BGB Nr. 21 [L]; NJW 1982, 175 = LM § 1356 BGB Nr. 22 = FamRZ 1982, 25; NJW 1987, 1549 = LM § 1356 BGB Nr. 27 = FamRZ 1987, 472 m. w. Nachw.; NJW 1996, 1815 = LM H. 7/1996 § 1570 BGB Nr. 16 = FamRZ 1996, 796).

(Haushaltsführung in einer nichtehelichen Lebensgemeinschaft)

b) Ob diese Grundsätze auch dann heranzuziehen sind, wenn der barunterhaltspflichtige Elternteil nicht wieder verheiratet ist, sondern in nicht ehelicher Lebensgemeinschaft mit einem neuen Partner zusammenlebt und ein aus dieser Beziehung stammendes Kind betreut, wird in Rechtsprechung und **b**

Schrifttum nicht einhellig beantwortet. Der *Senat* hat bisher für den Fall einer gegenüber ihren minderjährigen Kindern aus erster Ehe barunterhaltspflichtigen Mutter, die ein von ihrem neuen Partner stammendes nicht eheliches Kind betreut und deshalb keiner Erwerbstätigkeit nachgeht, die Auffassung vertreten, eine entsprechende Anwendung der Hausmann-Rechtsprechung komme nicht in Betracht, weil der Lebensgefährte angesichts der rechtlichen Unverbindlichkeit einer nicht ehelichen Lebensgemeinschaft nicht verpflichtet sei, auf die finanziellen Belange seiner Partnerin Rücksicht zu nehmen, um dieser die Ausübung einer Erwerbstätigkeit zu ermöglichen (*Senat*, NJW-RR 1995, 451 = FamRZ 1995, 598; ebenso: *OLG Frankfurt a. M.*, FamRZ 1992, 979; *OLG Düsseldorf*, FamRZ 1991, 592 [593 f.]; *OLG Karlsruhe*, FamRZ 1996, 1238; *OLG Köln*, NJW 1999, 725).

Die Gegenmeinung betont demgegenüber, dass die unterschiedliche Behandlung eines Unterhaltspflichtigen, die sich danach ausrichte, ob er mit dem anderen Elternteil des von ihm betreuten Kindes verheiratet sei oder in nicht ehelicher Lebensgemeinschaft zusammenlebe, nicht (mehr) berechtigt sei. Nachdem die Rechtslage sich geändert hat, folgt der *Senat* der zuletzt genannten Auffassung. Durch das Schwangeren- und Familienhilfeänderungsgesetz vom 21. 8. 1995 (BGBl I, 1050 [1055]) wurden die Voraussetzungen des Unterhaltsanspruchs der Mutter eines nicht ehelichen Kindes gegen den Vater nach § 1615 I BGB erweitert und der Anspruch bis auf drei Jahre nach der Entbindung verlängert. Betreuungsunterhalt wird damit unter Voraussetzungen gewährt, wie sie § 1570 BGB bei Betreuung eines ehelichen Kindes vorsieht. Seit dem In-Kraft-Treten des Kindschaftsrechtsreformgesetzes am 1. 7. 1998 sieht § 1615l II 3 BGB eine weitere Verbesserung des Betreuungsunterhalts vor: Die Unterhaltspflicht endet nicht drei Jahre nach der Geburt des Kindes, sofern die Versagung des Unterhaltsanspruchs nach Ablauf dieser Frist insbesondere unter Berücksichtigung der Belange des Kindes unbillig wäre. Wenn der Vater das Kind betreut, steht ihm seit dem 1. 7. 1998 der Unterhaltsanspruch nach § 1615l II 2 BGB gegen die Mutter zu (§ 1615l V BGB). Nach der ebenfalls zum 1. 7. 1998 in Kraft getretenen Bestimmung des § 1626a I Nr. 1 BGB sind Eltern, die bei der Geburt eines Kindes nicht miteinander verheiratet sind, gemeinsam sorgeberechtigt, wenn sie erklären, die elterliche Sorge gemeinsam übernehmen zu wollen. Machen Eltern von dieser Möglichkeit Gebrauch, so haben sie die zum Wohl des Kindes zu treffenden Entscheidungen, und damit auch diejenige über die Betreuung des Kindes, im gegenseitigen Einvernehmen zu treffen (§ 1627 BGB). Die von den Eltern insoweit zu verlangende Rücksichtnahme auf die Belange des jeweils anderen schafft indessen eine dem § 1356 BGB vergleichbare Situation (*OLG München*, FamRZ 1999, 1526 [1527]). Daran ändert der Umstand nichts, dass der eine Partner nicht zur Rücksichtnahme auf Unterhaltspflichten des anderen sowie insbesondere nicht dazu gezwungen werden kann, dessen zeitweise arbeitsbedingte Abwesenheit durch eigene Betreuungsleistungen zu ermöglichen. Denn auch in der Ehe sind Betreuungspflichten gegenüber einem Kind nicht einklagbar (*Wendl/Scholz*, § 2 Rdnr. 192).

Vor diesem Hintergrund ist die Annahme, die rechtliche Unverbindlichkeit einer nicht ehelichen Lebensgemeinschaft stehe der Heranziehung der Hausmann-Rechtsprechung entgegen, nicht mehr gerechtfertigt. Sie entspricht nicht der durch die Kindschaftsrechtsreform veränderten Rechtsstellung nicht ehelicher Eltern, durch die nicht nur die beiderseitigen Rechte verstärkt, sondern auch Pflichten begründet worden sind. Dieses Ergebnis gilt unabhängig davon, ob im Einzelfall Sorgeerklärungen nach § 1626 I Nr. 1 BGB abgegeben worden sind. Denn die tatsächliche Situation in nicht ehelicher Lebensgemeinschaft lebender Eltern wird davon in der Regel nicht berührt, so dass eine unterschiedliche Behandlung nicht gerechtfertigt ist. Diese Auffassung wird auch von der Revision nicht angegriffen.

(Rechtfertigung der Rollenwahl)

c Wie der *Senat* bereits in seinem Urteil vom 13. 3. 1996 (NJW 1996, 1815 = LM H. 7/1996 § 1570 BGB Nr. 16 = FamRZ, 1996, 796 [797]) hervorgehoben hat, gilt für die Frage, ob die Rollenwahl gerechtfertigt ist, ein strenger, auf enge Ausnahmefälle begrenzter Maßstab, der einen wesentlichen, den Verzicht auf die Aufgabenverteilung unzumutbar machenden Vorteil für die neue Familie voraussetzt. Die weiteren Unterhaltsberechtigten müssen eine Einbuße ihrer Unterhaltsansprüche deshalb nur dann hinnehmen, wenn das Interesse des Unterhaltspflichtigen und seiner neuen Familie ihr eigenes Interesse an der Beibehaltung der bisherigen Unterhaltssicherung deutlich überwiegt. Ob die Rollenwahl gerechtfertigt ist, kann auch davon abhängen, dass der Unterhaltspflichtige zumutbare Vorsorgemaßnahmen zur Sicherstellung des Unterhalts der alten Familie trifft. Selbst im Fall eines zulässigen Rollentauschs muss der unterhaltspflichtige Ehegatte im Übrigen – um die Beeinträchtigung der Unterhaltsansprüche der gleichrangigen weiteren Berechtigten so gering wie möglich zu halten – seine häusliche Tätigkeit – gegebenenfalls unter Inanspruchnahme einer (entgeltlichen) Betreuung des Kindes durch Dritte – auf das unbedingt notwendige Maß beschränken und grundsätzlich wenigstens eine Nebentätigkeit aufnehmen, um auch zum Unterhalt seiner ersten Familie beitragen zu können. Diese Grundsätze gelten in besonderem Maße, wenn der Unterhaltspflichtige vorher durch seine Erwerbstätigkeit für den finanziellen Familienunterhalt gesorgt hat. Der *Senat* hat im vorgenannten Urteil insoweit sogar die Frage aufgeworfen, ob es generell ausreichen kann, dass die andere Rollenverteilung zu einer wesentlich günstigeren Einkommenssituation der neuen Familie führt. Diese Frage kann im vorliegenden Fall indessen ebenfalls offen bleiben. Denn das BerGer. hat unabhängig davon keine Umstände festgestellt, die bei der gebotenen restriktiven Beurteilung die Übernahme der Haushaltsführung und Kinderbetreuung durch den Kl. rechtfertigen könnten.

Das BerGer. ist davon ausgegangen, dass die Lebensgefährtin des Kl. über ein monatliches Erwerbseinkommen von 2600 DM netto einschließlich Schichtzulagen verfügt. Es hat weiter angenommen, dass der als arbeitssuchend gemeldete Kl. dieses Einkommen nicht ohne weiteres erzielen könne. Der Bemessung des Unterhaltsbedarfs der Bekl. hat das BerGer. allerdings ein mögliches bereinigtes Erwerbseinkommen des Kl. von monatlich 2400 DM zu Grunde gelegt und damit zu erkennen gegeben, dass seiner Auffassung nach der Kl. bei Aufnahme einer Erwerbstätigkeit ein entsprechendes Einkommen erreichen könnte. Wenn das indessen der Fall ist, kann nicht von einer unverhältnismäßig günstigeren Einkommenssituation infolge des Rollentauschs ausgegangen werden. Dafür reicht die Einkommensdifferenz von 200 DM keinesfalls aus.

BGH v. 14. 3. 2001 – XII ZR 81/99 – FamRZ 01, 757 = NJW 01, 2170

(Gegenseitigkeitsprinzip, Orientierungsphase, Verzögerung der Ausbildung des Kindes) R557

2 a) Im Ansatz zutreffend ist das BerGer. allerdings davon ausgegangen, dass der aus § 1610 II BGB folgende Anspruch eines Kindes auf Finanzierung einer angemessenen, seiner Begabung, Neigung und seinem Leistungswillen entsprechenden Berufsausbildung vom Gegenseitigkeitsprinzip geprägt ist. Der Verpflichtung des Unterhaltsschuldners, eine Berufsausbildung zu ermöglichen, steht auf Seiten des Unterhaltsberechtigten die Obliegenheit gegenüber, sie mit Fleiß und der gebotenen Zielstrebigkeit in angemessener und üblicher Zeit zu beenden. Zwar muss der Verpflichtete nach Treu und Glauben (§ 242 BGB) Verzögerungen der Ausbildungszeit hinnehmen, die auf ein vorübergehendes leichteres Versagen des Kindes zurückzuführen sind. Verletzt dieses aber nachhaltig seine Obliegenheit, seine Ausbildung planvoll und zielstrebig aufzunehmen und durchzuführen, büßt es seinen Unterhaltsanspruch ein und muss sich darauf verweisen lassen, seinen Lebensunterhalt durch Erwerbstätigkeit selbst zu verdienen (st. Rspr. des *Senats*, NJW 1984, 1961 = LM § 1601 BGB Nr. 8 = FamRZ 1984, 777; NJW 1987, 1557 = LM § 1610 BGB Nr. 14 = FamRZ 1987, 470 [471]; NJW 1993, 2238 = LM H. 1/1994 § 1610 BGB Nr. 22 = FamRZ 1993, 1057 [1059], und NJW 1998, 1555 = LM H. 12/1998 § 1610 BGB Nr. 30 = FamRZ 1998, 671 [672]). Aus dem Gegenseitigkeitsverhältnis folgt nicht nur die Obliegenheit des Kindes, die gewählte Ausbildung zügig durchzuführen. Die Rücksichtnahme auf die Belange der mit der Unterhaltszahlung belasteten Eltern erfordert es vielmehr auch, dass sich das Kind nach dem Abgang von der Schule innerhalb einer angemessenen Orientierungsphase für die Aufnahme einer seinen Fähigkeiten und Neigungen entsprechenden Ausbildung entscheidet (*Senat*, NJW 1998, 1555 = LM H. 12/1998 § 1610 BGB Nr. 30 = FamRZ 1998, 671 [672]). a

b) Die Anwendung dieser Grundsätze führt indessen, wie die Revision zu Recht geltend macht, nach den bisher getroffenen Feststellungen nicht dazu, dass die Kl. keinen Ausbildungsunterhalt beanspruchen kann. Dass sie das Abitur erst mit 21 Jahren gemacht hat, ist im Wesentlichen auf ihre Auslandsaufenthalte zurückzuführen. Der einjährige Aufenthalt in den USA fand bereits ab Sommer 1986 statt und damit zu einer Zeit, als die Kl. noch minderjährig war. Den grundsätzlich sinnvollen Entschluss, ihr dieses Auslandsjahr zu ermöglichen, haben deshalb in erster Linie die Eltern zu verantworten. Bezüglich der weiteren Auslandsaufenthalte kann jedenfalls nicht ausgeschlossen werden, dass es sich hierbei auch um Reaktionen der Kl. auf die schwierigen häuslichen Verhältnisse handelte. Nach den bisher getroffenen Feststellungen kann ihr deshalb nicht angelastet werden, die Schulausbildung erst mit 21 Jahren beendet zu haben.

Wie die einem jungen Menschen zuzugestehende Orientierungsphase zu bemessen ist, muss von Fall zu Fall beurteilt werden. Maßgebende Kriterien sind dabei Alter, Entwicklungsstand und die gesamten Lebensumstände des Auszubildenden (*Senat*, NJW 1998, 1555 = LM H. 12/1998 § 1610 BGB Nr. 30 = FamRZ 1998, 671 [672]). Der Umstand, dass die Kl. sich nach dem Abitur nicht sogleich für eine Berufsausbildung entscheiden konnte, sondern zunächst in verschiedenen Bereichen arbeitete, um daraus Erkenntnisse für ihre Berufswahl zu gewinnen, steht einem Anspruch auf Ausbildungsunterhalt nicht entgegen. Die Orientierungsphase dient gerade dazu, einem in der Frage der Berufswahl unsicheren jungen Menschen die Entscheidung für einen Beruf zu erleichtern. Die hier etwa einjährige Dauer dieser Phase kann angesichts der gesamten Verhältnisse nicht als unangemessen lang angesehen werden, zumal nach dem Vorbringen der Kl. nicht ausgeschlossen werden kann, dass dies auch mit der Belastungssituation in ihrem Elternhaus zusammenhing, durch die sie in ihrer eigenen Lebensgestaltung verunsichert und in ihrer Entscheidungsfähigkeit beeinträchtigt gewesen sein kann, selbst wenn sie damals bereits in einer eigenen Wohnung lebte. Im August 1992 hat die Kl. sich dann zu einer Ausbildung als Heilpraktikerin entschlossen und ab November 1992 die Heilpraktiker-Schule in H. besucht. Nach ihrem Umzug nach Baden-Württemberg hat sie die Ausbildung an einer Heilpraktiker-Schule in M. trotz der bestehenden widrigen Umstände, insbesondere der unzureichenden Unterhaltsleistungen und der damit zusammenhängenden Notwendigkeit, zur Bestreitung ihres weiteren Lebensunterhalts und der aufzubringenden Studiengebühren zu arbeiten, sowie ihrer – mehrere Krankenhausaufenthalte erfordernden – gesundheitlichen Beeinträchtigungen, an den Wochenenden im Wesentlichen durchgehend fortgesetzt, wie die von der Schule ausgestellten Testate belegen.

c) Ende Mai 1994 hat die Kl. die Ausbildung als Heilpraktikerin allerdings abgebrochen. Nach Auffassung des BerGer. kann nicht festgestellt werden, dass dies im Hinblick auf ein beabsichtigtes Medizinstudium erfolgte. Diese Annahme lässt indessen, wie die Revision zu Recht rügt, Vorbringen der Kl. außer Betracht.

Das vorgenannte Vorbringen der Kl. spricht indessen dafür, dass sie ihre Zukunft gerade nicht als Verwaltungsangestellte gesehen hat, sondern die Aufnahme des Medizinstudiums anstrebte. Die weitere Annahme des BerGer., sie habe nicht dargelegt, dass sie nicht schon früher mit dem Studium habe beginnen können, wird von der Revision ebenfalls zu Recht beanstandet. Dem Vorbringen der Kl. zufolge ist die Entscheidung für das Studium erst im Frühjahr 1994 gefallen. Dafür spricht zum einen der ergebnislos verlaufene Verständigungsversuch hierüber mit dem Bekl., der die Kl. zunächst veranlasst hat, sich über andere Finanzierungsmöglichkeiten zu informieren, und zum anderen die Fortführung der Heilpraktiker-Ausbildung bis Ende Mai 1994. Die nächste Möglichkeit, an dem medizinischen Eignungstest teilzunehmen, der nur einmal im Jahr stattfand, war demzufolge im November 1994 gegeben. Bei dieser Sachlage kann der Kl. aber mangelnde Zielstrebigkeit in ihrem (geänderten) Ausbildungsverhalten nicht vorgeworfen werden. Diesem Ergebnis steht nicht entgegen, dass sie ihre Tätigkeit als Verwaltungsangestellte zunächst fortgesetzt hat. Denn auf das daraus erzielte Erwerbseinkommen war sie zur Bestreitung ihres Lebensunterhalts angewiesen.

(Wechsel der Ausbildung)

b Entgegen der Auffassung des BerGer. geht es vorliegend nicht um die Frage einer Weiter- oder Zweitausbildung, sondern um die Erstausbildung der Kl., nachdem sie die Heilpraktiker-Ausbildung abgebrochen und ein Medizinstudium begonnen hat. Ein solcher Wechsel der Ausbildung ist unbedenklich, wenn er einerseits auf sachlichen Gründen beruht und andererseits unter Berücksichtigung der Gesamtumstände aus der Sicht des Unterhaltspflichtigen wirtschaftlich zumutbar ist. Für die Annahme eines hinreichenden Grundes kann etwa der Umstand sprechen, dass zwischen der abgebrochenen und der angestrebten Ausbildung ein sachlicher Zusammenhang besteht. Jedem jungen Menschen ist grundsätzlich zuzubilligen, dass er sich über seine Fähigkeiten irrt oder falsche Vorstellungen über den gewählten Beruf hat. Dabei wird ein Ausbildungswechsel um so eher zu akzeptieren sein, je früher er stattfindet. Dies folgt aus dem Gedanken, dass die schutzwürdigen Belange des Unterhaltspflichtigen es gebieten, sich möglichst frühzeitig darauf einrichten zu können, wie lange die Unterhaltslast dauern wird. Diese Belange erfordern es grundsätzlich auch, dass das Kind sich über seine geänderten Ausbildungspläne mit dem Unterhaltspflichtigen zu verständigen versucht (vgl. *Senat*, FamRZ 1981, 344 [346], und FamRZ 1981, 437 [439]; *Göppinger/Strohal*, UnterhaltsR, 7. Aufl., Rdnr. 424; *Schwab/Borth*, Hdb. des ScheidungsR, 4. Aufl., Kap. V, Rdnr. 85; *Wendl/Scholz*, UnterhaltsR, 5. Aufl., § 2 Rdnr. 71). Falls das BerGer. im weiteren Verfahren zu dem Ergebnis gelangen sollte, dass die Kl. ihre Ausbildungsobliegenheit nicht nachhaltig verletzt hat, wird es in tatrichterlicher Verantwortung unter Berücksichtigung aller Umstände des Falls über die Frage zu befinden haben, ob der Ausbildungswechsel von dem Bekl. hinzunehmen ist. Dabei wird im Rahmen der Beurteilung der zur Rechtfertigung des Ausbildungswechsels von der Kl. geltend gemachten Gründe auch zu berücksichtigen sein, dass gestörte häusliche Verhältnisse sich nach der Lebenserfahrung vielfach nachteilig auf die schulische und sonstige Entwicklung eines Kindes auswirken (vgl. *Senat*, FamRZ 1981, 437 [439], und NJW-RR 2000, 593 = LM H. 5/2000 § 1610 BGB Nr. 31 = FamRZ 2000, 420 [421]) und im Einzelfall auch zu Verunsicherungen und mangelndem Selbstvertrauen führen können. Solche Auswirkungen könnten auch zu der Entscheidung der Kl., Heilpraktikerin zu werden anstatt sogleich das wesentlich anspruchsvollere Medizinstudium zu wählen, beigetragen haben.

BVerfG v. 29. 3. 2001 – BvR 1766/92 – FamRZ 01, 985 = NJW 01, 2248

R558 *(Inhaltliche Kontrolle des Ehevertrags mit einer schwangeren Verlobten)*

1. Wie das *BVerfG* in seinem Urteil vom 6. 2. 2001 ausgeführt hat (NJW 2001, 957 = FamRZ 2001, 343), gilt auch für Eheverträge, dass bei einer besonders einseitigen Aufbürdung von vertraglichen Lasten und einer erheblich ungleichen Verhandlungsposition der Vertragspartner es zur Wahrung der Grundrechtspositionen beider Vertragsparteien aus Art. 2 I GG Aufgabe der Gerichte ist, durch vertragliche Inhaltskontrolle und gegebenenfalls durch Korrektur mit Hilfe der zivilrechtlichen Generalklauseln zu verhindern, dass sich für einen Vertragsteil die Selbstbestimmung in eine Fremdbestimmung verkehrt. Eheverträgen sind dort Grenzen zu setzen, wo jene nicht Ausdruck und Ergebnis gleichberechtigter Lebenspartnerschaft sind, sondern eine auf ungleichen Verhandlungspositionen ba-

sierende einseitige Dominanz eines Ehepartners widerspiegeln. Die Eheschließungsfreiheit rechtfertigt keine einseitige ehevertragliche Lastenverteilung. Ist ein Ehevertrag vor der Ehe und im Zusammenhang mit einer Schwangerschaft geschlossen worden, gebietet es auch Art. 6 IV GG, die Schwangere davor zu schützen, dass sie durch ihre Situation zu Vereinbarungen gedrängt wird, die ihren Interessen massiv zuwiderlaufen.

Schwangerschaft bei Abschluss eines Ehevertrags ist allerdings nur ein Indiz für eine mögliche vertragliche Disparität, das Anlass für eine stärkere richterliche Inhaltskontrolle des Ehevertrags gibt. Die Vermögenslage der Schwangeren sowie ihre berufliche Qualifikation und Perspektive sind weitere maßgebliche Faktoren, die ihre Situation bestimmen und bei der gerichtlichen Prüfung, ob sich die Schwangere bei Abschluss des Vertrags in einer unterlegenen Situation befunden hat, zu berücksichtigen sind.

Bringt jedoch der Inhalt des Ehevertrags ebenfalls eine Unterlegenheitsposition der nicht verheirateten Schwangeren durch ihre einseitige vertragliche Belastung und eine unangemessene Berücksichtigung ihrer Interessen zum Ausdruck, wird ihre Schutzbedürftigkeit offenkundig. Für die Beurteilung, ob die vertraglichen Vereinbarungen die Frau deutlich mehr belasten als den Mann, ist auch die familiäre Konstellation maßgeblich, die die Vertragspartner anstreben und ihrem Vertrag zu Grunde legen. Ein Verzicht auf gesetzliche Ansprüche bedeutet insbesondere für den Ehegatten eine Benachteiligung, der sich unter Aufgabe einer Berufstätigkeit der Betreuung des Kindes und der Arbeit im Hause widmen soll. Je mehr im Ehevertrag gesetzliche Rechte abbedungen werden, desto mehr kann sich der Effekt einseitiger Benachteiligung verstärken.

2. Dies hat das *OLG* in der angegriffenen Entscheidung verkannt. Es hat zwar hinsichtlich des im Ehevertrag enthaltenen Unterhaltsverzichts eine auf § 242 BGB gestützte Korrektur vorgenommen und der Bf. einen Anspruch gegen ihren Ehemann auf den notwendigen Unterhalt zuerkannt. Dabei hat sich das Gericht allerdings allein am Kindeswohl orientiert und damit daran, was notwendig ist, um die Pflege und Erziehung des Kindes durch die Mutter sicherzustellen. Die besondere Situation, in der sich die Bf. als Schwangere mit schon einem, noch dazu schwer behinderten und besonders betreuungsbedürftigen Kind bei Vertragsabschluss befunden hat und die allein schon deutliches Indiz für ihre Unterlegenheit als Vertragspartnerin gewesen ist, hat das Gericht dagegen nicht zum Anlass genommen, der Frage nachzugehen, ob der Ehevertrag die Bf. in unangemessener Weise belastet. So hat es auch nicht in seine Prüfung mit einbezogen, dass die Bf. auf sämtliche gesetzliche Ansprüche aus der Ehe verzichtet hat und dies in ihrer familiären und wirtschaftlich beengten Situation, obwohl eine einseitige vertragliche Benachteiligung der Bf. und damit ihre Schutzbedürftigkeit deutlich erkennbar war. Das Gericht hat diese Vertragskonstellation unter Hinweis auf die Freiheit der Lebensplanung des Ehemanns nicht zum Anlass genommen, den gesamten Vertragsinhalt einer Kontrolle zu unterziehen, und damit verkannt, dass diese Freiheit nicht die Freiheit zu einer unangemessenen einseitigen vertraglichen Interessendurchsetzung eröffnet. Das Gericht ist somit seiner aus Art. 2 I i. V. mit Art. 6 IV GG folgenden Schutzpflicht gegenüber der Bf. nicht gerecht geworden.

BGH v. 11. 4. 2001 – XII ZR 152/99 – FamRZ 01, 1603 = NJWE-FER 2001, 253

(Unterhaltsbemessung nach konkretem Bedarf beim Kindesunterhalt) R559

Die hiergegen gerichteten Angriffe der Revision gehen – jedenfalls im Ergebnis – fehl. Gem. § 1610 BGB bestimmt sich das Maß des zu gewährenden Unterhalts nach der Lebensstellung des Bedürftigen. Die Lebensstellung minderjähriger Kinder richtet sich – angesichts der wirtschaftlichen Unselbstständigkeit der Kinder – nach der Lebensstellung der Eltern. Für den Unterhalt von Kindern aus geschiedenen Ehen, die bei dem sie betreuenden sorgeberechtigten Elternteil leben, sind regelmäßig die Einkommensverhältnisse des barunterhaltspflichtigen Elternteils maßgebend. Es entspricht einer vom *Senat* gebilligten Praxis, sich bei der Bemessung des in diesem Sinne angemessenen Unterhalts an den von den OLG entwickelten Tabellenwerken zu orientieren. Die Einkommensgruppen der Tabellen sind nach oben begrenzt; für ein 8000 DM übersteigendes Nettoeinkommen verweist die Düsseldorfer Tabelle auf die Umstände des Einzelfalls. Bezieht der Unterhaltspflichtige – wie im vorliegenden Fall geltend gemacht – ein höheres Einkommen, können die Sätze der Düsseldorfer Tabelle nicht schematisch fortgeschrieben werden; vielmehr bewendet es grundsätzlich dabei, dass der Unterhaltsberechtigte seinen Bedarf darlegen und beweisen muss (*Senat*, NJW 2000, 954 = LM H. 5/2000 § 1610 BGB Nr. 32 = FamRZ 2000, 358 [359]). An diese Darlegungslast dürfen zwar keine übertriebenen Anforderungen gestellt werden; vielmehr muss auch bei höherem Elterneinkommen sichergestellt bleiben, dass Kinder in einer ihrem Lebensalter entsprechenden Weise an einer Lebensführung teilhaben, die der besonders günstigen wirtschaftlichen Situation ihrer Eltern Rechnung trägt. Welche Bedürfnisse des Unterhaltsberechtigten auf dieser Grundlage zu befriedigen sind und welche Wünsche des Unterhaltsberechtigten indes als bloße Teilhabe am Luxus nicht erfüllt werden müssen, kann nicht allgemein gesagt, sondern nur unter Würdigung der besonderen Verhältnisse der Betroffenen – namentlich auch einer Gewöhnung des Unterhaltsberechtigten an einen von seinen Eltern während des Zusammenlebens gepflogenen aufwendigen Lebensstil – festgestellt werden. Diese Gesamtumstände und Bedürfnisse müssen deshalb nach Maßgabe der hierzu vom *Senat* (NJW 2000, 954 = LM H. 5/2000 § 1610 BGB Nr. 32 = FamRZ 2000, 358 [359]) aufgestellten Grundsätze vom Unterhaltsberechtigten näher dargelegt werden.

BGH v. 3. 5. 2001 – XII ZR 62/99 – FamRZ 01, 1140 = NJW 01, 2259

R560 *(Wohnwert bei Übernahme des Hälfteanteils des Ehegatten und Vermögensumschichtung)*

a 4. Bedenken bestehen allerdings gegen die Art, wie das OLG die Einkünfte der Kl. ermittelt und bei der Neufestsetzung des Unterhalts berücksichtigt hat. Der Vorteil, der einem Ehegatten aus dem mietfreien Wohnen im eigenen Haus zuwächst und der deshalb bei der Ermittlung des unterhaltsrechtlich relevanten Einkommens dieses Ehegatten zu berücksichtigen ist, bemisst sich grundsätzlich nach den tatsächlichen Verhältnissen (Senat, NJW 2000, 469 = NZM 2000, 778 = LM H. 2/2001 § 1570 BGB Nr. 20 = FamRZ 2000, 950 [951]). Für die Ermittlung der der Kl. zufließenden Einkünfte ist deshalb grundsätzlich von deren tatsächlichem, um ihren Zinsaufwand geminderten Wohnvorteil auszugehen (Senat, NJW 1998, 753 = LM H. 3/1998 § 1577 BGB Nr. 21 = FamRZ 1998, 87 [88]). Zwar kann einen Ehegatten die Obliegenheit treffen, sein in einem Eigenheim gebundenes Vermögen zur Erzielung höherer Erträge umzuschichten. Ob eine solche Obliegenheit zur Vermögensumschichtung besteht, bestimmt sich jedoch nach Zumutbarkeitsgesichtspunkten, wobei unter Berücksichtigung der Umstände des Einzelfalls, auch der beiderseitigen früheren wie jetzigen Wohnverhältnisse, die Belange des Unterhaltsberechtigten und die des Unterhaltspflichtigen gegeneinander abzuwägen sind. Es kommt darauf an, ob den Unterhaltsverpflichteten die Unterhaltslast besonders hart trifft; andererseits muss dem Vermögensinhaber ein gewisser Entscheidungsspielraum belassen werden. Die tatsächliche Anlage des Vermögens muss sich als eindeutig unwirtschaftlich darstellen, ehe der Unterhaltsberechtigte auf eine andere Anlageform und daraus erzielbare Beträge verwiesen werden kann (*Senat*, NJW 1992, 1044 = LM H. 8/1992 § 1577 BGB Nr. 16 = FamRZ 1992, 423, und NJW 1998, 753 = LM H. 3/1998 § 1577 BGB Nr. 21 = FamRZ 1998, 87 [89]).

(Prägung eines neuen Wohnwertes bzw. der Zinsen aus dem Erlös bei Veräußerung des Familienheimes)

b Soweit danach ein etwaiger Vorteil, welcher der Kl. aus dem mietfreien Wohnen im eigenen Haus zuwächst, oder der Zinsgewinn, den die Kl. – im Falle einer Obliegenheit zur Vermögensumschichtung – aus dem in ihrem Eigenheim gebundenen Kapital erzielen könnte, einkommenssteigernd zu berücksichtigen ist, handelt es sich um eheprägendes Einkommen der Kl., das nach der Differenzmethode zu berücksichtigen ist und nicht nach der Anrechnungsmethode vom Bedarf der Kl. in Abzug gebracht werden darf. Das hat das OLG verkannt. Die Parteien haben bereits während der Ehe mietfrei im eigenen Haus gewohnt. Mit dem Auszug der Kl. und der Veräußerung ihres Miteigentumsanteils an den Bekl. ist der Wohnvorteil, den die Kl. aus der mietfreien Mitbenutzung des bis dahin gemeinsamen Hauses der Parteien gezogen hat, nicht ersatzlos entfallen. Er findet sein Surrogat in den Nutzungen, welche die Kl. aus dem Erlös ihres Miteigentumsanteils am ursprünglich gemeinsamen Haus zieht. Soweit die Kl. mit diesem Erlös ihr neues Eigenheim finanziert hat, setzt sich der eheprägende Wohnvorteil an dem ursprünglich gemeinsamen Haus der Parteien gegebenenfalls in dem Vorteil fort, welcher der Kl. aus mietfreiem Wohnen in ihrem neuen Eigenheim zuwächst. Für den Zinsgewinn, den die Kl. – im Falle einer Obliegenheit zur Vermögensumschichtung – aus dem in ihrem Eigenheim gebundenen Eigenkapital ziehen könnte, gilt, soweit dieses Kapital aus dem Erlös des früheren Miteigentumsanteils stammt, nichts anderes (vgl. *Senat*, NJW 1990, 709 = LM § 1569 BGB Nr. 35 = FamRZ 1990, 269 [272 unter 3 b cc a. E.]).

(Berücksichtigung von Zinsen aus einem neuen Kredit zur Übernahme der Haushälfte des Ehepartners)

c Das OLG hat dem Einkommen des Bekl. den objektiven Nutzungswert des nach dem Auszug der Kl. und nunmehr beider Töchter von ihm allein bewohnten Hauses als Einkommen zugerechnet. Dieser Wohnwert mindert sich jedoch um Zinsen, die der Bekl. zur Finanzierung des Erwerbs des früheren Miteigentumsanteils der Kl. aufwenden muss (*Senat*, NJW 2000, 469 = NZM 2000, 778 = LM H. 2/ 2001 § 1570 BGB Nr. 20 = FamRZ 2000, 950 [952] m. w. Nachw.).

BGH v. 10. 5. 2001 – XII ZR 108/99 – FamRZ 01, 1068 = NJW 01, 2633

R561 *(Allgemeine Schuldausbildung im Sinne des § 1603 II 2 BGB)*

a 2 b) Was unter dem Begriff „allgemeine Schulausbildung" zu verstehen ist, ist der Vorschrift des § 1603 II 2 BGB nicht zu entnehmen. Regelungen, die den Besuch von (weiterführenden) allgemeinbildenden Schulen betreffen, finden sich etwa in § 2 I Nr. 1 BAföG und § 26 II Nr. 1 BSHG. Nach

§ 2 I Nr. 1, I a BAföG wird Ausbildungsförderung unter anderem für den Besuch von weiterführenden allgemeinbildenden Schulen geleistet, wenn der Auszubildende nicht bei seinen Eltern wohnt und die weiteren Voraussetzungen des § 2 BAföG erfüllt sind. § 1603 II 2 BGB trifft demgegenüber eine Regelung für den Fall, dass das volljährige, sich in einer allgemeinen Schulausbildung befindende, unverheiratete Kind im Haushalt seiner Eltern oder eines Elternteils lebt. Im Hinblick darauf erscheint es im Interesse einer einheitlichen Rechtsanwendung sachgerecht, den Begriff der allgemeinen Schulausbildung des § 1603 II 2 BGB unter Heranziehung der zu § 2 I Nr. 1 BAföG entwickelten Grundsätze auszulegen (*Häußermann*, in: FamRefK, § 1603 Rdnr. 8; *Erman/Holzhauser*, BGB, 10. Aufl., § 1603 Rdnr. 37; *Schwab/Borth*, Hdb. des ScheidungsR, 4. Aufl., Kap. V Rdnr. 129 Fußn. 45; *OLG Zweibrücken*, OLGR 2001, 15).

c) Nach diesen Grundsätzen ist der Begriff der allgemeinen Schulausbildung in drei Richtungen einzugrenzen, nämlich nach dem Ausbildungsziel, der zeitlichen Beanspruchung des Schülers und der Organisationsstruktur der Schule (*Häußermann*, in: FamRefK, § 1603 Rdnr. 8; *Erman/Holzhauer*, § 1603 Rdnr. 37; im Ergebnis ebenso *Wendl/Scholz*, UnterhaltsR, 5. Aufl., § 2 Rdnrn. 457 ff.).

aa) Ziel des Schulbesuchs muss der Erwerb eines allgemeinen Schulabschlusses als Zugangsvoraussetzung für die Aufnahme einer Berufsausbildung oder den Besuch einer Hochschule oder Fachhochschule sein, also jedenfalls der Hauptschulabschluss, der Realschulabschluss, die fachgebundene oder die allgemeine Hochschulreife. Diese Voraussetzung ist beim Besuch der Hauptschule, der Gesamtschule, der Realschule, des Gymnasiums und der Fachoberschule immer erfüllt (*Häußermann*, in: FamRefK, § 1603 Rdnr. 9; *Erman/Holzhauer*, § 1603 Rdnr. 37; *Wendl/Scholz*, § 2 Rdnr. 459; *Schwab/Borth*, Kap. V Rdnr. 129 Fußn. 45; *Kalthoener/Büttner/Niepmann*, Die Rspr. zur Höhe des Unterhalts, 7. Aufl., Rdnr. 152; *Palandt/Diederichsen*, BGB, 60. Aufl., § 1603 Rdnr. 56; vgl. auch *Rothe/Blanke*, BAföG, 5. Aufl., § 2 Rdnrn. 4 ff.). Anders zu beurteilen ist der Besuch einer Schule, die neben allgemeinen Ausbildungsinhalten bereits eine auf ein konkretes Berufsbild bezogene Ausbildung vermittelt.

Auf die Rechtsform der Schule kommt es dagegen nicht an. Ob die genannten Ausbildungsgänge vom Staat, der Gemeinde, den Kirchen oder von Privatschulen angeboten werden, ist für die Frage der Privilegierung eines Kindes nach § 1603 II 2 BGB nicht von Bedeutung. Einer Schulausbildung steht es daher gleich, wenn ein Kind, ohne einen Beruf auszuüben, allgemeinbildenden Schulunterricht in Form von Privat- und Abendkursen erhält, der dem Ziel dient, eine staatlich anerkannte allgemeine Schulabschlussprüfung abzulegen, soweit auch die im Folgenden genannten weiteren Voraussetzungen erfüllt sind (*Häußermann*, in: FamRefK, § 1603 Rdnr. 40; *Wendl/Scholz*, § 2 Rdnr. 460).

bb) Was die zeitlichen Voraussetzungen des Unterrichts anbelangt, ist zu fordern, dass die Schulausbildung die Zeit und die Arbeitskraft des Kindes voll oder zumindest überwiegend in Anspruch nimmt, eine Erwerbstätigkeit, durch die der Schüler seinen Lebensunterhalt verdienen könnte, neben der Schulausbildung also nicht möglich ist. Dieses Erfordernis ist jedenfalls erfüllt, wenn die Unterrichtszeit 20 Wochenstunden beträgt, weil sich unter Berücksichtigung der für die Vor- und Nacharbeit erforderlichen Zeiten sowie eventueller Fahrtzeiten eine Gesamtbelastung ergibt, die die Arbeitskraft im Wesentlichen ausfüllt (*Häußermann*, in: FamRefK, § 1603 Rdnr. 10; *Wendl/Scholz*, § 2 Rdnr. 459; *Rothe/Blanke*, § 2 Rdnr. 34).

cc) Schließlich setzt die Annahme einer Schulausbildung die Teilnahme an einem kontrollierten Unterricht voraus. Diese Bedingung ist grundsätzlich gegeben, wenn die Schule in einer Weise organisiert ist, dass eine Stetigkeit und Regelmäßigkeit der Ausbildung gewährleistet ist, wie sie dem herkömmlichen Schulbesuch entspricht, die Teilnahme also nicht etwa der Entscheidung des Schülers überlassen ist (*Häußermann*, in: FamRefK, § 1603 Rdnr. 11).

3. Danach kann die Annahme, die Bekl. habe sich vom 1. 7. 1998 an nicht in einer allgemeinen Schulausbildung befunden, keinen Bestand haben. Sie hat die Volkshochschule besucht, um einen allgemeinen Schulabschluss, den Realschulabschluss, zu erwerben. Dass der Besuch der Volkshochschule eine abgeschlossene Berufsausbildung voraussetzt, ist weder festgestellt noch sonst ersichtlich. Was den zeitlichen Aufwand des Schulbesuchs anbelangt, beläuft sich nach dem insoweit nicht bestrittenen, auf die vorgelegten Bescheinigungen der Volkshochschule gestützten Vortrag der Bekl. die Unterrichtszeit auf 20 Wochen(schul)stunden (montags bis donnerstags von 18.30 Uhr bis 21.30 Uhr und freitags von 18 Uhr bis 21 Uhr); weitere zehn bzw. – ab dem zweiten Schuljahr – 20 Wochenstunden sind im Durchschnitt für die erforderliche Vor- bzw. Nachbereitung anzusetzen. Das spricht vom Umfang her dafür, dass die Arbeitskraft der Bekl. – bei Zugrundelegung von Durchschnittswerten für die Gesamtdauer des Lehrgangs – überwiegend ausgefüllt ist, so dass die Aufnahme einer Erwerbstätigkeit nicht erwartet werden kann. Ob an der Volkshochschule die Teilnahme an einem kontrollierten Unterricht gewährleistet ist, hat das BerGer. bisher nicht festgestellt. Sollte dies der Fall sein, so wird die Bekl. nach den bisher getroffenen Feststellungen aber als i. S. des § 1603 II 2 BGB privilegiertes Kind zu behandeln sein.

(Unterbrechung der allgemeinen Schuldausbildung)

Dieser Annahme steht nicht entgegen, dass die Bekl. den Schulbesuch erst nach Eintritt der Volljährigkeit wieder aufgenommen hat. Das BerGer. ist für den Zeitraum vor dem 1. 7. 1998 davon ausge- **b** gangen, dass dem Grunde nach ein Unterhaltsanspruch der Bekl. bestehe, weil ihr die durch die schwere psychische Erkrankung der Mutter zumindest mitverursachte Schulunterbrechung unterhaltsrechtlich nicht vorgeworfen werden könne. Gegen diese Auffassung bestehen rechtlich keine Bedenken. Die Bekl. würde durch die Unterbrechung des Schulbesuchs unterhaltsrechtlich einen Nachteil erleiden, wenn hiervon die Frage der Teilnahme an einer allgemeinen Schulausbildung berührt würde. Das ist nach der Vorschrift des § 1603 II 2 BGB indessen nicht der Fall. Danach kommt es nicht darauf an, dass der Schulbesuch über den Eintritt der Volljährigkeit des Kindes hinaus ununterbrochen andauert. Das Gesetz stellt vielmehr ohne weitere Differenzierungen darauf ab, ob sich ein Kind in der allgemeinen Schulausbildung befindet. Das kann auch nach einer Unterbrechung der früher begonnenen schulischen Ausbildung anzunehmen sein.

BGH v. 23. 5. 2001 – XII ZR 148/99 – FamRZ 01, 1601 = NJW-RR 02,1

R562 *(Abitur – Lehre – Studium; enger sachlicher und zeitlicher Zusammenhang)*

a 1 a) Nach § 1610 II BGB umfasst der Unterhalt eines Kindes die Kosten einer angemessenen Ausbildung zu einem Beruf. Darunter ist eine Berufsausbildung zu verstehen, die der Begabung und den Fähigkeiten, dem Leistungswillen und den beachtenswerten Neigungen des Kindes am besten entspricht und die sich in den Grenzen der wirtschaftlichen Leistungsfähigkeit der Eltern hält. Haben Eltern ihrem Kind – wie hier der Bekl. der Kl. – eine angemessene Berufsausbildung in dem dargelegten Sinn zukommen lassen, so sind sie nach der ständigen Rechtsprechung des *Senats* nicht verpflichtet, die Kosten einer weiteren Ausbildung zu tragen. Ausnahmen von diesem Grundsatz sind nur unter besonderen Umständen angenommen worden – etwa wenn sich nachträglich herausstellt, dass die erste Ausbildung auf einer deutlichen Fehleinschätzung der Begabung des Kindes beruhte, wenn die weitere Ausbildung zweifelsfrei als eine bloße Weiterbildung anzusehen ist und die Weiterbildung von vornherein angestrebt b) Für die Fälle, in denen das Kind nach Erlangung der Hochschulreife zunächst eine praktische Ausbildung durchlaufen hat und es sodann darum geht, ob die Eltern ein sich hieran anschließendes Hochschulstudium zu finanzieren haben, hat der *Senat* diese Grundsätze modifiziert (*BGHZ* 107, 376 [379 ff.] = NJW 1989, 2253 = LM § 1610 BGB Nr. 18 = FamRZ 1989, 853 [854 ff.]; seither st.Rspr.). In diesen „Abitur-Lehre-Studium-Fällen" umfasst der Unterhalt auch die Kosten eines Hochschulstudiums, wenn dieses mit den vorangegangenen Ausbildungsabschnitten in einem engen zeitlichen und sachlichen Zusammenhang steht und die Finanzierung des Ausbildungsgangs den Eltern wirtschaftlich zumutbar ist. Es kann dahinstehen, ob der Besuch des „FTO-Fachinstituts" eine der Lehre vergleichbare praktische Ausbildung darstellt. Jedenfalls fehlt es an dem erforderlichen Zusammenhang dieser Ausbildung mit dem von der Kl. später aufgenommenen Studium der Volkswirtschaftslehre.

Das *OLG* hat zwar das Vorliegen eines sachlichen Zusammenhangs zwischen der Ausbildung zur „Europa-Sekretärin" und dem anschließenden Studium mit Abschluss als Diplom-Volkswirtin bejaht. Wie sich aus den Ausbildungsplänen des „FTO-Fachinstituts" und des Studiums ergebe, griffen beide Lerngebiete ineinander über; beide seien wirtschaftlich und sprachlich orientiert. Mit dieser Begründung werden die Anforderungen an die Einheitlichkeit des Ausbildungsganges, die § 1610 II BGB in dem Merkmal der Vorbildung zu einem Beruf grundsätzlich voraussetzt, jedoch nur unzulänglich wiedergegeben. Zu fordern ist hierfür vielmehr ein enger sachlicher Zusammenhang. Praktische Ausbildung und Studium müssen, wenn sie – wie hier – nicht ohnehin derselben Berufssparte angehören, so aufeinander bezogen sein, dass das eine für das andere eine fachliche Ergänzung, Weiterführung oder Vertiefung bedeutet oder dass die praktische Ausbildung eine sinnvolle Vorbereitung auf das Studium darstellt (*BGHZ* 107, 376 [382] = NJW 1989, 2253 = LM § 1610 BGB Nr. 18 = FamRZ 1989, 853 [855]). Diese Voraussetzung ist vom OLG nicht festgestellt. Die von dem „FTO-Fachinstitut" vermittelten Fremdsprachenkenntnisse mögen für ein späteres Studium und den weiteren beruflichen Werdegang eines Auszubildenden hilfreich sein; sie reichen für sich genommen aber nicht aus, um einen engen Zusammenhang der die Fremdsprachenkenntnisse vermittelnden Ausbildung zu später aufgenommenen und nicht artverwandten Studiengängen zu begründen (vgl. *Senat*, NJW 1993, 2238 = LM H. 1/1994 § 1610 BGB Nr. 22 = FamRZ 1993, 1057 [1058]). Ebenso ist nicht ersichtlich, ob die in den Ausbildungsplänen dieses Instituts aufgeführten wirtschaftlich orientierten Lerngebiete, auf die das OLG abstellt, speziell auf das Berufsbild einer Sekretärin zugeschnitten sind und insoweit das schwerpunktmäßig auf Textverarbeitung zielende Unterrichtsprogramm abrunden, oder ob sie darüber hinaus nach Qualität, Umfang und Intensität der Wissensvermittlung als Grundlegung für ein späteres Studium der Volkswirtschaftslehre geeignet und – auch unter dem Gesichtspunkt der finanziellen Lasten, die eine dem Studium vorgeschaltete entgeltpflichtige Ausbildung an einer privaten Schule mit sich bringt – sinnvoll und dem Unterhaltspflichtigen als Vorstufe zum Studium zumutbar sind.

Im Übrigen fehlt es auch an dem erforderlichen zeitlichen Zusammenhang zwischen der im September 1990 abgeschlossenen Ausbildung zur „Europa-Sekretärin" und dem erst im Oktober 1992 – nach rund zweijähriger Berufstätigkeit als Sekretärin – aufgenommenen Studium. Das *OLG* hat den

Vortrag der Kl., eine rechtzeitige Bewerbung um einen Studienplatz sei ihr auf Grund des Scheidungsverfahrens der Eltern nicht möglich gewesen, insoweit zutreffend für nicht durchgreifend erachtet: Zwar ist der zeitliche Zusammenhang auch dann als gewahrt anzusehen, wenn die zwischen der praktisch-beruflichen Ausbildung und dem Studienbeginn des Kindes vergangene Zeit auf zwangsläufige, dem Kind nicht anzulastende Umstände zurückzuführen ist. Dabei kann beispielsweise von Bedeutung sein, ob die familiären Schwierigkeiten zu einer nachhaltigen Entwicklungsstörung bei dem Kind geführt haben und die Verzögerung bei der Aufnahme des Studiums als nicht vorwerfbar oder doch als nur leichteres Versagen erscheinen lassen (*Senat*, NJW-RR 1990, 327 = FamRZ 1989, 149 [150]). So liegen die Dinge hier jedoch nicht: Die bei der Trennung der Eltern 20-jährige Kl. hat keine Beeinträchtigung ihrer Persönlichkeitsentwicklung geltend gemacht, die für die spätere Herausbildung ihrer endgültigen Berufsvorstellungen ursächlich geworden ist. Sie hat auch nicht vorgetragen, wann welche ihrer beruflichen oder berufsvorbereitenden Entscheidungen in welcher Weise durch welche familiären Ereignisse beeinflusst, verhindert oder erschwert worden sind. Fest steht allerdings, dass die Kl. ihre Ausbildung zur „Europa-Sekretärin" rund eineinhalb Jahre nach der Trennung ihrer Eltern mit der Note „sehr gut" abgeschlossen und anschließend rund zwei Jahre in dem erlernten Beruf gearbeitet hat. Wie die Kl. in ihrem vom BerGer. in Bezug genommenen Schreiben vom 7. 11. 1992 verdeutlicht hat, haben erst diese beruflichen Erfahrungen mit einer von der Kl. als „erniedrigend" empfundenen Tätigkeit ihren Studienwunsch reifen lassen. Auch vor diesem Hintergrund ist nicht erkennbar, inwieweit der Streit ihrer Eltern um das gemeinsame Haus und Teile des Hausrats einen zügigen Studienbeginn nach Abschluss der „FTO"-Ausbildung gehindert haben könnte.

c) Das *OLG* hält den Bekl. gleichwohl – unter Hinweis auf § 1610 II i. V. mit § 242 BGB – für verpflichtet, der Kl. Ausbildungsunterhalt für ihr Studium zu bezahlen, weil er sich durch seine Erklärungen und seine jedenfalls bis September 1993 vorbehaltlosen Unterhaltszahlungen selbst gebunden habe.

(Kein Unterhaltsanspruch allein aus § 242 BGB)

Fehlt es – wie hier – an den tatbestandlichen Voraussetzungen für einen gesetzlichen Unterhaltsanspruch, so kann die Berufung auf Treu und Glauben das fehlende Tatbestandsmerkmal nicht ersetzen und gleichwohl eine gesetzliche Unterhaltsschuld begründen. Eine andere Frage ist, ob und bejahendenfalls unter welchen Voraussetzungen sich aus der für Eltern und Kindern in § 1618 a BGB wechselseitig begründeten Pflicht zu Beistand und Rücksichtnahme im Einzelfall ausnahmsweise auch eine Verpflichtung eines Elternteils ergeben kann, Zahlungen, die er in der Vergangenheit an das Kind ohne Rechtspflicht erbracht hat, für einen begrenzten Zeitraum fortzusetzen, wenn das Kind auf die Fortdauer dieser Zahlungen vertrauen durfte und in diesem berechtigten Vertrauen Dispositionen getroffen hat, die sich nicht sofort und ohne erhebliche Nachteile für das Kind rückgängig machen lassen. Diese Frage braucht indes nicht entschieden zu werden; denn ein solcher Fall liegt hier nicht vor: Der Bekl. hat der Kl. bereits bei ihrem Gespräch im Sommer 1992, in dem die Kl. dem Bekl. erstmals von ihren Studienplänen berichtete, erklärt, dass es sich bei dieser Zweitausbildung um ihre „Privatsache" handele; auch in der Folgezeit hat der Bekl. keinen Zweifel daran gelassen, dass ihn keine gesetzliche Verpflichtung trifft, die Kl. für die Dauer der von ihr begonnenen Zweitausbildung zu unterhalten. **b**

BGH v. 13. 6. 2001 – XII ZR 343/99 – FamRZ 01, 986 = NJW 01, 2254

(Grundsätzliche Änderung der Rechtsprechung zu den ehelichen Lebensverhältnissen bei Haushaltsführung durch einen Ehegatten) **R563**

2. Gemäß § 1573 II BGB kann die Kl. nach der Scheidung einen so genannten Aufstockungsunterhalt in Höhe des Unterschiedsbetrags zwischen ihren eigenen Einkünften und dem vollen Unterhalt (§ 1578 BGB) verlangen, wenn ihre Einkünfte aus einer angemessenen Erwerbstätigkeit zum vollen Unterhalt nicht ausreichen. Das Gesetz knüpft dabei an den Unterhaltsmaßstab der ehelichen Lebensverhältnisse in § 1578 BGB an, ohne dort allerdings im Einzelnen zu definieren, welche Umstände diese Lebensverhältnisse bestimmen, und ohne den für die Beurteilung maßgeblichen Zeitpunkt festzulegen. Nach den bislang vom *Senat* zur Ausfüllung dieses Rechtsbegriffs entwickelten Grundsätzen werden die ehelichen Lebensverhältnisse im Wesentlichen durch die bis zur Scheidung nachhaltig erzielten tatsächlichen Einkünfte der Ehegatten bestimmt, soweit sie dazu vorgesehen waren, den laufenden Lebensunterhalt zu decken (vgl. grundlegend *Senat*, NJW 1981, 1609 = LM § 1603 BGB Nr. 8 = FamRZ 1981, 539 [541]; NJW 1982, 1873 = LM § 236 [A] ZPO Nr. 6 = FamRZ 1982, 255 [257]; NJW 1983, 1483 = LM § 1574 BGB Nr. 2 = FamRZ 1983, 144 [146], und seither ständig; w. Nachw. bei Lohmann, Neue Rspr. des BGH z. FamilienR, 8. Aufl., Rdnrn. 110 f.). Zwar hat der *Senat* die Haushaltsführung eines nicht erwerbstätigen Ehegatten einschließlich der Kinderbetreuung wirtschaftlich betrachtet der Erwerbstätigkeit und der durch diese ermöglichten Geldunterhaltsleistung des ande- **a**

ren Ehegatten als grundsätzlich gleichwertig angesehen. Er hat aber entscheidend darauf abgehoben, dass an Barmitteln, die zum Lebensunterhalt zur Verfügung stehen, nur die Einkünfte des erwerbstätigen Ehegatten vorhanden sind und daher die für die Unterhaltsbemessung maßgeblichen ehelichen Lebensverhältnisse grundsätzlich durch diese Einkünfte und nicht entscheidend durch den wirtschaftlichen Wert der von beiden Ehegatten erbrachten Leistungen geprägt werden (Senat, NJW 1985, 305 = LM § 1573 BGB Nr. 13 = FamRZ 1985, 161 [163]; NJW 1987, 58 = LM § 1578 BGB Nr. 38 = FamRZ 1986, 783 [785]). Da die Scheidung den Endpunkt für die Entwicklung der ehelichen Lebensverhältnisse setzt, können diese nach diesen Grundsätzen nicht mehr durch Einkünfte mitgeprägt werden, die erst durch eine spätere Arbeitsaufnahme oder Ausdehnung einer Teilzeittätigkeit hinzutreten. Hat der unterhaltsberechtigte Ehegatte während der Ehe (nur) den Haushalt geführt und gegebenenfalls Kinder betreut, bestimmt sich daher das Maß seines eheangemessenen Unterhalts grundsätzlich nur nach einer Quote des tatsächlich erzielten und zum Lebensunterhalt zur Verfügung stehenden Einkommens des erwerbstätigen Ehegatten. Diese Quote erhöht sich gegebenenfalls um trennungsbedingten Mehrbedarf, den der unterhaltsberechtigte Ehegatte konkret darlegen muss (*Senat*, NJW 1982, 1873 = LM § 236 [A] ZPO Nr. 6 = FamRZ 1982, 255 [257], und NJW 1984, 292 = LM § 1578 BGB Nr. 26 L = FamRZ 1984, 149 [151], nicht abgedr. in BGHZ 89, 108). Einkommen, das der unterhaltsberechtigte Ehegatte nach der Scheidung durch erstmalige Aufnahme (vgl. *Senat*, NJW 1981, 1609 = LM § 1603 BGB Nr. 8 = FamRZ 1981, 539 [541]; NJW 1982, 1873 = LM § 236 [A] ZPO Nr. 6 = FamRZ 1982, 255 [257]) oder durch Erweiterung einer bereits innegehabten Teilzeitarbeit (vgl. *Senat*, NJW 1982, 1873 = LM § 236 [A] ZPO Nr. 6 = FamRZ 1982, 255 [257]) erzielt, bleibt daher bei der Bemessung des Unterhaltsbedarfs nach den ehelichen Lebensverhältnissen außer Betracht. Vielmehr muss er sich dieses Einkommen nach dem Grundsatz wirtschaftlicher Eigenverantwortung auf die Quote bedarfsdeckend anrechnen lassen (§§ 1569, 1577 I BGB; so genannte Anrechnungsmethode, vgl. Senat, NJW 1981, 1609 = LM § 1603 BGB Nr. 8 = FamRZ 1981, 539 [541]; NJW 1985, 305 = LM § 1573 BGB Nr. 13 = FamRZ 1985, 161 [163]; NJW 1985, 305 = LM § 1573 BGB Nr. 13 = FamRZ 1985, 161 [163]). Hat der unterhaltsberechtigte Ehegatte demgegenüber seine Tätigkeit schon während der Ehe aufgenommen, fließt sein daraus erzieltes Einkommen als die ehelichen Lebensverhältnisse prägend (und damit letztlich unterhaltserhöhend) in die Bedarfsbemessung nach § 1578 BGB mit ein. Sein Unterhalt kann dann im Wege der so genannten Differenzmethode nach einer Quote der Differenz der beiderseits erzielten (bereinigten) Einkommen bemessen werden, ohne dass der so berechnete „Quotenunterhalt" allerdings die Gewähr bietet, den vollen, nach den ehelichen Lebensverhältnissen bemessenen Unterhaltsbedarf abzudecken (vgl. *Senat*, NJW 1984, 1237 = LM § 1581 BGB Nr. 3 = FamRZ 1984, 358 [360] m. w. Nachw.). Die Berechnung kann auch im Wege der so genannten Additionsmethode erfolgen, indem eine Quote aus den zusammengerechneten beiderseitigen (bereinigten) Einkommen gebildet wird und darauf sowohl die prägenden wie die nicht prägenden Einkünfte des unterhaltsberechtigten Ehegatten angerechnet werden. Differenz- und Additionsmethode führen danach – bei beiderseits bereinigtem Einkommen – rechnerisch zum selben Ergebnis, wobei die Differenzmethode lediglich eine Verkürzung darstellt (zu den verschiedenen Methoden vgl. *Wendl/Gerhardt*, UnterhaltsR in der familienrichterlichen Praxis, 5. Aufl., § 4 Rdnrn. 386 ff.; *Schwab/Borth*, Hdb. des ScheidungsR, 4. Aufl., IV Rdnrn. 933 ff.).

Eine Ausnahme von diesen Grundsätzen zur Bestimmung der ehelichen Lebensverhältnisse hat der *Senat* unter anderem in einem Fall zugelassen, in dem die Ehefrau nach der Trennung ihre bisher in der Ehe ausgeübte Halbtagstätigkeit in eine Ganztagstätigkeit ausgeweitet hatte, nachdem das Kind 16 Jahre alt geworden war. Er hat dazu ausgeführt, dass das Heranwachsen eines Kindes in aller Regel dem betreuenden Elternteil die Möglichkeit eröffne, eine Vollzeitbeschäftigung aufzunehmen. Er hat in diesem Zusammenhang entscheidend darauf abgestellt, ob die Aufnahme oder Ausweitung der Erwerbstätigkeit bereits in der Ehe geplant und angelegt war und damit auch ohne die Trennung erfolgt wäre (*BGHZ* 89, 108 [113] = NJW 1984, 292 = LM § 1578 BGB Nr. 26 L = FamRZ 1984, 149 [150]). In diesem Fall war das erhöhte Einkommen der Ehefrau bereits bei der Bemessung des Unterhaltsbedarfs zu berücksichtigen und in die Differenzrechnung einzustellen. Ebenso ist er in einem Fall verfahren, in dem die Ehefrau nach der Heirat ihren Beruf aufgab, den Haushalt und die Kinder betreute und den Ehemann in dessen Tierarztpraxis unterstützte, nach der Trennung – die Kinder waren inzwischen 17 und 18 Jahre alt – zunächst ihren erlernten Beruf als Medizinisch-Technische Assistentin im Rahmen einer Teilzeitbeschäftigung wiederaufnahm und diese noch vor der Scheidung zu einer Ganztagstätigkeit ausweitete. Der *Senat* hat ihren Einkünften prägenden Einfluss auf die ehelichen Lebensverhältnisse zugemessen, weil ihre Arbeitsaufnahme im Rahmen einer normalen Entwicklung lag (*Senat*, NJW 1982, 2439 = LM § 1578 BGB Nr. 13 = FamRZ 1982, 892 [893]). Erfolgte die Arbeitsaufnahme dagegen erst nach der Scheidung, erhöhte das daraus erzielte Einkommen nach den bisherigen Grundsätzen den Unterhaltsbedarf nach § 1578 BGB auch dann nicht, wenn ein entsprechender Lebensplan schon vor der Trennung bestanden hatte, so dass ein späteres Erwerbseinkommen im Wege der Anrechnungsmethode auf den Unterhaltsbedarf anzurechnen war und den Unterhalt beschränkte (*Senat*, NJW 1987, 58 = LM § 1578 BGB Nr. 38 = FamRZ 1986, 783 [785]).

4. Der Rechtsprechung des Senats, dass sich die ehelichen Lebensverhältnisse nur durch die vorhandenen Barmittel, nicht aber auch durch den wirtschaftlichen Wert der von dem haushaltsführenden Ehegatten erbrachten Leistungen bestimmen sollen, wird entgegengehalten, dass sie den Ehegatten benachteilige, der um der Familie und Kinder willen oder um dem anderen erwerbstätigen Ehegatten ein besseres berufliches Fortkommen zu ermöglichen, auf eine eigene Erwerbstätigkeit (und damit auch auf eine höhere Alterssicherung) verzichtet. Die Bemessungsweise nach der so genannten Anrechnungsmethode führe vollends zu Unbilligkeiten, wenn in der Ehe ein Teil des Erwerbseinkommens zur Vermögensbildung gespart worden sei und nicht zum allgemeinen Lebensbedarf zur Verfügung gestanden habe.

Das als ungerecht empfundene Ergebnis der Unterhaltsbemessung bei nachehelicher Aufnahme einer Erwerbstätigkeit wurde in der Literatur stets kritisch beurteilt (vgl. unter anderem *Büttner*, FamRZ 1984, 534 [536]; *Hampel*, FamRZ 1984, 621 [624 f.]; *Laier*, FamRZ 1993, 392; *Luthin*, FamRZ 1988, 1109 [1113]), ist aber nunmehr angesichts des Wandels der sozialen Wirklichkeit seit Einführung der Eherechtsreform verstärkt in das Blickfeld geraten (vgl. unter anderem *Johannsen/Henrich/Büttner*, EheR, 3. Aufl., § 1573 Rdnr. 30; *Heiß/Heiß*, Hdb. des UnterhaltsR, I Kap. 5.7, Rdnrn. 21 ff., 26; *Kalthoener/Büttner/Niepmann*, Rspr. zur Höhe des Unterhalts, 7. Aufl., Rdnrn. 440, 445; *Schwab/Borth*, IV Rdnrn. 853, 945; *Gerhardt/v. Heintschel-Heinegg/Klein*, Hdb. des Fachanwalts FamilienR, 3. Aufl., Kap. 6 Rdnrn. 403 a ff.; *Göppinger/Bäumel*, UnterhaltsR, 7. Aufl., Rdnr. 1073; *Maurer*, in: MünchKomm, 4. Aufl., § 1578 Rdnr. 59; *Palandt/Brudermüller*, BGB, 60. Aufl., § 1578 Rdnr. 31; *Born*, FamRZ 1999, 541 [547]; *ders.*, MDR 2000, 981; *Büttner*, FamRZ 1999, 893; *Borth*, FamRZ 2001, 193; *Gerhardt*, FamRZ 2000, 134; *Gerhardt/Gutdeutsch*, FuR 1999, 241; *Graba*, FamRZ 1999, 1115).

Als Hauptargumente werden angeführt: Die ehebedingte Beschränkung infolge des Verzichts auf eine eigene berufliche Tätigkeit könne auf dem Wege über die Anrechnungsmethode zu einer dauerhaften Beschränkung des Lebensstandards des unterhaltsberechtigten Ehegatten führen, die auch durch die Zubilligung eines trennungsbedingten Mehrbedarfs nur teilweise abgemildert werde. Dies laufe der vom Gesetzgeber gewollten Lebensstandardgarantie des geschiedenen Ehegatten in §§ 1573 II , 1578 I BGB, der in §§ 1356, 1360 S. 2, 1606 III 2 BGB vorgegebenen Gleichwertigkeit von Erwerbstätigkeit einerseits, Haushaltsführung und Kindesbetreuung andererseits, sowie dem Benachteiligungsverbot des Art. 6 I und II GG zuwider, der jede belastende Differenzierung verbiete, die eine Folge der Übernahme familiärer Pflichten sei (vgl. *BVerfGE* 99, 216 = NJW 1999, 557 = FamRZ 1999, 285 [288]). Denn die ehelichen Lebensverhältnisse würden nicht nur durch die vorhandenen Barmittel des erwerbstätigen Ehegatten, sondern auch durch den Einsatz des haushaltsführenden Ehegatten für die Familie mitbestimmt. Eine zuverlässige Feststellung, ob und gegebenenfalls in welchem Umfang eine später (wieder)aufgenommene oder erweiterte Erwerbstätigkeit bereits in der Ehe angelegt gewesen sei und (im Vorgriff) die ehelichen Lebensverhältnisse geprägt habe, so dass auch die aus der (späteren) Erwerbstätigkeit erzielten Mittel als prägendes Einkommen in die Unterhaltsbemessung nach der Differenzmethode einfließen könnten, sei selten möglich. Die Rechtsprechung führe daher zu Zufallsergebnissen, je nach dem, ob beispielsweise die Kinder zum Zeitpunkt der Trennung schon so alt seien, dass eine alsbaldige Rückkehr der Frau in den Beruf zu erwarten gewesen sei oder nicht. Mit dem Wandel der sozialen Verhältnisse in den letzten 20 Jahren, in denen das Ehebild der typischen Hausfrauenehe immer mehr durch dasjenige der Doppelverdienerehe ersetzt worden sei, bei der die Frau ihre Erwerbstätigkeit nur durch eine Kinderbetreuungsphase unterbreche, danach aber in aller Regel wiederaufnehme, sei dies nicht mehr zu vereinbaren.

5. Dem ist zuzugeben, dass die Anrechnungsmethode dem Verständnis von der Gleichwertigkeit von Kindesbetreuung und/oder Haushaltsführung nicht gerecht wird und auch dem gewandelten Ehebild in der Mehrzahl der Fälle nicht mehr angemessen Rechnung trägt. Ausgangspunkt ist die Wertentscheidung des Gesetzgebers, mit der er die Haushaltsführung des nicht erwerbstätigen Ehegatten der Erwerbstätigkeit des anderen Ehegatten gleichstellt. Nach § 1360 S. 1 BGB sind beide Ehegatten verpflichtet, durch ihre Arbeit und ihr Vermögen die Familie angemessen zu unterhalten. Nach heutigem Eheverständnis regeln die Ehegatten im gegenseitigen Einvernehmen und unter Rücksichtnahme auf die jeweiligen Belange des anderen und der Familie die Frage, wer von ihnen erwerbstätig sein und wer – ganz oder überwiegend – die Haushaltsführung übernehmen soll (§ 1356 BGB). Dies richtet sich nach den individuellen (familiären, wirtschaftlichen, beruflichen und sonstigen) Verhältnissen der Ehegatten. Dabei kann zum Beispiel mitbestimmend sein, wer von beiden die qualifiziertere Ausbildung hat, für wen die besseren Chancen am örtlichen Arbeitsmarkt bestehen, wo sich der Arbeitsplatz und das Familienheim befinden, ob gegebenenfalls Personen aus dem Familienverband (zum Beispiel Geschwister oder Eltern) oder nahe Freunde zur Kindesbetreuung zur Verfügung stehen oder ob den Ehegatten noch weitere Familienpflichten besonderer Art, beispielsweise die Pflege hilfsbedürftiger Eltern, obliegen. Geht die Entscheidung dahin, dass einer von ihnen die Haushaltsführung und gegebenenfalls Kindesbetreuung übernehmen soll, so bestimmt das Gesetz ausdrücklich, dass er hierdurch in der Regel seine Verpflichtung, durch Arbeit zum Unterhalt der Familie beizutragen, erfüllt (§ 1360 S. 2 BGB). In ähnlicher Weise setzt § 1606 III 2 BGB die Kindesbetreuung der Gewährung von Barunterhalt gleich. Der Gesetzgeber geht damit zugleich davon aus, dass die ehelichen Lebensverhältnisse nach

§ 1578 BGB nicht nur durch die Bareinkünfte des erwerbstätigen Ehegatten, sondern auch durch die Leistungen des anderen Ehegatten im Haushalt mitbestimmt werden und hierdurch eine Verbesserung erfahren (vgl. BT-Dr 7/650, S. 129 [136]; BT-Dr 7/4361, S. 15). Dessen Tätigkeit ersetzt Dienst- und Fürsorgeleistungen und Besorgungen, die anderenfalls durch teure Fremdleistungen erkauft werden müssten und den finanziellen Status – auch einer Doppelverdienerehe – verschlechtern würden. Darüber hinaus enthält sie eine Vielzahl von anderen, nicht in Geld messbaren Hilfeleistungen, die den allgemeinen Lebenszuschnitt der Familie in vielfältiger Weise verbessern. Aus dieser Sicht ist es zu eng, die ehelichen Lebensverhältnisse als Maßstab des Unterhalts nur an den zum Zeitpunkt der Scheidung vorhandenen Barmitteln auszurichten. Zwar bildet das Erwerbseinkommen als finanzielle Grundlage der Familie den primären Faktor der Unterhaltsbemessung, jedoch werden die ehelichen Lebensverhältnisse durch die Gesamtheit aller wirtschaftlich relevanten beruflichen, gesundheitlichen, familiären und ähnlichen Faktoren mitbestimmt (vgl. *Gerhardt*, in: Hdb. FamilienR, Rdnr. 403 d). Auch nach der gesetzgeberischen Intention soll es auf das Gesamtbild der ehelichen Lebensverhältnisse ankommen, wozu im Übrigen eine gewisse Dauer gehört und vorübergehende Änderungen irrelevant sein sollen (vgl. BT-Dr 7/650, S. 136). Die – auf den Scheidungszeitpunkt bezogenen – konkreten Barmittel können damit immer nur ein Kriterium, nicht aber der alleinige Maßstab sein. Vielmehr umfassen die ehelichen Lebensverhältnisse alles, was während der Ehe für den Lebenszuschnitt der Ehegatten nicht nur vorübergehend tatsächlich von Bedeutung ist (vgl. *Senat*, NJW 1999, 717 = LM H. 6/1999 § 1578 BGB Nr. 67 = FamRZ 1999, 367 [368]), mithin auch den durch die häusliche Mitarbeit des nicht erwerbstätigen Ehegatten erreichten sozialen Standard.

6. An dem in dieser Weise verbesserten ehelichen Lebensstandard soll der haushaltsführende Ehegatte auch nach der Scheidung teilhaben. Das Gesetz bringt dies an verschiedenen Stellen zum Ausdruck: So enthält § 1578 BGB nach dem Willen des Gesetzgebers eine Lebensstandardgarantie gerade auch zu Gunsten des haushaltsführenden Ehegatten (BT-Dr 10/2888, S. 18). Mit der Anknüpfung des Unterhalts an die ehelichen Lebensverhältnisse wollte der Gesetzgeber insbesondere den Fällen gerecht werden, in denen durch gemeinsame Leistung der Ehegatten ein höherer sozialer Standard erreicht worden ist, an dem auch der nicht erwerbstätige Ehegatte teilhaben soll (BT-Dr 7/650, S. 136). Es wurde als unbillig empfunden, den Wert der Leistungen unberücksichtigt zu lassen, die sich in der Haushaltsführung, der Erziehung der gemeinsamen Kinder oder in der Förderung des beruflichen Fortkommens und Ansehens des anderen Ehegatten niedergeschlagen haben (BT-Dr 7/4361, S. 15). Eine Ausprägung dieses Gedankens ist auch der Aufstockungsunterhalt nach § 1573 II BGB, mit dem der Gesetzgeber den sozialen Abstieg eines Ehegatten nach der Scheidung verhindern will, weil das erreichte Lebensniveau als gleichwertige Leistung auch desjenigen Ehegatten angesehen wird, der zu Gunsten von Ehe und Familie auf eine eigene Berufstätigkeit verzichtet hat. Die Regelung schränkt in verfassungskonformer Weise den Grundsatz der nachehelichen wirtschaftlichen Eigenverantwortung (§ 1569 BGB) zu Gunsten der nachwirkenden ehelichen Mitverantwortung ein (*BVerfG*, NJW 1981, 1771 = FamRZ 1981, 745 [750 ff.]; *Senat*, NJW 1983, 1733 = LM § 1578 BGB Nr. 21 = FamRZ 1983, 678 [679]; *Kalthoener/Büttner/Niepmann*, Rdnr. 439; *Born*, FamRZ 1999, 542). Schließlich soll durch § 1574 II BGB sichergestellt werden, dass Ehegatten, die ihr eigenes berufliches Fortkommen um der Familie willen hintangestellt und den wirtschaftlichen und sozialen Aufstieg des anderen Ehegatten gefördert haben, nicht nach der Scheidung eine Tätigkeit ausüben müssen, die unter dem ehelichen Lebensstandard liegt (BT-Dr 7/650, S. 129; BT-Dr 7/4361, S. 17). Die Teilhabequote orientiert sich an der Gleichwertigkeit der beiderseits erbrachten Leistungen, so dass beide Ehegatten hälftig an dem durch Erwerbseinkommen einerseits, Haushaltsführung andererseits geprägten ehelichen Lebensstandard teilhaben.

(Surrogats- und Bewertungslösung)

b 7. Zur Verwirklichung einer derartigen gleichmäßigen Teilhabe werden in der Literatur (vgl. die obigen Zitate, ferner Übersicht bei *Schwab/Borth*, Rdnr. 945) verschiedene Wege vorgeschlagen:

a) Eine verbreitete Meinung geht von der Tatsache aus, dass das Heiratsalter von Frauen in den letzten rund 25 Jahren stetig gestiegen ist (1975: 22,7 Jahre; 1996: 27,6 Jahre; 1998: 28 Jahre, vgl. Statistische Jahrbücher des Statistischen Bundesamtes 1977, 70; 1998, 70; 2000, 69) und schließt daraus, dass Frauen vor der Eheschließung in aller Regel einen Beruf erlernt und ausgeübt haben und ihn nach der Heirat erst aufgeben, wenn die Betreuung von Kindern, die man nicht Hilfspersonen überlassen will, dies erfordert. Daran wird die (widerlegliche) Vermutung geknüpft, dass die Ehegatten nach den heutigen Gepflogenheiten in aller Regel die Vorstellung haben, dass die Berufstätigkeit nur für die Phase der Kindesbetreuung unterbrochen werden soll und der betreuende Ehegatte danach in den Erwerbsprozess zurückkehrt, vorausgesetzt, seine Gesundheit, seine berufliche Qualifikation und die Arbeitsmarktlage lassen dies nach dem Zeitablauf zu. Dem ist einzuräumen, dass Ehen, in denen die Ehefrau den Haushalt führt und Kinder betreut, in der sozialen Wirklichkeit nicht mehr generell und auf Dauer dem Typ der Haushaltsführungsehe zugeordnet werden können, sondern in stark gestiegenem Maße nurmehr vorübergehend in dieser Form geführt werden und sich die Ehegatten nach ihren jeweiligen Bedürfnissen auch zur (Wieder-)Aufnahme einer Doppel-

oder Zuverdienerehe entschließen. Auch ist es nicht mehr stets die Ehefrau, die die Haushaltsführung und Kinderbetreuung übernimmt, vielmehr kann diese Aufgabe, je nach Berufschancen und Arbeitsmarktlage, auch dem Ehemann zufallen oder von beiden gemeinsam übernommen werden. Den Ehegatten wird eine solche – gegebenenfalls phasenweise – Aufteilung der Übernahme von Erwerbs- und Familienpflichten nicht nur durch die Möglichkeit eines staatlichen Erziehungsgeldes erleichtert, sondern auch die Arbeitswelt enthält sowohl im öffentlichen Dienst als auch in privaten Arbeitsverhältnissen Beurlaubungs- oder Rückkehrmöglichkeiten (vgl. *Büttner*, FamRZ 1999, 894). Anreize zur Wiederaufnahme einer Erwerbstätigkeit ergeben sich schließlich auch aus dem Gedanken des Aufbaus einer eigenen Alterssicherung, zumal rentenrechtliche Vorschriften unter anderem den Bezug einer vorzeitigen Rente wegen Erwerbsminderung von Mindestpflichtversicherungszeiten in den letzten fünf Jahren vor Eintritt der Erwerbsminderung abhängig machen (vgl. §§ 43 I Nr. 2 und 44 I Nr. 2 SGB VI a. F. und § 43 I Nr. 2 SGB VI i. d. F. des Rentenreformgesetzes 1999 v. 16. 12. 1997 ab 1. 1. 2001, BGBl I 1997, 2998, und BGBl I 1999, 388; *Johannsen/Henrich/Hahne*, § 1587 a Rdnrn. 137, 138).

Auch wenn an diesen Wandel der sozialen Verhältnisse vielfach die Vermutung geknüpft werden kann, dass die Wiederaufnahme der Berufstätigkeit nach Abschluss der Kindesbetreuungsphase schon in der Ehe angelegt war und damit schon deshalb zur Berücksichtigung des Erwerbseinkommens im Rahmen der Anwendung der Differenzmethode führen kann, vermag diese Überlegung indes nicht die Fälle kinderloser Ehen zu lösen, in denen ein Ehegatte nur den Haushalt geführt und sein eigenes berufliches Fortkommen um der Ehe willen oder im Interesse des beruflichen Einsatzes und der Karriere des anderen Ehegatten – sei es bei Auslandsaufenthalten oder sonstigen Versetzungen – hintangestellt hat. Ein solcher Ehegatte verdient nicht weniger Schutz als ein kindesbetreuender Ehegatte. Auch zeigt sich in diesen Fällen, dass eine Abgrenzung danach, ob die Berufstätigkeit auch ohne die Trennung aufgenommen worden wäre, nicht weiterhilft. Die durch die Aufgabe der eigenen Berufstätigkeit entstandenen ehebedingten Nachteile wirken – bei Anwendung der Anrechnungsmethode – auch nachehezeitlich fort, wenn nach der Scheidung, wie nicht selten bei kinderlosen Ehen, eine Berufstätigkeit wieder aufgenommen, aber der Unterhaltsbedarf allein nach dem Einkommen des anderen Ehegatten bemessen wird.

b) Ein anderer Lösungsweg, den Familieneinsatz eines Ehegatten bei der Unterhaltsbemessung zu berücksichtigen, wird über eine „Monetarisierung" der Haushaltsführung und Kindesbetreuung gesucht, wobei zum Teil pauschale Festbeträge ohne Rücksicht auf den individuellen Umfang der familienbezogenen Leistungen vorgeschlagen werden (500 DM – 1000 DM nach den Bayerischen Leitlinien Nr. 6, s. Buch 1, 3. Aufl., S. 75; vgl. *Gerhardt*/Gutdeutsch, FuR 1999, 243; *Graba*, FamRZ 1999, 1115 [1118, 1121]), zum Teil – in Anknüpfung an die Bewertung der Haushaltsführung in so genannten Konkubinatsfällen analog § 850 h ZPO (vgl. unter anderem *Senat*, NJW 1984, 2358 = LM § 1577 BGB Nr. 5 = FamRZ 1984, 662 m. w. Nachw.) – allgemeine Erfahrungswerte, die zur Bemessung von Schadensersatzrenten bei Verletzung oder Tötung von Hausfrauen entwickelt wurden (vgl. *Born*, MDR 2000, 984; *Graba*, FamRZ 1999, 1121). Diskutiert wird in diesem Zusammenhang auch eine Verdoppelung der Bareinkünfte des erwerbstätigen Ehegatten, weil nach der Gleichwertigkeitsregel des § 1360 I 2 BGB die Haushaltsführung der Erwerbstätigkeit gleichzusetzen sei. Zu Recht wird jedoch diese Berechnungsweise mit dem Hinweis darauf verworfen, dass eine solche Verdoppelung nicht der Lebenswirklichkeit entspreche und die Haushaltsführung als eigenständiger Umstand zu beurteilen sei, der die ehelichen Lebensverhältnisse ebenso bestimme wie etwa ein Wohnvorteil im eigenen Heim (vgl. *Graba*, FamRZ 1999, 1121). Im Übrigen wird gegen die fiktive Monetarisierung eingewandt, dass sie wegen der Unterschiedlichkeit der Ehetypen nicht praktikabel sei und den jeweiligen individuellen Leistungen des Ehegatten für die Familie nicht angemessen Rechnung trage (vgl. *Gerhardt*, FamRZ 2000, 135 [136]; zweifelnd auch *Borth*, FamRZ 1999, 200; *Bienko*, FamRZ 2000, 13; *Söpper*, FamRZ 2000, 14). Auch könne sie die Mehrzahl derjenigen Fälle nicht befriedigend lösen, in denen der haushaltsführende Ehegatte nach der Scheidung etwa wegen Kindesbetreuung oder alters- oder krankheitsbedingt nicht arbeiten kann oder auf dem Arbeitsmarkt keine angemessene Tätigkeit mehr findet. Denn der unterhaltspflichtige Ehegatte werde ihm in solchen Fällen ohnehin nur den Quotenunterhalt nach dem fortgeschriebenen, real zur Verfügung stehenden Einkommen gewähren können. Ein Zugriff auf gegebenenfalls weitere, nicht in der Ehe angelegte Einkünfte des Unterhaltspflichtigen sei nach der Ausrichtung des § 1578 BGB nicht möglich. Der Grundsatz der Gleichwertigkeit der beiderseitigen Leistungen erfordere es nämlich andererseits nicht, die Haushaltsleistungen nachträglich durch die hälftige Beteiligung am verfügbaren Einkommen zu vergüten. Solange daher der haushaltsführende Ehegatte nach Trennung bzw. Scheidung zum Beispiel wegen Kindererziehung, Krankheit oder Alters keine eigenen Einkünfte beziehen könne, verbleibe es bei der Aufteilung des real zur Verfügung stehenden eheprägenden Einkommens. Denn da die lebensstandarderhöhende Haushaltstätigkeit mit der Scheidung weggefallen und kein an deren Stelle tretendes Ersatzeinkommen vorhanden sei, müssten beide Ehegatten in gleicher Weise die trennungsbedingte Verschlechterung ihrer ehelichen Lebensverhältnisse hinnehmen (vgl. *Borth*, FamRZ 2001, 200; *Graba*, FamRZ 1999, 1115 [1117 f.]).

(Aufnahme oder Auswirkung einer Erwerbstätigkeit durch eine Hausfrau als eheprägendes Surrogat auch bei Ansatz erzielbarer, fiktiver Einkünfte; Ausnahme bei Karrieresprung; Korrekturmöglichkeiten durch §§ 1573 V, 1578 I 2 BGB)

c c) Einer abschließenden Entscheidung zur Frage der Notwendigkeit einer Monetarisierung der Haushaltstätigkeit bedarf es indessen nicht. Jedenfalls in den Fällen, in denen der unterhaltsberechtigte Ehegatte – wie hier – nach der Scheidung ein Einkommen erzielt oder erzielen kann, welches gleichsam als Surrogat des wirtschaftlichen Werts seiner bisherigen Tätigkeit angesehen werden kann, ist dieses Einkommen in die Unterhaltsberechnung nach der Differenzmethode einzubeziehen. Das knüpft an die Überlegung an, dass die während der Ehe erbrachte Familienarbeit den ehelichen Lebensstandard geprägt und auch wirtschaftlich verbessert hat und als eine der Erwerbstätigkeit gleichwertige Leistung anzusehen ist, und trägt dem Grundsatz Rechnung, dass der in dieser Weise von beiden Ehegatten erreichte Lebensstandard ihnen auch nach der Scheidung zu gleichen Teilen zustehen soll. Nimmt der haushaltsführende Ehegatte nach der Scheidung eine Erwerbstätigkeit auf oder erweitert er sie über den bisherigen Umfang hinaus, so kann sie als Surrogat für seine bisherige Familienarbeit angesehen werden. Der Wert seiner Haushaltsleistungen spiegelt sich dann in dem daraus erzielten oder erzielbaren Einkommen wider, von Ausnahmen einer ungewöhnlichen, vom Normalverlauf erheblich abweichenden Karriereentwicklung abgesehen. Insofern bildet § 1578 BGB – ebenso wie bei unerwarteten Einkommenssteigerungen des Unterhaltspflichtigen – auch eine Begrenzung für die Bedarfsbemessung. Aus dieser Sicht erscheint es gerechtfertigt, dieses Einkommen in die Bedarfsbemessung einzubeziehen und in die Differenzrechnung einzustellen. Damit ist gewährleistet, dass – ebenso wie früher die Familienarbeit beiden Ehegatten zu gleichen Teilen zugute kam – nunmehr das beiderseitige Einkommen zwischen ihnen nach dem Grundsatz der gleichmäßigen Teilhabe geteilt wird. Eine wirtschaftliche Benachteiligung des unterhaltspflichtigen gegenüber dem unterhaltsberechtigten Ehegatten tritt durch die Differenzmethode nicht ein, zumal eine Entlastung durch die zeitliche Begrenzung des Unterhalts gem. den §§ 1573 V und 1578 I 2 BGB möglich ist. Es wird lediglich vermieden, dass – wie es bei der Anrechnungsmethode der Fall wäre – zu Lasten des haushaltsführenden Ehegatten eine Berücksichtigung seines Einkommens bei der Bedarfsbemessung unterbleibt und nur der unterhaltspflichtige Ehegatte einseitig entlastet wird (*Borth*, FamRZ 2001, 200 [201]; *ders.*, in: *Schwab/Borth*, IV Rdnr. 945; *Gerhardt*, in: Hdb. FamilienR, Rdnr. 403 d; *Büttner*, FamRZ 1999, 896; ders., FamRZ 1984, 538; i. Erg. ebenso *Graba*, FamRZ 1999, 1115 [1119]; *Laier*, FamRZ 1993, 393; *Born*, FamRZ 1999, 548).

(Additionsmethode als verständliche Berechnungsmethode gegenüber der verkürzenden Differenzmethode)

d 8. Die vom *OLG* gewählte Lösung, ein Ersatzeinkommen der Kl. in die Unterhaltsberechnung einzubeziehen, entspricht im Ergebnis diesem Ansatz. Dass es dabei statt der Differenz- die Additionsmethode gewählt hat, macht keinen Unterschied, da hier beide Berechnungsweisen zum selben Ergebnis führen. Die Additionsmethode hat lediglich den Vorzug der besseren Verständlichkeit gegenüber der verkürzenden Differenzmethode.

(Zinsen aus dem Verkaufserlös des Familienheimes als eheprägendes Surrogat des früheren Wohnwertes)

e 9. Dass das *OLG* auch die Zinseinkünfte der Kl. in Höhe von monatlich 407 DM als Ersatzeinkommen berücksichtigt hat, die sie aus dem nach Verkauf des Hauses und nach Ablösung von Schulden und der Zugewinnausgleichszahlung an den Bekl. verbliebenen Restkapital erzielen kann, ist in der Sache zutreffend. Während der Ehe waren die ehelichen Lebensverhältnisse der Parteien geprägt durch das mietfreie Wohnen im Haus der Kl., so dass sich der eheangemessene Bedarf grundsätzlich auch durch die daraus gezogenen Nutzungsvorteile erhöhte. Mit dem Verkauf des Hauses nach der Scheidung sind diese Nutzungsvorteile jedoch für beide Ehegatten entfallen, so dass ein (fiktiver) Ansatz des Wohnvorteils nicht mehr in Betracht kommt. Diese Einbuße muss von beiden Ehegatten getragen werden (vgl. *Senat*, NJW 1990, 3274 = LM § 323 ZPO Nr. 63 = FamRZ 1990, 989 [991 f.]; *Graba*, FamRZ 1999, 1115 [1120]). Verblieben sind allerdings auf Seiten der Kl. die Zinsvorteile aus dem Verkaufserlös, die an die Stelle des Nutzungsvorteils getreten sind und daher mit in die Differenz- bzw. – nach der Berechnungsweise des *OLG* – in die Additionsmethode einzubeziehen sind (vgl. *Senat*, NJW 2001, 2259 [in diesem Heft]; vgl. auch 13. Deutscher Familiengerichtstag 1999, Beschlüsse Arbeitskreis 3 zu III, Brühler Schriften zum FamilienR).

BGB v. 27. 6. 2001 – XII ZR 135/99 – FamRZ 01, 1291 = NJW 01, 3260

R564 *(Zum Einsatzzeitpunkt der Scheidung beim Unterhalt wegen Krankheit)*

a 2. a) Die Voraussetzungen eines Unterhaltsanspruchs nach § 1572 Nr. 1 BGB hat das BerGer. – in Übereinstimmung mit dem *AG* – nicht als erfüllt angesehen, weil nicht davon ausgegangen werden könne, dass von der Kl. vom Zeitpunkt der Scheidung am 28. 11. 1991 an wegen Krankheit eine Erwerbstätigkeit nicht mehr habe erwartet werden können. Hierzu hat es im Wesentlichen ausgeführt:

Es könne zwar nicht ausgeschlossen werden, dass eine krankheitsbedingte Erwerbsunfähigkeit bereits vor dem Jahre 1994, als die Erkrankung der Kl. als so genanntes Sjoegren-Syndrom diagnostiziert worden sei, vorgelegen habe. Vor Oktober 1993, als sie die Ausbildung zur Kinderkrankenschwester abgebrochen habe, könne eine Erwerbsunfähigkeit aber jedenfalls nicht festgestellt werden. Die Kl. habe selbst nicht geltend gemacht, ihre damals schon bestehende Krankheit habe sie bis dahin an einer Erwerbstätigkeit gehindert. Das werde durch ihre berufliche Entwicklung bestätigt. Die seit Februar 1991 ausgeübte Halbtagsbeschäftigung habe die Kl. im November 1991 auf 30 Wochenstunden ausgeweitet. Im April 1992 habe sie ihre – nicht durch Krankheit veranlasste – Umschulung begonnen. Es sei zwar anerkannt, dass der erforderliche zeitliche Zusammenhang zwischen dem Einsatzzeitpunkt und der Krankheit auch dann noch bestehen könne, wenn diese erst nach jenem Zeitpunkt ausgebrochen sei. Das gelte aber nur bei enger zeitlicher Abfolge, an der es bei einem zeitlichen Abstand von etwa 23 Monaten (vom 28. 11. 1991 bis Oktober 1993) fehle.

Diese Beurteilung hält der revisionsrechtlichen Überprüfung und den Angriffen der Revision stand.

b) Die Revision beanstandet die Annahme des BerGer., die Kl. habe nicht geltend gemacht, schon vor Oktober 1993 sei eine Erwerbstätigkeit von ihr nicht zu erwarten gewesen.

Die Kl. habe durch Antrag auf Einholung eines fachärztlichen Gutachtens den Beweis dafür angetreten, dass wegen ihrer rheumatischen Erkrankung, die 1994 als Sjoegren-Syndrom diagnostiziert worden sei, schon im Zeitpunkt der Scheidung, jedenfalls in nahem Zusammenhang mit ihr, eine Erwerbstätigkeit von ihr nicht habe erwartet werden können. Den Beweisantrag, der in Verbindung mit dem weiteren Vorbringen des betreffenden Schriftsatzes nicht anders verstanden werden könne, habe das BerGer. übergangen.

Diese Rüge bleibt ohne Erfolg. Das BerGer. brauchte dem Beweisantrag nicht nachzugehen, da das Vorbringen der Kl. nicht hinreichend substanziiert ist. Ein geschiedener Ehegatte kann nach § 1572 BGB Unterhalt verlangen, solange und soweit von ihm von dem jeweiligen Einsatzzeitpunkt an wegen Krankheit oder anderer Gebrechen oder Schwäche seiner körperlichen oder geistigen Kräfte eine Erwerbstätigkeit nicht erwartet werden kann. Der Unterhalt begehrende Ehegatte muss, um die Voraussetzungen der genannten Vorschrift darzutun, im Einzelnen die Krankheiten, an denen er leidet, angeben und vortragen, inwiefern sich diese auf seine Erwerbsfähigkeit auswirken. Er darf sich nicht generell auf eine Erwerbsunfähigkeit i. S. des § 1572 BGB berufen, sondern von ihm ist, insbesondere im Hinblick darauf, dass nur eine teilweise Erwerbsunfähigkeit vorliegen kann, zu verlangen, dass er Art und Umfang der gesundheitlichen Beeinträchtigungen oder Leiden darlegt. Darüber hinaus bezieht sich die Darlegungslast auf das Bestehen des Anspruchs zu dem maßgebenden Einsatzzeitpunkt (*Schwab/Borth*, Hdb. des ScheidungsR, 4. Aufl., Kap. IV Rdnr. 214; *Griesche*, in: FamGb, § 1572 Rdnr. 6; vgl. auch *Senat*, NJW 1988, 2369 = LM § 1569 BGB Nr. 28 = FamRZ 1988, 265 [266] [unter I 3]).

Den vorgenannten Anforderungen genügt das Vorbringen der Kl. nicht, soweit sie einen Unterhaltsanspruch nach § 1572 Nr. 1 BGB (Einsatzzeitpunkt der Scheidung) geltend macht.

c) Die Beurteilung des BerGer., der Unterhaltstatbestand des § 1572 Nr. 1 BGB liege nicht vor, ist nach den somit verfahrensfehlerfrei getroffenen Feststellungen auch rechtlich nicht zu beanstanden. Von einer krankheitsbedingten – vollen oder teilweisen – Erwerbsunfähigkeit unmittelbar vom Zeitpunkt der Scheidung an kann schon nach dem eigenen Vorbringen der Kl. nicht ausgegangen werden. Damit scheidet auch die Möglichkeit aus, den Eintritt der Erwerbsunfähigkeit deshalb noch dem Zeitpunkt der Scheidung zuzurechnen, weil sich ein zu dieser Zeit bereits vorhandenes, die Erwerbsfähigkeit minderndes Leiden verschlimmert und schließlich zur vollständigen Erwerbsunfähigkeit geführt hätte (vgl. *Senat*, NJW 1987, 2229 = LM § 1572 BGB Nr. 2 = FamRZ 1987, 684 [685]). Für die Entstehung eines Unterhaltsanspruchs nach § 1572 BGB wird es zwar ferner als ausreichend erachtet, wenn eine Krankheit zu einem der Einsatzzeitpunkte nur latent vorhanden war und in nahem zeitlichen Zusammenhang damit ausgebrochen ist und zur Erwerbsunfähigkeit geführt hat (*Maurer*, in: MünchKomm, BGB, 4. Aufl., § 1572 Rdnr. 11; *Griesche*, § 1572 Rdnr. 12; *OLG Stuttgart*, FamRZ 1983, 501 [503]; *OLG Karlsruhe*, FamRZ 1994, 104 [106]; das bloße Vorliegen einer latenten Erkrankung erachten demgegenüber als ausreichend: *Erman/Dieckmann*, BGB, 10. Aufl., § 1572 Rdnr. 6; *Soergel/Häberle*, BGB, 12. Aufl., § 1572 Rdnr. 6; Rolland, 1. EheRG, 2. Aufl., § 1572 Rdnr. 5; *Gernhuber/Coester-Waltjen*, FamilienR, 4. Aufl., § 30 IV 2, Fußn. 9; a. A. für den Fall, dass im Einsatzzeitpunkt selbst noch keine Erwerbsunfähigkeit vorlag: *Staudinger/Verschraegen*, BGB, 12. Bearb., § 1572 Rdnr. 22). Ob dieser Auffassung zu folgen ist oder ob damit die Anforderungen an die Einsatzzeitpunkte untergraben werden, bedarf im vorliegenden Fall jedoch keiner Entscheidung. Denn es fehlt an dem nach Auffassung des *Senats* jedenfalls erforderlichen nahen zeitlichen Zusammenhang zwischen der Scheidung und dem Eintritt der Erwerbsunfähigkeit. Letztere kann im Hinblick auf fehlenden substanziierten Sachvortrag der Kl. nicht vor dem aus gesundheitlichen Gründen erfolgten Abbruch der Ausbildung zur Kinderkrankenschwester im Oktober 1993 angesetzt werden, so dass seit der Scheidung ca. 23 Monate verstrichen waren. Unter diesen Umständen kann der Eintritt der Erwerbsunfähigkeit nicht mehr dem Zeitpunkt der Scheidung zugerechnet werden. Eine großzügigere Betrachtungsweise würde der gesetzgeberischen Intention zuwiderlaufen, schicksalsbedingte Ereignisse, die sich nach der Scheidung im Leben eines der geschiedenen Ehegatten einstellen, grundsätzlich nicht zu Lasten des anderen Ehegatten gehen zu lassen, weshalb Erkrankungen, die nach der Scheidung auftreten und ohne unmittelbaren Zusammenhang mit der Ehe stehen, nicht zu einem Unterhaltsanspruch nach § 1572 BGB führen sollten (BT-Dr 7/650, S. 124).

(Einkommen aus einer nach Trennung aufgenommenen Tätigkeit als eheprägendes Surrogat der Haushaltsführung)

b Diese Ausführungen begegnen durchgreifenden rechtlichen Bedenken, soweit sie die Ausgestaltung der ehelichen Lebensverhältnisse der Parteien sowie die davon abhängige Frage betreffen, ob die Kl. ihren hieran ausgerichteten Unterhaltsbedarf durch eigene Einkünfte decken konnte. Der *Senat* hat nach Erlass des angefochtenen Urteils entschieden, dass jedenfalls in den Fällen, in denen der unterhaltsberechtigte Ehegatte nach der Scheidung Einkommen erzielt oder erzielen könnte, welches gleichsam als Surrogat des wirtschaftlichen Werts seiner bisherigen Haushaltstätigkeit angesehen werden kann, dieses Einkommen nach der so genannten Differenzmethode in die Unterhaltsberechnung einzubeziehen ist. Dabei ist an die Überlegung angeknüpft worden, dass die während der Ehe erbrachte Familienarbeit den ehelichen Lebensstandard geprägt und auch wirtschaftlich verbessert hat und als eine der Erwerbstätigkeit gleichwertige Leistung anzusehen ist. Der in dieser Weise von beiden Ehegatten erreichte Lebensstandard soll ihnen nach Auffassung des *Senats* auch nach der Scheidung zu gleichen Teilen zustehen. Nimmt der haushaltsführende Ehegatte nach der Scheidung eine Erwerbstätigkeit auf oder erweitert sie über den bisherigen Umfang hinaus, so kann sie als Surrogat für seine bisherige Familienarbeit angesehen werden. Der Wert seiner Haushaltsleistungen spiegelt sich dann in dem erzielten oder erzielbaren Einkommen wider, von Ausnahmen einer ungewöhnlichen, vom Normalverlauf erheblich abweichenden Karriereentwicklung abgesehen. Aus dieser Sicht hat der *Senat* es für gerechtfertigt gehalten, das Ersatzeinkommen in die Bedarfsbemessung einzubeziehen und in die Differenzrechnung einzustellen. Damit wird gewährleistet, dass – ebenso wie früher die Familienarbeit beiden Ehegatten zu gleichen Teilen zugute kam – nunmehr das beiderseitige Einkommen zwischen ihnen nach dem Grundsatz der gleichmäßigen Teilhabe aufgeteilt wird (*Senat*, NJW 2001, 2254).

Ausgehend hiervon erweist sich die Annahme des BerGer., die Kl. habe aus ihrer Erwerbstätigkeit Einkünfte erzielt, die ihren vollen Unterhalt nach Maßgabe der ehelichen Lebensverhältnisse gedeckt hätten, nicht als zutreffend. Das von der Kl. erzielte Einkommen ist als Surrogat für ihre bisherige Familienarbeit anzusehen und bei der Bedarfsermittlung nach Maßgabe der ehelichen Lebensverhältnisse ebenfalls zu berücksichtigen.

(Fiktives Erwerbseinkommen als eheprägendes Surrogat der Haushaltsführung)

c Das AG ist davon ausgegangen, dass es der Kl. nach der Scheidung oblegen hätte, ihre Teilzeitbeschäftigung auf eine Ganztagstätigkeit auszudehnen, und hat ihr deshalb neben dem tatsächlich erzielten Einkommen monatlich weitere 425 DM fiktiv zugerechnet. Falls das BerGer. in dem weiteren Verfahren zu dem Ergebnis gelangen sollte, dass dieser Beurteilung zu folgen ist, kommt ein Unterhaltsanspruch nach § 1573 I BGB nicht in Betracht. Vorliegen können jedoch die Voraussetzungen eines Anspruchs auf Aufstockungsunterhalt gem. § 1573 II BGB, denn auch tatsächlich nicht erzielte, aber erzielbare Einkünfte sind nach der geänderten Rechtsprechung des *Senats* grundsätzlich als die ehelichen Lebensverhältnisse prägend anzusehen und bestimmen mithin den Bedarf des unterhaltsberechtigten Ehegatten.

(Nachhaltige Unterhaltssicherung nach § 1573 BGB; Maß des Anschlussunterhalts)

d 4 b) Das BerGer. hat angenommen, dass es der Kl. im Umfang ihres Erwerbseinkommens gelungen sei, ihren Unterhalt i. S. des § 1573 IV BGB nachhaltig zu sichern. Diese in tatrichterlicher Verantwortung erfolgte Beurteilung, der die nach der Rechtsprechung des *Senats* maßgebenden Kriterien zu Grunde gelegt worden sind (vgl. *Senat*, NJW 1986, 375 = LM § 1573 BGB Nr. 16 = FamRZ 1985, 1234 [1235]), ist rechtlich nicht zu beanstanden.

c) Bestand bei Beginn des Anschlussunterhalts nach § 1572 Nr. 4 BGB auf Grund eines weggefallenen früheren Anspruchsgrunds (§ 1573 I, II BGB) aber nur ein Anspruch auf einen Teil des vollen Bedarfs, so entsteht auch der Anspruch auf Anschlussunterhalt nur als solcher auf Teilunterhalt. Eine andere Auslegung des Wortlauts des § 1572 BGB, insbesondere des Wortes „soweit", stünde im Widerspruch zu dem Zweck der Einsatzzeitpunkte, die zu den Schutzvorschriften zu Gunsten des Unterhaltspflichtigen gehören (*Erman/Dieckmann*, § 1572 Rdnr. 8; *Gerhardt*, Hdb. des Fachanwalts FamilienR, 3. Aufl., 6. Kap., Rdnr. 350; *Göppinger/Bäumel*, UnterhaltsR, 7. Aufl., Rdnr. 1013; *Johannsen/Henrich/Büttner*, EheR, 3. Aufl., § 1572 Rdnr. 4; *Maurer*, in: MünchKomm, § 1572 Rdnr. 16; *Palandt/Brudermüller*, BGB, 60. Aufl., § 1572 Rdnr. 11; *Rolland*, § 1571 Rdnr. 15; *Wendl/Pauling*, UnterhaltsR, 5. Aufl., § 4 Rdnr. 50, jew. m. Nachw. aus der Rspr. der Oberlandesgerichte). Maßgebend für die Bemessung des Teilanschlussunterhalts ist die Quote des nach Maßgabe der ehelichen Lebensverhältnisse ungedeckten Bedarfs des Unterhaltsberechtigten in dem Zeitpunkt, in dem sein Unterhalt im Übrigen nachhaltig gesichert war. Der hier in Betracht kommende Anspruch auf Anschlussunterhalt nach § 1572 Nr. 4 BGB setzt weiterhin voraus, dass der Tatbestand eines Unterhaltsanspruchs nach § 1573 BGB bis zum Einsatzzeitpunkt durchgehend erfüllt war (*Johannsen/Henrich/Büttner,* § 1572 Rdnr. 4; *Gerhardt,* Rdnr. 350; *Wendl/Pauling,* § 4 Rdnr. 50; *Palandt/Brudermüller,* § 1572 Rdnr. 11). Auch Letzteres lässt sich bisher nicht beurteilen, da zu der Einkommensentwicklung der Kl. nach Aufnahme der Ausbildung sowie zu dem hierfür erforderlichen zeitlichen Einsatz keine Feststellungen getroffen worden sind.

BGH v. 22. 8. 2001 – XII ARZ 3/01 – FamRZ 01, 1705 = NJW 02, 444

(Zur Vollstreckungsabwehrklage gegen titulierten Kindesunterhalt) **R565**

II. a) Die Vorlage an den *BGH* ist zulässig. In Zuständigkeitsbestimmungsverfahren ist eine Divergenzvorlage an den *BGH* nach § 36 III ZPO zulässig, wenn der BGH das zunächst höhere gemeinschaftliche Gericht ist und die Bestimmungszuständigkeit eines *OLG* sich aus § 36 II ZPO ergibt (*Senat,* NJW 2000, 3214 = LM H. 3/2001 § 36 Ziff. 3 ZPO Nr. 34 = BGHR ZPO § 36 III Divergenzvorlage 1). Diese Voraussetzung ist im vorliegenden Fall gegeben. Die beiden beteiligten Amtsgerichte liegen in unterschiedlichen OLG-Bezirken. Das zunächst höhere gemeinschaftliche Gericht ist somit der *BGH.* Die Bestimmungszuständigkeit des *OLG Düsseldorf* ergibt sich nach § 36 II ZPO daraus, das das in seinem Bezirk gelegene *AG* zuerst mit der Sache befasst worden ist. Auch die in § 36 III ZPO aufgestellten weiteren Voraussetzungen für die Zulässigkeit einer Divergenzvorlage sind gegeben. Nach den §§ 767 I , 802 ZPO ist für eine Vollstreckungsabwehrklage das Prozessgericht des ersten Rechtszugs ausschließlich zuständig. Unter Prozessgericht ist dabei das Gericht des Verfahrens zu verstehen, in dem der Vollstreckungstitel geschaffen worden ist (*BGH,* NJW 1980, 188 = LM § 767 ZPO Nr. 49 = FamRZ 1980, 47). Das spricht für die ausschließliche Zuständigkeit des *AG Düsseldorf.*

§ 642 I ZPO bestimmt dagegen, dass für Verfahren, die die gesetzliche Unterhaltspflicht eines Elternteils oder beider Elternteile gegenüber einem minderjährigen Kind betreffen, das Gericht ausschließlich zuständig ist, bei dem das Kind oder der Elternteil, der es gesetzlich vertritt, seinen allgemeinen Gerichtsstand hat. Das vorlegende *OLG Düsseldorf* will der Regelung des § 642 I ZPO Vorrang einräumen, würde damit aber abweichen von den zitierten Entscheidungen des *OLG Schleswig* und des *OLG Naumburg,* die die Zuständigkeitsregelung der §§ 767 I , 802 ZPO für vorrangig halten.

Dass die Vollstreckungsabwehrklage noch nicht zugestellt und damit noch nicht rechtshängig ist, steht zwar einer Zuständigkeitsbestimmung nach § 36 ZPO für die Hauptsache entgegen (Senat, FamRZ 1987, 924). Zulässig ist aber eine Zuständigkeitsbestimmung für die Entscheidung über den Antrag auf Bewilligung von Prozesskostenhilfe zur Durchführung der Klage (*Senat,* NJW 1982, 1000 = LM § 621 ZPO Nr. 11 = FamRZ 1982, 43).

b) Durch die Einführung des § 642 I ZPO im Jahre 1998 hat sich nichts daran geändert, dass für Vollstreckungsabwehrklagen gegen Unterhaltstitel minderjähriger Kinder nach wie vor nach den §§ 767 I , 802 ZPO das Gericht des ersten Rechtszugs des Verfahrens, das zu dem angegriffenen Titel geführt hat, ausschließlich zuständig ist. Eine ähnliche Problematik ergab sich bei der Einführung des § 621 II ZPO, der die ausschließliche Zuständigkeit des FamG, bei dem eine Ehesache anhängig ist, auch für bestimmte andere Familiensachen vorsieht. Auch damals tauchte die Frage auf, ob dieses FamG nun zuständig sei für Vollstreckungsabwehrklagen gegen Titel, die von anderen Gerichten erlassen worden waren. Der *BGH* hat diese Frage verneint und in erster Linie darauf abgestellt, durch die Zuständigkeit des Prozessgerichts des ersten Rechtszugs für die Vollstreckungsabwehrklage solle sichergestellt werden, dass die von diesem Gericht im Vorprozess erworbene Sachkunde für die Vollstreckungsabwehrklage ausgenutzt werden könne. Der sachliche Bezug, den das Prozessgericht zur Vollstreckungsabwehrklage habe, sei wesentlich enger als der des Gerichts der Ehesache zu dieser Klage. Die Vollstreckungsabwehrklage betreffe den titulierten Anspruch und komme deshalb in der Sache einer Fortsetzung des früheren Rechtsstreits nahe, auch wenn das Bestehen oder Nichtbestehen des titulierten Anspruchs nicht unmittelbar Streitgegenstand der Vollstreckungsabwehrklage sein sollte (*BGH,* NJW 1980, 1393 = LM § 767 ZPO Nr. 50 = FamRZ 1980, 346). Dieser Gesichtspunkt gilt für die hier zu entscheidende Frage in gleicher Weise.

BGH v. 5. 9. 2001 – XII ZR 108/00 – FamRZ 01, 1687 = NJW 01, 3618

(Zur Abänderung von Prozessvergleichen) **R566**

2. Für die Begründetheit der beiderseitigen Abänderungsbegehren kommt es entscheidend darauf **a**
an, in welcher Weise der Unterhaltsbedarf der Bekl. zu berechnen ist. Umfasst die Bindungswirkung

des Prozessvergleichs die darin angewandte Berechnungsweise und ist demgemäß auch für eine Abänderungsentscheidung davon auszugehen, dass die für den Unterhaltsbedarf der Bekl. maßgebenden ehelichen Lebensverhältnisse allein durch das Erwerbseinkommen des Kl. bestimmt werden und das Einkommen der Bekl. auf den so zu bemessenden Bedarf anzurechnen ist (so genannte Anrechnungsmethode), so erweisen sich das Abänderungsbegehren des Kl. als begründet, die Widerklage der Bekl. dagegen als unbegründet, wie nachfolgende Berechnung auf der Grundlage der vom *OLG* festgestellten Einkommen ergibt:

Nettoeinkommen des Kl.:

(3002 DM ./. 5% Berufsaufwand 150 DM ./. Kindesunterhalt 522 DM) = 2330 DM × $^{3}/_{7}$ = 998 Unterhaltsbedarf.

Nettoeinkommen der Bekl.:

(1332 DM ./. 5% Berufsaufwand 67 DM ./. $^{1}/_{7}$ Erwerbsbonus 180 DM) = 1085 DM zuzüglich 113 DM Zinsen = 1198 DM.

Unterhalt: 998 DM ./. 1198 DM = 0 DM).

3. Indessen hat das *OLG* eine derartige Bindung an die im Prozessvergleich angewandte Berechnungsweise verneint, weil es festgestellt hat, die Parteien hätten die ehelichen Lebensverhältnisse lediglich deshalb nur nach dem Manneseinkommen bemessen und das Einkommen der Frau als nicht prägend angesehen, weil das der herrschenden Rechtspraxis entsprochen habe. Dieser Praxis könne es jedoch nicht länger folgen, sondern sehe Einkommen, wie es die Bekl. bei Vergleichsabschluss aus überobligatorischer Tätigkeit erzielt habe, als für die ehelichen Lebensverhältnisse mitbestimmend an. Diese Änderung der Rechtsprechung habe die Geschäftsgrundlage des vorliegenden Vergleichs geändert und die Bindungswirkung insoweit entfallen lassen.

Soweit das *OLG* jedoch bereits die Änderung seiner Rechtsprechung (bzw. auch die des vorausgehenden AG) als ausreichenden Abänderungsgrund ansieht, ist ihm nicht zu folgen. a) Einigkeit besteht darin, dass eine Änderung der Gesetzeslage und die ihr gleichkommende verfassungskonforme Auslegung einer Norm durch das *BVerfG* eine Abänderung sowohl bei Vergleichen als auch bei Urteilen erlaubt (vgl. unter anderem *Senat*, NJW 1990, 3020 = LM H. 13/1991 § 1578 BGB Nr. 58 = FamRZ 1990, 1091 [1094]; *Baumbach/Lauterbach/Hartmann*, ZPO, 59. Aufl., § 323 Rdnr. 18; *Gottwald*, in: MünchKomm-ZPO, 2. Aufl., § 323 Rdnrn. 63 und 66; *Graba*, Abänderung von Unterhaltstiteln, 2. Aufl., Rdnrn. 274 f., jew. m. w. Nachw.).

Der *BGH* hat die Frage, ob eine Rechtsprechungsänderung auch bei Urteilen eine Abänderung erlaubt, offen gelassen (*Senat*, NJW 1990, 3020 = LM H. 13/1991 § 1578 BGB Nr. 58 = FamRZ 1990, 1091 [1094]). Einer Entscheidung bedarf es auch hier nicht, da es sich um einen Prozessvergleich handelt.

c) Für Prozessvergleiche über Dauerschuldverhältnisse hat der *BGH* bereits entschieden, dass die Änderung einer gefestigten höchstrichterlichen Rechtsprechung zu Störungen vertraglicher Vereinbarungen führen kann, die nach den Grundsätzen über den Wegfall der Geschäftsgrundlage im Wege der Anpassung zu bereinigen sind. Grundlage der Beurteilung in diesen Fällen ist, dass beim Abschluss einer Vereinbarung ein beiderseitiger Irrtum über die Rechtslage das Fehlen der Geschäftsgrundlage bedeuten kann, wenn die Vereinbarung ohne diesen Rechtsirrtum nicht oder nicht mit diesem Inhalt geschlossen worden wäre. Gleiches gilt, wenn der Geschäftswille der Parteien auf der gemeinschaftlichen Erwartung vom Fortbestand einer bestimmten Rechtslage aufgebaut war (*BGHZ* 58, 355 [362 ff.] = NJW 1972, 1577 = LM § 1542 RVO Nr. 76; *Senat*, NJW 1983, 1548 = FamRZ 1983, 569 [573]; DtZ 1994, 371 = LM H. 6/1994 § 323 ZPO Nr. 70 = FamRZ 1994, 562 [564]; FamRZ 1995, 665 [666]). Im Wege der Auslegung ist zu ermitteln, welche Verhältnisse die Parteien zur Grundlage ihrer Einigung gemacht haben und von welcher Rechtslage sie ausgegangen sind. Ob und in welcher Weise sodann eine Anpassung an die veränderte Rechtslage erfolgen kann, bedarf einer sorgfältigen Prüfung unter Berücksichtigung der Interessen beider Parteien. Es genügt nicht, dass ein weiteres Festhalten am Vereinbarten nur für eine Partei unzumutbar erscheint, vielmehr muss hinzukommen, dass das Abgehen vom Vereinbarten der anderen Partei auch zuzumuten ist (*BGHZ* 58, 355 [363] = NJW 1972, 1577.

(Berücksichtigung der geänderten Rechtsprechung des BGH bei Haushaltsführung in der Ehe auch bei mit Vergleich titulierten Ansprüchen; Einkommen aus unzumutbarer Tätigkeit als Surrogat der Haushaltsführung)

b 5 b) Davon abgesehen kann dem OLG aber deshalb nicht gefolgt werden, weil – wie oben unter 3 c dargelegt – grundsätzlich nur die Änderung der höchstrichterlichen Rechtsprechung als grundlegende Änderung der Rechtslage angesehen werden kann, die eine Abänderung des Vergleichs erlaubt, nicht dagegen eine unter Umständen sogar vereinzelt bleibende Änderung der Rechtsprechung von Instanzgerichten. Für die hier vorliegende Fallgestaltung kann daher eine Abänderung nur mit einer geänderten Rechtsprechung des BGH begründet werden. Diese ist hier erst mit den vom erkennenden *Senat* in seinem Urteil vom 13. 6. 2001 (NJW 2001, 2254 = LM H. 10/2001 § 1573 BGB Nr. 31 = LM § 10/ 2001 § 323 ZPO Nr. 77 a = FamRZ 2001, 986) geänderten Grundsätzen zur Unterhaltsbedarfsbemessung eingetreten. Denn dort hat der *Senat* ausgeführt, dass sich der nach § 1578 BGB zu bemessende

Unterhaltsbedarf eines Ehegatten, der seine Arbeitsfähigkeit während der Ehe ganz oder zum Teil in den Dienst der Familie gestellt, den Haushalt geführt und erst nach Trennung oder Scheidung eine Erwerbstätigkeit aufgenommen oder ausgeweitet hat, nicht nur nach dem in der Ehe zur Verfügung stehenden Bareinkommen des Unterhaltspflichtigen richtet. Vielmehr soll dieser Ehegatte auch nach der Scheidung an dem durch seine Familienarbeit verbesserten ehelichen Lebensstandard teilhaben, weil seine in der Ehe durch Haushaltsführung und Kindesbetreuung erbrachten Leistungen der Erwerbstätigkeit des verdienenden Ehegatten grundsätzlich gleichwertig sind und die ehelichen Lebensverhältnisse mitgeprägt haben. Ausgehend von dieser Gleichwertigkeit hat der *Senat* auch ein Erwerbseinkommen des unterhaltsberechtigten Ehegatten, welches dieser nach der Ehe erzielt, bei der Unterhaltsbemessung mitberücksichtigt und den Unterhalt nicht mehr nach der so genannten Anrechnungsmethode, sondern nach der Additions- bzw. Differenzmethode ermittelt. Diese geänderte Rechtsprechung ist nicht etwa nur als andere rechtliche Beurteilung bereits bekannter und gewürdigter tatsächlicher Verhältnisse zu werten. Sie beruht vielmehr auf einer abweichenden Sicht des § 1578 BGB und des bisherigen Verständnisses der „eheprägenden Verhältnisse" und führt mit ihrer das bisherige Berechnungssystem verändernden Additions- bzw. Differenzmethode für die betroffenen Fallgestaltungen zu einer neuen Rechtslage. Sie erfasst auch Fälle wie den vorliegenden, in denen ein Erwerbseinkommen des unterhaltsberechtigten Ehegatten bisher nicht als eheprägend in die Bedarfsbemessung einbezogen wurde, weil es durch eine unzumutbare und die ehelichen Lebensverhältnisse deshalb nicht nachhaltig prägende Erwerbstätigkeit erzielt wurde.

Eine Abänderung konnte daher frühestens ab der Verkündung des maßgebenden *Senats*-Urteils vom 13. 6. 2001 in Betracht kommen.

(Keine Bindungswirkung an Höhe des Erwerbstätigenbonus bei Abänderung des Titels)

Zutreffend ist, dass das *OLG* die Zinseinkünfte der Bekl. entsprechend den insoweit unverändert gebliebenen Vorgaben des Vergleichs als nicht prägend angesehen und auf den Unterhaltsanspruch der Bekl. angerechnet hat. Im Ansatz rechtsbedenkenfrei ist ferner die auf tatrichterlicher Beurteilung beruhende Bemessung des Erwerbstätigenbonus mit $^1/_{10}$. Die Parteien haben im Vergleich einen Pauschalabzug von 5% Berufsaufwand vorgenommen und – anhand der Quote von $^3/_7$ – einen Erwerbstätigenbonus von $^1/_7$ berücksichtigt. Die Entscheidung, in welcher Höhe nunmehr – bei leicht gestiegenen Einkünften der Parteien – beide Faktoren zu berücksichtigen sind, obliegt dem Tatrichter, der sie auf Grund einer notfalls ergänzenden Auslegung des Vergleichs zu treffen hat (vgl. *Senat*, NJW 1986, 2054 = FamRZ 1986, 790 [792]). **c**

(Möglichkeit unterschiedlicher Begrenzung und Differenzierung der Anspruchsgrundlagen)

Gegen die zeitliche Begrenzung des Aufstockungsunterhalts nach § 1753 V BGB hat die insoweit allein beschwerte Bekl. kein Rechtsmittel eingelegt, so dass das *OLG* zu Recht nicht geprüft hat, ob die Begrenzung zu Recht erfolgt ist. Bedenken bestehen indessen dagegen, dass es keine betragsmäßige Unterscheidung vorgenommen hat, inwieweit der Anspruch auf § 1570 BGB und § 1573 II BGB beruht. Da das *OLG* ersichtlich davon ausgeht, dass ein Teilanspruch nach § 1573 II BGB neben § 1570 BGB auch schon im Zeitraum bis Februar 2006 gegeben ist und da weitere Abänderungsbegehren bis zu diesem Zeitpunkt nicht auszuschließen sind, nötigt dies zu einer genaueren Differenzierung der Anspruchsgrundlage (vgl. *Senat,* NJW 1990, 1847 = LM § 1570 BGB Nr. 13 = FamRZ 1990, 492 [493]). **d**

Ein der Entscheidung vom 16. 12. 1987 (NJW 1988, 2369 = FamRZ 1988, 265 [267]) vergleichbarer Ausnahmefall liegt nicht vor. Wegen der fehlenden Aufschlüsselung ist insoweit auch der Kl. beschwert.

BGH v. 5. 9. 2001 – XII ZR 336/99 – FamRZ 01, 1693 = NJW 01, 3779

(Fiktives Erwerbseinkommen als Surrogat der Haushaltsführung in der Ehe) **R567**

3 b) Die Revision wendet sich gegen den Ansatz des BerGer., die Haushaltsführung als die ehelichen Lebensverhältnisse mitbestimmend anzusehen und ein an deren Stelle tretendes (fiktives) Ersatzeinkommen in die Unterhaltsbedarfsermittlung nach § 1578 BGB einzubeziehen. Im Übrigen sei es ermessensfehlerhaft, ohne Feststellung der konkreten Verhältnisse und ohne Darlegung der Schätzungsgrundlage einen bestimmten Geldbetrag anzusetzen. Auch diese Einwände führen im Ergebnis nicht zum Erfolg. Der *Senat* hat in seinem Urteil vom 13. 6. 2001 (NJW 2001, 2254 = NJWE-FER 2001, 228 L = FamRZ 2001, 986) entschieden, dass die – auf den Scheidungszeitpunkt bezogenen – konkreten Barmittel immer nur ein Kriterium, nicht aber der alleinige Maßstab für die ehelichen Lebensverhältnisse gem. § 1578 BGB sein können. Vielmehr seien die ehelichen Lebensverhältnisse durch alles geprägt, was während der Ehe für den Lebenszuschnitt der Ehegatten nicht nur vorübergehend tatsächlich von Bedeutung ist, mithin auch durch die häusliche Mitarbeit des nicht erwerbstätigen Ehegatten, die mitursächlich für den erreichten sozialen Standard sei. In den Fällen, in denen der unterhaltsberechtigte **a**

Ehegatte – wie hier – nach der Scheidung ein Einkommen erzielt oder erzielen kann, welches gleichsam als Surrogat des wirtschaftlichen Werts seiner bisherigen Tätigkeit angesehen werden kann, ist dieses Einkommen in die Berechnung des Unterhaltsbedarfs nach der Differenzmethode (bzw. wie hier nach der zum selben Ergebnis führenden Additionsmethode) einzubeziehen. Diesem Ansatz entspricht die vom *OLG* vorgenommene Bedarfsermittlung, soweit es das fiktive Erwerbseinkommen der Kl. aus einer ihr zuzumutenden geringfügigen Beschäftigung einbezogen hat.

(Einkommen aus Haushaltsführung für einen neuen Partner als Surrogat der Haushaltsführung in der Ehe)

b Entsprechendes gilt, jedenfalls für den hier gegebenen Fall, für den Wert der Versorgungsleistungen, die die Kl. in der häuslichen Gemeinschaft mit ihrem neuen Partner tatsächlich erbringt. Grundsätzlich sind auch solche geldwerten Versorgungsleistungen als Surrogat für die frühere Haushaltstätigkeit in der Familie anzusehen. Denn sie sind insoweit nicht anders zu beurteilen, als wenn die Kl. eine bezahlte Tätigkeit als Haushälterin bei Dritten annähme. Ist die Erwerbsfähigkeit des Unterhaltsberechtigten – wie hier krankheitshalber – eingeschränkt, versorgt er aber daneben noch einen neuen Partner, ist im Zweifel davon auszugehen, dass er diese häuslichen Tätigkeiten noch zusätzlich übernehmen kann (vgl. *Senat,* NJW-RR 1987, 1282 = FamRZ 1987, 1011 [1013 a. E.]). Davon ist ersichtlich auch das OLG ausgegangen, das den Wert dieser Tätigkeit der Kl. zugerechnet hat. Dann aber ist auch insoweit der Wert dieser Versorgungsleistungen als Surrogat des wirtschaftlichen Werts ihrer früheren Haushaltstätigkeit in der Ehe anzusehen, ohne dass es hier noch auf die Frage ankäme, ob es sich dabei um Einkünfte aus einer Erwerbstätigkeit im eigentlichen Sinn handelt (vgl. *Senat,* NJW-RR 1987, 1282 = FamRZ 1987, 1011 [1013 a. E.]; zweifelnd *Scholz,* FamRZ 2001, 1061 [1064]).

c) Auch die Bewertung der Haushaltstätigkeit der Kl. für ihren jetzigen Partner mit einem Vorteil von 400 DM monatlich durch das OLG begegnet keinen Bedenken. Die Schätzung nach § 287 II ZPO obliegt in erster Linie dem Tatrichter und ist mit der Revision nur insoweit angreifbar, als sie auf falschen oder offenbar unsachlichen Erwägungen beruht oder wesentlichen Tatsachenvortrag außer Acht lässt (st. Rspr. des *BGH,* vgl. nur *BGHZ* 3, 162 [175 f.] = NJW 1952, 23 = LM § 282 BGB Nr. 1; BGH, NJW-RR 93, 795 [796]) oder wenn dem Urteil eine Auseinandersetzung mit den für die Bemessung wesentlichen Umständen nicht zu entnehmen ist (*BGH,* VersR 1992, 1410). Solche Rechtsfehler zeigt die Revision nicht auf.

Das OLG hat bei der Bewertung entsprechend der Rechtsprechung des *Senats* im Ergebnis auf den objektiven Wert abgestellt, den die Versorgungsleistungen und die Wohnungsgewährung für den Partner hat (vgl. *Senat,* NJW 1984, 2358 = LM § 1577 BGB Nr. 5 = FamRZ 1984, 662 [663], und NJW 1989, 1083 = LM § 1577 BGB Nr. 15 = FamRZ 1989, 487 [490]). Dabei hat es den konkreten Einzelfall bewertet und berücksichtigt, dass die Kl. ihren Beitrag zur Lebensgemeinschaft in erster Linie in der Wohnungsgewährung an den Zeugen, aber auch durch sonstige Versorgungsleistungen erbringt. Es hat in diesem Zusammenhang festgestellt, dass der Zeuge regelmäßig bei der Kl. übernachtet und auch die Wochenenden und Feiertage sowie seine Urlaubszeiten mit der Kl. verbringt, während er werktags bei seinen Eltern die Mahlzeiten einnimmt, wo auch seine Wäsche gewaschen wird. Die auf diesen Umständen beruhende Schätzung der der Kl. zugute kommenden Vorteile auf 400 DM hält revisionsrechtlicher Prüfung stand.

(Billigkeitsabwägung bei Verwirkung nach § 1579 BGB; Tatbestand des § 1579 Nr. 6 BGB bei Zuwendung an neuen Partner vor Scheidung)

c 4 b) Die Rüge der Revision, das *OLG* habe nicht in Betracht gezogen, dass sich die Kl. ihrem jetzigen Partner noch während bestehender Ehe zugewandt habe, so dass gem. § 1579 Nr. 6 BGB nicht nur eine Herabsetzung, sondern eine gänzliche Versagung des Unterhalts hätte erwogen werden müssen, greift nicht durch. Das Vorliegen eines Härtegrundes nach § 1579 Nr. 6 BGB setzt ein offensichtlich schwerwiegendes, eindeutig allein bei dem unterhaltsberechtigten Ehegatten liegendes einseitiges Fehlverhalten voraus (st. Rspr. des Senats, vgl. nur *Senat,* NJW 1989, 1083 = LM § 1577 BGB Nr. 15 = FamRZ 1989, 487 [490]). Dabei sieht § 1579 S. 1 BGB auch für diese Fälle, je nach Schweregrad, die Möglichkeiten der Versagung, Herabsetzung oder zeitlichen Begrenzung vor. Dafür, dass im vorliegenden Fall das Fehlverhalten der Kl. so schwer wog, dass nur die Unterhaltsversagung als härteste Sanktion angemessen gewesen wäre, hat der Bekl. nichts Ausreichendes vorgetragen. Dass die Kl. sich dem Partner noch während bestehender Ehe zugewandt hat, begründet allein noch nicht den Vorwurf eines offensichtlich schwerwiegenden, eindeutig bei ihr liegenden Fehlverhaltens gegen den Bekl.

BGB v. 24. 10. 2001 – XII ZR 284/99 – FamRZ 02, 23 = NJW 02, 217

R568 *(Keine Berücksichtigung von nach Hausverkauf getilgten Schulden)*

a 2 b) Soweit die Revision hiergegen einwendet, das BerGer. habe verkannt, dass der Unterhaltsberechtigte für die Höhe seines Bedarfs darlegungs- und beweispflichtig sei und die Bekl. deshalb nicht nur das Einkommen des Kl., sondern auch die weiteren bei der Bedarfsermittlung zu berücksichtigenden Umstände (Kindesunterhalt, Tilgung der Verbindlichkeiten für das Haus usw.) habe darlegen müssen, vermag sie damit nicht durchzudringen. Die dem Grunde nach wegen Kindesbetreuung gem. § 1570 BGB weiterhin unterhaltsberechtigte Bekl. hat unwidersprochen vorgetragen, das von ihr angegebene Einkommen des Kl. habe die ehelichen Lebensverhältnisse geprägt. Darin liegt die Behauptung, die zur Verfügung stehenden Mittel hätten – unter Berücksichtigung des für das gemeinsame Kind anzusetzenden Unterhalts – für den Lebensunterhalt der Parteien zur Verfügung gestanden. Ein Anlass, zur Tilgung von Hausverbindlichkeiten vorzutragen, bestand nicht, da das Hausgrundstück im Zusammenhang mit der Scheidung veräußert worden ist und aus dem Erlös unter anderem die bestehenden Verbindlichkeiten abgelöst werden konnten.

(Bei überobligatorischen Einkünften ist der zu berücksichtigende Teil des Erwerbseinkommens eheprägend)

e) Die Revision hält die Annahme des BerGer. für rechtsfehlerhaft, das Einkommen der Bekl. sei nach § 1577 II BGB nur teilweise zu berücksichtigen. Damit hat sie ebenfalls keinen Erfolg. Angesichts des Alters des von der Bekl. betreuten Kindes *V,* das im Oktober 1997 erst sieben Jahre und zur Zeit der letzten mündlichen Verhandlung vor dem BerGer. knapp neun Jahre alt war, traf die Bekl. jedenfalls keine Erwerbsobliegenheit im Umfang der seit Mai 1997 – an Stelle der früheren Halbtagstätigkeit – ausgeübten Teilzeitbeschäftigung im Umfang von rund 28,5 Stunden pro Woche (vgl. *Senat,* NJW 1989, 1083 = LM § 1577 BGB Nr. 15 = FamRZ 1989, 487, und NJW 1997, 1851 = LM H. 7/1997 § 1570 BGB Nr. 17 = FamRZ 1997, 671 [673]). Im Übrigen ist das zu berücksichtigende Einkommen der Bekl. nach der neueren Rechtsprechung des *Senats* nicht auf den Bedarf anzurechnen, sondern in die Bedarfsbemessung einzubeziehen und in die Differenzrechnung einzustellen (vgl. *Senat,* FamRZ 2001, 986 [991]). b

(Auf Distanz angelegtes Verhältnis kein Verwirkungsgrund nach § 1579 Nr. 7 BGB)

3. a) Das BerGer. hat weiter die Auffassung vertreten, der Unterhaltsanspruch der Bekl. sei nicht wegen grober Unbilligkeit der Inanspruchnahme (§ 1579 Nr. 7 BGB) ausgeschlossen, so dass auch unter diesem Gesichtspunkt eine Abänderung ausscheide. Zur Begründung hat es ausgeführt: c

Nach dem Ergebnis der durchgeführten Beweisaufnahme sei davon auszugehen, dass der Partner der Bekl., G, etwa seit 1994 ein intimes Verhältnis zu der Bekl., die er bereits seit 1982 kenne, unterhalte. Er habe seit 1993 eine eigene Wohnung in B., in der er sich die Woche über selbst versorge und seinen Haushalt selbstständig führe, insbesondere wasche, bügele und einkaufe. Die Wochenenden verbringe *G* überwiegend (dreimal im Monat, manchmal auch nur zweimal) bei der Bekl., schlafe dann „ab und zu" auch dort und werde dann verköstigt. Außerdem sei *G* seit mehreren Jahren mit der Bekl. und deren Tochter regelmäßig in Urlaub gefahren, habe die Weihnachtsfeiertage seit 1994 jeweils bei ihr verbracht und an allen Familienfeiern teilgenommen, sofern er eingeladen worden sei. Bei diesem Beweisergebnis sei nicht zu verkennen, dass sich die Beziehung der Bekl. zu *G* nach ihrem Erscheinungsbild in der Öffentlichkeit bereits in einem solchen Maße verfestigt habe, dass die Annahme des Härtegrundes der objektiven Unzumutbarkeit allein auf Grund der gemeinsamen Freizeitgestaltung an den Wochenenden, der gemeinsam verbrachten Urlaube und der Integration des Partners in das Familienleben – allesamt Indizien für das Vorliegen einer festen sozialen Verbindung – nahe liegen könne. Die von der Rechtsprechung geforderte Mindestdauer von zwei bis drei Jahren sei erfüllt. Der Umstand, dass *G* weiterhin eine eigene Wohnung beibehalte, stehe der Bewertung des Zusammenlebens als eheähnliche Beziehung grundsätzlich nicht entgegen. Es dürfe allerdings nicht außer Acht gelassen werden, dass beide Partner bewusst die überwiegende Zeit während der Arbeitswoche – von den Kontakten am gemeinsamen Arbeitsplatz abgesehen – getrennt verbringen. Dies beruhe, wie *G* nachvollziehbar erläutert habe, auf dem Bestreben, sich einen Freiraum zu erhalten. Dieser Wunsch nach zeitweiliger Unabhängigkeit sei gerade bei Beziehungen zwischen geschiedenen Partnern, die – wie hier – jeder für sich wirtschaftlich selbstständig seien und eigene Kinder hätten, verständlich. An dieser Motivation zu zweifeln, bestehe vorliegend kein Anlass. Finanzielle Anreize könne die doppelte Haushaltsführung nicht bieten, denn die Kosten der Wohnung des Zeugen *G* und der für die Fahrten zwischen den beiden Wohnungen anfallende Aufwand dürfe der Höhe des Unterhaltsanspruchs, dessen Verlust ansonsten drohe, in etwa entsprechen. Die Entscheidung, in einer gemeinsamen Wohnung zusammenzuleben oder ihre jeweiligen Lebensbereiche getrennt zu halten, träfen beide Partner in eigener Verantwortung. Ihr Entschluss sei zu respektieren und insbesondere auch bei der Bewertung zu berücksichtigen, ob das Erscheinungsbild der Beziehung in der Öffentlichkeit die Fortdauer der Unterhaltsbelastung für den Verpflichteten objektiv unzumutbar werden lasse, denn solche Differenzierungen beeinflussten auch die Wertung, die einem eheähnlichen Verhältnis in der Öffentlichkeit zuteil werde. Das Gesamtbild der Beziehung der Bekl. zu *G* lasse daher eine weitere Heranziehung des Kl. zu Unterhaltszahlungen weder insgesamt noch teilweise als unzumutbar erscheinen.

b) Die Revision macht geltend, diese Auffassung beruhe auf einer Nichtberücksichtigung bzw. nicht vollständigen Berücksichtigung des Prozessstoffs. Das BerGer. habe außer Acht gelassen, dass die Bekl.

und der Zeuge *G* nach dessen Angaben zu auswärtigen Veranstaltungen in der Regel gemeinsam gingen und außer den Weihnachtsfeiertagen auch die weiteren Feiertage gemeinsam verbringen. Beide würden nach der Aussage des Zeugen *B* in der Öffentlichkeit als Paar angesehen. Der Prozessbevollmächtigte des Kl. habe in der mündlichen Verhandlung die Zeugin *R* gefragt, ob sowohl ihr als auch auf ihrer und der Bekl. gemeinsamer Dienststelle bekannt sei, dass die Bekl. und *G* ein Paar darstellten. Diese Frage habe das BerGer. unter Verfahrensverstoß und ohne Begründung nicht zugelassen. Ein Grund hierfür bestehe nicht, zumal die Frage dem Beweisthema entsprochen habe. Darüber hinaus habe der Kl. seinen Vortrag, die Bekl. lebe mit *G* seit mehreren Jahren in einer eheähnlichen Gemeinschaft, sei mit diesem vor kurzem erneut bei einer Geburtstagsfeier als Paar aufgetreten, anschließend habe dieser in der Wohnung der Bekl. übernachtet, durch Vernehmung des Zeugen *H* unter Beweis gestellt. Dem Beweisangebot habe das BerGer. nachgehen müssen. Diese Rügen haben keinen Erfolg.

Das BerGer. ist auf Grund des Ergebnisses der Beweisaufnahme davon ausgegangen, die Beziehung der Parteien habe sich bereits in einem solchen Maße verfestigt, dass die Annahme des Härtegrunds allein auf Grund der festgestellten gemeinsamen Freizeitgestaltung, der gemeinsam verbrachten Urlaube und der Integration des Partners in das Familienleben nahe liegen könne. Es kann deshalb unterstellt werden, dass die Zeugen *R* und *H* die Behauptungen des Kl. bestätigt hätten, ohne dass sich hieraus über die vom BerGer. festgestellten Indizien hinaus zusätzliche Anhaltspunkte für das Vorliegen einer festen sozialen Verbindung ergeben hätten. Das gilt entsprechend für die nicht ausdrücklich berücksichtigten Angaben des Zeugen G.

c) Maßgebend für die Auffassung des BerGer., der Unterhaltsanspruch sei gleichwohl nicht (ganz oder teilweise) ausgeschlossen, ist allein die weitere Feststellung, die Bekl. und der Zeuge *G* hielten ihre jeweiligen Lebensbereiche bewusst getrennt und verbrächten die überwiegende Zeit jeweils dort, um sich insofern ihre Unabhängigkeit zu erhalten, was bei der Bewertung der Beziehung zu berücksichtigen sei. Dagegen wendet sich die Revision zu Unrecht mit der Begründung, auf die subjektive Einstellung der Partner könne es für die Frage, ob die Inanspruchnahme des Kl. grob unbillig sei, nicht ankommen.

Nach der ständigen Rechtsprechung des *Senats* kann ein länger dauerndes Verhältnis des Unterhaltsberechtigten zu einem neuen Partner dann zur Annahme eines Härtegrunds i. S. des Auffangtatbestands des § 1579 Nr. 7 BGB – mit der Folge der Unzumutbarkeit einer weiteren (uneingeschränkten) Unterhaltsbelastung für den Verpflichteten – führen, wenn sich die Beziehung in einem solchen Maße verfestigt hat, dass sie als eheähnliches Zusammenleben anzusehen und gleichsam an die Stelle einer Ehe getreten ist. Dabei setzt die Annahme einer derartigen Lebensgemeinschaft zwar nicht zwingend voraus, dass die Partner räumlich zusammen leben und einen gemeinsamen Haushalt führen, auch wenn eine solche Form des Zusammenlebens in der Regel ein typisches Anzeichen hierfür sein wird. Unter welchen anderen Umständen – nach einer gewissen Mindestdauer – auf ein eheähnliches Zusammenleben geschlossen werden kann, lässt sich nicht allgemein verbindlich festlegen. Letztlich obliegt es der verantwortlichen Beurteilung des Tatrichters, ob er den Tatbestand des eheähnlichen Zusammenlebens aus tatsächlichen Gründen für gegeben erachtet oder nicht (*Senat,* NJW 1984, 2692 = LM § 1579 BGB Nr. 24 = FamRZ 1984, 986 [987]; *Senat,* NJW 1989, 1083 = LM § 1577 BGB Nr. 15 = FamRZ 1989, 487 [490]; NJW 1991, 1290 = FamRZ 1991, 670 [672]; NJW-RR 1994, 1154 = FamRZ 1995, 540 [542 f.]; NJW 1997, 1851 = LM H. 7/1997 § 1570 BGB Nr. 17 = FamRZ 1997, 671 [672]).

Es begegnet aus Rechtsgründen keinen Bedenken, wenn im Rahmen der tatrichterlichen Würdigung berücksichtigt wird, dass die Partner ihre Lebensbereiche getrennt gehalten und damit ihre Beziehung bewusst auf Distanz angelegt haben, weil sie ein enges Zusammenleben – etwa auf Grund der in ihren bisherigen Partnerschaften gemachten Erfahrungen – nicht wünschen. Die Entscheidung für eine solche Lebensgestaltung treffen die Beteiligten in eigener Verantwortung; sie ist, wie das BerGer. zu Recht angenommen hat, zu respektieren. Unter solchen Umständen kommt der Frage, ob die Gemeinschaft von ihrer Intensität her gleichwohl einem ehelichen Zusammenleben entspricht und gleichsam an die Stelle einer Ehe tritt, entscheidende Bedeutung zu. Erst wenn diese Feststellung getroffen werden kann, kommt es auf die weiteren Voraussetzungen, die an das Vorliegen des Härtegrundes zu stellen sind, an. Daraus folgt andererseits, dass eine allein subjektiv in Anspruch genommene Distanz zu dem neuen Partner, die in der tatsächlichen Lebensgestaltung nicht zum Ausdruck kommt, keine Berücksichtigung finden kann.

Das BerGer. hat den Wunsch der Partner, ihre Beziehung distanzierter zu gestalten, um sich einen Freiraum zu bewahren, für glaubhaft gehalten. Seinen Feststellungen zufolge entspricht diesen Vorstellungen auch die tatsächliche Gestaltung der Beziehung. Die Bekl. und *G* verbringen bewusst die überwiegende Zeit in ihrem jeweils eigenen Lebensbereich und nicht miteinander. Dem lässt sich nicht entgegenhalten, dass es auch Ehen gibt, in denen – etwa aus berufsbedingten Gründen – zwei Haushalte geführt werden und die Ehegatten im Wesentlichen nur an den Wochenenden zusammenleben. Eine vergleichbare Situation liegt hier nicht vor, denn die Bekl. und der Zeuge *G* arbeiten beide an demselben Ort, hätten also aus beruflichen Gründen keinen Anlass, getrennte Haushalte beizubehalten (vgl. hierzu *OLG Frankfurt a. M.*, NJWE-FER 1999, 257 = FamRZ 2000, 427). Bei dieser Sachlage sind gegen die tatrichterliche Würdigung, die Lebenssituation der Partner lasse bei einer Gesamtbetrachtung nicht die Schlussfolgerung auf eine die Anwendung der Härteklausel rechtfertigende Verbindung zu, keine durchgreifenden rechtlichen Bedenken zu erheben.

(Keine Verwirkung nach § 1579 Nr. 4 BGB durch Anzeige wegen falscher eidesstattlicher Versicherung und bei Finanzamt bei Wahrnehmung berechtigter Interessen)

4. Das BerGer. hat schließlich auch einen Ausschluss des Unterhalts nach § 1579 Nr. 4 BGB mit folgender Begründung verneint: Der Kl. habe mit seinem pauschalen Vorbringen, die Bekl. habe ihn wegen Steuerhinterziehung angezeigt und in anonymen Anrufen bei seinem Arbeitgeber belastet, nicht hinreichend dargetan, dass diese sich mutwillig zu seinen Lasten über schwer wiegende Vermögensinteressen hinweggesetzt habe. Die im November 1998 und Januar 1999 von der Bekl. erstatteten Strafanzeigen wegen falscher Versicherung an Eides Statt, seien nicht mutwillig gewesen, weil die erhobenen Vorwürfe nach den zur Leistungsfähigkeit des Kl. getroffenen Feststellungen zumindest teilweise sachlich berechtigt gewesen sein dürften und die Bekl. wegen des engen Zusammenhangs mit dem vorliegenden Rechtsstreit in Wahrnehmung berechtigter Interessen gehandelt habe. **d**

Diese Ausführungen sind entgegen der Auffassung der Revision aus Rechtsgründen nicht zu beanstanden. Das BerGer. hat – bezüglich der Anzeige wegen Steuerhinterziehung und der Anrufe bei einem der Arbeitgeber des Kl. – nicht die Darlegungslast überspannt. Wie die Revision nicht verkennt, wäre zur Annahme eines Ausschlussgrundes ein leichtfertiges Verhalten der Bekl. erforderlich gewesen (vgl. *Senat*, NJW 1981, 2805 = LM § 1361 BGB Nr. 14 = FamRZ 1981, 1042 [1044]; *Erman/Dieckmann*, BGB, 10. Aufl., § 1579 Rdnr. 18; *Maurer*, in: MünchKomm, BGB, 4. Aufl., § 1579 Rdnr. 35). Dafür lassen sich aus dem Vorbringen des Kl. keine Anhaltspunkte entnehmen. Abgesehen davon hat er die erhobenen Vorwürfe auch weder in zeitlicher Hinsicht konkretisiert noch den Arbeitgeber benannt, bei dem die Anrufe erfolgt sein sollen, obwohl er jedenfalls zeitweise bei mehreren Firmen beschäftigt war. Die Ausführungen des BerGer. zu den erstatteten Strafanzeigen greift die Revision nicht im Einzelnen an. Auch insofern bestehen gegen die Ausführungen des *OLG* keine durchgreifenden rechtlichen Bedenken.

BGH v. 31. 10. 2001 – XII ZR 292/99 – FamZR 02, 88 = NJW 02, 436

(Renteneinkünfte als Einkommen; auf VA beruhende Rente Surrogat der Haushaltsführung) **R569**

2. Der *Senat* hat mit Urteil vom 13. 6. 2001 (NJW 2001, 2254 = FamRZ 2001, 986) entschieden, dass sich der nach § 1578 BGB zu bemessende Unterhaltsbedarf eines Ehegatten, der seine Arbeitsfähigkeit während der Ehe ganz oder zum Teil in den Dienst der Familie gestellt, den Haushalt geführt und gegebenenfalls Kinder erzogen hat, nicht nur nach dem in der Ehe zur Verfügung stehenden Bareinkommen des Unterhaltspflichtigen richtet. Vielmehr soll dieser Ehegatte auch nach der Scheidung an dem durch seine Familienarbeit verbesserten ehelichen Lebensstandard teilhaben, weil seine in der Ehe durch Haushaltsführung und etwaige Kinderbetreuung erbrachten Leistungen der Erwerbstätigkeit des verdienenden Ehegatten grundsätzlich gleichwertig sind und die ehelichen Lebensverhältnisse mitgeprägt haben. Ausgehend von dieser Gleichwertigkeit hat der *Senat* daher ein Erwerbseinkommen des unterhaltsberechtigten Ehegatten, welches dieser nach der Ehe erzielt und welches gleichsam als Surrogat des wirtschaftlichen Werts seiner bisherigen Familienarbeit angesehen werden kann, bei der Unterhaltsbemessung mitberücksichtigt und den Unterhalt nicht mehr nach der so genannten Anrechnungs-, sondern nach der Additions- bzw. Differenzmethode ermittelt. Diese auf einer abweichenden Sicht des § 1578 BGB und des bisherigen Verständnisses der „eheprägenden Verhältnisse" beruhenden Grundsätze sind in entsprechender Weise auch auf den vorliegenden Fall anzuwenden. **a**

Zwar hat die Ehefrau hier aus Altersgründen nach der Ehe keine Erwerbstätigkeit mehr aufgenommen, sondern bezieht Altersrente. Diese ist in gleicher Weise als Surrogatseinkommen in die Bedarfsberechnung einzubeziehen, und zwar insgesamt, ohne Unterscheidung danach, dass sie teilweise auf eigenen vorehelich erworbenen Anwartschaften, teilweise auf dem infolge der Scheidung durchgeführten Versorgungsausgleich beruht.

a) Soweit es die im Versorgungsausgleich erworbene Rente betrifft, liegt dem Versorgungsausgleich der Gedanke zu Grunde, dass die vom Ausgleichsverpflichteten erworbenen und formal ihm zugeordneten Versorgungsanrechte auf einer gemeinsamen Lebensleistung beider Ehegatten beruhen, ohne Rücksicht darauf, ob es sich um Erwerbstätigkeit oder Haushaltsführung handelt, und dass beide Tätigkeiten gleichwertige Beiträge zum Familienunterhalt erbringen (§ 1360 BGB). Das vom allein oder überwiegend erwerbstätigen Ehegatten in der Ehe angesammelte Versorgungsvermögen gebührt daher zu einem entsprechenden Teil auch demjenigen Ehegatten, dem es nicht formal zugeordnet ist, und ist im Falle der Scheidung zu teilen (BT-Dr 7/650, S. 61, 155; BT-Dr 7/4361, S. 18 [19]; *BVerfGE* 53, 257 = NJW 1980, 692; *Johannsen/Henrich/Hahne*, Vorb. §§ 1587 bis 1587 p BGB Rdnr. 4). Unter diesem Gesichtspunkt stellen sich die im Versorgungsausgleich erworbenen Rentenanwartschaften der Ehefrau gleichsam als Surrogat für ihre Haushaltsführung in der Ehe dar. Die daraus bezogene Rente der Ehefrau tritt an die Stelle ihres sonst möglichen Erwerbseinkommens und ist daher bei der Bedarfsbemessung nach dem Maßstab des § 1578 BGB mit zu berücksichtigen (in Abweichung zu *Senat*, NJW 1987, 1555 = LM § 1578 BGB Nr. 43 = FamRZ 1987, 459 [460], und NJW 1988, 2101 = LM § 1578 BGB Nr. 52 = FamRZ 1988, 817 [818 ff.]; a. A. wohl *Scholz*, FamRZ 2001, 1061 [1063]).

b) Für den auf vorehelichen Rentenanwartschaften beruhenden Rentenanteil gilt im Ergebnis nichts anderes. Auch insoweit kann die Altersrente als ein Surrogat für die frühere Erwerbstätigkeit und die sich daran anschließende, nach Eheschließung in Form der Familienarbeit fortgeführte Tätigkeit angesehen werden. Würde nämlich der berechtigte Ehegatte nach der Scheidung zunächst noch ein Erwerbseinkommen erzielen und erst später – unter Einschluss vorehelicher Rentenanwartschaften – eine Rente beziehen, so wäre diese Rente als normale Fortentwicklung seines Erwerbseinkommens bei späteren Unterhaltsberechnungen gem. § 1578 BGB in gleicher Weise mit zu berücksichtigen, wie zuvor das als Surrogat der Haushaltstätigkeit anzusehende Erwerbseinkommen. Ein Vergleich mit der Situation beim Verpflichteten bestätigt dieses Ergebnis: Dessen – im Zeitpunkt der Scheidung erzieltes und danach im normalen Rahmen fortentwickeltes – Erwerbseinkommen wird in voller Höhe ohne Rücksicht darauf berücksichtigt, ob dieses Einkommen zum Beispiel auf besonderen Lehrgängen, Schulungen oder Ähnlichem beruht, die der Verpflichtete vor der Ehe durchlaufen hat. Auch sein im Versorgungsfall an die Stelle des Erwerbseinkommens tretendes Renteneinkommen wird in voller Höhe in die Unterhaltsbemessung einbezogen, gleichgültig, ob es auch auf vorehelichen Beitrags- oder beitragsfreien Zeiten, zum Beispiel Ausbildungszeiten, beruht. Auf die Frage, ob die Rente noch vor Rechtskraft der Scheidung angefallen ist, kommt es somit nicht mehr an.

(Zinsen aus dem Verkaufserlös des Familienheimes sind auch eheprägendes Surrogat, wenn sie den Wohnwert übersteigen)

b Das *OLG* hat nicht nur die jeweils 400 DM Kapitaleinkünfte der Parteien, die dem je hälftigen Wohnwert der zwischenzeitlich verkauften Eigentumswohnung entsprechen, in die Bedarfsbemessung einbezogen, sondern auch die darüber hinausgehenden Kapitalzinsen von 56 DM auf Seiten der Ehefrau und 22 DM auf Seiten des Ehemanns (jeweils monatlich). Es hat dies damit begründet, dass die 400 DM als Ersatzeinkommen für das „tote Kapital" aus dem jeweiligen Wohnvorteil und die überschießenden Zinsen als „Ersatzeinkommen für die Haushaltsführung" einzusetzen seien. Das weckt insofern Bedenken, als die Kapitaleinkünfte, die aus dem Wohnungsverkauf erzielt werden, nicht als Surrogat für die Haushaltsführung angesehen werden können. Denn sie stehen in keinem Zusammenhang mit der Haushaltsführung. Dieser Ansatz entspricht auch nicht der Rechtsprechung des Senats. Allerdings sind sie aus einem anderen Grunde als eheprägend anzusehen.

Die ehelichen Lebensverhältnisse waren dadurch geprägt, dass die Eheleute gemeinschaftlich Eigentümer einer Eigentumswohnung waren. Bis zum Verkauf dieser Wohnung war daher der Wohnwert in Höhe von 800 DM beiden Ehegatten jeweils zur Hälfte zuzurechnen. Durch die Veräußerung der Wohnung entfiel der Wohnwert für beide Ehegatten, allerdings nicht ersatzlos. Vielmehr setzte sich der eheprägende Wohnvorteil in dem Vorteil fort, welchen die Parteien nunmehr in Form von Zinsgewinnen aus dem Erlös ihrer Miteigentumsanteile zogen oder ziehen konnten (*Senat*, NJW 1990, 709 = LM BörsG Nr. 26 = FamRZ 1990, 269 [272]; NJW 2001, 2259 [2261]). Dementsprechend prägten diese Kapitaleinkünfte der Parteien die ehelichen Lebensverhältnisse, und zwar auch, soweit sie den Wohnwert überstiegen.

BGH v. 9. 1. 2002 – XII ZR 34/00 – FamRZ 02, 815 = NJW 02, 2026

R570 *(Besuch der Höheren Handelsschule als allgemeine Schulbildung im Sinne des § 1603 II 2 BGB)*

a 2 c) Nach diesen Grundsätzen begegnet die Annahme des BerGer., die Kl. habe sich in einer allgemeinen Schulausbildung befunden, keinen rechtlichen Bedenken. Sie besuchte die zweijährige höhere Berufsfachschule für Wirtschaft und Verwaltung (Höhere Handelsschule), in die nach § 3 I der Verordnung über die Bildungsgänge und die Abschlussprüfungen in der zweijährigen höheren Berufsfachschule vom 17. 6. 1993 (GVBl NW, S. 427) aufgenommen wird, wer den Sekundarabschluss I – Fachoberschulreife – erworben hat. Nach § 1 I der Verordnung vermittelt die Schule berufliche Kenntnisse und den schulischen Teil der Fachhochschulreife; sie wird mit einer staatlichen Prüfung abgeschlossen. Schüler, die die Abschlussprüfung bestanden haben, erfüllen die schulischen Bedingungen für den Erwerb der Fachhochschulreife. Diese wird Schülern zuerkannt, die entweder an einem einjährigen einschlägigen Praktikum teilgenommen haben oder eine einschlägige abgeschlossene Berufsausbildung nachweisen, die mindestens zwei Jahre gedauert hat (§ 11 I und II der Verordnung).

Das Ziel des Besuchs der Höheren Handelsschule ist mithin der Erwerb der Fachhochschulreife, also eines allgemeinen Schulabschlusses, sowie die Vermittlung allgemeiner, nicht bereits auf ein konkretes

Berufsbild bezogener, beruflicher Kenntnisse aus dem Bereich Wirtschaft und Verwaltung. Demgemäß hat der Besuch der Höheren Handelsschule in Nordrhein-Westfalen auch keine schulische Berufsqualifikation zur Folge. Dass die bestandene Abschlussprüfung nicht unmittelbar zum Erwerb der Fachhochschulreife führt, sondern dieser an weitere Voraussetzungen geknüpft ist, steht der Beurteilung des Schulbesuchs als allgemeine Schulausbildung nicht entgegen (ebenso *OLG Hamm*, FamRZ 1999, 1528 [1529]; *Wendl/Scholz*, UnterhaltsR, 5. Aufl., § 2 Rdnr. 459; a. A. für den Besuch einer höheren Berufsfachschule, Fachrichtung Betriebswirtschaft, nach dem bei bestandener Abschlussprüfung die Berufsbezeichnung „staatlich geprüfter kaufmännischer Assistent für Betriebswirtschaft" geführt werden kann: *OLG Koblenz*, NJW-FER 2001, 176, und OLG-Report 1999, 284).

Nach den getroffenen Feststellungen stellt der Unterricht an der Höheren Handelsschule einen „vollzeitschulischen" Bildungsgang dar. Deshalb ist mit dem BerGer. davon auszugehen, dass der zeitliche Aufwand für den Schulbesuch einschließlich der erforderlichen Vor- und Nachbereitung die Arbeitskraft der Kl. jedenfalls überwiegend ausfüllt, so dass die Aufnahme einer Erwerbstätigkeit nicht erwartet werden kann. Ob an den berufsbildenden Schulen die Teilnahme an einem kontrollierten Unterricht gewährleistet ist, hat das *OLG* zwar nicht ausdrücklich festgestellt. Angesichts der Organisationsstruktur der Schule spricht indes eine tatsächliche Vermutung dafür, dass sie eine dem herkömmlichen Schulbesuch entsprechende stetige und regelmäßige Ausbildung gewährleistet.

(Barunterhaltspflicht beider Eltern gegenüber dem privilegiert volljährigen Kind)

3. Auch die weitere Annahme des BerGer., für den Barunterhalt der Kl. hätten beide Elternteile anteilig nach ihren Erwerbs- und Vermögensverhältnissen aufzukommen, hält der rechtlichen Nachprüfung stand. **b**

Mit dem Eintritt der Volljährigkeit endet die elterliche Sorge im Rechtssinne und – als Teil hiervon – die insbesondere die Pflicht zur Pflege und Erziehung des Kindes umfassende Personensorge (§§ 1626, 1631 BGB). Damit entfällt nach dem Gesetz die Grundlage für eine Gleichbewertung von Betreuungs- und Barunterhalt ohne Rücksicht darauf, ob im Einzelfall etwa ein volljähriger Schüler weiter im Haushalt eines Elternteils lebt und von diesem noch gewisse Betreuungsleistungen erhält. Vom Eintritt der Volljährigkeit an besteht nach dem Gesetz kein rechtfertigender Grund mehr, weiterhin nur den bisher allein barunterhaltspflichtigen Elterteil mit dem nunmehr insgesamt in Form einer Geldrente zu entrichtenden Unterhalt zu belasten, wenn auch der andere Elternteil über Einkünfte verfügt, die ihm die Zahlung von Unterhalt ermöglichen (*Senat*, NJW 1994, 1530 = LM H. 7/1994 § 1606 BGB Nr. 29 = FamRZ 1994, 696 [698 f.]).

An dieser gesetzlichen Wertung hat sich durch die Neufassung der §§ 1603 II und 1609 BGB durch das Kindesunterhaltsgesetz nichts geändert. Zwar erstreckt sich die gesteigerte Unterhaltspflicht von Eltern seit dem 1. 7. 1998 unter den in § 1603 II 2 BGB genannten Voraussetzungen auch auf volljährige Kinder. Diese stehen nach § 1609 BGB auch im Rang den minderjährigen Kindern und dem Ehegatten des Unterhaltspflichtigen gleich. Die in § 1606 III 2 BGB geregelte Gleichstellung von Bar- und Betreuungsunterhalt gilt jedoch weiterhin allein für minderjährige Kinder; nur diesen gegenüber erfüllt der betreuende Elternteil seine Unterhaltspflicht in der Regel durch die Erbringung von Pflege- und Erziehungsleistungen. Diese Differenzierung zwischen minderjährigen und privilegierten volljährigen Kindern hat der Gesetzgeber auch beabsichtigt. In der Gesetzesbegründung wird ausgeführt, die Änderungen der §§ 1603 II, 1609 BGB hätten auf die Vorschrift des § 1606 III 2 BGB keinen Einfluss; volljährige Kinder i. S. des § 1603 II 2 BGB bedürften typischerweise ebenso wenig (noch) der Pflege und Erziehung wie andere volljährige Kinder, so dass eine Gleichstellung auch im Rahmen des § 1606 III 2 BGB auf einer reinen Fiktion beruhen würde, für die aus rechtssystematischen Gründen kein Bedürfnis bestehe (BT-Dr 13/7338, S. 22). Mit Rücksicht darauf ist mit der in Rechtsprechung und Schrifttum vertretenen herrschenden Meinung davon auszugehen, dass auch gegenüber privilegierten volljährigen Kindern grundsätzlich beide Elternteile barunterhaltspflichtig sind (ebenso *OLG Bremen*, OLG-Report 1999, 48, und FamRZ 1999, 1529; *OLG Dresden*, NJW 1999, 797 [798]; *OLG Düsseldorf*, FamRZ 1999, 1215 [1216]; *OLG Hamm*, NJW 1999, 798, und NJW 1999, 3274 [3275]; NJW-RR 2000, 217 = FamRZ 1999, 1018; OLG-Report 2000, 159; *OLG Karlsruhe*, FamRZ 1999, 45 [46]; *OLG Nürnberg*, NJW-RR 2000, 598 = MDR 2000, 34; *Staudinger/Engler*, BGB, 13. Bearb. [2000], § 1606 BGB Rdnr. 25; *Erman/Holzhauer*, BGB, 10. Aufl., § 1606 BGB Rdnr. 10; *Häußermann*, in: FamRefK, § 1606 BGB Rdnr. 2; *Palandt/Diederichsen*, BGB, 61. Aufl., § 1606 BGB Rdnr. 9; *Schwab/Borth*, Hdb. des ScheidungsR, 3. Aufl., Kap. V Rdnr. 167; *Wendl/Scholz*, § 2 Rdnr. 467; *Kalthoener/Büttner/Niepmann*, Die Rspr. zur Höhe des Unterhalts, 7. Aufl., Rdnr. 151; *Schumacher/Grün*, FamRZ 1998, 778 [786]; *Strauß*, FamRZ 1998, 993 [995]; *Krause*, FamRZ 2000, 660; Wohlgemuth, FamRZ 2001, 321 [328]; a. A. *OLG Naumburg*, FamRZ 2001, 371).

Soweit die Revision unter Bezugnahme auf *Graba* (*Johannsen/Henrich/Graba*, EheR, 3. Aufl., § 1606 Anm. 9) demgegenüber meint, die herrschende Meinung vernachlässige zu sehr, dass auch privilegierte volljährige Kinder nach ihrer Lebensstellung zwar nicht mehr der Erziehung, wohl aber noch der Pflege, etwa durch Zubereiten von Mahlzeiten, Instandhaltung der Wohnung und dergleichen bedürften, gibt dies zu einer abweichenden Beurteilung keinen Anlass. Es erscheint bereits wenig überzeugend, für die Beurteilung solcher Betreuungsleistungen entscheidend darauf abzustellen, ob sie für ein privilegiertes volljähriges Kind oder für einen volljährigen Schüler erbracht werden, der etwa eine Schulausbildung zum Zweck der beruflichen Qualifikation absolviert und deshalb die Voraussetzungen des § 1603 II 2 BGB nicht erfüllt, so dass die anteilige Haftung der Eltern für den Barunterhalt des Letzteren nicht in Frage steht. Jedenfalls scheitert eine vom Wortlaut des § 1606 III 2 BGB abweichende Behandlung von Betreuungsleistungen für ein privilegiertes volljähriges Kind aber an dem eindeutigen Willen des Gesetzgebers (so auch *Wendl/Scholz*, § 2 Rdnr. 467).

(Abzug von den Wohnwert übersteigenden Schulden beim Verwandtenunterhalt)

c Abzugsfähig sind indessen nicht sämtliche Schulden, die der Unterhaltspflichtige zu tragen hat, sondern nur die unterhaltsrechtlich berücksichtigungsfähigen Verbindlichkeiten. So können die zur Finanzierung eines Eigenheims zu entrichtenden Zins- und Tilgungsleistungen insoweit nicht einkommensmindernd berücksichtigt werden, als sie den Wohnkosten entsprechen, die der Unterhaltspflichtige ohne das Vorhandensein von Wohneigentum aufzubringen hätte (*Senat*, NJW 1984, 1237 = LM § 1581 BGB Nr. 3 = FamRZ 1984, 358 [360]). Ob und inwieweit die darüber hinausgehenden Verbindlichkeiten die Leistungsfähigkeit mindern, ist nach ständiger Rechtsprechung des *Senats* unter umfassender Interessenabwägung zu beurteilen, wobei es insbesondere auf den Zweck der Verbindlichkeiten, den Zeitpunkt und die Art ihrer Entstehung, die Kenntnis des Unterhaltsverpflichteten von Grund und Höhe der Unterhaltsschuld und auf andere Umstände ankommt. In die Abwägung mit einzubeziehen sind auch die Möglichkeiten des Unterhaltsschuldners, seine Leistungsfähigkeit in zumutbarer Weise ganz oder teilweise wiederherzustellen. Auf Schulden, die leichtfertig, für luxuriöse Zwecke oder ohne verständigen Grund eingegangen sind, kann sich der Unterhaltspflichtige grundsätzlich nicht berufen (*Senat*, NJW-RR 1996, 321 = FamRZ 1996, 160 [161 f.] m. w. Nachw.).

(Berücksichtigung von Unterhaltspflichten gegenüber gleichrangigen minderjährigen Kindern beim privilegierten Volljährigen)

d a) Das BerGer. hat der Ermittlung des Unterhaltsbedarfs der Kl. das zusammengerechnete Einkommen beider Elternteile zu Grunde gelegt und den Bedarf sodann der 4. Altersstufe der Einkommensgruppe 11 der jeweils maßgebenden Düsseldorfer Tabelle entnommen. Zur Berechnung der nach § 1606 III 1 BGB auf die Eltern entfallenden Haftungsanteile hat es deren Einkommen jeweils um einen für den eigenen angemessenen Unterhalt benötigten Betrag von monatlich 1800 DM gekürzt. Von dem Einkommen des Bekl. hat es darüber hinaus dessen Unterhaltsverpflichtungen abgesetzt, die gegenüber seinen weiteren – mit der Kl. gleichrangigen – Unterhaltsberechtigten, nämlich den beiden minderjährigen Kindern und seiner Ehefrau, bestehen. Zur Begründung hat das BerGer. ausgeführt, nur auf diese Weise könne zuverlässig ermittelt werden, welches anrechenbare Einkommen dem Bekl. oberhalb des angemessenen Selbstbehalts zur Deckung des Unterhaltsbedarfs der Kl. verbleibe. Würden die gleichrangigen Unterhaltsberechtigten bei der Ermittlung der Haftungsquote nicht berücksichtigt, so habe dies zur Folge, dass der Haftungsanteil des mit weiteren Unterhaltspflichten belasteten Bekl. auf Grund seines höheren Einkommens entsprechend höher wäre als der Haftungsanteil der Mutter der Kl., obwohl sie keiner weiteren Unterhaltspflicht ausgesetzt sei. Deshalb sei die Haftungsquote der Eltern für den Unterhalt der Kl. entsprechend dem Verhältnis ihrer insoweit in unterschiedlicher Weise gekürzten Einkommen zu bestimmen.

b) Diese Vorgehensweise begegnet Bedenken. Zwar unterliegt es weit gehend der Beurteilung des Tatrichters, in welcher Weise er der unterschiedlichen Belastung der Eltern bei der Bestimmung, inwieweit sie nach § 1606 III 1 BGB jeweils für den Unterhalt eines Kindes aufzukommen haben, Rechnung trägt. In einem Fall wie dem vorliegenden, in dem sich jedenfalls auf Seiten des Bekl. eine Mangelfallsituation abzeichnet, dürfte der vorgenommene Vorwegabzug seiner weiteren Unterhaltsverpflichtungen jedoch zu einem unangemessenen Ergebnis führen und deshalb keine billigenswerte Methode darstellen, um eine ungleiche Belastung der Eltern zu vermeiden. Denn ein Vorwegabzug hätte dann, wenn die Mutter hinreichend leistungsfähig ist, zur Folge, dass diese übermäßig belastet wird, während der Bekl. zu Gunsten der weiteren Unterhaltsberechtigten entlastet wird. Könnte die Mutter ihren so ermittelten Anteil dagegen nicht in vollem Umfang aufbringen, bliebe der Unterhaltsbedarf der Kl. – im Gegensatz zu demjenigen der weiteren Unterhaltsberechtigten des Bekl. – teilweise ungedeckt. Bedenken würde es allerdings auch begegnen, die weitere Unterhaltsbelastung des Bekl. völlig außer Betracht zu lassen, weil dann Mittel berücksichtigt würden, die nicht allein für den Unterhalt der Kl. zur Verfügung stehen.

Zu einer angemessenen Bestimmung der Haftungsanteile dürfte es in dem vorliegenden Mangelfall führen, wenn von dem nach Abzug des Selbstbehalts verbleibenden Einkommen des Bekl. der Betrag ermittelt wird, der dem Anteil des auf die Kl. entfallenden Bedarfs am Gesamtunterhaltsbedarf aller gleichrangigen Unterhaltsberechtigten entspricht, und sodann dieser Betrag mit dem verfügbaren Einkommen des anderen Elternteils ins Verhältnis gesetzt wird (vgl. *Häußermann*, in: FamRefK, § 1606

BGB Rdnr. 4; *Schwab/Borth*, Kap. V Rdnrn. 168 ff.; *Göppinger/Kodal*, UnterhaltsR, 7. Aufl., Rdnrn. 1655 ff.). Hierdurch könnte sowohl dem Gleichrang der Unterhaltsberechtigten als auch der (eingeschränkten) Leistungsfähigkeit des Bekl. Rechnung getragen werden.

(Höhe des Sockelbetrages)

c) Hinsichtlich des Betrags, der jeweils für den eigenen Bedarf der Eltern abgesetzt worden ist, dürfte zu erwägen sein, ob dieser Betrag nicht mit Rücksicht auf die vorliegende Mangelsituation nur in Höhe des notwendigen Selbstbehalts zu bemessen sein wird. **e**

BVerfG v. 5. 2. 2002 – 1 BvR 105/95 und 1 BvR 457/96 – FamRZ 02, 527 = NJW 02, 1185

(Verfassungswidrigkeit der von der Rechtsprechung früher angewandten Anrechnungsmethode bei Hausfrauen) **R571**

B. Die Verfassungsbeschwerden sind begründet. Die angegriffenen gerichtlichen Entscheidungen verletzen die Bf. in ihren Grundrechten aus Art. 6 I i. V. mit Art. 3 II GG. **a**

I. 1. a) Art. 6 I i. V. mit Art. 3 II GG schützt die Ehe als eine Lebensgemeinschaft gleichberechtigter Partner (vgl. *BVerfGE* 35, 382 [408] = NJW 1974, 227; *BVerfGE* 103, 89 [101] = NJW 2001, 957 = FPR 2001, 137), in der die Ehegatten ihre persönliche und wirtschaftliche Lebensführung in gemeinsamer Verantwortung bestimmen (vgl. *BVerfGE* 57, 361 [390] = NJW 1981, 1771; *BVerfGE* 61, 319 [347] = NJW 1983, 271). Zur selbstverantwortlichen Lebensgestaltung gehören neben der Entscheidung, ob die Ehegatten Kinder haben wollen, insbesondere auch die Vereinbarung über die innerfamiliäre Arbeitsteilung und die Entscheidung, wie das gemeinsame Familieneinkommen durch Erwerbsarbeit gesichert werden soll (vgl. *BVerfGE* 61, 319 [347] = NJW 1983, 271; *BVerfGE* 66, 84 [94] = NJW 1984, 1523; *BVerfGE* 68, 256 [268] = NJW 1985, 1211). Dabei steht es den Ehepartnern frei, ihre Ehe so zu führen, dass ein Ehepartner allein einer Berufstätigkeit nachgeht und der andere sich der Familienarbeit widmet, ebenso wie sie sich dafür entscheiden können, beide einen Beruf ganz oder teilweise auszuüben und sich die Hausarbeit und Kinderbetreuung zu teilen oder diese durch Dritte durchführen zu lassen (vgl. *BVerfGE* 39, 169 [183] = NJW 1975, 919; *BVerfGE* 48, 327 [338] = NJW 1978, 2289; *BVerfGE* 99, 216 [231] = NJW 1999, 557).

b) Kommen den Ehegatten gleiches Recht und gleiche Verantwortung bei der Ausgestaltung ihres Ehe- und Familienlebens zu, so sind auch die Leistungen, die sie jeweils im Rahmen der von ihnen in gemeinsamer Entscheidung getroffenen Arbeits- und Aufgabenzuweisung erbringen, als gleichwertig anzusehen (vgl. *BVerfGE* 37, 217 [251] = NJW 1974, 1609; *BVerfGE* 47, 1 [24] = NJW 1978, 877; *BVerfGE* 53, 257 [296] = NJW 1980, 692; *BVerfGE* 66, 84 [94] = NJW 1984, 1523; *BVerfGE* 79, 106 [126] = NJW 1989, 1599). Haushaltsführung und Kinderbetreuung haben für das gemeinsame Leben der Ehepartner keinen geringeren Wert als Einkünfte, die dem Haushalt zur Verfügung stehen. Gleichermaßen prägen sie die ehelichen Lebensverhältnisse und tragen zum Unterhalt der Familie bei.

Allerdings bemisst sich die Gleichwertigkeit der familiären Unterhaltsbeiträge von Ehegatten nicht an der Höhe des Erwerbseinkommens, das einer oder beide Ehegatten erzielen, oder am wirtschaftlichen Wert der Familienarbeit und an deren Umfang. Sie drückt vielmehr aus, dass die von den Ehegatten für die eheliche Gemeinschaft jeweils erbrachten Leistungen gerade unabhängig von ihrer ökonomischen Bewertung gleichgewichtig sind und deshalb kein Beitrag eines Ehegatten höher oder niedriger bewertet werden darf als der des anderen. Dem tragen auch die Regelungen der § 1360 S. 2 BGB und § 1606 III 2 BGB Rechnung, die die Gleichwertigkeit der Unterhaltsbeiträge von Ehegatten einfach-rechtlich normieren und einen rechnerischen Leistungsausgleich zwischen den Ehegatten ausschließen.

c) Sind die Leistungen, die Ehegatten im gemeinsamen Unterhaltsverband erbringen, gleichwertig, haben beide Ehegatten grundsätzlich auch Anspruch auf gleiche Teilhabe am gemeinsam Erwirtschafteten, das ihnen zu gleichen Teilen zuzuordnen ist. Dies gilt nicht nur für die Zeit des Bestehens der Ehe, sondern entfaltet seine Wirkung auch nach Trennung und Scheidung der Ehegatten auf deren Beziehung hinsichtlich Unterhalt, Versorgung und Aufteilung des gemeinsamen Vermögens (vgl. *BVerfGE* 47, 85 [100] = NJW 1978, 629; *BVerfGE* 63, 88 [109] = NJW 1983, 1417). Dem entsprechen die gesetzlichen Regelungen über den Versorgungsausgleich (vgl. *BVerfGE* 53, 257 [296] = NJW 1980, 692) und den Zugewinnausgleich (vgl. *BVerfGE* 71, 364 [386] = NJW 1986, 1321) bei Scheidung. Insbesondere aber bestimmt der Anspruch auf gleiche Teilhabe am gemeinsam Erarbeiteten auch die unterhaltsrechtliche Beziehung der geschiedenen Eheleute (vgl. *BVerfGE* 63, 88 [109] = NJW 1983, 1417). Bei der Unterhaltsberechnung ist das Einkommen, das den Lebensstandard der Ehe geprägt hat, den Ehegatten grundsätzlich hälftig zuzuordnen. Seine Höhe ergibt sich regelmäßig aus der Summe der Einkünfte, die den Eheleuten zur gemeinsamen Lebensführung zur Verfügung gestanden hat, gleichgültig, ob sie nur von einem oder beiden Ehegatten erzielt worden sind. Im Allgemeinen stellt die Hälfte dieses gemeinsamen Gesamteinkommens den Teil dar, den es – sofern die sonstigen gesetzlichen Voraussetzungen vorliegen – unterhaltsrechtlich für denjenigen Ehegatten zu sichern gilt, der nach der Scheidung nicht über ein eigenes Einkommen in entsprechender Höhe verfügt.

2. Die ständige Rechtsprechung der Zivilgerichte berücksichtigt bei der Unterhaltsberechnung auch Einkommenszuwächse, die von einem oder beiden Ehegatten erst nach der Ehescheidung erzielt werden, sofern diese Zuwächse einer normalen Entwicklung von Einkommen und beruflichem Verlauf entsprechen (vgl. oben A I 1 a). Eine solche Auslegung des Begriffs der ehelichen Lebensverhältnisse, nach denen sich gem. § 1578 I BGB die Höhe des nachehelichen Unterhalts bestimmt, ist dann verfassungsrechtlich nicht zu beanstanden, wenn dabei der aus der Gleichwertigkeit der ehelichen Unterhaltsbeiträge erwachsene Anspruch beider Ehegatten auf Sicherung eines gleichen Lebensstandards auch nach der Ehe bei der Berechnung des nachehelichen Unterhalts im Prinzip gewahrt bleibt.

3. Dem werden die angegriffenen Entscheidungen, die sich auf die frühere Rechtsprechung des *BGH* stützen, nicht gerecht, wenn sie als Bestandteile des den ehelichen Verhältnissen entsprechenden Gesamteinkommens zwar die Einkommenszuwächse bei der Unterhaltsberechnung berücksichtigen, die der Ehegatte nach der Scheidung erzielt, der schon während der Ehezeit einer Vollerwerbstätigkeit nachgegangen ist, nicht aber diejenigen, die dem in der Ehe nicht oder nur teilweise erwerbstätigen Ehegatten dadurch zufließen, dass er nach der Scheidung eine Teil- oder Vollerwerbstätigkeit wieder aufnimmt. Sie verstoßen damit gegen Art. 6 I i. V. mit Art. 3 II GG.

a) Die Nichtberücksichtigung von nachehelichen Einkommenszuwächsen aus der Wiederaufnahme einer Erwerbstätigkeit beim Gesamteinkommen, das der Unterhaltsberechnung zu Grunde gelegt wird, führt dazu, dass, gemessen an der ehelichen Einkommenssituation, die auf der Leistung beider Ehegatten beruht, der schon während der Ehezeit erwerbstätige Ehegatte durch die Arbeitsaufnahme des anderen einseitig eine finanzielle Entlastung bei seiner Unterhaltsverpflichtung erfährt. Ihm wird dadurch ein höherer Anteil seines Einkommens belassen als der, der ihm während der Ehe zur Verfügung gestanden hat. Demgegenüber reduziert das zusätzliche Einkommen des in der Ehe nicht oder nur teilweise erwerbstätigen Ehegatten in Höhe dieses Einkommens seinen Unterhaltsanspruch. Es wirkt sich nicht auf seinen Unterhaltsbedarf aus, sondern mindert allein seine Bedürftigkeit. Der von ihm erlangte Einkommenszuwachs kommt damit nicht ihm, sondern lediglich dem anderen geschiedenen Ehepartner zugute. Dieses Ergebnis trägt der Gleichwertigkeit der Leistung, die der nicht erwerbstätige Ehegatte während der Ehezeit erbracht hat, nicht Rechnung. Diese Leistung hat zusätzlich zum Einkommen des anderen Ehegatten in gleicher Weise das eheliche Leben geprägt. Wird diese sich nicht in Geldwert ausdrückende, in der Ehe erbrachte Leistung abgelöst von einer, die entlohnt wird, führt die Nichtberücksichtigung des hierdurch erzielten Einkommens bei der Bestimmung der ehelichen Einkommenssituation im Nachhinein zur Missachtung des Wertes der geleisteten Familienarbeit zu Lasten dessen, der sie in der Ehe erbracht hat.

b) Wenn in den angegriffenen Entscheidungen für die Einbeziehung von derartigen Einkommenszuwächsen in das der Unterhaltsberechnung zu Grunde zu legende, die Einkommenssituation der Eheleute bestimmende Gesamteinkommen gefordert wird, eine wieder aufgenommene Erwerbstätigkeit müsse zumindest auf einem gemeinsamen Lebensplan der Ehegatten beruhen, der schon vor der Scheidung wenigstens teilweise verwirklicht worden ist, verkennt dies den Schutz, den Art. 6 I i. V. mit Art. 3 II GG jedem Ehegatten gewährt. Die Ehegatten können ihre eheliche Beziehung frei und in gemeinsamer gleichberechtigter Entscheidung gestalten. Die Entscheidung über ihre jeweiligen Aufgaben innerhalb der Ehe prägt ihre ehelichen Verhältnisse. Übernimmt dabei einer der Ehegatten die Familienarbeit, verzichtet er auch zu Gunsten des anderen auf ein eigenes Einkommen. Die Begründung dieses Verzichts liegt in der Ehe. Endet sie durch Scheidung, wird damit der ehelichen Vereinbarung der Grund entzogen. Den während der Ehe auf eigenes Einkommen verzichtenden Ehegatten hieran nach Beendigung der Ehe unterhaltsrechtlich festzuhalten, bedeutet, nunmehr allein ihm die daraus erwachsenden finanziellen Nachteile zuzuweisen, die auf Grund der gemeinsamen Entscheidung in der Ehe beide Ehegatten zu tragen hatten. Dies führt zur Schlechterstellung des die Familienarbeit übernehmenden Ehegatten gegenüber dem, der kontinuierlich einer Erwerbsarbeit auch in der Ehe hat nachgehen können.

c) Im Übrigen entspricht die von den Gerichten mit dieser Rechtsauffassung unterstellte Endgültigkeit einer einmal gemeinsam von den Ehegatten getroffenen Arbeitsteilung nicht mehr der Ehewirklichkeit. Seit den siebziger Jahren hat sich das Ausbildungs-, Erwerbs- und Familiengründungsverhalten von Frauen kontinuierlich gewandelt.

Während das durchschnittliche Heiratsalter lediger Frauen 1975 noch bei 22,7 Jahren lag, heirateten ledige Frauen 1998 durchschnittlich erst im Alter von 28 Jahren (Statistisches Jahrbuch 1985, S. 72, und Statistisches Jahrbuch 2000, S. 69). Dies lässt den Schluss zu, dass Frauen heute erst nach Abschluss einer Berufsausbildung und nach einigen Berufsjahren eine Ehe eingehen (vgl. *Büttner*, FamRZ 1999, 894). Viele Frauen bleiben auch während der Kinderbetreuung berufstätig (Statistisches Jahrbuch 2000,

S. 108) oder nehmen nach dem Ende der Kinderbetreuungsphase wieder eine Berufstätigkeit auf. So gingen im Mai 2000 74% der Frauen, deren jüngstes Kind 15 bis 18 Jahre alt war, einer Erwerbstätigkeit nach (Ergebnis des Mikrozensus 2000, vgl. Statistisches Bundesamt, Zentralblatt für Jugendrecht 2001, S. 278).

Dementsprechend ist die Erwerbsquote verheirateter Frauen in der Altersgruppe der 40- bis 45-Jährigen, das heißt in einem Alter, in dem die Kinderbetreuung weit gehend abgeschlossen ist, mit 78% am höchsten (Statistisches Jahrbuch 2000, S. 101). 61% der Frauen mit mindestens einem minderjährigen Kind arbeiteten im Mai 2000 in einer Teilzeitbeschäftigung (Ergebnis des Mikrozensus 2000, vgl. Statistisches Bundesamt, Zentralblatt für Jugendrecht 2001, S. 278). So zeichnet sich ab, dass inzwischen die noch in den 50er und 60er Jahren dominierende Hausfrauenehe einem nunmehr vorherrschenden Ehebild gewichen ist, das auf Vereinbarkeit von Beruf und Familie setzt, bei dem nur noch in der Phase aktiver Elternschaft der Typus der Versorgerehe weit gehend erhalten geblieben ist. Dabei strebt die Mehrheit der Frauen eine Verbindung von privater Kinderbetreuung und Erwerbstätigkeit auf der Basis von temporärer Teilzeitarbeit an (vgl. *Pfau-Effinger,* Kultur und Frauenerwerbstätigkeit in Europa, 2000, S. 144 f.).

Insoweit wird auch von einer typischen Doppelverdienerehe mit zeitweiliger Aussetzung der Berufstätigkeit wegen der Kinderbetreuung (*Gerhardt,* FamRZ 2000, 134) oder von einer Aneinanderreihung der Ehetypen gesprochen (*Büttner,* FamRZ 1999, 893 [894]).

Deshalb ist davon auszugehen, dass der zeitweilige Verzicht eines Ehegatten auf Erwerbstätigkeit, um die Aufgabe der Kindererziehung zu übernehmen, ebenso die ehelichen Verhältnisse prägt wie die vorher ausgeübte Berufstätigkeit und die danach wieder aufgenommene oder angestrebte Erwerbstätigkeit. Dies verkennen die angegriffenen Entscheidungen, wenn sie allein auf den Zeitpunkt der Scheidung abstellen, vor dem eine Erwerbstätigkeit wieder aufgenommen werden muss, um bei der unterhaltsrechtlichen Bestimmung des die ehelichen Verhältnisse prägenden Gesamteinkommens Berücksichtigung zu finden.

(Surrogatlösung des BGH verfassungsrechtlich nicht zu beanstandener Weg)

4. Wie die von Art. 6 I i. V. mit Art. 3 II GG gebotene Gleichwertigkeit von geleisteter Familienarbeit und ehelichen Einkünften in Auslegung des Begriffs der ehelichen Lebensverhältnisse nach § 1578 I BGB bei der nachehelichen Unterhaltsbemessung zur Geltung zu bringen und wie der Unterhalt zu berechnen ist, haben die Fachgerichte zu beurteilen. Mit seiner Entscheidung vom 13. 6. 2001 (NJW 2001, 2254 = LM H. 10/2001 § 1573 BGB Nr. 31 = FamRZ 2001, 986) hat der *BGH* seine bisherige Rechtsprechung geändert und nunmehr eine Unterhaltsbemessung vorgenommen, die der Gleichwertigkeit der Unterhaltsbeiträge beider Ehegatten Rechnung trägt. Damit, dass er die neue Berufstätigkeit des vorher nicht erwerbstätigen Ehegatten als „Surrogat" der bisher geleisteten Haushaltsführung und Kinderbetreuung angesehen hat, hat der *BGH* einen möglichen, verfassungsrechtlich nicht zu beanstandenden Weg aufgezeigt, den Wert, der der Ehe aus der Familienarbeit erwächst, unterhaltsrechtlich zum Tragen zu bringen. **b**

BGH v. 6. 2. 2002 – XII ZR 20/00 – FamRZ 02, 536 = NJW 02, 1269

(5%ige Pauschale für Fahrten zur Arbeitsstelle) **R572**

1. Insoweit ist nicht zu beanstanden, dass das *OLG* für die Fahrten zur Arbeitsstelle nur die Pauschale von 5% und nicht die geltend gemachten konkreten Fahrtkosten von monatlich 583 DM vom Nettoeinkommen abgezogen hat. Da es sich bei Unterhaltsfällen um Massenerscheinungen handelt, ist aus Vereinfachungsgründen eine pauschalierende Berechnungsmethode notwendig (*Senat,* NJW 1997, 1919 = LM H. 8/1997 § 1578 BGB Nr. 65 = FamRZ 1997, 806 [807]). Dies schließt zwar die Berücksichtigung konkreter Aufwendungen nicht aus, soweit diese notwendig und angemessen sind. Es hält sich aber im Rahmen der revisionsrechtlich nur beschränkt überprüfbaren tatrichterlichen Bewertung, wenn das *OLG* es für zumutbar gehalten hat, dass der Bekl. mit öffentlichen Verkehrsmitteln zur Arbeitsstelle gelangt oder den Wohnsitz an den Dienstort verlegt. Rechtsfehler sind nicht ersichtlich und werden von der Revision auch nicht aufgezeigt. Die Bemessung der Aufwendungen mit 5% hält sich ebenfalls im Rahmen des tatrichterlichen Ermessens (*Senat,* NJW 2000, 3140 = LM H. 1/2001 § 1578 BGB Nr. 69 = FamRZ 2000, 1492 [1493]). **a**

(Berücksichtigungswürdigkeit von Verbindlichkeiten beim Kindesunterhalt)

2. Entgegen der Revision kann sich der Bekl. auch nicht darauf berufen, von seinem Einkommen seien weitere Verbindlichkeiten in Höhe von 672 DM Leasingraten abzuziehen. **b**

Minderjährige Kinder ohne Einkünfte besitzen keine eigene unterhaltsrechtlich relevante Lebensstellung im Sinne des § 1610 II BGB. Sie leiten ihre Lebensstellung vielmehr von derjenigen ihrer unterhaltspflichtigen Eltern ab. Wird das Kind von einem Elternteil versorgt und betreut und leistet der andere Teil Barunterhalt, so bestimmt sich die Lebensstellung des Kindes grundsätzlich nach den Einkommens- und Vermögensverhältnissen des barunterhaltspflichtigen Elternteils. Da der für die Unterhaltsbemessung maßgebliche Lebensstandard im Wesentlichen durch tatsächlich vorhandene Mittel geprägt ist, richtet sich auch die abgeleitete Lebensstellung des Kindes nach diesen Verhältnissen. Deshalb sind unterhaltsrechtlich relevante Verbindlichkeiten zu berücksichtigen (*Senat*, NJW-RR 1996, 321 = FamRZ 1996, 160 [161]). Ob die Verbindlichkeiten unterhaltsrechtlich berücksichtigungsfähig sind, ist unter umfassender Interessenabwägung zu beurteilen, wobei es insbesondere auf den Zweck der Verbindlichkeit, den Zeitpunkt und die Art ihrer Entstehung, die Kenntnis von der Unterhaltsschuld und auf andere Umstände ankommt (*Senat*, NJW 1991, 697 = LM H. 37/1991 § 1603 BGB Nr. 40 = FamRZ 1991, 182 [184], und NJW-RR 1996, 321 = FamRZ 1996, 160 [161]).

(Kein Mindestbedarf minderjähriger Kinder)

c 2 a) Zutreffend ist allerdings der Ausgangspunkt des *OLG*, dass es seit dem am 1. 7. 1998 in Kraft getretenen Kindesunterhaltsgesetz vom 6. 4. 1998 (KindUG – BGBl I, 666) keine gesetzliche Bestimmung des Mindestbedarfs minderjähriger Kinder im Unterhaltsrecht mehr gibt (so auch *Schumacher/Grün*, FamRZ 1998, 778 [779]; *Wendl/Scholz*, UnterhaltsR, 5. Aufl., § 2 Rdnrn. 127 a f.).

Bis zum 30. 6. 1998 definierte § 1615 f I 2 BGB a. F. den Regelunterhalt als den Betrag (Regelbedarf), der zum Unterhalt eines nicht ehelichen Kindes, das sich in der Pflege seiner Mutter befindet, bei einfacher Lebenshaltung im Regelfall erforderlich sei. Verlangte ein eheliches Kind Barunterhalt, so galt als Bedarf mindestens der für ein nicht eheliches Kind der entsprechenden Altersstufe festgesetzte Regelbedarf, § 1610 III BGB a. F.

Durch Art. 1 Nr. 8, 16, Art. 6 KindUG wurden § 1610 III BGB und die Vorschriften über den Regelunterhalt nicht ehelicher Kinder aufgehoben. § 1610 III BGB war nicht mehr erforderlich, da in § 1612 a I BGB für alle Kinder die Möglichkeit geschaffen wurde, die Regelbeträge geltend zu machen. Damit war die Definition des Mindestbedarfs im Unterhaltsrecht entfallen. Die Regelbeträge sollten als Basiswerte der Unterhaltstabellen und als Bezugsgrößen für die Unterhaltsanpassung dienen (RegE, BT-Dr 13/7338, S. 22; Stellungnahme des Rechtsausschusses – im Folgenden: RA –, BT-Dr 13/9596, S. 36). In Höhe der Regelbeträge (im RegE noch Regelunterhalt genannt) sollte das Kind von der Darlegungs- und Beweislast für seinen Bedarf sowie für die Leistungsfähigkeit des Unterhaltsverpflichteten befreit sein (RegE, BT-Dr 13/7338, S. 19). Die Festlegung eines Mindestbedarfs erfolgte bewusst nicht (Bericht des RA, BT-Dr 13/9596, S. 31 f.). Die Empfehlung des Bundesrats, den im Regierungsentwurf verwendeten Begriff „Regelunterhalt" durch den Begriff „Mindestunterhalt" zu ersetzen, und die Forderung, der Mindestunterhalt der Kinder müsse sich an deren Bedarf orientieren und mindestens deren Existenzminimum abdecken (Stellungnahme des BR, BT-Dr 13/7338, S. 56), sind nicht Gesetz geworden. In ihrer Gegenäußerung hat die Bundesregierung darauf hingewiesen, dass nicht der Eindruck erweckt werden solle, ein Mindestunterhalt sei unabhängig von der Leistungsfähigkeit des Verpflichteten geschuldet (BT-Dr 13/7338, S. 59). Insbesondere im Hinblick auf das Ziel des Entwurfs, die verfahrensrechtlich erleichterte Durchsetzung der Regelbeträge zu ermöglichen, wurde auf eine dem § 1615 f I BGB a. F. entsprechende Definition der Regelbeträge verzichtet. Es war bekannt, dass eine erhebliche Erhöhung der Regelbeträge voraussichtlich dazu führen würde, dass die gesetzlich vorgesehenen Beträge für die Mehrzahl der Berechtigten wegen der eingeschränkten Leistungsfähigkeit der Verpflichteten nicht erreichbar wären. Außerdem sollten Mehrkosten für gesteigerte Leistungen nach dem Unterhaltsvorschussgesetz und eine erhebliche Mehrbelastung der Justiz durch die Geltendmachung von Unterhaltsbeträgen, die nicht der Leistungsfähigkeit des Pflichtigen entsprechen, vermieden werden (Gegenäußerung der BReg., BT-Dr 13/7338, S. 60; Bericht des RA, BT-Dr 13/9596, S. 31). Die wesentliche Bedeutung des Regelbetrags sollte daher nicht in der Festlegung eines Mindestunterhalts, sondern darin liegen, dass mit ihm eine Bezugsgröße für den Zugang zum vereinfachten Verfahren und für die im Zweijahresrhythmus erfolgende Anpassung der Unterhaltsansprüche geschaffen werden sollte (vgl. § 645 ZPO). Dass die Beträge hinter dem Existenzminimum zurückblieben, sei unschädlich, da das vereinfachte Verfahren auch für Unterhaltsbeträge in Höhe des Existenzminimums und sogar darüber hinaus eröffnet sei (Bericht des RA, BT-Dr 13/9596, S. 31 [36]; vgl. auch *Wendl/Scholz*, § 2 Rdnrn. 127af.).

Die gegenteilige Auffassung, der Regelbetrag sei auch nach In-Kraft-Treten des Kindesunterhaltsgesetzes entsprechend dem früheren Regelunterhalt dem Mindestbedarf gleichzusetzen, widerspricht daher dem im Gesetz zum Ausdruck gekommenen Willen des Gesetzgebers (so aber: *KG*, FamRZ 1999, 405; *OLG München*, FamRZ 1999, 884; *OLG Bamberg*, NJWE-FER 2000, 77 = FamRZ 2000, 307 [308]; OLG Koblenz, FamRZ 2000, 313; *OLG Karlsruhe*, NJWE-FER 2001, 60 = FamRZ 2000, 1432 [1433]; *Eschenbruch/Wohlgemuth*, Der Unterhaltsprozess, 2. Aufl., Rdnr. 3025).

b) Die Auffassung, ein Mindestbedarf sei in Höhe des 1½fachen des Regelbetrags festzulegen, weil dieser Betrag nach § 645 ZPO im vereinfachten Verfahren ohne weitere Darlegung der wirtschaftlichen Verhältnisse geltend gemacht werden könne (so *Johannsen/Henrich/Graba*, EheR, 3. Aufl., § 1610

Rdnr. 17, und § 1612a Rdnr. 12), wird vom *OLG* zutreffend abgelehnt. Die erweiterte Zulässigkeit des vereinfachten Verfahrens für Beträge in Höhe von 150% des Regelbetrags ist auf Vorschlag des Rechtsausschusses in das Gesetz aufgenommen worden, während der Regierungsentwurf in § 645 ZPO nur die Geltendmachung des Regelbetrags vorsah (Bericht des RA, BT-Dr 13/9596, S. 11). Dabei hat der Rechtsausschuss aber den Unterschied zwischen dem nicht festgesetzten materiell-rechtlichen Mindestunterhaltsanspruch und der Verbesserung der prozessualen Situation der Kinder betont (Bericht des RA, BT-Dr 13/9596, S. 31). Angesichts des auch im Gesetz zum Ausdruck gekommenen Willens des Gesetzgebers kann daher aus § 645 ZPO kein Mindestbedarf in entsprechender Höhe hergeleitet werden. Soweit in der Literatur gelegentlich befürwortet wird (*Johannsen/Henrich/Graba*, § 1610 Rdnr. 17, und § 1612a Rdnr. 12; *Graba*, NJW 2001, 249 [253]), die Regelung des vereinfachten Verfahrens aus Gründen des Gleichklangs ins Klageverfahren zu übernehmen, vermag der *Senat* dem nicht zu folgen. Ein vorausgegangenes vereinfachtes Verfahren kann weder Wirkungen für den materiellen Unterhaltsbedarf und -anspruch noch für die Darlegungs- und Beweislast im streitigen Prozess begründen.

c) Der *Senat* folgt andererseits auch nicht der vom *OLG* und Teilen der Rechtsprechung und Literatur (*OLG Hamburg*, FamRZ 2000, 1431; *OLG Stuttgart* [18. Zivilsenat], FamRZ 2000, 376; abweichend davon *OLG Stuttgart* [16. Zivilsenat], Urt. v. 6. 9. 2001 – 16 UF 146/01; *Göppinger/Wax/Strohal*, UnterhaltsR, 7. Aufl., Rdnr. 362); *Kleinle*, ZfJ 1998, 225; *Lipp/Wagenitz*, Das neue KindschaftsR, § 1612a Rdnr. 13; *Luthin*, FF 1999, 105 [107] mit eingehender Darstellung des Streitstands u. Nachw.; *ders.*, FamRZ 2001, 334 [335]; *Rühl/Greßmann*, Kindesunterhaltsgesetz, Rdnrn. 58ff.; vgl. weiter den Überblick bei Miesen, Neuere Entwicklung im Familienrecht bis Herbst 2001, FF Sonderheft 2001, 4) vertretenen Auffassung, dass es geboten sei, an Stelle des im Unterhaltsrecht seit 1. 7. 1998 nicht mehr definierten Mindestbedarfs nunmehr auf das von der Bundesregierung auf der Grundlage des Sozialhilfebedarfs ermittelte, steuerfrei zu stellende rechtliche Existenzminimum eines Kindes abzustellen (für das Jahr 1996: 524 DM [BT-Dr 13/381, S. 4]; für das Jahr 1999: 558 DM [BT-Dr 13/9561, S. 4]; für das Jahr 2001: 564 DM [BT-Dr 14/1926, S. 5]). Aus dem für alle Kinder bis 18 Jahre unterschiedslos ermittelten Existenzminimum sollten gestaffelte Werte für die drei Altersstufen nach § 1612a III BGB errechnet werden (vgl. die Berechnung bei *Rühl/Greßmann*, Rdnrn. 58ff.). Die gewonnenen Ergebnisse entsprächen allerdings nicht den Beträgen der Düsseldorfer Tabelle, sondern lägen je nach Altersstufe im Bereich der Einkommensgruppen 4 bis 6. Deshalb sollte im Wege der Interpolation der Mindestbedarf einheitlich nach der Einkommensgruppe 5 festgesetzt werden, wie es hier auch das OLG vorgeschlagen hat.

aa) Für diese Auffassung wird teilweise angeführt, der Rechtsausschuss habe die aus dem Bericht der Bundesregierung vom 2. 2. 1995 ersichtlichen durchschnittlichen Sozialhilfebeträge ausdrücklich als Existenzminimum von Kindern bezeichnet. Deshalb seien in einem Nicht-Mangelfall mindestens diese Sätze geschuldet (Kleinle, ZfJ 1998, 226). Diese Ansicht widerspricht den bereits dargelegten Beratungen des Ausschusses, der bewusst von der Festsetzung eines Mindestunterhalts in Höhe des Existenzminimums abgesehen hat (Gegenäußerung der BReg., BT-Dr 13/7338, S. 59; Bericht des RA, BT-Dr 13/9596, S. 31).

bb) Auch die Rechtsprechung des *BVerfG* zur steuerrechtlichen Freistellung des Existenzminimums und zum Familienleistungsausgleich (vgl. nur *BVerfG*, NJW 1999, 557 = FamRZ 1999, 285, und NJW 1999, 561 = FamRZ 1999, 291) zwingt nicht zur Annahme eines entsprechenden Mindestbedarfs. Danach müsse dem Steuerpflichtigen von seinem Einkommen so viel verbleiben, wie er zur Bestreitung seines notwendigen Lebensunterhalts bedürfe (Existenzminimum). Verfassungsrechtlicher Prüfungsmaßstab sei der sich aus Art. 1 i. V. mit Art. 20 I GG ergebende Grundsatz, dass der Staat dem Steuerpflichtigen sein Einkommen insoweit steuerfrei belassen müsse, als es zur Schaffung der Mindestvoraussetzungen für ein menschenwürdiges Dasein benötigt werde (*BVerfGE* 82, 60 [85] = NJW 1990, 2869; *BVerfG*, NJW 1999, 561 = FamRZ 1999, 291 [292]). Der existenznotwendige Bedarf bilde von Verfassungs wegen die Untergrenze für den Zugriff durch die Einkommensteuer (*BVerfGE* 87, 153 [169] = NJW 1992, 3153; *BVerfG*, NJW 1999, 561 = FamRZ 1999, 291 [292]). Art. 6 I GG gebiete darüber hinaus, dass bei der Besteuerung einer Familie das Existenzminimum sämtlicher Familienmitglieder steuerfrei bleiben müsse (*BVerfG*, NJW 1999, 597 = FamRZ 1999, 285 [287]; NJW 1999, 561 = FamRZ 1999, 291 [292], jew. m. w. Nachw.). Dabei müssten die von Verfassungs wegen zu berücksichtigenden existenzsichernden Aufwendungen nach dem tatsächlichen Bedarf – realitätsgerecht – bemessen werden (*BVerfGE* 91, 93 [111] = NJW 1994, 2817; *BVerfG*, NJW 1999, 561 = FamRZ 1999, 291 [292] m. w. Nachw.). Dessen Untergrenze sei durch die Sozialhilfeleistungen konkretisiert, die das im Sozialstaat anerkannte Existenzminimum gewährleisten sollten, verbrauchsbezogen ermittelt und auch regelmäßig den veränderten Lebensverhältnissen angepasst werden. Mindestens das, was der Gesetzgeber dem Bedürftigen zur Befriedigung seines existenznotwendigen Bedarfs aus öffentlichen Mitteln zur Verfügung stelle, müsse er auch dem Einkommensbezieher von dessen Erwerbsbezügen belassen (*BVerfGE* 87, 153 [171] = NJW 1992, 3153; *BVerfGE* 91, 93 [111] = NJW 1994, 2817; *BVerfGE*, NJW 1999, 561 = FamRZ 1999, 291 [292]). Letzteres gelte sinngemäß für die Ermittlung des sächlichen Existenzminimums von Kindern (*BVerfGE* 82, 60 [93 f.] = NJW 1990, 2869), bei denen allerdings nach der neueren Rechtsprechung zusätzlich ab 1. 1. 2000 ein Betreuungsbedarf und ab 1. 1. 2002 auch der Erziehungsbedarf im Rahmen des steuerlichen Existenzminimums der Kinder zu berücksichtigen sei (*BVerfGE* 99, 216 [233 f., 240 f., 242] = NJW 1999, 557).

Diese Grundsätze werden bei der Festlegung eines Mindestbedarfs teilweise auf das Unterhaltsrecht übertragen (*OLG Stuttgart*, FamRZ 2000, 376; *OLG Hamburg*, FamRZ 2000, 1431; *Göppinger/Wax/Strohal*, Rdnr. 362; Kleinle, ZfJ 1998, 225; *Lipp/Wagenitz*, § 1612 a Rdnr. 13; *Luthin*, FF 1999, 105 [107] m. w. Nachw.; *ders.*, FamRZ 2001, 334 [335]; *Rühl/Greßmann*, Rdnrn. 58 ff.; *Miesen*, S. 4 f.), vereinzelt unter Hinweis auf die der Sozialhilfe vorrangige Verwandtenunterhaltspflicht (Graba, NJW 2001, 249 [251 f.]). Dabei werden jedoch die unterschiedliche Struktur und Funktion des zivilrechtlichen Unterhaltsrechts auf der einen Seite sowie des Einkommensteuer- und Sozialhilferechts auf der anderen Seite nicht ausreichend beachtet.

Die Entscheidungen des *BVerfGE* zum Existenzminimum und zum Familienleistungsausgleich betreffen das Verhältnis des Staates zu seinen Bürgern. Das *BVerfGE* fordert, dass der verminderten Leistungsfähigkeit der Bürger, die Kindern unterhaltspflichtig sind, durch eine entsprechende steuerliche Entlastung im Vergleich zu kinderlosen Steuerzahlern Rechnung getragen wird. Der sozialhilferechtlich anerkannte Bedarf als dafür entscheidende Bemessungsgröße ist nahe liegend, da diese pauschalierenden Sätze nach dem Verständnis des Sozialstaates und dem Sozialrecht das Existenzminimum zur Sicherung eines menschenwürdigen Daseins sichern. Aus den Entscheidungen ergeben sich also in erster Linie Pflichten des Staates, während sich zivilrechtliche Unterhaltsansprüche nach wie vor nach den Regelungen im Verwandtenunterhaltsrecht richten (*Wendl/Scholz*, § 2 Rdnr. 127 b).

cc) Anders als der im Steuerrecht für alle gleichmäßig festzusetzende, gegenüber dem Zugriff des Staates geschützte Grenzbetrag geht das Unterhaltsrecht von einem individuell zu bemessenden Unterhaltsanspruch aus. Im Verwandtenunterhalt bestimmt sich das Maß des zu gewährenden angemessenen Unterhalts grundsätzlich nach der Lebensstellung des Bedürftigen (§ 1610 I BGB). Jedoch wird Unterhalt nicht geschuldet, soweit der Unterhaltspflichtige bei Berücksichtigung seiner sonstigen Verpflichtungen ohne Gefährdung seines eigenen angemessenen Unterhalts zur Zahlung außer Stande ist (§ 1603 I BGB). Das Recht des Kindesunterhalts ist dadurch gekennzeichnet, dass minderjährige Kinder ohne Einkünfte keine eigene unterhaltsrechtlich relevante Lebensstellung i. S. des § 1610 II BGB besitzen. Sie leiten ihre Lebensstellung vielmehr von derjenigen ihrer unterhaltspflichtigen Eltern ab. Wird das Kind von einem Elternteil versorgt und betreut und leistet der andere Teil Barunterhalt, so bestimmt sich die Lebensstellung des Kindes grundsätzlich nach den Einkommens- und Vermögensverhältnissen des barunterhaltspflichtigen Elternteils. An dieser individuellen Bemessung des zivilrechtlichen Unterhaltsanspruchs hat die Rechtsprechung des *BVerfG* zur steuerlichen Freistellung des Existenzminimums nichts geändert. Ist nach diesen unterhaltsrechtlichen, dem § 1610 I BGB zu entnehmenden Grundsätzen, der Unterhaltspflichtige (und auch ein anderer unterhaltspflichtiger Verwandter) nicht in der Lage, das sozialhilferechtlich ermittelte Existenzminimum sicherzustellen, so hat insoweit der Staat im Hinblick auf das Sozialstaatsprinzip die notwendigen Leistungen zu erbringen. Soweit dagegen der Unterhaltspflichtige den Unterhalt selbst sicherstellen kann, ist die Sozialhilfe subsidiär.

Im Übrigen zeigt die gerichtliche Praxis, dass das sozialhilferechtliche Existenzminimum, das als Bedarf nach der Einkommensgruppe 5 (um berufsbedingte Aufwendungen bereinigtes Nettoeinkommen 1998 bis Juni 2001 mindestens 3500 DM, ab Juli 2001 mindestens 3720 DM) angesetzt wird, von der Mehrzahl der Barunterhaltspflichtigen nicht geleistet werden kann. Dies wusste auch der Gesetzgeber, als er auf die Festsetzung eines entsprechenden Mindestbedarfs verzichtete (Gegenäußerung der BReg., BT-Dr 13/7338, S. 60).

(Darlegungs- und Beweislast)

d Von maßgeblicher Bedeutung war der gesetzliche Mindestbedarf gem. § 1610 III BGB a. F. allerdings für die Darlegungs- und Beweislast. Da der Regelunterhalt als Mindestbedarf „galt", war eine weitere Darlegung der Bedarfshöhe nicht erforderlich (st. Rspr., vgl. nur *Senat*, NJWE-FER 1998, 64 = FamRZ 1998, 357 [359]). Nach Aufhebung dieser Vorschrift könnte die allgemeine Darlegungs- und Beweislast für Unterhaltsansprüche eingreifen. Das minderjährige Kind wäre für die bedarfsprägenden Lebensverhältnisse des barunterhaltspflichtigen Elternteils und dessen Leistungsfähigkeit in vollem Umfange darlegungs- und beweispflichtig (so *Klinkhardt*, DAVorm 1998, 655). Dies würde eine Verschlechterung der unterhaltsrechtlichen Position minderjähriger Kinder bedeuten, die der Intention des Gesetzgebers zuwider liefe, der mit dem Kindesunterhaltsgesetz die rechtliche Situation unterhaltsbedürftiger Kinder verbessern wollte. In der Begründung zum Regierungsentwurf wird ausdrücklich darauf hingewiesen, dass in Höhe des Regelunterhalts das Kind von der Darlegungs- und Beweislast für seinen Bedarf sowie für die Leistungsfähigkeit des Unterhaltsverpflichteten befreit sein solle (BT-Dr 13/7338, S. 19). Dieses Ziel ist auch mit der im Regierungsentwurf noch vorgesehenen Formulierung des § 1612 a I 1 BGB-E „Ein minderjähriges Kind kann ... den Regelunterhalt verlangen." (RegE, BT-Dr 13/7338, S. 5) zum Ausdruck gekommen. Als in den Beratungen des Rechtsausschusses auf den Anspruch auf Regelunterhalt verzichtet wurde, hat man dessen Funktion für die Darlegungs- und Beweislast übersehen. Der Rechtsausschuss hat ausgeführt, ein materiell-rechtlicher Anspruch auf einen das Existenzminimum nicht abdeckenden und nur unter den Gesichtspunkten der Leistungsfähigkeit zu rechtfertigenden Regelunterhalt erscheine zur Verwirklichung der Reformziele nicht erforderlich (Bericht des RA, BT-Dr 13/9596 S. 31). Daraus lässt sich nur herleiten, dass der Gesetzgeber jedenfalls nicht zu Lasten des Kindes von der bisherigen Rechtslage abweichen und ihm die Beweiserleichterung im Rahmen des Regelbetrags nehmen wollte. Es kann aber nicht geschlossen werden, dass der Gesetzgeber das Kind bis zur Höhe des Existenzminimums vollständig von der Darlegungs- und Beweislast freistellen wollte (i. E. ebenso *Eschenbruch/Wohlgemuth*, Rdnr. 3025).

(Schuldabzug)

Soweit der bisherige Mindestbedarf als „relative Grenze" für die Berücksichtigung von Drittverbindlichkeiten des Unterhaltsschuldners herangezogen wurde, rechtfertigt und erfordert dies ebenfalls keine Festsetzung eines Mindestbedarfs. Aus § 1603 I BGB ergibt sich, dass es nicht schlechthin ausgeschlossen ist, Verbindlichkeiten des Unterhaltsschuldners bei der Bemessung des Unterhalts zu berücksichtigen. Dies galt vor dem 1. 7. 1998 auch dann, wenn der Mindestunterhalt nach § 1610 III BGB a. F. nicht gewahrt werden konnte (st.Rspr., vgl. nur *Senat*, NJW 1984, 2351 = FamRZ 1984, 657 [659], und NJW-RR 1986, 428 = FamRZ 1986, 254 [257]). Allerdings war in diesen Fällen die Berücksichtigung von Verbindlichkeiten nur in Ausnahmefällen möglich, insbesondere deshalb, weil den Kindern, denen der Verpflichtete nach § 1603 II 1 BGB verschärft unterhaltspflichtig ist, jegliche Möglichkeit fehlt, durch eigene Anstrengungen zur Deckung des notwendigen Unterhaltsbedarfs beizutragen (*Senat*, NJW 1992, 1624 = LM H. 9/1992 § 1603 BGB Nr. 43 = FamRZ 1992, 797 [798]). **e**

Auch nach Wegfall des Mindestbedarfs hat eine umfassende Interessenabwägung zu erfolgen. Dabei bleiben die in der Rechtsprechung herausgearbeiteten Gesichtspunkte unabhängig vom nicht mehr bestimmten Mindestbedarf von Bedeutung.

(§ 1612 b V BGB; kein Mindestbedarf in Höhe von 135% des Regelbetrages)

3. Auch nach dem 1. 1. 2001 ist ein Mindestbedarf für das Kind gesetzlich nicht festgelegt (so auch OLG Hamm, Urt. v. 9. 11. 2001–12 UF 43/01; *Heger*, FamRZ 2001, 1409 [1412]; *Soyka*, FamRZ 2001, 740; *Wendl/Scholz*, Nachtrag zu § 2 zu Rdnr. 2/127 b; *Scholz*, FamRZ 2000, 1541 [1545]). Zu diesem Zeitpunkt ist das Gesetz zur Ächtung der Gewalt in der Erziehung und zur Änderung des Kindesunterhaltsrechts vom 2. 11. 2000 (BGBl I, 1479) hinsichtlich der unterhaltsrechtlichen Bestimmungen in Kraft getreten. Dadurch wurde § 1612 b V BGB insoweit geändert, als eine Anrechnung des Kindergeldes bereits dann unterbleibt, wenn der Unterhaltspflichtige außer Stande ist, Unterhalt in Höhe von 135% des Regelbetrags nach der Regelbetrag-VO zu leisten. Daraus wird in Rechtsprechung und Literatur überwiegend gefolgert, dass nunmehr der gesetzliche Mindestbedarf bei 135% des Regelbetrags nach der Regelbetrag-VO liege (*OLG München*, FamRZ 2002, 52; *OLG Stuttgart* [16. Zivilsenat], Urt. v. 6. 9. 2001 – 16 UF 146/01; *Gerhardt*, FamRZ 2001, 73; *Graba*, NJW 2001, 249 [252 f.]; *Luthin*, FamRZ 2001, 334 [336]; *Miesen*, FF Sonderheft 2001, 4 m. w. Nachw.; *Vossenkämper*, FamRZ 2000, 1547 [1551]; *Wohlgemuth*, FamRZ 2001, 742 [744]). **f**

a) Den Vertretern dieser Auffassung ist einzuräumen, dass der Gesetzgeber mit der Änderung des § 1612 b V BGB beabsichtigt hat, das Barexistenzminimum des Kindes zu sichern (Bericht des RA, BT-Dr 13/3781, S. 8). Dies war allerdings nicht der Ausgangspunkt für die erst im Rahmen des Gesetzgebungsverfahrens zum Gesetzentwurf zur Ächtung der Gewalt in der Erziehung vorgenommene Änderung (Bericht des RA, BT-Dr 14/3781, S. 6). Vielmehr wurde auf die Entscheidung des *BVerfG* vom 10. 11. 1998 (NJW 1999, 557 = FamRZ 1999, 285) Bezug genommen, in der es – unabhängig von der Art der Betreuung – den Betreuungsbedarf der Kinder stets als Bestandteil des Existenzminimums angesehen hat (*BVerfG*, NJW 1999, 557 = FamRZ 1999, 285 [288]). Ein entsprechender Steuerfreibetrag wurde zum 1. 1. 2000 durch das Familienförderungsgesetz eingeführt. In Ergänzung dazu sollten die Alleinerziehenden nun auch unterhaltsrechtlich entlastet werden. Nur durch eine unterhaltsrechtliche Neuregelung könne sichergestellt werden, dass das Existenzminimum des Kindes nicht nur steuerrechtlich freigestellt, sondern auch Anknüpfungspunkt für die Verteilung bzw. Verwendung des Kindergeldes werde (Bericht des RA, BT-Dr 14/3781, S. 7). Eine Regelung, die das hälftige Kindergeld beim Barunterhaltspflichtigen belasse, selbst wenn dieser das Existenzminimum des Kindes noch nicht sichergestellt habe, sei kaum mehr zu rechtfertigen. Um die Unterhaltsberechnung nicht noch weiter zu erschweren, seien 135% des Regelbetrags als Grenze anzusetzen. Mit diesem Prozentsatz werde an den Barunterhalt in Höhe des Existenzminimums in allen Altersstufen angeknüpft und eine bruchlose Umsetzung der Anwendung der Düsseldorfer Tabelle gewährleistet (Bericht des RA, BT-Dr 14/3781, S. 8).

b) Dieser Ausgangspunkt des Gesetzgebers verdeutlicht die bereits im Gesetz angelegte Systematik. § 1612 b BGB regelt allein die Anrechnung staatlicher kindbezogener Leistungen auf den Kindesunterhalt.

Bereits vor Einführung des § 1612 b BGB betraf der Ausgleich des Kindergeldes nach der Rechtsprechung des Senats, an der festgehalten wird, nur das Verhältnis der Ehegatten zueinander und hatte für die Berechnung des Unterhaltsbedarfs des Kindes keine Bedeutung (*Senat*, NJW 1997, 1919 = LM H. 8/1997 § 1578 BGB Nr. 65 = FamRZ 1997, 806 [808]). Staatliches Kindergeld wird gewährt, um die Unterhaltslast der Eltern gegenüber ihren Kindern zu erleichtern. Diese öffentlich-rechtliche Zweckbestimmung als eine entlastende Leistung darf nicht dadurch in ihr Gegenteil verkehrt werden, dass sie – im Wege einer Zurechnung zum Einkommen des Unterhaltspflichtigen – zu einer Erhöhung des Unterhaltsbedarfs führt (*Senat*, *BGHZ* 70, 151 [153] = NJW 1978, 753). Beim Ausgleichsanspruch eines Ehegatten gegen den anderen handelt es sich um einen Unterfall des von der Rechtsprechung entwikkelten besonderen familienrechtlichen Ausgleichsanspruchs (*Senat*, NJW 1997, 1919 = LM H. 8/1997 § 1578 BGB Nr. 65 = FamRZ 1997, 806 [809]), der nunmehr in § 1612 b BGB kodifiziert ist.

Der Ausgleich vollzieht sich aus Vereinfachungsgründen zwar meist über die Unterhaltszahlungen des barunterhaltspflichtigen Elternteils für das Kind. Das ändert jedoch nichts daran, dass es um ein eigenes Recht des jeweiligen Elternteils geht, der den anderen daher auch unmittelbar auf Auszahlung des anteiligen Kindergeldes in Anspruch nehmen kann (*Senat*, NJW 1988, 1720 = FamRZ 1988, 607 [609], und NJW 1988, 2375 = FamRZ 1988, 834 m. w. Nachw.). Grundsätzlich ordnet § 1612 b I und II BGB den hälftigen Ausgleich des Kindergelds an, der im Wege der Anrechnung auf den Barunterhaltsanspruch erfolgt. Bereits § 1612 b V BGB in der Fassung des Kindesunterhaltsgesetzes sah eine Beschränkung der Anrechnungsmöglichkeit vor, wenn der barunterhaltspflichtige Elternteil nicht den vollen Regelbetrag als Unterhalt leisten konnte. Im Ergebnis wurde der barunterhaltspflichtige Elternteil dadurch so gestellt, als habe er das Kindergeld in Höhe des nicht angerechneten Teils erhalten und für den Kindesunterhalt verwenden müssen (RegE z. KindUG, BT-Dr 13/7338, S. 30).

c) In Kenntnis dieser Rechtsprechung und der Gesetzesgeschichte des Kindesunterhaltsgesetzes hat der Gesetzgeber nur den Ausgleichsanspruch zwischen den Ehegatten geändert. Er hat – wie sich aus der Begründung ergibt – mit der Bezugnahme auf das verfassungsrechtliche Existenzminimum das rechtspolitische Anliegen verfolgt, unterhaltsrechtlich den betreuenden Elternteil zu entlasten (*Graba*, NJW 2001, 249 [251]). Es ging dem Gesetzgeber nicht um die Festlegung eines Mindestunterhalts der Kinder, auch wenn deren Existenzminimum möglichst gesichert werden soll. Vielmehr hat er eine Frage der Familienleistungsförderung geregelt, indem dem barunterhaltspflichtigen Elternteil zugemutet wird, notfalls seinen Kindergeldanteil zur Unterhaltssicherung einzusetzen. Das Kindergeld soll der Entlastung für tatsächlich erbrachte Unterhaltsleistungen und nicht der Unterstützung weniger zahlungsfähiger Elternteile dienen (*Heger*, FamRZ 2001, 1409 [1413]). Eine Leistung des Staates wird daher in diesen Fällen dem Leistungsempfänger indirekt wieder entzogen. Mit dem zivilrechtlichen Anspruch des Kindes gegen den barunterhaltspflichtigen Elternteil hat dies unmittelbar nichts zu tun (so auch *Heger*, FamRZ 2001, 1409 [1412]; *Soyka*, FamRZ 2001, 740; *Scholz*, FamRZ 2000, 1541 [1545]). Es kann dahinstehen, ob § 1612 b V BGB verfassungsgemäß ist (vgl. zur Problematik nur Vorlagebeschl. des AG Kamenz, FamRZ 2001, 1090; *Scholz*, FamRZ 2000, 1541 [1543 f.]; w. Nachw. bei *Heger*, FamRZ 2001, 1409). Das Anliegen des Gesetzgebers, den Barunterhalt des Kindes in Höhe des Existenzminimums möglichst sicherzustellen (vgl. auch *BVerfG*, NJWE-FER 2001, 147 = FamRZ 2001, 541), kann der Anrechnungsbestimmung entnommen werden. Der Festlegung eines entsprechenden Mindestunterhalts bedarf es dazu nicht. § 1612 b V BGB wäre dazu auch systematisch nicht der richtige Ort. Vielmehr würde eine solche Regelung – wie vor In-Kraft-Treten des Kindesunterhaltsgesetzes – in den § 1610 BGB gehören. Die Anrechnungsvorschrift des § 1612 b V BGB spiegelt dagegen nur die verfassungsrechtlich gebotene, auf einheitlichen Pauschalbeträgen beruhende Entlastung der unterhaltspflichtigen Eltern wider und regelt den zivilrechtlichen Ausgleich dieses Vorteils zwischen ihnen. In einem Spannungsverhältnis dazu steht der nach § 1610 I BGB am individuellen Einkommen der Eltern ausgerichtete Unterhaltsanspruch des Kindes. Durch das Unterbleiben der Anrechnung wird eine Brücke zwischen diesen Polen geschlagen, aber nicht der Individualanspruch zu Gunsten eines allgemeinen Pauschalbetrags aufgegeben (*Heger*, FamRZ 2001, 1409 [1412]).

Danach durfte das *OLG* nicht unabhängig vom Einkommen des Bekl. und dessen Verbindlichkeiten ohne weiteres von einem Unterhaltsbedarf der Kinder nach der Einkommensgruppe 5 der Düsseldorfer Tabelle ausgehen, sondern hätte den Bedarf nach dem unterhaltsrelevanten Einkommen ermitteln müssen. Bei vollständiger Berücksichtigung der – für die Revision als ehebedingt unterstellten – Verbindlichkeiten des Bekl. ergäbe sich ein Unterhaltsbedarf der Kinder nach der Einkommensgruppe 3 der Düsseldorfer Tabelle.

(Berücksichtigungsfähigkeit von Schulden, wenn der Mindestbedarf des minderjährigen Kindes nicht gedeckt ist)

g Verbindlichkeiten können auf Grund einer umfassenden Interessenabwägung unter Berücksichtigung von Zweck, Art und Umfang der Verbindlichkeit sowie Zeitpunkt und Umständen ihrer Entstehung, teilweise oder vollständig bei der Bemessung des Unterhaltsbedarfs zu berücksichtigen sein. Auf Seiten der Kl. ist zu bedenken, dass minderjährige Kinder keine Möglichkeit haben, durch eigene Anstrengungen zur Deckung ihres Unterhaltsbedarfs beizutragen (*Senat*, NJW-RR 1996, 321 = FamRZ

1996, 160 [161]). Es hat ein angemessener Ausgleich zwischen den Interessen des Unterhaltsgläubigers, des Unterhaltsschuldners und der Drittgläubiger zu erfolgen, gegebenenfalls auch durch eine Streckung der Tilgung (*Senat*, NJW-RR 1986, 428 = FamRZ 1986, 254 [257]). Da für die Interessenabwägung von entscheidender Bedeutung ist, ob die Verbindlichkeiten ehebedingt sind oder – wie die Kl. behauptet – allein der Befriedigung der persönlichen Bedürfnisse des Bekl. dienen, hat das *OLG* zunächst diese Feststellungen zu treffen und sodann die erforderliche Abwägung vorzunehmen.

BGH v. 20. 2. 2002 – XII ZR 104/00 – FamRZ 02, 813 = NJW 02, 1799

(Inhaftierter Unterhaltsschuldner; objektiver Unterhaltsbezug; unterhaltsbezogene Mutwilligkeit) R573

3 a) Nach der Rechtsprechung des *Senats* kann ein selbstverschuldeter, aber doch ungewollter Arbeitsplatzverlust unterhaltsrechtlich nicht den Fällen freiwilliger Aufgabe einer versicherungspflichtigen Tätigkeit gleichgestellt werden. Die Berufung des Unterhaltsberechtigten auf seine Leistungsunfähigkeit verstößt vielmehr nur dann gegen Treu und Glauben, wenn das für den Verlust des Arbeitsplatzes ursächliche Verhalten des Unterhaltspflichtigen sich seinerseits als eine Verletzung seiner Unterhaltspflicht darstellt (*Senat*, NJW 1982, 2491 = FamRZ 1982, 913 [914]). Für den erforderlichen unterhaltsrechtlichen Bezug, insbesondere einer Straftat, reicht es deshalb nicht aus, dass sie für den Arbeitsplatz kausal geworden ist. Auch genügt nicht, dass sich der Arbeitsplatzverlust auf den Lebensstandard nicht nur des Täters, sondern auch seiner unterhaltsberechtigten Angehörigen auswirkt. Erforderlich ist vielmehr, dass die Strafhaft auf einem Fehlverhalten beruht, das sich gerade auf seine Unterhaltspflicht bezieht.

Diese Voraussetzung ist dann erfüllt, wenn der Unterhaltsschuldner sich gerade deshalb in Strafhaft befindet, weil er seine Unterhaltspflicht gegenüber dem Berechtigten verletzt hat, oder wenn gerade die bestrafte vorsätzliche Tat dazu geführt hat, dass der Unterhaltsberechtigte – etwa durch Schädigung seines Vermögens, durch eine Körperverletzung oder durch die Tötung eines vorrangig Unterhaltspflichtigen – (vermehrt) unterhaltsbedürftig geworden ist (vgl. *Senat*, NJW 1982, 2491 = FamRZ 1982, 913).

Fehlt es an einem solchen objektiven Unterhaltsbezug der der Strafhaft zu Grunde liegenden Tat, kann sich das Fehlverhalten des Täters zwar – auch – als eine Verletzung seiner Unterhaltspflicht darstellen. Hierzu bedarf es jedoch einer auf den Einzelfall bezogenen Wertung dahin, ob die der Tat zu Grunde liegenden Vorstellungen und Antriebe des Täters sich gerade auch auf die Verminderung seiner unterhaltsrechtlichen Leistungsfähigkeit als Folge seines strafbaren Verhaltens erstreckt haben (*Senat*, NJW 1982, 2491 = FamRZ 1982, 913; NJW 1993, 1974 = LM H. 9/1993 § 1603 BGB Nr. 44 = FamRZ 1993, 1055 [1056 f.]; NJW 1994, 258 = LM H. 3/1994 § 1603 BGB Nr. 45 = FamRZ 1994, 240 [241]; NJW 2000, 2351 = LM H. 10/2000 § 1603 BGB Nr. 50 = FamRZ 2000, 815 [816]). Dabei bietet die bloße Vorhersehbarkeit des Arbeitsverlustes, wie der *Senat* verdeutlicht hat, für sich genommen keinen geeigneten Anknüpfungspunkt, um den unterhaltsrechtlichen Bezug einer vom Unterhaltsschuldner begangenen Straftat zu begründen (*Senat*, NJW 200, 2351 = LM H. 10/2000 § 1603 BGB Nr. 50 = FamRZ 2000, 815). Die nachteiligen Folgen, die eine Straftat für den beruflichen Werdegang des Straftäters mit sich bringen kann, werden nämlich bei vernünftiger Betrachtung stets auf der Hand liegen; sie dürften sich zudem auch nicht ohne weiteres auf besonders schwer wiegende Straftaten beschränken lassen. Dem Unterhaltsschuldner ist die Berufung auf die eigene Leistungsunfähigkeit vielmehr dann versagt, wenn er seine Leistungsunfähigkeit durch unterhaltsbezogene Mutwilligkeit herbeigeführt hat. Dies hat der *Senat* für den von § 1579 Nr. 3 BGB erfassten Fall einer vom Unterhaltsgläubiger selbst verursachten Bedürftigkeit wiederholt entschieden (vgl. *Senat* NJW 1981, 2805 = FamRZ 1981, 1042 [1044 f.], und LM 1984 § 1579 BGB Nr. 21 = FamRZ 1984, 364 [367 f.]).

Allerdings hat der *Senat* in seiner Entscheidung vom 9. 6. 1982 (NJW 1982, 2491 = FamRZ 1982, 913) nicht ausgeschlossen, dass es über die genannten Fallgestaltungen hinaus Fälle geben mag, in denen die Berufung eines Strafgefangenen auf seine Leistungsunfähigkeit gegen Treu und Glauben verstoße. Die Möglichkeit solcher Ausnahmefälle kann auch hier offen bleiben. Jedenfalls lässt sich – entgegen der Auffassung des BerGer. – aus der in der Senatsentscheidung nicht ausgeschlossenen Möglichkeit solcher Ausnahmefälle kein Grundsatz des Inhalts herleiten, dass sich der eine Freiheitsstrafe verbüßende Straftäter gegenüber dem Opfer seiner Tat, dem er an sich Unterhalt schuldet, auf seine haftbedingte Leistungsunfähigkeit generell nicht berufen kann. Anhaltspunkte für das Vorliegen eines solchen Ausnahmefalls sind hier auch nicht ersichtlich.

BGH v. 20. 3. 2002 – XII ZR 159/00 – FamRZ 02, 810 = NJW 02, 1947

(Zusammenleben bei getrennten Wohnungen) R574

2 b) Nach der ständigen Rechtsprechung des *Senats* kann ein länger dauerndes Verhältnis des Unterhaltsberechtigten zu einem anderen Partner dann zur Annahme eines Härtegrundes im Rahmen des a

Auffangtatbestands des § 1579 Nr. 7 BGB – mit der Folge der Unzumutbarkeit einer weiteren (uneingeschränkten) Unterhaltsbelastung für den Verpflichteten – führen, wenn sich die Beziehung in einem solchen Maße verfestigt hat, dass sie als eheähnliches Zusammenleben anzusehen und gleichsam an die Stelle einer Ehe getreten ist. Dabei setzt die Annahme einer derartigen Lebensgemeinschaft nicht zwingend voraus, dass die Partner räumlich zusammenleben und einen gemeinsamen Haushalt führen, auch wenn eine solche Form des Zusammenlebens in der Regel ein typisches Anzeichen hierfür sein wird. Unter welchen Umständen – nach einer gewissen Mindestdauer, die im Allgemeinen kaum unter zwei bis drei Jahren liegen dürfte – auf ein eheähnliches Zusammenleben geschlossen werden kann, lässt sich nicht allgemein verbindlich festlegen. Letztlich obliegt es der verantwortlichen Beurteilung des Tatrichters, ob er den Tatbestand des eheähnlichen Zusammenlebens aus tatsächlichen Gründen für gegeben erachtet oder nicht (*Senat*, NJW 1984, 2692 = LM § 1579 BGB Nr. 24 = FamRZ 1984, 986 [987]; NJW 1989, 1083 = LM § 1577 BGB Nr. 15 = FamRZ 1989, 487 [490 f.]; NJW 1991, 1290).

(Annahme einer verfestigten Partnerschaft i. S. d. § 1579 Nr. 7 BGB erfordert keine geschlechtliche Beziehung)

b c) Es begegnet aus Rechtsgründen keinen Bedenken, dass das BerGer. im Rahmen der tatrichterlichen Würdigung der getroffenen Feststellungen zu dem Ergebnis gelangt ist, die Bekl. unterhalte zu G ein Verhältnis, das in seiner persönlichen und wirtschaftlichen Ausprägung und Intensität einem solchen eheähnlichen Verhältnis gleichkommt. Beide haben gemeinsam ein Grundstück gesucht, das sich eignet, ihnen jeweils als Wohnung zu dienen und G überdies die Möglichkeit eröffnet, dort eine geschäftliche Tätigkeit auszuüben. Für die Finanzierung des Grundstückserwerbs sind beide erhebliche finanzielle Verpflichtungen eingegangen, zu denen sie unabhängig voneinander nicht in der Lage gewesen wären und die sie hätten vermeiden können, wenn jeder für sich nur seinen eigenen Wohn- bzw. Geschäftsraumbedarf gedeckt hätte. Unter diesen Umständen ist die Annahme des BerGer., dass eine solche Gestaltung einer gemeinsamen Lebensgrundlage regelmäßig vor dem Hintergrund einer gemeinsam geplanten Zukunft zu erklären sei, rechtlich nicht zu beanstanden, auch wenn kein Miteigentum erworben wurde. Für die betreffende Annahme spricht auch der dem Vorbringen der Bekl. zufolge erhebliche, langfristige finanzielle Einsatz des G, der ohne jede Absicherung allein in der Erwartung erfolgt ist, einen Teil des Grundstücks in Zukunft, zumindest aber für die Dauer des auf zehn Jahre gewährten zinslosen Darlehens, mietfrei nutzen zu können. Auch über die bestehenden wirtschaftlichen Verflechtungen hinaus ist das Verhältnis, wie das BerGer. ohne Rechtsverstoß angenommen hat, in einer Weise gestaltet, die die Gleichstellung mit einer eheähnlichen Beziehung rechtfertigt. G und die Bekl. leben jedenfalls in unmittelbarer räumlicher Nähe zueinander. Nach den getroffenen Feststellungen befindet sich in dem von ihm genutzten Büroraum nur eine Schlafgelegenheit, aber keine Kochmöglichkeit. Deshalb spricht nach der allgemeinen Lebenserfahrung alles dafür, dass er für seine Versorgung zumindest teilweise auf eine Mitbenutzung der Wohnung der Bekl., insbesondere der Küche, angewiesen ist. Unter Berücksichtigung der herausgestellten weiteren Gemeinsamkeiten der Bekl. und des G kann dem BerGer. auch nicht vorgeworfen werden, verkannt zu haben, dass an Stelle einer verfestigten Partnerbeziehung auch eine normale Freundschaft vorliegen könne. Selbst wenn es zutreffen mag, dass einzelne der hier herangezogenen Verhaltensweisen auch unter Freunden üblich sein können, so begegnet die tatrichterliche Annahme, dass eine ständige gegenseitige Hilfe und Unterstützung im Alltag, verbunden mit gemeinsamer Freizeitgestaltung und getragen von einem vertrauensvollen, freundschaftlichen Verhältnis und vor dem Hintergrund einer hinsichtlich der Grundstücksnutzung und Lastentragung langfristigen gemeinsamen Zukunftsplanung, über eine bloße Freundschaft weit hinausgeht und wie ein eheähnliches Verhältnis zu bewerten ist, keinen rechtlichen Bedenken.

Dieser Beurteilung steht auch der Einwand der Revision, zwischen der Bekl. und G habe es nie sexuelle Beziehungen gegeben, vielmehr lebe dieser seit Monaten mit einem anderen Mann zusammen, aus Rechtsgründen nicht entgegen. Deshalb brauchte das BerGer. dem betreffenden Vorbringen der Bekl. nicht nachzugehen. Ob die Aufnahme eines Verhältnisses zu einem anderen Partner die aus der Unterhaltspflicht erwachsende Belastung unzumutbar macht, hängt nicht davon ab, ob es zwischen den Partnern zu Intimitäten kommt oder nicht. Darüber wird ohnehin regelmäßig nichts nach außen dringen. Entscheidend für die Unzumutbarkeit einer fortdauernden (uneingeschränkten) Unterhaltsbelastung ist vielmehr der Umstand, dass der Unterhaltsberechtigte mit einem Partner in einer verfestigten Beziehung lebt, die Partner ihre Lebensverhältnisse so aufeinander abgestellt haben, dass sie wechselseitig füreinander einstehen, indem sie sich gegenseitig Hilfe und Unterstützung gewähren, und damit ihr Zusammenleben ähnlich gestalten, wie es sich auf Grund der nach außen dringenden Gegebenheiten auch in einer Ehe darstellt. Eine solche Verbindung rechtfertigt grundsätzlich die Annahme, der Berechtigte sei im Rahmen der neuen Partnerschaft „wie in einer Ehe" versorgt (*Senat*, NJW 1995, 655 = LM H. 5/1995 § 1573 BGB Nr. 27 = FamRZ 1995, 344 [345]).

Entgegen der Auffassung der Revision ist es unerheblich, ob G wechselnde intime Beziehungen zu anderen Männern unterhalten hat und seit Monaten in seiner kleinen Wohnung mit einem anderen Mann zusammenlebt. Die behaupteten Beziehungen des G zu verschiedenen Männern sind auf sein

Verhältnis zu der Bekl. erkennbar ohne Einfluss geblieben. Dass sich hieran durch die angebliche Aufnahme eines anderen Manns in seiner Wohnung etwas geändert hätte, hat die Bekl. nach den vom BerGer. getroffenen Feststellungen selbst nicht geltend gemacht. Abgesehen davon würde es der Bewertung des zwischen ihr und G bestehenden Verhältnisses als verfestigte Lebensgemeinschaft aber auch nicht entgegenstehen, wenn sich dieses für einige Zeit etwas flüchtiger gestaltet hätte (vgl. *Senat*, NJW 1997, 1851 = LM H. 7/1997 § 1570 BGB Nr. 17 = FamRZ 1997, 671 [672]).

(Verwirkungsgrund des Zusammenlebens in verfestigter Gemeinschaft gilt auch beim Trennungsunterhalt; gleichgeschlechtliche Partnerschaft)

3. a) Die Revision rügt weiter, das BerGer. sei zu Unrecht davon ausgegangen, dass auch der An- **c**
spruch auf Trennungsunterhalt wegen einer verfestigten Verbindung des Unterhaltsberechtigten mit einem anderen Partner nach §§ 1361 III, 1579 Nr. 7 BGB ausgeschlossen oder herabgesetzt werden könne. Der *Senat* habe die fehlende Möglichkeit der Eheschließung als Grund dafür genannt, dass die Annahme eines Härtegrundes nach § 1579 Nr. 7 BGB bei einer gleichgeschlechtlichen Beziehung des Unterhaltsberechtigten ausscheide. Dann könne aber auch in der Trennungsphase nichts anderes gelten, weil eine Wiederheirat erst nach einer Scheidung möglich sei.

Auch damit vermag die Revision nicht durchzudringen.

b) Es trifft bereits im Ansatz nicht zu, dass der *Senat* bei einer verfestigten gleichgeschlechtlichen Partnerschaft das Vorliegen eines Härtegrundes verneint hat, weil die Partner nicht die Ehe miteinander schließen könnten. Er hat vielmehr darauf abgestellt, dass – anders als bei einer Ehe und bei einer eheähnlichen Gemeinschaft, die als Lebensform in der gesellschaftlichen Wirklichkeit zunehmend Anerkennung findet – für gleichgeschlechtliche Partnerschaften in Ermangelung eines der Ehe vergleichbaren Rechtsinstituts kein allgemeingültiges Leitbild bestehe, das die Annahme rechtfertigen könne, die Verhältnisse in einer solchen Verbindung gewährleisteten nach der Natur des Zusammenlebens die gegenseitige Versorgung der Partner (*Senat*, NJW 1995, 655 = LM H. 5/1995 § 1573 BGB Nr. 27 = FamRZ 1995, 344 [345]). Der Grund für die Ablehnung eines Härtefalls ist danach nicht in der fehlenden Eheschließungsmöglichkeit an sich gesehen worden, sondern in dem Umstand, dass sich deswegen in der Vergangenheit nicht die Vorstellung entwickelt hat, auch der in einer gleichgeschlechtlichen Partnerschaft lebende Unterhaltsberechtigte sei im Rahmen dieser Verbindung wie in einer Ehe versorgt, und dass demzufolge grundsätzlich kein Anlass für die hieran anknüpfende Annahme bestehe, die fortdauernde Unterhaltsbelastung könne unzumutbar sein. Ob an dieser Auffassung mit Rücksicht auf das Lebenspartnerschaftsgesetz vom 16. 2. 2001 (BGBl I, 266 ff.) festzuhalten ist, bedarf vorliegend keiner Entscheidung. Der aus dem Urteil des *Senats* vom 14. 12. 1994 (NJW 1995, 655 = LM H. 5/1995 § 1573 BGB Nr. 27 = FamRZ 1995, 344 [345]) gezogene Schluss, die Inanspruchnahme auf Trennungsunterhalt könne nicht wegen einer auf Dauer angelegten eheähnlichen Gemeinschaft des Unterhaltsberechtigten mit einem anderen Partner für den Verpflichteten unzumutbar sein, ist unabhängig davon jedenfalls nicht gerechtfertigt (i. E. ebenso: *Schwab/Borth*, Hdb. des ScheidungsR, 4. Aufl., Kap. IV Rdnr. 503; *Bosch*, FF 2001, 53 [54]; *Wiegmann*, FF 2001, 118 [119]; *OLG Köln*, FamRZ 2000, 290 [291]; *OLG Zweibrücken*, FuR 2000, 438 [440]; *OLG Koblenz*, NJW-RR 1999, 1597 [1599]; *OLG Schleswig*, NJW-RR 1994, 457; a. A. *OLG München*, FamRZ 1998, 1589; *Büttner/Niepmann*, NJW 2001, 2215 [2226]; *Palandt/Brudermüller*, BGB, 61. Aufl., § 1579 Rdnr. 39).

c) Die Frage, ob und gegebenenfalls inwieweit es für den Unterhaltspflichtigen unzumutbar ist, den Unterhaltsberechtigten weiterhin zu unterhalten, muss deshalb nach denselben Kriterien beantwortet werden, wie sie für den Anspruch auf nachehelichen Unterhalt herangezogen werden. Hier wie dort kann die Fortdauer der Unterhaltsbelastung und des damit verbundenen Eingriffs in die Handlungsfreiheit und Lebensgestaltung für den Unterhaltspflichtigen unzumutbar sein, wenn der Unterhaltsberechtigte in einer Gemeinschaft mit einem anderen Partner lebt, die sich derart verfestigt hat, dass sie einer Ehe vergleichbar gestaltet ist. Für den Unterhaltspflichtigen kann es dann grob unbillig sein, den Unterhaltsberechtigten weiterhin uneingeschränkt unterhalten zu müssen, obwohl der andere Partner letztlich an seine Stelle getreten ist. Diese Betrachtungsweise ist sowohl für den Trennungsunterhalt als auch für den nachehelichen Unterhalt von der Möglichkeit einer Eheschließung mit dem neuen Partner unabhängig. Denn eine Heirat kann, auch soweit es um den nachehelichen Unterhalt geht, daran scheitern, dass der neue Partner des Unterhaltsberechtigten noch verheiratet ist. Hinsichtlich der Auswirkungen der fortbestehenden Unterhaltsbelastung auf den Unterhaltsverpflichteten lässt sich hieraus kein ausschlaggebender Unterschied herleiten.

(Billigkeitsabwägung im Rahmen des § 1579 BGB)

4. a) Auch die weitere Beurteilung des BerGer., der Unterhaltsbedarf der Bekl. sei wegen des vor- **d**
liegenden Härtegrundes auf den Mindestbedarf eines nicht erwerbstätigen Ehegatten herabzusetzen, der nach der Düsseldorfer Tabelle monatlich 1300 DM betrage, hält der revisionsrechtlichen Überprüfung stand. Ob und inwieweit der Unterhaltsanspruch aus den in § 1579 Nrn. 1 bis 7 BGB aufgeführten Gründen ausgeschlossen ist, hängt jeweils von einer Würdigung der Umstände des Einzelfalls ab

(*Senat*, FamRZ 1983, 670 [672]) und ist damit grundsätzlich Gegenstand tatrichterlicher Beurteilung. Das *OLG* hat bei seiner Billigkeitsabwägung die langjährige Dauer der Ehe der Parteien, die von der Bekl. wahrgenommene Aufgabe der Kindererziehung und -betreuung sowie die Auswirkungen einer Unterhaltsherabsetzung auf ihre Lebensverhältnisse berücksichtigt. Damit hat es die im vorliegenden Fall maßgebenden Gesichtspunkte in seine Beurteilung einbezogen und diese in rechtlich nicht zu beanstandender Weise gewürdigt.

BGH v. 20. 3. 2002 – XII ZR 176/00 – FamRZ 02, 739 = NJW 02, 1570

R575 *(Gesamtschuldnerischer Ausgleich zwischen Ehegatten)*

a a) Durch die Festsetzung in dem Bescheid haften die Parteien als Gesamtschuldner. Im Innenverhältnis besteht zwischen Gesamtschuldnern eine Ausgleichspflicht nach § 426 I 1 BGB. Danach haften sie im Verhältnis zueinander zu gleichen Anteilen, soweit nicht ein anderes bestimmt ist. Eine solche abweichende Bestimmung kann sich aus dem Gesetz, einer Vereinbarung, dem Inhalt und Zweck des Rechtsverhältnisses oder der Natur der Sache, mithin aus der besonderen Gestaltung des tatsächlichen Geschehens, ergeben (vgl. *BGHZ* 87, 265 [268] = NJW 1983, 1845; *BGHZ* 77, 55 [58] = NJW 1980, 1520 = LM § 426 BGB Nr. 51 L; Senat, *NJW* 1995, 652 = LM H. 4/1995 § 426 BGB Nr. 98 = FamRZ 1995, 216 [217]; NJW-RR 1993, 386 = LM H. 7/1993 § 426 BGB Nr. 95 = FamRZ 1993, 676, [677f.]). Vorrangig ist, was die Gesamtschuldner ausdrücklich oder konkludent vereinbart haben. Haben die Ehegatten keine ausdrückliche oder konkludente Vereinbarung hinsichtlich der internen Haftung für die Einkommensteuer getroffen, kommt ein Rückgriff auf die in § 426 I Halbs. 1 BGB enthaltene Regelung nicht ohne weiteres in Betracht, da sich aus der Natur der Sache oder aus dem Inhalt und Zweck des Rechtsverhältnisses eine anderweitige Bestimmung im Sinne des Halbs. 2 ergeben kann, die einem (hälftigen) Ausgleich entgegensteht.

b) Der Revision ist dabei zwar einzuräumen, dass sich die Notwendigkeit, die Aufteilung abweichend von der Grundregel vorzunehmen, aus den güterrechtlichen Beziehungen der Ehegatten ergeben kann. Diese sind sowohl im Güterstand der Gütertrennung als auch im gesetzlichen Güterstand der Zugewinngemeinschaft (vgl. § 1363 II 1 BGB) hinsichtlich ihres Vermögens und ihrer Schulden selbstständig. Deshalb hat im Verhältnis der Ehegatten zueinander grundsätzlich jeder von ihnen für die Steuer, die auf seine Einkünfte entfällt, selbst aufzukommen. Begleicht ein Ehegatte die Einkommensteuer (und damit eine Verbindlichkeit) des anderen, so ergibt sich im Hinblick auf die rechtliche Selbstständigkeit der beiderseitigen Vermögen, dass er gegen den anderen Ehegatten einen Anspruch auf Ersatz der Aufwendungen hat. Dies führt im Falle der Zusammenveranlagung dazu, dass bei der Aufteilung der Steuerschuld die Höhe der beiderseitigen Einkünfte zu berücksichtigen ist, die der Steuerschuld zu Grunde liegen (vgl. *BGHZ* 73, 29 [38] = NJW 1979, 546 = LM AbgO 1977 Nr. 3; Senat, FamRZ 1990, 375 [376]; *Staudinger/Noack,* BGB, 13. Bearb. [1995], § 426 Rdnr. 209 [210]; *Bydlinski,* in: MünchKomm, BGB, 4. Aufl., § 426 Rdnr. 17; *Gernhuber,* JZ 1996, 765 [766]; *Arens,* NJW 1996, 704 [705 ff.]; *Liebelt,* FamRZ 1993, 626 [628 ff.]; *Dostmann,* FamRZ 1991, 760 [762]).

c) Indessen kann auch dieser Maßstab von einer anderweitigen Bestimmung i. S. des § 426 I Halbs. 2 BGB überlagert werden. Das ist hier der Fall, da die Parteien nach ihrer bisherigen Handhabung konkludent eine solche anderweitige Bestimmung getroffen haben. Aus dieser Vereinbarung ergeben sich Abweichungen von der anteiligen Haftung in der Weise, dass der Kl. im Innenverhältnis die Einkommensteuer-Vorauszahlungen bis zum Scheitern der Ehe allein zu tragen hat.

aa) Nach den nicht angegriffenen Feststellungen des BerGer. entsprach es ständiger Übung der Parteien, dass die Einkommensteuer-Vorauszahlungen – von einer Ausnahme abgesehen – von dem Kl. geleistet wurden. Der Kl. hat diese Übung auch fortgesetzt, nachdem die Bekl. sich im Jahr 1994 selbstständig gemacht hatte. Durch diese Handhabung haben die Parteien auch für das Veranlagungsjahr 1996 konkludent die Abrede getroffen, dass die Steuervorauszahlungen von dem Kl. geleistet werden. Aus dieser Übung der Ehegatten ist zu schließen, dass der Kl. im Innenverhältnis für die Begleichung der Steuerverbindlichkeiten aufzukommen hat (vgl. *BGH,* NJW 2000, 1944 [1945]; FamRZ 1984, 29 [30]).

Der Kl. kann die Erstattung der entrichteten Leistung auch nicht wegen des Scheiterns der Ehe verlangen. Der ehelichen Lebensgemeinschaft liegt nämlich die Anschauung zu Grunde, mit dem Einkommen der Ehegatten gemeinsam zu wirtschaften und finanzielle Mehrleistungen nicht auszugleichen (vgl. *Staudinger/Noack,* BGB, 13. Bearb. [1999], § 426 Rdnr. 208). Die gewährte Leistung stand in einem unmittelbaren Zusammenhang mit der vorhandenen Lebensgemeinschaft, da die Ehegatten die Vorauszahlung wie sonstige Kosten zur Lebensführung behandelt haben. Deshalb hätte es einer besonderen Vereinbarung bedurft, wenn sich der Kl. die Rückforderung dieser Leistung für den Fall der Trennung hätte vorbehalten wollen (vgl. für den Fall eines familienrechtlichen Ausgleichsanspruchs in Form der Erstattung von Kindesunterhalt *BGHZ* 50, 266 [270] = NJW 1968, 1780). Eine derartige Vereinbarung ist indes von dem Kl. nicht dargelegt worden. Es entspricht zudem der Lebenserfahrung und dem Wesen der ehelichen Lebensgemeinschaft, dass der zuviel Leistende im Zweifel keinen Rückforderungswillen hat. Solange die Ehe besteht und intakt ist, entspricht es vielmehr natürlicher Betrachtungsweise und der regelmäßigen Absicht der Ehegatten, dass derjenige, der die Zahlung auf die gemeinsame Schuld bewirkt, nicht nur sich selbst, sondern auch den anderen von seiner Schuld befreien will, ohne von ihm Rückgriff zu nehmen.

bb) Dem steht auch nicht entgegen, dass die Parteien für das Jahr 1996 getrennt veranlagt wurden. Nach der Entscheidung des Senats vom 30. 11. 1994 (NJW 1995, 652) ist zwar mit dem Scheitern der Ehe von einer grundlegenden Veränderung des Gesamtschuldverhältnisses auszugehen. Bis zum Zeitpunkt der Trennung bestand jedoch die eheliche Lebens- und Wirtschaftsgemeinschaft uneingeschränkt fort, weshalb das Gesamtschuldverhältnis im Zeitpunkt der Bewirkung der Zahlung durch die konkludente Vereinbarung der Parteien überlagert war. Für eine solche Überlagerung ist auch unerheblich, dass die Vorauszahlung für einen Zeitraum geleistet wurde, in dem die Parteien getrennt veranlagt wurden. Entscheidend ist allein, dass die Bekl. durch die Zahlung von ihrer Pflicht zur Einkommensteuer-Vorauszahlung befreit worden ist und dass diese Befreiung zu einem Zeitpunkt eingetreten ist, als die eheliche Lebensgemeinschaft noch bestand. Bis zur Trennung war jedoch ein Ausgleich zwischen den Ehegatten nicht vorzunehmen. Daran ändert auch nichts der Umstand, dass die erteilte Gutschrift zu einer reduzierten Steuerschuld der Bekl. für das Veranlagungsjahr 1996 führte. Dies ist eine Folge des Steuerrechts und stellt keine Zuwendung des Kl. dar, die gegebenenfalls wegen des Scheiterns der Ehe auszugleichen wäre.

BGH v. 20. 3. 2002 – XII ZR 216/00 – FamRZ 02, 742 = NJW 02, 1646

(§ 1603 I, II BGB: Sicherung des angemessenen Selbstbehalts des barunterhaltspflichtigen Elternteils durch Wiederverheiratung) R576

1. Die Bekl. kann die der Kl. zugesprochenen Unterhaltsbeträge aus ihrem Verdienst von 580 bzw. 630 DM monatlich – auch nach Abzug berufsbedingter Aufwendungen – zahlen, ohne ihren eigenen angemessenen Unterhalt zu gefährden. Dieser ist nämlich nach den zutreffenden Feststellungen des BerGer. durch ihre hälftige Beteiligung an dem von ihrem Ehemann und ihr erzielten Gesamteinkommen gesichert. Entgegen der Auffassung der Revision ist ihr Unterhaltsanspruch gegen ihren Ehemann bei der Beurteilung ihrer Leistungsfähigkeit nicht erst im Rahmen einer erweiterten Leistungspflicht nach § 1603 II BGB zu berücksichtigen (vgl. dazu *BGH*, NJW 1980, 934 = LM § 1603 BGB Nr. 2 = FamRZ 1980, 555), sondern auch schon bei der Beurteilung der Leistungsfähigkeit im Rahmen des § 1603 I BGB (vgl. *Senat*, NJW 1982, 1590 = LM § 1356 BGB Nr. 23 = FamRZ 1982, 590 [591]). **a**

Der Umstand der Wiederverheiratung des barunterhaltspflichtigen Elternteils ist nämlich unterhaltsrechtlich beachtlich. So wie die Wiederheirat dazu führen kann, dass sich das ersteheliche Kind eine Schmälerung seines Unterhaltsanspruchs als Folge des Hinzutritts weiterer minderjähriger Kinder aus der neuen Ehe des Barunterhaltspflichtigen entgegenhalten lassen muss, kann sich die Wiederverheiratung auch, wie im vorliegenden Fall, zum Vorteil des erstehelichen Kindes auswirken. Da das Gesetz in § 1603 BGB auf die tatsächlichen Verhältnisse des Unterhaltsverpflichteten abstellt und seine Unterhaltspflicht danach bemisst, ob und inwieweit er imstande ist, den begehrten Unterhalt ohne Gefährdung seines eigenen angemessenen Unterhalts zu gewähren, ist hier die Sicherstellung des eigenen Unterhalts der Bekl. in der neuen Ehe zu berücksichtigen (vgl. *Senat*, NJW-RR 2001, 361 = FamRZ 2001, 1065 [1067 f.]).

Nach den von der Revision nicht angegriffenen Feststellungen des BerGer. betrug das gemeinsame bereinigte Nettoeinkommen der Bekl. und ihres Ehemanns bis Ende August 1999 4105,54 DM und danach 4155,54 DM. Hiervon stand beiden Ehegatten je die Hälfte = 2052,77 DM bzw. 2077,77 DM zu, da im Rahmen des Familienunterhalts nach § 1360 BGB ein Erwerbstätigenbonus zu Gunsten des allein oder mehr verdienenden Ehegatten entgegen der von der Revision in der mündlichen Verhandlung vertretenen Auffassung nicht in Betracht kommt.

Unter Berücksichtigung der der Kl. zugesprochenen Unterhaltszahlungen von 377 DM, 385 DM bzw. 375 DM verbleiben der Bekl. somit für Juni 1999 1675,77 DM, für Juli und August 1999 1667,77 DM, seit September 1999 1692,77 DM und seit Januar 2000 1702,77 DM zur Deckung ihres eigenen Bedarfs.

(Ermäßigung des angemessenen Selbstbehalts wegen gemeinsamer Haushaltsführung)

2. Entgegen der Auffassung der Revision ist revisionsrechtlich nicht zu beanstanden, dass das BerGer. den der Bekl. gegenüber der Kl. zustehenden angemessenen Eigenbedarf mit diesen ihr verbleibenden Beträgen als gedeckt angesehen hat, auch wenn der angemessene Selbstbehalt des Unterhaltspflichtigen, insbesondere gegenüber volljährigen Kindern, nach Anmerkung 5 der Düsseldorfer Tabelle 1998 und 1999 in der Regel mit monatlich mindestens 1800 DM bemessen wird. Wie auch die Revision nicht verkennt, obliegt die Bestimmung des angemessenen Selbstbehalts dem Tatrichter und kann vom RevGer. nur eingeschränkt überprüft werden. Hier hat das BerGer. den angemessenen Selbstbehalt der **b**

Bekl. mit Rücksicht auf die Ersparnis durch die gemeinsame Haushaltsführung mit ihrem neuen Ehemann geringer bemessen. Dies erscheint sachgerecht und ist nicht zu beanstanden (vgl. *Senat*, NJW-RR 1998, 505 = FamRZ 1998, 286 [288]; *Wendl/Scholz*, Das UnterhaltsR in der familienrechtlichen Praxis, 5. Aufl., § 2 Rdnr. 428).

(Beteiligung des betreuenden Elternteils am Barunterhalt)

c 3. Nach alledem hat das BerGer. mangels Gefährdung des angemessenen Unterhalts der Bekl. zu Recht eine gesteigerte Unterhaltspflicht der Bekl. nach § 1603 II 1 BGB dahinstehen lassen und brauchte infolgedessen auch nicht zu prüfen, ob eine solche gesteigerte Unterhaltspflicht hier nach § 1603 II 3 BGB entfällt, weil der das Kind betreuende Vater als anderer unterhaltspflichtiger Verwandter im Sinne dieser Vorschrift in Betracht kommt. Zwar kann der das Kind betreuende Elternteil in besonderen Ausnahmefällen selbst dann, wenn bei Inanspruchnahme des anderen Elternteils dessen angemessener Selbstbehalt nicht gefährdet würde, dazu verpflichtet sein, zusätzlich zu seiner Betreuungsleistung zum Barunterhalt des Kindes beizutragen, nämlich dann, wenn andernfalls ein erhebliches finanzielles Ungleichgewicht zwischen den Eltern aufträte (vgl. *Senat*, NJW 1991, 697 = LM § 1603 BGB Nr. 40 = FamRZ 1991, 182 [183]; NJW-RR 1998, 505 = FamRZ 1998, 286 [288]; *Johannsen/Henrich/Graba*, EheR, 3. Aufl., § 1603 Rdnr. 19; *Wendl/Scholz*, § 2 Rdnr. 289).

Diese Voraussetzungen sind hier indes weder vom BerGer. festgestellt noch von der insoweit darlegungs- und beweispflichtigen Bekl. (vgl. *Senat*, NJW 1981, 923 = FamRZ 1981, 347 [349]) hinreichend dargetan worden. Angesichts der von der Kl. im Einzelnen dargelegten Belastungen ihres Vaters infolge der Barunterhaltspflicht für zwei Kinder und die durch Fremdvermietung nicht gedeckten Lasten des Familienheims sind – unabhängig von der Frage, ob der Vater auch seiner neuen Ehefrau gegenüber unterhaltspflichtig ist – keine hinreichenden Anhaltspunkte dafür ersichtlich, dass der für seinen eigenen angemessenen Unterhalt verbleibende Betrag denjenigen, den die Bekl. – nach Abzug des Mindestunterhalts für die Kl. – in ihrer neuen Ehe zur Verfügung hat, so deutlich übersteigt, dass eine Abweichung von der Regel des § 1606 III 2 BGB geboten ist.

BGH v. 29. 5. 2002 – XII ZR 263/00 – FamRZ 02, 1179 = NJW-RR 02, 1513

R577 *(Aufrechnung gegen Forderungen auf Abfindung von Unterhaltsansprüchen; keine Aufrechnung gegen Unterhaltsrückstände und Erstattungsansprüche aus Realsplitting)*

3 b) Das *OLG* geht auch zu Recht davon aus, dass die anderweitige Rechtshängigkeit der vom Ag. zur Aufrechnung gestellten Gegenforderung die Zulässigkeit einer Aufrechnung nicht hindert (vgl. etwa *Senat*, NJW 2000, 948 = LM H. 4/2000 § 273 BGB Nr. 55 = FamRZ 2000, 355 [357]). Es erörtert deshalb – im Ansatz zutreffend – die Möglichkeit, den vorliegenden Rechtsstreit nach Maßgabe des § 148 ZPO auszusetzen, bis der Bekl. eine Entscheidung über seine Gegenforderung beigebracht hat.

Nach Auffassung des OLG scheidet im vorliegenden Fall eine solche Aussetzung aber schon deshalb aus, weil einer Aufrechnung gegen die Klagforderung bereits die § 394 BGB, § 850 b I Nr. 2 ZPO entgegenstünden. Das *OLG* erörtert dabei ausführlich die Frage, ob das in diesen Vorschriften normierte Aufrechnungsverbot auch für Einmalzahlungen gelte, durch die – wie im Falle der von der Ast. geforderten Abfindung – künftige Unterhaltsansprüche abgegolten werden sollten. Diese Frage, deren Klärung durch den BGH mit der Zulassung der Revision ermöglicht werden soll, hat der *Senat* bereits in seinem Urteil vom 29. 1. 1997 (NJW 1997, 1441 = LM H. 6/1997 § 394 BGB Nr. 12 = FamRZ 1997, 544 [545]) entschieden. Danach erfasst § 850 b I Nr. 2 ZPO – nach seinem Zweck, aber auch nach seiner geschichtlichen Entwicklung (dazu *OLG Düsseldorf*, FamRZ 1982, 498 [499]) – entgegen dem Wortlaut der Norm (Unterhalts-„Renten“) generell Unterhalts-„Forderungen“, die im Rahmen und auf Grund einer gesetzlichen Unterhaltsverpflichtung geschuldet werden, und damit auch einmalig zu zahlende Unterhaltsbeträge (*Senat*, NJW 1997, 1441 = LM H. 6/1997 § 394 BGB Nr. 12 = FamRZ 1997, 544 [545]). Das ist für Unterhaltsrückstände bereits seit langem anerkannt (*BGHZ* 31, 210 [218] = NJW 1960, 572 = LM § 66 EheG Nr. 3 und vom *Senat* (NJW 1997, 1441 = LM H. 6/1997 § 394 BGB Nr. 12 = FamRZ 1997, 544 [545]) auch für den Anspruch eines Ehegatten auf Erstattung der ihm als Folge eines begrenzten Realsplittings erwachsenen steuerlichen Nachteile bejaht worden. Für einen Anspruch auf Unterhaltsabfindung kann – jedenfalls im Grundsatz (vgl. etwa zu den Einschränkungen bei der Pfändbarkeit von nicht wiederkehrend zahlbaren Vergütungen aus Arbeits- oder Dienstverträgen: § 850 i ZPO) – nichts anderes gelten.

Allerdings sind gem. § 850 b I Nr. 2 ZPO nur solche Unterhaltsansprüche unpfändbar, „die auf gesetzlicher Vorschrift beruhen“; nur derartige Forderungen unterliegen daher auch nicht der Aufrechnung nach § 394 BGB.

Der Frage, ob sich der von der Ast. geltend gemachte und nach Maßgabe der getroffenen Abreden durch einen Einmalbetrag abzufindende Unterhaltsanspruch, wie von § 850 b I Nr. 2 ZPO vorausgesetzt, aus dem Gesetz herleitet oder ob sich dieser Anspruch ausschließlich auf die Parteiabrede gründet, ist das *OLG* nicht weiter nachgegangen. Grundsätzlich verliert zwar ein Unterhaltsanspruch seinen Charakter als gesetzlicher Anspruch – hier i. S. von § 850 b I Nr. 2 ZPO – nicht schon deshalb, weil die Parteien ihn zum Gegenstand einer vertraglichen Regelung machen. Dies ist jedenfalls dann der Fall, wenn die Parteien den Bestand des gesetzlichen Anspruchs unberührt lassen und ihn lediglich inhaltlich nach Höhe, Dauer und Modalitäten der Unterhaltsgewährung näher festlegen und präzisieren (*BGHZ* 31, 210 [218] = NJW 1960, 572 = LM § 66 EheG Nr. 3; *Senat,* NJW 1997, 1441 = LM H. 6/1997 § 394 BGB Nr. 12 = FamRZ 1997, 544 [545]). Für die Unpfändbarkeit eines Unterhaltsanspruchs und damit auch für die Möglichkeit, gegen einen solchen Anspruch aufzurechnen, bleibt dagegen dann kein Raum, wenn die Vertragsparteien die von ihnen gewollte Unterhaltspflicht völlig auf eine vertragliche Grundlage gestellt und den Zahlungsanspruch damit seines Wesens als eines gesetzlichen Anspruchs entkleidet haben (vgl. *Senat,* NJW 1997, 1441 = LM H. 6/1997 § 394 BGB Nr. 12 = FamRZ 1997, 544 [545]; BGH, NJW 1984, 2350 = LM § 117 BGB Nr. 8 = FamRZ 1984, 874 [875] sub. 4.b). Allerdings wird sich eine solche Willensrichtung der Vertragsparteien nur bei Vorliegen besonderer dafür sprechender Umstände annehmen lassen (*Senat,* NJW 1997, 1441 = LM H. 6/ 1997 § 394 BGB Nr. 12 = FamRZ 1997, 544 [545]; *BGH,* NJW 1984, 2350 = LM § 117 BGB Nr. 8 = FamRZ 874 [875]). Soweit sich der mit der Klage geltend gemachte Unterhaltsabfindungsanspruch unter Berücksichtigung der nachzuholenden Feststellungen weiterhin als begründet erweist, wird das *OLG* deshalb auch die prüfen müssen, ob im vorliegenden Fall solche Anhaltspunkte ersichtlich sind.

BGH v. 12. 6. 2002 – XII ZR 288/00 – FamRZ 02, 1024 = NJW 02, 2319

(Gemeinsame steuerliche Veranlagung) **R578 a**

b) Die Bekl. kann ihre Zustimmung zur Zusammenveranlagung der Parteien nicht davon abhängig machen, dass der Kl. sie von der Rückzahlung des Erstattungsbetrags in Höhe von 13 601,35 DM freistellt. Richtig ist zwar, dass der die Zustimmung verlangende Ehegatte regelmäßig zum internen Ausgleich verpflichtet ist, wenn sich bei dem anderen Ehegatten die Steuerschuld infolge der Zusammenveranlagung im Vergleich zur getrennten Veranlagung erhöht (vgl. *BGH,* NJW 1977, 378 = LM § 1381 BGB Nr. 8 = FamRZ 1977, 38 [41]; *Senat,* FamRZ 1983, 576 [577]). Dies gilt jedoch dann nicht, wenn die Ehegatten, wie hier, eine andere Aufteilung ihrer Steuerschulden konkludent vereinbart haben.

aa) Auszugehen ist zunächst davon, dass sich das Innenverhältnis der Parteien nach § 426 I 1 BGB richtet. Dies folgt daraus, dass die Parteien in den genannten Streitjahren bis zur Stellung des Antrags der Bekl. auf getrennte Veranlagung im Juli 1997 gem. § 44 AO als Gesamtschuldner auf die Steuerschulden hafteten (vgl. *Boeker,* in: *Hübschmann/Hepp/Spitaler,* AO und FGO, § 44 AO Rdnr. 16; *Tipke/Kruse,* AO und FGO, § 44 AO Rdnr. 13). Im Rahmen der vom Kl. angestrebten Zusammenveranlagung ist dies ebenso der Fall. Nach § 426 I 1 BGB haften Gesamtschuldner im Verhältnis zueinander zu gleichen Anteilen, soweit nicht ein anderes bestimmt ist. Eine solche abweichende Bestimmung kann sich aus dem Gesetz, einer Vereinbarung, dem Inhalt und Zweck des Rechtsverhältnisses oder der Natur der Sache, mithin aus der besonderen Gestaltung des tatsächlichen Geschehens, ergeben (vgl. *BGHZ* 87, 265 [268] = NJW 1983, 1845; *BGHZ* 77, 55 [58] = NJW 1980, 1520 = LM § 426 BGB Nr. 51 L; *Senat,* NJW 2002, 1570 = FamRZ 2002, 739 [740] m. Anm. *Wever;* NJW 1995, 652 = LM H. 4/1995 § 426 BGB Nr. 98 = FamRZ 1995, 216 [217]).

bb) Zu Recht weist das *OLG* darauf hin, dass sich die Notwendigkeit, die Aufteilung der Haftung abweichend von der Grundregel vorzunehmen, aus den güterrechtlichen Beziehungen der Ehegatten ergeben kann. Diese sind sowohl im Güterstand der Gütertrennung als auch im gesetzlichen Güterstand der Zugewinngemeinschaft hinsichtlich ihres Vermögens und ihrer Schulden selbstständig. Deshalb hat im Verhältnis der Ehegatten zueinander grundsätzlich jeder von ihnen für die Steuer, die auf seine Einkünfte entfällt, selbst aufzukommen (vgl. *BGHZ* 73, 29 [38] = NJW 1979, 546 = LM AbgO 1977 Nr. 3; *Senat,* FamRZ 1990, 374 [376], und *Senat,* NJW 2002, 1570 = FamRZ 2002, 739 [740]).

cc) Indessen kann auch dieser Maßstab von einer anderweitigen Bestimmung i.S. des § 426 I Halbs. 2 BGB überlagert werden. Das ist hier der Fall. Die Parteien haben nach ihrer bisherigen Handhabung konkludent eine solche anderweitige Bestimmung getroffen. Danach hat die Bekl. die Steuerschuld der Parteien insoweit zu tragen, als sie Lohnsteuer im Abzugsverfahren entrichtet hat. Der Kl. hingegen hat alleine die festgesetzten Mehrbeträge zu entrichten. Zu Recht rügt allerdings die Revision in diesem Zusammenhang, dass sich dieses Ergebnis, wonach die Bekl. im Innenverhältnis der Parteien die ihr abgezogene Lohnsteuer voll zu tragen hat, nicht auf die unterhaltsrechtlichen Erwägungen des BerGer. und somit nicht auf § 1360 b BGB stützen lässt. Entgegen der Meinung des *OLG* stellen nämlich die laufenden Zahlungen der Bekl. im Lohnsteuerabzugsverfahren keine regelmäßigen Leistungen zum Familienunterhalt gem. § 1360 a II 1 BGB dar. Der durch das Gleichberechtigungsgesetz (BGBl I 1957, 609) eingeführte Begriff des Familienunterhalts (§§ 1360, 1360 a BGB) umfasst zwar den gesamten Lebensbedarf der Familie, wozu einmal der Unterhalt im engeren Sinne für Ehegatten und gemeinsame Kinder und zum anderen die Kosten des Haushalts gehören. Hierzu können jedoch die Steuern, die auf die Einkünfte der Ehegatten entfallen und diese Bezüge mindern, nicht gerechnet werden (vgl. *BGHZ* 73, 29 [37] = NJW 1979, 546 = LM AbgO 1977 Nr. 3).

Vielmehr ist davon auszugehen, dass die Parteien, auch wenn die Wahl der Steuerklassen die Höhe der nach Veranlagung sich ergebenden Steuer nicht beeinflusst, bewusst die Steuerklassen III/V gewählt haben, um damit monatlich mehr bare Geldmittel zur Verfügung zu haben, als dies bei einer Wahl der Steuerklassen IV/IV der Fall gewesen wäre. Dabei nahmen die Parteien in Kauf, dass das wesentlich höhere Einkommen des Kl. relativ niedrig und das niedrige Einkommen der Bekl. vergleichsweise hoch besteuert wurde. Nach den nicht angegriffenen Feststellungen des BerGer. hat die Bekl. in der Zeit des Bestehens der ehelichen Lebensgemeinschaft der Parteien nicht beabsichtigt, einen Antrag auf getrennte Veranlagung zu stellen. Vielmehr hätten die Parteien, wenn sie sich nicht getrennt hätten, auch für die hier in Rede stehenden Jahre die Zusammenveranlagung beantragt. Dies hätte dem normalen Verlauf der Dinge entsprochen, da Ehegatten in intakter Ehe die Zusammenveranlagung wählen, wenn sie, wie im vorliegenden Fall, wegen der verschiedenen Höhe ihrer Einkommen auf Grund der Anwendung der Splittingtabelle eine wesentlich geringere gemeinsame Steuerlast als bei getrennter Veranlagung zu tragen haben. Dass sich die Bekl. für diesen Fall der Zusammenveranlagung einen Ausgleich vorbehalten hätte, ist vom BerGer. nicht festgestellt und wäre auch völlig fern liegend. Tatsächlich hat die Bekl. vom Kl. wegen der höheren Besteuerung ihrer Einkünfte weder einen Ausgleich gefordert noch erhalten. Es ist daher auf Grund der langjährigen entsprechenden Übung von einer konkludenten Vereinbarung der Parteien des Inhalts auszugehen, dass die Bekl. ihre Einkünfte nach der Lohnsteuerklasse V versteuert, ohne vom Kl., dessen Lohn dem Abzug nach der Steuerklasse III unterliegt, einen Ausgleich zu erhalten (vgl. *Senat,* NJW 2002, 1570 = FamRZ 2002, 739 [740]).

dd) Die Bekl. kann auch nicht wegen des Scheiterns der Ehe den Mehrbetrag, den sie wegen der Besteuerung ihres Einkommens nach der Lohnsteuerklasse V im Vergleich zur Besteuerung bei getrennter Veranlagung geleistet hat, vom Kl. ersetzt verlangen. Der ehelichen Lebensgemeinschaft liegt nämlich die Anschauung zu Grunde, mit den Einkommen der Ehegatten gemeinsam zu wirtschaften und finanzielle Mehrleistungen nicht auszugleichen. Es hätte daher einer besonderen Vereinbarung bedurft, wenn sich die Bekl. die Rückforderung dieser Mehrleistung für den Fall der Trennung hätte vorbehalten wollen (vgl. *Senat,* NJW 2002, 1570 = FamRZ 2002, 739 [740], für den Fall der Erbringung von Einkommensteuer-Vorauszahlungen durch einen Ehegatten). Eine derartige Vereinbarung ist indes von der Bekl. nicht dargelegt worden.

(Steuerberaterkosten und Sicherheitsleistung bei Realsplitting)

b Wie der Senat bereits für einen Fall des begrenzten Realsplittings nach § 10 I Nr. 1 EStG entschieden hat, kann der Zustimmende den Ersatz von Steuerberaterkosten nur verlangen, wenn ihm die Zustimmung zum Realsplitting ohne die Aufwendung dieser Kosten nicht zugemutet werden kann (vgl. *BGH,* NJW 1977, 378 = LM § 1381 BGB Nr. 8 = FamRZ 1977, 38 [41]; *Senat,* NJW 1988, 2886 = LM § 1569 BGB Nr. 31 = FamRZ 1988, 820 [821]). Entsprechendes gilt auch bei der Verpflichtung, der Zusammenveranlagung zuzustimmen, die wie die Verpflichtung zur Zustimmung zum begrenzten Realsplitting aus dem Wesen der Ehe folgt.

Im vorliegenden Fall kann der Bekl. die Zustimmung zur Zusammenveranlagung ohne Zuziehung eines Steuerberaters zugemutet werden. Ihre eigenen steuerlichen Verhältnisse sind geklärt. Dies geschah im Übrigen nicht aus Anlass der Zustimmung zur Zusammenveranlagung, sondern weil die Bekl. eine eigene Steuererklärung abgegeben hat. Ersatz etwaiger Steuerberaterkosten hierfür kann die Bekl. vom Kl. ohnehin nicht verlangen. Vielmehr kommen lediglich Steuerberaterkosten für die Stellung eines etwaigen Antrags auf Aufteilung der Steuerschuld nach §§ 268, 269 AO in Betracht. Diesen Antrag aber kann die Bekl. unmittelbar nach Erhalt des Steuerbescheids über die Zusammenveranlagung selbst stellen.

7. Das BerGer. hat es daher zu Recht genügen lassen, dass der Kl. die Bekl. für den Fall der gemeinsamen Veranlagung lediglich von den Nachforderungen des Finanzamts freistellt, die über die Rückforderung des der Bekl. erstatteten Betrags in Höhe von 13 601,35 DM hinausgehen. Dabei handelt es sich nach den Feststellungen des BerGer. um einen Betrag von insgesamt 5304,76 DM. Entgegen der Revision hätte der Kl. in Höhe dieses Betrags keine Sicherheit zu leisten, selbst wenn man davon ausginge, dass Zweifel an seiner Zahlungsfähigkeit bestünden. Zwar hat der Senat, worauf die Revision verweist, im Rahmen des begrenzten Realsplittings nach § 10 I Nr. 1 EStG entschieden, dass der Unterhaltsberechtigte seine Zustimmung von einer Sicherheitsleistung abhängig machen kann, wenn zu besorgen ist, dass der Unterhaltspflichtige seine Verpflichtung zum Ausgleich der finanziellen Nachteile nicht oder nicht rechtzeitig erfüllt (*Senat,* FamRZ 1983, 576 [578]). Diese Rechtsprechung lässt sich auf den Fall der Zustimmung zur Zusammenveranlagung nicht übertragen. Beim Realsplitting haftet nämlich der Unterhaltsberechtigte gegenüber dem Finanzamt voll und ohne Beschränkungsmöglichkeit auf den Mehrbetrag, der sich aus der Versteuerung der erhaltenen Unterhaltsleistungen ergibt. Entsprechendes gilt bei der gemeinsamen Veranlagung zur Einkommensteuer nicht. Zwar haften die Ehe-

gatten in diesem Fall gem. § 44 AO als Gesamtschuldner auf die gesamte Steuerschuld. Doch kann jeder von ihnen unmittelbar nach Zustellung des Steuerbescheids, der regelmäßig das in § 269 II AO vorausgesetzte Leistungsgebot enthält, nach §§ 268, 269 AO einen Antrag auf Aufteilung der Gesamtschuld des Inhalts stellen, dass die rückständige Steuer gem. § 270 AO im Verhältnis der Beträge aufzuteilen ist, die sich bei getrennter Veranlagung ergeben würden. Da zu den rückständigen Beträgen nach § 276 III AO die im Lohnabzugsverfahren abgeführten Steuern hinzuzurechnen sind, erscheint eine Haftung der Bekl. auf den in Rede stehenden Mehrbetrag ausgeschlossen. Dies wird auch von der Revision nicht angezweifelt. Da nach Stellung des Aufteilungsantrags bis zur unanfechtbaren Entscheidung über ihn das Finanzamt nach § 277 AO nur Sicherungsmaßnahmen durchführen darf, sind die Interessen des antragstellenden Ehegatten regelmäßig hinreichend gewahrt. Einer Sicherheitsleistung des die Zustimmung zur gemeinsamen Veranlagung begehrenden Ehegatten bedarf es daher nicht (vgl. *BFH,* BStBl II 1992, 297).

BGH v. 2. 10. 2002 – XII ZR 346/00 – FamRZ 03, 304 = NJW-RR 03, 433

(Abgrenzung §§ 323/654 ZPO) R579

1. Entgegen der Meinung der Revision ist die auf § 654 ZPO gestützte Klage unzulässig. Der Kl. kann in dieser Klageart nicht die Herabsetzung des Unterhalts verlangen, den er bereits auf Grund der nach Art. 5 § 3 I KindUG anzupassenden Jugendamtsurkunde vom 22. 12. 1995 zu bezahlen hatte und deren Abänderung er vor der Anpassung klageweise nur im Rahmen von § 323 ZPO hätte erreichen können. a

Richtig ist zwar, worauf die Revision zu Recht hinweist, dass Art. 5 § 3 II KindUG für das in Abs. 1 angesprochene Verfahren auf § 654 ZPO verweist. Auch kann nach § 654 ZPO der Unterhaltsschuldner, sofern eine Unterhaltsfestsetzung im vereinfachten Verfahren gem. § 649 I oder § 653 I ZPO rechtskräftig erfolgt ist, die Herabsetzung des Unterhalts verlangen, ohne auf bestimmte Einwendungen beschränkt zu sein. Wird die Klage nach § 654 ZPO innerhalb eines Monats nach Rechtskraft der Unterhaltsfestsetzung erhoben, kann diese auch rückwirkend abgeändert werden. Eine wesentliche Veränderung der Verhältnisse muss in keinem Fall vorliegen (vgl. *Zöller/Philippi,* ZPO, 23. Aufl., § 654 Rdnr. 2 a; *Musielak/Borth,* ZPO, 3. Aufl., § 654 Rdnr. 1).

Die Verweisung in Art. 5 § 3 II KindUG auf § 654 ZPO bedeutet jedoch nicht, dass auch im Rahmen des vereinfachten Verfahrens nach Art. 5 § 3 I KindUG die Vorschrift des § 654 ZPO uneingeschränkt ohne Rücksicht darauf zur Anwendung kommt, welche Titel angepasst werden sollen. Etwas anderes ergibt sich - entgegen der Meinung der Revision - nicht aus dem Wortlaut der Verweisungsnorm. Diese ordnet nämlich lediglich die *entsprechende* Anwendung des § 654 ZPO an. Daraus aber ist zu schließen, dass im Verfahren nach Art. 5 § 3 I KindUG die Bestimmung des § 654 ZPO nur soweit angewandt werden soll, wie dies nach Sinn und Zweck der Vorschriften gerechtfertigt ist.

Der Zweck des § 654 ZPO erschließt sich aus seiner Bedeutung im Rahmen des vereinfachten Verfahrens nach §§ 645 ff. ZPO. Dieses ermöglicht allen minderjährigen Kindern, in einem einfachen Verfahren schnell einen ersten Vollstreckungstitel gegen einen Elternteil zu erhalten, in dessen Haushalt sie nicht leben (vgl. Bericht des Rechtsausschusses v. 13. 1. 1998, BT-Dr 13/9596, S. 36; *Musielak/Borth,* Vorb. § 645 Rdnr. 2). Dabei sind, um die erwünschte Schnelligkeit zu gewährleisten, Angriffs- und Verteidigungsmöglichkeiten limitiert (vgl. *Lipp/Wagenitz,* Das neue KindschaftsR, § 654 ZPO Rdnr. 1): Im Verfahren nach §§ 645, 649 I ZPO kann der Unterhaltsgläubiger höchstens den 1½-fachen Regelbetrag fordern (§ 645 I ZPO); der Unterhaltsschuldner kann Einwendungen nur unter den engen Voraussetzungen des § 648 ZPO vorbringen. Im Verfahren nach § 653 I ZPO, das in Kindschaftssachen nach § 640 II Nr. 1 ZPO zur Anwendung kommt, kann das Kind Unterhalt nur bis zur Höhe des Regelbetrags geltend machen; der Vater ist mit dem Einwand mangelnder oder eingeschränkter Leistungsfähigkeit vollends ausgeschlossen. Die Unterhaltsfestsetzungen nach § 649 I bzw. § 653 I ZPO, auf deren Korrektur sich § 654 ZPO allein bezieht, erfolgen somit zwangsläufig in pauschaler Weise. Dies erfordert ein Verfahren, in dem die Parteien die Schaffung eines Unterhaltstitels herbeiführen können, der ihren jeweiligen individuellen Verhältnissen entspricht. Dem dient die Korrekturklage des § 654 ZPO, die einerseits dem Unterhaltsschuldner die Möglichkeit gibt, den Unterhalt auf den Betrag herabsetzen zu lassen, der dem Kind nach den individuellen Verhältnissen zusteht, und andererseits auch dem Kind die Heraufsetzung des Unterhalts erlaubt.

Das Dynamisierungsverfahren nach Art. 5 § 3 I KindUG entspricht dem vereinfachten Verfahren nach §§ 645 ff. ZPO nur insoweit, als die Dynamisierung als solche betroffen ist: Urteile, Beschlüsse und andere Schuldtitel i. S. des § 794 ZPO, zu denen auch Jugendamtsurkunden zu rechnen sind (vgl. § 60 SGB VIII), können auf Antrag mit Wirkung für die Zukunft dahin gehend abgeändert werden, dass die Unterhaltsrente entsprechend §§ 1612 a ff. BGB in Prozentsätzen der jeweils maßgebenden Regelbeträge festgesetzt wird. Hiergegen kann sich der Schuldner wie im vereinfachten Verfahren nach

§§ 645 ff. ZPO nur in eingeschränktem Umfang wehren. Er kann insbesondere, was aus der entsprechenden Anwendung der §§ 646 bis 648 I und 3 ZPO folgt, nicht geltend machen, dass er, wenn die in Art. 5 § 1 KindUG vorgesehene Dynamisierung zu einer betragsmäßigen Erhöhung seiner Unterhaltspflicht führt, mangels Leistungsfähigkeit nicht zur Zahlung in der Lage sei. Diesen Einwand geltend zu machen, ermöglicht dem Unterhaltsschuldner erst die in Art. 5 § 3 II KindUG angeordnete Verweisung auf § 654 ZPO, dessen Anwendung insoweit aus den gleichen Gründen geboten ist wie im vereinfachten Verfahren nach §§ 645 ff. ZPO.

Hingegen widerspräche es Sinn und Zweck der Korrekturklage des § 654 ZPO, sie auch gegen eine Unterhaltsfestsetzung zuzulassen, die unabhängig von der späteren Dynamisierung in einem Unterhaltsurteil, einem Vergleich oder einer Jugendamtsurkunde erfolgt ist. Denn insoweit sind die individuellen Verhältnisse der Parteien – anders als bei Unterhaltsfestsetzungen nach § 649 I und § 653 I ZPO – entweder bereits berücksichtigt, oder der Unterhaltsschuldner ist, worauf das *OLG* zu Recht hinweist, an sein in der Jugendamtsurkunde abgegebenes Anerkenntnis gebunden. Sinn und Zweck des § 654 ZPO ist es, eine erstmalige pauschalierte Unterhaltsfestsetzung zu korrigieren. Diese Voraussetzungen für die Anwendung der Vorschrift liegen im Verfahren nach Art. 5 § 3 KindUG jedoch nur in Bezug auf die Dynamisierung selbst, nicht aber hinsichtlich der Unterhaltsfestsetzung in den genannten Alttiteln vor. Aus diesem Grund ist die Anordnung der entsprechenden Anwendung des § 654 ZPO in Art. 5 § 3 II KindUG so auszulegen, dass sie sich ausschließlich auf das Verfahren der Dynamisierung im engen Sinne bezieht. Dies bedeutet, der Schuldner kann im Wege der Korrekturklage äußerstenfalls erreichen, dass die nach Art. 5 § 3 I KindUG erfolgte Dynamisierung wieder entfällt.

Dagegen kann der ursprüngliche Vollstreckungstitel, der bis zu seiner Dynamisierung nur im Rahmen von § 323 ZPO abänderbar war, nach der Dynamisierung nicht unter den erleichterten Voraussetzungen des § 654 ZPO korrigiert werden. Etwas anderes ergibt sich auch nicht aus der Entstehungsgeschichte des Art. 5 § 3 KindUG. In der Begründung der Bundesregierung zu § 3 der Übergangsvorschrift ist ausgeführt, dass die Vorschrift ein vereinfachtes gerichtliches Verfahren zur Umstellung von Alttiteln über Kindesunterhalt vorsehe und dass zur Geltendmachung der ausgeschlossenen Einwendung der Rechtsbehelf der Abänderungsklage nach § 654 ZPO zur Verfügung gestellt werde (BT-Dr 13/7338, S. 50). Damit sind ersichtlich Einwendungen gemeint, die sich gegen die Dynamisierung als solche richten. Hingegen kann aus diesen Ausführungen nicht geschlossen werden, dass mit der Verweisung auf § 654 ZPO eine generelle Abänderungsmöglichkeit von Alttiteln geschaffen werden sollte, sobald eine Dynamisierung erfolgt sei.

Dies gilt umso mehr, als die uneingeschränkte Anwendung des § 654 ZPO auf Alttitel dem mit Art. 5 § 3 KindUG ersichtlich angestrebten Ziel einer Entlastung der Unterhaltsgläubiger und der Familiengerichtsbarkeit zuwiderliefe. Darüber hinaus ist, worauf auch das *OLG* zu Recht hingewiesen hat, kein sachlicher Grund ersichtlich, weshalb sich das Kind auf Grund der Stellung eines Dynamisierungsantrags der erleichterten Abänderung von Alttiteln ausgesetzt sehen sollte. Dies würde eine Verschlechterung der unterhaltsrechtlichen Position minderjähriger Kinder bedeuten, die der Intention des Gesetzgebers zuwiderliefe, der mit dem Kindesunterhaltsgesetz die rechtliche Situation unterhaltsbedürftiger Kinder verbessern wollte (vgl. *Senat,* NJW 2002, 1269 = LM H. 6/2002 § 1603 BGB Nr. 52 = FamRZ 2002, 536 [540]).

(Umdeutung bzw. Abänderung einer einvernehmlich errichteten Jugendamtsurkunde)

b 2. Das BerGer. hat, von der Revision unbeanstandet, die auf § 654 ZPO gestützte Klage zu Recht in eine solche nach § 323 ZPO umgedeutet. Die für eine Umdeutung erforderlichen Voraussetzungen lagen vor (vgl. Senat, NJW 1992, 438 = LM H. 4/1992 § 323 ZPO Nr. 65 = BGHR ZPO § 323 – Umdeutung 1 und *Senat,* NJW-RR 1993, 5 = LM H. 10/1992 § 323 ZPO Nr. 66 = BGHR ZPO § 323 – Umdeutung 2): Die Klage war eindeutig als solehe nach § 654 ZPO erhoben. Eine berichtigende Auslegung schied daher aus. Die Klage auf Abänderung einer Jugendamtsurkunde ist nach § 323 ZPO zulässig (vgl. *Senat,* NJW 1985, 64 = LM § 323 ZPO Nr. 40 = FamRZ 1984, 997). Auch hat der Kl. jedenfalls eine wesentliche Veränderung der Verhältnisse seit Errichtung der Urkunde behauptet. Weiter standen der Umdeutung weder der Parteiwille noch schutzwürdige Interessen des Bekl. entgegen.

Das BerGer. hat die Abänderungsklage nach § 323 ZPO auch zu Recht als unbegründet abgewiesen, weil der Kl. nicht bewiesen hat, dass ihm die weitere Zahlung des festgesetzten Unterhalts unzumutbar ist.

Zutreffend geht das BerGer. davon aus, dass sich die Abänderung von Jugendamtsurkunden im Rahmen von § 323 ZPO nach materiellem Recht richtet. Da es sich um eine Abänderungsklage des Verpflichteten handelt, erfolgt die Festsetzung nicht frei von den Grundlagen des abzuändernden Titels. Das BerGer. hat die Grundsätze des Wegfalls der Geschäftsgrundlage angewandt, weil es – von der Revision unbeanstandet – davon ausging, dass die Parteien die Höhe des Unterhalts, zu dessen Zahlung sich der Kl. in der Jugendamtsurkunde verpflichtet hat (Regelunterhalt zuzüglich eines Zuschlages von 27%), vorweg vereinbart hatten. Es ist gerechtfertigt, auf eine solche Jugendamtsurkunde, die auf einer

Vereinbarung der Parteien beruht, wegen der Ähnlichkeit mit einer gerichtlichen oder notariellen Vereinbarung, die Grundsätze über den Wegfall der Geschäftsgrundlage anzuwenden (vgl. *Wendl/Thalmann* Das UnterhaltsR in der gerichtlichen Praxis, 5. Aufl., § 8 Rdnr. 174; *Graba,* Abänderung von Unterhaltstiteln, 2. Aufl., Rdnr. 257).

Unter Anwendung dieser Grundsätze hat das BerGer. zu Recht darauf abgestellt, dass der Kl. nicht nachgewiesen hat, dass sich seine Leistungsfähigkeit nach der Zeit der Errichtung der Jugendamtsurkunde vermindert hat, sondern dass sich im Gegenteil die Verluste der GmbH, deren Geschäftsführer und Gesellschafter der Kl. ist und von der er seit Jahren ein gleich bleibendes Gehalt bezieht, sich ständig vermindert haben.

BGH v. 23. 10. 2002 – XII ZR 266/99 – FamRZ 02, 1698 = NJW 03, 128

(Verwirkung von Unterhaltsrückständen; gleiche Voraussetzungen bei Anspruchsübergang auf öffentliche Hand) **R580**

aa) Eine Verwirkung kommt nach allgemeinen Grundsätzen in Betracht, wenn der Berechtigte ein **a**
Recht längere Zeit nicht geltend macht, obwohl er dazu in der Lage wäre, und der Verpflichtete sich mit Rücksicht auf das gesamte Verhalten des Berechtigten darauf einrichten durfte und eingerichtet hat, dass dieser sein Recht auch in Zukunft nicht geltend machen werde. Insofern gilt für Unterhaltsrückstände, die allein Gegenstand des vorliegenden Rechtsstreits sind, nichts anderes als für andere in der Vergangenheit fällig gewordene Ansprüche (*BGHZ* 84, 280 [281] = NJW 1982, 1999). Vielmehr spricht gerade bei derartigen Ansprüchen vieles dafür, an das so genannte Zeitmoment der Verwirkung keine strengen Anforderungen zu stellen. Nach § 1613 I BGB kann Unterhalt für die Vergangenheit ohnehin nur ausnahmsweise gefordert werden. Von einem Unterhaltsgläubiger, der lebensnotwendig auf Unterhaltsleistungen angewiesen ist, muss eher als von einem Gläubiger anderer Forderungen erwartet werden, dass er sich zeitnah um die Durchsetzung des Anspruchs bemüht. Andernfalls können Unterhaltsrückstände zu einer erdrückenden Schuldenlast anwachsen. Abgesehen davon sind im Unterhaltsrechtsstreit die für die Bemessung des Unterhalts maßgeblichen Einkommensverhältnisse der Parteien nach längerer Zeit oft nur schwer aufklärbar. Diese Gründe, die eine möglichst zeitnahe Geltendmachung von Unterhalt nahe legen, sind so gewichtig, dass das Zeitmoment der Verwirkung auch dann erfüllt sein kann, wenn die Rückstände Zeitabschnitte betreffen, die etwas mehr als ein Jahr zurückliegen. Denn nach den gesetzlichen Bestimmungen der §§ 1585 b III, 1613 II Nr. 1 BGB verdient der Gesichtspunkt des Schuldnerschutzes bei Unterhaltsrückständen für eine mehr als ein Jahr zurückliegende Zeit besondere Beachtung. Diesem Rechtsgedanken kann im Rahmen der Bemessung des Zeitmoments in der Weise Rechnung getragen werden, dass das Verstreichenlassen einer Frist von mehr als einem Jahr ausreichen kann (*BGHZ* 103, 62 [68 ff.] = NJW 1988, 1137). Das hat auch das BerGer. nicht verkannt, wenngleich es die Frage, ob im vorliegenden Fall das Zeitmoment der Verwirkung erfüllt ist, letztlich offen gelassen hat.

bb) Diese Frage ist für die geltend gemachten Unterhaltsrückstände nicht einheitlich zu beantworten. Da ein Unterhaltsanspruch nicht verwirkt sein kann, bevor er überhaupt fällig geworden ist, müssen die in Rede stehenden Zeitabschnitte insofern gesondert betrachtet werden. Dabei ergibt sich, dass der letzte für den Vater des Bekl. begehrte Unterhaltsbetrag für den Teilmonat Januar 1996 seit ca. 15 Monaten einforderbar war, als der Kl. mit Schreiben vom 2. 4. 1997 erstmals nach der Rechtswahrungsanzeige vom 13. 3. 1995 dem Bekl. gegenüber wieder tätig wurde und ergänzende Auskunft über dessen Einkommens- und Vermögensverhältnisse begehrte. Nachdem der Bekl. dem entsprochen hatte, verstrichen mehr als zwei Monate, bevor ihm die Höhe des geforderten Unterhalts mitgeteilt wurde. Ende November 1997 beantragte der Kl. den Erlass eines Mahnbescheids. Bei dieser Sachlage ist hinsichtlich des für den Vater geltend gemachten Unterhaltsrückstands das Zeitmoment insgesamt erfüllt. Was den für die Mutter des Bekl. begehrten Unterhalt anbelangt, war die für März 1996 beanspruchte Unterhaltsrate Anfang April 1997 seit mehr als einem Jahr fällig, so dass bei einer Gesamtwürdigung der Umstände wegen der noch im Streit befindlichen Zeit vom 14. 3. 1995 (Zugang der Rechtswahrungsanzeige) bis zum 31. 3. 1996 von einer illoyal verspäteten Rechtsausübung auszugehen ist, im Übrigen dagegen nicht.

Dieser Beurteilung steht nicht entgegen, dass die Unterhaltsansprüche nicht von den Eltern des Bekl. selbst, sondern von dem Kl. aus übergegangenem Recht geltend gemacht werden. Denn durch den gesetzlichen Übergang von Unterhaltsansprüchen wird deren Natur, Inhalt und Umfang nicht verändert (*Lohmann,* Neue Rechtsprechung des BGH zum FamilienR, 8. Aufl., Rdnr. 370; *Staudinger/Engler,* BGB, 13. Bearb., Vorb. §§ 1601 ff. Rdnr. 77; *OLG Düsseldorf,* FamRZ 1994, 771 [772]; vgl. auch *Senat,* NJW 1981, 574 = FamRZ 1981, 250 [252], zu der auch gegenüber dem Träger von Ausbildungsförderung nach der Überleitung von Unterhaltsansprüchen wirksamen Unterhaltsbestimmung nach § 1612 II BGB). Deshalb ist es nicht von Bedeutung, dass der Kl. – anders als die ursprünglichen Unterhaltsgläubiger – nicht lebensnotwendig auf die Realisierung der Forderungen angewiesen ist. Er war auf Grund der Rechtsnatur der Ansprüche gehalten, sich um deren zeitnahe Durchsetzung zu bemühen.

cc) Neben dem Zeitmoment kommt es für die Verwirkung auf das so genannte Umstandsmoment an, das heißt es müssen besondere Umstände hinzutreten, auf Grund derer der Unterhaltsverpflichtete sich nach Treu und Glauben darauf einrichten durfte und eingerichtet hat, dass der Unterhaltsberechtigte sein Recht nicht mehr geltend machen werde (*BGHZ* 103, 62 [70] = NJW 1988, 1137). Das BerGer. hat solche Umstände insbesondere deshalb nicht festzustellen vermocht, weil der Bekl. seine Lebensführung in der Erwartung der unterbleibenden Inanspruchnahme nicht anders gestaltet habe; durch eventuell teilweise entfallende Steuervorteile werde er nicht besonders schwer getroffen. Diese tatrichterliche Würdigung begegnet durchgreifenden rechtlichen Bedenken. Das BerGer. vermisst letztlich konkrete „Vertrauensinvestitionen" des Bekl. und stellt darauf ab, ob er durch die späte Inanspruchnahme besondere Nachteile erlitten hat. Damit werden die an das Umstandsmoment zu stellenden Anforderungen überspannt. Erfahrungsgemäß pflegt ein Unterhaltsverpflichteter, der in ähnlichen wirtschaftlichen Verhältnissen wie der Bekl. lebt, seine Lebensführung an die ihm zur Verfügung stehenden Einkünfte anzupassen (vgl. *BGHZ* 103, 62 [70] = NJW 1988, 1137). Dafür, dass es im Fall des Bekl. anders war, fehlt jeder Anhaltspunkt. Vielmehr entspricht es der Lebenserfahrung, dass er nach etwa einjähriger Arbeitslosigkeit, während der ihm – nachdem der Bezug von Arbeitslosengeld ausgelaufen war – keine Arbeitslosenhilfe gewährt wurde, weshalb er nur über relativ geringe Einkünfte aus der Vermietung seiner Eigentumswohnung und den Zinserträgen seines Sparvermögens verfügte, ab Beginn der Rentenzahlungen Anfang Mai 1995 einen „Nachholbedarf" hatte und seine Einkünfte auch dafür einsetzte. Deshalb müsste der Bekl. bei einer Unterhaltsnachforderung für den gesamten noch im Streit befindlichen Zeitraum in erheblich weiterem Umfang auf seine Ersparnisse zurückgreifen als das BerGer. ihm dies angesonnen hat. Damit brauchte er nach Treu und Glauben indessen nicht zu rechnen.

Der Kl. hatte den Bekl. durch Rechtswahrungsmitteilung vom 13. 3. 1995 zeitnah von der Sozialhilfegewährung für seine Eltern unterrichtet und unter Fristsetzung von vier Wochen zur Auskunftserteilung über seine Einkommens- und Vermögensverhältnisse aufgefordert. Diesem Begehren hat der Bekl. mit Schreiben vom 20. 5. 1995 entsprochen. In der Folgezeit konnte er davon ausgehen, dass seine Angaben geprüft und ihm das Ergebnis dieser Prüfung mitgeteilt werden würde, und zwar entweder, indem der Kl. weitere Angaben und Belege verlangte oder indem er ihm die Höhe der Inanspruchnahme bekannt gab. Tatsächlich blieb der Kl. untätig. Er erteilte dem Bekl. auch keinen Zwischenbescheid etwa des Inhalts, dass eine Überprüfung noch nicht habe erfolgen können bzw. noch andauere. An dieser Untätigkeit änderte sich auch nichts, nachdem der Vater des Bekl. Anfang Januar 1996 verstorben war, so dass hinsichtlich der für diesen gewährten Sozialhilfeleistungen eine Gesamtabrechnung hätte vorgenommen werden können. Auch nach der zum 31. 12. 1996 erfolgten Einstellung der Sozialhilfeleistungen für die Mutter erfolgte weder eine insofern nunmehr ebenfalls mögliche Gesamtberechnung noch eine sonstige Reaktion des Kl., obwohl sich der Gesamtbetrag der gewährten Hilfeleistung auf über 80 000 DM belief. Bei dieser Sachlage konnte der Bekl. davon ausgehen, nicht mehr in Anspruch genommen zu werden.

dd) Der Geltendmachung der noch im Streit befindlichen Unterhaltsansprüche seines Vaters steht mithin der Einwand der unzulässigen Rechtsausübung entgegen.

(Anspruch Eltern – Kind)

b 2. Die danach allein für die Zeit vom 1. 4. 1996 an noch maßgebliche Unterhaltspflicht des Bekl. gegenüber seiner Mutter steht dem Grunde nach nicht im Streit. Sie ergibt sich aus § 1601 BGB. Der Unterhaltsbedarf der Mutter ist offensichtlich. Er wird durch ihre Unterbringung in einem Altenheim bestimmt und deckt sich mit den dort angefallenen Kosten, soweit diese nicht aus eigenem Einkommen bestritten werden konnten, § 1602 I BGB (vgl. *Senat,* NJW-RR 1986, 66 = FamRZ 1986, 48 [49]). Davon ist auch das BerGer. ausgegangen. Soweit die Revision – in anderem Zusammenhang – geltend macht, der Bekl. habe vorgetragen, dass bei rechtzeitiger Kenntnis von seiner Inanspruchnahme die Möglichkeit bestanden habe, seine Eltern in einer kostengünstigeren Einrichtung unterzubringen, ist dieser Vortrag nicht hinreichend substanziert. Es bleibt insbesondere offen, von welchem Zeitpunkt an und zu welchen Bedingungen ein anderer Altenheimplatz zur Verfügung gestanden hätte. Deshalb besteht kein Anlass, von der Bedarfsermittlung des Kl. abzuweichen.

(Selbstbehalt des Pflichtigen bei Ansprüchen der Eltern)

c 3. Unterhaltspflichtig ist allerdings nicht, wer bei Berücksichtigung seiner sonstigen Verpflichtungen außer Stande ist, ohne Gefährdung seines angemessenen Unterhalts den Unterhalt zu gewähren (§ 1603 I BGB).

a) Das BerGer. hat den Bekl. im Jahr 1996 in Höhe von monatlich 2513 DM für leistungsfähig gehalten. Diese Beurteilung hat es im Wesentlichen wie folgt begründet: Nach der Rechtsprechung des Senats sei es in Anbetracht der Höhe der Heimunterbringungskosten und der häufig unabsehbaren Dauer der Inanspruchnahme des Unterhaltsverpflichteten regelmäßig nicht zumutbar, diesen zu einer Einschränkung seiner angemessenen, der Ausbildung und sozialen Stellung entsprechenden Lebensverhältnisse zu verpflichten. Mit Rücksicht darauf lege die Düsseldorfer Tabelle in der ab 1. 7. 1998 geltenden Fassung den Selbstbehalt gegenüber unterhaltsberechtigten Eltern gesondert mit monatlich 2250 DM (einschließlich 800 DM Warmmiete) fest, während gegenüber erwachsenen Kindern nur 1800 DM anzusetzen seien. Der Bekl. habe nach seinen Angaben für Warmmiete, Strom, Telefon und Versicherungen Kosten von monatlich insgesamt ca. 1000 DM. Sein zusätzlicher angemessener Bedarf werde auf weitere 1200 DM monatlich geschätzt. Davon könne er die von ihm benötigten Lebensmittel, die Benzinkosten für seinen Pkw, eine Urlaubsreise und sonstigen persönlichen Bedarf bestreiten, ohne in seiner Lebensführung unangemessen beschnitten zu werden. Im Jahre 1996 hätten dem Bekl. aus seiner Altersversorgung monatliche Einkünfte von 3881 DM sowie Zinseinnahmen von im Durchschnitt 832 DM monatlich zur Verfügung gestanden, mithin ein Gesamteinkommen von monatlich 4713 DM. Die Mieteinnahmen für die Eigentumswohnung seien dagegen weggefallen, weil eine Vermietung nicht mehr erfolgt sei, so dass für die Wohnung nur noch Kosten angefallen seien. Auf Grund seiner Gesamteinkünfte habe der Bekl. 1996 monatlich 2513 DM (4713 DM abzüglich 2200 DM) an Unterhalt für seine Eltern aufbringen können.

b) Gegen diese Einschätzung wendet sich die Revision zu Recht. § 1603 I BGB gewährleistet jedem Unterhaltspflichtigen vorrangig die Sicherung seines eigenen angemessenen Unterhalts; ihm sollen grundsätzlich die Mittel verbleiben, die er zur angemessenen Deckung des seiner Lebensstellung entsprechenden allgemeinen Bedarfs benötigt (*Senat,* NJW 1992, 1393 = FamRZ 1992, 795 [797], und NJW 1989, 523 = FamRZ 1989, 272 m. w. Nachw.). In welcher Höhe dieser Bedarf des Verpflichteten zu bemessen ist, obliegt der tatrichterlichen Beurteilung des Einzelfalls. Das dabei gewonnene Ergebnis ist revisionsrechtlich jedoch darauf zu überprüfen, ob es den anzuwendenden Rechtsgrundsätzen Rechnung trägt und angemessen ist (vgl. *Senat,* NJW 1983, 1733 = FamRZ 1983, 678, und NJW-RR 1986, 426 = FamRZ 1986, 151). Das ist hier nicht der Fall.

c) Das BerGer. geht zwar im Ansatz zutreffend davon aus, dass dem in den Unterhaltstabellen angesetzten Selbstbehalt eines Unterhaltsverpflichteten gegenüber einem volljährigen Kind andere Lebensverhältnisse zu Grunde liegen als im vorliegenden Fall zu beurteilen sind. Eltern müssen regelmäßig damit rechnen, ihren Kindern auch über die Vollendung des 18. Lebensjahres hinaus zu Unterhaltsleistungen verpflichtet zu sein, bis diese eine – nicht selten langjährige – Berufsausbildung abgeschlossen haben und wirtschaftlich selbstständig sind. Mit einer solchen, der natürlichen Generationenfolge entsprechenden Entwicklung kann indessen nicht der Fall gleichgestellt werden, dass Eltern nach ihrem Ausscheiden aus dem Erwerbsleben ihre Kinder auf Unterhalt für ihren notwendigen Lebensbedarf in Anspruch nehmen müssen. Der *Senat* hat deshalb die Auffassung gebilligt, dass der angemessene Selbstbehalt, der einem Verpflichteten bei durchschnittlichen Einkommensverhältnissen gegenüber dem Unterhaltsbegehren eines volljährigen Kindes als Mindestbetrag gewährt wird, um einen maßvollen Zuschlag erhöht wird, wenn das Unterhaltsbegehren anderer Verwandter – wie hier der Eltern – zu beurteilen ist (*Senat,* NJW 1992, 1393 = FamRZ 1992, 795 [797]). Ein solcher Zuschlag kann aber nicht für alle Verhältnisse gleich bemessen werden. Denn es entspricht der Erfahrung, dass die Lebensführung an die zur Verfügung stehenden Mittel angepasst wird, bei durchschnittlichen Einkommensverhältnissen also ein einfacherer Lebensstandard anzutreffen ist als bei gehobeneren und gehobenen Einkommensverhältnissen. Diesem Umstand hat das BerGer. nicht in der gebotenen Weise Rechnung getragen.

d) Was der Unterhaltsverpflichtete im Verhältnis zu seinen Eltern für seinen eigenen angemessenen Unterhalt benötigt, muss nach den Grundsätzen bemessen werden, die auch für die Unterhaltspflicht gelten. Maßgebend ist deshalb die Lebensstellung, die dem Einkommen, Vermögen und sozialen Rang des Verpflichteten entspricht; hiervon ausgehend wird der gesamte Lebensbedarf einschließlich einer angemessenen Altersversorgung umfasst. Daraus folgt, dass der angemessene Eigenbedarf nicht losgelöst von dem im Einzelfall vorhandenen Einkommen bestimmt werden kann. Er richtet sich somit nicht an einer festen Größe aus, sondern ist entsprechend den Umständen des Einzelfalls veränderlich (*Senat,* NJW 1989, 523 = FamRZ 1989, 272; *Schwab,* Familiäre Solidarität – Beiträge zum europäischen FamilienR, Bd. 5, S. 52; *Günther,* FF 1999, 172 [174], sowie *ders.,* FuR 1995, 1 [5]; *Menter,* FamRZ 1997, 919 [922]; *Büttner,* in: Festschr. für D. Henrich, S. 53; *Künkel,* FamRZ 1991, 14 [22]; *Dieckmann,* DAV 1979, 553 [562]; *Staudinger/Engler/Kaiser,* § 1603 Rdnr. 136; *OLG Hamm,* FamRZ 1999, 1533; *OLG Oldenburg,* FamRZ 2000, 1174 [1175]; *OLG Stuttgart,* OLG-Report 2000, 245 [246]; *OLG Frankfurt a. M.,* OLG-Report 2001, 264 [265]). Eine spürbare und dauerhafte Senkung seines berufs- und einkommenstypischen Unterhaltsniveaus braucht der Unterhaltsverpflichtete jedenfalls insoweit nicht hinzunehmen, als er nicht einen nach den Verhältnissen unangemessenen Aufwand betreibt oder ein Leben im Luxus führt. Das gilt insbesondere vor dem Hintergrund, dass eine Inanspruchnahme für den Unterhalt von Eltern in der Regel erst stattfindet, wenn der Unterhaltsverpflichtete sich selbst bereits in einem höheren Lebensalter befindet, seine Lebensverhältnisse demzufolge bereits längerfristig seinem Einkommensniveau angepasst hat, Vorsorge für sein eigenes Alter treffen möchte und dann unerwartet der Forderung ausgesetzt wird, sich an den für seine Eltern auf Grund deren Hilfs- oder Pflegebedürftigkeit anfallenden Kosten zu beteiligen. Wenn in dieser Situation sogar von ihm verlangt wird, mehr von seinem Einkommen für den Unterhalt der Eltern einzusetzen, als ihm selbst verbleibt, wird die

Grenze des dem Unterhaltsverpflichteten Zumutbaren in der Regel überschritten (im Gegensatz zu der Rechtslage bei der Inanspruchnahme auf Unterhalt für ein volljähriges behindertes Kind, vgl. *Senat,* NJW-RR 1986, 66 = FamRZ 1986, 48 [49]).

e) Eine derartige Schmälerung des eigenen angemessenen Bedarfs wäre auch mit dem Gesetz nicht in Einklang zu bringen. Den Eltern des Unterhaltsverpflichteten gehen seine unverheirateten minderjährigen und seine unverheirateten privilegierten volljährigen Kinder, sein Ehegatte oder geschiedener Ehegatte, die nach § 1615 l BGB Unterhaltsberechtigten, seine verheirateten minderjährigen und nicht privilegierten volljährigen Kinder sowie seine Enkel und weiter entfernte Abkömmlinge im Rang vor (§§ 1609 I und II, 1615 l III 3 Halbs. 2 BGB). Daran zeigt sich, dass der Unterhaltsanspruch der Eltern rechtlich vergleichsweise schwach ausgestaltet ist. Seinem Ehegatten gegenüber wäre der von dem Unterhaltsverpflichteten zu leistende Unterhalt so zu bemessen, dass beide Ehegatten in gleicher Weise an dem ehelichen Lebensstandard teilhaben, weshalb grundsätzlich jedem die Hälfte des verteilungsfähigen Einkommens zuzubilligen ist (st. Rspr., vgl. *Senat,* NJW 1988, 2369 = FamRZ 1988, 265 [267]). Würde der einem Elternteil geschuldete Unterhalt demgegenüber mit einem höheren Betrag bemessen, so würde dies der gesetzlichen Rangfolge nicht entsprechen. Das wird zusätzlich daraus ersichtlich, dass auch der Ehegatte des Elternteils für diesen allenfalls Unterhalt in Höhe der Hälfte seines Einkommens aufzubringen hätte, obwohl er vor dem Kind haftet (vgl. hierzu auch *Günther,* Münchener Anwalts-Hdb. FamilienR, § 12 Rdnrn. 1, 34; *Büttner,* S. 53; *Eschenbruch,* Unterhaltsprozess, 2. Aufl., Rdnr. 2021; *Heiß/Hußmann,* UnterhaltsR, 13. Kap. Rdnrn. 58 f.).

In tatsächlicher Hinsicht würde die Notwendigkeit, erhebliche Abstriche von dem erlangten Lebenszuschnitt vornehmen zu müssen, auch auf eine übermäßige Belastung der Unterhaltsverpflichteten hinauslaufen. Wie der Senat bereits in seiner Entscheidung vom 26. 2. 1992 (*Senat,* NJW 1992, 1393 = FamRZ 1992, 795 [797]) ausgeführt hat, haben die auf Zahlung von Elternunterhalt in Anspruch genommenen Kinder in der Regel bereits ohne derartige Leistungen erhebliche Aufwendungen zur Erfüllung des Generationenvertrags erbracht, indem sie ihre eigenen Kinder großgezogen und deren Ausbildung finanziert haben und zugleich durch ihre Sozialversicherungsabgaben, zu denen inzwischen noch die Beiträge zur Pflegeversicherung hinzugekommen sind, dazu beigetragen haben, dass die Elterngeneration insgesamt im Alter versorgt wird (so auch *Günther,* § 12 Rdnr. 34).

f) Diesem Gesichtspunkt trägt letztlich auch das zum 1. 1. 2003 in Kraft tretende Gesetz über eine bedarfsorientierte Grundsicherung im Alter und bei Erwerbsminderung (GSiG) vom 26. 6. 2001 (BGBl I, 1310 [1335 ff.]) in der Fassung des Gesetzes zur Verlängerung von Übergangsregelungen im Bundessozialhilfegesetz vom 27. 4. 2002 (BGBl I, 1462 [1463]) Rechnung. Danach können unter anderem Personen, die das 65. Lebensjahr vollendet und ihren gewöhnlichen Aufenthalt in der Bundesrepublik Deutschland haben, auf Antrag Leistungen der beitragsunabhängigen, bedarfsorientierten Grundsicherung erhalten, soweit sie ihren Unterhalt nicht durch ihr nach sozialhilferechtlichen Grundsätzen ermitteltes Einkommen und Vermögen decken können und ihre Bedürftigkeit nicht in den letzten zehn Jahren vorsätzlich oder grob fahrlässig herbeigeführt haben (§§ 1, 2 GSiG). Die Grundsicherung umfasst den für den Anspruchsteller maßgeblichen sozialhilferechtlichen Regelsatz zuzüglich 15% des Regelsatzes eines Haushaltungsvorstands. Hinzu kommen unter anderem die angemessenen tatsächlichen Aufwendungen für Unterkunft und Heizung sowie die Kosten der Kranken- und Pflegeversicherung (§ 3 I GSiG). Bei der Einkommens- und Vermögensermittlung bleiben Unterhaltsansprüche des Antragsberechtigten gegenüber seinen Kindern und Eltern unberücksichtigt, sofern deren jährliches Gesamteinkommen i. S. des § 16 SGB IV unter einem Betrag von 100 000 Euro liegt (§ 2 I 3 GSiG).

In dem Bericht des Ausschusses für Arbeit und Sozialordnung (BT-Dr 14/5150, S. 48) wird hierzu ausgeführt, der Zweck des Gesetzes bestehe darin, unter anderem für alte Menschen eine eigenständige soziale Leistung vorzusehen, die den grundlegenden Bedarf für den Lebensunterhalt sicherstelle; durch diese Leistung solle im Regelfall die Notwendigkeit der Gewährung von Sozialhilfe vermieden werden; außerdem habe vor allem ältere Menschen die Furcht vor dem Unterhaltsrückgriff auf ihre Kinder oftmals von dem Gang zum Sozialamt abgehalten; eine dem sozialen Gedanken verpflichtete Lösung müsse hier einen gesamtgesellschaftlichen Ansatz wählen, der eine würdige und unabhängige Existenz sichere. Hieraus wird deutlich, dass – von besonders günstigen wirtschaftlichen Verhältnissen der Unterhaltsverpflichteten abgesehen – zu Lasten öffentlicher Mittel auf einen Unterhaltsregress verzichtet worden ist, weil dieser von älteren Menschen vielfach als unangemessen und unzumutbar empfunden wird und dieser Umstand Berücksichtigung finden soll.

g) Nach alledem ist davon auszugehen, dass der angemessene Eigenbedarf nicht durchgängig mit einem bestimmten festen Betrag angesetzt werden kann, sondern anhand der konkreten Umstände des Einzelfalls und unter Berücksichtigung der besonderen Lebensverhältnisse, die bei der Inanspruchnahme auf Elternunterhalt vorliegen, zu ermitteln ist. Diesem Gesichtspunkt tragen inzwischen die meisten Tabellen und Leitlinien der Oberlandesgerichte insoweit Rechnung, als sie als Selbstbehalt des Kindes nur einen Mindestbetrag angeben (vgl. etwa die Zusammenstellung bei *Günther,* § 12 Rdnr. 31). Unter welchen Voraussetzungen diese Mindestbeträge zu erhöhen sind, wird in der

Rechtsprechung der Land- und Oberlandesgerichte und im Schrifttum nicht einheitlich beantwortet (vgl. dazu etwa die Übersichten von *Menter,* FamRZ 1997, 919 [922], und *Miesen,* FF 2000, 199). Ebenso wenig besteht Einigkeit darüber, ob den Kindern gegenüber ihren Eltern von dem den Freibetrag übersteigenden Einkommen ein bestimmter Anteil zusätzlich zu belassen ist, wie dies etwa in den Empfehlungen des Deutschen Vereins für öffentliche und private Fürsorge (vgl. FamRZ 2000, 788 [796] [unter Nr. 121]) und in denjenigen des 11. und des 13. Deutschen Familiengerichtstags (FamRZ 1996, 337 [338] [unter I 4 2], und FamRZ 2000, 273 [274] [unter I 4 a]) vorgeschlagen worden ist. Ob hierdurch im Einzelfall ein angemessenes Ergebnis erreicht werden kann, unterliegt letztlich der verantwortlichen Beurteilung des Tatrichters. Insofern wird es allerdings nicht grundsätzlich als rechtsfehlerhaft angesehen werden können, wenn bei der Ermittlung des für den Elternunterhalt einzusetzenden bereinigten Einkommens allein auf einen - etwa hälftigen - Anteil des Betrags abgestellt wird, der den an sich vorgesehenen Mindestselbstbehalt übersteigt. Vielmehr kann durch eine solche Handhabung im Einzelfall ein angemessener Ausgleich zwischen dem Unterhaltsinteresse der Eltern einerseits und dem Interesse des Unterhaltsverpflichteten an der Wahrung seines angemessenen Selbstbehalts andererseits zu bewirken sein. Zugleich kann eine ungerechtfertigte Nivellierung unterschiedlicher Verhältnisse vermieden werden. Überdies hätte eine derartige Verfahrensweise den Vorteil der Rechtssicherheit und Praktikabilität für sich (ebenso *Günther,* § 12 Rdnr. 35; *Büttner,* S. 53; *Kalthoener/Büttner/Niepmann,* Die Rechtsprechung zur Höhe des Unterhalts, 8. Aufl., Rdnr. 188 a; *Heiß/Hußmann,* 13. Kap. Rdnr. 58; *Eschenbruch,* Rdnr. 2021; *Staudinger/Engler/Kaiser,* § 1603 Rdnr. 138; *OLG Hamm,* FamRZ 1999, 1533; *OLG Hamm,* FamRZ 2002, 123 [124]; *OLG Frankfurt a. M.,* OLG-Report 2001, 264 [265]; vgl. auch die Nachw. bei *Duderstadt,* Erwachsenenunterhalt, Anm. 3.4.1.2; a.A. *Luthin/Seidel,* Hdb. des UnterhaltsR, 9. Aufl., Rdnr. 5070; *Wendl/Pauling,* Das UnterhaltsR in der familiengerichtlichen Praxis, 5. Aufl., § 2 Rdnrn. 619 f., 639; *Steymans,* FuR 2000, 361 [363]).

BGH v. 6. 11. 2002 – XII ZR 259/01 – FamRZ 03, 521 = NJW-RR 02, 1513

(Verwirkung bei auf Erben übergegangenem Anspruch) **R581**

2). Die Unterhaltspflicht geht auf den Erben – von dessen Haftungsbeschränkung abgesehen – unverändert über, und zwar auch mit der Belastung eines Einwands aus § 1579 Nr. 7 BGB. Eine Ausnahme gilt lediglich insofern, als die Leistungsfähigkeit des Unterhaltsverpflichteten nach dessen Tod nicht mehr geprüft werden kann und muss. Auf die Leistungsfähigkeit seines Erben kommt es nicht an, weil es sich um eine Nachlassverbindlichkeit handelt und die Haftung des Erben deshalb schon nach allgemeinen Regeln auf den Nachlass beschränkt ist, nach § 1586 b BGB sogar begrenzt auf den fiktiven Pflichtteil des Unterhaltsberechtigten (so genannter kleiner Pflichtteil bei gesetzlichem Erbrecht nach § 1931 I und 2 BGB). **a**

Bei der im Rahmen des § 1579 Nr. 7 BGB vorzunehmenden Billigkeitsabwägung mögen nach dem Tod des Unterhaltsverpflichteten Gesichtspunkte eine Rolle spielen können, die ausschließlich das Verhältnis zwischen dem Unterhaltsberechtigten und dem Erben betreffen, nicht das Verhältnis zwischen dem Unterhaltsberechtigten und dem verstorbenen Unterhaltsverpflichteten. Anhaltspunkte für solche Gesichtspunkte sind im vorliegenden Fall aber weder festgestellt noch von den Parteien vorgetragen. Die Kl. kann sich jedenfalls dann darauf berufen, dass die Bekl. seit inzwischen mehr als zehn Jahren in einem eheähnlichen Verhältnis mit einem anderen Mann in dessen Haus zusammenlebt und dass deshalb die Unterhaltsverpflichtung nach § 1579 Nr. 7 BGB entfallen ist, wenn der verstorbene Unterhaltsverpflichtete, würde er noch leben, sich heute noch darauf berufen könnte.

Die Annahme des BerGer., die Voraussetzungen des § 1579 Nr. 7 BGB für einen Wegfall der Unterhaltspflicht seien erfüllt, ist revisionsrechtlich nicht zu beanstanden. Ebenso wenig ist die Auffassung zu beanstanden, der Unterhaltsverpflichtete – und damit auch seine Erbin – habe das Recht, sich auf einen Wegfall der Unterhaltspflicht nach § 1579 Nr. 7 BGB zu berufen, nicht schon zu Lebzeiten deshalb verloren, weil er den Unterhalt über Jahre in Kenntnis des Umstands, dass die Bekl. mit einem anderen Mann zusammenlebe, weitergezahlt habe.

(Verzeihung bei Verwirkungsgrund)

Allerdings wird in Literatur und Rechtsprechung grundsätzlich vertreten, dass eine ausdrückliche oder konkludente „Verzeihung" der die Verwirkung begründenden Umstände daraus hergeleitet werden kann, dass der Unterhaltsverpflichtete trotz Kenntnis dieser Umstände den Unterhalt weiterbezahlt (so grundsätzlich *OLG Düsseldorf,* FamRZ 1997, 1159; *OLG Hamm,* FamRZ 1997, 1485 [1486]; *OLG Hamm,* NJW-RR 1994, 1287 = FamRZ 1994, 704 [705]; *Maurer,* in: MünchKomm, 4. Aufl., § 1579 Rdnr. 70; *Johannsen/Henrich/Büttner,* EheR, 3. Aufl., § 1579 BGB Rdnr. 45; *Schwab/Borth,* Hdb. d. ScheidungsR, 4. Aufl., IV Rdnr. 398; *Gernhuber/Coester-Waltjen,* FamilienR, 4. Aufl., § 30 VII 9 [S. 432]; *Heiß/Heiß,* UnterhaltsR, I 9 Rdnr. 382). Unterschiedliche Auffassungen bestehen le- **b** diglich im Anwendungsbereich und in den Auswirkungen dieser Verzeihung. So ist streitig, ob sie auch dort eingreift, wo die Verwirkungstatbestände des § 1579 BGB nicht an ein persönliches Fehlverhalten des unterhaltsberechtigten Ehegatten anknüpfen, sondern an objektive Umstände wie bei § 1579 Nrn. 1 und 7 BGB (für generelle Anwendbarkeit wohl *Johannsen/Henrich/Büttner,* § 1579 BGB Rdnr. 45; einschränkend insoweit *Maurer,* in: MünchKomm, § 1579 Rdnr. 70; wohl auch *Göppinger/Bäumel,* UnterhaltsR, 7. Aufl., Rdnr. 1106). Schwierigkeiten für die Annahme einer Verzeihung können sich auch dort ergeben, wo etwa der Unterhaltsschuldner nur mit Rücksicht auf die Betreuungsbedürftigkeit eines gemeinsamen Kindes den Unterhalt ungeschmälert weitergezahlt hat, ohne von der Möglichkeit Gebrauch zu machen, den Unterhaltsberechtigten auf den Mindestbedarf herabzusetzen (vgl. dazu *Senat,* NJW 1997, 1439 = FamRZ 1997, 483 [484]). Nicht einheitlich beantwortet wird schließlich auch die Frage, ob die Verzeihung ein selbstständiger Gegeneinwand ist, der bereits den Tatbestand der Unterhaltsverwirkung entfallen lässt (so etwa *Johannsen/Henrich/Büttner,* § 1579 BGB Rdnr. 45 m. w. Nachw.), oder ob sie lediglich im Rahmen der Billigkeitsabwägung des § 1579 BGB zu berücksichtigen ist (so wohl die überwiegende Meinung vgl. *OLG Düsseldorf,* FamRZ 1997, 1159; *OLG Hamm,* FamRZ 1997, 1485 [1486]; *Maurer,* in: MünchKomm, § 1579 Rdnr. 70; *Gernhuber/Coester-Waltjen,* § 30 VII 9 [S. 432] und *Schwab/Borth,* IV Rdnr. 398).

(Keine Verzeihung, wenn Unterhalt aus anderen Gründen, z. B. wegen § 5 VAHRG geleistet wird)

c Diese Fragen bedürfen hier indes keiner Klärung, so dass die Prozesskostenhilfe für das Revisionsverfahren nicht bewilligt zu werden braucht (vgl. *BGH,* NJW-RR 2003, 130). Denn nach den insoweit maßgeblichen tatsächlichen Feststellungen des OLG kann von einer Verzeihung nicht ausgegangen werden. Der Erblasser zahlte den Unterhalt in Höhe von 500 DM monatlich an seine geschiedene Ehefrau nämlich deshalb weiter, weil er dadurch seinerseits in den Genuss der Auswirkungen des § 5 VAHRG und damit des temporären Wegfalls der versorgungsausgleichsbedingten Kürzung seiner Rente kam, die andernfalls insgesamt rund 759 DM monatlich weniger betragen hätte. Er hätte also, wenn er den Unterhalt an die geschiedene Ehefrau nicht weitergezahlt hätte, von vornherein weniger für sich zur Verfügung gehabt als bei Weiterzahlung. Diese Verhaltensweise des Erblassers war wirtschaftlich nachvollziehbar und vernünftig. Aus ihr kann die Unterhaltsberechtigte im vorliegenden Fall keinen Vertrauensschutz dafür herleiten, dass der Erblasser auch künftig auf Dauer auf die Geltendmachung seines Verwirkungseinwands aus § 1579 Nr. 7 BGB verzichten würde. Denn mit dem Eintritt der Rentenvoraussetzungen beim Unterhaltsberechtigten entfallen die Wirkungen des § 5 VAHRG und der Unterhaltsverpflichtete unterliegt der vollen Kürzung seiner Versorgungsbezüge, so dass für ihn kein Grund mehr vorhanden ist, die Unterhaltszahlungen fortzusetzen.

Über diese Zusammenhänge war die Bekl. von vornherein informiert. Die BfA hat ihr nämlich mit Schreiben vom 23. 2. 1995 einen Fragebogen zugesandt, den sie ausgefüllt zurückgeschickt hat. Das Anschreiben der BfA enthält eine Belehrung zu § 5 VAHRG. Außerdem hat die BfA der Bekl. nach § 6 VAHRG die Hälfte des angefallenen Nachzahlungsbetrags ausgezahlt.

Im vorliegenden Fall konnte – wie das *OLG* richtig sieht – die Bekl. nur darauf vertrauen, dass ihr geschiedener Ehemann den Unterhalt so lange weiterzahlt, wie er deshalb den Vorteil aus § 5 VAHRG hat. Sie konnte nicht darauf vertrauen, dass er, wenn dieser Vorteil entfallen sollte, sich monatlich weiter um 500 DM einschränkt, obwohl sie schon langjährig mit einem anderen Mann zusammenlebt und er deshalb nach § 1579 Nr. 7 BGB keinen Unterhalt mehr zahlen müsste.

BGH v. 27. 11. 2002 – XII ZR 295/00 – FamRZ 03, 444 – NJW 03, 969

R582 *(Darlegungs- und Beweislast bei Anspruchsübergang nach § 7 UVG)*

Das OLG hat festgestellt, dass für den eingeklagten Zeitraum die Ansprüche des Kindes gegen den Bekl. auf den Kl. übergegangen sind. Dagegen hat die Revision nichts eingewandt. Nicht zu beanstanden ist, dass das OLG dem Bekl. die Darlegungs- und Beweislast für seine angeblich verminderte Leistungsfähigkeit auferlegt hat, weil der Kl. Unterhaltsvorschuss nur in Höhe des Mindestunterhalts geleistet habe und vom Bekl. auch nur insoweit aus übergegangenem Recht Unterhalt begehre. Für den Zeitraum vor Juli 1998 ergibt sich dies bereits aus der früheren Fassung des § 1610 III BGB. Danach galt der Regelunterhalt als Mindestbedarf mit der Folge, dass eine weitere Darlegung des Bedarfs des unterhaltsberechtigten Kindes nicht erforderlich war (vgl. etwa *Senat,* NJWE-FER 1998, 64 = FamRZ 1998, 357 [359]). Die für die Zeit ab dem 1. 7. 1998 geltende Neuregelung durch das Kindesunterhaltsgesetz (vom 6. 4. 1998 BGBl I, 666) hat daran nichts geändert. Zwar ist § 1610 III BGB gestrichen und der Begriff des Regelunterhalts durch den des Regelbetrags in § 1612 a BGB ersetzt worden. Mit dieser Neuerung wollte der Gesetzgeber, wie der *Senat* in seiner – erst nach Erlass des angefochtenen Urteils ergangenen – Entscheidung vom 6. 2. 2002 (*BGHZ* 150, 12 = NJW 2002, 1269 = FPR 2002, 195 = FamRZ 2002, 536 [540]) ausgeführt hat, aber nicht von der bisherigen Rechtslage zu Lasten des Kindes abweichen und ihm die Beweiserleichterungen im Rahmen des Regelbetrags nehmen. Dies gilt unabhängig davon, ob der Unterhaltsanspruch im Verfahren nach den §§ 645 ff. ZPO geltend gemacht wird und ob das Kind selbst oder – wie hier – das Land aus übergegangenem Recht den Unterhaltsschuldner in Anspruch nimmt. Der gesetzliche Übergang der Unterhaltsforderung des Berechtigten auf öffentliche Einrichtungen – hier nach § 7 UVG – oder auf Verwandte (§ 1607 BGB), die an Stelle des in erster Linie verpflichteten Schuldners Unterhalt leisten, dient dazu, die Bereitschaft der Leistenden zu fördern, den Unterhalt vorzuschießen. Entfielen infolge des Forderungsübergangs die dem Kind zugute kommenden Beweiserleichterungen, so minderte dies zum Nachteil des Kindes die Bereitschaft der öffentlichen Einrichtungen oder Verwandten, solche Vorschussleistungen zu erbringen (vgl. *Senat*, FPR 2002, 204 = FamRZ 2002, 21 [22]). Unter diesem Gesichtspunkt dient die Beibehaltung der bisherigen Darlegungs- und Beweislast auch dann dem Schutz des unterhaltsberechtigten Kindes, wenn nicht dieses selbst, sondern öffentliche Einrichtungen oder Verwandte, die ihm Unterhalt vorgeschossen haben, diesen vom Unterhaltsschuldner einfordern. Da der Kl. Unterhalt auch für den Folgezeitraum von Juli bis Dezember 1998 nur bis zur Höhe des von ihm als Vorschuss geleisteten Regelbetrags geltend macht, musste er den Unterhaltsbedarf des Kindes nicht näher darlegen. Es oblag vielmehr dem Bekl. darzulegen, dass er – auch über den ihm bereits vom Kl. nachgelassenen Abzug hinaus – zur Leistung eines bedarfsdeckenden Unterhalts nicht in der Lage ist. Dem ist der Bekl. nicht nachgekommen.

BGH v. 11. 12. 2002 – XII ZR 27/00 – FamRZ 03, 432 = NJW 03, 1396

(Keine Doppelverwertung im Zugewinn und Unterhalt, z. B. bei Abfindungen, Wohnwert und Nutzungsentschädigung) **R583**

Der von den Parteien vereinbarte unterhaltsrechtliche Ausgleich der künftigen Gewinnanteile steht jedenfalls dem von der Ast. begehrten Ausgleich eines den Abfindungswert der Beteiligung übersteigenden Zugewinns entgegen. Zu Recht wendet die Revisionserwiderung ein, anderenfalls partizipiere die Ast. an der Beteiligung des Ag. in zweifacher Weise, nämlich vorab im Zugewinnausgleich an dem durch die künftigen Gewinnerwartungen geprägten Vermögenswert der Beteiligung und sodann im Wege des Unterhalts nochmals an jenen nunmehr als Einkommen des Unterhaltspflichtigen zu berücksichtigenden Gewinnanteilen.

Eine solche zweifache Teilhabe widerspräche dem Grundsatz, dass ein güterrechtlicher Ausgleich nicht stattzufinden hat, soweit eine Vermögensposition bereits auf andere Weise, sei es unterhaltsrechtlich oder im Wege des Versorgungsausgleichs, ausgeglichen wird. Für das Verhältnis zwischen Zugewinnausgleich und Versorgungsausgleich ergibt sich dies bereits aus § 1587 III BGB. Für das Verhältnis zwischen Unterhalt und Zugewinnausgleich kann nichts anderes gelten, auch wenn es insoweit an einer ausdrücklichen gesetzlichen Regelung fehlt.

So wäre es beispielsweise unbillig, einen Ehegatten auch güterrechtlich an einer dem anderen Ehegatten vor dem Stichtag ausgezahlten Arbeitnehmerabfindung teilhaben zu lassen, soweit er daran bereits durch die Gewährung des unter Einbeziehung dieser insoweit als Einkommen behandelten Abfindung bemessenen Unterhalts partizipiert (vgl. *OLG Frankfurt a. M.*, FamRZ 2000, 611 [612]; *Klingelhöffer*, BB 1997, 2216 [2217]). Auf dem gleichen Gedanken beruht auch die Erwägung, dass der Ehegatte, der im Anwaltshaftungsprozess Schadensersatz wegen einer auf Grund falscher Beratung im Zugewinnausgleich nicht geltend gemachten Vermögensposition des anderen Ehegatten verlangt, sich darauf gegebenenfalls den Vorteil anrechnen lassen muss, der sich aus einer Berücksichtigung dieser Position in einem Unterhaltsvergleich ergibt (vgl. *BGH*, NJW 1998, 749 = LM H. 4/1998 § 675 BGB Nr. 245 = FamRZ 1998, 362 [364]). Auch außerhalb des Güterrechts ist eine doppelte Teilhabe eines Ehegatten an geldwerten Positionen des anderen nicht gerechtfertigt; so kann etwa neben einem rechtskräftig titulierten Trennungsunterhalt, bei dem der Nutzungsvorteil mietfreien Wohnens in der bisherigen Ehewohnung dem unterhaltspflichtigen Ehegatten bereits als Einkommen zugerechnet worden ist, nicht für den gleichen Zeitraum ein Nutzungsentgelt verlangt werden (vgl. *Senat*, NJW 1986, 1139 = LM § 741 BGB Nr. 11 = FamRZ 1986, 436 [437]; *Hahne*, FF 1999, 99 [103]).

BGH v. 22. 1. 2003 – XII ZR 2/00 – FamRZ 03, 363 = NJW 03, 1112

(Kein Mindestbedarf des Ehegatten) **R584**

a) Den Ansatz von Mindestbedarfssätzen für den Ehegatten hat der *Senat* allerdings in ständiger Rechtsprechung für mit der gesetzlichen Regelung nicht vereinbar gehalten. Zur Begründung hat er ausgeführt, der Unterhaltsbedarf eines getrennt lebenden oder geschiedenen Ehegatten bemesse sich nach § 1361 I 1 BGB bzw. § 1578 I 1 BGB nach den individuell ermittelten Lebens-, Einkommens- und Vermögensverhältnissen der Ehegatten, die den ehelichen Lebensstandard bestimmten bzw. bestimmt hätten, gegebenenfalls erhöht um einen konkret darzulegenden trennungsbedingten Mehrbe- **a** darf. Es sei nicht auszuschließen, dass der pauschalierende Mindestbedarf den nach den ehelichen Lebensverhältnissen individuell ermittelten Betrag übersteige und damit zu einer ungerechtfertigten Bevorzugung des Ehegatten führe. Dies gelte gleichermaßen in einem so genannten echten Mangelfall, und zwar auch im Hinblick auf die Übung, die konkurrierenden Unterhaltsansprüche der Kinder nach Tabellenwerten zu bemessen und in die Mangelberechnung einzustellen. Denn die Bemessung des Kindesunterhalts nach Tabellenwerten rechtfertige es auch im echten Mangelfall nicht, den Unterhalt des Ehegatten auf einen Mindestbedarfssatz zu erhöhen, weil sich dies zu Lasten der als besonders schutzwürdig anzusehenden Kinder auswirke (*Senat,* NJW 1987, 897 = FamRZ 1987, 266 [267]; BGHZ 104, 158 [168] = NJW 1988, 1722; BGH, NJW 1995, 963 = FamRZ 1995, 346 [347]; *NJW* 1996, 517 = FamRZ 1996, 345 [346], und NJW 1997, 1919 = FamRZ 1997, 806 [808]).

(Vorwegabzug Kindesunterhalt im Mangelfall; Mangelfallberechnung; Einsatzbetrag für Ehegattenunterhalt nach Eigenbedarfssätzen)

b b) Diese Rechtsprechung ist nicht ohne Kritik geblieben. Dabei ist insbesondere hervorgehoben worden, die nach Vorwegabzug des Kindesunterhalts individuell ermittelte Unterhaltsquote für den Ehegatten stelle in Mangelfällen keinen geeigneten Maßstab für die Bemessung des Bedarfs dar, weil sich dabei – je nach Kinderzahl und Kargheit der Mittel – Beträge ergeben könnten, die das Sozialhilfeniveau deutlich unterschritten oder sogar Null betrügen. Es werde verkannt, dass der Bedarf einer Familie bei bestehender Lebens- und Unterhaltsgemeinschaft insgesamt aus den vorhandenen Mitteln gedeckt und nicht nach Maßstäben bestritten werde, die für den Fall der Trennung oder Scheidung vom Gesetz geregelt und von der Rechtsprechung entwickelt worden seien. In sehr beengten wirtschaftlichen Verhältnissen könne gerade nicht davon ausgegangen werden, dass den Kindern tatsächlich ein Mindestbedarf vorab zur Verfügung stehe; durch ein geringes Familieneinkommen würden nämlich in der Regel alle Familienmitglieder betroffen. Deshalb müsse auch dem unterhaltsberechtigten Ehegatten ein Einsatzbetrag zugebilligt werden, der in angemessenem Verhältnis zu den für die Kinder angesetzten Beträgen stehe (*Becker,* FamRZ 1995, 667; *Göppinger/Kodal,* UnterhaltsR, 7. Aufl., Rdnrn. 1639 f.; *Johannsen/Henrich/Büttner,* EheR, 3. Aufl., § 1361 Rdnr. 120; *Kalthoener/Büttner/Niepmann,* Die Rspr. zur Höhe des Unterhalts, 8. Aufl., Rdnr. 101; *Luthin,* FamRZ 1995, 472; *Scholz,* in: *Kemnade/Scholz/Zieroth,* FamilienR, 1996, S. 445, 515 f.; vgl. auch *Gutdeutsch,* FamRZ 1995, 1065).

c) Dass für Kinder jedenfalls ein Mindestbedarf entsprechend der Gruppe 1 der Düsseldorfer Tabelle bestehe, kann seit dem In-Kraft-Treten des Kindesunterhaltsgesetzes vom 6. 4. 1998 (BGBl. I, 666) allerdings nicht mehr angenommen werden. Denn seitdem gibt es keine gesetzliche Bestimmung des Mindestbedarfs minderjähriger Kinder im Unterhaltsrecht mehr. Als solcher ist auch weder das eineinhalbfache des Regelbetrags anzusehen, das nach § 645 ZPO im vereinfachten Verfahren ohne weitere Darlegung der wirtschaftlichen Verhältnisse geltend gemacht werden kann, noch das auf der Grundlage des Sozialhilfebedarfs ermittelte rechtliche Existenzminimum eines Kindes oder – in Anlehnung an § 1612 b V BGB in der zum 1. 1. 2001 in Kraft getretenen Fassung des Gesetzes zur Ächtung der Gewalt in der Erziehung und zur Änderung des Kindesunterhaltsrechts vom 2. 11. 2000 (BGBl I, 1479) - ein Betrag von 135% nach der Regelbetrag-Verordnung (*Senat,* NJW 2002, 1269 = FPR 2002, 195 = FamRZ 2002, 536 [538 f., 540 f.]). Damit ist die gesetzliche Vorgabe dafür entfallen, den Unterhaltsbedarf von Kindern auf jeden Fall mit einem Mindestbedarfssatz bei der Mangelverteilung zu berücksichtigen, soweit nicht das unterhaltsrelevante Einkommen des Unterhaltspflichtigen eine höhere Eingruppierung in den Unterhaltstabellen zulässt (vgl. auch *Göppinger/Kodal,* Rdnr. 1640).

d) Es stellt sich deshalb die Frage, welche Beträge nunmehr zum einen für die Kinder und zum anderen für den unterhaltsberechtigten Ehegatten anzusetzen sind. Letzterem schuldet der Unterhaltspflichtige entweder den nach den Verhältnissen der Ehegatten zu bemessenden Familienunterhalt (§ 1360 a I BGB) oder im Falle des Getrenntlebens bzw. nach Scheidung den Unterhalt nach Maßgabe der ehelichen Lebensverhältnisse (§§ 1361 I 1, 1578 I 1 BGB). Falls diese auch von der Unterhaltslast gegenüber Kindern mitbestimmt werden, ist es in der Praxis üblich, für die Bemessung des Ehegattenunterhalts nach den §§ 1361, 1570 ff. BGB den Kindesunterhalt von dem Einkommen des Unterhaltspflichtigen vorweg abzuziehen, und zwar sowohl für gemeinsame Kinder als auch für Kinder, die nicht von dem Unterhaltsberechtigten abstammen, soweit sich daraus nicht ein Missverhältnis zum wechselseitigen Lebensbedarf der Beteiligten ergibt (vgl. *Senat,* NJW 1999, 717 = FamRZ 1999, 367 [368 f.], und NJW 2000, 3140 = FamRZ 2000, 1492 [1493]).

Wenn hinsichtlich des Kindesunterhalts indessen kein Mindestbedarf mehr definiert ist, der tatsächlich aufzubringende Kindesunterhalt aber noch nicht bekannt ist, weil seine Höhe erst nach der verhältnismäßigen Kürzung aller Bedarfsbeträge feststeht, erscheint die Vorwegabzugsmethode zur Ermittlung des Einsatzbetrags für den Ehegatten nicht angemessen. Sie würde nämlich bei Heranziehung von Kindesunterhaltssätzen, die zum Beispiel der Düsseldorfer Tabelle entnommen werden, in vielen Fällen zu Unterhaltsquoten führen, die realistischerweise nicht für sich beanspruchen können, den eheangemessenen Unterhaltsbedarf des Ehegatten darzustellen.

Dieser Beurteilung kann nicht mehr uneingeschränkt mit dem Argument begegnet werden, eine drohende Verkürzung der Unterhaltsansprüche von Ehegatten sei grundsätzlich hinzunehmen, während eine solche gegenüber den Unterhaltsansprüchen minderjähriger Kinder unter anderem deshalb nicht gerechtfertigt erscheine, weil ihnen – im Gegensatz zu Erwachsenen – wegen ihres Alters von vornherein jede Möglichkeit verschlossen sei, durch eigene Anstrengungen zur Deckung ihres notwendigen Lebensbedarfs beizutragen (vgl. *Senat*, NJW 1996, 517 = FamRZ 1996, 345 [346 f.] m. w. Nachw.). Durch das Kindesunterhaltsgesetz ist die gesteigerte Unterhaltspflicht von Eltern gegenüber minderjährigen unverheirateten Kindern unter bestimmten Voraussetzungen auf volljährige unverheiratete Kinder bis zur Vollendung des 21. Lebensjahres erstreckt worden. Nach der am 1. 7. 1998 in Kraft getretenen Neufassung des § 1603 I 2 BGB stehen den minderjährigen unverheirateten Kindern volljährige unverheiratete Kinder unter den genannten Voraussetzungen gleich. Damit kommt ihnen nach § 1609 BGB auch der gleiche Rang zu wie den minderjährigen Kindern und dem Ehegatten des Unterhaltspflichtigen (*Senat*, NJW 2002, 2026 = FamRZ 2002, 815 [816]). Dem privilegierten volljährigen Kind ist indessen durchaus die Möglichkeit eröffnet, etwa durch Aufnahme einer Aushilfsbeschäftigung, zur Deckung seines notwendigen Lebensbedarfs selbst beizutragen, obwohl der für dieses Kind vorgesehene Tabellenunterhalt in vielen Fällen bereits über der Unterhaltsquote des Ehegatten aus dem um den Kindesunterhalt bereinigten Einkommen des Verpflichteten liegen dürfte.

Andererseits dürfte eine Berechnung des für den Ehegatten in die Mangelverteilung einzustellenden Betrags ohne einen Vorwegabzug des Kindesunterhalts häufig zu einem Ergebnis führen, das mit Rücksicht auf die tatsächlich bestehende Unterhaltslast gegenüber Kindern sowohl den Unterhaltsbedarf nach Maßgabe der ehelichen Lebensverhältnisse als auch das sozialhilferechtliche Existenzminimum übersteigt. Vor diesem Hintergrund erscheint es sachgerecht, bei der Bestimmung des Einsatzbetrags an die Überlegung anzuknüpfen, dass der Bedarf der Familie bei bestehender Lebens- und Unterhaltsgemeinschaft aus den zur Verfügung stehenden Mitteln bestritten worden ist, ein vorliegender Mangel deshalb in der Regel von allen Familienmitgliedern getragen worden ist. Die Familie musste mit den vorhandenen Mitteln auskommen und hat das – erforderlichenfalls unter Hinnahme von Einschränkungen – auch geschafft, so dass regelmäßig das Existenzminimum gewahrt gewesen sein dürfte. Wenn nach Trennung oder Scheidung dem Unterhaltsverpflichteten selbst aber jedenfalls der an dem sozialhilferechtlichen Existenzminimum ausgerichtete notwendige Selbstbehalt zu verbleiben hat, erscheint es angemessen und sachgerecht, auch den der jeweiligen Lebenssituation des unterhaltsberechtigten Ehegatten entsprechenden Eigenbedarf in die Mangelverteilung einzustellen. In welcher Höhe der so angesetzte Bedarf befriedigt werden kann, ist eine – von den vorhandenen Mitteln und den weiteren Unterhaltspflichten abhängige – andere Frage.

(Mangelfallrechnung; Einsatzbetrag für minderjährige Kinder 135% des Regelbetrags)

4 f) Wenn indessen der Einsatzbetrag für den Ehegatten in Höhe des jeweiligen Eigenbedarfs (Existenzminimum) in die Mangelverteilung eingestellt wird, kann für die zu berücksichtigenden Kinder vom Ansatz her nichts anderes gelten, das heißt ein unter dem Existenzminimum liegender Einsatzbetrag nicht angenommen werden. Anderenfalls würde die anschließend gebotene proportionale Kürzung aller Bedarfsbeträge zu verzerrten Ergebnissen führen, und zwar zum Nachteil der den gleichen unterhaltsrechtlichen Rang genießenden Kinder. Von daher erscheint es nicht angemessen, den Kindesunterhalt lediglich in Höhe der Regelbeträge anzusetzen, die erheblich unter dem Existenzminimum angesiedelt sind (a. A. *Büttner*, FamRZ 2002, 542; *Graba*, NJW 2001, 249 [253 f.]; *Oelkers/Kraeft*, FamRZ 1999, 1476 [1486]). Nachdem § 1612 b V BGB in der Fassung des Gesetzes zur Ächtung der Gewalt in der Erziehung und zur Änderung des Kindesunterhaltsrechts vorsieht, dass eine Anrechnung des Kindergelds bereits dann unterbleibt, wenn der Unterhaltspflichtige außer Stande ist, Unterhalt in Höhe von 135% des Regelbetrags nach der Regelbetrag-Verordnung zu leisten, und der Gesetzgeber beabsichtigt hat, mit dieser Änderung der Kindergeldanrechnung das Barexistenzminimum eines Kindes sicherzustellen (vgl. Bericht des Rechtsausschusses, BT-Dr 14/3781, S. 8; Senat, NJW 2002, 1269 = FPR 2002, 143 = FamRZ 2002, 536 [540 f.]), erscheint es aus Gründen der vereinfachten Handhabung gerechtfertigt, diesen pauschalen Satz auch für das in die Mangelverteilung einzustellende Existenzminimum von Kindern heranzuziehen (ebenso *Luthin/Schumacher*, Hdb. des UnterhaltsR, 9. Aufl., Rdnr. 3322; Unterhaltsrechtliche Hinweise des OLG Stuttgart, Stand: 1. 7. 2000, FamRZ 2001, 979 [980 unter III]; vgl. auch *Scholz*, FamRZ 2000, 1541 [1545]; *Göppinger/Kodal*, Rdnr. 1640; *Luthin*, FamRZ 2001, 334 [336]; *Wohlfahrt*, FF 2001, 2 [8]). Damit wird zum einen für den Ehegatten und die Kinder von Einsatzbeträgen für die Mangelverteilung ausgegangen, die in angemessener Relation zueinander stehen: Für den in einem eigenen Haushalt lebenden unterhaltsberechtigten Ehegatten sind – nach der Düsseldorfer Tabelle, Stand: 1. 7. 1998, Anmerkung B IV – bei Erwerbstätigkeit monatlich 1500 DM und – falls keine Erwerbstätigkeit ausgeübt wird – monatlich 1300 DM anzusetzen; für den in einem gemeinsamen Haushalt mit dem Unterhaltspflichtigen lebenden Ehegatten sind – unter Berücksichtigung der durch die gemeinsame Haushaltsführung eintretenden Ersparnis – bei Erwerbstätigkeit monatlich 1100 DM bzw. für den nicht erwerbstätigen Ehegatten monatlich 950 DM zu veranschlagen (Anmerkung B VI zur **c**

Düsseldorfer Tabelle). Demgegenüber liegen die für die Kinder zu berücksichtigenden Beträge zwischen rund 471 DM (1. Altersstufe) und rund 678 DM (3. Altersstufe). Zum anderen wird durch die pauschalierende und schematisierende Berechnungsweise ein zur Bewältigung der Vielzahl von Unterhaltsfällen praktikabler Weg beschritten. Dabei begegnet die Heranziehung des in § 1612 b V BGB n. F. zum Ausdruck kommenden Rechtsgedankens auch für die Zeit vor dem In-Kraft-Treten der Neufassung am 1. 1. 2001 keinen Bedenken. Denn die Regelbeträge konnten schon zuvor nicht beanspruchen, das Existenzminimum eines Kindes sicherzustellen (vgl. BT-Dr 13/9596, S. 31).

(Einsatzbeträge entsprechen nicht dem Bedarf)

d g) Schließlich steht den derart bemessenen Einsatzbeträgen nicht entgegen, dass weder der Ehegatte des Unterhaltspflichtigen noch dessen Kinder grundsätzlich Unterhalt in Höhe des Existenzminimums beanspruchen können, sondern der Unterhalt jeweils nach den individuellen Verhältnissen, insbesondere den Einkommens- und Vermögensverhältnissen des Unterhaltsschuldners bzw. nach den ehelichen Lebensverhältnissen der Ehegatten, zu bestimmen ist. Denn die auf der Grundlage des jeweiligen Existenzminimums ermittelten Einsatzbeträge dienen allein dem Zweck, eine angemessene Verteilung des unter Berücksichtigung des Selbstbehalts des Unterhaltspflichtigen für den Unterhalt der gleichrangigen Berechtigten einzusetzenden Einkommens vorzunehmen. Erst das Ergebnis der proportionalen Kürzung des Gesamtbedarfs im Verhältnis zu den zur Verfügung stehenden Mitteln ergibt – vorbehaltlich der vorzunehmenden Angemessenheitsprüfung – den jeweils geschuldeten Unterhalt.

(Mangelunterhalt nicht höher als Unterhalt ohne Vorliegen eines Mangelfalls)

e h) Bei der abschließend vorzunehmenden Überprüfung des im Rahmen der Mangelverteilung gewonnenen Ergebnisses auf seine Angemessenheit im Einzelfall ist darauf zu achten, dass die Aufteilung des verfügbaren Einkommens auf die minderjährigen Kinder und den Ehegatten insgesamt angemessen und billig ist. Diese Beurteilung umfasst, insbesondere bei der Berechnung mit – unterhaltsrechtlich grundsätzlich nicht geschuldeten – Bedarfssätzen in Höhe des jeweiligen Existenzminimums, auch eine Kontrolle dahin gehend, ob die Ehefrau oder die Kinder sich auf Grund der Mangelfallberechnung etwa besser stehen als ohne Vorliegen eines Mangelfalls, was nicht als ausgewogenes Ergebnis angesehen werden könnte.

(Berechnung des Bedarfs des Gatten; eingeschränkter Vorabzug des Kindesunterhalts; Höchstbetrag eines ohne Vorabzug berechneten Bedarfs)

f aa) Ob eine derartige Mangelfallgestaltung anzunehmen ist, muss grundsätzlich durch eine Gegenüberstellung der Gesamtheit der Unterhaltsansprüche und der zu ihrer Erfüllung zur Verfügung stehenden Mittel festgestellt werden. Dabei sind die für die zu berücksichtigenden Kinder anzusetzenden Unterhaltsbeträge der jeweiligen Einkommensstufe der Unterhaltstabellen zu entnehmen, wobei mit Rücksicht auf die Anzahl der Unterhaltsberechtigten Ab- oder Zuschläge angemessen sein können (vgl. etwa Anm. 1 zur Düsseldorfer Tabelle). Der Unterhaltsbedarf eines getrennt lebenden oder geschiedenen Ehegatten ist grundsätzlich mit einer Quote des nach Vorwegabzug des Tabellenkindesunterhalts verbleibenden Einkommens des Unterhaltspflichtigen zu ermitteln, soweit sich daraus nicht ein Missverhältnis zu den für die Kinder festgestellten Beträgen ergibt (*Senat*, NJW 1999, 717 = FamRZ 1999, 367). Ist das der Fall, so hat ein Vorwegabzug zu unterbleiben. Wenn allerdings der so errechnete Unterhaltsbedarf zu einem Betrag führt, der über dem Mindestbedarfssatz liegt, und deshalb mit den ehelichen Lebensverhältnissen nicht in Einklang steht, können auch hier Mindestbedarfssätze, erforderlichenfalls nach Vornahme eines Abschlags, herangezogen werden. Ein solcher Abschlag kann etwa insoweit in Betracht kommen, als das Existenzminimum der Kinder den Regelbetrag nach der Regelbetrag-Verordnung prozentual übersteigt, bei einem Mindestbedarf des Ehegatten von 950 DM also in Höhe von rund 250 DM (950 DM – [950 : 135 × 100] = rund 704 DM).

(Berechnung des Anteils am Familienunterhalt analog § 1578 BGB)

g Der in einer intakten Ehe bestehende Familienunterhaltsanspruch gem. §§ 1360, 1360 a BGB lässt sich zwar nicht ohne weiteres nach den zum Ehegattenunterhalt nach Trennung oder Scheidung entwickelten Grundsätzen bemessen. Denn er ist nach seiner Ausgestaltung nicht auf die Gewährung einer – frei verfügbaren – laufenden Geldrente für den jeweils anderen Ehegatten, sondern vielmehr als gegenseitiger Anspruch der Ehegatten darauf gerichtet, dass jeder von ihnen seinen Beitrag zum Familienunterhalt entsprechend seiner nach dem individuellen Ehebild übernommenen Funktion leistet. Seinem Umfang nach umfasst er gem. § 1360 a BGB alles, was für die Haushaltsführung und die Deckung der persönlichen Bedürfnisse der Ehegatten und der gemeinsamen Kinder erforderlich ist. Sein Maß bestimmt sich aber nach den ehelichen Lebensverhältnissen, so dass § 1578 BGB als Orientierungshilfe herangezogen werden kann (*Senat*, NJW 1995, 1486 = FamRZ 1995, 537 m. Nachw.). Es begegnet deshalb keinen Bedenken, den – im vorliegenden Fall maßgeblichen – Anspruch auf Familienunterhalt im Fall der Konkurrenz mit anderen Unterhaltsansprüchen auf die einzelnen Familienmitglieder aufzuteilen und in Geldbeträgen zu veranschlagen (vgl. *Senat*, NJW-RR 2001, 361 = FamRZ 2001, 1065 [1066], und NJW 2002, 1646 = FPR 2002, 266 = FamRZ 2002, 742). Daher kann der anzusetzende Betrag insoweit in gleicher Weise wie der Unterhaltsbedarf des getrennt lebenden oder geschiedenen Ehegatten ermittelt werden.

(Abzug tatsächlich geschuldeten Kindesunterhalts auch bei anderweitiger Titulierung)

Dabei ist entgegen der Auffassung des BerGer. auch für das Kind *W* der Tabellenunterhalt und nicht ein Betrag von nur 380 DM monatlich anzusetzen, selbst wenn nur in Höhe des Letzteren ein Unterhaltstitel vorliegen sollte. Denn in welcher Höhe der Unterhalt eines Kindes tituliert ist, ist im Rahmen eines andere Unterhaltsansprüche betreffenden Rechtsstreits im Regelfall ohne Bedeutung, weil davon ausgegangen werden kann, dass bei Abweichungen von der materiellen Rechtslage die Abänderung des Titels möglich ist (vgl. *Senat,* NJW 1990, 3020 = FamRZ 1990, 1091 [1094 f.], und NJW 1992, 1624 = FamRZ 1992, 797 [798 f.]). **h**

BGH v. 22. 1. 2003 – XII ZR 186/01 – FamRZ 03, 518 = NJW 03, 1181

(Haushaltsführung als Surrogat) **R585**

a) In Fällen, in denen der unterhaltsberechtigte Ehegatte – wie hier – seine Arbeitsfähigkeit während der Ehe ganz oder zum Teil in den Dienst der Familie gestellt, den Haushalt geführt und erst nach der Scheidung eine Erwerbstätigkeit aufgenommen oder ausgeweitet hat und das daraus erzielte Einkommen gleichsam als Surrogat des wirtschaftlichen Wertes seiner bisherigen Haushaltstätigkeit angesehen werden kann, ist dieses Einkommen in die Berechnung des nach § 1578 BGB zu bemessenden Unterhaltsbedarfs nicht mehr nach der so genannten Anrechnungsmethode, sondern nach der Differenzmethode oder der zu gleichen Ergebnissen führenden Additionsmethode einzubeziehen (vgl. BGHZ 148, 105 [120] = NJW 2001, 2254), jedenfalls dann, wenn es auf einem nicht ungewöhnlichen Verlauf der beruflichen Entwicklung des unterhaltsberechtigten Ehegatten beruht. Letzteres ist hier – auch nach der Auffassung der Revisionserwiderung – der Fall, zumal die Parteien nach den Feststellungen des BerGer. schon während der Ehe die Vorstellung hatten, dass die Bekl. zu einem späteren Zeitpunkt wieder eine Erwerbstätigkeit aufnehmen werde. **a**

(Abänderungszeitpunkt bei geänderter höchstrichterlicher Rechtsprechung)

b) Entsprechend der Auffassung der Revisionserwiderung ist die geänderte Rechtsprechung des *Senats* im Rahmen des vorliegenden Abänderungsverfahrens nur für den Unterhaltszeitraum zu berücksichtigen, der der Verkündung des die bisherige Rechtsprechung aufgebenden Urteils des Senats folgt. **b**

Für die Zeit davor verbleibt es hinsichtlich der Unterhaltsbemessung (unter Berücksichtigung der zwischenzeitlich eingetretenen Änderung der Einkommensverhältnisse der Parteien) bei der früheren Rechtslage, die die Parteien ihrem Vergleich zu Grunde gelegt haben (vgl. BGHZ 148, 368 [377, 379 f.] = NJW 2001, 3618 = FPR 2001, 426 m. w. Nachw.). Denn der (hier: weitere) Abänderungsgrund der geänderten höchstrichterlichen Rechtsprechung, der nunmehr zur Anwendung der so genannten Differenzmethode führt, trat erst mit Verkündung des Senatsurteils vom 13. 6. 2001 ein und kann daher – wie eine erst zu diesem Zeitpunkt in Kraft tretende Gesetzesänderung – erst für die darauf folgende Zeit berücksichtigt werden. Der in Übereinstimmung mit der bisherigen Rechtsprechung auf der Anwendung der so genannten Anrechnungsmethode beruhende Prozessvergleich stellt nämlich einen Vertrauenstatbestand für beide Parteien dar, in den die Änderung der höchstrichterlichen Rechtsprechung grundsätzlich nicht rückwirkend zu Lasten des Unterhaltspflichtigen eingreifen darf, zumal erst sie zu einer die Abänderung rechtfertigenden Äquivalenzstörung führt.

(Einkommen des Bedürftigen bei überobligatorischer Tätigkeit ist nicht prägend)

c) Das angefochtene Urteil kann für den Unterhaltszeitraum ab 1. 7. 2001 keinen Bestand haben, da bei Anwendung der Differenzmethode dem die ehelichen Lebensverhältnisse prägenden Einkommen des Kl. der wirtschaftliche Wert der Haushaltstätigkeit der Bekl. hinzuzurechnen ist, und zwar in Höhe des von ihr nicht überobligationsmäßig erzielten (und nur insoweit prägenden, vgl. *Senat,* NJW 1983, 933 = FamRZ 1983, 146 [149]) bereinigten Nettoeinkommens abzüglich Erwerbstätigenbonus. Allein daraus würde sich (jedenfalls auf der Grundlage der vom BerGer. festgestellten jeweiligen Einkommen der Parteien im Jahre 2000) ein Unterhaltsbedarf der Bekl. ergeben, der durch den als bedarfsdeckend zu berücksichtigenden (nicht überobligationsmäßig erzielten) Teil ihres eigenen Einkommens abzüglich Erwerbstätigenbonus nicht gedeckt wäre, so dass ihr ein Anspruch auf Aufstockungsunterhalt verbliebe. **c**

Eine abschließende Entscheidung ist dem RevGer. jedoch verwehrt, weil sich zumindest das Einkommen der Bekl. nach ihrem eigenen Vortrag ab 1. 1. 2001 erhöht hat, ohne dass das BerGer. – aus seiner Sicht folgerichtig – insoweit Feststellungen zur Höhe getroffen hätte. Das BerGer. wird diese

Feststellungen nachzuholen und den Parteien vor einer erneuten Entscheidung gegebenenfalls auch Gelegenheit zu geben haben, ergänzend zur der Frage vorzutragen, in welchem Umfang der Kl. seinem inzwischen nicht mehr wehrersatzpflichtigen Sohn S und dem inzwischen in eine höhere Altersgruppe der Düsseldorfer Tabelle aufgerückten Sohn A Unterhalt gewährt, und welchen Einfluss die der Bekl. gegenüber am 28. 9. 2002 ausgesprochene fristlose Kündigung des Arbeitsverhältnisses auf deren laufenden Unterhaltsanspruch hat. Soweit auch unter Berücksichtigung der möglicherweise veränderten tatsächlichen Verhältnisse ein Anspruch der Bekl. auf Aufstockungsunterhalt in Betracht kommt, wird das BerGer. weiter unter Billigkeitsgesichtspunkten (§ 1577 II BGB) zu prüfen haben, ob und gegebenenfalls in welchem Umfang der von der Bekl. überobligationsmäßig erzielte Teil ihres Einkommens ebenfalls als bedarfsdeckend anzurechnen ist.

BGH v. 29. 1. 2003 – XII ZR 92/01 – FamRZ 03, 590 = FPR 03, 330

R586 *(Eheprägende Einkommensverbesserungen und Einkommensminderungen)*

a b) Zwar bestimmt sich der Bedarf des unterhaltsberechtigten Ehegatten nach den ehelichen Lebensverhältnissen (§ 1578 I 1 BGB). Dieser Bezug schließt jedoch die Berücksichtigung nachehelicher Entwicklungen nicht aus. So können sich nach der Rechtsprechung des Senats Einkommensverbesserungen, die erst nach der Scheidung beim unterhaltspflichtigen Ehegatten eintreten, bedarfssteigernd auswirken, wenn ihnen eine Entwicklung zu Grunde liegt, die aus der Sicht zum Zeitpunkt der Scheidung mit hoher Wahrscheinlichkeit zu erwarten war, und wenn diese Erwartung die ehelichen Lebensverhältnisse bereits geprägt hatte (vgl. etwa *Senat,* NJW 1987, 1555 = FamRZ 1987, 459 [460] m. w. Nachw.). Umgekehrt können auch nach der Scheidung eintretende Einkommensminderungen für die Bedarfsbemessung nicht grundsätzlich unberücksichtigt bleiben, sofern sie nicht auf einer Verletzung der Erwerbsobliegenheit des Unterhaltsverpflichteten beruhen (vgl. *Senat,* NJW 1992, 2477 = FamRZ 1992, 1045 [1047]) oder durch freiwillige berufliche oder wirtschaftliche Dispositionen des Unterhaltsverpflichteten veranlasst sind und von diesem durch zumutbare Vorsorge aufgefangen werden konnten (*Senat,* NJW-RR 1988, 514 = FamRZ 1988, 145 [147]; vgl. zum Ganzen auch *Wendl/Gerhardt,* Das UnterhaltsR in der familienrichterlichen Praxis, 5. Aufl., § 4 Rdnrn. 224 a f.). Wie der Senat in vergleichbarem Zusammenhang ausgesprochen hat, müsste es auf Unverständnis stoßen, wenn beispielsweise eine nach der Trennung eintretende Arbeitslosigkeit des unterhaltsverpflichteten Ehegatten nicht schon die ehelichen Lebensverhältnisse, sondern erst seine Leistungsfähigkeit beeinflusste (*Senat,* NJW-RR 1988, 519 = FamRZ 1988, 256, [257]). Für die dauerhafte Absenkung der Erwerbseinkünfte des Unterhaltsschuldners nach der Scheidung kann grundsätzlich nichts anderes gelten. Auch hier muss es der Unterhaltsberechtigte hinnehmen, dass der Bemessungsmaßstab für seinen Unterhaltsanspruch gegenüber den Verhältnissen im Zeitpunkt der Scheidung abgesunken ist (vgl. *Senat,* NJW 1988, 1722 = FamRZ 1988, 705 [706], betreffend Währungsverfall bei ausländischem Arbeitsentgelt).

Das folgt bereits aus der Entstehungsgeschichte des § 1578 I 1 BGB. Dessen Regelung ist dem vor dem In-Kraft-Treten des 1. EheRG geltenden Recht entlehnt, das freilich nur den allein oder überwiegend für schuldig erklärten Ehegatten unter den weiteren Voraussetzungen des § 58 EheG zur Gewährung „des nach den Lebensverhältnissen der Ehegatten angemessenen Unterhalts“ verpflichtete. Das 1. EheRG hat die Anknüpfung des Unterhalts an die ehelichen Lebensverhältnisse in das neue verschuldensunabhängige Scheidungsrecht übernommen und damit ihres Charakters als einer Sanktion für Scheidungsverschulden entkleidet. Die Berücksichtigung der ehelichen Lebensverhältnisse sollte – so die Begründung des RegE des 1. EheRG – besonders den Fällen gerecht werden, in denen durch gemeinsame Leistung der Ehegatten ein höherer sozialer Status erreicht worden sei, an dem auch der nicht erwerbstätig gewesene Ehegatte teilhaben müsse (BT-Dr 7/650, S. 136; vgl. auch BVerfGE 57, 361 [389] = NJW 1981, 1771 = FamRZ 1981, 745 [750 f.]). Umgekehrt sollte damit zugleich dem berechtigten Ehegatten eine Partizipation an einer solchen Steigerung der Lebensverhältnisse des verpflichteten Ehegatten verwehrt bleiben, die nicht bereits in der Ehe mit diesem angelegt war. Über diese Zielsetzungen hinaus ist aus § 1578 I 1 BGB hergeleitet worden, dass die im Zeitpunkt der Scheidung erreichten ehelichen Lebensverhältnisse das Maß des Unterhalts auch gegenüber nachehelichen Einkommensminderungen des unterhaltspflichtigen Ehegatten dauerhaft fixierten mit der Folge, dass der wirtschaftliche Abstieg des Pflichtigen sich nur auf dessen Leistungsfähigkeit auswirken könne (etwa *Gernhuber/Coester-Waltjen,* Lehrbuch des FamilienR, 4. Aufl., S. 446). Diese Konsequenz ist indes nicht zwingend. Schon die Eherechtskommission beim Bundesministerium der Justiz, auf deren Vorschlägen § 1578 I 1 BGB beruht, hat zwar „die wirtschaftlichen Verhältnisse der Ehegatten im Zeitpunkt der Scheidung“ als „Ausgangspunkt für die Höhe des Unterhalts“ bezeichnet; die Kommission wollte jedoch eine Neufestsetzung des Unterhalts immer dann ermöglichen, wenn „in den Einkünften oder im Vermögen des Unterhaltspflichtigen eine wesentliche Änderung“ eintrete (Vorschläge zur Reform des Ehescheidungsrechts und des Unterhaltsrechts nach der Ehescheidung, 1970, S. 77, 104). Die Gesetz gewordene Regelung hat diese Formulierung zwar nicht übernommen, andererseits aber auch keinen für die Beurteilung der ehelichen Lebensverhältnisse maßgebenden Zeitpunkt festgelegt.

(Trennung als Prüfungszeitpunkt einer vom Normalverlauf abweichenden Entwicklung)

Allerdings hat der Senat in ständiger Rechtsprechung betont, dass für den nachehelichen Unterhaltsanspruch grundsätzlich die ehelichen Verhältnisse im Zeitpunkt der Scheidung maßgebend sind (etwa *Senat,* NJW 1982, 1870 = FamRZ 1982, 576 [577]). Die Rechtskraft der Scheidung setzt gleichsam einen Endpunkt hinter eine gemeinsame wirtschaftliche Entwicklung mit der Folge, dass die für den Unterhalt maßgebenden Lebensverhältnisse nur durch das bis dahin nachhaltig erreichte Einkommen der Ehegatten bestimmt werden (etwa *Senat,* NJW 1992, 2477 = FamRZ 1992, 1045 [1046]). Von der Maßgeblichkeit des Scheidungszeitpunktes für die Berücksichtigung von Einkommenssteigerungen hat der Senat dabei Ausnahmen nach zwei Richtungen zugelassen: Zum einen muss eine dauerhafte Verbesserung der Einkommensverhältnisse, die nach der Trennung der Ehegatten, aber noch vor der Rechtskraft der Scheidung eintritt, für die Bemessung der ehelichen Lebensverhältnisse unberücksichtigt bleiben, wenn sie auf einer unerwarteten und vom Normalverlauf erheblich abweichenden Entwicklung beruht (*Senat,* NJW 1982, 1870 = FamRZ 1982, 576 [578]) oder trennungsbedingt ist. b

(Nicht vorwerfbare Einkommensreduzierung; keine unverändert fortzuschreibende Lebensstandardgarantie)

Zum andern muss, wie schon erwähnt, eine dauerhafte Verbesserung der Einkommensverhältnisse bei der Bemessung der ehelichen Lebensverhältnisse Berücksichtigung finden, wenn sie zwar erst nach der Scheidung eingetreten ist, wenn ihr aber eine Entwicklung zu Grunde liegt, die bereits in der Ehe angelegt war und deren Erwartung die ehelichen Lebensverhältnisse bereits geprägt hatte (vgl. etwa *Senat,* NJW 1987, 1555 = FamRZ 1987, 459). Beide Einschränkungen verdeutlichen das mit § 1578 I 1 verfolgte gesetzgeberische Anliegen: eine Teilhabe des bedürftigen Ehegatten am Lebensstandard des unterhaltspflichtigen Ehegatten sicherzustellen, wenn und soweit er durch die gemeinsame Leistung der Ehegatten erreicht worden ist. Für eine nachteilige Veränderung in den wirtschaftlichen Verhältnissen des unterhaltspflichtigen Ehegatten lassen sich diese Überlegungen indes nicht nutzbar machen; denn insoweit geht es nicht um die Teilhabe an dem in der Ehe gemeinsam Erworbenen, sondern um die sachgerechte Verteilung einer durch Einkommensrückgang erzwungenen Schmälerung des Bedarfs. Der *Senat* hat die Frage, inwieweit der unterhaltsberechtigte Ehegatte das Risiko, den bis zur Scheidung erreichten Lebensstandard dauerhaft bewahren zu können, unterhaltsrechtlich mittragen muss, bislang nicht grundsätzlich entschieden (offen gelassen im *Senat,* NJW-RR 1988, 514 = FamRZ 1988, 145 [148]; tendenziell bejahend bereits *Senat,* NJW 1988, 1722 = FamRZ 1988, 705 [706]). Er hat, wie gezeigt, allerdings klargestellt, dass eine Einkommensminderung beim unterhaltspflichtigen Ehegatten auf das Maß des Unterhalts nicht durchschlägt, wenn sie auf einer Verletzung der Erwerbsobliegenheit des Unterhaltsverpflichteten beruht (vgl. *Senat,* NJW 1992, 2477 = FamRZ 1992, 1045 [1047]) oder durch freiwillige berufliche oder wirtschaftliche Dispositionen des Unterhaltsverpflichteten veranlasst ist und von diesem durch zumutbare Vorsorge aufgefangen werden konnte (*Senat,* NJW-RR 1988, 514 = FamRZ 1988, 145 [147]). In seinem Urteil vom 16. 6. 1993 (NJW-RR 1993, 1283 = FamRZ 1993, 1304 [1305]) hat der *Senat* darüber hinaus ausgeführt, dass bei der Bemessung der ehelichen Lebensverhältnisse auch ein nicht abzuwendender Einkommensrückgang beim unterhaltspflichtigen Ehegatten zu berücksichtigen sei, wenn sich die Ehegatten für die Bemessung der ehelichen Lebensverhältnisse auf diesen Einkommensrückgang auch bei fortbestehender Ehe hätten einrichten müssen. Dieser Gedanke erweist sich auch dann als richtig, wenn der Einkommensrückgang – anders als in dem entschiedenen Fall angenommen – nicht schon während bestehender Ehe vorauszusehen war. Die Anknüpfung der nach § 1578 I 1 BGB maßgebenden Umstände an den Zeitpunkt der Rechtskraft des Scheidungsurteils begründet schon nach ihrem Zweck für den unterhaltsberechtigten Ehegatten keine die früheren ehelichen Lebensverhältnisse unverändert fortschreibende Lebensstandardgarantie, deren Erfüllung nur in den Grenzen fehlender Leistungsfähigkeit des unterhaltsverpflichteten Ehegatten an dessen dauerhaft veränderte wirtschaftliche Verhältnisse angepasst und nur insoweit auch „nach unten korrigiert" werden kann. Für eine solche Absicherung böte das Recht des nachehelichen Unterhalts, das – jedenfalls im Prinzip – nur die Risiken der mit Scheidung fehlgeschlagenen Lebensplanung der Ehegatten und der von ihnen in der Ehe praktizierten Arbeitsteilung angemessen ausgleichen will, keine gedankliche Rechtfertigung. Das Unterhaltsrecht will den bedürftigen Ehegatten nach der Scheidung wirtschaftlich im Grundsatz nicht besser stellen, als er sich ohne die Scheidung stünde. Bei fortbestehender Ehe hätte ein Ehegatte die negative Einkommensentwicklung seines Ehegatten wirtschaftlich mitzutragen; es ist nicht einzusehen, warum die Scheidung ihm das Risiko einer solchen – auch vom unterhaltspflichtigen Ehegatten hinzunehmenden – Entwicklung, wenn sie dauerhaft und vom Schuldner nicht durch die in Erfüllung seiner Erwerbsobliegenheit gebotenen Anstrengungen vermeidbar ist, abnehmen soll (vgl. auch *Senat,* NJW 1988, 1722 = FamRZ 1988, 705). c

(Keine Berücksichtigung einer Abfindung bei nicht vorwerfbarer Einkommensreduzierung)

c) Das OLG hat nach allem zu Recht den Unterhalt der Kl. auf der Grundlage des vom Bekl. in seinem neuen Beschäftigungsverhältnis bezogenen Entgelts bemessen und die vom Bekl. erst nach der d

Scheidung erlangte Abfindung, auch soweit ihr die Funktion eines Erwerbsersatzeinkommens zukommen sollte, unberücksichtigt gelassen.

(Einstufige Berechnung des Vorsorgeunterhalts bei nichtprägenden Einkünften des Bedüftigen)

e Die gebotene Anwendung der Differenzmethode führt nicht nur zu einer von der Berechnung des *OLG* abweichenden Bestimmung des Elementarunterhalts, sondern auch zu einer veränderten Berechnung des – vom *OLG* anhand der Bremer Tabelle ermittelten – Vorsorgeunterhalts: Zum einen ist von einer anderen Nettobemessungsgrundlage auszugehen. Zum andern muss in einem weiteren Rechenschritt unter Berücksichtigung des so ermittelten Vorsorgeunterhalts der der Bekl. zustehende endgültige Elementarunterhalt bestimmt werden. Das *OLG* hat – von seinem Standpunkt aus folgerichtig – den Elementarunterhalt einstufig berechnet. Diese Vorgehensweise entspricht der Rechtsprechung des *Senats* in Fällen, in denen der Elementarunterhalt – wie auch hier vom *OLG* – nach der Anrechnungsmethode ermittelt worden ist (*Senat,* NJW-RR 1999, 297 = FamRZ 1999, 372 [374]). In solchen Fällen wird in Höhe des angerechneten Einkommens des Unterhaltsberechtigten das die ehelichen Lebensverhältnisse bestimmende Einkommen des Unterhaltspflichtigen zwischen den Ehegatten nicht verteilt, sondern es verbleibt ihm allein, so dass er entlastet wird. Das hat zur Folge, dass er Altervorsorgeunterhalt bis zur Höhe des angerechneten Einkommens zusätzlich zu dem Elementarunterhalt leisten kann, ohne dass ihm weniger als die ihm an sich zustehende Quote des für die ehelichen Lebensverhältnisse maßgebenden Einkommens verbleibt.

BGH v. 29. 1. 2003 – XII ZR 289/01 – FamRZ 03, 445 = NJW 03, 1177

R587 *(Zu den Wohnwert übersteigenden Hausschulden beim Kindesunterhalt)*

a 1. Zu Unrecht macht die Revision allerdings geltend, das OLG hätte die Darlehensbelastungen des Bekl. aus der Finanzierung des mit seiner Ehefrau gekauften Einfamilienhauses einkommensmindernd berücksichtigen müssen. Das ist nach den vorliegenden Gegebenheiten nicht der Fall. Minderjährige Kinder ohne Einkünfte besitzen keine eigene unterhaltsrechtlich relevante Lebensstellung i. S. des § 1610 II BGB. Sie leiten ihre Lebensstellung vielmehr von derjenigen ihrer unterhaltspflichtigen Eltern ab. Wird das Kind von einem Elternteil versorgt und betreut und leistet der andere Teil Barunterhalt, so bestimmt sich die Lebensstellung des Kindes grundsätzlich nach den Einkommens- und Vermögensverhältnissen des barunterhaltspflichtigen Elternteils. Da der für die Unterhaltsbemessung maßgebliche Lebensstandard im Wesentlichen durch tatsächlich vorhandene Mittel geprägt ist, richtet sich auch die abgeleitete Lebensstellung des Kindes nach diesen Verhältnissen. Deshalb sind unterhaltsrechtlich relevante Verbindlichkeiten zu berücksichtigen (*Senat,* NJW-RR 1996, 321 = FamRZ 1996, 160 [161], und NJW 2002, 1269 = FPR 2002, 195 = FamRZ 2002, 536 [537]). Ob die Verbindlichkeiten unterhaltsrechtlich berücksichtigungsfähig sind, ist unter umfassender Interessenabwägung zu beurteilen, wobei es insbesondere auf den Zweck der Verbindlichkeiten, den Zeitpunkt und die Art ihrer Entstehung, die Kenntnis von der Unterhaltsschuld und auf andere Umstände ankommt (*Senat,* NJW 1991, 697 = FamRZ 1991, 182 [184], und NJW 2002, 1269 = FPR 2002, 195 = FamRZ 2002, 536 [537]).

Im Rahmen dieser in erster Linie dem Tatrichter obliegenden Interessenabwägung ist das *OLG* – bei der Prüfung des Bedarfs der Kl. – für die Zeit vor dem 1. 1. 2001 zu dem Ergebnis gelangt, dass die monatlichen Raten von 1783 DM, auch soweit sie den Wohnwert überstiegen, nicht anzurechnen seien, weil der Bekl., der die Kredite in Kenntnis seiner Unterhaltspflicht aufgenommen habe, nicht zu Lasten der Bekl. Vermögen bilden dürfe, und er außerdem nicht dargelegt habe, dass es ihm nicht möglich gewesen sei, die Finanzierung in einem angemessenen Rahmen zum Wohnwert zu halten. Dabei hat es auch dem Umstand Bedeutung beigemessen, dass die Tilgungsrate des werthöchsten Darlehens von 245 000 DM nicht 1%, sondern 2% beträgt. Dies lässt Rechtsfehler nicht erkennen, zumal der Bekl. auch nicht dargetan hat, ob und in welchem Umfang sich seine berufstätige zweite Ehefrau an den Lasten beteiligt.

(Verfassungsmäßigkeit des § 1612 b V BGB)

b 3. Die Revision dringt nicht mit der Rüge durch, § 1612 b V BGB sei verfassungswidrig. Der *Senat* hält die Vorschrift für verfassungsgemäß.

Richtig ist zwar, dass § 1612 b V BGB, auf den es nach dem Vorstehenden bei der Entscheidung ankommt, die Bezieher niedrigerer Einkommen insofern ungünstiger behandelt als die Bezieher höherer Einkommen, als die Vorschrift den Beziehern niedrigerer Einkommen die Anrechnung des Kindergelds (teilweise) versagt. Dies führt dazu, dass die Barunterhaltspflichtigen, die auf Grund ihres Einkommens in die Gruppen 1 bis 6 der Düsseldorfer Tabelle einzuordnen sind, trotz ihrer unterschiedlichen Leistungsfähigkeit regelmäßig den gleichen Unterhaltsbetrag zu zahlen haben (vgl. im Einzelnen die Berechnungen bei *Vossenkämper,* FamRZ 2000, 1547 [1548 f.]). Der *Senat* sieht mit der Rechtsprechung der Oberlandesgerichte (vgl. *OLG Brandenburg* [10. Senat], NJ 2002, 320 [321]; *OLG Brandenburg* [9. Senat], RPfleger 2002, 204 [205]; *OLG München* [2. Senat], NJW-RR 2001, 1664 [1665]; *OLG München* [26. Senat], MDR 2001, 1354 [1355]; *OLG Celle*, JAmt 2001, 368; *OLG Hamm*, JAmt 2001, 368; *OLG Stuttgart* [16. Senat], NJW-RR 2002, 145 = NJW 2002, 973 L = FPR 2002, 742 = FamRZ 2002, 177 [179]; *OLG Stuttgart* [17. Senat], FamRZ 2002, 901 [903]; *OLG München* [12. Senat], FamRZ 2002, 903 [904]; *OLG Nürnberg*, NJW-RR 2020, 582 = FamRZ 2002, 904 [905]; *OLG Düsseldorf*, FamRZ 2001, 1096 [1097]) und mit der überwiegend in der Literatur vertretenen Meinung (vgl. *Graba*, NJW 2001, 249 [252], *Heger*, FamRZ 2001, 1409 [1413]; *Schwonberg*, JAmt 2001, 309, und JAmt 2001, 392) in der geschilderten Ungleichbehandlung aber keinen Verstoß gegen Art. 3 I GG.

Nach der Rechtsprechung des *BVerfG* ergeben sich aus dem allgemeinen Gleichheitssatz je nach Regelungsgegenstand und Differenzierungsmerkmalen unterschiedliche Grenzen für den Gesetzgeber, die vom bloßen Willkürverbot bis zu einer strengen Bindung an Verhältnismäßigkeitserfordernisse reichen. Art. 3 I GG ist jedenfalls verletzt, wenn sich ein vernünftiger, aus der Natur der Sache ergebender oder sonst einleuchtender Grund für die gesetzliche Differenzierung oder Gleichbehandlung nicht finden lässt. Weiterhin ist der allgemeine Gleichheitssatz dann verletzt, wenn eine Gruppe von Normadressaten oder Normbetroffenen im Vergleich zu einer anderen anders behandelt wird, obwohl zwischen beiden Gruppen keine Unterschiede von solcher Art und solchem Gewicht bestehen, dass sie die unterschiedliche Behandlung rechtfertigen können. Dafür kommt es wesentlich auch darauf an, in welchem Maße sich die Ungleichbehandlung von Personen oder Sachverhalten auf die Ausübung grundrechtlich geschützter Freiheiten nachteilig auswirken kann. Genauere Maßstäbe und Kriterien dafür, unter welchen Voraussetzungen im Einzelfall das Willkürverbot oder das Gebot verhältnismäßiger Gleichbehandlung durch den Gesetzgeber verletzt ist, lassen sich nicht abstrakt und allgemein, sondern nur bezogen auf die jeweils betroffenen unterschiedlichen Sach- und Regelungsbereiche bestimmen (*BVerfG*, NJW 2002, 1103 [1104] m. w. Nachw.).

Mit der Regelung des § 1612 b V BGB verfolgt der Gesetzgeber das Ziel, die wirtschaftliche Lage minderjähriger Barunterhaltsberechtigter zu stärken und ihnen unter Wahrung des Selbstbehalts des Unterhaltspflichtigen einen Barunterhalt in Höhe ihres Barexistenzminimums zu sichern (vgl. *BVerfG*, NJWE-FER 2001, 147 = FamRZ 2001, 541). Gleichzeitig sollen in Ergänzung zu dem Familienförderungsgesetz, das auf die Entscheidung des *BVerfG* vom 10. 11. 1998 (NJW 1999, 557 = FamRZ 1999, 285) in einer ersten Stufe zusätzlich zum Kinderfreibetrag einen Betreuungsfreibetrag in das Einkommensteuergesetz (vgl. § 32 VI EStG) eingeführt hatte, die Alleinerziehenden unterhaltsrechtlich entlastet werden. Beide Ziele wurden dadurch erreicht, dass das Existenzminimum des Kindes auch Anknüpfungspunkt für die unterhaltsrechtliche Verteilung des Kindergeldes zwischen den Eltern wurde. Der Barunterhalt leistende Elternteil soll so lange verpflichtet werden, die ihm an sich nach § 1612 b I BGB zustehende Hälfte des Kindergeldes für den Unterhalt des Kindes zu verwenden, bis das Barexistenzminimum des Kindes gesichert ist (vgl. Bericht des Rechtsausschusses, BT-Dr 14/3781, S. 7f.). Die hierzu in § 1612 b V BGB festgelegte Anrechnungsgrenze von 135% des Regelbetrags entspricht in etwa dem von der Bundesregierung auf der Grundlage des Sozialhilfebedarfs ermittelten, steuerfrei zu stellenden sächlichen Existenzminimum für ein Kind (vgl. hierzu den 3. Bericht der BReg. über die Höhe des Existenzminimums von Kindern und Familien für das Jahr 2001, BT-Dr 14/1926, S. 5, sowie *Senat*, NJW 2002, 1269 = FPR 2002, 195 = FamRZ 2002, 536 [538 f.]).

Die unterhaltsrechtliche Sicherung des sächlichen Existenzminimums des Kindes ist Teil der dem Gesetzgeber nach Art. 6 I GG obliegenden Familienförderung. Hierbei handelt es sich um ein gewichtiges im Allgemeininteresse liegendes Ziel. Zur Förderung dieses Ziels ist die in § 1612 b V BGB vorgesehene Nichtanrechnung des Kindergelds auf den aufzubringenden Unterhalt geeignet und auch erforderlich, da ansonsten das sächliche Existenzminimum des Kindes gefährdet wäre. Insbesondere ist der Gesetzgeber verfassungsrechtlich nicht verpflichtet, die Geringverdienenden durch ein höheres Kindergeld, als gegenwärtig bezahlt wird, zu entlasten. Vielmehr steht die staatliche Familienförderung durch finanzielle Leistungen unter dem Vorbehalt des Möglichen und im Kontext anderer Fördernotwendigkeiten. Der Gesetzgeber bewegt sich, was die gegenwärtige Höhe des Kindergelds betrifft, in dem ihm hierbei zukommenden Gestaltungsspielraum (vgl. *BVerfG*, NJW 2001, 1712 = FamRZ 2001, 605 [607]). Die unterschiedliche Behandlung von Beziehern höherer und niedrigerer Einkommen rechtfertigt sich aus dem Umstand, dass die Bezieher höherer Einkommen das sächliche Existenzminimum des Kindes auch bei voller Anrechnung des Kindergelds aus ihrem Einkommen sicherstellen können. Hingegen wäre das Barexistenzminimum der Kinder nicht gewährleistet, wenn auch bei Beziehern niedriger Einkommen, die ihren Kindern Unterhalt in Höhe von 135% des Regelbetrags nicht leisten können, eine Anrechnung des Kindergelds stets in voller Höhe erfolgte. Der Einsatz ihres Kindergeldanteils ist den Beziehern geringerer Einkommen bis zur Sicherstellung des Barexistenzminimums der Kinder zuzumuten. Dies gilt auch insoweit, als das Kindergeld nach §§ 31 S. 1 und 3 EStG als Steuervergütung bezahlt wird. Denn der Steuerpflichtige erhält das Kindergeld als Steuervergütung wegen des Kindes, eben weil er bis zur Gewährleistung des Existenzminimums des Kindes steuerlich nicht leistungsfähig ist. Dann ist es aber dem Steuerpflichtigen auch zuzumuten, entsprechend § 1612 b V BGB diese Steuervergütung bis zur Sicherstellung des Existenzminimums des Kindes einzusetzen (vgl. *Schwonberg*, JAmt 2001, 309 [313]; *Heger*, FamRZ 2001, 1409 [1412]). Dies gilt erst recht, soweit es sich bei dem Kindergeld gem. § 31 S. 2 EStG um eine staatliche Sozialleistung zur Förderung der Familie handelt. Deren Zweckbestimmung steht ohnehin im weiten Ermessen des Gesetzgebers. Der Sozialanteil am Kindergeld ist im Übrigen umso höher, je niedriger das zu versteuernde Einkommen des Barunterhaltspflichtigen ist (vgl. *Schürmann*, FamRZ 2002, 1440 [1443 f.]).

b) Aber auch im Vergleich zum betreuenden Elternteil liegt keine ungerechtfertigte Schlechterstellung des barunterhaltspflichtigen Elternteils vor. Zwar wird dem betreuenden Elternteil sein Kindergeldanteil belassen. Die Verpflichtung des barunterhaltspflichtigen Elternteils, seinen Kindergeldanteil vorrangig vor dem betreuenden Elternteil zur Gewährleistung des Barexistenzminimums einzusetzen, ist jedoch schon angesichts der allgemein anerkannten Gleichwertigkeit von Bar- und Betreuungsunterhalt sachgerecht und führt keineswegs zu einer unverhältnismäßigen Benachteiligung des barunterhaltspflichtigen Elternteils (vgl. auch *OLG Stuttgart*, FamRZ 2002, 901 [903]). Denn der betreuende Elternteil erfüllt den ihm obliegenden Unterhalt durch die Betreuung regelmäßig in vollem Umfang. Der barunterhaltspflichtige Elternteil, der außer Stande ist, Unterhalt in Höhe von 135% des Regelbetrags zu leisten, erfüllt zwar durch Zahlung des entsprechenden geringeren Unterhalts seine Unterhaltsverpflichtung ebenfalls in vollem Umfang. Es bleibt aber insofern eine Lücke, als diese Leistung nicht ausreicht, das Barexistenzminimum des Kindes zu decken. Der Gesetzgeber handelt daher sachgerecht, wenn er anordnet, dass diese Lücke nunmehr durch Heranziehung des Kindergeldanteils des Barunterhaltspflichtigen und nicht mehr durch den faktischen Einsatz des Anteils des betreuenden Elternteils zu füllen ist.

Unbehelflich ist in diesem Zusammenhang, dass die steuerrechtlichen Vorschriften zum Kinderfreibetrag, der allein das sächliche Existenzminimum betrifft, und dem Freibetrag für Betreuung in § 36 VI EStG in der Fassung des Gesetzes zur Familienförderung vom 22. 12. 1999 (BGBl I, 2552) bzw. die Vorschriften zum Kinderfreibetrag und dem Freibetrag für Betreuungs- und Erziehungs- oder Ausbildungsbedarf in § 36 VI EStG in der Fassung des Zweiten Gesetzes zur Familienförderung vom 16. 8. 2001 (BGBl I, 2074) mit der in § 1612 b V BGB getroffenen Regelung über die Anrechnung des Kindergelds zwischen den Elternteilen nicht harmonieren (vgl. zu den Regelungen zum Familienleistungsausgleich in den beiden Gesetzen im Einzelnen *Seer/Wendt*, NJW 2000, 1904, und *Felix*, NJW 2001, 3073). So erhält der barunterhaltspflichtige Elternteil, auch wenn er seiner Unterhaltspflicht in vollem Umfang nachkommt und auch das Existenzminimum des Kindes sicherstellt, nur den halben Kinderfreibetrag, obwohl nur der volle Freibetrag das Existenzminium betragsmäßig erreicht (vgl. *Schürmann*, FamRZ 2002, 1440 [1443]). Zwar wird ihm auch der halbe Freibetrag für Betreuung bzw. für Betreuungs- und Erziehungs- oder Ausbildungsbedarf gegebenenfalls vom zu versteuernden Einkommen abgezogen. Doch kann der betreuende Elternteil diesen (halben) Freibetrag unter den Voraussetzungen des § 36 VI 6 EStG auch gegen den Willen des barunterhaltspflichtigen Elternteils auf sich übertragen lassen, obwohl dieser seiner Unterhaltsverpflichtung in vollem Umfang nachkommt (vgl. *Heuermann*, DStR 2000, 1546 [148 f.]). Eine Übertragung des halben Kindergeldanteils des betreuenden Elternteils auf den barunterhaltleistenden ist hingegen nicht möglich. Ungeklärt erscheint weiter, ob der barunterhaltspflichtige Elternteil, dem nach § 1612 b V BGB die Anrechnung des Kindergelds versagt wird, bei der so genannten Günstigerprüfung gem. § 31 EStG die Verrechnung des halben Kindergelds als bereits erhaltene Steuervergütung hinnehmen muss (vgl. *FG Sachsen-Anhalt*, EFG 1999, 1283; *Schmidt/Glanegger*, EStG, 21. Aufl., § 31 Rdnrn. 31, 35). Außerdem wird Alleinerziehenden in § 32 VII EStG ein Haushaltsfreibetrag bis zum Veranlagungszeitraum 2004, wenn auch in abgeschmolzenem Umfang (vgl. § 52 XL a EStG), gewährt, der regelmäßig allein dem betreuenden Elternteil zugute kommt.

All dies mag Zweifel an der Verfassungsmäßigkeit der genannten steuerlichen Regelungen begründen (vgl. zu weiteren Bedenken aus steuerrechtlicher Sicht *Tipke/Lang*, SteuerR, § 9 Rdnrn. 92 ff.). Eine etwaige Verfassungswidrigkeit dieser steuerlichen Vorschriften und ihre fehlende Abstimmung mit der zivilrechtlichen Aufteilung des Kindergeldes zwischen den unterhaltspflichtigen Elternteilen in § 1612 b BGB bewirkt aber nicht die Verfassungswidrigkeit der zivilrechtlichen Aufteilung der Kindergeldanteile nach § 1612 b V BGB. Vielmehr sind die steuerrechtliche Ebene, die das Verhältnis des Bürgers zum Staat betrifft, und die privatrechtliche Ebene streng voneinander zu scheiden (vgl. *Graba*, NJW 2001, 249). Eine etwaige im Steuerrecht bestehende, gegen Art. 6 I, 3 II GG verstoßende Bevorzugung des betreuenden Elternteils gegenüber dem Barunterhaltspflichtigen ist daher ohne Auswirkungen auf die Verfassungsmäßigkeit der zivilrechtlichen Anrechnungsvorschrift des § 1612 b V BGB.

(Berücksichtigung der Umgangskosten des barunterhaltspflichtigen Elternteils)

c c) Der (teilweise) Entzug des Kindergelds durch § 1612 b V BGB verstößt auch nicht im Hinblick auf die Umgangsrechte und -pflichten des barunterhaltspflichtigen Elternteils mit dem Kind gegen Art. 6 GG. Zwar stehen die in § 1684 I BGB genannten Rechte und Pflichten unter dem Schutz des

Art. 6 II 1 GG (vgl. *BVerfG*, NJW 2002, 1863 = FPR 2002, 265 = FamRZ 2002, 809). Aus Art. 6 I GG folgen aber keine konkreten Ansprüche auf Teilhabe an bestimmten staatlichen Leistungen (*BVerfGE* 39, 316 [326] = NJW 1975, 1771; *BVerfGE* 87, 1 [35] = NJW 1992, 2213; vgl. auch *BVerfG*, NJW 1995, 1342 = FamRZ 1995, 86, zum Anspruch auf Sozialhilfe zur Wahrnehmung des Umgangsrechts). Jedenfalls war der Gesetzgeber durch Art. 6 GG nicht gehindert, in § 1612 b V BGB anzuordnen, dass der Kindergeldanteil des Barunterhaltspflichtigen vorrangig der Gewährleistung des Barexistenzminimums des Kindes dienen soll. Eine solche Regelung liegt im Rahmen des Gestaltungsspielraums des Gesetzgebers. Allerdings wird die Rechtsprechung zu erwägen haben, ob und in welchem Umfang Umgangskosten eines Barunterhaltsverpflichteten, dem sein Kindergeldanteil infolge der Anrechnungsvorschrift des § 1612 b V BGB (teilweise) nicht verbleibt, nunmehr mit Blick auf die Neuregelung des § 1612 b V BGB zu einer angemessenen Minderung des unterhaltsrechtlich relevanten Einkommens oder einer angemessenen Erhöhung des Selbstbehalts des Unterhaltsverpflichteten führen können (zur bisherigen Rechtsprechung vgl. *Senat*, FamRZ 1995, 215).

BGH v. 5. 2. 2003 – XII ZR 29/00 – FamRZ 03, 848 = NJW 03, 1796

(Einkommensreduzierung durch Ruhestand ist eheprägend) **R588**

a) Das *OLG* hat zu Recht den Unterhaltsbedarf der Bekl. nach dem mit dem Eintritt in den Ruhestand verminderten Einkommen des Dr. F bemessen. **a**

aa) Zwar hat der *Senat* in ständiger Rechtsprechung betont, dass für den nachehelichen Unterhaltsanspruch die ehelichen Verhältnisse im Zeitpunkt der Scheidung maßgebend sind (etwa *Senat*, NJW 1982, 1870 = FamRZ 1982, 576 [577]). Die Rechtskraft der Scheidung setzt gleichsam einen Endpunkt hinter eine gemeinsame wirtschaftliche Entwicklung der Ehegatten mit der Folge, dass die für den Unterhalt maßgebenden Lebensverhältnisse nur durch das bis dahin nachhaltig erreichte Einkommen der Ehegatten bestimmt werden (etwa *Senat*, NJW 1992, 2477 = FamRZ 1992, 1045 [1046], und NJW-RR 1993, 1283 = FamRZ 1993, 1304 [1305]). Diese grundsätzliche (zu den Ausnahmen vgl. *Senat*, BGHZ 89, 108 [112] = NJW 1984, 292, sowie NJW-RR 1986, 653 = FamRZ 1986, 439 [440], einerseits und NJW 1987, 1555 = FamRZ 1987, 459 [460], andererseits) Fixierung der ehelichen Lebensverhältnisse auf den Zeitpunkt der Scheidung ist, wie der *Senat* in seinem – nach dem Erlass der angefochtenen Entscheidung ergangenen – Urteil v. 29. 1. 2003, NJW 2003, 1518 = FPR 2003, 330 – klargestellt hat, aber nur für die Berücksichtigung von Einkommenssteigerungen von Bedeutung. Sie stellt – entsprechend dem mit § 1578 I 1 BGB verfolgten gesetzgeberischen Anliegen – eine Teilhabe des bedürftigen Ehegatten am Lebensstandard des unterhaltspflichtigen Ehegatten sicher, wenn und soweit er durch die gemeinsame Leistung der Ehegatten erreicht worden ist. Für eine nachteilige Veränderung in den wirtschaftlichen Verhältnissen des unterhaltspflichtigen Ehegatten lassen sich diese Überlegungen indes nicht nutzbar machen; denn insoweit geht es nicht um die Teilhabe an dem in der Ehe gemeinsam Erworbenen, sondern um die sachgerechte Verteilung einer durch Einkommensrückgang erzwungenen Schmälerung des Bedarfs. Die Anknüpfung der nach § 1578 I 1 BGB maßgebenden Umstände an den Zeitpunkt der Rechtskraft des Scheidungsurteils begründet schon nach ihrem Zweck für den unterhaltsberechtigten Ehegatten keine die früheren ehelichen Lebensverhältnisse unverändert fortschreibende Lebensstandardgarantie, deren Erfüllung nur in den Grenzen fehlender Leistungsfähigkeit des unterhaltsverpflichteten Ehegatten an dessen dauerhaft veränderte wirtschaftliche Verhältnisse angepasst und nur insoweit auch „nach unten korrigiert" werden kann. Für eine solche Absicherung böte das Recht des nachehelichen Unterhalts, das – jedenfalls im Grundsatz – nur die Risiken der mit der Scheidung fehlgeschlagenen Lebensplanung der Ehegatten und der von ihnen in der Ehe praktizierten Arbeitsteilung angemessen ausgleichen will, keine Rechtfertigung. Das Unterhaltsrecht will den bedürftigen Ehegatten nach der Scheidung wirtschaftlich im Grundsatz nicht besser stellen, als er sich ohne die Scheidung stünde. Bei fortbestehender Ehe hätte ein Ehegatte die negative Einkommensentwicklung des anderen wirtschaftlich mitzutragen; es ist nicht einzusehen, warum die Scheidung ihm das Risiko einer solchen – auch vom unterhaltspflichtigen Ehegatten hinzunehmenden – Entwicklung abnehmen soll, wenn sie dauerhaft und vom Schuldner nicht durch die in Erfüllung seiner Erwerbsobliegenheit gebotenen Anstrengungen vermeidbar ist (*Senat*, NJW 2003, 1518 = FPR 2003, 330; vgl. auch schon *Senat*, NJW 1988, 1722 = FamRZ 1988, 705 [706]). Das gilt auch im vorliegenden Fall. Auch hier muss es die Bekl. hinnehmen, dass der Bemessungsmaßstab der ehelichen Lebensverhältnisse, die im Zeitpunkt der Scheidung durch das Erwerbseinkommen und die Kapitaleinkünfte des *Dr. F* geprägt waren, mit dessen Eintritt in den Ruhestand abgesunken ist.

(Übergang von konkreter Bedarfsermittlung auf Quotenberechnung im Abänderungsverfahren wegen Einkommensreduzierung)

bb) Eine Anpassung des von der Bekl. zuletzt erwirkten Unterhaltsurteils an diese veränderte Bemessungsgrundlage wird nicht, wie die Revision meint, dadurch ausgeschlossen, dass der Unterhalt in die- **b** sem Urteil wie auch in den ihm vorausgegangenen Entscheidungen nicht nach einer Quote der von *Dr. F* erzielten Einkünfte bemessen, sondern – wegen deren weit überdurchschnittlicher Höhe – nach dem von der Bekl. konkret dargelegten Bedarf bestimmt worden ist.

Richtig ist, dass das Abänderungsverfahren weder eine freie, von der bisherigen Höhe unabhängige Neufestsetzung des Unterhalts noch eine abweichende Beurteilung derjenigen Verhältnisse ermöglicht, die bereits im Ersturteil eine Bewertung erfahren haben. Vielmehr besteht die Abänderungsentscheidung in einer unter Wahrung der Grundlagen des Unterhaltstitels vorzunehmenden Anpassung des Unterhaltstitels an veränderte Verhältnisse. Für das Ausmaß der Abänderung kommt es darauf an, welche Umstände für die Bemessung der Unterhaltsrente seinerzeit maßgebend waren und welches Gewicht ihnen dabei zugekommen ist. Auf dieser Grundlage hat der Richter im Abänderungsverfahren unter Berücksichtigung der neuen Verhältnisse festzustellen, welche Veränderungen in diesen Umständen eingetreten sind und welche Auswirkungen sich daraus für die Höhe des Unterhalts ergeben (st. Rspr. des *Senats;* etwa *Senat,* NJW-RR 1994, 1155 = FamRZ 1994, 1100 [1101]). In der Entscheidung, deren Abänderung die Kl. hier begehrt, hat das *FamG* – in Übereinstimmung mit den zuvor zwischen den Parteien ergangenen Unterhaltsurteilen – den Unterhalt der Bekl. nach deren konkret dargelegtem und in Anpassung an den Lebenshaltungskostenindex fortgeschriebenen Bedarf bestimmt. Maßgebend für diese Art der Bestimmung waren, wie in den vorangegangenen Urteilen klargestellt, die Höhe der von *Dr. F* als Chefarzt erzielten Einkünfte und die – vom *Senat* wiederholt gebilligte (vgl. etwa Senat, NJW 1983, 1547 = FamRZ 1982, 1187 [1188]) – Annahme, dass derart überdurchschnittlich hohe Einkünfte nicht ausschließlich der Lebenshaltung der Ehegatten gedient und deren Lebensverhältnisse geprägt haben, sondern auch zur Vermögensbildung verwandt worden sind. Mit dem Wegfall der bisherigen Erwerbseinkünfte als Chefarzt und deren Ersetzung durch deutlich geringere Versorgungsbezüge ist die Grundlage für die bisherige Bedarfsbemessung entfallen. Dies gilt umso mehr, als – wie unter aa dargelegt – die Bestimmung des Unterhalts nach den ehelichen Lebensverhältnissen auch einen nach dem Lebensstandard im Zeitpunkt der Scheidung konkret dargelegten Bedarf nicht dauerhaft festschreibt, sondern für den Fall eines Absinkens des ursprünglich eheprägenden Einkommens ebenfalls abgesenkt werden muss. Eine Bindung an die vorangegangene Bedarfsermittlung besteht insoweit nicht. Dem von der Revision angeführten Senatsurteil vom 15. 11. 1989 (NJW-RR 1990, 194 = FamRZ 1990, 280 [281]) lässt sich Gegenteiliges nicht entnehmen. In dieser Entscheidung hat der *Senat* die Voraussetzungen einer Abänderung nach § 323 ZPO verneint, wenn in dem abzuändernden Urteil der Unterhaltsbedarf gemäß dem in der Ehe erreichten gehobenen Lebensstandard konkret ermittelt worden ist und der unterhaltsberechtigte Ehegatte eine Anhebung des Unterhalts verlangt, weil sich die Einkommensverhältnisse des unterhaltspflichtigen Ehegatten weiter verbessert hätten. Da sich in einem solchen Fall der konkrete Bedarf nicht verändert hat, wird die durch die konkrete Bedarfsermittlung nach oben begrenzte Unterhaltsbemessung durch einen Einkommensanstieg beim unterhaltspflichtigen Ehegatten nicht berührt. Im hier zu entscheidenden Fall liegen die Dinge jedoch gerade umgekehrt. Das Einkommen des unterhaltspflichtigen Ehegatten sinkt ab; dadurch vermindert sich auch der nach § 1578 I BGB – sei es konkret, sei es durch Quotierung – zu bemessende Bedarf. Dem kann nach Maßgabe des § 323 ZPO durch eine Abänderung Rechnung getragen werden.

(Keine Teilhabe an einer unerwarteten Einkommensentwicklung nach Trennung/Scheidung)

c Der Bedarf des unterhaltsberechtigten Ehegatten bestimmt sich nach den ehelichen Lebensverhältnissen (§ 1578 I 1 BGB). Dieser Ehebezug schließt zwar die Berücksichtigung nachehelicher Entwicklungen nicht generell aus. Einkommensverbesserungen, die erst nach der Scheidung beim unterhaltspflichtigen Ehegatten eintreten, können sich nach der Rechtsprechung des Senats aber nur dann bedarfssteigernd auswirken, wenn ihnen eine Entwicklung zu Grunde liegt, die aus der Sicht zum Zeitpunkt der Scheidung mit hoher Wahrscheinlichkeit zu erwarten war, und wenn diese Erwartung die ehelichen Lebensverhältnisse bereits geprägt hatte (vgl. etwa *Senat,* NJW 1987, 1555 = FamRZ 1987, 459 [460], m. w. Nachw.). Denn eine Teilhabe des bedürftigen Ehegatten am Lebensstandard des unterhaltspflichtigen Ehegatten ist nur gerechtfertigt, wenn und soweit er durch die gemeinsame Lebensleistung der Ehegatten erreicht worden ist (*Senat,* NJW 2003, 1518 = FPR 2003, 330). Daran fehlt es im vorliegenden Fall. Denn es war, worauf das *OLG* mit Recht hinweist, im Scheidungszeitpunkt völlig ungewiss, ob der damals 53 Jahre alte und bereits seit über drei Jahren getrennt lebende *Dr. F* erneut heiraten würde, ob und in welchem Umfang er in der neuen Ehe sparen und Vermögen bilden würde und wie lange er überhaupt berufstätig sein würde. Der Umstand, dass der Bekl. in der Vergangenheit keine quotenmäßige Beteiligung an den früher überdurchschnittlichen Einkünften des *Dr. F* zugebilligt, ihr vielmehr nur ein nach ihrem konkret dargelegten Bedarf bemessener Unterhalt zuerkannt worden ist, ändert an dieser Beurteilung nichts. *Dr. F* hat dadurch nämlich nicht, wie die Revision meint, auf Kosten der Bekl. Vermögen anlegen können, dessen Erträge er deshalb nunmehr auch zu Gunsten der Bekl. aufwenden müsste; ebenso ist der Bekl. auch nicht durch diese Bemessung eine Möglichkeit zu eigener Vermögensbildung genommen worden. Der nacheheliche Unterhalt ist Folge der die Scheidung überdauernden Verantwortung der Ehegatten füreinander. Diese fortwirkende Verantwortung ist auf die Deckung des Lebensbedarfs beschränkt. Sie begründet jedoch keinen Anspruch auf Partizipation am künftigen, nicht mehr in der Ehe angelegten Vermögenserwerb des anderen Ehegatten oder an den daraus gezogenen Nutzungen; insoweit setzt sich der Grundsatz der wirtschaftlichen Eigenverantwortung der Ehegatten gegenüber der fortwirkenden Verantwortung füreinander durch (vgl. Eherechtskommission beim BMJ, Vorschläge zur Reform des Ehescheidungsrechts und des Unterhaltsrechts nach der Ehescheidung, 1970, S. 75 f., 92 f.).

(Überobligatorische Tätigkeit des Pflichtigen nur nach Billigkeit prägend)

Auch wenn *Dr. F* solche Tätigkeiten weiter ausgeübt und daraus Gewinne erzielt hätte, so wäre auch **d**
dies eine Entwicklung, die nicht bereits in der vor über 18 Jahren beendeten Ehe angelegt war. Schon deshalb könnten Einkünfte des *Dr. F* aus solchen Tätigkeiten den an den ehelichen Lebensverhältnissen orientierten Unterhaltsbedarf der Bekl. nicht mehr beeinflussen. Im Übrigen würde, worauf das *OLG* zutreffend hinweist, eine solche den Ruhestand überdauernde Tätigkeit des bei Beginn des Abänderungszeitraums nahezu 72-jährigen *Dr. F* von dessen Erwerbsobliegenheit nicht mehr gedeckt. Erträge, die der Unterhaltspflichtige aus einer solchen überobligationsmäßigen Tätigkeit erzielt, könnten deshalb allenfalls dann bedarfssteigernd berücksichtigt werden, wenn Treu und Glauben eine solche Berücksichtigung erfordern (vgl. *Senat,* NJW 1983, 1548 = FamRZ 1983, 569 [570], und NJW 1985, 907 = FamRZ 1985, 360 [362]; für Einkünfte des Berechtigten vgl. etwa *Senat,* NJW 1982, 2664 = FamRZ 1982, 779 [780], und NJW 1983, 933 = FamRZ 1983, 146 [147]; ferner etwa *Heiß/Born,* UnterhaltsR, Stand: März 2002, Kap. 2 Rdnrn. 43 ff.; *Wendl/Gerhardt,* Das UnterhaltsR in der familiengerichtlichen Praxis, 5. Aufl., § 1 Rdnrn. 45 ff.).

(Prägung von Renteneinkünften als Surrogat der Haushaltsführung)

a) Soweit die Rente der Bekl. auf ihrer vor der Ehe ausgeübten Erwerbstätigkeit beruht, war sie **e**
bereits bei der Bemessung des Unterhaltsbedarfs zu berücksichtigen; dies gilt allerdings nur, soweit der Rentenbezug für die Zeit ab dem 13. 6. 2001 in Frage steht.

aa) Wie der *Senat* in seiner – erst nach Erlass des angefochtenen Urteils ergangenen – Entscheidung vom 31. 10. 2001, NJW 2002, 436 = FPR 2002, 59 = FamRZ 2002, 88 (91) – dargelegt hat, prägt die von einem Ehegatten bezogene Rente die ehelichen Lebensverhältnisse auch dann, wenn sie auf einer vor der Ehe ausgeübten Erwerbstätigkeit beruht und erst nach der Scheidung angefallen ist. Die Rente ist insoweit als ein Surrogat für den wirtschaftlichen Nutzen anzusehen, den der rentenberechtigte Ehegatte vor Eintritt des Rentenfalls aus seiner Arbeitskraft ziehen konnte. Hat ein Ehegatte nach der Eheschließung seine Arbeitskraft auf die Führung des gemeinsamen Haushalts verwandt, so hat der Wert seiner Arbeitskraft, und zwar nunmehr in der Form der Familienarbeit, die ehelichen Lebensverhältnisse mitgeprägt. Da der Wert der Arbeitskraft in der von diesem Ehegatten später bezogenen Rente eine Entsprechung findet, ergibt sich, dass auch diese Rente bei der Bemessung der ehelichen Lebensverhältnisse zu berücksichtigen ist, und zwar auch dann, wenn diese Rente durch eine Erwerbstätigkeit vor oder nach der Ehe erworben ist. Das *OLG* durfte daher die von der Bekl. bezogene Rente, soweit sie auf der vorehelichen Erwerbstätigkeit der Kl. beruht, nicht – wie geschehen – nach der so genannten Anrechnungsmethode in Abzug bringen; es hätte die Rente insoweit vielmehr nach der so genannten Additions- oder Differenzmethode bereits in die Bemessung des Unterhaltsbedarfs nach den ehelichen Lebensverhältnissen (§ 1578 I BGB) einbeziehen müssen.

Die Rente war insoweit allerdings nicht für den gesamten Abänderungszeitraum nach der so genannten Additions- oder Differenzmethode zu berücksichtigen. Die für die Anwendung dieser Methoden auf Fälle der vorliegenden Art maßgebenden Grundsätze hat der *Senat* erstmals in seinem Urteil vom 13. 6. 2001 (BGHZ 148, 105 = NJW 2001, 2254) entwickelt. In diesem Urteil hat der *Senat* seine bisherige Rechtsprechung zur Unterhaltsbedarfsbemessung geändert und ausgeführt, dass die Familienarbeit des haushaltführenden Ehegatten der Erwerbstätigkeit des verdienenden Ehegatten grundsätzlich gleichwertig sei und deshalb die ehelichen Lebensverhältnisse ebenso mitpräge wie dessen Bareinkommen. Ein Erwerbseinkommen, das der unterhaltsberechtigte Ehegatte nach der Ehe erziele, stelle sich als Surrogat seiner bisherigen Familienarbeit dar. Es müsse deshalb bei der Bestimmung der ehelichen Lebensverhältnisse mitberücksichtigt werden; der Unterhalt dürfe deshalb nicht mehr nach der so genannten Anrechnungsmethode, er müsse vielmehr nach der Additions- bzw. Differenzmethode ermittelt werden (*Senat,* BGHZ 148, 105 [120] = NJW 2001, 2254). Für die hier in Frage stehende Rente gilt nichts anderes; denn sie stellt sich – wie gezeigt – als ein Surrogat für die frühere Erwerbstätigkeit dar, die ihrerseits in der Form der Familienarbeit fortgeführt worden ist (*Senat,* NJW 2002, 436 = FPR 2002, 59 = FamRZ 2002, 88 [91]).

(Änderung höchstrichterlicher Rechtsprechung ist Abänderungsgrund auch bei Urteilen)

Die dargestellte Änderung der höchstrichterlichen Rechtsprechung beruht auf einer abweichenden **f**
Sicht des § 1578 BGB sowie des bisherigen Verständnisses der „eheprägenden Verhältnisse“ und führt

zu einer neuen Rechtslage. Diese geänderte Rechtslage erfasst zwar auch zurückliegende Zeiträume, vermag, wie der *Senat* wiederholt entschieden hat (*Senats*urteile BGHZ 148, 368 [379 ff.] = NJW 2001, 3618 = FPR 2001, 426, und NJW 2003, 1181 = FPR 2003, 241), aber eine Abänderung von Prozessvergleichen erst ab Verkündung des maßgebenden Senatsurteils vom 13. 6. 2001 (BGHZ 148, 105 = NJW 2001, 2254) zu rechtfertigen. Für die Abänderung eines Unterhaltsurteils, wie sie hier im Streit steht, kann schon aus Gründen der Rechtssicherheit nichts anderes gelten.

(Renteneinkünfte aus prägendem Einkommen oder vorehelicher Erwerbstätigkeit)

g Allerdings konnten auch nach der früheren Rechtspraxis Renteneinkünfte, die dem in der Ehe nicht erwerbstätigen Ehegatten erst nach der Scheidung gewährt werden, den nach den ehelichen Lebensverhältnissen zu bemessenden Bedarf beeinflussen, wenn der in der Ehe allein erwerbstätige Ehegatte nach der Scheidung in den Ruhestand trat und seine die ehelichen Lebensverhältnisse bestimmenden Einkünfte dadurch absanken, diesen Mindereinnahmen jedoch nunmehr der Rentenbezug auch des anderen Ehegatten gegenübertrat. Hätten sich bei fortbestehender Ehe die nunmehr verringerten Einkünfte des einen und der hinzutretende Rentenbezug des anderen Ehegatten einander ausgleichend gegenübergestanden, so konnte es im Scheidungsfall unbillig sein, den nach den ehelichen Lebensverhältnissen zu bemessenden Bedarf nur aus dem – im Vergleich zum früheren Erwerbseinkommen niedrigeren – Ruhegehalt des in der Ehe allein erwerbstätigen Ehegatten zu bemessen und die dem anderen Ehegatten nach der Scheidung gewährte und deshalb nicht eheprägende Rente bei der Bedarfsermittlung unberücksichtigt zu lassen und sie auf den ermittelten Unterhaltsbedarf dieses Ehegatten in vollem Umfang anzurechnen. Der altersbedingte Wechsel der Einkommensquellen könnte, wie der *Senat* in seinem Urteil v. 11. 5. 1988 (NJW 1988, 2101 = FamRZ 1988, 817 [818 f.]) ausgeführt hat, hier einseitig den in der Ehe nicht erwerbstätigen Ehegatten belasten und die Lebenserfahrung unberücksichtigt lassen, nach der Ehegatten die Fortentwicklung ihres (gemeinsamen) Lebensstandards bei Aufgabe der Erwerbstätigkeit danach zu beurteilen pflegen, welche Versorgungsleistungen sie beide in Zukunft zu erwarten haben.

So lagen die Dinge hier indes nicht. Soweit die Rente der Bekl. auf deren vorehelicher Erwerbstätigkeit beruht, stellten sich die daraus fließenden Bezüge bereits objektiv – im Hinblick auf schon im Ansatz nicht vergleichbare beruflichen Positionen und Einkommenserwartungen des *Dr. F* und der Bekl. – nicht als ein Äquivalent für die mit dem Eintritt des *Dr. F* in den Ruhestand zu erwartende Einkommensminderung dar; es erscheint vielmehr nahe liegend, dass weder *Dr. F* noch die Bekl. diesen Bezügen für ihre Altersversorgung eine Bedeutung beigemessen hatten, die bei einer an den ehelichen Lebensverhältnissen orientierten Bestimmung des Lebensbedarfs unter Billigkeitsgesichtspunkten nicht außer Betracht gelassen werden könnte. Wenn das *OLG* zudem auf den erheblichen zeitlichen Abstand zwischen der Scheidung und dem Rentenbeginn hinweist, der dafür spreche, die auf vorehelicher Erwerbstätigkeit der Bekl. beruhenden Rentenbezüge der Bekl. bei der Beurteilung der ehelichen Lebensverhältnisse und der Bestimmung des aus ihnen abgeleiteten Bedarfs unberücksichtigt zu lassen, so ist auch dieser Gesichtspunkt – in Ansehung der früheren und für die Zeit vor dem 13. 6. 2001 weiterhin maßgebenden Grundsätze der Unterhaltsbedarfsbemessung – nicht rechtsfehlerhaft.

(Keine Prägung von auf Vorsorgeunterhalt beruhenden Renteneinkünften)

h b) Soweit die Rente der Bekl. auf Beiträgen beruht, welche die Bekl. mit Mitteln des ihr von *Dr. F* gezahlten Vorsorgeunterhalts erworben hat, hat das *OLG* diese Renteneinkünfte dagegen zu Recht nach der Anrechnungsmethode in Abzug gebracht. Die mit dem Senatsurteil vom 13. 6. 2001 (BGHZ 148, 105 = NJW 2001, 2254) begründete abweichende Sicht des § 1578 BGB und des bisherigen Verständnisses der „eheprägenden Verhältnisse" hat hieran nichts geändert.

Insoweit ist die von der Bekl. bezogene Rente eine Folge der Scheidung, welche die ehelichen Lebensverhältnisse schon deshalb nicht geprägt hat (*Senat,* NJW 1987, 1555 = FamRZ 1987, 459 [460]) und – auch nach der Lebensplanung der Ehegatten – nicht als ein Äquivalent angesehen werden kann, das der mit dem Eintritt des *Dr. F* in den Ruhestand einhergehenden Einkommensminderung ausgleichend gegenübersteht. Insoweit unterscheidet sich der vorliegende Fall von Sachverhalten, wie sie den Senatsentscheidungen vom 31. 10. 2001 (NJW 2002, 436 = FamRZ 2002, 88 = FPR 2002, 59) und vom 11. 5. 1988 (NJW 1988, 2101 = FamRZ 1988, 817) zu Grunde lagen: Zwar beruhte der nach der Trennung bzw. Scheidung beginnende Rentenbezug der in der Ehe nicht erwerbstätigen Ehefrau dort teilweise auf dem Versorgungsausgleich und damit ebenfalls auf einer Scheidungsfolge. Die von der Ehefrau auf Grund des Versorgungsausgleichs erworbenen Anrechte stellten sich aber nur als ein Äquivalent für die ursprünglich vom Ehemann erworbenen und auf die Ehefrau übertragenen Rentenanrechte dar. Bei fortbestehender Ehe hätte der Ehemann ungekürzte Versorgungsbezüge erhalten, die beiden Ehegatten zugute gekommen wären. Die über den Versorgungsausgleich bewirkte Kürzung der Versorgungsbezüge des Ehemanns wurde durch die von der Ehefrau erlangten Rentenanrechte ausgeglichen. Dieser Äquivalenz der beiderseitigen Renten musste folglich auch bei der Bemessung des Unterhaltsbedarfs nach den ehelichen Lebensverhältnissen Rechnung getragen werden, sollte der Ehefrau über das Unterhaltsrecht nicht teilweise wieder genommen werden, was ihr über den Versorgungsausgleich zuvor gewährt worden war. In seiner Entscheidung vom 31. 10. 2001 (NJW 2002, 436 = FamRZ 2002, 88 = FPR 2002, 59) konnte der *Senat* deshalb die von der Ehefrau im Versorgungsausgleich erworbenen Anrechte unproblematisch als Surrogat für ihre Haushaltsführung in der Ehe ansehen; die daraus bezogene Rente der Ehefrau trete an die Stelle ihres sonst möglichen Erwerbseinkommens und sei daher bei der Bedarfsbemessung nach dem Maßstab des § 1578 BGB mit zu berücksichtigen. Damit nicht vergleichbar ist die Situation, wenn – wie im hier zu entscheidenden Fall – vom einen Ehegatten Rentenanrechte mit Mitteln des vom anderen Ehegatten geleisteten Vorsorgeunterhalts erworben sind. In einem solchen Fall würde der andere Ehegatte doppelt belastet, wenn er mit seinen Unterhaltsleistungen nicht nur die Altersversorgung seines geschiedenen Ehegatten auf- oder auszubauen hätte, sondern auch noch einen auf Grund der so erworbenen Versorgung erhöhten Elementarunterhaltsbedarf befriedigen müsste. Das kann, wie auch der vorliegende Fall zeigt, nicht rechtens sein: Die Rentenbezüge der Bekl. stehen weder mit dem Eintritt des *Dr. F* in den Ruhestand noch mit der Höhe seiner Versorgungsbezüge in einem Zusammenhang. Die ihnen zu Grunde liegenden Rentenanrechte beruhen auch nicht auf einer Teilung des in gemeinsamer Lebensleistung erworbenen Versorgungsvermögens mit der Folge, dass sich die Anrechte der Ehefrau als ein Surrogat für ihre Haushaltsführung in der Ehe begreifen lassen. Die Rente der Bekl. erhöht daher ihren eheangemessenen Unterhaltsbedarf nach § 1578 BGB nicht; sie ist vielmehr nach der Anrechnungsmethode als bedarfsmindernd in Abzug zu bringen.

(Verwirkung nach § 1579 Nr. 3 BGB bei nicht bestimmungsgemäßer Verwendung des Vorsorgeunterhalts)

i) Die Revision rügt, das *OLG* habe die Voraussetzungen des § 1579 Nr. 3 BGB nicht festgestellt. **i**
Damit kann sie allerdings nicht durchdringen. Die Vorschrift des § 1579 Nr. 3 BGB, die in ihrem Geltungsbereich den Rückgriff auf allgemeine Grundsätze ausschließt, sieht eine Sanktion für den Fall vor, dass die gegenwärtige Bedürftigkeit des Unterhaltsberechtigten ganz oder teilweise durch ein eigenes Verhalten in der Vergangenheit herbeigeführt worden ist. Sie hat auf der anderen Seite Schutzwirkung insoweit, als das frühere Verhalten des Unterhaltsberechtigten nur dann Auswirkungen auf seinen Unterhaltsanspruch haben kann, wenn ihm Mutwilligkeit vorgeworfen werden kann (vgl. *Senat,* NJW 1987, 2229 = FamRZ 1987, 684 [685]). Diese Voraussetzung hat das *OLG* bejaht. Zwar wird, wie der Revision zuzugeben ist, der Begriff der Mutwilligkeit im Berufungsurteil nicht näher definiert. Die ausführliche Würdigung des Sachverhalts durch das *OLG* lässt jedoch keinen Zweifel, dass das Gericht diesen von der Rechtsprechung bereits eingehend ausgeformten Rechtsbegriff (vgl. dazu etwa *Senat,* NJW 1987, 2229 = FamRZ 1987, 684 [685], und NJW 2000, 2351 = FamRZ 2000, 815 [817]) richtig erfasst und in tatrichterlicher Verantwortung zutreffend angewandt hat. Die vom *OLG* angeführten Umstände drängen insbesondere den Schluss auf, dass die Bekl., wenn sie – unbeschadet der beträchtlichen Höhe des ihr zuerkannten Elementarunterhalts und in Kenntnis ihrer Altersversorgungssituation als Hausfrau – den ihr von *Dr. F* überlassenen Ausgleichsbetrag abredewidrig nicht zum Aufbau ihrer Altersversorgung verwandte, sich in Verantwortungs- und Rücksichtslosigkeit gegenüber *Dr. F* über die erkannte Möglichkeit der nachteiligen Folgen für ihre Bedürftigkeit hinweggesetzt und – zumindest - mit unterhaltsbezogener Leichtfertigkeit gehandelt hat. Einer ausdrücklichen Feststellung bedurfte es deshalb hierzu im Berufungsurteil nicht.

b) Letztlich kann diese Frage freilich dahinstehen. Denn die Bekl. hat sich in dem mit *Dr. F* geschlossenen Prozessvergleich einverstanden erklärt, sich „bei Eintritt des Versorgungsfalls ... so behandeln" zu lassen, „als ob der öffentlich-rechtliche Versorgungsausgleich durchgeführt worden sei". Damit haben *Dr. F* und die Bekl. eine Regelung auch für den Fall getroffen, dass die Bekl. die ihr von *Dr. F* gezahlte Ausgleichsleistung abredewidrig nicht zum Aufbau ihrer eigenen Altersversorgung verwendet. Diese – vom *OLG* fehlerhaft nicht berücksichtigte – vertragliche Regelung schließt einen Rückgriff auf § 1579 Nr. 3 BGB aus. Sie führt insoweit in zweifacher Hinsicht zu einer vom angefochtenen Urteil abweichenden Unterhaltsbemessung:

aa) Nach dem zur Zeit des Vergleichsschlusses (1982) maßgebenden Recht wäre *Dr. F* bei Durchführung des öffentlich-rechtlichen Versorgungsausgleichs verpflichtet worden, für die Bekl. Beiträge zur Begründung von Rentenanwartschaften in der gesetzlichen Rentenversicherung zu bezahlen (§ 1587 b III 1 Halbs. 1 BGB a. F.). Die Bekl. ist, wie der Zusammenhang der zitierten Abrede mit der von *Dr. F* übernommenen Verpflichtung, zum Ausgleich seiner Betriebsrente an die Bekl. 40 000 DM zu zahlen, ergibt, deshalb so zu stellen, wie sie stünde, wenn sie die ihr überlassenen 40 000 DM als Beitrag zur Begründung von Rentenanwartschaften in die gesetzliche Rentenversicherung einbezahlt hätte. Der Umstand, dass das *BVerfG* mit Beschluss vom 27. 1. 1983 (NJW 1983, 1417 = FamRZ 1983, 342) die Regelung des § 1587 b III 1 Halbs. 1 BGB für nichtig erklärt hat, ändert an der Wirksamkeit der von den Parteien getroffenen Abrede nichts. Er berechtigt insbesondere nicht dazu, bei der Unterhaltsbemessung von den Vorgaben in dem Prozessvergleich abzuweichen und – wie im angefochtenen Urteil geschehen – darauf abzustellen, wie die Bekl. sich versorgungsrechtlich stünde, wenn sie die ihr von *Dr. F* geleistete Ausgleichszahlung zum Aufbau einer Lebensversicherung verwandt hätte.

(Fiktive Rentenansprüche als Surrogat der Haushaltsführung)

j bb) Außerdem durfte das *OLG* die Renteneinkünfte, welche die Bekl. auf Grund der ihr von *Dr. F* erbrachten Zahlung hätte erlangen können, nicht nach der so genannten Anrechnungsmethode in Abzug bringen. Diese (fiktiven) Einkünfte waren vielmehr unterhaltsrechtlich in derselben Weise wie eine Rente zu berücksichtigen, welche die Bekl. aus im öffentlich-rechtlichen Versorgungsausgleich erworbenen Anrechten erlangt hätte. Eine solche Rente wäre, wie unter 2 a aa ausgeführt, als Surrogat der von der Bekl. erbrachten Familienarbeit anzusehen. Sie hätte – wie auch der Wert dieser Familienarbeit selbst – die ehelichen Lebensverhältnisse geprägt und deshalb nach der Additions- bzw. Differenzmethode bereits in die Bedarfsbemessung am Maßstab des § 1578 BGB Eingang finden müssen. Zwar steht in den Fällen des Versorgungsausgleichs durch Beitragszahlung der Rente des ausgleichsberechtigten Ehegatten keine Rentenkürzung beim ausgleichspflichtigen Ehegatten gegenüber. Das ist jedoch auch nicht erforderlich. Auch ein durch Beitragszahlung erfolgter Versorgungsausgleich bewirkt im Grundsatz, dass sich die ehelichen Lebensverhältnisse – bei Einbeziehung der im Versorgungsausgleich erworbenen Rente – im Ergebnis nicht ändern. Zwar wird hier die Rente des Berechtigten mit Mitteln aus dem Vermögen des Verpflichteten erworben. Auf Grund der Beitragszahlung verringern sich jedoch die Erträgnisse aus dem solchermaßen (um die Beitragszahlung) geschmälerten Vermögen und führen zu einer Absenkung der ehelichen Lebensverhältnisse, die jedoch – bei Anwendung der Additions- oder Differenzmethode – um die mit der Beitragszahlung erworbene Rente wieder angehoben werden. Anders als im Falle des mit Mitteln des Vorsorgeunterhalts bewirkten Rentenerwerbs wird der unterhaltspflichtige Ehegatte beim Rentenerwerb kraft Versorgungsausgleichs auch nicht mit einer doppelten Unterhaltspflicht belastet: Die Pflicht zur Beitragszahlung ist nicht, wie der Vorsorgeunterhalt, Ausfluss nachehelicher Verantwortung; sie verwirklicht vielmehr den Anspruch des berechtigten Ehegatten auf hälftige Teilhabe am ehezeitlich gemeinsam erwirtschafteten Versorgungsvermögen. Der pflichtige Ehegatte „finanziert" mit anderen Worten nicht den Rentenerwerb seines Ehegatten, und zwar mit zusätzlichen und für ihn nachteiligen Unterhaltsfolgen; er überlässt seinem Ehegatten nur, was dieser durch seine Familienarbeit in der Ehe miterworben hat und was ihm folglich nach dem Halbteilungsgrundsatz ohnehin gebührt.

Die Rente, welche die Bekl. aus dem öffentlich-rechtlichen Versorgungsausgleich erlangt hätte, ist dabei nicht erst für die Zeit nach der Verkündung des Senatsurteils vom 13. 6. 2001 (BGHZ 148, 105 = NJW 2001, 2254) in Anwendung der Additions- oder Differenzmethode zu berücksichtigen. Auch nach der früheren Rechtspraxis konnten, wie unter 2 a bb ausgeführt, Renteneinkünfte, die dem in der Ehe nicht erwerbstätigen Ehegatten erst nach der Scheidung gewährt werden, den nach den ehelichen Lebensverhältnissen zu bemessenden Bedarf beeinflussen, wenn der in der Ehe allein erwerbstätige Ehegatte nach der Scheidung in den Ruhestand trat und seine die ehelichen Lebensverhältnisse bestimmenden Einkünfte dadurch absanken, diesen Mindereinnahmen jedoch nunmehr der Rentenbezug auch des anderen Ehegatten gegenübertrat. Die Grundsätze, nach denen es in einem solchen Fall unbillig erscheinen konnte, den altersbedingten Wechsel der Einkommensquellen bedarfsmindernd zu berücksichtigen, hat der *Senat* bereits in seinem Urteil vom 11. 5. 1988 (NJW 1988, 2101 = FamRZ 1988, 817) dargelegt. Auf den vorliegenden Fall angewandt verlangen diese Grundsätze, eine von der Bekl. im Wege des öffentlich-rechtlichen Versorgungsausgleichs erworbene Rente bereits bei der Bemessung des Unterhaltsbedarfs am Maßstab des § 1578 BGB zu berücksichtigen. Dem ist bei der Anwendung der von *Dr. F* und der Bekl. getroffenen Abrede auch insoweit Rechnung zu tragen, als ein (fiktiver) Rentenbezug der Bekl. in der Zeit vor dem 13. 6. 2001 in Frage steht.

(Beschränkung der Unterhaltspflicht des Erben)

k a) Nicht zu beanstanden und von der Revision auch nicht angegriffen ist die Annahme des *OLG,* dass sich der von der Bekl. zu beanspruchende Unterhalt durch den Tod des *Dr. F* nicht erhöht hat. Zwar entfallen nach § 1586 b I 2 BGB Beschränkungen der Unterhaltspflicht, die sich aus § 1581 BGB ergeben. Solche Beschränkungen lagen hier jedoch nicht vor. § 1581 BGB regelt nur die Leistungsfähigkeit des Unterhaltsschuldners, nicht aber die Höhe des Unterhaltsbedarfs, die in § 1578 BGB geregelt ist (h. M., vgl. *Johannsen/Henrich/Büttner,* EheR, 3. Aufl., § 1586 b Rdnr. 4; *Wendl/Staudigl/Pauling,* UnterhaltsR, 5. Aufl., § 4 Rdnr. 60; *Schwab/Borth,* Hdb. d. ScheidungsR, 3. Aufl., V Rdnr. 1233). Nur um die Bemessung des Unterhaltsbedarfs nach § 1578 BGB geht es im vorliegenden Fall.

b) Fehlerhaft ist indes, dass das *OLG* den im Tatbestand des angefochtenen Urteils wiedergegebenen Vortrag der Bekl., *Dr. F* habe zu Gunsten des Sohns der Kl. eine Schenkung vorgenommen, aus der ihr im Falle des Fortbestands ihrer Ehe mit *Dr. F* ein Anspruch auf Pflichtteilsergänzung erwachsen wäre, nicht nachgegangen ist. Soweit dieser Vortrag zutrifft und die Schenkung des *Dr. F* einen (fiktiven) Pflichtteilsergänzungsanspruch der Bekl. begründen würde, ist, wie der *Senat* in seinem nach Erlass der angefochtenen Entscheidung ergangenen Urteil vom 29. 11. 2000 (BGHZ 146, 114 [118 ff.] = NJW 2001, 828) dargelegt hat, dieser Anspruch bei der Berechnung der Haftungsgrenze nach § 1586 b I 1 BGB zu berücksichtigen.

c) Dieser Fehler wirkt sich im Ergebnis allerdings nur dann zu Lasten der Bekl. und Revisionskl. aus, wenn der von der Bekl. geltend gemachte Pflichtteilsergänzungsanspruch $^1/_8$ des Nachlasswerts übersteigt. Denn um dieses Achtel hat das *OLG* – insoweit zum Vorteil der Bekl. und Revisionskl. – den Pflichtteil, den die Bekl. bei Fortbestand ihrer Ehe beanspruchen könnte, zu hoch bemessen. Der einem Ehegatten zustehende gesetzliche Erbteil bestimmt sich nach § 1931 BGB. Er beträgt, wenn der Ehegatte neben Verwandten der zweiten Ordnung zum gesetzlichen Miterben berufen ist, ½ (§ 1931 I 1 BGB). An dieser Quote ändert sich auch dann nichts, wenn die Eltern des Erblassers vorverstorben sind und Abkömmlinge ausschließlich vom Vater oder ausschließlich von der Mutter des Erblassers abstammen. In diesem Fall kommt – entgegen der Auffassung des *OLG* – ein Erbrecht nach Linien nicht in Betracht, da die zu Erben berufenen Verwandten sämtlich derselben Linie entstammen und ein Anfall des „an sich" der ausgestorbenen Linie gebührenden Erbteils an den Ehegatten, wie er für die Fälle des § 1931 I 2, II BGB vorgesehen ist, im Gesetz keine Grundlage findet.

BGH v. 5. 2. 2003 – XII ZR 321/00 – FamRZ 03, 434 = FPR 03, 246

(Fiktives Einkommen des Bedürftigen als Surrogat der früheren Haushaltsführung) **R589**

Der *Senat* hat mit Urteil vom 13. 6. 2001 (BGHZ 148, 105 = NJW 2001, 2254 = LM H. 10/2001 § 1573 BGB Nr. 31 = FamRZ 2001, 986) entschieden, dass sich der nach § 1578 BGB zu bemessende Unterhaltsbedarf eines Ehegatten, der seine Arbeitsfähigkeit während der Ehe ganz oder zum Teil in den Dienst der Familie gestellt, den Haushalt geführt und gegebenenfalls Kinder erzogen hat, nicht nur nach dem in der Ehe zur Verfügung stehenden Bareinkommen des Unterhaltspflichtigen errechnet. Vielmehr soll dieser Ehegatte auch nach der Scheidung an dem durch seine Familienarbeit verbesserten ehelichen Lebensstandard teilhaben, weil seine in der Ehe durch Haushaltsführung und etwaige Kinderbetreuung erbrachten Leistungen der Erwerbstätigkeit des verdienenden Ehegatten grundsätzlich gleichwertig sind und die ehelichen Lebensverhältnisse mitgeprägt haben. Ausgehend von dieser Gleichwertigkeit hat der *Senat* daher ein Erwerbseinkommen des unterhaltsberechtigten Ehegatten, welches dieser nach der Ehe erzielt und welches gleichsam als Surrogat des wirtschaftlichen Wertes seiner bisherigen Familienarbeit angesehen werden kann, bei der Unterhaltsbemessung mit berücksichtigt und den Unterhalt nicht mehr nach der so genannten Anrechnungs-, sondern nach der Additions- bzw. Differenzmethode ermittelt.

Diesem Ansatz entspricht die vom *OLG* gewählte Lösung, ein Ersatzeinkommen der Kl. zu 1 in die Unterhaltsberechnung einzubeziehen. Dabei ist nicht zu beanstanden, dass das BerGer. ein fiktives Einkommen der Kl. zu 1 in Höhe von 686 DM bzw. 720 DM in die Berechnung mit eingestellt hat, weil die Kl. zu 1 bei Beachtung der ihr obliegenden Erwerbspflicht ein solches Einkommen erzielen könnte. Denn auch dieses Einkommen, das die Kl. zu 1 zu erzielen in der Lage ist, ist als Surrogat des wirtschaftlichen Wertes ihrer bisherigen Tätigkeit anzusehen (vgl. *Senat,* BGHZ 148, 105 = NJW 2001, 2254 = LM H. 10/2001 § 1573 BGB Nr. 31 = FamRZ 2001, 986).

BGH v. 19. 2. 2003 – XII ZR 19/01 – FamRZ 03, 741 = FPR 03, 327

(Auslegung einer Unterhaltsvereinbarung) **R590**

Zwar ist die Auslegung individueller Vereinbarungen grundsätzlich Sache des Tatrichters. Dessen **a**
Auslegung bindet aber das RevGer. unter anderem dann nicht, wenn sie unter Verletzung der gesetzlichen Auslegungsregeln (§§ 133, 157 BGB) und der zu ihnen entwickelten allgemein anerkannten Auslegungsgrundsätze vorgenommen worden ist (st. Rspr., vgl. nur BGHR ZPO § 550 Vertragsauslegung 4 = NJW-RR 1993, 562). Dies ist hier der Fall.

Zu den anerkannten Auslegungsregeln, deren Beachtung das RevGer. nachzuprüfen hat, gehört auch der Grundsatz einer nach beiden Seiten interessengerechten Auslegung (vgl. BGHZ 115, 1 [5] = NJW 1991, 2488; BGHZ 131, 136 [138] = NJW 1996, 248). Gegen diesen Grundsatz hat das *OLG* verstoßen.

Zwar geht das BerGer. zu Recht davon aus, dass ein außergerichtlicher Unterhaltsvergleich dem Grunde nach zwischen den Parteien zu Stande gekommen ist: Die Kl. hat dem Bekl. im Schreiben vom 14. 10. 1996 ein Angebot zum Abschluss eines Unterhaltsvergleichs gemacht, das dieser mit Schreiben vom 30. 10. 1996 ohne Änderung angenommen hat. Eine Einschränkung der Annahme ergibt sich nicht daraus, dass der Bekl. erklärte, die von der Kl. geforderten Zahlungen erfolgten nur vergleichsweise und ohne Anerkennung eines Rechtsgrundes. Vielmehr bedeutet der Hinweis, die Zahlungen würden vergleichsweise vorgenommen, dass eben ein Vergleich geschlossen worden ist. Dem Hinweis auf das fehlende Anerkenntnis eines Rechtsgrunds kommt lediglich die Bedeutung zu, dass der Bekl. mit Abschluss des Vergleichs nicht anerkennen wollte, dass die Kl. schon vor Abschluss des Vergleichs einen entsprechenden Unterhaltsanspruch hatte. Rechtsgrund der Zahlungen des Bekl. ist der von den Parteien abgeschlossene Vergleich.

Entgegen der Meinung des *OLG* kann jedoch der Vergleich der Parteien nicht dahin gehend ausgelegt werden, er stehe unter der auflösenden Bedingung, dass der Bekl. seine Hoffnung auf Fortsetzung der Ehe aufgebe. Richtig ist zwar, dass der Bekl. im Schreiben vom 30. 10. 1996 sinngemäß erklärt hat, er stimme der von der Kl. vorgeschlagenen Zahlung nur zu, weil er davon ausgehe, dass es eine Grundlage für die Fortsetzung der Ehe gebe und diese nicht zerrüttet sei. Doch musste die Kl. diese Erklärung schon ihrem Wortlaut nach im Gegensatz zur Meinung des *OLG* nicht so verstehen, dass der Bekl. die fortlaufende Zahlung des Unterhalts von seinen subjektiven Vorstellungen über den Fortbestand der Ehe abhängig mache. Gegen die vom *OLG* vertretene Auslegung sprechen Sinn und Zweck einer Unterhaltsvereinbarung, die darin bestehen, eine verlässliche Befriedung einer unterhaltsrechtlichen Auseinandersetzung herbeizuführen. Eine Unterhaltsvereinbarung, deren Erfüllung und Weiterbestand vom bloßen Willen oder von der Enttäuschung einer bloßen Hoffnung des Unterhaltspflichtigen abhängig ist, erfüllt ihren Zweck nicht. Sie begünstigt einseitig den Unterhaltsverpflichteten, der es in der Hand hätte, seiner Unterhaltsverpflichtung in Zukunft nachzukommen oder hiervon Abstand zu nehmen. Unter diesen Umständen war das Schreiben des Bekl. vom 30. 10. 1996 von der Kl. so zu verstehen, dass der Bekl. das Vergleichsangebot der Kl. uneingeschränkt annehme, wobei er lediglich als Motiv seiner Vergleichsbereitschaft seine Hoffnung auf Fortsetzung der Ehe kundtat. Dies gilt umso mehr, als der Bekl. in dem genannten Schreiben erklärte, auf das Auskunftsverlangen der Kl. über sein Einkommen nicht mehr eingehen zu müssen und die Angelegenheit zumindest vorerst bis zum Ablauf des Trennungsjahres für erledigt betrachte. Auch daraus konnte die Kl. schließen, dass der Bekl. ihr Vergleichsangebot uneingeschränkt angenommen habe. Da somit zwischen den Parteien auch im Zeitpunkt der Entscheidung des *OLG* eine wirksame Unterhaltsvereinbarung bestand, hätte es – wie schon das *FamG* – die Einwände des Bekl. dahin auffassen müssen, dass dieser unter dem Gesichtspunkt des Wegfalls der Geschäftsgrundlage eine Anpassung seiner im Vergleich festgelegten Unterhaltszahlungen wegen einer Verminderung seines Einkommens begehrt.

(Korrektur der Abschreibung nach tatsächlicher Wertminderung; keine Korrektur, wenn sich dies im Mehrjahresdurchschnitt nicht auswirkt)

b 2. Nicht zu beanstanden ist hingegen, dass das BerGer. bei Ermittlung der anrechenbaren Einkünfte des Bekl. aus Land- und Forstwirtschaft die Bewertung der vom Bekl. erworbenen, zum Umlaufvermögen gehörenden, mehrjährigen Kulturen im Einklang mit den steuerlichen Bestimmungen vorgenommen hat (§ 6 I Nr. 2 EStG; Erlass des BMF v. 21. 3. 1997, BStBl I 1997, 369). An den vom Bekl. im Rahmen seiner Jahresabschlüsse ermittelten Beträgen müssen unter unterhaltsrechtlichen Gesichtspunkten keine Änderungen vorgenommen werden. Zwar hat der *Senat* bereits entschieden, dass das steuerrechtlich relevante Einkommen und das unterhaltspflichtige Einkommen nicht identisch sind und dass dem durch das steuerliche Rechtsinstitut der Abschreibung pauschal berücksichtigten Verschleiß von Gegenständen des Anlagevermögens oft keine tatsächliche Wertminderung in Höhe des steuerlich anerkennungsfähigen Betrags entspricht (vgl. NJW 1980, 2083 = FamRZ 1980, 770; NJW 1985, 909 = FamRZ 1985, 357 [359], und NJWE-FER 1998, 64 = FamRZ 1998, 357 [359]). Dies gilt auch, wenn es sich, wie hier bei den mehrjährigen Kulturen des Bekl., um eine Bewertung des Umlaufvermögens unter den Anschaffungs- oder Herstellungskosten handelt. Dennoch können die steuerlichen Werte, die sich aus den Jahresabschlüssen bzw. der Einnahme-/Überschussrechnung ergeben, auch unterhaltsrechtlich anzusetzen sein, sofern es dadurch nicht zu Verfälschungen der unterhaltsrechtlichen Leistungsfähigkeit des Unterhaltsverpflichteten kommt. Das Vorliegen solcher Verfälschungen ist hier im Ergebnis zu verneinen. Bedenken begegnet allerdings die Auffassung des *OLG,* die in den Abschlüssen vorgenommene Bewertung entspreche tatsächlich der eingetretenen Wertminderung. Dies erscheint, worauf die Revision hinweist, angesichts des Umfangs der Absetzungen vom Anschaffungswert der Wirtschaftsgüter (Verminderung des Zukaufs sofort um 20%; Verminderung des Rests bei Ziergehölzen um weitere 50% unter Berücksichtigung der Hektar-Fläche) nicht wahrscheinlich. Jedenfalls existiert – im Gegensatz zur Meinung des *OLG* – kein entsprechender Erfahrungssatz. Dennoch musste das BerGer. das von der Kl. beantragte (gartenbauliche) Sachverständigengutachten darüber, dass die vorgenommenen Bewertungsabschläge die tatsächliche Wertminderung übertreffen, nicht erholen. Vielmehr konnte das *OLG* den Ausführungen des Sachverständigen folgen, wonach sich bei ordnungsgemäßer Erlöserfassung eine etwaige erhöhte Absetzung ausgleicht, so dass die unterhaltsrechtliche Leistungsfähigkeit bei der hier vorliegenden Berücksichtigung mehrerer Jahre richtig wiedergegeben ist (vgl. auch *Strohal,* Unterhaltsrechtlich relevantes Einkommen bei Selbstständigen, 2. Aufl., Rdnr. 236).

(Keine Berücksichtigung von Sonderabschreibungen; statt dessen lineare Abschreibung; Nichtberücksichtigung von Steuervorteilen bei Bauherrenmodell; Bewirtungskosten)

c 3. Das *OLG* hat eine vom Bekl. im Jahre 1996 steuerrechtlich korrekt vorgenommene Sonderabschreibung in Höhe von 58 922 DM dem im Jahr 1996 zu versteuernden Einkommen des Bekl. in Höhe von 10 846 DM hinzugerechnet. Aus dem so ermittelten Betrag von 69 768 DM hat es eine dann vom Bekl. zu zahlende Steuer in Höhe von insgesamt 14 837 DM (Einkommensteuer zzgl. Solidaritätszuschlag und Kirchensteuer) ermittelt und diese von dem um die Sonderabschreibung erhöhten Gewinn von 82 505 DM in Abzug gebracht, so dass es für 1996 von einem unterhaltsrechtlich relevanten Einkommen von 67 668 DM ausgegangen ist. Dies stößt auf Bedenken.

Richtig ist zwar, dass wegen der Sonderabschreibung eine Korrektur des steuerrechtlich ermittelten Gewinns zu erfolgen hat, weil die Sonderabschreibung dem tatsächlichen Wertverzehr nicht entspricht. Hiergegen hat auch der Bekl. keine Einwendungen erhoben. Zu Unrecht hat das *OLG* jedoch den korrigierten Gewinn für 1996 um den Steuerbetrag vermindert, den der Bekl. zu entrichten gehabt hätte, wenn es nicht zur Sonderabschreibung gekommen wäre. Allerdings hat der *Senat* bereits entschieden, dass Aufwendungen eines Unterhaltspflichtigen, die dieser im Rahmen eines so genannten Bauherrenmodells oder für Bewirtung und Repräsentation tätigt, einerseits sein unterhaltsrechtlich relevantes Einkommen nicht mindern, andererseits aber die auf Grund der Aufwendungen erzielte Steuerersparnis das Einkommen auch nicht erhöht (vgl. *Senat,* NJW-RR 1987, 194 = FamRZ 1987, 36 [37], und NJW 1987, 776 = FamRZ 1987, 46 [48]). Der Grund für die Nichtberücksichtigung der Steuerersparnis beim Einkommen des Unterhaltspflichtigen liegt darin, dass der Unterhaltsberechtigte lediglich verlangen kann, so gestellt zu werden, als ob die Aufwendung nicht vorgenommen worden wäre; die Steuerersparnis bleibt also außer Betracht, weil sie ohne die genannten Aufwendungen, die sich der Unterhaltsberechtigte nicht entgegenhalten lassen muss, nicht eingetreten wäre. Diese Rechtsprechung ist auf die Fälle der vorliegenden Art, in denen es um steuerrechtliche Sonderabschreibungen auf betriebsnotwendiges Anlagevermögen geht, nicht übertragbar. Denn der Unterhaltsberechtigte hat sich in diesen Fällen sehr wohl die Aufwendungen für das genannte Wirtschaftsgut entgegenhalten zu lassen; er kann lediglich verlangen, dass dies nicht sofort in vollem Umfang, sondern entsprechend dem tatsächlichen Wertverzehr des Wirtschaftsguts erfolgt. Dies aber bedeutet, dass im Falle einer steuerrechtlich korrekt vorgenommenen Sonderabschreibung das betreffende Wirtschaftsgut im Jahre der Anschaffung und in der Folgezeit zu unterhaltsrechtlichen Zwecken fiktiv linear abzuschreiben ist. Die zur linearen Abschreibung von der Finanzverwaltung herausgegebenen AfA-Tabellen geben nämlich regelmäßig den tatsächlichen Wertverzehr wieder. Dies gilt insbesondere für die vom Bundesministerium der Finanzen neu erstellte AfA-Tabelle für die allgemein verwendbaren Anlagegüter („AV") vom 15. 12. 2000 (BStBl I 2000, 1533), die die maßgebliche Nutzungsdauer der Wirtschaftsgüter im Vergleich zu früher weitgehend verlängert hat (vgl. *Hommel,* BB 2001, 247 [249]). Die in diesen Tabellen für die einzelnen Anlagegüter angegebene betriebsgewöhnliche Nutzungsdauer beruht auf Erfahrungen der steuerlichen Betriebsprüfung (vgl. BMF, Schr. v. 6. 12. 2001, BB 2002, 621). Es erscheint unbedenklich, diese Erfahrungswerte auch im Rahmen der Berechnung des unterhaltsrechtlich relevanten Einkommens zu übernehmen (vgl. auch *Laws,* FamRZ 2000, 588). Die AfA-Tabellen haben somit die Vermutung der Richtigkeit für sich; sie binden jedoch – wie im Steuerrecht (vgl. *Schmidt/Drenseck,* EStG, 21. Aufl., § 7 Rdnr. 84, m. w. Nachw.) – die Gerichte nicht und sind unbeachtlich, sofern sie erkennbar nicht auf Erfahrungswissen beruhen, also offensichtlich unzutreffend sind. In diesen Fällen hat das Gericht die Nutzungsdauer zu schätzen oder durch Erholung eines Sachverständigengutachtens zu ermitteln. Für den vorliegenden Fall folgt daraus, dass sich der steuerliche Gewinn des Bekl. für 1996 lediglich um den Betrag der Sonderabschreibung – vermindert um den Betrag der linearen Abschreibung – erhöht. Hingegen verbleibt es bei der vom Bekl. tatsächlich gezahlten Steuer als Abzugsposten, die sich beim Bekl. im Jahre 1996 nach den Feststellungen des *OLG* jedoch auf Null beläuft. Denn es ist nicht ersichtlich, weshalb dem Unterhaltsberechtigten die dem Unterhaltsverpflichteten durch die Sonderabschreibung gewährte Steuervergünstigung nicht zugute kommen soll (vgl. *Blaese,* FamRZ 1994, 216). Die Berechnung und Absetzung der Einkommensteuer, die der Unterhaltspflichtige bei Vornahme einer linearen Abschreibung hätte zahlen müssen, ist auch nicht unter dem Gesichtspunkt gerechtfertigt, dass es sich bei der aus einer Sonderabschreibung ergebenden Steuervergünstigung – bei gleich bleibendem Tarif – lediglich um eine zinslose Steuerstundung handelt. Vielmehr entspricht es der Rechtsprechung des *Senats,* dass Steuern regelmäßig in der Höhe angerechnet werden, in der sie im Prüfungszeitraum real angefallen sind (vgl. *Senat,* NJW-RR 1990, 580 = FamRZ 1990, 981 [983]). Dies gilt jedenfalls in Bezug auf Sonderabschreibungen dann, wenn sich, wie im vorliegenden Fall, die Sonderabschreibung in den Folgejahren wegen des geringen zu versteuernden Einkommens des Unterhaltspflichtigen voraussichtlich nicht steuererhöhend auswirkt, sondern die Steuervergünstigung dem Steuerpflichtigen im Wesentlichen endgültig verbleibt (zur Wirkung von Sonderabschreibungen auf die Steuerschuld in den Folgejahren vgl. *Tipke/Lang,* SteuerR, 17. Aufl., § 19 Rdnr. 28).

(Investitionszulagen)

4. Entgegen den Ausführungen des *OLG* sind die vom Bekl. bezogenen Investitionszulagen unterhaltsrechtlich nicht völlig irrelevant. Nach § 9 InvZulG gehören diese Zulagen nicht zu den steuerpflichtigen Einkünften und mindern auch nicht die steuerlichen Anschaffungs- und Herstellungskosten. Dies bedeutet, dass sie vom Steuerpflichtigen erfolgsneutral zu verbuchen sind und die AfA auf das mit der Zulage angeschaffte Wirtschaftsgut den Gewinn vermindert. Die Zulage würde damit mittelbar auch die unterhaltsrechtliche Leistungsfähigkeit des Steuerpflichtigen herabsetzen, wenn sie völlig un- **d**

berücksichtigt bliebe. Dies widerspräche Sinn und Zweck der Zulage. Ihre einkommensmindernde Wirkung ist deshalb durch die Nichtberücksichtigung der entsprechenden AfA auszugleichen. Damit wird die Gewährung der Investitionszulage zu Zwecken des Unterhaltsrechts auf die Dauer der Abschreibung des mit ihr angeschafften Wirtschaftsguts verteilt.

(Keine zusätzliche Altersvorsorge bei Selbständigen im Mangelfall)

e 5. Hinsichtlich der Absetzbarkeit von Beiträgen zur Altersvorsorge hat der Tatrichter zu entscheiden, inwieweit gezahlte Beiträge angemessen sind und deshalb berücksichtigt werden können. Bei einem Selbstständigen, wie hier dem Bekl., der Beiträge in eine gesetzliche Alterskasse bezahlt, wird die Berücksichtigung zusätzlicher Beiträge regelmäßig nicht angemessen sein, wenn er mangels Leistungsfähigkeit nicht in der Lage ist, das Existenzminimum der ihm gegenüber unterhaltsberechtigten Ehefrau und der Kinder abzudecken.

(Verpflichtung zur Aufgabe einer selbständigen Tätigkeit und Aufnahme einer unselbständigen Tätigkeit zur Sicherung des Existenzminimums minderjähriger Kinder)

f 7. Das BerGer. wird weiter zu prüfen haben, ob dem Bekl. bei einer etwaigen, voraussichtlich auf unbestimmte Zeit fortdauernden Unfähigkeit, das Existenzminimum seiner Kinder sicherzustellen, auf Grund seiner erweiterten Unterhaltspflicht gegenüber den minderjährigen Kindern nach § 1603 II BGB anzusinnen ist, seine Baumschule aufzugeben und eine höhere Einkünfte versprechende anderweitige Erwerbstätigkeit aufzunehmen (vgl. *Senat,* NJWE-FER 1998, 64 = FamRZ 1998, 357 [359]).

BGH v. 19. 2. 2003 – XII ZR 67/00 – FamRZ 03, 860 = NJW 03, 1690

R590A *(Rückwirkende Inanspruchnahme ab Rechtswahrungsanzeige)*

a Für Unterhaltsansprüche, die nach § 90 I 1 BSHG a. F. auf den Träger der Sozialhilfe übergeleitet worden sind oder nach § 91 I 1 BSHG in der Fassung vom 23. 6. 1993 (BGBl I, 944) kraft Gesetzes auf diesen übergegangen sind, eröffnete jedoch eine Rechtswahrungsanzeige, wie sie den Bekl. zugestellt worden ist, die Möglichkeit der rückwirkenden Inanspruchnahme bereits ab dem Zeitpunkt des Erlasses des Bescheids über die Gewährung von Sozialhilfe (§ 91 III 1 BSHG i.d.F. vom 23. 6. 1993; *Senat,* NJW 1992, 1393 = FamRZ 1992, 795 [796]). Insoweit begegnet es deshalb keinen Bedenken, dass der Bekl. zu 2 (im Folgenden: Bekl.) für die Zeit ab 1. 9. 1994 auf Zahlung von Unterhalt in Anspruch genommen wird.

(Bedarf Elternunterhalt)

b Das OLG ist rechtlich zutreffend davon ausgegangen, dass sich das Maß des einem Elternteil geschuldeten Unterhalts gem. § 1610 I BGB nach dessen Lebensstellung bestimmt. Diese leitet sich – anders als bei volljährigen, noch in einer Berufsausbildung befindlichen Kindern – nicht von derjenigen des Unterhaltspflichtigen ab, sondern ist eigenständig und beurteilt sich in erster Linie nach den Einkommens- und Vermögensverhältnissen des betreffenden Elternteils. Nachteilige Veränderungen der Einkommensverhältnisse, wie sie in der Regel etwa mit dem Eintritt in den Ruhestand verbunden sind, haben – eventuell nach einer Übergangszeit – deshalb auch eine Änderung der Lebensstellung zur Folge. Mit Rücksicht darauf können die Eltern von ihren Kindern dann keinen Unterhalt entsprechend ihrem früheren Lebensstandard beanspruchen. Als angemessener Unterhalt müssen aber auch bei bescheidenen wirtschaftlichen Verhältnissen diejenigen Mittel angesehen werden, durch die das Existenzminimum der Eltern sichergestellt werden kann und die demgemäß als Untergrenze des Bedarfs zu bewerten sind (ebenso *Eschenbruch,* Der Unterhaltsprozess, 3. Aufl., Rdnrn. 2004 f.; *Günther,* Münchner Anwaltshdb., § 12 Rdnrn. 11ff.; *Heiß/Born/Hußmann,* UnterhaltsR, 13. Kap., Rdnr. 22; *Luthin/Seidel,* Hdb. des UnterhaltsR, 9. Aufl., Rdnrn. 5050 f.; *Scholz/Stein/Erdrich,* Praxishdb. FamilienR, Teil J, Rdnr. 24; *Wendl/Pauling,* Das UnterhaltsR in der familienrichterlichen Praxis, 5. Aufl., § 9 Rdnr. 635; *Diederichsen,* FF 1999 Sonderheft, 13 f.; *OLG Koblenz,* FamRZ 2002, 1212 [1213]). Insofern ist es auch nicht rechtsfehlerhaft, wenn zur Ermittlung des so bemessenen Bedarfs auf die in den Unterhaltstabellen enthaltenen, am sozialhilferechtlichen Existenzminimum ausgerichteten Eigenbedarfssätze eines unterhaltsberechtigten Ehegatten zurückgegriffen und derjenige Betrag als Bedarf angesetzt wird, der der jeweiligen Lebenssituation des unterhaltsberechtigten Elternteils entspricht. Hiervon ausgehend ist die Bedarfsberechnung des BerGer. insgesamt nicht zu beanstanden, insbesondere ist es zutreffend, dass die Kosten der Kranken- und Pflegeversicherung zusätzlich zu berücksichtigen sind (vgl. auch *Günther,* § 12 Rdnr. 12; *Eschenbruch,* Rdnr. 2006; *Luthin/Seidel,* Rdnr. 5052).

(Wohngeld als Einkommen)

c Nach der Rechtsprechung des *Senats* ist Wohngeld zunächst auf einen erhöhten Wohnkostenbedarf anzurechnen. Dabei wird im Allgemeinen angenommen werden können, dass den Wohngeldempfänger Wohnkosten treffen, die auch unterhaltsrechtlich als erhöht zu bezeichnen sind. Soweit das der Fall ist, dient das Wohngeld dem Ausgleich eines unvermeidbar erhöhten Aufwands mit der Folge, dass der Bedarf des Berechtigten auf das unter den gegebenen wirtschaftlichen Verhältnissen „normale" Maß zurückgeführt wird. Nur mit einem dafür nicht verbrauchten Teilbetrag ist das Wohngeld als Einkommen zu berücksichtigen (*Senat*, NJW 1983, 684 = LM § 323 ZPO Nr. 39 = FamRZ 1982, 587 [589f.], und FamRZ 1984, 772 [774]).

Danach durfte das Wohngeld nicht in voller Höhe auf den Bedarf der Mutter angerechnet werden. Die Kl. hat, wie die Revision zutreffend geltend macht, im Einzelnen dargelegt, dass dem Wohngeld ein erhöhter Wohnbedarf gegenüberstehe. Die Wohnkosten beliefen sich auf Beträge, die (einschließlich Heizkosten) zwischen monatlich 722 DM und monatlich 762 DM lagen. In den für die Mutter zu Grunde gelegten Bedarfssätzen ist dagegen für die Zeit ab Januar 1996 lediglich eine Warmmiete bis zu 650 DM monatlich enthalten (vgl. Anm. 5 der Düsseldorfer Tabelle). Für die davor liegende Zeit weist die Düsseldorfer Tabelle noch keinen Wohnkostenanteil aus. Insofern kann – unter Zugrundelegung der Relation, die sich aus den für die Folgezeit herangezogenen Beträgen von 1500 DM einerseits und 650 DM andererseits ergibt (ca. 43%) – von einem Wohnkostenanteil von rund 560 DM (rund 43% von 1300 DM) ausgegangen werden. Daraus folgt, dass das Wohngeld, das in Höhe von monatlich 317 DM, 327 DM und 338 DM gewährt worden ist, insoweit nicht als Einkommen der Mutter angesetzt werden durfte, als es dafür verwandt werden konnte, den über monatlich 560 DM bzw. monatlich 650 DM liegenden Wohnkostenanteil auszugleichen. Dass die in der genannten Höhe angefallenen Wohnkosten für die Mutter unvermeidbar waren, hat der Bekl. letztlich nicht in Abrede gestellt. Denn er hat selbst geltend gemacht, die Mutter sei aus finanziellen Gründen nicht zu einem Umzug in der Lage gewesen. Ob durch einen Umzug im Übrigen eine geringere finanzielle Belastung zu erreichen gewesen wäre, ist seinem Vortrag nicht im Einzelnen zu entnehmen.

(Altersvorsorgeaufwendungen bei Selbständigen bei 20% des Bruttoeinkommens; Altersvorsorge durch Kapitalbildung)

c) Diese Rügen erweisen sich nur hinsichtlich des unterbliebenen Abzugs für Aufwendungen zur Altersvorsorge als gerechtfertigt. **d**

aa) Das Gesetz erlaubt bei der Bestimmung der Leistungsfähigkeit eines auf Verwandtenunterhalt in Anspruch genommenen Unterhaltspflichtigen ausdrücklich die Berücksichtigung sonstiger Verpflichtungen (§ 1603 I BGB). Im Gegensatz zu dem unterhaltsberechtigten Elternteil besteht bei ihm in der Regel noch länger die Notwendigkeit, sich und seine Familie gegen Unwägbarkeiten abzusichern und für die Zukunft vorzusorgen. Mit Rücksicht darauf muss dem Unterhaltspflichtigen ermöglicht werden, eine angemessene Altersversorgung aufzubauen.

Bei Nichtselbstständigen erfolgt die (primäre) Altersversorgung im Regelfall durch die gesetzliche Rentenversicherung, bei Beamten wird sie durch die Beamtenversorgung gewährleistet. Wenn für den Unterhaltspflichtigen indessen keine Sozialversicherungspflicht als abhängig beschäftigter Arbeitnehmer mehr besteht, ist ihm eine seinen Einkommensverhältnissen entsprechende Altersversorgung durch die gesetzliche Rentenversicherung nicht mehr möglich. In einem solchen Fall ist ihm wie einem Selbstständigen zuzubilligen, anderweit für sein Alter in angemessener Weise Vorsorge zu treffen. Dabei kann die Angemessenheit von Vorsorgeaufwendungen grundsätzlich bejaht werden, soweit sie sich im Verhältnis zu den erzielten Einkünften nach Beitragshöhe oder Anspruchshöhe orientiert. Als Richtmaß kann deshalb in Anlehnung an die Beitragssätze zur gesetzlichen Rentenversicherung (bis März 1999: 20,3%, von April bis Dezember 1999: 19,5%, von Januar bis Dezember 2000: 19,3% und ab Januar 2001: 19,1%) ein Anteil von etwa 20% des Bruttoeinkommens als für die primäre Altersversorgung angemessen angesehen werden (*Wendl/Gerhardt*, § 1 Rdnrn. 497a, 498; *Weinreich/Klein*, Kompaktkommentar FamilienR, § 1578 Rdnr. 236; *Büttner*, in: Festschr. f. D. Henrich, S. 54; vgl. auch *Göppinger/Strohal*, UnterhaltsR, 7. Aufl., Rdnr. 664). Der Bekl. ist, wie er unwidersprochen vorgetragen hat, seit dem 1. 1. 1999 als Gesellschafter-Geschäftsführer der *W*-GmbH nicht mehr sozialversicherungspflichtig beschäftigt. Da für ihn deshalb keine Beiträge zur Rentenversicherung mehr abgeführt werden, ist ihm zuzubilligen, auf andere Weise Vorsorge für sein Alter zu treffen.

Voraussetzung für eine Absetzbarkeit von Vorsorgeaufwendungen ist indessen, wie das BerGer. zutreffend angenommen hat, dass derartige Aufwendungen tatsächlich geleistet werden. Fiktive Abzüge kommen insoweit nicht in Betracht (*Wendl/Gerhardt*, § 1 Rdnr. 498). Der Bekl. hat allerdings, worauf die Revision zu Recht hinweist, ausdrücklich geltend gemacht, unter anderem in Höhe der früheren gesetzlichen Abzüge für die Rentenversicherung Rücklagen auf einem Sparkonto zu bilden, um auf diese Weise nach dem Wegfall der Sozialversicherungspflicht weiterhin Altersvorsorge zu betreiben. Auch diesem Vorbringen ist die Kl. nicht entgegengetreten. Es stellt sich deshalb die Frage, ob derartige vermögensbildende Aufwendungen, wie sie etwa auch der Erwerb von Immobilien, Wertpapieren oder Fondsbeteiligungen darstellen, ebenfalls als angemessene Art der Altersvorsorge anzuerkennen sind. Dabei muss Ausgangspunkt der Überlegung sein, dass es dem Unterhaltspflichtigen grundsätzlich freisteht, in welcher Weise er – etwa jenseits der gesetzlichen Rentenversicherung – Vorsorge für sein

Alter trifft. Wenn er sich angesichts der unsicheren Entwicklung der herkömmlichen Altersversorgungen für den Abschluss von Lebensversicherungen entscheidet, muss dieser Entschluss unterhaltsrechtlich im Allgemeinen akzeptiert werden. Nach Auffassung des *Senats* kann der Abschluss von Lebensversicherungen aber nicht die einzige Alternative für eine private Altersversorgung sein. Vielmehr müssen grundsätzlich auch sonstige vermögensbildende Investitionen als angemessene Art der Altersversorgung gebilligt werden (ebenso *Wendl/Gerhardt*, § 1 Rdnr. 498), soweit sie geeignet erscheinen, diesen Zweck zu erreichen. Da insoweit der Erwerb etwa von Wertpapieren oder Fondsbeteiligungen wegen der damit teilweise verbundenen Risiken nicht zwingend in Betracht zu ziehen ist, kann im Einzelfall auch die Anlage eines bloßen Sparvermögens als anzuerkennende Art der Altersvorsorge bewertet werden. Davon ist auch im vorliegenden Fall auszugehen. Dem Bekl. ist es zuzubilligen, in Höhe von rund 20% seines Bruttoeinkommens Rücklagen für seine primäre Altersversorgung zu bilden. Insoweit können seine Zahlungen auf ein Sparkonto als angemessene Vorsorgeaufwendungen anerkannt werden.

(Keine Berücksichtigung von Rücklagen zur Absicherung einer Arbeitslosigkeit bei Selbständigen)

e Soweit der Bekl. geltend macht, er bilde auf dem Sparkonto auch Rücklagen zur Absicherung für den Fall der Arbeitslosigkeit, und zwar in Höhe der früheren Abzüge von 6,5% für die Arbeitslosenversicherung, können die betreffenden Aufwendungen dagegen nicht als abzugsfähig angesehen werden. Den eigenen Angaben des Bekl. zufolge beruht seine Sozialversicherungsfreiheit darauf, dass er als Gesellschafter-Geschäftsführer nicht mehr abhängig beschäftigt ist. Daraus folgt, dass seine Tätigkeit in der *W*-GmbH als von Selbstständigkeit geprägt beurteilt worden sein muss (vgl. *Niesel*, SGB III, 2. Aufl., § 25 Rdnrn. 15 ff.). Unter diesen Umständen kann indessen nicht angenommen werden, der Bekl. sei – ebenso wie ein abhängig Beschäftigter – dem Risiko ausgesetzt, seine Anstellung durch Kündigung zu verlieren. Vielmehr ist davon auszugehen, dass er selbst maßgeblichen Einfluss auf die Entscheidung der Gesellschaft und damit auch auf die Fortdauer seiner Anstellung besitzt.

Dass dem Bekl. gleichwohl auf Grund einer unternehmerischen Entscheidung der Eintritt von Arbeitslosigkeit drohen könnte, ist nicht dargelegt worden.

(Familienunterhalt bei Konkurrenz zu anderen Unterhaltsansprüchen; kein Mindestbedarf. sondern Halbteilung entsprechend § 1578 BGB)

f b) Im Ansatz zutreffend hat das BerGer. allerdings angenommen, dass der Bekl. und sein Bruder als (gleich nahe) Verwandte verpflichtet sind, anteilig für den Unterhalt ihrer Mutter aufzukommen (§§ 1601, 1606 III 1 BGB). Es ist auch zu Recht davon ausgegangen, dass beide nur insoweit unterhaltspflichtig sind, als sie bei Berücksichtigung ihrer sonstigen Verpflichtungen imstande sind, ohne Gefährdung ihres eigenen angemessenen Unterhalts den Unterhalt zu gewähren (§ 1603 I BGB).

Die Beurteilung der Leistungsfähigkeit des Bekl. entspricht diesen Anforderungen indessen nicht und begegnet deshalb durchgreifenden rechtlichen Bedenken.

aa) Zu den zu berücksichtigenden sonstigen Verpflichtungen des Bekl. gehört, wie das BerGer. nicht verkannt hat, die Unterhaltspflicht gegenüber seiner Ehefrau, da diese nicht über ausreichendes eigenes Einkommen verfügt. Der Bekl. schuldet ihr deshalb gem. §§ 1360, 1360 a BGB Familienunterhalt. Dieser Unterhaltsanspruch lässt sich zwar nicht ohne weiteres nach den zum Ehegattenunterhalt nach Trennung oder Scheidung entwickelten Grundsätzen bemessen. Denn er ist nach seiner Ausgestaltung nicht auf die Gewährung einer – frei verfügbaren – laufenden Geldrente für den jeweils anderen Ehegatten, sondern vielmehr als gegenseitiger Anspruch der Ehegatten darauf gerichtet, dass jeder von ihnen seinen Beitrag zum Familienunterhalt entsprechend seiner nach dem individuellen Ehebild übernommenen Funktion leistet. Seinem Umfang nach umfasst der Anspruch auf Familienunterhalt gem. § 1360 a BGB alles, was für die Haushaltsführung und die Deckung der persönlichen Bedürfnisse der Ehegatten und eventueller Kinder erforderlich ist. Sein Maß bestimmt sich aber nach den ehelichen Lebensverhältnissen, so dass § 1578 BGB als Orientierungshilfe herangezogen werden kann (*Senat*, NJW 1995, 1486 = FamRZ 1995, 537, und NJW 2003, 1112 = FPR 2003, 211, unter 5 a aa). Es begegnet deshalb keinen Bedenken, den – hier maßgeblichen – Anspruch auf Familienunterhalt im Fall der Konkurrenz mit anderen Unterhaltsansprüchen auf die einzelnen Familienmitglieder aufzuteilen und in Geldbeträgen zu veranschlagen (vgl. *Senat*, NJW-RR 2001, 361 = FamRZ 2001, 1065 [1066]; NJW 2002, 1646 = FPR 2002, 266 = FamRZ 2002, 742, und NJW 2003, 1112 = FPR 2003, 211). Daher kann der anzusetzende Betrag insoweit in gleicher Weise wie der Unterhaltsbedarf eines getrennt lebenden oder geschiedenen Ehegatten ermittelt werden.

bb) Welcher Betrag bei dem auf Elternunterhalt in Anspruch genommenen Unterhaltspflichtigen für den Unterhalt seines Ehegatten anzusetzen ist, wird in der Rechtsprechung der Oberlandesgerichte und im Schrifttum nicht einheitlich beantwortet. Nachdem die Düsseldorfer Tabelle für diesen Fall bei gemeinsamer Haushaltsführung einen Selbstbehalt für den Ehegatten von mindestens 1750 DM (ab 1. 7. 1998) bzw. von mindestens 1860 DM (ab 1. 7. 2001) und von mindestens 950 Euro (ab 1. 1. 2002) vorsieht, werden vielfach die entsprechenden Beträge herangezogen (*OLG Hamm*, NJW-RR

2001, 1659 = FamRZ 2002, 125 [126]; *OLG Köln*, NJW-RR 2002, 74 = FamRZ 2002, 572 [573]; *Duderstadt*, Erwachsenenunterhalt, 3. Aufl., S. 186; *Scholz/Stein/Erdrich*, Teil J, Rdnr. 48; *Heiß/Hußmann*, 13. Kap., Rdnr. 54). Diese Handhabung ist indessen nicht damit zu vereinbaren, dass der Unterhaltsanspruch der Ehefrau nicht auf einen Mindestbetrag beschränkt ist, sondern nach den individuell ermittelten Lebens-, Einkommens- und Vermögensverhältnissen, die den ehelichen Lebensstandard bestimmen, zu bemessen ist (§ 1578 I 1 BGB). Da die Ehefrau zudem der Schwiegermutter gegenüber nicht unterhaltspflichtig ist, braucht sie mit Rücksicht auf deren – gem. § 1609 BGB nachrangige – Unterhaltsansprüche keine Schmälerung ihres angemessenen Anteils am Familienunterhalt hinzunehmen. Für sie ist deshalb nicht von vornherein ein bestimmter Mindestbetrag anzusetzen, sondern der nach Maßgabe der ehelichen Lebensverhältnisse bemessene Unterhalt (ebenso: *Eschenbruch*, Rdnr. 2027; *Günther*, § 12 Rdnr. 73; *Luthin/Seidel*, Rdnr. 5081). Dem steht nicht die Erwägung entgegen, dass dem Unterhaltsverpflichteten bei einem so ermittelten Unterhaltsanspruch möglicherweise weniger zur Verfügung steht als seinem Ehegatten (so aber *OLG Köln*, NJW-RR 2002, 74 = FamRZ 2002, 572 [573]). Dieses – bei günstigen Einkommensverhältnissen mögliche – Ergebnis folgt daraus, dass der Unterhaltspflichtige seinem Ehegatten den eheangemessenen Unterhalt schuldet, seinen Eltern gegenüber aber nicht diesen als Selbstbehalt verteidigen kann, sondern ihm insofern nur die Mittel zu verbleiben haben, die er zur Deckung seines eigenen angemessenen Unterhalts benötigt. Der angeführte Gesichtspunkt ist deshalb nicht geeignet, die individuelle Bemessung des Unterhaltsanspruchs des Ehegatten in Frage zu stellen.

Der *Senat* sieht sich mit seiner Auffassung auch nicht in Widerspruch zu der Rechtsprechung des *X. Zivilsenats* des *BGH*, der zu den Voraussetzungen, unter denen ein Beschenkter wegen Gefährdung seines standesgemäßen Unterhalts oder der Erfüllung der ihm obliegenden gesetzlichen Unterhaltspflichten nach § 529 II BGB die Rückgabe eines Geschenks verweigern kann, entschieden hat, es erscheine sachgerecht, den – unterhaltsrechtlich zu würdigenden – Bedarf des Ehegatten des Beschenkten von dem für Letzteren anzusetzenden Selbstbehalt abzuleiten (*BGH*, NJW 2000, 3488 = FamRZ 2001, 21 [22]). Denn in jenem Fall kam von den Einkommensverhältnissen des Beschenkten her von vornherein ein über dem Mindestbedarfssatz liegender Unterhaltsanspruch der Ehefrau nicht in Betracht.

(Abzug prägender und vorrangiger Unterhaltsleistungen, soweit kein Missverhältnis zum Bedarf des vorrangigen Unterhaltsanspruchs entsteht)

cc) Wenn danach der Unterhaltsanspruch der Ehefrau nach den ehelichen Lebensverhältnissen zu bestimmen ist, so stellt sich allerdings die Frage, ob diese bereits durch Unterhaltsleistungen für die Mutter geprägt waren. Denn der Unterhaltsanspruch eines Ehegatten kann auch durch Unterhaltsansprüche nachrangig Berechtigter eingeschränkt werden, soweit die sich aus einem entsprechenden Vorwegabzug ergebende Verteilung der zum Unterhalt zur Verfügung stehenden Mittel nicht zu einem Missverhältnis hinsichtlich des wechselseitigen Bedarfs der Beteiligten führt (*Senat*, NJW-RR 1990, 578 = FamRZ 1990, 979 [980], und NJW 1991, 2703 = FamRZ 1991, 1163 [1164f.]). Eine solche Bestimmung der ehelichen Lebensverhältnisse durch anderweitige Unterhaltspflichten ist nicht nur in dem Verhältnis zwischen Eltern und ihren volljährigen Kindern denkbar, sondern etwa auch dann, wenn ein Ehegatte während des Zusammenlebens seinem Kind aus einer früheren Ehe auf Grund einer entsprechenden Verpflichtung Unterhaltsleistungen erbracht hat (*Senat*, NJW 1991, 2703 = FamRZ 1991, 1263 [1164 f.]). In gleicher Weise kann aber auch der auf Grund einer Verpflichtung gezahlte Elternunterhalt die ehelichen Lebensverhältnisse prägen. Dem Umstand, dass der Ehegatte dem Unterhaltsberechtigten gegenüber nicht seinerseits unterhaltspflichtig ist, kommt insofern keine Bedeutung zu (ebenso: *Günther*, § 12 Rdnrn. 73 f.; a. A. *Luthin/Seidel*, Rdnr. 5081; vgl. auch *Wendl/Scholz*, § 3 Rdnr. 76a). Der zu beachtende Vorrang des Ehegatten hat allein zur Folge, dass der Vorwegabzug nicht zu einem Missverhältnis des sich für ihn ergebenden Unterhaltsanspruchs führen darf, ihm also in einem Fall wie dem vorliegenden in jedem Fall der Mindestbedarf zu verbleiben hat. **g**

Danach kommt es in erster Linie darauf an, ob der Bekl. – nicht nur vorübergehend – bereits Unterhaltsleistungen für seine Eltern erbracht hat, als er im Oktober 1995 heiratete.

(Berücksichtigung latenter Unterhaltslasten)

Abgesehen davon erscheint es in einem Fall wie dem vorliegenden aber auch nicht ausgeschlossen, dass schon die latente Unterhaltslast für die Mutter die ehelichen Lebensverhältnisse mitbestimmt hat. Denn anders als in den Fällen, in denen sich der Unterhaltsbedarf von Eltern – meist unvorhersehbar – dadurch ergibt, dass sie im Alter pflegebedürftig werden, die Kosten einer Heimunterbringung aus eigenen Mitteln aber nicht oder nicht vollständig aufbringen können, zeichnete sich hier bereits längerfristig ab, dass die Mutter des Bekl. angesichts ihrer geringen Rente in nicht unerheblichem Umfang unterhaltsbedürftig sein würde, jedenfalls nachdem sie aus dem Erwerbsleben ausgeschieden war, weil sie bei weitem nicht über die zur Bestreitung ihres Existenzminimums erforderlichen Mittel verfügte. **h**

Insofern kommt es für die Beurteilung etwa darauf an, inwieweit gegenüber dem Bekl. wegen der ab 1987 geleisteten Sozialhilfe in der Vergangenheit bereits Unterhaltsforderungen erhoben worden waren.

(Überobligatorische Tätigkeit verheirateter Eheleute bei Kinderbetreuung; keine Vergütung für Betreuung der Kinder)

i Für die Zeit, für die auf Grund des Einkommens des Bekl. und seiner Ehefrau ein höherer Unterhaltsbedarf für Letztere in Betracht kommt als der vom BerGer. berücksichtigte Mindestbedarf, kann die Entscheidung danach keinen Bestand haben. Der *Senat* ist nicht in der Lage, insoweit abschließend zu befinden. Denn hierzu bedarf es weiterer Feststellungen hinsichtlich der Frage, ob und gegebenenfalls inwieweit die ehelichen Lebensverhältnisse des Bekl. und seiner Ehefrau durch für die Mutter aufgebrachten Unterhalt oder geltend gemachte Unterhaltsforderungen bestimmt worden sind.

dd) Für die Zeit, für die nach dem zusammengerechneten Einkommen des Bekl. und seiner Ehefrau ohnehin nur der Mindestbedarf für Letztere in Betracht kommt, begegnet die vorgenommene Berechnung aus einem anderen Grund rechtlichen Bedenken. Das BerGer. ist auf Grund des Alters der von der Ehefrau betreuten Kinder, die allerdings nicht 1984 und 1986, sondern 1986 und 1988 geboren sind, davon ausgegangen, diese arbeite zumindest teilweise überobligationsmäßig. Allein dieser – im Grundsatz zutreffende – Gesichtspunkt rechtfertigt es indessen, wie die Anschlussrevision zu Recht geltend macht, nicht, ihr den deutlich überwiegenden Teil ihres Erwerbseinkommens anrechnungsfrei zu belassen. Wäre die Ehefrau nicht wieder verheiratet, sondern würde ihren geschiedenen Ehemann auf Unterhalt in Anspruch nehmen, so würde die Ermittlung des ihr nach § 1577 II BGB anrechnungsfrei zu belassenden Teils ihres Einkommens etwa davon abhängen, wie die Kinderbetreuung mit den konkreten Arbeitszeiten unter Berücksichtigung erforderlicher Fahrtzeiten zu vereinbaren ist und zu welchen Zeiten die Kinder die Schule besuchen und von daher zeitweise jedenfalls nicht der Betreuung bedürfen. Diese Beurteilung führt in der gerichtlichen Praxis allerdings häufig zu einer hälftigen Anrechnung des aus überobligationsmäßiger Tätigkeit erzielten Einkommens. In der Situation einer alleinerziehenden Mutter befindet sich die Ehefrau des Bekl. indessen nicht, vielmehr kann sie von diesem unter dem Gesichtspunkt der gebotenen Rücksichtnahme (§ 1356 II BGB) Hilfe und Unterstützung erwarten. Dieser Umstand legt es nahe, die Erwerbstätigkeit in weitergehendem Umfang als im unmittelbaren Anwendungsbereich des § 1577 II BGB für zumutbar zu erachten. Deshalb ist es rechtsfehlerhaft, das erzielte Erwerbseinkommen in Höhe der abgesetzten Beträge nicht als Einkommen der Ehefrau zu berücksichtigen und diese damit so zu behandeln, als würde sie Barunterhalt entsprechend Gruppe 1 der Düsseldorfer Tabelle abzüglich des hälftigen Kindergeldes leisten. Der Barunterhalt für die Kinder wird unstreitig von deren Vater erbracht. Die Ehefrau erfüllt ihre Unterhaltspflicht durch die Betreuung der Kinder (§ 1606 III 2 BGB). Dafür steht ihr keine Vergütung zu.

(Familienunterhalt in Höhe der Hälfte des beiderseitigen prägenden Einkommens; Mindestbedarf)

j a) Familienunterhalt steht der Ehefrau grundsätzlich in Höhe der Hälfte des beiderseitigen Einkommens der Ehegatten zu (vgl. *Senat*, NJW 2002, 1646 = FPR 2002, 266 = FamRZ 2002, 742), soweit dieses die ehelichen Lebensverhältnisse geprägt hat und nicht zur Vermögensbildung verwandt worden ist (vgl. etwa *Staudinger/Hübner/Vogel*, BGB, 13. Bearb. [2000], § 1360 a Rdnr. 7). Dabei ist ein mit Rücksicht auf die überobligationsmäßige Tätigkeit eventuell anrechnungsfrei zu belassender Teilbetrag insgesamt außer Betracht zu lassen (vgl. im Einzelnen *Senat*, NJW 2003, 1112 = FPR 2003, 211). Wenn die erneute Beurteilung zu einem Betrag führen sollte, der – zusammen mit dem anrechenbaren Einkommen der Ehefrau – unter dem jeweiligen Mindestbedarfssatz liegt, so ist von Letzterem auszugehen.

(Erhöhung des Familienunterhalts durch Ersparnis durch Zusammenleben)

k b) Einkommenserhöhend wird, soweit nicht ein Mindestbedarfssatz heranzuziehen ist, die durch die gemeinsame Haushaltsführung erfahrungsgemäß eintretende Ersparnis anzusetzen sein, die zu schätzen ist (§ 287 ZPO).

(Selbstbehalt beim Elternunterhalt)

l c) Hinsichtlich der Bemessung des angemessenen Selbstbehalts des Bekl. wird auf das *Senats*urteil vom 23. 10. 2002 (NJW 2003, 128 = FPR 2003, 149 = FamRZ 2002, 1698 [1700ff.]) hingewiesen. Insofern obliegt es der verantwortlichen Beurteilung des Tatrichters, auf welche Weise er erforderlichenfalls dem Umstand Rechnung trägt, dass die Mindestbedarfssätze auf durchschnittliche Einkommensverhältnisse bezogen sind und es deshalb geboten sein kann, den für den Unterhaltspflichtigen angemessenen Eigenbedarf anhand der konkreten Umstände des Einzelfalls zu bestimmen.

BVerfG v. 5. 3. 2003 – 1 BvR 752/02 – FamRZ 03, 661 = FPR 03, 479

(Zumutbarkeit von Zusatztätigkeiten) **R591**

1. Die angegriffene Entscheidung verletzt den Bf. in seinem Grundrecht aus Art. 2 I GG, soweit er hierdurch ab 1. 1. 2001 zu Unterhaltszahlungen unter Berücksichtigung fiktiver Einkünfte aus einer Nebentätigkeit verpflichtet worden ist.

a) Die Auferlegung von Unterhaltsleistungen schränkt den Verpflichteten in seiner durch Art. 2 I GG geschützten Handlungsfreiheit ein, die jedoch nur im Rahmen der verfassungsmäßigen Ordnung gewährleistet ist, zu der auch das Unterhaltsrecht gehört, soweit dieses mit Art. 6 I GG in Einklang steht (vgl. BVerfGE 57, 361 [378] = NJW 1981, 1771). Dabei darf die Auslegung und Anwendung verfassungsgemäßer unterhaltsrechtlicher Normen nicht zu verfassungswidrigen Ergebnissen führen (vgl. BVerfGE 80, 286 [294] = NJW 1989, 2807). Der ausgeurteilte Unterhalt darf den Unterhaltspflichtigen nicht unverhältnismäßig belasten (vgl. BVerfGE 57, 361 [388] = NJW 1981, 1771; BVerfGE 80, 286 [293] = NJW 1989, 2807, unter Hinweis auf BVerfGE 35, 202 [221] = NJW 1973, 1226). Wird die Grenze des Zumutbaren eines Unterhaltsanspruchs überschritten, ist die Beschränkung der Dispositionsfreiheit des Verpflichteten im finanziellen Bereich als Folge der Unterhaltsansprüche des Bedürftigen nicht mehr Bestandteil der verfassungsmäßigen Ordnung und kann vor dem Grundrecht des Art. 2 I GG nicht bestehen (vgl. BVerfGE 57, 361 [381] = NJW 1981, 1771).

Ausprägung des Grundsatzes der Verhältnismäßigkeit im Unterhaltsrecht ist § 1603 I BGB, nach dem nicht unterhaltspflichtig ist, wer bei Berücksichtigung seiner sonstigen Verpflichtungen außer Stande ist, ohne Gefährdung seines angemessenen Unterhalts den Unterhalt zu gewähren. Eltern, die sich in dieser Lage befinden, sind gem. § 1603 II BGB ihren minderjährigen unverheirateten Kindern gegenüber verpflichtet, alle verfügbaren Mittel zu ihrem und der Kinder Unterhalt gleichmäßig zu verwenden. Für den Unterhaltsanspruch des geschiedenen Ehegatten bestimmt § 1581 BGB, dass der Verpflichtete, wenn er außer Stande ist, ohne Gefährdung des eigenen angemessenen Unterhalts dem Berechtigten Unterhalt zu gewähren, nur insoweit Unterhalt zu leisten braucht, als es mit Rücksicht auf die Bedürfnisse sowie die Erwerbs- und Vermögensverhältnisse der geschiedenen Ehegatten der Billigkeit entspricht (vgl. *BVerfG,* NJW 2002, 742 = FamRZ 2001, 1686). Für den Unterhaltsanspruch des getrennt lebenden Ehegatten fehlt eine § 1581 BGB entsprechende Vorschrift. Es gelten aber die gleichen Grundsätze wie beim nachehelichen Unterhalt mit der Maßgabe, dass die vor der Scheidung noch bestehende größere Verantwortung der Ehegatten füreinander zu berücksichtigen ist (vgl. *BGH,* NJW-RR 1986, 685 = FamRZ 1986, 566 [557]).

Grundvoraussetzung eines jeden Unterhaltsanspruchs ist die Leistungsfähigkeit des Unterhaltsverpflichteten (vgl. *Staudinger/Engler/Kaiser,* BGB, Neubearb. 2000, § 1603 Rdnr. 2; *Johannsen/Henrich,* EheR, 3. Aufl. [1998], § 1581 Rdnr. 1; *Kalthoener/Büttner/Niepmann,* Die Rspr. zur Höhe des Unterhalts, 7. Aufl. [2000], Rdnr. 573). Das Unterhaltsrecht ermöglicht es insofern den Gerichten, dem Verhältnismäßigkeitsgrundsatz Rechnung zu tragen. Die Gerichte haben im Einzelfall zu prüfen, ob der Unterhaltspflichtige in der Lage ist, den beanspruchten Unterhalt zu zahlen oder ob dieser die finanzielle Leistungsfähigkeit des Unterhaltspflichtigen übersteigt. Soweit die Gerichte dabei den Umfang der Erwerbsobliegenheit eines Unterhaltspflichtigen zu beurteilen haben, hat auch dies unter Wahrung des Grundsatzes der Verhältnismäßigkeit zu erfolgen. Eine über die tatsächliche Erwerbstätigkeit hinausgehende Obliegenheit des Unterhaltspflichtigen zur Erzielung von Einkommen, das diesem insoweit bei der Unterhaltsberechnung fiktiv zugerechnet wird, kann nur angenommen werden, wenn und soweit die Aufnahme einer weiteren oder anderen Erwerbstätigkeit dem Unterhaltspflichtigen unter Berücksichtigung der Umstände des Einzelfalls zumutbar ist und ihn nicht unverhältnismäßig belastet (vgl. BVerfGE 68, 256 [267] = NJW 1985, 1211).

b) Zwar ist es verfassungsrechtlich nicht zu beanstanden, bei einem unterhaltspflichtigen Arbeitnehmer, der über die tarifliche Arbeitszeit hinaus Mehrarbeit leistet oder einer Nebentätigkeit nachgeht und deshalb über reale Mehreinnahmen verfügt, der Unterhaltsbemessung auch diese Einkünfte in der – widerlegbaren – Vermutung zu Grunde zu legen, die tatsächlich ausgeübte zusätzliche Arbeit sei dem Unterhaltspflichtigen auch zumutbar (vgl. *BGH,* NJW 1982, 520 = FamRZ 1982, 152 [153]; NJW 1991, 697 = FamRZ 1991, 182 [184]). Wenn einem Unterhaltsberechtigten aber fiktive Nebenverdienste angerechnet werden sollen, ist am Maßstab der Verhältnismäßigkeit zu prüfen, ob die zeitliche und physische Belastung durch die ausgeübte und die zusätzliche Arbeit dem Unterhaltspflichtigen unter Berücksichtigung auch der Bestimmungen, die die Rechtsordnung zum Schutz der Arbeitskraft vorgibt, abverlangt werden kann.

So ist im Arbeitszeitgesetz das Maß der zeitlichen Belastung der Arbeitskraft angegeben, über das hinaus ein Arbeitnehmer auch zur Sicherung seiner Gesundheit nicht zur Arbeit herangezogen werden soll (s. §§ 3 und 6 ArbZG). Zusätzlich ist zu prüfen, ob und in welchem Umfang es dem betreffenden Unterhaltsverpflichteten unter Abwägung seiner von ihm darzulegenden besonderen Lebens- und Arbeitssituation sowie gesundheitlichen Belastung mit der Bedarfslage des Unterhaltsberechtigten zugemutet werden kann, eine Nebentätigkeit auszuüben. Schließlich ist zu prüfen, ob es Nebentätigkeiten entsprechender Art für den Betreffenden überhaupt auf dem Arbeitsmarkt gibt und der Aufnahme einer solchen Tätigkeit wiederum keine rechtlichen Hindernisse entgegenstünden, wobei auch insoweit die Darlegungs- und Beweislast beim Unterhaltsverpflichteten liegt (vgl. *BGH,* NJWE-FER 1998, 64 = FamRZ 1998, 357 [359]; BVerfGE 68, 256 [270] = NJW 1985, 1211).

c) Unter Zugrundelegung dieses Maßstabs hat das *OLG* bei der angegriffenen Entscheidung das Grundrecht des Bf. aus Art. 2 I GG auf Schutz vor einer unverhältnismäßigen Belastung durch Unterhaltsleistungen verkannt. Es hat die Zumutbarkeit einer Nebenbeschäftigung zwar geprüft, ohne jedoch dabei die Belastungsgrenze, die Art. 2 I GG der Unterhaltsverpflichtung setzt, im zu entscheidenden Fall zu berücksichtigen.

Zwar hatte der Bf. durch die Ausübung der Nebentätigkeit vor der Trennung ein Indiz für deren Zumutbarkeit gesetzt. Der Verlust dieser Tätigkeit hätte das *OLG* jedoch veranlassen müssen, die beim Bf. vorliegenden und von ihm angeführten besonderen Arbeits- und Lebensumstände in seine Prüfung der Frage einzubeziehen, ob dem Bf. eine weitere Erwerbstätigkeit neben seiner schon vollschichtigen Arbeit ab Januar 2001 zumutbar gewesen ist. Dies hat das Gericht verabsäumt. Es hat allein aus der erhöhten Unterhaltspflicht des Bf. nach § 1603 II BGB auf die Zumutbarkeit einer Nebenbeschäftigung geschlossen und in den vom Bf. vorgetragenen gesundheitlichen Einschränkungen keinen Grund gesehen, der dem entgegenstünde. Dabei hat es wesentliche Gesichtspunkte außer Acht gelassen, die im konkreten Fall bei der Zumutbarkeitsprüfung hätten Berücksichtigung finden müssen.

So ist der Bf. nicht nur einer vollschichtigen Tätigkeit nachgegangen. Seinen Hauptberuf hat er im Untertagebau im Schichtdienst ausgeübt. Schon dadurch ist der Bf. einer besonderen Belastung ausgesetzt gewesen, die für die Frage der Zumutbarkeit einer darüber hinausgehenden Beschäftigung von Relevanz ist. Hinzu ist der beträchtliche Anfahrtsweg des Bf. zu seinem Arbeitsplatz gekommen, den das *OLG* zwar durch Ansatz entsprechender Fahrtkosten, nicht aber als zusätzlichen zeitlichen Belastungsfaktor für die Leistungsfähigkeit des Bf. berücksichtigt hat. Auch bei den vom Bf. vorgetragenen gesundheitlichen Beeinträchtigungen wäre zu prüfen gewesen, ob sie zwar der Ausübung seiner vollschichtigen Haupterwerbstätigkeit nicht entgegengestanden haben, aber wegen der besonderen Belastungen, die mit dieser verbunden sind, nicht dazu hätten führen können, dass die Erwartung einer zusätzlichen Nebentätigkeit als unverhältnismäßig anzusehen ist. Schließlich hat das Gericht unberücksichtigt gelassen, dass der Bf. nach der Trennung von seiner Ehefrau nunmehr seinen Haushalt hat alleine versorgen müssen, und ihm hat Zeit verbleiben müssen, mit seinen nun von ihm getrennt lebenden Kindern weiterhin Umgang pflegen zu können (vgl. *OLG Köln,* FamRZ 1984, 1108 [1109]; *OLG Düsseldorf,* FamRZ 1984, 1092).

All diese Umstände hat das *OLG* bei seiner Prüfung übergangen und dadurch dem Grundrecht des Bf. aus Art. 2 I GG nicht hinreichend Rechnung getragen.

Es kann nicht ausgeschlossen werden, dass das *OLG* bei einer umfassenden Abwägung der Umstände des Falles unter Beachtung des Grundrechts des Bf. aus Art. 2 I GG zu einem für den Bf. günstigeren Ergebnis gekommen wäre und das fiktive Einkommen in Höhe von 325 DM ab Januar 2001 nicht berücksichtigt hätte.

BGH v. 19. 3. 2003 – XII ZR 123/00 – FamRZ 03, 1179 = NJW 03, 2306

R592 *(Angemessener Wohnwert und objektive Merkmale beim Ehegattenunterhalt)*

a b) Den Wohnwert der von dem Bekl. und seiner Ehefrau genutzten Wohnung in dem im Miteigentum der Ehegatten stehenden Haus hat das BerGer. zu Recht nicht mit der bei einer Fremdvermietung erzielbaren objektiven Marktmiete, sondern auf der Grundlage des unter den gegebenen Verhältnissen ersparten Mietzinses bemessen. Darüber hinaus hat es zutreffend die bestehenden Hauslasten in vollem Umfang als abzugsfähig anerkannt.

aa) Die Leistungsfähigkeit eines Unterhaltspflichtigen wird nicht nur durch seine Erwerbseinkünfte, sondern in gleicher Weise durch Vermögenserträge und sonstige wirtschaftliche Nutzungen bestimmt, die er aus seinem Vermögen zieht. Dazu können auch die Gebrauchsvorteile eines Eigenheims zählen, denn durch das Bewohnen eines eigenen Hauses oder einer Eigentumswohnung entfällt die Notwendigkeit der Mietzinszahlung, die in der Regel einen Teil des allgemeinen Lebensbedarfs ausmacht. Andererseits sind die allgemeinen Grundstückskosten und -lasten zu tragen und darüber hinaus die anfallenden Zins- und Tilgungsleistungen aufzubringen. Nur soweit bei einer Gegenüberstellung der ersparten Wohnkosten und der mit dem Eigentum verbundenen Kosten der Nutzungswert eines Eigenheims im Einzelfall den von den Eigentümern zu tragenden Aufwand übersteigt, ist die Differenz zwischen dem Gebrauchswert einerseits und dem Aufwand andererseits den Einkünften des Unterhaltspflichtigen zuzurechnen (ständige Rechtsprechung des Senats für den Wohnvorteil, durch den die Lebensverhältnisse von getrennt lebenden oder geschiedenen Ehegatten geprägt worden sind, vgl. *Senat,* NJW-RR 1995, 835 = FamRZ 1995, 869 [870]; NJW 1998, 753 = FamRZ 1998, 87 [88], und NJW 1998, 2821 = FamRZ 1998, 899 [901]).

bb) Der mit dem mietfreien Wohnen in einem eigenen Haus oder einer Eigentumswohnung verbundene Vorteil ist grundsätzlich nach den tatsächlichen Verhältnissen und nicht nach einem pauschalen Ansatz („Drittelwert") zu bemessen. Maßgebend ist dabei in der Regel der tatsächliche objektive Mietwert des Eigenheims (*Senat,* NJW-RR 1995, 835 = FamRZ 1995, 869 [871]; NJW 1998, 753 = FamRZ 1998, 87 [88], und NJW 2000, 2349 = FamRZ 2000, 950 [951]). Dabei darf allerdings nicht verkannt werden, dass eine infolgedessen mögliche Bemessung des Wohnvorteils in einer Höhe, die den angesichts der Einkommensverhältnisse des Unterhaltspflichtigen angemessenen Wohnaufwand übersteigt, auf eine Berücksichtigung von Einkünften hinausläuft, die diesem tatsächlich nicht zur Verfügung stehen. Das hat, wenn die betreffenden Mittel teilweise für Unterhaltszwecke einzusetzen sind, regelmäßig zur Folge, dass der bisherige Lebensstandard nicht mehr gewahrt werden kann und äußerstenfalls, dass sich die Notwendigkeit ergibt, den Grundbesitz zu verwerten. Mit Rücksicht darauf hat der Senat es im Verhältnis getrennt lebender Ehegatten für sachgerecht gehalten, den Wohnwert einer nach dem Auszug des einen Ehegatten für den dort verbleibenden anderen Ehegatten zu großen oder zu aufwendigen Wohnung als eingeschränkten Gebrauchsvorteil nur noch in einer Höhe in Rechnung zu stellen, wie er sich als angemessene Wohnungsnutzung durch den verbleibenden Ehegatten darstellt. Denn einem Ehegatten ist es während des Getrenntlebens regelmäßig nicht zumutbar, das nach der Trennung von ihm allein bewohnte Eigenheim zwecks Steigerung der Einkünfte anderweitig zu verwerten, etwa durch Verkauf oder Vermietung. Die Verwertungsobliegenheit ist hier eingeschränkt, weil während der Trennungsphase eine Wiederherstellung der ehelichen Lebensgemeinschaft nach der Lebenserfahrung noch nicht völlig ausgeschlossen ist und nicht dadurch erschwert werden soll, dass das Familienheim als Basis für das eheliche Zusammenleben aufgegeben wird. Für den nachehelichen Unterhalt gelten dagegen hinsichtlich der Verwertungsobliegenheit strengere Maßstäbe. Deshalb ist es auch gerechtfertigt, insofern grundsätzlich von einem Wohnvorteil in Höhe der objektiven Marktmiete auszugehen, während im Rahmen der Bemessung des Trennungsunterhalts der verbleibende Gebrauchswert der Wohnung grundsätzlich (nur) danach zu bestimmen ist, welchen Mietzins der Ehegatte auf dem örtlichen Wohnungsmarkt für eine dem ehelichen Lebensstandard entsprechende angemessene kleinere Wohnung zahlen müsste – nach oben begrenzt durch den vollen Wohnwert der Ehewohnung – (*Senat,* NJW 1998, 2821 = FamRZ 1998, 899 [901], und NJW 2000, 284 = FamRZ 2000, 351 [353]; *Hahne,* FF 1999, 99 [100]). Daraus wird ersichtlich, dass die Frage, wie der Wohnwert eines Eigenheims im Einzelfall zu bemessen ist, nicht losgelöst davon beurteilt werden kann, welcher Lebensstandard dem Unterhaltspflichtigen im Verhältnis zu dem Unterhaltsberechtigten zuzubilligen ist und ob notfalls eine Obliegenheit zu einer Verwertung des Hauses oder der Wohnung besteht.

(Wohnwert beim Verwandtenunterhalt; bei Ansprüchen Eltern-Kind i.d.R. nur angemessener Wohnwert)

cc) Die beim Verwandtenunterhalt maßgebliche Bestimmung des § 1603 I BGB gewährleistet jedem Unterhaltspflichtigen vorrangig die Sicherung seines eigenen angemessenen Unterhalts; ihm sollen grundsätzlich die Mittel verbleiben, die er zur angemessenen Deckung seines allgemeinen Bedarfs benötigt. In welcher Höhe dieser Bedarf zu bemessen ist, hängt von der Lebensstellung des Unterhaltsverpflichteten ab, die sich aus seinem Einkommen, Vermögen und sozialen Rang ergibt. Denn es entspricht der Erfahrung, dass die Lebensstellung an die zur Verfügung stehenden Mittel angepasst wird. Mit Rücksicht darauf kann der angemessene Eigenbedarf nicht unabhängig von dem im Einzelfall vorhandenen Einkommen bestimmt werden; er ist entsprechend den Umständen des Einzelfalls veränderlich. Wie der Senat inzwischen entschieden hat, braucht der Unterhaltsverpflichtete bei einer Inanspruchnahme auf Unterhalt für einen Elternteil eine spürbare und dauerhafte Senkung seines berufs- und einkommenstypischen Unterhaltsniveaus jedenfalls insoweit nicht hinzunehmen, als er nicht einen nach den Verhältnissen unangemessenen Aufwand betreibt. Eine derartige Schmälerung des eigenen angemessenen Bedarfs wäre mit dem Gesetz nicht in Einklang zu bringen, das den Unterhaltsanspruch der Eltern rechtlich vergleichsweise schwach ausgestaltet hat (*Senat,* NJW 2003, 128 = FPR 2003, 149 = FamRZ 2002, 1698 [1700 f.]). Auf eine Schmälerung des eigenen Bedarfs würde es aber hinauslaufen, wenn bei der Bemessung der Leistungsfähigkeit des Unterhaltspflichtigen Mittel berücksichtigt würden, die ihm tatsächlich nicht zur Verfügung stehen und die er – wie es bei der Differenz zwischen den für sich und seine Familie angemessenen Wohnkosten und dem objektiven Mietwert seines Eigenheims der Fall ist – nur durch eine Verwertung der Immobilie erzielen könnte. Eine solche Fallgestaltung kann etwa vorliegen, wenn der Unterhaltspflichtige im Wesentlichen durch Eigenleistungen kostengünstig ein Eigenheim errichtet, dessen objektiver Mietwert den bei den gegebenen Einkommensverhältnissen für Wohnkosten einzusetzenden angemessenen Betrag übersteigt. Da eine Veräußerung oder Vermietung des Familienheims die bisherige, häufig bereits langjährig gestaltete Lebensführung grundlegend beeinträchtigen würde, muss beides als unterhaltsrechtlich unzumutbar angesehen werden. Das gilt unabhängig davon, ob auch unter dem Gesichtspunkt eines Erhalts von selbstgenutztem Grundbesitz als zusätzlicher Altersversorgung eine Verwertung nicht erwartet werden kann, so dass diese Frage offen bleiben kann. Ebenso wenig kommt es darauf an, ob der Übergang des Unterhaltsanspruchs auf den Träger der Sozialhilfe nach den §§ 91 II 1, 88 II Nr. 7 BSHG weitergehenden Einschränkungen unterliegt. Auch der Elternteil selbst könnte von dem Unterhaltspflichtigen nicht verlangen, die angemessene Nutzung eines Eigenheims zu Gunsten einer ertragreicheren Verwendung aufzugeben. b

Kann von dem Unterhaltspflichtigen nicht erwartet werden, dass er den objektiven „Mehrwert" eines Familienheims realisiert, würde dieser aber gleichwohl als unterhaltsrelevantes Einkommen berücksichtigt, so wäre der Lebensstandard deshalb eingeschränkt, weil dem Unterhaltspflichtigen die bisher zur Bestreitung seines allgemeinen Bedarfs zur Verfügung stehenden Mittel teilweise fehlen würden. Auch das braucht beim Aszendentenunterhalt nicht hingenommen zu werden.

Im Hinblick darauf erweist sich der Ausgangspunkt des BerGer., bei der Inanspruchnahme auf Zahlung von Elternunterhalt sei der Wert des mietfreien Wohnens nicht nach der bei einer Fremdvermietung erzielbaren objektiven Marktmiete, sondern auf der Grundlage der ersparten Mietaufwendungen zu bestimmen, als rechtlich zutreffend (ebenso *OLG Oldenburg,* NJW 2000, 524 = FamRZ 2000, 1174 [1175]; *Heiß/Born/Hußmann,* UnterhaltsR, 13. Kap. Rdnr. 52; *Kalthoener/Büttner/Niepmann,* Die Rspr. zur Höhe des Unterhalts, 8. Aufl., Rdnr. 781 a; *Reinecke,* ZAP Fach 11, 638; vgl. auch *Duderstadt,* Erwachsenenunterhalt, 3. Aufl., S. 4). Dabei obliegt es dem Tatrichter, diesen angemessenen Wohnwert an den jeweiligen Lebens- und Einkommensverhältnissen des Unterhaltspflichtigen auszurichten.

(Abzugsposten beim Wohnwert; Tilgungsraten und Elternunterhalt)

c ee) Der Wohnvorteil wird in jedem Fall gemindert durch die Aufwendungen, die für die allgemeinen Grundstückskosten und -lasten, Zinszahlungen auf die zur Finanzierung aufgenommenen Darlehen und sonstigen verbrauchsunabhängigen Kosten entstehen (*Senat,* NJW 1998, 2821 = FamRZ 1998, 899 [901] m. w. Nachw.). Darüber hinaus hat das BerGer. – im Rahmen der Bemessung des Elternunterhalts – zu Recht auch die Abzugsfähigkeit des in den Darlehensraten enthaltenen Tilgungsanteils anerkannt.

Allgemein gilt, dass Ansprüchen Unterhaltsberechtigter kein allgemeiner Vorrang vor anderen Verbindlichkeiten des Unterhaltspflichtigen zukommt. Andererseits dürfen diese Verbindlichkeiten auch nicht ohne Rücksicht auf die Unterhaltsinteressen getilgt werden. Vielmehr bedarf es eines Ausgleichs der Belange von Unterhaltsgläubiger, Unterhaltsschuldner und Drittschuldner. Ob eine Verbindlichkeit im Einzelfall zu berücksichtigen ist, kann danach nur im Rahmen einer umfassenden Interessenabwägung nach billigem Ermessen entschieden werden. Insoweit sind insbesondere der Zweck der Verbindlichkeiten, der Zeitpunkt und die Art ihrer Entstehung, die Dringlichkeit der beiderseitigen Bedürfnisse, die Kenntnis des Unterhaltsschuldners von Grund und Höhe der Unterhaltsschuld und seine Möglichkeiten von Bedeutung, die Leistungsfähigkeit ganz oder teilweise wiederherzustellen (ständige Rechtsprechung, vgl. für Ehegatten- und Kindesunterhalt etwa *Senat,* NJW 1984, 1237 = FamRZ 1984, 358 [360]; NJW 1984, 2351 = FamRZ 1984, 657 [658], und NJW-RR 1990, 323 = FamRZ 1990, 283 [287]). Was speziell die für selbstgenutztes Haus- oder Wohneigentum eingegangenen Verbindlichkeiten anbelangt, so werden diese in der Rechtsprechung und im Schrifttum – soweit es um die Inanspruchnahme auf Elternunterhalt geht – weitgehend anerkannt, jedenfalls wenn sie sich in einem angemessenen Rahmen halten und vor Bekanntwerden der Unterhaltsverpflichtung eingegangen wurden (*OLG Köln,* NJW-RR 2002, 74 = FamRZ 2002, 572 [573]; *LG Bielefeld,* FamRZ 1999, 399 [400]; *LG Paderborn,* FamRZ 1996, 1497 [1498]; *LG Köln,* NDV-RD 1996, 112 [113]; *Günther,* Münchener Anwaltshdb., § 12 Rdnr. 43; *Heiß/Born/Hußmann,* Rdnr. 52; *Wendl/Pauling,* Das UnterhaltsR in der familienrichterlichen Praxis, 5. Aufl., § 2 Rdnr. 639; *Luthin/Seidel,* Hdb. des UnterhaltsR, 9. Aufl., Rdnr. 5072; *Eschenbruch,* Der Unterhaltsprozess, 3. Aufl., Rdnr. 2023; vgl. auch *Scholz/Erdrich,* Praxishdb. FamilienR, Teil J Rdnr. 44). Das steht sowohl mit den nach der Rechtsprechung des erkennenden *Senats* geltenden allgemeinen Grundsätzen über die Berücksichtigungsfähigkeit von Verbindlichkeiten als auch mit den im Rahmen des Elternunterhalts heranzuziehenden Maßstäben in Einklang. Die Darlehensaufnahme dient dem Wohnbedürfnis der Familie des Unterhaltspflichtigen und damit einem grundsätzlich anzuerkennenden Zweck. Wenn und soweit sich die Verbindlichkeiten sowie die hieraus resultierenden Annuitäten in einer im Verhältnis zu den vorhandenen Einkünften angemessenen Höhe halten, mindern sie das für den Aszendentenunterhalt einzusetzende Einkommen deshalb jedenfalls dann, wenn die Verpflichtungen bereits zu einer Zeit eingegangen wurden, als der Unterhaltspflichtige noch nicht damit zu rechnen brauchte, für den Unterhalt seiner Eltern aufkommen zu müssen. Würde unter solchen Umständen die Abzugsfähigkeit von Tilgungsleistungen verneint, könnte sich der Unterhaltsverpflichtete – ebenso wie bei der Berücksichtigung eines Wohnwerts in Höhe der objektiven Marktmiete – gezwungen sehen, das Familienheim anderweitig zu verwerten, weil er nicht gleichzeitig Elternunterhalt und Tilgungsleistungen aufbringen kann. Eine Verwertungsobliegenheit trifft ihn, wie bereits ausgeführt wurde, indessen nicht.

Hiervon ausgehend begegnet es im vorliegenden Fall keinen rechtlichen Bedenken, dass das BerGer. die für das Eigenheim aufzubringenden Darlehensraten in voller Höhe berücksichtigt hat. Die Errichtung eines Wohnhauses entsprach bei den gegebenen Einkommensverhältnissen einer angemessenen Lebensführung. Dass die Darlehensverbindlichkeiten bereits eingegangen wurden, bevor der Bekl. mit einer Inanspruchnahme auf Unterhaltszahlungen für seine Mutter rechnen musste, ist zwischen den Parteien nicht streitig. Die Angemessenheit der monatlichen Kreditaufwendungen kann angesichts ihrer Höhe von 1230 DM nicht in Zweifel gezogen werden. Deshalb ist das BerGer. zu Recht von einer verbleibenden Belastung des Bekl. von monatlich 135,60 DM (1230 DM + 55,60 DM = 1285,60 DM ./. 1150 DM) ausgegangen.

(Zusätzliche private Altersvorsorge bei Beamten)

d) Was die von dem BerGer. verneinte Abzugsfähigkeit der Lebensversicherungsprämien anbelangt, erscheint es allerdings fraglich, ob die betreffenden Aufwendungen mit der Begründung außer Betracht gelassen werden können, der Bekl. habe als Beamter bereits eine ausreichende Versorgung gesichert. Nachdem sich zunehmend die Erkenntnis durchgesetzt hat, dass die primäre Vorsorge in Zukunft nicht mehr für die Altersversorgung ausreichen wird, sondern zusätzlich private Altersvorsorge zu treffen ist (vgl. Art. 6 des Altersvermögensgesetzes vom 26. 6. 2001, BGBl I, 1310 [1335]), ist zu erwägen, ob auch hierzu dienende zusätzliche Aufwendungen in einem angemessenen Umfang grundsätzlich als abzugsfähig anzuerkennen sind, auch um einem Unterhaltspflichtigen die Möglichkeit zu eröffnen, geeignete Vorkehrungen dafür zu treffen, dass er nicht seinerseits im Alter seine Kinder auf Unterhalt in Anspruch nehmen muss. Denn die eigene angemessene Altersvorsorge geht der Sorge für die Unterhaltsberechtigten vor. Das gilt insbesondere dann, wenn dem Unterhaltspflichtigen – wie bei der Inanspruchnahme auf Elternunterhalt – vorrangig die Sicherung seines eigenen angemessenen Unterhalts gewährleistet wird. Die Berücksichtigungsfähigkeit der Lebensversicherungsprämien bedarf im vorliegenden Fall indessen keiner abschließenden Entscheidung. **d**

(Selbstbehalt beim Elternunterhalt)

§ 1603 I BGB gewährleistet jedem Unterhaltspflichtigen vorrangig die Sicherung seines eigenen angemessenen Unterhalts; ihm sollen grundsätzlich die Mittel verbleiben, die er zur angemessenen Deckung des seiner Lebensstellung entsprechenden allgemeinen Bedarfs benötigt (*Senat,* NJW 1992, 1393 = FamRZ 1992, 795 [797], und NJW 1989, 523 = FamRZ 1989, 272 m. w. Nachw.). In welcher Höhe dieser Bedarf des Verpflichteten zu bemessen ist, obliegt der tatrichterlichen Beurteilung des Einzelfalls. Das dabei gewonnene Ergebnis ist revisionsrechtlich jedoch darauf zu überprüfen, ob es den anzuwendenden Rechtsgrundsätzen Rechnung trägt und angemessen ist. Das ist hier der Fall. Wie der *Senat* inzwischen entschieden hat, kann der angemessene Eigenbedarf nicht losgelöst von der im Einzelfall vorliegenden Lebensstellung, die dem Einkommen, Vermögen und sozialen Rang des Verpflichteten entspricht, bestimmt und deshalb nicht durchgehend mit einem festen Betrag angesetzt werden. Vielmehr ist er auf Grund der konkreten Umstände und unter Berücksichtigung der besonderen Lebensverhältnisse, die bei der Inanspruchnahme auf Elternunterhalt als einem rechtlich vergleichsweise schwach ausgestalteten Anspruch vorliegen, zu ermitteln. Diesem Gesichtspunkt tragen inzwischen die meisten Tabellen und Leitlinien der Oberlandesgerichte insoweit Rechnung, als sie als Selbstbehalt des Unterhaltspflichtigen nur einen Mindestbetrag angeben (vgl. etwa die Zusammenstellung bei *Günther,* § 12 Rdnr. 31). Ob und unter welchen Voraussetzungen diese Mindestbeträge zu erhöhen sind, unterliegt letztlich der verantwortlichen Beurteilung des Tatrichters. Der Senat hat es bereits grundsätzlich gebilligt, wenn bei der Ermittlung des für den Elternunterhalt einzusetzenden bereinigten Einkommens allein auf einen – etwa hälftigen – Anteil des Betrags abgestellt wird, der den an sich vorgesehenen Mindestselbstbehalt übersteigt. Denn durch eine solche Handhabung kann im Einzelfall ein angemessener Ausgleich zwischen dem Unterhaltsinteresse der Eltern einerseits und dem Interesse des Unterhaltsverpflichteten an der Wahrung seines angemessenen Selbstbehalts andererseits zu bewirken sein. Zugleich kann eine ungerechtfertigte Nivellierung unterschiedlicher Verhältnisse vermieden werden. Überdies hat eine derartige Verfahrensweise den Vorteil der Rechtssicherheit und Praktikabilität für sich (*Senat,* NJW 2003, 128 = FPR 2003, 149 = FamRZ 2002, 1698 [1700 ff.] m. w. Nachw.). **e**

Dass das *OLG* diesen Weg der Bedarfsbestimmung gewählt hat, kann deshalb nicht als rechtsfehlerhaft angesehen werden. Auch das dabei gewonnene Ergebnis erscheint angemessen.

BVerfG v. 9. 4. 2003 – 1 BvR 1749/01 – FamRZ 03, 1370 = NJW 03, 2733

(Kindergeldverrechnung nach § 1612 b V BGB ist verfassungsgemäß; Gebot der Normenklarheit) **R593**

§ 1612 b Abs. 5 BGB ist nach Maßgabe der Gründe mit dem Grundgesetz vereinbar.

Die Verfassungsbeschwerde im Verfahren 1 BvR 1749/01 ist nicht begründet.

I. Es stellt keine Ungleichbehandlung gleicher Sachverhalte dar, die eine Verletzung von Art. 3 I GG begründen könnte, dass § 1612 b BGB die Anrechnung des Kindergeldes auf den Kindesunterhalt von der Leistungsfähigkeit des barunterhaltspflichtigen Elternteils abhängig macht und sie nach Absatz 5 ausschließt, soweit der Unterhaltspflichtige außer Stande ist, Unterhalt in Höhe von 135% des Regelbetrages nach der Regelbetrag-Verordnung zu leisten, während Unterhaltspflichtige, die hierzu in der Lage sind, nach I das auf das Kind entfallende Kindergeld zur Hälfte angerechnet erhalten (1 und 2). Will der Gesetzgeber mit einer Regelung das Existenzminimum von Kindern durch Zweckbindung einer Sozialleistung sichern, muss er Sorge dafür tragen, dass die Regelung selbst das Ziel auch erreichen kann (3). Bei der Förderung oder Entlastung von Familien ist der Gesetzgeber nach Art. 6 I GG in Verbindung mit dem Rechtsstaatsprinzip aus Art. 20 GG gehalten, die anspruchsbegründenden Normen in ihrem Inhalt, ihrer Zwecksetzung und in ihrem Zusammenspiel für die Berechtigten klar und nachvollziehbar auszugestalten (4).

1. Art. 3 I GG gebietet es, Gleiches gleich und Ungleiches seiner Eigenart entsprechend verschieden zu regeln (vgl. *BVerfGE* 71, 255 [271]; stRspr). Es ist grundsätzlich Sache des Gesetzgebers zu entscheiden, welche Merkmale beim Vergleich von Lebenssachverhalten er als maßgebend ansieht, um sie im Recht gleich oder verschieden zu behandeln (vgl. *BVerfGE* 50, 57 [77]). Art. 3 I GG verbietet ihm aber einerseits, Sachverhalte ungleich zu behandeln, wenn sich die Differenzierung sachbereichsbezogen nicht auf einen vernünftigen oder sonst einleuchtenden Grund zurückführen lässt (vgl. BVerfGE 93, 386 [397]), und andererseits, Art und Ausmaß tatsächlicher Unterschiede sachwidrig außer Acht zu lassen (vgl. *BVerfGE* 103, 242 [258]). Dabei müssen, sofern eine Ungleichbehandlung von Sachverhalten mittelbar eine Ungleichbehandlung von Personengruppen bewirkt, für die Differenzierung Gründe von solcher Art und solchem Gewicht bestehen, dass sie die ungleichen Rechtsfolgen rechtfertigen können (vgl. *BVerfGE* 82, 126 [146]; 88, 87 [96 f.]).

2. a) Mit § 1612 b Abs. 5 BGB behandelt der Gesetzgeber zunächst alle Barunterhaltspflichtigen gleich. Er belässt es dabei, dass sie nach § 1610 I BGB nur im Rahmen ihrer Leistungsfähigkeit zur Zahlung von Kindesunterhalt herangezogen werden, wobei das Kindergeld als steuerlicher Ausgleich und zugleich soziale Familienförderung bei der Bestimmung der Leistungsfähigkeit nicht in Ansatz gebracht wird. Die Norm schmälert nicht das dem Unterhaltspflichtigen zur Hälfte zustehende, auf das Kind entfallende Kindergeld, sondern verpflichtet wiederum alle Unterhaltspflichtigen, ihren Kindergeldanteil für den Unterhalt des Kindes zum Einsatz zu bringen, soweit der von ihnen nach Leistungsfähigkeit zu zahlende Unterhaltsbetrag die in Bezug genommene Höhe nicht erreicht. § 1612 b BGB unterscheidet insoweit mit seinen Absätzen 1 und 5 nicht zwischen der Gruppe von Unterhaltspflichtigen, bei denen das Kindergeld auf den Kindesunterhalt angerechnet wird, und der Gruppe der zur Unterhaltsleistung Verpflichteten, bei denen die Anrechnung nicht oder nur zum Teil erfolgt. Vielmehr enthalten beide Absätze, die nur gesetzestechnisch getrennt sind, einen einzigen Regelungsgehalt, der für alle Unterhaltspflichtige gilt, aber unterschiedlich je nach deren Leistungsfähigkeit wirkt. Danach erfolgt bei allen Unterhaltspflichtigen erst dann und insoweit eine Anrechnung des ihnen zustehenden hälftigen Kindergeldanteils auf den Kindesunterhalt, als mit dem zu leistenden Unterhalt oder diesem und einem Teil des Kindergeldanteils 135% des Regelbetrages nach der Regelbetrag-Verordnung für das Kind erreicht sind. Ob und in welchem Umfang Kindergeld auf den Kindesunterhalt zur Anrechnung kommt, hängt also von der jeweiligen Leistungsfähigkeit jedes einzelnen Unterhaltspflichtigen und der danach bestimmten Höhe seiner Unterhaltsverpflichtung ab.

Nach Leistungsfähigkeit zu differenzieren, ist keine Ungleichbehandlung von Gleichem. Hierdurch werden vielmehr Unterschiede im Leistungsvermögen zum Grund und Maßstab für eine unterschiedliche Behandlung genommen. Dies folgt dem Gebot aus Art. 3 I GG, Ungleiches seiner Eigenart entsprechend verschieden zu behandeln. Gerade das Unterhaltsrecht ist davon geprägt, Pflichten nicht jedem in gleichem Umfang aufzuerlegen, sondern sie von der jeweiligen Leistungsfähigkeit des Verpflichteten abhängig zu machen.

b) Nicht nur bei der Höhe der Unterhaltsverpflichtung ist die Leistungsfähigkeit ein dem Gleichheitsgrundsatz entsprechender Maßstab für Differenzierungen, sondern auch bei der Verpflichtung, das Kindergeld für den Kindesunterhalt zu verwenden.

§ 1612 b Abs. 5 BGB hat zum Ziel, einem Kind sein Existenzminimum auch dann zu sichern, wenn der vom Unterhaltspflichtigen zu leistende Unterhalt dieses allein nicht abdeckt (BTDrucks 14/3781, S. 7 f.). Dafür hat der Gesetzgeber Zugriff genommen auf das dem Unterhaltspflichtigen zustehende Kindergeld, das zur Aufstockung des Kindesunterhalts bis zur Bezugsgröße herangezogen wird. Er hat damit nicht den Weg gewählt, den Unterhaltspflichtigen ungeachtet seiner Leistungsfähigkeit nach seinem Einkommen zu verpflichten, Unterhalt in Höhe des Existenzminimums seines Kindes zu zahlen. Vielmehr setzt die Regelung gerade voraus, dass sich die Höhe des Barunterhalts nach der Leistungsfähigkeit des Unterhaltspflichtigen bemisst und es deshalb einerseits Unterhaltspflichtige gibt, die mit ihren Unterhaltszahlungen das Minimum dessen oder mehr noch abzusichern vermögen, was ein Kind für seine Existenz braucht, und andererseits solche, die dies nicht können.

Diesen unterschiedlichen Fähigkeiten, dem eigenen Kind das Existenzminimum zu sichern, entspricht die gesetzliche Verpflichtung in § 1612 b BGB, das dem Unterhaltspflichtigen zustehende Kindergeld immer dann für den Kindesunterhalt einzusetzen, wenn dieser ansonsten nicht zur Sicherung des Existenzminimums ausreicht.

aa) Diesem unterhaltsrechtlichen Zugriff steht nicht entgegen, dass das Kindergeld auch dazu dient, den Unterhaltspflichtigen von seinen Belastungen durch seine Leistungen gegenüber dem Kind steuerlich freizustellen. Das Kindergeld ist nach dem Willen des Gesetzgebers gem. § 31 Satz 2 EStG steuerlicher Ausgleich und zugleich familienfördernde Sozialleistung. Dabei ist weder gesetzlich bestimmt noch nach festen Beträgen bestimmbar, welcher Anteil des Kindergeldes auf die steuerliche Entlastung entfällt und welcher staatliche Förderleistung ist. Allerdings dient gerade der Steuerausgleich der Freistellung des Betreuungs-, Erziehungs- und Ausbildungsbedarfs eines Kindes, also auch des Bedarfs, der die Existenz des Kindes sicherstellt. Soweit dieser Bedarf vom Unterhaltspflichtigen mit seinen Unterhaltszahlungen in Höhe des notwendigen Minimums nicht abgedeckt wird, kann das Kindergeld nicht die Funktion einer steuerlichen Entlastung haben: Eine Belastung, die insoweit nicht vorhanden ist, ist auch nicht steuerlich auszugleichen. Vielmehr ist das Kindergeld in diesem Umfang Sozialleistung zum Zwecke der Sicherung des Existenzminimums des Kindes. Allein diesen Sozialleistungsanteil des Kindergeldes führt § 1612b Abs. 5 BGB der Zwecksetzung entsprechend dem Kindesunterhalt zu, wenn er bestimmt, dass das Kindergeld so lange zur Aufbesserung der Unterhaltsleistung zu verwenden ist, bis der existenzsichernde notwendige Bedarf des Kindes, der mit 135% des Regelbetrages nach der Regelbetrag-Verordnung vorgegeben wird, erreicht ist.

bb) Dass wegen der Verpflichtung zum Einsatz des Kindergeldes bis zur Abdeckung des Existenzminimums eines Kindes Einkommensschwächere ihr Kindergeld ganz oder zum Teil auf den Kindesunterhalt verwenden müssen, während Einkommensstärkeren das Kindergeld als Steuerentlastung und Familienförderung zum eigenen Verbrauch verbleibt, ist nicht Ergebnis einer Ungleichbehandlung, sondern ist bedingt durch unterschiedliche Lebens- und Einkommenslagen, die entsprechend auch zu unterschiedlichen Belastungen von Unterhaltspflichtigen durch den zu leistenden Unterhalt führen. So divergiert die an der Leistungsfähigkeit bemessene Höhe der Zahlungsverpflichtung, die umso geringer ausfällt, je weniger der Unterhaltspflichtige über Einkommen verfügt. Dabei kann aber ein geringerer Unterhaltsbetrag für den Leistungsschwächeren durchaus eine größere Belastung darstellen als der höhere Betrag für den Leistungsstärkeren, weil sich das individuelle Ausmaß einer Belastung danach bestimmt, wie viel dem jeweiligen Unterhaltspflichtigen nach Abzug des Kindesunterhalts zum eigenen Lebensunterhalt noch verbleibt, damit also maßgeblich von der Höhe des Einkommens beeinflusst wird.

Gleichzeitig werden aber auch die Lebensverhältnisse der unterhaltsberechtigten Kinder von der jeweiligen Einkommenssituation des Unterhaltspflichtigen bestimmt. Dem Kind stehen umso weniger Mittel zur Verfügung, je weniger der Barunterhaltspflichtige nach seiner Leistungsfähigkeit Unterhalt zu zahlen hat. So erhielten nach einer im Auftrag des Bundesministeriums für Familie, Senioren, Frauen und Jugend (BMFSFJ) durchgeführten Untersuchung von den Befragten im Jahre 2002 mindestens 22% der Kinder einen Unterhalt, der auch nach Hinzurechnung des hälftigen Kindergeldes noch unter dem Regelbetrag, damit also unter dem existenzsichernden Minimum für das Kind, lag (BMFSFJ, Unterhaltszahlungen für minderjährige Kinder in Deutschland, 2002, S. 91 f.). An diese Unterschiede im Einkommen, in der Leistungsfähigkeit und Bedarfslage knüpft § 1612 b I und 5 BGB mit seiner Differenzierung bei der unterhaltsrechtlichen Berücksichtigung von Kindergeld an.

cc) Die Nichtanrechnung des Kindergeldes nach § 1612b Abs. 5 BGB führt zwar dazu, dass gerade der Leistungsschwächere gegenüber dem Leistungsstärkeren durch das Kindergeld keine oder nur eine geringere Entlastung seiner eigenen Lebenssituation erfährt, dies aber nur deshalb, weil seine geringe Leistungsfähigkeit schon bei der Höhe der Unterhaltsverpflichtung zu Lasten des Kindes Berücksichtigung gefunden hat, dessen Unterhalt hierdurch unter das existenzsichernde Minimum gesunken ist. § 1612b Abs. 5 BGB stellt lediglich sicher, dass bei einem Einkommen, das nicht ausreicht, neben dem Existenzminimum des Unterhaltspflichtigen auch das des Kindes zu sichern, das Kindergeld vorrangig darauf verwendet wird, die finanzielle Lücke bis zur Existenzsicherung auch des Kindes zu schließen, die gerade durch die Berücksichtigung der Leistungsfähigkeit des Unterhaltspflichtigen und seiner eigenen Existenzsicherung entstanden ist. Die Regelung sorgt damit für einen finanziellen Ausgleich innerhalb dieses Unterhaltsverbundes, der dort nicht erforderlich ist, wo schon das Einkommen allein den Bedarf aller im Unterhaltsverbund abzudecken vermag.

c) Auch wenn man in der unterschiedlichen Heranziehung des Kindergeldes von Unterhaltspflichtigen zur Erhöhung des Kindesunterhalts nach § 1612b I und 5 BGB eine Ungleichbehandlung sehen würde (vgl. *BGH,* FamRZ 2003, S. 445), läge darin kein Verstoß gegen Art. 3 I GG. Die Ungleichbehandlung wäre durch die mit der Norm vom Gesetzgeber bezweckte Sicherstellung des Barexistenzminimums des unterhaltsberechtigten Kindes gerechtfertigt.

Eltern sind nach Art. 6 II Satz 1 GG zuvörderst zur Pflege und Erziehung ihrer Kinder berechtigt, aber auch verpflichtet. Dazu gehört, für einen angemessenen Unterhalt des Kindes zu sorgen, zumindest aber die Existenz des Kindes auch finanziell sicherzustellen, soweit und so lange die Eltern hierzu in der Lage sind (vgl. *BVerfGE* 31, 194 [207]; 68, 256 [267]). Erst wenn dies nicht der Fall ist, ist der Staat zum Schutze des Kindes in Unterstützung der Eltern durch Art. 6 II Satz 2 GG verpflichtet, für die Existenzsicherung des Kindes Sorge zu tragen (vgl. *BVerfGE* 103, 89 [108 f.]). Diesem Schutzauftrag kann der Staat auch dadurch nachkommen, dass er Förderleistungen, die wie das Kindergeld zumindest auch dem Kind und seiner Pflege und Betreuung durch seine Eltern zugute kommen sollen, im Hinblick auf ihren Verwendungszweck bindet und die unterhaltspflichtigen Eltern als Leistungsempfänger verpflichtet, mit der staatlichen Leistung bei Bedarf vorrangig das Existenzminimum ihres Kindes abzudecken. Damit wird der leistungsschwächere Unterhaltspflichtige zwar anders als der leistungsstärkere in der Verfügung über die ihm zugedachte Förderung eingeschränkt. Angesichts der elterlichen Verantwortung nach Art. 6 II GG und der Notwendigkeit, Kindern, die noch nicht selbst für sich sorgen können, zumindest das Existenzminimum zu wahren, ist dies jedoch hinzunehmen, zumal das Unterhaltsrecht dem Unterhaltspflichtigen durch den Selbstbehalt das eigene Existenzminimum sichert.

3. Allerdings muss der Gesetzgeber, will er seinem Schutzauftrag nachkommen, das Existenzminimum eines Kindes sicherzustellen, dafür Regelungen treffen, die das Ziel auch erreichen können. Ob dies auf Dauer gesichert ist, begegnet Zweifeln, weil § 1612 b BGB nicht genügend klar zum Ausdruck bringt, welche in Bezug genommene Größe das Existenzminimum eines Kindes ausmacht. Außerdem ermöglicht es die Vorschrift dem Verordnungsgeber, gem. § 1612 a IV BGB über die einkommensorientierte Veränderung der Regelbeträge maßgeblich Einfluss zu nehmen auf das, was der Gesetzgeber in § 1612 b Abs. 5 BGB als prozentuale Größe zum Maßstab für die Bestimmung des Existenzminimums eines Kindes genommen hat.

Dass mit der in § 1612 b Abs. 5 BGB genannten Bezugsgröße von 135% des jeweiligen Regelbetrages nach der Regelbetrag-Verordnung ein Maßstab für die Bestimmung des Existenzminimums eines Kindes gesetzt ist, nach dem sich bemisst, ob zur Sicherung des Existenzminimums auch das Kindergeld des Unterhaltspflichtigen für den Kindesunterhalt heranzuziehen ist, ergibt sich nicht aus der Norm selbst, sondern erschließt sich nur aus den Gesetzesmaterialien. Dort ist angeführt worden, dass Regelbeträge nach der Regelbetrag-Verordnung selbst noch nicht das Existenzminimum eines Kindes abzudecken vermögen (vgl. BTDrucks 13/9596, S. 31). Aufgrund eines Vergleichs der Entwicklung der Regelbeträge sowie der Beträge des Existenzminimums ist dann davon ausgegangen worden, dass sich das Existenzminimum mit 135% der Regelbeträge nach der jeweiligen Regelbetrag-Verordnung darstellen lasse (vgl. BTDrucks 14/3781, S. 7 f.). Diese modifizierte Bezugsgröße ist in § 1612 b Abs. 5 BGB übernommen worden. Damit hat der Gesetzgeber einerseits zum Ausdruck gebracht, dass er mit dieser Normierung das Existenzminimum meint, bis zu dem das Kindergeld des Unterhaltspflichtigen dem Unterhalt zuzuführen ist, solange der Unterhalt selbst zur entsprechenden Abdeckung nicht ausreicht. Andererseits hat er aber die gewählte Konstruktion damit begründet, auf eine autonome Definition des Barexistenzminimums in der Norm selbst verzichten zu wollen.

Abgesehen davon, dass es dem rechtsstaatlichen Gebot der Normenklarheit und dem berechtigten Interesse des Normadressaten zu wissen, wofür und in welcher Höhe ihm Sozialleistungen wieder entzogen werden, besser dienen würde, wenn der gesetzliche Normtext selbst präzise Vorgaben dafür enthielte, hat der Gesetzgeber mit seiner Bezugnahme zwar auf eine an anderer Stelle durch den Verordnungsgeber in der Höhe bestimmte Größe, nämlich die in zweijährigem Turnus zu ändernden Regelbeträge, abgestellt. Zugleich hat er aber den Abstand zu diesen Regelbeträgen, mit dessen Hilfe das Existenzminimum markiert wird, festgeschrieben und damit entgegen seinem erklärten Willen dennoch eine eigene, allerdings nicht sofort erschließbare Definition des Existenzminimums vorgenommen. Da sich die Regelbeträge nach § 1612 a BGB entsprechend der Entwicklung des durchschnittlich verfügbaren Arbeitsentgelts ändern und nicht entsprechend dem existenzsichernden Bedarf eines Kindes, ist ungewiss, ob auch in Zukunft 135% des jeweiligen Regelbedarfs nach der Regelbedarf-Verordnung dem Barexistenzminimum eines Kindes entsprechen werden. § 1612 b BGB bietet insofern auf Grund seiner Konstruktion keinen geeigneten Maßstab, der dauerhaft gewährleistet, dass das berechtigte Ziel, das mit der Norm verfolgt werden soll und die in ihr enthaltene Differenzierung bei der Kindergeldanrechnung begründet, nicht verfehlt wird. Der Gesetzgeber ist deshalb gehalten, in regelmäßigen Abständen zu prüfen, ob die von ihm unter Zuhilfenahme von Bezugsgrößen mit prozentualen Aufschlägen in § 1612 b Abs. 5 BGB gewählte Bemessung des Existenzminimums eines Kindes noch tauglich ist, dieses richtig zu bestimmen.

4. a) Der Gesetzgeber ist bei Wahrnehmung der ihm durch Art. 6 I GG vorgegebenen Aufgabe, Familien zu fördern und für einen Familienleistungsausgleich zu sorgen, in der Gestaltung, in welchem Umfang und in welcher Weise er dies umsetzt, zwar grundsätzlich frei (vgl. *BVerfGE* 87, 1 [35 f.]). Die Normkonstruktion des § 1612 b BGB im Zusammenspiel mit anderen Regelungen, die der Existenzsicherung von Kindern und der Förderung wie Entlastung von Familien bei der Kindererziehung dienen, gibt aber Anlass darauf hinzuweisen, dass das Rechtsstaatsprinzip des Art. 20 III GG dem Gesetzgeber gebietet, bei der von ihm gewählten Ausgestaltung Normen zu schaffen, die auch in ihrem Zusammenwirken dem Grundsatz der Normenklarheit genügen.

Gesetzliche Regelungen müssen so gefasst sein, dass der Betroffene seine Normunterworfenheit und die Rechtslage so konkret erkennen kann, dass er sein Verhalten danach auszurichten vermag (vgl. *BVerfGE* 45, 400 [420]; 58, 257 [278]; 62, 169 [183]; 83, 130 [145]). Die Anforderungen an die Normenklarheit sind dann erhöht, wenn die Unsicherheit bei der Beurteilung der Gesetzeslage wie hier die Betätigung von Grundrechten erschwert (vgl. *BVerfGE* 62, 169 [183]; 83, 130 [145]). Nicht nur bei Eingriffen in die Freiheitssphäre des Einzelnen (vgl. dazu *BVerfGE* 25, 216 [227]; 47, 239 [247]), sondern auch bei der Gewährung von Leistungen und deren zivilrechtlicher Behandlung müssen die Normen in ihrem Inhalt entsprechend ihrer Zwecksetzung für die Betroffenen klar und nachvollziehbar sowie in ihrer Ausgestaltung widerspruchsfrei sein. Soweit die praktische Bedeutung einer Regelung für den Normunterworfenen nicht nur von der Geltung und Anwendung einer Einzelnorm abhängt, sondern vom Zusammenspiel von Normen unterschiedlicher Regelungsbereiche, hier des Kindergeld-, Unterhalts-, Steuer- und Sozialhilferechts, müssen die Klarheit des Norminhalts und die Voraussehbarkeit der Ergebnisse der Normanwendung gerade auch im Hinblick auf dieses Zusammenwirken gesichert sein.

b) Diesen Grundsätzen genügen die das Kindergeld betreffenden Regelungen in ihrer sozialrechtlichen, steuerrechtlichen und familienrechtlichen Verflechtung immer weniger.

So ist schon nicht erkennbar, inwieweit das Kindergeld in seiner Doppelfunktion als Sozial- und gleichzeitig steuerliche Ausgleichsleistung Steuergerechtigkeit herstellen soll und welcher Anteil hiervon staatliche Familienförderung ist (vgl. *BVerfGE* 82, 60 [79]). Kindergeld ist zwar zum Teil vorweggenommene Steuervergütung auf den Kinderfreibetrag, bei nicht verheirateten, getrennt lebenden oder geschiedenen Eltern fallen aber Freibetragsberechtigung und Kindergeldberechtigung auseinander, da die Freibeträge nach § 32 Abs. 6 EStG hälftig aufgeteilt werden, nicht jedoch das Kindergeld, das einem Elternteil insgesamt gewährt wird (§ 3 I BKGG), sodass dem anderen Elternteil lediglich ein zivilrechtlicher Ausgleichsanspruch gegenüber dem das Kindergeld Empfangenden zusteht. Diesen Anspruch transformiert § 1612b I BGB zunächst in einen solchen auf Anrechnung auf den Kindesunterhalt. Dieser Anspruch wird dem Barunterhaltspflichtigen aber gegebenenfalls nach § 1612b Abs. 5 BGB teilweise oder ganz wieder genommen. Wie viel Kindergeld der Unterhaltspflichtige überhaupt zu erhalten hat, ist hierbei nur schwerlich auszumachen, zumal dafür eine die Höhe des Kindesunterhalts betreffende Messgröße maßgeblich ist, die in dynamischer Verweisung bei prozentualer Vorgabe auf die Regelbetrag-Verordnung Bezug nimmt.

Andererseits bestimmt § 31 EStG, dass das Kindergeld, soweit ein Anspruch nach § 32 Abs. 6 EStG auf Freibeträge besteht, zu verrechnen ist, auch soweit es dem Steuerpflichtigen im Wege des zivilrechtlichen Ausgleichs zusteht. Ob dies auch dann zu erfolgen hat, wenn das Kindergeld auf Grund von § 1612b Abs. 5 BGB nicht auf den Kindesunterhalt angerechnet wird, dem Steuerpflichtigen also nicht oder nur zum Teil zufließt, ist dem Gesetz nicht mit hinreichender Klarheit zu entnehmen (vgl. hierzu Becker, FamRZ 2001, S. 1266 [1268]).

Sozialhilferechtlich wiederum wird, anders als im Familienrecht, das Kindergeld nach § 76 I BSHG als Einkommen zunächst dem Kindergeld Beziehenden, d.h. in der Regel dem betreuenden Elternteil, leistungsmindernd angerechnet (vgl. *BVerwGE* 114, 339 [340 f.]). Auch hier findet sich keine Regelung, ob die Anrechnung sich auf das gesamte, zunächst dem betreuenden Elternteil zufließende Kindergeld oder unter Berücksichtigung des zivilrechtlichen Ausgleichsanspruchs und der Anrechnungsregelung des § 1612b I BGB nur auf die Hälfte beziehen darf, und ob im Falle des § 1612b Abs. 5 BGB wiederum der dem Kind zum Zwecke seiner Existenzsicherung seitens des Unterhaltspflichtigen zufließende Kindergeldanteil doch wieder leistungsmindernd in Ansatz zu bringen ist. Zwar bestimmt § 76 II Nr. 5 BSHG, dass ein in monatlicher Höhe angegebener Betrag des Kindergeldes von der Anrechnung ausgenommen ist. Klar ist damit aber noch nicht, welcher Teil des Kindergeldes in Anbetracht der unterschiedlichen Anrechnungsregelungen als jeweiliges Einkommen und bei wem zu berücksichtigen ist. Gerade für Kindergeldberechtigte, die auf staatliche familienfördernde Leistungen besonders angewiesen sind und bei denen die jeweiligen Anrechnungsnormen zur Anwendung kommen können, ist damit schwer durchschaubar, in welcher Höhe sie mit einer Unterstützung durch das Kindergeld tatsächlich rechnen können.

Diese unter dem Gebot der Normenklarheit bedenkliche Rechtssituation hat auch der Bundestag erkannt. Er hat in seiner aus Anlass der Verabschiedung des § 1612b Abs. 5 BGB angenommenen Entschließung die Bundesregierung gebeten, das Unterhaltsrecht insbesondere hinsichtlich der Abstimmung seiner Inhalte mit sozial- und steuerrechtlichen Parallelregelungen zu überprüfen sowie Vorschläge für eine Neuregelung einzubringen (vgl. BTDrucks 14/3781, S. 3). Die gesetzgebenden Organe sind auch von Verfassungs wegen aufgefordert, hier Abhilfe zu schaffen.

II. Es verstößt nicht gegen Art. 3 I GG, dass Barunterhaltspflichtige, die Unterhalt nur in geringerer als der von § 1612b Abs. 5 BGB in Bezug genommenen Höhe leisten können, ihren Kindergeldanteil auf den Unterhalt verwenden müssen, bis dieser die vorgegebene Höhe erreicht, während der betreuende Elternteil nur dann sein anteiliges Kindergeld für die Bedarfsdeckung des Kindes zum Einsatz bringen muss, wenn auch bei Nichtanrechnung des dem Barunterhaltspflichtigen zustehenden Kindergeldes der Unterhalt des Kindes 135% des Regelbedarfs nach der Regelbedarf-Verordnung nicht abdeckt.

Mit dem in Art. 3 I GG enthaltenen Gebot, alle Menschen vor dem Gesetz gleich zu behandeln, ist dem Gesetzgeber nicht jede Differenzierung verwehrt. Der Gleichheitssatz ist aber dann verletzt, wenn eine Gruppe von Normadressaten im Vergleich zu anderen Normadressaten anders behandelt wird, obwohl zwischen beiden Gruppen keine Unterschiede von solcher Art und solchem Gewicht bestehen, dass sie die ungleiche Behandlung rechtfertigen könnten (vgl. *BVerfGE* 55, 72 [88]; 87, 1 [36]; 100, 195 [205]; stRspr).

1. Barunterhaltspflichtige werden, sofern auf sie § 1612b Abs. 5 BGB Anwendung findet, hinsichtlich ihres Kindergeldanteils anders behandelt als diejenigen, die durch Betreuung ihren Unterhalt lei-

sten. Sie müssen vorrangig ihren Kindergeldanteil auf den Kindesunterhalt verwenden. Demgegenüber kommt der Kindergeldanteil des betreuenden Elternteils erst dann zum Einsatz, wenn trotz der Nichtanrechnung des Kindergeldes nach § 1612b Abs. 5 BGB das Existenzminimum des Kindes immer noch nicht abgesichert ist.

2. Diese Ungleichbehandlung ist jedoch durch hinreichende Gründe gerechtfertigt.

a) Im Rahmen ihrer umfassenden Verantwortung für ihr Kind nach Art. 6 II GG schulden die Eltern diesem Sachleistungen, die den wirtschaftlichen Bedarf des Kindes decken, ebenso wie Betreuungs- und Erziehungsleistungen (vgl. *BVerfGE* 80, 81 [90f.]; 99, 216 [231]). Wie sie diese Pflichten wahrnehmen und untereinander aufteilen, liegt grundsätzlich in der gleichberechtigten Entscheidung beider Elternteile (vgl. *BVerfGE* 39, 169 [183]; 48, 327 [338]; 99, 216 [231]; 105, 1 [11]). Widmet sich ein Elternteil der Kinderbetreuung, während der andere für den Barunterhalt des Kindes aufkommt, sind beide dem Kind gegenüber in Erfüllung der Elternverantwortung erbrachten Leistungen gleichwertig (vgl. *BVerfGE* 53, 257 [296]; 66, 84 [94]; 79, 106 [126]; 105, 1 [11]). Dies gilt auch dann, wenn Eltern getrennt leben und ein Elternteil auf Grund einer Abrede zwischen ihnen oder einer gerichtlichen Sorgeentscheidung das Kind betreut und der andere Elternteil gem. § 1606 III BGB zur Zahlung von Barunterhalt verpflichtet ist. Mit der Betreuung und der Zahlung des Barunterhalts erfüllen die Eltern ihre Unterhaltsverpflichtung jeweils grundsätzlich in vollem Umfang.

b) Allerdings kann der nach Leistungsfähigkeit des Barunterhaltspflichtigen bemessene Unterhalt so gering ausfallen, dass dem Kind weniger Mittel zur Verfügung stehen, als es zur Deckung seines Existenzminimums braucht.

Bis zum In-Kraft-Treten von § 1612b Abs. 5 BGB hatte eine solche Situation zur Folge, dass der Barunterhaltspflichtige über die Anrechnung seines hälftigen Kindergeldanteils auf den Kindesunterhalt nach § 1612b I BGB seinen Teil der staatlichen Förderleistung in voller Höhe erhielt. Dagegen war der betreuende Elternteil, den schon das Risiko nicht realisierbarer Unterhaltszahlungen trifft (vgl. *BVerfGE* 45, 104 [130ff.]), gezwungen, zur notwendigen Bedarfsdeckung des Kindes eigene Mittel, damit auch Teile des ihm verbliebenen Kindergeldanteils einzusetzen, obwohl auch er mit der Betreuung schon in vollem Umfang seiner Unterhaltsverpflichtung nachgekommen war. Er war es also, der anders als der Barunterhaltspflichtige letztlich im Mangelfall in doppelter Weise für die Deckung des Kindesunterhalts zu sorgen hatte: durch seine Betreuungsleistung und zusätzlich durch Einsatz seines Kindergeldanteils zur Existenzsicherung des Kindes.

Der darin liegenden faktischen Benachteiligung des betreuenden Elternteils hat der Gesetzgeber mit der Einführung von § 1612b Abs. 5 BGB dadurch ein Ende bereitet, dass er nunmehr zunächst dem Barunterhaltspflichtigen auferlegt hat, seinen Kindergeldanteil auf den Unterhalt zu verwenden, so lange die über den Unterhalt geschuldeten Mittel zur Existenzsicherung des Kindes nicht ausreichen.

c) Diese Verlagerung in der vorrangigen Lastentragung zur Deckung eines Defizits beim Kindesunterhalt auf den Barunterhaltspflichtigen durch § 1612b Abs. 5 BGB ist sachlich begründet durch die unterschiedlichen Lebenssituationen, in denen sich kinderbetreuende Elternteile einerseits und barunterhaltspflichtige andererseits befinden.

Durch die Betreuung des Kindes ist der Elternteil, der hierfür zu sorgen hat, in seiner Zeit und Arbeitskraft gebunden. Seine Möglichkeit, durch Erwerbstätigkeit für sein eigenes Einkommen Sorge zu tragen, ist dadurch begrenzt. Dies wirkt sich in der Regel auf die Höhe des Einkommens aus, das dem Alleinerziehenden zur Verfügung steht. Etwa ein Drittel der Mütter nichtehelicher Kinder haben für sich und ihre Kinder lediglich eine finanzielle Absicherung, die unter oder auf Sozialhilfeniveau liegt (s. Vaskovics/Rost/Rupp, Lebenslage nichtehelicher Kinder, Bundesanzeiger 1997, S. 126). Zwar waren nach der schon zitierten, im Auftrag des Bundesministeriums für Familie, Senioren, Frauen und Jugend durchgeführten Untersuchung drei Viertel der unterhaltsberechtigten Elternteile erwerbstätig. Davon erzielte aber ein Drittel lediglich ein Erwerbseinkommen von unter 900, weitere 20% erreichten ein Einkommen bis 1250 pro Monat (vgl. BMFSFJ, a. a. O., S. 156ff.). Alleinerziehende Frauen mit Kindern leben mehr als doppelt so häufig wie Ehepaare mit Kindern in Haushalten, die auf Sozialhilfeleistungen angewiesen sind (vgl. Statistisches Bundesamt, Datenreport 2002, S. 208). Der auf den betreuenden Elternteil entfallende Kindergeldanteil verhilft in einer solchen Situation nicht nur diesem Elternteil zur besseren Abdeckung des eigenen Bedarfs. Die mit ihm eintretende Entlastung kommt darüber hinaus dem Kind zugute, dessen Lebensbedingungen durch die finanzielle Situation des Elternteils, bei dem es lebt, geprägt werden (vgl. *BVerfGE* 103, 89 [109]).

Dieser die Situation des Kindes verbessernde Entlastungseffekt des Kindergeldes würde ohne § 1612b Abs. 5 BGB gerade dann entfallen, wenn sich das Kind in einer besonders schlechten Situation befindet, in der noch nicht einmal sein Existenzminimum durch den vom Barunterhaltspflichtigen zu leistenden Unterhalt abgedeckt ist und sich das Einkommen des betreuenden Elternteils dadurch wieder reduzierte, dass dieser gezwungen wäre, das Kindergeld zur Sicherung des kindlichen Bedarfs einzusetzen. Diese besondere Betroffenheit auch des Kindes lässt es sachgerecht erscheinen, zunächst gem. § 1612b Abs. 5 BGB den Kindergeldanteil des Barunterhaltspflichtigen zur Sicherstellung des Existenzminimums des Kindes heranzuziehen. Ihm wird damit gerade bei niedrigem Einkommen zwar das Kindergeld und die hiermit bezweckte Entlastung wieder entzogen. Dies bewirkt aber, anders als der Kindergeldeinsatz des betreuenden Elternteils, eine Verbesserung der Lebenssituation des Kindes. Hinzu kommt, dass der Barunterhaltspflichtige durch den Selbstbehalt davor geschützt ist, allein wegen seiner Unterhaltspflichten selbst unter den Sozialhilfebetrag zu fallen (vgl. *BVerfG,* 3. Kammer des Ersten *Senats,* FamRZ 2001, S. 1685 f.), während der betreuende Elternteil bei unzureichenden Unterhaltsleistungen des Barunterhaltspflichtigen letztlich mit dem betreuten Kind auf die Inanspruchnahme von Sozialhilfe angewiesen ist. Auch diese Konsequenz wird durch eine Aufstockung der Unterhaltszahlbeträge durch das Kindergeld nach § 1612 b Abs. 5 BGB abgemildert.

III. § 1612 b Abs. 5 BGB verletzt auch nicht das Elternrecht des Barunterhaltspflichtigen aus Art. 6 II Satz 1 GG auf Umgang mit seinem Kind.

1. Das Umgangsrecht des nicht sorgeberechtigten Elternteils nach § 1684 I BGB steht ebenso wie die elterliche Sorge des anderen Elternteils unter dem Schutz von Art. 6 II Satz 1 GG (vgl. *BVerfG,* 3. Kammer des Ersten *Senats,* FamRZ 2002, S. 809). § 1612 b Abs. 5 BGB greift in dieses Recht nicht unmittelbar ein. Er enthält keine Regelung über die Art, die Dauer oder den Umfang des Umgangs mit dem Kind. Dem barunterhaltspflichtigen Elternteil wird allerdings nach dieser Vorschrift das Kindergeld ganz oder teilweise entzogen, das ihm zur Förderung seines familiären Verhältnisses zum Kind zugedacht ist und das insofern zur Finanzierung der mit dem Umgang verbundenen Kosten fehlt. Er muss deshalb die Umgangskosten mit seinem ihm nach Abzug der Unterhaltsverpflichtung verbleibenden Einkommen tragen. Dies wiederum könnte sich mangels ausreichender Mittel negativ auf die Ausübung des Umgangs mit dem Kind auswirken und damit den Interessen des Kindes zuwiderlaufen. Es ist die Einkommenslage des Barunterhaltspflichtigen, die seine Möglichkeit zu Umgangskontakten mit dem Kind bestimmt und die durch § 1612 b Abs. 5 BGB nicht mehr wie bisher eine Entlastung durch das Kindergeld erfährt.

2. Das Unterhaltsrecht darf dem Unterhaltspflichtigen nicht die Möglichkeit nehmen, sein Umgangsrecht zur Erhaltung der Eltern-Kind-Beziehung unter Berücksichtigung des Kindeswohls auszuüben. Dem hat der Gesetzgeber Rechnung getragen. Die Bemessungsregelungen für den Unterhalt ermöglichen die Berücksichtigung dieses Gesichtspunkts.

Da das Kindergeld als Einkommen des Unterhaltspflichtigen bei der Bemessung des Unterhalts keine Berücksichtigung findet, ist die Rechtsprechung bisher davon ausgegangen, dass der dem Unterhaltspflichtigen über § 1612 b I BGB zufließende Kindergeldanteil diesem zur Abdeckung der Umgangskosten zur Verfügung steht, und hat ihn unterhaltsrechtlich darauf verwiesen, mit dem Kindergeld diese Kosten zu tragen (vgl. *BGH,* FamRZ 1995, S. 215). Nunmehr ist in den Fällen der Nichtanrechnung des Kindergeldes nach § 1612 b Abs. 5 BGB, in denen das Kindergeld dem Unterhaltspflichtigen nicht mehr zufließt, ein solcher Verweis nicht mehr zulässig. Es verbleiben aber die gesetzlichen Möglichkeiten, unterhaltsrechtlich sicherzustellen, dass eingeräumte Umgangskontakte des Unterhaltspflichtigen mit dem Kind nicht an den Kosten scheitern. Der *BGH* hat zu Recht in seiner Entscheidung vom 29. 1. 2003 (FamRZ 2003, S. 445 [449]) darauf hingewiesen, dass diese Kosten im Bedarfsfall durch eine angemessene Minderung des unterhaltsrechtlich relevanten Einkommens oder einer angemessenen Erhöhung des Selbstbehalts bei der Berechnung der Unterhaltsverpflichtung Berücksichtigung finden können.

BGH v. 7. 5. 2003 – XII ZR 140/01 – FamRZ 03, 1095 = FPR 03, 490

(Abgrenzung Verfahren §§ 653, 645 ZPO und Abänderungsklage nach § 654 ZPO) **R594**

2. Entgegen der Meinung der Revision ist der Bekl. im Annexverfahren nach § 653 I ZPO mit dem Erfüllungseinwand ausgeschlossen. Denn der in § 653 I 3 ZPO angeordnete Einwendungsausschluss bezieht sich auch auf den Erfüllungseinwand des Unterhaltspflichtigen. Dies ergibt sich aus Sinn und Zweck des in § 653 I ZPO geregelten Annexverfahrens und aus dem systematischen Zusammenhang dieser Vorschrift mit den übrigen Bestimmungen des Titels über das vereinfachte Verfahren nach §§ 645 ff. ZPO, insbesondere mit der in § 654 ZPO geregelten Korrekturklage (ebenso *OLG Karlsruhe,* FamRZ 2002, 1262, zum Einwand der Verwirkung; *OLG Bremen,* FamRZ 2000, 1164, und *OLG Dresden,* FamRZ 2003, 161, jeweils zum Einwand fehlender Leistungsfähigkeit; *Zöller/Philippi,* ZPO, 23. Aufl., § 653 Rdnr. 4; a. A. *Baumbach/Lauterbach/Albers/Hartmann,* ZPO, 61. Aufl., § 653 Rdnr. 3; wohl auch *Thomas/Putzo/Hüßtege,* ZPO, 24. Aufl., § 654 Rdnr. 6; *Coester-Waltjen,* in: MünchKomm-ZPO, 2. Aufl., § 653 Rdnr. 9).

Die §§ 645 ff. ZPO sollen allen minderjährigen Kindern ermöglichen, in einem einfachen Verfahren schnell einen ersten Vollstreckungstitel gegen einen Elternteil zu erhalten, in dessen Haushalt sie nicht leben (vgl. Bericht des Rechtsausschusses v. 13. 1. 1998, BT-Dr 13/9596, S. 36; *Musielak/Borth,* ZPO, 3. Aufl., vor § 645 Rdnr. 2). Dies gilt auch im Annexverfahren nach § 653 ZPO, das außerdem den Kindschaftsprozess nicht mit Unterhaltsfragen belasten soll (vgl. *Zöller/Philippi,* § 653 Rdnr. 2). Um die erwünschte Schnelligkeit zu gewährleisten, sind Angriffs- und Verteidigungsmöglichkeiten limitiert (vgl. *Lipp/Wagenitz,* Das neue KindschaftsR, § 654 ZPO Rdnr. 1): Im Verfahren nach §§ 645, 649 I ZPO kann der Unterhaltsgläubiger höchstens den eineinhalbfachen Regelbetrag fordern (§ 645 I ZPO). Der Unterhaltsschuldner kann Einwendungen nur unter den engen Voraussetzungen des § 648 ZPO vorbringen. Im Verfahren nach § 653 I ZPO kann das Kind Unterhalt nur bis zur Höhe des Regelbetrags geltend machen; der Vater ist nach allgemeiner Meinung mit dem Einwand mangelnder oder eingeschränkter Leistungsfähigkeit vollends ausgeschlossen (vgl. *Senat,* NJW-RR 2003, 433 = FPR 2003, 216 = FamRZ 2003, 304 [305]). Die Unterhaltsfestsetzungen nach § 649 I bzw. § 653 I ZPO erfolgen somit zwangsläufig in pauschaler Weise. Die nachträgliche Berücksichtigung ihrer individuellen Verhältnisse können beide Parteien durch Erhebung einer Korrekturklage nach § 654 ZPO erreichen.

In diesem Zusammenhang weist die Revision allerdings zu Recht darauf hin, dass bereits § 643 ZPO a. F., der dem jetzigen § 653 ZPO im Wesentlichen auch im Wortlaut entsprach, ebenfalls den Zweck verfolgte, dem Kind möglichst schnell und auf einfachem Weg zu einem Titel für den ihm zustehenden Unterhalt – in der pauschalierten Form des Regelunterhalts – zu verhelfen. Dennoch hat der Senat in seinem Urteil vom 29. 10. 1980 (NJW 1981, 393 = LM § 643 ZPO Nr. 7 = FamRZ 1981, 32) diesen Zweck nicht genügen lassen, um den Vater mit dem Einwand des gesetzlichen Forderungsübergangs nach § 1615 b BGB a. F. (vgl. jetzt § 1607 III BGB) auszuschließen. Diese Auffassung, die zum Teil auch auf den Erfüllungseinwand bezogen wurde (vgl. *OLG Düsseldorf,* FamRZ 1981, 603), kann jedenfalls nicht auf die durch das Kindesunterhaltsgesetz neu geregelte Rechtslage übertragen werden. Denn die genannte Rechtsprechung beruhte nicht nur auf dem Sinn des Annexverfahrens und der Auslegung des § 643 ZPO a. F., sondern entscheidend auch auf dem Zusammenhang dieser Bestimmung mit § 643a ZPO a. F. Nach der letztgenannten Vorschrift konnte nämlich in einem so genannten Anpassungsverfahren lediglich eine Herauf- oder Herabsetzung des geschuldeten Unterhalts gegenüber dem Regelunterhalt sowie ein Erlass oder eine Stundung rückständiger Unterhaltsbeträge durch richterliche Entscheidung verlangt werden (vgl. *Senat,* NJW 1981, 393 = LM § 643 ZPO Nr. 7 = FamRZ 1981, 32 [33]). Unter diesen Bedingungen musste aber über den Grund des Anspruchs bereits im Annexverfahren entschieden werden.

Insoweit hat sich jedoch die Rechtslage durch die Neuregelung des Kindesunterhaltsgesetzes zum 1. 7. 1998 grundlegend geändert. Im Rahmen der Korrekturklage nach § 654 ZPO kann der Unterhaltspflichtige nunmehr alle Einwendungen zum Grund und zur Höhe des Unterhalts, insbesondere auch den Einwand der Erfüllung, erheben. Dies ergibt sich aus dem Wortlaut des § 654 ZPO, der keine Einschränkung enthält. Auch im Gesetzgebungsverfahren ist davon ausgegangen worden, dass im Rahmen von § 654 ZPO alle Einwendungen erhoben werden können und diese Klage weder an die Voraussetzungen des § 323 ZPO noch an die des § 767 ZPO gebunden ist (vgl. Begründung der Bundesregierung, BT-Dr 13/7338, S. 43). Auch entspricht es – soweit ersichtlich – der allgemeinen Meinung in Rechtsprechung und Literatur, dass die Einwendungen des Bekl. im Rahmen der Korrekturklage in keiner Weise limitiert sind.

Würde man unter diesen Umständen den Einwand des Unterhaltspflichtigen, er habe die Unterhaltsansprüche erfüllt, bereits im Annexverfahren zulassen, widerspräche das dem Sinn des Verfahrens, dem Kind schnell und einfach einen Unterhaltstitel zu geben. Vielmehr sähe sich das Kind dann zweimal hintereinander den Einwendungen des Bekl. zur Erfüllung ausgesetzt, wobei es darüber hinaus im ersten Prozess selbst nicht die Möglichkeit hätte, den gegebenenfalls über dem Regelbetrag liegenden Unterhalt geltend zu machen. Dies widerspräche, worauf das *OLG* zu Recht hinweist, den Grundsätzen der Prozessökonomie.

Richtig ist zwar, dass unter den genannten Voraussetzungen das Kind möglicherweise einen vollstreckungsfähigen Titel über einen ihm nicht (mehr) zustehenden Unterhaltsanspruch erhält. Der Vater kann sich jedoch gegen eine ungerechtfertigte Vollstreckung dadurch wehren, dass er im Rahmen der dann zu erhebenden Korrekturklage nach § 654 ZPO entsprechend § 769 ZPO die einstweilige Einstellung der Zwangsvollstreckung beantragt.

Register der auszugsweise abgedruckten Entscheidungen

R036	BGH	16. 01. 1980	IV ZR 115/1978	FamRZ 1980, 342	
R037	BGH	23. 01. 1980	IV ZR 2/1978	FamRZ 1980, 555	NJW 1980, 934
R058	BGH	03. 12. 1980	IVb ZR 532/1980	FamRZ 1981, 341	
R073	BGH	08. 04. 1981	IVb ZR 566/1980	FamRZ 1981, 539	NJW 1981, 1609
R076	BGH	20. 05. 1981	IVb ZR 556/1980	FamRZ 1981, 752	NJW 1981, 1782
R080	BGH	24. 06. 1981	IVb ZR 592/1980	FamRZ 1981, 864	NJW 1981, 2112
R093	BGH	04. 11. 1981	IVb ZR 625/1980	FamRZ 1982, 255	NJW 1982, 1873
R095	BGH	11. 11. 1981	IVb ZR 608/1980	FamRZ 1982, 145	NJW 1982, 328
R098	BGH	23. 12. 1981	IVb ZR 604/1980	FamRZ 1982, 250/251	NJW 1982, 822
R100	BGH	20. 01. 1982	IVb ZR 647/1980	FamRZ 1982, 252	NJW 1982, 1593
R101	BGH	20. 01. 1982	IVb ZR 650/1980	FamRZ 1982, 360	NJW 1982, 1869
R114	BGH	31. 03. 1982	IVb ZR 661/1980	FamRZ 1982, 576	NJW 1982, 1870
R117	BGH	07. 04. 1982	IVb ZR 673/1980	FamRZ 1982, 579	NJW 1982, 1594
R118	BGH	07. 04. 1982	IVb ZR 678/1980	FamRZ 1982, 680	NJW 1982, 1642
R120	BGH	21. 04. 1982	IVb ZR 687/1980	FamRZ 1982, 679	NJW 1982, 1987
R122	BGH	21. 04. 1982	IVb ZR 741/1980	FamRZ 1982, 684	
R125	BGH	19. 05. 1982	IVb ZR 705/1980	FamRZ 1982, 782	NJW 1982, 2072
R128	BGH	26. 05. 1982	IVb ZR 715/1980	FamRZ 1982, 887	NJW 1982, 1983
R132	BGH	16. 06. 1982	IVb ZR 727/1980	FamRZ 1983, 152	NJW 1982, 1986
R133	BGH	30. 06. 1982	IVb ZR 695/1980	FamRZ 1982, 890	NJW 1982, 2438
R138	BGH	06. 10. 1982	IVb ZR 307/1981	FamRZ 1983, 29	NJW 1983, 224
R141	BGH	03. 11. 1982	IVb ZR 324/1981	FamRZ 1983, 48	NJW 1983, 393
R142	BGH	24. 11. 1982	IVb ZR 310/1981	FamRZ 1983, 146	NJW 1983, 933
R144	BGH	24. 11. 1982	IVb ZR 326/1981	FamRZ 1983, 144	NJW 1983, 1483
R145	BGH	08. 12. 1982	IVb ZR 331/1981	FamRZ 1983, 150	NJW 1983, 683
R147	BGH	22. 12. 1982	IVb ZR 320/1981	FamRZ 1983, 140	NJW 1983, 814
R149	BGH	12. 01. 1983	IVb ZR 348/1981	FamRZ 1983, 670	
R153	BGH	26. 01. 1983	IVb ZR 347/1981	FamRZ 1984, 353	
R154	BGH	26. 01. 1983	IVb ZR 351/1981	FamRZ 1983, 352	NJW 1983, 2318
R155	BGH	26. 01. 1983	IVb ZR 355/1981	FamRZ 1983, 454	NJW 1983, 1056
R156	BGH	09. 02. 1983	IVb ZR 343/1981	FamRZ 1983, 352	NJW 1983, 1330
R165	BGH	23. 03. 1983	IVb ZR 371/1981	FamRZ 1983, 676	NJW 1983, 1552
R166	BGH	13. 04. 1983	IVb ZR 373/1981	FamRZ 1983, 674	NJW 1983, 1783
R167	BGH	13. 04. 1983	IVb ZR 374/1981	FamRZ 1983, 680	NJW 1983, 1554
R168	BGH	27. 04. 1983	IVb ZR 372/1984	FamRZ 1983, 678	NJW 1983, 1733
R169	BGH	27. 04. 1983	IVb ZR 378/1981	FamRZ 1983, 689	NJW 1983, 2082
R170	BGH	11. 05. 1983	IVb ZR 382/1981	FamRZ 1983, 800	
R173	BGH	01. 06. 1983	IVb ZR 365/1981	FamRZ 1983, 892	NJW 1983, 2200
R176	BGH	01. 06. 1983	IVb ZR 389/1981	FamRZ 1983, 886	NJW 1983, 2321
R178	BGH	29. 06. 1983	IVb ZR 391/1981	FamRZ 1983, 996	NJW 1983, 2243
R182	BGH	09. 11. 1983	IVb ZR 14/1983	FamRZ 1984, 148	NJW 1984, 291
R184	BGH	09. 11. 1983	IVb ZR 8/1982	FamRZ 1984, 34	NJW 1984, 296
R190	BGH	01. 12. 1983	IVb ZR 41/1983	FamRZ 1984, 144	NJW 1984, 484
R191	BGH	14. 12. 1983	IVb ZR 29/1982	FamRZ 1984, 988	
R192	BGH	14. 12. 1983	IVb ZR 38/1982	FamRZ 1984, 364	
R196	BGH	25. 01. 1984	IVb ZR 28/1982	FamRZ 1984, 361	NJW 1984, 1538
R198	BGH	25. 01. 1984	IVb ZR 51/1982	FamRZ 1984, 356	NJW 1984, 1537
R203	BGH	08. 02. 1984	IVb ZR 54/1982	FamRZ 1984, 561	NJW 1984, 1685
R207	BGH	20. 03. 1984	IVb ZR 14/1982		NJW 1984, 1811
R208	BGH	21. 03. 1984	IVb ZR 68/1982	FamRZ 1984, 660	NJW 1984, 1816
R209	BGH	21. 03. 1984	IVb ZR 72/1982	FamRZ 1984, 682	NJW 1984, 1613
R210	BGH	28. 03. 1984	IVb ZR 53/1982	FamRZ 1984, 1000	NJW 1984. 1614
R211	BGH	28. 03. 1984	IVb ZR 64/1982	FamRZ 1984, 662	NJW 1984, 2358
R212	BGH	18. 04. 1984	IVb ZR 49/1982	FamRZ 1984, 683	NJW 1984, 1813
R213	BGH	18. 04. 1984	IVb ZR 59/1982	FamRZ 1984, 772	
R214	BGH	18. 04. 1984	IVb ZR 80/1982	FamRZ 1984, 769	NJW 1984, 2355
R216	BGH	09. 05. 1984	IVb ZR 74/1982	FamRZ 1984, 657	NJW 1984, 2351

R219	BGH	23. 05. 1984	IVb ZR 9/1983	FamRZ 1984, 778	NJW 1984, 1951
R222	BGH	27. 06. 1984	IVb ZR 20/1983	FamRZ 1985, 354	
R223	BGH	27. 06. 1984	IVb ZR 21/1983	FamRZ 1984, 997	NJW 1984, 64
R229	BGH	26. 09. 1984	IVb ZR 32/1983		NJW 1985, 318
R232	BGH	24. 10. 1984	IVb ZR 43/1983	FamRZ 1985, 155	NJW 1985, 486
R233	BGH	26. 10. 1984	IVb ZR 36/1983	FamRZ 1985, 51	NJW 1985, 428
R235	BVerfG	14. 11. 1984	1 BvR 14/1982	FamRZ 1985, 143	NJW 1985, 1211
R242	BGH	19. 12. 1984	IVb ZR 57/1983	FamRZ 1985, 353	NJW 1985, 803
R243	BGH	16. 01. 1985	IVb ZR 59/1983	FamRZ 1985, 357	NJW 1985, 909
R244	BGH	16. 01. 1985	IVb ZR 60/1983	FamRZ 1985, 360	NJW 1985, 907
R246	BGH	16. 01. 1985	IVb ZR 62/1983	FamRZ 1985, 582	NJW 1985, 1343
R252	BGH	30. 01. 1985	IVb ZR 70/1983	FamRZ 1985, 471	
R256	BGH	03. 04. 1985	IVb ZR 14/1984	FamRZ 1985, 1245	
R257	BGH	03. 04. 1985	IVb ZR 15/1984	FamRZ 1985, 791	NJW 1985, 1699
R259	BGH	03. 04. 1985	IVb ZR 19/1984	FamRZ 1985, 690	NJW 1985, 1701
R262	BGH	24. 04. 1985	IVb ZR 9/1984	FamRZ 1985, 782	NJW 1985, 1695
R263	BGH	05. 06. 1985	IVb ZR 24/1984	FamRZ 1985, 917	NJW 1985, 2590
R264	BGH	05. 06. 1985	IVb ZR 27/1984	FamRZ 1985, 902	
R266	BGH	19. 06. 1985	IVb ZR 31/1984	FamRZ 1985, 908	NJW-RR 1986, 68
R267	BGH	19. 06. 1985	IVb ZR 38/1984	FamRZ 1985, 912	NJW 1985, 2713
R268	BGH	03. 07. 1985	IVb ZR 16/1984	FamRZ 1985, 911	NJW 1985, 2268
R274	BGH	09. 10. 1985	IVb ZR 56/1984	FamRZ 1985, 1234	NJW 1986, 375
R275	BGH	23. 10. 1985	IVb ZR 52/1984	FamRZ 1986, 48	NJW-RR 1986, 66
R276	BGH	23. 10. 1985	IVb ZR 68/1984	FamRZ 1986, 553	NJW 1986, 985
R278	BGH	06. 11. 1985	IVb ZR 69/1984	FamRZ 1986, 153	NJW-RR 1986, 293
R279	BGH	27. 11. 1985	IVb ZR 78/1984	FamRZ 1986, 148	NJW 1986, 720
R280	BGH	27. 11. 1985	IVb ZR 79/1984	FamRZ 1986, 244	NJW 1986, 718
R284	BGH	15. 01. 1986	IVb ZR 22/1985	FamRZ 1986, 556	NJW-RR 1986, 685
R285	BGH	15. 01. 1986	IVb ZR 6/1985	FamRZ 1986, 444	NJW 1986, 1167
R288	BGH	29. 01. 1986	IVb ZR 9/1985	FamRZ 1986, 437	NJW 1986, 1342
R289	BGH	19. 02. 1986	IVb ZR 13/1985	FamRZ 1986, 441	NJW-RR 1986, 682
R290	BGH	19. 02. 1986	IVb ZR 16/1985	FamRZ 1986, 439	NJW-RR 1986, 683
R291	BGH	19. 02. 1986	IVb ZR 71/1984		NJW 1986, 1751
R294	BGH	19. 03. 1986	IVb ZR 19/1985	FamRZ 1986, 661	NJW-RR 1986, 1260
R296	BGH	23. 04. 1986	IVb ZR 29/1985	FamRZ 1986, 794	NJW 1986, 2047
R297	BGH	23. 04. 1986	IVb ZR 30/1985	FamRZ 1986, 790	NJW 1986, 2054
R298	BGH	23. 04. 1986	IVb ZR 33/1985	FamRZ 1986, 798	NJW 1986, 2758
R299	BGH	23. 04. 1986	IVb ZR 34/1985	FamRZ 1986, 783	NJW 1987, 58
R301	BGH	07. 05. 1986	IVb ZR 55/1985	FamRZ 1986, 780	NJW-RR 1986, 1002
R302	BGH	04. 06. 1986	IVb ZR 45/1985	FamRZ 1986, 885	NJW 1986, 3080
R303	BGH	04. 06. 1986	IVb ZR 48/1985	FamRZ 1986, 889	NJW-RR 1986, 1194
R304	BGH	04. 06. 1986	IVb ZR 50/1985	FamRZ 1986, 881	NJW-RR 1986, 1196
R304 A	BGH	04. 06. 1986	IVb ZR 51/1985	FamRZ 1987, 58	NJW-RR 1986, 1261
R305	BGH	02. 07. 1986	IVb ZR 37/1985	FamRZ 1986, 1085	NJW-RR 1987, 196
R307	BGH	09. 07. 1986	IVb ZR 39/1985	FamRZ 1986, 886	NJW 1986, 2832
R308	BGH	17. 09. 1986	IVb ZR 59/1985	FamRZ 1987, 40	NJW 1987, 1546
R310	BGH	01. 10. 1986	IVb ZR 68/1985	FamRZ 1987, 36	NJW-RR 1987, 194
R312	BGH	15. 10. 1986	IVb ZR 78/1985	FamRZ 1987, 259	NJW 1987, 1201
R313	BGH	15. 10. 1986	IVb ZR 79/1985	FamRZ 1987, 46	NJW 1987, 776
R314	BGH	29. 10. 1986	IVb ZR 82/1985	FamRZ 1987, 144	NJW 1987, 898
R317	BGH	10. 12. 1986	IVb ZR 63/1985	FamRZ 1987, 252	NJW-RR 1987, 514
R320	BGH	14. 01. 1987	IVb ZR 65/1985	FamRZ 1987, 356	NJW 1987, 893
R321	BGH	14. 01. 1987	IVb ZR 89/1985	FamRZ 1987, 359	NJW 1987, 1554
R323	BGH	11. 02. 1987	IVb ZR 15/1986	FamRZ 1987, 572	NJW 1987, 1761
R324	BGH	11. 02. 1987	IVb ZR 20/1986	FamRZ 1987, 459	NJW 1987, 1555
R326	BGH	11. 02. 1987	IVb ZR 25/1986	FamRZ 1987, 470	NJW 1987, 1557
R328	BGH	25. 02. 1987	IVb ZR 28/1986	FamRZ 1987, 930	NJW-RR 1987, 706

R329	BGH	25. 02. 1987	IVb ZR 36/1986	FamRZ 1987, 456	NJW 1987, 1551
R331	BGH	25. 03. 1987	IVb ZR 32/1986	FamRZ 1987, 684	NJW 1987, 2229
R332	BGH	01. 04. 1987	IVb ZR 33/1986	FamRZ 1987, 691	NJW 1987, 2739
R333	BGH	01. 04. 1987	IVb ZR 35/1986	FamRZ 1987, 795	NJW 1987, 2233
R334	BGH	01. 04. 1987	IVb ZR 41/1986	FamRZ 1987, 682	NJW-RR 1987, 1474
R337	BGH	06. 05. 1987	IVb ZR 61/1986	FamRZ 1987, 689	NJW 1987, 3129
R338	BGH	20. 05. 1987	IVb ZR 50/1986	FamRZ 1987, 1011	NJW-RR 1987, 1282
R339	BGH	03. 06. 1987	IVb ZR 64/1986	FamRZ 1987, 913	NJW-RR 1987, 1218
R341	BGH	24. 06. 1987	IVb ZR 73/1986	FamRZ 1989, 838	NJW-RR 1987, 1285
R342	BGH	01. 07. 1987	IVb ZR 74/1986	FamRZ 1987, 1014	NJW-RR 1987, 1220
R344	BGH	30. 09. 1987	IVb ZR 79/1986	FamRZ 1987, 1238	NJW-RR 1988, 70
R346	BGH	04. 11. 1987	IVb ZR 75/1986	FamRZ 1988, 159	NJW 1988, 2371
R350	BGH	25. 11. 1987	IVb ZR 96/1986		NJW 1988, 1965
R351	BGH	09. 12. 1987	IVb ZR 5/1987	FamRZ 1988, 268	NJW 1988, 1906
R353	BGH	09. 12. 1987	IVb ZR 99/1986	FamRZ 1988, 478	
R354	BGH	16. 12. 1987	IVb ZR 102/1986	FamRZ 1988, 265	NJW 1988, 2369
R355	BGH	23. 12. 1987	IVb ZR 108/1986	FamRZ 1988, 256	NJW-RR 1988, 519
R356	BGH	13. 01. 1988	IVb ZR 15/1987	FamRZ 1988, 375	NJW 1988, 1147
R357	BGH	13. 01. 1988	IVb ZR 7/1987	FamRZ 1988, 370	NJW 1988, 1137
R358	BGH	10. 02. 1988	IVb ZR 16/1987	FamRZ 1988, 927	NJW-RR 1988, 1218
R359	BGH	10. 02. 1988	IVb ZR 19/1987	FamRZ 1988, 486	NJW 1988, 2105
R362	BGH	16. 03. 1988	IVb ZR 40/1987	FamRZ 1988, 701	NJW 1988, 2034
R364	BGH	13. 04. 1988	IVb ZR 34/1987	FamRZ 1988, 705	NJW 1988, 1722
R366	BGH	13. 04. 1988	IVb ZR 49/1987	FamRZ 1988, 1039	
R367	BGH	27. 04. 1988	IVb ZR 56/1987	FamRZ 1988, 831	NJW 1988, 1974
R368	BGH	27. 04. 1988	IVb ZR 58/1987	FamRZ 1988, 930	NJW-RR 1988, 834
R369	BGH	11. 05. 1988	IVb ZR 42/1987	FamRZ 1988, 817	NJW 1988, 2101
R372	BGH	08. 06. 1988	IVb ZR 68/1987	FamRZ 1988, 1145	NJW-RR 1988, 1282
R373	BGH	13. 07. 1988	IVb ZR 39/1987	FamRZ 1988, 1031	NJW-RR 1988, 1093
R375	BGH	05. 10. 1988	IVb ZR 91/1987	FamRZ 1989, 150	NJW 1989, 526
R377	BGH	19. 10. 1988	IVb ZR 97/1987	FamRZ 1989, 159	NJW-RR 1989, 322
R378	BGH	02. 11. 1988	IVb ZR 101/1987		NJW-RR 1989, 196
R379	BGH	02. 11. 1988	IVb ZR 7/1988	FamRZ 1989, 170	NJW 1989, 524
R380	BGH	23. 11. 1988	IVb ZR 20/1988	FamRZ 1989, 172	NJW 1989, 1033
R382	BGH	07. 12. 1988	IVb ZR 23/1988	FamRZ 1989, 483	NJW-RR 1989, 386
R383	BGH	21. 12. 1988	IVb ZR 18/1988	FamRZ 1989, 487	NJW 1989, 1083
R386	BGH	15. 02. 1989	IVb ZR 41/1988	FamRZ 1989, 718	NJW 1989, 1990
R388	BGH	26. 04. 1989	IVb ZR 59/1988	FamRZ 1989, 842	NJW 1989, 1992
R389	BGH	26. 04. 1989	IVb ZR 64/1988	FamRZ 1990, 266	
R391	BGH	07. 06. 1989	IVb ZR 51/1988	FamRZ 1989, 853	NJW 1989, 2253
R393	BGH	21. 06. 1989	IVb ZR 73/1988	FamRZ 1989, 1054	NJW-RR 1989, 1218
R394	BVerfG	04. 07. 1989	1 BvR 537/1987	FamRZ 1989, 941	NJW 1989, 2807
R395	BGH	12. 07. 1989	IVb ZR 66/1988	FamRZ 1989, 1160	NJW 1989, 2809
R396	BGH	27. 09. 1989	IVb ZR 78/1988	FamRZ 1989, 1279	
R399	BGH	18. 10. 1989	IVb ZR 89/1988	FamRZ 1990, 260	NJW 1990, 1172
R400	BGH	15. 11. 1989	IVb ZR 3/1989	FamRZ 1990, 283	NJW-RR 1990, 323
R401	BGH	15. 11. 1989	IVb ZR 95/1988	FamRZ 1990, 280	NJW-RR 1990, 194
R403	BGH	29. 11. 1989	IVb ZR 16/1989	FamRZ 1990, 394	NJW 1990, 713
R404	BGH	13. 12. 1989	IVb ZR 79/1989	FamRZ 1990, 492	NJW 1990, 1847
R405	BGH	19. 12. 1989	IVb ZR 9/1989	FamRZ 1990, 269	NJW 1990, 709
R407	BGH	24. 01. 1990	XII ZR 2/1989	FamRZ 1990, 499	NJW 1990, 1477
R412	BGH	31. 01. 1990	XII ZR 21/1989	FamRZ 1990, 979	NJW-RR 1990, 578
R413	BGH	31. 01. 1990	XII ZR 35/1989	FamRZ 1990, 503	NJW-RR 1990, 514

R414	BGH	31. 01. 1990	XII ZR 36/1989	FamRZ 1990, 496	NJW 1990, 2752
R415	BGH	14. 02. 1990	XII ZR 39/1989	FamRZ 1990, 491	NJW 1990, 1476
R416	BGH	14. 02. 1990	XII ZR 51/1989	FamRZ 1990, 981	NJW-RR 1990, 580
R417	BGH	28. 03. 1990	XII ZR 64/1989	FamRZ 1990, 857	NJW 1990, 2810
R418	BGH	11. 04. 1990	XII ZR 42/1989	FamRZ 1990, 989	NJW 1990, 3274
R420	BGH	16. 05. 1990	XII ZR 40/1989	FamRZ 1990, 851	NJW 1990, 2252
R421	BGH	30. 05. 1990	XII ZR 57/1989	FamRZ 1990, 1095	NJW-RR 1990, 1410
R422	BGH	12. 07. 1990	XII ZR 85/1989	FamRZ 1990, 1095	NJW 1990, 3020
R423	BGH	20. 07. 1990	XII ZR 73/1989	FamRZ 1990, 1085	NJW 1990, 2886
R424	BGH	20. 07. 1990	XII ZR 74/1989	FamRZ 1990, 1090	NJW-RR 1990, 1346
R425	BGH	26. 09. 1990	XII ZR 45/1989	FamRZ 1991, 304	NJW-RR 1991, 132
R427	BGH	10. 10. 1990	XII ZR 99/1989	FamRZ 1991, 307	NJW-RR 1991, 130
R430	BGH	07. 11. 1990	XII ZR 123/1989	FamRZ 1991, 182	NJW 1991, 697
R431	BGH	28. 11. 1990	XII ZR 1/1990	FamRZ 1991, 670	NJW 1991, 1290
R432	BGH	28. 11. 1990	XII ZR 16/1990	FamRZ 1991, 306	NJW 1991, 913
R433	BGH	28. 11. 1990	XII ZR 26/1990	FamRZ 1991, 542	NJW-RR 1991, 514
R435	BGH	19. 12. 1990	XII ZR 27/1990	FamRZ 1991, 416	NJW 1991, 1049
R437	BGH	10. 07. 1991	XII ZR 166/1990	FamRZ 1991, 1163	NJW 1991, 2703
R439	BGH	23. 10. 1991	XII ZR 174/1990	FamRZ 1992, 170	NJW 1992, 501
R440	BGH	27. 11. 1991	XII ZR 226/1990	FamRZ 1992, 291	NJW 1992, 906
R442	BGH	18. 12. 1991	XII ZR 2/1991	FamRZ 1992, 423	NJW 1992, 1044
R443	BGH	18. 12. 1991	XII ZR 79/ 1991	FamRZ 1992,535	NJW-RR 1992, 450
R444	BGH	29. 01. 1992	XII ZR 239/1990	FamRZ 1992, 539	NJW 1992, 1621
R446	BGH	26. 02. 1992	XII ZR 97/1991	FamRZ 1992, 1064	NJW-RR 1992, 1026
R447	BGH	18. 03. 1992	XII ZR 1/1991	FamRZ 1992, 797	NJW 1992, 1624
R448	BGH	18. 03. 1992	XII ZR 23/1991	FamRZ 1992, 1045	NJW 1992, 2477
R449	BGH	29. 04. 1992	XII ZR 105/1991	FamRZ 1992, 920	NJW 1992, 1956
R452	BGH	17. 06. 1992	XII ZR 119/1991	FamRZ 1992, 1152	NJW 1992, 2415
R453	BGH	20. 05. 1992	XII ZR 131/1991	FamRZ 1992, 1407	NJW 1992, 1090
R454	BGH	08. 07. 1992	XII ZR 127/1991		NJW-RR 1992, 1282
R455	BGH	09. 07. 1992	XII ZR 57/1991	FamRZ 1992, 1403	NJW 1992, 3164
R457	BVerfG	21. 10. 1992	1 BvR 1233/1991	FamRZ 1993, 171	NJW 1993, 2926
R458	BGH	25. 11. 1992	XII ZR 164/1991	FamRZ 1993, 417	NJW-RR 1993, 322
R459	BGH	13. 01. 1993	XII ZR 212/1990	FamRZ 1993, 676	NJW-RR 1993, 386
R460	BGH	27. 01. 1993	XII ZR 206/1991	FamRZ 1993, 789	NJW-RR 1993, 898
R461	BGH	21. 04. 1993	XII ZR 248/1991	FamRZ 1993, 1065	NJW 1993, 1920
R462	BGH	12. 05. 1993	XII ZR 18/1992	FamRZ 1993, 1057	NJW 1993, 2238
R462 A	BGH	12. 05. 1993	XII ZR 24/1992	FamRZ 1993, 1055	NJW 1993, 1974
R463	BGH	16. 06. 1993	XII ZR 6/1992	FamRZ 1993, 1186	NJW 1993, 2105
R464	BGH	16. 06. 1993	XII ZR 49/1992	FamRZ 1993, 1304	NJW-RR 1993, 1283
R465	BGH	29. 09. 1993	XII ZB 97/1993	FamRZ 1994, 101	NJW 1993, 3206
R466	BGH	06. 10. 1993	XII ZR 112/1992	FamRZ 1994, 21	NJW 1994, 134
R467	BGH	06. 10. 1993	XII ZR 116/1992	FamRZ 1994, 28	NJW 1993, 3262
R468	BGH	20. 10. 1993	XII ZR 89/1992	FamRZ 1994, 87	NJW 1994, 190
R470	BGH	10. 11. 1993	XII ZR 127/1992	FamRZ 1994, 160	NJW 1994, 382
R471	BGH	24. 11. 1993	XII ZR 136/1992	FamRZ 1994, 228	NJW 1994, 935
R472	BGH	01. 12. 1993	XII ZR 150/1992	FamRZ 1994, 303	NJW 1994, 938
R473	BGH	15. 12. 1993	XII ZR 172/1992	FamRZ 1994, 372	NJW 1994, 1002
R474	BGH	02. 02. 1994	XII ZR 191/1992	FamRZ 1994, 562	DtZ 1994, 371
R475	BGH	09. 02. 1994	XII ZR 183/1992	FamRZ 1994, 566	NJW 1994, 1286
R476	BGH	09. 02. 1994	XII ZR 220/1992	FamRZ 1994, 558	NJW-RR 1994, 644
R477	BGH	02. 03. 1994	XII ZR 215/1992	FamRZ 1994, 696	NJW 1994, 1530
R479	BGH	05. 05. 1994	XII ZR 98/1993	FamRZ 1995, 348	NJW 1994, 2895
R479 A	BGH	25. 05. 1994	XII ZR 17/1993	FamRZ 1995, 540	NJW-RR 1994, 1154
R480	BGH	25. 05. 1994	XII ZR 78/1993	FamRZ 1994, 1102	NJW 1994, 2234
R481	BGH	22. 06. 1994	XII ZR 100/1993	FamRZ 1994, 1169	NJW 1994, 2618

R482	BGH	29. 06. 1994	XII ZR 79/1993	FamRZ 1994, 1100	NJW-RR 1994, 1155
R482 A	BGH	21. 09. 1994	XII ZR 161/1993		NJW-RR 1995, 129
R483	BGH	09. 11. 1994	XII ZR 206/1993	FamRZ 1995, 215	NJW 1995, 717
R485	BGH	23. 11. 1994	XII ZR 168/1993	FamRZ 1995, 221	NJW 1995, 534
R485 A	BGB	24. 11. 1994	GSZ 1/1994	FamRZ 1995, 349	NJW 1995, 664
R485 B	BGB	30. 11. 1994	XII ZR 59/1993	FamRZ 1995, 216	NJW 1995, 652
R486	BGH	30. 11. 1994	XII ZR 215/1993	FamRZ 1995, 416	NJW 1995, 718
R487	BGH	30. 11. 1994	XII ZR 226/1993	FamRZ 1995, 291	NJW 1995, 717
R488	BGH	14. 12. 1994	XII ZR 180/1993	FamRZ 1995, 344	NJW 1995, 655
R489	BGH	11. 01. 1995	XII ZR 236/1993	FamRZ 1995, 343	NJW 1995, 962
R490	BGH	11. 01. 1995	XII ZR 122/1993	FamRZ 1995, 346	NJW 1995, 963
R490 A	BGB	25. 01. 1995	XII ZR 195/1993	FamRZ 1995, 1405	NJW-RR 1995, 449
R491	BGH	25. 01. 1995	XII ZR 240/1993	FamRZ 1995, 475	NJW 1995, 1215
R492	BGH	25. 01. 1995	XII ZR 247/1993	FamRZ 1995, 554	NJW 1995, 1345
R492 A	BGB	01. 02. 1995	XII ZR 2/1994	FamRZ 1995, 473	DtZ 1995, 207
R493	BGH	22. 02. 1995	XII ZR 80/1994	FamRZ 1995, 537	NJW 1995, 1486
R493 A	BGB	22. 03. 1995	XII ZR 20/1994	FamRZ 1995, 725	NJW 1995, 2032
R493 B	BGB	15. 03. 1995	XII ZR 257/1993	FamRZ 1995, 665	NJW 1995, 1891
R494	BGH	29. 03. 1995	XII ZR 45/1994	FamRZ 1995, 869	NJW-RR 1995, 835
R496	BGH	25. 10. 1995	XII ZR 247/1994	FamRZ 1996, 160	NJW-RR 1996, 321
R498	BVerfG	18. 12. 1995	1 BvR 1206/1992	FamRZ 1996, 343	NJW 1996, 915
R500	BGH	13. 03. 1996	XII ZR 2/1995	FamRZ 1996, 796	NJW 1996, 1815
R501	BGH	20. 03. 1996	XII ZR 45/1995	FamRZ 1996, 798	NJW 1996, 1817
R502	BGH	03. 04. 1996	XII ZR 86/1995	FamRZ 1996, 725	NJW 1996, 1894
R505	BGH	15. 05. 1996	XII ZR 21/1995	FamRZ 1996, 1067	NJWE-FER 1996, 15
R507	BGH	10. 07. 1996	XII ZR 121/1995	FamRZ 1996, 1272	NJW 1996, 2793
R508	BGH	13. 11. 1996	XII ZR 125/1995	FamRZ 1997, 484	NJW 1997, 731
R509	BGH	20. 11. 1996	XII ZR 70/1995	FamRZ 1997, 281	NJW 1997, 735
R510	BGH	21. 01. 1997	XII ZR 257/1995	FamRZ 1997, 483	NJW 1997, 1439
R511	BGH	19. 02. 1997	XII ZR 236/1995	FamRZ 1997, 608	NJW-RR 1997, 641
R511 A	BGH	12. 03. 1997	XII ZR 153/1995	FamRZ 1997, 671	NJW 1997, 1851
R511 B	BGH	19. 03. 1997	XII ZR 277/1995	FamRZ 1997, 811	NJW 1997, 2176
R512	BGH	16. 04. 1997	XII 233/1995	FamRZ 1997, 806	NJW 1997, 1919
R513	BGH	16. 04. 1997	XII ZR 293/1995	FamRZ 1997, 873	NJW-RR 1997, 897
R514	BGH	01. 10. 1997	XII ZR 49/1996	FamRZ 1998, 99	NJW 1998, 161
R515	BGH	22. 10. 1997	XII ZR 278/1995	FamRZ 1998, 357	NJWE-FER 1998, 64
R516	BGH	22. 10. 1997	XII ZR 12/1996	FamRZ 1998, 87	NJW 1998, 753
R517	BGH	05. 11. 1997	XII ZR 20/1996	FamRZ 1998, 367	NJW 1998, 978
R518	BGH	19. 11. 1997	XII ZR 1/1996	FamRZ 1998, 286	NJW-RR 1998, 505
R519	BGH	17. 12. 1997	XII ZR 38/1996	FamRZ 1998, 426	NJW 1998, 1065
R520	BGH	21. 01. 1998	XII ZR 85/1996	FamRZ 1998, 541	NJW 1998, 1309
R521	BGH	21. 01. 1998	XII ZR 117/1996	FamRZ 1998, 1501	NJW-RR 1998, 721
R522	BGH	21. 01. 1998	XII ZR 140/ 1996	FamRZ 1998, 608	NJW 1998, 1553
R523	BGH	04. 03. 1998	XII ZR 173/1996	FamRZ 1998, 671	NJW 1998, 1555
R524	BGH	11. 03. 1998	XII ZR 190/1996	FamRZ 1998, 818	NJW 1998, 2219
R525	BGH	22. 04. 1998	XII ZR 161/1996	FamRZ 1998, 899	NJW 1998, 2821
R526	BGH	22. 04. 1998	XII ZR 221/1996	FamRZ 1998, 951	NJW 1998, 2433
R527	BGH	29. 04. 1998	XII ZR 266/1996	FamRZ 1998, 953	NJW-RR 1998, 1153
R528	BGH	01. 07. 1998	XII ZR 272/1997	FamRZ 1998, 1165	NJW 1998, 3116
R528 A	BGH	08. 10. 1998	VII ZB 21/1998		NJW-RR 1999, 286
R529	BGH	25. 11. 1998	XII ZR 33/1997	FamRZ 1999, 372	NJW-RR 1999, 297
R530	BGH	25. 11. 1998	XII ZR 98/1997	FamRZ 1999, 367	NJW 1999, 717
R531	BGH	27. 01. 1999	XII ZR 89/1997	FamRZ 1999, 710	NJW 1999, 1630
R532	BGH	03. 02. 1999	XII ZR 146/1997	FamRZ 1999, 708	NJW 1999, 1547
R533	BGH	17. 03. 1999	XII ZR 139/1997	FamRZ 1999, 843	NJW 1999, 2365
R534	BGH	19. 05. 1999	XII ZR 210/1997	FamRZ 2000, 153	NJW 1999, 2804
R535	BGH	16. 06. 1999	XII ZA 3/1999	FamRZ 1999, 1422	NJW-FER 1999, 269

R536	BGH	14. 07. 1999	XII ZR 230/97	FamRZ 2000, 420	NJW-RR 2000, 593
R537	BGH	13. 10. 1999	XII ZR 16/98	FamRZ 2000, 358	NJW 2000, 954
R538	BGH	20. 10. 1999	XII ZR 297/97	FamRZ 2000, 351	NJW 2000, 284
R539	BGH	27. 10. 1999	XII ZR 239/97	FamRZ 2000, 751	NJW 2000, 740
R540	BGH	05. 04. 2000	XII ZR 96/98	FamRZ 2000, 950	NJW 2000, 2349
R541	BGH	12. 04. 2000	XII ZR 79/98	FamRZ 2000, 815	NJW 2000, 2351
R542	BGH	17. 05. 2000	XII ZR 88/98	FamRZ 2000, 1499	NJW 2000, 3789
R543	BGH	31. 05. 2000	XII ZR 119/98	FamRZ 2000, 1358	NJW-RR 2000, 1385
R544	BGH	21. 06. 2000	XII ARZ 6/00		NJW 2000, 3214
R545	BGH	05. 07. 2000	XII ZR 104/98	FamRZ 2001, 905	NJWE-FER 2001, 25
R546	BGH	19. 07. 2000	XII ZR 161/98	FamRZ 2000, 1492	NJW 2000, 3140
R547	BGH	16. 08. 2000	XII ZB 65/00		NJW-RR 2001, 789
R548	BGH	27. 09. 2000	XII ZR 174/98	FamRZ 2001, 619	NJW-RR 2001, 1081
R549	BGH	18. 10. 2000	XII ZR 191/98	FamRZ 2001, 1065	NJW-RR 2001, 361
R550	BGH	29. 11. 2000	XII ZR 165/98	FamRZ 2001, 282	NJW 2001, 828
R551	BGH	29. 11. 2000	XII ZR 212/98	FamRZ 2001, 350	NJW 2001, 973
R552	BGH	13. 12. 2000	XII ZR 278/98	FamRZ 2001, 412	NJWE-FER 2001, 115
R553	BVerfG	06. 02. 2001	1 BvR 12/92	FamRZ 2001, 343	NJW 2001, 957 = FPR 2001, 137
R554	BGH	07. 02. 2001	XII ZB 2/01	FamRZ 2001, 1363	NJW 2001, 1646
R555	BGH	21. 02. 2001	XII ZR 34/99	FamRZ 2001, 541	NJW, 2001, 1789
R556	BGH	21. 02. 2001	XII ZR 308/98	FamRZ 2001, 614	NJW 2001, 1488
R557	BGH	14. 03. 2001	XII ZR 81/99	FamRZ 2001, 757	NJW 2001, 2170
R558	BVerfG	29. 03. 2001	1 BvR 1766/92	FamRZ 2001, 985	NJW 2001, 2248
R559	BGH	11. 04. 2001	XII ZR 152/99	FamRZ 2001, 1603	NJWE-FER 2001, 253
R560	BGH	03. 05. 2001	XII ZR 62/99	FamRZ 2001, 1140	NJW 2001, 2259
R561	BGH	10. 05. 2001	XII ZR 108/99	FamRZ 2001, 1068	NJW 2001, 2633
R562	BGH	23. 05. 2001	XII ZR 148/99	FamRZ 2001, 1601	NJW-RR 2002, 1 = FPR 2001, 405
R563	BGH	13. 06. 2001	XII ZR 343/99	FamRZ 2001, 986	NJW 2001, 2254
R564	BGH	27. 06. 2001	XII ZR 135/99	FamRZ 2001, 1291	NJW 2001, 3260
R565	BGH	22. 08. 2001	XII ARZ 3/01	FamRZ 2001, 1705	NJW 2002, 444 = FPR 2002, 100
R566	BGH	05. 09. 2001	XII ZR 108/00	FamRZ 2001, 1687	NJW 2001, 3618 = FPR 2001, 426
R567	BGH	05. 09. 2001	XII ZR 336/99	FamRZ 2001, 1693	NJW 2001, 3779 = FPR 2001, 6
R568	BGH	24. 10. 2001	XII ZR 284/99	FamRZ 2002, 23	NJW 2002, 217 = FPR 2002, 56
R569	BGH	31. 10. 2001	XII ZR 292/99	FamRZ 2002, 88	NJW 2002, 436 = FPR 2002, 59
R570	BGH	09. 01. 2002	XII ZR 34/00	FamRZ 2002, 815	NJW 2002, 2026 = FPR 2002, 316
R571	BVerfG	05. 02. 2002	1 BvR 105/95, 559/95 und 457/96	FamRZ 2002, 527	NJW 2002, 1185 = FPR 2002, 180
R572	BGH	06. 02. 2002	XII ZR 20/00	FamRZ 2002, 536	NJW 2002, 1269 = FPR 2002, 195
R573	BGH	20. 02. 2002	XII ZR 104/00	FamRZ 2002, 813	NJW 2002, 1799 = FPR 2002, 319
R574	BGH	20. 03. 2002	XII ZR 159/00	FamRZ 2002, 810	NJW 2002, 1947 = FPR 2002, 294
R575	BGH	20. 03. 2002	XII ZR 176/00	FamRZ 2002, 739	NJW 2002, 1570
R576	BGH	20. 03. 2002	XII ZR 216/00	FamRZ 2002, 742	NJW 2002, 1646 = FPR 2002, 266
R577	BGH	29. 05. 2002	XII ZR 263/00	FamRZ 2002, 1179	NJW-RR 2002, 1513

R578	BGH	12. 06. 2002	XII ZR 288/00	FamRZ 2002, 1024	NJW 2002, 2319 = FPR 2002, 442
R579	BGH	02. 10. 2002	XII ZR 346/00	FamRZ 2003, 304	NJW-RR 2003, 433 = FPR 2003, 216
R580	BGH	23. 10. 2002	XII ZR 266/99	FamRZ 2002, 1698	NJW 2003, 128
R581	BGH	06. 11. 2002	XII ZR 259/01	FamRZ 2003, 521	NJW-RR 2003, 505 = FPR 2003, 201
R582	BGH	27. 11. 2002	XII ZR 295/00	FamRZ 2003, 444	NJW 2003, 969
R583	BGH	11. 12. 2002	XII ZR 27/00	FamRZ 2003, 432	NJW 2003, 1396
R584	BGH	22. 01. 2003	XII ZR 2/00	FamRZ 2003, 363	NJW 2003, 1112 = FPR 2003, 252
R585	BGH	22. 01. 2003	XII ZR 186/01	FamRZ 2003, 518	NJW 2003, 1181 = FPR 2003, 241
R586	BGH	29. 01. 2003	XII ZR 92/01	FamRZ 2003, 590	FPR 2003, 330
R587	BGH	29. 01. 2003	XII ZR 289/01	FamRZ 2003, 445	NJW 2003, 1177
R588	BGH	05. 02. 2003	XII ZR 29/00	FamRZ 2003, 848	NJW 2003, 1796 = FPR 2003, 361
R589	BGH	05. 02. 2003	XII ZR 321/00	FamRZ 2003, 434	FPR 2003, 246
R590	BGH	19. 02. 2003	XII ZR 19/01	FamRZ 2003, 741	FPR 2003, 327
R590 A	BGH	19. 02. 2003	XII ZR 67/00	FamRZ 2003, 860	NJW 2003, 1690 = FPR 2003, 378
R591	BVerfG	05. 03. 2003	1 BvR 752/02	FamRZ 2003, 661	FPR 2003, 479
R592	BGH	19. 03. 2003	XII ZR 123/00	FamRZ 2003, 1179	NJW 2003, 2306 = FPR 2003, 499
R593	BVerfG	09. 04. 2003	1 BvR 1749/01	FamRZ 2003, 1370	NJW 2003, 2733
R594	BGH	07. 05. 2003	XII ZR 140/01	FamRZ 2003, 1095	FPR 2003, 490

Hinweis:

Im Rahmen der Schlusskorrekturen konnten noch einige spätere Entscheidungen, zuletzt die des BVerfG vom 7. 10. 2003 (NJW 2003, 3466) im Text berücksichtigt werden. Diese sind nur in den Fußnoten nachgewiesen. Ein auszugsweiser Textabdruck im Teil R war aus zeitlichen Gründen nicht mehr möglich.

Sachverzeichnis

Sachverzeichnis

Sachverzeichnis

Sachverzeichnis

Sachverzeichnis